CARTÓRIOS SÃO PAULO

Preparação para 2ª fase

Martha El Debs

CARTÓRIOS SÃO PAULO

Preparação para 2ª fase

TOMO 1

• Decisões • Enunciados • Questões
(dissertação, peças práticas e discursivas)

4ª edição
Revista, ampliada
e atualizada

2022

EDITORA
JusPODIVM
www.editorajuspodivm.com.br

EDITORA *Jus*PODIVM
www.editorajuspodivm.com.br

Rua Canuto Saraiva, 131 – Mooca – CEP: 03113-010 – São Paulo – São Paulo
Tel: (11) 3582.5757
• Contato: https://www.editorajuspodivm.com.br/sac

Capa e diagramação: Maitê Coelho e Cendi Coelho *(cendicoelho@gmail.com)*

E37c El Debs, Martha..
Cartórios São Paulo – Preparação para 2ª Fase: Decisões, Enunciados e Questões (Dissertação, Peças Práticas e Discursivas) / Martha El Debs – 4. ed. rev., ampl. e atual. – São Paulo: Editora JusPodivm, 2022.

3104 p.

ISBN 978-85-442-3737-3

1. Provas de Seleção. 2. Direito Notarial. 3. Cartórios I. El Debs, Martha. II. Título.

CDD 341.33312

NOTA DA AUTORA À 4ª EDIÇÃO

O presente trabalho foi idealizado para auxiliar o candidato a alcançar o seu grande objetivo: lograr êxito no concurso de cartório (Outorga de Delegação de Notas e de Registros) do Estado de São Paulo, bem como ser útil no dia a dia da atividade. Tomou-se em conta a consabida necessidade de agregação de material singular, normativo de índole estadual, dada sua relevância e valia por ser muito cobrado neste concurso, destacada a carência de obras neste segmento.

Compilou-se material de extensão inédita no mercado, com o escopo de propiciar um estudo profundo e específico aos candidatos ao concurso público de Outorga de Delegações do Estado de São Paulo, bem como auxiliar nas pesquisas daqueles que militam na área notarial e registral deste Estado – tabeliães, registradores, escreventes, advogados, promotores de justiça, juízes, despachantes, corretores etc.

Nessa ordem de ideias, esta coletânea contém as decisões na íntegra do Conselho Superior da Magistratura e da Corregedoria Geral da Justiça do Estado Bandeirante, ementas do Tribunal de Justiça Paulista atinentes à atividade notarial e de registros públicos, decisões das Varas de Registros Públicos de São Paulo, enunciados da Arpen-SP e do Colégio Notarial do Brasil, Seção São Paulo (CNB/SP).

Como diferencial desta edição, os julgados estão divididos por temas e especialidades de serventias: Registro Civil das Pessoas Naturais, Registro de Imóveis, Registro de Títulos e Documentos e Pessoa Jurídica, Tabelionato de Notas, Tabelionato de Protesto e decisões gerais e pertinentes a todas as especialidades, com o escopo de propiciar um estudo organizado, intuitivo, profundo, específico e atual do que tem sido interpretado, nos últimos anos no que tange à matéria notarial e registral.

Dado o peso que a jurisprudência assume no estudo do Direito Notarial e Registral, é fundamental que o candidato cumpra esta etapa necessária de preparação, indispensável para a sua aprovação e o operador do direito mantenha-se constantemente atualizado para o melhor desempenho do seu labor, garantindo-se assim, maior segurança jurídica e eficiência aos atos.

Com o escopo de preparação e treinamento, a obra conta ainda com as provas do 1º ao 11º Concurso para Outorga de Delegação de Notas e de Registros do Estado de São Paulo.

O material foi dividido em dois tomos, com o propósito de agregar ainda mais conteúdo, porém facilitando o manuseio e a portabilidade. Dessa forma, mantenho o compromisso de constante melhoria de meus livros.

Almeja-se que a presente obra auxilie de modo eficiente e adequado o candidato nas diversas etapas deste concurso, bem como a pesquisa dos operadores do direito que militam de forma direta ou indireta na atividade extrajudicial.

Inspiração

São Paulo! Comoção de minha vida...
Os meus amores são flores feitas de original...
Arlequinal!... Traje de losangos... Cinza e ouro...
Luz e bruma... Forno e inverno morno...
Elegâncias sutis sem escândalos, sem ciúmes...
Perfumes de Paris... Arys!
Bofetadas líricas no Trianon... Algodoal!...
São Paulo! Comoção de minha vida...
Galicismo a berrar nos desertos da América!

Mário de Andrade
(Pauliceia Desvairada, 1922)

SUMÁRIO

PARTE 1

DECISÕES DO **CONSELHO SUPERIOR DA MAGISTRATURA** DO ESTADO DE SÃO PAULO

1.1 DECISÕES DO CONSELHO SUPERIOR DA MAGISTRATURA DO ESTADO DE SÃO PAULO – **ANO 2022**

1.1.1 REGISTRO DE IMÓVEIS E TABELIONATO DE NOTAS

CARTA DE ADJUDICAÇÃO

PODER JUDICIÁRIO

TRIBUNAL DE JUSTIÇA DO ESTADO DE SÃO PAULO

CONSELHO SUPERIOR DA MAGISTRATURA

Apelação Cível nº 1020218-83.2020.8.26.0405

Registro: 2021.0000973512

ACÓRDÃO

Vistos, relatados e discutidos estes autos de **Apelação Cível nº 1020218-83.2020.8.26.0405**, da Comarca de **Osasco**, em que é apelante **DEPARTAMENTO DE ÁGUAS E ENERGIA ELÉTRICA – DAEE.,** é apelado **SEGUNDO OFICIAL DE REGISTRO DE IMÓVEIS DE OSASCO.**

ACORDAM, em Conselho Superior de Magistratura do Tribunal de Justiça de São Paulo, proferir a seguinte decisão: **"Negaram provimento, v.u"**, de conformidade com o voto do Relator, que integra este acórdão.

O julgamento teve a participação dos Exmos. Desembargadores **PINHEIRO FRANCO (PRESIDENTE TRIBUNAL DE JUSTIÇA) (Presidente), LUIS SOARES DE MELLO (VICE PRESIDENTE), XAVIER DE AQUINO (DECANO), GUILHERME G. STRENGER (PRES. SEÇÃO DE DIREITO CRIMINAL), MAGALHÃES COELHO(PRES. DA SEÇÃO DE DIREITO PÚBLICO) E DIMAS RUBENS FONSECA (PRES. DA SEÇÃO DE DIREITO PRIVADO).**

São Paulo, 22 de novembro de 2021.

RICARDO ANAFE

Corregedor Geral da Justiça e Relator

Apelação Cível nº 1020218-83.2020.8.26.0405

Apelante: Departamento de Águas e Energia Elétrica - Daee.

Apelado: Segundo Oficial de Registro de Imóveis de Osasco

VOTO Nº 31.649

Registro de Imóveis – Dúvida – Carta de Adjudicação expedida nos autos de ação de desapropriação – Aquisição originária da propriedade – Incerteza quanto à exata localização, no solo, da área desapropriada – Ofensa ao princípio da especialidade objetiva – Óbice mantido – Dúvida julgada procedente – Nega-se provimento à apelação.

1. Trata-se de apelação interposta pelo *Departamento de Águas e Energia Elétrica DAEE* contra a sentença proferida pela MM.ª Juíza Corregedora Permanente do 2º Oficial de Registro de Imóveis e de Títulos e Documentos de Osasco/SP, que julgou procedente a dúvida suscitada para o fim de manter a exigência de que seja aditada a carta de adjudicação extraída dos autos da ação de desapropriação (Processo nº 0041371-30.1999.8.26.0405), que tramitou perante a 8ª Vara Cível da Comarca de Osasco/SP, para possibilitar a identificação da exata localização da parte desapropriada do imóvel matriculado sob nº 31.462 junto à referida serventia imobiliária (fl. 173/174).

A apelante afirma, em síntese, que o laudo pericial realizado no processo judicial descreve com clareza as medidas, as confrontações e a localização exata do imóvel desapropriado. Alega que as plantas constantes dos autos trazem a necessária certeza quanto à localização da área em relação às quadras municipais 43, 34 e 26 do denominado Jardim Piratininga. Acrescenta que a desapropriação é forma originária de aquisição da propriedade, o que permite a averbação do desfalque da área desapropriada independentemente da complementação do título (fl. 180/183).

A Douta Procuradoria de Justiça opinou pelo não provimento do recurso (fl. 205/208).

É o relatório.

2. De início, saliente-se que a origem judicial do título não impede a sua qualificação nem implica desobediência, como está no item 117 do Capítulo XX do Tomo II das Normas de Serviço da Corregedoria Geral de Justiça e, no mais, é lição corrente deste Conselho Superior da Magistratura (mencione-se, por brevidade, o decidido na Apelação Cível nº 0003968-52.2014.8.26.0453, j. 25.2.2016). Observe-se, ademais, que *in casu* se trata, verdadeiramente, de título judicial (passível, portanto, de qualificação), e não de ordem judicial (hipótese em que o cumprimento seria coativo e independeria do exame de legalidade próprio da atividade registral).

Destarte, para análise da regularidade da exigência formulada pelo registrador, deve-se considerar o disposto no art. 176, inciso II, "3", da Lei de Registros Públicos:

"Art. 176 - O Livro nº 2 - Registro Geral – será destinado, à matrícula dos imóveis e ao registro ou averbação dos atos relacionados no art. 167 e não atribuídos ao Livro nº 3.

(...)

II - são requisitos da matrícula:

(...)

3) a identificação do imóvel, que será feita com indicação:

a - se rural, do código do imóvel, dos dados constantes do CCIR, da denominação e de suas características, confrontações, localização e área;

b - se urbano, de suas características e confrontações, localização, área, logradouro, número e de sua designação cadastral, se houver".

Já o art. 225 da mesma Lei assim prevê:

"Art. 225 - Os tabeliães, escrivães e juízes farão com que, nas escrituras e nos autos judiciais, as partes indiquem, com precisão, os característicos, as confrontações e as localizações dos imóveis, mencionando os nomes dos confrontantes e, ainda, quando se tratar só de terreno, se esse fica do lado par ou do lado ímpar do logradouro, em que quadra e a que distância métrica da edificação ou da esquina mais próxima, exigindo dos interessados certidão do registro imobiliário.

(...)

§ 2º Consideram-se irregulares, para efeito de matrícula, os títulos nos quais a caracterização do imóvel não coincida com a que consta do registro anterior".

Referidas normas externam o princípio da especialidade e destinam-se a assegurar que a totalidade dos imóveis esteja precisamente individuada. A identificação há de ser tal que aquele que a lê possa ter integrais condições de identificar os limites da área imobiliária objeto da matrícula, em perfeita obediência ao princípio da especialidade objetiva.

No caso concreto, diversamente do quanto entendido pela recorrente, não foi reconhecida afronta ao princípio da continuidade, uma vez que se cuida de modo originário de aquisição da propriedade. O que motiva a recusa do Oficial é a ofensa ao princípio da especialidade objetiva, considerando que, tal como constou da nota de devolução expedida (fl. 08/09), a área desapropriada não tem correspondência com nenhum imóvel matriculado na serventia imobiliária, sendo certo que *"a descrição constante do título não permite a individualização do imóvel, pois consta rua e confrontações não oficializadas, não permitindo a exata localização do lote a ser desapropriado".*

Ressalte-se que a despeito da realização de prova técnica produzida na ação de desapropriação, não foram apresentados, por trabalho técnico próprio, os pontos de amarração para identificação da parcela do imóvel sobre a qual recai a desapropriação cujo registro se almeja.

Daí porque se faz correta a exigência de complementação do título, a fim de que seja possível identificar a exata localização do imóvel desapropriado no solo, com ponto de amarração seguro, o que o tornará inconfundível em relação a qualquer outro.

3. Diante do exposto, pelo meu voto, **nego provimento** à apelação.

RICARDO ANAFE

Corregedor Geral da Justiça e Relator (DJe de 22.02.2022 – SP)

PODER JUDICIÁRIO

TRIBUNAL DE JUSTIÇA DO ESTADO DE SÃO PAULO

CONSELHO SUPERIOR DA MAGISTRATURA

Apelação Cível nº 1020218-83.2020.8.26.0405

Registro: 2021.000973512

ACÓRDÃO

Vistos, relatados e discutidos estes autos de **Apelação Cível nº 1020218-83.2020.8.26.0405**, da

Comarca de **Osasco**, em que é apelante **DEPARTAMENTO DE ÁGUAS E ENERGIA ELÉTRICA - DAEE.**, é apelado **SEGUNDO OFICIAL DE REGISTRO DE IMÓVEIS DE OSASCO.**

ACORDAM, em Conselho Superior de Magistratura do Tribunal de Justiça de São Paulo, proferir a seguinte decisão: **"Negaram provimento, v.u"**, de conformidade com o voto do Relator, que integra este acórdão.

O julgamento teve a participação dos Exmos. Desembargadores **PINHEIRO FRANCO (PRESIDENTE TRIBUNAL DE JUSTIÇA) (Presidente), LUIS SOARES DE MELLO (VICE PRESIDENTE), XAVIER DE AQUINO (DECANO), GUILHERME G. STRENGER (PRES. SEÇÃO DE DIREITO CRIMINAL), MAGALHÃES COELHO(PRES. DA SEÇÃO DE DIREITO PÚBLICO) E DIMAS RUBENS FONSECA (PRES. DA SEÇÃO DE DIREITO PRIVADO).**

São Paulo, 22 de novembro de 2021.

RICARDO ANAFE

Corregedor Geral da Justiça e Relator

Apelação Cível nº 1020218-83.2020.8.26.0405

Apelante: Departamento de Águas e Energia Elétrica - Daee.

Apelado: Segundo Oficial de Registro de Imóveis de Osasco

VOTO Nº 31.649

Registro de Imóveis – Dúvida – Carta de Adjudicação expedida nos autos de ação de desapropriação – Aquisição originária da propriedade – Incerteza quanto à exata localização, no solo, da área desapropriada – Ofensa ao princípio da especialidade objetiva – Óbice mantido – Dúvida julgada procedente – Nega-se provimento à apelação.

1. Trata-se de apelação interposta pelo *Departamento de Águas e Energia Elétrica DAEE* contra a sentença proferida pela MM.ª Juíza Corregedora Permanente do 2º Oficial de Registro de Imóveis e de Títulos e Documentos de Osasco/SP, que julgou procedente a dúvida suscitada para o fim de manter a exigência de que seja aditada a carta de adjudicação extraída dos autos da ação de desapropriação (Processo nº 0041371-30.1999.8.26.0405), que tramitou perante a 8ª Vara Cível da Comarca de Osasco/SP, para possibilitar a identificação da exata localização da parte desapropriada do imóvel matriculado sob nº 31.462 junto à referida serventia imobiliária (fl. 173/174).

A apelante afirma, em síntese, que o laudo pericial realizado no processo judicial descreve com clareza as medidas, as confrontações e a localização exata do imóvel desapropriado. Alega que as plantas constantes dos autos trazem a necessária certeza quanto à localização da área em relação às quadras municipais 43, 34 e 26 do denominado Jardim Piratininga. Acrescenta que a desapropriação é forma originária de aquisição da propriedade, o que permite a averbação do desfalque da área desapropriada independentemente da complementação do título (fl. 180/183).

A Douta Procuradoria de Justiça opinou pelo não provimento do recurso (fl. 205/208).

É o relatório.

2. De início, saliente-se que a origem judicial do título não impede a sua qualificação nem implica desobediência, como está no item 117 do Capítulo XX do Tomo II das Normas de Serviço da Corregedoria Geral de Justiça e, no mais, é lição corrente deste Conselho Superior da Magistratura (mencione-se, por brevidade, o decidido na Apelação Cível nº 0003968-52.2014.8.26.0453, j. 25.2.2016). Observe-se, ademais, que *in casu* se trata, verdadeiramente, de título judicial (passível, portanto, de qualificação), e não de ordem judicial (hipótese em que o cumprimento seria coativo e independeria do exame de legalidade próprio da atividade registral).

Destarte, para análise da regularidade da exigência formulada pelo registrador, deve-se considerar o disposto no art. 176, inciso II, "3", da Lei de Registros Públicos:

> *"Art. 176 - O Livro nº 2 - Registro Geral – será destinado, à matrícula dos imóveis e ao registro ou averbação dos atos relacionados no art. 167 e não atribuídos ao Livro nº 3.*
>
> *(...)*
>
> *II - são requisitos da matrícula:*
>
> *(...)*
>
> *3) a identificação do imóvel, que será feita com indicação:*
>
> *a - se rural, do código do imóvel, dos dados constantes do CCIR, da denominação e de suas características, confrontações, localização e área;*
>
> *b - se urbano, de suas características e confrontações, localização, área, logradouro, número e de sua designação cadastral, se houver".*

Já o art. 225 da mesma Lei assim prevê:

> *"Art. 225 - Os tabeliães, escrivães e juízes farão com que, nas escrituras e nos autos judiciais, as partes indiquem, com precisão, os característicos, as confrontações e as localizações dos imóveis, mencionando*

os nomes dos confrontantes e, ainda, quando se tratar só de terreno, se esse fica do lado par ou do lado ímpar do logradouro, em que quadra e a que distância métrica da edificação ou da esquina mais próxima, exigindo dos interessados certidão do registro imobiliário.

(...)

§ 2º Consideram-se irregulares, para efeito de matrícula, os títulos nos quais a caracterização do imóvel não coincida com a que consta do registro anterior".

Referidas normas externam o princípio da especialidade e destinam-se a assegurar que a totalidade dos imóveis esteja precisamente individuada. A identificação há de ser tal que aquele que a lê possa ter integrais condições de identificar os limites da área imobiliária objeto da matrícula, em perfeita obediência ao princípio da especialidade objetiva.

No caso concreto, diversamente do quanto entendido pela recorrente, não foi reconhecida afronta ao princípio da continuidade, uma vez que se cuida de modo originário de aquisição da propriedade. O que motiva a recusa do Oficial é a ofensa ao princípio da especialidade objetiva, considerando que, tal como constou da nota de devolução expedida (fl. 08/09), a área desapropriada não tem correspondência com nenhum imóvel matriculado na serventia imobiliária, sendo certo que *"a descrição constante do título não permite a individualização do imóvel, pois consta rua e confrontações não oficializadas, não permitindo a exata localização do lote a ser desapropriado".*

Ressalte-se que a despeito da realização de prova técnica produzida na ação de desapropriação, não foram apresentados, por trabalho técnico próprio, os pontos de amarração para identificação da parcela do imóvel sobre a qual recai a desapropriação cujo registro se almeja.

Daí porque se faz correta a exigência de complementação do título, a fim de que seja possível identificar a exata localização do imóvel desapropriado no solo, com ponto de amarração seguro, o que o tornará inconfundível em relação a qualquer outro.

3. Diante do exposto, pelo meu voto, **nego provimento** à apelação.

RICARDO ANAFE

Corregedor Geral da Justiça e Relator (DJe de 22.02.2022 – SP)

COMPRA E VENDA

PODER JUDICIÁRIO

TRIBUNAL DE JUSTIÇA DO ESTADO DE SÃO PAULO

CONSELHO SUPERIOR DA MAGISTRATURA

Apelação Cível nº 1081016-52.2020.8.26.0100

Registro: 2021.0000918288

ACÓRDÃO

Vistos, relatados e discutidos estes autos de **Apelação Cível nº 1081016-52.2020.8.26.0100**, da Comarca de **São Paulo**, em que são apelantes **SORAIA LOPES** e **JOSÉ CARLOS ROCHA**, é apelado **16º OFICIAL DE REGISTRO DE IMÓVEIS DA COMARCA DA CAPITAL.**

ACORDAM, em Conselho Superior de Magistratura do Tribunal de Justiça de São Paulo, proferir a seguinte decisão: **"Negaram provimento. V. U."**, de conformidade com o voto do Relator, que integra este acórdão.

O julgamento teve a participação dos Exmos. Desembargadores **PINHEIRO FRANCO (PRESIDENTE TRIBUNAL DE JUSTIÇA) (Presidente), LUIS SOARES DE MELLO (VICE PRESIDENTE), XAVIER DE AQUINO (DECANO), GUILHERME G. STRENGER (PRES. SEÇÃO DE DIREITO CRIMINAL), MAGALHÃES COELHO(PRES. DA SEÇÃO DE DIREITO PÚBLICO) E DIMAS RUBENS FONSECA (PRES. DA SEÇÃO DE DIREITO PRIVADO).**

São Paulo, 3 de novembro de 2021.

RICARDO ANAFE

Corregedor Geral da Justiça e Relator

Apelação Cível nº 1081016-52.2020.8.26.0100

Apelantes: Soraia Lopes e José Carlos Rocha

Apelado: 16º Oficial de Registro de Imóveis da Comarca da Capital

VOTO Nº 31.575

Registro de Imóveis – Escritura de compra e venda – Desqualificação – Imóvel inserido em área maior, objeto de transcrição – Falta de controle da disponibilidade qualitativa na transcrição – Necessidade de prévia retificação do registro de origem para adequação da descrição do imóvel e apuração da área remanescente – Óbice mantido – Nega-se provimento à apelação.

1. Trata-se de recurso de apelação interposto por *Soraia Lopes* e *José Carlos Rocha* contra a sentença proferida pela MM.ª Juíza Corregedora Permanente do 16º Oficial de Registro de Imóveis da Capital, que manteve a recusa ao registro de escritura de compra e venda lavrada pelo Tabelião de Notas de Torre de Pedra, Comarca de Porangaba/SP, em 20 de dezembro de 2019, tendo por objeto imóvel com origem na transcrição nº 3.797 do 12º Oficial de Registro de Imóveis da Capital (fl. 72/74).

Sustentam os apelantes, em síntese, que há disponibilidade qualitativa e quantitativa a lastrear o pretendido registro.

Nesse sentido, afirmam que o perímetro do imóvel está claramente delimitado pela planta da quadra fiscal juntada aos autos, em que há menção a seus confrontantes pelos lados (matrículas nos 97.925 e 137.639) e pelos fundos (matrícula nº 56.577). Aduzem que a escritura de compra e venda foi lavrada a partir do alvará judicial expedido nos autos do Processo nº 100.07.198884-8, que tramitou perante a 9ª Vara da Família e das Sucessões do Foro Central da Capital, bem como no compromisso de compra e venda datado de 10 de junho de 1946, celebrado entre o titular de domínio, Henrique Fraccaroli, e Orlando Lopes, e posterior cessão de direitos celebrada em 08 de março de 2001, de maneira que não há dúvidas sobre o bem negociado. Ressaltam que o imóvel está devidamente individualizado e descrito, razão pela qual não merece subsistir o óbice apresentado pela registradora (fl. 80/86).

Os apelantes regularizaram sua representação processual nos autos (fl. 102/103).

A douta Procuradoria de Justiça opinou pelo não provimento do recurso (fl. 108/110).

É o relatório.

2. O dissenso versa sobre a registrabilidade da escritura de compra e venda lavrada pelo Tabelião de Notas de Torre de Pedra, Comarca de Porangaba/SP, em 20 de dezembro de 2019 (fl. 13/16). Seu ingresso no fólio real foi recusado pela Oficial porque: *"Da transcrição nº 3.797 do 12º Oficial de Registro de Imóveis constam dois lotes de terreno que totalizam uma área de 11.080m² e desta área já foram feitas diversas alienações, não sendo possível auferir, com segurança, a disponibilidade de área. (...)"* (nota de devolução a fl. 08/09).

A despeito das razões recursais, a escritura de compra e venda não pode ser registrada por falta de controle de disponibilidade qualitativa na transcrição de origem.

Consoante esclarecido pela Oficial em suas manifestações no presente procedimento de dúvida registral, a transcrição nº 3.797 do 12º Oficial de Registro de Imóveis da Capital tem por objeto dois terrenos, um com 10.094m² e outro com 986m² (fl. 30/33), tendo servido de origem para outros imóveis matriculados junto ao 16º Registro de Imóveis da Capital e ao 9º Registro de Imóveis da Capital (fl. 37/55). E ainda que tenham sido indicados os confrontantes do imóvel objeto da escritura de compra e venda na ação de usucapião anteriormente ajuizada pelos apelantes (fl. 27/28), o que permitiria o controle da disponibilidade quantitativa da transcrição de origem, afirma a registradora que o controle da disponibilidade qualitativa é impossível de ser realizado sem a prévia apuração de remanescente da área, certo que os destaques das áreas já registradas foram realizados sem o devido controle do que restou na referida transcrição (fl. 01/02 e 63/65).

De fato, em razão de anteriores alienações e destaques ao longo do tempo, a transcrição nº 3.797 do 12º Oficial de Registro de Imóveis da Capital perdeu suas características de especialização objetiva, não havendo sequer planta da referida transcrição para o mínimo controle de disponibilidade. Não seria possível o ingresso do título, portanto, à míngua de descrição suficiente da área e dos limites do imóvel remanescente, sem a indicação de marcos seguros que permitam levantar de onde será destacado o terreno em questão, sob pena de ofensa ao princípio da especialidade objetiva.

Não basta, por certo, a indicação das medidas perimetrais e da área do imóvel referido na escritura de compra e venda, tampouco a especificação de seus confrontantes. É que sem apuração do remanescente não é possível assegurar que a área disponível coincide com o imóvel descrito no título, em todas as suas características

A questão não é nova, havendo diversos precedentes sobre a matéria:

> *REGISTRO DE IMÓVEIS – Escritura pública de venda e compra – Acesso negado – Lote destacado de área transcrita – Ausência de perfeita identificação tabular – Princípios da especialidade e da disponibilidade – Dúvida procedente – Recurso não provido.* (Apelação nº 188-6/9, da Comarca de Barueri, Rel. Des. JOSÉ MÁRIO ANTONIO CARDINALE).

> *REGISTRO DE IMÓVEIS – Dúvida julgada procedente – Transcrição imprecisa que compromete a segurança do sistema – Venda e compra celebrada com herdeiros dos titulares tabulares – Sujeição do registro*

ao princípio da continuidade – Desmembramento irregular de lote, a exigir retificação (apuração do remanescente) – Irrelevância dos erros praticados no âmbito do serviço extrajudicial (notarial e registral) – Sentença mantida – Recursos improvidos. (Apelação nº 0005615-39.2015.8.26.0068, Comarca de Barueri, Rel. Des. MANOEL DE QUEIROZ PEREIRA CALÇAS).

REGISTRO DE IMÓVEIS. Escritura de compra e venda. Área maior transcrita, com marcos imprecisos e contendo diversos desfalques, perdendo suas características de especialização objetiva. Necessidade de retificação. Apuração de remanescente. Dúvida procedente. Recurso desprovido. (Apelação nº 1000035-06.2018.8.26.0068, da Comarca de Barueri, Rel. Des. GERALDO FRANCISCO PINHEIRO FRANCO).

Por fim, quanto aos descerramentos passados de matrículas de outros imóveis oriundos da área maior em que também inserido o terreno objeto do título recusado, é oportuno frisar que, ao que se pode depreender, os anteriores registros foram realizados porque não havia outros desfalques que impedissem os desmembramentos.

Contudo, em razão desses destaques é que novos registros dependem da apuração do remanescente.

3. Diante do exposto, pelo meu voto, **nego provimento** à apelação.

RICARDO ANAFE

Corregedor Geral da Justiça e Relator (DJe de 22.02.2022 – SP)

PODER JUDICIÁRIO

TRIBUNAL DE JUSTIÇA DO ESTADO DE SÃO PAULO

CONSELHO SUPERIOR DA MAGISTRATURA

Apelação Cível n.º 1011206-80.2020.8.26.0361

Registro: 2021.0000973495

ACÓRDÃO

Vistos, relatados e discutidos estes autos de **Apelação Cível n.º 1011206-80.2020.8.26.0361**, da Comarca de **Mogi das Cruzes**, em que são apelantes **JOSE FELIX FIGUEIREDO** e **RITA DE CÁSSIA TRONQUINI FIGUEIREDO**, é apelado **2º OFICIAL DE REGISTRO DE IMÓVEIS E ANEXOS DA COMARCA DE MOGI DAS CRUZES.**

ACORDAM, em Conselho Superior de Magistratura do Tribunal de Justiça de São Paulo, proferir a seguinte decisão: **"Negaram provimento, v.u"**, de conformidade com o voto do Relator, que integra este acórdão.

O julgamento teve a participação dos Exmos. Desembargadores **PINHEIRO FRANCO (PRESIDENTE TRIBUNAL DE JUSTIÇA) (Presidente), LUIS SOARES DE MELLO (VICE PRESIDENTE), XAVIER DE AQUINO (DECANO), GUILHERME G. STRENGER (PRES. SEÇÃO DE DIREITO CRIMINAL), MAGALHÃES COELHO(PRES. DA SEÇÃO DE DIREITO PÚBLICO) E DIMAS RUBENS FONSECA (PRES. DA SEÇÃO DE DIREITO PRIVADO).**

São Paulo, 22 de novembro de 2021.

RICARDO ANAFE

Corregedor Geral da Justiça e Relator

Apelação Cível n.º 1011206-80.2020.8.26.0361

Apelantes: Jose Felix Figueiredo e Rita de Cássia Tronquini Figueiredo

Apelado: 2º Oficial de Registro de Imóveis e Anexos da Comarca de Mogi das Cruzes

VOTO N.º 31.597

Registro de Imóveis – Dúvida – Compra e Venda e Cessão de Compromisso de Compra e Venda – Escritura Pública – Impossibilidade de aferir se os anuentes-cedentes que constam da escritura pública são os compromissários compradores que constam da transcrição – Ofensa à especialidade subjetiva e ao trato consecutivo – Rogação que abrange os dois atos (o registro da compra e venda e a averbação da cessão de compromisso) – Impossibilidade de cisão, considerada a rogação dos interessados, ora recorrentes – Apelação a que se nega provimento, mantidos o óbice registral e a r. Sentença.

1. Trata-se de apelação (fl. 101/107) interposta por José Felix Figueiredo e Rita de Cássia Tronquini Figueiredo contra a r. sentença (fl. 95/96) proferida pelo MM. Juiz Corregedor Permanente do 2º Oficial de Registro de Imóveis, Títulos e Documentos e Civil de Pessoas Jurídicas da Comarca de Mogi das Cruzes, que julgou procedente a dúvida (fl. 1/7) e manteve óbice (fl. 61/74) ao registro *stricto sensu* de uma compra e venda e à averbação de uma cessão de compromisso de compra e venda, negócios jurídicos esses trazidos por escritura pública (fl. 5/9) e referentes a um imóvel (Lote 1 da Quadra 294-B) ainda inscrito numa área maior, objeto da transcrição n. 31.780, do Livro 3-AU, do 1º Oficial de Registro de Imóveis e Anexos daquela mesma comarca (fl. 11/14).

Segundo a r. sentença (fl. 95/96), o imóvel em questão estava sob o domínio de Enéas de Arruda Santos e de sua mulher Armanda Muller Arruda (fl. 11/14, 19, 21/22, 31 e 33). Enéas e Armanda, como promitentes, celebraram compromisso de compra e venda com Eros Zucchini, casado com Caterina Lasalvia Zucchini (fl. 35 e 37). A escritura pública apresentada a registro tem como figurantes os interessados José Felix Figueiredo e Rita de Cássia Franquini Figueiredo, como compradores, e o espólio de Enéas Arruda Santos, como vendedor, e também comparecem, como anuentes, Eros Zuschini e sua mulher Helena Zuschini. A descrição desses anuentes, assim no título como no assento (*i. e.*, na transcrição) é, contudo, deficiente, e os documentos apresentados pelos interessados José e Rita de Cássia não comprovam que os cessionários presentes na escritura pública efetivamente eram os compromissários compradores apontados pela transcrição. Assim, não é possível proceder à inscrição da cessão do compromisso de compra e venda e, por via de consequência, tampouco é lícito deferir-se o registro da compra e venda, pois se trata de negócios jurídicos interligados e, além disso, o compromisso continuaria a constar dos assentos, com prejuízo à segurança jurídica. Portanto, resta aos interessados (que admitiram não poder obter a complementação faltante) a via da usucapião, e as inscrições rogadas têm de ser indeferidas, a bem da continuidade e da especialidade subjetiva.

Os apelantes alegam (fl. 101/107), em síntese, que a existência do compromisso não impede o registro da compra e venda, inscrição essa que deverá ser feita sem nenhum gravame na matrícula a ser aberta em favor dos recorrentes.

A ilustre Procuradoria Geral de Justiça ofertou parecer pelo não provimento do recurso (fl. 130/132).

***É o relatório*.**

2. A r. sentença tem de ser mantida como lançada, em que pese aos fundamentos do recurso.

A escritura pública apresentada pelos apelantes (fl. 5/9) traz em si dois negócios jurídicos: *(a)* uma compra e venda celebrada entre o Espólio de Enéas de Arruda Santos e Armanda Muller Arruda, vendedores, e José Felix Figueiredo e sua mulher Rita de Cássia Franquini Figueiredo (fl. 6/7); e *(b)* uma cessão da posição de compromissário comprador, feita por Eros Zuschini e sua mulher Helena Zuschini aos ditos José Felix e Rita de Cássia (fl. 6 e 8).

Como se vê nas razões de dúvida (fl. 61/67) e na r. sentença (fl. 95/96), as inscrições foram adiadas, porque os interessados pediram tanto o registro *stricto sensu* da compra e venda, quanto a averbação da cessão (Lei n. 6.015, de 31 de dezembro de 1973, art. 167, II, 3), mas este último não se pôde praticar, em atenção aos princípios do trato consecutivo (ou continuidade) e da especialidade subjetiva. É que, como fez notar o ofício de registro de imóveis (fl. 67/68, especialmente), na transcrição consta que o compromissário comprador é "Eros Zucchini, casado, tapeceiro, domiciliado na Rua Treze de Maio, 966", e no título figuram, como anuentes e cedentes, "Eros Zuschini, tapeceiro, portador da cédula de identidade RG n. 3.715.819-SSP/SP, e sua mulher Helena Zuschini, do lar, portadora da cédula de identidade RG n. 7.812.019- SSP/SP, ambos brasileiros, casados sob o regime da comunhão parcial de bens, anteriormente à vigência da Lei n. 6.515/77, inscritos no CPF/MF sob o n. 305.732.429/00, residentes e domiciliados à Rua Albuquerque Lins nº 66, São Paulo, Capital.", de modo que não é possível estabelecer, entre aquele e estes, identidade subjetiva que permita concluir que o disponente, na cessão, é o legitimado, no assento imobiliário (perceba-se, em especial, a discrepância quanto ao nome do cônjuge).

Como se sabe, por força do princípio do trato consecutivo (ou da continuidade), como regra geral só se admite a inscrição (registro *stricto sensu* ou averbação Lei n. 6.015, art. 167, I e II) "daqueles actos de disposição em que o disponente coincide com o titular do direito segundo o registo" (Carlos Ferreira de Almeida, *apud* Ricardo Dip, *Registros sobre Registros*, n. 208).

É o que diz a Lei n. 6.015/1973:

> *"Art. 195. Se o imóvel não estiver matriculado ou registrado em nome do outorgante, o oficial exigirá a prévia matrícula e o registro do título anterior, qualquer que seja a sua natureza, para manter a continuidade do registro.*
>
> *Art. 237. Ainda que o imóvel esteja matriculado, não se fará registro que dependa da apresentação de título anterior, a fim de que se preserve a continuidade do registro".*

Nas palavras de Afrânio de Carvalho (*Registro de Imóveis*, 3ª ed., Rio de Janeiro: Forense, 1982, p. 304):

> *"O princípio de continuidade, que se apoia no de especialidade, quer dizer que, em relação a cada imóvel, adequadamente individuado, deve existir uma cadeia de titularidades à vista da qual só se fará a inscrição de um direito se o outorgante dele aparecer no registro como seu titular. Assim, as sucessivas transmissões que derivam umas da outras, asseguram sempre a preexistência do imóvel no patrimônio do transferente".*

Logo, realmente não era dado ao oficial de registro de imóveis, nessas condições, proceder às inscrições pretendidas. Note-se que os apelantes não tiveram interesse em cindir o título, para obter a entrada apenas do negócio jurídico de compra e venda (fl. 70, 83/84 e 106/107), e não se pode deixar de atender *exatamente* ao que rogaram, pois o oficial (Lei n. 6.015/1973, art. 13) e, muito menos, o juiz dos registros não atuam de ofício ou por cima da vontade do interessado. Pelo contrário: sempre que ouvidos (fl. 83/84 e 106/107), insistiram na pretensão de ver registrada a compra e venda, sem que se mantivesse a averbação do compromisso, o que, como visto, é inviável, porque não se sabe se a cessão operara pelas mãos de quem de direito.

Em suma, é necessário que os apelantes realmente corrijam o título ou a transcrição, sem o que, como disseram corretamente o Oficial e a r. sentença recorrida, não se pode deferir o que pediram nem, é claro, dar provimento ao apelo.

3. À vista do exposto, pelo meu voto, **nego provimento à apelação.**

RICARDO ANAFE

Corregedor Geral da Justiça e Relator (DJe de 22.02.2022 – SP)

CONFERÊNCIA DE BENS

PODER JUDICIÁRIO

TRIBUNAL DE JUSTIÇA DO ESTADO DE SÃO PAULO

CONSELHO SUPERIOR DA MAGISTRATURA

Apelação Cível nº 1001918-81.2021.8.26.0100

Registro: 2021.0000918290

ACÓRDÃO

Vistos, relatados e discutidos estes autos de **Apelação Cível nº 1001918-81.2021.8.26.0100**, da Comarca de **São Paulo**, em que é apelante **JAIRO TACCI**, é apelado **7º OFICIAL DE REGISTRO DE IMÓVEIS DA COMARCA DA CAPITAL.**

ACORDAM, em Conselho Superior de Magistratura do Tribunal de Justiça de São Paulo, proferir a seguinte decisão: **"Negaram provimento, V. U."**, de conformidade com o voto do Relator, que integra este acórdão.

O julgamento teve a participação dos Exmos. Desembargadores **PINHEIRO FRANCO (PRESIDENTE TRIBUNAL DE JUSTIÇA) (Presidente), LUIS SOARES DE MELLO (VICE PRESIDENTE), XAVIER DE AQUINO (DECANO), GUILHERME G. STRENGER (PRES. SEÇÃO DE DIREITO CRIMINAL), MAGALHÃES COELHO (PRES. DA SEÇÃO DE DIREITO PÚBLICO) E DIMAS RUBENS FONSECA (PRES. DA SEÇÃO DE DIREITO PRIVADO).**

São Paulo, 3 de novembro de 2021.

RICARDO ANAFE

Corregedor Geral da Justiça e Relator

Apelação Cível nº 1001918-81.2021.8.26.0100

Apelante: Jairo Tacci

Apelado: 7º Oficial de Registro de Imóveis da Comarca da Capital

VOTO Nº 31.587

Registro de Imóveis – Apelação – Dúvida – Negativa de registro de instrumento particular de desconstituição de pessoa jurídica – Transmissão de bem imóvel com valor superior a trinta salários mínimos, ainda que realizada a título de pagamento de haveres – Necessidade de escritura pública – Inteligência do art. 108 do código civil – ITBI – Isenção ou imunidade que depende de manifestação do órgão tributante – Recurso a que se nega provimento.

1. Cuida-se de recurso de apelação interposto por JAIRO TACCI em face da r. sentença de fl. 79/83, que julgou procedente a dúvida inversa suscitada, mantendo-se os óbices registrários ofertados pelo 7º Oficial de Registro de Imóveis da Comarca da Capital para registro de instrumento particular de desconstituição de pessoa jurídica, pela falta de aptidão do título representativo de ato translativo do domínio do imóvel objeto da matrícula nº 29.982, o que tornaria necessária a forma pública, nos termos do art. 108 do Código Civil, assim como o pagamento do tributo devido na operação.

A Nota de Exigência de fl. 22 indicou como motivos de recusa do ingresso do título:

"I - Observa-se que, para a formalização da transferência do imóvel objeto da matrícula 29.982 desta Serventia, para os sócios da empresa VIC COPIADORA RAPIDA EIRELI, em virtude da desconstituição e extinção da mesma conforme o presente instrumento particular de desconstituição, é necessário a apresentação do título hábil, que de acordo com o artigo nº 108 do atual Código Civil, é a escritura pública, tendo em vista que o valor de referência atribuído ao imóvel pela Prefeitura da Capital na data do instrumento é de R$ 752.048,00, ou seja, acima dos 30 salários mínimos previstos no aludido artigo 108, portanto o presente instrumento particular não é título hábil para instrumentalizar a transferência do imóvel aos sócios (nesse sentido v.g. AC.

n.º 1036696-87.2015.8.26.0100 e Dec. de 04/02/2016 – Proc. CG n.º 2015/00170381 dentre outras).

II – Por outro lado, salientamos ser necessário que quando da apresentação da escritura acima mencionada, a mesma esteja acompanhada da respectiva prova do recolhimento do imposto de transmissão respectivo (ITBI atual DTI), devidamente quitado, (consoante determina o artigo 2º do Decreto Municipal n.º 55.196/2014, antes com previsão no Decreto n.º 46.228/2005 e Lei Municipal n.º 13.402/2002, que alteraram diversos artigos da Lei n.º 11.154/91 e "ex-vi" do que dispõe o artigo nº 289 da Lei n.º 6.015/73), em virtude de ser obrigação dos notários, oficiais de Registro de imóveis ou seus prepostos, a fiscalização e exatidão, quanto ao pagamento e/ou omissões referentes ao aludido imposto."

Sustenta o recorrente, em suma, que a sentença é nula porque não analisados todos os argumentos lançados. Com a extinção da empresa o imóvel retorna ao seu anterior proprietário. Que quando da integralização do capital da pessoa jurídica foi observada a correspondência da avaliação do imóvel e conferência de bens para fins de declaração de imposto de renda. Há limitação de tributar pelo art. 156, § 2º , I, da Constituição Federal, que impede a tributação da transmissão de bens ou direitos incorporados ao patrimônio de pessoa jurídica em realização de capital; que a sentença desconheceu o registro na JUCESP e que a EIRELI é constituída por apenas um sócio; que os herdeiros não são sócios da EIRELI; que a sentença não considerou que se trata de EIRELI constituída por uma só pessoa, titular da totalidade do capital social, devidamente integralizado; e que foi incorporado ao capital social um imóvel que antes pertencia ao domínio e propriedade do casal.

A D. Procuradoria Geral de Justiça opinou pelo desprovimento do recurso (fl. 150/153).

É o relatório.

2. Presentes seus pressupostos legais e administrativos, conheço do recurso.

A apelação, a despeito de seus jurídicos fundamentos, não comporta provimento.

A preliminar de nulidade não comporta acolhimento.

Cuidou a MM.ª Juíza Corregedora Permanente, por meio da fundamentada r. decisão de fl. 79/83, de pronunciar-se sobre as questões de fato e de direito aventadas, rechaçando as alegações do recorrente, julgando, ao final, procedente a dúvida registrária.

No mérito, melhor sorte não socorre ao apelante.

Com efeito, por meio do instrumento particular de constituição de empresa individual EIRELI, datado de 01 de outubro de 2013, devidamente registrado na JUCESP, e sob n.º 06 (13 de março de 2020) na matrícula n.º 29.982 do 7º Oficial de Registro de Imóveis da Comarca da Capital, o imóvel situado na Rua Frei Gaspar n.º 338, Moóca, São Paulo, foi transferido à sociedade Vic Copiadora Rápida Eireli à título de conferência de bens para integralização de capital, figurando como única sócia Vicenta Di Fátima Ippolito Tacci.

Foi apresentado a registro, obtendo qualificação negativa, o instrumento particular de desconstituição da empresa Vic Copiadora Rápida Eireli, datado de 08 de janeiro de 2020, registrado na Junta Comercial do Estado de São Paulo JUCESP, acompanhado de escritura pública de arrolamento e partilha de bens, lavrada perante o 17º Tabelião de Notas da Capital em 27 de dezembro de 2019, em face do óbito de mencionada sócia, restando partilhadas as quotas sociais de dita pessoa jurídica na razão de 50% para o viúvo meeiro Jairo Tacci e para o herdeiro Alessandro Tacci.

Em última análise, pretende o recorrente, viúvo da falecida e única sócia de Vic Copiadora Rápida Eireli, obter o registro do instrumento particular de desconstituição da pessoa jurídica para constar que o imóvel objeto da matrícula nº 29.982 fica "desincorporado para restituição ao antigo proprietário e viúvo meeiro com o encerramento da empresa" (fl. 64/66).

Consoante dispõe o art. 108 do Código Civil:

"Art. 108. Não dispondo a lei em contrário, a escritura pública é essencial à validade dos negócios jurídicos que visem à constituição, transferência, modificação ou renúncia de direitos reais sobre imóveis de valor superior a trinta vezes o maior salário mínimo vigente no País."

Para os negócios jurídicos que envolvam direitos reais relativos a imóveis de valor superior a trinta salários mínimos, a escritura pública é essencial, salvo disposição de lei em contrário.

O art. 64 da Lei n.º 8.934/94 traz exceção à regra inserta no referido art. 108, assim prevendo:

"Art. 64. A certidão dos atos de constituição e de alteração de empresários individuais e de sociedades mercantis, fornecida pelas juntas comerciais em que foram arquivados, será o documento hábil para a transferência, por transcrição no registro público competente, dos bens com que o subscritor tiver contribuído para a formação ou para o aumento do capital."

É sabido que o exame do título pelo registrador é restrito aos aspectos formais e extrínsecos, à luz dos princípios que norteiam os registros públicos, dentre eles, o da legalidade.

Conforme lição de Afrânio de Carvalho, o Oficial tem o dever de proceder o exame da legalidade do título e apreciação das formalidades extrínsecas da ordem e à conexão de seus dados com o registro e sua formalização instrumental (in "Registro de Imóveis", editora Forense, 4ª ed.). O exame da legalidade consiste na aceitação para registro somente do título que estiver de acordo com a lei.

O registro do instrumento particular de desconstituição da pessoa jurídica não constitui, pois, título hábil à transmissão do imóvel de valor superior a 30 salários mínimos e portanto, não preenche a formalidade exigida em lei.

A exceção contida no art. 64 da Lei n.º 8.934/94, admitindo a utilização de instrumento particular, qual seja, a certidão da Junta Comercial, com o fim de materializar a conferência de bens pelos sócios para integralizar o capital social, deve ser interpretada restritivamente, sendo descabida a interpretação extensiva defendida pelo apelante para dissolução da pessoa jurídica, inadmitindo-se, ademais, aplicação analógica no âmbito administrativo.

Não há conflito entre o art. 64 da Lei nº 8.934/1994 e o art. 108 do Código Civil, pois a norma especial prevalece sobre a norma geral na hipótese que prevê, ou seja, na transmissão de bens do sócio para a sociedade promovida para a constituição ou o aumento do capital social.

Indiscutível que o instrumento particular de desconstituição da empresa Vic Copiadora Rápida Eireli apresentado para ingresso na tábua registrária contém negócio jurídico que, para o direito registral, ultrapassa o âmbito da extinção da sociedade, incluindo a transmissão do direito real de propriedade (art. 1.225, I, do Código Civil), exigindo-se, pois, a escritura pública, nos termos do art. 108 do Código Civil porque supera o valor correspondente a 30 salários mínimos.

Neste sentido foi a decisão do então Corregedor Geral da Justiça, Desembargador Manoel de Queiroz Pereira Calças, que aprovou o Parecer n.º 33/2016-E, exarado pelo, à época, Juiz Assessor da Corregedoria, Dr. Guilherme Stamillo Santarelli Zuliani:

"REGISTRO DE IMÓVEIS – Pedido de providências julgado improcedente – Dissolução de sociedade por instrumento particular – Qualificação registral negativa – Transferência de bem imóvel em favor do sócio – Escritura Pública que é da substância do negócio jurídico – Forma prescrita em Lei – Recurso não provido."

Nesta linha, também, o entendimento exarado na Apelação n.º 491-6/1, cujo relator foi o então Corregedor Geral da Justiça, Desembargador Gilberto Passos de Freitas.

"REGISTRO DE IMÓVEIS – Dúvida julgada procedente – Negativa de acesso ao registro de instrumento particular de distrato social de pessoa jurídica, com transferência de bens imóveis da sociedade para os sócios – Inviável o registro à luz do disposto no art. 134, II, §6º, do Código Civil de 1916 e no art. 108 do novo Código Civil – Indispensabilidade da transferência dos bens por intermédio de escritura pública – Não incidência, no caso, da norma do art. 64, da Lei n.º 8.934/1994 – Recurso não provido."

A distinção entre a pessoa jurídica e os seus sócios, inclusive no que se refere ao patrimônio, foi realçada pelo art. 49-A do Código Civil, introduzido pela Lei nº 13.874/2019, que dispõe:

"Art. 49-A. A pessoa jurídica não se confunde com os seus sócios, associados, instituidores ou administradores.

Parágrafo único. A autonomia patrimonial das pessoas jurídicas é um instrumento lícito de alocação e segregação de riscos, estabelecido pela lei com a finalidade de estimular empreendimentos, para a geração de empregos, tributo, renda e inovação em benefício de todos."

A função social das pessoas jurídicas referida no parágrafo único do art. 49-A do Código Civil, que abrange a sua função econômica, embasa o tratamento adotado na legislação para a transmissão dos bens, pelos sócios, destinados à integralização e aumento do capital social, uma vez que são essenciais para o desenvolvimento da atividade empresária.

Por isso, a transmissão de bem imóvel da sociedade, ainda que a título de pagamento dos haveres decorrentes da dissolução e posterior liquidação da empresa, tem como requisito de validade a escritura pública, salvo se o imóvel tiver valor inferior a trinta salários mínimos, como previsto no art. 108 do Código Civil.

O instrumento público não é dispensado pela causa da transmissão do imóvel da sociedade, consistente no pagamento de haveres decorrente de sua dissolução, pois até a sua efetiva liquidação e consequente extinção permanece a sociedade com o domínio dos bens que integram o seu patrimônio, como esclarece Fábio Ulhoa Coelho:

"A sociedade empresária dissolvida (por ato dos sócios ou decisão judicial) não perde, de imediato, a personalidade jurídica por completo. Ao contrário, conserva-a, mas apenas para liqüidar as pendências obrigacionais existentes (LSA, art. 207; CC/2002, art. 51, Ccom, art. 335, in fine). Em outros termos, ela sofre uma considerável restrição na sua personalidade, na medida em que somente pode praticar os atos necessários ao atendimento das finalidades da liquidação. Qualquer negócio jurídico realizado em nome da sociedade empresária dissolvida que não vise dar seguimento à solução das pendências obrigacionais não pode ser imputado à pessoa jurídica. Esta não é mais um sujeito apto a titularizar direitos ou contrair obrigações, salvo as indispensáveis ao regular processamento da liquidação. Imputam-se, desse modo, as conseqüências do ato exclusivamente à pessoa física que o praticou em nome da sociedade dissolvida" (Curso de Direito Comercial, Vol. 2, 6ª ed., São Paulo: Saraiva, 2003, pág. 460).

Relevante também pontuar que por meio da escritura pública de arrolamento e partilha lavrada perante o 17º Tabelião de Notas da Capital foram partilhadas apenas as quotas da sociedade sem menção ao direito real sobre o imóvel, de modo que, de fato, não comporta ingresso no fólio real, salvo se retificada fosse para se incluir, também, a partilha do bem imóvel.

Assim, a par das alegações do apelante a dissolução da empresa não acarreta automática transferência de domínio do bem imóvel, sendo imprescindível que o ato translativo se efetive através da escritura pública.

Ultrapassado este ponto, nos termos do art. 289 da Lei n.º 6.015/73, incumbe ao oficial de registro a rigorosa fiscalização do pagamento dos impostos devidos por força dos atos que lhe forem apresentados em razão do ofício, o que vem corroborado pelos itens 117 e 117.1, do Capítulo XX, Tomo II, das NSCGJ:

"117. Incumbe ao oficial impedir o registro de título que não satisfaça os requisitos exigidos pela lei, quer sejam consubstanciados em instrumento público ou particular, quer em atos judiciais.

117.1. Com exceção do recolhimento do imposto de transmissão e prova de recolhimento do laudêmio, quando devidos, nenhuma exigência relativa à quitação de débitos para com a Fazenda Pública, inclusive quitação de débitos previdenciários, fará o oficial, para o registro de títulos particulares, notariais ou judiciais."

A omissão do Delegatário pode levar à sua responsabilidade solidária no pagamento do tributo, nos exatos termos do art. 134, inciso VI, do Código Tributário Nacional-CTN:

"Art. 134. Nos casos de impossibilidade de exigência do cumprimento da obrigação principal pelo contribuinte, respondem solidariamente com este nos atos em que intervierem ou pelas omissões de que forem responsáveis:

(...)

VI - os tabeliães, escrivães e demais serventuários de ofício, pelos tributos devidos sobre os atos praticados por eles, ou perante eles, em razão do seu ofício."

No caso concreto, considerado pelo Registrador o negócio como ato oneroso decorrente da apuração de haveres da sociedade, existe fato gerador do imposto de transmissão "inter vivos", incumbindo-lhe o dever de fiscalizar o pagamento, observando-se que eventual não incidência está condicionada à apresentação pelo interessado de prova do reconhecimento administrativo da isenção, conforme art. 176, inciso I, do Decreto Municipal n.º 59.579/2020.

"Art. 176. Para lavratura, registro, inscrição, averbação e demais atos relacionados à transmissão de imóveis ou de direitos a eles relativos, ficam obrigados os notários, oficiais de Registro de Imóveis ou seus prepostos a:

I - verificar a existência da prova do recolhimento do imposto ou do reconhecimento administrativo da não incidência, da imunidade ou da concessão de isenção;"

Não se trata, como já decidido por este Egrégio Conselho Superior da Magistratura, de questão relacionada ao exame material do montante de imposto devido, cuja atribuição é da Fazenda respectiva e foge do exame da regularidade formal do título, mas de dispensa do recolhimento, o que não está na esfera de discricionariedade do Oficial.

Não cabe, assim, ao registrador determinar se é caso de isenção ou não do tributo, compete ao órgão tributante emitir documento neste sentido para viabilizar o registro.

Nesse cenário, não há como se concluir pela superação dos óbices apontados pelo registrador.

3. Por essas razões, pelo meu voto, nego provimento ao recurso.

RICARDO ANAFE

Corregedor Geral da Justiça e Relator (DJe de 22.02.2022 – SP)

INVENTÁRIO E PARTILHA

Apelação Cível nº 1001379-87.2021.8.26.0562

Ementa

Registro de Imóveis - Dúvida Partilha - Causa Mortis - Inventário Judicial - Ofensa ao princípio da continuidade - Necessidade de partilhas sucessivas - Impossibilidade de registro - Óbice mantido - Apelação a que se nega provimento

Ato

PODER JUDICIÁRIO

TRIBUNAL DE JUSTIÇA DO ESTADO DE SÃO PAULO

CONSELHO SUPERIOR DA MAGISTRATURA

Apelação Cível nº 1001379-87.2021.8.26.0562

Registro: 2021.0000918295

ACÓRDÃO

Vistos, relatados e discutidos estes autos de **Apelação Cível nº 1001379-87.2021.8.26.0562**, da Comarca de **Santos**, em que é apelante **MARIA IVONETE ANTUNES DOS SANTOS FRATELLI**, é apelado **2° OFICIAL DE REGISTRO DE IMÓVEIS DA COMARCA DE SANTOS.**

ACORDAM, em Conselho Superior de Magistratura do Tribunal de Justiça de São Paulo, proferir a seguinte decisão: "Negaram provimento, com determinação, v.u.", de conformidade com o voto do Relator, que integra este acórdão.

O julgamento teve a participação dos Exmos. Desembargadores **PINHEIRO FRANCO (PRESIDENTE TRIBUNAL DE JUSTIÇA) (Presidente), LUIS SOARES DE MELLO (VICE PRESIDENTE), XAVIER DE AQUINO (DECANO), GUILHERME G. STRENGER (PRES. SEÇÃO DE DIREITO CRIMINAL), MAGALHÃES COELHO(PRES. DA SEÇÃO DE DIREITO PÚBLICO) E DIMAS RUBENS FONSECA (PRES. DA SEÇÃO DE DIREITO PRIVADO).**

São Paulo, 3 de novembro de 2021.

RICARDO ANAFE

Corregedor Geral da Justiça e Relator

Apelação Cível nº 1001379-87.2021.8.26.0562

Apelante: Maria Ivonete Antunes dos Santos Fratelli

Apelado: 2° Oficial de Registro de Imóveis da Comarca de Santos

VOTO Nº 31.630

Registro de Imóveis - Dúvida Partilha - Causa Mortis - Inventário Judicial - Ofensa ao princípio da continuidade - Necessidade de partilhas sucessivas - Impossibilidade de registro - Óbice mantido - Apelação a que se nega provimento.

1. Trata-se de apelação (fl. 247/256) interposta por Maria Ivonete Antunes dos Santos Fratelli e Maria do Socorro Antunes dos Santos contra a r. sentença (fl. 236/242) proferida pelo MM. Juiz Corregedor Permanente do 2º Oficial de Registro de Imóveis da Comarca de Santos, que julgou procedente a dúvida (fl. 01/05) e manteve óbice (fl. 10) ao registro *stricto sensu* de uma partilha judicial *causa mortis* trazida por carta de sentença notarial (fl. 24/194) e concernente ao imóvel da matrícula n. 5.854, daquele cartório (fl.06/09).

Segundo a r. sentença (fl. 236/242), é possível a cumulação de inventários num único processo ou numa única escritura pública. Contudo, é necessária mais de uma partilha, quando há vários passamentos. Conquanto o Oficial de Registro de Imóveis, em linha de princípio, não deva questionar os critérios pelos quais se chegou a certa partilha, ainda assim não se admite partilha única para óbitos distintos; desse modo, têm de ser realizadas partilhas sucessivas e sequenciais para cada falecimento, pois são distintos os momentos em que foram transmitidos os patrimônios. Ainda que, como aduzem as interessadas, o defeito não tenha sido observado por outro ofício de registro de imóveis, certo é que cada Oficial tem independência para qualificar o título, independentemente do entendimento do colega local. Logo, a dúvida é procedente e o óbice tem de ser mantido.

As apelantes alegam (fl. 247/256) que a partilha judicial seguiu estritamente os trâmites previstos no art. 672 do Cód. de Proc. Civil, e que é possível proceder a uma única partilha, sem a necessidade, portanto, de fazê-las sequencialmente. Ademais, não é dado ao Oficial de Registro de Imóveis suprimir os efeitos da sentença de partilha ou discutir-lhe os termos, como fez ao denegar o registro, o qual foi feito, com relação ao mesmo título, em outro cartório da mesma comarca (matrícula n. 27.020, do 1º Ofício de Registro de Imóveis). A manutenção da sentença ainda implicará mais despesas e delongas, em ofensa aos princípios da celeridade e da economia processual, além de prejudicar uma possível venda do bem. Por tudo isso, o *decisum* tem de ser reformado.

A ilustre Procuradoria Geral de Justiça ofertou parecer pelo provimento do recurso (fl. 290/293).

É o relatório.

2. Note-se, de início, que a origem judicial do título (*in casu*, uma partilha *causa mortis* feita mediante sentença judicial – fl. 189/191) não o torna imune à qualificação registral, ainda que esta se limite, então, aos requisitos formais do título e à sua adequação aos princípios registrais (Normas de Serviço da Corregedoria Geral da Justiça NSCGJ, Capítulo XX, item 117). É pacífico, além disso, que a qualificação negativa não caracteriza nem desobediência nem descumprimento de decisão jurisdicional (Conselho Superior da Magistratura, Apelação Cível n. 413-6/7; Apel. Cív. n. 0003968-52.2014.8.26.0453; Apel. Cív. n. 0005176-34.2019.8.26.0344; e Apel. Cív. n. 1001015-36.2019.8.26.0223).

In medias res: consta do R. 2 da matrícula em questão (fl. 06/07) que os proprietários tabulares são José Eráclito dos Santos e sua mulher Idalina Antunes dos Santos, casados em regime da comunhão universal antes da Lei n. 6.515/1977.

José Eráclito faleceu em 29 de fevereiro de 2012 (fl. 30), na constância do casamento com Idalina, e deixou como filhas as interessadas (ora apelantes) Maria Ivonete e Maria do Socorro.

Idalina, por sua vez, faleceu em 11 de agosto de 2018 (fl. 31), e também teve como herdeiras as apelantes Maria Ivonete e Maria do Socorro.

Houve, portanto, duas transmissões a causa de morte: *(a)* a primeira, de José Eráclito para Maria Ivonete e Maria do Socorro, em 2012, concernente a 50% do domínio do imóvel; e *(b)* a segunda, de Idalina para Maria Ivonete e Maria do Socorro, em 2018, concernente à outra metade.

No registro de imóveis, em razão do princípio do trato consecutivo (ou da continuidade – Lei n. 6.015, de 31 de dezembro de 1973, arts. 195 e 237), essas duas transmissões têm de constituir, cada qual, uma inscrição autônoma (*i. e.*, um registro em sentido estrito, na forma do art. 167, I), em particular (mas não só) para que se saiba de onde vieram as frações ideais decorrentes do falecimento de Idalina: afinal, para a transmissão *causa mortis* desses quinhões, era pressuposto a partilha anterior, reconhecendo à extinta a metade que lhe cabia como meeira quando da morte de José Eráclito. É isso que diz o art. 237 da Lei de Registros Públicos, quando prescreve que "não se fará registro que dependa da apresentação de título anterior, a fim de que se preserve a continuidade do registro".

Ora, para que essas transmissões pudessem ser postas, cada qual, no relativo registro *stricto sensu*, era imprescindível que houvesse títulos: um, para a primeira sucessão (de José Eráclito às apelantes, com meação de Idalina); outro, para a segunda (de Idalina para as apelantes).

Esses títulos, porém, não existem, porque na partilha judicial tudo foi confundido num único ato, com pagamento único, e o domínio passou diretamente de José e Idalina para Maria Ivonete e Maria do Socorro, como se se tratasse de uma só transmissão, o que não é exato. Ou seja: saltou-se e omitiu-se uma sucessão, fez-se a partilha *per saltum et omisso medio*. É o que está nas declarações (fl. 129/137), em especial a fl. 134, onde se vê que por conta dos óbitos dos proprietários tabulares José Eráclito e Idalina foi feito somente um pagamento a cada herdeira.

É o entendimento consolidado deste Conselho Superior da Magistratura:

"REGISTRO DE IMÓVEIS – Inventário – Ofensa ao princípio da continuidade – Necessidade de partilhas sucessivas – Impossibilidade de registro – Óbice mantido – Recurso não provido." (Apelação Cível n. 1013445-56.2019.8.26.0114, j. 10.12.2019, DJe 02.4.2020).

"REGISTRO DE IMÓVEIS – Ação de inventário/arrolamento envolvendo mais de um falecido – Sentença homologatória de partilhas sucessivas – Impossibilidade de registro – Princípio da continuidade – Óbice mantido – Recurso desprovido." (Apel. Cív. n. 0001207-39.2016.8.26.0498, j. 28.3.2018, DJe 04.5.2018).

"REGISTRO DE IMÓVEIS – Carta de Adjudicação – Casal falecido com único herdeiro – Inexistência de comoriência – Necessidade da realização de partilhas sucessivas – Violação do princípio da continuidade – Necessidade de retificação do título judicial para acesso ao fólio real – Recurso não provido." (Apel. Cív. n. 0051003-05.2011.8.26.0100, j. 30.8.2012, DJe 31.10.2012).

"REGISTRO DE IMÓVEIS – Dúvida – Formal de partilha – Transmissão *per saltum* que se não coaduna com o princípio da continuidade (Lei nº 6.015/73, arts. 195 e 237) – Jurisprudência do Conselho Superior da Magistratura – Recurso não provido." (Apel. Cív. n. 0002506-52.2009.8.26.0383, j. 27.10.2011, DJe 27.01.2012).

Não há dúvida de que o inciso III do art. 672 do Cód. De Proc. Civil permite a cumulação de inventários quando houver dependência de uma das partilhas em relação à outra. Entretanto, como se tira da dicção da própria lei, cumulam-se os *inventários*, mas há partilhas *diversas*. Pode ser que, no futuro, se simplifique esse modo de proceder e que, abrindo-se na lei uma exceção ao art. 237 da Lei de Registros Públicos, se consiga pelo menos simplificar a forma de registrar essas transmissões na matrícula; até lá, portanto, considerada a atual compreensão do princípio do trato consecutivo, permanece a exigência de partilhas distintas, sucessivas e encadeadas, o que não pode ser atalhado pela invocação dos princípios da celeridade e da economia processual.

Quanto ao fato de que outro ofício de registro de imóveis tenha lavrado o registro do mesmo título, em ofensa ao princípio da continuidade (matrícula n. 27.020, do 1º Ofício de Registro de Imóveis da Comarca de Santos), esse fato tem de ser apurado pela Corregedoria Geral da Justiça, e não serve para justificar que aqui se repita o mesmo erro. Para os fins dessa apuração, devem ser extraídas cópias de fl. 129/137, 189/191, 207/212 e 218/220, para formação de expediente próprio.

Por fim, dificuldades quanto à venda do imóvel, conquanto compreensíveis, não são razões bastantes para que se releve o óbice registral nem para que se modifique a r. sentença apelada.

3. À vista do exposto, pelo meu voto, **nego provimento à apelação, com determinação.**

RICARDO ANAFE

Corregedor Geral da Justiça e Relator (DJe de 22.02.2022 – SP)

PODER JUDICIÁRIO

TRIBUNAL DE JUSTIÇA DO ESTADO DE SÃO PAULO

CONSELHO SUPERIOR DA MAGISTRATURA

Apelação Cível nº 1001379-87.2021.8.26.0562

Registro: 2021.0000918295

ACÓRDÃO

Vistos, relatados e discutidos estes autos de **Apelação Cível nº 1001379-87.2021.8.26.0562**, da Comarca de **Santos**, em que é apelante **MARIA IVONETE ANTUNES DOS SANTOS FRATELLI**, é apelado **2° OFICIAL DE REGISTRO DE IMÓVEIS DA COMARCA DE SANTOS.**

ACORDAM, em Conselho Superior de Magistratura do Tribunal de Justiça de São Paulo, proferir a seguinte decisão: "Negaram provimento, com determinação, v.u.", de conformidade com o voto do Relator, que integra este acórdão.

O julgamento teve a participação dos Exmos. Desembargadores **PINHEIRO FRANCO (PRESIDENTE TRIBUNAL DE JUSTIÇA) (Presidente), LUIS SOARES DE MELLO (VICE PRESIDENTE), XAVIER DE AQUINO (DECANO), GUILHERME G. STRENGER (PRES. SEÇÃO DE DIREITO CRIMINAL), MAGALHÃES COELHO(PRES. DA SEÇÃO DE DIREITO PÚBLICO) E DIMAS RUBENS FONSECA (PRES. DA SEÇÃO DE DIREITO PRIVADO).**

São Paulo, 3 de novembro de 2021.

RICARDO ANAFE

Corregedor Geral da Justiça e Relator

Apelação Cível nº 1001379-87.2021.8.26.0562

Apelante: Maria Ivonete Antunes dos Santos Fratelli

Apelado: 2° Oficial de Registro de Imóveis da Comarca de Santos

VOTO Nº 31.630

Registro de Imóveis – Dúvida Partilha – Causa Mortis – Inventário Judicial – Ofensa ao princípio da continuidade – Necessidade de partilhas sucessivas – Impossibilidade de registro – Óbice mantido – Apelação a que se nega provimento.

1. Trata-se de apelação (fl. 247/256) interposta por Maria Ivonete Antunes dos Santos Fratelli e Maria do Socorro Antunes dos Santos contra a r. sentença (fl. 236/242) proferida pelo MM. Juiz Corregedor Permanente do 2º Oficial de Registro de Imóveis da Comarca de Santos, que julgou procedente a dúvida (fl. 01/05) e manteve óbice (fl. 10) ao registro *stricto sensu* de uma partilha judicial *causa mortis* trazida por carta de sentença notarial (fl. 24/194) e concernente ao imóvel da matrícula n. 5.854, daquele cartório (fl. 06/09).

Segundo a r. sentença (fl. 236/242), é possível a cumulação de inventários num único processo ou numa única escritura pública. Contudo, é necessária mais de uma partilha, quando há vários passamentos. Conquanto o Oficial de Registro de Imóveis, em linha de princípio, não deva questionar os critérios pelos quais se chegou a certa partilha, ainda assim não se admite partilha única para óbitos distintos; desse modo, têm de ser realizadas partilhas sucessivas e sequenciais para cada falecimento, pois são distintos os momentos em que foram transmitidos os patrimônios. Ainda que, como aduzem as interessadas, o defeito não tenha sido observado por outro ofício de registro de imóveis, certo é que cada Oficial tem independência para qualificar o título, independentemente do entendimento do colega local. Logo, a dúvida é procedente e o óbice tem de ser mantido.

As apelantes alegam (fl. 247/256) que a partilha judicial seguiu estritamente os trâmites previstos no art. 672 do Cód. de Proc. Civil, e que é possível proceder a uma única partilha, sem a necessidade, portanto, de fazê-las sequencialmente. Ademais, não é dado ao Oficial de Registro de Imóveis suprimir os efeitos da sentença de partilha ou discutir-lhe os termos, como fez ao denegar o registro, o qual foi feito, com relação ao mesmo título, em outro cartório da mesma comarca (matrícula n. 27.020, do 1º Ofício de Registro de Imóveis). A manutenção da sentença ainda implicará mais despesas e delongas, em ofensa aos princípios da celeridade e da economia processual, além de prejudicar uma possível venda do bem. Por tudo isso, o *decisum* tem de ser reformado.

A ilustre Procuradoria Geral de Justiça ofertou parecer pelo provimento do recurso (fl. 290/293).

É o relatório.

2. Note-se, de início, que a origem judicial do título (*in casu*, uma partilha *causa mortis* feita mediante sentença judicial – fl. 189/191) não o torna imune à qualificação registral, ainda que esta se limite, então, aos requisitos formais do título e à sua adequação aos princípios registrais (Normas de Serviço da Corregedoria Geral da Justiça NSCGJ, Capítulo XX, item 117). É pacífico, além disso, que a qualificação negativa não caracteriza nem desobediência nem descumprimento de decisão jurisdicional (Conselho Superior da Magistratura, Apelação Cível n. 413-6/7; Apel. Cív. n. 0003968-52.2014.8.26.0453; Apel. Cív. n. 0005176-34.2019.8.26.0344; e Apel. Cív. n. 1001015-36.2019.8.26.0223).

In medias res: consta do R. 2 da matrícula em questão (fl. 06/07) que os proprietários tabulares são José Eráclito dos Santos e sua mulher Idalina Antunes dos Santos, casados em regime da comunhão universal antes da Lei n. 6.515/1977.

José Eráclito faleceu em 29 de fevereiro de 2012 (fl. 30), na constância do casamento com Idalina, e deixou como filhas as interessadas (ora apelantes) Maria Ivonete e Maria do Socorro.

Idalina, por sua vez, faleceu em 11 de agosto de 2018 (fl. 31), e também teve como herdeiras as apelantes Maria Ivonete e Maria do Socorro.

Houve, portanto, duas transmissões a causa de morte: *(a)* a primeira, de José Eráclito para Maria Ivonete e Maria do Socorro, em 2012, concernente a 50% do domínio do imóvel; e *(b)* a segunda, de Idalina para Maria Ivonete e Maria do Socorro, em 2018, concernente à outra metade.

No registro de imóveis, em razão do princípio do trato consecutivo (ou da continuidade – Lei n. 6.015, de 31 de dezembro de 1973, arts. 195 e 237), essas duas transmissões têm de constituir, cada qual, uma inscrição autônoma (*i. e.*, um registro em sentido estrito, na forma do art. 167, I), em particular (mas não só) para que se saiba de onde vieram as frações ideais decorrentes do falecimento de Idalina: afinal, para a transmissão *causa mortis* desses quinhões, era pressuposto a partilha anterior, reconhecendo à extinta a metade que lhe cabia como meeira quando da morte de José Eráclito. É isso que diz o art. 237 da Lei de Registros Públicos, quando prescreve que "não se fará registro que dependa da apresentação de título anterior, a fim de que se preserve a continuidade do registro".

Ora, para que essas transmissões pudessem ser postas, cada qual, no relativo registro *stricto sensu,* era imprescindível que houvesse títulos: um, para a primeira sucessão (de José Eráclito às apelantes, com meação de Idalina); outro, para a segunda (de Idalina para as apelantes).

Esses títulos, porém, não existem, porque na partilha judicial tudo foi confundido num único ato, com pagamento único, e o domínio passou diretamente de José e Idalina para Maria Ivonete e Maria do Socorro, como se se tratasse de uma só transmissão, o que não é exato. Ou seja: saltou-se e omitiu-se uma sucessão, fez-se a partilha *per saltum et omisso medio.* É o que está nas declarações (fl. 129/137), em especial a fl. 134, onde se vê que por conta dos óbitos dos proprietários tabulares José Eráclito e Idalina foi feito somente um pagamento a cada herdeira.

É o entendimento consolidado deste Conselho Superior da Magistratura:

"REGISTRO DE IMÓVEIS – Inventário – Ofensa ao princípio da continuidade – Necessidade de partilhas sucessivas – Impossibilidade de registro – Óbice mantido – Recurso não provido." (Apelação Cível n. 1013445-56.2019.8.26.0114, j. 10.12.2019, DJe 02.4.2020).

"REGISTRO DE IMÓVEIS – Ação de inventário/arrolamento envolvendo mais de um falecido – Sentença homologatória de partilhas sucessivas – Impossibilidade de registro – Princípio da continuidade – Óbice mantido – Recurso desprovido." (Apel. Cív. n. 0001207-39.2016.8.26.0498, j. 28.3.2018, DJe 04.5.2018).

"REGISTRO DE IMÓVEIS – Carta de Adjudicação – Casal falecido com único herdeiro – Inexistência de comoriência – Necessidade da realização de partilhas sucessivas – Violação do princípio da continuidade – Necessidade de retificação do título judicial para acesso ao fólio real – Recurso não provido." (Apel. Cív. n. 0051003-05.2011.8.26.0100, j. 30.8.2012, DJe 31.10.2012).

"REGISTRO DE IMÓVEIS – Dúvida – Formal de partilha – Transmissão *per saltum* que se não coaduna com o princípio da continuidade (Lei nº 6.015/73, arts. 195 e 237) – Jurisprudência do Conselho Superior da Magistratura – Recurso não provido." (Apel. Cív. n. 0002506-52.2009.8.26.0383, j. 27.10.2011, DJe 27.01.2012).

Não há dúvida de que o inciso III do art. 672 do Cód. De Proc. Civil permite a cumulação de inventários quando houver dependência de uma das partilhas em relação à outra. Entretanto, como se tira da dicção da própria lei, cumulam-se os *inventários,* mas há partilhas *diversas*. Pode ser que, no futuro, se simplifique esse modo de proceder e que, abrindo-se na lei uma exceção ao art. 237 da Lei de Registros Públicos, se consiga pelo menos simplificar a forma de registrar essas transmissões na matrícula; até lá, portanto, considerada a atual compreensão do princípio do trato consecutivo, permanece a exigência de partilhas distintas, sucessivas e encadeadas, o que não pode ser atalhado pela invocação dos princípios da celeridade e da economia processual.

Quanto ao fato de que outro ofício de registro de imóveis tenha lavrado o registro do mesmo título, em ofensa ao princípio da continuidade (matrícula n. 27.020, do 1º Ofício de Registro de Imóveis da Comarca de Santos), esse fato tem de ser apurado pela Corregedoria Geral da Justiça, e não serve para justificar que aqui se repita o mesmo erro. Para os fins dessa apuração, devem ser extraídas cópias de fl. 129/137, 189/191, 207/212 e 218/220, para formação de expediente próprio.

Por fim, dificuldades quanto à venda do imóvel, conquanto compreensíveis, não são razões bastantes para que se releve o óbice registral nem para que se modifique a r. sentença apelada.

3. À vista do exposto, pelo meu voto, **nego provimento à apelação, com determinação.**

RICARDO ANAFE

Corregedor Geral da Justiça e Relator (DJe de 22.02.2022 – SP)

PERMUTA

PODER JUDICIÁRIO

TRIBUNAL DE JUSTIÇA DO ESTADO DE SÃO PAULO

CONSELHO SUPERIOR DA MAGISTRATURA

Apelação Cível nº 1001733-55.2018.8.26.0615

Registro: 2021.0000973508

ACÓRDÃO

Vistos, relatados e discutidos estes autos de **Apelação Cível nº 1001733-55.2018.8.26.0615**, da Comarca de **Tanabi**, em que são apelantes **NIVAN BATISTA DA SILVA** e **CASTORINA DE SOUZA SILVA**, é apelado **OFICIAL DE REGISTRO DE IMÓVEIS E ANEXOS DA COMARCA DE TANABI.**

ACORDAM, em Conselho Superior de Magistratura do Tribunal de Justiça de São Paulo, proferir a seguinte decisão: **"Negaram provimento, v.u"**, de conformidade com o voto do Relator, que integra este acórdão.

O julgamento teve a participação dos Exmos. Desembargadores **PINHEIRO FRANCO (PRESIDENTE TRIBUNAL DE JUSTIÇA) (Presidente), LUIS SOARES DE MELLO (VICE PRESIDENTE), XAVIER DE AQUINO (DECANO), GUILHERME G. STRENGER (PRES. SEÇÃO DE DIREITO CRIMINAL), MAGALHÃES COELHO(PRES. DA SEÇÃO DE DIREITO PÚBLICO) E DIMAS RUBENS FONSECA (PRES. DA SEÇÃO DE DIREITO PRIVADO).**

São Paulo, 22 de novembro de 2021.

RICARDO ANAFE

Corregedor Geral da Justiça e Relator

Apelação Cível nº 1001733-55.2018.8.26.0615

Apelantes: Nivan Batista da Silva e Castorina de Souza Silva

Apelado: Oficial de Registro de Imóveis e Anexos da Comarca de Tanabi

VOTO Nº 31.641

Registro de Imóveis – Escritura pública de permuta de bens imóveis de valores venais distintos, sem torna – Acréscimo patrimonial de forma não onerosa a caracterizar doação – Ausência de comprovação de recolhimento de Imposto de Transmissão *causa mortis* – ITCMD ou sua isenção – Dever do Oficial de velar pelo seu recolhimento, exigindo a apresentação das respectivas guias ou prova do

reconhecimento administrativo da isenção – Óbice mantido – Recurso desprovido.

1. Trata-se de apelação interposta por **NIVAN BATISTA DA SILVA e CASTORINA DE SOUZA SILVA** em face da r. sentença de fl. 134/136, que manteve a recusa levantada pelo Oficial de Registro de Imóveis da Comarca de Tanabi, negando registro de escritura pública de permuta de bens em razão da não apresentação de prova de quitação do ITCMD relativo à diferença de valores entre os imóveis permutados.

Em suas razões, os recorrentes sustentaram, em suma, que a permuta sem exigência de torna, com imóveis de valores díspares, deu-se em razão da conveniência e oportunidade dos permutantes; eventual renúncia deveria ser expressa, não havendo qualquer previsão legal de que ela constitua fato gerador de ITCMD; os valores venais expressam grandezas que foram consideradas para cálculo de ITBI e emolumentos e não se confundem com o ITCMD.

A D. Procuradoria Geral de Justiça opinou pelo desprovimento do recurso (fl. 172/177).

É o relatório.

2. O recurso não merece provimento.

Versa a questão sobre a possibilidade de se efetuar o registro de escritura pública de permuta de bens imóveis com valores diversos e sem torna, sem que haja prova de recolhimento do ITCMD.

Da nota devolutiva de fl. 32 constou o seguinte óbice:

> *"Considerando que na permuta houve uma significativa renúncia de valores entre os imóveis, no montante de R$ 193.454,31, fato que configura como uma doação, motivo pelo qual se exige o recolhimento do ITCMD, de conformidade com a decisão do processo de DÚVIDA nº 1095880-08.2014.8.26.0100, de 13 de novembro de 2014, da 1ª Vara de Registros Públicos de São Paulo."*

Com efeito, a escritura pública de permuta lavrada em 04 de julho de 2018, no livro nº 162, fl. 388/396, perante o Tabelião de Notas da Comarca de Monte Azul Paulista/SP tem como partes Luiz Rodrigues e Olga Augusta Fávero, titulares dos imóveis matriculados no Oficial de Registro de Imóveis da Comarca de Tanabi, São Paulo, com área total de 134.45.52 hectares: 1) matrícula nº 8.725, com 62.92.00 hectares (com valor atribuído de R$ 90.531,92); 2) matrícula nº 10.790, com 21.78.00 hectares (com valor atribuído de R$ 31.337,97); 3) matrícula nº 13.223, com 18.29.52 hectares (com valor atribuído de R$ 26.316,42) ; 4) matrícula nº 10.986, com 14.52.00 hectares (parte ideal de 83.38% da propriedade rural com valor atribuído de R$ 17.409,99); 5) matrícula nº 8.160, com área de 9.68.00 hectares (com valor atribuído de R$ 13.927,99); 6) matrícula nº 12.170, com 7.26.00 hectares (com valor atribuído de R$ 10.445,99).

De outro lado constam como partes os recorrentes, Castorina de Souza Silva e Nivan Batista da Silva, titulares dos seguintes imóveis todos localizados no Município de Turmalina, Comarca de Estrela D'Oeste/SP, com área total de 84.09.50 hectares: 1) matrícula nº 5.632, com 62.31.50 hectares (com valor atribuído de R$ 308.424,59; 2) matrícula nº 7.420, com 7.26.00 hectares (com valor atribuído de R$ 25.000,00); 3) matrícula nº 7.421, com 7.26.00 hectares (com valor atribuído de R$ 25.000,00); 4) matrícula nº 7.422, com 7.26.00 hectares (com valor atribuído de R$ 25.000,00).

Em referido ato notarial foram atribuídos aos imóveis rurais de propriedade dos primeiros permutantes o valor global de R$ 189.970,28 e aos imóveis de propriedade dos segundos permutantes, situados na Comarca de Estrela D' Oeste, o valor total de R$ 383.424,59, havendo, assim, diferença de R$ 193.454,31.

Além disso, os seis imóveis rurais de Luiz Rodrigues e Olga Augusta Fávero, que foram permutados com os recorrentes, têm, somados, valores venais de R$ 2.501.143,12 (Declaração do Imposto Territorial Rural ITR), e valor venal total, atribuído pela Prefeitura de Tanabi, para fins de ITBI, de R$ 1.200.742,26 (fl. 70).

Já os quatro imóveis rurais dos apelantes, Nivan Batista e Castorina Silva, que foram permutados com Luiz Rodrigues e Olga Augusta Fávero, têm, somados, valores venais de R$ 1.170.538,90 (Declaração do Imposto Territorial Rural ITR), e valor venal total, atribuído pela Prefeitura de Turmalina, para fins de ITBI, de R$ 1.345.520,00 (fl. 71).

Assim, sob qualquer prisma que se analise, certo é que há diferença de valores entre os bens permutados, considerando-se o valor excedente como doação. Daí a pertinência da exigência para recolhimento do ITCMD ou a comprovação do reconhecimento de sua isenção pela autoridade tributária.

Não se ignora que, se tratando de ITCMD, este C. Conselho Superior da Magistratura tem seguido a linha de que, em regra, não cabe ao Oficial Registrador aferir a regularidade do valor apurado a título do referido imposto:

> *"REGISTRO DE IMÓVEIS – DÚVIDA – FORMAL DE PARTILHA – Registro negado, ao argumento de*

recolhimento a menor de ITCMD – Impossibilidade – Não pode o Sr. Oficial obstar registro por entender que o valor recolhido a título de tributo é inferior ao devido – Dúvida improcedente – Recurso provido." (Apelação n.º 1066691-48.2015.8.26.0100, Rel. Des. PEREIRA CALÇAS).

Contudo, a hipótese não envolve a regular apuração de valor recolhido, mas sim de efetivo não recolhimento.

Com efeito, o art. 289 da Lei nº 6.015/73 é expresso ao indicar que é dever do registrador fiscalizar o pagamento dos tributos incidentes:

> *"Art. 289. No exercício de suas funções, cumpre aos oficiais de registro fazer rigorosa fiscalização do pagamento dos impostos devidos por força dos atos que lhes forem apresentados em razão do ofício."*

A omissão do titular da delegação pode levar à sua responsabilidade solidária no pagamento do tributo, nos termos do art. 134, VI, do Código Tributário Nacional-CTN, não se olvidando, também, de seu dever de analisar a natureza dos negócios apresentados a registro, evitando-se simulações ou até omissões culposas que tragam prejuízos ao Fisco.

No caso, o negócio jurídico entabulado, permuta de bens imóveis de valores distintos sem haver torna ou reposição em dinheiro, gera acréscimo patrimonial de forma não onerosa àquele que recebe o bem de maior valor, a caracterizar doação, nos termos da legislação civil vigente.

> *"Art.538, CC: Considera-se doação o contrato em que uma pessoa, por liberalidade, transfere do seu patrimônio bens ou vantagens para o de outra".*

Outro não é o entendimento jurisprudencial a respeito:

> *"DECADÊNCIA – ITCMD – Não ocorrência Inteligência do art. 173, inc. I do CTN – Créditos tributários constituídos antes de decorrido o prazo decadencial Preliminar prejudicial de mérito afastada. APELAÇÃO CÍVEL AÇÃO ANULATÓRIA DE AUTO DE INFRAÇÃO ITCMD – Alegação de que se firmou contrato de permuta sem torna a título oneroso, de forma a não incidir o imposto estadual – Inadmissibilidade – Autuação baseada nas informações prestadas na Declaração do Imposto de Renda Pessoa Física onde foram informadas as transferências de valores a título de doação Admissibilidade – Doação, todavia, que ocorreu em valor menor ao apurado pela fiscalização – Doação relativa a diferença de valores (venais) entre os imóveis permutados – ITCMD que deve recair sobre esta diferença – Minoração do valor autuado que se impõe – Multa confiscatória Não observada – Conversão do depósito em renda em favor da Fazenda – Possibilidade após o trânsito em julgado R. sentença parcialmente reformada – Recursos da autora e da ré parcialmente providos." (Apelação Cível: 1003390-40.2016.8.26.0053, SILVIA MEIRELLES RELATORA).*

Nestes termos, assiste razão ao I. Registrador ao exigir a apresentação de guia recolhida do ITCMD sobre a diferença do valor existente entre os imóveis, à luz do que dispõem os arts. 1º, II, 6º, II, a, 13 e 16, I, a, todos do Decreto Estadual nº 46.655/2002:

> *"Artigo 1.º - O imposto incide sobre a transmissão de qualquer bem ou direito havido:*
>
> *II - por doação.*
>
> *Artigo 6.º - Fica isenta do imposto*
>
> *II - a transmissão por doação:*
>
> *a - cujo valor não ultrapassar 2.500 (duas mil e quinhentas) UFESPs;*
>
> *Artigo 13 - O valor da base de cálculo é considerado na data da abertura da sucessão, do contrato de doação ou da avaliação, devendo ser atualizado monetariamente, a partir do dia seguinte, segundo a variação da Unidade Fiscal do Estado de São Paulo - UFESP, até a data prevista na legislação tributária para o recolhimento do imposto.*
>
> *Artigo 16 - O valor da base de cálculo, no caso de bem imóvel ou direito a ele relativo será (Lei 10.705/00, art.13):*
>
> *I - em se tratando de:*
>
> *a - urbano, não inferior ao fixado para o lançamento do Imposto sobre a Propriedade Predial e Territorial Urbana IPTU".*

Ademais, eventual isenção está condicionada à apresentação pelo interessado de prova do reconhecimento administrativo da isenção, conforme art. 6º, §3º, do referido Decreto Estadual nº 46.655/2002:

> *"§3º. Na hipótese prevista na alínea "a" do inciso II, os tabeliães e serventuários responsáveis pela lavratura de atos que importem em doação de bens ficam obrigados a exigir do donatário declaração relativa a doações isentas recebidas do mesmo doador, conforme disposições estabelecidas pela Secretaria da Fazenda."*

Não cabe, pois, ao registrador determinar se é caso de isenção ou não, do tributo, competindo ao órgão tributante emitir documento neste sentido para viabilizar o registro.

Tampouco colhe o argumento dos recorrentes no sentido de ser prerrogativa dos proprietários a atribuição de valores aos imóveis objeto da permuta.

Neste sentido decidiu este E. Conselho Superior da Magistratura em caso semelhante:

> *"REGISTRO DE IMÓVEIS. Escritura pública de permuta de bens imóveis de valores venais distintos, sem torna. Acréscimo patrimonial de forma não onerosa a caracterizar doação. Ausência de comprovação de recolhimento de Imposto de Transmissão causa mortis - ITCMD. Dever do Oficial de velar pelo seu recolhimento, exigindo a apresentação das respectivas guias. Óbice mantido. Recurso desprovido."* (CSMSP - APELAÇÃO CÍVEL: 1007778- 97.2020.8.26.0100, RELATOR: Ricardo Mair Anafe, DATA DE JULGAMENTO: 05/06/2020 DATA DJ: 19/06/2020).

Nesse cenário, não há como se concluir pela superação do óbice apontado pelo registrador.

3. Ante o exposto, pelo meu voto, nego provimento ao recurso.

RICARDO ANAFE

Corregedor Geral da Justiça e Relator (DJe de 22.02.2022 – SP)

PODER JUDICIÁRIO

TRIBUNAL DE JUSTIÇA DO ESTADO DE SÃO PAULO

CONSELHO SUPERIOR DA MAGISTRATURA

Apelação Cível nº 1001733-55.2018.8.26.0615

Registro: 2021.0000973508

ACÓRDÃO

Vistos, relatados e discutidos estes autos de **Apelação Cível nº 1001733-55.2018.8.26.0615**, da Comarca de **Tanabi**, em que são apelantes **NIVAN BATISTA DA SILVA** e **CASTORINA DE SOUZA SILVA**, é apelado **OFICIAL DE REGISTRO DE IMÓVEIS E ANEXOS DA COMARCA DE TANABI.**

ACORDAM, em Conselho Superior de Magistratura do Tribunal de Justiça de São Paulo, proferir a seguinte decisão: **"Negaram provimento, v.u"**, de conformidade com o voto do Relator, que integra este acórdão.

O julgamento teve a participação dos Exmos. Desembargadores **PINHEIRO FRANCO (PRESIDENTE TRIBUNAL DE JUSTIÇA) (Presidente), LUIS SOARES DE MELLO (VICE PRESIDENTE), XAVIER DE AQUINO (DECANO), GUILHERME G. STRENGER (PRES. SEÇÃO DE DIREITO CRIMINAL), MAGALHÃES COELHO(PRES. DA SEÇÃO DE DIREITO PÚBLICO) E DIMAS RUBENS FONSECA (PRES. DA SEÇÃO DE DIREITO PRIVADO).**

São Paulo, 22 de novembro de 2021.

RICARDO ANAFE

Corregedor Geral da Justiça e Relator

Apelação Cível nº 1001733-55.2018.8.26.0615

Apelantes: Nivan Batista da Silva e Castorina de Souza Silva

Apelado: Oficial de Registro de Imóveis e Anexos da Comarca de Tanabi

VOTO Nº 31.641

Registro de Imóveis – Escritura pública de permuta de bens imóveis de valores venais distintos, sem torna – Acréscimo patrimonial de forma não onerosa a caracterizar doação – Ausência de comprovação de recolhimento de Imposto de Transmissão *causa mortis* – ITCMD ou sua isenção – Dever do Oficial de velar pelo seu recolhimento, exigindo a apresentação das respectivas guias ou prova do reconhecimento administrativo da isenção – Óbice mantido – Recurso desprovido.

1. Trata-se de apelação interposta por **NIVAN BATISTA DA SILVA e CASTORINA DE SOUZA SILVA** em face da r. sentença de fl. 134/136, que manteve a recusa levantada pelo Oficial de Registro de Imóveis da Comarca de Tanabi, negando registro de escritura pública de permuta de bens em razão da não apresentação de prova de quitação do ITCMD relativo à diferença de valores entre os imóveis permutados.

Em suas razões, os recorrentes sustentaram, em suma, que a permuta sem exigência de torna, com imóveis de valores díspares, deu-se em razão da conveniência e oportunidade dos permutantes; eventual renúncia deveria ser expressa, não havendo qualquer previsão legal de que ela constitua fato gerador de ITCMD; os valores venais expressam grandezas que foram consideradas para cálculo de ITBI e emolumentos e não se confundem com o ITCMD.

A D. Procuradoria Geral de Justiça opinou pelo desprovimento do recurso (fl. 172/177).

É o relatório.

2. O recurso não merece provimento.

Versa a questão sobre a possibilidade de se efetuar o registro de escritura pública de permuta de bens imóveis com valores diversos e sem torna, sem que haja prova de recolhimento do ITCMD.

Da nota devolutiva de fl. 32 constou o seguinte óbice:

"Considerando que na permuta houve uma significativa renúncia de valores entre os imóveis, no montante de R$ 193.454,31, fato que configura como uma doação, motivo pelo qual se exige o recolhimento do ITCMD, de conformidade com a decisão do processo de DÚVIDA nº 1095880-08.2014.8.26.0100, de 13 de novembro de 2014, da 1ª Vara de Registros Públicos de São Paulo."

Com efeito, a escritura pública de permuta lavrada em 04 de julho de 2018, no livro nº 162, fl. 388/396, perante o Tabelião de Notas da Comarca de Monte Azul Paulista/SP tem como partes Luiz Rodrigues e Olga Augusta Fávero, titulares dos imóveis matriculados no Oficial de Registro de Imóveis da Comarca de Tanabi, São Paulo, com área total de 134.45.52 hectares: 1) matrícula nº 8.725, com 62.92.00 hectares (com valor atribuído de R$ 90.531,92); 2) matrícula nº 10.790, com 21.78.00 hectares (com valor atribuído de R$ 31.337,97); 3) matrícula nº 13.223, com 18.29.52 hectares (com valor atribuído de R$ 26.316,42) ; 4) matrícula nº 10.986, com 14.52.00 hectares (parte ideal de 83.38% da propriedade rural com valor atribuído de R$ 17.409,99); 5) matrícula nº 8.160, com área de 9.68.00 hectares (com valor atribuído de R$ 13.927,99); 6) matrícula nº 12.170, com 7.26.00 hectares (com valor atribuído de R$ 10.445,99).

De outro lado constam como partes os recorrentes, Castorina de Souza Silva e Nivan Batista da Silva, titulares dos seguintes imóveis todos localizados no Município de Turmalina, Comarca de Estrela D'Oeste/SP, com área total de 84.09.50 hectares: 1) matrícula nº 5.632, com 62.31.50 hectares (com valor atribuído de R$ 308.424,59; 2) matrícula nº 7.420, com 7.26.00 hectares (com valor atribuído de R$ 25.000,00); 3) matrícula nº 7.421, com 7.26.00 hectares (com valor atribuído de R$ 25.000,00); 4) matrícula nº 7.422, com 7.26.00 hectares (com valor atribuído de R$ 25.000,00).

Em referido ato notarial foram atribuídos aos imóveis rurais de propriedade dos primeiros permutantes o valor global de R$ 189.970,28 e aos imóveis de propriedade dos segundos permutantes, situados na Comarca de Estrela D' Oeste, o valor total de R$ 383.424,59, havendo, assim, diferença de R$ 193.454,31.

Além disso, os seis imóveis rurais de Luiz Rodrigues e Olga Augusta Fávero, que foram permutados com os recorrentes, têm, somados, valores venais de R$ 2.501.143,12 (Declaração do Imposto Territorial Rural ITR), e valor venal total, atribuído pela Prefeitura de Tanabi, para fins de ITBI, de R$ 1.200.742,26 (fl. 70).

Já os quatro imóveis rurais dos apelantes, Nivan Batista e Castorina Silva, que foram permutados com Luiz Rodrigues e Olga Augusta Fávero, têm, somados, valores venais de R$ 1.170.538,90 (Declaração do Imposto Territorial Rural ITR), e valor venal total, atribuído pela Prefeitura de Turmalina, para fins de ITBI, de R$ 1.345.520,00 (fl. 71).

Assim, sob qualquer prisma que se analise, certo é que há diferença de valores entre os bens permutados, considerando-se o valor excedente como doação. Daí a pertinência da exigência para recolhimento do ITCMD ou a comprovação do reconhecimento de sua isenção pela autoridade tributária.

Não se ignora que, se tratando de ITCMD, este C. Conselho Superior da Magistratura tem seguido a linha de que, em regra, não cabe ao Oficial Registrador aferir a regularidade do valor apurado a título do referido imposto:

"REGISTRO DE IMÓVEIS – DÚVIDA – FORMAL DE PARTILHA – Registro negado, ao argumento de recolhimento a menor de ITCMD – Impossibilidade – Não pode o Sr. Oficial obstar registro por entender que o valor recolhido a título de tributo é inferior ao devido – Dúvida improcedente – Recurso provido." (Apelação n.º 1066691-48.2015.8.26.0100, Rel. Des. PEREIRA CALÇAS).

Contudo, a hipótese não envolve a regular apuração de valor recolhido, mas sim de efetivo não recolhimento.

Com efeito, o art. 289 da Lei nº 6.015/73 é expresso ao indicar que é dever do registrador fiscalizar o pagamento dos tributos incidentes:

"Art. 289. No exercício de suas funções, cumpre aos oficiais de registro fazer rigorosa fiscalização do pagamento dos impostos devidos por força dos atos que lhes forem apresentados em razão do ofício."

A omissão do titular da delegação pode levar à sua responsabilidade solidária no pagamento do tributo, nos termos do art. 134, VI, do Código Tributário Nacional-CTN, não se olvidando, também, de seu dever de analisar a natureza dos negócios apresentados a registro, evitando-se simulações ou até omissões culposas que tragam prejuízos ao Fisco.

No caso, o negócio jurídico entabulado, permuta de bens imóveis de valores distintos sem haver torna ou reposição em dinheiro, gera acréscimo patrimonial de forma não onerosa àquele que recebe o bem de maior valor, a caracterizar doação, nos termos da legislação civil vigente.

"Art.538, CC: Considera-se doação o contrato em que uma pessoa, por liberalidade, transfere do seu patrimônio bens ou vantagens para o de outra".

Outro não é o entendimento jurisprudencial a respeito:

"DECADÊNCIA – ITCMD – Não ocorrência Inteligência do art. 173, inc. I do CTN – Créditos tributários constituídos antes de decorrido o prazo decadencial Preliminar prejudicial de mérito afastada. APELAÇÃO CÍVEL AÇÃO ANULATÓRIA DE AUTO DE INFRAÇÃO ITCMD – Alegação de que se firmou contrato de permuta sem torna a título oneroso, de forma a não incidir o imposto estadual – Inadmissibilidade – Autuação baseada nas informações prestadas na Declaração do Imposto de Renda Pessoa Física onde foram informadas as transferências de valores a título de doação Admissibilidade – Doação, todavia, que ocorreu em valor menor ao apurado pela fiscalização – Doação relativa a diferença de valores (venais) entre os imóveis permutados – ITCMD que deve recair sobre esta diferença – Minoração do valor autuado que se impõe – Multa confiscatória Não observada – Conversão do depósito em renda em favor da Fazenda – Possibilidade após o trânsito em julgado R. sentença parcialmente reformada – Recursos da autora e da ré parcialmente providos." (Apelação Cível: 1003390-40.2016.8.26.0053, SILVIA MEIRELLES RELATORA).

Nestes termos, assiste razão ao I. Registrador ao exigir a apresentação de guia recolhida do ITCMD sobre a diferença do valor existente entre os imóveis, à luz do que dispõem os arts. 1º, II, 6º, II, a, 13 e 16, I, a, todos do Decreto Estadual nº 46.655/2002:

"Artigo 1.º - O imposto incide sobre a transmissão de qualquer bem ou direito havido:

II - por doação.

Artigo 6.º - Fica isenta do imposto

II - a transmissão por doação:

a - cujo valor não ultrapassar 2.500 (duas mil e quinhentas) UFESPs;

Artigo 13 - O valor da base de cálculo é considerado na data da abertura da sucessão, do contrato de doação ou da avaliação, devendo ser atualizado monetariamente, a partir do dia seguinte, segundo a variação da Unidade Fiscal do Estado de São Paulo - UFESP, até a data prevista na legislação tributária para o recolhimento do imposto.

Artigo 16 - O valor da base de cálculo, no caso de bem imóvel ou direito a ele relativo será (Lei 10.705/00, art.13):

I - em se tratando de:

a - urbano, não inferior ao fixado para o lançamento do Imposto sobre a Propriedade Predial e Territorial Urbana IPTU".

Ademais, eventual isenção está condicionada à apresentação pelo interessado de prova do reconhecimento administrativo da isenção, conforme art. 6º, §3º, do referido Decreto Estadual nº 46.655/2002:

"§3º. Na hipótese prevista na alínea "a" do inciso II, os tabeliães e serventuários responsáveis pela lavratura de atos que importem em doação de bens ficam obrigados a exigir do donatário declaração relativa a doações isentas recebidas do mesmo doador, conforme disposições estabelecidas pela Secretaria da Fazenda."

Não cabe, pois, ao registrador determinar se é caso de isenção ou não, do tributo, competindo ao órgão tributante emitir documento neste sentido para viabilizar o registro.

Tampouco colhe o argumento dos recorrentes no sentido de ser prerrogativa dos proprietários a atribuição de valores aos imóveis objeto da permuta.

Neste sentido decidiu este E. Conselho Superior da Magistratura em caso semelhante:

"REGISTRO DE IMÓVEIS. Escritura pública de permuta de bens imóveis de valores venais distintos, sem torna. Acréscimo patrimonial de forma não onerosa a caracterizar doação. Ausência de comprovação de recolhimento de Imposto de Transmissão causa mortis - ITCMD. Dever do Oficial de velar pelo seu recolhimento, exigindo a apresentação das respectivas guias. Óbice mantido. Recurso desprovido." (CSMSP - APELAÇÃO CÍVEL: 1007778- 97.2020.8.26.0100, RELATOR: Ricardo Mair Anafe, DATA DE JULGAMENTO: 05/06/2020 DATA DJ: 19/06/2020).

Nesse cenário, não há como se concluir pela superação do óbice apontado pelo registrador.

3. Ante o exposto, pelo meu voto, nego provimento ao recurso.

RICARDO ANAFE

Corregedor Geral da Justiça e Relator (DJe de 22.02.2022 – SP)

1.2 DECISÕES DO CONSELHO SUPERIOR DA MAGISTRATURA DO ESTADO DE SÃO PAULO – **ANO 2021**

1.2.1 REGISTRO DE IMÓVEIS E TABELIONATO DE NOTAS

ADJUDICAÇÃO

PODER JUDICIÁRIO

TRIBUNAL DE JUSTIÇA DO ESTADO DE SÃO PAULO

CONSELHO SUPERIOR DA MAGISTRATURA

Apelação Cível nº 1002808-79.2020.8.26.0318

Registro: 2021.0000380970

ACÓRDÃO

Vistos, relatados e discutidos estes autos de **Apelação Cível nº 1002808-79.2020.8.26.0318**, da Comarca de **Leme**, em que é apelante **BLOKS INDÚSTRIA E COMÉRCIO LTDA E OUTROS**, é apelado **OFICIAL DE REGISTRO DE IMÓVEIS E ANEXOS DA COMARCA DA LEME.**

ACORDAM, em Conselho Superior de Magistratura do Tribunal de Justiça de São Paulo, proferir a seguinte decisão: **"Julgaram prejudicada a dúvida e não conheceram do recurso, v.u."**, de conformidade com o voto do Relator, que integra este acórdão.

O julgamento teve a participação dos Exmos. Desembargadores **PINHEIRO FRANCO (PRESIDENTE TRIBUNAL DE JUSTIÇA) (Presidente), LUIS SOARES DE MELLO (VICE PRESIDENTE), XAVIER DE AQUINO (DECANO), GUILHERME G. STRENGER (PRES. SEÇÃO DE DIREITO CRIMINAL), MAGALHÃES COELHO(PRES. DA SEÇÃO DE DIREITO PÚBLICO) E DIMAS RUBENS FONSECA (PRES. DA SEÇÃO DE DIREITO PRIVADO).**

São Paulo, 13 de maio de 2021.

RICARDO ANAFE

Corregedor Geral da Justiça e Relator

Apelação Cível nº 1002808-79.2020.8.26.0318

Apelante: Bloks Indústria e Comércio Ltda

Apelado: Oficial de Registro de Imóveis e Anexos da Comarca da Leme

VOTO Nº 31.504

Registro de Imóveis – Carta de Sentença Extrajudicial – Negativa de registro – Dúvida julgada procedente, com a manutenção dos óbices apresentados pelo Oficial – Insurgência apenas parcial – Dúvida prejudicada – Pedido subsidiário de averbação que não encontra amparo legal – Recurso não conhecido.

1. Trata-se de apelação interposta por *Bloks Indústria e Comércio Ltda., Incerbrás – Participação e Administração de Bens Ltda. e Marina Paz Sainz* contra a sentença proferida pelo MM. Juiz Corregedor Permanente do Oficial de Registro de Imóveis de Leme/SP, que julgou procedente a dúvida suscitada para o fim de manter a recusa do registro da carta de sentença extrajudicial extraída da ação de adjudicação compulsória ajuizada perante a 3ª Vara Cível daquela Comarca (Processo nº 1050648-97.2019.8.26.0002), tendo por objeto o imóvel matriculado sob nº 32.049 junto à referida serventia imobiliária (fl. 203/204).

Alegam as apelantes, em síntese, que a alienação fiduciária registrada na matrícula do imóvel (R. 102) não é impedimento para o registro da carta de arrematação, eis que reconhecida a ocorrência de fraude e a nulidade da referida alienação. Aduzem que as averbações de indisponibilidade lançadas na matrícula nº 32.049 não podem impedir o registro de uma carta de sentença expedida com fulcro em decisão judicial transitada em julgado, ressaltando que não houve voluntariedade na alienação do imóvel. Acrescentam que o comprovante de pagamento de Imposto de Transmissão de Bem Imóvel e a regularização do imóvel rural junto ao Cadastro Ambiental Rural CAR serão oportunamente providenciados. Subsidiariamente, pugnam pela averbação da sentença de adjudicação, com fulcro no art. 167, inciso II, da Lei nº 6.015/1973.

A Douta Procuradoria de Justiça opinou pelo não provimento do recurso (fl. 249/251).

É o relatório.

2. O registro da carta de sentença extrajudicial, extraída da ação de adjudicação compulsória que tramitou perante a 3ª Vara Cível da Comarca de Leme/SP (Processo nº 1050648-97.2019.8.26.0002), tendo por objeto o imóvel matriculado sob nº 32.049, foi negado pelo Oficial, que expediu nota de devolução com o seguinte teor (fl. 17/18):

"1. Analisando a matrícula n. 32.049, observa-se que pesam diretamente à propriedade, limitando sua disposição, os seguintes ônus reais: R. 102 ALIENAÇÃO FIDUCIÁRIA; AV. 103 e 105 PENHORA; AV. 106 INDISPONIBILIDADE; AV. 108 INDISPONIBILIDADE; AV. 110 INDISPONIBILIDADE; AV. 112 INDISPONIBILIDADE; AV. 113 INDISPONIBILIDADE; AV. 115 INDISPONIBILIDADE; e AV. 116 INDISPONIBILIDADE.

1.1. Assim, para possibilitar a prática do ato de registro, os interessados devem apresentar:

a)- instrumento assinado e com reconhecimento de firma da credora, autorizando o cancelamento do R.102 ALIENAÇÃO FIDUCIÁRIA.

b)- mandado para o cancelamento de todas as indisponibilidades averbadas, o qual deverá ser ordenado pelos respectivos juízos que determinaram as mencionadas constrições.

2. Os interessados devem apresentar ainda:

a)- a guia e o comprovante de recolhimento do ITBI inter-vivos.

b)- Ficha de cadastro do CAR – Cadastro Ambiental Rural do Sistema Ambiental Paulista, constando o número do SICAR-SP.

Obs.: Caso a municipalidade constate que não há incidência de eventual juros e multa, basta fornecer certidão da qual conste tal informação."

Ao requererem a suscitação da dúvida, as apelantes limitaram-se a impugnar a recusa do registro pela necessidade de cancelamento do registro da alienação fiduciária e das averbações de indisponibilidade lançadas na matrícula do imóvel.

Por outro lado, concordaram expressamente com a exigência de apresentação de guia e comprovante de recolhimento de ITBI e da ficha de cadastro do CAR – Cadastro Ambiental Rural do Sistema Ambiental Paulista, com o número do SICAR-SP, alegando que providenciarão os documentos assim que dirimida a controvérsia referente aos demais óbices apresentados pelo registrador.

A concordância parcial com as exigências do Oficial prejudica a dúvida, que só admite duas soluções: a determinação do registro do título protocolado e prenotado, que é analisado, em reexame da qualificação, tal como se encontrava no momento em que surgida dissensão entre a apresentante e o Oficial de Registro de Imóveis, ou a manutenção da recusa formulada.

E a ausência de impugnação ou anuência em relação a uma, ou mais, das exigências apontadas para o ingresso do título no fólio real atribui ao procedimento de dúvida natureza consultiva, meramente doutrinária, pois em caso de reapresentação deverá a nova qualificação ser realizada conforme os requisitos para o registro que então se mostrarem pertinentes.

A respeito, cumpre lembrar o teor do v. acórdão prolatado por este Conselho Superior da Magistratura na Apelação Cível nº 41.846-0/0, de que foi relator o Desembargador Sérgio Augusto Nigro Conceição, em que se verifica:

"Como já decidiu este Colendo Conselho Superior da Magistratura: 'Carece de interesse jurídico para o provimento judicial administrativo, aquele que reconhece a procedência, ainda que parcial, de exigência do registrador'. Reconhecidas procedentes em parte as exigências feitas, a solução será denegar o registro, julgando-se prejudicada a dúvida. Em se tratando de dúvida imobiliária que tenha por objeto um único ato de registro, como no caso, não há falar em provimento parcial.

Quando o interessado no registro reconhece no recurso a procedência de uma ou mais exigências, como no caso, caracteriza-se a falta de interesse recursal, restando prejudicada a dúvida. Como acrescentou aquele julgado: 'a decisão proferida em procedimento de dúvida tem sempre conteúdo positivo ou negativo acerca da registrabilidade do título' (ApCiv 8.765-0/5, de São Carlos, votação unânime, relatado pelo eminente Desembargador Milton Evaristo dos Santos). Nesse sentido o procedimento de dúvida visa a dirimir dissensão entre o apresentante do título e o registrador, considerada a registrabilidade do título na ocasião de sua apresentação. Por esses motivos julgam prejudicada a dúvida, e não conhecem do recurso." (Revista de Direito Imobiliário nº 45/154).

No mesmo sentido, mais recentemente, ficou decidido que:

"REGISTRO DE IMÓVEIS. Constituição de garantia hipotecária por cédula de crédito bancária. Impugnação parcial às exigências formuladas. Precedentes do E. Conselho Superior da Magistratura. Dúvida prejudicada. Recurso não conhecido." (TJSP; Apelação Cível 1009988-64.2018.8.26.0077; Relator (a): Pinheiro Franco (Corregedor Geral); Órgão Julgador: Conselho Superior de Magistratura; Foro de Birigui - 3ª Vara Cível; Data do Julgamento: 10/10/2019; Data de Registro: 30/10/2019).

"REGISTRO DE IMÓVEIS – Irresignação parcial – Dúvida Apelação interposta que impugnou apenas parte das exigências – Dúvida prejudicada – Recurso não conhecido." (TJSP; Apelação Cível 1001900-32.2020.8.26.0541; Relator (a): Ricardo Anafe (Corregedor Geral); Órgão Julgador: Conselho Superior de Magistratura; Foro de Santa Fé do Sul - Vara do Juizado Especial Cível; Data do Julgamento: 18/02/2021; Data de Registro: 05/03/2021).

Por fim, o pedido de averbação formulado pelas apelantes não comporta acolhimento, eis que incabível a formulação de pedido subsidiário em procedimento de dúvida. Com efeito, submetem-se os atos registrários ao rigor do princípio da legalidade, não podendo a parte pretender que o título seja averbado caso não atendidos os requisitos necessários ao deferimento do registro requerido.

3. À vista do exposto, julgo prejudicada a dúvida e não conheço do recurso.

RICARDO ANAFE

Corregedor Geral da Justiça e Relator (DJe de 19.07.2021 – SP)

PODER JUDICIÁRIO

TRIBUNAL DE JUSTIÇA DO ESTADO DE SÃO PAULO

CONSELHO SUPERIOR DA MAGISTRATURA

Apelação Cível nº 1024779- 95.2020.8.26.0100

Registro: 2020.0000929453

ACÓRDÃO

Vistos, relatados e discutidos estes autos de **Apelação Cível nº 1024779- 95.2020.8.26.0100**, da Comarca de **São Paulo**, em que é apelante **MARIO GARCIA**, é apelado **6º OFICIAL DE REGISTRO DE IMÓVEIS DE SÃO PAULO.**

ACORDAM, em Conselho Superior de Magistratura do Tribunal de Justiça de São Paulo, proferir a seguinte decisão: **"Negaram provimento, v.u."**, de conformidade com o voto do Relator, que integra este acórdão.

O julgamento teve a participação dos Exmos. Desembargadores **PINHEIRO FRANCO (PRESIDENTE TRIBUNAL DE JUSTIÇA) (Presidente), LUIS SOARES DE MELLO (VICE PRESIDENTE), XAVIER DE AQUINO (DECANO), GUILHERME G. STRENGER (PRES. SEÇÃO DE DIREITO CRIMINAL), MAGALHÃES COELHO(PRES. DA SEÇÃO DE DIREITO PÚBLICO) E DIMAS RUBENS FONSECA (PRES. DA SEÇÃO DE DIREITO PRIVADO).**

São Paulo, 10 de novembro de 2020.

RICARDO ANAFE

Corregedor Geral da Justiça e Relator

Apelação Cível nº 1024779-95.2020.8.26.0100

Apelante: Mario Garcia

Apelado: 6º Oficial de Registro de Imóveis de São Paulo

VOTO Nº 31.426

Dúvida – Registro de Imóveis – Suscitação de dúvida precariedade do título – Exigência de atendimento do princípio da segurança jurídica – Ausência de documentos indispensáveis – Descumprimento do disposto no item 61.3, do Capítulo XX, Tomo II, das Normas de Serviço da Corregedoria Geral da Justiça – Recurso não provido.

1. Trata-se de recurso da apelação interposto por Mário Garcia contra a r. sentença de fl. 309/312, que julgou procedente dúvida suscitada pelo Oficial do 6º Registro de Imóveis da Capital, mantendo as seguintes exigências: ausência de apresentação de título hábil, tendo em vista que parte dos documentos juntados estão autenticados e outros não; necessidade de apresentação de cópia autenticada da certidão de casamento de Antônio Armando Garcia e Sarah Santana Alves, com averbação do desquite; bem como de cópia autenticada de RG ou CPF dos proprietários.

O recorrente sustenta, em resumo, que apresentou a carta de sentença original no curso do expediente administrativo. Afirma que as exigências apresentadas são descabidas, sendo abusiva a recusa do registro.

A Procuradoria Geral de Justiça opinou pelo não provimento do recurso (fl. 354/358).

É o relatório.

2. O apelante pretende o registro da partilha formalizada nos autos de separação litigiosa (autos

nº 0815245.85.1958.8.26.0100) entre Sarah Santana Alves e Antônio Armando Garcia.

O Oficial do 6º Registro de Imóveis da Capital apresentou as seguintes exigências:

a) apresentação de original da carta de sentença dos autos, conforme art. 221 da Lei 6.015/73;

b) apresentação de cópia autenticada da certidão de casamento do proprietário Antônio Armando Garcia e Sarah Sant`Ana Alves, com averbação do desquite;

c) apresentação de cópia autenticada de RG e CPF de Antônio Armando Garcia e Sarah Sant`Ana Alves.

O apelante reconheceu no curso do expediente que apresentou para registro título que merecia indispensável complementação ***ausência de apresentação de título hábil, tendo em vista parte dos documentos juntados estão autenticados e outros não*** **(fl. 309)** - o que fez após a prolação da sentença, anexando a via original da carta de sentença (conforme narrado à fl. 327), providência descabida sob pena de indevida prorrogação da prenotação para atendimento das exigências para além do prazo legal.

O procedimento de dúvida, que prorroga o prazo de validade da prenotação, tem por finalidade a análise da dissensão entre o apresentante e o oficial registrador sobre as exigências formuladas para o registro do título, dissensão esta que deve ser decidida a partir de sua conformação no momento da suscitação.

Diversos são os precedentes do Conselho Superior da Magistratura no sentido da impossibilidade de complementação do título no procedimento de dúvida:

"Dúvida registrária é só para dirimir o dissenso, entre o registrador e o apresentante, sobre a prática de ato de registro, referente a título determinado que, para esse fim (registro) foi protocolado e prenotado. Logo, não se admite, no seu curso, diligências ou dilação de provas destinadas à complementação de título desqualificado, à apuração de fatos extratabulares demonstrativos de situação jurídica de loteamento ou à promoção de medidas de saneamento de vício que macula o parcelamento do solo. A razão dessa restrição cognitiva, ademais, é evitar a indevida prorrogação do prazo da prenotação, consoante firme orientação deste Conselho Superior da Magistratura: 'A dilação probatória em procedimento desta natureza prorrogaria indevidamente o prazo da prenotação, potencializando prejuízo para o direito de prioridade de terceiros, que também tivessem prenotado outros títulos que refletissem direitos contraditórios.' (Apelação Cível nº 02783-0/7, Santa Rosa do Viterbo, j. 30.10.1995, rel. Des. ALVES BRAGA, in Revista de Direito Imobiliário 39/297-298). Confira, ainda, Apelação Cível nº 97.090-0/4, São José do Rio Preto, j. 12.12.2002, Rel. Des. LUIZ TÂMBARA; Apelação Cível nº 000.176.6/4-00, Socorro, j. 16.09.2004, Rel. Des. JOSÉ MÁRIO ANTONIO CARDINALE."

(TJSP CSM Ap. Cível nº 482-6/0 rel. Des. Gilberto Passos de Freitas)

De toda sorte, as exigências formuladas mostravam-se acertadas e devem ser mantidas.

O título inicialmente apresentado encontrava-se precário, sem exata e segura compreensão de continuidade de atos encadeados na ação processual de separação litigiosa (autos nº 0815245.85.1958.8.26.0100) envolvendo os interessados.

A exigência consistente na apresentação de cópia autenticada da certidão de casamento de Antônio Armando Garcia e Sarah Santana Alves, com averbação do desquite, bem como de cópia autenticada de RG ou CPF dos proprietários é razoável em atenção ao princípio da segurança jurídica e para fins de comprovação do regime de bens adotado outrora, o que traz consequências divergentes na divisão patrimonial derivada da separação, como salientado pela Juíza Corregedora Permanente (fl. 310).

Por fim, no tocante a *apresentação de cópia autenticada de RG e CPF de Antônio Armando Garcia e Sarah Sant'Ana Alves*, não socorre os recorrentes o argumento de que são estrangeiros, pois que exigida a inscrição no Cadastro de Pessoa Física ainda aos que não residem no país, quando pretenderem realizar negócios imobiliários no Brasil, a exigência firmada pelo Registrador encontra guarida no item 61.3 do Capítulo XX das Normas de Serviço da E. CGJ/SP: ***61.3 Deverá ser sempre indicado o número de inscrição no CPF, sendo obrigatório para as pessoas físicas participantes de operações imobiliárias, até mesmo na constituição de garantia real sobre imóvel, inclusive das pessoas físicas estrangeiras, ainda que domiciliadas no exterior (Instrução Normativa RFB nº 864, de 25 de julho de 2008, art. 3º, IV e XII, "a")***

3. Por tais fundamentos, **NEGO PROVIMENTO** ao recurso interposto.

RICARDO ANAFE

Corregedor Geral da Justiça e Relator (DJe de 22.01.2021 – SP)

ALIENAÇÃO FIDUCIÁRIA

PODER JUDICIÁRIO

TRIBUNAL DE JUSTIÇA DO ESTADO DE SÃO PAULO

CONSELHO SUPERIOR DA MAGISTRATURA

Apelação Cível n.º 0001131-68.2019.8.26.0414

Registro: 2021.0000845638

ACÓRDÃO

Vistos, relatados e discutidos estes autos de **Apelação Cível n.º 0001131-68.2019.8.26.0414**, da Comarca de **Palmeira D Oeste**, em que é apelante **BANCO DE LAGE LANDEN BRASIL S.A.**, é apelado **OFICIAL DE REGISTRO DE IMÓVEIS E ANEXOS DA COMARCA DE PALMEIRA D OESTE.**

ACORDAM, em Conselho Superior de Magistratura do Tribunal de Justiça de São Paulo, proferir a seguinte decisão: "Deram provimento, v.u.", de conformidade com o voto do Relator, que integra este acórdão.

O julgamento teve a participação dos Exmos. Desembargadores **LUIS SOARES DE MELLO (VICE PRESIDENTE) (Presidente), XAVIER DE AQUINO (DECANO), GUILHERME G. STRENGER (PRES. SEÇÃO DE DIREITO CRIMINAL), MAGALHÃES COELHO(PRES. DA SEÇÃO DE DIREITO PÚBLICO) E DIMAS RUBENS FONSECA (PRES. DA SEÇÃO DE DIREITO PRIVADO).**

São Paulo, 5 de outubro de 2021.

RICARDO ANAFE

Corregedor Geral da Justiça e Relator

Apelação Cível n.º 0001131-68.2019.8.26.0414

Apelante: Banco de Lage Landen Brasil S.A.

Apelado: Oficial de Registro de Imóveis e Anexos da Comarca de Palmeira D Oeste

VOTO N.º 31.557

Registro de Imóveis – Dúvida – Registro da alienação fiduciária em garantia proveniente de cédula de crédito bancário no Oficial de Registro de Títulos e Documentos – Inteligência dos arts. 42 da Lei n.º 10.931/2004 e 1.361, §1º, do Código Civil – Exigência, pelo registrador, de assinatura do credor para registro da alienação fiduciária em garantia – Manutenção do óbice pelo MM. Juiz Corregedor Permanente – Apelação interposta pelo banco credor – Alienação fiduciária em garantia proveniente de Cédula de Crédito Bancário que se submete ao regime próprio da Lei n.º 10.931/2004 – Constituição da garantia na própria cédula de crédito bancário, ou em documento apartado, que se satisfaz com a assinatura do devedor e, eventualmente, do terceiro garantidor – Título de crédito que prescinde da manifestação do credor para sua constituição, incluindo a garantia – Dá-se provimento ao recurso para julgar improcedente a dúvida.

1. Trata-se de recurso de apelação interposto por **BANCO DE LAGE LANDEN BRASIL S.A.** contra a r. sentença de fl. 118/120, que julgou procedente a dúvida suscitada pelo Oficial de Registro de Imóveis, Títulos e Documentos e Civil de Pessoa Jurídica da Comarca de Palmeira D'Oeste, mantendo a recusa ao registro da alienação fiduciária em garantia oriunda de Cédula de Crédito Bancário em razão da ausência de assinatura do credor.

Da nota devolutiva n.º 000021 constou o seguinte óbice (fl. 63):

"Para poder registrar a alienação fiduciária do bem móvel faz-se necessário que o Banco, credor, também assine o contrato de alienação fiduciária, pois há deveres e direitos a ambas as partes em se tratando de alienação fiduciária".

Em suma, aduz o apelante que os requisitos de validade do título de crédito estão preenchidos, não sendo necessária a assinatura do credor; que o título é regido pela Lei n.º 10.931/04; que não se trata de contrato bilateral típico.

A Douta Procuradoria de Justiça opinou pelo provimento do recurso (fl. 140/142).

É o relatório.

2. Anoto, de proêmio, que à luz do art. 167, I, da Lei n.º 6.015/73, reproduzido no Item 9 do Capítulo XX do Tomo II das Normas de Serviço da Corregedoria Geral da Justiça, afigura-se, no caso concreto, inexigível o registro da Cédula de Crédito Bancário nos Livros da Serventia Imobiliária como condição para o registro da alienação fiduciária em garantia no Oficial de Registro de Títulos e Documentos, necessário à vista do art. 42 da Lei n.º 10.931/2004 c.c. o art. 1.361, §1º, do Código Civil, *in verbis:*

"Art. 42 A validade e eficácia da Cédula de Crédito Bancário não dependem de registro, mas as garantias reais, por ela constituídas, ficam sujeitas, para valer contra terceiros, aos registros ou averbações previstos na legislação aplicável, com as alterações introduzidas por esta Lei."

"Art. 1.361: Considera-se fiduciária a propriedade resolúvel de coisa móvel infungível que o devedor, com escopo de garantia, transfere ao credor.

§ 1º Constitui-se a propriedade fiduciária com o registro do contrato, celebrado por instrumento público ou particular, que lhe serve de título, no Registro de Títulos e Documentos do domicílio do devedor, ou, em se tratando de veículos, na repartição competente para o licenciamento, fazendo-se a anotação no certificado de registro".

No caso telado, a alienação fiduciária proveniente da cédula de crédito bancário n.º 599020, emitida por Augusto Menegasso Neto em favor do apelante, tendo por objeto o próprio bem móvel financiado, qual seja, trator agrícola A750, foi submetida a registro, que foi negado em face da necessidade de assinatura do credor.

Sobre o tema, cumpre anotar que a cédula de crédito bancário é um título de crédito previsto na Lei n.º 10.931/2004 que, em seu art. 29, assim dispõe:

"Art. 29. A Cédula de Crédito Bancário deve conter os seguintes requisitos essenciais:

I - a denominação 'Cédula de Crédito Bancário';

II - a promessa do emitente de pagar a dívida em dinheiro, certa, líquida e exigível no seu vencimento ou, no caso de dívida oriunda de contrato de abertura de crédito bancário, a promessa do emitente de pagar a dívida em dinheiro, certa, líquida e exigível, correspondente ao crédito utilizado;

III - a data e o lugar do pagamento da dívida e, no caso de pagamento parcelado, as datas e os valores de cada prestação, ou os critérios para essa determinação;

IV - o nome da instituição credora, podendo conter cláusula à ordem;

V - a data e o lugar de sua emissão; e

VI - a assinatura do emitente e, se for o caso, do terceiro garantidor da obrigação, ou de seus respectivos mandatários.

§ 1º A Cédula de Crédito Bancário será transferível mediante endosso em preto, ao qual se aplicarão, no que couberem, as normas do direito cambiário, caso em que o endossatário, mesmo não sendo instituição financeira ou entidade a ela equiparada, poderá exercer todos os direitos por ela conferidos, inclusive cobrar os juros e demais encargos na forma pactuada na Cédula.

§ 2º A Cédula de Crédito Bancário será emitida por escrito, em tantas vias quantas forem as partes que nela intervierem, assinadas pelo emitente e pelo terceiro garantidor, se houver, ou por seus respectivos mandatários, devendo cada parte receber uma via.

§ 3º Somente a via do credor será negociável, devendo constar nas demais vias a expressão 'não negociável'.

§ 4º A Cédula de Crédito Bancário pode ser aditada, retificada e ratificada mediante documento escrito, datado, com os requisitos previstos no caput, passando esse documento a integrar a Cédula para todos os fins".

Nos termos dos arts. 31 e 32 da Lei n.º 10.931/2004, é prevista a constituição, na cédula de crédito bancário, de garantia fidejussória ou real, esta sobre bens móveis ou imóveis de titularidade do emitente ou de terceiro garantidor:

"Art. 31. A garantia da Cédula de Crédito Bancário poderá ser fidejussória ou real, neste último caso constituída por bem patrimonial de qualquer espécie, disponível e alienável, móvel ou imóvel, material ou imaterial, presente ou futuro, fungível ou infungível, consumível ou não, cuja titularidade pertença ao próprio emitente ou a terceiro garantidor da obrigação principal.

Art. 32. A constituição da garantia poderá ser feita na própria Cédula de Crédito Bancário ou em documento separado, neste caso fazendo-se, na Cédula, menção a tal circunstância".

E o art. 30 da Lei n.º 10.931/2004 ainda prevê que:

"Art. 30. A constituição de garantia da obrigação representada pela Cédula de Crédito Bancário é disciplinada por esta Lei, sendo aplicáveis as disposições da legislação comum ou especial que não forem com ela conflitantes".

Ou seja, a emissão e a constituição de garantia na cédula de crédito bancário são regidas pela Lei n.º 10.931/2004, com aplicação da legislação comum somente de forma supletiva.

Bem por isso, no que diz respeito à forma de constituição da garantia, é preciso ressaltar que não há lacuna a ser suprida mediante aplicação das normas contidas no Código Civil.

Com efeito, a cédula de crédito bancário constitui título de crédito que permite ao credor emitir certificado que a represente, para circulação do crédito (arts. 26 e 53, *caput*, e § 4º da Lei n.º 10.931/2004), não sendo adequada a cisão dos modos de constituição da obrigação e da respectiva garantia para efeito de fixação dos requisitos para sua emissão.

Nesta ordem de ideias, é possível afirmar que a constituição de garantia instrumentada em cédulas que, por sua natureza, origem e regramento próprio, satisfaz-se com a manifestação unilateral de vontade do sacado do título, como no caso em análise.

Em outras palavras, basta a assinatura do devedor na emissão da cédula de crédito bancário, ou de seus respectivos mandatários, com descrição do débito contraído e também do bem alienado e objeto da garantia, na própria cédula ou em documento separado, nos exatos termos previstos na Lei n.º 10.931/2004.

Ressalte-se, por oportuno, a existência de precedentes deste Conselho Superior da Magistratura sobre a questão aqui debatida, no sentido do afastamento do óbice apresentado pelo registrador: TJSP; Apelação Cível 1009982-57.2018.8.26.0077; Relator (a): Pinheiro Franco (Corregedor Geral); Órgão Julgador: Conselho Superior da Magistratura; Foro de Birigui - 3ª Vara Cível; Data do Julgamento: 23/8/2019; Data de Registro: 3/9/2019; TJSP; Apelação Cível 1010075-20.2018.8.26.0077; Relator (a): Pinheiro Franco (Corregedor Geral); Órgão Julgador: Conselho Superior da Magistratura; Foro de Birigui - 3ª Vara Cível; Data do Julgamento: 14/11/2019; Data de Registro: 27/11/2019.

3. À vista do exposto, pelo meu voto, dou provimento ao recurso para julgar improcedente a dúvida.

RICARDO ANAFE

Corregedor Geral da Justiça e Relator (DJe de 17.12.2021 – SP)

PODER JUDICIÁRIO

TRIBUNAL DE JUSTIÇA DO ESTADO DE SÃO PAULO

CONSELHO SUPERIOR DA MAGISTRATURA

Apelação Cível nº 0001137-75.2019.8.26.0414

Registro: 2021.0000845641

ACÓRDÃO

Vistos, relatados e discutidos estes autos de **Apelação Cível nº 0001137-75.2019.8.26.0414**, da Comarca de **Palmeira D Oeste**, em que é apelante **BANCO DE LAGE LANDEN BRASIL S.A.**, é apelado **OFICIAL DE REGISTRO DE IMÓVEIS E ANEXOS DA COMARCA DE PALMEIRA D OESTE.**

ACORDAM, em Conselho Superior de Magistratura do Tribunal de Justiça de São Paulo, proferir a seguinte decisão: **"Julgaram prejudicada a dúvida e não conheceram do recurso, v.u.",** de conformidade com o voto do Relator, que integra este acórdão.

O julgamento teve a participação dos Exmos. Desembargadores **LUIS SOARES DE MELLO (VICE PRESIDENTE) (Presidente), XAVIER DE AQUINO (DECANO), GUILHERME G. STRENGER (PRES. SEÇÃO DE DIREITO CRIMINAL), MAGALHÃES COELHO(PRES. DA SEÇÃO DE DIREITO PÚBLICO) E DIMAS RUBENS FONSECA (PRES. DA SEÇÃO DE DIREITO PRIVADO).**

São Paulo, 5 de outubro de 2021.

RICARDO ANAFE

Corregedor Geral da Justiça e Relator

Apelação Cível nº 0001137-75.2019.8.26.0414

Apelante: Banco de Lage Landen Brasil S.A.

Apelado: Oficial de Registro de Imóveis e Anexos da Comarca de Palmeira D Oeste

VOTO Nº 31.564

Registro de Imóveis – Dúvida – Registro da alienação fiduciária em garantia proveniente de cédula de crédito bancário no Oficial de Registro de Títulos e Documentos Exigência, pelo registrador, de assinatura do credor para registro da alienação fiduciária e de individualização do bem móvel dado em garantia – Apelação interposta pelo banco credor – Insurgência apenas parcial – Dúvida prejudicada – Recurso não conhecido.

1. Trata-se de apelação interposta por **BANCO DE LAGE LANDEN BRASIL S/A** contra a r. sentença proferida pelo MM. Juiz Corregedor Permanente (fl. 79/80), que julgou procedente a dúvida suscitada pelo Oficial de Registro de Imóveis, Títulos e Documentos e Civil de Pessoa Jurídica da Comarca de Palmeira D'Oeste, mantendo a negativa de registro de alienação fiduciária em garantia oriunda de Cédula de Crédito Bancário em razão da ausência de assinatura do credor.

Da nota devolutiva n.º 000020 constaram os seguintes óbices (fl. 24):

> *"Para poder registrar a alienação fiduciária do bem móvel, faz-se necessário que o Banco, credor, também assine o contrato de alienação fiduciária, pois há deveres e direitos de ambas as partes em se tratando de alienação fiduciária. Além disso, faz-se necessário especificar o modelo do veículo (chassi)".*

Em suma, aduz o apelante que os requisitos de validade do título de crédito estão preenchidos, não sendo necessária a assinatura do credor; que o título é regido pela Lei nº 10.931/04; e que não se trata de contrato bilateral típico (fl. 83/94).

A Douta Procuradoria de Justiça opinou pelo provimento do recurso (fl. 100/102).

É o relatório.

2. Anoto, de proêmio, que à luz do art. 167, I, da Lei n.º 6.015/73, reproduzido no item 9 do Capítulo XX do Tomo II das Normas de Serviço da Corregedoria Geral da Justiça, afigura-se, no caso concreto, inexigível o registro da Cédula de Crédito Bancário nos Livros da Serventia Imobiliária como condição para o registro da alienação fiduciária

em garantia no Oficial de Registro de Títulos e Documentos, necessário à vista do art. 42 da Lei n.º 10.931/2004 c.c. o art. 1361, §1º do Código Civil, *in verbis:*

> *"Art. 42 A validade e eficácia da Cédula de Crédito Bancário não dependem de registro, mas as garantias reais, por ela constituídas, ficam sujeitas, para valer contra terceiros, aos registros ou averbações previstos na legislação aplicável, com as alterações introduzidas por esta Lei."*
>
> *"Art. 1361: Considera-se fiduciária a propriedade resolúvel de coisa móvel infungível que o devedor, com escopo de garantia, transfere ao credor.*
>
> *§ 1º Constitui-se a propriedade fiduciária com o registro do contrato, celebrado por instrumento público ou particular, que lhe serve de título, no Registro de Títulos e Documentos do domicílio do devedor, ou, em se tratando de veículos, na repartição competente para o licenciamento, fazendo-se a anotação no certificado de registro."*

No caso em análise, a alienação fiduciária proveniente da cédula de crédito bancário nº 605947, emitida por Nelson Mariano do Prado em favor do apelante, tendo por objeto o próprio bem móvel financiado, um trator agrícola 62CV – U60, foi submetida a registro que, no entanto, foi negado em face da necessidade de assinatura do credor e de especificação do modelo do veículo e chassi.

Ao requerer a suscitação da dúvida, o apresentante do título limitou-se a impugnar a exigência referente à assinatura do credor no contrato de alienação fiduciária em garantia embutido na cédula de crédito bancário. Ou seja, deixou de impugnar, expressamente, a exigência formulada quanto à necessidade de individualização do bem móvel dado em garantia, com indicação do chassi, e tampouco apresentou a respectiva nota fiscal para atender ao princípio registral da especialidade referido pelo Oficial registrador.

A concordância com uma das exigências do Oficial prejudica a dúvida, que só admite duas soluções: a determinação do registro do título protocolado e prenotado, que é analisado, em reexame da qualificação, tal como se encontrava no momento em que surgida a dissensão entre o apresentante e o registrador, ou a manutenção da recusa formulada.

E a ausência de impugnação ou anuência em relação a uma, ou mais, das exigências apontadas para o pretendido registro atribui ao procedimento de dúvida natureza consultiva, meramente doutrinária, pois em caso de reapresentação do título deverá a nova qualificação ser realizada conforme os requisitos para o registro que então se mostrarem pertinentes.

A respeito, cumpre lembrar o teor do v. acórdão prolatado por este Conselho Superior da Magistratura na Apelação Cível nº 41.846-0/0, de que foi relator o Desembargador Sérgio Augusto Nigro Conceição, em que se verifica:

> *"Como já decidiu este Colendo Conselho Superior da Magistratura: 'Carece de interesse jurídico para o provimento judicial-administrativo, aquele que reconhece a procedência, ainda que parcial, de exigência do registrador'. Reconhecidas procedentes em parte as exigências feitas, a solução será denegar o registro, julgando-se prejudicada a dúvida. (...)*
>
> *Quando o interessado no registro reconhece no recurso a procedência de uma ou mais exigências, como no caso, caracteriza-se a falta de interesse recursal, restando prejudicada a dúvida. Como acrescentou aquele julgado: 'a decisão proferida em procedimento de dúvida tem sempre conteúdo positivo ou negativo acerca da registrabilidade do título' (ApCiv 8.765-0/5, de São Carlos, votação unânime, relatado pelo eminente Desembargador Milton Evaristo dos Santos). Nesse sentido o procedimento de dúvida visa a dirimir dissensão entre o apresentante do título e o registrador, considerada a registrabilidade do título na ocasião de sua apresentação. Por esses motivos julgam prejudicada a dúvida, e não conhecem do recurso"* (Revista de Direito Imobiliário nº 45/154).

No mesmo sentido, mais recentemente, ficou decidido que:

> *"REGISTRO DE IMÓVEIS. Constituição de garantia hipotecária por cédula de crédito bancária. Impugnação parcial às exigências formuladas. Precedentes do E. Conselho Superior da Magistratura. Dúvida prejudicada. Recurso não conhecido"* (TJSP; Apelação Cível 1009988-64.2018.8.26.0077; Relator (a): Pinheiro Franco (Corregedor Geral); Órgão Julgador: Conselho Superior de Magistratura; Foro de Birigui - 3ª Vara Cível; Data do Julgamento: 10/10/2019; Data de Registro: 30/10/2019).
>
> *"REGISTRO DE IMÓVEIS – Irresignação parcial – Dúvida – Apelação interposta que impugnou apenas parte das exigências – Dúvida prejudicada – Recurso não conhecido"* (TJSP; Apelação Cível 1001900-32.2020.8.26.0541; Relator (a): Ricardo Anafe (Corregedor Geral); Órgão Julgador: Conselho Superior de Magistratura; Foro de Santa Fé do Sul - Vara do Juizado Especial Cível; Data do Julgamento: 18/02/2021; Data de Registro: 05/03/2021).

3. À vista do exposto, pelo meu voto, julgo prejudicada a dúvida e não conheço da apelação.

RICARDO ANAFE

Corregedor Geral da Justiça e Relator (DJe de 26.01.2021 – SP)

ARREMATAÇÃO

PODER JUDICIÁRIO

TRIBUNAL DE JUSTIÇA DO ESTADO DE SÃO PAULO

CONSELHO SUPERIOR DA MAGISTRATURA

Apelação Cível nº 1002808-79.2020.8.26.0318

Registro: 2021.0000380970

ACÓRDÃO

Vistos, relatados e discutidos estes autos de **Apelação Cível nº 1002808-79.2020.8.26.0318**, da Comarca de **Leme**, em que é apelante **BLOKS INDÚSTRIA E COMÉRCIO LTDA E OUTROS**, é apelado **OFICIAL DE REGISTRO DE IMÓVEIS E ANEXOS DA COMARCA DA LEME.**

ACORDAM, em Conselho Superior de Magistratura do Tribunal de Justiça de São Paulo, proferir a seguinte decisão: **"Julgaram prejudicada a dúvida e não conheceram do recurso, v.u."**, de conformidade com o voto do Relator, que integra este acórdão.

O julgamento teve a participação dos Exmos. Desembargadores **PINHEIRO FRANCO (PRESIDENTE TRIBUNAL DE JUSTIÇA) (Presidente), LUIS SOARES DE MELLO (VICE PRESIDENTE), XAVIER DE AQUINO (DECANO), GUILHERME G. STRENGER (PRES. SEÇÃO DE DIREITO CRIMINAL), MAGALHÃES COELHO(PRES. DA SEÇÃO DE DIREITO PÚBLICO) E DIMAS RUBENS FONSECA (PRES. DA SEÇÃO DE DIREITO PRIVADO).**

São Paulo, 13 de maio de 2021.

RICARDO ANAFE

Corregedor Geral da Justiça e Relator

Apelação Cível nº 1002808-79.2020.8.26.0318

Apelante: Bloks Indústria e Comércio Ltda

Apelado: Oficial de Registro de Imóveis e Anexos da Comarca da Leme

VOTO Nº 31.504

Registro de Imóveis – Carta de Sentença Extrajudicial – Negativa de registro – Dúvida julgada procedente, com a manutenção dos óbices apresentados pelo Oficial – Insurgência apenas parcial – Dúvida prejudicada – Pedido subsidiário de averbação que não encontra amparo legal – Recurso não conhecido.

1. Trata-se de apelação interposta por *Bloks Indústria e Comércio Ltda., Incerbrás – Participação e Administração de Bens Ltda. e Marina Paz Sainz* contra a sentença proferida pelo MM. Juiz Corregedor Permanente do Oficial de Registro de Imóveis de Leme/SP, que julgou procedente a dúvida suscitada para o fim de manter a recusa do registro da carta de sentença extrajudicial extraída da ação de adjudicação compulsória ajuizada perante a 3ª Vara Cível daquela Comarca (Processo nº 1050648-97.2019.8.26.0002), tendo por objeto o imóvel matriculado sob nº 32.049 junto à referida serventia imobiliária (fl. 203/204).

Alegam as apelantes, em síntese, que a alienação fiduciária registrada na matrícula do imóvel (R. 102) não é impedimento para o registro da carta de arrematação, eis que reconhecida a ocorrência de fraude e a nulidade da referida alienação. Aduzem que as averbações de indisponibilidade lançadas na matrícula nº 32.049 não podem impedir o registro de uma carta de sentença expedida com fulcro em decisão judicial transitada em julgado, ressaltando que não houve voluntariedade na alienação do imóvel. Acrescentam que o comprovante de pagamento de Imposto de Transmissão de Bem Imóvel e a regularização do imóvel rural junto ao Cadastro Ambiental Rural CAR serão oportunamente providenciados. Subsidiariamente, pugnam pela averbação da sentença de adjudicação, com fulcro no art. 167, inciso II, da Lei nº 6.015/1973.

A Douta Procuradoria de Justiça opinou pelo não provimento do recurso (fl. 249/251).

É o relatório.

2. O registro da carta de sentença extrajudicial, extraída da ação de adjudicação compulsória que tramitou perante a 3ª Vara Cível da Comarca de Leme/SP (Processo nº 1050648-97.2019.8.26.0002), tendo por objeto o imóvel matriculado sob nº 32.049, foi negado pelo Oficial, que expediu nota de devolução com o seguinte teor (fl. 17/18):

"1. Analisando a matrícula n. 32.049, observa-se que pesam diretamente à propriedade, limitando sua disposição, os seguintes ônus reais: R. 102 ALIENAÇÃO FIDUCIÁRIA; AV. 103 e 105 PENHORA; AV. 106 INDISPONIBILIDADE; AV. 108 INDISPONIBILIDADE; AV. 110 INDISPONIBILIDADE; AV. 112 INDISPONIBILIDADE; AV. 113 INDISPONIBILIDADE; AV. 115 INDISPONIBILIDADE; e AV. 116 INDISPONIBILIDADE.

1.1. Assim, para possibilitar a prática do ato de registro, os interessados devem apresentar:

a)- instrumento assinado e com reconhecimento de firma da credora, autorizando o cancelamento do R.102 ALIENAÇÃO FIDUCIÁRIA.

b)- mandado para o cancelamento de todas as indisponibilidades averbadas, o qual deverá ser ordenado pelos respectivos juízos que determinaram as mencionadas constrições.

2. Os interessados devem apresentar ainda:

a)- a guia e o comprovante de recolhimento do ITBI inter-vivos.

b)- Ficha de cadastro do CAR – Cadastro Ambiental Rural do Sistema Ambiental Paulista, constando o número do SICAR-SP.

Obs.: Caso a municipalidade constate que não há incidência de eventual juros e multa, basta fornecer certidão da qual conste tal informação."

Ao requererem a suscitação da dúvida, as apelantes limitaram-se a impugnar a recusa do registro pela necessidade de cancelamento do registro da alienação fiduciária e das averbações de indisponibilidade lançadas na matrícula do imóvel.

Por outro lado, concordaram expressamente com a exigência de apresentação de guia e comprovante de recolhimento de ITBI e da ficha de cadastro do CAR – Cadastro Ambiental Rural do Sistema Ambiental Paulista, com o número do SICAR-SP, alegando que providenciarão os documentos assim que dirimida a controvérsia referente aos demais óbices apresentados pelo registrador.

A concordância parcial com as exigências do Oficial prejudica a dúvida, que só admite duas soluções: a determinação do registro do título protocolado e prenotado, que é analisado, em reexame da qualificação, tal como se encontrava no momento em que surgida dissensão entre a apresentante e o Oficial de Registro de Imóveis, ou a manutenção da recusa formulada.

E a ausência de impugnação ou anuência em relação a uma, ou mais, das exigências apontadas para o ingresso do título no fólio real atribui ao procedimento de dúvida natureza consultiva, meramente doutrinária, pois em caso de reapresentação deverá a nova qualificação ser realizada conforme os requisitos para o registro que então se mostrarem pertinentes.

A respeito, cumpre lembrar o teor do v. acórdão prolatado por este Conselho Superior da Magistratura na Apelação Cível nº 41.846-0/0, de que foi relator o Desembargador Sérgio Augusto Nigro Conceição, em que se verifica:

"Como já decidiu este Colendo Conselho Superior da Magistratura: 'Carece de interesse jurídico para o provimento judicial administrativo, aquele que reconhece a procedência, ainda que parcial, de exigência do registrador'. Reconhecidas procedentes em parte as exigências feitas, a solução será denegar o registro, julgando-se prejudicada a dúvida. Em se tratando de dúvida imobiliária que tenha por objeto um único ato de registro, como no caso, não há falar em provimento parcial.

Quando o interessado no registro reconhece no recurso a procedência de uma ou mais exigências, como no caso, caracteriza-se a falta de interesse recursal, restando prejudicada a dúvida. Como acrescentou aquele julgado: 'a decisão proferida em procedimento de dúvida tem sempre conteúdo positivo ou negativo acerca da registrabilidade do título' (ApCiv 8.765-0/5, de São Carlos, votação unânime, relatado pelo eminente Desembargador Milton Evaristo dos Santos). Nesse sentido o procedimento de dúvida visa a dirimir dissensão entre o apresentante do título e o registrador, considerada a registrabilidade do título na ocasião de sua apresentação. Por esses motivos julgam prejudicada a dúvida, e não conhecem do recurso." (Revista de Direito Imobiliário nº 45/154).

No mesmo sentido, mais recentemente, ficou decidido que:

"REGISTRO DE IMÓVEIS. Constituição de garantia hipotecária por cédula de crédito bancária. Impugnação parcial às exigências formuladas. Precedentes do E. Conselho Superior da Magistratura. Dúvida prejudicada. Recurso não conhecido." (TJSP; Apelação Cível 1009988-64.2018.8.26.0077; Relator (a): Pinheiro Franco (Corregedor Geral); Órgão Julgador: Conselho Superior de Magistratura; Foro de Birigui - 3ª Vara Cível; Data do Julgamento: 10/10/2019; Data de Registro: 30/10/2019).

"REGISTRO DE IMÓVEIS – Irresignação parcial – Dúvida Apelação interposta que impugnou apenas parte das exigências – Dúvida prejudicada – Recurso não conhecido." (TJSP; Apelação Cível 1001900-32.2020.8.26.0541; Relator (a): Ricardo Anafe (Corregedor Geral); Órgão Julgador: Conselho Superior de Magistratura; Foro de Santa Fé do Sul - Vara do Juizado Especial Cível; Data do Julgamento: 18/02/2021; Data de Registro: 05/03/2021).

Por fim, o pedido de averbação formulado pelas apelantes não comporta acolhimento, eis que incabível a formulação de pedido subsidiário em procedimento de dúvida. Com efeito, submetem-se os atos registrários ao rigor do princípio da legalidade, não podendo a parte pretender que o título seja averbado caso não atendidos os requisitos necessários ao deferimento do registro requerido.

3. À vista do exposto, julgo prejudicada a dúvida e não conheço do recurso.

RICARDO ANAFE

Corregedor Geral da Justiça e Relator (DJe de 19.07.2021 – SP)

PODER JUDICIÁRIO

TRIBUNAL DE JUSTIÇA DO ESTADO DE SÃO PAULO

CONSELHO SUPERIOR DA MAGISTRATURA

Apelação Cível nº 1011822-61.2020.8.26.0068

Registro: 2021.0000845640

ACÓRDÃO

Vistos, relatados e discutidos estes autos de **Apelação Cível nº 1011822-61.2020.8.26.0068**, da Comarca de **Barueri**, em que é apelante **INDUSVEST ADMINISTRAÇÃO E INVESTIMENTOS LTDA.**, é apelado **OFICIAL DE REGISTRO DE IMÓVEIS E ANEXOS DA COMARCA DE BARUERI.**

ACORDAM, em Conselho Superior de Magistratura do Tribunal de Justiça de São Paulo, proferir a seguinte decisão: **"Negaram provimento, v.u."**, de conformidade com o voto do Relator, que integra este acórdão.

O julgamento teve a participação dos Exmos. Desembargadores **PINHEIRO FRANCO (PRESIDENTE TRIBUNAL DE JUSTIÇA) (Presidente), LUIS SOARES DE MELLO (VICE PRESIDENTE), XAVIER DE AQUINO (DECANO), GUILHERME G. STRENGER (PRES. SEÇÃO DE DIREITO CRIMINAL), MAGALHÃES COELHO(PRES. DA SEÇÃO DE DIREITO PÚBLICO) E DIMAS RUBENS FONSECA (PRES. DA SEÇÃO DE DIREITO PRIVADO).**

São Paulo, 1º de outubro de 2021.

RICARDO ANAFE

Corregedor Geral da Justiça e Relator

Apelação Cível nº 1011822-61.2020.8.26.0068
Apelante: Indusvest Administração e Investimentos Ltda.

Apelado: Oficial de Registro de Imóveis e Anexos da Comarca de Barueri

VOTO Nº 31.562

Registro de Imóveis – Carta de arrematação – Modo derivado de aquisição da propriedade – Precedentes do Conselho Superior da Magistratura – Indispensável a comprovação do recolhimento de ITBI – Dúvida julgada procedente – Óbice mantido – Nega-se provimento à apelação.

1. Trata-se de apelação interposta por *Indusvest Administração e Investimento Ltda.* contra a sentença proferida pela MM.ª Juíza Corregedora Permanente do Oficial de Registro de Imóveis, Títulos e Documentos e Civil de Pessoa Jurídica de Barueri/SP, que julgou procedente a dúvida suscitada e manteve a negativa de registro da carta de arrematação expedida nos autos do Processo nº 01680005019975020013 da 13ª Vara do Trabalho de São Paulo, Capital, tendo por objeto o imóvel matriculado sob nº 9.366 junto à referida serventia imobiliária, em virtude da falta de comprovação do recolhimento do ITBI (fl. 74/75).

Alega a apelante, em síntese, que a arrematação judicial é forma de aquisição originária da propriedade. Assim, por não estar caracterizada a hipótese de incidência tributária de ITBI, que é a transmissão de propriedade de bem imóvel por ato oneroso e voluntário, sustenta que o óbice apresentado pelo registrador merece ser afastado (fl. 84/89).

Nos termos da r. decisão a fl. 113, a apelante regularizou sua representação processual nos autos (fl. 116/118).

A Douta Procuradoria de Justiça opinou pelo não provimento do recurso (fl. 127/130).

É o relatório.

2. Desde logo, importa lembrar que a origem judicial do título não o torna imune à qualificação registral, ainda que limitada a seus requisitos formais e sua adequação aos princípios registrais, conforme o disposto no item 117, do Capítulo XX, das Normas de Serviço da Corregedoria Geral da Justiça:

"Item 117 - Incumbe ao oficial impedir o registro de título que não satisfaça os requisitos exigidos pela lei, quer sejam consubstanciados em instrumento público ou particular, quer em atos judiciais".

Este Conselho Superior da Magistratura tem entendido, inclusive, que a qualificação negativa não caracteriza desobediência ou descumprimento de decisão judicial (TJSP; Apelação Cível 0003968-52.2014.8.26.0453; Relator (a): Pereira Calças; Órgão Julgador: Conselho Superior de Magistratura; Foro de Pirajuí - 1ª Vara; Data do Julgamento: 25/02/2016; Data de Registro: 13/04/2016).

A carta de arrematação expedida nos autos do Processo nº 01680005019975020013 da 13ª Vara do Trabalho de São Paulo, Capital, tendo por objeto o bem imóvel matriculado sob nº 9.366 junto ao Oficial de Registro de Imóveis, Títulos e Documentos e Civil de Pessoa Jurídica de Barueri/SP, de fato não comporta registro sem o regular cumprimento da exigência formulada na nota devolutiva do Oficial, referente à comprovação de recolhimento do imposto de transmissão - ITBI.

Diversamente da tese sustentada pela apelante, a arrematação é forma derivada de aquisição da propriedade, fruto de uma transmissão forçada. Conforme leciona Araken de Assis: *"é ato expropriatório por meio do qual o órgão judiciário transfere coativamente os bens penhorados do patrimônio do executado para o credor ou para outra pessoa"* ("Manual da Execução". Editora Revista dos Tribunais; 14ª edição; São Paulo. 2012. p. 819). É exatamente esta a posição firmada por este Conselho Superior da Magistratura: *"(...) A arrematação é forma derivada de aquisição da propriedade. A sentença mencionou posicionamento superado do Conselho Superior da Magistratura, que no biênio de 2012/2013, entendeu se tratar de modo originário. Tal entendimento, contudo, restou superado no biênio seguinte e, desde então, não remanesce dúvida, no seio do Conselho, sobre a natureza derivada. (...)"* (TJSP, Apelação nº 1004442-46.2015.8.26.0590, Conselho Superior da Magistratura, Relator Corregedor Pereira Calças, j. em 10/03/2017). Nesse mesmo sentido:

> *"REGISTRO DE IMÓVEIS – Arrematação em hasta pública – Forma derivada de aquisição da propriedade – Executada que não figura como proprietária do imóvel na respectiva matrícula Afronta ao princípio da continuidade – Carta de adjudicação do imóvel previamente expedida em favor da executada, mas não levada a registro, que não basta para permitir exceção à continuidade – Recurso desprovido"* (TJSP; Apelação Cível 1009832-65.2014.8.26.0223; Relator (a): Pereira Calças; Órgão Julgador: Conselho Superior de Magistratura; Foro de Guarujá - 3ª Vara Cível; Data do Julgamento: 30/09/2016; Data de Registro: 06/10/2016).

Em arremate, vale salientar que, havendo efetiva transmissão de bem imóvel dos executados para o arrematante, mostrasse indispensável o recolhimento do imposto de transmissão - ITBI, inclusive para expedição da própria carta de arrematação, na forma do art. 901, § 2º, do Código de Processo Civil:

> *"Art. 901. A arrematação constará de auto que será lavrado de imediato e poderá abranger bens penhorados em mais de uma execução, nele mencionadas as condições nas quais foi alienado o bem.*
>
> *(...)*
>
> *§ 2º A carta de arrematação conterá a descrição do imóvel, com remissão à sua matrícula ou individuação e aos seus registros, a cópia do auto de arrematação e a prova de pagamento do imposto de transmissão, além da indicação da existência de eventual ônus real ou gravame".*

Sobre o tema, assim ficou decidido em recente acórdão deste Conselho Superior da Magistratura, na Apelação Cível nº 1020648-60.2019.8.26.0602, de minha relatoria:

> *"REGISTRO DE IMÓVEIS – Carta de arrematação – Modo derivado de aquisição da propriedade Observância do princípio da continuidade – Indispensável recolhimento do ITBI – Entendimento do Conselho Superior da Magistratura – Recurso não provido".* (TJSP; Relator (a): Ricardo Anafe (Corregedor Geral); Órgão Julgador: Conselho Superior de Magistratura; Foro de Sorocaba - 7ª Vara Cível; Data do Julgamento: 28/04/2020; Data de Registro: 14/05/2020).

3. À vista do exposto, pelo meu voto, **nego provimento** à apelação.

RICARDO ANAFE

Corregedor Geral da Justiça e Relator (DJe de 14.12.2021 – SP)

PODER JUDICIÁRIO

TRIBUNAL DE JUSTIÇA DO ESTADO DE SÃO PAULO

CONSELHO SUPERIOR DA MAGISTRATURA

Apelação Cível nº 1003570-53.2020.8.26.0526,

Registro: 2021.0000918294

ACÓRDÃO

Vistos, relatados e discutidos estes autos de **Apelação Cível nº 1003570-53.2020.8.26.0526**, da Comarca de **Salto**, em que é apelante **ABC DIESEL COMÉRCIO DE AUTO PEÇAS LTDA**, é apelado **OFICIAL DE REGISTRO DE IMÓVEIS E ANEXOS DA COMARCA DE SALTO.**

ACORDAM, em Conselho Superior de Magistratura do Tribunal de Justiça de São Paulo, proferir a seguinte decisão: **"Deram provimento, v.u."**, de conformidade com o voto do Relator, que integra este acórdão.

O julgamento teve a participação dos Exmos. Desembargadores **PINHEIRO FRANCO (PRESIDENTE TRIBUNAL DE JUSTIÇA) (Presidente), LUIS SOARES DE MELLO (VICE PRESIDENTE), XAVIER DE AQUINO (DECANO), GUILHERME G. STRENGER (PRES. SEÇÃO DE DIREITO CRIMINAL), MAGALHÃES COELHO(PRES. DA SEÇÃO DE DIREITO PÚBLICO) E DIMAS RUBENS**

FONSECA (PRES. DA SEÇÃO DE DIREITO PRIVADO).

São Paulo, 3 de novembro de 2021.

RICARDO ANAFE

Corregedor Geral da Justiça e Relator

Apelação Cível nº 1003570-53.2020.8.26.0526

Recorrente: Abc Diesel Comércio de Auto Peças Ltda

Apelado: Oficial de Registro de Imóveis e Anexos da Comarca de Salto

VOTO Nº 31.629

Registro de Imóveis – Dúvida – Arrematação – Indisponibilidades – Depois do registro da arrematação em execução forçada, as indisponibilidades anteriores perdem a sua eficácia e não impedem que o arrematante, aliene o imóvel a terceiros voluntariamente, haja ou não cancelamento expresso ("direto") delas – Apelação a que se dá provimento, afastado o óbice registral e reformada a sentença.

1. Trata-se de apelação (fl. 2.281/2.293) interposta por ABC Diesel Comércio de Auto Peças Ltda. contra a r. sentença (fl. 2.274/2.276) proferida pelo MM. Juiz Corregedor Permanente do Oficial de Registro de Imóveis, Títulos e Documentos e Civil de Pessoas Jurídicas da Comarca de Salto, que julgou procedente a dúvida (fl. 01/09) e manteve óbice ao registro *stricto sensu* de um compromisso de compra e venda, trazido por instrumento particular (fl. 25/33) e concernente ao imóvel da matrícula n. 12.858, daquele cartório (fl. 16/24).

Segundo a r. sentença (fl. 2.274/2.276), na dita matrícula n. 12.858 constam várias averbações de indisponibilidade. Enquanto perdurarem, as alienações voluntárias, como a pretendida no caso, não são permitidas. Além disso, o interessado deve buscar o levantamento dessas restrições junto às autoridades que as impuseram, sem que possa o juízo corregedor permanente interferir no que foi decretado alhures. Assim, tem lugar o óbice apontado pelo Oficial de Registro de Imóveis.

A apelante alega (fl. 2.281/2.293), em síntese, que arrematou o domínio sobre o imóvel da mencionada matrícula n. 12.858, e fez proceder ao registro desse título. Ato contínuo, a apelante prometeu o imóvel à venda, mas o registro desse compromisso adiou-se enquanto não se cancelassem as constrições pendentes, entendimento esse que também foi adotado pela r. sentença, o que não está certo, uma vez que, por cancelamento indireto, perdem eficácia as indisponibilidades anteriores à alienação em execução forçada, de maneira que o adquirente (aqui, o arrematante) pode alienar o bem voluntariamente. Não fosse assim, as relações jurídicas pessoais do antigo titular seriam como que transferidas ao adquirente em alienação forçada, e isso não é admissível. O entendimento do Oficial, assim, viola o direito de propriedade e de livre disposição dos bens, e acarreta injusta e ilegal restrição à circulação dos bens. Em razão de tudo isso, deve ser reformada a r. sentença, com o afastamento da exigência posta pelo Oficial de Registro de Imóveis.

A ilustre Procuradoria Geral de Justiça ofertou parecer pelo não provimento do recurso (fl. 2.354/2.356).

É o relatório.

2. A r. sentença tem de ser reformada, em que pese aos seus fundamentos, aos termos da recusa do Oficial de Registro de Imóveis e ao parecer da DD. Procuradoria de Justiça.

É que, como este Conselho Superior da Magistratura vem reconhecendo desde 2017, depois do registro de alienação em execução forçada (arrematação, adjudicação, remição e alienação por iniciativa particular), as indisponibilidades anteriores ficam indiretamente canceladas, e não impedem que o relativo adquirente (arrematante, adjudicante, remitente e comprador), depois do registro de sua aquisição, possa dispor voluntariamente do bem.

Confira-se:

> "REGISTRO DE IMÓVEIS. Averbação de indisponibilidade que não impede a alienação forçada. Ocorrida a alienação, há cancelamento indireto das penhoras, que geraram a indisponibilidade.
>
> O cancelamento direto não é condição necessária à posterior alienação voluntária Escritura de venda e compra que, portanto, pode ser registrada Recurso provido." (Apel. Cív. n. 0019371-42.2013.8.26.0309, j. 14.3.2017, DJe 26.7.2017)
>
> "REGISTRO DE IMÓVEIS. Penhoras e decretos de indisponibilidade que não impedem a alienação forçada. Ocorrida a alienação forçada, há, por via indireta, imediato cancelamento das penhoras e indisponibilidades pretéritas. Cancelamento direto que não é condição necessária à posterior alienação voluntária. Escritura de venda e compra que, portanto, pode ser registrada. Recurso desprovido." (Apel. Cív. n. 100157093.2016.8.26.0664, j. 19.12.2017, DJe 7.5.2018)
>
> "DÚVIDA DE REGISTRO. ARREMATAÇÃO. CANCELAMENTO INDIRETO DAS INDISPONIBILIDADES. MODO DE PRIVILEGIAR A FACILITAÇÃO DO

TRÁFEGO JURÍDICO. PRECEDENTES. 1. Depois da arrematação do imóvel em execução forçada, as indisponibilidades anteriores à hasta perdem a sua eficácia e, portanto, não impedem que o arrematante, voluntariamente, aliene o imóvel a terceiros, haja ou não seu cancelamento expresso ("direto"). 2. Esse modo de decidir, afinal, resguarda o interesse dos beneficiários da indisponibilidade (que poderão satisfazer-se à custa do produto da arrematação), também traz facilidade o tráfego jurídico e aumenta a confiança do público na alienação feita em leilão público. 3. Improcedência da dúvida." (Apel. Cív. n. 1004286-19.2016.8.26.0236, j. 28.5.2019, DJe 27.6.2019).

Note-se que o precedente referido na nota devolutiva (fl. 06/07) isto é, aquele trazido pela Apelação Cível n. 1014772-77.2019.8.26.0068, deste Conselho (j. 5.6.2020, DJe 19.8.2020) cuida de uma hipótese diferente: com efeito, não se trata, ali, de alienação em execução forçada, mas de adjudicação compulsória, na qual o juízo supriu a outorga de escritura pública, para cumprimento de compromisso de compra e venda. Nesse contexto, é certo que as indisponibilidades subsistem e produzem seus efeitos, impedindo registros e averbações de transferências e onerações por atos entre particulares. No caso destes autos, entretanto, cuida-se, como se viu, de espécie distinta, ou seja, da alienação voluntária *depois* (frise-se) do registro *stricto sensu* de uma transmissão coativa (cf. o R. 21 da matrícula n. 12.858, a fl. 23). Logo, o que ficou decidido na Apel. Cív. n. 1014772-77.2019.8.26.0068 não se aplica à situação ora discutida, nem implica alteração do entendimento que este Conselho já adotara nas Apelações Cíveis n. 0019371-42.2013.8.26.0309, 100157093.2016.8.26.0664 e 1004286-19.2016.8.26.0236, antes mencionadas.

Tampouco se nega, como está na *Apel. Cív.* n. 0006500-59.2019.8.26.0344 (fl. 07/08), que o cancelamento direto deva ser buscado perante a autoridade judicial ou administrativa que proferiu a decisão de indisponibilidade, e nesse sentido é que se deve compreender a cláusula segundo a qual (fl. 08 *in fine*) "o registro da aquisição da propriedade pelo arrematante não é causa automática de cessação da indisponibilidade que já existia em relação ao antigo proprietário", quer dizer: o registro *stricto sensu* da arrematação (ou de qualquer outro título oriundo de alienação coativa) não implica o cancelamento, por averbação, das indisponibilidades e outras constrições anteriores, mas somente o cancelamento indireto (ou seja, supressão de eficácia, sem eliminação do assento), de modo que o cancelamento direto tem de ser buscado pelo interessado, como explicado, perante a autoridade competente.

Em suma, o óbice deve ser afastado, para que se proceda ao registro *stricto sensu* do compromisso de compra e venda, como foi rogado.

3. À vista do exposto, pelo meu voto, **dou provimento à apelação para reformar a r. sentença e afastar o óbice, deferindo o registro *stricto sensu* pretendido.**

RICARDO ANAFE

Corregedor Geral da Justiça e Relator (DJe de 26.01.2021 – SP)

BEM DE FAMÍLIA

PODER JUDICIÁRIO

TRIBUNAL DE JUSTIÇA DO ESTADO DE SÃO PAULO

CONSELHO SUPERIOR DA MAGISTRATURA

Apelação Cível nº 1067433-97.2020.8.26.0100

Registro: 2021.0000361665

ACÓRDÃO

Vistos, relatados e discutidos estes autos de **Apelação Cível nº 1067433- 97.2020.8.26.0100**, da Comarca de **São Paulo**, em que é apelante **LAURIVAL LAÉRCIO GABRIELLI JÚNIOR**, é apelado **15º OFICIAL DE REGISTRO DE IMÓVEIS DA CAPITAL.**

ACORDAM, em Conselho Superior de Magistratura do Tribunal de Justiça de São Paulo, proferir a seguinte decisão: **"Deram provimento, v.u."**, de conformidade com o voto do Relator, que integra este acórdão.

O julgamento teve a participação dos Exmos. Desembargadores **PINHEIRO FRANCO (PRESIDENTE TRIBUNAL DE JUSTIÇA) (Presidente), LUIS SOARES DE MELLO (VICE PRESIDENTE), XAVIER DE AQUINO (DECANO), GUILHERME G. STRENGER (PRES. SEÇÃO DE DIREITO CRIMINAL), MAGALHÃES COELHO(PRES. DA SEÇÃO DE DIREITO PÚBLICO) E DIMAS RUBENS FONSECA (PRES. DA SEÇÃO DE DIREITO PRIVADO).**

São Paulo, 4 de maio de 2021.

RICARDO ANAFE

Corregedor Geral da Justiça e Relator

Apelação Cível nº 1067433-97.2020.8.26.0100
Apelante: Laurival Laércio Gabrielli Júnior
Apelado: 15º Oficial de Registro de Imóveis da Capital

VOTO Nº 31.495

Registro de Imóveis – Escritura pública de instituição de bem de família – Título qualificado negativamente – Indisponibilidade decorrente de penhora em favor da Fazenda Nacional que impede qualquer ato de disposição do bem, que não a forçada – Exigência de levantamento da constrição averbada na matrícula – A situação registral a ser analisada é aquela existente no momento em que apresentada a escritura para registro – Inadmissibilidade de registro condicional – Instituição voluntária do bem de família, com o registro obrigatório no ofício imobiliário da situação do bem, que se destina ao abrigo ou proteção familiar – Ato que não importa em alienação do imóvel, o qual permanece sob o domínio do devedor do crédito que originou a penhora – Instituição do bem de família ineficaz em relação à credora que penhorou o imóvel anteriormente, por força do direito de sequela – Óbice afastado – Dá-se provimento ao recurso interposto.

1. Trata-se de apelação interposta por *Laurival Larcio Gabrielli Júnior* contra a sentença proferida pela MM.ª Juíza Corregedora Permanente do 15º Oficial de Registro de Imóveis da Capital, objetivando o registro de escritura pública de instituição de bem de família tendo por objeto o imóvel matriculado sob no 2.098 junto à referida serventia imobiliária (fl. 218/220).

O registrador emitiu nota de devolução, consignando que *"o imóvel (...) encontra-se gravado pela penhora objeto da AV. 10 na matrícula nº 2.098, em favor da Fazenda Nacional, o que torna o imóvel indisponível, conforme § 1º do artigo 53 da Lei 8212/91"*. Assim, exigiu o prévio cancelamento da referida penhora (fl. 18).

Alega o apelante, em síntese, que reside no imóvel com sua família, desde 1985, razão pela qual o bem já estava protegido, nos termos do art. 1º da Lei nº 8.009/90, antes mesmo da averbação da penhora em favor da Fazenda Nacional. Nesse sentido, afirma que o imóvel, sendo bem de família, não poderia ser penhorado por expressa disposição legal. Defende, também, a possibilidade da prática do ato de registro sob condição, ou seja, garantindo a proteção legal do bem de família enquanto não houver decisão judicial em sentido contrário, nos autos da ação de embargos à execução fiscal em que se discute a impenhorabilidade do bem. Por fim, sustenta que a indisponibilidade, se admitida, atingiria apenas a meação do executado e não, de sua esposa, ressaltando que, à época da lavratura do ato, ficou expressamente constando da escritura de instituição de bem de família que não havia indisponibilidade do bem (fl. 225/235).

A Procuradoria de Justiça opinou pelo não provimento do recurso (fl. 263/266).

É o relatório.

2. Busca o apelante o registro da escritura de instituição de bem de família tendo por objeto o imóvel matriculado sob nº 2.098 junto ao 15º Oficial de Registro de Imóveis da Capital (fl. 117/124).

Desde logo, é preciso anotar que, diferentemente do que sustenta o apelante, não há como se admitir o registro condicional, subordinado ao futuro julgamento dos embargos à execução que tramita perante a Justiça Federal (Processo nº 0003404-17.2013.4.03.6133). A respeito, merece ser transcrito ilustrativo trecho do voto vencedor proferido pelo Desembargador Márcio Martins Bonilha, na Apelação Cível nº 82.230-0/0, da Comarca de Piracicaba:

"Cumpre, inicialmente, ressaltar que não há como admitir o registro condicional, subordinado à futura apresentação de determinado documento, ou certidão explicativa. A legalidade da desqualificação é aferida tomando-se como parâmetro o momento exato da suscitação da dúvida, independentemente de documentos novos acostados aos autos no curso do procedimento, ou prometidos pelo interessado.

Lembre-se que admitir o cumprimento de exigências no curso do procedimento acarretaria a indevida prorrogação da prenotação, em detrimento potencial de outros titulares de direitos posicionais contraditórios (...)".

É que a dúvida, se não prejudicada, comporta apenas duas soluções: procedência ou improcedência. Jamais poderá ser julgada improcedente para deferimento da prática de ato de registro condicionado a um evento futuro e incerto.

Ainda, no que diz respeito à alegação de que o imóvel em questão é destinado à moradia do apelante e sua família desde 1985 e que, portanto, a proteção legal decorrente do disposto na Lei nº 8.009/90 antecede a averbação da penhora em favor da Fazenda Nacional, importa lembrar que o título é qualificado pelo Oficial do registro de imóveis segundo as regras vigentes ao tempo em que a inscrição (*lato sensu*) foi rogada. Assim, mesmo que na escritura de instituição de bem de família não tenha constado a indisponibilidade decorrente da penhora averbada na matrícula, a situação registral a ser analisada é aquela existente no momento em que apresentada a escritura para registro.

No caso concreto, a recusa do registrador está fundada na exigência de cancelamento da averbação de penhora do referido imóvel em favor da Fazenda Nacional e consequente levantamento da indisponibilidade do bem.

A propósito da indisponibilidade, prevê o art. 53, § 1º, da Lei nº 8.212/91:

Art. 53. Na execução judicial da dívida ativa da União, suas autarquias e fundações públicas, será facultado ao exeqüente indicar bens à penhora, a qual será efetivada concomitantemente com a citação inicial do devedor.

§ 1º Os bens penhorados nos termos deste artigo ficam desde logo indisponíveis.

A redação da norma permite concluir que, penhorado o imóvel por dívida ativa da União, de suas autarquias ou de suas fundações públicas, de pronto estará indisponível o bem. E a indisponibilidade, decorrente da penhora em favor da Fazenda Nacional, impede qualquer ato de disposição do bem, que não a forçada. Sobre o tema, há inúmeros precedentes deste C. Conselho Superior da Magistratura: Apelação Cível nº 3003761-77.2013.8.26.0019, Rel. Elliot Akel, j. 03.06.2014; Apelação Cível nº 1003418-87.2015.8.26.0038, Rel. Pereira Calças, j. 25.04.2016; Apelação Cível nº 0006500-59.2019.8.26.0344, Rel. Pinheiro Franco, j. 10.12.2019.

Nesse contexto, é preciso ponderar se a instituição de bem de família importa em alienação voluntária do imóvel.

Pois bem. O Código Civil não traz uma definição específica sobre o instituto, nem seu conceito, apenas prevendo sua existência, forma de constituição e finalidade. Nesse sentido, dispõem os arts. 1.711 e 1.712 do referido diploma legal:

Art. 1.711. Podem os cônjuges, ou a entidade familiar, mediante escritura pública ou testamento, destinar parte de seu patrimônio para instituir bem de família, desde que não ultrapasse um terço do patrimônio líquido existente ao tempo da instituição, mantidas as regras sobre a impenhorabilidade do imóvel residencial estabelecida em lei especial.

Parágrafo único. O terceiro poderá igualmente instituir bem de família por testamento ou doação, dependendo a eficácia do ato da aceitação expressa de ambos os cônjuges beneficiados ou da entidade familiar beneficiada.

Art. 1.712. O bem de família consistirá em prédio residencial urbano ou rural, com suas pertenças e acessórios, destinando-se em ambos os casos a domicílio familiar, e poderá abranger valores mobiliários, cuja renda será aplicada na conservação do imóvel e no sustento da família.

Para Cristiano Chaves e Nelson Rosenvald ("Direito das Famílias". Rio de Janeiro: Lumen Juris, 2008, pp. 702/703), o instituto é uma forma de afetação de bens a um destino especial, visando assegurar a dignidade humana dos componentes de uma família, garantindo sua sobrevivência, com base no mínimo existencial de patrimônio, para a realização da justiça social. Caio Mário da Silva Pereira ("Instituições de Direito Civil: direito de família", 23ª ed. Rio de Janeiro: Forense, 2015, v. 5, p. 244) entende que *"o bem de família é uma forma de afetação de bens a um destino especial que é ser a residência da família, e, enquanto for, é impenhorável por dívidas posteriores à sua constituição, salvo provenientes de impostos devidos pelo próprio prédio"*. De seu turno, Sílvio de Salvo Venosa ("Direito Civil: Direito de família", 9ª ed. São Paulo: Atlas, 2009, pp. 384/386) transmite o pensamento de Serpa Lopes, para quem o bem de família é um condomínio *sui generis*, no qual nenhum dos cotitulares possui uma quota parte, ensejando uma coletividade que abarca o instituto, representada pelo chefe da família.

Assim, conclui:

"Trata-se da destinação ou afetação de um patrimônio em que opera a vontade do instituidor, amparada pela lei. É uma forma de tornar o bem como coisa fora do comércio, em que são combinadas a vontade da lei e a vontade humana. Nesse diapasão, o bem de família fica isento de execução por dívidas posteriores sua instituição, salvo as que provierem de tributos relativos ao prédio ou despesas de condomínio (art. 1.715)".

A instituição voluntária do bem de família, com o registro obrigatório no ofício imobiliário da situação do bem, destina-se ao abrigo ou proteção familiar. Com isso, o imóvel em que a família está domiciliada torna-se impenhorável (isento de dívidas futuras, salvo obrigações tributárias referentes ao bem e despesas condominiais - art. 1.715 do Código Civil) e inalienável (só poderá ser alienado com a autorização dos interessados, cabendo ao Ministério Público intervir quando houver participação de incapaz - art. 1.717 do Código Civil), até a morte de ambos os cônjuges e a maioridade dos filhos, desde que não sujeitos a curatela (art. 1.722 do Código Civil).

Como se vê, a instituição do bem de família não se consubstancia numa transferência de domínio, ou seja, não equivale à alienação do imóvel. Ao contrário, o imóvel permanece sob o domínio do devedor do crédito que originou a penhora em questão.

A respeito, ressalta Caio Mário da Silva Pereira que:

"Não se verifica uma transmissão (salvo constituição por terceiros), porque a coisa não sai da propriedade do pater familias, *e não ocorre a criação de um condomínio, pela razão de nenhum dos membros do grupo familiar ter uma quota ideal do imóvel. Se se atentar para o fato de que com a morte dos cônjuges e a maioridade dos filhos se opera,* pleno iure, *a sua extinção, da mesma forma que esta pode ser declarada a requerimento dos interessados, se o bem tiver deixado de preencher o requisito de sua destinação, concluir-se-á que não sofre a coisa, como objeto de relação jurídica, uma alteração essencial na sua natureza. É, e continua sendo objeto do direito de propriedade do instituidor, mas afetado a uma finalidade,* sub conditione *da utilização como domicílio dos membros da família"* ("Instituições de Direito Civil". 28ª ed. Rio de Janeiro: Editora Forense, 2010, p. 230).

Ademais, em relação à credora que penhorou o imóvel a instituição do bem de família é ineficaz, por força do direito de sequela. Em princípio, responderá o imóvel pelos débitos pretéritos, certo que eventual impenhorabilidade decorrente de lei deverá ser discutida nos autos dos embargos à execução que está em curso perante a Justiça Federal.

Nesse cenário, o registro da escritura pública de instituição de bem de família, tendo por objeto o imóvel matriculado sob nº 2.098 junto ao 15º Oficial de Registro de Imóveis da Capital, não pode ser obstado, sendo de rigor o afastamento, no caso concreto, da exigência de prévio levantamento da penhora averbada em favor da Fazenda Nacional (AV. 10 - fl. 117/124), que deu ensejo à indisponibilidade do bem (art. 53, § 1º, da Lei 8.212/91).

3. À vista do exposto, pelo meu voto, **dou provimento** à apelação interposta, para julgar a dúvida improcedente.

RICARDO ANAFE

Corregedor Geral da Justiça e Relator (DJe de 27.07.2021 – SP)

COMPRA E VENDA E COMPROMISSO

PODER JUDICIÁRIO

TRIBUNAL DE JUSTIÇA DO ESTADO DE SÃO PAULO

CONSELHO SUPERIOR DA MAGISTRATURA

Apelação Cível nº 1011899-61.2020.8.26.0071

Registro: 2021.0000815160

ACÓRDÃO

Vistos, relatados e discutidos estes autos de **Apelação Cível nº 1011899-61.2020.8.26.0071**, da Comarca de **Bauru**, em que são apelantes **ALEX APARECIDO RAMOS FERNANDEZ** e **HAMILTON DONIZETI RAMOS FERNANDEZ**, é apelado **2° OFICIAL DE REGISTRO DE IMÓVEIS DA COMARCA DE BAURU.**

ACORDAM, em Conselho Superior de Magistratura do Tribunal de Justiça de São Paulo, proferir a seguinte decisão: **"Não conheceram, v.u."**, de conformidade com o voto do Relator, que integra este acórdão.

O julgamento teve a participação dos Exmos. Desembargadores **PINHEIRO FRANCO (PRESIDENTE TRIBUNAL DE JUSTIÇA) (Presidente), LUIS SOARES DE MELLO (VICE PRESIDENTE), XAVIER DE AQUINO (DECANO), GUILHERME G. STRENGER (PRES. SEÇÃO DE DIREITO CRIMINAL), MAGALHÃES COELHO(PRES. DA SEÇÃO DE DIREITO PÚBLICO) E DIMAS RUBENS FONSECA (PRES. DA SEÇÃO DE DIREITO PRIVADO).**

São Paulo, 17 de setembro de 2021.

RICARDO ANAFE

Corregedor Geral da Justiça e Relator

Apelação Cível nº 1011899-61.2020.8.26.0071

Apelantes: Alex Aparecido Ramos Fernandez e Hamilton Donizeti Ramos Fernandez

Apelado: 2° Oficial de Registro de Imóveis da Comarca de Bauru

VOTO Nº 31.554

Registro de Imóveis – Procedimento de dúvida – Apelação – Pedido de antecipação da tutela recursal para imediato registro do título – Indeferimento – Registro do título que demanda o trânsito em julgado da decisão da dúvida, quando julgada improcedente.

Registro de Imóveis – Dúvida Escritura pública de compra e venda Imóvel rural – Qualificação negativa – Exigência de georreferenciamento – No procedimento de dúvida, a análise da dissensão entre o apresentante e o registrador deve ser decidida a partir da conformação do título no momento da suscitação – Impossibilidade de alteração ou complementação do título prenotado no curso do procedimento de dúvida – Dúvida prejudicada – Apelação não conhecida.

1. Trata-se de apelação interposta por *Alex Aparecido Ramos Fernandez* e *Hamilton Donizeti Ramos Fernandez* contra a sentença proferida pela MM.ª Juíza Corregedora Permanente do 2º Oficial de Registro de Imóveis da Comarca de Bauru/SP, que julgou procedente dúvida suscitada e manteve a negativa de registro de escritura de venda e compra lavrada em 11 de maio de 2020, tendo por objeto parte ideal correspondente a 50% do imóvel matriculado sob nº 32.330 junto à referida serventia imobiliária (fl. 367/369). Preliminarmente, postulam os apelantes pela antecipação da tutela recursal, em caráter de urgência, sustentando a probabilidade do direito invocado e a existência de risco à preservação de direitos perante terceiros, ante a possível ofensa à ordem da cadeia registral, caso não seja deferido, desde logo, o pretendido registro. No mais, alegam, em síntese, ser impossível atender à exigência de georreferenciamento formulada pelo Oficial, eis que há litígio entre os condôminos. Além disso, afirmam não estar na posse da área, o que dificulta o acesso do perito ao local, sobretudo diante das limitações impostas pela pandemia do Covid-19. Ressaltam que o laudo técnico realizado na ação de divisão e demarcação, ajuizada perante a 6ª Vara Cível da Comarca de Bauru/SP, é suficiente para a precisa identificação do imóvel, atendendo ao princípio registral da especialidade objetiva.

Pugnam, assim, pela reforma da sentença, a fim de que seja a dúvida julgada improcedente ou, subsidiariamente, que seja deferido o registro cautelar da escritura de compra e venda em questão, até final solução da ação de extinção de condomínio em curso e oportuna apresentação do georrefereciamento da área (fl. 474/480).

Ana Paula Massi Badran ingressou nos autos para noticiar a concessão de ordem judicial de bloqueio da metade ideal do imóvel da empresa GRN Pavimentação e Obras Ltda. ME, oriunda do Processo nº 1013169-94.2019.8.26.0576, em curso perante a 3ª Vara Cível da Comarca de São José do Rio Preto/SP (fl. 426/465).

A douta Procuradoria de Justiça opinou pelo não provimento do recurso (fl. 499/502).

Os apelantes, então, insistem na impossibilidade de cumprimento da exigência formulada pelo Oficial registrador (fl. 506/507).

Na sequência, porém, informam os apelantes que foi celebrado acordo nos autos da ação de divisão, com a consequente realização de georreferenciamento e demarcação da área de sua propriedade, o que atende à exigência formulada para o registro (fl. 506/507).

A fl. 528/533 há reiteração do pedido de antecipação de tutela recursal.

Nos termos da r. decisão a fl. 536, os autos foram redistribuídos a este Conselho Superior da Magistratura.

É o relatório.

2. Cuida-se de dúvida suscitada após negativa de registro de escritura de compra e venda de parte ideal de um imóvel rural, porque exigida a descrição da área com identificação e certificação georreferenciada pelo INCRA, via sistema SIGEF. *Ex ante*, há que ser indeferida a pretendida antecipação de tutela recursal. Isso porque, instaurada a dúvida registrária, o prazo da prenotação é prorrogado até solução final do procedimento, sendo inadmissível a concessão de tutela provisória, na forma pretendida pelo apelantes, em razão do disposto no art. 203 da Lei nº 6.015/73 que condiciona o registro do título ao trânsito em julgado da decisão:

> *"Art. 203 - Transitada em julgado a decisão da dúvida, proceder-se-á do seguinte modo:*
>
> *I - se for julgada procedente, os documentos serão restituídos à parte, independentemente de translado, dando-se ciência da decisão ao oficial, para que a consigne no Protocolo e cancele a prenotação;*
>
> *II - se for julgada improcedente, o interessado apresentará, de novo, os seus documentos, com o respectivo mandado, ou certidão da sentença, que ficarão arquivados, para que, desde logo, se proceda ao registro, declarando o oficial o fato na coluna de anotações do Protocolo".*

Como se vê, há manifesta incompatibilidade da antecipação da tutela recursal e o procedimento (processo em fase recursal) de dúvida.

De seu turno, Ana Paula Massi Badran ingressou no processo somente para noticiar a concessão de ordem judicial de bloqueio da metade ideal do imóvel da empresa GRN Pavimentação e Obras Ltda. ME (fl. 426/428), o que não interfere no julgamento da dúvida em razão da prioridade da escritura pública apresentada pelos apelantes, decorrente da ordem cronológica do protocolo.

No mais, importa anotar que, na nota de devolução expedida (fl. 14), exigiu o registrador a prévia identificação e certificação da descrição do imóvel junto ao INCRA, na forma georreferenciada, bem como a apresentação de cópia da ação de divisão de condomínio em trâmite perante a 6ª Vara Cível da Comarca de Bauru/SP (Processo nº 1013961-16.2016.8.26.0071), com sentença prolatada e trânsito em julgado, em fase de demarcação física por perícia judicial.

Apresentadas as peças processuais exigidas, discordaram os apelantes da outra exigência formulada pelo registrador e requereram a suscitação de dúvida, sob o fundamento de que seria impossível realizar o georreferenciamento da área em razão do litígio existente entre os cotitulares de domínio.

Ocorre que, depois de suscitada a dúvida e já no curso do procedimento, a parte interessada juntou aos autos acordo judicial celebrado na ação de divisão e demarcação de área, com especificação da área que lhe coube no imóvel matriculado sob nº 32.330 do 2º Oficial de Registro de Imóveis de Bauru/SP, bem como informou ter sido realizado o georreferenciamento do imóvel em questão (fl. 508/527).

A dúvida, portanto, está prejudicada. O suprimento da exigência durante o processamento da dúvida não é possível, pois a qualificação completa do título há que ser feita de acordo com a documentação apresentada ao Oficial no momento do protocolo. A parte tem o prazo da nota de exigência, de trinta dias, para supri-la ou impugná-la, sob pena de burla ao prazo da prenotação.

Com efeito, o processo da dúvida é reservado à análise da discordância do apresentante com os motivos que levaram à recusa do registro do título e de seu julgamento decorrerá a manutenção da qualificação negativa, com o cancelamento da prenotação, ou a improcedência da objeção do Oficial, o que terá como consequência a realização do ato solicitado (inciso II do art. 203 da Lei nº 6.015/1973).

Ressalte-se que, com a suscitação da dúvida, o prazo de validade da prenotação é prorrogado para possibilitar a análise da dissensão entre o apresentante e o Oficial registrador sobre as exigências formuladas para a inscrição do título, controvérsia que há de ser decidida a partir de sua conformação no momento da suscitação.

Destarte, não podem os apelantes pretender, no curso do procedimento de dúvida, complementar ou alterar o título prenotado. Nesse sentido:

"DÚVIDA – REGISTRO DE IMÓVEIS – Suscitação parcial em relação às exigências formuladas pelo Oficial de Registro Imobiliário – Apresentação de documento não atendida até a suscitação da dúvida – Impossibilidade de atendimento no transcorrer do procedimento de dúvida, mediante apresentação de documentos – Impossibilidade de alteração do título e dos documentos essenciais que instruem a dúvida após a suscitação, sob pena de prorrogação indevida dos efeitos da prenotação – Exigência não impugnada que impede o conhecimento da dúvida, vedada a emissão de decisão condicional – Dúvida – Prejudicada – Recurso não conhecido." (TJSP; Apelação Cível 1000614-42.2018.8.26.0459; Relator (a): Ricardo Anafe (Corregedor Geral); Órgão Julgador: Conselho Superior de Magistratura; Foro de Pitangueiras - 1ª Vara; Data do Julgamento: 18/06/2020; Data de Registro: 26/06/2020).

"REGISTRO DE IMÓVEIS. Anuência parcial do apresentante com as exigências formuladas. Complementação superveniente do título. Impossibilidade. Dúvida prejudicada. Recurso não conhecido." (TJSP; Apelação Cível 1001907-18.2018.8.26.0404; Relator (a): Pinheiro Franco (Corregedor Geral); Órgão Julgador: Conselho Superior de Magistratura; Foro de Orlândia - 1ª Vara; Data do Julgamento: 07/06/2019; Data de Registro: 12/06/2019).

"REGISTRO DE IMÓVEIS – Impugnação parcial – Dúvida julgada prejudicada – Título complementado no curso da dúvida, mediante apresentação de escritura pública de retificação, para atendimento de exigência não impugnada – Impossibilidade de alteração do título no curso da dúvida, o que impede o reexame da qualificação – Recurso não conhecido, prejudicada a dúvida suscitada." (TJSP; Apelação Cível 1092322-86.2018.8.26.0100; Relator (a): Pinheiro Franco (Corregedor Geral); Órgão Julgador: Conselho Superior de Magistratura; Foro Central Cível - 1ª Vara de Registros Públicos; Data do Julgamento: 16/05/2019; Data de Registro: 21/05/2019).

3. Diante do exposto, pelo meu voto, julgo prejudicada a dúvida e **não conheço** da apelação.

RICARDO ANAFE

Corregedor Geral da Justiça e Relator (DJe de 14.12.2021 – SP)

PODER JUDICIÁRIO

TRIBUNAL DE JUSTIÇA DO ESTADO DE SÃO PAULO

CONSELHO SUPERIOR DA MAGISTRATURA

Apelação Cível nº 1007897-24.2021.8.26.0100

Registro: 2021.000635256

ACÓRDÃO

Vistos, relatados e discutidos estes autos de **Apelação Cível nº 1007897-24.2021.8.26.0100**, da Comarca de **São Paulo**, em que é apelante **JULIA**

MOHOVIC, é apelado **18º OFICIAL DE REGISTRO DE IMÓVEIS DA COMARCA DA CAPITAL.**

ACORDAM, em Conselho Superior de Magistratura do Tribunal de Justiça de São Paulo, proferir a seguinte decisão: **"Negaram provimento ao recurso. V. U."**, de conformidade com o voto do Relator, que integra este acórdão.

O julgamento teve a participação dos Exmos. Desembargadores **PINHEIRO FRANCO (PRESIDENTE TRIBUNAL DE JUSTIÇA) (Presidente), LUIS SOARES DE MELLO (VICE PRESIDENTE), XAVIER DE AQUINO (DECANO), GUILHERME G. STRENGER (PRES. SEÇÃO DE DIREITO CRIMINAL), MAGALHÃES COELHO(PRES. DA SEÇÃO DE DIREITO PÚBLICO) E DIMAS RUBENS FONSECA (PRES. DA SEÇÃO DE DIREITO PRIVADO).**

São Paulo, 30 de julho de 2021.

RICARDO ANAFE

Corregedor Geral da Justiça e Relator

Apelação Cível nº 1007897-24.2021.8.26.0100

Apelante: Julia Mohovic

Apelado: 18º Oficial de Registro de Imóveis da Comarca da Capital

VOTO Nº 31.530

Registro de Imóveis – Escritura pública de promessa de compra e venda de unidade imobiliária – Impossibilidade do registro com efeito translativo da propriedade, ainda que quitado o preço – Necessidade de escritura pública definitiva – Inteligência dos arts. 108, 1.245. 1.417 e 1.418 do Código Civil – Aplicação do art. 26, § 6º, da Lei nº 6.766/79 que se restringe a loteamentos – Óbice mantido – Dúvida procedente – Recurso não provido.

Trata-se de recurso de apelação interposto por *JULIA MOHOVIC* contra a r. sentença proferida pela MM. Juíza Corregedora Permanente do 18º Oficial de Registro de Imóveis de São Paulo, que manteve a negativa de registro da escritura pública de promessa de compra e venda firmada por *Gafisa S/A* e *Julia Mohovic* relativa ao imóvel matriculado sob nº 194.598 como título para a transmissão da propriedade (fl. 76/79).

Alega a apelante, em síntese, que a escritura pública de promessa de compra e venda quitada serve como título para a transmissão da propriedade, dispensada nova escritura pública definitiva. Para ancorar sua pretensão, socorre-se do disposto no art. 26, § 6º, da Lei nº 6.766/79, o qual deve ser aplicado ao caso em tela promessa de compra e venda pactuada sob o regime jurídico da Lei nº 4.591/64 – diante da omissão legislativa, em prestígio à tutela do consumidor. Por isso, requer o provimento do recurso para julgar improcedente a dúvida, valendo como título para registro da propriedade a escritura pública de promessa de compra e venda quitada (fl. 85/97).

A douta Procuradoria Geral de Justiça opinou pelo não provimento do recurso (fl. 114/117).

É o relatório.

Pretende a recorrente o registro da escritura pública de promessa de compra e venda quitada não com efeito de direito real de aquisição (art. 1.417 do Código Civil), mas sim como sucedâneo de título translativo de propriedade de acordo com o art. 26, § 6º, da Lei nº 6.766/79.

O contrato de promessa de compra e venda de unidade futura integrante de incorporação imobiliária foi celebrado por instrumento público e o pagamento do preço de R$135.279,60 efetivado à vista (fl. 42/57).

Ainda assim, o título não é hábil à transferência do domínio.

Como regra, a promessa de compra e venda firmada por instrumento público ou particular, sem cláusula de arrependimento, registrada no Cartório de Registro de Imóveis, atribui ao promitente comprador direito real à aquisição do imóvel, oponível a terceiros (arts. 1.417 e 1.418 do Código Civil). Direito real de aquisição que não se confunde com o direito de propriedade.

Logo, a promessa de compra e venda mesmo que já saldado o seu preço não constitui título hábil à transferência do domínio do imóvel, sendo indispensável a celebração do contrato definitivo e seu registro posterior, nos termos dos arts. 108 e 1.245 do Código Civil.

No contrato preliminar – como a promessa de compra e venda – ainda que concentrada a maioria da carga negocial, o seu objeto é a outorga da escritura definitiva.

Inclusive, no caso concreto, em que pese o pagamento do preço à vista, as partes comprometeram-se a finalizar, *a posteriori*, o contrato de compra e venda, mediante futura outorga de escritura definitiva (cláusula 3.4).

Não se olvida que o pacto em questão foi celebrado sob o regime jurídico da Lei nº 4.591/64, o qual submete-se ao regramento estatuído para as promessas de compra e venda reguladas pelo Código Civil, observadas as peculiaridades da lei de regência que também deixa bem claro que o único direito conferido ao promitente comprador que se acautelou e levou a registro o seu contrato é o direito real (art. 32, § 2º, da Lei de Incorporação Imobiliária).

À evidência, a hipótese em testilha não se ajusta àquela preconizada no art. 26, § 6º, da Lei nº 6.766/79, *in verbis*:

"§ 6º Os compromissos de compra e venda, as cessões e as promessas de cessão valerão como título para o registro da propriedade do lote adquirido, quando acompanhados da respectiva prova de quitação."

Apenas o compromisso de compra e venda de lote urbano, firmado entre o loteador e o adquirente, quando acompanhado da prova de quitação do preço, serve como título para a transmissão da propriedade imobiliária perante o Cartório de Registro de Imóveis, dispensando a lavratura de escritura pública, independentemente do valor do negócio ou do imóvel.

Trata-se, pois, de exceção à regra geral e, como tal, sua interpretação deve se dar no contexto da legislação em que prevista.

Outra não é a conclusão de Francisco Eduardo Loureiro, que aponta:

"Embora defenda José Osório de Azevedo Júnior a tese da possibilidade da dispensa da escritura definitiva, substituída pelo compromisso acompanhado de prova de quitação, tal conclusão implica violação ao disposto no art. 108 do CC ('O compromisso de compra e venda'. In: FRANCIULLI NETO, Domingos (coord.), MENDES, Gilmar Ferreira & MARTINS FILHO, Ives Gandra da Silva. O novo Código Civil: estudos em homenagem ao prof. Miguel Reale. São Paulo, LTr, 2003, p.450).

Não pode prevalecer, portanto, o Enunciado n. 87 do Centro de Estudos Judiciários do CJF, por ocasião da Jornada de Direito Civil realizada entre 11 e 13 de setembro de 2002, cujo teor é o seguinte: 'Considera-se também título translativo, para fins do art. 1.245 do CC, a promessa de compra e venda devidamente quitada (arts. 1.417 e 1.418 do CC e § 6ºdo art. 26 da Lei n. 6.766/79)" (Código Civil Comentado, Coordenador Ministro Cezar Peluso, 14ª ed., São Paulo: Manole, 2020, p. 1.497).

No mesmo sentido, a apelação nº 1036475-31.2020.8.26.0100 de minha relatoria:

"Apelação – Dúvida – Recusa a transmissão da propriedade – Termo de quitação de compromisso de venda e compra que não constitui título translativo do domínio – Necessidade de título hábil Inteligência do art. 1.417 do Código Civil – Promitente comprador que adquire direito à aquisição do imóvel – Aplicação restrita do art. 26, §6º, da Lei nº 6.766/79 aos casos em que o compromisso de venda e compra foi celebrado pelo próprio loteador – Inteligência do art. 167, II, item 32 da Lei de Registros Públicos para fins específicos – Desprovimento do recurso."

O título apresentado a registro não é apto a transferir o domínio à recorrente, portanto.

Por todo o exposto, pelo meu voto, nego provimento ao recurso.

RICARDO ANAFE
Corregedor Geral da Justiça e Relator (DJe de 20.10.2021 – SP)

Apelação Cível nº 1001442-18.2020.8.26.0443

Ementa

Registro de Imóveis – Escritura pública de compra e venda – Ausência de outorga uxória – Título qualificado negativamente – Vendedor casado sob o regime da comunhão universal de bens – Imóvel recebido em doação, com cláusula de incomunicabilidade – Dúvida procedente – Óbice mantido – Nega-se provimento ao recurso

---

PODER JUDICIÁRIO

TRIBUNAL DE JUSTIÇA DO ESTADO DE SÃO PAULO

CONSELHO SUPERIOR DA MAGISTRATURA

Apelação Cível nº 1001442-18.2020.8.26.0443

Registro: 2021.0000430459

ACÓRDÃO

Vistos, relatados e discutidos estes autos de **Apelação Cível nº 1001442-18.2020.8.26.0443**, da Comarca de **Piedade**, em que é apelante **NEUSA MARIA RODRIGUES DA COSTA**, é apelado **OFICIAL DE REGISTRO DE IMÓVEIS E ANEXOS DA COMARCA DE PIEDADE.**

ACORDAM, em Conselho Superior de Magistratura do Tribunal de Justiça de São Paulo, proferir a seguinte decisão: **"Negaram provimento, v.u."**, de conformidade com o voto do Relator, que integra este acórdão.

O julgamento teve a participação dos Exmos. Desembargadores **PINHEIRO FRANCO (PRESIDENTE TRIBUNAL DE JUSTIÇA) (Presidente), LUIS SOARES DE MELLO (VICE PRESIDENTE), XAVIER DE AQUINO (DECANO), GUILHERME G. STRENGER (PRES. SEÇÃO DE DIREITO CRIMINAL), MAGALHÃES COELHO(PRES. DA SEÇÃO DE DIREITO PÚBLICO) E DIMAS RUBENS FONSECA (PRES. DA SEÇÃO DE DIREITO PRIVADO).**

São Paulo, 27 de maio de 2021.

RICARDO ANAFE

Corregedor Geral da Justiça e Relator

Apelação Cível nº 1001442-18.2020.8.26.0443
Apelante: Neusa Maria Rodrigues da Costa
Apelado: Oficial de Registro de Imóveis e Anexos da Comarca de Piedade

VOTO Nº 31.516

Registro de Imóveis – Escritura pública de compra e venda – Ausência de outorga uxória – Título qualificado negativamente – Vendedor casado sob o regime da comunhão universal de bens – Imóvel recebido em doação, com cláusula de incomunicabilidade – Dúvida procedente – Óbice mantido – Nega-se provimento ao recurso.

1. Trata-se de apelação interposta por *Neusa Maria Rodrigues da Costa* contra a sentença proferida pela MM.ª Juíza Corregedora Permanente da Oficial de Registro de Imóveis, Títulos e Documentos e Civil de Pessoa Jurídica de Piedade/SP, objetivando o registro de escritura pública de compra e venda referente ao imóvel matriculado sob no 23.863 junto àquela serventia imobiliária (fl. 72/74).

A registradora emitiu nota de devolução, exigindo a outorga uxória de Regina Célia Santos Frederico Secol, casada com o vendedor do imóvel, José Secol Filho, nos termos dos arts. 1.647 e 1.648 do Código Civil (fl. 17/19).

Alega a apelante, em síntese, que a exigência formulada deve ser afastada, vez que o imóvel foi adquirido por meio de escritura pública de doação, com cláusula de incomunicabilidade. Nos termos do art. 1.668 do Código Civil, os bens doados ou herdados com cláusula de incomunicabilidade são excluídos da comunhão, de modo que o óbice não se sustenta (fl. 78/84).

A Douta Procuradoria de Justiça opinou pelo não provimento do recurso (fl. 105/108).

É o relatório.

2. Busca a apelante o registro da escritura pública de compra e venda lavrada perante o Oficial de Registro Civil das Pessoas Naturais e Tabelião de Notas do Distrito de Paruru, Ibiúna, São Paulo, Livro 76, páginas 381/384, outorgada por José Secol Filho em seu favor, discordando da necessidade de anuência da esposa do vendedor para aperfeiçoamento do negócio.

Da matrícula n.º 23.863 do Registro de Imóveis de Piedade/SP infere-se que, por meio de escritura lavrada em 12 de junho de 2015, o imóvel foi doado a José Secol Filho, casado sob o regime da comunhão universal de bens com Regina Célia Santos Frederico Secol. Da AV. 2/23.863 consta que a doação registrada sob o nº 1 da matrícula encontra-se gravada com cláusula de incomunicabilidade (fl. 35).

A pretensão da apelante esbarra na disposição trazida pelo art. 1.647, inciso I, do Código Civil, *in verbis*:

> *"Art. 1.647. Ressalvado o disposto no art. 1.648, nenhum dos cônjuges pode, sem autorização do outro, exceto no regime da separação absoluta:*
>
> *I - alienar ou gravar de ônus real os bens imóveis;*
>
> *II - pleitear, como autor ou réu, acerca desses bens ou direitos;*
>
> *III - prestar fiança ou aval;*
>
> *IV - fazer doação, não sendo remuneratória, de bens comuns, ou dos que possam integrar futura meação."*

Daí decorre que, conquanto os bens gravados com cláusula de incomunicabilidade estejam excluídos da comunhão entre os cônjuges, nos termos do art. 1.668, inciso I, do Código Civil, faz-se necessária, à luz do art. 1.647, inciso I, supra referido, a outorga uxória para aperfeiçoar o negócio jurídico do vendedor.

A questão da incomunicabilidade do bem imóvel diz respeito exclusivamente à atribuição patrimonial entre os cônjuges no momento da extinção da sociedade conjugal, ou na fixação de responsabilidades patrimoniais de cada cônjuge por conta da administração de seus bens particulares na constância da sociedade conjugal (art. 1.665 do Código Civil).

Não tem por objeto o direito à livre disposição do bem durante o casamento, mas prevê apenas seu destino e atribuição em razão do fim da sociedade conjugal.

A necessidade da outorga uxória diz respeito às regras de tutela da entidade familiar, impedindo a realização de alienação de bens imóveis particulares por qualquer um dos cônjuges, salvo as exceções legais, sem que o cônjuge não proprietário concorde com o ato ou sua recusa seja formalmente suprida por decisão judicial.

Inexiste qualquer ressalva quanto à natureza do bem imóvel, se comum ou particular, caracterizando norma cogente, salvo exceções previstas expressamente na lei. A respeito:

> *"(...) O dispositivo em estudo não faz referência à natureza do patrimônio que necessite de anuência de ambos os cônjuges, para ser alienado ou gravado com ônus reais, sendo certo, portanto, que a imposição abrange, também, os bens particulares de cada cônjuge. (...)"* (Código Civil Comentado: doutrina e jurisprudência/Cláudio Luiz Bueno de Godoy ...[et al.]; coordenação Cezar Peluso 14. Ed. Barueri [SP]: Manole, 2020, p. 1857).

A norma visa, em termos finais, a proteção da entidade familiar e seu patrimônio mínimo para fins de consecução de seus objetivos, colocando a norma tal entidade em local privilegiado em relação aos direitos particulares do cônjuge.

E assim porque, embora a pessoa casada possa, livremente, praticar os atos necessários à mantença do casal, alguns negócios jurídicos são tão relevantes para o patrimônio do casal e manutenção do núcleo familiar que, bem por isso, dependem da expressa anuência do outro cônjuge.

Destarte, independentemente da incomunicabilidade do bem, a anuência da cônjuge do alienante é requisito fundamental para a validade do ato, sem o que não se admite o ingresso do título no registro imobiliário. Nesse sentido, recente precedente deste Conselho Superior da Magistratura:

"REGISTRO DE IMÓVEIS – Escritura de venda e compra – Ausência de outorga uxória – Óbice mantido – Comunhão universal de bens Imóvel doado com cláusula de incomunicabilidade – Dúvida procedente – Recurso não provido." (TJSP; Apelação Cível 1001438-78.2020.8.26.0443; Relator (a): Ricardo Anafe (Corregedor Geral); Órgão Julgador: Conselho Superior de Magistratura; Data do Julgamento: 15/04/2021; Data de Registro: 23/04/2021).

Acrescente-se que, se um dos cônjuges não quer ou não pode anuir à venda que o outro pretende realizar e para a qual a lei exige a vênia conjugal, permite o Código Civil, em seu art. 1.648, o suprimento judicial dessa concordância.

Nesse cenário, não há como se concluir pela superação do óbice apontado pela registradora.

3. À vista do exposto, pelo meu voto, nego provimento à apelação.

RICARDO ANAFE

Corregedor Geral da Justiça e Relator (DJe de 18.08.2021 – SP)

PODER JUDICIÁRIO

TRIBUNAL DE JUSTIÇA DO ESTADO DE SÃO PAULO

CONSELHO SUPERIOR DA MAGISTRATURA

Apelação Cível nº 1010738-19.2020.8.26.0361

Registro: 2021.0000380971

ACÓRDÃO

Vistos, relatados e discutidos estes autos de **Apelação Cível nº 1010738-19.2020.8.26.0361**, da Comarca de **Mogi das Cruzes**, em que é apelante **COMERCIAL IBIAÇU DE EMPREENDIMENTOS LTDA**, é apelado **2º OFICIAL DE REGISTRO DE IMÓVEIS E ANEXOS DA COMARCA DE MOGI DAS CRUZES/SP.**

ACORDAM, em Conselho Superior de Magistratura do Tribunal de Justiça de São Paulo, proferir a seguinte decisão: **"Negaram provimento, v.u."**, de conformidade com o voto do Relator, que integra este acórdão.

O julgamento teve a participação dos Exmos. Desembargadores **PINHEIRO FRANCO (PRESIDENTE TRIBUNAL DE JUSTIÇA) (Presidente), LUIS SOARES DE MELLO (VICE PRESIDENTE), XAVIER DE AQUINO (DECANO), GUILHERME G. STRENGER (PRES. SEÇÃO DE DIREITO CRIMINAL), MAGALHÃES COELHO(PRES. DA SEÇÃO DE DIREITO PÚBLICO) E DIMAS RUBENS FONSECA (PRES. DA SEÇÃO DE DIREITO PRIVADO).**

São Paulo, 13 de maio de 2021.

RICARDO ANAFE

Corregedor Geral da Justiça e Relator

Apelação Cível nº 1010738-19.2020.8.26.0361

Apelante: Comercial Ibiaçu de Empreendimentos Ltda

Apelado: 2º Oficial de Registro de Imóveis e Anexos da Comarca de Mogi das Cruzes/SP

VOTO Nº 31.505

Registro de Imóveis – Dúvida – Título notarial – Escritura de venda e compra Imóvel rural – Princípio da especialidade objetiva – Descrição tabular deficiente Imóvel que, embora ainda não esteja sujeito a georreferenciamento, vem descrito de modo absolutamente precário, sem nenhum ponto de amarração – Prédio que não pode ser considerado um corpo certo – Impossibilidade de aplicar-se o item 10.1.1 do Capítulo XX do Tomo II das NSCGJ – Apelação a que se nega provimento, mantida a r. sentença.

1. Trata-se de apelação (fl. 75/81) interposta por Comercial Ibiaçu de Empreendimentos Ltda. contra a r. sentença (fl. 67/68) proferida pelo MM. Juízo Corregedor Permanente do 2º Oficial de Registro de Imóveis, Títulos e Documentos e Civil de Pessoa Jurídica da Comarca de Mogi das Cruzes, que julgou procedente a dúvida (fl. 01/09) e manteve a recusa (fl. 34/35) de registro *stricto sensu* de compra e venda (fl. 17/22) na matrícula nº 4.216 daquele cartório (fl. 49/52).

Segundo a r. sentença, ao objeto do pretendido registro faltam, no caso, dados de precisão acerca das características, confrontações, localização e área do imóvel: a descrição dada pela matrícula é precária, porque lhe falta a indicação de ângulos e medidas dos limites do prédio; desse modo, antes do registro se faz necessária a retificação do assento e, até lá, a pretendida inscrição não pode ser feita, o que leva à procedência da dúvida.

Em seu recurso, a apelante afirma que a r. sentença tem de ser reformada, porque, havendo identidade entre a descrição dada pela matrícula e aquela contida no título, o prédio está identificado como corpo certo e, portanto, não é necessário exigir-se prévia retificação. Além disso, nesta hipótese não houve alienação parcial nem incerteza sobre a identidade do objeto do negócio e o imóvel matriculado, de maneira que o registro pretendido não ofende o princípio da especialidade objetiva. Pede, assim, a recorrente, que seja reformado o r. *decisum* e, afastado o óbice, se lhe defira a lavratura do registro que pretende.

A ilustre Procuradoria Geral de Justiça ofertou parecer pelo não provimento do recurso (fl. 110/112).

A representação processual da apelante foi regularizada (fl. 98 e 13/16).

É o relatório.

2. A r. sentença tem de ser mantida, em que pese aos bons fundamentos da apelação.

A matrícula nº 4.216 (fl. 49/52) não descreve a contento o imóvel, ao trazer expressões imprecisas, a saber:

> "UM TERRENO, com 7,26 ha, mais ou menos, [...] com as seguintes confrontações: começa numa pedra que se acha na beira de um ribeirão, daí segue em rumo direito, dividindo com Augusto Antonio Rodriques, até encontrar outra pedra, daí segue dividindo com Francisco Cardoso, até encontrar terras de Guilherme Pessolato; daí segue rumo direito até encontrar uma pedra e daí dividindo com Benedito Rodrigues, até a pedra, ponto de partida."

Ou seja: a matrícula não atende com exatidão ao que dispõe a Lei nº 6.015/1973, art. 176, § 1º, II, 3, e §§ 3º-8º e 13, isto é, não dá fiel observância ao princípio da especialidade objetiva, de modo que existe, também, ofensa ao disposto na mesma Lei nº 6.015/1973, art. 225, § 2º: com efeito, o título causal (= a compra e venda documentada pela escritura pública copiada a fl. 17/22) tem por objeto um prédio (cf. fl. 18) que não é possível localizar, e isso impede a inscrição almejada.

Isso já está consolidado no item 10.1.1 do Capítulo XX das Normas de Serviço dos Cartórios Extrajudiciais NSCGJ (grifou-se):

> "A descrição precária do imóvel rural, *desde que identificável como corpo certo* e localizável, não impede o registro de sua alienação ou oneração, salvo quando sujeito ao georreferenciamento ou, ainda, quando a transmissão implique atos de parcelamento ou unificação, hipóteses em que será exigida sua prévia retificação."

In casu, não se pode dizer que tenha mera "descrição precária", mas possa ser identificado como "corpo certo", um imóvel cujas confrontações não possuem nenhum ponto de amarração, ou, por outras palavras, cujas confrontações não é possível saber onde se iniciam ("começa numa pedra que se acha na beira de um ribeirão") nem aonde vão chegar ("daí segue em rumo direito, dividindo com Augusto Antonio Rodrigues, até encontrar outra pedra, daí segue dividindo com Francisco Cardoso, até encontrar terras de Guilherme Pessolato; daí segue rumo direito até encontrar uma pedra e daí dividindo com Benedito Rodrigues, até a pedra, ponto de partida").

Nesse sentido, há precedentes deste Conselho Superior da Magistratura, dentre os quais vale mencionar:

"Registro de imóveis – Dúvida – Imóvel rural – Não identificação como corpo certo – Descrição precária – Quebra do princípio da especialidade objetiva – Impossibilidade de registro de escritura pública de venda e compra – Recurso desprovido." (CSMSP, Apelação Cível 0005085-94.2014.8.26.0189, Rel. Des. Elliot Akel, j. 7.10.2015, DJe 26.1.2016).

> "Registro de Imóveis – Procedimento de dúvida – 1. Compromisso de venda e compra que se limitou a reproduzir a precária descrição do imóvel constante na matrícula – Ofensa ao princípio da especialidade objetiva – 2. Procuração hábil a alienar deve conter poderes, não só expressos, como também especiais – Inteligência do artigo 661, § 1º, do Código Civil em vigor – 3. Servidão - incerteza na sua localização – Desobediência ao princípio da especialidade objetiva – 4. Procedimento de dúvida julgado procedente, negando o registro – Recurso improvido." (CSMSP, Apelação Cível 524-6/3, Rel. Des. Gilberto Passos de Freitas, j. 3.8/2006).

Finalmente, não favorece a apelante a alegação de que o imóvel ainda não esteja sujeito ao georreferenciamento, porque a área deste é inferior a 25 hectares e, assim, o prazo para tanto só se encerra em 20 de novembro de 2025 (inciso VII do art. 10 do Decreto nº 4.449, de 30 de outubro de 2002), e o ato colimado não implica parcelamento ou unificação. É que, como dito, independentemente dessa providência, a descrição atual é de todo insuficiente, e não permite sequer a incidência do mencionado item 10.1.1 do Capítulo XX das NSCGJ.

Por conseguinte, é de recusar-se provimento à apelação para, mantendo o r. *decisum* e a objeção oposta pelo Oficial de Registro de Imóveis, indeferir o registro da venda e compra (Lei nº 6.015/1973, art. 167, I, 29) instrumentada pela escritura pública copiada a fl. 17/22 (prenotação 272344, do 2º Oficial de Registro de Imóveis, Títulos e Documentos e Civil de Pessoa Jurídica de Mogi das Cruzes).

3. À vista do exposto, pelo meu voto, **nego provimento à apelação, mantendo-se a r. sentença, como lançada.**

RICARDO ANAFE

Corregedor Geral da Justiça e Relator (DJe de 10.08.2021 – SP)

PODER JUDICIÁRIO

TRIBUNAL DE JUSTIÇA DO ESTADO DE SÃO PAULO

CONSELHO SUPERIOR DA MAGISTRATURA

Apelação Cível nº 1078005-15.2020.8.26.0100

Registro: 2021.0000380969

ACÓRDÃO

Vistos, relatados e discutidos estes autos de **Apelação Cível nº 1078005-15.2020.8.26.0100**, da Comarca de **São Paulo**, em que é apelante **REGINALDO LAPA CARDOSO**, é apelado **OFICIAL DO 4º REGISTRO DE IMÓVEIS DA COMARCA DA CAPITAL.**

ACORDAM, em Conselho Superior de Magistratura do Tribunal de Justiça de São Paulo, proferir a seguinte decisão: **"Deram provimento, v.u."**, de conformidade com o voto do Relator, que integra este acórdão.

O julgamento teve a participação dos Exmos. **PINHEIRO FRANCO (PRESIDENTE TRIBUNAL DE JUSTIÇA) (Presidente), LUIS SOARES DE MELLO (VICE PRESIDENTE), XAVIER DE AQUINO (DECANO), GUILHERME G. STRENGER (PRES. SEÇÃO DE DIREITO CRIMINAL), MAGALHÃES COELHO(PRES. DA SEÇÃO DE DIREITO PÚBLICO) E DIMAS RUBENS FONSECA (PRES. DA SEÇÃO DE DIREITO PRIVADO).**

São Paulo, 13 de maio de 2021.

RICARDO ANAFE

Corregedor Geral da Justiça e Relator

Apelação Cível nº 1078005-15.2020.8.26.0100

Apelante: Reginaldo Lapa Cardoso

Apelado: Oficial do 4º Registro de Imóveis da Comarca da Capital

VOTO Nº 31.503

Registro de Imóveis – Dúvida – Sentença que não padece de qualquer vício a justificar o pleito de nulidade – Afastamento da prejudicialidade da dúvida – Exigências reputadas pertinentes que foram cumpridas antes de desencadeado o procedimento de dúvida, deixando para o debate apenas a controvertida. Registrabilidade do título – Recusa de registro da escritura pública de venda e compra – Exigência de apresentação do comprovante de pagamento do ITBI referente à anterior cessão de compromisso de compra e venda não registrada – Qualificação registral limitada ao título apresentado – Óbice afastado – Dúvida julgada improcedente – Recurso provido.

1. Trata-se de apelação interposta por Reginaldo Lapa Cardoso contra a r.sentença da MM. Juíza Corregedora Permanente do 4º Oficial de Registro de Imóveis de São Paulo, que julgou prejudicada a dúvida por irresignação parcial, examinando, contudo, a exigência impugnada, para manter a recusa ao registro da escritura pública de venda e compra (fl.92/96).

Em suas razões, o recorrente, preliminarmente, pugnou pela nulidade da sentença, e, no mérito, reafirmou que sua insurgência diz respeito à exigibilidade do recolhimento do imposto (ITBI) relativo à cessão de direitos não registrada e apenas mencionada na escritura pública levada a registro, único óbice registrário apontado quando da segunda nota devolutiva, de modo que não há se falar em prejudicialidade da dúvida que deve ser conhecida e julgada improcedente (fl.109/122).

A douta Procuradoria de Justiça opinou pelo provimento parcial do recurso (fl.139/143).

É o relatório.

Decido.

2. O recurso merece provimento.

A sentença não padece de qualquer vício a justificar o pleito de nulidade. O ato decisório enfrentou as questões postas e apresentou os fundamentos entendidos como adequados para a conclusão esposada.

No mérito recursal, a dúvida não está prejudicada por irresignação parcial.

Isto porque o interessado, antes mesmo de ser suscitada a dúvida, cumpriu todas as exigências que reputava pertinentes, deixando para o debate apenas a controvertida e relativa ao imposto sobre Transmissão "inter vivos" de bens imóveis e de direitos reais – ITBI.

Com o cumprimento dos óbices registrários admitidos como corretos, se superado o que é objeto desta dúvida, o título será registrado.

A prejudicialidade diz respeito à discussão parcial dos óbices sem o cumprimento daqueles admitidos como corretos ou cumpridos no curso do procedimento de dúvida, o que levaria à prorrogação indevida do prazo de prenotação e permissão de dilações e complementações em detrimento de direitos posicionais que acaso pudessem existir em contraposição ao do suscitado.

A dúvida registrária não admite o exame parcial das exigências feitas pelo registrador, na medida em que, mesmo afastada a exigência impugnada, subsistirá a inviabilidade do registro em razão do não atendimento das demais exigências que forem aceitas, ainda que tacitamente.

Hipótese diversa da tratada nestes autos, portanto.

A controvérsia reside na possibilidade de ser ou não exigido, pelo registrador, ao qualificar o título escritura pública de venda e compra o comprovante de recolhimento do imposto de transmissão referente à cessão anterior dos direitos de compromisso de compra e venda não registrada.

A titular do domínio outorgou o título de venda e compra diretamente ao cessionário, com a anuência daqueles que cederam os direitos do compromisso de compra e venda.

Não se registrará a cessão, já que a outorga da escritura pública de venda e compra diretamente ao terceiro cessionário dispensa o registro das cessões intermediárias, posto que observado o princípio da continuidade.

É sabido que o registrador, por imperativo legal (art. 289 da Lei nº 6.015/73) tem o dever de fiscalizar o adimplemento dos tributos que exsurjam dos atos praticados por eles, ou perante eles, no exercício de sua função.

Ao registrador não é dado fiscalizar o recolhimento de tributos eventualmente incidentes sobre negócios jurídicos que não tenham sido levados a registro, apenas referidos no título submetido ao seu crivo.

A qualificação registrária deve estar adstrita à verificação do recolhimento do imposto de transmissão relativo ao título objeto de ingresso no fólio real.

Logo, afastado o óbice registrário.

3. Por todo o exposto, pelo meu voto, dou provimento ao recurso para julgar improcedente a dúvida.

RICARDO ANAFE

Corregedor Geral da Justiça e Relator (DJe de 10.08.2021 – SP)

PODER JUDICIÁRIO

TRIBUNAL DE JUSTIÇA DO ESTADO DE SÃO PAULO

CONSELHO SUPERIOR DA MAGISTRATURA

Apelação Cível nº 1001438-78.2020.8.26.0443

Registro: 2021.0000303808

ACÓRDÃO

Vistos, relatados e discutidos estes autos de **Apelação Cível nº 1001438-78.2020.8.26.0443**, da Comarca de **Piedade**, em que é apelante **LUIZ CARLOS LEMES DA SILVA**, é apelado **OFICIAL DE REGISTRO DE IMÓVEIS E ANEXOS DA COMARCA DE PIEDADE**.

ACORDAM, em Conselho Superior de Magistratura do Tribunal de Justiça de São Paulo, proferir a seguinte decisão: **"Negaram provimento, v.u."**, de conformidade com o voto do Relator, que integra este acórdão.

O julgamento teve a participação dos Exmos. Desembargadores **PINHEIRO FRANCO (PRESIDENTE TRIBUNAL DE JUSTIÇA) (Presidente), LUIS SOARES DE MELLO (VICE PRESIDENTE), XAVIER DE AQUINO (DECANO), GUILHERME G. STRENGER (PRES. SEÇÃO DE DIREITO CRIMINAL), MAGALHÃES COELHO(PRES. DA SEÇÃO DE DIREITO PÚBLICO) E DIMAS RUBENS FONSECA (PRES. DA SEÇÃO DE DIREITO PRIVADO).**

São Paulo, 15 de abril de 2021.

RICARDO ANAFE

Corregedor Geral da Justiça e Relator

RICARDO ANAFE

Corregedor Geral da Justiça e Relator

Apelação Cível nº 1001438-78.2020.8.26.0443

Apelante: Luiz Carlos Lemes da Silva

Apelado: Oficial de Registro de Imóveis e Anexos da Comarca de Piedade

VOTO Nº 31.482

Registro de Imóveis – Escritura de venda e compra – Ausência de outorga uxória – Óbice mantido – Comunhão universal de bens – Imóvel doado com cláusula de incomunicabilidade – Dúvida procedente - Recurso não provido.

1. Cuida-se de recurso de apelação interposto por **LUIZ CARLOS LEMES DA SILVA** contra a r. sentença de fl. 72/74, que julgou procedente a dúvida suscitada pela Oficial de Registro de Imóveis, Títulos e Documentos e Civil de Pessoa

Jurídica da Comarca de Piedade, mantendo-se o óbice registrário.

A Nota de Exigência de fl. 17/19 indicou como motivo de recusa do ingresso do título:

"Conforme análise da escritura de venda e compra ora apresentada para proceder o registro faz necessário a outorga uxória de Regina Celia Santos Frederico Secol, nos termos dos artigos 1.647 e 1.648, da Lei n.º 10.406/02".

Sustenta o recorrente, em suma, que não há necessidade de concordância da esposa do vendedor, vez que o bem foi adquirido por meio de escritura pública de doação, com cláusula de incomunicabilidade. Nos termos do art. 1.668 do Código Civil, os bens doados ou herdados com cláusula de incomunicabilidade são excluídos da comunhão, de modo que o óbice não se sustenta.

A D. Procuradoria Geral de Justiça opinou pelo desprovimento do recurso (fl. 104/107).

É o relatório.

2. Presentes seus pressupostos legais e administrativos, conheço do recurso.

A apelação, a despeito de seus jurídicos fundamentos, não comporta provimento.

Com efeito, restou apresentada a registro a escritura pública de venda e compra lavrada perante o Oficial de Registro Civil das Pessoas Naturais e Tabelião de Notas do Distrito de Paruru, Ibiúna, São Paulo, Livro 76, páginas 377/380, outorgada por José Secol Filho em favor de Luiz Carlos Lemes da Silva, ora apelante.

O titulo foi prenotado sob n.º 104860 em 15 de junho de 2020 e, qualificado negativamente, foi expedida a nota de devolução de fl. 17/19.

Da matrícula n.º 23.865 infere-se que por meio de escritura lavrada em 12 de junho de 2015 o imóvel foi doado a José Secol Filho casado sob o regime da comunhão universal de bens com Regina Célia Santos Frederico Secol (fl. 35).

Da Av. 2/23.865 consta que a doação registrada sob o n.º 1 da matrícula encontra-se gravada com cláusula de incomunicabilidade.

Pois bem.

A pretensão do recorrente esbarra no art. 1.647, I, do Código Civil, *in verbis*:

"Art. 1.647. Ressalvado o disposto no art. 1.648, nenhum dos cônjuges pode, sem autorização do outro, exceto no regime da separação absoluta:

I - alienar ou gravar de ônus real os bens imóveis;

II - pleitear, como autor ou réu, acerca desses bens ou direitos;

III - prestar fiança ou aval;

IV - fazer doação, não sendo remuneratória, de bens comuns, ou dos que possam integrar futura meação."

Daí decorre que, conquanto os bens gravados com cláusula de incomunicabilidade estejam excluídos da comunhão entre os cônjuges, nos termos do art. 1.668, I, do Código Civil, faz-se necessária, à luz do art. 1.647, I, supra referido, a outorga uxória para aperfeiçoar o negócio jurídico do vendedor.

A questão da incomunicabilidade do bem imóvel diz respeito exclusivamente à atribuição patrimonial entre os cônjuges no momento da extinção da sociedade conjugal, ou na fixação de responsabilidades patrimoniais de cada cônjuge por conta da administração de seus bens particulares na constância da sociedade conjugal (art. 1.665, CC).

Não tem por objeto o direito à livre disposição do bem durante o casamento, mas prevê apenas seu destino e atribuição por conta do fim da sociedade conjugal.

A questão da necessidade da outorga conjugal diz respeito às regras de tutela da entidade familiar, impedindo a realização de alienação de bens imóveis particulares por qualquer um dos cônjuges, salvo as exceções legais, sem que o cônjuge não proprietário concorde com o ato ou sua recusa seja formalmente suprida por decisão judicial.

Não há qualquer ressalva quanto à natureza do bem imóvel, se comum ou particular, caracterizando norma cogente, salvo exceções previstas expressamente na lei.

Neste sentido:

"(...) O dispositivo em estudo não faz referência à natureza do patrimônio que necessite de anuência de ambos os cônjuges, para ser alienado ou gravado com ônus reais, sendo certo, portanto, que a imposição abrange, também, os bens particulares de cada cônjuge. (...)" (Código Civil

Comentado: doutrina e jurisprudência/Cláudio Luiz Bueno de Godoy ...[et al.]; coordenação Cezar Peluso 14. Ed. Barueri [SP]: Manole, 2020, pag. 1857).

Isto porque a norma visa, em termos finais, a proteção da entidade familiar e seu patrimônio mínimo para fins de consecução de seus objetivos, colocando a norma tal entidade em local privilegiado em relação aos direitos particulares do cônjuge.

Justifica-se na medida em que, embora a pessoa casada possa, livremente, praticar os atos necessários à mantença do casal, alguns negócios jurídicos são tão relevantes para o patrimônio do casal e manutenção do núcleo familiar que, bem por isso, dependem da expressa anuência do outro cônjuge.

Destarte, independentemente da incomunicabilidade do bem, a anuência do cônjuge do alienante é requisito fundamental para a validade do ato, sem o qual não se admite seu ingresso no registro imobiliário.

Por outro lado, se um dos cônjuges não quer ou não pode anuir à venda que o outro pretende realizar, para a qual a lei exige a vênia conjugal, permite o Código Civil, em seu art. 1.648, o suprimento judicial de tal concordância.

Nesse cenário, não há como se concluir pela superação do óbice apontado pelo registrador.

3. Por essas razões, pelo meu voto, nego provimento ao recurso.

RICARDO ANAFE

Corregedor Geral da Justiça e Relator (DJe de 07.07.2021 – SP)

PODER JUDICIÁRIO

TRIBUNAL DE JUSTIÇA DO ESTADO DE SÃO PAULO

CONSELHO SUPERIOR DA MAGISTRATURA

Apelação Cível nº 1016699-48.2020.8.26.0002

Registro: 2021.0000303809

ACÓRDÃO

Vistos, relatados e discutidos estes autos de **Apelação Cível nº 1016699-48.2020.8.26.0002**, da Comarca de **São Paulo**, em que é apelante **MARIA GOMES DA COSTA**, é apelado **OFICIAL DO 18º REGISTRO DE IMÓVEIS DA COMARCA DA CAPITAL.**

ACORDAM, em Conselho Superior de Magistratura do Tribunal de Justiça de São Paulo, proferir a seguinte decisão: **"Deram provimento, v.u."**, de conformidade com o voto do Relator, que integra este acórdão.

O julgamento teve a participação dos Exmos. Desembargadores **PINHEIRO FRANCO (PRESIDENTE TRIBUNAL DE JUSTIÇA) (Presidente), LUIS SOARES DE MELLO (VICE PRESIDENTE), XAVIER DE AQUINO (DECANO), GUILHERME G. STRENGER (PRES. SEÇÃO DE DIREITO CRIMINAL), MAGALHÃES COELHO(PRES. DA SEÇÃO DE DIREITO PÚBLICO) E DIMAS RUBENS FONSECA (PRES. DA SEÇÃO DE DIREITO PRIVADO).**

São Paulo, 15 de abril de 2021.

RICARDO ANAFE

Corregedor Geral da Justiça e Relator

Apelação Cível nº 1016699-48.2020.8.26.0002

Apelante: Maria Gomes da Costa

Apelado: Oficial do 18º Registro de Imóveis da Comarca da Capital

VOTO Nº 31.484

Apelação – Dúvida inversa – Negativa de registro de escritura de venda e compra – Vendedor identificado com RNE – Matrícula constando RG do proprietário – Coincidência no número de CPF e demais elementos – Inexistência de dúvida quanto à identidade da pessoa – Abrandamento do princípio da especialidade subjetiva – Recurso a que se dá provimento.

1. Cuida-se de recurso de apelação interposto por **MARIA GOMES DA COSTA** contra a r. sentença de fl. 59/61, que julgou procedente a dúvida inversa suscitada em face do 18º Oficial de Registro de Imóveis da Capital, mantendo-se o óbice registrário.

A Nota de Exigência de fl. 15 indicou como motivos de recusa do ingresso do título:

> *"Trata-se de escritura pública de venda e compra (Livro 6891, página 061), lavrada pelo 9º Tabelião de Notas. Examinada, recebeu qualificação negativa, em vista do seguinte:*
>
> *1– Conforme R.4/142.520, a vendedora Rosana da Conceição Gomes Ameixieira está identificada pelo RG 13.362.901-SP, entretanto na presente escritura, constou RG n.º 13.862.961-SSP/SP. Rerratificar onde for necessário, apresentando cópia autenticada da Cédula de Identidade, para que seja feita a devida averbação na referida Matrícula, se for o caso (art. 176 e art. 246 da Lei Fed. 6.015/73, e item 63, Cap. XX, Tomo II, das Normas de Serviço da Corregedoria Geral da Justiça, deste Estado).*
>
> *2 – Apresentar Certidão de Casamento de ARMANDO MONTEIRO DE SEQUEIRA JUNIOR e OLIVIA DE MIRANDA SEQUEIRA, em original ou cópia autenticada, atualizada, em conformidade com os arts. 167, inc. II, 5 e 246 da Lei Fed. 6.015/73, combinados com os itens 41, letra "a" e 44, letra "o", do Cap. XIV das Normas de Serviço da Corregedoria Geral da Justiça, deste Estado."*

Sustenta a recorrente, em suma, que todas as exigências foram superadas, inclusive a juntada da certidão de casamento de Armando e que a única pendência é apresentação de RNE do vendedor, mas que o documento somente é fornecido pela Polícia Federal mediante ordem judicial e que Registro Geral pode ser substituído conforme dispõe o art. 176 da Lei de Registros Públicos.

A D. Procuradoria Geral de Justiça opinou pelo provimento do recurso (fl. 94/96).

É o relatório.

2. Presentes seus pressupostos legais e administrativos, conheço do recurso.

A apelação comporta provimento.

Com efeito, foi apresentada a registro a escritura pública de venda e compra (Livro 6891, página 061), lavrada perante o 9º Tabelião de Notas da Comarca da Capital.

Examinada, foi qualificada negativa nos termos da nota devolutiva de fl. 15.

Em referido ato notarial os proprietários compareceram como vendedores com as seguintes qualificações: Armando Monteiro de Sequeira Junior, portador do **RNE – W – 506558-Z** e sua mulher Olívia de Miranda Sequeira; Maria Emília Gomes Ameixieira, viúva, portadora do RNE – W – 225676-6; Rosana da Conceição Ameixieira de Godoy, portadora do RG 13.862.961 e assistida de seu marido Ailton Antônio de Godoy, com quem é casada no regime da comunhão parcial de bens; e Leonel da Silva Ameixieira Filho, solteiro, maior, RG 21.271.422.

Da matrícula n.º 142.520, por seu turno, constam como proprietários: Armando Monteiro de Sequeira Junior, português, casado, **RG 1.630.840-SP** (1/2); Maria Emília Gomes Ameixieira, portuguesa, viúva, RG 2.280.524-SP (1/4); Rosana da Conceição Gomes Ameixieira, solteira, RG 13.362.901-SP (1/8); Leonel da Silva Ameixieira Filho, solteiro (1/8).

Ofertada a nota devolutiva de fl. 15, informou o 18º Registrador de Imóveis da Capital a fl. 40/42 que, cumpridas algumas das exigências, o título foi reapresentado no dia 04 de maio de 2020; recepcionado e prenotado sob o n.º 781.732, persistindo, contudo, a necessidade de apresentação de cópia do RNE do titular de domínio, Armando Monteiro de Sequeira Junior.

A recusa do registrador funda-se, *in casu*, no princípio da especialidade subjetiva, cuja finalidade é identificar, individualizar, aquele que está transmitindo ou adquirindo algum tipo de direito no registro de imóveis, tornando-o inconfundível com qualquer outra pessoa.

Ao Oficial Registrador cabe a qualificação dos títulos que lhes são apresentados para evitar a prática de atos atentatórios aos princípios básicos do direito registral ou que tornem insegura e não concatenada a escrituração.

Nesta ordem de ideias, a falta da qualificação do vendedor violaria o princípio da segurança jurídica que norteia os atos registrários, uma vez que gera a ocorrência de dúvida em relação à real identidade deles.

Contudo, há hipóteses excepcionais que comportam o abrandamento de referido princípio.

No caso, conquanto da escritura pública levada a registro tenha constado que Armando Monteiro de Sequeira Junior era portador do **RNE W 506558-Z** e da matrícula tenha constado ostentar o **RG n.º 1.630.840-SP**, o que possivelmente se justifica em face da opção pela Convenção de Igualdade entre Brasil e Portugal, certo é que tanto de uma quanto de outra constou o mesmo número de CPF, suficiente, pois, a identificar o vendedor do imóvel.

Ademais, incerteza não há quanto ao estado civil de Armando Monteiro de Sequeira Junior bem porque, consoante informado pelo próprio registrador (fl. 40/42), após nova prenotação do título, remanesceu apenas a divergência quanto ao documento de identidade do mesmo.

E a impossibilidade de obtenção do RNE do vendedor veio justificada pela recorrente ao aduzir que não o localizou no 9º Tabelião de Notas da Capital e tampouco lhe foi facultada cópia na Polícia Federal sem ordem judicial.

Assim, diante da suficiência de elementos aptos a identificação de Armando e a ausência de prejuízos a terceiros, de rigor a mitigação do princípio da especialidade subjetiva, afastando-se, pois, o óbice ofertado.

É, neste sentido, o entendimento do C. Conselho Superior da Magistratura:

> *"REGISTRO DE IMÓVEIS – Carta de adjudicação – Promitente vendedor falecido – CPF/MF inexistente – Exigência afastada – Impossibilidade de cumprimento pela apresentante – Princípio da segurança jurídica – Princípio da razoabilidade – Dúvida improcedente – Recurso provido."* (Apelação nº 0039080-79.2011.8.26.0100, CSM, rel. Des. José Renato Nalini, 20/09/2012).
>
> *"(...) Assim, para não sacrificar a segurança jurídica e a publicidade, é de rigor flexibilizar, in concreto, a severidade do princípio da especialidade subjetiva, dispensado a informação sobre o número do CPF/MF de Henri Marie Octave Sannejouand, cujo número de inscrição do Registro Geral é, de mais a mais, conhecido e consta da matrícula do imóvel (RG n.º 75.149 - mod. 19 - fls. 07), em sintonia com a carta de arrematação (fls. 23). A especialidade subjetiva, se, na hipótese, valorada com excessivo*

rigor, levará, em desprestígio da razoabilidade, até porque a exigência não pode ser satisfeita pela interessada, ao enfraquecimento do princípio da segurança jurídica, o que é um contrassenso. Com a exigência, o que se perde, confrontado com o ganho, tem maior importância, de sorte a justificar a reforma da sentença: a garantia registaria é instrumento, não finalidade em si, preordenando-se a abrigar valores cuja consistência jurídica supera o formalismo (...)".

3. Por essas razões, dou provimento ao recurso para julgar improcedente a dúvida inversa e afastar o óbice registrário.

RICARDO ANAFE

Corregedor Geral da Justiça e Relator (DJe de 06.07.2021 – SP)

PODER JUDICIÁRIO

TRIBUNAL DE JUSTIÇA DO ESTADO DE SÃO PAULO

CONSELHO SUPERIOR DA MAGISTRATURA

Apelação Cível n.º 1002681-62.2020.8.26.0506

Registro: 2021.0000211971

ACÓRDÃO

Vistos, relatados e discutidos estes autos de **Apelação Cível n.º 1002681-62.2020.8.26.0506**, da Comarca de **Ribeirão Preto**, em que é apelante **JOSE EDUARDO FABRIN JUNIOR**, é apelado **OFICIALA DO 2° REGISTRO DE IMÓVEIS DA COMARCA DE RIBEIRÃO PRETO.**

ACORDAM, em Conselho Superior de Magistratura do Tribunal de Justiça de São Paulo, proferir a seguinte decisão: "Deram provimento, v.u.", de conformidade com o voto do Relator, que integra este acórdão.

O julgamento teve a participação dos Exmos. Desembargadores **PINHEIRO FRANCO (PRESIDENTE TRIBUNAL DE JUSTIÇA) (Presidente), LUIS SOARES DE MELLO (VICE PRESIDENTE), XAVIER DE AQUINO (DECANO), GUILHERME G. STRENGER (PRES. SEÇÃO DE DIREITO CRIMINAL), MAGALHÃES COELHO(PRES. DA SEÇÃO DE DIREITO PÚBLICO) E DIMAS RUBENS FONSECA (PRES. DA SEÇÃO DE DIREITO PRIVADO).**

São Paulo, 17 de março de 2021.

RICARDO ANAFE

Corregedor Geral da Justiça e Relator

Apelação Cível n.º 1002681-62.2020.8.26.0506

Apelante: Jose Eduardo Fabrin Junior

Apelado: Oficiala do 2° Registro de Imóveis da Comarca de Ribeirão Preto

VOTO N.º 31.476

Registro de Imóveis – Recusa de registro de escritura pública de compra e venda – Exigência de apresentação de comprovante de pagamento de ITBI referente à cessão de compromisso de compra e venda não registrado – Qualificação registral que deve estar limitada ao título apresentado – Óbice afastado – Recurso provido.

1. Trata-se de apelação interposta por *José Eduardo Fabrin Junior* contra a sentença que julgou procedente a dúvida suscitada pela 2ª Oficial de Registro de Imóveis de Ribeirão Preto/SP, confirmando a negativa de registro de escritura de compra e venda em virtude da não apresentação do comprovante de pagamento do ITBI atinente à cessão de direitos do compromisso de compra e venda celebrado entre a titular de domínio e Christiana Baldini Moura, que figurou no instrumento como interveniente anuente (fl. 87/93).

Sustenta o apelante, em síntese, a inexigibilidade de prova do recolhimento do ITBI, ante a inconstitucionalidade da Lei Municipal que tem como fato gerador do imposto sobre transmissão a cessão de direitos de compromisso de compra e venda de imóvel, ressaltando que apenas a efetiva transferência da propriedade é que poderia ensejar a tributação (fl. 95/104).

A Douta Procuradoria de Justiça opinou pelo não provimento do recurso (fl. 127/130).

É o relatório.

2. A apelação comporta provimento.

Não se desconhece o fato de que o art. 289 da Lei nº 6.015/73 é expresso ao indicar que o registrador tem o dever de fiscalizar o pagamento dos tributos incidentes:

> *"Art. 289. No exercício de suas funções, cumpre aos oficiais de registro fazer rigorosa fiscalização do pagamento dos impostos devidos por força dos atos que lhes forem apresentados em razão do ofício".*

A omissão do titular da delegação pode levar à sua responsabilidade solidária no pagamento do tributo, nos termos do art. 134, inciso VI, do Código Tributário Nacional - CTN.

Por sua vez, a Lei nº 5.430/1989, do Município de Ribeirão Preto/SP, dispõe que o ITBI possui por fato gerador o compromisso de compra e venda, conforme previsto em seu art. 8º:

"ARTIGO 8º - São fatos geradores do imposto:

I – a transmissão 'intervivos', a qualquer título oneroso, da propriedade ou do domínio útil de bens imóveis, por natureza ou por acessão física, como definidos na lei civil;

II– a transmissão 'intervivos', a qualquer título oneroso, de direitos reais sobre imóveis, exceto os de garantia;

III– a cessão de direitos relativos às transmissões referidas nos incisos I e II.

§ 1º - Estão compreendidos nas hipóteses definidas neste artigo:

1) a venda e compra;

2) a dação em pagamento;

3) a permuta, inclusive nos casos em que a copropriedade se tenha estabelecido pelo mesmo título ou em bens contínuos;

4) a arrematação, a adjudicação e a remissão;

5) a aquisição por usucapião;

6) a transmissão do domínio útil;

7) os mandatos em causa própria ou com poderes equivalentes para a transmissão e seus substabelecimentos;

8) a cessão ou transmissão de direitos do arrematante ou adjudiciário, após a assinatura do ato de arrematação ou adjudicação;

9) a cessão de benfeitorias e construções em imóvel, exceto a indenização de benfeitorias pelo proprietário do solo;

10) todos os demais casos compreendidos nas hipóteses definidas neste artigo e que não se compreendam na competência tributária do Estado".

Ainda, prevê o art. 5º da referida Lei Municipal que:

"ARTIGO 5º - Os escrivães, tabeliães, oficiais de nota, de registro de imóveis e de registro de títulos e documentos e quaisquer outros serventuários da Justiça deverão, quando da prática de quaisquer atos que importem transmissão de bens imóveis ou de direitos a eles relativos, bem como suas cessões, exigir que os interessados apresentem comprovantes original do pagamento do imposto, o qual será transcrito, em seu inteiro teor, no instrumento respectivo".

Ocorre que, no caso concreto, a controvérsia está na regularidade, ou não, da exigência formulada pela 2ª Oficial de Registro de Imóveis de Ribeirão Preto/SP no tocante à comprovação de recolhimento do ITBI incidente na cessão de direitos, não registrada, convencionada entre as partes envolvidas no negócio jurídico entabulado por meio da escritura de compra e venda lavrada em 03.07.2013, tendo por objeto imóveis *"compromissados pela vendedora à interveniente anuente (...), consoante instrumento particular de venda e compra datado de 09 de maio de 2008, que cede e transfere aos ora compradores, neste ato, os direitos sobre referidos imóveis, sendo que referido contrato foi totalmente quitado, não registrado e com esta fica inteiramente cumprido (...)"* (fl. 09/13).

Destarte, é possível afirmar que a análise da registradora transbordou os limites da qualificação registral do título apresentado, adentrando na verificação de possível incidência de imposto sobre o compromisso de compra e venda não registrado. A qualificação registral, no entanto, deve ser limitada ao título objeto de ingresso no Registro de Imóveis, sendo descabido à Oficial adentrar na verificação das transações negociais particulares pretéritas, decorrentes de compromissos particulares não publicizados pelo registro, quando irrelevantes para análise do título apresentado.

3. À vista do exposto, pelo meu voto, **dou provimento** ao recurso.

RICARDO ANAFE

Corregedor Geral da Justiça e Relator (DJe de 18.06.2021 – SP)

PODER JUDICIÁRIO

TRIBUNAL DE JUSTIÇA DO ESTADO DE SÃO PAULO

CONSELHO SUPERIOR DA MAGISTRATURA

Apelação Cível nº 1001439-63.2020.8.26.0443

Registro: 2021.0000195905

ACÓRDÃO

Vistos, relatados e discutidos estes autos de **Apelação Cível nº 1001439-63.2020.8.26.0443**, da Comarca de **Piedade**, em que é apelante **WALTER APARECIDO GODINHO**, é apelado **OFICIAL DE REGISTRO DE IMÓVEIS E ANEXOS DA COMARCA DE PIEDADE.**

ACORDAM, em Conselho Superior de Magistratura do Tribunal de Justiça de São Paulo, proferir a seguinte decisão: **"Negaram provimento, v.u."**, de conformidade com o voto do Relator, que integra este acórdão.

O julgamento teve a participação dos Exmos. Desembargadores **PINHEIRO FRANCO (PRESIDENTE TRIBUNAL DE JUSTIÇA) (Presidente), LUIS SOARES DE MELLO (VICE PRESIDENTE),**

XAVIER DE AQUINO (DECANO), GUILHERME G. STRENGER (PRES. SEÇÃO DE DIREITO CRIMINAL), MAGALHÃES COELHO(PRES. DA SEÇÃO DE DIREITO PÚBLICO) E DIMAS RUBENS FONSECA (PRES. DA SEÇÃO DE DIREITO PRIVADO).

São Paulo, 11 de março de 2021.

RICARDO ANAFE

Corregedor Geral da Justiça e Relator

Apelação Cível nº 1001439-63.2020.8.26.0443

Apelante: Walter Aparecido Godinho

Apelado: Oficial de Registro de Imóveis e Anexos da Comarca de Piedade

VOTO Nº 31.474

Registro de Imóveis – Dúvida – Título notarial – Escritura de venda e compra – Vendedor casado no regime de comunhão universal de bens, e que recebeu o domínio a título de doação, com cláusula de incomunicabilidade – Necessidade de autorização de seu cônjuge – Hipótese que não cai em exceção ao disposto no Código Civil, art. 1.647, I – Óbice corretamente apontado – Apelação a que se nega provimento, mantendo-se a r. sentença como lançada.

1. Trata-se de apelação (fl. 78/84) interposta por Walter Aparecido Godinho e Patrícia Aparecida Prestes de Oliveira Godinho contra a r. sentença (fl. 71/73) proferida pela MM. Juíza Corregedora Permanente do Oficial de Registro de Imóveis, Títulos e Documentos e Civil de Pessoa Jurídica da Comarca de Piedade, que julgou procedente a dúvida (fl. 01/03) e manteve a recusa (fl. 17/19) de registro *stricto sensu* de compra e venda (fl. 20/24) na matrícula n. 23.861 daquele cartório (fl. 35).

Segundo a r. sentença, o domínio em questão está gravado com cláusula de incomunicabilidade; ainda assim, considerando-se que o dono é casado, a venda depende de outorga uxória, que não houve; logo, o registro, tal como pretendido, não pode ser deferido, e é necessário manter a objeção do ofício de registro de imóveis.

Os apelantes afirmam que os arts. 1.667, 1.668 I, e 1.669 do Código Civil, ao excluir da comunhão os bens doados com cláusula de incomunicabilidade, permitem que sejam alienados sem outorga uxória, e por essa razão é necessário reformar-se a r. sentença e afastar-se o óbice, para permitir-se o registro almejado.

A ilustre Procuradoria Geral de Justiça ofertou parecer pelo não provimento do recurso (fl. 102/105).

É o relatório.

2. A r. sentença tem de ser mantida, em que pese aos bons fundamentos da apelação.

A letra do Código Civil é clara: sob pena de anulabilidade (art. 1.649, *caput*), um cônjuge não pode, sem a autorização do outro (art. 1.647, *caput*) ou o suprimento do juiz (art. 1.648), alienar ou gravar de ônus real os bens imóveis, exceto no regime da separação absoluta (art. 1.647, I) ou da participação final dos aquestos, se houver convenção nesse sentido e o bem for particular (art. 1.656).

Logo, se o vendedor é casado no regime da comunhão universal, a outorga uxória é necessária ainda que o bem tenha sido havido, antes, por doação com cláusula de inalienabilidade (como, note-se a fl. 35, é o caso dos autos): o fato de o bem estar excetuado da comunhão universal (Cód. Civil, art. 1.668, I) não significa, de nenhum modo, que a sua alienação posterior escape à regra do art. 1.647, I para a qual, repita-se, a exceção está somente no regime da separação absoluta.

Como explica a doutrina:

"O art. 1.647 do Código Civil dispõe: 'ressalvado o disposto no art. 1.648, nenhum dos cônjuges pode, sem autorização do outro, exceto no regime da separação absoluta: I – alienar ou gravar de ônus real os bens imóveis; (...)". Referido dispositivo trata da vênia conjugal, dispensando-a no regime de separação absoluta de bens.

"Mais adiante, no art. 1.656, o legislador também autorizou a dispensa da vênia conjugal no regime da participação final dos aquestos, desde que tal dispensa esteja convencionada no pacto antenupcial e o bem imóvel seja de natureza particular.

"Resta saber se cabe vênia conjugal para os atos de alienação e oneração de imóveis gravados com cláusula de incomunicabilidade. A resposta a esta indagação pode ser obtida pela própria interpretação literal dos dois dispositivos legais citados, ou seja, o legislador determinou a dispensa de autorização conjugal tão somente em relação aos dois regimes de bens, não a estendendo, portanto, aos bens gravados com cláusula de incomunicabilidade.

"Embora devesse também constar a dispensa de outorga conjugal para os bens gravados por cláusula de incomunicabilidade tendo em vista que o bem clausulado é de propriedade exclusiva de somente um dos cônjuges , conclui-se que a vênia conjugal para tais situações é indispensável, sob pena de anulabilidade do ato transmissivo ou de oneração do imóvel." (Vitor Frederico Kümpel e Carla Modina Ferrari, Tratado Notarial e Registral

Ofício de Registro de Imóveis, São Paulo: YK Editora, 2020, p. 2.816) Recentemente, aliás, decidiu este Conselho Superior da Magistratura:

"REGISTRO DE IMÓVEIS – Dúvida – Instrumento particular de compromisso de compra e venda de imóvel – Promitente vendedor casado no regime da comunhão parcial de bens – Imóvel decorrente de desmembramento de outro adquirido antes do casamento - Necessidade da anuência conjugal ou de suprimento judicial - Regra do art. 1.647, I, CC que não se vincula ao fato do imóvel alienado ser comum ou particular do cônjuge, mas sim à tutela da entidade familiar – Óbices apresentados pelo registrador mantidos – Recurso não provido." (CSMSP, Apel. Cív. 1000050-19.2019.8.26.0236, j. 06/02/2020, DJe 01/04/2020)

Em suma: a autorização do outro cônjuge era realmente necessária e, faltando agora, impede a inscrição pretendida, como bem apontaram a r. sentença apelada e, antes dela, a nota devolutiva.

3. À vista do exposto, pelo meu voto, **nego provimento à apelação, mantendo-se a r. sentença, como lançada.**

RICARDO ANAFE

Corregedor Geral da Justiça e Relator (DJe de 26.05.2021 – SP)

PODER JUDICIÁRIO

TRIBUNAL DE JUSTIÇA DO ESTADO DE SÃO PAULO

CONSELHO SUPERIOR DA MAGISTRATURA

Apelação Cível n.º 1048180-26.2020.8.26.0100

Registro: 2021.0000161469

ACÓRDÃO

Vistos, relatados e discutidos estes autos de **Apelação Cível n.º 1048180-26.2020.8.26.0100**, da Comarca de **São Paulo**, em que é apelante **FABIO CORTONA RANIERI**, é apelado **13º OFICIAL DE REGISTRO DE IMÓVEIS DA CAPITAL.**

ACORDAM, em Conselho Superior de Magistratura do Tribunal de Justiça de São Paulo, proferir a seguinte decisão: **"Deram provimento, v.u.",** de conformidade com o voto do Relator, que integra este acórdão.

O julgamento teve a participação dos Exmos. Desembargadores **PINHEIRO FRANCO (PRESIDENTE TRIBUNAL DE JUSTIÇA) (Presidente), LUIS SOARES DE MELLO (VICE PRESIDENTE), XAVIER DE AQUINO (DECANO), GUILHERME G. STRENGER (PRES. SEÇÃO DE DIREITO CRIMINAL), MAGALHÃES COELHO(PRES. DA SEÇÃO DE DIREITO PÚBLICO) E DIMAS RUBENS FONSECA (PRES. DA SEÇÃO DE DIREITO PRIVADO).**

São Paulo, 18 de fevereiro de 2021.

RICARDO ANAFE

Corregedor Geral da Justiça e Relator

Apelação Cível n.º 1048180-26.2020.8.26.0100

Apelante: Fabio Cortona Ranieri

Apelado: 13º Oficial de Registro de Imóveis da Capital

VOTO N.º 31.452

Registro de Imóveis – Recusa de registro de escritura pública de compra e venda – Qualificação registral limitada ao título apresentado – Recusa descabida quanto ao controle do recolhimento de ITBI para a cessão de compromisso de compra e venda não registrado – Recurso provido.

1. Trata-se de apelação interposta por FÁBIO CORTONA RANIERI contra r. sentença que, no julgamento de dúvida inversa, manteve a negativa de registro de escritura de compra e venda e cessão de direitos, sob o fundamento de ausência de recolhimento do ITBI quanto a cessão indicada no título, o que afronta o disposto nos art. 1º, II e art. 2º, VIII, do Decreto Municipal n.º 51.627.

O apelante (fl. 58-68) sustenta que a exigência é descabida. Alega que a cessão de direitos não transmite a propriedade, sendo inconstitucional a exigência de recolhimento do ITBI pelo Registrador.

A D. Procuradoria Geral de Justiça opinou pelo desprovimento do recurso (fl. 146-148).

É o relatório.

DECIDO.

2. O recurso comporta provimento.

O tema em debate limita-se a regularidade ou não da exigência formulada pelo Oficial do 13º Registro de Imóveis da Capital no tocante a indispensabilidade da comprovação de recolhimento do ITBI incidente na cessão de direitos, não registrada, convencionada entre as partes envolvidas no negócio jurídico entabulado em 7/9/2019, nos seguintes termos: *fl.14 item 2.2 Por instrumento particular de 18 de maio de 2012, não registrado, o que fica dispensado, Sarah Kattan e Marko Kattan, cederam e transferiram ao ora Outorgado Comprador, todos os direitos e obrigações que titulava sobre o imóvel descrito e caracterizado no item "1"* *retro, pelo preço ajustado de R$ 57.000,00 (cinquenta e sete mil reais), pagos naquele ato, tendo estes ultimos assumido, perante a Outorgante Vendedora, o pagamento do saldo devedor então existente na época, no importe de R$ 510.000,00 (quinhentos e dez mil reais), o qual encontra-se totalmente pago, pelo que a Outorgante Vendedora oferece plena, geral e irrevogável quitação de paga e satisfeita do preço ajustado, nada mais tendo a receber ou reclamar, a qualquer tempo, totalizando dessa forma, R$ 567.000,00 (quinhentos e sessenta e sete mil reais).*

No caso em tela, a análise do Oficial do 13º Registro de Imóveis da Capital transbordou os limites da qualificação registral, adentrando na verificação de possível incidência de imposto sobre o compromisso de compra e venda não registrado.

A qualificação registral deve ser limitada ao título objeto de ingresso no Registro de Imóveis, sendo descabido ao Oficial adentrar na verificação das transações negociais particulares pretéritas, decorrentes de compromissos particulares não publicizados pelo registro, quando irrelevantes para análise do título apresentado.

3. Ante o exposto, pelo meu voto, ***dou provimento ao recurso***.

RICARDO ANAFE

Corregedor Geral da Justiça e Relator (DJe de 26.05.2021 – SP)

PODER JUDICIÁRIO

TRIBUNAL DE JUSTIÇA DO ESTADO DE SÃO PAULO

CONSELHO SUPERIOR DA MAGISTRATURA

Apelação Cível nº 1001529-97.2019.8.26.0575

Registro: 2021.0000003005

ACÓRDÃO

Vistos, relatados e discutidos estes autos de **Apelação Cível nº 1001529-97.2019.8.26.0575**, da Comarca de **São José do Rio Pardo**, em que é apelante **APARECIDA NEIVA BREDA DORNELAS**, é apelado **OFICIAL DE REGISTRO DE IMÓVEIS E ANEXOS DE SÃO JOSÉ DO RIO PARDO.**

ACORDAM, em Conselho Superior de Magistratura do Tribunal de Justiça de São Paulo, proferir a seguinte decisão: **"Deram provimento ao recurso, v.u."**, de conformidade com o voto do Relator, que integra este acórdão.

O julgamento teve a participação dos Exmos. **PINHEIRO FRANCO (PRESIDENTE TRIBUNAL DE JUSTIÇA) (Presidente), LUIS SOARES DE MELLO (VICE PRESIDENTE), XAVIER DE AQUINO (DECANO), GUILHERME G. STRENGER (PRES. SEÇÃO DE DIREITO CRIMINAL), MAGALHÃES COELHO(PRES. DA SEÇÃO DE DIREITO PÚBLICO) E DIMAS RUBENS FONSECA (PRES. DA SEÇÃO DE DIREITO PRIVADO).**

São Paulo, 10 de dezembro de 2020.

RICARDO ANAFE

Corregedor Geral da Justiça e Relator

Apelação Cível nº 1001529-97.2019.8.26.0575

Apelante: Aparecida Neiva Breda Dornelas

Apelado: Oficial de Registro de Imóveis e Anexos de São José do Rio Pardo

VOTO Nº 31.434

Registro de Imóveis – Escritura pública de venda e compra – Exigência de cadastro autônomo junto ao INCRA – Imóvel menor que a área mínima exigida para exploração rural – Matrícula já aberta em conformidade com as transcrições anteriores – Alienação de partes ideais pelos demais condôminos à adquirente, que se tornou titular de domínio da integralidade do imóvel – Escritura pública que reproduz o conteúdo da matrícula do imóvel – Ausência de óbice ao registro pretendido – Recurso provido para julgar a dúvida improcedente.

1. Trata-se de apelação interposta por *Aparecida Neiva Breda Dornelas* contra a sentença proferida pelo MM. Juiz Corregedor Permanente do Oficial de Registro de Imóveis, Títulos e Documentos e Civil de Pessoas Jurídicas da Comarca de São José do Rio Pardo/SP, que manteve os óbices apresentados para registro da escritura de compra e venda tendo por objeto parte ideal do imóvel rural matriculado sob nº 7.760 junto àquela serventia imobiliária (fl. 66/76).

Afirma a apelante, em síntese, que o fato de ser a área negociada inferior ao módulo rural é irrelevante, pois desnecessária a abertura de matrícula. Isso porque o imóvel objeto da escritura de compra e venda por intermédio da qual adquiriu as partes ideais cabentes aos demais condôminos do imóvel, tornando-se proprietária da integralidade da área, já está matriculado sob nº 7.760 perante o Registro de Imóveis da Comarca de São José do Rio Pardo/SP. Aduz que também não há necessidade de novo cadastro junto ao INCRA, pois o imóvel em questão está cadastrado no referido órgão conjuntamente com o imóvel objeto da matrícula nº 7.759, cujos titulares de domínio são os mesmos. Esclarece que não há que se falar em desmembramento de imóvel rural, pois referidos imóveis são separados por um córrego. Por fim, sustenta que não há óbice à alienação de partes ideais do imóvel por alguns dos condôminos a outro.

O Oficial de Registro de Imóveis manifestou-se a fl. 117/118.

A Procuradoria de Justiça opinou pelo não provimento do recurso (fl. 138/140).

É o relatório.

2. A apelante, por meio de escritura pública de venda e compra lavrada em 15 de janeiro 2018 (fl. 08/17), adquiriu dos demais condôminos as frações ideais correspondentes a 85,9325% do imóvel objeto da matrícula nº 7.760 do Registro de Imóveis da Comarca de São José do Rio Pardo/SP (fl. 88/98), tornando-se sua única proprietária.

A certidão imobiliária a fl. 88/98 confirma que o imóvel objeto da matrícula nº 7.760 tem área total de 1,0788 hectares (AV.19), tendo sido cadastrado perante o INCRA, em área maior, juntamente com o imóvel objeto da matrícula nº 7.759. Ainda, segundo essas inscrições, a fração mínima do parcelamento na região é de 2 hectares (AV. 11 e AV. 18).

Como é sabido, o Certificado de Cadastro de Imóvel Rural (CCIR) é documento emitido pelo INCRA, cuja apresentação deve ser promovida nas hipóteses de desmembramento, arrendamento, hipoteca, venda ou promessa de venda de imóveis rurais. Essa exigência consta do § 1º do art. 22 da Lei nº 4.947/1966 e também do art. 1º do Decreto nº 4.449/2002, que regulamentou a Lei nº 10.267/2001, diploma legal que, entre outras, promoveu alterações no art. 176 da Lei nº 6.015/1973 para fazer constar a necessidade da identificação do imóvel rural com o código e os dados constantes do Certificado de Cadastro de Imóvel Rural (CCIR).

A obrigação da identificação do imóvel rural com os dados constantes no Certificado de Cadastro de Imóvel Rural (CCIR) foi repetida pelo inciso II do Item 59 (atual item 57) do Capítulo XX das Normas de Serviço:

> *" 59 - A identificação e caracterização do imóvel compreendem:*
>
> *(...)*
>
> *II - se rural, o código do imóvel e os dados constantes do CCIR, a localização e denominação;"*

No caso concreto, a registradora exigiu o cadastro individualizado do imóvel junto ao INCRA, por entender que o registro da compra e venda de uma área individualizada da gleba rural constituirá desmembramento de imóvel rural com área inferior à fração mínima de parcelamento (fl. 01/06).

Contudo, não se trata de compra e venda de área individualizada, mas sim, de frações ideais alienadas pelos demais condôminos em favor da coproprietária.

Não se desconhece, por outro lado, a existência de precedentes deste Conselho Superior da Magistratura que confirma a necessidade, para a prática do ato de registro, do cadastro autônomo do imóvel junto ao INCRA, ainda que existente cadastro anterior em conjunto com outro imóvel. Essa exigência, no entanto, apenas se justificaria se houvesse desmembramento da área e abertura de matrícula, que por exigência legal está condicionada a certos requisitos, dentre os quais, para os imóveis rurais, a apresentação do Certificado de Cadastro de Imóvel Rural (CCIR).

Na hipótese em análise, diferentemente, o fato de ser o imóvel menor que a área mínima exigida pelo INCRA para exploração rural é insuficiente para impedir o registro, eis que já existe matrícula aberta desde 1982, em exata conformidade com anteriores transcrições datadas de 1965 (fl. 50/53). Destarte, a alienação de partes ideais pelos condôminos à apelante, que se tornou titular de domínio da integralidade do imóvel, nada tem de irregular, tal como dispunha o item 60.2 do Capítulo XX das Normas de Serviço da Corregedoria Geral da Justiça então vigentes (atual item 58.2):

> *" 60.2 - Não será considerada irregular a abertura de matrícula que segue os dados existentes no registro anterior (matrícula por transporte), bem como o registro do título subsequente, quando houver coincidência entre os dados."*

Nem mesmo o fato de haver alteração dos titulares de domínio poderia justificar a exigência formulada pela registradora, na medida em que nada há nos autos a indicar que a adquirente não seja mais coproprietária do outro imóvel referido no Certificado de Cadastro de Imóvel Rural (CCIR) já expedido.

Acrescente-se que, nos termos do art. 176, § 1º, inciso II, da Lei 6.015/73, são requisitos para a identificação do imóvel rural a existência de seu código, dos dados constantes do Certificado de Cadastro de Imóvel Rural (CCIR), da denominação e de suas características, confrontações, localização e área. Todos estes elementos estão presentes na escritura levada a registro, que reproduz o teor da matrícula do imóvel, aberta em consideração aos elementos das transcrições anteriores, como previsto na Lei de Registros Públicos (arts. 196 e 228) e nas Normas de Serviço da Corregedoria Geral da Justiça vigentes à época (Capítulo XX, item 56, atual item 54).

3. Diante do exposto, **dou provimento** ao recurso para julgar improcedente a dúvida.

RICARDO ANAFE

Corregedor Geral da Justiça e Relator (DJe de 16.03.2021 – SP)

PODER JUDICIÁRIO

TRIBUNAL DE JUSTIÇA DO ESTADO DE SÃO PAULO

CONSELHO SUPERIOR DA MAGISTRATURA

Apelação Cível nº 1001415-15.2021.8.26.0309

Registro: 2021.0000973505

ACÓRDÃO

Vistos, relatados e discutidos estes autos de **Apelação Cível nº 1001415-15.2021.8.26.0309**, da Comarca de **Jundiaí**, em que é apelante **THIAGO REIS AUGUSTO RIGAMONTI**, é apelado **1º OFICIAL DE REGISTRO DE IMÓVEIS E ANEXOS DA COMARCA DE JUNDIAÍ.**

ACORDAM, em Conselho Superior de Magistratura do Tribunal de Justiça de São Paulo, proferir a seguinte decisão: **"Deram provimento, v.u."**, de conformidade com o voto do Relator, que integra este acórdão.

O julgamento teve a participação dos Exmos. **PINHEIRO FRANCO (PRESIDENTE TRIBUNAL DE JUSTIÇA) (Presidente), LUIS SOARES DE MELLO (VICE PRESIDENTE), XAVIER DE AQUINO (DECANO), GUILHERME G. STRENGER (PRES. SEÇÃO DE DIREITO CRIMINAL), MAGALHÃES COELHO(PRES. DA SEÇÃO DE DIREITO PÚBLICO) E DIMAS RUBENS FONSECA (PRES. DA SEÇÃO DE DIREITO PRIVADO).**

São Paulo, 22 de novembro de 2021.

RICARDO ANAFE

Corregedor Geral da Justiça e Relator

Apelação Cível nº 1001415-15.2021.8.26.0309

Apelante: Thiago Reis Augusto Rigamonti

Apelado: 1º Oficial de Registro de Imóveis e Anexos da Comarca de Jundiaí

VOTO Nº 31.640

Registro de Imóveis – Escritura pública de compra e venda – Qualificação negativa – Questionamento a respeito da base de cálculo utilizada para recolhimento do imposto sobre transmissão de bens imóveis – ITBI – Análise pelo Oficial Registrador, na matéria concernente ao imposto de transmissão, que deve se ater ao seu recolhimento, sem alcançar o valor – Não configuração de flagrante irregularidade no recolhimento – Precedentes do C. Conselho Superior da Magistratura – Dá-se provimento à apelação para julgar a dúvida improcedente.

1. Trata-se de recurso de apelação interposto por *Thiago Reis Augusto Rigamonti* contra a sentença proferida pelo MM. Juiz Corregedor Permanente do 1º Oficial de Registro de Imóveis, Títulos e Documentos e Civil de Pessoa Jurídica de Jundiaí/SP, que julgou procedente a dúvida registrária e manteve o óbice imposto pelo Registrador referente à exigência de recolhimento da diferença devida a título de ITBI (fl. 71/72).

Alega o apelante, em síntese, que a utilização do valor constante do instrumento de compromisso de compra e venda não pode ser usado como base de cálculo do imposto sobre transmissão *inter vivos* de bens imóveis (ITBI), devendo prevalecer o valor constante da escritura definitiva de compra e venda levado a registro. Ressalta que o fato gerador do imposto somente ocorre com a efetiva transferência da propriedade imobiliária, o que se dá mediante o respectivo registro. Acrescenta que o compromisso de compra e venda previamente celebrado configura-se como mera promessa e, portanto, não guarda relação com a efetiva transmissão da propriedade posteriormente realizada e o preço referido na escritura pública levada a registro (fl. 82/96).

A Douta Procuradoria de Justiça opinou pelo não provimento da apelação (fl. 123/125)

É o relatório.

2. O dissenso versa sobre a possibilidade de registro da Escritura Pública de Compra e Venda, lavrada em 17 de janeiro de 2020, tendo por objeto o imóvel matriculado sob nº 147.877 junto ao 1º Oficial de Registro de Imóveis, Títulos e Documentos e Civil de Pessoa Jurídica de Jundiaí/SP, pelo valor de R$ 160.715,82 (fl. 19/24).

O Oficial do Registro de Imóveis desqualificou o título e exigiu o recolhimento da diferença do Imposto de Transmissão de Bens Imóveis ITBI devido à Municipalidade, referente ao negócio jurídico celebrado, em montante a ser calculado com base no valor do compromisso de compra e venda atualizado para o ano de 2019, consoante dispõem os art. 137, inciso I, e 140 da Lei Municipal

Complementar nº 460/2008 (Código Tributário do Município de Jundiaí), bem como o art. 156, inciso II, da Constituição Federal, os arts. 35, inciso I, e 134 do Código Tributário Nacional, e o art. 289 da Lei nº 6.015/1973.

A exigência formulada pelo Oficial para registro do título, contudo, não se sustenta. Este C. Conselho Superior da Magistratura vem decidindo que ao Registrador compete verificar tão somente o recolhimento dos tributos relativos aos atos cuja prática lhe é atribuída, pois não lhe cabe discutir o valor recolhido, matéria de interesse exclusivo da Fazenda Municipal, a quem a lei reserva os meios próprios para haver do contribuinte diferenças de recolhimento de impostos que entenda devidas.

Sobre o tema:

"Assentou-se orientação, neste Conselho Superior, no sentido de que o elastério conferido ao artigo 289 da Lei 6.015/73, e agora ao artigo 30, XI, da Lei 8.935, é o de que ao serventuário compete verificar tão só a ocorrência do pagamento do imposto relativo aos atos cuja prática lhe é acometida. Ou seja, no caso, em que se busca a prática de ato registrário, a qualificação do Oficial, na matéria concernente ao imposto de transmissão, não vai além da aferição sobre seu recolhimento, e não sobre a integralidade de seu valor. Com efeito, qualquer diferença de imposto deve ser reclamada pela Fazenda na esfera própria". (CSMSP - APELAÇÃO CÍVEL: 28.382-0/7. LOCALIDADE: São Paulo. DATA JULGAMENTO: 28/09/1995. DATA DJ: 07/12/1995. Relator: Antônio Carlos Alves Braga. No mesmo sentido: Apelação Cível n.º 22.679-0/9).

Na mesma linha, foi decidido no julgamento da Apelação nº 0002604-73.2011.8.26.0025, em voto da lavra do então Excelentíssimo Corregedor Geral da Justiça, Desembargador José Renato Nalini, que:

"A falha apontada pelo Oficial envolve questão de questionamento no âmbito do direito material. Não foi atacada a regularidade formal do título nem mesmo a temporalidade do recolhimento ou o ato em si. Ao contrário, a exigência envolve exame substancial do montante do pagamento do imposto devido, que é atribuição dos órgãos fazendários competentes, sendo que seu questionamento mereceria a participação da Fazenda Pública, principal Interessada. Ao Oficial cabe fiscalizar, sob pena de responsabilização pessoal, a existência da arrecadação do imposto previsto e a oportunidade em que foi efetuada. O montante, desde que não seja flagrantemente equivocado, extrapola a sua função. Neste sentido é o parecer da D. Procuradora de Justiça, citando precedente deste E. Conselho Superior da Magistratura (Apelação Cível 996-6/6, de 09/12/2008)."

Como se vê, extrapolou o Registrador suas atribuições, pois não lhe cabe atuar como agente fiscal, exigindo a complementação do imposto pago.

Há, ainda, precedentes recentes deste C. Conselho Superior da Magistratura sobre o tema:

"Registro de Imóveis – Escritura pública de dação em pagamento – Qualificação negativa – Questionamento a respeito da base de cálculo utilizada para recolhimento do imposto sobre transmissão de bens imóveis ITBI – Análise pelo oficial registrador, na matéria concernente ao imposto de transmissão, que deve se ater ao seu recolhimento, sem alcançar o valor – Não configuração de flagrante irregularidade no recolhimento – Precedentes do C. Conselho Superior da Magistratura – Apelação provida para julgar a dúvida improcedente. (TJSP; Apelação Cível 1000459-49.2017.8.26.0176; Relator (a): Pinheiro Franco (Corregedor Geral); Órgão Julgador: Conselho Superior da Magistratura; Foro de Embu das Artes - Vara do Juizado Especial Cível e Criminal; Data do Julgamento: 13/02/2019; Data de Registro: 19/02/2019).

REGISTRO DE IMÓVEIS – Escritura pública de inventário, adjudicação e partilha – Recusa do Oficial com fundamento na irregularidade de recolhimento de tributo – Discordância quanto à base de cálculo do ITCMD – Dever de fiscalização do Oficial de Registro que se limita à existência do recolhimento do tributo, bem como da razoabilidade da base de cálculo Impossibilidade de recusa ao registro da transmissão causa mortis – Dúvida improcedente – Recurso provido. (TJSP; Apelação Cível 0001065-55.2016.8.26.0459; Relator (a): Ricardo Anafe (Corregedor Geral); Órgão Julgador: Conselho Superior da Magistratura; Foro de Pitangueiras - 1ª Vara; Data do Julgamento: 27/05/2021; Data de Registro: 02/06/2021)."

Veja-se que, no caso concreto, o compromisso de compra e venda sequer foi registrado (fl. 20). Destarte, a qualificação registral deve ser limitada ao título objeto de ingresso no Registro de Imóveis, sendo descabido ao Oficial adentrar na verificação das transações negociais particulares pretéritas, decorrentes de compromissos particulares não publicizados pelo registro.

Por conseguinte, não estando configurado flagrante equívoco no recolhimento do ITBI, há que ser afastado o óbice ao registro.

3. À vista do exposto, pelo meu voto, **dou provimento** à apelação para julgar a dúvida improcedente.

RICARDO ANAFE

Corregedor Geral da Justiça e Relator (DJe de 24.0.2021 – SP)

PODER JUDICIÁRIO

TRIBUNAL DE JUSTIÇA DO ESTADO DE SÃO PAULO

CONSELHO SUPERIOR DA MAGISTRATURA

Apelação Cível nº 1065900-69.2021.8.26.0100

Registro: 2021.0000973503

ACÓRDÃO

Vistos, relatados e discutidos estes autos de **Apelação Cível nº 1065900-69.2021.8.26.0100**, da Comarca de **São Paulo**, em que são apelantes **LETICIA NOGUEIRA GONÇALVES PITON** e **OLAVO PITON JUNIOR**, é apelado **12º OFICIAL DE REGISTRO DE IMÓVEIS DA COMARCA DA CAPITAL.**

ACORDAM, em Conselho Superior de Magistratura do Tribunal de Justiça de São Paulo, proferir a seguinte decisão: **"Negaram provimento, v.u."**, de conformidade com o voto do Relator, que integra este acórdão.

O julgamento teve a participação dos Exmos. **PINHEIRO FRANCO (PRESIDENTE TRIBUNAL DE JUSTIÇA) (Presidente), LUIS SOARES DE MELLO (VICE PRESIDENTE), XAVIER DE AQUINO (DECANO), GUILHERME G. STRENGER (PRES. SEÇÃO DE DIREITO CRIMINAL), MAGALHÃES COELHO(PRES. DA SEÇÃO DE DIREITO PÚBLICO) E DIMAS RUBENS FONSECA (PRES. DA SEÇÃO DE DIREITO PRIVADO).**

São Paulo, 22 de novembro de 2021.

RICARDO ANAFE

Corregedor Geral da Justiça e Relator

Apelação Cível nº 1065900-69.2021.8.26.0100

Apelantes: Leticia Nogueira Gonçalves Piton e Olavo Piton Junior

Apelado: 12º Oficial de Registro de Imóveis da Comarca da Capital

VOTO Nº 31.634

Registro de Imóveis – Dúvida julgada procedente – Contrato particular de compra e venda de imóvel a que atribuído valor superior a trinta salários mínimos – Obrigatoriedade de celebração do negócio jurídico por instrumento público, na forma do art. 108 do Código Civil – Não incidência, para esse efeito, do piso salarial fixado para determinadas categorias profissionais em legislação estadual – Recurso não provido.

1. Trata-se de apelação interposta contra r. sentença que julgou procedente a dúvida suscitada pelo Sr. 12º Oficial de Registro de Imóveis da Comarca de São Paulo e manteve a recusa do registro de contrato de compra e venda de imóvel celebrado por instrumento particular, porque foi atribuído ao imóvel valor superior a trinta vezes o salário mínimo nacional (fl. 61/63).

Os apelantes alegaram, em suma, que o negócio jurídico teve o valor de R$ 34.992,00 que é igual ao valor de referência do imóvel. Disseram que esse valor é inferior a trinta vezes o maior salário mínimo vigente no país que, por sua vez, é o fixado por lei do Estado do Paraná e corresponde a R$ 1.692,00. Ademais, o valor do negócio jurídico não superou trinta vezes o salário mínimo fixado no Estado de São Paulo, que é de R$ 1.183,33. Aduziram que o art. 108 do Código Civil prevê o requisito da escritura pública para o negócio jurídico sobre imóvel com valor superior a trinta vezes o maior salário mínimo vigente no País e, portanto, deve ser interpretado de forma extensiva para considerar os salários mínimos fixados por todos os entes federativos. Asseveraram que a existência de diferentes salários mínimos também decorre da Lei nº 9.560-A, de 1966 que dispõe sobre o salário mínimo dos diplomados pelos cursos regulares superiores mantidos pelas Escolas de Engenharia, de Química, de Arquitetura, de Agronomia e de Veterinária, o que demonstra a admissão da existência de diferentes salários mínimos (fl. 68/75).

A douta Procuradoria Geral de Justiça opinou pelo não provimento do recurso (fl. 96/97).

É o relatório.

2. Os recorrentes pretendem o registro de contrato particular de compra e venda da vaga da garagem nº 135 do Condomínio Residencial Casa Alta, situado na rua Coronel Meireles, 788, Vila Lais, objeto da matrícula nº 163.773 do 12º Registro de Imóveis da Comarca da Capital, celebrado em 08 de março de 2021, em que foi atribuído ao negócio jurídico o valor de R$ 34.992,00 (fl. 14/17).

Esse valor supera a quantia de R$ 33.000,00 que corresponde a trinta vezes o salário mínimo vigente na data do negócio jurídico.

E a escritura pública é essencial para a validade do negócio de transmissão de direito real sobre imóvel com valor superior a trinta vezes o salário mínimo, como previsto no art. 108 do Código Civil:

"Art. 108 - Não dispondo a lei em contrário, a escritura pública é essencial à validade dos negócios jurídicos que visem à constituição, transferência, modificação ou renúncia de direitos reais sobre imóveis de valor superior a trinta vezes o maior salário mínimo vigente no País".

Em decorrência, o contrato particular de compra e venda não é passível de registro. Nesse sentido:

"REGISTRO DE IMÓVEIS – Dúvida julgada parcialmente procedente – Instrumento particular de compra e venda – Pretensão de ingresso no fólio real como compromisso de compra e venda – Termos do contrato que deixam clara a existência de contrato de compra e venda – Consenso válido sobre a coisa, o preço e as condições do negócio – Promessa de futura expedição de quitação definitiva após o pagamento do preço que não desnatura a compra e venda simples, não sendo o pagamento do preço elemento essencial do contrato – Ausência de obrigação das partes firmarem negócio futuro, característica essencial da promessa de contratar Imóvel negociado de valor superior a trinta salários mínimos – Escritura pública obrigatória, nos termos do art. 108 do Código Civil – Exigência mantida – Recurso não provido" (CSM, Apelação Cível nº 1037437-12.2016.8.26.0224, Comarca de Guarulhos, Rel. Desembargador Ricardo Anafe, j. 13.02.2020);

"Registro de Imóveis – Dúvida julgada procedente – Negativa de registro de instrumento particular de compra e venda de imóvel – Alienação de 1/14 do bem – Dispensa de escritura pública quando o imóvel tem valor até 30 salários mínimos Irrelevância que o negócio jurídico verse apenas sobre fração ideal de valor menor – Inteligência do art. 108 do Código Civil – Recurso não provido" (CSM, Apelação Cível nº 0007514-42.2010.8.26.0070, da Comarca de Batatais, Rel. Desembargador Maurício Vidigal, j. 28.07.2011);

"REGISTRO DE IMÓVEIS. Dúvida julgada procedente Instrumento particular de venda e compra de imóvel com valor acima de 30 salários mínimos. Ofensa ao artigo 108 do Código Civil. Obrigatoriedade de escritura pública. Irrelevância de o negócio ter valor inferior ao limite da lei, por corresponder a parte ideal do bem. Fracionamento do negócio que, se considerado, conduziria à fraude e ao esvaziamento do comando legal. Recurso não provido" (CSM, Apelação Cível nº 1.088-6/0, da Comarca de Paraguaçu Paulista, Rel. Desembargador Ruy Camilo, j. 02.06.2009).

Por sua vez, o valor do salário mínimo a ser considerado para efeito de exigência do instrumento público é o previsto no art. 7º, inciso IV, da Constituição Federal, que dispõe:

"Art. 7º - São direitos dos trabalhadores urbanos e rurais, além de outros que visem à melhoria de sua condição social:

(...)

IV - salário mínimo, fixado em lei, nacionalmente unificado, capaz de atender a suas necessidades vitais básicas e às de sua família com moradia, alimentação, educação, saúde, lazer, vestuário, higiene, transporte e previdência social, com reajustes periódicos que lhe preservem o poder aquisitivo, sendo vedada sua vinculação para qualquer fim;" (grifei).

A fixação de piso salarial superior ao salário mínimo prevista no inciso V do art. 7º da Constituição Federal se destina à remuneração de categoria específica de trabalhador, em conformidade com a complexidade do trabalho, e não se confunde com o salário mínimo nacional a que se refere o art. 108 do Código Civil.

Esse valor, portanto, não se confunde com o salário mínimo de abrangência nacional porque é limitado a categoria específica que for prevista em lei estadual ou do Distrito Federal, sendo por essa razão denominado no inciso V do art. 7º da Constituição Federal como piso salarial, e não salário mínimo:

"V - piso salarial proporcional à extensão e à complexidade do trabalho;" (grifei).

De igual modo se verifica no art. 1º da Lei Complementar nº 103/2000:

"Art. 1º - Os Estados e o Distrito Federal ficam autorizados a instituir, mediante lei de iniciativa do Poder Executivo, o piso salarial de que trata o inciso V do art. 7º da Constituição Federal para os empregados que não tenham piso salarial definido em lei federal, convenção ou acordo coletivo de trabalho" (grifei).

Destarte, para efeito de obrigatoriedade da escritura pública como requisito de validade do negócio jurídico sobre imóvel, como previsto no art. 108 do Código Civil, prevalece o salário mínimo vigente no País que, em razão da data do negócio jurídico, é o previsto na Lei nº 14.158/2021:

"Art. 1º - A partir de 1º de janeiro de 2021, o salário mínimo será de R$ 1.100,00 (mil e cem reais)".

3. Ante o exposto, pelo meu voto nego provimento ao recurso.

São Paulo, 21 de outubro de 2021.

RICARDO ANAFE

Corregedor Geral da Justiça e Relator (DJe de 24.02.2021 – SP)

PODER JUDICIÁRIO

TRIBUNAL DE JUSTIÇA DO ESTADO DE SÃO PAULO

CONSELHO SUPERIOR DA MAGISTRATURA

Apelação Cível nº 1045428-73.2019.8.26.0114

Registro: 2021.0000918283

ACÓRDÃO

Vistos, relatados e discutidos estes autos de **Apelação Cível nº 1045428-73.2019.8.26.0114**, da Comarca de **Campinas**, em que é apelante **JACKELINE APARECIDA CARDUCI LUNA**, é apelado **4º OFICIAL DE REGISTRO DE IMÓVEIS DA COMARCA DE CAMPINAS.**

ACORDAM, em Conselho Superior de Magistratura do Tribunal de Justiça de São Paulo, proferir a seguinte decisão: **"No que tange à exigência formulada para complementação do depósito prévio, julgaram prejudicada a dúvida, não conhecendo do recurso e, no mais, deram provimento à apelação na parte conhecida, v.u."**, de conformidade com o voto do Relator, que integra este acórdão.

O julgamento teve a participação dos Exmos. Desembargadores **PINHEIRO FRANCO (PRESIDENTE TRIBUNAL DE JUSTIÇA) (Presidente), LUIS SOARES DE MELLO (VICE PRESIDENTE), XAVIER DE AQUINO (DECANO), GUILHERME G. STRENGER (PRES. SEÇÃO DE DIREITO CRIMINAL), MAGALHÃES COELHO(PRES. DA SEÇÃO DE DIREITO PÚBLICO) E DIMAS RUBENS FONSECA (PRES. DA SEÇÃO DE DIREITO PRIVADO).**

São Paulo, 20 de outubro de 2021.

RICARDO ANAFE

Corregedor Geral da Justiça e Relator

Apelação Cível nº 1045428-73.2019.8.26.0114

Apelante: Jackeline Aparecida Carduci Luna

Apelado: 4º Oficial de Registro de Imóveis da Comarca de Campinas

VOTO Nº 31.588.

Dúvida – Negativa de registro – Escritura pública de venda e compra – Companhia de habitação popular de campinas/COHAB – Exigência para apresentação de certidão de homologação emitida pela fazenda estadual – Doação ocorrida nos autos de arrolamento não submetido à qualificação registral – A análise do registrador deve se limitar ao título levado a registro – Apelação, ademais, que não configura a via adequada para questionamento acerca dos emolumentos – Dúvida, neste ponto, prejudicada – Recurso a que se dá provimento, na parte conhecida.

Cuida-se de recurso de Apelação interposto por **JACKELINE APARECIDA CARDUCI LUNA** em face da r. sentença de fl. 167/172 de lavra do MM. Juiz Corregedor Permanente do 4º Oficial de Registro de Imóveis da Comarca de Campinas, que julgou procedente a dúvida suscitada, negando o acesso ao registro imobiliário da escritura pública de venda e compra outorgada pela COHAB Campinas em favor da apelante em cumprimento de instrumento particular de promessa de venda e compra com os falecidos genitores da outorgada compradora.

Da nota devolutiva de fl. 139, que qualificou negativamente o título, constaram as seguintes exigências:

> *"1) Apresentar certidão de homologação emitida pela Fazenda Estadual, quanto a eventual recolhimento ou isenção da doação realizada por ROBERTO CARDUCCI JUNIOR, RENATA APARECIDA CARDUCI ANSANTE, ANDRÉA CARDUCI POZZANI E MARIA CAROLINA DUARTE em favor de JACKELINE APARECIDA CARDUCI LUNA nos autos de arrolamento nº 4506/05 (processo nº 114.01.2005.013018-2), que tramitou na 3ª Vara da Família e das Sucessões da Comarca de Campinas/SP.*
>
> *(...)*
>
> *2) Complementar o depósito prévio em mais R$ 1.983,16, nos termos dos artigos 14 da Lei nº 6.015/73 e 13 da Lei Estadual nº 11.331/2002 e ainda do Enunciado nº 02 da Associação dos Notários e Registradores de São Paulo (ANOREG/SP), sobre a aplicação da Lei Estadual nº 13.290/2008, que introduziu o item 14.2 na tabela de emolumentos"*

Em suas razões a apelante sustenta, em suma, que o pretendido é o registro de escritura de venda e compra e a doação é ato intermediário que não será objeto de registro; que no formal de partilha foram reconhecidos direitos à aquisição do imóvel exclusivamente à herdeira Jackeline; que a situação de precedente invocado pelo registrador não se adequa à situação; que na partilha homologada houve recolhimento de impostos e manifestação da Fazenda Estadual sobre os pagamentos; que no caso o registrador deveria se limitar a reportar o fato; que houve partilha desigual mas o valor é inferior ao limite de isenção; que cabe ao registrador verificar o recolhimento de impostos e não sua exatidão; a recorrente entende como aplicável ao caso o item 14.2 da tabela de custas relativo a empreendimento habitacional de interesse social; que a transmissão do bem imóvel da COHAB à recorrente configura primeira transmissão do direito real.

A D. Procuradoria Geral de Justiça opinou pelo provimento do recurso (fl. 208/211).

É o relatório.

Pretende a apelante o registro da escritura de venda e compra lavrada no dia 13 de maio de 2011 perante o Tabelião de Notas do Distrito de Sousas, a fl. 355/357 do livro nº 213, tendo por objeto o imóvel matriculado sob o nº 20.560, figurando a COHAB – Campinas como vendedora e a apelante como outorgada compradora, em cumprimento de instrumento particular de promessa de venda e compra com os falecidos genitores da recorrente.

O Registrador formulou exigência para complementação do depósito prévio, pois, em seu entender, a hipótese não se enquadra no item 14.6 da tabela de emolumentos, conforme pretendido pela apelante, porque o imóvel tem valor superior a 4.705 UFESP e porque não se trata de primeira transmissão passível de benefício previsto para empreendimento habitacional de interesse social.

Contudo, a dúvida, e, por consequência, a apelação, não configura a via adequada para eventual questionamento acerca dos emolumentos, devendo a questão ser levada ao Corregedor Permanente por meio de consulta ou de reclamação, na forma dos arts. 29 e 30 da Lei Estadual nº 11.331/2002, cabendo da decisão recurso à E. Corregedoria Geral da Justiça.

Como se sabe ao Colendo Conselho Superior da Magistratura compete o julgamento das dúvidas suscitadas pelos Oficiais de Registros Públicos, na forma do artigo 64, VI, do Decreto-lei Complementar Estadual nº 03/69 e do artigo 16, IV, do Regimento Interno do Tribunal de Justiça do Estado de São Paulo.

No ponto, então, a dúvida resta prejudicada, não se conhecendo do recurso.

Ultrapassada esta questão, no que concerne ao óbice indicado no item "1" da nota devolutiva de fl. 139, assiste razão à apelante.

Conquanto caiba, nos termos do art. 289 da Lei nº 6.015/73, ao oficial de registro a rigorosa fiscalização do pagamento dos impostos devidos por força dos atos que lhes forem apresentados em razão do ofício, o que vem corroborado pelos itens 117 e 117.1, do Capítulo XX, Tomo II, das NSCGJ, certo é que, *in casu*, o tributo do qual se exige a manifestação da Fazenda Estadual diz respeito a distribuição de quinhões em formal de partilha que não será levado a registro, vez que a transmissão dos direitos reais está sendo realizada diretamente pela COHAB – Campinas à recorrente.

A análise do registrador transbordou, pois, os limites da qualificação registral do título apresentado, adentrando na verificação de possível incidência de imposto sobre a doação feita pelos demais herdeiros em favor da interessada nos autos do arrolamento de bens, cujo formal de partilha sequer foi levado a registro.

A qualificação registral deve ser limitada ao título objeto de ingresso no Registro de Imóveis, sendo descabido ao Oficial adentrar na verificação das transações negociais pretéritas, quando irrelevantes para análise do título apresentado.

Por essas razões, pelo meu voto, no que tange à exigência formulada para complementação do depósito prévio, julgo prejudicada a dúvida, não conhecendo do recurso e, no mais, dou provimento à apelação, na parte conhecida.

RICARDO ANAFE

Corregedor Geral da Justiça e Relator (DJe de 26.01.2021 – SP)

PODER JUDICIÁRIO

TRIBUNAL DE JUSTIÇA DO ESTADO DE SÃO PAULO

CONSELHO SUPERIOR DA MAGISTRATURA

Apelação Cível nº 1086990-70.2020.8.26.0100

Registro: 2021.0001026728

ACÓRDÃO

Vistos, relatados e discutidos estes autos de **Apelação Cível nº 1086990-70.2020.8.26.0100**, da Comarca de **São Paulo**, em que é apelante **SODERBUILDING CONSTRUTORA E INCORPORADORA LTDA**, é apelado **4° OFICIAL DE REGISTRO DE IMÓVEIS DA COMARCA DA CAPITAL.**

ACORDAM, em Conselho Superior de Magistratura do Tribunal de Justiça de São Paulo, proferir a seguinte decisão: **"Preliminarmente, indeferiram o pedido de sobrestamento do feito e, no mérito, negaram provimento à apelação, v.u."**, de conformidade com o voto do Relator, que integra este acórdão.

O julgamento teve a participação dos Exmos. Desembargadores **PINHEIRO FRANCO (PRESIDENTE TRIBUNAL DE JUSTIÇA) (Presidente), LUIS SOARES DE MELLO (VICE PRESIDENTE), XAVIER DE AQUINO (DECANO), GUILHERME G. STRENGER (PRES. SEÇÃO DE DIREITO CRIMINAL), MAGALHÃES COELHO(PRES. DA SEÇÃO DE DIREITO PÚBLICO) E DIMAS RUBENS FONSECA (PRES. DA SEÇÃO DE DIREITO PRIVADO).**

São Paulo, 14 de dezembro de 2021.

RICARDO ANAFE

Corregedor Geral da Justiça e Relator

Apelação Cível nº 1086990-70.2020.8.26.0100

Apelante: Soderbuilding Construtora e Incorporadora Ltda

Apelado: 4° Oficial de Registro de Imóveis da Comarca da Capital

VOTO Nº 31.555

Registro de Imóveis – Dúvida – Apelação – Escritura pública de venda e compra – Notícia superveniente da inexistência no Livro de Notas da anterior escritura de venda e compra outorgada em favor da pessoa que figura como atual proprietária do imóvel – Ausência de nulidade de pleno direito – Registro que deve ser cancelado por meio de ação própria – Inteligência do art. 1.245, §2º,do Código Civil – Incongruência entre o estado civil do vendedor que figura na matrícula do imóvel como solteiro e na escritura de venda e compra apresentada a registro como divorciado – Necessidade de prévia averbação em respeito aos princípios da especialidade subjetiva e da continuidade – Ausência, no ponto, de pedido de averbação, prenotação e qualificação – Princípio da rogação – Desbloqueio da matrícula que deve ser buscado por meio de expediente próprio na Corregedoria Geral da Justiça – Recurso a que se nega provimento.

1. Trata-se de recurso de apelação interposto por SODERBUILDING CONSTRUTORA E INCORPORADORA LTDA. contra a r. sentença de fl. 133/135, que julgou procedente a dúvida suscitada pelo 4º Oficial de Registro de Imóveis da Comarca da Capital, mantendo a recusa ao registro de escritura pública de venda e compra lavrada perante o 12º Tabelião de Notas da Capital, Livro n.º 3.453, pág. 247, referente ao imóvel matriculado sob o n.º 177.962.

Da nota devolutiva n.º 588.005 constou o seguinte óbice (fl. 22/24):

"Antonio Apparecido de Siqueira está qualificado na matrícula 177.962, relativa ao imóvel objeto deste instrumento, como solteiro, fato que impossibilita o registro desta venda, por ofensa a continuidade registrária, uma vez que são vendedores nesta escritura Antonio divorciado, e Ines Maria de Jesus, divorciada, devendo a matrícula ser ajustada nesse aspecto.

Observa-se: havendo erro na indicação do estado civil de Antonio Apparecido de Siqueira, quando da lavratura da escritura que deu origem à aquisição, esse equívoco deve ser corrigido através de escritura de re-ratificação, celebrada pelas mesmas partes que participaram daquele ato;

A escritura de retificação/ratificação lavrada no Tabelião de Notas do município de Madirituba, comarca de São José dos Pinhais-PR, no dia 27 de maio de 1983, Lo. 0089-N,às fls. 033, deverá vir acompanhada de certidão expedida com data atual, da escritura que deu origem ao registro n. 07, ou seja, a escritura datada de 27 de novembro de 1982, do Oficial de Registro Civil das Pessoas Naturais e Tabelião de Notas da cidade de Taquarivai, comarca de Itapeva-SP;

Obs. Cumpre informar que foi protocolado por esta Oficial junto à 1ª Vara de Registros Públicos do Foro Central Cível da comarca de São Paulo, sob o nº 0017949-14.2012.8.26.0100, pedido de providências informando acerca da constatação de que a escritura que lastreou a venda ao outorgante vendedor, não encontrava correspondência com o livro e folhas existentes no tabelionato, ensejando a r. sentença cuja cópia reprográfica segue anexa.

Em épocas anteriores, foram apresentados a esta Serventia, os seguintes títulos contraditórios a esta escritura, e devolvidos com exigências:

Escritura lavrada em 04 de abril de 2.014, no 3º. Tabelião de Notas desta Capital, no livro 2996, às fls. 329/332, pela qual Antonio Apparecido de Siqueira e Ines Maria de Jesus, transmitem por venda o imóvel da matrícula 117.962, para Rivaldo Sant'Anna;

Escritura lavrada em 10 de fevereiro de 2.014, no 2º. Tabelião de Notas e de Protesto de Letras e Títulos da Comarca de São Vicente-SP, no livro 1.006, às fls. 304, pela qual Antonio Apparecido de Siqueira e Ines Maria de Jesus, transmitem por venda o imóvel da matrícula 177.962, para Nelson Batista de Souza;

Instrumento particular de promessa de venda e compra, celebrado em data de 14 de setembro de 2012, pelo qual Antonio Apparecido de Siqueira e Ines Maria de Jesus, prometem a venda o imóvel da matrícula 177.962, para Durval Rigon Filho.

Instrumento particular de promessa de venda e compra, celebrado em data de 09 de novembro de 2.015, pelo qual Antonio Apparecido de Siqueira e Ines Maria de Jesus, prometeram a venda o imóvel da matrícula 177.962, para Vivaldino Porcino Lopes.

Instrumento particular de promessa de venda e compra, celebrado em data de 09 de dezembro de 2014, pelo qual Antonio Apparecido de Siqueira e Inez Maria de Jesus, prometeram a venda o imóvel da matricula nº 177.962, para Raimundo Nonato Correa da Silva, viúvo.

Através de consulta ao site do Tribunal de Justiça do Estado de São Paulo, verificou-se que o selo utilizado para autenticação da cédula de identidade de Inez Maria de Jesus, pertence ao Tabelião de Notas de Itaquera, no entanto o carimbo de autenticação é do 6º.Tabelião de Notas desta Capital, favor esclarecer;

Observa-se ainda:

Foi apresentado a esta Serventia, requerimento protocolado sob número 459.298, em data de 19 de setembro de 2.012, subscrito por Antonio Apparecido de Siqueira, para atualização do seu estado civil junto a matrícula número 177.962, passando de solteiro para divorciado. Naquela oportunidade o pedido foi negado pelas seguintes razões:

"Conforme se depreende da certidão de casamento juntada, na época da aquisição do imóvel da matrícula nº 177.962, o estado civil do adquirente ANTONIO APPARECIDO DE SIQUEIRA era o de casado pelo regime da comunhão universal de bens, e não de solteiro, como constou da escritura de notas do Oficial de Registro Civil das Pessoas Naturais e Tabelião de Notas da cidade de Taquarivaí, comarca de Itapeva - SP, livro nº 0003, fls. 003/004/005. Destarte, para que se proceda à averbação pretendida, se faz necessária a prévia retificação da referida escritura junto ao Oficial responsável pela sua lavratura, e consequente averbação na matrícula. Além disso, dado o regime de bens ser o da comunhão universal de bens, para que conste da matrícula o atual estado civil do(s) proprietário(s), trazer o formal de partilha com a abertura e encerramento nos originais, extraído dos autos 336/95, do divórcio litigioso do casal formado pelo requerente e por INES MARIA DE JESUS.", mencionando que o ex-casal são proprietários do terreno situado na Rua do Carmo, cadastrado na PMSP sob o CONTRIBUINTE Nº 003.003.0162-6, matriculado sob nº 177.962, que ficarão em comum em partes iguais.

Foi prenotado nesta Serventia sob número 584.216, em data de 09 de junho de 2020, o instrumento particular de compromisso de venda e compra, celebrado em 09 de dezembro de 2014, pelo qual Antonio Apparecido de Siqueira e Inez Maria de Jesus, prometeram vender o imóvel da matrícula 177.962, para Raimundo Nonato Correa da Silva, com pedido de suscitação de Dúvida, previsto no artigo 198 da Lei 6015/73; sendo que houve expressa desitência pelo interessado."

Aduz a apelante, em suma, que o pedido de registro da escritura de compra e venda encontra lastro em negócio jurídico válido e eficaz, devendo ser julgada improcedente a dúvida.

A D. Procuradoria Geral da Justiça opinou pelo desprovimento do recurso (fl. 172/173).

É o relatório.

2. Em 26 de agosto de 2020 foi prenotada, sob o nº 588.005, a escritura de venda e compra lavrada perante o 12º Tabelião de Notas da Capital, Livro n.º 3.453, pág. 247, referente ao imóvel matriculado sob o n.º 177.962, figurando como outorgantes vendedores Antonio Apparecido de Siqueira, qualificado como divorciado, e Inez Maria de Jesus, também qualificada como divorciada, e como outorgada compradora a ora apelante (fl. 25/30).

Aduziu o I. Oficial que foram mantidas as mesmas exigências já elencadas **nos autos da dúvida n.º 1005161-72.2017.8.26.0100,** julgada procedente, pugnando, ao final, pelo bloqueio da matrícula n.º 177.962.

Consignou o Registrador, ademais, que nos autos da mencionada dúvida, conquanto julgada prejudicada, restou destacado pelo MM. Juiz Corregedor Permanente que (fl. 106/109):

"Verifica-se que a matrícula nº 177.962 já foi objeto de várias demandas que tramitaram perante esta Corregedoria Permanente (processos nºs 0017949-14.2012.8.26.0100,1071426-61.2014.8.26.01 00, 1107480-26.2014.8.26.0100), ***tendo em vista que foi constatado que o título que deu origem ao registro nº 07, não foi lançado nos livros do Oficial de Registro Civil de Pessoas Naturais e Tabelião de Notas de Taquarivai, consequentemente há fortes indícios acerca da sua falsificação.*** *(g.n.)*

Referido *decisum* foi corroborado em sede recursal, cuja ementa, de lavra do então Corregedor Geral da Justiça, Desembargador Manoel de Queiroz Pereira Calças, restou assim redigida (fl. 112/117):

"REGISTRO DE IMÓVEIS – Recusa de ingresso de título – Resignação parcial – Dúvida prejudicada – Recurso não conhecido – Análise das exigências a fim de orientar futura prenotação.

Matrícula – Indícios de fraude em inscrição anterior – Exigências formuladas que visam a dar segurança aos novos dados a serem inscritos no fólio real – Dever do registrador de agir de modo a evitar fraudes."

Pois bem.

Conquanto tenha se apurado, em expediente administrativo próprio, que tramitou perante a 1ª Vara de Registros Públicos da Capital (autos n.º 0017949-14.2012.8.26.0100), que a escritura pública que ensejou o R.7 da matrícula n.º 177.962 não consta dos livros do Tabelião de Notas de Taquarivaí, havendo fortes indícios de falsificação, certo é que, por ora, o registro não foi cancelado por meio de ação própria e, por isso, subsiste, nos exatos termos do art. 1.245, §2º, do Código Civil, *in verbis:*

"Art. 1245. Transfere-se entre vivos a propriedade mediante o registro do título translativo no Registro de Imóveis.

§ 1º Enquanto não se registrar o título translativo, o alienante continua a ser havido como dono do imóvel.

§ 2º Enquanto não se promover, por meio de ação própria, a decretação de invalidade do registro, e o respectivo cancelamento, o adquirente continua a ser havido como dono do imóvel."

Assim, a circunstância noticiada nos autos, de não constar do livro de notas a escritura correspondente ao R.07 da matrícula n.º 177.962, não elimina a existência material daquele título, embora a falsidade, acaso comprovada, o faça nulo.

Contudo, nesta hipótese, nulo será o título e não, propriamente, o ato de registro, a excluir a aplicação do artigo 214 da Lei nº 6.015/73.

Sobre os limites da nulidade de pleno direito reconhecível na via administrativa, nos termos do art. 214 da Lei nº 6.015/73, alerta Narciso Orlandi Neto:

"É preciso distinguir nulidade direta do registro e nulidade do título, com reflexo no registro.

O registro não pode ser cancelado por nulidade do título, salvo em processo contencioso de que participe o titular do direito inscrito.

Em outras palavras, o art. 214 da Lei nº 6.015/73 é exceção.

E como se sabe se o registro é ou não nulo de pleno direito?

Sabe-se que o registro é ou não nulo de pleno direito examinando-o separadamente do título que lhe deu causa, apenas à luz dos princípios que regem o registro, a saber se foram cumpridos os requisitos formais.

(...)

Assim, se houve fraude, se a assinatura do transmitente foi falsificada, se o instrumento público não consta dos livros de nenhum notário, se a procuração que serviu na representação de uma das partes é falsa, se o consentimento do alienante foi obtido com violência, são todos problemas atinentes ao título. Podem afetar o registro, mas obliquamente. Só podem determinar o cancelamento do registro, em cumprimento de sentença que declare a nulidade do título e, em conseqüência, do registro..." (Retificação do Registro de Imóveis, Ed. Oliveira Mendes, pág. 183/192).

Foi, neste sentido, a decisão do então Corregedor Geral da Justiça, Desembargador Ruy Pereira Camilo, que aprovou o r. parecer de lavra do, à época, MM. Juiz Auxiliar da Corregedoria, José Antonio de Paula Santos Neto, cuja ementa assim se transcreve:

"REGISTRO DE IMÓVEIS – Escritura pública de venda e compra já registrada – Posterior notícia de sua inexistência no livro supostamente correspondente e nas notas, em geral, do Tabelião – Vício intrínseco do título e não do registro em si considerado – Inviabilidade de cancelamento administrativo para registro de outra escritura em substituição – Matéria jurisdicional – Bloqueio da matrícula mantido até decisão em procedimento próprio, ante o risco de prejuízo a terceiros e a necessidade de impelir os interessados rumo à regularização – Inteligência dos artigos 214, § 3º, e 216 da Lei nº 6.015/73."

Daí decorre, pois, respeitado entendimento diverso, não haver razão para o óbice elencado no item 2 da nota devolutiva n.º 588.005 (fl. 22/24), inexistente supedâneo legal para que a escritura de rerratificação venha acompanhada de certidão expedida com data atual, da escritura que deu origem ao registro n.º 07 da matrícula n.º 177.962, ou seja, a escritura pública datada de 27 de novembro de 1982, do Oficial de Registro Civil das Pessoas Naturais e Tabelião de Notas da cidade de Taquarivaí, Comarca de Itapeva-SP.

Contudo, por fundamento diverso, o registro pretendido não comporta deferimento.

De mencionado R-7 da matrícula n.º 177.962 consta que (fl. 14/21):

"R.07, data 16/fevereiro/2009, PROT. 391.961 Pela escritura datada de 27 de novembro de 1982, do Oficial de Registro Civil das Pessoas Naturais e Tabelião de Notas da Cidade de Taquarivaí comarca de Itapeva, neste Estado, livro n.º 0003, fls. 003/004/005, apresentada em forma de certidão datada de 20 de janeiro de 2009, a proprietária LYEDE LINHARES, viúva, já qualificada, transmitiu por venda a ANTONIO APPARECIDO DE SIQUEIRA, solteiro, já qualificado, o imóvel desta matrícula pelo valor de Cr$ 8.200.000,00 (inclusive o valor da cessão), em cumprimento a inscrição n.º 15.115, mencionada na Av. 01, e cessão de direitos registrada sob o n.º 05".

De dito registro (fl.16), pois, o ora vendedor, Antonio Apparecido de Siqueira, figura como comprador, qualificado como solteiro e não divorciado, como consta do título ora submetido a registro (fl. 25/30).

E, apresentada a certidão de casamento de Antonio Apparecido de Siqueira, verifica-se que, ao tempo da lavratura da escritura de venda e compra (1982), ele era casado, pelo regime da comunhão universal de bens, com Inêz Maria de Jesus Siqueira (fls. 31/32).

Assim, em respeito aos princípios da especialidade subjetiva, cuja finalidade é identificar, individualizar, aquele que está transmitindo ou adquirindo algum tipo de direito no registro de imóveis, tornando-o inconfundível com qualquer outra pessoa; e da continuidade, faz-se necessária a prévia averbação do estado civil do comprador à época da lavratura da escritura de venda e compra objeto do R. 07 da matrícula n.º 177.962 , o que não foi objeto de prenotação e qualificação pelo Oficial Registrador e, portanto, não poderá ser analisado nesta esfera administrativa em respeito ao princípio da rogação.

Consoante nos ensina Afrânio de Carvalho:

"O princípio da continuidade, que se apoia no de especialidade, quer dizer que, em relação a cada imóvel, adequadamente individuado, deve existir uma cadeia de titularidade à vista da qual só se fará a inscrição de um direito se o outorgante dele aparecer no registro como seu titular. Assim, as sucessivas transmissões, que derivam umas das outras, asseguram a preexistência do imóvel no patrimônio do transferente" (Registro de Imóveis, Editora Forense, 4ª Ed., p. 254).

Finalmente, eventual pedido de desbloqueio de matrícula, que, ressalte-se, não foi perquirido nesta Apelação, deverá ser buscado mediante expediente próprio, porquanto traduz ato de averbação, não se enquadrando na competência material deste Eg. Conselho Superior da Magistratura.

3. Por todo o exposto, pelo meu voto, nego provimento à apelação.

RICARDO ANAFE

Corregedor Geral da Justiça e Relator (DJe de 21.01.2021 – SP)

CONDOMÍNIO

PODER JUDICIÁRIO

TRIBUNAL DE JUSTIÇA DO ESTADO DE SÃO PAULO

CONSELHO SUPERIOR DA MAGISTRATURA

Apelação Cível nº 1093685-40.2020.8.26.0100

Registro: 2021.0000448970

ACÓRDÃO

Vistos, relatados e discutidos estes autos de Apelação Cível nº 1093685-40.2020.8.26.0100, da Comarca de **São Paulo**, em que são apelantes **JOSE DE GOUVEIA** e **JORDAO DE GOUVEIA**, é apelado **OFICIAL DO 8º REGISTRO DE IMÓVEIS DA CAPITAL.**

ACORDAM, em Conselho Superior de Magistratura do Tribunal de Justiça de São Paulo, proferir a seguinte decisão: **"Negaram provimento, v.u.",** de conformidade com o voto do Relator, que integra este acórdão.

O julgamento teve a participação dos Exmos. **PINHEIRO FRANCO (PRESIDENTE TRIBUNAL DE JUSTIÇA) (Presidente), LUIS SOARES DE MELLO (VICE PRESIDENTE), XAVIER DE AQUINO (DECANO), GUILHERME G. STRENGER (PRES. SEÇÃO DE DIREITO CRIMINAL), MAGALHÃES COELHO(PRES. DA SEÇÃO DE DIREITO PÚBLICO) E DIMAS RUBENS FONSECA (PRES. DA SEÇÃO DE DIREITO PRIVADO).**

São Paulo, 8 de junho de 2021.

RICARDO ANAFE

Corregedor Geral da Justiça e Relator

Apelação Cível nº 1093685-40.2020.8.26.0100

Apelantes: Jose de Gouveia e Jordao de Gouveia

Apelado: Oficial do 8º Registro de Imóveis da Capital

VOTO Nº 31.499

Registro de Imóveis – Ação de extinção de condomínio – Carta de arrematação – Título judicial que se sujeita à qualificação registral – Modo derivado de aquisição da propriedade – Desqualificação por inobservância ao princípio da continuidade – Dúvida julgada procedente – Precedentes do Conselho Superior da Magistratura – Nega-se provimento à apelação.

1. Trata-se de apelação interposta por *Jordão de Gouveia* e *José de Gouveia* contra a sentença proferida pela MM.ª Juíza Corregedora Permanente do 8º Oficial de Registro de Imóveis da Capital (fl. 185/188), que confirmou a negativa de registro da carta de arrematação expedida nos autos do processo nº 1015933-37.2016.8.26.0001, que tramitou perante a 3ª Vara Cível do Foro Regional de Santana, tendo por objeto o imóvel matriculado sob nº 176.501.

Alegam os apelantes, em síntese, que ajuizaram ação de extinção de condomínio contra Frederico de Gouveia, viúvo, e seus filhos Arnaldo de Gouveia e Reginaldo de Gouveia, sucessores hereditários de Noemi de Aguiar Gouveia. Aduzem ter arrematado a parte ideal correspondente a 33,33% do imóvel matriculado sob nº 176.501 junto ao 8º Oficial de Registro de Imóveis da Capital, pertencente aos condôminos. Sustentam que, expedida a carta de arrematação, o ato está perfeito e acabado, razão pela qual não há necessidade de dar seguimento ao inventário da falecida Noemi de Aguiar Gouveia, com a consequente partilha de bens, pois a arrematação é modo originário de aquisição de propriedade. Por fim, afirmam que inexiste ofensa ao princípio da continuidade porque os arrematantes já figuram na matrícula do imóvel como coproprietários (fl. 191/211).

A Douta Procuradoria de Justiça, em seu parecer, opinou pelo não provimento da apelação (fl. 232/235).

É o relatório.

2. A Carta de Arrematação expedida nos autos do Processo nº 1015933-37.2016.8.26.0001 (Alienação Judicial de Bens Condomínio), que tramitou perante a 3ª Vara Cível do Foro Regional I – Santana, foi apresentada a registro e qualificada negativamente pelo 8º Oficial de Registro de Imóveis da Capital, que expediu nota de devolução assim redigida:

> *"(...) Diante do princípio da continuidade de que tratam os artigos 195 e 237 da já referida Lei de Registros Públicos, o registro da arrematação pelos autores, de 1/3 pertencente aos réus, está condicionado ao prévio registro da partilha por sucessão de NOEMI DE AGUIAR GOUVEIA, devendo ser apresentado o competente formal de partilha".*

Desde logo, importa lembrar que a origem judicial do título não o torna imune à qualificação registral, ainda que limitada a seus requisitos formais e sua adequação aos princípios registrais, conforme o disposto no item 117, do Capítulo XX, das Normas de Serviço da Corregedoria Geral da Justiça:

> *"Item 117 - Incumbe ao oficial impedir o registro de título que não satisfaça os requisitos exigidos pela lei, quer sejam consubstanciados em instrumento público ou particular, quer em atos judiciais".*

Este Conselho Superior da Magistratura tem decidido, inclusive, que a qualificação negativa não caracteriza desobediência ou descumprimento de decisão judicial (TJSP; Apelação Cível 0003968-52.2014.8.26.0453; Relator (a): Pereira Calças; Órgão Julgador: Conselho Superior de Magistratura; Foro de Pirajuí - 1ª Vara; Data do Julgamento: 25/02/2016; Data de Registro: 13/04/2016).

Da análise da documentação trazida aos autos, é possível constatar que o imóvel objeto da matrícula nº 176.501 do 8º Oficial de Registro de Imóveis da Capital está registrado na proporção de 1/3 para Jordão de Gouveia, casado pelo regime da comunhão parcial de bens com Sidneia Nunes de Gouveia; 1/3 para José de Gouveia, casado pelo regime da comunhão parcial de bens com Maria Luisa Sampaio de Jesus e 1/3 para Frederico de Gouveia, casado pelo regime da comunhão universal de bens com Noemi de Aguiar Gouveia, conforme partes ideais havidas nas sucessões de seus pais (R.1/176.501 e R.3/176.501- fl. 121/124).

A ação de alienação judicial de bem comum e extinção de condomínio, que ensejou a expedição da Carta de Arrematação apresentada a registro, foi proposta por Jordão de Gouveia e José de Gouveia contra Frederico de Gouveia, viúvo, e seus filhos, Arnaldo de Gouveia e Reginaldo de Gouveia, estes na qualidade de sucessores hereditários de Noemi de Aguiar Gouveia, falecida (fl. 05/120).

Considerando, pois, que a parte ideal do imóvel arrematada na ação proposta pelos apelantes contra o viúvo e os filhos da *de cujus* ainda se encontra registrada em nome da falecida, faz-se necessária a apresentação e registro do formal de partilha dos bens por ela deixados, sob pena de ofensa ao princípio da continuidade.

Destarte, não há como se afastar o óbice apresentado pelo registrador, sob pena de se configurar injustificado rompimento na cadeia de sucessão dos titulares do bem. Trata-se de obedecer ao princípio da continuidade registrária, previsto no art. 195 da Lei de Registros Públicos:

> *"Se o imóvel não estiver matriculado ou registrado em nome do outorgante, o oficial exigirá a prévia matrícula e o registro do título anterior, qualquer que seja a sua natureza, para manter a continuidade do registro."*

De seu turno, dispõe o art. 237 do mesmo diploma legal:

> *"Ainda que o imóvel esteja matriculado, não se fará registro que dependa da apresentação de título anterior, a fim de que se preserve a continuidade do registro."*

Sobre o tema, merecem destaque a lição de Afrânio de Carvalho transcrita na sentença recorrida, sendo também importante lembrar que a arrematação judicial constitui forma de alienação forçada, que, segundo Araken de Assis, revela negócio jurídico entre o Estado, que detém o poder de dispor e aceitar a declaração de vontade do adquirente ("Manual da Execução". Editora Revista dos Tribunais; 14ª edição; São Paulo. 2012. p. 819).

Não se desconhece que, em data relativamente recente, este C. Conselho Superior da Magistratura chegou a reconhecer que a arrematação constituía modo originário de aquisição da propriedade. Contudo, tal entendimento acabou não prevalecendo, pois o fato de inexistir relação jurídica ou negocial entre o antigo proprietário e o adquirente (arrematante ou adjudicante) não é o quanto basta para afastar o reconhecimento de que há aquisição derivada da propriedade.

E se assim é, tratando-se a arrematação judicial de modo derivado de aquisição de propriedade, mantido o vínculo com a situação pretérita do bem, há que ser respeitado o princípio da continuidade.

São diversos os precedentes deste Conselho Superior da Magistratura, sempre no sentido de impossibilidade de registro de carta de arrematação ou de adjudicação quando o imóvel não se encontra em nome daqueles que figuraram no polo passivo da lide:

> *"REGISTRO DE IMÓVEIS – Carta de arrematação – Modo derivado de aquisição da propriedade – Observância do princípio da continuidade – Indispensável recolhimento do ITBI – Entendimento do Conselho Superior da Magistratura – Recurso não provido.* (TJSP; Apelação Cível 1020648-60.2019.8.26.0602; Relator (a): Ricardo Anafe (Corregedor Geral); Órgão Julgador: Conselho Superior de Magistratura; Data do Julgamento: 28/04/2020; Data de Registro: 14/05/2020).
>
> *REGISTRO DE IMÓVEIS – Dúvida – Carta de arrematação – Qualificação obrigatória dos títulos judiciais – Propriedade do imóvel registrada em nome do executado e de terceira, em regime de condomínio – Ausência de participação do condômino na ação executiva ou decisão judicial determinando a eficácia da arrematação em relação à sua parcela da propriedade – Ofensa ao princípio da continuidade – Origem do débito em obrigação propter rem que não afasta a incidência do princípio e, consequentemente, o impedimento ao registro – Dúvida procedente – Recurso não provido.* (TJSP; Apelação Cível 1007324-58.2017.8.26.0477; Relator (a): Ricardo Anafe (Corregedor Geral); Órgão Julgador: Conselho Superior de Magistratura; Data do Julgamento: 03/03/2020; Data de Registro: 10/03/2020)."

Na mesma linha: TJSP; Apelação Cível 0005176-34.2019.8.26.0344; Relator (a): Pinheiro Franco (Corregedor Geral); Órgão Julgador: Conselho Superior da Magistratura; Data do Julgamento: 10/12/2019; Data de Registro: 12/12/2019. TJSP; Apelação Cível 1001015-36.2019.8.26.0223; Relator (a): Pinheiro Franco (Corregedor Geral); Órgão Julgador: Conselho Superior da Magistratura; Data do Julgamento: 19/09/2019; Data de Registro: 26/09/2019. TJSP; Apelação Cível 1000506-84.2016.8.26.0361; Relator (a): Pereira Calças; Órgão Julgador: Conselho Superior da Magistratura; Data do Julgamento: 19/12/2017; Data de Registro: 19/01/2018.

Nesse cenário, justifica-se a confirmação do juízo negativo de qualificação, em atenção ao princípio da continuidade registral.

3. Diante do exposto, pelo meu voto, **nego provimento** à apelação.

RICARDO ANAFE

Corregedor Geral da Justiça e Relator (DJe de 18.08.2021 – SP)

PODER JUDICIÁRIO

TRIBUNAL DE JUSTIÇA DO ESTADO DE SÃO PAULO

CONSELHO SUPERIOR DA MAGISTRATURA

Apelação Cível nº 1002260-16.2020.8.26.0266

Registro: 2021.000406259

ACÓRDÃO

Vistos, relatados e discutidos estes autos de **Apelação Cível nº 1002260-16.2020.8.26.0266**, da Comarca de **Itanhaém**, em que é apelante **MINISTÉRIO PÚBLICO DO ESTADO DE SÃO PAULO**, é apelado **MARCIO DOS PASSOS DE LIMA.**

ACORDAM, em Conselho Superior de Magistratura do Tribunal de Justiça de São Paulo, proferir a seguinte decisão: **"Julgaram prejudicada a dúvida e não conheceram do recurso, com determinação, v.u."**, de conformidade com o voto do Relator, que integra este acórdão.

O julgamento teve a participação dos Exmos. Desembargadores **PINHEIRO FRANCO (PRESIDENTE TRIBUNAL DE JUSTIÇA) (Presidente), LUIS SOARES DE MELLO (VICE PRESIDENTE), XAVIER DE AQUINO (DECANO), GUILHERME G. STRENGER (PRES. SEÇÃO DE DIREITO CRIMINAL), MAGALHÃES COELHO(PRES. DA SEÇÃO DE DIREITO PÚBLICO) E DIMAS RUBENS FONSECA (PRES. DA SEÇÃO DE DIREITO PRIVADO).**

São Paulo, 19 de maio de 2021.

RICARDO ANAFE

Corregedor Geral da Justiça e Relator

Apelação Cível nº 1002260-16.2020.8.26.0266

Apelante: MINISTÉRIO PÚBLICO DO ESTADO DE SÃO PAULO

Apelado: Marcio dos Passos de Lima

VOTO Nº 31.513

Registro de Imóveis – Dúvida – Carta de sentença oriunda de ação de extinção de condomínio – Negativa de registro – Sentença de improcedência para afastamento dos óbices apresentados pelo Oficial – Insurgência apenas parcial – Dúvida prejudicada – Recurso não conhecido, com determinação.

1. Trata-se de apelação interposta pelo *Ministério Público do Estado de São Paulo* contra a sentença proferida pelo MM. Juiz Corregedor Permanente do Oficial de Registro de Imóveis de Itanhaém/SP, que julgou improcedente a dúvida suscitada para o fim de afastar a recusa do registro da carta de sentença oriunda da ação de extinção de condomínio que tramitou perante a 1ª Vara daquela Comarca (Processo nº 1004814-60.2016.8.26.0266), tendo por objeto o imóvel matriculado sob nº 155.132 junto àquela serventia imobiliária (fl. 102/107).

Alega o apelante, em síntese, que o título não comporta registro pois Maria Aparecida Rufino Ribas, casada com Paulo Sérgio Rufino Ribas, não figura como titular de domínio do imóvel desmembrado, de maneira que, para se tornar coproprietária da denominada área 7-B, seria necessária a prévia alienação de uma parte ideal do imóvel em seu favor, com recolhimento de ITBI, sob pena de ofensa ao princípio da continuidade. Aduz que no título apresentado não consta a qualificação completa de todos os proprietários, desrespeitando o princípio da especialidade subjetiva. Afirma, também, que a averbação referente ao acordo realizado entre Célia Rodrigues Costa e José Ricardo Borges Cesar com Maria Aparecida Rufino Ribas e Paulo Sérgio Rufino Ribas não se reveste da forma prescrita em lei e, portanto, não se presta a transferir a propriedade. Ainda, afirma que o desmembramento do imóvel em duas áreas, que passaram a pertencer a Márcio dos Passos de Lima e Maria Aparecida Rufino Ribas e Paulo Sérgio Rufino Ribas, desconsiderou a parte ideal pertencente a Célia Rodrigues Costa, que figurava na matrícula como coproprietária. Ressalta que a denominada parte 7-A ensejou a abertura de matrícula de uma área de 130m² apenas em nome de Márcio dos Passos de Lima, razão pela qual os outros proprietários estarão impedidos de regularizar sua situação registral em virtude da metragem mínima de 150m² prevista na Lei Municipal nº 1.082/1977 para os lotes residenciais (fl. 113/125).

Foram ofertadas contrarrazões recursais por *Marcio dos Passos de Lima* (fl. 135/144).

A Douta Procuradoria de Justiça opinou pelo não provimento do recurso (fl. 148/152).

É o relatório.

2. O registro da carta de sentença oriunda da ação de extinção de condomínio que tramitou perante a 1ª Vara daquela Comarca (Processo nº 1004814-60.2016.8.26.0266), tendo por objeto o imóvel matriculado sob nº 155.132 (fl. 23/24) junto ao Oficial de Registro de Imóveis de Itanhaém/SP, foi negado pelo registrador, que emitiu Nota de Devolução apontando os seguintes óbices:

"Do princípio da continuidade, da tradição e do condomínio do código civil. De acordo com o registro nº 2 da matricula 155.132, são proprietários

do imóvel CELIA RODRIGUES COSTA, divorciada, e JOSÉ RICARDO BORGES CESAR, solteiro, na proporção de 50% para cada um. A averbação nº 3, feita em 19 de outubro de 2009 na matrícula 155.132, dá publicidade ao acordo homologado por sentença datada de 01/09/2009 (...), onde o imóvel será dividido entre CELIA RODRIGUES COSTA e seu esposo JOSÉ RICARDO BORGES CESAR e MARIA APARECIDA RUFINO RIBAS e seu esposo PAULO SERGIO RUFINO RIBAS. Ocorre que não consta até o momento da referida matrícula, o registro do título translativo (artigos 1.227 e 1.245 do Código Civil) de 50% do imóvel para MARIA APARECIDA e seu marido PAULO SÉRGIO, portanto, não havendo a tradição (art. 1.267 do Código Civil), não existe condomínio entre as partes que exija extinção (...).

Da qualificação. Não consta da Carta de Sentença a qualificação completa de MARCIO DOS PASSOS DE LIMA (falta o nome de seu cônjuge e qualificação) e MARIA APARECIDA RUFINO RIBAS (não consta a profissão dela, a identidade ou CPF e profissão de seu marido). O óbice tem seu fundamento nos artigos 176, 4, "a", da Lei 6.015/73 e 319 e seu § 1º do CPC. Da apresentação da guia de ITBI devidamente recolhida (...).

Da prova da regularidade da construção (...).

Da apresentação da CND do INSS para averbação da construção (...)" (fl. 09/10).

Ao requerer a suscitação da dúvida, o apresentante do título limitou-se a impugnar as exigências referentes ao princípio da continuidade, à falta de qualificação das partes, ao recolhimento do ITBI e à apresentação da CND do INSS (fl. 74/75). Ou seja, deixou de impugnar, expressamente, a exigência formulada pelo Oficial registrador quanto à necessidade de apresentação de prova da regularidade da construção e tampouco apresentou os documentos exigidos.

A concordância com uma das exigências do Oficial prejudica a dúvida, que só admite duas soluções: a determinação do registro do título protocolado e prenotado, que é analisado, em reexame da qualificação, tal como se encontrava no momento em que surgida a dissensão entre a apresentante e o Oficial de Registro de Imóveis, ou a manutenção da recusa formulada.

E a ausência de impugnação ou anuência em relação a uma, ou mais, das exigências apontadas para o ingresso do título no fólio real atribui ao procedimento de dúvida natureza consultiva, meramente doutrinária, pois em caso de reapresentação deverá a nova qualificação ser realizada conforme os requisitos para o registro que então se mostrarem pertinentes.

A respeito, cumpre lembrar o teor do v. acórdão prolatado por este Conselho Superior da Magistratura na Apelação Cível nº 41.846-0/0, de que foi relator o Desembargador Sérgio Augusto Nigro Conceição, em que se verifica:

"Como já decidiu este Colendo Conselho Superior da Magistratura: 'Carece de interesse jurídico para o provimento judicial-administrativo, aquele que reconhece a procedência, ainda que parcial, de exigência do registrador'. Reconhecidas procedentes em parte as exigências feitas, a solução será denegar o registro, julgando-se prejudicada a dúvida. Em se tratando de dúvida imobiliária que tenha por objeto um único ato de registro, como no caso, não há falar em provimento parcial.

Quando o interessado no registro reconhece no recurso a procedência de uma ou mais exigências, como no caso, caracteriza-se a falta de interesse recursal, restando prejudicada a dúvida. Como acrescentou aquele julgado: 'a decisão proferida em procedimento de dúvida tem sempre conteúdo positivo ou negativo acerca da registrabilidade do título' (ApCiv 8.765-0/5, de São Carlos, votação unânime, relatado pelo eminente Desembargador Milton Evaristo dos Santos). Nesse sentido o procedimento de dúvida visa a dirimir dissensão entre o apresentante do título e o registrador, considerada a registrabilidade do título na ocasião de sua apresentação. Por esses motivos julgam prejudicada a dúvida, e não conhecem do recurso" (Revista de Direito Imobiliário nº 45/154).

No mesmo sentido, mais recentemente, ficou decidido que:

"REGISTRO DE IMÓVEIS. Constituição de garantia hipotecária por cédula de crédito bancária. Impugnação parcial às exigências formuladas. Precedentes do E. Conselho Superior da Magistratura. Dúvida prejudicada. Recurso não conhecido" (TJSP; Apelação Cível 1009988-64.2018.8.26.0077; Relator (a): Pinheiro Franco (Corregedor Geral); Órgão Julgador: Conselho Superior de Magistratura; Foro de Birigui - 3ª Vara Cível; Data do Julgamento: 10/10/2019; Data de Registro: 30/10/2019).

"REGISTRO DE IMÓVEIS – Irresignação parcial – Dúvida Apelação interposta que impugnou apenas parte das exigências - Dúvida prejudicada Recurso não conhecido" (TJSP; Apelação Cível 1001900-32.2020.8.26.0541; Relator (a): Ricardo Anafe (Corregedor Geral); Órgão Julgador: Conselho Superior de Magistratura; Foro de Santa

Fé do Sul - Vara do Juizado Especial Cível; Data do Julgamento: 18/02/2021; Data de Registro: 05/03/2021).

Por fim, de rigor a extração de cópias com remessa ao MM. Juiz Corregedor Permanente, a fim de que verifique a regularidade da AV. 3 da matrícula nº 155.132 do Oficial de Registro de Imóveis de Itanhaém/SP (fl. 23/24), tendo em vista que Maria Aparecida Rufino Ribas e Paulo Sérgio Rufino Ribas não são titulares de direito real, de tal sorte o acordo averbado diz respeito ao uso do imóvel e não corresponde a extinção de condomínio.

3. Ante o exposto, pelo meu voto, julgo prejudicada a dúvida e não conheço do recurso, com determinação.

RICARDO ANAFE

Corregedor Geral da Justiça e Relator (DJe de 10.08.2021 – SP)

PODER JUDICIÁRIO

TRIBUNAL DE JUSTIÇA DO ESTADO DE SÃO PAULO

CONSELHO SUPERIOR DA MAGISTRATURA

Apelação Cível nº 1001070-18.2018.8.26.0127

Registro: 2021.0000303807

ACÓRDÃO

Vistos, relatados e discutidos estes autos de **Apelação Cível nº 1001070-18.2018.8.26.0127**, da Comarca de **Carapicuíba**, em que é apelante **JOSE ALDO SILVEIRA DE FRANCA**, é apelado **OFICIAL DE REGISTRO DE IMÓVEIS DA COMARCA DE CARAPICUÍBA.**

ACORDAM, em Conselho Superior de Magistratura do Tribunal de Justiça de São Paulo, proferir a seguinte decisão: **"Deram provimento, v.u."**, de conformidade com o voto do Relator, que integra este acórdão.

O julgamento teve a participação dos Exmos. Desembargadores **PINHEIRO FRANCO (PRESIDENTE TRIBUNAL DE JUSTIÇA) (Presidente), LUIS SOARES DE MELLO (VICE PRESIDENTE), XAVIER DE AQUINO (DECANO), GUILHERME G. STRENGER (PRES. SEÇÃO DE DIREITO CRIMINAL), MAGALHÃES COELHO(PRES. DA SEÇÃO DE DIREITO PÚBLICO) E DIMAS RUBENS FONSECA (PRES. DA SEÇÃO DE DIREITO PRIVADO).**

São Paulo, 15 de abril de 2021.

RICARDO ANAFE

Corregedor Geral da Justiça e Relator

Apelação Cível nº 1001070-18.2018.8.26.0127

Apelante: JOSE ALDO SILVEIRA DE FRANCA

Apelado: Oficial de Registro de Imóveis da Comarca de Carapicuíba

VOTO Nº 31.480

Registro de Imóveis – Imóvel que havia sido vendido pela loteadora a duas pessoas – Condomínio voluntário – Desdobro posteriormente autorizado pela Prefeitura – Cessão, por uma das condôminas, dos direitos decorrentes do compromisso de compra e venda originalmente celebrado com a loteadora, sem que houvesse identificação de área certa negociada – Outorga de escritura de compra e venda de parte certa do terreno, pela loteadora, em favor do cessionário – Anuência de todos os interessados comprovada nos autos – Risco de fraude à legislação urbanística ou de desmembramento irregular não configurado – Óbice afastado – Dúvida improcedente – Recurso provido.

1. Trata-se de apelação interposta por *José Aldo Silveira de França* contra a sentença que julgou procedente a dúvida suscitada pelo Oficial de Registro de Imóveis da Comarca de Carapicuíba/SP, confirmando a negativa de registro de escritura de compra e venda tendo por objeto parte certa do imóvel matriculado sob nº 20.454 junto ao Oficial de Registro de Imóveis de Barueri/SP, ao argumento de que há divergência nas assinaturas dos memorais descritivos apresentados para fins de desdobro e que a pretensão de divisão do imóvel resultaria em nova unidade inferior ao módulo mínimo legal, o que configura alteração do plano de loteamento e consequente parcelamento irregular (fl. 94/95).

Alega o apelante, em síntese, que a escritura de compra e venda apresentada a registro tem por objeto parte do lote matriculado sob nº 21.555, com área de 125m^2 e, portanto, não inferior ao mínimo legal. Aduz que na referida matrícula estão averbados dois cadastros municipais, referentes a áreas de 125m^2 cada, restando apenas o desdobro junto à serventia imobiliária. Argumenta que a Prefeitura Municipal já autorizou o desdobro dos lotes, o que também conta com a anuência da adquirente da outra metade da área. Por fim, esclarece que nos documentos apresentados não há divergência de assinaturas, mas sim, que a proprietária do imóvel vendeu a área, inicialmente, para uma pessoa que, então, cedeu seus direitos ao apelante e anuiu à lavratura de escritura de compra e venda em nome deste (fl. 106/111).

A Procuradoria de Justiça opinou pelo não provimento do recurso (fl. 137/138).

É o relatório.

2. A dúvida foi suscitada pelo Oficial de Registro de Imóveis da Comarca de Carapicuíba/SP em virtude de recusa do registro de Escritura de Compra e Venda referente a parte certa do lote nº 46 da quadra nº 04 do loteamento denominado Parque Santa Thereza, naquela localidade.

Na nota de devolução expedida, ficou consignado que o registro deveria ser obstado pois a venda, pela loteadora, de parte certa do lote (que constitui nova unidade) importaria em alteração do projeto ou plano do loteamento, esbarrando na proibição contida no item 170.5 (5) das Normas de Serviço da Corregedoria Geral da Justiça de São Paulo vigentes à época, sendo necessária a autorização da Corregedoria Permanente, como previsto no item 170.5 (6) das referidas Normas (fl. 05/07).

Em que pese a decisão da MM.ª Juíza Corregedora Permanente no sentido de que haveria risco de fraude à legislação urbanística e ao projeto inicial do loteamento aprovado em virtude da possibilidade de desmembramento irregular, é preciso ressaltar que, no caso concreto, ficou demonstrado que o loteamento foi registrado no ano de 1980 (fl. 48) e que, segundo se depreende dos documentos acostados aos autos, o loteador vendeu o terreno em questão, em sua totalidade, a duas compradoras em proporção ideal idêntica.

Ademais, na escritura pública apresentada a registro consta que o imóvel negociado tem uma área total de 125m², de maneira que inexiste ofensa à metragem mínima dos lotes estabelecida para o Município e tampouco ocorreu novo desmembramento que resultasse em área inferior à mínima legal, como constou da sentença recorrida. Por outro lado, a divergência entre os nomes e assinaturas constantes do procedimento de desdobro aprovado pela Prefeitura (fl. 16/23) e a escritura apresentada a registro justifica-se pelo fato de que parte do imóvel havia sido comprada, inicialmente, por Maria José da Silva Cândido, que, posteriormente, cedeu seus direitos ao apelante (fl. 113/114).

Como se vê, entre as primitivas adquirentes do imóvel, ao que consta, foi estabelecido condomínio voluntário simples, sendo certo que apenas depois do desdobro autorizado pela Prefeitura Municipal, no ano de 1999, é que, em 2001, a compromissária compradora de metade do lote cedeu os direitos decorrentes do compromisso de compra e venda não registrado, celebrado com a loteadora, ao apelante e sua esposa, sem que houvesse identificação de área certa negociada (fl. 113/114).

As circunstâncias, pois, não se identificam com a formação de condomínio por alienações sucessivas da metade ideal, seja por parte do loteador, seja por parte de proprietário sucessivo.

E muito embora a dúvida esteja fundada na incidência da regra do item 170.5 (5) das Normas de Serviço da Corregedoria Geral da Justiça de São Paulo vigentes à época, cumpre observar que o próprio Oficial de Registro consignou que não percebeu intenção de burla à legislação (fl. 03), o que afasta a exigência de autorização do registro pelo Corregedor Permanente.

Como se vê, a distinção fática do caso impede a incidência da vedação administrativa ao desmembramento sucessivo, certo que, na presente hipótese, não há elementos que possam indicar que a alienação de parte do imóvel configura parcelamento irregular ou fraudulento.

À vista do exposto, pelo meu voto, **dou provimento** à apelação para julgar improcedente a dúvida suscitada.

RICARDO ANAFE

Corregedor Geral da Justiça e Relator (DJe de 06.07.2021 – SP)

PODER JUDICIÁRIO

TRIBUNAL DE JUSTIÇA DO ESTADO DE SÃO PAULO

CONSELHO SUPERIOR DA MAGISTRATURA

Apelação Cível nº 1017928-51.2019.8.26.0625
Registro: 2021.000069031

ACÓRDÃO

Vistos, relatados e discutidos estes autos de **Apelação Cível nº 1017928-51.2019.8.26.0625**, da Comarca de **Taubaté**, em que é apelante **ELISABETE APARECIDA ARANTES**, é suscitado **OFICIAL DE REGISTRO DE IMÓVEIS E ANEXOS DA COMARCA DE TAUBATÉ**.

ACORDAM, em Conselho Superior de Magistratura do Tribunal de Justiça de São Paulo, proferir a seguinte decisão: **"Negaram provimento, com observação, v.u."**, de conformidade com o voto do Relator, que integra este acórdão.

O julgamento teve a participação dos Exmos. Desembargadores **PINHEIRO FRANCO**

(PRESIDENTE TRIBUNAL DE JUSTIÇA) (Presidente), LUIS SOARES DE MELLO (VICE PRESIDENTE), XAVIER DE AQUINO (DECANO), GUILHERME G. STRENGER (PRES. SEÇÃO DE DIREITO CRIMINAL), MAGALHÃES COELHO(PRES. DA SEÇÃO DE DIREITO PÚBLICO) E DIMAS RUBENS FONSECA (PRES. DA SEÇÃO DE DIREITO PRIVADO).

São Paulo, 2 de fevereiro de 2021.

RICARDO ANAFE
Corregedor Geral da Justiça e Relator

Apelação Cível n.º 1017928-51.2019.8.26.0625
Apelante: Elisabete Aparecida Arantes
Suscitado: Oficial de Registro de Imóveis e Anexos da Comarca de Taubaté

VOTO N.º 31.443

Registro de Imóveis – Dúvida inversa julgada procedente – Carta de sentença extraída de ação de extinção de condomínio – Ação movida contra sucessores de coproprietários dos imóveis – Necessidade de prévio registro das partilhas dos quinhões dos coproprietários falecidos – Princípio da continuidade – Recurso não provido, com observação.

Trata-se de apelação interposta contra r. sentença que julgou a dúvida inversa procedente e manteve a recusa da Sra. Oficial de Registro de Imóveis, Títulos e Documentos e Civil de Pessoa Jurídica da Comarca de Taubaté em promover o registro da carta de sentença extraída de ação de extinção de condomínio, nas matrículas n.os 98.224 e 98.225, porque depende dos prévios registros das partilhas dos quinhões dos imóveis pertencentes a dois coproprietários anteriormente falecidos.

A apelante alegou, em suma, que por meio de transação celebrada em ação de extinção de condomínio recebeu a propriedade exclusiva dos imóveis que são objeto das matrículas n.os 98.224 e 98.225 do Registro de Imóveis, Títulos e Documentos e Civil de Pessoa Jurídica da Comarca de Taubaté. Aduziu que foram cumpridas as exigências formuladas para o registro, com exceção da apresentação dos formais de partilha dos bens deixados pelos falecimentos de Cláudio Arantes e de Vicência Geni Arantes Barbosa de Araújo. Asseverou que a apresentação do formal de partilha dos bens deixados pelo falecimento de Cláudio Arantes não é possível em razão da recusa do herdeiro em fornecê-lo e do indeferimento, pelo Juízo da ação de inventário, do pedido de expedição de segunda via do formal. Como o cumprimento dessa exigência se tornou impossível, deve ser autorizado o registro da carta de sentença que foi expedida em ação de que participaram todos os herdeiros de Cláudio e de Vicência e, também, os demais coproprietários dos imóveis (fl. 439/447).

A douta Procuradoria Geral de Justiça opinou pelo não provimento do recurso (fl. 474/477).

É o relatório.

A apelante pretende o registro de carta de sentença extraída de ação de extinção de condomínio (Processo n.º 1009176-32.2015.8.26.0625 da 4ª Vara Cível da Comarca de Taubaté) em que recebeu, por transação homologada por r. sentença transitada em julgado, a propriedade exclusiva dos imóveis que são objeto das matrículas n.os 98.224 e 98.225, ambas do Registro de Imóveis, Títulos e Documentos e Civil de Pessoa Jurídica da referida Comarca (fl. 280/407).

Com a suscitação da dúvida inversa a apelante reapresentou o título que recebeu o Protocolo n.º 412.887, sendo a recusa do registro mantida em razão da não apresentação, também para que sejam registrados, dos formais de partilha dos bens deixados pelos falecimentos de Cláudio Arantes e de Vicência Geni Arantes Barbosa de Araújo que ainda figuram como coproprietários, cada um, de quinhões equivalentes a doze por cento dos imóveis objeto das matrículas n.os 98.224 e 98.225 (fl. 246).

Conforme as certidões de fl. 329/335 e 337/343, os falecimentos de Cláudio Arantes, ocorrido em 29 de julho de 1998, e de Vicência Geni Arantes Barbosa de Araújo, ocorrido em 27 de fevereiro de 1996, foram averbados nas matrículas n.os 98.224 (Av. 5 e 7) e 98.225 (Av. 6 e 8).

Por sua vez, a ação de extinção de condomínio foi movida contra as pessoas indicadas pela apelante como sucessoras de Cláudio e de Vicência, o que impõe o prévio registro dos formais de partilha dos bens que deixaram para que, em relação aos seus quinhões nos imóveis, seja mantida a continuidade entre os transmitentes do direito de propriedade e a sua adquirente.

Assim, a carta de sentença, no modo como foi apresentada, não preenche o requisito da continuidade que é essencial para o registro da transmissão dos quinhões que permanecem registrados como sendo de propriedade de Cláudio e de Vicência, pois como esclarece Afranio de Carvalho:

> *"O princípio da continuidade, que se apóia no de especialidade, quer dizer que, em relação a cada imóvel, adequadamente individuado, deve existir uma cadeia de titularidade à vista da qual só se fará*

a inscrição de um direito se o outorgante dele aparecer no registro como seu titular. Assim, as sucessivas transmissões, que derivam umas das outras, asseguram sempre a preexistência do imóvel no patrimônio do transferente" (*Registro de Imóveis*, 4ª ed., Rio de Janeiro: Forense, 1998, pág. 253).

Por sua vez, o cumprimento da exigência formulada para o registro não é impossível porque o indeferimento da expedição da segunda via do formal de partilha dos bens deixados pelo falecimento de Cláudio Arantes, em favor da apelante, decorreu do fato de que os imóveis que são objeto das matrículas n.os 98.224 e 98.225 não integraram a partilha (fl. 36 e 40).

A Sra. Oficial de Registro de Imóveis esclareceu, em igual sentido, que os formais de partilha dos bens deixados pelos falecimentos de Cláudio Arantes e de Vicência Geni Arantes Barbosa de Araújo foram apresentados para registros em matrículas distintas e que as partilhas não abrangeram os imóveis das matrículas n.os 98.224 e 98.225 (fl. 248/249).

Portanto, para que o princípio da continuidade seja atendido deverão ser registradas as partilhas dos quinhões de Cláudio e de Vicência, em favor dos seus respectivos sucessores, nas matrículas dos imóveis que foram atribuídos para a apelante na ação de extinção de condomínio.

Observo, por fim, que esse requisito não impede o registro das transmissões feitas pelos demais coproprietários que participaram da ação de extinção de condomínio, em relação aos seus respectivos quinhões.

Assim porquê a ação de extinção de condomínio abrangeu cinco imóveis, constituindo a carta de sentença, em tese, título apto para que as demais partes promovam os registros das transmissões dos quinhões das propriedades que receberam nos demais imóveis (fl. 280/289, 394/395 e 396/401).

Diante disso, neste caso concreto, não há vedação para que o título seja cindido em relação aos quinhões dos imóveis de que Cláudio e Vicência não figuram como proprietários, mas desde que assim requeira a apelante, de forma expressa, em decorrência do princípio da rogação.

Ante o exposto, nego provimento ao recurso, com observação.

RICARDO ANAFE

Corregedor Geral da Justiça e Relator (DJe de 23.04.2021 – SP)

PODER JUDICIÁRIO

TRIBUNAL DE JUSTIÇA DO ESTADO DE SÃO PAULO

CONSELHO SUPERIOR DA MAGISTRATURA

Apelação Cível nº 1020085-97.2018.8.26.0506

Registro: 2021.0000918279

ACÓRDÃO

Vistos, relatados e discutidos estes autos de **Apelação Cível nº 1020085-97.2018.8.26.0506**, da Comarca de **Ribeirão Preto**, em que é apelante **CONDOMINIO RECREIO INTERNACIONAL**, é apelada **2º OFICIAL DE REGISTROS DE IMÓVEIS DA COMARCA DE RIBEIRÃO PRETO.**

ACORDAM, em Conselho Superior de Magistratura do Tribunal de Justiça de São Paulo, proferir a seguinte decisão: **"Negaram provimento, v.u."**, de conformidade com o voto do Relator, que integra este acórdão.

O julgamento teve a participação dos Exmos. **PINHEIRO FRANCO (PRESIDENTE TRIBUNAL DE JUSTIÇA) (Presidente), LUIS SOARES DE MELLO (VICE PRESIDENTE), XAVIER DE AQUINO (DECANO), GUILHERME G. STRENGER (PRES. SEÇÃO DE DIREITO CRIMINAL), MAGALHÃES COELHO(PRES. DA SEÇÃO DE DIREITO PÚBLICO) E DIMAS RUBENS FONSECA (PRES. DA SEÇÃO DE DIREITO PRIVADO).**

São Paulo, 20 de outubro de 2021.

RICARDO ANAFE

Corregedor Geral da Justiça e Relator

Apelação Cível nº 1020085-97.2018.8.26.0506

Apelante: Condominio Recreio Internacional

Apelado: 2º Oficial de Registros de Imóveis da Comarca de Ribeirão Preto

VOTO Nº 31.580

Registro de Imóveis – Registro de convenção de condomínio – Qualificação registral negativa – Decisão judicial que reconheceu a existência de loteamento fechado com uso privativo das áreas comuns pelos proprietários e moradores – Compatibilidade da averbação com o pronunciamento judicial – Dúvida inversa procedente – Recurso não provido.

1. Cuida-se de recurso de apelação interposto por **CONDOMÍNIO RECREIO INTERNACIONAL** em face da r. sentença de fl. 1274/1285, integrada pela decisão de fl. 1484/1487, que julgou procedente a dúvida inversa suscitada, mantendo-se o óbice registrário ofertado pelo 2º Oficial de Registro de Imóveis da Comarca de Ribeirão Preto.

A Nota de Exigência de fl. 31/32 indicou como motivo de recusa do ingresso do título:

"Em análise à documentação apresentada, verificasse que foi solicitado a esta serventia o registro da convenção do Condomínio Recreio Internacional.

Entretanto, o Recreio Internacional foi aprovado nos moldes de loteamento, conforme Decreto-Lei n.º 70/66, de 21/11/1966, e, posteriormente, foi objeto de fechamento, nos termos da sentença proferida em 09/12/1985 e do acórdão de 03/11/1986, consoante se verifica na averbação n.º 521, da inscrição do loteamento n.º 148, do Livro 8 – Registro Especial, e das averbações constantes nas matrículas dos lotes que compõem o empreendimento.

Diante disso, esta serventia fica obstada de proceder ao registro e arquivo da convenção de condomínio, nos moldes da Lei Federal n.º 4.591/64, de 16/12/1964, em virtude do empreendimento enquadrar-se em outro instituto"

Sustenta o recorrente, em suma, que o loteamento Recreio Internacional foi reconhecido judicialmente como fechado e que por sentença transitada em julgado nos autos do Processo n.º 0821972-63.1982.8.26.0506 consignou-se inexistir área de domínio público consideradas de propriedade e uso exclusivo dos condôminos. A própria Municipalidade de Ribeirão Preto já reconheceu a inexistência de domínio público, seja por força do lançamento de IPTU das unidades autônomas, seja por força do Decreto Legislativo n.º 130/2002. Além disso, o Recreio Internacional está sujeito à disciplina da Lei Federal n.º 4.591/64, como também reconhecido por meio de decisão judicial transitada em julgado nos autos da Apelação n.º 706.315-4. A decisão judicial proferida nos autos do Processo n.º 0821972-63.1982.8.26.0506 em que se reconheceu a inexistência de área de domínio público constitui o título judicial de transmissão das respectivas frações ao privado. Houve regular constituição do condomínio por meio de assembleia com anuência de 242 proprietários de unidades autônomas de um total de 351. Ao final, pugnou pela procedência da apelação.

A D. Procuradoria Geral de Justiça opinou pelo desprovimento do recurso (fl. 1714/1716).

É o relatório.

2. Presentes seus pressupostos legais e administrativos, conheço do recurso.

A apelação, a despeito de seus jurídicos fundamentos, não comporta provimento.

Cuida-se de pedido de registro de convenção de Condomínio formulado pelo recorrente, negado pelo 2º Oficial de Registro de Imóveis da Comarca de Ribeirão Preto uma vez não se enquadrar nas hipóteses previstas na Lei nº 4.591/64; tratando-se, inicialmente, de loteamento e, posteriormente, de loteamento fechado.

A dúvida inversa suscitada foi julgada procedente nos termos do r. *decisum* de fl. 1274/1285, integrado pela decisão de fl. 1484/1487, mantendo-se a qualificação negativa exarada pelo Registrador.

Pois bem.

Com efeito, o "Recreio Internacional" foi aprovado como loteamento, nos termos do Decreto-Lei n.º 70/66, de 21.11.1966 e seu registro foi devidamente procedido pelo 2º Oficial de Registro de Imóveis da Comarca de Ribeirão Preto, nos termos do registro do loteamento n.º 148, do Livro n.º 8 Registro Especial.

Posteriormente, por força da r. sentença datada de 20/08/1995, prolatada pelo MM. Juiz Corregedor Permanente, nos autos do Pedido de Providências n.º 93/95, procedeu-se à averbação de n.º 521 do citado registro especial para consignar se tratar de loteamento fechado, sendo de uso privativo dos proprietários e moradores todas as suas áreas comuns.

Registre-se que dita averbação, efetivada em 27/10/1995, refoge da presente dúvida e qualificação registral, que se refere ao pedido de registro de convenção de condomínio, ato suscetível de registro em sentido estrito, cuja competência é deste Conselho Superior da Magistratura, na forma do artigo 64, VI, do Decreto-lei Complementar Estadual nº 03/69 e do artigo 16, IV, do Regimento Interno do Tribunal de Justiça do Estado de São Paulo.

E, dito registro tem expressa previsão apenas para as hipóteses de condomínio edilício, isto é, para os casos previstos na Lei nº 4.591/1964, devendo estar preenchidos todos os requisitos, o que não se verifica no presente caso.

Relevante destacar que anteriormente a dita decisão foi ajuizada pela ora apelante, em face de Construtora Casa Bela Ltda., Aldo Biagini e Prefeitura Municipal de Ribeirão Preto, **ação declaratória cumulada com manutenção de posse,** autos do processo n.º 1.972/82 (0821972-63.1982.8.26.0506), julgada procedente, nos termos da r. sentença copiada a fl. fl. 1729/1746, cujo trecho vale a transcrição:

"Assim, com apoio na lição do Mestre, que, com detalhes, abordou a espécie, ***pode-se afirmar que as áreas comuns dos loteamentos fechados são de uso privativo dos condôminos****, isto*

é, não são de uso comum do povo como pretendem os suplicados e que loteamentos ou condomínios fechados são uma realidade concreta que merecem legislação específica, tanto a nível federal, como a nível estadual e municipal (g.n.).

(...)

Posto isso, julgo ***PROCEDENTES as presentes ações, em primeiro lugar para declarar serem de uso privativo dos condôminos todas as áreas comuns do Recreio Internacional*** *e em segundo para declarar definitiva a medida liminar concedida" (g.n.).*

Em face deste *decisum* foi interposta Apelação, cujo V. Acordão (fl. 1747/1754) confirmou a sentença recorrida por seus próprios fundamentos.

Posteriormente, foi formulado pela ora apelante, perante a Corregedoria Permanente, **autos do expediente n.º 93/95**, pedido de providências para determinar ao 2º Oficial de Registro de Imóveis da Comarca de Ribeirão Preto a averbação, à margem do registro do loteamento, de que o mesmo foi declarado fechado, nos termos das decisões judiciais proferidas a respeito.

Então, da r. sentença datada de **20/08/1995** exarada pelo MM. Juiz Corregedor Permanente (fl. 1808/1810) constou que:

"No que diz respeito à configuração do 'Recreio Internacional' como loteamento ou condomínio, tem-se que se trata mesmo de loteamento. E que, para que ele fosse configurado como condomínio horizontal, teria que estar assim registrado formalmente, com observância estrita dos dispositivos da Lei n.º 4.591/64 (nos termos de seu artg. 68, em combinação com o art. 3º do Decreto lei 271/79). ***Mas, na verdade ele existe apenas como loteamento – fechado, como declarado judicialmente.*** *Isso é confirmado pela própria requerente, a fl. 29, quando refere que, após as providências aqui perseguidas, pretende transfiguar o loteamento em condomínio (g.n.).*

(...)

Pelo exposto, o pedido deve ser acolhido, com o esclarecimento de que as averbações devem ser feitas com a declaração de se tratar de loteamento fechado" *(g.n.).*

Não se tem notícia de modificação de quaisquer das decisões judiciais anteriormente proferidas.

À vista deste panorama, a averbação n.º 521 afigura-se compatível com os pronunciamentos judiciais, que indicaram se tratar de "loteamento fechado" com uso privativo dos proprietários e moradores de todas as suas áreas comuns, não havendo como se proceder ao registro da convenção condominial, previsto para as hipóteses de condomínio, formalmente constituído e regido pela Lei.

Não se pode olvidar, finalmente, da possibilidade de transformação do loteamento fechado em condomínio, desde que, contudo, atendidos os requisitos estabelecidos na Lei nº 4.591/1964 e nas Normas de Serviço, item 82, Cap. XX e na NBR 12.721/06.

Dentre tais dispositivos, importa destacar o art. 7º, *in verbis*:

"Art. 7º - O condomínio por unidades autônomas instituir-se-á por ato entre vivos ou por testamento, com inscrição obrigatória no Registro de Imóvel, dêle constando: a individualização de cada unidade, sua identificação e discriminação, bem como a fração ideal sobre o terreno e partes comuns, atribuída a cada unidade, dispensando-se a descrição interna da unidade."

Neste sentido a Apelação Cível 1.250-6/0 de relatoria do E. Desembargador Munhoz Soares:

"REGISTRO DE IMÓVEIS – Recusa ao registro de convenção de condomínio – Ausência de pressupostos consistentes em averbação da construção e registro da instituição e especificação, o que é indispensável para dar existência jurídica ao condomínio edilício – Encadeamento lógico inarredável – Alegação de situação de fato, irregular, que não pode influir na qualificação registrária – Necessidade de evitar inversão ou omissão de atos, que configuraria burla ao sistema – Negado provimento ao recurso."

Nesse cenário, não há como se concluir pela superação do óbice apontado pelo registrador.

3. Por essas razões, pelo meu voto, nego provimento ao recurso.

RICARDO ANAFE

Corregedor Geral da Justiça e Relator (DJe de 26.01.2021 – SP)

CONFERÊNCIA DE BENS

PODER JUDICIÁRIO

TRIBUNAL DE JUSTIÇA DO ESTADO DE SÃO PAULO

CONSELHO SUPERIOR DA MAGISTRATURA

Apelação Cível nº 1002258-19.2020.8.26.0081

Registro: 2021.0000195904

ACÓRDÃO

Vistos, relatados e discutidos estes autos de **Apelação Cível nº 1002258-19.2020.8.26.0081**, da Comarca de **Adamantina**, em que é apelante **AGROPECUÁRIA BOI FORTE LTDA**, é apelado **OFICIAL DE REGISTRO DE IMÓVEIS E ANEXOS DA COMARCA DE ADAMANTINA.**

ACORDAM, em Conselho Superior de Magistratura do Tribunal de Justiça de São Paulo, proferir a seguinte decisão: "Deram provimento, v.u.", de conformidade com o voto do Relator, que integra este acórdão.

O julgamento teve a participação dos Exmos. Desembargadores **PINHEIRO FRANCO (PRESIDENTE TRIBUNAL DE JUSTIÇA) (Presidente), LUIS SOARES DE MELLO (VICE PRESIDENTE), XAVIER DE AQUINO (DECANO), GUILHERME G. STRENGER (PRES. SEÇÃO DE DIREITO CRIMINAL), MAGALHÃES COELHO(PRES. DA SEÇÃO DE DIREITO PÚBLICO) E DIMAS RUBENS FONSECA (PRES. DA SEÇÃO DE DIREITO PRIVADO).**

São Paulo, 11 de março de 2021.

RICARDO ANAFE
Corregedor Geral da Justiça e Relator

Apelação Cível nº 1002258-19.2020.8.26.0081
Apelante: Agropecuária Boi Forte Ltda
Apelado: Oficial de Registro de Imóveis e Anexos da Comarca de Adamantina

VOTO Nº 31.473

Registro de Imóveis – Instrumento particular de conferência de bens para integralização de capital social – Imóveis que foram avaliados pelo Município, para efeito de declaração de isenção do Imposto de Transmissão de Bens Imóveis (ITBI), com valores superiores aos atribuídos no instrumento de conferência de bens – Recusa fundada na ausência de comprovação da declaração e recolhimento do Imposto de Transmissão "Causa Mortis" e Doação (ITCMD) sobre a diferença entre a soma dos valores atribuídos aos imóveis e os da sua avaliação pelo Município – Exigência indevida – Recurso provido para julgar a dúvida improcedente.

1. Trata-se de apelação interposta por AGROPECUÁRIA BOI FORTE LTDA. contra r. sentença que julgou a dúvida procedente e manteve a recusa do Sr. Oficial de Registro de Imóveis, Títulos e Documentos e Civil de Pessoa Jurídica da Comarca de Adamantina em promover os registros, nas matrículas nºs 3.544, 9.433 e 13.033, do contrato de conferência de bens para integralização do seu capital social porque não comprovada a isenção, ou o pagamento, do Imposto de Transmissão "Causa Mortis" e Doação – ITCMD incidente sobre a diferença entre as avaliações dos imóveis transmitidos e os valores que lhes foram atribuídos no contrato social.

A apelante alegou, em suma, que o sócio Arlindo de Barros promoveu a transmissão dos imóveis, no instrumento de constituição da sociedade, visando integralizar a sua participação no capital social. Disse que os valores atribuídos aos imóveis correspondem aos declarados pelo sócio para efeito de imposto de renda, como permitido pelo art. 23, alínea "a", da Lei nº 9.249/95.

Asseverou que a transmissão de bens para integralização de capital social é sempre onerosa porque enseja a transferência, ao alienante, de ações ou quotas sociais correspondentes aos bens adquiridos pela sociedade. Ademais, cada sócio recebeu quotas com valores proporcionais aos dos bens que integralizou, o que afasta a natureza gratuita da transmissão. Em razão disso, a integralização de capital social não caracteriza fato gerador do Imposto de Transmissão "Causa Mortes" e Doação – ITCMD que, portanto, é indevido. Aduziu que a exigência formulada teve como fundamento o resultado da Consulta Tributária nº 00022028/2020, formulada pelo Oficial de Registro de Imóveis que, porém, é conflitante com a resposta da Secretaria da Fazenda do Estado de São Paulo à Consulta Tributária nº 22070/2020 em que reconhecida a não incidência do ITCMD na integralização de capital social, ressalvada a possibilidade de desconsideração do ato, na esfera administrativa, quando destinado a ocultar negócio jurídico de natureza distinta. Requereu o provimento do recurso para que a dúvida seja julgada improcedente (fl. 113/124).

A douta Procuradoria Geral de Justiça opinou pelo não provimento do recurso (fl. 147/149).

É o relatório.

2. A recusa do registro, mediante exigência de comprovação da isenção, ou recolhimento, do Imposto de Transmissão "Causa Mortis" e Doação – ITCMD decorreu da resposta da Consulta Tributária nº 00022028/2020, formulada pelo Oficial de Registro de Imóveis à Secretaria da Fazenda e Planejamento, em 19 de agosto de 2020 (fl. 5 e 57/62), em que afirmado:

"Nota-se, assim, que, sem o correspondente reflexo nas quotas do sócio integralizador, o valor do imóvel que ultrapassa o valor pelo qual ele é integralizado

acaba por se configurar como uma transferência voluntária (doação) do patrimônio dos sócios integralizadores para o outro sócio, caracterizando-se, portanto, como hipótese de incidência do ITCMD" (fl. 61).

Nessa resposta foi adotado o decidido na Consulta Tributária nº 22.070, de 10 de agosto de 2020, que teve como um de seus fundamentos a possibilidade de transferência de patrimônio aos demais sócios mediante valorização das cotas que integralizaram. Conforme a referida Consulta:

> *"9. Nota-se, assim, que, sem o correspondente reflexo nas quotas do sócio integralizador, o valor do imóvel que ultrapassa o valor pelo qual ele é integralizado acaba por se configurar como uma transferência voluntária (doação) do patrimônio dos sócios integralizadores para o outro sócio, caracterizando-se, portanto, como hipótese de incidência do ITCMD".*

In casu, no contrato social apresentado para registro foi prevista a integralização do quinhão do sócio Arlindo de Barros mediante transmissão, à apelante, dos imóveis que são objeto das matrículas nºs 3.544, 9.433 e 13.033, todas do Registro de Imóveis da Comarca de Adamantina, do imóvel objeto da matrícula nº 631 do Registro de Imóveis da Comarca de Nova Andradina, Mato Grosso do Sul, e dos imóveis que são objeto das matrículas nºs 8.898 e 11.261, ambas do Registro de Imóveis da Comarca de Brasilândia, Mato Grosso do Sul (fl. 13/15 e 27/28).

Além dos imóveis, o sócio Arlindo de Barros se obrigou a transmitir, para a apelante, três tratores, mil cento e três cabeças de gado bovino, e a quantia de R$ 1.122,19, totalizando o valor atribuído para os bens móveis e imóveis, no contrato social, R$ 2.872.600,00 (fl. 15/16).

Por sua vez, cada um dos demais três sócios se obrigou a transmitir para a apelante a quantia de R$ 200,00.

Em razão dos valores atribuídos aos bens que foram transmitidos para efeito de integralização da sua participação no capital da apelante, o sócio Arlindo de Barros recebeu 2.872.000 (dois milhões, oitocentos e setenta e duas mil) quotas, ao passo que os demais sócios receberam, cada um, 200 (duzentas) quotas sociais (fl. 17).

Desse modo, cada sócio recebeu número de quotas proporcional aos valores atribuídos aos bens que transmitiram para integralizar a sua participação no capital social.

Por outro lado, no contrato social foi atribuído o valor de R$ 55.517,82 para o imóvel objeto da matrícula nº 3.544, o valor de R$$ 69.397,27 para o imóvel objeto da matrícula nº 9.433, e o valor de R$ 90.810,23 para o imóvel objeto da matrícula nº 13.033 (fl. 13 e 27/28).

Contudo, para efeito de declaração da incidência de ITBI, o Município de Adamantina atribuiu ao primeiro imóvel o valor de R$ 300.000,00 (fl. 49), ao segundo o valor R$ 450.000,00 (fl. 50), e ao terceiro o valor de R$ 1.200.000,00 (fl. 51), com reconhecimento da isenção tributária mediante adoção de base de cálculo equivalente às avaliações promovidas (fl. 52).

Em que pese a correspondência entre os valores atribuídos aos bens e o número de quotas recebido por cada um dos sócios, a exigência mostrou-se adequada às respostas da Consulta Tributária nº 00022028, de 19 de agosto de 2020, e da Consulta Tributária nº 22.070, de 10 de agosto de 2020, porque a integralização promovida pelo sócio Arlindo terá repercussão no valor real do patrimônio da sociedade e, portanto, nos valores das quotas dos demais sócios.

Ocorre que a transmissão de bem para a integralização do quinhão no capital da sociedade constitui negócio jurídico oneroso porque importa na sua retirada do patrimônio do sócio e na transferência ao patrimônio da sociedade que tem personalidade jurídica própria, com a correspondente atribuição ao sócio de quotas proporcionais ao capital integralizado.

Essa transmissão é imune da incidência do imposto de transmissão "inter vivos", salvo se for promovida mediante transmissão de bens ou direitos decorrentes de fusão, incorporação, cisão ou extinção de pessoa jurídica e a atividade preponderante do adquirente for a compra e venda dos bens ou direitos transmitidos, a locação de bens imóveis ou o arrendamento mercantil, como previsto no art. 156, § 2º, inciso I, da Constituição Federal:

> *"Art. 156. Compete aos Municípios instituir impostos sobre:*
>
> (...)
>
> *II - transmissão "inter vivos", a qualquer título, por ato oneroso, de bens imóveis, por natureza ou acessão física, e de direitos reais sobre imóveis, exceto os de garantia, bem como cessão de direitos a sua aquisição;*
>
> (...)
>
> *§ 2º O imposto previsto no inciso II:*
>
> *I - não incide sobre a transmissão de bens ou direitos incorporados ao patrimônio de pessoa jurídica em realização de capital, nem sobre a transmissão*

de bens ou direitos decorrente de fusão, incorporação, cisão ou extinção de pessoa jurídica, salvo se, nesses casos, a atividade preponderante do adquirente for a compra e venda desses bens ou direitos, locação de bens imóveis ou arrendamento mercantil;".

Atribuída a competência tributária ao Município, a Lei Estadual nº 10.750/2000 não dispõe sobre a integralização de capital social como causa de incidência ou de isenção do Imposto de Transmissão "Causa Mortis" e Doação ITCMD.

E o Egrégio Supremo Tribunal Federal, no julgamento do Recurso Extraordinário nº 796.376/SC, de 05 de agosto de 2020, de que foi relator o eminente Ministro Alexandre de Moraes, fixou para o Tema nº 796 da repercussão geral a seguinte tese:

"A imunidade em relação ao ITBI, prevista no inciso I do § 2º do art. 156 da Constituição Federal, não alcança o valor dos bens que exceder o limite do capital social a ser integralizado".

Conforme a ementa do v. acórdão, sobre o excedente entre o valor de mercado do bem imóvel integralizado e o valor atribuído no contrato social incide o ITBI, o que exclui a exigência de comprovação da declaração e recolhimento, ou isenção, do ITCMD:

"EMENTA. CONSTITUCIONAL E TRIBUTÁRIO. IMPOSTO DE TRANSMISSÃO DE BENS IMÓVEIS - ITBI. IMUNIDADE PREVISTA NO ART. 156, § 2º, I DA CONSTITUIÇÃO. APLICABILIDADE ATÉ O LIMITE DO CAPITAL SOCIAL A SER INTEGRALIZADO. RECURSO EXTRAORDINÁRIO IMPROVIDO.

1. A Constituição de 1988 imunizou a integralização do capital por meio de bens imóveis, não incidindo o ITBI sobre o valor do bem dado em pagamento do capital subscrito pelo sócio ou acionista da pessoa jurídica (art. 156, § 2º,).

2. A norma não imuniza qualquer incorporação de bens ou direitos ao patrimônio da pessoa jurídica, mas exclusivamente o pagamento, em bens ou direitos, que o sócio faz para integralização do capital social subscrito. Portanto, sobre a diferença do valor dos bens imóveis que superar o capital subscrito a ser integralizado, incidirá a tributação pelo ITBI.

3. Recurso Extraordinário a que se nega provimento. Tema 796, fixada a seguinte tese de repercussão geral: "A imunidade em relação ao ITBI, prevista no inciso I do § 2º do art. 156 da Constituição Federal, não alcança o valor dos bens que exceder o limite do capital social a ser integralizado" (RE 796376, Relator para o Acórdão Min. ALEXANDRE DE MORAES, Tribunal Pleno, julgado em 05/08/2020, Processo Eletrônico Repercussão Geral – Mérito DJe-201, Divulg. 24-08-2020, Public. 25-08.2020 - grifei).

Verifica-se no r. voto do Excelentíssimo Ministro Alexandre de Moraes, que foi o redator para o acórdão:

"Na questão com repercussão geral reconhecida, debate-se o alcance da imunidade tributária do Imposto de Transmissão de Bens Imóveis ITBI, prevista no art. 156, § 2º, I, da Constituição, sobre imóveis incorporados ao patrimônio de pessoa jurídica, quando o valor desses bens excede o limite do capital social a ser integralizado".

Ainda conforme o v. acórdão, nas hipóteses não abrangidas pela imunidade tributária incide a tributação pelo ITBI:

> *"Disso decorre, logicamente, que, sobre a diferença do valor dos bens imóveis que superar o valor do capital subscrito a ser integralizado, incidirá a tributação pelo ITBI, pois a imunidade está voltada ao valor destinado à integralização do capital social, que é feita quando os sócios quitam as quotas subscritas.*
>
> *Por outro lado, nada impede que os sócios ou os acionistas contribuam com quantia superior ao montante por eles subscrito, e que o contrato social preveja que essa parcela será classificada como reserva de capital. Essa convenção se insere na autonomia de vontade dos subscritores.*
>
> *O que não se admite é que, a pretexto de criar-se uma reserva de capital, pretenda-se imunizar o valor dos imóveis excedente às quotas subscritas, ao arrepio da norma constitucional e em prejuízo ao Fisco municipal. Ainda que o preceito constitucional em apreço tenha por finalidade incentivar a livre iniciativa, estimular o empreendedorismo, promover a capitalização e o desenvolvimento das empresas, não chega ao ponto de imunizar imóvel cuja destinação escapa da finalidade da norma".*

Destarte, na interpretação da tese fixada para o Tema nº 796 da repercussão geral impõe-se a conclusão de que a integralização de bens imóveis com valor superior ao do capital subscrito constitui fato gerador do ITBI, o que, reitero, afasta a incidência do ITCMD.

Assim decidida a matéria em sede de repercussão geral, para efeito de julgamento do recurso de apelação prevalece a tese fixada pelo Egrégio Supremo Tribunal Federal, o que afasta a exigência de comprovação do recolhimento, ou isenção, do ITCMD como requisito para o registro de contrato de integralização do capital social.

Neste caso concreto, a Prefeitura do Município de Adamantina emitiu guias de isenção do ITBI pelos valores das avaliações fiscais dos imóveis integralizados (fl. 49/52), o que basta para os registros pretendidos.

Ressalvo, porém, que a decisão da dúvida não impede que a Fazenda do Estado adote as medidas que considerar cabíveis para o lançamento e cobrança de eventual Imposto de Transmissão "Causa Mortis" e Doação – ITCMD, mas em procedimento próprio.

3. Ante o exposto, pelo meu voto dou provimento ao recurso para julgar a dúvida improcedente.

RICARDO ANAFE

Corregedor Geral da Justiça e Relator (DJe de 09.06.2021 – SP)

DAÇÃO EM PAGAMENTO

PODER JUDICIÁRIO

TRIBUNAL DE JUSTIÇA DO ESTADO DE SÃO PAULO

CONSELHO SUPERIOR DA MAGISTRATURA

Apelação Cível nº 1024936-84.2020.8.26.0224

Registro: 2021.0000361661

ACÓRDÃO

Vistos, relatados e discutidos estes autos de **Apelação Cível nº 1024936-84.2020.8.26.0224**, da Comarca de **Guarulhos**, em que é apelante **LUCILANE PINA DE CAMPOS FERREIRA**, é apelado **PRIMEIRO OFICIAL DE REGISTRO DE IMÓVEIS DA COMARCA DE GUARULHOS.**

ACORDAM, em Conselho Superior de Magistratura do Tribunal de Justiça de São Paulo, proferir a seguinte decisão**: "Negaram provimento ao recurso, alterando o dispositivo da r. sentença para julgar a dúvida procedente, v.u."**, de conformidade com o voto do Relator, que integra este acórdão.

O julgamento teve a participação dos Exmos. Desembargadores **PINHEIRO FRANCO (PRESIDENTE TRIBUNAL DE JUSTIÇA) (Presidente), LUIS SOARES DE MELLO (VICE PRESIDENTE), XAVIER DE AQUINO (DECANO), GUILHERME G. STRENGER (PRES. SEÇÃO DE DIREITO CRIMINAL), MAGALHÃES COELHO(PRES. DA SEÇÃO DE DIREITO PÚBLICO) E DIMAS RUBENS FONSECA (PRES. DA SEÇÃO DE DIREITO PRIVADO).**

São Paulo, 4 de maio de 2021.

RICARDO ANAFE

Corregedor Geral da Justiça e Relator

Apelação Cível nº 1024936-84.2020.8.26.0224

Apelante: Lucilane Pina de Campos Ferreira

Apelado: Primeiro Oficial de Registro de Imóveis da Comarca de Guarulhos

VOTO Nº 31.493

Registro de Imóveis – Dúvida julgada prejudicada pelo MM. Juiz Corregedor Permanente – Escritura pública de dação em pagamento abrangendo dois imóveis gravados com averbações de indisponibilidade dos bens do alienante – Cancelamento de parte das ordens de indisponibilidade antes da suscitação da dúvida – Permanência, contudo, de ordem de indisponibilidade decretada em ação judicial cujas partes somente celebraram transação, visando a solução do litígio, depois do decurso do prazo de trinta dias da prenotação e quando já suscitada a dúvida – Indisponibilidade que impedia os registros – Recurso não provido, alterado o dispositivo da sentença para julgar a dúvida procedente.

1. Trata-se de apelação interposta contra r. sentença que julgou prejudicada a dúvida e manteve a recusa dos registros de escritura pública de dação em pagamento nas matrículas nºs 139.198 e 139.199, ambas do 1º Registro de Imóveis da Comarca de Guarulhos, porque ao tempo da prenotação pendiam ordens de indisponibilidade dos bens do proprietário dos imóveis, fato reconhecido pela apresentante do título que somente demonstrou o levantamento de parte dessas ordens depois da suscitação da dúvida.

A apelante alegou, em suma, que a escritura pública de dação em pagamento foi lavrada em 04 de maio de 2017 e teve o registro recusado em razão de quatorze ordens de indisponibilidades que incidiam sobre os bens do alienante em 24 de julho de 2020, data da qualificação indicada na nota devolutiva. Porém, na referida data as ordens de indisponibilidade já estavam revogadas, existindo ordens para o cancelamento de treze averbações. Por sua vez, a indisponibilidade decretada na Ação Trabalhista nº 1001025-08.2018.05.02.0038 foi revogada em razão de transação celebrada em 07 de julho de 2020 e homologada em 12 de agosto de 2020. Asseverou que a sentença homologatória da transação tem natureza declaratória e produz efeito "ex tunc", razão pela qual essa indisponibilidade deixou de vigorar em data anterior à da recusa do registro.

Aduziu que as revogações das ordens de indisponibilidades podiam ser verificadas mediante consulta direta aos processos, pelo Oficial de Registro de Imóveis, como permitido pelo item 8 do Capítulo XX das Normas de Serviço da Corregedoria Geral da Justiça. Esclareceu que não é responsável pela demora nas comunicações de levantamento das indisponibilidades e que a manutenção da recusa do registro terá como efeito a averbação de novas ordens dessa natureza que foram decretadas depois do protocolo da escritura pública. Requereu a reforma da r. sentença para que a dação em pagamento seja registrada (fl. 153/161).

A douta Procuradoria Geral de Justiça opinou pelo não provimento do recurso (fl. 181/183).

É o relatório.

2. A escritura pública de dação em pagamento foi prenotada em 03 de julho de 2020 (fl. 14), data em que incidiam sobre os imóveis das matrículas nºs 139.198 e 139.199 as ordens de indisponibilidades indicadas nas averbações de nºs 13 a 16, sendo essas averbações e as ordens que as originaram idênticas nas duas matrículas (fl. 18/33).

No requerimento de suscitação da dúvida, formulado em 31 de julho de 2020, a apelante informou a existência de ordens para os levantamentos das averbações de indisponibilidade, com exceção das averbações feitas nas duas matrículas sob nº 15, decretada na Reclamação Trabalhista nº 1001025-08.2018.5.02.0038 da 38ª Vara do Trabalho de São Paulo, em que a transação que foi celebrada entre as partes em 07 de julho de 2020 ainda dependia de homologação judicial (fl. 36).

Essa transação somente foi homologada em 11 de agosto, com determinação de cancelamento da indisponibilidade em 14 de agosto de 2020 (fl. 101/102), quando já decorrido o prazo de 30 dias de validade de prenotação que se venceu em 03 de agosto de 2020 (fl. 06).

Desse modo, as averbações de indisponibilidade promovidas, em cada matrícula, sob nº 15, permaneceram vigentes durante todo o prazo de validade da prenotação, do que decorre a procedência da dúvida.

Essa solução não é alterada pela natureza declaratória da sentença que homologou a transação, pois não prejudica os efeitos da averbação da indisponibilidade que permaneceram até o lançamento da ordem de cancelamento na Central de Serviços Eletrônicos Compartilhados, modo que foi utilizado para a comunicação da revogação dessa restrição.

Cabe anotar, ademais, que a admissão de efeitos retroativos para a ordem de cancelamento da indisponibilidade ainda vigente quando do vencimento do prazo de validade da prenotação implicaria em indevida prorrogação do prazo do protocolo, o que não é admitido conforme os precedentes deste Colendo Conselho Superior da Magistratura que, por igual razão, também não autorizam a realização de instrução probatória visando à comprovação de fato destinado a afastar exigência formulada pelo Oficial de Registro de Imóveis. Nesse sentido:

"Dúvida registrária é só para dirimir o dissenso, entre o registrador e o apresentante, sobre a prática de ato de registro, referente a título determinado que, para esse fim (registro) foi protocolado e prenotado.

Logo, não se admite, no seu curso, diligências ou dilação de provas destinadas à complementação de título desqualificado, à apuração de fatos extratabulares demonstrativos de situação jurídica de loteamento ou à promoção de medidas de saneamento de vício que macula o parcelamento do solo.

A razão dessa restrição cognitiva, ademais, é evitar a indevida prorrogação do prazo da prenotação, consoante firme orientação deste Conselho Superior da Magistratura:

"A dilação probatória em procedimento desta natureza prorrogaria indevidamente o prazo da prenotação, potencializando prejuízo para o direito de prioridade de terceiros, que também tivessem prenotado outros títulos que refletissem direitos contraditórios" (Apelação Cível nº 027583-0/7, Santa Rosa do Viterbo, j. 30.10.1995, rel. Des. Alves Braga, in Revista de Direito Imobiliário 39/297-298). Confira, ainda, Apelação Cível nº 97.090-0/4, São José do Rio Preto, j. 12.12.2002, Rel. Des. Luiz Tâmbara; Apelação Cível nº 000.176.6/4-00, Socorro, j. 16.09.2004, Rel. Des. José Mário Antonio Cardinale". (CSM, Apelação Cível nº 482-6/0, da Comarca de Santa Isabel, Relator Desembargador Gilberto Passos de Freitas).

Por fim, a informação do cancelamento de parte das averbações e a notícia da celebração de transação para extinguir a Reclamação Trabalhista em que determinada a indisponibilidade ainda remanescente não equivaleram, neste caso concreto, à anuência da apelante com as exigências formuladas pelo Oficial de Registro de Imóveis, razão pela qual a dúvida não pode ser considerada prejudicada.

3. Ante o exposto, pelo meu voto nego provimento ao recurso, ficando, porém, alterado o dispositivo da r. sentença para julgar a dúvida procedente.

RICARDO ANAFE

Corregedor Geral da Justiça e Relator (DJe de 16.07.2021 – SP)

PODER JUDICIÁRIO

TRIBUNAL DE JUSTIÇA DO ESTADO DE SÃO PAULO

CONSELHO SUPERIOR DA MAGISTRATURA

Apelação Cível nº 0001497-05.2020.8.26.0566

Registro: 2021.000038102

ACÓRDÃO

Vistos, relatados e discutidos estes autos de **Apelação Cível nº 0001497-05.2020.8.26.0566**, da Comarca de **São Carlos**, em que é apelante **BANCO DO BRASIL S/A**, são apelados **MAC LUCER CONSTRUÇÕES LTDA. E OFICIAL DE REGISTRO DE IMÓVEIS DA COMARCA DE SÃO CARLOS.**

ACORDAM, em Conselho Superior de Magistratura do Tribunal de Justiça de São Paulo, proferir a seguinte decisão: **"Negaram provimento, com observação, v.u.",** de conformidade com o voto do Relator, que integra este acórdão.

O julgamento teve a participação dos Exmos. Desembargadores **PINHEIRO FRANCO (PRESIDENTE TRIBUNAL DE JUSTIÇA) (Presidente), LUIS SOARES DE MELLO (VICE PRESIDENTE), XAVIER DE AQUINO (DECANO), GUILHERME G. STRENGER (PRES. SEÇÃO DE DIREITO CRIMINAL), MAGALHÃES COELHO(PRES. DA SEÇÃO DE DIREITO PÚBLICO) E DIMAS RUBENS FONSECA (PRES. DA SEÇÃO DE DIREITO PRIVADO).**

São Paulo, 19 de maio de 2021.

RICARDO ANAFE

Corregedor Geral da Justiça e Relator

Apelação Cível nº 0001497-05.2020.8.26.0566

Apelante: Banco do Brasil S/A

Apelados: Mac Lucer Construções Ltda. e Oficial de Registro de Imóveis da Comarca de São Carlos

VOTO Nº 31.514

Registro de Imóveis – Apelação – Dúvida julgada improcedente – Legitimidade recursal da instituição financeira credora hipotecária – Óbice afastado – Registro de escritura pública de dação em pagamento – Suficiência da cientificação do credor hipotecário – Desnecessidade de anuência ante a ausência de previsão legal – Hipótese que não se amolda à lei N.º 8.004/90 – Direito de sequela do direito real de hipoteca – Recurso não provido com observação.

1. Cuida-se de recurso de Apelação interposto por **BANCO DO BRASIL S.A.** contra a r. sentença de fl. 169/171 que julgou improcedente a dúvida suscitada pelo Oficial de Registro de Imóveis da Comarca de São Carlos, afastando o óbice ao registro da escritura pública de dação em pagamento ante a desnecessidade de anuência do credor hipotecário.

Sustenta o recorrente, em síntese, que na qualidade de credor hipotecário do imóvel dado em pagamento pela empresa devedora ao terceiro interessado, deve anuir a transferência do bem, nos termos do art. 1º da Lei n.º 8.004/90, o que efetivamente não ocorreu.

A D. Procuradoria Geral de Justiça opinou, preliminarmente, pelo reconhecimento da ilegitimidade recursal do apelante, e, no mérito, pelo desprovimento do recurso (fl. 202/206).

É o relatório.

2. Presentes seus pressupostos legais e administrativos, conheço do recurso.

De proêmio, afasto a alegada ilegitimidade recursal do apelante, sustentada pela D. Procuradoria Geral da Justiça.

Na qualidade de terceiro interessado, afetado pela sentença recorrida, ostenta o apelante legitimidade para recorrer, nos exatos termos do art. 202 da Lei n.º 6.015/73, que assim dispõe:

***"Art. 202** - Da sentença, poderão interpor apelação, com os efeitos devolutivo e suspensivo, o interessado, o Ministério Público e o terceiro prejudicado."*

No mérito o recurso não merece provimento.

Com efeito, **Mac Lucer Construções Ltda** apresentou a registro escritura de dação em pagamento e outras avenças, lavrada no Oficial de Registro Civil das Pessoas Naturais e Anexos de Tabelião de Notas do Distrito de Água Vermelha, da Comarca de São Carlos, firmada com a incorporadora **Agraben Desenvolvimento Imobiliário Ltda,** tendo por objeto o imóvel da matrícula n.º 122.657 do Oficial de Registro de Imóveis da Comarca de São Carlos, consistente em um terreno com incorporação imobiliária gravado com hipoteca em favor do ora recorrente.

O título foi prenotado sob n.º 405.451; o registro foi negado nos termos da nota devolutiva de fl. 13 com o seguinte conteúdo:

"A mera 'cientificação' do credor Banco do Brasil S/A, ora apresentada, não foi vista como suficiente para suplantar o óbice da hipoteca constante do R.07./M 122.657, tendo em vista o que determina a cláusula 21ª, §2º do contrato registrado, conforme decidido às fls. 261 e seguintes do Processo de Dúvida sob n.º 000.2438-86.2019.8.26.0566 da 4ª Vara Cível local, que transitou em julgado aos 08/10/2019".

Suscitada dúvida, cuidou a MM.ª Juíza Corregedora Permanente de julgá-la improcedente, autorizando o ingresso do título no fólio real.

Relevante consignar que o título já fora apresentado anteriormente ao Oficial de Registro de Imóveis da Comarca de São Carlos e o registro foi negado com base em dois fundamentos: a) necessidade de anuência da instituição financeira credora; e subsidiariamente, b) necessidade de ao menos ciência da credora hipotecária.

Na oportunidade foi suscitada dúvida, autos do processo n.º 0002438-86.2019.8.26.0566, que foi julgada procedente, constando da r. decisão que:

*"Conclui-se que o título não deve ser registrado porque **não houve a prova da prévia cientificação do credor hipotecário** nos termos do art. 292 da Lei de Registros Públicos e da cláusula vigésima primeira do contrato, celebrado entre a incorporadora e a credora hipotecária" (fl. 63/66) (g.n).*

Nestes termos, a apresentante **Mac Lucer Construções Ltda. e a incorporadora Agraben Desenvolvimento Imobiliário Ltda.** notificaram o apelante, por meio da pessoa de Lucas Alberto Guassu, gerente geral da Agência Alexandrina (fl. 14) e apresentaram o título novamente ao Oficial de Registro de Imóveis da Comarca de São Carlos e tiveram o registro uma vez mais negado, nos termos da já mencionada nota devolutiva de fl. 13.

A dúvida, outra vez suscitada, foi julgada improcedente entendendo-se desnecessária a anuência do credor hipotecário e suficiente a cientificação da instituição financeira.

Pois bem.

A prévia cientificação do credor hipotecário, como exigido na r. decisão de fl. 63/66, que julgou procedente a dúvida anteriormente suscitada, foi cumprida pela apresentante (fl. 14), não havendo razão para exigência diversa posterior do Oficial.

Restou expressamente dispensada a anuência da instituição financeira como condição para o pretendido registro.

A r. decisão de fl. 63/66 afastou um dos óbices lançados pelo Registrador destacando inexistir *"norma jurídica exigindo a anuência do credor hipotecário"*, mantendo apenas a necessidade de cientificação da instituição financeira credora, o que foi devidamente cumprido por **Mac Lucer Construções Ltda e pela incorporadora.**

A questão, ademais, não se amolda às disposições da Lei n.º 8.004/90, que trata do Sistema Financeiro da Habitação.

Consoante dispõe o art. 1º de mencionado Diploma Legal:

"Art. 1º O mutuário do Sistema Financeiro da Habitação (SFH) pode transferir a terceiros os direitos e obrigações decorrentes do respectivo contrato, observado o disposto nesta lei.

Parágrafo único. A formalização de venda, promessa de venda, cessão ou promessa de cessão relativas a imóvel financiado através do SFH darse- á em ato concomitante à transferência do financiamento respectivo, com a interveniência obrigatória da instituição financiadora".

Nos termos de referida Lei especial o mutuário do SFH somente pode alienar o imóvel gravado com a concomitante transferência do financiamento e com interveniência obrigatória da instituição financeira.

Na hipótese, contudo, não houve financiamento por referido sistema e sim financiamento da obra de edificação do empreendimento dando-se em hipoteca o imóvel objeto da matrícula n.º 122.657.

Cuida-se, em verdade, de dação em pagamento de futuras unidades autônomas realizada pela incorporadora e não pelo mutuário do Sistema Financeiro da Habitação, inexistindo, pois, disposição legal acerca da anuência do credor hipotecário.

Não se observa, assim, impedimento à alienação do bem gravado posto não perder o proprietário o "jus disponendi", transferindo-o ao adquirente, juntamente com o ônus que o grava.

Nos dizeres de Caio Mário da Silva Pereira:

"A alienação transfere o domínio do imóvel; mas este passa ao adquirente com o ônus hipotecário transit cum onere suo" (Instituições de Direito Civil, 18. Ed. Rio de Janeiro, Forense, 2003, v. IV, p. 386).

E, a sequela constitui um dos efeitos dos direitos reais de garantia, provocando a aderência do ônus à coisa, acompanhando-a em poder de quem se encontre.

Nesta ordem de ideias, cumpre destacar ainda que a apresentante **Mac Lucer Construções**

Ltda. declarou sua ciência sobre a hipoteca na escritura pública de modo que a dívida estará garantida pelos direitos próprios ao referido instituto.

No ponto, não é demais lembrar o teor do art. 1475 do Código Civil:

"É nula a cláusula que proíbe ao proprietário alienar imóvel hipotecado".

Relevante consignar, ainda, que do V. Acórdão de fl. 117/121 infere-se que foi dado provimento ao Agravo de Instrumento interposto por Mac Lucer Construções Ltda. em face do ora recorrente, concluindo-se pela inexistência de fraude à execução ou até fraude contra credores.

De mais a mais, eventual reconhecimento da existência de fraude à execução, como aventado pela Apelante, implicaria, em tese, apenas na ineficácia da alienação.

Finalmente, contudo, de rigor a revogação da parte final da r. sentença de fl. 169/171 que determinou o registro do título constando a *"informação de que a hipoteca foi constituída na forma da mencionada súmula, isentando os adquirentes das unidade autônomas"*, uma vez que o ponto extrapola o objeto da dúvida, inexistindo, ademais, previsão legal para averbação da existência e aplicação da Súmula 308 do STJ.

3. Por essas razões, nego provimento ao recurso, com observação.

RICARDO ANAFE

Corregedor Geral da Justiça e Relator (DJe de 27.07.2021 – SP)

DESAPROPRIAÇÃO

PODER JUDICIÁRIO

TRIBUNAL DE JUSTIÇA DO ESTADO DE SÃO PAULO

CONSELHO SUPERIOR DA MAGISTRATURA

Apelação Cível nº 1001645-69.2017.8.26.0415

Registro: 2021.0000750799

ACÓRDÃO

Vistos, relatados e discutidos estes autos de **Apelação Cível nº 1001645-69.2017.8.26.0415**, da Comarca de **Palmital**, em que é apelante **CONCESSIONARIA AUTO RAPOSO TAVARES S.A. (CART)**, é apelado **OFICIALA DE REGISTRO DE IMÓVEIS E ANEXOS DA COMARCA DE PALMITAL.**

ACORDAM, em Conselho Superior de Magistratura do Tribunal de Justiça de São Paulo, proferir a seguinte decisão: **"Negaram provimento, v.u."**, de conformidade com o voto do Relator, que integra este acórdão.

O julgamento teve a participação dos Exmos. **PINHEIRO FRANCO (PRESIDENTE TRIBUNAL DE JUSTIÇA) (Presidente), LUIS SOARES DE MELLO (VICE PRESIDENTE), XAVIER DE AQUINO (DECANO), GUILHERME G. STRENGER (PRES. SEÇÃO DE DIREITO CRIMINAL), MAGALHÃES COELHO(PRES. DA SEÇÃO DE DIREITO PÚBLICO) E DIMAS RUBENS FONSECA (PRES. DA SEÇÃO DE DIREITO PRIVADO).**

São Paulo, 14 de setembro de 2021.

RICARDO ANAFE

Corregedor Geral da Justiça e Relator

Apelação Cível nº 1001645-69.2017.8.26.0415

Apelante: Concessionaria Auto Raposo Tavares S.a. (cart)

Apelado: Oficiala de Registro de Imóveis e Anexos da Comarca de Palmital

VOTO Nº 31.542

Registro de Imóveis – Desapropriação Parcial de Área Rural – Aquisição Originária da Propriedade – Rodovia Em Área Rural – Prescindibilidade de georreferenciamento da área remanescente do imóvel objeto da desapropriação – Descrição da localização geodésica do imóvel desapropriado – Necessidade de certificação pelo INCRA – Cabimento do Registro no CAR – Recurso não provido.

1. Trata-se de recurso de apelação interposto pela **Concessionária Auto Raposo Tavares S/A** contra a r. sentença de fl. 150/153, que julgou procedente a dúvida suscitada pelo Oficial de Registros de Imóveis, Títulos e Documentos e Civil de Pessoa Jurídica da Comarca de Palmital, mantendo a recusa ao ingresso de carta de adjudicação em razão da ausência de georreferenciamento, cadastro ambiental rural e planta e memorial descritivo georreferenciados, acompanhados de certificação do INCRA.

Aduz o apelante, em suma, cuidar-se de desapropriação de imóvel para fins de instalação de trecho de rodovia, forma originária de aquisição da propriedade, não cabendo as exigências efetuadas. Além disso, sustenta que o imóvel em questão perdeu o *status* de rural e a obrigatoriedade de apresentação do cadastro ambiental rural encontra-se suspensa (fl. 156/163).

A D. Procuradoria Geral da Justiça opinou pelo desprovimento do recurso (fl. 197/201).

É o relatório.

2. A apelante, concessionária de serviço público, por sentença proferida em ação judicial, obteve a desapropriação, por utilidade pública, de parte ideal, correspondente a 2,93706595475%, do imóvel objeto da matrícula n.º 2.614 do Oficial de Registros de Imóveis, Títulos e Documentos e Civil das Pessoas Jurídicas da Comarca de Palmital.

Contudo, a carta de adjudicação expedida nos autos da ação de desapropriação (nº 0003081-85.2014.8.26.0415, da 1ª Vara da Comarca de Palmital/SP), apresentada a registro pela apelante, foi negativamente qualificada pela Sra. Oficial Registradora, que apresentou as seguintes exigências (fl. 08):

> *"I) CAR. Averbar o número do SICAR na matrícula, conforme disposto no Cap. XX, item 125.2 das NSCGJ – Prov 58/89 – Tomo II, mediante a apresentação do comprovante de inscrição no SICAR, mencionando a área total da matrícula.*
>
> *II) PLANTA/MEMORIAL. Deverá ser apresentado, também, o memorial descritivo georreferenciado e a planta, contendo as coordenadas georreferenciadas, acompanhados da certificação do INCRA, de acordo como que estabelece o §3º do artigo 225 da Lei de Registros Públicos, c/c. §1º do artigo 9º, do Decreto n.º 4.449/02, que regulamentou a Lei n.º 10.267/01, documento pelo qual o INCRA certifica que este imóvel não se sobrepõe a nenhum outro existente em seu cadastro, bem como a planta contendo as coordenadas georreferenciadas, devidamente certificada.*
>
> *III) GEORREFERENCIAMENTO. Para o registro da desapropriação, por se tratar de aquisição originária, há necessidade de ser procedido o georreferenciamento do imóvel, nos termos do artigo 176, §§ 3º e 5º e 225 §3º, ambos da Lei n.º 6.015/73 (Lei de Registros Públicos); artigo 9º, §1º do Decreto n.º 4.449/02 e artigo 2º do Decreto n.º 5.570/05, que poderá ser feito judicial ou extrajudicialmente, por opção dos proprietários."*

Desde logo, importa lembrar que a origem judicial do título não o torna imune à qualificação registral, ainda que limitada aos requisitos formais do título e sua adequação aos princípios registrais, conforme disposto no item 119 do Capítulo XX das Normas de Serviço da Corregedoria Geral da Justiça, vigente à época da qualificação (atual item 117).

Está pacificado, inclusive, que a qualificação negativa não caracteriza desobediência ou descumprimento de decisão judicial (Apelação Cível n.º 413-6/7; Apelação Cível n.º 0003968-52.2014.8.26.0453; Apelação Cível n.º 0005176-34.2019.8.26.0344; e Apelação Cível n.º 1001015-36.2019.8.26.0223).

Fixada, assim, esta premissa, indiscutível que a aquisição da propriedade imobiliária por meio da desapropriação judicial encerra forma originária.

E, a despeito de dito caráter originário, a partir da redação dos arts. 176, § 3º e 225, § 3º, da Lei n.º 6.015/73, infere-se que, na hipótese em que há destaque de parcela de imóvel rural, observados, por certo, os prazos constantes do art. 10 do Decreto nº 4.449/2002, existe a necessidade de regular apresentação da planta e do memorial descritivo georreferenciado, contendo as coordenadas georreferenciadas, notadamente pela repercussão no imóvel objeto da desapropriação parcial no aspecto da especialidade objetiva.

> *"Art. 176, § 3º - **Nos casos de desmembramento, parcelamento ou remembramento de imóveis rurais**, a identificação prevista na alínea a do item 3 do inciso II do § 1º será obtida a partir de memorial descritivo, assinado por profissional habilitado e com a devida Anotação de Responsabilidade Técnica – ART, contendo as coordenadas dos vértices definidores dos limites dos imóveis rurais, geo-referenciadas ao Sistema Geodésico Brasileiro e com precisão posicional a ser fixada pelo INCRA, garantida a isenção de custos financeiros aos proprietários de imóveis rurais cuja somatória da área não exceda a quatro módulos fiscais." (g.n.). "Art. 225, § 3º - Nos autos judiciais que versem sobre imóveis rurais, a localização, os limites e as confrontações serão obtidos a partir de memorial descritivo assinado por profissional habilitado e com a devida Anotação de Responsabilidade Técnica – ART, contendo as coordenadas dos vértices definidores dos limites dos imóveis rurais, geo-referenciadas ao Sistema Geodésico Brasileiro e com precisão posicional a ser fixada pelo INCRA, garantida a isenção de custos financeiros aos proprietários de imóveis rurais cuja somatória da área não exceda a quatro módulos fiscais."* Na expressão consagrada de Afrânio de Carvalho: *"o requisito registral da especialidade do imóvel, vertido no fraseado clássico do direito, significa a sua descrição como corpo certo, a sua representação escrita como individualidade autônoma, com o seu modo de ser físico, que o torna inconfundível e, portanto heterogêneo em relação a qualquer outro".* **[1]**

No caso em tela foi realizado o georreferenciamento do imóvel desmembrado, objeto da desapropriação, consoante se observa do memorial descritivo de fl. 26 e 120/126, em que consta a precisa localização do bem conforme as coordenadas de seus vértices, como previsto na Lei de Registros Públicos, de modo que prescindível a apresentação de memorial descritivo georreferenciado da área remanescente do imóvel objeto da matrícula n.º 2.614.

É, nesta linha, o precedente deste C. Conselho Superior da Magistratura:

"REGISTRO DE IMÓVEIS - Carta de adjudicação Desapropriação Modo originário de aquisição da propriedade Ausência de transmissão onerosa Comprovação de pagamento de ITBI injustificável Dispensa da exibição de CNDs e declaração de ITR (item 119.1. do Cap. XX das NSCGJ) Memorial descritivo lacunoso Laudo pericial incompleto Ofensa ao princípio da especialidade objetiva Desnecessidade da apuração da área rural remanescente e da prévia averbação da desapropriação nos registros anteriores Pertinência da exigência de certidões atualizadas das matrículas onde originalmente descrita a área rural desapropriada Recurso desprovido." **[2]**

No tema, relevante também destacar trecho do voto exarado nos autos da Apelação nº 1000413-22.2017.8.26.0415 pelo então Corregedor Geral da Justiça, Desembargador Geraldo Francisco Pinheiro Franco:

"Em razão da transmissão da propriedade por meio de desapropriação, da interpretação teleológica efetuada, bem como o destaque de área menor, faço observação da necessidade do georreferenciamento apenas da área desapropriada sem necessidade de sua efetivação para fins de apuração do remanescente da matrícula da qual será destacada."

Nesta ordem de ideias, no que tange à exigência de apresentação de planta e memorial descritivo georreferenciado, não há óbice ao pretendido registro.

De outra sorte, a necessidade de certificação pelo INCRA consta do art. 9º do Decreto nº 4.449/2002:

"Art.9º A identificação do imóvel rural, na forma do § 3o do art. 176 e do § 3o do art. 225 da Lei no 6.015, de 1973, será obtida a partir de memorial descritivo elaborado, executado e assinado por profissional habilitado e com a devida Anotação de Responsabilidade Técnica - ART, contendo as coordenadas dos vértices definidores dos limites dos imóveis rurais, georreferenciadas ao Sistema Geodésico Brasileiro, e com precisão posicional a ser estabelecida em ato normativo, inclusive em manual técnico, expedido pelo INCRA.

§1º - Caberá ao INCRA certificar que a poligonal objeto do memorial descritivo não se sobrepõe a nenhuma outra constante de seu cadastro georreferenciado e que o memorial atende às exigências técnicas, conforme ato normativo próprio."

Não se olvida dos prazos de carência estabelecidos no já mencionado art. 10 de referido Decreto, que, na hipótese, ocorreria em vinte e dois anos.

"Art.10 - A identificação da área do imóvel rural, prevista nos §§ 3° e 4º do art. 176 da Lei no 6.015, de 1973, será exigida nos casos de desmembramento, parcelamento, remembramento e em qualquer situação de transferência de imóvel rural, na forma do art. 9o, somente após transcorridos os seguintes prazo:

VII - vinte e dois anos, para os imóveis com área inferior a vinte e cinco hectares."

Contudo, uma vez georreferenciada a descrição perimétrica do imóvel, como ocorre *in casu*, conquanto ainda não expirado o prazo de carência, afigura-se imprescindível a apresentação, no Registro de Imóveis competente, da certificação expedida pelo INCRA de que não há sobreposição com outro imóvel rural, a fim de se evitar o ingresso de identificação incompleta no fólio real.

Nestes moldes foi o parecer de lavra do então Juiz Auxiliar da Corregedoria Dr. José Antônio de Paula Santos Neto, nos autos do processo nº. 24066/2005, aprovado pelo à época Corregedor Geral da Justiça, Desembargador José Mário Antonio Cardinale:

"Foi questionado, outrossim, se 'aqueles que optarem pelo georreferenciamento já, deverão atender de imediato a certificação de que trata o § 1º do artigo 9º do Decreto 4.449/02, ou poderão fazê-lo dentro do prazo que for entendido como aplicável'. Obviamente, a providência deverá ser imediata. A obtenção do certificado de não sobreposição emitido pelo INCRA é parte integrante e relevante do sistema de individualização imobiliária disciplinado no dito decreto. Logo, não é de se admitir o ingresso, no fólio real, de identificação truncada; incompleta.

Nem parceladamente, a prestações. Configura a certificação verdadeiro requisito a ser observado.

Aliás, sua exigência é um dos aspectos essenciais do mapeamento cadastral que se almeja erigir.

Destarte, a bem da própria higidez do Registro Imobiliário, deverá ser desqualificado o ingresso da nova descrição quando o memorial não vier devidamente certificado. Do contrário, ferir-se-ia a lógica da estrutura concebida e se correria o risco, até, de permitir a vulneração da tábua por modificação aventureira das características da área rural, uma vez que sem a chancela de segurança do órgão oficial responsável. Além disso, a certificação diferida para o futuro poderia nunca chegar, criando-se perplexidade acerca do destino a ser dado àquela descrição precipitadamente abrigada."

Não colhe, ademais, a alegação da apelante de que o imóvel telado perdeu o *status* de rural.

Com efeito, nos termos do artigo 53 da Lei nº 6.766/79, a alteração de uso do solo rural para fins urbanos depende de aprovação do Município, bem como de prévia audiência do Instituto Nacional de Colonização e Reforma Agrária INCRA.

Não há, contudo, nos autos demonstração de manifestação do INCRA e tampouco comprovação de aprovação por parte do Município da mudança de destinação do imóvel, de modo que não há como ser afastada a exigência.

Neste sentido já se manifestou, também, este Conselho Superior da Magistratura:

"Registro de Imóveis. Dúvida julgada procedente. Escritura de venda e compra. Descrição sucinta do imóvel constante da matrícula e reproduzida no título que, porém, dadas as circunstâncias do caso concreto, não chega a ofender o princípio da especialidade objetiva. Alegada destinação urbana de imóvel originalmente rural. Necessária apresentação de certidão de descadastramento pelo INCRA. Recurso não provido" **[3]**

Finalmente, ainda que dispensada a reserva legal (§8º do art. 12 da Lei n.º 12.651/12), em virtude da área desapropriada encerrar imóvel rural para fins de registro imobiliário, compete exigir o Cadastro Ambiental Rural, nos termos do art. 29, da Lei n.º 12.651/12:

"Art. 29 - É criado o Cadastro Ambiental Rural - CAR, no âmbito do Sistema Nacional de Informação sobre Meio Ambiente - SINIMA, registro público eletrônico de âmbito nacional, obrigatório para todos os imóveis rurais, com a finalidade de integrar as informações ambientais das propriedades e posses rurais, compondo base de dados para controle, monitoramento, planejamento ambiental e econômico e combate ao desmatamento.

(...)

§ 3º - A inscrição no CAR é obrigatória e por prazo indeterminado para todas as propriedades e posses rurais".

Igualmente neste sentido é o entendimento deste Conselho Superior da Magistratura:

"Registro de Imóveis – Desapropriação – Parcial de Área Rural – Aquisição originária da propriedade – Rodovia em área rural – Modificação geodésica do imóvel – Cabimento do registro no CAR, nos termos do Código Florestal e das NSCGJ – Recurso não provido."4

Finalmente, relevante consignar que o prazo de prorrogação para inscrição no CAR Cadastro Ambiental Rural, promovido pela Lei nº 13.295/2016, estendendo-o até o final do ano de 2017, já expirou, diversamente do alegado pela apelante.

É, nesta linha, a redação do subitem 10.4. do Capítulo XX das NSCGJ:

1 *"A obrigatoriedade da averbação do número de inscrição do imóvel rural no CAR/SICAR, a ser realizada mediante provocação de qualquer pessoa, fica condicionada ao decurso do prazo estabelecido no § 3.º do art. 29 da Lei n.º 12.651, de 25 de maio de 2012".*

3. Por todo o exposto, pelo meu voto, nego provimento à apelação.

RICARDO ANAFE
Corregedor Geral da Justiça e Relator

NOTAS:

[1] Registro de Imóveis, pág. 206.

[2] Apelação nº 0001857-17.2012.8.26.0146, Relator Pereira Calças, julgado em 20/05/2016.

[3] Apelação nº 790-6/6, Rel. Des. Ruy Camilo, j. em 27/5/2008. (DJe de 06.12.2021 – SP)

PODER JUDICIÁRIO

TRIBUNAL DE JUSTIÇA DO ESTADO DE SÃO PAULO

CONSELHO SUPERIOR DA MAGISTRATURA

Apelação Cível nº 1002052-83.2020.8.26.0346
Registro: 2021.0000750800

ACÓRDÃO

Vistos, relatados e discutidos estes autos de **Apelação Cível nº 1002052-83.2020.8.26.0346**, da Comarca de **Martinópolis**, em que é apelante **CONCESSIONARIA AUTO RAPOSO TAVARES S.A. (CART)**, é apelado **OFICIAL DE REGISTRO DE IMÓVEIS E ANEXOS DA COMARCA DE MARTINÓPOLIS.**

ACORDAM, em Conselho Superior de Magistratura do Tribunal de Justiça de São Paulo, proferir a

seguinte decisão: **"Negaram provimento, v.u."**, de conformidade com o voto do Relator, que integra este acórdão.

O julgamento teve a participação dos Exmos. **PINHEIRO FRANCO (PRESIDENTE TRIBUNAL DE JUSTIÇA) (Presidente), LUIS SOARES DE MELLO (VICE PRESIDENTE), XAVIER DE AQUINO (DECANO), GUILHERME G. STRENGER (PRES. SEÇÃO DE DIREITO CRIMINAL), MAGALHÃES COELHO(PRES. DA SEÇÃO DE DIREITO PÚBLICO) E DIMAS RUBENS FONSECA (PRES. DA SEÇÃO DE DIREITO PRIVADO).**

São Paulo, 14 de setembro de 2021.

RICARDO ANAFE

Corregedor Geral da Justiça e Relator

Apelação Cível nº 1002052-83.2020.8.26.0346
Apelante: Concessionaria Auto Raposo Tavares S.a. (cart)

Apelado: Oficial de Registro de Imóveis e Anexos da Comarca de Martinópolis

VOTO Nº 31.543

Registro de imóveis – Desapropriação parcial de área rural – Aquisição originária da propriedade – Rodovia em área rural – Prescindibilidade de georreferenciamento da área remanescente do imóvel objeto da desapropriação – Descrição da localização geodésica do imóvel desapropriado – Necessidade de certificação pelo INCRA – Recurso não provido.

1. Trata-se de recurso de apelação interposto pela **Concessionária Auto Raposo Tavares S/A** contra a r. sentença de fl. 320/324, que julgou procedente a dúvida suscitada pelo Oficial de Registros de Imóveis, Títulos e Documentos e Civil de Pessoa Jurídica da Comarca de Martinópolis, mantendo a recusa ao ingresso de carta de adjudicação extraído dos autos de ação de desapropriação em razão da ausência de indicação da descrição georreferenciada dos imóveis, objetos da desapropriação.

Aduz o apelante, em suma, cuidar-se de desapropriação de imóvel para fins de instalação de trecho de rodovia, forma originária de aquisição da propriedade, não cabendo as exigências efetuadas. Além disso, sustenta que o imóvel em questão perdeu o *status* de rural (fl. 326/336).

A D. Procuradoria Geral da Justiça opinou pelo desprovimento do recurso (fl. 362/366).

É o relatório.

2. A apelante, concessionária de serviço público, por sentença proferida em ação judicial, obteve a desapropriação, por utilidade pública, de parte ideal dos imóveis objetos das matrículas n.º 938 e 940 do Oficial de Registros de Imóveis, Títulos e Documentos e Civil das Pessoas Jurídicas da Comarca de Martinópolis. Contudo, a carta de adjudicação expedida nos autos da ação de desapropriação (nº 0001113-67.2013.8.26.0346, da 1ª Vara da Comarca de Martinópolis/SP), apresentada a registro pela apelante, foi negativamente qualificada pelo Sr. Oficial Registrador, que apresentou a seguinte exigência (fl. 296/297):

"É necessária a indicação da descrição georreferenciada dos imóveis, objetos da desapropriação, nos termos do art. 176, §§3º e 5º, e art. 225, §3º, ambos da Lei 6.015/73; art. 9º do Dec 4.449/02 e art. 2º do Dec n.º 5.570/05"

Desde logo, importa lembrar que a origem judicial do título não o torna imune à qualificação registral, ainda que limitada aos requisitos formais do título e sua adequação aos princípios registrais, conforme disposto no item 119 do Capítulo XX das Normas de Serviço da Corregedoria Geral da Justiça, vigente à época da qualificação (atual item 117).

Está pacificado, inclusive, que a qualificação negativa não caracteriza desobediência ou descumprimento de decisão judicial (Apelação Cível n.º 413-6/7; Apelação Cível n.º 0003968-52.2014.8.26.0453; Apelação Cível n.º 0005176-34.2019.8.26.0344; e Apelação Cível n.º 1001015-36.2019.8.26.0223).

Fixada, assim, esta premissa, indiscutível que a aquisição da propriedade imobiliária por meio da desapropriação judicial encerra forma originária.

E, a despeito de dito caráter originário, a partir da redação dos arts. 176, § 3º e 225, § 3º, da Lei n.º 6.015/73, infere-se que, na hipótese em que há destaque de parcela de imóvel rural, observados, por certo, os prazos constantes do art. 10 do Decreto nº 4.449/2002, existe a necessidade de regular apresentação da planta e do memorial descritivo georreferenciado, contendo as coordenadas georreferenciadas, notadamente pela repercussão no imóvel objeto da desapropriação parcial no aspecto da especialidade objetiva.

"Art. 176, § 3º - ***Nos casos de desmembramento, parcelamento ou remembramento de imóveis rurais****, a identificação prevista na alínea a do item 3 do inciso II do § 1º será obtida a partir de memorial descritivo, assinado por profissional habilitado e com a devida Anotação de Responsabilidade*

Técnica – ART, contendo as coordenadas dos vértices definidores dos limites dos imóveis rurais, geo-referenciadas ao Sistema Geodésico Brasileiro e com precisão posicional a ser fixada pelo INCRA, garantida a isenção de custos financeiros aos proprietários de imóveis rurais cuja somatória da área não exceda a quatro módulos fiscais." (g.n.)

"Art. 225 § 3º- Nos autos judiciais que versem sobre imóveis rurais, a localização, os limites e as confrontações serão obtidos a partir de memorial descritivo assinado por profissional habilitado e com a devida Anotação de Responsabilidade Técnica – ART, contendo as coordenadas dos vértices definidores dos limites dos imóveis rurais, geo-referenciadas ao Sistema Geodésico Brasileiro e com precisão posicional a ser fixada pelo INCRA, garantida a isenção de custos financeiros aos proprietários de imóveis rurais cuja somatória da área não exceda a quatro módulos fiscais."

Na expressão consagrada de Afrânio de Carvalho:

"o requisito registral da especialidade do imóvel, vertido no fraseado clássico do direito, significa a sua descrição como corpo certo, a sua representação escrita como individualidade autônoma, com o seu modo de ser físico, que o torna inconfundível e, portanto heterogêneo em relação a qualquer outro". **[1]**

No caso em tela foi realizado o georreferenciamento do imóvel desmembrado, objeto da desapropriação, consoante se observa do memorial descritivo de fl. 17/19, em que consta a precisa localização do bem conforme as coordenadas de seus vértices, como previsto na Lei de Registros Públicos, de modo que prescindível a apresentação de memorial descritivo georreferenciado da área remanescente dos imóveis objetos das matrículas nºs. 938 e 940.

É, nesta linha, o precedente deste C. Conselho Superior da Magistratura:

"REGISTRO DE IMÓVEIS - Carta de adjudicação Desapropriação Modo originário de aquisição da propriedade Ausência de transmissão onerosa Comprovação de pagamento de ITBI injustificável Dispensa da exibição de CNDs e declaração de ITR (item 119.1. do Cap. XX das NSCGJ) Memorial descritivo lacunoso Laudo pericial incompleto Ofensa ao princípio da especialidade objetiva Desnecessidade da apuração da área rural remanescente e da prévia averbação da desapropriação nos registros anteriores Pertinência da exigência de certidões atualizadas das matrículas onde originalmente descrita a área rural desapropriada Recurso desprovido." **[2]**

No tema, relevante também destacar trecho do voto exarado nos autos da Apelação nº 1000413-22.2017.8.26.0415 pelo então Corregedor Geral da Justiça, Desembargador Geraldo Francisco Pinheiro Franco:

"Em razão da transmissão da propriedade por meio de desapropriação, da interpretação teleológica efetuada, bem como o destaque de área menor, faço observação da necessidade do georreferenciamento apenas da área desapropriada sem necessidade de sua efetivação para fins de apuração do remanescente da matrícula da qual será destacada."

Nesta ordem de ideias, no que tange à exigência de apresentação de planta e memorial descritivo georreferenciado, não há óbice ao pretendido registro.

De outra sorte, a necessidade de certificação pelo INCRA consta do art. 9º do Decreto nº 4.449/2002:

"Art. 9º - A identificação do imóvel rural, na forma do § 3° do art. 176 e do § 3° do art. 225 da Lei no 6.015, de 1973, será obtida a partir de memorial descritivo elaborado, executado e assinado por profissional habilitado e com a devida Anotação de Responsabilidade Técnica - ART, contendo as coordenadas dos vértices definidores dos limites dos imóveis rurais, georreferenciadas ao Sistema Geodésico Brasileiro, e com precisão posicional a ser estabelecida em ato normativo, inclusive em manual técnico, expedido pelo INCRA.

§ 1º - Caberá ao INCRA certificar que a poligonal objeto do memorial descritivo não se sobrepõe a nenhuma outra constante de seu cadastro georreferenciado e que o memorial atende às exigências técnicas, conforme ato normativo próprio."

Não se olvida dos prazos de carência estabelecidos no já mencionado art. 10 de referido Decreto, que, na hipótese, ocorreria em vinte e dois anos

"Art.10 - A identificação da área do imóvel rural, prevista nos§§ 3° e 4° do art. 176 da Lei no 6.015, de 1973, será exigida nos casos de desmembramento, parcelamento, remembramento e em qualquer situação de transferência de imóvel rural, na forma do art. 9o, somente após transcorridos os seguintes prazo:

VII - vinte e dois anos, para os imóveis com área inferior a vinte e cinco hectares."

Contudo, uma vez georreferenciada a descrição perimétrica do imóvel, como ocorre *in casu*, conquanto ainda não expirado o prazo de carência, afigura-se imprescindível a apresentação, no Registro de Imóveis competente, da certificação expedida pelo INCRA de que não há sobreposição com outro imóvel rural a fim de se evitar o ingresso de identificação incompleta no fólio real.

Nestes moldes foi o parecer de lavra do então Juiz Auxiliar da Corregedoria Dr. José Antônio de Paula Santos Neto, nos autos do processo nº. 24066/2005, aprovado pelo à época Corregedor Geral da Justiça, Desembargador José Mário Antonio Cardinale:

"Foi questionado, outrossim, se 'aqueles que optarem pelo georreferenciamento já, deverão atender de imediato a certificação de que trata o § 1º do artigo 9º do Decreto 4.449/02, ou poderão fazê-lo dentro do prazo que for entendido como aplicável'. Obviamente, a providência deverá ser imediata. A obtenção do certificado de não sobreposição emitido pelo INCRA é parte integrante e relevante do sistema de individualização imobiliária disciplinado no dito decreto. Logo, não é de se admitir o ingresso, no fólio real, de identificação truncada; incompleta.

Nem parceladamente, a prestações. Configura a certificação verdadeiro requisito a ser observado. Aliás, sua exigência é um dos aspectos essenciais do mapeamento cadastral que se almeja erigir.

Destarte, a bem da própria higidez do Registro Imobiliário, deverá ser desqualificado o ingresso da nova descrição quando o memorial não vier devidamente certificado. Do contrário, ferir-se-ia a lógica da estrutura concebida e se correria o risco, até, de permitir a vulneração da tábua por modificação aventureira das características da área rural, uma vez que sem a chancela de segurança do órgão oficial responsável. Além disso, a certificação diferida para o futuro poderia nunca chegar, criando-se perplexidade acerca do destino a ser dado àquela descrição precipitadamente abrigada."

Não colhe, ademais, a alegação da apelante de que o imóvel telado perdeu o *status* de rural.

Com efeito, nos termos do artigo 53 da Lei nº 6.766/79, a alteração de uso do solo rural para fins urbanos depende, de aprovação do Município, bem como de prévia audiência do Instituto Nacional de Colonização e Reforma Agrária INCRA.

Não há, contudo, nos autos demonstração de manifestação do INCRA e tampouco comprovação de aprovação por parte do Município da mudança de destinação do imóvel, de modo que não há como ser afastada a exigência. Neste sentido já se manifestou, também, este Conselho Superior da Magistratura:

"Registro de Imóveis. Dúvida julgada procedente. Escritura de venda e compra. Descrição sucinta do imóvel constante da matrícula e reproduzida no título que, porém, dadas as circunstâncias do caso concreto, não chega a ofender o princípio da especialidade objetiva. Alegada destinação urbana de imóvel originalmente rural. Necessária apresentação de certidão de descadastramento pelo INCRA. Recurso não provido" **[3]**

3. Por todo o exposto, pelo meu voto, nego provimento à apelação.

RICARDO ANAFE

Corregedor Geral da Justiça e Relator

Notas:

[1] Registro de Imóveis, pág. 206.

[2] Apelação nº 0001857-17.2012.8.26.0146, Relator Pereira Calças, julgado em 20/05/2016.

[3] Apelação nº 790-6/6, Rel. Des. Ruy Camilo, j. em 27/5/2008. (DJe de 06.12.2021 – SP)

DIVISÃO

PODER JUDICIÁRIO

TRIBUNAL DE JUSTIÇA DO ESTADO DE SÃO PAULO

CONSELHO SUPERIOR DA MAGISTRATURA

Apelação Cível nº 1000636-21.2020.8.26.0204

Registro: 2021.0000815163

ACÓRDÃO

Vistos, relatados e discutidos estes autos de **Apelação Cível nº 1000636-21.2020.8.26.0204**, da Comarca de **General Salgado**, em que é apelante **WALTER AVILA DE AGUIAR**, é apelado **OFICIAL DE REGISTRO DE IMÓVEIS E ANEXOS DA COMARCA DE GENERAL SALGADO.**

ACORDAM, em Conselho Superior de Magistratura do Tribunal de Justiça de São Paulo, proferir a seguinte decisão: **"Negaram provimento, v.u.",** de conformidade com o voto do Relator, que integra este acórdão.

O julgamento teve a participação dos Exmos. Desembargadores **PINHEIRO FRANCO (PRESIDENTE TRIBUNAL DE JUSTIÇA) (Presidente), LUIS SOARES DE MELLO (VICE PRESIDENTE), XAVIER DE AQUINO (DECANO), GUILHERME G. STRENGER (PRES. SEÇÃO DE DIREITO CRIMINAL), MAGALHÃES COELHO(PRES. DA SEÇÃO DE DIREITO PÚBLICO) E DIMAS RUBENS FONSECA (PRES. DA SEÇÃO DE DIREITO PRIVADO).**

São Paulo, 17 de setembro de 2021.

RICARDO ANAFE

Corregedor Geral da Justiça e Relator

Apelação Cível nº 1000636-21.2020.8.26.0204

Apelante: Walter Avila de Aguiar

Apelado: Oficial de Registro de Imóveis e Anexos da Comarca de General Salgado

VOTO Nº 31.559

Registro de Imóveis – Dúvida – Divisão – Escritura Pública – Partição dos imóveis em quinhões de valores desiguais e reorganização da situação das matrículas – Negócio jurídico que não implicou apenas uma divisão (ou seja, mera concretização das respectivas partes ideais, com a simples atribuição de quinhões segundo as proporções já existentes), mas verdadeira reorganização dominial – Incerteza sobre a incidência ou não de imposto de transmissão – Necessidade de prova cabal de adimplemento ou de não incidência ou isenção do tributo – Guias apresentadas que não se prestam a esclarecer de modo suficiente a situação tributária – Apelação a que se nega provimento para manter a sentença e o óbice registral.

1. Trata-se de apelação (fl. 434/445) interposta por Walter Ávila de Aguiar contra a r. sentença (fl. 426/428) proferida pelo MM. Juiz Corregedor Permanente do Oficial de Registro de Imóveis, Títulos e Documentos e Civil de Pessoas Jurídicas da Comarca de General Salgado, que julgou procedente a dúvida (fl. 01/05) e manteve o óbice (fl. 19 e 79) ao registro *stricto sensu* de uma divisão amigável (fl. 21/78; imóveis das matrículas nºs 6.447, 6.571, 6.572 e 6.573, copiadas a fl. 80/86 e 152/171; prenotação nº 49.920).

Segundo a r. sentença (fl. 426/428), os diversos imóveis estavam sob condomínio e, depois da divisão, passaram a caber exclusivamente a um titular; portanto, ocorreu permuta, ou seja, transmissão de titularidade, mesmo sem acréscimo patrimonial, o que cai sob a incidência do imposto de transmissão entre vivos por causa onerosa, cujo recolhimento o Oficial tem o dever de fiscalizar; logo, enquanto não for demonstrado o adimplemento do tributo, ou a isenção, o registro não pode ser feito.

O apelante alega (fl. 434/445) que apresentou, com o título, comprovantes de isenção passados pela Municipalidade em 2014; esse ponto, conquanto não tenha sido analisado pela r. sentença, pode agora ser examinado, e é forçoso reconhecer a presunção de legitimidade e a força probante dessas guias, as quais não só trazem todos os dados necessários para reconhecer a exclusão do tributo, como ainda não sofreram nenhuma impugnação de autenticidade; além disso, já decorreu *in albis* o prazo para anular-se a emissão desses comprovantes (Lei nº 9.784, de 29 de janeiro de 1999, art. 54). De outro lado, o título não traz nenhum ato oneroso, e a mera alteração do número de proprietários não afasta a igualdade da divisão, que se fez por áreas diferentes, mas de mesmo valor comercial; por conseguinte, não ocorreu fato gerador de ITBI, como reconhece a jurisprudência do egrégio Tribunal de Justiça e do Superior Tribunal de Justiça. Por fim, a fração de uma das condôminas no imóvel da matrícula nº 6.477 foi transmitida a outros interessados, isso ocorreu apenas para que os quinhões fossem contínuos, mas essa condômina recebeu integralmente outras áreas, de maneira que tampouco houve aí mais que uma divisão.

A ilustre Procuradoria Geral de Justiça ofertou parecer pelo não provimento do recurso (fl. 468/470).

É o relatório.

2. Nos termos do art. 289 da Lei nº 6.015, de 31 de dezembro de 1973, cabe ao Oficial de Registro de Imóveis *(a)* controlar o recolhimento do tributo incidente sobre o fato, ato ou negócio jurídico cujo registro ou averbação se pretende e *(b)* verificar a adequação da base de cálculo aos critérios legais.

Essa interpretação, tradicional e assentada na jurisprudência administrativa de São Paulo, vem sendo confirmada por este C. Conselho Superior da Magistratura:

"REGISTRO DE IMÓVEIS. Escritura pública de divisão amigável. Escritura de rerratificação de extinção de condomínio – Negócio jurídico que configura permuta de partes ideais – incidência de ITBI - Dever do Oficial de velar pelo seu recolhimento, exigindo a apresentação das respectivas guias. Óbice mantido. Recurso desprovido." (Apelação Cível 1001074-40.2020.8.26.0077, j. 11.2.2021, DJe 26.5.2021). "O posicionamento recorrente do Conselho Superior da Magistratura é no sentido da limitação do dever de fiscalização atribuído ao Oficial de Registro quanto a existência do recolhimento do tributo e a razoabilidade da base de cálculo, conforme os precedentes nas apelações cíveis nºs 0031287-16.2015.8.26.0564, de São Bernardo do Campo, 1006725-68.2015.8.26.0161, de Diadema, e 102415898.2015.8.26.0577, de São José dos Campos [...].

Assim, o dever de fiscalização de recolhimento dos tributos atribuído aos notários e registradores (art. 289 da Lei nº 6.015/1973 e art. 30, XI, da Lei nº 8.935/1994), se limita à verificação do recolhimento dos tributos decorrentes dos atos realizados, bem como a razoabilidade da base de cálculo utilizada [...]." (Apelação Cível 1001441-21.2019.8.26.0426, j. 15.4.2020, DJe 27.4.2020, extrato do voto vencedor). In casu, como se vê a fl. 80/86 (matrícula nº 6.447), 152/159 (matrícula nº 6.571), 160/164 (matrícula nº 6.572) e 166/171 (matrícula nº 6.573), bem como no quadro sinótico posto a fl. 06, os imóveis em questão (localizados na Comarca de General Salgado) são todos pertencentes, em frações iguais, em condomínio geral voluntário, a *(a)* Marcus Tadeu Ávila de Aguiar (casado com Ivone Maria de Castro Ávila de Aguiar), *(b)* Mariaidê Ávila de Aguiar Sampaio (casada com Luiz Alberto Sampaio) e *(c)* Walter Ávila de Aguiar (casado com Sandra Maria Herondina Coelho Ávila de Aguiar).

Da escritura pública copiada a fl. 21/78 tira-se que esses imóveis situados em General Salgado (fl. 27/29, 29/31, 31/32 e 32/33), ao lado de outros localizados alhures (fl. 22/27), foram objeto de divisão amigável, da qual resultou o seguinte: *(a)* para Walter Ávila de Aguiar e sua mulher, um quinhão de R$ 1.122.275,33 (fl. 33/40); *(b)* para Marcus Tadeu Ávila de Aguiar e sua mulher, um quinhão de R$ 1.057.936,00 (fl. 40/43); *(c)* para Walter Ávila de Aguiar e sua mulher e Marcus Tadeu Ávila de Aguiar e sua mulher, um quinhão de R$ 998.729,25 (fl. 43/45); e *(d)* para Mariaidê Ávila de Aguiar Sampaio e seu marido, um quinhão de R$ 3.117.143,93 (fl. 45/47). Ou seja, ao menos pelo que consta da escritura pública (pois do efetivo valor comercial não se pode afirmar nada aqui), os quinhões são desiguais. Além disso, como se conclui dos termos da escritura pública e está bem explicado a fl. 04 e 06/07, pretende-se uma reorganização dominial nas matrículas, com efetiva *transmissão* de frações, e não, como diz Afrânio de Carvalho (*Registro de Imóveis,* 3ª edição, Rio de Janeiro: Forense, 1982, p. 257), mera divisão, ou seja, simples "concretização das respectivas partes ideais", com a singela atribuição de quinhões segundo as proporções já existentes.

Dessa maneira, a despeito das declarações segundo as quais *(a)* as áreas recebidas têm, ao final, extensão diferente, mas o mesmo valor comercial (fl. 33), e *(b)* não era devido o imposto de transmissão (fl. 47), agiu bem o Oficial de Registro de Imóveis ao exigir, quando menos, a prova, passada pela autoridade fiscal competente, de que não houve incidência ou de que existe isenção: se o cartório não pode imiscuir-se no efetivo *quantum* de tributo devido (se houver), por outro lado deve, como se viu, zelar por recolhimento dentro de parâmetro razoável ou, quando menos, pela apresentação de prova de que não ocorreu incidência ou há hipótese de isenção.

Nesse contexto, não fazem demonstração suficiente os documentos copiados a fl. 127/133, ou seja, guias apresentadas à Prefeitura Municipal de General Salgado com referência aos imóveis em questão e à situação "isento", uma vez que o mero recebimento desses papéis não equivale, de nenhuma forma, a uma declaração da autoridade fiscal suficiente para indicar o cumprimento ou não da obrigação tributária. Não se está a dizer nem a negar (note-se) que as guias sejam autênticas: isso não vem mesmo ao caso, visto que, de uma forma ou de outra, elas não permitem nenhuma conclusão definitiva sobre a situação tributária discutida e, pois, não são bastantes para os fins do art. 289 da Lei de Registros Públicos.

Por essas mesmas razões não vem ao caso o art. 54 da Lei nº 9.784/1999: não se trata de invalidar as guias, supondo (mas não admitindo) que sejam atos administrativos passíveis de desfazimento, mas sim de reconhecer que não se prestam a fazer prova na forma e extensão pretendida pelo apelante.

Em suma, agiram bem o Oficial de Registro de Imóveis e, com ele, o MM. Juiz Corregedor Permanente ao opor e manter a exigência de esclarecimento acerca da situação tributária, de maneira que é preciso negar provimento ao recurso, para manter-se o r. *decisum* como lançado.

3. À vista do exposto, pelo meu voto, **nego provimento à apelação**.

RICARDO ANAFE

Corregedor Geral da Justiça e Relator (DJe de 06.12.2021 – SP)

PODER JUDICIÁRIO

TRIBUNAL DE JUSTIÇA DO ESTADO DE SÃO PAULO

CONSELHO SUPERIOR DA MAGISTRATURA

Apelação Cível nº 1039805-36.2020.8.26.0100

Registro: 2021.0000233105

ACÓRDÃO

Vistos, relatados e discutidos estes autos de **Apelação Cível nº 1039805-36.2020.8.26.0100**, da Comarca de **São Paulo**, em que é apelante **JOSÉ MODESTI SANCHEZ**, é apelado **9° OFICIAL DE**

REGISTRO DE IMÓVEIS DA COMARCA DA CAPITAL.

ACORDAM, em Conselho Superior de Magistratura do Tribunal de Justiça de São Paulo, proferir a seguinte decisão: "Deram provimento, v.u", de conformidade com o voto do Relator, que integra este acórdão.

O julgamento teve a participação dos Exmos. **PINHEIRO FRANCO (PRESIDENTE TRIBUNAL DE JUSTIÇA) (Presidente), LUIS SOARES DE MELLO (VICE PRESIDENTE), XAVIER DE AQUINO (DECANO), GUILHERME G. STRENGER (PRES. SEÇÃO DE DIREITO CRIMINAL), MAGALHÃES COELHO(PRES. DA SEÇÃO DE DIREITO PÚBLICO) E DIMAS RUBENS FONSECA (PRES. DA SEÇÃO DE DIREITO PRIVADO).**

São Paulo, 25 de março de 2021.

RICARDO ANAFE

Corregedor Geral da Justiça e Relator

Apelação Cível nº 1039805-36.2020.8.26.0100

Apelante: José Modesti Sanchez

Apelado: 9° Oficial de Registro de Imóveis da Comarca da Capital

VOTO Nº 31.478

Registro de Imóveis – Escritura de Divisão Amigável de Imóvel – Exigência de comprovação do reconhecimento administrativo pela Secretaria da Fazenda Municipal da não incidência de ITBI, mediante apresentação de certidão expedida pelo Sistema de Gestão de Benefícios Fiscais - GBF do Município de São Paulo – Divisão igualitária – Não configuração de transmissão de imóvel por ato oneroso – Quinhões das partes respeitados, sem nenhum acréscimo patrimonial – Inexistência de fato gerador do ITBI – Óbice ao registro que merece ser afastado – Dá-se provimento ao recurso.

1. Trata-se de apelação interposta por *José Modesti Sanches* contra a sentença que julgou procedente a dúvida suscitada pelo 9º Oficial de Registro de Imóveis da Capital, confirmando a negativa de registro de Escritura de Divisão Amigável tendo por objeto o imóvel matriculado sob nº 17.833 junto àquela serventia imobiliária, em virtude do não preenchimento de formulário eletrônico no Sistema de Gestão de Benefícios Fiscais GBF da Prefeitura de São Paulo (fl. 40/43).

Sustenta o apelante, em síntese, a inexigibilidade da declaração do órgão municipal de não incidência de imposto no negócio jurídico, eis que havida divisão igualitária do imóvel, sem transferência de patrimônio. Assim, entende ser desnecessária a comprovação do preenchimento de formulário para não incidência de tributo, como exigido pelo registrador (fl. 48/52).

A Douta Procuradoria de Justiça opinou pelo não provimento do recurso (fl. 71/73).

É o relatório.

2. A dúvida foi suscitada pelo 9º Oficial do Registro de Imóveis da Capital em virtude de recusa do registro de Escritura de Divisão Amigável, lavrada em 01 de abril de 2020 perante o 2º Tabelião de Notas da Capital, por meio da qual houve a divisão do imóvel matriculado sob nº 17.833 junto àquela serventia imobiliária, com a consequente extinção do condomínio até então existente, sendo atribuído a José Modesti Sanchez, casado com Eliane Madeira Sanchez, o prédio nº 603-B da Rua Marechal Renato Paquet e respectivo terreno (Lote "B" do Projeto de Desdobro), e a Lídia Richeter, viúva, Marcello Richter, casado com Magali Fonseca Richter, Cristhiane Richter Natoli, casada com Eduardo Natoli, e Renato Richter, casado com Angélica Cristina Jeronymo Richter, o prédio nº 603-A da Rua Marechal Renato Paquet e respectivo terreno (Lote "A" do Projeto de Desdobro).

Na nota devolutiva expedida, o registrador consignou que, a despeito de ter constado da escritura que não há incidência do Imposto de Transmissão de Bens Imóveis ITBI, referente à divisão do imóvel da matrícula nº 17.833, faltou a *"comunicação feita à Prefeitura do Município de São Paulo pelo referido ato (divisão), juntando, para tanto, a certidão de Gestão de Benefícios Fiscais (GBF)"* (fl. 10).

É dever do Oficial de Registro de Imóveis a fiscalização do pagamento dos impostos devidos em razão dos títulos apresentados para registro em sentido amplo, pena de responsabilidade solidária. Nesse sentido, dispõem o art. 289 da Lei de Registros Públicos e art. 134, inciso VI, do Código Tributário Nacional:

> *"LRP - Art. 289 - No exercício de suas funções, cumpre aos oficiais de registro fazer rigorosa fiscalização do pagamento dos impostos devidos por força dos atos que lhes forem apresentados em razão do ofício."*

> *"CTN - Art. 134 - Nos casos de impossibilidade de exigência do cumprimento da obrigação principal pelo contribuinte, respondem solidariamente com este nos atos em que intervierem ou pelas omissões de que forem responsáveis:*

(...) VI os tabeliães, escrivães e demais serventuários de ofício, pelos tributos devidos sobre os atos praticados por eles, ou perante eles, em razão do seu ofício;"

Contudo, no caso concreto, em que pese o zelo e cautela do registrador na fiscalização em relação ao recolhimento dos impostos, tem-se que o óbice apresentado merece ser afastado.

Assim se afirma, pois o art. 35 do Código Tributário Nacional c.c. o art. 156, inciso II, da Constituição Federal estabelecem que o fato gerador do imposto de transmissão de bem imóvel ITBI é a transmissão *"inter vivos"*, a qualquer título, por ato oneroso, de bens imóveis, por natureza ou acessão física, e de direitos reais sobre imóveis, exceto os de garantia, bem como cessão de direitos a sua aquisição, competindo aos Municípios legislar a respeito de sua instituição.

Ocorre que, segundo se depreende da matrícula nº 17.833 do 9º Oficial de Registro de Imóveis da Capital, o apelante *José Modesti Sanchez*, casado com Eliane Madeira Sanchez, é proprietário de 50% do imóvel, enquanto Lídia Richeter, viúva, Marcello Richter, casado com Magali Fonseca Richter, Cristhiane Richter Natoli, casada com Eduardo Natoli, e Renato Richter, casado com Angélica Cristina Jeronymo Richter, são proprietários dos outros 50% do imóvel, na proporção de 37,5% para a primeira e 4,166% para cada um de seus filhos (fl. 21/25). Por outro lado, na escritura pública de divisão de imóvel consta que os coproprietários resolveram extinguir o condomínio até então existente, passando a pertencer, exclusivamente, ao apelante o imóvel assim descrito: *"UMA CASA com 105,00m² (cento e cinco metros quadrados) de área construída, situada à Rua Marechal Renato Paquet, nº 603 (que apenas para efeito de localização é identificada pelo número 603-B), E SEU RESPECTIVO TERRENO, constituído de parte do lote 27, designado no projeto de desdobro como PARTE 'B' DO LOTE 27 (...), encerrando um área de 175,00m² (...), com valor venal de referência proporcional de R$ 270.858,00"* e aos demais, *"UMA CASA com 105,00m² (cento e cinco metros quadrados) de área construída, situada à Rua Marechal Renato Paquet, nº 603 (que apenas para efeito de localização é identificada pelo número 603- A), E SEU RESPECTIVO TERRENO, constituído de parte do lote 27, designado no projeto de desdobro como PARTE 'A' DO LOTE 27 (...), encerrando um área de 175,00m² (...), com valor venal de referência proporcional de R$ 270.858,00"*. Constou, ainda, que a *"divisão é feita sem torna ou reposição em dinheiro por qualquer das partes, que se dão plena, mútua e recíproca quitação"* (fl. 05/08).

Como se vê, no título apresentado a registro a divisão foi igualitária, resultando em dois imóveis com a mesma área de 175m² e o mesmo valor de R$ 270.858,00 para cada um dos imóveis desdobrados. Ademais, ficou expressamente consignado que não haveria torna ou reposição em dinheiro por qualquer das partes, o que confirma que não houve transmissão de imóvel por ato oneroso, sendo respeitados os quinhões das partes, sem nenhum acréscimo patrimonial.

Em suma, inexistindo fato gerador do imposto em debate, a exigência formulada pelo registrador não se sustenta e, por conseguinte, o óbice ao registro merece ser afastado.

3. À vista do exposto, pelo meu voto, **dou provimento** ao recurso.

RICARDO ANAFE

Corregedor Geral da Justiça e Relator (DJe de 09.06.2021 – SP)

PODER JUDICIÁRIO

TRIBUNAL DE JUSTIÇA DO ESTADO DE SÃO PAULO

CONSELHO SUPERIOR DA MAGISTRATURA

Apelação Cível nº 1001074-40.2020.8.26.0077

ACÓRDÃO

Vistos, relatados e discutidos estes autos de Apelação Cível nº 1001074-40.2020.8.26.0077, da Comarca de **Birigüi**, em que é apelante **EDILENE MOIMAZ CESCHIN**, é apelado **OFICIALA DE REGISTRO DE IMÓVEIS, TÍTULOS E DOCUMENTOS E CIVIL DE PESSOAS JURÍDICAS DA COMARCA DE BIRIGUI - SP.**

ACORDAM, em Conselho Superior de Magistratura do Tribunal de Justiça de São Paulo, proferir a seguinte decisão: **"Negaram provimento, v.u.",** de conformidade com o voto do Relator, que integra este acórdão.

O julgamento teve a participação dos Exmos. Desembargadores **PINHEIRO FRANCO (PRESIDENTE TRIBUNAL DE JUSTIÇA) (Presidente), LUIS SOARES DE MELLO (VICE PRESIDENTE), XAVIER DE AQUINO (DECANO), GUILHERME G. STRENGER (PRES. SEÇÃO DE DIREITO CRIMINAL), MAGALHÃES COELHO(PRES. DA SEÇÃO DE DIREITO PÚBLICO) E DIMAS RUBENS FONSECA (PRES. DA SEÇÃO DE DIREITO PRIVADO).**

São Paulo, 11 de fevereiro de 2021.

RICARDO ANAFE

Corregedor Geral da Justiça e Relator

Apelação Cível nº 1001074-40.2020.8.26.0077

Apelante: Edilene Moimaz Ceschin

Apelado: Oficiala de Registro de Imóveis, Títulos e Documentos e Civil de Pessoas Jurídicas da Comarca de Birigui - SP

VOTO Nº 31.451

Registro de imóveis – Escritura pública de divisão amigável – Escritura de rerratificação de extinção de condomínio – Negócio jurídico que configura permuta de partes ideais – Incidência de ITBI – Dever do Oficial de velar pelo seu recolhimento, exigindo a apresentação das respectivas guias – Óbice mantido – Recurso desprovido.

Trata-se de apelação interposta por **EDILENE MOIMAZ CESCHIN** em face da r. sentença de fl. 71/72, que manteve a recusa levantada pela Oficial de Registro de Imóveis da Comarca de Birigui, negando registro de escritura pública de divisão amigável e extinção de condomínio por falta de recolhimento do ITBI entendendo ter havido transmissão de propriedade por meio de permuta de frações ideais.

Da nota devolutiva de fl. 21 constou o seguinte óbice:

"Em cumprimento a nota devolutiva prenotada sob n.º 267.945, foi apresentada escritura pública de rerratificação alterando a denominação do negócio jurídico entabulado entre as partes, ou seja, que trata-se de extinção de condomínio, mantendo todas as demais cláusulas da escritura primitiva, bem como foi juntado ao título requerimento por instrumento particular, datado de 25 de outubro de 2019, solicitando reconsideração dos motivos elencados na nota devolutiva do protocolo acima exposto. Em que pese a alteração do nomem iuris (denominação) do negócio jurídico (de divisão amigável para extinção de condomínio), mantemos as exigências abaixo descritas pelos seguintes motivos:

Quanto ao recolhimento dos tributos (ITBI): Cumpre informar que é dever do Oficial de Registro fiscalizar o pagamento dos impostos devidos por força dos atos que lhe forem apresentados em razão do ofício, na forma do art. 289 da Lei n.º 6.015/73, sob pena de responsabilização pessoal do Oficial Delegado.

Dentre estes impostos encontra-se o imposto de transmissão inter vivos (ITBI), cuja prova de recolhimento deve instruir o título, salvo hipótese de isenção devidamente demonstrada.

Como é sabido, o fato gerador do ITBI, no caso da transmissão do domínio, é o efetivo registro, pois somente ele tem o condoão de transferir a propriedade, muito embora seja habitual o pagamento desses tributo já quando se celebra o negócio jurídico obrigacional.

"O art. 156, inciso II, da Constituição Federal estabelece a competência tributária para instituir e cobrar o ITBI Imposto de Transmissão de Bens Imóveis, nos seguintes termos: "Compete aos Municípios instituir imposto sobre: II transmissão inter vivos, a qualquer título, por ato oneroso, de bens imóveis, por natureza ou acessão física e de direitos reais sobre imóveis, exceto os de garantia, bem como cessão de direitos a sua aquisição". Neste sentido: Kollemata Jurisprudência Registral e Notarial Sérgio Jacomino, editor. Criado em 29/07/2019 às 22:25 h http://www.kollemata.com.br/Página: 2 de 3

Sobre a aquisição da propriedade imóvel, dispõe o art. 1245, caput e §1º do Código Civil: "Transfere-se entre vivos a propriedade mediante o registro do título translativo no Registro de Imóveis. §1º Enquanto não se registrar o título translativo, o alienante continua a ser havido como dono do imóvel".

Na presente hipótese, a intenção das partes presentes no ato negocial foi eliminar a comunhão e, para essa consequência, permutaram as frações ideais de que são titulares. Em que pese terem firmado escritura de divisão amigável rerratificada para extinção de condomínio, não desnatura a substância de sua expressa voluntariedade. A lei, aliás, prevê expressamente que, nas declarações de vontade, se atenda mais à sua intenção que o sentido literal da linguagem.

(...)

Assim, por tratar-se de permuta de frações ideais, passível, portanto, de recolhimento de imposto de transmissão, e em consonância com o princípio da legalidade, não há como afastar a exigência da apresentação das guias com o devido recolhimento do imposto, ressalvada a hipótese de isenção aprovada pelo órgão municipal competente, ou ainda por determinação judicial."

Em suas razões, a recorrente afirma, em suma, que se trata de negócio de família para divisão de única propriedade rural; que na origem o imóvel era um só pertencente às mesmas partes e gerou a divisão gerando quatro matrículas, eis que as partes eram plenamente divisíveis; que o imóvel rural ainda que composto por várias matrículas é um único todo coeso em extensão rural; que não houve transmissão onerosa; que cada condômino apenas levantou o que lhe cabia; que o Município expediu guia de recolhimento com valor zerado; que o art. 263, inciso VII da Lei Municipal n.º 1225/94 prevê que o imposto não incide no processo de divisão de domínio.

A D. Procuradoria Geral de Justiça opinou pelo desprovimento do recurso (fl. 134/138).

É o relatório.

Presentes pressupostos recursais e administrativos, conheço do recurso.

No mérito, a r. sentença deve ser integralmente confirmada.

Versa a questão sobre a possibilidade de se efetuar o registro de escritura pública de divisão amigável e extinção de condomínio sem que haja prova de recolhimento do ITBI.

Com efeito, o imóvel objeto da matrícula n.º 3.425, após georreferenciamento, deu origem a quatro matrículas diversas.

E, das matrículas n.º 87.166; 87.167; 87.168; e 87.169 do Oficial de Registro de Imóveis da Comarca de Birigui, oriundas da matrícula n.º 3.425, constam como proprietários MARIA IRAILDES MOIMAZ MARQUES casada com JOSÉ CARLOS MARQUES; IDENILSON MOIMAZ casado com MARILENA SANCHES MOIMAZ; EDILENE MOIMAZ CESCHIM casada com LUIZ FABIO CESQUIM e JOSÉ CARLOS MOIMAZ casado com SUZELY ADAS SALIBA MOIMAZ. A cada uma das partes foi atribuído 25% de cada imóvel.

Consoante escritura pública de divisão amigável de fl. 06/16, firmada por MARIA IRAILDES MOIMAZ MARQUES casada com JOSÉ CARLOS MARQUES; IDENILSON MOIMAZ casado com MARILENA SANCHES MOIMAZ; EDILENE MOIMAZ CESCHIM casada com LUIZ FABIO CESQUIM e JOSÉ CARLOS MOIMAZ casado com SUZELY ADAS SALIBA MOIMAZ, restou avençado que caberá à condômina MARIA IRAILDES MOIMAZ MARQUES o imóvel objeto da matrícula n.º 87.167 (27,0859 hectares de terras); ao condômino IDENILSON MOIMAZ o imóvel objeto da matrícula n.º 87.169 (30,6206 hectares de terras); à condômina EDILENE MOIMAZ CESCHIM o imóvel objeto da matrícula n.º 87.168 (29,5113 hectares de terras) e ao condômino JOSÉ CARLOS MOIMAZ o imóvel objeto da matrícula n.º 87.166.

O valor de cada um dos imóveis, atribuído pelas partes, foi de R$ 100.000,00 (cem mil reais).

Consoante escritura pública de rerratificação de divisão amigável (fl. 17/19) restou consignado que embora tenha constado na escritura pública de fl. 06/16 que se tratava de divisão amigável, o ato ficava retificado para constar se tratar de extinção de condomínio.

Pois bem.

O primeiro ponto que se coloca é a natureza jurídica do negócio jurídico entabulado entre as partes, se se trata de divisão e extinção de condomínio ou permuta de frações ideais.

E, analisando atentamente os autos, verifica-se não se tratar de simples extinção de condomínio.

O art. 1.322 do Código Civil dispõe que:

"Quando a coisa for indivisível, e os consortes não quiserem adjudicá-la a um só, indenizando os outros, será vendida e repartido o apurado, preferindo-se, na venda, em condições iguais de oferta, o condômino ao estranho, e entre os condôminos aquele que tiver na coisa benfeitorias mais valiosas, e, não as havendo, o de quinhão maior."

A hipótese, não se confunde, à evidência, com a telada nos autos.

Na extinção de condomínio tem-se ato declaratório sem transmissão onerosa, mas apenas atribuição física do bem a cada pessoa, mediante adjudicação e indenização aos demais, diversamente do que ocorre com a permuta quando a propriedade do bem (frações ideais) é transmitida a um determinado condômino.

Outro não é o entendimento a respeito:

"APELAÇÃO CÍVEL. SUSCITAÇÃO DE DÚVIDA. RECOLHIMENTO DE ITBI. EXTINÇÃO DE CONDOMÍNIOS. PERMUTAS DE FRAÇÕES IDEAIS DE IMÓVEIS. DESFAZIMENTO DE CONDOMÍNIO E ADJUDICAÇÃO DE DETERMINADO BEM A UM ÚNICO CONDÔMINO POR MEIO DE INDENIZAÇÃO OU PERMUTA. DIFERENÇAS. EFEITOS TRIBUTÁRIOS DISTINTOS. SITUAÇÃO CONCRETA. CONCESSÕES MÚTUAS DE PARCELAS DE OUTROS BENS IMÓVEIS (PERMUTA). HIPÓTESE DE INCIDÊNCIA DO ITBI. RECURSO CONHECIDO E DESPROVIDO.

1) As hipóteses de desfazimento de condomínio e de adjudicação de determinado bem a um único condômino por meio de indenização ou permuta não se confundem. Enquanto no primeiro caso temos um ato declaratório (não há, portanto, transmissão onerosa, mas apenas atribuição física do bem a cada pessoa), no segundo, a propriedade do bem (frações que pertencem aos demais) é transmitida a um determinado condômino.

2) Tratando-se de coisa divisível, a divisão mostra-se como meio adequado para extinguir o condomínio (art. 1.320, Código Civil). Nesse caso, diz ser simplesmente declaratória e não atributiva da propriedade a divisão porque o imóvel está sendo fracionado entre os condôminos de acordo com a porção que cabe a cada um. De outro lado, adjudicação de determinado bem a um único condômino denota o ajuste por meio do qual os condôminos acordam atribuir a um co-proprietário a integralidade do bem, isto é, transferindo frações que não lhe pertenciam. Essa transmissão poderá ser ajustada de forma gratuita ou onerosa. No primeiro caso, estará sujeita ao ITCMD; no segundo, incidirá o ITBI.

3) A situação concreta evidencia a ocorrência de adjudicação onerosa. A escritura pública acostada aos autos denota o intento dos requerentes em dividir entre eles os vários imóveis já adquiridos (e partilhados) por sucessão causa mortis . Buscam, por meio de concessões mútuas de frações de outros imóveis (permuta), que cada bem passe a ser titulado por um único proprietário.

4) O ITBI, imposto de competência municipal, deve incidir sobre as permutas, pois se trata de transmissão onerosa de bem, devendo ser deduzida da base de cálculo da exação apenas a importância correspondente a quota parte de cada proprietário (1/6) (APELAÇÃO CÍVEL nº 0008950-49.2012.8.08.0011 RELATOR : DES. SUBST. FERNANDO ESTEVAM BRAVIN RUY, TJES).

No caso, as partes eram condôminas de quatro imóveis rurais, com matrículas distintas. Cada uma delas passou, por meio do ato notarial em questão, a ser proprietária exclusiva de um único imóvel. Houve, portanto, transmissão de propriedade por meio de permuta de frações ideais, fato gerador do ITBI, sendo irrelevante o fato de ser um único imóvel originalmente.

Ora. Cada uma das partes era proprietária apenas de partes ideais de todos os imóveis, não ostentando propriedade exclusiva sobre nenhuma delas. Assim, aquele que recebeu o domínio exclusivo de um bem, transferiu aos outros as parcelas ideais de que era titular sobre os demais imóveis e, em troca, foram transmitidas as frações ideais do imóvel de que eram proprietários os demais condôminos, passando, pois, a ser de proprietário exclusivo.

A matéria já foi objeto de V. Acórdão do Conselho Superior da Magistratura:

"Tratando-se de comunhão sobre diversos imóveis rurais, extingui-la com atribuição de domínio exclusivo de um deles a determinado consorte implica, à evidência, permuta de frações ideais . Se todos tinham apenas partes ideais sobre todas as coisas, e, pois, nenhum ostentava propriedade exclusiva sobre uma delas, quando vem, por força de negócio jurídico rotulado de divisão e extinção do condomínio, a ocorrer esta situação, aquele que recebeu o domínio exclusivo transferiu aos outros as parcelas ideais de que era titular sobre os demais prédios e, em troca, transferiram-lhe os outros as frações que possuíam sobre o imóvel que se tornou de propriedade exclusiva. E o correspondente negócio jurídico encobre autêntica permuta, que é fato gerador do imposto de transmissão" (Ap. Cível nº 267.112).

Fixadas, pois, estas premissas, não se ignora que, tratando-se de ITBI, este Conselho Superior da Magistratura tem seguido a linha de que, em regra, não cabe ao Oficial Registrador aferir a regularidade do valor apurado a título do referido imposto:

"REGISTRO DE IMÓVEIS – DÚVIDA – FORMAL DE PARTILHA – Registro negado, ao argumento de recolhimento a menor de ITCMD – impossibilidade – Não pode o Sr. Oficial obstar registro por entender que o valor recolhido a título de tributo é inferior ao devido – Dúvida improcedente – Recurso provido." (Apelação n.º 1066691-48.2015.8.26.0100, Rel. Des. PEREIRA CALÇAS).

Contudo, a hipótese não envolve a regular apuração de valor recolhido, mas sim de efetivo não recolhimento. Com efeito, o art. 289 da Lei nº 6.015/73 é expresso ao indicar que é dever do registrador fiscalizar o pagamento dos tributos incidentes:

"Art. 289. No exercício de suas funções, cumpre aos oficiais de registro fazer rigorosa fiscalização do pagamento dos impostos devidos por força dos atos que lhes forem apresentados em razão do ofício."

A omissão do titular da delegação pode levar à sua responsabilidade solidária no pagamento do tributo, nos termos do Art. 134, VI, do Código Tributário Nacional-CTN, não se olvidando, também, de seu dever de analisar a natureza dos negócios apresentados a registro, evitando-se simulações ou até omissões culposas que tragam prejuízos ao Fisco.

A permuta de frações ideais com transmissão de propriedade configura fato gerador do ITBI, cujo recolhimento deve, de fato, acompanhar o título levado a registro, salvo hipótese de isenção devidamente comprovada, o que, contudo, não veio aos autos.

Ademais, a hipótese de incidência do tributo, *in casu*, vem descrita na Legislação Municipal de Coroados, Lei n.º 1.225/1994:

> *"Art. 262 - Estão compreendidos na incidência do imposto:*
>
> *(...) III - a permuta, inclusive nos casos em que a co-propriedade se tenha estabelecido pelo mesmo titulo aquisitivo ou bens contíguos;".*

Finalmente, sobreleva ressaltar que as guias expedidas estão zeradas e não trazem o visto municipal ou parecer favorável do Município de Coroados reconhecendo a tese defendida pela recorrente.

Por essas razões, de fato, incabível o registro buscado, com a manutenção do óbice suscitado pela Sra. Oficial Registradora.

Ante o exposto, nego provimento ao recurso.

RICARDO ANAFE

Corregedor Geral da Justiça e Relator (DJe de 26.05.2021 – SP)

IRRESIGNAÇÃO PARCIAL

PODER JUDICIÁRIO

TRIBUNAL DE JUSTIÇA DO ESTADO DE SÃO PAULO

CONSELHO SUPERIOR DA MAGISTRATURA

Apelação Cível nº 1088527-04.2020.8.26.0100

Registro: 2021.0000750801

ACÓRDÃO

Vistos, relatados e discutidos estes autos de **Apelação Cível nº 1088527-04.2020.8.26.0100**, da Comarca de **São Paulo**, em que é apelante **MARIA HELENA BRANDÃO MAIA**, é apelado **OFICIAL DO 5º REGISTRO DE IMÓVEIS DA COMARCA DA CAPITAL.**

ACORDAM, em Conselho Superior de Magistratura do Tribunal de Justiça de São Paulo, proferir a seguinte decisão: **"Julgaram prejudicada a dúvida e não conheceram do recurso, v.u."**, de conformidade com o voto do Relator, que integra este acórdão.

O julgamento teve a participação dos Exmos. Desembargadores **PINHEIRO FRANCO (PRESIDENTE TRIBUNAL DE JUSTIÇA) (Presidente), LUIS SOARES DE MELLO (VICE PRESIDENTE), XAVIER DE AQUINO (DECANO), GUILHERME G. STRENGER (PRES. SEÇÃO DE DIREITO CRIMINAL), MAGALHÃES COELHO(PRES. DA SEÇÃO DE DIREITO PÚBLICO) E DIMAS RUBENS FONSECA (PRES. DA SEÇÃO DE DIREITO PRIVADO).**

São Paulo, 26 de agosto de 2021.

RICARDO ANAFE

Corregedor Geral da Justiça e Relator

Apelação Cível nº 1088527-04.2020.8.26.0100

Apelante: Maria Helena Brandão Maia

Apelado: Oficial do 5º Registro de Imóveis da Comarca da Capital

VOTO Nº 31.544

Registro de Imóveis – Dúvida – Apelação em que se discute somente parte dos óbices ao registro – Irresignação parcial – Dúvida prejudicada – Recurso não conhecido.

1. Trata-se de apelação (fl. 884/891) interposta por Maria Helena Brandão Maia contra a r. sentença (fl. 866/869 e 881/882) proferida pela MM. Juíza Corregedora Permanente do 5º Oficial de Registro de Imóveis da Comarca de São Paulo, que julgou procedente a dúvida (fl. 01/05) e manteve a recusa (fl. 793/794) de registro *stricto sensu* de partilha *causa mortis* (fl. 06/782) na matrícula n. 65.585 daquele cartório (fl. 795/796).

Segundo a r. sentença, ao Oficial de Registro de Imóveis de fato cabe verificar o pagamento do imposto de transmissão a causa de morte (ITCMD *causa mortis*), nos termos da Lei n. 6.015, de 31 de dezembro de 1973, art. 289. No caso, não está demonstrada isenção, e o adimplemento do tributo também é incerto, porque não há certidão de homologação passada pela Secretaria da Fazenda, a qual, note-se, se opôs à expedição do formal de partilha. Ademais, o formal de partilha contempla um dos herdeiros (a saber, José Ferreira Maia Filho) como casado em separação de bens, quando hoje é certo que o seu regime de bens está alterado para aquele da comunhão universal, circunstância essa (a mudança de regime) que não foi apreciada pelo juízo do inventário, e que não se sabe se decorreu de mera retificação (operando *ex tunc*, desde a data da celebração do casamento) ou de alteração posterior (com efeito apenas *ex nunc*, depois do óbito do *de cujus*). Assim – conclui a r. sentença –, seja por uma razão (a falta de prova da regularidade fiscal), seja por outra (a indefinição do regime de bens do casamento de um dos herdeiros, e do relativo efeito sobre a transmissão *causa mortis* quanto a seu cônjuge), a recusa foi correta e não é possível proceder-se ao rogado registro *stricto sensu*.

Em seu recurso, a apelante afirma que, feita a partilha por transação entre os interessados (fl. 817/820), o imposto de transmissão foi pago (fl. 821/832), de maneira que o juízo do inventário houve por bem mandar passar o formal e dar notícia à Fazenda Estadual para cobrar o que porventura ainda faltasse (fl. 833/836 e 837/844). Logo, qualquer exigência fiscal tem de ser feita em lugar próprio e não pode impedir o pretendido registro da partilha: como dizem os precedentes do Conselho Superior da Magistratura, a interpretação correta do art. 289 da Lei n. 6015/1973 sustenta a recorrente consiste em afirmar que a fiscalização a cargo do Oficial está limitada a aferir a declaração do imposto (feita à autoridade fiscal) e o recolhimento (em guia própria e valor razoável); quanto ao acerto mesmo desse pagamento, esse não é ponto que deva ser inquirido pelo cartório, especialmente quando a Fazenda não se manifesta, como sucede na hipótese. De outra parte, entende a interessada que tampouco subsista a exigência concernente ao regime de bens do herdeiro José Ferreira Maia Filho, uma vez que a relativa certidão, passada em inteiro teor, deixa patente que houve mera retificação, e não alteração voluntária posterior. Por tudo isso, pede a apelante que se reforme a r. sentença e, afastados os dois óbices, seja lavrado o registro, como vem sendo pedido.

A douta Procuradoria Geral de Justiça ofertou parecer reiterando o que dissera o Ministério Público na inferior instância, isto é, que se há de afastar apenas o óbice concernente a prova do pagamento do imposto de transmissão (fl. 897/898 e 862/865).

Regularizada a representação processual (fl. 911), a apelante trouxe novos documentos referentes ao regime de bens do herdeiro José Ferreira Maia Filho (fl. 914/930).

É o relatório.

2. O recurso não comporta conhecimento em face da absoluta falta de interesse da apelante.

O processo de dúvida destina-se à análise da controvérsia que se instaura quando o interessado, vendo a sua inscrição adiada por força de óbices erguidos pelo Oficial de Registro de Imóveis, dissente e pede que a questão seja levada ao juízo dos registros (art. 198 da Lei n. 6.015, de 31 de dezembro de 1973). Do julgamento da dúvida decorre dc duas, uma: *ou* a manutenção da recusa, com cancelamento da prenotação, *ou* a improcedência das objeções, o que terá como consequência a lavratura do registro (Lei n. 6.015/1973, art. 203, II). *Tertium non datur.*

Daí decorre que a anuência parcial às exigências feitas pelo Oficial de Registro de Imóveis prejudica o exame da dúvida, uma vez, ainda em caso de improcedência, haverá impedimentos não discutidos que, ao fim e ao cabo, impedirão a inscrição almejada. Por outras palavras, a anuência parcial às exigências termina por atribuir à dúvida uma natureza consultiva ou meramente doutrinária, e sem que se resolva o dissenso registral.

Esse é o entendimento pacífico deste Conselho Superior da Magistratura:

"Ao contrário do sustentado pelo recorrente, não cabe aqui ao Judiciário se pronunciar acerca da solução cabível para o caso concreto, não se tratando de órgão consultivo, como bem ressaltado pela nobre representante do *parquet*" (CSM, Processo n. 000.608.6/7-00, Rel. Des. Gilberto Passos de Freitas, j. 21/12/2006).

No caso, a nota devolutiva e a r. sentença apontaram dois óbices, a saber: a incerteza sobre o pagamento do imposto de transmissão, de um lado, e a obscuridade quanto ao regime de bens no casamento de um dos herdeiros, de outro. Depois da apelação, entretanto, a recorrente veio a estes autos cumprir a segunda dessas exigências, para tentar esclarecer a situação do matrimônio de José Ferreira Maia Filho (fl. 914/930), o que é o mesmo que dizer que, na data da prenotação, o título realmente estava incompleto e não podia ser registrado. Há, pois, anuência parcial que prejudica a dúvida e impede que se prossiga para a análise da controvérsia registral.

3. Ante o exposto, **julgo prejudicada a dúvida e não conheço do recurso de apelação.**

RICARDO ANAFE

Corregedor Geral da Justiça e Relator (DJe de 22.11.2021 – SP)

PODER JUDICIÁRIO

TRIBUNAL DE JUSTIÇA DO ESTADO DE SÃO PAULO

CONSELHO SUPERIOR DA MAGISTRATURA

Apelação Cível nº 0001065-55.2016.8.26.0459

Registro: 2021.0000430460

ACÓRDÃO

Vistos, relatados e discutidos estes autos de **Apelação Cível nº 0001065-55.2016.8.26.0459**, da Comarca de **Pitangueiras**, em que é apelante **ANTONIA BARBOSA DE SOUZA**, é apelado **OFICIAL DE REGISTRO DE IMÓVEIS E ANEXOS DA COMARCA DE PITANGUEIRAS.**

ACORDAM, em Conselho Superior de Magistratura do Tribunal de Justiça de São Paulo, proferir a seguinte decisão: **"Deram provimento, v.u."**, de conformidade com o voto do Relator, que integra este acórdão.

O julgamento teve a participação dos Exmos. **PINHEIRO FRANCO (PRESIDENTE TRIBUNAL DE JUSTIÇA) (Presidente), LUIS SOARES DE MELLO (VICE PRESIDENTE), XAVIER DE AQUINO (DECANO), GUILHERME G. STRENGER (PRES. SEÇÃO DE DIREITO CRIMINAL), MAGALHÃES COELHO(PRES. DA SEÇÃO DE DIREITO PÚBLICO) E DIMAS RUBENS FONSECA (PRES. DA SEÇÃO DE DIREITO PRIVADO).**

São Paulo, 27 de maio de 2021.

RICARDO ANAFE

Corregedor Geral da Justiça e Relator

Apelação Cível nº 0001065-55.2016.8.26.0459

Apelante: Antonia Barbosa de Souza

Apelado: Oficial de Registro de Imóveis e Anexos da Comarca de Pitangueiras

VOTO Nº 31.517

Registro de Imóveis – Escritura pública de inventário, adjudicação e partilha – Recusa do Oficial com fundamento na irregularidade de recolhimento de tributo – Discordância quanto à base de cálculo do ITCMD – Dever de fiscalização do Oficial de Registro que se limita à existência do recolhimento do tributo, bem como da razoabilidade da base de cálculo – Impossibilidade de recusa ao registro da transmissão causa mortis – Dúvida improcedente – Recurso provido.

Trata-se de recurso de apelação interposto por *Antonia Barbosa de Souza* contra a sentença que manteve a recusa de registro da escritura pública de inventário, adjudicação e partilha dos bens deixados por Luís Carlos Faria quanto ao imóvel matriculado sob nº 6.319 do Oficial de Registro de Imóveis e Anexos da Comarca de Pitangueiras/SP (fl. 134/153).

Em suas razões, a apelante, em síntese, afirma que houve pedido para cindir o título, procedendo-se ao registro tão somente da transmissão do imóvel matriculado sob nº 6.319, que lhe foi atribuído com exclusividade. Adotou os procedimentos necessários perante a Secretaria da Fazenda para a apuração do valor devido a título de imposto – ITCMD e fez o pagamento, o que é suficiente para o ingresso do título no fólio real. O Oficial extrapolou o seu dever de fiscalização dos tributos ao lastrear a sua recusa na incorreção dos valores efetivamente recolhidos, valendo-se, para tanto, de legislação municipal em clara ofensa ao princípio da legalidade. Por isso, superado o óbice, o registro do título deve ser determinado.

A douta Procuradoria de Justiça pugnou pelo provimento do recurso a fl. 180/182.

É o relatório.

Ao apresentar a escritura pública de inventário, adjudicação e partilha dos bens deixados por Luís Carlos Faria, a apresentante Antonia Barbosa de Souza postulou tão somente o registro na matrícula nº 6.319, imóvel que lhe foi atribuído com exclusividade na partilha de bens (fl. 05).

O Oficial, por sua vez, encontrou óbice ao registro do título. Então, ao emitir a nota de devolução (fl. 37) que deu ensejo ao presente procedimento de dúvida, consignou que: *"1.) Nos termos do Decreto Estadual nº 52.002 de 09-11-2009, art. 1º, item 2, Cat. 29/2011 de 04-03-2011, art. 2º que acrescentou o art. 16-A, Parágrafo único da Cat. 15, quando da declaração do ITCMD, deixou de ser observado que no Município de Pitangueiras-SP., nos termos do Decreto Municipal nº 3.631 de 04-02-2015, o qual instituiu Planta Genérica para Avaliação de Imóveis Urbanos, assim sendo os valores denunciados foram os Valores Venais, ou estabelecidos para a cobrança de IPTU, porém nos termos do decreto acima, o município possui Legislação à parte para a cobrança do ITBI., o que não foi observado quando da declaração para a lavratura do presente título. 2.) Deverá ainda ser esclarecido uma vez da existência de companheira, os pagamentos levados a efeito ao herdeiro e aquela, há divergência".*

Ao Oficial de Registro incumbe fiscalizar o recolhimento dos impostos devidos por força dos atos que lhe forem apresentados, sob pena de responsabilização pessoal.

É o que dispõe o art. 289 da Lei nº 6.015/73:

> *"Art. 289 - No exercício de suas funções, cumpre aos oficiais de registro fazer rigorosa fiscalização do pagamento dos impostos devidos por força dos atos que lhes forem apresentados em razão do ofício."*

Mas tal dever diz respeito à existência do recolhimento do tributo e à razoabilidade da base de cálculo, conforme o v. acórdão deste Conselho Superior da Magistratura na Apelação Cível nº 1001441-21.2019.8.26.0426, de minha relatoria:

> *"REGISTRO DE IMÓVEIS – FORMAL DE PARTILHA – Recusa do oficial com fundamento na*

irregularidade de recolhimento de tributos – Ausência de anuência da Fazenda do Estado quanto ao ITCMD – Discordância quanto à base de cálculo do ITCMD – Exigência de recolhimento de ITBI por conta de partilha desigual de alguns dos imóveis transmitidos – Exigências afastadas. Dever de fiscalização do Oficial de Registros que se limita à existência do recolhimento do tributo autolançado, bem como da razoabilidade da base de cálculo – Precedentes – Fazenda Pública ciente do autolançamento do ITCMD nos autos do arrolamento, sem impugnação – Impossibilidade de recusa ao registro da transmissão causa mortis – Fiscalização do recolhimento do ITBI limitado a fatos geradores ocorridos na base territorial do registrador – Partilha do imóvel localizado em Patrocínio Paulista em frações iguais aos herdeiros, afastando a incidência de ITBI – Impossibilidade de recusa por eventual fato gerador e obrigação de pagamento do tributo a município diverso daquele em que se localiza o imóvel sob atribuição do registrador – Partilha desigual ocorrida em outro município, que deverá ser objeto de fiscalização pelo Oficial daquela base territorial – Dúvida afastada – Recurso provido para determinar o registro do formal de partilha na matrícula nº 2.953 do Registro de Imóveis de Patrocínio Paulista". (Data do julgamento: 15/04/2020).

Em igual sentido:

"Registro de Imóveis – Dúvida inversa – Escritura de Doação – Desqualificação Desqualificação – Manutenção da exigência pelo MM. Juiz Corregedor Permanente – Discussão a respeito da base de cálculo a ser utilizada no cálculo do ITCMD – Atuação que extrapola as atribuições do registrador – Dever de fiscalização que se limita ao recolhimento do tributo – Recurso provido para julgar improcedente a dúvida e determinar o registro do título" (TJSP; Apelação Cível nº 0031287-16.2015.8.26.0564; Relator (a): Pereira Calças (Corregedor Geral); Órgão Julgador: Conselho Superior de Magistratura; Data do Julgamento: 24/05/2017).

No caso concreto, observam-se dos documentos de fl. 22/32, a declaração de transmissão por escritura pública nº 44708417 realizada perante a Secretaria da Fazenda, expediente para apuração e homologação do ITCMD, e os comprovantes de pagamento dos valores.

Assim, além da comprovação do recolhimento do tributo, há ciência da Fazenda, não podendo se presumir, para fins de registro da transmissão, a inexistência do pagamento regular do tributo.

De todo o modo, ainda que a Fazenda possa questionar a base de cálculo utilizada, fato é que o contribuinte valeu-se de valor razoável. A base de cálculo foi de R$ 60.000,00 (fl. 30), quantia superior ao valor venal do imóvel de R$ 44.259,82 (fl. 12).

Caso a Fazenda Pública observe, em momento apto, a irregularidade do lançamento, poderá, por meios próprios, buscar o regular pagamento, sem que isto signifique obstáculo à regularização no registro da propriedade transmitida pela sucessão.

Por fim, a apontada divergência dos pagamentos feitos ao filho decorreu de um mero equívoco na digitação do montante que lhe coube na divisão do saldo bancário existente na conta corrente nº 5.990 - agência nº 6.583-8, do Banco do Brasil S.A..

Do saldo de R$ 1.089,92, à companheira restou o valor de R$ 880,91 e ao filho a quantia de R$ 209,01, equivocadamente foi digitado o importe de R$ 290,01 na escritura pública (aí está a diferença indicada pelo Registrador de R$ 81,00).

Referido equívoco também não é óbice ao registro da escritura pública de inventário, adjudicação e partilha na matrícula nº 6.139.

À vista do exposto, dou provimento à apelação para julgar improcedente a dúvida e determinar o registro da escritura pública de inventário, adjudicação e partilha na matrícula nº 6.319.

RICARDO ANAFE

Corregedor Geral da Justiça e Relator (DJe de 10.08.2021 – SP)

PODER JUDICIÁRIO

TRIBUNAL DE JUSTIÇA DO ESTADO DE SÃO PAULO

CONSELHO SUPERIOR DA MAGISTRATURA

Apelação Cível nº 1001900-32.2020.8.26.0541

Registro: 2021.0000161472

ACÓRDÃO

Vistos, relatados e discutidos estes autos de Apelação Cível nº 1001900-32.2020.8.26.0541, da Comarca de **Santa Fé do Sul**, em que é apelante **DIEGO NATANAEL VICENTE**, é apelado **OFICIAL DE REGISTRO DE IMÓVEIS E ANEXOS DA COMARCA DE SANTA FÉ DO SUL.**

ACORDAM, em Conselho Superior de Magistratura do Tribunal de Justiça de São Paulo, proferir a seguinte decisão: **"Julgaram prejudicada a**

dúvida e não conheceram do recurso, v.u.", de conformidade com o voto do Relator, que integra este acórdão.

O julgamento teve a participação dos Exmos. Desembargadores **PINHEIRO FRANCO (PRESIDENTE TRIBUNAL DE JUSTIÇA) (Presidente), LUIS SOARES DE MELLO (VICE PRESIDENTE), XAVIER DE AQUINO (DECANO), GUILHERME G. STRENGER (PRES. SEÇÃO DE DIREITO CRIMINAL), MAGALHÃES COELHO(PRES. DA SEÇÃO DE DIREITO PÚBLICO) E DIMAS RUBENS FONSECA (PRES. DA SEÇÃO DE DIREITO PRIVADO).**

São Paulo, 18 de fevereiro de 2021.

RICARDO ANAFE
Corregedor Geral da Justiça e Relator

Apelação Cível nº 1001900-32.2020.8.26.0541

Apelante: Diego Natanael Vicente

Apelado: Oficial de Registro de Imóveis e Anexos da Comarca de Santa Fé do Sul

VOTO Nº 31.462

Registro de Imóveis – Irresignação parcial – Dúvida – Apelação interposta que impugnou apenas parte das exigências – Dúvida prejudicada – Recurso não conhecido.

Cuida-se de recurso de apelação em face da r. sentença de fl. 270/279 de lavra da MM.ª Juíza Corregedora Permanente do Oficial de Registro de Imóveis, Títulos e Documentos e Civil de Pessoa Jurídica da Comarca de Santa Fé do Sul, que julgou procedente a dúvida suscitada, mantendo-se todas as exigências da nota nº 122.915 (*1ª exigência: registro da carta de sentença, que contenha a partilha de bens de Leodilio e Isabel; 2ª exigência: recolhimento e comprovação do ITBI nos termos da nota de exigência*) e o óbice registrário.

Em suas razões o apelante insurgiu-se unicamente em face da segunda exigência, pugnando, ao final, a reforma parcial da sentença, para que seja reconhecido os efeitos da prescrição e decadência sobre o recolhimento do ITBI, consequentemente, julgar insubsistente a exigência referente a comprovação do recolhimento do ITBI decorrente do registro do contrato de compra e venda (R.02/11.110).

A Procuradoria Geral de Justiça opinou pelo desprovimento da apelação (fl. 333/335).

É o relatório.

O recurso não comporta conhecimento em face da absoluta falta de interesse do apelante.

Conforme é consabido, o procedimento de dúvida é reservado à análise da discordância do apresentante com os motivos que levaram à recusa do registro do título. De seu julgamento, decorrerá a manutenção da recusa, com cancelamento da prenotação, ou a improcedência da dúvida, que terá como consequência a realização do registro (art. 203, II, da Lei nº 6.015/73).

A impugnação parcial das exigências apontadas pelo Sr. Oficial de Registro de Imóveis prejudica o exame da dúvida, já que, ainda que julgada improcedente (ou procedente, no caso da dúvida inversa), haverá outros óbices não impugnados que prejudicarão o ingresso do título no registro imobiliário.

A anuência parcial quanto às exigências apontadas para o ingresso do título no fólio real atribui ao procedimento de dúvida natureza consultiva, ou meramente doutrinária. O novo exame de admissibilidade para o futuro registro poderá ser influenciado por eventuais fatos novos, mesmo se o título for apresentado com atendimento das exigências impugnadas.

Esse é o entendimento pacífico deste Conselho Superior da Magistratura:

"Ao contrário do sustentado pelo recorrente, não cabe aqui ao Judiciário se pronunciar acerca da solução cabível para o caso concreto, não se tratando de órgão consultivo, como bem ressaltado pela nobre representante do parquet" (CSM, Processo n° 000.608.6/7-00, Rel. Des. Gilberto Passos de Freitas, j. 21/12/2006).

Por essas razões, o reconhecimento de que a dúvida se encontra prejudicada tem como consequência o não conhecimento do recurso.

Ante o exposto, julgo prejudicada a dúvida e não conheço do recurso.

RICARDO ANAFE

Corregedor Geral da Justiça e Relator (DJe de 26.05.2021 – SP)

PODER JUDICIÁRIO

TRIBUNAL DE JUSTIÇA DO ESTADO DE SÃO PAULO

CONSELHO SUPERIOR DA MAGISTRATURA

Apelação Cível nº 1000691-12.2020.8.26.0126

Registro: 2021.0001020015

ACÓRDÃO

Vistos, relatados e discutidos estes autos de **Apelação Cível nº 1000691-12.2020.8.26.0126**, da Comarca de **Caraguatatuba**, em que é apelante **AROLDO DIAS**, é apelado **OFICIAL DE REGISTRO DE IMÓVEIS E ANEXOS DA COMARCA DE CARAGUATATUBA.**

ACORDAM, em Conselho Superior de Magistratura do Tribunal de Justiça de São Paulo, proferir a seguinte decisão: **"Julgaram prejudicada a dúvida e não conheceram do recurso de apelação, v.u."**, de conformidade com o voto do Relator, que integra este acórdão.

O julgamento teve a participação dos Exmos. Desembargadores **PINHEIRO FRANCO (PRESIDENTE TRIBUNAL DE JUSTIÇA) (Presidente), LUIS SOARES DE MELLO (VICE PRESIDENTE), XAVIER DE AQUINO (DECANO), GUILHERME G. STRENGER (PRES. SEÇÃO DE DIREITO CRIMINAL), MAGALHÃES COELHO(PRES. DA SEÇÃO DE DIREITO PÚBLICO) E DIMAS RUBENS FONSECA (PRES. DA SEÇÃO DE DIREITO PRIVADO).**

São Paulo, 2 de dezembro de 2021.

RICARDO ANAFE
Corregedor Geral da Justiça e Relator

Apelação Cível nº 1000691-12.2020.8.26.0126
Apelante: Aroldo Dias
Apelado: Oficial de Registro de Imóveis e Anexos da Comarca de Caraguatatuba

VOTO Nº 31.659

Registro de Imóveis – Dúvida – Impugnação parcial dos óbices ao registro – Precedentes do Conselho Superior da Magistratura – Dúvida prejudicada – Apelação não conhecida.

1. Trata-se de apelação interposta por *Aroldo Dias* contra a sentença proferida pelo MM. Juiz Corregedor Permanente do Oficial de Registro de Imóveis, Títulos e Documentos e Civil de Pessoa Jurídica de Caraguatatuba/SP, que julgou procedente a dúvida suscitada e manteve a negativa de registro da carta de alienação judicial expedida nos autos do Processo nº 0000146-86.2020.8.26.0126 da 2ª Vara Cível da Comarca de Caraguatatuba/SP, tendo por objeto os apartamentos nos 310, 315 e 410 do Edifício Suíte Mediterranee, localizado na Rua Santa Cruz, 197, inserido em área maior matriculada sob nº 5.930 junto à referida serventia imobiliária (fl. 101/104).

Alega o apelante, em síntese, que adquiriu os imóveis por alienação judicial, razão pela qual, já estando na posse dos bens, os óbices apresentados pelo registrador merecem ser afastados (fl. 109/114).

A Douta Procuradoria de Justiça opinou pelo não provimento do recurso (fl. 168/173).

É o relatório.

2. Desde logo, importa lembrar que a origem judicial do título não o torna imune à qualificação registral, ainda que limitada a seus requisitos formais e sua adequação aos princípios registrais, conforme o disposto no item 117 do Capítulo XX das Normas de Serviço da Corregedoria Geral da Justiça:

"Item 117 - Incumbe ao oficial impedir o registro de título que não satisfaça os requisitos exigidos pela lei, quer sejam consubstanciados em instrumento público ou particular, quer em atos judiciais".

Este Conselho Superior da Magistratura tem entendido, inclusive, que a qualificação negativa não caracteriza desobediência ou descumprimento de decisão judicial (TJSP; Apelação Cível 0003968-52.2014.8.26.0453; Relator (a): Pereira Calças; Órgão Julgador: Conselho Superior de Magistratura; Foro de Pirajuí - 1ª Vara; Data do Julgamento: 25/02/2016; Data de Registro: 13/04/2016).

A carta de alienação judicial expedida nos autos do Processo nº 0000146-86.2020.8.26.0126 da 2ª Vara Cível da Comarca de Caraguatatuba/SP foi qualificada negativamente pelo Oficial Registrador, que emitiu nota de devolução (fl. 43/44) em que apresentados os seguintes óbices:

"1. O título ora analisado tem por objetivo a alienação por iniciativa particular dos apartamentos 310 e 410 do Condomínio Suite Mediterranee, além do suposto mas inexistente apartamento 315 do mesmo Condomínio. O princípio da continuidade, insculpido no art. 195 da Lei Federal nº 6.015/73, determina que, em relação a cada imóvel, adequadamente individualizado, deve existir uma cadeia de titularidade à vista da qual só se fará a inscrição de um direito ou ônus se o outorgante ou devedor dele aparecer como seu titular. Ocorre que referidos imóveis não são de propriedade do executado OSCAR VENANCIO DE LIMA, desta forma, não há como proceder ao registro sem ferir o princípio acima aludido (...).

Desta forma, caso exista algum título de aquisição de tais imóveis pelo referido executado que não tenha sido registrado, este deverá ser inscrito para possibilitar o ingresso do instrumento agora apresentado.

2. Em relação ao suposto Apartamento nº 315 do Condomínio Suite Mediterranee, conforme pode ser verificado no registro da especificação do condomínio, constante no R.6/5930 e na planta do empreendimento, esta unidade não existe. Assim, sua eventual transferência depende de sua inserção no condomínio por meio de regular Retificação da Instituição de Condomínio.

3. Cabe ainda informar que a alienação pretendida, como transmissão de propriedade imobiliária que se constitui, incide ITBI, assim a comprovação do pagamento do referido imposto é indispensável para o presente fim (...)".

Insiste o apelante na possibilidade de registro do título, eis que expedido nos autos de ação de cobrança de despesas condominiais promovida contra condômino, de maneira que, segundo entende, não poderia ser prejudicado pela falta de registro do título anterior e consequente desrespeito ao princípio da continuidade.

Ora, uma vez informado do teor da nota devolutiva, o interessado limitou-se a requerer o afastamento dos óbices apresentados pelo Oficial registrador em relação à alegada ofensa ao princípio da continuidade e à inexistência de matrícula relativa ao apartamento nº 315, deixando, contudo, de se insurgir quanto à exigência de comprovação do recolhimento do ITBI (*item 3*), o que também ocorreu em sede recursal, por ocasião da apresentação de suas razões de inconformismo.

Sendo assim, ante a impugnação parcial das exigências formuladas pelo Oficial registrador, resulta prejudicada a dúvida.

É que a não insurgência em relação ao outro óbice apresentado prejudica a dúvida, que só admite duas soluções: a) a determinação do registro do título protocolado e prenotado, que é analisado, em reexame da qualificação, tal como se encontrava no momento em que surgida dissensão entre o apresentante e o Oficial de Registro de Imóveis; ou b) a manutenção da recusa do Oficial. Para que se possa decidir se o título pode ser registrado ou não, é preciso que todas as exigências - e não apenas parte delas - sejam decididas em reexame da qualificação.

Por outras palavras, a impugnação parcial das exigências termina por atribuir à dúvida uma natureza consultiva ou meramente doutrinária, sem que se resolva o dissenso registral.

Sobre o tema, há entendimento pacífico deste Conselho Superior da Magistratura:

"Ao contrário do sustentado pelo recorrente, não cabe aqui ao Judiciário se pronunciar acerca da solução cabível para o caso concreto, não se tratando de órgão consultivo, como bem ressaltado pela nobre representante do parquet" (CSM, Processo nº 000.608.6/7-00, Rel. Des. Gilberto Passos de Freitas, j. 21/12/2006).

No mesmo sentido, mais recentemente, ficou decidido que:

"REGISTRO DE IMÓVEIS. Constituição de garantia hipotecária por cédula de crédito bancária. Impugnação parcial às exigências formuladas. Precedentes do E. Conselho Superior da Magistratura. Dúvida prejudicada. Recurso não conhecido" (TJSP; Apelação Cível 1009988-64.2018.8.26.0077; Relator (a): Pinheiro Franco (Corregedor Geral); Órgão Julgador: Conselho Superior de Magistratura; Foro de Birigui - 3ª Vara Cível; Data do Julgamento: 10/10/2019; Data de Registro: 30/10/2019).

"REGISTRO DE IMÓVEIS. Irresignação parcial - Dúvida Apelação interposta que impugnou apenas parte das exigências - Dúvida prejudicada Recurso não conhecido" (TJSP; Apelação Cível 1001900-32.2020.8.26.0541; Relator (a): Ricardo Anafe (Corregedor Geral); Órgão Julgador: Conselho Superior de Magistratura; Foro de Santa Fé do Sul - Vara do Juizado Especial Cível; Data do Julgamento: 18/02/2021; Data de Registro: 05/03/2021).

3. À vista do exposto, pelo meu voto, julgo prejudicada a dúvida e **não conheço** do recurso de apelação.

RICARDO ANAFE

Corregedor Geral da Justiça e Relator (DJe de 24.02.2021 – SP)

PODER JUDICIÁRIO

TRIBUNAL DE JUSTIÇA DO ESTADO DE SÃO PAULO

CONSELHO SUPERIOR DA MAGISTRATURA

Embargos de Declaração Cível nº 1003543-65.2019.8.26.0539/50000

Registro: 2021.0000973504

ACÓRDÃO

Vistos, relatados e discutidos estes autos de **Embargos de Declaração Cível nº 1003543-65.2019.8.26.0539/50000**, da Comarca de **Santa Cruz do Rio Pardo**, em que são embargantes **RENAN GOLINELLI ROCHITE, THIAGO RODRIGO ROCHITI, MARIA CLARA NAPOLITANO WAJSS** e **JOSÉ CARLOS BENEDITO NAPOLITANO**, são embargados **OFICIAL DE REGISTRO DE IMÓVEIS E ANEXOS DA COMARCA DE SANTA**

CRUZ DO RIO PARDO, MARCO ANTONIO PACE e TATIANA PACE DI MASE.

ACORDAM, em Conselho Superior de Magistratura do Tribunal de Justiça de São Paulo, proferir a seguinte decisão: **"Rejeitaram, v.u."**, de conformidade com o voto do Relator, que integra este acórdão.

O julgamento teve a participação dos Exmos. Desembargadores **PINHEIRO FRANCO (PRESIDENTE TRIBUNAL DE JUSTIÇA) (Presidente), LUIS SOARES DE MELLO (VICE PRESIDENTE), XAVIER DE AQUINO (DECANO), GUILHERME G. STRENGER (PRES. SEÇÃO DE DIREITO CRIMINAL), MAGALHÃES COELHO(PRES. DA SEÇÃO DE DIREITO PÚBLICO) E DIMAS RUBENS FONSECA (PRES. DA SEÇÃO DE DIREITO PRIVADO).**

São Paulo, 22 de novembro de 2021.

RICARDO ANAFE

Corregedor Geral da Justiça e Relator

Embargos de Declaração Cível nº 1003543-65.2019.8.26.0539/50000

Embargantes: Renan Golinelli Rochite, Thiago Rodrigo Rochiti, Maria Clara Napolitano Wajss e José Carlos Benedito Napolitano

Embargados: Oficial de Registro de Imóveis e Anexos da Comarca de Santa Cruz do Rio Pardo, Marco Antonio Pace e Tatiana Pace Di Mase

VOTO Nº 31.639.

Embargos de Declaração – Alegação de omissão – Inexistência – Não constitui omissão o modo como, do ponto de vista da parte, o acórdão deveria ter decidido – Julgado que não precisa apreciar todos os argumentos da parte, tampouco responder todos os questionamentos – Dispositivos legais e normativos aplicáveis ao caso concreto que não precisam ser expressamente mencionados, um a um, no julgado – Questões pertinentes exauridas – Embargos de declaração rejeitados.

1. Trata-se de embargos de declaração opostos por *Maria Clara Napolitano Wajss, José Carlos Benedito Napolitano, Renan Golinelli Rochite* e *Thiago Rodrigo Rochiti* em face do acórdão que negou provimento à apelação interposta, mantendo a negativa de registro de aquisição da propriedade do imóvel objeto da matrícula nº 36.727 do Oficial de Registro de Imóveis, Títulos e Documentos e Civil de Pessoas Jurídicas da Comarca de Santa Cruz do Rio Pardo/SP.

Afirma, em síntese, que o acórdão proferido é omisso, pois dele não constou expressamente a possibilidade de emenda e remessa do feito às vias ordinárias, como determina o art. 216-A, § 10, da Lei nº 6.015/1973 e no item 420.8 das Normas de Serviço da Corregedoria Geral da Justiça do Estado de São Paulo, com possibilidade de aproveitamento dos atos até então realizados.

É o relatório.

2. Não se vê no recurso interposto caráter de integração da decisão recorrida, como é da índole dos embargos de declaração. Os argumentos colocados, desbordando da finalidade dos embargos aclaratórios, não visam suprir omissão, obscuridade, contradição ou erro, mas envolvem o propósito único de sanar dúvida subjetiva da parte.

Contudo, nada existe verdadeiramente a comprometer a inteligência do julgado, que contém os argumentos suficientes para justificar a conclusão adotada, tendo o v. acórdão, de maneira clara, enfatizado que:

> *"(...) A questão controvertida, como se vê, deverá ser solucionada após ampla dilação probatória, em ação judicial.*
> *Destarte, havendo disputa entre os titulares de domínio do imóvel e questionamentos sobre a natureza da posse exercida pelos apelantes, prevalece o indeferimento do registro da usucapião extrajudicial pretendida, sendo de rigor a remessa dos interessados à ação judicial contenciosa adequada a dirimir o litígio."*

A omissão de que fala a lei diz respeito a ponto que deveria ter sido decidido e não o foi, de modo a tornar inexequível o julgado; vale dizer, não basta a omissão sobre argumento da parte, notadamente se não guardar importância para o deslinde da causa e tampouco tiver aptidão para provocar a inversão do resultado do julgamento.

É certo que os juízes e os Tribunais devem enfrentar os argumentos apresentados pelas partes, segundo a sistemática processual vigente. Não há, porém, o dever de se manifestarem sobre pontos somente questionados em sede de embargos de declaração, sobretudo quando não terão o condão de alterar o desfecho da controvérsia, como ocorre na hipótese *sub judice*. Além disso, o E. Superior Tribunal de Justiça já deixou pontificado que não constitui omissão o modo como, do ponto de vista da parte, o acórdão deveria ter decidido (EDcl. no AgRg. no AREsp. nº 466.415/RJ, Rel. Min. Marga Tessler (Juíza Federal convocada do TRF 4ª Região).

Por outro lado, conquanto a dúvida não mais constitua um dos alicerces ensejadores do manejo dos embargos declaratórios, ainda que fosse admissível é preciso ficar esclarecido que, em verdade, a dúvida que ensejaria a declaração não é a dúvida subjetiva, residente somente na mente do embargante, mas sim aquela objetiva, resultante de ambiguidade, dubiedade ou indeterminação das proposições do acórdão, o que aqui não se vislumbra.

Em outras palavras, não cabe a este Conselho Superior da Magistratura responder aos questionamentos formulados pelos embargantes com a pretensão de transformá-lo em órgão consultivo, certo que os dispositivos legais e normativos aplicáveis ao caso concreto não precisam ser mencionados um a um no julgado. A propósito, já ficou decidido que:

"Do mesmo modo, não cabe esse recurso em matéria cível para o judiciário mencionar qual a lei, ou o artigo dela, ou da Constituição Federal, etc., que esteja a aplicar. Deixar de fazê-lo não é omissão no sentido legal: não existe tal pressuposto para a completude do julgamento cível. Essa subsunção de natureza tópica é assunto para qualquer intérprete. Para a fundamentação do julgado o necessário e suficiente é que se trabalhe mentalmente com os conceitos vigentes contidos no sistema jurídico" (Embargos de Declaração nº 147.433-1/4-01-SP, citado nos Embargos de Declaração nº 199.368-1, em que foi Relator o Desembargador Guimarães e Souza).

Como se vê, não há vício a tisnar o Acórdão embargado, nada havendo que se acrescentar ou esclarecer.

3. À vista do exposto, pelo meu voto, **rejeito** os embargos de declaração opostos.

RICARDO ANAFE

Corregedor Geral da Justiça e Relator (DJe de 24.02.2021 – SP)

PODER JUDICIÁRIO

TRIBUNAL DE JUSTIÇA DO ESTADO DE SÃO PAULO

CONSELHO SUPERIOR DA MAGISTRATURA

Apelação Cível nº 1000771-58.2021.8.26.0443

Registro: 2021.0000918282

ACÓRDÃO

Vistos, relatados e discutidos estes autos de **Apelação Cível nº 1000771-58.2021.8.26.0443**, da Comarca de **Piedade**, em que é apelante **BENEDITO BERNARDES PEREIRA**, é apelado **OFICIAL DE REGISTRO DE IMÓVEIS E ANEXOS DA COMARCA DE PIEDADE.**

ACORDAM, em Conselho Superior de Magistratura do Tribunal de Justiça de São Paulo, proferir a seguinte decisão: **"Julgaram a dúvida prejudicada e não conheceram do recurso, v.u."**, de conformidade com o voto do Relator, que integra este acórdão.

O julgamento teve a participação dos Exmos. Desembargadores **PINHEIRO FRANCO (PRESIDENTE TRIBUNAL DE JUSTIÇA) (Presidente), LUIS SOARES DE MELLO (VICE PRESIDENTE), XAVIER DE AQUINO (DECANO), GUILHERME G. STRENGER (PRES. SEÇÃO DE DIREITO CRIMINAL), MAGALHÃES COELHO(PRES. DA SEÇÃO DE DIREITO PÚBLICO) E DIMAS RUBENS FONSECA (PRES. DA SEÇÃO DE DIREITO PRIVADO).**

São Paulo, 20 de outubro de 2021.

RICARDO ANAFE

Corregedor Geral da Justiça e Relator

Apelação Cível nº 1000771-58.2021.8.26.0443

Apelante: Benedito Bernardes Pereira

Apelado: Oficial de Registro de Imóveis e Anexos da Comarca de Piedade

VOTO Nº 31.585

Registro de Imóveis – Dúvida julgada procedente – Irresignação parcial – Insurgência em relação a apenas alguns dos óbices apresentados pela Registradora – Dúvida prejudicada – Recurso não conhecido.

1. Cuida-se de recurso de Apelação interposto por **Benedito Bernardes Pereira** em face da r. sentença de fl. 78/81 de lavra da MM.ª Juíza Corregedora Permanente do Oficial de Registro de Imóveis da Comarca de Piedade, que julgou procedente a dúvida suscitada, negando o acesso da carta de sentença extraída dos autos da ação de adjudicação compulsória nº 1001250-22.2019.8.26.0443 ao registro imobiliário.

Da nota devolutiva de fl. 03/05, que qualificou negativamente o título, constaram as seguintes exigências:

"1. Deverá ser apresentado o certificado de cadastro de imóvel rural CCIR, exercício 2020, devidamente quitado do imóvel adjudicado;

2. Deverá ser apresentado o imposto sobre a propriedade territorial rural ITR, exercício 2020, devidamente quitado e com a respectiva certidão negativa de débitos do imóvel adjudicado;

3. Apresentar o cadastro ambiental rural CAR com a devida declaração de reserva legal obrigatória;

4. Apresentar o imposto de transmissão bens imóveis ITBI, devidamente quitado referente ao imóvel adjudicado;

5. A descrição do imóvel adjudicado deverá obedecer aos requisitos do artigo 176 e seguintes da Lei n.º 6.015/73;

5.1. Apresentar cópia reprográfica autenticada do RG, CPF e certidão de casamento da cônjuge do requerente, uma vez que não consta a qualificação dela nos autos;

5.2. Apresentar declaração de profissão com respectiva assinatura da cônjuge do requerente;

6. No pedido da inicial (fls. 01/05) e declaração de pobreza (fl. 07), por tratar-se de direito personalíssimo, dessa forma não pode se verificar que o benefício da justiça gratuita foi estendida a cônjuge, assim como na decisão deverá constar que o benefício da justiça gratuita também se estende as custas e emolumentos do Registro de Imóveis, nos termos do artigo 9º, inciso II, da Lei Estadual n.º 11.331/2002 e item 3, 3.2., Capítulo XVII, Tomo II, das Normas de Serviço Cartórios Extrajudiciais da Corregedoria Geral da Justiça do Estado de São Paulo;

7. Para proceder o registro da carta de sentença, primeiramente, deverá ser realizado o desmembramento das glebas do imóvel da matrícula n.º 5.530, conforme já decidido através de Recurso Especial n.º 1.851.104-SP (2017/0260598-3), proferido pelo Superior Tribunal de Justiça".

Em suas razões o apelante sustenta que há unanimidade no Supremo Tribunal Federal quanto a matéria, tendo se tornado pacífico que a transmissão de imóvel, para fins de fato gerador do ITBI, somente ocorre com o efetivo registro da transferência da propriedade no Cartório de Registro de Imóveis. As frações de terreno adquiridas pelo apelante (L-33 e 34) também foram devidamente descritas na carta de sentença; as glebas adquiridas foram devidamente identificadas e delimitas em planta, tendo sido, inclusive regularizada a situação do imóvel no CAR.

A Procuradoria Geral de Justiça opinou pelo não conhecimento do recurso, e, subsidiariamente, por seu desprovimento (fl. 104/110).

É o relatório.

2. Com efeito, o apelante insurge-se em face dos itens 4, 5 e 7 da nota devolutiva (fl. 03/05).

Os demais óbices constantes da referida nota não foram cumpridos e tampouco impugnados pelo recorrente.

Neste cenário, o recurso não comporta conhecimento em face da absoluta falta de interesse do apelante.

Conforme é consabido, o procedimento de dúvida é reservado à análise da discordância do apresentante com os motivos que levaram à recusa do registro do título. De seu julgamento, decorrerá a manutenção da recusa, com cancelamento da prenotação, ou a improcedência da dúvida, que terá como consequência a realização do registro (art. 203, II, da Lei nº 6.015/73).

A impugnação parcial das exigências apontadas pelo Sr. Oficial de Registro de Imóveis prejudica o exame da dúvida, já que, ainda que julgada improcedente (ou procedente, no caso da dúvida inversa), haverá outros óbices não impugnados que prejudicarão o ingresso do título no registro imobiliário.

A anuência parcial quanto às exigências apontadas para o ingresso do título no fólio real atribui ao procedimento de dúvida natureza consultiva, ou meramente doutrinária. O novo exame de admissibilidade para o futuro registro poderá ser influenciado por eventuais fatos novos, mesmo se o título for apresentado com atendimento das exigências impugnadas.

Esse é o entendimento pacífico deste Conselho Superior da Magistratura:

> *"Ao contrário do sustentado pelo recorrente, não cabe aqui ao Judiciário se pronunciar acerca da solução cabível para o caso concreto, não se tratando de órgão consultivo, como bem ressaltado pela nobre representante do parquet"* (CSM, Processo nº 000.608.6/7-00, Rel. Des. Gilberto Passos de Freitas, j. 21/12/2006).

Por essas razões, o reconhecimento de que a dúvida se encontra prejudicada tem como consequência o não conhecimento do recurso.

3. Ante o exposto, julgo prejudicada a dúvida e não conheço do recurso.

RICARDO ANAFE

Corregedor Geral da Justiça e Relator (DJe de 26.01.2021 – SP)

PODER JUDICIÁRIO

TRIBUNAL DE JUSTIÇA DO ESTADO DE SÃO PAULO

CONSELHO SUPERIOR DA MAGISTRATURA

Apelação Cível nº 1002635-98.2021.8.26.0066

Registro: 2021.000918277

ACÓRDÃO

Vistos, relatados e discutidos estes autos de **Apelação Cível nº 1002635-98.2021.8.26.0066**, da Comarca de **Barretos**, em que é apelante **SILVIA RODRIGUES DE BRITO**, é apelado **OFICIAL DE REGISTRO DE IMÓVEIS E ANEXOS DA COMARCA DE BARRETOS.**

ACORDAM, em Conselho Superior de Magistratura do Tribunal de Justiça de São Paulo, proferir a seguinte decisão: **"Negaram provimento, v.u."**, de conformidade com o voto do Relator, que integra este acórdão.

O julgamento teve a participação dos Exmos. Desembargadores **PINHEIRO FRANCO (PRESIDENTE TRIBUNAL DE JUSTIÇA) (Presidente), LUIS SOARES DE MELLO (VICE PRESIDENTE), XAVIER DE AQUINO (DECANO), GUILHERME G. STRENGER (PRES. SEÇÃO DE DIREITO CRIMINAL), MAGALHÃES COELHO(PRES. DA SEÇÃO DE DIREITO PÚBLICO) E DIMAS RUBENS FONSECA (PRES. DA SEÇÃO DE DIREITO PRIVADO).**

São Paulo, 20 de outubro de 2021.

RICARDO ANAFE

Corregedor Geral da Justiça e Relator

Apelação Cível nº 1002635-98.2021.8.26.0066

Apelante: Silvia Rodrigues de Brito

Apelado: Oficial de Registro de Imóveis e Anexos da Comarca de Barretos

VOTO Nº 31.574.

Registro de Imóveis – Instrumento particular de dissolução de sociedade por responsabilidade limitada – Necessidade de escritura pública para a transmissão de imóvel da sociedade para a sócia, com valor individual superior a trinta salários mínimos, ainda que realizada a título de pagamento de haveres – Obrigatoriedade da comprovação do reconhecimento da imunidade, ou isenção, do imposto de transmissão de bens "inter vivos" – ITBI, na forma da legislação municipal – Dúvida julgada procedente – Recurso não provido.

1. Trata-se de apelação interposta por Silvia Rodrigues de Brito contra r. sentença que julgou a dúvida procedente e manteve a recusa do Sr. Oficial de Registro de Imóveis, Títulos e Documentos e Civil de Pessoa Jurídica da Comarca de Barretos em promover os registros, nas matrículas nºs 74.797 e 74.798, do contrato de dissolução de sociedade por cotas de responsabilidade limitada em que prevista a transmissão dos imóveis para a sócia, porque é necessária a escritura pública e porque não foi comprovado o pagamento, ou isenção, do imposto de transmissão de bens "inter vivos" – ITBI (fl. 44/48).

A apelante alegou, em suma, que o instrumento particular de distrato é título suficiente para o registro da transmissão dos imóveis que recebeu em razão da dissolução da sociedade comercial. Disse que as alterações contratuais ou estatutárias podem ser efetivadas por instrumento particular, servindo a certidão passada pela Junta Comercial como documento hábil para a transferência por transcrição no registro público competente, como previsto nos arts. 53 e 64 da Lei nº 8.934/1994. Afirmou que a dispensa da escritura pública prevalece para o registro dos bens transmitidos pelos sócios para a integralização do capital social e, ainda, para as transmissões de bens feitas pela sociedade aos sócios em razão da extinção da pessoa jurídica, o que ocorre por força do princípio da simetria. Além disso, não há incidência do imposto de transmissão "inter vivos" nessa transferência, uma vez que basta o arquivamento do instrumento particular de distrato na Junta Comercial. Requereu o provimento do recurso para que a dúvida seja julgada improcedente (fl. 51/57).

A douta Procuradoria Geral de Justiça opinou pelo não provimento do recurso (fl. 86/88).

É o relatório.

2. O art. 64 da Lei nº 8.934/1994 prevê que a certidão dos atos de constituição e de alteração, fornecida pela Junta Comercial, constitui título hábil para o registro da transferência dos bens transmitidos pelo sócio para a sociedade empresária visando a subscrição ou o aumento do capital social:

"Art. 64. A certidão dos atos de constituição e de alteração de empresários individuais e de sociedades mercantis, fornecida pelas juntas comerciais em que foram arquivados, será o documento hábil para a transferência, por transcrição no registro público competente, dos bens com que o subscritor tiver contribuído para a formação ou para o aumento do capital" (grifei).

Dessa forma, o instrumento particular de constituição ou alteração da sociedade de responsabilidade limitada, registrado na Junta Comercial, é título hábil para o registro da transmissão do imóvel feita pelo sócio para a integralização do capital social a que se obrigou.

Igual, porém, não ocorre com a transmissão de imóvel para o sócio, ainda que promovida a título de pagamento de haveres em razão da dissolução e posterior liquidação da sociedade empresária.

Isso porque, não dispondo a lei em contrário, é a escritura pública requisito de validade para a transferência de direitos reais sobre imóvel de valor superior a trinta salários mínimos, como previsto no art. 108 do Código Civil:

"Art. 108. Não dispondo a lei em contrário, a escritura pública é essencial à validade dos negócios jurídicos que visem à constituição, transferência, modificação ou renúncia de direitos reais sobre imóveis de valor superior a trinta vezes o maior salário mínimo vigente no País".

Por sua vez, não há conflito entre o art. 64 da Lei nº 8.934/1994 e o art. 108 do Código Civil, pois a norma especial prevalece sobre a norma geral na hipótese que prevê, ou seja, na transmissão de bens do sócio para a sociedade promovida para a constituição ou o aumento do capital social.

Ausente conflito de normas, e cuidando-se de negócio jurídico celebrado em circunstância distinta, não há que se falar em violação de princípio da simetria, ou violação da isonomia, pois o princípio da igualdade impõe que o tratamento seja igual entre os iguais e desigual entre os desiguais.

E não há igualdade entre a sociedade, que tem personalidade jurídica própria, e os seus sócios, inclusive no que se refere aos patrimônios de ambos que são distintos.

A distinção entre a pessoa jurídica e os seus sócios, inclusive no que se refere ao patrimônio, foi realçada pelo art. 49-A do Código Civil, introduzido pela Lei nº 13.874/2019, que dispõe:

"Art. 49-A. A pessoa jurídica não se confunde com os seus sócios, associados, instituidores ou administradores.

Parágrafo único. A autonomia patrimonial das pessoas jurídicas é um instrumento lícito de alocação e segregação de riscos, estabelecido pela lei com a finalidade de estimular empreendimentos, para a geração de empregos, tributo, renda e inovação em benefício de todos".

A função social das pessoas jurídicas referida no parágrafo único do art. 49-A do Código Civil, que abrange a sua função econômica, embasa o tratamento adotado na legislação para a transmissão dos bens, pelos sócios, destinados à integralização e aumento do capital social, uma vez que são essenciais para o desenvolvimento da atividade empresária.

Por isso, a transmissão de bem imóvel da sociedade para o sócio, ainda que a título de pagamento dos haveres decorrentes da dissolução e posterior liquidação da empresa, tem como requisito de validade a escritura pública, salvo se o imóvel tiver valor inferior a trinta salários mínimos, como previsto no art. 108 do Código Civil.

O instrumento público não é dispensado pela causa da transmissão do imóvel da sociedade para o sócio, consistente no pagamento de haveres decorrente da sua dissolução, pois até a sua efetiva liquidação e consequente extinção permanece a sociedade com o domínio dos bens que integram o seu patrimônio, como esclarece Fábio Ulhoa Coelho:

"A sociedade empresária dissolvida (por ato dos sócios ou decisão judicial) não perde, de imediato, a personalidade jurídica por completo. Ao contrário, conserva-a, mas apenas para liqüidar as pendências obrigacionais existentes (LSA, art. 207; CC/2002, art. 51, Ccom, art. 335, in fine). Em outros termos, ela sofre uma considerável restrição na sua personalidade, na medida em que somente pode praticar os atos necessários ao atendimento das finalidades da liquidação. Qualquer negócio jurídico realizado em nome da sociedade empresária dissolvida que não vise dar seguimento à solução das pendências obrigacionais não pode ser imputado à pessoa jurídica. Esta não é mais um sujeito apto a titularizar direitos ou contrair obrigações, salvo as indispensáveis ao regular processamento da liquidação. Imputam-se, desse modo, as conseqüências do ato exclusivamente à pessoa física que o praticou em nome da sociedade dissolvida" (Curso de Direito Comercial, Vol. 2, 6ª ed., São Paulo: Saraiva, 2003, pág. 460).

A jurisprudência deste Egrégio Conselho Superior da Magistratura, com iguais fundamentos, exige o instrumento público como requisito para o registro do negócio jurídico de transmissão de imóvel da sociedade para o sócio, como se verifica na ementa do v. acórdão que foi prolatado na Apelação Cível nº 75.582-0/9 da Comarca de Jundiaí, j. 22.02.2001, de que foi relator o Desembargador Luís de Macedo:

"REGISTRO DE IMÓVEIS - Recusa no registro de instrumento particular de distrato social de pessoa jurídica, registrado na Junta Comercial, visando a transmissão de bem imóvel da sociedade para um dos sócios. Aplicação do art. 134, II, § 6º, do Código Civil, sendo necessário que o ato de transferência seja instrumentalizado por escritura pública. Interpretação restritiva, não abrangente da hipótese do art. 64, da lei nº 8.934/94. Dúvida procedente. Recurso a que se nega provimento".

3. Por fim, nos termos do art. 289 da Lei n.º 6.015/73 incumbe ao oficial de registro a rigorosa fiscalização do pagamento dos impostos devidos por força dos atos que lhes forem apresentados em razão do ofício, podendo a omissão acarretar a sua responsabilidade solidária no pagamento do tributo, como previsto no art. 134, inciso VI, do Código Tributário Nacional:

"Art. 134. Nos casos de impossibilidade de exigência do cumprimento da obrigação principal pelo contribuinte, respondem solidariamente com este nos atos em que intervierem ou pelas omissões de que forem responsáveis:

(...)

VI - os tabeliães, escrivães e demais serventuários de ofício, pelos tributos devidos sobre os atos praticados por eles, ou perante eles, em razão do seu ofício".

A imunidade prevista no inciso I do § 2º do art. 156 da Constituição Federal não incide quando a pessoa jurídica tiver como atividade preponderante a compra e venda de bens ou direitos sobre imóveis, a locação de bens imóveis ou arrendamento mercantil.

Assim, incumbe ao Registrador o dever de fiscalizar o pagamento dos impostos devidos, observando-se que eventual não incidência do imposto está condicionada à apresentação da prova do reconhecimento administrativo da imunidade, ou isenção, conforme o art. 31, inciso XIX, da Lei Municipal Estadual 96/2008 que foi referido na nota devolutiva (fl. 08).

4. Ante o exposto, pelo meu voto nego provimento ao recurso e mantenho a recusa do registro do título.

RICARDO ANAFE

Corregedor Geral da Justiça e Relator (DJe de 26.01.2021 – SP)

ITBI

PODER JUDICIÁRIO

TRIBUNAL DE JUSTIÇA DO ESTADO DE SÃO PAULO

CONSELHO SUPERIOR DA MAGISTRATURA

Apelação Cível nº 1052995-32.2021.8.26.0100

Registro: 2021.000918292

ACÓRDÃO

Vistos, relatados e discutidos estes autos de **Apelação Cível nº 1052995-32.2021.8.26.0100**, da Comarca de **São Paulo**, em que é apelante **OLIVIA COSTA ALONSO**, é apelado **4° OFICIAL DE REGISTRO DE IMÓVEIS DA COMARCA DA CAPITAL.**

ACORDAM, em Conselho Superior de Magistratura do Tribunal de Justiça de São Paulo, proferir a seguinte decisão: **"Negaram provimento ao recurso. V. U."**, de conformidade com o voto do Relator, que integra este acórdão.

O julgamento teve a participação dos Exmos. **PINHEIRO FRANCO (PRESIDENTE TRIBUNAL DE JUSTIÇA) (Presidente), LUIS SOARES DE MELLO (VICE PRESIDENTE), XAVIER DE AQUINO (DECANO), GUILHERME G. STRENGER (PRES. SEÇÃO DE DIREITO CRIMINAL), MAGALHÃES COELHO(PRES. DA SEÇÃO DE DIREITO PÚBLICO) E DIMAS RUBENS FONSECA (PRES. DA SEÇÃO DE DIREITO PRIVADO).**

São Paulo, 3 de novembro de 2021.

RICARDO ANAFE

Corregedor Geral da Justiça e Relator

Apelação Cível nº 1052995-32.2021.8.26.0100

Apelante: Olivia Costa Alonso

Apelado: 4° Oficial de Registro de Imóveis da Comarca da Capital

VOTO Nº 31.596

Registro de imóveis – Apelação – Dúvida negativa de registro de carta de sentença divórcio – Excesso de meação configurado transmissão onerosa dos direitos aquisitivos sobre bem imóvel incidência do ITBI – inteligência do art. 2º, V, da Lei Municipal N.º 12.391/2005 e do art. 152 do Decreto Municipal N.º 59.579/2020 – Qualificação registral razoabilidade da base de cálculo atribuição de valor irrisório no caso concreto óbices mantidos – Recurso a que se nega provimento.

1. Cuida-se de recurso de apelação interposto por **OLÍVIA COSTA ALONSO** em face da r. sentença de fl. 139/140, que julgou procedente a dúvida suscitada, mantendo os óbices registrários ofertados pelo 4º Oficial de Registro de Imóveis da Comarca da Capital para registro da carta de sentença oriunda dos autos do processo n.º 1114655-32.2018.8.26.0100, referente ao divórcio da apelante e de Felipe Sabino de Souza, instrumentalizada pelo 6º Tabelião de Notas da Capital.

A Nota de Exigência de fl. 11/12 indicou como motivos de recusa do ingresso do título:

"Considerando o patrimonio constituído apenas por bens imóveis, na partilha dos bens do casal, Olivia Costa Alonso, recebeu quinhão

acima da sua meação, dessa forma será necessário, apresentar o recolhimento do imposto de transmissão ITBI, com a respectiva multa, juros de mora e correção monetária, se pago fora do prazo legal, relativamente ao Apartamento n.º 71, do Edifício Claudio Tozzi, na rua Itacema, n.º 97. Esse o entendimento do Conselho Superior da Magistratura, na Apelação Cível n.º 372-6/9, da Comarca de Patrocínio Paulista SP.

Ainda, em atenção ao artigo 289 da Lei de Registros Públicos e conforme determinado nas Normas de Serviço do Extrajudicial da Corregedoria Geral da Justiça de São Paulo:

217. Em se tratando de separação ou divórcio, a carta de sentença deverá conter, ainda, cópias das seguintes peças:

(...)

V – Manifestação do Município, pela respectiva Procuradoria, se o caso, acerca da incidência e recolhimento do Imposto Sobre Transmissão de Bens Imóveis Inter Vivos, e sobre eventual pagamento em dinheiro da diferença entre os quinhões dos herdeiros, e sobre a incidência do tributo;

Obs. O imposto de transmissão recolhido pela guia apresentada no protocolo 599.293, que trata da subrogação da dívida junto ao Itaú Unibanco S/A., foi pago a menor, tendo em vista que a base de cálculo deveria considerar o valor venal de referencia atribuído ao imóvel pela prefeitura de São Paulo.

O valor total das custas e emolumentos do presente título, calculados com base na Lei Estadual n.º 11.331/02, importa em R$ 1.196,40, tendo sido depositada a importância de R$ 0,00, restando um saldo remanescente a ser recolhido de R$ 1.196,40."

Sustenta a recorrente, em suma, que a exigência de manifestação da Procuradoria Municipal atenta contra o princípio da razoável duração do processo; não é o caso de se exigir a manifestação do Município de São Paulo porque não houve transmissão de bem imóvel por ato *inter vivos*; o ex-cônjuge, Felipe Sabino de Souza, cedeu para a Apelante a sua posição em contrato de alienação fiduciária, ou seja, houve a transmissão de uma obrigação pessoal, mas não um direito real de propriedade. A cobrança de ITBI no caso concreto deve ser afastada para não haver *bis in idem*, uma vez que já pagou o ITBI sobre todo o imóvel quando da celebração do negócio jurídico original.

A D. Procuradoria Geral de Justiça opinou pelo desprovimento do recurso (fl. 175/178).

É o relatório.

2. Presentes seus pressupostos legais e administrativos, conheço do recurso.

Foi apresentada à registro a carta de sentença instrumentalizada pelo 6º Tabelião de Notas desta Capital, extraída dos autos do processo nº 1114655- 32.2018.8.26.0100, referente ao divórcio de Olívia Costa Alonso, ora apelante, e de Felipe Sabino de Souza.

No acordo entabulado entre as partes, homologado pela r. sentença datada de 12 de dezembro de 2018, restou convencionado que os direitos aquisitivos sobre o imóvel objeto da matrícula nº 96.717, decorrentes da alienação fiduciária constituída sobre o R.07 do citado livro, seriam partilhados integralmente para a recorrente, havendo, ainda, expressa disposição no sentido de que "o quinhão do varão será pago pela virago nos seguintes moldes:

a) primeira parcela no valor de R$ 24.635,80 a ser depositada na conta corrente de titularidade do varão;

b) demais 20 parcelas no valor de R$ 15.000,00 a serem depositadas nos meses consecutivos e subsequentes do pagamento da primeira parcela".

Desde logo, importa lembrar que a origem judicial do título não o torna imune à qualificação registral, ainda que limitada aos requisitos formais do título e sua adequação aos princípios registrais, conforme disposto no item 119 do Capítulo XX das Normas de Serviço da Corregedoria Geral da Justiça, vigente à época da qualificação (atual item 117).

Está pacificado, inclusive, que a qualificação negativa não caracteriza desobediência ou descumprimento de decisão judicial (Apelação Cível n.º 413-6/7; Apelação Cível n.º 0003968-52.2014.8.26.0453; Apelação Cível n.º 0005176-34.2019.8.26.0344; e Apelação Cível nº. 1001015-36.2019.8.26.0223).

Fixado esta premissa, nos termos do art. 289 da Lei n.º 6.015/73, incumbe ao oficial de registro a rigorosa fiscalização do pagamento dos impostos devidos por força dos atos que lhes forem apresentados em razão do ofício, o que vem corroborado pelos itens 117 e 117.1, do Capítulo XX, Tomo II, das NSCGJ:

"117 - Incumbe ao oficial impedir o registro de título que não satisfaça os requisitos exigidos pela lei, quer sejam consubstanciados em instrumento público ou particular, quer em atos judiciais.

117.1. - Com exceção do recolhimento do imposto de transmissão e de recolhimento do laudêmio, quando devidos, nenhuma exigência relativa à quitação de débitos para com a Fazenda Pública, inclusive quitação de débitos previdenciários, fará o oficial, para o registro de títulos particulares, notariais ou judiciais".

A omissão do Delegatário pode levar à sua responsabilidade solidária no pagamento do tributo, nos exatos termos do art. 134, inciso VI, do Código Tributário Nacional-CTN:

"Art. 134 - Nos casos de impossibilidade de exigência do cumprimento da obrigação principal pelo contribuinte, respondem solidariamente com este nos atos em que intervierem ou pelas omissões de que forem responsáveis:

(...) VI - os tabeliães, escrivães e demais serventuários de ofício, pelos tributos devidos sobre os atos praticados por eles, ou perante eles, em razão do seu ofício".

In casu, em face do excesso de meação em favor da apelante, que ficou com a integralidade dos direitos aquisitivos sobre o imóvel objeto da matrícula nº 96.717, foi paga ao divorciando Felipe a importância de R$ 324.635,80, de forma parcelada.

Com efeito, o art. 35 do Código Tributário Nacional c.c. o art. 156, inciso II, da Constituição Federal estabelecem que o fato gerador do ITBI é a transmissão "inter vivos", a qualquer título, por ato oneroso, de bens imóveis, por natureza ou acessão física, e de direitos reais sobre imóveis, exceto os de garantia, bem como cessão de direitos a sua aquisição, competindo aos Municípios legislar a respeito de sua instituição.

Sobre a incidência do ITBI relevante destacar trecho doutrinário:

"O que se tributa é a transmissão da propriedade de bem imóvel realizada através de um negócio jurídico oneroso, tais como compra e venda, dação em pagamento ou permuta." **[1]**

E, em razão da cessão onerosa dos direitos aquisitivos sobre o imóvel objeto da matrícula nº 96.717, incide o imposto, em observância ao que dispõe o artigo 2º, V, da Lei Municipal n.º 12.391/2005:

"Art. 2º - Incluem-se na hipótese de incidência do imposto quaisquer atos onerosos translativos ou constitutivos de direitos reais sobre imóveis, como definidos na lei civil, dentre os quais:

V - o excesso ocorrido nas divisões do patrimônio comum ou na partilha quando for atribuído a um dos cônjuges separados ou divorciados ou ao condômino valor dos bens imóveis localizados no município acima do respectivo quinhão de direito, quando houver tornas ou reposições".

No mesmo sentido é a redação do art. 152 do Decreto Municipal n.º 59.579 de 03 de julho de 2020.

"Art. 152 - Estão compreendidos na incidência do imposto:

VI - o valor dos imóveis que, na divisão de patrimônio comum ou na partilha, forem atribuídos a um dos cônjuges separados ou divorciados, ao cônjuge supérstite ou a qualquer herdeiro, acima da respectiva meação ou quinhão, considerando, em conjunto, apenas os bens imóveis constantes do patrimônio comum ou monte-mor."

E, não há como se acolher o argumento da recorrente de que no caso não houve transmissão de bem imóvel por ato inter vivos, havendo, apenas, cessão, por parte do divorciando, de sua posição no contrato de alienação fiduciária em que figurava como devedor.

À luz do que dispõe o artigo 1.368-B do Código Civil:

"Art. 1.368-B - A alienação fiduciária em garantia de bem móvel ou imóvel confere direito real de aquisição ao fiduciante, seu cessionário ou sucessor."

Como nos ensina Francisco Eduardo Loureiro ao comentar referido dispositivo legal:

*"A titularidade pelo devedor fiduciante de direito real de aquisição, que se converterá em propriedade plena tão logo solva a obrigação garantida, gera relevantes consequencias jurídicas. Tem o devedor fiduciante a seu favor ações reais, fundadas não somente na posse direta (jus possessionis) como também no seu direito real de aquisição (jus possidendi), inclusive ação reivindicatória, contra quem quer que viole tal prerrogativa, inclusive contra o credor fiduciário. Além disso, esse direito é transmissível inter vivos e causa mortis, e suscetível de ser penhorado, arrestado e sequestrado, porquanto é atual e tem valor econômico (Moreira Alves, obra citada, p. 178)".***[2]**

Inquestionável, assim, a existência de transmissão onerosa de direito real de aquisição, fato gerador do imposto de transmissão "*inter vivos*".

Não há se falar, tampouco, em *bis in idem*, como alegado pela recorrente.

Como dito, o fato gerador do tributo é a transmissão "Inter Vivos", a qualquer título, por ato oneroso, de bens imóveis, por natureza ou acessão física, e de direitos reais sobre imóveis, exceto os de garantia, bem como a cessão de direitos à sua aquisição.

Nesta ordem de ideias, o recolhimento do ITBI por ocasião do negócio jurídico inaugural, firmado entre Cláudio Stocco Lellis, com a anuência de sua convivente Claudia Regiane da Silva, e o extinto casal (fl. 80), não interfere e não se confunde com o negócio subsequente, qual seja, a cessão onerosa dos direitos reais de aquisição de Felipe para a ora apelante.

Não se desconhecem, ademais, os precedentes deste Conselho Superior da Magistratura no sentido de que não cabe ao Registrador se ater ao valor recolhido a título de ITBI, como na Apelação nº 1000459-49.2017.8.26.0176, de Relatoria do Excelentíssimo Desembargador Geraldo Francisco Pinheiro Franco, cuja ementa assim se transcreve:

> *"Registro de Imóveis – Escritura pública de dação em pagamento – Qualificação negativa – Questionamento a respeito da base de cálculo utilizada para recolhimento do imposto sobre transmissão de bens imóveis ITBI – Análise pelo oficial registrador, na matéria concernente ao imposto de transmissão, que deve se ater ao seu recolhimento, sem alcançar o valor – Não configuração de flagrante irregularidade no recolhimento – Precedentes do C. Conselho Superior da Magistratura – Apelação provida para julgar a dúvida improcedente".*

Contudo, indiscutível que o recolhimento do tributo deve ser feito com fulcro em base de cálculo razoável, o que não ocorreu no caso concreto.

Conforme se vê da guia acostada a fl. 111, a apelante atribuiu à transação o valor irrisório de R$ 1,00 e ao imóvel o valor de R$ 11.564,65, o que não se mostra razoável e está em dissonância com o disposto no art. 157 do Decreto Municipal n.º 59.579 de 03 de julho de 2020, *in verbis:*

> *"Art. 157 - Para fins de lançamento do imposto, a base de cálculo é o valor venal dos bens ou direitos transmitidos, assim considerado o valor pelo qual o bem ou direito seria negociado à vista, em condições normais de mercado."*

Assim, cabe a interessada procurar a Administração Fazendária e realizar o correto recolhimento do imposto, com base na norma vigente, para futura apresentação junto ao Oficial de Registro de Imóveis.

Finalmente, eventual não incidência do tributo está condicionada à apresentação pela interessada de prova do reconhecimento administrativo da isenção, que não está na esfera de discricionariedade do Oficial, conforme art. 176, inciso I, do Decreto Municipal n.º 59.579/2020.

> *"Art. 176 - Para lavratura, registro, inscrição, averbação e demais atos relacionados à transmissão de imóveis ou de direitos a eles relativos, ficam obrigados os notários, oficiais de Registro de Imóveis ou seus prepostos a:*
>
> *I - verificar a existência da prova do recolhimento do imposto ou do reconhecimento administrativo da não-incidência, da imunidade ou da concessão de isenção;"*

Nesse cenário, não há como se concluir pela superação dos óbices apontados pelo Registrador.

3. Por essas razões, pelo meu voto, nego provimento ao recurso.

RICARDO ANAFE

Corregedor Geral da Justiça e Relator

NOTAS:

[1] Registro Imobiliário: dinâmica registral / Ricardo Dip, Sérgio Jacomino, organizadores. São Paulo: Editora Revista dos Tribunais, 2011. (Coleção doutrinas essenciais: direito registral; v.6 p. 1329).

[2] Código Civil Comentado, Doutrina e Jurisprudência. Coordenador Ministro Cezar Peluso, Ed. Manole, 2017, p. 1348. (DJe de 24.02.2021 – SP)

PODER JUDICIÁRIO

TRIBUNAL DE JUSTIÇA DO ESTADO DE SÃO PAULO

CONSELHO SUPERIOR DA MAGISTRATURA

Apelação Cível nº 1052995-32.2021.8.26.0100

Registro: 2021.0000918292

ACÓRDÃO

Vistos, relatados e discutidos estes autos de **Apelação Cível nº 1052995-32.2021.8.26.0100**, da Comarca de **São Paulo**, em que é apelante **OLIVIA COSTA ALONSO**, é apelado **4º OFICIAL DE REGISTRO DE IMÓVEIS DA COMARCA DA CAPITAL.**

ACORDAM, em Conselho Superior de Magistratura do Tribunal de Justiça de São Paulo, proferir a seguinte decisão: **"Negaram provimento ao recurso. V. U."**, de conformidade com o voto do Relator, que integra este acórdão.

O julgamento teve a participação dos Exmos. **PINHEIRO FRANCO (PRESIDENTE TRIBUNAL DE JUSTIÇA) (Presidente), LUIS SOARES DE MELLO (VICE PRESIDENTE), XAVIER DE AQUINO (DECANO), GUILHERME G. STRENGER (PRES. SEÇÃO DE DIREITO CRIMINAL), MAGALHÃES COELHO(PRES. DA SEÇÃO DE DIREITO**

PÚBLICO) E DIMAS RUBENS FONSECA (PRES. DA SEÇÃO DE DIREITO PRIVADO).

São Paulo, 3 de novembro de 2021.

RICARDO ANAFE

Corregedor Geral da Justiça e Relator

Apelação Cível nº 1052995-32.2021.8.26.0100

Apelante: Olivia Costa Alonso

Apelado: 4° Oficial de Registro de Imóveis da Comarca da Capital

VOTO Nº 31.596

Registro de imóveis – Apelação – Dúvida negativa de registro de carta de sentença divórcio – Excesso de meação configurado transmissão onerosa dos direitos aquisitivos sobre bem imóvel incidência do ITBI – inteligência do art. 2º, V, da Lei Municipal N.º 12.391/2005 e do art. 152 do Decreto Municipal N.º 59.579/2020 – Qualificação registral razoabilidade da base de cálculo atribuição de valor irrisório no caso concreto óbices mantidos – Recurso a que se nega provimento.

1. Cuida-se de recurso de apelação interposto por **OLÍVIA COSTA ALONSO** em face da r. sentença de fl. 139/140, que julgou procedente a dúvida suscitada, mantendo os óbices registrários ofertados pelo 4º Oficial de Registro de Imóveis da Comarca da Capital para registro da carta de sentença oriunda dos autos do processo n.º 1114655-32.2018.8.26.0100, referente ao divórcio da apelante e de Felipe Sabino de Souza, instrumentalizada pelo 6º Tabelião de Notas da Capital.

A Nota de Exigência de fl. 11/12 indicou como motivos de recusa do ingresso do título:

"Considerando o patrimonio constituído apenas por bens imóveis, na partilha dos bens do casal, Olivia Costa Alonso, recebeu quinhão acima da sua meação, dessa forma será necessário, apresentar o recolhimento do imposto de transmissão ITBI, com a respectiva multa, juros de mora e correção monetária, se pago fora do prazo legal, relativamente ao Apartamento n.º 71, do Edifício Claudio Tozzi, na rua Itacema, n.º 97. Esse o entendimento do Conselho Superior da Magistratura, na Apelação Cível n.º 372-6/9, da Comarca de Patrocínio Paulista SP.

Ainda, em atenção ao artigo 289 da Lei de Registros Públicos e conforme determinado nas Normas de Serviço do Extrajudicial da Corregedoria Geral da Justiça de São Paulo:

217. Em se tratando de separação ou divórcio, a carta de sentença deverá conter, ainda, cópias das seguintes peças:

(...)

V – Manifestação do Município, pela respectiva Procuradoria, se o caso, acerca da incidência e recolhimento do Imposto Sobre Transmissão de Bens Imóveis Inter Vivos, e sobre eventual pagamento em dinheiro da diferença entre os quinhões dos herdeiros, e sobre a incidência do tributo;

Obs. O imposto de transmissão recolhido pela guia apresentada no protocolo 599.293, que trata da subrogação da dívida junto ao Itaú Unibanco S/A., foi pago a menor, tendo em vista que a base de cálculo deveria considerar o valor venal de referencia atribuído ao imóvel pela prefeitura de São Paulo.

O valor total das custas e emolumentos do presente título, calculados com base na Lei Estadual n.º 11.331/02, importa em R$ 1.196,40, tendo sido depositada a importância de R$ 0,00, restando um saldo remanescente a ser recolhido de R$ 1.196,40."

Sustenta a recorrente, em suma, que a exigência de manifestação da Procuradoria Municipal atenta contra o princípio da razoável duração do processo; não é o caso de se exigir a manifestação do Município de São Paulo porque não houve transmissão de bem imóvel por ato *inter vivos*; o ex-cônjuge, Felipe Sabino de Souza, cedeu para a Apelante a sua posição em contrato de alienação fiduciária, ou seja, houve a transmissão de uma obrigação pessoal, mas não um direito real de propriedade. A cobrança de ITBI no caso concreto deve ser afastada para não haver *bis in idem*, uma vez que já pagou o ITBI sobre todo o imóvel quando da celebração do negócio jurídico original.

A D. Procuradoria Geral de Justiça opinou pelo desprovimento do recurso (fl. 175/178).

É o relatório.

2. Presentes seus pressupostos legais e administrativos, conheço do recurso.

Foi apresentada à registro a carta de sentença instrumentalizada pelo 6º Tabelião de Notas desta Capital, extraída dos autos do processo nº 1114655- 32.2018.8.26.0100, referente ao divórcio de Olívia Costa Alonso, ora apelante, e de Felipe Sabino de Souza.

No acordo entabulado entre as partes, homologado pela r. sentença datada de 12 de dezembro de 2018, restou convencionado que os direitos aquisitivos sobre o imóvel objeto da matrícula nº 96.717, decorrentes da alienação fiduciária constituída sobre o R.07 do citado livro, seriam partilhados integralmente para a recorrente, havendo, ainda, expressa disposição no sentido de que "o quinhão do varão será pago pela virago nos seguintes moldes:

a) primeira parcela no valor de R$ 24.635,80 a ser depositada na conta corrente de titularidade do varão;

b) demais 20 parcelas no valor de R$ 15.000,00 a serem depositadas nos meses consecutivos e subsequentes do pagamento da primeira parcela".

Desde logo, importa lembrar que a origem judicial do título não o torna imune à qualificação registral, ainda que limitada aos requisitos formais do título e sua adequação aos princípios registrais, conforme disposto no item 119 do Capítulo XX das Normas de Serviço da Corregedoria Geral da Justiça, vigente à época da qualificação (atual item 117).

Está pacificado, inclusive, que a qualificação negativa não caracteriza desobediência ou descumprimento de decisão judicial (Apelação Cível n.º 413-6/7; Apelação Cível n.º 0003968-52.2014.8.26.0453; Apelação Cível n.º 0005176-34.2019.8.26.0344; e Apelação Cível nº. 1001015-36.2019.8.26.0223).

Fixado esta premissa, nos termos do art. 289 da Lei n.º 6.015/73, incumbe ao oficial de registro a rigorosa fiscalização do pagamento dos impostos devidos por força dos atos que lhes forem apresentados em razão do ofício, o que vem corroborado pelos itens 117 e 117.1, do Capítulo XX, Tomo II, das NSCGJ:

> *"117 - Incumbe ao oficial impedir o registro de título que não satisfaça os requisitos exigidos pela lei, quer sejam consubstanciados em instrumento público ou particular, quer em atos judiciais.*
>
> *117.1. - Com exceção do recolhimento do imposto de transmissão e de recolhimento do laudêmio, quando devidos, nenhuma exigência relativa à quitação de débitos para com a Fazenda Pública, inclusive quitação de débitos previdenciários, fará o oficial, para o registro de títulos particulares, notariais ou judiciais".*

A omissão do Delegatário pode levar à sua responsabilidade solidária no pagamento do tributo, nos exatos termos do art. 134, inciso VI, do Código Tributário Nacional-CTN:

> *"Art. 134 - Nos casos de impossibilidade de exigência do cumprimento da obrigação principal pelo contribuinte, respondem solidariamente com este nos atos em que intervierem ou pelas omissões de que forem responsáveis:*
>
> *(...) VI - os tabeliães, escrivães e demais serventuários de ofício, pelos tributos devidos sobre os atos praticados por eles, ou perante eles, em razão do seu ofício".*

In casu, em face do excesso de meação em favor da apelante, que ficou com a integralidade dos direitos aquisitivos sobre o imóvel objeto da matrícula nº 96.717, foi paga ao divorciando Felipe a importância de R$ 324.635,80, de forma parcelada.

Com efeito, o art. 35 do Código Tributário Nacional c.c. o art. 156, inciso II, da Constituição Federal estabelecem que o fato gerador do ITBI é a transmissão "inter vivos", a qualquer título, por ato oneroso, de bens imóveis, por natureza ou acessão física, e de direitos reais sobre imóveis, exceto os de garantia, bem como cessão de direitos a sua aquisição, competindo aos Municípios legislar a respeito de sua instituição.

Sobre a incidência do ITBI relevante destacar trecho doutrinário:

> *"O que se tributa é a transmissão da propriedade de bem imóvel realizada através de um negócio jurídico oneroso, tais como compra e venda, dação em pagamento ou permuta."* **[1]**

E, em razão da cessão onerosa dos direitos aquisitivos sobre o imóvel objeto da matrícula nº 96.717, incide o imposto, em observância ao que dispõe o artigo 2º, V, da Lei Municipal n.º 12.391/2005:

> *"Art. 2º - Incluem-se na hipótese de incidência do imposto quaisquer atos onerosos translativos ou constitutivos de direitos reais sobre imóveis, como definidos na lei civil, dentre os quais:*
>
> *V - o excesso ocorrido nas divisões do patrimônio comum ou na partilha quando for atribuído a um dos cônjuges separados ou divorciados ou ao condômino valor dos bens imóveis localizados no município acima do respectivo quinhão de direito, quando houver tornas ou reposições".*

No mesmo sentido é a redação do art. 152 do Decreto Municipal n.º 59.579 de 03 de julho de 2020.

> *"Art. 152 - Estão compreendidos na incidência do imposto:*
>
> *VI - o valor dos imóveis que, na divisão de patrimônio comum ou na partilha, forem atribuídos a um dos cônjuges separados ou divorciados, ao cônjuge supérstite ou a qualquer herdeiro, acima da respectiva meação ou quinhão, considerando, em conjunto, apenas os bens imóveis constantes do patrimônio comum ou monte-mor."*

E, não há como se acolher o argumento da recorrente de que no caso não houve transmissão de bem imóvel por ato inter vivos, havendo, apenas, cessão, por parte do divorciando, de sua posição no contrato de alienação fiduciária em que figurava como devedor.

À luz do que dispõe o artigo 1.368-B do Código Civil:

> *"Art. 1.368-B - A alienação fiduciária em garantia de bem móvel ou imóvel confere direito real de aquisição ao fiduciante, seu cessionário ou sucessor."*

Como nos ensina Francisco Eduardo Loureiro ao comentar referido dispositivo legal:

> *"A titularidade pelo devedor fiduciante de direito real de aquisição, que se converterá em propriedade plena tão logo solva a obrigação garantida, gera relevantes consequencias jurídicas. Tem o devedor fiduciante a seu favor ações reais, fundadas não somente na posse direta (jus possessionis) como também no seu direito real de aquisição (jus possidendi), inclusive ação reivindicatória, contra quem quer que viole tal prerrogativa, inclusive contra o credor fiduciário. Além disso, esse direito é transmissível inter vivos e causa mortis, e suscetível de ser penhorado, arrestado e sequestrado, porquanto é atual e tem valor econômico (Moreira Alves, obra citada, p. 178)".***[2]**

Inquestionável, assim, a existência de transmissão onerosa de direito real de aquisição, fato gerador do imposto de transmissão "*inter vivos*".

Não há se falar, tampouco, em *bis in idem*, como alegado pela recorrente.

Como dito, o fato gerador do tributo é a transmissão "Inter Vivos", a qualquer título, por ato oneroso, de bens imóveis, por natureza ou acessão física, e de direitos reais sobre imóveis, exceto os de garantia, bem como a cessão de direitos à sua aquisição.

Nesta ordem de ideias, o recolhimento do ITBI por ocasião do negócio jurídico inaugural, firmado entre Cláudio Stocco Lellis, com a anuência de sua convivente Claudia Regiane da Silva, e o extinto casal (fl. 80), não interfere e não se confunde com o negócio subsequente, qual seja, a cessão onerosa dos direitos reais de aquisição de Felipe para a ora apelante.

Não se desconhecem, ademais, os precedentes deste Conselho Superior da Magistratura no sentido de que não cabe ao Registrador se ater ao valor recolhido a título de ITBI, como na Apelação nº 1000459-49.2017.8.26.0176, de Relatoria do Excelentíssimo Desembargador Geraldo Francisco Pinheiro Franco, cuja ementa assim se transcreve:

> *"Registro de Imóveis – Escritura pública de dação em pagamento – Qualificação negativa – Questionamento a respeito da base de cálculo utilizada para recolhimento do imposto sobre transmissão de bens imóveis ITBI – Análise pelo oficial registrador, na matéria concernente ao imposto de transmissão, que deve se ater ao seu recolhimento, sem alcançar o valor – Não configuração de flagrante irregularidade no recolhimento – Precedentes do C. Conselho Superior da Magistratura – Apelação provida para julgar a dúvida improcedente".*

Contudo, indiscutível que o recolhimento do tributo deve ser feito com fulcro em base de cálculo razoável, o que não ocorreu no caso concreto.

Conforme se vê da guia acostada a fl. 111, a apelante atribuiu à transação o valor irrisório de R$ 1,00 e ao imóvel o valor de R$ 11.564,65, o que não se mostra razoável e está em dissonância com o disposto no art. 157 do Decreto Municipal n.º 59.579 de 03 de julho de 2020, *in verbis:*

> *"Art. 157 - Para fins de lançamento do imposto, a base de cálculo é o valor venal dos bens ou direitos transmitidos, assim considerado o valor pelo qual o bem ou direito seria negociado à vista, em condições normais de mercado."*

Assim, cabe a interessada procurar a Administração Fazendária e realizar o correto recolhimento do imposto, com base na norma vigente, para futura apresentação junto ao Oficial de Registro de Imóveis.

Finalmente, eventual não incidência do tributo está condicionada à apresentação pela interessada de prova do reconhecimento administrativo da isenção, que não está na esfera de discricionariedade do Oficial, conforme art. 176, inciso I, do Decreto Municipal n.º 59.579/2020.

> *"Art. 176 - Para lavratura, registro, inscrição, averbação e demais atos relacionados à transmissão de imóveis ou de direitos a eles relativos, ficam obrigados os notários, oficiais de Registro de Imóveis ou seus prepostos a:*
>
> *I - verificar a existência da prova do recolhimento do imposto ou do reconhecimento administrativo da não-incidência, da imunidade ou da concessão de isenção;"*

Nesse cenário, não há como se concluir pela superação dos óbices apontados pelo Registrador.

3. Por essas razões, pelo meu voto, nego provimento ao recurso.

RICARDO ANAFE

Corregedor Geral da Justiça e Relator

NOTAS:

[1] Registro Imobiliário: dinâmica registral / Ricardo Dip, Sérgio Jacomino, organizadores. São Paulo: Editora Revista dos Tribunais, 2011. (Coleção doutrinas essenciais: direito registral; v.6 p. 1329).

[2] Código Civil Comentado, Doutrina e Jurisprudência. Coordenador Ministro Cezar Peluso, Ed. Manole, 2017, p. 1348. (DJe de 24.02.2021 – SP)

LOCAÇÃO

PODER JUDICIÁRIO

TRIBUNAL DE JUSTIÇA DO ESTADO DE SÃO PAULO

CONSELHO SUPERIOR DA MAGISTRATURA

Apelação Cível nº 1081052-94.2020.8.26.0100

Registro: 2021.0000161473

ACÓRDÃO

Vistos, relatados e discutidos estes autos de **Apelação Cível nº 1081052-94.2020.8.26.0100**, da Comarca de **São Paulo**, em que é apelante **AUGUSTO CESAR SALLES VANNI**, é apelado **OFICIAL DO 13º REGISTRO DE IMÓVEIS DA COMARCA DA CAPITAL**.

ACORDAM, em Conselho Superior de Magistratura do Tribunal de Justiça de São Paulo, proferir a seguinte decisão: **"Negaram provimento, v.u."**, de conformidade com o voto do Relator, que integra este acórdão.

O julgamento teve a participação dos Exmos. **PINHEIRO FRANCO (PRESIDENTE TRIBUNAL DE JUSTIÇA) (Presidente), LUIS SOARES DE MELLO (VICE PRESIDENTE), XAVIER DE AQUINO (DECANO), GUILHERME G. STRENGER (PRES. SEÇÃO DE DIREITO CRIMINAL), MAGALHÃES COELHO(PRES. DA SEÇÃO DE DIREITO PÚBLICO) E DIMAS RUBENS FONSECA (PRES. DA SEÇÃO DE DIREITO PRIVADO).**

São Paulo, 18 de fevereiro de 2021.

RICARDO ANAFE

Corregedor Geral da Justiça e Relator

Apelação Cível nº 1081052-94.2020.8.26.0100

Apelante: Augusto Cesar Salles Vanni

Apelado: Oficial do 13º Registro de Imóveis da Comarca da Capital

VOTO Nº 31.464

Registro de Imóveis – Dúvida – Contrato de locação com cláusula de vigência –Instrumento particular – Locador que não é proprietário do imóvel – Violação do princípio da continuidade – Inviabilidade do registro stricto sensu – Apelação a que se nega provimento para, conhecendo a dúvida pelo mérito e julgando-a procedente, manter o óbice à inscrição rogada.

Vistos etc.

1. Trata-se de apelação interposta por Augusto Cesar Salles Vanni contra a r. sentença (fl. 38/41) que deu por prejudicada a dúvida suscitada pelo 13º Oficial de Registro de Imóveis da Comarca de São Paulo (fl. 01/08 e 09/10) acerca dos óbices postos ao registro *stricto sensu* de um contrato de locação (Lei n.º 6.015, de 31 de dezembro de 1973, art. 167, I, 3) na matrícula nº 13.415 daquele cartório (fl. 20/22; prenotação 341.444). *De meritis*, a sentença concluiu que a pretendida inscrição em verdade não pode ser feita, por implicar, em tal caso, violação ao princípio do trato consecutivo: com efeito, os donos do imóvel locado são Augusto Cesar Salles Vanni e sua mulher Suely Ribeiro Vanni, mas o locador é Salles Vanni Administração de Bens Ltda., de modo que o título não atende o disposto nos artigos 195 e 237 da Lei de Registros Públicos.

Nas razões de sua apelação (fl. 47/51), o recorrente afirma que os donos Augusto Cesar e Suely deram o imóvel em comodato verbal à pessoa jurídica Salles Vanni Ltda., a qual, por sua vez, celebrou a locação, visto que o locador não precisa ser proprietário, necessariamente. O apelante figurou como anuente no contrato, e rogou o registro *stricto sensu*, e quem pode o mais, pode o menos: se o dono pode alienar o bem por qualquer título, então também pode permitir que seja inscrito um contrato de locação, em favor de terceiros (no caso, a parte locatária). Conclui que não há violação ao princípio da continuidade, porque a titularidade do domínio não sofrerá alteração.

A D. Procuradoria de Justiça opinou pelo não provimento do recurso, já porque a dúvida está prejudicada, já porque, no mérito, o registro *stricto sensu*, se fosse feito como requerido, violaria a continuidade registral (fl. 73/76).

É o relatório.

2. Preliminarmente, esclareça-se que esta dúvida tem de ser conhecida pelo mérito, ou seja, não pode ser dada por prejudicada.

Da nota devolutiva (fl. 23/24) constaram as exigências seguintes: *(a)* retificação do contrato, para constar como locadores Augusto Cesar Salles Vanni e/ou sua mulher Suely Ribeiro Vanni; *(b)* comprovação dos poderes de representação da locatária Cabeleireiro e Manicure Studio Rosy Faria Ltda. EPP; e *(c)* adimplementos dos emolumentos e custas no total de R$ 2.003,53.

Ora, satisfeita a exigência relativa aos poderes de representação (item *b* – cf. fl. 05 e 09), e não havendo notícia de cancelamento da prenotação por falta de pagamento de emolumentos e custas (item *c* – cf. fl. 05), controverte-se agora, apenas, sobre o problema do trato sucessivo (item *a*), que, *nota bene,* sempre foi discutido pelo interessado (fl. 09-10 e 30-31) e, tendo sido versado na r. sentença recorrida (fl. 39/41), agora deve ser enfrentado para o deslinde do problema.

Por força do princípio da continuidade (ou do trato consecutivo), como regra geral só se admite a inscrição (registro *stricto sensu* ou averbação – Lei n.º 6.015/1973, art. 167, I e II) "daqueles actos de disposição em que o disponente coincide com o titular do direito segundo o registo" (Carlos Ferreira de Almeida, *apud* Ricardo Dip, *Registros sobre Registros,* n. 208). É o que diz a Lei n.º 6.015/1973:

"Art. 195 - Se o imóvel não estiver matriculado ou registrado em nome do outorgante, o oficial exigirá a prévia matrícula e o registro do título anterior, qualquer que seja a sua natureza, para manter a continuidade do registro.

Art. 237 - Ainda que o imóvel esteja matriculado, não se fará registro que dependa da apresentação de título anterior, a fim de que se preserve a continuidade do registro."

Nas palavras de Afrânio de Carvalho (*Registro de Imóveis,* 3ª ed., Rio de Janeiro: Forense, 1982, p. 304):

> "O princípio de continuidade, que se apoia no de especialidade, quer dizer que, em relação a cada imóvel, adequadamente individuado, deve existir uma cadeia de titularidades à vista da qual só se fará a inscrição de um direito se o outorgante dele aparecer no registro como seu titular. Assim, as sucessivas transmissões que derivam umas da outras, asseguram sempre a preexistência do imóvel no patrimônio do transferente."

Cuidando-se do registro *stricto sensu* de locação, para fins de vigência em caso de alienação do imóvel (Lei n.º 6.015/1973, art. 167, I, 3), o respeito ao princípio da continuidade dá-se de modo suficiente com a apresentação de qualquer das vias do instrumento contratual, "bastando" eis o ponto "a coincidência entre o nome de um dos proprietários e o locador" (art. 169, III).

No caso destes autos, contudo, essa coincidência não se configura, porque os proprietários são Augusto Cesar Salles Vanni e sua mulher Suely Ribeiro Vanni (matrícula nº 13.415, do 13º Ofício de Registro de Imóveis da Capital – fl. 20) e o contrato, entretanto, traz como parte locadora Salles Vanni Administração de Bens Ltda. (fl. 12), pessoa jurídica que, à evidência, não se confunde com os proprietários pessoas físicas.

Vale notar que a mera anuência dos donos, aposta no contrato (fl. 12), não faz da pessoa jurídica locatária, de nenhuma forma, titular com poder de dispor, para fins do princípio do trato consecutivo: afinal, conquanto um dos donos tenha anuído, fato é que o negócio jurídico subjacente ao registro pretendido ainda tem, como causante, pessoa que, *no plano registral,* não era titular de disponibilidade, o que impede a inscrição pretendida, como ficou bem observado pelo r. *decisum* apelado (fl. 39/41) e pela Procuradoria de Justiça (fl. 74/76).

De resto, é essa a lição corrente deste Conselho Superior da Magistratura:

"Contrato de locação. Cláusula de vigência no caso de alienação do imóvel. Contrato celebrado pela viúva sem representar o espólio. Ausência de transmissão da posição contratual quanto ao espólio por não ser parte no contrato. Atual proprietária que é pessoa diversa da viúva e do espólio. Princípio da continuidade. Impossibilidade de registro recurso não provido." (Apel. Cív. 1066670-33.2019.8.26.0100, j. 10.12.2019, DJe 31.03.2020).

"Registro de Imóveis – Dúvida – Pretensão de registro de contrato de locação firmado em 2007 – Locador que não é mais o proprietário – "tempus regit actum" – Princípio da continuidade – Sentença de procedência – Recurso não provido." (Apel. Cív. 1001387-05.2015.8.26.0100, j. 19.8.2015, DJe 13.10.2015).

3. Ante o exposto, por meu voto, **nego provimento ao recurso de apelação para, conhecendo a dúvida pelo mérito e julgando-a procedente, manter o óbice oposto ao pretendido registro.**

RICARDO ANAFE

Corregedor Geral da Justiça e Relator (DJe de 24.05.2021 – SP)

LOTEAMENTO

PODER JUDICIÁRIO

TRIBUNAL DE JUSTIÇA DO ESTADO DE SÃO PAULO

CONSELHO SUPERIOR DA MAGISTRATURA

Apelação Cível nº 1004806-29.2019.8.26.0347

Registro: 2021.0000127915

ACÓRDÃO

Vistos, relatados e discutidos estes autos de **Apelação Cível nº 1004806-29.2019.8.26.0347**, da Comarca de **Matão**, em que é apelante **LUCIANO JOSÉ NANZER**, são apelados **OFICIAL DE REGISTRO DE IMÓVEIS E ANEXOS DA COMARCA DE MATÃO, MUNICÍPIO DE MATÃO e BRNPAR EMPREEENDIMENTOS IMOBILIARIOS LTDA.**

ACORDAM, em Conselho Superior de Magistratura do Tribunal de Justiça de São Paulo, proferir a seguinte decisão: **"Negaram provimento, v.u."**, de conformidade com o voto do Relator, que integra este acórdão.

O julgamento teve a participação dos Exmos. Desembargadores **PINHEIRO FRANCO (PRESIDENTE TRIBUNAL DE JUSTIÇA) (Presidente), LUIS SOARES DE MELLO (VICE PRESIDENTE), XAVIER DE AQUINO (DECANO), GUILHERME G. STRENGER (PRES. SEÇÃO DE DIREITO CRIMINAL), MAGALHÃES COELHO(PRES. DA SEÇÃO DE DIREITO PÚBLICO) E DIMAS RUBENS FONSECA (PRES. DA SEÇÃO DE DIREITO PRIVADO).**

São Paulo, 11 de fevereiro de 2021.

RICARDO ANAFE

Corregedor Geral da Justiça e Relator

Apelação Cível nº 1004806-29.2019.8.26.0347

Apelante: Luciano José Nanzer

Apelados: Oficial de Registro de Imóveis e Anexos da Comarca de Matão, Município de Matão e Brnpar Empreeendimentos Imobiliários Ltda

VOTO Nº 31.458

Registro de imóveis – Dúvida – Loteamento – Impugnação (Lei n. 6.766/1979, art. 19, §§ 1º-2º) – Natureza administrativa – Competência do Conselho Superior da Magistratura, por tratar-se de discussão acerca de registro em sentido estrito – Legitimidade do terceiro para impugnar e apelar – Empreendimento aprovado pela Prefeitura Municipal – Impossibilidade de discussão do mérito da aprovação municipal nesta via administrativa – Precedentes – Manutenção da sentença – Apelação a que se nega provimento.

Vistos etc.

1. Cuida-se de apelação (fl. 2.580-2.595) interposta por Luciano José Nanzer contra a r. sentença em que o MM. Juízo de Direito Corregedor do Oficial de Registro de Imóveis da Comarca de Matão *(a)* rejeitou *in totum* a impugnação (fl. 2.409/2.429; §§ 1º-2º da Lei n. 6.766, de 19 de dezembro de 1979) que o apelante apresentara ao registro do loteamento "Residencial Vila Rica Matão I", empreendido por BRNPAR Empreendimentos Imobiliários Ltda. e, desse modo, *(b)* mandou que se prosseguisse no processo registral.

A sentença apelada (fl. 2.549-2.556) entendeu que o loteamento conta com todas as necessárias aprovações administrativas, e o mérito destas não pode ser discutido perante a Corregedoria Permanente, fora da esfera jurisdicional. Mencionou o r. *decisum* que, a par isso, a Prefeitura Municipal de Matão enfrentou todos os pontos discutidos pelo impugnante e corroborou a legalidade de tudo o que se fez, de modo que a impugnação, tal como apresentada, extrapolou o âmbito administrativo e não podia ser acolhida para impedir o registro pretendido.

Em seu recurso (fl. 2.580-2.595), o apelante volta a questionar os pontos seguintes, já arguidos em sua impugnação: *(a)* no loteamento pretendido, o sistema de lazer foi desmembrado em 33 áreas, o que fere a Lei Municipal n. 3.800, de 5 de outubro de 2006, art. 47, § 4º, VII: segundo essa regra, com efeito, as áreas de lazer não poderiam ser inferiores, cada qual, a 10.000 m^2, e no caso atingem a média de 300 m^2, em 33 frações (fl. 2.583/2.584); *(b)* há quadras com comprimento superior a 270 m, e para burlar a vedação legal (Lei Municipal n. 3.800/2006, art. 47, § 4º, X) foram inseridas, no meio delas, áreas de lazer irrisórias, com apenas 14 m de frente (fl. 2.584/2.585); *(c)* não foram destinadas quadras específicas para fins comerciais, conquanto a Lei n. 3.800/2006, art. 47, § 4º, X, *b*, proíba as quadras mistas (fl. 2.585/2.586); *(d)* não foram atendidas as exigências de metragens mínimas para as vias públicas, porque a denominada Rua 42 na realidade, uma avenida teria de possuir 18 metros de largura (Lei Municipal n. 3.800/2006, art. 47, § 1º, *a*), e não apenas 16 (fl. 2.586/2.587); *(e)* o sistema de águas pluviais do novo loteamento foi interligado ao de outro, este o qual possui rede 40% menor, ou seja: o sistema do antigo loteamento não tem capacidade para receber as águas que se pretende destinar-lhe (fl. 2.587/2.591). Aduz o recorrente, então, que a administração municipal não pode ratificar ou retificar a aprovação de loteamento em desacordo com as exigências urbanísticas postas no plano diretor, e que a qualificação registral tem de ser rigorosa ao verificar a conformidade entre o projeto de loteamento e a lei, o que não se deu neste caso, razão pela qual a r. sentença há de ser reformada para que se indefira o registro *stricto sensu* do loteamento "Residencial Vila Rica Matão I".

A Prefeitura Municipal de Matão e a empreendedora BRNPAR apresentaram contrarrazões (fl. 2.618/2.621 e 2.627/2.636), sustentando, em síntese, que o terceiro, além de não ter legitimidade para impugnar ou recorrer, se valera de meio inadequado para a sua pretensão, a qual, de resto, não tem lugar, uma vez que o loteamento recebeu todas as aprovações administrativas pertinentes.

O Ministério Público pôde manifestar-se em primeiro grau de jurisdição, (fl. 2.640/2.646).

A douta Procuradoria Geral de Justiça opinou pelo não provimento do recurso de apelação (fl. 2.664/2.669).

É o relatório.

2. A impugnação prevista na Lei n. 6.766/1979, art. 19, § 1º e da qual se trata aqui tem natureza administrativa e o seu processo e julgamento, no segundo grau de jurisdição, tocam, segundo o entendimento vigente, a este Conselho Superior da Magistratura.

Como esclarecem Vicente Celeste Amadei e Vicente de Abreu Amadei:

> "... quer pela celeridade procedimental, que a impugnação exige (evitando, pois, os longos trâmites dos processos judiciais na esfera jurisdicional, que, não raramente, superam a casa de anos), quer pela especialidade do Juiz Corregedor no trato da matéria, o trâmite e a decisão da impugnação no universo administrativo judicial (não jurisdicional) é, de longe, de maior proficuidade. Outrossim, essa é a tendência que se tem solidificado nos atuais julgados da matéria no Estado de São Paulo e, ainda, na expectativa legislativa (v. g. o Projeto de Lei de Responsabilidade Territorial PL nº 3057/00, explicita, como competente para conhecer e julgar a impugnação de registro de loteamento, o 'juiz corregedor')." (*Como lotear uma gleba: o parcelamento do solo em todos os seus aspectos (loteamento e desmembramento)*. 3ª ed. Campinas: Millennium, p. 324).

Assentado assim o cariz administrativo dessa impugnação, vale recordar que, na tradição da jurisprudência administrativa paulista, a este Conselho vêm dar os recursos (*rectius*, as apelações cf. Lei n. 6.015/1973, art. 202) tirados contra as sentenças dadas pelos Corregedores Permanentes nos processos administrativos concernentes a registros em sentido estrito (Lei n. 6.015/1973, arts. 167, I, e 203, II) e é justamente esta a hipótese dos autos, em que a impugnação serve para controverter-se acerca da legalidade de um registro *stricto sensu* de loteamento (Lei n. 6.015/1973, art. 167, I, 19).

É o que já se teve a oportunidade de afirmar, mais recentemente:

> "REGISTRO DE IMÓVEIS – Loteamento – Impugnação ao registro – Competência do Colendo Conselho Superior da Magistratura – Redistribuição determinada, ressalvado o oportuno exercício, em sede própria, do juízo de admissibilidade do recurso" (CGJSP, Processo 0007988-83.2017.8.26.0032, j. 26.7.2018, DJe 1.8.2018; acrescentemse CSMSP, Apel. Cív. 1000515-22.00.2017.8.26.0099, j. 6.12.2018, DJe 24.1.2019; CSMSP, Apel. Cív. 9000001-12.2015.8.26.0063, j. 15.3.2016, DJe 5.5.2016; e CGJSP, Processo 163.462/2015, j. 11.3.2016, DJe 21.3.2016).

O terceiro Luciano José Nanzer tinha legitimidade para impugnar o processo de registro do loteamento e, por via de consequência, tem interesse para apelar da decisão dada à sua impugnação. A dicção do § 1º do art. 19 da Lei n. 6.766/1979 (*verbis* "se houver impugnação de terceiros") é suficientemente ampla para permitir que qualquer um do povo discuta a legalidade de pretendido registro de loteamento o qual, por isso mesmo, se desenrola na forma de um processo, e não de mero procedimento em que não houvesse ciência dos atos e possibilidade de contraditá-los. Pois bem: se a um terceiro se dá a possibilidade de intervir e impugnar, então, pela mesma força de razão, se lhe concede direito de recorrer (no caso, de apelar) da decisão que em seu desfavor vier a resolver essa impugnação. Nesse contexto, está correto considerar-se, para fins de legitimidade recursal, que o impugnante é, nos termos do art. 202 da Lei n. 6.015/1973, um "interessado" que pode apelar.

Esse é o entendimento adotado no julgamento do Processo CGJ 1.258/2000, em 11.10.2000 (DJ 27.10.2000):

> "Visto. Acompanho o entendimento esposado pelo MM. Juiz Auxiliar, que permite a impugnação a pedido de registro de loteamento por terceiro,

calcada em desrespeito a exigência urbanística prevista em lei local e, nos termos do parecer retro, que aprovo, levando em conta não ter o projeto observado a destinação de reflorestamento da faixa que separa a zona industrial de outra, ao prever nesse local duas vias públicas destinadas à circulação de veículos automotores, - dou provimento ao recurso para negar registro ao projeto de loteamento, impondo à loteadora e à Municipalidade o pagamento em partes iguais do salário do perito. Publique-se, inclusive o parecer."

Consta do relativo parecer:

"[...] não posso deixar de mencionar que, na doutrina, há, também, quem sustente que, a partir da vigência da Lei n. 6.766/79, a impugnação de terceiro ao pedido de registro de loteamento do solo para fins urbanos não mais precisa vir calcada em direito próprio do impugnante. Hugo Nigro Mazzili, em estudo intitulado *Observações Sobre Loteamentos,* inserto na *Revista de Direito Imobiliário,* volume 9, leciona a propósito que: 'A lei fala em impugnação de *terceiros* (art. 19, § 1º, da Lei 6.766/79). Não faz ela qualquer exigência de que essa impugnação parta de terceiro interessado, portador de direito real, como o fazia o § 3º do art. 2º do Dec. 3.079/38, ou o § 1º do art. 345 do CPC de 1939, c/c o art. 1.218, I, do CPC de 1973. Quando a nova Lei 6.766 disciplinou inteiramente a matéria do pedido de registro, seu processo, suas impugnações, os recursos, houve uma ab-rogação da legislação anterior a esse respeito, que dispunha diversamente sobre a mesma matéria (art. 2º, § 1º, da Lei de Introdução ao CC). Hoje, qualquer cidadão é parte legítima para a impugnação do registro de parcelamento do solo urbano, como o seria para uma ação popular. O principal é o aspecto da moralidade administrativa onde o particular atua em auxílio da Administração, ao impugnar o registro de um loteamento possivelmente irregular. A extensão da faculdade de impugnar a qualquer terceiro, mesmo que não detentor de direito real, é uma clara alusão aos possíveis adquirentes dos lotes, a quem a lei precipuamente quis proteger e a quem ela mesma se referiu no artigo anterior do mesmo capítulo (art. 18, § 2º). Some-se a isto que seria um absurdo que a lei só desse direito de impugnar a terceiros detentores de direito real, se estes já teriam por lei ações próprias para proteção de seus direitos (ações possessórias ou reivindicatórias), negando esse mesmo direito de impugnação aos terceiros futuros adquirentes, que, antes de adquirir, não poderiam impugnar o registro e, depois de adquirir seu lote, também não o poderiam fazer, porque o loteamento já estaria registrado! Bastaria, pois, que o loteador fizesse os maiores absurdos e ilegalidades no projeto de loteamento, desde que dele fosse proprietário e nele ninguém exercesse direito real, pra que, conseguida a aprovação da Municipalidade, tornando-se o pedido de registro por ele formulado inimpugnável em juízo! Isso não é e nem poderia ser o escopo da lei.' (págs. 28 e 29). Não discrepa de tal entendimento a lição de Gilberto Passos de Freitas, exposta em trabalho denominado *O Ministério Público e a Nova Lei de Loteamentos,* publicado na *Revista de Direito Imobiliário,* volume 7: 'E quem poderá oferecer a impugnação? Sob a égide do Dec.-lei 58/37 e do Dec. 3.079/38, que o regulamentou, a impugnação somente podia ser oferecida por quem tivesse legítimo interesse, fundado em direito real. Dispunha o § 3º do art. 2º do último decreto que: *Será rejeitada in limine, remetendo-se o impugnante para o juízo contencioso, a impugnação que não vier fundada num direito real, devidamente comprovado de acordo com a legislação em vigor.* Hoje, todavia, falando a lei, em seu art. 19, § 1º, somente em impugnação de terceiros, qualquer um, desde que demonstrado o legítimo interesse, poderá impugnar o pedido de registro. Não mais se faz necessário venha ele fundado em direito real. Assim, qualquer omissão ou descumprimento das exigências previstas no art. 18 ou em leis especiais autorizará o oferecimento da impugnação.' (págs. 50 e 51). Arnaldo Rizzardo, conquanto ainda sustente a necessidade do registro de loteamento maltratar direito próprio de terceiro para legitimá-lo à impugnação, vendo-o como carente de legitimidade para discutir o preenchimento dos requisitos legais por parte do proprietário loteador, desde que não origine um prejuízo a um seu direito, entende que se houver ofensa a um bem social, ou ao patrimônio público, ou ao meio ambiente, possível se afigura a impugnação ao registro de loteamento pelo terceiro porque, nesse caso, público será o prejuízo (*in Promessa de Compra e Venda e Parcelamento do Solo Urbano,* RT, 5ª ed., 1998, pág. 74). No meu entender, em que pesem as doutas ponderações daqueles que pensam em contrário, não vislumbro mais, a partir da vigência da Lei nº 6.766/79, razão para admitir a impugnação ao registro de loteamento para fins urbanos por terceiro apenas quando esteja em liça direito próprio deste. Se o terceiro, como cidadão, pode, em ação popular, impugnar a validade da aprovação pelo Poder Executivo Municipal do loteamento que desatende as normas urbanisticas, poderá, também, preventivamente, no incidente de impugnação, se opor ao registro de tal loteamento, evitando, assim, que o parcelamento do solo se efetive com desrespeito às imposições urbanísticas, previstas, ressalte-se, pelo legislador, a bem de toda a coletividade. A inadmissão, nesse caso, da impugnação ao registro do loteamento permitirá a implantação de parcelamento irregular, com inúmeros prejuízos que atingirão não apenas os adquirentes dos lotes, mas todos os membros da comunidade. Sua admissão, ao contrário, a par de evitar tal lesão, torna a tutela das imposições urbanísticas que, segundo o saudoso Hely Lopes Meirelles, se caracterizam como medidas de interesse público que atingem indistintamente todos os indivíduos, como membros da coletividade administrada, imprescritíveis, irrenunciáveis e intransacionáveis (*in Direito Municipal Brasileiro*, 7ª ed., Malheiros Editores, 1990, pág. 385), mais eficaz. Lembre-se com José Carlos de Freitas que: 'Sendo, de ordinário, matriz de um novo bairro residencial, o loteamento é um patrimônio da coletividade, pois essa nova realidade urbanística afeta a cidade, sobrecarregando seus equipamentos urbanos, sua malha viária, toda a infraestrutura e os serviços públicos da urbe.' (*in Dos Interesses Metaindividuais Urbanísticos,* trabalho inserto na obra *Temas de Direito Urbanístico,* vol. I, publicado pelo CAOHURB - Centro de Apoio Operacional das Promotorias de Justiça e Habitação e Urbanismo, pág. 299). E, entre as duas mencionadas posições divergentes, aquela restritiva da matéria a ser apreciada na impugnação a possível maltrato a interesse jurídico próprio do impugnante, e esta ampliativa, possibilitando a oposição de terceiro ao registro de loteamento que não observa as imposições urbanísticas, há que se escolher esta, que possibilita proteção preventiva ao meio ambiente urbano, cujo equilíbrio a todos interessa."

Portanto, a querela concernente à legitimidade recursal (fl. 2.596/2.598, 2.609/2.610, 2.619/2.620, 2.630/2.633 e 2.640/2.641) resolve-se reconhecendo que o terceiro Luciano José Nanzer realmente podia apelar, e que seu apelo, dessa maneira, tem de ser examinado no mérito.

De meritis o recurso não merece provimento e a r. sentença tem de ser mantida como lançada.

A Prefeitura Municipal de Matão, sempre que ouvida (fl. 2.513/2.521 e 2.618/2.621), sustentou e defendeu a regularidade do projeto de loteamento, esclarecendo que as supostas desconformidades com a lei em verdade não existem, porque as exceções às regras gerais de planejamento urbano puderam ser admitidas segundo as salvaguardas postas na própria normativa vigente, como está posto no Memorando n. 51/2020 (fl. 2.621 e 2.624/2.626).

Sendo assim, a r. sentença apelada realmente andou bem, porque – como nela se contém (cf. especialmente fl. 2.555) – não competia nem à qualificação registral nem, depois dela, ao juízo dos registros apreciar o mérito desses atos de aprovação emanados da Municipalidade. Com efeito, tratando-se de título administrativo, a qualificação registral apenas podia controlar "*(i)* sua integralidade, *(ii)* a determinação imobiliária – quando não mesmo a especialidade objetiva – *(iii)* a determinação subjetiva, *(iv)* a congruência do título em si próprio, *(v)* sua correlação com o registro ou averbamento rogado, *(vi)* sua subscrição, *(vii)* sua validade temporal e *(viii)* sua harmonia, quando o caso, com o trato consecutivo e a especialidade objetiva" (Dip, Ricardo. *Princípios sobre Princípios,* n. 438; cf. também n. 427). Para além disso – ou seja, para dentro do conteúdo mesmo da deliberação administrativa –, aos interessados resta somente, se for o caso, a discussão pela via contenciosa, ou seja, jurisdicional.

É a lição corrente da jurisprudência administrativa paulista:

"De início, cumpre mencionar que o procedimento de impugnação de registro de loteamento tem natureza administrativa, sendo o "juiz competente", para os fins do art. 19, § 1º, da Lei n. 6.766/1979, no entendimento atual desta Corregedoria Geral da Justiça, o Juiz Corregedor Permanente dos oficiais de registro de imóveis, que exerce, no caso, atividade puramente administrativa e não jurisdicional. Nesse sentido, o Corregedor Permanente e a Corregedoria Geral da Justiça atuam, em casos como este, como órgãos meramente administrativos, despidos, consequentemente, de função jurisdicional.

"Daí por que o controle passível de ser realizado, na impugnação ao registro de loteamento, é o controle de legalidade formal, próprio da atividade administrativa de corregedoria, sem que se admita amplo controle quanto à legitimidade das normas aplicáveis, seja pelo confronto entre atos regulamentares e infraregulamentares e as leis que pretendem disciplinar, seja pelo contraste de leis e atos normativos com a Constituição da República, restritos, referidos confronto e contraste, à atividade jurisdicional.

[...]

"Quanto à alegada ofensa às normas do próprio Município, com a implantação do empreendimento, há que se considerar que o loteamento "Residencial Terras Di Siena" contou com a aprovação do Poder Executivo local e do Grupo de Análise e Aprovação de Projetos Habitacionais

- Graprohab, grupo esse que congrega todos os órgãos estaduais encarregados de examinar a viabilidade do empreendimento, nenhuma irregularidade tendo sido apurada.

"Bem por isso, o argumento expendido pelo Recorrente, de que houve descumprimento dos preceitos da legislação municipal no concernente aos percentuais das áreas públicas reservadas, não pode ser aceito neste passo, já que o controle de legalidade a ser realizado nesta esfera administrativa, como referido, é de natureza meramente formal, com base nas aprovações emitidas pelos órgãos competentes, reservado, diversamente, o controle de legalidade material, ainda aqui, à esfera jurisdicional." (CGJSP, Processo 933/2006, j. 1.6.2007, DJ 30.9.2007; no mesmo sentido CGJSP, Processo 97.225/2011, j. 19.10.2011).

"Ocorre que o controle de legalidade dos atos da administração, a ser realizado nesta esfera administrativa e baseado na aprovação emitida pelo órgão competente, é de natureza meramente formal, e, como tal, implica na presunção de legalidade e não deve ser questionado pelo Oficial em sede administrativa de qualificação registrária, porque a este não é dado negar efeito ao ato administrativo. Somente na esfera jurisdicional deve ser feito o controle da legalidade material. Neste sentido já decidiu a Corregedoria Geral da Justiça nos Processos CG nºs. 599/2006 e 933/2006." (CSMSP, Apel. Cív. 803-6/7, j. 14.12.2007, DJ 18.2.2008)

"Não obstante a previsão da lei municipal mencionada, a Prefeitura Municipal de Aguaí aprovou a divisão apresentada (fls. 21 e 22), o que gera presunção de legalidade e inviabiliza o controle do ato administrativo em sede de qualificação registraria, de maneira que ou o ato é revogado pela própria autoridade que o aprovou ou é desfeito na esfera jurisdicional. Com efeito, a qualificação do título é restrita ao aspecto formal, inclusive no que diz respeito à legalidade, portanto, não é da atribuição do Oficial questionar a legalidade material do ato administrativo que aprovou a divisão que resultou em área inferior à prevista na legislação municipal. O mesmo raciocínio se aplica em relação à previsão existente na legislação federal." (CSMSP, Apel. Cív. 0004302-32.2014.8.26.0083, j. 4.3.2016, DJe 30.5.2016)

Em suma: a impugnação do terceiro ora apelante extrapolou o controle formal a cargo do Ofício do Registro de Imóveis, razão pela qual o r. *decisum* não podia tê-la acolhido e, por conseguinte, deve ser mantido como lançado.

3. À vista do exposto, pelo meu voto, nego provimento à apelação.

RICARDO ANAFE

Corregedor Geral da Justiça e Relator (DJe de 05.05.2021 – SP)

PODER JUDICIÁRIO

TRIBUNAL DE JUSTIÇA DO ESTADO DE SÃO PAULO

CONSELHO SUPERIOR DA MAGISTRATURA

Apelação Cível nº 1003427-09.2021.8.26.0048,

Registro: 2021.000918296

ACÓRDÃO

Vistos, relatados e discutidos estes autos de **Apelação Cível nº 1003427-09.2021.8.26.0048,** da Comarca de **Atibaia**, em que é apelante **DANIEL MIORI**, é apelado **OFICIAL DE REGISTRO DE IMÓVEIS E ANEXOS DA COMARCA DE ATIBAIA.**

ACORDAM, em Conselho Superior de Magistratura do Tribunal de Justiça de São Paulo, proferir a seguinte decisão: **"Julgaram prejudicada a dúvida e não conheceram do recurso, v.u."**, de conformidade com o voto do Relator, que integra este acórdão.

O julgamento teve a participação dos Exmos. Desembargadores **PINHEIRO FRANCO (PRESIDENTE TRIBUNAL DE JUSTIÇA) (Presidente), LUIS SOARES DE MELLO (VICE PRESIDENTE), XAVIER DE AQUINO (DECANO), GUILHERME G. STRENGER (PRES. SEÇÃO DE DIREITO CRIMINAL), MAGALHÃES COELHO(PRES. DA SEÇÃO DE DIREITO PÚBLICO) E DIMAS RUBENS FONSECA (PRES. DA SEÇÃO DE DIREITO PRIVADO).**

São Paulo, 3 de novembro de 2021.

RICARDO ANAFE

Corregedor Geral da Justiça e Relator

Apelação Cível nº 1003427-09.2021.8.26.0048

Apelante: Daniel Miori

Apelado: Oficial de Registro de Imóveis e Anexos da Comarca de Atibaia

VOTO Nº 31.631

Registro de Imóveis – Dúvida – Irresignação parcial – Anuência a um dos óbices levantados na nota de exigência – Dúvida prejudicada – Recurso não conhecido.

1. Trata-se de apelação (fl. 135/143) interposta por Daniel Mori contra a r. sentença (fl. 124/131) proferida pelo MM. Juiz Corregedor Permanente do Oficial de Registro de Imóveis, Títulos e Documentos e Civil de Pessoas Jurídicas da Comarca de Atibaia, que julgou procedente a dúvida (fl.

01/06) e manteve óbices (fl. 101/102) ao registro *stricto sensu* de quitação de preço para fins de transmissão do domínio (Lei n. 6.766, de 19 de dezembro de 1979, art. 26, § 6º) sobre o imóvel referido pela averbação n. 19, de 28 de abril de 1955, feita na inscrição n. 12, de 7 de fevereiro de 1955, a fl. 147 do Livro Auxiliar n. 8, daquele cartório (fl. 30/31; prenotação n. 358.895).

Segundo a r. sentença (fl. 124/131), a Oficial de Registro de Imóveis disse que, tratando-se de imóvel rural, não é aplicável o § 6º do art. 26 da Lei n. 6.766/1979, e além disso, apresentou três exigências, a saber: a prova de quitação passada pelo loteador; o pagamento do imposto de transmissão; e a apresentação dos documentos do compromissário comprador. Entretanto, as regras de regularização previstas na Lei n. 6.766/1979 também são aplicáveis aos loteamentos rurais, e o último daqueles óbices também está superado, pois o interessado trouxe a documentação necessária. Quanto ao tributo, não cabe exigir a prova de adimplemento, pois a exigência de pagamento do imposto como condição para o registro há muito já tem sido considerada abuso do poder legiferante estatal. Contudo, não ficou demonstrado o adimplemento do preço, pois os recibos trazidos foram passados por uma imobiliária que não constou expressamente do instrumento de cessão e não tinha legitimidade para aceitar o pagamento, de modo que é necessária carta de quitação emitida pelo loteador e, por essa razão, o registro tem de ser denegado.

O apelante alega (fl. 135/143) que o imóvel em verdade está em área urbana, pois é tributado por meio de imposto predial e territorial urbano (IPTU), o que faz aplicável o § 6º do art. 26 da Lei n. 6.766/1979. Além disso, os recibos copiados a fl. 32/92 demonstram o pagamento do preço, em prestações, ao indicar como fez notar a r. sentença valor, local e indicação de lote, constando como responsável pelo recebimento uma empresa em cuja razão social há o sobrenome do alienante, de maneira que não se pode dizer que não exista prova de adimplemento, por falta de legitimidade para receber de quem assinou aqueles comprovantes. Nesse sentido, cópia do inventário do alienante indica que o bem não é sequer mencionado, o que deixa claro que não havia mais nada que reclamar quanto ao preço. Ademais, a certidão de óbito do comprador é suficiente para provar a qualificação dele. Por tudo isso, o recurso tem de ser provido, para que se proceda ao registro pretendido.

A ilustre Procuradoria Geral de Justiça ofertou parecer pelo não provimento do recurso (fl. 507/511).

É o relatório.

2. O recurso não comporta conhecimento em face da absoluta falta de interesse do apelante. O processo da dúvida destina-se à análise da controvérsia que se instaura quando o interessado, vendo a sua inscrição adiada por força de óbices erguidos pela Oficial de Registro de Imóveis, dissente e pede que a questão seja levada ao juízo dos registros (art. 198 da Lei n. 6.015, de 31 de dezembro de 1973). Do julgamento da dúvida decorre de duas, uma: ou a manutenção da recusa, com cancelamento da prenotação, ou a improcedência das objeções, o que terá como consequência a lavratura do registro (Lei n. 6.015/1973, art. 203, II). *Tertium non datur.*

Daí decorre que a impugnação parcial das exigências feitas pela Oficial de Registro de Imóveis prejudica o exame da dúvida, uma vez, ainda em caso de improcedência, haverá impedimentos não discutidos que, ao fim e ao cabo, continuarão por impedir a inscrição almejada. Por outras palavras, a anuência parcial às exigências termina por atribuir à dúvida uma natureza consultiva ou meramente doutrinária, sem que se resolva o dissenso registral.

Esse é o entendimento pacífico deste Conselho Superior da Magistratura. Mencione-se, como exemplo:

> "Ao contrário do sustentado pelo recorrente, não cabe aqui ao Judiciário se pronunciar acerca da solução cabível para o caso concreto, não se tratando de órgão consultivo, como bem ressaltado pela nobre representante do parquet" (CSM, Processo n. 000.608.6/7-00, Rel. Des. Gilberto Passos de Freitas, j. 21/12/2006).

No caso, pretendendo valer-se da regra posta no § 6º do art. 26 da Lei n. 6.766/1979, o interessado (ora apelante) apresentou o instrumento do compromisso de compra e venda (fl. 24/27 e 30/31), acompanhado de instrumentos que, segundo alega, demonstram a quitação total do preço (fl. 32/92).

A Oficial de Registro de Imóveis deduziu então os seguintes óbices: *(a)* impossibilidade de aplicar-se a regra invocada, porque se trata de um loteamento rural inscrito sob a égide do Decreto- Lei n. 58, de 10 de dezembro de 1973; *(b)* apresentação de quitação final, passada pelo vendedor, acompanhada da prova de pagamento do imposto de transmissão *inter vivos;* e *(c)* cópia da cédula de identidade e de inscrição no Cadastro de Pessoas

Físicas do Ministério da Fazenda (CPF/MF) do comprador e do cônjuge, e certidão de casamento de ambos.

Ora, ao impugnar a dúvida (fl. 120), o interessado expressamente concordou que o registro efetivamente não se poderia fazer sem o adimplemento do tributo de transmissão (*verbis* "Quanto ao ITBI, entendo que seja legal e providenciarei o pagamento assim que solicitado"), o que, como se viu, é impugnação parcial que prejudica a dúvida e impede que se prossiga para a análise da controvérsia.

Não favorece o apelante o fato de que a r. sentença tenha afastado a exigência concernente ao pagamento do tributo, pois, respeitadas as razões do MM. Juiz Corregedor Permanente, é certo que o adimplemento do imposto de transmissão, nos termos do art. 289 da Lei n. 6.015, de 31 de dezembro de 1973, tem de ser fiscalizado pelos ofícios de registro de imóveis, como relembra o item 117.1 do Capítulo XX do Tomo II das Normas de Serviço dos Cartórios Extrajudiciais. Ou seja: a quitação do imposto *inter vivos* era realmente necessária, e a ela anuiu o interessado, o que impede a análise *de meritis*.

3. Ante o exposto, julgo prejudicada a dúvida e não conheço do recurso de apelação.

RICARDO ANAFE

Corregedor Geral da Justiça e Relator (DJe de 26.01.2021 – SP)

PENHORA

PODER JUDICIÁRIO

TRIBUNAL DE JUSTIÇA DO ESTADO DE SÃO PAULO

CONSELHO SUPERIOR DA MAGISTRATURA

Apelação Cível nº 1010076-09.2018.8.26.0302

Registro: 2020.0000875928

ACÓRDÃO

Vistos, relatados e discutidos estes autos de **Apelação Cível nº 1010076-09.2018.8.26.0302**, da Comarca de **Jaú**, em que é apelante **MICHAEL GEAN CONTES**, é apelado **2º OFICIAL DE REGISTRO DE IMÓVEIS E ANEXOS DA COMARCA DE JAÚ.**

ACORDAM, em Conselho Superior de Magistratura do Tribunal de Justiça de São Paulo, proferir a seguinte decisão: **"Negaram provimento, v.u."**, de conformidade com o voto do Relator, que integra este acórdão.

O julgamento teve a participação dos Exmos. Desembargadores **PINHEIRO FRANCO (PRESIDENTE TRIBUNAL DE JUSTIÇA) (Presidente), LUIS SOARES DE MELLO (VICE PRESIDENTE), XAVIER DE AQUINO (DECANO), GUILHERME G. STRENGER (PRES. SEÇÃO DE DIREITO CRIMINAL), MAGALHÃES COELHO(PRES. DA SEÇÃO DE DIREITO PÚBLICO) E DIMAS RUBENS FONSECA (PRES. DA SEÇÃO DE DIREITO PRIVADO).**

São Paulo, 6 de outubro de 2020.

RICARDO ANAFE

Corregedor Geral da Justiça e Relator

Apelação Cível nº 1010076-09.2018.8.26.0302

Apelante: Michael Gean Contes

Apelado: 2º Oficial de Registro de Imóveis e Anexos da Comarca de Jaú

VOTO Nº 31.240

Registro de Imóveis – Dúvida – Escritura pública de compra e venda –Hipoteca cedular e respectivos aditivos – Penhora em favor da Fazenda Nacional – Indisponibilidade dos imóveis que obsta a alienação voluntária – Negativa de registro – Precedentes deste C. Conselho Superior da Magistratura – Óbices mantidos – Nega-se provimento ao recurso.

1. Trata-se de apelação interposta por *Michael Gean Contes* contra a sentença proferida pela MM.ª Juíza Corregedora Permanente do 2º Oficial de Registro de Imóveis e Anexos da Comarca de Jaú/SP, que julgou procedente dúvida suscitada e manteve a recusa do registro de escritura pública de compra e venda em que figurou como vendedora Nilza da Silva Ramos e como compradora a empresa Santa Fé Agroindustrial Ltda., referente aos imóveis matriculados sob nº 959 e 12.372 daquela serventia imobiliária.

A Nota de Exigência indicou a impossibilidade de registro, pois pesam *"sobre o imóvel os seguintes ônus: Hipoteca cedular e respectivos aditivos (R. 4, av.5 e av. 6). Penhoras em favor da Fazenda Nacional (R.8, R10, Av.11). (...)*

> *De início cumpre esclarecer que por ofício do Juízo Falimentar este oficial protocolou a determinação de levantamento de indisponibilidade decorrente da falência constante de Av. 12 a matrícula 959 desta serventia. Desta feita tal fato não mais constitui obstáculo a eventual ingresso de título na tábua predial.*

Neste particular, destaque-se, mencionada indisponibilidade decorre da extensão da responsabilidade da ora proprietária/outorgante no processo falencial, cuja empresa falida não é proprietária do imóvel objeto da matrícula em comento. Dito isto, é bem de concluir que os efeitos do encerramento da falência, ao menos no patrimônio da ora proprietária outorgante, estão limitados à suspensão da indisponibilidade nos autos da falência, não atingindo os ônus constantes da matrícula, que permanecem eficazes no âmbito patrimonial da proprietária.

Dito em outras palavras, os ônus constantes da matrícula 959, em especial em R4, R8, R10 e Av.11, não estão superados pelo encerramento da falência. A hipoteca cedular inscrita e eficaz exige que eventual alienação do bem hipotecado apresente anuência do credor hipotecário, nos termos do artigo 63 do Dec. Lei 167/67. As penhoras em favor da Fazenda Nacional tornam indisponíveis os bens penhorados nos termos do artigo 53, § 1º, da Lei Federal nº 8.212/91.

Nestes termos, para o registro da presente será necessário:

1- que se apresente a anuência do credor hipotecário cedular constante de R4, ou ainda o cancelamento da hipoteca;

2- sejam levantadas as penhoras em favor da Fazenda Nacional constantes de R8, R10 e Av11 da matrícula 959."

Alega o apelante, em síntese, que não há necessidade de anuência do credor hipotecário e levantamento das penhoras, pois houve suspensão da exigibilidade do crédito tributário em virtude do parcelamento dos débitos junto à Fazenda Nacional. Considerando que o registro da penhora protege o crédito tributário, sustenta que não há motivos para impedir o registro da escritura de compra e venda que transfere a propriedade dos imóveis para o responsável pelo parcelamento do débito existente junto ao fisco (fl. 71/77).

A Douta Procuradoria de Justiça opinou pelo não provimento do recurso (fl. 97/98).

O v. acórdão a fl. 102/106 foi anulado, tendo sido acolhidos os embargos de declaração opostos pelo apelante (fl. 124/127).

Os autos, então, vieram conclusos para apreciação da apelação interposta.

É o relatório.

2. O apelante, que requereu o registro da escritura pública de compra e venda lavrada em 15 de fevereiro de 2002, discorda dos óbices apresentados pelo registrador e, assim, sustenta ser desnecessária, para a prática do ato, a anuência do credor hipotecário cedular ou cancelamento da hipoteca, assim como o levantamento das penhoras em favor da Fazenda Nacional.

Nos termos do art. 59 do Decreto-lei nº 167/67, os bens objetos de penhor ou de hipoteca constituídos por cédula de crédito rural não podem ser vendidos sem prévia anuência do credor, por escrito. E, por disposição contida no art. 1.420 do Código Civil de 2002, as pessoas que não podem alienar também não podem empenhar, hipotecar ou dar em anticrese, assim como não podem ser dados em penhor, anticrese e hipoteca os bens que não podem ser alienados.

Como se vê, criou o legislador garantia exclusiva em favor dos órgãos financiadores da economia rural, por meio de norma cogente, contida em lei especial que não foi revogada pelo Código Civil de 2002. Esta espécie de indisponibilidade relativa, também instituída por outras leis em favor dos detentores de hipotecas vinculadas à cédula de crédito à exportação (art. 3º da Lei nº 6.313/75), cédula de crédito comercial (art. 5º da Lei nº 6.840/80) e cédula de crédito industrial (art. 51 do Decreto-lei nº 413/69), não conflita com as normas gerais estatuídas para a hipoteca no Código Civil de 2002, assim como não conflitava com as normas da mesma natureza contidas no Código Civil de 1916.

Daí porque, sem expressa anuência do credor hipotecário ou cancelamento das hipotecas, os imóveis não podem mesmo ser alienados, o que torna correto o primeiro óbice apresentado pelo registrador. Neste sentido, recusando o ingresso de título de alienação do bem hipotecado em cédula de crédito sem a anuência do credor, já decidiu este C. Conselho Superior da Magistratura:

"REGISTRO DE IMÓVEIS – Escritura de compra e venda – Hipoteca cedular registrada – Ausência de anuência do credor hipotecário – Penhora em favor da Fazenda Nacional – Indisponibilidade que obsta as alienações voluntárias – Recurso não provido." (TJSP; Apelação Cível 0054473-65.2012.8.26.0114; Relator (a): José Renato Nalini; Órgão Julgador: Conselho Superior de Magistratura; Foro de Campinas - 6ª. Vara Cível; Data do Julgamento: 10/12/2013; Data de Registro: 19/12/2013).

E mais recentemente:

"REGISTRO DE IMÓVEIS – DÚVIDA REGISTRAL – Escritura pública de compra e venda – Negativa de registro em face de hipotecas cedulares

– Decreto-lei nº 167/67 – Disponibilidade condicionada ao cancelamento das hipotecas ou anuência por escrito do credor – Precedentes do Conselho Superior da Magistratura – Alienação anterior que contou com a anuência dos credores que não beneficia novas alienações – Necessidade de autorização atual ou cancelamento das hipotecas – Exigências mantidas – Dúvida procedente – Recurso não provido." (TJSP; Apelação Cível 1003066-02.2019.8.26.0132; Relator (a): Ricardo Anafe (Corregedor Geral); Órgão Julgador: Conselho Superior de Magistratura; Foro de Catanduva - 1ª Vara Cível; Data do Julgamento: 13/02/2020; Data de Registro: 18/02/2020).

O outro óbice apontado na nota de devolução é igualmente intransponível, na medida em que assim prevê o art. 53, § 1º, da Lei 8.212/91:

"Art. 53. Na execução judicial da dívida ativa da União, suas autarquias e fundações públicas, será facultado ao exeqüente indicar bens à penhora, a qual será efetivada concomitantemente com a citação inicial do devedor.

§ 1º Os bens penhorados nos termos deste artigo ficam desde logo indisponíveis."

Ou seja, penhorado o imóvel por dívida ativa da União, de suas autarquias ou de suas fundações públicas, de pronto estará indisponível o bem, de maneira que os atos de alienação voluntária ficarão obstados pela indisponibilidade que o afeta.

A venda realizada pela titular de domínio, Nilza da Silva Ramos, à empresa Santa Fé - Agroindustrial Ltda., tendo por objeto os imóveis versados nos autos, configura negócio voluntário defeso em razão de sua indisponibilidade. A respeito do tema, já ficou decidido que:

"REGISTRO DE IMÓVEIS – Indisponibilidade decorrente de penhora determinada em favor do INSS – Carta de Arrematação – Alienação forçada – Dúvida julgada procedente – Precedentes do Conselho Superior da Magistratura – Recurso provido." (TJSP; Apelação Cível 1005168-36.2017.8.26.0368; Relator (a): Pinheiro Franco (Corregedor Geral); Órgão Julgador: Conselho Superior de Magistratura; Foro de Monte Alto - 3ª Vara; Data do Julgamento: 27/08/2019; Data de Registro: 03/09/2019).

"O Conselho Superior da Magistratura tem entendimento pacífico de que, embora a indisponibilidade não impeça a alienação forçada, obsta a voluntária. Subsistente a penhora, advinda de dívida com o INSS, a indisponibilidade, decorrente do art. 53, § 1º, da Lei nº 8.212/91, impede a alienação voluntária e, via de consequência, o registro da escritura." (Apelação nº 1003418-87.2015.8.26.0038, Rel. Pereira Calças, j. 25.04.2016).

"Registro de Imóveis – Dúvida – Escritura pública de confissão de dívida com pacto adjeto de constituição de propriedade fiduciária e outras avenças – Imóvel indisponível – Penhora, em execução fiscal, a favor da Fazenda Nacional e da União – Recusa do registro com base no artigo 53, § 1º, Lei 8.212/91 – Alienação voluntária Irrelevância da aquisição anterior por alienação forçada – Registro inviável – Dúvida procedente – Recurso desprovido, com observação." (Apelação nº 3003761-77.2013.8.26.0019, Rel. Elliot Akel, j. 03.06.2014).

3. Diante do exposto, pelo meu voto, **nega-se provimento** ao recurso.

RICARDO ANAFE

Corregedor Geral da Justiça e Relator (DJe de 22.01.2021 – SP)

PERMUTA

PODER JUDICIÁRIO

TRIBUNAL DE JUSTIÇA DO ESTADO DE SÃO PAULO

CONSELHO SUPERIOR DA MAGISTRATURA

Apelação Cível nº 1099753-06.2020.8.26.0100

Registro: 2021.0000750797

ACÓRDÃO

Vistos, relatados e discutidos estes autos de **Apelação Cível nº 1099753-06.2020.8.26.0100**, da Comarca de **São Paulo**, em que são apelantes **RENATO MUNHÓS DE CARVALHO** e **WILSON BARBOZA DE OLIVEIRA JUNIOR**, é apelado **4º OFICIAL DE REGISTRO DE IMÓVEIS DA COMARCA DA CAPITAL.**

ACORDAM, em Conselho Superior de Magistratura do Tribunal de Justiça de São Paulo, proferir a seguinte decisão: **"Deram provimento ao recurso, v.u.",** de conformidade com o voto do Relator, que integra este acórdão.

O julgamento teve a participação dos Exmos. Desembargadores **PINHEIRO FRANCO (PRESIDENTE TRIBUNAL DE JUSTIÇA) (Presidente), LUIS SOARES DE MELLO (VICE PRESIDENTE), XAVIER DE AQUINO (DECANO), GUILHERME G. STRENGER (PRES. SEÇÃO DE DIREITO CRIMINAL), MAGALHÃES COELHO(PRES. DA SEÇÃO DE DIREITO PÚBLICO) E DIMAS RUBENS FONSECA (PRES. DA SEÇÃO DE DIREITO PRIVADO).**

São Paulo, 26 de agosto de 2021.

RICARDO ANAFE

Corregedor Geral da Justiça e Relator

Apelação Cível nº 1099753-06.2020.8.26.0100

Apelantes: Renato Munhós de Carvalho e Wilson Barboza de Oliveira Junior

Apelado: 4º Oficial de Registro de Imóveis da Comarca da Capital

VOTO Nº 31.539

Registro de Imóveis – Escritura pública de permuta de bens imóveis com valores distintos e torna – Negócio jurídico oneroso – ITBI recolhido – Inexistência de fato gerador do ITCMD – Exigência de comprovação do pagamento do imposto estadual afastada – Recurso provido para julgar improcedente a dúvida determinando o registro do título.

Trata-se de recurso de apelação interposto por *Renato Munhós de Carvalho* e *Wilson Barboza de Oliveira Junior* contra a r. sentença proferida pela MM. Juíza Corregedora Permanente do 4º Oficial de Registro de Imóveis de São Paulo, que manteve a negativa de registro da escritura pública de permuta de bens imóveis em razão da não apresentação de prova da quitação do Imposto sobre Transmissão "Causa Mortis" e Doações ITCMD (fl. 64/67).

Em suas razões, os recorrentes, em síntese, além da alegação de nulidade do procedimento de dúvida por ausência de cientificação de um dos apresentantes do título para a impugnação, afirmam que a permuta é um negócio jurídico oneroso e, como tal, devido apenas o Imposto sobre Transmissão "Inter Vivos" de bens imóveis, pouco importando que o valor atribuído a um dos imóveis negociado seja inferior ao seu valor venal de referência. A discrepância de valores é insuficiente para caracterizar a gratuidade inerente ao contrato de doação e assim justificar a incidência do Imposto sobre Transmissão "Causa Mortis" e Doações ITCMD. Por isso, aguardam o acolhimento da pretensão recursal para afastar o óbice ao ingresso do título na tábua registral (fl. 77/96).

A douta Procuradoria Geral de Justiça opinou pelo não provimento do recurso (fl. 121/125).

É o relatório.

De rigor o afastamento da alegação de nulidade do procedimento.

A ausência de cientificação de um dos apresentantes do título para a impugnação não maculou este procedimento de dúvida.

Vale registrar que o apresentante devidamente cientificado do prazo, que se fez representar pelo outro apresentante, advogado, nesta via recursal, sequer apresentou impugnação.

Ademais, o recurso de apelação contra a r. sentença foi interposto por ambos os interessados, permitindo o exercício do direito ao contraditório e à ampla defesa.

Superado isso, no mérito recursal, a razão está com os recorrentes.

O registro da escritura pública de permuta de bens imóveis com torna foi negado pelo Oficial, que expediu nota de devolução com o seguinte teor (fl. 10):

> *"Considerando a diferença entre os valores fiscais dos imóveis permutados, uma vez que o Conjunto 101 do Edifício Santos Dumont possui valor venal de referência de R$ 1.552.647,00 e a Sala para Escritório nº 806, do Edifício First Office Flat, o valor venal de R$ 354.522,00, e que o valor atribuído na permuta ao Conjunto 101 é muito inferior ao venal de referência, apresentar recolhimento do ITCMD, correspondente à diferença. Sobre esse entendimento cita-se decisão proferida no Processo n 1003262-68.2019.8.26.0100 da 1ª Vara de Registros Públicos."*

A questão, pois, cinge-se à exigência do recolhimento do Imposto sobre Transmissão "Causa Mortis" e Doações ITCMD.

De acordo com a escritura pública lavrada aos 14 de agosto de 2020, pelo 22º Tabelião de Notas desta Capital, os recorrentes permutaram os imóveis matriculados sob nºs 137.339 e 145.644, o primeiro com valor venal de referência de R$ 1.552.647,00 e o segundo com valor venal de referência de R$ 307.433,00 sendo atribuídos aos bens, para efeito da permuta, as quantias de R$ 660.000,00 e R$ 360.000,00, respectivamente, com torna de R$ 300.000,00 (fl. 27/36).

O Imposto sobre Transmissão "Inter Vivos" de bens imóveis ITBI foi recolhido nos importes de R$ 46.579,41 e R$ 10.800,00 (fl. 37/40).

Os recolhimentos observaram o maior valor entre o declarado e o venal de referência para cada um dos imóveis, quais sejam, R$ 1.552.647,00 e R$ 360.000,00.

A permuta de bens com valores desiguais atribuídos e contraprestação pecuniária, igualando-os, não deixa dúvida sobre o caráter oneroso do negócio a atrair a incidência do Imposto sobre Transmissão "Inter Vivos" de bens imóveis ITBI.

Nos exatos termos da Lei Municipal nº 11.154, de 30 de dezembro de 1991, que dispõe sobre o Imposto sobre Transmissão "Inter Vivos", a qualquer título por ato oneroso, de bens imóveis:

"Art.2º Estão compreendidos na incidência do imposto:

(...);

III – a permuta;

(...);"

Nelson Rosenvald ao discorrer sobre o contrato de permuta ou troca pontua que:

"Cuida-se de um contrato bilateral e oneroso, *pelo qual*

as partes transferem, reciprocamente, quaisquer objetos diversos do dinheiro de sua propriedade para a outra.

Assumem, pois, os permutantes *ou* tradentes, *obrigações recíprocas, com sacrifícios e vantagens comuns, mesmo que, eventualmente, os bens tenham valores diversos (o que, aliás, acontecerá no mais das vezes)." (Código Civil Comentado, Coordenador Ministro Cezar Peluso, 14ª ed., São Paulo: Manole, 2020, p. 573)*

A discrepância entre o valor atribuído a um dos bens permutados e o seu valor venal de referência não descaracteriza a onerosidade do contrato celebrado, afastando assim a hipótese de incidência do Imposto sobre Transmissão "Causa Mortis" e Doações ITCMD, prevista no art. 2º, II, da Lei Estadual nº 10.705, de 28 de dezembro de 2000.

Também nas palavras de Nelson Rosenvald, ao conceituar o contrato de doação:

"A doação é uma relação jurídica (contrato) pela qual uma pessoa física ou jurídica (doador ou benfeitor) *assume a obrigação de transferir um bem jurídico ou uma vantagem para o patrimônio de outra pessoa* (donatário ou beneficiário), *decorrente de sua própria vontade e sem qualquer contraprestação." (Código Civil Comentado, Coordenador Ministro Cezar Peluso, 14ª ed., São Paulo: Manole, 2020, p. 579)*

Portanto, não há como condicionar a inscrição do título ao recolhimento deste tributo.

O dever de fiscalização do Oficial de Registro pressupõe o recolhimento de impostos devidos por força dos atos que lhe forem apresentados, em razão do seu ofício, conforme o disposto no art. 289 da Lei de Registros Públicos.

Por todo o exposto, pelo meu voto, afastada a alegação de nulidade do procedimento, dou provimento ao recurso para julgar improcedente a dúvida, determinando o ingresso do título no fólio real.

RICARDO ANAFE

Corregedor Geral da Justiça e Relator (DJe de 12.11.2021 – SP)

PODER JUDICIÁRIO

TRIBUNAL DE JUSTIÇA DO ESTADO DE SÃO PAULO

CONSELHO SUPERIOR DA MAGISTRATURA

Apelação Cível nº 1007328-09.2020.8.26.0019
Registro: 2021.0000161477

ACÓRDÃO

Vistos, relatados e discutidos estes autos de **Apelação Cível nº 1007328-09.2020.8.26.0019**, da Comarca de **Americana**, em que é apelante **FDS ADMINISTRADORA DE BENS LTDA**, é apelado **OFICIAL DE REGISTRO DE IMOVEIS E ANEXOS DA COMARCA DE AMERICANA.**

ACORDAM, em Conselho Superior da Magistratura do Tribunal de Justiça de São Paulo, proferir a seguinte decisão: **"Negaram provimento, v.u."**, de conformidade com o voto do Relator, que integra este acórdão.

O julgamento teve a participação dos Exmos. Desembargadores **PINHEIRO FRANCO (PRESIDENTE TRIBUNAL DE JUSTIÇA) (Presidente), LUIS SOARES DE MELLO (VICE PRESIDENTE), XAVIER DE AQUINO (DECANO), GUILHERME G. STRENGER (PRES. SEÇÃO DE DIREITO CRIMINAL), MAGALHÃES COELHO(PRES. DA SEÇÃO DE DIREITO PÚBLICO) E DIMAS RUBENS FONSECA (PRES. DA SEÇÃO DE DIREITO PRIVADO).**

São Paulo, 25 de fevereiro de 2021.

RICARDO ANAFE

Corregedor Geral da Justiça e Relator

Apelação Cível nº 1007328-09.2020.8.26.0019
Apelante: FDS Administradora de Bens Ltda

Apelado: Oficial de Registro de Imoveis e Anexos da Comarca de Americana

VOTO Nº 31.468

Registro de Imóveis – Escritura pública de permuta de bens imóveis de valores venais distintos, sem torna – Acréscimo patrimonial de forma não onerosa a caracterizar doação – Ausência de comprovação de recolhimento de Imposto de Transmissão causa mortis – ITCMD – Dever do Oficial de velar pelo seu recolhimento, exigindo a apresentação das respectivas guias– Óbice mantido – Recurso desprovido.

1. Trata-se de apelação interposta por **FDS ADMINISTRADORA DE BENS LTDA** em face da r. sentença de fl. 98/102, que manteve a recusa levantada pelo Oficial de Registro de Imóveis da Comarca da Americana, negando registro de escritura pública de permuta de bens em razão da não apresentação de prova de quitação do ITCMD relativo à diferença de valores entre os imóveis permutados.

Em suas razões, o recorrente afirma que a negativa não se aplica, já que a escritura pública envolveu permuta de imóveis sem torna, com valor atribuído aos imóveis pelos proprietários, prerrogativa que lhes é exclusiva, visto que os valores são subjetivos e de livre escolha das partes, sendo descabida a presunção de doação do valor da diferença entre os imóveis, bem como a incidência do ITCMD. Ao final, pugnou pelo provimento da apelação.

A D. Procuradoria Geral de Justiça opinou pelo desprovimento do recurso (fls. 141/146).

É o relatório.

2. O recurso não merece provimento.

Versa a questão sobre a possibilidade de se efetuar o registro de escritura pública de permuta de bens imóveis com valores diversos e sem torna, sem que haja prova de recolhimento do ITCMD.

A apelante permutou um terreno urbano no valor de R$ 159.570,00, sob nº 20A2, da quadra 44, no loteamento denominado Parque Nova Carioba, Americana/SP, matrícula nº 92.164 junto ao CRI local, por dois terrenos urbanos, de R$ 79.785,00 cada um, com a empresa JGR Administração de Bens Ltda, descritos como lotes nº 2 e 3, ambos da quadra C, do loteamento denominado Jardim Dona Judith, matrículas nº 86.004 e 86.005, junto ao CRI local.

A permuta foi realizada por meio de escritura pública lavrada em 03/06/2020, no 1º Tabelião de Notas e Protesto de Americana, no livro nº 1.058, às págs. 027/034.

A nota de devolução nº 47.393, de 30/07/2020, constatou que há uma diferença de R$ 133.735,81, em relação ao valor de mercado dos imóveis de matrículas nº 86.004 e 86.005, os quais possuem avaliação de mercado no patamar de R$142.241,79 e 151.064,02, respectivamente, conforme indicado pelos próprios interessados na escritura. Dessa forma, considera-se o valor excedente na permuta, como doação, por isso exigiu o recolhimento do ITCMD (fls. 56/57).

Não se ignora que, se tratando de ITCMD, este Conselho Superior da Magistratura tem seguido a linha de que, em regra, não cabe ao Oficial Registrador aferir a regularidade do valor apurado a título do referido imposto:

***"REGISTRO DE IMÓVEIS – DÚVIDA FORMAL DE PARTILHA – Registro negado, ao argumento de recolhimento a menor de ITCMD impossibilidade não pode o Sr. Oficial obstar registro por entender que o valor recolhido a título de tributo é inferior ao devido – Dúvida improcedente – Recurso provido."* (Apelação n.º 1066691-48.2015.8.26.0100, Rel. Des. PEREIRA CALÇAS).**

Contudo, a hipótese não envolve a regular apuração de valor recolhido, mas sim de efetivo não recolhimento.

Com efeito, o Art. 289 da Lei nº 6.015/73 é expresso ao indicar que é dever do registrador fiscalizar o pagamento dos tributos incidentes:

"Art. 289. No exercício de suas funções, cumpre aos oficiais de registro fazer rigorosa fiscalização do pagamento dos impostos devidos por força dos atos que lhes forem apresentados em razão do ofício."

A omissão do titular da delegação pode levar à sua responsabilidade solidária no pagamento do tributo, nos termos do Art. 134, VI, do Código Tributário Nacional-CTN, não se olvidando, também, de seu dever de analisar a natureza dos negócios apresentados a registro, evitando-se simulações ou até omissões culposas que tragam prejuízos ao Fisco.

No caso, o negócio jurídico entabulado, permuta de bens imóveis de valores distintos sem haver torna ou reposição em dinheiro, gera acréscimo patrimonial de forma não onerosa àquele que recebe o bem de maior valor, a caracterizar doação, nos termos da legislação civil vigente.

"Art.538, CC: Considera-se doação o contrato em que uma pessoa, por liberalidade, transfere do seu patrimônio bens ou vantagens para o de outra".

Outro não é o entendimento jurisprudencial a respeito:

DECADÊNCIA ITCMD - Não ocorrência Inteligência do art. 173, inc. I do CTN - Créditos tributários constituídos antes de decorrido o prazo decadencial Preliminar prejudicial de mérito afastada. APELAÇÃO CÍVEL AÇÃO ANULATÓRIA DE AUTO DE INFRAÇÃO ITCMD Alegação de que se firmou contrato de permuta sem torna a título oneroso, de forma a não incidir o imposto estadual Inadmissibilidade - Autuação baseada nas informações prestadas na Declaração do Imposto de Renda Pessoa Física onde foram informadas as transferências de valores a título de doação Admissibilidade - Doação, todavia, que ocorreu em valor menor ao apurado pela fiscalização – Doação relativa a diferença de valores (venais) entre os imóveis permutados - ITCMD que deve recair sobre esta diferença - Minoração do valor autuado que se impõe - Multa confiscatória Não observada - Conversão do depósito em renda em favor da Fazenda – Possibilidade após o trânsito em julgado R. sentença parcialmente reformada - Recursos da autora e da ré parcialmente providos. (Apelação Cível: 1003390-40.2016.8.26.0053, SILVIA MEIRELLES RELATORA).

Nestes termos, assiste razão ao I. Registrador ao exigir a apresentação de guia recolhida do ITCMD sobre a diferença do valor existente entre os imóveis, à luz do que dispõem os Arts. 1º, II, 6º, II, a, e 13 e 16, todos do Decreto Estadual nº 46.655/2002:

> ***"Artigo 1.º - O imposto incide sobre a transmissão de qualquer bem ou direito havido:***
>
> ***II – por doação.***
>
> ***Artigo 6.º - Fica isenta do imposto***
>
> ***II – a transmissão por doação: cujo valor não ultrapassar 2.500 (duas mil e quinhentas) UFESPs;***
>
> ***Artigo 13 – O valor da base de cálculo é considerado na data da abertura da sucessão, do contrato de doação ou da avaliação, devendo ser atualizado monetariamente, a partir do dia seguinte, segundo a variação da Unidade Fiscal do Estado de São Paulo - UFESP, até a data prevista na legislação tributária para o recolhimento do imposto.***
>
> ***Artigo 16 – O valor da base de cálculo, no caso de bem imóvel ou direito a ele relativo será (Lei 10.705/00, art.13):***
>
> ***I – em se tratando de:***
>
> ***a) urbano, não inferior ao fixado para o lançamento do Imposto sobre a Propriedade Predial e Territorial Urbana – IPTU".***

Neste cenário, não colhe o argumento do recorrente no sentido de ser prerrogativa dos proprietários a atribuição de valores aos imóveis objeto da permuta.

Nesse sentido decidiu o E. Conselho Superior em caso semelhante:

> REGISTRO DE IMÓVEIS – Escritura pública de permuta de bens imóveis de valores venais distintos, sem torna – Acréscimo patrimonial de forma não onerosa a caracterizar doação – Ausência de comprovação de recolhimento de Imposto de Transmissão causa mortis – ITCMD – Dever do Oficial de velar pelo seu recolhimento, exigindo a apresentação das respectivas guias – Óbice mantido – Recurso desprovido. (CSMSP - APELAÇÃO CÍVEL: 1007778- 97.2020.8.26.0100, RELATOR: Ricardo Mair Anafe, DATA DE JULGAMENTO: 05/06/2020 DATA DJ: 19/06/2020).

3. Ante o exposto, pelo meu voto, nego provimento ao recurso.

RICARDO ANAFE

Corregedor Geral da Justiça e Relator (DJe de 26.05.2021 – SP)

PODER JUDICIÁRIO

TRIBUNAL DE JUSTIÇA DO ESTADO DE SÃO PAULO

CONSELHO SUPERIOR DA MAGISTRATURA

Apelação Cível n.º 1008124-45.2019.8.26.0565

Registro: 021.0000161470

ACÓRDÃO

Vistos, relatados e discutidos estes autos de **Apelação Cível n.º 1008124-45.2019.8.26.0565**, da Comarca de **São Caetano do Sul**, em que é apelante **DJANIRA LASELVA**, é apelado **2º OFICIAL DE REGISTRO DE IMÓVEIS E ANEXOS DA COMARCA DE SÃO CAETANO DO SUL.**

ACORDAM, em Conselho Superior de Magistratura do Tribunal de Justiça de São Paulo, proferir a seguinte decisão: **"Deram provimento ao recurso para permitir o registro da escritura de permuta somente em relação aos imóveis matriculados sob os nºs 36.417, 36.440, 36.441 e 36.470, v.u."**, de conformidade com o voto do Relator, que integra este acórdão.

O julgamento teve a participação dos Exmos. Desembargadores **PINHEIRO FRANCO**

(PRESIDENTE TRIBUNAL DE JUSTIÇA) (Presidente), LUIS SOARES DE MELLO (VICE PRESIDENTE), XAVIER DE AQUINO (DECANO), GUILHERME G. STRENGER (PRES. SEÇÃO DE DIREITO CRIMINAL), MAGALHÃES COELHO(PRES. DA SEÇÃO DE DIREITO PÚBLICO) E DIMAS RUBENS FONSECA (PRES. DA SEÇÃO DE DIREITO PRIVADO).

São Paulo, 11 de fevereiro de 2021.

RICARDO ANAFE

Corregedor Geral da Justiça e Relator

Apelação Cível n.º 1008124-45.2019.8.26.0565

Apelante: Djanira Laselva

Apelado: 2º Oficial de Registro de Imóveis e Anexos da Comarca de São Caetano do Sul

VOTO N.º 31.456

Registro de imóveis – Apelação – Dúvida – Negativa de registro de escritura pública de permuta – Cindibilidade do título permitida – Imóveis situados na mesma circunscrição imobiliária – Precedentes do CSM – Art. 187 da LRP que não exige a efetivação de todos os registros mas apenas traz técnica de inscrição no protocolo – Recurso a que se dá provimento.

1. Cuida-se de recurso de Apelação interposto por Djanira Laselva em face da r. sentença de fl. 70/71 de lavra do MM. Juiz Corregedor Permanente do 2º Oficial de Registro de Imóveis, Títulos e Documentos e Civil de Pessoa Jurídica da Comarca de São Caetano do Sul, que julgou procedente a dúvida suscitada, negando acesso de escritura de permuta ao registro imobiliário.

Da nota devolutiva de fl. 16, que qualificou negativamente o título, constaram as seguintes exigências:

"1) Aditar a escritura para constar que o box 26/28 duplo descrito no item 2 (dois) da escritura possui uma área útil de 36,56m² e não 35,56m² como constou.

2) Apresentar o comprovante original ou cópia autenticada do recolhimento do ITBI em nome de Grafos Administração de Bens Eireli.

3) Fica indeferido o requerimento de cindibilidade do título em face do disposto no art. 187 da LRP que, no caso de imóveis pertencentes à mesma circunscrição imobiliária, os registros serão feitos nas matrículas correspondentes sob um único protocolo.

Fundamento legal: Decisão do CSM de 04/06/1996 na Apel. Cível 30109-0/2 de Ubatuba-SP".

Em suas razões a apelante sustenta, em suma, a possibilidade de cindibilidade do título levado a registro, observando que o princípio da incindibilidade, construído sob a égide do anterior sistema registral, não mais vigora e, neste sentido, já se posicionou o C. Conselho Superior da Magistratura. Acrescentou, ainda, que pessoa jurídica permutante não procedeu com o registro do seu imóvel por não dispor, atualmente, de recursos financeiros para tal fim.

A Procuradoria Geral de Justiça opinou pelo provimento do recurso (fl. 116/119).

É o relatório.

2. Cuida-se de dúvida suscitada pelo 2º Oficial de Registro de Imóveis, Títulos e Documentos e Civil de Pessoa Jurídica da Comarca de São Caetano do Sul, o qual negou acesso ao registro imobiliário de escritura pública de permuta lavrada perante o Terceiro Tabelionato de Notas da Comarca em 17/9/2019, firmada pela apelante e GRAFOS ADMINISTRAÇÃO DE BENS EIRELI, com fulcro no art. 187 da Lei de Registros Públicos.

Por meio de referido ato notarial foram permutados os imóveis objetos das matrículas n.os 9.986, 9.987, 9.988, 36.417, 36.440, 36.441 e 36.470, todos do 2º Oficial de Registro de Imóveis, Títulos e Documentos e Civil de Pessoa Jurídica da Comarca de São Caetano do Sul.

Pretende, pois, a recorrente a cindibilidade do título, levando-se a registro apenas no que concerne às matrículas n.os 36.417, 36.440, 36.441 e 36.470.

De proêmio, cumpre consignar que, conquanto haja aparente insurgência parcial em relação aos óbices ofertados pelo I. Registrador, com suposta impugnação da recorrente apenas em face do item "3" da nota devolutiva de fl. 16, certo é que houve, por parte da apelante, cumprimento ao item "1" de referida nota, além de haver insurgência indireta em relação ao item "2", o qual está intimamente ligado ao item "3" da citada nota.

Dito isso, a apelação merece provimento.

O princípio registral da parcelaridade ou cindibilidade do título significa a possibilidade de cisão do título apresentado a registro, de modo a aproveitar ou extrair determinados elementos aptos a ingressar de imediato no fólio real, e desconsiderar outros cujo registro esteja obstado ou dependa de providências adicionais. **[1]**

É sabido que, em algumas hipóteses, este Conselho Superior da Magistratura tem admitido a cindibilidade do título, autorizando que dele sejam extraídos elementos que poderão ingressar de imediato no fólio real, desconsiderando os demais que demandem providências outras.

E tal entendimento se coaduna com o atual modelo inscritivo, instituído pela Lei n.º 6.015/73, moldado em torno da figura da matrícula, passando, pois, o foco ao próprio imóvel e às mutações jurídicas por este suportadas, em substituição ao antigo sistema de transcrições em que o título era literal e integralmente transcrito no fólio registral, não se cogitando de registro parcial ou cindibilidade do título.

No ponto, vale destacar trecho da fundamentação lançada na Ap. Cív. n.º 5.599-0, de relatoria do Des. Sylvio do Amaral:

> *"O atual sistema registrário imobiliário, fundado no ato básico de cadastramento físico, já não admite o principio pretoriano da incidibilidade dos títulos. O sistema anterior, em que não existia transcrição do imóvel, é que justificativa o princípio. Hoje, o ato básico do registro imobiliário não é a reprodução textual dos instrumentos. Estes passaram a ser meio e não mais objeto de um ato reflexivo ou transcritivo" (Ap. Cív. n. 2003-0, Itapecerica da Serra, 13.6.83; Ap. Cív. n. 2.177-0, Ribeirão Preto, mesma data, Relator: Des. Affonso de André; Embargos de Declaração n. 3.034-0, 6.8.84, Des. Nogueira Garcez; Ap. Cív. n. 5.599-0, Franco da Rocha, 19.5.86, Des. Sylvio do Amaral).*

E, consoante dispõe o art. 187 da Lei n.º 6.015/73:

> *"Art. 187. Em caso de permuta, e pertencendo os imóveis à mesma circunscrição, serão feitos os registros nas matrículas correspondentes, sob um único número de ordem no Protocolo".* Redação semelhante consta do item 36 do Capítulo XX das NSCGJ:
>
> *"Em caso de permuta, e pertencendo os imóveis à mesma circunscrição, serão feitos os registros nas matrículas correspondentes, sob um único número de ordem no Protocolo, ainda que apresentado título em mais de uma via".*

Contudo, em julgamento recente, reconheceu-se a possibilidade de cindibilidade da escritura de permuta a permitir o registro da transmissão do domínio em relação a um dos imóveis permutados, ainda que localizados na mesma circunscrição (CSM, apelação 1004930-06.2015.8.26.0362, julgado em 22 de novembro de 2016, Voto vencedor Des. Ricardo Dip).

Do corpo de referido julgado extrai-se que:

> *"O art. 187 da Lei n. 6.015/1973 - a que acena o digno Registrador suscitante não impõe, em caso de permuta (art. 533 do Cód. Civ.), a disjuntiva de que ou se registrem os fatos inscritíveis todos, ou nenhuma inscrição se faça.*
>
> *Essa regra, com efeito, trata tão-somente da técnica que se há de adotar para a inscrição no protocolo (Livro n. 1), quando em cartório se apresentar um título formal que contenha negócio jurídico de escambo de dois ou mais imóveis permutados que se situem na mesma circunscrição imobiliária .*
>
> *Neste caso - diz o art. 187 -, conquanto se hajam de fazer,* ex hypothesi, *dois ou mais registros* stricto sensu *(n. 30 do inc. I do art. 167 da Lei de Registros Públicos), basta que se faça um só lançamento no Protocolo (i.e., uma só prenotação).*
>
> *E mais que isso o art. 187 não diz, porque, simplificando-se, com a Lei de 1973, o que antes determinava o art. 203 do Decreto n. 4.857, de 9 de novembro de 1939 (a saber:*
>
> *'na permuta haverá duas transcrições com referências recíprocas e números de ordem seguidos no protocolo e no livro de transcrição, sendo também distintas e com referências recíprocas as indicações no indicador real' – os destaques não são do original),* não se reproduziu no novo diploma, *entretanto, o que constava no parágrafo único do art. 211 do antigo Regulamento, regra esta - ela sim - que permitia concluir pela obrigatoriedade de fazerem-se todos os registros (à época, transcrições) ou nenhum deles, por abrir exceção ao princípio da instância inclusive (verbis: 'Em caso de permuta, serão, pelo menos, três os exemplares,* sendo a transcrição feita obrigatoriamente em todos os imóveis permutados, ainda que só um dos interessados promova o registo' *- de novo, o realce não é do original).*
>
> *Não se ignora que tradicional e prestigiosa corrente doutrinária e jurisprudencial vem dando ao mencionado art. 187 interpretação segundo a qual, tratando-se de* imóveis *localizados sob a atribuição de um mesmo ofício de registro, seria obrigatória a registração de todos os fatos inscritíveis (: os títulos de transmissão do domínio de todos os imóveis permutados).*
>
> *Todavia, esse entendimento, de par com não seguir* ad amussim *o texto legal, tem ainda o inconveniente de, criando uma dificuldade onde ela não existe (pois, repita-se, a feitura de todos os registros não está imposta no art. 187, ainda quando os imóveis estejam todos na mesma circunscrição), deixar sem solução o caso de os bens se localizarem em circunscrições distintas (dentro*

da mesma comarca, ou de comarcas diversas, ou de Estados-membros diferentes, ou mesmo e ainda de vários países). Assim, não impondo a lei nenhum meio ou procedimento para controlar a lavratura dos registros que não forem, todos, da atribuição de um mesmo ofício de imóveis, não aparenta possa este Conselho - ao qual não se atribuiu competência normativa, sequer diretiva - expedir uma solução técnico-normativa que o próprio legislador preferiu não desfiar".

A interpretação dada é, pois, no sentido de que o art. 187 da Lei n.º 6.015/73 estabeleceu regra técnica para a inscrição no protocolo e não exige a efetivação de todos os registros, nem mesmo quando todos os imóveis estejam localizados na mesma circunscrição.

É, nesta linha, também, a lição de ADEMAR FIORANELLI:

"Já tivemos a oportunidade de manifestar pensamento favorável à cindibilidade da escritura de permuta, na impossibilidade do registro de um dos imóveis, ainda mais quando por expressa autorização dos permutantes, em artigo publicado no Jornal Novos Tempos, Associação dos Serventuários de Justiça do Estado de São Paulo, 1995, nº 9, no sentido de que 'no caso de permuta, malgrado o disposto no art. 187, da Lei nº 6.015/73, nada obsta o registro do título em relação a um dos imóveis permutados, que recebeu qualificação positiva. Não seria lógico que um dos outorgantes-permutantes, para usar de seu direito, venha a suportar as despesas com o registro de todos os imóveis, não podendo ser descartada a possibilidade de que o título, em relação aos demais imóveis, tenha problemas de ordem formal que impossibilitem seu registro, ou mesmo estarem situados em outros Municípios ou Comarcas.' [...] Pensamos que não se pode criar, ao nosso juízo, uma regra que só valha quando os imóveis objetos da permuta estejam subordinados à mesma Circunscrição Imobiliária, mas que não tenha o mesmo valor quando os imóveis estiverem situados em circunscrições ou Comarcas diversas. É possível, portanto, sustentar a cindibilidade do título, como acima fizemos, sempre respeitando fundamentos e opiniões contrários" (A cindibilidade dos títulos. Exemplos práticos. In: Direito Notarial e Registral. Homenagem às Varas de Registros Públicos da comarca de São Paulo. São Paulo: Quartier Latin, 2016, pp. 409-413).

3. Ante o exposto, dou provimento à Apelação para permitir o registro da escritura de permuta somente em relação aos imóveis matriculados sob os n.os 36.417, 36.440, 36.441 e 36.470 do 2º Oficial de Registro de Imóveis, Títulos e Documentos e Civil de Pessoa Jurídica da Comarca de São Caetano do Sul.

RICARDO ANAFE

Corregedor Geral da Justiça e Relator

Nota:

[1] L. G. Loureiro, Registros Públicos: teoria e prática, 8ª ed., Salvador, Juspodivm, 2017, p. 577. (DJe de 26.05.2021 – SP)

PRENOTAÇÃO

PODER JUDICIÁRIO

TRIBUNAL DE JUSTIÇA DO ESTADO DE SÃO PAULO

CONSELHO SUPERIOR DA MAGISTRATURA

Apelação Cível n.º 1006696-85.2020.8.26.0664

Registro: 2021.000815167

ACÓRDÃO

Vistos, relatados e discutidos estes autos de **Apelação Cível n.º 1006696-85.2020.8.26.0664**, da Comarca de **V.**, em que é apelante **G. G. P.**, é apelado **O. DE R. DE I. E A. DA C. DE V.**.

ACORDAM, em Conselho Superior de Magistratura do Tribunal de Justiça de São Paulo, proferir a seguinte decisão: **"Não conheceram, com determinação, v.u."**, de conformidade com o voto do Relator, que integra este acórdão.

O julgamento teve a participação dos Exmos. Desembargadores **PINHEIRO FRANCO (PRESIDENTE TRIBUNAL DE JUSTIÇA) (Presidente), LUIS SOARES DE MELLO (VICE PRESIDENTE), XAVIER DE AQUINO (DECANO), GUILHERME G. STRENGER (PRES. SEÇÃO DE DIREITO CRIMINAL), MAGALHÃES COELHO(PRES. DA SEÇÃO DE DIREITO PÚBLICO) E DIMAS RUBENS FONSECA (PRES. DA SEÇÃO DE DIREITO PRIVADO).**

São Paulo, 17 de setembro de 2021.

RICARDO ANAFE

Corregedor Geral da Justiça e Relator

Apelação Cível n.º 1006696-85.2020.8.26.0664

Apelante: G. G. P.

Apelado: O. de R. de I. e A. da C. de V.

VOTO N.º 31.563.

Registro de Imóveis – Dúvida Inversa – Ausência de prenotação do título – Apelação não conhecida, com determinação.

1. Trata-se de apelação (fl. 39/44) interposta por **G. G. P.** contra a r. sentença (fl. 30/31) proferida pelo MM. Juiz Corregedor Permanente do O. DE R. DE I. E A. DA C. DE V., que julgou procedente a dúvida inversa (fl. 1/6) e manteve óbice (fl. 15) ao registro *stricto sensu* de adjudicação em inventário e partilha *causa mortis*.

Segundo a dúvida inversa (fl. 1/6), em autos de inventário judicial, a interessada Gizélia fez doação de um imóvel a seu filho, reservando para si o usufruto. Passada a carta de adjudicação, o filho e adjudicatário levou o instrumento ao cartório, onde recebeu a informação de que tudo deveria ser feito por via eletrônica ("site Registradores"). Todavia, para assim proceder, o adjudicatário haveria de pagar uma taxa, a despeito da interessada ser beneficiária de gratuidade da Justiça. O ofício de registro de imóveis foi novamente procurado, e informou que, tratando-se de processo eletrônico, o procedimento realmente tinha de ser feito pela central eletrônica. Depois de insistência, o cartório prenotou o título e passou nota devolutiva, dizendo que a remessa de carta de adjudicação, originária de processo eletrônico, tem de ser remetida eletronicamente (Normas de Serviço da Corregedoria, Tomo I, art. 1.273-A, IV, e Tomo II, Cap. XX, item 365). Ao ver da interessada, contudo, essa exigência não tem lugar, porque a remessa por via eletrônica é meramente facultativa,

Consta da r. sentença (fl. 30/31) que a remessa da carta de adjudicação extraída de processo eletrônico realmente tem de ser encaminhada por meio da central de serviços eletrônicos compartilhados dos registradores de imóveis (Central Registradores), a qual não permite o protocolo sem o prévio depósito do valor da prenotação. Essa exigência é imposta pela Corregedoria Geral da Justiça, e a corregedoria permanente não pode afastá-la. Dessa forma, resta à interessada imprimir o processo e levá-lo pessoalmente ao cartório, o qual, entretanto, não está obrigado a providenciar a impressão ele mesmo. Por tudo isso, a dúvida é improcedente (*sic*).

A apelante alega (fl. 39/44) que tem direito à gratuidade da Justiça, nos termos do inciso LXXIV do art. 5º da Constituição Federal e do inciso IX do § 1º do art. 98 do Cód. de Proc. Civil, e que as cartas tiradas de autos judiciais eletrônicos podem (mas não devem) ser expedidas também eletronicamente; assim, o cartório não podia ter recusado a apresentação do título, diretamente, razão pela qual a sentença tem de ser reformada, para que se faça o registro como rogado.

A ilustre Procuradoria Geral de Justiça ofertou parecer pelo não conhecimento da dúvida ou, subsidiariamente, pelo não provimento do recurso (fl. 69/72).

É o relatório.

2. A controvérsia registral em questão tem a sua origem remota no arrolamento sumário n.º 1009004-31.2019.8.26.0664, da 1ª Vara Cível da Comarca de V. (fl. 17).

Como é consabido, esses autos correram em forma eletrônica, de modo que os instrumentos ou títulos formais (Lei n.º 6.015, de 31 de dezembro de 1973, art. 221) para os atos registrais têm de ser lavrados, a requerimento da parte: *(a)* em meio físico, por ofício de Justiça (Normas de Serviço da Corregedoria Geral – NSCGJ, Tomo I, arts. 221-223 e 1.273); *(b)* em meio eletrônico, por ofício de Justiça (NSCGJ, Tomo I, art. 1.273-A); *(c)* em meio físico, por tabelião de notas (NSCGJ, Tomo II, Capítulo XVI, itens 214-217 e 219); ou ainda *(d)* em meio eletrônico, por tabelião de notas (NSCGJ, Tomo II, Capítulo XVI, itens 214-217, 218 e 219).

Sucede, entretanto, que destes autos não consta nenhum instrumento em qualquer dessas modalidades: como se vê a fl. 17, tudo o que veio foi uma cópia de uma das páginas dos autos de arrolamento e, à falta de título formal, a dúvida está prejudicada e não pode prosseguir. Isso ficou bem notado pela DD. Procuradoria de Justiça (fl. 71/72) e, de resto, é assente na jurisprudência deste Conselho Superior da Magistratura:

"REGISTRO DE IMÓVEIS. Dúvida Inversa. Ausência de prenotação do título. Recurso não conhecido" (Apel. Cív. 1000958-29.2018.8.26.0457, j. 15.4.2020, DJe 28.4.2020).

"REGISTRO DE IMÓVEIS – Dúvida julgada procedente – Mandado de adjudicação compulsória – Não apresentação do título original para protocolo – Dúvida prejudicada – Recurso não conhecido" (Apel. Cív. 1004035-82.2018.8.26.0348, j. 10.12.2019, DJe 31.3.2020).

Saliente-se, por fim, que convém determinar-se a extração de cópias das principais peças destes autos (a saber, fl. 1/7, 14/17, 23/24, 39/44, 50/51, e este acórdão), para que a Corregedoria Geral da Justiça analise a alegação de que beneficiário da gratuidade da Justiça não consegue encaminhar títulos eletrônicos sem realizar depósito prévio.

3. À vista do exposto, pelo meu voto, **não conheço do recurso, com determinação.**

RICARDO ANAFE

Corregedor Geral da Justiça e Relator (DJe de 06.12.2021 – SP)

PODER JUDICIÁRIO

TRIBUNAL DE JUSTIÇA DO ESTADO DE SÃO PAULO

CONSELHO SUPERIOR DA MAGISTRATURA

Apelação Cível nº 1094143-57.2020.8.26.0100

Registro: 2021.000380972

ACÓRDÃO

Vistos, relatados e discutidos estes autos de **Apelação Cível nº 1094143-57.2020.8.26.0100**, da Comarca de **São Paulo**, em que é apelante **ANA TERESA MAGNO SANDOVAL**, é apelado **13º OFICIAL DE REGISTRO DE IMÓVEIS DA COMARCA DA CAPITAL.**

ACORDAM, em Conselho Superior de Magistratura do Tribunal de Justiça de São Paulo, proferir a seguinte decisão: **"Negaram provimento, v.u.",** de conformidade com o voto do Relator, que integra este acórdão.

O julgamento teve a participação dos Exmos. Desembargadores **PINHEIRO FRANCO (PRESIDENTE TRIBUNAL DE JUSTIÇA) (Presidente), LUIS SOARES DE MELLO (VICE PRESIDENTE), XAVIER DE AQUINO (DECANO), GUILHERME G. STRENGER (PRES. SEÇÃO DE DIREITO CRIMINAL), MAGALHÃES COELHO(PRES. DA SEÇÃO DE DIREITO PÚBLICO) E DIMAS RUBENS FONSECA (PRES. DA SEÇÃO DE DIREITO PRIVADO).**

São Paulo, 13 de maio de 2021.

RICARDO ANAFE

Corregedor Geral da Justiça e Relator

Apelação Cível nº 1094143-57.2020.8.26.0100

Apelante: Ana Teresa Magno Sandoval

Apelado: 13º Oficial de Registro de Imóveis da Comarca da Capital

VOTO Nº 31.508

Registro de Imóveis – Dúvida Inversa – Ausência de prenotação válida – Concordância com o óbice ofertado – Ausência de previsão legal de denunciação da lide no âmbito administrativo – Manutenção da sentença que julgou a dúvida prejudicada – Recurso a que se nega provimento.

1. Trata-se de Apelação interposta por **ANA TERESA MAGNO SANDOVAL** em face da r. sentença de fl. 218/220, que julgou prejudicada a dúvida inversamente suscitada em face da concordância com o óbice ofertado pelo 13º Registro de Imóveis da Comarca da Capital acerca da necessidade de apresentação da autenticação das assinaturas eletrônicas no contrato de compromisso de venda e compra apresentado a registro.

Em suma, sustenta a apelante que ante a impossibilidade de realização da firma digital as partes decidiram por realizar as assinaturas de forma física e que as assinaturas em questão são válidas e legítimas. Requereu-se a notificação da compromissária vendedora, por meio de denunciação da lide, para regularização das assinaturas, o que foi negado. Seria necessária a convocação do interessado para complementação dos documentos, dando-se oportunidade de corrigir o vício sanável.

A D. Procuradoria Geral de Justiça opinou pelo não provimento do recurso (fl. 267/270).

É o relatório.

2. O recurso não comporta provimento.

Com efeito, a recorrente protocolou, por meio do sistema da Central Registradores de Imóveis (www.registradores.org.br) instrumento particular de compromisso de venda e compra datado de 15 de dezembro de 2019, referente ao imóvel matriculado sob o nº 102.480 em que figuram como promitente vendedora Rio Dourado Desenvolvimento Imobiliário SPE LTDA. e como compromissária compradora a ora apelante.

O título não foi prenotado e foi devolvido ante a ausência de utilização do certificado digital para as assinaturas, em desconformidade com a Medida Provisória nº 983 de 16 de junho de 2020.

Suscitada a dúvida inversa, a recorrente concordou com a exigência formulada pelo Registrador, pugnando pela denunciação da lide da promitente vendedora Rio Dourado Desenvolvimento Imobiliário SPE LTDA. para apresentação da autenticação das assinaturas eletrônicas do compromisso de venda e compra telado.

Por meio da r. sentença de fl. 218/220, cuidou a MM.ª Juíza Corregedora Permanente do 13º Oficial de Registro de Imóveis da Comarca da Capital de julgar a dúvida inversa prejudicada, em face da concordância da recorrente com o óbice ofertado.

O título original, de fato, não foi prenotado. Ao contrário, há menção expressa do Oficial Registrador no sentido da inexistência de prenotação válida (fl. 209/211), suficiente à julgar a dúvida prejudicada.

Tratando-se de dúvida não prenotada, o prazo de 30 dias previsto no art. 188 da Lei nº 6.015/73 há muito já está expirado, razão pela qual a interessada precisará apresentar o título novamente a registro, pois já ultrapassado o prazo da prenotação e, consequentemente, extinta a prioridade prevista no art. 182 da Lei Regente.

Com efeito, o procedimento de dúvida é reservado à análise da dissensão do apresentante com os motivos que levaram à recusa do registro do título que, para essa finalidade, deverá ser objeto de protocolo, pois de seu julgamento decorrerá a manutenção da recusa, com cancelamento da prenotação, ou a improcedência da dúvida que terá como consequência a realização do registro (art. 203, II, da Lei nº 6.015/73).

A necessidade de prévio protocolo do título, assim como da prenotação da dúvida (ainda que inversa), decorre de interpretação lógica da Lei nº 6.015/73 que, em seu art. 182, determina que todos os títulos tomarão no protocolo o número de ordem correspondente à sequência de apresentação; em seu art. 198, e incisos, dispõe sobre a anotação da dúvida no Livro nº 1 Protocolo, para conhecimento da prorrogação do prazo da prenotação; e, em seu art. 203, prevê os efeitos do julgamento da dúvida em relação ao registro e, em consequência, ao resultado da qualificação realizada depois da respectiva prenotação do título.

Diante disso, não se admite dúvida para a análise do resultado de título cuja prenotação e, consequentemente, a prioridade estão extintas.

A ausência de prenotação da dúvida prejudica o seu exame, já que, ainda que julgada improcedente, o título não terá a prioridade garantida por lei e precisará ser reapresentado.

Ademais, verifica-se que a recorrente concordou com a exigência formulada pelo Registrador, pugnando pela denunciação da lide da promitente vendedora Rio Dourado Desenvolvimento Imobiliário SPE LTDA. para apresentar a autenticação das assinaturas eletrônicas do contrato.

A par da incabível denunciação da lide no âmbito administrativo ante a ausência de previsão legal, certo é que a concordância com o óbice ofertado também prejudica o exame da dúvida.

Isto porque o provimento judicial em procedimento de dúvida é sempre positivo ou negativo, a fim de que o registro seja ou não autorizado, diante da dissensão que existia ao tempo de sua suscitação.

3. Ante o exposto, nego provimento ao recurso e mantenho a r. sentença que julgou a dúvida prejudicada.

RICARDO ANAFE

Corregedor Geral da Justiça e Relator (DJe de 09.08.2021 – SP)

PODER JUDICIÁRIO

TRIBUNAL DE JUSTIÇA DO ESTADO DE SÃO PAULO

CONSELHO SUPERIOR DA MAGISTRATURA

Apelação Cível nº 1024109-49.2019.8.26.0405

Registro: 2021.000271299

ACÓRDÃO

Vistos, relatados e discutidos estes autos de **Apelação Cível nº 1024109-49.2019.8.26.0405**, da Comarca de **Osasco**, em que são apelantes **J. A. S. F. e C. DE S. F.**, é apelado **1 O. DE R. DE I. E A. DA C. DE O.**.

ACORDAM, em Conselho Superior de Magistratura do Tribunal de Justiça de São Paulo, proferir a seguinte decisão: **"Julgaram prejudicada a dúvida e não conheceram do recurso, v.u."**, de conformidade com o voto do Relator, que integra este acórdão.

O julgamento teve a participação dos Exmos. Desembargadores **PINHEIRO FRANCO (PRESIDENTE TRIBUNAL DE JUSTIÇA) (Presidente), LUIS SOARES DE MELLO (VICE PRESIDENTE), XAVIER DE AQUINO (DECANO), GUILHERME G. STRENGER (PRES. SEÇÃO DE DIREITO CRIMINAL), MAGALHÃES COELHO(PRES. DA SEÇÃO DE DIREITO PÚBLICO) E DIMAS RUBENS FONSECA (PRES. DA SEÇÃO DE DIREITO PRIVADO).**

São Paulo, 6 de abril de 2021.

RICARDO ANAFE

Corregedor Geral da Justiça e Relator

Apelação Cível nº 1024109-49.2019.8.26.0405

Apelantes: J. A. S. F. e C. de S. F.

Apelado: 1 O. de R. de I. e A. da C. de O.

VOTO Nº 31.472

Registro de imóveis – Dúvida inversa – Confirmação pela Corregedoria Permanente das exigências formuladas pelo Oficial registrador – Título apresentado para exame e cálculo – Dúvida prejudicada – Recurso não conhecido.

1. Trata-se de apelação interposta por *J.A.S.F.* e *C.S.F.* contra a sentença proferida pela MM.ª Juíza Corregedora Permanente do 1º (...), que manteve a negativa de registro, junto à matrícula nº 68.163 daquela serventia imobiliária, da adjudicação deferida nos autos do Processo nº *******-93.2016.8.26.0100, que tramitou perante a (...)ª Vara Cível Central da Comarca da Capital (fl. 215/217).

Alegam os apelantes, em síntese, que o pedido de adjudicação compulsória formulado na ação ajuizada contra a vendedora do imóvel foi julgado procedente, ficando consignado que, se não cumprida a obrigação imposta, a sentença valeria como título hábil para a transferência de domínio. Logo, os documentos apresentados ao Oficial não formam um mero conjunto de cópias do processo, como alegado na nota devolutiva expedida. Aduzem que o óbice apontado foi noticiado nos autos da ação de adjudicação compulsória e que, a despeito disso, foi indeferida a expedição de Carta de Adjudicação, reiterando o juízo que a sentença valeria como título hábil ao pretendido registro e cancelamento da hipoteca incidente sobre o imóvel. Acrescentam que é descabida a recusa do registro da adjudicação em virtude de indisponibilidade do bem oriunda de pessoa estranha ao feito, ante o teor da Súmula nº 308 do E. Superior Tribunal de Justiça. Por fim, sustentam que o título foi regularmente protocolado em Cartório, com cópia de documentos extraídos do *site* do Tribunal de Justiça (fl. 225/239).

A fl. 303/306, noticiam os apelantes a expedição da Carta de Adjudicação nos autos do Processo nº *******- 93.2016.8.26.0100, que tramitou perante a (...)ª Vara Cível Central da Comarca da Capital, insistindo no registro do título.

A D. Procuradoria de Justiça opinou pelo provimento do recurso (fl. 310/313).

É o relatório.

2. O recurso não comporta conhecimento.

A apresentação do título para exame e cálculo não gera protocolo (art. 12, parágrafo único, da Lei nº 6.015/73) e, em consequência, não se presta ao registro que deverá ser feito, caso preenchidos os requisitos legais, conforme a prioridade decorrente da prenotação (art. 182 da referida Lei).

Das informações apresentadas nos autos (fl. 183/184 e 287/289) não se infere que o Sr. Oficial do (...), suscitada a dúvida inversa, tenha prenotado o original do título. Ao contrário, há menção expressa de inexistência de prenotação válida, pois os apelantes impugnaram a nota devolutiva expedida por ocasião da apresentação do título para exame e cálculo (fl. 11 e 171).

Ocorre que o procedimento de dúvida é reservado à análise da dissensão do apresentante em relação aos motivos que levaram à recusa do registro do título que, para essa finalidade, deverá ser objeto de protocolo. É que de seu julgamento decorrerá a manutenção da recusa, com cancelamento da prenotação, ou a improcedência da dúvida, que terá como consequência a realização do registro (art. 203, inciso II, da Lei nº 6.015/73).

A necessidade de prévio protocolo do título para registro, ademais, decorre de interpretação lógica da Lei nº 6.015/73 que: a) em seu art. 182 determina que todos os títulos tomarão no protocolo o número de ordem correspondente à sequência de apresentação; b) em seu art. 198, e incisos, dispõe sobre a anotação da dúvida no Livro nº 1 Protocolo, para conhecimento da prorrogação do prazo da prenotação; e c) em seu art. 203 prevê os efeitos do julgamento da dúvida em relação ao registro e, em consequência, ao resultado da qualificação realizada depois da respectiva prenotação do título.

Diante disso, não se admite dúvida para a análise do resultado da nota devolutiva expedida em exame e cálculo.

E o reconhecimento de que a dúvida se encontra prejudicada acarreta o não conhecimento do recurso.

Consigne-se, por fim, que a carta de adjudicação posteriormente expedida em nada interfere no deslinde do presente recurso, devendo ser objeto de oportuna qualificação pelo Sr. Oficial registrador.

3. À vista do exposto, julgo prejudicada a dúvida e não conheço do recurso interposto.

RICARDO ANAFE

Corregedor Geral da Justiça e Relator (DJe de 21.06.2021 – SP)

PODER JUDICIÁRIO

TRIBUNAL DE JUSTIÇA DO ESTADO DE SÃO PAULO

CONSELHO SUPERIOR DA MAGISTRATURA

Apelação Cível nº 1002789-64.2020.8.26.0224

Registro: 2021.0000161478

ACÓRDÃO

Vistos, relatados e discutidos estes autos de Apelação Cível nº 1002789-64.2020.8.26.0224, da Comarca de **Guarulhos**, em que é apelante **CÂMARA DE ARBITRAGEM, CONCILIAÇÃO E ARBITRAGEM DE GUARULHOS**, é apelado **PRIMEIRO OFICIAL DE REGISTRO DE IMÓVEIS E ANEXOS DA COMARCA DE GUARULHOS**.

ACORDAM, em Conselho Superior de Magistratura do Tribunal de Justiça de São Paulo, proferir a seguinte decisão: **"Julgaram prejudicada a**

dúvida e não conheceram do recurso, v.u.", de conformidade com o voto do Relator, que integra este acórdão.

O julgamento teve a participação dos Exmos. Desembargadores **PINHEIRO FRANCO (PRESIDENTE TRIBUNAL DE JUSTIÇA) (Presidente), LUIS SOARES DE MELLO (VICE PRESIDENTE), XAVIER DE AQUINO (DECANO), GUILHERME G. STRENGER (PRES. SEÇÃO DE DIREITO CRIMINAL), MAGALHÃES COELHO(PRES. DA SEÇÃO DE DIREITO PÚBLICO) E DIMAS RUBENS FONSECA (PRES. DA SEÇÃO DE DIREITO PRIVADO).**

São Paulo, 4 de março de 2021.

RICARDO ANAFE

Corregedor Geral da Justiça e Relator

Apelação Cível nº 1002789-64.2020.8.26.0224

Apelante: Câmara de Arbitragem, Conciliação e Arbitragem de Guarulhos

Apelado: Primeiro Oficial de Registro de Imóveis e Anexos da Comarca de Guarulhos

VOTO Nº 31.470

Registro de Imóveis – Dúvida inversa julgada procedente para manter a recusa do registro – Título apresentado apenas para exame e cálculo - Dúvida prejudicada – Recurso não conhecido.

1. Trata-se de Apelação interposta por **CÂMARA DE ARBITRAGEM, CONCILIAÇÃO E ARBITRAGEM DE GUARULHOS** em face da r. sentença de fl. 38/40, que julgou procedente a dúvida inversa suscitada em decorrência de negativa de registro pelo 1º Oficial de Registro de Imóveis da Comarca de Guarulhos de sentença arbitral que declarou a usucapião de bens imóveis.

A recorrente aduz, em suma, que a sentença arbitral é um título judicial que produz, entre as partes e seus sucessores, os mesmos efeitos da sentença proferida pelo Poder Judiciário; que os imóveis estão descritos com características e confrontações, sendo plenamente possível a identificação; que se trata de usucapião extraordinária; que há preconceito contra decisões do Juízo arbitral e não há impedimento legal para o reconhecimento da usucapião por esse meio; que foram expedidos editais para eventuais interessados; que a previsão de usucapião por via extrajudicial admite realizar o processo por via de arbitragem; que não se faz necessária a intimação do Ministério Público; que o silêncio das partes envolvidas no procedimento de usucapião extrajudicial será interpretado como concordância.

A D. Procuradoria Geral de Justiça opinou pelo não conhecimento do recurso, e, subsidiariamente, por seu desprovimento (fl. 82/85 e 112/114).

É o relatório.

2. O recurso não comporta conhecimento.

De proêmio, cumpre salientar que a nota devolutiva de fl. 08 apontou para a inviabilidade do registro da carta de sentença arbitral.

Contudo, das informações de fl. 15/18 encaminhadas pelo 1º Oficial de Registro de Imóveis da Comarca de Guarulhos infere-se que a serventia recepcionou apenas requerimento encaminhado pela Apelante solicitando o "Exame e Cálculo" da referida carta de sentença expedida por Câmara de Arbitragem reconhecendo a usucapião de bens imóveis.

Assim, não houve apresentação do título para protocolo e tampouco depósito prévio. Ausente, pois, prenotação válida.

A apresentação de título para exame e cálculo não gera protocolo (art. 12, parágrafo único, da Lei nº 6.015/73) e, em consequência, não se presta para o registro que deverá ser feito, se forem atendidos os requisitos legais, conforme a prioridade decorrente da prenotação (art. 182 da Lei referida).

O procedimento de dúvida é reservado à análise da dissensão do apresentante com os motivos que levaram à recusa do registro do título que, para essa finalidade, deverá ser objeto de protocolo, pois de seu julgamento decorrerá a manutenção da recusa, com cancelamento da prenotação, ou a improcedência da dúvida que terá como consequência a realização do registro (art. 203, II, da Lei nº 6.015/73).

A necessidade de prévio protocolo do título, ademais, decorre de interpretação lógica da Lei nº 6.015/73 que: em seu art. 182 determina que todos os títulos tomarão no protocolo o número de ordem correspondente à sequência de apresentação; em seu art. 198, e incisos, dispõe sobre a anotação da dúvida no Livro nº 1 Protocolo, para conhecimento da prorrogação do prazo da prenotação; e em seu art. 203 prevê os efeitos do julgamento da dúvida em relação ao registro e, em consequência, ao resultado da qualificação realizada depois da respectiva prenotação do título.

Diante disso, não se admite dúvida para a análise do resultado de exame e cálculo (CSM, Processo nº 000.608.6/7-00, Rel. Des. Gilberto Passos de Freitas, j. 21/12/2006).

3. Ante o exposto, julgo prejudicada a dúvida e não conheço do recurso.

RICARDO ANAFE

Corregedor Geral da Justiça e Relator (DJe de 24.05.2021 – SP)

PODER JUDICIÁRIO

TRIBUNAL DE JUSTIÇA DO ESTADO DE SÃO PAULO

CONSELHO SUPERIOR DA MAGISTRATURA

Apelação Cível nº 1003789-86.2020.8.26.0196

Registro: 2021.0000069034

ACÓRDÃO

Vistos, relatados e discutidos estes autos de **Apelação Cível nº 1003789-86.2020.8.26.0196**, da Comarca de **Franca**, em que é apelante **MEIRE SIRLEY DE FREITAS**, é apelado **PRIMEIRO OFICIAL DE REGISTRO DE IMÓVEIS DE FRANCA.**

ACORDAM, em Conselho Superior de Magistratura do Tribunal de Justiça de São Paulo, proferir a seguinte decisão: **"Negaram provimento, v.u.",** de conformidade com o voto do Relator, que integra este acórdão.

O julgamento teve a participação dos Exmos. Desembargadores **PINHEIRO FRANCO (PRESIDENTE TRIBUNAL DE JUSTIÇA) (Presidente), LUIS SOARES DE MELLO (VICE PRESIDENTE), XAVIER DE AQUINO (DECANO), GUILHERME G. STRENGER (PRES. SEÇÃO DE DIREITO CRIMINAL), MAGALHÃES COELHO(PRES. DA SEÇÃO DE DIREITO PÚBLICO) E DIMAS RUBENS FONSECA (PRES. DA SEÇÃO DE DIREITO PRIVADO).**

São Paulo, 29 de janeiro de 2021.

RICARDO ANAFE

Corregedor Geral da Justiça e Relator

Apelação Cível nº 1003789-86.2020.8.26.0196

Apelante: MEIRE SIRLEY DE FREITAS

Apelado: PRIMEIRO OFICIAL DE REGISTRO DE IMÓVEIS DE FRANCA

VOTO Nº 31.453.

Registro de Imóveis – Dúvida Inversa – Ausência de prenotação válida – Manutenção da sentença que julgou a dúvida prejudicada – Recurso a que se nega provimento.

1. Trata-se de Apelação interposta por **MEIRE SIRLEY DE FREITAS** em face da r. sentença de fl. 39/44, que julgou prejudicada a dúvida inversamente suscitada em face da ausência de prenotação.

Em suma, sustenta a apelante que o título foi juntado com a inicial e que as decisões do Egrégio Conselho Superior da Magistratura em que se estriba o Magistrado não são aplicáveis porque anteriores à informatização; que pretende assegurar o uso e gozo do imóvel enquanto viva; que o art. 167 da LRP é bem elástico e no seu entender comporta o registro pretendido; requer seja determinado o registro da escritura pública de aquisição de direitos de usufruto; alternativamente, pretende o registro nos "títulos e documentos" do contrato particular de cessão ou sua averbação no registro de imóveis.

A D. Procuradoria Geral de Justiça opinou pelo não conhecimento do recurso, e, subsidiariamente, por seu desprovimento (fl. 79/82).

É o relatório.

2. O recurso não comporta provimento.

Com efeito, por meio da r. sentença de fl. 39/44, cuidou o MM. Juiz Corregedor Permanente do 1º Oficial de Registro de Imóveis da Comarca de Franca de tecer algumas considerações acerca da pretensão inaugural (registro de escritura pública de cessão onerosa do exercício de usufruto vitalício do imóvel objeto da matrícula n.º 54.905) e julgou prejudicada a dúvida inversamente suscitada em face da ausência de prenotação.

E, das informações de fl. 31/33, de fato, não se infere que o Sr. Oficial do Registro de Imóveis da Comarca de Franca, suscitada a dúvida inversa, tenha prenotado o original do título. Ao contrário, há menção expressa de inexistência de prenotação válida.

Consoante dispunham os Itens 41.1 e 41.2 do Capítulo XX das NSCGJ, vigentes à época:

"41.1. Ocorrendo suscitação diretamente pelo interessado (Dúvida Inversa), assim que o Oficial a receber do Juízo para informações, deverá prenotar o título e observar o disposto nas letras "b" e "c" do item 41.(g.n)

(...)

41.2. O registrador dispõe do prazo de 15 (quinze) dias para apresentação das razões da dúvida, a contar do protocolo do pedido de suscitação, ou do recebimento dos autos de dúvida inversa. Tratando-se de dúvida inversa eletrônica, o prazo será contado na forma da "Nota" ao item 41.1".

No caso em exame, o título original não fora remetido ao Sr. Oficial do Registro de Imóveis, o que significa dizer que a suscitação não foi prenotada no protocolo do serviço imobiliário, como determina a Lei Regente (art. 198 da Lei nº 6.015/73).

Tratando-se de dúvida não prenotada, o prazo de 30 dias previsto no art. 188 da Lei nº 6.015/73 há muito já está expirado, razão pela qual a interessada precisará apresentar o título novamente a registro, pois já ultrapassado o prazo da prenotação e, consequentemente, extinta a prioridade prevista no art. 182 da Lei Regente.

Com efeito, o procedimento de dúvida é reservado à análise da dissensão do apresentante com os motivos que levaram à recusa do registro do título que, para essa finalidade, deverá ser objeto de protocolo, pois de seu julgamento decorrerá a manutenção da recusa, com cancelamento da prenotação, ou a improcedência da dúvida que terá como consequência a realização do registro (art. 203, II, da Lei nº 6.015/73).

A necessidade de prévio protocolo do título, assim como da prenotação da dúvida (ainda que inversa), decorre de interpretação lógica da Lei nº 6.015/73 que, em seu art. 182, determina que todos os títulos tomarão no protocolo o número de ordem correspondente à sequência de apresentação; em seu art. 198, e incisos, dispõe sobre a anotação da dúvida no Livro nº 1 Protocolo, para conhecimento da prorrogação do prazo da prenotação; e, em seu art. 203, prevê os efeitos do julgamento da dúvida em relação ao registro e, em consequência, ao resultado da qualificação realizada depois da respectiva prenotação do título.

Diante disso, não se admite dúvida para a análise do resultado de título cuja prenotação e, consequentemente, a prioridade, estão extintas.

A ausência de prenotação da dúvida prejudica o seu exame, já que, ainda que julgada improcedente, o título não terá a prioridade garantida por lei e precisará ser reapresentado.

3. Ante o exposto, nego provimento ao recurso e mantenho a r. sentença que julgou a dúvida prejudicada.

RICARDO ANAFE

Corregedor Geral da Justiça e Relator (DJe de 05.05.2021 – SP)

PODER JUDICIÁRIO

TRIBUNAL DE JUSTIÇA DO ESTADO DE SÃO PAULO

CONSELHO SUPERIOR DA MAGISTRATURA

Apelação Cível nº 1002628-82.2020.8.26.0344

Registro: 2021.0000069029

ACÓRDÃO

Vistos, relatados e discutidos estes autos de **Apelação Cível nº 1002628-82.2020.8.26.0344**, da Comarca de **Marília**, em que é apelante **RENAN BELLINI MARTA**, é apelado **2º OFICIAL DE REGISTRO DE IMÓVEIS E ANEXOS DA COMARCA DE MARÍLIA.**

ACORDAM, em Conselho Superior de Magistratura do Tribunal de Justiça de São Paulo, proferir a seguinte decisão: **"Não conheceram do recurso e julgaram prejudicada a dúvida, v.u."**, de conformidade com o voto do Relator, que integra este acórdão.

O julgamento teve a participação dos Exmos. Desembargadores **PINHEIRO FRANCO (PRESIDENTE TRIBUNAL DE JUSTIÇA) (Presidente), LUIS SOARES DE MELLO (VICE PRESIDENTE), XAVIER DE AQUINO (DECANO), GUILHERME G. STRENGER (PRES. SEÇÃO DE DIREITO CRIMINAL), MAGALHÃES COELHO(PRES. DA SEÇÃO DE DIREITO PÚBLICO) E DIMAS RUBENS FONSECA (PRES. DA SEÇÃO DE DIREITO PRIVADO).**

São Paulo, 29 de janeiro de 2021.

RICARDO ANAFE

Corregedor Geral da Justiça e Relator

Apelação Cível nº 1002628-82.2020.8.26.0344

Apelante: Renan Bellini Marta

Apelado: 2º Oficial de Registro de Imóveis e Anexos da Comarca de Marília

VOTO N.º 31.439

Registro de Imóveis – Dúvida inversa – Falta de prenotação do título – Não conhecimento do recurso de apelação – Dúvida prejudicada.

1. Cuida-se de apelação (fl. 211/226) interposta por Renan Bellini Marta contra a r. sentença (fl. 202/205) proferida pela MM.ª Juíza Corregedora Permanente do 2º Oficial de Registro de Imóveis da Comarca de Marília, que julgou procedente a dúvida inversa (fl. 1/6) e manteve a recusa (fl. 165 e 178/182) de registro *stricto sensu* de partilha *causa mortis* (cópia de autos de arrolamento a fl. 10/164) na matrícula n. 11.428 daquele cartório (fl. 35/42).

A D. Procuradoria Geral de Justiça opinou pelo não provimento do recurso (fl. 247/249).

É o relatório.

2. O recurso não comporta conhecimento, e a dúvida tem de ser dada por prejudicada.

A prenotação original, *in casu,* venceu-se em 5 de fevereiro de 2020 (fl. 165), e a dúvida inversa foi suscitada apenas em março (fl. 6).

Nas razões de dúvida (fl. 178/179, especialmente), o Oficial de Registro de Imóveis informou que, suscitada a dúvida inversa, e decorrido o prazo de prenotação, o título original não voltou a ser prenotado, conquanto o interessado houvesse sido notificado para que o fizesse (fl. 183/184); Normas de Serviço dos Cartórios Extrajudiciais NSCGJ, Capítulo XX, item 39.1).

Assim, o prazo de 30 dias previsto no art. 188 da Lei n. 6.015, de 31 de dezembro de 1973, já está há muito expirado, razão pela qual o interessado precisará apresentar o título novamente a registro, pois estava extinta a prioridade prevista no art. 182 da Lei Regente.

O processo de dúvida é reservado à análise da dissensão do interessado com os motivos que levaram à recusa da inscrição do título que, para essa finalidade, deverá ser objeto de protocolo, pois de seu julgamento decorrerá a manutenção da recusa, com cancelamento da prenotação, ou a improcedência da dúvida, que terá como consequência a realização do registro (art. 203, II, da Lei n. 6.015/1973).

A necessidade de prévio protocolo do título para a validade do processo de dúvida é decorrência de interpretação lógica da Lei de Registros Públicos, a qual determina que todos os títulos tomarão no protocolo o número de ordem correspondente à sequência de apresentação (em seu art. 182); dispõe sobre a anotação da dúvida no Livro n. 1, ou Protocolo, para conhecimento da prorrogação do prazo da prenotação (art. 198, I-IV); e prevê os efeitos do julgamento da dúvida em relação ao registro e, em consequência, ao resultado da qualificação realizada depois da respectiva prenotação do título (art. 203). Diante disso, não se admite dúvida para a análise do resultado de título cuja prenotação e, consequentemente, cuja prioridade estão extintas.

A ausência de prenotação da dúvida prejudica o seu exame, pois, ainda que julgada improcedente, o título não terá a prioridade garantida por lei e precisará ser reapresentado.

3. À vista do exposto, pelo meu voto, **não conheço do recurso de apelação e julgo prejudicada a dúvida**.

RICARDO ANAFE

Corregedor Geral da Justiça e Relator (DJe de 23.04.2021 – SP)

PODER JUDICIÁRIO

TRIBUNAL DE JUSTIÇA DO ESTADO DE SÃO PAULO

CONSELHO SUPERIOR DA MAGISTRATURA

Apelação nº 1004899-56.2019.8.26.0358

Registro: 2021.0000003002

ACÓRDÃO

Vistos, relatados e discutidos estes autos de **Apelação Cível nº 1004899-56.2019.8.26.0358**, da Comarca de **Mirassol**, em que é apelante **TRIANGULO MINEIRO TRANSMISSORA S/A**, é apelado **OFICIAL DO REGISTRO DE IMÓVEIS DA COMARCA DE MIRASSOL.**

ACORDAM, em Conselho Superior de Magistratura do Tribunal de Justiça de São Paulo, proferir a seguinte decisão: **"Julgaram prejudicada a dúvida e não conheceram do recurso, v.u."**, de conformidade com o voto do Relator, que integra este acórdão.

O julgamento teve a participação dos Exmos. Desembargadores **PINHEIRO FRANCO (PRESIDENTE TRIBUNAL DE JUSTIÇA) (Presidente), LUIS SOARES DE MELLO (VICE PRESIDENTE), ANTONIO CARLOS MALHEIROS, GUILHERME G. STRENGER (PRES. SEÇÃO DE DIREITO CRIMINAL), MAGALHÃES COELHO(PRES. DA SEÇÃO DE DIREITO PÚBLICO) E DIMAS RUBENS FONSECA (PRES. DA SEÇÃO DE DIREITO PRIVADO).**

São Paulo, 15 de dezembro de 2020.

RICARDO ANAFE

Corregedor Geral da Justiça e Relator

Apelação Cível nº 1004899-56.2019.8.26.0358

Apelante: Triangulo Mineiro Transmissora S/A

Apelado: Oficial do Registro de Imóveis da Comarca de Mirassol

VOTO Nº 31.429

Registro de Imóveis – Dúvida Inversa – Ausência de prenotação válida – Descumprimento ao disposto nas Normas de Serviço da Corregedoria Geral da Justiça – Dúvida prejudicada – Recurso não conhecido.

1. Trata-se de recurso de apelação interposto por *Triângulo Mineiro Transmissora S.A.* em face da r. sentença proferida pelo MM. Juiz Corregedor Permanente do Oficial de Registro de Imóveis e Anexos, Títulos e Documentos e Civil de Pessoas Jurídicas da Comarca de Mirassol/SP, que julgou procedente a dúvida inversa suscitada e manteve a recusa de registro de servidão administrativa junto à matrícula nº 14.271 daquela serventia extrajudicial (fl. 227/229), confirmando o óbice apresentado na nota devolutiva emitida pelo registrador (fl. 172/173).

Sustenta a apelante, em síntese, que o ato de registro pretendido objetiva atender a supremacia do interesse público sobre o interesse privado, pois lastreado em decreto de utilidade pública. Afirma que o georreferenciamento exigido deve ser dispensado, pois a servidão administrativa está perfeitamente descrita na perícia elaborada nos autos da ação judicial que a constituiu. Aduz que, por se tratar de servidão aparente, não houve qualquer reclamação por parte dos donos ou confrontantes acerca da extensão da faixa serviente ou de interferência, de maneira que não há dúvida de que está mesmo inserida nos limites da propriedade rural denominada Fazenda Jacaré ou Mata dos Pintos, objeto da matrícula nº 14.271. Assim, entende que a obrigação de providenciar o georreferenciamento do imóvel serviente é de seu proprietário, a quem compete indicar o ponto exato em que a servidão passa sobre a área, providência para a qual, ademais, ainda não se consumou o prazo regulamentar, estendido, para a hipótese, até novembro de 2023. Ressalta, por fim, que a servidão administrativa já está devidamente georreferenciada e atende às normas da Agência Nacional de Energia Elétrica (fl. 232/248).

A D. Procuradoria Geral de Justiça opinou pelo não provimento da apelação (fl. 288/292).

É o relatório.

2. O recurso não comporta conhecimento.

Em suas informações, o Sr. Oficial do Registro de Imóveis informou que, suscitada a dúvida inversa, o título original não fora apresentado e, portanto, não prenotado (fl. 191 e 214/220). Diziam os Itens 41.1 e 41.2 do Capítulo XX das NSCGJ (antes da atualização normativa com vigência em 6/1/2019):

> *"41.1. Ocorrendo suscitação diretamente pelo interessado (Dúvida Inversa), assim que o Oficial a receber do Juízo para informações, deverá prenotar o título e observar o disposto nas letras 'b' e 'c' do item 41. (...)*
>
> *41.2. O registrador dispõe do prazo de 15 (quinze) dias para apresentação das razões da dúvida, a contar do protocolo do pedido de suscitação, ou do recebimento dos autos de dúvida inversa. Tratando-se de dúvida inversa eletrônica, o prazo será contado na forma da 'Nota' ao item 41.1".*

No caso em exame, o título original não foi remetido ao Sr. Oficial do Registro de Imóveis, como determina a Lei Regente (art. 198 da Lei nº 6.015/73).

E mesmo após noticiada a ausência de prenotação válida perante a serventia imobiliária (fl. 191), deixou a interessada de providenciar o encaminhamento da via original do título para o devido protocolo. Em verdade, limitou-se a apelante a sustentar a força probante dos documentos digitalizados acostados aos autos (fl. 202/205), mas não se atentou às peculiaridades do procedimento da dúvida inversa.

Como razão de decidir trago à colação julgado do E. Conselho Superior da Magistratura em situação idêntica a dos autos:

> *"(...) Tratando-se de dúvida não prenotada, o prazo de 30 dias previsto no art. 188 da Lei nº 6.015/73 há muito já está expirado, razão pela qual o interessado precisará apresentar o título novamente a registro, pois já ultrapassado o prazo da prenotação e, consequentemente, extinta a prioridade prevista no art. 182 da Lei Regente. Com efeito, o procedimento de dúvida é reservado à análise da dissensão do apresentante com os motivos que levaram à recusa do registro do título que, para essa finalidade, deverá ser objeto de protocolo, pois de seu julgamento decorrerá a manutenção da recusa, com cancelamento da prenotação, ou a improcedência da dúvida que terá como consequência a realização do registro (art. 203, II, da Lei nº 6.015/73). A necessidade de prévio protocolo do título, assim como da prenotação da dúvida (ainda que inversa), decorre de interpretação lógica da Lei nº 6.015/73 que, em seu art. 182, determina que todos os títulos tomarão no protocolo o número de ordem correspondente à sequência de apresentação; em seu art. 198, e incisos, dispõe sobre a anotação da dúvida no Livro nº 1 Protocolo, para conhecimento da prorrogação do prazo da prenotação; e, em seu art. 203, prevê os efeitos do julgamento da dúvida em relação ao registro e, em consequência, ao resultado da qualificação realizada depois da respectiva prenotação do título. Diante disso, não se admite dúvida para a análise do resultado de título cuja prenotação e, consequentemente, a prioridade, estão extintas. A ausência de prenotação da dúvida prejudica o seu exame, já que, ainda que julgada improcedente, o título não terá a prioridade garantida por lei e precisará ser reapresentado. Ante o exposto, não conheço do recurso* (CSM, Apelação n.º 1007913-07.2017.8.26.0071, data do julgamento 1.º de novembro de 2019)".

No mesmo sentido:

"REGISTRO DE IMÓVEIS. Dúvida Inversa. Ausência de prenotação válida. Dúvida prejudicada. Recurso não conhecido" (TJSP; Apelação Cível 1001549-61.2019.8.26.0390; Relator (a): Ricardo Anafe (Corregedor Geral); Órgão Julgador: Conselho Superior de Magistratura; Foro de Nova Granada - Vara Única; Data do Julgamento: 01/09/2020; Data de Registro: 08/09/2020).

Destarte, não se admite dúvida para a análise do resultado de título cuja prenotação e, consequentemente, a prioridade não estão válidas. A ausência de prenotação da dúvida prejudica o seu exame, pois, ainda que julgada improcedente, o título não terá a prioridade garantida por lei e precisará ser reapresentado.

3. À vista do exposto, julgo prejudicada a dúvida e não conheço do recurso.

RICARDO ANAFE

Corregedor Geral da Justiça e Relator (DJe de 06.04.2021 – SP)

PODER JUDICIÁRIO

TRIBUNAL DE JUSTIÇA DO ESTADO DE SÃO PAULO

CONSELHO SUPERIOR DA MAGISTRATURA

Apelação Cível nº 1008183-26.2020.8.26.0071

Registro: 2021.0000918281

ACÓRDÃO

Vistos, relatados e discutidos estes autos de **Apelação Cível nº 1008183-26.2020.8.26.0071**, da Comarca de **Bauru**, em que é apelante **LILZA ALICE NEME MOBAID**, é apelado **1º OFICIAL DE REGISTRO DE IMÓVEIS E ANEXOSDA COMARCA DE BAURU.**

ACORDAM, em Conselho Superior de Magistratura do Tribunal de Justiça de São Paulo, proferir a seguinte decisão: **"Julgaram a dúvida prejudicada e não conheceram do recurso, v.u."**, de conformidade com o voto do Relator, que integra este acórdão.

O julgamento teve a participação dos Exmos. Desembargadores **PINHEIRO FRANCO (PRESIDENTE TRIBUNAL DE JUSTIÇA) (Presidente), LUIS SOARES DE MELLO (VICE PRESIDENTE), XAVIER DE AQUINO (DECANO), GUILHERME G. STRENGER (PRES. SEÇÃO DE DIREITO CRIMINAL), MAGALHÃES COELHO(PRES. DA SEÇÃO DE DIREITO PÚBLICO) E DIMAS RUBENS FONSECA (PRES. DA SEÇÃO DE DIREITO PRIVADO).**

São Paulo, 20 de outubro de 2021.

RICARDO ANAFE

Corregedor Geral da Justiça e Relator

Apelação Cível nº 1008183-26.2020.8.26.0071

Recorrente: Lilza Alice Neme Mobaid

Apelado: 1º Oficial de Registro de Imóveis e Anexos da Comarca de Bauru

VOTO Nº 31.584.

Registro de Imóveis – Dúvida inversa julgada procedente para manter a recusa do registro – Ausência de prenotação – Título apresentado para exame e cálculo – Dúvida prejudicada – Recurso não conhecido.

1. Trata-se de Apelação interposta por **LILZA ALICE NEME MOBAID** em face da r. sentença de fl. 130/132, que julgou procedente a dúvida inversa suscitada mantendo-se o óbice ofertado pelo 1º Oficial de Registro de Imóveis, Títulos e Documentos e Civil de Pessoa Jurídica da Comarca de Bauru para registro do mandado de divisão do imóvel objeto da matrícula nº 1.758, objetivando, com isso, a extinção do condomínio existente sobre o referido bem.

A recorrente aduz, em suma, que não existe, de direito e de fato, condomínio com Jayme Cestari; o julgamento da ação de extinção do condomínio antes do registro da aquisição de Jayme Cestari; o ofício que determinou a indisponibilidade é datado de 08/02/2018 e foi averbado em 27/02/2018, sendo a própria ação civil pública de onde foi emanada a ordem de indisponibilidade, do ano de 2017 ou seja, muito tempo após a extinção do condomínio; a área deverá ser dividida em duas novas matrículas e Jayme Cestari deverá integrar condomínio com José Amir Neme Mobaid, com parte ideal correspondente a 50% da área de José Amir; deve ser expedido competente mandado judicial a respectiva Serventia para que promova a extinção do condomínio, abrindo duas novas matrículas.

A D. Procuradoria Geral de Justiça opinou pelo não conhecimento do recurso, e, subsidiariamente, por seu desprovimento (fl. 191/196 e 228).

É o relatório.

2. O recurso não comporta conhecimento.

De proêmio, cumpre salientar que a nota devolutiva de fl. 61/63 apontou para a inviabilidade do registro do mandado de extinção de condomínio, nos seguintes termos:

"1. Em cumprimento ao princípio da continuidade (artigo 195 e 237 da Lei Federal n.º 6.015/73), e com fundamento no artigo 591, do Código de Processo

Civil, todos os condôminos devem integrar o pedido de divisão do imóvel, extremando, cada qual, o seu quinhão. No caso em exame, o co-proprietário Jayme Cestari, titular de 25% do imóvel conforme o registro 15, não integrou, smj, o pedido, nem sequer, restou identificado na planta e memorial descritivo apresentados.

2. Promover o levantamento da indisponibilidade averbada sob o n.º 21, da matrícula 1.758;

3. Apresentar memoriais descritivos dos imóveis resultantes da extinção de condomínio, contendo as coordenadas dos vértices definidores dos limites dos imóveis rurais, georreferenciadas ao Sistema Geodésico Brasileiro e com precisão posicional estabelecida pelo INCRA, observados os prazos regulamentares, elaborado, executado e assinado por profissional habilitado e com a devida anotação e responsabilidade técnica (ART) no Conselho Regiona de Engenharia e Agronomia (CREA) ou Registro de Responsabilidade Técnica (RRT) no Conselho de Arquitetura e Urbanismo (CAU), conforme determina o item 12.1, do Capítulo XX, das Normas de Serviço da Corregedoria Geral da Justiça do Estado de São Paulo.

4. Apresentar Certificado de Cadastro do Imóvel Rural CCIR emitido pelo Instituto Nacional de Colonização e Reforma Agrária INCRA, com a prova de quitação do Imposto sobre a Propriedade Territorial Rural ITR correspondente aos últimos cinco anos (de cada uma das áreas individualizadas), conforme determina o item 119.1, Cap. XX, NSCG-J-SP."

Das informações de fl. 69/74, encaminhadas pelo 1º Oficial de Registro de Imóveis, Títulos e Documentos e Civil de Pessoa Jurídica da Comarca de Bauru, infere-se que a serventia recepcionou apenas requerimento encaminhado pela Apelante solicitando o "Exame e Cálculo" do referido mandado.

Assim, não houve apresentação do título para protocolo e tampouco depósito prévio. Ausente, pois, prenotação válida.

A apresentação de título para exame e cálculo não gera protocolo (art. 12, parágrafo único, da Lei nº 6.015/73) e, em consequência, não se presta para o registro que deverá ser feito, se forem atendidos os requisitos legais, conforme a prioridade decorrente da prenotação (art. 182 da Lei referida).

O procedimento de dúvida é reservado à análise da dissensão do apresentante com os motivos que levaram à recusa do registro do título que, para essa finalidade, deverá ser objeto de protocolo, pois de seu julgamento decorrerá a manutenção da recusa, com cancelamento da prenotação, ou a improcedência da dúvida que terá como consequência a realização do registro (art. 203, II, da Lei nº 6.015/73).

A necessidade de prévio protocolo do título, ademais, decorre de interpretação lógica da Lei nº 6.015/73 que: em seu art. 182 determina que todos os títulos tomarão no protocolo o número de ordem correspondente à sequência de apresentação; em seu art. 198, e incisos, dispõe sobre a anotação da dúvida no Livro nº 1 Protocolo, para conhecimento da prorrogação do prazo da prenotação; e em seu art. 203 prevê os efeitos do julgamento da dúvida em relação ao registro e, em consequência, ao resultado da qualificação realizada depois da respectiva prenotação do título.

Diante disso, não se admite dúvida para a análise do resultado de exame e cálculo (CSM, Processo nº 000.608.6/7-00, Rel. Des. Gilberto Passos de Freitas, j. 21/12/2006).

3. Ante o exposto, pelo meu voto, julgo prejudicada a dúvida e não conheço do recurso.

RICARDO ANAFE

Corregedor Geral da Justiça e Relator (DJe de 26.01.2021 – SP)

PRINCÍPIO DA CONTINUIDADE

PODER JUDICIÁRIO

TRIBUNAL DE JUSTIÇA DO ESTADO DE SÃO PAULO

CONSELHO SUPERIOR DA MAGISTRATURA

Apelação Cível nº 1026138-46.2021.8.26.0100

Registro: 2021.000918293

ACÓRDÃO

Vistos, relatados e discutidos estes autos de **Apelação Cível nº 1026138-46.2021.8.26.0100**, da Comarca de **São Paulo**, em que é apelante **JOUBERT TEIXEIRA DA SILVA**, é apelado **7º OFICIAL DE REGISTRO DE IMÓVEIS DA COMARCA DA CAPITAL.**

ACORDAM, em Conselho Superior de Magistratura do Tribunal de Justiça de São Paulo, proferir a seguinte decisão: **"Negaram provimento ao recurso. V. U."**, de conformidade com o voto do Relator, que integra este acórdão.

O julgamento teve a participação dos Exmos. Desembargadores **PINHEIRO FRANCO**

(PRESIDENTE TRIBUNAL DE JUSTIÇA) (Presidente), LUIS SOARES DE MELLO (VICE PRESIDENTE), XAVIER DE AQUINO (DECANO), GUILHERME G. STRENGER (PRES. SEÇÃO DE DIREITO CRIMINAL), MAGALHÃES COELHO(PRES. DA SEÇÃO DE DIREITO PÚBLICO) E DIMAS RUBENS FONSECA (PRES. DA SEÇÃO DE DIREITO PRIVADO).

São Paulo, 3 de novembro de 2021.

RICARDO ANAFE

Corregedor Geral da Justiça e Relator

Apelação Cível nº 1026138-46.2021.8.26.0100

Apelante: Joubert Teixeira da Silva

Apelado: 7º Oficial de Registro de Imóveis da Comarca da Capital

VOTO Nº 31.598

Registro de Imóveis – Carta de sentença – Ação de obrigação de fazer para outorga de escritura pública movida contra sucessores de coproprietário dos imóveis – Inscrição pretendida que não tem respaldo na titularidade de direitos inscritos nas matrículas imobiliárias, pressupondo o prévio ingresso do título atinente à partilha dos bens deixados pelo *de cujus* – Ofensa ao princípio da continuidade registral – Óbice mantido – Recurso não provido.

1. Trata-se de recurso de apelação interposto por *Joubert Teixeira da Silva* em face da r. sentença proferida pela MM.ª Juíza Corregedora Permanente do 7º Oficial de Registro de Imóveis da Comarca de São Paulo, que julgou procedente a dúvida suscitada e manteve a recusa de registro da carta de sentença expedida pelo 1º Tabelião de Notas e de Protesto de Letras e Títulos da Comarca de Mogi Mirim, extraída dos autos do processo nº 1040488-81.2017.8.26.0002, da 4ª Vara Cível do Foro Regional de Santo Amaro, nas matrículas nºs 165.698, 165.699 e 166.938 daquela serventia extrajudicial (fl. 399/404).

Afirma o apelante, em síntese, que ajuizou ação de obrigação de fazer em face da viúva meeira Dinisia Lucresia Teixeira da Silva e dos herdeiros Denise Aparecida Teixeira da Silva Daud e seu marido Michel Daud Filho e Joel Alexandre Teixeira da Silva, únicos sucessores do titular dominial Joel Teixeira da Silva, para obrigá-los à outorga de escritura pública, observado que o negócio – venda e compra – concretizou-se anos antes do falecimento do proprietário vendedor por meio de instrumento particular não inscrito nas matrículas imobiliárias. Com a morte, o apelante, a viúva meeira e os herdeiros chegaram a firmar escrituras públicas de cessão e transferência de direitos hereditários sobre as partes ideais (1/3) pretendidas dos imóveis objetos das matrículas nºs 165.698, 165.699 e 166.938, em cumprimento àquele instrumento particular, mas tais títulos não foram reconhecidos como aptos para o ingresso no álbum imobiliário. Frente a isso, a busca judicial se fez necessária e a pretensão remanesceu acolhida, de modo que o registro da carta de sentença deve ser efetivado, mitigando-se o princípio da continuidade registral já que os bens não mais pertenciam ao *de cujus* ao tempo do seu passamento (fl. 409/428).

A douta Procuradoria Geral de Justiça opinou pelo não provimento do recurso (fl. 450/452).

É o relatório.

2. O apelante pretende o registro da carta de sentença expedida pelo 1º Tabelião de Notas e de Protesto de Letras e Títulos da Comarca de Mogi Mirim, oriunda dos autos da ação de obrigação de fazer (Processo n.º 1040488-81.2017.8.26.0002 da 4ª Vara Cível do Foro Regional de Santo Amaro) em que foi determinada a transmissão das partes ideais (1/3) dos imóveis matriculados sob nºs 165.698, 165.699 e 166.938, do 7º Oficial de Registro de Imóveis da Comarca de São Paulo, para o seu nome (fl. 67/377).

Os títulos judiciais, cumpre lembrar, não estão isentos de qualificação para ingresso no fólio real, ainda que limitada aos requisitos formais do título e sua adequação aos princípios registrais, nos termos do item 117, do Capítulo XX, das Normas de Serviço da Corregedoria Geral da Justiça:

"117 - Incumbe ao oficial impedir o registro de título que não satisfaça os requisitos exigidos pela lei, quer sejam consubstanciados em instrumento público ou particular, quer em atos judiciais."

No exercício desse dever, o Oficial desqualificou o título apresentado por comprometer o exato encadeamento subjetivo das sucessivas transmissões e aquisições de direitos reais imobiliários em ofensa aos princípios da continuidade e da disponibilidade (fl. 01/06 e 66).

E razão deve ser dada ao Registrador.

Conforme as certidões imobiliárias, as partes ideais (1/3) almejadas estão registradas em nome de Joel Teixeira da Silva casado sob o regime da comunhão de bens antes da Lei nº 6.515/77 com Dinisia Lucrecia Teixeira da Silva (fl. 20/30).

Por sua vez, a ação de obrigação de fazer foi promovida em face da viúva meeira Dinisia Lucresia Teixeira da Silva e dos herdeiros Denise Aparecida

Teixeira da Silva Daud e seu marido Michel Daud Filho e Joel Alexandre Teixeira da Silva, sucessores do titular dominial, que não figuram na tábua registral (fl. 355/363).

Tal ação lastreou-se nas escrituras públicas de cessão e transferência de direitos hereditários firmadas por Dinisia Lucrecia Teixeira da Silva, Denise Aparecida Teixeira da Silva Daud e Joel Alexandre Teixeira da Silva, na qualidade de cedentes, e Joubert Teixeira da Silva, na condição de cessionário, por meio das quais transferiram todos os direitos hereditários correspondentes a 1/3 dos bens imóveis objetos das matrículas n^{o}s 165.698, 165.699 e 166.938, outorgadas em cumprimento ao instrumento particular cessão onerosa de direitos e obrigações celebrado entre Joel Teixeira da Silva com a anuência de sua mulher e Joubert Teixeira da Silva (fl. 31/40).

As escrituras públicas de cessão e transferência de direitos hereditários foram apontadas a registro, mas receberam qualificação negativa por não se aperfeiçoarem como títulos inscritíveis no registro de imóveis (fl. 155 e 169).

Na verdade, as escrituras públicas deveriam ter sido apresentadas ao Juízo do arrolamento para que o cessionário fosse contemplado na partilha de bens e aí alcançado o competente título apto a registro (fl. 141 e 173).

Mesmo levado em conta que, antes do falecimento do titular dominial, ele e sua mulher alienaram ao apelante as suas partes ideais dos imóveis referidos (instrumento particular cessão onerosa de direitos e obrigações fl. 131/137), o cenário não se altera, pois a resolução também estaria nos autos do arrolamento judicial.

Mas já que a via escolhida foi a ação de obrigação de fazer, que acabou por travestir-se em ação adjudicatória frente ao comando judicial exarado, o espólio era quem deveria ter ocupado o polo passivo da lide.

Como assim não foi feito a ação foi proposta em face da viúva meeira e dos herdeiros – a inscrição pretendida depende do ingresso do título atinente à partilha dos bens deixados por Joel Teixeira da Silva, observado que, com a partilha, encerrando-se o estado de indivisão, define-se, à vista do patrimônio coletivo pertencente ao casal, a porção composta pela meação de cada um dos cônjuges e, por conseguinte, o quinhão hereditário pertencente aos sucessores do *de cujus*.

Logo, a carta de sentença, no modo como foi apresentada, não preenche o requisito da continuidade que é essencial para o registro da transmissão das partes ideais que permanecem registradas em nome de Joel Teixeira da Silva.

Ensina Afrânio de Carvalho:

> *"O princípio da continuidade, que se apóia no de especialidade, quer dizer que, em relação a cada imóvel, adequadamente individuado, deve existir uma cadeia de titularidade à vista da qual só se fará a inscrição de um direito se o outorgante dele aparecer no registro como seu titular. Assim, as sucessivas transmissões, que derivam umas das outras, asseguram sempre a preexistência do imóvel no patrimônio do transferente. Ao exigir que cada inscrição encontre sua procedência em outra anterior, que assegure a legitimidade da transmissão ou da oneração do direito, acaba por transformá-la no elo de uma corrente ininterrupta de assentos, cada um dos quais se liga ao seu antecedente, como o seu subseqüente a ele se ligará posteriormente. Graças a isso o Registro de Imóveis inspira confiança ao público."* ("Registro de Imóveis", 4ª ed., Rio de Janeiro: Forense, 1998, p. 253).

No sentido de impossibilidade de registro de carta de adjudicação quando o imóvel não se encontra registrado em nome daqueles que figuraram no polo passivo da lide, este Conselho Superior da Magistratura recentemente decidiu:

> *"Registro de Imóveis – Carta de adjudicação de bem imóvel expedida em favor do apelante – Título judicial que se submete à qualificação registral – Princípio da continuidade – Ofensa em caso de registro de título judicial produzido em face de terceiro que não figura como proprietário do imóvel objeto da ação de adjudicação compulsória – Titular de domínio falecida – Escritura de Inventário e Adjudicação de bens lavrada – Necessidade de prévio registro do imóvel em nome dos sucessores hereditários da falecida, que figuraram como réus na ação de adjudicação compulsória – Exigência mantida – Dúvida procedente – Nega-se provimento ao recurso."* (TJSP; Apelação Cível 1006311-40.2020.8.26.0664; Relator (a): Ricardo Anafe (Corregedor Geral); Órgão Julgador: Conselho Superior de Magistratura; Comarca de Votuporanga; Data do Julgamento: 17/09/2021; Data de Registro: 04/10/2021).

3. Por todo o exposto, pelo meu voto, nego provimento ao recurso.

RICARDO ANAFE

Corregedor Geral da Justiça e Relator (DJe de 26.01.2021 – SP)

PRINCÍPIO DA SEGURANÇA JURÍDICA

PODER JUDICIÁRIO

TRIBUNAL DE JUSTIÇA DO ESTADO DE SÃO PAULO

CONSELHO SUPERIOR DA MAGISTRATURA

Apelação Cível nº 0000689-27.2020.8.26.0169

Registro: 2021.0000918285

ACÓRDÃO

Vistos, relatados e discutidos estes autos de **Apelação Cível nº 0000689-27.2020.8.26.0169**, da Comarca de **Duartina**, em que é apelante **ANDREY RICARDO DE SOUZA**, é apelado **OFICIAL DE REGISTRO DE IMÓVEIS E ANEXOS DA COMARCA DE DUARTINA.**

ACORDAM, em Conselho Superior de Magistratura do Tribunal de Justiça de São Paulo, proferir a seguinte decisão: **"Deram provimento e anularam o procedimento de dúvida ab initio, v.u."**, de conformidade com o voto do Relator, que integra este acórdão.

O julgamento teve a participação dos Exmos. Desembargadores **PINHEIRO FRANCO (PRESIDENTE TRIBUNAL DE JUSTIÇA) (Presidente), LUIS SOARES DE MELLO (VICE PRESIDENTE), XAVIER DE AQUINO (DECANO), GUILHERME G. STRENGER (PRES. SEÇÃO DE DIREITO CRIMINAL), MAGALHÃES COELHO(PRES. DA SEÇÃO DE DIREITO PÚBLICO) E DIMAS RUBENS FONSECA (PRES. DA SEÇÃO DE DIREITO PRIVADO).**

São Paulo, 3 de novembro de 2021.

RICARDO ANAFE

Corregedor Geral da Justiça e Relator

Apelação Cível nº 0000689-27.2020.8.26.0169

Apelante: Andrey Ricardo de Souza

Apelado: Oficial de Registro de Imóveis e Anexos da Comarca de Duartina

VOTO Nº 31.590

Registro de Imóveis – Registro de regularização fundiária urbana – Dúvida suscitada pelo Oficial de Registro de Imóveis com requerimento ao MM. Juiz Corregedor para que determine como deve proceder – Ao Oficial de Registro de Imóveis incumbe examinar e qualificar o título que lhe é apresentado para registro e, caso o considere inapto a tanto, é seu dever indicar em nota devolutiva as razões da recusa – Impossibilidade de substituição da qualificação do título, pelo Oficial de Registro de Imóveis, por prévia consulta ao Juiz Corregedor Permanente – Nulidade configurada – Dá-se provimento à apelação, com determinação.

1. Trata-se de apelação interposta por *Andrey Ricardo de Souza* contra a sentença prolatada em procedimento de dúvida suscitado pelo Oficial de Registro de Imóveis e Anexos de Duartina/SP, em que mantida a negativa de registro de regularização fundiária Reurb-E, tendo por objeto 91 lotes do empreendimento denominado "Recanto Everest" (fl. 343/347).

Alega o apelante, em síntese, que as exigências formuladas pelo registrador, para registro das certidões de regularização fundiária de interesse específico (Reurb-E) apresentadas, dizem respeito à regularização fundiária de interesse social (Reurb-S) e, portanto, não merecem prevalecer. Discorda da aplicação da Lei nº 6.766/1979 para parte do loteamento, afirmando que a Lei nº 13.465/2017 deve ser observada para a regularização de toda a área, eis que o empreendimento já estava consolidado quando de sua vigência, além do fato de existir processo administrativo junto à Prefeitura e de ter sido ajuizada Ação Civil Pública pelo Ministério Público tendo por objeto a regularização dos lotes. Acrescenta que a Lei Municipal nº 2.325/2016 refere-se a uma gleba maior de terras, autorizando o desdobro da área para instituição de chácaras de lazer, motivo pelo qual não diz respeito à regularização de um loteamento irregular e clandestino. Sustenta que as informações constantes das certidões de regularização fundiária devem ser regularizadas pela própria Municipalidade, por intermédio de seu setor especializado. Ainda, afirma que os órgãos públicos responsáveis pela aprovação de loteamentos, como a Cetesb e o Graprohab, apenas atuam quando o empreendimento ainda está em fase de implantação, sendo impossível obter a aprovação do projeto após sua consolidação. Esclarece que, no caso, os documentos e projetos urbanísticos foram apresentados no procedimento administrativo que tramitou junto à Prefeitura, nos termos da Lei nº 13.465/2017, ressaltando que a execução das obras de infraestrutura básica do loteamento se iniciará após o pretendido registro das CRFs – Certidões de Regularização Fundiária (fl. 375/412).

A douta Procuradoria de Justiça opinou pelo não conhecimento da dúvida (fl. 427/430).

É o relatório.

2. Foi protocolado para exame e cálculo, em 13 de agosto de 2020, o requerimento de registro de regularização fundiária de interesse específico (Reurb-E), tendo sido expedida a nota de devolução nº 18.146 (fl. 03). Posteriormente, o Oficial registrador, alegando haver insistência por parte do interessado, protocolou o pedido de registro (prenotação nº 56.862, de 03 de setembro de 2020 fl. 04) e suscitou a presente dúvida.

Destarte, a despeito do entendimento da douta Procuradoria de Justiça no sentido de que a dúvida está prejudicada por não haver prenotação válida e eficaz, o fato é que o título foi protocolado.

Ocorre que, embora protocolado, o título não foi qualificado pelo Oficial de Registro de Imóveis. Em verdade, limitou-se o registrador a suscitar a presente dúvida, requerendo seja determinado como deve proceder ante as divergências existentes em relação à possibilidade de registro da regularização fundiária somente na área em que estão localizados os lotes ocupados, o que ensejaria a necessidade de regularização do projeto apresentado e o registro do loteamento, na forma da Lei nº 6.766/1979, quanto aos lotes não ocupados (fl. 01/03).

É sabido que ao Oficial incumbe examinar e qualificar o título que lhe é apresentado para registro e, caso o considere inapto a tanto, é seu dever indicar em nota devolutiva as razões da recusa. E na hipótese de o interessado não se conformar com as razões da recusa, pode requerer ao Oficial que suscite dúvida, como previsto no art. 198 e seguintes da Lei de Registros Públicos.

No caso em tela, contudo, o Oficial expressamente afirmou que sequer conseguiu proceder ao exame e cálculo do título. Além disso, protocolou o título, mas não emitiu nota devolutiva, e suscitou dúvida, mas formulou requerimento ao MM. Juiz Corregedor para que determine como deve proceder.

Ora, ao Oficial de Registro de Imóveis não é possível substituir a qualificação dos títulos que lhe são apresentados para registro mediante prévia consulta ao Juiz Corregedor Permanente, relativa à admissibilidade da prática de ato de registro considerado em seu sentido estrito ou mesmo ao modo como deve fazê-lo. Não se enfeixa no âmbito das funções administrativo-judiciais da Corregedoria Permanente das Serventias Extrajudiciais e da Corregedoria Geral da Justiça de São Paulo *"o múnus de responder a consultas de caráter genérico, sequer o de, preventivamente, qualificar atos específicos, julgando de sua subsunção a determinada hipótese normativa, a cujo propósito dúvida possua serventuário incumbido de sua realização."* (CGJSP Processo nº 81.013/87).

Ademais, neste procedimento estão ausentes documentos essenciais para o exame de admissibilidade da prática do ato pretendido, como o original do título prenotado, em sua integralidade, e a nota devolutiva com as exigências formuladas pelo registrador.

Na forma como suscitada a dúvida, ou seja, com requerimento para que a Corregedoria Permanente determine como deve proceder o Oficial de Registro de Imóveis, acabou o presente procedimento administrativo por suprimir a qualificação que deveria ser realizada pelo registrador, além de trazer à discussão a possibilidade de registro de um título que não se sabe qual é, eis que não acostado aos autos.

3. Diante do exposto, pelo meu voto, **dou provimento** à apelação e **anulo** o procedimento de dúvida *ab initio*, para que o Oficial de Registro de Imóveis promova a qualificação do título e formule as exigências que eventualmente entender cabíveis, prosseguindo-se, então, na forma do art. 198, incisos III e IV, da Lei nº 6.015/1973.

RICARDO ANAFE

Corregedor Geral da Justiça e Relator (DJe de 26.01.2021 – SP)

REGULARIZAÇÃO FUNDIÁRIA

PODER JUDICIÁRIO

TRIBUNAL DE JUSTIÇA DO ESTADO DE SÃO PAULO

CONSELHO SUPERIOR DA MAGISTRATURA

Apelação Cível nº 0000689-27.2020.8.26.0169

Registro: 2021.000918285

ACÓRDÃO

Vistos, relatados e discutidos estes autos de **Apelação Cível nº 0000689-27.2020.8.26.0169**, da Comarca de **Duartina**, em que é apelante **ANDREY RICARDO DE SOUZA**, é apelado **OFICIAL DE REGISTRO DE IMÓVEIS E ANEXOS DA COMARCA DE DUARTINA.**

ACORDAM, em Conselho Superior de Magistratura do Tribunal de Justiça de São Paulo, proferir a seguinte decisão: **"Deram provimento e anularam o procedimento de dúvida ab initio, v.u."**, de conformidade com o voto do Relator, que integra este acórdão.

O julgamento teve a participação dos Exmos. Desembargadores **PINHEIRO FRANCO (PRESIDENTE TRIBUNAL DE JUSTIÇA) (Presidente), LUIS SOARES DE MELLO (VICE PRESIDENTE), XAVIER DE AQUINO (DECANO), GUILHERME G. STRENGER (PRES. SEÇÃO DE DIREITO CRIMINAL), MAGALHÃES COELHO(PRES. DA SEÇÃO DE DIREITO PÚBLICO) E DIMAS RUBENS FONSECA (PRES. DA SEÇÃO DE DIREITO PRIVADO).**

São Paulo, 3 de novembro de 2021.

RICARDO ANAFE

Corregedor Geral da Justiça e Relator

Apelação Cível nº 0000689-27.2020.8.26.0169

Apelante: Andrey Ricardo de Souza

Apelado: Oficial de Registro de Imóveis e Anexos da Comarca de Duartina

VOTO Nº 31.590

Registro de Imóveis – Registro de regularização fundiária urbana – Dúvida suscitada pelo Oficial de Registro de Imóveis com requerimento ao MM. Juiz Corregedor para que determine como deve proceder – Ao Oficial de Registro de Imóveis incumbe examinar e qualificar o título que lhe é apresentado para registro e, caso o considere inapto a tanto, é seu dever indicar em nota devolutiva as razões da recusa – Impossibilidade de substituição da qualificação do título, pelo Oficial de Registro de Imóveis, por prévia consulta ao Juiz Corregedor Permanente – Nulidade configurada – Dá-se provimento à apelação, com determinação.

1. Trata-se de apelação interposta por *Andrey Ricardo de Souza* contra a sentença prolatada em procedimento de dúvida suscitado pelo Oficial de Registro de Imóveis e Anexos de Duartina/SP, em que mantida a negativa de registro de regularização fundiária Reurb-E, tendo por objeto 91 lotes do empreendimento denominado "Recanto Everest" (fl. 343/347).

Alega o apelante, em síntese, que as exigências formuladas pelo registrador, para registro das certidões de regularização fundiária de interesse específico (Reurb-E) apresentadas, dizem respeito à regularização fundiária de interesse social (Reurb-S) e, portanto, não merecem prevalecer. Discorda da aplicação da Lei nº 6.766/1979 para parte do loteamento, afirmando que a Lei nº 13.465/2017 deve ser observada para a regularização de toda a área, eis que o empreendimento já estava consolidado quando de sua vigência, além do fato de existir processo administrativo junto à Prefeitura e de ter sido ajuizada Ação Civil Pública pelo Ministério Público tendo por objeto a regularização dos lotes. Acrescenta que a Lei Municipal nº 2.325/2016 refere-se a uma gleba maior de terras, autorizando o desdobro da área para instituição de chácaras de lazer, motivo pelo qual não diz respeito à regularização de um loteamento irregular e clandestino. Sustenta que as informações constantes das certidões de regularização fundiária devem ser regularizadas pela própria Municipalidade, por intermédio de seu setor especializado. Ainda, afirma que os órgãos públicos responsáveis pela aprovação de loteamentos, como a Cetesb e o Graprohab, apenas atuam quando o empreendimento ainda está em fase de implantação, sendo impossível obter a aprovação do projeto após sua consolidação. Esclarece que, no caso, os documentos e projetos urbanísticos foram apresentados no procedimento administrativo que tramitou junto à Prefeitura, nos termos da Lei nº 13.465/2017, ressaltando que a execução das obras de infraestrutura básica do loteamento se iniciará após o pretendido registro das CRFs – Certidões de Regularização Fundiária (fl. 375/412).

A douta Procuradoria de Justiça opinou pelo não conhecimento da dúvida (fl. 427/430).

É o relatório.

2. Foi protocolado para exame e cálculo, em 13 de agosto de 2020, o requerimento de registro de regularização fundiária de interesse específico (Reurb-E), tendo sido expedida a nota de devolução nº 18.146 (fl. 03). Posteriormente, o Oficial registrador, alegando haver insistência por parte do interessado, protocolou o pedido de registro (prenotação nº 56.862, de 03 de setembro de 2020 fl. 04) e suscitou a presente dúvida.

Destarte, a despeito do entendimento da douta Procuradoria de Justiça no sentido de que a dúvida está prejudicada por não haver prenotação válida e eficaz, o fato é que o título foi protocolado. Ocorre que, embora protocolado, o título não foi qualificado pelo Oficial de Registro de Imóveis. Em verdade, limitou-se o registrador a suscitar a presente dúvida, requerendo seja determinado como deve proceder ante as divergências existentes em relação à possibilidade de registro da regularização fundiária somente na área em que estão localizados os lotes ocupados, o que ensejaria a necessidade de regularização do projeto apresentado e o registro do loteamento, na forma da Lei nº 6.766/1979, quanto aos lotes não ocupados (fl. 01/03).

É sabido que ao Oficial incumbe examinar e qualificar o título que lhe é apresentado para registro e, caso o considere inapto a tanto, é seu dever indicar em nota devolutiva as razões da recusa. E na hipótese de o interessado não se conformar com as razões da recusa, pode requerer ao Oficial que suscite dúvida, como previsto no art. 198 e seguintes da Lei de Registros Públicos.

No caso em tela, contudo, o Oficial expressamente afirmou que sequer conseguiu proceder ao exame e cálculo do título. Além disso, protocolou o título, mas não emitiu nota devolutiva, e suscitou dúvida, mas formulou requerimento ao MM. Juiz Corregedor para que determine como deve proceder.

Ora, ao Oficial de Registro de Imóveis não é possível substituir a qualificação dos títulos que lhe são apresentados para registro mediante prévia consulta ao Juiz Corregedor Permanente, relativa à admissibilidade da prática de ato de registro considerado em seu sentido estrito ou mesmo ao modo como deve fazê-lo. Não se enfeixa no âmbito das funções administrativo-judiciais da Corregedoria Permanente das Serventias Extrajudiciais e da Corregedoria Geral da Justiça de São Paulo *"o múnus de responder a consultas de caráter genérico, sequer o de, preventivamente, qualificar atos específicos, julgando de sua subsunção a determinada hipótese normativa, a cujo propósito dúvida possua serventuário incumbido de sua realização."* (CGJSP Processo nº 81.013/87).

Ademais, neste procedimento estão ausentes documentos essenciais para o exame de admissibilidade da prática do ato pretendido, como o original do título prenotado, em sua integralidade, e a nota devolutiva com as exigências formuladas pelo registrador.

Na forma como suscitada a dúvida, ou seja, com requerimento para que a Corregedoria Permanente determine como deve proceder o Oficial de Registro de Imóveis, acabou o presente procedimento administrativo por suprimir a qualificação que deveria ser realizada pelo registrador, além de trazer à discussão a possibilidade de registro de um título que não se sabe qual é, eis que não acostado aos autos.

3. Diante do exposto, pelo meu voto, **dou provimento** à apelação e **anulo** o procedimento de dúvida *ab initio*, para que o Oficial de Registro de Imóveis promova a qualificação do título e formule as exigências que eventualmente entender cabíveis, prosseguindo-se, então, na forma do art. 198, incisos III e IV, da Lei nº 6.015/1973.

RICARDO ANAFE

Corregedor Geral da Justiça e Relator (DJe de 26.01.2021 – SP)

SERVIDÃO

PODER JUDICIÁRIO

TRIBUNAL DE JUSTIÇA DO ESTADO DE SÃO PAULO

CONSELHO SUPERIOR DA MAGISTRATURA

Apelação Cível nº 1000417-80.2020.8.26.0471

Registro: 2021.0000271298

ACÓRDÃO

Vistos, relatados e discutidos estes autos de **Apelação Cível nº 1000417-80.2020.8.26.0471**, da Comarca de **Porto Feliz**, em que é apelante **GAS NATURAL SÃO PAULO SUL S/A**, é apelado **OFICIAL DE REGISTRO DE IMÓVEIS E ANEXOS DA COMARCA DE PORTO FELIZ.**

ACORDAM, em Conselho Superior de Magistratura do Tribunal de Justiça de São Paulo, proferir a seguinte decisão: **"Negaram provimento, v.u.",** de conformidade com o voto do Relator, que integra este acórdão.

O julgamento teve a participação dos Exmos. Desembargadores **PINHEIRO FRANCO (PRESIDENTE TRIBUNAL DE JUSTIÇA) (Presidente), LUIS SOARES DE MELLO (VICE PRESIDENTE), XAVIER DE AQUINO (DECANO), GUILHERME G. STRENGER (PRES. SEÇÃO DE DIREITO CRIMINAL), MAGALHÃES COELHO(PRES. DA SEÇÃO DE DIREITO PÚBLICO) E DIMAS RUBENS FONSECA (PRES. DA SEÇÃO DE DIREITO PRIVADO).**

São Paulo, 6 de abril de 2021.

RICARDO ANAFE

Corregedor Geral da Justiça e Relator

Apelação Cível nº 1000417-80.2020.8.26.0471

Apelante: Gas Natural São Paulo Sul S/A

Apelado: Oficial de Registro de Imóveis e Anexos da Comarca de Porto Feliz

VOTO Nº 31.459.

Registro de Imóveis – Título judicial – Servidão administrativa – Especialidade objetiva – Impossibilidade de identificar a servidão dentro da área do imóvel atingido – Óbice mantido – Recurso não provido.

1. Trata-se de recurso de apelação interposto por *Gás Natural São Paulo Sul S/A* em face da r. sentença proferida pelo MM. Juiz Corregedor Permanente do Oficial de Registro de Imóveis e Anexos da Comarca de Porto Feliz/SP, que julgou procedente a dúvida suscitada e manteve a recusa de registro de servidão administrativa junto à matrícula nº 61.324 daquela serventia extrajudicial.

Afirma a apelante, em síntese, que a servidão administrativa está perfeitamente descrita em conformidade com a prova pericial elaborada nos autos do Processo nº 1001514-86.2018.8.26.0471, 1ª Vara da Comarca de Porto Feliz, o que afasta qualquer dúvida de que esteja inserida nos limites da propriedade objeto da matrícula nº 61.324.

A D. Procuradoria Geral de Justiça ofertou parecer pelo não provimento.

É o relatório.

2. A apelante, concessionária de serviço público, por sentença proferida em ação judicial teve instituída, em seu favor, servidão administrativa sobre uma faixa de terras, declarada de utilidade pública, inserida em imóvel objeto da matrícula nº 61.324 do Registro de Imóveis e Anexos da Comarca de Porto Feliz/SP.

Contudo, o mandado judicial expedido nos autos da ação de instituição de servidão administrativa (Processo nº 1001514-86.2018.8.26.0471, 1ª Vara da Comarca de Porto Feliz), apresentado a registro pela apelante, foi negativamente qualificado pelo Sr. Oficial Registrador, que apontou a seguinte exigência: apresentação da planta do imóvel todo, considerando a localização gráfica da área desapropriada para servidão, devendo constar da planta apresentada as medidas remanescentes.

Desde logo, importa lembrar que a origem judicial do título não o torna imune à qualificação registral, ainda que limitada aos requisitos formais do título e sua adequação aos princípios registrais, conforme disposto no item 119 do Capítulo XX das Normas de Serviço da Corregedoria Geral da Justiça**[1]**, vigente à época da qualificação (atual item 117). Está pacificado, inclusive, que a qualificação negativa não caracteriza desobediência ou descumprimento de decisão judicial**[2]**.

Em que pese a realização de prova técnica produzida na ação judicial em que instituída a servidão administrativa em favor da apelante, com a indicação das coordenadas geográficas e geodésicas da área, não foram apresentados, nestes autos, por trabalho técnico próprio, os pontos de amarração para exata identificação da servidão administrativa na área em análise como apontado pelo Oficial de Registro.

Vale salientar que a exata identificação da servidão administrativa na área afetada é indispensável, em prestígio ao princípio da especialidade objetiva. Afinal, proporcionará a terceiros a plena compreensão do ônus que recaiu sore o bem imóvel.

São diversos os precedentes deste Egrégio Conselho Superior da Magistratura no sentido de que o registro da servidão administrativa se submete a todos os princípios informadores dos registros públicos. A propósito, já ficou decidido que:

"REGISTRO DE IMÓVEIS – Dúvida Inversa – Carta de sentença – Servidão administrativa – Princípio da especialidade objetiva – Impossibilidade de identificar a servidão dentro da área de cada um dos imóveis atingidos, em razão da descrição deficiente nas respectivas matrículas – Dúvida julgada procedente – Recurso desprovido." (TJSP; Apelação Cível 1005785-19.2017.8.26.0037; Relator (a): Pinheiro Franco (Corregedor Geral); Órgão Julgador: Conselho Superior de Magistratura; Foro de Araraquara - 6ª Vara Cível; Data do Julgamento: 17/12/2018; Data de Registro: 19/12/2018).

No referido voto, ficou expressamente consignado que:

> *"A servidão administrativa proporciona utilidade para o prédio dominante e grava o prédio serviente, que pertence a proprietário diverso, com força de limitação administrativa. Uma vez registrada, grava o direito real em favor de seu titular, no caso, a Administração Pública ou suas concessionárias. Ora, não se pode admitir a constituição de um direito real sem a necessária certeza sobre a amarração da área objeto da servidão à base territorial sobre a qual está sendo implantada. É verdade que as servidões administrativas não possuem natureza similar à da desapropriação, como modo de aquisição de domínio; entretanto, de outro enfoque, traduzem gravame e limitam o exercício da propriedade, com natureza pública, instituído sobre imóvel alheio. Não se pode falar em mitigação da especialidade objetiva para atos de registro constitutivo de um novo direito real, sob pena de ofensa a todos os princípios de segurança jurídica e publicidade afetos ao serviço de registro imobiliário."*

Assim sendo, correta a exigência formulada pelo senhor Registrador, objetivando a exata identificação da servidão administrativa no imóvel, a fim de que seja preservado o princípio da especialidade objetiva.

3. À vista do exposto, pelo meu voto, nego provimento ao recurso de apelação.

RICARDO ANAFE

Corregedor Geral da Justiça e Relator

Notas:

[1] 119. Incumbe ao oficial impedir o registro de título que não satisfaça os requisitos exigidos pela lei, quer sejam consubstanciados em instrumento público ou particular, quer em atos judiciais

[2] Apelação Cível nº 413-6/7; Apelação Cível nº 0003968-52.2014.8.26.0453; Apelação Cível nº 0005176-34.2019.8.26.0344; Apelação Cível nº 1001015-36.2019.8.26.0223. (DJe de 06.07.2021 – SP)

Apelação Cível nº 1002165-36.2019.8.26.0390

Ementa

Registro de Imóveis – Título judicial – Servidão administrativa – Especialidade objetiva – Impossibilidade de identificar a servidão dentro da área do imóvel atingido – Óbice mantido – Recurso não provido

---

PODER JUDICIÁRIO

TRIBUNAL DE JUSTIÇA DO ESTADO DE SÃO PAULO

CONSELHO SUPERIOR DA MAGISTRATURA

Apelação Cível nº 1002165-36.2019.8.26.0390

Registro: 2021.0000003004

ACÓRDÃO

Vistos, relatados e discutidos estes autos de **Apelação Cível nº 1002165-36.2019.8.26.0390**, da Comarca de **Nova Granada**, em que é apelante **TRIANGULO MINEIRO TRANSMISSORA S/A**, é apelado **OFICIAL DE REGISTRO DE IMÓVEIS E ANEXOS DA COMARCA DE NOVA GRANADA.**

ACORDAM, em Conselho Superior de Magistratura do Tribunal de Justiça de São Paulo, proferir a seguinte decisão: **"Negaram provimento, v.u.",** de conformidade com o voto do Relator, que integra este acórdão.

O julgamento teve a participação dos Exmos. **PINHEIRO FRANCO (PRESIDENTE TRIBUNAL DE JUSTIÇA) (Presidente), LUIS SOARES DE MELLO (VICE PRESIDENTE), XAVIER DE AQUINO (DECANO), GUILHERME G. STRENGER (PRES. SEÇÃO DE DIREITO CRIMINAL), MAGALHÃES COELHO(PRES. DA SEÇÃO DE DIREITO PÚBLICO) E DIMAS RUBENS FONSECA (PRES. DA SEÇÃO DE DIREITO PRIVADO).**

São Paulo, 9 de dezembro de 2020.

RICARDO ANAFE

Corregedor Geral da Justiça e Relator

Apelação Cível nº 1002165-36.2019.8.26.0390

Apelante: Triangulo Mineiro Transmissora S/A

Apelado: Oficial de Registro de Imóveis e Anexos da Comarca de Nova Granada

VOTO Nº 31.433

Registro de Imóveis – Título judicial – Servidão administrativa – Especialidade objetiva – Impossibilidade de identificar a servidão dentro da área do imóvel atingido – Óbice mantido – Recurso não provido.

1. Trata-se de recurso de apelação interposto por *Triângulo Mineiro Transmissora S.A.* em face da r. sentença proferida pelo MM. Juiz Corregedor Permanente do Oficial de Registro de Imóveis e Anexos da Comarca de Nova Granada/SP, que julgou procedente a dúvida suscitada e manteve a recusa de registro de servidão administrativa junto à matrícula nº 9.993 daquela serventia extrajudicial.

Afirma a apelante, em síntese, que a servidão administrativa está perfeitamente descrita em conformidade com a prova pericial elaborada nos autos do Processo nº 0001985-76.2015.8.26.0390, da Vara Única de Nova Granada/SP, o que afasta qualquer dúvida de que esteja inserida nos limites da propriedade objeto da matrícula nº 9.993.

A D. Procuradoria Geral de Justiça ofertou parecer pelo não provimento.

É o relatório.

2. A apelante, concessionária de serviço público de transmissão de energia elétrica, por sentença proferida em ação judicial teve instituída, em seu favor, servidão administrativa sobre uma faixa de terras, declarada de utilidade pública, inserida em imóvel rural objeto da matrícula nº 9.993 do Registro de Imóveis e Anexos da Comarca de Nova Granada/SP.

Contudo, o mandado judicial expedido nos autos da ação de instituição de servidão administrativa (Processo nº 0001985-76.2015.8.26.0390, da Vara Única de Nova Granada/SP), apresentado a registro pela apelante, foi negativamente qualificado pelo Sr. Oficial Registrador, que apontou a seguinte exigência: o georreferenciamento do imóvel todo, sob a alegação de que "a descrição do imóvel não apresenta qualquer ponto de amarração com a descrição da servidão administrativa mencionada no título" (fl. 104)..

Desde logo, importa lembrar que a origem judicial do título não o torna imune à qualificação registral, ainda que limitada aos requisitos formais do título e sua adequação aos princípios registrais, conforme disposto no item 119 do Capítulo XX das Normas de Serviço da Corregedoria Geral da Justiça**[1]**, vigente à época da qualificação (atual item 117). Está pacificado, inclusive, que a qualificação negativa não caracteriza desobediência ou descumprimento de decisão judicial**[2]**.

Em que pese a realização de prova técnica produzida na ação judicial em que instituída a servidão administrativa em favor da apelante, com a indicação das coordenadas geográficas e geodésicas da área, não foram apresentados, nestes autos, planta ou memorial descritivo com pontos de amarração que permitam identificar em que parte da matrícula nº 9.993 se encontra a área sujeita à servidão. Vale anotar que a realização de georreferenciamento exigida pelo Registrador e confirmada pelo Juiz Corregedor Permanente mostrou-se acertada - como reiteradamente decidido pelo E. Conselho Superior.

São diversos os precedentes deste Egrégio Conselho Superior da Magistratura no sentido de que o registro da servidão administrativa se submete a todos os princípios informadores dos registros públicos. A propósito, já ficou decidido que:

"REGISTRO DE IMÓVEIS – Dúvida Inversa – Carta de sentença – Servidão administrativa – Princípio da especialidade objetiva – Impossibilidade de identificar a servidão dentro da área de cada um dos imóveis atingidos, em razão da descrição deficiente nas respectivas matrículas – Dúvida julgada procedente – Recurso desprovido." (TJSP; Apelação Cível 1005785-19.2017.8.26.0037; Relator (a): Pinheiro Franco (Corregedor Geral); Órgão Julgador: Conselho Superior de Magistratura; Foro de Araraquara - 6ª Vara Cível; Data do Julgamento: 17/12/2018; Data de Registro: 19/12/2018).

No referido voto, ficou expressamente consignado que:

"A servidão administrativa proporciona utilidade para o prédio dominante e grava o prédio serviente, que pertence a proprietário diverso, com força de limitação administrativa. Uma vez registrada, grava o direito real em favor de seu titular, no caso, a Administração Pública ou suas concessionárias. Ora, não se pode admitir a constituição de um direito real sem a necessária certeza sobre a amarração da área objeto da servidão à base territorial sobre a qual está sendo implantada. É verdade que as servidões administrativas não possuem natureza similar à da desapropriação, como modo de aquisição de domínio; entretanto, de outro enfoque, traduzem gravame e limitam o exercício da propriedade, com natureza pública, instituído sobre imóvel alheio. Não se pode falar em mitigação da especialidade objetiva para atos de registro constitutivo de um novo direito real, sob pena de ofensa a todos os princípios de segurança jurídica e publicidade afetos ao serviço de registro imobiliário."

Assim sendo, correta a exigência formulada pelo senhor Registrador, objetivando a exata identificação da servidão administrativa no imóvel, a fim de que seja preservado o princípio da especialidade objetiva.

3. À vista do exposto, pelo meu voto, nego provimento ao recurso de apelação.

RICARDO ANAFE
Corregedor Geral da Justiça e Relator

NOTAS:

[1] *119. Incumbe ao oficial impedir o registro de título que não satisfaça os requisitos exigidos pela lei, quer sejam consubstanciados em instrumento público ou particular, quer em atos judiciais.*

[2] *Apelação Cível nº 413-6/7; Apelação Cível nº 0003968-52.2014.8.26.0453; Apelação Cível nº 0005176-34.2019.8.26.0344; Apelação Cível nº 1001015-36.2019.8.26.0223.* (DJe de 16.03.2021 – SP)

PODER JUDICIÁRIO

TRIBUNAL DE JUSTIÇA DO ESTADO DE SÃO PAULO

CONSELHO SUPERIOR DA MAGISTRATURA

Apelação Cível nº 1006942-27.2019.8.26.0079

Registro: 2020.000908115

ACÓRDÃO

Vistos, relatados e discutidos estes autos de **Apelação Cível nº 1006942-27.2019.8.26.0079**, da Comarca de **Botucatu**, em que é apelante **GAS NATURAL SÃO PAULO SUL**, é apelado **SEGUNDO OFICIAL DE REGISTRO DE IMÓVEIS E ANEXOS DA COMARCA DE BOTUCATU.**

ACORDAM, em Conselho Superior de Magistratura do Tribunal de Justiça de São Paulo, proferir a seguinte decisão: **"Negaram provimento, v.u.",**

de conformidade com o voto do Relator, que integra este acórdão.

O julgamento teve a participação dos Exmos. Desembargadores **PINHEIRO FRANCO (PRESIDENTE TRIBUNAL DE JUSTIÇA) (Presidente), LUIS SOARES DE MELLO (VICE PRESIDENTE), XAVIER DE AQUINO (DECANO), GUILHERME G. STRENGER (PRES. SEÇÃO DE DIREITO CRIMINAL), MAGALHÃES COELHO(PRES. DA SEÇÃO DE DIREITO PÚBLICO) E DIMAS RUBENS FONSECA (PRES. DA SEÇÃO DE DIREITO PRIVADO).**

São Paulo, 22 de outubro de 2020.

RICARDO ANAFE
Corregedor Geral da Justiça e Relator

Apelação Cível nº 1006942-27.2019.8.26.0079

Apelante: Gas Natural São Paulo Sul

Apelado: Segundo Oficial de Registro de Imóveis e Anexos da Comarca de Botucatu

VOTO Nº 31.427

Registro de Imóveis – Dúvida – Título judicial – Servidão administrativa – Especialidade objetiva – Título que não permite identificar o lugar da servidão nos imóveis servientes – Impossibilidade de deferir-se o pretendido registro – Óbice mantido – Nega-se provimento à apelação.

1. Trata-se de recurso de apelação interposto por **Gás Natural São Paulo Sul S/A** em face da r. sentença proferida pelo MM Juiz Corregedor Permanente do 2º Oficial de Registro de Imóveis, Títulos e Documentos, Protesto de Letras e Títulos e Civil de Pessoa Jurídica da Comarca de Botucatu, que julgou procedente a dúvida suscitada e manteve a recusa de registro de servidão administrativa junto às matrículas nº 13.355 e 13.356 daquela serventia extrajudicial, confirmando os óbices apresentados na nota devolutiva n.º 11.013 emitida pelo registrador.

O título foi devolvido, sem registro, em razão das desconformidades apresentadas na mencionada nota de exigências, indicando a necessidade do atendimento das seguintes pendências, além da retificação judicial ou administrativa da descrição tabular dos imóveis: apresentação de termo de instituição da servidão; planta dos imóveis, contendo a especialização da servidão; memorial descritivo da área da servidão; ART, além de outros documentos que se entender necessários.

Afirma a apelante, em síntese, que o registro pretendido não implica na alteração da figura geodésica, não retira a propriedade do imóvel, apenas impõe a ele restrições de uso; em casos onde não ocorre desmembramento, parcelamento, remembramento e transferência da titularidade do imóvel, não é necessária a identificação da área rural do imóvel através de georreferenciamento; a servidão administrativa está localizada no espaço e cumpre com os requisitos legais, atendendo aos princípios da especialidade objetiva e publicidade dos registros públicos.

O Sr. Oficial de Registro manifestou-se nos autos, insistindo na manutenção da r. decisão recorrida (fl. 145/149).

A D. Procuradoria Geral de Justiça ofertou parecer (fl. 166/170).

É o relatório.

2. A apelante, concessionária de serviço público de distribuição de gás natural canalizado, por sentença proferida em ação judicial teve instituída, em seu favor, servidão administrativa sobre uma faixa de terras, declarada de utilidade pública, inserida em imóvel rural objeto das matrículas nº 13.355 e 13.356 do 2º Oficial de Registro de Imóveis, Títulos e Documentos, Protesto de Letras e Títulos e Civil de Pessoa Jurídica da Comarca de Botucatu.

Contudo, o mandado judicial expedido nos autos da ação de instituição de servidão administrativa (Processo nº 1001139-39.2014.8.26.0079 da 3ª Vara Cível da Comarca de Botucatu), apresentado a registro pela apelante, foi negativamente qualificado pelo Sr. Oficial Registrador, que apresentou a seguinte exigência: *"para dar cumprimento a sentença de fls. 36.39 do título apresentado, datada de 23 de outubro de 2015, a autora deverá promover ou fazer promover a retificação judicial ou admionistrativa, nos moldes dos artigos 212 e 213 da LRP, da descrição tabular dos imóveis das matrículas n.º 13.355 e 13.356 do Livro 2, em razão da precariedade da mesma, bem como para determinar a localização das servidões em relação as citadas matrículas (...) Contudo, deve-se ressaltar que, em ato posterior, tanto a servidão quanto o imóvel devem estar perfeitamente descritos e caracterizados, em cumprimento ao princípio da especialidade objetiva, devendo a parte interessada apresentar: a) termo de instituição de servidão; b) planta dos imóveis, contendo a especialização da servidão; c) memorial descritivo da área da servidão; d) ART, além de outros documentos que se entenderem necessários."*

Desde logo, importa lembrar que a origem judicial do título não o torna imune à qualificação registral, ainda que limitada aos requisitos formais do título e sua adequação aos princípios registrais, conforme disposto no item 119 do Capítulo XX das Normas de Serviço da Corregedoria Geral da Justiça, vigente à época da qualificação (atual item 117).

Está pacificado, inclusive, que a qualificação negativa não caracteriza desobediência ou descumprimento de decisão judicial (Apelação Cível n. 413-6/7; Apelação Cível n. 0003968-52.2014.8.26.0453; Apelação Cível n. 0005176-34.2019.8.26.0344; e Apelação Cível n. 1001015-36.2019.8.26.0223).

De acordo com o Oficial, a descrição dos imóveis servientes, nas matrículas correspondentes, apresenta-se de forma precária de modo que não há como se determinar a faixa de servidão instituída.

E, de fato, as matrículas nºs 13.355 e 13.356 não propiciam elementos mínimos para sua devida localização e tampouco para situar a faixa de servidão.

Assim, dada a deficiência, imprescindível que antes do registro da carta de sentença realize-se a retificação dos imóveis servientes.

A providência nada mais é que o modo como poderá ser superado o obstáculo da impossibilidade de identificação da área da servidão de passagem, autorizando-se, também, a definição da figura física das áreas matriculadas e obtenção de dados que esclareçam, de modo suficiente, sua situação geodésica.

Neste sentido são os precedentes deste Conselho Superior da Magistratura:

"REGISTRO DE IMÓVEIS. Dúvida procedente. Servidão para passagem de linha de esgoto. Exigência de retificação de registro, dada a precariedade da descrição do imóvel matriculado. Ausência de medidas perimetrais e de amarração geográfica. Impossibilidade de localizá-lo com precisão e de nele situar a faixa de servidão.

Princípio da especialidade. Provimento negado, com observação." (Apelação nº 943-6/5, Rel. Des. Ruy Camilo, j. em 11/11/2008).

"REGISTRO DE IMÓVEIS – Dúvida Inversa – Carta de sentença – Servidão administrativa – Princípio da especialidade objetiva – Impossibilidade de identificar a servidão dentro da área de cada um dos imóveis atingidos, em razão da descrição deficiente nas respectivas matrículas – Dúvida julgada procedente – Recurso desprovido." (TJSP; Apelação Cível 1005785-19.2017.8.26.0037; Relator (a): Pinheiro Franco (Corregedor Geral); Órgão Julgador: Conselho Superior de Magistratura; Foro de Araraquara - 6ª Vara Cível; Data do Julgamento: 17/12/2018; Data de Registro: 19/12/2018).

No referido voto, ficou expressamente consignado que:

"A servidão administrativa proporciona utilidade para o prédio dominante e grava o prédio serviente, que pertence a proprietário diverso, com força de limitação administrativa. Uma vez registrada, grava o direito real em favor de seu titular, no caso, a Administração Pública ou suas concessionárias. Ora, não se pode admitir a constituição de um direito real sem a necessária certeza sobre a amarração da área objeto da servidão à base territorial sobre a qual está sendo implantada. É verdade que as servidões administrativas não possuem natureza similar à da desapropriação, como modo de aquisição de domínio; entretanto, de outro enfoque, traduzem gravame e limitam o exercício da propriedade, com natureza pública, instituído sobre imóvel alheio. Não se pode falar em mitigação da especialidade objetiva para atos de registro constitutivo de um novo direito real, sob pena de ofensa a todos os princípios de segurança jurídica e publicidade afetos ao serviço de registro imobiliário."

Nestes moldes, não se pode deferir o pretendido registro *stricto sensu*, por deficiência do título, mantendo-se a recusa.

3. À vista do exposto, pelo meu voto, nego provimento ao recurso de apelação.

RICARDO ANAFE

Corregedor Geral da Justiça e Relator (DJe de 22.01.2021 – SP)

1.3 DECISÕES DO CONSELHO SUPERIOR DA MAGISTRATURA DO ESTADO DE SÃO PAULO – **ANO 2020**

1.3.1 REGISTRO DE IMÓVEIS E TABELIONATO DE NOTAS

ADJUDICAÇÃO

PODER JUDICIÁRIO

TRIBUNAL DE JUSTIÇA DO ESTADO DE SÃO PAULO

CONSELHO SUPERIOR DA MAGISTRATURA

Apelação Cível nº 1002412-89.2019.8.26.0269

Registro: 2020.0000785376

ACÓRDÃO

Vistos, relatados e discutidos estes autos de **Apelação Cível nº 1002412-89.2019.8.26.0269**, da Comarca de **Itapetininga**, em que é apelante **JOSÉ CARLOS DANIEL ANTUNES**, é apelado **OFICIAL DE REGISTRO DE IMÓVEIS DA COMARCA DE ITAPETININGA.**

ACORDAM, em Conselho Superior de Magistratura do Tribunal de Justiça de São Paulo, proferir a seguinte decisão: **"Deram provimento, v.u."**, de conformidade com o voto do Relator, que integra este acórdão.

O julgamento teve a participação dos Exmos. Desembargadores **PINHEIRO FRANCO (PRESIDENTE TRIBUNAL DE JUSTIÇA) (Presidente), LUIS SOARES DE MELLO (VICE PRESIDENTE), XAVIER DE AQUINO (DECANO), GUILHERME G. STRENGER (PRES. SEÇÃO DE DIREITO CRIMINAL), MAGALHÃES COELHO(PRES. DA SEÇÃO DE DIREITO PÚBLICO) E DIMAS RUBENS FONSECA (PRES. DA SEÇÃO DE DIREITO PRIVADO).**

São Paulo, 18 de setembro de 2020.

RICARDO ANAFE

Corregedor Geral da Justiça e Relator

Apelação Cível nº 1002412-89.2019.8.26.0269

Apelante: José Carlos Daniel Antunes

Apelado: Oficial de Registro de Imóveis da Comarca de Itapetininga

VOTO Nº 31.233

Registro de Imóveis – Carta de Adjudicação – Título judicial sujeito à qualificação registral – Óbice relacionado à deficiência na descrição dos lotes que compõem a área adjudicada – Dúvida julgada procedente – Documentos que integram o título que demonstram ter havido a unificação dos lotes 08, 09, 18 e 19 e posterior desdobro – Manutenção, nas matrículas, das descrições, limites e áreas dos imóveis – Expressa referência, no título, aos lotes 18 e 19 e à área total de 2.000m², correspondente à soma das áreas dos terrenos individualmente considerados – Possibilidade de perfeita identificação do imóvel adjudicado, sendo inquestionável sua localização no solo, bem como incontroversas suas características, metragens e confrontações – Princípio da especialidade objetiva observado – Desnecessidade de aditamento da Carta de Adjudicação expedida – Apelação a que se dá provimento para julgar improcedente a dúvida suscitada.

1. Trata-se de apelação interposta por *José Carlos Daniel Antunes* contra a sentença que confirmou a negativa de registro da carta de adjudicação expedida em processo judicial que tramitou perante a 3ª Vara Cível da Comarca de Itapetininga/SP, tendo por objeto o imóvel constituído pelos lotes 18 e 19 da quadra D, do loteamento denominado "Retiro Santana", eis que inserido em área maior matriculada sob nº 62.773 junto ao Oficial de Registro de Imóveis daquela localidade, que engloba também os lotes 08 e 09 da mesma quadra (fl. 121/124).

Alega o apelante, em síntese, que a abertura de matrícula nº 70.351, tendo por objeto o lote 18 da quadra D, ocorreu em 19.07.2006, ou seja, após a propositura da ação judicial que ensejou a expedição da carta de adjudicação apresentada a registro. Aduz que os dados e elementos constantes da petição inicial da ação proposta, que integra o título, identificam o imóvel cujo registro foi postulado, razão pela qual deve ser afastada a exigência de aditamento da carta de adjudicação expedida. Afirma ter sido respeitado o princípio da especialidade objetiva e acrescenta que, na ação judicial, já não mais se mostra possível alterar a descrição do imóvel em virtude da imutabilidade da coisa julgada (fl. 133/141).

A Douta Procuradoria da Justiça, em seu parecer, opinou pelo não provimento da apelação (fl. 164/166).

É o relatório.

2. A Carta de Adjudicação, expedida nos autos da ação de adjudicação compulsória que tramitou perante a 3ª Vara Cível da Comarca de Itapetininga (Processo nº 0005009-73.2004.8.26.0269), foi qualificada negativamente, tendo o Sr. Oficial registrador emitido nota de devolução assim redigida: *"Os imóveis objeto da Carta de Adjudicação referem-se aos lotes 18 e 19 da quadra D, os quais possuem matrículas distintas, sendo o lote 18, matriculado sob n. 70.351 e o lote 19, matriculado sob n. 66.965. Aditar a Carta de Adjudicação para constar a descrição de cada imóvel, em conformidade com as matrículas. Não há possibilidade de cindir o título para identificar somente o lote 19, se o título apresenta os dois lotes"* (fl. 91).

Desde logo, importa lembrar que a origem judicial do título não o torna imune à qualificação registral, ainda que limitada aos seus requisitos formais e adequação aos princípios registrais, conforme o disposto no item 119 do Capítulo XX das Normas de Serviço da Corregedoria Geral da Justiça (atual item 117). Este Conselho Superior da Magistratura tem decidido, inclusive, que a qualificação negativa não caracteriza desobediência ou descumprimento de decisão judicial (Nesse sentido: Apelação Cível n° 413-6/7; Apelação Cível n° 0003968-52.2014.8.26.0453; Apelação Cível nº 0005176-34.2019.8.26.0344; Apelação Cível nº 1001015-36.2019.8.26.0223).

A despeito disso, diversamente do quanto afirmado pelo Sr. Oficial registrador, não há notícia, nos autos, de que o apelante tenha requerido a cindibilidade do título. Ao contrário, insiste o interessado no registro da Carta de Adjudicação tal como expedida, de maneira que a exigência formulada não se sustenta.

Da análise da documentação trazida aos autos, e que integra o título, é possível constatar que, na petição inicial da ação de adjudicação, o imóvel em questão está assim descrito: *"uma área de terreno com 2.000ms² relativa aos lotes de números 18 e 19 da quadra 'D' do loteamento denominado Retiro Santana, neste município de Itapetininga, assim descrita: Divide, pela frente, com a Avenida Gumercindo Soares Hungria em 40,00 metros (antiga Rua Três); do lado direito de quem da frente olha para o terreno, em 50,00 metros divide com o lote 17; do lado esquerdo de quem da frente olha para o imóvel, em 50,00 metros divide com o lote 20; e nos fundos, em 40,00 metros, divide com remanescente dos vendedores"* (fl. 04/09). A sentença proferida naquele feito julgou procedente o pedido inicial, adjudicando o imóvel ao autor (fl. 78/80).

Aos autos foi acostada a matrícula no 62.773, aberta em 30 de março de 2001, em que descrito o imóvel consistente em um terreno,*"representado pelos lotes 8, 9, 18 e 19 da quadra D, do loteamento Retiro Santana, com os característicos seguintes: pela frente mede quarenta (40) metros, dividindo com a Rua Três, igual medida nos fundos, por cem (100) metros da frente aos fundos em ambos os lados, encerrando a área de quatro mil (4.000) metros quadrados, dividindo pelo lado direito de quem da frente olha para o imóvel, com os lotes 7 e 17; de outro lado com os lotes 10 e 20; e aos fundos com a Rua de Divisa"* (fl. 34/35).

De seu turno, na matrícula nº 66.967, aberta em 14 de outubro de 2003, está descrito um *"terreno situado nesta cidade e 1º subdistrito, no Bairro da Chapadinha, representado pelos lotes 8 e 18, da quadra D, do loteamento Retiro de Santana, medindo vinte (20) metros de frente para a Rua Oscar Leonel do Carmo, igual medida nos fundos, por cem (100) metros da frente aos fundos, em ambos os lados, dividindo do lado direito de quem da frente olha para o imóvel, com os lotes 7 e 17; do lado oposto, com os lotes 9 e 19; e aos fundos, com a Avenida Gumercindo Soares Hungria. (...) Título Aquisitivo: R. 1/62.773 de 30/03/2001"* (fl. 109/110).

Ademais, na matrícula nº 66.965, aberta em 14 de outubro de 2003, está descrito um *"terreno situado nesta cidade e 1º subdistrito, no Bairro da Chapadinha, representado pelos lote 19 da quadra D, do loteamento Retiro de Santana, medindo vinte (20) metros de frente para a Avenida Gumercindo Soares Hungria, igual medida nos fundos, por cinquenta (50) metros da frente aos fundos, em ambos os lados, dividindo do lado direito de quem da frente olha para o imóvel, com o lote 20; do lado oposto, com o lote 18, de Reinaldo Antunes de Campos; e, aos fundos, com o lote 9. (...) Título Aquisitivo: R. 1/62.773 de 30/03/2001"* (fl. 111/112).

E ainda, na matrícula nº 70.351, aberta em 19 de julho de 2006, está descrito o imóvel correspondente a um *"terreno urbano, de formato retangular, constituído pelo lote dezoito (18), da quadra D, do loteamento Retiro Santana, no Bairro da Chapadinha, situado na cidade e comarca de Itapetininga, medindo vinte (20) metros de frente para a Avenida Gumercindo Soares Hungria, igual medida nos fundos, onde divide com o lote oito (8), por cinquenta (50) metros da frente aos fundos, em ambos os lados, dividindo do lado direito de quem da frente olha para o imóvel, com o lote dezenove (19); e do lado esquerdo, com o lote dezessete (17), encerrando a área de um mil (1.000) metros quadrados (...). Registro Anterior: R.1/66.967"* (fl. 107/108).

Como se vê, em um primeiro momento houve a unificação dos lotes 08, 09, 18 e 19 (fl. 16/17 e fl. 34/35) e, posteriormente, o desdobro (fl. 107/112), sendo mantidas, sempre, as mesmas descrições dos imóveis matriculados, com seus limites e áreas bem caracterizadas.

Considerando, pois, que o título apresentado faz expressa referência aos lotes 18 e 19 da quadra D e à área total de 2.000m², correspondente à soma das áreas dos lotes individualmente considerados, é possível afirmar que o imóvel adjudicado está perfeitamente identificado, sendo inquestionável sua localização no solo, bem como incontroversas suas características, metragens e confrontações. É o quanto basta para que o princípio da especialidade objetiva seja atendido.

Para Afrânio de Carvalho, o princípio da especialidade do imóvel *"significa a sua descrição como corpo certo, a sua representação escrita como individualidade autônoma, com o seu modo de ser físico, que o torna inconfundível e, portanto, heterogêneo em relação a qualquer outro"* ("Registro de Imóveis: comentários ao sistema de registro em face da Lei 6.015/73". 2ª ed., Rio de Janeiro, 1977, p. 219). Por isso, o imóvel deve estar descrito no título objeto de registro de modo a permitir sua exata localização e individualização, não se confundindo com nenhum outro, tal como ocorre no caso concreto.

Conforme ensina Narciso Orlandi Neto, *"as regras reunidas no princípio da especialidade impedem que sejam registrados títulos cujo objeto não seja exatamente aquele que consta do registro anterior"*, mas essa não é, como já consignado, a situação aqui enfrentada. Com efeito, é suficiente, sob o prisma do princípio da especialidade objetiva, *"que a caracterização do objeto do negócio repita os elementos de descrição constantes do registro"* ("Retificação do registro de imóveis". São Paulo: Editora Oliveira Mendes, 1997, p. 68).

Os precedentes mais atuais do Conselho Superior da Magistratura são no sentido de que não ofende o princípio da especialidade o registro do título que abranja a totalidade do imóvel e que esteja de acordo com a descrição contida no registro anterior, desde que suficiente à sua identificação. É essa interpretação, a *contrario sensu*, do disposto no art. 225, § 2º, da Lei de Registros Públicos, segundo o qual: *"Consideram-se irregulares, para efeito de matrícula, os títulos nos quais a caracterização do imóvel não coincida com a que consta do registro anterior".*

Sendo assim, a despeito da ausência de descrição individualizada de cada um dos lotes que compõem a área adjudicada, verifica-se que a descrição apresentada no título é suficiente para a perfeita identificação dos imóveis matriculados sob nos 70.351 (lote 18, fl. 107/108) e 66.956 (lote 19, fl. 111/112) junto ao Oficial de Registro de Imóveis de Itapetininga/SP.

Em tais condições, o prévio aditamento do título não é condição para o registro pretendido, razão pela qual merece ser afastada a exigência formulada pelo Sr. Oficial registrador.

3. À vista do exposto, pelo meu voto, dou provimento à apelação para julgar improcedente a dúvida.

RICARDO ANAFE

Corregedor Geral da Justiça e Relator. (DJe de 16.12.2020 – SP)

Apelação n° 1017696-20.2019.8.26.0405

PODER JUDICIÁRIO

TRIBUNAL DE JUSTIÇA DO ESTADO DE SÃO PAULO

CONSELHO SUPERIOR DA MAGISTRATURA

Apelação n° 1017696-20.2019.8.26.0405

Registro: 2020.0000785369

ACÓRDÃO

Vistos, relatados e discutidos estes autos de **Apelação Cível nº 1017696-20.2019.8.26.0405**, da Comarca de **Osasco**, em que é apelante **JURANDIR DA CONCEIÇÃO DE SÁ**, é apelado **1° OFICIAL DE REGISTRO DE IMÓVEIS TÍTULOS E DOCUMENTOS E CIVIL DE PESSOA JURÍDICA OSASCO.**

ACORDAM, em Conselho Superior de Magistratura do Tribunal de Justiça de São Paulo, proferir a seguinte decisão: **"Negaram provimento ao**

recurso, mantendo integralmente a sentença apelada, v.u.", de conformidade com o voto do Relator, que integra este acórdão.

O julgamento teve a participação dos Exmos. Desembargadores **PINHEIRO FRANCO (PRESIDENTE TRIBUNAL DE JUSTIÇA) (Presidente), LUIS SOARES DE MELLO (VICE PRESIDENTE), XAVIER DE AQUINO (DECANO), GUILHERME G. STRENGER (PRES. SEÇÃO DE DIREITO CRIMINAL), MAGALHÃES COELHO(PRES. DA SEÇÃO DE DIREITO PÚBLICO) E DIMAS RUBENS FONSECA (PRES. DA SEÇÃO DE DIREITO PRIVADO).**

São Paulo, 11 de setembro de 2020.

RICARDO ANAFE

Corregedor Geral da Justiça e Relator

Apelação Cível nº 1017696-20.2019.8.26.0405

Apelante: Jurandir da Conceição de Sá

Apelado: 1° Oficial de Registro de Imóveis Títulos e Documentos e Civil de Pessoa Jurídica Osasco

VOTO Nº 31.141

Dúvida – Carta de adjudicação – Ação de adjudicação compulsória movida contra promitentes vendedores que não constam como proprietários no registro – Ausência de citação dos proprietários que constam do registro – Qualificação negativa – Títulos judiciais que se sujeitam à qualificação registraria, inexistindo conflito de decisões judiciais entre a sentença que julga o procedimento de dúvida e a sentença da adjudicação compulsória – Natureza administrativa da decisão do procedimento de dúvida – Princípio da continuidade – Ofensa em caso de registro de título judicial produzido em face de terceiro que não consta como proprietário do imóvel objeto da decisão judicial – Necessidade de matrícula do imóvel em nome dos réus da ação de adjudicação compulsória previamente à transmissão determinada na ação ou a citação dos proprietários registrais – Exigência mantida – Dúvida procedente – Recurso não provido.

1. Trata-se de recurso de apelação interposto por Jurandir da Conceição de Sá, visando a reforma da sentença que julgou procedente a dúvida suscitada pelo 1º Oficial de Registro de Imóveis, Títulos e Documentos e Civil de Pessoa Jurídica de Osasco, mantendo a recusa do registro de carta de adjudicação emitida em ação de adjudicação compulsória, entendendo pela necessidade da inclusão da Companhia Territorial de Osasco no polo passivo da ação nº 1011165-88.2014.8.26.0405, que tramitou pela 2ª Vara Cível de Osasco (fl. 127/128).

A dúvida foi suscitada pelo 1º Oficial de Registro de Imóveis, Títulos e Documentos e Civil de Pessoa Jurídica de Osasco, face ao protocolo nº 341.757, de 1º de julho de 2019, consistente em carta de adjudicação, fundada na necessidade de aditamento do título para que conste como parte na ação de adjudicação compulsória a Companhia Territorial de Osasco, na condição de proprietária, nos termos da transcrição nº 1.066/1926 do 4º Registro de Imóveis da Capital e da inscrição nº 45 do 5º Registro de Imóveis da Capital, bem como na retificação da guia de recolhimento do ITBI no campo "transmitentes".

O recurso sustenta, em resumo, que a ação de adjudicação compulsória foi julgada em desfavor de Cipava - Construtora e Imobiliária e Pavimentadora S.A. e que, ante o trânsito em julgado há mais de quatro anos, não há como se modificar o título judicial, devendo o Oficial de Registro cumprir o título judicial, havendo conflito entre as decisões judiciais; que o Ministério Público opinou pela improcedência da dúvida; que conforme a certidão nº 743695, do 5º Oficial de Registro de Imóveis da Capital, houve escritura pública de venda e compra, o imóvel foi prometido à venda pela Companhia Territorial de Osasco para a Cipava - Construtora, Imobiliária e Pavimentadora S.A., tendo recebido o preço e dado irrevogável quitação. Entende que a escritura de compra e venda com declaração de quitação é suficiente para a transmissão do imóvel para o apelante, que adquiriu da Cipava. Pretende o provimento da apelação, para que se determine o registro da carta de adjudicação (fl. 144/150).

A Procuradoria Geral de Justiça manifesta-se pelo não provimento do recurso (fl. 189/191).

É o relatório.

2. Conheço do recurso, eis que presentes seus requisitos objetivos e subjetivos de admissibilidade.

A pretensão do apelante é pelo afastamento da dúvida suscitada pelo 1º Oficial de Registro de Imóveis, Títulos e Documentos e Civil de Pessoas Jurídicas de Osasco, que entende pela necessidade de correção do título judicial, já que o proprietário que consta do registro imobiliário Companhia Territorial de Osasco não foi citada na ação de adjudicação compulsória.

De plano, afasta-se o argumento do apelante no sentido da existência de conflito de decisões judiciais entre a sentença transitada em julgado proferida pela 2ª Vara Cível de Osasco, e a decisão do MM. Juiz Corregedor Permanente do registro imobiliário local, por se tratarem de jurisdições distintas.

A decisão judicial proferida pelo Juiz Corregedor Permanente tem natureza administrativa e autônoma em relação ao título judicial decorrente de sentença proferida em processo judicial em ação de adjudicação compulsória. Tratando-se de jurisdições com objeto distinto, não há que se falar em conflito de decisões judiciais que pressupõe, para sua existência, duas decisões judiciais proferidas por órgãos jurisdicionais de igual competência.

A questão aqui diz respeito à necessidade ou não de qualificação do título judicial que, por expressa determinação legal, deve ser decidida por decisão proferida pelo Juiz Corregedor Permanente, tendo em conta a obrigatoriedade de análise do cumprimento dos requisitos específicos previstos na legislação registral. Bem por isto, embora não existe possibilidade da modificação da decisão judicial pelo Juiz Corregedor Permanente no âmbito da decisão de dúvida registraria, é certa sua obrigação legal de apreciar a eficácia do título produzido para fins de ingresso no registro, respeitando-se os princípios registrais, especialmente o da continuidade e da especialidade subjetiva, evitando-se a quebra da segurança do conteúdo do registro imobiliário.

Desta forma, a questão aqui não diz respeito a eventual conflito entre decisões judiciais, pois duas delas não existem, mas sobre a correção ou não da qualificação negativa da carta de adjudicação pelo fato de não ter integrado o polo passivo da ação de adjudicação compulsória o proprietário do imóvel, conforme consta do registro imobiliário.

O "compromisso particular de promessa de cessão e transferência de direitos de compromisso de compra e venda" firmado entre o apelante e a Cipava tem por objeto o lote nº 11, da Quadra nº 11, do loteamento "Jardim Cipava", constando como promitente cedente Cipava Construtora Imobiliária e Pavimentadora S.A., Luis Antonio de Sampaio Doria e sua mulher, Jandira Sampaio Doria, Túlio Martini e sua mulher, Vicenza Maria Grazia Antonia Rosaria Passaro Martini, Roberto Costa de Abreu Sodré e sua mulher, Maria do Carmo Mellão de Abreu Sodré, Sylvestre Ferraz Egreja e sua mulher, Almey Viena Egreja, José SIlvestre Viana Egreja e sua mulher, Celia Penteado Egreja, e outros, e como compromissários cessionários os autores da ação de adjudicação compulsória, Jerônimo da Conceição de Sá, Jurandir da Conceição de Sá e Jacira da Conceição de Sá (fl. 30).

O título dos outorgantes cedentes em relação ao imóvel é assim descrito:

"Por força de escritura pública de compromisso de compra e venda, de 16 de agosto de 1955, das notas do 11º Tabelionato desta Capital, livro 1.539, fls. 38 vº, devidamente averbada sob o nº 3.534, à margem da inscrição nº 45 do Registro de Imóveis da 5ª Circunscrição desta Capital, e da escritura de cessão de direitos e obrigações das notas do 4º Tabelionato desta Capital, livro 812, fls. 19 vº, averbada sob o nº 5.548, no mesmo Registro Imobiliário, a COMPANHIA TERRITORIAL DE OSASCO, titular do domínio e posse do imóvel por força da transcrição nº 1.066, do Registro de Imóveis da 4ª Circunscrição Imobiliária desta Capital, se obrigou vender aos outorgantes, inteiramente livre e desembaraçada de hipotecas legais, judiciais ou convencionais, de servidões, de arrendamentos, dúvidas, litígios e dívidas, inclusive fiscais, uma gleba de terra situada em Osasco, denominada "Jardim Cipava", 14º Subdistrito, Comarca e Município desta Capital, com área total de 570.000 m^2, mais ou menos... Na forma do dispositivo expressa da escritura pública de compromisso de compra e venda acima referida, que foi celebrada sob condição de expressa irrevogabilidade e irretratabilidade, ficaram os outorgantes autorizados a ceder e transferir os direitos, parceladamente, da mencionada promessa de venda, independente de anuência ou interferência do titular do domínio. A área maior da qual o "Jardim Cipava" foi destacado está regularmente inscrita, para os fins e efeitos do Decreto Lei nº 58, de 10 de Dezembro de 1937, no Registro de Imóveis da 5º Circunscrição desta Capital, sob o número 45 (quarenta e cinco), a 17 de janeiro de 1939."

O objeto do negócio tem origem na transcrição nº 1.066, do 4º Oficial de Registro de Imóveis da Capital, conforme certidão nº 576.401/2014, do 16º Oficial de Registro de Imóveis da Capital (fl. 42). Referida transcrição nº 1.066, data de 11 de maio de 1926, englobando área total de 4.212.975,00 m^2, pertencendo primitivamente ao 1º RI da Capital, posteriormente ao 2º RI da Capital, passando então a pertencer ao 4º RI da Capital, de 09.12.1925 a 25.12.1927, passando ao 5º RI da Capital, voltando a pertencer ao 2º RI da Capital e, atualmente ao 10º RI da Capital, e hoje em parte em Osasco, pertencendo primitivamente ao 1º RI da Capital, passando ao 4º RI da Capital de 09.12.1925 a 25.12.1927, quando passou a pertencer ao 5º RI da Capital, tendo por proprietária

Companhia Territorial de Osasco (fl. 72), não constando transcrição anterior e alienação.

Não consta dos autos comprovação de que a Cipava tenha sido constituída procuradora da Companhia Territorial de Osasco S.A., com poderes para a transmissão da propriedade do imóvel em questão, limitando-se a prova dos autos aos poderes constituídos em favor da Cipava pela Companhia Fazenda Belém, para representar os mandantes perante a Companhia Territorial de Osasco. Ou seja, não foi a Cipava constituída pela proprietária da área como sua procuradora por força do compromisso de compra e venda, afastando-se a situação concreta daqueles casos em que se admite a transmissão direta, pelo promitente vendedor, de imóvel adquirido anteriormente por compromisso irretratável quitado com poderes para a outorga da escritura definitiva de compra e venda em favor de promitentes compradores, em nome do titular do domínio, por conta de representação convencional exercida pelo promitente comprador.

Neste caso, não se vê a possibilidade de transferência do registro da propriedade diretamente da Companhia Territorial de Osasco aos adjudicantes, em ação movida contra a original promitente compradora do imóvel (Cipava) que, por ato particular, transferiu seus direitos aos terceiros particulares.

Se a titular do domínio não o transmitiu por ato válido por si ou por representante, nem figurou no polo passivo de ação na qual se busca justamente tal transmissão, impossível o cumprimento da carta de adjudicação, por quebra do princípio da continuidade registral, não importando a origem do título judicial em ação de adjudicação compulsória, vez que não imune à qualificação registraria, conforme doutrina de Ricardo Arcoverde Credie (*Adjudicação compulsória*. 9ª ed., São Paulo: Malheiros, 2004, p. 90):

"Uma primeira questão nos ocorre: os atos administrativos decorrentes das sentenças constitutivas, da assim dita execução imprópria destas sentenças (representados por certidões, mandados ou cartas de sentença), obrigam o oficial do registro de Imóveis a proceder ao ato registral?

Evidente que não.

A sentença, de per si, não transfere o domínio, como os atos de expropriação de mesmo nome ocorrentes em outros procedimentos também não o transferem, posto que sempre dependentes do registro. Somente o efeito translativo do registro imobiliário, como frisamos linhas atrás, é que efetivamente transfere a propriedade.

Se o vendedor promete outorgar escritura, na hipótese de descumprimento o Estado só faz emitir declaração de vontade com o mesmo efeito do ato não praticado...

É correto que, nessa ordem de ideias, expedida carta de sentença, mandado ou simples cópia do ato decisório e respectivo trânsito em julgado, não está o serventuário do Registro de Imóveis obrigado a transcrever tal título. Se ocorrer qualquer circunstância impediente, poderá ele solicitar que o interessado a supra, ou poderá, ainda, fazer instaurar o processo de dúvida, sendo o caso."

Assim, não constando registro em nome dos réus da ação de adjudicação compulsória, na condição de compromissários vendedores e cessionários de direitos em face do titular dominial, necessária a inscrição da propriedade em nome dos réus antes de se registrar a carta de adjudicação, pena de ofensa ao art. 195 da Lei nº 6.015/1973:

"**Art. 195.** Se o imóvel não estiver matriculado ou registrado em nome do outorgante, o oficial exigirá a prévia matrícula e o registro do título anterior, qualquer que seja a sua natureza, para manter a continuidade do registro."

Sem que os réus da ação de adjudicação compulsória figurem como proprietários registrais, nem que haja a citação dos proprietários constantes da inscrição no registro imobiliário, impossível o ingresso da carta de adjudicação pretendida, pena de ofensa ao princípio da continuidade registral.

3. Por tais fundamentos, **NEGO PROVIMENTO** ao recurso, mantendo integralmente a sentença apelada.

RICARDO ANAFE

Corregedor Geral da Justiça e Relator. (DJe de 10.12.2020 – SP)

PODER JUDICIÁRIO

TRIBUNAL DE JUSTIÇA DO ESTADO DE SÃO PAULO

CONSELHO SUPERIOR DA MAGISTRATURA

Apelação Cível nº 1006929-86.2019.8.26.0577

Registro: 2020.0000681580

ACÓRDÃO

Vistos, relatados e discutidos estes autos de **Apelação Cível nº 1006929-86.2019.8.26.0577**, da Comarca de **São José dos Campos**, em que é apelante **MARIA LÉA RITA OTRANTO**, é apelado **1º OFICIAL DE REGISTRO DE IMÓVEIS, TÍTULOS E DOCUMENTOS E CIVIL DE PESSOA JURÍDICA DA COMARCA DE SÃO JOSÉ DOS CAMPOS.**

ACORDAM, em Conselho Superior de Magistratura do Tribunal de Justiça de São Paulo, proferir a seguinte decisão: **"Negaram provimento ao recurso, v.u."**, de conformidade com o voto do Relator, que integra este acórdão.

O julgamento teve a participação dos Exmos. Desembargadores **PINHEIRO FRANCO (PRESIDENTE TRIBUNAL DE JUSTIÇA) (Presidente), LUIS SOARES DE MELLO (VICE PRESIDENTE), XAVIER DE AQUINO (DECANO), GUILHERME G. STRENGER (PRES. SEÇÃO DE DIREITO CRIMINAL), MAGALHÃES COELHO(PRES. DA SEÇÃO DE DIREITO PÚBLICO) E DIMAS RUBENS FONSECA (PRES. DA SEÇÃO DE DIREITO PRIVADO).**

São Paulo, 13 de agosto de 2020.

RICARDO ANAFE

Corregedor Geral da Justiça e Relator

Apelação Cível nº 1006929-86.2019.8.26.0577

Apelante: Maria Léa Rita Otranto

Apelado: 1º Oficial de Registro de Imóveis, Títulos e Documentos e Civil de Pessoa Jurídica da Comarca de São José dos Campos

VOTO Nº 31.185

Registro de Imóveis – Dúvida – Antecipação da Tutela Recursal – Indeferimento – Óbito da titular de domínio – Recebimento de imóveis pelo companheiro por sucessão hereditária – Possibilidade – Escritura de inventário e adjudicação lavrada sem a participação dos demais interessados na herança – Óbice ao registro configurado – Dúvida procedente – Nega-se provimento ao recurso interposto.

1. Trata-se de recurso de apelação, com pedido de antecipação de tutela, interposto por *Maria Léa Rita Otranto* contra a r. sentença proferida pelo MM. Juiz Corregedor Permanente do 1º Oficial de Registro de Imóveis da Comarca de São José dos Campos/SP, que julgou procedente a dúvida suscitada e manteve os óbices apresentados para registro de escritura pública de inventário e adjudicação, lavrada em virtude do falecimento de Aurea Giordani de Aquino, tendo por objeto, dentre outros, os imóveis matriculados sob nos 57.873 e 92.829 junto àquela serventia imobiliária.

Alega a apelante, em síntese, que a falecida Aurea Giordani de Aquino e seu companheiro, Weber João Natalino Otranto, viveram em união estável por mais de quarenta anos e não tiveram filhos. Aduz que o Supremo Tribunal Federal reconheceu a inconstitucionalidade do art. 1.790 do Código Civil, afastando a distinção de regimes sucessórios entre cônjuges e companheiros e determinando a aplicação, em ambos os casos, da regra trazida pelo art. 1.829 do Código Civil. Assim, na falta de descendentes e ascendentes, como no caso concreto, o companheiro sobrevivente terá direito à totalidade da herança, sem necessidade da participação dos colaterais da *de cujus* no inventário. Aduz que os documentos apresentados comprovam a alegada união estável, razão pela qual a negativa de registro não merece subsistir (fl. 147/154).

A douta Procuradoria de Justiça opinou pelo não provimento do recurso (fl. 179/180).

É o relatório.

2. *Ex ante*, há que ser indeferida a pretendida antecipação de tutela recursal. Isso porque, instaurada a dúvida registrária, o prazo da prenotação é prorrogado até solução final do procedimento, sendo inadmissível a concessão de tutela provisória, na forma pretendida pela apelante, em razão do disposto no art. 203 da Lei nº 6.015/73 que condiciona o registro do título ao trânsito em julgado da decisão:

"Art. 203 - Transitada em julgado a decisão da dúvida, proceder-se-á do seguinte modo:

I - se for julgada procedente, os documentos serão restituídos à parte, independentemente de translado, dando-se ciência da decisão ao oficial, para que a consigne no Protocolo e cancele a prenotação;

II - se for julgada improcedente, o interessado apresentará, de novo, os seus documentos, com o respectivo mandado, ou certidão da sentença, que ficarão arquivados, para que, desde logo, se proceda ao registro, declarando o oficial o fato na coluna de anotações do Protocolo"

Desta forma, há manifesta incompatibilidade da antecipação da tutela recursal e o procedimento (processo em fase recursal) de dúvida, implicando na ausência de interesse processual.

Do mérito do recurso.

Com o falecimento de Aurea Giordani de Aquino, titular de domínio da parte ideal correspondente a 50% do imóvel matriculado sob nº 57.873 e da totalidade do imóvel matriculado sob nº 92.829 junto ao 1º Oficial de Registro de Imóveis de São

José dos Campos/SP, Weber João Natalino Otranto, na qualidade de companheiro da *de cujus*, requereu a lavratura de escritura de inventário e adjudicação dos bens em seu favor (fl. 13/19).

Nos termos da Nota de Devolução expedida pela registradora, foi exigida a rerratificação da escritura para que dela passe a constar que a falecida não deixou outros herdeiros, pois o companheiro concorre com os colaterais, nos termos dos arts. 1.790, inciso III, e 1.843 do Código Civil. Também foi exigida a apresentação de certidão ou traslado da escritura de renúncia outorgada por Regina Conceição de Aquino Marcondes, lavrada em 06 de junho de 2016, para que fosse verificado se houve reconhecimento da união estável, com observância, ainda, da necessidade de ação judicial se o autor da herança não deixar outro sucessor ou não houver consenso de todos os herdeiros, inclusive quanto ao reconhecimento da união estável (fl. 42/44).

O título reingressou na serventia imobiliária acompanhado do traslado da escritura de renúncia, como solicitado.

Contudo, por discordar do outro óbice apresentado, requereu a apresentante a suscitação de dúvida, insistindo na desnecessidade de rerratificação da escritura de inventário e adjudicação, sob a alegação de que é inconstitucional a distinção de regimes sucessórios entre cônjuges e companheiros, devendo ser aplicado, em ambos os casos, o disposto no art. 1.829 do Código Civil.

Contudo, os argumentos apresentados pela apelante não convencem.

Não se desconhece a equiparação do companheiro ao cônjuge sobrevivente que, com o advento do novo Código Civil, foi elevado à posição de herdeiro necessário, em concorrência com eventuais descendentes e ascendentes. Com efeito, o art. 1.790 do Código Civil teve sua inconstitucionalidade reconhecida pelo Supremo Tribunal Federal em seu Tema Repetitivo 809, segundo o qual *"no sistema constitucional vigente, é inconstitucional a distinção de regimes sucessórios entre cônjuges e companheiros, devendo ser aplicado, em ambos os casos, o regime estabelecido no art. 1.829 do CC/2002"*.

Ocorre que, independentemente dessa equiparação, o fato é que a união estável deve existir à época da abertura da sucessão para fins de recebimento de herança pelo companheiro supérstite.

Não se trata de discutir, aqui, regras de direito sucessório, mas sim, a possibilidade de registro de escritura de inventário e adjudicação em que não há participação de todos os possíveis herdeiros.

No caso dos autos, na escritura de inventário e adjudicação lavrada consta que a *de cujus* faleceu no estado civil de solteira, sem deixar ascendentes ou descendentes, mas não conta com a participação dos outros possíveis herdeiros da falecida além de seu companheiro. Por outro lado, na escritura de renúncia aos direitos hereditários outorgada por Regina Conceição de Aquino Marcondes, irmã da falecida, constou que a renunciante possui descendentes (fl. 69/70).

Ora, é incabível presumir que a união estável entre Aurea e Weber, não formalizada por escritura pública ou reconhecida por decisão judicial, efetivamente perdurou até o óbito da autora da herança (data da abertura da sucessão), sendo insuficiente, para tanto, os documentos apresentados pela apelante.

Como ensina Euclides de Oliveira: *"Da mesma forma como nasce, tipicamente informal, a união estável prescinde de reconhecimento judicial de sua existência ou de sua dissolução para que opere efeitos jurídicos entre os companheiros.*

(...)

A união estável, diversamente do que acontece no casamento, não exige procedimento judicial para sua dissolução. (...) a dissolução se dá pelo simples rompimento da vida em comum, sem maiores formalidades". (*in* "União Estável – Do concubinato ao casamento. Antes e depois do Código Civil"; Editora Método; 6ª edição; pp. 243/245).

A dissolução da união estável, tanto quanto a sua constituição, também decorre de um fato da vida, qual seja, o fato da cessação da convivência, não exigindo qualquer procedimento ou formalidade. Uma característica essencial da união estável é sua livre dissolubilidade, ao contrário do casamento formal, que somente se dissolve pela morte de um dos cônjuges ou pelo divórcio (*Art. 1.571, § 1° : O casamento válido só se dissolve pela morte de um dos cônjuges ou pelo divórcio, aplicando-se a presunção estabelecida neste Código quanto ao ausente).*

E essa informalidade para a constituição da união estável, assim como para sua dissolução, exige a observância de formas específicas para que certos atos e negócios jurídicos produzam os efeitos que deles se pretende. Assim ocorre, em especial, quanto aos atos e negócios jurídicos que tem como característica a constituição de direitos reais sobre imóveis, que são oponíveis *erga omnes* por força da publicidade decorrente de seu registro.

Destarte, para o julgamento da dúvida suscitada, devem ser diferenciados os atos e negócios jurídicos relacionados aos direitos da personalidade, cuja oponibilidade em relação a terceiros prescindem de cerimônia e forma prescritas em lei, como ocorre com a constituição de família por meio da união estável, e os atos e negócios jurídicos que demandam publicidade específica por meio de sua inscrição em Registro Público, como ocorre com os direitos reais imobiliários.

O que se pretende, *in casu*, é por meio do registro de escritura de inventário e adjudicação tornar público o direito de propriedade que foi adquirido pelo companheiro por meio de sucessão hereditária e, então, conferir ao referido direito oponibilidade contra terceiros.

Ora, é sabido que a escritura de inventário e adjudicação não permite o reconhecimento da união estável por declaração unilateral do sobrevivente, nos termos do art. 18 da Resolução nº 35 do CNJ e do item 112 do Capítulo XIV, Tomo II, das Normas de Serviço da Corregedoria Geral da Justiça, vigente à época:

> *"112. O companheiro que tenha direito à sucessão é parte, observada a necessidade de ação judicial se o autor da herança não deixar outro sucessor ou não houver consenso de todos os herdeiros, inclusive quanto ao reconhecimento da união estável."*

Logo, imprescindível a participação dos outros possíveis herdeiros para o reconhecimento da união estável em escritura de inventário, o que justifica o óbice apresentado pela registradora.

E nem mesmo a escritura de renúncia de direitos hereditários lavrada pela irmã da falecida basta para afastar o direito de eventuais outros herdeiros, certo que a colateral fez renúncia pura e simples, ou seja, abdicativa, o que deixa a critério da lei a destinação do direito do renunciado.

Considerando, pois, que a renunciante possui descendentes, a participação destes no ato lavrado é de rigor.

Daí porque, sem a anuência dos demais interessados na herança, isto é, de todos possíveis herdeiros da falecida, não há como se afastar o óbice ao registro da escritura de inventário e adjudicação qualificada negativamente pela registradora.

3. À vista do exposto, pelo meu voto, **NEGO PROVIMENTO** ao recurso.

RICARDO ANAFE

Corregedor Geral da Justiça e Relator. (DJe de 27.10.2020 – SP)

PODER JUDICIÁRIO

TRIBUNAL DE JUSTIÇA DO ESTADO DE SÃO PAULO

CONSELHO SUPERIOR DA MAGISTRATURA

Apelação nº 1001281-67.2020.8.26.0100

Registro: 2020.0000681589

ACÓRDÃO

Vistos, relatados e discutidos estes autos de **Apelação Cível nº 1001281-67.2020.8.26.0100**, da Comarca de **São Paulo**, em que é apelante **LÚCIA TEREZA RAIMONDI ALTAFINI**, é apelado **10º OFICIAL DE REGISTRO DE IMÓVEIS DA COMARCA DA CAPITAL**.

ACORDAM, em Conselho Superior de Magistratura do Tribunal de Justiça de São Paulo, proferir a seguinte decisão: **"Negaram provimento ao recurso para manter a negativa do registro, v.u."**, de conformidade com o voto do Relator, que integra este acórdão.

O julgamento teve a participação dos Exmos. Desembargadores **PINHEIRO FRANCO (PRESIDENTE TRIBUNAL DE JUSTIÇA) (Presidente), LUIS SOARES DE MELLO (VICE PRESIDENTE), XAVIER DE AQUINO (DECANO), GUILHERME G. STRENGER (PRES. SEÇÃO DE DIREITO CRIMINAL), MAGALHÃES COELHO(PRES. DA SEÇÃO DE DIREITO PÚBLICO) E DIMAS RUBENS FONSECA (PRES. DA SEÇÃO DE DIREITO PRIVADO).**

São Paulo, 20 de agosto de 2020.

RICARDO ANAFE

Corregedor Geral da Justiça e Relator

Apelação Cível nº 1001281-67.2020.8.26.0100

Apelante: Lúcia Tereza Raimondi Altafini

Apelado: 10º Oficial de Registro de Imóveis da Comarca da Capital

VOTO Nº 31.215

Registro de Imóveis – Adjudicação compulsória – Ação movida pelos cessionários contra a cedente do contrato de compromisso de compra e venda – Registro da transmissão da propriedade negado – Princípio da continuidade – Dúvida julgada procedente – Apelação não provida.

1. Trata-se de apelação interposta contra r. sentença que manteve a recusa do Senhor 10º Oficial de Registro de Imóveis da Comarca da Capital em promover o registro de carta de sentença porque a ação de adjudicação compulsória foi movida contra a cedente do contrato de compromisso de compra e venda, não atingido, portanto, os proprietários do imóvel.

A apelante alegou, em suma, que é cessionária do contrato de compromisso de compra e venda do imóvel situado na Rua Blumenau, 172, Vila Leopoldina, São Paulo, objeto da transcrição nº 100.324 do 10º Registro de Imóveis da Comarca da Capital. Afirmou que moveu ação de adjudicação compulsória que teve curso perante a 3ª Vara Cível do Foro Regional da Lapa, Comarca da Capital, com a expedição de carta de sentença que em sua primeira apresentação foi devolvida com exigência da comprovação do recolhimento do imposto de transmissão "inter vivos" – ITBI. Disse que ao reapresentar o título, com a prova do recolhimento do imposto, foi surpreendida com a negativa do registro fundada na ausência de continuidade, decorrente da não participação de todos os proprietários do imóvel no polo passivo da ação de adjudicação compulsória. Informou que, segundo o Oficial de Registro de Imóveis, esse requisito decorreria de recente alteração da jurisprudência. Asseverou que a exigência viola o princípio da segurança jurídica porque a mudança da orientação geral sobre o tema não atinge as situações anteriormente constituídas, como previsto no art. 24 da Lei de Introdução das Normas do Direito Brasileiro – LINDB. Ademais, a cessão do compromisso de compra e venda transfere para a cessionária o direito de receber a propriedade do imóvel, o que dispensa a participação de todos os proprietários na ação de adjudicação compulsória. Por fim, a sentença que adjudicou o imóvel transitou em julgado em 11 de fevereiro de 2016, o que impossibilita a inclusão dos proprietários do imóvel no polo passivo daquela ação (fl. 353/360).

A douta Procuradoria Geral de Justiça opinou pelo não provimento do recurso (fl. 386/389).

É o relatório.

2. Conforme precedentes do Conselho Superior da Magistratura, a natureza administrativa do procedimento de dúvida afasta a incidência das custas processuais, o que torna prejudicado o pedido de assistência judiciária formulado pela recorrente. Nesse sentido:

"Contudo, nada obstante o comando emergente do aludido dispositivo legal, não incidem, nos processos (administrativos) de dúvida instaurados no Estado de São Paulo, custas processuais, enfim, taxa judiciária, na falta de previsão específica nas Leis Estaduais n.º 11.331/02 e n.º 11.608/2003. Nessa linha, a propósito, há precedentes deste C. Conselho Superior da Magistratura" (CSM, Agravo de Instrumento nº 2182394-19.2015.8.26.0000, Rel. Desembargador Manoel de Queiroz Pereira Calças, j. 15.06.2016).

Foi apresentada para registro a carta de sentença extraída de ação de adjudicação compulsória movida pela apelante contra Construtora e Empreendimentos Boaçava Ltda. (Processo n.º 1013494-15.2014.8.26.0004 da 3.ª Vara Cível do Foro Regional IV – Lapa da Comarca da Capital), relativa ao imóvel consistente em parte do lote 10 da quadra "V" do Bloco II do Jardim Leopoldina, 14º Subdistrito – Lapa.

A certidão de fl. 09/15 demonstra que o imóvel tem os seguintes proprietários: Othon Alves Barcelos Corrêa e sua mulher Santuzza Borges Barcelos Corrêa; Rogério Giorgi e sua mulher Vitoria Pena Giorgi; Otavio Lotufo e sua mulher Maria Nelly Junqueira Cobra Lotufo; Edgard Richter e sua mulher Carolina Issler Richter; José Pires de Oliveira Dias e sua mulher Marina Pires de Oliveira Dias; Mário Lotufo e sua mulher Alice Maria Ribeiro Lotufo; Bertha Richter e seu marido Carlos Eduardo Richter; Silvia de Toledo Piza Pinheiro; Breno Tavares e sua mulher Evangelina Ribeiro Tavares; Ângelo Eduardo Carrara e sua mulher Ana Balbo Bertone Di Sambuy Carrara; João Lotufo; Rosa Lotufo; Sociedade Anônima de Administração e Representações Nair; Jorge Issler Richter e sua mulher Ursel Alvine Hildegard Bronberg Richter; Wolff Aichinger e sua mulher Clara Matilde Richter Aichinger; Espólio de Miquelina Lotufo e Espólio de Emília Luttenschlager Bracher.

A ação de adjudicação compulsória visa suprir o título de transferência da propriedade do imóvel que, apesar do pagamento do preço pelo compromissário comprador, não for outorgado pelo promitente vendedor.

Neste caso, a ação foi movida contra Construtora e Empreendimentos Boaçava Limitada – Sociedade Civil que é cessionária do contrato de compromisso de compra e venda averbado sob nº 94, em 27 de novembro de 1963, na inscrição do loteamento promovida sob nº 101 (fl. 24/268).

Desse modo, os proprietários do imóvel, que são os promitentes vendedores, não participaram da ação de adjudicação compulsória como réus e nela não foram citados, bem como não intervieram para anuir com a transmissão do domínio para a apelante.

Em decorrência, o registro da carta de sentença depende da prévia aquisição da propriedade pelo réu da ação de adjudicação compulsória, para que seja preservada a continuidade que, segundo Afrânio de Carvalho, tem o seguinte significado:

"O princípio da continuidade, que se apoia no de especialidade, quer dizer que, em relação a cada imóvel, adequadamente individuado, deve existir uma cadeia de titularidade à vista da qual só se fará a inscrição de um direito se o outorgante dele aparecer no registro como seu titular. Assim, as sucessivas transmissões, que derivam umas das outras, asseguram sempre a preexistência do imóvel no patrimônio do transferente" (*Registro de Imóveis*, 4.ª ed., 1998, Rio de Janeiro: Forense, pág. 253).

A obrigatoriedade do respeito à continuidade do registro, ademais, foi ressalvada na r. sentença prolatada na ação de adjudicação compulsória, em que se verifica:

"A ação procede, todavia deverá a autora atentar ao fato de que o registro dependerá da observância dos requisitos exigidos pelo Oficial do Cartório de Registro de Imóveis" (fl. 240).

Por sua vez, a exigência de respeito à continuidade, como requisito para o registro do título de transmissão do domínio, decorre de reiterada jurisprudência deste Conselho Superior da Magistratura e, portanto, não caracteriza inovação e não viola a segurança jurídica invocada pela apelante:

"Registro de Imóveis – Dúvida – Título judicial – Aspectos procedimentais da dúvida: qualificação completa do título, cumprimento de exigências no seu curso e sentença de procedência parcial – Execução de obrigação de fazer, substitutiva da vontade dos contratantes – Sentença que homologa transação entre as partes – Desnecessidade de lavratura de escritura de venda e compra, servindo o mandado de título hábil a registro – Necessidade de apresentação prova do recolhimento do imposto de transmissão e certidões negativas fiscais e previdenciárias – Necessidade de estar o imóvel registrado em nome do alienante e de conter descrição coincidente com a do registro – Infração aos princípios da continuidade, especialidade e legalidade – Registro inviável – Recurso provido" (Apelação Cível nº 38.647-0/5/Santa Bárbara D'Oeste, Relator Desembargador Márcio Martins Bonilha, j. 13.11.1997)";

"REGISTRO DE IMÓVEIS. Dúvida julgada procedente. Carta de sentença extraída de ação de adjudicação compulsória . Ação originariamente movida contra sucessores do proprietário e promitente vendedor do imóvel, já falecido. Necessidade de prévio registro da partilha que, em inventário ou arrolamento de bens, atribuiu o imóvel aos réus da ação de adjudicação compulsória. Princípio da continuidade. Recurso não provido" (Apelação Cível nº 1.104-6/4/ São Caetano do Sul, Relator Desembargador Ruy Camilo, j. 16/06/2009);

"REGISTRO DE IMÓVEIS – Carta de Adjudicação com mandado de averbação – Ingresso obstado – Ação de Adjudicação Compulsória movida em face de pessoas apontadas como herdeiras da titular do domínio – Ofensa aos Princípios da continuidade e da disponibilidade – Transferência da propriedade imóvel que, ademais, se dá mediante o registro do título e não por averbação – Artigo 1.245 do Código Civil – Dúvida julgada procedente – Recurso não provido" (Apelação Cível nº 1.170-6/4/São Caetano do Sul, Relator Desembargador Luiz Tâmbara, j. 03/12/2009)";

"Registro de Imóvel – Dúvida – Carta de sentença extraída dos autos de ação de adjudicação compulsória – Exame formal e restrito aos aspectos extrínsecos do título – Citação de apenas alguns dos titulares do domínio do imóvel e divergência entre a área descrita no compromisso de compra e venda e a área descrita na matrícula – Ofensa aos princípios da continuidade e da especialidade objetiva – Recurso não provido" (Apelação Cível nº 0003976-17.2012.8.26.0415- Comarca de Palmital, Relator Desembargador Elliot Ackel);

"Registro de imóveis – Título judicial – Adjudicação compulsória – Proprietário tabular não integrou o polo passivo da ação judicial – Ofensa ao princípio da continuidade registral – Tempus regit actum *– Impossibilidade de examinar, no âmbito administrativo, a pertinência de cancelamentos de inscrições resultantes de ordens judiciais exaradas em processos contenciosos – Formação defeituosa do título – Confirmação do juízo de desqualificação registral e, portanto, da r. sentença impugnada – Dúvida procedente – Recurso desprovido"* (CSM, Apelação Cível n.º 1000328-93.2015.8.26.0451 da Comarca de Piracicaba, Rel. Desembargador Manoel de Queiroz Pereira Calças, j. 10/3/2017);

"REGISTRO DE IMÓVEIS – Adjudicação compulsória – Ação movida pelos cessionários de compromisso de compra e venda contra os compromissários compradores do imóvel – Registro da transmissão da propriedade – Princípio da continuidade – Dúvida julgada procedente – Apelação não provida" (Apelação Cível nº 1036218-40.2019.8.26.0100 da Comarca de São Paulo, Relator Desembargador Geraldo Francisco Pinheiro Franco, j. 01.11.2019).

Em igual sentido decidiu o Egrégio Superior Tribunal de Justiça:

"AGRAVO INTERNO NO AGRAVO EM RECURSO ESPECIAL. AÇÃO DE ADJUDICAÇÃO COMPULSÓRIA. NECESSIDADE DE INCLUSAO DOS PROMITENTES VENDEDORES NO POLO PASSIVO DA DEMANDA. SÚMULA 83/STJ. ALEGAÇÃO DE TER OCORRIDO CESSÃO DE CRÉDITO ENTRE OS PROMITENTES VENDEDORES

E OS PRIMITIVOS ADQUIRENTES. IMPOSSIBILIDADE DE ACOLHIMENTO DESSA TESE. SÚMULA 7/STJ. AGRAVO INTERNO DESPROVIDO.

1. A jurisprudência desta Corte dispõe no sentido de que 'na ação de adjudicação compulsória não é necessária a participação dos cedentes como litisconsortes, sendo o promitente vendedor parte legítima para figurar no pólo passiva da demanda' (AgRg no Ag 1.120.674/RJ, Rel. Ministro Sidnei Beneti, Terceira Turma, julgado em 28/4/2009, DJe 13/5/2009).

2. Não sendo incluídos na demanda os promitentes vendedores, de rigor a improcedência da ação, assim como determinado pelas instâncias ordinárias.

3. A modificação da conclusão exarada no aresto hostilizado e o acolhimento da tese recursal defendida pelos insurgentes (a respeito de ter havido apenas cessão de crédito entre os promitentes vendedores e os primitivos adquirentes), demandaria necessariamente o reexame do conjunto de fatos e provas do respectivo processo, o que é vedado no âmbito do recurso especial, em decorrência do disposto na Súmula 7/STJ, não sendo o caso de revaloração das provas.

4. Agravo interno desprovido" (AgInt no AREsp 1442859- RJ, Terceira Turma, Rel. Ministro Marco Aurélio Bellizze, j. 09.09.2019 - grifei).

3. Ante o exposto, **nego provimento ao recurso para manter a negativa do registro.**

RICARDO ANAFE

Corregedor Geral da Justiça e Relator. (DJe de 08.09.2020 – SP)

PODER JUDICIÁRIO

TRIBUNAL DE JUSTIÇA DO ESTADO DE SÃO PAULO

CONSELHO SUPERIOR DA MAGISTRATURA

Apelação Cível nº 1014772-77.2019.8.26.0068

Registro: 2020.0000413386

ACÓRDÃO

Vistos, relatados e discutidos estes autos de **Apelação Cível nº 1014772-77.2019.8.26.0068**, da Comarca de **Barueri**, em que é apelante **ANTÔNIO MUNIZ MEDEIROS FILHO**, é apelado **OFICIAL DO REGISTRO DE IMOVEIS E ANEXOS DA COMARCA DE BARUERI.**

ACORDAM, em Conselho Superior de Magistratura do Tribunal de Justiça de São Paulo, proferir a seguinte decisão: **"Negaram provimento ao recurso, v.u."**, de conformidade com o voto do Relator, que integra este acórdão.

O julgamento teve a participação dos Exmos. Desembargadores **PINHEIRO FRANCO (PRESIDENTE TRIBUNAL DE JUSTIÇA) (Presidente), LUIS SOARES DE MELLO (VICE PRESIDENTE), XAVIER DE AQUINO (DECANO), GUILHERME G. STRENGER (PRES. SEÇÃO DE DIREITO CRIMINAL), MAGALHÃES COELHO(PRES. DA SEÇÃO DE DIREITO PÚBLICO) E DIMAS RUBENS FONSECA (PRES. DA SEÇÃO DE DIREITO PRIVADO).**

São Paulo, 5 de junho de 2020.

RICARDO ANAFE

Corregedor Geral da Justiça e Relator

Apelação Cível nº 1014772-77.2019.8.26.0068

Apelante: Antônio Muniz Medeiros Filho

Apelado: Oficial do Registro de Imóveis e Anexos da Comarca de Barueri

VOTO Nº 31.163

Registro de Imóveis – Adjudicação compulsória – Alienação voluntária – Apresentação do título em data posterior a ordem de indisponibilidade – Recurso não provido.

1. Trata-se de recurso de apelação interposto por ANTONIO MUNIZ MEDEIROS FILHO, contra a r.sentença que julgou procedente a dúvida suscitada pelo apelante e impediu o registro de carta de adjudicação expedida pela 2ª Vara Cível da Comarca de Jandira, na matrícula nº 93.891, do Registro de Imóveis da Comarca de Barueri.

Sustenta a apelante, em resumo, que a ordem de indisponibilidade não impede o registro da carta de arrematação.

A Procuradoria Geral de Justiça opinou pelo não provimento do recurso (fl. 111/114).

É o relatório.

2. O recurso de apelação não merece provimento.

A desqualificação do título judicial apresentado, oriundo de ação de adjudicação compulsória, tem por fundamento a existência de inúmeras ordens de indisponibilidade regularmente averbadas na matrícula nº 93.891, do Registro de Imóveis da Comarca de Barueri (fl. 15 e seguintes) em data anterior a prenotação.

O apelante objetiva registrar título judicial oriundo de alienação voluntária firmado entre Antônio Muniz Medeiros Filho e Muniz & Busato

Empreendimentos Imobiliários Ltda.-Me, prenotado em 08 de novembro de 2018.

A época da apresentação do título para registro existiam inúmeras ordens de indisponibilidade regularmente averbadas na matrícula nº 93.891, motivo bastante e acertado para justificar a nota de exigência emitida pelo Registrador de Imóveis de Barueri.

Vale mencionar que é pacífica a jurisprudência do Colendo Conselho Superior da Magistratura no sentido de que a ordem de indisponibilidade obsta a alienação voluntária do bem, mas não a forçada. Tal entendimento está em harmonia com os julgados do E. Superior Tribunal de Justiça (REsp. 512.398) e com o disposto no item 405 do Capítulo XX das NSCGJ: "405. As indisponibilidades averbadas nos termos do Provimento CG. nº 13/2012, e na forma do § 1º, do art. 53, da Lei nº 8.212, de 24 de julho e 1991, não impedem a alienação, oneração e constrição judiciais do imóvel".

Nesse sentido

O Conselho Superior da Magistratura tem entendimento pacífico de que, embora a indisponibilidade não impeça a alienação forçada, obsta a voluntária. Subsistente a penhora, advinda de dívida com o INSS, a indisponibilidade, decorrente do art. 53, § 1º, da Lei nº 8.212/91, impede a alienação voluntária e, via de consequência, o registro da escritura." (Apelação nº 1003418-87.2015.8.26.0038, Rel. Pereira Calças, j. 25.04.2016).

Registro de Imóveis – Dúvida – Escritura pública de confissão de dívida com pacto adjeto de constituição de propriedade fiduciária e outras avenças – Imóvel indisponível – Penhora, em execução fiscal, a favor da Fazenda Nacional e da União – Recusa do registro com base no artigo 53, § 1º, Lei nº 8.212/91 – Alienação voluntária – Irrelevância da aquisição anterior por alienação forçada – Registro inviável – Dúvida procedente – Recurso desprovido, com observação (Apelação nº 3003761-77.2013.8.26.0019, Rel. Elliot Akel, j. 03.06.2014).

3. Ante o exposto, nego provimento ao recurso.

RICARDO ANAFE

Corregedor Geral da Justiça e Relator. (DJe de 19.08.2020 – SP)

PODER JUDICIÁRIO

TRIBUNAL DE JUSTIÇA DO ESTADO DE SÃO PAULO

CONSELHO SUPERIOR DA MAGISTRATURA

Apelação Cível nº 1000704-89.2020.8.26.0100

Registro: 2020.000413375

ACÓRDÃO

Vistos, relatados e discutidos estes autos de **Apelação Cível nº 1000704-89.2020.8.26.0100**, da Comarca de **São Paulo**, em que é apelante **ALEXANDRE PEIXOTO MASSI**, é apelado **5º OFICIAL DE REGISTRO DE IMÓVEIS DA COMARCA DA CAPITAL.**

ACORDAM, em Conselho Superior de Magistratura do Tribunal de Justiça de São Paulo, proferir a seguinte decisão: **"Negaram provimento ao recurso, v.u."**, de conformidade com o voto do Relator, que integra este acórdão.

O julgamento teve a participação dos Exmos. Desembargadores **PINHEIRO FRANCO (PRESIDENTE TRIBUNAL DE JUSTIÇA) (Presidente), LUIS SOARES DE MELLO (VICE PRESIDENTE), XAVIER DE AQUINO (DECANO), GUILHERME G. STRENGER (PRES. SEÇÃO DE DIREITO CRIMINAL), MAGALHÃES COELHO(PRES. DA SEÇÃO DE DIREITO PÚBLICO) E DIMAS RUBENS FONSECA (PRES. DA SEÇÃO DE DIREITO PRIVADO).**

São Paulo, 5 de junho de 2020.

RICARDO ANAFE

Corregedor Geral da Justiça e Relator

Apelação Cível nº 1000704-89.2020.8.26.0100

Apelante: Alexandre Peixoto Massi

Apelado: 5º Oficial de Registro de Imóveis da Comarca da Capital

VOTO Nº 31.162

Registro de Imóveis – Adjudicação de bem imóvel em favor do apelante – Carta de sentença extraída dos autos da ação de inventário – Autora da herança falecida no estado civil de viúva – Casamento realizado sob o regime da comunhão universal de bens – Matrícula do imóvel em que está equivocadamente qualificada como separada judicialmente – Ofensa ao princípio da continuidade – Necessidade de retificação da escritura de compra e venda registrada e de partilha da meação do imóvel cabente ao cônjuge pré-morto – Dúvida julgada procedente – Nega-se provimento ao recurso.

1. Trata-se de apelação interposta por *Alexandre Peixoto Massi* contra a sentença proferida pela MM.ª Juíza Corregedora Permanente do 5º Oficial de Registro de Imóveis da Capital, que julgou procedente a dúvida suscitada e manteve a recusa ao registro de carta de sentença extraída dos autos da ação de inventário dos bens deixados por Maria de Nazareth Nogueira Correa (Processo nº 0052351-87.2013.8.26.0100), que tramitou perante a 11ª Vara da Família e Sucessões da Capital, tendo por objeto a adjudicação, em favor do apelante, do imóvel matriculado sob nº 53.889 junto àquela serventia extrajudicial (fl. 244/248).

Alega o apelante, em síntese, que foram apresentados ao registrador os devidos esclarecimentos sobre o recolhimento do ITCMD e que todos os documentos, inicialmente exigidos na nota de devolução expedida em 05.04.2019, foram entregues. A despeito disso, nova nota de devolução foi emitida pelo registrador, em 17.04.2019, sendo formuladas três exigências: (a) aditamento da carta de sentença; (b) certidão de casamento da *de cujus*, atualizada com averbação do divórcio; e (c) cópia autenticada da certidão de óbito do ex-marido da *de cujus*. Afirma que, superados os segundo e terceiro óbices apresentados mediante apresentação dos documentos exigidos, na certidão de casamento da falecida não consta averbação de divórcio. Esclarece que, em pesquisa realizada junto ao Tribunal de Justiça de São Paulo, não foi localizada ação de separação ou divórcio em que a *de cujus* figurasse como parte, mas sim, uma ação de alimentos em que se constatou sua separação de fato, em 1955. Aduz que na escritura de compra e venda do imóvel objeto da matrícula nº 53.889 do 5º Oficial de Registro de Imóveis da Capital, o 15º Tabelião de Notas, responsável pela lavratura do ato, certificou que a *de cujus* era separada judicialmente à época do negócio, tendo sido a escritura devidamente registrada na serventia imobiliária. Assim, entende incabível a exigência de rerratificação da escritura de compra e venda para constar que Maria de Nazareth era, à época da aquisição, casada em regime da comunhão universal e, consequentemente, reputa desnecessária a partilha do imóvel no inventário dos bens deixados por Carlos Astrogildo. Acrescenta ser impossível o cumprimento do quanto exigido pelo registrador, sob pena de alteração na linha sucessória dos falecidos Maria de Nazareth e Carlos Astrogildo, ressaltando que a serventia imobiliária já havia reconhecido, por ocasião do registro da escritura de compra e venda, a condição de separada da *de cujus*, o que confirma a incomunicabilidade do bem.

A douta Procuradoria de Justiça opinou pelo não provimento do recurso (fl. 280/283).

É o relatório.

2. Apresentada a registro a carta de sentença extrajudicial expedida em 12.03.2019 e aditada em 30.04.2019 pelo 26º Tabelião de Notas da Capital, oriunda dos autos da ação de inventário dos bens deixados por Maria de Nazareth Nogueira Correa (Processo nº 0052351-87.2013.8.26.0100), que tramitou perante a 11ª Vara da Família e Sucessões da Capital, o título foi negativamente qualificado, tendo sido expedidas nota de devolução (fl. 219/220) com as seguintes exigências:

"a) Rerratificar a escritura aquisitiva (escritura lavrada aos 14/04/1988, no livro n. 1.417, folha n. 173, pelo 15.º Tabelião de Notas desta Capital), tendo em vista que à época da aquisição MARIA DE NAZARETH NOGUEIRA CORREA era casada sob o regime da comunhão universal de bens, com CARLOS ASTROGILDO CORREA (artigos 195 e 237 da Lei n. 6.015/73 c/c item 54, capítulo XIV, das Normas de Serviço da Corregedoria Geral da Justiça do Estado de São Paulo c/c decisão proferida nos autos n. 1043269.73.2017.8.26.0100 da 1ª. Vara de Registros Públicos da Capital).

b) Tendo em vista haver comunicabilidade do bem ao cônjuge é necessário apresentar, para análise e posterior registro, o formal de partilha dos bens deixados pelo falecimento de CARLOS ASTROGILDO CORREA, PRENOTAR SEPARADAMENTE, em atendimento ao princípio da continuidade registrária (artigos 195 e 237 da Lei n. 6.015/73).

c) Eventual incomunicabilidade/bem particular deverá ser reconhecida judicialmente, tendo em vista que não pode o registrador fazer juízo de valor reconhecendo ou não a alegação da "separação de fato" na via administrativa, devendo ser apreciado nas vias ordinárias próprias (Processo n. 30.716/2015 da Corregedoria Geral da Justiça).

Se não fosse o impedimento acima, ainda seria necessário:

Apresentar em cópia autenticada a certidão de casamento atualizada de MARIA DE NAZARETH NOGUEIRA CORREA e CARLOS ASTROGILDO CORREA (artigo 176, § 1.º, inciso III, item 2, alínea a, c/c artigo 167, inciso II, item 5, c/c artigo 246, § 1º, todos da Lei n. 6.015/73)."

Da análise do título apresentado a registro e demais documentos trazidos aos autos, depreende-se que a autora da herança, Maria de Nazareth Nogueira Correa, faleceu em 22.02.2013, na condição de viúva (fl. 36) de Carlos Astrogildo Correa, falecido em 26.03.2003 , na condição de casado (fl. 140).

Além disso, o próprio apelante confirma que, realizadas diligências, apurou-se que não houve averbação de divórcio junto ao registro de casamento da falecida (conforme certidão a fl. 139), tampouco foi localizada qualquer ação de divórcio ou separação em seu nome, nas pesquisas realizadas.

Assim, a despeito da separação de fato reconhecida na ação de alimentos em que foram partes Maria de Nazareth Nogueira Correa e Carlos Astrogildo Correa (fl. 203), não há dúvidas de que, à época da aquisição do imóvel, a *de cujus* era casada sob o regime da comunhão universal de bens.

Ocorre que, na Matrícula nº 53.889 do 5º Oficial de Registro de Imóveis da Capital, por ocasião do registro da aquisição do imóvel por Maria de Nazareth Nogueira Correa (R. 2, a fl. 221/223), ficou constando que a adquirente era separada judicialmente.

Logo, o título apresentado para registro diverge da matrícula do imóvel em relação ao estado civil de Maria de Nazareth Nogueira Correa, titular de domínio e autora da herança, e à existência de comunhão entre ela e seu marido, eis que casados, à época, sob o regime da comunhão universal de bens.

Disso decorre a necessidade de retificação da matrícula nº 53.889 do 5º Oficial de Registro de Imóveis da Capital, mediante apresentação da certidão atualizada de casamento da autora da herança, o que, cumpre ressalvar, independe da retificação da escritura pública de compra e venda em que a proprietária do imóvel figurou com estado civil distinto daquele que efetivamente tinha.

A existência de erro pretérito, agora esclarecido, não permite o ingresso do título em questão sem a correção da irregularidade existente no registro, concernente ao estado civil da titular de domínio, mediante apresentação de documentos que comprovem que era casada sob o regime da comunhão universal de bens quando adquiriu o bem imóvel.

E havendo comunicabilidade do bem ao cônjuge em virtude do regime de bens do casamento, faz-se igualmente necessária a apresentação do formal de partilha dos bens deixados por Carlos Astrogildo Correa, pré-morto, com inclusão do imóvel em questão, em atenção ao princípio da continuidade registrária, ou reconhecimento, em ação própria, da incomunicabilidade do bem.

Portanto, no modo como foi apresentado o título não preenche o requisito da continuidade, que é essencial para o seu registro, pois como esclarece Afrânio de Carvalho:

"O princípio da continuidade, que se apóia no de especialidade, quer dizer que, em relação a cada imóvel, adequadamente individuado, deve existir uma cadeia de titularidade à vista da qual só se fará a inscrição de um direito se o outorgante dele aparecer no registro como seu titular. Assim, as sucessivas transmissões, que derivam umas das outras, asseguram sempre a preexistência do imóvel no patrimônio do transferente. Ao exigir que cada inscrição encontre sua procedência em outra anterior, que assegure a legitimidade da transmissão ou da oneração do direito, acaba por transformá-la no elo de uma corrente ininterrupta de assentos, cada um dos quais se liga ao seu antecedente, como o seu subseqüente a ele se ligará posteriormente. Graças a isso o Registro de Imóveis inspira confiança ao público" ("Registro de Imóveis", 4ª edição, 1998, Forense, p. 253).

Ressalte-se que o cumprimento das exigências formuladas para o registro, diferentemente do quanto alegado pelo apelante, não é impossível porque, comprovado o erro referente ao estado civil da titular de domínio, basta que sua qualificação seja retificada.

Igualmente, a exigência de apresentação do formal de partilha dos bens deixados pelo falecimento de Carlos Astrogildo Correa se justifica para comprovação de que a meação cabente ao cônjuge pré-morto foi atribuída a seus herdeiros, certo que, ainda que findo o processo, é cabível a sobrepartilha (art. 2.022 do Código Civil) e, se o caso, prova da incomunicabilidade do bem mediante reconhecimento em ação própria.

Nesse cenário, correto o posicionamento do Oficial de Registro para que a continuidade registrária seja preservada, razão pela qual há que ser mantida a sentença proferida pela MM.ª Juíza Corregedora Permanente.

3. À vista do exposto, pelo meu voto, **NEGO PROVIMENTO** ao recurso.

RICARDO ANAFE

Corregedor Geral da Justiça e Relator. (DJe de 16.06.2020 – SP)

PODER JUDICIÁRIO

TRIBUNAL DE JUSTIÇA DO ESTADO DE SÃO PAULO

CONSELHO SUPERIOR DA MAGISTRATURA

Apelação nº 1004035-82.2018.8.26.0348

Registro: 2019.0001054535

ACÓRDÃO

Vistos, relatados e discutidos estes autos de **Apelação Cível nº 1004035-82.2018.8.26.0348**, da Comarca de **Mauá**, em que são apelantes **JOÃO VICENTE DE ALMEIDA e ANA SEBASTIANA DIAS FERRAZ DE ALMEIDA**, é apelado **OFICIAL DE REGISTRO DE IMÓVEIS E ANEXOS DA COMARCA DE MAUÁ.**

ACORDAM, em Conselho Superior de Magistratura do Tribunal de Justiça de São Paulo, proferir a seguinte decisão: **"Julgaram a dúvida prejudicada e não conheceram do recurso, v.u."**, de conformidade com o voto do Relator, que integra este acórdão.

O julgamento teve a participação dos Exmos. Desembargadores **PEREIRA CALÇAS (PRESIDENTE TRIBUNAL DE JUSTIÇA) (Presidente), ARTUR MARQUES (VICE PRESIDENTE), XAVIER DE AQUINO (DECANO), EVARISTO DOS SANTOS(PRES. DA SEÇÃO DE DIREITO PÚBLICO), CAMPOS MELLO (PRES. DA SEÇÃO DE DIREITO PRIVADO) E FERNANDO TORRES GARCIA(PRES. SEÇÃO DE DIREITO CRIMINAL).**

São Paulo, 10 de dezembro de 2019.

GERALDO FRANCISCO PINHEIRO FRANCO

Corregedor Geral da Justiça e Relator

Apelação Cível nº 1004035-82.2018.8.26.0348

Apelantes: João Vicente de Almeida e Ana Sebastiana Dias Ferraz de Almeida

Apelado: Oficial de Registro de Imóveis e Anexos da Comarca de Mauá

VOTO Nº 38.010

Registro de Imóveis – Dúvida julgada procedente – Mandado de adjudicação compulsória – Não apresentação do título original para protocolo – Dúvida prejudicada – Recurso não conhecido.

Inconformados com a r. sentença que confirmou o juízo negativo de qualificação registral**[1]**, *João Vicente de Almeida* e *Ana Sebastiana Dias Ferraz de Almeida* interpuseram apelação**[2]** objetivando o registro do mandado de adjudicação compulsória expedido nos autos do processo nº 0013031-48.2002.8.26.0348, que tramitou perante a 1ª Vara Cível da Comarca de Mauá. Alegam, em síntese, que já houve recolhimento do ITBI por ocasião da celebração do contrato de cessão de direitos aquisitivos, razão pela qual foi apresentada declaração expedida pela Municipalidade no sentido de que o imposto não é devido. Discordam da necessidade do recolhimento do imposto exigido pelo registrador, por entenderem que não há novo fato gerador. Por fim, apresentam o mandado de adjudicação original, pugnando pela improcedência da dúvida.

A Procuradoria da Justiça, em seu parecer, opinou pelo não conhecimento da apelação e, subsidiariamente, por seu desprovimento**[3]**.

É o relatório.

Requerido o registro do mandado de adjudicação compulsória, o título foi negativamente qualificado. Em que pese a inexistência de cópia da nota de devolução expedida, informou o Sr. Oficial registrador que seria necessária a prova do pagamento do ITBI, no que diz respeito à transferência do imóvel pelos titulares de domínio aos autores da ação de adjudicação compulsória, não servindo, para tanto, o comprovante apresentado, que teve por fato gerador a cessão de direitos entre o promitente comprador e seus cessionários.

Como é sabido, é imprescindível a apresentação do título original ao Oficial de Registro de Imóveis, pois eventual procedência do recurso resultaria no pretendido registro, decidindo-se acerca da qualificação registral.

No caso concreto, recebeu o registrador, por ocasião do requerimento de suscitação de dúvida, apenas cópia do mandado de adjudicação expedido nos autos do processo nº 0013031-48.2002.8.26.0348, que tramitou perante a 1ª Vara Cível da Comarca de Mauá.

E muito embora os apelantes informem, nas razões recursais, que estariam apresentando o original do título, o fato é que, mais uma vez, deixaram de provar seu protocolo junto ao Registro de Imóveis competente.

Sendo assim, a dúvida encontra-se prejudicada.

O art. 198, inciso IV, da Lei nº 6.015/73 determina que, no procedimento da dúvida, sejam remetidas ao juízo competente as razões da dúvida, acompanhadas do título.

Na mesma linha, o item 41 do Capítulo XX das Normas de Serviço da Corregedoria Geral de Justiça, assim dispõe:

41. Não se conformando o apresentante com a exigência, ou não a podendo satisfazer, será o título, a seu requerimento e com a declaração de dúvida, remetido ao Juízo competente para dirimi-la, obedecendo-se ao seguinte:

a) o título será prenotado;

b) será anotada, na coluna "atos formalizados", à margem da prenotação, a observação "dúvida suscitada", reservando-se espaço para anotação do resultado;

c) após certificadas, no título, a prenotação e a suscitação da dúvida, será aquele rubricado em todas as suas folhas;

d) em seguida, o oficial dará ciência dos termos da dúvida ao apresentante, fornecendo-lhe cópia da suscitação e notificando-o para impugná-la no prazo legal;

e) certificado o cumprimento do acima disposto, as razões da dúvida serão remetidas ao Juízo competente, acompanhadas do título, mediante carga.

Nota: Se a suscitação da dúvida for eletrônica, o registrador digitalizará as razões da dúvida, o título e os documentos que o acompanham, informará se lhe foi apresentada a via original do título e a arquivará em ordem cronológica no classificador "Títulos das dúvidas registrais eletrônicas" até o trânsito em julgado. Sempre que o juiz reputar necessário, solicitará ao registrador que lhe apresente a via original do título, a qual não poderá ser desentranhada do classificador sem prévia autorização judicial."

Desse modo, há expressa previsão normativa da necessidade do protocolo do título original em processo de dúvida. Também nos termos do art. 221, inciso IV, da Lei nº 6.015/73 mostra-se indispensável a apresentação da via original do título.

No caso concreto, ante a ausência do original e comprovação de seu protocolo, não há título hábil à efetivação do registro. O exame de legalidade inerente à qualificação pressupõe exibição do título em si.

Essa compreensão é pacífica nas decisões administrativas em matéria registral imobiliária, pois: *"A cópia constitui mero documento e não instrumento formal previsto como idôneo a ter acesso ao registro e tendo em vista uma reavaliação qualificativa do título, vedado o saneamento intercorrente das deficiências da documentação apresentada (...)"* (Apelação Cível n° 33.624-0/4, Rel. Des. Márcio Bonilha, j. 12/9/1996). Nesse sentido, há reiterados entendimentos do Conselho Superior da Magistratura (Apelação n° 17-6/0, Rel. Des. Luiz Tâmbara, j. 7.11.03; Apelação n° 7.120-0/9, Rel. Des. Sylvio do Amaral, j. 1°.6.87), merecendo destaque os mais recentes precedentes:

REGISTRO DE IMÓVEIS – DÚVIDA PREJUDICADA – AUSÊNCIA DO TÍTULO – FORMAL DE PARTILHA – RECURSO NÃO CONHECIDO. (TJSP; Apelação Cível nº 0000702-10.2013.8.26.0480; Relator (a): HAMILTON ELLIOT AKEL Órgão Julgador: Conselho Superior de Magistratura; Data do Julgamento: 18/03/2014).

DÚVIDA – Necessidade de apresentação de documentos originais, não podendo haver registro de cópia de títulos – Ausência de impugnação de todos os itens da nota de devolução – Dúvida prejudicada – Recurso não conhecido. REGISTRO DE IMÓVEIS – Imprescindibilidade de recolhimento do imposto de transmissão – Impossibilidade de ingresso registral. (TJSP; Apelação Cível 1009025-47.2015.8.26.0114; Relator (a): Pereira Calças; Órgão Julgador: Conselho Superior de Magistratura; Data do Julgamento: 20/07/2017).

REGISTRO DE IMÓVEIS – Dúvida julgada procedente – Escritura pública de compra e venda e cessão, retificada e ratificada por outra escritura – Outorgantes vendedores falecidos – Não apresentação do título original para protocolo – Dúvida prejudicada – Recurso não conhecido. (TJSP; Apelação Cível 1004656-53.2017.8.26.0271; Relator (a): Pinheiro Franco (Corregedor Geral); Órgão Julgador: Conselho Superior de Magistratura; Data do Julgamento: 18/07/2019).

Em razão disso, o presente recurso não comporta conhecimento.

E de acordo com precedentes atuais deste Col. Conselho Superior da Magistratura, ante o não conhecimento do recurso descabe prosseguir com o exame das questões de fundo por ausência de poder vinculativo dessa providência (nesse sentido: Apelação nº 1015740-40.2016.8.26.0577, Apelação nº 1000295-86.2017.8.26.0531 e Apelação nº 1001619-57.2016.8.26.0431).

Diante do exposto, pelo meu voto julgo a dúvida prejudicada e **não conheço** do recurso.

GERALDO FRANCISCO PINHEIRO FRANCO

Corregedor Geral da Justiça e Relator

Notas:

[1] Fls. 77/80.

[2] Fls. 87/97.

[3] Fls. 125/126. (DJe de 31.03.2020 – SP)

PODER JUDICIÁRIO

TRIBUNAL DE JUSTIÇA DO ESTADO DE SÃO PAULO

CONSELHO SUPERIOR DA MAGISTRATURA

Apelação n° 1044945-85.2019.8.26.0100

Registro: 2019.0001031997

ACÓRDÃO

Vistos, relatados e discutidos estes autos de **Apelação Cível nº 1044945-85.2019.8.26.0100**, da Comarca de **São Paulo**, em que é apelante **MIDORI SATOH**, é apelado **2º OFICIAL DE REGISTRO DE IMÓVEIS DA COMARCA DA CAPITAL**.

ACORDAM, em Conselho Superior de Magistratura do Tribunal de Justiça de São Paulo, proferir a seguinte decisão: **"Negaram provimento ao recurso, v.u."**, de conformidade com o voto do Relator, que integra este acórdão.

O julgamento teve a participação dos Exmos. Desembargadores **PEREIRA CALÇAS (PRESIDENTE TRIBUNAL DE JUSTIÇA) (Presidente), ARTUR MARQUES (VICE PRESIDENTE), XAVIER DE AQUINO (DECANO), EVARISTO DOS SANTOS(PRES. DA SEÇÃO DE DIREITO PÚBLICO), CAMPOS MELLO (PRES. DA SEÇÃO DE DIREITO PRIVADO) E FERNANDO TORRES GARCIA(PRES. SEÇÃO DE DIREITO CRIMINAL).**

São Paulo, 26 de novembro de 2019.

GERALDO FRANCISCO PINHEIRO FRANCO
Corregedor Geral da Justiça e Relator

Apelação Cível nº 1044945-85.2019.8.26.0100

Apelante: Midori Satoh

Apelado: 2º Oficial de Registro de Imóveis da Comarca da Capital

VOTO Nº 37.944

Registro de Imóveis – Carta de adjudicação – A gratuidade deferida em ação judicial quanto aos emolumentos não atinge os tributos devidos – Cabimento da prévia comprovação do recolhimento do ITBI ou o reconhecimento de sua isenção perante a municipalidade – Inexistência de previsão no título ou decisão judicial que reconheça ser indevido o recolhimento do imposto devido em razão da transmissão imobiliária – Recurso não provido.

Trata-se de apelação interposta por Midori Satoh contra r. sentença que manteve a recusa de registro de carta de adjudicação em razão da ausência de comprovação do recolhimento do ITBI.

A apelante sustenta o cabimento do registro e o recolhimento do ITBI posteriormente, e ainda a isenção do imposto por ter havido doação em decorrência de separação judicial (a fls. 389/535).

A douta Procuradoria Geral de Justiça opinou pelo não provimento do recurso (fls. 558/560).

É o relatório.

É dever do Oficial de Registro de Imóveis a fiscalização do pagamento dos impostos devidos em razão dos títulos apresentados para registro em sentido amplo, sob pena de responsabilidade solidária de forma subsidiária.

Nesse sentido, dispõem o artigo 289 da Lei de Registros Públicos e artigo 134, inciso VI, do Código Tributário Nacional:

LRP. Art. 289. No exercício de suas funções, cumpre aos oficiais de registro fazer rigorosa fiscalização do pagamento dos impostos devidos por força dos atos que lhes forem apresentados em razão do ofício.

CTN. Art. 134. Nos casos de impossibilidade de exigência do cumprimento da obrigação principal pelo contribuinte, respondem solidariamente com este nos atos em que intervierem ou pelas omissões de que forem responsáveis:

(...)

VI – os tabeliães, escrivães e demais serventuários de ofício, pelos tributos devidos sobre os atos praticados por eles, ou perante eles, em razão do seu ofício;

A apelante pretende o registro de Carta de Adjudicação de imóvel (a fls. 258/263).

O artigo 2º, inciso VI, da Lei Municipal n. 11.154, de 30 de dezembro de 1991, estabelece:

Art. 2º Estão compreendidos na incidência do imposto:

(...)

V – a arrematação, a adjudicação e a remição;.

Portanto, cabe o recolhimento do imposto em questão, o que não é afastado pelas vicissitudes que determinaram a propositura da ação de adjudicação do imóvel, pois, o registro da adjudicação implicará na transferência da propriedade fato gerador do imposto.

Nessa linha, o recolhimento deve preceder ao registro nos termos da legislação municipal incidente.

A atividade registral e as atribuições deste C. Conselho Superior da Magistratura têm natureza administrativa, destarte, em regra, a exemplo deste julgamento, não é cabível o exame da validade da legislação municipal.

No título apresentado, ao qual não podem ser acrescidos os documentos juntados às razões recursais, não há decisão referentemente à isenção do ITBI.

Eventual isenção do ITBI por força de partilha em separação judicial, igualmente, não consta do título judicial, assim, se o caso, essa questão deve ser deduzida perante a Municipalidade.

Noutra quadra, a isenção do pagamento de emolumentos, deferido na ação judicial (a fls. 257), não abrangeu o tributo cujo recolhimento é exigido.

Se o caso, competirá à recorrente propositura de ação jurisdicional para discussão dessa questão. Note-se que os entendimentos jurisprudenciais relacionados no recurso administrativo são de órgãos jurisdicionais.

A falta de decisão judicial que exclua a incidência do ITBI, nos termos da legislação incidente, compete seu recolhimento.

Nessa ordem de ideias, como bem decidiu a MM. Juíza Corregedora Permanente, não cabe o ingresso do título à falta da prévia comprovação do recolhimento do ITBI.

Ante o exposto, nego provimento ao recurso.

GERALDO FRANCISCO PINHEIRO FRANCO
Corregedor Geral da Justiça e Relator. (DJe de 11.03.2020 – SP)

PODER JUDICIÁRIO

TRIBUNAL DE JUSTIÇA DO ESTADO DE SÃO PAULO

CONSELHO SUPERIOR DA MAGISTRATURA

Apelação nº 1036218-40.2019.8.26.0100

Registro: 2019.0000936701

ACÓRDÃO

Vistos, relatados e discutidos estes autos de **Apelação Cível nº 1036218-40.2019.8.26.0100**, da Comarca de **São Paulo**, em que é apelante **FERNANDO JOSÉ CABECEIRO**, é apelado **8º OFICIAL DE REGISTRO DE IMÓVEIS DA COMARCA DA CAPITAL**.

ACORDAM, em Conselho Superior de Magistratura do Tribunal de Justiça de São Paulo, proferir a seguinte decisão: **"Negaram provimento ao recurso para manter a negativa do registro, v.u."**, de conformidade com o voto do Relator, que integra este acórdão.

O julgamento teve a participação dos Exmos. Desembargadores **PEREIRA CALÇAS (PRESIDENTE TRIBUNAL DE JUSTIÇA) (Presidente), ARTUR MARQUES (VICE PRESIDENTE), XAVIER DE AQUINO (DECANO), EVARISTO DOS SANTOS(PRES. DA SEÇÃO DE DIREITO PÚBLICO), CAMPOS MELLO (PRES. DA SEÇÃO DE DIREITO PRIVADO) E FERNANDO TORRES GARCIA(PRES. SEÇÃO DE DIREITO CRIMINAL).**

São Paulo, 1º de novembro de 2019.

GERALDO FRANCISCO PINHEIRO FRANCO

Corregedor Geral da Justiça e Relator

Apelação Cível n.º 1036218-40.2019.8.26.0100

Apelante: Fernando José Cabeceiro

Apelado: 8º Oficial de Registro de Imóveis da Comarca da Capital

VOTO N.º 37.938

Registro de Imóveis – Adjudicação compulsória – Ação movida pelos cessionários de compromisso de compra e venda contra os compromissários compradores do imóvel – Registro da transmissão da propriedade – Princípio da continuidade – Dúvida julgada procedente – Apelação não provida.

Trata-se de apelação interposta contra r. sentença que manteve a recusa do registro de carta de sentença na matrícula n.º 193.676 do 8.º Registro de Imóveis da Comarca de São Paulo porque a ação de adjudicação compulsória foi movida somente contra os cedentes de contrato de compromisso de compra e venda do imóvel.

O apelante alegou, em suma, que moveu ação de adjudicação compulsória em que foi transmitida, em seu favor, a propriedade do imóvel. Disse que a carta de sentença foi apresentada anteriormente e devolvida com exigência de comprovação do pagamento do Imposto de Transmissão "inter vivos" ITBI. Esclareceu que todas as exigências formuladas para o registro foram atendidas, inclusive com aditamento da carta de sentença para constar que a adjudicação foi relativa à propriedade do imóvel. Asseverou que houve extinção do processo por sentença e que não compete ao Oficial de Registro recusar o cumprimento da ordem judicial. Aduziu que a carta de sentença foi instruída com prova do pagamento do preço do imóvel. Requereu a procedência do recurso para que seja promovido o registro da transmissão da propriedade (fls. 416/424).

A douta Procuradoria Geral de Justiça opinou pelo não provimento do recurso (fls. 456/459).

É o relatório.

Apesar da suscitação da dúvida conter referência à necessidade de comprovação do pagamento do Imposto de Transmissão "inter vivos" ITBI (fls. 5), essa exigência não constou da nota devolutiva (fls. 89/90) e, mais, não é compatível com a prova do recolhimento desse imposto contida no título que foi apresentado para registro (fls. 335/345).

Conforme a carta de sentença de fls. 93 e seguintes, extraída do Processo n.º 1027805-49.2016.8.26.0001 da 8.ª Vara Cível do Foro Regional I – Santana da Comarca da Capital, na ação de adjudicação compulsória movida pelo apelante contra o Espólio de Antonio Martins Gaspar e Maria Odete Rocha Martins foi homologada transação, por sentença (fls. 297), em que os réus anuíram com a transmissão do imóvel em favor do apelante (fls. 251/253).

A certidão de fls. 371/372 demonstra que o imóvel objeto da matrícula n.º 193.676 do 8.º Registro de Imóveis da Comarca da Capital é de propriedade de José Alves de Oliveira Simões e Adélia Scorcione Simões que o compromissaram à venda para Benedito Pereira Lins que, por sua vez, promoveu a posterior cessão do compromisso de compra e venda (fls. 119/125).

A carta de sentença extraída da ação de adjudicação compulsória movida pelo apelante foi averbada, em 17 de julho de 2018, para constar que foram transmitidos ao apelante os direitos relativos ao contrato de compromisso de compra e venda do imóvel, o que é compatível com os direitos reais de compromissários compradores de que os réus da referida ação eram titulares (fls. 371/372).

O apelante, a seguir, representou a carta de sentença visando o registro da transmissão da propriedade que, segundo afirmou, decorreria de r. decisão prolatada na ação de adjudicação compulsório.

Contudo, os proprietários do imóvel, que são os promitentes vendedores, não participaram da ação de adjudicação compulsória, como réus, e nela não foram citados, bem como não intervieram para anuir com a transmissão do domínio em favor do apelante.

Isso impede o registro da transmissão do domínio do imóvel em favor do apelante, pois ausente o requisito da continuidade que, segundo Afrânio de Carvalho, tem o seguinte significado:

"**O princípio da continuidade, que se apoia no de especialidade, quer dizer que, em relação a cada imóvel, adequadamente individuado, deve existir uma cadeia de titularidade à vista da qual só se fará a inscrição de um direito se o outorgante dele aparecer no registro como seu titular. Assim, as sucessivas transmissões, que derivam umas das outras, asseguram sempre a preexistência do imóvel no patrimônio do transferente**" (*Registro de Imóveis*, 4.ª ed., 1998, Rio de Janeiro: Forense, pág. 253).

A ausência de continuidade entre os titulares do domínio do imóvel e as pessoas que figuraram como rés na ação de adjudicação compulsória não se altera pelo reconhecimento, na r. decisão reproduzida às fls. 319, de que a ação disse respeito ao imóvel que dela foi objeto.

Assim porque não há impedimento para que a ação de adjudicação compulsória seja movida contra quem não é proprietário do imóvel, ficando o registro da transmissão, porém, condicionado à prévia aquisição do domínio pelas pessoas que dela figuraram como réus. Nesse sentido:

"**Registro de imóveis – Título judicial – *Adjudicação compulsória* – Proprietário tabular não integrou o polo passivo da ação judicial – Ofensa ao princípio da *continuidade* registral – *Tempus regit actum* – Impossibilidade de examinar, no âmbito administrativo, a pertinência de cancelamentos de inscrições resultantes de ordens judiciais exaradas em processos contenciosos – Formação defeituosa do título – Confirmação do juízo de desqualificação registral e, portanto, da r. sentença impugnada – Dúvida procedente – Recurso desprovido**" (CSM, Apelação Cível n.º 1000328-93.2015.8.26.0451 da Comarca de Piracicaba, Rel. Desembargador Manoel de Queiroz Pereira Calças, j. 10/3/2017).

Por fim, a recusa do registro não se altera pela origem judicial do título (cf. CSM, Apelações Cíveis nºs 71.397-0/5 76.101-0/2 e n.º 30.657-0/2, da Comarca de Praia Grande) ou pela alegação de pagamento do preço da compra e venda por se tratar de matéria estranha ao presente processo de dúvida.

Ante o exposto, **nego provimento ao recurso para manter a negativa do registro**.

GERALDO FRANCISCO PINHEIRO FRANCO
Corregedor Geral da Justiça e Relator. (DJe de 09.03.2020 – SP)

PODER JUDICIÁRIO

TRIBUNAL DE JUSTIÇA DO ESTADO DE SÃO PAULO

CONSELHO SUPERIOR DA MAGISTRATURA

Apelação nº 1000588-92.2019.8.26.0464

Registro: 2019.0000936708

ACÓRDÃO

Vistos, relatados e discutidos estes autos de **Apelação Cível nº 1000588-92.2019.8.26.0464**, da Comarca de **Pompéia**, em que é apelante **ROBERTO BOLOGNESI**, é apelado **OFICIAL DE REGISTRO DE IMÓVEIS E ANEXOS DA COMARCA DE POMPEIA**.

ACORDAM, em Conselho Superior de Magistratura do Tribunal de Justiça de São Paulo, proferir a seguinte decisão: **"Negaram provimento ao recurso. V. U."**, de conformidade com o voto do Relator, que integra este acórdão.

O julgamento teve a participação dos Exmos. Desembargadores **PEREIRA CALÇAS (PRESIDENTE TRIBUNAL DE JUSTIÇA) (Presidente), ARTUR MARQUES (VICE PRESIDENTE), XAVIER DE AQUINO (DECANO), EVARISTO DOS SANTOS(PRES. DA SEÇÃO DE DIREITO PÚBLICO), CAMPOS MELLO (PRES. DA SEÇÃO DE DIREITO PRIVADO) E FERNANDO TORRES GARCIA(PRES. SEÇÃO DE DIREITO CRIMINAL)**.

São Paulo, 1º de novembro de 2019.

GERALDO FRANCISCO PINHEIRO FRANCO

Corregedor Geral da Justiça e Relator

Apelação Cível nº 1000588-92.2019.8.26.0464

Apelante: Roberto Bolognesi

Apelado: Oficial de Registro de Imóveis e Anexos da Comarca de Pompeia

VOTO Nº 37.946

Registro de Imóveis – Carta de Adjudicação – Qualificação registral – Cabimento do georreferenciamento e aditamento da carta de adjudicação para constar a porcentagem ou fração ideal adjudicada, em cumprimento à Lei de Registros Públicos (artigos 176, § 1º, 3 "a", 176, §§ 3º e 5º, e 225, § 3º) e ao Princípio da Especialidade Objetiva – Recurso improvido.

ROBERTO BOLOGNESI interpõe apelação em face da r. sentença de fls. 239/243, que julgou procedente a dúvida suscitada pelo Sr. Oficial do Registro de Imóveis, Títulos e Documentos e Civil de Pessoas Jurídicas de Pompéia, para o fim de manter a recusa de registro da carta de adjudicação apresentada pelo recorrente até a efetivação de georreferenciamento da área, bem como o aditamento da carta de adjudicação para constar a porcentagem ou fração ideal adjudicada pelo interessado.

Em suma, sustenta o apelante ser o caso de reversão da r. sentença, com o afastamento das exigências formuladas pelo Oficial Registrador, uma vez se tratar de carta de arrematação, não sujeita às exigências impostas; desnecessidade de realização de georreferenciamento da área; e prescindibilidade de individualização da área arrematada.

A D. Procuradoria Geral da Justiça opinou pelo não conhecimento do recurso e, subsidiariamente, pelo seu improvimento (fls. 281/285).

É o relatório.

Trata-se de dúvida suscitada pelo Oficial de Registro de Imóveis, Títulos e Documentos e Registro Civil de Pessoas Jurídicas de Pompéia, sustentando a impossibilidade de promover o registro da carta de adjudicação em questão, relativa ao imóvel rural constante da matrícula n.º 377, não tendo o interessado atendido os requisitos exigidos na nota devolutiva de n.º 4492, que assim dispôs:

> *"1) Prévio Georreferenciamento – O imóvel rural descrito na matrícula n.º 377, possui área total de 271,04 hectares, portanto, necessário o seu prévio georreferenciamnto, haja vista a obrigatoriedade legal em vigor para os imóveis cujas áreas sejam iguais ou maiores a de 100 hectares, mais especificamente desde 20 de novembro de 2018, conforme Decreto 9311/2018, que alterou o artigo 10 do Decreto n.º 4449/2012;*
>
> *2) Aditamento da Carta de Adjudicação – Após a retificação imobiliária solicitada no item 01, a Carta de Adjudicação deverá ser aditada para constar: a) a porcentagem ou fração ideal adjudicada a Roberto Bolognesi (fls. 163/164), haja vista, atualmente, ser incorreto o registro em alqueires ou hectares; b) a qualificação completa do adjudicante Roberto Bolognesi, haja vista que a constante as fls. 22/24 e 163/164, estar deficitária. Assim, complementar a qualificação com: – nome completo, nacionalidade, profissão, RG, CPF da cônjuge do adjudicante; – regime de bens e época do casamento e, se for a hipótese, número do pacto antenupcial no CRI competente."*

De proêmio, cumpre salientar que, por ocasião do pedido de suscitação de dúvida, cuidou o apelante Roberto Bolognesi de apresentar seus documentos pessoais, assim como de sua esposa, bem como sua certidão de casamento, de modo que a impugnação restringe-se apenas aos itens 1 e 2, "a" da nota devolutiva de fls. 16/17.

Tal situação, contudo, respeitado o entendimento exarado no parecer de fls. 281/285, não enseja, em nosso sentir, o não conhecimento da dúvida.

Isto porque, diferentemente dos precedentes deste Conselho Superior, em que há irresignação parcial em relação à nota devolutiva e o não conhecimento do recurso, no caso em espeque houve o cumprimento de uma das exigências constantes da referida nota e a impugnação específica acerca de dois itens restantes.

Neste sentido:

"*DÚVIDA* PREJUDICADA – IMPUGNAÇÃO PARCIAL – DIVÓRCIO – PARTILHA – ITCMD – ITBI – *DÚVIDA – CONSULTA* EM TESE – TÍTULO JUDICIAL – QUALIFICAÇÃO REGISTRAL – AUTONOMIA – INDEPENDÊNCIA. (RELATOR: Manoel de Queiroz Pereira Calças, APELAÇÃO CÍVEL: 1022494-17.2016.8.26.0506).

Ultrapassado este ponto, no mérito, o recurso deve ser improvido.

Com efeito, a natureza judicial do título apresentado não impede sua qualificação registral quanto aos aspectos extrínsecos ou aqueles que não foram objeto de exame pela Autoridade Jurisdicional.

O item 119, do Capítulo XX, das Normas de Serviço da Corregedoria Geral da Justiça é expresso acerca do dever do Oficial do Registro de Imóveis a tanto, como se constata de sua redação:

"119. Incumbe ao oficial impedir o registro de título que não satisfaça os requisitos exigidos pela lei, quer sejam consubstanciados em instrumento público ou particular, quer em atos judiciais."

Essa questão é pacífica nos precedentes administrativos deste órgão colegiado, entre muitos:

"Registro de imóveis – Carta de Arrematação – Título judicial que não escapa à qualificação registral – Forma derivada de aquisição de propriedade – Desqualificação por ofensa ao princípio da continuidade – Cancelamento objetivado, com a finalidade de possibilitar a inscrição do título, que não comporta exame na via administrativa – Dúvida julgada procedente – Recurso não provido." **(Corregedor Geral da Justiça e Relator GERALDO FRANCISCO PINHEIRO FRANCO, Apelação nº 1061979-44.2017.8.26.0100).**

E, a arrematação não constitui modo originário de aquisição de propriedade, uma vez retomado o entendimento deste Conselho Superior de que é modo derivado.

Nesta linha:

"REGISTRO DE IMÓVEIS – CARTA DE ARREMATAÇÃO – MODO DERIVADO DE AQUISIÇÃO DA PROPRIEDADE – FERIMENTO DOS PRINCÍPIOS DA CONTINUIDADE E DA ESPECIALIDADE OBJETIVA – RECURSO DESPROVIDO". (Rel. Des. Elliot Akel, Apelação nº 9000002-19.2013.8.26.0531, j. em 02/09/2014).

Fixadas estas premissas, a primeira exigência levantada pela serventia imobiliária diz respeito à necessidade de especificação objetiva da área a fim de possibilitar o registro, nos termos do item 1, da nota devolutiva de fls. 06/07, ratificado por ocasião das razões da suscitação da dúvida (fls. 01/05).

O art. 176, § 3º, da Lei nº 6.015/73 dispõe:

§ 3º Nos casos de desmembramento, parcelamento ou remembramento de imóveis rurais, a identificação prevista na alínea a do item 3 do inciso II do § 1º será obtida a partir de memorial descritivo, assinado por profissional habilitado e com a devida Anotação de Responsabilidade Técnica ART, contendo as coordenadas dos vértices definidores dos limites dos imóveis rurais, geo-referenciadas ao Sistema Geodésico Brasileiro e com precisão posicional a ser fixada pelo INCRA, garantida a isenção de custos financeiros aos proprietários de imóveis rurais cuja somatória da área não exceda a quatro módulos fiscais.

No mesmo sentido, o art. 225, § 3º, da Lei n. 6.015/73, prescreve:

§ 3º Nos autos judiciais que versem sobre imóveis rurais, a localização, os limites e as confrontações serão obtidos a partir de memorial descritivo assinado por profissional habilitado e com a devida Anotação de Responsabilidade Técnica – ART, contendo as coordenadas dos vértices definidores dos limites dos imóveis rurais, geo-referenciadas ao Sistema Geodésico Brasileiro e com precisão posicional a ser fixada pelo INCRA, garantida a isenção de custos financeiros aos proprietários de imóveis rurais cuja somatória da área não exceda a quatro módulos fiscais.

A matéria está igualmente disciplinada pelo item 12.1, Capítulo XX, das NSCGJ:

"12.1. O acesso ao fólio real de atos de transferência, desmembramento, parcelamento ou remembramento de imóveis rurais dependerá de apresentação de memorial descritivo elaborado, executado e assinado por profissional habilitado e com a devida Anotação de Responsabilidade Técnica (ART) no Conselho Regional de Engenharia e Agronomia (CREA) ou Registro de Responsabilidade Técnica (RRT) no Conselho de Arquitetura e Urbanismo (CAU), contendo as coordenadas dos vértices definidores dos limites dos imóveis rurais, georreferenciadas ao Sistema Geodésico Brasileiro

e com precisão posicional estabelecida pelo INCRA, observados os prazos regulamentares.

12.1.1. A descrição precária do imóvel rural, desde que identificável como corpo certo, não impede o registro de sua alienação ou oneração, salvo quando sujeito ao georreferenciamento ou, ainda, quando a transmissão implique atos de parcelamento ou unificação, hipóteses em que será exigida sua prévia retificação."

A interpretação teleológica das referidas disposições legais e normativas permite a compreensão de sua incidência no caso de adjudicação de parcela de imóvel rural, a fim de se descrever, com precisão, a área adjudicada.

No ponto, há precedentes deste Eg. Conselho Superior da Magistratura:

"Irresignação Parcial. Concordância com apenas parte das exigências formuladas pelo Sr. Oficial basta para prejudicar a dúvida. Apelação não conhecida. Analise, porém, das exigências, como forma de pautar futura prenotação – CARTA DE ARREMATAÇÃO. REGISTRO. IMÓVEL RURAL. GEORREFERENCIAMENTO. IMPRESCINDIBILIDADE PARA A PRECISA DESCRIÇÃO DO IMÓVEL RURAL – PRINCÍPIO DA ESPECIALIDADE OBJETIVA. ART. 176 DA LEI 6015/73 E ITEM 12.1 DO CAPÍTULO XX DAS NSCGJ . Arrematação. Registro – Ausência de cientificação, na execução, de terceiros credores hipotecários e com penhora averbadas – Ausência de óbice ao registro, à mingua de expressa previsão do art. 698 do CPC de 1973. Omissão que acarreta ineficácia da arrematação perante o terceiro que não foi cientificado. Quitação de tributos. Exigência do Sr. Registrador de quitação do ITR. Impossibilidade. Item 119.1. Capitulo XX, Tomo I, das NSCGJ – Medida que constituiria vedada sanção política." (Manoel de Queiróz Pereira Calças, então Corregedor Geral da Justiça e Relator. Apelação 3003527-32.2013.8.26.0137).

Portanto, compete definir a exata localização do imóvel, conforme as coordenadas de seus vértices, consoante previsto na Lei de Registros Públicos, para o ingresso do título judicial.

À luz do princípio da especialidade objetiva, pertinente, também, a exigência referente ao aditamento da carta de adjudicação para constar a porcentagem ou fração ideal adjudicada pelo recorrente, não merecendo guarida o argumento de que a individualização da área arrematada ocorrerá com oportuna propositura de ação de divisão.

Como bem destacado pela I. Procuradora de Justiça, "com o georreferenciamento, o imóvel será plenamente identificado e do todo, o arrematante terá direito à determinada fração ideal. Com a propalada *futura divisão*, será possível destacar exatamente o que arrematou, nem mais, nem menos."

Ante o exposto, nego provimento ao recurso.

GERALDO FRANCISCO PINHEIRO FRANCO

Corregedor Geral da Justiça e Relator. (DJe de 09.03.2020 – SP)

PODER JUDICIÁRIO

TRIBUNAL DE JUSTIÇA DO ESTADO DE SÃO PAULO

CONSELHO SUPERIOR DA MAGISTRATURA

Embargos de Declaração Cível nº 1004035-82.2018.8.26.0348/50000

Registro: 2020.0000413377

ACÓRDÃO

Vistos, relatados e discutidos estes autos de **Embargos de Declaração Cível nº 1004035-82.2018.8.26.0348/50000**, da Comarca de **Mauá**, em que são embargantes **JOÃO VICENTE DE ALMEIDA** e **ANA SEBASTIANA DIAS FERRAZ DE ALMEIDA**, é embargado **OFICIAL DE REGISTRO DE IMÓVEIS E ANEXOS DA COMARCA DE MAUÁ.**

ACORDAM, em Conselho Superior de Magistratura do Tribunal de Justiça de São Paulo, proferir a seguinte decisão: "Rejeitaram os embargos de declaração opostos, v.u.", de conformidade com o voto do Relator, que integra este acórdão.

O julgamento teve a participação dos Exmos. **PINHEIRO FRANCO (PRESIDENTE TRIBUNAL DE JUSTIÇA) (Presidente), LUIS SOARES DE MELLO (VICE PRESIDENTE), XAVIER DE AQUINO (DECANO), GUILHERME G. STRENGER (PRES. SEÇÃO DE DIREITO CRIMINAL), MAGALHÃES COELHO(PRES. DA SEÇÃO DE DIREITO PÚBLICO) E DIMAS RUBENS FONSECA (PRES. DA SEÇÃO DE DIREITO PRIVADO).**

São Paulo, 5 de junho de 2020.

RICARDO ANAFE

Corregedor Geral da Justiça e Relator

Embargos de Declaração Cível nº 1004035-82.2018.8.26.0348/50000

Embargtes: João Vicente de Almeida e Ana Sebastiana Dias Ferraz de Almeida

Embargado: Oficial de Registro de Imóveis e Anexos da Comarca de Mauá

VOTO Nº 31.164

Embargos de Declaração – Inexistência de omissão, contradição ou obscuridade – Alegações que revelam inconformismo da parte embargante – Caráter infringente do recurso – Matéria já examinada na decisão questionada – Embargos de declaração rejeitados.

1. Trata-se de embargos de declaração opostos por *João Vicente de Almeida* e *Ana Sebastiana Dias Ferraz de Almeida* em face do v. acórdão que, entendendo estar prejudicada a dúvida, não conheceu a apelação interposta contra a sentença que manteve a negativa de registro de mandado de adjudicação compulsória expedido nos autos do Processo nº 0013031-48.2002.8.26.0348, da 1ª Vara Cível da Comarca de Mauá/SP.

Em síntese, afirmam os embargantes que o acórdão proferido é contraditório, pois o título apresentado para registro foi expedido na forma digital, devendo ser considerado, pois, original para todos os efeitos legais. Sustentam a possibilidade de atribuição de efeito modificativo aos embargos de declaração e, então, requerem o afastamento do apontado erro material para que a apelação interposta seja provida.

É o relatório.

2. Ao apontar a ocorrência de suposta contradição, pretendem os embargantes, em verdade, a alteração do julgado, insistindo no registro pretendido. Contudo, os embargos de declaração não se prestam a tal finalidade.

Ressalte-se que, no acórdão embargado, constou expressamente que *"é imprescindível a apresentação do título original ao Oficial de Registro de Imóveis, pois eventual procedência do recurso resultaria no pretendido registro, decidindo-se acerca da qualificação registral"*.

Ficou consignado, ainda, que: *"No caso concreto, recebeu o registrador, por ocasião do requerimento de suscitação de dúvida, apenas cópia do mandado de adjudicação expedido nos autos do processo nº 0013031-48.2002.8.26.0348, que tramitou perante a 1ª Vara Cível da Comarca de Mauá.*

> *E muito embora os apelantes informem, nas razões recursais, que estariam apresentando o original do título, o fato é que, mais uma vez, deixaram de provar seu protocolo junto ao Registro de Imóveis competente".*

A propósito, informou o Oficial registrador, ao suscitar a dúvida, que *"o original do supramencionado mandado de adjudicação compulsória não foi devidamente apresentado pelo ora Requerido, mas apenas cópia simples"* (fl. 02).

Ora, a apresentação do título original, objeto da nota de devolução, é requisito essencial e indispensável para que o procedimento de dúvida possa ser conhecido. Sem a via original do título, não pode o registrador fazer a respectiva prenotação decorrente da suscitação de dúvida, que não se confunde e nem é suprida por aquela anteriormente realizada quando da apresentação do título diretamente à serventia imobiliária. A propósito, foram transcritos os itens das Normas da Corregedoria Geral da Justiça que disciplinam a matéria, com referência, inclusive, aos títulos expedidos de forma eletrônica.

Em suma, há claro inconformismo dos embargantes em relação ao teor do acórdão, motivo pelo qual, em virtude de seu caráter nitidamente infringente, os embargos devem ser rejeitados.

3. Ante o exposto, pelo meu voto, rejeito os embargos de declaração opostos.

RICARDO ANAFE

Corregedor Geral da Justiça e Relator. (DJe de 20.08.2020 – SP)

ALIENAÇÃO FIDUCIÁRIA

PODER JUDICIÁRIO

TRIBUNAL DE JUSTIÇA DO ESTADO DE SÃO PAULO

CONSELHO SUPERIOR DA MAGISTRATURA

Apelação nº 1001840-24.2020.8.26.0100

Registro: 2020.0000580619

ACÓRDÃO

Vistos, relatados e discutidos estes autos de **Apelação Cível nº 1001840-24.2020.8.26.0100**, da Comarca de **São Paulo**, em que é apelante **ELIANE REGINA COUTINHO NEGRI SOARES**, é apelado **5º OFICIAL DE REGISTRO DE IMÓVEIS DA CAPITAL.**

ACORDAM, em Conselho Superior de Magistratura do Tribunal de Justiça de São Paulo, proferir a seguinte decisão: **"Não conheceram do recurso, v.u."**, de conformidade com o voto do Relator, que integra este acórdão.

O julgamento teve a participação dos Exmos. Desembargadores **PINHEIRO FRANCO (PRESIDENTE TRIBUNAL DE JUSTIÇA) (Presidente), LUIS SOARES DE MELLO (VICE PRESIDENTE),**

XAVIER DE AQUINO (DECANO), GUILHERME G. STRENGER (PRES. SEÇÃO DE DIREITO CRIMINAL), MAGALHÃES COELHO(PRES. DA SEÇÃO DE DIREITO PÚBLICO) E DIMAS RUBENS FONSECA (PRES. DA SEÇÃO DE DIREITO PRIVADO).

São Paulo, 22 de julho de 2020.

RICARDO ANAFE

Corregedor Geral da Justiça e Relator

Apelação Cível nº 1001840-24.2020.8.26.0100
Apelante: Eliane Regina Coutinho Negri Soares

Apelado: 5º Oficial de Registro de Imóveis da Capital

VOTO Nº 31.188

Dúvida inversa – Registro de imóveis – Registro de alienação fiduciária em garantia de bem imóvel constituído como bem de família voluntário – Impugnação parcial das exigências apresentadas pelo registrador – Impossibilidade de conhecimento da dúvida pela concordância parcial tácita com as exigências – Dúvida prejudicada – Recurso não conhecido.

1. Trata-se de apelação interposta por Eliane Regina Coutinho Negri Soares visando a reforma da sentença de fl. 57/59, que julgou procedente dúvida inversa suscitada contra o 5º Oficial de Registro de Imóveis da Capital, mantendo a recusa de ingresso na matrícula de instrumento de alienação fiduciária em garantia de imóvel constituído como bem de família voluntário, afirmando a necessidade de desconstituição judicial.

A Nota de Devolução do título apresentou os seguintes fundamentos (fl. 16):

"Pelo R. 10 da matrícula n. 60.365 verifica-se que o imóvel foi instituído por proprietária em bem de família, nos termos dos artigos 1.711 a 1.722 do Código Civil, motivo pelo qual inviável o registro do título apresentado, uma vez que o bem de família não responde por dívidas posteriores à sua constituição.

Se não fosse o impedimento acima, ainda seria necessário:

1) Reconhecer firma do sinal público do escrevente que reconheceu as firmas dos subscritores do título em cartório desta Capital (item 153, Seção VII, Capítulo XIV, Tomo II, das Normas de Serviço dos Cartórios Extrajudiciais da Corregedoria Geral da Justiça do Estado de São Paulo).

2) Apresentar, no original ou em cópia autenticada, prova de representação do credor em nome dos subscritores do título, vigente à data da assinatura do título e atualizada em, no máximo, 90 dias, para o atendimento dos princípios da segurança e da razoabilidade (processo n. 000.04.075978-5 e 0013759-77.2012.8.26.0562). Assim, apresentar certidão atualizada em até 90 dias do traslado da procuração e respectivo substabelecimento que comprovem a representação."

O recurso sustenta, em resumo, a possibilidade de oferta de bens imóveis constituídos como bem de família em garantia por débitos assumidos em favor da entidade familiar, com fundamento no art. 3º, V da Lei nº 8.009/1990 (fl. 65/71).

A Procuradoria Geral de Justiça opinou pelo não provimento do recurso (fl. 96/98).

É o relatório.

2. Trata-se de recurso de apelação interposto por Eliane Regina Coutinho Negri Soares, pretendendo afastar o óbice apontado pelo 5º Oficial de Registro de Imóveis da Capital ao registro de instrumento particular com alienação fiduciária em garantia de bem imóvel que fora constituído como bem de família voluntário.

A negativa ao ingresso foi mantida pela sentença recorrida, entendendo pela necessidade de desconstituição judicial do bem de família voluntário, impedindo-se o ingresso do título que estabelece a alienação fiduciária do mesmo imóvel.

O pedido de suscitação de dúvida indica impugnação apenas de um dos fundamentos, qual seja, a necessidade de desconstituição do bem de família voluntário antes do registro da alienação fiduciária em garantia. Os outros dois óbices, atinentes à regularidade formal do título no que diz respeito a representação do credor beneficiado, não foram de forma alguma impugnados, nem consta a existência de atendimento das exigências.

Há, portanto, impugnação apenas parcial das exigências apresentadas, o que impede o conhecimento da presente dúvida.

O procedimento de dúvida é reservado à análise da discordância do apresentante com os motivos que levaram à recusa do registro do título e de seu julgamento decorrerá a manutenção dessa recusa, com o cancelamento da prenotação, ou a improcedência da dúvida, que terá como consequência a realização do ato solicitado (art. 203, II, da Lei nº 6.015/1973).

A impugnação parcial das exigências formuladas, ainda que decorrente de concordância parcial tácita por força da não impugnação específica da exigência ou a comprovação de seu atendimento, prejudica o exame da dúvida, porque permanecerá um dos óbices que impede o ingresso do título no registro imobiliário.

O art. 186 da Lei nº 6.015/73 assegura o direito à qualificação e ao registro do título conforme a perfeita ordem cronológica de sua apresentação e protocolo, o que impede que eventuais títulos representativos de direitos conflitantes apresentados em segundo lugar obtenham preferência sobre aqueles que foram objeto de prenotação anterior.

O procedimento de dúvida, que prorroga o prazo de validade da prenotação, tem por finalidade a análise da dissensão entre o apresentante e o oficial registrador sobre as exigências formuladas para o registro do título, dissensão esta que deve ser decidida a partir de sua conformação no momento da suscitação.

Assim, o não cumprimento de uma das exigências e sua não impugnação gera a impossibilidade de conhecimento da dúvida, pois corre-se o risco de decisão não gerar seu cumprimento irrestrito, acaso não atendida a exigência não impugnada, o que transformaria o procedimento de dúvida em meio de consulta ao Juiz Corregedor Permanente, o que não se admite (TJSP – CSM – Ap. 000.608.6/7-00 rel. Des. Gilberto Passos de Freitas – j. 21.12.2006).

Ou, ainda, não acolhida a dúvida, restará um requisito não atendido, impedindo-se o registro e afastando o comando positivo necessariamente binário – registre-se ou não – emitido nos procedimentos de dúvida registral.

3. Ante o exposto, pelo meu voto, prejudicada a dúvida, não conheço do recurso.

RICARDO ANAFE

Corregedor Geral da Justiça e Relator. (DJe de 14.08.2020 – SP)

PODER JUDICIÁRIO

TRIBUNAL DE JUSTIÇA DO ESTADO DE SÃO PAULO

CONSELHO SUPERIOR DA MAGISTRATURA

Apelação Cível nº 1004462-94.2019.8.26.0073

Registro: 2020.0000339780

ACÓRDÃO

Vistos, relatados e discutidos estes autos de **Apelação Cível nº 1004462-94.2019.8.26.0073**, da Comarca de **Avaré**, em que é apelante **NUTRIEN AG SOLUTIONS INDÚSTRIA E COMÉRCIO DE PRODUTOS AGRÍCOLAS LTDA. (EM RECUPERAÇÃO JUDICIAL)**, é apelado **OFICIAL DE REGISTRO DE IMÓVEIS E ANEXOS DA COMARCA DE AVARÉ.**

ACORDAM, em Conselho Superior de Magistratura do Tribunal de Justiça de São Paulo, proferir a seguinte decisão: **"Negaram provimento ao recurso, v.u."**, de conformidade com o voto do Relator, que integra este acórdão.

O julgamento teve a participação dos Exmos. Desembargadores **PINHEIRO FRANCO (PRESIDENTE TRIBUNAL DE JUSTIÇA) (Presidente), LUIS SOARES DE MELLO (VICE PRESIDENTE), XAVIER DE AQUINO (DECANO), GUILHERME G. STRENGER (PRES. SEÇÃO DE DIREITO CRIMINAL), MAGALHÃES COELHO(PRES. DA SEÇÃO DE DIREITO PÚBLICO) E DIMAS RUBENS FONSECA (PRES. DA SEÇÃO DE DIREITO PRIVADO).**

São Paulo, 28 de abril de 2020.

RICARDO ANAFE

Corregedor Geral da Justiça e Relator

Apelação Cível nº 1004462-94.2019.8.26.0073
Apelante: Nutrien Ag Solutions Indústria e Comércio de Produtos Agrícolas Ltda. (Em Recuperação Judicial)
Apelado: Oficial de Registro de Imóveis e Anexos da Comarca de Avaré

VOTO Nº 31.132

Registro de Imóveis – Imóvel rural – Constituição de garantia de alienação fiduciária em favor de instituição financeira cujo controle societário é detido por pessoa jurídica estrangeira – Lei nº 5.709/71, art. 1º, § 1º – Orientação normativa contida na decisão da Corregedoria Geral da Justiça, que aprovou o Parecer nº 461/2012-E, suspensa por força de liminar deferida na Ação Civil Originária – ACO 2463, em curso perante o E. STF – Exigências mantidas – Dúvida julgada procedente – Apelação não provida.

1. Trata-se de apelação interposta por *Nutrien AG Solutions Indústria e Comércio de Produtos Agrícolas Ltda.* contra a sentença proferida pelo MM. Juiz Corregedor Permanente do Oficial de Registro de Imóveis, Títulos e Documentos e Civil de Pessoa Jurídica da Comarca de Avaré/SP, que julgou procedente a dúvida suscitada e manteve a recusa ao registro do instrumento particular de abertura de crédito e seu aditivo, garantido por alienação fiduciária de parte ideal correspondente a 94,5361536% do imóvel rural denominado

Sítio do Cerrado, objeto da matrícula nº 38.463 da referida serventia imobiliária (fl. 117/120).

Alega a apelante, em síntese, que a hipótese não se refere à aquisição de imóvel rural por estrangeiro, mas sim, à constituição de garantia de alienação fiduciária em favor de instituição financeira cujo controle societário é detido por pessoa jurídica estrangeira, razão pela qual não se aplicam ao caso concreto as restrições estabelecidas pela Lei nº 5.709/1971 (fl. 128/139).

Na nota de devolução expedida (fl. 83), o Oficial registrador formulou duas exigências: *"1. Juntar a autorização do INCRA para a aquisição, tendo em vista que a maioria do capital social é detida por empresas estrangeiras, em atenção ao disposto no artigo 1º, § 1º, e no artigo 6º, ambos da Lei 5.709/71. A credora Nutrien AG Solutions Indústria e Comércio de Produtos Agrícolas Ltda tem como sócias Alberta Ltd (610918) empresa canadense (0,000002) e Nutrien AG Solutions Participações Ltda (99,9999998) e esta tem como sócias Nutrien AG Solutions Argentina S/A – empresa argentina (0,11) e a Alberta Ltd (610918) – empresa candense (99,89). 2. Em virtude da autorização do INCRA solicitada no item acima, a transmissão da propriedade resolúvel do imóvel deve ser feita através de escritura pública (artigo 8º da Lei 5.709/71)."*

A D. Procuradoria de Justiça opinou pelo não provimento do recurso (fl. 157/161).

É o relatório.

2. Dispõe a Lei nº 5.709/71 que:

> *"Art. 1º – O estrangeiro residente no País e a pessoa jurídica estrangeira autorizada a funcionar no Brasil só poderão adquirir imóvel rural na forma prevista nesta Lei.*
>
> *§ 1º – Fica, todavia, sujeita ao regime estabelecido por esta Lei a pessoa jurídica brasileira da qual participem, a qualquer título, pessoas estrangeiras físicas ou jurídicas que tenham a maioria do seu capital social e residam ou tenham sede no Exterior.*
>
> *§ 2º – As restrições estabelecidas nesta Lei não se aplicam aos casos de sucessão legítima, ressalvado o disposto no art. 7º".*

A matéria relativa à interpretação do § 1º do art. 1º da Lei nº 5.709/71, que para efeito das restrições de aquisição de imóvel rural por estrangeiro equipara a pessoa jurídica brasileira que tenha sede no exterior ou cuja maioria acionária seja estrangeira, foi objeto de apreciação pelo Órgão Especial deste Tribunal de Justiça do Estado de São Paulo**[1]**.

Em consonância com o entendimento adotado por referido órgão julgador, sobreveio orientação normativa da Corregedoria Geral da Justiça do Estado de São Paulo no sentido de que: *"o § 1.° do artigo 1.° da Lei n.° 5.709/1971 não foi recepcionado pela Constituição Federal de 1988, de sorte a dispensar os tabeliães e oficiais de registro de observarem as restrições e as determinações impostas pela Lei n.° 5.709/1971 e pelo Decreto n.° 74.965/1974, bem como do cadastramento no Portal do Extrajudicial, em relação às pessoas jurídicas brasileiras cuja maioria do capital social se concentre em poder de estrangeiros residentes fora do Brasil ou de pessoas jurídicas com sede no exterior."* (Parecer nº 461/2012-E, proferido nos autos do Processo CG nº 83.224/2010, aprovado pelo então Corregedor Geral da Justiça, Desembargador José Renato Nalini, por decisão datada de 05.12.2012).

O tema voltou a ser debatido perante o Supremo Tribunal Federal, em virtude de ação ajuizada pela União e o Instituto Nacional de Colonização e Reforma Agrária Incra contra o Estado de São Paulo (Ação Civil Originária nº 2.463), visando a declaração de nulidade da orientação normativa contida no Parecer nº 461/2012-E da Corregedoria Geral da Justiça deste Estado, acima transcrito, para o fim de lhes assegurar a atribuição de autorizar, ou não, a aquisição de propriedade rural, no Brasil, por pessoas jurídicas brasileiras cuja maioria do capital social pertença a estrangeiros residentes no exterior ou com sede em outro país.

Em atenção à liminar**[2]** deferida pelo ilustre Ministro Marco Aurélio nos autos da referida ação, foi publicado o Comunicado CG nº 1577/2016 (DJe de 08.09.2016), nos seguintes termos:

> *"COMUNICADO CG Nº 1577/2016*
>
> *PROCESSO Nº 2010/83224 – A Corregedoria Geral da Justiça COMUNICA que, nos Autos da Ação Cível Originária ACO 2463 Distrito Federal, foi deferida pelo Excelentíssimo Senhor Ministro do Supremo Tribunal Federal, liminar suspendendo os efeitos do Parecer nº 461/12-E, de 03/12/2012, acolhido por r. decisão de 05/12/2012, do Excelentíssimo Senhor Corregedor Geral da Justiça do Estado de São Paulo, que dispensou os Tabeliães e Oficiais de Registro de observarem as restrições e determinações impostas pela Lei nº 5709/1971 e pelo Decreto nº 74965/1974 e do cadastramento no Portal do Extrajudicial, em relação às pessoas jurídicas brasileiras cuja maioria do capital social se concentre em poder de estrangeiros residentes fora do Brasil ou de pessoas jurídicas com sede no exterior, até o julgamento definitivo da ação."*

Ou seja, a orientação que dispensava os Tabeliães e Oficiais de Registro de observarem as restrições e determinações impostas pela Lei nº 5.709/1971 e pelo Decreto nº 74.965/1974 e do cadastramento no Portal do Extrajudicial, em relação às pessoas jurídicas brasileiras cuja maioria do capital social se concentre em poder de estrangeiros residentes fora do Brasil ou de pessoas jurídicas com sede no exterior, está suspensa.

Logo, estando suspensa a dispensa antes autorizada, prevalecem as restrições e determinações trazidas pela Lei nº 5.709/1971 e pelo Decreto nº 74.965/1974 que, assim, devem ser observadas pelos Tabeliães e Oficiais de Registro.

E considerando que, até a presente data, não há notícia do julgamento da ACO 2463 pelo E. Superior Tribunal Federal3, tal orientação vem sendo cumprida pelas serventias extrajudiciais do Estado de São Paulo. Nesse sentido, e não como interpretou a apelante, é o Parecer nº 182/2018-E nos autos do Processo nº 2018/00063613 da Corregedoria Geral da Justiça do Estado de São Paulo.

Acrescente-se que, sobre a aquisição de imóvel rural por pessoa jurídica estrangeira, assim dispõem as Normas de Serviço da Corregedoria Geral da Justiça:

"Capítulo XVI, Subseção II – Dos Imóveis Rurais

70. A pessoa jurídica estrangeira autorizada a funcionar no Brasil somente pode adquirir bens imóveis rurais, seja qual for a extensão, mediante a prévia aprovação do Ministério da Agricultura.

(...)

74. Quando o adquirente de imóvel rural for pessoa jurídica estrangeira, da escritura pública correspondente à aquisição constará, obrigatoriamente, a aprovação pelo Ministério da Agricultura, os documentos comprobatórios de sua constituição e de licença para seu funcionamento no Brasil e, nos casos previstos no § 3.º do art. 12 da Lei n.º 5.709, de 7 de outubro de 1971, e no § 3.º do art. 5.º do Decreto 74.965, de 26 de novembro de 1974, a autorização do Presidente da República.

74.1. O prazo de validade do deferimento do pedido é de 30 (trinta) dias, dentro do qual deverá ser lavrada a escritura.

75. O Tabelião de Notas, que lavrar escritura que viole as prescrições legais atinentes à aquisição de imóvel rural por pessoa estrangeira, e o Oficial de Registro de Imóveis, que a registrar, responderão civil e criminalmente por tais atos".

E também:

"Subseção VIII – 1. Do Livro de Registro de Aquisição de Imóveis Rurais por Estrangeiros

97. O Livro de Registro de Aquisição de Imóveis Rurais por Estrangeiros terá o formato e os lançamentos preconizados no regulamento da lei que o instituiu.

97.1. A escrituração deste livro não dispensa a correspondente do Livro nº 2 de Registro Geral.

(...)

99. Na aquisição de imóvel rural por pessoa estrangeira, física ou jurídica, é da essência do ato a escritura pública, sendo vedado ao registrador, sob pena de responsabilidade, registrar títulos que não atendam aos requisitos legais.

(...)

103. Aplicam-se as mesmas restrições relativas à aquisição de imóvel rural por estrangeiro aos casos de fusão ou incorporação de empresas, de alteração de controle acionário de sociedade, ou de transformação de pessoa jurídica nacional para pessoa jurídica estrangeira."

Nesse cenário, havendo expressas disposições legais e normativas sobre o tema e, ainda, considerando que a alienação fiduciária transfere a propriedade resolúvel, o que também justifica a exigência de autorização quando o credor é estrangeiro, mostra-se correta a recusa formulada pelo registrador. Por conseguinte, há que ser mantida a sentença proferida pelo MM. Juiz Corregedor Permanente.

3. À vista do exposto, pelo meu voto, **NEGO PROVIMENTO** ao recurso.

RICARDO ANAFE

Corregedor Geral da Justiça e Relator.

Notas:

[1] *TJSP; Mandado de Segurança Cível 0058947-33.2012.8.26.0000; Relator (a): Guerrieri Rezende; Órgão Julgador: Órgão Especial; Tribunal de Justiça de São Paulo; Data do Julgamento: 12/09/2012; Data de Registro: 05/10/2012.*

[2] *Andamento processual: 01/09/2016 – Liminar deferida – Por MIN. MARCO AURÉLIO. Em 1/9/2016. "...3. Defiro a liminar pleiteada para suspender os efeitos do parecer nº 461/12-E da Corregedoria-Geral da Justiça de São Paulo, até o julgamento definitivo desta ação. 4. Considerada a identidade de objetos, apensem este processo ao revelador da arguição de descumprimento de preceito fundamental nº 342, para julgamento conjunto. 5. Pronunciem-se os autores acerca da contestação. 6. Vindo ao processo a* *manifestação, colham o parecer da Procuradoria--Geral da República. 7. Publiquem."*

[3] http://portal.stf.jus.br/processos/detalhe.asp?incidente=4598070 (DJe de 19.06.2020 – SP)

PODER JUDICIÁRIO

TRIBUNAL DE JUSTIÇA DO ESTADO DE SÃO PAULO

CONSELHO SUPERIOR DA MAGISTRATURA

Apelação n° 1000608-76.2019.8.26.0337

Registro: 2020.0000283127

ACÓRDÃO

Vistos, relatados e discutidos estes autos de **Apelação Cível nº 1000608-76.2019.8.26.0337**, da Comarca de **Mairinque**, em que é apelante **TERSI FERREIRA BUENO**, é apelado **OFICIAL DE REGISTRO DE IMÓVEIS E**

ACORDAM, em Conselho Superior de Magistratura do Tribunal de Justiça de São Paulo, proferir a seguinte decisão: **"Deram provimento ao recurso para julgar improcedente a dúvida, afastando as exigências e determinando a averbação dos leilões negativos e o registro da escritura de compra e venda na matrícula 3.823, do Registro de Imóveis, Títulos e Documentos e Civil de Pessoas Jurídicas de Mairinque, v.u.",** de conformidade com o voto do Relator, que integra este acórdão.

O julgamento teve a participação dos Exmos. Desembargadores **PINHEIRO FRANCO (PRESIDENTE TRIBUNAL DE JUSTIÇA) (Presidente), LUIS SOARES DE MELLO (VICE PRESIDENTE), XAVIER DE AQUINO (DECANO), GUILHERME G. STRENGER (PRES. SEÇÃO DE DIREITO CRIMINAL), MAGALHÃES COELHO(PRES. DA SEÇÃO DE DIREITO PÚBLICO) E DIMAS RUBENS FONSECA (PRES. DA SEÇÃO DE DIREITO PRIVADO).**

São Paulo, 13 de fevereiro de 2020.

RICARDO ANAFE

Corregedor Geral da Justiça e Relator

Apelação Cível nº 1000608-76.2019.8.26.0337

Apelante: Tersi Ferreira Bueno

Apelado: Oficial de Registro de Imóveis e Anexos da Comarca de Mairinque

VOTO Nº 31.091

Registro de Imóveis – Alienação fiduciária em garantia – Publicação de edital em jornal de grande circulação e na rede mundial de computadores – Leilões pelas modalidades virtual e presencial realizados em local diverso do imóvel – Inexistência de regra legal a impor a realização do leilão presencial no local do imóvel – Inteligência dos arts. 879, II, e 882, CPC, e art. 27, caput, da Lei nº 9.514/1997 – Dúvida improcedente – Recurso provido para determinar a averbação dos leilões negativos e o registro da escritura de compra e venda.

1. Trata-se de recurso de apelação interposto por **TERSI FERREIRA BUENO** contra a sentença de fl. 103/105, que julgou procedente a dúvida e manteve a recusa, entendendo pelo não cumprimento da publicidade dos editais, eis que não há comprovação de que o jornal "Diário Comércio Indústria & Serviços" tenha circulação em Mairinque ou na região de Sorocaba, bem como a inexistência de prova de publicação em mídia eletrônica.

A dúvida foi suscitada pelo Oficial de Registro de Imóveis, Títulos e Documentos e Civil de Pessoas Jurídicas de Mairinque, a partir da nota devolutiva nº 6.001, de 11.03.2019, que qualificou negativamente escritura de compra e venda de imóvel matrícula nº 3.823, objeto de leilão extrajudicial da Caixa Econômica Federal, por conta de consolidação da propriedade alienada fiduciariamente em garantia. O fundamento da recusa é o fato dos editais e a realização do leilão do bem terem se dado em local diverso da situação do imóvel, entendendo pela necessidade de apresentação de comprovação da publicação dos editais em jornal de circulação em Mairinque, bem como que o leilão se realize na Comarca (fl. 1/4).

O recurso sustenta, em resumo, que houve publicação regular dos leilões no jornal "Diário Comércio Indústria e Serviços", de circulação nacional e estadual, abrangendo as comarcas de Sorocaba e Mairinque, visto esta última não possuir jornal de circulação diária. Afirma que houve publicação eletrônica dos editais pelo jornal DCI no endereço eletrônico https://www.dci.com.br, passível de consulta na aba "consultas" e "atos legais" de forma pública e gratuita, além do sítio eletrônico do leiloeiro "fidalgoleiloes.com.br", sendo os leilões realizados na forma presencial e online por leiloeiro oficial. Sustenta não haver previsão legal para que os leilões ocorram no mesmo local de situação do imóvel.

Pretende o afastamento da recusa e a determinação de averbação dos leilões negativos, bem como o registro da escritura de compra e venda do imóvel leiloado.

A Procuradoria Geral de Justiça manifestou-se pelo não provimento do recurso (fl. 190/191).

É o relatório.

2. Conheço do recurso de apelação, eis que presentes seus requisitos de admissibilidade.

A presente suscitação de dúvida tem por objeto a recusa de averbação da realização de leilões negativos realizados pela Caixa Econômica Federal, visando a venda pública de imóveis alienados fiduciariamente cuja propriedade, por conta do inadimplemento dos devedores, fora consolidada, bem como da escritura de compra e venda firmada entre a instituição financeira e o ora apelante, Tersi Ferreira Bueno.

O Oficial do registro de imóveis fundamenta sua recusa, em resumo, em dois fatos: a) ausência de comprovação de publicação do edital em jornal de circulação na Comarca de Mairinque, local do imóvel; e b) ilegalidade da realização do leilão em Comarca diversa daquela em que localizado o bem imóvel.

No caso concreto, observa-se que a Caixa Econômica Federal (CEF) realizou leilões no Município de Campinas, efetuando a venda de diversos imóveis, dentre eles o objeto deste procedimento de dúvida, localizado em Mairinque. Os leilões se deram nas modalidades presencial e virtual (fl. 130/149), sendo precedidos da publicação de editais no sítio eletrônico do leiloeiro e do jornal "Diário Comércio Indústria e Serviços", que também realizou a publicação física dos atos, o que se observa das cópias dos jornais e da cópia obtida no sítio eletrônico do periódico (fl. 124/129 e 150/155).

Também há declaração do jornal DCI informando que o periódico circula nos municípios da Comarca de Sorocaba, incluindo Ibiúna, Mairinque, Alumínio, São Roque, Votorantim e Sorocaba (fl. 156).

As publicações de editais em jornais físicos e eletrônicos pelo jornal "Diário Comércio Indústria & Serviços", para fins de realização de leilões de imóveis cuja propriedade fiduciária foi consolidada em favor da Caixa Econômica Federal, foram entendidas por suficientes para fins de realização dos leilões extrajudiciais dos bens dados em garantia, conforme os seguintes precedentes deste C. Conselho Superior da Magistratura: Ap. 1028829-62.2018.8.26.0577 – rel. Des. Pinheiro Franco (Corregedor Geral da Justiça) – j. 19.09.2019; Ap. 1001256-15.2019.8.26.0577 – rel. Des. Pinheiro Franco (Corregedor Geral da Justiça) – j. 12.09.2019; Ap. 1001252-75.2019.8.26.0577 – rel. Des. Pinheiro Franco (Corregedor Geral da Justiça) – j. 03.09.2019).

Assim, suficiente a divulgação do local do leilão físico e do endereço virtual para sua realização pela rede mundial de computadores, através da publicação em sítio eletrônico do leiloeiro e do jornal físico em que se publicaram os editais, somados à publicação física em jornal de grande circulação, como o caso.

Da mesma forma, a realização do leilão presencial e virtual concomitante afasta qualquer interpretação no sentido da obrigatoriedade da venda do bem consolidado se dê no mesmo local do imóvel. Afinal, sendo o leilão realizado por ferramenta virtual autorizada pela legislação geral (arts. 879, II e 882, § 1º, CPC) e não havendo norma especial exigindo que o mesmo ocorra presencialmente no local do imóvel (art. 27, *caput*, Lei nº 9.514/1997), não há como se reconhecer a necessidade da formalidade indicada pelo Oficial registrador. O que se exige, apenas, é que o leilão seja precedido de ampla divulgação e que se permita a participação do maior número de licitantes possíveis.

E, no caso de realização de leilão pela rede mundial de computadores, não há como se afastar o atendimento pleno do princípio da publicidade e ampla participação de interessados no leilão, seja em benefício do credor, seja em benefício do próprio devedor.

Não há, portanto, qualquer vício a atingir a convocação para o leilão decorrente da publicação dos editais, e a própria realização do certame, feito na forma presencial e online, não havendo elementos para se infirmar aquilo que declarado pelo leiloeiro na formalização do ato.

Sendo o leilão presencial e virtual, eventual litígio envolvendo sua realização e a própria arrematação do bem deverá ser dirimido em ação judicial, com a participação de todos os interessados, respeitando-se o contraditório e a ampla defesa.

3. Por tais fundamentos, **DOU PROVIMENTO** ao recurso para julgar improcedente a dúvida, afastando as exigências e determinando a averbação dos leilões negativos e o registro da escritura de compra e venda na matrícula nº 3.823 do Registro de Imóveis, Títulos e Documentos e Civil de Pessoas Jurídicas de Mairinque.

RICARDO ANAFE

Corregedor Geral da Justiça e Relator. (DJe de 30.04.2020 – SP)

PODER JUDICIÁRIO

TRIBUNAL DE JUSTIÇA DO ESTADO DE SÃO PAULO

CONSELHO SUPERIOR DA MAGISTRATURA

Apelação nº 0004485-33.2019.8.26.0566

Registro: 2020.000282840

ACÓRDÃO

Vistos, relatados e discutidos estes autos de **Apelação Cível nº 0004485-33.2019.8.26.0566**, da Comarca de **São Carlos**, em que é apelante **RAFAEL DE LUCA PERASSOLI**, é apelado **OFICIAL DE REGISTRO DE IMÓVEIS DA COMARCA DE SÃO CARLOS.**

ACORDAM, em Conselho Superior de Magistratura do Tribunal de Justiça de São Paulo, proferir a seguinte decisão: **"Deram provimento ao recurso, v.u."**, de conformidade com o voto do Relator, que integra este acórdão.

O julgamento teve a participação dos Exmos. Desembargadores **PINHEIRO FRANCO (PRESIDENTE TRIBUNAL DE JUSTIÇA) (Presidente), LUIS SOARES DE MELLO (VICE PRESIDENTE), XAVIER DE AQUINO (DECANO), GUILHERME G. STRENGER (PRES. SEÇÃO DE DIREITO CRIMINAL), MAGALHÃES COELHO(PRES. DA SEÇÃO DE DIREITO PÚBLICO) E DIMAS RUBENS FONSECA (PRES. DA SEÇÃO DE DIREITO PRIVADO).**

São Paulo, 15 de abril de 2020.

RICARDO ANAFE
Corregedor Geral da Justiça e Relator

Apelação Cível nº 0004485-33.2019.8.26.0566

Apelante: RAFAEL DE LUCA PERASSOLI

Apelado: Oficial de Registro de Imóveis e Anexos da Comarca de São Carlos

VOTO Nº 31.127

Registro de Imóveis – Alienação fiduciária em garantia – Leilão extrajudicial – Notificação do devedor remetida ao endereço constante do contrato e pessoalmente recebida pelo devedor fiduciante – Título que, em seus aspectos formais, preenche os requisitos para registro – Eventual declaração da inexistência da comunicação, ou de vício em sua realização, que deverá ser objeto de análise em ação própria, de natureza contenciosa – Dúvida julgada improcedente – Recurso provido.

1. RAFAEL DE LUCA PERASSOLI interpõe apelação contra r. sentença de fl. 127/131, que julgou procedente a dúvida suscitada pelo 1º Oficial de Registro de Imóveis da Comarca de São Carlos, São Paulo, para negar o registro da escritura pública de venda e compra de imóvel adquirido em leilão extrajudicial promovido pela Caixa Econômica Federal, após a consolidação da propriedade em poder desta.

A Nota de Exigência indicou como motivos de recusa do ingresso do título:

"01. Leilão (Art. 27 da Lei Federal 9.514/97):

a) Consta da cláusula 31, parágrafo 4º do contrato que deu origem ao registro n.º 06 da matricula n.º 144.128, o seguinte: "O público leilão (primeiro e/ou segundo) será anunciado mediante edital único com prazo de 10 (dez) dias, contados da primeira divulgação, publicado por 3 (três) dias, ao menos, em um dos jornais de maior circulação no local do imóvel ou outro de comarca de fácil acesso, se, no local do imóvel, não houver imprensa com circulação diária".

b) Conforme se verifica na cópia autenticada dos editais publicados nos dias 15 de junho de 2018, 27.06.2018 e 04 de julho de 2018, bem como da Ata da sessão do 1º leilão público nº 1030/2018/CPA/BU, fica evidenciado que se promove o leilão com licitante em comarca diversa daquela em que situado o bem imóvel.

Pelo exposto acima, fica esta serventia impossibilitada em proceder ao registro pretendido. Obs. Esta exigência tem amparo no Art. 27, §2º-A e §2º-B da Lei Federal 9.514/97, c/c. ainda com o V. Acórdão APC n.º 1007423-92.2017.8.26.0100 da Comarca de São Paulo, publicado no D.O.E., aos 14.08.2018."

O apelante sustenta, em suma, que com o advento da Lei n.º 13.465/2017 as intimações ao devedor fiduciante pelo credor fiduciário devem ser por correspondência dirigida ao endereço constante do contrato celebrado; o devedor fiduciante foi devidamente intimado; o edital de leilão foi publicado em duas datas diferentes; a alteração ao procedimento de intimação do devedor pela Lei n.º 13.465/2017, por ser mais eficaz, deve ser tida com válida.

A D. Procuradoria Geral de Justiça opinou pelo provimento do recurso (fl. 162/164).

É o relatório.

2. O recurso merece provimento.

Com efeito, o Oficial de Registro de Imóveis, atuando como profissional do Direito, tem obrigação de promover o exame exaustivo de qualificação que se destina a afastar do registro os títulos que não preenchem os requisitos legais para sua inscrição.

Essa é a redação do Item 38, do Capítulo XX das Normas de Serviço da Corregedoria Geral da Justiça:

38 – É dever do Registrador proceder ao exame exaustivo do título apresentado. Havendo exigências de qualquer ordem, deverão ser formuladas de uma só vez, por escrito, de forma clara e objetiva, em formato eletrônico ou papel timbrado do cartório, com identificação e assinatura do preposto responsável, para que o interessado possa satisfazê-las ou requerer a suscitação de dúvida ou procedimento administrativo.

No caso, verifica-se que a nota devolutiva de fl. 07, qualifica negativamente o título pelos seguintes motivos: a) os editais dos leilões não foram publicados no local da situação do imóvel; e b) o leilão foi realizado em local diverso da situação do imóvel, sem previsão legal ou contratual.

A propósito, cumpre anotar que, embora tenha sido o contrato celebrado no ano de 2011 (fl. 72/101), o procedimento de expropriação se deu já na vigência da Lei nº 13.465/17, que incluiu o § 2º, item "a", ao art. 27 da Lei nº 9.514/97:

"Art. 27. Uma vez consolidada a propriedade em seu nome, o fiduciário, no prazo de trinta dias, contados da data do registro de que trata o § 7º do artigo anterior, promoverá público leilão para a alienação do imóvel.

(...)

§ 2°-A. Para os fins do disposto nos §§ 1° e 2° deste artigo, as datas, horários e locais dos leilões serão comunicados ao devedor mediante correspondência dirigida aos endereços constantes do contrato, inclusive ao endereço eletrônico."

No caso concreto, há indicação correta de notificação do devedor no endereço contratual, conforme se verifica dos documentos de fl. 114 em exata correspondência com o devedor e endereço de fl. 72/101.

No mais, foram promovidos os leilões nas modalidades virtual e presencial, e, além disso, houve publicação do edital em jornal de grande circulação nacional em três datas distintas, quais sejam: 15/06/2018, 27/06/2018 e 04/07/2018 (fl. 16/18).

Em decorrência, não há qualquer vício na publicação do edital que possa ser reconhecido em procedimento de dúvida.

De igual modo ocorre com a realização do leilão presencial em Comarca diversa, pois, de forma concomitante, também se realizou o ato de forma virtual, em endereço da *Internet* divulgado no Edital que foi publicado em jornal de grande circulação nacional (Diário Comércio Indústria & Serviços).

Assim, diante da informação de que o credor fiduciário realizou prévia comunicação dos leilões ao devedor fiduciante (fl. 114) não cabe impedir o registro da escritura de compra e venda, observando-se, ademais, que eventual declaração da inexistência da comunicação, ou de vício em sua realização, deverão ser obtidas pelo devedor em eventual ação própria, a ser movida contra todos os interessados.

Por fim, a forma de publicação do edital e de realização dos leilões não se confundem com a situação verificada por este Col. Conselho Superior da Magistratura no julgamento da Apelação n.º 1007423-92.2017.8.26.0100; naquele caso, o edital foi publicado em jornal que não tinha circulação no local do imóvel e, além disso, o leilão, apenas se realizou pela modalidade física na Comarca de Vitória, Estado do Espírito Santo, sem autorização no respectivo contrato de alienação fiduciária.

3. Ante o exposto, **dou provimento ao recurso.**

RICARDO ANAFE

Corregedor Geral da Justiça e Relator. (DJe de 08.05.2020 – SP)

PODER JUDICIÁRIO

TRIBUNAL DE JUSTIÇA DO ESTADO DE SÃO PAULO

CONSELHO SUPERIOR DA MAGISTRATURA

Apelação Cível nº 1007822-05.2019.8.26.0019

Registro: 2019.0001054539

ACÓRDÃO

Vistos, relatados e discutidos estes autos de **Apelação Cível nº 1007822-05.2019.8.26.0019**, da Comarca de **Americana**, em que é apelante **WALLACE MULLER CARLOS E OUTROS**, é apelado **OFICIAL DE REGISTRO DE IMOVEIS E ANEXOS DA COMARCA DE AMERICANA.**

ACORDAM, em Conselho Superior de Magistratura do Tribunal de Justiça de São Paulo, proferir a seguinte decisão: **"Negaram provimento à apelação, v.u."**, de conformidade com o voto do Relator, que integra este acórdão.

O julgamento teve a participação dos Exmos. Desembargadores **PEREIRA CALÇAS (PRESIDENTE TRIBUNAL DE JUSTIÇA) (Presidente), ARTUR MARQUES (VICE PRESIDENTE), XAVIER DE AQUINO (DECANO), EVARISTO DOS SANTOS(PRES. DA SEÇÃO DE DIREITO PÚBLICO),**

CAMPOS MELLO (PRES. DA SEÇÃO DE DIREITO PRIVADO) E FERNANDO TORRES GARCIA(PRES. SEÇÃO DE DIREITO CRIMINAL).

São Paulo, 10 de dezembro de 2019.

GERALDO FRANCISCO PINHEIRO FRANCO

Corregedor Geral da Justiça e Relator

Apelação Cível nº 1007822-05.2019.8.26.0019

Apelante: Wallace Muller Carlos e outros

Apelado: Oficial de Registro de Imóveis e Anexos da Comarca de Americana

VOTO Nº 38.008

Registro de Imóveis – Instrumento de compra e venda de lote, com pacto de alienação fiduciária – Item 171 das NSCGJ – É vedado o registro de alienação voluntária, com formação de condomínio voluntário, que implique fraude ou qualquer outra hipótese de descumprimento da legislação de parcelamento do solo urbano – Ausência de vínculo pessoal entre os adquirentes a justificar a aquisição em condomínio geral, mesmo que para fins de investimento – Recurso não provido.

Trata-se de apelação interposta por Wallace Muller Carlos e outros contra r. sentença de fls. 94/98, que julgou procedente a dúvida e manteve a negativa ao registro de instrumento particular de compra e venda, com pacto adjeto de garantia fiduciária tendo por objeto lote situado em loteamento registrado.

Os apelantes sustentam a ausência de ilegalidade na formação de condomínio voluntário, a falta de interesse no desmembramento do lote, a intenção de investimento imobiliário e a não aquisição de fração ideal de forma a competir o registro do título (a fls. 110/112).

A D. Procuradoria Geral de Justiça opinou pelo não provimento do recurso (a fls. 127/130).

É o relatório.

Inicialmente observo a existência de precedente específico deste C. Conselho Superior da Magistratura envolvendo outro lote no mesmo loteamento, cujo contrato era idêntico ao ora apresentado a registro.

A ementa do referido precedente administrativo é a seguinte:

> *REGISTRO DE IMÓVEIS. Instrumento de compra e venda de lote, com pacto de alienação fiduciária. Item 171 das NSCGJ. É vedado o registro de alienação voluntária, com formação de condomínio voluntário, que implique fraude ou qualquer outra hipótese de descumprimento da legislação de parcelamento do solo urbano. Recurso desprovido (Apelação Cível: 1000889-50.2018.8.26.0019, Rel. Des. Pinheiro Franco, j. 22/10/2018).*

Apesar da não ocorrência de efeito semelhante a coisa julgada material ou de preclusão administrativa, este julgamento seguirá a mesma fundamentação uma vez que não houve modificação da compreensão deste Colegiado.

Foi prenotado no registro de imóveis instrumento particular de compra e venda, com pacto de alienação fiduciária em garantia (a fls. 21/36), nos termos do art. 61 e parágrafos da Lei nº 4.380/64, com a redação da Lei n. 9.514/97, que tem por objeto o imóvel matriculado sob o n. 130.722.

O negócio jurídico que se busca o registro, portanto, envolve compra de imóvel, na qual figuram como compradores Wallace Muller Carlos e Valdeci Candido, procurando os outorgados a instituição de condomínio civil, com frações ideais de 50% para cada um dos compradores, nos termos do parágrafo único do art. 1.315 do Código Civil.

Muito embora sustentem os apelantes que a venda em favor de dois adquirentes não configura alteração do loteamento e tampouco esteja sendo feita em parte certa e localizada do lote, mas sim em frações ideais do todo, está demonstrado, na hipótese, que a venda está sendo feita a pessoas que não possuem qualquer vínculo entre si.

Tampouco faz sentido a afirmação de se cuidar de investimento imobiliário entre pessoas sem contato pessoal anterior (informado nos autos) e, igualmente, qual o projeto financeiro em consideração à situação fática existente, bem como da aquisição do imóvel pela importância total de R$ 129.000,00 (cento e vinte e nove mil reais).

Como se observa do precedente acima indicado ocorre a existência de outros títulos de alienação celebrados em situação idêntica à presente, o que é bastante para se concluir pela tentativa de descaracterização do plano de loteamento aprovado pelo município com o devido registro na serventia imobiliária e divisão de quadras e lotes, em atendimento às posturas legais, urbanísticas e ambientais.

De outra parte, a afirmação dos apelantes de que não pretendem efetuar o desdobro do lote não afasta a fundamentação exposta.

A incomum situação da aquisição de um lote em condomínio geral por pessoas sem relacionamento anterior, associada à tentativa de registro de título semelhante no mesmo loteamento é suficiente para se concluir que o ingresso de títulos dessa natureza poderia levar à modificação do plano do loteamento, o que afronta normas cogentes.

As Normas de Serviço desta Corregedoria Geral da Justiça também tratam do tema, em seu Capítulo XX, com expressa vedação à formação de condomínio voluntário que traduza fraude à Lei 6.766/79:

171. É vedado o registro de alienação voluntária de frações ideais com localização, numeração e metragem certas, ou a formação de condomínio voluntário, que implique fraude ou qualquer outra hipótese de descumprimento da legislação de parcelamento do solo urbano, de condomínios edilícios e do Estatuto da Terra. A vedação não se aplica à hipótese de sucessão causa mortis.

Por fim, além do precedente específico mencionado, há vários outros deste E. Conselho Superior da Magistratura, a exemplo dos seguintes:

REGISTRO DE IMÓVEIS – Escritura pública de compra e venda – Alienação de fração ideal de imóvel a pessoas sem vínculos Vedação – Desdobro de lote – Registro obstado Item. 171 das Normas de Serviço da Corregedoria Geral da Justiça – Recurso desprovido (Apelação Cível: 1000352-08.2018.8.26.0584, Rel. Des. Pinheiro Franco, j. 24/01/2019).

REGISTRO DE IMÓVEIS – ESCRITURA PÚBLICA DE VENDA E COMPRA DE FRAÇÃO IDEAL – ELEMENTOS INDICATIVOS DE PARCELAMENTO ILEGAL DO SOLO – IMÓVEL DESMEMBRADO EM TAMANHO INFERIOR AO DO MÓDULO RURAL – OFENSA AO SISTEMA NACIONAL DE CADASTRO RURAL – AUSÊNCIA, DEMAIS, DE VÍNCULO ENTRE OS COPROPRIETÁRIOS – DESQUALIFICAÇÃO REGISTRAL CONFIRMADA – REGISTRO OBSTADO – RECURSO DESPROVIDO. (Apelação n.º 0000881-74.2015.8.26.0414, Des. PEREIRA CALÇAS).

REGISTRO DE IMÓVEIS – Escritura pública de venda e compra de fração ideal – Elementos indicativos de parcelamento ilegal do solo – Vendas sucessivas de frações ideais do mesmo bem imóvel – Ausência de vínculo entre os coproprietários – Erros pretéritos não justificam outros – Adquirentes cientes da orientação normativa do C. CSM e da E. CGJ – Desqualificação registral confirmada – Registro obstado – Recurso provido. (Apelação Cível n.º 0009405-61.2012.8.26.0189, Des. RENATO NALINI).

Por todo o exposto, pelo meu voto, nego provimento à apelação.

GERALDO FRANCISCO PINHEIRO FRANCO

Corregedor Geral da Justiça e Relator. (DJe de 08.04.2020 – SP)

PODER JUDICIÁRIO

TRIBUNAL DE JUSTIÇA DO ESTADO DE SÃO PAULO

CONSELHO SUPERIOR DA MAGISTRATURA

Apelação nº 1027307-97.2018.8.26.0577

Registro: 2019.0001054531

ACÓRDÃO

Vistos, relatados e discutidos estes autos de **Apelação Cível nº 1027307-97.2018.8.26.0577**, da Comarca de **São José dos Campos**, em que é apelante **MINISTÉRIO PÚBLICO DO ESTADO DE SÃO PAULO**, é apelada **PORTO SEGURO ADMINISTRADORA DE CONSÓRCIOS LTDA.**

ACORDAM, em Conselho Superior de Magistratura do Tribunal de Justiça de São Paulo, proferir a seguinte decisão: **"Negaram provimento ao recurso. V. U."**, de conformidade com o voto do Relator, que integra este acórdão.

O julgamento teve a participação dos Exmos. Desembargadores **PEREIRA CALÇAS (PRESIDENTE TRIBUNAL DE JUSTIÇA) (Presidente), ARTUR MARQUES (VICE PRESIDENTE), XAVIER DE AQUINO (DECANO), EVARISTO DOS SANTOS(PRES. DA SEÇÃO DE DIREITO PÚBLICO), CAMPOS MELLO (PRES. DA SEÇÃO DE DIREITO PRIVADO) E FERNANDO TORRES GARCIA(PRES. SEÇÃO DE DIREITO CRIMINAL).**

São Paulo, 10 de dezembro de 2019.

GERALDO FRANCISCO PINHEIRO FRANCO

Corregedor Geral da Justiça e Relator

Apelação Cível nº 1027307-97.2018.8.26.0577

Apelante: Ministério Público do Estado de São Paulo

Apelado: Porto Seguro Administradora de Consórcios LTDA

VOTO Nº 38.020

Registro de Imóveis – Alienação fiduciária em garantia – Prova de notificação quanto ao leilão – Publicação do edital em jornal de grande circulação – Leilões, pelas modalidades virtual e, ainda, presencial realizado em local diverso daquele em que situado o imóvel – Dúvida improcedente – Recurso não provido.

O MINISTÉRIO PÚBLICO DO ESTADO DE SÃO PAULO interpõe apelação contra r. sentença de fls. 44/46, que julgou a dúvida improcedente para afastar a recusa do 2º Oficial de Registro de Imóveis da Comarca de São José dos Campos ao registro de escritura pública de compra e venda anteriormente objeto de alienação fiduciária em garantia.

A D. Procuradoria Geral de Justiça opinou pelo provimento do recurso (fls. 132/134).

É o relatório.

Presentes os pressupostos processuais e administrativos, no mérito, o recurso não merece provimento.

É de conhecimento comum que o Oficial de Registro de Imóveis, atuando como profissional do Direito, tem obrigação de promover o exame exaustivo de qualificação que se destina a afastar do registro os títulos que não preenchem os requisitos legais para sua inscrição.

Essa é a redação do Item 40 do Capítulo XX das Normas de Serviço da Corregedoria Geral da Justiça:

40. É dever do Registrador proceder ao exame exaustivo do título apresentado. Havendo exigências de qualquer ordem, deverão ser formuladas de uma só vez, por escrito, de forma clara e objetiva, em formato eletrônico ou papel timbrado do cartório, com identificação e assinatura do preposto responsável, para que o interessado possa satisfazê-las ou requerer a suscitação de dúvida ou procedimento administrativo.

No caso, verifica-se que a nota devolutiva de fls. 05/07, qualifica negativamente o título pelos seguintes motivos: a) os leilões não foram realizados na Comarca em que situado o imóvel; e b) não se apresentou o comprovante de intimação do devedor acerca dos leilões, tampouco declaração de que isso tenha ocorrido.

Diz o art. 27 da Lei n.º 9.514/97:

Art. 27. Uma vez consolidada a propriedade em seu nome, o fiduciário, no prazo de trinta dias, contados da data do registro de que trata o § 7º do artigo anterior, promoverá público leilão para a alienação do imóvel.

(...)

§ 2°-A. Para os fins do disposto nos §§ 1o e 2o deste artigo, as datas, horários e locais dos leilões serão comunicados ao devedor mediante correspondência dirigida aos endereços constantes do contrato, inclusive ao endereço eletrônico.

No caso concreto, há indicação correta de notificação da devedora no endereço contratual, conforme se verifica dos documentos de fls. 19/20 e 108, em exata correspondência com devedora e endereço de fl. 75.

Desse modo, em seus aspectos formais, o título preenche os requisitos para o registro.

No mais, a Porto Seguro Administradora de Consórcios Ltda. promoveu os leilões nas modalidades virtual e presencial, e, além disso, houve publicação do edital em jornal de circulação (fls. 34/37).

Em decorrência, não há qualquer vício na publicação do edital que possa ser reconhecido em procedimento de dúvida.

Igual ocorre com a realização do leilão presencial em comarcas diversas, pois, de forma concomitante, também se realizou o ato de forma virtual, em endereço da *Internet* divulgado no edital que foi publicado no município da situação do imóvel.

Sendo o leilão presencial e virtual, eventual litígio envolvendo a realização dos leilões e a arrematação do imóvel também deverá ser dirimido em ação jurisdicional, de que participem todos os interessados, com o devido contraditório e ampla defesa.

Diante da informação de que o credor fiduciário realizou prévia comunicação dos leilões à devedora fiduciante, não cabe impedir o registro da escritura de compra e venda, pois a eventual declaração da inexistência da comunicação, ou de vício em sua realização, deverão ser obtidas pela devedora em ação própria, a ser movida contra todos os interessados.

Por fim, a forma de publicação do edital e de realização dos leilões não se confundem com a situação verificada por este Col. Conselho Superior da Magistratura no julgamento da Apelação n.º 1007423-92.2017.8.26.0100; naquele caso, o edital foi publicado em jornal que não tinha circulação no local do imóvel e, além disso, o leilão, apenas se realizou pela modalidade física na Comarca de Vitória, Estado do Espírito Santo, sem autorização no respectivo contrato de alienação fiduciária.

Ante o exposto, **nego provimento ao recurso.**

GERALDO FRANCISCO PINHEIRO FRANCO

Corregedor Geral da Justiça e Relator. (DJe de 31.03.2020 – SP)

Apelação Cível nº 1121498-13.2018.8.26.0100

PODER JUDICIÁRIO

TRIBUNAL DE JUSTIÇA DO ESTADO DE SÃO PAULO

CONSELHO SUPERIOR DA MAGISTRATURA

Apelação n° 1121498-13.2018.8.26.0100

Registro: 2019.0000936700

ACÓRDÃO

Vistos, relatados e discutidos estes autos de **Apelação Cível nº 1121498-13.2018.8.26.0100**, da Comarca de **São Paulo**, em que é apelante **MARCO ANTONIO QUILICI RABELO**, é apelado **15º OFICIAL DE REGISTRO DE IMÓVEIS DA COMARCA DA CAPITAL**.

ACORDAM, em Conselho Superior de Magistratura do Tribunal de Justiça de São Paulo, proferir a seguinte decisão: **"Deram provimento ao recurso para julgar improcedente a dúvida, v.u."**, de conformidade com o voto do Relator, que integra este acórdão.

O julgamento teve a participação dos Exmos. Desembargadores **PEREIRA CALÇAS (PRESIDENTE TRIBUNAL DE JUSTIÇA) (Presidente), ARTUR MARQUES (VICE PRESIDENTE), XAVIER DE AQUINO (DECANO), EVARISTO DOS SANTOS(PRES. DA SEÇÃO DE DIREITO PÚBLICO), CAMPOS MELLO (PRES. DA SEÇÃO DE DIREITO PRIVADO) E FERNANDO TORRES GARCIA(PRES. SEÇÃO DE DIREITO CRIMINAL)**.

São Paulo, 1º de novembro de 2019.

GERALDO FRANCISCO PINHEIRO FRANCO

Corregedor Geral da Justiça e Relator

Apelação Cível nº 1121498-13.2018.8.26.0100

Apelante: MARCO ANTONIO QUILICI RABELO

Apelado: 15º Oficial de Registro de Imóveis da Comarca da Capital

VOTO Nº 37.943

Registro de Imóveis – Alienação fiduciária em garantia – Leilão extrajudicial – Notificação da devedora remetida ao endereço constante do contrato – Título que, em seus aspectos formais, preenche os requisitos para registro – Eventual declaração da inexistência da comunicação, ou de vício em sua realização, que deverá ser objeto de análise em ação própria, de natureza contenciosa – Dúvida julgada improcedente – Recurso provido.

Trata-se de apelação interposta por *Marco Antonio Quilici Rabelo* contra r. sentença que julgou a dúvida procedente e manteve a negativa do registro de escritura pública de compra e venda, relativa ao imóvel objeto da matrícula nº 232.858 do 15º Oficial de Registro de Imóveis da Capital, outorgada pelo Banco Caixa Econômica Federal em decorrência da arrematação do imóvel, pelo apelante, em leilão que foi realizado na forma da Lei nº 9.514/97**[1]**.

Alega o apelante, preliminarmente, que o procedimento de constituição em mora foi direcionado para o endereço fornecido no contrato de alienação fiduciária, de forma que, ao indeferir o pedido de produção de provas formulado para demonstrar que a notificação das datas dos leilões foi enviada para o mesmo endereço, teria a MM.ª Juíza Corregedora Permanente cerceado seu direito de defesa. No mais, afirma, em resumo, que a lei prevê o encaminhamento da correspondência ao endereço do contrato, o que efetivamente ocorreu, muito embora o AR tenha retornado com a anotação "mudou-se/desabitado". Aduz que tendo sido o contrato celebrado no ano de 2014, nele não constam informações sobre o endereço eletrônico do devedor, o que somente passou a ser exigido após a vigência da Lei nº 13.465/17. Assim, porque a devedora se mudou e não cumpriu o dever contratual de manter seus cadastros atualizados junto ao banco credor, reputam-se válidas as correspondências encaminhadas ao último endereço declarado no contrato**[2]**.

A douta Procuradoria de Justiça opinou pelo não provimento do recurso**[3]**.

É o relatório.

Desde logo, há que se afastar a alegada ocorrência de cerceamento de defesa.

A pretendida produção de prova documental, solicitada pelo apelante, não se coaduna com o procedimento de dúvida, que se limita, exclusivamente à apreciação objetiva de título pré-constituído e dos princípios registrários de modo a vedar ou permitir o respectivo acesso à tábua. Daí ser vedada a dilação probatória ou diligências tendentes a sanar irregularidades do título, a juntada de novos documentos, realização de perícias ou oitiva de testemunhas.

Sobre o tema, a lição de Walter Ceneviva, segundo o qual a *"restrição do âmbito da diligência se afina com a espécie administrativa em que se enquadra a dúvida, incompatível com a realização de audiência, para depoimento pessoal ou ouvida de testemunhas e com produção de prova pericial"* (Lei dos Registros Públicos Comentada, São Paulo: Saraiva, 18ª ed., p. 452).

Na nota de devolução expedida**[4]**, o registrador exigiu, em cumprimento ao § 2º-A do art. 27 da Lei nº 9.514/97, a apresentação de comunicação dos leilões realizados à devedora fiduciante Asa Comércio de Aromatizadores Ltda., em conformidade à lei vigente, mediante correspondência dirigida aos endereços constantes do contrato, na sua via original ou cópia autenticada, com a ressalva de que o AR apresentado não cumpriu seus objetivos**[5]**. Ou seja, a qualificação negativa do título se deu em razão de ausência de prova segura de que a notificação do devedor quanto à realização do leilão se deu de forma regular.

A propósito, cumpre anotar que, embora tenha sido o contrato celebrado no ano de 2014**[6]**, o procedimento de expropriação se deu já na vigência da Lei nº 13.465/17, que incluiu o § 2º, item "a", ao art. 27 da Lei nº 9.514/97:

"Art. 27. Uma vez consolidada a propriedade em seu nome, o fiduciário, no prazo de trinta dias, contados da data do registro de que trata o § 7º do artigo anterior, promoverá público leilão para a alienação do imóvel.

(...)

§ 2º-A. Para os fins do disposto nos §§ 1º e 2º deste artigo, as datas, horários e locais dos leilões serão comunicados ao devedor mediante correspondência dirigida aos endereços constantes do contrato, inclusive ao endereço eletrônico."

Ocorre que, no caso concreto, ficou demonstrada a remessa da notificação da devedora no endereço contratual**[7]**, em exata correspondência com os dados indicados no instrumento acostado aos autos**[8]**. Caberia, por outro lado, à devedora fiduciante comunicar a credora fiduciária acerca de eventual mudança de endereço, como previsto no contrato.

Desse modo, em seus aspectos formais, o título preenche os requisitos para o registro.

Por conseguinte, eventual litígio envolvendo a regularidade da realização dos leilões e a arrematação do imóvel deverá ser dirimido em ação jurisdicional, de natureza contenciosa, com a participação de todos os interessados e respeitado o devido contraditório e ampla defesa.

Em outras palavras, ante a informação de que o credor fiduciário realizou prévia comunicação dos leilões à devedora fiduciante, na forma do contrato, não cabe impedir o registro da escritura de compra e venda, pois eventual declaração da inexistência da comunicação, ou de vício em sua realização, deverá ser objeto de análise em ação própria, a ser ajuizada pela devedora contra todos os demais interessados.

Diante do exposto, **dou provimento** ao recurso para julgar improcedente a dúvida.

GERALDO FRANCISCO PINHEIRO FRANCO
Corregedor Geral da Justiça e Relator

Notas:

[1] Fls. 186/189.
[2] Fls. 197/213.
[3] Fls. 247/252.
[4] Fls. 40.
[5] Fls. 01/08 e fls. 40.
[6] Fls. 98.
[7] Fls. 16.
[8] Fls. 95. (DJe de 12.03.2020 – SP)

PODER JUDICIÁRIO

TRIBUNAL DE JUSTIÇA DO ESTADO DE SÃO PAULO

CONSELHO SUPERIOR DA MAGISTRATURA

Apelação n° 0000144-61.2019.8.26.0566

Registro: 2019.0000936696

ACÓRDÃO

Vistos, relatados e discutidos estes autos de **Apelação Cível nº 0000144-61.2019.8.26.0566**, da Comarca de **São Carlos**, em que é apelante **MURILO AUGUSTO VILELA**, é apelado **OFICIAL DE REGISTRO DE IMÓVEIS E ANEXOS DA COMARCA DE SÃO CARLOS**.

ACORDAM, em Conselho Superior de Magistratura do Tribunal de Justiça de São Paulo, proferir a seguinte decisão: **"Deram provimento ao recurso para julgar a dúvida improcedente, v.u."**, de conformidade com o voto do Relator, que integra este acórdão.

O julgamento teve a participação dos Exmos. Desembargadores **PEREIRA CALÇAS (PRESIDENTE TRIBUNAL DE JUSTIÇA) (Presidente), ARTUR MARQUES (VICE PRESIDENTE), XAVIER DE AQUINO (DECANO), ANTONIO CARLOS MALHEIROS (PRES. DA SEÇÃO DE DIREITO PÚBLICO), CAMPOS MELLO (PRES. DA SEÇÃO DE DIREITO PRIVADO) E FERNANDO TORRES GARCIA(PRES. SEÇÃO DE DIREITO CRIMINAL)**.

São Paulo, 1º de novembro de 2019.

GERALDO FRANCISCO PINHEIRO FRANCO

Corregedor Geral da Justiça e Relator

Apelação Cível nº 0000144-61.2019.8.26.0566

Apelante: MURILO AUGUSTO VILELA

Apelado: Oficial de Registro de Imóveis e Anexos da Comarca de São Carlos

VOTO Nº 37.927

Registro de Imóveis – Alienação fiduciária em garantia – Publicação do edital em jornal

impresso em município diverso da situação do imóvel – Leilões, pelas modalidades virtual e presencial, realizados em local diverso daquele em que situado o imóvel – Dúvida julgada procedente – Recurso provido.

Trata-se de apelação interposta contra r. sentença que julgou a dúvida procedente e manteve a negativa do registro de escritura pública de compra e venda do imóvel objeto da matrícula nº 101.143 do Oficial de Registro de Imóveis, Títulos e Documentos e Civil de Pessoa Jurídica da Comarca de São Carlos, outorgada em favor do arrematante de imóvel que foi objeto de anterior consolidação da propriedade em favor do credor fiduciário.

A recusa do registro decorreu do fato de a publicação do edital de leilão em jornal impresso e a realização dos leilões ter ocorrido em locais distintos da situação do imóvel (fls. 01/02).

O apelante alegou, em suma, que adquiriu o imóvel por escritura pública de compra e venda que foi outorgada pelo credor fiduciário em consonância com a arrematação do imóvel em prévio leilão extrajudicial. Afirmou que os devedores fiduciantes foram notificados do leilão que observou os requisitos legais. Requereu o provimento do recurso para que seja promovido o registro do título (fls. 67/72).

A douta Procuradoria Geral de Justiça opinou pelo não provimento do recurso (fls. 100/104 e 120).

É o relatório.

O registro da escritura pública de compra e venda do imóvel objeto da matrícula nº 101.143 do Registro de Imóveis da Comarca de São Carlos, outorgada pela Caixa Econômica Federal em favor do arrematante do bem em leilão extrajudicial previsto na Lei nº 9.514/97 foi recusado porque o edital não foi publicado corretamente e os leilões não foram realizados no local da situação do imóvel.

Contudo, os documentos de fls. 10/12 e 116 comprovam que os editais foram publicados em jornal que tem circulação no município de São Carlos, em que situado o imóvel.

Anoto que a nota devolutiva de fls. 02 não indica que o jornal em que foram publicados os editais do leilão não teria circulação no local da situação do imóvel, fato que, de qualquer forma, acabou afastado pela declaração de fls. 116, que foi apresentada em atendimento ao determinado às fls. 106/107 e que somente visou confirmar que se trata de jornal de circulação regional que abrange o município em que o imóvel está situado.

A publicação dos editais em jornal de circulação regional não acarreta a existência de vício passível de reconhecimento em procedimento de dúvida.

Igual ocorre com a realização do leilão presencial na Comarca de Bauru porque, de forma concomitante, foi realizado leilão virtual, em endereço da Internet divulgado no edital que foi publicado em jornal que circula no município da situação do imóvel (fls. 10/12).

Sendo o leilão presencial e virtual, eventual litígio envolvendo a realização dos leilões e a arrematação do imóvel deverão ser dirimidos em ação jurisdicional, de que participem todos os interessados.

Observo, por fim, que a forma adotada pelo credor fiduciário para a publicação do edital e de realização dos leilões não se confunde com a situação verificada por este Col. Conselho Superior da Magistratura no julgamento da Apelação nº 1007423-92.2017.8.26.0100 porque, naquele caso, o edital foi publicado em jornal que não tinha circulação no local do imóvel e o leilão, apenas pela modalidade física, foi realizado no Estado do Espírito Santo, sem autorização no respectivo contrato de alienação fiduciária.

Ante o exposto, dou provimento ao recurso para julgar a dúvida improcedente.

GERALDO FRANCISCO PINHEIRO FRANCO

Corregedor Geral da Justiça e Relator. (DJe de 11.03.2020 – SP)

PODER JUDICIÁRIO

TRIBUNAL DE JUSTIÇA DO ESTADO DE SÃO PAULO

CONSELHO SUPERIOR DA MAGISTRATURA

Apelação n° 1029838-59.2018.8.26.0577

Registro: 2019.000936706

ACÓRDÃO

Vistos, relatados e discutidos estes autos de **Apelação Cível nº 1029838-59.2018.8.26.0577**, da Comarca de **São José dos Campos**, em que é apelante **MINISTÉRIO PÚBLICO DO ESTADO DE SÃO PAULO**, são apelados **CAIXA ECONÔMICA FEDERAL CEF e DANIEL ANDERSON JANZEN**.

ACORDAM, em Conselho Superior de Magistratura do Tribunal de Justiça de São Paulo, proferir

a seguinte decisão: **"Negaram provimento ao recurso e mantiveram a r. sentença que julgou a dúvida improcedente, v.u."**, de conformidade com o voto do Relator, que integra este acórdão.

O julgamento teve a participação dos Exmos. Desembargadores **PEREIRA CALÇAS (PRESIDENTE TRIBUNAL DE JUSTIÇA) (Presidente), ARTUR MARQUES (VICE PRESIDENTE), XAVIER DE AQUINO (DECANO), EVARISTO DOS SANTOS(PRES. DA SEÇÃO DE DIREITO PÚBLICO), CAMPOS MELLO (PRES. DA SEÇÃO DE DIREITO PRIVADO) E FERNANDO TORRES GARCIA(PRES. SEÇÃO DE DIREITO CRIMINAL)**.

São Paulo, 1º de novembro de 2019.

GERALDO FRANCISCO PINHEIRO FRANCO

Corregedor Geral da Justiça e Relator

Apelação Cível nº 1029838-59.2018.8.26.0577

Apelante: Ministério Público do Estado de São Paulo

Apelados: Caixa Econômica Federal Cef e Daniel Anderson Janzen

VOTO Nº 37.948

Registro de Imóveis – Alienação fiduciária em garantia – Publicação do edital em jornal da situação do imóvel, que não seria de grande circulação – Leilões, pelas modalidades virtual e, ainda, presencial realizados em local diverso daquele em que situado o imóvel – Dúvida julgada improcedente – Recurso não provido.

Trata-se de apelação interposta pelo *Ministério Público do Estado de São Paulo* contra r. sentença que julgou a dúvida improcedente e afastou a negativa do registro de escritura de compra e venda do imóvel objeto da matrícula nº 28.730 do 2º Oficial de Registro de Imóveis, Títulos e Documentos e Civil de Pessoa Jurídica da Comarca de São José dos Campos, outorgada em favor do arrematante de imóvel que foi objeto de anterior consolidação da propriedade em favor do credor fiduciário (fls. 112/113). A recusa do registro decorreu da publicação do edital de leilão em jornal que não seria de grande circulação, da não comprovação de que os devedores fiduciantes foram intimados dos leilões e, ainda, da realização dos leilões, pelas modalidades eletrônica e presencial, a última em local distinto da situação do imóvel.

O apelante alega, em resumo, que os leilões públicos devem ser promovidos no local em que situado o imóvel dado em alienação fiduciária em garantia, como já decidido pelo Col. Conselho Superior da Magistratura na Apelação nº 1007423-92.2017.8.26.0100. Assevera que essa obrigação decorre dos princípios e normas que regem a matéria, destinados à proteção do devedor fiduciante, sendo essa regra também prevista no art. 884, inciso II, do Código de Processo Civil para a venda de bens em ação de execução. Afirma que a divulgação do leilão pela Internet não afasta a obrigação de realizá-lo na Comarca da situação do imóvel (fls. 118/122).

O Oficial de registro manifestou-se a fls. 127/158 e a Caixa Econômica Federal ofereceu contrarrazões de apelação a fls. 176/180.

A douta Procuradoria de Justiça opinou pelo provimento do recurso (fls. 193/195).

É o relatório.

Na hipótese dos autos, em seus aspectos formais o título preenche os requisitos para o registro.

Com efeito, houve publicação do edital em jornal de circulação no município em que localizado o imóvel (fls. 42/44) que, por sua vez, foi objeto de arrematação no primeiro leilão realizado (fls. 100/104).

Em decorrência, não há vício na publicação do edital em jornal de circulação local que possa ser reconhecido em procedimento de dúvida.

Igual ocorre com a realização do leilão presencial na Comarca de Campinas porque, de forma concomitante, foi realizado leilão virtual, em endereço da Internet divulgado no edital que foi publicado no município da situação do imóvel (fls. 56).

Sendo o leilão presencial e virtual, eventual litígio envolvendo a realização dos leilões e a arrematação do imóvel deverão ser dirimidos em ação jurisdicional, de que participem todos os interessados.

Ademais, a Caixa Econômica Federal interveio no processo e informou que o devedor fiduciário foi comunicado dos leilões, na forma prevista no § 2º-A do art. 27 da Lei nº 9.514/97, que autoriza que a comunicação seja realizada por correspondência dirigida aos endereços indicados no contrato, inclusive eletrônico.

Daí porque, ante a declaração do credor fiduciário de que houve prévia comunicação dos leilões aos devedores fiduciantes, não cabe impedir o registro da escritura de compra e venda, pois eventual declaração da inexistência da comunicação, ou de vício em sua realização, deverão ser obtidas pelos devedores em ação própria, a ser movida contra todos os interessados.

Por fim, a forma de publicação do edital e de realização dos leilões não se confundem com a situação verificada por este Col. Conselho Superior da Magistratura no julgamento da Apelação nº 1007423-92.2017.8.26.0100 porque, naquele caso, o edital foi publicado em jornal que não tinha circulação no local do imóvel e o leilão, apenas pela modalidade física, foi realizado na Comarca de Vitória, Estado do Espírito Santo, sem autorização no respectivo contrato de alienação fiduciária.

Diante do exposto, **nego provimento** ao recurso e mantenho a r. sentença que julgou a dúvida improcedente.

GERALDO FRANCISCO PINHEIRO FRANCO

Corregedor Geral da Justiça e Relator. (DJe de 09.03.2020 – SP)

PODER JUDICIÁRIO

TRIBUNAL DE JUSTIÇA DO ESTADO DE SÃO PAULO

CONSELHO SUPERIOR DA MAGISTRATURA

Apelação nº 1004604-41.2019.8.26.0577

Registro: 2019.0000936705

ACÓRDÃO

Vistos, relatados e discutidos estes autos de **Apelação Cível nº 1004604-41.2019.8.26.0577**, da Comarca de **São José dos Campos**, em que é apelante **MINISTÉRIO PÚBLICO DO EST. DE SP**, é apelado **ERPG PARTICIPAÇÕES LTDA**.

ACORDAM, em Conselho Superior de Magistratura do Tribunal de Justiça de São Paulo, proferir a seguinte decisão: **"Negaram provimento ao recurso e mantiveram a r. sentença que julgou a dúvida improcedente, v.u."**, de conformidade com o voto do Relator, que integra este acórdão.

O julgamento teve a participação dos Exmos. Desembargadores **PEREIRA CALÇAS (PRESIDENTE TRIBUNAL DE JUSTIÇA) (Presidente), ARTUR MARQUES (VICE PRESIDENTE), XAVIER DE AQUINO (DECANO), EVARISTO DOS SANTOS(PRES. DA SEÇÃO DE DIREITO PÚBLICO), CAMPOS MELLO (PRES. DA SEÇÃO DE DIREITO PRIVADO) E FERNANDO TORRES GARCIA(PRES. SEÇÃO DE DIREITO CRIMINAL).**

São Paulo, 1º de novembro de 2019.

GERALDO FRANCISCO PINHEIRO FRANCO

Corregedor Geral da Justiça e Relator

Apelação Cível nº 1004604-41.2019.8.26.0577

Apelante: Ministério Público do Est. de Sp

Apelado: Erpg Participações Ltda

VOTO Nº 37.942

Registro de Imóveis – Alienação fiduciária em garantia – Leilões, pelas modalidades virtual e, ainda, presencial realizados em local diverso daquele em que situado o imóvel – Dúvida julgada improcedente – Recurso não provido.

Trata-se de apelação interposta pelo Ministério Público do Estado de São Paulo contra r. sentença que julgou a dúvida improcedente e afastou a negativa do registro de escritura pública de compra e venda do imóvel objeto da matrícula nº 766 do 1º Oficial de Registro de Imóveis, Títulos e Documentos e Civil de Pessoa Jurídica da Comarca de São José dos Campos, outorgada em favor da compradora do imóvel que foi objeto de anterior consolidação da propriedade em favor do credor fiduciário, com leilões negativos.

A recusa do registro decorreu da realização dos leilões, pelas modalidades eletrônica e presencial, a última em local distinto da situação do imóvel.

O apelante alegou, em suma, que, na forma decidida pelo Col. Conselho Superior da Magistratura na Apelação nº 1007423-92.2017.8.26.0100, os leilões públicos devem ser promovidos no local em que situado o imóvel dado em alienação fiduciária em garantia. Asseverou que essa obrigação decorre dos princípios e normas que regem a matéria, destinados à proteção do devedor fiduciante, sendo essa regra também prevista no art. 884, inciso II, do Código de Processo Civil para a venda de bens em ação de execução. Afirmou que a divulgação do leilão pela Internet não afasta a obrigação de realizá-lo na comarca da situação do imóvel. Requereu a reforma da r. sentença para que a dúvida seja julgada procedente (fls. 92/96). A recorrida ofereceu contrarrazões de apelação (fls. 117/118).

A douta Procuradoria Geral de Justiça opinou pelo provimento do recurso (fls. 110/114).

É o relatório.

Conforme destacado pela Sra. Oficial, a recusa do registro foi fundada no fato dos leilões não terem sido realizados em São José dos Campos, local do imóvel, mas na cidade de São Paulo.

A qualificação registral relaciona-se com o exame de legalidade da inscrição pretendida, ou seja, em verificar se o registro de determinado título poderá ser promovido em conformidade com os princípios e as normas aplicáveis, pois como esclarece Afrânio de Carvalho:

"A apresentação do título e a sua prenotação no protocolo marcam o início do processo do registro, que prossegue com o exame de sua legalidade, que incumbe ao registrador empreender para verificar se pode ou não ser inscrito. A inscrição não é, portanto, automática, mas seletiva, porque depende da verificação prévia de estar o título em ordem. Além de a qualificação do título constituir um dever de ofício, o registrador tem interesse em efetuá-la com cuidado, porquanto, se lançar uma inscrição ilegal, fica sujeito à responsabilidade civil" (*Registro de Imóveis*, 4ª ed., Rio de Janeiro: Forense, 1998, p. 276).

Neste caso concreto, em seus aspectos formais o título preenche os requisitos para o registro.

A realização do leilão presencial na Comarca de São Paulo não configurou nulidade, porque, de forma concomitante, foi realizado leilão virtual, em endereço da Internet divulgado no edital que foi publicado no município da situação do imóvel (fls. 15/17).

Sendo o leilão presencial e virtual, eventual litígio envolvendo a realização dos leilões e a arrematação do imóvel deverão ser dirimidos em ação jurisdicional, de que participem todos os interessados.

Desse modo, a exigência é indevida, competindo o ingresso do título no registro imobiliário, como decidido pelo MM. Juiz Corregedor Permanente.

Por fim, a forma de realização dos leilões não se confunde com a situação verificada por este Col. Conselho Superior da Magistratura no julgamento da Apelação nº 1007423-92.2017.8.26.0100 porque, naquele caso, o edital foi publicado em jornal que não tinha circulação no local do imóvel e o leilão, apenas pela modalidade física, foi realizado na Comarca de Vitória, Estado do Espírito Santo, sem autorização no respectivo contrato de alienação fiduciária.

Ante o exposto, nego provimento ao recurso e mantenho a r. sentença que julgou a dúvida improcedente.

GERALDO FRANCISCO PINHEIRO FRANCO

Corregedor Geral da Justiça e Relator. (DJe de 09.03.2020 – SP)

ARROLAMENTO DE BENS

PODER JUDICIÁRIO

TRIBUNAL DE JUSTIÇA DO ESTADO DE SÃO PAULO

CONSELHO SUPERIOR DA MAGISTRATURA

Apelação nº 1001840-24.2020.8.26.0100

Registro: 2020.0000580619

ACÓRDÃO

Vistos, relatados e discutidos estes autos de **Apelação Cível nº 1001840-24.2020.8.26.0100**, da Comarca de **São Paulo**, em que é apelante **ELIANE REGINA COUTINHO NEGRI SOARES**, é apelado **5º OFICIAL DE REGISTRO DE IMÓVEIS DA CAPITAL.**

ACORDAM, em Conselho Superior de Magistratura do Tribunal de Justiça de São Paulo, proferir a seguinte decisão: **"Não conheceram do recurso, v.u."**, de conformidade com o voto do Relator, que integra este acórdão.

O julgamento teve a participação dos Exmos. Desembargadores **PINHEIRO FRANCO (PRESIDENTE TRIBUNAL DE JUSTIÇA) (Presidente), LUIS SOARES DE MELLO (VICE PRESIDENTE), XAVIER DE AQUINO (DECANO), GUILHERME G. STRENGER (PRES. SEÇÃO DE DIREITO CRIMINAL), MAGALHÃES COELHO(PRES. DA SEÇÃO DE DIREITO PÚBLICO) E DIMAS RUBENS FONSECA (PRES. DA SEÇÃO DE DIREITO PRIVADO).**

São Paulo, 22 de julho de 2020.

RICARDO ANAFE

Corregedor Geral da Justiça e Relator

Apelação Cível nº 1001840-24.2020.8.26.0100

Apelante: Eliane Regina Coutinho Negri Soares

Apelado: 5º Oficial de Registro de Imóveis da Capital

VOTO Nº 31.188

Dúvida inversa – Registro de imóveis – Registro de alienação fiduciária em garantia de bem imóvel constituído como bem de família voluntário – Impugnação parcial das exigências apresentadas pelo registrador – Impossibilidade de conhecimento da dúvida pela concordância parcial tácita com as exigências

– Dúvida prejudicada – Recurso não conhecido.

1. Trata-se de apelação interposta por Eliane Regina Coutinho Negri Soares visando a reforma da sentença de fl. 57/59, que julgou procedente dúvida inversa suscitada contra o 5º Oficial de Registro de Imóveis da Capital, mantendo a recusa de ingresso na matrícula de instrumento de alienação fiduciária em garantia de imóvel constituído como bem de família voluntário, afirmando a necessidade de desconstituição judicial.

A Nota de Devolução do título apresentou os seguintes fundamentos (fl. 16):
"Pelo R. 10 da matrícula n. 60.365 verifica-se que o imóvel foi instituído por proprietária em bem de família, nos termos dos artigos 1.711 a 1.722 do Código Civil, motivo pelo qual inviável o registro do título apresentado, uma vez que o bem de família não responde por dívidas posteriores à sua constituição.

Se não fosse o impedimento acima, ainda seria necessário:

1) Reconhecer firma do sinal público do escrevente que reconheceu as firmas dos subscritores do título em cartório desta Capital (item 153, Seção VII, Capítulo XIV, Tomo II, das Normas de Serviço dos Cartórios Extrajudiciais da Corregedoria Geral da Justiça do Estado de São Paulo).

2) Apresentar, no original ou em cópia autenticada, prova de representação do credor em nome dos subscritores do título, vigente à data da assinatura do título e atualizada em, no máximo, 90 dias, para o atendimento dos princípios da segurança e da razoabilidade (processo n. 000.04.075978-5 e 0013759-77.2012.8.26.0562). Assim, apresentar certidão atualizada em até 90 dias do traslado da procuração e respectivo substabelecimento que comprovem a representação."

O recurso sustenta, em resumo, a possibilidade de oferta de bens imóveis constituídos como bem de família em garantia por débitos assumidos em favor da entidade familiar, com fundamento no art. 3º, V da Lei nº 8.009/1990 (fl. 65/71).

A Procuradoria Geral de Justiça opinou pelo não provimento do recurso (fl. 96/98).

É o relatório.

2. Trata-se de recurso de apelação interposto por Eliane Regina Coutinho Negri Soares, pretendendo afastar o óbice apontado pelo 5º Oficial de Registro de Imóveis da Capital ao registro de instrumento particular com alienação fiduciária em garantia de bem imóvel que fora constituído como bem de família voluntário.

A negativa ao ingresso foi mantida pela sentença recorrida, entendendo pela necessidade de desconstituição judicial do bem de família voluntário, impedindo-se o ingresso do título que estabelece a alienação fiduciária do mesmo imóvel.

O pedido de suscitação de dúvida indica impugnação apenas de um dos fundamentos, qual seja, a necessidade de desconstituição do bem de família voluntário antes do registro da alienação fiduciária em garantia. Os outros dois óbices, atinentes à regularidade formal do título no que diz respeito a representação do credor beneficiado, não foram de forma alguma impugnados, nem consta a existência de atendimento das exigências.

Há, portanto, impugnação apenas parcial das exigências apresentadas, o que impede o conhecimento da presente dúvida.

O procedimento de dúvida é reservado à análise da discordância do apresentante com os motivos que levaram à recusa do registro do título e de seu julgamento decorrerá a manutenção dessa recusa, com o cancelamento da prenotação, ou a improcedência da dúvida, que terá como consequência a realização do ato solicitado (art. 203, II, da Lei nº 6.015/1973).

A impugnação parcial das exigências formuladas, ainda que decorrente de concordância parcial tácita por força da não impugnação específica da exigência ou a comprovação de seu atendimento, prejudica o exame da dúvida, porque permanecerá um dos óbices que impede o ingresso do título no registro imobiliário.

O art. 186 da Lei nº 6.015/73 assegura o direito à qualificação e ao registro do título conforme a perfeita ordem cronológica de sua apresentação e protocolo, o que impede que eventuais títulos representativos de direitos conflitantes apresentados em segundo lugar obtenham preferência sobre aqueles que foram objeto de prenotação anterior.

O procedimento de dúvida, que prorroga o prazo de validade da prenotação, tem por finalidade a análise da dissensão entre o apresentante e o oficial registrador sobre as exigências formuladas para o registro do título, dissensão esta que deve ser decidida a partir de sua conformação no momento da suscitação.

Assim, o não cumprimento de uma das exigências e sua não impugnação gera a impossibilidade de conhecimento da dúvida, pois corre-se o risco de decisão não gerar seu cumprimento irrestrito, acaso não atendida a exigência não impugnada, o que transformaria o procedimento de dúvida em meio de consulta ao Juiz Corregedor Permanente, o que não se admite (TJSP – CSM – Ap. 000.608.6/7-00 rel. Des. Gilberto Passos de Freitas – j. 21.12.2006).

Ou, ainda, não acolhida a dúvida, restará um requisito não atendido, impedindo-se o registro e afastando o comando positivo necessariamente binário – registre-se ou não – emitido nos procedimentos de dúvida registral.

3. Ante o exposto, pelo meu voto, prejudicada a dúvida, não conheço do recurso.

RICARDO ANAFE

Corregedor Geral da Justiça e Relator. (DJe de 14.08.2020 – SP)

PODER JUDICIÁRIO

TRIBUNAL DE JUSTIÇA DO ESTADO DE SÃO PAULO

CONSELHO SUPERIOR DA MAGISTRATURA

Apelação Cível nº 1004462-94.2019.8.26.0073

Registro: 2020.0000339780

ACÓRDÃO

Vistos, relatados e discutidos estes autos de **Apelação Cível nº 1004462-94.2019.8.26.0073**, da Comarca de **Avaré**, em que é apelante **NUTRIEN AG SOLUTIONS INDÚSTRIA E COMÉRCIO DE PRODUTOS AGRÍCOLAS LTDA. (EM RECUPERAÇÃO JUDICIAL)**, é apelado **OFICIAL DE REGISTRO DE IMÓVEIS E ANEXOS DA COMARCA DE AVARÉ.**

ACORDAM, em Conselho Superior de Magistratura do Tribunal de Justiça de São Paulo, proferir a seguinte decisão: **"Negaram provimento ao recurso, v.u."**, de conformidade com o voto do Relator, que integra este acórdão.

O julgamento teve a participação dos Exmos. Desembargadores **PINHEIRO FRANCO (PRESIDENTE TRIBUNAL DE JUSTIÇA) (Presidente), LUIS SOARES DE MELLO (VICE PRESIDENTE), XAVIER DE AQUINO (DECANO), GUILHERME G. STRENGER (PRES. SEÇÃO DE DIREITO CRIMINAL), MAGALHÃES COELHO(PRES. DA SEÇÃO DE DIREITO PÚBLICO) E DIMAS RUBENS FONSECA (PRES. DA SEÇÃO DE DIREITO PRIVADO).**

São Paulo, 28 de abril de 2020.

RICARDO ANAFE

Corregedor Geral da Justiça e Relator

Apelação Cível nº 1004462-94.2019.8.26.0073

Apelante: Nutrien Ag Solutions Indústria e Comércio de Produtos Agrícolas Ltda. (Em Recuperação Judicial)

Apelado: Oficial de Registro de Imóveis e Anexos da Comarca de Avaré

VOTO Nº 31.132

Registro de Imóveis – Imóvel rural – Constituição de garantia de alienação fiduciária em favor de instituição financeira cujo controle societário é detido por pessoa jurídica estrangeira – Lei nº 5.709/71, art. 1º, § 1º – Orientação normativa contida na decisão da Corregedoria Geral da Justiça, que aprovou o Parecer nº 461/2012-E, suspensa por força de liminar deferida na Ação Civil Originária – ACO 2463, em curso perante o E. STF – Exigências mantidas – Dúvida julgada procedente – Apelação não provida.

1. Trata-se de apelação interposta por *Nutrien AG Solutions Indústria e Comércio de Produtos Agrícolas Ltda.* contra a sentença proferida pelo MM. Juiz Corregedor Permanente do Oficial de Registro de Imóveis, Títulos e Documentos e Civil de Pessoa Jurídica da Comarca de Avaré/SP, que julgou procedente a dúvida suscitada e manteve a recusa ao registro do instrumento particular de abertura de crédito e seu aditivo, garantido por alienação fiduciária de parte ideal correspondente a 94,5361536% do imóvel rural denominado Sítio do Cerrado, objeto da matrícula nº 38.463 da referida serventia imobiliária (fl. 117/120).

Alega a apelante, em síntese, que a hipótese não se refere à aquisição de imóvel rural por estrangeiro, mas sim, à constituição de garantia de alienação fiduciária em favor de instituição financeira cujo controle societário é detido por pessoa jurídica estrangeira, razão pela qual não se aplicam ao caso concreto as restrições estabelecidas pela Lei nº 5.709/1971 (fl. 128/139).

Na nota de devolução expedida (fl. 83), o Oficial registrador formulou duas exigências: "*1. Juntar a autorização do INCRA para a aquisição, tendo em vista que a maioria do capital social é detida por empresas estrangeiras, em atenção ao disposto no artigo 1º, § 1º, e no artigo 6º, ambos da Lei 5.709/71. A credora Nutrien AG Solutions Indústria e Comércio de Produtos Agrícolas Ltda tem como sócias Alberta Ltd (610918) empresa canadense (0,000002) e Nutrien AG Solutions Participações Ltda (99,9999998) e esta tem como sócias Nutrien AG Solutions Argentina S/A – empresa argentina (0,11) e a Alberta Ltd (610918) – empresa candense (99,89). 2. Em virtude da autorização do INCRA solicitada no item acima, a transmissão da propriedade resolúvel do imóvel deve ser feita através de escritura pública (artigo 8º da Lei 5.709/71)."*

A D. Procuradoria de Justiça opinou pelo não provimento do recurso (fl. 157/161).

É o relatório.

2. Dispõe a Lei nº 5.709/71 que:

"Art. 1º – O estrangeiro residente no País e a pessoa jurídica estrangeira autorizada a funcionar no Brasil só poderão adquirir imóvel rural na forma prevista nesta Lei.

§ 1º – Fica, todavia, sujeita ao regime estabelecido por esta Lei a pessoa jurídica brasileira da qual participem, a qualquer título, pessoas estrangeiras físicas ou jurídicas que tenham a maioria do seu capital social e residam ou tenham sede no Exterior.

§ 2º – As restrições estabelecidas nesta Lei não se aplicam aos casos de sucessão legítima, ressalvado o disposto no art. 7º".

A matéria relativa à interpretação do § 1º do art. 1º da Lei nº 5.709/71, que para efeito das restrições de aquisição de imóvel rural por estrangeiro equipara a pessoa jurídica brasileira que tenha sede no exterior ou cuja maioria acionária seja estrangeira, foi objeto de apreciação pelo Órgão Especial deste Tribunal de Justiça do Estado de São Paulo**[1]**.

Em consonância com o entendimento adotado por referido órgão julgador, sobreveio orientação normativa da Corregedoria Geral da Justiça do Estado de São Paulo no sentido de que: *"o § 1.° do artigo 1.° da Lei n.° 5.709/1971 não foi recepcionado pela Constituição Federal de 1988, de sorte a dispensar os tabeliães e oficiais de registro de observarem as restrições e as determinações impostas pela Lei n.° 5.709/1971 e pelo Decreto n.° 74.965/1974, bem como do cadastramento no Portal do Extrajudicial, em relação às pessoas jurídicas brasileiras cuja maioria do capital social se concentre em poder de estrangeiros residentes fora do Brasil ou de pessoas jurídicas com sede no exterior."* (Parecer nº 461/2012-E, proferido nos autos do Processo CG nº 83.224/2010, aprovado pelo então Corregedor Geral da Justiça, Desembargador José Renato Nalini, por decisão datada de 05.12.2012).

O tema voltou a ser debatido perante o Supremo Tribunal Federal, em virtude de ação ajuizada pela União e o Instituto Nacional de Colonização e Reforma Agrária Incra contra o Estado de São Paulo (Ação Civil Originária nº 2.463), visando a declaração de nulidade da orientação normativa contida no Parecer nº 461/2012-E da Corregedoria Geral da Justiça deste Estado, acima transcrito, para o fim de lhes assegurar a atribuição de autorizar, ou não, a aquisição de propriedade rural, no Brasil, por pessoas jurídicas brasileiras cuja maioria do capital social pertença a estrangeiros residentes no exterior ou com sede em outro país.

Em atenção à liminar**[2]** deferida pelo ilustre Ministro Marco Aurélio nos autos da referida ação, foi publicado o Comunicado CG nº 1577/2016 (DJe de 08.09.2016), nos seguintes termos:

"COMUNICADO CG Nº 1577/2016

PROCESSO Nº 2010/83224 – A Corregedoria Geral da Justiça COMUNICA que, nos Autos da Ação Cível Originária ACO 2463 Distrito Federal, foi deferida pelo Excelentíssimo Senhor Ministro do Supremo Tribunal Federal, liminar suspendendo os efeitos do Parecer nº 461/12-E, de 03/12/2012, acolhido por r. decisão de 05/12/2012, do Excelentíssimo Senhor Corregedor Geral da Justiça do Estado de São Paulo, que dispensou os Tabeliães e Oficiais de Registro de observarem as restrições e determinações impostas pela Lei nº 5709/1971 e pelo Decreto nº 74965/1974 e do cadastramento no Portal do Extrajudicial, em relação às pessoas jurídicas brasileiras cuja maioria do capital social se concentre em poder de estrangeiros residentes fora do Brasil ou de pessoas jurídicas com sede no exterior, até o julgamento definitivo da ação."

Ou seja, a orientação que dispensava os Tabeliães e Oficiais de Registro de observarem as restrições e determinações impostas pela Lei nº 5.709/1971 e pelo Decreto nº 74.965/1974 e do cadastramento no Portal do Extrajudicial, em relação às pessoas jurídicas brasileiras cuja maioria do capital social se concentre em poder de estrangeiros residentes fora do Brasil ou de pessoas jurídicas com sede no exterior, está suspensa.

Logo, estando suspensa a dispensa antes autorizada, prevalecem as restrições e determinações trazidas pela Lei nº 5.709/1971 e pelo Decreto nº 74.965/1974 que, assim, devem ser observadas pelos Tabeliães e Oficiais de Registro.

E considerando que, até a presente data, não há notícia do julgamento da ACO 2463 pelo E. Superior Tribunal Federal3, tal orientação vem sendo cumprida pelas serventias extrajudiciais do Estado de São Paulo. Nesse sentido, e não como interpretou a apelante, é o Parecer nº 182/2018-E nos autos do Processo nº 2018/00063613 da Corregedoria Geral da Justiça do Estado de São Paulo.

Acrescente-se que, sobre a aquisição de imóvel rural por pessoa jurídica estrangeira, assim dispõem as Normas de Serviço da Corregedoria Geral da Justiça:

"Capítulo XVI, Subseção II – Dos Imóveis Rurais

70. A pessoa jurídica estrangeira autorizada a funcionar no Brasil somente pode adquirir bens imóveis rurais, seja qual for a extensão, mediante a prévia aprovação do Ministério da Agricultura.

(...)

74. Quando o adquirente de imóvel rural for pessoa jurídica estrangeira, da escritura pública correspondente à aquisição constará, obrigatoriamente, a aprovação pelo Ministério da Agricultura, os documentos comprobatórios de sua constituição e de licença para seu funcionamento no Brasil e, nos casos previstos no § 3.º do art. 12 da Lei n.º 5.709, de 7 de outubro de 1971, e no § 3.º do art. 5.º do Decreto 74.965, de 26 de novembro de 1974, a autorização do Presidente da República.

74.1. O prazo de validade do deferimento do pedido é de 30 (trinta) dias, dentro do qual deverá ser lavrada a escritura.

75. O Tabelião de Notas, que lavrar escritura que viole as prescrições legais atinentes à aquisição de imóvel rural por pessoa estrangeira, e o Oficial de Registro de Imóveis, que a registrar, responderão civil e criminalmente por tais atos".

E também:

"Subseção VIII – 1. Do Livro de Registro de Aquisição de Imóveis Rurais por Estrangeiros

97. O Livro de Registro de Aquisição de Imóveis Rurais por Estrangeiros terá o formato e os lançamentos preconizados no regulamento da lei que o instituiu.

97.1. A escrituração deste livro não dispensa a correspondente do Livro nº 2 de Registro Geral.

(...)

99. Na aquisição de imóvel rural por pessoa estrangeira, física ou jurídica, é da essência do ato a escritura pública, sendo vedado ao registrador, sob pena de responsabilidade, registrar títulos que não atendam aos requisitos legais.

(...)

103. Aplicam-se as mesmas restrições relativas à aquisição de imóvel rural por estrangeiro aos casos de fusão ou incorporação de empresas, de alteração de controle acionário de sociedade, ou de transformação de pessoa Jurídica nacional para pessoa jurídica estrangeira."

Nesse cenário, havendo expressas disposições legais e normativas sobre o tema e, ainda, considerando que a alienação fiduciária transfere a propriedade resolúvel, o que também justifica a exigência de autorização quando o credor é estrangeiro, mostra-se correta a recusa formulada pelo registrador. Por conseguinte, há que ser mantida a sentença proferida pelo MM. Juiz Corregedor Permanente.

3. À vista do exposto, pelo meu voto, **NEGO PROVIMENTO** ao recurso.

RICARDO ANAFE

Corregedor Geral da Justiça e Relator.

Notas:

[1] *TJSP; Mandado de Segurança Cível 0058947-33.2012.8.26.0000; Relator (a): Guerrieri Rezende; Órgão Julgador: Órgão Especial; Tribunal de Justiça de São Paulo; Data do Julgamento: 12/09/2012; Data de Registro: 05/10/2012.*

[2] *Andamento processual: 01/09/2016 – Liminar deferida – Por MIN. MARCO AURÉLIO. Em 1/9/2016. "...3. Defiro a liminar pleiteada para suspender os efeitos do parecer nº 461/12-E da Corregedoria-Geral da Justiça de São Paulo, até o julgamento definitivo desta ação. 4. Considerada a identidade de objetos, apensem este processo ao revelador da arguição de descumprimento de preceito fundamental nº 342, para julgamento conjunto. 5. Pronunciem-se os autores acerca da contestação. 6. Vindo ao processo a manifestação, colham o parecer da Procuradoria-Geral da República. 7. Publiquem."*

[3] http://portal.stf.jus.br/processos/detalhe.asp?incidente=4598070 (DJe de 19.06.2020 – SP)

PODER JUDICIÁRIO

TRIBUNAL DE JUSTIÇA DO ESTADO DE SÃO PAULO

CONSELHO SUPERIOR DA MAGISTRATURA

Apelação nº 1000608-76.2019.8.26.0337

Registro: 2020.0000283127

ACÓRDÃO

Vistos, relatados e discutidos estes autos de **Apelação Cível nº 1000608-76.2019.8.26.0337**, da Comarca de **Mairinque**, em que é apelante **TERSI FERREIRA BUENO**, é apelado **OFICIAL DE REGISTRO DE IMÓVEIS E**

ACORDAM, em Conselho Superior de Magistratura do Tribunal de Justiça de São Paulo, proferir a seguinte decisão: **"Deram provimento ao recurso para julgar improcedente a dúvida,**

afastando as exigências e determinando a averbação dos leilões negativos e o registro da escritura de compra e venda na matrícula 3.823, do Registro de Imóveis, Títulos e Documentos e Civil de Pessoas Jurídicas de Mairinque, v.u.", de conformidade com o voto do Relator, que integra este acórdão.

O julgamento teve a participação dos Exmos. Desembargadores **PINHEIRO FRANCO (PRESIDENTE TRIBUNAL DE JUSTIÇA) (Presidente), LUIS SOARES DE MELLO (VICE PRESIDENTE), XAVIER DE AQUINO (DECANO), GUILHERME G. STRENGER (PRES. SEÇÃO DE DIREITO CRIMINAL), MAGALHÃES COELHO(PRES. DA SEÇÃO DE DIREITO PÚBLICO) E DIMAS RUBENS FONSECA (PRES. DA SEÇÃO DE DIREITO PRIVADO).**

São Paulo, 13 de fevereiro de 2020.

RICARDO ANAFE

Corregedor Geral da Justiça e Relator

Apelação Cível nº 1000608-76.2019.8.26.0337

Apelante: Tersi Ferreira Bueno

Apelado: Oficial de Registro de Imóveis e Anexos da Comarca de Mairinque

VOTO Nº 31.091

Registro de Imóveis – Alienação fiduciária em garantia – Publicação de edital em jornal de grande circulação e na rede mundial de computadores – Leilões pelas modalidades virtual e presencial realizados em local diverso do imóvel – Inexistência de regra legal a impor a realização do leilão presencial no local do imóvel – Inteligência dos arts. 879, II, e 882, CPC, e art. 27, caput, da Lei nº 9.514/1997 – Dúvida improcedente – Recurso provido para determinar a averbação dos leilões negativos e o registro da escritura de compra e venda.

1. Trata-se de recurso de apelação interposto por **TERSI FERREIRA BUENO** contra a sentença de fl. 103/105, que julgou procedente a dúvida e manteve a recusa, entendendo pelo nã cumprimento da publicidade dos editais, eis que não há comprovação de que o jornal "Diário Comércio Indústria & Serviços" tenha circulação em Mairinque ou na região de Sorocaba, bem como a inexistência de prova de publicação em mídia eletrônica.

A dúvida foi suscitada pelo Oficial de Registro de Imóveis, Títulos e Documentos e Civil de Pessoas Jurídicas de Mairinque, a partir da nota devolutiva nº 6.001, de 11.03.2019, que qualificou negativamente escritura de compra e venda de imóvel matrícula nº 3.823, objeto de leilão extrajudicial da Caixa Econômica Federal, por conta de consolidação da propriedade alienada fiduciariamente em garantia. O fundamento da recusa é o fato dos editais e a realização do leilão do bem terem se dado em local diverso da situação do imóvel, entendendo pela necessidade de apresentação de comprovação da publicação dos editais em jornal de circulação em Mairinque, bem como que o leilão se realize na Comarca (fl. 1/4).

O recurso sustenta, em resumo, que houve publicação regular dos leilões no jornal "Diário Comércio Indústria e Serviços", de circulação nacional e estadual, abrangendo as comarcas de Sorocaba e Mairinque, visto esta última não possuir jornal de circulação diária. Afirma que houve publicação eletrônica dos editais pelo jornal DCI no endereço eletrônico https://www.dci.com.br, passível de consulta na aba "consultas" e "atos legais" de forma pública e gratuita, além do sítio eletrônico do leiloeiro "fidalgoleiloes.com.br", sendo os leilões realizados na forma presencial e online por leiloeiro oficial. Sustenta não haver previsão legal para que os leilões ocorram no mesmo local de situação do imóvel.

Pretende o afastamento da recusa e a determinação de averbação dos leilões negativos, bem como o registro da escritura de compra e venda do imóvel leiloado.

A Procuradoria Geral de Justiça manifestou-se pelo não provimento do recurso (fl. 190/191).

É o relatório.

2. Conheço do recurso de apelação, eis que presentes seus requisitos de admissibilidade.

A presente suscitação de dúvida tem por objeto a recusa de averbação da realização de leilões negativos realizados pela Caixa Econômica Federal, visando a venda pública de imóveis alienados fiduciariamente cuja propriedade, por conta do inadimplemento dos devedores, fora consolidada, bem como da escritura de compra e venda firmada entre a instituição financeira e o ora apelante, Tersi Ferreira Bueno.

O Oficial do registro de imóveis fundamenta sua recusa, em resumo, em dois fatos: a) ausência de comprovação de publicação do edital em jornal de circulação na Comarca de Mairinque, local do imóvel; e b) ilegalidade da realização do leilão em Comarca diversa daquela em que localizado o bem imóvel.

No caso concreto, observa-se que a Caixa Econômica Federal (CEF) realizou leilões no Município de Campinas, efetuando a venda de diversos imóveis, dentre eles o objeto deste procedimento de dúvida, localizado em Mairinque. Os leilões se deram nas modalidades presencial e virtual (fl. 130/149), sendo precedidos da publicação de editais no sítio eletrônico do leiloeiro e do jornal "Diário Comércio Indústria e Serviços", que também realizou a publicação física dos atos, o que se observa das cópias dos jornais e da cópia obtida no sítio eletrônico do periódico (fl. 124/129 e 150/155).

Também há declaração do jornal DCI informando que o periódico circula nos municípios da Comarca de Sorocaba, incluindo Ibiúna, Mairinque, Alumínio, São Roque, Votorantim e Sorocaba (fl. 156).

As publicações de editais em jornais físicos e eletrônicos pelo jornal "Diário Comércio Indústria & Serviços", para fins de realização de leilões de imóveis cuja propriedade fiduciária foi consolidada em favor da Caixa Econômica Federal, foram entendidas por suficientes para fins de realização dos leilões extrajudiciais dos bens dados em garantia, conforme os seguintes precedentes deste C. Conselho Superior da Magistratura: Ap. 1028829-62.2018.8.26.0577 – rel. Des. Pinheiro Franco (Corregedor Geral da Justiça) – j. 19.09.2019; Ap. 1001256-15.2019.8.26.0577 – rel. Des. Pinheiro Franco (Corregedor Geral da Justiça) – j. 12.09.2019; Ap. 1001252-75.2019.8.26.0577 – rel. Des. Pinheiro Franco (Corregedor Geral da Justiça) – j. 03.09.2019).

Assim, suficiente a divulgação do local do leilão físico e do endereço virtual para sua realização pela rede mundial de computadores, através da publicação em sítio eletrônico do leiloeiro e do jornal físico em que se publicaram os editais, somados à publicação física em jornal de grande circulação, como o caso.

Da mesma forma, a realização do leilão presencial e virtual concomitante afasta qualquer interpretação no sentido da obrigatoriedade da venda do bem consolidado se dê no mesmo local do imóvel. Afinal, sendo o leilão realizado por ferramenta virtual autorizada pela legislação geral (arts. 879, II e 882, § 1º, CPC) e não havendo norma especial exigindo que o mesmo ocorra presencialmente no local do imóvel (art. 27, *caput*, Lei nº 9.514/1997), não há como se reconhecer a necessidade da formalidade indicada pelo Oficial registrador. O que se exige, apenas, é que o leilão seja precedido de ampla divulgação e que se permita a participação do maior número de licitantes possíveis.

E, no caso de realização de leilão pela rede mundial de computadores, não há como se afastar o atendimento pleno do princípio da publicidade e ampla participação de interessados no leilão, seja em benefício do credor, seja em benefício do próprio devedor.

Não há, portanto, qualquer vício a atingir a convocação para o leilão decorrente da publicação dos editais, e a própria realização do certame, feito na forma presencial e online, não havendo elementos para se infirmar aquilo que declarado pelo leiloeiro na formalização do ato.

Sendo o leilão presencial e virtual, eventual litígio envolvendo sua realização e a própria arrematação do bem deverá ser dirimido em ação judicial, com a participação de todos os interessados, respeitando-se o contraditório e a ampla defesa.

3. Por tais fundamentos, **DOU PROVIMENTO** ao recurso para julgar improcedente a dúvida, afastando as exigências e determinando a averbação dos leilões negativos e o registro da escritura de compra e venda na matrícula nº 3.823 do Registro de Imóveis, Títulos e Documentos e Civil de Pessoas Jurídicas de Mairinque.

RICARDO ANAFE

Corregedor Geral da Justiça e Relator. (DJe de 30.04.2020 – SP)

PODER JUDICIÁRIO

TRIBUNAL DE JUSTIÇA DO ESTADO DE SÃO PAULO

CONSELHO SUPERIOR DA MAGISTRATURA

Apelação nº 0004485-33.2019.8.26.0566

Registro: 2020.0000282840

ACÓRDÃO

Vistos, relatados e discutidos estes autos de **Apelação Cível nº 0004485-33.2019.8.26.0566**, da Comarca de **São Carlos**, em que é apelante **RAFAEL DE LUCA PERASSOLI**, é apelado **OFICIAL DE REGISTRO DE IMÓVEIS DA COMARCA DE SÃO CARLOS.**

ACORDAM, em Conselho Superior de Magistratura do Tribunal de Justiça de São Paulo, proferir a seguinte decisão: **"Deram provimento ao recurso, v.u."**, de conformidade com o voto do Relator, que integra este acórdão.

O julgamento teve a participação dos Exmos. Desembargadores **PINHEIRO FRANCO (PRESIDENTE TRIBUNAL DE JUSTIÇA) (Presidente), LUIS SOARES DE MELLO (VICE PRESIDENTE), XAVIER DE AQUINO (DECANO), GUILHERME G. STRENGER (PRES. SEÇÃO DE DIREITO**

CRIMINAL), MAGALHÃES COELHO(PRES. DA SEÇÃO DE DIREITO PÚBLICO) E DIMAS RUBENS FONSECA (PRES. DA SEÇÃO DE DIREITO PRIVADO).

São Paulo, 15 de abril de 2020.

RICARDO ANAFE
Corregedor Geral da Justiça e Relator

Apelação Cível nº 0004485-33.2019.8.26.0566

Apelante: RAFAEL DE LUCA PERASSOLI

Apelado: Oficial de Registro de Imóveis e Anexos da Comarca de São Carlos

VOTO Nº 31.127

Registro de Imóveis – Alienação fiduciária em garantia – Leilão extrajudicial – Notificação do devedor remetida ao endereço constante do contrato e pessoalmente recebida pelo devedor fiduciante – Título que, em seus aspectos formais, preenche os requisitos para registro – Eventual declaração da inexistência da comunicação, ou de vício em sua realização, que deverá ser objeto de análise em ação própria, de natureza contenciosa – Dúvida julgada improcedente – Recurso provido.

1. RAFAEL DE LUCA PERASSOLI interpõe apelação contra r. sentença de fl. 127/131, que julgou procedente a dúvida suscitada pelo 1º Oficial de Registro de Imóveis da Comarca de São Carlos, São Paulo, para negar o registro da escritura pública de venda e compra de imóvel adquirido em leilão extrajudicial promovido pela Caixa Econômica Federal, após a consolidação da propriedade em poder desta.

A Nota de Exigência indicou como motivos de recusa do ingresso do título:

"01. Leilão (Art. 27 da Lei Federal 9.514/97):

a) Consta da cláusula 31, parágrafo 4º do contrato que deu origem ao registro n.º 06 da matricula n.º 144.128, o seguinte: "O público leilão (primeiro e/ou segundo) será anunciado mediante edital único com prazo de 10 (dez) dias, contados da primeira divulgação, publicado por 3 (três) dias, ao menos, em um dos jornais de maior circulação no local do imóvel ou outro de comarca de fácil acesso, se, no local do imóvel, não houver imprensa com circulação diária".

b) Conforme se verifica na cópia autenticada dos editais publicados nos dias 15 de junho de 2018, 27.06.2018 e 04 de julho de 2018, bem como da Ata da sessão do 1º leilão público nº 1030/2018/CPA/BU, fica evidenciado que se promove o leilão com licitante em comarca diversa daquela em que situado o bem imóvel.

Pelo exposto acima, fica esta serventia impossibilitada em proceder ao registro pretendido. Obs. Esta exigência tem amparo no Art. 27, §2º-A e §2º-B da Lei Federal 9.514/97, c/c. ainda com o V. Acórdão APC n.º 1007423-92.2017.8.26.0100 da Comarca de São Paulo, publicado no D.O.E., aos 14.08.2018."

O apelante sustenta, em suma, que com o advento da Lei n.º 13.465/2017 as intimações ao devedor fiduciante pelo credor fiduciário devem ser por correspondência dirigida ao endereço constante do contrato celebrado; o devedor fiduciante foi devidamente intimado; o edital de leilão foi publicado em duas datas diferentes; a alteração ao procedimento de intimação do devedor pela Lei n.º 13.465/2017, por ser mais eficaz, deve ser tida com válida.

A D. Procuradoria Geral de Justiça opinou pelo provimento do recurso (fl. 162/164).

É o relatório.

2. O recurso merece provimento.

Com efeito, o Oficial de Registro de Imóveis, atuando como profissional do Direito, tem obrigação de promover o exame exaustivo de qualificação que se destina a afastar do registro os títulos que não preenchem os requisitos legais para sua inscrição.

Essa é a redação do Item 38, do Capítulo XX das Normas de Serviço da Corregedoria Geral da Justiça:

38 – É dever do Registrador proceder ao exame exaustivo do título apresentado. Havendo exigências de qualquer ordem, deverão ser formuladas de uma só vez, por escrito, de forma clara e objetiva, em formato eletrônico ou papel timbrado do cartório, com identificação e assinatura do preposto responsável, para que o interessado possa satisfazê-las ou requerer a suscitação de dúvida ou procedimento administrativo.

No caso, verifica-se que a nota devolutiva de fl. 07, qualifica negativamente o título pelos seguintes motivos: a) os editais dos leilões não foram publicados no local da situação do imóvel; e b) o leilão foi realizado em local diverso da situação do imóvel, sem previsão legal ou contratual.

A propósito, cumpre anotar que, embora tenha sido o contrato celebrado no ano de 2011 (fl. 72/101), o procedimento de expropriação se deu já na vigência da Lei nº 13.465/17, que incluiu o § 2º, item "a", ao art. 27 da Lei nº 9.514/97:

"Art. 27. Uma vez consolidada a propriedade em seu nome, o fiduciário, no prazo de trinta dias, contados da data do registro de que trata o § 7º do artigo anterior, promoverá público leilão para a alienação do imóvel.

(...)

§ 2º-A. Para os fins do disposto nos §§ 1º e 2º deste artigo, as datas, horários e locais dos leilões serão comunicados ao devedor mediante correspondência dirigida aos endereços constantes do contrato, inclusive ao endereço eletrônico."

No caso concreto, há indicação correta de notificação do devedor no endereço contratual, conforme se verifica dos documentos de fl. 114 em exata correspondência com o devedor e endereço de fl. 72/101.

No mais, foram promovidos os leilões nas modalidades virtual e presencial, e, além disso, houve publicação do edital em jornal de grande circulação nacional em três datas distintas, quais sejam: 15/06/2018, 27/06/2018 e 04/07/2018 (fl. 16/18).

Em decorrência, não há qualquer vício na publicação do edital que possa ser reconhecido em procedimento de dúvida.

De igual modo ocorre com a realização do leilão presencial em Comarca diversa, pois, de forma concomitante, também se realizou o ato de forma virtual, em endereço da *Internet* divulgado no Edital que foi publicado em jornal de grande circulação nacional (Diário Comércio Indústria & Serviços).

Assim, diante da informação de que o credor fiduciário realizou prévia comunicação dos leilões ao devedor fiduciante (fl. 114) não cabe impedir o registro da escritura de compra e venda, observando-se, ademais, que eventual declaração da inexistência da comunicação, ou de vício em sua realização, deverão ser obtidas pelo devedor em eventual ação própria, a ser movida contra todos os interessados.

Por fim, a forma de publicação do edital e de realização dos leilões não se confundem com a situação verificada por este Col. Conselho Superior da Magistratura no julgamento da Apelação n.º 1007423-92.2017.8.26.0100; naquele caso, o edital foi publicado em jornal que não tinha circulação no local do imóvel e, além disso, o leilão, apenas se realizou pela modalidade física na Comarca de Vitória, Estado do Espirito Santo, sem autorização no respectivo contrato de alienação fiduciária.

3. Ante o exposto, **dou provimento ao recurso.**

RICARDO ANAFE

Corregedor Geral da Justiça e Relator. (DJe de 08.05.2020 – SP)

PODER JUDICIÁRIO

TRIBUNAL DE JUSTIÇA DO ESTADO DE SÃO PAULO

CONSELHO SUPERIOR DA MAGISTRATURA

Apelação Cível nº 1007822-05.2019.8.26.0019

Registro: 2019.0001054539

ACÓRDÃO

Vistos, relatados e discutidos estes autos de **Apelação Cível nº 1007822-05.2019.8.26.0019**, da Comarca de **Americana**, em que é apelante **WALLACE MULLER CARLOS E OUTROS**, é apelado **OFICIAL DE REGISTRO DE IMOVEIS E ANEXOS DA COMARCA DE AMERICANA.**

ACORDAM, em Conselho Superior de Magistratura do Tribunal de Justiça de São Paulo, proferir a seguinte decisão: **"Negaram provimento à apelação, v.u."**, de conformidade com o voto do Relator, que integra este acórdão.

O julgamento teve a participação dos Exmos. Desembargadores **PEREIRA CALÇAS (PRESIDENTE TRIBUNAL DE JUSTIÇA) (Presidente), ARTUR MARQUES (VICE PRESIDENTE), XAVIER DE AQUINO (DECANO), EVARISTO DOS SANTOS(PRES. DA SEÇÃO DE DIREITO PÚBLICO), CAMPOS MELLO (PRES. DA SEÇÃO DE DIREITO PRIVADO) E FERNANDO TORRES GARCIA(PRES. SEÇÃO DE DIREITO CRIMINAL).**

São Paulo, 10 de dezembro de 2019.

GERALDO FRANCISCO PINHEIRO FRANCO

Corregedor Geral da Justiça e Relator

Apelação Cível nº 1007822-05.2019.8.26.0019

Apelante: Wallace Muller Carlos e outros

Apelado: Oficial de Registro de Imóveis e Anexos da Comarca de Americana

VOTO Nº 38.008

Registro de Imóveis – Instrumento de compra e venda de lote, com pacto de alienação fiduciária – Item 171 das NSCGJ – É vedado o registro de alienação voluntária, com formação de condomínio voluntário, que implique fraude ou qualquer outra hipótese de descumprimento da legislação de parcelamento

do solo urbano – Ausência de vínculo pessoal entre os adquirentes a justificar a aquisição em condomínio geral, mesmo que para fins de investimento – Recurso não provido.

Trata-se de apelação interposta por Wallace Muller Carlos e outros contra r. sentença de fls. 94/98, que julgou procedente a dúvida e manteve a negativa ao registro de instrumento particular de compra e venda, com pacto adjeto de garantia fiduciária tendo por objeto lote situado em loteamento registrado.

Os apelantes sustentam a ausência de ilegalidade na formação de condomínio voluntário, a falta de interesse no desmembramento do lote, a intenção de investimento imobiliário e a não aquisição de fração ideal de forma a competir o registro do título (a fls. 110/112).

A D. Procuradoria Geral de Justiça opinou pelo não provimento do recurso (a fls. 127/130).

É o relatório.

Inicialmente observo a existência de precedente específico deste C. Conselho Superior da Magistratura envolvendo outro lote no mesmo loteamento, cujo contrato era idêntico ao ora apresentado a registro.

A ementa do referido precedente administrativo é a seguinte:

REGISTRO DE IMÓVEIS. Instrumento de compra e venda de lote, com pacto de alienação fiduciária. Item 171 das NSCGJ. É vedado o registro de alienação voluntária, com formação de condomínio voluntário, que implique fraude ou qualquer outra hipótese de descumprimento da legislação de parcelamento do solo urbano. Recurso desprovido (Apelação Cível: 1000889-50.2018.8.26.0019, Rel. Des. Pinheiro Franco, j. 22/10/2018).

Apesar da não ocorrência de efeito semelhante a coisa julgada material ou de preclusão administrativa, este julgamento seguirá a mesma fundamentação uma vez que não houve modificação da compreensão deste Colegiado.

Foi prenotado no registro de imóveis instrumento particular de compra e venda, com pacto de alienação fiduciária em garantia (a fls. 21/36), nos termos do art. 61 e parágrafos da Lei nº 4.380/64, com a redação da Lei n. 9.514/97, que tem por objeto o imóvel matriculado sob o n. 130.722.

O negócio jurídico que se busca o registro, portanto, envolve compra de imóvel, na qual figuram como compradores Wallace Muller Carlos e Valdeci Candido, procurando os outorgados a instituição de condomínio civil, com frações ideais de 50% para cada um dos compradores, nos termos do parágrafo único do art. 1.315 do Código Civil.

Muito embora sustentem os apelantes que a venda em favor de dois adquirentes não configura alteração do loteamento e tampouco esteja sendo feita em parte certa e localizada do lote, mas sim em frações ideais do todo, está demonstrado, na hipótese, que a venda está sendo feita a pessoas que não possuem qualquer vínculo entre si.

Tampouco faz sentido a afirmação de se cuidar de investimento imobiliário entre pessoas sem contato pessoal anterior (informado nos autos) e, igualmente, qual o projeto financeiro em consideração à situação fática existente, bem como da aquisição do imóvel pela importância total de R$ 129.000,00 (cento e vinte e nove mil reais).

Como se observa do precedente acima indicado ocorre a existência de outros títulos de alienação celebrados em situação idêntica à presente, o que é bastante para se concluir pela tentativa de descaracterização do plano de loteamento aprovado pelo município com o devido registro na serventia imobiliária e divisão de quadras e lotes, em atendimento às posturas legais, urbanísticas e ambientais.

De outra parte, a afirmação dos apelantes de que não pretendem efetuar o desdobro do lote não afasta a fundamentação exposta.

A incomum situação da aquisição de um lote em condomínio geral por pessoas sem relacionamento anterior, associada à tentativa de registro de título semelhante no mesmo loteamento é suficiente para se concluir que o ingresso de títulos dessa natureza poderia levar à modificação do plano do loteamento, o que afronta normas cogentes.

As Normas de Serviço desta Corregedoria Geral da Justiça também tratam do tema, em seu Capítulo XX, com expressa vedação à formação de condomínio voluntário que traduza fraude à Lei 6.766/79:

171. É vedado o registro de alienação voluntária de frações ideais com localização, numeração e metragem certas, ou a formação de condomínio voluntário, que implique fraude ou qualquer outra hipótese de descumprimento da legislação de parcelamento do solo urbano, de condomínios edilícios e do Estatuto da Terra. A vedação não se aplica à hipótese de sucessão causa mortis.

Por fim, além do precedente específico mencionado, há vários outros deste E. Conselho Superior da Magistratura, a exemplo dos seguintes:

REGISTRO DE IMÓVEIS – Escritura pública de compra e venda – Alienação de fração ideal de imóvel a pessoas sem vínculos Vedação – Desdobro de lote – Registro obstado Item. 171 das Normas de Serviço da Corregedoria Geral da Justiça – Recurso desprovido (Apelação Cível: 1000352-08.2018.8.26.0584, Rel. Des. Pinheiro Franco, j. 24/01/2019).

REGISTRO DE IMÓVEIS – ESCRITURA PÚBLICA DE VENDA E COMPRA DE FRAÇÃO IDEAL – ELEMENTOS INDICATIVOS DE PARCELAMENTO ILEGAL DO SOLO – IMÓVEL DESMEMBRADO EM TAMANHO INFERIOR AO DO MÓDULO RURAL – OFENSA AO SISTEMA NACIONAL DE CADASTRO RURAL – AUSÊNCIA, DEMAIS, DE VÍNCULO ENTRE OS COPROPRIETÁRIOS – DESQUALIFICAÇÃO REGISTRAL CONFIRMADA – REGISTRO OBSTADO – RECURSO DESPROVIDO. (Apelação n.º 0000881-74.2015.8.26.0414, Des. PEREIRA CALÇAS).

REGISTRO DE IMÓVEIS – Escritura pública de venda e compra de fração ideal – Elementos indicativos de parcelamento ilegal do solo – Vendas sucessivas de frações ideais do mesmo bem imóvel – Ausência de vínculo entre os coproprietários – Erros pretéritos não justificam outros – Adquirentes cientes da orientação normativa do C. CSM e da E. CGJ – Desqualificação registral confirmada – Registro obstado – Recurso provido. (Apelação Cível n.º 0009405-61.2012.8.26.0189, Des. RENATO NALINI).

Por todo o exposto, pelo meu voto, nego provimento à apelaçao.

GERALDO FRANCISCO PINHEIRO FRANCO

Corregedor Geral da Justiça e Relator. (DJe de 08.04.2020 – SP)

PODER JUDICIÁRIO

TRIBUNAL DE JUSTIÇA DO ESTADO DE SÃO PAULO

CONSELHO SUPERIOR DA MAGISTRATURA

Apelação nº 1027307-97.2018.8.26.0577

Registro: 2019.0001054531

ACÓRDÃO

Vistos, relatados e discutidos estes autos de **Apelação Cível nº 1027307-97.2018.8.26.0577**, da Comarca de **São José dos Campos**, em que é apelante **MINISTÉRIO PÚBLICO DO ESTADO DE SÃO PAULO**, é apelada **PORTO SEGURO ADMINISTRADORA DE CONSÓRCIOS LTDA.**

ACORDAM, em Conselho Superior de Magistratura do Tribunal de Justiça de São Paulo, proferir a seguinte decisão: **"Negaram provimento ao recurso. V. U."**, de conformidade com o voto do Relator, que integra este acórdão.

O julgamento teve a participação dos Exmos. Desembargadores **PEREIRA CALÇAS (PRESIDENTE TRIBUNAL DE JUSTIÇA) (Presidente), ARTUR MARQUES (VICE PRESIDENTE), XAVIER DE AQUINO (DECANO), EVARISTO DOS SANTOS(PRES. DA SEÇÃO DE DIREITO PÚBLICO), CAMPOS MELLO (PRES. DA SEÇÃO DE DIREITO PRIVADO) E FERNANDO TORRES GARCIA(PRES. SEÇÃO DE DIREITO CRIMINAL).**

São Paulo, 10 de dezembro de 2019.

GERALDO FRANCISCO PINHEIRO FRANCO

Corregedor Geral da Justiça e Relator

Apelação Cível nº 1027307-97.2018.8.26.0577

Apelante: Ministério Público do Estado de São Paulo

Apelado: Porto Seguro Administradora de Consórcios LTDA

VOTO Nº 38.020

Registro de Imóveis – Alienação fiduciária em garantia – Prova de notificação quanto ao leilão – Publicação do edital em jornal de grande circulação – Leilões, pelas modalidades virtual e, ainda, presencial realizado em local diverso daquele em que situado o imóvel – Dúvida Improcedente – Recurso não provido.

O MINISTÉRIO PÚBLICO DO ESTADO DE SÃO PAULO interpõe apelação contra r. sentença de fls. 44/46, que julgou a dúvida improcedente para afastar a recusa do 2º Oficial de Registro de Imóveis da Comarca de São José dos Campos ao registro de escritura pública de compra e venda anteriormente objeto de alienação fiduciária em garantia.

A D. Procuradoria Geral de Justiça opinou pelo provimento do recurso (fls. 132/134).

É o relatório.

Presentes os pressupostos processuais e administrativos, no mérito, o recurso não merece provimento.

É de conhecimento comum que o Oficial de Registro de Imóveis, atuando como profissional do Direito, tem obrigação de promover o exame exaustivo de qualificação que se destina a afastar do registro os títulos que não preenchem os requisitos legais para sua inscrição.

Essa é a redação do Item 40 do Capítulo XX das Normas de Serviço da Corregedoria Geral da Justiça:

40. É dever do Registrador proceder ao exame exaustivo do título apresentado. Havendo exigências de qualquer ordem, deverão ser formuladas de uma só vez, por escrito, de forma clara e objetiva, em formato eletrônico ou papel timbrado do cartório, com identificação e assinatura do preposto responsável, para que o interessado possa satisfazê-las ou requerer a suscitação de dúvida ou procedimento administrativo.

No caso, verifica-se que a nota devolutiva de fls. 05/07, qualifica negativamente o título pelos seguintes motivos: a) os leilões não foram realizados na Comarca em que situado o imóvel; e b) não se apresentou o comprovante de intimação do devedor acerca dos leilões, tampouco declaração de que isso tenha ocorrido.

Diz o art. 27 da Lei n.º 9.514/97:

Art. 27. Uma vez consolidada a propriedade em seu nome, o fiduciário, no prazo de trinta dias, contados da data do registro de que trata o § 7º do artigo anterior, promoverá público leilão para a alienação do imóvel.

(...)

§ 2°-A. Para os fins do disposto nos §§ 1o e 2o deste artigo, as datas, horários e locais dos leilões serão comunicados ao devedor mediante correspondência dirigida aos endereços constantes do contrato, inclusive ao endereço eletrônico.

No caso concreto, há indicação correta de notificação da devedora no endereço contratual, conforme se verifica dos documentos de fls. 19/20 e 108, em exata correspondência com devedora e endereço de fl. 75.

Desse modo, em seus aspectos formais, o título preenche os requisitos para o registro.

No mais, a Porto Seguro Administradora de Consórcios Ltda. promoveu os leilões nas modalidades virtual e presencial, e, além disso, houve publicação do edital em jornal de circulação (fls. 34/37).

Em decorrência, não há qualquer vício na publicação do edital que possa ser reconhecido em procedimento de dúvida.

Igual ocorre com a realização do leilão presencial em comarcas diversas, pois, de forma concomitante, também se realizou o ato de forma virtual, em endereço da *Internet* divulgado no edital que foi publicado no município da situação do imóvel.

Sendo o leilão presencial e virtual, eventual litígio envolvendo a realização dos leilões e a arrematação do imóvel também deverá ser dirimido em ação jurisdicional, de que participem todos os interessados, com o devido contraditório e ampla defesa.

Diante da informação de que o credor fiduciário realizou prévia comunicação dos leilões à devedora fiduciante, não cabe impedir o registro da escritura de compra e venda, pois a eventual declaração da inexistência da comunicação, ou de vício em sua realização, deverão ser obtidas pela devedora em ação própria, a ser movida contra todos os interessados.

Por fim, a forma de publicação do edital e de realização dos leilões não se confundem com a situação verificada por este Col. Conselho Superior da Magistratura no julgamento da Apelação n.º 1007423-92.2017.8.26.0100; naquele caso, o edital foi publicado em jornal que não tinha circulação no local do imóvel e, além disso, o leilão, apenas se realizou pela modalidade física na Comarca de Vitória, Estado do Espírito Santo, sem autorização no respectivo contrato de alienação fiduciária.

Ante o exposto, **nego provimento ao recurso.**

GERALDO FRANCISCO PINHEIRO FRANCO

Corregedor Geral da Justiça e Relator. (DJe de 31.03.2020 – SP)

Apelação Cível nº 1121498-13.2018.8.26.0100

PODER JUDICIÁRIO

TRIBUNAL DE JUSTIÇA DO ESTADO DE SÃO PAULO

CONSELHO SUPERIOR DA MAGISTRATURA

Apelação n° 1121498-13.2018.8.26.0100
Registro: 2019.0000936700

ACÓRDÃO

Vistos, relatados e discutidos estes autos de **Apelação Cível nº 1121498-13.2018.8.26.0100**, da Comarca de **São Paulo**, em que é apelante **MARCO ANTONIO QUILICI RABELO**, é apelado **15º OFICIAL DE REGISTRO DE IMÓVEIS DA COMARCA DA CAPITAL.**

ACORDAM, em Conselho Superior de Magistratura do Tribunal de Justiça de São Paulo, proferir a seguinte decisão: **"Deram provimento ao recurso para julgar improcedente a dúvida, v.u."**, de conformidade com o voto do Relator, que integra este acórdão.

O julgamento teve a participação dos Exmos. Desembargadores **PEREIRA CALÇAS (PRESIDENTE TRIBUNAL DE JUSTIÇA) (Presidente), ARTUR MARQUES (VICE PRESIDENTE), XAVIER DE AQUINO (DECANO), EVARISTO DOS SANTOS(PRES. DA SEÇÃO DE DIREITO PÚBLICO), CAMPOS MELLO (PRES. DA SEÇÃO DE DIREITO PRIVADO) E FERNANDO TORRES GARCIA(PRES. SEÇÃO DE DIREITO CRIMINAL).**

São Paulo, 1º de novembro de 2019.

GERALDO FRANCISCO PINHEIRO FRANCO

Corregedor Geral da Justiça e Relator

Apelação Cível nº 1121498-13.2018.8.26.0100

Apelante: MARCO ANTONIO QUILICI RABELO

Apelado: 15º Oficial de Registro de Imóveis da Comarca da Capital

VOTO Nº 37.943

Registro de Imóveis – Alienação fiduciária em garantia – Leilão extrajudicial – Notificação da devedora remetida ao endereço constante do contrato – Título que, em seus aspectos formais, preenche os requisitos para registro – Eventual declaração da inexistência da comunicação, ou de vício em sua realização, que deverá ser objeto de análise em ação própria, de natureza contenciosa – Dúvida julgada improcedente – Recurso provido.

Trata-se de apelação interposta por *Marco Antonio Quilici Rabelo* contra r. sentença que julgou a dúvida procedente e manteve a negativa do registro de escritura pública de compra e venda, relativa ao imóvel objeto da matrícula nº 232.858 do 15º Oficial de Registro de Imóveis da Capital, outorgada pelo Banco Caixa Econômica Federal em decorrência da arrematação do imóvel, pelo apelante, em leilão que foi realizado na forma da Lei nº 9.514/97**[1]**.

Alega o apelante, preliminarmente, que o procedimento de constituição em mora foi direcionado para o endereço fornecido no contrato de alienação fiduciária, de forma que, ao indeferir o pedido de produção de provas formulado para demonstrar que a notificação das datas dos leilões foi enviada para o mesmo endereço, teria a MM.ª Juíza Corregedora Permanente cerceado seu direito de defesa. No mais, afirma, em resumo, que a lei prevê o encaminhamento da correspondência ao endereço do contrato, o que efetivamente ocorreu, muito embora o AR tenha retornado com a anotação "mudou-se/desabitado". Aduz que tendo sido o contrato celebrado no ano de 2014, nele não constam informações sobre o endereço eletrônico do devedor, o que somente passou a ser exigido após a vigência da Lei nº 13.465/17. Assim, porque a devedora se mudou e não cumpriu o dever contratual de manter seus cadastros atualizados junto ao banco credor, reputam-se válidas as correspondências encaminhadas ao último endereço declarado no contrato**[2]**.

A douta Procuradoria de Justiça opinou pelo não provimento do recurso**[3]**.

É o relatório.

Desde logo, há que se afastar a alegada ocorrência de cerceamento de defesa.

A pretendida produção de prova documental, solicitada pelo apelante, não se coaduna com o procedimento de dúvida, que se limita, exclusivamente à apreciação objetiva de título pré-constituído e dos princípios registrários de modo a vedar ou permitir o respectivo acesso à tábua. Daí ser vedada a dilação probatória ou diligências tendentes a sanar irregularidades do título, a juntada de novos documentos, realização de perícias ou oitiva de testemunhas.

Sobre o tema, a lição de Walter Ceneviva, segundo o qual a *"restrição do âmbito da diligência se afina com a espécie administrativa em que se enquadra a dúvida, incompatível com a realização de audiência, para depoimento pessoal ou ouvida de testemunhas e com produção de prova pericial"* (Lei dos Registros Públicos Comentada, São Paulo: Saraiva, 18ª ed., p. 452).

Na nota de devolução expedida**[4]**, o registrador exigiu, em cumprimento ao § 2º-A do art. 27 da Lei nº 9.514/97, a apresentação de comunicação dos leilões realizados à devedora fiduciante Asa Comércio de Aromatizadores Ltda., em conformidade à lei vigente, mediante correspondência dirigida aos endereços constantes do contrato, na sua via original ou cópia autenticada, com a ressalva de que o AR apresentado não cumpriu seus objetivos**[5]**. Ou seja, a qualificação negativa do título se deu em razão de ausência de prova segura de que a notificação do devedor quanto à realização do leilão se deu de forma regular.

A propósito, cumpre anotar que, embora tenha sido o contrato celebrado no ano de 2014**[6]**, o procedimento de expropriação se deu já na vigência da Lei nº 13.465/17, que incluiu o § 2º, item "a", ao art. 27 da Lei nº 9.514/97:

> *"Art. 27. Uma vez consolidada a propriedade em seu nome, o fiduciário, no prazo de trinta dias, contados da data do registro de que trata o § 7º do artigo anterior, promoverá público leilão para a alienação do imóvel.*

(...)

§ 2º-A. Para os fins do disposto nos §§ 1º e 2º deste artigo, as datas, horários e locais dos leilões serão comunicados ao devedor mediante correspondência dirigida aos endereços constantes do contrato, inclusive ao endereço eletrônico."

Ocorre que, no caso concreto, ficou demonstrada a remessa da notificação da devedora no endereço contratual**[7]**, em exata correspondência com os dados indicados no instrumento acostado aos autos**[8]**. Caberia, por outro lado, à devedora fiduciante comunicar a credora fiduciária acerca de eventual mudança de endereço, como previsto no contrato.

Desse modo, em seus aspectos formais, o título preenche os requisitos para o registro.

Por conseguinte, eventual litígio envolvendo a regularidade da realização dos leilões e a arrematação do imóvel deverá ser dirimido em ação jurisdicional, de natureza contenciosa, com a participação de todos os interessados e respeitado o devido contraditório e ampla defesa.

Em outras palavras, ante a informação de que o credor fiduciário realizou prévia comunicação dos leilões à devedora fiduciante, na forma do contrato, não cabe impedir o registro da escritura de compra e venda, pois eventual declaração da inexistência da comunicação, ou de vício em sua realização, deverá ser objeto de análise em ação própria, a ser ajuizada pela devedora contra todos os demais interessados.

Diante do exposto, **dou provimento** ao recurso para julgar improcedente a dúvida.

GERALDO FRANCISCO PINHEIRO FRANCO

Corregedor Geral da Justiça e Relator

Notas:

[1] Fls. 186/189.

[2] Fls. 197/213.

[3] Fls. 247/252.

[4] Fls. 40.

[5] Fls. 01/08 e fls. 40.

[6] Fls. 98.

[7] Fls. 16.

[8] Fls. 95. (DJe de 12.03.2020 – SP)

PODER JUDICIÁRIO

TRIBUNAL DE JUSTIÇA DO ESTADO DE SÃO PAULO

CONSELHO SUPERIOR DA MAGISTRATURA

Apelação nº 0000144-61.2019.8.26.0566

Registro: 2019.0000936696

ACÓRDÃO

Vistos, relatados e discutidos estes autos de **Apelação Cível nº 0000144-61.2019.8.26.0566**, da Comarca de **São Carlos**, em que é apelante **MURILO AUGUSTO VILELA**, é apelado **OFICIAL DE REGISTRO DE IMÓVEIS E ANEXOS DA COMARCA DE SÃO CARLOS.**

ACORDAM, em Conselho Superior de Magistratura do Tribunal de Justiça de São Paulo, proferir a seguinte decisão: **"Deram provimento ao recurso para julgar a dúvida improcedente, v.u."**, de conformidade com o voto do Relator, que integra este acórdão.

O julgamento teve a participação dos Exmos. Desembargadores **PEREIRA CALÇAS (PRESIDENTE TRIBUNAL DE JUSTIÇA) (Presidente), ARTUR MARQUES (VICE PRESIDENTE), XAVIER DE AQUINO (DECANO), ANTONIO CARLOS MALHEIROS (PRES. DA SEÇÃO DE DIREITO PÚBLICO), CAMPOS MELLO (PRES. DA SEÇÃO DE DIREITO PRIVADO) E FERNANDO TORRES GARCIA(PRES. SEÇÃO DE DIREITO CRIMINAL).**

São Paulo, 1º de novembro de 2019.

GERALDO FRANCISCO PINHEIRO FRANCO

Corregedor Geral da Justiça e Relator

Apelação Cível nº 0000144-61.2019.8.26.0566

Apelante: MURILO AUGUSTO VILELA

Apelado: Oficial de Registro de Imóveis e Anexos da Comarca de São Carlos

VOTO Nº 37.927

Registro de Imóveis – Alienação fiduciária em garantia – Publicação do edital em jornal impresso em município diverso da situação do imóvel – Leilões, pelas modalidades virtual e presencial, realizados em local diverso daquele em que situado o imóvel – Dúvida julgada procedente – Recurso provido.

Trata-se de apelação interposta contra r. sentença que julgou a dúvida procedente e manteve a negativa do registro de escritura pública de compra e venda do imóvel objeto da matrícula nº 101.143 do Oficial de Registro de Imóveis, Títulos e Documentos e Civil de Pessoa Jurídica da Comarca de São Carlos, outorgada em favor do arrematante de imóvel que foi objeto de anterior consolidação da propriedade em favor do credor fiduciário.

A recusa do registro decorreu do fato de a publicação do edital de leilão em jornal impresso e a realização dos leilões ter ocorrido em locais distintos da situação do imóvel (fls. 01/02).

O apelante alegou, em suma, que adquiriu o imóvel por escritura pública de compra e venda que foi outorgada pelo credor fiduciário em consonância com a arrematação do imóvel em prévio leilão extrajudicial. Afirmou que os devedores fiduciantes foram notificados do leilão que observou os requisitos legais. Requereu o provimento do recurso para que seja promovido o registro do título (fls. 67/72).

A douta Procuradoria Geral de Justiça opinou pelo não provimento do recurso (fls. 100/104 e 120).

É o relatório.

O registro da escritura pública de compra e venda do imóvel objeto da matrícula nº 101.143 do Registro de Imóveis da Comarca de São Carlos, outorgada pela Caixa Econômica Federal em favor do arrematante do bem em leilão extrajudicial previsto na Lei nº 9.514/97 foi recusado porque o edital não foi publicado corretamente e os leilões não foram realizados no local da situação do imóvel.

Contudo, os documentos de fls. 10/12 e 116 comprovam que os editais foram publicados em jornal que tem circulação no município de São Carlos, em que situado o imóvel.

Anoto que a nota devolutiva de fls. 02 não indica que o jornal em que foram publicados os editais do leilão não teria circulação no local da situação do imóvel, fato que, de qualquer forma, acabou afastado pela declaração de fls. 116, que foi apresentada em atendimento ao determinado às fls. 106/107 e que somente visou confirmar que se trata de jornal de circulação regional que abrange o município em que o imóvel está situado.

A publicação dos editais em jornal de circulação regional não acarreta a existência de vício passível de reconhecimento em procedimento de dúvida.

Igual ocorre com a realização do leilão presencial na Comarca de Bauru porque, de forma concomitante, foi realizado leilão virtual, em endereço da Internet divulgado no edital que foi publicado em jornal que circula no município da situação do imóvel (fls. 10/12).

Sendo o leilão presencial e virtual, eventual litígio envolvendo a realização dos leilões e a arrematação do imóvel deverão ser dirimidos em ação jurisdicional, de que participem todos os interessados.

Observo, por fim, que a forma adotada pelo credor fiduciário para a publicação do edital e de realização dos leilões não se confunde com a situação verificada por este Col. Conselho Superior da Magistratura no julgamento da Apelação nº 1007423-92.2017.8.26.0100 porque, naquele caso, o edital foi publicado em jornal que não tinha circulação no local do imóvel e o leilão, apenas pela modalidade física, foi realizado no Estado do Espírito Santo, sem autorização no respectivo contrato de alienação fiduciária.

Ante o exposto, dou provimento ao recurso para julgar a dúvida improcedente.

GERALDO FRANCISCO PINHEIRO FRANCO

Corregedor Geral da Justiça e Relator. (DJe de 11.03.2020 – SP)

PODER JUDICIÁRIO

TRIBUNAL DE JUSTIÇA DO ESTADO DE SÃO PAULO

CONSELHO SUPERIOR DA MAGISTRATURA

Apelação nº 1029838-59.2018.8.26.0577

Registro: 2019.0000936706

ACÓRDÃO

Vistos, relatados e discutidos estes autos de **Apelação Cível nº 1029838-59.2018.8.26.0577**, da Comarca de **São José dos Campos**, em que é apelante **MINISTÉRIO PÚBLICO DO ESTADO DE SÃO PAULO**, são apelados **CAIXA ECONÔMICA FEDERAL CEF e DANIEL ANDERSON JANZEN**.

ACORDAM, em Conselho Superior de Magistratura do Tribunal de Justiça de São Paulo, proferir a seguinte decisão: **"Negaram provimento ao recurso e mantiveram a r. sentença que julgou a dúvida improcedente, v.u."**, de conformidade com o voto do Relator, que integra este acórdão.

O julgamento teve a participação dos Exmos. Desembargadores **PEREIRA CALÇAS (PRESIDENTE TRIBUNAL DE JUSTIÇA) (Presidente), ARTUR MARQUES (VICE PRESIDENTE), XAVIER DE AQUINO (DECANO), EVARISTO DOS SANTOS(PRES. DA SEÇÃO DE DIREITO PÚBLICO), CAMPOS MELLO (PRES. DA SEÇÃO DE DIREITO PRIVADO) E FERNANDO TORRES GARCIA(PRES. SEÇÃO DE DIREITO CRIMINAL)**.

São Paulo, 1º de novembro de 2019.

GERALDO FRANCISCO PINHEIRO FRANCO

Corregedor Geral da Justiça e Relator

Apelação Cível nº 1029838-59.2018.8.26.0577

Apelante: Ministério Público do Estado de São Paulo

Apelados: Caixa Econômica Federal Cef e Daniel Anderson Janzen

VOTO Nº 37.948

Registro de Imóveis – Alienação fiduciária em garantia – Publicação do edital em jornal da situação do imóvel, que não seria de grande circulação – Leilões, pelas modalidades virtual e, ainda, presencial realizados em local diverso daquele em que situado o imóvel – Dúvida julgada improcedente – Recurso não provido.

Trata-se de apelação interposta pelo *Ministério Público do Estado de São Paulo* contra r. sentença que julgou a dúvida improcedente e afastou a negativa do registro de escritura de compra e venda do imóvel objeto da matrícula nº 28.730 do 2º Oficial de Registro de Imóveis, Títulos e Documentos e Civil de Pessoa Jurídica da Comarca de São José dos Campos, outorgada em favor do arrematante de imóvel que foi objeto de anterior consolidação da propriedade em favor do credor fiduciário (fls. 112/113). A recusa do registro decorreu da publicação do edital de leilão em jornal que não seria de grande circulação, da não comprovação de que os devedores fiduciantes foram intimados dos leilões e, ainda, da realização dos leilões, pelas modalidades eletrônica e presencial, a última em local distinto da situação do imóvel.

O apelante alega, em resumo, que os leilões públicos devem ser promovidos no local em que situado o imóvel dado em alienação fiduciária em garantia, como já decidido pelo Col. Conselho Superior da Magistratura na Apelação nº 1007423-92.2017.8.26.0100. Assevera que essa obrigação decorre dos princípios e normas que regem a matéria, destinados à proteção do devedor fiduciante, sendo essa regra também prevista no art. 884, inciso II, do Código de Processo Civil para a venda de bens em ação de execução. Afirma que a divulgação do leilão pela Internet não afasta a obrigação de realizá-lo na Comarca da situação do imóvel (fls. 118/122).

O Oficial de registro manifestou-se a fls. 127/158 e a Caixa Econômica Federal ofereceu contrarrazões de apelação a fls. 176/180.

A douta Procuradoria de Justiça opinou pelo provimento do recurso (fls. 193/195).

É o relatório.

Na hipótese dos autos, em seus aspectos formais o título preenche os requisitos para o registro.

Com efeito, houve publicação do edital em jornal de circulação no município em que localizado o imóvel (fls. 42/44) que, por sua vez, foi objeto de arrematação no primeiro leilão realizado (fls. 100/104).

Em decorrência, não há vício na publicação do edital em jornal de circulação local que possa ser reconhecido em procedimento de dúvida.

Igual ocorre com a realização do leilão presencial na Comarca de Campinas porque, de forma concomitante, foi realizado leilão virtual, em endereço da Internet divulgado no edital que foi publicado no município da situação do imóvel (fls. 56).

Sendo o leilão presencial e virtual, eventual litígio envolvendo a realização dos leilões e a arrematação do imóvel deverão ser dirimidos em ação jurisdicional, de que participem todos os interessados.

Ademais, a Caixa Econômica Federal interveio no processo e informou que o devedor fiduciário foi comunicado dos leilões, na forma prevista no § 2º-A do art. 27 da Lei nº 9.514/97, que autoriza que a comunicação seja realizada por correspondência dirigida aos endereços indicados no contrato, inclusive eletrônico.

Daí porque, ante a declaração do credor fiduciário de que houve prévia comunicação dos leilões aos devedores fiduciantes, não cabe impedir o registro da escritura de compra e venda, pois eventual declaração da inexistência da comunicação, ou de vício em sua realização, deverão ser obtidas pelos devedores em ação própria, a ser movida contra todos os interessados.

Por fim, a forma de publicação do edital e de realização dos leilões não se confundem com a situação verificada por este Col. Conselho Superior da Magistratura no julgamento da Apelação nº 1007423-92.2017.8.26.0100 porque, naquele caso, o edital foi publicado em jornal que não tinha circulação no local do imóvel e o leilão, apenas pela modalidade física, foi realizado na Comarca de Vitória, Estado do Espírito Santo, sem autorização no respectivo contrato de alienação fiduciária.

Diante do exposto, **nego provimento** ao recurso e mantenho a r. sentença que julgou a dúvida improcedente.

GERALDO FRANCISCO PINHEIRO FRANCO
Corregedor Geral da Justiça e Relator. (DJe de 09.03.2020 – SP)

PODER JUDICIÁRIO

TRIBUNAL DE JUSTIÇA DO ESTADO DE SÃO PAULO

CONSELHO SUPERIOR DA MAGISTRATURA

Apelação n° 1004604-41.2019.8.26.0577

Registro: 2019.0000936705

ACÓRDÃO

Vistos, relatados e discutidos estes autos de **Apelação Cível nº 1004604-41.2019.8.26.0577**, da Comarca de **São José dos Campos**, em que é apelante **MINISTÉRIO PÚBLICO DO EST. DE SP**, é apelado **ERPG PARTICIPAÇÕES LTDA**.

ACORDAM, em Conselho Superior de Magistratura do Tribunal de Justiça de São Paulo, proferir a seguinte decisão: **"Negaram provimento ao recurso e mantiveram a r. sentença que julgou a dúvida improcedente, v.u."**, de conformidade com o voto do Relator, que integra este acórdão.

O julgamento teve a participação dos Exmos. Desembargadores **PEREIRA CALÇAS (PRESIDENTE TRIBUNAL DE JUSTIÇA) (Presidente), ARTUR MARQUES (VICE PRESIDENTE), XAVIER DE AQUINO (DECANO), EVARISTO DOS SANTOS(PRES. DA SEÇÃO DE DIREITO PÚBLICO), CAMPOS MELLO (PRES. DA SEÇÃO DE DIREITO PRIVADO) E FERNANDO TORRES GARCIA(PRES. SEÇÃO DE DIREITO CRIMINAL)**.

São Paulo, 1º de novembro de 2019.

GERALDO FRANCISCO PINHEIRO FRANCO

Corregedor Geral da Justiça e Relator

Apelação Cível nº 1004604-41.2019.8.26.0577

Apelante: Ministério Público do Est. de Sp

Apelado: Erpg Participações Ltda

VOTO Nº 37.942

Registro de Imóveis – Alienação fiduciária em garantia – Leilões, pelas modalidades virtual e, ainda, presencial realizados em local diverso daquele em que situado o imóvel – Dúvida julgada improcedente – Recurso não provido.

Trata-se de apelação interposta pelo Ministério Público do Estado de São Paulo contra r. sentença que julgou a dúvida improcedente e afastou a negativa do registro de escritura pública de compra e venda do imóvel objeto da matrícula nº 766 do 1º Oficial de Registro de Imóveis, Títulos e Documentos e Civil de Pessoa Jurídica da Comarca de São José dos Campos, outorgada em favor da compradora do imóvel que foi objeto de anterior consolidação da propriedade em favor do credor fiduciário, com leilões negativos.

A recusa do registro decorreu da realização dos leilões, pelas modalidades eletrônica e presencial, a última em local distinto da situação do imóvel.

O apelante alegou, em suma, que, na forma decidida pelo Col. Conselho Superior da Magistratura na Apelação nº 1007423-92.2017.8.26.0100, os leilões públicos devem ser promovidos no local em que situado o imóvel dado em alienação fiduciária em garantia. Asseverou que essa obrigação decorre dos princípios e normas que regem a matéria, destinados à proteção do devedor fiduciante, sendo essa regra também prevista no art. 884, inciso II, do Código de Processo Civil para a venda de bens em ação de execução. Afirmou que a divulgação do leilão pela Internet não afasta a obrigação de realizá-lo na comarca da situação do imóvel. Requereu a reforma da r. sentença para que a dúvida seja julgada procedente (fls. 92/96).

A recorrida ofereceu contrarrazões de apelação (fls. 117/118).

A douta Procuradoria Geral de Justiça opinou pelo provimento do recurso (fls. 110/114).

É o relatório.

Conforme destacado pela Sra. Oficial, a recusa do registro foi fundada no fato dos leilões não terem sido realizados em São José dos Campos, local do imóvel, mas na cidade de São Paulo.

A qualificação registral relaciona-se com o exame de legalidade da inscrição pretendida, ou seja, em verificar se o registro de determinado título poderá ser promovido em conformidade com os princípios e as normas aplicáveis, pois como esclarece Afrânio de Carvalho:

> *"A apresentação do título e a sua prenotação no protocolo marcam o início do processo do registro, que prossegue com o exame de sua legalidade, que incumbe ao registrador empreender para verificar se pode ou não ser inscrito. A inscrição não é, portanto, automática, mas seletiva, porque depende da verificação prévia de estar o título em ordem. Além de a qualificação do título constituir um dever de ofício, o registrador tem interesse em efetuá-la com cuidado, porquanto, se lançar uma inscrição ilegal, fica sujeito à responsabilidade civil"* (*Registro de Imóveis*, 4ª ed., Rio de Janeiro: Forense, 1998, p. 276).

Neste caso concreto, em seus aspectos formais o título preenche os requisitos para o registro.

A realização do leilão presencial na Comarca de São Paulo não configurou nulidade, porque, de forma concomitante, foi realizado leilão virtual, em endereço da Internet divulgado no edital que foi publicado no município da situação do imóvel (fls. 15/17).

Sendo o leilão presencial e virtual, eventual litígio envolvendo a realização dos leilões e a arrematação do imóvel deverão ser dirimidos em ação jurisdicional, de que participem todos os interessados.

Desse modo, a exigência é indevida, competindo o ingresso do título no registro imobiliário, como decidido pelo MM. Juiz Corregedor Permanente.

Por fim, a forma de realização dos leilões não se confunde com a situação verificada por este Col. Conselho Superior da Magistratura no julgamento da Apelação nº 1007423-92.2017.8.26.0100 porque, naquele caso, o edital foi publicado em jornal que não tinha circulação no local do imóvel e o leilão, apenas pela modalidade física, foi realizado na Comarca de Vitória, Estado do Espírito Santo, sem autorização no respectivo contrato de alienação fiduciária.

Ante o exposto, nego provimento ao recurso e mantenho a r. sentença que julgou a dúvida improcedente.

GERALDO FRANCISCO PINHEIRO FRANCO

Corregedor Geral da Justiça e Relator. (DJe de 09.03.2020 – SP)

CARTA DE ARREMATAÇÃO

PODER JUDICIÁRIO

TRIBUNAL DE JUSTIÇA DO ESTADO DE SÃO PAULO
CONSELHO SUPERIOR DA MAGISTRATURA
Apelação Cível n° 1000050-82.2020.8.26.0624
Registro: 2020.0000722656

ACÓRDÃO

Vistos, relatados e discutidos estes autos de **Apelação Cível nº 1000050-82.2020.8.26.0624**, da Comarca de **Tatuí**, em que são apelantes **DJALMA JOSÉ MICHELLIM e APARECIDA DE LOURDES NALIN MICHELLIM**, é apelado **OFICIAL DE REGISTRO DE IMÓVEIS E ANEXOS DA COMARCA DE TATUI**.

ACORDAM, em Conselho Superior de Magistratura do Tribunal de Justiça de São Paulo, proferir a seguinte decisão: **"Deram provimento ao recurso para julgar improcedente a dúvida, afastando o óbice apresentado pelo Oficial do Registro de Imóveis de Tatuí/SP, e determinar o registro do título, v.u."**, de conformidade com o voto do Relator, que integra este acórdão.

O julgamento teve a participação dos Exmos. **PINHEIRO FRANCO (PRESIDENTE TRIBUNAL DE JUSTIÇA) (Presidente), LUIS SOARES DE MELLO (VICE PRESIDENTE), XAVIER DE AQUINO (DECANO), GUILHERME G. STRENGER (PRES. SEÇÃO DE DIREITO CRIMINAL), MAGALHÃES COELHO(PRES. DA SEÇÃO DE DIREITO PÚBLICO) E DIMAS RUBENS FONSECA (PRES. DA SEÇÃO DE DIREITO PRIVADO).**

São Paulo, 1º de setembro de 2020.

RICARDO ANAFE

Corregedor Geral da Justiça e Relator

Apelação Cível nº 1000050-82.2020.8.26.0624
Apelantes: DJALMA JOSÉ MICHELLIM e APARECIDA DE LOURDES NALIN MICHELLIM

Apelado: Oficial de Registro de Imóveis e Anexos da Comarca de Tatui

VOTO Nº 31.197

Registro de imóveis – Carta de arrematação em que figura como parte executada pessoa jurídica incorporada por outra – Averbação na matrícula do imóvel do ato de incorporação empresarial – Patrimônio da pessoa jurídica incorporada que passa a pertencer integralmente à pessoa jurídica incorporadora, que a sucede em todos os direitos e obrigações, a título universal – Inexistência de lacuna no registro imobiliário que possa configurar ofensa ao princípio de continuidade – Óbice afastado para julgar a dúvida improcedente – Dá-se provimento à apelação.

1. Trata-se de apelação interposta por *Djalma José Michellim* e *Aparecida de Lourdes Nalin Michellim* contra a sentença proferida pelo MM. Juiz Corregedor Permanente, que manteve a recusa ao registro de carta de arrematação tendo por objeto o imóvel matriculado sob nº 15.073 junto ao Oficial de Registro de Imóveis, Títulos e Documentos e Civil de Pessoa Jurídica da Comarca de Tatuí/SP, ao argumento de que haveria ofensa ao princípio da continuidade, eis que, no título apresentado, consta como executada pessoa jurídica diversa daquela que figura, no fólio real, como titular de domínio do imóvel arrematado (fl. 55/58).

Em síntese, alegam os apelantes que, nos autos da ação de execução fiscal que a Fazenda Municipal de Tatuí/SP ajuizou contra BANERJ Crédito,

Financiamento e Investimentos S/A (Processo nº 948/1995), arremataram o imóvel matriculado sob nº 15.073 junto ao Oficial de Registro de Imóveis, Títulos e Documentos e Civil de Pessoa Jurídica da Comarca de Tatuí/SP, em 22.05.2000. Referido imóvel havia sido adquirido pela executada, em 12.07.1982 (R.1), sendo que, em 17.07.2013, foi requerida a averbação de Ata de Assembleia realizada em 04.01.1993, referente à incorporação da pessoa jurídica pelo Banco do Estado do Rio de Janeiro (AV.2). Posteriormente, foram averbadas na matrícula duas alterações da denominação social da titular de domínio (AV.3 e AV.4). Entendem, assim, que não houve modificação da titularidade dominial, o que se daria mediante a prática de ato de registro, mas apenas alteração das denominações sociais da instituição financeira proprietária do imóvel por meio de averbações, não estando configurada, portanto, a alegada ofensa ao princípio da continuidade registral.

A D. Procuradoria de Justiça opinou pelo não provimento do recurso (fl. 102/104).

É o relatório.

2. Desde logo, importa lembrar que a origem judicial do título não o torna imune à qualificação registral, ainda que limitada a seus requisitos formais e sua adequação aos princípios registrais, conforme o disposto no item 117, do Capítulo XX, das Normas de Serviço da Corregedoria Geral da Justiça:

> *117 Incumbe ao oficial impedir o registro de título que não satisfaça os requisitos exigidos pela lei, quer sejam consubstanciados em instrumento público ou particular, quer em atos judiciais.*

Este Conselho Superior da Magistratura tem decidido, inclusive, que a qualificação negativa não caracteriza desobediência ou descumprimento de decisão judicial (TJSP; Apelação Cível 0003968-52.2014.8.26.0453; Relator (a): Pereira Calças; Órgão Julgador: Conselho Superior de Magistratura; Foro de Pirajuí - 1ª Vara; Data do Julgamento: 25/02/2016; Data de Registro: 13/04/2016).

No caso concreto, a carta de arrematação foi expedida em favor dos apelantes, nos autos da ação de execução fiscal ajuizada pela Fazenda Municipal de Tatuí contra BANERJ Crédito, Financiamento e Investimentos S/A (Processo nº 948/95), em 12.07.2000 (fl. 04/20).

O título ingressou na serventia imobiliária em 09.12.2019 (Protocolo nº 278.635 fl. 22), tendo o registrador emitido nota de devolução assim redigida: *"O presente título não comporta registro, por violação ao princípio da continuidade. Embora a Carta de Arrematação tenha sido expedida em 12 de julho de 2000, quando figurava como proprietária do imóvel a BANERJ Crédito, Financiamento e Investimento S.A., referida empresa foi incorporada pelo Banco do Estado do Rio de Janeiro S.A., conforme AV.2/15.073, que se tornou, por consequência, a nova proprietária, impossibilitando, assim, o registro da carta de arrematação"* (fl. 23).

Na matrícula nº 15.073 do Oficial de Registro de Imóveis, Títulos e Documentos e Civil de Pessoa Jurídica da Comarca de Tatuí/SP (fl. 24/25) consta como titular de domínio do imóvel o Banco Bradesco BERJ S/A, atual denominação do Banco do Estado do Rio de Janeiro S/A. (AV. 3/15.073 e AV. 4/15.073), que havia incorporado a então proprietária, BANERJ - Crédito, Financiamento e Investimentos S/A. (AV. 2/15.073). A propósito da incorporação, estabelece o art. 1.116 do Código Civil:

> *Art. 1.116 - Na incorporação, uma ou várias sociedades são absorvidas por outra, que lhes sucede em todos os direitos e obrigações, devendo todas aprová-la, na forma estabelecida para os respectivos tipos.*

Sobre o tema, vale lembrar a lição de Egberto Lacerda Teixeira e José Alexandre Tavares Guerreiro, para quem: *"a incorporação implica a transferência do patrimônio líquido da sociedade incorporada para a sociedade incorporadora, à semelhança do que ocorre com a versão de bens para a constituição de nova companhia, ou seja, mediante subscrição do capital da incorporadora, efetuada pelos acionistas da Incorporada"* ("Das Sociedades Anônimas no Direito Brasileiro", José Bushatsky Editor, 1979, p. 665). É que a reorganização societária, na modalidade da incorporação, importa transmissão do patrimônio da sociedade incorporada à sociedade incorporadora, configurando uma alienação *"lato sensu"*.

Destarte, havendo irrecusável sucessão, por parte da instituição financeira incorporadora, de todos os direitos e obrigações da instituição financeira incorporada, patente a alteração da propriedade do imóvel decorrente da mutação subjetiva da titularidade dos bens que integram o patrimônio líquido da pessoa jurídica (Rubens Requião, "Curso de Direito Comercial", 1977, vol. II, p. 215; Fran Martins, "Curso de Direito Comercial", 1981, p. 434; Nelson Abrão, "Sociedade por Quotas de Responsabilidade Limitada", 1980, p. 134/135).

Ressalte-se, a propósito, que nos casos de fusão, cisão e incorporação de sociedades anônimas, o título para o lançamento da alteração do titular de domínio no Registro de Imóveis é a certidão do registro das atas, conforme estabelece o art.

234 da Lei nº 6.404/1976: *"A certidão, passada pelo registro do comércio, da incorporação, fusão ou cisão, é documento hábil para a averbação, nos registros públicos competentes, da sucessão, decorrente da operação, em bens, direitos e obrigações".*

Nesse cenário, diferentemente do que sustentam os apelantes, não há que se falar, no caso em análise, em mera mudança de nomenclatura da pessoa jurídica, eis que a averbação no registro imobiliário do ato de incorporação (AV. 2/15.073) enseja a transmissão da propriedade para a incorporadora.

A despeito disso, cumpre ressaltar, inexiste ofensa ao princípio da continuidade, previsto no art. 195 da Lei n.º 6.015/73.

E assim é porque, como esclarecido, cuida-se a incorporação de verdadeira técnica de reorganização societária, em que não há transferência de bens específicos, em si considerados, mas de uma universalidade de direitos e obrigações. Não se trata de negócio especificamente concernente à transferência de determinado bem imóvel, certo que o patrimônio da pessoa jurídica incorporada é integralmente transferido à incorporadora, ocasionando a extinção daquela.

Considerando que a pessoa jurídica incorporada sequer existe mais, pois extinta de acordo com o art. 1.118 do Código Civil, passando o seu patrimônio a pertencer integralmente à incorporadora, que a sucede em todos os direitos e obrigações, a título universal, não se vislumbra, no caso concreto, nenhuma lacuna no registro do imóvel em questão que possa ferir o princípio de continuidade. Anote-se, a propósito, que o titular de domínio constante do registro incorporou a transmitente indicada no título, o que justifica a transmissão do imóvel aos apelantes sem comprometer o encadeamento subjetivo de direitos reais imobiliários.

Em suma, averbada a incorporação empresarial no fólio real e diante da natureza desse instituto, é possível vislumbrar a correspondência entre o que consta do registro imobiliário e o que consta do título aquisitivo, atendendo-se nesse aspecto, além do referido princípio da continuidade, também o princípio da especialidade objetiva e subjetiva.

Por conseguinte, não subsiste o óbice apresentado ao registro da carta de arrematação expedida em favor dos apelantes.

3. À vista do exposto, pelo meu voto, **DOU PROVIMENTO** ao recurso para julgar improcedente a dúvida, afastando o óbice apresentado pelo Oficial do Registro de Imóveis de Tatuí/SP, e determinar o registro do título.

RICARDO ANAFE

Corregedor Geral da Justiça e Relator. (DJe de 21.09.2020 – SP)

PODER JUDICIÁRIO

TRIBUNAL DE JUSTIÇA DO ESTADO DE SÃO PAULO

CONSELHO SUPERIOR DA MAGISTRATURA

Agravo de Instrumento nº 2275510-40.2019.8.26.0000

Registro: 2020.0000413367

ACÓRDÃO

Vistos, relatados e discutidos estes autos de **Agravo de Instrumento nº 2275510-40.2019.8.26.0000**, da Comarca de **Casa Branca**, em que é agravante **LUMA EMPREENDIMENTOS IMOBILIÁRIOS LTDA.**, são agravados **ARMANDO MORETTI** e **COOPERCITRUS COOPERATIVA DE PRODUTORES RURAIS.**

ACORDAM, em Conselho Superior de Magistratura do Tribunal de Justiça de São Paulo, proferir a seguinte decisão: **"Não conheceram do recurso, v.u."**, de conformidade com o voto do Relator, que integra este acórdão.

O julgamento teve a participação dos Exmos. Desembargadores **PINHEIRO FRANCO (PRESIDENTE TRIBUNAL DE JUSTIÇA) (Presidente), LUIS SOARES DE MELLO (VICE PRESIDENTE), XAVIER DE AQUINO (DECANO), GUILHERME G. STRENGER (PRES. SEÇÃO DE DIREITO CRIMINAL), MAGALHÃES COELHO(PRES. DA SEÇÃO DE DIREITO PÚBLICO) E DIMAS RUBENS FONSECA (PRES. DA SEÇÃO DE DIREITO PRIVADO).**

São Paulo, 5 de junho de 2020.

RICARDO ANAFE

Corregedor Geral da Justiça e Relator

Agravo de Instrumento nº 2275510-40.2019.8.26.0000

Agravante: Luma Empreendimentos Imobiliários Ltda.

Agravados: Armando Moretti e Coopercitrus Cooperativa de Produtores Rurais

VOTO Nº 31.135

Agravo de Instrumento – Decisão do juízo da execução que indeferiu pedido de

afastamento das exigências do Oficial do Registro de Imóveis para o ingresso de carta de arrematação – Recurso inicialmente distribuído à Seção de Direito Privado do Tribunal de Justiça – Acórdão entendeu pela natureza de dúvida registral do recurso de agravo de instrumento, determinando a redistribuição para o Conselho Superior da Magistratura – Impossibilidade de conhecimento do recurso – Inexistência de decisão originária do Juiz Corregedor Permanente, de natureza administrativa e sujeita à revisão pelo Conselho Superior da Magistratura ou pela Corregedoria Geral da Justiça – Decisão agravada de natureza jurisdicional – Impossibilidade de revisão em procedimento de dúvida, ante a prevalência da decisão judicial sobre a jurisdição administrativa – Conhecimento do reclamo que depende da instauração de procedimento de dúvida no primeiro grau, com decisão do Juiz Corregedor Permanente – Recurso não conhecido.

1. Trata-se de agravo de instrumento interposto por Luma Empreendimentos Ltda., nos autos da ação de execução de título extrajudicial movida por Cooperativa dos Cafeicultores e Citricultores de São Paulo COOPERCITURS contra Armando Moretti (autos nº 0002948-38.2008.8.26.0129 2ª Vara Cível de Casa Branca), visando a reforma da decisão interlocutória de fl. 720 dos autos da execução.

A decisão recorrida indeferiu pedido de afastamento de exigências feitas pelo Oficial do Registro de Imóveis de Casa Branca, por conta da apresentação de carta de arrematação do imóvel matrícula nº 4.982 daquele registro imobiliário, afirmando tratar-se a questão a ser solucionada pelo Juiz Corregedor Permanente, em procedimento administrativo de dúvida registraria. E, por conta disto, indeferiu o pedido de registro da carta de arrematação apesar da nota devolutiva, indicando ao interessado a competência da 1ª Vara Cível local, que exerce a corregedoria dos registros.

A agravante sustenta, em resumo, que a aquisição do imóvel decorrente da arrematação judicial é originária, afastando a necessidade de cumprimento das exigências apresentadas pelo registrador. Sustenta a impossibilidade de se impor ao arrematante a obrigação de regularizar o registro do imóvel quanto à sua especialidade objetiva e subjetiva, dos cadastros no CCIR e CAR/SICAR, cabendo tal regularização ao proprietário anterior, eis que detentor dos documentos necessários, e de eventuais tributos devidos por força da titulação da propriedade.

Pretende, com o agravo de instrumento, que se determine ao Oficial de Registro de Imóveis de Casa Branca o registro da carta de arrematação, independentemente do cumprimento das exigências constantes da nota devolutiva (fl. 1/13).

O recurso foi originariamente distribuído à C. 14ª Câmara de Direito Privado (fl. 879).

O V. Acórdão entendeu que a matéria discutida no recurso diz respeito aos registros públicos, tratando-se de dúvida de registro de ato descrito no art. 167, n. 26, da Lei nº 6.015/1973, declarando a competência da Corregedoria Geral da Justiça, determinando a redistribuição do recurso (fl. 882/885).

É o relatório.

2. O recurso, na forma que interposto, não pode ser conhecido, por ausência de pressuposto recursal objetivo, no caso, a existência de decisão pelo Juiz Corregedor Permanente de dúvida apresentada pelo oficial do registro ou pela interessada, no procedimento denominado dúvida inversa.

A competência do Conselho Superior da Magistratura e do Corregedor Geral da Justiça, em matéria de registros públicos, limita-se ao conhecimento de **recursos interpostos contra decisões administrativas emitidas pelos Juízes Corregedores Permanentes** das serventias extrajudiciais.

Dispõe o art. 16 do Regimento Interno do Tribunal de Justiça de São Paulo e o art. 246 do Código Judiciário do Estado de São Paulo:

"**Art. 16.** Compete ao Conselho Superior da Magistratura:

(...)

IV – julgar os processos de dúvidas de serventuários dos Registros Públicos;

(...)"

"**Art. 246.** De todos os atos e decisões dos Juízes corregedores permanentes, sobre matéria administrativa ou disciplinar, caberá recurso voluntário para o Corregedor Geral da Justiça, interposto no prazo de 15 (quinze) dias, por petição fundamentada, contendo as razões do pedido de reforma da decisão".

O julgamento de recursos administrativos pelo Corregedor Geral da Justiça ou de procedimentos de dúvidas pelo Conselho Superior da Magistratura pressupõe a existência de decisão de natureza administrativa pelo Juiz Corregedor

Permanente, seja em pedido de providências contra ato de registrador, em caso de pretensão de averbação, seja em procedimento de dúvida, em caso de pretensão de registro em sentido estrito.

Em tais procedimentos, a decisão do Juiz Corregedor Permanente tem natureza puramente administrativa, não se confundindo com o processo judicial no qual fora constituído o título apresentado a registro, no caso, uma carta de arrematação.

E, sem tal decisão administrativa emitida pela autoridade administrativa competente, não há que se falar em julgamento de recurso em dúvida registral ou matéria correcional porque, no caso, não há dúvida suscitada na forma do art. 198 da Lei nº 6.015/1973.

O que há, isto sim, é uma decisão de natureza jurisdicional pelo Juiz da execução, a qual não pode ser reformada de qualquer forma por autoridade judicial-administrativa sem competência. Ou seja, não há objeto para ser apreciado, no âmbito do recurso interposto, pela Corregedoria Geral da Justiça ou pelo C. Conselho Superior da Magistratura.

Somente após a regular instauração de procedimento administrativo de dúvida registral, apreciado pelo Juiz Corregedor Permanente, é que se poderá, no âmbito da competência deste Conselho Superior da Magistratura, conhecer de eventual irresignação quanto à recusa de ingresso de título ao registro imobiliário. Antes disto, tem-se questão puramente jurisdicional, falecendo competência ao Conselho Superior da Magistratura ou à Corregedoria Geral da Justiça para a revisão de tal decisão.

3. Por tais fundamentos, **não conheço** do recurso interposto.

RICARDO ANAFE

Corregedor Geral da Justiça e Relator. (DJe de 12.06.2020 – SP)

PODER JUDICIÁRIO

TRIBUNAL DE JUSTIÇA DO ESTADO DE SÃO PAULO

CONSELHO SUPERIOR DA MAGISTRATURA

Apelação nº 1003778-72.2019.8.26.0073

Registro: 2020.0000377314

ACÓRDÃO

Vistos, relatados e discutidos estes autos de **Apelação Cível nº 1003778-72.2019.8.26.0073**, da Comarca de **Avaré**, em que é apelante **CHARLES LAMBERTUS MOREIRA VAN HAM**, é apelado **OFICIAL DE REGISTRO DE IMÓVEIS, TÍTULOS E DOCUMENTOS E CIVIL DE PESSOA JURÍDICA DA COMARCA DE AVARÉ.**

ACORDAM, em Conselho Superior de Magistratura do Tribunal de Justiça de São Paulo, proferir a seguinte decisão: **"Negaram provimento ao recurso, v.u."**, de conformidade com o voto do Relator, que integra este acórdão.

O julgamento teve a participação dos Exmos. Desembargadores **PINHEIRO FRANCO (PRESIDENTE TRIBUNAL DE JUSTIÇA) (Presidente), LUIS SOARES DE MELLO (VICE PRESIDENTE), XAVIER DE AQUINO (DECANO), GUILHERME G. STRENGER (PRES. SEÇÃO DE DIREITO CRIMINAL), MAGALHÃES COELHO(PRES. DA SEÇÃO DE DIREITO PÚBLICO) E DIMAS RUBENS FONSECA (PRES. DA SEÇÃO DE DIREITO PRIVADO).**

São Paulo, 15 de maio de 2020.

RICARDO ANAFE

Corregedor Geral da Justiça e Relator

Apelação Cível n. 1003778-72.2019.8.26.0073

Apelante: Charles Lambertus Moreira Van Ham

Apelado: Oficial de Registro de Imóveis, Títulos e Documentos e Civil de Pessoa Jurídica da Comarca de Avaré

VOTO Nº 31.121

Arrematação de direitos oriundos de compromisso de compra e venda – Arrematante que adquiriu os direitos do compromissário comprador, mas não a propriedade do imóvel – Ausência de aquisição do direito de propriedade – Negócios jurídicos posteriores que não admitem registro – Inobservância do princípio da continuidade – Recusa do título mantida – Recurso não provido.

1. Trata-se de apelação interposto por Charles Lambertus Moreira Van Ham contra a r. sentença (fl. 135/140) que julgou procedente a dúvida e manteve a recusa de acesso da escritura de venda e compra entre Charles Lambertus Moreira Van Ham e Albertus Gerardus Scholten no Registro de Imóveis de Avaré, por quebra do princípio da continuidade. A arrematação não teve como objeto o direito de propriedade, mas sim os direitos decorrentes do compromisso de compra e venda, registrado no fólio real, pelo qual os titulares do domínio (João Ribeiro da Silva e Maria Ramos Ribeira da Silva) prometeram a venda do imóvel à Gilson Ramos Gianesella, executado em ação trabalhista que teve seus direitos forçadamente transferidos para Charles Lambertus Moreira Van Ham.

O apelante sustenta que seria absolutamente impossível cumprir a exigência, haja vista ter adquirido o imóvel na condição de simples arrematante em leilão judicial; a arrematação é forma originária de aquisição do bem imóvel e não existe relação jurídica com o pretérito titular do domínio; entende não ser razoável a exigência de uma escritura pública do titular do domínio de quem o bem foi arrematado; pretende seja reformada a sentença e reconhecido que o Apelante adquiriu não apenas os direitos, mas também a propriedade do imóvel arrematado, bem como, seja julgada improcedente a dúvida suscitada, realizando-se os atos de registro pertinentes.

A D. Procuradoria Geral de Justiça opinou pelo não provimento do recurso.

É o relatório.

2. O recurso não comporta acolhimento.

Discute-se nos autos, à admissibilidade do ingresso de escritura pública de venda e compra – fl. 24/25 – em que Charles Lambertus Moreira Van Ham transmitiu o lote n.º 01, da quadra n.º 07, do loteamento Enseada Azul, no município de Paranapanema/SP, para o apelante, Albertus Gerardus Scholten.

O título após qualificação pelo Registrador de Imóveis de Avaré foi recusado por inobservância ao princípio da continuidade, pois o vendedor não figurava como proprietário na matrícula nº 77.787. Charles Lambertus Moreira Van Ham *arrematou os direitos de compromissário comprador de que era titular Gilson Ramos Gianesella, nos termos dos registros nº 02, 03 e 04 da matrícula (doc. 4). Assim, sendo compromissário comprador, não pode dispor da propriedade do imóvel. Admitir a registro título em que os compromissários compradores transmitem o domínio do imóvel levaria à quebra do trato sucessivo consagrado nos artigos 195 e 237 da Lei nº 6.015/73 (fl. 02); (...) No caso posto, figuram como proprietários João Ribeiro da Silva e Maria Ramos Ribeiro da Silva, não podendo, per saltum, Charles Lambertus transmitir a propriedade do imóvel ao requerente Albertus (fl.03).*

Atento a matrícula nº 77.787, R-06, do Registro de Imóveis de Avaré – fl. 39/45 – Charles Lambertus Moreira Van Ham não arrematou a propriedade do imóvel, mas apenas os direitos de compromissário comprador que competiam à Gilson Ramos Gianesella, executado na reclamação trabalhista nº 0041900-13.2009.5.15.0031 da Vara do Trabalho da Comarca de Avaré. O imóvel, portanto, continuava pertencendo à João Ribeiro da Silva e Maria Ramos Ribeira da Silva.

Diante do quadro registral era inadmissível a transmissão da propriedade de Charles Lambertus Moreira Van Ham para Albertus Gerardus Scholten, por evidente afronta ao princípio da continuidade, fato bastante a prejudicar todo e qualquer ingresso de títulos posteriores.

Dispõe o art. 195 da Lei de Registros Públicos: *se o imóvel não estiver matriculado ou registrado em nome do outorgante, o oficial exigirá a prévia matrícula e o registro do título anterior, qualquer que seja a sua natureza, para manter a continuidade do registro.*

Como ensina VALMIR PONTES: *só a pessoa nominalmente referida no registro como titular do domínio de um imóvel pode transmitir a outrem esse seu direito ou onerá-lo de qualquer modo* (apud ORLANDI NETO, Narciso. Retificação do Registro de Imóveis. Juarez de Oliveira, 1999, p. 57).

A tese do recorrente que o ato de arrematação judicial é modo originário de aquisição da propriedade, o que bastaria para autorizar o pedido de ingresso do título de compra e venda, não se sustenta. Primeiro, pois não houve arrematação da propriedade mas dos direitos do compromissário comprador. E mais, é posição consolidada no Conselho Superior da Magistratura que a arrematação é modo derivado de aquisição da propriedade:

REGISTRO DE IMÓVEIS – CARTA DE ARREMATAÇÃO – MODO DERIVADO DE AQUISIÇÃO DA PROPRIEDADE – FERIMENTO DOS PRINCÍPIOS DA CONTINUIDADE E DA ESPECIALIDADE OBJETIVA – RECURSO DESPROVIDO (TJSP, Apelação nº 9000002– 19.2013.8.26.0531, Relator. Des. Elliot Akel, j. Em 02.09.2014).

REGISTRO DE IMÓVEIS – CARTA DE ARREMATAÇÃO – FORMA DERIVADA DE AQUISIÇÃO DA PROPRIEDADE – EXECUTADA QUE NÃO FIGURA COMO PROPRIETÁRIA DO IMÓVEL NA RESPECTIVA MATRÍCULA – AFRONTA AO PRINCÍPIO DA CONTINUIDADE – RECURSO DESPROVIDO (TJSP; Apelação 1047731-10.2016.8.26.0100; Relator: Des. Pereira Calças; Órgão Julgador: Conselho Superior de Magistratura; Foro Central Cível – 1ª Vara de Registros Públicos; DJe 29.10.2017).

e

REGISTRO DE IMÓVEIS – Carta de Arrematação – Título judicial que não escapa à qualificação

registral – Forma derivada de aquisição de propriedade – Desqualificação por ofensa ao princípio da continuidade – Cancelamento objetivado, com a finalidade de possibilitar a inscrição do título, que não comporta exame na via administrativa – Dúvida julgada procedente – Recurso não provido (TJSP, Apelação Cível: 1061979-44.2017.8.26.0100, Relator: Des. Geraldo Francisco Pinheiro Franco, DJe 23.05.2018).

3. Ante o exposto, nego provimento ao recurso.

RICARDO ANAFE

Corregedor Geral da Justiça e Relator. (DJe de 09.06.2020 – SP)

PODER JUDICIÁRIO

TRIBUNAL DE JUSTIÇA DO ESTADO DE SÃO PAULO
CONSELHO SUPERIOR DA MAGISTRATURA

Apelação nº 1007712-39.2017.8.26.0451

Registro: 2020.0000211825

ACÓRDÃO

Vistos, relatados e discutidos estes autos de **Apelação Cível nº 1007712-39.2017.8.26.0451**, da Comarca de **(...)**, em que é apelante **R. G.**, é apelado **1 O. DE R. DE I. E A. DA C. DE P..**

ACORDAM, em Conselho Superior de Magistratura do Tribunal de Justiça de São Paulo, proferir a seguinte decisão: **"Negaram provimento ao recurso, v.u.",** de conformidade com o voto do Relator, que integra este acórdão.

O julgamento teve a participação dos Exmos. Desembargadores **PINHEIRO FRANCO (PRESIDENTE TRIBUNAL DE JUSTIÇA) (Presidente), XAVIER DE AQUINO (DECANO), GUILHERME G. STRENGER (PRES. SEÇÃO DE DIREITO CRIMINAL), MAGALHÃES COELHO(PRES. DA SEÇÃO DE DIREITO PÚBLICO), DIMAS RUBENS FONSECA (PRES. DA SEÇÃO DE DIREITO PRIVADO) E LUIS SOARES DE MELLO (VICE PRESIDENTE).**

São Paulo, 16 de março de 2020.

RICARDO ANAFE

Corregedor Geral da Justiça e Relator

Apelação Cível nº 1007712-39.2017.8.26.0451

Apelante: R. G.

Apelado: 1 O. de R. de I. e A. da C. de P.

VOTO Nº 31.111

Registro de Imóveis – Carta de arrematação expedida em ação de execução por débitos condominiais – Hipoteca concedida no âmbito do Sistema Financeiro da Habitação que não impede o registro da carta de arrematação, porque não torna o imóvel indisponível – Credor hipotecário, ademais, que foi intimado e interveio na ação de execução para pleitear a preferência no recebimento de seu crédito.

Arrematação que recaiu sobre a propriedade do imóvel – Ação de execução movida contra compromissários compradores – Princípio da continuidade – Dúvida inversa julgada procedente – Recurso não provido.

1. Trata-se de apelação interposta contra r. sentença que julgou a dúvida inversa procedente e manteve a recusa do registro da carta de arrematação do imóvel objeto da matrícula nº (...) do 1º R.I.T.D.C.P.J.C.P., que foi extraída de ação de execução movida pelo Condomínio Edifício D. contra J.W.A. e R.F.P.A., por ausência de continuidade do registro e porque o credor hipotecário que recebeu o bem em garantia de financiamento concedido pelo Sistema Financeiro da Habitação não anuiu com a transmissão do imóvel.

O apelante alegou, em suma, que arrematou o imóvel em hasta pública realizada no Processo nº 0012746-71.2001.8.26.0451 da 3ª Vara Cível da Comarca de (...), sendo imitido na posse. Afirmou que a arrematação foi promovida em ação de execução de despesas condominiais e teve por objeto o domínio do imóvel por se tratar de obrigação *propter rem*, conforme decidido naquela ação. Asseverou que o credor hipotecário moveu ação autônoma, contra o proprietário do imóvel, para a execução do seu crédito (Processo nº 0010272-98.1999.8.26.0451 da 5ª Vara Cível de (...)). Aduziu que os compromissários compradores do imóvel ficaram sub-rogados na obrigação de pagar as parcelas do financiamento e as despesas condominiais. Esclareceu que a realização da praça do imóvel foi comunicada para o juízo da ação de execução hipotecária que intimou os proprietários por meio de publicação no DJe. Desse modo, o proprietário do imóvel foi intimado da praça por intermédio dos advogados que constituiu na ação de execução hipotecária. Informou que depois da sua apresentação para registro foi a carta de arrematação desfeita por decisão prolatada pelo juízo da execução, mas essa decisão foi suspensa em agravo de instrumento. Requereu o provimento do recurso para que seja promovido o registro da carta de arrematação (fls. 182/193).

O Juízo da ação de execução das despesas condominiais, a seguir, comunicou que anulou a carta de arrematação, por r. decisão prolatada em 26 de agosto de 2019, em razão da discordância do arrematante com a alteração da praça para constar que a arrematação disse respeito aos direitos de compromissários compradores de que os executados são titulares (fls. 237/238).

O julgamento foi convertido em diligência para a manifestação do apelante que informou que a decisão que desconstituiu a arrematação foi suspensa em tutela antecipada concedida em agravo de instrumento (fls. 244/245 e 248/250).

A douta Procuradoria Geral de Justiça opinou pelo não provimento do recurso (fls. 256/257).

É o relatório.

2. Foi apresentada para registro a carta de arrematação do imóvel objeto da matrícula nº (...) do 1º R.I.T.D.C.P.J.C.P., extraída de ação de execução que teve curso perante a 3ª Vara Cível daquela Comarca (Processo nº 0012746-71.2001.8.26.0451), movida pelo Condomínio Edifício D. contra J.W.A. e R.F.P.A. (fls. 19/118).

A comunicação, pelo juízo da ação de execução, de que anulou a carta de arrematação (fls. 231 e 237/238) não prejudica o prosseguimento da dúvida porque os efeitos dessa decisão foram suspensos mediante tutela recursal concedida no Agravo de Instrumento nº 2235448-55.2019.8.26.0000, da Col. 32ª Câmara de Direito Privado (fl. 250).

Diante disso, eventual insubsistência da arrematação do imóvel, por fato futuro, poderá ensejar o cancelamento do seu registro, desde que mediante decisão na ação de execução, com expedição do mandado de cancelamento pelo juízo competente.

O registro da carta de arrematação foi recusado com fundamento na ausência de continuidade, uma vez que o imóvel é de propriedade de V.B.A. e sua mulher, A.C.D.B.A., e da existência de hipoteca constituída pelos proprietários em favor do Banco do Estado de São Paulo S.A. (fls. 26/27 e 141).

A certidão da matrícula demonstra que o imóvel foi hipotecado em favor do Banco do Estado de São Paulo S.A. e foi penhorado em ação de execução movida pelo credor hipotecário, com registro da penhora promovido em 27 de dezembro de 2000 (fls. 26/27).

Os registros da hipoteca e da penhora em favor do credor hipotecário não impedem o registro da arrematação realizada em ação de execução movida pelo condomínio porque não se cuida de hipoteca cedular, ou de outra garantia de que decorra a indisponibilidade do imóvel, pois a obrigatoriedade da anuência do credor para a transferência do financiamento, prevista no parágrafo único do art. 1º da Lei nº 8.004/90, somente incide na hipótese de alienação voluntária de que decorra a transferência do financiamento:

"Parágrafo único. A formalização de venda, promessa de venda, cessão ou promessa de cessão relativas a imóvel financiado através do SFH dar-se-á em ato concomitante à transferência do financiamento respectivo, com a interveniência obrigatória da instituição financiadora".

Ademais, conforme a carta de arrematação, o credor hipotecário foi intimado da nova penhora e da praça do imóvel e formulou pedido de preferência para o recebimento de seu crédito, o que implicou na instauração de concurso de credores que foi decidido pelo juízo da execução (fls. 78 e 89).

Por esses motivos, o registro não é impedido pela falta da anuência do Banco do Estado de São Paulo S.A. com a transmissão da propriedade do imóvel.

Contudo, o registro da arrematação do imóvel depende da prévia aquisição do domínio pelos executados, ou do reconhecimento, pelo juízo da execução, de que os proprietários estão sujeitos aos efeitos da arrematação.

Assim porque a ação de execução das despesas condominiais foi movida contra compromissários compradores que não são titulares da propriedade e, neste caso concreto, não são titulares de direito real de outra natureza porque não promoveram o registro do compromisso de compra e venda.

Diante disso, o registro da arrematação é impedido pela ausência de continuidade entre o proprietário do imóvel e as partes da ação de execução. Nesse sentido:

"O princípio da continuidade, que se apoia no de especialidade, quer dizer que, em relação a cada imóvel, adequadamente individuado, deve existir uma cadeia de titularidade à vista da qual só se fará a inscrição de um direito se o outorgante dele aparecer no registro como seu titular. Assim, as sucessivas transmissões, que derivam umas das outras, asseguram sempre a preexistência do imóvel no patrimônio do transferente" (Afranio de Carvalho, *Registro de Imóveis*, 4ª ed., 1998, Rio de Janeiro: Forense, p. 253).

O respeito à continuidade não se altera pela comunicação da praça ao juízo da ação de execução hipotecária que teria intimado os proprietários por meio dos advogados que constituíram naquele processo.

Assim porque não houve o reconhecimento, na ação em que a arrematação foi realizada de que os proprietários do imóvel, que não foram partes daquele feito, estão sujeitos aos efeitos da arrematação.

Ao contrário, o juízo da ação de execução decidiu, de forma expressa, que os efeitos da arrematação não prevalecem em relação aos proprietários do imóvel, porque foi movida contra os compromissários compradores (fls. 237/238).

A natureza *propter rem* da obrigação de pagar as despesas condominiais permite a cobrança do débito contra o adquirente do imóvel, mas não altera a condição de titular de direitos meramente obrigacionais em relação ao compromissário comprador que não registrou o contrato de compromisso de compra e venda.

Por fim, o contrato particular de compromisso de compra e venda celebrado entre os proprietários e o executado (fls. 114/116) não foi protocolado para registro, pois o único título apresentado para essa finalidade foi a carta de arrematação (fl. 135).

E o apelante não pretende o registro da aquisição dos direitos de compromissário comprador, o que impede a análise dos requisitos para a prática desse ato.

3. Ante o exposto, pelo meu voto, nego provimento ao recurso.

RICARDO ANAFE

Corregedor Geral da Justiça e Relator. (DJe de 16.04.2020 – SP)

PODER JUDICIÁRIO

TRIBUNAL DE JUSTIÇA DO ESTADO DE SÃO PAULO

CONSELHO SUPERIOR DA MAGISTRATURA

Apelação nº 1007324-58.2017.8.26.0477

Registro: 2020.0000171110

ACÓRDÃO

Vistos, relatados e discutidos estes autos de **Apelação Cível nº 1007324-58.2017.8.26.0477**, da Comarca de **Praia Grande**, em que é apelante **ANA CLAUDIA ZERBE DE CARVALHO**, é apelado **OFICIAL DE REGISTRO DE IMÓVEIS E ANEXOS DA COMARCA DE PRAIA GRANDE.**

ACORDAM, em Conselho Superior de Magistratura do Tribunal de Justiça de São Paulo, proferir a seguinte decisão: **"Negaram provimento ao recurso interposto, v.u."**, de conformidade com o voto do Relator, que integra este acórdão.

O julgamento teve a participação dos Exmos. Desembargadores **PINHEIRO FRANCO (PRESIDENTE TRIBUNAL DE JUSTIÇA) (Presidente), LUIS SOARES DE MELLO (VICE PRESIDENTE), XAVIER DE AQUINO (DECANO), GUILHERME G. STRENGER (PRES. SEÇÃO DE DIREITO CRIMINAL), MAGALHÃES COELHO(PRES. DA SEÇÃO DE DIREITO PÚBLICO) E DIMAS RUBENS FONSECA (PRES. DA SEÇÃO DE DIREITO PRIVADO).**

São Paulo, 3 de março de 2020.

RICARDO ANAFE

Corregedor Geral da Justiça e Relator

Apelação Cível nº 1007324-58.2017.8.26.0477

Apelante: Ana Claudia Zerbe de Carvalho

Apelado: Oficial de Registro de Imóveis e Anexos da Comarca de Praia Grande

VOTO Nº 31.089

Registro de Imóveis – Dúvida – Carta de arrematação – Qualificação obrigatória dos títulos judiciais – Propriedade do imóvel registrada em nome do executado e de terceira, em regime de condomínio – Ausência de participação do condômino na ação executiva ou decisão judicial determinando a eficácia da arrematação em relação à sua parcela da propriedade – Ofensa ao princípio da continuidade – Origem do débito em obrigação *propter rem* que não afasta a incidência do princípio e, consequentemente, o impedimento ao registro – Dúvida procedente – Recurso não provido.

Vistos.

1. Trata-se de apelação cível interposta por Ana Claudia Zerbe de Carvalho, visando a reforma da sentença de fls. 113/114, que julgou procedente a dúvida suscitada pelo Oficial do Registro de Imóveis e Anexos de Praia Grande, mantendo a recusa do pedido de registro de carta de arrematação expedida nos autos do processo 0004741-21.1997.8.26.0477, movido pelo Condomínio Edifício Rio Branco contra José Carlos Guerreiro.

O recurso sustenta, em resumo, que a arrematação judicial deu-se em relação a 100% do bem imóvel, por conta da natureza *propter rem* das despesas condominiais que deram origem ao processo, que tornaria desnecessária a participação da coproprietária na ação judicial. Sustenta que eventual erro no edital de leilão, ao indicar a venda judicial de 100% do bem e não de 50%, não pode traduzir prejuízo à apelante na condição de arrematante. Por fim, argumenta pela eficácia da arrematação judicial para o registro da transmissão da propriedade, desnecessários os requisitos dos negócios jurídicos voluntários (fls. 120/129).

Manifestou-se o Ministério Público pelo não provimento do recurso (fls. 133/135), assim como a Procuradoria Geral de Justiça (fls. 152/154).

É o relatório.

2. Conheço do recurso de apelação, eis que presentes seus requisitos objetivos e subjetivos de admissibilidade.

No mérito, o recurso não comporta provimento.

O presente procedimento de dúvida é suscitado a partir da qualificação negativa de carta de arrematação do imóvel objeto da matrícula nº 8.379, do Oficial de Registro de Imóveis e Anexos de Praia Grande, com fundamento na quebra do princípio da continuidade, ante o fato da coproprietária Geralda Xavier de Lima não figurar como parte no processo em que houve a arrematação.

Consta na matrícula nº 8.379, do Ofício de Registro de Imóveis de Praia Grande, a aquisição da propriedade em condomínio por José Carlos Guerreiro, executado, e Geralda Xavier de Lima (fls. 38). Ambos se qualificaram, na aquisição, como solteiros, não havendo nos autos qualquer informação a respeito de vínculo pessoal entre os mesmos.

O processo judicial no qual se originou o título foi movido exclusivamente contra o coproprietário José Carlos Guerreiro, não constando a citação ou intimação de Geralda Xavier de Lima, a qualquer título, seja na fase de conhecimento do processo, seja por conta do leilão judicial do bem. Também não há decisão judicial expressa determinando a eficácia da alienação judicial quanto à propriedade de quem não participou do processo.

Tem-se, assim, que o processo judicial foi movido exclusivamente contra o coproprietário José Carlos, não se observando efeitos da arrematação em relação a Geralda Xavier de Lima, impedindo o registro do título por força do princípio da continuidade registral.

Conforme reiterados precedentes deste E. Conselho Superior da Magistratura, a natureza judicial do título apresentado não impede a sua qualificação registral quanto a aspectos extrínsecos ou aqueles que não foram objeto de exame e decisão pela autoridade jurisdicional.

O item 117, do Capítulo XX Tomo II das Normas de Serviço da Corregedoria Geral da Justiça é expresso acerca do dever do Oficial do Registro de Imóveis a tanto, como se constata de sua redação:

117. Incumbe ao oficial impedir o registro de título que não satisfaça os requisitos exigidos pela lei, quer sejam consubstanciados em instrumento público ou partícula, quer em atos judiciais.

Desta forma, o fato do título apresentado originar-se em decisão judicial não desnatura a obrigação do registrador realizar a qualificação do mesmo para fins de ingresso no registro, recusando o registro de atos que não cumpram os requisitos legais. Assim, o fato da carta de arrematação constar a arrematação de 100% do imóvel não impede a recusa de seu ingresso no registro, se constatada a não observância dos requisitos específicos da legislação registral.

Também deve ser anotado que a arrematação e a adjudicação não constituem modos originários de aquisição da propriedade, devendo observar, dentre outros, o princípio da continuidade registral.

Nesse cenário, tendo em vista que o executado é proprietário de 50% do imóvel e a coproprietária não figura nos autos, nem fora intimada de qualquer forma sobre os efeitos da arrematação, haveria clara ofensa ao princípio da continuidade registral, posto que metade do imóvel não é de propriedade do executado.

São diversos os precedentes desse Eg. Conselho Superior da Magistratura, sempre no sentido da impossibilidade de registro da carta de arrematação ou de adjudicação quando a propriedade imobiliária transmitida não se encontre em nome dos executados:

REGISTRO DE IMÓVEIS – TÍTULO JUDICIAL – CARTA DE ARREMATAÇÃO – PROPRIEDADE DO IMÓVEL EM NOME DE TERCEIRO ESTRANHO À EXECUÇÃO – Falta de registro dos direitos dos executados no fólio real – Direito real de aquisição sobre o imóvel pertencente a terceiro – Vaga de garagem não especificada – Ofensa aos princípios registrais da continuidade, disponibilidade e da especialidade objetiva – Averbação de indisponibilidade que não constitui óbice à alienação judicial – Dúvida procedente – Recurso desprovido. (Apelação nº 1077741-71.2015.8.26.0100, Des. Manoel de Queiroz Pereira Calças).

REGISTRO DE IMÓVEIS – DÚVIDA – RECUSA DO OFICIAL EM REGISTRAR CARTA DE ARREMATAÇÃO EXPEDIDA EM EXECUÇÃO DERIVADA DE AÇÃO DE COBRANÇA – Imóvel pertencente a terceiros – Ação e execução de ciência de apenas um deles – Penhora e arrematação da integralidade do imóvel – Inviabilidade do registro – Arrematação que constitui modo derivado de aquisição de propriedade – Ofensa ao princípio da continuidade – Recurso não provido.

(Apelação nº 0018338-33.2011.8.26.0100, José Renato Nalini).

Assim, a arrematação da integralidade do bem imóvel, sem que a coproprietária seja parte na ação executiva, impede o registro da transmissão.

Nem se diga que a natureza *propter rem* do débito que originou a execução na qual houve a arrematação autorizaria a quebra do princípio da continuidade registral.

O fato do débito decorrer da propriedade em si, aqui havida em condomínio, não traduz possibilidade de extensão dos efeitos da decisão judicial pela arrematação em face de quem não tenha sido parte do processo. Não é natureza do débito que autoriza a eficácia da transmissão judicial em relação ao proprietário que não tenha participado do processo, mas sim eventual decisão judicial que reconheça, expressamente, sua responsabilidade patrimonial na ação executiva.

Prevalece, assim, a recusa por ofensa ao princípio da continuidade registral.

3. À vista do exposto, pelo meu voto, nego provimento ao recurso interposto.

RICARDO ANAFE

Corregedor Geral da Justiça e Relator. (DJe de 01.04.2020 – SP)

PODER JUDICIÁRIO

TRIBUNAL DE JUSTIÇA DO ESTADO DE SÃO PAULO

CONSELHO SUPERIOR DA MAGISTRATURA

Apelação nº 1041488-45.2019.8.26.0100

Registro: 2019.0001032000

ACÓRDÃO

Vistos, relatados e discutidos estes autos de **Apelação Cível nº 1041488-45.2019.8.26.0100**, da Comarca de **São Paulo**, em que é apelante **MOHAMAD ABDO KHALIL**, é apelado **12º OFICIAL DE REGISTRO DE IMÓVEIS DE SÃO PAULO.**

ACORDAM, em Conselho Superior de Magistratura do Tribunal de Justiça de São Paulo, proferir a seguinte decisão: **"Deram provimento ao recurso para julgar a dúvida improcedente, v.u."**, de conformidade com o voto do Relator, que integra este acórdão.

O julgamento teve a participação dos Exmos. Desembargadores **PEREIRA CALÇAS (PRESIDENTE TRIBUNAL DE JUSTIÇA) (Presidente), ARTUR MARQUES (VICE PRESIDENTE), XAVIER DE AQUINO (DECANO), EVARISTO DOS SANTOS(PRES. DA SEÇÃO DE DIREITO PÚBLICO), CAMPOS MELLO (PRES. DA SEÇÃO DE DIREITO PRIVADO) E FERNANDO TORRES GARCIA(PRES. SEÇÃO DE DIREITO CRIMINAL).**

São Paulo, 2 de dezembro de 2019.

GERALDO FRANCISCO PINHEIRO FRANCO

Corregedor Geral da Justiça e Relator

Apelação Cível nº 1041488-45.2019.8.26.0100

Apelante: Mohamad Abdo Khalil

Apelado: 12º Oficial de Registro de Imóveis de São Paulo

VOTO Nº 37.969

Registro de Imóveis – Carta de arrematação expedida em ação de execução movida contra cessionário de compromisso de compra e venda – Princípio da continuidade – Proprietário do imóvel que foi intimado para as hastas públicas e informou não ter interesse na manutenção do domínio – Reconhecimento pelo juízo da execução, de forma expressa, da submissão do proprietário do imóvel aos efeitos da arrematação – Dúvida julgada procedente – Apelação provida.

Trata-se de apelação interposta contra r. sentença que manteve a recusa do registro de carta de arrematação do imóvel objeto da matrícula nº 148.634 do 12º Registro de Imóveis da Comarca de São Paulo, que foi extraída de ação de execução movida pelo Condomínio Conjunto Habitacional Amaralinas contra Roberto Gomes, por ausência de continuidade do registro.

O apelante alegou, em suma, que arrematou o imóvel em hasta pública realizada no Processo nº 0111228-53.2009.8.26.0005 da 3ª Vara Cível do Foro Regional de São Miguel Paulista, Comarca da Capital, sendo posteriormente imitido na posse. Afirmou que o imóvel está registrado como sendo de propriedade do Instituto de Previdência do

Estado de São Paulo – IPESP que deve ser considerado o transmitente na arrematação promovida na ação judicial. Assim porque a submissão do Instituto de Previdência do Estado de São Paulo – IPESP aos efeitos da arrematação foi reconhecida por decisão do juízo da ação de execução, pois foi intimado da arrematação e declarou não ter interesse no imóvel. Asseverou que a arrematação é forma de transmissão forçada e que foi promovida em ação de execução de despesas condominiais que têm natureza *propter rem*. Informou que o executado, Roberto Gomes, não demonstrou interesse em promover o registro do contrato de compromisso de compra e venda celebrado com o proprietário do imóvel, razão pela qual os direitos de compromissário comprador não podem impedir a transmissão do domínio na ação de execução. Requereu a reforma da r. sentença para o registro do título (fls. 93/97).

A douta Procuradoria Geral de Justiça opinou pelo provimento do recurso (fls. 116/119).

É o relatório.

Foi apresentada para registro a carta de arrematação do imóvel objeto da matrícula nº 148.634 do 12º Registro de Imóveis da Comarca da Capital, extraída de ação de execução que teve curso perante a 3ª Vara Cível do Foro Regional de São Miguel Paulista (Processo nº 0111228-53.2009.8.26.0005), movida pelo Condomínio Conjunto Habitacional Amaralinas contra Roberto Gomes.

O registro da carta de arrematação foi recusado com fundamento na ausência de continuidade, uma vez que o imóvel é de propriedade do Instituto de Previdência do Estado de São Paulo – IPESP que não figurou no polo passivo da ação de execução.

Contudo, na reapresentação para protocolo o apelante instruiu a carta de arrematação com prova de que a recusa do registro pela ausência de continuidade foi apreciada e afastada na esfera jurisdicional, com fundamento na submissão do proprietário do imóvel aos efeitos da arrematação porque foi intimado para a hasta pública e informou não ter interesse em manter o domínio do bem.

Nesse sentido a r. decisão reproduzida às fls. 07/08 (com autenticidade conferida no sistema SAJ), que foi prolatada pelo Juízo da ação de execução:

"(...)b: rigorosamente, não houve solução de continuidade registral, pois as diversas sucessões entre os titulares de direito sobre o imóvel não vieram a ser registradas. Dito de outro modo, houve transferência da posse, mas não do domínio. Assim, o domínio do IPESP, que foi intimado sobre a arrematação e declarou não ter interesse sobre o imóvel, foi extinto pela arrematação, modo originária de aquisição da propriedade. Por isso, em princípio, não se mostra plausível a exigência, própria para registro de atos negociais. Aqui, porquanto não houve solução de continuidade, em princípio é possível o registro. ***Expeça-se novo mandado, esclarecendo que a propriedade foi transmitida por ato de império (arrematação), diretamente do IPESP ao arrematante****. Caso haja recalcitrância do registrador, caberá perseguir a solução junto ao juízo de Registros Públicos, competente para exercício da Corregedoria dos Cartórios Extrajudiciais".*

Uma vez reconhecida a submissão do proprietário do imóvel aos efeitos da arrematação, por meio decisão prolatada pelo juízo da ação de execução que para isso era competente, neste caso concreto ficou suprido o requisito da continuidade que consiste no estrito respeito à cadeia dominial:

"O princípio da continuidade, que se apóia no de especialidade, quer dizer que, em relação a cada imóvel, adequadamente individuado, deve existir uma cadeia de titularidade à vista da qual só se fará a inscrição de um direito se o outorgante dele aparecer no registro como seu titular. Assim, as sucessivas transmissões, que derivam umas das outras, asseguram sempre a preexistência do imóvel no patrimônio do transferente" (Afranio de Carvalho, *Registro de Imóveis*, 4ª edição, 1998, Forense, pág. 253).

Ante o exposto, dou provimento ao recurso para julgar a dúvida improcedente.

GERALDO FRANCISCO PINHEIRO FRANCO

Corregedor Geral da Justiça e Relator. (DJe de 31.03.2020 – SP)

PODER JUDICIÁRIO

TRIBUNAL DE JUSTIÇA DO ESTADO DE SÃO PAULO

CONSELHO SUPERIOR DA MAGISTRATURA

Apelação n° 0005176-34.2019.8.26.0344

Registro: 2019.0001054523

ACÓRDÃO

Vistos, relatados e discutidos estes autos de **Apelação Cível nº 0005176-34.2019.8.26.0344**, da Comarca de **Marília**, em que é apelante **ADRIANO**

DAUN MONICI, é apelado **1º OFICIAL DE REGISTRO DE IMÓVEIS E ANEXOS DA COMARCA DE MARÍLIA**.

ACORDAM, em Conselho Superior de Magistratura do Tribunal de Justiça de São Paulo, proferir a seguinte decisão: **"Negaram provimento à apelação para manter a qualificação negativa do título, v.u."**, de conformidade com o voto do Relator, que integra este acórdão.

O julgamento teve a participação dos Exmos. Desembargadores **PEREIRA CALÇAS (PRESIDENTE TRIBUNAL DE JUSTIÇA) (Presidente), ARTUR MARQUES (VICE PRESIDENTE), XAVIER DE AQUINO (DECANO), EVARISTO DOS SANTOS(PRES. DA SEÇÃO DE DIREITO PÚBLICO), CAMPOS MELLO (PRES. DA SEÇÃO DE DIREITO PRIVADO) E FERNANDO TORRES GARCIA(PRES. SEÇÃO DE DIREITO CRIMINAL)**.

São Paulo, 10 de dezembro de 2019.

GERALDO FRANCISCO PINHEIRO FRANCO

Corregedor Geral da Justiça e Relator

Apelação Cível nº 0005176-34.2019.8.26.0344

Apelante: Adriano Daun Monici

Apelado: 1º Oficial de Registro de Imóveis e Anexos da Comarca de Marília

VOTO Nº 38.000

Registro de Imóveis – Carta de Arrematação – Título judicial sujeito à qualificação registral – Forma derivada de aquisição de propriedade – Desqualificação por ofensa ao princípio da continuidade – Dúvida julgada procedente – Recurso não provido, com determinação.

Inconformado com a r. sentença que confirmou o juízo negativo de qualificação registral**[1]**, *Adriano Daun Monici* interpôs apelação buscando o registro da carta de arrematação expedida em processo judicial que tramitou perante a 3ª Vara Cível da Comarca de Marília/SP, tendo por objeto o imóvel matriculado sob nº 25.143 junto ao 1º Oficial de Registro de Imóveis, Títulos e Documentos, Civil de Pessoa Jurídica e 1º Tabelião de Protesto de Letras e Títulos daquela cidade. Alega, em síntese, que houve penhora da totalidade do imóvel, que passou a pertencer exclusivamente ao executado em virtude de permuta realizada com seu filho. Aduz que a arrematação, estando perfeita e acabada, é forma originária de aquisição da propriedade, razão pela qual entende não haver quebra de continuidade na cadeia de transmissão**[2]**.

A Procuradoria de Justiça, em seu parecer, opinou pelo não provimento da apelação**[3]**.

É o relatório.

No caso concreto, a nota de devolução emitida pelo registrador está assim redigida: *"(...) para registro da Carta de Arrematação apresentada, necessário, primeiramente, em atendimento ao princípio regitrário da continuidade, registrar os títulos pelos quais o executado tornou-se proprietário do imóvel matriculado sob n.25.143"***[4]**.

A Carta de Arrematação foi expedida em favor do apelante, nos autos do processo nº 0009773-42.2002.8.26.0344/01, em fase de cumprimento de sentença**[5]**.

Desde logo, importa lembrar que a origem judicial do título não o torna imune à qualificação registral, ainda que limitada aos requisitos formais do título e sua adequação aos princípios registrais, conforme o disposto no item 119, do Capítulo XX, das NSCGJ**[6]**. Este C. Conselho Superior da Magistratura tem decidido, inclusive, que a qualificação negativa não caracteriza desobediência ou descumprimento de decisão judicial**[7]**.

Da análise da documentação trazida aos autos, é possível constatar que o imóvel objeto da Matrícula nº 25.143**[8]** está registrado em nome de Vinicius Almeida Camarinha e Rafael Almeida Camarinha, na proporção de 50% cada (R.6). E muito embora a doação tenha sido declarada ineficaz nos autos do Processo nº 500/05 (AV. 7), a Carta de Arrematação em análise foi expedida em outro processo.

E nem mesmo a declaração de ineficácia da renúncia à herança feita por José Abelardo é suficiente para resolver a questão, visto que não houve registro da transferência de domínio, por força de partilha, em favor do executado. Aliás, essa declaração de ineficácia (AV. 10) somente poderia ter sido averbada após o registro do formal de partilha, o que não ocorreu.

Por outro lado, do que consta da matrícula do imóvel, não haveria direitos em nome de José Abelardo a serem penhorados, de forma que a Av. 13 realizada na matrícula também não se justifica, ao menos em princípio.

Acrescente-se que a Nota de Devolução faz referência à necessidade de prévio registro dos títulos pelos quais o executado tornou-se proprietário de 100% do imóvel matriculado sob nº 25.143. Contudo, é preciso observar que a Carta de Arrematação expedida diz respeito a 100% dos direitos havidos sobre o imóvel por José Abelardo

Guimarães Camarinha**[9]**, o que não equivale ao domínio do bem.

Daí porque, ainda que por fundamento diverso daquele trazido na r. sentença recorrida, o título apresentado**[10]** não comporta ingresso no fólio real, pois na matrícula não há direitos sobre o imóvel registrados em favor do executado, o que também configura ofensa ao princípio da continuidade. A propósito, dispõe o art. 195 da Lei de Registros Públicos:

> *"Se o imóvel não estiver matriculado ou registrado em nome do outorgante, o oficial exigirá a prévia matrícula e o registro do título anterior, qualquer que seja a sua natureza, para manter a continuidade do registro."*

De seu turno, dispõe o art. 237 do mesmo diploma legal:

> *"Ainda que o imóvel esteja matriculado, não se fará registro que dependa da apresentação de título anterior, a fim de que se preserve a continuidade do registro."*

Sobre o tema, importa lembrar que a arrematação judicial constitui forma de alienação forçada, que, segundo Araken de Assis, revela negócio jurídico entre o Estado, que detém o poder de dispor e aceitar a declaração de vontade do adquirente (*"Manual da Execução"*. Editora Revista dos Tribunais; 14ª edição; São Paulo. 2012. p. 819). É ato expropriatório por meio do qual *"o órgão judiciário transfere coativamente os bens penhorados do patrimônio do executado para o credor ou para outra pessoa"*.

Não se desconhece que, em data relativamente recente, este C. Conselho Superior da Magistratura chegou a reconhecer que a arrematação constituía modo originário de aquisição da propriedade**[11]**. Contudo, tal entendimento acabou não prevalecendo, pois o fato de inexistir relação jurídica ou negocial entre o antigo proprietário e o adquirente (arrematante ou adjudicante) não é o quanto basta para afastar o reconhecimento de que há aquisição derivada da propriedade.

E se assim é, tratando-se a arrematação judicial de modo derivado de aquisição de propriedade, mantido o vínculo com a situação pretérita do bem, há que ser respeitado o princípio da continuidade**[12]**.

Por fim, considerando os fundamentos ora apresentados, conveniente se mostra que o MM. Juiz Corregedor Permanente apure a conduta do 1º Oficial de Registro de Imóveis, Títulos e Documentos, Civil de Pessoa Jurídica e 1º Tabelião de Protesto de Letras e Títulos da Comarca de Marília/SP, com adoção de eventuais outras providências cabíveis, ante o aparente desrespeito aos princípios registrários nos atos praticados na matrícula nº 25.143 daquela serventia imobiliária.

Diante do exposto, pelo meu voto, **nego provimento** à apelação para manter a qualificação negativa do título.

GERALDO FRANCISCO PINHEIRO FRANCO

Corregedor Geral da Justiça e Relator

Notas:

[1] Fls. 398/399.

[2] Fls. 404/416.

[3] Fls. 466/470.

[4] Fls. 16.

[5] Fls. 89 e ss.

[6] *119. Incumbe ao oficial impedir o registro de título que não satisfaça os requisitos exigidos pela lei, quer sejam consubstanciados em instrumento público ou particular, quer em atos judiciais.*

[7] Apelação Cível nº 413-6/7; Apelação Cível nº 0003968-52.2014.8.26.0453.

[8] Fls. 09/15.

[9] Fls. 129 e 199.

[10] Fls. 89 e ss.

[11] Apelação Cível n.º 0007969-54.2010.8.26.0604.

[12] Nesse sentido: *REGISTRO DE IMÓVEIS – Carta de Arrematação – Título judicial sujeito à qualificação registral – Forma derivada de aquisição de propriedade – Desqualificação por ofensa ao princípio da continuidade – Dúvida julgada procedente – Recurso não provido.* (TJSP; Apelação Cível 1001015-36.2019.8.26.0223; Relator (a): Pinheiro Franco (Corregedor Geral); Órgão Julgador: Conselho Superior de Magistratura; Foro de Guarujá – 3ª Vara Cível; Data do Julgamento: 19/09/2019; Data de Registro: 26/09/2019). (DJe de 31.03.2020 – SP)

PODER JUDICIÁRIO

TRIBUNAL DE JUSTIÇA DO ESTADO DE SÃO PAULO

CONSELHO SUPERIOR DA MAGISTRATURA

Apelação nº 1012409-74.2018.8.26.0223

Registro: 2019.0000936707

ACÓRDÃO

Vistos, relatados e discutidos estes autos de **Apelação Cível nº 1012409-74.2018.8.26.0223**, da Comarca de **Guarujá**, em que é apelante **ANTONIO CARLOS OSORIO FILHO**, é apelado **OFICIAL DE REGISTRO DE IMÓVEIS, TÍTULOS E DOCUMENTOS E CIVIL DE PESSOA JURÍDICA DA COMARCA DE GUARUJÁ**.

ACORDAM, em Conselho Superior de Magistratura do Tribunal de Justiça de São Paulo, proferir a seguinte decisão: **"Julgaram prejudicada a dúvida e não conheceram do recurso, v.u."**, de conformidade com o voto do Relator, que integra este acórdão.

O julgamento teve a participação dos Exmos. Desembargadores **PEREIRA CALÇAS (PRESIDENTE TRIBUNAL DE JUSTIÇA) (Presidente), ARTUR MARQUES (VICE PRESIDENTE), XAVIER DE AQUINO (DECANO), ANTONIO CARLOS MALHEIROS (PRES. DA SEÇÃO DE DIREITO PÚBLICO), CAMPOS MELLO (PRES. DA SEÇÃO DE DIREITO PRIVADO) E FERNANDO TORRES GARCIA(PRES. SEÇÃO DE DIREITO CRIMINAL).**

São Paulo, 1º de novembro de 2019.

GERALDO FRANCISCO PINHEIRO FRANCO

Corregedor Geral da Justiça e Relator

Apelação Cível nº 1012409-74.2018.8.26.0223

Apelante: ANTONIO CARLOS OSORIO FILHO

Apelado: OFICIAL DE REGISTRO DE IMÓVEIS, TÍTULOS, E DOCUMENTOS E CIVIL DE PESSOA JURÍDICA DA COMARCA DE GUARUJÁ

VOTO Nº 37.949

Registro de Imóveis – Carta de arrematação – Impugnação parcial – Dúvida prejudicada – Recurso não conhecido.

Inconformado com a r. sentença que confirmou o juízo negativo de qualificação registral**[1]**, *Antônio Carlos Osorio Filho* interpôs apelação objetivando o registro da carta de arrematação expedida nos autos do processo nº 0004689-49.2013.8.26.0223, que tramitou perante a 4ª Vara Cível da Comarca de Guarujá/SP, tendo por objeto o imóvel matriculado sob nº 50.868 perante o Oficial de Registro de Imóveis, Títulos e Documentos e Civil de Pessoa Jurídica daquela mesma Comarca.

Alega o apelante, em síntese, que das três exigências formuladas pelo registrador, duas são insubsistentes. Entende ser desnecessária a apresentação do título aquisitivo em favor da executada, pois o edital de leilão foi explícito ao se referir à propriedade plena do imóvel e não, aos direitos decorrentes da promessa de compra e venda não registrada. Nega a ocorrência de violação ao princípio da continuidade, por ser a arrematação forma originária de aquisição da propriedade. No mais, afirma que não se mostra necessária a apresentação de certidão autorizativa de transferência de direitos de ocupação, expedida pela SPU, pois a averbação realizada na matrícula do imóvel, no sentido de que parte do terreno em que edificado o edifício Albamar localiza-se em faixa da marinha, foi realizada de ofício e, portanto, não é válida**[2]**.

A Procuradoria Geral de Justiça, em seu parecer, opinou pelo não provimento da apelação**[3]**.

É o relatório.

No caso concreto, o registrador emitiu nota de devolução**[4]**, formulando as seguintes exigências: 1. Apresentar para registro o título aquisitivo de domínio da requerida Agropecuária Fazenda São Sebastião Ltda., referente ao imóvel objeto da matrícula nº 50.868; 2. Apresentar Certidão Autorizativa de Transferência dos direitos de ocupação expedida pelo Serviço do Patrimônio da União referente ao imóvel objeto da matrícula nº 50.868; 3. Aditar a Carta de Arrematação para constar a qualificação completa (CNPJ e endereço da sede) do requerente Condomínio Edifício Albamar e da requerida Agropecuária Fazenda São Sebastião Ltda.

Insiste o apelante na possibilidade de registro da Carta de Arrematação, afirmando que, uma vez informado do teor da nota devolutiva, discordou de parte das exigências formuladas, o mesmo ocorrendo agora, em sede recursal, por ocasião da apresentação de suas razões de inconformismo.

Sendo assim, ante a impugnação parcial das exigências formuladas pelo Oficial, resulta prejudicada a dúvida.

É que a não insurgência em relação ao outro óbice apresentado prejudica a dúvida, que só admite duas soluções: a) a determinação do registro do título protocolado e prenotado, que é analisado, em reexame da qualificação, tal como se encontrava no momento em que surgida dissensão entre o apresentante e o Oficial de Registro de Imóveis; ou b) a manutenção da recusa do Oficial. Para que se possa decidir se o título pode ser registrado ou não, é preciso que todas as exigências – e não apenas parte delas – sejam reexaminadas pelo Corregedor Permanente.

E o reconhecimento de que a dúvida se encontra prejudicada acarreta o não conhecimento do recurso, consoante pacífico entendimento deste Conselho Superior da Magistratura *(Apelação n. 990.10.325.599-2, Rel. Des. Antônio Carlos Munhoz Soares, j. 14/12/2010; Apelação n. 990.10.030.839-4, Rel. Des. Marco César Müller Valente, j. 30/6/2010; Apelação n. 0011799-78.2010.8.26.0070, Rel. Maurício Vidigal, j. 7/11/2011, Apelação n. 17-6/0, Rel. Des. Luiz Tâmbara, j. 7/11/03 e Apelação n. 7.120-0/9, Rel. Des. Sylvio do Amaral, j. 1°/6/87).*

Há precedentes recentes no mesmo sentido: *Apelação Cível n. 1004343-82.2016.8.26.0318,* j. 24/4/2018; *Apelação Cível n. 1015740-40.2016.8.26.0577,* j. 15/5/2018.

Diante do exposto, julgo prejudicada a dúvida e **não conheço** do recurso.

GERALDO FRANCISCO PINHEIRO FRANCO

Corregedor Geral da Justiça e Relator

Notas:

[1] Fls. 90/98.

[2] Fls. 104/114.

[3] Fls. 130/135.

[4] Fls. 18/20. (DJe de 11.03.2020 – SP)

CÉDULAS

PODER JUDICIÁRIO

TRIBUNAL DE JUSTIÇA DO ESTADO DE SÃO PAULO

CONSELHO SUPERIOR DA MAGISTRATURA

Apelação Cível nº 1003037-73.2019.8.26.0318

Registro: 2020.0000475235

ACÓRDÃO

Vistos, relatados e discutidos estes autos de **Apelação Cível nº 1003037-73.2019.8.26.0318**, da Comarca de **Leme**, em que é apelante **BANCO DO BRASIL S/A**, é apelado **OFICIAL DE REGISTROS DE IMÓVEIS E ANEXOS DA COMARCA DE LEME.**

ACORDAM, em Conselho Superior de Magistratura do Tribunal de Justiça de São Paulo, proferir a seguinte decisão: **"Deram provimento ao recurso para julgar improcedente a dúvida, v.u.",** de conformidade com o voto do Relator, que integra este acórdão.

O julgamento teve a participação dos Exmos. Desembargadores **PINHEIRO FRANCO (PRESIDENTE TRIBUNAL DE JUSTIÇA) (Presidente), LUIS SOARES DE MELLO (VICE PRESIDENTE), XAVIER DE AQUINO (DECANO), GUILHERME G. STRENGER (PRES. SEÇÃO DE DIREITO CRIMINAL), MAGALHÃES COELHO(PRES. DA SEÇÃO DE DIREITO PÚBLICO) E DIMAS RUBENS FONSECA (PRES. DA SEÇÃO DE DIREITO PRIVADO).**

São Paulo, 18 de junho de 2020.

RICARDO ANAFE

Corregedor Geral da Justiça e Relator

Apelação Cível nº 1003037-73.2019.8.26.0318

Apelante: Banco do Brasil S/A

Apelado: Oficial de Registros de Imóveis e Anexos da Comarca de Leme

VOTO Nº 31.168

Registro de Imóveis – Dúvida – Cédula de Crédito Bancário com garantia hipotecária – Exigência, pelo registrador, de assinatura do credor e comprovação da regularidade de sua representação, para constituição da hipoteca – Manutenção dos óbices pelo MM. Juiz Corregedor Permanente – Apelação interposta pelo banco credor – Preliminar de nulidade da sentença por insuficiência de fundamentação e consequente cerceamento de defesa rechaçada – Hipoteca cedularmente constituída que se submete ao regime próprio da Lei nº 10.931/2004 – Constituição da garantia na própria cédula de crédito bancário, ou em documento apartado, que se satisfaz com a assinatura do devedor e, eventualmente, do terceiro garantidor – Título de crédito que prescinde da manifestação do credor para sua constituição, incluindo a garantia real – Dá-se provimento ao recurso para julgar improcedente a dúvida.

1. Trata-se de apelação interposta por *Banco do Brasil S.A.* contra a r. sentença proferida pelo MM. Juiz Corregedor Permanente do Oficial de Registro de Imóveis da Comarca de Leme/SP, que julgou procedente dúvida suscitada para o fim de manter a recusa do registro de garantia hipotecária constante da cédula de crédito bancário, na matrícula nº 28.310 daquela serventia imobiliária (fl. 137/138).

Preliminarmente, argui o apelante a nulidade da sentença recorrida, por ausência de fundamentação e consequente cerceamento de defesa. No mérito, alega, em síntese, que realizou operação de crédito formalizada por meio de cédula de crédito bancário nº 511.900.321, emitida pela empresa Luis Ricardo Altoé & Cia. Ltda., tendo como garantia a hipoteca cedular de primeiro grau, sem concorrência de terceiro, sobre o imóvel matriculado sob nº 28.310 junto ao Oficial de Registro de Imóveis de Leme/SP. Ocorre que o título teve seu registro recusado sob o argumento de que seria necessária a assinatura do representante legal da credora na referida cédula de crédito, com apresentação de cópia autenticada do documento que comprove a regularidade da representação. Aduz que, nos termos do art. 26 da Lei nº 10.931/04, a cédula de crédito bancário é título de crédito emitido por pessoa física ou jurídica, em favor de instituição financeira ou de entidade a esta equiparada, representando promessa de pagamento em dinheiro, decorrente de operação de crédito, de qualquer modalidade e que, portanto, deve ser assinado apenas por seu emitente. Acrescenta que, segundo dispõe o art. 27 da mesma Lei, a garantia hipotecária da cédula de crédito bancário deve ser cedularmente constituída e não, contratualmente, de forma que qualquer outra assinatura aposta no título pode descaracterizá-lo ou mesmo criar obrigações não desejadas pelas partes. Anota que não há na Lei nº 6.015/1973, ou mesmo nas Normas de Serviço da Corregedoria Geral da Justiça nenhuma exigência nesse sentido, sendo que o art. 42 da Lei nº 10.931/2004 somente reforça a desnecessidade de assinatura do representante do credor, na cédula de crédito bancário, para o registro da garantia hipotecária (fl. 145/159).

A Douta Procuradoria de Justiça opinou pelo provimento do recurso (fl. 184/187).

É o relatório.

2. As preliminares de nulidade da sentença, que se fundem, na verdade, na arguição monolítica de vicio intrínseco do ato derradeiro de instância de cognição primaria, não se sustentam.

A sentença é suficientemente fundamentada quanto ao entendimento de que a garantia hipotecária, ainda que relativa a operação de crédito representada por cédula bancária, caracteriza negócio jurídico autônomo a exigir a manifestação expressa do credor no título, sem o que não há como se constituir a garantia. Se o argumento apresentado pelo apelante em sua manifestação feita após a suscitação da dúvida não foi acolhido pelo juízo, que adota posicionamento diverso e expresso nos autos, não há que se falar em nulidade.

Em segundo lugar, não se cogita em nulidade por omissão na apreciação de teses se a questão não foi arguida em embargos de declaração, sendo certo que a sentença ostenta suficiente arrimo decisório da hipótese de convencimento racional, implicando no afastamento lógico dos argumentos contrapostos, daí a essencialidade do recurso dos embargos, inclusive.

Do mérito recursal.

O provimento do recurso é de rigor, a fim de julgar a dúvida improcedente, determinando-se o ingresso do título na tábua registral.

A controvérsia diz respeito à negativa de registro da garantia hipotecária proveniente da cédula de crédito bancário nº 511.900.321, emitida pela empresa Luis Ricardo Altoé & Cia. Ltda. em favor do apelante, tendo por objeto o imóvel matriculado sob nº 28.310 junto ao Oficial de Registro de Imóveis de Leme/SP.

Insurge-se o apelante contra a necessidade de assinatura do representante legal da instituição bancária e apresentação de cópia autenticada do documento que comprove a regularidade de sua representação.

Sobre o tema, cumpre anotar que a cédula de crédito bancário é um título de crédito previsto na Lei nº 10.931/2004 que, em seu art. 29, assim dispõe:

"Art. 29. A Cédula de Crédito Bancário deve conter os seguintes requisitos essenciais:

I – a denominação "Cédula de Crédito Bancário";

II – a promessa do emitente de pagar a dívida em dinheiro, certa, líquida e exigível no seu vencimento ou, no caso de dívida oriunda de contrato de abertura de crédito bancário, a promessa do emitente de pagar a dívida em dinheiro, certa, líquida e exigível, correspondente ao crédito utilizado;

III – a data e o lugar do pagamento da dívida e, no caso de pagamento parcelado, as datas e os valores de cada prestação, ou os critérios para essa determinação;

IV – o nome da instituição credora, podendo conter cláusula à ordem;

V – a data e o lugar de sua emissão; e

VI – a assinatura do emitente e, se for o caso, do terceiro garantidor da obrigação, ou de seus respectivos mandatários.

§ 1º – A Cédula de Crédito Bancário será transferível mediante endosso em preto, ao qual se aplicarão, no que couberem, as normas do direito cambiário, caso em que o endossatário, mesmo não sendo instituição financeira ou entidade a ela equiparada, poderá exercer todos os direitos por ela conferidos, inclusive cobrar os juros e demais encargos na forma pactuada na Cédula.

§ 2º – A Cédula de Crédito Bancário será emitida por escrito, em tantas vias quantas forem as partes que nela intervierem, assinadas pelo emitente e pelo terceiro garantidor, se houver, ou por seus respectivos mandatários, devendo cada parte receber uma via.

§ 3º – Somente a via do credor será negociável, devendo constar nas demais vias a expressão "não negociável".

§ 4º – A Cédula de Crédito Bancário pode ser aditada, retificada e ratificada mediante documento escrito, datado, com os requisitos previstos no caput, passando esse documento a integrar a Cédula para todos os fins."

Nos termos dos arts. 31 e 32 da Lei nº 10.931/2004, é prevista a constituição, na cédula de crédito bancário, de garantia fidejussória ou real, esta sobre bens móveis ou imóveis de titularidade do emitente ou de terceiro garantidor:

"Art. 31. A garantia da Cédula de Crédito Bancário poderá ser fidejussória ou real, neste último caso constituída por bem patrimonial de qualquer espécie, disponível e alienável, móvel ou imóvel, material ou imaterial, presente ou futuro, fungível ou infungível, consumível ou não, cuja titularidade pertença ao próprio emitente ou a terceiro garantidor da obrigação principal.

Art. 32. A constituição da garantia poderá ser feita na própria Cédula de Crédito Bancário ou em documento separado, neste caso fazendo-se, na Cédula, menção a tal circunstância".

E o art. 30 da Lei n.10.931/2004 ainda prevê que:

"Art. 30. A constituição de garantia da obrigação representada pela Cédula de Crédito Bancário é disciplinada por esta Lei, sendo aplicáveis as disposições da legislação comum ou especial que não forem com ela conflitantes".

Ou seja, a emissão e a constituição de garantia real na cédula de crédito bancário são regidas pela Lei nº 10.931/2004, com aplicação da legislação comum somente de forma supletiva. Bem por isso, no que diz respeito à forma de constituição da garantia hipotecária, é preciso ressaltar que não há lacuna a ser suprida mediante aplicação das normas contidas no Código Civil.

Com efeito, a cédula de crédito bancário constitui título de crédito que permite ao credor emitir certificado que a represente, para circulação do crédito (arts. 26 e 53, *caput*, e § 4º da Lei nº 10.931/2004), não sendo adequada a cisão dos modos de constituição da obrigação e da respectiva garantia para efeito de fixação dos requisitos para sua emissão.

Por outro lado, trata-se de forma de constituição da garantia real que não difere, em sua essência, daquela prevista para as cédulas de crédito rural e industrial. Em doutrina específica sobre o tema, Afrânio de Carvalho já afirmava sua suficiência para a constituição da garantia real e ingresso no registro imobiliário: ***"As hipotecas convencionais podem ser instrumentadas em cédulas hipotecárias rurais e industriais, que, à semelhança das escrituras, contém a estipulação da obrigação e do direito real, mas se acham predispostas para, uma vez feita a inscrição, circularem, por si mesmas, com títulos à ordem, por endosso. Dessas cédulas diferem as que se extraem da inscrição das escrituras de hipotecas habitacionais em uma segunda operação registral, que se destina precisamente a representar as hipotecas em títulos à ordem, por meio dos quais também circulem por endosso (Decreto-Lei 70, de 1966, arts. 9, 27). Ambas as modalidades de cédulas hipotecárias circulam por endosso, mas a primeira é originária, a segunda, derivada"*** ("Registro de Imóveis", 4ª ed., Rio de Janeiro: Forense, 1997, p. 95).

Destarte, é possível afirmar que, ao lado da hipoteca convencional, estabelecida como pacto acessório à obrigação garantida, tem-se a possibilidade da constituição de garantia hipotecária instrumentada em cédulas que, por sua natureza, origem e regramento próprio, satisfaz-se com a manifestação unilateral de vontade do sacado do título, como no caso em análise. Em outras palavras, sendo o devedor titular da propriedade do bem imóvel dado em garantia, basta sua assinatura na emissão da cédula de crédito bancário, ou de seus respectivos mandatários, com descrição do débito contraído e também do imóvel dado em garantia, na própria cédula ou em documento separado, nos exatos termos previstos na Lei nº 10.931/2004.

Afastada a exigência de assinatura do credor na cédula de crédito bancária com garantia hipotecária para ingresso do título, desnecessária se faz, consequentemente, a comprovação da regularidade da representação da instituição financeira no ato.

Ressalte-se, por oportuno, a existência de precedentes deste Conselho Superior da Magistratura sobre a questão aqui debatida, no sentido do afastamento dos óbices apresentados pelo registrador: *TJSP;* ***Apelação Cível 1009982-57.2018.8.26.0077; Relator (a): Pinheiro Franco (Corregedor Geral); Órgão Julgador: Conselho Superior de Magistratura; Foro de Birigui - 3ª***

Vara Cível; Data do Julgamento: 23/08/2019; Data de Registro: 03/09/2019; TJSP; Apelação Cível 1010075-20.2018.8.26.0077; Relator (a): Pinheiro Franco (Corregedor Geral); Órgão Julgador: Conselho Superior de Magistratura; Foro de Birigui - 3ª Vara Cível; Data do Julgamento: 14/11/2019; Data de Registro: 27/11/2019.

3. À vista do exposto, pelo meu voto, dou provimento ao recurso para julgar improcedente a dúvida.

RICARDO ANAFE

Corregedor Geral da Justiça e Relator. (DJe de 27.08.2020 – SP)

PODER JUDICIÁRIO

TRIBUNAL DE JUSTIÇA DO ESTADO DE SÃO PAULO

CONSELHO SUPERIOR DA MAGISTRATURA

Apelação nº 0001249-04.2018.8.26.0083

Registro: 2019.0001054552

ACÓRDÃO

Vistos, relatados e discutidos estes autos de **Apelação Cível nº 0001249-04.2018.8.26.0083**, da Comarca de **Aguaí**, em que é apelante **CERCA VIVA AGRO COMERCIAL LTDA.**, é apelado **OFICIAL DE REGISTRO DE IMÓVEIS E ANEXOS DA COMARCA DE AGUAÍ.**

ACORDAM, em Conselho Superior de Magistratura do Tribunal de Justiça de São Paulo, proferir a seguinte decisão: **"Negaram provimento à apelação, v.u."**, de conformidade com o voto do Relator, que integra este acórdão.

O julgamento teve a participação dos Exmos. Desembargadores **PEREIRA CALÇAS (PRESIDENTE TRIBUNAL DE JUSTIÇA) (Presidente), ARTUR MARQUES (VICE PRESIDENTE), XAVIER DE AQUINO (DECANO), EVARISTO DOS SANTOS(PRES. DA SEÇÃO DE DIREITO PÚBLICO), CAMPOS MELLO (PRES. DA SEÇÃO DE DIREITO PRIVADO) E FERNANDO TORRES GARCIA(PRES. SEÇÃO DE DIREITO CRIMINAL).**

São Paulo, 10 de dezembro de 2019.

GERALDO FRANCISCO PINHEIRO FRANCO

Corregedor Geral da Justiça e Relator

Apelação Cível nº 0001249-04.2018.8.26.0083

Apelante: Cerca Viva Agro Comercial Ltda.

Apelado: Oficial de Registro de Imóveis e Anexos da Comarca de Aguaí

VOTO Nº 37.996

Registro de Imóveis – Dúvida – Cédula de Produto Rural – Garantias anteriores de mesmo grau incidentes sobre o mesmo bem – Ausência de anuência dos credores – Art. 7º, §3º, da Lei nº 8.929/1994 que se reporta ao Decreto – Lei 167/1967 – Ingresso obstado – Recurso não provido.

CERCA VIVA AGRO COMERCIAL LTDA. Interpõe recurso de apelação contra a r. sentença de fls. 95/96, que julgou procedente a dúvida suscitada pela Sra. Oficial do Registro de Imóveis e Anexos da Comarca de Aguaí, para o fim de manter a recusa de acesso ao título ao sistema registrário.

Em suma, sustenta a Apelante que o regime da Cédula de Produto Rural, diferentemente da Cédula de Crédito Rural, não exige a anuência dos demais credores para seu registro, pugnando, assim, pelo provimento do recurso.

A D. Procuradoria Geral da Justiça opinou pelo desprovimento da Apelação (fls. 125/126).

É o relatório.

Trata-se de dúvida suscitada pela Oficial do Registo de Imóveis e Anexo da Comarca de Aguaí, em razão de título apresentado, por meio do qual Cerca Viva Agro Comercial Ltda. pretende o registro de Cédula de Produto Rural (CPR) para fins de garantia cedular, sob a forma de penhor cedular rural.

E, constatada a existência de outras garantias cedulares, para credores distintos, exigiu-se a anuência de tais credores, dando ensejo à emissão da nota devolutiva.

De proêmio, cumpre-nos consignar que, de fato, não se há confundir cédula de crédito rural com cédula de produto rural, consoante sustentado pela recorrente.

Com efeito, a cédula de crédito rural constitui promessa de pagamento em dinheiro, sem ou com garantia real cedularmente constituída. É título civil, líquido, certo e exigível, enquanto a Cédula de Produto Rural é título representativo de promessa de entrega de produtos rurais.

Pois bem.

Consoante dispõe o art. 7º, §3º, da Lei nº 8.929/1994, que instituiu a cédula de produto rural:

> *"Aplicam-se ao penhor constituído por CPR, conforme o caso, os preceitos da legislação sobre penhor, inclusive o mercantil, o rural e o constituído por meio de cédulas, no que não colidirem com os desta lei."*

Assim, uma vez que a lei disciplinadora da Cédula de Produto Rural não regulamenta, em específico, o ponto em questão, faz-se necessária a aplicação do Decreto Lei 167/1967, cujo artigo 59 assim dispõe:

"a venda dos bens apenhados ou hipotecados pela cédula de crédito rural depende de prévia anuência do credor, por escrito".

No caso em análise, incontroversa a existência de outras garantias cedulares para credores distintos, quais sejam, Banco do Brasil S/A (Registro n.º 889 do Livro 3) e Cargill Agrícola S/A (Registro n.º 908 do Livro 3).

E, se a venda de tais bens depende da anuência dos credores, o mesmo se aplica à sua entrega em garantia pignoratícia, a teor do que dispõe o artigo 1.420 do Código Civil.

Neste sentido, é o precedente deste Conselho Superior da Magistratura:

"REGISTRO DE IMÓVEIS – Dúvida – Cédula de crédito rural pignoratícia e hipotecária – Garantias anteriores de mesmo grau incidentes sobre o mesmo bem – Ausência de anuência do credor – Nulidade – Inteligência dos artigos 68 e 35 do Decreto-lei nº 167/67 – Ingresso obstado – Recurso não provido." (CSMSP – APELAÇÃO CÍVEL: 0002193-86.2012.8.26.0383, RELATOR: José Renato Nalini).

O artigo 35 do Decreto-Lei n.º 167/1967 indica também a obrigação do oficial de se recusar a efetuar registro, se já houver registro anterior no grau de prioridade declarado na cédula.

"O oficial recusará efetuar a inscrição se já houver registro anterior no grau de prioridade declarado no texto da cédula, considerando-se nulo o ato que infringir este dispositivo."

Nestes moldes, outro caminho não há senão o desprovimento do recurso.

Ante o exposto, nego provimento à apelação.

GERALDO FRANCISCO PINHEIRO FRANCO

Corregedor Geral da Justiça e Relator. (DJe de 08.04.2020 – SP)

PODER JUDICIÁRIO

TRIBUNAL DE JUSTIÇA DO ESTADO DE SÃO PAULO

CONSELHO SUPERIOR DA MAGISTRATURA

Apelação nº 1009988-64.2018.8.26.0077

Registro: 2019.0000907218

ACÓRDÃO

Vistos, relatados e discutidos estes autos de **Apelação Cível n.º 1009988-64.2018.8.26.0077**, da Comarca de **Birigui**, em que é apelante **BANCO DO BRASIL S/A**, é apelado **OFICIAL DE REGISTRO DE IMÓVEIS E ANEXOS DA COMARCA DE BIRIGUI**.

ACORDAM, em Conselho Superior de Magistratura do Tribunal de Justiça de São Paulo, proferir a seguinte decisão: **"Não conheceram do recurso, v.u."**, de conformidade com o voto do Relator, que integra este acórdão.

O julgamento teve a participação dos Exmos. Desembargadores **PEREIRA CALÇAS (PRESIDENTE TRIBUNAL DE JUSTIÇA) (Presidente), ARTUR MARQUES (VICE PRESIDENTE), XAVIER DE AQUINO (DECANO), EVARISTO DOS SANTOS(PRES. DA SEÇÃO DE DIREITO PÚBLICO), CAMPOS MELLO (PRES. DA SEÇÃO DE DIREITO PRIVADO) E FERNANDO TORRES GARCIA(PRES. SEÇÃO DE DIREITO CRIMINAL).**

São Paulo, 10 de outubro de 2019.

GERALDO FRANCISCO PINHEIRO FRANCO

Corregedor Geral da Justiça e Relator

Apelação Cível n.º 1009988-64.2018.8.26.0077

Apelante: Banco do Brasil S/A

Apelado: Oficial de Registro de Imóveis e Anexos da Comarca de Birigui

VOTO N.º 37.921

Registro de Imóveis – Constituição de garantia hipotecária por cédula de crédito bancária – Impugnação parcial às exigências formuladas – Precedentes do E. Conselho Superior da Magistratura – Dúvida prejudicada – Recurso não conhecido.

Trata-se de recurso de apelação interposto pelo BANCO DO BRASIL S.A. contra a r. sentença**[1]** proferida pela MM. Juíza Corregedora Permanente, que julgou procedente a dúvida suscitada pelo Oficial de Registro de Imóveis e Anexos da Comarca de Birigui, obstando, assim, o registro de garantia hipotecária, constante da cédula de crédito, recusado por ausência de manifestação de vontade de todas as partes, assim como por falta de cópia autenticada do mandato outorgado por aqueles que representam o credor no instrumento particular, com emissão não superior a noventa dias, e por ausência de rubrica em todas as páginas daqueles que assinam ao final.

O apelante sustenta a possibilidade do registro, tendo em vista que o título de crédito em questão é firmado unicamente pelo emitente, sendo desnecessária a exigência feita pelo Oficial Registrador no que diz respeito à assinatura do credor**[2]**.

A D. Procuradoria Geral de Justiça opinou pelo não provimento do recurso**[3]**.

É o relatório.

O recurso não comporta conhecimento.

A controvérsia diz respeito à garantia hipotecária proveniente da Cédula de Crédito Bancário 495.803.194, emitida por Nair Sanches Sanchez, em favor do apelante, prenotada sob o n.º 247.082, em 24/10/2018, cuja garantia real é o imóvel da matrícula n.º 74.885 daquela serventia imobiliária.

Insurge-se o apelante contra a necessidade de assinatura de todas as partes, tendo em vista que a Cédula de Crédito Bancário é um título de crédito cuja regulação é feita pela Lei n.º 10.931/04, de modo que, dentre seus requisitos, está somente a assinatura do emitente do título.

Entretanto, percebe-se que a nota devolutiva apontou outros óbices que não foram impugnados pelo recorrente, relativamente à falta de cópia autenticada do mandato outorgado por aqueles que representam o credor no instrumento particular, com emissão não superior a noventa dias, e à ausência de rubrica em todas as páginas daqueles que assinam ao final.

Como se sabe, o procedimento de dúvida é reservado à análise da discordância do apresentante com os motivos que levaram à recusa do registro do título. De seu julgamento, decorrerá a manutenção da recusa, com cancelamento da prenotação, ou a improcedência da dúvida, que terá como consequência a realização do registro (art. 203, II, da Lei n.º 6.015/73).

A anuência parcial do recorrente com a irregularidade de seu próprio título, não impugnando todas as exigências e, assim, reconhecendo que aquele apresentado estava incompleto, prejudica o exame da dúvida. É que, ainda que julgada improcedente, haveria outros óbices quando da prenotação, o que impossibilita o ingresso do título no fólio real.

Tal situação atribui ao procedimento de dúvida natureza consultiva, ou meramente doutrinária. O novo exame de admissibilidade para o futuro registro poderá ser influenciado por eventuais fatos novos, mesmo se o título for apresentado com atendimento das exigências impugnadas. Nesse sentido, o entendimento pacífico deste Col. Conselho Superior da Magistratura:

"No mais, ao contrário do sustentado pelo recorrente, não cabe aqui ao Judiciário se pronunciar acerca da solução cabível para o caso concreto, não se tratando de órgão consultivo, como bem ressaltado pela nobre representante do parquet" (CSM, Processo n.º 000.608.6/7-00, Rel. Des. GILBERTO PASSOS DE FREITAS, j. 21/12/2006).

E mais recentemente, em caso bastante semelhante ao presente:

"REGISTRO DE IMÓVEIS. Constituição de garantia hipotecária por cédula de crédito bancária. Impugnação parcial às exigências formuladas. Dúvida prejudicada. Recurso não conhecido." [TJSP; Apelação Cível 1009984-27.2018.8.26.0077; Relator(a): Pinheiro Franco (Corregedor Geral); Órgão Julgador: Conselho Superior da Magistratura; Data do Julgamento: 23/8/2019; Data de Registro: 3/9/2019].

A impugnação parcial, assim, torna a dúvida prejudicada e impede o conhecimento do recurso.

Diante do exposto, **não conheço do recurso.**

GERALDO FRANCISCO PINHEIRO FRANCO

Corregedor Geral da Justiça e Relator

Notas:

[1] Fls. 63/64.

[2] Fls. 71/79.

[3] Fls. 103/104. (DJe de 11.03.2020 – SP)

PODER JUDICIÁRIO

TRIBUNAL DE JUSTIÇA DO ESTADO DE SÃO PAULO

CONSELHO SUPERIOR DA MAGISTRATURA

Apelação nº 1010075-20.2018.8.26.0077

Registro: 2019.0000990386

ACÓRDÃO

Vistos, relatados e discutidos estes autos de **Apelação Cível nº 1010075-20.2018.8.26.0077**, da Comarca de **Birigui**, em que são apelantes **BANCO RABOBANK INTERNATIONAL BRASIL S/A e GALDINO EBERLEIN DE OLIVEIRA FERNANDES**, é apelado **OFICIAL DE REGISTRO DE IMÓVEIS E ANEXOS DA COMARCA DE BIRIGUI**.

ACORDAM, em Conselho Superior de Magistratura do Tribunal de Justiça de São Paulo, proferir a seguinte decisão: **"Deram provimento ao recurso para julgar improcedente a dúvida, v.u."**, de conformidade com o voto do Relator, que integra este acórdão.

O julgamento teve a participação dos Exmos. Desembargadores **PEREIRA CALÇAS (PRESIDENTE TRIBUNAL DE JUSTIÇA) (Presidente), XAVIER DE AQUINO (DECANO), EVARISTO DOS SANTOS(PRES. DA SEÇÃO DE DIREITO PÚBLICO), CAMPOS MELLO (PRES. DA SEÇÃO DE DIREITO**

PRIVADO), FERNANDO TORRES GARCIA(PRES. SEÇÃO DE DIREITO CRIMINAL) E ARTUR MARQUES (VICE PRESIDENTE).

São Paulo, 14 de novembro de 2019.

GERALDO FRANCISCO PINHEIRO FRANCO

Corregedor Geral da Justiça e Relator

Apelação Cível nº 1010075-20.2018.8.26.0077

Apelantes: Banco Rabobank International Brasil S/A e Galdino Eberlein de Oliveira Fernandes

Apelado: Oficial de Registro de Imóveis e Anexos da Comarca de Birigui

VOTO Nº 37.966

Registro de Imóveis – Dúvida julgada procedente para manter a recusa do registro – Cédula de crédito bancário com garantia hipotecária – Exigência de assinatura do credor e de testemunhas, com reconhecimento de firmas e lançamento de suas rubricas em todas as folhas da cédula – Garantia hipotecária que integra o título de crédito que, por sua vez, foi emitido com observação dos requisitos previstos na legislação específica – Recurso provido para julgar a dúvida improcedente.

Trata-se de apelação interposta por Galdino Eberlein de Oliveira Fernandes e Banco Rabobank International Brasil S/A em face da r. sentença de fls. 120/121 que julgou procedente a dúvida e manteve a recusa do Oficial de Registro de Imóveis da Comarca de Birigui em promover o registro da hipoteca constituída pela Cédula de Crédito Bancário nº 495.803.194 porque não foi assinada pelo credor e por testemunhas, com reconhecimento de firmas e rubrica em todas as páginas e com prova da qualidade do representante do credor.

O recorrente alegou, em suma, que a emissão da cédula de crédito bancário observou o disposto na Lei nº 10.931/2004, que não prevê a assinatura do credor. Requereu, assim, a reforma da r. sentença, dando-se provimento ao recurso.

A douta Procuradoria Geral de Justiça opinou pelo provimento do recurso (fls. 160/162).

É o relatório.

Os requisitos para a emissão da cédula de crédito bancário são previstos no art. 29 da Lei nº 10.931/2004 que dispõe:

"Art. 29. A Cédula de Crédito Bancário deve conter os seguintes requisitos essenciais:

I – a denominação "Cédula de Crédito Bancário";

II – a promessa do emitente de pagar a dívida em dinheiro, certa, líquida e exigível no seu vencimento ou, no caso de dívida oriunda de contrato de abertura de crédito bancário, a promessa do emitente de pagar a dívida em dinheiro, certa, líquida e exigível, correspondente ao crédito utilizado;

III – a data e o lugar do pagamento da dívida e, no caso de pagamento parcelado, as datas e os valores de cada prestação, ou os critérios para essa determinação;

IV – o nome da instituição credora, podendo conter cláusula à ordem;

V – a data e o lugar de sua emissão; e

VI – a assinatura do emitente e, se for o caso, do terceiro garantidor da obrigação, ou de seus respectivos mandatários.

§ 1º A Cédula de Crédito Bancário será transferível mediante endosso em preto, ao qual se aplicarão, no que couberem, as normas do direito cambiário, caso em que o endossatário, mesmo não sendo instituição financeira ou entidade a ela equiparada, poderá exercer todos os direitos por ela conferidos, inclusive cobrar os juros e demais encargos na forma pactuada na Cédula.

§ 2º A Cédula de Crédito Bancário será emitida por escrito, em tantas vias quantas forem as partes que nela intervierem, assinadas pelo emitente e pelo terceiro garantidor, se houver, ou por seus respectivos mandatários, devendo cada parte receber uma via.

§ 3º Somente a via do credor será negociável, devendo constar nas demais vias a expressão "não negociável".

§ 4º A Cédula de Crédito Bancário pode ser aditada, retificada e ratificada mediante documento escrito, datado, com os requisitos previstos no ***caput,*** *passando esse documento a integrar a Cédula para todos os fins"* (grifei).

Conforme os arts. 31 e 32 da Lei nº 10.931/2004, na cédula de crédito bancário pode ser constituída garantia fidejussória ou real, a última sobre bens móveis ou imóveis cuja titularidade pertença ao emitente ou a terceiro garantidor:

"Art. 31. A garantia da Cédula de Crédito Bancário poderá ser fidejussória ou real, neste último caso constituída por bem patrimonial de qualquer espécie, disponível e alienável, móvel ou imóvel, material ou imaterial, presente ou futuro, fungível ou infungível, consumível ou não, cuja titularidade pertença ao próprio emitente ou a terceiro garantidor da obrigação principal.

Art. 32. A constituição da garantia poderá ser feita na própria Cédula de Crédito Bancário ou em documento separado, neste caso fazendo-se, na Cédula, menção a tal circunstância".

Em complementação, o art. 30 da Lei nº 10.931/2004 prevê:

"Art. 30. A constituição de garantia da obrigação representada pela Cédula de Crédito Bancário é disciplinada por esta Lei, sendo aplicáveis as disposições da legislação comum ou especial que não forem com ela conflitantes".

Desse modo, a emissão e a constituição de garantia real na cédula de crédito bancário são regidas pela Lei nº 10.931/2004, com aplicação da legislação comum somente de forma supletiva.

E no que tange à forma de constituição da garantia hipotecária não há lacuna a ser suprida mediante aplicação das normas contidas no Código Civil.

Observo que a cédula de crédito bancário constitui título de crédito que permite ao credor emitir certificado que a represente, para circulação do crédito (arts. 26 e 53, *caput*, e § 4º da Lei nº 10.931/2004), não sendo adequada a cisão dos modos de constituição da obrigação e da respectiva garantia para efeito de fixação dos requisitos para emissão da cédula.

Cuida-se, mais, de forma de constituição da garantia real que não difere, em sua essência, daquela prevista para as cédulas de crédito rural e industrial, pois conforme Afrânio de Carvalho:

"As hipotecas convencionais podem ser instrumentadas em cédulas hipotecárias rurais e industriais, que, à semelhança das escrituras, contém a estipulação da obrigação e do direito real, mas se acham predispostas para, uma vez feita a inscrição, circularem, por si mesmas, com títulos à ordem, por endosso. Dessas cédulas diferem as que se extraem da inscrição das escrituras de hipotecas habitacionais em uma segunda operação registral, que se destina precisamente a representar as hipotecas em títulos à ordem, por meio dos quais também circulem por endosso (Decreto-Lei nº 70, de 1966, arts. 9, 27). Ambas as modalidades de cédulas hipotecárias circulam por endosso, mas a primeira é originária, a segunda, derivada" (*Registro de Imóveis*, 4ª ed., Rio de Janeiro: Forense, 1997, p. 95).

Portanto, para a constituição de garantia real em cédula de crédito bancário bastam as assinaturas do emitente ou do terceiro garantidor da obrigação, pessoalmente ou por seus respectivos mandatários.

Ante o exposto, dou provimento ao recurso para julgar a dúvida improcedente.

GERALDO FRANCISCO PINHEIRO FRANCO

Corregedor Geral da Justiça e Relator. (DJe de 09.03.2020 – SP)

COMPRA E VENDA E COMPROMISSO

PODER JUDICIÁRIO

TRIBUNAL DE JUSTIÇA DO ESTADO DE SÃO PAULO

CONSELHO SUPERIOR DA MAGISTRATURA

Apelação Cível nº 1013920-46.2018.8.26.0114

Registro: 2020.0000785366

ACÓRDÃO

Vistos, relatados e discutidos estes autos de **Apelação Cível nº 1013920-46.2018.8.26.0114**, da Comarca de **Campinas**, em que é apelante **CARLOS ALEXANDRE NAVARRO AMADO E OUTROS**, é apelado **4º OFICIAL DE REGISTRO DE IMÓVEIS DA COMARCA DE CAMPINAS.**

ACORDAM, em Conselho Superior de Magistratura do Tribunal de Justiça de São Paulo, proferir a seguinte decisão: **"Negaram provimento ao recurso, v. u."**, de conformidade com o voto do Relator, que integra este acórdão.

O julgamento teve a participação dos Exmos. Desembargadores **PINHEIRO FRANCO (PRESIDENTE TRIBUNAL DE JUSTIÇA) (Presidente), LUIS SOARES DE MELLO (VICE PRESIDENTE), XAVIER DE AQUINO (DECANO), GUILHERME G. STRENGER (PRES. SEÇÃO DE DIREITO CRIMINAL), MAGALHÃES COELHO(PRES. DA SEÇÃO DE DIREITO PÚBLICO) E DIMAS RUBENS FONSECA (PRES. DA SEÇÃO DE DIREITO PRIVADO).**

São Paulo, 11 de setembro de 2020.

RICARDO ANAFE

Corregedor Geral da Justiça e Relator

Apelação Cível nº 1013920-46.2018.8.26.0114

Apelante: Carlos Alexandre Navarro Amado e Outros

Apelado: 4º Oficial de Registro de Imóveis da Comarca de Campinas

VOTO Nº 31.152

Registro de Imóveis – Escritura pública de compra e venda – Alienação de bem imóvel

rural – Parcelamento sucessivo sem observância legal – Recurso não provido.

Trata-se de apelação interposta por Carlos Alexandre Navarro Amado, Luiz Carlos Amado, Ana Maria Navarro Amado e Cristiane Regina Navarro Amado, ante a decisão do Juiz Corregedor Permanente do 4º Registro de Imóveis da Comarca de Campinas de recusar o registro da escritura pública de venda e compra lavrada pelo Tabelião de Notas do Distrito de Sousas, referente a uma área a ser destacada do imóvel de matrícula nº 12.631 em decorrência de fortes indícios de parcelamento irregular, ante os sucessivos desdobros de área.

Inconformados, apelam os requerentes, alegando: (1) ser regular o desmembramento sob o ponto de vista legal e registrário; (2) não ser necessária a autorização do Incra para o loteamento rural, pois há anuência automática quando da transmissão de parcela desmembrada de imóvel rural, desde que respeitada a fração mínima de parcelamento; (3) os desdobros anteriores teriam burlado a lei, porém, ainda que assim tenha ocorrido, não são impedimentos para qualificação registraria positiva; (4) não há violação às normas de serviço; (5) o objeto social da empresa que envolve empreendimento imobiliário não é impedimento legal para a qualificação registraria positiva; e (6) a existência de inquérito civil na Promotoria de Justiça de Habitação e Urbanismo não é óbice ao registro.

A douta Procuradoria Geral de Justiça opinou pelo não provimento do recurso (fl. 284/290).

É o relatório.

O título foi apresentado para desdobro da Gleba designada B4, a ser destacada da Área remanescente da Gleba B da Fazenda Santana da Lapa, no Distrito de Sousas - Campinas, com subsequente registro da venda da área desdobrada aos compradores. Os atos pretendidos, no entanto, foram recusados uma vez que há indícios objetivos de parcelamento irregular da área maior da qual o imóvel seria destacado (Nota de Devolução nº 28.971 anexa ao título).

Conforme detalhada apresentação do histórico registral da área pelo Oficial do Registro de Imóveis *após a retificação da área, foi inicialmente subdividida nas glebas A e B, originando as matrículas 6.552 e 6.553 desta unidade. A Gleba A de matrícula nº 6.552 foi subdivida em Gleba A1 e Gleba A remanescente, originando as matrículas 7.378 e 7.379 desta unidade, respectivamente. A Gleba A1, objeto da matrícula nº 7.378, é de propriedade de Soledade Empreendimentos Imobiliários SPE. Por sua vez, a Gleba A remanescente, de matrícula nº 7.379, foi subdividida em Gleba A2 e Gleba A remanescente, originando as matrículas 14.867 e 14.868 respectivamente, sendo que a Gleba A2 pertence a Santana da Mata Empreendimentos Imobiliários, e a Gleba A remanescente é de propriedade de Luiz Alfredo Kiehl Galvão. No tocante a Gleba B de matrícula nº 6.553, foi subdividida em Gleba B3 e Gleba B remanescente, originando as matrículas 12.214 e 12.215 respectivamente. A Gleba B3 foi vendida e não sofreu novos destaques, visto que sua área possui 23.384,07m²; enquanto a Gleba B remanescente foi novamente subdividida em Gleba B-1, Gleba B-2 e Gleba B remanescente, originando as matrículas 12.629, 12.630 e 12.631, respectivamente. A Gleba B-1 permaneceu em nome dos vendedores da escritura, e a Gleba B-2 também permanece em nome dos vendedores da escritura e não sofreu novos destaques, pois sua área é de apenas 23.019,87m². A Gleba B remanescente de matrícula nº 12.631 é aquela que pretende subdividir a partir da escritura pública de venda e compra lavrada pelo Tabelião de Notas do Distrito de Sousas, tendo por objeto uma área a ser destacada do referido imóvel. Após o destacamento de gleba com 29.459,50 m2, denominada gleba B, para o qual foi aberta a matrícula nº 16.516, remanesceu a original com área de 129.740,50 m2; encerrou-se a matrícula original e abriu-se outra de nº 16.515. A escritura de venda e compra foi lavrada em 14/07/2008.*

Atento ao histórico apontado acima, devidamente acompanhado das respectivas matrículas (fl. 6-54), percebe-se claramente que o imóvel está inserido em área maior que foi evidentemente parcelada aos poucos, caracterizando o chamado parcelamento sucessivo.

Ademais, anotou com exatidão a r. decisão (fl. 199) que: *(...) deve ser considerado que as glebas parceladas estão situadas em Área de Proteção Ambiental Municipal (Lei Municipal nº 10.850/2001). Assim, o pretendido parcelamento deve sujeitar-se ao prévio licenciamento ambiental, conforme previsto no Anexo I, da Resolução nº 237/1997 do CONAMA (Conselho Nacional do Meio Ambiente), o que não aconteceu. Assim sendo, denota-se que o desmembramento pretendido impõe o registro especial previsto no Decreto Lei nº 58/37, que disciplina o parcelamento do solo rural. O que se verificou no caso concreto é o desmembramento sucessivo da gleba original, criando-se glebas menores, em verdadeiro loteamento rural, situação que não pode ser autorizada.*

O simples fato de as vendas anteriores terem sido registradas não conduz à imposição de registro de vendas outras que se afigurem irregulares. Esta a sedimentada jurisprudência deste E. Conselho Superior da Magistratura:

"REGISTRO DE IMÓVEIS – Escritura pública de venda e compra de fração ideal – Elementos indicativos de parcelamento ilegal do solo – Alienações sucessivas de frações ideais do imóvel originário, com abertura de novas matrículas e criação de vias públicas – Ausência de vínculo entre os coproprietários – Adquirentes cientes da orientação normativa do C. CSM e da E. CGJ – Desqualificação registral confirmada – Registro obstado – Recurso desprovido." **(APELAÇÃO CÍVEL: 1004264-05.2015.8.26.0362, Rel. Des. Manoel de Queiroz Pereira Calças, DJ 16/6/16).**

"REGISTRO DE IMÓVEIS – Escritura pública de venda e compra de fração ideal – Elementos indicativos de parcelamento ilegal do solo – Vendas sucessivas de frações ideais do mesmo bem imóvel – Ausência de vínculo entre os coproprietários – Erros pretéritos não justificam outros – Adquirentes cientes da orientação normativa do C. CSM e da E. CGJ – Desqualificação registral confirmada – Registro obstado – Recurso provido." **(APELAÇÃO CÍVEL: 0009405-61.2012.8.26.0189, Rel. Des. José Renato Nalini, DJ 6/11/13).**

Por essas razões, a negativa de ingresso do título apresentado deve ser mantida em seus exatos termos.

Diante do exposto, nego provimento ao recurso.

RICARDO ANAFE

Corregedor Geral da Justiça e Relator. (DJe de 16.12.2020 – SP)

PODER JUDICIÁRIO

TRIBUNAL DE JUSTIÇA DO ESTADO DE SÃO PAULO

CONSELHO SUPERIOR DA MAGISTRATURA

Apelação Cível nº 1036475-31.2020.8.26.0100

Registro: 2020.000875925

ACÓRDÃO

Vistos, relatados e discutidos estes autos de **Apelação Cível nº 1036475-31.2020.8.26.0100**, da Comarca de **São Paulo**, em que é apelante **MARIA HELENA DA SILVA FRIAS**, é apelado **QUINTO OFICIAL DE REGISTRO DE IMÓVEIS DA COMARCA DA CAPITAL.**

ACORDAM, em Conselho Superior de Magistratura do Tribunal de Justiça de São Paulo, proferir a seguinte decisão: **"Negaram provimento, v.u."**, de conformidade com o voto do Relator, que integra este acórdão.

O julgamento teve a participação dos Exmos. **PINHEIRO FRANCO (PRESIDENTE TRIBUNAL DE JUSTIÇA) (Presidente), LUIS SOARES DE MELLO (VICE PRESIDENTE), XAVIER DE AQUINO (DECANO), GUILHERME G. STRENGER (PRES. SEÇÃO DE DIREITO CRIMINAL), MAGALHÃES COELHO(PRES. DA SEÇÃO DE DIREITO PÚBLICO) E DIMAS RUBENS FONSECA (PRES. DA SEÇÃO DE DIREITO PRIVADO).**

São Paulo, 6 de outubro de 2020.

RICARDO ANAFE

Corregedor Geral da Justiça e Relator

Apelação Cível nº 1036475-31.2020.8.26.0100

Apelante: Maria Helena da Silva Frias

Apelado: Quinto Oficial de Registro de Imóveis da Comarca da Capital

VOTO Nº 31.236

Apelação – Dúvida – Recusa a transmissão da propriedade – Termo de quitação de compromisso de venda e compra que não constitui título translativo do domínio – Necessidade de título hábil – Inteligência do art 1.417 do código civil – Promitente comprador que adquire direito à aquisição do imóvel – Aplicação restrita do art. 26, § 6º da lei n.º 6.766/79 aos casos em que o compromisso de venda e compra foi celebrado pelo próprio loteador – Inteligência do art. 167, II, item 32 da lei de registros públicos para fins específicos – Desprovimento do recurso.

1. Cuida-se de recurso de apelação interposto por **MARIA HELENA DA SILVA FRIAS** contra a r. sentença que julgou procedente a dúvida suscitada pelo 5º Oficial de Registro de Imóveis da Comarca da Capital que recusou a transmissão da propriedade do imóvel matriculado sob o n.º 99.141.

Da Nota de Exigência de fl. 37 constou que: *"O título apresentado não possui aptidão para ingressar no Registro Imobiliário, uma vez que o ato pretendido não consta no rol taxativo do artigo 167, da Lei n.º 6.015/73. Assim, nada a fazer com o título apresentado"*.

Sustenta, a recorrente, em síntese, que arrematou o imóvel em leilão em 1962; a quitação não constou da Transcrição nº 8.905; o Oficial ao descerrar, de ofício, a matrícula nº 99.141 não averbou a quitação, só o fazendo em momento posterior, com a apresentação, pela apelante, do compromisso de compra e venda quitado; ajuizou ação de adjudicação compulsória em 07/08/2018, ainda em fase citatória (Autos n. 1081151-35.2018.8.26.0100); diante da lacuna da Lei nº 4.561/64, o disposto no art. 26, § 6º, da Lei nº 6.766/79 merece ser adotado nas aquisições realizadas sob o regime jurídico das incorporações imobiliárias, por força da analogia, também com proteção das normas de ordem pública do Código de defesa do Consumidor.

A D. Procuradoria Geral de Justiça opinou pelo desprovimento do recurso (fl. 171/174).

É o relatório.

2. Presentes seus pressupostos legais e administrativos, conheço do recurso.

No mérito a apelação deve ser desprovida.

Foi apresentado para registro o requerimento, datado de 24/02/2020, objetivando o domínio da propriedade em nome da apelante, tendo por objeto o imóvel matriculado sob o n.º 99.141. O título foi prenotado sob o n.º 337.954.

Da matrícula n.º 99.141 consta como proprietária do imóvel Leonor Backeuser de Medeiros.

Consoante Av. 1, no item "a", o Espólio de Leonor Backeuser de Medeiros comprometeu-se a vender o imóvel a Comercial Construtora Garça Couto Medeiros Ltda.

Do R. 2 consta o registro da Carta de Arrematação, tendo sido os direitos e obrigações sobre o imóvel arrematados pela ora apelante.

Da Av. 3 há notícia de que o preço total do compromisso de compra e venda objeto da Av. 1 foi recebido integralmente e dada quitação.

O I. Registrador apresentou óbice forte na necessidade de apresentação de título hábil para transferência do domínio, sustentando que o termo de quitação não tem força translativa de domínio por ser ato de mera averbação.

Argumenta a recorrente, de seu turno, que o termo de quitação averbado constitui título translativo de propriedade, consoante preconiza o art. 26, § 6º, da Lei n.º 6.766/79 c.c. art. 1.417 e 1.418 do CC e Enunciado 87 da I Jornada de Direito Civil do Conselho da Justiça Federal e por esta razão seria dispensável a lavratura de escritura definitiva.

Pois bem.

De rigor a manutenção do óbice registrário.

Consoante dispõe o art. 1.417 do Código Civil:

"Mediante promessa de compra e venda, em que se não pactuou arrependimento, celebrada por instrumento público ou particular, e registrada no Cartório de Registro de Imóveis, adquire o promitente comprador direito real à aquisição do imóvel."

Como regra, o compromisso de compra e venda não tem o condão, de, por si só, transferir a propriedade de um imóvel. Gera apenas o direito à aquisição do bem, permitindo que se exija do outorgante a lavratura de escritura de venda e compra definitiva. E é este o título hábil a transferir o domínio do imóvel.

E, quitado o preço, acaso não tenha sido outorgada a escritura definitiva, caberá ao promitente comprador o ajuizamento da adjudicação compulsória, nos moldes do art. 1.418 do Código Civil:

"O promitente comprador, titular de direito real, pode exigir do promitente vendedor, ou de terceiros, a quem os direitos deste forem cedidos, a outorga da escritura definitiva de compra e venda, conforme o disposto no instrumento preliminar; e, se houver recusa, requerer ao juiz a adjudicação do imóvel."

É, neste sentido, a lição de Francisco Eduardo Loureiro, nos comentários ao dito art. 1.418 do Código Civil (Código Civil Comentado, Coord. Min. Cezar Peluso, 11ª ed., São Paulo: Manole, 2017, p. 1.424):

"Embora defenda José Osório de Azevedo Júnior a tese da possibilidade da dispensa da escritura definitiva, substituída pelo compromisso acompanhado de prova de quitação, tal conclusão implica violação ao disposto no art. 108 do CC ('O compromisso de compra e venda'. In: Franciuli Neto, Domingos (coord.), Mendes, Gilmar Ferreira & Martins Filho, Ives Gandra da Silva. O novo Código Civil: estudos em homenagem ao prof. Miguel Reale. São Paulo, LTr, 2003, p. 450).

Não pode prevalecer, portanto, o Enunciado n. 87 do Centro de Estudos Judiciários do CJF, por ocasião da Jornada de Direito Civil realizada entre 11 e 13 de setembro de 2002, cujo teor é o seguinte: 'Considera-se também título translativo, para fins do art. 1.245 do nCC, a promessa de compra e venda devidamente quitada (arts. 1.417 e 1.418 do CC e §6º do art. 26 da Lei n. 6.766/79)'".

Fixadas estas premissas, não há se falar em utilização do art. 26, § 6º da Lei n.º 6.766/79 que tem aplicação restrita aos casos em que o compromisso de venda e compra foi celebrado pelo próprio loteador, o que não ocorre no presente caso, em que firmado por tercelro.

Trata-se, pois, de exceção, cuja interpretação deve se dar no contexto da legislação em que prevista, ou seja, nos casos de parcelamento do solo, a não autorizar o uso do favor legal, exigindo-se que seja lavrada escritura de compra e venda.

A ampliação deste entendimento implicaria em negativa de vigência ao art. 1.418 do Código Civil, pois se retiraria a necessidade de lavratura da escritura de compra e venda em todos os casos, e não mais apenas naqueles relativos ao parcelamento do solo pelo loteador.

Ademais, a norma contida no Art. 167, II, Item 32 da Lei de Registros Públicos é específica e para fins de exoneração de responsabilidade tributária pela negociação originária do loteamento *"exclusivamente para fins de exoneração da sua responsabilidade sobre tributos municipais incidentes sobre o imóvel perante o Município, não implicando transferência de domínio ao compromissário comprador ou ao beneficiário da regularização"*.

Daí se infere que a expressão *"para fins de exoneração da sua responsabilidade sobre tributos municipais incidentes sobre o imóvel"* visa somente deixar evidente que o termo de quitação não transfere a propriedade do bem.

3. Por essas razões, nego provimento ao recurso.

RICARDO ANAFE

Corregedor Geral da Justiça e Relator. (DJe de 16.12.2020 – SP)

PODER JUDICIÁRIO

TRIBUNAL DE JUSTIÇA DO ESTADO DE SÃO PAULO

CONSELHO SUPERIOR DA MAGISTRATURA

Apelação nº 1095017-76.2019.8.26.0100

Registro: 2020.000875911

ACÓRDÃO

Vistos, relatados e discutidos estes autos de **Apelação Cível nº 1095017-76.2019.8.26.0100**, da Comarca de **São Paulo**, em que é apelante **MARCOS GONDIM GANANIAN**, é apelado **4º OFICIAL DE REGISTRO DE IMÓVEIS DA COMARCA DA CAPITAL.**

ACORDAM, em Conselho Superior de Magistratura do Tribunal de Justiça de São Paulo, proferir a seguinte decisão: **"Por maioria de votos, deram provimento à apelação, para que se proceda ao registro da compra e venda, como fora rogado, com determinação, nos termos do voto do Relator. Vencido o Desembargador Magalhães Coelho, que votou pelo improvimento do recurso, mantendo-se a sentença da MM Juíza Corregedora Permanente, e declara voto."**, de conformidade com o voto do Relator, que integra este acórdão.

O julgamento teve a participação dos Exmos. Desembargadores **PINHEIRO FRANCO (PRESIDENTE TRIBUNAL DE JUSTIÇA) (Presidente), LUIS SOARES DE MELLO (VICE PRESIDENTE), XAVIER DE AQUINO (DECANO), GUILHERME G. STRENGER (PRES. SEÇÃO DE DIREITO CRIMINAL), MAGALHÃES COELHO(PRES. DA SEÇÃO DE DIREITO PÚBLICO) E DIMAS RUBENS FONSECA (PRES. DA SEÇÃO DE DIREITO PRIVADO).**

São Paulo, 6 de outubro de 2020.

RICARDO ANAFE

Corregedor Geral da Justiça e Relator

Apelação Cível nº 1095017-76.2019.8.26.0100

Apelante: Marcos Gondim Gananian

Apelado: 4º Oficial de Registro de Imóveis da Comarca da Capital

VOTO Nº 31.212

Registro de Imóveis – Dúvida – Título notarial – Compra e venda – Prévia doação de dinheiro ao comprador para a aquisição do imóvel Indisponibilidade sobre os bens do doador – Limite da qualificação registral – Restrição que não diz respeito ao objeto nem aos figurantes da compra e venda e, portanto, não pode impedir o registro – Óbice afastado – Dá-se provimento.

1. Trata-se de recurso de apelação (fl. 180/198) interposto por Marcos Gondim Gananian contra a r. sentença (fl. 168/171) proferida pelo MM. Juízo Corregedor Permanente do 4º Oficial de Registro de Imóveis da Comarca de São Paulo, que julgou procedente a dúvida (fl. 01/05) e manteve a recusa de registro *stricto sensu* de compra e venda (fl. 24/34) na matrícula n. 196.874 daquele cartório (fl. 14/16).

Segundo a sentença, no instrumento levado ao registro constam uma doação de dinheiro (feita por Gabriel Gananian em favor de seu filho Marcos Gondim Gananian) e uma compra e venda de imóvel, com a imposição de cláusulas de incomunicabilidade e impenhorabilidade (estipulada entre aquele donatário e Guarará Empreendimentos Imobiliários SPE Ltda.), e esses dois negócios jurídicos são incindíveis, pois o segundo (a compra e venda do imóvel) dependeu exclusivamente do primeiro (a doação do numerário). Os bens do doador, contudo, são indisponíveis por força de ordem jurisdicional proferida em executivo fiscal, e a doação pode implicar dilapidação de seu patrimônio e fraude contra credores, especialmente quando se considera que a decretação de indisponibilidade supõe, nos termos do Cód. Tributário Nacional, art. 185, o esgotamento de diligências em busca de outros bens penhoráveis. Ademais, o registro pretendido pode trazer prejuízo a terceiros de boa-fé, em caso de posterior alienação do imóvel. Por tudo isso conclui a sentença , é mister a manutenção do óbice registral.

Em seu recurso, o apelante afirma que indisponibilidade não está ligada ao imóvel comprado nem à pessoa do adquirente ou de algum outro titular de direito real sobre esse bem, de modo que o Oficial extrapolou os limites das suas atribuições e da qualificação registral ao invocar elemento estranho à compra e venda para justificar a devolução do título. Além disso, a indisponibilidade decorrera apenas de medida cautelar fiscal, e não de insolvência do doador, e não se tomou cuidado em verificar se o montante indisponível atingiu todo o montante exigido em execução, nem se prestou atenção ao fato de que a transferência do dinheiro fora autorizada por instituição financeira ciente da ordem de indisponibilidade, o que é indicativo de que sobre tal quantia em verdade não pesava restrição alguma. Em verdade, o Oficial criou, à margem do devido processo legal, uma forma heterodoxa e atípica de exigir créditos tributários daquele que não tem relação com o objeto do negócio imobiliário. Por tudo isso diz o apelante , a sentença tem de ser reformada para que se determine o registro da compra e venda.

A ilustrada Procuradoria Geral de Justiça ofertou parecer pelo não provimento do recurso fl. 223/226.

É o relatório.

2. A r. sentença tem de ser reformada, em que pese às suas bem lançadas razões.

A *qualificação registral* é "o juízo prudencial, positivo ou negativo, da potência de um título em ordem a sua inscrição predial, importando no império de seu registro ou de sua irregistração" (Ricardo Dip, *Registros de Imóveis (Princípios)*, Descalvado: Primvs, p. 113, n. 361).

O Oficial de Registro de Imóveis chega à formulação desse juízo ao debruçar-se sobre "*(i)* o título em sentido formal; *(ii)* o título em sentido material e *(iii)* os registros que importem concretamente na relação com estes títulos" (Ricardo Dip, *loc. cit.*, p. 163, n. 413). Esse é, portanto, o objeto material da qualificação registral, ou seja, "a parcela da realidade objetiva a que" essa qualificação "se deve dirigir" (*op. cit.*, p. 149, n. 395).

In casu, o título formal (= a escritura pública lavrada copiada fl. 24/34 destes autos; Lei n. 6.015/1973, art. 221, I) contém dois negócios jurídicos: *(a)* a doação de dinheiro feita por Gabriel a seu filho Marcos (fl. 26), e *(b)* a compra e venda do imóvel da matrícula n. 196.874, do 4º Registro de Imóveis da Comarca de São Paulo (fl. 26/29), estipulada entre Marcos e a pessoa jurídica Guarará.

Apenas o segundo desses negócios jurídicos é que constitui, à luz do direito registral, uma causa para a criação, a modificação e a extinção de um *status* jurídico real-imobiliário (Ricardo Dip, *op. cit.*, p. 164, n. 414). Ou seja, somente a compra e venda é, aqui, um título material e, portanto, é somente ela que pode ser objeto de qualificação registral. Do ponto de vista estritamente formal, o Oficial de Registro de Imóveis não tem, para isso, atribuição *ratione materiae* (cf. Lei n. 6.015/1973, art. 172, c. c. arts. 167 e 246) para *também* examinar a doação e dela trazer uma razão que influencie a análise da compra e venda.

Limitando-se assim o exame à compra e venda, é preciso considerar que a esta não se liga indisponibilidade alguma (Lei n. 6.015/1973, art. 247; Corregedoria Nacional de Justiça, Provimento n. 39, 25 de julho de 2014, art. 14, *caput, verbis* "bens imóveis ou direitos a eles relativos", g. n.; Normas do Serviço dos Cartórios Extrajudiciais, Tomo II, Capítulo XX, item 44.1, *verbis* "a propriedade ou outro direito real sobre imóvel"). Como revelam os documentos copiados a fl. 17/23 (e não há sequer discussão sobre isso), a restrição aduzida como razão para denegar-se o registro diz respeito somente à pessoa e aos bens do *doador* Gabriel Gananian, mas não o *comprador* Marcos, nem à *vendedora* Guarará. Logo, por força de indisponibilidade realmente não existe fundamento para denegar-se o pretendido registro *stricto sensu* (Lei n. 6.015/1973, art. 167, I, 29).

Não entra em linha de conta saber se qual o sentido e o alcance da restrição lançada sobre os bens do doador Gabriel Gananian (isto é, se advém da incidência do Cód. Tributário Nacional, art. 185, ou de medida cautelar fiscal, e em qual medida, dada alguma dessas causas, atingiu ou não a doação feita). Repita-se: essa questão não diz respeito nem ao título material (a compra e venda) nem abarca alguma inscrição pertinente a Marcos e a Guarará (os figurantes da compra e venda) e, pois, não influencia o juízo sobre o registro pretendido.

Também não cabe entrar na investigação de fraude a credores ou fraude à execução, ainda que pudessem decorrer diretamente da compra e venda, visto que essa matéria, como se usa dizer, é de cariz jurisdicional, e tampouco se insere no âmbito da qualificação registral.

Nesse sentido, já decidiu este Conselho Superior da Magistratura:

"REGISTRO DE IMÓVEIS. Escritura de compra e venda. CND Federal. Exigência afastada, conforme atual orientação do CNJ, do CSM e nos termos das NSCGJ. Arrolamento de bens em processo administrativo fiscal. Receita Federal do Brasil. Art. 64-A da Lei n. 9.532/97 e art. 3° da Instrução Normativa/RFB 1.565/2015. Suposta ocorrência de fraude que poderia levar à indisponibilidade do bem. Ausência de determinação legal ou administrativa de inalienabilidade. Limites da qualificação registral. Dúvida improcedente. Recurso provido. (Apelação Cível 1002176-74.2018.8.26.0366, Rel. Des. Pinheiro Franco, j. 23.8.2019, DJe 17.09.2019, cad. adm., p. 38). Consta do voto vencedor: "O direito de propriedade se enquadra no rol daqueles fundamentais. Não se pode criar uma nova hipótese de indisponibilidade de bens administrativa não prevista em lei, e sem decisão judicial, feita pelo Oficial de Registro de Imóveis, com base em anteriores alienações feitas pelas mesmas partes, por se entender que, em tese, poderia haver alguma espécie de simulação ou fraude".

Entretanto, convém que se dê notícia do registro pretendido e de seu título ao juízo da execução, para que, lá, proveja o que for de direito, se houver providência cabível. Portanto, cumprirá ao MM. Juízo Corregedor Permanente prolator da sentença, depois da preclusão do julgamento desta ação de dúvida, fazer expedir ofício ao MM. Juízo da 6ª Vara das Execuções Fiscais Federais de São Paulo (autos 0022227-81.2016.4.03.6183), com cópia deste acórdão e de fl. 17/34.

3. À vista do exposto, pelo meu voto, dou provimento à apelação, para que se proceda ao registro da compra e venda, como fora rogado, **com determinação.**

RICARDO ANAFE
Corregedor Geral da Justiça e Relator.

VOTO Nº 43.186 -
Conselho Superior da Magistratura

Apelação Cível nº 1095017-76.2019.8.26.0100 Comarca de São Paulo

Apelante: Marcos Gondim Gananian

Apelado: 4º Oficial de Registro de Imóveis da Comarca da Capital

DECLARAÇÃO DE VOTO VENCIDO

Vistos, etc.

Relatório já nos autos.

Trata-se de recurso de apelação da sentença proferida pelo MM Juízo Corregedor Permanente do 4º Ofício de Registro de Imóveis da Comarca de Capital que, acolhendo a dúvida, manteve a recusa de registro de compra e venda

Sustenta o recorrente que, avaliando elemento estranho ao negócio da compra e venda, como o é a doação de numerário para a aquisição do imóvel, o registrador extrapolou os limites da qualificação do título. Insiste o apelante que a declaração de indisponibilidade dos bens do doador do dinheiro não produz efeitos sobre a compra e venda em que apenas o donatário é parte. Além disso, no processo em que o doador é parte, não há indícios de insolvência do devedor e nem que a constrição tenha atingido o valor doado. Dessa forma, recusa vem fundada em interpretação não autorizada das Normas da Corregedoria.

Sem embargo dos fundamentos dos votos vencedores, no meu entender, nego provimento ao recurso.

O recorrente, Marcos Gondim Gananian, apresentou ao 4ª Cartório de Registro de Imóveis a escritura, lavrada no 14º Tabelião de Notas da Capital, pelo qual a empresa Guarará Empreendimentos Imobiliários SPE Ltda. transmite a ele, recorrente, por venda, o imóvel objeto da matrícula 196.874. Pelo negócio foi pago o preço de R$ 4.000.000,00, valor que o comprador recebera em doação do pai, Gabriel Gananian, que também impôs cláusulas de incomunicabilidade e impenhorabilidade sobre o imóvel, frutos e rendimentos.

O ingresso da escritura no fólio real foi negado porque os bens do doador, Gabriel Gananian, foram declarados indisponíveis por decisão proferida nos autos 0022227-81.2016.403.6182, da 6 ª de Execuções Fiscais Federais de São Paulo.

Feita essa breve exposição, é inegável que o ponto de partida para toda e qualquer análise é a decisão de indisponibilidade dos bens. São os efeitos dessa decisão que vão determinar a possibilidade ou não de registro do título no fólio real.

A indisponibilidade foi decretada em processo acautelatório ajuizado pela Fazenda Nacional.

Note-se dos documentos de fls. 69 a 166, que o Juízo da Execução reconheceu que o doador, sócio de empresa devedora de tributos, realizou manobras para blindar seus bens e colocá-los a salvo da execução (fl. 73) e, por isso (mas não apenas por esse motivo), foi declarada a indisponibilidade de TODOS os bens dos devedores (o doador e a empresa da qual ele é sócio).

A Lei 8.397/92 elenca as hipóteses de cabimento da medida, que pode ser determinada MESMO SEM PRÉVIO AJUIZAMENTO DE PROCESSO DE EXECUÇÃO:

> Art. 1º O procedimento cautelar fiscal poderá ser instaurado após a constituição do crédito, inclusive no curso da execução judicial da Dívida Ativa da União, dos Estados, do Distrito Federal, dos Municípios e respectivas autarquias.

Parágrafo único. O requerimento da medida cautelar, na hipótese dos incisos V, alínea "*b*", e VII, do art. 2º, independe da prévia constituição do crédito tributário.

> Art. 2º A medida cautelar fiscal poderá ser requerida contra o sujeito passivo de crédito tributário ou não tributário, quando o devedor:

I - sem domicílio certo, intenta ausentar-se ou alienar bens que possui ou deixa de pagar a obrigação no prazo fixado;

II - tendo domicílio certo, ausenta-se ou tenta se ausentar, visando a elidir o adimplemento da obrigação;

III - caindo em insolvência, aliena ou tenta alienar bens;

IV - contrai ou tenta contrair dívidas que comprometam a liquidez do seu patrimônio;

V - notificado pela Fazenda Pública para que proceda ao recolhimento do crédito fiscal;

a) deixa de pagá-lo no prazo legal, salvo se suspensa sua exigibilidade;

b) põe ou tenta por seus bens em nome de terceiros;

VI - possui débitos, inscritos ou não em Dívida Ativa, que somados ultrapasse trinta por cento do seu patrimônio conhecido;

VII - aliena bens ou direitos sem proceder à devida comunicação ao órgão Fazenda Pública competente, quando exigível em virtude de lei;

VIII - tem sua inscrição no cadastro de contribuintes declarada inapta, pelo órgão fazendário;

IX - pratica outros atos que dificultem ou impeçam a satisfação do crédito.

A transcrição das situações que deflagram o direito do credor pleitear medidas acautelatórias são, simultaneamente, o limite do poder do Juiz determiná-las.

Com isso se quer dizer que a decretação de indisponibilidade, especialmente quando reexaminada em grau de recurso, como no caso, revela não apenas que o pedido da União foi acolhido, como FOI **RECONHECIDO** o risco de dispersão do patrimônio dos devedores em detrimento do erário público.

Nem se diga que valores em depósito em contas da pessoa física não são atingidos pela medida. Não é verdade, já que a lei é expressa:

> Art. 4º **A decretação da medida cautelar fiscal produzirá, de imediato, a indisponibilidade dos bens do requerido, até o limite da satisfação da obrigação.**
>
> § 1º Na hipótese de pessoa jurídica, a indisponibilidade recairá somente sobre os bens do ativo permanente, podendo, ainda, ser estendida aos bens do acionista controlador e aos dos que em razão do contrato social ou estatuto tenham poderes para fazer a empresa cumprir suas obrigações fiscais, ao tempo:

a) do fato gerador, nos casos de lançamento de ofício;

b) do inadimplemento da obrigação fiscal, nos demais casos.

> § 2º A indisponibilidade patrimonial poderá ser estendida em relação aos bens adquiridos a qualquer título do requerido ou daqueles que estejam ou tenham estado na função de administrador (§ 1º), desde que seja capaz de frustrar a pretensão da Fazenda Pública.
>
> § 3º Decretada a medida cautelar fiscal, será comunicada imediatamente ao registro público de imóveis, ao Banco Central do Brasil, à Comissão de Valores Mobiliários e às demais repartições que processem registros de transferência de bens, a fim de que, no âmbito de suas atribuições, façam cumprir a constrição judicial.

Ressalte-se ainda que a lei põe a salvo da indisponibilidade apenas bens do ativo permanente da pessoa jurídica, o que não é o caso do doador.

Portanto, com relação ao doador do numerário, três pontos devem ser assentados: 1) a indisponibilidade de seus bens é inegável; 3) não cabe ao registrador investigar se há autorização do levantamento do numerário a ser doado; 3) não pode o registrador interpretar a indisponibilidade para excluir dinheiro e restringir a medida apenas a bens imóveis.

O último desses três pontos merece uma explicação adicional: além de não existir fundamento legal para exclusão de valores em dinheiro do rol dos bens declarados indisponíveis, não é permitido aos registradores interpretar decisão judicial, para esclarecer-lhe o âmbito de incidência ou completá-la nas descrições faltantes. Nesse sentido: Apelação Cível nº 1001652-68.2019.8.26.0390, CSM, rel. Desembargador Ricardo Anafe – j. 1.9.20; Apelação Cível nº 1004567-11.2018.8.26.0363, CSM, Desembargador Ricardo Anafe – j. 13.8.20.

Uma vez firmada a indisponibilidade do patrimônio do doador, que, por si, macula a doação, resta avaliar se esse vício se propaga para o negócio seguinte, que é a compra e venda do bem imóvel, e o contamina.

No caso dos autos, não é possível tratar a doação e a compra venda como negócios jurídicos dissociados.

De imediato basta observar que não haveria compra e venda se o comprador não tivesse recebido em doação o numerário necessário ao pagamento do preço.

Além disso, jamais se pode perder de vista que a celebração do contrato de doação, tal como feita (com imposição de cláusulas de incomunicabilidade e impenhorabilidade), é prova inequívoca da intenção do doador de projetar na aquisição do bem imóvel sua vontade, de forma a criar uma proteção adicional para o seu próprio patrimônio, assim como para o patrimônio do filho.

Essa intenção foi expressamente declarada:

"(...) por esta escritura declara **DOAR**, como de fato **DOADO TEM**, nesta data, ao **outorgado comprador**, seu filho, **MARCOS GONDIM GANANIAM**, a quantia de **R$ 4.000.000,00 (QUATRO MILHÕES DE REAIS)**, quantia essa destinada à aquisição do imóvel descrito no Capítulo I desta, ao que tudo se reportará e cuja aquisição deverá ficar gravada com as cláusulas de **incomunicabilidade** e **impenhorabilidade**, **extensiva aos frutos e rendimentos**. E que justifica a imposição dos vínculos (cláusulas de incomunicabilidade e impenhorabilidade), por ser a vontade expressa da mesma de ver o seu patrimônio pessoal, amealhando com grande sacrifício durante toda sua vida, ser preservado o máximo possível, (...) e também pelo fato de ter como objetivo evitar qualquer oneração ou constrição do bem a ser recebido, advinda de dívidas, garantias, débitos e encargos outros (...) (fls. 26).

Para que não restem dúvidas, a definição da causa do negócio deve ser destacada: **(...) justifica a imposição dos vínculos (cláusulas de incomunicabilidade e impenhorabilidade), por ser a vontade expressa (...) de ver o seu patrimônio pessoal, amealhando com grande sacrifício durante toda sua vida, ser preservado o máximo possível, (...) e também pelo fato de ter como objetivo evitar qualquer oneração ou constrição do bem a ser recebido, advinda de dívidas, garantias, débitos e encargos outros.**

Essa causa vicia a doação e, como a compra e venda só aconteceu porque a doação se fez como se fez, há irregularidade insanável que não pode ser afastada. E essa análise deve ser feita quando o título é apresentado a registro.

Observe-se que a doutrina civilista, há muito sedimentada, identifica como causa da doação apenas a intenção do doador de reduzir seu patrimônio, aumentando, na mesma proporção o do donatário**[1]**. A causa na compra e venda, para o comprador, é a aquisição da propriedade**[2]**.

No caso dos autos, a causa DECLARADA tanto da doação quanto a da compra e venda é blindar o patrimônio de doador e donatário contra "qualquer oneração ou constrição".

Essa causa macula ambos os negócios, porque desvirtua a causa típica de ambos os contratos.

Assim, no meu entender, o óbice registral deve ser mantido: o registrador deve indicar o óbice legal e insuperável à inscrição.

É bem verdade que se poderia objetar que eventual invalidade da transmissão deve ser objeto de ação de terceiro prejudicado.

Esse argumento, porém, não se sustentaria.

Como se sabe, o poder de contratar não é tão amplo a ponto de afastar a aplicação de leis de proteção ao patrimônio público e ao bem comum.

(...) Aquele que contrata projeta na avença algo de sua personalidade. (...)

(...)

Considerando o Código que o regime da livre iniciativa, dominante na economia do País, assenta em termos do direito do contrato, na liberdade de contratar, enuncia regra contida no art. 421, da subordinação dela à sua função social, com prevalência dos princípios condizentes com a ordem pública, e atendando a que o contrato não deve atentar contra o conceito da justiça comutativa. (...)

O legislador atentou aqui para a acepção mais moderna da função do contrato, que não é a de exclusivamente atender aos interesses das partes contratante, como se ele tivesse existência autônoma, fora do mundo que o cerca. Hoje o contrato é visto como parte de uma realidade maior e como um dos fatores de alteração da realidade social. Essa constatação tem como consequência, por exemplo, possibilitar que terceiros que não são propriamente partes do contrato possam nele influir, em razão de serem direta ou indiretamente atingidos." (PEREIRA, Caio Mário da Silva, Instituições de Direito Civil. Rio de Janeiro, Forense, 2005, fls. 12-13).

Isso significa que não se pode criar, para o Registro de Imóveis, a obrigação de ingresso de documento no fólio real quando se sabe previamente que o documento, na origem, é contrário às normas jurídicas.

Não há convivência logicamente possível entre o dever de registrar um documento e a proibição de registrar esse mesmo documento, porque contrário à lei.

Mesmo que se garantam os direitos de terceiros, comunicando-se ao Juízo da Execução a doação e a compra do imóvel, NÃO SE AFASTA o dever do registrador de analisar a legalidade do ato.

Assim ocorre porque o registro público é regido, primordialmente, pelos princípios da publicidade**[3]** e da fé pública.

Para além das implicações práticas que os princípios têm, ambos são expressões do dever da ordem jurídica garantir que as certidões sejam traduções fidedignas do que ocorre no mundo real e, porque assim o são, têm fé pública**[4]**.

De pouco vale um terceiro, fiando-se na averbação da compra e venda que ora se discute, ver-se munido de mais instrumentos de defesa, se eventual transmissão que venha a convencionar com o donatário tenha algum risco de ser desfeita.

Essa proteção incompleta de terceiros é também demérito da função da declaração de indisponibilidade, esvaziando-a por completo.

Nesse passo há de se distinguir duas situações.

O primeiro caso é a situação em que a fraude é desconhecida ou insuspeita ao registrador. Mesmo que um terceiro venha a ser eventualmente prejudicado, todos os atos registrários foram praticados de modo a nem se cogitar da hipótese de discussão da validade do negócio.

Já outra é a segunda situação, como no caso dos autos, em que o registrador suspeita de violação à ordem de indisponibilidade e antevê o risco de desfazimento de futuro negócio. Seja em razão da suspeita, seja em razão do risco, a averbação do título não é compatível com a fé pública, se nem o próprio registrador apõe seu voto de confiança.

Daí o porquê, pelo meu voto, nego provimento ao recurso, mantendo-se a sentença da MM Juíza Corregedora Permanente.

MAGALHÃES COELHO

Presidente da Seção de Direito Público

Notas:

[1] Sobre *causa donandi*: MIRANDA, Pontes de, **Tratado de Direito Privado,** São Paulo, Editora Revista dos Tribunais, 1971, Tomo III, p. 84, 85. Sobre doação: MIRANDA, Pontes de, *op. cit.*, Tomo XLVI, p. 195.

[2] PEREIRA, Caio Mário da Silva, **Instituições de direito civil**, Rio de Janeiro, Forense, 2005, vol I, p. 504, 505.

[3] A publicidade registraria está ordenada à *res publica*. Este é o mais relevante sentido do princípio da publicidade nos registros, o de sua *ordenação ao bem comum*, que eles tratam de satisfazer por meio da segurança jurídica (é dizer que esta última, a segurança jurídica, *fim* do registro, é, no entanto, sob certo aspecto, um *meio* para a consecução do bem comum). Assim, "tornar pública" uma inscrição é não só dar-lhe a possibilidade de ser conhecida de todos, mas, principalmente, de, com isto (...), realizar a *res publica* (DIP, Ricardo, **Registro de Imóveis (Princípios)**, Descalvado, Editora PrimVs, 2017, p. 110).

[4] Não se poderia pensar numa transferência de algo que não é próprio do Estado, ou seja, que não se abarca por sua *potestas*. (...) Resta, portanto ao poder político a dação de um predicado ao registrador: é o predicado da *fé pública*, vale dizer o atributo de que de um *particular* emerja *autenticidade* ou plenitude de prova que viabilize *certeza secundum legem* relativa a determinados documentos e a correspondentes *stati iuridici* (DIP, Ricardo, *op. cit.*, p. 57). (DJe de 13.11.2020 – SP)

PODER JUDICIÁRIO

TRIBUNAL DE JUSTIÇA DO ESTADO DE SÃO PAULO

CONSELHO SUPERIOR DA MAGISTRATURA

Apelação Cível nº 1021487-53.2019.8.26.0451

Registro: 2020.0000722653

ACÓRDÃO

Vistos, relatados e discutidos estes autos de **Apelação Cível nº 1021487-53.2019.8.26.0451**, da Comarca de **Piracicaba**, em que são apelantes **PAULO CESAR DE MATOS e ANDRE ROBERTO CORADINI**, é apelado **2º OFICIAL DE REGISTRO DE IMÓVEIS E ANEXOS DA COMARCA DE PIRACICABA**.

ACORDAM, em Conselho Superior de Magistratura do Tribunal de Justiça de São Paulo, proferir a seguinte decisão: **"Deram provimento à apelação para julgar improcedente a dúvida suscitada, determinando o registro do título, v.u."**, de conformidade com o voto do Relator, que integra este acórdão.

O julgamento teve a participação dos Exmos. Desembargadores **PINHEIRO FRANCO (PRESIDENTE TRIBUNAL DE JUSTIÇA) (Presidente), LUIS SOARES DE MELLO (VICE PRESIDENTE), XAVIER DE AQUINO (DECANO), GUILHERME G. STRENGER (PRES. SEÇÃO DE DIREITO CRIMINAL), MAGALHÃES COELHO(PRES. DA SEÇÃO DE DIREITO PÚBLICO) E DIMAS RUBENS FONSECA (PRES. DA SEÇÃO DE DIREITO PRIVADO).**

São Paulo, 1º de setembro de 2020.

RICARDO ANAFE
Corregedor Geral da Justiça e Relator

Apelação Cível nº 1021487-53.2019.8.26.0451

Apelantes: Paulo Cesar de Matos e Andre Roberto Coradini

Apelado: 2º Oficial de Registro de Imóveis, Títulos e Documentos e Civil das Pessoas Jurídicas

VOTO Nº 31.187

Recurso provido – Registro de Imóveis – Dúvida – Apelação – Escritura de compra e venda de lote – Condomínio voluntário simples – Inexistência de elemento registrário a indicar descumprimento de normas urbanísticas e do projeto de loteamento – Inexistência de venda de fração ideal ou formação sucessiva de condomínio voluntário – Aquisição direta ao loteador da integralidade do imóvel por dois compradores – Descumprimento futuro de restrição convencional ou legal deve ser impugnada pelos demais proprietários do loteamento, pelo loteador ou pelo Poder Público – Desdobro não autorizado – Incidência da vedação do item 166 do Capítulo XX das NSCGJ aos casos em que haja elemento registrário indicando burla às normas urbanísticas – Ato futuro ilegal deve ter seu ingresso no registro impedido – Impossibilidade de presunção da má-fé dos adquirentes – Dúvida improcedente – Recurso provido.

1. Trata-se de apelação interposta por Paulo César de Matos e André Roberto Coradini de Jesus visando a reforma da sentença de fl. 100/102, que julgou procedente dúvida suscitada pelo 2º Oficial de Registro de Imóveis, Títulos e Documentos e Civil de Pessoas Jurídicas de Piracicaba, mantendo a recusa de ingresso na matrícula de escritura pública de compra e venda de imóvel em condomínio voluntário simples pelos apelantes.

A Nota de Devolução do título apresentou os seguintes fundamentos (fl. 26/27):

"Formação de condomínio ordinário entre pessoas sem vínculo em lote oriundo de loteamento indícios de burla ao plano inicial do loteamento.

A formação de condomínio ordinário entre pessoas que não tem entre si qualquer vínculo, é elemento indiciário da provável alteração do plano inicial do loteamento, mediante futuro desdobro. Tal fato impede a efetivação do registro pretendido. Caso haja vínculo entre os adquirentes, o título (escritura, instrumento particular), deverá ser rerratificado para que dele conste tal informação.

Fundamento normativo: item 171 do Cap. XX do Prov. 58/89 da E. Corregedoria Geral da Justiça do Estado de São Paulo.

Fundamento jurisprudencial: decidido pelo C. Conselho Superior da Magistratura do Estado de São Paulo, nas Apelações Cíveis 1002675-90.2015.8.26.0066 e 1000352-08.2018.8.26.0584".

O recurso sustenta, em resumo, ocorrência de cerceamento de defesa, por conta do indeferimento do pedido de manifestação do tabelião que lavrou a escritura de compra e venda, além da renovação de manifestação do registrador, sem possibilidade de tréplica.

No mérito, afirma que a decisão torna ineficaz a previsão legal do condomínio civil simples, não havendo qualquer menção de desdobro na escritura pública apresentada a registro, não cabendo ao registrador inferir a intenção futura das partes para recusar o ingresso. Afirma a possibilidade de possível futuro desdobro, autorizado pela Municipalidade, mesmo que inexistentes vínculos entre os interessados. Da mesma forma, afirma a possibilidade de afastamento futuro das restrições urbanísticas impostas pelo loteador. Alega que a dimensão diminuta do imóvel e a existência de restrição urbanística no registro do loteamento impede o desdobro, afastando-se a desconfiança do registrador. Ainda, que realização de compra e venda, não há necessidade de indicação de vínculo entre compradores, que podem ser simples investidores e que o impedimento de ingresso deve ocorrer por conto de eventual pedido de registro de desdobro. Sugere, por fim, alteração das NSCGJ, alterando-se a redação do item 166 do Capítulo XX (fl. 108/138).

A Procuradoria Geral de Justiça opinou pelo não provimento do recurso (fl. 160/162).

É o relatório.

2. Trata-se de recurso de apelação interposto por Paulo César de Matos e André Roberto Coradini de Jesus, pretendendo afastar o óbice apontado pelo 2º Oficial de Registro de Imóveis, Títulos e Documentos e Civil de Pessoas Jurídicas de Piracicaba, registrando-se a escritura de compra e venda de bem imóvel em favor dos apelantes, estabelecendo-se condomínio civil simples entre os mesmos.

A sentença de primeiro grau reconheceu a existência de risco de ocorrência de fraude à legislação urbanística e ao projeto inicial do loteamento aprovado, por conta da possibilidade de desmembramento irregular, o que se conclui pela aquisição em condomínio civil simples de lote não edificado por pessoas sem comprovação de qualquer vínculo.

Em primeiro plano, afasto a preliminar de cerceamento de defesa.

Procedimento de dúvida não é processo judicial ou administrativo, tratando-se de procedimento tipicamente administrativo, de natureza especial e voltado exclusivamente à apreciação da legalidade da qualificação negativa como ato próprio do registrador. Não há lide ou coisa julgada material, em nada se impedindo a reapresentação do título atendidas as exigências, afastando-se a aplicação ao mesmo de institutos típicos de processos judiciais e administrativos, como as regras constitucionais e legais atinentes ao direito de defesa.

A cognição é limitada e não sujeita à imutabilidade natural às decisões judiciais, estas sim submetidas à aplicação necessária dos princípios constitucionais do contraditório e da ampla defesa.

Tanto é assim que o registrador, no procedimento de dúvida, não é considerado parte interessada na decisão do procedimento, nem tendo interesse recursal, mas mero remetente da impugnação às razões de recusa apresentadas pelo interessado no ato de registro, com interesse limitado à justificação administrativa de sua decisão de qualificação negativa.

Não há, portanto, que se falar em contraditório ou garantia à ampla defesa, não havendo qualquer mácula no procedimento ou na sentença por conta do indeferimento do pedido de manifestação do tabelião que lavrou a escritura com registro recusado, ou a renovação da manifestação do registrador sem que se ouvisse, por força do contraditório, o interessado na suscitação da dúvida.

Fica, assim, afastada a preliminar suscitada no recurso.

No mérito, o recurso comporta provimento.

Foi prenotado no registro de imóveis escritura pública de compra e venda de lote não edificado, tendo por objeto o imóvel objeto da matrícula nº 108.938 do 2º Registro de Imóveis de Piracicaba.

Do negócio jurídico observa-se a condição de compradores dos recorrentes e suas esposas, com divisão igualitária das despesas e, consequentemente, da propriedade, não se inferindo, de qualquer maneira, divisão certa das partes ideais sobre o bem imóvel. Este, por força da escritura, é alienado em sua totalidade pelo loteador a dois compradores em proporção ideal idêntica, mas sem fixação, de qualquer foram, da parte do imóvel que a cada um caberá. Declaram no negócio, ainda, que têm ciência das restrições convencionais incidentes sobre o bem, determinadas pelo loteador e objeto de registro próprio.

Ou seja, a descrição do negócio indica a formação de um condomínio voluntário simples, sem que haja identificação de área certa a cada um dos adquirentes, com alienação e aquisição da propriedade em seu todo em negócio único pelo próprio loteador. As circunstâncias não se identificam com a formação de condomínio voluntário por alienações sucessivas da metade ideal, seja por parte do loteador, seja por parte de proprietário sucessivo, diferenciando-se aqui a formação originária do condomínio voluntário daquela decorrente de alienação parcial sucessiva.

O Oficial de Registro fundou sua dúvida na incidência da regra do item 166, do Capítulo XX das NSCGJ:

166. É vedado o registro de alienação voluntária de frações ideais com locação, numeração e metragem certas, ou a formação de condomínio voluntário, que implique fraude ou qualquer outra hipótese de descumprimento da legislação de parcelamento do solo urbano, de condomínios edilícios e do Estatuto da Terra.

A vedação não se aplica à hipótese de sucessão *causa mortis*.

A distinção fática do caso impede a incidência da vedação administrativa.

A aplicação da limitação do item 166 das NSCGJ exige que se vislumbre, no negócio jurídico a ser registrado, elementos internos e atuais a indicar que a alienação e formação do condomínio decorre de um parcelamento irregular ou fraudulento, o que se observa em casos da propriedade ser alienada em frações e de forma sucessiva. Isto não ocorre em casos como o presente, nos quais a totalidade da propriedade é adquirida do vendedor, que é o próprio loteador, por duas pessoas distintas, em condomínio voluntário, sem descrição de fração certa no terreno para cada um, mas apenas proporcionalidade no direito adquirido.

A existência de futuro desdobro, se houver, ou divisão de fato do imóvel, não pode, nestes casos, impedir a formação inicial do condomínio voluntário. É que, em havendo desdobro ilegal ou em desacordo com as restrições convencionais aplicadas ao imóvel, caberia ao

Poder Público, aos demais proprietários do loteamento ou mesmo ao loteador, impugnar e impedir sua realização.

E, ainda, caberia ao Oficial de Registro de Imóveis recusar o ingresso de eventual futuro título característico do desdobro ilegal, cumprindo-se ao princípio da legalidade e a estrita observância das restrições convencionais impostas ao bem.

O que não se admite é, de forma antecipada e indicando presunção da má-fé, impedir a aquisição integral da propriedade por dois sujeitos na forma de condomínio voluntário simples, diretamente ao loteador, ante a ausência de elementos registrários aptos à conclusão pela existência de venda fracionada do lote.

E, não havendo venda de frações ideais do lote ou formação sucessiva de condomínio voluntário simples, mas a aquisição originária da totalidade do bem por dois compradores, sem especialização das frações adquiridas, não incide, concretamente, a vedação administrativa do item 166, do Capítulo XX das NSCGJ.

Fica, assim, afastado o óbice ao registro, julgando-se improcedente a dúvida suscitada.

3. Por todo o exposto, pelo meu voto, **dou provimento** à apelação para julgar improcedente a dúvida suscitada, determinando o registro do título.

RICARDO ANAFE
Corregedor Geral da Justiça e Relator. (DJe de 21.09.2020 – SP)

Apelação Cível nº 1037783-85.2019.8.26.0602

PODER JUDICIÁRIO

TRIBUNAL DE JUSTIÇA DO ESTADO DE SÃO PAULO

CONSELHO SUPERIOR DA MAGISTRATURA

Apelação Cível nº 1037783-85.2019.8.26.0602
Registro: 2020.0000413374

ACÓRDÃO

Vistos, relatados e discutidos estes autos de **Apelação Cível nº 1037783-85.2019.8.26.0602**, da Comarca de **Sorocaba**, em que é apelante **MARCO ANTONIO NOGUEIRA RODRIGUES**, é apelado **2º OFICIAL DE REGISTRO DE IMÓVEIS E ANEXOS DA COMARCA DE SOROCABA.**

ACORDAM, em Conselho Superior de Magistratura do Tribunal de Justiça de São Paulo, proferir a seguinte decisão: **"Deram provimento ao recurso e julgaram improcedente a dúvida, v.u."**, de conformidade com o voto do Relator, que integra este acórdão.

O julgamento teve a participação dos Exmos. Desembargadores **PINHEIRO FRANCO (PRESIDENTE TRIBUNAL DE JUSTIÇA) (Presidente), LUIS SOARES DE MELLO (VICE PRESIDENTE), XAVIER DE AQUINO (DECANO), GUILHERME G. STRENGER (PRES. SEÇÃO DE DIREITO CRIMINAL), MAGALHÃES COELHO(PRES. DA SEÇÃO DE DIREITO PÚBLICO) E DIMAS RUBENS FONSECA (PRES. DA SEÇÃO DE DIREITO PRIVADO).**

São Paulo, 5 de junho de 2020.

RICARDO ANAFE

Corregedor Geral da Justiça e Relator

Apelação Cível nº 1037783-85.2019.8.26.0602

Apelante: Marco Antonio Nogueira Rodrigues

Apelado: 2º Oficial de Registro de Imóveis e Anexos da Comarca de Sorocaba

VOTO Nº 31.156

Registro de Imóveis – Escritura de venda e compra – Averbação da indisponibilidade do imóvel – Princípio da Prioridade – Óbice

mantido – Dúvida procedente – Recurso não provido.

1. Cuida-se de recurso de apelação interposto por **MARCO ANTONIO NOGUEIRA RODRIGUES** contra a r. sentença de fl. 52/53, que julgou procedente a dúvida suscitada pelo 2º Oficial de Registro de Imóveis da Comarca de Sorocaba, mantendo-se o óbice registrário.

A Nota de Exigência n.º 87.719 indicou como motivos de recusa do ingresso do título:

"O registro da presente escritura, depende, preliminarmente, do cancelamento da indisponibilidade, objeto da Av. 06 da matrícula n.º 35.647, efetuada em 08 de abril de 2016".

Sustenta o recorrente, em suma, que o compromisso particular de venda e compra foi celebrado anteriormente ao decreto de indisponibilidade e a escritura pública foi outorgada em decorrência de acordo homologado pela 7ª Vara Cível da Comarca de Sorocaba, de modo que o óbice não se sustenta.

A D. Procuradoria Geral de Justiça opinou pelo desprovimento do recurso (fl. 83/85).

É o relatório.

2. Presentes seus pressupostos legais e administrativos, conheço do recurso.

A apelação, a despeito de seus jurídicos fundamentos, não comporta provimento.

Com efeito, restou apresentada a registro a escritura pública de venda e compra lavrada perante o 2º Tabelião de Notas da Comarca de Sorocaba, Livro 1903, páginas 335/338, outorgada por Southecca Construtora e Empreendimentos Ltda em favor de Marco Antonio Nogueira Rodrigues.

O título foi prenotado sob n.º 339.425 em 02 de setembro de 2019 e, qualificado negativamente, foi expedida a nota de devolução n.º 87.719.

Da matrícula n.º 35.647 infere-se tratar de uma incorporação edilícia, denominada Edifício Rio Branco, de propriedade de Southecca Construtora e Empreendimentos Ltda., conforme se vê do R. 4, de 17 de março de 1988 e R. 5, de 28 de outubro de 1988.

Em 08 de abril de 2016 foi decretada a indisponibilidade do imóvel da matrícula n.º 35.647 pelo Juízo da 6ª Vara Cível da Comarca de Sorocaba, nos autos da medida cautelar inominada incidental, autos do processo n.º 721/99, movida pelo Condomínio Edifício Estoril em face de Southecca Construtora e Empreendimentos Ltda.

Por meio da Av. 8 M. 35.647, de 21 de dezembro de 2018, levantou-se parcialmente a indisponibilidade objeto da Av. 6, tão somente, para liberar a fração ideal de 3,5714% do imóvel objeto da matrícula n.º 35.647, que corresponderá a unidade autônoma n.º 14, localizado no 1º andar, do Edifício Rio Branco, consoante mandado expedido pela 6ª Vara Cível da Comarca de Sorocaba.

Pois bem.

A pretensão do recorrente esbarra no princípio da prioridade, o qual tem a finalidade de evitar conflitos de títulos contraditórios, que são aqueles incompatíveis entre si ou reciprocamente excludentes, referentes ao mesmo imóvel.

A prioridade se apura no protocolo do Registro de Imóveis, de acordo com o que dispõe a Lei de Registros Públicos.

Com efeito, o artigo 183 da Lei n.º 6.015/73 determina que *"todos os títulos tomarão, no Protocolo, o número de ordem respectivo e a data de sua prenotação"*.

E o artigo 186 do mesmo Diploma Legal preconiza que *"o número de ordem determinará a prioridade do título, e esta a preferência dos direitos reais"*.

De acordo com a lição de Afrânio de Carvalho:

"O princípio da prioridade significa que, num concurso de direitos reais sobre um imóvel, estes não ocupam todos o mesmo posto, mas se graduam ou classificam por uma relação de precedência fundada na ordem cronológica do seu aparecimento: prior tempore polior jure. Conforme o tempo em que surgirem, os direitos tomam posição no registro, prevalecendo os anteriormente estabelecidos sobre os que vierem depois". (Registro de Imóveis, 4a ed., Editora Forense, 1998, p. 181).

"A sua caracterização é originariamente registral, pois se funda na ordem cronológica de apresentação e prenotação dos títulos no protocolo, sendo irrelevante a ordem cronológica de sua feitura ou instrumentalização, vale dizer, a sequência da data dos títulos. A ordem de apresentação, comprovada pela numeração sucessiva do protocolo, firma, pois a posição registral do título relativamente a qualquer outro que já esteja ou venha a apresentar-se no registro. Se essa posição lhe assegurar prioridade, correlatamente lhe assegurará a inscrição, contando que o resultado final do exame da legalidade lhe seja favorável". (p. 182 e 183).

Assim, à vista do princípio *prior in tempore*, conquanto o acordo por meio do qual a Southecca Construtora e Empreendimentos Ltda tenha se comprometido a outorgar escritura pública da fração ideal do terreno relativamente a unidade de apartamento ao recorrente tenha sido homologado judicialmente anteriormente à decretação da indisponibilidade pelo Juízo da 6ª Vara Cível da Comarca de Sorocaba, certo é que, ao tempo da apresentação do ato notarial para registro (fl. 29/32), já pendia a referida indisponibilidade, que, por certo, constitui óbice ao pretendido registro.

Vale frisar, por relevante, que a sentença homologatória do acordo firmado entre Márcio Aurélio Reze e outros (dentre eles o ora apelante) e a empresa Southecca Construtora e Empreendimentos Ltda, de 15 de setembro de 2015, extraído dos autos do processo n.º 0008170- 91.2006.8.26.0602, da 7ª Vara Cível da Comarca de Sorocaba, não autorizou a liberação das unidades declaradas indisponíveis pelo Juízo da 6ª Vara Cível da mesma Comarca.

Ao revés, expressamente deixou o MM. Juiz sentenciante consignado que:

"a liberação das unidades declaradas indisponíveis na ação que tramita na 6ª Vara cível, deve ser requerida perante o Juízo que a decretou. Indefiro a expedição de ofício" (fl. 25).

Importante destacar, ainda, que por ocasião da lavratura da escritura pública restou expressamente consignada a existência da indisponibilidade, o que, por certo, era de conhecimento do apelante.

Neste contexto, a desconsideração da indisponibilidade do bem, com o registro da escritura pública posterior ao título judicial, feriria os princípios da prioridade e da continuidade dos registros públicos.

No mais, o teor da Súmula 195 (*"Em embargos de terceiro não se anula ato jurídico, por fraude contra credores"*) e Enunciado 375 (*"O reconhecimento da fraude à execução depende do registro da penhora do bem alienado ou da prova de má-fé do terceiro adquirente"*), ambos do Superior Tribunal de Justiça, não guardam referência ao tema em análise.

Tampouco merece guarida o argumento lançado pelo recorrente de que o trânsito em julgado da sentença homologatória é suficiente para conferir o registro.

A uma porque o registro que se pretende é da escritura pública lavrada perante o 2º Tabelião de Notas da Comarca de Sorocaba, Livro 1903, páginas 335/338. E, ainda que assim não fosse, não se pode olvidar que os títulos judiciais não estão isentos de qualificação, positiva ou negativa, para ingresso no fólio real.

No ponto, vale citar o decidido no bojo da apelação cível nº 464-6/9, de São José do Rio Preto:

"Apesar de se tratar de título judicial, está ele sujeito à qualificação registrária. O fato de tratar-se o título de mandado judicial não o torna imune à qualificação registrária, sob o estrito ângulo da regularidade formal, O exame da legalidade não promove incursão sobre o mérito da decisão judicial, mas à apreciação das formalidades extrínsecas da ordem e à conexão de seus dados com o registro e a sua formalização instrumental".

E, os atos registrários são norteados pelo princípio da inscrição segundo o qual a constituição, transmissão e extinção de direitos reais sobre imóveis, somente se operam por atos *inter vivos* mediante a inscrição no registro.

Assim, ainda que a transmissão ou oneração de imóveis tenha sido estipulada negocialmente entre as partes, só produzirá efeitos perante terceiros mediante inscrição na matrícula do imóvel.

Neste passo, certo é que o imóvel encontra-se registrado em nome Southecca Construtora e Empreendimentos Ltda. não havendo se falar em qualquer nulidade dos atos registrários atinentes às averbações de indisponibilidades.

Destarte, o óbice imposto deve ser mantido.

3. Por essas razões, nego provimento ao recurso.

RICARDO ANAFE

Corregedor Geral da Justiça e Relator. (DJe de 19.08.2020 – SP)

PODER JUDICIÁRIO

TRIBUNAL DE JUSTIÇA DO ESTADO DE SÃO PAULO

CONSELHO SUPERIOR DA MAGISTRATURA

Apelação nº 1000477-52.2019.8.26.0418

Registro: 2020.0000283125

ACÓRDÃO

Vistos, relatados e discutidos estes autos de **Apelação Cível nº 1000477-52.2019.8.26.0418**, da Comarca de **Paraibuna**, em que são apelantes **MARIA CRISTINA FORTES SANTOS DE BUSTAMANTE e BRAZ LUIZ DO NASCIMENTO FONTES**, é apelado **OFICIAL DE REGISTRO DE IMÓVEIS E ANEXOS DA COMARCA DE PARAIBUNA**.

ACORDAM, em Conselho Superior de Magistratura do Tribunal de Justiça de São Paulo, proferir

a seguinte decisão: **"Negaram provimento ao recurso. V. U."**, de conformidade com o voto do Relator, que integra este acórdão.

O julgamento teve a participação dos Exmos. Desembargadores **PINHEIRO FRANCO (PRESIDENTE TRIBUNAL DE JUSTIÇA) (Presidente), LUIS SOARES DE MELLO (VICE PRESIDENTE), XAVIER DE AQUINO (DECANO), GUILHERME G. STRENGER (PRES. SEÇÃO DE DIREITO CRIMINAL), MAGALHÃES COELHO(PRES. DA SEÇÃO DE DIREITO PÚBLICO) E DIMAS RUBENS FONSECA (PRES. DA SEÇÃO DE DIREITO PRIVADO).**

São Paulo, 15 de abril de 2020.

RICARDO ANAFE

Corregedor Geral da Justiça e Relator

Apelação Cível nº 1000477-52.2019.8.26.0418

Apelantes: Maria Cristina Fortes Santos de Bustamante e Braz Luiz do Nascimento Fontes

Apelado: Oficial de Registro de Imóveis e Anexos da Comarca de Paraibuna

VOTO Nº 31.102

Registro de Imóveis – Imóvel rural – Escritura pública de compra e venda de imóvel rural – Descrição do imóvel, na matrícula, suficiente para permitir a sua identificação, o que dispensa a prévia retificação de área – Necessidade, porém, de retificação da matrícula para a averbação do casamento do proprietário, no regime da comunhão de bens, conforme indicado na escritura pública de compra e venda – Ausência de prova de que a reserva legal foi inscrita no CAR – Exigências de comprovação do valor venal do imóvel e do recolhimento do ITBI pendentes de cumprimento – Dúvida julgada procedente – Recurso não provido.

1. Trata-se de apelação interposta contra r. sentença que julgou a dúvida procedente e manteve a recusa do registro da escritura pública de compra e venda do imóvel objeto da matrícula nº 375 do Registro de Imóveis, Títulos e Documentos e Civil de Pessoa Jurídica da Comarca de Paraibuna porque: a descrição da área é precária; existe divergência na qualificação do vendedor que figura na matrícula como solteiro e na escritura pública como casado pelo regime da comunhão de bens; não foram comprovados o valor venal do imóvel e o recolhimento do imposto de transmissão "inter vivos"; não foi requerida a averbação da reserva legal na matrícula do imóvel que é rural.

Os apelantes alegaram, em suma, que a compra e venda teve como objeto a totalidade do imóvel cuja área não foi alterada na escritura pública. Asseveram que o imóvel está suficientemente descrito e que não decorreu o prazo fixado na legislação para que seja feito o georreferenciamento da área. Afirmaram que foram apresentados ao registro os comprovantes do CCIR e da quitação do ITR. Além disso, o imóvel foi cadastrado no CAR em 03 de dezembro de 2019, sendo desnecessária a averbação do cadastramento porque não é exigida pelo Decreto nº 9.395/2018. Por fim, a escritura pública de compra e venda contém todas as informações relativas ao recolhimento do imposto de transmissão, ao estado civil e ao CPF do proprietário. Requereram o provimento do recurso para que seja promovido o registro da compra e venda (fls. 91/100).

O julgamento foi convertido em diligência (fl. 112), com a posterior regularização da representação processual dos apelantes que ratificaram as razões do recurso e reiteraram o pedido de seu provimento (fl. 127).

A douta Procuradoria Geral de Justiça opinou pelo não provimento do recurso (fls. 134/136).

É o relatório.

2. A escritura de compra e venda reproduz, integralmente, a descrição do imóvel contida na matrícula nº 375 do Registro de Imóveis de Paraibuna (fls. 06/11 e 36).

Na descrição da área feita na matrícula nº 375 foram utilizados pontos de amarração identificáveis, consistentes em marcos, estacas e cotas utilizados para a demarcação da represa do DAEE com que o imóvel faz divisa, o que permite apurar a sua localização geodésica e as suas confrontações a partir de elementos seguros.

Além disso, a compra e venda abrange a totalidade do imóvel, de forma que o seu registro não modificará as medidas perimetrais descritas na matrícula.

Por sua vez, não decorreu o prazo previsto no art. 10, inciso VI, do Decreto nº 4.449/2002 e no art. 176, inciso III, § 4º, da Lei nº 6.015/73 para a obrigatoriedade do georreferenciamento da área, que é inferior a cem hectares, como requisito para o registro da transmissão da propriedade.

Por essas razões, afasta-se a exigência de prévia retificação da área do imóvel.

Também não prevalece a exigência de comprovação da inscrição do proprietário do imóvel no CPF, pois não há divergência entre o número que consta na escritura pública de compra e venda (fl. 06) e o que consta na matrícula do imóvel (fl. 36).

Igual, porém, não ocorre com as demais exigências contidas na nota de devolução (fls. 29/34).

Para a dispensa da averbação da reserva legal na matrícula do imóvel é necessário que a reserva esteja registrada no Cadastro Ambiental Rural – CAR, como previsto no art. 18, § 4º, da Lei nº 12.651/2012:

"§ 4º O registro da Reserva Legal no CAR desobriga a averbação no Cartório de Registro de Imóveis".

O documento de fls. 21/24 comprova que foi promovido o cadastramento do imóvel no Cadastro Ambiental Rural – CAR, mas sem o registro da área da reserva legal (fl. 23).

Ausente o registro da área da reserva rural no CAR, permanece a necessidade da sua averbação na matrícula do imóvel.

Os comprovantes de declaração e de pagamento do Imposto Territorial Rural – ITR do exercício de 2018 apresentados para o registro da escritura pública (fls. 14/19) não foram instruídos com a página indicativa do "cálculo do valor da terra nua e do imposto e parcelamento", como esclarecido na nota devolutiva (fl. 33).

A apresentação incompleta do documento utilizado para comprovar o valor da terra nua tributável impede a aceitação da declaração de fl. 14 como suficiente para essa finalidade que, observo, visa permitir a apuração dos emolumentos devidos, além de repercutir na verificação da regularidade formal do recolhimento do imposto de transmissão "inter vivos".

Por seu turno, a exibição da guia do pagamento do imposto de transmissão "inter vivos" para a elaboração da escritura pública de compra e venda não afasta a exigência da sua apresentação como requisito para o registro do título, em razão do dever do Oficial de Registro de Imóveis promover a fiscalização prevista no art. 298 da Lei nº 6.015/73:

"Art. 289. No exercício de suas funções, cumpre aos oficiais de registro fazer rigorosa fiscalização do pagamento dos impostos devidos por força dos atos que lhes forem apresentados em razão do ofício".

Por fim, na matrícula do imóvel consta que o proprietário é solteiro, ao passo que na escritura pública de compra e venda foi qualificado como sendo casado pelo regime da comunhão de bens, do que decorreu a intervenção da sua esposa no referido negócio jurídico (fls. 06/12).

A averbação do casamento do proprietário é necessária para afastar a contradição existente entre a matrícula e o título e, mais, para a preservação da continuidade do registro no que tange à cônjuge do titular do domínio que participou da compra e venda na qualidade de vendedora.

E para essa averbação deve ser apresentada a certidão de casamento, requisito que não é suprido pela menção à sua existência feita na escritura pública de compra e venda.

A subsistência de parte das exigências formuladas implica na manutenção da recusa do registro do título, do que decorre a procedência da dúvida.

3. Ante o exposto, pelo meu voto nego provimento ao recurso.

RICARDO ANAFE

Corregedor Geral da Justiça e Relator. (DJe de 05.05.2020 – SP)

PODER JUDICIÁRIO

TRIBUNAL DE JUSTIÇA DO ESTADO DE SÃO PAULO

CONSELHO SUPERIOR DA MAGISTRATURA

Apelação nº 1012008-77.2019.8.26.0114

Registro: 2019.0001054530

ACÓRDÃO

Vistos, relatados e discutidos estes autos de **Apelação Cível nº 1012008-77.2019.8.26.0114**, da Comarca de **Campinas**, em que é apelante **AMAURY CESAR MAGNO**, é apelado **1º OFICIAL DE REGISTRO DE IMÓVEIS DA COMARCA DE CAMPINAS.**

ACORDAM, em Conselho Superior de Magistratura do Tribunal de Justiça de São Paulo, proferir a seguinte decisão: **"Negaram provimento ao recurso, v.u."**, de conformidade com o voto do Relator, que integra este acórdão.

O julgamento teve a participação dos Exmos. Desembargadores **PEREIRA CALÇAS (PRESIDENTE TRIBUNAL DE JUSTIÇA) (Presidente), ARTUR MARQUES (VICE PRESIDENTE), XAVIER DE AQUINO (DECANO), EVARISTO DOS SANTOS(PRES. DA SEÇÃO DE DIREITO PÚBLICO), CAMPOS MELLO (PRES. DA SEÇÃO DE DIREITO PRIVADO) E FERNANDO TORRES GARCIA(PRES. SEÇÃO DE DIREITO CRIMINAL).**

São Paulo, 10 de dezembro de 2019.

GERALDO FRANCISCO PINHEIRO FRANCO

Corregedor Geral da Justiça e Relator

Apelação Cível nº 1012008-77.2019.8.26.0114

Apelante: AMAURY CESA MAGNO

Apelado: 1º OFICIAL DE REGISTRO DE IMÓVEIS DA COMARCA DE CAMPINAS

VOTO Nº 38.012

Registro de Imóveis – ITBI – Registro de compromisso de compra e venda – Lei Municipal que cria hipótese de incidência de ITBI – Impossibilidade de reconhecimento de inconstitucionalidade na via administrativa – Dever do Registrador na fiscalização do correto recolhimento – Recurso desprovido.

Trata-se de apelação interposta por *Amaury César Magno* contra a r. sentença**[1]** que julgou procedente a dúvida suscitada pelo 1º Oficial de Registro de Imóveis da Comarca de Campinas/SP, que obstava registro de compromisso de compra e venda. Sustenta o recorrente, em síntese, a inexigibilidade de prova do recolhimento do ITBI, ante a inconstitucionalidade da lei municipal que tem como fato gerador do imposto sobre transmissão o compromisso de compra e venda, certo que apenas a efetiva transferência da propriedade é que poderia ensejar a tributação**[2]**.

A D. Procuradoria Geral de Justiça opinou pelo não provimento do recurso**[3]**.

É o relatório.

O art. 289 da Lei nº 6.015/73 é expresso ao indicar que é dever do registrador fiscalizar o pagamento dos tributos incidentes:

"Art. 289. No exercício de suas funções, cumpre aos oficiais de registro fazer rigorosa fiscalização do pagamento dos impostos devidos por força dos atos que lhes forem apresentados em razão do ofício".

A omissão do titular da delegação pode levar à sua responsabilidade solidária no pagamento do tributo, nos termos do art. 134, VI, do Código Tributário Nacional – CTN.

Por sua vez, a Lei nº 12.391, de 20 de outubro de 2005, do Município de Campinas dispõe que o ITBI possui por fato gerador o compromisso de compra e venda, conforme previsto em seu art. 2º, IV, e art. 7º, II.

Embora não se trate de matéria unânime na jurisprudência de nossos Tribunais, ao menos perante este C. Conselho Superior da Magistratura, os precedentes mais recentes são no sentido de que, por se tratar de órgão administrativo, não é cabível a declaração de inconstitucionalidade de normas municipais para afastar, nessas hipóteses, a incidência do ITBI:

"Registro de Imóveis – Dúvida julgada procedente, impedindo-se o registro de Escritura Pública de venda e compra, englobando cessão – Ausência de recolhimento de imposto – ITBI que é devido pela cessão e pela venda e compra – Impossibilidade de reconhecimento de inconstitucionalidade e de decadência ou prescrição pela via administrativa – Recurso desprovido." (TJSP; Apelação Cível 1123982-06.2015.8.26.0100; Relator: Pereira Calças; Órgão Julgador: Conselho Superior de Magistratura; Foro Central Cível – 1ª Vara de Registros Públicos; Data do Julgamento: 17/10/2016; Data de Registro: 7/11/2016).

"REGISTRO DE IMÓVEIS. ITBI. Registro de escritura de compra e venda. Lei Municipal que cria hipótese de incidência na cessão de compromissos de compra e venda. Transmissão de propriedade. Dever do Registrador na fiscalização do correto recolhimento. Recurso desprovido." (TJSP; Apelação Cível 1023519-09.2018.8.26.0114; Relator: Pinheiro Franco (Corregedor Geral); Órgão Julgador: Conselho Superior de Magistratura; Foro de Campinas – 6ª Vara Cível; Data do Julgamento: 15/8/2019; Data de Registro: 20/8/2019).

Por essas razões, havendo lei local criando a hipótese de incidência aqui tratada, não cabe ao Oficial de Registro entender pela impossibilidade de tributação. Tal matéria deverá ser discutida, se for o caso, no campo jurisdicional.

Da mesma forma, a exigência de comprovação de quitação do ITBI encontra previsão legal no art. 47, § 2º, da mesma Lei Complementar Municipal nº 34/2005, não podendo o Oficial se omitir na sua fiscalização.

Em recente decisão proferida pela Eg. Corregedoria Geral da Justiça, em pedido de providências contra Tabelião de Notas, nos termos do parecer da lavra do MM. Juiz Assessor José Marcelo Tossi Silva, tal entendimento foi novamente consagrado:

"TABELIÃO DE NOTAS – Recusa em lavrar escritura de compra e venda sem a consignação da existência de prévia cessão de compromisso de compra e venda e sem a prova do recolhimento do Imposto de Transmissão 'inter vivos' – ITBI, devido pela cessão – Pretensão de reconhecimento da inconstitucionalidade e ilegalidade da lei municipal que prevê a incidência do tributo na cessão de compromisso de compra e venda – Inadequação do procedimento de dúvida para tal finalidade – Recurso não provido, com observação. (Processo CG nº 1064887-74.2017.8.26.0100, DJE 26/2/2018)".

Nesse cenário, a manutenção da r. sentença é medida que se impõe.

Diante do exposto, **nego provimento** ao recurso.

GERALDO FRANCISCO PINHEIRO FRANCO

Corregedor Geral da Justiça e Relator.

Notas:

[1] Fls. 53/56.

[2] Fls. 62/68.

[3] Fls. 88/90.(DJe de 08.04.2020 – SP)

PODER JUDICIÁRIO

TRIBUNAL DE JUSTIÇA DO ESTADO DE SÃO PAULO

CONSELHO SUPERIOR DA MAGISTRATURA

Apelação Cível nº 0006924-04.2019.8.26.0344

Registro: 2019.0001054541

ACÓRDÃO

Vistos, relatados e discutidos estes autos de **Apelação Cível nº 0006924-04.2019.8.26.0344**, da Comarca de **Marília**, em que é apelante **LUIZ HENRIQUE SANTOS PIMENTEL**, é apelado **1º OFICIAL DE REGISTRO DE IMÓVEIS E ANEXOS DA COMARCA DE MARÍLIA.**

ACORDAM, em Conselho Superior de Magistratura do Tribunal de Justiça de São Paulo, proferir a seguinte decisão: **"Deram provimento à apelação para julgar improcedente a dúvida e afastar o óbice apresentado pelo registrador, v.u.",** de conformidade com o voto do Relator, que integra este acórdão.

O julgamento teve a participação dos Exmos. Desembargadores **PEREIRA CALÇAS (PRESIDENTE TRIBUNAL DE JUSTIÇA) (Presidente), ARTUR MARQUES (VICE PRESIDENTE), XAVIER DE AQUINO (DECANO), EVARISTO DOS SANTOS(PRES. DA SEÇÃO DE DIREITO PÚBLICO), CAMPOS MELLO (PRES. DA SEÇÃO DE DIREITO PRIVADO) E FERNANDO TORRES GARCIA(PRES. SEÇÃO DE DIREITO CRIMINAL).**

São Paulo, 10 de dezembro de 2019.

GERALDO FRANCISCO PINHEIRO FRANCO

Corregedor Geral da Justiça e Relator

Apelação Cível nº 0006924-04.2019.8.26.0344

Apelante: Luiz Henrique Santos Pimentel

Apelado: 1º Oficial de Registro de Imóveis e Anexos da Comarca de Marília

VOTO Nº 38.003

Registro de Imóveis – Compromisso particular de compra e venda – Pagamento do preço à vista que, no caso concreto, não desnatura a natureza preliminar do contrato, pois ajustada a finalização, a posteriori, da compra e venda, mediante outorga de escritura definitiva – Promessa de venda que não opera a transferência do domínio – Inexistência de previsão formal para as obrigações de fazer, que podem assumir a forma pública ou particular – Óbice afastado – Dúvida improcedente – Recurso provido.

Trata-se de recurso de apelação interposto por *Luiz Henrique Santos Pimentel* contra a r. sentença proferida pela MM.ª Juíza Corregedora Permanente do 1º Oficial de Registro de Imóveis, Títulos e Documentos, Civil de Pessoa Jurídica e 1º Tabelião de Protesto de Letras e Títulos de Marília/SP, que julgou procedente a dúvida suscitada e manteve o óbice imposto pelo registrador**[1]**.

Alega o apelante, em síntese, que a minuta de instrumento de compromisso de compra e venda em questão está arquivada no registro imobiliário, juntamente com o memorial descritivo, plantas e demais documentos apresentados por ocasião do registro do loteamento, nos termos exigidos pela Lei nº 6.766/79. Afirma que a possibilidade do registro do compromisso de compra e venda está prevista no Código Civil, certo que o pagamento do preço ajustado não enseja a necessidade de imediata lavratura de escritura pública, o que depende, antes, do adimplemento da obrigação assumida pelo loteador, de finalizar o empreendimento e entregar o lote**[2]**.

A Douta Procuradoria Geral de Justiça opinou pelo não provimento da apelação**[3]**.

É o relatório.

O dissenso versa sobre a possibilidade de registro do contrato particular de compromisso de compra e venda, tendo por objeto o imóvel matriculado sob nº 65.307 junto ao 1º Oficial de Registro de Imóveis, Títulos e Documentos, Civil de Pessoa Jurídica e 1º Tabelião de Protesto de Letras e Títulos de Marília/SP.

O registrador desqualificou o título e formulou exigências, entendendo o MM. Juiz Corregedor Permanente pela regularidade da recusa, eis que não atendida a forma exigida pelo art. 108 do Código Civil. Na nota de devolução elaborada, consignou o Sr. Oficial que o título apresentado consagra a transmissão do imóvel, com pagamento à vista e imediata transferência da propriedade, características próprias da compra e venda, e que, portanto, exige a formalização do negócio por meio de escritura pública.

O compromisso de compra e venda é espécie de contrato preliminar por intermédio do qual as partes, ou uma delas, comprometem-se a celebrar adiante o contrato definitivo de compra e venda. É negócio de segurança, que objetiva conferir garantias às partes quanto à relação substancial futura.

Sobre as diferenças entre o contrato preliminar e o definitivo, o Conselho Superior da Magistratura, nos autos da apelação cível nº 37.727-0/3, relatada pelo então Corregedor Geral da Justiça Desembargador Márcio Bonilha, assim se manifestou: *"Sabido que a natureza e o tipo do contrato fixam-se por seu conteúdo e não pela denominação, ou rótulo, que lhes deram as partes contratantes. Conceitua-se o contrato preliminar como aquele por via do qual ambas as partes se comprometem a celebrar mais tarde outro contrato, que será o contrato principal. Diferencia-se do contrato principal pelo objeto, que no preliminar é a obrigação de concluir outro contrato, enquanto que o do definitivo é uma prestação substancial (Francesco Messineo, Dottrina Generale Del Contrato, pág. 207)"* (Ap. Cível nº 37.727-0/3, Rel. Des. Márcio Bonilha). A denominação do contrato, por si só, não impede o registro pretendido, pois o que importa não é o rótulo da avença, mas sim o seu conteúdo.

O contrato de promessa de compra e venda, de natureza imobiliária, tem sido conceituado como um acordo de vontades por meio do qual as partes se obrigam a efetuar, nas condições estabelecidas e de acordo com os preceitos legais, uma escritura definitiva de compra e venda, após o pagamento do preço ajustado, tal como ocorre no caso em análise.

Prevê o art. 1.245, § 1º, do Código Civil, que a transmissão da propriedade por ato "inter vivos" somente ocorre com o registro do título translativo no Registro de Imóveis:

> *"Art. 1.245. Transfere-se entre vivos a propriedade mediante o registro do título translativo no Registro de Imóveis.*
>
> *§ 1º Enquanto não se registrar o título translativo, o alienante continua a ser havido como dono do imóvel".*

De igual modo ocorre com o direito real de compromissário comprador, pois até o registro subsiste, apenas, o direito obrigacional entre as partes do contrato.

Como se vê, a promessa de venda não opera a transferência do domínio, mas apenas confere ao compromissário-comprador direito real de aquisição do imóvel (art. 1.417, CC), oponível a terceiros, desde que registrado no Cartório competente.

No caso concreto, em que pese o pagamento do preço à vista, as partes se comprometem a finalizar, *a posteriori*, o contrato de compra e venda, mediante futura outorga de escritura definitiva (cláusula 134). Como todo contrato preliminar, a promessa de compra e venda gera uma obrigação de fazer, que se executa mediante a formalização do contrato definitivo. A prestação a que as partes estão obrigadas é, assim, o fato da realização da compra e venda. E como não existe previsão formal para as obrigações de fazer, podem assumir a forma pública ou particular.

Por conseguinte, há que ser afastado o óbice imposto pelo Oficial, de maneira a permitir o registro do contrato particular de compromisso de compra e venda.

Diante do exposto, **dou provimento** à apelação para julgar improcedente a dúvida e afastar o óbice apresentado pelo registrador.

GERALDO FRANCISCO PINHEIRO FRANCO

Corregedor Geral da Justiça e Relator.

Notas:

[1] Fls. 88/89.

[2] Fls. 94/99.

[3] Fls. 117/119. (DJe de 08.04.2020 – SP)

PODER JUDICIÁRIO

TRIBUNAL DE JUSTIÇA DO ESTADO DE SÃO PAULO

CONSELHO SUPERIOR DA MAGISTRATURA

Apelação Cível nº 1037437-12.2016.8.26.0224

Registro: 2020.0000107502

ACÓRDÃO

Vistos, relatados e discutidos estes autos de **Apelação Cível nº 1037437-12.2016.8.26.0224**, da Comarca de **Guarulhos**, em que é apelante **OSVALDO FRANCISCO DOS SANTOS**, é apelado **1º OFICIAL DE REGISTRO DE IMÓVEIS DA COMARCA DE GUARULHOS.**

ACORDAM, em Conselho Superior de Magistratura do Tribunal de Justiça de São Paulo, proferir a seguinte decisão: **"Negaram provimento ao recurso, v.u."**, de conformidade com o voto do Relator, que integra este acórdão.

O julgamento teve a participação dos Exmos. Desembargadores **PINHEIRO FRANCO**

(PRESIDENTE TRIBUNAL DE JUSTIÇA) (Presidente), LUIS SOARES DE MELLO (VICE PRESIDENTE), XAVIER DE AQUINO (DECANO), GUILHERME G. STRENGER (PRES. SEÇÃO DE DIREITO CRIMINAL), MAGALHÃES COELHO(PRES. DA SEÇÃO DE DIREITO PÚBLICO) E DIMAS RUBENS FONSECA (PRES. DA SEÇÃO DE DIREITO PRIVADO).

São Paulo, 13 de fevereiro de 2020.

RICARDO ANAFE

Corregedor Geral da Justiça e Relator

Apelação Cível nº 1037437-12.2016.8.26.0224

Apelante: Osvaldo Francisco dos Santos

Apelado: 1º Oficial de Registro de Imóveis da Comarca de Guarulhos Interessado: Sindicato dos Trabalhadores nas Indústrias de Confecção de Vestuário de Guarulhos

VOTO Nº 31.094

Registro de Imóveis – Dúvida julgada parcialmente procedente – Instrumento particular de compra e venda – Pretensão de ingresso no fólio real como compromisso de compra e venda – Termos do contrato que deixam clara a existência de contrato de compra e venda – Consenso válido sobre a coisa, o preço e as condições do negócio – Promessa de futura expedição de quitação definitiva após o pagamento do preço que não desnatura a compra e venda simples, não sendo o pagamento do preço elemento essencial do contrato – Ausência de obrigação das partes firmarem negócio futuro, característica essencial da promessa de contratar – Imóvel negociado de valor superior a trinta salários mínimos – Escritura pública obrigatória, nos termos do art. 108 do Código Civil – Exigência mantida – Recurso não provido.

1. Trata-se de recurso de apelação interposto por Osvaldo Francisco dos Santos, visando a reforma da sentença de fls. 103/104, que julgou parcialmente procedente dúvida suscitada pelo 1º Oficial do Registro de Imóveis da Comarca de Guarulhos, mantendo a recusa de ingresso no registro de compra e venda do imóvel matrícula nº 51.680, entendendo pela existência de compra e venda definitiva e necessidade de formalização por escritura pública.

A Nota de Devolução nº 120.363/2016 indicou, como motivos de recusa do ingresso do título, a ausência de formalização por escritura pública, tendo em vista o valor do bem imóvel negociado ser superior a trinta salários mínimos, nos termos do art. 108 do Código Civil. Houve, ainda, um segundo fundamento de devolução, referente à divergência na razão social da proprietária e à necessidade de comprovação da representação da vendedora, exigência afastada pela sentença de primeiro grau, não havendo recurso quanto ao ponto.

O recurso sustenta, em resumo, que o instrumento apresentado não constitui compra e venda, mas sim compromisso de compra e venda, o que decorre do fato de ter sido formalizado por instrumento particular e haver previsão do pagamento de saldo ao final, quando a escritura definitiva seria lavrada. Afirma que a nominação do contrato não pode ser considerada se contraria seus termos, limitando-se a qualificação do Oficial e a sentença recorrida à consideração do nome atribuído ao negócio. A existência de cláusula de irretratabilidade e a previsão de transferência do domínio após o pagamento do preço qualificam o ato como promessa, permitindo o seu ingresso no registro por meio de instrumento particular (fls. 107/110).

Houve pedido de intervenção como assistente nos autos pelo Sindicado dos Trabalhadores nas Indústrias de Confecção e Vestuário de Guarulhos, por conta do imóvel em questão ter sido penhorado pela Justiça do Trabalho nos processos nºs 1000077-78.2016.5.02.0316 e 1001238-24.2016.5.02.0316, além de haver fraude perpetrada entre o apelante e a vendedora Terra Moda, com a finalidade de fraudar credores trabalhistas (fls. 155/159).

A Procuradoria Geral de Justiça opina pelo não provimento do recurso (fls. 244/245).

É o relatório.

Preliminarmente, é o caso de se indeferir o pedido de assistência simples apresentado pelo Sindicado dos Trabalhadores nas Indústrias de Confecção e Vestuário de Guarulhos, eis que o procedimento de dúvida não tem natureza jurisdicional.

O Oficial registrador, no caso, não ostenta a condição de parte, não havendo como se admitir figura processual destinada à participação de pessoa estranha à lide em benefício de um dos litigantes.

Por estes motivos, fica indeferido o pedido de assistência.

O caso é de não provimento do recurso.

A nota de exigência emitida pelo Oficial do 1º Registro de Imóveis de Guarulhos manteve um dos fundamentos para a recusa do ingresso do título, entendendo tacitamente por estarem prejudicadas as demais, eis que seriam comprovadas ao Tabelião por conta da lavratura da escritura necessária. Mantida, portanto, a exigência concernente ao fato de o título caracterizar compra e venda de bem imóvel em valor superior a trinta salários mínimos, exigindo-se a formalização por meio de escritura pública, conforme o art. 108 do Código Civil.

De fato. Observa-se que o título apresentado a registro, com a pretensão de entrada no fólio real como instrumento particular de promessa de compra e venda de imóvel, constitui verdadeiro contrato de compra e venda, a exigir a formalização por meio de escritura pública.

Para além de o instrumento ser denominado "Instrumento Particular de Compra e Venda de Imóvel Comercial", observa-se de seus termos a ausência de promessa de realização de negócio jurídico futuro, no caso, a compra e venda, mas a conformação do contrato de compra e venda de forma integral, com a simples obrigação de transferência da propriedade e do pagamento do preço, sem que uma condicione a outra. Consta de referido instrumento (fls. 10/20):

"O VENDEDOR vende ao COMPRADOR o imóvel situado na Rua Cabo Antonio Pereira da Silva, 47, Jd. Tranquilidade, Município de Guarulhos, Estado de São Paulo, circunscrição imobiliária do 1º Oficial de Registro de Imóveis de Guarulhos, contribuinte nº 08350000563000008, matrícula nº 51.680, do livro 2 do registro geral.

Que o **valor da venda é de R$ 800.000,00** (oitocentos mil reais), e serão pagos da seguinte forma: (...)

Que **após a (sic) o pagamento da última parcela, o vendedor outorgará ao comprador, quitação geral no negócio**, podendo o comprador dispor do imóvel da forma que desejar, porém, antes de quitar toda a dívida não poderá fazê-lo sem a outorga do vendedor, e caso o faça, a venda será considerada nula."

Percebe-se que estão presentes, sem nenhuma condição, os elementos necessários à configuração do contrato de compra e venda: coisa, preço e consentimento (art. 482 do Código Civil).

O único elemento condicional que se observa no negócio é a vinculação da expedição de quitação do preço ao pagamento de todas as prestações acordadas, não se confundindo a vinculação da expedição do termo de quitação ao pagamento do preço com a eficácia do contrato de compra e venda, para fins de transmissão da propriedade. Afinal, estabelecidos os elementos essenciais da compra e venda, tem-se por perfeito e acabado o negócio, ainda que o preço não tenha sido pago.

No caso, há compra e venda simples. Não se observa, como objeto do negócio jurídico, a promessa do proprietário de, mediante pagamento do preço, celebrar contrato de compra e venda futura, com a devida outorga de escritura pública de venda. E tal obrigação de contratar futuramente é essencial para se configurar a promessa ou contrato preliminar. Neste sentido, entendendo pela configuração de contrato definitivo, há precedente deste Conselho Superior da Magistratura, de relatoria do então Corregedor Geral da Justiça, Des. Renato Nalini:

REGISTRO DE IMÓVEIS – Dúvida – Recurso de Apelação – Instrumento particular de promessa de permuta – Possibilidade de registro desde que assim caracterizado – Inocorrência no caso em exame – Contrato com rótulo de instrumento particular de promessa de permuta, mas que representa desde logo o negócio definitivo – Inexistência de obrigação de as partes declararem vontade futura ou de celebrar negócio definitivo – Necessidade de escritura pública na forma do art. 108, do Código Civil – Recurso não provido. (CSM Ap. 0006797-56.2012.8.26.0071 Bauru j. 09.05.2013).

Assim, constituindo o negócio jurídico entabulado entre as partes compra e venda de bem imóvel com valor superior a trinta salários mínimos, mandatório sua formalização por meio de escritura pública, nos termos do art. 108 do Código Civil, mantida a recusa formulada pelo Oficial de Registro de Imóveis da Comarca de Guarulhos.

3. Por tais fundamentos, nego provimento ao recurso.

RICARDO ANAFE

Corregedor Geral da Justiça e Relator. (DJe de 08.04.2020 – SP)

PODER JUDICIÁRIO

TRIBUNAL DE JUSTIÇA DO ESTADO DE SÃO PAULO

CONSELHO SUPERIOR DA MAGISTRATURA

Apelação n° 1002816-34.2018.8.26.0445

Registro: 2020.0000171007

ACÓRDÃO

Vistos, relatados e discutidos estes autos de **Apelação Cível nº 1002816-34.2018.8.26.0445**, da Comarca de **Pindamonhangaba**, em que é apelante **ALESSANDRO BAZZEA**, é apelado **OFICIAL**

DE REGISTRO DE IMÓVEIS E ANEXOS DA COMARCA DE PINDAMONHANGABA.

ACORDAM, em Conselho Superior de Magistratura do Tribunal de Justiça de São Paulo, proferir a seguinte decisão: **"Deram provimento ao recurso para julgar improcedente a dúvida, determinando o registro do título, v.u."**, de conformidade com o voto do Relator, que integra este acórdão.

O julgamento teve a participação dos Exmos. Desembargadores **PINHEIRO FRANCO (PRESIDENTE TRIBUNAL DE JUSTIÇA) (Presidente), LUIS SOARES DE MELLO (VICE PRESIDENTE), XAVIER DE AQUINO (DECANO), GUILHERME G. STRENGER (PRES. SEÇÃO DE DIREITO CRIMINAL), MAGALHÃES COELHO(PRES. DA SEÇÃO DE DIREITO PÚBLICO) E DIMAS RUBENS FONSECA (PRES. DA SEÇÃO DE DIREITO PRIVADO).**

São Paulo, 3 de março de 2020.

RICARDO ANAFE

Corregedor Geral da Justiça e Relator

Apelação Cível nº 1002816-34.2018.8.26.0445

Apelante: Alessandro Bazzea

Apelado: Oficial de Registro de Imóveis e Anexos da Comarca de Pindamonhangaba

VOTO Nº 31.101

Dúvida Registral – Compra e venda de imóvel – Alienação exclusiva pelo cônjuge sobrevivente, na condição de viúvo – Propriedade registrada de forma exclusiva em nome do alienante – Casamento celebrado na Itália, antes da reforma de 1975, sob o regime da separação legal de bens – Regime de bens que obedece a lei do domicílio dos nubentes, nos termos do art. 7º, § 4º, LINDB – Separação legal de bens no sistema italiano que decorria, até 1975, da ausência de convenção em sentido contrário – Situação que não se amolda ao regime da separação legal ou obrigatória de bens do direito brasileiro, previsto no art. 1.641 do CC – Regime de separação legal que podia ser afastado pelos cônjuges por convenção válida, nos termos da legislação italiana vigente na época do casamento – Opção de um dos cônjuges de permanecer no regime da separação de bens – Eficácia ante a previsão expressa do art. 228, § 1º, da Lei italiana nº 151/1975 – Manutenção do regime de separação por opção que não traduz similitude com o regime da separação obrigatória – Situação que configura regime da separação convencional de bens – Não incidência do entendimento da Súmula 377 do STF – Bem imóvel particular alienável pela vontade exclusiva do cônjuge proprietário – Óbices afastados – Recurso provido para julgar improcedente a dúvida e determinar o registro do título.

1. Trata-se recurso de apelação interposto por ALESSANDRO BAZZEA, visando a reforma da sentença de fls. 145/146, que manteve a dúvida suscitada pelo Oficial de Registro de Imóveis, Títulos e Documentos e Civil das Pessoas Jurídicas da Comarca de Pindamonhangaba, recusando o registro de escritura pública de compra e venda do imóvel matrícula nº 35.715, firmada por Ivan Lamberti e Alessandro Bazzea, por ter figurado no ato como vendedor somente o cônjuge varão, Ivan Lamberti, entendendo pela incidência do entendimento da Súmula 377 do Supremo Tribunal Federal, com a comunicação do bem à cônjuge falecida, Andreina Ponti.

A Nota de Devolução, após indicar a incidência da comunhão dos aquestos por força do entendimento da Súmula 377 do Supremo Tribunal Federal, exigiu a comprovação de que "(i) o imóvel, no âmbito do inventário de Andreina Ponti, foi atribuído com exclusividade ao viúvo, registrando-se o correspondente formal de partilha ou escritura pública, se o caso; ou (ii) houve autorização do Juízo Sucessório para alienação do bem, na forma do artigo 619, inciso I, do Código de Processo Civil, aditando-se o título para consignação do respectivo alvará; ou, ainda, (iii) houve afastamento judicial da incidência de referida súmula" (fls. 20).

2. O recurso sustenta, em resumo, que não se aplica ao caso concreto o entendimento da Súmula 377 do Supremo Tribunal Federal, por força da opção feita pelo alienante de permanecer no regime da separação de bens pelo regime italiano; que recente precedente do Superior Tribunal de Justiça entendeu pela necessidade de comprovação do esforço comum para aquisição para fins de aplicação do entendimento da referida Súmula; que a opção feita pelo alienante perante o notário italiano, em 29.08.1977, na cidade de Torino, transcrito no assento de casamento em 09.09.1977, nos termos do art. 228, § 1º, da Lei italiana nº 151/1975, traduz aplicação do regime da separação convencional de bens, sendo eficaz a manifestação unilateral por um dos cônjuges, por expressa previsão legal. Pretende a reforma da sentença, afastando-se o óbice apontado pelo Oficial, determinando-se o registro do título (fls. 154/170).

A Procuradoria Geral de Justiça manifesta-se pelo provimento da apelação, afastando-se o óbice levantado pelo Oficial (fls. 213/216).

É o relatório.

3. Conheço do recurso, pois que presentes seus requisitos de admissibilidade.

O Oficial do Registro de Imóveis, Títulos e Documentos e Civil das Pessoas Jurídicas da Comarca de Pindamonhangaba, recusou o registro de escritura de compra e venda de bem imóvel em que figura como alienante tão-somente Ivan Lamberti, exigindo a integração do título com a comprovação de decisão judicial atribuindo o bem exclusivamente ao alienante, por conta do óbito de sua esposa, Andreina Ponti, ou, alternativamente, alvará judicial autorizando a venda ou decisão judicial declarando sua propriedade exclusiva, não compondo a herança da cônjuge falecida.

O fundamento da recusa se baseia na interpretação de que o regime da separação legal de bens, em casamento celebrado pela lei italiana, equivale ao regime da separação legal ou obrigatória de bens previsto no art. 1.641 do Código Civil, não sendo eficaz a opção unilateral feita por um dos cônjuges, nos termos da legislação italiana, para a conversão do regime para a separação convencional. Entendeu o Oficial, neste ponto, que a manifestação unilateral de um dos cônjuges não pode ser considerada como pacto antenupcial para fins de estabelecimento da separação convencional de bens, nem vincula o cônjuge que não tenha declarado expressamente tal vontade. E, por isto, aplicou o entendimento geral da jurisprudência brasileira, consolidado na Súmula nº 377 do Supremo Tribunal Federal, de que os aquestos, na separação legal ou obrigatória de bens, se comunicam.

O recurso comporta provimento.

De plano, observe-se que a fixação da legislação aplicável para a fixação do regime de bens, em caso de casamentos por pessoas não domiciliadas no Brasil, é a lei do domicílio do casal por conta do casamento. Assim prevê o art. 7º, § 4º, da LINDB:

"**Art. 7º.** (...)

> **§ 4º** O regime de bens, legal ou convencional, obedece à lei do país em que tiverem os nubentes domicílio, e, se este for diverso, a do primeiro domicílio conjugal.

(...)"

No caso concreto, o alienante casou-se na Itália, no ano de 1970, mantendo domicílio conjugal naquele país, aplicando-se ao seu casamento o regime de bens previsto na legislação italiana.

Do R.7 da matrícula nº 35.715 consta a aquisição do bem exclusivamente por Ivan Lamberti, com a seguinte qualificação:

"... casado desde 20 de abril de 1970, pelo regime da separação de bens, nos termos das Leis Italianas, conforme escritura pública datada de 29 de agosto de 1977 e certidão de casamento, as quais foram devidamente traduzidas e registradas no Oficial de Registro de Títulos e Documentos desta Comarca, sob nºs 21.084 e 21.085, no livro nº B-20, em data de 16 de agosto de 2005, com ANDREINA PONTI ..." (fls. 18).

Na escritura pública de venda e compra do imóvel consta como vendedor Ivan Lamberti, na condição de viúvo, sem qualquer referência a Andreina Ponti (fls. 9). Não se vê, assim, referência ou participação da ex-cônjuge por conta da aquisição da propriedade e de sua alienação, embora tenha o notário indicado que lavrava o ato a pedido das partes, fundado em interpretação de decisão da Corregedoria Geral da Justiça no sentido da não aplicação da Súmula 377 do Supremo Tribunal Federal a caso similar.

A solução da questão passa pelo correto entendimento do termo "separação legal" utilizado pela legislação italiana, não se observando o mesmo tratamento jurídico previsto no direito brasileiro, já que o Código Civil brasileiro diferencia o regime da separação de bens em suas subespécies, quais sejam: a separação legal ou obrigatória de bens e a separação convencional de bens.

O Código Civil italiano, em sua redação original, previa que o regime da comunhão de bens era decorrente da manifestação de vontade dos nubentes, convencional, portanto, nos termos dos revogados arts. 215**[1]** e 216**[2]**, alterados na reforma do direito de família italiano, ocorrida no ano de 1975. Até então, **o regime legal que resultava do casamento sem pacto antenupcial era o da separação de bens, chamado, por isto, de separação legal**.

Não existe, no Código Civil Italiano, seja no regime original da codificação, seja no regime decorrente da Lei italiana nº 151/1975, situação similar ao que se denomina, no direito brasileiro, de regime da separação legal ou obrigatória de bens, previsto para os casos do art. 1.641 do Código Civil.

Na redação original do código italiano, havia o regime da comunhão de bens, decorrente da vontade declarada dos nubentes, o regime dotal e o regime da separação legal de bens, este como regime legal, decorrente do silêncio dos contraentes a respeito do regime de bens do casamento. No dizer da doutrina italiana:

"Como já acenamos, enquanto no texto original do código o regime patrimonial *legal*, aplicável na falta de convenção matrimonial especial, era aquela da **separação de bens**, com a reforma **o regime patrimonial legal da família, na falta de outra convenção estipulada na forma do art. 162, é constituído da comunhão de bens** (art. 159 no texto reformado), que é regulada nos artigos 177 e seguintes do código civil" (trad. livre) (TORRENTE, Andrea; SCHLESINGER, Piero. *Manuale di dirito privato*. 22ª ed., Giuffrè Ed.: Milão, 2015, § 596, p. 1.249).

A atual redação do Código Civil italiano limita a dois os regimes comuns de bens: a comunhão legal de bens, previsto no art. 159, e a separação convencional de bens, prevista no art. 162, decorrente da manifestação de vontade dos nubentes.

A separação de bens, hoje convencional, era então legal, resultando tão somente da ausência de pacto, não podendo ser comparada ao nosso regime da separação obrigatória de bens. Não há disposição similar ao art. 1.641 do Código Civil, impondo aos cônjuges um regime legal que não o decorrente da ausência de pacto, por força de circunstâncias como a idade de um dos nubentes, risco de confusão patrimonial ou suprimento judicial da capacidade matrimonial.

Ou seja, quando se afirma o regime da separação legal de bens na Itália, não se está tratando de situação similar ao que se denomina, no direito brasileiro, de separação legal de bens, como subespécie, ao lado da separação convencional. Não havia, naquele sistema, para casamentos anteriores a 1975, uma separação convencional de bens, já que a separação era a regra geral, somente afastada pela vontade dos nubentes.

Desta forma, a leitura feita pelo Oficial, no sentido de que o termo "separação legal" de bens do direito italiano equivaleria à nossa "separação legal ou obrigatória" de bens do direito brasileiro, não é correta.

Fixada tal premissa, entende-se pela eficácia da declaração unilateral de um dos cônjuges que, nos termos das disposições transitórias da Lei italiana nº 151/1975, previu a suficiência do ato, perante o notário e com anotação no registro do casamento, para a manutenção do regime da separação de bens que, antes da mudança da lei, era legal por ser geral, não se diferenciando em nada da separação convencionada após o novo regime.

E, por força da opção legal decorrente da norma transitória, tem-se a manutenção de ambos os cônjuges no regime de separação de bens, não havendo, desde a vigência da Lei italiana nº 151/1975, um regime de separação legal de bens na Itália. E tal regime, por não decorrer da lei, mas sim da opção declarada de um dos cônjuges, deve manter aquilo que pretenderam no momento do casamento. Afinal não realizaram pacto de escolha da comunhão de bens. Assim, a declaração de um dos cônjuges, no sentido de manter o casamento no regime da separação de bens, gera por consequência o regime da separação convencional como da legislação brasileira, afastando a incidência da Súmula 377 do Supremo Tribunal Federal.

E nem se diga pela insuficiência da manifestação feita pelo alienante perante o notário italiano (fls. 29/31).

A opção foi objeto de anotação à margem do registro de casamento, conforme a tradução do Resumo do Registro dos Termos de Casamento do Município de Castiglione Torinese, Província de Turim (fls. 44), havendo nos autos manifestação notarial indicando sua eficácia. Ambos os atos foram levados a registro no livro B-20 do Oficial de Registro de Imóveis, Títulos e Documentos e Civil de Pessoa Jurídica sob os nºs 21.084 e 21.085, em 16 de agosto de 2005, produzindo seus efeitos também em território nacional.

Tal escolha podia ser feita unilateralmente por qualquer um dos cônjuges, nos termos do art. 228, § 1º, da Lei Italiana nº 151/1975, *in verbis*:

"As famílias já constituídas na data de entrada em vigor da presente lei, decorrido o prazo de dois anos da data citada, estão sujeitas ao regime de comunhão legal para os bens adquiridos, a menos que dentro do mesmo prazo, um dos cônjuges não manifeste vontade contrária em um ato recebido por tabelião ou pelo oficial do registro civil do lugar onde foi celebrado o casamento".

A opção unilateral eficaz é afirmada também pela doutrina italiana:

"Na verdade a nova disciplina teve aplicação automática somente para os casais casados após a entrada em vigor da lei de reforma (20 de setembro de 1975). Para os casais já unidos em matrimônio naquela data uma norma transitória (art. 228, Lei de 19 de maio de 1975, n. 151) previu um período de pendência de dois anos a partir da entrada em vigor da reforma (período depois prorrogado até 15 de janeiro de 1978): se durante este período qualquer um dos cônjuges, com ato *unilateral* recebido pelo notário ou pelo oficial do registro civil do local no qual fora celebrado o matrimônio, declarar não querer o regime de comunhão legal, o casal permanecerá vinculado, como antes, ao regime de separação de bens" (trad. livre) (TORRENTE, Andrea; SCHLESINGER, Piero. *Manuale di dirito privato*. 22ª ed., Giuffrè Ed.: Milão, 2015, § 596, p. 1.249).

Sendo válida a opção do alienante de permanecer casado pela lei italiana no regime da separação de bens, e ante a inexistência no Código Civil italiano de um regime de separação legal ou obrigatória de bens, imposto aos cônjuges pelas circunstâncias do art. 1.640 do Código Civil, é de se considerar a existência, no caso concreto, de um regime de separação convencional de bens, afastando-se a incidência da Súmula 377 do Supremo Tribunal Federal.

Suficiente, assim, a manifestação de vontade do alienante, pois o imóvel vendido tem natureza de bem particular, não sujeito à comunicação com a ex-cônjuge. Respeita-se, assim, o regime de bens fixado no casamento, bem como o princípio da continuidade registral.

4. Por tais fundamentos, **DOU PROVIMENTO** ao recurso para julgar improcedente a dúvida, afastando as exigências do Oficial de Registro de Imóveis, Títulos e Documentos e Civil das Pessoas Jurídicas da Comarca de Pindamonhangaba, determinando o registro do título.

RICARDO ANAFE

Corregedor Geral da Justiça e Relator

Notas:

[1] A redação original do art. 215, CCIt foi substituída pela redação atual por força do art. 83, da Lei Italiana nº 151, de 19 de maio de 1975, passando a prever a possibilidade dos cônjuges, mediante convenção, estabeleceram o regime da separação de bens.

[2] Ab-rogado pelo art. 84, da Lei Italiana nº 151, de 19 de maio de 1975. (DJe de 01.04.2020 – SP)

PODER JUDICIÁRIO

TRIBUNAL DE JUSTIÇA DO ESTADO DE SÃO PAULO

CONSELHO SUPERIOR DA MAGISTRATURA

Apelação nº 1000050-19.2019.8.26.0236

Registro: 2020.000107500

ACÓRDÃO

Vistos, relatados e discutidos estes autos de **Apelação Cível nº 1000050-19.2019.8.26.0236**, da Comarca de **Ibitinga**, em que é apelante **JAIRO JOSÉ BOZELLI**, é apelado **OFICIAL DE REGISTRO DE IMÓVEIS E ANEXOS DA COMARCA DE IBITINGA.**

ACORDAM, em Conselho Superior de Magistratura do Tribunal de Justiça de São Paulo, proferir a seguinte decisão: **"Negaram provimento ao recurso interposto, v.u."**, de conformidade com o voto do Relator, que integra este acórdão.

O julgamento teve a participação dos Exmos. Desembargadores **PINHEIRO FRANCO (PRESIDENTE TRIBUNAL DE JUSTIÇA) (Presidente), LUIS SOARES DE MELLO (VICE PRESIDENTE), XAVIER DE AQUINO (DECANO), GUILHERME G. STRENGER (PRES. SEÇÃO DE DIREITO CRIMINAL), MAGALHÃES COELHO(PRES. DA SEÇÃO DE DIREITO PÚBLICO) E DIMAS RUBENS FONSECA (PRES. DA SEÇÃO DE DIREITO PRIVADO).**

São Paulo, 6 de fevereiro de 2020.

RICARDO ANAFE

Corregedor Geral da Justiça e Relator

Apelação Cível nº 1000050-19.2019.8.26.0236 – Ibitinga

Apelante: JAIRO JOSÉ BOZELLI

Apelado: Oficial de Registro de Imóveis e Anexos da Comarca de Ibitinga

VOTO Nº 31.087

Registro de Imóveis – Dúvida – Instrumento particular de compromisso de compra e venda de imóvel – Promitente vendedor casado no regime da comunhão parcial de bens – Imóvel decorrente de desmembramento de outro adquirido antes do casamento – Necessidade da anuência conjugal ou de suprimento judicial – Regra do art. 1.647, I, CC que não se vincula ao fato do imóvel alienado ser comum ou particular do cônjuge, mas sim à tutela da entidade familiar – Óbices apresentados pelo registrador mantidos – Recurso não provido.

Vistos.

1. Trata-se de apelação cível interposta por Jairo José Bozelli, visando a reforma da sentença de fls. 75/78, que julgou procedente a dúvida suscitada pelo Oficial do Registro de Imóveis e Anexos da Comarca de Ibitinga, mantendo a recusa ao registro do Instrumento Particular de Compromisso de Compra e Venda do imóvel objeto da matrícula n.º 52.076, tendo por promitente vendedor

Thiago Tomaz Torres e como promitente comprador Jairo José Bozelli, ora apelante.

O recurso sustenta, em resumo, que pelo fato do imóvel ter sido adquirido pelo promitente vendedor antes de seu casamento com Mireli Cristina Marcelino Torres, não haveria necessidade de sua anuência na alienação, com fundamento no art. 1.659, I, do Código Civil (fls. 89/94).

Manifestou-se o Ministério Público pelo não provimento do recurso (fls. 105/107), assim como a Procuradoria Geral de Justiça (fls. 116/118).

É o relatório.

2. Conheço do recurso de apelação, eis que presentes seus requisitos objetivos e subjetivos de admissibilidade.

O presente procedimento de dúvida foi instaurado a partir da recusa do registro do instrumento particular de compromisso de compra e venda datado de 11.09.2018, constando como promitente vendedor Thiago Tomaz Torres e como promitente vendedor o apelante Jairo José Bozelli, tendo por objeto o imóvel matrícula nº 52.076 do Oficial de Registro de Imóveis e Anexos da Comarca de Ibitinga, sob o fundamento da necessidade de anuência do cônjuge do promitente vendedor, nos termos dos arts. 1.647, I e 1.648, ambos do Código Civil.

Da documentação acostada aos autos observa-se que o promitente vendedor é casado com a Sra. Mireli Cristina Marcelino Torres desde 18.10.2017, sob o regime da comunhão parcial de bens (fls. 58).

Também se conclui, e isto não é controvertido nos autos, que o imóvel objeto da matrícula nº 52.076 decorre de desmembramento do imóvel objeto da matrícula nº 46.190, do Oficial de Registro de Imóveis e Anexos da Comarca de Ibitinga, este adquirido pelo promitente vendedor em 25.04.2016. O desmembramento, originando o imóvel objeto do negócio, ocorreu em 03.09.2018, ensejando o cancelamento da matrícula 46.190, constando, neste, a aquisição da propriedade imóvel por Thiago Tomaz Torres em 25.04.2016 (fls. 66/67).

Não há dúvidas que o imóvel em questão, por originar-se de desmembramento de imóvel adquirido anteriormente ao casamento pelo promitente vendedor, não integra a comunhão patrimonial do casal, nos termos do art. 1.659, I, do Código Civil.

Entretanto, a questão da não comunicação do bem imóvel diz respeito exclusivamente à atribuição patrimonial entre os cônjuges no momento da extinção da sociedade conjugal, ou na fixação de responsabilidades patrimoniais de cada cônjuge por conta da administração de seus bens particulares na constância da sociedade conjugal (art. 1.665, CC).

Não tem por objeto o direito à livre disposição do bem durante o casamento, mas prevê apenas seu destino e atribuição por conta do fim da sociedade conjugal.

A questão da necessidade da outorga conjugal diz respeito, isto sim, às regras de tutela da entidade familiar, impedindo a realização de alienação de bens imóveis particulares por qualquer um dos cônjuges, salvo as exceções legais, sem que o cônjuge não proprietário concorde com o ato ou, sua recusa seja formalmente suprida por decisão judicial. Assim a regra do art. 1.647, I do Código Civil, ao impedir a alienação de bens imóveis por qualquer um dos cônjuges, salvo o caso de adoção do regime da separação absoluta de bens ou da participação final nos aquestos, autorizada previamente a alienação em relação a bens imóveis particulares (art. 1.656, CC).

A outorga conjugal decorre expressamente do comando do art. 1.647 do Código Civil:

"Art. 1.647. Ressalvado o disposto no art. 1.648, nenhum dos cônjuges pode, sem autorização do outro, exceto no regime da separação absoluta:

I – alienar ou gravar de ônus real os bens imóveis;

(...)."

Não há, assim, qualquer ressalva quanto à natureza do bem imóvel, se comum ou particular, caracterizando norma cogente, salvo exceções previstas expressamente na lei.

Isto porque a norma visa, em termos finais, a proteção da entidade familiar e seu patrimônio mínimo para fins de consecução de seus objetivos, colocando a norma tal entidade em local privilegiado em relação aos direitos particulares do cônjuge. Isso se justifica na medida em que, embora a pessoa casada possa, livremente, praticar os atos necessários à mantença do casal, alguns negócios jurídicos são tão relevantes para o patrimônio do casal e manutenção do núcleo familiar que, bem por isso, dependem da expressa anuência do outro cônjuge.

Assim, independentemente da aquisição da propriedade imóvel ter se dado antes do casamento no regime da comunhão parcial de bens, a anuência do cônjuge do alienante é requisito fundamental para a validade do ato, sem o qual não se admite seu ingresso no registro imobiliário.

Neste sentido a jurisprudência deste Conselho Superior da Magistratura:

Registro de Imóveis – Escritura pública de compra e venda de imóvel – Vendedor casado sob o regime da comunhão parcial de bens ao tempo da celebração do negócio – Necessidade de anuência da esposa do vendedor ou de suprimento judicial – Óbices apresentados pelo registrador mantidos – Apelação não provida. (TJSP Ap. 1033886-29.2017.8.26.0114 CSM rel. Des. Pinheiro Franco (Corregedor Geral da Justiça) j. 04.10.2018)

Por outro lado, se um dos cônjuges não quer ou não pode anuir à venda que o outro pretende realizar, para a qual a lei exige a vênia conjugal, permite o Código Civil, em seu art. 1.648, o suprimento judicial de tal concordância.

Nesse cenário, não há como se concluir pela superação do óbice apontado pelo registrador.

3. À vista do exposto, pelo meu voto, nego provimento ao recurso interposto.

RICARDO ANAFE

Corregedor Geral da Justiça e Relator. (DJe de 01.04.2020 – SP)

PODER JUDICIÁRIO

TRIBUNAL DE JUSTIÇA DO ESTADO DE SÃO PAULO

CONSELHO SUPERIOR DA MAGISTRATURA

Apelação nº 1031560-50.2018.8.26.0506

Registro: 2019.0001054525

ACÓRDÃO

Vistos, relatados e discutidos estes autos de **Apelação Cível nº 1031560-50.2018.8.26.0506**, da Comarca de **Ribeirão Preto**, em que é apelante **EDMUNDO OCTÁVIO RASPANTI**, é apelada **2º OFICIAL DE REGISTROS DE IMÓVEIS DA COMARCA DE RIBEIRÃO PRETO.**

ACORDAM, em Conselho Superior de Magistratura do Tribunal de Justiça de São Paulo, proferir a seguinte decisão: **"Deram provimento ao recurso para julgar a dúvida improcedente, v.u."**, de conformidade com o voto do Relator, que integra este acórdão.

O julgamento teve a participação dos Exmos. Desembargadores **PEREIRA CALÇAS (PRESIDENTE TRIBUNAL DE JUSTIÇA) (Presidente), ARTUR MARQUES (VICE PRESIDENTE), XAVIER DE AQUINO (DECANO), EVARISTO DOS SANTOS(PRES. DA SEÇÃO DE DIREITO PÚBLICO), CAMPOS MELLO (PRES. DA SEÇÃO DE DIREITO PRIVADO) E FERNANDO TORRES GARCIA(PRES. SEÇÃO DE DIREITO CRIMINAL).**

São Paulo, 10 de dezembro de 2019.

GERALDO FRANCISCO PINHEIRO FRANCO

Corregedor Geral da Justiça e Relator

Apelação Cível nº 1031560-50.2018.8.26.0506

Apelante: Edmundo Octávio Raspanti

Apelado: 2º Oficial de Registros de Imóveis da Comarca de Ribeirão Preto

VOTO Nº 37.977

Registro de Imóveis – Dúvida julgada procedente – Escritura de compra e venda outorgada pela nu-proprietária e pelos usufrutuários do imóvel – Usufrutuários que tiveram seus bens declarados indisponíveis – Pretensão de registro somente da compra da nua-propriedade, mediante cisão do título que se mostra possível neste caso concreto – Recurso provido.

Trata-se de apelação interposta contra r. sentença que julgou procedente a dúvida inversa e manteve a recusa do registro de escritura pública de compra e venda do imóvel objeto da matrícula nº 119.106 do 2º Registro de Imóveis da Comarca de Ribeirão Preto, a ser feita somente em relação aos direitos transmitidos pela nua-propriedade, em razão das ordens de indisponibilidade que recaem sobre os bens dos usufrutuários e da impossibilidade de cisão do negócio jurídico que envolveu a propriedade plena do bem.

O apelante alegou, em suma, que adquiriu o imóvel de Cibele Alves Siqueira por escritura pública lavrada em 31 de julho de 2017. Afirmou que Cibele era titular da nua-propriedade do imóvel que tem como usufrutuários José Lourenço de Oliveira e Angélica Guimarães de Oliveira cujos bens foram tornados indisponíveis. Contudo, na data em que a escritura pública de compra foi outorgada a ordem de indisponibilidade oriunda da Ação Cautelar Fiscal nº 0010988-39.2010.403.6102, da 9ª Vara Federal de Ribeirão Preto, não constava na Central Nacional de Indisponibilidade de Bens, o que permitiu a celebração do negócio jurídico. Asseverou que o cadastro de indisponibilidade teve início em 1º de junho de 2012 e que foram adotadas todas as providências cabíveis para a compra do imóvel. Aduziu que a omissão relativa à ordem de indisponibilidade na Central Nacional violou o princípio da publicidade e que agiu de boa-fé ao adquirir o imóvel. Ademais, apresentou a escritura de compra e venda para o registro da compra da nua-propriedade que não foi atingida pela indisponibilidade incidente sobre os bens dos usufrutuários. Disse que a nua-propriedade é desvinculada do usufruto e não há vedação para que seja alienada. Requereu a reforma da r. sentença para que seja promovido o registro da aquisição da nua-propriedade (fls. 100/105).

A douta Procuradoria Geral de Justiça opinou pelo provimento do recurso (fls. 125/127).

É o relatório.

Por escritura pública lavrada em 31 de julho de 2017, às fls. 336/338 do Livro nº 954 do 2º Tabelião de Notas da Comarca de Ribeirão Preto, o apelante comprou o imóvel consistente no apartamento 24 do Residencial Verona, que tem como nu-proprietária Cibele Alves Siqueira e como usufrutuários Francisco Alves Siqueira e Maria Darcy Teixeira Alves Siqueira (fls. 06).

O registro da compra e venda foi recusado em razão de quatro ordens de indisponibilidade que recaem sobre os bens dos promitentes vendedores.

A certidão de fls. 16/20 demonstra que as averbações das ordens de indisponibilidade contidas na matrícula nº 119.106 foram promovidas em 07 de dezembro de 2017 (Av. 9 e Av. 10), 13 de abril de 2018 (Av.11) e 03 de maio de 2018 (Av. 12), datas que são anteriores ao protocolo da escritura de compra e venda promovido em 13 de dezembro de 2017 (fls. 15).

Contudo, neste caso concreto o apelante pretende a cisão do título para que seja registrada a aquisição da nua-propriedade do imóvel, o que afasta a análise das questões relativas ao funcionamento da Central Nacional de Indisponibilidade de Bens e aos efeitos disso decorrentes.

Por sua vez, embora a escritura pública de compra e venda diga respeito à propriedade plena do imóvel, não havia vedação para a aquisição somente da nua-propriedade, pois assim não decorre da restrição prevista no art. 1.393 do Código Civil:

"Art. 1.393. Não se pode transferir o usufruto por alienação; mas o seu exercício pode ceder-se por título gratuito ou oneroso".

Desse modo, a escritura pública de compra e venda abrangeu dois negócios jurídicos realizados com pessoas distintas, um consistente na aquisição da nua-propriedade feita de Cibele Alves Siqueira, e outro relativo ao usufruto de que, ainda *in casu*, não se pretende a averbação da extinção.

Por essa razão afigura-se possível o registro da compra e venda da nua-propriedade, em conformidade com a solicitação formulada pelo adquirente.

Solução diversa, por fim, implicaria em descabida expansão dos efeitos das indisponibilidades que somente recaem sobre os direitos dos usufrutuários que, por seu lado, continuarão preservados.

Ante o exposto, pelo meu voto dou provimento ao recurso para julgar a dúvida improcedente.

GERALDO FRANCISCO PINHEIRO FRANCO

Corregedor Geral da Justiça e Relator. (DJe de 31.03.2020 – SP)

PODER JUDICIÁRIO

TRIBUNAL DE JUSTIÇA DO ESTADO DE SÃO PAULO

CONSELHO SUPERIOR DA MAGISTRATURA

Apelação n° 1003402-08.2019.8.26.0196

Registro: 2019.0001054543

ACÓRDÃO

Vistos, relatados e discutidos estes autos de **Apelação Cível nº 1003402-08.2019.8.26.0196**, da Comarca de **Franca**, em que é apelante **STOCKLER COMERCIAL E EXPORTADORA LTDA (NKG STOCKLER LTDA)**, é apelado **2º OFICIAL DE REGISTRO DE IMÓVEIS E ANEXOS DA COMARCA DE FRANCA**.

ACORDAM, em Conselho Superior de Magistratura do Tribunal de Justiça de São Paulo, proferir a seguinte decisão: **"Negaram provimento ao recurso. V. U."**, de conformidade com o voto do Relator, que integra este acórdão.

O julgamento teve a participação dos Exmos. Desembargadores **PEREIRA CALÇAS (PRESIDENTE TRIBUNAL DE JUSTIÇA) (Presidente), ARTUR MARQUES (VICE PRESIDENTE), XAVIER DE AQUINO (DECANO), EVARISTO DOS SANTOS(PRES. DA SEÇÃO DE DIREITO PÚBLICO), CAMPOS MELLO (PRES. DA SEÇÃO DE DIREITO PRIVADO) E FERNANDO TORRES GARCIA(PRES. SEÇÃO DE DIREITO CRIMINAL)**.

São Paulo, 10 de dezembro de 2019.

GERALDO FRANCISCO PINHEIRO FRANCO
Corregedor Geral da Justiça e Relator

Apelação Cível nº 1003402-08.2019.8.26.0196

Apelante: Stockler Comercial e Exportadora Ltda (NKG STOCKLER LTDA)

Apelado: 2º Oficial de Registro de Imóveis e Anexos da Comarca de Franca

VOTO Nº 37.972

Registro de Imóveis – Dúvida julgada procedente – Escritura pública de compra e venda de dois imóveis rurais em que figura como adquirente pessoa jurídica nacional, com sócios majoritariamente estrangeiros – Submissão ao regime previsto na Lei nº 5.709/71 – Imóveis com áreas inferiores a três módulos rurais – Dispensa da autorização para a aquisição, prevista nos arts. 3º, § 1º, e 12, § 1º, inciso I, ambos da Lei nº 5.709/71, e no art. 7º, § 2º, do Decreto nº 74.965/74, incidente para pessoas físicas e condicionada à aquisição de um só imóvel – Recurso não provido.

Trata-se de apelação interposta contra r. sentença que julgou a dúvida procedente e manteve a recusa do Sr. 2º Oficial de Registro de Imóveis, Títulos e Documentos e Civil de Pessoa Jurídica da Comarca de Franca em promover o registro de escritura pública de compra e venda dos imóveis rurais que são objeto das matrículas nºs 63.022 e 63.023, porque a adquirente é pessoa jurídica nacional que tem a maioria de seu capital social pertencente aos estrangeiros domiciliados e com sede fora do Brasil.

A apelante alegou, em suma, que o § 1º do art. 1º da Lei nº 5.709/71 não foi recepcionado porque não é compatível com a redação original do art. 171 e com o art. 190, ambos da Constituição Federal de 1988. Por esse motivo, a Corregedoria Geral da Justiça editou orientação dispensando os Tabeliães e Oficiais de Registro do Estado de São Paulo de observarem as restrições da Lei nº 5.709/71 e do Decreto nº 74.965/74 em relação às pessoas jurídicas brasileiras, independente da nacionalidade da maioria de seus sócios. Asseverou que essa orientação mantém consonância com precedente do Órgão Especial do Tribunal de Justiça do Estado de São Paulo e não foi atingida pela liminar concedida pelo Supremo Tribunal Federal na ACO nº 2.463. Aduziu que o art. 12 da Lei nº 5.709/71, em que fundamentada a recusa do registro, não autoriza tratamento distinto, para pessoas físicas e jurídicas para efeito de dispensa da aprovação pelo INCRA para a aquisição de imóveis rurais com áreas inferiores a três módulos, interpretação que também é compatível com o art. 5º do Decreto nº 74.965/74. Requereu o provimento do recurso para que seja promovido o registro da compra e venda dos imóveis (fls. 263/273).

A douta Procuradoria Geral de Justiça opinou pelo não provimento do recurso (fls. 291/297).

É o relatório.

No requerimento para a suscitação da dúvida a apelante se insurgiu contra as exigências formuladas para registro da compra e venda dos imóveis rurais que são objeto das matrículas nº 63.022 e 63.023 do 2º Registro de Imóveis da Comarca de Franca (fls. 44/47), promovida por escritura pública que foi lavrada em 23 de novembro de 2018 (fls. 72/79), porque têm áreas inferiores a três módulos, o que dispensaria a autorização do Instituto Nacional de Colonização e Reforma Agrária – INCRA para a aquisição e, mais, afastaria a vedação para que estrangeiros sejam proprietários de imóveis rurais com áreas cuja soma supere um quarto da área do município em que situados.

Afirmou, ainda, que a Lei nº 5.709/71 e o Decreto nº 74.965/74 tratam pessoas físicas e jurídicas de igual forma ao dispensar a autorização para a aquisição de imóvel rural inferior a três módulos e, mais, que a restrição à aquisição de imóvel rural por pessoa jurídica brasileira, com sócios majoritariamente estrangeiros, não foi recepcionada pela Constituição Federal de 1988.

Embora se cuide de pessoa jurídica brasileira, o capital social da apelante é divido na proporção de setenta por cento para Colombras Invest AG, que é pessoa jurídica estrangeira sediada fora do Brasil, e 20% para Joachim Robert A. Stuth Timn que tem nacionalidade e domicílio também estrangeiros (fls. 07, 135/174 e 211/224).

Em razão da composição da apelante, que é revestida da forma de sociedade por quotas de responsabilidade limitada, o registro da aquisição de imóvel rural é condicionado à autorização pelo Instituto Nacional de Colonização e Reforma Agrária, na forma do arts. 1º, § 1º, 5º, e 12 da Lei nº 5.709/71 e dos arts. 7º, 9º, 11 e 12 do Decreto nº 74.965/74, prevendo o art. 1º da Lei nº 5.706/71:

"Art. 1º – O estrangeiro residente no País e a pessoa jurídica estrangeira autorizada a funcionar no Brasil só poderão adquirir imóvel rural na forma prevista nesta Lei.

> *§ 1º – Fica, todavia, sujeita ao regime estabelecido por esta Lei a pessoa jurídica brasileira da qual participem, a qualquer título, pessoas estrangeiras físicas ou jurídicas que tenham a maioria do seu capital social e residam ou tenham sede no Exterior".*

Essa exigência não se altera pelas áreas dos imóveis rurais objeto da escritura pública de compra e venda, pois o art. 3º, § 1º, da Lei nº 5.709/71 somente dispensa a autorização para a aquisição de imóvel inferior a três módulos efetuada por pessoa física, ressalvadas as exigências gerais previstas em lei:

"Art. 3º – A aquisição de imóvel rural por pessoa física estrangeira não poderá exceder a 50 (cinqüenta) módulos de exploração indefinida, em área contínua ou descontínua.

§ 1º – Quando se tratar de imóvel com área não superior a 3 (três) módulos, a aquisição será livre, independendo de qualquer autorização ou licença, ressalvadas as exigências gerais determinadas em lei" (grifei).

A dispensa concedida às pessoas físicas, ademais, somente prevalece para a primeira aquisição de um imóvel rural, sendo a autorização necessária quando abranger dois ou mais imóveis por força do art. 7º, § 3º, do Decreto nº 74.965/74:

"Art. 7º A aquisição de imóvel rural por pessoa física estrangeira não poderá exceder a 50 (cinqüenta) módulos de exploração indefinida, em área contínua ou descontínua.

§ 1º Quando se tratar de imóvel com área não superior a 3 (três) módulos, a aquisição será livre, independendo de qualquer autorização ou licença, ressalvadas as exigências gerais determinadas em lei.

§ 2º A aquisição de imóvel rural entre 3 (três) e 50 (cinqüenta) módulos de exploração indefinida dependerá de autorização do INCRA, ressalvado o disposto no artigo 2º.

§ 3º Dependerá também de autorização a aquisição de mais de um imóvel, com área não superior a três módulos, feita por uma pessoa física.

§ 4º A autorização para aquisição por pessoa física condicionar-se-á, se o imóvel for de área superior a 20 (vinte) módulos, à aprovação do projeto de exploração correspondente.

§ 5º O Presidente da República, ouvido o Conselho de Segurança Nacional, poderá aumentar o limite fixado neste artigo" (grifei).

Por sua vez, a pessoa jurídica estrangeira, ou nacional com sócios estrangeiros, está sujeita às restrições previstas no art. 5º da Lei nº 5.709/71 que dispõe:

"Art. 5º – As pessoas jurídicas estrangeiras referidas no art. 1º desta Lei só poderão adquirir imóveis rurais destinados à implantação de projetos agrícolas, pecuários, industriais, ou de colonização, vinculados aos seus objetivos estatutários.

§ 1º – Os projetos de que trata este artigo deverão ser aprovados pelo Ministério da Agricultura, ouvido o órgão federal competente de desenvolvimento regional na respectiva área.

§ 2º – Sobre os projetos de caráter industrial será ouvido o Ministério da Indústria e Comércio".

Essa restrição é reiterada no art. 11 do Decreto nº 74.965/74 que também não concede para as pessoas jurídicas a dispensa prevista para a aquisição de um imóvel rural, com área inferior a três módulos, feita por pessoa física:

"Art. 11. A pessoa jurídica estrangeira, autorizada a funcionar no Brasil, ou a pessoa jurídica brasileira, na hipótese do artigo 1º § 1º, só poderão adquirir imóveis rurais quando estes se destinem à implantação de projetos agrícolas pecuários, industriais, ou de colonização vinculados aos seus objetivos estatuários.

§ 1º A aquisição dependerá da aprovação dos projetos pelo Ministério da Agricultura, ouvido o órgão federal competente.

§ 2º São competentes para apreciar os projetos:

a) o INCRA, para os de colonização;

b) a SUDAM e a SUDENE, para os agrícolas e pecuários situados nas respectivas áreas;

c) O Ministério da Indústria e do Comércio, para os industriais e turísticos, por intermédio do Conselho do Desenvolvimento Industrial e da Empresa Brasileira de Turismo, respectivamente".

A dispensa da autorização para a aquisição de imóvel rural por pessoa jurídica estrangeira, ou nacional com sócios majoritariamente estrangeiros, também não decorre do art. 12, § 2º, I, da Lei nº 5.709/71 que diz respeito à vedação que pessoas estrangeiras, físicas ou jurídicas, detenham imóveis rurais cuja soma ultrapasse um quarto da área do município em que situados, com proibição para que pessoas da mesma nacionalidade sejam proprietárias de imóveis que, somados, ultrapassem 40% do equivalente à uma quarta parte da área do município:

"Art. 12 – A soma das áreas rurais pertencentes a pessoas estrangeiras, físicas ou jurídicas, não poderá ultrapassar a um quarto da superfície dos Municípios onde se situem, comprovada por certidão do Registro de Imóveis, com base no livro auxiliar de que trata o art. 10.

§ 1º – As pessoas da mesma nacionalidade não poderão ser proprietárias, em cada Município, de

mais de 40% (quarenta por cento) do limite fixado neste artigo.

§ 2º – Ficam excluídas das restrições deste artigo as aquisições de áreas rurais:

I – inferiores a 3 (três) módulos;

II – que tiverem sido objeto de compra e venda, de promessa de compra e venda, de cessão ou de promessa de cessão, mediante escritura pública ou instrumento particular devidamente protocolado no Registro competente, e que tiverem sido cadastradas no INCRA em nome do promitente comprador, antes de 10 de março de 1969;

III – quando o adquirente tiver filho brasileiro ou for casado com pessoa brasileira sob o regime de comunhão de bens.

§ 3º – O Presidente da República poderá, mediante decreto, autorizar a aquisição além dos limites fixados neste artigo, quando se tratar de imóvel rural vinculado a projetos julgados prioritários em face dos planos de desenvolvimento do País".

Desse modo, a Lei nº 5.709/71 e o Decreto nº 74.965/74 não contemplam a dispensa da autorização do Instituto Nacional de Colonização e Reforma Agrária – INCRA para a aquisição de imóveis rurais por pessoa jurídica estrangeira, ou nacional com sócios majoritariamente estrangeiros. E, de qualquer modo, o Decreto nº 74.965/74 não dispensa a autorização quando a aquisição abranger mais de um imóvel rural, mesmo se for realizada por pessoa física, pois nessa hipótese somente a primeira aquisição independe de licença.

Essa conclusão não se altera pela equiparação entre as empresas jurídicas de capital nacional e estrangeiro que foi promovida pela r. decisão prolatada pelo Excelentíssimo Desembargador José Renato Nalini no Processo CGº 2010/00083224, cujos fundamentos tiveram respaldo no v. acórdão prolatado pelo Col. Órgão Especial do Tribunal de Justiça do Estado de São Paulo no Mandado de Segurança nº 0058947-33.2012.8.26.0000, de que foi relator o Desembargador Guerrieri Rezende.

Assim porque os efeitos da r. decisão prolatada no Processo CG nº 2010/00083224, em que as pessoas jurídicas brasileiras, de capital nacional ou estrangeiro, foram equiparadas para efeito de aquisição de imóvel rural, foram suspensos por r. decisão prolatada pelo Excelentíssimo Ministro Marco Aurélio Mello na ACO nº 2463, em que se verifica:

"Percebam as balizas objetivas do caso. O autor pretende a declaração de nulidade de ato da Corregedoria-Geral de Justiça do Estado de São Paulo mediante o qual se reconheceu a não recepção do artigo 1º, § 1º, da Lei nº 5.709/1971. O preceito restringe a aquisição de imóveis rurais por pessoas jurídicas brasileiras cuja maioria do capital social pertença a estrangeiros.

Observem a organicidade do Direito. A norma em jogo, embora controvertida no âmbito administrativo, não foi declarada inconstitucional pelo Supremo em processo objetivo. Ou seja, milita em favor do dispositivo a presunção de constitucionalidade das leis regularmente aprovadas pelo Poder Legislativo, tal como preconiza o Estado de Direito. É impróprio sustentar a não observância de diploma presumidamente conforme ao Diploma Maior com alicerce em pronunciamento de Tribunal local em processo subjetivo – mandado de segurança. Notem, a ressaltar essa óptica, que o ato atacado afastou a incidência, em apenas um Estado da Federação, de preceito de lei federal por meio da qual regulamentado tema inserido na competência da União – artigo 190 da Constituição Federal –, atentando contra o pacto federativo.

A par desse aspecto, vê-se, em exame inicial, a existência de fundamentos na Carta Federal para o alcance das restrições previstas na Lei nº 5.709/1971. O Texto Maior, conquanto agasalhe os princípios da isonomia e da livre iniciativa, reservou ao legislador ferramentas aptas a assegurar a soberania, pressuposto da própria preservação da ordem constitucional.

A soberania, além de fundamento da República Federativa do Brasil, também constitui princípio da ordem econômica, evidenciando o papel no arranjo institucional instaurado em 1988. Expressou-se preocupação com a influência do capital estrangeiro em assuntos sensíveis e intrinsecamente vinculados ao interesse nacional. Daí o tratamento diferenciado previsto no artigo 190 da Lei Básica da República:

Art. 190. A lei regulará e limitará a aquisição ou o arrendamento de propriedade rural por pessoa física ou jurídica estrangeira e estabelecerá os casos que dependerão de autorização do Congresso Nacional.

A efetividade dessa norma pressupõe que, na locução "estrangeiro", sejam incluídas entidades nacionais controladas por capital alienígena.

A assim não se concluir, a burla ao texto constitucional se concretizará, presente a possibilidade de a criação formal de pessoa jurídica nacional ser suficiente à observância dos requisitos legais, mesmo em face da submissão da entidade a diretrizes estrangeiras – configurando a situação que o constituinte buscou coibir.

3. Defiro a liminar pleiteada para suspender os efeitos do parecer nº 461/12-E da Corregedoria-Geral da Justiça de São Paulo, até o julgamento definitivo desta ação".

A inadequação do procedimento de dúvida para a análise da constitucionalidade da Lei nº 5.709/71 foi, ademais, reconhecida por este Col. Conselho Superior da Magistratura no julgamento da Apelação Cível nº 0002071-85.2016.8.26.0269, da Comarca de Itapetininga, j. 26/02/2019, que teve a seguinte ementa:

"Registro de imóveis – Carta de Adjudicação. Aquisição por estrangeiro. Autorização temporária de permanência que não equivale a residência permanente no Brasil. Constitucionalidade e incidência da Lei n. 5.709/71 que impede a aquisição de imóveis rurais por estrangeiros não residentes. Irrelevância, em razão da vedação legal, da área ser inferior a três módulos de exploração indefinida, bem como da possibilidade de aquisição pelo condômino estrangeiro. Inviabilidade da cisão do título, por sua unidade, para fins de registro. Nulidade do registro configurada – Recurso não provido".

Por fim, a certidão exigida para demonstração das áreas dos imóveis rurais de propriedade de estrangeiros, situados no município, está prevista no art. 5º do Decreto nº 74.965/74.

Ante o exposto, pelo meu voto nego provimento ao recurso.

GERALDO FRANCISCO PINHEIRO FRANCO
Corregedor Geral da Justiça e Relator. (DJe de 31.03.2020 – SP)

PODER JUDICIÁRIO

TRIBUNAL DE JUSTIÇA DO ESTADO DE SÃO PAULO

CONSELHO SUPERIOR DA MAGISTRATURA

Apelação nº 0006500-59.2019.8.26.0344
Registro: 2019.0001054527

ACÓRDÃO

Vistos, relatados e discutidos estes autos de **Apelação Cível nº 0006500-59.2019.8.26.0344**, da Comarca de **Marília**, em que é apelante **RAFAEL OTÁVIO BRABO PATITUCCI**, é apelado **1º OFICIAL DE REGISTRO DE IMÓVEIS E ANEXOS DA COMARCA DE MARÍLIA**.

ACORDAM, em Conselho Superior de Magistratura do Tribunal de Justiça de São Paulo, proferir a seguinte decisão: **"Não conheceram do recurso. V.U."**, de conformidade com o voto do Relator, que integra este acórdão.

O julgamento teve a participação dos Exmos. Desembargadores **PEREIRA CALÇAS (PRESIDENTE TRIBUNAL DE JUSTIÇA) (Presidente), ARTUR MARQUES (VICE PRESIDENTE), XAVIER DE AQUINO (DECANO), EVARISTO DOS SANTOS(PRES. DA SEÇÃO DE DIREITO PÚBLICO), CAMPOS MELLO (PRES. DA SEÇÃO DE DIREITO PRIVADO) E FERNANDO TORRES GARCIA(PRES. SEÇÃO DE DIREITO CRIMINAL)**.

São Paulo, 10 de dezembro de 2019.

GERALDO FRANCISCO PINHEIRO FRANCO

Corregedor Geral da Justiça e Relator

Apelação Cível nº 0006500-59.2019.8.26.0344

Apelante: Rafael Otávio Brabo Patitucci

Apelado: 1º Oficial de Registro de Imóveis e Anexos da Comarca de Marília

VOTO Nº 37.989

Registro de Imóveis – Dúvida – Apresentação de novo título permanecendo o mesmo interessado e imóvel – Julgamento de dúvida anterior que manteve o mesmo óbice – Ausência de nulidade da decisão anterior – Preclusão administrativa configurada – Segurança jurídica – Registro de escritura pública de compra e venda – Negativa de registro em face da indisponibilidade do bem – Impossibilidade de alienação voluntária – Recurso não conhecido.

Trata-se de apelação interposta contra a r. sentença proferida pelo MM. Juiz Corregedor Permanente do Primeiro Oficial de Registro de Imóveis, Títulos e Documentos e Civil de Pessoa Jurídica da Comarca de Marília, que julgou procedente dúvida suscitada para o fim de manter a recusa do registro de escritura pública de venda e compra em razão da necessidade do prévio cancelamento da indisponibilidade que recai sobre o imóvel negociado.

Sustenta o apelante o cancelamento indireto da ordem de indisponibilidade em razão da arrematação e respectivo registro da propriedade em favor do atual alienante do imóvel, competindo o ingresso do título (a fls. 153/163).

A Douta Procuradoria manifestou-se pelo não conhecimento do recurso e, no mérito, pelo não provimento do recurso (a fls. 208/210).

É o relatório.

Conforme mencionado pelo Sr. Oficial (a fls. 05), previamente ao presente pedido de registro, envolvendo o mesmo autor e imóvel, houve Suscitação de Dúvida que foi julgada procedente e mantida em sede de recurso por este órgão colegiado no processo n° 0009247-50.2017.8.26.0344.

No referido processo, o Conselho Superior da Magistratura proferiu a seguinte decisão:

Vistos, relatados e discutidos estes autos do(a) Apelação nº 0009247-50.2017.8.26.0344, da Comarca de Marília, em que são partes é apelante RAFAEL OTÁVIO BRABO PATITUCCI, é apelado 1º OFICIAL DE REGISTRO DE IMÓVEIS E ANEXOS DA COMARCA DE MARÍLIA.

ACORDAM, em Conselho Superior de Magistratura do Tribunal de Justiça de São Paulo, proferir a seguinte decisão: "Negaram provimento ao recurso, V. U.", de conformidade com o voto do Relator, que integra este Acórdão.

O julgamento teve a participação dos Exmos. Desembargadores PEREIRA CALÇAS (PRESIDENTE TRIBUNAL DE JUSTIÇA) (Presidente), ARTUR MARQUES (VICE PRESIDENTE), XAVIER DE AQUINO (DECANO), EVARISTO DOS SANTOS(PRES. DA SEÇÃO DE DIREITO PÚBLICO), CAMPOS MELLO (PRES. DA SEÇÃO DE DIREITO PRIVADO) E FERNANDO TORRES GARCIA(PRES. SEÇÃO DE DIREITO CRIMINAL).

São Paulo, 20 de março de 2018.

PINHEIRO FRANCO

CORREGEDOR GERAL DA JUSTIÇA E RELATOR

Apelação nº 0009247-50.2017.8.26.0344

Apelante: Rafael Otávio Brabo Patitucci

Apelado: 1º Oficial de Registro de Imóveis e Anexos da Comarca de Marília

Voto nº 37.296

REGISTRO DE IMÓVEIS – Dúvida – Registro de escritura pública de abertura de crédito, com garantia de alienação fiduciária – Negativa de registro em face da indisponibilidade do bem – Impossibilidade de alienação voluntária – Precedentes do Conselho Superior da Magistratura – Recurso não provido.

Trata-se de apelação interposta contra a r. sentença do MM. Juiz Corregedor Permanente do 1º Oficial de Registro de Imóveis da Comarca de Marília, que julgou procedente dúvida suscitada para o fim de manter a recusa do registro de escritura pública de abertura de crédito, com garantia de alienação fiduciária, lavrada em 06 de março de 2017, referente ao imóvel matriculado sob nº 25.746. A negativa fundou-se na necessidade da averbação da alteração da denominação da empresa proprietária do imóvel (terceira garantidora) e na obrigação do cancelamento prévio da averbação nº 9 da matrícula, referente à indisponibilidade de bens em nome da antiga proprietária, Zuna Empreendimentos Imobiliários S/C Ltda .

Alega o apelante, em síntese, que a empresa ESSA EMPREENDIMENTOS E INCORPORAÇÃO adquiriu o imóvel por adjudicação havida nos autos do Processo nº 013421-72.2004.8.26.0100, que tramitou perante a 16ª Vara Cível Central da Comarca da Capital, devidamente registrada na matrícula (R.10/25.746), com posterior cancelamento das hipotecas e penhoras existentes. Aduz que, averbada a alteração da denominação da empresa proprietária que incorporou o imóvel ao seu patrimônio, mostra-se desnecessário o cancelamento da averbação 9 da matrícula nº 25.746 para registro da escritura de alienação fiduciária.

Entende que a indisponibilidade pesa apenas sobre o patrimônio da antiga proprietária, a empresa ZUNA, não havendo impedimento para que a atual titular do domínio possa dispor livremente do bem. Ainda, sustenta que há entendimentos no sentido do cancelamento indireto da constrição judicial em virtude de adjudicação forçada, o que leva à admissão do levantamento da indisponibilidade por não ser lógico reconhecer sua subsistência e eficácia após o registro da carta de adjudicação. Por fim, argumenta que o negócio havido entre a proprietária ESSA e o banco sequer poderia ser considerado alienação voluntária do bem, pois houve mera transferência da propriedade resolúvel do imóvel. Requer a concessão de liminar para averbação provisória da escritura de alienação fiduciária e, ao final, que seja dado provimento ao recurso.

A Douta Procuradoria opinou pelo não provimento do recurso.

É o relatório.

O recurso não merece provimento, estando prejudicada a análise do pedido de antecipação de tutela recursal.

Pretende o apelante registrar a escritura pública de abertura de crédito, com garantia de alienação fiduciária, superando o óbice da indisponibilidade averbada na matrícula do imóvel (Av.9/25.746).

Desde logo, importa anotar que é pacífica a jurisprudência do Colendo Conselho Superior da Magistratura no sentido de que a ordem de indisponibilidade obsta a alienação voluntária do bem, mas não a forçada. Tal entendimento está em harmonia com os julgados do E. Superior Tribunal de Justiça (REsp. 512.398) e com o disposto no item 405 do Capítulo XX das NSCGJ: "405. As indisponibilidades averbadas nos termos do Provimento CG. 13/2012, e na forma do § 1º, do art. 53, da Lei nº 8.212, de 24 de julho e 1991, não impedem a alienação, oneração e constrição judiciais do imóvel".

Assim sendo, o imóvel objeto da matrícula nº 25.746 foi, ainda enquanto indisponível, levado à hasta pública e adjudicado pela empresa ESSA EMPREENDIMENTOS E INCORPORAÇÃO. A carta de adjudicação, expedida em 17 de março de 2.014, foi devidamente registrada, em 01 de abril de 2014 (R.10/25.746).

Ocorre que, posteriormente, houve a alienação do bem por escritura pública de abertura de crédito, com garantia de alienação fiduciária, em 06 de março de 2017, tendo o registrador se recusado a realizar o respectivo ingresso no fólio real com fundamento na necessidade da averbação da alteração da denominação da empresa proprietária do imóvel (terceira garantidora) e na obrigação do cancelamento da averbação nº 9 da matrícula, referente à indisponibilidade de bens em nome da antiga proprietária

O óbice referente à averbação da alteração da denominação da proprietária do imóvel já foi superado.

Contudo, o outro óbice apontado na nota de devolução é mesmo intransponível. A propósito da indisponibilidade, prevê o art. 53, § 1º, da Lei 8.212/91:

Art. 53. Na execução judicial da dívida ativa da União, suas autarquias e fundações públicas, será facultado ao exeqüente indicar bens à penhora, a qual será efetivada concomitantemente com a citação inicial do devedor.

§ 1º Os bens penhorados nos termos deste artigo ficam desde logo indisponíveis.

A redação da norma permite concluir que, penhorado o imóvel por dívida ativa da União, de suas autarquias ou de suas fundações públicas, de pronto estará indisponível o bem. E, por conseguinte, atos de voluntária alienação ficarão obstados pela indisponibilidade que o afeta.

Há vários precedentes sobre a questão aqui debatida. A alienação fiduciária, tendo por objeto o imóvel versado nos autos, configura negócio voluntário defeso em face de sua indisponibilidade. A respeito do tema, já ficou decidido que:

"O Conselho Superior da Magistratura tem entendimento pacífico de que, embora a indisponibilidade não impeça a alienação forçada, obsta a voluntária. Subsistente a penhora, advinda de dívida com o INSS, a indisponibilidade, decorrente do art. 53, § 1º, da Lei nº 8.212/91, impede a alienação voluntária e, via de consequência, o registro da escritura." (Apelação nº 1003418-87.2015.8.26.0038, Rel. Pereira Calças, j. 25.04.2016).

Registro de Imóveis Dúvida Escritura pública de confissão de dívida com pacto adjeto de constituição de propriedade fiduciária e outras avenças Imóvel indisponível Penhora, em execução fiscal, a favor da Fazenda Nacional e da União Recusa do registro com base no artigo 53, § 1º, Lei 8.212/91 Alienação voluntária Irrelevância da aquisição anterior por alienação forçada Registro inviável Dúvida procedente Recurso desprovido, com observação (Apelação nº 3003761-77.2013.8.26.0019, Rel. Elliot Akel, j. 03.06.2014).

Logo, persistindo o óbice da indisponibilidade, a recusa do Oficial foi correta.

Diante do exposto, pelo meu voto, nego provimento ao recurso.

PINHEIRO FRANCO

Corregedor Geral da Justiça e Relator

No presente processo, ainda que o título seja diverso, o imóvel, o autor e o óbice existente são os mesmos.

Em verdade, por meio de nova escritura, o apelante efetua nova impugnação à questão já decidida na esfera administrativa.

Nessa linha, haveria preclusão administrativa para conhecimento da questão.

Com relação a tal instituto e sua aplicação no âmbito recursal administrativo, transcrevo parte do parecer do Dr. José Antonio de Paula Santos, MM Juiz Auxiliar da Corregedoria à época, no processo n. 2009/137437, j. 30/03/2010, da Corregedoria Geral da Justiça:

Configurada, quanto à impugnação do originalmente decidido, a preclusão administrativa, tal como já reconhecida, no âmbito desta Corregedoria Geral, em diversos casos concretos.

Vale trazer à colação, aqui, o escólio de Hely Lopes Meirelles, que, "em homenagem à estabilidade jurídica", já tive oportunidade de citar no parecer que proferi, no âmbito da Corregedoria Geral da Justiça, no proc. CG nº 1.138/2003: "o que ocorre nas decisões administrativas finais é, apenas, preclusão administrativa, ou a irretratabilidade do ato perante a própria Administração. É a sua imodificabilidade na via

administrativa, para estabilidade das relações entre as partes ... Essa imodificabilidade não é efeito da coisa julgada administrativa mas é conseqüência da preclusão das vias de impugnação interna (recursos administrativos) dos atos decisórios da própria Administração" (Direito Administrativo Brasileiro, 15ª ed., 1990, p. 576).

Nessa linha o explanado, v.g., pelo MM. Juiz José Marcelo Tossi Silva, Auxiliar desta Corregedoria Geral, em parecer prolatado no proc. CG nº 2007/35.738: "Tem-se, diante disso, a existência de preclusão administrativa que, in casu, impede o interessado ... de, ainda que sob outra rubrica, pleitear, no mesmo procedimento administrativo, a reforma de r. decisão de que não interposto, tempestivamente, o recurso previsto em lei".

O mesmo magistrado, em recente parecer proferido no proc. CG nº 2002/460, examinou situação semelhante à que ora se apresenta, sublinhando, também ali, a caracterização de "preclusão administrativa", de modo a inviabilizar "o provimento do novo 'pedido de revisão administrativa' da r. decisão proferida pelo MM. Juiz Corregedor Permanente que indeferiu, há mais de oito anos, o requerimento de cancelamento administrativo da matrícula nº 4.320 do Registro de Imóveis de Agudos"

Noutro prisma, apesar da coisa julgada administrativamente não ter o mesmo caráter da coisa julgada no âmbito jurisdicional, conforme Maria Sylvia Zanella Di Pietro (Direito administrativo. Rio de Janeiro: Forense, 2017, p. 919) "ela significa apenas que a decisão se tornou irretratável pela própria administração".

Desse modo, por questões de segurança jurídica não é possível à Administração rever decisão administrativa anterior lançada em processo que seguiu a garantia fundamental do devido processo legal.

Somente caberia revisão da decisão administrativa nos casos de ilegalidade (anulação), sendo inviável revisão pelo mérito.

Nessa linha, a recente alteração da Lei de Introdução as Normas do Direito Brasileiro, cujo artigo 24 estabelece:

> *Art. 24. A revisão, nas esferas administrativa, controladora ou judicial, quanto à validade de ato, contrato, ajuste, processo ou norma administrativa cuja produção já se houver completado levará em conta as orientações gerais da época, sendo vedado que, com base em mudança posterior de orientação geral, se declarem inválidas situações plenamente constituídas.*
>
> *Parágrafo único. Consideram-se orientações gerais as interpretações e especificações contidas em atos públicos de caráter geral ou em jurisprudência judicial ou administrativa majoritária, e ainda as adotadas por prática administrativa reiterada e de amplo conhecimento público.*

Diante disso, acolho a preliminar da Douta Procuradoria Geral da Justiça, representada pela Dra. Elaine Maria Barreira Garcia, e não conheço do recurso.

Acaso superada a preliminar, com o devido respeito a D. maioria, mantenho o entendimento da decisão anterior, acima transcrita e a ela acrescento o infra exposto.

Pretende o apelante registrar a escritura pública de compra e venda, em que figurou como adquirente do imóvel anteriormente gravado com penhoras e ordens de indisponibilidade.

Importa anotar que é pacífica a jurisprudência do Colendo Conselho Superior da Magistratura no sentido de que a ordem de indisponibilidade obsta a alienação voluntária do bem, mas não a forçada. Tal entendimento está em harmonia com os julgados do E. Superior Tribunal de Justiça (REsp. 512.398) e com o disposto no item 405 do Capítulo XX das NSCGJ: *"405. As indisponibilidades averbadas nos termos do Provimento CG. 13/2012, e na forma do § 1º, do art. 53, da Lei nº 8.212, de 24 de julho e 1991, não impedem a alienação, oneração e constrição judiciais do imóvel".*

Assim sendo, o imóvel objeto da matrícula nº *25.746* foi, ainda enquanto indisponível, levado à hasta pública e arrematado por *ESSA EMPREENDIMENTOS E INCORPORAÇÃO Ltda.* A carta de adjudicação, datada de 17 de março de 2.014, foi devidamente registrada, em 01 de abril de 2014 (R. R.10/ 25.746).

Ocorre que, posteriormente, houve a alienação do bem por escritura pública, retificada, tendo o registrador se recusado a realizar o respectivo ingresso no fólio real com fundamento na necessidade do cancelamento da anterior indisponibilidade de bens em nome do antigo proprietário.

Esse óbice é intransponível. A propósito da indisponibilidade, prevê o art. 53, § 1º, da Lei 8.212/91:

> *Art. 53. Na execução judicial da dívida ativa da União, suas autarquias e fundações públicas, será facultado ao exeqüente indicar bens à penhora, a qual será efetivada concomitantemente com a citação inicial do devedor.*
>
> *§ 1º Os bens penhorados nos termos deste artigo ficam desde logo indisponíveis.*

A redação da norma permite concluir que, penhorado o imóvel por dívida ativa da União, de suas autarquias ou de suas fundações públicas, de pronto estará indisponível o bem. E, por conseguinte, atos de voluntária alienação ficarão obstados pela indisponibilidade que o afeta.

Há precedentes sobre a questão aqui debatida. A compra e venda, tendo por objeto o imóvel versado nos autos, configura negócio voluntário defeso em face de sua indisponibilidade. A respeito do tema, já ficou decidido que:

"O Conselho Superior da Magistratura tem entendimento pacífico de que, embora a indisponibilidade não impeça a alienação forçada, obsta a voluntária. Subsistente a penhora, advinda de dívida com o INSS, a indisponibilidade, decorrente do art. 53, § 1º, da Lei nº 8.212/91, impede a alienação voluntária e, via de consequência, o registro da escritura." (Apelação nº 1003418-87.2015.8.26.0038, Rel. Pereira Calças, j. 25.04.2016).

Registro de Imóveis – Dúvida – Escritura pública de confissão de dívida com pacto adjeto de constituição de propriedade fiduciária e outras avenças Imóvel indisponível – Penhora, em execução fiscal, a favor da Fazenda Nacional e da União – Recusa do registro com base no artigo 53, § 1º, Lei 8.212/91 – Alienação voluntária – Irrelevância da aquisição anterior por alienação forçada – Registro inviável – Dúvida procedente – Recurso desprovido, com observação (Apelação nº 3003761-77.2013.8.26.0019, Rel. Elliot Akel, j. 03.06.2014).

O registro da carta de arrematação de imóvel implica a transferência da propriedade ao seu adquirente, ainda que se trate de bem indisponível por força de outra penhora promovida em favor da União.

Contudo, como esclarecido em r. parecer apresentado pelo Desembargador Vicente de Abreu Amadei e pelo Dr. Álvaro Luiz Valery Mirra, então MM. Juízes Auxiliares da Corregedoria, no Processo CG nº 11.394/2006, o cancelamento da averbação de outra penhora, que não aquela que ensejou a arrematação, depende de decisão pelo juiz competente, na esfera jurisdicional:

"Registro de Imóveis Cancelamento automático ou por decisão administrativa da Corregedoria Permanente ou da Corregedoria Geral da Justiça de penhoras, arrestos e sequestros anteriores, a partir do registro da arrematação ou adjudicação do bem constrito realizada em ação de execução – Inadmissibilidade – Necessidade de ordem judicial expressa oriunda do juízo que determinou a constrição – Impossibilidade de desfazimento, pela via administrativa, de registro de ato constritivo determinado na esfera jurisdicional – Consulta conhecida, com resposta negativa.

Registro de Imóveis – Cancelamento automático ou por decisão administrativa da Corregedoria Permanente ou da Corregedoria Geral da Justiça de indisponibilidade de bens imóveis em virtude da arrematação ou adjudicação destes em ação de execução – Inadmissibilidade – Indisponibilidade que implica inalienabilidade, a obstar o ingresso no fólio real da carta de arrematação ou de adjudicação e, por via de consequência, o cancelamento da restrição – Consulta conhecida, com resposta negativa".

Verifica-se no citado e r.parecer que os assentos precedentes não prevalecem quando representativos de direitos incompatíveis com a posterior arrematação, como ocorre com as penhoras anteriores porque, nesse caso, os credores se sub-rogam no preço da arrematação.

Cumpre ressaltar que a interpretação, naquele r. parecer, é restrita aos efeitos da arrematação em relação a penhoras anteriores das quais não decorrem indisponibilidade.

No que se refere às ordens de indisponibilidade e às demais que ensejam restrição ao direito real de propriedade, o parecer fez remissão à possibilidade de averbação de penhora, mas ressalva a então posição do Col. Conselho Superior da Magistratura que vedava o ingresso de carta de arrematação ou de adjudicação, salvo na hipótese de haver ordem judicial nesse sentido.

Por essa razão, a questão deve ser apreciada sob a ótica dos efeitos que a arrematação produz em relação aos credores que promoveram penhoras, das quais decorrem a indisponibilidade do bem. A arrematação de imóvel penhorado, em praça pública ou por outro modo equivalente, implica a sub-rogação dos demais credores sobre o produto da venda.

Para isso, no entanto, é necessário o prévio concurso de credores, com fixação da preferência para recebimento do crédito conforme o privilégio, ou não, de que o crédito for dotado. E compete ao Juiz da execução em que foi promovida a penhora, diante do resultado do concurso de credores que realizou, determinar o cancelamento das averbações das penhoras que levaram à indisponibilidade do imóvel.

É que, neste procedimento de dúvida, de natureza administrativa, não é possível presumir a sub-rogação no preço da arrematação tão somente por força do registro da carta de arrematação promovida em razão do entendimento, deste Col.

Conselho, de que todos os credores teriam concorrido para o recebimento do preço pago pelo imóvel.

Isso não afasta a possibilidade de cancelamento da averbação da penhora, da qual decorre a indisponibilidade, também por determinação do Juízo da execução em que foi promovida, ou seja, com submissão da matéria à análise na esfera jurisdicional.

Porém, em procedimento de dúvida não se pode presumir que a alienação judicial do imóvel foi precedida de concurso de credores e que todos, incluindo o ente público que promoveu a penhora, tiveram oportunidade= de concorrer no levantamento do preço da arrematação, conforme a ordem legal de preferência dos respectivos créditos.

Como se vê, o registro da aquisição da propriedade pelo arrematante não é causa automática de cessação da indisponibilidade que já existia em relação ao anterior proprietário.

Logo, persistindo o óbice da indisponibilidade, a recusa do Oficial foi correta.

Diante do exposto, pelo meu voto, não conheço do recurso.

GERALDO FRANCISCO PINHEIRO FRANCO

Corregedor Geral da Justiça e Relator. (DJe de 31.03.2020 – SP)

PODER JUDICIÁRIO

TRIBUNAL DE JUSTIÇA DO ESTADO DE SÃO PAULO

CONSELHO SUPERIOR DA MAGISTRATURA

Apelação n° 1000358-78.2018.8.26.0272

Registro: 2019.0001054545

ACÓRDÃO

Vistos, relatados e discutidos estes autos de **Apelação Cível nº 1000358-78.2018.8.26.0272**, da Comarca de **Itapira**, em que é apelante **JAIR JOSÉ ANTONIO BORGES**, é apelado **OFICIAL DE REGISTRO DE IMÓVEIS E ANEXOS DA COMARCA DE ITAPIRA**.

ACORDAM, em Conselho Superior de Magistratura do Tribunal de Justiça de São Paulo, proferir a seguinte decisão: **"Deram provimento ao recurso e julgaram improcedente a dúvida, v.u."**, de conformidade com o voto do Relator, que integra este acórdão.

O julgamento teve a participação dos Exmos. Desembargadores **PEREIRA CALÇAS (PRESIDENTE TRIBUNAL DE JUSTIÇA) (Presidente), ARTUR MARQUES (VICE PRESIDENTE), XAVIER DE AQUINO (DECANO), EVARISTO DOS SANTOS(PRES. DA SEÇÃO DE DIREITO PÚBLICO), CAMPOS MELLO (PRES. DA SEÇÃO DE DIREITO PRIVADO) E FERNANDO TORRES GARCIA(PRES. SEÇÃO DE DIREITO CRIMINAL).**

São Paulo, 10 de dezembro de 2019.

GERALDO FRANCISCO PINHEIRO FRANCO

Corregedor Geral da Justiça e Relator

Apelação Cível nº 1000358-78.2018.8.26.0272

Apelante: Jair José Antonio Borges

Apelado: Oficial de Registro de Imóveis e Anexos da Comarca de Itapira

VOTO Nº 38.021

Registro de Imóveis – Escritura pública de venda e compra de fração ideal – Vendedores que receberam a fração por herança e doação – Situação que não retrata desmembramento – Ausência de descrição de limites físicos da área alienada – Óbice afastado – Recurso provido.

Cuida-se de recurso de apelação tirado de r. sentença do MM. Juiz Corregedor Permanente do Oficial de Registro de Imóveis da Comarca de Itapira, que julgou procedente dúvida suscitada para o fim de manter a recusa a registro de escritura de compra e venda da fração ideal equivalente a 30/384 do imóvel objeto da matrícula 13.371, lavrada perante o 2º Tabelião de Notas da mesma Comarca.

O apelante afirma, em síntese, que a situação não se enquadra no item 171, do Capítulo XX, das Normas de Serviço da Corregedoria Geral da Justiça, por estar transmitindo apenas a parte ideal que lhe cabe no imóvel, não se falando em desmembramento, burla ou fraude à lei de parcelamento do solo.

A Procuradoria Geral de Justiça opinou pelo desprovimento do recurso (fls. 130/132).

É o relatório.

Presentes pressupostos legais e administrativos, conheço do recurso.

No mérito, respeitado entendimento diverso, ele comporta provimento.

Foi prenotada sob n° 122.400 a escritura de venda e compra de fls. 11/14, cujo objeto é o imóvel matriculado sob n° 13.371, do Ofício de Registro de Imóveis de Itapira.

O imóvel da matrícula nº 13.371 está em titularidade dominial de várias pessoas, as quais o receberam, em sua maior parte, em razão de diversas sucessões (fls. 17/27).

Sustentou o diligente Oficial que, em face do item 171, do Capítulo XX, das NSCGJ, o título não comporta registro, por se tratar de imóvel objeto de parcelamento irregular de solo, com venda de fração ideal a pessoas diferentes, sem relação entre si, exigindo-se prévia regularização do parcelamento e do condomínio.

Diz o Item 171 do Capítulo XX das Normas de Serviço Extrajudicial da Corregedoria Geral da Justiça:

171 – É vedado o registro de alienação voluntária de frações ideais com localização, numeração e metragem certas, ou a formação de condomínio voluntário, que implique fraude ou qualquer outra hipótese de descumprimento da legislação de parcelamento do solo urbano, de condomínios edilícios e do Estatuto da Terra. A vedação não se aplica à hipótese de sucessão causa mortis.

Contudo, no caso concreto os vendedores herdaram e receberam em doação a exata fração de 30/384 do imóvel (fls. 17/27). Não há se falar, pois, em desmembramento, mas de venda assim como a receberam.

Ademais, o óbice legal não está na alienação de imóvel rural com área inferior à do módulo, mas no desmembramento ou na divisão do imóvel rural, em área inferior à do módulo, e desde que daí decorra violação ao Estatuto da Terra.

É o quanto se dessume da orientação reiteradamente adotada por este Conselho Superior da Magistratura:

"Escritura de venda e compra – fração ideal – área menor que o módulo rural – possibilidade em caso que não configura desmembramento – recurso provido com observação." (Recurso Administrativo 85.474/2014, São Bento do Sapucaí, Des. Elliot Akel, DJ 7/8/14)

"Registro de Imóveis. Dúvida. Registro de escritura de compra e venda de partes ideais. Área inferior ao módulo rural da região. Possibilidade de registro, uma vez que não há desmembramento ou divisão do imóvel, nem indícios de fraude à lei do parcelamento do solo. Recurso provido.

A lei 4.504/65 estabelece que 'o imóvel rural não é divisível em áreas de dimensão inferior à constitutiva do módulo de propriedade rural'.

Esse dispositivo criou a figura do módulo rural, o qual significa a quantidade mínima de terra admitida para formação de um imóvel rural, a fim de se evitar a formação de minifúndios.

O artigo 8º da Lei 5868/72 dispõe que nenhum imóvel rural pode ser desmembrado ou dividido em área inferior ao módulo rural determinado para a região.

Não ocorrendo divisão ou desmembramento do imóvel rural em novas unidades, não há violação ao módulo de parcelamento rural, conforme tem entendido o Conselho Superior da Magistratura:

'Inexiste infringência ao módulo rural na venda de parte ideal porque não há divisão nem desmembramento do imóvel rural' (apelação cível nº 270.256, São José do Rio Preto).

'Nada impede que a fração ideal de cada co-proprietário do imóvel rural seja inferior a do módulo rural. Mas aos condôminos não será dado proceder à divisão ou desmembramento em áreas de tamanho inferior à da fração mínima de parcelamento' (apelação cível 268.272, Pederneiras).

'Nada embaraça, destarte, se proceda ao registro de instrumentos de negócios jurídicos que formem ou mantenham o estado de comunhão sobre imóvel rural' (apelação cível 267.465, Santa Cruz do Rio Pardo)." (Apelação 156-6/3, Paraibuna, j. 29/6/04, Rel. Des. José Mário Antonio Cardinale).

No caso em análise, a venda disse respeito a parte ideal do imóvel originário, sem descrição de limites físicos da área alienada. Não haverá, portanto, desmembramento ou divisão vedados por lei; não se inferindo, também, qualquer tentativa de afronta ao Estatuto da Terra.

Observa-se, ademais, registro de compra e venda de fração de 30/448, que ingressou na mesma matrícula (fls. 23).

Não que a ocorrência de inscrição anterior gere direito adquirido a novas inscrições, caso verificado algum óbice registral. O que ocorre, como dito, é que a hipótese levantada pelo Sr. Oficial não se aplica ao caso sob exame.

Por essas razões, a hipótese é de provimento do recurso, para afastar o óbice levantado na nota devolutiva ora impugnada.

Ante o exposto, dou provimento ao recurso e julgo improcedente a dúvida.

GERALDO FRANCISCO PINHEIRO FRANCO

Corregedor Geral da Justiça e Relator. (DJe de 31.03.2020 – SP)

PODER JUDICIÁRIO

TRIBUNAL DE JUSTIÇA DO ESTADO DE SÃO PAULO

CONSELHO SUPERIOR DA MAGISTRATURA

Apelação nº 1003066-02.2019.8.26.0132

Registro: 2020.0000107503

ACÓRDÃO

Vistos, relatados e discutidos estes autos de **Apelação Cível nº 1003066-02.2019.8.26.0132**, da Comarca de **Catanduva**, em que é apelante **GABRIEL AUGUSTO GERLACK**, é apelado **2º OFICIAL DE REGISTRO DE IMÓVEIS E ANEXOS DA COMARCA DE CATANDUVA.**

ACORDAM, em Conselho Superior de Magistratura do Tribunal de Justiça de São Paulo, proferir a seguinte decisão: **"Negaram provimento ao recurso, mantendo as exigências apresentadas pelo 2º Oficial de Registro de Imóveis e Anexos de Catanduva, v.u."**, de conformidade com o voto do Relator, que integra este acórdão.

O julgamento teve a participação dos Exmos. Desembargadores **PINHEIRO FRANCO (PRESIDENTE TRIBUNAL DE JUSTIÇA) (Presidente), LUIS SOARES DE MELLO (VICE PRESIDENTE), XAVIER DE AQUINO (DECANO), GUILHERME G. STRENGER (PRES. SEÇÃO DE DIREITO CRIMINAL), MAGALHÃES COELHO(PRES. DA SEÇÃO DE DIREITO PÚBLICO) E DIMAS RUBENS FONSECA (PRES. DA SEÇÃO DE DIREITO PRIVADO).**

São Paulo, 13 de fevereiro de 2020.

RICARDO ANAFE

Corregedor Geral da Justiça e Relator

Apelação Cível nº 1003066-02.2019.8.26.0132

Apelante: Gabriel Augusto Gerlack

Apelado: 2º Oficial de Registro de Imóveis e Anexos da Comarca de Catanduva

VOTO Nº 31.105

Registro de Imóveis – Dúvida Registral – Escritura pública de compra e venda – Negativa de registro em face de hipotecas cedulares – Decreto-lei nº 167/67 – Disponibilidade condicionada ao cancelamento das hipotecas ou anuência por escrito do credor – Precedentes do Conselho Superior da Magistratura – Alienação anterior que contou com a anuência dos credores que não beneficia novas alienações – Necessidade de autorização atual ou cancelamento das hipotecas – Exigências mantidas – Dúvida procedente – Recurso não provido.

1. Trata-se recurso de apelação interposto por Gabriel Augusto Gerlack, visando a reforma da sentença de fls. 131/133, que julgou procedente dúvida suscitada pelo Oficial do 2º Registro de Imóveis e Anexos da Comarca de Catanduva, mantendo a recusa de ingresso de escritura de compra e venda dos imóveis objeto das matrículas nºs 45.162, 45.163, 45.164 e 45.165, figurando como comprador Sidemar Antônio Gerlack e como vendedora Diase Incorporadora e Administradora Ltda, ante a existência de hipotecas cedulares não canceladas, exigindo seu cancelamento ou a anuência dos credores hipotecários.

A Nota de Exigência indicou a impossibilidade de registro, pois "sobre os imóveis das matrículas nºs 45.162, 45.163, 45.164 e 45.165, pesam **hipotecas cedulares** registradas sob nºs 9, na matrícula 3.836 (mencionada na Av. 1, na matrícula 45.162) em favor do Banco do Brasil S/A; 14, na matrícula 11.323 (mencionada na Av. 1, na matrícula 45.163) em favor do Banco do Brasil S/A; 24, na matrícula 2.514 (mencionada na Av. 1, nas matrículas 45.164 e 45.165) em favor da União; e 25, na matrícula 2.514 (mencionada na Av. 1, nas matrículas 45.164 e 45.165) em favor do Banco do Brasil S.A". Exigiu, para o registro do título, a apresentação do cancelamento das hipotecas ou a anuência dos credores, na forma do art. 59, do Decreto nº 167/1967 (fls. 6/7).

O recurso sustenta, em resumo, que houve alienação dos imóveis para Diase Incorporadora e Administradora Ltda. após o registro das hipotecas, sem que houvesse anuência dos credores hipotecários. Que por conta de tal alienação sem anuência, não se poderiam obstar novas alienações por sua falta. Argumenta, ainda, pela ausência de prejuízo, ante a manutenção da eficácia das hipotecas registradas, ainda que transmitida a propriedade (fls. 137/141).

A Procuradoria Geral de Justiça opina pelo não provimento do recurso (fls. 159/162).

É o relatório.

2. Conheço do recurso, eis que presentes seus requisitos de admissibilidade.

A pretensão do apelante é o registro da escritura de compra e venda dos imóveis objeto das matrículas nºs 45.162 (100%) (2º CRI de Catanduva), 45.163 (100%) (2º CRI de Catanduva), 45.164 (100%) (2º CRI de Catanduva), 45.165 (100%) (2º CRI de Catanduva), 17.042 (47,0130%) (Oficial do Registro de Imóveis de Capão Bonito), sendo o ato recusado pelo Oficial por conta da existência de hipotecas cedulares não canceladas, ausente a anuência expressa dos credores.

E, de fato, não há como se qualificar positivamente o título.

O art. 59, do Decreto-lei nº 167/67, estabelece que os bens objeto de penhor ou de hipoteca constituídos por cédula de crédito rural não podem ser vendidos sem prévia anuência do credor, por escrito.

E, por disposição contida no art. 1.420, do Código Civil, as pessoas que não podem alienar também não podem empenhar, hipotecar ou dar em anticrese, assim como não podem ser dados em penhor, anticrese e hipoteca os bens que não podem ser alienados.

Ao assim dispor, criou o legislador garantia exclusiva em favor dos órgãos financiadores da economia rural, por meio de norma cogente, contida em lei especial que não foi revogada pelo Código Civil de 2002. Esta espécie de indisponibilidade relativa, também instituída por outras leis em favor dos detentores de hipotecas vinculadas à cédula de crédito à exportação (art. 3º, da Lei nº 6.313/75), cédula de crédito comercial (art. 5º, da Lei nº 6.840/80) e cédula de crédito industrial (art. 51, do Decreto-lei nº 413/69), não conflita com as normas gerais estatuídas para a hipoteca no Código Civil, assim como não conflitava com as normas da mesma natureza contidas no Código Civil de 1916.

Daí porque, sem expressa anuência do credor hipotecário ou cancelamento das hipotecas, os imóveis não podem mesmo ser alienados, o que torna correto o óbice apresentado pelo registrador.

Neste sentido, recusando o ingresso de título de alienação do bem hipotecado em cédula de crédito sem a anuência do credor, reiteradamente decidiu este C. Conselho Superior da Magistratura:

REGISTRO DE IMÓVEIS – Dúvida – Registro de escritura pública de compra e venda – Negativa de registro em face da hipoteca cedular e respectivos aditivos, assim como da indisponibilidade dos imóveis decorrente de penhora em favor da Fazenda Nacional – Impossibilidade de alienação voluntária – Precedentes do Conselho Superior da Magistratura – Recurso não provido. (CSM Ap. 1010076-09.2018.8.26.0302 rel. Des. Pinheiro Franco j. 01.11.2019)

REGISTRO DE IMÓVEIS – Escritura de compra e venda – Hipoteca cedular registrada – Ausência de anuência do credor hipotecário – Penhora em favor da Fazenda Nacional – Indisponibilidade que obsta as alienações voluntárias – Recurso não provido. (CSM Ap. 0054473-65.2012.8.26.0114 rel. Des. Renato Nalini j. 10.12.2013)

O argumento do recorrente, no sentido de que a alienação anterior sem a anuência do credor hipotecário, traduziria na possibilidade de novas alienações sem nova manifestação deste, não se sustenta. É que eventual erro em registro anterior por falta de tal anuência não retira a eficácia futura da hipoteca cedular que, até seu cancelamento, continuará a tornar o bem inalienável ao devedor, salvo a anuência escrita do credor.

E, no caso concreto, **houve expressa anuência dos credores hipotecários quando da alienação do imóvel para Diase Incorporadora e Administradora Ltda.** Em todas as matrículas observa-se, na averbação descritiva dos ônus incidentes sobre os imóveis das matrículas nºs 45.162, 45.163, 45.164 e 45.165, a informação da autorização dos credores hipotecários Banco do Brasil e União à alienação do bem para a Diase, o que desvalida o argumento.

Tal anuência, dada pelos credores cedulares em alienação específica do bem para Diase Incorporadora e Administradora Ltda., não se estende a futuros adquirentes, havendo de se obter, por conta da nova alienação, o cancelamento das hipotecas vigentes ou nova anuência dos credores.

E não há que se falar em eventual desconhecimento dos ônus incidentes sobre os imóveis por parte do atual adquirente, pois além de constarem do registro imobiliário, ensejando publicidade irrefutável, foram expressamente descritas na escritura de compra e venda realizada entre a Diase Incorporadora e Sidemar Antônio Gerlack (fls. 70/71). Na escritura, observa a descrição das hipotecas como ônus incidentes sobre os imóveis negociados, permanecendo eficazes as constantes do R. 9, na matrícula nº 3.836 (mencionada na Av. 1, na matrícula nº 45.162), no R. 14, da matrícula nº 11.323 (mencionada na Av. 1, na matrícula nº 45.163), do R. 24, na matrícula nº 2.514 (mencionada na Av. 1, nas matrículas nºs 45.164 e 45.165) e do R. 25, na matrícula nº 2.514 (mencionada na Av. 1, nas matrículas nºs 45.164 e 45.165), em favor do Banco do Brasil S.A. e da União.

Assim, sem que haja o cancelamento de tais hipotecas ou a apresentação de anuência dos credores cedulares, mantém-se o óbice ao registro da transmissão das propriedades, ficando mantidas as exigências apresentadas pelo Oficial suscitante.

3. Por tais fundamentos, **NEGO PROVIMENTO** ao recurso, mantendo as exigências apresentadas pelo 2º Oficial de Registro de Imóveis e Anexos de Catanduva.

RICARDO ANAFE

Corregedor Geral da Justiça e Relator. (DJe de 13.03.2020 – SP)

PODER JUDICIÁRIO

TRIBUNAL DE JUSTIÇA DO ESTADO DE SÃO PAULO

CONSELHO SUPERIOR DA MAGISTRATURA

Apelação nº 1011836-36.2018.8.26.0223

Registro: 2019.0001032006

ACÓRDÃO

Vistos, relatados e discutidos estes autos de **Apelação Cível nº 1011836-36.2018.8.26.0223**, da Comarca de **Guarujá**, em que é apelante **MINISTÉRIO PÚBLICO DO ESTADO DE SÃO PAULO**, são apelados **EMERSON BISPO DOS SANTOS e LUCIANA MUNIZ BISPO DOS SANTOS.**

ACORDAM, em Conselho Superior de Magistratura do Tribunal de Justiça de São Paulo, proferir a seguinte decisão: **"Negaram provimento à apelação, v.u."**, de conformidade com o voto do Relator, que integra este acórdão.

O julgamento teve a participação dos Exmos. Desembargadores **PEREIRA CALÇAS (PRESIDENTE TRIBUNAL DE JUSTIÇA) (Presidente), ARTUR MARQUES (VICE PRESIDENTE), XAVIER DE AQUINO (DECANO), EVARISTO DOS SANTOS(PRES. DA SEÇÃO DE DIREITO PÚBLICO), CAMPOS MELLO (PRES. DA SEÇÃO DE DIREITO PRIVADO) E FERNANDO TORRES GARCIA(PRES. SEÇÃO DE DIREITO CRIMINAL).**

São Paulo, 2 de dezembro de 2019.

GERALDO FRANCISCO PINHEIRO FRANCO

Corregedor Geral da Justiça e Relator

Apelação Cível nº 1011836-36.2018.8.26.0223

Apelante: Ministério Público do Estado de São Paulo

Apelados: EMERSON BISPO DOS SANTOS e LUCIANA MUNIZ BISPO DOS SANTOS

VOTO Nº 37.983

Apelação – Dúvida – Pedido de Diligências – Nulidade Inexistente – Procedimento meramente administrativo, que não comporta dilação probatória – No mérito, manutenção da sentença recorrida, fundada em precedentes do Conselho Superior da Magistratura – Improvimento do recurso.

O MINISTÉRIO PÚBLICO DO ESTADO DE SÃO PAULO interpõe apelação contra a r. sentença de fls. 60/63, que julgou improcedente a dúvida suscitada pelo Sr. Oficial do Registro de Imóveis, Títulos e Documentos e Civil de Pessoa Jurídica da Comarca de Guarujá, para afastar a nota devolutiva e determinar o registro do título, escritura de compra e venda do lote n.º 16, quadra 38, do Loteamento Jardim da Enseada Guarujá.

Em suma, sustenta o apelante ser o caso de anulação da r. sentença, uma vez não ter sido apreciado o pedido de conversão do julgamento em diligência.

A D. Procuradoria Geral da Justiça opinou pelo desprovimento do recurso (fls. 93/96).

É o relatório.

Com efeito, fundou-se a nota devolutiva de fls. 05 na necessária apresentação de título de cessão de direitos dos compromissários compradores a favor dos adquirentes constantes da escritura de venda e compra que se pretende registrar, com fulcro no artigo 237 da Lei de Registros Públicos e em atenção aos princípios da legalidade e continuidade.

O representante do Ministério Público, por seu turno, pugnou pela conversão do julgamento em diligência e requereu a juntada aos autos do anterior compromisso de compra e venda para verificação de existência de cláusula de irretratabilidade e a intimação dos compromissários compradores para comprovação do pagamento do preço.

Contudo, o processo administrativo de dúvida não admite dilação probatória, cumprindo deliberar-se sobre a questão exclusivamente à luz da documentação apresentada ao Oficial.

É, nestes moldes, o precedente deste Conselho Superior da Magistratura:

> *"Dúvida registrária é só para dirimir o dissenso, entre o registrador e o apresentante, sobre a prática de ato de registro, referente a título determinado que, para esse fim (registro) foi protocolado e prenotado. Logo, não se admite, no seu curso, diligências ou dilação de provas destinadas à complementação de título desqualificado, à apuração de fatos extratabulares demonstrativos de situação jurídica de loteamento ou à promoção de medidas de saneamento de vício que macula o*

parcelamento do solo. A razão dessa restrição cognitiva, ademais, é evitar a indevida prorrogação do prazo da prenotação, consoante firme orientação deste Conselho Superior da Magistratura: "A dilação probatória em procedimento desta natureza prorrogaria indevidamente o prazo da prenotação, potencializando prejuízo para o direito de prioridade de terceiros, que também tivessem prenotado outros títulos que refletissem direitos contraditórios." (Apelação Cível nº 027583-0/7, Santa Rosa do Viterbo, j. 30.10.1995, rel. Des. ALVES BRAGA, in Revista de Direito Imobiliário 39/297-298).

No mérito, a r. sentença deve ser mantida.

Com efeito, a previsão de registro de compromisso de compra e venda tem a finalidade de dar publicidade à relação obrigacional e gera direitos para a parte prejudicada, caso haja sua inobservância, não havendo, contudo, impedimento de alienação do bem pelo titular de domínio.

E, como bem consignado na r. sentença recorrida, o direito real do compromissário comprador nos termos do art. 1.418 do Código Civil confere ao seu titular o poder de exigir a outorga da escritura definitiva de compra e venda e, no caso de recusa, requerer a sua adjudicação; resguardando-se, desta forma, o direito de sequela oponível *erga omnes* sobre o imóvel em que consta o registro da promessa.

São, também, nestes sentido, os precedentes deste Conselho Superior da Magistratura:

"Registro de Imóveis Dúvida julgada procedente Negativa de ingresso de escritura de venda e compra de imóvel Desrespeito ao registro anterior de instrumento particular Desnecessidade da anuência dos compromissários compradores Inexistência de afronta ao Princípio da Continuidade Recurso provido." (CSM, Apelação Cível nº 0025566-92.2011.8.26.0477, Relator Desembargador José Renato Nalini).

"Registro de Imóveis – Dúvida julgada procedente – Compromisso de compra e venda registrado com sucessivas cessões negativa de ingresso de escritura de venda e compra de imóvel da qual participaram os proprietários tabulares e a última cessionária – Desnecessidade da anuência dos cedentes – Inexistência de afronta ao Princípio da Continuidade – Recurso Provido." (CSM, Apelação Cível 1040210-48.2015.8.26.0100, Relator Desembargador Manoel de Queiroz Pereira Calças).

E do corpo de referido voto, destaca-se a seguinte passagem:

"E o raciocínio está respaldado pelo artigo 1.418 do Código Civil:

O promitente comprador, titular de direito real, pode exigir do promitente vendedor, ou de terceiros, a quem os direitos deste forem cedidos, a outorga da escritura definitiva de compra e venda, conforme o disposto no instrumento preliminar; e, se houver recusa, requerer ao juiz a adjudicação do imóvel.

Ao preceituar que o promitente comprador pode exigir a outorga da escritura definitiva de compra e venda do promitente vendedor, ou de terceiros, a quem os direitos deste forem cedidos, referido dispositivo legal deixa muito claro que o titular dominial, ainda que tenha celebrado compromisso de compra e venda anterior, pode dispor do imóvel".

Ante o exposto, nego provimento à apelação.

GERALDO FRANCISCO PINHEIRO FRANCO

Corregedor Geral da Justiça e Relator. (DJe de 11.03.2020 – SP)

PODER JUDICIÁRIO

TRIBUNAL DE JUSTIÇA DO ESTADO DE SÃO PAULO

CONSELHO SUPERIOR DA MAGISTRATURA

Apelação nº 1053765-85.2018.8.26.0114

Registro: 2019.000907217

ACÓRDÃO

Vistos, relatados e discutidos estes autos de **Apelação Cível nº 1053765-85.2018.8.26.0114**, da Comarca de **Campinas**, em que é apelante **JAIR RATEIRO**, é apelado **2º OFICIAL DE REGISTRO DE IMÓVEIS DA COMARCA DE CAMPINAS**.

ACORDAM, em Conselho Superior de Magistratura do Tribunal de Justiça de São Paulo, proferir a seguinte decisão: **"Negaram provimento ao recurso. V. U."**, de conformidade com o voto do Relator, que integra este acórdão.

O julgamento teve a participação dos Exmos. Desembargadores **PEREIRA CALÇAS (PRESIDENTE TRIBUNAL DE JUSTIÇA) (Presidente), ARTUR MARQUES (VICE PRESIDENTE), XAVIER DE AQUINO (DECANO), ANTONIO CARLOS MALHEIROS (PRES. DA SEÇÃO DE DIREITO PÚBLICO), CAMPOS MELLO (PRES. DA SEÇÃO DE DIREITO PRIVADO) E FERNANDO TORRES GARCIA(PRES. SEÇÃO DE DIREITO CRIMINAL).**

São Paulo, 22 de outubro de 2019.

GERALDO FRANCISCO PINHEIRO FRANCO

Corregedor Geral da Justiça e Relator

Apelação Cível nº 1053765-85.2018.8.26.0114

Apelante: Jair Rateiro

Apelado: 2º Oficial de Registro de Imóveis da Comarca de Campinas

VOTO Nº 37.920

Registro de Imóveis – Escritura pública de compra e venda – Alienação de frações ideais de vários imóveis a pessoa sem vínculo com os demais condôminos – Vendas de partes ideais anteriormente registradas que não conduzem à imposição de registro de vendas outras que se afigurem irregulares – Registro obstado – Item 171 das Normas de Serviço da Corregedoria Geral da Justiça – Recurso não provido.

Trata-se de apelação interposta por *Jair Rateiro* contra r. sentença**[1]** que julgou procedente a dúvida suscitada em razão da recusa do 2º Oficial de Registro de Imóveis da Comarca de Campinas em promover o registro de escritura de compra e venda de fração ideal dos imóveis matriculados sob nos 72.127 a 72.138, e 102.719 a 102.724, por considerar demonstrada a implantação de parcelamento irregular do solo.

O apelante alega, em suma, que no ano de 2005 já houve transferência de partes ideais de outros imóveis, na mesma situação, de modo que o óbice agora apresentado não se sustenta, sobretudo porque a adquirente já é proprietária de fração ideal do imóvel objeto da matrícula nº 72.129. Nega a existência de parcelamento irregular do solo, aduzindo que o inquérito civil iniciado em 2014 nada concluiu a respeito**[2]**.

A douta Procuradoria Geral de Justiça opinou pelo não provimento do recurso**[3]**.

É o relatório.

A escritura pública de venda e compra lavrada em 28 de setembro de 2018, p. 359 do livro nº 402 do 6º Tabelião de Notas da Comarca de Campinas/SP**[4]** tem por objeto a alienação por venda de partes ideais dos imóveis inscritos sob as matrículas nos 72.127 a 72.138 e 102.719 a 102.724.

O item 171, Capítulo XX, Tomo II, das NSCGJ assim dispõe:

"171. É vedado o registro de alienação voluntária de frações ideais com localização, numeração e metragem certas, ou a formação de condomínio voluntário, que implique fraude ou qualquer outra hipótese de descumprimento da legislação de parcelamento do solo urbano, de condomínios edilícios e do Estatuto da Terra. A vedação não se aplica à hipótese de sucessão causa mortis."

Consoante se verifica das matrículas acostadas aos autos**[5]**, os imóveis em comento foram fracionados em várias partes ideais, vendidas a pessoas diversas, sem qualquer notícia de que guardem vínculos entre si. Trata-se, pois, de flagrante burla à Lei do Parcelamento do Solo Urbano.

O simples fato de as vendas de dezenas de partes ideais terem sido registradas anteriormente não conduz à imposição de registro de vendas outras que se afigurem irregulares. Esta a sedimentada jurisprudência deste E. Conselho Superior da Magistratura:

"REGISTRO DE IMÓVEIS – Escritura pública de venda e compra de fração ideal – Elementos indicativos de parcelamento ilegal do solo – Alienações sucessivas de frações ideais do imóvel originário, com abertura de novas matrículas e criação de vias públicas – Ausência de vínculo entre os coproprietários – Adquirentes cientes da orientação normativa do C. CSM e da E. CGJ – Desqualificação registral confirmada – Registro obstado – Recurso desprovido." (APELAÇÃO CÍVEL: 1004264-05.2015.8.26.0362, Rel. Des. Manoel de Queiroz Pereira Calças, DJ 16/6/16).

"REGISTRO DE IMÓVEIS – Escritura pública de venda e compra de fração ideal – Elementos indicativos de parcelamento ilegal do solo – Vendas sucessivas de frações ideais do mesmo bem imóvel – Ausência de vínculo entre os coproprietários – Erros pretéritos não justificam outros – Adquirentes cientes da orientação normativa do C. CSM e da E. CGJ – Desqualificação registral confirmada – Registro obstado – Recurso provido." (APELAÇÃO CÍVEL: 0009405-61.2012.8.26.0189, Rel. Des. José Renato Nalini, DJ 6/11/13).

E mais recentemente:

"Procedimento de dúvida – Requerimento de suspensão do processo, para que seja apreciado pedido de avocação de procedimento de dúvida decorrente da negativa de registro a ser promovido em imóvel distinto, mas em que formuladas exigências com igual conteúdo – Impossibilidade – Procedimento de dúvida imobiliária que, por sua natureza, não comporta a avocação prevista no art. 28, inciso XXVII, do Regimento Interno do Tribunal de Justiça do Estado de São Paulo. Registro de Imóveis – Dúvida julgada procedente – Registro de regularização fundiária – Condomínio de frações ideais a que foram atribuídas áreas certas – Regularização que tem por objeto lotes intercalados, situados dentro das quadras em que dividida a gleba – Ausência da anuência de todos os co-proprietários das frações ideais – Requisitos técnicos para a elaboração da planta e dos memorais descritivos – Dispensa da apresentação

das licenças para o registro, com fundamento na implantação do parcelamento do solo antes da vigência da Lei nº 6.766/79 – Registros das vendas das frações ideais iniciados no ano de 1984 – Declaração municipal que não permite verificar que toda a gleba foi objeto de parcelamento irregular, ou clandestino, implantado e consolidado antes da vigência da Lei de Parcelamento do Solo Urbano – Recurso a que se nega provimento." (TJSP; Apelação Cível 1001229-85.2018.8.26.0506; Relator (a): Pinheiro Franco (Corregedor Geral); Órgão Julgador: Conselho Superior de Magistratura; Data do Julgamento: 15/08/2019; Data de Registro: 20/08/2019).

"REGISTRO DE IMÓVEIS – Escritura pública de compra e venda – Alienação de fração ideal de imóvel a pessoas sem vínculos – Vedação – Desdobro de lote – Registro obstado – Item. 171 das Normas de Serviço da Corregedoria Geral da Justiça – Recurso desprovido." (TJSP; Apelação Cível 1000352-08.2018.8.26.0584; Rel. Pinheiro Franco (Corregedor Geral); Órgão Julgador: Conselho Superior de Magistratura; Data do Julgamento: 24/01/2019; Data de Registro: 29/01/2019).

No caso concreto, a despeito de se tratar de alienação voluntária, ficou demonstrado que as vendas estão sendo feitas a pessoa que não possui qualquer vínculo com o outorgante e demais condôminos. E nem mesmo o fato de ser a adquirente proprietária de outra parte ideal de dois dos imóveis a favorece, visto que há inúmeros outros condôminos identificados nas matrículas em questão, em relação aos quais não ficou demonstrada a existência de qualquer relação.

Destarte, o ingresso do título significaria tentativa de desfiguração das regras de parcelamento de solo, na medida em que tornaria possível a divisão da área entre os adquirentes em partes certas e determinadas, suscetíveis de utilização individual por cada um deles. Ora, independentemente da forma de aquisição do outorgante vendedor e ainda que cedida a integralidade de sua fração ideal, tudo leva a crer que pessoas que não possuem vínculo entre si, ao adquirir um terreno em frações ideais, tenham clara intenção de instituir sobre a área imóveis distintos, com futuro desdobro, o que não se concebe.

Por essas razões, a negativa de ingresso do título apresentado deve ser mantida em seus exatos termos.

Diante do exposto, nego provimento ao recurso.

GERALDO FRANCISCO PINHEIRO FRANCO

Corregedor Geral da Justiça e Relator

Notas:

[1] Fls. 376/379.

[2] Fls. 387/392.

[3] Fls. 727/729.

[4] Fls. 07 e ss.

[5] Fls. 67/281. (DJe de 11.03.2020 – SP)

PODER JUDICIÁRIO

TRIBUNAL DE JUSTIÇA DO ESTADO DE SÃO PAULO

CONSELHO SUPERIOR DA MAGISTRATURA

Apelação nº 1019680-34.2018.8.26.0224

Registro: 2019.0000990403

ACÓRDÃO

Vistos, relatados e discutidos estes autos de **Apelação Cível nº 1019680-34.2018.8.26.0224**, da Comarca de **Guarulhos**, em que são apelantes **ANTONIO BRAZ SARAIVA FALCÃO, TALITA BARBOSA FALCÃO e THIAGO BARBOSA FALCÃO**, é apelado **1º OFICIAL DE REGISTRO DE IMÓVEIS DA COMARCA DE GUARULHOS.**

ACORDAM, em Conselho Superior de Magistratura do Tribunal de Justiça de São Paulo, proferir a seguinte decisão: **"Deram provimento ao recurso para julgar improcedente a dúvida, v.u."**, de conformidade com o voto do Relator, que integra este acórdão.

O julgamento teve a participação dos Exmos. Desembargadores **PEREIRA CALÇAS (PRESIDENTE TRIBUNAL DE JUSTIÇA) (Presidente), XAVIER DE AQUINO (DECANO), EVARISTO DOS SANTOS(PRES. DA SEÇÃO DE DIREITO PÚBLICO), CAMPOS MELLO (PRES. DA SEÇÃO DE DIREITO PRIVADO), FERNANDO TORRES GARCIA(PRES. SEÇÃO DE DIREITO CRIMINAL) E ARTUR MARQUES (VICE PRESIDENTE).**

São Paulo, 14 de novembro de 2019.

GERALDO FRANCISCO PINHEIRO FRANCO

Corregedor Geral da Justiça e Relator

Apelação Cível nº 1019680-34.2018.8.26.0224

Apelantes: Antonio Braz Saraiva Falcão, Talita Barbosa Falcão e Thiago Barbosa Falcão

Apelado: 1º Oficial de Registro de Imóveis da Comarca de Guarulhos

VOTO Nº 37.971

Registro de Imóveis – Dúvida julgada procedente – Escritura pública de compra e venda

de terreno em que consignado que os adquirentes têm ciência da existência de "área construída" que será objeto de futura regularização – Exigências consistentes na retificação do recolhimento do imposto de transmissão "inter vivos" – ITBI, ou comprovação de que não incidente sobre o valor da construção, com complementação dos emolumentos que foram objeto de depósito prévio – Princípio da rogação – Construção não descrita no título e que não teve a averbação requerida – Registro viável – Recurso provido.

Trata-se de apelação interposta contra r. sentença que julgou procedente a dúvida inversa e manteve a recusa do Sr. 1º Oficial de Registro de Imóveis da Comarca da Guarulhos em promover o registro de escritura pública de compra e venda de imóvel urbano, porque indicada a existência de construção cujo valor não teria integrado a base de cálculo do imposto de transmissão "inter vivos" - ITBI e dos emolumentos devidos para o registro.

Os apelantes alegaram, em suma, que os parágrafos 3º e 4º da Lei nº 3.415/88, do Município de Guarulhos, dispõem que na apuração do valor venal dos bens transmitidos serão consideradas as benfeitorias e construções incorporadas ao terreno, exceto se forem realizadas às custas do adquirente. Afirmaram que os compradores arcaram com os ônus da construção cujo valor, portanto, não integra a base de cálculo do ITBI e dos emolumentos. Asseveraram que não compete ao Oficial de Registro apurar a exatidão do valor do imposto declarado e recolhido, ou a incidência de juros e multa. Requereram o provimento do recurso para que seja promovido o registro da compra e venda que teve como objeto o lote de terreno (fls. 123/126).

A douta Procuradoria Geral de Justiça opinou pelo não provimento do recurso (fls. 141/143).

É o relatório.

O registro da escritura pública de compra e venda do Lote 10 da Quadra 24 do Loteamento Cidade Parque Brasília, com área de 215,00m², objeto da matrícula nº 133.236 do 1º Registro de Imóveis de Guarulhos, foi negado porque contém referência a construção cujo valor não teria integrado a base de cálculo do imposto de transmissão "inter vivos" – ITBI e a dos emolumentos devidos para o registro (fls. 44).

Contudo, como decorre da manifestação apresentada pelo Sr. 1º Oficial de Registro de Imóveis da Comarca de Guarulhos neste procedimento de dúvida inversa, a matrícula não faz referência à construção noticiada na escritura de compra e venda (fls. 31/48).

Além disso, a averbação do prédio não foi objeto de exigência formulada para o registro da compra e venda, pois a nota de devolução se limitou à análise dos valores que seriam devidos a título de imposto de transmissão "inter vivos" e de emolumentos (fls. 44).

Em consequência, a existência da construção, ou prédio, continuará sendo alheia ao registro, o que afasta a exigência que, na forma como realizada, visa alterar o valor venal já atribuído pelo Município ao imóvel e que foi utilizado para efeito de cálculo do imposto de transmissão e para o depósito prévio dos emolumentos.

Ademais, neste caso concreto sequer seria adequada a exigência de averbação da construção que, reitero, não foi promovida pelo Oficial de Registro de Imóveis.

Assim porque a escritura pública de compra e venda é expressa ao indicar que diz respeito ao imóvel objeto da matrícula nº 133.236 do 1º Registro de Imóveis de Guarulhos, consistente em terreno formado por parte do Lote 10 da Quadra 24 do loteamento Cidade Parque Brasília, ressalvando que: "*...no referido terreno existe uma área construída, a qual é do conhecimento das partes, e que será regularizada oportunamente*" (fls. 07).

Dessa forma, a escritura pública não esclarece em que consistiria a área construída cuja averbação não foi solicitada pelos apresentantes da escritura pública.

Por esse motivo, neste caso concreto não há vedação para que a averbação da construção seja promovida posteriormente, mediante rogação dos proprietários do terreno, nos moldes de precedente deste Col. Conselho Superior da Magistratura relativo à cindibilidade dos títulos apresentados para registro:

"*EMENTA: Registro de Imóveis – Dúvida inversa – Ingresso de carta de arrematação – Recusa fundada na exigência de prévia regularização de construção cuja existência não consta do fólio real – Cindibilidade do título para registro da aquisição do terreno, descrito conforme a matrícula – Possibilidade de posterior averbação da construção, respeitado o princípio da instância – Exigência insubsistente – Recurso provido*" (APELAÇÃO CÍVEL Nº 52.723-0/5, da Comarca de SÃO VICENTE, Rel. Desembargador Sérgio Augusto Nigro Conceição, j. 10.09.1999).

Ante o exposto, dou provimento ao recurso para julgar a dúvida improcedente.

GERALDO FRANCISCO PINHEIRO FRANCO

Corregedor Geral da Justiça e Relator. (DJe de 09.03.2020 – SP)

PODER JUDICIÁRIO

TRIBUNAL DE JUSTIÇA DO ESTADO DE SÃO PAULO

CONSELHO SUPERIOR DA MAGISTRATURA

Apelação nº 1012198-72.2019.8.26.0071

Registro: 2019.000990400

ACÓRDÃO

Vistos, relatados e discutidos estes autos de **Apelação Cível nº 1012198-72.2019.8.26.0071**, da Comarca de **Bauru**, em que é apelante **CLAUDEMIR GUEDES MISQUIATI**, é apelado **1º OFICIAL DE REGISTRO DE IMÓVEIS E ANEXOS DA COMARCA DE BAURU.**

ACORDAM, em Conselho Superior de Magistratura do Tribunal de Justiça de São Paulo, proferir a seguinte decisão: **"Deram provimento ao recurso para julgar improcedente a dúvida, v.u."**, de conformidade com o voto do Relator, que integra este acórdão.

O julgamento teve a participação dos Exmos. Desembargadores **PEREIRA CALÇAS (PRESIDENTE TRIBUNAL DE JUSTIÇA) (Presidente), XAVIER DE AQUINO (DECANO), EVARISTO DOS SANTOS(PRES. DA SEÇÃO DE DIREITO PÚBLICO), CAMPOS MELLO (PRES. DA SEÇÃO DE DIREITO PRIVADO), FERNANDO TORRES GARCIA(PRES. SEÇÃO DE DIREITO CRIMINAL) E ARTUR MARQUES (VICE PRESIDENTE).**

São Paulo, 14 de novembro de 2019.

GERALDO FRANCISCO PINHEIRO FRANCO

Corregedor Geral da Justiça e Relator

Apelação Cível nº 1012198-72.2019.8.26.0071

Apelante: Claudemir Guedes Misquiati

Apelado: 1º Oficial de Registro de Imóveis e Anexos da Comarca de Bauru

VOTO Nº 37.970

Registro de Imóveis – Escritura de compra e venda – Exame da documentação juntada aos autos que demonstra a natureza rural do imóvel – Critério da localização que, por si só, não é suficiente para definir a natureza do imóvel – Exigências formuladas pelo registrador que merecem ser afastadas – Recurso provido para julgar a dúvida improcedente.

Trata-se de apelação interposta pela *Claudemir Guedes Misquiati* contra a r. sentença proferida pela MM.ª Juíza Corregedora Permanente do 1º Oficial de Registro de Imóveis, Títulos e Documentos e Civil de Pessoas Jurídicas da Comarca de Bauru/SP, que manteve o óbice apresentado para registro da escritura de compra e venda tendo por objeto o imóvel matriculado sob nº 58.914 junto àquela serventia imobiliária**[1]**.

O apelante afirma, em síntese, que na matrícula o imóvel consta como sendo rural, com número de cadastro no INCRA e NIRF, tendo sido apresentados comprovantes do CCIR e ITR atuais e devidamente quitados, além da inscrição no CAR e SICAR, de forma que a comprovação quanto à destinação do bem não se justifica. Aduz que todos os elementos necessários à identificação do imóvel rural encontram-se presentes na escritura pública levada a registro, assim como em matrícula. Ressalta que, segundo a Lei de Registros Públicos, todo imóvel cadastrado no INCRA é considerado rural, pouco importando sua utilização ou localização. Ainda, sustenta que a matrícula foi aberta no ano de 1966, quando não se cogitava da existência de fração mínima de parcelamento de solo rural, de forma que a posterior alienação da integralidade do imóvel nada tem de irregular, sobretudo se considerado o tempo já transcorrido**[2]**.

A Procuradoria Geral de Justiça opinou pelo não provimento do recurso**[3]**.

É o relatório.

Desde logo, importa anotar, a despeito do quanto consignado na r. sentença recorrida, que não se trata de dúvida inversa julgada improcedente, mas sim, de dúvida julgada procedente, com a consequente manutenção dos óbices apresentados pelo registrador.

O apelante, por meio de escritura pública de venda e compra**[4]**, adquiriu, juntamente com outras pessoas, o imóvel objeto da matrícula nº 58.914 do 1º Oficial de Registro de Imóveis, Títulos e Documentos e Civil de Pessoas Jurídicas da Comarca de Bauru/SP**[5]**. Nos termos da nota de devolução expedida, o registrador, considerando que o imóvel está localizado em zona urbana do Município de Bauru (Lei Municipal nº 2.118/1978), exigiu a apresentação de: a) comprovante de cadastro imobiliário emitido pela Prefeitura Municipal; b) comprovante de cancelamento do cadastro rural emitido pelo INCRA; c) certidão municipal de medidas e confrontações; e d) certidão de valor venal do imóvel**[6]**.

Nos termos do art. 176, § 1º, inciso II, da Lei 6.015/73, são requisitos para a identificação do imóvel rural a existência de seu código, dos dados constantes do CCIR, da denominação e de suas características, confrontações, localização e área. Todos estes elementos estão presentes na escritura levada a registro, que reproduz exatamente aquela constante da matrícula do imóvel, aberta em consideração aos elementos da transcrição anterior, como previsto na Lei de Registros Públicos (arts. 196 e 228) e nas Normas de Serviço da Corregedoria Geral da Justiça (Capítulo XX, item 46).

E muito embora a Prefeitura Municipal de Bauru tenha classificado todo o perímetro do Município como área urbana ou de expansão urbana, tal classificação não implica dizer que não haja imóveis rurais dentro dos limites de seu território, nem tem o condão de afastar automaticamente a competência tributária do INCRA sobre imóveis com destinação rural.

Não competiria ao registrador, pois, exigir o cancelamento do cadastramento do imóvel junto ao INCRA e tampouco a comprovação, pelo apelante, do uso e forma de exploração da terra. É que o critério da localização, por si só, não é suficiente para definir a natureza do imóvel para fins tributários, certo que o descadastramento do imóvel pelo INCRA, para que possa ser alterada a sua destinação, é um imperativo da Lei nº 6.766/79, que assim dispõe em seu art. 53:

> *Art. 53. Todas as alterações de uso do solo rural para fins urbanos dependerão de prévia audiência do Instituto Nacional de Colonização e Reforma Agrária – INCRA, do Órgão Metropolitano, se houver, onde se localiza o Município, e da aprovação da Prefeitura municipal, ou do Distrito Federal quando for o caso, segundo as exigências da legislação pertinente.*

Daí porque o imóvel em referência, que está identificado como Fazenda Ressaca na respectiva matrícula e no título apresentado pelo apelante, presume-se de destinação rural até que seja demonstrada, por intermédio da respectiva certidão de descadastramento junto ao INCRA, eventual alteração de sua natureza.

Não compete ao registrador, contudo, exigir esse descadastramento por ocasião do registro de um título que se encontra formalmente em ordem, razão pela qual também não se sustentam as exigências por ele formuladas no que diz respeito à imposição de cadastramento imobiliário junto à Prefeitura Municipal e apresentação de certidão municipal de medidas e confrontações, assim como de valor venal.

E nem mesmo o fato de ser o imóvel menor que a área mínima exigida pelo INCRA para exploração rural é suficiente para impedir o registro, eis que a matrícula foi aberta no ano de 1966, quando não se cogitava da existência de fração mínima de parcelamento de solo rural, de forma que a posterior alienação da integralidade do imóvel nada tem de irregular, como dispõe o item 60.2 do Capítulo XX das Normas de Serviço da Corregedoria Geral da Justiça **[7]**.

Diante do exposto, **dou provimento** ao recurso para julgar improcedente a dúvida.

GERALDO FRANCISCO PINHEIRO FRANCO

Corregedor Geral da Justiça e Relator

Notas:

[1] Fls. 140/143.

[2] Fls. 150/158.

[3] Fls. 203/206.

[4] Fls. 37/39.

[5] Fls. 40.

[6] Fls. 34/35.

[7] *60.2. Não será considerada irregular a abertura de matrícula que segue os dados existentes no registro anterior (matrícula por transporte), bem como o registro do título subsequente, quando houver coincidência entre os dados.* (DJe de 09.03.2020 – SP)

PODER JUDICIÁRIO

TRIBUNAL DE JUSTIÇA DO ESTADO DE SÃO PAULO
CONSELHO SUPERIOR DA MAGISTRATURA

Apelação nº 1010076-09.2018.8.26.0302

Registro: 2019.0000936710

ACÓRDÃO

Vistos, relatados e discutidos estes autos de **Apelação Cível nº 1010076-09.2018.8.26.0302**, da Comarca de **Jaú**, em que é apelante **MICHAEL GEAN CONTES**, é apelado **2º OFICIAL DE REGISTRO DE IMÓVEIS E ANEXOS DA COMARCA DE JAÚ**.

ACORDAM, em Conselho Superior de Magistratura do Tribunal de Justiça de São Paulo, proferir a seguinte decisão: **"Negaram provimento ao**

recurso. V. U.”, de conformidade com o voto do Relator, que integra este acórdão.

O julgamento teve a participação dos Exmos. Desembargadores **PEREIRA CALÇAS (PRESIDENTE TRIBUNAL DE JUSTIÇA) (Presidente), ARTUR MARQUES (VICE PRESIDENTE), XAVIER DE AQUINO (DECANO), EVARISTO DOS SANTOS(PRES. DA SEÇÃO DE DIREITO PÚBLICO), CAMPOS MELLO (PRES. DA SEÇÃO DE DIREITO PRIVADO) E FERNANDO TORRES GARCIA(PRES. SEÇÃO DE DIREITO CRIMINAL).**

São Paulo, 1º de novembro de 2019.

GERALDO FRANCISCO PINHEIRO FRANCO

Corregedor Geral da Justiça e Relator

Apelação Cível nº 1010076-09.2018.8.26.0302

Apelante: Michael Gean Contes

Apelado: 2º Oficial de Registro de Imóveis e Anexos da Comarca de Jaú

VOTO Nº 37.952

Registro de Imóveis – Dúvida – Registro de escritura pública de compra e venda – Negativa de registro em face da hipoteca cedular e respectivos aditivos, assim como da indisponibilidade dos imóveis decorrente de penhora em favor da Fazenda Nacional – Impossibilidade de alienação voluntária – Precedentes do Conselho Superior da Magistratura – Recurso não provido.

Trata-se de apelação interposta contra a r. sentença**[1]** da MM.ª Juíza Corregedora Permanente do 2º Oficial de Registro de Imóveis e Anexos da Comarca de Jaú/SP, que julgou procedente dúvida suscitada para o fim de manter a recusa do registro de escritura pública de compra e venda, referente aos imóveis matriculados sob nº 959 e 12.372 daquela serventia imobiliária, confirmando os óbices apresentados pelo registrador.

Alega o apelante, em síntese, que não há necessidade de anuência do credor hipotecário e tampouco do levantamento das penhoras, pois os débitos com a Fazenda Nacional estão parcelados, com a consequente suspensão da exigibilidade do crédito tributário. Entende, assim, que não há motivos para impedir o registro da escritura de compra e venda que transfere a propriedade dos imóveis para o responsável pelo parcelamento do débito existente junto ao fisco**[2]**.

A Douta Procuradoria de Justiça opinou pelo não provimento do recurso**[3]**.

É o relatório.

Pretende o apelante registrar a escritura pública de compra e venda lavrada em 15 de fevereiro de 2002, superando os óbices apresentados pelo registrador que expediu nota de devolução exigindo: 1. Anuência do credor hipotecário cedular ou cancelamento da hipoteca; 2. Levantamento das penhoras em favor da Fazenda Nacional.

O art. 59 do Decreto-lei nº 167/67 estabelece que os bens objeto de penhor ou de hipoteca constituídos por cédula de crédito rural não podem ser vendidos sem prévia anuência do credor, por escrito. E, por disposição contida no art. 1.420 do Código Civil de 2002, as pessoas que não podem alienar também não podem empenhar, hipotecar ou dar em anticrese, assim como não podem ser dados em penhor, anticrese e hipoteca os bens que não podem ser alienados.

Ao assim dispor, criou o legislador garantia exclusiva em favor dos órgãos financiadores da economia rural, por meio de norma cogente, contida em lei especial que não foi revogada pelo Código Civil de 2002. Esta espécie de indisponibilidade relativa, também instituída por outras leis em favor dos detentores de hipotecas vinculadas à cédula de crédito à exportação (art. 3º da Lei nº 6.313/75), cédula de crédito comercial (art. 5º da Lei nº 6.840/80) e cédula de crédito industrial (art. 51 do Decreto-lei nº 413/69), não conflita com as normas gerais estatuídas para a hipoteca no Código Civil de 2002, assim como não conflitava com as normas da mesma natureza contidas no Código Civil de 1916.

Daí porque, sem expressa anuência do credor hipotecário ou cancelamento das hipotecas, os imóveis não podem mesmo ser alienados, o que torna correto o primeiro óbice apresentado pelo registrador.

E o outro óbice apontado na nota de devolução também é intransponível. A propósito da indisponibilidade, prevê o art. 53, § 1º, da Lei 8.212/91:

“Art. 53. Na execução judicial da dívida ativa da União, suas autarquias e fundações públicas, será facultado ao exequente indicar bens à penhora, a qual será efetivada concomitantemente com a citação inicial do devedor.

§ 1º Os bens penhorados nos termos deste artigo ficam desde logo indisponíveis.”

A redação da norma permite concluir que, penhorado o imóvel por dívida ativa da União, de suas autarquias ou de suas fundações públicas, de pronto estará indisponível o bem. E, por conseguinte, atos de voluntária alienação ficarão obstados pela indisponibilidade que o afeta.

Há precedentes sobre a questão aqui debatida. A alienação fiduciária, tendo por objeto os imóveis versados nos autos, configura negócio voluntário defeso em face de sua indisponibilidade. A respeito do tema, já ficou decidido que:

"O Conselho Superior da Magistratura tem entendimento pacífico de que, embora a indisponibilidade não impeça a alienação forçada, obsta a voluntária. Subsistente a penhora, advinda de dívida com o INSS, a indisponibilidade, decorrente do art. 53, § 1º, da Lei nº 8.212/91, impede a alienação voluntária e, via de consequência, o registro da escritura." (Apelação nº 1003418-87.2015.8.26.0038, Rel. Pereira Calças, j. 25.04.2016).

"Registro de Imóveis – Dúvida – Escritura pública de confissão de dívida com pacto adjeto de constituição de propriedade fiduciária e outras avenças – Imóvel indisponível – Penhora, em execução fiscal, a favor da Fazenda Nacional e da União – Recusa do registro com base no artigo 53, § 1º, Lei 8.212/91 – Alienação voluntária – Irrelevância da aquisição anterior por alienação forçada – Registro inviável – Dúvida procedente – Recurso desprovido, com observação." (Apelação nº 3003761-77.2013.8.26.0019, Rel. Elliot Akel, j. 03.06.2014).

Diante do exposto, pelo meu voto, **nego provimento** ao recurso.

GERALDO FRANCISCO PINHEIRO FRANCO

Corregedor Geral da Justiça e Relator

Notas:

[1] Fls. 57/62.

[2] Fls. 71/77.

[3] Fls. 97/98. (DJe de 09.03.2020 – SP)

PODER JUDICIÁRIO

TRIBUNAL DE JUSTIÇA DO ESTADO DE SÃO PAULO

CONSELHO SUPERIOR DA MAGISTRATURA

Apelação n° 0001775-96.2015.8.26.0140

Registro: 2019.0000936698

ACÓRDÃO

Vistos, relatados e discutidos estes autos de **Apelação Cível nº 0001775-96.2015.8.26.0140**, da Comarca de **Chavantes**, em que é apelante **DOUGLAS ROBERTO CRUZ**, é apelado **OFICIAL DE REGISTRO DE IMÓVEIS E ANEXOS DA COMARCA DE CHAVANTES.**

ACORDAM, em Conselho Superior de Magistratura do Tribunal de Justiça de São Paulo, proferir a seguinte decisão: **"Negaram provimento ao recurso e mantiveram a procedência da dúvida, V. U."**, de conformidade com o voto do Relator, que integra este acórdão.

O julgamento teve a participação dos Exmos. Desembargadores **PEREIRA CALÇAS (PRESIDENTE TRIBUNAL DE JUSTIÇA) (Presidente), ARTUR MARQUES (VICE PRESIDENTE), XAVIER DE AQUINO (DECANO), EVARISTO DOS SANTOS(PRES. DA SEÇÃO DE DIREITO PÚBLICO), CAMPOS MELLO (PRES. DA SEÇÃO DE DIREITO PRIVADO) E FERNANDO TORRES GARCIA(PRES. SEÇÃO DE DIREITO CRIMINAL).**

São Paulo, 1º de novembro de 2019.

GERALDO FRANCISCO PINHEIRO FRANCO

Corregedor Geral da Justiça e Relator

Apelação Cível nº 0001775-96.2015.8.26.0140

Apelante: Douglas Roberto Cruz

Apelado: Oficial de Registro de Imóveis e Anexos da Comarca de Chavantes

VOTO Nº 37.930

Registro de Imóveis – Dúvida julgada procedente – Contrato particular de cessão de compromisso de compra e venda – Divergências nas descrições das medidas perimetrais e da área total do imóvel contidas no contrato e na matrícula – Pretensão de registro abrangendo imóvel com medidas perimetrais e área total superiores às previstas no contrato – Impossibilidade – Recurso não provido.

Trata-se de apelação interposta contra r. sentença que julgou procedente a dúvida suscitada pela Sra. Oficial de Registro de Imóveis, Títulos e Documentos e Civil de Pessoa Jurídica da Comarca de Chavantes e manteve a recusa do registro de contrato de cessão de compromisso de compra e venda de imóvel porque não rubricado em todas as páginas e porque as medidas perimetrais e área total contidas no contrato e na matrícula não coincidem.

O apelante alegou, em suma, que no contrato de cessão de compromisso de compra e venda o imóvel foi identificado como o lote 25 da quadra 07, decorrendo a divergência na indicação da área total de 250m^2 de mero equívoco dos contratantes, pois a área correta é de 300m^2 conforme indicado na matrícula. Asseverou que o contrato permite a perfeita identificação do imóvel, o que afasta a necessidade de sua retificação. Por sua vez, a rubrica em todas as páginas não constitui requisito de validade do negócio jurídico. Esclareceu, por fim, que já preencheu todos os requisitos para a aquisição do domínio pela usucapião, consistindo o registro formalidade de que não decorrerá prejuízo para terceiros (fls. 59/63).

A douta Procuradoria Geral de Justiça opinou pelo não provimento do recurso (fls. 88/89).

É o relatório.

O registro do contrato particular de cessão de compromisso de compra e venda do lote 25 da quadra 07 do Jardim das Paineiras foi negado porque falta a rubrica das partes em todas as páginas e porque as medidas perimetrais e a área total do imóvel descritas no contrato são inferiores às contidas na matrícula.

Conforme previsto no art. 221, inciso II, da Lei nº 6.015/73, para o seu registro os contratos particulares deverão ser assinados pelas partes e testemunhas, com as firmas reconhecidas, sem dispor sobre a necessidade de rubrica em todas as páginas:

"Art. 221 – Somente são admitidos registro:

I – escrituras públicas, inclusive as lavradas em consulados brasileiros;

II – escritos particulares autorizados em lei, assinados pelas partes e testemunhas, com as firmas reconhecidas, dispensado o reconhecimento quando se tratar de atos praticados por entidades vinculadas ao Sistema Financeiro da Habitação;".

Essa exigência também não decorre do Código Civil que dispõe:

"Art. 221. O instrumento particular, feito e assinado, ou somente assinado por quem esteja na livre disposição e administração de seus bens, prova as obrigações convencionais de qualquer valor; mas os seus efeitos, bem como os da cessão, não se operam, a respeito de terceiros, antes de registrado no registro público".

Diante da inexistência de previsão legal específica, este Col. Conselho Superior da Magistratura já decidiu que a rubrica em todas as páginas do contrato particular não é requisito essencial para o registro:

"REGISTRO DE IMÓVEIS – Instrumento particular de locação – Exigência de rubrica da locadora nas páginas do contrato – Desnecessidade – Exigência que não encontra respaldo na Lei nº 6.05/73 nem nas Normas de Serviço da Corregedoria Geral da Justiça – Assinatura da locadora devidamente reconhecida por notário – Recurso provido"(CSM, Apelação Cível nº 0026786-24.2013.8.26.0100, Rel. Desembargador Elliot Akel, j. 18/03/2014).

Contudo, não se ignora que as rubricas em todas as páginas se destina à confirmar sua ligação com a página do contrato assinada e que teve as firmas reconhecidas, o que, em tese, permitiria afastar o registro diante de fato indicativo de que o contrato apresentado não corresponde ao seu conteúdo original.

No presente caso, porém, não há qualquer elemento que permita afastar a autenticidade do contrato particular apresentado para registro, o que dispensa a exigência de rubrica, também pelo vendedor, da primeira página.

Por sua vez, embora identificado como lote 25 da quadra 07 do Jardim das Paineiras, Município de Chavantes, o contrato de cessão descreve o imóvel como: *"...medindo 10 metros de frente por 25 metros de frente aos fundos, perfazendo o total de 250m²"* (fls. 04).

A matrícula nº 2.832, porém, mostra que o lote 25 da quadra 07 tem área total de 300,00m², formada pelas seguintes medidas perimetrais:

"...mede 10,00m, do lado direito, para quem se coloca de costas para o terreno, confrontando com o lote 26, mede 30,00 metros; do lado esquerdo, confrontando com o lote 24, mede 30,00 metros e; nos fundos confrontando com o lote 02, mede 10,00 metros, sem benfeitorias" (fls. 16).

Assim, o contrato particular de cessão de compromisso de compra e venda diverge da matrícula na área total e, mais, na descrição das medidas perimetrais do imóvel cedido, pois o bem cedido tem comprimento de 25 metros da frente aos fundos, o que é compatível com a formação da área total de 250,00m².

Não se cuida, portanto, de mero equívoco perceptível pela eventual discrepância entre área total formada pelas medidas perimetrais descritas no contrato e aquela indicada pelas partes do negócio jurídico.

Ao contrário, as medidas perimetrais descritas para o imóvel cedido formam área total de 250,00m², o que impede o registro da cessão para que abranja a totalidade de imóvel que tem medidas perimetrais distintas e área total de 300,00m².

Diante disso, o registro não se mostra possível.

Essa solução não se altera pela alegação de que estão preenchidos os requisitos para aquisição do domínio pela usucapião, uma vez que o processo de dúvida diz respeito, somente, à possibilidade de registro do título na forma como prenotado.

Ante o exposto, nego provimento ao recurso e mantenho a procedência da dúvida.

GERALDO FRANCISCO PINHEIRO FRANCO
Corregedor Geral da Justiça e Relator (DJe de 09.03.2020 – SP)

PODER JUDICIÁRIO

TRIBUNAL DE JUSTIÇA DO ESTADO DE SÃO PAULO

CONSELHO SUPERIOR DA MAGISTRATURA

Apelação nº 1034896-82.2019.8.26.0100
Registro: 2019.0001031993

ACÓRDÃO

Vistos, relatados e discutidos estes autos de **Apelação Cível nº 1034896-82.2019.8.26.0100**, da Comarca de **São Paulo**, em que é apelante **ALLPARK EMPREENDIMENTOS, PARTICIPAÇÕES E SERVIÇOS S/A**, é apelado **4º OFICIAL DE REGISTRO DE IMÓVEIS DA COMARCA DA CAPITAL**.

ACORDAM, em Conselho Superior de Magistratura do Tribunal de Justiça de São Paulo, proferir a seguinte decisão: **"Deram provimento à apelação para julgar improcedente a dúvida e afastar o óbice apresentado pelo registrador, v.u.",** de conformidade com o voto do Relator, que integra este acórdão.

O julgamento teve a participação dos Exmos. Desembargadores **PEREIRA CALÇAS (PRESIDENTE TRIBUNAL DE JUSTIÇA) (Presidente), ARTUR MARQUES (VICE PRESIDENTE), XAVIER DE AQUINO (DECANO), EVARISTO DOS SANTOS(PRES. DA SEÇÃO DE DIREITO PÚBLICO), CAMPOS MELLO (PRES. DA SEÇÃO DE DIREITO PRIVADO) E FERNANDO TORRES GARCIA(PRES. SEÇÃO DE DIREITO CRIMINAL).**

São Paulo, 26 de novembro de 2019.

GERALDO FRANCISCO PINHEIRO FRANCO

Corregedor Geral da Justiça e Relator

Apelação Cível nº 1034896-82.2019.8.26.0100

Apelante: Allpark Empreendimentos, Participações e Serviços S/A

Apelado: 4º Oficial de Registro de Imóveis da Comarca da Capital

VOTO Nº 37.932

Registro de imóveis – Negativa de registro de escritura de compra e venda de conjunto de vagas autônomas de garagem – Convenção de condomínio que prevê a necessidade de utilização de manobristas na garagem e permite a exploração comercial das vagas, inclusive por meio de cessão de uso temporário a terceiros não proprietários das unidades autônomas do condomínio – Características específicas do empreendimento que permitem a alienação de grupos de vagas de garagem sem vinculação às unidades comerciais – Recurso provido.

Trata-se de recurso de apelação interposto por *Allpark Empreendimentos, Participações e Serviços S/A* contra a sentença proferida pela MM.ª Juíza Corregedora Permanente do 4º Registro de Imóveis da Capital, que manteve a recusa de registro da escritura de compra e venda de unidades autônomas de vagas de garagem em empreendimento comercial objeto da matrícula nº 181.338 daquela serventia imobiliária, por não ser possível a alienação a pessoas estranhas ao condomínio sem que exista autorização expressa na convenção de condomínio nesse sentido (fls. 161/163).

Alega a apelante, em síntese, não ser pessoa estranha ao condomínio, eis que é condômina do empreendimento, tendo adquirido as vagas de garagem em questão da própria incorporadora do empreendimento. Aduz que não se trata de comercialização de uma mera vaga de garagem, mas de um conjunto de vagas autônomas de garagem, dissociadas dos escritórios e lojas, constituídas pelo incorporador com o único objetivo de viabilizar a exploração comercial da garagem do empreendimento, por meio de empresa especializada, visando atender à demanda externa. Ressalta que a cláusula 10.8 da Convenção de Condomínio estabelece a destinação das vagas constituídas no empreendimento, prevendo que apenas a administradora da garagem poderá explorar a vacância e a rotatividade do estacionamento, o que leva à conclusão de que pode ser proprietária das vagas referidas. Acrescenta que a Convenção de Condomínio faz referência à possibilidade de alienação de vagas autônomas de garagem, impondo à Administradora da Garagem o dever de garantir o direito ao uso das vagas de garagem destinadas a cada condômino proprietário ou locatário das unidades autônomas escritórios e lojas, assim como ao proprietário das demais unidades autônomas vagas de garagem (cláusula 10.8.1). Ressalta que os grupos de vagas de garagem constituem unidades autônomas, aptas a serem comercializadas de modo individualizado e independente de qualquer outra unidade (fls. 170/179).

A Procuradoria de Justiça opinou pelo não provimento do recurso (fls. 213/214).

É o relatório.

A apelante, por meio de escritura pública de compra e venda (fls. 119/130), adquiriu de "BNI Ônix Desenvolvimento Imobiliário Ltda." grupos de garagens destinadas a estacionamento, matriculados sob nos 187.238 a 187.259, localizados no empreendimento Condomínio "Vila Olímpia Prime Offices". A qualificação negativa do título está fundada no fato de não ser a compradora proprietária de unidade autônoma do edifício (art. 1.331, § 1º, do Código Civil) e de não haver expressa previsão, na convenção condominial, da possibilidade de transmissão de vagas de garagem a terceiros estranhos ao condomínio (fls. 152).

No entanto, do Memorial de Incorporação e na Convenção de Condomínio, em que indicadas, dentre outros dados, as áreas e frações ideais das unidades autônomas (fls. 34/118), consta que o condomínio é composto por 01 unidade autônoma loja e 261 unidades autônomas escritórios (cláusula 2.1, fls. 43), sendo que na área comum de cada unidade autônoma escritório está incluída 01 vaga de garagem e na unidade autônoma loja, 05 vagas de garagem, todas indeterminadas (cláusula 2.2.1, fls. 48). Consta, também, que o condomínio é composto por 17 unidades autônomas de vagas de garagem individuais (cláusula 2.6, fls. 49) e, ainda, por 22 unidades autônomas de grupos de vagas de garagem (cláusula 2.7, fls. 50).

Veja-se que há previsão no sentido de que as vagas de garagem, bem como os blocos de vagas de garagem não participam do rateio das despesas ordinárias e extraordinárias do condomínio (cláusula 6.2, fls. 73).

Além disso, no Capítulo X, há disposições que tratam das vagas de garagem integrantes das áreas comuns das unidades autônomas, sendo expressamente vedada sua alienação destacada da unidade autônoma, seja a condômino ou a terceiro (cláusula 10.4, fls. 80).

Por outro lado, há regras próprias para 17 unidades autônomas de vagas de garagem individuais (cláusula 10.5, fls. 80) e, por fim, para as 22 unidades autônomas de grupos de vagas de garagem (cláusula 10.6, fls. 81).

Está previsto, ademais, que a Administradora da garagem pode explorar comercialmente as vagas (cláusula 10.8.1, item "i", fls. 84), inclusive por meio de cessão de uso temporário das vagas a terceiros não proprietários das unidades autônomas do condomínio (cláusula 10.8.1, item "xii", fls. 85), cabendo-lhe, em contrapartida, arcar com os custos de manutenção das áreas de estacionamento (cláusula 10.8.1, item "iii", fls. 84) e garantir o direito de uso das vagas de garagem destinadas a cada condômino proprietário ou locatário das unidades autônomas escritórios e loja, assim como ao proprietário das demais unidades autônomas vagas de garagem (cláusula 10.8.1, item "v", fls. 84).

Como se vê, há disposições específicas para as vagas de garagem integrantes das áreas comuns das unidades autônomas e para as demais unidades autônomas de vagas de garagem individuais, assim como para as unidades autônomas de grupos de vagas de garagem. A todo momento, a Convenção de Condomínio as trata de forma independente e diferenciada.

Apenas em relação às primeiras, ou seja, às vagas de garagem integrantes das áreas comuns das unidades autônomas (loja e escritórios) é que existe expressa vedação à sua alienação desvinculada da unidade autônoma, seja a condômino ou a terceiro. Por essa razão, a MM.ª Juíza Corregedora Permanente entendeu que, em relação às demais espécies de vagas de garagem, a não vedação não implica a autorização para venda a terceiros, o que, à luz do disposto no art. 1.331, § 1º, do Código Civil, estaria absolutamente correto, ao menos em princípio. O silêncio, como resulta da mencionada norma, haveria mesmo de ser tomado como óbice intransponível à alienação a terceiros.

É que o intuito do legislador parece ter sido o de aprimorar a segurança das unidades condominiais, ao vedar, exceto na hipótese de explícito consentimento na convenção, que pessoas a elas alheias circulem pelo edifício apenas porque proprietárias de vagas de garagem.

Ocorre que, no caso concreto, as disposições trazidas na Convenção de Condomínio levam à conclusão diversa.

Assim se afirma, pois a apelante adquiriu unidades autônomas de grupos de vagas de garagem e assumiu junto à incorporadora/vendedora a obrigação contratual de atuar, no edifício, como administradora da garagem (fls. 131/137). Esses 22 grupos adquiridos totalizam 104 vagas de garagem, cada grupo com matrícula própria, totalmente desvinculadas das unidades autônomas denominadas loja e escritórios.

Ora, não faria sentido admitir que esses grupos de garagem estivessem, necessariamente, ligados a uma loja ou escritório, sobretudo porque prevista, na convenção de condomínio, a obrigatoriedade de uso de manobristas e custeio da manutenção do estacionamento pela administradora da garagem. É evidente, nesse empreendimento específico, que tais vagas são unidades autônomas passíveis de alienação sem qualquer vinculação às unidades comerciais, eis que podem ser destinadas ao uso do público externo mediante exploração comercial, como expressamente consta da Convenção de Condomínio.

Importa anotar, por fim, que o registro pretendido não atingirá o interesse dos demais condôminos, certo que em nada interferirá nas áreas comuns ou em suas áreas privativas.

Diante do exposto, **dou provimento** à apelação para julgar improcedente a dúvida e afastar o óbice apresentado pelo registrador.

GERALDO FRANCISCO PINHEIRO FRANCO

Corregedor Geral da Justiça e Relator. (DJe de 31.03.2020 – SP)

CONDOMÍNIO

PODER JUDICIÁRIO

TRIBUNAL DE JUSTIÇA DO ESTADO DE SÃO PAULO

CONSELHO SUPERIOR DA MAGISTRATURA

Apelação Cível nº 0002775-62.2019.8.26.0344

Registro: 2020.000413365

ACÓRDÃO

Vistos, relatados e discutidos estes autos de **Apelação Cível nº 0002775-62.2019.8.26.0344**, da Comarca de **Marília**, em que é apelante **CM 2 EMPREENDIMENTOS IMOBILIÁRIOS SPE LTDA**, é apelado **2º OFICIAL DE REGISTRO DE IMÓVEIS DA COMARCA DE MARÍLIA.**

ACORDAM, em Conselho Superior de Magistratura do Tribunal de Justiça de São Paulo, proferir a seguinte decisão: **"Negaram provimento ao recurso, com observação, v.u."**, de conformidade com o voto do Relator, que integra este acórdão.

O julgamento teve a participação dos Exmos. Desembargadores **PINHEIRO FRANCO (PRESIDENTE TRIBUNAL DE JUSTIÇA) (Presidente), LUIS SOARES DE MELLO (VICE PRESIDENTE), XAVIER DE AQUINO (DECANO), GUILHERME G. STRENGER (PRES. SEÇÃO DE DIREITO CRIMINAL), MAGALHÃES COELHO(PRES. DA SEÇÃO DE DIREITO PÚBLICO) E DIMAS RUBENS FONSECA (PRES. DA SEÇÃO DE DIREITO PRIVADO).**

São Paulo, 5 de junho de 2020.

RICARDO ANAFE

Corregedor Geral da Justiça e Relator

Apelação Cível nº 0002775-62.2019.8.26.0344

Apelante: CM 2 Empreendimentos Imobiliários SPE LTDA

Apelado: 2º Oficial de Registro de Imóveis da Comarca de Marília

VOTO Nº 31.085

Registro de Imóveis – Dúvida julgada procedente – Registro da instituição de condomínio edilício – Área de propriedade e de uso comum, não construída, que apesar de indicada nas descrições das unidades autônomas não foi descrita na instituição de condomínio e no memorial que o integra – Critério puramente quantitativo que não serve para aferir a existência, ou não, de condomínio edilício – Ausência de indícios de fraude às disposições legais que tratam do parcelamento do solo – Divergência entre as áreas da planta baixa do empreendimento – Óbice mantido Memorial de incorporação que não atende ao princípio da especialidade objetiva – Necessidade de adequação – Nega-se provimento ao recurso, com observação.

1. Trata-se de apelação interposta por *CM 2 Empreendimentos Imobiliários SPE Ltda*, contra a r. sentença proferida pelo MM. Juiz Corregedor Permanente do 2º Oficial de Registro de Imóveis da Comarca de Marília/SP, que manteve o óbice apresentado ao registro da instituição de condomínio edilício na matrícula nº 61.327 daquela serventia imobiliária (fls. 99/103).

Sustenta o apelante, em suma, que a Prefeitura aprovou o projeto e expediu alvará de construção autorizando que cada loja recebesse números próprios da via pública; que pretende a instituição para preservação e manutenção de uma única edificação, uma única fachada, sobretudo um único terreno, nos termos da Lei nº 4.591/64; que houve equívoco do registrador porque a área comum total corresponde a 20,91% de área comum total; que a hipótese não se enquadra no "condomínio urbano simples" da Lei nº 13.465/2017; que a concessão de números próprios para a via pública decorre do fato de não existir acesso comum, tipo portaria ou recepção; que as divergências entre as medidas internas das unidades e do quadro de áreas decorrem do desconto das medidas da espessura das paredes em razão de sua meação. Requer o provimento do recurso e a determinação de registro do condomínio (fls. 111/118).

O título foi apresentado para exame e cálculo, tendo sido devolvido com as seguintes exigências pelo registrador: "– Atestado de idoneidade financeira mencionando o empreendimento; – Retificar na planta e na convenção a referência a números da rua diversos para cada unidade, pois o condomínio exige um único número para todo o prédio, ficando cada unidade com a designação de loja 6, 7, etc.; – Esclarecer a divergência de áreas constantes da planta de fls. 18, constando uma área no quadro de áreas e outra nas unidades; – Efetuar depósito de R$ 7.757,95" (fl. 65).

A interessada cumpriu a primeira e a última exigências, insurgiu-se em relação às demais e insistiu no registro da incorporação. Efetuou o protocolo do título (fl. 12), requerendo, caso mantida a qualificação negativa do título, a suscitação de dúvida pelo Sr. Oficial Registrador (fls. 68/73).

A Procuradoria Geral de Justiça opina pelo não provimento do recurso (fls. 150/153).

É o relatório.

2. A dúvida foi suscitada pelo 2º Oficial de Registro de Imóveis da Comarca de Marília/SP, a requerimento da ora apelante, que não se conformou com a exigência de retificação da planta e da convenção, a fim de que passe a constar um único número para todo o prédio, e tampouco com a exigência de esclarecimentos quanto à divergência de áreas, ambas apontadas na nota devolutiva expedida (fl. 64).

Da análise das razões da dúvida suscitada pelo registrador, observam-se dois fundamentos distintos para a recusa. O primeiro diz respeito à descaracterização do condomínio em sentido amplo, por conta da existência de área comum ínfima em relação à área construída, numeração distinta para cada unidade e acesso autônomo de cada uma para a via pública. Entendeu o Oficial pela possibilidade de conversão do pedido para um condomínio urbano simples, na forma da Lei nº 13.465/2017, o que não foi aceito pela incorporadora. O segundo está relacionado à necessidade de correção da planta baixa do condomínio junto à Prefeitura, após os esclarecimentos prestados pela incorporadora a respeito da divergência nas áreas de cada unidade prevista.

O primeiro óbice apresentado pelo Oficial deve ser afastado.

A instituição de condomínio edilício exige a comprovação da ocorrência das circunstâncias de fato descritas nos arts. 1.331 e seguintes do Código Civil, especialmente a existência de edificação em que se observem partes que são de propriedade exclusiva e partes que são de propriedade comum dos condôminos. E no que tange à propriedade comum, há de se considerar que esta, seja quanto à extensão de área, seja quanto à sua especificação, deve indicar com segurança que serve a todas as unidades autônomas, tanto em relação à fruição pelos proprietários, quanto à própria estrutura do bem, ou indicar a unidade que dela poderá usufruir exclusivamente.

No caso concreto, apesar da existência de pequena área de uso comum em relação às áreas das unidades autônomas, da numeração própria e do acesso exclusivo à via pública para cada uma dessas unidades autônomas, ficou satisfatoriamente demonstrada a existência de um condomínio edilício.

Com efeito, da análise do memorial descritivo e, particularmente, da planta baixa do empreendimento, observa-se a construção de cinco unidades autônomas, para fins comerciais, com previsão de áreas comuns que se caracterizam como parcela essencial e única para todas aquelas. Além do solo, tem-se a previsão de propriedade comum a todos os condôminos nas paredes divisórias, fachada, compartimentos de luz, troncos de entrada de serviços públicos, muros e gradis externos e jardins, a indicar a efetiva existência de um condomínio em seu sentido funcional.

O projeto é claro na indicação da pretensão do incorporador: criar um condomínio de estabelecimentos comerciais na forma de lojas, em área comum defronte a futuro empreendimento habitacional, sem indícios, pois, de que há intenção de fraudar a legislação específica do parcelamento de solo.

O precedente citado pelo Oficial não encontra aplicação no caso concreto, por conta da divergência de fatos a afastar a mesma solução jurídica. Naquele caso (Apelação CSM nº 1066651-03.2014.8.26.0100), as casas não possuíam uma área de propriedade comum, a não ser pela existência de uma churrasqueira que já havia sido construída em data anterior ao projeto. Como se vê, o paradigma, em seu aspecto fático, é diverso do caso em análise. Em termos amplos, o precedente citado refere-se a um caso de simulação relativa, em que a instituição do condomínio visava ocultar uma divisão ilícita da propriedade urbana.

Na hipótese dos autos, entretanto, não se vislumbra nenhuma intenção de burlar à legislação urbanística. A divisão das unidades comerciais prevista no projeto não só atende à sua finalidade econômica, mas também à ocupação lícita e viável do solo, sem significar desrespeito à legislação.

O condomínio a ser instituído, nesse aspecto, está em conformidade com a lei, pois conjuga o exercício da propriedade exclusiva com o uso de áreas de propriedade comum, administrada em favor dos condôminos.

Note-se que a existência de numeração distinta para cada uma das unidades autônomas, todas com acesso à via pública a partir de uma área comum, não traduz por si só um parcelamento irregular do solo urbano. Embora o acesso comum seja um dos elementos identificáveis do condomínio instituído, não se mostra obrigatório, especialmente em casos como o presente.

A situação fática, como se vê, não pode ser comparada à previsão de um conjunto de residências, com numeração própria e acesso à via pública individualizado, sem a existência efetiva de uma área comum.

Assim, o primeiro fundamento da recusa, qual seja, a inexistência de propriedade comum suficiente à caracterização do condomínio, merece ser afastado.

Contudo, o segundo fundamento de recusa está correto.

Conforme sustenta o Oficial, há divergência entre as áreas da planta baixa do empreendimento, constando uma medida das unidades no desenho dos imóveis e outra no quadro de áreas.

A propósito, a apelante justificou a divergência ao argumento de que "as medidas corretas são aquelas constantes no quadro da planta, conforme respectivo alvará de construção e inclusa declaração anexa da Incorporadora junto com Arquiteto responsável pelo projeto (DOC. 2), pela qual, foi utilizada para elaborar o respectivo quadro de áreas da Tabela NBR" (*sic*, fl. 68).

Ora, ainda que os esclarecimentos apresentados pela apelante pudessem ser aceitos, mostra-se imprescindível a correção da planta baixa aprovada pela Prefeitura Municipal. Tal providência é essencial para que se permita o ingresso do título, eis que a representação gráfica do condomínio a ser instituído, com especificação de todas as dimensões das unidades e partes comuns, deve ser única, seja na planta aprovada pelo Município, seja na descrição feita no projeto de construção constante no pedido de alvará para realização da obra.

A manutenção de parte das exigências feitas pelo Oficial, por si só, é suficiente para o acolhimento da dúvida e, consequentemente, para negativa de ingresso do título junto ao fólio real.

Entretanto, há ainda outro óbice a impedir o registro requerido. No caso concreto, o princípio da especialidade objetiva foi desrespeitado, havendo descrição insuficiente das áreas de uso comum, não construídas, no memorial de incorporação, o que impede a identificação, no plano espacial, de sua exata localização dentro do condomínio.

A instituição de condomínio deve descrever, com precisão, a localização e o regramento do uso das áreas comuns em relação às unidades autônomas. O art. 8º da Lei nº 4.591/1964 indica a necessidade de se discriminar, com precisão, as partes comuns do bem imóvel objeto da instituição do condomínio, o que pressupõe também a descrição precisa de sua localização e a previsão geral de seu uso, dando-se publicidade à forma de uso da propriedade pelos condôminos.

"Art. 8º. Quando, em terreno onde não houver edificação, o proprietário, o promitente comprador, o cessionário deste ou o promitente cessionário sobre ele desejar erigir mais de uma edificação, observar-se-á também o seguinte:

(...)

c) serão discriminadas as partes do total do terreno que poderão ser utilizadas em comum pelos titulares de direito sobre os vários tipos de unidades autônomas;

d) serão discriminadas as áreas que se constituírem em passagem comum para as vias públicas ou para as unidades entre si."

O mesmo comando se observa, de forma geral, para todos os condomínios de prédios, consoante disposto nos arts. 1.331 e 1.332 do Código Civil, exigindo-se a discriminação e a individualização das partes comuns que irão compor o condomínio.

No caso concreto, o memorial de incorporação do "Condomínio Comercial II Villa Felicittà Brigadeiro" assim descreve as partes comuns do empreendimento:

"**A) PARTES COMUNS** – consubstanciada de coisas e áreas de uso comum dos condôminos, inalienáveis e indivisíveis, acessórias e indissoluvelmente ligadas às unidades autônomas, tal como definidas no artigo 3º da Lei n. 4.591/64, a saber: o terreno em que se levantam as edificações e suas instalações; as estruturas de alvenaria e suas fundações, as paredes externas de cada unidade; as paredes internas divisórias entre as unidades autônomas e entre estas e as partes comuns; as fachadas de cada unidade e seus ornamentos (exclusiva janelas das unidades autônomas); os compartimentos dos medidores de luz; os telhados que cobrem as unidades autônomas; os fios e encanamentos; a (*sic*) caixas d'água; os troncos de entrada de água, eletricidade, telefone e os de saída de esgoto e todos os respectivos ramais que servem as dependências e uso comum; os condutores de águas pluviais; bem como, as áreas do subsolo; os muros e gradis externos; **os jardins e os passeios e respectivas (*sic*) e rebaixamento de guias para acesso as unidades e demais benfeitorias** (g.n.)."

Não há descrição precisa, no memorial, das medidas e localização dos jardins, passeios e eventuais áreas comuns de acesso às unidades autônomas, observando-se, inclusive, erro material no documento a impedir a correta identificação de alguma estrutura que seria indicada após a partícula "respectivas", constante no item VIII, A, parte final do documento (fl. 18).

Nem é possível, da análise da planta baixa do condomínio, identificar de forma clara e isenta de dúvidas a localização das áreas comuns, a fim de se aferir sua correspondência com as medidas indicadas no memorial de incorporação, bem como para que o registro das unidades condominiais futuras possa dar publicidade das áreas comuns de uso exclusivo ou não, como, por exemplo, o acesso à via pública, defronte aos cinco prédios (fl. 80).

Como se vê, o memorial de incorporação não respeita o princípio da especialidade objetiva, impedindo seu registro na matrícula do imóvel a ser incorporado, sob pena de ofensa ao art. 176 da Lei nº 6.015/1973, perfeitamente aplicável aos casos de registro de memoriais de incorporação para fins de implantação de condomínios.

Assim, sem a devida adequação do memorial de incorporação ao princípio da especialidade objetiva, também não há como se admitir o ingresso do título junto ao fólio real.

À vista do exposto, **NEGO PROVIMENTO**, com observação.

RICARDO ANAFE

Corregedor Geral da Justiça e Relator. (– DJe de 19.06.2020 – SP)

PODER JUDICIÁRIO

TRIBUNAL DE JUSTIÇA DO ESTADO DE SÃO PAULO

CONSELHO SUPERIOR DA MAGISTRATURA

Apelação Cível nº 1000808-95.2018.8.26.0506

Registro: 2020.0000413373

ACÓRDÃO

Vistos, relatados e discutidos estes autos de **Apelação Cível nº 1000808-95.2018.8.26.0506**, da Comarca de **Ribeirão Preto**, em que são apelantes **RENATO PIRES DE CAMPOS NETO e ROGERIO PANICO PERES**, é apelado **1º OFICIAL DE REGISTRO DE IMÓVEIS E ANEXOS DA COMARCA DE RIBEIRÃO PRETO.**

ACORDAM, em Conselho Superior de Magistratura do Tribunal de Justiça de São Paulo, proferir a seguinte decisão: **"Deram provimento ao recurso e julgaram improcedente a dúvida, v.u."**, de conformidade com o voto do Relator, que integra este acórdão.

O julgamento teve a participação dos Exmos. Desembargadores **PINHEIRO FRANCO (PRESIDENTE TRIBUNAL DE JUSTIÇA) (Presidente), LUIS SOARES DE MELLO (VICE PRESIDENTE), XAVIER DE AQUINO (DECANO), GUILHERME G. STRENGER (PRES. SEÇÃO DE DIREITO CRIMINAL), MAGALHÃES COELHO(PRES. DA SEÇÃO DE DIREITO PÚBLICO) E DIMAS RUBENS FONSECA (PRES. DA SEÇÃO DE DIREITO PRIVADO).**

São Paulo, 5 de junho de 2020.

RICARDO ANAFE

Corregedor Geral da Justiça e Relator

Apelação Cível nº 1000808-95.2018.8.26.0506

Apelantes: Renato Pires de Campos Neto e Rogerio Panico Peres

Apelado: 1º Oficial de Registro de Imóveis e Anexos da Comarca de Ribeirão Preto

VOTO Nº 31.151

Registro de Imóveis – Recusa de ingresso de pedido de instituição de condomínio e registro condominial – Exigência de apresentação de CND referente à construção – Averbação da construção e registro da instituição do condomínio promovidos pelos adquirentes das unidades em razão da inércia da construtora e incorporadora – Dispensa da CND – Ausência de solidariedade em face do que dispõe o art. 30, VII, da Lei n.º 8.212/91 – Recurso provido.

1. Cuida-se de recurso de apelação interposto por **RENATO PIRES DE CAMPOS NETO** e **ROGÉRIO PANICO PERES** contra a r. sentença que julgou procedente a dúvida suscitada pelo 1º Oficial de Registro de Imóveis da Comarca de Ribeirão Preto quanto à exigibilidade de certidão negativa de contribuições previdenciárias - CND para a instituição do Condomínio Edifício Arcádia e registro condominial na matrícula n.º 70.079.

A Nota de Exigência indicou como motivos de recusa do ingresso do título: "*1.- Apresentar a certidão negativa de débitos previdenciário CND/INSS relativa à construção do empreendimento, nos termos do artigo 47, inciso II da Lei Federal n. 8212/91, observando se o disposto no artigo 48 do mesmo diploma legal; 2.- Informamos que o imóvel matriculado sob n. 70.079 encontra-se gravado com os ônus abaixo relacionados, não constituindo óbice ao registro pretendido. Todavia, aqueles objetos dos atos n. 10,20 e 21 impedem futura transmissão das unidades autônomas pela devedora proprietária E.C Empreendimentos Imobiliários a saber: (em resumo: 10 - penhora do INSS, 20 - Indisponibilidade determinada pelo TST, 21 - Indisponibilidade determinada pelo TST)*".

Sustentam os recorrentes que o débito com a União Federal em razão do não recolhimento das contribuições previdenciárias devidas durante a construção da obra, realizada exclusivamente pela construtora, deve recair exclusivamente sobre a própria construtora, de forma que os adquirentes, na qualidade de terceiros de boa-fé, não podem sofrer esse ônus; deve ser observado o artigo 30, inciso VII, da Lei n.º 8.212/91 e a jurisprudência do C. STJ e E. CSM; bem como a aplicação da Súmula 308 do STJ.

A D. Procuradoria Geral de Justiça opinou pelo provimento do recurso, afastando-se o óbice (fl. 448/452).

É o relatório.

2. Presentes seus pressupostos legais e administrativos, conheço do recurso.

No mérito, respeitando o entendimento do MM. Juízo sentenciante, o recurso deve ser provido.

Em 07/12/2017 os recorrentes, juntamente com a Construtora EC Engenharia e Comércio Ltda. e outros adquirentes, apresentaram ao 1º Oficial de Registro de Imóveis da Comarca de Ribeirão Preto o pedido de instituição do Condomínio Edifício Arcádia e registro condominial, prenotados sob n.º 440.168, a serem registrados na matrícula n.º 70.079, o que restou negado, nos termos da nota devolutiva de fl. 288/289, contendo a exigência de apresentação de certidão negativa de débitos relativa as contribuições previdenciárias referentes à construção da obra.

Com efeito, a exigência de apresentação da CND para averbação da construção do prédio, que precede o registro da instituição de condomínio, encontra guarida no art. 47, II, da Lei n.º 8.212/91, que assim dispõe:

> ***"Art. 47. É exigida Certidão Negativa de Débito- CND, fornecida pelo órgão competente, nos seguintes casos:***
>
> ***(...)***
>
> ***II - do proprietário, pessoa física ou jurídica, de obra de construção civil, quando de sua averbação no registro de imóveis, salvo no caso do inciso VIII do art. 30."***

No mesmo sentido, é o subitem 120.3 das Normas de Serviço da Corregedoria Geral da Justiça:

> ***"As construções, ampliações, reformas e demolições serão averbadas quando comprovadas por habite-se, certificado de conclusão de obra ou documento equivalente expedido pela prefeitura, acompanhado da certidão negativa de débitos de contribuições previdenciárias relativas a obra de construção civil expedida pela Receita Federal do Brasil, ressalvado o disposto na Lei nº 13.865, de 08 de agosto de 2019".***

A par disso, no caso concreto, a averbação da construção e o registro da instituição do condomínio foram promovidos pelos adquirentes das unidades em razão da inércia da construtora e incorporadora, mesmo após ter sido condenada judicialmente nos autos do processo n.º 0038941-30.1998.8.26.0506, em tramite perante a 3ª Vara Cível da Comarca de Ribeirão Preto, a promover a instituição do condomínio e outorgar escritura pública aos adquirentes adimplentes.

Tal situação autoriza a dispensa da CND, uma vez que o art. 30, VII, da Lei n.º 8.212/91 expressamente exclui da responsabilidade solidária perante a Seguridade Social o adquirente de prédio ou unidade imobiliária que realizar a operação com empresa de comercialização ou incorporador de imóveis.

> ***"Art. 30. A arrecadação e o recolhimento das contribuições ou de outras importâncias devidas à Seguridade Social obedecem às seguintes normas:***
>
> ***(...)***

VII - exclui-se da responsabilidade solidária perante a Seguridade Social o adquirente de prédio ou unidade imobiliária que realizar a operação com empresa de comercialização ou incorporador de imóveis, ficando estes solidariamente responsáveis com o construtor"

O escopo do dispositivo legal foi, sem dúvida, proteger os adquirentes de boa-fé, conferindo às relações negociais relativas à construção civil maior segurança jurídica.

Outro não é o entendimento do C. Superior Tribunal de Justiça:

"TRIBUTÁRIO. MANDADO DE SEGURANÇA. CONTRIBUIÇÃO PREVIDENCIÁRIA. RESPONSABILIDADE. CONSTRUÇÃO DE CONDOMÍNIO RESIDENCIAL. FALÊNCIA DA CONSTRUTORA. OBRA RETOMADA POR CONDÔMINOS. DÉBITO ANTERIOR. RESSALVA LEGAL. ART. 30, INC. VII, DA LEI N. 8.212/91. EXPEDIÇÃO DE CND. CABIMENTO. 1. Na origem, ação mandamental ajuizada com o propósito de obter certidão negativa de débito, ao argumento de que os impetrantes, todos condôminos, não podem ser responsabilizados por dívida previdenciária de responsabilidade da construtora. 2. Hipótese em que o acórdão recorrido não deixa margem de dúvida da individualização da obra em duas fases, não sendo possível imputar aos adquirentes de unidades imobiliárias responsabilidade por débito relativo à primeira etapa da obra, de incumbência exclusiva da construtora-incorporadora. 3. A solidariedade fiscal em construção civil é objeto de exceção, no art. 30, inc. VII, da Lei n. 8.212/91: "Exclui-se da responsabilidade solidária perante a Seguridade Social o adquirente de prédio ou unidade imobiliária que realizar a operação com empresa de comercialização ou incorporador de imóveis, ficando estes solidariamente responsáveis com o construtor". 4. A lei protege a boa-fé dos adquirentes que comercializam com empresas construtoras, não só como mecanismo de justiça, mas também como instrumento de garantia, de forma que as relações contratuais na área da construção civil se desenvolvam num sistema de segurança. 5. "De acordo com o inciso VII do art. 30 da Lei 8.212/91, exclui- se da responsabilidade solidária perante a Seguridade Social o adquirente de prédio ou unidade imobiliária que realizar a operação com empresa de comercialização ou incorporador de imóveis. Assim, conclui-se pela ilegitimidade da recusa da CND em relação aos condôminos adquirentes de unidades imobiliárias da obra de construção civil incorporada na forma da Lei 4.591/64, para fins de averbação no registro de imóvel, devendo ser exigidas do construtor-incorporador eventuais dívidas previdenciárias" (REsp 961.246/SC, Rel. Ministra Denise Arruda, Primeira Turma, DJe 10/12/2009). 6. Recurso especial a que se nega provimento" (REsp 1485379 / SC RECURSO ESPECIAL 2014/0085743-3).

Nestes moldes, forçoso convir que a recusa apresentada não encontra respaldo, devendo a providência ser exigida da construtora/incorporadora.

3. Por essas razões, dou provimento ao recurso e julgo improcedente a dúvida.

RICARDO ANAFE

Corregedor Geral da Justiça e Relator. (– DJe de 17.06.2020 – SP)

PODER JUDICIÁRIO

TRIBUNAL DE JUSTIÇA DO ESTADO DE SÃO PAULO

CONSELHO SUPERIOR DA MAGISTRATURA

Apelação Cível nº 1008593-69.2019.8.26.0152

Registro: 2020.0000211821

ACÓRDÃO

Vistos, relatados e discutidos estes autos de **Apelação Cível nº 1008593-69.2019.8.26.0152**, da Comarca de **Cotia**, em que é apelante **HOGA CONSTRUÇÕES LTDA**, é apelado **OFICIAL DE REGISTRO DE IMÓVEIS E ANEXOS DA COMARCA DE COTIA.**

ACORDAM, em Conselho Superior de Magistratura do Tribunal de Justiça de São Paulo, proferir a seguinte decisão: **"Mantiveram a recusa do registro e, em consequência, negaram provimento ao recurso, v.u."**, de conformidade com o voto do Relator, que integra este acórdão.

O julgamento teve a participação dos Exmos. Desembargadores **PINHEIRO FRANCO (PRESIDENTE TRIBUNAL DE JUSTIÇA) (Presidente), XAVIER DE AQUINO (DECANO), GUILHERME G. STRENGER (PRES. SEÇÃO DE DIREITO CRIMINAL), MAGALHÃES COELHO(PRES. DA SEÇÃO DE DIREITO PÚBLICO), DIMAS RUBENS FONSECA (PRES. DA SEÇÃO DE DIREITO PRIVADO) E LUIS SOARES DE MELLO (VICE PRESIDENTE).**

São Paulo, 16 de março de 2020.

RICARDO ANAFE

Corregedor Geral da Justiça e Relator

Apelação Cível nº 1008593-69.2019.8.26.0152

Apelante: Hoga Construções Ltda

Apelado: Oficial de Registro de Imóveis e Anexos da Comarca de Cotia

VOTO Nº 31.110

Registro de Imóveis – Registro de instituição parcial e convenção de condomínio – Empreendimento que abrange uma área pertencente a dois Municípios – "Habite-se" expedido por apenas um dos Municípios em que situado o empreendimento – Quadro de avaliação do custo global da construção atualizado, instruído com certidões de valor venal emitidas pelo mesmo Município – Ausência de provas de que as construções finalizadas estão localizadas, na sua totalidade, no território desse Município, exclusivamente – Documentação insuficiente – Óbice ao registro configurado – Dúvida procedente, com manutenção da qualificação negativa do título, embora por fundamento diverso – Nega-se provimento à apelação.

1. Trata-se de apelação interposta por *Hoga Construções Ltda.* contra r. sentença que julgou procedente a dúvida inversa e manteve a recusa do registro de instituição parcial, especificação e convenção do Condomínio Horizontal "Bosque dos Pássaros" junto à matrícula nº 107.485 do Oficial de Registro de Imóveis e Anexos da Comarca de Cotia/SP, confirmando os óbices apresentados pelo registrador pois inviável a prática do ato registral a partir do "habite-se" concedido apenas sobre parte do empreendimento, bem como porque indispensável a certidão de inexistência de débito tributário e de regularidade da construção a ser emitida pelo Município de Cotia/SP (fl. 412/414).

Na nota de devolução expedida, o Sr. Oficial Registrador formulou as seguintes exigências: a) apresentar certidões negativas de tributos imobiliários referentes ao imóvel e de tributos mobiliários em nome da proprietária e incorporadora, bem como certidões de valor venal e número cadastral emitidas pelo Município de Cotia/SP; b) apresentar o "habite-se" e CND – Previdenciária referentes às áreas construídas emitidas, ou com anuência, das duas Prefeituras Municipais, referentes às 196 unidades autônomas e a todas as áreas comuns construídas, em conformidade ao projeto aprovado, pois a certidão do IGC – Instituto Geográfico e Cartográfico do Estado de São Paulo confirma que o imóvel e suas respectivas construções são de competência territorial dos dois Municípios; c) juntar ao processo de incorporação arquivado em Cartório a via original da certidão IGC nº 513/2018, conforme decisão judicial proferida nos autos do Processo nº 1003492-85.2018.8.26.0152; d) juntar certidão da Prefeitura de Cotia/SP, anuindo à emissão do "habite-se" emitido pela Prefeitura de Vargem Grande Paulista/SP, referente às áreas construídas no limite territorial do Município de Cotia/SP; e) apresentar quadro de avaliação do custo global da construção atualizado até a data do registro, instruído com as respectivas certidões de valor venal dos Municípios de Cotia/SP e Vargem Grande Paulista/SP (fl. 39/42).

Em sua manifestação, o Sr. Oficial de Registro informou que, a despeito de suscitar dúvida inversa, o interessado não encaminhou a via original do título para protocolo (fl. 384/386).

O título, então, foi reapresentado e prenotado sob nº 301770 (fl. 392), tendo o Sr. Oficial de Registro prestado esclarecimentos (fl. 396/403).

Alega a apelante, em síntese, que para o registro da incorporação realizado na matrícula nº 107.485 (R.3) foram apresentados todos os documentos previstos no art. 32 da Lei nº 4.591/64, dentre os quais se encontra o projeto aprovado pela Prefeitura de Vargem Grande Paulista/SP, a certidão do IGC – Instituto Geográfico e Cartográfico do Estado de São Paulo e a manifestação da Prefeitura de Cotia/SP anuindo à aprovação expedida pela Prefeitura de Vargem Grande Paulista/SP. Assim, realizado o registro da incorporação, aduz que o Oficial não pode exigir a reapresentação da documentação já analisada e aprovada, sendo que para o registro da instituição, total ou parcial, resta apenas o cumprimento do disposto nas Normas de Serviço da Corregedoria Geral da Justiça, Capítulo XX, item 224.1, vigente à época, o que foi atendido. Defende a possibilidade de instituição parcial, citando precedentes que permitem o registro da especificação relativamente às partes já edificadas, o que justifica a apresentação do "habite-se" parcial e averbação apenas das construções concluídas, com afastamento de todos os óbices apresentados pelo Oficial (fl. 420/435).

A D. Procuradoria de Justiça opinou pelo não provimento do recurso (fl. 449/452).

É o relatório.

2. O empreendimento "Bosque dos Pássaros" foi implantado sobre imóvel cujo perímetro abrange dois Municípios, certo que já efetuado o registro da incorporação. Pretende agora a apelante registrar a instituição parcial, especificação e convenção de condomínio horizontal, o que foi negado pelo Sr. Oficial registrador.

Desde logo, há que ser afastada a exigência, fundada no art. 32 da Lei nº 4.591/64, de apresentação de certidões negativas de tributos imobiliários referente ao imóvel e de tributos mobiliários em nome da proprietária e incorporadora (item 1 da Nota de Devolução a fl. 39/41). Isso porque, uma vez efetivado o registro da incorporação (R.03/107.485 – fl. 58 e AV.08/107.485 – fl. 117), conclui-se que todos os requisitos necessários à prática do ato foram atendidos, sendo inviável a complementação da documentação apresentada ao Oficial de Registro de Imóveis depois de finalizado o procedimento.

Pela mesma razão, não subsiste a exigência de juntada, no procedimento de incorporação arquivado na serventia extrajudicial, do original da certidão IGC nº 513/2018, emitida pelo IGC – Instituto Geográfico e Cartográfico do Estado de São Paulo, conforme determinado nos autos do Processo nº 1003492-85.2018.8.26.0152 (item 1.3 da Nota de Devolução a fl. 39/42). Até porque, eventual descumprimento da ordem judicial proferida em outro processo deverá ser debatida naqueles autos e não, no presente procedimento de dúvida.

No mais, importa lembrar que a instituição ocorre quando o empreendimento já está pronto e acabado, total ou parcialmente, dependendo, pois, da apresentação do "habite-se" ou documento equivalente, expedido pela Prefeitura segundo o projeto de construção aprovado e arquivado na incorporação, além da certidão negativa de débitos da obra.

Não se desconhece, por certo, a possibilidade do registro de instituição parcial de condomínio, o que vem sendo amplamente admitido pela jurisprudência deste C. Conselho Superior da Magistratura**[1]**. Contudo, a controvérsia existente no caso concreto é de natureza diversa, como veremos.

Entende a apelante que, uma vez registrada a incorporação, os documentos já apresentados são suficientes para a prática do ato agora pretendido, consoante disposto no item 224.1, <u>Capítulo XX, das Normas de Serviço da Corregedoria Geral da Justiça</u> então vigente. Em sua atual redação, as Normas de Serviço da Corregedoria Geral da Justiça, Capítulo XX, assim preveem:

"219. A instituição e especificação de condomínio serão registradas mediante a apresentação do respectivo instrumento público ou particular, que caracterize e identifique as unidades autônomas, ainda que implique atribuição de unidades aos condôminos, acompanhado do projeto aprovado e do "habite-se", ou do termo de verificação de obras em condomínio de lotes.

219.1. Para averbação da construção e registro de instituição cujo plano inicial não tenha sido modificado, será suficiente requerimento que enumere as unidades, com remissão à documentação arquivada com o registro da incorporação, acompanhado de certificado de conclusão da edificação e desnecessária anuência dos condôminos.

219.2. Quando do registro da instituição, deve ser exigida, também, a convenção do condomínio, que será registrada no Livro nº 3."

O dissenso está, portanto, na necessidade de apresentação, para o registro da instituição parcial do condomínio, do "habite-se" expedido tanto pela Prefeitura de Vargem Grande Paulista/SP, como também pela Prefeitura de Cotia/SP, ou anuência desta em relação ao "habite-se" expedido por aquela, assim como de apresentação do quadro de avaliação do custo global da construção, atualizado até a data do registro, instruído com as respectivas certidões de valor venal de ambos os Municípios.

E quanto a essas exigências, cumpre observar que o registrador não se refere à obrigatoriedade de construção de toda área comum, mas sim, de comprovação da regularidade, mediante apresentação do "habite-se" expedido por ambas as Prefeituras, relativo às casas e áreas comuns já construídas.

Inexiste nos autos prova de que as construções finalizadas, referidas no "habite-se" expedido pela Municipalidade de Vargem Grande Paulista/SP (fl. 368/369) e na certidão negativa de débitos apresentada (fl. 370/371), estejam localizadas, na sua integralidade, no território do referido Município, exclusivamente. Com essa prova, a exigência formulada pelo registrador, no que se refere à apresentação do "habite-se" também pela Municipalidade de Cotia/SP, poderia, em tese, ser afastada.

Veja-se que no título apresentado a registro (fl. 283/367) há referência ao memorial de incorporação (fl. 284) e, quanto a este, houve, à época da incorporação, anuência do Município de Cotia/SP em relação ao projeto aprovado pelo Município de Vargem Grande Paulista/SP (fl. 282). Logo, não se pode presumir que todas as edificações finalizadas, sejam aquelas de uso exclusivo, sejam aquelas de uso comum, encontram-se fora do Município de Cotia/SP.

E sem a prova de que as edificações finalizadas estão localizadas apenas no território de Vargem

Grande Paulista/SP, não basta a apresentação do "habite-se" expedido por esse Município para o pretendido registro.

Pelo mesmo motivo, mostra-se insuficiente a apresentação do quadro de avaliação do custo global da construção acompanhado das respectivas certidões de valor venal emitida por um dos Municípios, uma vez que o instrumento de instituição de condomínio não indica em qual deles estão as casas e as partes de uso comum já edificadas.

Tal conclusão é reforçada pelo teor da certidão expedida pelo IGC – Instituto Geográfico e Cartográfico do Estado de São Paulo, dando conta de que *"o imóvel, conforme planta planimétrica, que me foi fornecida, matrícula nº 107.485 – RI Cotia, propriedade de Hoga Construções Ltda., pertence à jurisdição territorial dos MUNICÍPIOS DE COTIA – 87,46% (oitenta e sete inteiros e quarenta e seis centésimos por cento) da área, e de VARGEM GRANDE PAULISTA – os 12,54% (doze inteiros e cinquenta e quatro centésimos por cento) restantes"* (fl. 378/380).

Nesse cenário, ainda que a exigência de apresentação do "habite-se" e do quadro de avaliação do custo global da construção atualizado, instruído com as respectivas certidões de valor venal dos Municípios de Cotia/SP e Vargem Grande Paulista/SP, não se justifique – eis que nada indica que as edificações estão localizadas no território de ambos os Municípios – o fato é que, exatamente porque não há prova da localização de tais edificações, os documentos apresentados são insuficientes para o pretendido registro.

Anote-se, por fim, que a apelação devolve integralmente a análise da qualificação do título, de forma que a recusa de registro deve ser mantida, ainda que por fundamento diverso daquele apresentado pelo Sr. Oficial registrador.

3. Diante do exposto, pelo meu voto, embora por fundamento diverso, mantenho a recusa do registro e, em consequência, nego provimento ao recurso.

RICARDO ANAFE

Corregedor Geral da Justiça e Relator.

PODER JUDICIÁRIO

TRIBUNAL DE JUSTIÇA DO ESTADO DE SÃO PAULO
CONSELHO SUPERIOR DA MAGISTRATURA

Apelação n° 1070781-60.2019.8.26.0100

Registro: 2020.0000107499

ACÓRDÃO

Vistos, relatados e discutidos estes autos de **Apelação Cível nº 1070781-60.2019.8.26.0100**, da Comarca de **São Paulo**, em que é apelante **ANTÔNIO FERNANDO DA SILVA**, é apelado **4º OFICIAL DE REGISTRO DE IMÓVEIS DA COMARCA DA CAPITAL**.

ACORDAM, em Conselho Superior de Magistratura do Tribunal de Justiça de São Paulo, proferir a seguinte decisão: **"Deram provimento ao recurso para afastar a recusa do registro, v.u."**, de conformidade com o voto do Relator, que integra este acórdão.

O julgamento teve a participação dos Exmos. Desembargadores **PINHEIRO FRANCO (PRESIDENTE TRIBUNAL DE JUSTIÇA) (Presidente), LUIS SOARES DE MELLO (VICE PRESIDENTE), XAVIER DE AQUINO (DECANO), GUILHERME G. STRENGER (PRES. SEÇÃO DE DIREITO CRIMINAL), MAGALHÃES COELHO(PRES. DA SEÇÃO DE DIREITO PÚBLICO) E DIMAS RUBENS FONSECA (PRES. DA SEÇÃO DE DIREITO PRIVADO).**

São Paulo, 6 de fevereiro de 2020.

RICARDO ANAFE

Corregedor Geral da Justiça e Relator

Apelação Cível nº 1070781-60.2019.8.26.0100

Apelante: Antônio Fernando da Silva

Apelado: 4º Oficial de Registro de Imóveis da Comarca da Capital

VOTO Nº 31.084

Registro de imóveis – Dúvida julgada procedente – Condomínio edilício – Vaga de garagem de propriedade de pessoa que não é titular de outra unidade autônoma – Nova alienação – Instrumento único de instituição e de convenção do condomínio que indica se tratar de edifício de uso misto – Recurso provido.

Vistos.

1. Trata-se de apelação interposta por Antonio Fernando da Silva contra r. sentença que julgou a dúvida procedente e manteve a recusa do Sr. 4º Oficial do Registro de Imóveis da Capital em promover o registro de escritura pública de compra e venda da vaga de garagem consistente no "Box 17" do 2º Subsolo do Edifício Iraque, objeto da matrícula nº 77.811, em razão da Convenção do Condomínio não conter dispositivo que autorize a alienação de garagem a quem não for proprietário de unidades autônomas.

O apelante alegou, em suma, que o atual proprietário adquiriu a vaga de garagem em arrematação promovida em ação judicial e registrou a aquisição sem ser proprietário de outra unidade autônoma. Disse que o edifício é composto por unidades autônomas de uso misto e que a convenção do condomínio não veda a alienação das vagas de garagem aos não proprietários de outras unidades com uso de natureza distinta. Esclareceu que a arrematação foi registrada na matrícula aberta para a vaga de garagem e que não há vedação para a nova alienação que se pretende registrar. Requereu o provimento do recurso para que seja promovido o registro da compra e venda (fls. 92/99).

A douta Procuradoria Geral de Justiça opinou pelo não provimento do recurso (fls. 119/120).

É o relatório.

2. Como se verifica no v. acórdão prolatado por este Col. Conselho Superior da Magistratura na Apelação Cível nº 1090191-75.2017.8.0100, da Comarca de São Paulo, j. 24/7/2018, de que foi relator o Excelentíssimo Desembargador Pinheiro Franco, o condomínio edilício é composto por partes de propriedade comum e de partes de propriedade privativa dos condôminos.

As partes de propriedade privativa, que são as unidades autônomas, podem consistir em apartamentos residenciais, escritórios, salas, lojas, sobrelojas, casas ou abrigos de veículos (arts. 1.331 do Código Civil e 8º, alínea "a", da Lei nº 4.591/64), conforme a definição de sua natureza contida na instituição e especificação do condomínio.

Nos edifícios-garagem a que se refere o art. 1º, § 3º, da Lei nº 4.591/64 as unidades autônomas são vagas de garagem a que se vinculam frações ideais do terreno e das coisas de uso comum, ou seja, sua propriedade não é ligada à de unidade autônoma de outra natureza, e diante da espécie do condomínio não existe restrição para que sejam livremente alienadas pelo proprietário.

Nos demais edifícios, ou seja, naqueles em que as unidades autônomas são apartamentos, lojas, sobrelojas, escritórios e casas, a propriedade das garagens se vincula à da outra unidade autônoma a que corresponder, ou que tiver igual proprietário, como previsto no § 1º do art. 2º da Lei nº 4.591/64.

Desse modo, não é o fato de se revestir da forma de unidade autônoma, com matrícula exclusiva, que torna a garagem livremente alienável.

Ao contrário, para ser alienada de forma livre a garagem deve integrar edifício-garagem, ou de uso misto.

Nos condomínios que não forem edifícios-garagem, ou de uso misto, a alienação de vaga de garagem para terceiros, não condôminos, depende de expressa autorização na convenção, como previsto na parte final do § 1º do art. 1.331 do Código Civil.

Neste caso concreto, foi apresentada para registro escritura pública de compra e venda da vaga de garagem consistente no "Box 17" do 2º Subsolo do "Edifício Iraque", objeto da matrícula nº 77.811, em que o apelante figura como vendedor (fls. 14/17).

A certidão da matrícula nº 77.811, juntada às fls. 46/52, demonstra que o apelante, que não era proprietário de outra unidade autônoma no edifício (fls. 2), adquiriu a vaga de garagem mediante registro de arrematação realizada em ação judicial movida contra a anterior proprietária, Pirâmides Brasília S.A. Indústria e Comércio.

A arrematação da vaga de garagem pelo apelante foi registrada em 5 de maio de 2014, sem que exista nos autos notícia de restrição imposta para a posterior alienação voluntária.

Ademais, não há notícia de que o condomínio, por qualquer meio, se opôs ao exercício da propriedade do "Box 17" como correspondendo ao domínio sobre unidade autônoma situada em edifício de uso misto, ou seja, composto por escritórios, lojas e garagens.

A natureza mista do condomínio "Edifício Iraque", por sua vez, não é afastada pelo instrumento de instituição e de convenção que prevê que é composto por escritórios, lojas e vagas de garagem (fls. 53/74).

As vagas de garagem, localizadas no primeiro, segundo e terceiros subsolos, são tratadas na convenção do condomínio como unidades autônomas desvinculadas dos escritórios.

Apesar de pouco claro, o instrumento de instituição e convenção do condomínio especifica as garagens e suas vinculações com as áreas comuns de cada um dos três subsolos em que localizadas, sem considerar para essa finalidade as demais áreas comuns do edifício.

Assim decorre da previsão de que a participação das garagens do primeiro subsolo nas áreas comuns foram calculadas sobre o total de 781m² (fls. 66), as áreas comuns atribuídas às garagens do segundo subsolo foram calculadas sobre o total de 811,20m² (fls. 66), e as áreas comuns atribuídas às garagens do terceiro subsolo foram calculadas sobre área total de 811,20m².

O instrumento único de instituição e convenção reitera a desvinculação das áreas comuns das garagens com as demais áreas do condomínio de uso dos proprietários dos escritórios e lojas ao prever:

"PARÁGRAFO ÚNICO – As partes de uso comum das garagens (pátios internos de manobras) referentes aos três subsolos, são totalmente independentes das partes de uso comum do restante do Edifício e não se consideram destacadas do total das áreas exclusivas garagens, por se tratar de vagas ideais e não delimitadas entre si" (fls. 67).

Além disso, o instrumento de instituição e convenção do condomínio diz que é composto por unidades autônomas de propriedade exclusiva que consistem em escritórios, sobrelojas, uma loja com garagem, e mais três subsolos com sessenta e oito garagens "*...que se destinam aos fins compatíveis com a sua natureza*" (fls. 57).

Portanto, *in casu*, o "Box 17" do segundo subsolo do edifício já é de propriedade de condômino não titular de qualquer outra unidade autônoma, ao passo que o instrumento único de instituição e de convenção do condomínio não afasta a caracterização do edifício como destinado para uso misto de escritórios, lojas e garagens, o que permite o registro da escritura de compra e venda.

Ressalva-se, contudo, que eventual litígio relativo à natureza das vagas de garagem como unidades autônomas em edifício de uso misto, se vier a existir, deverá ser solucionado em ação própria, de que participe o condomínio, cujo resultado prevalecerá para todos os efeitos.

Por fim, o procedimento de dúvida não comporta a condenação dos interessados no pagamento de verbas da sucumbência em razão de sua natureza administrativa (art. 204 da Lei nº 6.015/73), o que torna prejudicado o pedido de assistência judiciária formulado pelo apelante.

3. Ante o exposto, dou provimento ao recurso para afastar a recusa do registro.

RICARDO ANAFE

Corregedor Geral da Justiça e Relator. (– DJe de 01.04.2020 – SP)

PODER JUDICIÁRIO

TRIBUNAL DE JUSTIÇA DO ESTADO DE SÃO PAULO

CONSELHO SUPERIOR DA MAGISTRATURA

Apelação Cível nº 1011037-09.2019.8.26.0562

Registro: 2019.0001054540

ACÓRDÃO

Vistos, relatados e discutidos estes autos de **Apelação Cível nº 1011037-09.2019.8.26.0562**, da Comarca de **Santos**, em que é apelante **MARIA CLEMENTINA RODRIGUES DOS REIS E OUTROS**, é apelado **1º OFICIAL DE REGISTRO DE IMÓVEIS DA COMARCA DE SANTOS.**

ACORDAM, em Conselho Superior de Magistratura do Tribunal de Justiça de São Paulo, proferir a seguinte decisão: **"Negaram provimento à apelação, v.u."**, de conformidade com o voto do Relator, que integra este acórdão.

O julgamento teve a participação dos Exmos. Desembargadores **PEREIRA CALÇAS (PRESIDENTE TRIBUNAL DE JUSTIÇA) (Presidente), ARTUR MARQUES (VICE PRESIDENTE), XAVIER DE AQUINO (DECANO), EVARISTO DOS SANTOS(PRES. DA SEÇÃO DE DIREITO PÚBLICO), CAMPOS MELLO (PRES. DA SEÇÃO DE DIREITO PRIVADO) E FERNANDO TORRES GARCIA(PRES. SEÇÃO DE DIREITO CRIMINAL).**

São Paulo, 10 de dezembro de 2019.

GERALDO FRANCISCO PINHEIRO FRANCO

Corregedor Geral da Justiça e Relator

Apelação Cível nº 1011037-09.2019.8.26.0562

Apelante: Maria Clementina Rodrigues dos Reis e outros

Apelado: 1º OFICIAL DE REGISTRO DE IMÓVEIS DA COMARCA DE SANTOS

VOTO Nº 38.019

Registro de Imóveis – Registro de especificação, convenção condominial e atribuição de unidades autônomas – Necessidade de quóruns especiais de votação – Divergência de área observada entre a carta de habitação expedida pela Prefeitura e a matrícula – Ofensa ao Princípio da Especialidade Objetiva – Base de cálculo para o registro da especificação de condomínio – Item 5, "a", da Tabela II de Registro de Imóveis e artigo 32 da Lei n.º 4.591/64

– Recurso não provido, com manutenção da recusa do registro do título.

MARIA CLEMENTINA RODRIGUES DOS REIS e outros interpõem apelação contra a r. sentença de fls. 243/252, que julgou procedente a dúvida suscitada, para o fim de manter a recusa de acesso ao título ao sistema registrário.

Em suma, os apelantes sustentam sua legitimidade para elaboração da instituição e da convenção do condomínio, nos moldes do que dispõe o artigo 44, parágrafo segundo, da Lei n.º 4.591/64, buscando, ao final, o provimento do recurso.

A D. Procuradoria Geral da Justiça opinou pelo desprovimento da Apelação (fls. 290/292).

É o relatório.

A insurgência não merece prosperar.

Solicitaram os recorrentes aos 14 de maio de 2019 a averbação de construção, bem como o registro da especificação, convenção condominial e atribuição de unidades autônomas do Edifício Jean Residence, situado na Rua São Judas Tadeu n.º 49, matriculado sob n.º 36.069, no 1º Registro de Imóveis da Comarca de Santos.

Conquanto conste de um único instrumento (fls. 06/31), observasse que a instituição e a convenção de condomínio são institutos que não se confundem.

Com efeito, a especificação e instituição de condomínio estão disciplinadas no artigo 1.332 do Código Civil e dizem respeito a:

I – discriminação e individualização das unidades de propriedade exclusiva, estremadas uma das outras e das partes comuns;

II – a determinação da fração ideal atribuída a cada unidade, relativamente ao terreno e partes comuns;

III – o fim a qual as unidades se destinam.

E, para a instituição e especificação condominial faz-se necessária a aprovação pela unanimidade dos condôminos.

Por seu lado, a convenção de condomínio diz respeito aos condôminos e sua relação com o Edifício, especificando a forma de uso das áreas comuns, as despesas comuns, afigurando-se indispensável a observância do quórum de 2/3 das frações ideais para sua aprovação, à luz do que dispõe o artigo 1.333 do Código Civil.

Contudo, certo é que no caso em tela a via subscrita pelos interessados (fls. 06/31) não conta sequer com os 2/3 exigidos pela legislação.

E, não se sustenta a alegação de que ostentam os recorrentes legitimidade para a instituição e convenção do condomínio, consubstanciada no artigo 44, parágrafo segundo da Lei n.º 4.591/64, o qual trata apenas da legitimidade para requerer a averbação e não autoriza o suprimento do quórum legalmente exigido para a instituição.

No mais, não houve impugnação específica quanto ao item 2 da nota devolutiva de fls. 04, apontando os recorrentes apenas "estranheza" em relação à exigência.

Ainda assim, o óbice apresentado em razão da divergência da área apontada tem razão de ser, à luz do princípio da especialidade objetiva, por meio do qual se exige coincidência entre a descrição constante no título ou documento que se pretende levar à registro ou averbação e aquela existente na matrícula.

Ademais, não se verifica, com precisão, nas razões recursais, insurgência quanto ao item "3" da nota devolutiva de fls. 04.

Isto porque, restou ali aduzido (fls. 265/266):

"pertinente a exigência do valor dado ao empreendimento".

De todo modo, consoante dispõe o item 5, "a" da Tabela II de Registro de Imóveis, a base de cálculo para o registro da especificação de condomínio é a somatória do valor do terreno e custo global da construção, nos moldes do artigo 32 da Lei n.º 4.591/64.

E, o valor do terreno, nos termos do artigo 7º da Lei Estadual n.º 11.331/2002, é definido pelo maior valor dentre o declarado ao negócio jurídico pelas partes envolvidas e o valor tributário do bem (valor venal 2019).

O custo global da obra, por seu turno, deverá ser declarado, observado o custo básico CUB do mês da prenotação do título (artigos 53 e 54, §3º, da Lei 4.591/64).

Destarte, também sob este prisma, persiste o óbice registrário.

Ante o exposto, nego provimento à apelação.

GERALDO FRANCISCO PINHEIRO FRANCO Corregedor Geral da Justiça e Relator. (– DJe de 31.03.2020 – SP)

PODER JUDICIÁRIO

TRIBUNAL DE JUSTIÇA DO ESTADO DE SÃO PAULO

CONSELHO SUPERIOR DA MAGISTRATURA

Apelação nº 1041937-03.2019.8.26.0100

Registro: 2019.0000936694

ACÓRDÃO

Vistos, relatados e discutidos estes autos de **Apelação Cível nº 1041937-03.2019.8.26.0100**, da Comarca de **São Paulo**, em que é apelante **MINISTÉRIO PÚBLICO DO ESTADO DE SÃO PAULO**, é apelado **JAIR KACZINSKI**.

ACORDAM, em Conselho Superior de Magistratura do Tribunal de Justiça de São Paulo, proferir a seguinte decisão: **"Deram provimento à apelação para julgar procedente a dúvida, v.u."**, de conformidade com o voto do Relator, que integra este acórdão.

O julgamento teve a participação dos Exmos. Desembargadores **PEREIRA CALÇAS (PRESIDENTE TRIBUNAL DE JUSTIÇA) (Presidente), ARTUR MARQUES (VICE PRESIDENTE), XAVIER DE AQUINO (DECANO), ANTONIO CARLOS MALHEIROS (PRES. DA SEÇÃO DE DIREITO PÚBLICO), CAMPOS MELLO (PRES. DA SEÇÃO DE DIREITO PRIVADO) E FERNANDO TORRES GARCIA(PRES. SEÇÃO DE DIREITO CRIMINAL)**.

São Paulo, 1º de novembro de 2019.

GERALDO FRANCISCO PINHEIRO FRANCO
Corregedor Geral da Justiça e Relator

Apelação Cível nº 1041937-03.2019.8.26.0100
Apelante: Ministério Público do Estado de São Paulo
Apelado: Jair Kaczinski

VOTO Nº 37.922

Divórcio consensual sem partilha de bens – Bem imóvel em mancomunhão – Impossibilidade de alienação antes da partilha por não configurada propriedade em condomínio – Violação do princípio da continuidade – Inviabilidade do registro da doação da metade ideal realizada por um dos antigos cônjuges pena da violação ao princípio da continuidade – Recurso provido.

Trata-se de recurso de apelação interposto pelo Ministério Público contra a r. sentença que julgou improcedente a dúvida e determinou o registro de escritura pública de doação da metade ideal do imóvel objeto da matrícula nº 9.504 do 4º Registro de Imóveis da Comarca da Capital.

Sustenta o apelante a procedência da dúvida em razão da impossibilidade do registro por não ter havido a partilha do imóvel no divórcio dos proprietários em respeito ao princípio da continuidade (fls. 63/68).

O apresentante do título, em contrarrazões, preliminarmente, referiu a intenção da realização da doação da totalidade do imóvel, no mais pugnou pelo cabimento do registro, ante a possibilidade da doação de sua parte no imóvel decorrente da formação de condomínio em razão do divórcio (fls. 78/83).

A D. Procuradoria Geral da Justiça opinou pelo não acolhimento da preliminar e no mérito, pelo provimento do recurso (fls. 94/95).

É o relatório.

Não é possível a modificação do título em sede de apelação por já realizada a qualificação registral, assim, a intenção da doação total do imóvel é irrelevante ao exame deste recurso, não configurando matéria preliminar.

No divórcio foi estabelecido que o imóvel objeto desta dúvida "continuará em nome dos divorciandos" (fls. 14).

Não obstante a ressalva promovida na averbação do divórcio, é certo que não houve registro da partilha do imóvel (fls. 10/14). Na falta da partilha, a situação jurídica do imóvel é de mancomunhão, não de condomínio.

Nessa ordem de ideias, não é possível aplicar o regramento legal concernente ao condomínio diante da falta da atribuição da propriedade a cada um dos antigos cônjuges.

Essa é a compreensão de Maria Berenice Dias (*Manual das famílias*. São Paulo: Revista dos Tribunais, e-book, 2017):

> *Quer no casamento, quer na união estável, quando o regime do casamento prevê a comunhão do patrimônio adquirido durante o período de convívio, os bens pertencem a ambos em partes iguais. A presunção é que foram adquiridos pela comunhão de esforços para amealhá-los. Cada um é titular da metade e tem direito à meação de cada um dos bens. Esta copropriedade recebe o nome de mancomunhão, expressão corrente na doutrina, que, no entanto, não dispõe de previsão legal. É o estado dos bens conjugais antes de sua efetiva partilha. Nada mais significa do que propriedade em "mão comum", ou seja, pertencente a ambos os cônjuges ou companheiros. Tal figura distingue-se do condomínio: quando o casal detém o bem ou coisa simultaneamente, com direito a uma fração ideal, podendo alienar ou gravar seus direitos, observada a preferência do outro (CC 1.314 e seguintes).*

O estado de mancomunhão inviabiliza a transmissão (e o respectivo registro) de partes ideais pelos antigos cônjuges por razões de duas ordens: (i) ausência de partilha, o que impossibilita o conhecimento acerca da atribuição da titularidade da propriedade e (ii) violação do princípio da continuidade por não ser possível a inscrição da transmissão da propriedade a falta da extinção da mancomunhão que não tem natureza jurídica de condomínio.

A aplicação do estatuto jurídico da propriedade em condomínio dependeria da partilha do imóvel nessa situação jurídica, o que não houve até o momento.

Desse modo, não poderia ocorrer o registro da doação de parcela ideal da propriedade na falta de sua partilha em virtude do divórcio.

Cabe também ressaltar que o título envolveu a doação da metade ideal do imóvel por um dos cônjuges (fls. 16/19) e não sua transmissão por ambos.

Nestes termos, respeitada a compreensão da i. MM Juíza Corregedora Permanente, compete o acolhimento do inconformismo recursal pelas razões expostas.

Por fim, cabe observar que a apelação versa sobre questão igual à decidida por este Col. Conselho Superior da Magistratura na Apelação Cível nº 1041935-33.2019.8.26.0100, da Comarca de São Paulo, julgada em 19 de setembro de 2019, em que o recurso do Ministério Público foi provido para manter a recusa do registro da doação da metade ideal do imóvel, pela ausência do prévio registro da partilha.

Ante o exposto, pelo meu voto, dou provimento à apelação para julgar procedente a dúvida.

GERALDO FRANCISCO PINHEIRO FRANCO

Corregedor Geral da Justiça e Relator. (– DJe de 11.03.2020 – SP)

PODER JUDICIÁRIO

TRIBUNAL DE JUSTIÇA DO ESTADO DE SÃO PAULO

CONSELHO SUPERIOR DA MAGISTRATURA

Apelação nº 1001419-56.2019.8.26.0201

Registro: 2019.0000990395

ACÓRDÃO

Vistos, relatados e discutidos estes autos de **Apelação Cível nº 1001419-56.2019.8.26.0201**, da Comarca de **Garça,** em que é apelante **R. T. I.,** é apelado **O. DE R. DE I. E A. DA C. DE G.**.

ACORDAM, em Conselho Superior de Magistratura do Tribunal de Justiça de São Paulo, proferir a seguinte decisão: **"Negaram provimento à apelação, v.u."**, de conformidade com o voto do Relator, que integra este acórdão.

O julgamento teve a participação dos Exmos. Desembargadores **PEREIRA CALÇAS (PRESIDENTE TRIBUNAL DE JUSTIÇA) (Presidente), XAVIER DE AQUINO (DECANO), EVARISTO DOS SANTOS(PRES. DA SEÇÃO DE DIREITO PÚBLICO), CAMPOS MELLO (PRES. DA SEÇÃO DE DIREITO PRIVADO), FERNANDO TORRES GARCIA(PRES. SEÇÃO DE DIREITO CRIMINAL) E ARTUR MARQUES (VICE PRESIDENTE).**

São Paulo, 14 de novembro de 2019.

GERALDO FRANCISCO PINHEIRO FRANCO

Corregedor Geral da Justiça e Relator

Apelação Cível nº 1001419-56.2019.8.26.0201

Apelante: R. T. I.

Apelado: O. de R. de I. e A. da C. de G.

VOTO Nº 37.967

Registro de Imóveis – Transferência de parte ideal de imóvel por acordo judicial – Origem judicial do título que não afasta a necessidade de sua qualificação registral – Divisão da gleba em partes ideais que coincidem, ao que tudo indica, às porções de terra ocupadas por cada uma das partes do processo em que celebrado o acordo – Instituição de condomínio que mascara um possível parcelamento irregular – Documentos anteriormente apresentados ao registrador que não servem para a qualificação do título objeto da nova prenotação – Transferência inter vivos, ocorrida no bojo de processo judicial, que enseja a necessidade de comprovação de pagamento de ITBI – Impugnações genéricas que não têm o condão de afastar exigências específicas e fundamentadas formuladas pelo registrador – Apelação não provida.

Trata-se de apelação interposta por *Renato Tobias Idelfonso* contra r. sentença[1] que julgou procedente a dúvida suscitada em razão da recusa do Oficial de Registro de Imóveis, Títulos e Documentos e Civil de Pessoa Jurídica e 1º Tabelião de Protesto de Letras e Títulos da Comarca de Garça/SP em promover o registro do mandado expedido em virtude de acordo celebrado entre as partes, nos autos da ação judicial que tramitou perante a 2ª Vara daquela Comarca (Processo nº

1000114-42.2016.8.26.0201), por considerar demonstrada a implantação de parcelamento irregular do solo.

O apelante alega, em síntese, ter adquirido uma área de 2.380m^2, ou seja, inferior ao módulo rural, o que impediu o registro do imóvel em seu nome. Assim, ajuizou ação de rescisão contratual cumulada com pedido de indenização por danos morais, tendo celebrado, naquele processo, acordo com os titulares de domínio, consistente na transferência de 20% da área em seu favor. Sustenta que, tendo sido homologado o acordo, não há que se falar em má-fé, ressaltando que ocupa o imóvel há mais de cinco anos, lá residindo e exercendo atividade produtiva. Esclarece que o condomínio decorre da necessidade de reparação dos danos que lhes foram causados pelos vendedores, que concordaram em ceder maior porção de terras para compensar a venda irregular anteriormente realizada. Ainda, afirma que há possibilidade de equiparar o termo de audiência à escritura pública, sendo dispensáveis os demais documentos exigidos pois os dados e informações anteriormente informados permanecem inalterados. Por fim, aduz que não há valor do negócio jurídico a ser declarado, pois o acordo se deu nos autos de ação de rescisão contratual, tendo recebido o imóvel a título de indenização, o que afasta a incidência de ITBI**[2]**.

A douta Procuradoria Geral de Justiça opinou pelo não provimento do recurso**[3]**.

É o relatório.

Nos autos do processo nº 1000114-42.2016.8.26.0201, Paulo Roberto Alves de Lima, Maria Andréa Sêga Alves de Lima, Sérgio Ishiki e Luciano Oliveira de Almeida, na condição de proprietários do imóvel descrito na Matrícula nº 24.439 do Oficial de Registro de Imóveis de Garça, alienaram a parte ideal correspondente a 20% do bem ao apelante, ficando Luciano e Sérgio com a parte ideal correspondente a 33,33% para cada e Paulo Roberto e Maria Andréa com o parte ideal de 13,24% para ambos**[4]**.

Ocorre que as Normas de Serviço da Corregedoria Geral da Justiça, no Capítulo XX, item 171, assim dispõem:

> *171. É vedado o registro de alienação voluntária de frações ideais com localização, numeração e metragem certas, ou a formação de condomínio voluntário, que implique fraude ou qualquer outra hipótese de descumprimento da legislação de parcelamento do solo urbano, de condomínios edilícios e do Estatuto da Terra. A vedação não se aplica à hipótese de sucessão causa mortis.*

Ora, em que pese a alegação do apelante, no sentido de que houve mera instituição de condomínio, o fato é que a divisão da gleba em partes ideais coincide, ao que tudo indica, às porções de terra ocupadas por cada uma das partes do processo em que celebrado o acordo, o que evidencia, no plano fático, que a fração ideal foi alienada como se unidade autônoma fosse. Ou seja, há elementos conclusivos a respeito do ilegal parcelamento do solo, certo que a instituição de condomínio, *in concreto*, mascara um possível desmembramento irregular.

E essa irregularidade se evidencia, com mais clareza, quando se constata a falta de aprovação do ente municipal e da apresentação de imagens que afastem os indícios de parcelamento ilegal. Conforme o subitem 170.6 do Capítulo XX das Normas de Serviço da Corregedoria Geral da Justiça, *"em qualquer hipótese de desmembramento não subordinado ao registro especial do art. 18, da Lei n.º 6.766, de 19 de dezembro de 1979, sempre se exigirá a prévia aprovação da Prefeitura Municipal"*, sendo que o subitem 171.1, do mesmo Capítulo XX, prevê que para *"comprovação de efetivação de parcelamento irregular, poderá o oficial valer-se de imagens obtidas por satélite ou aerofotogrametria"*.

Dentro desse contexto, não há como superar os óbices apresentados pelo registrador, no que diz respeito à necessidade de apresentação de certidão expedida pelo Município de Garça/SP e de imagens obtidas por satélite ou aerofotogrametria.

O mesmo se diga em relação aos demais documentos exigidos, ainda que, de fato, seja dispensável a lavratura de escritura pública ante o acordo homologado em juízo e consequente mandado expedido no processo. É que a origem judicial do título não afasta a necessidade de sua qualificação, com intuito de se obstar qualquer violação aos princípios registrais.

A simples alegação de que os dados e informações apresentados quando do anterior requerimento de registro não é suficiente para afastar o óbice decorrente da não apresentação da documentação agora solicitada, certo que o procedimento de dúvida, que prorroga o prazo de validade da prenotação, tem por finalidade a análise da dissensão entre o apresentante e o oficial registrador sobre as exigências formuladas para o registro do título que deve ser analisado considerando a sua conformação no momento em que foi suscitada. Bem por isso, documentos apresentados anteriormente, em prenotação já cancelada, não servem para embasar a qualificação do título objeto da presente dúvida.

No mais, indispensável a atribuição de valor ao negócio jurídico para fins de cálculo do ITBI, que é mesmo devido no caso concreto, dada a celebração de acordo por meio do qual houve a cessão de direitos sobre parte ideal do imóvel objeto da matrícula nº 24.439 do Registro de Imóveis de Garça/SP. Com efeito, havida transferência *inter vivos*, mostra-se cabível a exigência do Oficial, ainda que a cessão tenha ocorrido no bojo de um processo judicial.

Por fim, cumpre consignar que as alegações genéricas do apelante – no sentido de que todas as exigências são inconsistentes, que prestigiam a burocracia ou que poderiam ser afastadas ante o acordo homologado em juízo – não são suficientes para infirmar a correção dos óbices apresentados pelo registrador, certo que a impugnação deve, sempre, ser bem detalhada ante a qualificação registral negativa.

Destarte, por todos esses motivos, impõe-se a manutenção das exigências para o registro do título.

Diante do exposto, **nego provimento** à apelação.

GERALDO FRANCISCO PINHEIRO FRANCO
Corregedor Geral da Justiça e Relator.

Notas:

[1] Fls. 36/39.

[2] Fls. 49/54.

[3] Fls. 69/72.

[4] Fls. 09/12. (– DJe de 09.03.2020 – SP)

CONFERÊNCIA DE BENS

PODER JUDICIÁRIO

TRIBUNAL DE JUSTIÇA DO ESTADO DE SÃO PAULO

CONSELHO SUPERIOR DA MAGISTRATURA

Apelação Cível nº 0002775-62.2019.8.26.0344

Registro: 2020.000413365

ACÓRDÃO

Vistos, relatados e discutidos estes autos de **Apelação Cível nº 0002775-62.2019.8.26.0344**, da Comarca de **Marília**, em que é apelante **CM 2 EMPREENDIMENTOS IMOBILIÁRIOS SPE LTDA**, é apelado **2º OFICIAL DE REGISTRO DE IMÓVEIS DA COMARCA DE MARÍLIA.**

ACORDAM, em Conselho Superior de Magistratura do Tribunal de Justiça de São Paulo, proferir a seguinte decisão: **"Negaram provimento ao recurso, com observação, v.u."**, de conformidade com o voto do Relator, que integra este acórdão.

O julgamento teve a participação dos Exmos. Desembargadores **PINHEIRO FRANCO (PRESIDENTE TRIBUNAL DE JUSTIÇA) (Presidente), LUIS SOARES DE MELLO (VICE PRESIDENTE), XAVIER DE AQUINO (DECANO), GUILHERME G. STRENGER (PRES. SEÇÃO DE DIREITO CRIMINAL), MAGALHÃES COELHO(PRES. DA SEÇÃO DE DIREITO PÚBLICO) E DIMAS RUBENS FONSECA (PRES. DA SEÇÃO DE DIREITO PRIVADO).**

São Paulo, 5 de junho de 2020.

RICARDO ANAFE
Corregedor Geral da Justiça e Relator

Apelação Cível nº 0002775-62.2019.8.26.0344

Apelante: CM 2 Empreendimentos Imobiliários SPE LTDA

Apelado: 2º Oficial de Registro de Imóveis da Comarca de Marília

VOTO Nº 31.085

Registro de Imóveis – Dúvida julgada procedente – Registro da instituição de condomínio edilício – Área de propriedade e de uso comum, não construída, que apesar de indicada nas descrições das unidades autônomas não foi descrita na instituição de condomínio e no memorial que o integra – Critério puramente quantitativo que não serve para aferir a existência, ou não, de condomínio edilício – Ausência de indícios de fraude às disposições legais que tratam do parcelamento do solo – Divergência entre as áreas da planta baixa do empreendimento – Óbice mantido Memorial de incorporação que não atende ao princípio da especialidade objetiva – Necessidade de adequação – Nega-se provimento ao recurso, com observação.

1. Trata-se de apelação interposta por *CM 2 Empreendimentos Imobiliários SPE Ltda.* contra a r. sentença proferida pelo MM. Juiz Corregedor Permanente do 2º Oficial de Registro de Imóveis da Comarca de Marília/SP, que manteve o óbice apresentado ao registro da instituição de condomínio edilício na matrícula nº 61.327 daquela serventia imobiliária (fls. 99/103).

Sustenta o apelante, em suma, que a Prefeitura aprovou o projeto e expediu alvará de construção autorizando que cada loja recebesse números próprios da via pública; que pretende a instituição para preservação e manutenção de uma única edificação, uma única fachada, sobretudo um único terreno, nos termos da Lei nº 4.591/64; que houve equívoco do registrador porque a área comum total corresponde a 20,91% de área comum total; que a hipótese não se enquadra no "condomínio urbano simples" da Lei nº 13.465/2017; que a concessão de números próprios para a via pública decorre do fato de não existir acesso comum, tipo portaria ou recepção; que as divergências entre as medidas internas das unidades e do quadro de áreas decorrem do desconto das medidas da espessura das paredes em razão de sua meação. Requer o provimento do recurso e a determinação de registro do condomínio (fls. 111/118).

O título foi apresentado para exame e cálculo, tendo sido devolvido com as seguintes exigências pelo registrador: "– Atestado de idoneidade financeira mencionando o empreendimento; – Retificar na planta e na convenção a referência a números da rua diversos para cada unidade, pois o condomínio exige um único número para todo o prédio, ficando cada unidade com a designação de loja 6, 7, etc.; – Esclarecer a divergência de áreas constantes da planta de fls. 18, constando uma área no quadro de áreas e outra nas unidades; – Efetuar depósito de R$ 7.757,95" (fl. 65).

A interessada cumpriu a primeira e a última exigências, insurgiu-se em relação às demais e insistiu no registro da incorporação. Efetuou o protocolo do título (fl. 12), requerendo, caso mantida a qualificação negativa do título, a suscitação de dúvida pelo Sr. Oficial Registrador (fls. 68/73).

A Procuradoria Geral de Justiça opina pelo não provimento do recurso (fls. 150/153).

É o relatório.

2. A dúvida foi suscitada pelo 2º Oficial de Registro de Imóveis da Comarca de Marília/SP, a requerimento da ora apelante, que não se conformou com a exigência de retificação da planta e da convenção, a fim de que passe a constar um único número para todo o prédio, e tampouco com a exigência de esclarecimentos quanto à divergência de áreas, ambas apontadas na nota devolutiva expedida (fl. 64).

Da análise das razões da dúvida suscitada pelo registrador, observam-se dois fundamentos distintos para a recusa. O primeiro diz respeito à descaracterização do condomínio em sentido amplo, por conta da existência de área comum ínfima em relação à área construída, numeração distinta para cada unidade e acesso autônomo de cada uma para a via pública. Entendeu o Oficial pela possibilidade de conversão do pedido para um condomínio urbano simples, na forma da Lei nº 13.465/2017, o que não foi aceito pela incorporadora. O segundo está relacionado à necessidade de correção da planta baixa do condomínio junto à Prefeitura, após os esclarecimentos prestados pela incorporadora a respeito da divergência nas áreas de cada unidade prevista.

O primeiro óbice apresentado pelo Oficial deve ser afastado.

A instituição de condomínio edilício exige a comprovação da ocorrência das circunstâncias de fato descritas nos arts. 1.331 e seguintes do Código Civil, especialmente a existência de edificação em que se observem partes que são de propriedade exclusiva e partes que são de propriedade comum dos condôminos. E no que tange à propriedade comum, há de se considerar que esta, seja quanto à extensão de área, seja quanto à sua especificação, deve indicar com segurança que serve a todas as unidades autônomas, tanto em relação à fruição pelos proprietários, quanto à própria estrutura do bem, ou indicar a unidade que dela poderá usufruir exclusivamente.

No caso concreto, apesar da existência de pequena área de uso comum em relação às áreas das unidades autônomas, da numeração própria e do acesso exclusivo à via pública para cada uma dessas unidades autônomas, ficou satisfatoriamente demonstrada a existência de um condomínio edilício.

Com efeito, da análise do memorial descritivo e, particularmente, da planta baixa do empreendimento, observa-se a construção de cinco unidades autônomas, para fins comerciais, com previsão de áreas comuns que se caracterizam como parcela essencial e única para todas aquelas. Além do solo, tem-se a previsão de propriedade comum a todos os condôminos nas paredes divisórias, fachada, compartimentos de luz, troncos de entrada de serviços públicos, muros e gradis externos e jardins, a indicar a efetiva existência de um condomínio em seu sentido funcional.

O projeto é claro na indicação da pretensão do incorporador: criar um condomínio de estabelecimentos comerciais na forma de lojas, em área comum defronte a futuro empreendimento habitacional, sem indícios, pois, de que há intenção de fraudar a legislação específica do parcelamento de solo.

O precedente citado pelo Oficial não encontra aplicação no caso concreto, por conta da divergência de fatos a afastar a mesma solução jurídica. Naquele caso (Apelação CSM nº 1066651-03.2014.8.26.0100), as casas não possuíam uma área de propriedade comum, a não ser pela existência de uma churrasqueira que já havia sido construída em data anterior ao projeto. Como se vê, o paradigma, em seu aspecto fático, é diverso do caso em análise. Em termos amplos, o precedente citado refere-se a um caso de simulação relativa, em que a instituição do condomínio visava ocultar uma divisão ilícita da propriedade urbana.

Na hipótese dos autos, entretanto, não se vislumbra nenhuma intenção de burlar à legislação urbanística. A divisão das unidades comerciais prevista no projeto não só atende à sua finalidade econômica, mas também à ocupação lícita e viável do solo, sem significar desrespeito à legislação.

O condomínio a ser instituído, nesse aspecto, está em conformidade com a lei, pois conjuga o exercício da propriedade exclusiva com o uso de áreas de propriedade comum, administrada em favor dos condôminos.

Note-se que a existência de numeração distinta para cada uma das unidades autônomas, todas com acesso à via pública a partir de uma área comum, não traduz por si só um parcelamento irregular do solo urbano. Embora o acesso comum seja um dos elementos identificáveis do condomínio instituído, não se mostra obrigatório, especialmente em casos como o presente.

A situação fática, como se vê, não pode ser comparada à previsão de um conjunto de residências, com numeração própria e acesso à via pública individualizado, sem a existência efetiva de uma área comum.

Assim, o primeiro fundamento da recusa, qual seja, a inexistência de propriedade comum suficiente à caracterização do condomínio, merece ser afastado.

Contudo, o segundo fundamento de recusa está correto.

Conforme sustenta o Oficial, há divergência entre as áreas da planta baixa do empreendimento, constando uma medida das unidades no desenho dos imóveis e outra no quadro de áreas.

A propósito, a apelante justificou a divergência ao argumento de que "as medidas corretas são aquelas constantes no quadro da planta, conforme respectivo alvará de construção e inclusa declaração anexa da Incorporadora junto com Arquiteto responsável pelo projeto (DOC. 2), pela qual, foi utilizada para elaborar o respectivo quadro de áreas da Tabela NBR" (*sic*, fl. 68).

Ora, ainda que os esclarecimentos apresentados pela apelante pudessem ser aceitos, mostra-se imprescindível a correção da planta baixa aprovada pela Prefeitura Municipal. Tal providência é essencial para que se permita o ingresso do título, eis que a representação gráfica do condomínio a ser instituído, com especificação de todas as dimensões das unidades e partes comuns, deve ser única, seja na planta aprovada pelo Município, seja na descrição feita no projeto de construção constante no pedido de alvará para realização da obra.

A manutenção de parte das exigências feitas pelo Oficial, por si só, é suficiente para o acolhimento da dúvida e, consequentemente, para negativa de ingresso do título junto ao fólio real.

Entretanto, há ainda outro óbice a impedir o registro requerido. No caso concreto, o princípio da especialidade objetiva foi desrespeitado, havendo descrição insuficiente das áreas de uso comum, não construídas, no memorial de incorporação, o que impede a identificação, no plano espacial, de sua exata localização dentro do condomínio.

A instituição de condomínio deve descrever, com precisão, a localização e o regramento do uso das áreas comuns em relação às unidades autônomas. O art. 8º da Lei nº 4.591/1964 indica a necessidade de se discriminar, com precisão, as partes comuns do bem imóvel objeto da instituição do condomínio, o que pressupõe também a descrição precisa de sua localização e a previsão geral de seu uso, dando-se publicidade à forma de uso da propriedade pelos condôminos.

"Art. 8º. Quando, em terreno onde não houver edificação, o proprietário, o promitente comprador, o cessionário deste ou o promitente cessionário sobre ele desejar erigir mais de uma edificação, observar-se-á também o seguinte:

(...)

c) serão discriminadas as partes do total do terreno que poderão ser utilizadas em comum pelos titulares de direito sobre os vários tipos de unidades autônomas;

d) serão discriminadas as áreas que se constituírem em passagem comum para as vias públicas ou para as unidades entre si."

O mesmo comando se observa, de forma geral, para todos os condomínios de prédios, consoante disposto nos arts. 1.331 e 1.332 do Código Civil, exigindo-se a discriminação e a individualização das partes comuns que irão compor o condomínio.

No caso concreto, o memorial de incorporação do "Condomínio Comercial II Villa Felicittà Brigadeiro" assim descreve as partes comuns do empreendimento:

"**A) PARTES COMUNS** – consubstanciada de coisas e áreas de uso comum dos condôminos, inalienáveis e indivisíveis, acessórias e indissoluvelmente ligadas às unidades autônomas, tal como definidas no artigo 3º da Lei n. 4.591/64, a saber: o terreno em que se levantam as edificações e suas instalações; as estruturas de alvenaria e suas fundações, as paredes externas de cada unidade; as paredes internas divisórias entre as unidades autônomas e entre estas e as partes comuns; as fachadas de cada unidade e seus ornamentos (exclusiva janelas das unidades autônomas); os compartimentos dos medidores de luz; os telhados que cobrem as unidades autônomas; os fios e encanamentos; a (*sic*) caixas d'água; os troncos de entrada de água, eletricidade, telefone e os de saída de esgoto e todos os respectivos ramais que servem as dependências e uso comum; os condutores de águas pluviais; bem como, as áreas do subsolo; os muros e gradis externos; **os jardins e os passeios e respectivas (*sic*) e rebaixamento de guias para acesso as unidades e demais benfeitorias** (g.n.)."

Não há descrição precisa, no memorial, das medidas e localização dos jardins, passeios e eventuais áreas comuns de acesso às unidades autônomas, observando-se, inclusive, erro material no documento a impedir a correta identificação de alguma estrutura que seria indicada após a partícula "respectivas", constante no item VIII, A, parte final do documento (fl. 18).

Nem é possível, da análise da planta baixa do condomínio, identificar de forma clara e isenta de dúvidas a localização das áreas comuns, a fim de se aferir sua correspondência com as medidas indicadas no memorial de incorporação, bem como para que o registro das unidades condominiais futuras possa dar publicidade das áreas comuns de uso exclusivo ou não, como, por exemplo, o acesso à via pública, defronte aos cinco prédios (fl. 80).

Como se vê, o memorial de incorporação não respeita o princípio da especialidade objetiva, impedindo seu registro na matrícula do imóvel a ser incorporado, sob pena de ofensa ao art. 176 da Lei nº 6.015/1973, perfeitamente aplicável aos casos de registro de memoriais de incorporação para fins de implantação de condomínios.

Assim, sem a devida adequação do memorial de incorporação ao princípio da especialidade objetiva, também não há como se admitir o ingresso do título junto ao fólio real.

À vista do exposto, **NEGO PROVIMENTO**, com observação.

RICARDO ANAFE

Corregedor Geral da Justiça e Relator. (– DJe de 19.06.2020 – SP)

PODER JUDICIÁRIO

TRIBUNAL DE JUSTIÇA DO ESTADO DE SÃO PAULO

CONSELHO SUPERIOR DA MAGISTRATURA

Apelação Cível nº 1000808-95.2018.8.26.0506

Registro: 2020.0000413373

ACÓRDÃO

Vistos, relatados e discutidos estes autos de **Apelação Cível nº 1000808-95.2018.8.26.0506**, da Comarca de **Ribeirão Preto**, em que são apelantes **RENATO PIRES DE CAMPOS NETO e ROGERIO PANICO PERES**, é apelado **1º OFICIAL DE REGISTRO DE IMÓVEIS E ANEXOS DA COMARCA DE RIBEIRÃO PRETO.**

ACORDAM, em Conselho Superior de Magistratura do Tribunal de Justiça de São Paulo, proferir a seguinte decisão: **"Deram provimento ao recurso e julgaram improcedente a dúvida, v.u."**, de conformidade com o voto do Relator, que integra este acórdão.

O julgamento teve a participação dos Exmos. Desembargadores **PINHEIRO FRANCO (PRESIDENTE TRIBUNAL DE JUSTIÇA) (Presidente), LUIS SOARES DE MELLO (VICE PRESIDENTE), XAVIER DE AQUINO (DECANO), GUILHERME G. STRENGER (PRES. SEÇÃO DE DIREITO CRIMINAL), MAGALHÃES COELHO(PRES. DA SEÇÃO DE DIREITO PÚBLICO) E DIMAS RUBENS FONSECA (PRES. DA SEÇÃO DE DIREITO PRIVADO).**

São Paulo, 5 de junho de 2020.

RICARDO ANAFE

Corregedor Geral da Justiça e Relator

Apelação Cível nº 1000808-95.2018.8.26.0506

Apelantes: Renato Pires de Campos Neto e Rogerio Panico Peres

Apelado: 1º Oficial de Registro de Imóveis e Anexos da Comarca de Ribeirão Preto

VOTO Nº 31.151

Registro de Imóveis – Recusa de ingresso de pedido de instituição de condomínio e registro condominial – Exigência de apresentação de CND referente à construção – Averbação da construção e registro da instituição do condomínio promovidos pelos adquirentes das unidades em razão da inércia da construtora e incorporadora – Dispensa da CND – Ausência de solidariedade em face do que dispõe o art. 30, VII, da Lei n.º 8.212/91 – Recurso provido.

1. Cuida-se de recurso de apelação interposto por **RENATO PIRES DE CAMPOS NETO** e **ROGÉRIO PANICO PERES** contra a r. sentença que julgou procedente a dúvida suscitada pelo 1º Oficial de Registro de Imóveis da Comarca de Ribeirão Preto quanto à exigibilidade de certidão negativa de contribuições previdenciárias - CND para a instituição do Condomínio Edifício Arcádia e registro condominial na matrícula n.º 70.079.

A Nota de Exigência indicou como motivos de recusa do ingresso do título: "*1.- Apresentar a certidão negativa de débitos previdenciário CND/INSS relativa à construção do empreendimento, nos termos do artigo 47, inciso II da Lei Federal n. 8212/91, observando se o disposto no artigo 48 do mesmo diploma legal; 2.- Informamos que o imóvel matriculado sob n. 70.079 encontra-se gravado com os ônus abaixo relacionados, não constituindo óbice ao registro pretendido. Todavia, aqueles objetos dos atos n. 10,20 e 21 impedem futura transmissão das unidades autônomas pela devedora proprietária E.C Empreendimentos Imobiliários a saber: (em resumo: 10 - penhora do INSS, 20 - Indisponibilidade determinada pelo TST, 21 - Indisponibilidade determinada pelo TST)*".

Sustentam os recorrentes que o débito com a União Federal em razão do não recolhimento das contribuições previdenciárias devidas durante a construção da obra, realizada exclusivamente pela construtora, deve recair exclusivamente sobre a própria construtora, de forma que os adquirentes, na qualidade de terceiros de boa-fé, não podem sofrer esse ônus; deve ser observado o artigo 30, inciso VII, da Lei n.º 8.212/91 e a jurisprudência do C. STJ e E. CSM; bem como a aplicação da Súmula 308 do STJ.

A D. Procuradoria Geral de Justiça opinou pelo provimento do recurso, afastando-se o óbice (fl. 448/452).

É o relatório.

2. Presentes seus pressupostos legais e administrativos, conheço do recurso.

No mérito, respeitando o entendimento do MM. Juízo sentenciante, o recurso deve ser provido.

Em 07/12/2017 os recorrentes, juntamente com a Construtora EC Engenharia e Comércio Ltda. e outros adquirentes, apresentaram ao 1º Oficial de Registro de Imóveis da Comarca de Ribeirão Preto o pedido de instituição do Condomínio Edifício Arcádia e registro condominial, prenotados sob n.º 440.168, a serem registrados na matrícula n.º 70.079, o que restou negado, nos termos da nota devolutiva de fl. 288/289, contendo a exigência de apresentação de certidão negativa de débitos relativa as contribuições previdenciárias referentes à construção da obra.

Com efeito, a exigência de apresentação da CND para averbação da construção do prédio, que precede o registro da instituição de condomínio, encontra guarida no art. 47, II, da Lei n.º 8.212/91, que assim dispõe:

> ***"Art. 47. É exigida Certidão Negativa de Débito- CND, fornecida pelo órgão competente, nos seguintes casos:***
>
> ***(...)***
>
> ***II - do proprietário, pessoa física ou jurídica, de obra de construção civil, quando de sua averbação no registro de imóveis, salvo no caso do inciso VIII do art. 30."***

No mesmo sentido, é o subitem 120.3 das Normas de Serviço da Corregedoria Geral da Justiça:

> ***"As construções, ampliações, reformas e demolições serão averbadas quando comprovadas por habite-se, certificado de conclusão de obra ou documento equivalente expedido pela prefeitura, acompanhado da certidão negativa de débitos de contribuições previdenciárias relativas a obra de construção civil expedida pela Receita Federal do Brasil, ressalvado o disposto na Lei nº 13.865, de 08 de agosto de 2019".***

A par disso, no caso concreto, a averbação da construção e o registro da instituição do condomínio foram promovidos pelos adquirentes das unidades em razão da inércia da construtora e incorporadora, mesmo após ter sido condenada judicialmente nos autos do processo n.º 0038941-30.1998.8.26.0506, em tramite perante a 3ª Vara Cível da Comarca de Ribeirão Preto, a promover a instituição do condomínio e outorgar escritura pública aos adquirentes adimplentes.

Tal situação autoriza a dispensa da CND, uma vez que o art. 30, VII, da Lei n.º 8.212/91 expressamente exclui da responsabilidade solidária perante a Seguridade Social o adquirente de prédio ou unidade imobiliária que realizar a operação com empresa de comercialização ou incorporador de imóveis.

"Art. 30. A arrecadação e o recolhimento das contribuições ou de outras importâncias devidas à Seguridade Social obedecem às seguintes normas:

(...)

VII - exclui-se da responsabilidade solidária perante a Seguridade Social o adquirente de prédio ou unidade imobiliária que realizar a operação com empresa de comercialização ou incorporador de imóveis, ficando estes solidariamente responsáveis com o construtor"

O escopo do dispositivo legal foi, sem dúvida, proteger os adquirentes de boa-fé, conferindo às relações negociais relativas à construção civil maior segurança jurídica.

Outro não é o entendimento do C. Superior Tribunal de Justiça:

"TRIBUTÁRIO. MANDADO DE SEGURANÇA. CONTRIBUIÇÃO PREVIDENCIÁRIA. RESPONSABILIDADE. CONSTRUÇÃO DE CONDOMÍNIO RESIDENCIAL. FALÊNCIA DA CONSTRUTORA. OBRA RETOMADA POR CONDÔMINOS. DÉBITO ANTERIOR. RESSALVA LEGAL. ART. 30, INC. VII, DA LEI N. 8.212/91. EXPEDIÇÃO DE CND. CABIMENTO. 1. Na origem, ação mandamental ajuizada com o propósito de obter certidão negativa de débito, ao argumento de que os impetrantes, todos condôminos, não podem ser responsabilizados por dívida previdenciária de responsabilidade da construtora. 2. Hipótese em que o acórdão recorrido não deixa margem de dúvida da individualização da obra em duas fases, não sendo possível imputar aos adquirentes de unidades imobiliárias responsabilidade por débito relativo à primeira etapa da obra, de incumbência exclusiva da construtora-incorporadora. 3. A solidariedade fiscal em construção civil é objeto de exceção, no art. 30, inc. VII, da Lei n. 8.212/91: "Exclui-se da responsabilidade solidária perante a Seguridade Social o adquirente de prédio ou unidade imobiliária que realizar a operação com empresa de comercialização ou incorporador de imóveis, ficando estes solidariamente responsáveis com o construtor". 4. A lei protege a boa-fé dos adquirentes que comercializam com empresas construtoras, não só como mecanismo de justiça, mas também como instrumento de garantia, de forma que as relações contratuais na área da construção civil se desenvolvam num sistema de segurança. 5. "De acordo com o inciso VII do art. 30 da Lei 8.212/91, exclui- se da responsabilidade solidária perante a Seguridade Social o adquirente de prédio ou unidade imobiliária que realizar a operação com empresa de comercialização ou incorporador de imóveis. Assim, conclui-se pela ilegitimidade da recusa da CND em relação aos condôminos adquirentes de unidades imobiliárias da obra de construção civil incorporada na forma da Lei 4.591/64, para fins de averbação no registro de imóvel, devendo ser exigidas do construtor-incorporador eventuais dívidas previdenciárias" (REsp 961.246/SC, Rel. Ministra Denise Arruda, Primeira Turma, DJe 10/12/2009). 6. Recurso especial a que se nega provimento" (REsp 1485379 / SC RECURSO ESPECIAL 2014/0085743-3).

Nestes moldes, forçoso convir que a recusa apresentada não encontra respaldo, devendo a providência ser exigida da construtora/incorporadora.

3. Por essas razões, dou provimento ao recurso e julgo improcedente a dúvida.

RICARDO ANAFE

Corregedor Geral da Justiça e Relator. (– DJe de 17.06.2020 – SP)

PODER JUDICIÁRIO

TRIBUNAL DE JUSTIÇA DO ESTADO DE SÃO PAULO

CONSELHO SUPERIOR DA MAGISTRATURA

Apelação Cível nº 1008593-69.2019.8.26.0152

Registro: 2020.000211821

ACÓRDÃO

Vistos, relatados e discutidos estes autos de **Apelação Cível nº 1008593-69.2019.8.26.0152**, da Comarca de **Cotia**, em que é apelante **HOGA CONSTRUÇÕES LTDA**, é apelado **OFICIAL DE REGISTRO DE IMÓVEIS E ANEXOS DA COMARCA DE COTIA.**

ACORDAM, em Conselho Superior de Magistratura do Tribunal de Justiça de São Paulo, proferir a seguinte decisão: **"Mantiveram a recusa do registro e, em consequência, negaram provimento ao recurso, v.u."**, de conformidade com o voto do Relator, que integra este acórdão.

O julgamento teve a participação dos Exmos. Desembargadores **PINHEIRO FRANCO (PRESIDENTE TRIBUNAL DE JUSTIÇA) (Presidente), XAVIER DE AQUINO (DECANO), GUILHERME G. STRENGER (PRES. SEÇÃO DE DIREITO**

CRIMINAL), MAGALHÃES COELHO(PRES. DA SEÇÃO DE DIREITO PÚBLICO), DIMAS RUBENS FONSECA (PRES. DA SEÇÃO DE DIREITO PRIVADO) E LUIS SOARES DE MELLO (VICE PRESIDENTE).

São Paulo, 16 de março de 2020.

RICARDO ANAFE

Corregedor Geral da Justiça e Relator

Apelação Cível nº 1008593-69.2019.8.26.0152

Apelante: Hoga Construções Ltda

Apelado: Oficial de Registro de Imóveis e Anexos da Comarca de Cotia

VOTO Nº 31.110

Registro de Imóveis – Registro de instituição parcial e convenção de condomínio – Empreendimento que abrange uma área pertencente a dois Municípios – "Habite-se" expedido por apenas um dos Municípios em que situado o empreendimento – Quadro de avaliação do custo global da construção atualizado, instruído com certidões de valor venal emitidas pelo mesmo Município – Ausência de provas de que as construções finalizadas estão localizadas, na sua totalidade, no território desse Município, exclusivamente – Documentação insuficiente – Óbice ao registro configurado – Dúvida procedente, com manutenção da qualificação negativa do título, embora por fundamento diverso – Nega-se provimento à apelação.

1. Trata-se de apelação interposta por *Hoga Construções Ltda.* contra r. sentença que julgou procedente a dúvida inversa e manteve a recusa do registro de instituição parcial, especificação e convenção do Condomínio Horizontal "Bosque dos Pássaros" junto à matrícula nº 107.485 do Oficial de Registro de Imóveis e Anexos da Comarca de Cotia/SP, confirmando os óbices apresentados pelo registrador pois inviável a prática do ato registral a partir do "habite-se" concedido apenas sobre parte do empreendimento, bem como porque indispensável a certidão de inexistência de débito tributário e de regularidade da construção a ser emitida pelo Município de Cotia/SP (fl. 412/414).

Na nota de devolução expedida, o Sr. Oficial Registrador formulou as seguintes exigências: a) apresentar certidões negativas de tributos imobiliários referentes ao imóvel e de tributos mobiliários em nome da proprietária e incorporadora, bem como certidões de valor venal e número cadastral emitidas pelo Município de Cotia/SP; b) apresentar o "habite-se" e CND – Previdenciária referentes às áreas construídas emitidas, ou com anuência, das duas Prefeituras Municipais, referentes às 196 unidades autônomas e a todas as áreas comuns construídas, em conformidade ao projeto aprovado, pois a certidão do IGC – Instituto Geográfico e Cartográfico do Estado de São Paulo confirma que o imóvel e suas respectivas construções são de competência territorial dos dois Municípios; c) juntar ao processo de incorporação arquivado em Cartório a via original da certidão IGC nº 513/2018, conforme decisão judicial proferida nos autos do Processo nº 1003492-85.2018.8.26.0152; d) juntar certidão da Prefeitura de Cotia/SP, anuindo à emissão do "habite-se" emitido pela Prefeitura de Vargem Grande Paulista/SP, referente às áreas construídas no limite territorial do Município de Cotia/SP; e) apresentar quadro de avaliação do custo global da construção atualizado até a data do registro, instruído com as respectivas certidões de valor venal dos Municípios de Cotia/SP e Vargem Grande Paulista/SP (fl. 39/42).

Em sua manifestação, o Sr. Oficial de Registro informou que, a despeito de suscitar dúvida inversa, o interessado não encaminhou a via original do título para protocolo (fl. 384/386).

O título, então, foi reapresentado e prenotado sob nº 301770 (fl. 392), tendo o Sr. Oficial de Registro prestado esclarecimentos (fl. 396/403).

Alega a apelante, em síntese, que para o registro da incorporação realizado na matrícula nº 107.485 (R.3) foram apresentados todos os documentos previstos no art. 32 da Lei nº 4.591/64, dentre os quais se encontra o projeto aprovado pela Prefeitura de Vargem Grande Paulista/SP, a certidão do IGC – Instituto Geográfico e Cartográfico do Estado de São Paulo e a manifestação da Prefeitura de Cotia/SP anuindo à aprovação expedida pela Prefeitura de Vargem Grande Paulista/SP. Assim, realizado o registro da incorporação, aduz que o Oficial não pode exigir a reapresentação da documentação já analisada e aprovada, sendo que para o registro da instituição, total ou parcial, resta apenas o cumprimento do disposto nas Normas de Serviço da Corregedoria Geral da Justiça, Capítulo XX, item 224.1, vigente à época, o que foi atendido. Defende a possibilidade de instituição parcial, citando precedentes que permitem o registro da especificação relativamente às partes já edificadas, o que justifica a apresentação do "habite-se" parcial e averbação apenas das construções concluídas, com afastamento de todos os óbices apresentados pelo Oficial (fl. 420/435).

A D. Procuradoria de Justiça opinou pelo não provimento do recurso (fl. 449/452).

É o relatório.

2. O empreendimento "Bosque dos Pássaros" foi implantado sobre imóvel cujo perímetro abrange dois Municípios, certo que já efetuado o registro da incorporação. Pretende agora a apelante registrar a instituição parcial, especificação e convenção de condomínio horizontal, o que foi negado pelo Sr. Oficial registrador.

Desde logo, há que ser afastada a exigência, fundada no art. 32 da Lei nº 4.591/64, de apresentação de certidões negativas de tributos imobiliários referente ao imóvel e de tributos mobiliários em nome da proprietária e incorporadora (item 1 da Nota de Devolução a fl. 39/41). Isso porque, uma vez efetivado o registro da incorporação (R.03/107.485 – fl. 58 e AV.08/107.485 – fl. 117), concluise que todos os requisitos necessários à prática do ato foram atendidos, sendo inviável a complementação da documentação apresentada ao Oficial de Registro de Imóveis depois de finalizado o procedimento.

Pela mesma razão, não subsiste a exigência de juntada, no procedimento de incorporação arquivado na serventia extrajudicial, do original da certidão IGC nº 513/2018, emitida pelo IGC – Instituto Geográfico e Cartográfico do Estado de São Paulo, conforme determinado nos autos do Processo nº 1003492-85.2018.8.26.0152 (item 1.3 da Nota de Devolução a fl. 39/42). Até porque, eventual descumprimento da ordem judicial proferida em outro processo deverá ser debatida naqueles autos e não, no presente procedimento de dúvida.

No mais, importa lembrar que a instituição ocorre quando o empreendimento já está pronto e acabado, total ou parcialmente, dependendo, pois, da apresentação do "habite-se" ou documento equivalente, expedido pela Prefeitura segundo o projeto de construção aprovado e arquivado na incorporação, além da certidão negativa de débitos da obra.

Não se desconhece, por certo, a possibilidade do registro de instituição parcial de condomínio, o que vem sendo amplamente admitido pela jurisprudência deste C. Conselho Superior da Magistratura**[1]**. Contudo, a controvérsia existente no caso concreto é de natureza diversa, como veremos.

Entende a apelante que, uma vez registrada a incorporação, os documentos já apresentados são suficientes para a prática do ato agora pretendido, consoante disposto no item 224.1, Capítulo XX, das Normas de Serviço da Corregedoria Geral da Justiça então vigente. Em sua atual redação, as Normas de Serviço da Corregedoria Geral da Justiça, Capítulo XX, assim preveem:

"219. A instituição e especificação de condomínio serão registradas mediante a apresentação do respectivo instrumento público ou particular, que caracterize e identifique as unidades autônomas, ainda que implique atribuição de unidades aos condôminos, acompanhado do projeto aprovado e do "habite-se", ou do termo de verificação de obras em condomínio de lotes.

219.1. Para averbação da construção e registro de instituição cujo plano inicial não tenha sido modificado, será suficiente requerimento que enumere as unidades, com remissão à documentação arquivada com o registro da incorporação, acompanhado de certificado de conclusão da edificação e desnecessária anuência dos condôminos.

219.2. Quando do registro da instituição, deve ser exigida, também, a convenção do condomínio, que será registrada no Livro nº 3."

O dissenso está, portanto, na necessidade de apresentação, para o registro da instituição parcial do condomínio, do "habite-se" expedido tanto pela Prefeitura de Vargem Grande Paulista/SP, como também pela Prefeitura de Cotia/SP, ou anuência desta em relação ao "habite-se" expedido por aquela, assim como de apresentação do quadro de avaliação do custo global da construção, atualizado até a data do registro, instruído com as respectivas certidões de valor venal de ambos os Municípios.

E quanto a essas exigências, cumpre observar que o registrador não se refere à obrigatoriedade de construção de toda área comum, mas sim, de comprovação da regularidade, mediante apresentação do "habite-se" expedido por ambas as Prefeituras, relativo às casas e áreas comuns já construídas.

Inexiste nos autos prova de que as construções finalizadas, referidas no "habite-se" expedido pela Municipalidade de Vargem Grande Paulista/SP (fl. 368/369) e na certidão negativa de débitos apresentada (fl. 370/371), estejam localizadas, na sua integralidade, no território do referido Município, exclusivamente. Com essa prova, a exigência formulada pelo registrador, no que se refere à apresentação do "habite-se" também pela Municipalidade de Cotia/SP, poderia, em tese, ser afastada.

Veja-se que no título apresentado a registro (fl. 283/367) há referência ao memorial de incorporação (fl. 284) e, quanto a este, houve, à época da incorporação, anuência do Município de Cotia/SP em relação ao projeto aprovado pelo Município de Vargem Grande Paulista/SP (fl. 282). Logo, não se pode presumir que todas as edificações finalizadas, sejam aquelas de uso exclusivo, sejam aquelas de uso comum, encontram-se fora do Município de Cotia/SP.

E sem a prova de que as edificações finalizadas estão localizadas apenas no território de Vargem Grande Paulista/SP, não basta a apresentação do "habite-se" expedido por esse Município para o pretendido registro.

Pelo mesmo motivo, mostra-se insuficiente a apresentação do quadro de avaliação do custo global da construção acompanhado das respectivas certidões de valor venal emitida por um dos Municípios, uma vez que o instrumento de instituição de condomínio não indica em qual deles estão as casas e as partes de uso comum já edificadas.

Tal conclusão é reforçada pelo teor da certidão expedida pelo IGC – Instituto Geográfico e Cartográfico do Estado de São Paulo, dando conta de que *"o imóvel, conforme planta planimétrica, que me foi fornecida, matrícula nº 107.485 – RI Cotia, propriedade de Hoga Construções Ltda., pertence à jurisdição territorial dos MUNICÍPIOS DE COTIA – 87,46% (oitenta e sete inteiros e quarenta e seis centésimos por cento) da área, e de VARGEM GRANDE PAULISTA – os 12,54% (doze inteiros e cinquenta e quatro centésimos por cento) restantes"* (fl. 378/380).

Nesse cenário, ainda que a exigência de apresentação do "habite-se" e do quadro de avaliação do custo global da construção atualizado, instruído com as respectivas certidões de valor venal dos Municípios de Cotia/SP e Vargem Grande Paulista/SP, não se justifique – eis que nada indica que as edificações estão localizadas no território de ambos os Municípios – o fato é que, exatamente porque não há prova da localização de tais edificações, os documentos apresentados são insuficientes para o pretendido registro.

Anote-se, por fim, que a apelação devolve integralmente a análise da qualificação do título, de forma que a recusa de registro deve ser mantida, ainda que por fundamento diverso daquele apresentado pelo Sr. Oficial registrador.

3. Diante do exposto, pelo meu voto, embora por fundamento diverso, mantenho a recusa do registro e, em consequência, nego provimento ao recurso.

RICARDO ANAFE

Corregedor Geral da Justiça e Relator.

PODER JUDICIÁRIO

TRIBUNAL DE JUSTIÇA DO ESTADO DE SÃO PAULO

CONSELHO SUPERIOR DA MAGISTRATURA

Apelação n° 1070781-60.2019.8.26.0100

Registro: 2020.0000107499

ACÓRDÃO

Vistos, relatados e discutidos estes autos de **Apelação Cível nº 1070781-60.2019.8.26.0100**, da Comarca de **São Paulo**, em que é apelante **ANTÔNIO FERNANDO DA SILVA**, é apelado **4º OFICIAL DE REGISTRO DE IMÓVEIS DA COMARCA DA CAPITAL.**

ACORDAM, em Conselho Superior de Magistratura do Tribunal de Justiça de São Paulo, proferir a seguinte decisão: **"Deram provimento ao recurso para afastar a recusa do registro, v.u."**, de conformidade com o voto do Relator, que integra este acórdão.

O julgamento teve a participação dos Exmos. Desembargadores **PINHEIRO FRANCO (PRESIDENTE TRIBUNAL DE JUSTIÇA) (Presidente), LUIS SOARES DE MELLO (VICE PRESIDENTE), XAVIER DE AQUINO (DECANO), GUILHERME G. STRENGER (PRES. SEÇÃO DE DIREITO CRIMINAL), MAGALHÃES COELHO(PRES. DA SEÇÃO DE DIREITO PÚBLICO) E DIMAS RUBENS FONSECA (PRES. DA SEÇÃO DE DIREITO PRIVADO).**

São Paulo, 6 de fevereiro de 2020.

RICARDO ANAFE

Corregedor Geral da Justiça e Relator

Apelação Cível nº 1070781-60.2019.8.26.0100

Apelante: Antônio Fernando da Silva

Apelado: 4º Oficial de Registro de Imóveis da Comarca da Capital

VOTO Nº 31.084

Registro de imóveis – Dúvida julgada procedente – Condomínio edilício – Vaga de garagem de propriedade de pessoa que não é titular de outra unidade autônoma – Nova alienação – Instrumento único de instituição e de convenção do condomínio que indica se

tratar de edifício de uso misto – Recurso provido.

Vistos.

1. Trata-se de apelação interposta por Antonio Fernando da Silva contra r. sentença que julgou a dúvida procedente e manteve a recusa do Sr. 4º Oficial do Registro de Imóveis da Capital em promover o registro de escritura pública de compra e venda da vaga de garagem consistente no "Box 17" do 2º Subsolo do Edifício Iraque, objeto da matrícula nº 77.811, em razão da Convenção do Condomínio não conter dispositivo que autorize a alienação de garagem a quem não for proprietário de unidades autônomas.

O apelante alegou, em suma, que o atual proprietário adquiriu a vaga de garagem em arrematação promovida em ação judicial e registrou a aquisição sem ser proprietário de outra unidade autônoma. Disse que o edifício é composto por unidades autônomas de uso misto e que a convenção do condomínio não veda a alienação das vagas de garagem aos não proprietários de outras unidades com uso de natureza distinta. Esclareceu que a arrematação foi registrada na matrícula aberta para a vaga de garagem e que não há vedação para a nova alienação que se pretende registrar. Requereu o provimento do recurso para que seja promovido o registro da compra e venda (fls. 92/99).

A douta Procuradoria Geral de Justiça opinou pelo não provimento do recurso (fls. 119/120).

É o relatório.

2. Como se verifica no v. acórdão prolatado por este Col. Conselho Superior da Magistratura na Apelação Cível nº 1090191-75.2017.8.0100, da Comarca de São Paulo, j. 24/7/2018, de que foi relator o Excelentíssimo Desembargador Pinheiro Franco, o condomínio edilício é composto por partes de propriedade comum e de partes de propriedade privativa dos condôminos.

As partes de propriedade privativa, que são as unidades autônomas, podem consistir em apartamentos residenciais, escritórios, salas, lojas, sobrelojas, casas ou abrigos de veículos (arts. 1.331 do Código Civil e 8º, alínea "a", da Lei nº 4.591/64), conforme a definição de sua natureza contida na instituição e especificação do condomínio.

Nos edifícios-garagem a que se refere o art. 1º, § 3º, da Lei nº 4.591/64 as unidades autônomas são vagas de garagem a que se vinculam frações ideais do terreno e das coisas de uso comum, ou seja, sua propriedade não é ligada à de unidade autônoma de outra natureza, e diante da espécie do condomínio não existe restrição para que sejam livremente alienadas pelo proprietário.

Nos demais edifícios, ou seja, naqueles em que as unidades autônomas são apartamentos, lojas, sobrelojas, escritórios e casas, a propriedade das garagens se vincula à da outra unidade autônoma a que corresponder, ou que tiver igual proprietário, como previsto no § 1º do art. 2º da Lei nº 4.591/64.

Desse modo, não é o fato de se revestir da forma de unidade autônoma, com matrícula exclusiva, que torna a garagem livremente alienável.

Ao contrário, para ser alienada de forma livre a garagem deve integrar edifício-garagem, ou de uso misto.

Nos condomínios que não forem edifícios-garagem, ou de uso misto, a alienação de vaga de garagem para terceiros, não condôminos, depende de expressa autorização na convenção, como previsto na parte final do § 1º do art. 1.331 do Código Civil.

Neste caso concreto, foi apresentada para registro escritura pública de compra e venda da vaga de garagem consistente no "Box 17" do 2º Subsolo do "Edifício Iraque", objeto da matrícula nº 77.811, em que o apelante figura como vendedor (fls. 14/17).

A certidão da matrícula nº 77.811, juntada às fls. 46/52, demonstra que o apelante, que não era proprietário de outra unidade autônoma no edifício (fls. 2), adquiriu a vaga de garagem mediante registro de arrematação realizada em ação judicial movida contra a anterior proprietária, Pirâmides Brasília S.A. Indústria e Comércio.

A arrematação da vaga de garagem pelo apelante foi registrada em 5 de maio de 2014, sem que exista nos autos notícia de restrição imposta para a posterior alienação voluntária.

Ademais, não há notícia de que o condomínio, por qualquer meio, se opôs ao exercício da propriedade do "Box 17" como correspondendo ao domínio sobre unidade autônoma situada em edifício de uso misto, ou seja, composto por escritórios, lojas e garagens.

A natureza mista do condomínio "Edifício Iraque", por sua vez, não é afastada pelo instrumento de instituição e de convenção que prevê que é composto por escritórios, lojas e vagas de garagem (fls. 53/74).

As vagas de garagem, localizadas no primeiro, segundo e terceiros subsolos, são tratadas na convenção do condomínio como unidades autônomas desvinculadas dos escritórios.

Apesar de pouco claro, o instrumento de instituição e convenção do condomínio especifica as garagens e suas vinculações com as áreas comuns de cada um dos três subsolos em que localizadas, sem considerar para essa finalidade as demais áreas comuns do edifício.

Assim decorre da previsão de que a participação das garagens do primeiro subsolo nas áreas comuns foram calculadas sobre o total de 781m² (fls. 66), as áreas comuns atribuídas às garagens do segundo subsolo foram calculadas sobre o total de 811,20m² (fls. 66), e as áreas comuns atribuídas às garagens do terceiro subsolo foram calculadas sobre área total de 811,20m².

O instrumento único de instituição e convenção reitera a desvinculação das áreas comuns das garagens com as demais áreas do condomínio de uso dos proprietários dos escritórios e lojas ao prever:

"PARÁGRAFO ÚNICO – As partes de uso comum das garagens (pátios internos de manobras) referentes aos três subsolos, são totalmente independentes das partes de uso comum do restante do Edifício e não se consideram destacadas do total das áreas exclusivas garagens, por se tratar de vagas ideais e não delimitadas entre si" (fls. 67).

Além disso, o instrumento de instituição e convenção do condomínio diz que é composto por unidades autônomas de propriedade exclusiva que consistem em escritórios, sobrelojas, uma loja com garagem, e mais três subsolos com sessenta e oito garagens *"...que se destinam aos fins compatíveis com a sua natureza"* (fls. 57).

Portanto, *in casu*, o "Box 17" do segundo subsolo do edifício já é de propriedade de condômino não titular de qualquer outra unidade autônoma, ao passo que o instrumento único de instituição e de convenção do condomínio não afasta a caracterização do edifício como destinado para uso misto de escritórios, lojas e garagens, o que permite o registro da escritura de compra e venda.

Ressalva-se, contudo, que eventual litígio relativo à natureza das vagas de garagem como unidades autônomas em edifício de uso misto, se vier a existir, deverá ser solucionado em ação própria, de que participe o condomínio, cujo resultado prevalecerá para todos os efeitos.

Por fim, o procedimento de dúvida não comporta a condenação dos interessados no pagamento de verbas da sucumbência em razão de sua natureza administrativa (art. 204 da Lei nº 6.015/73), o que torna prejudicado o pedido de assistência judiciária formulado pelo apelante.

3. Ante o exposto, dou provimento ao recurso para afastar a recusa do registro.

RICARDO ANAFE

Corregedor Geral da Justiça e Relator. (– DJe de 01.04.2020 – SP)

PODER JUDICIÁRIO

TRIBUNAL DE JUSTIÇA DO ESTADO DE SÃO PAULO

CONSELHO SUPERIOR DA MAGISTRATURA

Apelação Cível nº 1011037-09.2019.8.26.0562

Registro: 2019.0001054540

ACÓRDÃO

Vistos, relatados e discutidos estes autos de **Apelação Cível nº 1011037-09.2019.8.26.0562**, da Comarca de **Santos**, em que é apelante **MARIA CLEMENTINA RODRIGUES DOS REIS E OUTROS**, é apelado **1º OFICIAL DE REGISTRO DE IMÓVEIS DA COMARCA DE SANTOS.**

ACORDAM, em Conselho Superior de Magistratura do Tribunal de Justiça de São Paulo, proferir a seguinte decisão: **"Negaram provimento à apelação, v.u."**, de conformidade com o voto do Relator, que integra este acórdão.

O julgamento teve a participação dos Exmos. Desembargadores **PEREIRA CALÇAS (PRESIDENTE TRIBUNAL DE JUSTIÇA) (Presidente), ARTUR MARQUES (VICE PRESIDENTE), XAVIER DE AQUINO (DECANO), EVARISTO DOS SANTOS(PRES. DA SEÇÃO DE DIREITO PÚBLICO), CAMPOS MELLO (PRES. DA SEÇÃO DE DIREITO PRIVADO) E FERNANDO TORRES GARCIA(PRES. SEÇÃO DE DIREITO CRIMINAL).**

São Paulo, 10 de dezembro de 2019.

GERALDO FRANCISCO PINHEIRO FRANCO

Corregedor Geral da Justiça e Relator

Apelação Cível nº 1011037-09.2019.8.26.0562

Apelante: Maria Clementina Rodrigues dos Reis e outros

Apelado: 1º OFICIAL DE REGISTRO DE IMÓVEIS DA COMARCA DE SANTOS

VOTO Nº 38.019

Registro de Imóveis – Registro de especificação, convenção condominial e atribuição de unidades autônomas – Necessidade de

quóruns especiais de votação – Divergência de área observada entre a carta de habitação expedida pela Prefeitura e a matrícula – Ofensa ao Princípio da Especialidade Objetiva – Base de cálculo para o registro da especificação de condomínio – Item 5, "a", da Tabela II de Registro de Imóveis e artigo 32 da Lei n.º 4.591/64 – Recurso não provido, com manutenção da recusa do registro do título.

MARIA CLEMENTINA RODRIGUES DOS REIS e outros interpõem apelação contra a r. sentença de fls. 243/252, que julgou procedente a dúvida suscitada, para o fim de manter a recusa de acesso ao título ao sistema registrário.

Em suma, os apelantes sustentam sua legitimidade para elaboração da instituição e da convenção do condomínio, nos moldes do que dispõe o artigo 44, parágrafo segundo, da Lei n.º 4.591/64, buscando, ao final, o provimento do recurso.

A D. Procuradoria Geral da Justiça opinou pelo desprovimento da Apelação (fls. 290/292).

É o relatório.

A insurgência não merece prosperar.

Solicitaram os recorrentes aos 14 de maio de 2019 a averbação de construção, bem como o registro da especificação, convenção condominial e atribuição de unidades autônomas do Edifício Jean Residence, situado na Rua São Judas Tadeu n.º 49, matriculado sob n.º 36.069, no 1º Registro de Imóveis da Comarca de Santos.

Conquanto conste de um único instrumento (fls. 06/31), observasse que a instituição e a convenção de condomínio são institutos que não se confundem.

Com efeito, a especificação e instituição de condomínio estão disciplinadas no artigo 1.332 do Código Civil e dizem respeito a:

I – discriminação e individualização das unidades de propriedade exclusiva, estremadas uma das outras e das partes comuns;

II – a determinação da fração ideal atribuída a cada unidade, relativamente ao terreno e partes comuns;

III – o fim a qual as unidades se destinam.

E, para a instituição e especificação condominial faz-se necessária a aprovação pela unanimidade dos condôminos.

Por seu lado, a convenção de condomínio diz respeito aos condôminos e sua relação com o Edifício, especificando a forma de uso das áreas comuns, as despesas comuns, afigurando-se indispensável a observância do quórum de 2/3 das frações ideais para sua aprovação, à luz do que dispõe o artigo 1.333 do Código Civil.

Contudo, certo é que no caso em tela a via subscrita pelos interessados (fls. 06/31) não conta sequer com os 2/3 exigidos pela legislação.

E, não se sustenta a alegação de que ostentam os recorrentes legitimidade para a instituição e convenção do condomínio, consubstanciada no artigo 44, parágrafo segundo da Lei n.º 4.591/64, o qual trata apenas da legitimidade para requerer a averbação e não autoriza o suprimento do quórum legalmente exigido para a instituição.

No mais, não houve impugnação específica quanto ao item 2 da nota devolutiva de fls. 04, apontando os recorrentes apenas "estranheza" em relação à exigência.

Ainda assim, o óbice apresentado em razão da divergência da área apontada tem razão de ser, à luz do princípio da especialidade objetiva, por meio do qual se exige coincidência entre a descrição constante no título ou documento que se pretende levar à registro ou averbação e aquela existente na matrícula.

Ademais, não se verifica, com precisão, nas razões recursais, insurgência quanto ao item "3" da nota devolutiva de fls. 04.

Isto porque, restou ali aduzido (fls. 265/266):

"pertinente a exigência do valor dado ao empreendimento".

De todo modo, consoante dispõe o item 5, "a" da Tabela II de Registro de Imóveis, a base de cálculo para o registro da especificação de condomínio é a somatória do valor do terreno e custo global da construção, nos moldes do artigo 32 da Lei n.º 4.591/64.

E, o valor do terreno, nos termos do artigo 7º da Lei Estadual n.º 11.331/2002, é definido pelo maior valor dentre o declarado ao negócio jurídico pelas partes envolvidas e o valor tributário do bem (valor venal 2019).

O custo global da obra, por seu turno, deverá ser declarado, observado o custo básico CUB do mês da prenotação do título (artigos 53 e 54, §3º, da Lei 4.591/64).

Destarte, também sob este prisma, persiste o óbice registrário.

Ante o exposto, nego provimento à apelação.

GERALDO FRANCISCO PINHEIRO FRANCO

Corregedor Geral da Justiça e Relator. (– DJe de 31.03.2020 – SP)

PODER JUDICIÁRIO

TRIBUNAL DE JUSTIÇA DO ESTADO DE SÃO PAULO

CONSELHO SUPERIOR DA MAGISTRATURA

Apelação nº 1041937-03.2019.8.26.0100

Registro: 2019.0000936694

ACÓRDÃO

Vistos, relatados e discutidos estes autos de **Apelação Cível nº 1041937-03.2019.8.26.0100**, da Comarca de **São Paulo**, em que é apelante **MINISTÉRIO PÚBLICO DO ESTADO DE SÃO PAULO**, é apelado **JAIR KACZINSKI**.

ACORDAM, em Conselho Superior de Magistratura do Tribunal de Justiça de São Paulo, proferir a seguinte decisão: **"Deram provimento à apelação para julgar procedente a dúvida, v.u."**, de conformidade com o voto do Relator, que integra este acórdão.

O julgamento teve a participação dos Exmos. Desembargadores **PEREIRA CALÇAS (PRESIDENTE TRIBUNAL DE JUSTIÇA) (Presidente), ARTUR MARQUES (VICE PRESIDENTE), XAVIER DE AQUINO (DECANO), ANTONIO CARLOS MALHEIROS (PRES. DA SEÇÃO DE DIREITO PÚBLICO), CAMPOS MELLO (PRES. DA SEÇÃO DE DIREITO PRIVADO) E FERNANDO TORRES GARCIA(PRES. SEÇÃO DE DIREITO CRIMINAL)**.

São Paulo, 1º de novembro de 2019.

GERALDO FRANCISCO PINHEIRO FRANCO

Corregedor Geral da Justiça e Relator

Apelação Cível nº 1041937-03.2019.8.26.0100

Apelante: Ministério Público do Estado de São Paulo

Apelado: Jair Kaczinski

VOTO Nº 37.922

Divórcio consensual sem partilha de bens – Bem imóvel em mancomunhão – Impossibilidade de alienação antes da partilha por não configurada propriedade em condomínio – Violação do princípio da continuidade – Inviabilidade do registro da doação da metade ideal realizada por um dos antigos cônjuges pena da violação ao princípio da continuidade – Recurso provido.

Trata-se de recurso de apelação interposto pelo Ministério Público contra a r. sentença que julgou improcedente a dúvida e determinou o registro de escritura pública de doação da metade ideal do imóvel objeto da matrícula nº 9.504 do 4º Registro de Imóveis da Comarca da Capital.

Sustenta o apelante a procedência da dúvida em razão da impossibilidade do registro por não ter havido a partilha do imóvel no divórcio dos proprietários em respeito ao princípio da continuidade (fls. 63/68).

O apresentante do título, em contrarrazões, preliminarmente, referiu a intenção da realização da doação da totalidade do imóvel, no mais pugnou pelo cabimento do registro, ante a possibilidade da doação de sua parte no imóvel decorrente da formação de condomínio em razão do divórcio (fls. 78/83).

A D. Procuradoria Geral da Justiça opinou pelo não acolhimento da preliminar e no mérito, pelo provimento do recurso (fls. 94/95).

É o relatório.

Não é possível a modificação do título em sede de apelação por já realizada a qualificação registral, assim, a intenção da doação total do imóvel é irrelevante ao exame deste recurso, não configurando matéria preliminar.

No divórcio foi estabelecido que o imóvel objeto desta dúvida "continuará em nome dos divorciandos" (fls.14).

Não obstante a ressalva promovida na averbação do divórcio, é certo que não houve registro da partilha do imóvel (fls. 10/14). Na falta da partilha, a situação jurídica do imóvel é de mancomunhão, não de condomínio.

Nessa ordem de ideias, não é possível aplicar o regramento legal concernente ao condomínio diante da falta da atribuição da propriedade a cada um dos antigos cônjuges.

Essa é a compreensão de Maria Berenice Dias (*Manual das famílias*. São Paulo: Revista dos Tribunais, e-book, 2017):

> *Quer no casamento, quer na união estável, quando o regime do casamento prevê a comunhão do patrimônio adquirido durante o período de convívio, os bens pertencem a ambos em partes iguais. A presunção é que foram adquiridos pela comunhão de esforços para amealhá-los. Cada um é titular da metade e tem direito à meação de cada um dos bens. Esta copropriedade recebe o nome de mancomunhão, expressão corrente na doutrina, que, no entanto, não dispõe de previsão legal. É o estado dos bens conjugais antes de sua efetiva partilha. Nada mais significa do que propriedade em "mão comum", ou seja, pertencente a ambos os cônjuges ou companheiros. Tal figura*

distingue-se do condomínio: quando o casal detém o bem ou coisa simultaneamente, com direito a uma fração ideal, podendo alienar ou gravar seus direitos, observada a preferência do outro (CC 1.314 e seguintes).

O estado de mancomunhão inviabiliza a transmissão (e o respectivo registro) de partes ideais pelos antigos cônjuges por razões de duas ordens: (i) ausência de partilha, o que impossibilita o conhecimento acerca da atribuição da titularidade da propriedade e (ii) violação do princípio da continuidade por não ser possível a inscrição da transmissão da propriedade a falta da extinção da mancomunhão que não tem natureza jurídica de condomínio.

A aplicação do estatuto jurídico da propriedade em condomínio dependeria da partilha do imóvel nessa situação jurídica, o que não houve até o momento.

Desse modo, não poderia ocorrer o registro da doação de parcela ideal da propriedade na falta de sua partilha em virtude do divórcio.

Cabe também ressaltar que o título envolveu a doação da metade ideal do imóvel por um dos cônjuges (fls. 16/19) e não sua transmissão por ambos.

Nestes termos, respeitada a compreensão da i. MM Juíza Corregedora Permanente, compete o acolhimento do inconformismo recursal pelas razões expostas.

Por fim, cabe observar que a apelação versa sobre questão igual à decidida por este Col. Conselho Superior da Magistratura na Apelação Cível nº 1041935-33.2019.8.26.0100, da Comarca de São Paulo, julgada em 19 de setembro de 2019, em que o recurso do Ministério Público foi provido para manter a recusa do registro da doação da metade ideal do imóvel, pela ausência do prévio registro da partilha.

Ante o exposto, pelo meu voto, dou provimento à apelação para julgar procedente a dúvida.

GERALDO FRANCISCO PINHEIRO FRANCO

Corregedor Geral da Justiça e Relator. (– DJe de 11.03.2020 – SP)

PODER JUDICIÁRIO

TRIBUNAL DE JUSTIÇA DO ESTADO DE SÃO PAULO
CONSELHO SUPERIOR DA MAGISTRATURA

Apelação nº 1001419-56.2019.8.26.0201

Registro: 2019.0000990395

ACÓRDÃO

Vistos, relatados e discutidos estes autos de **Apelação Cível nº 1001419-56.2019.8.26.0201**, da Comarca de **Garça**, em que é apelante **R. T. I.**, é apelado **O. DE R. DE I. E A. DA C. DE G.**.

ACORDAM, em Conselho Superior de Magistratura do Tribunal de Justiça de São Paulo, proferir a seguinte decisão: **"Negaram provimento à apelação, v.u."**, de conformidade com o voto do Relator, que integra este acórdão.

O julgamento teve a participação dos Exmos. Desembargadores **PEREIRA CALÇAS (PRESIDENTE TRIBUNAL DE JUSTIÇA) (Presidente), XAVIER DE AQUINO (DECANO), EVARISTO DOS SANTOS(PRES. DA SEÇÃO DE DIREITO PÚBLICO), CAMPOS MELLO (PRES. DA SEÇÃO DE DIREITO PRIVADO), FERNANDO TORRES GARCIA(PRES. SEÇÃO DE DIREITO CRIMINAL) E ARTUR MARQUES (VICE PRESIDENTE)**.

São Paulo, 14 de novembro de 2019.

GERALDO FRANCISCO PINHEIRO FRANCO

Corregedor Geral da Justiça e Relator

Apelação Cível nº 1001419-56.2019.8.26.0201

Apelante: R. T. I.

Apelado: O. de R. de I. e A. da C. de G.

VOTO Nº 37.967

Registro de Imóveis – Transferência de parte ideal de imóvel por acordo judicial – Origem judicial do título que não afasta a necessidade de sua qualificação registral – Divisão da gleba em partes ideais que coincidem, ao que tudo indica, às porções de terra ocupadas por cada uma das partes do processo em que celebrado o acordo – Instituição de condomínio que mascara um possível parcelamento irregular – Documentos anteriormente apresentados ao registrador que não servem para a qualificação do título objeto da nova prenotação – Transferência inter vivos, ocorrida no bojo de processo judicial, que enseja a necessidade de comprovação de pagamento de ITBI – Impugnações genéricas que não têm o condão de afastar exigências específicas e fundamentadas formuladas pelo registrador – Apelação não provida.

Trata-se de apelação interposta por *Renato Tobias Idelfonso* contra r. sentença[1] que julgou procedente a dúvida suscitada em razão da recusa do Oficial de Registro de Imóveis, Títulos e

Documentos e Civil de Pessoa Jurídica e 1º Tabelião de Protesto de Letras e Títulos da Comarca de Garça/SP em promover o registro do mandado expedido em virtude de acordo celebrado entre as partes, nos autos da ação judicial que tramitou perante a 2ª Vara daquela Comarca (Processo nº 1000114-42.2016.8.26.0201), por considerar demonstrada a implantação de parcelamento irregular do solo.

O apelante alega, em síntese, ter adquirido uma área de 2.380m², ou seja, inferior ao módulo rural, o que impediu o registro do imóvel em seu nome. Assim, ajuizou ação de rescisão contratual cumulada com pedido de indenização por danos morais, tendo celebrado, naquele processo, acordo com os titulares de domínio, consistente na transferência de 20% da área em seu favor. Sustenta que, tendo sido homologado o acordo, não há que se falar em má-fé, ressaltando que ocupa o imóvel há mais de cinco anos, lá residindo e exercendo atividade produtiva. Esclarece que o condomínio decorre da necessidade de reparação dos danos que lhes foram causados pelos vendedores, que concordaram em ceder maior porção de terras para compensar a venda irregular anteriormente realizada. Ainda, afirma que há possibilidade de equiparar o termo de audiência à escritura pública, sendo dispensáveis os demais documentos exigidos pois os dados e informações anteriormente informados permanecem inalterados. Por fim, aduz que não há valor do negócio jurídico a ser declarado, pois o acordo se deu nos autos de ação de rescisão contratual, tendo recebido o imóvel a título de indenização, o que afasta a incidência de ITBI**[2]**.

A douta Procuradoria Geral de Justiça opinou pelo não provimento do recurso**[3]**.

É o relatório.

Nos autos do processo nº 1000114-42.2016.8.26.0201, Paulo Roberto Alves de Lima, Maria Andréa Sêga Alves de Lima, Sérgio Ishiki e Luciano Oliveira de Almeida, na condição de proprietários do imóvel descrito na Matrícula nº 24.439 do Oficial de Registro de Imóveis de Garça, alienaram a parte ideal correspondente a 20% do bem ao apelante, ficando Luciano e Sérgio com a parte ideal correspondente a 33,33% para cada e Paulo Roberto e Maria Andréa com o parte ideal de 13,24% para ambos**[4]**.

Ocorre que as Normas de Serviço da Corregedoria Geral da Justiça, no Capítulo XX, item 171, assim dispõem:

171. É vedado o registro de alienação voluntária de frações ideais com localização, numeração e metragem certas, ou a formação de condomínio voluntário, que implique fraude ou qualquer outra hipótese de descumprimento da legislação de parcelamento do solo urbano, de condomínios edilícios e do Estatuto da Terra. A vedação não se aplica à hipótese de sucessão causa mortis.

Ora, em que pese a alegação do apelante, no sentido de que houve mera instituição de condomínio, o fato é que a divisão da gleba em partes ideais coincide, ao que tudo indica, às porções de terra ocupadas por cada uma das partes do processo em que celebrado o acordo, o que evidencia, no plano fático, que a fração ideal foi alienada como se unidade autônoma fosse. Ou seja, há elementos conclusivos a respeito do ilegal parcelamento do solo, certo que a instituição de condomínio, *in concreto*, mascara um possível desmembramento irregular.

E essa irregularidade se evidencia, com mais clareza, quando se constata a falta de aprovação do ente municipal e da apresentação de imagens que afastem os indícios de parcelamento ilegal. Conforme o subitem 170.6 do Capítulo XX das Normas de Serviço da Corregedoria Geral da Justiça, *"em qualquer hipótese de desmembramento não subordinado ao registro especial do art. 18, da Lei n.º 6.766, de 19 de dezembro de 1979, sempre se exigirá a prévia aprovação da Prefeitura Municipal"*, sendo que o subitem 171.1, do mesmo Capítulo XX, prevê que para *"comprovação de efetivação de parcelamento irregular, poderá o oficial valer-se de imagens obtidas por satélite ou aerofotogrametria"*.

Dentro desse contexto, não há como superar os óbices apresentados pelo registrador, no que diz respeito à necessidade de apresentação de certidão expedida pelo Município de Garça/SP e de imagens obtidas por satélite ou aerofotogrametria.

O mesmo se diga em relação aos demais documentos exigidos, ainda que, de fato, seja dispensável a lavratura de escritura pública ante o acordo homologado em juízo e consequente mandado expedido no processo. É que a origem judicial do título não afasta a necessidade de sua qualificação, com intuito de se obstar qualquer violação aos princípios registrais.

A simples alegação de que os dados e informações apresentados quando do anterior requerimento de registro não é suficiente para afastar o óbice decorrente da não apresentação da documentação agora solicitada, certo que o procedimento de dúvida, que prorroga o prazo de validade da prenotação, tem por finalidade a análise da dissensão entre o apresentante e o oficial registrador sobre as exigências formuladas para o registro do título que deve ser analisado considerando a sua conformação no momento em que foi suscitada. Bem por isso, documentos apresentados anteriormente, em prenotação já cancelada, não servem para embasar a qualificação do título objeto da presente dúvida.

No mais, indispensável a atribuição de valor ao negócio jurídico para fins de cálculo do ITBI, que é mesmo devido no caso concreto, dada a celebração de acordo por meio do qual houve a cessão de direitos sobre parte ideal do imóvel objeto da matrícula nº 24.439 do Registro de Imóveis de Garça/SP. Com efeito, havida transferência *inter vivos*, mostra-se cabível a exigência do Oficial, ainda que a cessão tenha ocorrido no bojo de um processo judicial.

Por fim, cumpre consignar que as alegações genéricas do apelante – no sentido de que todas as exigências são inconsistentes, que prestigiam a burocracia ou que poderiam ser afastadas ante o acordo homologado em juízo – não são suficientes para infirmar a correção dos óbices apresentados pelo registrador, certo que a impugnação deve, sempre, ser bem detalhada ante a qualificação registral negativa.

Destarte, por todos esses motivos, impõe-se a manutenção das exigências para o registro do título.

Diante do exposto, **nego provimento** à apelação.

GERALDO FRANCISCO PINHEIRO FRANCO
Corregedor Geral da Justiça e Relator.

Notas:

[1] Fls. 36/39.

[2] Fls. 49/54.

[3] Fls. 69/72.

[4] Fls. 09/12. (– DJe de 09.03.2020 – SP)

DAÇÃO EM PAGAMENTO

PODER JUDICIÁRIO

TRIBUNAL DE JUSTIÇA DO ESTADO DE SÃO PAULO
CONSELHO SUPERIOR DA MAGISTRATURA

Apelação nº 1019196-32.2020.8.26.0100

Registro: 2020.000785372

ACÓRDÃO

Vistos, relatados e discutidos estes autos de **Apelação Cível nº 1019196-32.2020.8.26.0100**, da Comarca de **São Paulo**, em que é apelante **EVANDRO RICHARD ROLAND SILVA**, é apelado **16º OFICIAL DE REGISTRO DE IMÓVEIS DA COMARCA DA CAPITAL.**

ACORDAM, em Conselho Superior de Magistratura do Tribunal de Justiça de São Paulo, proferir a seguinte decisão: **"Negaram provimento ao recurso, v.u."**, de conformidade com o voto do Relator, que integra este acórdão.

O julgamento teve a participação dos Exmos. Desembargadores **PINHEIRO FRANCO (PRESIDENTE TRIBUNAL DE JUSTIÇA) (Presidente), LUIS SOARES DE MELLO (VICE PRESIDENTE), XAVIER DE AQUINO (DECANO), GUILHERME G. STRENGER (PRES. SEÇÃO DE DIREITO CRIMINAL), MAGALHÃES COELHO(PRES. DA SEÇÃO DE DIREITO PÚBLICO) E DIMAS RUBENS FONSECA (PRES. DA SEÇÃO DE DIREITO PRIVADO).**

São Paulo, 11 de setembro de 2020.

RICARDO ANAFE
Corregedor Geral da Justiça e Relator

Apelação Cível nº 1019196-32.2020.8.26.0100

Apelante: Evandro Richard Roland Silva

Apelado: 16º Oficial de Registro de Imóveis da Comarca da Capital

VOTO Nº 31.226

Dúvida – Registro de Imóveis – Imóvel registrado em nome do casal divorciado – Regime da comunhão de bens – Divórcio não averbado – Partilha não registrada – Posterior acordo, em ação de execução de alimentos, de dação em pagamento pelo ex-marido em favor da ex-esposa – Carta de sentença qualificada negativamente – Exigência de prévia partilha do imóvel comum – Mancomunhão – Não configuração da propriedade em condomínio apenas em razão do divórcio, sequer averbado na matrícula – Violação ao princípio da continuidade registral – Necessidade de atribuição da propriedade exclusiva, ainda que em partes ideais, a cada um dos ex-cônjuges – Pedido de cindibilidade do título para registro apenas da aquisição do terreno que não dispensa a prova de pagamento do ITBI – Dúvida julgada procedente – Nega-se provimento à apelação.

1. Trata-se de apelação interposta por *Evandro Richard Roland Silva*, na qualidade de inventariante dos bens deixados por Teresa Roland Silva, contra a sentença que manteve a recusa de registro de carta de sentença expedida nos autos da ação de execução de alimentos (Processo nº 0013563-49.2000.8.26.0006), que tramitou perante a 2ª Vara da Família e Sucessões do Foro Regional VI – Penha de França, Comarca da Capital, em que figuravam como partes a falecida e Walter José da Silva, tendo por objeto o imóvel matriculado sob nº 6.837 junto ao 16º Oficial de Registro de Imóveis da Capital (fl. 209/214).

Alega o apelante, em síntese, que na ação de divórcio constou que o imóvel em questão seria objeto de partilha posterior. Assim, cessada a mancomunhão e passando o imóvel ao estado de condomínio, não haveria óbice à sua negociação pelos coproprietários. Acrescenta que, uma vez averbado o divórcio do casal junto à matrícula do imóvel e respeitada a divisão igualitária do bem, mostra-se cabível o registro da dação em pagamento da metade ideal pertencente ao coproprietário Walter em favor de Teresa, que passou, então, a ser sua única proprietária, sem que isso pudesse configurar ofensa ao princípio da continuidade registral. Sustenta, por fim, a possibilidade de cindibilidade do título, o que afasta a necessidade de recolhimento do ITBI, nesse momento.

A douta Procuradoria de Justiça opinou pelo não provimento da apelação (fl. 255/259).

É o relatório.

2. Pretende o apelante o registro de carta de sentença expedida nos autos da ação de execução de alimentos (Processo nº 0013563-49.2000.8.26.0006), que tramitou perante a 2ª Vara da Família e Sucessões do Foro Regional VI Penha de França, em que figuravam como partes Teresa Roland Silva e Walter José da Silva, tendo por objeto o imóvel matriculado sob nº 6.837 junto ao 16º Oficial de Registro de Imóveis da Capital.

Os títulos judiciais, cumpre lembrar, não estão isentos de qualificação para ingresso no fólio real. E a qualificação negativa do título judicial não caracteriza desobediência ou descumprimento de decisão judicial. No exercício desse dever, o Oficial encontrou óbices ao registro da carta de sentença que foi apresentada pelo apelante, emitindo Nota de Devolução (fl. 12) em que exigida a apresentação de *"escritura com partilha de bens, em atendimento ao princípio da continuidade de disponibilidade"*, pois os titulares de domínio são casados sob o regime da comunhão universal de bens, antes da Lei nº 6.015/73, configurando o estado de mancomunhão. Ainda, a despeito do pedido de cindibilidade do título, foi exigida a apresentação de *"guia ITBI referente ao ato a ser praticado, em observância ao artigo 239 da Lei nº 6.015/73"*.

O casamento entre Walter José Silva e Teresa Roland Silva ocorreu em 16.07.1970, sob o regime da comunhão de bens (fl. 131). Segundo o R. 1 da matrícula nº 6.837, o imóvel foi por eles adquirido em 12.11.1976, sem que, até o presente momento, tenha sido averbado o divórcio e registrada a partilha de bens do casal.

Não é possível, portanto, a alienação de parte ideal do imóvel por quem não ostenta a condição de proprietário exclusivo de parte ideal, mas sim, de comunheiro por força do regime de bens do casamento. Na falta da partilha a situação jurídica do imóvel é de mancomunhão, não de condomínio.

Em outras palavras, inexistindo na matrícula o registro da partilha e, por consequência, da atribuição da propriedade a cada um dos cônjuges, persiste a propriedade em comunhão em relação à totalidade do bem. Sobre o tema, os ensinamentos de Maria Berenice Dias (*Manual das famílias*. São Paulo: Revista dos Tribunais, e-book, 2017):

> *"Quer no casamento, quer na união estável, quando o regime do casamento prevê a comunhão do patrimônio adquirido durante o período de convívio, os bens pertencem a ambos em partes iguais. A presunção é que foram adquiridos pela comunhão de esforços para amealhá-los. Cada um é titular da metade e tem direito à meação de cada um dos bens. Esta copropriedade recebe o nome de mancomunhão, expressão corrente na doutrina, que, no entanto, não dispõe de previsão legal. É o estado dos bens conjugais antes de sua efetiva partilha. Nada mais significa do que propriedade em "mão comum", ou seja, pertencente a ambos os cônjuges ou companheiros. Tal figura distingue-se do condomínio: quando o casal detém o bem ou coisa simultaneamente, com direito a uma fração ideal, podendo alienar ou gravar seus direitos, observada a preferência do outro (CC 1.314 e seguintes)."*

O estado de mancomunhão inviabiliza a transmissão – e o respectivo registro – porque, ausente a partilha, não há atribuição da titularidade da propriedade aos ex-cônjuges. Logo, o registro da dação em pagamento configuraria violação ao princípio da continuidade, por não ser possível a inscrição da transmissão da propriedade ante a falta de extinção da comunhão decorrente do regime de bens, que persiste mesmo diante da dissolução da sociedade conjugal.

A propósito, assim dispõe o art. 195 da Lei nº 6.015/1973:

"Art. 195. Se o imóvel não estiver matriculado ou registrado em nome do outorgante, o oficial exigirá a prévia matrícula e o registro do título anterior, qualquer que seja a sua natureza, para manter a continuidade do registro".

De acordo com referido dispositivo legal, que cuida do princípio da continuidade registral, para que o título ingresse no fólio real é preciso que esteja amparado no registro anterior, tanto em seus aspectos subjetivos como objetivos.

No modo apresentado, pois, o título não preenche o requisito da continuidade, que é essencial para o seu registro. A respeito, esclarece Afrânio de Carvalho: *"O princípio da continuidade, que se apóia no de especialidade, quer dizer que, em relação a cada imóvel, adequadamente individuado, deve existir uma cadeia de titularidade à vista da qual só se fará a inscrição de um direito se o outorgante dele aparecer no registro como seu titular. Assim, as sucessivas transmissões, que derivam umas das outras, asseguram sempre a preexistência do imóvel no patrimônio do transferente. Ao exigir que cada inscrição encontre sua procedência em outra anterior, que assegure a legitimidade da transmissão ou da oneração do direito, acaba por transformá-la no elo de uma corrente ininterrupta de assentos, cada um dos quais se liga ao seu antecedente, como o seu subseqüente a ele se ligará posteriormente. Graças a isso o Registro de Imóveis inspira confiança ao público"* ("Registro de Imóveis", 4ª edição, 1998, Ed. Forense, p. 253).

Há precedentes deste Conselho Superior da Magistratura, exigindo o prévio registro da partilha para atos de disposição do comunheiro:

"REGISTRO DE IMÓVEIS – Imóvel registrado em nome de pessoas casadas – Escritura de compra e venda celebrada somente pela mulher na condição de divorciada – Necessidade do prévio registro da partilha do imóvel havida na ação de divórcio – Princípio da Continuidade – Além disso, inscrição de várias ordens de indisponibilidade sem indicação expressa de envolver a totalidade ou metade do imóvel – Impossibilidade da consideração de situações jurídicas não inscritas no registro imobiliário – Recurso não provido." (TJSP; Apelação Cível 1000237-38.2018.8.26.0664; Relator(a): Pinheiro Franco (Corregedor Geral); Órgão Julgador: Conselho Superior de Magistratura; Foro de Votuporanga - 2ª Vara Cível; Data do Julgamento: 12/11/2018; Data de Registro: 22/11/2018).

"DIVÓRCIO CONSENSUAL SEM PARTILHA DE BENS. BEM IMÓVEL EM MANCOMUNHÃO. IMPOSSIBILIDADE DE ALIENAÇÃO ANTES DA PARTILHA POR NÃO CONFIGURADA PROPRIEDADE EM CONDOMÍNIO. VIOLAÇÃO DO PRINCÍPIO DA CONTINUIDADE. INVIABILIDADE DO REGISTRO DA DOAÇÃO DA METADE IDEAL REALIZADA POR UM DOS ANTIGOS CÔNJUGES PENA DA VIOLAÇÃO AO PRINCÍPIO DA CONTINUIDADE RECURSO PROVIDO." (TJSP; Apelação Cível 1041937-03.2019.8.26.0100; Relator (a): Pinheiro Franco (Corregedor Geral); Órgão Julgador: Conselho Superior de Magistratura; Foro Central Cível - 1ª Vara de Registros Públicos; Data do Julgamento: 01/11/2019; Data de Registro: 07/11/2019).

E mais recentemente:

"DÚVIDA – REGISTRO DE IMÓVEIS – Imóvel registrado em nome de casal divorciado, sem registro de partilha – Escritura de doação feita pelo ex-marido na condição de divorciado, pretendendo a doação de sua parte ideal da propriedade à ex-cônjuge – Partilha não registrada – Necessidade de prévia partilha dos bens do casal e seu registro – Comunhão que não se convalida em condomínio tão só pelo divórcio, havendo necessidade de atribuição da propriedade exclusiva, ainda que em partes ideais, a cada um dos ex-cônjuges – Impossibilidade do ex-cônjuge dispor da parte ideal que possivelmente teria após a partilha – Ofensa ao princípio da continuidade – Exigência mantida – Recurso não provido." (TJSP; Apelação Cível 1012042-66.2019.8.26.0562; Relator (a): Ricardo Anafe (Corregedor Geral); Órgão Julgador: Conselho Superior de Magistratura; Foro de Santos - 10ª Vara Cível; Data do Julgamento: 16/03/2020; Data de Registro: 24/03/2020).

Desta forma, até que haja partilha dos bens do casal e seu registro, identificando e atribuindo a propriedade exclusiva sobre a parte ideal a ser disposta, não há como ingressar no registro o título de transmissão decorrente da manifestação de vontade de somente um dos comunheiros, ainda que a adquirente seja a ex-cônjuge e também comunheira sobre o bem.

No mais, é dever do Oficial de Registro de Imóveis a fiscalização do pagamento dos impostos devidos em razão dos títulos apresentados para registro em sentido amplo, pena de responsabilidade solidária de forma subsidiária. Nesse sentido, dispõem o art. 289 da Lei de Registros Públicos e art. 134, inciso VI, do Código Tributário Nacional:

"LRP. Art. 289. No exercício de suas funções, cumpre aos oficiais de registro fazer rigorosa fiscalização do pagamento dos impostos devidos por força dos atos que lhes forem apresentados em razão do ofício."

"CTN. Art. 134. Nos casos de impossibilidade de exigência do cumprimento da obrigação principal pelo contribuinte, respondem solidariamente com este nos atos em que intervierem ou pelas omissões de que forem responsáveis:

(...)

VI – os tabeliães, escrivães e demais serventuários de ofício, pelos tributos devidos sobre os atos praticados por eles, ou perante eles, em razão do seu ofício;"

Assim, correta também a exigência de prova de pagamento do ITBI devido para a prática do ato pretendido, pois o pedido de cindibilidade do título para registro apenas da aquisição do terreno não desobriga o recolhimento do valor do tributo.

3. Diante do exposto, **nega-se provimento** ao recurso.

RICARDO ANAFE

Corregedor Geral da Justiça e Relator. (– DJe de 17.11.2020 – SP)

DESAPROPRIAÇÃO

PODER JUDICIÁRIO

TRIBUNAL DE JUSTIÇA DO ESTADO DE SÃO PAULO

CONSELHO SUPERIOR DA MAGISTRATURA

Apelação Cível nº 1031037-16.2019.8.26.0114

Registro: 2020.0000475232

ACÓRDÃO

Vistos, relatados e discutidos estes autos de **Apelação Cível nº 1031037-16.2019.8.26.0114**, da Comarca de **Campinas**, em que é apelante **PREFEITURA MUNICIPAL DE CAMPINAS**, é apelado **2º OFICIAL DE REGISTRO DE IMÓVEIS DA COMARCA DE CAMPINAS.**

ACORDAM, em Conselho Superior de Magistratura do Tribunal de Justiça de São Paulo, proferir a seguinte decisão: **"Deram provimento ao recurso, determinando o registro da Carta de Sentença proferida na Ação de Desapropriação nº 0000154-86.1971.8.26.0114, v.u.",** de conformidade com o voto do Relator, que integra este acórdão.

O julgamento teve a participação dos Exmos. Desembargadores **PINHEIRO FRANCO (PRESIDENTE TRIBUNAL DE JUSTIÇA) (Presidente), LUIS SOARES DE MELLO (VICE PRESIDENTE), XAVIER DE AQUINO (DECANO), GUILHERME G. STRENGER (PRES. SEÇÃO DE DIREITO CRIMINAL), MAGALHÃES COELHO(PRES. DA SEÇÃO DE DIREITO PÚBLICO) E DIMAS RUBENS FONSECA (PRES. DA SEÇÃO DE DIREITO PRIVADO).**

São Paulo, 18 de junho de 2020.

RICARDO ANAFE

Corregedor Geral da Justiça e Relator

Apelação Cível nº 1031037-16.2019.8.26.0114

Apelante: Prefeitura Municipal de Campinas

Apelado: 2º Oficial de Registro de Imóveis da Comarca de Campinas

VOTO Nº 31.131

Dúvida – Registro de título judicial – Carta de sentença em ação de desapropriação – Desapropriação ajuizada no ano de 1971, antes da vigência da Lei nº 6.015/1973 – Descrição do imóvel a partir de transcrição, sem obediência ao princípio da especialidade – Retificação do registro imobiliário posterior ao trânsito em julgado da desapropriação, com abertura de matrícula com a correta descrição do imóvel – Cadastros da Municipalidade desapropriante atualizados a partir das medidas retificadas – Dúvida suscitada a partir da divergência da descrição do imóvel no título judicial e na matrícula atual – Possibilidade de registro independentemente de retificação do título Incidência da norma do art. 213, § 13 da Lei de Registros Públicos – Inexistência de dúvidas de que a desapropriação teve por objeto todo o imóvel – Pedido de registro com base na nova descrição constante do registro autorizada pela legislação – Dúvida afastada – Recurso provido.

1. Trata-se de apelação interposta pelo Município de Campinas, visando a reforma da sentença de fl. 97/99, que julgou procedente a dúvida suscitada pelo 2º Oficial de Registro de Imóveis de Campinas, mantendo a exigência de correção da carta de sentença para adequação da descrição do imóvel à matrícula ou, alternativamente, a retificação da descrição do imóvel, para que passe a constar como tendo área de 335,75m^2.

A nota de devolução nº 44.652 trouxe os seguintes motivos da recusa:

"Matrícula nº 80.327

O presente instrumento apresentado não teve ingresso ao fólio real, em razão das exigências a seguir expostas:

Fica mantida a exigência anteriormente formulada (nota de devolução nº 44.082), haja vista as diferenças entre a descrição tabular indicada na matricula e trabalhos técnicos municipais em relação à área do imóvel objeto da desapropriação, que assim exigiu:

'Mediante as documentações gráficas fornecidas pela Prefeitura Municipal de Campinas, verifica-se que o cadastro municipal do lote nº 05 da Quadra "D" da matrícula acima, indicam que o imóvel objeto da desapropriação possui área superficial inferior (335,75m^2) do que a área na matrícula (340,00m2).

Em respeito ao artigo 225 da Lei 6.015/73 e princípios da especialidade objetiva, segurança jurídica e disponibilidade, poderão os interessados:

1. Retificar previamente a matrícula do imóvel para constar a devida especialização da descrição de acordo com o cadastro municipal e processo de desapropriação, para que as descrições estejam consonantes, conforme possibilita os termos do artigo 213 da Lei 6.015/73; ou

2. Apresentar manifestação do Juízo competente para que se manifeste sobre a descrição do imóvel para que determine o registro da desapropriação:

1. Sobre a descrição contida na especialização da matrícula nº 80.327, ou seja, sobre a totalidade de área do imóvel da matrícula; ou

2. Sobre a especialização com área inferior, manifestando-se sobre a destinação da área remanescente de 4,25m2." (fl. 67/68).

O recurso sustenta, em resumo, que embora a Carta de Adjudicação descreva imóvel com área de 335,75m^2, houve apresentação de certidões gráficas e descritivas retificadas, constando a área de 340,00 m^2, como descrito na matrícula nº 80.327. Afirma que as certidões emitidas pela Prefeitura são mais adequadas para sanar a questão da descrição do imóvel, pois o próprio registro público se baseia em tais descrições. Sustenta que a desapropriação foi decidida em 1972, com trânsito em julgado em 1973, atentando à descrição do imóvel na época, e que não teria legitimidade para proceder à retificação do registro, sem que haja registro da carta de adjudicação (fl. 103/107).

A Procuradoria Geral da Justiça manifestou-se pelo não provimento do recurso (fl. 147/150).

É o relatório.

2. Conheço do recurso, presentes seus requisitos de admissibilidade.

A apelação é interposta em procedimento de dúvida suscitada em pedido de registro de carta de adjudicação decorrente de processo de desapropriação, tendo por objeto o imóvel matrícula nº 80.327, fundando-se o Oficial do Registro e a sentença de primeiro grau na impossibilidade de registro da carta de sentença da desapropriação por conta da divergência da descrição e área do imóvel constante do título e da matrícula.

A dúvida deve ser afastada, determinando-se o registro do título judicial, com as correções necessárias por conta da retificação da matrícula.

É dos autos que a desapropriação do imóvel, proposta pelo Município de Campinas em 1971, teve por objeto a integralidade do imóvel descrito na petição inicial, descrição esta baseada em transcrição, eis que anterior à vigência da Lei nº 6.015/1973. E, por ser anterior à implantação do sistema de matrículas, é certa a possibilidade de ter havido descrição precária, conforme se verifica no pedido inicial do Município de Campinas:

"O lote 5 do quarteirão 1355, com 335,75m^2 de área, medindo 10,00m de frente para a Avenida Governador Pedro de Toledo, 10,06m nos fundos, 32,90m lateralmente à direita, onde divisa com o lote 4 e 34,25m lateralmente à esquerda, onde divisa com o prédio nº 243."

A matrícula nº 80.327, do 2º Oficial de Registro de Imóveis de Campinas, foi **aberta somente em 26.02.1996**, a partir da Transcrição nº 54.860, de 14.01.1972, descrevendo o imóvel em questão da seguinte forma:

"Lote de terreno nº 05, da quadra D, situado a Avenida Governador Pedro de Toledo, esquina com a Rua Pereira Lima, nesta Cidade e Comarca de Campinas, 2ª Circunscrição Imobiliária, mediando: 10,00ms de frente pelo novo alinhamento da Avenida Governador Pedro de Toledo; 33,50ms, onde divisa lateralmente a esquerda com o lote 4; 34,50ms, onde divisa lateralmente à direita com o lote 6 e 10,00ms, nos fundos, onde divisa com os lotes 25 e 24; encerrando a área de 340,00ms^2." (fl. 70).

Por óbvio a descrição feita por conta da inicial da desapropriação, a qual integra o título judicial, fora realizada com base na transcrição, já que anterior à vigência da atual Lei de Registros Públicos. Mas, apesar da imprecisão decorrente do próprio sistema de transcrições, não há dúvidas de que se trata de desapropriação da integralidade do imóvel, não havendo qualquer saldo de propriedade após a desapropriação.

E, conforme se conclui do fato da abertura da matrícula em 26.02.1996, e da certidão do Departamento de Informação, Documentação e Cadastro da Secretaria Municipal de Planejamento e Desenvolvimento Urbano de Campinas, indicando que houve retificação das medidas do imóvel, alterando a descrição do bem e, consequentemente, a metragem. Assim consta da certidão do Município:

"CERTIFICA, em cumprimento ao despacho exarado no protocolado SEI PMC.2018.000 43709-73, e baseado em elementos existentes do Cadastro Físico do Município, que o lote 5 da Quadra D do loteamento Jockey Club, Quarteirão 1355, objeto da Matrícula 80.327, junto ao 2º Cartório de Registro de Imóveis, foi retificado e passou a ter as seguintes medidas, confrontações e área: 10,00m de frente, pelo alinhamento da Avenida Governador Pedro de Toledo; do lado direito, 33,50m, confrontando com o lote 4; do lado esquerdo, 34,50m, confrontando com o lote 6; e fundo, 10,00m, confrontando com os lotes 24 e 25, encerrando a área de 340,00m², tudo conforme os elementos da Certidão Gráfica 1253-D" (fl. 57).

Conclui-se, portanto, que houve retificação do registro do imóvel desapropriado, abrindo-se matrícula a partir da transcrição nº 54.860, de 14.01.1972, com a regularização da descrição do imóvel, com suas confrontações e área total, bem caracterizada na matrícula nº 80.327.

Por conta de tal retificação, posterior ao título judicial que ora é apresentado a registro, e da precariedade da descrição da transcrição utilizada como base para a sentença de desapropriação, levando à imprecisão do próprio título judicial, é o caso de se aplicar a regra do art. 213, § 13 da Lei nº 6.015/1973, permitindo-se o registro do título com a nova descrição do imóvel, observando-se no novo ato o princípio da especialidade.

"Art. 213. O oficial retificará o registro ou a averbação:

(...)

§ 13. Não havendo dúvida quanto à identificação do imóvel, o título anterior à retificação poderá ser levado a registro desde que requerido pelo adquirente, promovendo-se o registro em conformidade com a nova descrição."

Exatamente este é o caso concreto, pois a desapropriação teve por objeto a integralidade do imóvel, conforme a descrição inicial, houve retificação posterior e há, pelo adquirente, pedido de registro com base na nova descrição, esta já constante da matrícula nº 54.860.

Assim, cumpridos os requisitos do § 13, do art. 213 da Lei nº 6.015/1973, é o caso de afastamento da dúvida, permitindo-se o registro do título.

3. Ante o exposto, **DOU PROVIMENTO** ao recurso para afastar a dúvida suscitada pelo 2º Oficial do Registro de Imóveis de Campinas, determinando o registro da Carta de Sentença proferida na Ação de Desapropriação nº 0000154-86.1971.8.26.0114.

RICARDO ANAFE

Corregedor Geral da Justiça e Relator. (– DJe de 02.07.2020 – SP)

PODER JUDICIÁRIO

TRIBUNAL DE JUSTIÇA DO ESTADO DE SÃO PAULO

CONSELHO SUPERIOR DA MAGISTRATURA

Apelação nº 1028966-41.2019.8.26.0114

Registro: 2019.0001054544

ACÓRDÃO

Vistos, relatados e discutidos estes autos de **Apelação Cível nº 1028966-41.2019.8.26.0114**, da Comarca de **Campinas**, em que é apelante **MUNICÍPIO DE CAMPINAS**, é apelado **1º OFICIAL DE REGISTRO DE IMÓVEIS DA COMARCA DE CAMPINAS.**

ACORDAM, em Conselho Superior de Magistratura do Tribunal de Justiça de São Paulo, proferir a seguinte decisão: **"Negaram provimento ao recurso, v.u.",** de conformidade com o voto do Relator, que integra este acórdão.

O julgamento teve a participação dos Exmos. Desembargadores **PEREIRA CALÇAS (PRESIDENTE TRIBUNAL DE JUSTIÇA) (Presidente), ARTUR MARQUES (VICE PRESIDENTE), XAVIER DE AQUINO (DECANO), EVARISTO DOS SANTOS(PRES. DA SEÇÃO DE DIREITO PÚBLICO), CAMPOS MELLO (PRES. DA SEÇÃO DE DIREITO PRIVADO) E FERNANDO TORRES GARCIA(PRES. SEÇÃO DE DIREITO CRIMINAL).**

São Paulo, 10 de dezembro de 2019.

GERALDO FRANCISCO PINHEIRO FRANCO

Corregedor Geral da Justiça e Relator

Apelação Cível nº 1028966-41.2019.8.26.0114

Apelante: Município de Campinas

Apelado: 1° Oficial de Registro de Imóveis da Comarca de Campinas

VOTO Nº 38.001

COMPETÊNCIA – Procedimento de dúvida imobiliária – Vara da Corregedoria Permanente.

DESAPROPRIAÇÃO – Carta de sentença expedida em ação de desapropriação que teve natureza contenciosa – Forma originária de aquisição da propriedade – Princípio da continuidade – Óbice afastado.

CARTA DE SENTENÇA – Cópia simples do termo de encerramento – Título incompleto – Necessidade de apresentação do título em sua totalidade – Recurso não provido, com observação.

Trata-se de apelação interposta pelo Município de Campinas contra r. sentença que manteve a recusa do registro da desapropriação do imóvel objeto da matrícula nº 57.352 do 1º Registro de Imóveis da Comarca de Campinas porque a atual proprietária não participou da ação de desapropriação e porque a carta de sentença não foi apresentada em sua totalidade, pois a última página foi substituída por cópia simples do documento.

A apelante, em preliminar, arguiu a competência absoluta da Vara da Fazenda Pública para o processo de dúvida. No mérito alegou que a ação de desapropriação foi julgada, em definitivo, por v. acórdão prolatado em junho de 1972 e teve como réus os então proprietários do imóvel. Disse que o imóvel foi doado para Satie Goto no ano de 1977, depois da desapropriação, de forma irregular, uma vez que já não era de propriedade dos doadores. Asseverou que a desapropriação é forma originária de aquisição do domínio e que o seu registro não se vincula ao princípio da continuidade. Por fim, a substituição da última página da carta de sentença constitui mera irregularidade, ao passo que a obtenção de nova carta de sentença poderá ser dificultada em razão do tempo decorrido a partir do julgamento do processo (fls. 90-96).

A douta Procuradoria Geral de Justiça opinou pelo não provimento do recurso (fls. 113/114).

É o relatório.

O procedimento de dúvida imobiliária tem natureza administrativa (artigo 204 da Lei nº 6.015/73), não se confunde com ação ou causa que tenha o Município nos polos ativo ou passivo, e não se submete à competência privativa das Varas da Fazenda Pública.

Ao contrário, o inciso II do art. 38 do Decreto-Lei Complementar nº 3/69 atribui a competência para o julgamento do procedimento de dúvida imobiliária ao Juiz da Vara de Registros Públicos, que equivale aos Corregedores Permanentes nas Comarcas em que não existem varas privativas de registros públicos:

"Artigo 38 – Aos Juízes das Varas dos Registros Públicos, ressalvada a Jurisdição das Varas Distritais, compete:

(...)

II – dirimir as dúvidas dos oficiais de registro e tabeliães, quanto aos atos de seu ofício e as suscitadas em execução de sentença proferida em outro juízo, sem ofender a coisa julgada; (...)".

Rejeito, por esses motivos, a arguição de incompetência do Juiz Corregedor Permanente.

A apelante pretende o registro de carta de sentença extraída do Processo nº 510/66 da Segunda Vara Cível da Comarca de Campinas, consistente em ação de desapropriação contenciosa movida pelo Município de Campinas contra Domício Pacheco e Silva e Tomekiti Goto.

A ação de desapropriação foi julgada, em definitivo, por v. acórdão prolatado em 28 de junho de 1972, e teve por objeto área a ser desmembrada do imóvel que era objeto da matrícula nº 9.964, então de propriedade de Tomekiti Goto e Ayako Goto que o doaram, em agosto de 1977, para Satie Goto (fls. 43-46).

Posteriormente, em 27 de dezembro de 1988, foi aberta a matrícula nº 57.352 para o imóvel desapropriado, mas ainda constando como proprietária Satie Goto em razão da inexistência de registro da desapropriação (fls. 41/42).

A doação do imóvel para Satie Goto, porém, não impede o registro da carta de sentença porque a desapropriação contenciosa é forma originária de aquisição da propriedade e porque, ademais, eventual litígio sobre o domínio, envolvendo os antigos e a atual proprietária, será resolvido na forma previsto no art. 34 do Decreto-Lei nº 3.365/41:

"Art. 34. O levantamento do preço será deferido mediante prova de propriedade, de quitação de dívidas fiscais que recaiam sobre o bem expropriado, e publicação de editais, com o prazo de 10 dias, para conhecimento de terceiros.

Parágrafo único. Se o juiz verificar que há dúvida fundada sobre o domínio, o preço ficará em depósito, ressalvada aos interessados a ação própria para disputa-lo".

Essa solução mantém consonância com os precedentes deste Col. Conselho Superior da Magistratura, como se verifica no v. acórdão prolatado na Apelação Cível nº 789-6/1, da Comarca de Ribeirão Preto, de que foi relator o Desembargador Ruy Camilo:

"O tema não é novo e a questão ora em foco já se acha pacificada no âmbito deste Conselho Superior, mercê da reiteração de julgados.

Nesse ritmo, eis o definido na Apelação Cível nº 58.456-0/0, da Comarca de Osasco, relatada pelo E. Des. Sérgio Augusto Nigro Conceição (D.O.E., Poder Judiciário, Caderno I, Parte I, 29 de novembro de 1999, pág. 5):

EMENTA: Registro de Imóveis – Dúvida – Ingresso de carta de adjudicação – Ação de desapropriação que atingiu área a ser desmembrada de área maior, sem indicação dos lotes atingidos, além da apuração do remanescente – Óbices não prestigiados – Inexistência de ofensa aos princípios registrários – Recurso improvido – Decisão mantida.

... Inconsistente o recurso, impondo-se a manutenção da r. decisão de primeiro grau. E isso porque é admissível o ingresso do título, consistente na carta de adjudicação extraída dos autos da ação de desapropriação ajuizada pela Telecomunicações de São Paulo S.A. – TELESP, que tramitou perante a 13ª Vara da Justiça Federal, da Seção Judiciária de São Paulo, sem a indicação dos lotes atingidos e a apuração do remanescente, na medida em que o registro, tal como pretendido, refere-se a uma aquisição originária, não ofendendo os princípios registrários.

... Na verdade, a desapropriação... tem sido considerada como forma originária de aquisição da propriedade, independendo, portanto, da relação de continuidade do registro, consoante pacífico entendimento deste Conselho Superior da Magistratura (Apelações Cíveis nºs 3.008-0, da Comarca de Palmeira D'Oeste; 3.397-0, da Comarca de Piracicaba; 7.849-0/5, 7.850-0/0, 7.850-0/4, 7.851-0/4, 7.860-0/5, 7.871-0/5 e 8.293-0/4, da Comarca de Guarulhos; 9.461-0/9, da Comarca de Sorocaba, e 9.937-0/1, da Comarca de Capão Bonito).

Imbuído do mesmo espírito o V. Acórdão proferido na Apelação Cível nº 67.912-0/2, da Comarca de São Paulo, em que figurou como relator o E. Des. Luís de Macedo (D.O.E., Poder Judiciário, Caderno I, Parte I, 1º de agosto de 2000, pág. 3):

REGISTRO DE IMÓVEIS – Dúvida – Desapropriação – Modo originário de aquisição da propriedade – Inocorrência de ofensa aos princípios da especialidade e da continuidade – Registro possível – Recurso não provido.

...A aquisição por desapropriação se dá de modo originário, sem vinculação com os registros anteriores, não se justificando, por tal razão, o óbice apresentado, fundado na necessidade de apuração do remanescente para atendimento dos princípios da especialidade e continuidade.

No caso dos autos o imóvel desapropriado se encontra perfeitamente descrito e caracterizado, viabilizando a abertura de matrícula, cuja ausência de vinculação com os registros anteriores implica na inaplicabilidade dos referidos princípios registrários (...)".

Contudo, a carta de sentença que foi apresentada para registro (fls. 11-39) está incompleta porque falta a última página, consistente no termo de encerramento, que segundo informado pelo Sr. Oficial de Registro e admitido pela apelante foi substituída por cópia simples (fls. 39).

Porém, a carta de sentença constitui título único e deve ser apresentada em sua totalidade, em consonância com o art. 221 da Lei nº 6.015/73:

"Art. 221 – Somente são admitidos registro:
(...)
IV – cartas de sentença, formais de partilha, certidões e mandados extraídos de autos de processo (...)".

Assim, a substituição da última página da carta de sentença por cópia extraída pela apelante alterou a substância do título de origem judicial, o que impede o seu registro.

Portanto, para o registro da desapropriação deverá ser apresentada nova carta de sentença, em sua totalidade.

Ante o exposto, por ser o registro inviável em razão da não apresentação da carta de sentença por inteiro, nego provimento ao recurso.

GERALDO FRANCISCO PINHEIRO FRANCO

Corregedor Geral da Justiça e Relator. (– DJe de 08.04.2020 – SP)

PODER JUDICIÁRIO

TRIBUNAL DE JUSTIÇA DO ESTADO DE SÃO PAULO

CONSELHO SUPERIOR DA MAGISTRATURA

Apelação nº 1000927-24.2019.8.26.0279

Registro: 2019.0001054549

ACÓRDÃO

Vistos, relatados e discutidos estes autos de **Apelação Cível nº 1000927-24.2019.8.26.0279**, da Comarca de **Itararé**, em que é apelante **RODOVIAS INTEGRADAS DO OESTE S/A – SP VIAS**, é apelado **OFICIAL DE REGISTRO DE IMÓVEIS, TÍTULOS E DOCUMENTOS E CIVIL DE PESSOAS JURÍDICAS DA COMARCA DE ITARARÉ.**

ACORDAM, em Conselho Superior de Magistratura do Tribunal de Justiça de São Paulo, proferir a seguinte decisão: **"Negaram provimento à apelação, excluindo-se, porém, a condenação da recorrente ao pagamento de custas processuais, v.u."**, de conformidade com o voto do Relator, que integra este acórdão.

O julgamento teve a participação dos Exmos. Desembargadores **PEREIRA CALÇAS (PRESIDENTE TRIBUNAL DE JUSTIÇA) (Presidente), ARTUR MARQUES (VICE PRESIDENTE), XAVIER DE AQUINO (DECANO), EVARISTO DOS SANTOS(PRES. DA SEÇÃO DE DIREITO PÚBLICO), CAMPOS MELLO (PRES. DA SEÇÃO DE DIREITO PRIVADO) E FERNANDO TORRES GARCIA(PRES. SEÇÃO DE DIREITO CRIMINAL).**

São Paulo, 10 de dezembro de 2019.

GERALDO FRANCISCO PINHEIRO FRANCO

Corregedor Geral da Justiça e Relator

Apelação Cível nº 1000927-24.2019.8.26.0279

Apelante: Rodovias Integradas do Oeste S/A – Sp Vias

Apelado: Oficial de Registro de Imóveis, Títulos e Documentos e Civil de Pessoas Jurídicas da Comarca de Itararé

VOTO Nº 38.005

Registro de Imóveis – Desapropriação – Aquisição originária da propriedade – Rodovia em área rural – Cabimento do georreferenciamento em cumprimento à Lei de Registros Públicos (arts. 176, § 1º, 3 "a", 176, §§ 3º e 6º e 225, § 3º) e ao princípio da especialidade objetiva – Recurso não provido, com observação.

Trata-se de apelação interposta por *Rodovias Integradas do Oeste S/A. (SPVIAS)* contra r. sentença a fls. 217/221, que manteve o óbice levantado pelo Oficial de Registro de Imóveis, Títulos e Documentos e Civil de Pessoas Jurídicas de Itararé/SP para registro de carta de adjudicação oriunda de ação de desapropriação, tendo em vista a necessidade de georreferenciamento e certificação expedida pelo INCRA.

Sustenta a recorrente, em síntese, ser desnecessário o georreferenciamento exigido, tendo em vista que se cuida de aquisição originária de propriedade. Ainda, afirma que o imóvel tem natureza especial, não se justificando as exigências previstas para os imóveis rurais. Requer, assim, o provimento do recurso, para que seja afastado o óbice imposto pelo registrador, bem como sua condenação ao pagamento das verbas de sucumbência (fls. 248/259).

A D. Procuradoria de Justiça opinou pelo não provimento do recurso (fls. 276/278).

É o relatório.

Não há divergência entre o Oficial de Registro de Imóveis e a apelante sobre o fato da aquisição da propriedade imóvel por meio de desapropriação encerrar forma originária de aquisição do domínio.

Sobre isso também não há divergência nos precedentes deste Col. Conselho Superior da Magistratura, como se verifica no voto do ilustre Desembargador José Renato Nalini, então Corregedor Geral da Justiça, no julgamento da Apelação nº 0001026-61.2011.8.26.0062, em 17/01/2013.

A jurisprudência do Superior Tribunal de Justiça também tem essa compreensão:

"PROCESSO CIVIL E TRIBUTÁRIO. RECURSO ESPECIAL. ENUNCIADO ADMINISTRATIVO N. 3/STJ. DESAPROPRIAÇÃO. AQUISIÇÃO ORIGINÁRIA DE PROPRIEDADE. EXIGIBILIDADE DE TRIBUTOS ANTERIORES À AO ATO DESAPROPRIATÓRIO. AUSÊNCIA DE RESPONSABILIDADE DO ENTE EXPROPRIANTE. RECURSO ESPECIAL NÃO PROVIDO. 1. No caso em tela o recorrente exige do ente expropriante, em execução fiscal, os tributos (IPTU e Taxa de Limpeza Pública de Coleta de Resíduos Sólidos) incidentes sobre o imóvel desapropriado, derivados de fatos geradores ocorridos anteriormente ao ato expropriatório. 2. Considerando o período de ocorrência do fato gerador de tais tributos, e, levando-se em consideração que a desapropriação é ato de aquisição originária de propriedade, não há a

transferência de responsabilidade tributária prevista no artigo 130 do CTN ao ente expropriante. 3. Recurso especial não provido" (REsp 1668058/ES, Rel. Ministro MAURO CAMPBELL MARQUES, SEGUNDA TURMA, julgado em 08/06/2017, DJe 14/06/2017).

Contudo, a natureza originária da aquisição pela desapropriação não descaracteriza a submissão dessa situação jurídica à hipótese de desmembramento de imóvel rural, porquanto a área desapropriada foi destacada de imóvel rural com área maior, objeto da matrícula nº 11.251 do Registro de Imóveis da Comarca de Itararé/SP (fls. 45/51).

O art. 176, § 3º, da Lei nº 6.015/73 dispõe:

"§ 3º Nos casos de desmembramento, parcelamento ou remembramento de imóveis rurais, a identificação prevista na alínea a do item 3 do inciso II do § 1o será obtida a partir de memorial descritivo, assinado por profissional habilitado e com a devida Anotação de Responsabilidade Técnica ART, contendo as coordenadas dos vértices definidores dos limites dos imóveis rurais, geo-referenciadas ao Sistema Geodésico Brasileiro e com precisão posicional a ser fixada pelo INCRA, garantida a isenção de custos financeiros aos proprietários de imóveis rurais cuja somatória da área não exceda a quatro módulos fiscais".

Na mesma linha, o art. 225, § 3º, da Lei nº 6.015/73, prescreve:

"§ 3º Nos autos judiciais que versem sobre imóveis rurais, a localização, os limites e as confrontações serão obtidos a partir de memorial descritivo assinado por profissional habilitado e com a devida Anotação de Responsabilidade Técnica ART, contendo as coordenadas dos vértices definidores dos limites dos imóveis rurais, geo-referenciadas ao Sistema Geodésico Brasileiro e com precisão posicional a ser fixada pelo INCRA, garantida a isenção de custos financeiros aos proprietários de imóveis rurais cuja somatória da área não exceda a quatro módulos fiscais".

A interpretação teleológica das referidas disposições normativas permite a compreensão de sua incidência no caso da desapropriação de parcela de imóvel rural, notadamente pela repercussão no imóvel objeto da desapropriação parcial no aspecto da especialidade objetiva.

Por sua vez, o § 6º do art. 176 da Lei nº 6.015/73 não dispensa a certificação do INCRA em relação à descrição georreferenciada das áreas públicas, e essa certificação é necessária para evitar que a descrição georreferenciada do imóvel rural que foi desfalcado pela desapropriação não se sobreponha, no cadastro do INCRA, à da área que se tornou de propriedade da apelante.

A sentença judicial em ação de desapropriação não está isenta da incidência das demais determinações legais para o ingresso do título no registro imobiliário.

Desse modo, é mesmo necessário o georreferenciamento para o ingresso do título judicial atinente à desapropriação parcial de imóvel para implantação de rodovia, com certificação pelo INCRA relativa ao georreferenciamento.

Em razão da transmissão da propriedade por meio de desapropriação, da interpretação teleológica efetuada, bem como o destaque de área menor, a necessidade do georreferenciamento apenas incide para a área desapropriada, sem necessidade de sua efetivação para fins de apuração do remanescente da matrícula da qual será destacada. Nesse sentido, Apelação Cível nº 1001440-36.2017.8.26.0481, de minha relatoria:

REGISTRO DE IMÓVEIS. Desapropriação Parcial de Área Rural Aquisição originária da propriedade Rodovia em área rural art. 176, § 1º, 3a e 225, § 3º da Lei nº 6.015/73 Desnecessidade de georreferenciamento da área maior, de onde será feito o desfalque Recurso provido.

Por fim, a despeito do teor do art. 207 da Lei de Registros Públicos, neste procedimento administrativo, relativo à dúvida suscitada em matéria registrária, não incidem custas processuais ante a falta de previsão específica nas Leis Estaduais nº 11.331/02 e 11.608/03.

Diante do exposto, pelo meu voto, **nego provimento** à apelação, excluindo-se, porém, a condenação da recorrente ao pagamento de custas processuais.

GERALDO FRANCISCO PINHEIRO FRANCO

Corregedor Geral da Justiça e Relator. (– DJe de 08.04.2020 – SP)

PODER JUDICIÁRIO

TRIBUNAL DE JUSTIÇA DO ESTADO DE SÃO PAULO

CONSELHO SUPERIOR DA MAGISTRATURA

Apelação Cível nº 1017639-29.2017.8.26.0451

Registro: 2019.0001054528

ACÓRDÃO

Vistos, relatados e discutidos estes autos de **Apelação Cível nº 1017639-29.2017.8.26.0451**, da Comarca de **Piracicaba**, em que é apelante

RODOVIAS DO TIETÊ S.A., é apelado **2º OFICIAL DE REGISTRO DE IMÓVEIS E ANEXOS DA COMARCA DE PIRACICABA.**

ACORDAM, em Conselho Superior de Magistratura do Tribunal de Justiça de São Paulo, proferir a seguinte decisão: **"Negaram provimento à apelação, v.u."**, de conformidade com o voto do Relator, que integra este acórdão.

O julgamento teve a participação dos Exmos. Desembargadores **PEREIRA CALÇAS (PRESIDENTE TRIBUNAL DE JUSTIÇA) (Presidente), ARTUR MARQUES (VICE PRESIDENTE), XAVIER DE AQUINO (DECANO), EVARISTO DOS SANTOS(PRES. DA SEÇÃO DE DIREITO PÚBLICO), CAMPOS MELLO (PRES. DA SEÇÃO DE DIREITO PRIVADO) E FERNANDO TORRES GARCIA(PRES. SEÇÃO DE DIREITO CRIMINAL).**

São Paulo, 10 de dezembro de 2019.

GERALDO FRANCISCO PINHEIRO FRANCO

Corregedor Geral da Justiça e Relator

Apelação Cível nº 1017639-29.2017.8.26.0451

Apelante: Rodovias do Tietê S.A.

Apelado: 2º Oficial de Registro de Imóveis e Anexos da Comarca de Piracicaba

VOTO Nº 38.004

Registro de Imóveis – Desapropriação – Aquisição originária da propriedade – Rodovia em área rural – Cabimento do georreferenciamento em cumprimento à Lei de Registros Públicos (arts. 176, § 1º, 3 "a", 176, §§ 3º e 6º e 225, § 3º) e ao princípio da especialidade objetiva – Recurso não provido.

Trata-se de apelação interposta por *Rodovias do Tietê S/A.* contra r. sentença a fls. 190/192, que manteve o óbice levantado pelo 2º Oficial de Registro de Imóveis, Títulos e Documentos e Civil das Pessoas Jurídicas de Piracicaba/SP para registro de carta de adjudicação oriunda de ação de desapropriação, tendo em vista a necessidade de georreferenciamento.

Sustenta a recorrente, em síntese, ser desnecessário o georreferenciamento exigido, tendo em vista que se cuida de aquisição originária de propriedade. Ainda, afirma que o imóvel está perfeitamente descrito na carta de adjudicação, sendo possível sua identificação e consequente abertura de matrícula (fls. 198/206).

A D. Procuradoria de Justiça opinou pelo não provimento do recurso (fls. 231/232).

É o relatório.

Não há divergência entre o Oficial de Registro de Imóveis e a apelante sobre o fato da aquisição da propriedade imóvel por meio de desapropriação encerrar forma originária de aquisição do domínio.

Sobre isso também não há divergência nos precedentes deste Col. Conselho Superior da Magistratura, como se verifica no voto do ilustre Desembargador José Renato Nalini, então Corregedor Geral da Justiça, no julgamento da Apelação nº 0001026-61.2011.8.26.0062, em 17/01/2013.

A jurisprudência do Superior Tribunal de Justiça também tem essa compreensão:

"PROCESSO CIVIL E TRIBUTÁRIO. RECURSO ESPECIAL. ENUNCIADO ADMINISTRATIVO N. 3/STJ. DESAPROPRIAÇÃO. AQUISIÇÃO ORIGINÁRIA DE PROPRIEDADE. EXIGIBILIDADE DE TRIBUTOS ANTERIORES À AO ATO DESAPROPRIATÓRIO. AUSÊNCIA DE RESPONSABILIDADE DO ENTE EXPROPRIANTE. RECURSO ESPECIAL NÃO PROVIDO. 1. No caso em tela o recorrente exige do ente expropriante, em execução fiscal, os tributos (IPTU e Taxa de Limpeza Pública de Coleta de Resíduos Sólidos) incidentes sobre o imóvel desapropriado, derivados de fatos geradores ocorridos anteriormente ao ato expropriatório. 2. Considerando o período de ocorrência do fato gerador de tais tributos, e, levando-se em consideração que a desapropriação é ato de aquisição originária de propriedade, não há a transferência de responsabilidade tributária prevista no artigo 130 do CTN ao ente expropriante. 3. Recurso especial não provido" (REsp 1668058/ES, Rel. Ministro MAURO CAMPBELL MARQUES, SEGUNDA TURMA, julgado em 08/06/2017, DJe 14/06/2017).

Contudo, a natureza originária da aquisição pela desapropriação não descaracteriza a submissão dessa situação jurídica à hipótese de desmembramento de imóvel rural, porquanto a área desapropriada foi destacada de imóvel rural com área maior, objeto da matrícula nº 93.991 do 2º Registro de Imóveis da Comarca de Piracicaba/SP (fls. 35/45).

O art. 176, § 3º, da Lei nº 6.015/73 dispõe:

"§ 3º Nos casos de desmembramento, parcelamento ou remembramento de imóveis rurais, a identificação prevista na alínea a do item 3 do inciso II do § 1º será obtida a partir de memorial descritivo, assinado por profissional habilitado e com a devida Anotação de Responsabilidade Técnica – ART, contendo as coordenadas dos vértices definidores dos limites dos imóveis rurais, geo-referenciadas ao Sistema Geodésico Brasileiro e

com precisão posicional a ser fixada pelo INCRA, garantida a isenção de custos financeiros aos proprietários de imóveis rurais cuja somatória da área não exceda a quatro módulos fiscais".

Na mesma linha, o art. 225, § 3º, da Lei nº 6.015/73, prescreve:

"§ 3º Nos autos judiciais que versem sobre imóveis rurais, a localização, os limites e as confrontações serão obtidos a partir de memorial descritivo assinado por profissional habilitado e com a devida Anotação de Responsabilidade Técnica – ART, contendo as coordenadas dos vértices definidores dos limites dos imóveis rurais, geo-referenciadas ao Sistema Geodésico Brasileiro e com precisão posicional a ser fixada pelo INCRA, garantida a isenção de custos financeiros aos proprietários de imóveis rurais cuja somatória da área não exceda a quatro módulos fiscais".

A interpretação teleológica das referidas disposições normativas permite a compreensão de sua incidência no caso da desapropriação de parcela de imóvel rural, notadamente pela repercussão no imóvel objeto da desapropriação parcial no aspecto da especialidade objetiva.

Por sua vez, o § 6º do art. 176 da Lei nº 6.015/73 não dispensa a certificação do INCRA em relação à descrição georreferenciada das áreas públicas, e essa certificação é necessária para evitar que a descrição georreferenciada do imóvel rural que foi desfalcado pela desapropriação não se sobreponha, no cadastro do INCRA, à da área que se tornou de propriedade da apelante.

A sentença judicial em ação de desapropriação não está isenta da incidência das demais determinações legais para o ingresso do título no registro imobiliário.

Desse modo, é necessário o georreferenciamento para o ingresso do título judicial atinente à desapropriação parcial de imóvel para implantação de rodovia, com certificação pelo INCRA relativa ao georreferenciamento.

Em razão da transmissão da propriedade por meio de desapropriação, da interpretação teleológica efetuada, bem como o destaque de área menor, a necessidade do georreferenciamento apenas incide para a área desapropriada, sem necessidade de sua efetivação para fins de apuração do remanescente da matrícula da qual será destacada. Nesse sentido, a Apelação Cível nº 1001440-36.2017.8.26.0481, de minha relatoria:

REGISTRO DE IMÓVEIS. Desapropriação Parcial de Área Rural. Aquisição originária da propriedade Rodovia em área rural art. 176, § 1º, 3a e 225, § 3º da Lei nº 6.015/73. Desnecessidade de georreferenciamento da área maior, de onde será feito o desfalque. Recurso provido.

Diante do exposto, pelo meu voto, nego provimento à apelação.

GERALDO FRANCISCO PINHEIRO FRANCO

Corregedor Geral da Justiça e Relator. (– DJe de 31.03.2020 – SP)

PODER JUDICIÁRIO

TRIBUNAL DE JUSTIÇA DO ESTADO DE SÃO PAULO

CONSELHO SUPERIOR DA MAGISTRATURA

Embargos de Declaração Cível nº 1000413-22.2017.8.26.0415/50000

Registro: 2019.0001031996

ACÓRDÃO

Vistos, relatados e discutidos estes autos de **Embargos de Declaração Cível nº 1000413-22.2017.8.26.0415/50000**, da Comarca de **Palmital**, em que é embargante **CONCESSIONARIA AUTO RAPOSO TAVARES S/A – CART**, é embargado **OFICIAL DE REGISTRO DE IMÓVEIS E ANEXOS DA COMARCA DE PALMITAL**.

ACORDAM, em Conselho Superior de Magistratura do Tribunal de Justiça de São Paulo, proferir a seguinte decisão: **"Rejeitaram os embargos de declaração, v.u."**, de conformidade com o voto do Relator, que integra este acórdão.

O julgamento teve a participação dos Exmos. Desembargadores **PEREIRA CALÇAS (PRESIDENTE TRIBUNAL DE JUSTIÇA) (Presidente), ARTUR MARQUES (VICE PRESIDENTE), XAVIER DE AQUINO (DECANO), EVARISTO DOS SANTOS(PRES. DA SEÇÃO DE DIREITO PÚBLICO), CAMPOS MELLO (PRES. DA SEÇÃO DE DIREITO PRIVADO) E FERNANDO TORRES GARCIA(PRES. SEÇÃO DE DIREITO CRIMINAL)**.

São Paulo, 26 de novembro de 2019.

GERALDO FRANCISCO PINHEIRO FRANCO

Corregedor Geral da Justiça e Relator

Embargos de Declaração Cível nº 1000413-22.2017.8.26.0415/50000

Embargante: Concessionaria Auto Raposo Tavares S/A – Cart

Embargado: Oficial de Registro de Imóveis e Anexos da Comarca de Palmital

VOTO Nº 37.936

Embargos de Declaração – Desapropriação parcial de imóvel rural para implantação de rodovia – Natureza rural da área em virtude de sua localização – Necessidade de individualização do imóvel por meio do georreferenciamento – CAR exigido em conformidade à área desapropriada – Ausência de obscuridade ou omissão na decisão colegiada, inviabilidade dos embargos de declaração para rediscussão de questões já decididas – Embargos de Declaração rejeitados.

Trata-se de embargos de declaração opostos sob o fundamento da existência de obscuridades no v. acórdão no aspecto da localização do imóvel em área rural, da aquisição originária da propriedade por desapropriação excluir a figura do desmembramento ou parcelamento e acerca das afirmações referentes ao Cadastro Ambiental Rural (a fls. 01/06).

É o relatório.

A decisão colegiada, não obstante a permanência do inconformismo da embargante quanto às questões de mérito, tratou da totalidade dos pontos postos nos embargos de declaração.

Nessa perspectiva houve decisão acerca da localização do imóvel em área rural, da necessidade da descrição georreferenciada do imóvel e igualmente da exigência com relação ao CAR.

Nesse sentido, confiram-se os seguintes trechos do acórdão:

> *"A natureza originária da aquisição pela desapropriação não descaracteriza a submissão dessa situação jurídica à hipótese de desmembramento de imóvel rural, porquanto a área desapropriada que foi destacada de imóvel matriculado de área maior.*
>
> *(...)*
>
> *A interpretação teleológica das referidas disposições normativas permite a compreensão de sua incidência no caso da desapropriação de parcela de imóvel rural, notadamente pela repercussão no imóvel objeto da desapropriação parcial no aspecto da especialidade objetiva.*
>
> *O Certificado de Cadastro de Imóvel Rural (CCIR) – documento emitido pelo INCRA nas hipóteses de desmembramento, arrendamento, hipoteca, venda ou promessa de venda de imóveis rurais, deve ser exigido com fundamento no art. 22 da Lei nº 4.947/1966 e, especialmente, por força do estabelecido no art. 9º do Decreto nº 4.449/2002.*
>
> *Nessa linha, há precedentes deste Conselho Superior da Magistratura, como se observa de extrato do voto do Desembargador Manuel de Queiroz Pereira Calças, Corregedor Geral da Justiça à época, na apelação n. 1002005-13.2016.8.26.0100, j. 25/11/16:*
>
> *Também tem razão o Oficial em relação à exigência de descrição georreferenciada do imóvel desapropriado e sua certificação pelo INCRA.*
>
> *Conforme precedentes recentes citados pelo Oficial, este Conselho tem posição firme no sentido de que a exigência formulada encontra respaldo nos artigos 176, §§ 3º e 5º, e 225, § 3º, ambos da Lei nº 6.015/73; artigo 9º, § 1º, do Decreto nº 4.449/02; e artigo 2º do Decreto nº 5.570/05. A propósito:*
>
> *"REGISTRO DE IMÓVEIS – DÚVIDA – CARTA DE SENTENÇA EXTRAÍDA DE AÇÃO DE DESAPROPRIAÇÃO – IMÓVEL LOCALIZADO EM ÁREA RURAL – NECESSIDADE DE APRESENTAÇÃO DE CERTIDÃO DO INCRA DE QUE A POLIGONAL OBJETO DO MEMORIAL DESCRITIVO NÃO SE SOBREPÕE A NENHUMA OUTRA CONSTANTE DE SEU CADASTRO GEORREFERENCIADO E QUE O MEMORIAL ATENDE ÀS EXIGÊNCIAS TÉCNICAS – EXIGÊNCIA CORRETA APRESENTADA PELO OFICIAL, EM OBSERVÂNCIA AOS PRINCÍPIOS DA LEGALIDADE E DA ESPECIALIDADE OBJETIVA – SENTENÇA DE PROCEDÊNCIA MANTIDA – RECURSO NÃO PROVIDO" (Apelação nº 0001532-10.2014.8.26.0037, Rel. Des. Elliot Akel, j. em 16/10/2014).*
>
> *A Medida Provisória n. 700/2015, mencionada pela apelante, sequer havia sido editada quando da apresentação do título. Ele foi apresentado em 17 de setembro de 2015, ao passo que a medida provisória é de 08 de dezembro de 2015 (ressalte-se, aliás, que essa medida provisória nem mesmo foi reeditada; já foi revogada). Vigorando, entre nós, o princípio do tempus regit actum, descabe analisar o argumento.*
>
> *A localização do imóvel é em área rural, pois compreendia imóvel dessa natureza; tampouco há indicação de situar-se em área urbana, assim definida pelo município. O fato de se cuidar de rodovia que cruza área rural não a transforma em área urbana.*
>
> *(...)*
>
> *Diante disso, em virtude da área desapropriada encerrar imóvel rural para fins de registro imobiliário, compete exigir o Cadastro Ambiental Rural, no*

que pese a não exigência da Reserva Legal, pois, o CAR tem por finalidade de integrar as informações ambientais das propriedades e posses rurais, compondo base de dados para controle, monitoramento, planejamento ambiental e econômico e combate ao desmatamento".

A caracterização do imóvel rural decorreu da adoção do critério da localização do bem desapropriado nos termos da legislação municipal, e também da consideração de sua destinação (rodovia) não o transformar em imóvel urbano.

A exigência do georreferenciamento foi mantida com base na compreensão da ocorrência de desmembramento nos termos dos artigos 176, parágrafo 3º, e 225, parágrafo 3º, da Lei n. 6.015/73.

Como exposto na decisão colegiada, a desapropriação implicou no destaque de parcela de imóvel registrado em área maior, daí a necessidade do cumprimento das exigências mantidas.

O fato da aquisição em decorrência de instituto de direito público não afasta a incidência da Lei de Registros Públicos que também alberga essa situação jurídica.

Como se observa do conteúdo da decisão, a exigência com relação ao CAR/SICAR foi limitada à área desapropriada em consonância com o decidido quanto ao georreferenciamento. Portanto, não se manteve a exigência quanto a totalidade da área como se tem do conteúdo lógico da decisão colegiada.

A questão atinente ao procedimento a ser realizado extrapola os limites deste recurso, devendo ser verificado perante os respectivos órgãos administrativos.

Seja como for, em virtude do não ingresso do título judicial, o ora decidido não tem conteúdo vinculativo, porquanto competirá outra qualificação registral no momento da nova apresentação daquele.

Desse modo, a decisão colegiada não padece dos vícios apontados estando tecnicamente correta; sendo desnecessária a repetição de seus fundamentos ou maiores aclaramentos.

Noutra quadra, não é possível a rediscussão das questões já julgadas em cognição exauriente, por meio da interposição de embargos de declaração.

Pelo exposto, rejeito os embargos de declaração.

GERALDO FRANCISCO PINHEIRO FRANCO

Corregedor Geral da Justiça e Relator. (– DJe de 11.03.2020 – SP)

DIVISÃO

PODER JUDICIÁRIO

TRIBUNAL DE JUSTIÇA DO ESTADO DE SÃO PAULO

CONSELHO SUPERIOR DA MAGISTRATURA

Apelação nº 1003015-42.2017.8.26.0655

Registro: 2020.0000211827

ACÓRDÃO

Vistos, relatados e discutidos estes autos de **Apelação Cível nº 1003015-42.2017.8.26.0655**, da Comarca, em que é apelante **M. E. A.**, é apelado **O. DE R. DE I. E A. DA C. DE V. P.**.

ACORDAM, em Conselho Superior de Magistratura do Tribunal de Justiça de São Paulo, proferir a seguinte decisão: **"Negaram provimento à apelação, v.u."**, de conformidade com o voto do Relator, que integra este acórdão.

O julgamento teve a participação dos Exmos. Desembargadores **PINHEIRO FRANCO (PRESIDENTE TRIBUNAL DE JUSTIÇA) (Presidente), XAVIER DE AQUINO (DECANO), GUILHERME G. STRENGER (PRES. SEÇÃO DE DIREITO CRIMINAL), MAGALHÃES COELHO(PRES. DA SEÇÃO DE DIREITO PÚBLICO), DIMAS RUBENS FONSECA (PRES. DA SEÇÃO DE DIREITO PRIVADO) E LUIS SOARES DE MELLO (VICE PRESIDENTE).**

São Paulo, 16 de março de 2020.

RICARDO ANAFE

Corregedor Geral da Justiça e Relator

Apelação Cível nº 1003015-42.2017.8.26.0655

Apelante: M. E. A.

Apelado: O. de R. de I. e A. da C. de V. P.

VOTO Nº 31.112

Registro de Imóveis – Apelação – Dúvida julgada procedente – Negativa de registro de escritura pública de divisão amigável – Ofensa ao princípio da especialidade objetiva – Desprovimento do recurso.

1. M. E. A. interpõe apelação contra a r. sentença de fl. 140/141, que julgou procedente a dúvida suscitada pelo Oficial de Registro de Imóveis e Anexos, para o fim de manter a recusa de ingresso do título ao sistema registrário, escritura pública de divisão amigável, por não conter os elementos indispensáveis à caracterização do imóvel.

A Nota de Devolução n.º 11.779 indicou como motivos de recusa do ingresso do título:

"consta do projeto (planta e memorial descritivo) que o imóvel objetivado (lote 07), dista 6,30m da construção sob o n.º 356, da Rua Ibirá. Entretanto, verifica-se da planta do desmembramento, apresentada através da certidão datada de 29 de junho de 2015, expedida pelo Oficial de Registro de Imóveis, bem como da matrícula n.º 8, deste Oficial de Registro de Imóveis, que o lote confrontante n.º 08 (oito), mede 10,75 m de frente, não sendo possível identificar a metragem de 6,30 m, indicada no aludido projeto. Outrossim, verifica-se que no mencionado imóvel confrontante, não há notícia de construção averbada, nem mesmo de que sofreu algum tipo de parcelamento (desdobro ou destaque), o que dificulta a identificação da medida de 6,30 m, indicada no projeto, o que deverá ser regularizado" (fl. 28/29).

Em suma, a apelante sustenta que o desdobro do imóvel aprovado pela Prefeitura contém a descrição não aceita pelo Registrador; é desnecessária a averbação da construção do imóvel confrontante; e, a descrição constante do documento da Municipalidade atende a legislação porque indica a metragem a partir da edificação mais próxima. Ao final, pugnou pelo provimento do recurso.

A D. Procuradoria Geral da Justiça opinou pelo desprovimento da Apelação (fl. 168/171).

É o relatório.

2. Em 28 de abril de 2017, L. M. M. S., protocolou sob o n.º 24.033, no Livro 1, do Oficial de Registro de Imóveis, para registro da escritura pública de divisão amigável, datada de 30 de maio de 2015, lavrada perante o Tabelião de Notas e de Protesto de Letras e Títulos e Anexo, figurando como outorgantes e reciprocamente outorgados, de um lado, J. A. S., com a anuência de sua esposa, N. B. V. S. e, de outro lado, a recorrente, M. E. A..

Por meio de referido ato notarial procedeu-se à divisão amigável do lote de terreno, urbano, sem benfeitorias, sob número 07, da quadra "B", do desmembramento aprovado pela Prefeitura Municipal, processo n.º 01529/76, no bairro do Tanque Velho, com frente para a Rua Ibirá, na Comarca de Várzea Paulista, objeto da matrícula n.º 52.298, do Oficial de Registro de Imóveis.

Consoante o Registrador, o ponto específico de divergência é a distancia métrica da edificação n.º 356, da Rua Ibirá, tida como mais próxima, que não se compatibiliza com o assentamento do imóvel confrontante, ou seja, o lote 08, gerando a possibilidade de sobreposição registrária, desordenando o espaçamento físico dos demais lotes da quadra, inclusive, com eventuais construções em áreas de imóveis vizinhos.

Pois bem.

A insurgência da recorrente não merece prosperar.

Com efeito, a descrição do imóvel constante do projeto técnico anexado à escritura pública de divisão amigável amarra o ponto inicial à construção existente no imóvel vizinho, a qual, conquanto conste da certidão n.º 042/2015 emitida pela Secretaria de Obras e Urbanismo da Prefeitura Municipal (fl. 62), não se encontra averbada na matrícula n.º 8 da Serventia Imobiliária.

A descrição perimétrica, pois, como apresentada gera insegurança, vez que a edificação poderá, a qualquer tempo, ser demolida, perdendo-se, assim, o ponto de amarração.

Esta é a razão, aliás, para que, como regra, haja a inserção da distância métrica da esquina mais próxima, quando haverá ponto de referência e amarração perenes.

Inexistindo, pois, elemento seguro de amarração há insegurança quanto ao real posicionamento geodésico do imóvel, em desatenção ao princípio da especialidade objetiva.

Para Afrânio de Carvalho, o princípio da especialidade do imóvel significa sua descrição como corpo certo, a sua representação escrita como individualidade autônoma, com o seu modo de ser físico, que o torna inconfundível e, portanto, heterogêneo em relação a qualquer outro (Registro de Imóveis: comentários ao sistema de registro em face da Lei 6015/73, 2ª edição, Rio de Janeiro, 1977, p. 219).

Nestes moldes, correta a solução apontada pelo Registrador no sentido de ser procedida à retificação da descrição da área do imóvel ou providenciado o aditamento da certidão de fl. 62 lavrada pela Prefeitura a fim de que seja fixado como ponto de amarração outro elemento que conste do Registro de Imóveis.

Destaque-se, no ponto, que a aprovação do desdobro pela Municipalidade não vincula o Oficial do Registro de Imóveis na qualificação do título porquanto, diferentes são os requisitos em ambas as esferas administrativas.

E, o item 62, do Capítulo XX, das Normas de Serviço da Corregedoria Geral da Justiça, que autoriza a apresentação de documentos oficiais para suprir algum dado faltante, deverá ser interpretado desde que não haja ofensa ao princípio da segurança jurídica, o que não ocorre no presente caso.

Uma vez mais. O projeto aprovado pelo Município parte de elemento não constante do registro imobiliário e não traz a certeza necessária sobre a perfeita localização do imóvel, de modo que persiste o óbice registrário.

3. Ante o exposto, nego provimento à apelação.

RICARDO ANAFE

Corregedor Geral da Justiça e Relator. (– DJe de 01.04.2020 – SP)

DOAÇÃO

PODER JUDICIÁRIO

TRIBUNAL DE JUSTIÇA DO ESTADO DE SÃO PAULO

CONSELHO SUPERIOR DA MAGISTRATURA

Apelação Cível nº 1000628-09.2019.8.26.0615

Registro: 2020.000580616

ACÓRDÃO

Vistos, relatados e discutidos estes autos de **Apelação Cível nº 1000628-09.2019.8.26.0615**, da Comarca de **Tanabi**, em que é apelante **JANDIRA CÂNDIDO LOPES**, é apelado **OFICIAL DE REGISTRO DE IMÓVEIS E ANEXOS DA COMARCA DE TANABI.**

ACORDAM, em Conselho Superior de Magistratura do Tribunal de Justiça de São Paulo, proferir a seguinte decisão: **"Negaram provimento ao recurso e mantiveram a recusa do registro, v.u."**, de conformidade com o voto do Relator, que integra este acórdão.

O julgamento teve a participação dos Exmos. Desembargadores **PINHEIRO FRANCO (PRESIDENTE TRIBUNAL DE JUSTIÇA) (Presidente), LUIS SOARES DE MELLO (VICE PRESIDENTE), XAVIER DE AQUINO (DECANO), GUILHERME G. STRENGER (PRES. SEÇÃO DE DIREITO CRIMINAL), MAGALHÃES COELHO(PRES. DA SEÇÃO DE DIREITO PÚBLICO) E DIMAS RUBENS FONSECA (PRES. DA SEÇÃO DE DIREITO PRIVADO).**

São Paulo, 22 de julho de 2020.

RICARDO ANAFE

Corregedor Geral da Justiça e Relator

Apelação Cível nº 1000628-09.2019.8.26.0615

Apelante: Jandira Cândido Lopes

Apelado: Oficial de Registro de Imóveis e Anexos da Comarca de Tanabi

VOTO Nº 31.186

Registro de Imóveis – Dúvida inversa – Escritura pública de doação com reserva de usufruto – Imóveis adquiridos pela doadora, a título oneroso e na vigência do Código Civil de 1916, quando era casada pelo regime da separação obrigatória de bens – Súmula nº 377 do Supremo Tribunal Federal – Presunção de comunicação dos aquestos – Falecimento do marido – Alegação da inexistência de comunicação, porque os imóveis foram adquiridos em sub-rogação de outros bens que eram de propriedade particular da doadora – Princípio da continuidade – Necessidade de averbação de que os imóveis são bens particulares, conforme reconhecido em ação judicial – Dúvida julgada procedente – Recurso desprovido.

1. Trata-se de apelação interposta por Jandira Cândido Lopes contra r. sentença que manteve a recusa do registro de escritura pública de doação dos imóveis que são objeto das matrículas nºs 8.622 e 13.539, ambas do Registro de Imóveis, Títulos e Documentos e Civil de Pessoa Jurídica da Comarca de Tanabi, porque foram adquiridos a título oneroso, durante casamento celebrado na vigência do Código Civil de 1916 pelo regime da separação legal de bens, o que fez presumir a comunicação entre os cônjuges, e porque não foi promovido o inventário dos bens deixados pelo falecimento do ex-marido da doadora (fl. 81/82).

A apelante alegou, em suma, que foi casada com Frederico Celestino pelo regime da separação legal de bens. Afirmou que a incomunicabilidade dos bens adquiridos durante o casamento foi declarada por sentença prolatada no Processo nº 0001084-15.2015.8.26.0615 da 2ª Vara Cível da Comarca de Tanabi. Afirmou que Frederico Celestino não deixou bens. Asseverou que para o registro da doação basta a averbação de que os imóveis são bens reservados, conforme foi reconhecido em ação própria, sendo desnecessária a realização de inventário negativo porque seu ex-marido não deixou bens passíveis de partilha. Requereu o provimento do recurso para que seja registrada a doação dos imóveis (fl. 90/97).

A douta Procuradoria Geral de Justiça opinou pelo não provimento do recurso (fl. 114/116).

É o relatório.

2. A apelante adquiriu os imóveis que são objeto das matrículas nºs 8.622 e 13.539, ambas do Registro de Imóveis, Títulos e Documentos e Civil de Pessoa Jurídica da Comarca de Tanabi, durante a vigência do Código Civil de 1916 e quando era

casada com Frederico Celestino pelo regime da separação legal de bens (fl. 71/73).

Com o falecimento de Frederico Celestino, ocorrido em 06 de maio de 2012 (fl. 56), a apelante moveu ação judicial em que foi declarado que os referidos imóveis são de sua propriedade exclusiva porque foram adquiridos mediante sub-rogação de outros bens que recebeu pela dissolução do seu primeiro casamento (Processo nº 0001084-15.2015.8.26.0615 da 2ª Vara Cível da Comarca de Tanabi fl. 67/70).

Na forma da Súmula nº 377 do Supremo Tribunal Federal, é presumida a comunhão sobre os bens adquiridos a título oneroso, durante a vigência do Código Civil de 1916, na constância do casamento celebrado pelo regime da separação legal, por ser igualmente presumido o esforço comum para a aquisição. Nesse sentido:

"Em outras palavras, se entre cônjuges vigorava o regime da separação obrigatória de bens e se houve aquisição onerosa de bens durante a sociedade conjugal, o *aquesto* presume-se decorrente pelo esforço comum de ambos e, portanto, comunica-se, nos termos da Súmula n. 377 do Supremo Tribunal Federal. Em tal caso, se um dos cônjuges falecer, para que se possa saber, com relação ao aquesto, qual poder de disposição restou em mãos do cônjuge supérstite, é necessário que se demonstre que comunicação não houve ou que, por outra causa, na partilha ou adjudicação o *aquesto* coube todo ao supérstite, o que só poderia ser resolvido a partir da apresentação do formal de partilha" (CSM, Apelação Cível nº 0000376-81.2013.8.26.0114, Comarca de Campinas, Relator Desembargador Hamilton Elliot Akel, j.18.03.2014).

Diante disso, para que a apelante possa transmitir a nua propriedade dos imóveis, com reserva de usufruto, são necessárias as prévias averbações do falecimento de Frederico Celestino, uma vez que figurou na escritura pública de doação como sendo viúva (fl. 52), e de que os imóveis doados são bens particulares, ou seja, não se comunicaram com o seu ex-cônjuge.

Neste caso concreto, a apelante moveu ação contra os filhos e, portanto, herdeiros de Frederico Celestino em que foi reconhecido que os imóveis objeto da matrícula nº 8.622 e da transcrição nº 17.047, que é a origem tabular da matrícula nº 13.539, são bens particulares porque foram adquiridos mediante sub-rogação de outros bens de que a apelante era proprietária anteriormente ao casamento (fl. 67/70).

Por essa razão, no que se refere à incomunicabilidade dos bens doados, bastará a averbação da sentença em que foram declarados como sendo de propriedade particular da apelante, o que, porém, depende de mandado a ser expedido pelo juízo competente, na forma do art. 221, inciso IV, da Lei nº 6.015/73.

Portanto, subsistindo óbice ao registro, é a dúvida procedente.

3. Ante o exposto, pelo meu voto nego provimento ao recurso e mantenho a recusa do registro.

RICARDO ANAFE

Corregedor Geral da Justiça e Relator. (– DJe de 10.08.2020 – SP)

PODER JUDICIÁRIO

TRIBUNAL DE JUSTIÇA DO ESTADO DE SÃO PAULO

CONSELHO SUPERIOR DA MAGISTRATURA

Apelação Cível nº 1000628-09.2019.8.26.0615

Registro: 2020.0000580616

ACÓRDÃO

Vistos, relatados e discutidos estes autos de **Apelação Cível nº 1000628-09.2019.8.26.0615**, da Comarca de **Tanabi**, em que é apelante **JANDIRA CÂNDIDO LOPES**, é apelado **OFICIAL DE REGISTRO DE IMÓVEIS E ANEXOS DA COMARCA DE TANABI.**

ACORDAM, em Conselho Superior de Magistratura do Tribunal de Justiça de São Paulo, proferir a seguinte decisão: **"Negaram provimento ao recurso e mantiveram a recusa do registro, v.u."**, de conformidade com o voto do Relator, que integra este acórdão.

O julgamento teve a participação dos Exmos. Desembargadores **PINHEIRO FRANCO (PRESIDENTE TRIBUNAL DE JUSTIÇA) (Presidente), LUIS SOARES DE MELLO (VICE PRESIDENTE), XAVIER DE AQUINO (DECANO), GUILHERME G. STRENGER (PRES. SEÇÃO DE DIREITO CRIMINAL), MAGALHÃES COELHO(PRES. DA SEÇÃO DE DIREITO PÚBLICO) E DIMAS RUBENS FONSECA (PRES. DA SEÇÃO DE DIREITO PRIVADO).**

São Paulo, 22 de julho de 2020.

RICARDO ANAFE

Corregedor Geral da Justiça e Relator

Apelação Cível nº 1000628-09.2019.8.26.0615

Apelante: Jandira Cândido Lopes

Apelado: Oficial de Registro de Imóveis e Anexos da Comarca de Tanabi

VOTO Nº 31.186

Registro de Imóveis – Dúvida inversa – Escritura pública de doação com reserva de usufruto – Imóveis adquiridos pela doadora, a título oneroso e na vigência do Código Civil de 1916, quando era casada pelo regime da separação obrigatória de bens – Súmula nº 377 do Supremo Tribunal Federal – Presunção de comunicação dos aquestos – Falecimento do marido – Alegação da inexistência de comunicação, porque os imóveis foram adquiridos em sub-rogação de outros bens que eram de propriedade particular da doadora – Princípio da continuidade – Necessidade de averbação de que os imóveis são bens particulares, conforme reconhecido em ação judicial – Dúvida julgada procedente – Recurso desprovido.

1. Trata-se de apelação interposta por Jandira Cândido Lopes contra r. sentença que manteve a recusa do registro de escritura pública de doação dos imóveis que são objeto das matrículas nºs 8.622 e 13.539, ambas do Registro de Imóveis, Títulos e Documentos e Civil de Pessoa Jurídica da Comarca de Tanabi, porque foram adquiridos a título oneroso, durante casamento celebrado na vigência do Código Civil de 1916 pelo regime da separação legal de bens, o que fez presumir a comunicação entre os cônjuges, e porque não foi promovido o inventário dos bens deixados pelo falecimento do ex-marido da doadora (fl. 81/82).

A apelante alegou, em suma, que foi casada com Frederico Celestino pelo regime da separação legal de bens. Afirmou que a incomunicabilidade dos bens adquiridos durante o casamento foi declarada por sentença prolatada no Processo nº 0001084-15.2015.8.26.0615 da 2ª Vara Cível da Comarca de Tanabi. Afirmou que Frederico Celestino não deixou bens. Asseverou que para o registro da doação basta a averbação de que os imóveis são bens reservados, conforme foi reconhecido em ação própria, sendo desnecessária a realização de inventário negativo porque seu ex-marido não deixou bens passíveis de partilha. Requereu o provimento do recurso para que seja registrada a doação dos imóveis (fl. 90/97).

A douta Procuradoria Geral de Justiça opinou pelo não provimento do recurso (fl. 114/116).

É o relatório.

2. A apelante adquiriu os imóveis que são objeto das matrículas nºs 8.622 e 13.539, ambas do Registro de Imóveis, Títulos e Documentos e Civil de Pessoa Jurídica da Comarca de Tanabi, durante a vigência do Código Civil de 1916 e quando era casada com Frederico Celestino pelo regime da separação legal de bens (fl. 71/73).

Com o falecimento de Frederico Celestino, ocorrido em 06 de maio de 2012 (fl. 56), a apelante moveu ação judicial em que foi declarado que os referidos imóveis são de sua propriedade exclusiva porque foram adquiridos mediante sub-rogação de outros bens que recebeu pela dissolução do seu primeiro casamento (Processo nº 0001084-15.2015.8.26.0615 da 2ª Vara Cível da Comarca de Tanabi fl. 67/70).

Na forma da Súmula nº 377 do Supremo Tribunal Federal, é presumida a comunhão sobre os bens adquiridos a título oneroso, durante a vigência do Código Civil de 1916, na constância do casamento celebrado pelo regime da separação legal, por ser igualmente presumido o esforço comum para a aquisição. Nesse sentido:

"**Em outras palavras, se entre cônjuges vigorava o regime da separação obrigatória de bens e se houve aquisição onerosa de bens durante a sociedade conjugal, o *aquesto* presume-se decorrente pelo esforço comum de ambos e, portanto, comunica-se, nos termos da Súmula n. 377 do Supremo Tribunal Federal. Em tal caso, se um dos cônjuges falecer, para que se possa saber, com relação ao aquesto, qual poder de disposição restou em mãos do cônjuge supérstite, é necessário que se demonstre que comunicação não houve ou que, por outra causa, na partilha ou adjudicação o *aquesto* coube todo ao supérstite, o que só poderia ser resolvido a partir da apresentação do formal de partilha**" (CSM, Apelação Cível nº 0000376-81.2013.8.26.0114, Comarca de Campinas, Relator Desembargador Hamilton Elliot Akel, j.18.03.2014).

Diante disso, para que a apelante possa transmitir a nua propriedade dos imóveis, com reserva de usufruto, são necessárias as prévias averbações do falecimento de Frederico Celestino, uma vez que figurou na escritura pública de doação como sendo viúva (fl. 52), e de que os imóveis doados são bens particulares, ou seja, não se comunicaram com o seu ex-cônjuge.

Neste caso concreto, a apelante moveu ação contra os filhos e, portanto, herdeiros de Frederico Celestino em que foi reconhecido que os imóveis objeto da matrícula nº 8.622 e da transcrição nº

17.047, que é a origem tabular da matrícula nº 13.539, são bens particulares porque foram adquiridos mediante sub-rogação de outros bens de que a apelante era proprietária anteriormente ao casamento (fl. 67/70).

Por essa razão, no que se refere à incomunicabilidade dos bens doados, bastará a averbação da sentença em que foram declarados como sendo de propriedade particular da apelante, o que, porém, depende de mandado a ser expedido pelo juízo competente, na forma do art. 221, inciso IV, da Lei nº 6.015/73.

Portanto, subsistindo óbice ao registro, é a dúvida procedente.

3. Ante o exposto, pelo meu voto nego provimento ao recurso e mantenho a recusa do registro.

RICARDO ANAFE

Corregedor Geral da Justiça e Relator. (– DJe de 10.08.2020 – SP)

PODER JUDICIÁRIO

TRIBUNAL DE JUSTIÇA DO ESTADO DE SÃO PAULO

CONSELHO SUPERIOR DA MAGISTRATURA

Apelação nº 1012042-66.2019.8.26.0562

Registro: 2020.000211820

ACÓRDÃO

Vistos, relatados e discutidos estes autos de **Apelação Cível nº 1012042-66.2019.8.26.0562**, da Comarca de **Santos**, em que é apelante **ODILON LUIZ ROCHA**, é apelado **2º OFICIAL DE REGISTRO DE IMÓVEIS DA COMARCA DE SANTOS.**

ACORDAM, em Conselho Superior de Magistratura do Tribunal de Justiça de São Paulo, proferir a seguinte decisão: **"Negaram provimento ao recurso. v.u."**, de conformidade com o voto do Relator, que integra este acórdão.

O julgamento teve a participação dos Exmos. Desembargadores **PINHEIRO FRANCO (PRESIDENTE TRIBUNAL DE JUSTIÇA) (Presidente), XAVIER DE AQUINO (DECANO), GUILHERME G. STRENGER (PRES. SEÇÃO DE DIREITO CRIMINAL), MAGALHÃES COELHO(PRES. DA SEÇÃO DE DIREITO PÚBLICO), DIMAS RUBENS FONSECA (PRES. DA SEÇÃO DE DIREITO PRIVADO) E LUIS SOARES DE MELLO (VICE PRESIDENTE).**

São Paulo, 16 de março de 2020.

RICARDO ANAFE

Corregedor Geral da Justiça e Relator

Apelação Cível nº 1012042-66.2019.8.26.0562

Apelante: Odilon Luiz Rocha

Apelado: 2º Oficial de Registro de Imóveis da Comarca de Santos

VOTO Nº 31.096

Dúvida – Registro de Imóveis – Imóvel registrado em nome de casal divorciado, sem registro de partilha – Escritura de doação feita pelo ex-marido na condição de divorciado, pretendendo a doação de sua parte ideal da propriedade à ex-cônjuge – Partilha não registrada – Necessidade de prévia partilha dos bens do casal e seu registro – Comunhão que não se convalida em condomínio tão só pelo divórcio, havendo necessidade de atribuição da propriedade exclusiva, ainda que em partes ideais, a cada um dos ex-cônjuges – Impossibilidade do ex-cônjuge dispor da parte ideal que possivelmente teria após a partilha – Ofensa ao princípio da continuidade – Exigência mantida – Recurso não provido.

1. Trata-se recurso de apelação interposto por Odilon Luiz Rocha, visando a reforma da sentença de fls. 53/61, que julgou procedente dúvida suscitada pelo Oficial do 2º Registro de Imóveis da Comarca de Santos, mantendo a recusa de ingresso do pedido de registro de escritura pública de doação dos imóveis objeto das matrículas nºs 15.700 e 15.701, por falta de registro de formal de partilha do doador, caracterizando ofensa aos princípios da continuidade e da disponibilidade.

A Nota de Exigência indicou como motivos de recusa do ingresso do título: "pelo que se apura da escritura de doação apresentada, há desrespeito ao princípio da continuidade e disponibilidade registral, posto que o doador, José Roberto Torelli, adquiriu a fração de 25% dos imóveis enquanto casado com Odaléa Rocha, sendo que, após alterado o seu estado civil para divorciado, conforme consta da Certidão de Casamento, não foi apresentado nesta serventia o formal de partilha oriundo do divórcio formalizado entre as partes, ato este que seria necessário à prévia doação de sua fração ideal sobre os referidos bens" (fls. 2).

O recurso sustenta, em resumo, que José Roberto Torelli e Odaléa Rocha, quando casados, adquiriram fração ideal de 25% dos imóveis objeto das matrículas nºs 15.700 e 15.701. Pretendendo o apelante doar 12,5% da parte ideal para a ex-esposa, proprietária dos outros 12,5% da mesma fração, não haveria impedimento por conta da ausência de partilha dos bens, vez que não há dúvidas da propriedade doada entre os comunheiros. Que pelo fato da doação se dar entre os ex-cônjuges, cientes da quota parte de cada um sobre o patrimônio comum, não haveria motivos para o impedimento do registro. Pretende o acolhimento do recurso, julgando-se improcedente a dúvida (fls. 66/68).

A Procuradoria Geral de Justiça opina pelo não provimento do recurso (fls. 95/97).

É o relatório.

2. Conheço do recurso, eis que presentes os requisitos de admissibilidade.

Consta da escritura de doação de fls. 7/9 que o apelante José Roberto Torelli, qualificado como divorciado, doava para sua ex-esposa, Odaléa Rocha, 12,5% (doze e meio por cento) dos imóveis matrículas nºs 15.700 e 15.701, do 2º Registro de Imóveis de Santos. Consta, ainda, da escritura:

"II) Que ele OUTORGANTE DOADOR, adquiriu a fração ideal de 12,5 (doze e meio por cento) dos imóveis nos termos da escritura pública de compra e venda de 22 de março de 1985, lavrada nas Notas do 4º Tabelião Interino da Comarca de São Bernardo do Campo, deste Estado, conforme se verifica dos registros feitos sob o número 02, nas citadas matrículas números 15.700 e 15.701 do 2º Oficial de Registro de Imóveis de Santos, deste Estado, declarando ainda que, na época desta aquisição era casado com a ora DONATÁRIA, e quando da dissolução de seu matrimônio, os bens imóveis que estão doados por meio desta não foram objeto de partilha de bens, razão pela qual, após o divórcio, ficou possuindo a fração ideal de 12,5% (doze e meio por cento) sobre os referidos bens, uma vez que o extinto casal adquiriu conjuntamente a fração ideal de 25% (vinte e cinco por cento) dos bens, naquela ocasião" (fls. 7).

O casamento entre José Roberto Torelli e Odaléa Rocha ocorreu em 07.01.1981, sob o regime da comunhão parcial de bens (fls. 11). Segundo o R. 2, da matrícula nº 15.700, houve aquisição, por José Roberto e Odaléa, de 25% da propriedade ideal do imóvel, em 05.06.1985. Na Av. 6, datada de 11.01.2010, houve averbação do divórcio dos mesmos, sem informações sobre a partilha de bens do casal. O mesmo em relação à matrícula nº 15.701.

Em que pese a averbação do divórcio junto às matrículas e o fato da doação dar-se em favor da comunheira do bem, não é possível a alienação de parte ideal do bem imóvel por quem não ostente a condição de propriedade exclusivo desta parte ideal, mas sim de comunheiro por força do regime de bens do casamento.

Da análise da matrícula, conclui-se que parte ideal de 25% dos imóveis está registrada em nome de José Roberto e Odaléa, por força da aquisição onerosa na constância da sociedade conjugal, sem que haja registro da partilha de tal propriedade, atribuindo-a exclusivamente a cada um dos ex-cônjuges.

O art. 195, da Lei nº 6.015/1973, estabelece:

"**Art. 195.** Se o imóvel não estiver matriculado ou registrado em nome do outorgante, o oficial exigirá a prévia matrícula e o registro do título anterior, qualquer que seja a sua natureza, para manter a continuidade do registro".

Deste comando decorre o princípio da continuidade registral, exigindo que novo título que ingresse no fólio se ampare no registro anterior em seus aspectos subjetivos e objetivos. Não há como se inscrever na matrícula ato jurídico que não tenha por base registro anteriormente constante da matrícula.

Não consta da matrícula registro da partilha e, por consequência, da propriedade de 12,5% do imóvel em nome do doador, mas sim a propriedade em comunhão com sua ex-esposa em 25% do bem. E tal comunhão, decorrente do regime de bens, não cessa com o fim da sociedade conjugal, mantendo-se a mancomunhão por força do regime de bens até que haja decisão ou acordo de partilha da propriedade.

O estado de mancomunhão inviabiliza a transmissão (e o respectivo registro) de partes ideais pelos antigos cônjuges por razões de duas ordens: (i) ausência de partilha, o que impossibilita o conhecimento acerca da atribuição da titularidade da propriedade e (ii) violação do princípio da continuidade por não ser possível a inscrição da transmissão da propriedade a falta da extinção da mancomunhão que não tem natureza jurídica de condomínio.

Há precedentes deste C. Conselho Superior da Magistratura, exigindo o prévio registro da partilha para atos de disposição do comunheiro:

"Divórcio consensual sem partilha de bens. Bem imóvel em mancomunhão. Impossibilidade de alienação antes da partilha por não configurada propriedade em condomínio. Violação do princípio da continuidade. Inviabilidade do registro de doação da metade ideal realizada por um dos antigos cônjuges. Pena da violação ao princípio da continuidade. Recurso provido (CSM – Ap. 1041935-33.2019.8.26.0100 – rel. – Des. Pinheiro Franco – j. 19.09.2019).

REGISTRO DE IMÓVEIS – Imóvel registrado em nome de pessoas casadas – Escritura de compra e venda celebrada somente pela mulher na condição de divorciada – Necessidade do prévio registro da partilha do imóvel havida na ação de divórcio – Princípio da Continuidade – Além disso, a inscrição de várias ordens de indisponibilidade sem indicação expressa de envolver a totalidade ou metade do imóvel – Impossibilidade da consideração de situações jurídica não inscritas no registro imobiliário – Recurso não provido (CSM – Ap. 1000237-38.2018.8.26.0664 – rel. Des. Pinheiro Franco – j. 12.11.2018)".

Desta forma, até que haja partilha dos bens do casal e seu registro, identificando e atribuindo a propriedade exclusiva sobre a parte ideal a ser disposta, não há como ingressar no registro título de transmissão decorrente da manifestação de vontade de somente um dos comunheiros, ainda que a donatária seja a ex-cônjuge e também comunheira sobre o bem.

3. Por tais fundamentos, nego provimento ao recurso.

RICARDO ANAFE

Corregedor Geral da Justiça e Relator. (– DJe de 14.04.2020 – SP)

PODER JUDICIÁRIO

TRIBUNAL DE JUSTIÇA DO ESTADO DE SÃO PAULO

CONSELHO SUPERIOR DA MAGISTRATURA

Apelação n° 1002967-74.2019.8.26.0506

Registro: 2020.000211826

ACÓRDÃO

Vistos, relatados e discutidos estes autos de **Apelação Cível nº 1002967-74.2019.8.26.0506**, da Comarca de **Ribeirão Preto**, em que é apelante **MÁRCIO FERNANDES SILVA**, é apelado **1º OFICIAL DE REGISTRO DE IMÓVEIS DA COMARCA DE RIBEIRÃO PRETO.**

ACORDAM, em Conselho Superior de Magistratura do Tribunal de Justiça de São Paulo, proferir a seguinte decisão: **"Negaram provimento à apelação, v.u."**, de conformidade com o voto do Relator, que integra este acórdão.

O julgamento teve a participação dos Exmos. Desembargadores **PINHEIRO FRANCO (PRESIDENTE TRIBUNAL DE JUSTIÇA) (Presidente), XAVIER DE AQUINO (DECANO), GUILHERME G. STRENGER (PRES. SEÇÃO DE DIREITO CRIMINAL), MAGALHÃES COELHO(PRES. DA SEÇÃO DE DIREITO PÚBLICO), DIMAS RUBENS FONSECA (PRES. DA SEÇÃO DE DIREITO PRIVADO) E LUIS SOARES DE MELLO (VICE PRESIDENTE).**

São Paulo, 16 de março de 2020.

RICARDO ANAFE

Corregedor Geral da Justiça e Relator

Apelação Cível nº 1002967-74.2019.8.26.0506

Apelante: Márcio Fernandes Silva

Apelado: 1º Oficial de Registro de Imóveis da Comarca de Ribeirão Preto

VOTO Nº 31.114.

Registro de imóveis – Apelação – Dúvida julgada procedente – Negativa de registro de carta de sentença notarial – Promessa de doação constante de separação consensual homologada judicialmente – Necessidade de lavratura de escritura pública – Desprovimento do recurso.

1. MARCIO FERNANDES SILVA interpõe apelação contra a r. sentença de fl. 113/124, que julgou procedente a dúvida suscitada pelo 1º Oficial de Registro de Imóveis de Ribeirão Preto, São Paulo, para o fim de manter a recusa de acesso do título – carta de sentença notarial expedida pelo 1º Tabelião de Notas e Protestos de Limeira/SP, extraída da ação de separação judicial consensual, autos do processo n.º 1957/1992, que tramitou perante a 6ª Vara Cível de Ribeirão Preto – ao sistema registrário.

A Nota de Devolução indicou como motivos de recusa do ingresso do título (fl. 08):

> *"Trata-se de carta de sentença notarial, extraída dos autos da ação de separação judicial consensual do casal José Pereira Viana e Zenaide Gonçalves Dias Viana, conforme processo n.º 1.957/92 da 6ª Vara Cível desta Comarca, cuja qualificação resultou na seguinte exigência a saber:*
>
> *Conforme acordo feito pelo extinto casal, constante das fls. 02 e 03v da carta de sentença, a nua propriedade do prédio n.º 1.365 da Rua Maracajú, matriculado sob n.º 64.061 nesta serventia, será doada por escritura pública aos filhos Henrique Gonçalves Dias Viana; Erica Gonçalves Dias Viana e Helton Gonçalves Dias Viana, com reserva de usufruto vitalício em favor da cônjuge varoa Zenaide Gonçalves Dias.*
>
> *Portanto, necessária se faz a apresentação da escritura lavrada em cumprimento ao acordo possibilitando a transferência do imóvel".*

O Apelante, por seu turno, sustenta que o acordo foi homologado judicialmente por sentença transitada em julgado e que a carta de sentença é apta ao registro; preclusão quanto à cobrança do tributo; e, aplicabilidade do princípio da cindibilidade, pugnando, ao final, pelo provimento do recurso.

A D. Procuradoria Geral da Justiça opinou pelo desprovimento da Apelação (fl. 196/198).

É o relatório.

2. De proêmio, cumpre frisar que os títulos judiciais também não escapam ao crivo da qualificação registral, de modo que o registrador deverá examinar se estão atendidos os princípios registrais pertinentes ao caso, para seu perfeito ingresso no fólio real.

Pois bem.

Consoante se infere da cláusula denominada *"dos bens"* da exordial da ação de separação judicial consensual de Zenaide Gonçalves Dias Viana e José Pereira Viana (fl. 38/43):

> *"o casal possui um imóvel residencial, que ficará inteiramente para a esposa e filhos".*

Na mesma petição, contudo, foi incluída expressamente a seguinte cláusula:

> *"Em tempo: Fica retificada a cláusula acerca da partilha do único bem imóvel. Este ficará pertencendo unicamente aos filhos do casal, na sua nua propriedade. Quanto ao usufruto do imóvel ficará para a requerente unicamente, devendo a escritura respectiva ser outorgada em 60 dias"* (fl. 43).

O acordo foi homologado judicialmente em 22 de dezembro de 1992 (fl. 58) e o trânsito em julgado foi certificado em 17 de março de 1993 (fl. 62).

A questão cinge-se, pois, à possibilidade de registro da referida carta de sentença sem a necessidade da lavratura de escritura pública de doação.

Não se ignora a existência de precedentes deste Conselho Superior da Magistratura no sentido de ser dispensada a lavratura do ato notarial quando a avença já passou pelo crivo do Poder Judiciário.

É o que se observa do teor da ementa da Apelação n.º 1000762-62.2014.8.26.0663, cujo relator foi o então Corregedor Geral da Justiça, Manoel de Queiroz Pereira Calças:

> *"Registro de Imóveis – Dúvida julgada procedente, impedindo-se o registro de Carta de Sentença, oriunda de separação judicial, com doação de imóvel a filha menor – Desnecessidade de escritura pública – Precedentes – Desnecessidade de aceitação da donatária (art. 543 do Código Civil) – Não incidência de emolumentos, por haver gratuidade expressamente exposta no título – Necessidade, contudo, de recolhimento dos tributos – Dúvida prejudicada e recurso não conhecido."*

Contudo, o caso em análise é diverso.

Isto porque o acordo homologado judicialmente prevê expressamente a necessidade de lavratura de escritura pública para a doação do bem, vinculando, assim, a transmissão do domínio à lavratura do ato notarial.

Trata-se, em realidade, de promessa de doação, não havendo, pois, título hábil a registro.

Neste sentido:

> *"FORMAL DE PARTILHA – Partilha incompatível com o instrumento particular de cessão de direitos hereditários, também homologado nos autos do inventário, porque este incluiu herdeira que, posteriormente, renunciou a seu quinhão hereditário – Homologação de cessão de direitos hereditários que previa lavratura de escritura pública para formalizar a permuta de imóveis – Partilha registrada e cessão de direitos hereditários recusada – Princípio da continuidade – Dúvida julgada procedente Recurso não provido".* (APELAÇÃO CÍVEL: 0003920-58.2015.8.26.0615, RELATOR: MANOEL DE QUEIROZ PEREIRA CALÇAS).

Além disso, não se observa da carta de sentença notarial a qualificação completa dos donatários do imóvel, tampouco o valor pelo qual o bem teria sido transferido aos filhos dos separandos, em desacordo com o que dispõe o Art. 176, §1º, III, 2 e 5, da Lei n.º 6015/73, de modo que não colhe o alegado princípio da cindibilidade.

A pretensão de registro apenas da doação direta aos filhos, sem registro do usufruto uma vez ser a usufrutuária já falecida, como pretende o recorrente, ademais, burlaria o princípio da continuidade registrária.

Ainda que assim não fosse, certo é que o Registrador sustenta que o original da certidão de óbito da falecida usufrutuária não foi apresentado, o que impede a averbação do óbito e eventual análise da extinção do usufruto.

Ultrapassados estes pontos, a observação do Registrador no sentido de que seria necessária a apresentação do comprovante de recolhimento do imposto de transmissão, constante apenas da petição de suscitação da dúvida, é decorrência da nota devolutiva de fl. 08 e da Lei n.º 6.015/73.

Constitui, pois, dever do Registrador a fiscalização do regular recolhimento dos impostos devidos por força dos atos que lhe forem apresentados, sob pena de responsabilização pessoal.

É o que dispõe o Art. 289 da Lei nº 6.015/73:

"Art. 289. No exercício de suas funções, cumpre aos oficiais de registro fazer rigorosa fiscalização do pagamento dos impostos devidos por força dos atos que lhes forem apresentados em razão do ofício."

A omissão do titular da delegação pode, inclusive, levar à sua responsabilidade solidária no pagamento do tributo, nos termos do Art. 134, VI, do Código Tributário Nacional.

Vale destacar, no ponto, precedente deste Conselho Superior da Magistratura:

"Registro de Imóveis – Formal de Partilha Ausência de comprovação de recolhimento de Imposto de Transmissão causa mortis – ITCMD – Dever do Oficial de velar pelo seu recolhimento, exigindo a apresentação das respectivas guias, o que não ocorreu em relação a todos os herdeiros – Ausência de discussão quanto ao acerto do cálculo, mas sim ao não recolhimento do tributo, mesmo em valor supostamente inferior ao devido – Cindibilidade do título Impossibilidade – Indeterminação do que tenha sido partilhado e a quem – Recurso desprovido." (**Apelação nº 1000506-36.2018.8.26.0128**, Geraldo Francisco Pinheiro Franco).

Por esta razão, também, o registro da carta de sentença notarial encontra óbice.

3. Ante o exposto, nego provimento à apelação.

RICARDO ANAFE

Corregedor Geral da Justiça e Relator. (– DJe de 14.04.2020 – SP)

PODER JUDICIÁRIO

TRIBUNAL DE JUSTIÇA DO ESTADO DE SÃO PAULO

CONSELHO SUPERIOR DA MAGISTRATURA

Apelação nº 1099693-67.2019.8.26.0100

Registro: 2020.0000211828

ACÓRDÃO

Vistos, relatados e discutidos estes autos de **Apelação Cível nº 1099693-67.2019.8.26.0100**, da Comarca de **São Paulo**, em que é apelante **RENAN LOPES MACHADO**, é apelado **4º OFICIAL DE REGISTRO DE IMÓVEIS DA CAPITAL**.

ACORDAM, em Conselho Superior de Magistratura do Tribunal de Justiça de São Paulo, proferir a seguinte decisão: **"Não conheceram do recurso e julgaram a dúvida prejudicada, v.u."**, de conformidade com o voto do Relator, que integra este acórdão.

O julgamento teve a participação dos Exmos. Desembargadores **PINHEIRO FRANCO (PRESIDENTE TRIBUNAL DE JUSTIÇA) (Presidente), XAVIER DE AQUINO (DECANO), GUILHERME G. STRENGER (PRES. SEÇÃO DE DIREITO CRIMINAL), MAGALHÃES COELHO(PRES. DA SEÇÃO DE DIREITO PÚBLICO), DIMAS RUBENS FONSECA (PRES. DA SEÇÃO DE DIREITO PRIVADO) E LUIS SOARES DE MELLO (VICE PRESIDENTE)**.

São Paulo, 16 de março de 2020.

RICARDO ANAFE

Corregedor Geral da Justiça e Relator

Apelação Cível nº 1099693-67.2019.8.26.0100

Apelante: Renan Lopes Machado

Apelado: 4º Oficial de Registro de Imóveis de São Paulo

VOTO Nº 31.115

Registro de Imóveis – Registro de escritura de doação – Irresignação apenas parcial que prejudica a dúvida e impede o acolhimento do recurso – Recurso não conhecido.

1. Trata-se de recurso de apelação interposto por Renan Lopes Machado contra a r. sentença (fl. 58/61) que julgou prejudicada a dúvida suscitada pelo Oficial do 4º Registro de Imóveis da Capital / SP ante a irresignação apenas parcial das exigências. O apelante aduz em síntese, que o bem foi adquirido com valores exclusivos do doador; que o regime de bens do casamento era de separação legal obrigatória e que por isso não se aplica ao caso em tela a Súmula nº 377 do STF; salienta que a súmula aplica-se exclusivamente, em casos de dissolução da sociedade conjugal, para evitar o enriquecimento sem causa dos cônjuges; que a escritura com declaração é dotada de fé pública e portanto, a declaração de bens exclusivos é que deve ser desconstituída.

O Ministério Público em primeiro grau exarou parecer pela procedência da dúvida (fl. 54/57).

A Procuradoria Geral de Justiça opinou pelo não conhecimento do recurso, por tratar-se de irresignação parcial. Conhecida a apelação, opinou pelo não provimento.

É o relatório.

2. O recurso não merece ser conhecido, restando prejudicada a dúvida.

O Oficial do 4º Registro de Imóveis da Capital apresentou nota devolutiva com duas exigências: *a) Com a reapresentação desta escritura a esta Serventia, tendo em vista a consulta à Central Nacional de Indisponibilidade de Bens, com resultado positivo em nome de Neuza Schwantes, por determinação do Juízo da 6ª Vara de Execuções Federais, nos autos da execução fiscal, processo nº 200061820642266, para que se possa proceder ao registro da doação, é necessário que a declaração contida nesta escritura de que o imóvel é bem exclusivo do doador Edgar Oswaldo Schwantes, seja reconhecida pelo Juízo que determinou a indisponibilidade. b) Superada as exigências acima o valor total das custas e emolumentos da presente escritura de doação, calculados com base na Lei Estadual nº11.331/02, importa em R$3.792,83, tendo sido depositada a importância de R$55,34, restando um saldo remanescente a ser recolhido R$3.737,49.*

O interessado impugnou apenas a primeira exigência, não se insurgindo contra a necessidade de recolhimento do depósito prévio dos emolumentos para ingresso do título.

O juízo recorrido, acertadamente, não conheceu da dúvida ante a irresignação parcial.

A concordância parcial com as exigências do Oficial prejudica a dúvida, que só admite duas soluções: a determinação do registro do título protocolado e prenotado, que é analisado, em reexame da qualificação, tal como se encontrava no momento em que surgida dissensão entre a apresentante e o Oficial de Registro de Imóveis; ou a manutenção da recusa do Oficial.

A ausência de impugnação ou anuência com uma das exigências apontadas para o ingresso do título no fólio real atribui ao procedimento de dúvida natureza consultiva, ou meramente doutrinária, pois em caso de reapresentação deverá a nova qualificação ser realizada conforme os requisitos para o registro que então se mostrarem pertinentes.

Por esse motivo a dúvida não pode ser conhecida, sendo nesse sentido o v. acórdão prolatado por este Col. Conselho Superior da Magistratura na Apelação Cível nº 41.846-0/0, de que foi relator o Desembargador Sérgio Augusto Nigro Conceição, em que se verifica:

"Como já decidiu este Colendo Conselho Superior da Magistratura: 'Carece de interesse jurídico para o provimento judicial-administrativo, aquele que reconhece a procedência, ainda que parcial, de exigência do registrador'.

Reconhecidas procedentes em parte as exigências feitas, a solução será denegar o registro, julgando-se prejudicada a dúvida.

Em se tratando de dúvida imobiliária que tenha por objeto um único ato de registro, como no caso, não há falar em provimento parcial.

Quando o interessado no registro reconhece no recurso a procedência de uma ou mais exigências, como no caso, caracteriza-se a falta de interesse recursal, restando prejudicada a dúvida.

Como acrescentou aquele julgado: 'a decisão proferida em procedimento de dúvida tem sempre conteúdo positivo ou negativo acerca da registrabilidade do título' (ApCiv 8.765-0/5, de São Carlos, votação unânime, relatado pelo eminente Desembargador Milton Evaristo dos Santos).

Nesse sentido o procedimento de dúvida visa a dirimir dissensão entre o apresentante do título e o registrador, considerada a registrabilidade do título na ocasião de sua apresentação.

Por esses motivos julgam prejudicada a dúvida, e não conhecem do recurso." (Revista de Direito Imobiliário nº 45/154).

3. Ante o exposto, não conheço do recurso e julgo a dúvida prejudicada.

RICARDO ANAFE

Corregedor Geral da Justiça e Relator. (– DJe de 01.04.2020 – SP)

EMOLUMENTOS

PODER JUDICIÁRIO

TRIBUNAL DE JUSTIÇA DO ESTADO DE SÃO PAULO

CONSELHO SUPERIOR DA MAGISTRATURA

Apelação nº 0021658-65.2018.8.26.0482

Registro: 2020.000211822

ACÓRDÃO

Vistos, relatados e discutidos estes autos de **Apelação Cível nº 0021658-65.2018.8.26.0482**, da Comarca de **Presidente Prudente**, em que é apelante **ASSOCIAÇÃO PARQUE RESIDENCIAL DAMHA III – PRESIDENTE PRUDENTE**, é apelado **2º OFICIAL DE REGISTRO DE IMÓVEIS E ANEXOS DA COMARCA DE PRESIDENTE PRUDENTE.**

ACORDAM, em Conselho Superior de Magistratura do Tribunal de Justiça de São Paulo, proferir a seguinte decisão:

"Declararam a dúvida prejudicada e não conheceram do recurso, v.u.", de conformidade com o voto do Relator, que integra este acórdão.

O julgamento teve a participação dos Exmos. Desembargadores **PINHEIRO FRANCO (PRESIDENTE TRIBUNAL DE JUSTIÇA) (Presidente), XAVIER DE AQUINO (DECANO), GUILHERME G. STRENGER (PRES. SEÇÃO DE DIREITO CRIMINAL), MAGALHÃES COELHO(PRES. DA SEÇÃO DE DIREITO PÚBLICO), DIMAS RUBENS FONSECA (PRES. DA SEÇÃO DE DIREITO PRIVADO) E LUIS SOARES DE MELLO (VICE PRESIDENTE).**

São Paulo, 16 de março de 2020.

RICARDO ANAFE

Corregedor Geral da Justiça e Relator

Apelante: Associação Parque Residencial Damha III – Presidente Prudente

Apelado: 2º Oficial de Registro de Imóveis e Anexos da Comarca de Presidente Prudente

VOTO Nº 31.103

Registro de Imóveis – Apelação – Divergência sobre o valor exato dos emolumentos – Ausência de ingresso do título por falta de recolhimento do valor exigido – Cancelamento da prenotação – Descumprimento da Lei nº 11.331/02, art. 30 – Inadequação do procedimento adotado – Dúvida prejudicada – Recurso não conhecido.

1. Trata-se de apelação interposta pela ASSOCIAÇÃO PARQUE RESIDENCIAL DAMHA III – PRESIDENTE PRUDENTE contra r. sentença que, no julgamento da dúvida, manteve a negativa de registro da escritura de doação até o recolhimento dos emolumentos, calculados conforme aplicação do art. 7°, III, da Lei nº 11.331/02 (base de cálculo do ITBI).

A apelante sustenta, em síntese, que: a) A base de cálculo correta para cálculo e recolhimento dos emolumentos devidos para fins de registro da Escritura Pública de Doação, apresentada ao 2° Registro de Imóveis e Anexos de Presidente Prudente-SP, por meio do protocolo 278.615, é aquela prevista no inciso III do artigo 7° da Lei nº 11.331/2002; e b) O valor da base de cálculo utilizada para o recolhimento do imposto de transmissão inter vivos mencionado no inciso III do artigo 7° da Lei nº 11.331/2002 é o mesmo valor da base de cálculo utilizada para o recolhimento do ITCMD apresentada na escritura pública de fls. 26/29.

A D. Procuradoria Geral de Justiça opinou pelo desprovimento do recurso.

É o relatório.

DECIDO.

2. O recurso não merece conhecimento.

O tema em julgamento limita-se a verificação do montante exigido a título de emolumentos pelo 2º Oficial de Registro de Imóveis e Anexos da Comarca de Presidente Prudente para fins de ingresso no fólio real de escritura de doação (imóveis matriculados sob os nº's 61.501 e 61.502 da mencionada serventia imobiliária) lavrada no 4º Tabelionato de Notas de Presidente Prudente e devidamente prenotada.

O Registrador de Imóveis sustenta, com base no art. 7º, inciso III, da Lei nº 11.331/02, que prevalece para fixação dos emolumentos devidos o que for maior entre: *I – preço ou valor econômico da transação ou do negócio jurídico declarado pelas partes;*

II – valor tributário do imóvel, estabelecido no último lançamento efetuado pela Prefeitura Municipal, para efeito de cobrança de imposto sobre a propriedade predial e territorial urbana, ou o valor da avaliação do imóvel rural aceito pelo órgão federal competente, considerando o valor da terra nua, as acessões e as benfeitorias; III – base de cálculo utilizada para o recolhimento do Imposto de transmissão inter vivos de bens imóveis. Parágrafo único – Nos casos em que, por força de lei, devam ser utilizados valores decorrentes de avaliação judicial ou fiscal, estes serão os valores considerados para os fins do disposto na alínea b do inciso III do artigo 5º desta lei – motivo bastante para sustentar o cálculo com base no valor da construção e do terreno atualizado para fins de ITBI (nos termos das certidões de fls. 30/33).

A recorrente alega que a base de cálculo dos emolumentos devidos ao Oficial do RI deveria observar o valor venal do imóvel, pois assim decidiu o magistrado da Vara da Fazenda Pública da Comarca de Presidente Prudente – na ação mandamental transitada em julgado de nº 1012352-55.2018.8.26.0482 – ao definir a base de cálculo para o ITCMD. Em arremate, afirma inexistir distinção entre os incisos do art. 7º da Lei nº 11.331/02 para o caso em análise para fixação da base de cálculo devida, pois independentemente do enquadramento jurídico sempre aplicar-se-ia o valor venal do bem.

A Lei nº 11.331/02, art. 30, estabelece procedimento especifico para impugnação dos emolumentos – *"contra a cobrança, a maior ou a menor, de emolumentos e despesas devidas, poderá qualquer interessado reclamar, por petição, ao Juiz Corregedor Permanente. § 1º – Ouvido o reclamado em 48 (quarenta e oito) horas, o Juiz, em igual prazo, proferirá decisão. § 2º – Dessa decisão caberá recurso, no prazo de 5 (cinco) dias, ao Corregedor Geral da Justiça"*.

O caminho administrativo adotado é equivoco, impedindo por todos os lados o registro do título. Afinal, independentemente do acerto pelo recorrente do montante devido a título de emolumentos é fato que não houve qualquer pagamento o que obsta o registro do título prenotado de plano, não se admitindo a concessão de prazo para depósito, sob pena de indevida prorrogação da aplicação do princípio da prioridade.

3. Ante o exposto, declaro a dúvida prejudicada e não conheço do recurso.

RICARDO ANAFE

Corregedor Geral da Justiça e Relator. (– DJe de 14.04.2020 – SP)

HIPOTECA

PODER JUDICIÁRIO

TRIBUNAL DE JUSTIÇA DO ESTADO DE SÃO PAULO

CONSELHO SUPERIOR DA MAGISTRATURA

Apelação Cível nº 1046870-35.2019.8.26.0224

Registro: 2020.0000722658

ACÓRDÃO

Vistos, relatados e discutidos estes autos de **Apelação Cível nº 1046870-35.2019.8.26.0224**, da Comarca de **Guarulhos**, em que é apelante **RETOUR ATIVOS FINANCEIROS S/A,** é apelado **PRIMEIRO OFICIAL DE REGISTRO DE IMÓVEIS DA COMARCA DE GUARULHOS.**

ACORDAM, em Conselho Superior de Magistratura do Tribunal de Justiça de São Paulo, proferir a seguinte decisão: **"Deram provimento à apelação, v.u."**, de conformidade com o voto do Relator, que integra este acórdão.

O julgamento teve a participação dos Exmos. Desembargadores **PINHEIRO FRANCO (PRESIDENTE TRIBUNAL DE JUSTIÇA) (Presidente), LUIS SOARES DE MELLO (VICE PRESIDENTE), XAVIER DE AQUINO (DECANO), GUILHERME G. STRENGER (PRES. SEÇÃO DE DIREITO CRIMINAL), MAGALHÃES COELHO(PRES. DA SEÇÃO DE DIREITO PÚBLICO) E DIMAS RUBENS FONSECA (PRES. DA SEÇÃO DE DIREITO PRIVADO).**

São Paulo, 1º de setembro de 2020.

RICARDO ANAFE

Corregedor Geral da Justiça e Relator

Apelação Cível nº 1046870-35.2019.8.26.0224

Apelante: Retour Ativos Financeiros S/A

Apelado: Primeiro Oficial de Registro de Imóveis da Comarca de Guarulhos

VOTO Nº 31.202

Registro de Imóveis – Dúvida procedente – Hipoteca judiciária – Especialidade objetiva – Registro da hipoteca rogado para a área total matriculada – Eficácia do Registro de Imóveis – Óbice afastado – Dá-se provimento ao recurso de apelação.

1. Trata-se de recurso de apelação (fl. 147/152) interposto por Retour Ativos Financeiros S. A. contra a r. sentença (fl. 133/137) proferida pelo MM. Juízo Corregedor Permanente do 1º Oficial de Registro de Imóveis da Comarca de Guarulhos, que julgou procedente a dúvida e manteve a recusa de registro *stricto sensu* de hipoteca judiciária na matrícula nº 61.138 do dito cartório (fl. 27/32).

Afirma a apelante, em síntese, que para o pretendido registro *stricto sensu* não lhe pode ser exigido que promova a retificação, com a apuração do remanescente, pois isso supõe atos que só podem ser praticados pela dona (por exemplo, a colheita de assinaturas e a elaboração de plantas). Aduz que pretende apenas a constrição, a qual tanto seria possível, que na mesma matrícula já fora averbada, certa vez, uma penhora. Acrescenta que informações da Prefeitura Municipal de Guarulhos dão conta de que existe remanescente de área na matrícula. Pede, portanto, que seja reformada a r. sentença, e que se lhe defira o registro *stricto sensu,* tal como rogara.

A D. Procuradoria Geral de Justiça ofertou parecer pelo não provimento do recurso (fl. 176/177).

É o relatório.

2. Em que pese a seus bem lançados fundamentos, a r. sentença recorrida tem de ser reformada para que, afastado o óbice apontado pelo Oficial de Registro de Imóveis, seja deferido o registro *stricto sensu* da hipoteca judiciária, como fora rogado.

Para o direito registrário, não basta que o imóvel objeto de inscrição seja *determinado;* é preciso que seja *especializado,* ou seja, que seja *descrito*:

"Primeiramente, observe-se que *especializar,* para o sistema registral, não é o mesmo que *determinar* o ente individuado (trate-se aqui de pessoas, fatos ou coisas). Com efeito, é de todo possível determinar sem especializar: pode dizerse que um dado imóvel se designe 'Fazenda Carlos de Laet'; outro, 'Chácara Imperador Felipe II'; e esses imóveis *poderão* estar determinados para o registro, suposto que sociologicamente se reconheçam de modo notório (com notoriedade *quoad se*). E, no entanto, podem não ter, no registro, medidas de contorno, indicação de superfície, lugar *ubi,* parâmetros referenciais, figura, etc. Ou seja, estão determinados, mas não estão especializados.

"Determinar é identificar; já especializar é individualizar de maneira característica, visando a distinguir, demarcar, estremar o ente individual [...].

"Todavia, se impossível é *definir* o ente individual, já o mesmo não se passa com sua descrição. E descrevê-lo é exatamente indicar *algo singular dentro de sua especialidade,* enunciar aquilo que *o torna indivíduo no âmbito da espécie,* ou seja, aquilo que lhe dá uma natureza concreta individual." (Ricardo Dip, *Registro de Imóveis (princípios),* tomo II, Descalvado: Primvs, 2018, p. 9-10, n. 240, grifos do autor).

O meio técnico de fazer essa descrição é o apontado pelas normas vigentes, em especial pela Lei n. 6.015, de 31 de dezembro de 1973, art. 176, § 1º, II, 3, e §§ 3º a 5º e 13, e 225. Confira-se, em particular:

Art. 176. [...]

§ 1º A escrituração do Livro nº 2 obedecerá às seguintes normas:

I - cada imóvel terá matrícula própria, que será aberta por ocasião do primeiro registro a ser feito na vigência desta Lei;

II - são requisitos da matrícula:

[...]

3) a identificação do imóvel, que será feita com indicação:

[...]

b - se urbano, de suas características e confrontações, localização, área, logradouro, número e de sua designação cadastral, se houver.

Isso vem explicitado pelas Normas dos Serviços Extrajudiciais, Capítulo XVI, item 60, a1 e a2, e Capítulo XX, itens 10.1, 10.1.1, 10.3, 54.3, 54.5, 56 *c*, 57 a 60, 63 a 67, 69 e 70. Dentre essas orientações, vale destacar:

57. A identificação e caracterização do imóvel compreendem:

[...]

IV as confrontações, inadmitidas expressões genéricas, tais como "com quem de direito", ou "com sucessores" de determinadas pessoas, que devem ser excluídas, se existentes no registro de origem, indicando-se preferencialmente os imóveis confinantes e seus respectivos registros.

V a área do imóvel.

No caso concreto, para o registro de duas sucessivas compras e vendas do *todo* (R. 3 a fl. 28-29 e R. 4 a fl. 29), a matrícula em questão (n. 61.138, do 1º Registro de Imóveis de Guarulhos) foi aberta com descrição algo precária, é verdade, mas, ainda assim, com referência às confrontações e ao cálculo de sua área:

"uma gleba de terras, com 3.844,67 m2, de formato irregular, situada no perímetro urbano, na Área Central, com as seguintes medidas e confrontações, medindo 98,35 m de frente para o Córrego dos Cavalos; 7,57 m em curva, na confluência do Córrego dos Cavalos, com a rua 2; 41,60 m do lado direito de quem do Córrego dos Cavalos olha para o terreno, fazendo frente para a Rua 2; 9,88 m em curva, na confluência da Rua 2, com a Rua Brasilio Pinto de Almeida; 99,42 m nos fundos, de frente para a Rua Brasilio Pinto de Almeida; 17,56 m do lado esquerdo de quem do Córrego dos Cavalos olha para o terreno, confrontando com os terrenos remanescentes de Jorge Queiroz de Moraes."

Esse mesmo imóvel veio a sofrer, depois, sucessivos destaques, por conta de desapropriações (cf. averbações 7 a 10, a fl. 30-31), sem que, entretanto, se possa dizer que essas perdas tivessem suprimido toda a área contida na matrícula. Pelo contrário: aqueles destaques não excederam de 407,36 m^2, para um imóvel que tinha área total inicial de 3.844,67 m^2.

Não se contesta que, considerado o atual estado da técnica e as exigências atuais da doutrina jurídico e do tráfego imobiliário, a descrição do imóvel tem de ser melhorada. Ainda como está, entretanto, fato é que a matrícula traz alguma indicação de área e de confrontações e, pois, pode receber novos atos registrais de transmissão e oneração, sempre que for tratada como corpo certo, como sucede na hipótese, em que o credor pediu o registro *stricto sensu* de uma hipoteca judiciária sobre o todo, como consta do assento. A solução contrária, a bem ver, não só negaria eficácia à matrícula (que é válida e produz efeitos até que se desfaça, nos termos da Lei n. 6.015/1973, art. 252), como ainda facilitaria a clandestinidade e dificultaria, ainda mais, o seu aperfeiçoamento (neste caso, por negar a constituição de um direito a hipoteca judiciária a um terceiro legitimamente interessado).

Vale acrescentar que a hipoteca judiciária tem, como título formal (Lei n. 6.015/1973, art. 221), cópia de sentença condenatória, de maneira que não há, nem poderia em tese haver, discrepância alguma entre o que o credor pretenderia inscrever, a inscrição que efetivamente rogou e o que consta do registro de imóveis, o que é outro indicativo da legalidade do pedido (Lei n. 6.015/1973, art. 225).

Por fim, ressalte-se que a matrícula em exame já recebera, anos atrás, o registro *stricto sensu* de uma penhora sobre o todo remanescente, sem que disso tivesse advindo irregularidade alguma (R. 11 e Av. 12, a fls. 31-32), o que é outro bom indício que agora não há ilicitude registral em deferir-se o registro *stricto sensu* da hipoteca judiciária.

3. À vista do exposto, pelo meu voto, dou provimento à apelação.

RICARDO ANAFE
Corregedor Geral da Justiça e Relator. (– DJe de 26.11.2020 – SP)

PODER JUDICIÁRIO

TRIBUNAL DE JUSTIÇA DO ESTADO DE SÃO PAULO

CONSELHO SUPERIOR DA MAGISTRATURA

Apelação nº 0000619-44.2019.8.26.0169
Registro: 2020.0000722640

ACÓRDÃO

Vistos, relatados e discutidos estes autos de **Apelação Cível nº 0000619-44.2019.8.26.0169**, da Comarca de **Duartina**, em que é apelante **ALFREDO DOS SANTOS,** é apelado **OFICIAL DE REGISTRO DE IMÓVEIS E ANEXOS DA COMARCA DE DUARTINA.**

ACORDAM, em Conselho Superior de Magistratura do Tribunal de Justiça de São Paulo, proferir a seguinte decisão: **"Negaram provimento ao recurso, mantendo a exigência quanto à necessidade de cancelamento das ordens de indisponibilidade dos processos 0166900-78.2009.5.15.0142 e 0000790-21.2011.5.15.0142, averbadas nas matrículas nºs 13.260, 13.261, 13.262 e 13.263, v.u.",** de conformidade com o voto do Relator, que integra este acórdão.

O julgamento teve a participação dos Exmos. Desembargadores **PINHEIRO FRANCO (PRESIDENTE TRIBUNAL DE JUSTIÇA) (Presidente), LUIS SOARES DE MELLO (VICE PRESIDENTE), XAVIER DE AQUINO (DECANO), GUILHERME G. STRENGER (PRES. SEÇÃO DE DIREITO CRIMINAL), MAGALHÃES COELHO(PRES. DA SEÇÃO DE DIREITO PÚBLICO) E DIMAS RUBENS FONSECA (PRES. DA SEÇÃO DE DIREITO PRIVADO).**

São Paulo, 1º de setembro de 2020.

RICARDO ANAFE

Corregedor Geral da Justiça e Relator
Apelação Cível nº 0000619-44.2019.8.26.0169

Apelante: Alfredo dos Santos

Promotor (Ativo): Justiça Pública

Apelado: ARNALDO RODRIGUES FERNANDES

VOTO N.º 31.171

Dúvida – Apelação – Recusa de registro por conta de hipoteca cedular, penhoras e indisponibilidade judicial sobre os bens – Sentença que julga procedente a dúvida impedindo o registro da venda da parte ideal de imóveis rurais por um dos condôminos, fundada na impossibilidade de extinção de condomínio por significar disposição de parte certa do imóvel indisponível – Venda de parte ideal da propriedade por um dos condôminos que não gera extinção do condomínio, mas apenas a alteração parcial da titularidade sobre o bem – Fixação de futura extinção do condomínio como condição para pagamento de parte do preço não desnatura o negócio como compra e venda, preservando-se a existência e a natureza do condomínio simples – Cessionário do crédito garantido por hipoteca cedular que figura como exequente que anui com a venda de parte ideal dos bens garantidores, afastando qualquer impedimento por conta da existência da hipoteca e das penhoras inscritas na matrícula – Ordens judiciais de indisponibilidade dirigidas ao coproprietário não alienante – Efeitos pessoais – Inexistência de limitação ao exercício do direito de dispor

pelo coproprietário que não tem contra si qualquer restrição – Existência de ordens de indisponibilidade judicial sobre os bens sem indicação de sujeito determinado – Eficácia sobre a integralidade do bem, impedindo qualquer alienação, até seu levantamento ou decisão judicial de ineficácia da indisponibilidade em relação ao condômino alienante – Dúvida procedente para manter a negativa de registro até o levantamento das ordens de indisponibilidade genéricas – Recurso não provido.

1. Trata-se de apelação interposta por Alfredo dos Santos visando a reforma da sentença de fl. 99/101, que julgou procedente dúvida suscitada pelo Oficial de Registro de Imóveis de Duartina, mantendo a exigência de cancelamento das indisponibilidades lançadas nas matrículas antes do registro de escritura de extinção de condomínio.

A Nota de Devolução do título apresentou as seguintes exigências (fl. 4): " Os imóveis objetos da presente Escritura Pública, estão gravados com a restrição de '**indisponibilidade**' e '**hipoteca**'. A '**indisponibilidade**' tem o objetivo de prevenir eventual fraude e impedir a transferência da propriedade por meio voluntário. Portanto, não se enquadram em transmissão forçada. O interessado deverá providenciar o cancelamento dos gravames, em cumprimento ao disposto no parágrafo 2º do artigo 2º do Provimento nº 39, do Conselho Nacional de Justiça".

O recurso sustenta, em resumo, que o caso concreto não diz respeito a uma extinção de condomínio, mas apenas de alienação de fração ideal de 50% da propriedade, sem pedido de divisão do imóvel. Que o negócio jurídico significa apenas substituição de um dos condôminos, sendo que o alienante não tem sobre si qualquer ordem de indisponibilidade. Que somente após o registro pretende efetuar a divisão do bem, o que não interfere no registro da alienação da parte ideal de condômino não submetido à ordem judicial de indisponibilidade. Ainda, que as hipotecas gravadas sobre os bens não impedem a alienação, visto haver anuência dos credores com o ato (fl. 108/114).

A Procuradoria Geral de Justiça opinou pelo não provimento do recurso (fl. 128/131 e 158).

O feito foi inicialmente distribuído como recurso administrativo ao Corregedor Geral da Justiça, sendo reconhecida a existência de discussão a respeito de recurso em sentido estrito e determinada a redistribuição dos autos ao Conselho Superior da Magistratura (fl. 133/135).

É o relatório.

2. Trata-se de recurso de apelação interposto por Alfredo dos Santos, pretendendo afastar os óbices apontados pelo Oficial de Registro de Imóveis de Duartina, registrando-se a escritura de compra e venda de bem imóvel havida entre o recorrente, Wagner Rogério Mapeli e sua esposa Cristina Denise Angeluci Mapeli, na condição de compradores, e Emerson Chiarotti e sua esposa Camila Aparecida Previdelli Chiarotti, na condição de vendedores, com anuência do coproprietário Flávio Hitiro Miura e sua esposa Thais Micali Miura.

A sentença de primeiro grau reconheceu que a escritura de compra e venda de parte ideal do imóvel por um dos condôminos caracteriza extinção de condomínio; e esta, por sua vez, indica disposição da propriedade entre os condôminos, que atribuem a cada um direito e fração certa sobre o imóvel comum, o que estaria inviabilizado por conta da existência de averbação de indisponibilidade por decisão da Justiça do Trabalho. Manteve, assim, a exigência de cancelamento das indisponibilidades pelos Juízos ordenadores antes do registro da escritura de extinção de condomínio.

Por primeiro, observe-se que o caso concreto não corresponde a uma extinção de condomínio, já que os quatro imóveis continuarão de propriedade de duas pessoas em partes ideais, sem abertura imediata de novas matrículas com atribuição da propriedade exclusiva a cada um dos titulares.

O fato da escritura de compra e venda prever uma futura extinção de condomínio como condição do pagamento de parte do preço não desnatura a venda da parte ideal por condômino, já que não integra elemento essencial para a existência da compra e venda.

Bastando a fixação do preço para a perfeição da compra e venda, considerando seus efeitos pessoais, não se pode entender a condição suspensiva estabelecida para o pagamento de parte do preço como elemento essencial do próprio negócio, o que não é.

Assim, a fixação de futura extinção de condomínio com o coproprietário anuente ao negócio, como condição para o pagamento de parte do preço, não transforma a venda de parte ideal da propriedade em extinção de condomínio, posto que pelo negócio jurídico estabelecido entre comprador e vendedor não se observarão efeitos extintivos diretos da propriedade em comum, mas apenas a modificação subjetiva parcial da titularidade do domínio.

Desta forma, não é por conta da existência de uma futura extinção de condomínio que se há de impedir o ingresso do título, mas sim e tão somente pela existência de indisponibilidades genéricas lançadas sobre o bem, sem identificar eventual limitação subjetiva, bem como outras lançadas de forma específica sobre a pessoa do vendedor.

Conforme se observa da escritura de compra e venda (fl. 53/64) e das matrículas dos imóveis (fl. 9/20, 21/30, 31/41 e 42/52), pendem sobre os bens uma hipoteca cedular, duas penhoras (uma delas decorrente da execução da Cédula de Crédito Industrial garantida por hipoteca) e várias indisponibilidades genéricas e específicas decorrentes de ordem judicial.

Por primeiro, observa-se a existência de registro de hipoteca cedular de todos os imóveis em favor do Banco de Desenvolvimento de Minas Gerais S.A. BDMG, conforme R.3/M-6.970 (Av.2/M-13.260; Av.2/M-13.261) e R.6/M-6.254 (Av. 2/M-13.262; Av.1/M-13.263), decorrentes da Cédula de Crédito Industrial nº 129.921/05.

Inscreveu-se pelas averbações Av.11/M-13.260, Av.11/M-13.261, Av.11/M-13.262 e Av.11/M-13.263 a cessão do crédito da Cédula de Crédito Industrial nº 129.921/05 pelo Banco de Desenvolvimento de Minas Gerais S.A. – BDMG para Djalma Lucas Zacarin, que assumiu a condição de credor do título de crédito garantido pela hipoteca.

A cessão do crédito com garantia hipotecária transfere ao cessionário o exercício de todos os direitos decorrentes do negócio originário, inclusive da primazia decorrente da hipoteca, nos termos dos arts. 287 e 289, ambos do Código Civil.

Referida Cédula de Crédito Industrial com garantia hipotecária foi executada, antes da cessão, pelo Banco de Desenvolvimento de Minas Gerais, ocasionando a penhora dos imóveis nos autos da execução nº 1721268-65.2008.8.13.0024, em trâmite na 5ª Vara da Fazenda Pública de Belo Horizonte, o que se observa do R.9/M-6.970 (Av.2/M-13.260; Av.2/M-13.261) e do R.14/M-6.254 (Av. 1/M-13.262; Av.1/M-13.263).

Vê-se, assim, que o crédito hipotecário foi executado pelo credor originário, havendo cessão do crédito para Djalma Lucas Zacarim (Av. 11/M-13.263). Este, na condição de cessionário do crédito, concordou com a venda de parte do imóvel hipotecado e penhorado na execução da qual assumiu o polo ativo, autorização que lhe é dada pelo art. 53 do Decreto-lei nº 413/1969 (fl. 91).

Havendo anuência expressa do exequente e credor hipotecário, não há impedimento para o ingresso do título de alienação de parte ideal dos imóveis objeto de penhora.

A segunda penhora inscrita recai sobre parte ideal de 50% do imóvel objeto da Matrícula nº 13.263 (R. 13/M-6.254), em desfavor do vendedor Emerson Chiarotti, nos autos da execução nº 0005108-84.2009.8.26.0619, movida pela Cooperativa dos Cafeicultores e Citricultores de São Paulo COOPERCITRUS, na 1ª Vara Cível de Taquaritinga.

Tal crédito executado foi cedido para Djalma Lucas Zacarin, com sub-rogação nos direitos da COOPERCITRUS, nos autos da ação de execução nº 0005108-84.2009.8.26.0169, conforme Av. 12/M-13.263. Consta dos autos anuência do cessionário, agora exequente, Djalma Lucas Zacarim para a alienação do imóvel penhorado (fl. 92).

Apesar da penhora do bem não impedir sua alienação, gerando apenas ineficácia do ato perante a execução, a apreciação de eventual questionamento pelo Oficial do Registro é prejudicada, ante a anuência expressa do exequente com a venda pelo executado. Se a alienação do bem penhorado é informada ao exequente e este concorda com o ato, admitindo a substituição da titularidade, inexiste qualquer impedimento para o registro do ato junto à matrícula.

No que diz respeito às indisponibilidades judiciais lançadas nas matrículas, há que se observar diversidade de situações para cada uma das inscrições.

Por primeiro, há de se observar que as ordens judiciais de indisponibilidade se dirigem ao direito de dispor do proprietário por força do art. 1.228 do Código Civil. Tal direito de dispor não se atrela ao bem na forma de direito real, mas se configura como direito potestativo do proprietário que, em desejando, poder alienar voluntariamente a propriedade, por alguma das formas estabelecidas pelo direito brasileiro.

Assim, a disponibilidade da propriedade como faculdade é atrelada à pessoa do proprietário e não ao bem, embora seja exercida sobre a coisa. Por conta disto, ordens judiciais de indisponibilidade atingem o direito subjetivo do proprietário alienar voluntariamente os bens de sua propriedade.

Não atingem o bem em si, mas o direito atribuído a seu titular e, por isto, seus efeitos se limitam aos sujeitos indicados na ordem judicial. Assim, a indisponibilidade atinge os direitos da pessoa contra quem é dirigida, sem abranger os demais coproprietários. No silêncio, ou seja, havendo indicação da indisponibilidade do bem sem direcionamento a algum dos coproprietários, e partindo-se da finalidade garantidora do ato judicial, entende-se por sua eficácia limitadora para todos os proprietários.

Neste caso concreto, há ordens judiciais de indisponibilidade que não atingem o vendedor Emerson Chiarotti, já que dirigidas nominalmente ao coproprietário Flávio Hitiro Miura. Sendo os efeitos da indisponibilidade judicial meramente pessoais, estes não importam restrição ao direito de dispor do coproprietário que não tenha contra si a mesma determinação. Outras envolvem ambos os proprietários, Flávio e Emerson, a impedir por completo a alienação da propriedade, total ou em partes ideais de cada um dos coproprietários.

Desta forma, em relação às indisponibilidades inscritas somente em desfavor do coproprietário Flávio Hitiro Miura, não há que se falar em impedimento da alienação de parte ideal pertencente ao coproprietário Emerson, ante a inexistência de transmissão dos efeitos pessoais do ato judicial de restrição para o condômino não abrangido pela ordem judicial.

Em relação aos imóveis alienados, observa-se indisponibilidade somente em desfavor do coproprietário Flávio Hitiro Miura nas averbações **Av.18/M-6.970** e **Av. 22/M-6.254** (indisponibilidade decretada pela Vara do Trabalho de Taquaritinga no processo 0000707-39.2010.5.15.0142, em desfavor do coproprietário Flávio Hitiro Miura, Guari Fruits Ind. e Com de Polpas Ltda., Eder Edemir Chiarotti e Agihiro Miura) e nas averbações **Av. 18/M-6.980** e **Av. 24/M-6.254** (indisponibilidade de bens de Eder Edemir Chiarotti e de Fábio Hitiro Miura, decretada pelo Tribunal de Justiça de São Paulo, no processo 0004243-22.2013.8.26.0619).

Tais indisponibilidades não impedem a alienação pelo coproprietário Emerson Chiarotti.

Observa-se, ainda, a indisponibilidade em desfavor de Emerson decretada no processo nº 0006163-89.2017.8.26.0619, pelo Tribunal de Justiça do Estado de São Paulo (R.6/M-13.260; R.6/M-13.261; R.6/M-13.262; R.6/M-13.263), em desfavor de Flávio Hitiro Miura e Emerson Chiarotti, foi cancelada em relação a Emerson Chiarotti (Av.8/M-13.623).

Por fim, há duas indisponibilidades que impedem o registro da alienação da parte ideal do imóvel pertencente a Emerson Chiarotti, decorrentes de ato da Vara do Trabalho de Taquaritinga.

A primeira consta das averbações **Av. 4/M-6.970 (Av.2/M-13.260; Av.2/M-13.261)** e **Av. 7/M-6.254 (Av. 1/M-13.262; Av. 1/M-13.263)**, determinada de forma genérica sobre os imóveis pela Vara do Trabalho de Taquaritinga, no processo 0166900-78.2009.5.15.0142.

A segunda consta das averbações **Av. 6/M-6.970 (Av.2/M-13.260; Av.2/M-13.261)** e **Av. 9/M-6.254 (Av. 1/M-13.262; Av. 1/M-13.263)**, determinada de forma genérica sobre os imóveis pela Vara do Trabalho de Taquaritinga, no processo 0000790-21.2011.5.15.0142.

Tais ordens judiciais de indisponibilidade, não descrevendo a limitação em relação a algum dos proprietários, atingem por presunção a integralidade do bem e os direitos de todos os proprietários, impedindo alienações voluntárias totais ou parciais.

Assim, embora afastada a dúvida quanto à previsão da extinção de condomínio como condição para pagamento de parte do preço, quanto à existência de hipoteca e penhora e quanto às ordens de indisponibilidade dirigidas somente à pessoa do coproprietário não alienante, permanece a impossibilidade de ingresso do título na matrícula, ante a eficácia das ordens de indisponibilidade emitidas nos processos 0166900-78.2009.5.15.0142 e 0000790-21.2011.5.15.0142.

E permanecendo óbice ao registro, ainda que parcial, procede a dúvida, posto que impedido o registro na forma pretendida pela parte interessada (CSM – AP 028249-0/0 – rel. Des. Márcio Martins Bonilha – j. 31.05.1996).

3. Ante o exposto, pelo meu voto **nego provimento** ao recurso, mantendo a exigência quanto à necessidade de cancelamento das ordens de indisponibilidade dos processos 0166900-78.2009.5.15.0142 e 0000790-21.2011.5.15.0142, averbadas nas matrículas nºs 13.260, 13.261, 13.262 e 13.263, do que resulta a procedência da dúvida

RICARDO ANAFE

Corregedor Geral da Justiça e Relator. (– DJe de 26.11.2020 – SP)

PODER JUDICIÁRIO

TRIBUNAL DE JUSTIÇA DO ESTADO DE SÃO PAULO

CONSELHO SUPERIOR DA MAGISTRATURA

Apelação nº 1003107-36.2018.8.26.0218

Registro: 2019.0000831542

ACÓRDÃO

Vistos, relatados e discutidos estes autos de **Apelação Cível nº 1003107-36.2018.8.26.0218**, da Comarca de **Guararapes**, em que é apelante **BANCO DO BRASIL S/A**, é apelado **OFICIAL DE REGISTRO DE IMÓVEIS E ANEXOS DA COMARCA DE GUARARAPES.**

ACORDAM, em Conselho Superior de Magistratura do Tribunal de Justiça de São Paulo, proferir a seguinte decisão: **"Negaram provimento ao recurso, v.u."**, de conformidade com o voto do Relator, que integra este acórdão.

O julgamento teve a participação dos Exmos. Desembargadores **PEREIRA CALÇAS (PRESIDENTE TRIBUNAL DE JUSTIÇA) (Presidente), ARTUR MARQUES (VICE PRESIDENTE), XAVIER DE AQUINO (DECANO), EVARISTO DOS SANTOS(PRES. DA SEÇÃO DE DIREITO PÚBLICO), CAMPOS MELLO (PRES. DA SEÇÃO DE DIREITO PRIVADO) E FERNANDO TORRES GARCIA(PRES. SEÇÃO DE DIREITO CRIMINAL).**

São Paulo, 24 de setembro de 2019.

GERALDO FRANCISCO PINHEIRO FRANCO
Corregedor Geral da Justiça e Relator

Apelação Cível nº 1003107-36.2018.8.26.0218

Apelante: Banco do Brasil S/A

Apelado: Oficial de Registro de Imóveis e Anexos da Comarca de Guararapes

VOTO Nº 37.869

Registro de Imóveis – Hipoteca decorrente de cédula de crédito bancário – Existência da inscrição de hipotecas anteriores reguladas pelo decreto-lei nº. 167/67 – Necessidade de anuência do anterior credor nos termos do artigo 59 do Decreto-Lei nº. 167/67 e artigo 1.420, caput, do Código Civil – Recurso não provido.

Trata-se de apelação interposta pelo Banco do Brasil S.A. contra r. sentença que manteve a recusa de registro de hipoteca vinculada a cédula de crédito bancário em razão da ausência de anuência do credor de hipoteca rural preexistente.

O apelante sustenta a presença dos requisitos legais competindo o registro do título judicial por ser indevida a anuência exigida (a fls. 303/309).

A douta Procuradoria Geral de Justiça opinou pelo não provimento do recurso (fls. 331/333).

É o relatório.

Na matrícula nº. 13.254 houve a inscrição de hipotecas até o décimo quinto grau em decorrência de cédulas rurais hipotecárias, cédula rural pignoratícia e hipotecária e cédulas de crédito bancário, todas em favor do Banco Bradesco S/A.

As cédulas rurais hipotecárias e cédula rural pignoratícia e hipotecária são regidas pelo Decreto-lei n. 167/1967, cujo artigo 59 estabelece:

> *"Art 59. A venda dos bens apenhados ou hipotecados pela cédula de crédito rural depende de prévia anuência do credor, por escrito".*

É requisito intrínseco da hipoteca a condição de proprietário e a capacidade de alienar.

O poder de alienação do bem é indispensável em razão da possibilidade de futura excussão da coisa.

Orlando Gomes (Direitos reais. Rio de Janeiro: Forense, 1996, p. 381) afirma a respeito:

> *"Necessário, ademais, que o proprietário tenha o poder de dispor. Não basta ser capaz de contrair obrigação. Deve ter aquele poder, pois, no fundo, a hipoteca é uma alienação potencial".*

De outra parte, os artigos 1.420, *caput* e 1.476 do Código Civil, determinam:

> *"Art. 1.420. Só aquele que pode alienar poderá empenhar, hipotecar ou dar em anticrese; só os bens que se podem alienar poderão ser dados em penhor, anticrese ou hipoteca.*
>
> *Art. 1.476. O dono do imóvel hipotecado pode constituir outra hipoteca sobre ele, mediante novo título, em favor do mesmo ou de outro credo"r.*

Ante a incidência do regime jurídico constante do artigo 59 do Decreto-lei nº. 167/1967, a constituição do direito real de hipoteca depende da anuência prévia do credor titular da garantia real previamente inscrita.

Sem essa providência há limitação da faculdade proprietária de dispor do bem imóvel, a qual é fundamental para constituição de novo direito real de hipoteca pelas razões expostas.

Nestes termos, a questão não é de impenhorabilidade e sim da ausência de requisito intrínseco concernente ao poder de alienar, a falta de expressa anuência do credor da hipoteca anteriormente inscrita e regidas pelas disposições do Decreto-lei nº. 167/1967.

Essa compreensão conta com precedente deste C. Conselho Superior da Magistratura, como se observa da seguinte ementa:

> *"REGISTRO DE IMÓVEIS. Dúvida julgada procedente. Registro de hipoteca de segundo grau. Anterior*

hipoteca constituída por cédula rural hipotecária. Necessidade de anuência do credor preexistente. Inteligência do artigo 59 do Decreto-lei nº 167/67 e do artigo 1.420 do Código Civil. Recurso não provido (Apelação Cível: 825-6/7, Rel Des. Ruy Camilo, j. 18/03/2008)".

Ante o exposto, nego provimento ao recurso.

GERALDO FRANCISCO PINHEIRO FRANCO

Corregedor Geral da Justiça e Relator (– DJe de 27.01.2020 – SP)

INCORPORAÇÃO IMOBILIÁRIA

PODER JUDICIÁRIO

TRIBUNAL DE JUSTIÇA DO ESTADO DE SÃO PAULO

CONSELHO SUPERIOR DA MAGISTRATURA

Apelação nº 1003196-21.2018.8.26.0457

Registro: 2019.0001054542

ACÓRDÃO

Vistos, relatados e discutidos estes autos de **Apelação Cível nº 1003196-21.2018.8.26.0457**, da Comarca de **Pirassununga**, em que é apelante **JOÃO GILBERTO PIRES**, é apelado **OFICIAL DE REGISTRO DE IMÓVEIS E ANEXOS DA COMARCA DE PIRASSUNUNGA.**

ACORDAM, em Conselho Superior de Magistratura do Tribunal de Justiça de São Paulo, proferir a seguinte decisão: **"Negaram provimento à apelação, v.u.",** de conformidade com o voto do Relator, que integra este acórdão.

O julgamento teve a participação dos Exmos. Desembargadores **PEREIRA CALÇAS (PRESIDENTE TRIBUNAL DE JUSTIÇA) (Presidente), ARTUR MARQUES (VICE PRESIDENTE), XAVIER DE AQUINO (DECANO), EVARISTO DOS SANTOS(PRES. DA SEÇÃO DE DIREITO PÚBLICO), CAMPOS MELLO (PRES. DA SEÇÃO DE DIREITO PRIVADO) E FERNANDO TORRES GARCIA(PRES. SEÇÃO DE DIREITO CRIMINAL).**

São Paulo, 10 de dezembro de 2019.

GERALDO FRANCISCO PINHEIRO FRANCO

Corregedor Geral da Justiça e Relator

Apelação Cível nº 1003196-21.2018.8.26.0457

Apelante: João Gilberto Pires

Apelado: Oficial de Registro de Imóveis e Anexos da Comarca de Pirassununga

VOTO Nº 38.016

Registro de Imóveis – Incorporação imobiliária – Incorporadora que não é titular da propriedade do terreno – Necessidade da participação da proprietária e da incorporadora nos atos de transmissão de direitos nos termos da lei Nº 4.591/64 – Contrato preliminar particular não registrado, inexistência de direito real de aquisição – Direito pessoal que não pode ser oposto a terceiro por não possuir eficácia *Erga Omnes* – Recurso não provido.

Trata-se de recurso de apelação interposto por *João Gilberto Pires* contra a r. sentença a fls. 362/365, que julgou procedente a dúvida suscitada pelo Oficial de Registros de Imóveis e Anexos da Comarca da Pirassununga, mantendo a recusa do ingresso de escritura pública de compra e venda de imóvel em razão da falta de anuência da incorporadora.

Sustenta o apelante o cabimento do registro em razão da presença de ato jurídico perfeito, inexistência de patrimônio de afetação e regularidade da escritura pública de compra e venda lavrada (fls. 373/386).

A D. Procuradoria Geral de Justiça opinou pelo não provimento do recurso (fls. 421/422).

É o relatório.

Na matrícula do imóvel há o registro da propriedade em nome de Macaw Incorporadora Lah Ltda., bem como da incorporação, este último em cumprimento a alvará judicial, sendo incorporadora a Associação Pró-Construção e Incorporação do Edifício Maison Royale (fls. 12/14).

Os arts. 31-A, *caput*, e 31-B, *caput*, da Lei nº 4.591/64 tem a seguinte redação:

"Art. 31-A. A critério do incorporador, a incorporação poderá ser submetida ao regime da afetação, pelo qual o terreno e as acessões objeto de incorporação imobiliária, bem como os demais bens e direitos a ela vinculados, manter-se-ão apartados do patrimônio do incorporador e constituirão patrimônio de afetação, destinado à consecução da incorporação correspondente e à entrega das unidades imobiliárias aos respectivos adquirentes.

Art. 31-B. Considera-se constituído o patrimônio de afetação mediante averbação, a qualquer tempo, no Registro de Imóveis, de termo firmado pelo incorporador e, quando for o caso, também pelos titulares de direitos reais de aquisição sobre o terreno."

Portanto, no caso em exame a constituição do patrimônio de afetação dependeria de atos formais a serem praticados conjuntamente pela proprietária do terreno e a incorporadora.

Como não ocorreu qualquer ato formal nesse sentido e tampouco houve decisão judicial a respeito, não houve a constituição de patrimônio de afetação.

O art. 28, parágrafo único, da Lei nº 4.591/64 trata do instituto da incorporação imobiliária nos seguintes termos:

"Art. 28. (...)

Parágrafo único. Para efeito desta Lei, considera-se incorporação imobiliária a atividade exercida com o intuito de promover e realizar a construção, para alienação total ou parcial, de edificações ou conjunto de edificações compostas de unidades autônomas."

Nestes termos, o incorporador é a figura central relativamente aos atos necessários à construção da edificação, competindo várias atividades para consecução da incorporação imobiliária.

De seu turno, o art. 29, *caput*, da Lei nº 4.591/64 traça os contornos jurídicos do incorporador ao dispor:

"Art. 29. Considera-se incorporador a pessoa física ou jurídica, comerciante ou não, que embora não efetuando a construção, compromisse ou efetive a venda de frações ideais de terreno objetivando a vinculação de tais frações a unidades autônomas, em edificações a serem construídas ou em construção sob regime condominial, ou que meramente aceite propostas para efetivação de tais transações, coordenando e levando a têrmo a incorporação e responsabilizando-se, conforme o caso, pela entrega, a certo prazo, preço e determinadas condições, das obras concluídas."

Assim, o incorporador pode ser o proprietário do terreno ou não.

No caso em análise, a incorporadora e a proprietária do terreno são pessoas jurídicas diversas.

Além disso, a incorporação e seu registro ocorreram por determinação judicial, não sendo fruto da autonomia privada da proprietária e da incorporadora.

Na hipótese do incorporador não ser proprietário do imóvel em que houve a construção do empreendimento, este deve receber mandato outorgado por instrumento público, com poderes especiais, para concluir todos os negócios tendentes à alienação das frações ideais do terreno.

Essa previsão está contida no art. 31, alínea "b" e § 1º, bem como no art. 35, § 4º, da Lei nº 4.591/64:

"Art. 31. A iniciativa e a responsabilidade das incorporações imobiliárias caberão ao incorporador, que sòmente poderá ser:

(...)

b) o construtor (Decreto número 23.569, de 11-12-33, e 3.995, de 31 de dezembro de 1941, e Decreto-lei número 8.620, de 10 de janeiro de 1946) ou corretor de imóveis (Lei nº 4.116, de 27-8-62).

(...)

§ 1º No caso da alínea b, o incorporador será investido, pelo proprietário de terreno, o promitente comprador e cessionário deste ou o promitente cessionário, de mandato outorgado por instrumento público, onde se faça menção expressa desta Lei e se transcreva o disposto no § 4º, do art. 35, para concluir todos os negócios tendentes à alienação das frações ideais de terreno, mas se obrigará pessoalmente pelos atos que praticar na qualidade de incorporador.

Art. 35. (...)

§ 4º Descumprida pelo incorporador e pelo mandante de que trata o

§ 1º do art. 31 a obrigação da outorga dos contratos referidos no caput dêste artigo, nos prazos ora fixados, a carta-proposta ou o documento de ajuste preliminar poderão ser averbados no Registro de Imóveis, averbação que conferirá direito real oponível a terceiros, com o conseqüente direito à obtenção compulsória do contrato correspondente."

Nessa linha, a outorga da escritura pública de compra e venda deverá ser realizada pelo proprietário do terreno e pelo incorporador, havendo disciplina legal da outorga de mandato pelo proprietário ao incorporador para tal finalidade.

Portanto, há necessidade da participação de ambos.

Na presente dúvida há a particularidade do registro da incorporação por ordem judicial, o que repercute na ausência de mandato voluntário na forma das prescrições legais acima referidas.

Seja como for, não é possível o registro do título apresentado em virtude da ausência de anuência da incorporadora.

A celebração do contrato de compra e venda, em forma pública, cumprindo o pactuado em instrumento particular celebrado em 10.10.2008, com termo de quitação firmado em 22/08/17 (fls. 04/08), encerra direito de natureza pessoal por não ter havido o registro de direito real de aquisição.

A natureza pessoal desse direito impede sua oposição à incorporadora, a qual, portanto, deve participar do contrato de compra e venda nos termos da Lei nº 4.591/64, notadamente em razão do registro da incorporação em data anterior à celebração da escritura pública de compra e venda.

A disponibilidade do direito da proprietária, por força do registro da incorporação, depende da participação do incorporador.

Nessa ordem de ideias, não é possível o registro do contrato de compra e venda sem a anuência da incorporadora.

Diante do exposto, pelo meu voto, nego provimento à apelação.

GERALDO FRANCISCO PINHEIRO FRANCO

Corregedor Geral da Justiça e Relator. (– DJe de 08.04.2020 – SP)

PODER JUDICIÁRIO

TRIBUNAL DE JUSTIÇA DO ESTADO DE SÃO PAULO

CONSELHO SUPERIOR DA MAGISTRATURA

Embargos de Declaração Cível nº 1008593-69.2019.8.26.0152/50000

Registro: 2020.0000722669

ACÓRDÃO

Vistos, relatados e discutidos estes autos de **Embargos de Declaração Cível nº 1008593-69.2019.8.26.0152/50000**, da Comarca de **Cotia**, em que é embargante **HOGA CONSTRUÇÕES LTDA**, é embargado **OFICIAL DE REGISTRO DE IMÓVEIS E ANEXOS DA COMARCA DE COTIA**.

ACORDAM, em Conselho Superior de Magistratura do Tribunal de Justiça de São Paulo, proferir a seguinte decisão: **"Rejeitaram os embargos de declaração, v.u. Declarou-se impedido o Desembargador Pinheiro Franco."**, de conformidade com o voto do Relator, que integra este acórdão.

O julgamento teve a participação dos Exmos. Desembargadores **PINHEIRO FRANCO (PRESIDENTE TRIBUNAL DE JUSTIÇA) (Presidente), LUIS SOARES DE MELLO (VICE PRESIDENTE), XAVIER DE AQUINO (DECANO), GUILHERME G. STRENGER (PRES. SEÇÃO DE DIREITO CRIMINAL), MAGALHÃES COELHO(PRES. DA SEÇÃO DE DIREITO PÚBLICO) E DIMAS RUBENS FONSECA (PRES. DA SEÇÃO DE DIREITO PRIVADO).**

São Paulo, 1º de setembro de 2020.

RICARDO ANAFE

Corregedor Geral da Justiça e Relator

Embargos de Declaração Cível nº 1008593-69.2019.8.26.0152/50000

Embargante: Hoga Construções Ltda

Embargado: Oficial de Registro de Imóveis e Anexos da Comarca de Cotia

VOTO Nº 31.180

Embargos de Declaração – Inexistência da apontada contradição – Procedimento de dúvida que enseja a requalificação do título por inteiro – Reconhecimento de obstáculos ao registro não indicados anteriormente – Possibilidade – Alegações que revelam inconformismo da parte embargante – Caráter infringente do recurso – Matéria já examinada na decisão questionada – Embargos de declaração rejeitados.

1. Trata-se de embargos de declaração opostos por *Hoga Construções Ltda.* em face do v. acórdão que negou provimento à apelação interposta contra a sentença proferida pelo MM. Juiz Corregedor Permanente do Oficial de Registro de Imóveis, Títulos e Documentos e Civil das Pessoas Jurídicas de Cotia/SP, mantendo a procedência da dúvida inversa suscitada, embora por fundamento diverso.

Em síntese, afirma a embargante que o acórdão proferido confirmou que o empreendimento está localizado em dois Municípios e que o registro da incorporação foi realizado considerando esse aspecto; afastou a exigência relativa à apresentação de certidões negativas de tributos imobiliários e mobiliários, dispensando a complementação da documentação apresentada; reconheceu a possibilidade da instituição parcial do condomínio; admitiu que a incorporação teve a anuência do Município de Cotia/SP em relação ao projeto aprovado pelo Município de Vargem Grande Paulista/SP; e que, mesmo após assentar tais premissas, trouxe novo argumento para manter a procedência da dúvida, em contradição com os aspectos anteriormente afirmados. Sustenta que a exigência de prova da localização das edificações finalizadas desconsidera o fato de que estas se encontram exclusivamente na circunscrição de Vargem Grande Paulista/SP, certo que o registro da incorporação já foi realizado e continua a produzir efeitos a partir de seu projeto inicial, no qual existe a clara definição das construções e demais áreas do empreendimento, sempre abrangendo os dois Municípios. Requer, assim, o afastamento da apontada contradição para que seja dado provimento à apelação interposta.

É o relatório.

2. Ao apontar a ocorrência de suposta contradição, pretende a embargante, em verdade, a alteração do julgado, insistindo no provimento da apelação. Contudo, os embargos de declaração não se prestam a tal finalidade.

Cumpre anotar, desde logo, que no procedimento de dúvida deve a qualificação do título ser realizada por inteiro, o que permite o reconhecimento de obstáculos ao registro não indicados anteriormente. A respeito, no v. acórdão prolatado por este Conselho Superior da Magistratura na Apelação Cível nº 33.111-0/3, da Comarca de Limeira, em que foi relator o Desembargador Márcio Martins Bonilha, assim ficou decidido:

"Inicialmente, cabe ressaltar a natureza administrativa do procedimento da dúvida, que não se sujeita, assim, aos efeitos da imutabilidade material da sentença. Portanto, nesse procedimento há a possibilidade de revisão dos atos praticados, seja pela própria autoridade administrativa, seja pela instância revisora, até mesmo de ofício (cf. Ap. Civ. 10.880-0/3, da Comarca de Sorocaba).

Não vai nisso qualquer ofensa ao direito de ampla defesa e muito menos se suprime um grau do julgamento administrativo. O exame qualificador do título, tanto pelo oficial delegado, como por seu Corregedor Permanente, ou até em sede recursal, deve necessariamente ser completo e exaustivo, visando escoimar todo e qualquer vício impeditivo de acesso ao cadastro predial.

Possível, portanto, a requalificação do título nesta sede, ainda que de ofício, podendo ser levantados óbices até o momento não argüidos, ou ser reexaminado fundamento da sentença, até para alteração de sua parte dispositiva" (Revista de Direito Imobiliário, 39/339). Nesse mesmo sentido: *CSMSP - Apelação Cível: 1006711-57.2017.8.26.0309; Data de Julgamento: 28/03/2018; Data DJ: 07/05/2018; Relator: Geraldo Francisco Pinheiro Franco.*

Ademais, no acórdão embargado constou expressamente que, no caso concreto, o dissenso está *"na necessidade de apresentação, para o registro da instituição parcial do condomínio, do "habite-se" expedido tanto pela Prefeitura de Vargem Grande Paulista/SP, como também pela Prefeitura de Cotia/SP, ou anuência desta em relação ao "habite-se" expedido por aquela, assim como de apresentação do quadro de avaliação do custo global da construção, atualizado até a data do registro, instruído com as respectivas certidões de valor venal de ambos os Municípios".*

E quanto a essas exigências, ficou esclarecido que *"o registrador não se refere à obrigatoriedade de construção de toda área comum, mas sim, de comprovação da regularidade, mediante apresentação do "habite-se" expedido por ambas as Prefeituras, relativo às casas e áreas comuns já construídas.*

Ocorre que, tal como consignado, inexiste nos autos *"prova de que as construções finalizadas, referidas no "habite-se" expedido pela Municipalidade de Vargem Grande Paulista/SP (fl. 368/369) e na certidão negativa de débitos apresentada (fl. 370/371), estejam localizadas, na sua integralidade, no território do referido Município, exclusivamente. Com essa prova, a exigência formulada pelo registrador, no que se refere à apresentação do "habite-se" também pela Municipalidade de Cotia/SP, poderia, em tese, ser afastada"*, mas, sem isso, *"não se pode presumir que todas as edificações finalizadas, sejam aquelas de uso exclusivo, sejam aquelas de uso comum, encontram-se fora do Município de Cotia/SP"*

Foi consignado, assim, que *"sem a prova de que as edificações finalizadas estão localizadas apenas no território de Vargem Grande Paulista/SP, não basta a apresentação do "habite-se" expedido por esse Município para o pretendido registro"* e que, pelo mesmo motivo, *"mostra-se insuficiente a apresentação do quadro de avaliação do custo global da construção acompanhado das respectivas certidões de valor venal emitida por um dos Municípios, uma vez que o instrumento de instituição de condomínio não indica em qual deles estão as casas e as partes de uso comum já edificadas."*

Esses os fundamentos pelos quais conclui-se que os documentos apresentados são insuficientes para o pretendido registro, inexistindo, portanto, qualquer contradição no acórdão embargado.

Em suma, há claro inconformismo da embargante em relação ao teor do acórdão, motivo pelo qual, em virtude de seu caráter nitidamente infringente, os embargos devem ser rejeitados.

3. Ante o exposto, pelo meu voto, rejeito os embargos de declaração opostos.

RICARDO ANAFE

Corregedor Geral da Justiça e Relator. (– DJe de 11.09.2020 – SP)

INDISPONIBILIDADE

PODER JUDICIÁRIO

TRIBUNAL DE JUSTIÇA DO ESTADO DE SÃO PAULO

CONSELHO SUPERIOR DA MAGISTRATURA

Apelação Cível nº 1014629-19.2018.8.26.0361

Registro: 2020.0000538794

ACÓRDÃO

Vistos, relatados e discutidos estes autos de **Apelação Cível nº 1014629-19.2018.8.26.0361**, da Comarca de **Mogi das Cruzes**, em que são apelantes **RICHARD MARQUES GOMES e SILVANE CONCEIÇÃO GONÇALVES**, é apelado **2º OFICIAL DE REGISTRO DE IMÓVEIS E ANEXOS DA COMARCA DE MOGI DAS CRUZES.**

ACORDAM, em Conselho Superior de Magistratura do Tribunal de Justiça de São Paulo, proferir a seguinte decisão: **"Negaram provimento ao recurso, v.u."**, de conformidade com o voto do Relator, que integra este acórdão.

O julgamento teve a participação dos Exmos. Desembargadores **PINHEIRO FRANCO (PRESIDENTE TRIBUNAL DE JUSTIÇA) (Presidente), LUIS SOARES DE MELLO (VICE PRESIDENTE), XAVIER DE AQUINO (DECANO), GUILHERME G. STRENGER (PRES. SEÇÃO DE DIREITO CRIMINAL), MAGALHÃES COELHO(PRES. DA SEÇÃO DE DIREITO PÚBLICO) E DIMAS RUBENS FONSECA (PRES. DA SEÇÃO DE DIREITO PRIVADO).**

São Paulo, 3 de julho de 2020.

RICARDO ANAFE

Corregedor Geral da Justiça e Relator

Apelação Cível nº 1014629-19.2018.8.26.0361
Apelantes: Richard Marques Gomes e Silvane Conceição Gonçalves

Apelado: 2º Oficial de Registro de Imóveis e Anexos da Comarca de Mogi das Cruzes

VOTO Nº 31.182

Registro De Imóveis – Dúvida Inversa – Recusa ao registro de escritura de venda e compra em face de indisponibilidade averbada – Manutenção do óbice – Recurso desprovido.

1. Trata-se de Apelação interposta por **RICHARD MARQUES GOMES e SILVANE CONCEIÇÃO GONÇALVES** em face da r. sentença de fl. 78/80, que julgou procedente a dúvida para manter a recusa do 2º Oficial de Registro de Imóveis e Anexos de Mogi das Cruzes em registrar escritura pública de venda e compra do imóvel matriculado sob n.º 49.611 em face de indisponibilidade averbada.

Em suma, sustentam os apelantes que a recusa não encontra guarida porquanto a escritura de venda e compra, cujo registro se pretende, é anterior à ordem de indisponibilidade decretada.

A D. Procuradoria Geral de Justiça opinou pelo não provimento do recurso (fl. 133/134).

É o relatório.

2. Presentes seus pressupostos legais e administrativos, conheço do recurso.

A apelação, a despeito de seus jurídicos fundamentos, não comporta provimento.

Com efeito, restou apresentada a registro a escritura pública de venda e compra do imóvel matriculado sob o n.º 49.611, lavrada perante o 3º Tabelião de Notas da Comarca de Mogi das Cruzes em 13 de agosto de 1992, Livro 117, páginas 18/20, re-ratificada por escritura pública lavrada em 19 de fevereiro de 2002 nas mesmas notas (Livro 181, página 309), outorgada por Jacob Cardoso Lopes e sua mulher em favor de Richard Marques Gomes e Silvane Conceição Gonçalves.

Consoante o Registrador, o citado expediente encontra-se suspenso nos termos do item 110.3, do Capítulo XX, das NSCGJ, em virtude da indisponibilidade de bens averbada sob nº 05, na citada matrícula nº 49.611, nos termos do Art. 5º, do Provimento 39/2014, do Conselho Nacional de Justiça, em razão do comunicado expedido em 30/03/2016, pela Central Nacional de Indisponibilidade de Bens, Protocolo nº 201603.3016.00123184-IA-120, Processo nº 0002577-62.2006.8.26.0091, comunicando a decretação da indisponibilidade dos bens do outorgante vendedor, JACOB CARDOSO LOPES, inscrito no CPF/MF sob nº 042.009.858-53, por ordem do Juízo de Direito do Serviço Anexo das Fazendas da Comarca de Mogi das Cruzes-SP.

Vale destacar que o vendedor, Jacob Cardoso Lopes, adquiriu a propriedade do imóvel por força do R.04, de 21/08/2018, da matrícula nº 49.611, com o registro do formal de partilha extraído aos 03/01/1991 dos autos de inventário dos bens deixados em razão do falecimento de BENEDICTO FERREIRA LOPES.

A ordem de indisponibilidade, recepcionada em 30/03/2016, foi devidamente anotada no Livro 01, das Prenotações e, consoante informado pelo Registrador, ainda não havia sido averbada, posto que atingia pessoa que não constava do registro, o que somente ocorreu com o registro do formal da partilha, efetivado em 21/08/2018 (Av. 03 e R.04 da Matrícula nº 49.611), que atribuiu referido bem ao outorgante vendedor e destinatário da indisponibilidade.

Pois bem.

A pretensão dos recorrentes esbarra no princípio da prioridade, o qual tem a finalidade de evitar conflitos de títulos contraditórios, que são aqueles incompatíveis entre si ou reciprocamente excludentes, referentes ao mesmo imóvel.

A prioridade se apura no protocolo do Registro de Imóveis, de acordo com o que dispõe a Lei de Registros Públicos.

Com efeito, o artigo 183 da Lei n.º 6.015/73 determina que *"todos os títulos tomarão, no Protocolo, o número de ordem respectivo e a data de sua prenotação"*.

E o artigo 186 do mesmo Diploma Legal preconiza que *"o número de ordem determinará a prioridade do título, e esta a preferência dos direitos reais"*.

De acordo com a lição de Afrânio de Carvalho:

> *"O princípio da prioridade significa que, num concurso de direitos reais sobre um imóvel, estes não ocupam todos o mesmo posto, mas se graduam ou classificam por uma relação de precedência fundada na ordem cronológica do seu aparecimento: prior tempore polior jure. Conforme o tempo em que surgirem, os direitos tomam posição no registro, prevalecendo os anteriormente estabelecidos sobre os que vierem depois"*. (Registro de Imóveis, 4a ed., Editora Forense, 1998, p. 181).
>
> *"A sua caracterização é originariamente registral, pois se funda na ordem cronológica de apresentação e prenotação dos títulos no protocolo, sendo irrelevante a ordem cronológica de sua feitura ou instrumentalização, vale dizer, a sequência da data dos títulos. A ordem de apresentação, comprovada pela numeração sucessiva do protocolo, firma, pois a posição registral do título relativamente a qualquer outro que já esteja ou venha a apresentar-se no registro. Se essa posição lhe assegurar prioridade, correlatamente lhe assegurará a inscrição, contando que o resultado final do exame da legalidade lhe seja favorável"*. (p. 182 e 183).

Assim, à vista do princípio *prior in tempore*, conquanto a escritura de venda e compra por meio da qual Jacob Cardoso Lopes e sua esposa venderam o imóvel matriculado sob o n.º 49.611 aos recorrentes, certo é que, ao tempo da apresentação do ato notarial para registro, já pendia a ordem de indisponibilidade, que, por certo, constitui óbice ao pretendido registro.

Neste contexto, a desconsideração da indisponibilidade do bem, com o registro da escritura pública posterior ao título judicial, feriria o princípio da prioridade.

Os atos registrários são norteados pelo princípio da inscrição segundo o qual a constituição, transmissão e extinção de direitos reais sobre imóveis, somente se operam por atos *inter vivos* mediante a inscrição no registro.

Assim, ainda que a transmissão ou oneração de imóveis tenha sido estipulada negocialmente entre as partes, só produzirá efeitos perante terceiros mediante inscrição na matrícula do imóvel. Destarte, o óbice imposto deve ser mantido.

3. Por essas razões, nego provimento ao recurso.

RICARDO ANAFE

Corregedor Geral da Justiça e Relator. (– DJe de 21.09.2020 – SP)

PODER JUDICIÁRIO

TRIBUNAL DE JUSTIÇA DO ESTADO DE SÃO PAULO

CONSELHO SUPERIOR DA MAGISTRATURA

Apelação nº 1100256-61.2019.8.26.0100

Registro: 2020.000211823

ACÓRDÃO

Vistos, relatados e discutidos estes autos de **Apelação Cível nº 1100256-61.2019.8.26.0100**, da Comarca de **São Paulo**, em que é apelante **RALPH CONRAD**, é apelado **11º OFICIAL DE REGISTRO DE IMÓVEIS DA COMARCA DA CAPITAL.**

ACORDAM, em Conselho Superior de Magistratura do Tribunal de Justiça de São Paulo, proferir a seguinte decisão: **"Negaram provimento ao recurso interposto. V. U.",** de conformidade com o voto do Relator, que integra este acórdão.

O julgamento teve a participação dos Exmos. Desembargadores **PINHEIRO FRANCO (PRESIDENTE TRIBUNAL DE JUSTIÇA) (Presidente), XAVIER DE AQUINO (DECANO), GUILHERME G. STRENGER (PRES. SEÇÃO DE DIREITO CRIMINAL), MAGALHÃES COELHO(PRES. DA SEÇÃO DE DIREITO PÚBLICO), DIMAS RUBENS FONSECA (PRES. DA SEÇÃO DE DIREITO PRIVADO) E LUIS SOARES DE MELLO (VICE PRESIDENTE).**

São Paulo, 16 de março de 2020.

RICARDO ANAFE

Corregedor Geral da Justiça e Relator

Apelação Cível nº 1100256-61.2019.8.26.0100

Apelante: Ralph Conrad

Apelado: 11º Oficial de Registro de Imóveis da Comarca da Capital

VOTO Nº 31.113

Registro de Imóveis – Título judicial – Divórcio – Partilha – Regime da comunhão universal de bens – Imóvel atribuído à ex-esposa do apelante – Título apresentado a registro após averbações da indisponibilidade do bem e da penhora em favor da União – Prior in tempore, potior in iure – Precedentes do Egrégio Conselho Superior da Magistratura – Dúvida julgada procedente – Nega-se provimento ao recurso interposto.

1. Trata-se de apelação interposta por *Ralph Conrad* contra a r. sentença proferida pela MM.ª Juíza Corregedora Permanente do 11º Oficial de Registro de Imóveis da Capital, objetivando o registro da carta de sentença extraída dos autos da ação de divórcio que tramitou perante a 4ª Vara da Família e Sucessões do Foro Regional II – Santo Amaro (Processo nº 0164480-63.1998.8.26.0002), tendo por objeto o imóvel matriculado sob no 137.885 junto à referida serventia imobiliária (fl. 100/103).

O registrador emitiu nota de devolução, exigindo o prévio levantamento das indisponibilidades averbadas sob nos 15, 19 e 22, bem como o cancelamento da penhora averbada sob nº 21 na matrícula nº 137.885 (fl. 17).

Alega o apelante, em síntese, que as averbações nos 15, 19 e 22 ocorreram, respectivamente, em 14/12/2010, 05/06/2018 e 21/05/2019, ou seja, muito depois do trânsito em julgado do divórcio do casal, ocorrido em 27/08/1998. Assim, entende que a exigência formulada pelo registrador desrespeita a coisa julgada material e o princípio da segurança jurídica. Acrescenta que o registrador não pode adentrar no mérito das decisões judiciais e que, portanto, eventual levantamento das indisponibilidades e da penhora deverá ocorrer em momento próprio, sem prejuízo do registro da anterior partilha do imóvel, realizada quando ainda podia livremente dispor de seu patrimônio (fl. 108/116).

A Procuradoria de Justiça opinou pelo não provimento do recurso (fl. 137/140).

É o relatório.

2. Necessário ressaltar, inicialmente, que a origem judicial do título não o torna imune à qualificação registral, ainda que limitada a seus requisitos formais e sua adequação aos princípios registrais, conforme o disposto no item 117, do Capítulo XX, das Normas de Serviço da Corregedoria Geral da Justiça**[1]**. Este órgão colegiado tem decidido, inclusive, que a qualificação negativa não caracteriza desobediência ou descumprimento de decisão judicial**[2]**.

Busca o recorrente o registro da carta de sentença extraída dos autos da ação de divórcio em que o imóvel objeto da matrícula nº 137.885 do 11º Oficial de Registro de Imóveis da Capital, adquirido na constância de seu casamento, sob o regime da comunhão universal de bens, foi atribuído à sua ex-esposa, Heidi Ursula Conrad, por sentença homologatória de acordo transitada em julgado em 27.08.1998 (fl. 18/71).

A recusa do registrador está fundada na pendência de cancelamento das averbações de indisponibilidade dos bens do apelante e de penhora deferida em ação de execução de dívida ativa da União, o que também enseja indisponibilidade do bem, na forma do art. 53, § 1º, da Lei nº 8.212/91.

No que diz respeito à alegação de que a indisponibilidade foi decretada após a homologação da partilha do divórcio, cumpre lembrar que a prioridade se apura no protocolo do Registro de Imóveis de acordo com a ordem de ingresso dos títulos. Sobre o tema, merece ser lembrada a lição de Afrânio de Carvalho: *"O princípio da prioridade significa que, num concurso de direitos reais sobre um imóvel, estes não ocupam todos o mesmo posto, mas se graduam ou classificam por uma relação de precedência fundada na ordem cronológica do seu aparecimento: prior tempore potior jure. Conforme o tempo em que surgirem, os direitos tomam posição no registro, prevalecendo os anteriormente estabelecidos sobre os que vierem depois"* (*in* "Registro de Imóveis", 4ª ed., Editora Forense, 1998, p. 181).

A propósito, o ilustre Desembargador Francisco Eduardo Loureiro, ao comentar o art. 247 da Lei nº 6.015/73, ressalta, com base nos precedentes deste órgão colegiado, que não cabe ao registrador levantar a indisponibilidade para permitir acesso dos títulos judiciais – como as partilhas em separações e divórcios – constituídos em data precedente à da averbação da indisponibilidade, haja vista que o que importa é a situação jurídica existente ao tempo do registro (*in* "Lei de Registros Públicos Comentada", Ed. Forense, p. 1291/1292).

Em hipóteses semelhantes, este C. Conselho Superior da Magistratura vem reiteradamente decidindo pela impossibilidade de registro do título sem o prévio levantamento da indisponibilidade averbada na matrícula, ainda que aquele tenha sido elaborado em data anterior**[3]**.

Acrescente-se que, ante a disparidade dos valores dos bens imóveis atribuídos a cada um dos cônjuges na partilha (fl. 36/37), tampouco há que se falar em eventual sub-rogação da indisponibilidade no único imóvel que coube ao apelante. Isso porque, o apelante recebeu imóvel com valor de R$ 384.340,39, ao passo que para sua ex-mulher foram atribuídos dois imóveis, um com valor de R$ 954.769,00 e outro com valor de R$ 716.004,22.

E esse fato não se altera pelo recebimento de bens de natureza distinta pelo apelante, na medida em que este procedimento não é adequado para averiguação dos efeitos da indisponibilidade sobre quotas sociais.

Não há, portanto, como registrar a carta de sentença extraída dos autos do divórcio do apelante, em que partilhado o imóvel objeto da matrícula 137.885 do 11º Oficial de Registro de Imóveis da Capital, sem que, antes, sejam levantadas as indisponibilidades e a penhora averbadas (Averbações nos 15, 19, 21 e 22 – fl. 79/87).

3. À vista do exposto, pelo meu voto, nego provimento ao recurso interposto.

RICARDO ANAFE
Corregedor Geral da Justiça e Relator.

Notas:

[1] *117. Incumbe ao oficial impedir o registro de título que não satisfaça os requisitos exigidos pela lei, quer sejam consubstanciados em instrumento público ou particular, quer em atos judiciais.*

[2] Apelação Cível nº 0005176-34.2019.8.26.0344 e Apelação Cível nº 1001015-36.2019.8.26.0223.

[3] Apelação Cível nº 0001748-75.2013.8.26.0337; Apelação Cível nº 0000884-32.2015.8.26.0025.(– DJe de 14.04.2020 – SP)

PODER JUDICIÁRIO

TRIBUNAL DE JUSTIÇA DO ESTADO DE SÃO PAULO

CONSELHO SUPERIOR DA MAGISTRATURA

Apelação nº 1001261-36.2019.8.26.0642

Registro: 2020.0000107505

ACÓRDÃO

Vistos, relatados e discutidos estes autos de **Apelação Cível nº 1001261-36.2019.8.26.0642**, da Comarca de **Ubatuba**, em que é apelante **DIVINO FLORINDO MOREIRA**, é apelado **OFICIAL DE REGISTRO DE IMÓVEIS E ANEXOS DA COMARCA DE UBATUBA**.

ACORDAM, em Conselho Superior de Magistratura do Tribunal de Justiça de São Paulo, proferir a seguinte decisão: **"Não conheceram do recurso e julgaram a dúvida prejudicada, v.u."**, de conformidade com o voto do Relator, que integra este acórdão.

O julgamento teve a participação dos Exmos. Desembargadores **PINHEIRO FRANCO (PRESIDENTE TRIBUNAL DE JUSTIÇA) (Presidente), LUIS SOARES DE MELLO (VICE PRESIDENTE), XAVIER DE AQUINO (DECANO), GUILHERME G. STRENGER (PRES. SEÇÃO DE DIREITO CRIMINAL), MAGALHÃES COELHO(PRES. DA SEÇÃO DE DIREITO PÚBLICO) E DIMAS RUBENS FONSECA (PRES. DA SEÇÃO DE DIREITO PRIVADO)**.

São Paulo, 6 de fevereiro de 2020.

RICARDO ANAFE
Corregedor Geral da Justiça e Relator

Apelação Cível nº 1001261-36.2019.8.26.0642

Apelante: Divino Florindo Moreira

Apelado: Oficial de Registro de Imóveis e Anexos da Comarca de Ubatuba

VOTO Nº 31.108

Registro de Imóveis – Dúvida julgada improcedente – Carta de sentença – Exigência de recolhimento do ITBI e levantamento da indisponibilidade averbada sobre o bem – Recurso que concorda expressamente com uma das exigências – Impugnação parcial configurada, ainda que na fase recursal – Dúvida prejudicada – Recurso não conhecido.

1. Trata-se recurso de Apelação interposto por Divino Florindo Moreira, visando a reforma da sentença de fl. 59/60, que julgou procedente dúvida suscitada pelo Oficial do Registro de Imóveis, Títulos e Documentos e Civil de Pessoa Jurídica da Comarca de Ubatuba, mantendo a recusa de ingresso do pedido de registro de carta de adjudicação expedida nos autos da ação de adjudicação compulsória movida por Divino Florindo Moreira em face de Severino dos Ramos Monteiros Alves, Jaqueline Ribeiro da Silva Costa Monteiro Alves e Leandro Panzoldo dos Santos, tendo por objeto a metade ideal do imóvel matriculado sob o nº 14.193 daquele registro (processo nº 1001622-24.2017.8.26.0642).

A Nota de Exigência indicou como motivos de recusa do ingresso do título: "(i) **ausência** de prova de quitação do Imposto de Transmissão de Bens

Imóveis e de Direitos a eles relativos ITBI 'inter vivos', incidindo sobre a transmissão definitiva da metade (50%) ideal do imóvel, devido ao Município de Ubatuba (Lei Federal n. 6.015/73, art. 289; Lei Municipal n. 3.289, de 30.12.2009, art. 2º, inc. V: art. 14, § único e art. 22, inc. I); e (ii) **indisponibilidade** dos bens de SEVERINO DOS RAMOS MONTEIRO ALVES, CPF n. 840.381.364-34, decretada pela 2ª Vara do Trabalho de Lençóis Paulista, deste Estado, nos autos do processo n. 0000536.61.2010.5.15.0149)" (fl. 2).

Exigiu, para fins de ingresso do título, a apresentação da guia comprobatória do pagamento do ITBI devido ao Município de Ubatuba e o levantamento da indisponibilidade dos bens de Severino dos Ramos Monteiro Alves (fl. 3).

O recurso sustenta, em resumo, que o compromisso de compra e venda referente à metade ideal do imóvel foi firmado antes da decretação da indisponibilidade do bem. No mais, afirma não se opor ao recolhimento do ITBI, a ser feito após a solução da questão da indisponibilidade do bem (fl. 63/69).

A Procuradoria Geral de Justiça opina pelo não provimento do recurso (fl. 95/96).

É o relatório.

2. É o caso de não conhecimento do presente recurso, eis que prejudicada a dúvida pelo acolhimento parcial das exigências feitas pelo Oficial por parte do apelante.

A nota de exigência emitida pelo Oficial de Registro de Imóveis, Títulos e Documentos e Civil de Pessoas Jurídicas de Ubatuba indica dois fundamentos distintos para a recusa ao ingresso do título. Um, a necessidade de recolhimento do ITBI. Dois, a impossibilidade de registro da adjudicação compulsória antes do levantamento da indisponibilidade do bem.

O pedido de suscitação de dúvida indica, expressamente a impugnação inicial de ambos os fundamentos, afirmando que o ITBI já havia sido recolhido em momento anterior, constante do R. 6 da matrícula nº 14.193, bem como a ineficácia da indisponibilidade averbada em data posterior ao compromisso de compra e venda quitado de parte do imóvel.

Mantidas as exigências pela sentença apelada, o recorrente, em suas razões, deixa clara sua concordância com a exigência do recolhimento do ITBI, apenas afirmando que o faria após a solução da questão da indisponibilidade do bem. Consta das razões de apelação:

"A decisão aqui atacada, onde o MM Juiz declara que **a UM <u>que é devido sim o recolhimento do ITBI, onde o APELANTE não se opõe a esse recolhimento desse imposto de ITBI</u>, a DOIS** que com relação ao registro da carta de Adjudicação, esclarece o **APELANTE** que conforme se pode comprovar pelos documentos de fls. 07/34 dos autos, o **APELANTE** Divino Moreira adquiriu e registrou a compra do imóvel **ANTES mesmo da decretação da Indisponibilidade declarada**. *(grifei)*

Há, portanto, concordância parcial com as exigências, prejudicando o conhecimento da dúvida, ainda que tal adesão à exigência se manifeste de forma incidental, por conta das razões de apelação.

O procedimento de dúvida é reservado à análise da discordância do apresentante com os motivos que levaram à recusa do registro do título e de seu julgamento decorrerá a manutenção dessa recusa, com o cancelamento da prenotação, ou a improcedência da dúvida, que terá como consequência a realização do ato solicitado (art. 203, II, da Lei nº 6.015/1973).

A impugnação parcial das exigências, formuladas, ainda que decorrente de concordância parcial com as exigências comunicada por conta das razões de apelação, prejudica o exame da dúvida porque permanecerá o óbice que impede o ingresso do título no registro imobiliário.

Em razão disso, a anuência com uma das exigências apontadas para o ingresso do título no fólio real atribui ao procedimento de dúvida natureza consultiva, ou meramente doutrinária, pois em caso de reapresentação deverá a nova qualificação ser realizada conforme os requisitos para o registro que então se mostrarem pertinentes.

Por esse motivo a dúvida não pode ser conhecida, sendo nesse sentido o v. acórdão prolatado por este Col. Conselho Superior da Magistratura na Apelação Cível nº 41.846-0/0, de que foi relator o Desembargador Sérgio Augusto Nigro Conceição, em que se verifica:

> *"Como já decidiu este Colendo Conselho Superior da Magistratura: 'Carece de interesse jurídico para o provimento judicial-administrativo, aquele que reconhece a procedência, ainda que parcial, de exigência do registrador'.*
>
> *Reconhecidas procedentes em parte as exigências feitas, a solução será denegar o registro, julgando-se prejudicada a dúvida.*

Em se tratando de dúvida imobiliária que tenha por objeto um único ato de registro, como no caso, não há falar em provimento parcial.

Quando o interessado no registro reconhece no recurso a procedência de uma ou mais exigências, como no caso, caracteriza-se a falta de interesse recursal, restando prejudicada a dúvida.

Como acrescentou aquele julgado: 'a decisão proferida em procedimento de dúvida tem sempre conteúdo positivo ou negativo acerca da registrabilidade do título' (ApCiv 8.765-0/5, de São Carlos, votação unânime, relatado pelo eminente Desembargador Milton Evaristo dos Santos).

Nesse sentido o procedimento de dúvida visa a dirimir dissensão entre o apresentante do título e o registrador, considerada a registrabilidade do título na ocasião de sua apresentação.

Por esses motivos julgam prejudicada a dúvida, e não conhecem do recurso" (Revista de Direito Imobiliário nº 45/154).

3. Ante o exposto, não conheço do recurso e julgo a dúvida prejudicada.

RICARDO ANAFE

Corregedor Geral da Justiça e Relator. (– DJe de 01.04.2020 – SP)

PODER JUDICIÁRIO

TRIBUNAL DE JUSTIÇA DO ESTADO DE SÃO PAULO

CONSELHO SUPERIOR DA MAGISTRATURA

Apelação nº 1001630-96.2019.8.26.0038

Registro: 2019.000936704

ACÓRDÃO

Vistos, relatados e discutidos estes autos de **Apelação Cível nº 1001630-96.2019.8.26.0038**, da Comarca de **Araras**, em que é apelante **JOSÉ ANTONIO AVELAR**, é apelado **OFICIAL DE REGISTRO DE IMOVEIS E ANEXOS DE ARARAS.**

ACORDAM, em Conselho Superior de Magistratura do Tribunal de Justiça de São Paulo, proferir a seguinte decisão: **"Negaram provimento ao recurso. V. U."**, de conformidade com o voto do Relator, que integra este acórdão.

O julgamento teve a participação dos Exmos. Desembargadores **PEREIRA CALÇAS (PRESIDENTE TRIBUNAL DE JUSTIÇA) (Presidente), ARTUR MARQUES (VICE PRESIDENTE), XAVIER DE AQUINO (DECANO), EVARISTO DOS SANTOS(PRES. DA SEÇÃO DE DIREITO PÚBLICO), CAMPOS MELLO (PRES. DA SEÇÃO DE DIREITO PRIVADO) E FERNANDO TORRES GARCIA(PRES. SEÇÃO DE DIREITO CRIMINAL).**

São Paulo, 1º de novembro de 2019.

GERALDO FRANCISCO PINHEIRO FRANCO

Corregedor Geral da Justiça e Relator

Apelação Cível nº 1001630-96.2019.8.26.0038

Apelante: José Antonio Avelar

Apelado: Oficial de Registro de Imóveis e Anexos de Araras

VOTO Nº 37.940

Registro de Imóveis – A indisponibilidade que grava o direito de propriedade de um dos condôminos impede a transmissão voluntária da totalidade da propriedade imobiliária – Sistema do título e do modo que implica no exame da situação jurídica da propriedade no momento da apresentação do título a registro – Impossibilidade de cindibilidade do título em virtude da unidade do negócio jurídico sobre único imóvel que não permite fracionamento – recurso não provido.

Trata-se de apelação interposta por José Antonio Avelar contra r. sentença que julgou improcedente a dúvida e manteve a recusa do registro de escritura pública ante a presença da indisponibilidade que recai sobre parcela do imóvel da titularidade de um dos condôminos e a impossibilidade de cindibilidade do título.

O apelante sustenta o cabimento do registro ou, sucessivamente, a cindibilidade do título com seu registro com relação aos condôminos quanto aos quais não recai ordem de indisponibilidade (a fls. 80/86).

A douta Procuradoria Geral de Justiça opinou pelo não provimento do recurso (fls. 104/106).

É o relatório.

A indisponibilidade que grava os direitos de um dos condôminos impede o registro da escritura pública de compra e venda do imóvel por não haver disponibilidade do direito por força das ordens judicial e administrativa que impedem a transmissão voluntária do direito de propriedade.

O fato da escritura pública ser anterior à ordens de indisponibilidade é irrelevante para fins de registro imobiliário, pois o ordenamento jurídico pátrio, nos termos do artigo 1.245 do Código Civil, adotou o sistema do título e do modo, assim, a transmissão derivada da propriedade imóvel na hipótese ocorre com o registro do título e não com o aperfeiçoamento do contrato de compra e venda.

Desse modo, compete analisar a situação jurídica da propriedade a ser transmitida no momento da apresentação do título à registro.

Nessa linha, o seguinte precedente deste Conselho Superior da Magistratura:

REGISTRO DE IMÓVEIS. Escritura de Divisão e Extinção de Condomínio. Indisponibilidade decretada em ação de responsabilidade civil, em relação ao co-proprietário de parte. Registro que transforma a titularidade do domínio sobre parte ideal em parte certa e determinada. Necessidade de análise e decisão pelo Juízo que decretou a indisponibilidade. Correta a recusa pelo Oficial, o qual deve se restringir à análise dos requisitos formais e extrínsecos do título, em consonância com a situação registral. Recurso não provido (Apelação Cível n. 596-6/0, j. 09/11/2006, Relator Des. Gilberto Passos de Freitas).

É incabível a cindibilidade do título por não ser possível a divisão do negócio jurídico constante do título, o qual se refere a apenas um imóvel.

O contrato de compra e venda celebrado sob forma pública tratou da alienação da totalidade do imóvel e não apenas de partes ideais; a vontade das partes foi única sem lugar para o pretendido fracionamento.

Essa questão foi cuidadosamente tratada no voto convergente do Excelentíssimo Desembargador Artur Marques da Silva Filho, Presidente da Seção de Direito Privado à época, no julgamento da Apelação Cível nº 0027539-71.2014.8.26.0576, deste Conselho Superior da Magistratura, em 07.10.2015, como se observa do seguinte:

Ademais, como havia sido exposto em 27.1.2015, no julgamento da Apelação Cível 300543-41.2013.8.26.0601, deste E. Conselho, o princípio da cindibilidade implica o seguinte:

a) a cisão possível é a do título formal (= do instrumento), e não do título causal (= do fato jurídico que, levado ao registro de imóveis, dá causa à mutação jurídico-real);

b) a possibilidade de cisão decorre do princípio da unitariedade (ou unicidade) da matrícula (LRP/1973, art. 176, I); e

c) o título formal pode cindir-se em dois casos: ou quando um mesmo e único título formal disser respeito a mais de um imóvel; ou quando um mesmo e único título formal contiver dois ou mais fatos jurídicos relativos a um mesmo e único imóvel, contanto que esses fatos jurídicos não constituam uma unidade indissolúvel.

Portanto, não está abrangida pelo princípio da cindibilidade (ao menos como o tem entendido a jurisprudência deste E. Conselho) a permissão para que se separem, nos negócios jurídicos, as partes eficazes, e se desprezem as restantes. Essa "cisão" supõe que o oficial de registro de imóveis possa invocar e aplicar o Cód. Civil, art. 170 (verbis "Se, porém, o negócio jurídico nulo contiver os requisitos de outro, subsistirá este quando o fim a que visavam as partes permitir supor que o teriam querido, se houvessem previsto a nulidade."). Ora, essa invocação e aplicação não são possíveis, porque dependem de uma ilação (= supor o que as partes haveriam querido, se tivessem previsto a nulidade ou a ineficácia) que extrapola os limites da qualificação registral, circunscrita ao que consta no título e no próprio registro.

Portanto, no caso destes autos, não cabe ao ofício de registro de imóveis nem à corregedoria permanente extirpar uma parte ineficaz da doação (= a fração ideal afetada por indisponibilidade) para fazer com que o restante do negócio jurídico seja passível de registro stricto sensu, mesmo que se invoque o princípio da cindibilidade, que não se aplica.

Em suma: a pretensão da apelante de registro stricto sensu não é viável. Essa impossibilidade não pode ser contornada sequer pela regra da cindibilidade (em seu sentido mais amplo), a qual, por falta de amparo legal, em verdade não pode ser aplicada para desprezar, nos negócios jurídicos, as partes que sejam inválidas ou ineficazes, somente para permitir uma inscrição lato sensu.

Ante o exposto, nego provimento ao recurso.

GERALDO FRANCISCO PINHEIRO FRANCO

Corregedor Geral da Justiça e Relator. (– DJe de 09.03.2020 – SP)

INVENTÁRIO E PARTILHA

PODER JUDICIÁRIO

TRIBUNAL DE JUSTIÇA DO ESTADO DE SÃO PAULO

CONSELHO SUPERIOR DA MAGISTRATURA

Apelação nº 1046515-98.2018.8.26.0114

Registro: 2019.000984695

ACÓRDÃO

Vistos, relatados e discutidos estes autos de **Apelação Cível nº 1046515-98.2018.8.26.0114**, da Comarca de **Campinas**, em que é apelante

SUZANA PERISSINOTTO MARTIM, é apelado **2º OFICIAL DE REGISTRO DE IMÓVEIS DA COMARCA DE CAMPINAS.**

ACORDAM, em Conselho Superior de Magistratura do Tribunal de Justiça de São Paulo, proferir a seguinte decisão: **"Negaram provimento ao recurso, v.u."**, de conformidade com o voto do Relator, que integra este acórdão.

O julgamento teve a participação dos Exmos. Desembargadores **PEREIRA CALÇAS (PRESIDENTE TRIBUNAL DE JUSTIÇA) (Presidente), ARTUR MARQUES (VICE PRESIDENTE), XAVIER DE AQUINO (DECANO), ANTONIO CARLOS MALHEIROS, CAMPOS MELLO (PRES. DA SEÇÃO DE DIREITO PRIVADO) E FERNANDO TORRES GARCIA(PRES. SEÇÃO DE DIREITO CRIMINAL).**

São Paulo, 7 de novembro de 2019.

GERALDO FRANCISCO PINHEIRO FRANCO
Corregedor Geral da Justiça e Relator

Apelação Cível nº 1046515-98.2018.8.26.0114

Apelante: SUZANA PERISSINOTTO MARTIM

Apelado: 2º Oficial de Registro de Imóveis da Comarca de Campinas

VOTO Nº 37.960

Registro de Imóveis – Escritura Pública de Inventário e Partilha Extrajudicial – Falecida proprietária casada no regime da separação obrigatória de bens – Bem adquirido na constância do casamento – Cônjuge falecido – Impossibilidade de registro sem a prévia inscrição do formal de partilha extraído do inventário do falecido marido – Aplicabilidade da Súmula 377 do Supremo Tribunal Federal – Apelação não provida.

Trata-se de recurso de apelação interposto por Suzana Perissinotto Martim contra a r. sentença de fls. 218/221, que manteve a recusa ao registro de Escritura Pública de Inventário e Partilha ante a necessidade de prévia partilha dos bens deixados pelo falecido marido, José Lopes Serra, ante o teor da Súmula 377 do Supremo Tribunal Federal.

Em síntese, a apelante sustenta a inexistência de caráter vinculante da Súmula 377 do STF, bem como a impossibilidade de cumprimento da exigência ante a ausência de inventário e partilha dos bens de José Lopes Serra.

A Procuradoria Geral de Justiça opinou pelo provimento do recurso (fls. 273/279).

É o relatório.

Segundo consta dos autos, o registro da Escritura de Inventário e Partilha lavrada aos 24 de julho de 2018 (Livro n.º 2.662, pág. 259), no 1º Tabelião de Notas da Comarca de Campinas SP, foi recusado porque o imóvel inscrito sob a matrícula nº 41.022 do 2º Registro de Imóveis da Comarca de Campinas, registrado em nome da falecida Maria Perissinotto Serra, foi inventariado e partilhado sem prévio inventário do falecido José Lopes Serra, casado com a "de cujus" sob o regime da separação legal de bens ao tempo da aquisição daquele em violação ao entendimento contido na Súmula nº 377 do Supremo Tribunal Federal.

Não obstante às referidas divergências interpretativas no âmbito do Superior Tribunal de Justiça, a compreensão deste órgão colegiado é no sentido de que os bens adquiridos a título oneroso na constância do casamento celebrado pelo regime da separação legal de bens são presumidos como de propriedade comum dos cônjuges, pois, igualmente presumida a existência de esforço comum para a aquisição.

Nesse sentido, confiram-se os seguintes precedentes do Conselho Superior da Magistratura:

> *REGISTRO DE IMÓVEIS – Dúvida – Compra e venda de imóvel – Espólio que promoveu a venda autorizado por alvará expedido em inventário judicial – Imóvel, porém, que foi parcialmente adquirido, a título oneroso e na vigência do Código Civil de 1916, por pessoa casada em regime de separação obrigatória de bens – Súmula nº 377 do Supremo Tribunal Federal – Presunção de comunicação dos aquestos – Falecimento da esposa sem que promovido o inventário da meação na parte do imóvel adquirida por seu marido a título oneroso – Pretensão de registro de venda da integralidade do bem, pelo espólio do marido posteriormente falecido – Ausência de menção, na matrícula do imóvel, da partilha relativa à metade ideal adquirida a título oneroso – Afronta ao princípio da continuidade – Dúvida procedente – Apelação não provida.* (TJSP; Apelação Cível 1135175-81.2016.8.26.0100; Relator (a): Pinheiro Franco (Corregedor Geral); Órgão Julgador: Conselho Superior de Magistratura; Foro Central Cível – 1ª Vara de Registros Públicos; Data do Julgamento: 10/04/2018; Data de Registro: 16/04/2018).

> *Registro de Imóveis – Proprietária casada no regime da separação obrigatória de bens – Bem adquirido na constância da união – Cônjuges falecidos – Escritura de inventário da falecida esposa por meio da qual a totalidade do imóvel é partilhada – Impossibilidade de registro – Aplicabilidade da Súmula 377 do STF – Comunhão que*

se presume – Necessidade de prévia inscrição do formal de partilha extraído do inventário do falecido marido, no qual sua parte no imóvel será dividida – Alegação de prescrição da ação de sonegados – Matéria estranha ao procedimento de dúvida – Apelação desprovida. (TJSP; Apelação Cível 1027173-17.2016.8.26.0100; Relator (a): Pereira Calças; Órgão Julgador: Conselho Superior de Magistratura; Foro Central Cível – 1ª Vara de Registros Públicos; Data do Julgamento: 02/02/2017; Data de Registro: 14/02/2017).

REGISTRO DE IMÓVEIS. Dúvida julgada procedente. Negativa de registro de escritura pública de alienação de imóvel sem prévio inventário do cônjuge pré-morto. Regime de separação legal de bens. Imóvel adquirido na constância do casamento. Comunicação dos aquestos. Súmula 377 do Supremo Tribunal Federal. Ofensa ao princípio da continuidade. Registro inviável. Recurso não provido" (Apelação nº 0045658-92.2010.8.26.0100, Rel. Des. Maurício Vidigal, j. em 27/10/2011).

Nesta ordem de ideias, como decidiu o MM. Juiz Corregedor Permanente, compete manter a recusa do ingresso do título, pois, tendo sido o imóvel inventariado adquirido na constância do casamento, em regime de separação obrigatória, incide, na hipótese, a interpretação da Súmula n° 377 do Eg. Supremo Tribunal Federal, quanto à comunicação dos bens adquiridos onerosamente em regime da separação legal.

Por fim, ainda que se tivesse pela compreensão da inversão da presunção necessidade da prova do esforço comum para a comunicação certo é que o procedimento de dúvida, porquanto administrativo, não admite ampla dilação probatória e não autoriza a participação de terceiros.

Ante o exposto, nego provimento ao recurso.

GERALDO FRANCISCO PINHEIRO FRANCO

Corregedor Geral da Justiça e Relator. (– DJe de 15.04.2020 – SP)

PODER JUDICIÁRIO

TRIBUNAL DE JUSTIÇA DO ESTADO DE SÃO PAULO

CONSELHO SUPERIOR DA MAGISTRATURA

Apelação n° 1013445-56.2019.8.26.0114

Registro: 2019.0001054547

ACÓRDÃO

Vistos, relatados e discutidos estes autos de **Apelação Cível nº 1013445-56.2019.8.26.0114**, da Comarca de **Campinas**, em que é apelante **MARCELLO CASSAVIA**, é apelado **1º OFICIAL DE REGISTRO DE IMÓVEIS DA COMARCA DE CAMPINAS.**

ACORDAM, em Conselho Superior de Magistratura do Tribunal de Justiça de São Paulo, proferir a seguinte decisão: **"Negaram provimento ao recurso, v.u.",** de conformidade com o voto do Relator, que integra este acórdão.

O julgamento teve a participação dos Exmos. Desembargadores **PEREIRA CALÇAS (PRESIDENTE TRIBUNAL DE JUSTIÇA) (Presidente), ARTUR MARQUES (VICE PRESIDENTE), XAVIER DE AQUINO (DECANO), EVARISTO DOS SANTOS(PRES. DA SEÇÃO DE DIREITO PÚBLICO), CAMPOS MELLO (PRES. DA SEÇÃO DE DIREITO PRIVADO) E FERNANDO TORRES GARCIA(PRES. SEÇÃO DE DIREITO CRIMINAL).**

São Paulo, 10 de dezembro de 2019.

GERALDO FRANCISCO PINHEIRO FRANCO

Corregedor Geral da Justiça e Relator

Apelação Cível nº 1013445-56.2019.8.26.0114

Apelante: Marcello Cassavia

Apelado: 1º Oficial de Registro de Imóveis da Comarca de Campinas

VOTO Nº 38.017

Registro de Imóveis – Inventário – Ofensa ao princípio da continuidade – Necessidade de partilhas sucessivas – Impossibilidade de registro – Óbice mantido – Recurso não provido.

Trata-se de apelação interposta por *Marcello Cassavia* contra a r. sentença que julgou procedente dúvida suscitada pelo 1º Oficial de Registro de Imóveis da Comarca de Campinas/SP, mantendo o óbice levantado para ingresso do título na serventia imobiliária**[1]**.

Afirma o apelante, em síntese, que não houve transmissão *per saltum*, pois apresentadas as primeiras declarações em separado para cada um dos falecidos, com os respectivos recolhimentos de ITCMD. Sustenta ser possível a cumulação de inventários para partilha de herança deixada pelos dois cônjuges, tanto que, em relação ao registro dos demais imóveis partilhados, não foi apresentado nenhum óbice**[2]**.

A D. Procuradoria Geral de Justiça opinou pelo não provimento do recurso**[3]**.

É o relatório.

O apelante apresentou a registro o formal de partilha expedido nos autos da ação de inventário conjunto dos bens deixados por Ruy Cassavia e Pérola Machado Luz Cassavia. Como é sabido, a origem judicial do título não o torna imune à qualificação registral, ainda que limitada a seus requisitos formais e sua adequação aos princípios registrais, conforme o disposto no item 119, do Capítulo XX, das NSCGJ**[4]**. Este C. Conselho Superior da Magistratura tem decidido, inclusive, que a qualificação negativa não caracteriza desobediência ou descumprimento de decisão judicial**[5]**.

Ocorre que as regras quanto à possibilidade de inventários sucessivos, para fins processuais, são diferentes dos rigores dos princípios que vigoram no campo dos registros públicos e com eles não se confundem.

No caso concreto, constam da matrícula do imóvel**[6]**, como titulares de domínio, Ruy Cassavia e Pérola Machado Luz Cassavia. Contudo, no título apresentado a registro, houve a partilha da integralidade dos imóveis objeto da herança**[7]**, sem que, primeiramente, tenha havido a partilha dos bens deixados por Ruy Cassavia, que faleceu antes da esposa Pérola. Sendo assim, ainda que inventariados de modo conexo e por instrumento conjunto, os bens dos falecidos deveriam ter sido paulatinamente partilhados quanto ao seu ingresso no registro de imóveis, conforme a ordem de falecimentos, ressalvadas hipóteses de comoriência, o que não ocorreu no caso concreto.

Pelo princípio da continuidade, ou do trato sucessivo, compete a transmissão da propriedade ao espólio herdeiro, e assim sucessivamente, não sendo possível a transmissão da propriedade diretamente aos herdeiros filhos, pelo fato daquele que faleceu posteriormente ainda estar vivo quando aberta a sucessão anterior. A cumulação de inventários visa privilegiar a economia processual, mas não é apta a afastar a previsão de partilhas distintas, sucessivas e sequenciais, aplicáveis no caso em tela.

O pleito da apelante se assimila à partilha *per saltum*, que já teve tratamento em diversos precedentes deste Colendo Conselho Superior da Magistratura (Apelação nº 917-6/7, Rel. Des. RUY CAMILO, j. 4.11.08; Apelação nº 1.067-6/4, Rel. Des. RUY CAMILO, j. 14.4.09). Confira-se, também, os seguintes precedentes:

> *REGISTRO DE IMÓVEIS – Carta de Adjudicação casal falecido com único herdeiro inexistência de comoriência necessidade da realização de partilhas sucessivas violação do princípio da continuidade necessidade de retificação do título judicial para acesso ao fólio real – Recurso não provido* (TJSP, Conselho Superior da Magistratura, APELAÇÃO CÍVEL N° 0051003-05.2011.8.26.0100).

> *REGISTRO DE IMÓVEIS – Dúvida – Formal de partilha – Transmissão per saltum que se não coaduna com o princípio da continuidade (Lei nº 6.015/73, arts. 195 e 237) – Jurisprudência do Conselho Superior da Magistratura – Recurso não provido.* (TJSP, Conselho Superior da Magistratura, APELAÇÃO CÍVEL Nº 0002506-52.2009.8.26.0383).

E mais recentemente:

> *REGISTRO DE IMÓVEIS – Ação de inventário/arrolamento envolvendo mais de um falecido – Sentença homologatória de partilhas sucessivas – Impossibilidade de registro – Princípio da continuidade – Óbice mantido – Recurso desprovido.* (TJSP, Conselho Superior da Magistratura, APELAÇÃO CÍVEL Nº 0001207-39.2016.8.26.0498).

Nesse cenário, para que a continuidade registrária seja preservada, mostra-se indispensável o registro do título por meio do qual a pré-morta recebeu o bem deixado pelo autor da herança para, em seguida, ser registrada o formal de partilha que atribuiu aos herdeiros filhos a totalidade do bem.

A propósito, dispõe o art. 237 da Lei nº 6.015/73: *"Ainda que o imóvel esteja matriculado, não se fará registro que dependa da apresentação de título anterior, a fim de que se preserve a continuidade do registro"*.

Por essas razões, a hipótese é de manutenção do óbice levantado na nota devolutiva ora impugnada.

Diante do exposto, pelo meu voto, **nego provimento** ao recurso.

GERALDO FRANCISCO PINHEIRO FRANCO

Corregedor Geral da Justiça e Relator.

Notas:

[1] Fls. 308/311.

[2] Fls. 322/329.

[3] Fls. 362/364.

[4] *119. Incumbe ao oficial impedir o registro de título que não satisfaça os requisitos exigidos pela lei, quer sejam consubstanciados em instrumento público ou particular, quer em atos judiciais.*

[5] *Apelação Cível n° 413-6/7; Apelação Cível n° 0003968-52.2014.8.26.0453.*

[6] Fls. 192/193.

[7] Fls. 159/160 e sentença homologatória a fls. 161. (– DJe de 08.04.2020 – SP)

PODER JUDICIÁRIO

TRIBUNAL DE JUSTIÇA DO ESTADO DE SÃO PAULO

CONSELHO SUPERIOR DA MAGISTRATURA

Apelação n° 1013716-93.2018.8.26.0019

Registro: 2019.0001032002

ACÓRDÃO

Vistos, relatados e discutidos estes autos de **Apelação Cível nº 1013716-93.2018.8.26.0019**, da Comarca de **Americana**, em que é apelante **OLGA DE CARVALHO NARDINI E OUTRA**, é apelado **OFICIAL DE REGISTRO DE IMOVEIS E ANEXOS DA COMARCA DE AMERICANA**.

ACORDAM, em Conselho Superior de Magistratura do Tribunal de Justiça de São Paulo, proferir a seguinte decisão: **"Deram provimento ao recurso para julgar a dúvida improcedente, v.u."**, de conformidade com o voto do Relator, que integra este acórdão.

O julgamento teve a participação dos Exmos. Desembargadores **PEREIRA CALÇAS (PRESIDENTE TRIBUNAL DE JUSTIÇA) (Presidente), ARTUR MARQUES (VICE PRESIDENTE), XAVIER DE AQUINO (DECANO), EVARISTO DOS SANTOS(PRES. DA SEÇÃO DE DIREITO PÚBLICO), CAMPOS MELLO (PRES. DA SEÇÃO DE DIREITO PRIVADO) E FERNANDO TORRES GARCIA(PRES. SEÇÃO DE DIREITO CRIMINAL)**.

São Paulo, 2 de dezembro de 2019.

GERALDO FRANCISCO PINHEIRO FRANCO
Corregedor Geral da Justiça e Relator

Apelação Cível nº 1013716-93.2018.8.26.0019

Apelante: Olga de Carvalho Nardini e outra

Apelado: Oficial de Registro de Imoveis e Anexos da Comarca de Americana

VOTO Nº 37.974

Registro de Imóveis – Dúvida julgada procedente – Escritura pública de inventário e partilha em que não foram reservados bens para o pagamento de dívidas do espólio – Penhoras em ação de execução movida pela Fazenda Nacional – Transmissão não voluntária de bens – Direito de sequela em favor da credora – Mandado de cancelamento das penhoras, expedido pelo Juízo da execução, já prenotados no Registro de Imóveis – Recurso provido.

Trata-se de apelação interposta contra r. sentença que julgou procedente a dúvida suscitada pelo Sr. Oficial de Registro de Imóveis, Títulos e Documentos e Civil de Pessoa Jurídica da Comarca de Americana e manteve a negativa de registro, nas matrículas nºs 4.369, 13.568, 45.669 e 82.161, de escritura pública de inventário e partilha em que não foram reservados bens para a satisfação de obrigação que se presume existir em razão de penhoras realizadas em execução movida pela Fazenda Nacional.

As apelantes arguiram, em preliminar, a nulidade da r. sentença porque não apreciou os pedidos de registro da partilha em relação aos dois imóveis não penhorados e não apreciou a alegação de que o registro da partilha não altera as penhoras averbadas. Alegaram, no mais, que na escritura pública constou a inexistência de dívidas porque o espólio não reconhece os débitos abrangidos pela ação de execução. Requereram a reforma da r. sentença para que seja promovido o registro da escritura pública de inventário e partilha de bens (fls. 194/197).

A douta Procuradoria Geral de Justiça opinou pelo provimento do recurso (fls. 209/211).

As apelantes, a seguir, alegaram a existência de fato novo consistente na determinação de cancelamento da penhora, promovida pelo Juízo da ação de execução, conforme mandado que foi protocolado para averbação nas matrículas atingidas (fls. 215/216).

É o relatório.

O registro da escritura de inventário e partilha dos bens deixados pelo falecimento de Sidney Maurício Nardini foi negado porque não foram reservados bens para pagamento da credora cuja existência foi presumida em razão de penhoras que recaíram sobre dois dos imóveis partilhados, realizadas em execução movida pela Fazenda Nacional.

Desse modo, não há nulidade na r. sentença por ausência de fundamentação, ou pela não apreciação do pedido alternativo porque a recusa não decorreu da incidência de penhoras sobre imóveis, mas da omissão no que se refere à reserva de bens para pagamento da credora.

Contudo, as penhoras incidentes sobre os imóveis que são objeto das matrículas nºs 13.568 e 45.669 não impedem o registro da escritura pública de inventário e partilha decorrente de sucessão "causa mortis".

Assim, porque a reserva de bens em procedimento de inventário, para garantir o pagamento de credor, depende do reconhecimento da existência da dívida pelo espólio, ou de pedido de habilitação de crédito instruído com documentos suficientes para comprovar a obrigação e a inexistência de sua anterior quitação, como previsto no art. 643 do Código de Processo Civil:

"Art. 643. Não havendo concordância de todas as partes sobre o pedido de pagamento feito pelo credor, será o pedido remetido às vias ordinárias.

Parágrafo único. O juiz mandará, porém, reservar, em poder do inventariante, bens suficientes para pagar o credor quando a dívida constar de documento que comprove suficientemente a obrigação e a impugnação não se fundar em quitação".

Neste caso concreto, as apelantes negaram a existência de dívidas do espólio e, mais, informaram que o Juízo da ação de execução determinou o cancelamento das penhoras que incidiram sobre dois dos imóveis partilhados.

Diante disso, as averbações das penhoras não implicavam em obrigatória reserva de bens na escritura pública de inventário e partilha.

Ademais, as averbações das penhoras constituíram direito de sequela que permite à credora perseguir os imóveis em poder de quem se encontrarem, isto é, da viúva e dos sucessores que os receberam na partilha, pois como esclarece Arruda Alvim:

...*direito de sequela*, o que consiste em direito real aderir à coisa, que resta afetada ao titular do direito real, perseguindo-a onde quer que ela se encontre, sem a possibilidade útil de que se lhe oponham quaisquer situações, inclusive se lastreada em direitos obrigacionais. O direito de sequela é nota privativa dos direitos reais, não o tendo os direitos pessoais ou obrigacionais (*Direitos reais de garantia imobiliária*, in *Direito privado*: contratos. direitos reais, pessoas jurídicas de direito privado, responsabilidade. São Paulo: Revista dos Tribunais, 2002. v. 1, p. 186).

Destarte, é de se presumir que a suposta obrigação está garantida pelas penhoras que não se extinguem em razão da transmissão à viúva e aos filhos do executado.

Outrossim, a herança se transmite aos herdeiros com a abertura da sucessão, como previsto no art. 1.784 do Código Civil, tendo a inscrição da partilha natureza declaratória da divisão dos bens entre o cônjuge sobrevivente e os herdeiros, pois como afirma Afranio de Carvalho:

A inscrição é o modo de aquisição de direitos reais nos negócios entre vivos que são os mais numerosos, mas a aquisição não se dá apenas nesses negócios, por acordo de vontades. Quando se dá fora deles, por força de lei, como na herança, também se exige a inscrição dela, a fim de manter sem ruptura a cadeia de titulares. Conforme a inscrição se destine a "operar" a aquisição do direito real ou apenas "revelar" a existência desse direito ou a de ameaça a ele, divide-se:

a) *constitutiva*, por constituir, por si só, o direito ou a sua oneração, isto é, por fazer surgir o direito ou a sua oneração; b) *declarativa*, por declarar a sua anterior constituição ou a ameaça que pesa sobre a sua existência, isto é, por consignar o fato ou ato jurídico precedente, consumado e perfeito (*Registro de imóveis*, 4. ed., Rio de Janeiro: Forense, 1998, p. 143).

Por esse motivo, a indisponibilidade que decorreu das penhoras promovidas pela Fazenda Nacional ficou subrogada em relação à viúva e aos herdeiros que receberam os imóveis.

E essa restrição somente prevalecerá até que as averbações das penhoras sejam canceladas, para o que já foi expedido mandado pelo Juízo da execução, com seu protocolo no Registro de Imóveis (fls. 128/133 e 215/216).

Ante o exposto, pelo meu voto dou provimento ao recurso para julgar a dúvida improcedente.

GERALDO FRANCISCO PINHEIRO FRANCO
Corregedor Geral da Justiça e Relator. (– DJe de 11.03.2020 – SP)

PODER JUDICIÁRIO

TRIBUNAL DE JUSTIÇA DO ESTADO DE SÃO PAULO

CONSELHO SUPERIOR DA MAGISTRATURA

Apelação nº 0005393-17.2018.8.26.0634

Registro: 2019.0000796045

ACÓRDÃO

Vistos, relatados e discutidos estes autos do **Apelação Cível nº 0005393-17.2018.8.26.0634**, da Comarca de **Tremembé**, em que é apelante **PATRICIA SOUSA PEREIRA**, é apelado **OFICIAL DE REGISTRO DE IMÓVEIS E ANEXOS DA COMARCA DE TREMEMBÉ.**

ACORDAM, em Conselho Superior de Magistratura do Tribunal de Justiça de São Paulo, proferir a seguinte decisão: **"Por maioria de votos, deram provimento ao recurso, nos termos do voto do Desembargador Fernando Torres Garcia. Vencido o Des. Pinheiro Franco, que declarará voto."**, de conformidade com o voto do Relator, que integra este acórdão.

O julgamento teve a participação dos Exmos. Desembargadores **FERNANDO TORRES GARCIA(PRES. SEÇÃO DE DIREITO CRIMINAL), vencedor, PINHEIRO FRANCO (CORREGEDOR GERAL), vencido, PEREIRA CALÇAS (PRESIDENTE TRIBUNAL DE JUSTIÇA) (Presidente), ARTUR MARQUES (VICE PRESIDENTE), XAVIER DE AQUINO (DECANO), EVARISTO DOS SANTOS(PRES. DA SEÇÃO DE DIREITO PÚBLICO) E CAMPOS MELLO (PRES. DA SEÇÃO DE DIREITO PRIVADO).**

São Paulo, 24 de setembro de 2019

Desembargador FERNANDO TORRES GARCIA

RELATOR DESIGNADO

APELAÇÃO Nº 0005393-17.2018.8.26.0634 – DÚVIDA REGISTRAL

APELANTE: PATRÍCIA SOUSA PEREIRA

APELADO: OFICIAL DE REGISTRO DE IMÓVEIS E ANEXOS DA COMARCA DE TREMEMBÉ

VOTO Nº 32.893

Registro de Imóveis – Procedimento de dúvida – Inventário extrajudicial por companheira sobrevivente que é qualificada como único herdeira – União estável declarada em escritura pública – Recusa de registro fundada exclusivamente na condição de única herdeira da companheira, com base na regulação administrativa do ato, prevista no item 112, do Cap. XVI das NSCGJ, e art. 18, da Resolução CNJ 35/2007 – Regime sucessório dos companheiros igualado ao dos cônjuges, a partir da declaração de inconstitucionalidade material do art. 1.790, CC, com repercussão geral (RE 646.721/RS) – Impossibilidade de se dar tratamento distinto ao companheiro em relação ao cônjuge em matéria sucessória, incluindo-se aí regras limitativas do procedimento de inventário judicial ou extrajudicial – Ausência de norma legal a indicar a impossibilidade de inventário extrajudicial ao companheiro sobrevivente caso não existam herdeiros concorrentes, considerando o teor do art. 1.829, CC e do art. 610, § 1º, CPC, desde que comprovada a união estável por escritura pública ou por sentença declaratória anterior – Eficácia da escritura de união estável para comprovar a continuidade da união estável até sua extinção pela morte, cabendo a eventual interessado em demonstrar sua inexistência ou cessação a iniciativa de derrubar a presunção decorrente da declaração, por meio de ação judicial, em homenagem ao princípio da boa fé – Registro da declaração de união estável que só é necessário para se impor seus efeitos a terceiros, o que não ocorre quando a parte interessada adere aos efeitos da declaração dos companheiros – Declaração do inventariante sobre a inexistência de outros herdeiros que produz efeitos tanto na esfera judicial quanto na extrajudicial, não havendo perquirição ativa de demais legitimados à sucessão ante a declaração limitada – Impossibilidade de se imobilizar a transmissão sucessória a aguardar manifestação de possíveis interessados em recolher a herança que, por presunção decorrente da declaração de união estável, é do companheiro sobrevivente – Recurso provido para determinar o registro do título.

Trata-se de apelação interposta por **PATRÍCIA SOUSA PEREIRA** contra a r. sentença (fls. 36), devidamente declarada (fls. 43), que rejeitou procedimento de dúvida registral e manteve a recusa ao registro de escritura pública de inventário e adjudicação de bens que promoveu, referente aos bens deixados por sucessão *causa mortis* por Salete Abreu Dias e Miguel Amâncio Pereira, que viviam em união estável, sendo este último genitor da apelante.

A recusa se funda no descumprimento do item 112, do Cap. XIV, das NSCGJ e do art. 18, da Resolução nº 35/2007, do Conselho Nacional de Justiça, que impedem a lavratura de escritura pública de inventário e partilha extrajudicial quando o companheiro se declarar único herdeiro e não houver concordância por escrito ao ato pelos demais herdeiros.

Sustenta, em suma, a inaplicabilidade ao caso das normas restritivas, ante a declaração de inconstitucionalidade do art. 1.790, do Código Civil, e da existência de escritura pública declaratória de união estável (fls. 45/50).

A Procuradoria Geral de Justiça opinou pelo não provimento do recurso (fls. 72/75).

É o relatório.

Conheço do recurso, eis que presentes seus requisitos objetivos e subjetivos de admissibilidade.

Entendo seja o caso de provimento do recurso, firme no entendimento de que existe ampliação dos efeitos da declaração de inconstitucionalidade do art. 1.790, do Código Civil, pelo C. Supremo Tribunal Federal, no julgamento da repercussão geral no Recurso Extraordinário 646.721, também para regulações limitativas ao procedimento de inventário de bens em relação aos companheiros.

O presente procedimento de dúvida se estabeleceu em pedido de registro de escritura pública de inventário e adjudicação realizado por Patrícia Sousa Pereira, referente aos imóveis matriculados sob nºs 40.866 e 40.876, outrora no Oficial de Registro de Imóveis da Comarca de Taubaté, hoje sob a competência registrária do Oficial de Registro de Imóveis de Tremembé.

O título – *Escritura Pública de Inventário e Adjudicação* dos bens deixados em sucessão *causa mortis* de Salete Abreu Dias e Miguel Amâncio Pereira – foi devolvido pelo Oficial de Registro de Imóveis da Comarca de Tremembé, essencialmente pela não observância da vedação à escritura de inventário e partilha em casos de união estável em que o companheiro sobrevivente se apresente como único herdeiro, ausente a concordância dos demais herdeiros, nos termos do previsto no art. 18, da Resolução nº 35, CNJ e do item 112, do Cap. XIV, das NSCGJ.

Segundo consta dos autos, o pai da apelante, Miguel Amâncio Pereira, vivia em união estável com Salete Abreu Dias, conforme escritura pública declaratória de união estável lavrada pelo 2º Tabelião de Notas de Osasco, em 05.05.2005, na qual declaram união estável há quatorze (14) anos, sem qualquer informação nos autos de rompimento da união até o óbito da companheira. Ao contrário, conforme o documento de fls. 42, em 28/12/2011, Salete se declarou companheira de Miguel junto ao SABESPREV, indicando a continuidade da união estável anos depois da escritura declaratória.

O inventário extrajudicial diz respeito a duas sucessões.

A primeira, aberta por conta do falecimento de Salete Abreu Dias, em 07.01.2017, indicando-se como único sucessor o companheiro, Miguel Amâncio Pereira, adjudicando a totalidade dos bens por força da escritura de união estável lavrada em 05.05.2005, perante o 2º Tabelião de Osasco.

A segunda, aberta em virtude do falecimento de Miguel Amâncio Pereira, em 10.01.2018, constando como herdeiros os filhos Patrícia Sousa Pereira e Fernando de Sousa Pereira, únicos herdeiros, com renúncia deste último, sem deixar descendentes, recolhendo a apelante a integralidade da deixa sucessória.

A recusa se funda, exclusivamente, na vedação contida no art. 18, da Resolução nº 35, do CNJ, bem como no item 112, do Cap. XIV, das NSCGJ, impondo aos casos em que o companheiro se apresente como único herdeiro ou ausente a concordância dos demais herdeiros, o uso do inventário judicial.

Pois bem.

Tenho seja o caso de apreciar a questão da vedação contida no art. 18, da Resolução nº 35, do CNJ, a partir da decisão do Supremo Tribunal Federal que reconheceu a *inconstitucionalidade material da imposição*, aos companheiros, de regime sucessório distinto daquele atribuído aos cônjuges, afastando do ordenamento jurídico o art. 1.790, do Código Civil.

Com a declaração de inconstitucionalidade do art. 1.790, do Código Civil, pelo Supremo Tribunal Federal, observa-se a impossibilidade de tratamento sucessório distinto, em todos os aspectos, entre cônjuges e companheiros. Quer isto dizer que regras jurídicas, em seus diversos níveis de normatividade e fontes, **não podem dar tratamento jurídico distinto ao companheiro sobrevivente em relação ao cônjuge em similar situação.**

Assim decidiu a Corte Suprema, em julgamento sujeito à repercussão geral (RE 646.721/RS):

"Direito constitucional e civil. Recurso extraordinário. Repercussão geral. Aplicação do artigo 1.790 do Código Civil à sucessão em união estável homoafetiva. Inconstitucionalidade da distinção de regime sucessório entre cônjuges e companheiros. 1. A Constituição brasileira contempla diferentes formas de família legítima, além da que resulta do casamento. Nesse rol incluem-se as famílias formadas mediante união estável, hetero ou homoafetivas. O STF já reconheceu a "inexistência de hierarquia ou diferença de qualidade jurídica entre as duas formas de constituição de um novo e autonomizado núcleo doméstico", aplicando-se a união estável entre pessoas do mesmo sexo as mesmas regras e mesmas consequências da união estável heteroafetiva (ADI 4277 e ADPF 132, Rel. Min. Ayres Britto, j. 05.05.2011) 2. Não é legítimo desequiparar, para fins sucessórios, os cônjuges e os companheiros, isto é, a família formada pelo casamento e a formada por união estável. Tal hierarquização entre entidades familiares é incompatível com a Constituição de 1988. Assim sendo, o art. 1790 do Código Civil, ao revogar as Leis nº 8.971/1994 e nº 9.278/1996 e discriminar a companheira (ou o companheiro), dando-lhe direitos sucessórios bem inferiores aos conferidos à esposa (ou ao marido), entra em contraste com os princípios da igualdade, da dignidade humana, da proporcionalidade como vedação à proteção deficiente e da vedação do retrocesso. 3. Com a finalidade de preservar a segurança jurídica,

o entendimento ora firmado é aplicável apenas aos inventários judiciais em que não tenha havido trânsito em julgado da sentença de partilha e às partilhas extrajudiciais em que ainda não haja escritura pública. 4. Provimento do recurso extraordinário. ***Afirmação, em repercussão geral, da seguinte tese: "No sistema constitucional vigente, é inconstitucional a distinção de regimes sucessórios entre cônjuges e companheiros, devendo ser aplicado, em ambos os casos, o regime estabelecido no art. 1.829 do CC/2002***" (STF – RE nº 646.721/RS Tribunal Pleno Rel. p/ Acórdão MIN. ROBERTO BARROSO – j. 10.05.2017).

As consequências da decisão, afastando do ordenamento jurídico o regramento diverso dado ao companheiro pelo art. 1.790, do Código Civil, vai além da simples regulação unificada do regime sucessório. **Passa, a meu sentir, pela vedação de distinção do exercício de tais direitos para os companheiros, inclusive com regras distintas para fins de realização do inventário e partilha, quando haja prova suficiente da existência da união estável.** Limitase, assim, eventual redução do direito à realização do inventário extrajudicial por companheiros sobreviventes a casos em que não haja prova pré-constituída da união estável ou nos casos de impedimento legal aplicável também ao cônjuge sobrevivente.

Impor ao companheiro sobrevivente regras para realização de inventário e partilha distintas do cônjuge, por força de norma infralegal de natureza administrativa, é desrespeitar o comando constitucional da igualdade, reconhecido como prevalente pelo Supremo Tribunal Federal na decisão indicada.

Por consequência, o companheiro tem tratamento idêntico em tudo ao cônjuge supérstite **para fins sucessórios**, embora se reconheça diferenças entre a união estável e o casamento.

Ou seja, embora possível se reconhecer diferenças entre o casamento e a união estável quanto a seu surgimento, sua prova e alguns efeitos limitados, **não se pode reconhecer qualquer distinção ao companheiro em relação ao cônjuge para fins sucessórios.** Para tais fins, deve o companheiro ser tratado como cônjuge, não havendo que se falar em outra concorrência sucessória senão com descendentes e ascendentes do autor da herança.

Até porque não se tem, na legislação atual e considerando a extirpação do art. 1.790, do Código Civil, regra procedimental a justificar o tratamento desigual. O art. 610, *caput* e seu § 1º, do Código de Processo Civil de 2015, ao prever disposições gerais para o inventário e a partilha, não traçam qualquer distinção entre o cônjuge e o companheiro supérstite na escolha do procedimento extrajudicial para o ato. Assim dispõe o dispositivo legal:

> *"**Art. 610.** Havendo testamento ou interessado incapaz, proceder-se-á ao inventário judicial.*
>
> ***§ 1º** Se todos forem capazes e concordes, o inventário e a partilha poderão ser feitos por escritura pública, a qual constituirá documento hábil para qualquer ato de registro, bem como para levantamento de importância depositada em instituições financeiras.*
>
> *(...)."*

O dispositivo processual segue a previsão do direito material que não impõe qualquer outro requisito para a partilha extrajudicial de bens do que a inexistência de herdeiros incapazes e a existência de consenso entre os herdeiros que, em caso de adjudicação por herdeiro único, sequer será necessária (arts. 2.015 e 2.016, CC).

Não há, perceba-se, diferenciação alguma na legitimação para a escolha do procedimento extrajudicial entre cônjuge e companheiros sobreviventes, não se justificando constitucional e legalmente a distinção feita pela norma administrativa, salvo, como dito, as situações em que não haja prova documental pública anterior confirmando a união estável.

Consequentemente, o companheiro, agora, é tratado como cônjuge, razão pela qual herda sozinho na falta de descendentes e ascendentes vivos do autor da herança, independentemente da existência de irmãos ou outros colaterais (art. 1.829, III, do Código Civil) e, **ausente concorrência** – como ocorre no caso de declaração própria do cônjuge sobrevivente ao realizar inventário extrajudicial ou judicial, nas primeiras declarações (art. 620, III, CPC) – **nada impede que realize o inventário na forma extrajudicial, desde que comprovada previamente a união estável por escritura pública ou sentença declaratória.**

No caso concreto, tendo os companheiros optado pela formalização da relação de convivência em regime de união estável por escritura pública, declarando de comum acordo seu termo inicial, **era de se presumir a permanência do vínculo à época da abertura da sucessão**, havendo que buscar eventual interessado no reconhecimento da inexistência ou cessão de tal vínculo o afastamento de tal presunção pela via judicial. Não o contrário, sob pena de se esvaziar o efeito jurídico pretendido e necessário ao documento público escrito de união estável, atribuindo ao companheiro supérstite situação jurídica sensivelmente inferior àquela atribuída ao cônjuge.

No mais, há de se considerar que o registro da escritura na união estável no Registro Civil (livro E), de Registro de Títulos e Documentos ou de Imóveis, é requisito de eficácia para a **oponibilidade da união estável a terceiros**, o que não se configura em caso de aceitação voluntária do documento como prova da união, como neste caso. Ou seja, se não se quer opor (impor) os efeitos a terceiros, mas sim estes aceitam os efeitos da declaração, de forma voluntária, não se há de exigir o registro público para sua eficácia.

Até porque, em se instaurando inventário judicial, caberia ao próprio companheiro supérstite declarar ao Juízo, nos termos do art. 620, III, do Código de Processo Civil, a existência e qualidade dos herdeiros legitimados, em nada se alterando a situação de tal declaração negativa ocorrer perante o notário, cabendo a eventual preterido, por interesse próprio e sem qualquer chamado judicial genérico por meio de edital, promover a busca de seus interesses, conforme dispõe o art. 628, do Código de Processo Civil.

E sobre tal aspecto, considerando o interesse patrimonial e disponível decorrente da legitimação sucessória, de se considerar a ausência de qualquer reivindicação de herdeiros concorrentes com o companheiro então sobrevivente, passados anos desde a abertura da sucessão de Salete, como sinal de veracidade da afirmação de ausência de outros sucessores. A ausência de abertura de inventário, com a reivindicação da condição de co-herdeiro por qualquer parente na linha reta, não pode militar em desfavor da presunção decorrente da união estável declarada e aparentemente mantida até a abertura da sucessão, prevalecendo a declaração da herdeira adjudicante no sentido da inexistência de quaisquer outros herdeiros com título preferencial ou concorrente em relação ao companheiro por ela representado.

Conforme já decidido por este C. Conselho Superior da Magistratura, na Apelação nº 1003886-73.2018.8.26.0223, em voto da lavra do E. Presidente do Tribunal de Justiça, DES. PEREIRA CALÇAS:

*"Entendimento em sentido contrário, com a devida vênia, **inverte a lógica da presunção de boa-fé que milita em favor do companheiro supérstite na espécie**, tanto quanto a de que o ônus da reivindicação da herança pesa sobre o sedizente herdeiro tido por injustamente excluído da sucessão"* (grifei).

Assim, a dúvida deve ser julgada improcedente, procedendo-se ao registro da escritura pública de inventário e partilha de bens nas matrículas nºs 40.866 e 40.876, no Oficial de Registro de Imóveis da Comarca de Taubaté, atualmente sob a competência do Oficial de Registro de Imóveis de Tremembé.

Ante o exposto, pelo meu voto, **dou provimento** ao apelo, a fim de afastar a dúvida e determinar o registro do título.

FERNANDO TORRES GARCIA

Presidente da Seção de Direito Criminal

Relator Designado

Apelação Cível nº 0005393-17.2018.8.26.0634

Comarca: Tremembé

Apelante: Patricia Sousa Pereira

Apelado: Oficial de Registro de Imóveis e Anexos da Comarca de Tremembé

Voto nº 37.937

DECLARAÇÃO DE VOTO DIVERGENTE

Cuida-se de recurso de apelação interposto por PATRÍCIA SOUSA PEREIRA contra r. sentença de fl. 36, que manteve recusa ao registro de escritura de inventário e adjudicação, levantada pelo Sr. Oficial de Registro de Imóveis e Anexos da Comarca de Tremembé.

Afirma ser cabível o registro, uma vez que a união estável se encontra firmada em escritura pública e que a exigência adotou entendimento do item 112 do Cap. XIV das NSCGJ e o art. 18 da resolução nº 35 do CNJ, que diferencia a sucessão entre cônjuge e companheiros.

Ocorre que, segundo afirma, trata-se de entendimento ultrapassado e que não deve ser adotado, tendo em vista já haver reconhecida a união estável em outro ato e a inconstitucionalidade na diferenciação de sucessão entre cônjuge e companheiros, já reconhecida pelo Supremo Tribunal Federal, com repercussão geral, no julgamento dos Recursos Extraordinários nºs 646.721 e 878.694.

A D. Procuradoria Geral da Justiça opinou pelo desprovimento do recurso (fls. 72/75).

É o relatório.

Pelo meu voto, com todo respeito à compreensão da Douta maioria, não caberia, na hipótese, acesso do título ao registro imobiliário.

Conforme consta, houve negativa de registro de escritura de inventário e adjudicação, lavrada às fls. 243/249, do Livro 2.424 do 27º Tabelião de Notas da Comarca de São Paulo, na qual os imóveis matriculados sob nºs 40.866 e 40.876 foram adjudicados à *Patrícia Sousa Pereira*, ora recorrente, ante o falecimento de seu genitor e da companheira dele.

Trata-se, assim, de instrumento em que existem duas sucessões: a) a primeira, relativa ao falecimento de *Salete Abreu Dias;* b) a segunda, relativa ao falecimento de *Miguel Amancio Pereira*, que seria companheiro de *Salete*.

Consta da escritura que a primeira falecida, *Salete Abreu Dias*, não deixou filhos, tampouco ascendentes vivos, restando como único herdeiro, pois, seu companheiro, *Miguel Amancio*.

Embora afirme a recorrente estar reconhecido o vínculo desde 05/05/2005, não se afigura possível o ingresso da escritura, **uma vez que o pai da recorrente era único herdeiro declarado** de *Salete Abreu Dias*.

Consoante dispõe o Item 112 do Capítulo XIV das Normas de Serviço da Corregedoria Geral da Justiça:

> *112. O companheiro que tenha direito à sucessão é parte, observada a necessidade de ação judicial se o autor da herança não deixar outro sucessor ou não houver consenso de todos os herdeiros, inclusive quanto ao reconhecimento da união estável.*

No mesmo sentido, o art. 18 da Resolução nº 35/2007, do Col. Conselho Nacional de Justiça:

> *Art. 18. O(A) companheiro(a) que tenha direito à sucessão é parte, observada a necessidade de ação judicial se o autor da herança não deixar outro sucessor ou não houver consenso de todos os herdeiros, inclusive quanto ao reconhecimento da união estável.*

E tal precaução se justifica também pelo disposto no art. 1.790 do Código Civil, tendo em vista que a companheira ou o companheiro participará da sucessão do outro quanto aos bens adquiridos onerosamente na vigência da união estável, nas condições lá estipuladas.

Vale lembrar que, nesta seara estritamente administrativa, não há espaço para que se reconheça a inconstitucionalidade de atos normativos do Col. CNJ.

Assim, não havendo consenso entre todos os herdeiros, **ou na falta de outros sucessores** (como é o caso), a via extrajudicial resta prejudicada, havendo necessidade de declaração judicial desse relacionamento.

Por todo o exposto, pelo meu voto, negaria provimento à apelação.

GERALDO FRANCISCO PINHEIRO FRANCO

Corregedor Geral da Justiça e Relator. (– DJe de 09.03.2020 – SP)

PODER JUDICIÁRIO

TRIBUNAL DE JUSTIÇA DO ESTADO DE SÃO PAULO

CONSELHO SUPERIOR DA MAGISTRATURA

Apelação nº 1095366-16.2018.8.26.0100

Registro: 2019.0000936697

ACÓRDÃO

Vistos, relatados e discutidos estes autos de **Apelação Cível nº 1095366-16.2018.8.26.0100**, da Comarca de **São Paulo**, em que é apelante **ADELENE VIRGINIA LASALVIA**, é apelado **4º OFICIAL DE REGISTRO DE IMÓVEIS DA COMARCA DE SÃO PAULO**.

ACORDAM, em Conselho Superior de Magistratura do Tribunal de Justiça de São Paulo, proferir a seguinte decisão: **"Negaram provimento ao recurso e mantiveram a procedência da dúvida, v.u."**, de conformidade com o voto do Relator, que integra este acórdão.

O julgamento teve a participação dos Exmos. Desembargadores **PEREIRA CALÇAS (PRESIDENTE TRIBUNAL DE JUSTIÇA) (Presidente), ARTUR MARQUES (VICE PRESIDENTE), XAVIER DE AQUINO (DECANO), EVARISTO DOS SANTOS(PRES. DA SEÇÃO DE DIREITO PÚBLICO), CAMPOS MELLO (PRES. DA SEÇÃO DE DIREITO PRIVADO) E FERNANDO TORRES GARCIA(PRES. SEÇÃO DE DIREITO CRIMINAL)**.

São Paulo, 1º de novembro de 2019.

GERALDO FRANCISCO PINHEIRO FRANCO

Corregedor Geral da Justiça e Relator

Apelação Cível nº 1095366-16.2018.8.26.0100

Apelante: Adelene Virginia Lasalvia

Apelado: 4º Oficial de Registro de Imóveis da Comarca de São Paulo

VOTO Nº 37.928

Registro de Imóveis – Dúvida julgada procedente – Formal de partilha extraído de ação de inventário de bens – Divergências entre a

transcrição e o formal de partilha, relativas ao nome do proprietário do imóvel e ao seu estado civil – Necessidade de qualificação dos herdeiros com indicação de seus documentos de identidade, números das inscrições no cadastro da Receita Federal, e dos regimes de bens adotados em seus casamentos – Princípios da continuidade e da especialidade – Recurso não provido.

Trata-se de apelação interposta contra r. sentença que julgou procedente a dúvida suscitada pelo Sr. 4º Oficial de Registro de Imóveis da Comarca da Capital e manteve a recusa do registro, na transcrição nº 9.274, do formal de partilha extraído da ação de inventário dos bens deixados pelo falecimento de Carlos Maria D´Andrea, em razão de divergências relativas ao nome do autor da herança e ao seu estado civil, e pela ausência da completa qualificação dos herdeiros cujos documentos de identidade, CPF e certidões de casamento não constam no formal de partilha.

A apelante alegou, em suma, que apresentou todos os documentos destinados à complementação do formal de partilha, visando obter o seu registro. Além disso, comprovou a impossibilidade de obter a certidão de casamento e o formal de partilha dos bens deixados pelo falecimento da esposa do autor do herança, assim como para obter os documentos originais dos herdeiros, ou cópias autenticadas, pois faleceram há muito tempo. Disse que o formal de partilha dos bens deixados pelo falecimento de Carlos Maria D'Andrea é dotado de fé pública e foi instruído com certidão do inventário dos bens de sua esposa. Esclareceu que os dados de qualificação dos herdeiros podem ser confirmados pelo IIRGD, mediante solicitação a ser realizada neste procedimento de dúvida. Requereu o registro do formal de partilha e, alternativamente, a conversão do julgamento em diligência para a produção de novas provas (fls. 260/266 e 290/292).

A douta Procuradoria Geral de Justiça opinou pelo não provimento do recurso (fls. 284/287).

É o relatório.

Conforme decorre do formal de partilha que foi apresentado para registro, o autor da herança, Carlos Maria D'Andrea, faleceu em 19 de julho de 1958 e era viúvo de Maria D'Andrea, que também utilizava o nomes de Maria Piccio (ou Picazio) D'Andrea, com quem foi casado pelo regime da comunhão universal de bens (fls. 60 e 83/84).

O referido formal de partilha contém cópia da carta de adjudicação dos bens deixados pelo falecimento de Maria D'Andrea, expedida pelo 15º Ofício Cível da Capital em 14 de maio de 1946, em que Carlos e Maria são qualificados como sendo casados pelo regime da comunhão universal de bens e em que, mediante renúncia dos herdeiros, foi o imóvel objeto da transcrição nº 9.274 adjudicado ao viúvo (fls. 60/150),

Os herdeiros, por sua vez, foram qualificados nas primeiras declarações sem indicação dos seus documentos de identidade, dos seus CPFs (ou CICs), e dos regimes de bens adotados em seus respectivos casamentos, embora indicados os nomes de seus cônjuges.

Além disso, o formal de partilha não foi instruído com certidões dos casamentos do autor da herança e dos herdeiros e com as cópias dos documentos dos herdeiros que permitam verificar seus dados de qualificação (fls. 40/76).

Contudo, na transcrição nº 9.274 do 4º Registro de Imóveis da Capital, de 15 de fevereiro de 1934, o proprietário do imóvel é qualificado como Carlos de Andrea, solteiro (fls. 35).

Desse modo, o título apresentado para registro diverge da transcrição do imóvel em relação à grafia do nome do proprietário, ao seu estado civil, e à existência de comunhão entre Carlos e sua esposa que seriam casados pelo regime da comunhão universal de bens.

Disso decorre a necessidade da comprovação do casamento entre Carlos e Maria e, mais, do prévio registro da adjudicação da totalidade do imóvel para o viúvo, que seria casado pelo regime da comunhão universal de bens, uma vez que em razão da morte de Carlos esse imóvel foi transmitido, aos seus herdeiros, também por inteiro.

Portanto, no modo como foi apresentado o formal de partilha não preenche o requisito da continuidade que é essencial para o seu registro, pois como esclarece Afranio de Carvalho:

"O princípio da continuidade, que se apóia no de especialidade, quer dizer que, em relação a cada imóvel, adequadamente individuado, deve existir uma cadeia de titularidade à vista da qual só se fará a inscrição de um direito se o outorgante dele aparecer no registro como seu titular. Assim, as sucessivas transmissões, que derivam umas das outras, asseguram sempre a preexistência do imóvel no patrimônio do transferente" (*Registro de Imóveis*, 4ª edição, 1998, Forense, pág. 253).

Por sua vez, o cumprimento das exigências formuladas para o registro não é impossível porque o casamento entre Carlos e Maria, na falta ou não localização do assento, pode ser reconhecido por decisão judicial, em ação própria, como previsto nos arts. 1.545 e 1.546 do Código Civil.

Igual ocorre com a exigência de prévio registro da adjudicação do imóvel para Carlos, decorrente do falecimento de Maria, porque a eventual destruição dos autos do inventário não impede a sua restituição, também em ação própria.

Observo, nesse ponto, que o registro da adjudicação da meação do imóvel em favor de Carlos depende da apresentação do formal de partilha do bem deixado por Maria, em seu original, como previsto no art. 221, inciso IV, da Lei nº 6.015/73.

Por sua vez, não há impedimento para a obtenção das certidões de casamento dos herdeiros, diante da publicidade dos assentos do Registro Civil das Pessoas Naturais.

Ainda, em razão do longo tempo decorrido a partir dos falecimentos dos herdeiros e de seus cônjuges não há vedação a que os documentos de identidade, ou os dados relativos aos documentos de identidade, sejam solicitados ao IIRGD, mas diretamente pelos herdeiros, ou em procedimento próprio uma vez que a dúvida não comporta a conversão em diligência para a complementação do título.

Por seu lado, compete aos interessados comprovar a inscrição dos herdeiros e de seus cônjuges na Receita Federal, ou a impossibilidade de promover essa inscrição diante do tempo decorrente do falecimento.

Esses documentos, ressalvada a prova da efetiva impossibilidade para a sua obtenção, são necessários para que seja observada a especialidade subjetiva do registro imobiliário, e devem ser apresentados em seus originais, ou cópias autenticadas, conforme previsto no art. 246, § 1º, da Lei nº 6.015/73.

Disso decorre a manutenção da recusa do registro do formal de partilha no modo como foi apresentado.

Ante o exposto, nego provimento ao recurso e mantenho a procedência da dúvida.

GERALDO FRANCISCO PINHEIRO FRANCO

Corregedor Geral da Justiça e Relator. (– DJe de 09.03.2020 – SP)

PODER JUDICIÁRIO

TRIBUNAL DE JUSTIÇA DO ESTADO DE SÃO PAULO

CONSELHO SUPERIOR DA MAGISTRATURA

Apelação nº 1004533-95.2018.8.26.0505

Registro: 2019.0000984693

ACÓRDÃO

Vistos, relatados e discutidos estes autos de **Apelação Cível nº 1004533-95.2018.8.26.0505**, da Comarca de **Ribeirão Pires**, em que são apelantes **ANTONIO VANDERLEI PEREIRA NUNES, IARA PEREIRA NUNES SARRO, MIGUEL SARRO e SUELI GUERRA NUNES**, é apelado **OFICIAL DE REGISTRO DE IMÓVEIS E ANEXOS DA COMARCA DE RIBEIRÃO PIRES.**

ACORDAM, em Conselho Superior de Magistratura do Tribunal de Justiça de São Paulo, proferir a seguinte decisão: **"Negaram provimento ao recurso. V. U."**, de conformidade com o voto do Relator, que integra este acórdão.

O julgamento teve a participação dos Exmos. Desembargadores **PEREIRA CALÇAS (PRESIDENTE TRIBUNAL DE JUSTIÇA) (Presidente), ARTUR MARQUES (VICE PRESIDENTE), XAVIER DE AQUINO (DECANO), ANTONIO CARLOS MALHEIROS, CAMPOS MELLO (PRES. DA SEÇÃO DE DIREITO PRIVADO) E FERNANDO TORRES GARCIA(PRES. SEÇÃO DE DIREITO CRIMINAL).**

São Paulo, 7 de novembro de 2019.

GERALDO FRANCISCO PINHEIRO FRANCO

Corregedor Geral da Justiça e Relator

Apelação Cível nº 1004533-95.2018.8.26.0505

Apelantes: Antonio Vanderlei Pereira Nunes, Iara Pereira Nunes Sarro, Miguel Sarro e Sueli Guerra Nunes

Apelado: Oficial de Registro de Imóveis e Anexos da Comarca de Ribeirão Pires

VOTO Nº 37.956

Registro de Imóveis – Escritura Pública de Inventario e Partilha Extrajudicial – Falecida proprietária casada no regime da separação obrigatória de bens – Bem adquirido na constância do casamento – Cônjuges falecidos – Inventário da falecida esposa por meio do qual a totalidade do imóvel é partilhada – Impossibilidade de registro – Aplicabilidade da Súmula 377 do STF – Cabimento da retificação do título – Apelação não provida.

Trata-se de recurso de apelação interposto por Antonio Vanderlei Pereira Nunes e outros contra a r. sentença de fls. 128/133, que manteve a recusa ao registro de Escritura Pública de Inventário e Partilha ante a necessidade de seu aditamento nos termos da Súmula 377 do STF.

Em síntese, os apelantes sustentam o cabimento do registro uma vez que a Súmula 377 do STF somente tem aplicação na hipótese da prova da aquisição mediante esforço comum em conformidade à compreensão jurisprudencial do Superior Tribunal de Justiça.

A Procuradoria Geral de Justiça opinou pelo desprovimento do recurso (fls. 184/190).

É o relatório.

Segundo consta dos autos, o registro da Escritura de Inventário e Partilha lavrada aos 31/08/2018 (Livro 82-N, fls. 057/062), no Cartório Distrital de Piên, Comarca de Rio Negro – PR foi recusado porque os imóveis inscritos sob as matrículas nºs 1.723, 8.794, 9.844 e 33.446 do Registro de Imóveis da Comarca de Ribeirão Pires, registrados em nome da falecida Leonor Hernandes Sierra Neves, foram inventariados e partilhados em sua totalidade sem participação do viúvo Tertulino Antonio Neves, casado com a falecida sob o regime da separação legal de bens ao tempo da aquisição daqueles em violação ao entendimento contido na Súmula nº 377 do Supremo Tribunal Federal.

Não obstante às referidas divergências interpretativas no âmbito do Superior Tribunal de Justiça, a compreensão deste órgão colegiado é no sentido de que os bens adquiridos a título oneroso na constância do casamento celebrado pelo regime da separação legal de bens são presumidos como de propriedade comum dos cônjuges, pois, igualmente presumida a existência de esforço comum para a aquisição.

Nesse sentido, confiram-se os seguintes precedentes do Conselho Superior da Magistratura:

> *REGISTRO DE IMÓVEIS – Dúvida – Compra e venda de imóvel – Espólio que promoveu a venda autorizado por alvará expedido em inventário judicial – Imóvel, porém, que foi parcialmente adquirido, a título oneroso e na vigência do Código Civil de 1916, por pessoa casada em regime de separação obrigatória de bens Súmula nº 377 do Supremo Tribunal Federal Presunção de comunicação dos aquestos – Falecimento da esposa sem que promovido o inventário da meação na parte do imóvel adquirida por seu marido a título oneroso – Pretensão de registro de venda da integralidade do bem, pelo espólio do marido posteriormente falecido – Ausência de menção, na matrícula do imóvel, da partilha relativa à metade ideal adquirida a título oneroso – Afronta ao princípio da continuidade – Dúvida procedente – Apelação não provida.* (TJSP; Apelação Cível 1135175-81.2016.8.26.0100; Relator (a): Pinheiro Franco (Corregedor Geral); Órgão Julgador: Conselho Superior de Magistratura; Foro Central Cível – 1ª Vara de Registros Públicos; Data do Julgamento: 10/04/2018; Data de Registro: 16/04/2018).
>
> *Registro de Imóveis – Proprietária casada no regime da separação obrigatória de bens – Bem adquirido na constância da união – Cônjuges falecidos – Escritura de inventário da falecida esposa por meio da qual a totalidade do imóvel é partilhada – Impossibilidade de registro – Aplicabilidade da Súmula 377 do STF – Comunhão que se presume – Necessidade de prévia inscrição do formal de partilha extraído do inventário do falecido marido, no qual sua parte no imóvel será dividida – Alegação de prescrição da ação de sonegados – Matéria estranha ao procedimento de dúvida – Apelação desprovida.* (TJSP; Apelação Cível 1027173-17.2016.8.26.0100; Relator (a): Pereira Calças; Órgão Julgador: Conselho Superior de Magistratura; Foro Central Cível – 1ª Vara de Registros Públicos; Data do Julgamento: 02/02/2017; Data de Registro: 14/02/2017).
>
> *REGISTRO DE IMÓVEIS. Dúvida julgada procedente. Negativa de registro de escritura pública de alienação de imóvel sem prévio inventário do cônjuge pré-morto. Regime de separação legal de bens. Imóvel adquirido na constância do casamento. Comunicação dos aquestos. Súmula 377 do Supremo Tribunal Federal. Ofensa ao princípio da continuidade. Registro inviável. Recurso não provido"* (Apelação nº 0045658-92.2010.8.26.0100, Rel. Des. Maurício Vidigal, j. em 27/10/2011).

Nessa ordem de ideias, como decidiu o MM Juiz Corregedor Permanente, compete manter a recusa do ingresso do título, pois, tendo sido os imóveis inventariados adquiridos na constância do casamento, em regime de separação obrigatória, incide, na hipótese, a interpretação da Súmula nº 377 do Eg. Supremo Tribunal Federal, quanto à comunicação dos bens adquiridos onerosamente em regime da separação legal.

Por fim, ainda que se tivesse pela compreensão da inversão da presunção necessidade da prova do esforço comum para a comunicação não seria possível o inventario extrajudicial sem a participação do viúvo ou de seus sucessores, como ocorreu, de forma a possibilitar o exame da questão concernente à prova do esforço comum por aqueles.

Ante o exposto, nego provimento ao recurso.

GERALDO FRANCISCO PINHEIRO FRANCO

Corregedor Geral da Justiça e Relator. (– DJe de 09.03.2020 – SP)

IRRESIGNAÇÃO PARCIAL

PODER JUDICIÁRIO

TRIBUNAL DE JUSTIÇA DO ESTADO DE SÃO PAULO

CONSELHO SUPERIOR DA MAGISTRATURA

Apelação Cível nº 1024387-19.2019.8.26.0577

Registro: 2020.0000538793

ACÓRDÃO

Vistos, relatados e discutidos estes autos de **Apelação Cível nº 1024387-19.2019.8.26.0577**, da Comarca de **São José dos Campos**, em que são apelantes **SANDRA CRISTINA MOREIRA** e **CAMILA DE FÁTIMA MOREIRA**, é apelado **1º OFICIAL DE REGISTRO DE IMÓVEIS, TÍTULOS E DOCUMENTOS E CIVIL DE PESSOA JURÍDICA DA COMARCA DE SÃO JOSÉ DOS CAMPOS.**

ACORDAM, em Conselho Superior de Magistratura do Tribunal de Justiça de São Paulo, proferir a seguinte decisão: **"Julgaram prejudicada a dúvida e não conheceram do recurso, v.u.",** de conformidade com o voto do Relator, que integra este acórdão.

O julgamento teve a participação dos Exmos. Desembargadores **PINHEIRO FRANCO (PRESIDENTE TRIBUNAL DE JUSTIÇA) (Presidente), LUIS SOARES DE MELLO (VICE PRESIDENTE), XAVIER DE AQUINO (DECANO), GUILHERME G. STRENGER (PRES. SEÇÃO DE DIREITO CRIMINAL), MAGALHÃES COELHO(PRES. DA SEÇÃO DE DIREITO PÚBLICO) E DIMAS RUBENS FONSECA (PRES. DA SEÇÃO DE DIREITO PRIVADO).**

São Paulo, 3 de julho de 2020.

RICARDO ANAFE

Corregedor Geral da Justiça e Relator

Apelação Cível nº 1024387-19.2019.8.26.0577

Apelantes: Sandra Cristina Moreira e Camila de Fátima Moreira

Apelado: 1º Oficial de Registro de Imóveis, Títulos e Documentos e Civil de Pessoa Jurídica da Comarca de São José dos Campos

VOTO Nº 31.181

Registro de Imóveis – Sentença de não conhecimento da dúvida – Irresignação parcial – Insurgência em relação a apenas um dos óbices apresentados pela Registradora – Dúvida prejudicada – Recurso não conhecido.

Cuida-se de recurso de Apelação interposto por Camila de Fátima Moreira e Sandra Cristina Moreira em face da r. sentença de fl. 149/150 de lavra do MM Juiz Corregedor Permanente do 1º Oficial de Registro de Imóveis, Títulos e Documentos e Civil de Pessoa Jurídica da Comarca de São José dos Campos, que não conheceu da dúvida diante da recusa de registro de instrumento particular de cessão e transferência de direitos e obrigações de contrato de compromisso de venda e compra, firmado em 27/08/1991, tendo por objeto o imóvel matriculado sob o nº 20.707 naquela Serventia, sob o argumento de que a irresignação parcial prejudica a dúvida, nos moldes do item 41.1.2 das Normas de Serviço da Corregedoria Geral da Justiça.

Da nota devolutiva nº 64773, que qualificou negativamente o título, constaram as seguintes exigências:

"a) certidão atualizada da procuração outorgada por Margarida Hegidia Teodoro Nogueira em favor de Sandra Cristina Moreira; b) cópia autenticada da cédula de identidade de Margarida Hegidia Teodoro Nogueira; c) averbar a construção do prédio residencial sob nº 429 da Rua Orlando Saes; d) certidão expedida pela Prefeitura Municipal de São José dos Campos, informando a oficialização do antigo nº 429 para o atual nº 433 da Rua Orlando Saes; e) certidão atualizada da nomeação de Antônio de Paula Ferreira Neto como inventariante dos espólios dos loteadores José Ferreira de Almeida e Carolina de Paula Almeida, para a formalização da anuência, nos termos do art. 13, §2º, do Decreto Lei nº 58/37".

Em suas razões as apelantes sustentam, em suma, que o imóvel em questão foi o único bem deixado pelos pais aos herdeiros e não pôde ser registrado antes do falecimento dos genitores por circunstâncias alheias as suas vontades; solicitaram na via administrativa o registro do contrato de compra e venda do imóvel e foram expedidas diversas notas de devolução, todas regularmente cumpridas, à exceção da juntada de uma procuração inexistente, supostamente passada por Margarida Hegidia Teodoro Nogueira em favor de Sandra Cristina Moreira; o documento, contudo, não existe, sendo que a menção se deu por erro, pois Margarida faleceu em 08/06/2016, e à época dos fatos já estava separada de Moacir desde 1958, com sentença de divórcio em 1984 – autos nº 0000103-58.1982.8.26.0577; desde a separação de fato jamais soube de Margarida; o formal de partilha dos bens inventariados do falecido José Rodrigues Nogueira foi expedido em 15/10/1986, já após a separação de fato (havida em meados de 1958) e após o divórcio (finalizado em 1984); o contrato de compra e venda de cessão de direitos foi elaborado e datado de 27/8/1991, e assinado em 16/3/1993, e por isso não houve comunicação do bem com Margarida; o R.06 da matrícula nº 20. 707 é registro passível de constatação de erro isso porque se deu aos 8/3/1991, ano em que o Sr. Moacir e a Sra. Margarida já estavam divorciados legalmente.

A Procuradoria Geral de Justiça opinou pelo desprovimento do recurso (fl. 182/185).

É o relatório.

Com efeito, o procedimento de dúvida registral busca o afastamento da exigência acerca da apresentação da procuração outorgada por Margarida Hegidia Teodoro Nogueira em favor de Sandra Cristina Moreira, que a representou no Instrumento Particular de Cessão e Transferência de Direitos e Obrigações de Contrato de Compromisso de Venda e Compra firmado em 27.08.1991, em que Maria Aparecida Gonçalves Nogueira, Moacir Rodrigues Nogueira, sua esposa Margarida Hegidia Teodoro Nogueira e Rozalina Pereira de Mello cedem os seus direitos e obrigações de promissários compradores de parte ideal correspondente a 50% do imóvel matriculado sob nº 20.707, adquirido no R. 06.

Os demais óbices constantes da nota devolutiva nº 64773, quais sejam: "*b) cópia autenticada da cédula de identidade de Margarida Hegidia Teodoro Nogueira; c) averbar a construção do prédio residencial sob nº 429 da Rua Orlando Saes; d) certidão expedida pela Prefeitura Municipal de São José dos Campos, informando a oficialização do antigo nº 429 para o atual nº 433 da Rua Orlando Saes; e) certidão atualizada da nomeação de Antônio de Paula Ferreira Neto como inventariante dos espólios dos loteadores José Ferreira de Almeida e Carolina de Paula Almeida, para a formalização da anuência, nos termos do art. 13, §2º, do Decreto Lei nº 58/37*", não foram cumpridos e tampouco impugnados pelas recorrentes.

Neste cenário, o recurso não comporta conhecimento em face da absoluta falta de interesse das apelantes.

Conforme é consabido, o procedimento de dúvida é reservado à análise da discordância do apresentante com os motivos que levaram à recusa do registro do título. De seu julgamento, decorrerá a manutenção da recusa, com cancelamento da prenotação, ou a improcedência da dúvida, que terá como consequência a realização do registro (art. 203, II, da Lei nº 6.015/73).

A impugnação parcial das exigências apontadas pela Sra. Oficial de Registro de Imóveis prejudica o exame da dúvida, já que, ainda que julgada improcedente (ou procedente, no caso da dúvida inversa), haverá outros óbices não impugnados que prejudicarão o ingresso do título no registro imobiliário.

A anuência parcial quanto às exigências apontadas para o ingresso do título no fólio real atribui ao procedimento de dúvida natureza consultiva, ou meramente doutrinária. O novo exame de admissibilidade para o futuro registro poderá ser influenciado por eventuais fatos novos, mesmo se o título for apresentado com atendimento das exigências impugnadas.

Esse é o entendimento pacífico deste Conselho Superior da Magistratura:

> *"Ao contrário do sustentado pelo recorrente, não cabe aqui ao Judiciário se pronunciar acerca da solução cabível para o caso concreto, não se tratando de órgão consultivo, como bem ressaltado pela nobre representante do parquet"* (CSM, Processo nº 000.608.6/7-00, Rel. Des. Gilberto Passos de Freitas, j. 21/12/2006).

Por essas razões, o reconhecimento de que a dúvida se encontra prejudicada tem como consequência o não conhecimento do recurso.

Ante o exposto, julgo prejudicada a dúvida e não conheço do recurso.

RICARDO ANAFE

Corregedor Geral da Justiça e Relator. (– DJe de 10.08.2020 – SP)

PODER JUDICIÁRIO

TRIBUNAL DE JUSTIÇA DO ESTADO DE SÃO PAULO

CONSELHO SUPERIOR DA MAGISTRATURA

Embargos de Declaração Cível nº 1004035-82.2018.8.26.0348/50000

Registro: 2020.000413377

ACÓRDÃO

Vistos, relatados e discutidos estes autos de **Embargos de Declaração Cível nº 1004035-82. 2018.8.26.0348/50000**, da Comarca de **Mauá**, em que são embargantes **JOÃO VICENTE DE ALMEIDA** e **ANA SEBASTIANA DIAS FERRAZ DE ALMEIDA**, é embargado **OFICIAL DE REGISTRO**

DE IMÓVEIS E ANEXOS DA COMARCA DE MAUÁ.

ACORDAM, em Conselho Superior de Magistratura do Tribunal de Justiça de São Paulo, proferir a seguinte decisão: "Rejeitaram os embargos de declaração opostos, v.u.", de conformidade com o voto do Relator, que integra este acórdão.

O julgamento teve a participação dos Exmos. **PINHEIRO FRANCO (PRESIDENTE TRIBUNAL DE JUSTIÇA) (Presidente), LUIS SOARES DE MELLO (VICE PRESIDENTE), XAVIER DE AQUINO (DECANO), GUILHERME G. STRENGER (PRES. SEÇÃO DE DIREITO CRIMINAL), MAGALHÃES COELHO(PRES. DA SEÇÃO DE DIREITO PÚBLICO) E DIMAS RUBENS FONSECA (PRES. DA SEÇÃO DE DIREITO PRIVADO).**

São Paulo, 5 de junho de 2020.

RICARDO ANAFE

Corregedor Geral da Justiça e Relator

Embargos de Declaração Cível nº 1004035-82.2018.8.26.0348/50000

Embargtes: João Vicente de Almeida e Ana Sebastiana Dias Ferraz de Almeida

Embargado: Oficial de Registro de Imóveis e Anexos da Comarca de Mauá

VOTO Nº 31.164

Embargos de Declaração – Inexistência de omissão, contradição ou obscuridade – Alegações que revelam inconformismo da parte embargante – Caráter infringente do recurso – Matéria já examinada na decisão questionada – Embargos de declaração rejeitados.

1. Trata-se de embargos de declaração opostos por *João Vicente de Almeida* e *Ana Sebastiana Dias Ferraz de Almeida* em face do v. acórdão que, entendendo estar prejudicada a dúvida, não conheceu a apelação interposta contra a sentença que manteve a negativa de registro de mandado de adjudicação compulsória expedido nos autos do Processo nº 0013031-48.2002.8.26.0348, da 1ª Vara Cível da Comarca de Mauá/SP.

Em síntese, afirmam os embargantes que o acórdão proferido é contraditório, pois o título apresentado para registro foi expedido na forma digital, devendo ser considerado, pois, original para todos os efeitos legais. Sustentam a possibilidade de atribuição de efeito modificativo aos embargos de declaração e, então, requerem o afastamento do apontado erro material para que a apelação interposta seja provida.

É o relatório.

2. Ao apontar a ocorrência de suposta contradição, pretendem os embargantes, em verdade, a alteração do julgado, insistindo no registro pretendido. Contudo, os embargos de declaração não se prestam a tal finalidade.

Ressalte-se que, no acórdão embargado, constou expressamente que *"é imprescindível a apresentação do título original ao Oficial de Registro de Imóveis, pois eventual procedência do recurso resultaria no pretendido registro, decidindo-se acerca da qualificação registral"*.

Ficou consignado, ainda, que: *"No caso concreto, recebeu o registrador, por ocasião do requerimento de suscitação de dúvida, apenas cópia do mandado de adjudicação expedido nos autos do processo nº 0013031-48.2002.8.26.0348, que tramitou perante a 1ª Vara Cível da Comarca de Mauá.*

> *E muito embora os apelantes informem, nas razões recursais, que estariam apresentando o original do título, o fato é que, mais uma vez, deixaram de provar seu protocolo junto ao Registro de Imóveis competente".*

A propósito, informou o Oficial registrador, ao suscitar a dúvida, que *"o original do supramencionado mandado de adjudicação compulsória não foi devidamente apresentado pelo ora Requerido, mas apenas cópia simples"* (fl. 02).

Ora, a apresentação do título original, objeto da nota de devolução, é requisito essencial e indispensável para que o procedimento de dúvida possa ser conhecido. Sem a via original do título, não pode o registrador fazer a respectiva prenotação decorrente da suscitação de dúvida, que não se confunde e nem é suprida por aquela anteriormente realizada quando da apresentação do título diretamente à serventia imobiliária. A propósito, foram transcritos os itens das Normas da Corregedoria Geral da Justiça que disciplinam a matéria, com referência, inclusive, aos títulos expedidos de forma eletrônica.

Em suma, há claro inconformismo dos embargantes em relação ao teor do acórdão, motivo pelo qual, em virtude de seu caráter nitidamente infringente, os embargos devem ser rejeitados.

3. Ante o exposto, pelo meu voto, rejeito os embargos de declaração opostos.

RICARDO ANAFE

Corregedor Geral da Justiça e Relator. (– DJe de 20.08.2020 – SP)

PODER JUDICIÁRIO

TRIBUNAL DE JUSTIÇA DO ESTADO DE SÃO PAULO

CONSELHO SUPERIOR DA MAGISTRATURA

Apelação n° 1071747-23.2019.8.26.0100

Registro: 2019.0001054551

ACÓRDÃO

Vistos, relatados e discutidos estes autos de **Apelação Cível nº 1071747-23.2019.8.26.0100**, da Comarca de **São Paulo**, em que é apelante **MARIA HADJINE CAMPELO ARAÚJO RIBEIRO**, é apelado **14º OFICIAL DE REGISTRO DE IMÓVEIS DA COMARCA DA CAPITAL.**

ACORDAM, em Conselho Superior de Magistratura do Tribunal de Justiça de São Paulo, proferir a seguinte decisão: **"Negaram provimento ao recurso e mantiveram a r. sentença que julgou a dúvida prejudicada, v.u.",** de conformidade com o voto do Relator, que integra este acórdão.

O julgamento teve a participação dos Exmos. Desembargadores **PEREIRA CALÇAS (PRESIDENTE TRIBUNAL DE JUSTIÇA) (Presidente), ARTUR MARQUES (VICE PRESIDENTE), XAVIER DE AQUINO (DECANO), EVARISTO DOS SANTOS(PRES. DA SEÇÃO DE DIREITO PÚBLICO), CAMPOS MELLO (PRES. DA SEÇÃO DE DIREITO PRIVADO) E FERNANDO TORRES GARCIA(PRES. SEÇÃO DE DIREITO CRIMINAL).**

São Paulo, 10 de dezembro de 2019.

GERALDO FRANCISCO PINHEIRO FRANCO

Corregedor Geral da Justiça e Relator

Apelação Cível nº 1071747-23.2019.8.26.0100

Apelante: Maria Hadjine Campelo Araújo Ribeiro

Apelado: 14º Oficial de Registro de Imóveis da Comarca da Capital

VOTO Nº 37.997

Registro de Imóveis – Dúvida inversa julgada prejudicada – Carta de sentença – Impugnação parcial das exigências formuladas – Recurso não provido.

Trata-se de apelação interposta contra r. sentença que julgou prejudicada a dúvida inversamente suscitada contra a recusa do registro, na matrícula nº 19.802 do 14º Registro de Imóveis da Comarca da Capital, de carta de sentença extraída de ação de separação consensual, em razão da insurgência somente em relação à exigência de averbação do cancelamento de indisponibilidades e de bloqueio que incidem sobre o imóvel, com anuência quanto à exigência de comprovação do recolhimento do imposto "inter vivos".

A apelante alegou, em suma, que em partilha de bens promovida em ação de separação consensual recebeu a totalidade do imóvel objeto da matrícula nº 19.802 do 14º Registro de Imóveis da Comarca da Capital. Disse que a separação consensual foi realizada em 21 de novembro de 1991, com sua conversão em divórcio em 1º de outubro de 1996. Asseverou que tanto a separação consensual, com homologação da partilha, como o divórcio são anteriores às averbações de indisponibilidade que somente atingem os bens de propriedade do seu ex-marido. Aduziu que a homologação da partilha produz efeitos a partir da data em que foi promovida e que necessita do registro para preservar a propriedade do imóvel. Requereu o provimento do recurso para que seja realizado o registro do título (fls. 128/133).

A douta Procuradoria Geral de Justiça opinou pelo não conhecimento do recurso em razão da impugnação parcial das exigências formuladas (fls. 150/152).

É o relatório.

A apelante pretende o registro, na matrícula nº 19.802 do 14º Registro de Imóveis da Comarca da Capital, de carta de sentença extraída de ação de separação judicial em que foi homologada a partilha de bens.

Para o registro foram formuladas as exigências consistentes em: a) averbar o cancelamento do bloqueio do imóvel e da indisponibilidade dos bens do separando; b) comprovar o pagamento do imposto de transmissão "inter vivos" (fls. 06).

Contudo, na suscitação da dúvida inversa a apelante se limitou a impugnar o óbice consistente no cancelamento das averbações de indisponibilidade dos bens do seu ex-marido (Av. 08 e Av. 10) e de bloqueio da matrícula (Av. 09), que foram lançadas na matrícula nº 19.802 (fls. 07/11).

O procedimento de dúvida é reservado à análise da discordância do apresentante com os motivos que levaram à recusa do registro do título e de seu julgamento decorrerá a manutenção dessa recusa, com o cancelamento da prenotação, ou a improcedência da dúvida que terá como consequência a realização do ato solicitado (art. 203, II, da Lei nº 6.015/73).

A impugnação parcial das exigências formuladas, silenciando a apresentante em relação a uma delas, prejudica o exame da dúvida porque permanecerá o óbice que impede o ingresso do título no registro imobiliário.

Em razão disso, a anuência com uma das exigências apontadas para o ingresso do título no fólio real atribui ao procedimento de dúvida natureza consultiva, ou meramente doutrinária, pois em caso de reapresentação deverá a nova qualificação ser realizada conforme os requisitos para o registro que então se mostrarem pertinentes.

Por esse motivo a dúvida não pode ser conhecida, sendo nesse sentido o v. acórdão prolatado por este Col. Conselho Superior da Magistratura na Apelação Cível nº 41.846-0/0, de que foi relator o Desembargador Sérgio Augusto Nigro Conceição, em que se verifica:

"Como já decidiu este Colendo Conselho Superior da Magistratura:

'Carece de interesse jurídico para o provimento judicial-administrativo, aquele que reconhece a procedência, ainda que parcial, de exigência do registrador'.

Reconhecidas procedentes em parte as exigências feitas, a solução será denegar o registro, julgando-se prejudicada a dúvida.

Em se tratando de dúvida imobiliária que tenha por objeto um único ato de registro, como no caso, não há falar em provimento parcial.

Quando o interessado no registro reconhece no recurso a procedência de uma ou mais exigências, como no caso, caracteriza-se a falta de interesse recursal, restando prejudicada a dúvida.

Como acrescentou aquele julgado: 'a decisão proferida em procedimento de dúvida tem sempre conteúdo positivo ou negativo acerca da registrabilidade do título' (ApCiv 8.765-0/5, de São Carlos, votação unânime, relatado pelo eminente Desembargador Milton Evaristo dos Santos).

Nesse sentido o procedimento de dúvida visa a dirimir dissensão entre o apresentante do título e o registrador, considerada a registrabilidade do título na ocasião de sua apresentação.

Por esses motivos julgam prejudicada a dúvida, e não conhecem do recurso" (Revista de Direito Imobiliário nº 45/154).

Ante o exposto, nego provimento ao recurso e mantenho a r. sentença que julgou a dúvida prejudIcada.

GERALDO FRANCISCO PINHEIRO FRANCO
Corregedor Geral da Justiça e Relator. (– DJe de 08.04.2020 – SP)

ITBI

PODER JUDICIÁRIO

TRIBUNAL DE JUSTIÇA DO ESTADO DE SÃO PAULO
CONSELHO SUPERIOR DA MAGISTRATURA

Apelação nº 1023458-08.2019.8.26.0602

Registro: 2020.000339774

ACÓRDÃO

Vistos, relatados e discutidos estes autos de **Apelação Cível nº 1023458-08.2019.8.26.0602**, da Comarca de **Sorocaba**, em que é apelante **R. L.**, é apelado **2 O. DE R. DE I. E A. DA C. DE S..**

ACORDAM, em Conselho Superior de Magistratura do Tribunal de Justiça de São Paulo, proferir a seguinte decisão: **"Negaram provimento ao recurso, v.u."**, de conformidade com o voto do Relator, que integra este acórdão.

O julgamento teve a participação dos Exmos. Desembargadores **PINHEIRO FRANCO (PRESIDENTE TRIBUNAL DE JUSTIÇA) (Presidente), LUIS SOARES DE MELLO (VICE PRESIDENTE), XAVIER DE AQUINO (DECANO), GUILHERME G. STRENGER (PRES. SEÇÃO DE DIREITO CRIMINAL), MAGALHÃES COELHO(PRES. DA SEÇÃO DE DIREITO PÚBLICO) E DIMAS RUBENS FONSECA (PRES. DA SEÇÃO DE DIREITO PRIVADO).**

São Paulo, 28 de abril de 2020.

RICARDO ANAFE
Corregedor Geral da Justiça e Relator

Apelação Cível nº 1023458-08.2019.8.26.0602

Apelante: R. L.

Apelado: 2 O. de R. de I. e A. da C. de S.

VOTO Nº 31.146

Registro de Imóveis – Carta de sentença – Divórcio com divisão de bens e dação em pagamento – Ausência de comprovação do recolhimento de ITBI – Dever do Oficial de velar pelo seu recolhimento, exigindo a apresentação das respectivas guias, o que não ocorreu – Recurso não provido.

1. Trata-se de apelação interposta por R. L., contra a r. sentença de fl. 101/102, que manteve a recusa levantada pelo 2 O. de R. de I. e A. da C. de S., negando registro de carta de sentença em razão da não apresentação de prova de quitação do ITBI.

A recorrente afirma que a negativa não se aplica, já que não cabe ao registrador exercer função de fiscalização de recolhimentos tributários, tratando-se de forma indireta de execução de dívidas da Fazenda, em substituição aos mecanismos da Fazenda Estadual. A solicitação de Registro de Carta de Sentença de Divórcio Consensual referente às matrículas nº (...) e nº (...), efetuada em 13/07/2017 e devidamente protocolada sob o nº (...), foi indevidamente devolvida com nota de exigência. A apelante sustenta que ao Oficial não cabe exigir a apresentação do pagamento da Guia de ITBI referente à dação em pagamento do imóvel de matrícula nº (...).

A D. Procuradoria Geral de Justiça opinou pelo não provimento do recurso.

É o relatório.

2. Presentes os pressupostos recursais e administrativos, conheço do recurso.

No mérito, a r. sentença deve ser integralmente confirmada.

Versa a questão sobre a possibilidade de se efetuar o registro de carta de sentença de partilha de bens e dação em pagamento, sem que houvesse prova de recolhimento do ITBI.

É consabido que os títulos judiciais também não escapam ao crivo da qualificação registral, de modo que o registrador deverá examinar se estão atendidos os princípios registrais pertinentes ao caso, para seu perfeito ingresso no fólio real.

Tratando-se de ITBI e ITCMD, este Eg. Conselho Superior da Magistratura tem seguido a linha de que não cabe ao Oficial Registrador aferir a regularidade do valor apurado a título do referido imposto:

"Registro de Imóveis – Dúvida – Formal de Partilha – Registro negado, ao argumento de recolhimento a menor de ITCMD – Impossibilidade não pode o sr. Oficial obstar registro por entender que o valor recolhido a título de tributo é inferior ao devido – Dúvida improcedente – Recurso provido." (Apelação n.º 1066691-48.2015.8.26.0100, Rel. Des. PEREIRA CALÇAS).

"Registro de Imóveis – Dúvida julgada improcedente determinando o registro do formal de partilha – Recusa do Oficial de Registro de Imóveis fundada na necessidade de manifestação da Fazenda Pública sobre o acerto do recolhimento do ITCMD – Impossibilidade de análise do mérito do título judicial – Possível divergência quanto ao valor do tributo que comporta cobrança pela Fazenda na esfera administrativa e judicial – Inexistência de impedimento para o registro – Recurso não provido." (Apelação Cível nº 0000503-16.2012.8.26.0579, Rel. Des. JOSÉ RENATO NALINI).

Todavia, compete ao Registrador verificar a existência ou não do efetivo recolhimento do imposto devido.

O art. 289 da Lei nº 6.015/73 é expresso ao indicar que é dever do registrador fiscalizar o pagamento dos tributos incidentes:

"Art. 289. No exercício de suas funções, cumpre aos oficiais de registro fazer rigorosa fiscalização do pagamento dos impostos devidos por força dos atos que lhes forem apresentados em razão do ofício."

A omissão do titular da delegação pode levar à sua responsabilidade solidária no pagamento do tributo, nos termos do art. 134, VI, do Código Tributário Nacional – CTN.

Nesse cenário, como se trata de não apresentação das guias de recolhimento do ITBI, a recusa encontra respaldo na Lei e nas Normas de Serviço da Corregedoria Geral da Justiça.

3. Ante o exposto, nego provimento ao recurso.

RICARDO ANAFE

Corregedor Geral da Justiça e Relator. (– DJe de 01.06.2020 – SP)

ITCMD

PODER JUDICIÁRIO

TRIBUNAL DE JUSTIÇA DO ESTADO DE SÃO PAULO

CONSELHO SUPERIOR DA MAGISTRATURA

Apelação nº 1007075-44.2019.8.26.0152

Registro: 2020.000211824

ACÓRDÃO

Vistos, relatados e discutidos estes autos de **Apelação Cível nº 1007075-44.2019.8.26.0152**, da Comarca de **Cotia**, em que é apelante **LUCIMARA BEZERRA RODRIGUES**, é apelado **OFICIAL DE REGISTRO DE IMÓVEIS E ANEXOS DA COMARCA DE COTIA.**

ACORDAM, em Conselho Superior de Magistratura do Tribunal de Justiça de São Paulo, proferir a seguinte decisão: **"Negaram provimento à apelação, com determinação, v.u."**, de conformidade com o voto do Relator, que integra este acórdão.

O julgamento teve a participação dos Exmos. Desembargadores **PINHEIRO FRANCO (PRESIDENTE TRIBUNAL DE JUSTIÇA) (Presidente), XAVIER DE AQUINO (DECANO), GUILHERME G.**

STRENGER (PRES. SEÇÃO DE DIREITO CRIMINAL), MAGALHÃES COELHO(PRES. DA SEÇÃO DE DIREITO PÚBLICO), DIMAS RUBENS FONSECA (PRES. DA SEÇÃO DE DIREITO PRIVADO) E LUIS SOARES DE MELLO (VICE PRESIDENTE).

São Paulo, 16 de março de 2020.

RICARDO ANAFE
Corregedor Geral da Justiça e Relator

Apelação Cível nº 1007075-44.2019.8.26.0152
Apelante: Lucimara Bezerra Rodrigues
Apelado: Oficial de Registro de Imóveis e Anexos da Comarca de Cotia

VOTO Nº 31.116

Registro de Imóveis – Título judicial – Divórcio – Partilha – Regime da comunhão parcial de bens – Imóvel atribuído à apelante – Qualificação negativa – Nota de devolução que não elenca todas as exigências formuladas, posteriormente, por ocasião da suscitação de dúvida – Óbices ao ingresso do título no fólio real confirmados – Registrador que não observa seu dever de examinar, de forma exaustiva, o título apresentado – Necessidade de apuração, pelo MM. Juiz Corregedor Permanente, de eventual prática de infração disciplinar por parte do registrador – Nega-se provimento ao recurso, com determinação.

1. Trata-se de apelação interposta por *Lucimara Bezerra Rodrigues* contra a r. sentença que confirmou o juízo negativo de qualificação registral (fl. 188/189), objetivando o registro da carta de sentença expedida nos autos da ação de divórcio (Processo nº 0006952-82.2011.8.26.0100) que tramitou perante a 1ª Vara de Família e Sucessões do Foro Regional do Ipiranga, Comarca da Capital, tendo por objeto o imóvel matriculado sob nº 71.357 junto ao Oficial de Registro de Imóveis e Anexos da Comarca de Cotia/SP.

Na Nota de Devolução expedida em relação ao título prenotado sob nº 296755, em 23.04.2019, o registrador informou que prevalecia a nota de exigência anterior, insistindo que a interessada apresentasse a Carta de Sentença perante o Chefe do Posto Fiscal da Secretaria da Fazenda do Estado de São Paulo, para elaboração do cálculo do imposto ou declaração de isenção (fl. 28/29). Em sua manifestação nos autos, confirmou a prenotação do original do título e alegou que as exigências apresentadas quando do primeiro protocolo (Nota de Devolução confeccionada em 27.04.2017), referentes à apresentação de certidão atualizada de casamento e de talão do IPTU para fins de cálculo dos emolumentos e respectivo depósito, não foram atendidas. Ainda, aduziu que a exigência de manifestação da Fazenda Pública Estadual, quanto à incidência ou não do imposto, é indispensável, ante a obrigação legal de conferência, pelo Oficial registrador, do pagamento do ITCMD (fl. 176/182).

A apelante, preliminarmente, requer o deferimento dos benefícios da Justiça Gratuita. No mérito, alega que a exigência formulada pelo Oficial registrador não se sustenta, pois já apresentou a Carta de Sentença ao Chefe do Posto Fiscal da Secretaria da Fazenda do Estado de São Paulo, sem que, no entanto, houvesse resposta. Aduz que, em caso análogo, o E. Conselho Superior da Magistratura entendeu que a esfera administrativa não é adequada para a declaração de incidência de tributo ou inconstitucionalidade da lei, admitindo o ingresso do formal de partilha mesmo sem comprovação do recolhimento do ITBI. Acrescenta que não compete ao registrador aferir a incidência ou isenção do imposto, pois em caso de divergência caberá à Fazenda cobrar o valor devido. Ainda, afirma que a sentença não vinculou o registro pretendido à comprovação do pagamento de imposto e ressalta ser indevido o ITBI no caso concreto. Por fim, aduz que não pode ser prejudicada pela inércia do ente público e, então, requer seja reformada a r. sentença para registro do título (fl. 194/203).

A D. Procuradoria de Justiça opinou pelo não provimento do recurso (fl. 217/222).

É o relatório.

2. Desde logo, cumpre lembrar que, a despeito do teor do art. 207 da Lei de Registros Públicos, neste procedimento de dúvida, de natureza administrativa, não incidem custas processuais ante a falta de previsão específica nas Leis Estaduais nº 11.331/02 e 11.608/03. Logo, prejudicado o pedido de Justiça Gratuita formulado em sede de preliminar pela apelante, para fins de dispensa do preparo recursal.

Pretende a apelante, que foi casada com Rinaldo Garcia sob o regime da comunhão parcial de bens, o registro de carta de sentença expedida nos autos da ação de divórcio (Processo nº 0006952-82.2011.8.26.0100) que tramitou perante a 1ª Vara de Família e Sucessões do Foro Regional do Ipiranga, Comarca da Capital, tendo por objeto o imóvel que lhe foi integralmente atribuído na partilha dos bens do casal, matriculado sob nº 71.357 junto ao Oficial de Registro de Imóveis e Anexos da Comarca de Cotia/SP.

Os títulos judiciais, cumpre lembrar, não estão isentos de qualificação para ingresso no fólio real. A qualificação negativa do título judicial não caracteriza desobediência ou descumprimento de decisão judicial.

No exercício desse dever, o Sr. Oficial encontrou óbices ao registro da carta de sentença que foi apresentada pela apelante. Então, ao emitir a Nota de Devolução (fl. 28/29) que deu ensejo ao presente procedimento de dúvida, consignou que: *"Prevalece a nota de exigência anterior (...)"*, insistindo na apresentação da Carta de Sentença perante o Chefe do Posto Fiscal da Secretaria da Fazenda do Estado de São Paulo, para elaboração do cálculo do imposto ou declaração de isenção. Ocorre que, na Nota de Devolução anterior (fl. 20) nenhuma referência havia sido feita quanto às exigências formuladas ainda no ano de 2017, as quais, somente agora, foram referidas pelo registrador (fl. 194/203).

Logo, ainda que a apelante tenha se insurgido apenas em relação à necessidade de comprovação de pagamento do ITCMD ou de sua isenção, não há que se falar em impugnação parcial. Com efeito, sem que outras exigências tenham sido feitas na Nota de Devolução que lhe foi entregue por ocasião do protocolo mais recente do título, inexiste qualquer irregularidade no requerimento de suscitação de dúvida tal como formulado.

É preciso lembrar, no entanto, que ao registrador cabe examinar, de forma exaustiva, o título apresentado e que, havendo exigências de qualquer ordem, estas deverão ser formuladas de uma só vez (NSCGJ, Capítulo XX, item 38) e não, no curso do procedimento de dúvida.

No mais, compete anotar que tanto o MM. Juiz Corregedor Permanente, quanto este C. Conselho Superior da Magistratura, ao apreciar as questões apresentadas no procedimento de dúvida, devem requalificar o título por completo. Com efeito, a qualificação do título realizada no julgamento da dúvida é devolvida por inteiro ao Órgão para tanto competente, sem que disso decorra decisão *extra petita* ou violação do contraditório e ampla defesa, como decidido por este órgão colegiado na Apelação Cível nº 33.111-0/3, da Comarca de Limeira/SP, em v. acórdão de que foi relator o Desembargador Márcio Martins Bonilha: *"Inicialmente, cabe ressaltar a natureza administrativa do procedimento da dúvida, que não se sujeita, assim, aos efeitos da imutabilidade material da sentença. Portanto, nesse procedimento há a possibilidade de revisão dos atos praticados, seja pela própria autoridade administrativa, seja pela instância revisora, até mesmo de ofício (cf. Ap Civ 10.880-0/3, da Comarca de Sorocaba). Não vai nisso qualquer ofensa ao direito de ampla defesa e muito menos se suprime um grau do julgamento administrativo. O exame qualificador do título, tanto pelo oficial delegado, como por seu Corregedor Permanente, ou até mesmo em sede recursal, deve necessariamente ser completo e exaustivo, visando escoimar todo e qualquer vício impeditivo de acesso ao cadastro predial. Possível, portanto, a requalificação do título nesta sede, ainda que de ofício, podendo ser levantados óbices até o momento não argüidos, ou ser reexaminado fundamento da sentença, até para alteração de sua parte dispositiva"* (*in* "Revista de Direito Imobiliário", 39/339).

Nesse cenário, a irregularidade verificada não impede o prosseguimento do feito e tampouco a análise do presente recurso que, no entanto, não comporta acolhimento. Vejamos.

A apresentação da certidão de casamento com a averbação do divórcio se justifica eis que, em respeito ao princípio da especialidade subjetiva, previamente ao registro do novo título faz-se necessária a averbação da mudança de estado civil dos titulares de domínio. E, para tanto, há que ser comprovada a devida anotação, junto ao assento de casamento, do divórcio realizado.

Também a comprovação do valor venal atualizado do imóvel, mediante apresentação do talão de IPTU ou certidão expedida pela Municipalidade, é imprescindível para fins de cálculo de emolumentos. Correta, pois, a exigência formulada pelo registrador, ainda que, uma vez efetuado o protocolo, não possa condicionar a prática do ato ao depósito integral do montante devido.

E diferentemente do que alega a apelante, não há controvérsia sobre o pagamento de ITBI, que não foi exigido, conforme expressamente consignado na Nota de Devolução (fl. 28/29). No que diz respeito ao ITCMD, dispõe o subitem 117.1, do Capítulo XX, das Normas de Serviço da Corregedoria Geral da Justiça, em harmonia com o previsto no art. 289, da Lei nº 6.015/73 e art. 30, inciso XI, da Lei nº 8.935/94, que:

> *"117.1. Com exceção do recolhimento do imposto de transmissão e prova de recolhimento do laudêmio, quando devidos, nenhuma exigência relativa à quitação de débitos para com a Fazenda Pública, inclusive quitação de débitos previdenciários, fará o oficial, para o registro de títulos particulares, notariais ou judiciais."*

Ademais, o art. 134, inciso VI, do Código Tributário Nacional estabelece a responsabilidade solidária dos tabeliães e registradores "pelos tributos devidos sobre os atos praticados por eles, ou perante eles, em razão do seu ofício".

No caso em exame, na Carta de Sentença apresentada, relativa à partilha de bens decorrente de divórcio, foram atribuídos à apelante os direitos sobre o imóvel objeto da matrícula nº 71.357 do Registro de Imóveis de Cotia/SP, assim como um veículo Ford Ecosport. Ao ex-marido da apelante, coube um lote de terreno localizado na cidade de Avaré/SP, assim como um veículo Ford Focus e a responsabilidade pelo débito decorrente de seu financiamento. Constou, ainda, que a partilha foi feita em partes iguais, considerando os bens recebidos e as dívidas assumidas por cada um dos cônjuges (fl. 44/51 e 78/81).

Ocorre que os documentos apresentados posteriormente (fl. 91/136) e a forma como a partilha foi realizada impedem que seja verificado se cada um dos ex-cônjuges recebeu, de fato, bens com valores que correspondem à sua meação no patrimônio que anteriormente era comum. É por essa razão que o registro da partilha está condicionado à prova da declaração e do pagamento do imposto que, nas transmissões gratuitas, é o Imposto de Transmissão "causa mortis" e Doação – ITCMD, ou de que não houve incidência desse tributo porque foi respeitada a meação de cada um dos cônjuges.

Essa obrigação não se modifica pela inércia da Fazenda Estadual na ação de divórcio, eis que a preclusão processual (fl. 125) não equivale à comprovação do pagamento do imposto ou declaração de não incidência.

Considerando, pois, que a prova do recolhimento do imposto devido em razão da partilha realizada, ou de sua isenção, é requisito para o registro**[1]**, correta a exigência de expressa manifestação a respeito, por parte da Fazenda Estadual, sob pena de responsabilidade solidária do registrador.

Além disso, faz-se necessária a anuência da credora fiduciária, na forma do art. 29 da Lei nº 9.514/97, que assim prescreve:

"O fiduciante, com anuência expressa do fiduciário, poderá transmitir os direitos de que seja titular sobre o imóvel objeto da alienação fiduciária em garantia, assumindo o adquirente as respectivas obrigações".

A anuência da credora fiduciária é indispensável, pouco importando se a transmissão dos direitos se deu entre os devedores originais. Com efeito, tem a credora fiduciária o direito de avaliar se a garantia permanece hígida e se a transmissão dos direitos de aquisição lhe interessa, visto que é titular da propriedade imobiliária.

Ou seja, além daqueles elencados pelo Sr. Oficial, há também esse óbice a ser superado. Nesse sentido, já ficou decidido que:

"REGISTRO DE IMÓVEIS – Carta de Sentença – Partilha de Bens – Dúvida procedente – Necessidade de correção do plano de partilha para constar a partilha dos direitos aquisitivos dos fiduciantes e não a partilha do imóvel propriamente dito – Indispensabilidade da anuência do credor fiduciário, na forma do art. 29 da Lei 9.514/97 – Carta de sentença que deve ser aditada porque o plano de partilha se encontra incompleto – Apelação não provida" (TJSP; Apelação Cível 1036558-52.2017.8.26.0100; Relator (a): Pinheiro Franco (Corregedor Geral); Órgão Julgador: Conselho Superior de Magistratura; Foro Central Cível – 1ª Vara de Registros Públicos; Data do Julgamento: 28/03/2018; Data de Registro: 06/04/2018).

"REGISTRO DE IMÓVEIS – COMPROMISSO DE COMPRA E VENDA – IMÓVEL ALIENADO FIDUCIARIAMENTE – NECESSIDADE DE ANUÊNCIA DA CREDORA FIDUCIÁRIA – ART. 29, DA LEI Nº 9.514/97 – RECURSO NÃO PROVIDO" (TJSP; Apelação Cível 1103676-50.2014.8.26.0100; Relator (a): Elliot Akel; Órgão Julgador: Conselho Superior de Magistratura; Foro Central Cível – 1ª Vara de Registros Públicos; Data do Julgamento: 07/10/2015; Data de Registro: 29/10/2015).

Consigne, por fim, que a atuação do Sr. Oficial Interino deve ser melhor analisada pelo MM. Juiz Corregedor Permanente, na esfera administrativa, visando a apuração de eventual prática de infração disciplinar, seja porque não formulou, na última Nota de Devolução expedida, todas as exigências anteriormente apresentadas, seja porque não realizou o exame exaustivo do título, omitindo-se quanto à necessidade de anuência da credora fiduciária.

3. Diante do exposto, pelo meu voto, nego provimento à apelação, com determinação.

RICARDO ANAFE

Corregedor Geral da Justiça e Relator.

Nota:

[1] Art. 289 da Lei nº 6.015/73. (– DJe de 14.04.2020 – SP)

PODER JUDICIÁRIO

TRIBUNAL DE JUSTIÇA DO ESTADO DE SÃO PAULO

CONSELHO SUPERIOR DA MAGISTRATURA

Embargos de Declaração Cível nº 1004733-43.2020.8.26.0114/50000

Registro: 2020.000875927

ACÓRDÃO

Vistos, relatados e discutidos estes autos de Embargos de Declaração Cível nº 1004733-43.2020.8.26.0114/50000, da Comarca de **Campinas**, em que é embargante **ROBERTO AKIRA GOTO**, é embargado **SEGUNDO OFICIAL DE REGISTRO DE IMÓVEIS DA COMARCA DE CAMPINAS.**

ACORDAM, em Conselho Superior de Magistratura do Tribunal de Justiça de São Paulo, proferir a seguinte decisão: **"Rejeitaram, v.u.",** de conformidade com o voto do Relator, que integra este acórdão.

O julgamento teve a participação dos Exmos. Desembargadores **PINHEIRO FRANCO (PRESIDENTE TRIBUNAL DE JUSTIÇA) (Presidente), LUIS SOARES DE MELLO (VICE PRESIDENTE), XAVIER DE AQUINO (DECANO), GUILHERME G. STRENGER (PRES. SEÇÃO DE DIREITO CRIMINAL), MAGALHÃES COELHO(PRES. DA SEÇÃO DE DIREITO PÚBLICO) E DIMAS RUBENS FONSECA (PRES. DA SEÇÃO DE DIREITO PRIVADO).**

São Paulo, 2 de outubro de 2020.

RICARDO ANAFE

Corregedor Geral da Justiça e Relator

Embargos de Declaração Cível nº 1004733-43.2020.8.26.0114/50000

Embargante: Roberto Akira Goto

Embargado: Segundo Oficial de Registro de Imóveis da Comarca de Campinas

VOTO Nº 31.238

Embargos de Declaração – Inexistência de omissão – Acórdão que apontou exaustivamente as razões pelas quais houve doação e, portanto, incidência de imposto de transmissão (ITCMD) – Alegações que revelam inconformismo da parte embargante – Caráter infringente do recurso – Matéria já examinada na decisão questionada – Embargos de declaração rejeitados.

1. Trata-se de embargos de declaração opostos por Roberto Akira Goto em face do v. acórdão que, negando provimento à apelação interposta contra a sentença proferida pelo MM. Juiz Corregedor Permanente do 2º Oficial de Registro de Imóveis da Comarca de Campinas, manteve a procedência de dúvida.

Em síntese, afirma o embargante nunca houve doação entre os herdeiros nem, pois, incidência do imposto de transmissão (ITCMD doação); logo, não é possível adimplir esse tributo e, como os interessados não podem fabricar e enviar uma declaração falsa nesse sentido, cabe ao Tribunal manifestar-se sobre tal ponto, esclarecendo como fazer o recolhimento.

É o relatório.

2. Ao apontar a ocorrência de suposta omissão, pretende a parte embargante, em verdade, a alteração do julgado, insistindo no provimento da apelação. Contudo, os embargos de declaração não se prestam a tal finalidade.

A decisão embargada expressamente consignou as razões pelas quais, segundo as peculiaridades do caso concreto, houve doação entre herdeiros, o que dá azo à incidência do imposto de transmissão: com efeito, embora os interessados se houvessem valido de um certo valor fiscal para dar aparência de igualdade entre os quinhões, consta da própria partilha a discrepância entre os efetivos valores dos bens transmitidos a cada qual dos herdeiros, de maneira que entre eles houve doação e, pois, fato imponível.

Ademais, não cabe ao Poder Judiciário dar nenhuma espécie de instrução sobre a forma pela qual os sucessores devam regularizar a sua situação perante a Fazenda do Estado.

Em suma, há claro inconformismo da parte embargante quanto ao teor do que se decidiu, motivo pelo qual, dado o seu caráter nitidamente infringente, os embargos de declaração têm de ser rejeitados.

3. À vista do exposto, pelo meu voto, rejeito os embargos de declaração opostos.

RICARDO ANAFE

Corregedor Geral da Justiça e Relator. (– DJe de 16.12.2020 – SP)

PODER JUDICIÁRIO

TRIBUNAL DE JUSTIÇA DO ESTADO DE SÃO PAULO

CONSELHO SUPERIOR DA MAGISTRATURA

Apelação n° 1004733-43.2020.8.26.0114

Registro: 2020.000681588

ACÓRDÃO

Vistos, relatados e discutidos estes autos de **Apelação Cível nº 1004733-43.2020.8.26.0114**, da

Comarca de **Campinas**, em que é apelante **ROBERTO AKIRA GOTO**, é apelado **SEGUNDO OFICIAL DE REGISTRO DE IMÓVEIS DA COMARCA DE CAMPINAS**.

ACORDAM, em Conselho Superior de Magistratura do Tribunal de Justiça de São Paulo, proferir a seguinte decisão: **"Negaram provimento à apelação, v.u."**, de conformidade com o voto do Relator, que integra este acórdão.

O julgamento teve a participação dos Exmos. Desembargadores **PINHEIRO FRANCO (PRESIDENTE TRIBUNAL DE JUSTIÇA) (Presidente), LUIS SOARES DE MELLO (VICE PRESIDENTE), XAVIER DE AQUINO (DECANO), GUILHERME G. STRENGER (PRES. SEÇÃO DE DIREITO CRIMINAL), MAGALHÃES COELHO(PRES. DA SEÇÃO DE DIREITO PÚBLICO) E DIMAS RUBENS FONSECA (PRES. DA SEÇÃO DE DIREITO PRIVADO).**

São Paulo, 20 de agosto de 2020.

RICARDO ANAFE

Corregedor Geral da Justiça e Relator

Apelação Cível nº 1004733-43.2020.8.26.0114

Apelante: Roberto Akira Goto

Apelado: Segundo Oficial de Registro de Imóveis da Comarca de Campinas

VOTO Nº 31.205

Registro de Imóveis – Dúvida – Título notarial – Sucessão legítima – Partilha causa mortis Imposto sobre transmissão (ITCMD) – Quinhões desiguais – Doação dos valores excedentes – A base de cálculo do imposto de transmissão é o valor venal dos bens transmitidos, *causa mortis* e doação – Emprego de outra base de cálculo que levara à aparente inexistência de doação entre os herdeiros – Correta fiscalização exercida pelo Oficial de Registro de Imóveis – Recusa legítima – Apelação a que se nega provimento.

1. Trata-se de recurso de apelação (fl. 137/145) interposto por Roberto Akira Goto contra a r. sentença (fl. 127/129) proferida pelo MM. Juízo Corregedor Permanente do 2º Oficial de Registro de Imóveis da Comarca de Campinas, que, confirmando os óbices apresentados na nota devolutiva (fl. 59/62), julgou procedente a dúvida e manteve a recusa de registro *stricto sensu* de partilha *causa mortis* (fl. 17/24) nas matrículas nº 43.777 e 43.778 daquele cartório (fl. 02 e 63/72).

Segundo o r. *decisum,* para aquilatar o valor dos bens os interessados empregaram o montante atribuído pela própria falecida em sua declaração de imposto de renda do ano de seu passamento. No entanto, se forem considerados, como é correto, os valores venais dos bens partilhados, a partilha *causa mortis* em verdade se deu por quinhões desiguais. Logo, incide o imposto de transmissão (ITCMD-doação) sobre os montantes excedentes, e sem o seu adimplemento ou dispensa fiscal desse tributo realmente não se pode proceder ao registro requerido.

Afirma o apelante, porém, que, como autorizam as regras referentes ao imposto de renda, o montante dos bens e direitos partilhados, para fins de partilha, foi calculado segundo a avaliação dada pela declaração tributária da autora da herança, e não pelos valores venais.

Assim, não existem quinhões de valores diversos nem, portanto, doação entre os herdeiros, de modo que, a esse título (ITCMD-doação), não é devido tributo algum. Acrescenta que o ITCMD-*causa mortis,* entretanto, foi calculado sobre os valores venais e, logo, foi adimplido por um montante muito superior ao que seria devido se fosse utilizado o valor real de partilha. Aduz que não houve nenhuma impugnação por parte do Fisco Estadual. Por tudo isso, conclui que, inexistindo doação, não há mais tributo que recolher, de maneira que o óbice é ilegal e a sentença tem de ser reformada para que se efetue o pretendido registro *stricto sensu.*

O Oficial de Registro manifestou-se, insistindo na manutenção da r. decisão recorrida (fl. 148/151).

A D. Procuradoria Geral de Justiça ofertou parecer opinando pelo não provimento do apelo (fl. 169/172).

É o relatório.

2. O imposto de transmissão causa de mortis e doação (Constituição da República, art. 155, I) tem como base de cálculo o valor venal dos bens ou direitos transmitidos (Cód. Tributário Nacional, art. 38; Lei Estadual nº 10.705, de 28 de dezembro de 2000, art. 9º, *caput*; Decreto Estadual nº 46.655, de 1º de abril de 2002, art. 12), como, de resto, consta no próprio instrumento de partilha (fl. 20/21) e nas declarações à autoridade fiscal do Estado (fl. 39/47).

Ao lado do valor venal dos bens transmitidos, entretanto, os herdeiros também se valeram de um *valor fiscal,* empregado para partilhar os bens em quinhões aparentemente iguais (comparem-se a estimação dada aos bens a fl. 20/21 e o valor dos quinhões a fl. 22/23).

Porém, está claro que, sob o manto dessa equalização de quinhões pelos valores fiscais, os herdeiros na verdade atribuíram uns aos outros quotas-partes de montantes distintos, o que implica, *ipso facto,* doação dos montantes excedentes. Afinal, por força do direito hereditário, a sucessão legítima implica quinhões equivalentes, de maneira que as quantias discrepantes, quando as há, são transmitidas por ato gratuito *inter vivos* ou seja, doação. E sobre as doações incide imposto de transmissão, para cujo cômputo se emprega, por força de lei, o valor venal, como já se viu.

Como os interessados não comprovaram o adimplemento do tributo incidente sobre essas doações, o Oficial de Registro de Imóveis procedeu retamente ao indeferir o registro *stricto sensu,* já que nos termos da Lei nº 6.015, de 31 de dezembro de 1973, art. 289, lhe cabia *(a)* controlar o recolhimento do tributo incidente na espécie (que não houve, como é incontroverso) e *(b)* verificar a adequação da base de cálculo aos critérios legais (que não se deu, porque os interessados, como dito, não utilizaram os corretos valores venais e, à força desse erro, concluíram que não tinham mais nada que adimplir em virtude de ato entre vivos).

Essa interpretação, tradicional e assentada na jurisprudência administrativa de São Paulo, vem sendo confirmada por este Conselho Superior da Magistratura:

> *"O posicionamento recorrente do Conselho Superior da Magistratura é no sentido da limitação do dever de fiscalização atribuído ao Oficial de Registro quanto a existência do recolhimento do tributo e a razoabilidade da base de cálculo, conforme os precedentes nas apelações cíveis nºs 0031287-16.2015.8.26.0564, de São Bernardo do Campo, 1006725-68.2015.8.26.0161, de Diadema, e 102415898.2015.8.26.0577, de São José dos Campos [...]. Assim, o dever de fiscalização de recolhimento dos tributos atribuído aos notários e registradores (art. 289 da Lei nº 6.015/1973 e art. 30, XI, da Lei nº 8.935/1994), se limita à verificação do recolhimento dos tributos decorrentes dos atos realizados, bem como a razoabilidade da base de cálculo utilizada [...]." (Apelação Cível 1001441-21.2019.8.26.0426, j. 15.4.2020, DJe 27.4.2020, extrato do voto vencedor).*

Acrescente-se, por fim, que não favorecem o apelante a invocação das regras do imposto de renda das pessoas físicas (pois, como visto, se há de empregar o valor venal dos bens como base de cálculo, e não o montante informado à Receita Federal) e o silêncio da Fazenda do Estado (que ainda não teve condições de manifestar-se, pois não lhe foram informadas as doações).

Em suma: a recusa (fl. 59/62) foi correta e ateve-se aos justos limites da qualificação registral nessa matéria, e, por conseguinte, tem de ser confirmada a r. sentença (fl. 127/129) que a manteve.

3. À vista do exposto, pelo meu voto, nego provimento à apelação.

RICARDO ANAFE

Corregedor Geral da Justiça e Relator. (– DJe de 08.09.2020 – SP)

PODER JUDICIÁRIO

TRIBUNAL DE JUSTIÇA DO ESTADO DE SÃO PAULO

CONSELHO SUPERIOR DA MAGISTRATURA

Apelação Cível nº 1018134-43.2019.8.26.0309

Registro: 2020.0000493034

ACÓRDÃO

Vistos, relatados e discutidos estes autos de **Apelação Cível nº 1018134-43.2019.8.26.0309**, da Comarca de **Jundiaí**, em que é apelante **DANIELE DE ALMEIDA TOLDO**, é apelado **1º OFICIAL DE REGISTRO DE IMÓVEIS E ANEXOS DA COMARCA DE JUNDIAÍ**.

ACORDAM, em Conselho Superior de Magistratura do Tribunal de Justiça de São Paulo, proferir a seguinte decisão: **"Negaram provimento ao recurso. V. U."**, de conformidade com o voto do Relator, que integra este acórdão.

O julgamento teve a participação dos Exmos. Desembargadores **PINHEIRO FRANCO (PRESIDENTE TRIBUNAL DE JUSTIÇA) (Presidente), LUIS SOARES DE MELLO (VICE PRESIDENTE), XAVIER DE AQUINO (DECANO), GUILHERME G. STRENGER (PRES. SEÇÃO DE DIREITO CRIMINAL), MAGALHÃES COELHO(PRES. DA SEÇÃO DE DIREITO PÚBLICO) E DIMAS RUBENS FONSECA (PRES. DA SEÇÃO DE DIREITO PRIVADO).**

São Paulo, 18 de junho de 2020.

RICARDO ANAFE

Corregedor Geral da Justiça e Relator

Apelação Cível nº 1018134-43.2019.8.26.0309

Apelante: Daniele de Almeida Toldo

Apelado: 1º Oficial de Registro de Imóveis e Anexos da Comarca de Jundiaí

VOTO Nº 31.176

Registro de Imóveis – Dúvida julgada procedente – Carta de sentença extraída de ação de

divórcio consensual - Exigência consistente na apresentação da anuência da Fazenda do Estado com a declaração e o recolhimento do Imposto de Transmissão "Causa Mortis" e de Doação de Quaisquer Bens e Direitos - ITCMD - Carta de sentença que somente foi instruída com o protocolo da declaração do ITCMD e com as guias de recolhimento, o que impossibilita a análise da alegação de que foi adotada base de cálculo superior aos valores venais dos imóveis transmitidos - Recurso não provido.

1. Trata-se de apelação interposta contra r. sentença que julgou procedente a dúvida suscitada em razão da recusa do registro da carta de sentença extraída da ação de divórcio consensual da apelante, nas matrículas nºs 87.141 e 94.071 do 1º Registro de Imóveis, Títulos e Documentos e Civil de Pessoa Jurídica da Comarca de Jundiaí, porque não foi apresentada a anuência da Fazenda do Estado com o valor do Imposto de Transmissão "Causa Mortis" e de Doação de Quaisquer Bens - ITCMD (fl. 209/210).

A apelante alegou, em suma, que promoveu a declaração e o recolhimento do ITCMD devido pela partilha dos imóveis que lhe couberam com exclusividade, conforme documentos que integram a carta de sentença. Afirmou que a exigência da concordância da Fazenda do Estado com a declaração e o recolhimento do imposto é inconstitucional porque tem natureza de sanção política. Asseverou que o Supremo Tribunal Federal reconheceu a inconstitucionalidade de leis e atos normativos que exigem a apresentação de certidões negativas de débitos e a comprovação do recolhimento de impostos como requisito para o registro de título. Além disso, a declaração do ITCMD é feita pela modalidade do lançamento por declaração e a exigibilidade de crédito não abrangido pelo pagamento realizado está sujeita ao prazo decadencial previsto no art. 173 do Código Tributário Nacional. Esclareceu que no cálculo do imposto foram adotados valores superiores aos venais atribuídos para os imóveis, o que ensejou a extinção do débito tributário. Ademais, caberá à Fazenda do Estado, discordando da declaração e do recolhimento do imposto, promover o lançamento para efeito de exigência do valor que considerar devido. Porém, não prevalece a exigência de prévia manifestação da Fazenda do Estado, anuindo com o imposto declarado e recolhido, como requisito para o registro da carta de sentença. Essa exigência, ademais, não decorre da legislação que somente obriga a comprovação, ao Oficial de Registro de Imóveis, de que foi promovido o pagamento do ITCMD. Requereu a reforma da r. sentença para o registro da carta de sentença (fl. 219/238).

A douta Procuradoria Geral de Justiça opinou pelo não provimento do recurso (fl. 274/279).

É o relatório.

2. Observo, inicialmente, que a apelação visa a reforma da r. sentença de fl. 209/210, posto que a anteriormente prolatada (fl. 127/128) foi anulada pela decisão de fl. 208.

O dever de fiscalizar o pagamento dos impostos, atribuído ao oficial de registro pelo art. 289 da Lei nº 6.015/73, não se confunde com a exigência de apresentação de certidão negativa de débito tributário e não caracteriza sanção política às partes do negócio jurídico que tem por objeto bem imóvel.

Essa fiscalização, no que se refere ao Imposto de Transmissão "Causa Mortis" e de Doação de Quaisquer Bens - ITCMD, é restrita à existência do recolhimento do tributo e da adequação da base de cálculo aos critérios legais, conforme o v. acórdão deste Conselho Superior da Magistratura na Apelação Cível nº 1001441-21.2019.8.26.0426, da Comarca de Patrocínio Paulista, j. 15.04.2020, que teve a seguinte ementa:

"**Registro de Imóveis - Formal de Partilha - Recusa do oficial com fundamento na irregularidade de recolhimento de tributos - Ausência de anuência da Fazenda do Estado quanto ao ITCMD - Discordância quanto à base de cálculo do ITCMD - Exigência de recolhimento de ITBI por conta de partilha desigual de alguns dos imóveis transmitidos - Exigências afastadas - Dever de fiscalização do Oficial de Registros que se limita à existência do recolhimento do tributo autolançado, bem como da razoabilidade da base de cálculo - Precedentes - Fazenda Pública ciente do autolançamento do ITCMD nos autos do arrolamento, sem impugnação - Impossibilidade de recusa ao registro da transmissão *causa mortis* - Fiscalização do recolhimento do ITBI limitado a fatos geradores ocorridos na base territorial do registrador - Partilha do imóvel localizado em Patrocínio Paulista em frações iguais aos herdeiros, afastando a incidência de ITBI - Impossibilidade de recusa por eventual fato gerador e obrigação de pagamento do tributo a município diverso daquele em que se localiza o imóvel sob atribuição do registrador - Partilha desigual ocorrida em outro município,**

que deverá ser objeto de fiscalização pelo Oficial daquela base territorial – Dúvida afastada – Recurso provido para determinar o registro do formal de partilha na matrícula nº 2.953 do Registro de Imóveis de Patrocínio Paulista".

Em igual sentido:

"**Registro de Imóveis – Dúvida inversa – Escritura de Doação – Desqualificação Manutenção da exigência pelo MM. Juiz Corregedor Permanente – Discussão a respeito da base de cálculo a ser utilizada no cálculo do ITCMD – Atuação que extrapola as atribuições do registrador – Dever de fiscalização que se limita ao recolhimento do tributo – Recurso provido para julgar improcedente a dúvida e determinar o registro do título**" (CSM, Apelação Cível nº 0031287-16.205.8.26.0564, da Comarca de São Bernardo do Campo, Relator Desembargador Pereira Calças, j. 24.05.2017);

"**Registro de Imóveis – Dúvida julgada procedente – Formal de partilha extraído de ação de arrolamento de bens – Exigência de apresentação da manifestação da Fazenda do Estado anuindo com a declaração do Imposto de Transmissão 'causa mortis' e de Doação – ITCMD que foi recolhido pelos herdeiros – Ilegalidade da base de cálculo do ITCMD, adotada pela Fazenda do Estado, que foi reconhecida em Mandado de Segurança impetrado pelo herdeiro – Dever de fiscalizar atribuído ao Oficial de Registro que diz respeito à existência da declaração e ao recolhimento do imposto, sem abranger a correção da base de cálculo e do valor pago, salvo se constatada a existência de erro – Recurso provido para julgar a dúvida improcedente**" (CSM, Apelação Cível nº 1001206-48.2018.8.26.0601, da Comarca de Socorro, Rel. Des. Pinheiro Franco, j. 1º.11.2019).

Porém, neste caso concreto, a carta de sentença somente foi instruída com o comprovante de que a apelante apresentou para a Fazenda do Estado, em 27 de maio de 2019, a declaração e a guia de recolhimento do Imposto de Transmissão "Causa Mortis" e de Doação de Quaisquer Bens e Direitos ITCMD (fl. 95/97).

A carta de sentença, na forma como apresentada, não permite verificar que a declaração do Imposto de Transmissão "Causa Mortis" e de Doação de Quaisquer Bens e Direitos – ITCMD abrangeu os dois imóveis que foram integralmente atribuídos para a apelante e, mais, que a base de cálculo observou valor não inferior ao venal de cada um dos imóveis, como previsto no art. 13, inciso I, da Lei Estadual nº 10.705/2000.

Também não foi apresentada a manifestação da Fazenda do Estado sobre o imposto declarado e recolhido, ainda que para a finalidade de comprovar a alegação, feita pela apelante, de que a discordância decorreu da exigência de adoção de base de cálculo superior aos valores venais dos imóveis partilhados.

Isso impede a análise da adequação entre o imposto declarado e o recolhido, o que implica na manutenção da recusa do registro da carta de sentença na forma como foi apresentada.

3. Ante o exposto, embora por fundamento diverso do adotado na r. sentença, mantenho a recusa do registro e, em consequência, nego provimento ao recurso.

RICARDO ANAFE

Corregedor Geral da Justiça e Relator. (– DJe de 07.07.2020 – SP)

PODER JUDICIÁRIO

TRIBUNAL DE JUSTIÇA DO ESTADO DE SÃO PAULO

CONSELHO SUPERIOR DA MAGISTRATURA

Apelação nº 1000614-42.2018.8.26.0459

Registro: 2020.0000475239

ACÓRDÃO

Vistos, relatados e discutidos estes autos de **Apelação Cível nº 1000614-42.2018.8.26.0459**, da Comarca de **Pitangueiras**, em que é apelante **ITAMAR APARECIDO ZUQUETTE**, é apelado **OFICIAL DE REGISTRO DE IMÓVEIS E ANEXOS DA COMARCA DE PITANGUEIRAS.**

ACORDAM, em Conselho Superior de Magistratura do Tribunal de Justiça de São Paulo, proferir a seguinte decisão: **"Julgaram prejudicada a dúvida e não conheceram do recurso interposto, v.u"**, de conformidade com o voto do Relator, que integra este acórdão.

O julgamento teve a participação dos Exmos. Desembargadores **PINHEIRO FRANCO (PRESIDENTE TRIBUNAL DE JUSTIÇA) (Presidente), LUIS SOARES DE MELLO (VICE PRESIDENTE), XAVIER DE AQUINO (DECANO), GUILHERME G. STRENGER (PRES. SEÇÃO DE DIREITO CRIMINAL), MAGALHÃES COELHO(PRES. DA SEÇÃO DE DIREITO PÚBLICO) E DIMAS RUBENS FONSECA (PRES. DA SEÇÃO DE DIREITO PRIVADO).**

São Paulo, 18 de junho de 2020.

RICARDO ANAFE

Corregedor Geral da Justiça e Relator

Apelação Cível nº 1000614-42.2018.8.26.0459

Apelante: Itamar Aparecido Zuquette

Apelado: Oficial de Registro de Imóveis e Anexos da Comarca de Pitangueiras

VOTO Nº 31.177

Dúvida – Registro de Imóveis – Suscitação parcial em relação às exigências formuladas pelo Oficial de Registro Imobiliário – Apresentação de documento não atendida até a suscitação da dúvida – Impossibilidade de atendimento no transcorrer do procedimento de dúvida, mediante apresentação de documentos – Impossibilidade de alteração do título e dos documentos essenciais que instruem a dúvida após a suscitação, sob pena de prorrogação indevida dos efeitos da prenotação – Exigência não impugnada que impede o conhecimento da dúvida, vedada a emissão de decisão condicional – Dúvida Prejudicada – Recurso não conhecido.

Trata-se de recurso da apelação interposto por Itamar Aparecido Zuquette contra a r. sentença de fl. 102/104, que julgou procedente dúvida suscitada pelo Oficial de Registro de Imóveis, Títulos e Documentos, das Pessoas Jurídicas e Tabelião de Protestos de Pitangueiras, mantendo as exigências de recolhimento do ITCMD com base no valor de referência do ITBI, fixado por norma municipal; de realização do ato por escritura pública, ante o fato do valor do bem negociado ser superior a 30 (trinta) salários mínios, e pela ausência de comprovação do estado civil da doadora.

O recurso sustenta, em resumo, a ilegalidade de exigência de imposto sobre a doação do bem com base em outro valor que não o venal utilizado para o lançamento do IPTU, nos termos dos arts. 9º e 13, da Lei Estadual nº 10.705/2000, não se admitindo o uso do valor venal de referência para fins de cálculo do ITBI, conforme prevê o Decreto Estadual nº 46.655/2002. Afirma que a imposição caracteriza exigência de tributo com base em decreto, o que fere o princípio da legalidade tributária (fl. 112/118).

A Procuradoria Geral de Justiça manifesta-se pela competência do Conselho Superior da Magistratura, ante a natureza do ato pretendido. No mérito recursal, pelo não conhecimento, visto a impugnação apenas de uma das três objeções apresentadas pelo registrador. Alternativamente, opina pelo não provimento do recurso (fl. 143/146 e 170).

Por decisão interlocutória foi reconhecida a competência do Conselho Superior da Magistratura, determinando-se a redistribuição dos autos (fl. 148).

É o relatório.

A dúvida é suscitada a partir do pedido de registro de contrato particular de doação de bem imóvel, realizado entre Ana Neyde Zuquette Giacometti, na condição de doadora, e Itamar Aparecido Zuquette, como donatário, reservando-se àquela o usufruto vitalício do imóvel objeto da matrícula nº 16.000 do Registro de Imóveis de Pitangueiras. No que diz respeito ao preço do negócio, as partes fixaram o valor do imóvel em R$ 19.000,00, sendo 1/3 (R$ 6.333,33) correspondente ao usufruto vitalício em favor da doadora, e 2/3 (R$ 12.666,67) correspondente à nua-propriedade.

Há ainda nos autos certidão de valor venal do bem imóvel, emitida pela Prefeitura Municipal de Pitangueiras, atribuindo ao imóvel inscrito sob o nº 1-02-020-1300 o valor venal de R$ 18.475,71 para o exercício de 2017, com validade até 31.12.2018, observando-se valor venal para o terreno de R$ 3.390,82 (220,90 m2) e para a construção de R$ 15.084,89 (131,39 m2) (fl. 27).

A Nota de Exigência nº 2.148, de 29.01.2018, firmou as seguintes exigências:

"1) A forma do título apresentado não poderá ser registrado, "INSTRUMENTO PARTICULAR", nos termos do art. 108 do Código Civil, uma vez que o valor de mercado do mesmo ultrapassa os 30 (trinta) salários minimos, conforme Decreto Municipal nº 3.631, de 04/022015, e Decreto Municipal nº 3.896, de 12/04/2017 (planta genérica para avaliação dos imóveis), correspondendo o terreno no valor de R$ 44.180,00 + valor da construção de R$ 89.713,09, totalizando assim R$ 133.893,09, sendo que somente o valor do terreno já ultrapassa os ditos 30 (trinta) salários mínimos. 2) Com isso também deverá ser observado com relação ao recolhimento do ITCMD, conforme regulamente o Decreto Estadual nº 55.002 de 09/11/2009, observando também a CAT 29 de 04/03/2011, a qual acrescento o artigo nº 16-A, § único da CAT 15 de 06/02/2003, pois os valores mencionados na referida escritura, trata-se meramente do valor venal, estando em desacordo com a certidão vigente (...). 3) Dos documentos de identificação apresentados, não foi anexado documento que comprove o estado civil da doadora (CERTIDÃO NASCIMENTO OU CASAMENTO), o que se faz necessário." (fl. 4).

O título foi reapresentado com pedido de suscitação de dúvida, impugnando os itens 1 e 2 da nota de devolução, não se manifestando quanto ao item 3 (fl. 5/75).

O pedido de suscitação de dúvida pelo apelante diz respeito, essencialmente, à ilegalidade e inconstitucionalidade da alteração da base de cálculo de tributos, no caso, do IPTU e do ITCMD, senão por lei ordinária, afirmando a legalidade da adoção do valor venal do bem lançado pelo Município de Pitangueiras, o que torna desnecessária a realização do ato de doação por meio de instrumento público, nos termos do art. 108 do Código Civil. Ainda, que sendo a fixação do valor do IPTU competência de lei municipal, o valor do ITCMD não poderia ser calculado a partir de tabela própria para fins de cálculo do ITBI, por força de norma inferior à lei.

Nada afirmou a respeito da falta de comprovação do estado civil da doadora, limitando-se a apresentar, já no transcorrer do procedimento de dúvida, uma cópia simples de certidão de casamento, emitida em 1991, e a certidão de óbito do cônjuge da doadora (fl. 92/93).

A dúvida não pode ser conhecida, posto que parcial.

Embora relevante a discussão apresentada pelo apelante no que diz respeito à fiscalização do recolhimento do ITCMD pelo Oficial de Registro de Imóveis, bem como da necessidade ou não de instrumento público, por conta do valor do negócio ou do imóvel, é certo que na suscitação de dúvida não houve impugnação da exigência nº 3, qual seja, a comprovação do estado civil da doadora.

Não se observa, no pedido de suscitação de dúvida, qualquer referência quanto à exigência de comprovação do estado civil da doadora, elemento necessário à qualificação registral, presumindo-se a concordância parcial do apresentante com a exigência feita. Nem houve, no pedido de suscitação, cumprimento da exigência parcial.

O art. 186 da Lei nº 6.015/73 assegura o direito à qualificação e ao registro do título conforme a perfeita ordem cronológica de sua apresentação e protocolo, o que impede que eventuais títulos representativos de direitos conflitantes apresentados em segundo lugar obtenham preferência sobre aqueles que foram objeto de prenotação anterior.

O procedimento de dúvida, que prorroga o prazo de validade da prenotação, tem por finalidade a análise da dissensão entre o apresentante e o oficial registrador sobre as exigências formuladas para o registro do título, dissensão esta que deve ser decidida a partir de sua conformação no momento da suscitação.

O fato de se apresentarem cópias dos documentos necessários para o cumprimento do terceiro fundamento da nota de devolução, já no procedimento de dúvida, após intimação para manifestação feita pelo Juiz Corregedor Permanente, não corrige a falha formal da suscitação de dúvida, posto que esta tem seu alcance e limite estabelecidos no momento do pedido apresentado ao Oficial de Registro. O atendimento parcial de exigências durante o procedimento de dúvida o desnatura, posto alterar a instrução obrigatória do título para seu ingresso, o que deve ocorrer em momento anterior à própria suscitação da dúvida.

Diversos são os precedentes do Conselho Superior da Magistratura no sentido da impossibilidade de complementação do título no procedimento de dúvida:

"Dúvida registrária é só para dirimir o dissenso, entre o registrador e o apresentante, sobre a prática de ato de registro, referente a título determinado que, para esse fim (registro) foi protocolado e prenotado. Logo, não se admite, no seu curso, diligências ou dilação de provas destinadas à complementação de título desqualificado, à apuração de fatos extratabulares demonstrativos de situação jurídica de loteamento ou à promoção de medidas de saneamento de vício que macula o parcelamento do solo. A razão dessa restrição cognitiva, ademais, é evitar a indevida prorrogação do prazo da prenotação, consoante firme orientação deste Conselho Superior da Magistratura: 'A dilação probatória em procedimento desta natureza prorrogaria indevidamente o prazo da prenotação, potencializando prejuízo para o direito de prioridade de terceiros, que também tivessem prenotado outros títulos que refletissem direitos contraditórios.' (Apelação Cível nº 02783-0/7, Santa Rosa do Viterbo, j. 30.10.1995, rel. Des. ALVES BRAGA, in Revista de Direito Imobiliário 39/297-298). Confira, ainda, Apelação Cível nº 97.090-0/4, São José do Rio Preto, j. 12.12.2002, Rel. Des. LUIZ TÂMBARA; Apelação Cível nº 000.176.6/4-00, Socorro, j. 16.09.2004, Rel. Des. JOSÉ MÁRIO ANTONIO CARDINALE." (TJSP CSM Ap. Cível nº 482-6/0 rel. Des. Gilberto Passos de Freitas)

"REGISTRO DE IMÓVEIS – Registro de loteamento – Dúvida julgada procedente, com manutenção da recusa do registro – Impugnação parcial – Título complementado no curso da dúvida mediante apresentação de documentos destinados ao atendimento parcial das exigências formuladas pelo Oficial de Registro – Alteração do título que implicou anuência com as exigências formuladas para o registro, ainda que de forma parcial – Impossibilidade de alteração do título no curso da dúvida, o que impede o reexame da qualificação – Recurso não conhecido, prejudicada a dúvida suscitada." (TJSP – CSM – Ap. Cível nº 1003326-39.2017.8.26.0168 – rel. Des. Pinheiro Franco)

Assim, o não cumprimento de uma das exigências e sua não impugnação gera a impossibilidade de conhecimento da dúvida, pois corre-se o risco de eventual afastamento da dúvida não gerar seu cumprimento imediato, acaso não atendida a exigência não impugnada, o que transformaria o procedimento em meio de consulta ao Juiz Corregedor Permanente, o que não se admite (TJSP – CSM – Ap. 000.608.6/7-00 – rel. Des. Gilberto Passos de Freitas – j. 21.12.2006).

Por tais fundamentos, **JULGO PREJUDICADA** a dúvida e **NÃO CONHEÇO** do recurso interposto.

RICARDO ANAFE

Corregedor Geral da Justiça e Relator. (– DJe de 02.07.2020 – SP)

PODER JUDICIÁRIO

TRIBUNAL DE JUSTIÇA DO ESTADO DE SÃO PAULO

CONSELHO SUPERIOR DA MAGISTRATURA

Apelação nº 1000012-71.2019.8.26.0538

Registro: 2019.0001054533

ACÓRDÃO

Vistos, relatados e discutidos estes autos de **Apelação Cível nº 1000012-71.2019.8.26.0538**, da Comarca de **Santa Cruz das Palmeiras**, em que é apelante **MARIA APARECIDA PONTES MAZZOTTI BELLOMI**, é apelado **OFICIAL DE REGISTRO DE IMÓVEIS, TÍTULOS E DOCUMENTOS E CIVIL DE PESSOAS JURÍDICAS DA COMARCA DE SANTA CRUZ DAS PALMEIRAS.**

ACORDAM, em Conselho Superior de Magistratura do Tribunal de Justiça de São Paulo, proferir a seguinte decisão: **"Negaram provimento ao recurso. V. U.",** de conformidade com o voto do Relator, que integra este acórdão.

O julgamento teve a participação dos Exmos. Desembargadores **PEREIRA CALÇAS (PRESIDENTE TRIBUNAL DE JUSTIÇA) (Presidente), ARTUR MARQUES (VICE PRESIDENTE), XAVIER DE AQUINO (DECANO), EVARISTO DOS SANTOS(PRES. DA SEÇÃO DE DIREITO PÚBLICO), CAMPOS MELLO (PRES. DA SEÇÃO DE DIREITO PRIVADO) E FERNANDO TORRES GARCIA(PRES. SEÇÃO DE DIREITO CRIMINAL).**

São Paulo, 10 de dezembro de 2019.

GERALDO FRANCISCO PINHEIRO FRANCO

Corregedor Geral da Justiça e Relator

Apelação Cível n.º 1000012-71.2019.8.26.0538

Apelante: Maria Aparecida Pontes Mazzotti Bellomi

Apelado: Oficial de Registro de Imóveis, Títulos e Documentos e Civil de Pessoas Jurídicas da Comarca de Santa Cruz das Palmeiras

VOTO N.º 37.999

Registro de Imóveis – Imposto causa mortis – Fiscalização do correto recolhimento pelo oficial do registro imobiliário no caso de ser evidente o recolhimento a menor – Não exame no processo judicial da correspondência entre o valor atribuído aos bens transmitidos por sucessão hereditária na partilha homologada e o imposto recolhido – Exigência conforme o plexo de atribuições legais do oficial do registro imobiliário – Recurso não provido.

Trata-se de apelação interposta por Maria Aparecida Pontes Mazzotti Bellomi contra r. sentença que manteve a recusa de registro de carta de adjudicação em razão da ausência de comprovação da complementação do recolhimento do ITBI.

A apelante sustenta o cabimento do registro uma vez que houve o recolhimento do imposto *causa mortis* nos termos do decidido no inventário extrajudicial (a fls. 234-237).

A douta Procuradoria Geral de Justiça opinou pelo não provimento do recurso (a fls. 263-264).

É o relatório.

A natureza judicial do título apresentado não impede sua qualificação registral quanto aos aspectos extrínsecos ou aqueles que não foram objeto de exame pela Autoridade Jurisdicional.

O item 119 do Capítulo XX das Normas de Serviço da Corregedoria Geral da Justiça é expresso acerca do dever do Oficial do Registro de Imóveis a tanto, como se constata de sua redação:

> *"119. Incumbe ao oficial impedir o registro de título que não satisfaça os requisitos exigidos pela lei, quer sejam consubstanciados em instrumento público ou particular, quer em atos judiciais".*

Essa questão é pacífica nos precedentes administrativos deste órgão colegiado, entre muitos, confira-se trecho do voto do Desembargador Manoel de Queiroz Pereira Calças, Corregedor Geral da Justiça à época, na apelação n. 0001561-55.2015.8.26.0383, j. 20/7/2017:

"A origem judicial do título não afasta a necessidade de sua qualificação registral, com intuito de se obstar qualquer violação ao princípio da continuidade (Lei 6.015/73, art. 195).

Nesse sentido, douto parecer da lavra do então Juiz Assessor desta Corregedoria Geral de Justiça, Álvaro Luiz Valery Mirra, lançado nos autos do processo n.º 2009/85.842, que, fazendo referência a importante precedente deste Colendo Conselho Superior da Magistratura (Apelação Cível n.º 31.881-0/1), aduz o que segue:

'De início, cumpre anotar, a propósito da matéria, que tanto esta Corregedoria Geral da Justiça quanto o Colendo Conselho Superior da Magistratura têm entendido imprescindível a observância dos princípios e regras de direito registral para o ingresso no fólio real – seja pela via de registro, seja pela via de averbação – de penhoras, arrestos e seqüestros de bens imóveis, mesmo considerando a origem judicial de referidos atos, tendo em conta a orientação tranqüila nesta esfera administrativa segundo a qual a natureza judicial do título levado a registro ou a averbação não o exime da atividade de qualificação registral realizada pelo oficial registrador, sob o estrito ângulo da regularidade formal (Ap. Cív. n. 31.881-0/1)'".

É dever do Oficial de Registro de Imóveis a fiscalização do pagamento dos impostos devidos em razão dos títulos apresentados para registro em sentido amplo, pena de responsabilidade solidária de forma subsidiária.

Nesse sentido, dispõem o artigo 289 da Lei de Registros Públicos e artigo 134, inciso VI, do Código Tributário Nacional:

"LRP. Art. 289. No exercício de suas funções, cumpre aos oficiais de registro fazer rigorosa fiscalização do pagamento dos impostos devidos por força dos atos que lhes forem apresentados em razão do ofício.

CTN. Art. 134. Nos casos de impossibilidade de exigênciaa do cumprimento da obrigação principal pelo contribuinte, respondem solidariamente com este nos atos em que intervierem ou pelas omissões de que forem responsáveis:

(...)

VI – os tabeliães, escrivães e demais serventuários de ofício, pelos tributos devidos sobre os atos praticados por eles, ou perante eles, em razão do seu ofício".

De outra parte, conforme precedentes do Conselho Superior da Magistratura (Ap. n. 1066691-48.2015.8.26.0100, Rel. Pereira Calças, j. 25/8/2016, e Ap. n. 1024158-98.2015.8.26.0577, Rel. Pereira Calças, j. 25/8/2017) não integra o plexo de atribuições do registrador a verificação da exatidão do imposto recolhido.

O Des. Pereira Calças, Corregedor Geral da Justiça à época, no voto proferido na Ap. n. 1066691-48.2015.8.26.0100, j. 25/8/2016, afirmou:

"Pese embora sua força semântica, o adjetivo "rigorosa" não há de ser interpretado de modo tal que torne o Oficial de Registro guardião-mor do erário. Se, à evidência, não pode o Sr. Oficial permitir o registro quando recolhimento tributário nenhum houver, ou quando o valor pago seja flagrantemente inferior ao devido, tampouco lhe é dado, de outro bordo, tornar-se julgador de controvérsias jurídicas atinentes à extensão do montante devido. Assim é que, não se tendo recolhido tributo algum, será lícito que obste o registro. Todavia, apresentando o interessado prova do recolhimento tributário e expedido o formal de partilha, eventual discordância Fazendária acerca do quantum debeatur *não será impedimento ao registro. Haverá, outrossim, de ser solucionada pelas vias judiciais próprias".* (grifos meus)

Nessa perspectiva, compete ao Oficial do Registro de Imóveis a fiscalização das situações nas quais o recolhimento tributário é, evidentemente, menor que o montante legalmente cabível.

Esse ponto também foi ressaltado na Ap. n. 1005906-21.2018.8.26.0099, j. 16/5/2019, da qual fui relator, conforme segue:

"Não se cuida, portanto, de imputar ao Oficial de Registro de Imóveis a obrigação de fiscalizar a correção da declaração de imposto, mas de exigência decorrente da contradição das declarações da viúva e herdeiros, na escritura pública, sobre os valores venais dos imóveis e os valores em que sustentaram a declaração de dispensa da apresentação da prova do recolhimento do imposto decorrente da doação".

No caso em julgamento, após o recolhimento do imposto *causa mortis* houve a realização de perícia para avaliação dos bens transmitidos por sucessão hereditária, o que redundou na modificação do valor inicial daqueles (R$43.221,31) para R$201.174,17.

O valor da avaliação serviu de base para partilha homologada (a fls. 168-176), todavia, não houve manifestação a respeito pela Fazenda Estadual.

Nessa ordem de ideias, o imposto causa mortis, objetivamente, foi recolhido em consideração à avaliação inicial (R$43.221,31) e não à avaliação judicial que serviu de base para partilha (R$201.174,17).

O artigo 15, *caput*, da Lei Estadual n. 9.591/1966, vigente à época, estabelece:

"Artigo 15 – Nas transmissões "causa mortis", o valor será o que servir de base ao lançamento dos

impostos sôbre a propriedade predial e territorial urbana ou sôbre a propriedade territorial rural, conforme se trata respectivamente, de imóvel urbano ou rural, ressalvado aos interessados o direito de requererem avaliação judicial".

Na medida em que os interessados utilizaram o valor da avaliação judicial para fins de partilha, é inviável a consideração dos valores iniciais (inferiores) para fins de recolhimento do imposto de transmissão devido, pois assim agindo aceitaram o novo valor.

É indevido sustentar que a majoração realizada foi somente para efeito de partilha; não há duas avaliações válidas, devendo prevalecer a última.

Não houve decisão judicial acerca dessa situação, tampouco é possível o exame da eventual inexigibilidade dos impostos devidos nesta sede administrativa.

Nestes termos, a exigência foi correta e merece ser mantida.

Ante o exposto, **nego provimento ao recurso.**

GERALDO FRANCISCO PINHEIRO FRANCO

Corregedor Geral da Justiça e Relator. (– DJe de 08.04.2020 – SP)

Apelação n° 1003357-76.2018.8.26.0539

PODER JUDICIÁRIO

TRIBUNAL DE JUSTIÇA DO ESTADO DE SÃO PAULO

CONSELHO SUPERIOR DA MAGISTRATURA

Apelação n° 1003357-76.2018.8.26.0539

Registro: 2020.0000107501

ACÓRDÃO

Vistos, relatados e discutidos estes autos de **Apelação Cível nº 1003357-76.2018.8.26.0539**, da Comarca de **Santa Cruz do Rio Pardo**, em que é apelante **JOSÉ EDUARDO BASÍLIO**, é apelado **OFICIAL DE REGISTRO DE IMÓVEIS E ANEXOS DA COMARCA DE SANTA CRUZ DO RIO PARDO.**

ACORDAM, em Conselho Superior de Magistratura do Tribunal de Justiça de São Paulo, proferir a seguinte decisão: **"Deram provimento ao recurso, v.u."**, de conformidade com o voto do Relator, que integra este acórdão.

O julgamento teve a participação dos Exmos. Desembargadores **PINHEIRO FRANCO (PRESIDENTE TRIBUNAL DE JUSTIÇA) (Presidente), LUIS SOARES DE MELLO (VICE PRESIDENTE), XAVIER DE AQUINO (DECANO), GUILHERME G. STRENGER (PRES. SEÇÃO DE DIREITO CRIMINAL), MAGALHÃES COELHO(PRES. DA SEÇÃO DE DIREITO PÚBLICO) E DIMAS RUBENS FONSECA (PRES. DA SEÇÃO DE DIREITO PRIVADO).**

São Paulo, 6 de fevereiro de 2020.

RICARDO ANAFE

Corregedor Geral da Justiça e Relator

Apelação Cível nº 1003357-76.2018.8.26.0539

Apelante: José Eduardo Basílio

Apelado: Oficial de Registro de Imóveis e Anexos da Comarca de Santa Cruz do Rio Pardo

VOTO Nº 31.088

Registro de Imóveis – Dúvida julgada procedente – Exigência do recolhimento do ITCMD incidente sobre a integralidade do imóvel – Questionada a incidência da causa de isenção a que alude o art. 6º, II, "d", da Lei Estadual nº 10.992/2001 – Para se aferir se incide ou não a isenção tributária, deve-se partir do valor efetivo da herança, excluída a meação, e não do valor dos bens vinculados ao nome do falecido – Inobservância da existência de momentos distintos do falecimento da genitora e do genitor do apelante para fim de verificação do acréscimo patrimonial – Sentença reformada – Recurso provido.

1. Trata-se de apelação interposta por José Eduardo Basílio contra a r sentença de fls. 99/101, que julgou procedente a dúvida suscitada pelo Oficial de Registro de Imóveis, Títulos e Documentos e Civil da Pessoa Jurídica da Comarca de Santa Cruz do Rio Pardo, mantendo a exigência de retificação e ratificação da escritura de inventário dos bens deixados por Dionice Alvina Basílio e José Basílio Neto para constar o recolhimento do ITCMD – uma vez que a hipótese legal de isenção tributária (art. 6º da Lei nº 10.705/2000) aplica-se apenas quando o valor total do imóvel não superar 5.000 UFESPs, independentemente da transmissão integral do imóvel ou de sua cota-parte ao herdeiro.

O apelante alegou que a escritura apresentada está correta, pois reflete com exatidão dois momentos distintos de transmissão do bem partilhado – pois seus genitores faleceram em datas diversas, de forma que a transmissão do imóvel ao herdeiro teria ocorrido em ocasiões distintas, ou seja, 50% em 2017 (falecimento da genitora) e 50% em 2018 (falecimento do genitor).

A Procuradoria Geral de Justiça opinou pelo provimento do recurso.

É o relatório.

2. O recurso comporta provimento.

O fato gerador do ITCMD é a transmissão de bens ou direitos, por *causa mortis* ou por doação. No caso específico da **sucessão *causa mortis***, o fato gerador é considerado o momento da abertura da sucessão, ou seja, o exato momento em que se dá a morte do autor da herança.

Atento aos elementos dos autos, verifico que a escritura de inventário e partilha apresentada pelo apelante para qualificação registral do Oficial de Registro de Imóveis representou com exatidão a dinâmica dos eventos ocorridos – *dois momentos distintos de transmissão do bem partilhado – pois os genitores do apelante faleceram em datas diversas, de forma que a transmissão do imóvel ao herdeiro teria ocorrido em ocasiões distintas, ou seja, 50% em 2017 (falecimento da genitora) e 50% em 2018 (falecimento do genitor)* – como bem observado pela Procuradoria Geral de Justiça, o que deveria ter sido levado em consideração para verificação da isenção tributária.

O acréscimo patrimonial do herdeiro não ocorreu de maneira integral e em momento único – assim, o cálculo do ITCMD deve considerar os dois momentos de forma isolada pra fins de verificação da incidência do tributo ou não – o falecimento da genitora do apelante em 2017 e o falecimento do genitor do apelante em 2018, o que acarreta em acréscimos patrimoniais (de 50%) sucessivos, ainda que formatados em instrumento público único.

Nesse sentido:

> *TRIBUTÁRIO – ITCMD – Alegação de que o valor que o Fisco estadual pretende tributar refere-se a meação da viúva, sobre o qual não deve incidir referido imposto – Questionada a incidência da causa de isenção a que alude o art. 6º, II, "d", da Lei Estadual nº 10.992/2001 – Para se aferir se incide ou não a isenção tributária, deve-se partir do valor efetivo da herança, excluída a meação, e não do valor dos bens vinculados ao nome do falecido – Precedentes – Sentença de procedência mantida – Recurso de apelação não provido (TJSP, Apelação nº 1026338-45.2016.8.26.0224, rel. Des. Luís Francisco Aguilar Cortez, 1ª Câmara de Direito Público, j. 08/03/2019).*
>
> *e*
>
> *Direito tributário – ITCMD – Tributo que será recolhido pelos impetrantes com base no cálculo no valor venal do IPTU do imóvel lançado no exercício, de acordo com a Lei 10.705/2000 – Impossibilidade de aplicação do Decreto 55.002/2009, que aumenta o tributo – Aumento que somente pode ocorrer por meio de lei – Inteligência do art. 97, II, § 1º do CTN – Sucessão de metade do bem, devendo a base de cálculo ser a metade do valor venal do imóvel – Valor que fica abaixo dos 5.000 UFESPs, podendo haver a concessão da isenção do imposto – Recurso provido. (TJSP,* Apelação Cível nº 1035749-09.2017.8.26.0053, *Des.* JOSÉ LUIZ GAVIÃO DE ALMEIDA, 3ª Câmara de Direito Público, j.03/12/19)

Por todo o exposto, a narrativa como razão de reclamo de fls. 118 pelo apelante em seu recurso – *(...) os valores atribuídos aos imóveis correspondem ao importe de R$ 240.160,56 relativo ao óbito de sua genitora (2017), com valor base de acréscimo patrimonial de R$ 120.080,28; e o importe de R$ 251.205,31 relativos ao óbito de seu genitor (2018), com valor base de acréscimo patrimonial de R$ 125.602,65. O valor de 5.000 Ufep´s corresponde ao importe de R$ 125.350,00 na data do óbito de sua genitora (2017) e ao importe de R$ 128.500,00 na data do óbito de seu genitor (2018). Logo, os valores dos acréscimos patrimoniais estão abrangidos pelos limites estabelecidos pela Lei do ITCMD-SP (...)* – está exata e merece acolhimento.

3. Ante o exposto, pelo meu voto, dou provimento ao recurso.

RICARDO ANAFE

Corregedor Geral da Justiça e Relator. (– DJe de 01.04.2020 – SP)

PODER JUDICIÁRIO

TRIBUNAL DE JUSTIÇA DO ESTADO DE SÃO PAULO

CONSELHO SUPERIOR DA MAGISTRATURA

Apelação n° 1007800-29.2018.8.26.0197
Registro: 2019.000907212

ACÓRDÃO

Vistos, relatados e discutidos estes autos de **Apelação Cível nº 1007800-29.2018.8.26.0197**, da Comarca de **Francisco Morato**, em que é recorrente **ANGELICA RODRIGUES DA SILVA**, é recorrido **OFICIAL DE REGISTRO DE IMÓVEIS E ANEXOS DA COMARCA DE FRANCISCO MORATO**.

ACORDAM, em Conselho Superior de Magistratura do Tribunal de Justiça de São Paulo, proferir a seguinte decisão: **"Negaram provimento ao recurso. V.U."**, de conformidade com o voto do Relator, que integra este acórdão.

O julgamento teve a participação dos Exmos. Desembargadores **PEREIRA CALÇAS (PRESIDENTE**

TRIBUNAL DE JUSTIÇA) (Presidente), ARTUR MARQUES (VICE PRESIDENTE), XAVIER DE AQUINO (DECANO), EVARISTO DOS SANTOS(PRES. DA SEÇÃO DE DIREITO PÚBLICO), CAMPOS MELLO (PRES. DA SEÇÃO DE DIREITO PRIVADO) E FERNANDO TORRES GARCIA(PRES. SEÇÃO DE DIREITO CRIMINAL).

São Paulo, 10 de outubro de 2019.

GERALDO FRANCISCO PINHEIRO FRANCO

Corregedor Geral da Justiça e Relator

Apelação Cível n.º 1007800-29.2018.8.26.0197

Recorrente: Angelica Rodrigues da Silva

Recorrido: Oficial de Registro de Imóveis e Anexos da Comarca de Francisco Morato

VOTO N.º 37.909

Registro de Imóveis – Dúvida – Negativa do registro de carta de sentença extraída de procedimento pré-processual, que redundou no divórcio por composição amigável, homologada pelo CEJUSC, com partilha de bem imóvel que coube exclusivamente à apelante. Impossibilidade – Recurso desprovido.

Trata-se de apelação interposta por ANGÉLICA RODRIGUES DA SILVA contra a r. sentença de fls. 67/69, que julgou procedente a dúvida e, em consequência, manteve a negativa do registro de carta de sentença extraída de procedimento pré-processual, que redundou no divórcio por composição amigável, homologada pelo CEJUSC, com partilha de bem imóvel que coube exclusivamente à apelante, matriculado sob o n.º 15.584, no Registro de Imóveis da Comarca de Francisco Morato.

Sustenta a apelante que inexiste qualquer óbice ao ingresso do título, sendo perfeitamente cabível o registro, tal como apresentado.

A D. Procuradoria Geral de Justiça opinou pelo desprovimento do apelo (fl. 117/120).

É o relatório.

DECIDO.

Preliminarmente, desnecessário o deferimento de assistência judiciária, tendo em vista que, nos procedimentos administrativos, não incidem custas ou despesas processuais.

Presentes os pressupostos legais e administrativos, no mérito, o recurso não comporta provimento.

A apelante apresentou carta de sentença homologada nos autos do processo de divórcio n.º 0003159-20.2015.8.26.0197 (fl. 19), sob a conciliação no CEJUSC, sendo negado seu ingresso por inabilidade do título, sem a juntada de comprovante de pagamento do ITCMD, ou indicação de sua isenção.

E, independentemente da impossibilidade de realização de partilha pré-processual pelo CEJUSC, também não há dúvida de que o ingresso do título não escapa ao exame tributário.

E o art. 289 da Lei n.º 6.015/73 é expresso ao indicar que é dever do registrador fiscalizar o pagamento dos tributos incidentes:

> *Art. 289. No exercício de suas funções, cumpre aos oficiais de registro fazer rigorosa fiscalização do pagamento dos impostos devidos por força dos atos que lhes forem apresentados em razão do ofício.*

A omissão do titular da delegação pode levar à sua responsabilidade solidária no pagamento do tributo, nos termos do art. 134, VI, do Código Tributário Nacional-CTN.

Assim, não é possível o ingresso do título sem que os bens partilhados tenham sido submetidos à Secretaria da Fazenda, por intermédio da declaração de ITCMD.

A competência para imposição do recolhimento, ou mesmo sua isenção, é de competência da repartição fiscal estadual, não podendo ser tal atribuição afastada em sede administrativa.

Nestes termos, inafastável a r. sentença recorrida, que deve ser confirmada em sua integralidade.

Ante o exposto, **nego provimento ao recurso.**

GERALDO FRANCISCO PINHEIRO FRANCO

Corregedor Geral da Justiça e Relator. (– DJe de 09.03.2020 – SP)

PODER JUDICIÁRIO

TRIBUNAL DE JUSTIÇA DO ESTADO DE SÃO PAULO

CONSELHO SUPERIOR DA MAGISTRATURA

Apelação nº 1005693-44.2018.8.26.0445

Registro: 2019.0001032001

ACÓRDÃO

Vistos, relatados e discutidos estes autos de **Apelação Cível nº 1005693-44.2018.8.26.0445**, da Comarca de **Pindamonhangaba**, em que é apelante **SYLVIA CLAUDIA PETRELLA**, é apelado **OFICIAL DE REGISTRO DE IMÓVEIS E ANEXOS DA COMARCA DE PINDAMONHANGABA.**

ACORDAM, em Conselho Superior de Magistratura do Tribunal de Justiça de São Paulo, proferir a seguinte decisão: **"Mantiveram a recusa do**

registro e negaram provimento ao recurso, v.u.", de conformidade com o voto do Relator, que integra este acórdão.

O julgamento teve a participação dos Exmos. Desembargadores **PEREIRA CALÇAS (PRESIDENTE TRIBUNAL DE JUSTIÇA) (Presidente), ARTUR MARQUES (VICE PRESIDENTE), XAVIER DE AQUINO (DECANO), EVARISTO DOS SANTOS(PRES. DA SEÇÃO DE DIREITO PÚBLICO), CAMPOS MELLO (PRES. DA SEÇÃO DE DIREITO PRIVADO) E FERNANDO TORRES GARCIA(PRES. SEÇÃO DE DIREITO CRIMINAL).**

São Paulo, 26 de novembro de 2019.

GERALDO FRANCISCO PINHEIRO FRANCO

Corregedor Geral da Justiça e Relator

Apelação Cível nº 1005693-44.2018.8.26.0445

Apelante: Sylvia Claudia Petrella

Apelado: Oficial de Registro de Imóveis e Anexos da Comarca de Pindamonhangaba

VOTO Nº 37.973

Registro de Imóveis – Dúvida julgada procedente – Carta de sentença extraída de ação de partilha decorrente de divórcio – Partilha que indica os bens atribuídos à mulher e os seus respectivos valores, sem, contudo, especificar os que couberam ao marido – Transação para a partilha que, na forma como realizada, faz presumir a existência de transmissão por ato "inter vivos" – Necessidade de comprovação da declaração e do recolhimento do Imposto de Transmissão, ou de demonstração de sua isenção – Recurso não provido.

Trata-se de apelação interposta contra r. sentença que julgou procedente a dúvida e manteve a recusa do registro, nas matrículas nºs 5.209 e 42.821 do Oficial de Registro de Imóveis, Títulos e Documentos e Civil de Pessoa Jurídica da Comarca de Pindamonhangaba, da partilha consensual de bens, decorrente de divórcio, em que somente foram especificados os bens que passaram a integrar o patrimônio da cônjuge, porque não foi comprovado o recolhimento do imposto de transmissão "inter vivos".

A apelante alegou, em suma, que não houve transmissão onerosa de bens, razão pela qual eventual tributo incidente na partilha seria o Imposto de Transmissão "causa mortis" e Doação – ITCMD. Por esse motivo, não incide a lei municipal que dispõe sobre o imposto de transmissão por ato oneroso. Aduziu que todos os bens que passaram a integrar o seu patrimônio foram adquiridos na constância do casamento e, portanto, já eram de sua propriedade, pois na partilha não recebeu bem particular de seu ex-marido. Asseverou que não tem meios para especificar os bens que foram atribuídos ao seu ex-marido que durante o divórcio se negou a prestar informações completas sobre o patrimônio familiar. Esclareceu que o desconhecimento do patrimônio de seu ex-marido a impede de verificar se recebeu, na partilha, bens com valores que superavam a sua meação, razão pela qual não tem meios para promover a declaração e o recolhimento do ITCMD. Por fim, na transação realizada na partilha de bens, homologada judicialmente, foi previsto que caberia ao seu ex-marido o pagamento de eventual imposto de transmissão, o que possibilitou a expedição da carta de sentença que deve ser registrada em consonância com a decisão judicial. Requereu a reforma da r. sentença para que seja promovido o registro da partilha (fls. 97/110).

A douta Procuradoria Geral de Justiça opinou pelo não provimento do recurso (fls. 135/137).

É o relatório.

Foi apresentada para registro a carta de sentença extraída do Processo nº 1003629-95.2017.8.26.0445 da 1ª Vara Cível da Comarca de Pindamonhangaba (fls. 07/30), relativa à partilha de bens decorrente de divórcio, em que foram atribuídos para a apelante os imóveis e a quantia em dinheiro relacionados às fls. 10.

Constou na partilha que ao marido couberam "*... todos os demais bens que integravam o patrimônio comum do casal até 09.05.2017, conforme Declaração de Imposto de Renda acima referida, inclusive a aliança de casamento onde estiver gravado o seu nome...*" (fls. 10/11).

Desse modo, na partilha somente foram especificados os bens atribuídos à apelante, com indicação dos seus referidos valores.

E a forma como a partilha foi realizada impede que seja verificado se cada um dos ex-cônjuges recebeu bens com valores que corresponderam à sua meação no patrimônio que anteriormente era comum.

Por essa razão, o registro da partilha é condicionado à prova da declaração e do pagamento do imposto que, nas transmissões gratuitas, é o Imposto de Transmissão "causa mortis" e Doação – ITCMD, ou de que não houve incidência desse tributo porque foi respeitada a meação de cada um dos cônjuges.

Essa obrigação não se modifica pelo alegado desconhecimento dos bens atribuídos ao ex-marido da apelante, pois são os que constavam na declaração do imposto de renda do ano de 2016, exercício de 2017 (fls. 10).

Também não se altera pela previsão de que eventual imposto de transmissão seria suportado pelo ex-marido da apelante, conforme previsto em transação homologada judicialmente, porque a prova do recolhimento do imposto que for devido em razão da partilha realizada, ou de sua isenção, é requisito para o registro conforme disposto no art. 298 da Lei nº 6.015/73:

"Art. 289. No exercício de suas funções, cumpre aos oficiais de registro fazer rigorosa fiscalização do pagamento dos impostos devidos por força dos atos que lhes forem apresentados em razão do ofício".

Ante o exposto, mantenho a recusa do registro e nego provimento ao recurso.

GERALDO FRANCISCO PINHEIRO FRANCO

Corregedor Geral da Justiça e Relator. (– DJe de 11.03.2020 – SP)

LOCAÇÃO

PODER JUDICIÁRIO

TRIBUNAL DE JUSTIÇA DO ESTADO DE SÃO PAULO

CONSELHO SUPERIOR DA MAGISTRATURA

Apelação nº 1007075-44.2019.8.26.0152

Registro: 2020.0000211824

ACÓRDÃO

Vistos, relatados e discutidos estes autos de **Apelação Cível nº 1007075-44.2019.8.26.0152**, da Comarca de **Cotia**, em que é apelante **LUCIMARA BEZERRA RODRIGUES**, é apelado **OFICIAL DE REGISTRO DE IMÓVEIS E ANEXOS DA COMARCA DE COTIA.**

ACORDAM, em Conselho Superior de Magistratura do Tribunal de Justiça de São Paulo, proferir a seguinte decisão: **"Negaram provimento à apelação, com determinação, v.u."**, de conformidade com o voto do Relator, que integra este acórdão.

O julgamento teve a participação dos Exmos. Desembargadores **PINHEIRO FRANCO (PRESIDENTE TRIBUNAL DE JUSTIÇA) (Presidente), XAVIER DE AQUINO (DECANO), GUILHERME G. STRENGER (PRES. SEÇÃO DE DIREITO CRIMINAL), MAGALHÃES COELHO(PRES. DA SEÇÃO DE DIREITO PÚBLICO), DIMAS RUBENS FONSECA (PRES. DA SEÇÃO DE DIREITO PRIVADO) E LUIS SOARES DE MELLO (VICE PRESIDENTE).**

São Paulo, 16 de março de 2020.

RICARDO ANAFE

Corregedor Geral da Justiça e Relator

Apelação Cível nº 1007075-44.2019.8.26.0152

Apelante: Lucimara Bezerra Rodrigues

Apelado: Oficial de Registro de Imóveis e Anexos da Comarca de Cotia

VOTO Nº 31.116

Registro de Imóveis – Título judicial – Divórcio – Partilha – Regime da comunhão parcial de bens – Imóvel atribuído à apelante – Qualificação negativa – Nota de devolução que não elenca todas as exigências formuladas, posteriormente, por ocasião da suscitação de dúvida – Óbices ao ingresso do título no fólio real confirmados – Registrador que não observa seu dever de examinar, de forma exaustiva, o título apresentado – Necessidade de apuração, pelo MM. Juiz Corregedor Permanente, de eventual prática de infração disciplinar por parte do registrador – Nega-se provimento ao recurso, com determinação.

1. Trata-se de apelação interposta por *Lucimara Bezerra Rodrigues* contra a r. sentença que confirmou o juízo negativo de qualificação registral (fl. 188/189), objetivando o registro da carta de sentença expedida nos autos da ação de divórcio (Processo nº 0006952-82.2011.8.26.0100) que tramitou perante a 1ª Vara de Família e Sucessões do Foro Regional do Ipiranga, Comarca da Capital, tendo por objeto o imóvel matriculado sob nº 71.357 junto ao Oficial de Registro de Imóveis e Anexos da Comarca de Cotia/SP.

Na Nota de Devolução expedida em relação ao título prenotado sob nº 296755, em 23.04.2019, o registrador informou que prevalecia a nota de exigência anterior, insistindo que a interessada apresentasse a Carta de Sentença perante o Chefe do Posto Fiscal da Secretaria da Fazenda do Estado de São Paulo, para elaboração do cálculo do imposto ou declaração de isenção (fl. 28/29). Em sua manifestação nos autos, confirmou a prenotação do original do título e alegou que as exigências apresentadas quando do primeiro protocolo (Nota de Devolução confeccionada em 27.04.2017), referentes à apresentação de certidão atualizada de casamento e de talão do IPTU para fins de cálculo dos emolumentos e respectivo depósito, não foram atendidas. Ainda, aduziu que a exigência de manifestação da Fazenda Pública Estadual, quanto à incidência ou não do imposto, é indispensável, ante a obrigação legal de conferência, pelo Oficial registrador, do pagamento do ITCMD (fl. 176/182).

A apelante, preliminarmente, requer o deferimento dos benefícios da Justiça Gratuita. No mérito, alega que a exigência formulada pelo Oficial registrador não se sustenta, pois já apresentou a Carta de Sentença ao Chefe do Posto Fiscal da Secretaria da Fazenda do Estado de São Paulo, sem que, no entanto, houvesse resposta. Aduz que, em caso análogo, o E. Conselho Superior da Magistratura entendeu que a esfera administrativa não é adequada para a declaração de incidência de tributo ou inconstitucionalidade da lei, admitindo o ingresso do formal de partilha mesmo sem comprovação do recolhimento do ITBI. Acrescenta que não compete ao registrador aferir a incidência ou isenção do imposto, pois em caso de divergência caberá à Fazenda cobrar o valor devido. Ainda, afirma que a sentença não vinculou o registro pretendido à comprovação do pagamento de imposto e ressalta ser indevido o ITBI no caso concreto. Por fim, aduz que não pode ser prejudicada pela inércia do ente público e, então, requer seja reformada a r. sentença para registro do título (fl. 194/203).

A D. Procuradoria de Justiça opinou pelo não provimento do recurso (fl. 217/222).

É o relatório.

2. Desde logo, cumpre lembrar que, a despeito do teor do art. 207 da Lei de Registros Públicos, neste procedimento de dúvida, de natureza administrativa, não incidem custas processuais ante a falta de previsão específica nas Leis Estaduais nº 11.331/02 e 11.608/03. Logo, prejudicado o pedido de Justiça Gratuita formulado em sede de preliminar pela apelante, para fins de dispensa do preparo recursal.

Pretende a apelante, que foi casada com Rinaldo Garcia sob o regime da comunhão parcial de bens, o registro de carta de sentença expedida nos autos da ação de divórcio (Processo nº 0006952-82.2011.8.26.0100) que tramitou perante a 1ª Vara de Família e Sucessões do Foro Regional do Ipiranga, Comarca da Capital, tendo por objeto o imóvel que lhe foi integralmente atribuído na partilha dos bens do casal, matriculado sob nº 71.357 junto ao Oficial de Registro de Imóveis e Anexos da Comarca de Cotia/SP.

Os títulos judiciais, cumpre lembrar, não estão isentos de qualificação para ingresso no fólio real. A qualificação negativa do título judicial não caracteriza desobediência ou descumprimento de decisão judicial.

No exercício desse dever, o Sr. Oficial encontrou óbices ao registro da carta de sentença que foi apresentada pela apelante. Então, ao emitir a Nota de Devolução (fl. 28/29) que deu ensejo ao presente procedimento de dúvida, consignou que: *"Prevalece a nota de exigência anterior (...)"*, insistindo na apresentação da Carta de Sentença perante o Chefe do Posto Fiscal da Secretaria da Fazenda do Estado de São Paulo, para elaboração do cálculo do imposto ou declaração de isenção. Ocorre que, na Nota de Devolução anterior (fl. 20) nenhuma referência havia sido feita quanto às exigências formuladas ainda no ano de 2017, as quais, somente agora, foram referidas pelo registrador (fl. 194/203).

Logo, ainda que a apelante tenha se insurgido apenas em relação à necessidade de comprovação de pagamento do ITCMD ou de sua isenção, não há que se falar em impugnação parcial. Com efeito, sem que outras exigências tenham sido feitas na Nota de Devolução que lhe foi entregue por ocasião do protocolo mais recente do título, inexiste qualquer irregularidade no requerimento de suscitação de dúvida tal como formulado.

É preciso lembrar, no entanto, que ao registrador cabe examinar, de forma exaustiva, o título apresentado e que, havendo exigências de qualquer ordem, estas deverão ser formuladas de uma só vez (NSCGJ, Capítulo XX, item 38) e não, no curso do procedimento de dúvida.

No mais, compete anotar que tanto o MM. Juiz Corregedor Permanente, quanto este C. Conselho Superior da Magistratura, ao apreciar as questões apresentadas no procedimento de dúvida, devem requalificar o título por completo. Com efeito, a qualificação do título realizada no julgamento da dúvida é devolvida por inteiro ao Órgão para tanto competente, sem que disso decorra decisão *extra petita* ou violação do contraditório e ampla defesa, como decidido por este órgão colegiado na Apelação Cível nº 33.111-0/3, da Comarca de Limeira/SP, em v. acórdão de que foi relator o Desembargador Márcio Martins Bonilha: *"Inicialmente, cabe ressaltar a natureza administrativa do procedimento da dúvida, que não se sujeita, assim, aos efeitos da imutabilidade material da sentença. Portanto, nesse procedimento há a possibilidade de revisão dos atos praticados, seja pela própria autoridade administrativa, seja pela instância revisora, até mesmo de ofício (cf. Ap Civ 10.880-0/3, da Comarca de Sorocaba). Não vai nisso qualquer ofensa ao direito de ampla defesa e muito menos se suprime um grau do julgamento administrativo. O exame qualificador do título, tanto pelo oficial delegado, como por seu Corregedor Permanente, ou até mesmo em sede recursal, deve necessariamente ser completo e exaustivo, visando escoimar todo e qualquer vício impeditivo de acesso ao cadastro predial. Possível, portanto, a requalificação do título nesta sede, ainda que de ofício, podendo ser levantados óbices até o momento não argüidos, ou ser reexaminado fundamento da sentença, até para alteração de sua parte dispositiva"* (*in* "Revista de Direito Imobiliário", 39/339).

Nesse cenário, a irregularidade verificada não impede o prosseguimento do feito e tampouco a análise do presente recurso que, no entanto, não comporta acolhimento. Vejamos.

A apresentação da certidão de casamento com a averbação do divórcio se justifica eis que, em respeito ao princípio da especialidade subjetiva, previamente ao registro do novo título faz-se necessária a averbação da mudança de estado civil dos titulares de domínio. E, para tanto, há que ser comprovada a devida anotação, junto ao assento de casamento, do divórcio realizado.

Também a comprovação do valor venal atualizado do imóvel, mediante apresentação do talão de IPTU ou certidão expedida pela Municipalidade, é imprescindível para fins de cálculo de emolumentos. Correta, pois, a exigência formulada pelo registrador, ainda que, uma vez efetuado o protocolo, não possa condicionar a prática do ato ao depósito integral do montante devido.

E diferentemente do que alega a apelante, não há controvérsia sobre o pagamento de ITBI, que não foi exigido, conforme expressamente consignado na Nota de Devolução (fl. 28/29). No que diz respeito ao ITCMD, dispõe o subitem 117.1, do Capítulo XX, das Normas de Serviço da Corregedoria Geral da Justiça, em harmonia com o previsto no art. 289, da Lei nº 6.015/73 e art. 30, inciso XI, da Lei nº 8.935/94, que:

> *"117.1. Com exceção do recolhimento do imposto de transmissão e prova de recolhimento do laudêmio, quando devidos, nenhuma exigência relativa à quitação de débitos para com a Fazenda Pública, inclusive quitação de débitos previdenciários, fará o oficial, para o registro de títulos particulares, notariais ou judiciais."*

Ademais, o art. 134, inciso VI, do Código Tributário Nacional estabelece a responsabilidade solidária dos tabeliães e registradores "pelos tributos devidos sobre os atos praticados por eles, ou perante eles, em razão do seu ofício".

No caso em exame, na Carta de Sentença apresentada, relativa à partilha de bens decorrente de divórcio, foram atribuídos à apelante os direitos sobre o imóvel objeto da matrícula nº 71.357 do Registro de Imóveis de Cotia/SP, assim como um veículo Ford Ecosport. Ao ex-marido da apelante, coube um lote de terreno localizado na cidade de Avaré/SP, assim como um veículo Ford Focus e a responsabilidade pelo débito decorrente de seu financiamento. Constou, ainda, que a partilha foi feita em partes iguais, considerando os bens recebidos e as dívidas assumidas por cada um dos cônjuges (fl. 44/51 e 78/81).

Ocorre que os documentos apresentados posteriormente (fl. 91/136) e a forma como a partilha foi realizada impedem que seja verificado se cada um dos ex-cônjuges recebeu, de fato, bens com valores que correspondem à sua meação no patrimônio que anteriormente era comum. É por essa razão que o registro da partilha está condicionado à prova da declaração e do pagamento do imposto que, nas transmissões gratuitas, é o Imposto de Transmissão "causa mortis" e Doação – ITCMD, ou de que não houve incidência desse tributo porque foi respeitada a meação de cada um dos cônjuges.

Essa obrigação não se modifica pela inércia da Fazenda Estadual na ação de divórcio, eis que a preclusão processual (fl. 125) não equivale à comprovação do pagamento do imposto ou declaração de não incidência.

Considerando, pois, que a prova do recolhimento do imposto devido em razão da partilha realizada, ou de sua isenção, é requisito para o registro**[1]**, correta a exigência de expressa manifestação a respeito, por parte da Fazenda Estadual, sob pena de responsabilidade solidária do registrador.

Além disso, faz-se necessária a anuência da credora fiduciária, na forma do art. 29 da Lei nº 9.514/97, que assim prescreve:

> *"O fiduciante, com anuência expressa do fiduciário, poderá transmitir os direitos de que seja titular sobre o imóvel objeto da alienação fiduciária em garantia, assumindo o adquirente as respectivas obrigações".*

A anuência da credora fiduciária é indispensável, pouco importando se a transmissão dos direitos se deu entre os devedores originais. Com efeito, tem a credora fiduciária o direito de avaliar se a garantia permanece hígida e se a transmissão dos direitos de aquisição lhe interessa, visto que é titular da propriedade imobiliária.

Ou seja, além daqueles elencados pelo Sr. Oficial, há também esse óbice a ser superado. Nesse sentido, já ficou decidido que:

> *"REGISTRO DE IMÓVEIS – Carta de Sentença – Partilha de Bens – Dúvida procedente – Necessidade de correção do plano de partilha para constar a partilha dos direitos aquisitivos dos fiduciantes e não a partilha do imóvel propriamente dito*

– Indispensabilidade da anuência do credor fiduciário, na forma do art. 29 da Lei 9.514/97 – Carta de sentença que deve ser aditada porque o plano de partilha se encontra incompleto – Apelação não provida" (TJSP; Apelação Cível 1036558-52.2017.8.26.0100; Relator (a): Pinheiro Franco (Corregedor Geral); Órgão Julgador: Conselho Superior de Magistratura; Foro Central Cível – 1ª Vara de Registros Públicos; Data do Julgamento: 28/03/2018; Data de Registro: 06/04/2018).

"REGISTRO DE IMÓVEIS – COMPROMISSO DE COMPRA E VENDA – IMÓVEL ALIENADO FIDUCIARIAMENTE – NECESSIDADE DE ANUÊNCIA DA CREDORA FIDUCIÁRIA – ART. 29, DA LEI Nº 9.514/97 – RECURSO NÃO PROVIDO" (TJSP; Apelação Cível 1103676-50.2014.8.26.0100; Relator (a): Elliot Akel; Órgão Julgador: Conselho Superior de Magistratura; Foro Central Cível – 1ª Vara de Registros Públicos; Data do Julgamento: 07/10/2015; Data de Registro: 29/10/2015).

Consigne, por fim, que a atuação do Sr. Oficial Interino deve ser melhor analisada pelo MM. Juiz Corregedor Permanente, na esfera administrativa, visando a apuração de eventual prática de infração disciplinar, seja porque não formulou, na última Nota de Devolução expedida, todas as exigências anteriormente apresentadas, seja porque não realizou o exame exaustivo do título, omitindo-se quanto à necessidade de anuência da credora fiduciária.

3. Diante do exposto, pelo meu voto, nego provimento à apelação, com determinação.

RICARDO ANAFE

Corregedor Geral da Justiça e Relator.

Nota:

[1] Art. 289 da Lei nº 6.015/73. (– DJe de 14.04.2020 – SP)

PODER JUDICIÁRIO

TRIBUNAL DE JUSTIÇA DO ESTADO DE SÃO PAULO

CONSELHO SUPERIOR DA MAGISTRATURA

Embargos de Declaração Cível nº 1004733-43.2020.8.26.0114/50000

Registro: 2020.0000875927

ACÓRDÃO

Vistos, relatados e discutidos estes autos de Embargos de Declaração Cível nº 1004733-43.2020.8.26.0114/50000, da Comarca de **Campinas**, em que é embargante **ROBERTO AKIRA GOTO**, é embargado **SEGUNDO OFICIAL DE REGISTRO DE IMÓVEIS DA COMARCA DE CAMPINAS.**

ACORDAM, em Conselho Superior de Magistratura do Tribunal de Justiça de São Paulo, proferir a seguinte decisão: **"Rejeitaram, v.u.",** de conformidade com o voto do Relator, que integra este acórdão.

O julgamento teve a participação dos Exmos. Desembargadores **PINHEIRO FRANCO (PRESIDENTE TRIBUNAL DE JUSTIÇA) (Presidente), LUIS SOARES DE MELLO (VICE PRESIDENTE), XAVIER DE AQUINO (DECANO), GUILHERME G. STRENGER (PRES. SEÇÃO DE DIREITO CRIMINAL), MAGALHÃES COELHO(PRES. DA SEÇÃO DE DIREITO PÚBLICO) E DIMAS RUBENS FONSECA (PRES. DA SEÇÃO DE DIREITO PRIVADO).**

São Paulo, 2 de outubro de 2020.

RICARDO ANAFE

Corregedor Geral da Justiça e Relator

Embargos de Declaração Cível nº 1004733-43.2020.8.26.0114/50000

Embargante: Roberto Akira Goto

Embargado: Segundo Oficial de Registro de Imóveis da Comarca de Campinas

VOTO Nº 31.238

Embargos de Declaração – Inexistência de omissão – Acórdão que apontou exaustivamente as razões pelas quais houve doação e, portanto, incidência de imposto de transmissão (ITCMD) – Alegações que revelam inconformismo da parte embargante – Caráter infringente do recurso – Matéria já examinada na decisão questionada – Embargos de declaração rejeitados.

1. Trata-se de embargos de declaração opostos por Roberto Akira Goto em face do v. acórdão que, negando provimento à apelação interposta contra a sentença proferida pelo MM. Juiz Corregedor Permanente do 2º Oficial de Registro de Imóveis da Comarca de Campinas, manteve a procedência de dúvida.

Em síntese, afirma o embargante nunca houve doação entre os herdeiros nem, pois, incidência do imposto de transmissão (ITCMD doação); logo, não é possível adimplir esse tributo e, como os interessados não podem fabricar e enviar uma declaração falsa nesse sentido, cabe ao Tribunal manifestar-se sobre tal ponto, esclarecendo como fazer o recolhimento.

É o relatório.

2. Ao apontar a ocorrência de suposta omissão, pretende a parte embargante, em verdade, a alteração do julgado, insistindo no provimento da apelação. Contudo, os embargos de declaração não se prestam a tal finalidade.

A decisão embargada expressamente consignou as razões pelas quais, segundo as peculiaridades do caso concreto, houve doação entre herdeiros, o que dá azo à incidência do imposto de transmissão: com efeito, embora os interessados se houvessem valido de um certo valor fiscal para dar aparência de igualdade entre os quinhões, consta da própria partilha a discrepância entre os efetivos valores dos bens transmitidos a cada qual dos herdeiros, de maneira que entre eles houve doação e, pois, fato imponível.

Ademais, não cabe ao Poder Judiciário dar nenhuma espécie de instrução sobre a forma pela qual os sucessores devam regularizar a sua situação perante a Fazenda do Estado.

Em suma, há claro inconformismo da parte embargante quanto ao teor do que se decidiu, motivo pelo qual, dado o seu caráter nitidamente infringente, os embargos de declaração têm de ser rejeitados.

3. À vista do exposto, pelo meu voto, rejeito os embargos de declaração opostos.

RICARDO ANAFE

Corregedor Geral da Justiça e Relator. (– DJe de 16.12.2020 – SP)

PODER JUDICIÁRIO

TRIBUNAL DE JUSTIÇA DO ESTADO DE SÃO PAULO

CONSELHO SUPERIOR DA MAGISTRATURA

Apelação nº 1004733-43.2020.8.26.0114

Registro: 2020.000681588

ACÓRDÃO

Vistos, relatados e discutidos estes autos de **Apelação Cível nº 1004733-43.2020.8.26.0114**, da Comarca de **Campinas**, em que é apelante **ROBERTO AKIRA GOTO**, é apelado **SEGUNDO OFICIAL DE REGISTRO DE IMÓVEIS DA COMARCA DE CAMPINAS**.

ACORDAM, em Conselho Superior de Magistratura do Tribunal de Justiça de São Paulo, proferir a seguinte decisão: **"Negaram provimento à apelação, v.u."**, de conformidade com o voto do Relator, que integra este acórdão.

O julgamento teve a participação dos Exmos. Desembargadores **PINHEIRO FRANCO (PRESIDENTE TRIBUNAL DE JUSTIÇA) (Presidente), LUIS SOARES DE MELLO (VICE PRESIDENTE), XAVIER DE AQUINO (DECANO), GUILHERME G. STRENGER (PRES. SEÇÃO DE DIREITO CRIMINAL), MAGALHÃES COELHO(PRES. DA SEÇÃO DE DIREITO PÚBLICO) E DIMAS RUBENS FONSECA (PRES. DA SEÇÃO DE DIREITO PRIVADO).**

São Paulo, 20 de agosto de 2020.

RICARDO ANAFE

Corregedor Geral da Justiça e Relator

Apelação Cível nº 1004733-43.2020.8.26.0114
Apelante: Roberto Akira Goto
Apelado: Segundo Oficial de Registro de Imóveis da Comarca de Campinas

VOTO Nº 31.205

Registro de Imóveis – Dúvida – Título notarial – Sucessão legítima – Partilha causa mortis Imposto sobre transmissão (ITCMD) – Quinhões desiguais – Doação dos valores excedentes – A base de cálculo do imposto de transmissão é o valor venal dos bens transmitidos, *causa mortis* e doação – Emprego de outra base de cálculo que levara à aparente inexistência de doação entre os herdeiros – Correta fiscalização exercida pelo Oficial de Registro de Imóveis – Recusa legítima – Apelação a que se nega provimento.

1. Trata-se de recurso de apelação (fl. 137/145) interposto por Roberto Akira Goto contra a r. sentença (fl. 127/129) proferida pelo MM. Juízo Corregedor Permanente do 2º Oficial de Registro de Imóveis da Comarca de Campinas, que, confirmando os óbices apresentados na nota devolutiva (fl. 59/62), julgou procedente a dúvida e manteve a recusa de registro *stricto sensu* de partilha *causa mortis* (fl. 17/24) nas matrículas nº 43.777 e 43.778 daquele cartório (fl. 02 e 63/72).

Segundo o r. *decisum,* para aquilatar o valor dos bens os interessados empregaram o montante atribuído pela própria falecida em sua declaração de imposto de renda do ano de seu passamento. No entanto, se forem considerados, como é correto, os valores venais dos bens partilhados, a partilha *causa mortis* em verdade se deu por quinhões desiguais. Logo, incide o imposto de transmissão (ITCMD-doação) sobre os montantes excedentes, e sem o seu adimplemento ou dispensa fiscal desse tributo realmente não se pode proceder ao registro requerido.

Afirma o apelante, porém, que, como autorizam as regras referentes ao imposto de renda, o montante dos bens e direitos partilhados, para fins de partilha, foi calculado segundo a avaliação dada pela declaração tributária da autora da herança, e não pelos valores venais.

Assim, não existem quinhões de valores diversos nem, portanto, doação entre os herdeiros, de modo que, a esse título (ITCMD-doação), não é devido tributo algum. Acrescenta que o ITCMD-*causa mortis,* entretanto, foi calculado sobre os valores venais e, logo, foi adimplido por um montante muito superior ao que seria devido se fosse utilizado o valor real de partilha. Aduz que não houve nenhuma impugnação por parte do Fisco Estadual. Por tudo isso, conclui que, inexistindo doação, não há mais tributo que recolher, de maneira que o óbice é ilegal e a sentença tem de ser reformada para que se efetue o pretendido registro *stricto sensu.*

O Oficial de Registro manifestou-se, insistindo na manutenção da r. decisão recorrida (fl. 148/151).

A D. Procuradoria Geral de Justiça ofertou parecer opinando pelo não provimento do apelo (fl. 169/172).

É o relatório.

2. O imposto de transmissão causa de mortis e doação (Constituição da República, art. 155, I) tem como base de cálculo o valor venal dos bens ou direitos transmitidos (Cód. Tributário Nacional, art. 38; Lei Estadual nº 10.705, de 28 de dezembro de 2000, art. 9º, *caput*; Decreto Estadual nº 46.655, de 1º de abril de 2002, art. 12), como, de resto, consta no próprio instrumento de partilha (fl. 20/21) e nas declarações à autoridade fiscal do Estado (fl. 39/47).

Ao lado do valor venal dos bens transmitidos, entretanto, os herdeiros também se valeram de um *valor fiscal,* empregado para partilhar os bens em quinhões aparentemente iguais (comparem-se a estimação dada aos bens a fl. 20/21 e o valor dos quinhões a fl. 22/23).

Porém, está claro que, sob o manto dessa equalização de quinhões pelos valores fiscais, os herdeiros na verdade atribuíram uns aos outros quotas-partes de montantes distintos, o que implica, *ipso facto,* doação dos montantes excedentes. Afinal, por força do direito hereditário, a sucessão legítima implica quinhões equivalentes, de maneira que as quantias discrepantes, quando as há, são transmitidas por ato gratuito *inter vivos* ou seja, doação. E sobre as doações incide imposto de transmissão, para cujo cômputo se emprega, por força de lei, o valor venal, como já se viu.

Como os interessados não comprovaram o adimplemento do tributo incidente sobre essas doações, o Oficial de Registro de Imóveis procedeu retamente ao indeferir o registro *stricto sensu,* já que nos termos da Lei nº 6.015, de 31 de dezembro de 1973, art. 289, lhe cabia *(a)* controlar o recolhimento do tributo incidente na espécie (que não houve, como é incontroverso) e *(b)* verificar a adequação da base de cálculo aos critérios legais (que não se deu, porque os interessados, como dito, não utilizaram os corretos valores venais e, à força desse erro, concluíram que não tinham mais nada que adimplir em virtude de ato entre vivos).

Essa interpretação, tradicional e assentada na jurisprudência administrativa de São Paulo, vem sendo confirmada por este Conselho Superior da Magistratura:

"O posicionamento recorrente do Conselho Superior da Magistratura é no sentido da limitação do dever de fiscalização atribuído ao Oficial de Registro quanto a existência do recolhimento do tributo e a razoabilidade da base de cálculo, conforme os precedentes nas apelações cíveis nºs 0031287-16.2015.8.26.0564, de São Bernardo do Campo, 1006725-68.2015.8.26.0161, de Diadema, e 102415898.2015.8.26.0577, de São José dos Campos [...]. Assim, o dever de fiscalização de recolhimento dos tributos atribuído aos notários e registradores (art. 289 da Lei nº 6.015/1973 e art. 30, XI, da Lei nº 8.935/1994), se limita à verificação do recolhimento dos tributos decorrentes dos atos realizados, bem como a razoabilidade da base de cálculo utilizada [...]." (Apelação Cível 1001441-21.2019.8.26.0426, j. 15.4.2020, DJe 27.4.2020, extrato do voto vencedor).

Acrescente-se, por fim, que não favorecem o apelante a invocação das regras do imposto de renda das pessoas físicas (pois, como visto, se há de empregar o valor venal dos bens como base de cálculo, e não o montante informado à Receita Federal) e o silêncio da Fazenda do Estado (que ainda não teve condições de manifestar-se, pois não lhe foram informadas as doações).

Em suma: a recusa (fl. 59/62) foi correta e ateve-se aos justos limites da qualificação registral nessa matéria, e, por conseguinte, tem de ser confirmada a r. sentença (fl. 127/129) que a manteve.

3. À vista do exposto, pelo meu voto, nego provimento à apelação.

RICARDO ANAFE

Corregedor Geral da Justiça e Relator. (– DJe de 08.09.2020 – SP)

PODER JUDICIÁRIO

TRIBUNAL DE JUSTIÇA DO ESTADO DE SÃO PAULO

CONSELHO SUPERIOR DA MAGISTRATURA

Apelação Cível nº 1018134-43.2019.8.26.0309

Registro: 2020.0000493034

ACÓRDÃO

Vistos, relatados e discutidos estes autos de **Apelação Cível nº 1018134-43.2019.8.26.0309**, da Comarca de **Jundiaí**, em que é apelante **DANIELE DE ALMEIDA TOLDO**, é apelado **1º OFICIAL DE REGISTRO DE IMÓVEIS E ANEXOS DA COMARCA DE JUNDIAÍ**.

ACORDAM, em Conselho Superior de Magistratura do Tribunal de Justiça de São Paulo, proferir a seguinte decisão: **"Negaram provimento ao recurso. V. U."**, de conformidade com o voto do Relator, que integra este acórdão.

O julgamento teve a participação dos Exmos. Desembargadores **PINHEIRO FRANCO (PRESIDENTE TRIBUNAL DE JUSTIÇA) (Presidente), LUIS SOARES DE MELLO (VICE PRESIDENTE), XAVIER DE AQUINO (DECANO), GUILHERME G. STRENGER (PRES. SEÇÃO DE DIREITO CRIMINAL), MAGALHÃES COELHO(PRES. DA SEÇÃO DE DIREITO PÚBLICO) E DIMAS RUBENS FONSECA (PRES. DA SEÇÃO DE DIREITO PRIVADO).**

São Paulo, 18 de junho de 2020.

RICARDO ANAFE
Corregedor Geral da Justiça e Relator

Apelação Cível nº 1018134-43.2019.8.26.0309

Apelante: Daniele de Almeida Toldo

Apelado: 1º Oficial de Registro de Imóveis e Anexos da Comarca de Jundiaí

VOTO Nº 31.176

Registro de Imóveis – Dúvida julgada procedente – Carta de sentença extraída de ação de divórcio consensual – Exigência consistente na apresentação da anuência da Fazenda do Estado com a declaração e o recolhimento do Imposto de Transmissão "Causa Mortis" e de Doação de Quaisquer Bens e Direitos – ITCMD – Carta de sentença que somente foi instruída com o protocolo da declaração do ITCMD e com as guias de recolhimento, o que impossibilita a análise da alegação de que foi adotada base de cálculo superior aos valores venais dos imóveis transmitidos – Recurso não provido.

1. Trata-se de apelação interposta contra r. sentença que julgou procedente a dúvida suscitada em razão da recusa do registro da carta de sentença extraída da ação de divórcio consensual da apelante, nas matrículas nºs 87.141 e 94.071 do 1º Registro de Imóveis, Títulos e Documentos e Civil de Pessoa Jurídica da Comarca de Jundiaí, porque não foi apresentada a anuência da Fazenda do Estado com o valor do Imposto de Transmissão "Causa Mortis" e de Doação de Quaisquer Bens – ITCMD (fl. 209/210).

A apelante alegou, em suma, que promoveu a declaração e o recolhimento do ITCMD devido pela partilha dos imóveis que lhe couberam com exclusividade, conforme documentos que integram a carta de sentença. Afirmou que a exigência da concordância da Fazenda do Estado com a declaração e o recolhimento do imposto é inconstitucional porque tem natureza de sanção política. Asseverou que o Supremo Tribunal Federal reconheceu a inconstitucionalidade de leis e atos normativos que exigem a apresentação de certidões negativas de débitos e a comprovação do recolhimento de impostos como requisito para o registro de título. Além disso, a declaração do ITCMD é feita pela modalidade do lançamento por declaração e a exigibilidade de crédito não abrangido pelo pagamento realizado está sujeita ao prazo decadencial previsto no art. 173 do Código Tributário Nacional. Esclareceu que no cálculo do imposto foram adotados valores superiores aos venais atribuídos para os imóveis, o que ensejou a extinção do débito tributário. Ademais, caberá à Fazenda do Estado, discordando da declaração e do recolhimento do imposto, promover o lançamento para efeito de exigência do valor que considerar devido. Porém, não prevalece a exigência de prévia manifestação da Fazenda do Estado, anuindo com o imposto declarado e recolhido, como requisito para o registro da carta de sentença. Essa exigência, ademais, não decorre da legislação que somente obriga a comprovação, ao Oficial de Registro de Imóveis, de que foi promovido o pagamento do ITCMD. Requereu a reforma da r. sentença para o registro da carta de sentença (fl. 219/238).

A douta Procuradoria Geral de Justiça opinou pelo não provimento do recurso (fl. 274/279).

É o relatório.

2. Observo, inicialmente, que a apelação visa a reforma da r. sentença de fl. 209/210, posto que a anteriormente prolatada (fl. 127/128) foi anulada pela decisão de fl. 208.

O dever de fiscalizar o pagamento dos impostos, atribuído ao oficial de registro pelo art. 289 da Lei nº 6.015/73, não se confunde com a exigência de apresentação de certidão negativa de débito tributário e não caracteriza sanção política às partes do negócio jurídico que tem por objeto bem imóvel.

Essa fiscalização, no que se refere ao Imposto de Transmissão "Causa Mortis" e de Doação de Quaisquer Bens – ITCMD, é restrita à existência do recolhimento do tributo e da adequação da base de cálculo aos critérios legais, conforme o v. acórdão deste Conselho Superior da Magistratura na Apelação Cível nº 1001441-21.2019.8.26.0426, da Comarca de Patrocínio Paulista, j. 15.04.2020, que teve a seguinte ementa:

"**Registro de Imóveis – Formal de Partilha – Recusa do oficial com fundamento na irregularidade de recolhimento de tributos – Ausência de anuência da Fazenda do Estado quanto ao ITCMD – Discordância quanto à base de cálculo do ITCMD – Exigência de recolhimento de ITBI por conta de partilha desigual de alguns dos imóveis transmitidos – Exigências afastadas – Dever de fiscalização do Oficial de Registros que se limita à existência do recolhimento do tributo autolançado, bem como da razoabilidade da base de cálculo – Precedentes – Fazenda Pública ciente do autolançamento do ITCMD nos autos do arrolamento, sem impugnação – Impossibilidade de recusa ao registro da transmissão *causa mortis* – Fiscalização do recolhimento do ITBI limitado a fatos geradores ocorridos na base territorial do registrador – Partilha do imóvel localizado em Patrocínio Paulista em frações iguais aos herdeiros, afastando a incidência de ITBI – Impossibilidade de recusa por eventual fato gerador e obrigação de pagamento do tributo a município diverso daquele em que se localiza o imóvel sob atribuição do registrador – Partilha desigual ocorrida em outro município, que deverá ser objeto de fiscalização pelo Oficial daquela base territorial – Dúvida afastada – Recurso provido para determinar o registro do formal de partilha na matrícula nº 2.953 do Registro de Imóveis de Patrocínio Paulista**".

Em igual sentido:

"**Registro de Imóveis – Dúvida inversa – Escritura de Doação – Desqualificação Manutenção da exigência pelo MM. Juiz Corregedor Permanente – Discussão a respeito da base de cálculo a ser utilizada no cálculo do ITCMD – Atuação que extrapola as atribuições do registrador – Dever de fiscalização que se limita ao recolhimento do tributo – Recurso provido para julgar improcedente a dúvida e determinar o registro do título**" (CSM, Apelação Cível nº 0031287-16.205.8.26.0564, da Comarca de São Bernardo do Campo, Relator Desembargador Pereira Calças, j. 24.05.2017);

"**Registro de Imóveis – Dúvida julgada procedente – Formal de partilha extraído de ação de arrolamento de bens – Exigência de apresentação da manifestação da Fazenda do Estado anuindo com a declaração do Imposto de Transmissão 'causa mortis' e de Doação – ITCMD que foi recolhido pelos herdeiros – Ilegalidade da base de cálculo do ITCMD, adotada pela Fazenda do Estado, que foi reconhecida em Mandado de Segurança impetrado pelo herdeiro – Dever de fiscalizar atribuído ao Oficial de Registro que diz respeito à existência da declaração e ao recolhimento do imposto, sem abranger a correção da base de cálculo e do valor pago, salvo se constatada a existência de erro – Recurso provido para julgar a dúvida improcedente**" (CSM, Apelação Cível nº 1001206-48.2018.8.26.0601, da Comarca de Socorro, Rel. Des. Pinheiro Franco, j. 1º.11.2019).

Porém, neste caso concreto, a carta de sentença somente foi instruída com o comprovante de que a apelante apresentou para a Fazenda do Estado, em 27 de maio de 2019, a declaração e a guia de recolhimento do Imposto de Transmissão "Causa Mortis" e de Doação de Quaisquer Bens e Direitos ITCMD (fl. 95/97).

A carta de sentença, na forma como apresentada, não permite verificar que a declaração do Imposto de Transmissão "Causa Mortis" e de Doação de Quaisquer Bens e Direitos – ITCMD abrangeu os dois imóveis que foram integralmente atribuídos para a apelante e, mais, que a base de cálculo observou valor não inferior ao venal de cada um dos imóveis, como previsto no art. 13, inciso I, da Lei Estadual nº 10.705/2000.

Também não foi apresentada a manifestação da Fazenda do Estado sobre o imposto declarado e recolhido, ainda que para a finalidade de comprovar a alegação, feita pela apelante, de que a discordância decorreu da exigência de adoção de base de cálculo superior aos valores venais dos imóveis partilhados.

Isso impede a análise da adequação entre o imposto declarado e o recolhido, o que implica na manutenção da recusa do registro da carta de sentença na forma como foi apresentada.

3. Ante o exposto, embora por fundamento diverso do adotado na r. sentença, mantenho a recusa do registro e, em consequência, nego provimento ao recurso.

RICARDO ANAFE

Corregedor Geral da Justiça e Relator. (– DJe de 07.07.2020 – SP)

PODER JUDICIÁRIO

TRIBUNAL DE JUSTIÇA DO ESTADO DE SÃO PAULO

CONSELHO SUPERIOR DA MAGISTRATURA

Apelação nº 1000614-42.2018.8.26.0459

Registro: 2020.0000475239

ACÓRDÃO

Vistos, relatados e discutidos estes autos de **Apelação Cível nº 1000614-42.2018.8.26.0459**, da Comarca de **Pitangueiras**, em que é apelante **ITAMAR APARECIDO ZUQUETTE**, é apelado **OFICIAL DE REGISTRO DE IMÓVEIS E ANEXOS DA COMARCA DE PITANGUEIRAS.**

ACORDAM, em Conselho Superior de Magistratura do Tribunal de Justiça de São Paulo, proferir a seguinte decisão: **"Julgaram prejudicada a dúvida e não conheceram do recurso interposto, v.u"**, de conformidade com o voto do Relator, que integra este acórdão.

O julgamento teve a participação dos Exmos. Desembargadores **PINHEIRO FRANCO (PRESIDENTE TRIBUNAL DE JUSTIÇA) (Presidente), LUIS SOARES DE MELLO (VICE PRESIDENTE), XAVIER DE AQUINO (DECANO), GUILHERME G. STRENGER (PRES. SEÇÃO DE DIREITO CRIMINAL), MAGALHÃES COELHO(PRES. DA SEÇÃO DE DIREITO PÚBLICO) E DIMAS RUBENS FONSECA (PRES. DA SEÇÃO DE DIREITO PRIVADO).**

São Paulo, 18 de junho de 2020.

RICARDO ANAFE

Corregedor Geral da Justiça e Relator

Apelação Cível nº 1000614-42.2018.8.26.0459

Apelante: Itamar Aparecido Zuquette

Apelado: Oficial de Registro de Imóveis e Anexos da Comarca de Pitangueiras

VOTO Nº 31.177

Dúvida – Registro de Imóveis – Suscitação parcial em relação às exigências formuladas pelo Oficial de Registro Imobiliário – Apresentação de documento não atendida até a suscitação da dúvida – Impossibilidade de atendimento no transcorrer do procedimento de dúvida, mediante apresentação de documentos – Impossibilidade de alteração do título e dos documentos essenciais que instruem a dúvida após a suscitação, sob pena de prorrogação indevida dos efeitos da prenotação – Exigência não impugnada que impede o conhecimento da dúvida, vedada a emissão de decisão condicional – Dúvida Prejudicada – Recurso não conhecido.

Trata-se de recurso da apelação interposto por Itamar Aparecido Zuquette contra a r. sentença de fl. 102/104, que julgou procedente dúvida suscitada pelo Oficial de Registro de Imóveis, Títulos e Documentos, das Pessoas Jurídicas e Tabelião de Protestos de Pitangueiras, mantendo as exigências de recolhimento do ITCMD com base no valor de referência do ITBI, fixado por norma municipal; de realização do ato por escritura pública, ante o fato do valor do bem negociado ser superior a 30 (trinta) salários mínios, e pela ausência de comprovação do estado civil da doadora.

O recurso sustenta, em resumo, a ilegalidade de exigência de imposto sobre a doação do bem com base em outro valor que não o venal utilizado para o lançamento do IPTU, nos termos dos arts. 9º e 13, da Lei Estadual nº 10.705/2000, não se admitindo o uso do valor venal de referência para fins de cálculo do ITBI, conforme prevê o Decreto Estadual nº 46.655/2002. Afirma que a imposição caracteriza exigência de tributo com base em decreto, o que fere o princípio da legalidade tributária (fl. 112/118).

A Procuradoria Geral de Justiça manifesta-se pela competência do Conselho Superior da Magistratura, ante a natureza do ato pretendido. No mérito recursal, pelo não conhecimento, visto a impugnação apenas de uma das três objeções apresentadas pelo registrador. Alternativamente, opina pelo não provimento do recurso (fl. 143/146 e 170).

Por decisão interlocutória foi reconhecida a competência do Conselho Superior da Magistratura, determinando-se a redistribuição dos autos (fl. 148).

É o relatório.

A dúvida é suscitada a partir do pedido de registro de contrato particular de doação de bem imóvel, realizado entre Ana Neyde Zuquette Giacometti, na condição de doadora, e Itamar Aparecido Zuquette, como donatário, reservando-se àquela o usufruto vitalício do imóvel objeto da matrícula nº 16.000 do Registro de Imóveis de Pitangueiras.

No que diz respeito ao preço do negócio, as partes fixaram o valor do imóvel em R$ 19.000,00, sendo 1/3 (R$ 6.333,33) correspondente ao usufruto vitalício em favor da doadora, e 2/3 (R$ 12.666,67) correspondente à nua-propriedade.

Há ainda nos autos certidão de valor venal do bem imóvel, emitida pela Prefeitura Municipal de Pitangueiras, atribuindo ao imóvel inscrito sob o nº 1-02-020-1300 o valor venal de R$ 18.475,71 para o exercício de 2017, com validade até 31.12.2018, observando-se valor venal para o terreno de R$ 3.390,82 (220,90 m2) e para a construção de R$ 15.084,89 (131,39 m2) (fl. 27).

A Nota de Exigência nº 2.148, de 29.01.2018, firmou as seguintes exigências:

"1) A forma do título apresentado não poderá ser registrado, "INSTRUMENTO PARTICULAR", nos termos do art. 108 do Código Civil, uma vez que o valor de mercado do mesmo ultrapassa os 30 (trinta) salários mínimos, conforme Decreto Municipal nº 3.631, de 04/022015, e Decreto Municipal nº 3.896, de 12/04/2017 (planta genérica para avaliação dos imóveis), correspondendo o terreno no valor de R$ 44.180,00 + valor da construção de R$ 89.713,09, totalizando assim R$ 133.893,09, sendo que somente o valor do terreno já ultrapassa os ditos 30 (trinta) salários mínimos. 2) Com isso também deverá ser observado com relação ao recolhimento do ITCMD, conforme regulamente o Decreto Estadual nº 55.002 de 09/11/2009, observando também a CAT 29 de 04/03/2011, a qual acrescento o artigo nº 16-A, § único da CAT 15 de 06/02/2003, pois os valores mencionados na referida escritura, trata-se meramente do valor venal, estando em desacordo com a certidão vigente (...). 3) Dos documentos de identificação apresentados, não foi anexado documento que comprove o estado civil da doadora (CERTIDÃO NASCIMENTO OU CASAMENTO), o que se faz necessário." (fl. 4).

O título foi reapresentado com pedido de suscitação de dúvida, impugnando os itens 1 e 2 da nota de devolução, não se manifestando quanto ao item 3 (fl. 5/75).

O pedido de suscitação de dúvida pelo apelante diz respeito, essencialmente, à ilegalidade e inconstitucionalidade da alteração da base de cálculo de tributos, no caso, do IPTU e do ITCMD, senão por lei ordinária, afirmando a legalidade da adoção do valor venal do bem lançado pelo Município de Pitangueiras, o que torna desnecessária a realização do ato de doação por meio de instrumento público, nos termos do art. 108 do Código Civil. Ainda, que sendo a fixação do valor do IPTU competência de lei municipal, o valor do ITCMD não poderia ser calculado a partir de tabela própria para fins de cálculo do ITBI, por força de norma inferior à lei.

Nada afirmou a respeito da falta de comprovação do estado civil da doadora, limitando-se a apresentar, já no transcorrer do procedimento de dúvida, uma cópia simples de certidão de casamento, emitida em 1991, e a certidão de óbito do cônjuge da doadora (fl. 92/93).

A dúvida não pode ser conhecida, posto que parcial.

Embora relevante a discussão apresentada pelo apelante no que diz respeito à fiscalização do recolhimento do ITCMD pelo Oficial de Registro de Imóveis, bem como da necessidade ou não de instrumento público, por conta do valor do negócio ou do imóvel, é certo que na suscitação de dúvida não houve impugnação da exigência nº 3, qual seja, a comprovação do estado civil da doadora.

Não se observa, no pedido de suscitação de dúvida, qualquer referência quanto à exigência de comprovação do estado civil da doadora, elemento necessário à qualificação registral, presumindo-se a concordância parcial do apresentante com a exigência feita. Nem houve, no pedido de suscitação, cumprimento da exigência parcial.

O art. 186 da Lei nº 6.015/73 assegura o direito à qualificação e ao registro do título conforme a perfeita ordem cronológica de sua apresentação e protocolo, o que impede que eventuais títulos representativos de direitos conflitantes apresentados em segundo lugar obtenham preferência sobre aqueles que foram objeto de prenotação anterior.

O procedimento de dúvida, que prorroga o prazo de validade da prenotação, tem por finalidade a análise da dissensão entre o apresentante e o oficial registrador sobre as exigências formuladas para o registro do título, dissensão esta que deve ser decidida a partir de sua conformação no momento da suscitação.

O fato de se apresentarem cópias dos documentos necessários para o cumprimento do terceiro fundamento da nota de devolução, já no procedimento de dúvida, após intimação para manifestação feita pelo Juiz Corregedor Permanente, não corrige a falha formal da suscitação de dúvida, posto que esta tem seu alcance e limite estabelecidos no momento do pedido apresentado ao Oficial de Registro. O atendimento parcial de exigências durante o procedimento de dúvida o desnatura, posto alterar a instrução obrigatória do título para seu ingresso, o que deve ocorrer em momento anterior à própria suscitação da dúvida.

Diversos são os precedentes do Conselho Superior da Magistratura no sentido da impossibilidade de complementação do título no procedimento de dúvida:

"Dúvida registrária é só para dirimir o dissenso, entre o registrador e o apresentante, sobre a prática de ato de registro, referente a título determinado que, para esse fim (registro) foi protocolado e prenotado. Logo, não se admite, no seu curso, diligências ou dilação de provas destinadas à complementação de título desqualificado, à apuração de fatos extratabulares demonstrativos de situação jurídica de loteamento ou à promoção de medidas de saneamento de vício que macula o parcelamento do solo. A razão dessa restrição cognitiva, ademais, é evitar a indevida prorrogação do prazo da prenotação, consoante firme orientação deste Conselho Superior da Magistratura: 'A dilação probatória em procedimento desta natureza prorrogaria indevidamente o prazo da prenotação, potencializando prejuízo para o direito de prioridade de terceiros, que também tivessem prenotado outros títulos que refletissem direitos contraditórios.' (Apelação Cível nº 02783-0/7, Santa Rosa do Viterbo, j. 30.10.1995, rel. Des. ALVES BRAGA, in Revista de Direito Imobiliário 39/297-298). Confira, ainda, Apelação Cível nº 97.090-0/4, São José do Rio Preto, j. 12.12.2002, Rel. Des. LUIZ TÂMBARA; Apelação Cível nº 000.176.6/4-00, Socorro, j. 16.09.2004, Rel. Des. JOSÉ MÁRIO ANTONIO CARDINALE." (TJSP CSM Ap. Cível nº 482-6/0 rel. Des. Gilberto Passos de Freitas)

"REGISTRO DE IMÓVEIS – Registro de loteamento – Dúvida julgada procedente, com manutenção da recusa do registro – Impugnação parcial – Título complementado no curso da dúvida mediante apresentação de documentos destinados ao atendimento parcial das exigências formuladas pelo Oficial de Registro – Alteração do título que implicou anuência com as exigências formuladas para o registro, ainda que de forma parcial – Impossibilidade de alteração do título no curso da dúvida, o que impede o reexame da qualificação – Recurso não conhecido, prejudicada a dúvida suscitada." (TJSP – CSM – Ap. Cível nº 1003326-39.2017.8.26.0168 – rel. Des. Pinheiro Franco)

Assim, o não cumprimento de uma das exigências e sua não impugnação gera a impossibilidade de conhecimento da dúvida, pois corre-se o risco de eventual afastamento da dúvida não gerar seu cumprimento imediato, acaso não atendida a exigência não impugnada, o que transformaria o procedimento em meio de consulta ao Juiz Corregedor Permanente, o que não se admite (TJSP – CSM – Ap. 000.608.6/7-00 – rel. Des. Gilberto Passos de Freitas – j. 21.12.2006).

Por tais fundamentos, **JULGO PREJUDICADA** a dúvida e **NÃO CONHEÇO** do recurso interposto.

RICARDO ANAFE

Corregedor Geral da Justiça e Relator. (– DJe de 02.07.2020 – SP)

PODER JUDICIÁRIO

TRIBUNAL DE JUSTIÇA DO ESTADO DE SÃO PAULO

CONSELHO SUPERIOR DA MAGISTRATURA

Apelação nº 1000012-71.2019.8.26.0538

Registro: 2019.0001054533

ACÓRDÃO

Vistos, relatados e discutidos estes autos de **Apelação Cível nº 1000012-71.2019.8.26.0538**, da Comarca de **Santa Cruz das Palmeiras**, em que é apelante **MARIA APARECIDA PONTES MAZZOTTI BELLOMI**, é apelado **OFICIAL DE REGISTRO DE IMÓVEIS, TÍTULOS E DOCUMENTOS E CIVIL DE PESSOAS JURÍDICAS DA COMARCA DE SANTA CRUZ DAS PALMEIRAS.**

ACORDAM, em Conselho Superior de Magistratura do Tribunal de Justiça de São Paulo, proferir a seguinte decisão: **"Negaram provimento ao recurso. V. U."**, de conformidade com o voto do Relator, que integra este acórdão.

O julgamento teve a participação dos Exmos. Desembargadores **PEREIRA CALÇAS (PRESIDENTE TRIBUNAL DE JUSTIÇA) (Presidente), ARTUR MARQUES (VICE PRESIDENTE), XAVIER DE AQUINO (DECANO), EVARISTO DOS SANTOS(PRES. DA SEÇÃO DE DIREITO PÚBLICO), CAMPOS MELLO (PRES. DA SEÇÃO DE DIREITO PRIVADO) E FERNANDO TORRES GARCIA(PRES. SEÇÃO DE DIREITO CRIMINAL).**

São Paulo, 10 de dezembro de 2019.

GERALDO FRANCISCO PINHEIRO FRANCO

Corregedor Geral da Justiça e Relator

Apelação Cível n.º 1000012-71.2019.8.26.0538

Apelante: Maria Aparecida Pontes Mazzotti Bellomi

Apelado: Oficial de Registro de Imóveis, Títulos e Documentos e Civil de Pessoas Jurídicas da Comarca de Santa Cruz das Palmeiras

VOTO N.º 37.999

Registro de Imóveis – Imposto causa mortis – Fiscalização do correto recolhimento pelo oficial do registro imobiliário no caso de ser evidente o recolhimento a menor – Não exame no processo judicial da correspondência entre o valor atribuído aos bens transmitidos por sucessão hereditária na partilha homologada e o imposto recolhido – Exigência conforme o plexo de atribuições legais do oficial do registro imobiliário – Recurso não provido.

Trata-se de apelação interposta por Maria Aparecida Pontes Mazzotti Bellomi contra r. sentença que manteve a recusa de registro de carta de adjudicação em razão da ausência de comprovação da complementação do recolhimento do ITBI.

A apelante sustenta o cabimento do registro uma vez que houve o recolhimento do imposto *causa mortis* nos termos do decidido no inventário extrajudicial (a fls. 234-237).

A douta Procuradoria Geral de Justiça opinou pelo não provimento do recurso (a fls. 263-264).

É o relatório.

A natureza judicial do título apresentado não impede sua qualificação registral quanto aos aspectos extrínsecos ou aqueles que não foram objeto de exame pela Autoridade Jurisdicional.

O item 119 do Capítulo XX das Normas de Serviço da Corregedoria Geral da Justiça é expresso acerca do dever do Oficial do Registro de Imóveis a tanto, como se constata de sua redação:

"119. Incumbe ao oficial impedir o registro de título que não satisfaça os requisitos exigidos pela lei, quer sejam consubstanciados em instrumento público ou particular, quer em atos judiciais".

Essa questão é pacífica nos precedentes administrativos deste órgão colegiado, entre muitos, confira-se trecho do voto do Desembargador Manoel de Queiroz Pereira Calças, Corregedor Geral da Justiça à época, na apelação n. 0001561-55.2015.8.26.0383, j. 20/7/2017:

"A origem judicial do título não afasta a necessidade de sua qualificação registral, com intuito de se obstar qualquer violação ao princípio da continuidade (Lei 6.015/73, art. 195).

Nesse sentido, douto parecer da lavra do então Juiz Assessor desta Corregedoria Geral de Justiça, Álvaro Luiz Valery Mirra, lançado nos autos do processo n.º 2009/85.842, que, fazendo referência a importante precedente deste Colendo Conselho Superior da Magistratura (Apelação Cível n.º 31.881-0/1), aduz o que segue:

'De início, cumpre anotar, a propósito da matéria, que tanto esta Corregedoria Geral da Justiça quanto o Colendo Conselho Superior da Magistratura têm entendido imprescindível a observância dos princípios e regras de direito registral para o ingresso no fólio real – seja pela via de registro, seja pela via de averbação – de penhoras, arrestos e seqüestros de bens imóveis, mesmo considerando a origem judicial de referidos atos, tendo em conta a orientação tranqüila nesta esfera administrativa segundo a qual a natureza judicial do título levado a registro ou a averbação não o exime da atividade de qualificação registral realizada pelo oficial registrador, sob o estrito ângulo da regularidade formal (Ap. Cív. n. 31.881-0/1)'".

É dever do Oficial de Registro de Imóveis a fiscalização do pagamento dos impostos devidos em razão dos títulos apresentados para registro em sentido amplo, pena de responsabilidade solidária de forma subsidiária.

Nesse sentido, dispõem o artigo 289 da Lei de Registros Públicos e artigo 134, inciso VI, do Código Tributário Nacional:

"LRP. Art. 289. No exercício de suas funções, cumpre aos oficiais de registro fazer rigorosa fiscalização do pagamento dos impostos devidos por força dos atos que lhes forem apresentados em razão do ofício.

CTN. Art. 134. Nos casos de impossibilidade de exigênciaa do cumprimento da obrigação principal pelo contribuinte, respondem solidariamente com este nos atos em que intervierem ou pelas omissões de que forem responsáveis:

(...)

VI – os tabeliães, escrivães e demais serventuários de ofício, pelos tributos devidos sobre os atos praticados por eles, ou perante eles, em razão do seu ofício".

De outra parte, conforme precedentes do Conselho Superior da Magistratura (Ap. n. 1066691-48.2015.8.26.0100, Rel. Pereira Calças, j. 25/8/2016, e Ap. n. 1024158-98.2015.8.26.0577, Rel. Pereira Calças, j. 25/8/2017) não integra o plexo de atribuições do registrador a verificação da exatidão do imposto recolhido.

O Des. Pereira Calças, Corregedor Geral da Justiça à época, no voto proferido na Ap. n. 1066691-48.2015.8.26.0100, j. 25/8/2016, afirmou:

"Pese embora sua força semântica, o adjetivo "rigorosa" não há de ser interpretado de modo tal que torne o Oficial de Registro guardião-mor do erário. Se, à evidência, não pode o Sr. Oficial permitir o registro quando recolhimento tributário nenhum houver, <u>ou quando o valor pago seja flagrantemente inferior ao devido</u>, tampouco lhe é dado, de outro bordo, tornar-se julgador de controvérsias jurídicas atinentes à extensão do montante devido. Assim é que, não se tendo recolhido tributo algum, será lícito que obste o registro. Todavia, apresentando o interessado prova do recolhimento tributário e expedido o formal de partilha, eventual discordância Fazendária acerca do quantum debeatur *não será impedimento ao registro. Haverá, outrossim, de ser solucionada pelas vias judiciais próprias".* (grifos meus)

Nessa perspectiva, compete ao Oficial do Registro de Imóveis a fiscalização das situações nas quais o recolhimento tributário é, evidentemente, menor que o montante legalmente cabível.

Esse ponto também foi ressaltado na Ap. n. 1005906-21.2018.8.26.0099, j. 16/5/2019, da qual fui relator, conforme segue:

"Não se cuida, portanto, de imputar ao Oficial de Registro de Imóveis a obrigação de fiscalizar a correção da declaração de imposto, mas de exigência decorrente da contradição das declarações da viúva e herdeiros, na escritura pública, sobre os valores venais dos imóveis e os valores em que sustentaram a declaração de dispensa da apresentação da prova do recolhimento do imposto decorrente da doação".

No caso em julgamento, após o recolhimento do imposto *causa mortis* houve a realização de perícia para avaliação dos bens transmitidos por sucessão hereditária, o que redundou na modificação do valor inicial daqueles (R$43.221,31) para R$201.174,17.

O valor da avaliação serviu de base para partilha homologada (a fls. 168-176), todavia, não houve manifestação a respeito pela Fazenda Estadual.

Nessa ordem de ideias, o imposto causa mortis, objetivamente, foi recolhido em consideração à avaliação inicial (R$43.221,31) e não à avaliação judicial que serviu de base para partilha (R$201.174,17).

O artigo 15, *caput*, da Lei Estadual n. 9.591/1966, vigente à época, estabelece:

"Artigo 15 – Nas transmissões "causa mortis", o valor será o que servir de base ao lançamento dos impostos sôbre a propriedade predial e territorial urbana ou sôbre a propriedade territorial rural, conforme se trata respectivamente, de imóvel urbano ou rural, ressalvado aos interessados o direito de requererem avaliação judicial".

Na medida em que os interessados utilizaram o valor da avaliação judicial para fins de partilha, é inviável a consideração dos valores iniciais (inferiores) para fins de recolhimento do imposto de transmissão devido, pois assim agindo aceitaram o novo valor.

É indevido sustentar que a majoração realizada foi somente para efeito de partilha; não há duas avaliações válidas, devendo prevalecer a última.

Não houve decisão judicial acerca dessa situação, tampouco é possível o exame da eventual inexigibilidade dos impostos devidos nesta sede administrativa.

Nestes termos, a exigência foi correta e merece ser mantida.

Ante o exposto, **nego provimento ao recurso.**

GERALDO FRANCISCO PINHEIRO FRANCO

Corregedor Geral da Justiça e Relator. (– DJe de 08.04.2020 – SP)

PODER JUDICIÁRIO

TRIBUNAL DE JUSTIÇA DO ESTADO DE SÃO PAULO

CONSELHO SUPERIOR DA MAGISTRATURA

Apelação nº 1003357-76.2018.8.26.0539

Registro: 2020.000107501

ACÓRDÃO

Vistos, relatados e discutidos estes autos de **Apelação Cível nº 1003357-76.2018.8.26.0539**, da Comarca de **Santa Cruz do Rio Pardo**, em que é apelante **JOSÉ EDUARDO BASÍLIO**, é apelado **OFICIAL DE REGISTRO DE IMÓVEIS E ANEXOS DA COMARCA DE SANTA CRUZ DO RIO PARDO.**

ACORDAM, em Conselho Superior de Magistratura do Tribunal de Justiça de São Paulo, proferir a seguinte decisão: **"Deram provimento ao recurso, v.u."**, de conformidade com o voto do Relator, que integra este acórdão.

O julgamento teve a participação dos Exmos. Desembargadores **PINHEIRO FRANCO (PRESIDENTE TRIBUNAL DE JUSTIÇA) (Presidente), LUIS SOARES DE MELLO (VICE PRESIDENTE), XAVIER DE AQUINO (DECANO), GUILHERME G. STRENGER (PRES. SEÇÃO DE DIREITO CRIMINAL), MAGALHÃES COELHO(PRES. DA SEÇÃO DE DIREITO PÚBLICO) E DIMAS RUBENS FONSECA (PRES. DA SEÇÃO DE DIREITO PRIVADO).**

São Paulo, 6 de fevereiro de 2020.

RICARDO ANAFE

Corregedor Geral da Justiça e Relator

Apelação Cível nº 1003357-76.2018.8.26.0539

Apelante: José Eduardo Basílio

Apelado: Oficial de Registro de Imóveis e Anexos da Comarca de Santa Cruz do Rio Pardo

VOTO Nº 31.088

Registro de Imóveis – Dúvida julgada procedente – Exigência do recolhimento do ITCMD incidente sobre a integralidade do imóvel – Questionada a incidência da causa de isenção a que alude o art. 6º, II, "d", da Lei Estadual nº 10.992/2001 – Para se aferir se incide ou não a isenção tributária, deve-se partir do valor efetivo da herança, excluída a meação, e não do valor dos bens vinculados ao nome do falecido – Inobservância da existência de momentos distintos do falecimento da genitora e do genitor do apelante para fim de verificação do

acréscimo patrimonial – Sentença reformada – Recurso provido.

1. Trata-se de apelação interposta por José Eduardo Basílio contra a r sentença de fls. 99/101, que julgou procedente a dúvida suscitada pelo Oficial de Registro de Imóveis, Títulos e Documentos e Civil da Pessoa Jurídica da Comarca de Santa Cruz do Rio Pardo, mantendo a exigência de retificação e ratificação da escritura de inventário dos bens deixados por Dionice Alvina Basílio e José Basílio Neto para constar o recolhimento do ITCMD – uma vez que a hipótese legal de isenção tributária (art. 6º da Lei nº 10.705/2000) aplica-se apenas quando o valor total do imóvel não superar 5.000 UFESPs, independentemente da transmissão integral do imóvel ou de sua cota-parte ao herdeiro.

O apelante alegou que a escritura apresentada está correta, pois reflete com exatidão dois momentos distintos de transmissão do bem partilhado – pois seus genitores faleceram em datas diversas, de forma que a transmissão do imóvel ao herdeiro teria ocorrido em ocasiões distintas, ou seja, 50% em 2017 (falecimento da genitora) e 50% em 2018 (falecimento do genitor).

A Procuradoria Geral de Justiça opinou pelo provimento do recurso.

É o relatório.

2. O recurso comporta provimento.

O fato gerador do ITCMD é a transmissão de bens ou direitos, por *causa mortis* ou por doação. No caso específico da **sucessão *causa mortis***, o fato gerador é considerado o momento da abertura da sucessão, ou seja, o exato momento em que se dá a morte do autor da herança.

Atento aos elementos dos autos, verifico que a escritura de inventário e partilha apresentada pelo apelante para qualificação registral do Oficial de Registro de Imóveis representou com exatidão a dinâmica dos eventos ocorridos – *dois momentos distintos de transmissão do bem partilhado – pois os genitores do apelante faleceram em datas diversas, de forma que a transmissão do imóvel ao herdeiro teria ocorrido em ocasiões distintas, ou seja, 50% em 2017 (falecimento da genitora) e 50% em 2018 (falecimento do genitor)* – como bem observado pela Procuradoria Geral de Justiça, o que deveria ter sido levado em consideração para verificação da isenção tributária.

O acréscimo patrimonial do herdeiro não ocorreu de maneira integral e em momento único – assim, o cálculo do ITCMD deve considerar os dois momentos de forma isolada pra fins de verificação da incidência do tributo ou não – o falecimento da genitora do apelante em 2017 e o falecimento do genitor do apelante em 2018, o que acarreta em acréscimos patrimoniais (de 50%) sucessivos, ainda que formatados em instrumento público único.

Nesse sentido:

TRIBUTÁRIO – ITCMD – Alegação de que o valor que o Fisco estadual pretende tributar refere-se a meação da viúva, sobre o qual não deve incidir referido imposto – Questionada a incidência da causa de isenção a que alude o art. 6º, II, "d", da Lei Estadual nº 10.992/2001 – Para se aferir se incide ou não a isenção tributária, deve-se partir do valor efetivo da herança, excluída a meação, e não do valor dos bens vinculados ao nome do falecido – Precedentes – Sentença de procedência mantida – Recurso de apelação não provido (TJSP, Apelação nº 1026338-45.2016.8.26.0224, rel. Des. Luís Francisco Aguilar Cortez, 1ª Câmara de Direito Público, j. 08/03/2019).

e

Direito tributário – ITCMD – Tributo que será recolhido pelos impetrantes com base no cálculo no valor venal do IPTU do imóvel lançado no exercício, de acordo com a Lei 10.705/2000 – Impossibilidade de aplicação do Decreto 55.002/2009, que aumenta o tributo – Aumento que somente pode ocorrer por meio de lei – Inteligência do art. 97, II, § 1º do CTN – Sucessão de metade do bem, devendo a base de cálculo ser a metade do valor venal do imóvel – Valor que fica abaixo dos 5.000 UFESPs, podendo haver a concessão da isenção do imposto – Recurso provido. (TJSP, Apelação Cível nº 1035749-09.2017.8.26.0053, *Des.* JOSÉ LUIZ GAVIÃO DE ALMEIDA, 3ª Câmara de Direito Público, j.03/12/19)

Por todo o exposto, a narrativa como razão de reclamo de fls. 118 pelo apelante em seu recurso – *(...) os valores atribuídos aos imóveis correspondem ao importe de R$ 240.160,56 relativo ao óbito de sua genitora (2017), com valor base de acréscimo patrimonial de R$ 120.080,28; e o importe de R$ 251.205,31 relativos ao óbito de seu genitor (2018), com valor base de acréscimo patrimonial de R$ 125.602,65. O valor de 5.000 Ufep´s corresponde ao importe de R$ 125.350,00 na data do óbito de sua genitora (2017) e ao importe de R$ 128.500,00 na data do óbito de seu genitor (2018). Logo, os valores dos acréscimos patrimoniais estão abrangidos pelos limites estabelecidos pela Lei do ITCMD-SP (...)* – está exata e merece acolhimento.

3. Ante o exposto, pelo meu voto, dou provimento ao recurso.

RICARDO ANAFE

Corregedor Geral da Justiça e Relator. (– DJe de 01.04.2020 – SP)

PODER JUDICIÁRIO

TRIBUNAL DE JUSTIÇA DO ESTADO DE SÃO PAULO

CONSELHO SUPERIOR DA MAGISTRATURA

Apelação nº 1007800-29.2018.8.26.0197

Registro: 2019.0000907212

ACÓRDÃO

Vistos, relatados e discutidos estes autos de **Apelação Cível nº 1007800-29.2018.8.26.0197**, da Comarca de **Francisco Morato**, em que é recorrente **ANGELICA RODRIGUES DA SILVA**, é recorrido **OFICIAL DE REGISTRO DE IMÓVEIS E ANEXOS DA COMARCA DE FRANCISCO MORATO**.

ACORDAM, em Conselho Superior de Magistratura do Tribunal de Justiça de São Paulo, proferir a seguinte decisão: **"Negaram provimento ao recurso. V.U."**, de conformidade com o voto do Relator, que integra este acórdão.

O julgamento teve a participação dos Exmos. Desembargadores **PEREIRA CALÇAS (PRESIDENTE TRIBUNAL DE JUSTIÇA) (Presidente), ARTUR MARQUES (VICE PRESIDENTE), XAVIER DE AQUINO (DECANO), EVARISTO DOS SANTOS(PRES. DA SEÇÃO DE DIREITO PÚBLICO), CAMPOS MELLO (PRES. DA SEÇÃO DE DIREITO PRIVADO) E FERNANDO TORRES GARCIA(PRES. SEÇÃO DE DIREITO CRIMINAL).**

São Paulo, 10 de outubro de 2019.

GERALDO FRANCISCO PINHEIRO FRANCO
Corregedor Geral da Justiça e Relator

Apelação Cível n.º 1007800-29.2018.8.26.0197

Recorrente: Angelica Rodrigues da Silva

Recorrido: Oficial de Registro de Imóveis e Anexos da Comarca de Francisco Morato

VOTO N.º 37.909

Registro de Imóveis – Dúvida – Negativa do registro de carta de sentença extraída de procedimento pré-processual, que redundou no divórcio por composição amigável, homologada pelo CEJUSC, com partilha de bem imóvel que coube exclusivamente à apelante. Impossibilidade – Recurso desprovido.

Trata-se de apelação interposta por ANGÉLICA RODRIGUES DA SILVA contra a r. sentença de fls. 67/69, que julgou procedente a dúvida e, em consequência, manteve a negativa do registro de carta de sentença extraída de procedimento pré-processual, que redundou no divórcio por composição amigável, homologada pelo CEJUSC, com partilha de bem imóvel que coube exclusivamente à apelante, matriculado sob o n.º 15.584, no Registro de Imóveis da Comarca de Francisco Morato.

Sustenta a apelante que inexiste qualquer óbice ao ingresso do título, sendo perfeitamente cabível o registro, tal como apresentado.

A D. Procuradoria Geral de Justiça opinou pelo desprovimento do apelo (fl. 117/120).

É o relatório.

DECIDO.

Preliminarmente, desnecessário o deferimento de assistência judiciária, tendo em vista que, nos procedimentos administrativos, não incidem custas ou despesas processuais.

Presentes os pressupostos legais e administrativos, no mérito, o recurso não comporta provimento.

A apelante apresentou carta de sentença homologada nos autos do processo de divórcio n.º 0003159-20.2015.8.26.0197 (fl. 19), sob a conciliação no CEJUSC, sendo negado seu ingresso por inabilidade do título, sem a juntada de comprovante de pagamento do ITCMD, ou indicação de sua isenção.

E, independentemente da impossibilidade de realização de partilha pré-processual pelo CEJUSC, também não há dúvida de que o ingresso do título não escapa ao exame tributário.

E o art. 289 da Lei n.º 6.015/73 é expresso ao indicar que é dever do registrador fiscalizar o pagamento dos tributos incidentes:

> *Art. 289. No exercício de suas funções, cumpre aos oficiais de registro fazer rigorosa fiscalização do pagamento dos impostos devidos por força dos atos que lhes forem apresentados em razão do ofício.*

A omissão do titular da delegação pode levar à sua responsabilidade solidária no pagamento do tributo, nos termos do art. 134, VI, do Código Tributário Nacional-CTN.

Assim, não é possível o ingresso do título sem que os bens partilhados tenham sido submetidos à Secretaria da Fazenda, por intermédio da declaração de ITCMD.

A competência para imposição do recolhimento, ou mesmo sua isenção, é de competência da repartição fiscal estadual, não podendo ser tal atribuição afastada em sede administrativa.

Nestes termos, inafastável a r. sentença recorrida, que deve ser confirmada em sua integralidade.

Ante o exposto, **nego provimento ao recurso.**

GERALDO FRANCISCO PINHEIRO FRANCO

Corregedor Geral da Justiça e Relator. (– DJe de 09.03.2020 – SP)

PODER JUDICIÁRIO

TRIBUNAL DE JUSTIÇA DO ESTADO DE SÃO PAULO

CONSELHO SUPERIOR DA MAGISTRATURA

Apelação nº 1005693-44.2018.8.26.0445

Registro: 2019.0001032001

ACÓRDÃO

Vistos, relatados e discutidos estes autos de **Apelação Cível nº 1005693-44.2018.8.26.0445**, da Comarca de **Pindamonhangaba**, em que é apelante **SYLVIA CLAUDIA PETRELLA**, é apelado **OFICIAL DE REGISTRO DE IMÓVEIS E ANEXOS DA COMARCA DE PINDAMONHANGABA.**

ACORDAM, em Conselho Superior de Magistratura do Tribunal de Justiça de São Paulo, proferir a seguinte decisão: **"Mantiveram a recusa do registro e negaram provimento ao recurso, v.u."**, de conformidade com o voto do Relator, que integra este acórdão.

O julgamento teve a participação dos Exmos. Desembargadores **PEREIRA CALÇAS (PRESIDENTE TRIBUNAL DE JUSTIÇA) (Presidente), ARTUR MARQUES (VICE PRESIDENTE), XAVIER DE AQUINO (DECANO), EVARISTO DOS SANTOS(PRES. DA SEÇÃO DE DIREITO PÚBLICO), CAMPOS MELLO (PRES. DA SEÇÃO DE DIREITO PRIVADO) E FERNANDO TORRES GARCIA(PRES. SEÇÃO DE DIREITO CRIMINAL).**

São Paulo, 26 de novembro de 2019.

GERALDO FRANCISCO PINHEIRO FRANCO
Corregedor Geral da Justiça e Relator
Apelação Cível nº 1005693-44.2018.8.26.0445
Apelante: Sylvia Claudia Petrella
Apelado: Oficial de Registro de Imóveis e Anexos da Comarca de Pindamonhangaba

VOTO Nº 37.973

Registro de Imóveis – Dúvida julgada procedente – Carta de sentença extraída de ação de partilha decorrente de divórcio – Partilha que indica os bens atribuídos à mulher e os seus respectivos valores, sem, contudo, especificar os que couberam ao marido – Transação para a partilha que, na forma como realizada, faz presumir a existência de transmissão por ato "inter vivos" – Necessidade de comprovação da declaração e do recolhimento do Imposto de Transmissão, ou de demonstração de sua isenção – Recurso não provido.

Trata-se de apelação interposta contra r. sentença que julgou procedente a dúvida e manteve a recusa do registro, nas matrículas nºs 5.209 e 42.821 do Oficial de Registro de Imóveis, Títulos e Documentos e Civil de Pessoa Jurídica da Comarca de Pindamonhangaba, da partilha consensual de bens, decorrente de divórcio, em que somente foram especificados os bens que passaram a integrar o patrimônio da cônjuge, porque não foi comprovado o recolhimento do imposto de transmissão "inter vivos".

A apelante alegou, em suma, que não houve transmissão onerosa de bens, razão pela qual eventual tributo incidente na partilha seria o Imposto de Transmissão "causa mortis" e Doação – ITCMD. Por esse motivo, não incide a lei municipal que dispõe sobre o imposto de transmissão por ato oneroso. Aduziu que todos os bens que passaram a integrar o seu patrimônio foram adquiridos na constância do casamento e, portanto, já eram de sua propriedade, pois na partilha não recebeu bem particular de seu ex-marido. Asseverou que não tem meios para especificar os bens que foram atribuídos ao seu ex-marido que durante o divórcio se negou a prestar informações completas sobre o patrimônio familiar. Esclareceu que o desconhecimento do patrimônio de seu ex-marido a impede de verificar se recebeu, na partilha, bens com valores que superavam a sua meação, razão pela qual não tem meios para promover a declaração e o recolhimento do ITCMD. Por fim, na transação realizada na partilha de bens, homologada judicialmente, foi previsto que caberia ao seu ex-marido o pagamento de eventual imposto de transmissão, o que possibilitou a expedição da carta de sentença que deve ser registrada em consonância com a decisão judicial. Requereu a reforma da r. sentença para que seja promovido o registro da partilha (fls. 97/110).

A douta Procuradoria Geral de Justiça opinou pelo não provimento do recurso (fls. 135/137).

É o relatório.

Foi apresentada para registro a carta de sentença extraída do Processo nº 1003629-95.2017.8.26.0445 da 1ª Vara Cível da Comarca de Pindamonhangaba (fls. 07/30), relativa à partilha de bens decorrente de divórcio, em que foram atribuídos para a apelante os imóveis e a quantia em dinheiro relacionados às fls. 10.

Constou na partilha que ao marido couberam *"... todos os demais bens que integravam o patrimônio comum do casal até 09.05.2017, conforme Declaração de Imposto de Renda acima referida, inclusive a aliança de casamento onde estiver gravado o seu nome..."* (fls. 10/11).

Desse modo, na partilha somente foram especificados os bens atribuídos à apelante, com indicação dos seus referidos valores.

E a forma como a partilha foi realizada impede que seja verificado se cada um dos ex-cônjuges recebeu bens com valores que corresponderam à sua meação no patrimônio que anteriormente era comum.

Por essa razão, o registro da partilha é condicionado à prova da declaração e do pagamento do imposto que, nas transmissões gratuitas, é o Imposto de Transmissão "causa mortis" e Doação – ITCMD, ou de que não houve incidência desse tributo porque foi respeitada a meação de cada um dos cônjuges.

Essa obrigação não se modifica pelo alegado desconhecimento dos bens atribuídos ao ex-marido da apelante, pois são os que constavam na declaração do imposto de renda do ano de 2016, exercício de 2017 (fls. 10).

Também não se altera pela previsão de que eventual imposto de transmissão seria suportado pelo ex-marido da apelante, conforme previsto em transação homologada judicialmente, porque a prova do recolhimento do imposto que for devido em razão da partilha realizada, ou de sua isenção, é requisito para o registro conforme disposto no art. 298 da Lei nº 6.015/73:

"Art. 289. No exercício de suas funções, cumpre aos oficiais de registro fazer rigorosa fiscalização do pagamento dos impostos devidos por força dos atos que lhes forem apresentados em razão do ofício".

Ante o exposto, mantenho a recusa do registro e nego provimento ao recurso.

GERALDO FRANCISCO PINHEIRO FRANCO

Corregedor Geral da Justiça e Relator. (– DJe de 11.03.2020 – SP)

PODER JUDICIÁRIO

TRIBUNAL DE JUSTIÇA DO ESTADO DE SÃO PAULO

CONSELHO SUPERIOR DA MAGISTRATURA

Apelação n° 1012031-75.2019.8.26.0032

Registro: 2020.0000377317

ACÓRDÃO

Vistos, relatados e discutidos estes autos de **Apelação Cível nº 1012031-75.2019.8.26.0032**, da Comarca de **Araçatuba**, em que é apelante **MEIRE GOMES DE CARVALHO STRINGHETA**, é apelado **OFICIAL DE REGISTRO DE IMÓVEIS E ANEXOS DA COMARCA DE ARAÇATUBA.**

ACORDAM, em Conselho Superior de Magistratura do Tribunal de Justiça de São Paulo, proferir a seguinte decisão: **"Não conheceram do recurso e julgaram a dúvida prejudicada, v.u."**, de conformidade com o voto do Relator, que integra este acórdão.

O julgamento teve a participação dos Exmos. Desembargadores PINHEIRO FRANCO **(PRESIDENTE TRIBUNAL DE JUSTIÇA) (Presidente), LUIS SOARES DE MELLO (VICE PRESIDENTE), XAVIER DE AQUINO (DECANO), GUILHERME G. STRENGER (PRES. SEÇÃO DE DIREITO CRIMINAL), MAGALHÃES COELHO(PRES. DA SEÇÃO DE DIREITO PÚBLICO) E DIMAS RUBENS FONSECA (PRES. DA SEÇÃO DE DIREITO PRIVADO).**

São Paulo, 15 de maio de 2020.

RICARDO ANAFE

Corregedor Geral da Justiça e Relator

Apelação Cível nº 1012031-75.2019.8.26.0032

Apelante: Meire Gomes de Carvalho Stringheta

Apelado: Oficial de Registro de Imóveis e Anexos da Comarca de Araçatuba

VOTO Nº 31.155

Dúvida – Apelação – Formal de partilha – Nota de devolução exigindo regularização do formal de partilha e de comprovação do recolhimento do ITCMD ou da isenção homologada – Impugnação parcial pelo interessado – Exigência de comprovação do recolhimento do ITCMD ou da isenção não impugnada – Ausência de demonstração de atendimento da exigência antes do pedido para suscitação de dúvida – Impossibilidade de conhecimento da dúvida, pena de transformar a decisão em consulta, não resultando no comando de registro ou sua recusa de forma absoluta – Recurso não conhecido – Dúvida julgada prejudicada.

1. Trata-se de apelação interposta por Meire Gomes de Carvalho Stringheta, visando à reforma da sentença que acolheu a dúvida suscitada pelo Oficial de Registro de Imóveis, Títulos e Documentos e Civil de Pessoa Jurídica de Araçatuba, determinando a retificação da partilha antes do registro do título na matrícula (fl. 81/83).

A nota de devolução do Oficial de Registro de Imóveis apresentou os seguintes motivos para a recusa ao registro do título: "**1.** Consoante se verifica no R-04 da matrícula nº 54.760, o autor da herança EDSON ROBERTO STRINGHETA figura como proprietário da parte ideal de 50% do imóvel (em comunhão com a sua cônjuge), e não 33,33% como constou no formal de partilha. Os bens pertencentes ao *de cujus* em comunhão com a sua cônjuge devem ser relacionados integralmente, e não apenas a parte ideal que lhe pertencia, uma vez que a lei processual civil exige que todo o bem seja levado a inventário, posto que é nessa que se extrema o que é meação e o que é herança, ou seja, a meeira tem a sua parte resguardada, a qual não se confunde com a herança, nada adquirindo ela, apenas conservando aquilo que já tinha e que estava no condomínio do casal. Dessa forma, aditar o presente título para constar que dos bens partilhados trata-se de 50% do imóvel, bem assim o plano de partilha que a metade (25%) permanecerá com a viúva meeira, e a outra metade com os herdeiros filhos (12,5% para cada um), a fim de dar cumprimento aos princípios da continuidade e da disponibilidade, princípios formais imprescindíveis a qualquer registro. Nesse sentido, Apelação Cível nº 670-6/9, do Conselho Superior da Magistratura, e o decidido no Processo nº 0001859-67.2014.8.26.0032, da Corregedoria Permanente desta Serventia Imobiliária. **2.** Comprovar o recolhimento ou a isenção do ITCMD – imposto sobre transmissão, referente ao falecimento de Edson Roberto Stringheta, apresentando cópia autenticada ou original da GARE devidamente recolhida ou a declaração de isenção homologada pelo Posto Fiscal e pela Procuradoria Estadual (Lei nº 10.705/00, alterada pela Lei nº 10.992/01 e artigo 289 da Lei de Registros Públicos)" (fl. 1-2).

O recurso sustenta, em resumo, que o imóvel deixado pelo *de cujos* era objeto de condomínio entre este, a apelante e um filho, ensejando a divisão somente da parcela correspondente ao autor da herança, sem justificativa para a inclusão, no plano de partilha, da parte de propriedade da viúva. Afirma que a exigência de retificação do formal de partilha desrespeita a decisão judicial que reconheceu a transmissão pelo autor da herança de 33,33% do imóvel, mantendo-se a copropriedade da viúva e do filho nos outras duas partes de 33,33% (fl. 89/98).

A Procuradoria Geral de Justiça opinou pelo não provimento do recurso (fl. 132/133).

É o relatório.

2. É o caso de não conhecimento do presente recurso, prejudicada a dúvida pelo acolhimento parcial presumido das exigências feitas pelo Oficial, eis que inexistente pedido de suscitação de dúvida a respeito ou mesmo manifestação nos autos a respeito.

A nota de exigência emitida pelo Oficial de Registro de Imóveis, Títulos e Documentos e Civil de Pessoas Jurídicas de Araçatuba indica dois fundamentos distintos para a recusa ao ingresso do título. O primeiro, a necessidade de retificação do formal de partilha, eis que não respeitado o princípio da continuidade registral e da disponibilidade. O segundo, a necessidade de comprovação do recolhimento do ITCMD ou homologação da isenção pelo Posto Fiscal e pela Procuradoria Estadual.

O pedido de suscitação de dúvida indica impugnação apenas de um dos fundamentos, qual seja, a necessidade de regularização do formal de partilha, sem comprovar o cumprimento da exigência constante do item 2 da nota de devolução.

Silente o pedido de suscitação de dúvida quanto à exigência de comprovação do recolhimento do tributo ou sua isenção e sem que se demonstre tempestivamente o cumprimento daquilo que não questionado, tem-se por conclusão a impugnação apenas parcial da nota devolutiva, o que impede o conhecimento da presente dúvida.

Há, portanto, concordância parcial com as exigências, prejudicando o conhecimento da dúvida.

O procedimento de dúvida é reservado à análise da discordância do apresentante com os motivos que levaram à recusa do registro do título e de seu julgamento decorrerá a manutenção dessa recusa, com o cancelamento da prenotação, ou a improcedência da dúvida, que terá como consequência a realização do ato solicitado (art. 203, II, da Lei nº 6.015/1973).

A impugnação parcial das exigências formuladas, ainda que decorrente de concordância parcial tácita por força da não impugnação específica da exigência ou a comprovação de seu atendimento, prejudica o exame da dúvida, porque permanecerá um dos óbices que impede o ingresso do título no registro imobiliário.

O art. 186 da Lei nº 6.015/73 assegura o direito à qualificação e ao registro do título conforme a perfeita ordem cronológica de sua apresentação e protocolo, o que impede que eventuais títulos representativos de direitos conflitantes apresentados em segundo lugar obtenham preferência sobre aqueles que foram objeto de prenotação anterior.

O procedimento de dúvida, que prorroga o prazo de validade da prenotação, tem por finalidade a análise da dissensão entre o apresentante e o oficial registrador sobre as exigências formuladas para o registro do título, dissensão esta que deve ser decidida a partir de sua conformação no momento da suscitação.

Assim, o não cumprimento de uma das exigências e sua não impugnação gera a impossibilidade de conhecimento da dúvida, pois se corre o risco da decisão não gerar seu cumprimento irrestrito, acaso não atendida a exigência não impugnada, o que transformaria o procedimento de dúvida em meio de consulta ao Juiz Corregedor Permanente, o que não se admite (TJSP CSM Ap. 000.608.6/7-00 rel. Des. Gilberto Passos de Freitas j. 21.12.2006).

Ou, ainda, não acolhida a dúvida, restará um requisito não atendido, impedindo-se o registro e afastando o comando positivo necessariamente binário registre-se ou não o título emitido nos procedimentos de dúvida registral.

3. Ante o exposto, pelo meu voto, não conheço do recurso e julgo a dúvida prejudicada.

RICARDO ANAFE

Corregedor Geral da Justiça e Relator. (– DJe de 19.06.2020 – SP)

PODER JUDICIÁRIO

TRIBUNAL DE JUSTIÇA DO ESTADO DE SÃO PAULO

CONSELHO SUPERIOR DA MAGISTRATURA

Apelação n° 1007075-44.2019.8.26.0152

Registro: 2020.000211824

ACÓRDÃO

Vistos, relatados e discutidos estes autos de **Apelação Cível nº 1007075-44.2019.8.26.0152**, da Comarca de **Cotia**, em que é apelante **LUCIMARA BEZERRA RODRIGUES**, é apelado **OFICIAL DE REGISTRO DE IMÓVEIS E ANEXOS DA COMARCA DE COTIA.**

ACORDAM, em Conselho Superior de Magistratura do Tribunal de Justiça de São Paulo, proferir a seguinte decisão: **"Negaram provimento à apelação, com determinação, v.u."**, de conformidade com o voto do Relator, que integra este acórdão.

O julgamento teve a participação dos Exmos. Desembargadores **PINHEIRO FRANCO (PRESIDENTE TRIBUNAL DE JUSTIÇA) (Presidente), XAVIER DE AQUINO (DECANO), GUILHERME G. STRENGER (PRES. SEÇÃO DE DIREITO CRIMINAL), MAGALHÃES COELHO(PRES. DA SEÇÃO DE DIREITO PÚBLICO), DIMAS RUBENS FONSECA (PRES. DA SEÇÃO DE DIREITO PRIVADO) E LUIS SOARES DE MELLO (VICE PRESIDENTE).**

São Paulo, 16 de março de 2020.

RICARDO ANAFE

Corregedor Geral da Justiça e Relator

Apelação Cível nº 1007075-44.2019.8.26.0152

Apelante: Lucimara Bezerra Rodrigues

Apelado: Oficial de Registro de Imóveis e Anexos da Comarca de Cotia

VOTO Nº 31.116

Registro de Imóveis – Título judicial – Divórcio – Partilha – Regime da comunhão parcial de bens – Imóvel atribuído à apelante – Qualificação negativa – Nota de devolução que não elenca todas as exigências formuladas, posteriormente, por ocasião da suscitação de dúvida – Óbices ao ingresso do título no fólio real confirmados – Registrador que não observa seu dever de examinar, de forma exaustiva, o título apresentado – Necessidade de apuração, pelo MM. Juiz Corregedor Permanente, de eventual prática de infração disciplinar por parte do registrador – Nega-se provimento ao recurso, com determinação.

1. Trata-se de apelação interposta por *Lucimara Bezerra Rodrigues* contra a r. sentença que confirmou o juízo negativo de qualificação registral (fl. 188/189), objetivando o registro da carta de sentença expedida nos autos da ação de divórcio (Processo nº 0006952-82.2011.8.26.0100) que tramitou perante a 1ª Vara de Família e Sucessões do Foro Regional do Ipiranga, Comarca da Capital, tendo por objeto o imóvel matriculado sob nº 71.357 junto ao Oficial de Registro de Imóveis e Anexos da Comarca de Cotia/SP.

Na Nota de Devolução expedida em relação ao título prenotado sob nº 296755, em 23.04.2019, o registrador informou que prevalecia a nota de exigência anterior, insistindo que a interessada apresentasse a Carta de Sentença perante o Chefe do Posto Fiscal da Secretaria da Fazenda do Estado de São Paulo, para elaboração do cálculo do imposto ou declaração de isenção (fl. 28/29). Em sua manifestação nos autos, confirmou a prenotação do original do título e alegou que as exigências apresentadas quando do primeiro protocolo (Nota de Devolução confeccionada em 27.04.2017), referentes à apresentação de certidão atualizada de casamento e de talão do IPTU para fins de cálculo dos emolumentos e respectivo depósito, não foram atendidas. Ainda, aduziu que a exigência de manifestação da Fazenda Pública Estadual, quanto à incidência ou não do imposto, é indispensável, ante a obrigação legal de conferência, pelo Oficial registrador, do pagamento do ITCMD (fl. 176/182).

A apelante, preliminarmente, requer o deferimento dos benefícios da Justiça Gratuita. No mérito, alega que a exigência formulada pelo Oficial registrador não se sustenta, pois já apresentou a Carta de Sentença ao Chefe do Posto Fiscal da Secretaria da Fazenda do Estado de São Paulo, sem que, no entanto, houvesse resposta. Aduz que, em caso análogo, o E. Conselho Superior da Magistratura entendeu que a esfera administrativa não é adequada para a declaração de incidência de tributo ou inconstitucionalidade da lei, admitindo o ingresso do formal de partilha mesmo sem comprovação do recolhimento do ITBI. Acrescenta que não compete ao registrador aferir a incidência ou isenção do imposto, pois em caso de divergência caberá à Fazenda cobrar o valor devido. Ainda, afirma que a sentença não vinculou o registro pretendido à comprovação do pagamento de imposto e ressalta ser indevido o ITBI no caso concreto. Por fim, aduz que não pode ser prejudicada pela inércia do ente público e, então, requer seja reformada a r. sentença para registro do título (fl. 194/203).

A D. Procuradoria de Justiça opinou pelo não provimento do recurso (fl. 217/222).

É o relatório.

2. Desde logo, cumpre lembrar que, a despeito do teor do art. 207 da Lei de Registros Públicos, neste procedimento de dúvida, de natureza administrativa, não incidem custas processuais ante a falta de previsão específica nas Leis Estaduais nº 11.331/02 e 11.608/03. Logo, prejudicado o pedido de Justiça Gratuita formulado em sede de preliminar pela apelante, para fins de dispensa do preparo recursal.

Pretende a apelante, que foi casada com Rinaldo Garcia sob o regime da comunhão parcial de bens, o registro de carta de sentença expedida nos autos da ação de divórcio (Processo nº 0006952-82.2011.8.26.0100) que tramitou perante a 1ª Vara de Família e Sucessões do Foro Regional do Ipiranga, Comarca da Capital, tendo por objeto o imóvel que lhe foi integralmente atribuído na partilha dos bens do casal, matriculado sob nº 71.357 junto ao Oficial de Registro de Imóveis e Anexos da Comarca de Cotia/SP.

Os títulos judiciais, cumpre lembrar, não estão isentos de qualificação para ingresso no fólio real. A qualificação negativa do título judicial não caracteriza desobediência ou descumprimento de decisão judicial.

No exercício desse dever, o Sr. Oficial encontrou óbices ao registro da carta de sentença que foi apresentada pela apelante. Então, ao emitir a Nota de Devolução (fl. 28/29) que deu ensejo ao presente procedimento de dúvida, consignou que: *"Prevalece a nota de exigência anterior (...)"*, insistindo na apresentação da Carta de Sentença perante o Chefe do Posto Fiscal da Secretaria da Fazenda do Estado de São Paulo, para elaboração do cálculo do imposto ou declaração de isenção. Ocorre que, na Nota de Devolução anterior (fl. 20) nenhuma referência havia sido feita quanto às exigências formuladas ainda no ano de 2017, as quais, somente agora, foram referidas pelo registrador (fl. 194/203).

Logo, ainda que a apelante tenha se insurgido apenas em relação à necessidade de comprovação de pagamento do ITCMD ou de sua isenção, não há que se falar em impugnação parcial. Com efeito, sem que outras exigências tenham sido feitas na Nota de Devolução que lhe foi entregue por ocasião do protocolo mais recente do título, inexiste qualquer irregularidade no requerimento de suscitação de dúvida tal como formulado.

É preciso lembrar, no entanto, que ao registrador cabe examinar, de forma exaustiva, o título apresentado e que, havendo exigências de qualquer ordem, estas deverão ser formuladas de uma só vez (NSCGJ, Capítulo XX, item 38) e não, no curso do procedimento de dúvida.

No mais, compete anotar que tanto o MM. Juiz Corregedor Permanente, quanto este C. Conselho Superior da Magistratura, ao apreciar as questões apresentadas no procedimento de dúvida, devem requalificar o título por completo. Com efeito, a qualificação do título realizada no julgamento da dúvida é devolvida por inteiro ao Órgão para tanto competente, sem que disso decorra decisão *extra petita* ou violação do contraditório e ampla defesa, como decidido por este órgão colegiado na Apelação Cível nº 33.111-0/3, da Comarca de Limeira/SP, em v. acórdão de que foi relator o Desembargador Márcio Martins Bonilha: *"Inicialmente, cabe ressaltar a natureza administrativa do procedimento da dúvida, que não se sujeita, assim, aos efeitos da imutabilidade material da sentença. Portanto, nesse procedimento há a possibilidade de revisão dos atos praticados, seja pela própria autoridade administrativa, seja pela instância revisora, até mesmo de ofício (cf. Ap Civ 10.880-0/3, da Comarca de Sorocaba). Não vai nisso qualquer ofensa ao direito de ampla defesa e muito menos se suprime um grau do julgamento administrativo. O exame qualificador do título, tanto pelo oficial delegado, como por seu Corregedor Permanente, ou até mesmo em sede recursal, deve necessariamente ser completo e exaustivo, visando escoimar todo e qualquer vício impeditivo de acesso ao cadastro predial. Possível, portanto, a requalificação do título nesta sede, ainda que de ofício, podendo ser levantados óbices até o momento não argüidos, ou ser reexaminado fundamento da sentença, até para alteração de sua parte dispositiva"* (*in* "Revista de Direito Imobiliário", 39/339).

Nesse cenário, a irregularidade verificada não impede o prosseguimento do feito e tampouco a análise do presente recurso que, no entanto, não comporta acolhimento. Vejamos.

A apresentação da certidão de casamento com a averbação do divórcio se justifica eis que, em respeito ao princípio da especialidade subjetiva, previamente ao registro do novo título faz-se necessária a averbação da mudança de estado civil dos titulares de domínio. E, para tanto, há que ser comprovada a devida anotação, junto ao assento de casamento, do divórcio realizado.

Também a comprovação do valor venal atualizado do imóvel, mediante apresentação do talão de IPTU ou certidão expedida pela Municipalidade, é imprescindível para fins de cálculo de emolumentos. Correta, pois, a exigência formulada pelo registrador, ainda que, uma vez efetuado o protocolo, não possa condicionar a prática do ato ao depósito integral do montante devido.

E diferentemente do que alega a apelante, não há controvérsia sobre o pagamento de ITBI, que não foi exigido, conforme expressamente consignado na Nota de Devolução (fl. 28/29). No que diz respeito ao ITCMD, dispõe o subitem 117.1, do Capítulo XX, das Normas de Serviço da Corregedoria Geral da Justiça, em harmonia com o previsto no art. 289, da Lei nº 6.015/73 e art. 30, inciso XI, da Lei nº 8.935/94, que:

> *"117.1. Com exceção do recolhimento do imposto de transmissão e prova de recolhimento do laudêmio, quando devidos, nenhuma exigência relativa à quitação de débitos para com a Fazenda Pública, inclusive quitação de débitos previdenciários, fará o oficial, para o registro de títulos particulares, notariais ou judiciais."*

Ademais, o art. 134, inciso VI, do Código Tributário Nacional estabelece a responsabilidade solidária dos tabeliães e registradores "pelos tributos devidos sobre os atos praticados por eles, ou perante eles, em razão do seu ofício".

No caso em exame, na Carta de Sentença apresentada, relativa à partilha de bens decorrente de divórcio, foram atribuídos à apelante os direitos sobre o imóvel objeto da matrícula nº 71.357 do Registro de Imóveis de Cotia/SP, assim como um veículo Ford Ecosport. Ao ex-marido da apelante, coube um lote de terreno localizado na cidade de Avaré/SP, assim como um veículo Ford Focus e a responsabilidade pelo débito decorrente de seu financiamento. Constou, ainda, que a partilha foi feita em partes iguais, considerando os bens recebidos e as dívidas assumidas por cada um dos cônjuges (fl. 44/51 e 78/81).

Ocorre que os documentos apresentados posteriormente (fl. 91/136) e a forma como a partilha foi realizada impedem que seja verificado se cada um dos ex-cônjuges recebeu, de fato, bens com valores que correspondem à sua meação no patrimônio que anteriormente era comum. É por essa razão que o registro da partilha está condicionado à prova da declaração e do pagamento do imposto que, nas transmissões gratuitas, é o Imposto de Transmissão "causa mortis" e Doação – ITCMD, ou de que não houve incidência desse tributo porque foi respeitada a meação de cada um dos cônjuges.

Essa obrigação não se modifica pela inércia da Fazenda Estadual na ação de divórcio, eis que a preclusão processual (fl. 125) não equivale à comprovação do pagamento do imposto ou declaração de não incidência.

Considerando, pois, que a prova do recolhimento do imposto devido em razão da partilha realizada, ou de sua isenção, é requisito para o registro**[1]**, correta a exigência de expressa manifestação a respeito, por parte da Fazenda Estadual, sob pena de responsabilidade solidária do registrador.

Além disso, faz-se necessária a anuência da credora fiduciária, na forma do art. 29 da Lei nº 9.514/97, que assim prescreve:

> *"O fiduciante, com anuência expressa do fiduciário, poderá transmitir os direitos de que seja titular sobre o imóvel objeto da alienação fiduciária em garantia, assumindo o adquirente as respectivas obrigações".*

A anuência da credora fiduciária é indispensável, pouco importando se a transmissão dos direitos se deu entre os devedores originais. Com efeito, tem a credora fiduciária o direito de avaliar se a garantia permanece hígida e se a transmissão dos direitos de aquisição lhe interessa, visto que é titular da propriedade imobiliária.

Ou seja, além daqueles elencados pelo Sr. Oficial, há também esse óbice a ser superado. Nesse sentido, já ficou decidido que:

> *"REGISTRO DE IMÓVEIS – Carta de Sentença – Partilha de Bens – Dúvida procedente – Necessidade de correção do plano de partilha para constar a partilha dos direitos aquisitivos dos fiduciantes e não a partilha do imóvel propriamente dito – Indispensabilidade da anuência do credor fiduciário, na forma do art. 29 da Lei 9.514/97 – Carta de sentença que deve ser aditada porque o plano de partilha se encontra incompleto – Apelação não provida"* (TJSP; Apelação Cível 1036558-52.2017.8.26.0100; Relator (a): Pinheiro Franco (Corregedor Geral); Órgão Julgador: Conselho Superior de Magistratura; Foro Central Cível – 1ª Vara de Registros Públicos; Data do Julgamento: 28/03/2018; Data de Registro: 06/04/2018).

"REGISTRO DE IMÓVEIS – COMPROMISSO DE COMPRA E VENDA – IMÓVEL ALIENADO FIDUCIARIAMENTE – NECESSIDADE DE ANUÊNCIA DA CREDORA FIDUCIÁRIA – ART. 29, DA LEI Nº 9.514/97 – RECURSO NÃO PROVIDO" (TJSP; Apelação Cível 1103676-50.2014.8.26.0100; Relator (a): Elliot Akel; Órgão Julgador: Conselho Superior de Magistratura; Foro Central Cível – 1ª Vara de Registros Públicos; Data do Julgamento: 07/10/2015; Data de Registro: 29/10/2015).

Consigne, por fim, que a atuação do Sr. Oficial Interino deve ser melhor analisada pelo MM. Juiz Corregedor Permanente, na esfera administrativa, visando a apuração de eventual prática de infração disciplinar, seja porque não formulou, na última Nota de Devolução expedida, todas as exigências anteriormente apresentadas, seja porque não realizou o exame exaustivo do título, omitindo-se quanto à necessidade de anuência da credora fiduciária.

3. Diante do exposto, pelo meu voto, nego provimento à apelação, com determinação.

RICARDO ANAFE

Corregedor Geral da Justiça e Relator.

Nota:

[1] Art. 289 da Lei nº 6.015/73. (– DJe de 14.04.2020 – SP)

PODER JUDICIÁRIO

TRIBUNAL DE JUSTIÇA DO ESTADO DE SÃO PAULO

CONSELHO SUPERIOR DA MAGISTRATURA

Embargos de Declaração Cível nº 1004733-43.2020.8.26.0114/50000

Registro: 2020.000875927

ACÓRDÃO

Vistos, relatados e discutidos estes autos de Embargos de Declaração Cível nº 1004733-43.2020.8.26.0114/50000, da Comarca de **Campinas**, em que é embargante **ROBERTO AKIRA GOTO**, é embargado **SEGUNDO OFICIAL DE REGISTRO DE IMÓVEIS DA COMARCA DE CAMPINAS.**

ACORDAM, em Conselho Superior de Magistratura do Tribunal de Justiça de São Paulo, proferir a seguinte decisão: **"Rejeitaram, v.u.",** de conformidade com o voto do Relator, que integra este acórdão.

O julgamento teve a participação dos Exmos. Desembargadores **PINHEIRO FRANCO (PRESIDENTE TRIBUNAL DE JUSTIÇA) (Presidente), LUIS SOARES DE MELLO (VICE PRESIDENTE), XAVIER DE AQUINO (DECANO), GUILHERME G. STRENGER (PRES. SEÇÃO DE DIREITO CRIMINAL), MAGALHÃES COELHO(PRES. DA SEÇÃO DE DIREITO PÚBLICO) E DIMAS RUBENS FONSECA (PRES. DA SEÇÃO DE DIREITO PRIVADO).**

São Paulo, 2 de outubro de 2020.

RICARDO ANAFE

Corregedor Geral da Justiça e Relator

Embargos de Declaração Cível nº 1004733-43.2020.8.26.0114/50000

Embargante: Roberto Akira Goto

Embargado: Segundo Oficial de Registro de Imóveis da Comarca de Campinas

VOTO Nº 31.238

Embargos de Declaração – Inexistência de omissão – Acórdão que apontou exaustivamente as razões pelas quais houve doação e, portanto, incidência de imposto de transmissão (ITCMD) – Alegações que revelam inconformismo da parte embargante – Caráter infringente do recurso – Matéria já examinada na decisão questionada – Embargos de declaração rejeitados.

1. Trata-se de embargos de declaração opostos por Roberto Akira Goto em face do v. acórdão que, negando provimento à apelação interposta contra a sentença proferida pelo MM. Juiz Corregedor Permanente do 2º Oficial de Registro de Imóveis da Comarca de Campinas, manteve a procedência de dúvida.

Em síntese, afirma o embargante nunca houve doação entre os herdeiros nem, pois, incidência do imposto de transmissão (ITCMD doação); logo, não é possível adimplir esse tributo e, como os interessados não podem fabricar e enviar uma declaração falsa nesse sentido, cabe ao Tribunal manifestar-se sobre tal ponto, esclarecendo como fazer o recolhimento.

É o relatório.

2. Ao apontar a ocorrência de suposta omissão, pretende a parte embargante, em verdade, a alteração do julgado, insistindo no provimento da apelação. Contudo, os embargos de declaração não se prestam a tal finalidade.

A decisão embargada expressamente consignou as razões pelas quais, segundo as peculiaridades do caso concreto, houve doação entre herdeiros, o que dá azo à incidência do imposto de transmissão: com efeito, embora os interessados se houvessem valido de um certo valor fiscal para dar aparência de igualdade entre os quinhões, consta da própria partilha a discrepância entre os efetivos valores dos bens transmitidos a cada qual dos herdeiros, de maneira que entre eles houve doação e, pois, fato imponível.

Ademais, não cabe ao Poder Judiciário dar nenhuma espécie de instrução sobre a forma pela qual os sucessores devam regularizar a sua situação perante a Fazenda do Estado.

Em suma, há claro inconformismo da parte embargante quanto ao teor do que se decidiu, motivo pelo qual, dado o seu caráter nitidamente infringente, os embargos de declaração têm de ser rejeitados.

3. À vista do exposto, pelo meu voto, rejeito os embargos de declaração opostos.

RICARDO ANAFE

Corregedor Geral da Justiça e Relator. (– DJe de 16.12.2020 – SP)

PODER JUDICIÁRIO

TRIBUNAL DE JUSTIÇA DO ESTADO DE SÃO PAULO

CONSELHO SUPERIOR DA MAGISTRATURA

Apelação nº 1004733-43.2020.8.26.0114

Registro: 2020.000681588

ACÓRDÃO

Vistos, relatados e discutidos estes autos de **Apelação Cível nº 1004733-43.2020.8.26.0114**, da Comarca de **Campinas**, em que é apelante **ROBERTO AKIRA GOTO**, é apelado **SEGUNDO OFICIAL DE REGISTRO DE IMÓVEIS DA COMARCA DE CAMPINAS.**

ACORDAM, em Conselho Superior de Magistratura do Tribunal de Justiça de São Paulo, proferir a seguinte decisão: **"Negaram provimento à apelação, v.u."**, de conformidade com o voto do Relator, que integra este acórdão.

O julgamento teve a participação dos Exmos. Desembargadores **PINHEIRO FRANCO (PRESIDENTE TRIBUNAL DE JUSTIÇA) (Presidente), LUIS SOARES DE MELLO (VICE PRESIDENTE), XAVIER DE AQUINO (DECANO), GUILHERME G. STRENGER (PRES. SEÇÃO DE DIREITO CRIMINAL), MAGALHÃES COELHO(PRES. DA SEÇÃO DE DIREITO PÚBLICO) E DIMAS RUBENS FONSECA (PRES. DA SEÇÃO DE DIREITO PRIVADO).**

São Paulo, 20 de agosto de 2020.

RICARDO ANAFE

Corregedor Geral da Justiça e Relator

Apelação Cível nº 1004733-43.2020.8.26.0114

Apelante: Roberto Akira Goto

Apelado: Segundo Oficial de Registro de Imóveis da Comarca de Campinas

VOTO Nº 31.205

Registro de Imóveis – Dúvida – Título notarial – Sucessão legítima – Partilha causa mortis Imposto sobre transmissão (ITCMD) – Quinhões desiguais – Doação dos valores excedentes – A base de cálculo do imposto de transmissão é o valor venal dos bens transmitidos, *causa mortis* e doação – Emprego de outra base de cálculo que levara à aparente inexistência de doação entre os herdeiros – Correta fiscalização exercida pelo Oficial de Registro de Imóveis – Recusa legítima – Apelação a que se nega provimento.

1. Trata-se de recurso de apelação (fl. 137/145) interposto por Roberto Akira Goto contra a r. sentença (fl. 127/129) proferida pelo MM. Juízo Corregedor Permanente do 2º Oficial de Registro de Imóveis da Comarca de Campinas, que, confirmando os óbices apresentados na nota devolutiva (fl. 59/62), julgou procedente a dúvida e manteve a recusa de registro *stricto sensu* de partilha *causa mortis* (fl. 17/24) nas matrículas nº 43.777 e 43.778 daquele cartório (fl. 02 e 63/72).

Segundo o r. *decisum*, para aquilatar o valor dos bens os interessados empregaram o montante atribuído pela própria falecida em sua declaração de imposto de renda do ano de seu passamento. No entanto, se forem considerados, como é correto, os valores venais dos bens partilhados, a partilha *causa mortis* em verdade se deu por quinhões desiguais. Logo, incide o imposto de transmissão (ITCMD-doação) sobre os montantes excedentes, e sem o seu adimplemento ou dispensa fiscal desse tributo realmente não se pode proceder ao registro requerido.

Afirma o apelante, porém, que, como autorizam as regras referentes ao imposto de renda, o montante dos bens e direitos partilhados, para fins de partilha, foi calculado segundo a avaliação dada pela declaração tributária da autora da herança, e não pelos valores venais.

Assim, não existem quinhões de valores diversos nem, portanto, doação entre os herdeiros, de modo que, a esse título (ITCMD-doação), não é devido tributo algum. Acrescenta que o ITCMD-*causa mortis,* entretanto, foi calculado sobre os valores venais e, logo, foi adimplido por um montante muito superior ao que seria devido se fosse utilizado o valor real de partilha. Aduz que não houve nenhuma impugnação por parte do Fisco Estadual. Por tudo isso, conclui que, inexistindo doação, não há mais tributo que recolher, de maneira que o óbice é ilegal e a sentença tem de ser reformada para que se efetue o pretendido registro *stricto sensu.*

O Oficial de Registro manifestou-se, insistindo na manutenção da r. decisão recorrida (fl. 148/151).

A D. Procuradoria Geral de Justiça ofertou parecer opinando pelo não provimento do apelo (fl. 169/172).

É o relatório.

2. O imposto de transmissão causa de mortis e doação (Constituição da República, art. 155, I) tem como base de cálculo o valor venal dos bens ou direitos transmitidos (Cód. Tributário Nacional, art. 38; Lei Estadual nº 10.705, de 28 de dezembro de 2000, art. 9º, *caput*; Decreto Estadual nº 46.655, de 1º de abril de 2002, art. 12), como, de resto, consta no próprio instrumento de partilha (fl. 20/21) e nas declarações à autoridade fiscal do Estado (fl. 39/47).

Ao lado do valor venal dos bens transmitidos, entretanto, os herdeiros também se valeram de um *valor fiscal,* empregado para partilhar os bens em quinhões aparentemente iguais (comparem-se a estimação dada aos bens a fl. 20/21 e o valor dos quinhões a fl. 22/23).

Porém, está claro que, sob o manto dessa equalização de quinhões pelos valores fiscais, os herdeiros na verdade atribuíram uns aos outros quotas-partes de montantes distintos, o que implica, *ipso facto,* doação dos montantes excedentes. Afinal, por força do direito hereditário, a sucessão legítima implica quinhões equivalentes, de maneira que as quantias discrepantes, quando as há, são transmitidas por ato gratuito *inter vivos* ou seja, doação. E sobre as doações incide imposto de transmissão, para cujo cômputo se emprega, por força de lei, o valor venal, como já se viu.

Como os interessados não comprovaram o adimplemento do tributo incidente sobre essas doações, o Oficial de Registro de Imóveis procedeu retamente ao indeferir o registro *stricto sensu,* já que nos termos da Lei nº 6.015, de 31 de dezembro de 1973, art. 289, lhe cabia *(a)* controlar o recolhimento do tributo incidente na espécie (que não houve, como é incontroverso) e *(b)* verificar a adequação da base de cálculo aos critérios legais (que não se deu, porque os interessados, como dito, não utilizaram os corretos valores venais e, à força desse erro, concluíram que não tinham mais nada que adimplir em virtude de ato entre vivos).

Essa interpretação, tradicional e assentada na jurisprudência administrativa de São Paulo, vem sendo confirmada por este Conselho Superior da Magistratura:

> *"O posicionamento recorrente do Conselho Superior da Magistratura é no sentido da limitação do dever de fiscalização atribuído ao Oficial de Registro quanto a existência do recolhimento do tributo e a razoabilidade da base de cálculo, conforme os precedentes nas apelações cíveis nºs 0031287-16.2015.8.26.0564, de São Bernardo do Campo, 1006725-68.2015.8.26.0161, de Diadema, e 102415898.2015.8.26.0577, de São José dos Campos [...]. Assim, o dever de fiscalização de recolhimento dos tributos atribuído aos notários e registradores (art. 289 da Lei nº 6.015/1973 e art. 30, XI, da Lei nº 8.935/1994), se limita à verificação do recolhimento dos tributos decorrentes dos atos realizados, bem como a razoabilidade da base de cálculo utilizada [...]." (Apelação Cível 1001441-21.2019.8.26.0426, j. 15.4.2020, DJe 27.4.2020, extrato do voto vencedor).*

Acrescente-se, por fim, que não favorecem o apelante a invocação das regras do imposto de renda das pessoas físicas (pois, como visto, se há de empregar o valor venal dos bens como base de cálculo, e não o montante informado à Receita Federal) e o silêncio da Fazenda do Estado (que ainda não teve condições de manifestar-se, pois não lhe foram informadas as doações).

Em suma: a recusa (fl. 59/62) foi correta e ateve-se aos justos limites da qualificação registral nessa matéria, e, por conseguinte, tem de ser confirmada a r. sentença (fl. 127/129) que a manteve.

3. À vista do exposto, pelo meu voto, nego provimento à apelação.

RICARDO ANAFE

Corregedor Geral da Justiça e Relator. (– DJe de 08.09.2020 – SP)

PODER JUDICIÁRIO

TRIBUNAL DE JUSTIÇA DO ESTADO DE SÃO PAULO

CONSELHO SUPERIOR DA MAGISTRATURA

Apelação Cível nº 1018134-43.2019.8.26.0309

Registro: 2020.0000493034

ACÓRDÃO

Vistos, relatados e discutidos estes autos de **Apelação Cível nº 1018134-43.2019.8.26.0309**, da

Comarca de **Jundiaí**, em que é apelante **DANIELE DE ALMEIDA TOLDO**, é apelado **1º OFICIAL DE REGISTRO DE IMÓVEIS E ANEXOS DA COMARCA DE JUNDIAÍ**.

ACORDAM, em Conselho Superior de Magistratura do Tribunal de Justiça de São Paulo, proferir a seguinte decisão: **"Negaram provimento ao recurso. V. U."**, de conformidade com o voto do Relator, que integra este acórdão.

O julgamento teve a participação dos Exmos. Desembargadores **PINHEIRO FRANCO (PRESIDENTE TRIBUNAL DE JUSTIÇA) (Presidente), LUIS SOARES DE MELLO (VICE PRESIDENTE), XAVIER DE AQUINO (DECANO), GUILHERME G. STRENGER (PRES. SEÇÃO DE DIREITO CRIMINAL), MAGALHÃES COELHO(PRES. DA SEÇÃO DE DIREITO PÚBLICO) E DIMAS RUBENS FONSECA (PRES. DA SEÇÃO DE DIREITO PRIVADO).**

São Paulo, 18 de junho de 2020.

RICARDO ANAFE

Corregedor Geral da Justiça e Relator

Apelação Cível nº 1018134-43.2019.8.26.0309

Apelante: Daniele de Almeida Toldo

Apelado: 1º Oficial de Registro de Imóveis e Anexos da Comarca de Jundiaí

VOTO Nº 31.176

Registro de Imóveis – Dúvida julgada procedente – Carta de sentença extraída de ação de divórcio consensual – Exigência consistente na apresentação da anuência da Fazenda do Estado com a declaração e o recolhimento do Imposto de Transmissão "Causa Mortis" e de Doação de Quaisquer Bens e Direitos – ITCMD – Carta de sentença que somente foi instruída com o protocolo da declaração do ITCMD e com as guias de recolhimento, o que impossibilita a análise da alegação de que foi adotada base de cálculo superior aos valores venais dos imóveis transmitidos – Recurso não provido.

1. Trata-se de apelação interposta contra r. sentença que julgou procedente a dúvida suscitada em razão da recusa do registro da carta de sentença extraída da ação de divórcio consensual da apelante, nas matrículas nºs 87.141 e 94.071 do 1º Registro de Imóveis, Títulos e Documentos e Civil de Pessoa Jurídica da Comarca de Jundiaí, porque não foi apresentada a anuência da Fazenda do Estado com o valor do Imposto de Transmissão "Causa Mortis" e de Doação de Quaisquer Bens – ITCMD (fl. 209/210).

A apelante alegou, em suma, que promoveu a declaração e o recolhimento do ITCMD devido pela partilha dos imóveis que lhe couberam com exclusividade, conforme documentos que integram a carta de sentença. Afirmou que a exigência da concordância da Fazenda do Estado com a declaração e o recolhimento do imposto é inconstitucional porque tem natureza de sanção política. Asseverou que o Supremo Tribunal Federal reconheceu a inconstitucionalidade de leis e atos normativos que exigem a apresentação de certidões negativas de débitos e a comprovação do recolhimento de impostos como requisito para o registro de título. Além disso, a declaração do ITCMD é feita pela modalidade do lançamento por declaração e a exigibilidade de crédito não abrangido pelo pagamento realizado está sujeita ao prazo decadencial previsto no art. 173 do Código Tributário Nacional. Esclareceu que no cálculo do imposto foram adotados valores superiores aos venais atribuídos para os imóveis, o que ensejou a extinção do débito tributário. Ademais, caberá à Fazenda do Estado, discordando da declaração e do recolhimento do imposto, promover o lançamento para efeito de exigência do valor que considerar devido. Porém, não prevalece a exigência de prévia manifestação da Fazenda do Estado, anuindo com o imposto declarado e recolhido, como requisito para o registro da carta de sentença. Essa exigência, ademais, não decorre da legislação que somente obriga a comprovação, ao Oficial de Registro de Imóveis, de que foi promovido o pagamento do ITCMD. Requereu a reforma da r. sentença para o registro da carta de sentença (fl. 219/238).

A douta Procuradoria Geral de Justiça opinou pelo não provimento do recurso (fl. 274/279).

É o relatório.

2. Observo, inicialmente, que a apelação visa a reforma da r. sentença de fl. 209/210, posto que a anteriormente prolatada (fl. 127/128) foi anulada pela decisão de fl. 208.

O dever de fiscalizar o pagamento dos impostos, atribuído ao oficial de registro pelo art. 289 da Lei nº 6.015/73, não se confunde com a exigência de apresentação de certidão negativa de débito tributário e não caracteriza sanção política às partes do negócio jurídico que tem por objeto bem imóvel.

Essa fiscalização, no que se refere ao Imposto de Transmissão "Causa Mortis" e de Doação de Quaisquer Bens – ITCMD, é restrita à existência do recolhimento do tributo e da adequação da base de cálculo aos critérios legais, conforme o v. acórdão deste Conselho Superior da Magistratura na Apelação Cível nº 1001441-21.2019.8.26.0426, da

Comarca de Patrocínio Paulista, j. 15.04.2020, que teve a seguinte ementa:

"**Registro de Imóveis – Formal de Partilha – Recusa do oficial com fundamento na irregularidade de recolhimento de tributos – Ausência de anuência da Fazenda do Estado quanto ao ITCMD – Discordância quanto à base de cálculo do ITCMD – Exigência de recolhimento de ITBI por conta de partilha desigual de alguns dos imóveis transmitidos – Exigências afastadas – Dever de fiscalização do Oficial de Registros que se limita à existência do recolhimento do tributo autolançado, bem como da razoabilidade da base de cálculo – Precedentes – Fazenda Pública ciente do autolançamento do ITCMD nos autos do arrolamento, sem impugnação – Impossibilidade de recusa ao registro da transmissão *causa mortis* – Fiscalização do recolhimento do ITBI limitado a fatos geradores ocorridos na base territorial do registrador – Partilha do imóvel localizado em Patrocínio Paulista em frações iguais aos herdeiros, afastando a incidência de ITBI – Impossibilidade de recusa por eventual fato gerador e obrigação de pagamento do tributo a município diverso daquele em que se localiza o imóvel sob atribuição do registrador – Partilha desigual ocorrida em outro município, que deverá ser objeto de fiscalização pelo Oficial daquela base territorial – Dúvida afastada – Recurso provido para determinar o registro do formal de partilha na matrícula nº 2.953 do Registro de Imóveis de Patrocínio Paulista**".

Em igual sentido:

"**Registro de Imóveis – Dúvida inversa – Escritura de Doação – Desqualificação Manutenção da exigência pelo MM. Juiz Corregedor Permanente – Discussão a respeito da base de cálculo a ser utilizada no cálculo do ITCMD – Atuação que extrapola as atribuições do registrador – Dever de fiscalização que se limita ao recolhimento do tributo – Recurso provido para julgar improcedente a dúvida e determinar o registro do título**" (CSM, Apelação Cível nº 0031287-16.205.8.26.0564, da Comarca de São Bernardo do Campo, Relator Desembargador Pereira Calças, j. 24.05.2017);

"**Registro de Imóveis – Dúvida julgada procedente – Formal de partilha extraído de ação de arrolamento de bens – Exigência de apresentação da manifestação da Fazenda do Estado anuindo com a declaração do Imposto de Transmissão 'causa mortis' e de Doação – ITCMD que foi recolhido pelos herdeiros – Ilegalidade da base de cálculo do ITCMD, adotada pela Fazenda do Estado, que foi reconhecida em Mandado de Segurança impetrado pelo herdeiro – Dever de fiscalizar atribuído ao Oficial de Registro que diz respeito à existência da declaração e ao recolhimento do imposto, sem abranger a correção da base de cálculo e do valor pago, salvo se constatada a existência de erro – Recurso provido para julgar a dúvida improcedente**" (CSM, Apelação Cível nº 1001206-48.2018.8.26.0601, da Comarca de Socorro, Rel. Des. Pinheiro Franco, j. 1º.11.2019).

Porém, neste caso concreto, a carta de sentença somente foi instruída com o comprovante de que a apelante apresentou para a Fazenda do Estado, em 27 de maio de 2019, a declaração e a guia de recolhimento do Imposto de Transmissão "Causa Mortis" e de Doação de Quaisquer Bens e Direitos ITCMD (fl. 95/97).

A carta de sentença, na forma como apresentada, não permite verificar que a declaração do Imposto de Transmissão "Causa Mortis" e de Doação de Quaisquer Bens e Direitos – ITCMD abrangeu os dois imóveis que foram integralmente atribuídos para a apelante e, mais, que a base de cálculo observou valor não inferior ao venal de cada um dos imóveis, como previsto no art. 13, inciso I, da Lei Estadual nº 10.705/2000.

Também não foi apresentada a manifestação da Fazenda do Estado sobre o imposto declarado e recolhido, ainda que para a finalidade de comprovar a alegação, feita pela apelante, de que a discordância decorreu da exigência de adoção de base de cálculo superior aos valores venais dos imóveis partilhados.

Isso impede a análise da adequação entre o imposto declarado e o recolhido, o que implica na manutenção da recusa do registro da carta de sentença na forma como foi apresentada.

3. Ante o exposto, embora por fundamento diverso do adotado na r. sentença, mantenho a recusa do registro e, em consequência, nego provimento ao recurso.

RICARDO ANAFE

Corregedor Geral da Justiça e Relator. (– DJe de 07.07.2020 – SP)

PODER JUDICIÁRIO

TRIBUNAL DE JUSTIÇA DO ESTADO DE SÃO PAULO

CONSELHO SUPERIOR DA MAGISTRATURA

Apelação n° 1000614-42.2018.8.26.0459

Registro: 2020.0000475239

ACÓRDÃO

Vistos, relatados e discutidos estes autos de **Apelação Cível nº 1000614-42.2018.8.26.0459**, da

Comarca de **Pitangueiras**, em que é apelante **ITAMAR APARECIDO ZUQUETTE**, é apelado **OFICIAL DE REGISTRO DE IMÓVEIS E ANEXOS DA COMARCA DE PITANGUEIRAS.**

ACORDAM, em Conselho Superior de Magistratura do Tribunal de Justiça de São Paulo, proferir a seguinte decisão: **"Julgaram prejudicada a dúvida e não conheceram do recurso interposto, v.u"**, de conformidade com o voto do Relator, que integra este acórdão.

O julgamento teve a participação dos Exmos. Desembargadores **PINHEIRO FRANCO (PRESIDENTE TRIBUNAL DE JUSTIÇA) (Presidente), LUIS SOARES DE MELLO (VICE PRESIDENTE), XAVIER DE AQUINO (DECANO), GUILHERME G. STRENGER (PRES. SEÇÃO DE DIREITO CRIMINAL), MAGALHÃES COELHO(PRES. DA SEÇÃO DE DIREITO PÚBLICO) E DIMAS RUBENS FONSECA (PRES. DA SEÇÃO DE DIREITO PRIVADO).**

São Paulo, 18 de junho de 2020.

RICARDO ANAFE

Corregedor Geral da Justiça e Relator

Apelação Cível nº 1000614-42.2018.8.26.0459

Apelante: Itamar Aparecido Zuquette

Apelado: Oficial de Registro de Imóveis e Anexos da Comarca de Pitangueiras

VOTO Nº 31.177

Dúvida – Registro de Imóveis – Suscitação parcial em relação às exigências formuladas pelo Oficial de Registro Imobiliário – Apresentação de documento não atendida até a suscitação da dúvida – Impossibilidade de atendimento no transcorrer do procedimento de dúvida, mediante apresentação de documentos – Impossibilidade de alteração do título e dos documentos essenciais que instruem a dúvida após a suscitação, sob pena de prorrogação indevida dos efeitos da prenotação – Exigência não impugnada que impede o conhecimento da dúvida, vedada a emissão de decisão condicional – Dúvida Prejudicada – Recurso não conhecido.

Trata-se de recurso da apelação interposto por Itamar Aparecido Zuquette contra a r. sentença de fl. 102/104, que julgou procedente dúvida suscitada pelo Oficial de Registro de Imóveis, Títulos e Documentos, das Pessoas Jurídicas e Tabelião de Protestos de Pitangueiras, mantendo as exigências de recolhimento do ITCMD com base no valor de referência do ITBI, fixado por norma municipal; de realização do ato por escritura pública, ante o fato do valor do bem negociado ser superior a 30 (trinta) salários mínios, e pela ausência de comprovação do estado civil da doadora.

O recurso sustenta, em resumo, a ilegalidade de exigência de imposto sobre a doação do bem com base em outro valor que não o venal utilizado para o lançamento do IPTU, nos termos dos arts. 9º e 13, da Lei Estadual nº 10.705/2000, não se admitindo o uso do valor venal de referência para fins de cálculo do ITBI, conforme prevê o Decreto Estadual nº 46.655/2002. Afirma que a imposição caracteriza exigência de tributo com base em decreto, o que fere o princípio da legalidade tributária (fl. 112/118).

A Procuradoria Geral de Justiça manifesta-se pela competência do Conselho Superior da Magistratura, ante a natureza do ato pretendido. No mérito recursal, pelo não conhecimento, visto a impugnação apenas de uma das três objeções apresentadas pelo registrador. Alternativamente, opina pelo não provimento do recurso (fl. 143/146 e 170).

Por decisão interlocutória foi reconhecida a competência do Conselho Superior da Magistratura, determinando-se a redistribuição dos autos (fl. 148).

É o relatório.

A dúvida é suscitada a partir do pedido de registro de contrato particular de doação de bem imóvel, realizado entre Ana Neyde Zuquette Giacometti, na condição de doadora, e Itamar Aparecido Zuquette, como donatário, reservando-se àquela o usufruto vitalício do imóvel objeto da matrícula nº 16.000 do Registro de Imóveis de Pitangueiras. No que diz respeito ao preço do negócio, as partes fixaram o valor do imóvel em R$ 19.000,00, sendo 1/3 (R$ 6.333,33) correspondente ao usufruto vitalício em favor da doadora, e 2/3 (R$ 12.666,67) correspondente à nua-propriedade.

Há ainda nos autos certidão de valor venal do bem imóvel, emitida pela Prefeitura Municipal de Pitangueiras, atribuindo ao imóvel inscrito sob o nº 1-02-020-1300 o valor venal de R$ 18.475,71 para o exercício de 2017, com validade até 31.12.2018, observando-se valor venal para o terreno de R$ 3.390,82 (220,90 m2) e para a construção de R$ 15.084,89 (131,39 m2) (fl. 27).

A Nota de Exigência nº 2.148, de 29.01.2018, firmou as seguintes exigências:

> "1) A forma do título apresentado não poderá ser registrado, "INSTRUMENTO PARTICULAR", nos termos do art. 108 do Código Civil, uma vez que o valor de mercado do mesmo ultrapassa os 30 (trinta) salários mínimos, conforme Decreto Municipal nº

3.631, de 04/022015, e Decreto Municipal nº 3.896, de 12/04/2017 (planta genérica para avaliação dos imóveis), correspondendo o terreno no valor de R$ 44.180,00 + valor da construção de R$ 89.713,09, totalizando assim R$ 133.893,09, sendo que somente o valor do terreno já ultrapassa os ditos 30 (trinta) salários mínimos. 2) Com isso também deverá ser observado com relação ao recolhimento do ITCMD, conforme regulamente o Decreto Estadual nº 55.002 de 09/11/2009, observando também a CAT 29 de 04/03/2011, a qual acrescento o artigo nº 16-A, § único da CAT 15 de 06/02/2003, pois os valores mencionados na referida escritura, trata-se meramente do valor venal, estando em desacordo com a certidão vigente (...). 3) Dos documentos de identificação apresentados, não foi anexado documento que comprove o estado civil da doadora (CERTIDÃO NASCIMENTO OU CASAMENTO), o que se faz necessário." (fl. 4).

O título foi reapresentado com pedido de suscitação de dúvida, impugnando os itens 1 e 2 da nota de devolução, não se manifestando quanto ao item 3 (fl. 5/75).

O pedido de suscitação de dúvida pelo apelante diz respeito, essencialmente, à ilegalidade e inconstitucionalidade da alteração da base de cálculo de tributos, no caso, do IPTU e do ITCMD, senão por lei ordinária, afirmando a legalidade da adoção do valor venal do bem lançado pelo Município de Pitangueiras, o que torna desnecessária a realização do ato de doação por meio de instrumento público, nos termos do art. 108 do Código Civil. Ainda, que sendo a fixação do valor do IPTU competência de lei municipal, o valor do ITCMD não poderia ser calculado a partir de tabela própria para fins de cálculo do ITBI, por força de norma inferior à lei.

Nada afirmou a respeito da falta de comprovação do estado civil da doadora, limitando-se a apresentar, já no transcorrer do procedimento de dúvida, uma cópia simples de certidão de casamento, emitida em 1991, e a certidão de óbito do cônjuge da doadora (fl. 92/93).

A dúvida não pode ser conhecida, posto que parcial.

Embora relevante a discussão apresentada pelo apelante no que diz respeito à fiscalização do recolhimento do ITCMD pelo Oficial de Registro de Imóveis, bem como da necessidade ou não de instrumento público, por conta do valor do negócio ou do imóvel, é certo que na suscitação de dúvida não houve impugnação da exigência nº 3, qual seja, a comprovação do estado civil da doadora.

Não se observa, no pedido de suscitação de dúvida, qualquer referência quanto à exigência de comprovação do estado civil da doadora, elemento necessário à qualificação registral, presumindo-se a concordância parcial do apresentante com a exigência feita. Nem houve, no pedido de suscitação, cumprimento da exigência parcial.

O art. 186 da Lei nº 6.015/73 assegura o direito à qualificação e ao registro do título conforme a perfeita ordem cronológica de sua apresentação e protocolo, o que impede que eventuais títulos representativos de direitos conflitantes apresentados em segundo lugar obtenham preferência sobre aqueles que foram objeto de prenotação anterior.

O procedimento de dúvida, que prorroga o prazo de validade da prenotação, tem por finalidade a análise da dissensão entre o apresentante e o oficial registrador sobre as exigências formuladas para o registro do título, dissensão esta que deve ser decidida a partir de sua conformação no momento da suscitação.

O fato de se apresentarem cópias dos documentos necessários para o cumprimento do terceiro fundamento da nota de devolução, já no procedimento de dúvida, após intimação para manifestação feita pelo Juiz Corregedor Permanente, não corrige a falha formal da suscitação de dúvida, posto que esta tem seu alcance e limite estabelecidos no momento do pedido apresentado ao Oficial de Registro. O atendimento parcial de exigências durante o procedimento de dúvida o desnatura, posto alterar a instrução obrigatória do título para seu ingresso, o que deve ocorrer em momento anterior à própria suscitação da dúvida.

Diversos são os precedentes do Conselho Superior da Magistratura no sentido da impossibilidade de complementação do título no procedimento de dúvida:

"Dúvida registrária é só para dirimir o dissenso, entre o registrador e o apresentante, sobre a prática de ato de registro, referente a título determinado que, para esse fim (registro) foi protocolado e prenotado. Logo, não se admite, no seu curso, diligências ou dilação de provas destinadas à complementação de título desqualificado, à apuração de fatos extratabulares demonstrativos de situação jurídica de loteamento ou à promoção de medidas de saneamento de vício que macula o parcelamento do solo. A razão dessa restrição cognitiva, ademais, é evitar a indevida prorrogação do prazo da prenotação, consoante firme orientação deste Conselho Superior da Magistratura: 'A dilação probatória em procedimento desta natureza prorrogaria indevidamente o prazo da prenotação, potencializando prejuízo para o direito de prioridade de terceiros, que também tivessem prenotado outros títulos que refletissem direitos contraditórios.' (Apelação Cível nº 02783-0/7, Santa Rosa do Viterbo, j. 30.10.1995, rel. Des. ALVES BRAGA, in Revista de Direito Imobiliário 39/297-298). Confira, ainda, Apelação Cível nº 97.090-0/4, São José do Rio Preto, j. 12.12.2002, Rel. Des. LUIZ TÂMBARA; Apelação Cível nº 000.176.6/4-00, Socorro, j. 16.09.2004, Rel. Des. JOSÉ MÁRIO ANTONIO CARDINALE." (TJSP CSM Ap. Cível nº 482-6/0 rel. Des. Gilberto Passos de Freitas)

"REGISTRO DE IMÓVEIS – Registro de loteamento – Dúvida julgada procedente, com manutenção da recusa do registro – Impugnação parcial – Título complementado no curso da dúvida mediante apresentação de documentos destinados ao atendimento parcial das exigências formuladas pelo Oficial de Registro – Alteração do título que implicou anuência com as exigências formuladas para o registro, ainda que de forma parcial – Impossibilidade de alteração do título no curso da dúvida, o que impede o reexame da qualificação – Recurso não conhecido, prejudicada a dúvida suscitada." (TJSP – CSM – Ap. Cível nº 1003326-39.2017.8.26.0168 – rel. Des. Pinheiro Franco)

Assim, o não cumprimento de uma das exigências e sua não impugnação gera a impossibilidade de conhecimento da dúvida, pois corre-se o risco de eventual afastamento da dúvida não gerar seu cumprimento imediato, acaso não atendida a exigência não impugnada, o que transformaria o procedimento em meio de consulta ao Juiz Corregedor Permanente, o que não se admite (TJSP – CSM – Ap. 000.608.6/7-00 – rel. Des. Gilberto Passos de Freitas – j. 21.12.2006).

Por tais fundamentos, **JULGO PREJUDICADA** a dúvida e **NÃO CONHEÇO** do recurso interposto.

RICARDO ANAFE

Corregedor Geral da Justiça e Relator. (– DJe de 02.07.2020 – SP)

PODER JUDICIÁRIO

TRIBUNAL DE JUSTIÇA DO ESTADO DE SÃO PAULO

CONSELHO SUPERIOR DA MAGISTRATURA

Apelação n° 1000012-71.2019.8.26.0538

Registro: 2019.0001054533

ACÓRDÃO

Vistos, relatados e discutidos estes autos de **Apelação Cível nº 1000012-71.2019.8.26.0538**, da Comarca de **Santa Cruz das Palmeiras**, em que é apelante **MARIA APARECIDA PONTES MAZZOTTI BELLOMI**, é apelado **OFICIAL DE REGISTRO DE IMÓVEIS, TÍTULOS E DOCUMENTOS E CIVIL DE PESSOAS JURÍDICAS DA COMARCA DE SANTA CRUZ DAS PALMEIRAS.**

ACORDAM, em Conselho Superior de Magistratura do Tribunal de Justiça de São Paulo, proferir a seguinte decisão: **"Negaram provimento ao recurso. V. U."**, de conformidade com o voto do Relator, que integra este acórdão.

O julgamento teve a participação dos Exmos. Desembargadores **PEREIRA CALÇAS (PRESIDENTE TRIBUNAL DE JUSTIÇA) (Presidente), ARTUR MARQUES (VICE PRESIDENTE), XAVIER DE AQUINO (DECANO), EVARISTO DOS SANTOS(PRES. DA SEÇÃO DE DIREITO PÚBLICO), CAMPOS MELLO (PRES. DA SEÇÃO DE DIREITO PRIVADO) E FERNANDO TORRES GARCIA(PRES. SEÇÃO DE DIREITO CRIMINAL).**

São Paulo, 10 de dezembro de 2019.

GERALDO FRANCISCO PINHEIRO FRANCO

Corregedor Geral da Justiça e Relator

Apelação Cível n.º 1000012-71.2019.8.26.0538

Apelante: Maria Aparecida Pontes Mazzotti Bellomi

Apelado: Oficial de Registro de Imóveis, Títulos e Documentos e Civil de Pessoas Jurídicas da Comarca de Santa Cruz das Palmeiras

VOTO N.º 37.999

Registro de Imóveis – Imposto causa mortis – Fiscalização do correto recolhimento pelo oficial do registro imobiliário no caso de ser evidente o recolhimento a menor – Não exame no processo judicial da correspondência entre o valor atribuído aos bens transmitidos por sucessão hereditária na partilha homologada e o imposto recolhido – Exigência conforme o plexo de atribuições legais do oficial do registro imobiliário – Recurso não provido.

Trata-se de apelação interposta por Maria Aparecida Pontes Mazzotti Bellomi contra r. sentença que manteve a recusa de registro de carta de adjudicação em razão da ausência de comprovação da complementação do recolhimento do ITBI.

A apelante sustenta o cabimento do registro uma vez que houve o recolhimento do imposto *causa mortis* nos termos do decidido no inventário extrajudicial (a fls. 234-237).

A douta Procuradoria Geral de Justiça opinou pelo não provimento do recurso (a fls. 263-264).

É o relatório.

A natureza judicial do título apresentado não impede sua qualificação registral quanto aos aspectos extrínsecos ou aqueles que não foram objeto de exame pela Autoridade Jurisdicional.

O item 119 do Capítulo XX das Normas de Serviço da Corregedoria Geral da Justiça é expresso acerca do dever do Oficial do Registro de Imóveis a tanto, como se constata de sua redação:

"119. Incumbe ao oficial impedir o registro de título que não satisfaça os requisitos exigidos pela lei, quer sejam consubstanciados em instrumento público ou particular, quer em atos judiciais".

Essa questão é pacífica nos precedentes administrativos deste órgão colegiado, entre muitos, confira-se trecho do voto do Desembargador Manoel de Queiroz Pereira Calças, Corregedor Geral da Justiça à época, na apelação n. 0001561-55.2015.8.26.0383, j. 20/7/2017:

"A origem judicial do título não afasta a necessidade de sua qualificação registral, com intuito de se obstar qualquer violação ao princípio da continuidade (Lei 6.015/73, art. 195).

Nesse sentido, douto parecer da lavra do então Juiz Assessor desta Corregedoria Geral de Justiça, Álvaro Luiz Valery Mirra, lançado nos autos do processo n.º 2009/85.842, que, fazendo referência a importante precedente deste Colendo Conselho Superior da Magistratura (Apelação Cível n.º 31.881-0/1), aduz o que segue:

'De início, cumpre anotar, a propósito da matéria, que tanto esta Corregedoria Geral da Justiça quanto o Colendo Conselho Superior da Magistratura têm entendido imprescindível a observância dos princípios e regras de direito registral para o ingresso no fólio real – seja pela via de registro, seja pela via de averbação – de penhoras, arrestos e seqüestros de bens imóveis, mesmo considerando a origem judicial de referidos atos, tendo em conta a orientação tranqüila nesta esfera administrativa segundo a qual a natureza judicial do título levado a registro ou a averbação não o exime da atividade de qualificação registral realizada pelo oficial registrador, sob o estrito ângulo da regularidade formal (Ap. Cív. n. 31.881-0/1)'".

É dever do Oficial de Registro de Imóveis a fiscalização do pagamento dos impostos devidos em razão dos títulos apresentados para registro em sentido amplo, pena de responsabilidade solidária de forma subsidiária.

Nesse sentido, dispõem o artigo 289 da Lei de Registros Públicos e artigo 134, inciso VI, do Código Tributário Nacional:

"LRP. Art. 289. No exercício de suas funções, cumpre aos oficiais de registro fazer rigorosa fiscalização do pagamento dos impostos devidos por força dos atos que lhes forem apresentados em razão do ofício.

CTN. Art. 134. Nos casos de impossibilidade de exigência do cumprimento da obrigação principal pelo contribuinte, respondem solidariamente com este nos atos em que intervierem ou pelas omissões de que forem responsáveis:

(...)

VI – os tabeliães, escrivães e demais serventuários de ofício, pelos tributos devidos sobre os atos praticados por eles, ou perante eles, em razão do seu ofício".

De outra parte, conforme precedentes do Conselho Superior da Magistratura (Ap. n. 1066691-48.2015.8.26.0100, Rel. Pereira Calças, j. 25/8/2016, e Ap. n. 1024158-98.2015.8.26.0577, Rel. Pereira Calças, j. 25/8/2017) não integra o plexo de atribuições do registrador a verificação da exatidão do imposto recolhido.

O Des. Pereira Calças, Corregedor Geral da Justiça à época, no voto proferido na Ap. n. 1066691-48.2015.8.26.0100, j. 25/8/2016, afirmou:

"Pese embora sua força semântica, o adjetivo "rigorosa" não há de ser interpretado de modo tal que torne o Oficial de Registro guardião-mor do erário. Se, à evidência, não pode o Sr. Oficial permitir o registro quando recolhimento tributário nenhum houver, <u>ou quando o valor pago seja flagrantemente inferior ao devido</u>, tampouco lhe é dado, de outro bordo, tornar-se julgador de controvérsias jurídicas atinentes à extensão do montante devido. Assim é que, não se tendo recolhido tributo algum, será lícito que obste o registro. Todavia, apresentando o interessado prova do recolhimento tributário e expedido o formal de partilha, eventual discordância Fazendária acerca do quantum debeatur *não será impedimento ao registro. Haverá, outrossim, de ser solucionada pelas vias judiciais próprias".* (grifos meus)

Nessa perspectiva, compete ao Oficial do Registro de Imóveis a fiscalização das situações nas quais o recolhimento tributário é, evidentemente, menor que o montante legalmente cabível.

Esse ponto também foi ressaltado na Ap. n. 1005906-21.2018.8.26.0099, j. 16/5/2019, da qual fui relator, conforme segue:

"Não se cuida, portanto, de imputar ao Oficial de Registro de Imóveis a obrigação de fiscalizar a correção da declaração de imposto, mas de exigência decorrente da contradição das declarações da viúva e herdeiros, na escritura pública, sobre os valores venais dos imóveis e os valores em que sustentaram a declaração de dispensa da apresentação

da prova do recolhimento do imposto decorrente da doação".

No caso em julgamento, após o recolhimento do imposto *causa mortis* houve a realização de perícia para avaliação dos bens transmitidos por sucessão hereditária, o que redundou na modificação do valor inicial daqueles (R$43.221,31) para R$201.174,17.

O valor da avaliação serviu de base para partilha homologada (a fls. 168-176), todavia, não houve manifestação a respeito pela Fazenda Estadual.

Nessa ordem de ideias, o imposto causa mortis, objetivamente, foi recolhido em consideração à avaliação inicial (R$43.221,31) e não à avaliação judicial que serviu de base para partilha (R$201.174,17).

O artigo 15, *caput*, da Lei Estadual n. 9.591/1966, vigente à época, estabelece:

> *"Artigo 15 – Nas transmissões "causa mortis", o valor será o que servir de base ao lançamento dos impostos sôbre a propriedade predial e territorial urbana ou sôbre a propriedade territorial rural, conforme se trata respectivamente, de imóvel urbano ou rural, ressalvado aos interessados o direito de requererem avaliação judicial".*

Na medida em que os interessados utilizaram o valor da avaliação judicial para fins de partilha, é inviável a consideração dos valores iniciais (inferiores) para fins de recolhimento do imposto de transmissão devido, pois assim agindo aceitaram o novo valor.

É indevido sustentar que a majoração realizada foi somente para efeito de partilha; não há duas avaliações válidas, devendo prevalecer a última.

Não houve decisão judicial acerca dessa situação, tampouco é possível o exame da eventual inexigibilidade dos impostos devidos nesta sede administrativa.

Nestes termos, a exigência foi correta e merece ser mantida.

Ante o exposto, **nego provimento ao recurso**.

GERALDO FRANCISCO PINHEIRO FRANCO

Corregedor Geral da Justiça e Relator. (– DJe de 08.04.2020 – SP)

PODER JUDICIÁRIO

TRIBUNAL DE JUSTIÇA DO ESTADO DE SÃO PAULO

CONSELHO SUPERIOR DA MAGISTRATURA

Apelação nº 1003357-76.2018.8.26.0539

Registro: 2020.0000107501

ACÓRDÃO

Vistos, relatados e discutidos estes autos de **Apelação Cível nº 1003357-76.2018.8.26.0539**, da Comarca de **Santa Cruz do Rio Pardo**, em que é apelante **JOSÉ EDUARDO BASÍLIO**, é apelado **OFICIAL DE REGISTRO DE IMÓVEIS E ANEXOS DA COMARCA DE SANTA CRUZ DO RIO PARDO**.

ACORDAM, em Conselho Superior de Magistratura do Tribunal de Justiça de São Paulo, proferir a seguinte decisão: **"Deram provimento ao recurso, v.u."**, de conformidade com o voto do Relator, que integra este acórdão.

O julgamento teve a participação dos Exmos. Desembargadores **PINHEIRO FRANCO (PRESIDENTE TRIBUNAL DE JUSTIÇA) (Presidente), LUIS SOARES DE MELLO (VICE PRESIDENTE), XAVIER DE AQUINO (DECANO), GUILHERME G. STRENGER (PRES. SEÇÃO DE DIREITO CRIMINAL), MAGALHÃES COELHO(PRES. DA SEÇÃO DE DIREITO PÚBLICO) E DIMAS RUBENS FONSECA (PRES. DA SEÇÃO DE DIREITO PRIVADO).**

São Paulo, 6 de fevereiro de 2020.

RICARDO ANAFE

Corregedor Geral da Justiça e Relator

Apelação Cível nº 1003357-76.2018.8.26.0539

Apelante: José Eduardo Basílio

Apelado: Oficial de Registro de Imóveis e Anexos da Comarca de Santa Cruz do Rio Pardo

VOTO Nº 31.088

Registro de Imóveis – Dúvida julgada procedente – Exigência do recolhimento do ITCMD incidente sobre a integralidade do imóvel – Questionada a incidência da causa de isenção a que alude o art. 6º, II, "d", da Lei Estadual nº 10.992/2001 – Para se aferir se incide ou não a isenção tributária, deve-se partir do valor efetivo da herança, excluída a meação, e não do valor dos bens vinculados ao nome do falecido – Inobservância da existência de momentos distintos do falecimento da genitora e do genitor do apelante para fim de verificação do acréscimo patrimonial – Sentença reformada – Recurso provido.

1. Trata-se de apelação interposta por José Eduardo Basílio contra a r sentença de fls. 99/101, que julgou procedente a dúvida suscitada pelo Oficial de Registro de Imóveis, Títulos e Documentos e Civil da Pessoa Jurídica da Comarca de Santa Cruz do Rio Pardo, mantendo a exigência de retificação e ratificação da escritura de inventário dos bens deixados por Dionice Alvina Basílio e José Basílio

Neto para constar o recolhimento do ITCMD – uma vez que a hipótese legal de isenção tributária (art. 6º da Lei nº 10.705/2000) aplica-se apenas quando o valor total do imóvel não superar 5.000 UFESPs, independentemente da transmissão integral do imóvel ou de sua cota-parte ao herdeiro.

O apelante alegou que a escritura apresentada está correta, pois reflete com exatidão dois momentos distintos de transmissão do bem partilhado – pois seus genitores faleceram em datas diversas, de forma que a transmissão do imóvel ao herdeiro teria ocorrido em ocasiões distintas, ou seja, 50% em 2017 (falecimento da genitora) e 50% em 2018 (falecimento do genitor).

A Procuradoria Geral de Justiça opinou pelo provimento do recurso.

É o relatório.

2. O recurso comporta provimento.

O fato gerador do ITCMD é a transmissão de bens ou direitos, por *causa mortis* ou por doação. No caso específico da **sucessão *causa mortis***, o fato gerador é considerado o momento da abertura da sucessão, ou seja, o exato momento em que se dá a morte do autor da herança.

Atento aos elementos dos autos, verifico que a escritura de inventário e partilha apresentada pelo apelante para qualificação registral do Oficial de Registro de Imóveis representou com exatidão a dinâmica dos eventos ocorridos – *dois momentos distintos de transmissão do bem partilhado – pois os genitores do apelante faleceram em datas diversas, de forma que a transmissão do imóvel ao herdeiro teria ocorrido em ocasiões distintas, ou seja, 50% em 2017 (falecimento da genitora) e 50% em 2018 (falecimento do genitor)* – como bem observado pela Procuradoria Geral de Justiça, o que deveria ter sido levado em consideração para verificação da isenção tributária.

O acréscimo patrimonial do herdeiro não ocorreu de maneira integral e em momento único – assim, o cálculo do ITCMD deve considerar os dois momentos de forma isolada pra fins de verificação da incidência do tributo ou não – o falecimento da genitora do apelante em 2017 e o falecimento do genitor do apelante em 2018, o que acarreta em acréscimos patrimoniais (de 50%) sucessivos, ainda que formatados em instrumento público único.

Nesse sentido:

TRIBUTÁRIO – ITCMD – Alegação de que o valor que o Fisco estadual pretende tributar refere-se a meação da viúva, sobre o qual não deve incidir referido imposto – Questionada a incidência da causa de isenção a que alude o art. 6º, II, "d", da Lei Estadual nº 10.992/2001 – Para se aferir se incide ou não a isenção tributária, deve-se partir do valor efetivo da herança, excluída a meação, e não do valor dos bens vinculados ao nome do falecido – Precedentes – Sentença de procedência mantida – Recurso de apelação não provido (TJSP, Apelação nº 1026338-45.2016.8.26.0224, rel. Des. Luís Francisco Aguilar Cortez, 1ª Câmara de Direito Público, j. 08/03/2019).

e

Direito tributário – ITCMD – Tributo que será recolhido pelos impetrantes com base no cálculo no valor venal do IPTU do imóvel lançado no exercício, de acordo com a Lei 10.705/2000 – Impossibilidade de aplicação do Decreto 55.002/2009, que aumenta o tributo – Aumento que somente pode ocorrer por meio de lei – Inteligência do art. 97, II, § 1º do CTN – Sucessão de metade do bem, devendo a base de cálculo ser a metade do valor venal do imóvel – Valor que fica abaixo dos 5.000 UFESPs, podendo haver a concessão da isenção do imposto – Recurso provido. (TJSP, Apelação Cível nº 1035749-09.2017.8.26.0053, *Des.* JOSÉ LUIZ GAVIÃO DE ALMEIDA, 3ª Câmara de Direito Público, j.03/12/19)

Por todo o exposto, a narrativa como razão de reclamo de fls. 118 pelo apelante em seu recurso – *(...) os valores atribuídos aos imóveis correspondem ao importe de R$ 240.160,56 relativo ao óbito de sua genitora (2017), com valor base de acréscimo patrimonial de R$ 120.080,28; e o importe de R$ 251.205,31 relativos ao óbito de seu genitor (2018), com valor base de acréscimo patrimonial de R$ 125.602,65. O valor de 5.000 Ufep´s corresponde ao importe de R$ 125.350,00 na data do óbito de sua genitora (2017) e ao importe de R$ 128.500,00 na data do óbito de seu genitor (2018). Logo, os valores dos acréscimos patrimoniais estão abrangidos pelos limites estabelecidos pela Lei do ITCMD-SP (...)* – está exata e merece acolhimento.

3. Ante o exposto, pelo meu voto, dou provimento ao recurso.

RICARDO ANAFE

Corregedor Geral da Justiça e Relator. (– DJe de 01.04.2020 – SP)

PODER JUDICIÁRIO

TRIBUNAL DE JUSTIÇA DO ESTADO DE SÃO PAULO

CONSELHO SUPERIOR DA MAGISTRATURA

Apelação n° 1007800-29.2018.8.26.0197

Registro: 2019.000907212

ACÓRDÃO

Vistos, relatados e discutidos estes autos de **Apelação Cível nº 1007800-29.2018.8.26.0197**, da Comarca de **Francisco Morato,** em que é recorrente **ANGELICA RODRIGUES DA SILVA**, é recorrido **OFICIAL DE REGISTRO DE IMÓVEIS E ANEXOS DA COMARCA DE FRANCISCO MORATO.**

ACORDAM, em Conselho Superior de Magistratura do Tribunal de Justiça de São Paulo, proferir a seguinte decisão: **"Negaram provimento ao recurso. V.U."**, de conformidade com o voto do Relator, que integra este acórdão.

O julgamento teve a participação dos Exmos. Desembargadores **PEREIRA CALÇAS (PRESIDENTE TRIBUNAL DE JUSTIÇA) (Presidente), ARTUR MARQUES (VICE PRESIDENTE), XAVIER DE AQUINO (DECANO), EVARISTO DOS SANTOS(PRES. DA SEÇÃO DE DIREITO PÚBLICO), CAMPOS MELLO (PRES. DA SEÇÃO DE DIREITO PRIVADO) E FERNANDO TORRES GARCIA(PRES. SEÇÃO DE DIREITO CRIMINAL).**

São Paulo, 10 de outubro de 2019.

GERALDO FRANCISCO PINHEIRO FRANCO

Corregedor Geral da Justiça e Relator

Apelação Cível n.º 1007800-29.2018.8.26.0197

Recorrente: Angelica Rodrigues da Silva

Recorrido: Oficial de Registro de Imóveis e Anexos da Comarca de Francisco Morato

VOTO N.º 37.909

Registro de Imóveis – Dúvida – Negativa do registro de carta de sentença extraída de procedimento pré-processual, que redundou no divórcio por composição amigável, homologada pelo CEJUSC, com partilha de bem imóvel que coube exclusivamente à apelante. Impossibilidade – Recurso desprovido.

Trata-se de apelação interposta por ANGÉLICA RODRIGUES DA SILVA contra a r. sentença de fls. 67/69, que julgou procedente a dúvida e, em consequência, manteve a negativa do registro de carta de sentença extraída de procedimento pré-processual, que redundou no divórcio por composição amigável, homologada pelo CEJUSC, com partilha de bem imóvel que coube exclusivamente à apelante, matriculado sob o n.º 15.584, no Registro de Imóveis da Comarca de Francisco Morato.

Sustenta a apelante que inexiste qualquer óbice ao ingresso do título, sendo perfeitamente cabível o registro, tal como apresentado.

A D. Procuradoria Geral de Justiça opinou pelo desprovimento do apelo (fl. 117/120).

É o relatório.

DECIDO.

Preliminarmente, desnecessário o deferimento de assistência judiciária, tendo em vista que, nos procedimentos administrativos, não incidem custas ou despesas processuais.

Presentes os pressupostos legais e administrativos, no mérito, o recurso não comporta provimento.

A apelante apresentou carta de sentença homologada nos autos do processo de divórcio n.º 0003159-20.2015.8.26.0197 (fl. 19), sob a conciliação no CEJUSC, sendo negado seu ingresso por inabilidade do título, sem a juntada de comprovante de pagamento do ITCMD, ou indicação de sua isenção.

E, independentemente da impossibilidade de realização de partilha pré-processual pelo CEJUSC, também não há dúvida de que o ingresso do título não escapa ao exame tributário.

E o art. 289 da Lei n.º 6.015/73 é expresso ao indicar que é dever do registrador fiscalizar o pagamento dos tributos incidentes:

> *Art. 289. No exercício de suas funções, cumpre aos oficiais de registro fazer rigorosa fiscalização do pagamento dos impostos devidos por força dos atos que lhes forem apresentados em razão do ofício.*

A omissão do titular da delegação pode levar à sua responsabilidade solidária no pagamento do tributo, nos termos do art. 134, VI, do Código Tributário Nacional-CTN.

Assim, não é possível o ingresso do título sem que os bens partilhados tenham sido submetidos à Secretaria da Fazenda, por intermédio da declaração de ITCMD.

A competência para imposição do recolhimento, ou mesmo sua isenção, é de competência da repartição fiscal estadual, não podendo ser tal atribuição afastada em sede administrativa.

Nestes termos, inafastável a r. sentença recorrida, que deve ser confirmada em sua integralidade.

Ante o exposto, **nego provimento ao recurso.**

GERALDO FRANCISCO PINHEIRO FRANCO

Corregedor Geral da Justiça e Relator. (– DJe de 09.03.2020 – SP)

PODER JUDICIÁRIO

TRIBUNAL DE JUSTIÇA DO ESTADO DE SÃO PAULO
CONSELHO SUPERIOR DA MAGISTRATURA

Apelação nº 1005693-44.2018.8.26.0445

Registro: 2019.0001032001

ACÓRDÃO

Vistos, relatados e discutidos estes autos de **Apelação Cível nº 1005693-44.2018.8.26.0445**, da Comarca de **Pindamonhangaba**, em que é apelante **SYLVIA CLAUDIA PETRELLA**, é apelado **OFICIAL DE REGISTRO DE IMÓVEIS E ANEXOS DA COMARCA DE PINDAMONHANGABA.**

ACORDAM, em Conselho Superior de Magistratura do Tribunal de Justiça de São Paulo, proferir a seguinte decisão: **"Mantiveram a recusa do registro e negaram provimento ao recurso, v.u."**, de conformidade com o voto do Relator, que integra este acórdão.

O julgamento teve a participação dos Exmos. Desembargadores **PEREIRA CALÇAS (PRESIDENTE TRIBUNAL DE JUSTIÇA) (Presidente), ARTUR MARQUES (VICE PRESIDENTE), XAVIER DE AQUINO (DECANO), EVARISTO DOS SANTOS(PRES. DA SEÇÃO DE DIREITO PÚBLICO), CAMPOS MELLO (PRES. DA SEÇÃO DE DIREITO PRIVADO) E FERNANDO TORRES GARCIA(PRES. SEÇÃO DE DIREITO CRIMINAL).**

São Paulo, 26 de novembro de 2019.

GERALDO FRANCISCO PINHEIRO FRANCO

Corregedor Geral da Justiça e Relator

Apelação Cível nº 1005693-44.2018.8.26.0445

Apelante: Sylvia Claudia Petrella

Apelado: Oficial de Registro de Imóveis e Anexos da Comarca de Pindamonhangaba

VOTO Nº 37.973

Registro de Imóveis – Dúvida julgada procedente – Carta de sentença extraída de ação de partilha decorrente de divórcio – Partilha que indica os bens atribuídos à mulher e os seus respectivos valores, sem, contudo, especificar os que couberam ao marido – Transação para a partilha que, na forma como realizada, faz presumir a existência de transmissão por ato "inter vivos" – Necessidade de comprovação da declaração e do recolhimento do Imposto de Transmissão, ou de demonstração de sua isenção – Recurso não provido.

Trata-se de apelação interposta contra r. sentença que julgou procedente a dúvida e manteve a recusa do registro, nas matrículas nºs 5.209 e 42.821 do Oficial de Registro de Imóveis, Títulos e Documentos e Civil de Pessoa Jurídica da Comarca de Pindamonhangaba, da partilha consensual de bens, decorrente de divórcio, em que somente foram especificados os bens que passaram a integrar o patrimônio da cônjuge, porque não foi comprovado o recolhimento do imposto de transmissão "inter vivos".

A apelante alegou, em suma, que não houve transmissão onerosa de bens, razão pela qual eventual tributo incidente na partilha seria o Imposto de Transmissão "causa mortis" e Doação – ITCMD. Por esse motivo, não incide a lei municipal que dispõe sobre o imposto de transmissão por ato oneroso. Aduziu que todos os bens que passaram a integrar o seu patrimônio foram adquiridos na constância do casamento e, portanto, já eram de sua propriedade, pois na partilha não recebeu bem particular de seu ex-marido. Asseverou que não tem meios para especificar os bens que foram atribuídos ao seu ex-marido que durante o divórcio se negou a prestar informações completas sobre o patrimônio familiar. Esclareceu que o desconhecimento do patrimônio de seu ex-marido a impede de verificar se recebeu, na partilha, bens com valores que superavam a sua meação, razão pela qual não tem meios para promover a declaração e o recolhimento do ITCMD. Por fim, na transação realizada na partilha de bens, homologada judicialmente, foi previsto que caberia ao seu ex-marido o pagamento de eventual imposto de transmissão, o que possibilitou a expedição da carta de sentença que deve ser registrada em consonância com a decisão judicial. Requereu a reforma da r. sentença para que seja promovido o registro da partilha (fls. 97/110).

A douta Procuradoria Geral de Justiça opinou pelo não provimento do recurso (fls. 135/137).

É o relatório.

Foi apresentada para registro a carta de sentença extraída do Processo nº 1003629-95.2017.8.26.0445 da 1ª Vara Cível da Comarca de Pindamonhangaba (fls. 07/30), relativa à partilha de bens decorrente de divórcio, em que foram atribuídos para a apelante os imóveis e a quantia em dinheiro relacionados às fls. 10.

Constou na partilha que ao marido couberam "*... todos os demais bens que integravam o patrimônio comum do casal até 09.05.2017, conforme Declaração de Imposto de Renda acima referida, inclusive a aliança de casamento onde estiver gravado o seu nome...*" (fls. 10/11).

Desse modo, na partilha somente foram especificados os bens atribuídos à apelante, com indicação dos seus referidos valores.

E a forma como a partilha foi realizada impede que seja verificado se cada um dos ex-cônjuges recebeu bens com valores que corresponderam à sua meação no patrimônio que anteriormente era comum.

Por essa razão, o registro da partilha é condicionado à prova da declaração e do pagamento do imposto que, nas transmissões gratuitas, é o Imposto de Transmissão "causa mortis" e Doação – ITCMD, ou de que não houve incidência desse tributo porque foi respeitada a meação de cada um dos cônjuges.

Essa obrigação não se modifica pelo alegado desconhecimento dos bens atribuídos ao ex-marido da apelante, pois são os que constavam na declaração do imposto de renda do ano de 2016, exercício de 2017 (fls. 10).

Também não se altera pela previsão de que eventual imposto de transmissão seria suportado pelo ex-marido da apelante, conforme previsto em transação homologada judicialmente, porque a prova do recolhimento do imposto que for devido em razão da partilha realizada, ou de sua isenção, é requisito para o registro conforme disposto no art. 298 da Lei nº 6.015/73:

"Art. 289. No exercício de suas funções, cumpre aos oficiais de registro fazer rigorosa fiscalização do pagamento dos impostos devidos por força dos atos que lhes forem apresentados em razão do ofício".

Ante o exposto, mantenho a recusa do registro e nego provimento ao recurso.

GERALDO FRANCISCO PINHEIRO FRANCO
Corregedor Geral da Justiça e Relator. (– DJe de 11.03.2020 – SP)

LOTEAMENTO

PODER JUDICIÁRIO

TRIBUNAL DE JUSTIÇA DO ESTADO DE SÃO PAULO

CONSELHO SUPERIOR DA MAGISTRATURA

Apelação Cível nº 1004567-11.2018.8.26.0363
Registro: 2020.000681586

ACÓRDÃO

Vistos, relatados e discutidos estes autos de **Apelação Cível nº 1004567-11.2018.8.26.0363**, da Comarca de **Mogi-Mirim**, em que é apelante **MUNICÍPIO DE MOGI MIRIM**, é apelado **OFICIAL DE REGISTRO DE IMÓVEIS E ANEXOS DA COMARCA DE MOGI-MIRIM.**

ACORDAM, em Conselho Superior de Magistratura do Tribunal de Justiça de São Paulo, proferir a seguinte decisão: **"Negaram provimento à apelação, v.u."**, de conformidade com o voto do Relator, que integra este acórdão.

O julgamento teve a participação dos Exmos. Desembargadores **PINHEIRO FRANCO (PRESIDENTE TRIBUNAL DE JUSTIÇA) (Presidente), LUIS SOARES DE MELLO (VICE PRESIDENTE), XAVIER DE AQUINO (DECANO), GUILHERME G. STRENGER (PRES. SEÇÃO DE DIREITO CRIMINAL), MAGALHÃES COELHO(PRES. DA SEÇÃO DE DIREITO PÚBLICO) E DIMAS RUBENS FONSECA (PRES. DA SEÇÃO DE DIREITO PRIVADO).**

São Paulo, 13 de agosto de 2020.

RICARDO ANAFE
Corregedor Geral da Justiça e Relator

Apelação Cível nº 1004567-11.2018.8.26.0363

Apelante: Município de Mogi Mirim

Apelado: Oficial de Registro de Imóveis e Anexos da Comarca de Mogi Mirim, SP (Walter Marques)

VOTO Nº 31.196

Registro de Imóveis – Dúvida julgada procedente – Registro de áreas públicas – Loteamento parcialmente registrado, em virtude de ação judicial – Certidão municipal que não permite concluir que o parcelamento foi implantado e consolidado em conformidade ao projeto aprovado – Requisitos técnicos para a elaboração da planta e dos memorais descritivos não preenchidos – Falta de descrição das áreas públicas, tanto na parte registrada do loteamento, quanto naquela não registrada – Inexistência de elementos seguros para descerramento de matrículas e registros pretendidos Art. 22, parágrafo único, da Lei nº 6.766/1979 e Art. 195-A da Lei nº 6.015/73 – Requisitos legais não atendidos – Nega-se provimento ao recurso.

1. Trata-se de apelação interposta pelo Município de Mogi Mirim contra a sentença que manteve a negativa de registro das áreas públicas no loteamento denominado "Parque das Laranjeiras", implantado nos imóveis matriculados sob nos 19.000 e 19.001 junto ao Registro de Imóveis e Anexos daquela Comarca (fl. 515/516).

Alega o apelante, em síntese, que a despeito de não ter havido o registro do loteamento, o parcelamento da gleba foi implantado de acordo com o projeto urbanístico aprovado pela Prefeitura, certo que as obras de infraestrutura básica já foram executadas. Aduz que na matrícula nº 34.593, aberta em virtude da parcial regularização do loteamento por meio de procedimento judicial, o registro das áreas públicas foi realizado. Contudo, na parte ainda não regularizada do loteamento, também existem serviços públicos disponíveis, razão pela qual o registro pretendido objetiva resguardar o domínio público sobre as ruas, praças, espaços livres e áreas institucionais, em atenção ao disposto no art. 22, parágrafo único, da Lei nº 6.766/1979. Acrescenta que as obras de infraestrutura faltantes estão sendo realizadas pelo Município, que todos os documentos necessários ao registro das áreas públicas do loteamento foram apresentados e que precisa comprovar o domínio dessas áreas para obtenção de financiamento junto à Caixa Econômica Federal. Requer, assim, a reforma da sentença para que seja promovido o registro das áreas públicas, como pretendido (fl. 521/532).

A douta Procuradoria de Justiça opinou pelo não provimento do recurso (fl. 554/557).

É o relatório.

2. O Município recorrente busca ver transmitido ao seu domínio as áreas públicas do loteamento denominado "Parque das Laranjeiras".

Apresentado o título para exame e cálculo, o Oficial registrador emitiu nota de devolução nos seguintes termos:

> ***O ato requerido não foi praticado, pois, para abertura das áreas públicas deverá ser promovido o registro do loteamento em sua totalidade, que não existe nas matrículas nºs 19.000 e 19.001, tendo em vista que somente parte do loteamento está regularizado (vide Matrícula nº 34.593). Com o registro do loteamento, as referidas áreas passam a integrar o domínio do Município, art. 22 da Lei 6.766/79" (fl. 69).***

Inconformado com a exigência formulada, o Município apelante reapresentou o título para registro (protocolo nº 292.288) e requereu a suscitação de dúvida. O Oficial registrador, então, suscitou dúvida ao MM. Juiz Corregedor Permanente, reiterando a exigência antes formulada e, ainda, apresentando novos óbices:

> ***"Referido loteamento que teve início à margem da Lei do Parcelamento solo, foi parcialmente regularizado em procedimento judicial, em 18 de junho de 1987, conforme R.1/M.34.593, abrangendo uma área de 200.212,75 m², correspondendo as quadras "A" até "P", com 529 lotes;***
>
> ***A área do loteamento era de 1.089.470,73 m², matriculada sob nºs. 19.000 e 19.001, da qual foi desmembrada a área já registrada com 200.212,75 m², restando 889.257,98 m² que deve corresponder a área irregular; No processo referente à parte registrada do loteamento não consta a descrição das áreas públicas (vias, praças, institucionais e outras), portanto, não há elementos seguros para abertura das matrículas dessas áreas; O mesmo ocorre com relação às áreas públicas situadas na parte não registrada do loteamento, não dispondo este Oficial de Registro Imóveis de qualquer suporte legal para registro e abertura das matrículas dessas áreas; Nas matrículas nºs. 19.000 e 19.001, sequer constam a descrição da área remanescente de 889.257,98 m², onde está o loteamento, o que deverá ser apurado em procedimento próprio, necessário para abertura da matrícula e registro das áreas requerido, desde que comprovado a implantação do loteamento; O suscitado apresentou apenas cópias de plantas e memoriais descritivos que não foram elaborados pelo mesmo autor do projeto do loteamento, nem a ART-Anotação de Responsabilidade técnica do responsável pelo projeto foi apresentado. Ainda que aplicável o disposto no parágrafo único do art. 22, da Lei 6.766/79, ou seja, que o loteamento estivesse implantado, deveria, contudo, ser apresentado plantas e memoriais descritivos das áreas públicas que compõem cada parte do loteamento."***

Ora, é preciso lembrar que ao registrador cabe examinar, de forma exaustiva, o título apresentado e que, havendo exigências de qualquer ordem, estas deverão ser formuladas de uma só vez (NSCGJ, Capítulo XX, item 38) e não, no curso do procedimento de dúvida, como na hipótese dos autos.

Por outro lado, tanto o MM. Juiz Corregedor Permanente, quanto este Conselho Superior da Magistratura, ao apreciar as questões apresentadas no procedimento de dúvida, devem requalificar o título por completo. E assim é porque a qualificação do título realizada no julgamento da dúvida é devolvida por inteiro ao Órgão para tanto competente, sem que disso decorra decisão *extra petita* ou violação do contraditório e ampla defesa, como decidido por este Conselho Superior da Magistratura na Apelação Cível nº 33.111-0/3, da Comarca de Limeira/SP, em acórdão de que foi relator o Desembargador Márcio Martins Bonilha:

"Inicialmente, cabe ressaltar a natureza administrativa do procedimento da dúvida, que não se sujeita, assim, aos efeitos da imutabilidade material da sentença. Portanto, nesse procedimento há a possibilidade de revisão dos atos praticados, seja pela própria autoridade administrativa, seja pela instância revisora, até mesmo de ofício (cf. Ap Civ 10.880-0/3, da Comarca de Sorocaba). Não vai nisso qualquer ofensa ao direito de ampla defesa e muito menos se suprime um grau do julgamento administrativo. O exame qualificador do título, tanto pelo oficial delegado, como por seu Corregedor Permanente, ou até mesmo em sede recursal, deve necessariamente ser completo e exaustivo, visando escoimar todo e qualquer vício impeditivo de

***acesso ao cadastro predial. Possível, portanto, a requalificação do título nesta sede, ainda que de ofício, podendo ser levantados óbices até o momento não argüidos, ou ser reexaminado fundamento da sentença, até para alteração de sua parte dispositiva"* (in "Revista de Direito Imobiliário", 39/339).**

Logo, a irregularidade verificada não impede o prosseguimento do feito e tampouco a análise do presente recurso que, no entanto, não comporta acolhimento.

É sabido que, por força do disposto no art. 22 da Lei nº 6.766/1979, com o registro do loteamento passam a integrar o domínio do Município as vias e praças, os espaços livres e as áreas destinadas a edifícios públicos e outros equipamentos urbanos, constantes do projeto e do memorial descritivo.

Ocorre que, no caso em exame, o loteamento não se encontra integralmente registrado. Em verdade, da área total do loteamento a ser implantado nos imóveis matriculados sob nos 19.000 e 19.001 junto ao Oficial de Registro de Imóveis e Anexos da Comarca de Mogi Mirim/SP, com 1.089.470,73m^2, apenas uma área de 200.212,75m^2, com 529 lotes, foi regularizada por meio de ação judicial, conforme R.1 da matrícula nº 34.593 da referida serventia imobiliária (fl. 242/256).

Ainda assim, a exigência de registro do loteamento em sua totalidade, para registro das áreas públicas pretendidas pelo apelante, não se sustenta.

Isso porque, a certidão a fl. 340 dá conta de que o loteamento foi implantado. E nos termos do art. 22, parágrafo único, da Lei nº 6.766/1979 (incluído pela Lei nº 12.424/2011), existe a possibilidade de, na hipótese de parcelamento do solo implantado e não registrado, requerer o Município, ***"por meio da apresentação de planta de parcelamento elaborada pelo loteador ou aprovada pelo Município e de declaração de que o parcelamento se encontra implantado, o registro das áreas destinadas a uso público, que passarão dessa forma a integrar o seu domínio"*.**

Também a Lei nº 6.015/73 traz, em seu art. 195- A, a possibilidade de abertura de matrícula de parte ou da totalidade de imóveis públicos oriundos de parcelamento do solo urbano implantado, ainda que o loteamento não esteja inscrito ou registrado, por meio de requerimento acompanhado dos documentos indicados em seus incisos:

Art. 195-A. O Município poderá solicitar ao cartório de registro de imóveis competente a abertura de matrícula de parte ou da totalidade de imóveis públicos oriundos de parcelamento do solo urbano implantado, ainda que não inscrito ou registrado, por meio de requerimento acompanhado dos seguintes documentos: (Redação dada pela Lei nº 13.465, de 2017)

I – planta e memorial descritivo do imóvel público a ser matriculado, dos quais constem a sua descrição, com medidas perimetrais, área total, localização, confrontantes e coordenadas preferencialmente georreferenciadas dos vértices definidores de seus limites; (Incluído pela Lei nº 12.424, de 2011)

II – comprovação de intimação dos confrontantes para que informem, no prazo de 15 (quinze) dias, se os limites definidos na planta e no memorial descritivo do imóvel público a ser matriculado se sobrepõem às suas respectivas áreas, se for o caso; (Incluído pela Lei nº 12.424, de 2011)

III – as respostas à intimação prevista no inciso II, quando houver; e (Incluído pela Lei nº 12.424, de 2011)

IV – planta de parcelamento ou do imóvel público a ser registrado, assinada pelo loteador ou elaborada e assinada por agente público da prefeitura, acompanhada de declaração de que o parcelamento encontra-se implantado, na hipótese de este não ter sido inscrito ou registrado. (Redação dada pela Lei nº 13.465, de 2017)

§ 1° – Apresentados pelo Município os documentos relacionados no caput, o registro de imóveis deverá proceder ao registro dos imóveis públicos decorrentes do parcelamento do solo urbano na matrícula ou transcrição da gleba objeto de parcelamento. (Incluído pela Lei nº 12.424, de 2011)

§ 2° – Na abertura de matrícula de imóvel público oriundo de parcelamento do solo urbano, havendo divergência nas medidas perimetrais de que resulte, ou não, alteração de área, a situação de fato implantada do bem deverá prevalecer sobre a situação constante do registro ou da planta de parcelamento, respeitados os limites dos particulares lindeiros. (Incluído pela Lei nº 12.424, de 2011)

É preciso observar, nesse ponto, que o procedimento de registro não comporta a análise do mérito administrativo das certidões, licenças e autorizações expedidas pelo Poder Público, devendo o Oficial de Registro, no entanto, qualificar esses atos para verificar se atendem à finalidade a que se destinam, ou seja, à congruência entre o seu conteúdo e o efeito que buscam produzir.

Bem por isso, em que pese a existência de certidão expedida pelo Município confirmando a implantação do loteamento (fl. 340), não há como ser afastado o óbice referente à falta de descrição das áreas públicas, tanto na parte registrada do loteamento, quanto naquela não registrada, o que resulta na ausência de elementos seguros para descerramento de matrículas e registros como pretendido.

A propósito, mister observar que não há provas de que a mencionada implantação tenha efetivamente ocorrido de acordo com o projeto do loteamento aprovado (fl. 77/121 e 122/124). O próprio apelante reconhece que as áreas remanescentes do loteamento não registrado são objeto de procedimento de regularização fundiária, certo que nem todas as obras de infraestrutura estão em pleno funcionamento.

Veja-se que, registrada parte do loteamento, a área remanescente sequer foi apurada e devidamente identificada. Nesse cenário, o memorial descritivo apresentado (fl. 122/165) não é apto a identificar, nas matrículas nos 19.000, 19.001 e 34.593, as áreas públicas a serem registradas, o que impede o acesso da antiga planta ao registro na forma agora indicada pelo apelante. Ressalte-se que os requisitos técnicos devem ser atendidos antes da suscitação da dúvida, razão pela qual não se mostra possível a complementação dos documentos que acompanharam o título protocolado.

E ainda que se considere que os documentos de fl. 350/351 são cópias mais legíveis daqueles que já haviam sido apresentados, o fato é que a planta de fl. 445 e o relatório de vistoria de fl. 474/510, além de não guardarem relação com a planta anteriormente juntada, referem-se a uma área de 387.644,98m^2 (fl. 478) e, portanto, não abrangem a totalidade do loteamento e das áreas públicas cujo registro é pretendido. Ainda, deixou o Município apelante de comprovar a intimação dos confrontantes para que informem, no prazo de 15 (quinze) dias, se os limites definidos na planta e no memorial descritivo do imóvel público a ser matriculado se sobrepõem às suas respectivas áreas (art. 195-A, incisos II e III, da Lei nº 6.015/73).

Nessa quadra, mostra-se inviável o registro pretendido.

3. Diante do exposto, pelo meu voto, nego provimento à apelação.

RICARDO ANAFE

Corregedor Geral da Justiça e Relator. (– DJe de 01.09.2020 – SP)

PODER JUDICIÁRIO

TRIBUNAL DE JUSTIÇA DO ESTADO DE SÃO PAULO

CONSELHO SUPERIOR DA MAGISTRATURA

Apelação Cível nº 1003311-21.2019.8.26.0291

Registro: 2020.0000413369

ACÓRDÃO

Vistos, relatados e discutidos estes autos de **Apelação Cível nº 1003311-21.2019.8.26.0291**, da Comarca de **Jaboticabal**, em que é apelante **F. E. J. LTDA.**, é apelado **O. DE R. DE I. T. E D. E C. DE P. J. DA C. DE J.**.

ACORDAM, em Conselho Superior de Magistratura do Tribunal de Justiça de São Paulo, proferir a seguinte decisão: **"Deram provimento ao recurso para determinar que o procedimento de registro do loteamento prossiga na forma da Lei nº 6.766/79, v.u."**, de conformidade com o voto do Relator, que integra este acórdão.

O julgamento teve a participação dos Exmos. Desembargadores **PINHEIRO FRANCO (PRESIDENTE TRIBUNAL DE JUSTIÇA) (Presidente), LUIS SOARES DE MELLO (VICE PRESIDENTE), XAVIER DE AQUINO (DECANO), GUILHERME G. STRENGER (PRES. SEÇÃO DE DIREITO CRIMINAL), MAGALHÃES COELHO(PRES. DA SEÇÃO DE DIREITO PÚBLICO) E DIMAS RUBENS FONSECA (PRES. DA SEÇÃO DE DIREITO PRIVADO).**

São Paulo, 5 de junho de 2020.

RICARDO ANAFE

Corregedor Geral da Justiça e Relator

Apelação Cível nº 1003311-21.2019.8.26.0291

Apelante: F. E. J. Ltda.

Apelado: R. DE I. T. E D. E C. DE P. J. DA C. DE J.

VOTO Nº 31.149

Registro de Imóveis – Registro de loteamento – Ação penal ajuizada contra o ex-proprietário do imóvel e atual sócio administrador da empresa titular de domínio da área – Crime contra o patrimônio – Art. 171, § 3º, c.c. art. 71, ambos do Código Penal – Valores consignados na denúncia que não representam risco patrimonial aos adquirentes dos lotes – Pagamento do débito fiscal que deu origem à ação penal – Situação excepcional que autoriza o registro pretendido do loteamento – Dá-se provimento ao recurso para determinar que o procedimento de registro do loteamento prossiga na forma da Lei nº 6.766/79.

1. Trata-se de apelação interposta por *F. E. J. Ltda.* contra r. sentença que manteve a recusa do registro do loteamento a ser implantado no imóvel objeto da matrícula nº (...) do R.I.(...) em razão de ação penal, por crime contra o patrimônio, em que figura como réu o exproprietário do imóvel e atual sócio administrador da empresa titular de domínio da área.

A apelante alega, em suma, que o registro do loteamento foi recusado em virtude do mero ajuizamento de ação penal contra o ex-proprietário do imóvel e atual sócio administrador da empresa titular de domínio da área, sem exame da potencial existência de risco aos futuros adquirentes dos lotes. Aduz que o loteamento foi aprovado pelos órgãos competentes e que se encontra com todas as obras de infraestrutura finalizadas. Afirma que a ação penal referida pelo registrador (Processo nº 0003289-21.2015.403.6102, em curso perante a 6ª Vara Federal da Subseção Judiciária de (...)) é decorrente de débito fiscal, objeto da ação de execução fiscal ajuizada pela União – Fazenda Nacional contra (...) (Processo nº 0009876-25.2016.403.6102, em curso perante a 1ª Vara Federal da Subseção Judiciária de (...)). Esclarece que, na referida ação de execução fiscal, foi indicado à penhora o imóvel objeto da matrícula nº (...)do Oficial de Registro de Imóveis de (...), cujo valor é suficiente para saldar o débito em questão. Ressalta que para integralização do capital social da empresa, D.L.B. ofertou dois outros imóveis e que, além disso, é proprietário de mais vinte e oito imóveis, o que comprova a existência de lastro patrimonial para suportar eventual responsabilização no âmbito cível e criminal, bem como a ausência de risco aos futuros adquirentes dos lotes. Acrescenta que tanto os sócios, quanto a própria empresa não possuem dívidas, exceto aquela objeto da referida ação de execução fiscal, já garantida por penhora. Por fim, lembra que o art. 55 da Lei nº 13.097/2015 protege os adquirentes de lotes ao dispor que as alienações não serão objeto de evicção ou de ineficácia, ficando os credores do loteador sub-rogados nos preços ou nos créditos imobiliários decorrentes das vendas realizadas. Pugna, assim, pela reforma da sentença, para deferimento do pretendido registro (fl. 321/333).

A fl. 344/345, a apelante noticia o pagamento do débito objeto da ação de execução fiscal ajuizada pela União – Fazenda Nacional (Processo nº 0009876-25.2016.4.03.6102 da 1ª Vara Federal da Subseção Judiciária de (...)), apresentando os documentos a fl. 346/357.

A douta Procuradoria Geral de Justiça opinou pelo não provimento do recurso (fl. 375/377).

É o relatório.

2. O registro do loteamento "J.S." foi negado com base no disposto no art. 18 da Lei nº 6.766/1979, porque D.L.B., sócio administrador da apelante e proprietário anterior do imóvel, figura como réu em ação penal por crime contra o patrimônio, nos termos da nota de devolução elaborada pelo Oficial registrador (fl. 27).

As certidões a fl. 93/94 e 308/309 demonstram que o imóvel objeto da matrícula nº (...) do R.I.(...) foi de propriedade de D.L.B.,, que o transferiu à apelante a título de conferência de bens para integralização do capital social.

Por sua vez, os documentos a fl. 151/154 comprovam que o anterior proprietário do imóvel e sócio da apelante, atual titular de domínio, foi denunciado em ação penal em trâmite perante a 6ª Vara Federal da Subseção Judiciária de (...) (Processo nº 0003289-21.2015.4.03.6102), como incurso, em tese, nas sanções do art. 171, § 3º, c.c. art. 71, ambos do Código Penal.

No mais, ficou provado o pagamento do débito objeto da ação de execução fiscal ajuizada pela União – Fazenda Nacional contra D.L.B.,(Processo nº 0009876-25.2016.4.03.6102), em curso perante a 1ª Vara Federal da Subseção Judiciária de (...) (fl. 346/357) que, segundo consta, teria dado origem à ação penal apontada pelo registrador como óbice ao registro do loteamento.

A propósito da obrigatoriedade de se fazer prova da ausência de risco aos adquirentes dos lotes, para além da expressa disposição trazida pelo § 2º do art. 18 da Lei nº 6.766/79, o Item 181 do Capítulo XX das Normas de Serviço da Corregedoria Geral da Justiça, vigentes à época da qualificação do título, também previa que:

> *"Item 181. As certidões de ações pessoais e penais, inclusive da Justiça Federal, e as de protestos devem referir-se ao loteador e a todos aqueles que, no período de 10 (dez) anos, tenham sido titulares de direitos reais sobre o imóvel; serão extraídas, outrossim, na comarca da situação do imóvel e, se distintas, naquelas onde domiciliados o loteador e os antecessores abrangidos pelo decênio, exigindo-se que as certidões tenham sido expedidas há menos de 6 (seis) meses".*

No caso concreto, a apelante está regularmente constituída e registrada na JUCESP, com patrimônio sólido e capital social integralizado (fl. 30/31 e 240/255), não aparentando, por esse enfoque, qualquer risco aos futuros adquirentes.

A gleba foi transferida à apelante para integralização do capital social, em 03 de agosto de 2018, quando não havia qualquer restrição ou constrição sobre o imóvel. Atualmente, também não existe penhora, indisponibilidade ou qualquer ônus inscrito na matrícula da gleba parcelada (fl. 93/94).

Ora, a despeito da ação penal em que D.L.B. figura como réu pela prática, em tese, do crime tipificado no art. 171, § 3º, c.c. art. 71, ambos do Código Penal, é possível afirmar que o óbice apresentado pelo registrador não pode resultar em supostos prejuízos aos futuros adquirentes, conforme se depreende da detida análise dos documentos juntados.

Assim se afirma, pois a União – Fazenda Nacional já requereu a extinção da ação de execução fiscal, em virtude do pagamento do débito (fl. 348/349). Veja-se que a quitação da dívida fiscal constitui fato novo que pode ser considerado no julgamento da dúvida, eis que posterior à sua suscitação.

O procedimento de registro de loteamento envolve a prática de um conjunto de atos que incluem a publicação de edital e a possibilidade de oferecimento de impugnação por terceiro, com instauração de contraditório (art. 19 da Lei nº 6.766/79), o que também permite que se considere fato ocorrido durante seu processamento e que está intrinsecamente relacionado ao motivo da recusa do registro, como ocorre *in casu*.

Aliás, deveria o registrador, primeiramente, solicitar melhores esclarecimentos sobre a ação penal, inclusive exigindo a apresentação de cópias do processo ou certidão de objeto e pé mais detalhada. Contudo, recusou o registro de plano.

Nesse cenário, considerando as alegações da parte no sentido de que a ação penal diz respeito ao débito fiscal que foi objeto da ação de execução, o pequeno valor referido na denúncia (fl. 350/355) e a prova do pagamento (fl. 346/347), assim como o considerável patrimônio do réu (fl. 256/265), é possível afirmar que não há risco de prejuízo aos futuros adquirentes dos lotes na hipótese de eventual condenação, o que afasta o óbice apresentado ao registro do loteamento.

Em hipóteses semelhantes à versada nos autos, este Conselho Superior da Magistratura, embora em caráter excepcional, vem admitindo, mais recentemente, o registro do loteamento:

"REGISTRO DE IMÓVEIS. Loteamento. § 2° do art. 18 da Lei n° 6.766/79. Item 181 do Capítulo XX das NSCGJ. Ações cíveis contra ex-proprietário de parte da gleba loteada. Ação de improbidade administrativa e ação penal contra ex-sócio da loteadora. Ausência de constrições ou indisponibilidades incidentes sobre a gleba loteada. Ações com garantia do juízo já apresentada. Patrimônios que indicam ausência de risco a futuros adquirentes. Situação jurídica que demanda tratamento excepcional. Precedentes do Eg. CSM. Recurso provido, para julgar a dúvida improcedente" (TJSP; Apelação Cível nº 1002685-02.2017.8.26.0637; Relator: Pinheiro Franco (Corregedor Geral); Órgão Julgador: Conselho Superior de Magistratura; Foro de Tupã – 2ª Vara Cível; Data do Julgamento: 15/08/2019; Data de Registro: 20/08/2019).

"Registro de Imóveis – Registro de loteamento – Ações penais movidas contra sócios da exproprietária do imóvel – Crime contra o patrimônio – Art. 168-A, inciso I, do Código Penal – Ações penais suspensas em razão de parcelamentos realizados com fundamento em lei posterior à consolidação dos valores devidos – Valores consignados nas denúncias que são inferiores às das garantias, constituídas pela ex-proprietária do imóvel em favor da Prefeitura Municipal, para o custeio das obras de infraestrutura – Recusa que não decorreu da existência de risco patrimonial aos adquirentes dos lotes – Situação excepcional que autoriza o registro pretendido do loteamento – Recurso provido para julgar a dúvida improcedente" (TJSP; Apelação Cível nº 0004484-82.2018.8.26.0566; Relator: Pinheiro Franco (Corregedor Geral); Órgão Julgador: Conselho Superior de Magistratura; Foro de São Carlos – 4ª Vara Cível; Data do Julgamento: 28/05/2019; Data de Registro: 06/06/2019).

Acrescente-se, por oportuno, que a excepcionalidade da solução adotada no presente caso não é afastada pelo art. 55 da Lei nº 13.907/2015**[1]**, porque não beneficia os adquirentes dos lotes por contratos não registrados.

Por fim, o afastamento do fundamento da recusa previsto na r. sentença não autoriza o imediato registro do loteamento pois não comprovado, nestes autos, que a Prefeitura foi comunicada e que houve publicação do edital conforme previsto no art. 19 da Lei nº 6.766/79.

3. Ante o exposto, pelo meu voto, dou provimento ao recurso para determinar que o procedimento de registro do loteamento prossiga na forma da Lei nº 6.766/79.

RICARDO ANAFE

Corregedor Geral da Justiça e Relator.

Nota:

[1] *Art. 55. A alienação ou oneração de unidades autônomas integrantes de incorporação imobiliária, parcelamento do solo ou condomínio edilício, devidamente registrada, não poderá ser objeto de evicção ou de decretação de ineficácia, mas eventuais credores do alienante ficam sub-rogados no preço ou no eventual crédito imobiliário, sem prejuízo das perdas e danos imputáveis ao incorporador ou empreendedor, decorrentes de seu dolo ou culpa, bem como da aplicação das disposições constantes da Lei nº 8.078, de 11 de setembro de 1990.* (– DJe de 16.06.2020 – SP)

PODER JUDICIÁRIO

TRIBUNAL DE JUSTIÇA DO ESTADO DE SÃO PAULO

CONSELHO SUPERIOR DA MAGISTRATURA

Apelação nº 1002709-97.2017.8.26.0356

Registro: 2019.0001054548

ACÓRDÃO

Vistos, relatados e discutidos estes autos de **Apelação Cível nº 1002709-97.2017.8.26.0356**, da Comarca de **Mirandópolis**, em que é apelante **EMPREENDIMENTOS IMOBILIÁRIOS MOMESSO LTDA**, é apelado **OFICIAL DE REGISTRO DE IMÓVEIS, TÍTULOS E DOCUMENTOS E CIVIL DE PESSOA JURÍDICA DA COMARCA DE MIRANDÓPOLIS.**

ACORDAM, em Conselho Superior de Magistratura do Tribunal de Justiça de São Paulo, proferir a seguinte decisão: **"Negaram provimento à apelação, v.u.",** de conformidade com o voto do Relator, que integra este acórdão.

O julgamento teve a participação dos Exmos. Desembargadores **PEREIRA CALÇAS (PRESIDENTE TRIBUNAL DE JUSTIÇA) (Presidente), ARTUR MARQUES (VICE PRESIDENTE), XAVIER DE AQUINO (DECANO), EVARISTO DOS SANTOS(PRES. DA SEÇÃO DE DIREITO PÚBLICO), CAMPOS MELLO (PRES. DA SEÇÃO DE DIREITO PRIVADO) E FERNANDO TORRES GARCIA(PRES. SEÇÃO DE DIREITO CRIMINAL).**

São Paulo, 10 de dezembro de 2019.

GERALDO FRANCISCO PINHEIRO FRANCO

Corregedor Geral da Justiça e Relator

Apelação Cível nº 1002709-97.2017.8.26.0356

Apelante: Empreendimentos Imobiliários Momesso Ltda

Apelado: Oficial de Registro de Imóveis, Títulos e Documentos e Civil de Pessoa Jurídica da Comarca de Mirandópolis

VOTO Nº 38.007

Registro de loteamento – Certidões de ação de improbidade administrativa em curso contra um dos sócios da loteadora com importância econômica de quase cinco milhões de reais – Falta de comprovação de patrimônio suficiente para que a eventual procedência da demanda não afete os interesses econômicos dos futuros adquirentes – Impossibilidade dos próprios lotes garantirem o débito – Recurso não provido.

Trata-se de recurso de apelação interposto por Empreendimentos Imobiliários Momesso Ltda. contra a r. sentença de fls. 417/418, que julgou procedente a dúvida suscitada pelo Oficial de Registros de Imóveis e anexos da Comarca de Mirandópolis, mantendo a recusa do registro de loteamento em razão da existência de ação de improbidade administrativa em curso movida em face do sócio da loteadora.

Sustenta a apelante o cabimento do registro em razão de ser fictícia a existência das dívidas ante a ausência de decisão a respeito, bem como o dano pretendido na ação ser inexistente. Referiu ainda que o processado na ação de improbidade é proprietário de 30% do imóvel, competindo o registro mediante caução dos lotes (a fls. 421/433).

A D. Procuradoria Geral da Justiça opinou pelo não provimento do recurso (fls. 464/467).

É o relatório.

O artigo 18, inciso IV, alínea "b" e seu parágrafo 2º, da Lei nº 6.766/79, estabelecem:

> *IV – certidões:*
>
> *(...)*
>
> *b) de ações pessoais relativas ao loteador, pelo período de 10 (dez) anos;*
>
> *(...)*
>
> *§ 2° – A existência de protestos, de ações pessoais ou de ações penais, exceto as referentes a crime contra o patrimônio e contra a administração, não impedirá o registro do loteamento se o requerente comprovar que esses protestos ou ações não poderão prejudicar os adquirentes dos lotes. Se o Oficial do Registro de Imóveis julgar insuficiente a comprovação feita, suscitará a dúvida perante o juiz competente.*

Quanto à obrigatoriedade de se fazer prova da ausência de risco aos adquirentes dos lotes, além da previsão expressa contida no § 2.º do art. 18 da Lei 6.766/79, o Item 181 do Capítulo XX das NSCGJ assim dispõe:

> *181. As certidões de ações pessoais e penais, inclusive da Justiça Federal, e as de protestos devem referir-se ao loteador e a todos aqueles que, no período de 10 (dez) anos, tenham sido titulares de direitos reais sobre o imóvel; serão extraídas, outrossim, na comarca da situação do imóvel e, se distintas, naquelas onde domiciliados o loteador e os antecessores abrangidos pelo decênio, exigindo-se que as certidões tenham sido expedidas há menos de 6 (seis) meses.*

Trata-se de exame a ser aferido caso a caso, de acordo com a natureza das ações, os valores discutidos e, especialmente, o patrimônio dos empreendedores.

O sócio da recorrente possui contra ele ação de improbidade administrativa com valor de R$ 4.915.520,66 (quatro milhões novecentos e quinze mil, quinhentos e vinte reais e sessenta e seis centavos).

Apesar da ação de improbidade estar em curso não há elementos suficientes a indicar a exclusão do risco potencial de sua procedência.

A concessão de efeito suspensivo em agravo de instrumento não tem o condão de modificar a situação referida.

Tampouco é pertinente a discussão dos rumos da ação de improbidade administrativa nesta via recursal.

Não se adianta aqui o resultado da ação judicial, todavia, sua eventual procedência atingirá os interesses econômicos dos futuros adquirentes dos lotes frente à possibilidade de sua incidência direta sobre o valor do patrimônio do sócio da apelante.

Desse modo, a realização do registro do loteamento depende da prova de que as *"ações não poderão prejudicar os adquirentes dos lotes"*, o que pode ser feito por meio da demonstração jurídica da presença de patrimônio suficiente a tanto.

Entretanto, não há indicação de patrimônio bastante para suportar o montante de R$ 4.915.520,66 e, assim, afastar o risco econômico dos futuros adquirentes.

A previsão legal estabelece a proteção dos futuros adquirentes quanto a questões patrimoniais que possam atingir o imóvel objeto do parcelamento do solo urbano, portanto, está presente a situação prevista no artigo art. 18 da Lei 6.766/1979.

A eventual procedência da ação de improbidade atingirá o loteamento como um todo indivisível em razão da condição de sócio daquele contra o qual é movida a ação, não sendo possível a limitação de lotes.

O requerimento de caução dos lotes do sócio em questão não é possível pelas seguintes razões: (i) ausência de previsão legal que não se amolda ao constante do artigo 18, inciso V, da Lei nº 6.766/79, (ii) não cabimento de garantia sem a indicação dos beneficiários e, principalmente, (iii) pela ausência de indicação do valor da garantia (lotes) frente ao débito.

Nesse quadro, não é possível afastar o óbice ao registro do loteamento concernente à existência de ação pessoal em face de um dos sócios da loteadora.

São diversos os precedentes deste Eg. Conselho Superior da Magistratura:

"REGISTRO DE IMÓVEIS – DÚVIDA – NEGATIVA DE REGISTRO DE LOTEAMENTO – ARTIGO 18, § 2.º, DA LEI N.º 6.766/79 – necessidade de comprovação de patrimônio suficiente para a garantia do pagamento de dívida e de sua higidez – Possibilidade de dano a futuros adquirentes – dúvida procedente – Recurso não provido." (Apelação Cível n.º 0005919-13.2012.8.26.0272, Des. HAMILTON ELLIOT AKEL)

"REGISTRO DE IMÓVEIS – DÚVIDA JULGADA PROCEDENTE – NEGATIVA DE REGISTRO DE LOTEAMENTO – ARTIGO 18, § 2.º DA LEI 6766/79 – Necessidade de comprovação de patrimônio suficiente para a garantia do pagamento de dívida e de sua higidez – Possibilidade de dano a futuros adquirentes – Recurso não provido." (Apelação Cível n.º 0000701-23.2011.8.26.0374, Des. JOSÉ RENATO NALINI).

Nesse cenário, de fato, inviável o registro do loteamento, confirmando-se integralmente a r. sentença recorrida.

Por todo o exposto, pelo meu voto, nego provimento à apelação.

GERALDO FRANCISCO PINHEIRO FRANCO

Corregedor Geral da Justiça e Relator. (– DJe de 08.04.2020 – SP)

PODER JUDICIÁRIO

TRIBUNAL DE JUSTIÇA DO ESTADO DE SÃO PAULO

CONSELHO SUPERIOR DA MAGISTRATURA

Apelação nº 1000210-22.2017.8.26.0363

Registro: 2019.0000936699

ACÓRDÃO

Vistos, relatados e discutidos estes autos de **Apelação Cível n.º 1000210-22.2017.8.26.0363**, da Comarca de **Mogi-Mirim**, em que é apelante **RESERVA DA CACHOEIRA EMPREENDIMENTOS IMOBILIÁRIOS LTDA**, é apelado **OFICIAL DE REGISTRO DE IMÓVEIS E ANEXOS DA COMARCA DE MOGI MIRIM.**

ACORDAM, em Conselho Superior de Magistratura do Tribunal de Justiça de São Paulo, proferir a seguinte decisão: **"Deram provimento ao recurso para julgar a dúvida improcedente e determinaram que o procedimento de registro do loteamento prossiga mediante publicação do edital e comunicação à Prefeitura Municipal, como previsto no art. 19 da Lei n.º 6.766/79, v.u."**, de conformidade com o voto do Relator, que integra este acórdão.

O julgamento teve a participação dos Exmos. Desembargadores **PEREIRA CALÇAS (PRESIDENTE TRIBUNAL DE JUSTIÇA) (Presidente),**

ARTUR MARQUES (VICE PRESIDENTE), XAVIER DE AQUINO (DECANO), EVARISTO DOS SANTOS(PRES. DA SEÇÃO DE DIREITO PÚBLICO), CAMPOS MELLO (PRES. DA SEÇÃO DE DIREITO PRIVADO) E FERNANDO TORRES GARCIA(PRES. SEÇÃO DE DIREITO CRIMINAL).

São Paulo, 1º de novembro de 2019.

GERALDO FRANCISCO PINHEIRO FRANCO
Corregedor Geral da Justiça e Relator

Apelação Cível n.º 1000210-22.2017.8.26.0363

Apelante: Reserva da Cachoeira Empreendimentos Imobiliários LTDA

Apelado: Oficial de Registro de Imóveis e Anexos da Comarca de Mogi Mirim

VOTO N.º 37.931

Registro de Imóveis – Registro de loteamento – Imóvel recebido por sucessão hereditária do ex-proprietário que deixou viúva e três filhas vivas – Ação de investigação de paternidade, *post mortem*, movida pela suposta neta do anterior proprietário – Autora da ação que, se confirmada a paternidade, terá direito a quinhão equivalente a 12,5%, ou 1/8, dos bens deixados pelo antecessor da loteadora, excluída a meação da viúva – Inexistência de registro de ação de petição de herança – Patrimônio demonstrado pela herdeira que recebeu o imóvel que é suficiente para ressarcir eventual direito à herança da autora de investigação de paternidade – Ausência de risco aos futuros adquirentes dos lotes – Recurso provido para julgar a dúvida improcedente, a fim de que o procedimento de registro do loteamento prossiga na forma do art. 19 da Lei n.º 6.766/79.

Trata-se de apelação interposta por RESERVA DA CACHOEIRA EMPREENDIMENTO IMOBILIÁRIO LTDA. contra r. sentença que manteve a recusa do registro do loteamento a ser implantado no imóvel objeto da matrícula n.º 42.265 do Registro de Imóveis, Títulos e Documentos e Civil de Pessoa Jurídica da Comarca de Mogi Mirim em razão do ajuizamento de ação de investigação de paternidade *post mortem*, cumulada com anulação de partilha, movida pela suposta neta do anterior proprietário do imóvel contra a genitora e as três irmãs de seu alegado genitor.

A apelante alegou, em suma, que o imóvel foi de propriedade de Antonio Vomero que ao falecer deixou três filhas vivas. Esclareceu que Antonio teve um filho chamado Francisco que era pré-morto ao seu pai e que ao falecer não deixou sucessores. Informou que na partilha de bens o imóvel a ser loteado foi atribuído para Rosane, filha de Antonio. Asseverou que os bens deixados pelo falecimento de Antonio foram partilhados com atribuição da meação da viúva e quinhão, para cada herdeira, equivalente a 1/6 do total dos bens. Na sucessão de seu genitor a herdeira Rosane recebeu quatro imóveis em que incluído o da matrícula n.º 42.265, a ser loteado. Disse que a eventual procedência da ação de investigação de paternidade poderá ensejar nova partilha entre quatro herdeiros, abrangendo todos os bens que compunham a meação do autor da herança. Relacionou os bens imóveis que integram o patrimônio de Rosane que seriam suficientes para garantir eventual direito da autora da ação de investigação de paternidade, ainda que por meio de ressarcimento por perdas e danos. Por fim, juntou aos autos o resultado do exame de DNA realizado na ação de investigação de paternidade, em que houve exclusão da filiação. Requereu a reforma da r. sentença para que a dúvida seja julgada improcedente, a fim de que o procedimento de registro do loteamento prossiga mediante publicação do edital previsto no art. 19 da Lei n.º 6.766/79 (fls. 633/650).

A douta Procuradoria Geral de Justiça opinou pelo não provimento do recurso (fls. 664/667).

É o relatório.

O registro do Loteamento Residencial Reserva da Cachoeira, a ser implantado no imóvel objeto da matrícula n.º 42.265 do Registro de Imóveis de Mogi Mirim, foi negado em razão do ajuizamento de ação de investigação de paternidade movida pela suposta neta do antigo proprietário do imóvel, Antonio Vomero, contra sua viúva e três filhas (fls. 440).

Segundo alegado na petição inicial da referida ação, a sua autora seria filha de Francisco Antonio Vomero que faleceu em 8 de novembro de 1997 (fls. 119/124 e 608).

Francisco, por sua vez, era filho Antonio Vomero que faleceu em 9 de maio de 2011 (fls. 607).

O imóvel a ser loteado foi de propriedade de Antonio Vomero e sua esposa, Martha Degrava Vomero (fls. 34/39), e na partilha dos bens deixados pelo falecimento de Antonio foi adjudicado em favor da filha Rosane, recebendo a viúva e as outras duas herdeiras bens distintos para o pagamento da meação e dos respectivos quinhões na herança (fls. 119/124 e 452/465).

Assim, além do imóvel a ser loteado, foram levados ao inventário outros bens também partilhados entre viúva meeira, a herdeira Rosane que é a antecessora direta da empresa loteadora, e as duas outras herdeiras de Antonio, sendo todas as herdeiras corrés na ação de investigação de paternidade e anulação de partilha.

Desse modo, a eventual procedência da ação de investigação de paternidade e anulação de partilha acarretará em favor de sua autora a atribuição de quinhão equivalente a 12,5%, ou a oitava parte do total dos bens levados ao inventário, sem abranger os bens que correspondem à meação da viúva.

E os demais bens imóveis levados ao inventário e partilhados entre as filhas de Antonio (fls. 453/465), assim como os relacionados pela apelante como ainda de propriedade da herdeira Rosane (fls. 466 e seguintes), são, ao que decorre dos autos, suficientes para garantir a herança da autora da ação de investigação de paternidade.

Anoto, nesse ponto, que a existência de patrimônio da herdeira Rosane suficiente para afastar riscos aos futuros adquirentes dos lotes não foi afastada pelo Oficial de Registro que ao suscitar a dúvida se manifestou da seguinte forma:

"A comprovação feita pela requerente foi considerada insuficiente por este Oficial, não pela comprovação da existência de patrimônio por parte da antecessora Rosane Maria Vomero Geraldo, que não se questiona.

***A dúvida que se tem é para a hipótese de procedência da Ação de Investigação de paternidade, que colocaria aquela requerente como herdeira legítima de Antônio Vomero, na condição de neta, por representação do pai falecido (art. 1.845, c.c. 1.851, Código Civil), o que resultará, ainda que em processo próprio, a anulação da partilha dos bens deixados por Antônio Vomero e, consequentemente, do registro n. 7 da matrícula nº 42.265, que é a aquisição da propriedade pela antecessora*".**

Outrossim, além da possibilidade de ressarcimento à pretensa herdeira mediante reposição por perdas e danos, a certidão da matrícula n.º 42.265 juntada aos autos (fls. 34/39) e as razões da dúvida suscitada pelo Sr. Oficial de Registro de Imóveis não indicam que houve registro da citação da antecessora da empresa loteadora, que é a herdeira Rosane, em ação de petição de herança, ou alguma espécie de averbação premonitória visando constituir direito de sequela em relação aos futuros adquirentes dos lotes.

Sem o registro da citação em ação pessoal reipersecutória, ou de averbação premonitória, não há como reconhecer que a eventual anulação da partilha atingirá, diretamente, os futuros adquirentes dos lotes.

Não bastasse, o documento de fls. 620/627 mostra que a perícia realizada pelo IMESC na ação de investigação de paternidade excluiu a filiação pretendida por sua autora.

A realização da perícia constitui fato novo que pode ser considerado no julgamento da dúvida porque foi posterior à sua suscitação.

O procedimento de registro de loteamento envolve a prática de conjunto de atos que incluem a publicação de edital e a possibilidade de oferecimento de impugnação por terceiro, com instauração de contraditório (art. 19 da Lei n.º 6.766/79), o que permite que se considere fato que ocorreu durante o seu processamento e que é intrinsecamente relacionado ao motivo da recusa do registro.

Portanto, sendo reduzida a probabilidade de risco aos futuros adquirentes dos lotes, a ação de investigação de paternidade e anulação de partilha não constitui, neste caso concreto, impedimento a que o procedimento de registro do loteamento tenha seu curso regular, com publicação do edital e encaminhamento da notificação à Prefeitura Municipal, como previsto no art. 19 da Lei n.º 6.766/79.

Ante o exposto, dou provimento ao recurso para julgar a dúvida improcedente e determinar que o procedimento de registro do loteamento prossiga mediante publicação do edital e comunicação à Prefeitura Municipal, como previsto no art. 19 da Lei n.º 6.766/79.

GERALDO FRANCISCO PINHEIRO FRANCO
Corregedor Geral da Justiça e Relator. (– DJe de 09.03.2020 – SP)

PERMUTA

PODER JUDICIÁRIO

TRIBUNAL DE JUSTIÇA DO ESTADO DE SÃO PAULO

CONSELHO SUPERIOR DA MAGISTRATURA

Apelação Cível nº 1007778-97.2020.8.26.0100

Registro: 2020.0000413387

ACÓRDÃO

Vistos, relatados e discutidos estes autos de Apelação Cível nº 1007778-97.2020.8.26.0100, da Comarca de **São Paulo**, em que é apelante **FRANCISCO CARLOS FAGIONATO**, é apelado **OFICIAL DO 4º REGISTRO DE IMÓVEIS DA COMARCA DA CAPITAL.**

ACORDAM, em Conselho Superior de Magistratura do Tribunal de Justiça de São Paulo, proferir a seguinte decisão: **"Negaram provimento ao**

recurso, v.u.", de conformidade com o voto do Relator, que integra este acórdão.

O julgamento teve a participação dos Exmos. Desembargadores **PINHEIRO FRANCO (PRESIDENTE TRIBUNAL DE JUSTIÇA) (Presidente), LUIS SOARES DE MELLO (VICE PRESIDENTE), XAVIER DE AQUINO (DECANO), GUILHERME G. STRENGER (PRES. SEÇÃO DE DIREITO CRIMINAL), MAGALHÃES COELHO(PRES. DA SEÇÃO DE DIREITO PÚBLICO) E DIMAS RUBENS FONSECA (PRES. DA SEÇÃO DE DIREITO PRIVADO).**

São Paulo, 5 de junho de 2020.

RICARDO ANAFE

Corregedor Geral da Justiça e Relator

Apelação Cível nº 1007778-97.2020.8.26.0100

Apelante: Francisco Carlos Fagionato

Apelado: Oficial do 4º Registro de Imóveis da Comarca da Capital

VOTO Nº 31.172

Registro de Imóveis – Escritura pública de permuta de bens imóveis de valores venais distintos, sem torna – Acréscimo patrimonial de forma não onerosa a caracterizar doação – Ausência de comprovação de recolhimento de Imposto de Transmissão causa mortis – ITCMD – Dever do Oficial de velar pelo seu recolhimento, exigindo a apresentação das respectivas guias – Óbice mantido – Recurso desprovido.

1. Trata-se de apelação interposta por **FRANCISCO CARLOS FAGIONATO** em face da r. sentença de fl. 56/59, que manteve a recusa levantada pelo 4º Oficial de Registro de Imóveis da Comarca da Capital, negando registro de escritura pública em razão da não apresentação de prova de quitação do ITCMD.

Da nota devolutiva de fl. 07 constou o seguinte óbice:

> ***"Tendo em vista que os imóveis da permuta possuem valores dispares, ou seja, não são equivalentes, apresentar guia devidamente recolhida do ITCMD sobre a diferença do valor existente entre eles, nos termos do Art. 1º, II, Art. 6º, II, a e Arts. 13 e 16, todos do Decreto Estadual n.º 46.655, de 01 de abril de 2002.***
>
> ***Neste sentido: processos nºs 1095880-08.2014.8.26.0100, 1003262-68.2019.8.26.0100 e 1047284-17.2019.8.26.0100, todos da 1ª Vara de Registros Públicos da Capital e Corregedor Permanente desta Serventia".***

Em suas razões, o recorrente afirma que a negativa não se aplica, já que a escritura pública envolveu permuta simples de imóveis sem torna, com valor atribuído aos imóveis pelos proprietários, prerrogativa que lhes é exclusiva, visto que os valores são subjetivos e de livre escolha das partes. Não se pode, ademais, atribuir ao negócio jurídico a chamada renúncia, que não é presumida. E, mesmo eventual renúncia expressa não constituiria fato gerador de ITCMD. Ao final, pugnou pelo provimento da apelação.

A D. Procuradoria Geral de Justiça opinou pelo desprovimento do recurso (fl. 89/92).

É o relatório.

2. O recurso não merece provimento.

Versa a questão sobre a possibilidade de se efetuar o registro de escritura pública de permuta de bens imóveis com valores venais diversos e sem torna, sem que haja prova de recolhimento do ITCMD.

Consoante escritura pública de fl. 08/14, FRANCISCO CARLOS FAGIONATO e sua mulher MARINA BORGES FAGIONATO e GUILHERME BORGES FAGIONATO e ROSANA ALVES BEZERRA permutaram dois imóveis a eles pertencentes matriculados sob os nºs 184.567 e 184.584 no 2º Registro de Imóveis de Ribeirão Preto/SP, possuindo cada um deles valor venal de R$105.744,42 e valor atribuído para efeito da permuta de R$163.965,00, com os imóveis matriculados no 4º Registro de Imóveis da Capital-SP sob os nºs 85.501 e 85.502, com valor venal de referência de R$362.399,00 e R$131.921,00, e valor atribuído para efeito da permuta de R$281.364,00 e R$46.566,00, respectivamente.

O valor dos imóveis permutados atribuído pelos permutantes foi de R$ 327.930,00, não havendo torna ou reposição.

Não se ignora que, se tratando de ITCMD, este Conselho Superior da Magistratura tem seguido a linha de que, em regra, não cabe ao Oficial Registrador aferir a regularidade do valor apurado a título do referido imposto:

> ***"REGISTRO DE IMÓVEIS – DÚVIDA – FORMAL DE PARTILHA – Registro negado, ao argumento de recolhimento a menor de ITCMD – Impossibilidade –Não pode o Sr. Oficial obstar registro por entender que o valor recolhido a título de tributo é inferior ao devido – Dúvida improcedente – Recurso provido."* (Apelação n.º 1066691-48.2015.8.26.0100, Rel. Des. PEREIRA CALÇAS).**

Contudo, a hipótese não envolve a regular apuração de valor recolhido, mas sim de efetivo não recolhimento.

Com efeito, o Art. 289 da Lei nº 6.015/73 é expresso ao indicar que é dever do registrador fiscalizar o pagamento dos tributos incidentes:

"Art. 289. No exercício de suas funções, cumpre aos oficiais de registro fazer rigorosa fiscalização do pagamento dos impostos devidos por força dos atos que lhes forem apresentados em razão do ofício."

A omissão do titular da delegação pode levar à sua responsabilidade solidária no pagamento do tributo, nos termos do Art. 134, VI, do Código Tributário Nacional-CTN, não se olvidando, também, de seu dever de analisar a natureza dos negócios apresentados a registro, evitando-se simulações ou até omissões culposas que tragam prejuízos ao Fisco.

No caso, o negócio jurídico entabulado, permuta de bens imóveis de valores venais distintos sem haver torna ou reposição em dinheiro, gera acréscimo patrimonial de forma não onerosa àquele que recebe o bem de maior valor, a caracterizar doação, nos termos da legislação civil vigente.

"Art.538, CC: Considera-se doação o contrato em que uma pessoa, por liberalidade, transfere do seu patrimônio bens ou vantagens para o de outra".

Outro não é o entendimento jurisprudencial a respeito:

DECADÊNCIA ITCMD – Não ocorrência – Inteligência do art. 173, inc. I do CTN – Créditos tributários constituídos antes de decorrido o prazo decadencial – Preliminar prejudicial de mérito afastada – APELAÇÃO CÍVEL AÇÃO ANULATÓRIA DE AUTO DE INFRAÇÃO – ITCMD – Alegação de que se firmou contrato de permuta sem torna a título oneroso, de forma a não incidir o imposto estadual Inadmissibilidade – Autuação baseada nas informações prestadas na Declaração do Imposto de Renda Pessoa Física onde foram informadas as transferências de valores a título de doação – Admissibilidade – Doação, todavia, que ocorreu em valor menor ao apurado pela fiscalização – Doação relativa a diferença de valores (venais) entre os imóveis permutados – ITCMD que deve recair sobre esta diferença – Minoração do valor autuado que se impõe – Multa confiscatória – Não observada – Conversão do depósito em renda em favor da Fazenda – Possibilidade após o trânsito em julgado R. sentença parcialmente reformada – Recursos da autora e da ré parcialmente providos. (Apelação Cível: 1003390-40.2016.8.26.0053, SILVIA MEIRELLES RELATORA).

Nestes termos, assiste razão ao I. Registrador ao exigir a apresentação de guia recolhida do ITCMD sobre a diferença do valor existente entre os imóveis, à luz do que dispõem os Arts. 1º, II, 6º, II, a, e 13 e 16, todos do Decreto Estadual nº 46.655/2002:

"Artigo 1.º – O imposto incide sobre a transmissão de qualquer bem ou direito havido:

II – por doação.

Artigo 6.º – Fica isenta do imposto

II – a transmissão por doação:

cujo valor não ultrapassar 2.500 (duas mil e quinhentas) UFESPs;

Artigo 13 – O valor da base de cálculo é considerado na data da abertura da sucessão, do contrato de doação ou da avaliação, devendo ser atualizado monetariamente, a partir do dia seguinte, segundo a variação da Unidade Fiscal do Estado de São Paulo – UFESP, até a data prevista na legislação tributária para o recolhimento do imposto.

Artigo 16 – O valor da base de cálculo, no caso de bem imóvel ou direito a ele relativo será (Lei 10.705/00, art.13):

I – em se tratando de:

a) urbano, não inferior ao fixado para o lançamento do Imposto sobre a Propriedade Predial e Territorial Urbana IPTU".

Neste cenário, não colhe o argumento do recorrente no sentido de ser prerrogativa dos proprietários a atribuição de valores aos imóveis objeto da permuta.

E, como bem ressaltado na r. sentença recorrida, não se está a exigir que toda permuta entre bens imóveis seja feita entre bens de idêntico valor. Não se caracteriza doação tributável, por exemplo, quando a diferença for irrisória, ou seja, inferior ao limite de isenção previsto em lei estadual.

No presente caso, contudo, a cessão patrimonial é relevante, presumindo-se a doação, *in casu* no valor de de R$282.831,16.

Por epítome, se conclui que, de fato, incabível o registro buscado, com a manutenção do óbice suscitado pelo Sr. Oficial Registrador.

3. Ante o exposto, pelo meu voto, nego provimento ao recurso.

RICARDO ANAFE

Corregedor Geral da Justiça e Relator. (– DJe de 19.06.2020 – SP)

POSSE

PODER JUDICIÁRIO

TRIBUNAL DE JUSTIÇA DO ESTADO DE SÃO PAULO

CONSELHO SUPERIOR DA MAGISTRATURA

Apelação Cível nº 1007778-97.2020.8.26.0100

Registro: 2020.0000413387

ACÓRDÃO

Vistos, relatados e discutidos estes autos de Apelação Cível nº 1007778-97.2020.8.26.0100, da Comarca de **São Paulo**, em que é apelante **FRANCISCO CARLOS FAGIONATO**, é apelado **OFICIAL DO 4º REGISTRO DE IMÓVEIS DA COMARCA DA CAPITAL.**

ACORDAM, em Conselho Superior de Magistratura do Tribunal de Justiça de São Paulo, proferir a seguinte decisão: **"Negaram provimento ao recurso, v.u."**, de conformidade com o voto do Relator, que integra este acórdão.

O julgamento teve a participação dos Exmos. Desembargadores **PINHEIRO FRANCO (PRESIDENTE TRIBUNAL DE JUSTIÇA) (Presidente), LUIS SOARES DE MELLO (VICE PRESIDENTE), XAVIER DE AQUINO (DECANO), GUILHERME G. STRENGER (PRES. SEÇÃO DE DIREITO CRIMINAL), MAGALHÃES COELHO(PRES. DA SEÇÃO DE DIREITO PÚBLICO) E DIMAS RUBENS FONSECA (PRES. DA SEÇÃO DE DIREITO PRIVADO).**

São Paulo, 5 de junho de 2020.

RICARDO ANAFE
Corregedor Geral da Justiça e Relator

Apelação Cível nº 1007778-97.2020.8.26.0100
Apelante: Francisco Carlos Fagionato

Apelado: Oficial do 4º Registro de Imóveis da Comarca da Capital

VOTO Nº 31.172

Registro de Imóveis – Escritura pública de permuta de bens imóveis de valores venais distintos, sem torna – Acréscimo patrimonial de forma não onerosa a caracterizar doação – Ausência de comprovação de recolhimento de Imposto de Transmissão causa mortis – ITCMD – Dever do Oficial de velar pelo seu recolhimento, exigindo a apresentação das respectivas guias – Óbice mantido – Recurso desprovido.

1. Trata-se de apelação interposta por **FRANCISCO CARLOS FAGIONATO** em face da r. sentença de fl. 56/59, que manteve a recusa levantada pelo 4º Oficial de Registro de Imóveis da Comarca da Capital, negando registro de escritura pública em razão da não apresentação de prova de quitação do ITCMD.

Da nota devolutiva de fl. 07 constou o seguinte óbice:

"Tendo em vista que os imóveis da permuta possuem valores dispares, ou seja, não são equivalentes, apresentar guia devidamente recolhida do ITCMD sobre a diferença do valor existente entre eles, nos termos do Art. 1º, II, Art. 6º, II, a e Arts. 13 e 16, todos do Decreto Estadual n.º 46.655, de 01 de abril de 2002.

Neste sentido: processos nºs 1095880-08.2014.8.26.0100, 1003262-68.2019.8.26.0100 e 1047284-17.2019.8.26.0100, todos da 1ª Vara de Registros Públicos da Capital e Corregedor Permanente desta Serventia".

Em suas razões, o recorrente afirma que a negativa não se aplica, já que a escritura pública envolveu permuta simples de imóveis sem torna, com valor atribuído aos imóveis pelos proprietários, prerrogativa que lhes é exclusiva, visto que os valores são subjetivos e de livre escolha das partes. Não se pode, ademais, atribuir ao negócio jurídico a chamada renúncia, que não é presumida. E, mesmo eventual renúncia expressa não constituiria fato gerador de ITCMD. Ao final, pugnou pelo provimento da apelação.

A D. Procuradoria Geral de Justiça opinou pelo desprovimento do recurso (fl. 89/92).

É o relatório.

2. O recurso não merece provimento.

Versa a questão sobre a possibilidade de se efetuar o registro de escritura pública de permuta de bens imóveis com valores venais diversos e sem torna, sem que haja prova de recolhimento do ITCMD.

Consoante escritura pública de fl. 08/14, FRANCISCO CARLOS FAGIONATO e sua mulher MARINA BORGES FAGIONATO e GUILHERME BORGES FAGIONATO e ROSANA ALVES BEZERRA permutaram dois imóveis a eles pertencentes matriculados sob os nºs 184.567 e 184.584 no 2º Registro de Imóveis de Ribeirão Preto/SP, possuindo cada um deles valor venal de R$105.744,42 e valor atribuído para efeito da permuta de R$163.965,00, com os imóveis matriculados no 4º Registro de Imóveis da Capital-SP sob os nºs 85.501 e 85.502, com valor venal de referência de R$362.399,00 e R$131.921,00, e valor atribuído para efeito da permuta de R$281.364,00 e R$46.566,00, respectivamente.

O valor dos imóveis permutados atribuído pelos permutantes foi de R$ 327.930,00, não havendo torna ou reposição.

Não se ignora que, se tratando de ITCMD, este Conselho Superior da Magistratura tem seguido a linha de que, em regra, não cabe ao Oficial Registrador aferir a regularidade do valor apurado a título do referido imposto:

"REGISTRO DE IMÓVEIS – DÚVIDA – FORMAL DE PARTILHA – Registro negado, ao argumento de recolhimento a menor de

ITCMD – Impossibilidade –Não pode o Sr. Oficial obstar registro por entender que o valor recolhido a título de tributo é inferior ao devido – Dúvida improcedente – Recurso provido." (Apelação n.º 1066691-48.2015.8.26.0100, Rel. Des. PEREIRA CALÇAS).

Contudo, a hipótese não envolve a regular apuração de valor recolhido, mas sim de efetivo não recolhimento.

Com efeito, o Art. 289 da Lei nº 6.015/73 é expresso ao indicar que é dever do registrador fiscalizar o pagamento dos tributos incidentes:

"Art. 289. No exercício de suas funções, cumpre aos oficiais de registro fazer rigorosa fiscalização do pagamento dos impostos devidos por força dos atos que lhes forem apresentados em razão do ofício."

A omissão do titular da delegação pode levar à sua responsabilidade solidária no pagamento do tributo, nos termos do Art. 134, VI, do Código Tributário Nacional-CTN, não se olvidando, também, de seu dever de analisar a natureza dos negócios apresentados a registro, evitando-se simulações ou até omissões culposas que tragam prejuízos ao Fisco.

No caso, o negócio jurídico entabulado, permuta de bens imóveis de valores venais distintos sem haver torna ou reposição em dinheiro, gera acréscimo patrimonial de forma não onerosa àquele que recebe o bem de maior valor, a caracterizar doação, nos termos da legislação civil vigente.

"Art.538, CC: Considera-se doação o contrato em que uma pessoa, por liberalidade, transfere do seu patrimônio bens ou vantagens para o de outra".

Outro não é o entendimento jurisprudencial a respeito:

DECADÊNCIA ITCMD – Não ocorrência – Inteligência do art. 173, inc. I do CTN – Créditos tributários constituídos antes de decorrido o prazo decadencial – Preliminar prejudicial de mérito afastada – APELAÇÃO CÍVEL AÇÃO ANULATÓRIA DE AUTO DE INFRAÇÃO – ITCMD – Alegação de que se firmou contrato de permuta sem torna a título oneroso, de forma a não incidir o imposto estadual Inadmissibilidade – Autuação baseada nas informações prestadas na Declaração do Imposto de Renda Pessoa Física onde foram informadas as transferências de valores a título de doação – Admissibilidade – Doação, todavia, que ocorreu em valor menor ao apurado pela fiscalização – Doação relativa a diferença de valores (venais) entre os imóveis permutados – ITCMD que deve recair sobre esta diferença – Minoração do valor autuado que se impõe – Multa confiscatória – Não observada – Conversão do depósito em renda em favor da Fazenda – Possibilidade após o trânsito em julgado R. sentença parcialmente reformada – Recursos da autora e da ré parcialmente providos. (Apelação Cível: 1003390-40.2016.8.26.0053, SILVIA MEIRELLES RELATORA).

Nestes termos, assiste razão ao I. Registrador ao exigir a apresentação de guia recolhida do ITCMD sobre a diferença do valor existente entre os imóveis, à luz do que dispõem os Arts. 1º, II, 6º, II, a, e 13 e 16, todos do Decreto Estadual nº 46.655/2002:

"Artigo 1.º – O imposto incide sobre a transmissão de qualquer bem ou direito havido:

II – por doação.

Artigo 6.º – Fica isenta do imposto

II – a transmissão por doação:

cujo valor não ultrapassar 2.500 (duas mil e quinhentas) UFESPs;

Artigo 13 – O valor da base de cálculo é considerado na data da abertura da sucessão, do contrato de doação ou da avaliação, devendo ser atualizado monetariamente, a partir do dia seguinte, segundo a variação da Unidade Fiscal do Estado de São Paulo – UFESP, até a data prevista na legislação tributária para o recolhimento do imposto.

Artigo 16 – O valor da base de cálculo, no caso de bem imóvel ou direito a ele relativo será (Lei 10.705/00, art.13):

I – em se tratando de:

a) urbano, não inferior ao fixado para o lançamento do Imposto sobre a Propriedade Predial e Territorial Urbana IPTU".

Neste cenário, não colhe o argumento do recorrente no sentido de ser prerrogativa dos proprietários a atribuição de valores aos imóveis objeto da permuta.

E, como bem ressaltado na r. sentença recorrida, não se está a exigir que toda permuta entre bens imóveis seja feita entre bens de idêntico valor. Não se caracteriza doação tributável, por exemplo, quando a diferença for irrisória, ou seja, inferior ao limite de isenção previsto em lei estadual.

No presente caso, contudo, a cessão patrimonial é relevante, presumindo-se a doação, *in casu* no valor de de R$282.831,16.

Por epítome, se conclui que, de fato, incabível o registro buscado, com a manutenção do óbice suscitado pelo Sr. Oficial Registrador.

3. Ante o exposto, pelo meu voto, nego provimento ao recurso.

RICARDO ANAFE

Corregedor Geral da Justiça e Relator. (– DJe de 19.06.2020 – SP)

PRENOTAÇÃO

PODER JUDICIÁRIO

TRIBUNAL DE JUSTIÇA DO ESTADO DE SÃO PAULO

CONSELHO SUPERIOR DA MAGISTRATURA

Apelação n° 1000059-16.2020.8.26.0601

Registro: 2020.000681587

ACÓRDÃO

Vistos, relatados e discutidos estes autos de **Apelação Cível nº 1000059-16.2020.8.26.0601**, da Comarca de **Socorro**, em que é apelante **PREFEITURA MUNICIPAL DA ESTÂNCIA DE SOCORRO**, é apelado **OFICIAL DE REGISTRO DE IMÓVEIS, TÍTULOS E DOCUMENTOS E CIVIL DE PESSOA JURÍDICA DA COMARCA DE SOCORRO.**

ACORDAM, em Conselho Superior de Magistratura do Tribunal de Justiça de São Paulo, proferir a seguinte decisão: **"Julgaram prejudicada a dúvida e não conheceram do recurso, v.u."**, de conformidade com o voto do Relator, que integra este acórdão.

O julgamento teve a participação dos Exmos. **PINHEIRO FRANCO (PRESIDENTE TRIBUNAL DE JUSTIÇA) (Presidente), LUIS SOARES DE MELLO (VICE PRESIDENTE), XAVIER DE AQUINO (DECANO), GUILHERME G. STRENGER (PRES. SEÇÃO DE DIREITO CRIMINAL), MAGALHÃES COELHO(PRES. DA SEÇÃO DE DIREITO PÚBLICO) E DIMAS RUBENS FONSECA (PRES. DA SEÇÃO DE DIREITO PRIVADO).**

São Paulo, 13 de agosto de 2020.

RICARDO ANAFE

Corregedor Geral da Justiça e Relator

Apelação Cível nº 1000059-16.2020.8.26.0601

Apelante: Prefeitura Municipal da Estância de Socorro

Apelado: Oficial de Registro de Imóveis, Títulos e Documentos e Civil de Pessoa Jurídica da Comarca de Socorro

VOTO Nº 31.203

Registro de Imóveis – Dúvida inversa julgada procedente para manter a recusa do registro – Título apresentado para exame e cálculo - Dúvida inversa contra a nota devolutiva de exame cálculo – Dúvida prejudicada – Recurso não conhecido.

1. Trata-se de apelação interposta pelo Município da Estância de Socorro contra r. sentença que julgou procedente a dúvida inversamente suscitada e manteve a recusa do registro da carta de sentença, extraída da ação de arrecadação de herança jacente nº 0002502-40.2009.8.26.0601 da 1ª Vara da Comarca de Socorro.

O apelante alegou, em suma, que a carta de sentença em análise nos autos mostrava-se hígida para registro, pois integralmente apresentada e com a regular chancela do Poder Judiciário.

A douta Procuradoria Geral de Justiça opinou pelo não provimento do recurso.

É o relatório.

2. O recurso não merece conhecimento.

A apresentação de título para exame e cálculo não gera protocolo (art. 12, parágrafo único, da Lei nº 6.015/73) e, em consequência, não se presta para o registro que deverá ser feito, se forem atendidos os requisitos legais, conforme a prioridade decorrente da prenotação (art. 182 da Lei referida).

No presente caso, a ausência de protocolo anterior à própria dúvida inversa é evidente, pois o recorrente impugna a nota devolutiva de fl. 73/74 de exame e cálculo. Ainda que o documento de fl. 88 aponte que um título judicial foi prenotado para qualificação em 27 de janeiro de 2020 sem qualquer especificação, reforce-se que a dúvida inversa foi apresentada dia 21 de janeiro de 2020 insurgindo-se expressamente contra a nota devolutiva de mero exame e cálculo.

O procedimento de dúvida é reservado à análise da dissensão do apresentante com os motivos que levaram à recusa do registro do título que, para essa finalidade, deverá ser objeto de protocolo, pois de seu julgamento decorrerá a manutenção da recusa, com cancelamento da prenotação, ou a improcedência da dúvida que terá como consequência a realização do registro (art. 203, II, da Lei nº 6.015/73).

A necessidade de prévio protocolo do título, ademais, decorre de interpretação lógica da Lei nº 6.015/73 que: em seu art. 182 determina que todos os títulos tomarão no protocolo o número de ordem correspondente à sequência de apresentação; em seu art. 198, e incisos, dispõe sobre a anotação da dúvida no Livro nº 1 Protocolo, para conhecimento da prorrogação do prazo da prenotaçao; e em seu art. 203 prevê os efeitos do julgamento da dúvida em relação ao registro e, em consequência, ao resultado da qualificação realizada depois da respectiva prenotação do título.

Diante disso, não se admite dúvida para a análise do resultado de exame e cálculo (CSM, Processo nº 000.608.6/7-00, Rel. Des. Gilberto Passos de Freitas, j. 21/12/2006).

3. Ante o exposto, julgo prejudicada a dúvida e não conheço do recurso.

RICARDO ANAFE

Corregedor Geral da Justiça e Relator. (– DJe de 06.11.2020 – SP)

PODER JUDICIÁRIO

TRIBUNAL DE JUSTIÇA DO ESTADO DE SÃO PAULO

CONSELHO SUPERIOR DA MAGISTRATURA

Apelação nº 2012469-49.2020.8.26.0000

Registro: 2020.000265049

ACÓRDÃO

Vistos, relatados e discutidos estes autos de **Pedido de Efeito Suspensivo À Apelação nº 2012469-49.2020.8.26.0000**, da Comarca de **Rosana**, em que é requerente **PAULO DUARTE DO VALLE**, é requerido **OFICIAL DE REGISTRO DE IMÓVEIS E ANEXOS DA COMARCA DE ROSANA.**

ACORDAM, em Conselho Superior de Magistratura do Tribunal de Justiça de São Paulo, proferir a seguinte decisão: **"Não conheceram do recurso, restando prejudicado o pedido liminar, v.u."**, de conformidade com o voto do Relator, que integra este acórdão.

O julgamento teve a participação dos Exmos. Desembargadores **PINHEIRO FRANCO (PRESIDENTE TRIBUNAL DE JUSTIÇA) (Presidente), LUIS SOARES DE MELLO (VICE PRESIDENTE), XAVIER DE AQUINO (DECANO), GUILHERME G. STRENGER (PRES. SEÇÃO DE DIREITO CRIMINAL), MAGALHÃES COELHO(PRES. DA SEÇÃO DE DIREITO PÚBLICO) E DIMAS RUBENS FONSECA (PRES. DA SEÇÃO DE DIREITO PRIVADO).**

São Paulo, 15 de abril de 2020.

RICARDO ANAFE

Corregedor Geral da Justiça e Relator

Pedido de Efeito Suspensivo À Apelação nº 2012469-49.2020.8.26.0000

Requerente: Paulo Duarte do Valle

Requerido: Oficial de Registro de Imóveis e Anexos da Comarca de Rosana

VOTO Nº 31.117

Recurso inominado – Tutela de urgência por terceiro interessado – Pedido de suspensão dos efeitos de prenotação de título – Não cabimento da tutela pretendida na seara administrativa – Liminar prejudicada – Recurso não conhecido.

1. Trata-se de recurso com pedido liminar apresentado por PAULO DUARTE DO VALLE, terceiro interessado em procedimento de dúvida administrativa suscitada pelo Oficial de Registro de Imóveis e Anexos da Comarca de Rosana a pedido do espólio de Theodoro Duarte do Valle. Sustenta o recorrente que o procedimento de dúvida em curso está lhe causando prejuízos de ordem material, pois o título por ele apresentado, apesar de regularmente prenotado ainda não foi qualificado e registrado – o que obsta a liberação de um empréstimo bancário já firmado. Requereu a concessão de medida de urgência com a finalidade de suspender os efeitos da prenotação.

É o relatório.

DECIDO.

2. O recurso não comporta conhecimento, restando prejudicado o pedido liminar.

O recorrente reclama da perpetuação dos efeitos da prenotação de título apresentado em data anterior ao seu. Alega que o título apresentado pelo espólio de Theodoro Duarte do Valle objetiva, em flagrante abuso de direito, apenas lhe causar prejuízo, o que deve ser reconhecido na via administrativa, cassando-se os efeitos da prenotação antes mesmo do encerramento do expediente administrativo.

A dúvida imobiliária já foi decidida pelo juízo recorrido (aguardando-se o decurso do prazo recursal), bem como afastado o pedido liminar do terceiro interessado.

A decisão impugnada por recurso inominado com pedido liminar é desprovida de natureza jurisdicional, pois proferida na seara do procedimento administrativo de dúvida ou seja, sem lide, sem admissão de modalidades de intervenção de terceiro, tampouco de tutelas de urgência *(CSM, Apelação Cível nº 510-0, da Comarca de Ribeirão Preto, rel. Desembargador Bruno Affonso de André; Apelação Cível nº 000.964.6/0-00, da Comarca de São Paulo, rel. Desembargador Ruy Pereira Camilo e Apelação Cível nº 1001246-78.2018.8.26.0100, da Comarca de São Paulo, rel. Desembargador Pinheiro Franco).*

Instaurada a dúvida registrária, o prazo da prenotação é prorrogado até solução final do procedimento, sendo inadmissível a formulação de pedido administrativo de urgência para impor a cassação do princípio da prioridade.

Os possíveis danos alegados pelo recorrente em razão da prorrogação da prenotação devem ser discutidos na esfera jurisdicional.

3. Ante o exposto, pelo meu voto, não conheço do recurso, restando prejudicado o pedido liminar.

RICARDO ANAFE

Corregedor Geral da Justiça e Relator. (– DJe de 26.06.2020 – SP)

PODER JUDICIÁRIO

TRIBUNAL DE JUSTIÇA DO ESTADO DE SÃO PAULO

CONSELHO SUPERIOR DA MAGISTRATURA

Apelação nº 1019870-44.2018.8.26.0564

Registro: 2020.0000107504

ACÓRDÃO

Vistos, relatados e discutidos estes autos de Apelação Cível nº 1019870-44.2018.8.26.0564, da Comarca de **São Bernardo do Campo**, em que é apelante **JEAN CARLOS ROCHA CORREA**, é apelado **2º OFICIAL DE REGISTRO DE IMÓVEIS E ANEXOS DA COMARCA DE SÃO BERNARDO DO CAMPO.**

ACORDAM, em Conselho Superior de Magistratura do Tribunal de Justiça de São Paulo, proferir a seguinte decisão: **"Não conheceram do recurso, v.u.",** de conformidade com o voto do Relator, que integra este acórdão.

O julgamento teve a participação dos Exmos. Desembargadores **PINHEIRO FRANCO (PRESIDENTE TRIBUNAL DE JUSTIÇA) (Presidente), LUIS SOARES DE MELLO (VICE PRESIDENTE), XAVIER DE AQUINO (DECANO), GUILHERME G. STRENGER (PRES. SEÇÃO DE DIREITO CRIMINAL), MAGALHÃES COELHO(PRES. DA SEÇÃO DE DIREITO PÚBLICO) E DIMAS RUBENS FONSECA (PRES. DA SEÇÃO DE DIREITO PRIVADO).**

São Paulo, 13 de fevereiro de 2020.

RICARDO ANAFE

Corregedor Geral da Justiça e Relator

Apelação Cível nº 1019870-44.2018.8.26.0564

Apelante: Jean Carlos Rocha Correa

Apelado: 2º Oficial de Registro de Imóveis e Anexos da Comarca de São Bernardo do Campo

VOTO Nº 31.106.

Registro de Imóveis – Dúvida Inversa – Título não prenotado – Descumprimento ao disposto no item 41.1, do Capítulo XX, Tomo II, das Normas de Serviço da Corregedoria Geral da Justiça – Recurso não conhecido.

1.Trata-se de apelação interposta por JEAN CARLOS ROCHA CORREA contra r. sentença (fls. 363/365) que, no julgamento de dúvida inversa, manteve em procedimento extrajudicial de usucapião as exigências formuladas pelo Registrador de Imóveis e Anexos da Comarca de São Bernardo do Campo.

O apelante sustenta ter cumprido todas as exigências indicadas pelo Registrador no curso do expediente administrativo; alega que as provas produzidas mostravam-se suficientes para continuidade do procedimento extrajudicial de usucapião, sendo indispensável a cientificação da Municipalidade e demais providências para exata localização do imóvel.

A D. Procuradoria Geral de Justiça opinou pelo desprovimento do recurso.

É o relatório.

DECIDO.

2. O recurso não comporta conhecimento.

Atento aos documentos dos autos, resta claro que o título apresentado e prenotado em 19/06/2018 – com exigências formuladas em 04/07/2018 – não foi impugnado tempestivamente, pois suscitada a dúvida inversa apenas 01/08/2018 – ou seja, não existia prenotação válida à época do pedido administrativo. Diziam os Itens 41.1 e 41.2 do Capítulo XX das NSCGJ (antes da atualização normativa com vigência em 06/01/2019):

> *"41.1. Ocorrendo suscitação diretamente pelo interessado (Dúvida Inversa), assim que o Oficial a receber do Juízo para informações, deverá prenotar o título e observar o disposto nas letras "b" e "c" do item 41.(g.n) (...)*
>
> *41.2. O registrador dispõe do prazo de 15 (quinze) dias para apresentação das razões da dúvida, a contar do protocolo do pedido de suscitação, ou do recebimento dos autos de dúvida inversa. Tratando-se de dúvida inversa eletrônica, o prazo será contado na forma da "Nota" ao item 41.1".*

Como razão de decidir trago à colação julgado do E. Conselho Superior da Magistratura em situação idêntica a dos autos:

> *"(...) Tratando-se de dúvida não prenotada, o prazo de 30 dias previsto no art. 188 da Lei nº 6.015/73 há muito já está expirado, razão pela qual o interessado precisará apresentar o título novamente a registro, pois já ultrapassado o prazo da prenotação e, consequentemente, extinta a prioridade prevista no art. 182 da Lei Regente. Com efeito, o*

procedimento de dúvida é reservado à análise da dissensão do apresentante com os motivos que levaram à recusa do registro do título que, para essa finalidade, deverá ser objeto de protocolo, pois de seu julgamento decorrerá a manutenção da recusa, com cancelamento da prenotação, ou a improcedência da dúvida que terá como consequência a realização do registro (art. 203, II, da Lei nº 6.015/73). A necessidade de prévio protocolo do título, assim como da prenotação da dúvida (ainda que inversa), decorre de interpretação lógica da Lei nº 6.015/73 que, em seu art. 182, determina que todos os títulos tomarão no protocolo o número de ordem correspondente à sequência de apresentação; em seu art. 198, e incisos, dispõe sobre a anotação da dúvida no Livro nº 1 Protocolo, para conhecimento da prorrogação do prazo da prenotação; e, em seu art. 203, prevê os efeitos do julgamento da dúvida em relação ao registro e, em consequência, ao resultado da qualificação realizada depois da respectiva prenotação do título. Diante disso, não se admite dúvida para a análise do resultado de título cuja prenotação e, consequentemente, a prioridade, estão extintas. A ausência de prenotação da dúvida prejudica o seu exame, já que, ainda que julgada improcedente, o título não terá a prioridade garantida por lei e precisará ser reapresentado. Ante o exposto, não conheço do recurso." (CSM, Apelação nº 1007913-07.2017.8.26.0071, data do julgamento 1º de novembro de 2019).

3. Ante o exposto, não conheço do recurso.

RICARDO ANAFE

Corregedor Geral da Justiça e Relator. (– DJe de 02.04.2020 – SP)

PODER JUDICIÁRIO

TRIBUNAL DE JUSTIÇA DO ESTADO DE SÃO PAULO

CONSELHO SUPERIOR DA MAGISTRATURA

Apelação nº 1017975-51.2019.8.26.0196

Registro: 2020.0000108488

ACÓRDÃO

Vistos, relatados e discutidos estes autos de **Apelação Cível nº 1017975-51.2019.8.26.0196**, da Comarca de **Franca**, em que é apelante **BRUNO FRANCHINI GARCIA DE ANDRADE**, é apelado **2º OFICIAL DE REGISTRO DE IMÓVEIS E ANEXOS DA COMARCA DE FRANCA.**

ACORDAM, em Conselho Superior de Magistratura do Tribunal de Justiça de São Paulo, proferir a seguinte decisão: **"Não conheceram do recurso, v.u."**, de conformidade com o voto do Relator, que integra este acórdão.

O julgamento teve a participação dos Exmos. Desembargadores **PINHEIRO FRANCO (PRESIDENTE TRIBUNAL DE JUSTIÇA) (Presidente), LUIS SOARES DE MELLO (VICE PRESIDENTE), XAVIER DE AQUINO (DECANO), GUILHERME G. STRENGER (PRES. SEÇÃO DE DIREITO CRIMINAL), MAGALHÃES COELHO(PRES. DA SEÇÃO DE DIREITO PÚBLICO) E DIMAS RUBENS FONSECA (PRES. DA SEÇÃO DE DIREITO PRIVADO).**

São Paulo, 13 de fevereiro de 2020.

RICARDO ANAFE

Corregedor Geral da Justiça e Relator

Apelação Cível nº 1017975-51.2019.8.26.0196

Apelante: Bruno Franchini Garcia de Andrade

Apelado: 2º Oficial de Registro de Imóveis e Anexos da Comarca de Franca

VOTO Nº 31.107

Registro de Imóveis – Dúvida Inversa – Título não prenotado – Descumprimento ao disposto no item 41.1, do Capítulo XX, Tomo II, das Normas de Serviço da Corregedoria Geral da Justiça – Recurso não conhecido.

1. Trata-se de apelação interposta por BRUNO FRANCHINI GARCIA DE ANDRADE contra r. sentença que julgou prejudicada a dúvida inversa por ausência de prenotação do título original para registro de hipoteca judicial.

O apelante sustenta que o ato de registro pretendido objetiva atender a supremacia do interesse público sobre o interesse privado, pois lastreado em decreto de utilidade pública; reforçou que caberá ao proprietário durante a execução do georreferenciamento apontar o local exato da linha de transmissão no seu imóvel, tendo trazido aos autos memorial descritivo e planta do imóvel, cumprindo a exigência do art. 225 da Lei de Registros Públicos; em arremate sustenta que o pleito atende toda a normativa administrativa e legal, sendo descabida a manutenção da sentença.

A D. Procuradoria Geral de Justiça opinou pelo não conhecimento do recurso.

É o relatório.

DECIDO.

2. O recurso não comporta conhecimento.

O apelante recorreu pretendendo o registro de hipoteca judicial prenotada em 23 de abril de 2019 e devolvida em 13 de maio de 2019 – sem suscitação de dúvida durante o lapso temporal da prenotação (apresentação de dúvida inversa apenas em 11 de junho de 2019).

A insurgência por dúvida inversa do apelante sem a existência de título prenotado é descabida – sendo possível a apresentação de título judicial oriundo de processo digital (por mandado judicial, carta de sentença judicial ou mesmo carta de sentença notarial). Diziam os Itens 41.1 e 41.2 do Capítulo XX das NSCGJ (antes da atualização normativa com vigência em 06/01/2019):

"41.1. Ocorrendo suscitação diretamente pelo interessado (Dúvida Inversa), assim que o Oficial a receber do Juízo para informações, deverá prenotar o título e observar o disposto nas letras "b" e "c" do item 41.(g.n) (...)

41.2. O registrador dispõe do prazo de 15 (quinze) dias para apresentação das razões da dúvida, a contar do protocolo do pedido de suscitação, ou do recebimento dos autos de dúvida inversa. Tratando-se de dúvida inversa eletrônica, o prazo será contado na forma da "Nota" ao item 41.1".

No caso em exame, o título não fora remetido ao Sr. Oficial do Registro de Imóveis, o que significa dizer que a suscitação não foi prenotada no protocolo do serviço imobiliário, como determina a Lei Regente (art. 198 da Lei n° 6.015/73) – fls. 1181/1182.

Como razão de decidir trago à colação julgado do E. Conselho Superior da Magistratura em situação idêntica a dos autos:

"(...) Tratando-se de dúvida não prenotada, o prazo de 30 dias previsto no art. 188 da Lei n° 6.015/73 há muito já está expirado, razão pela qual o interessado precisará apresentar o título novamente a registro, pois já ultrapassado o prazo da prenotação e, consequentemente, extinta a prioridade prevista no art. 182 da Lei Regente. Com efeito, o procedimento de dúvida é reservado à análise da dissensão do apresentante com os motivos que levaram à recusa do registro do título que, para essa finalidade, deverá ser objeto de protocolo, pois de seu julgamento decorrerá a manutenção da recusa, com cancelamento da prenotação, ou a improcedência da dúvida que terá como consequência a realização do registro (art. 203, II, da Lei nº 6.015/73). A necessidade de prévio protocolo do título, assim como da prenotação da dúvida (ainda que inversa), decorre de interpretação lógica da Lei nº 6.015/73 que, em seu art. 182, determina que todos os títulos tomarão no protocolo o número de ordem correspondente à sequência de apresentação; em seu art. 198, e incisos, dispõe sobre a anotação da dúvida no Livro nº 1 Protocolo, para conhecimento da prorrogação do prazo da prenotação; e, em seu art. 203, prevê os efeitos do julgamento da dúvida em relação ao registro e, em consequência, ao resultado da qualificação realizada depois da respectiva prenotação do título. Diante disso, não se admite dúvida para a análise do resultado de título cuja prenotação e, consequentemente, a prioridade, estão extintas. A ausência de prenotação da dúvida prejudica o seu exame, já que, ainda que julgada improcedente, o título não terá a prioridade garantida por lei e precisará ser reapresentado. Ante o exposto, não conheço do recurso." (CSM, Apelação nº 1007913-07.2017.8.26.0071, data do julgamento 1º de novembro de 2019).

3. Ante o exposto, não conheço do recurso.

RICARDO ANAFE

Corregedor Geral da Justiça e Relator. (– DJe de 01.04.2020 – SP)

PODER JUDICIÁRIO

TRIBUNAL DE JUSTIÇA DO ESTADO DE SÃO PAULO

CONSELHO SUPERIOR DA MAGISTRATURA

Apelação n° 1043679-77.2017.8.26.0506

Registro: 2019.0000907213

ACÓRDÃO

Vistos, relatados e discutidos estes autos de **Apelação Cível nº 1043679-77.2017.8.26.0506**, da Comarca de **Ribeirão Preto**, em que são apelantes **GERALDO MARIOTTI e HERCÍLIA CANICEIRO MARIOTTI**, é recorrido **1º OFICIAL DE REGISTRO DE IMÓVEIS DA COMARCA DE RIBEIRÃO PRETO**.

ACORDAM, em Conselho Superior de Magistratura do Tribunal de Justiça de São Paulo, proferir a seguinte decisão: **"Julgaram a dúvida prejudicada e não conheceram do recurso, v.u."**, de conformidade com o voto do Relator, que integra este acórdão.

O julgamento teve a participação dos Exmos. Desembargadores **PEREIRA CALÇAS (PRESIDENTE TRIBUNAL DE JUSTIÇA) (Presidente), ARTUR MARQUES (VICE PRESIDENTE), XAVIER DE AQUINO (DECANO), EVARISTO DOS SANTOS(PRES. DA SEÇÃO DE DIREITO PÚBLICO), CAMPOS MELLO (PRES. DA SEÇÃO DE DIREITO PRIVADO) E FERNANDO TORRES GARCIA(PRES. SEÇÃO DE DIREITO CRIMINAL).**

São Paulo, 10 de outubro de 2019.

GERALDO FRANCISCO PINHEIRO FRANCO

Corregedor Geral da Justiça e Relator

Apelação Cível nº 1043679-77.2017.8.26.0506

Apelantes: Geraldo Mariotti e Hercília Caniceiro Mariotti

Recorrido: 1º Oficial de Registro de Imóveis da Comarca de Ribeirão Preto

VOTO Nº 37.911

Registro de Imóveis – Dúvida inversa julgada procedente – Impugnação parcial – Título com prenotação cancelada pelo decurso do prazo de validade, sem reapresentação para novo protocolo – Dúvida prejudicada – Recurso não conhecido.

Trata-se de apelação interposta por *Geraldo Mariotti* e *Hercília Caniceiro Mariotti* contra r. Sentença**[1]** que julgou procedente a dúvida inversamente suscitada e manteve a recusa do 1º Oficial de Registro de Imóveis da Comarca de Ribeirão Preto em promover o registro do instrumento particular de contrato social para constituição da sociedade empresária denominada "Mariotti Administração e Participações Ltda", por intermédio do qual houve a conferência de bem imóvel objeto da matrícula nº 45.329 daquela serventia imobiliária.

Os apelantes alegam, em síntese, que o registro de compra e venda do imóvel, realizado em 18 de abril de 1989, ocorreu sem exigência da apresentação de qualquer documento referente ao pacto comissório anteriormente registrado. Assim, entendem que a exigência da comprovação da quitação do pacto comissório, agora apresentada, é desarrazoada. Acrescentam que as demais exigências somente poderão ser sanadas depois de superado o óbice referente à necessidade de apresentação das notas promissórias vinculadas ao pacto comissório. Por fim, alegam que estão na posse mansa, pacífica e ininterrupta do bem há mais de trinta anos, de forma que fazem jus à usucapião do imóvel**[2]**.

A douta Procuradoria Geral de Justiça opinou pelo não provimento do recurso**[3]**.

É o relatório.

Os apelantes pretendem o registro do instrumento particular de contrato social para constituição da sociedade empresária denominada "Mariotti Administração e Participações Ltda", por intermédio do qual houve a conferência do bem imóvel objeto da matrícula nº 45.329 daquela serventia imobiliária.

Na nota de devolução expedida**[4]**, o registrador formulou várias exigências, tendo os apelantes discordado apenas daquela referente à apresentação de requerimento instruído com as notas promissórias, ou quitação dada pelo credor, para cancelamento do pacto comissório mencionado no R1 da matrícula nº 45.329. No mais, concordaram com os óbices apresentados**[5]**.

Por outro lado, não consta dos autos notícia da reapresentação do original do título ao registro imobiliário para novo protocolo, o que não foi suprido quando da manifestação dos apelantes acerca do exposto pelo Sr. Oficial quanto às exigências formuladas**[6]**, ou por ocasião da interposição do presente recurso.

Veja-se que o Oficial de Registro de Imóveis alertou sobre a necessidade de reapresentação do título original para nova prenotação**[7]**, em conformidade com o subitem 41.1 e do Capítulo XX das Normas de Serviço da Corregedoria Geral da Justiça que dispõe:

> *41.1. Ocorrendo suscitação diretamente pelo interessado (Dúvida Inversa), assim que o Oficial a receber do Juízo para informações, deverá prenotar o título e observar o disposto nas letras "b" e "c" do item 41.*
>
> *Nota: Suscitada por meio eletrônico, o Juízo dará ciência dos termos e da data da suscitação ao oficial de registro e aguardará a apresentação dos motivos da recusa do registro. <u>O suscitante encaminhará ao registrador a via original do título em cinco dias contados da data do protocolo da dúvida, sob pena de arquivamento</u>. Ao receber o título, o registrador o prenotará, dará recibo ao apresentante e, no prazo de 15 dias, informará ao Juízo se lhe foi apresentada a via original do título dentro do prazo e as razões da recusa.*
>
> *Se o interessado no registro não tiver advogado constituído, poderá apresentar a petição em meio físico no distribuidor do Fórum, onde será protocolada, digitalizada, e destruída após a formação do processo eletrônico. Os documentos que instruem a petição, o título recusado pelo registrador inclusive, serão apresentados em cópia, não cabendo ao distribuidor esse exame. Distribuída a dúvida, o suscitante encaminhará a via original do título ao registro de imóveis nos termos do parágrafo acima. As petições intermediárias em meio físico serão apresentadas diretamente no Ofício Judicial competente, que a digitalizará e a inserirá no processo eletrônico* (g.n.) .

Também nos termos do arts. 203 e 221 da Lei nº 6.015/73 mostra-se indispensável a apresentação da via original do título e nova prenotação, quando já vencida a anterior. Nesse sentido:

> *"Penhor rural. Penhor agrícola. Cédula rural pignoratícia. Prazo – prorrogação trienal. Dúvida*

prejudicada título original cópia reprográfica" (Ap. Civ. 1.076-6/5, j. em 5/5/2009 Rel. Des. Ruy Camilo).

"REGISTRO DE IMÓVEIS. Dúvida inversa – Origem judicial do título que não o isenta de qualificação Ausência, todavia, de título original – Matéria prejudicial – Recurso não conhecido" (Ap. Civ. 1.188-6/6, j. em 6/10/2009, Rel. Des. Reis Kuntz).

Essa compreensão é pacífica nas decisões administrativas em matéria registral imobiliária, pois *"A cópia constitui mero documento e não instrumento formal previsto como idôneo a ter acesso ao registro e tendo em vista uma reavaliação qualificativa do título, vedado o saneamento intercorrente das deficiências da documentação apresentada (...)"* (Apelação Cível nº 33.624-0/4, Rel. Des. Márcio Bonilha, j . 12/9/1996).

O D. Desembargador Manoel de Queiroz Pereira Calças, Corregedor Geral da Justiça à época, no julgamento da Apelação Cível nº 0011169-71.2015.8.26.0482, j . 16/2/2017, reafirmou essa compreensão:

Preambularmente, cumpre observar que o apelante não acostou, quando da suscitação da dúvida, o original do documento cujo registro se pretende. A providência é de rigor para que, em caso de eventual improcedência, lavre-se o ato notarial. O documento trazido à baila, cópia de contrato particular de doação, não está no rol do art. 221 da Lei 6.015/73. A ausência do título original configura óbice intransponível ao registro e, pois, ao conhecimento da dúvida.

Para o mesmo Norte aponta a sedimentada jurisprudência deste Egrégio Conselho Superior da Magistratura, consoante Apelação Cível 9000001-98.2015.8.26.0099, julgada em 21/06/2016, por mim relatada, com citação de diversos outros julgados em idêntico sentido:

"Não obstante, o entendimento pacificado no Conselho Superior, há muito, é de que a ausência do instrumento original levado a registro prejudica o exame da questão, por representar um obstáculo intransponível ao registro (Apelação Cível n. 17-6/0 [3] e Apelação Cível n. 7.120-0/9). Nesse sentido, o acórdão proferido na apelação 1076-6/5, de 05 de maio de 2009, Rel. Des. RUY CAMILO: 'A ausência de requisitos essenciais constitui-se em matéria prejudicial ao conhecimento do recurso interposto.

Com efeito, nenhum título original se encontra acostado aos autos, uma vez que a presente dúvida foi suscitada a partir de mera cópia reprográfica da cédula rural pignoratícia que foi reapresentada pelo banco suscitado, estando inviabilizada assim a sua análise direta por este Conselho Superior da Magistratura'".

Neste raciocínio, acerca de hipóteses semelhantes sobre a posição firmada, é representativo o V. Acórdão proferido na Apelação Cível nº 43.728-0/7, da Comarca de Batatais, relatado pelo eminente Des. SÉRGIO AUGUSTO NIGRO CONCEIÇÃO:

"REGISTRO DE IMÓVEIS – Dúvida inversamente suscitada – Falta do título original e de prenotação – Inadmissibilidade – Prejudicialidade – Recurso não conhecido".

O texto do julgado faz referência a outro precedente, o qual é categórico: "Pacífica a jurisprudência deste Colendo Conselho Superior da Magistratura no sentido da necessidade de apresentação do título original, como decidido na apelação cível n.º 30.728-0/7, da Comarca de Ribeirão Preto, Relator o Desembargador Márcio Martins Bonilha, nos seguintes termos:

'Ora, sem a apresentação do título original, não se admite a discussão do quanto mais se venha a deduzir nos autos, porque o registro, em hipótese alguma, poderá ser autorizado, nos termos do artigo 203, II, da Lei 6.015/73. Não é demasiado observar que no tocante à exigência de autenticidade, o requisito da exibição imediata do original diz respeito ao direito obtido com a prenotação do título, direito que não enseja prazo reflexo de saneamento extrajudicial de deficiências da documentação apresentada'" (Apelação Cível 9000001-98.2015.8.26.0099, julgada em 21/6/2016, por mim relatada).

"Sallente-se ser tranquilo o entendimento deste Egrégio Colendo Conselho Superior da Magistratura no sentido de que o título deve ser apresentado em seu original e não por cópias. A cópia constitui mero documento e não instrumento formal previsto como idôneo a ter acesso ao registro e tendo em vista uma reavaliação qualificativa do título, vedado o saneamento intercorrente das deficiências da documentação apresentada, sendo imprescindível a exibição de qualquer dos títulos relacionados no mencionado artigo, que tem caráter restritivo, no original." (Apelação Cível: 17-6/0, j . 11/9/2003, Relator Des. LUIZ TÂMBARA).

Ou seja, imprescindível a apresentação do título original ao Oficial de Registro de Imóveis, pois eventual procedência do recurso resultaria no pretendido registro, decidindo-se acerca da qualificação registral. Inviável, igualmente, a apresentação posterior do título original, em razão da necessidade de sua qualificação registral em todas as etapas.

Sobre o tema, decidiu este C. Conselho Superior da Magistratura nos embargos de declaração nº

0006849-88.2015.8.26.0510/50000, j. 28/3/2018, em apelação que relatei:

> *A apelação não foi conhecida em razão de não ter sido apresentada a via original dos títulos cujos registros eram pretendidos.*
>
> *A juntada dos originais em sede de embargos de não modifica essa situação, pois já realizada a qualificação registrai e analisado o procedimento de dúvida registrai.*
>
> *Assim, permanece o não conhecimento da dúvida, o que impediria o exame do cabimento do registro.*

Esse entendimento tem como fundamento o fato de que todos os títulos ingressaram no protocolo conforme a rigorosa ordem cronológica de apresentação e adquirem preferência para o registro também conforme a ordem de prenotação.

A inexistência de protocolo válido impede que o título adquira prioridade para o registro. Não é possível decidir a dúvida sem protocolo válido, porque o que se qualifica é o título efetivamente apresentado para registro e com prioridade sobre eventuais outros representativos de direitos reais contraditórios.

Em razão disso, na forma como suscitada a dúvida adquire natureza meramente consultiva, para o que não se presta.

Nesse cenário, ante a impugnação parcial formulada e, ainda, a falta de apresentação do título original ao Oficial de Registro de Imóveis, com novo protocolo em razão do decurso do prazo de validade do anteriormente realizado, o presente recurso não comporta conhecimento.

E de acordo com precedentes atuais deste Col. Conselho Superior da Magistratura, ante o não conhecimento do recurso descabe prosseguir com o exame das questões de fundo por ausência de poder vinculativo dessa providência (nesse sentido: Apelação nº 1015740-40.2016.8.26.0577, Apelação nº 1000295-86.2017.8.26.0531 e Apelação nº 1001619-57.2016.8.26.0431).

Diante do exposto, julgo a dúvida prejudicada e não conheço do recurso.

GERALDO FRANCISCO PINHEIRO FRANCO

Corregedor Geral da Justiça e Relator

Notas:

[1] Fls. 104/113.

[2] Fls. 120/124.

[3] Fls. 140/144.

[4] Fls. 08.

[5] Fls. 49/50.

[6] Fls. 75/77.

[7] Fls. 36/41. (– DJe de 11.03.2020 – SP)

PROCEDIMENTO DE DÚVIDA

PODER JUDICIÁRIO

TRIBUNAL DE JUSTIÇA DO ESTADO DE SÃO PAULO

CONSELHO SUPERIOR DA MAGISTRATURA

Apelação nº 1000634-31.2018.8.26.0201

Registro: 2019.0000984691

ACÓRDÃO

Vistos, relatados e discutidos estes autos de **Apelação Cível nº 1000634-31.2018.8.26.0201**, da Comarca de **Garça**, em que é apelante **ANGELO HENRIQUE RIBEIRO E OUTROS**, é apelado **OFICIAL DE REGISTRO DE IMÓVEIS E ANEXOS DA COMARCA DE GARÇA.**

ACORDAM, em Conselho Superior de Magistratura do Tribunal de Justiça de São Paulo, proferir a seguinte decisão: **"Não conheceram do recurso. V.U."**, de conformidade com o voto do Relator, que integra este acórdão.

O julgamento teve a participação dos Exmos. Desembargadores **PEREIRA CALÇAS (PRESIDENTE TRIBUNAL DE JUSTIÇA) (Presidente), ARTUR MARQUES (VICE PRESIDENTE), XAVIER DE AQUINO (DECANO), ANTONIO CARLOS MALHEIROS, CAMPOS MELLO (PRES. DA SEÇÃO DE DIREITO PRIVADO) E FERNANDO TORRES GARCIA(PRES. SEÇÃO DE DIREITO CRIMINAL).**

São Paulo, 7 de novembro de 2019.

GERALDO FRANCISCO PINHEIRO FRANCO

Corregedor Geral da Justiça e Relator

Apelação Cível nº 1000634-31.2018.8.26.0201
Apelante: Angelo Henrique Ribeiro e outros
Apelado: Oficial de Registro de Imóveis e Anexos da Comarca de Garça

VOTO Nº 37.955

Registro de Imóveis – Recurso de terceiro – Falta de interesse recursal – Manutenção da recusa do ingresso de título judicial ante ao não conhecimento da dúvida – Falta de interesse recursal de terceiros, proprietários do imóvel, em virtude da decisão recorrida não atingir a esfera jurídica da titularidade dos recorrentes – recurso não conhecido.

Trata-se de recurso de apelação interposto por Angelo Henrique Ribeiro e Maria Emília Moreira Mendes Ribeiro contra a r. sentença de fls. 499 que determinou o arquivamento da dúvida e manteve a recusa de registro da Carta de Arrematação.

Os apelantes, proprietários do imóvel, sustentam a manutenção das exigências feitas pelo Oficial com o acréscimo da certidão de trânsito em julgado do título judicial (fls. 507/567).

A D. Procuradoria Geral da Justiça opinou pelo não provimento do recurso (fls. 575/580).

O processo foi remetido a este órgão colegiado pela Corregedoria Geral da Justiça (a fls. 582/584).

É o relatório.

O título judicial apresentado à registro encontra-se com seus efeitos suspensos como se observa das decisões da MM Juíza do Trabalho (a fls. 10/11 e 23).

A decisão recorrida, apesar de tecer breves considerações acerca do princípio da especialidade objetiva e da impossibilidade de qualificação registral do título judicial no caso de ordem jurisdicional para seu ingresso afastando qualificação registral administrativa negativa, substancialmente, não conheceu da dúvida e manteve a recusa de ingresso do título.

A r. sentença, tecnicamente, tem esse conteúdo ainda que se refira, equivocadamente, ao termo "arquivamento".

Portanto, a dúvida não foi conhecida e, consequentemente, foi mantido o não ingresso do título judicial.

Com essas observações, a decisão recorrida não merece reparos ante a impossibilidade de ingresso de título judicial com efeitos suspensos.

Os recorrentes são terceiros interessados, assim, o interesse recursal daqueles fica subordinado à possibilidade de seu direito (de propriedade) ser atingido quanto ao decidido no processo de dúvida.

A respeito, prescreve o artigo 996, parágrafo único, do Código de Processo Civil:

> *Cumpre ao terceiro demonstrar a possibilidade de a decisão sobre a relação jurídica submetida à apreciação judicial atingir direito de que se afirme titular ou que possa discutir em juízo como substituto processual.*

Comentando essa disposição, afirma José Miguel Garcia Medina (Curso de direito processual civil moderno. São Paulo: Revista dos Tribunais, 2016, p. 1278/1279):

> *À luz do CPC/2015, há dois critérios que autorizam a interposição de recurso por terceiro. O primeiro consiste na possibilidade (isso é, da verificação, apenas in abstracto) de a decisão atingir sua esfera jurídica, ainda que indiretamente (isso é, decidindo-se a relação jurídica submetida ao exame judicial, a solução dada poderá repercutir sobre direito de terceiro). A hipótese, a nosso ver, assemelha-se àquela que autoriza a intervenção do assistente simples (cf. art. 121 do CPC/2015). A fortiori, aquele que poderia ter intervido como litisconsorte unitário-facultativo (ou assistente litisconsorcial) encontra-se abrangido pelo art. 996, parágrafo único do CPC/2015.247 A segunda hipótese diz respeito àquele que possa "discutir em juízo como substituto processual" (cf. parágrafo único, in fine, do art. 996), desde que, evidentemente, já não esteja no processo como parte (hipótese em que recorrerá nessa condição, e não na de "terceiro prejudicado").* (grifos meus)

No processo de dúvida em julgamento foi mantida a recusa de ingresso do título, portanto, está excluída a possibilidade de qualquer lesão ou ameaça de lesão ao direito dos recorrentes, proprietários do imóvel, cuja transmissão dependeria do ingresso do título judicial, o que não aconteceu.

De outra parte, a falta do ingresso, não há interesse no exame de questões relativas ao título pelo fato de eventual decisão nesse sentido não vincular o registrador em futuro protocolo para nova qualificação registral.

A dúvida, nessa hipótese, tem conteúdo meramente consultivo sem eficácia perante nova apresentação do título.

Além disso, as questões deduzidas pelos recorrentes têm por objeto a eficácia do título judicial, as quais, se o caso, devem ser examinadas no âmbito do processo judicial ante a inadequação desta via administrativa para tal análise.

Nessa ordem de ideias, ausente a eventual violação do direito de propriedade dos apelantes em virtude da recusa do registro do título judicial apresentado, não há interesse recursal daqueles, competindo o não conhecimento do recurso

Ante o exposto, não conheço do recurso.

GERALDO FRANCISCO PINHEIRO FRANCO
Corregedor Geral da Justiça e Relator. (– DJe de 09.03.2020 – SP)

REGULARIZAÇÃO FUNDIÁRIA

PODER JUDICIÁRIO

TRIBUNAL DE JUSTIÇA DO ESTADO DE SÃO PAULO

CONSELHO SUPERIOR DA MAGISTRATURA

Apelação nº 1000634-31.2018.8.26.0201

Registro: 2019.000984691

ACÓRDÃO

Vistos, relatados e discutidos estes autos de **Apelação Cível nº 1000634-31.2018.8.26.0201**, da

Comarca de **Garça**, em que é apelante **ANGELO HENRIQUE RIBEIRO E OUTROS**, é apelado **OFICIAL DE REGISTRO DE IMÓVEIS E ANEXOS DA COMARCA DE GARÇA**.

ACORDAM, em Conselho Superior de Magistratura do Tribunal de Justiça de São Paulo, proferir a seguinte decisão: **"Não conheceram do recurso. V.U."**, de conformidade com o voto do Relator, que integra este acórdão.

O julgamento teve a participação dos Exmos. Desembargadores **PEREIRA CALÇAS (PRESIDENTE TRIBUNAL DE JUSTIÇA) (Presidente), ARTUR MARQUES (VICE PRESIDENTE), XAVIER DE AQUINO (DECANO), ANTONIO CARLOS MALHEIROS, CAMPOS MELLO (PRES. DA SEÇÃO DE DIREITO PRIVADO) E FERNANDO TORRES GARCIA(PRES. SEÇÃO DE DIREITO CRIMINAL).**

São Paulo, 7 de novembro de 2019.

GERALDO FRANCISCO PINHEIRO FRANCO

Corregedor Geral da Justiça e Relator

Apelação Cível nº 1000634-31.2018.8.26.0201

Apelante: Angelo Henrique Ribeiro e outros

Apelado: Oficial de Registro de Imóveis e Anexos da Comarca de Garça

VOTO Nº 37.955

Registro de Imóveis – Recurso de terceiro – Falta de interesse recursal – Manutenção da recusa do ingresso de título judicial ante ao não conhecimento da dúvida – Falta de interesse recursal de terceiros, proprietários do imóvel, em virtude da decisão recorrida não atingir a esfera jurídica da titularidade dos recorrentes – recurso não conhecido.

Trata-se de recurso de apelação interposto por Angelo Henrique Ribeiro e Maria Emília Moreira Mendes Ribeiro contra a r. sentença de fls. 499 que determinou o arquivamento da dúvida e manteve a recusa de registro da Carta de Arrematação.

Os apelantes, proprietários do imóvel, sustentam a manutenção das exigências feitas pelo Oficial com o acréscimo da certidão de trânsito em julgado do título judicial (fls. 507/567).

A D. Procuradoria Geral da Justiça opinou pelo não provimento do recurso (fls. 575/580).

O processo foi remetido a este órgão colegiado pela Corregedoria Geral da Justiça (a fls. 582/584).

É o relatório.

O título judicial apresentado à registro encontra-se com seus efeitos suspensos como se observa das decisões da MM Juíza do Trabalho (a fls. 10/11 e 23).

A decisão recorrida, apesar de tecer breves considerações acerca do princípio da especialidade objetiva e da impossibilidade de qualificação registral do título judicial no caso de ordem jurisdicional para seu ingresso afastando qualificação registral administrativa negativa, substancialmente, não conheceu da dúvida e manteve a recusa de ingresso do título.

A r. sentença, tecnicamente, tem esse conteúdo ainda que se refira, equivocadamente, ao termo "arquivamento".

Portanto, a dúvida não foi conhecida e, consequentemente, foi mantido o não ingresso do título judicial.

Com essas observações, a decisão recorrida não merece reparos ante a impossibilidade de ingresso de título judicial com efeitos suspensos.

Os recorrentes são terceiros interessados, assim, o interesse recursal daqueles fica subordinado à possibilidade de seu direito (de propriedade) ser atingido quanto ao decidido no processo de dúvida.

A respeito, prescreve o artigo 996, parágrafo único, do Código de Processo Civil:

> *Cumpre ao terceiro demonstrar a possibilidade de a decisão sobre a relação jurídica submetida à apreciação judicial atingir direito de que se afirme titular ou que possa discutir em juízo como substituto processual.*

Comentando essa disposição, afirma José Miguel Garcia Medina (Curso de direito processual civil moderno. São Paulo: Revista dos Tribunais, 2016, p. 1278/1279):

> *À luz do CPC/2015, há dois critérios que autorizam a interposição de recurso por terceiro. O primeiro consiste na possibilidade (isso é, da verificação, apenas in abstracto) de a decisão atingir sua esfera jurídica, ainda que indiretamente (isso é, decidindo-se a relação jurídica submetida ao exame judicial, a solução dada poderá repercutir sobre direito de terceiro). A hipótese, a nosso ver, assemelha-se àquela que autoriza a intervenção do assistente simples (cf. art. 121 do CPC/2015). A fortiori, aquele que poderia ter intervido como litisconsorte unitário-facultativo (ou assistente litisconsorcial) encontra-se abrangido pelo art. 996, parágrafo único do CPC/2015.247 A segunda hipótese diz respeito àquele que possa "discutir em juízo como substituto processual" (cf. parágrafo único, in fine, do art. 996), desde que, evidentemente, já não esteja no processo como parte (hipótese em que recorrerá nessa condição, e não na de "terceiro prejudicado").* (grifos meus)

No processo de dúvida em julgamento foi mantida a recusa de ingresso do título, portanto, está excluída a possibilidade de qualquer lesão ou ameaça de lesão ao direito dos recorrentes, proprietários do imóvel, cuja transmissão dependeria do ingresso do título judicial, o que não aconteceu.

De outra parte, a falta do ingresso, não há interesse no exame de questões relativas ao título pelo fato de eventual decisão nesse sentido não vincular o registrador em futuro protocolo para nova qualificação registral.

A dúvida, nessa hipótese, tem conteúdo meramente consultivo sem eficácia perante nova apresentação do título.

Além disso, as questões deduzidas pelos recorrentes têm por objeto a eficácia do título judicial, as quais, se o caso, devem ser examinadas no âmbito do processo judicial ante a inadequação desta via administrativa para tal análise.

Nessa ordem de ideias, ausente a eventual violação do direito de propriedade dos apelantes em virtude da recusa do registro do título judicial apresentado, não há interesse recursal daqueles, competindo o não conhecimento do recurso

Ante o exposto, não conheço do recurso.

GERALDO FRANCISCO PINHEIRO FRANCO

Corregedor Geral da Justiça e Relator. (– DJe de 09.03.2020 – SP)

SERVIDÃO

PODER JUDICIÁRIO

TRIBUNAL DE JUSTIÇA DO ESTADO DE SÃO PAULO

CONSELHO SUPERIOR DA MAGISTRATURA

Apelação nº 1000288-27.2020.8.26.0390

Registro: 2020.000722659

ACÓRDÃO

Vistos, relatados e discutidos estes autos de **Apelação Cível nº 1000288-27.2020.8.26.0390**, da Comarca de **Nova Granada**, em que é apelante **TRIÂNGULO MINEIRO TRANSMISSORA S/A**, é apelado **OFICIAL DO REGISTRO DE IMÓVEIS, TÍTULOS E DOCUMENTOS E CIVIL DAS PESSOAS JURIDÍCAS DA COMARCA DE NOVA GRANADA-SP.**

ACORDAM, em Conselho Superior de Magistratura do Tribunal de Justiça de São Paulo, proferir a seguinte decisão: **"Negaram provimento ao recurso de apelação, v.u."**, de conformidade com o voto do Relator, que integra este acórdão.

O julgamento teve a participação dos Exmos. Desembargadores **PINHEIRO FRANCO (PRESIDENTE TRIBUNAL DE JUSTIÇA) (Presidente), LUIS SOARES DE MELLO (VICE PRESIDENTE), XAVIER DE AQUINO (DECANO), GUILHERME G. STRENGER (PRES. SEÇÃO DE DIREITO CRIMINAL), MAGALHÃES COELHO(PRES. DA SEÇÃO DE DIREITO PÚBLICO) E DIMAS RUBENS FONSECA (PRES. DA SEÇÃO DE DIREITO PRIVADO).**

São Paulo, 1º de setembro de 2020.

RICARDO ANAFE

Corregedor Geral da Justiça e Relator

Apelação Cível nº 1000288-27.2020.8.26.0390

Apelante: Triângulo Mineiro Transmissora S/A

Apelado: Oficial do Registro de Imóveis, Títulos e Documentos e Civil das Pessoas Juridícas da Comarca de Nova Granada-sp

VOTO Nº 31.217

Registro de Imóveis – Dúvida inversa Título judicial Servidão administrativa Especialidade objetiva – Título que não permite identificar o lugar da servidão no imóvel serviente – Impossibilidade de deferir-se o pretendido registro – Óbice mantido – Nega-se provimento à apelação.

1. Trata-se de recurso de apelação (fl. 118/134) interposto por Triângulo Mineiro Transmissora S. A. contra a r. sentença (fl. 108/111) proferida pelo MM. Juizo Corregedor Permanente do Oficial de Registro de Imóveis, Títulos e Documentos e Civil de Pessoa Jurídica da Comarca de Nova Granada, que confirmando os óbices apresentados na nota devolutiva (fl. 86-88), julgou procedente a dúvida inversa e manteve a recusa de registro *stricto sensu* de servidão administrativa (fl. 65/84) na matrícula nº 4.867 daquele cartório (cópia parcial a fl. 77/78).

Segundo a sentença, razão assiste o Oficial de Registro de Imóveis quando afirma que a descrição dada pela matrícula não apresenta nenhum ponto de amarração com a descrição dada pelo título da servidão administrativa. Logo, o pretendido registro *stricto sensu*, se feito como rogado, ofenderia o princípio da especialidade objetiva, e dessa maneira a recusa foi correta.

Afirma a apelante, entretanto, que não há incerteza sobre o fato de que a servidão em exame realmente recaia sobre o imóvel da matrícula em questão: afinal, isso não só foi constatado por perícia feita na ação de desapropriação, como ainda se conclui pela circunstância de que, tratando-se de servidão aparente, não houve nenhum reclamo de donos ou confrontantes acerca da extensão da faixa serviente ou de interferência com prédios lindeiros. Afirma que a dita faixa de servidão foi apurada com precisão geodésica, segundo as normas vigentes, tais como exigidas pela Agência Nacional de Energia Elétrica. Aduz que não cabe à recorrente fazer com que a descrição do imóvel serviente indique com precisão os pontos atingidos pela servidão: com efeito, esse dever toca ao dono, que, ele sim, tem de fazer localizar a linha de eletricidade dentro de seu imóvel, quando proceder ao levantamento das coordenadas georreferenciadas, providência para a qual, ademais, ainda não se consumou o prazo regulamentar, estendido, para a área em questão, até novembro de 2023. Requer, portanto, que, dispensado o georreferenciamento da área do prédio serviente, seja deferido o registro da servidão, como rogado.

O Oficial de Registro manifestou-se, insistindo na manutenção da r. decisão recorrida (fl. 162/164).

A D. Procuradoria Geral de Justiça ofertou parecer pelo não provimento do recurso (fl. 182/184).

É o relatório.

2. Note-se, de início, que a origem judicial do título (*in casu*, uma desapropriação forçada de servidão administrativa, documentada por carta de adjudicação) não o torna imune à qualificação registral, ainda que esta se limite, aí, aos requisitos formais do título e sua adequação aos princípios registrais (Normas de Serviço da Corregedoria Geral da Justiça NSCGJ, Capítulo XX, item 117 ou, na época da qualificação, item 119). É pacífico, além disso, que a qualificação negativa não caracteriza nem desobediência nem descumprimento de decisão jurisdicional (Apelação Cível n. 413-6/7; Apelação Cível n. 0003968-52.2014.8.26.0453; Apelação Cível n. 0005176-34.2019.8.26.0344; e Apelação Cível n. 1001015-36.2019.8.26.0223).

In medias res: como se vê no título (fl. 65/84), *toda* (frise-se) a faixa desapropriada para a servidão administrativa tem a seguinte caracterização (cf. fl. 68-69 e 79, especialmente):

"Faixa I Descrição: Faixa de terras medindo ao todo 0,9903 ha (noventa e nove ares e três centiares), possuindo os seguintes limites e confrontações: Inicia-se a descrição deste perímetro no vértice 1, situado no Km 22+970,62m da LT de coordenadas N 7.738.294,36m e E 677.072,51m; Cerca deste, segue confrontando ALCINA DO NASCIMENTO, com os seguintes azimutes e distâncias: 144º50'38" e 33,61m até o vértice 2, de coordenadas N 7.738.266,87m e E 677.091,87m; deste, segue confrontando VALDOMIRO MARTINS, com os seguintes azimutes e distâncias: 208º02'08" e 164,92m até o vértice 3, de coordenadas N 7.738.121,31m e E 677.014,35m; deste, segue confrontado DAIANE DE LIMA JACOMERI, com os seguintes azimutes e distâncias: 324º53'42" e 33,63m até o vértice 4, de coordenadas N 7.738.148,82m e E 676.995,01m; deste, segue confrontando DAIANE DE LIMA JACOMERI, com os seguintes azimutes e distâncias: 324º43'08" e 33,58m até o vértice 5, de coordenadas N 7.738.176,23m e E 676.975,62m; deste, segue confrontando VALDOMIRO MARTINS, com os seguintes azimutes e distâncias: 28º02'08" e 165,51m até o vértice 6, de coordenadas N 7.738.322,31m e E 677.053,41m; deste, segue confrontando ALCINA DO NASCIMENTO, com os seguintes azimutes e distâncias: 145º39'39" e 33,86m até o vértice 1, ponto inicial da descrição deste perímetro".

"Valdomiro Martins" (ou "Waldomiro Martin") não é senão um dos proprietários do imóvel da matrícula nº 4.867, com relação à qual foi rogado o registro *stricto sensu* da servidão, e ele e a sua mulher realmente foram partes na demanda concernente a essa desapropriação (fl. 80). Logo, está claro que existe relação entre o prédio objeto da matrícula nº 4.867 e o título apresentado ao ofício de registro de imóveis.

Ao contrário do que pretende a apelante, contudo, essa relação entre o título e a matrícula não basta para atender o princípio da especialidade e para permitir o pretendido registro *stricto sensu*. Como diz a Lei nº 6.015, de 31 de dezembro de 1973, art. 225, § 2º, "consideram-se irregulares, para efeitos de matrícula, os títulos nos quais a caracterização do imóvel não coincida com a que consta do registro anterior". Ou seja, para que se respeite ao princípio da especialidade, não basta que se admita uma relação qualquer entre o título e a matrícula, mas é preciso que no caso específico da servidão de duto de eletricidade, que é contínua e aparente a descrição dada pelo título permita situar o direito por constituir dentro da área que já está matriculada: só assim, com efeito, é que a "caracterização do imóvel" (*rectius*, do direito por inscrever) "coincidirá" (*rectius*, guardará congruência) com o que está no "registro anterior". Porém, essa necessária congruência não se ocorre na hipótese destes autos, pois, como se acabou de ver, existe apenas descrição da *inteira* faixa afetada pela servidão, sem que, porém, se tivesse *especificado* onde é que ela recai dentro da área matriculada, concretamente.

Portanto, o problema não se coloca na existência ou não de georreferenciamento do imóvel da matrícula nº 4.867. Ainda que houvesse coordenadas georreferenciadas para o todo, o pretendido registro *stricto sensu* só teria lugar se o título também trouxesse o lugar da servidão no imóvel serviente. Porém, como dito, isso não se fez, e agora não é lícito deferir-se o registro pretendido, que estaria então em desacordo com a exigência legal de especialidade dos direitos reais inscritos (cf. Lei n. 6.015/1973, art. 176, § 1º, II, 3, e §§ 3º a 5º e 13, e art. 225; NSCGJ, XX, itens 10.1, 10.1.1, 10.3, 54.3, 54.5, 56 *c*, 57 a 60, 63 a 67, 69 e 70).

Acrescente-se que a imposição de georreferenciamento da área do prédio serviente não é sequer cabível, porque, conforme a sua extensão (= menos de cem hectares, pelo que se alega), o prazo para tanto só se encerra em 20 de novembro de 2023 (Decreto nº 4.449, de 30 de outubro de 2002, art. 10, VI, com a redação dada pelo Decreto nº 9.311, de 15 de março de 2018, art. 50), e esse é outra circunstância a confirmar que a deficiência impeditiva da inscrição está na má formação do título, e não, propriamente, na matrícula nº 4.867.

Em suma: ainda que por fundamento distinto daquele que constara na nota devolutiva e fora confirmado pelo r. *decisum* apelado (isto é, a necessidade de georreferenciamento da área do imóvel serviente), não se pode deferir pretendido registro *stricto sensu*, por deficiência do relativo título (que não dá especialidade ao direito por inscrever), e a recusa tem de ser mantida.

3. À vista do exposto, pelo meu voto, nego provimento à apelação.

RICARDO ANAFE

Corregedor Geral da Justiça e Relator. (– DJe de 26.11.2020 – SP)

PODER JUDICIÁRIO

TRIBUNAL DE JUSTIÇA DO ESTADO DE SÃO PAULO

CONSELHO SUPERIOR DA MAGISTRATURA

Apelação nº 1000283-05.2020.8.26.0390

Registro: 2020.0000722683

ACÓRDÃO

Vistos, relatados e discutidos estes autos de **Apelação Cível nº 1000283-05.2020.8.26.0390**, da Comarca de **Nova Granada**, em que é apelante **TRIÂNGULO MINEIRO TRANSMISSORA S/A**, é apelado **OFICIAL DO REGISTRO DE IMÓVEIS, TÍTULOS E DOCUMENTOS E CIVIL DAS PESSOAS JURIDÍCAS DA COMARCA DE NOVA GRANADA-SP.**

ACORDAM, em Conselho Superior de Magistratura do Tribunal de Justiça de São Paulo, proferir a seguinte decisão: **"Negaram provimento ao recurso de apelação, v.u."**, de conformidade com o voto do Relator, que integra este acórdão.

O julgamento teve a participação dos Exmos. Desembargadores **PINHEIRO FRANCO (PRESIDENTE TRIBUNAL DE JUSTIÇA) (Presidente), LUIS SOARES DE MELLO (VICE PRESIDENTE), XAVIER DE AQUINO (DECANO), GUILHERME G. STRENGER (PRES. SEÇÃO DE DIREITO CRIMINAL), MAGALHÃES COELHO(PRES. DA SEÇÃO DE DIREITO PÚBLICO) E DIMAS RUBENS FONSECA (PRES. DA SEÇÃO DE DIREITO PRIVADO).**

São Paulo, 1º de setembro de 2020.

RICARDO ANAFE

Corregedor Geral da Justiça e Relator

Apelação Cível nº 1000283-05.2020.8.26.0390

Apelante: Triângulo Mineiro Transmissora S/A

Apelado: Oficial do Registro de Imóveis, Títulos e Documentos e Civil das Pessoas Jurídicas da Comarca de Nova Granada-SP

VOTO Nº 31.219

Registro de Imóveis – Dúvida inversa – Título judicial – Servidão administrativa – Especialidade objetiva – Título que não permite identificar o lugar da servidão no imóvel serviente – Impossibilidade de deferir-se o pretendido registro – Óbice mantido – Nega-se provimento à apelação.

1. Trata-se de recurso de apelação interposto por *Triângulo Mineiro Transmissora S.A.* em face da r. sentença proferida pelo MM Juiz Corregedor Permanente do Oficial de Registro de Imóveis e Anexos de Nova Granada/SP, que julgou improcedente a dúvida inversa suscitada e manteve a recusa de registro de servidão administrativa junto à matrícula nº 5.799 daquela serventia extrajudicial (fl. 117/133), confirmando o óbice apresentado na nota devolutiva emitida pelo registrador (fl. 88/90).

Afirma a apelante, em síntese, que a servidão administrativa está perfeitamente identificada dentro dos limites divisórios da propriedade atingida, não havendo dúvidas acerca de sua precisão locacional; a servidão administrativa está descrita no memorial descritivo e planta do imóvel apresentados em conformidade com a prova pericial elaborada nos autos do Processo nº 0002107-89.2015.8.26.0390, da Vara Única do Foro de Nova

Granada/SP, o que afasta qualquer dúvida de que esteja inserida nos limites da propriedade rural denominada Sitio Santo Antônio, Imóvel Geral "Ingá ou Pitangueiras", objeto da matrícula nº 5.799. Aduz, assim, que a obrigação de providenciar o georreferenciamento do imóvel serviente é do proprietário da área, sobretudo porque a servidão administrativa já está devidamente georreferenciada.

O Sr. Oficial de Registro manifestou-se nos autos, insistindo na manutenção da r. decisão recorrida (fl. 166/168).

A D. Procuradoria Geral de Justiça ofertou parecer (fl. 181/183).

É o relatório.

2. A apelante, concessionária de serviço público de transmissão de energia elétrica, por sentença proferida em ação judicial teve instituída, em seu favor, servidão administrativa sobre uma faixa de terras, declarada de utilidade pública, inserida em imóvel rural objeto da matrícula nº 5.799 do Registro de Imóveis e Anexos da Comarca de Nova Granada/SP.

Contudo, o mandado judicial expedido nos autos da ação de instituição de servidão administrativa (Processo nº 0002107-89.2015.8.26.0390, da Vara Única do Foro de Nova Granada/SP), apresentado a registro pela apelante, foi negativamente qualificado pelo Sr. Oficial Registrador, que apresentou a seguinte exigência: *"apresentar georreferenciamento do imóvel todo, pois a descrição do imóvel, matrícula 5.799, não apresenta qualquer ponto de amarração com a descrição da servidão administrativa mencionada no título constante de folhas 04/05, ferindo assim o princípio da especialidade objetiva".*

Desde logo, importa lembrar que a origem judicial do título não o torna imune à qualificação registral, ainda que limitada aos requisitos formais do título e sua adequação aos princípios registrais, conforme disposto no item 119 do Capítulo XX das Normas de Serviço da Corregedoria Geral da Justiça, vigente à época da qualificação (atual item 117).

Está pacificado, inclusive, que a qualificação negativa não caracteriza desobediência ou descumprimento de decisão judicial (Apelação Cível n. 413-6/7; Apelação Cível n. 0003968-52.2014.8.26.0453; Apelação Cível n. 0005176-34.2019.8.26.0344; e Apelação Cível n. 1001015-36.2019.8.26.0223).

O problema não se coloca na existência ou não de georreferenciamento do imóvel da matrícula nº 5.799. Ainda que houvesse coordenadas georreferenciadas para o todo, o pretendido registro *stricto sensu* só teria lugar se o título também trouxesse o lugar da servidão no imóvel serviente.

Porém, isso não se fez, e agora não é lícito deferir-se o registro pretendido, que estaria então em desacordo com a exigência legal de especialidade dos direitos reais inscritos (cf. Lei nº 6.015/1973, art. 176, § 1º, II, 3, e §§ 3º a 5º e 13, e art. 225; NSCGJ, XX, itens 10.1, 10.1.1, 10.3, 54.3, 54.5, 56 c, 57 a 60, 63 a 67, 69 e 70).

Em que pese a realização de prova técnica no bojo da ação judicial em que instituída a servidão administrativa em favor da apelante, com a indicação das coordenadas geográficas e geodésicas da área, não foram apresentados, nestes autos, planta ou memorial descritivo com pontos de amarração que permitam identificar em que parte da matrícula nº 5.799 se encontra a área sujeita à servidão.

São diversos os precedentes deste Egrégio Conselho Superior da Magistratura no sentido de que o registro da servidão administrativa se submete a todos os princípios informadores dos registros públicos.

A propósito, já ficou decidido que:

"REGISTRO DE IMÓVEIS – Dúvida Inversa – Carta de sentença – Servidão administrativa – Princípio da especialidade objetiva – Impossibilidade de identificar a servidão dentro da área de cada um dos imóveis atingidos, em razão da descrição deficiente nas respectivas matrículas – Dúvida julgada procedente – Recurso desprovido." (TJSP; Apelação Cível 1005785-19.2017.8.26.0037; Relator (a): Pinheiro Franco (Corregedor Geral); Órgão Julgador: Conselho Superior de Magistratura; Foro de Araraquara - 6ª Vara Cível; Data do Julgamento: 17/12/2018; Data de Registro: 19/12/2018).

No referido voto, ficou expressamente consignado que:

"A servidão administrativa proporciona utilidade para o prédio dominante e grava o prédio serviente, que pertence a proprietário diverso, com força de limitação administrativa. Uma vez registrada, grava o direito real em favor de seu titular, no caso, a Administração Pública ou suas concessionárias. Ora, não se pode admitir a constituição de um direito real sem a necessária certeza sobre a amarração da área objeto da servidão à base territorial sobre a qual está sendo implantada. É verdade que as servidões administrativas não possuem natureza similar à da desapropriação, como modo de aquisição de domínio; entretanto, de outro enfoque,

traduzem gravame e limitam o exercício da propriedade, com natureza pública, instituído sobre imóvel alheio. Não se pode falar em mitigação da especialidade objetiva para atos de registro constitutivo de um novo direito real, sob pena de ofensa a todos os princípios de segurança jurídica e publicidade afetos ao serviço de registro imobiliário."

Acrescente-se que a imposição de georreferenciamento da área do prédio serviente não é sequer cabível, porque, conforme a sua extensão (= cerca de 36,30 ha fls. 77), o prazo para tanto só se encerra em 20 de novembro de 2023 (Decreto nº 4.449, de 30 de outubro de 2002, art. 10, VII, com a redação dada pelo Decreto nº 9.311, de 15 de março de 2018, art. 50), e essa é outra circunstância a confirmar que a deficiência impeditiva da inscrição está na má formação do título, e não, propriamente, na matrícula nº 5.799.

Nestes moldes, ainda que por fundamento distinto daquele que constara na nota devolutiva (isto é, a necessidade de georreferenciamento da área do imóvel serviente), não se pode deferir o pretendido registro *stricto sensu*, por deficiência do relativo título (que não dá especialidade ao direito por inscrever), mantendo-se a recusa.

3. À vista do exposto, pelo meu voto, nego provimento ao recurso de apelação.

RICARDO ANAFE

Corregedor Geral da Justiça e Relator. (– DJe de 06.11.2020 – SP)

PODER JUDICIÁRIO

TRIBUNAL DE JUSTIÇA DO ESTADO DE SÃO PAULO

CONSELHO SUPERIOR DA MAGISTRATURA

Apelação Cível n° 1001566-97.2019.8.26.0390

Registro: 2020.0000722666

ACÓRDÃO

Vistos, relatados e discutidos estes autos de **Apelação Cível nº 1001566-97.2019.8.26.0390**, da Comarca de **Nova Granada**, em que é apelante **TRIANGULO MINEIRO TRANSMISSORA S/A**, é apelado **OFICIAL DO REGISTRO DE IMÓVEIS, TÍTULOS E DOCUMENTOS E CIVIL DAS PESSOAS JURIDÍCAS DA COMARCA DE NOVA GRANADA-SP.**

ACORDAM, em Conselho Superior de Magistratura do Tribunal de Justiça de São Paulo, proferir a seguinte decisão: **"Negaram provimento ao recurso de apelação, v.u."**, de conformidade com o voto do Relator, que integra este acórdão.

O julgamento teve a participação dos Exmos. **PINHEIRO FRANCO (PRESIDENTE TRIBUNAL DE JUSTIÇA) (Presidente), LUIS SOARES DE MELLO (VICE PRESIDENTE), XAVIER DE AQUINO (DECANO), GUILHERME G. STRENGER (PRES. SEÇÃO DE DIREITO CRIMINAL), MAGALHÃES COELHO(PRES. DA SEÇÃO DE DIREITO PÚBLICO) E DIMAS RUBENS FONSECA (PRES. DA SEÇÃO DE DIREITO PRIVADO).**

São Paulo, 1º de setembro de 2020.

RICARDO ANAFE

Corregedor Geral da Justiça e Relator

Apelação Cível nº 1001566-97.2019.8.26.0390
Apelante: Triangulo Mineiro Transmissora S/A
Apelado: Oficial do Registro de Imóveis, Títulos e Documentos e Civil das Pessoas Jurídicas da Comarca de Nova Granada-sp

VOTO Nº 31.209

Registro de Imóveis – Título judicial – Servidão administrativa – Especialidade objetiva – Impossibilidade de identificar a servidão dentro da área do imóvel atingido, em razão da ausência de planta e memorial descritivo com pontos de amarração – Óbice mantido – Recurso não provido.

1. Trata-se de recurso de apelação interposto por *Triângulo Mineiro Transmissora S.A.* em face da r. sentença proferida pelo MM. Juiz Corregedor Permanente do Oficial de Registro de Imóveis e Anexos da Comarca de Nova Granada/SP, que julgou procedente a dúvida suscitada e manteve a recusa de registro de servidão administrativa junto à matrícula nº 9.616 daquela serventia extrajudicial (fl. 123/126).

Afirma a apelante, em síntese, que a servidão administrativa está perfeitamente descrita em conformidade com a prova pericial elaborada nos autos do Processo nº 0003504-23.2014, da Vara Única de Nova Granada /SP, o que afasta qualquer dúvida de que esteja inserida nos limites da propriedade objeto da matrícula nº 9.616.

A D. Procuradoria Geral de Justiça ofertou parecer pelo não provimento (fl. 235/241).

É o relatório.

2. A apelante, concessionária de serviço público de transmissão de energia elétrica, por sentença proferida em ação judicial teve instituída, em seu favor, servidão administrativa sobre uma faixa de terras, declarada de utilidade pública, inserida em imóvel rural objeto da matrícula nº 9.616 do Registro de Imóveis e Anexos da Comarca de Nova Granada/SP.

Contudo, o mandado judicial expedido nos autos da ação de instituição de servidão administrativa (Processo nº 0003504-23.2014, da Vara Única de Nova Granada/SP), apresentado a registro pela apelante, foi negativamente qualificado pelo Sr. Oficial Registrador, que apresentou a seguinte exigência: *apresentar a planta e memorial descritivo do imóvel serviente, com a localização da respectiva servidão, a fim de que seja preservado o princípio da especialidade objetiva.*

Desde logo, importa lembrar que a origem judicial do título não o torna imune à qualificação registral, ainda que limitada aos requisitos formais do título e sua adequação aos princípios registrais, conforme disposto no item 119 do Capítulo XX das Normas de Serviço da Corregedoria Geral da Justiça **[1]**, vigente à época da qualificação (atual item 117). Está pacificado, inclusive, que a qualificação negativa não caracteriza desobediência ou descumprimento de decisão judicial **[2]**.

Em que pese a realização de prova técnica no bojo da ação judicial em que instituída a servidão administrativa em favor da apelante, com a indicação das coordenadas geográficas e geodésicas da área, não foram apresentados, nestes autos, planta ou memorial descritivo com pontos de amarração que permitam identificar em que parte da matrícula nº 9.616 se encontra a área sujeita à servidão.

São diversos os precedentes deste Egrégio Conselho Superior da Magistratura no sentido de que o registro da servidão administrativa se submete a todos os princípios informadores dos registros públicos. A propósito, já ficou decidido que:

> "REGISTRO DE IMÓVEIS – Dúvida Inversa – Carta de sentença – Servidão administrativa – Princípio da especialidade objetiva – Impossibilidade de identificar a servidão dentro da área de cada um dos imóveis atingidos, em razão da descrição deficiente nas respectivas matrículas – Dúvida julgada procedente – Recurso desprovido." (TJSP; Apelação Cível 1005785-19.2017.8.26.0037; Relator (a): Pinheiro Franco (Corregedor Geral); Órgão Julgador: Conselho Superior de Magistratura; Foro de Araraquara - 6ª Vara Cível; Data do Julgamento: 17/12/2018; Data de Registro: 19/12/2018).

No referido voto, ficou expressamente consignado que:

"A servidão administrativa proporciona utilidade para o prédio dominante e grava o prédio serviente, que pertence a proprietário diverso, com força de limitação administrativa. Uma vez registrada, grava o direito real em favor de seu titular, no caso, a Administração Pública ou suas concessionárias. Ora, não se pode admitir a constituição de um direito real sem a necessária certeza sobre a amarração da área objeto da servidão à base territorial sobre a qual está sendo implantada. É verdade que as servidões administrativas não possuem natureza similar à da desapropriação, como modo de aquisição de domínio; entretanto, de outro enfoque, traduzem gravame e limitam o exercício da propriedade, com natureza pública, instituído sobre imóvel alheio. Não se pode falar em mitigação da especialidade objetiva para atos de registro constitutivo de um novo direito real, sob pena de ofensa a todos os princípios de segurança jurídica e publicidade afetos ao serviço de registro imobiliário."

Assim sendo, correta a exigência formulada pelo Sr. Oficial Registrador, quanto à necessidade de apresentação de planta e memorial descritivo do imóvel serviente, com a localização da respectiva servidão, a fim de que seja preservado o princípio da especialidade objetiva.

3. À vista do exposto, pelo meu voto, nego provimento ao recurso de apelação.

RICARDO ANAFE
Corregedor Geral da Justiça e Relator

Notas:

[1] *119. Incumbe ao oficial impedir o registro de título que não satisfaça os requisitos exigidos pela lei, quer sejam consubstanciados em instrumento público ou particular, quer em atos judiciais.*

[2] *Apelação Cível n° 413-6/7; Apelação Cível n° 0003968-52.2014.8.26.0453; Apelação Cível nº 0005176-34.2019.8.26.0344; Apelação Cível nº 1001015-36.2019.8.26.0223.* (– DJe de 16.09.2020 – SP)

PODER JUDICIÁRIO

TRIBUNAL DE JUSTIÇA DO ESTADO DE SÃO PAULO

CONSELHO SUPERIOR DA MAGISTRATURA

Apelação n° 1001549-61.2019.8.26.0390

Registro: 2020.0000722678

ACÓRDÃO

Vistos, relatados e discutidos estes autos de **Apelação Cível nº 1001549-61.2019.8.26.0390**, da Comarca de **Nova Granada**, em que é apelante **TRIANGULO MINEIRO TRANSMISSORA S/A**, é apelado **OFICIAL DO REGISTRO DE IMÓVEIS, TÍTULOS E DOCUMENTOS E CIVIL DAS PESSOAS**

JURIDÍCAS DA COMARCA DE NOVA GRANADA-SP.

ACORDAM, em Conselho Superior de Magistratura do Tribunal de Justiça de São Paulo, proferir a seguinte decisão: **"Julgaram prejudicada a dúvida e não conheceram do recurso, v.u."**, de conformidade com o voto do Relator, que integra este acórdão.

O julgamento teve a participação dos Exmos. Desembargadores **PINHEIRO FRANCO (PRESIDENTE TRIBUNAL DE JUSTIÇA) (Presidente), LUIS SOARES DE MELLO (VICE PRESIDENTE), XAVIER DE AQUINO (DECANO), GUILHERME G. STRENGER (PRES. SEÇÃO DE DIREITO CRIMINAL), MAGALHÃES COELHO(PRES. DA SEÇÃO DE DIREITO PÚBLICO) E DIMAS RUBENS FONSECA (PRES. DA SEÇÃO DE DIREITO PRIVADO).**

São Paulo, 1º de setembro de 2020.

RICARDO ANAFE

Corregedor Geral da Justiça e Relator

Apelação Cível nº 1001549-61.2019.8.26.0390

Apelante: Triangulo Mineiro Transmissora S/A

Apelado: Oficial do Registro de Imóveis, Títulos e Documentos e Civil das Pessoas Jurídicas da Comarca de Nova Granada-sp

VOTO Nº 31.211

Registro de Imóveis – Dúvida Inversa – Ausência de prenotação válida – Dúvida prejudicada – Recurso não conhecido.

1. Trata-se de Apelação interposta por **TRIANGULO MINEIRO TRANSMISSORA S/A** em face da r. sentença de fl. 133/136, que julgou improcedente a dúvida inversamente suscitada, mantendo o óbice registrário de carta de adjudicação expedida para constituição de servidão administrativa deferida judicialmente.

Em suma, sustenta a apelante que a recusa não encontra guarida porquanto as exigências elaboradas pelo Oficial carecem de amparo legal, pois contrariam à essência do Decreto-Lei 3.365/1941 e o entendimento firmado pela jurisprudência. No mais, não há dúvidas de que a servidão administrativa, medindo, ao todo 0,2625 hectares, está inserida nos limites da propriedade rural; as divisas físicas do imóvel e da faixa serviente estão muito bem delimitadas, não havendo quaisquer dúvidas a respeito dos limites de confrontações. Trata-se de uma servidão aparente, em que todas as estruturas, torres e cabos são facilmente visualizados; não há necessidade de georreferenciamento da área total do bem atingido, para a procedência da ação ou para o efetivo registro da servidão de passagem; a lógica do caso é exatamente inversa à fundamentada pelo oficial registrador e juízo de origem, pois caberá ao proprietário, durante a execução do georreferenciamento, apontar o local exato da linha de transmissão no seu imóvel, simplesmente apresentando a certidão de registro com a averbação/registro da servidão administrativa previamente realizado; é desproporcional exigir que a Recorrente faça o georreferenciamento ou qualquer levantamento topográfico da totalidade do imóvel.

A D. Procuradoria Geral de Justiça opinou pelo não provimento do recurso (fl. 235/241).

É o relatório.

2. O recurso não comporta conhecimento.

Das informações de fl. 122/123 e 216 não se infere que o Sr. Oficial do Registro de Imóveis de Nova Granada, suscitada a dúvida inversa, tenha prenotado o original do título. Ao contrário, há menção expressa de inexistência de prenotação válida, a qual precluiu em 11.09.2019.

Consoante dispunham os Itens 41.1 e 41.2 do Capítulo XX das NSCGJ, vigente à época:

> ***"41.1. Ocorrendo suscitação diretamente pelo interessado (Dúvida Inversa), assim que o Oficial a receber do Juízo para informações, deverá prenotar o título e observar o disposto nas letras "b" e "c" do item 41.(g.n)***
>
> ***(...)***
>
> ***41.2. O registrador dispõe do prazo de 15 (quinze) dias para apresentação das razões da dúvida, a contar do protocolo do pedido de suscitação, ou do recebimento dos autos de dúvida inversa. Tratando-se de dúvida inversa eletrônica, o prazo será contado na forma da "Nota" ao item 41.1".***

No caso em exame, o título original não fora remetido ao Sr. Oficial do Registro de Imóveis, o que significa dizer que a suscitação não foi prenotada no protocolo do serviço imobiliário, como determina a Lei Regente (art. 198 da Lei nº 6.015/73).

Tratando-se de dúvida não prenotada, o prazo de 30 dias previsto no art. 188 da Lei nº 6.015/73 há muito já está expirado, razão pela qual o interessado precisará apresentar o título novamente a registro, pois já ultrapassado o prazo da prenotação e, consequentemente, extinta a prioridade prevista no art. 182 da Lei Regente.

Com efeito, o procedimento de dúvida é reservado à análise da dissensão do apresentante com os motivos que levaram à recusa do registro do título que, para essa finalidade, deverá ser objeto de protocolo, pois de seu julgamento decorrerá a manutenção da recusa, com cancelamento da prenotação, ou a improcedência da dúvida que terá como consequência a realização do registro (art. 203, II, da Lei nº 6.015/73).

A necessidade de prévio protocolo do título, assim como da prenotação da dúvida (ainda que inversa), decorre de interpretação lógica da Lei nº 6.015/73 que, em seu art. 182, determina que todos os títulos tomarão no protocolo o número de ordem correspondente à sequência de apresentação; em seu art. 198, e incisos, dispõe sobre a anotação da dúvida no Livro nº 1 Protocolo, para conhecimento da prorrogação do prazo da prenotação; e, em seu art. 203, prevê os efeitos do julgamento da dúvida em relação ao registro e, em consequência, ao resultado da qualificação realizada depois da respectiva prenotação do título.

Diante disso, não se admite dúvida para a análise do resultado de título cuja prenotação e, consequentemente, a prioridade, estão extintas.

A ausência de prenotação da dúvida prejudica o seu exame, já que, ainda que julgada improcedente, o título não terá a prioridade garantida por lei e precisará ser reapresentado.

3. Ante o exposto, julgo prejudicada a dúvida e não conheço do recurso.

RICARDO ANAFE

Corregedor Geral da Justiça e Relator. (– DJe de 11.09.2020 – SP)

PODER JUDICIÁRIO

TRIBUNAL DE JUSTIÇA DO ESTADO DE SÃO PAULO

CONSELHO SUPERIOR DA MAGISTRATURA

Apelação n° 1001910-78.2019.8.26.0390

Registro: 2020.0000722655

ACÓRDÃO

Vistos, relatados e discutidos estes autos de **Apelação Cível nº 1001910-78.2019.8.26.0390**, da Comarca de **Nova Granada**, em que é apelante **TRIANGULO MINEIRO TRANSMISSORA S/A**, é apelado **OFICIAL DO REGISTRO DE IMÓVEIS, TÍTULOS E DOCUMENTOS E CIVIL DAS PESSOAS JURIDÍCAS DA COMARCA DE NOVA GRANADA-SP.**

ACORDAM, em Conselho Superior de Magistratura do Tribunal de Justiça de São Paulo, proferir a seguinte decisão: **"Negaram provimento à apelação, v.u."**, de conformidade com o voto do Relator, que integra este acórdão.

O julgamento teve a participação dos Exmos. Desembargadores **PINHEIRO FRANCO (PRESIDENTE TRIBUNAL DE JUSTIÇA) (Presidente), LUIS SOARES DE MELLO (VICE PRESIDENTE), XAVIER DE AQUINO (DECANO), GUILHERME G. STRENGER (PRES. SEÇÃO DE DIREITO CRIMINAL), MAGALHÃES COELHO(PRES. DA SEÇÃO DE DIREITO PÚBLICO) E DIMAS RUBENS FONSECA (PRES. DA SEÇÃO DE DIREITO PRIVADO).**

São Paulo, 1º de setembro de 2020.

RICARDO ANAFE

Corregedor Geral da Justiça e Relator

Apelação Cível nº 1001910-78.2019.8.26.0390

Apelante: Triangulo Mineiro Transmissora S/A

Apelado: Oficial do Registro de Imóveis, Títulos e Documentos e Civil das Pessoas Jurídicas da Comarca de Nova Granada-sp

VOTO Nº 31.201

Registro de Imóveis – Dúvida inversa – Título judicial – Servidão administrativa – Especialidade objetiva – Título que não permite identificar o lugar da servidão no imóvel serviente – Impossibilidade de deferir-se o pretendido registro – Óbice mantido – Nega-se provimento à apelação.

1. Trata-se de recurso de apelação (fl. 125/142) interposto por Triângulo Mineiro Transmissora S. A. contra a r. sentença (fl. 116/119) proferida pelo MM. Juízo Corregedor Permanente do Oficial de Registro de Imóveis, Títulos e Documentos e Civil de Pessoa Jurídica da Comarca de Nova Granada, que confirmando os óbices apresentados na nota devolutiva (fl. 93-94), julgou procedente a dúvida inversa e manteve a recusa de registro *stricto sensu* de servidão administrativa (fl. 63/90) na matrícula nº 11.092 daquele cartório (fl. 75/76).

Segundo a sentença, razão assiste o Oficial de Registro de Imóveis quando afirma que a descrição dada pela matrícula nº 11.092 não apresenta nenhum ponto de amarração com a descrição dada pelo título da servidão administrativa. Logo, o pretendido registro *stricto sensu* implica, se feito como rogado, ofenderia o princípio da especialidade objetiva, e dessa maneira a recusa foi correta.

Afirma a apelante, entretanto, que não há incerteza sobre o fato de que a servidão em exame realmente recaia sobre o imóvel da matrícula nº 11.092: afinal, isso não só foi constatado por perícia feita na ação de desapropriação, como ainda se conclui pela circunstância de que, tratando-se de servidão aparente, não houve nenhum reclamo de donos ou confrontantes acerca da extensão da faixa serviente ou de interferência com prédios lindeiros. Afirma que a dita faixa de servidão foi apurada com precisão geodésica, segundo as normas vigentes, tais como exigidas pela Agência Nacional de Energia Elétrica. Aduz que não cabe à recorrente fazer com que a descrição do imóvel serviente indique com precisão os pontos atingidos pela servidão: com efeito, esse dever toca ao dono, que, ele sim, tem de fazer localizar a linha de eletricidade dentro de seu imóvel, quando proceder ao levantamento das coordenadas georreferenciadas, providência para a qual, ademais, ainda não se consumou o prazo regulamentar, estendido, para a área em questão, até novembro de 2025.

Requer, portanto, que, dispensado o georreferenciamento da área do prédio serviente, seja deferido o registro da servidão, como rogado.

O Oficial de Registro manifestou-se, insistindo na manutenção da r. decisão recorrida (fl. 176/178).

A D. Procuradoria Geral de Justiça ofertou parecer (fl. 198/203).

É o relatório.

2. Note-se, de início, que a origem judicial do título (*in casu*, uma desapropriação forçada de servidão administrativa, documentada por carta de adjudicação) não o torna imune à qualificação registral, ainda que esta se limite, aí, aos requisitos formais do título e sua adequação aos princípios registrais (Normas de Serviço da Corregedoria Geral da Justiça - NSCGJ, Capítulo XX, item 117 ou, na época da qualificação, item 119). É pacífico, além disso, que a qualificação negativa não caracteriza nem desobediência nem descumprimento de decisão jurisdicional (Apelação Cível n. 413-6/7; Apelação Cível n. 0003968-52.2014.8.26.0453; Apelação Cível n. 0005176-34.2019.8.26.0344; e Apelação Cível n. 1001015-36.2019.8.26.0223).

In medias res: como se vê no título (fl. 63-90), *toda* (frise-se) a faixa desapropriada para a servidão administrativa tem a seguinte caracterização (cf. fl. 66 e 74, especialmente):

"Inicia-se a descrição deste perímetro no vértice 1, situado no Km 31+530,74m da LT de coordenadas N 7.731.074,64m e E 672.416,10m; Cerca deste, segue confrontando ESTRADA MUNICIPAL, com os seguintes azimutes e distâncias: 118°34'01" e 30,24m até o vértice 2, de coordenadas N 7.731.060,17m e E 672.442,66m; deste, segue confrontando JESUS JOSÉ LOPES, com os seguintes azimutes e distâncias: 201°18'35" e 221,63m até o vértice 3, de coordenadas N 7.730.853,70m e E 672.362,12m; deste, segue confrontado NELSON DE LATIM, com os seguintes azimutes e distâncias: 325°05'03" e 36,09m até o vértice 4, de coordenadas N 7.730.883,30m e E 672.341.46m; deste, segue confrontando NELSON DE LATIM, com os seguintes azimutes e distâncias: 325°05'03" e 36,09m até o vértice 5, de coordenadas N 7.730.912.89m e E 672.320,80m; deste, segue confrontando JESUS JOSÉ LOPES, com os seguintes azimutes e distâncias: 21°18'35" e 189,14m até o vértice 6, de coordenadas N 7.731.089,10m e E 672.389,54m; deste, segue confrontando ESTRADA MUNICIPAL, com os seguintes azimutes e distâncias: 118°34'01" e 30,24, até vértice 1, ponto inicial da descrição deste perímetro."

"Jesus José Lopes" não é senão um dos proprietários do imóvel da matrícula nº 11.092, com relação à qual foi rogado o registro *stricto sensu* da servidão (cf. R. 8 a fls. 76), e ele e a sua mulher realmente foram partes na demanda concernente a essa desapropriação (fl. 77). Logo, está claro que existe relação entre o prédio objeto da matrícula nº 11.092 e o título apresentado ao ofício de registro de imóveis.

Ao contrário do que pretende a apelante, contudo, essa relação entre o título (fl. 63/90) e a matrícula (fl. 75/76) não basta para atender o princípio da especialidade e para permitir o pretendido registro *stricto sensu*.

Como diz a Lei nº 6.015, de 31 de dezembro de 1973, art. 225, § 2º, "consideram-se irregulares, para efeitos de matrícula, os títulos nos quais a caracterização do imóvel não coincida com a que consta do registro anterior". Ou seja, para que se respeite ao princípio da especialidade, não basta que se admita uma relação qualquer entre o título e a matrícula, mas é preciso que no caso específico da servidão de duto de eletricidade, que é contínua e aparente a descrição dada pelo título permita situar o direito por constituir dentro da área que já está matriculada: só assim, com efeito, é que a "caracterização do imóvel" (*rectius*, do direito por inscrever) "coincidirá" (*rectius*, guardará congruência) com o que está no "registro anterior". Porém, essa necessária congruência não se ocorre na hipótese destes autos, pois, como se acabou de ver, existe apenas descrição da *inteira* faixa afetada pela servidão, sem que, porém, se tivesse *especificado* onde é que ela recai dentro da área matriculada, concretamente.

Portanto, o problema não se coloca na existência ou não de georreferenciamento do imóvel da matrícula nº 11.092. Ainda que houvesse coordenadas georreferenciadas para o todo, o pretendido registro *stricto sensu* só teria lugar se o título também trouxesse o lugar da servidão no imóvel serviente. Porém, como dito, isso não se fez, e agora não é lícito deferir-se o registro pretendido, que estaria então em desacordo com a exigência legal de especialidade dos direitos reais inscritos (cf. Lei n. 6.015/1973, art. 176, § 1º, II, 3, e §§ 3º a 5º e 13, e art. 225; NSCGJ, XX, itens 10.1, 10.1.1, 10.3, 54.3, 54.5, 56 *c*, 57 a 60, 63 a 67, 69 e 70).

Acrescente-se que a imposição de georreferenciamento da área do prédio serviente não é sequer cabível, porque, conforme a sua extensão (= cerca de 15 hectares fl. 75), o prazo para tanto só se encerra em 20 de novembro de 2025 (Decreto nº 4.449, de 30 de outubro de 2002, art. 10, VII, com a redação dada pelo Decreto nº 9.311, de 15 de março de 2018, art. 50), e esse é outra circunstância a confirmar que a deficiência impeditiva da inscrição está na má formação do título, e não, propriamente, na matrícula nº 11.902.

Em suma: ainda que por fundamento distinto daquele que constara na nota devolutiva e fora confirmado pelo r. *decisum* apelado (isto é, a necessidade de georreferenciamento da área do imóvel serviente), não se pode deferir pretendido registro *stricto sensu,* por deficiência do relativo título (que não dá especialidade ao direito por inscrever), e a recusa tem de ser mantida.

3. À vista do exposto, pelo meu voto, nego provimento à apelação.

RICARDO ANAFE

Corregedor Geral da Justiça e Relator. (– DJe de 11.09.2020 – SP)

PODER JUDICIÁRIO

TRIBUNAL DE JUSTIÇA DO ESTADO DE SÃO PAULO

CONSELHO SUPERIOR DA MAGISTRATURA

Apelação Cível nº 1006984-12.2018.8.26.0047

Registro: 2020.000413360

ACÓRDÃO

Vistos, relatados e discutidos estes autos de **Apelação Cível nº 1006984-12.2018.8.26.0047**, da Comarca de **Assis**, em que é apelante **TRIANGULO MINEIRO TRANSMISSORA S/A**, é apelado **OFICIAL DE REGISTRO DE IMÓVEIS E ANEXOS DA COMARCA DE ASSIS.**

ACORDAM, em Conselho Superior de Magistratura do Tribunal de Justiça de São Paulo, proferir a seguinte decisão: **"Deram provimento à apelação para afastar os óbices apresentados pelo Sr. Oficial Registrador e julgar improcedente a dúvida, v.u.",** de conformidade com o voto do Relator, que integra este acórdão.

O julgamento teve a participação dos Exmos. Desembargadores **PINHEIRO FRANCO (PRESIDENTE TRIBUNAL DE JUSTIÇA) (Presidente), LUIS SOARES DE MELLO (VICE PRESIDENTE), XAVIER DE AQUINO (DECANO), GUILHERME G. STRENGER (PRES. SEÇÃO DE DIREITO CRIMINAL), MAGALHÃES COELHO(PRES. DA SEÇÃO DE DIREITO PÚBLICO) E DIMAS RUBENS FONSECA (PRES. DA SEÇÃO DE DIREITO PRIVADO).**

São Paulo, 5 de junho de 2020.

RICARDO ANAFE

Corregedor Geral da Justiça e Relator

Apelação Cível nº 1006984-12.2018.8.26.0047

Apelante: TRIANGULO MINEIRO TRANSMISSORA S/A

Apelado: Oficial de Registro de Imóveis e Anexos da Comarca de Assis

VOTO Nº 31.098

Registro de Imóveis – Título judicial – Servidão administrativa – Dúvida julgada procedente pela MM.ª Juíza Corregedora Permanente – Inscrição do imóvel no Cadastro Ambiental Rural (CAR) que não pode ser imposta à concessionária de serviço público – Emolumentos que devem ser fixados segundo a avaliação estabelecida na ação judicial, nos moldes do art. 7º, parágrafo único, da Lei Estadual nº 11.331/2002 – Exigências afastadas com base em precedentes do Conselho Superior da Magistratura – Especialidade objetiva – Impossibilidade de identificar a servidão dentro da área do imóvel atingido, em razão da ausência de planta e memorial descritivo com pontos de amarração – Óbice mantido – Nega-se provimento ao recurso de apelação.

1. Trata-se de recurso de apelação interposto por *Triângulo Mineiro Transmissora S.A.* em face da r. sentença proferida pela MM.ª Juíza Corregedora Permanente do Oficial de Registro de Imóveis e Anexos da Comarca de Assis/SP, que julgou procedente a dúvida suscitada e manteve a recusa de registro de servidão administrativa junto à matrícula nº 1.963 daquela serventia extrajudicial (fl. 89/92), confirmando os óbices apresentados na nota devolutiva emitida pelo registrador (fl. 12/13).

Afirma a apelante, em síntese, que a servidão administrativa está perfeitamente descrita no memorial descritivo e planta do imóvel apresentados em conformidade com a prova pericial elaborada nos autos do Processo nº 1007599-41.2014.8.26.0047, da 3ª Vara Cível da Comarca de Assis/SP, o que afasta qualquer dúvida de que esteja inserida nos limites da propriedade rural denominada Fazenda Bom Retiro, objeto da matrícula nº 1.963. Aduz, assim, que a obrigação de providenciar o georreferenciamento do imóvel serviente é do proprietário da área, sobretudo porque a servidão administrativa já está devidamente georreferenciada. Ainda, sustenta não estar obrigada à inscrição do imóvel no Cadastro Ambiental Rural – CAR, bem como que as custas e os emolumentos deve ser calculados com base no valor econômico apurado na ação judicial que instituiu a servidão administrativa (fl. 115/132).

O Sr. Oficial de Registro manifestou-se nos autos, insistindo na manutenção da r. decisão recorrida (fl. 177/182).

A D. Procuradoria Geral de Justiça ofertou parecer (fl. 207/212).

É o relatório.

2. A apelante, concessionária de serviço público de transmissão de energia elétrica, por sentença proferida em ação judicial teve instituída, em seu favor, servidão administrativa sobre uma faixa de terras, declarada de utilidade pública, inserida em imóvel rural objeto da matrícula nº 1.963 do Registro de Imóveis e Anexos da Comarca de Assis/SP.

Contudo, o mandado judicial expedido nos autos da ação de instituição de servidão administrativa (Processo nº 1007599-41.2014.8.26.0047, da 3ª Vara Cível da Comarca de Assis/SP), apresentado a registro pela apelante, foi negativamente qualificado pelo Sr. Oficial Registrador, que apresentou as seguintes exigências: i) apresentar a planta e memorial descritivo do imóvel serviente, com a localização da respectiva servidão, a fim de que seja preservado o princípio da especialidade objetiva, e juntar a Anotação de Responsabilidade Técnica – ART, devidamente quitada, emitida pelo profissional responsável pelo levantamento; ii) apresentar comprovação da inscrição no Cadastro Ambiental Rural – CAR do imóvel objeto da matrícula nº 1.963; iii) juntar a última declaração do ITR, bem como a certidão negativa de débitos do ITR, para fins de cálculo das custas e emolumentos devidos para a prática do ato registrário.

Desde logo, importa lembrar que a origem judicial do título não o torna imune à qualificação registral, ainda que limitada aos requisitos formais do título e sua adequação aos princípios registrais, conforme disposto no item 119 do Capítulo XX das Normas de Serviço da Corregedoria Geral da Justiça1, vigente à época da qualificação (atual item 117). Está pacificado, inclusive, que a qualificação negativa não caracteriza desobediência ou descumprimento de decisão judicial2.

No que diz respeito à necessidade de prévia inscrição do imóvel serviente junto ao Cadastro Ambiental Rural – CAR e de apresentação da documentação relativa ao ITR, importa anotar que este C. Conselho Superior da Magistratura, apreciando hipótese bastante semelhante àquela versada nos presentes autos, entendeu, recentemente, que as exigências formuladas pelo registrador não merecem subsistir. A propósito, assim ficou decidido:

"Registro de Imóveis – Servidão administrativa instituída por decisão judicial – I – Exigência de prévia averbação da inscrição do imóvel serviente no Cadastro Ambiental Rural – CAR que não deve subsistir. 'Servidão administrativa' não se confunde com 'servidão de passagem' para os fins do item 125.2 das NSCGJ – Informações que integram o CAR devem partir do proprietário ou possuidor do bem imóvel (objeto da inscrição), nos moldes da Lei nº 12.651/2012 e do Decreto nº 7.830/2012, e não da empresa concessionária do serviço público de transmissão de energia elétrica, até mesmo porque têm o condão de criar restrições de uso para os primeiros (delimitação dos remanescentes de vegetação nativa, das Áreas de Preservação Permanente, das Áreas de Uso Restrito, das áreas consolidadas e, caso existente, também da localização da Reserva Legal, nos moldes do art. 29, §1º, III, da Lei nº 12.651/2012) – Elaboração do CAR pela empresa concessionária que acarretaria, ainda, ônus desproporcional à extensão do direito de servidão administrativa – II – Emolumentos que devem ser fixados em consideração à avaliação estabelecida na demanda judicial, nos moldes do art. 7º, parágrafo único, da Lei Estadual nº 11.331/2002 – Recurso provido, para afastar a dúvida suscitada pelo Oficial de Registro de Imóveis da Comarca de Assis-SP" (TJSP; Apelação Cível nº 1002363-69.2018.8.26.0047; Relator (a): Pereira Calças (Presidente Tribunal de Justiça); Órgão Julgador: Conselho Superior de Magistratura; Foro de Assis – 1ª Vara Cível; Data do Julgamento: 30/04/2019; Data de Registro: 21/05/2019).

Para efetiva compreensão das razões que levaram ao afastamento dos referidos óbices pelo C. Conselho Superior da Magistratura, vale a transcrição de parte do voto vencedor proferido nos autos da Apelação nº 1002363-69.2018.8.26.0047:

> **"O Cadastro Ambiental Rural, criado pela Lei nº 12.651/2012 (Código Florestal), consiste em registro público eletrônico integrante do**

Sistema Nacional de Informação sobre Meio Ambiente SINIMA, contemplando, nos termos do art. 5º do Decreto nº 7.830/2012, 'os dados do proprietário, possuidor rural ou responsável direto pelo imóvel rural, a respectiva planta georreferenciada do perímetro do imóvel, das áreas de interesse social e das áreas de utilidade pública, com a informação da localização dos remanescentes de vegetação nativa, das Áreas de Preservação Permanente, das Áreas de Uso Restrito, das áreas consolidadas e da localização das Reservas Legais.' Cuidando-se de pequena propriedade familiar, a planta georreferenciada pode ser substituída por croqui que indique o perímetro do imóvel, as Áreas de Preservação Permanente e os remanescentes que formam a Reserva Legal, consoante art. 8º, caput, do mesmo Decreto.

As informações acima listadas, ante a sua complexidade e significativa extensão, devem ser fornecidas pelo proprietário ou possuidor do imóvel, conforme determina o art. 29, §1º, da Lei nº 12.651/2012 ('A inscrição do imóvel rural no CAR deverá ser feita, preferencialmente, no órgão ambiental municipal ou estadual, que, nos termos do regulamento, exigirá do proprietário ou possuidor rural: I identificação do proprietário ou possuidor rural; II comprovação da propriedade ou posse; III identificação do imóvel por meio de planta e memorial descritivo, contendo a indicação das coordenadas geográficas com pelo menos um ponto de amarração do perímetro do imóvel, informando a localização dos remanescentes de vegetação nativa, das Áreas de Preservação Permanente, das Áreas de Uso Restrito, das áreas consolidadas e, caso existente, também da localização da Reserva Legal').

Outrossim, dispõe o art. 5º, §4º, do Decreto nº 7.830/2012, que 'a atualização ou alteração dos dados inseridos no CAR só poderão ser efetuadas pelo proprietário ou possuidor rural ou representante legalmente constituído.'

É certo que, uma vez efetivada a inscrição no CAR, a averbação do respectivo número junto ao Cartório de Registro de Imóveis pode ser feita por iniciativa de 'qualquer pessoa', como prevê o item 125.3 do capítulo XX das NSCGJ.

Contudo, nos casos em que o proprietário ou possuidor deixou de realizar o cadastro ambiental (hipótese sub examine), não se pode exigir que o titular de servidão administrativa promova, por si mesmo, a regularização do imóvel perante o SINIMA, para só então solicitar a averbação do respectivo número ao CRI e obter, finalmente, o registro do direito de servidão.

Primeiro, porque, como visto, as informações que integram o CAR devem partir do proprietário ou possuidor do bem imóvel (objeto da inscrição), nos moldes da Lei nº 12.651/2012 e do Decreto nº 7.830/2012. Até mesmo porque a inscrição no CAR, por demandar a 'localização dos remanescentes de vegetação nativa, das Áreas de Preservação Permanente, das Áreas de Uso Restrito, das áreas consolidadas e, caso existente, também da localização da Reserva Legal' (art. 29, §1º, III, da Lei nº 12.651/2012), tem o condão de criar restrições de uso (obrigações de não fazer) para o proprietário ou possuidor. Não parece adequado, nesse contexto, que o titular de servidão administrativa, a qual atinge apenas uma fração do imóvel serviente (diminuta, no mais das vezes), possa estabelecer os limites de uso e fruição de todo o imóvel, afetando direitos alheios (do proprietário e do possuidor). Segundo, porque a elaboração do CAR pela empresa concessionária acarretaria ônus desproporcional à extensão do direito de servidão administrativa, podendo prejudicar, em última análise, o atendimento dos interesses da coletividade.

(...)

Possível imaginar, ainda, os efeitos negativos potencializados em escala nacional, caso exigidas tais providências das concessionárias de energia elétrica, para todas as propriedades sem CAR pelas quais passem as redes de transmissão.

(...)

É preciso salientar, no entanto, que a Lei nº 12.651/2012 dispensa a criação de Reserva Legal sobre 'áreas adquiridas ou desapropriadas por detentor de concessão, permissão ou autorização para exploração de potencial de energia hidráulica, nas quais funcionem empreendimentos de geração de energia elétrica, subestações ou sejam instaladas linhas de transmissão e de distribuição de energia elétrica' (art. 12, §7º). Logo, nesse cenário, a delimitação da Reserva Legal continua a cargo do proprietário, que deve excluir do cálculo da Reserva o trecho abrangido pela utilidade pública (art. 23, inciso I, da Instrução Normativa MMA nº 02/2014).

(...)

Sustenta o Sr. Oficial que a exibição da declaração de ITR se prestaria à verificação do 'maior valor' entre aqueles arrolados nos incisos I a III do art. 7º (preço do imóvel, valor lançado para fins de ITR ou base de cálculo do ITBI), conforme dispõe o caput do mesmo dispositivo. Todavia, o caso em análise subsume-se ao parágrafo único do art. 7º, que vincula a base de cálculo dos emolumentos ao valor atribuído à coisa em

sede de ação judicial ou procedimento fiscal (exceção à regra do caput). Assim, a quantia indenizatória fixada em favor do proprietário do imóvel (art. 40 do Decreto-Lei nº 3.365/1941) dá a justa dimensão patrimonial da servidão, devendo ser utilizada como parâmetro na apuração das despesas registrais".

No mais, em que pese a realização de prova técnica no bojo da ação judicial em que instituída a servidão administrativa em favor da apelante, com a indicação das coordenadas geográficas e geodésicas da área (fl. 26), não foram apresentados, nestes autos, planta ou memorial descritivo com pontos de amarração que permitam identificar em que parte da matrícula nº 1.963 se encontra a área sujeita à servidão.

São diversos os precedentes deste Egrégio Conselho Superior da Magistratura no sentido de que o registro da servidão administrativa se submete a todos os princípios informadores dos registros públicos**[3]**. A propósito, já ficou decidido que:

> **"Registro de Imóveis – Dúvida Inversa – Carta de sentença – Servidão administrativa – Princípio da especialidade objetiva – Impossibilidade de identificar a servidão dentro da área de cada um dos imóveis atingidos, em razão da descrição deficiente nas respectivas matrículas – Dúvida julgada procedente – Recurso desprovido."** (TJSP; Apelação Cível 1005785-19.2017.8.26.0037; Relator (a): Pinheiro Franco (Corregedor Geral); Órgão Julgador: Conselho Superior de Magistratura; Foro de Araraquara – 6ª Vara Cível; Data do Julgamento: 17/12/2018; Data de Registro: 19/12/2018).

No referido voto, ficou expressamente consignado que:

> **"A servidão administrativa proporciona utilidade para o prédio dominante e grava o prédio serviente, que pertence a proprietário diverso, com força de limitação administrativa. Uma vez registrada, grava o direito real em favor de seu titular, no caso, a Administração Pública ou suas concessionárias.**
>
> **Ora, não se pode admitir a constituição de um direito real sem a necessária certeza sobre a amarração da área objeto da servidão à base territorial sobre a qual está sendo implantada.**
>
> **É verdade que as servidões administrativas não possuem natureza similar à da desapropriação, como modo de aquisição de domínio; entretanto, de outro enfoque, traduzem gravame e limitam o exercício da propriedade, com natureza pública, instituído sobre imóvel alheio.**
>
> **Não se pode falar em mitigação da especialidade objetiva para atos de registro constitutivo de um novo direito real, sob pena de ofensa a todos os princípios de segurança jurídica e publicidade afetos ao serviço de registro imobiliário."**

Assim sendo, correta a exigência formulada pelo registrador, quanto à necessidade de apresentação de planta e memorial descritivo do imóvel objeto do imóvel serviente, com a localização da respectiva servidão, a fim de que seja preservado o princípio da especialidade objetiva.

3. À vista do exposto, pelo meu voto, nego provimento à apelação.

RICARDO ANAFE

Corregedor Geral da Justiça e Relator.

Notas:

[1] *119. Incumbe ao oficial impedir o registro de título que não satisfaça os requisitos exigidos pela lei, quer sejam consubstanciados em instrumento público ou particular, quer em atos judiciais.*

[2] Apelação Cível n° 413-6/7; Apelação Cível nº 0003968-52.2014.8.26.0453; Apelação Cível nº 0005176-34.2019.8.26.0344; Apelação Cível nº 1001015-36.2019.8.26.0223. (– DJe de 19.06.2020 – SP)

PODER JUDICIÁRIO

TRIBUNAL DE JUSTIÇA DO ESTADO DE SÃO PAULO

CONSELHO SUPERIOR DA MAGISTRATURA

Apelação nº 1006983-27.2018.8.26.0047

Registro: 2020.0000282841

ACÓRDÃO

Vistos, relatados e discutidos estes autos de **Apelação Cível nº 1006983-27.2018.8.26.0047**, da Comarca de **Assis**, em que é apelante **TRIANGULO MINEIRO TRANSMISSORA S/A**, é apelado **OFICIAL DE REGISTRO DE IMÓVEIS, TÍTULOS E DOCUMENTOS E CIVIL DAS PESSOAS JURÍDICAS DA COMARCA DE ASSIS.**

ACORDAM, em Conselho Superior de Magistratura do Tribunal de Justiça de São Paulo, proferir a seguinte decisão: **"Deram provimento à apelação, v.u.",** de conformidade com o voto do Relator, que integra este acórdão.

O julgamento teve a participação dos Exmos. Desembargadores **PINHEIRO FRANCO (PRESIDENTE TRIBUNAL DE JUSTIÇA) (Presidente), LUIS SOARES DE MELLO (VICE PRESIDENTE), XAVIER DE AQUINO (DECANO), GUILHERME G. STRENGER (PRES. SEÇÃO DE DIREITO CRIMINAL), MAGALHÃES COELHO(PRES. DA SEÇÃO**

DE DIREITO PÚBLICO) E DIMAS RUBENS FONSECA (PRES. DA SEÇÃO DE DIREITO PRIVADO).

São Paulo, 15 de abril de 2020.

RICARDO ANAFE

Corregedor Geral da Justiça e Relator

Apelação Cível nº 1006983-27.2018.8.26.0047

Apelante: TRIANGULO MINEIRO TRANSMISSORA S/A

Apelado: Oficial de Registro de Imóveis, Títulos e Documentos e Civil das Pessoas Jurídicas da Comarca de Assis

VOTO Nº 31.129

Registro de Imóveis – Título judicial – Servidão administrativa – Dúvida julgada procedente pela MM.ª Juíza Corregedora Permanente – Inscrição do imóvel no Cadastro Ambiental Rural (CAR) que não pode ser imposta à concessionária de serviço público – Emolumentos que devem ser fixados segundo a avaliação estabelecida na ação judicial, nos moldes do art. 7º, parágrafo único, da Lei Estadual nº 11.331/2002 – Exigências afastadas com base em precedentes do Conselho Superior da Magistratura – Óbice afastado – Apelação a que se dá provimento.

1. Trata-se de recurso de apelação interposto por *Triângulo Mineiro Transmissora S.A.* em face da r. sentença proferida pela MM.ª Juíza Corregedora Permanente do Oficial de Registro de Imóveis e Anexos da Comarca de Assis/SP, que julgou procedente a dúvida suscitada e manteve a recusa de registro de servidão administrativa junto à matrícula nº 50.053 daquela serventia extrajudicial (fl. 98/100), confirmando os óbices apresentados na nota devolutiva emitida pelo registrador (fl. 10).

A Nota de Exigência indicou como motivos de recusa do ingresso do título: *"(i) providenciar a prévia averbação da inscrição no Cadastro Ambiental Rural do imóvel objeto da matrícula n.º 50.053, acompanhado do comprovante de inscrição, que se tornou condição para registro de servidão em imóveis rurais, nos termos da alínea "b" do item 125 e dos subitens 125.1 e 125.2, do Capítulo XX, das Normas de Serviço da CGJ/SP, com as alterações do Provimento CG n.º 37/2013; (ii) juntar a última Declaração do ITR (recibo de entrega e DIAC-DIAT) referente ao exercício de 2017, correspondente ao imóvel objeto da matrícula acima citada, para que seja possível a verificação do valor tributário do imóvel e, assim, cálculo das custas e emolumentos correspondentes ao registro pretendido".*

Sustenta a apelante, em síntese, não estar obrigada à inscrição do imóvel no Cadastro Ambiental Rural CAR, bem como que as custas e os emolumentos devem ser calculados com base no valor econômico apurado na ação judicial que instituiu a servidão administrativa (fl. 123/133).

A D. Procuradoria Geral de Justiça ofertou parecer, opinando pelo provimento do apelo (fl. 198/200).

É o relatório.

2. A apelante, concessionária de serviço público de transmissão de energia elétrica, por sentença proferida em ação judicial teve instituída, em seu favor, servidão administrativa sobre uma faixa de terras, declarada de utilidade pública, inserida em imóvel rural objeto da matrícula nº 50.053 do Registro de Imóveis e Anexos da Comarca de Assis/SP.

Contudo, o mandado judicial expedido nos autos da ação de instituição de servidão administrativa (Processo nº 1007597-71.2014.8.26.0047, da 1ª Vara Cível da Comarca de Assis/SP), apresentado a registro pela apelante, foi negativamente qualificado pelo Sr. Oficial Registrador.

Desde logo, importa lembrar que a origem judicial do título não o torna imune à qualificação registral, ainda que limitada aos requisitos formais do título e sua adequação aos princípios registrais, conforme disposto no item 119 do Capítulo XX das Normas de Serviço da Corregedoria Geral da Justiça**[1]**, vigente à época da qualificação (atual item 117). Está pacificado, inclusive, que a qualificação negativa não caracteriza desobediência ou descumprimento de decisão judicial**[2]**.

No que diz respeito à necessidade de prévia inscrição do imóvel serviente junto ao Cadastro Ambiental Rural CAR e de apresentação da documentação relativa ao ITR, importa anotar que este C. Conselho Superior da Magistratura, apreciando hipótese bastante semelhante àquela versada nos presentes autos, entendeu, recentemente, que as exigências formuladas pelo registrador não merecem subsistir.

A propósito, assim ficou decidido:

> **"Registro de Imóveis – Servidão administrativa instituída por decisão judicial – I – Exigência de prévia averbação da inscrição do imóvel serviente no Cadastro Ambiental Rural CAR que não deve subsistir – 'Servidão administrativa' não se confunde com 'servidão de passagem' para os fins do item 125.2 das NSCGJ – Informações que integram o CAR devem partir do proprietário ou possuidor do bem imóvel (objeto da inscrição), nos moldes da Lei nº 12.651/2012 e do Decreto nº 7.830/2012, e não da empresa concessionária do serviço**

público de transmissão de energia elétrica, até mesmo porque têm o condão de criar restrições de uso para os primeiros (delimitação dos remanescentes de vegetação nativa, das Áreas de Preservação Permanente, das Áreas de Uso Restrito, das áreas consolidadas e, caso existente, também da localização da Reserva Legal, nos moldes do art. 29, §1º, III, da Lei nº 12.651/2012) – Elaboração do CAR pela empresa concessionária que acarretaria, ainda, ônus desproporcional à extensão do direito de servidão administrativa – II – Emolumentos que devem ser fixados em consideração à avaliação estabelecida na demanda judicial, nos moldes do art. 7º, parágrafo único, da Lei Estadual nº 11.331/2002 – Recurso provido, para afastar a dúvida suscitada pelo Oficial de Registro de Imóveis da Comarca de Assis-SP" (TJSP; Apelação Cível nº 1002363-69.2018.8.26.0047; Relator (a): Pereira Calças (Presidente Tribunal de Justiça); Órgão Julgador: Conselho Superior de Magistratura; Foro de Assis – 1ª Vara Cível; Data do Julgamento: 30/04/2019; Data de Registro: 21/05/2019).

Para efetiva compreensão das razões que levaram ao afastamento dos referidos óbices pelo C. Conselho Superior da Magistratura, vale a transcrição de parte do voto vencedor proferido nos autos da Apelação nº 1002363-69.2018.8.26.0047:

"O Cadastro Ambiental Rural, criado pela Lei nº 12.651/2012 (Código Florestal), consiste em registro público eletrônico integrante do Sistema Nacional de Informação sobre Meio Ambiente SINIMA, contemplando, nos termos do art. 5º do Decreto nº 7.830/2012, 'os dados do proprietário, possuidor rural ou responsável direto pelo imóvel rural, a respectiva planta georreferenciada do perímetro do imóvel, das áreas de interesse social e das áreas de utilidade pública, com a informação da localização dos remanescentes de vegetação nativa, das Áreas de Preservação Permanente, das Áreas de Uso Restrito, das áreas consolidadas e da localização das Reservas Legais.' Cuidando-se de pequena propriedade familiar, a planta georreferenciada pode ser substituída por croqui que indique o perímetro do imóvel, as Áreas de Preservação Permanente e os remanescentes que formam a Reserva Legal, consoante art. 8º, caput, do mesmo Decreto.

As informações acima listadas, ante a sua complexidade e significativa extensão, devem ser fornecidas pelo proprietário ou possuidor do imóvel, conforme determina o art. 29, §1º, da Lei nº 12.651/2012 ('A inscrição do imóvel rural no CAR deverá ser feita, preferencialmente, no órgão ambiental municipal ou estadual, que, nos termos do regulamento, exigirá do proprietário ou possuidor rural: I identificação do proprietário ou possuidor rural; II comprovação da propriedade ou posse; III identificação do imóvel por meio de planta e memorial descritivo, contendo a indicação das coordenadas geográficas com pelo menos um ponto de amarração do perímetro do imóvel, informando a localização dos remanescentes de vegetação nativa, das Áreas de Preservação Permanente, das Áreas de Uso Restrito, das áreas consolidadas e, caso existente, também da localização da Reserva Legal').

Outrossim, dispõe o art. 5º, §4º, do Decreto nº 7.830/2012, que 'a atualização ou alteração dos dados inseridos no CAR só poderão ser efetuadas pelo proprietário ou possuidor rural ou representante legalmente constituído.'

É certo que, uma vez efetivada a inscrição no CAR, a averbação do respectivo número junto ao Cartório de Registro de Imóveis pode ser feita por iniciativa de 'qualquer pessoa', como prevê o item 125.3 do capítulo XX das NSCGJ.

Contudo, nos casos em que o proprietário ou possuidor deixou de realizar o cadastro ambiental (hipótese sub examine), não se pode exigir que o titular de servidão administrativa promova, por si mesmo, a regularização do imóvel perante o SINIMA, para só então solicitar a averbação do respectivo número ao CRI e obter, finalmente, o registro do direito de servidão.

Primeiro, porque, como visto, as informações que integram o CAR devem partir do proprietário ou possuidor do bem imóvel (objeto da inscrição), nos moldes da Lei nº 12.651/2012 e do Decreto nº 7.830/2012. Até mesmo porque a inscrição no CAR, por demandar a 'localização dos remanescentes de vegetação nativa, das Áreas de Preservação Permanente, das Áreas de Uso Restrito, das áreas consolidadas e, caso existente, também da localização da Reserva Legal' (art. 29, §1º, III, da Lei nº 12.651/2012), tem o condão de criar restrições de uso (obrigações de não fazer) para o proprietário ou possuidor. Não parece adequado, nesse contexto, que o titular de servidão administrativa, a qual atinge apenas uma fração do imóvel serviente (diminuta, no mais das vezes), possa estabelecer os limites de uso e fruição de todo o imóvel, afetando direitos alheios (do proprietário e do possuidor). Segundo, porque a elaboração do CAR pela empresa concessionária acarretaria ônus desproporcional à extensão do direito de servidão administrativa, podendo prejudicar, em última análise, o atendimento dos interesses da coletividade.

(...)

Possível imaginar, ainda, os efeitos negativos potencializados em escala nacional, caso exigidas tais providências das concessionárias de energia elétrica, para todas as propriedades sem CAR pelas quais passem as redes de transmissão.

(...)

É preciso salientar, no entanto, que a Lei nº 12.651/2012 dispensa a criação de Reserva Legal sobre 'áreas adquiridas ou desapropriadas por detentor de concessão, permissão ou autorização para exploração de potencial de energia hidráulica, nas quais funcionem empreendimentos de geração de energia elétrica, subestações ou sejam instaladas linhas de transmissão e de distribuição de energia elétrica' (art. 12, §7º). Logo, nesse cenário, a delimitação da Reserva Legal continua a cargo do proprietário, que deve excluir do cálculo da Reserva o trecho abrangido pela utilidade pública (art. 23, inciso I, da Instrução Normativa MMA nº 02/2014).

(...)

Sustenta o Sr. Oficial que a exibição da declaração de ITR se prestaria à verificação do 'maior valor' entre aqueles arrolados nos incisos I a III do art. 7º (preço do imóvel, valor lançado para fins de ITR ou base de cálculo do ITBI), conforme dispõe o caput do mesmo dispositivo. Todavia, o caso em análise subsume-se ao parágrafo único do art. 7º, que vincula a base de cálculo dos emolumentos ao valor atribuído à coisa em sede de ação judicial ou procedimento fiscal (exceção à regra do caput). Assim, a quantia indenizatória fixada em favor do proprietário do imóvel (art. 40 do Decreto-Lei nº 3.365/1941) dá a justa dimensão patrimonial da servidão, devendo ser utilizada como parâmetro na apuração das despesas registrais".

3. À vista do exposto, pelo meu voto, dou provimento à apelação.

RICARDO ANAFE

Corregedor Geral da Justiça e Relator.

Notas:

[1] *119. Incumbe ao oficial impedir o registro de título que não satisfaça os requisitos exigidos pela lei, quer sejam consubstanciados em instrumento público ou particular, quer em atos judiciais.*

[2] Apelação Cível nº 413-6/7; Apelação Cível nº 0003968-52.2014.8.26.0453; Apelação Cível nº 0005176-34.2019.8.26.0344; Apelação Cível nº 1001015-36.2019.8.26.0223. (– DJe de 08.05.2020 – SP)

USUCAPIÃO

PODER JUDICIÁRIO

TRIBUNAL DE JUSTIÇA DO ESTADO DE SÃO PAULO

CONSELHO SUPERIOR DA MAGISTRATURA

Apelação nº 1000288-27.2020.8.26.0390

Registro: 2020.0000722659

ACÓRDÃO

Vistos, relatados e discutidos estes autos de **Apelação Cível nº 1000288-27.2020.8.26.0390,** da Comarca de **Nova Granada**, em que é apelante **TRIÂNGULO MINEIRO TRANSMISSORA S/A**, é apelado **OFICIAL DO REGISTRO DE IMÓVEIS, TÍTULOS E DOCUMENTOS E CIVIL DAS PESSOAS JURIDÍCAS DA COMARCA DE NOVA GRANADA-SP.**

ACORDAM, em Conselho Superior de Magistratura do Tribunal de Justiça de São Paulo, proferir a seguinte decisão: **"Negaram provimento ao recurso de apelação, v.u."**, de conformidade com o voto do Relator, que integra este acórdão.

O julgamento teve a participação dos Exmos. Desembargadores **PINHEIRO FRANCO (PRESIDENTE TRIBUNAL DE JUSTIÇA) (Presidente), LUIS SOARES DE MELLO (VICE PRESIDENTE), XAVIER DE AQUINO (DECANO), GUILHERME G. STRENGER (PRES. SEÇÃO DE DIREITO CRIMINAL), MAGALHÃES COELHO(PRES. DA SEÇÃO DE DIREITO PÚBLICO) E DIMAS RUBENS FONSECA (PRES. DA SEÇÃO DE DIREITO PRIVADO).**

São Paulo, 1º de setembro de 2020.

RICARDO ANAFE

Corregedor Geral da Justiça e Relator

Apelação Cível nº 1000288-27.2020.8.26.0390

Apelante: Triângulo Mineiro Transmissora S/A

Apelado: Oficial do Registro de Imóveis, Títulos e Documentos e Civil das Pessoas Juridícas da Comarca de Nova Granada-sp

VOTO Nº 31.217

Registro de Imóveis – Dúvida inversa Título judicial Servidão administrativa Especialidade objetiva – Título que não permite identificar o lugar da servidão no imóvel serviente – Impossibilidade de deferir-se o pretendido registro – Óbice mantido – Nega-se provimento à apelação.

1. Trata-se de recurso de apelação (fl. 118/134) interposto por Triângulo Mineiro Transmissora S. A. contra a r. sentença (fl. 108/111) proferida pelo MM. Juízo Corregedor Permanente do Oficial de Registro de Imóveis, Títulos e Documentos e Civil de Pessoa Jurídica da Comarca de Nova Granada, que confirmando os óbices apresentados na nota devolutiva (fl. 86-88), julgou procedente a dúvida inversa e manteve a recusa de registro *stricto sensu* de servidão administrativa (fl. 65/84) na matrícula nº 4.867 daquele cartório (cópia parcial a fl. 77/78).

Segundo a sentença, razão assiste o Oficial de Registro de Imóveis quando afirma que a descrição dada pela matrícula não apresenta nenhum ponto de amarração com a descrição dada pelo título da servidão administrativa. Logo, o pretendido registro *stricto sensu*, se feito como rogado, ofenderia o princípio da especialidade objetiva, e dessa maneira a recusa foi correta.

Afirma a apelante, entretanto, que não há incerteza sobre o fato de que a servidão em exame realmente recaia sobre o imóvel da matrícula em questão: afinal, isso não só foi constatado por perícia feita na ação de desapropriação, como ainda se conclui pela circunstância de que, tratando-se de servidão aparente, não houve nenhum reclamo de donos ou confrontantes acerca da extensão da faixa serviente ou de interferência com prédios lindeiros. Afirma que a dita faixa de servidão foi apurada com precisão geodésica, segundo as normas vigentes, tais como exigidas pela Agência Nacional de Energia Elétrica. Aduz que não cabe à recorrente fazer com que a descrição do imóvel serviente indique com precisão os pontos atingidos pela servidão: com efeito, esse dever toca ao dono, que, ele sim, tem de fazer localizar a linha de eletricidade dentro de seu imóvel, quando proceder ao levantamento das coordenadas georreferenciadas, providência para a qual, ademais, ainda não se consumou o prazo regulamentar, estendido, para a área em questão, até novembro de 2023. Requer, portanto, que, dispensado o georreferenciamento da área do prédio serviente, seja deferido o registro da servidão, como rogado.

O Oficial de Registro manifestou-se, insistindo na manutenção da r. decisão recorrida (fl. 162/164).

A D. Procuradoria Geral de Justiça ofertou parecer pelo não provimento do recurso (fl. 182/184).

É o relatório.

2. Note-se, de início, que a origem judicial do título (*in casu*, uma desapropriação forçada de servidão administrativa, documentada por carta de adjudicação) não o torna imune à qualificação registral, ainda que esta se limite, aí, aos requisitos formais do titulo e sua adequação aos princípios registrais (Normas de Serviço da Corregedoria Geral da Justiça NSCGJ, Capítulo XX, item 117 ou, na época da qualificação, item 119). É pacífico, além disso, que a qualificação negativa não caracteriza nem desobediência nem descumprimento de decisão jurisdicional (Apelação Cível n. 413-6/7; Apelação Cível n. 0003968-52.2014.8.26.0453; Apelação Cível n. 0005176-34.2019.8.26.0344; e Apelação Cível n. 1001015-36.2019.8.26.0223).

In medias res: como se vê no título (fl. 65/84), *toda* (frise-se) a faixa desapropriada para a servidão administrativa tem a seguinte caracterização (cf. fl. 68-69 e 79, especialmente):

"Faixa I Descrição: Faixa de terras medindo ao todo 0,9903 ha (noventa e nove ares e três centiares), possuindo os seguintes limites e confrontações: Inicia-se a descrição deste perímetro no vértice 1, situado no Km 22+970,62m da LT de coordenadas N 7.738.294,36m e E 677.072,51m; Cerca deste, segue confrontando do ALCINA DO NASCIMENTO, com os seguintes azimutes e distâncias: 144º50'38" e 33,61m até o vértice 2, de coordenadas N 7.738.266,87m e E 677.091,87m; deste, segue confrontando VALDOMIRO MARTINS, com os seguintes azimutes e distâncias: 208º02'08" e 164,92m até o vértice 3, de coordenadas N 7.738.121,31m e E 677.014,35m; deste, segue confrontado DAIANE DE LIMA JACOMERI, com os seguintes azimutes e distâncias: 324º53'42" e 33,63m até o vértice 4, de coordenadas N 7.738.148,82m e E 676.995,01m; deste, segue confrontando DAIANE DE LIMA JACOMERI, com os seguintes azimutes e distâncias: 324º43'08" e 33,58m até o vértice 5, de coordenadas N 7.738.176,23m e E 676.975,62m; deste, segue confrontando VALDOMIRO MARTINS, com os seguintes azimutes e distâncias: 28º02'08" e 165,51m até o vértice 6, de coordenadas N 7.738.322,31m e E 677.053,41m; deste, segue confrontando ALCINA DO NASCIMENTO, com os seguintes azimutes e distâncias: 145º39'39" e 33,86m até o vértice 1, ponto inicial da descrição deste perímetro".

"Valdomiro Martins" (ou "Waldomiro Martin") não é senão um dos proprietários do imóvel da matrícula nº 4.867, com relação à qual foi rogado o registro *stricto sensu* da servidão, e ele e a sua mulher realmente foram partes na demanda concernente a essa desapropriação (fl. 80). Logo, está claro que existe relação entre o prédio objeto da matrícula nº 4.867 e o título apresentado ao ofício de registro de imóveis.

Ao contrário do que pretende a apelante, contudo, essa relação entre o título e a matrícula não basta para atender o princípio da especialidade e para permitir o pretendido registro *stricto sensu*.

Como diz a Lei nº 6.015, de 31 de dezembro de 1973, art. 225, § 2º, "consideram-se irregulares, para efeitos de matrícula, os títulos nos quais a caracterização do imóvel não coincida com a que consta do registro anterior". Ou seja, para que se respeite ao princípio da especialidade, não basta que se admita uma relação qualquer entre o título e a matrícula, mas é preciso que no caso específico da servidão de duto de eletricidade, que é contínua e aparente a descrição dada pelo título permita situar o direito por constituir dentro da área que já está matriculada: só assim, com efeito, é que a "caracterização do imóvel" (*rectius*, do direito por inscrever) "coincidirá" (*rectius*, guardará congruência) com o que está no "registro anterior". Porém, essa necessária congruência não se ocorre na hipótese destes autos, pois, como se acabou de ver, existe apenas descrição da *inteira* faixa afetada pela servidão, sem que, porém, se tivesse *especificado* onde é que ela recai dentro da área matriculada, concretamente.

Portanto, o problema não se coloca na existência ou não de georreferenciamento do imóvel da matrícula nº 4.867. Ainda que houvesse coordenadas georreferenciadas para o todo, o pretendido registro *stricto sensu* só teria lugar se o título também trouxesse o lugar da servidão no imóvel serviente. Porém, como dito, isso não se fez, e agora não é lícito deferir-se o registro pretendido, que estaria então em desacordo com a exigência legal de especialidade dos direitos reais inscritos (cf. Lei n. 6.015/1973, art. 176, § 1º, II, 3, e §§ 3º a 5º e 13, e art. 225; NSCGJ, XX, itens 10.1, 10.1.1, 10.3, 54.3, 54.5, 56 *c*, 57 a 60, 63 a 67, 69 e 70).

Acrescente-se que a imposição de georreferenciamento da área do prédio serviente não é sequer cabível, porque, conforme a sua extensão (= menos de cem hectares, pelo que se alega), o prazo para tanto só se encerra em 20 de novembro de 2023 (Decreto nº 4.449, de 30 de outubro de 2002, art. 10, VI, com a redação dada pelo Decreto nº 9.311, de 15 de março de 2018, art. 50), e esse é outra circunstância a confirmar que a deficiência impeditiva da inscrição está na má formação do título, e não, propriamente, na matrícula nº 4.867.

Em suma: ainda que por fundamento distinto daquele que constara na nota devolutiva e fora confirmado pelo r. *decisum* apelado (isto é, a necessidade de georreferenciamento da área do imóvel serviente), não se pode deferir pretendido registro *stricto sensu*, por deficiência do relativo título (que não dá especialidade ao direito por inscrever), e a recusa tem de ser mantida.

3. À vista do exposto, pelo meu voto, nego provimento à apelação.

RICARDO ANAFE

Corregedor Geral da Justiça e Relator. (– DJe de 26.11.2020 – SP)

PODER JUDICIÁRIO

TRIBUNAL DE JUSTIÇA DO ESTADO DE SÃO PAULO

CONSELHO SUPERIOR DA MAGISTRATURA

Apelação nº 1000283-05.2020.8.26.0390

Registro: 2020.0000722683

ACÓRDÃO

Vistos, relatados e discutidos estes autos de **Apelação Cível nº 1000283-05.2020.8.26.0390**, da Comarca de **Nova Granada**, em que é apelante **TRIÂNGULO MINEIRO TRANSMISSORA S/A**, é apelado **OFICIAL DO REGISTRO DE IMÓVEIS, TÍTULOS E DOCUMENTOS E CIVIL DAS PESSOAS JURIDÍCAS DA COMARCA DE NOVA GRANADA-SP.**

ACORDAM, em Conselho Superior de Magistratura do Tribunal de Justiça de São Paulo, proferir a seguinte decisão: **"Negaram provimento ao recurso de apelação, v.u."**, de conformidade com o voto do Relator, que integra este acórdão.

O julgamento teve a participação dos Exmos. Desembargadores **PINHEIRO FRANCO (PRESIDENTE TRIBUNAL DE JUSTIÇA) (Presidente), LUIS SOARES DE MELLO (VICE PRESIDENTE), XAVIER DE AQUINO (DECANO), GUILHERME G. STRENGER (PRES. SEÇÃO DE DIREITO CRIMINAL), MAGALHÃES COELHO(PRES. DA SEÇÃO DE DIREITO PÚBLICO) E DIMAS RUBENS FONSECA (PRES. DA SEÇÃO DE DIREITO PRIVADO).**

São Paulo, 1º de setembro de 2020.

RICARDO ANAFE

Corregedor Geral da Justiça e Relator

Apelação Cível nº 1000283-05.2020.8.26.0390

Apelante: Triângulo Mineiro Transmissora S/A

Apelado: Oficial do Registro de Imóveis, Títulos e Documentos e Civil das Pessoas Jurídicas da Comarca de Nova Granada-SP

VOTO Nº 31.219

Registro de Imóveis – Dúvida inversa – Título judicial – Servidão administrativa – Especialidade objetiva – Título que não permite identificar o lugar da servidão no imóvel serviente – Impossibilidade de deferir-se o pretendido registro – Óbice mantido – Nega-se provimento à apelação.

1. Trata-se de recurso de apelação interposto por *Triângulo Mineiro Transmissora S.A.* em face da r. sentença proferida pelo MM Juiz Corregedor Permanente do Oficial de Registro de Imóveis e Anexos de Nova Granada/SP, que julgou improcedente a dúvida inversa suscitada e manteve a recusa de registro de servidão administrativa junto à matrícula nº 5.799 daquela serventia extrajudicial (fl. 117/133), confirmando o óbice apresentado na nota devolutiva emitida pelo registrador (fl. 88/90).

Afirma a apelante, em síntese, que a servidão administrativa está perfeitamente identificada dentro dos limites divisórios da propriedade atingida, não havendo dúvidas acerca de sua precisão locacional; a servidão administrativa está descrita no memorial descritivo e planta do imóvel apresentados em conformidade com a prova pericial elaborada nos autos do Processo nº 0002107-89.2015.8.26.0390, da Vara Única do Foro de Nova Granada/SP, o que afasta qualquer dúvida de que esteja inserida nos limites da propriedade rural denominada Sitio Santo Antônio, Imóvel Geral "Ingá ou Pitangueiras", objeto da matrícula nº 5.799. Aduz, assim, que a obrigação de providenciar o georreferenciamento do imóvel serviente é do proprietário da área, sobretudo porque a servidão administrativa já está devidamente georreferenciada.

O Sr. Oficial de Registro manifestou-se nos autos, insistindo na manutenção da r. decisão recorrida (fl. 166/168).

A D. Procuradoria Geral de Justiça ofertou parecer (fl. 181/183).

É o relatório.

2. A apelante, concessionária de serviço público de transmissão de energia elétrica, por sentença proferida em ação judicial teve instituída, em seu favor, servidão administrativa sobre uma faixa de terras, declarada de utilidade pública, inserida em imóvel rural objeto da matrícula nº 5.799 do Registro de Imóveis e Anexos da Comarca de Nova Granada/SP.

Contudo, o mandado judicial expedido nos autos da ação de instituição de servidão administrativa (Processo nº 0002107-89.2015.8.26.0390, da Vara Única do Foro de Nova Granada/SP), apresentado a registro pela apelante, foi negativamente qualificado pelo Sr. Oficial Registrador, que apresentou a seguinte exigência: *"apresentar georreferenciamento do imóvel todo, pois a descrição do imóvel, matrícula 5.799, não apresenta qualquer ponto de amarração com a descrição da servidão administrativa mencionada no título constante de folhas 04/05, ferindo assim o princípio da especialidade objetiva"*.

Desde logo, importa lembrar que a origem judicial do título não o torna imune à qualificação registral, ainda que limitada aos requisitos formais do título e sua adequação aos princípios registrais, conforme disposto no item 119 do Capítulo XX das Normas de Serviço da Corregedoria Geral da Justiça, vigente à época da qualificação (atual item 117).

Está pacificado, inclusive, que a qualificação negativa não caracteriza desobediência ou descumprimento de decisão judicial (Apelação Cível n. 413-6/7; Apelação Cível n. 0003968-52.2014.8.26.0453; Apelação Cível n. 0005176-34.2019.8.26.0344; e Apelação Cível n. 1001015-36.2019.8.26.0223).

O problema não se coloca na existência ou não de georreferenciamento do imóvel da matrícula nº 5.799. Ainda que houvesse coordenadas georreferenciadas para o todo, o pretendido registro *stricto sensu* só teria lugar se o título também trouxesse o lugar da servidão no imóvel serviente. Porém, isso não se fez, e agora não é lícito deferir-se o registro pretendido, que estaria então em desacordo com a exigência legal de especialidade dos direitos reais inscritos (cf. Lei nº 6.015/1973, art. 176, § 1º, II, 3, e §§ 3º a 5º e 13, e art. 225; NSCGJ, XX, itens 10.1, 10.1.1, 10.3, 54.3, 54.5, 56 *c*, 57 a 60, 63 a 67, 69 e 70).

Em que pese a realização de prova técnica no bojo da ação judicial em que instituída a servidão administrativa em favor da apelante, com a indicação das coordenadas geográficas e geodésicas da área, não foram apresentados, nestes autos, planta ou memorial descritivo com pontos de amarração que permitam identificar em que parte da matrícula nº 5.799 se encontra a área sujeita à servidão.

São diversos os precedentes deste Egrégio Conselho Superior da Magistratura no sentido de que o registro da servidão administrativa se submete a todos os princípios informadores dos registros públicos.

A propósito, já ficou decidido que:

> *"REGISTRO DE IMÓVEIS – Dúvida Inversa – Carta de sentença – Servidão administrativa – Princípio da especialidade objetiva – Impossibilidade de identificar a servidão dentro da área de cada um dos imóveis atingidos, em razão da descrição deficiente nas respectivas matrículas – Dúvida julgada procedente – Recurso desprovido."* (TJSP; Apelação Cível 1005785-19.2017.8.26.0037; Relator (a): Pinheiro Franco (Corregedor Geral); Órgão Julgador: Conselho Superior de Magistratura; Foro de Araraquara - 6ª Vara Cível; Data do Julgamento: 17/12/2018; Data de Registro: 19/12/2018).

No referido voto, ficou expressamente consignado que:

> *"A servidão administrativa proporciona utilidade para o prédio dominante e grava o prédio serviente, que pertence a proprietário diverso, com força de limitação administrativa. Uma vez registrada, grava o direito real em favor de seu titular, no caso, a Administração Pública ou suas concessionárias. Ora, não se pode admitir a constituição de um direito real sem a necessária certeza sobre a amarração da área objeto da servidão à base territorial sobre a qual está sendo implantada. É verdade que as servidões administrativas não possuem natureza similar à da desapropriação, como modo de aquisição de domínio; entretanto, de outro enfoque, traduzem gravame e limitam o*

exercício da propriedade, com natureza pública, instituído sobre imóvel alheio. Não se pode falar em mitigação da especialidade objetiva para atos de registro constitutivo de um novo direito real, sob pena de ofensa a todos os princípios de segurança jurídica e publicidade afetos ao serviço de registro imobiliário."

Acrescente-se que a imposição de georreferenciamento da área do prédio serviente não é sequer cabível, porque, conforme a sua extensão (= cerca de 36,30 ha fls. 77), o prazo para tanto só se encerra em 20 de novembro de 2023 (Decreto nº 4.449, de 30 de outubro de 2002, art. 10, VII, com a redação dada pelo Decreto nº 9.311, de 15 de março de 2018, art. 50), e essa é outra circunstância a confirmar que a deficiência impeditiva da inscrição está na má formação do título, e não, propriamente, na matrícula nº 5.799.

Nestes moldes, ainda que por fundamento distinto daquele que constara na nota devolutiva (isto é, a necessidade de georreferenciamento da área do imóvel serviente), não se pode deferir o pretendido registro *stricto sensu*, por deficiência do relativo título (que não dá especialidade ao direito por inscrever), mantendo-se a recusa.

3. À vista do exposto, pelo meu voto, nego provimento ao recurso de apelação.

RICARDO ANAFE

Corregedor Geral da Justiça e Relator. (– DJe de 06.11.2020 – SP)

PODER JUDICIÁRIO

TRIBUNAL DE JUSTIÇA DO ESTADO DE SÃO PAULO

CONSELHO SUPERIOR DA MAGISTRATURA

Apelação Cível nº 1001566-97.2019.8.26.0390

Registro: 2020.0000722666

ACÓRDÃO

Vistos, relatados e discutidos estes autos de **Apelação Cível nº 1001566-97.2019.8.26.0390**, da Comarca de **Nova Granada**, em que é apelante **TRIANGULO MINEIRO TRANSMISSORA S/A**, é apelado **OFICIAL DO REGISTRO DE IMÓVEIS, TÍTULOS E DOCUMENTOS E CIVIL DAS PESSOAS JURIDÍCAS DA COMARCA DE NOVA GRANADA-SP**.

ACORDAM, em Conselho Superior de Magistratura do Tribunal de Justiça de São Paulo, proferir a seguinte decisão: **"Negaram provimento ao recurso de apelação, v.u."**, de conformidade com o voto do Relator, que integra este acórdão.

O julgamento teve a participação dos Exmos. **PINHEIRO FRANCO (PRESIDENTE TRIBUNAL DE JUSTIÇA) (Presidente), LUIS SOARES DE MELLO (VICE PRESIDENTE), XAVIER DE AQUINO (DECANO), GUILHERME G. STRENGER (PRES. SEÇÃO DE DIREITO CRIMINAL), MAGALHÃES COELHO(PRES. DA SEÇÃO DE DIREITO PÚBLICO) E DIMAS RUBENS FONSECA (PRES. DA SEÇÃO DE DIREITO PRIVADO)**.

São Paulo, 1º de setembro de 2020.

RICARDO ANAFE

Corregedor Geral da Justiça e Relator

Apelação Cível nº 1001566-97.2019.8.26.0390

Apelante: Triangulo Mineiro Transmissora S/A

Apelado: Oficial do Registro de Imóveis, Títulos e Documentos e Civil das Pessoas Jurídicas da Comarca de Nova Granada-sp

VOTO Nº 31.209

Registro de Imóveis – Título judicial – Servidão administrativa – Especialidade objetiva – Impossibilidade de identificar a servidão dentro da área do imóvel atingido, em razão da ausência de planta e memorial descritivo com pontos de amarração – Óbice mantido – Recurso não provido.

1. Trata-se de recurso de apelação interposto por *Triângulo Mineiro Transmissora S.A.* em face da r. sentença proferida pelo MM. Juiz Corregedor Permanente do Oficial de Registro de Imóveis e Anexos da Comarca de Nova Granada/SP, que julgou procedente a dúvida suscitada e manteve a recusa de registro de servidão administrativa junto à matrícula nº 9.616 daquela serventia extrajudicial (fl. 123/126).

Afirma a apelante, em síntese, que a servidão administrativa está perfeitamente descrita em conformidade com a prova pericial elaborada nos autos do Processo nº 0003504-23.2014, da Vara Única de Nova Granada /SP, o que afasta qualquer dúvida de que esteja inserida nos limites da propriedade objeto da matrícula nº 9.616.

A D. Procuradoria Geral de Justiça ofertou parecer pelo não provimento (fl. 235/241).

É o relatório.

2. A apelante, concessionária de serviço público de transmissão de energia elétrica, por sentença proferida em ação judicial teve instituída, em seu favor, servidão administrativa sobre uma faixa de terras, declarada de utilidade pública, inserida em imóvel rural objeto da matrícula nº 9.616 do Registro de Imóveis e Anexos da Comarca de Nova Granada/SP.

Contudo, o mandado judicial expedido nos autos da ação de instituição de servidão administrativa (Processo nº 0003504-23.2014, da Vara Única de Nova Granada/SP), apresentado a registro pela apelante, foi negativamente qualificado pelo Sr. Oficial Registrador, que apresentou a seguinte exigência: *apresentar a planta e memorial descritivo do imóvel serviente, com a localização da respectiva servidão, a fim de que seja preservado o princípio da especialidade objetiva.*

Desde logo, importa lembrar que a origem judicial do título não o torna imune à qualificação registral, ainda que limitada aos requisitos formais do título e sua adequação aos princípios registrais, conforme disposto no item 119 do Capítulo XX das Normas de Serviço da Corregedoria Geral da Justiça **[1]**, vigente à época da qualificação (atual item 117). Está pacificado, inclusive, que a qualificação negativa não caracteriza desobediência ou descumprimento de decisão judicial **[2]**.

Em que pese a realização de prova técnica no bojo da ação judicial em que instituída a servidão administrativa em favor da apelante, com a indicação das coordenadas geográficas e geodésicas da área, não foram apresentados, nestes autos, planta ou memorial descritivo com pontos de amarração que permitam identificar em que parte da matrícula nº 9.616 se encontra a área sujeita à servidão.

São diversos os precedentes deste Egrégio Conselho Superior da Magistratura no sentido de que o registro da servidão administrativa se submete a todos os princípios informadores dos registros públicos. A propósito, já ficou decidido que:

> "REGISTRO DE IMÓVEIS – Dúvida Inversa – Carta de sentença – Servidão administrativa – Princípio da especialidade objetiva – Impossibilidade de identificar a servidão dentro da área de cada um dos imóveis atingidos, em razão da descrição deficiente nas respectivas matrículas – Dúvida julgada procedente – Recurso desprovido." (TJSP; Apelação Cível 1005785-19.2017.8.26.0037; Relator (a): Pinheiro Franco (Corregedor Geral); Órgão Julgador: Conselho Superior de Magistratura; Foro de Araraquara - 6ª Vara Cível; Data do Julgamento: 17/12/2018; Data de Registro: 19/12/2018).

No referido voto, ficou expressamente consignado que:

> *"A servidão administrativa proporciona utilidade para o prédio dominante e grava o prédio serviente, que pertence a proprietário diverso, com força de limitação administrativa. Uma vez registrada, grava o direito real em favor de seu titular, no caso, a Administração Pública ou suas concessionárias. Ora, não se pode admitir a constituição de um direito real sem a necessária certeza sobre a amarração da área objeto da servidão à base territorial sobre a qual está sendo implantada. É verdade que as servidões administrativas não possuem natureza similar à da desapropriação, como modo de aquisição de domínio; entretanto, de outro enfoque, traduzem gravame e limitam o exercício da propriedade, com natureza pública, instituído sobre imóvel alheio. Não se pode falar em mitigação da especialidade objetiva para atos de registro constitutivo de um novo direito real, sob pena de ofensa a todos os princípios de segurança jurídica e publicidade afetos ao serviço de registro imobiliário."*

Assim sendo, correta a exigência formulada pelo Sr. Oficial Registrador, quanto à necessidade de apresentação de planta e memorial descritivo do imóvel serviente, com a localização da respectiva servidão, a fim de que seja preservado o princípio da especialidade objetiva.

3. À vista do exposto, pelo meu voto, nego provimento ao recurso de apelação.

RICARDO ANAFE

Corregedor Geral da Justiça e Relator

Notas:

[1] *119. Incumbe ao oficial impedir o registro de título que não satisfaça os requisitos exigidos pela lei, quer sejam consubstanciados em instrumento público ou particular, quer em atos judiciais.*

[2] *Apelação Cível n° 413-6/7; Apelação Cível n° 000 3968-52.2014.8.26.0453; Apelação Cível nº 0005176-34.2019.8.26.0344; Apelação Cível nº 1001015-36.2019.8.26.0223.* (– DJe de 16.09.2020 – SP)

PODER JUDICIÁRIO

TRIBUNAL DE JUSTIÇA DO ESTADO DE SÃO PAULO

CONSELHO SUPERIOR DA MAGISTRATURA

Apelação n° 1001549-61.2019.8.26.0390

Registro: 2020.0000722678

ACÓRDÃO

Vistos, relatados e discutidos estes autos de **Apelação Cível nº 1001549-61.2019.8.26.0390**, da Comarca de **Nova Granada**, em que é apelante **TRIANGULO MINEIRO TRANSMISSORA S/A**, é apelado **OFICIAL DO REGISTRO DE IMÓVEIS, TÍTULOS E DOCUMENTOS E CIVIL DAS PESSOAS JURIDÍCAS DA COMARCA DE NOVA GRANADA-SP.**

ACORDAM, em Conselho Superior de Magistratura do Tribunal de Justiça de São Paulo, proferir a seguinte decisão: **"Julgaram prejudicada a dúvida e não conheceram do recurso, v.u.",** de conformidade com o voto do Relator, que integra este acórdão.

O julgamento teve a participação dos Exmos. Desembargadores **PINHEIRO FRANCO (PRESIDENTE TRIBUNAL DE JUSTIÇA) (Presidente), LUIS SOARES DE MELLO (VICE PRESIDENTE), XAVIER DE AQUINO (DECANO), GUILHERME G. STRENGER (PRES. SEÇÃO DE DIREITO CRIMINAL), MAGALHÃES COELHO(PRES. DA SEÇÃO DE DIREITO PÚBLICO) E DIMAS RUBENS FONSECA (PRES. DA SEÇÃO DE DIREITO PRIVADO)**.

São Paulo, 1º de setembro de 2020.

RICARDO ANAFE

Corregedor Geral da Justiça e Relator

Apelação Cível nº 1001549-61.2019.8.26.0390

Apelante: Triangulo Mineiro Transmissora S/A

Apelado: Oficial do Registro de Imóveis, Títulos e Documentos e Civil das Pessoas Jurídicas da Comarca de Nova Granada-sp

VOTO Nº 31.211

Registro de Imóveis – Dúvida Inversa – Ausência de prenotação válida – Dúvida prejudicada – Recurso não conhecido.

1. Trata-se de Apelação interposta por **TRIANGULO MINEIRO TRANSMISSORA S/A** em face da r. sentença de fl. 133/136, que julgou improcedente a dúvida inversamente suscitada, mantendo o óbice registrário de carta de adjudicação expedida para constituição de servidão administrativa deferida judicialmente.

Em suma, sustenta a apelante que a recusa não encontra guarida porquanto as exigências elaboradas pelo Oficial carecem de amparo legal, pois contrariam à essência do Decreto-Lei 3.365/1941 e o entendimento firmado pela jurisprudência. No mais, não há dúvidas de que a servidão administrativa, medindo, ao todo 0,2625 hectares, está inserida nos limites da propriedade rural; as divisas físicas do imóvel e da faixa serviente estão muito bem delimitadas, não havendo quaisquer dúvidas a respeito dos limites de confrontações. Trata-se de uma servidão aparente, em que todas as estruturas, torres e cabos são facilmente visualizados; não há necessidade de georreferenciamento da área total do bem atingido, para a procedência da ação ou para o efetivo registro da servidão de passagem; a lógica do caso é exatamente inversa à fundamentada pelo oficial registrador e juízo de origem, pois caberá ao proprietário, durante a execução do georreferenciamento, apontar o local exato da linha de transmissão no seu imóvel, simplesmente apresentando a certidão de registro com a averbação/registro da servidão administrativa previamente realizado; é desproporcional exigir que a Recorrente faça o georreferenciamento ou qualquer levantamento topográfico da totalidade do imóvel.

A D. Procuradoria Geral de Justiça opinou pelo não provimento do recurso (fl. 235/241).

É o relatório.

2. O recurso não comporta conhecimento.

Das informações de fl. 122/123 e 216 não se infere que o Sr. Oficial do Registro de Imóveis de Nova Granada, suscitada a dúvida inversa, tenha prenotado o original do título. Ao contrário, há menção expressa de inexistência de prenotação válida, a qual precluiu em 11.09.2019.

Consoante dispunham os Itens 41.1 e 41.2 do Capítulo XX das NSCGJ, vigente à época:

> ***"41.1. Ocorrendo suscitação diretamente pelo interessado (Dúvida Inversa), assim que o Oficial a receber do Juízo para informações, deverá prenotar o título e observar o disposto nas letras "b" e "c" do item 41.(g.n)***
>
> ***(...)***
>
> ***41.2. O registrador dispõe do prazo de 15 (quinze) dias para apresentação das razões da dúvida, a contar do protocolo do pedido de suscitação, ou do recebimento dos autos de dúvida inversa. Tratando-se de dúvida inversa eletrônica, o prazo será contado na forma da "Nota" ao item 41.1".***

No caso em exame, o título original não fora remetido ao Sr. Oficial do Registro de Imóveis, o que significa dizer que a suscitação não foi prenotada no protocolo do serviço imobiliário, como determina a Lei Regente (art. 198 da Lei n° 6.015/73).

Tratando-se de dúvida não prenotada, o prazo de 30 dias previsto no art. 188 da Lei n° 6.015/73 há muito já está expirado, razão pela qual o interessado precisará apresentar o título novamente a registro, pois já ultrapassado o prazo da prenotação e, consequentemente, extinta a prioridade prevista no art. 182 da Lei Regente.

Com efeito, o procedimento de dúvida é reservado à análise da dissensão do apresentante com os motivos que levaram à recusa do registro do título que, para essa finalidade, deverá ser objeto de protocolo, pois de seu julgamento decorrerá a manutenção da recusa, com cancelamento da prenotação, ou a improcedência da dúvida que terá como consequência a realização do registro (art. 203, II, da Lei nº 6.015/73).

A necessidade de prévio protocolo do título, assim como da prenotação da dúvida (ainda que inversa), decorre de interpretação lógica da Lei nº 6.015/73 que, em seu art. 182, determina que todos os títulos tomarão no protocolo o número de ordem correspondente à sequência de apresentação; em seu art. 198, e incisos, dispõe sobre a anotação da dúvida no Livro nº 1 Protocolo, para conhecimento da prorrogação do prazo da prenotação; e, em seu art. 203, prevê os efeitos do julgamento da dúvida em relação ao registro e, em consequência, ao resultado da qualificação realizada depois da respectiva prenotação do título. Diante disso, não se admite dúvida para a análise do resultado de título cuja prenotação e, consequentemente, a prioridade, estão extintas.

A ausência de prenotação da dúvida prejudica o seu exame, já que, ainda que julgada improcedente, o título não terá a prioridade garantida por lei e precisará ser reapresentado.

3. Ante o exposto, julgo prejudicada a dúvida e não conheço do recurso.

RICARDO ANAFE

Corregedor Geral da Justiça e Relator. (– DJe de 11.09.2020 – SP)

PODER JUDICIÁRIO

TRIBUNAL DE JUSTIÇA DO ESTADO DE SÃO PAULO

CONSELHO SUPERIOR DA MAGISTRATURA

Apelação n° 1001910-78.2019.8.26.0390

Registro: 2020.0000722655

ACÓRDÃO

Vistos, relatados e discutidos estes autos de **Apelação Cível nº 1001910-78.2019.8.26.0390**, da Comarca de **Nova Granada**, em que é apelante **TRIANGULO MINEIRO TRANSMISSORA S/A**, é apelado **OFICIAL DO REGISTRO DE IMÓVEIS, TÍTULOS E DOCUMENTOS E CIVIL DAS PESSOAS JURIDÍCAS DA COMARCA DE NOVA GRANADA-SP.**

ACORDAM, em Conselho Superior de Magistratura do Tribunal de Justiça de São Paulo, proferir a seguinte decisão: **"Negaram provimento à apelação, v.u."**, de conformidade com o voto do Relator, que integra este acórdão.

O julgamento teve a participação dos Exmos. Desembargadores **PINHEIRO FRANCO (PRESIDENTE TRIBUNAL DE JUSTIÇA) (Presidente), LUIS SOARES DE MELLO (VICE PRESIDENTE), XAVIER DE AQUINO (DECANO), GUILHERME G. STRENGER (PRES. SEÇÃO DE DIREITO CRIMINAL), MAGALHÃES COELHO(PRES. DA SEÇÃO DE DIREITO PÚBLICO) E DIMAS RUBENS FONSECA (PRES. DA SEÇÃO DE DIREITO PRIVADO).**

São Paulo, 1º de setembro de 2020.

RICARDO ANAFE

Corregedor Geral da Justiça e Relator

Apelação Cível nº 1001910-78.2019.8.26.0390

Apelante: Triangulo Mineiro Transmissora S/A

Apelado: Oficial do Registro de Imóveis, Títulos e Documentos e Civil das Pessoas Jurídicas da Comarca de Nova Granada-sp

VOTO Nº 31.201

Registro de Imóveis – Dúvida inversa – Título judicial – Servidão administrativa – Especialidade objetiva – Título que não permite identificar o lugar da servidão no imóvel serviente – Impossibilidade de deferir-se o pretendido registro – Óbice mantido – Nega-se provimento à apelação.

1. Trata-se de recurso de apelação (fl. 125/142) interposto por Triângulo Mineiro Transmissora S. A. contra a r. sentença (fl. 116/119) proferida pelo MM. Juízo Corregedor Permanente do Oficial de Registro de Imóveis, Títulos e Documentos e Civil de Pessoa Jurídica da Comarca de Nova Granada, que confirmando os óbices apresentados na nota devolutiva (fl. 93-94), julgou procedente a dúvida inversa e manteve a recusa de registro *stricto sensu* de servidão administrativa (fl. 63/90) na matrícula nº 11.092 daquele cartório (fl. 75/76).

Segundo a sentença, razão assiste o Oficial de Registro de Imóveis quando afirma que a descrição dada pela matrícula nº 11.092 não apresenta nenhum ponto de amarração com a descrição dada pelo título da servidão administrativa. Logo, o pretendido registro *stricto sensu* implica, se feito como rogado, ofenderia o princípio da especialidade objetiva, e dessa maneira a recusa foi correta.

Afirma a apelante, entretanto, que não há incerteza sobre o fato de que a servidão em exame realmente recaia sobre o imóvel da matrícula nº 11.092: afinal, isso não só foi constatado por perícia feita na ação de desapropriação, como ainda se conclui pela circunstância de que, tratando-se de servidão aparente, não houve nenhum reclamo de donos ou confrontantes acerca da extensão da faixa serviente ou de interferência com prédios lindeiros. Afirma que a dita faixa de servidão foi apurada com precisão geodésica, segundo as normas vigentes, tais como exigidas pela Agência Nacional de Energia Elétrica. Aduz que não cabe à recorrente fazer com que a descrição do imóvel serviente indique com precisão os pontos atingidos pela servidão: com efeito, esse dever toca ao dono, que, ele sim, tem de fazer localizar a linha de eletricidade dentro de seu Imóvel, quando proceder ao levantamento das coordenadas georreferenciadas, providência para a qual, ademais, ainda não se consumou o prazo regulamentar, estendido, para a área em questão, até novembro de 2025.

Requer, portanto, que, dispensado o georreferenciamento da área do prédio serviente, seja deferido o registro da servidão, como rogado.

O Oficial de Registro manifestou-se, insistindo na manutenção da r. decisão recorrida (fl. 176/178).

A D. Procuradoria Geral de Justiça ofertou parecer (fl. 198/203).

É o relatório.

2. Note-se, de início, que a origem judicial do título (*in casu*, uma desapropriação forçada de servidão administrativa, documentada por carta de adjudicação) não o torna imune à qualificação registral, ainda que esta se limite, aí, aos requisitos formais do título e sua adequação aos princípios registrais (Normas de Serviço da Corregedoria Geral da Justiça - NSCGJ, Capítulo XX, item 117 ou, na época da qualificação, item 119). É pacífico, além disso, que a qualificação negativa não caracteriza nem desobediência nem descumprimento de decisão jurisdicional (Apelação Cível n. 413-6/7; Apelação Cível n. 0003968-52.2014.8.26.0453; Apelação Cível n. 0005176-34.2019.8.26.0344; e Apelação Cível n. 1001015-36.2019.8.26.0223).

In medias res: como se vê no título (fl. 63-90), *toda* (frise-se) a faixa desapropriada para a servidão administrativa tem a seguinte caracterização (cf. fl. 66 e 74, especialmente):

"Inicia-se a descrição deste perímetro no vértice 1, situado no Km 31+530,74m da LT de coordenadas N 7.731.074,64m e E 672.416,10m; Cerca deste, segue confrontando ESTRADA MUNICIPAL, com os seguintes azimutes e distâncias: 118º34'01" e 30,24m até o vértice 2, de coordenadas N 7.731.060,17m e E 672.442,66m; deste, segue confrontando JESUS JOSÉ LOPES, com os seguintes azimutes e distâncias: 201º18'35" e 221,63m até o vértice 3, de coordenadas N 7.730.853,70m e E 672.362,12m; deste, segue confrontado NELSON DE LATIM, com os seguintes azimutes e distâncias: 325º05'03" e 36,09m até o vértice 4, de coordenadas N 7.730.883,30m e E 672.341.46m; deste, segue confrontando NELSON DE LATIM, com os seguintes azimutes e distâncias: 325º05'03" e 36,09m até o vértice 5, de coordenadas N 7.730.912.89m e E 672.320,80m; deste, segue confrontando JESUS JOSÉ LOPES, com os seguintes azimutes e distâncias: 21º18'35" e 189,14m até o vértice 6, de coordenadas N 7.731.089,10m e E 672.389,54m; deste, segue confrontando ESTRADA MUNICIPAL, com os seguintes azimutes e distâncias: 118º34'01" e 30,24, até vértice 1, ponto inicial da descrição deste perímetro."

"Jesus José Lopes" não é senão um dos proprietários do imóvel da matrícula nº 11.092, com relação à qual foi rogado o registro *stricto sensu* da servidão (cf. R. 8 a fls. 76), e ele e a sua mulher realmente foram partes na demanda concernente a essa desapropriação (fl. 77). Logo, está claro que existe relação entre o prédio objeto da matrícula nº 11.092 e o título apresentado ao ofício de registro de imóveis.

Ao contrário do que pretende a apelante, contudo, essa relação entre o título (fl. 63/90) e a matrícula (fl. 75/76) não basta para atender o princípio da especialidade e para permitir o pretendido registro *stricto sensu*.

Como diz a Lei nº 6.015, de 31 de dezembro de 1973, art. 225, § 2º, "consideram-se irregulares, para efeitos de matrícula, os títulos nos quais a caracterização do imóvel não coincida com a que consta do registro anterior". Ou seja, para que se respeite ao princípio da especialidade, não basta que se admita uma relação qualquer entre o título e a matrícula, mas é preciso que no caso específico da servidão de duto de eletricidade, que é contínua e aparente a descrição dada pelo título permita situar o direito por constituir dentro da área que já está matriculada: só assim, com efeito, é que a "caracterização do imóvel" (*rectius*, do direito por inscrever) "coincidirá" (*rectius*, guardará congruência) com o que está no "registro anterior". Porém, essa necessária congruência não se ocorre na hipótese destes autos, pois, como se acabou de ver, existe apenas descrição da *inteira* faixa afetada pela servidão, sem que, porém, se tivesse *especificado* onde é que ela recai dentro da área matriculada, concretamente.

Portanto, o problema não se coloca na existência ou não de georreferenciamento do imóvel da matrícula nº 11.092. Ainda que houvesse coordenadas georreferenciadas para o todo, o pretendido registro *stricto sensu* só teria lugar se o título também trouxesse o lugar da servidão no imóvel serviente. Porém, como dito, isso não se fez, e agora não é lícito deferir-se o registro pretendido, que estaria então em desacordo com a exigência legal de especialidade dos direitos reais inscritos (cf. Lei n. 6.015/1973, art. 176, § 1º, II, 3, e §§ 3º a 5º e 13, e art. 225; NSCGJ, XX, itens 10.1, 10.1.1, 10.3, 54.3, 54.5, 56 *c*, 57 a 60, 63 a 67, 69 e 70).

Acrescente-se que a imposição de georreferenciamento da área do prédio serviente não é sequer cabível, porque, conforme a sua extensão (= cerca de 15 hectares fl. 75), o prazo para tanto só se encerra em 20 de novembro de 2025 (Decreto nº 4.449, de 30 de outubro de 2002, art. 10, VII, com a redação dada pelo Decreto nº 9.311, de 15 de março de 2018, art. 50), e esse é outra circunstância a confirmar que a deficiência impeditiva da inscrição está na má formação do título, e não, propriamente, na matrícula nº 11.902.

Em suma: ainda que por fundamento distinto daquele que constara na nota devolutiva e fora confirmado pelo r. *decisum* apelado (isto é, a necessidade de georreferenciamento da área do imóvel serviente), não se pode deferir pretendido registro *stricto sensu*, por deficiência do relativo título (que não dá especialidade ao direito por inscrever), e a recusa tem de ser mantida.

3. À vista do exposto, pelo meu voto, nego provimento à apelação.

RICARDO ANAFE

Corregedor Geral da Justiça e Relator. (– DJe de 11.09.2020 – SP)

PODER JUDICIÁRIO

TRIBUNAL DE JUSTIÇA DO ESTADO DE SÃO PAULO

CONSELHO SUPERIOR DA MAGISTRATURA

Apelação Cível nº 1006984-12.2018.8.26.0047

Registro: 2020.000413360

ACÓRDÃO

Vistos, relatados e discutidos estes autos de **Apelação Cível nº 1006984-12.2018.8.26.0047**, da Comarca de **Assis**, em que é apelante **TRIANGULO MINEIRO TRANSMISSORA S/A**, é apelado **OFICIAL DE REGISTRO DE IMÓVEIS E ANEXOS DA COMARCA DE ASSIS.**

ACORDAM, em Conselho Superior de Magistratura do Tribunal de Justiça de São Paulo, proferir a seguinte decisão: **"Deram provimento à apelação para afastar os óbices apresentados pelo Sr. Oficial Registrador e julgar improcedente a dúvida, v.u.",** de conformidade com o voto do Relator, que integra este acórdão.

O julgamento teve a participação dos Exmos. Desembargadores **PINHEIRO FRANCO (PRESIDENTE TRIBUNAL DE JUSTIÇA) (Presidente), LUIS SOARES DE MELLO (VICE PRESIDENTE), XAVIER DE AQUINO (DECANO), GUILHERME G. STRENGER (PRES. SEÇÃO DE DIREITO CRIMINAL), MAGALHÃES COELHO(PRES. DA SEÇÃO DE DIREITO PÚBLICO) E DIMAS RUBENS FONSECA (PRES. DA SEÇÃO DE DIREITO PRIVADO).**

São Paulo, 5 de junho de 2020.

RICARDO ANAFE

Corregedor Geral da Justiça e Relator

Apelação Cível nº 1006984-12.2018.8.26.0047

Apelante: TRIANGULO MINEIRO TRANSMISSORA S/A

Apelado: Oficial de Registro de Imóveis e Anexos da Comarca de Assis

VOTO Nº 31.098

Registro de Imóveis – Título judicial – Servidão administrativa – Dúvida julgada procedente pela MM.ª Juíza Corregedora Permanente – Inscrição do imóvel no Cadastro Ambiental Rural (CAR) que não pode ser imposta à concessionária de serviço público – Emolumentos que devem ser fixados segundo a avaliação estabelecida na ação judicial, nos moldes do art. 7º, parágrafo único, da Lei Estadual nº 11.331/2002 – Exigências afastadas com base em precedentes do Conselho Superior da Magistratura – Especialidade objetiva – Impossibilidade de identificar a servidão dentro da área do imóvel atingido, em razão da ausência de planta e memorial descritivo com pontos de amarração – Óbice mantido – Nega-se provimento ao recurso de apelação.

1. Trata-se de recurso de apelação interposto por *Triângulo Mineiro Transmissora S.A.* em face da r. sentença proferida pela MM.ª Juíza Corregedora Permanente do Oficial de Registro de Imóveis e Anexos da Comarca de Assis/SP, que julgou procedente a dúvida suscitada e manteve a recusa de registro de servidão administrativa junto à matrícula nº 1.963 daquela serventia extrajudicial (fl. 89/92), confirmando os óbices apresentados na nota devolutiva emitida pelo registrador (fl. 12/13).

Afirma a apelante, em síntese, que a servidão administrativa está perfeitamente descrita no memorial descritivo e planta do imóvel apresentados em conformidade com a prova pericial elaborada nos autos do Processo nº 1007599-41.2014.8.26.0047, da 3ª Vara Cível da Comarca de Assis/SP, o que afasta qualquer dúvida de que esteja inserida nos limites da propriedade rural denominada Fazenda Bom Retiro, objeto da matrícula nº 1.963. Aduz, assim, que a obrigação de providenciar o georreferenciamento do imóvel serviente é do proprietário da área, sobretudo porque a servidão administrativa já está devidamente georreferenciada. Ainda, sustenta não estar obrigada à inscrição do imóvel no Cadastro Ambiental Rural – CAR, bem como que as custas e os emolumentos deve ser calculados com base no valor econômico apurado na ação judicial que instituiu a servidão administrativa (fl. 115/132).

O Sr. Oficial de Registro manifestou-se nos autos, insistindo na manutenção da r. decisão recorrida (fl. 177/182).

A D. Procuradoria Geral de Justiça ofertou parecer (fl. 207/212).

É o relatório.

2. A apelante, concessionária de serviço público de transmissão de energia elétrica, por sentença proferida em ação judicial teve instituída, em seu favor, servidão administrativa sobre uma faixa de terras, declarada de utilidade pública, inserida em imóvel rural objeto da matrícula nº 1.963 do Registro de Imóveis e Anexos da Comarca de Assis/SP. Contudo, o mandado judicial expedido nos autos da ação de instituição de servidão administrativa (Processo nº 1007599-41.2014.8.26.0047, da 3ª Vara Cível da Comarca de Assis/SP), apresentado a registro pela apelante, foi negativamente qualificado pelo Sr. Oficial Registrador, que apresentou as seguintes exigências: i) apresentar a planta e memorial descritivo do imóvel serviente, com a localização da respectiva servidão, a fim de que seja preservado o princípio da especialidade objetiva, e juntar a Anotação de Responsabilidade Técnica – ART, devidamente quitada, emitida pelo profissional responsável pelo levantamento; ii) apresentar comprovação da inscrição no Cadastro Ambiental Rural – CAR do imóvel objeto da matrícula nº 1.963; iii) juntar a última declaração do ITR, bem como a certidão negativa de débitos do ITR, para fins de cálculo das custas e emolumentos devidos para a prática do ato registrário.

Desde logo, importa lembrar que a origem judicial do título não o torna imune à qualificação registral, ainda que limitada aos requisitos formais do título e sua adequação aos princípios registrais, conforme disposto no item 119 do Capítulo XX das Normas de Serviço da Corregedoria Geral da Justiça1, vigente à época da qualificação (atual item 117). Está pacificado, inclusive, que a qualificação negativa não caracteriza desobediência ou descumprimento de decisão judicial2.

No que diz respeito à necessidade de prévia inscrição do imóvel serviente junto ao Cadastro Ambiental Rural – CAR e de apresentação da documentação relativa ao ITR, importa anotar que este C. Conselho Superior da Magistratura, apreciando hipótese bastante semelhante àquela versada nos presentes autos, entendeu, recentemente, que as exigências formuladas pelo registrador não merecem subsistir. A propósito, assim ficou decidido:

"Registro de Imóveis – Servidão administrativa instituída por decisão judicial – I – Exigência de prévia averbação da inscrição do imóvel serviente no Cadastro Ambiental Rural – CAR que não deve subsistir. 'Servidão administrativa' não se confunde com 'servidão de passagem' para os fins do item 125.2 das NSCGJ – Informações que integram o CAR devem partir do proprietário ou possuidor do bem imóvel (objeto da inscrição), nos moldes da Lei nº 12.651/2012 e do Decreto nº 7.830/2012, e não da empresa concessionária do serviço público de transmissão de energia elétrica, até mesmo porque têm o condão de criar restrições de uso para os primeiros (delimitação dos remanescentes de vegetação nativa, das Áreas de Preservação Permanente, das Áreas de Uso Restrito, das áreas consolidadas e, caso existente, também da localização da Reserva Legal, nos moldes do art. 29, §1º, III, da Lei nº 12.651/2012) – Elaboração do CAR pela empresa concessionária que acarretaria, ainda, ônus desproporcional à extensão do direito de servidão administrativa – II – Emolumentos que devem ser fixados em consideração à avaliação estabelecida na demanda judicial, nos moldes do art. 7º, parágrafo único, da Lei Estadual nº 11.331/2002 – Recurso provido, para afastar a dúvida suscitada pelo Oficial de Registro de Imóveis da Comarca de Assis-SP" (TJSP; Apelação Cível nº 1002363-69.2018.8.26.0047; Relator (a): Pereira Calças (Presidente Tribunal de Justiça); Órgão Julgador: Conselho Superior de Magistratura; Foro de Assis – 1ª Vara Cível; Data do Julgamento: 30/04/2019; Data de Registro: 21/05/2019).

Para efetiva compreensão das razões que levaram ao afastamento dos referidos óbices pelo C. Conselho Superior da Magistratura, vale a transcrição de parte do voto vencedor proferido nos autos da Apelação nº 1002363-69.2018.8.26.0047:

"O Cadastro Ambiental Rural, criado pela Lei nº 12.651/2012 (Código Florestal), consiste em registro público eletrônico integrante do Sistema Nacional de Informação sobre Meio Ambiente SINIMA, contemplando, nos termos do art. 5º do Decreto nº 7.830/2012, 'os dados do proprietário, possuidor rural ou responsável direto pelo imóvel rural, a respectiva planta georreferenciada do perímetro do imóvel, das áreas de interesse social e das áreas de utilidade pública, com a informação da localização dos remanescentes de vegetação nativa, das Áreas de Preservação Permanente, das Áreas de Uso Restrito, das áreas consolidadas e da localização das Reservas Legais.' Cuidando-se de pequena propriedade familiar, a planta georreferenciada pode ser substituída por croqui que indique o perímetro do imóvel, as Áreas de Preservação Permanente e os remanescentes que formam a Reserva Legal, consoante art. 8º, caput, do mesmo Decreto.

As informações acima listadas, ante a sua complexidade e significativa extensão, devem ser fornecidas pelo proprietário ou possuidor do imóvel, conforme determina o art. 29, §1º, da Lei nº 12.651/2012 ('A inscrição do imóvel rural no CAR deverá ser feita, preferencialmente, no órgão ambiental municipal ou estadual, que, nos termos do regulamento, exigirá do proprietário ou possuidor rural: I identificação do proprietário ou possuidor rural; II comprovação da propriedade ou posse; III identificação do imóvel por meio de planta e memorial descritivo, contendo a indicação das coordenadas geográficas com pelo menos um ponto de amarração do perímetro do imóvel, informando a localização dos remanescentes de vegetação nativa, das Áreas de Preservação Permanente, das Áreas de Uso Restrito, das áreas consolidadas e, caso existente, também da localização da Reserva Legal').

Outrossim, dispõe o art. 5º, §4º, do Decreto nº 7.830/2012, que 'a atualização ou alteração dos dados inseridos no CAR só poderão ser efetuadas pelo proprietário ou possuidor rural ou representante legalmente constituído.'

É certo que, uma vez efetivada a inscrição no CAR, a averbação do respectivo número junto ao Cartório de Registro de Imóveis pode ser feita por iniciativa de 'qualquer pessoa', como prevê o item 125.3 do capítulo XX das NSCGJ.

Contudo, nos casos em que o proprietário ou possuidor deixou de realizar o cadastro ambiental (hipótese sub examine), não se pode exigir que o titular de servidão administrativa promova, por si mesmo, a regularização do imóvel perante o SINIMA, para só então solicitar a averbação do respectivo número ao CRI e obter, finalmente, o registro do direito de servidão.

Primeiro, porque, como visto, as informações que integram o CAR devem partir do proprietário ou possuidor do bem imóvel (objeto da inscrição), nos moldes da Lei nº 12.651/2012 e do Decreto nº 7.830/2012. Até mesmo porque a inscrição no CAR, por demandar a 'localização dos remanescentes de vegetação nativa, das Áreas de Preservação Permanente, das Áreas de Uso Restrito, das áreas consolidadas e, caso existente, também da localização da Reserva Legal' (art. 29, §1º, III, da Lei nº 12.651/2012), tem o condão de criar restrições de uso (obrigações de não fazer) para o proprietário ou possuidor. Não parece adequado, nesse contexto, que o titular de servidão administrativa, a qual atinge apenas uma fração do imóvel serviente (diminuta, no mais das vezes), possa estabelecer os limites de uso e fruição de todo o imóvel, afetando direitos alheios (do proprietário e do possuidor). Segundo, porque a elaboração do CAR pela empresa concessionária acarretaria ônus desproporcional à extensão do direito de servidão administrativa, podendo prejudicar, em última análise, o atendimento dos interesses da coletividade.

(...)

Possível imaginar, ainda, os efeitos negativos potencializados em escala nacional, caso exigidas tais providências das concessionárias de energia elétrica, para todas as propriedades sem CAR pelas quais passem as redes de transmissão.

(...)

É preciso salientar, no entanto, que a Lei nº 12.651/2012 dispensa a criação de Reserva Legal sobre 'áreas adquiridas ou desapropriadas por detentor de concessão, permissão ou autorização para exploração de potencial de energia hidráulica, nas quais funcionem empreendimentos de geração de energia elétrica, subestações ou sejam instaladas linhas de transmissão e de distribuição de energia elétrica' (art. 12, §7º). Logo, nesse cenário, a delimitação da Reserva Legal continua a cargo do proprietário, que deve excluir do cálculo da Reserva o trecho abrangido pela utilidade pública (art. 23, inciso I, da Instrução Normativa MMA nº 02/2014).

(...)

Sustenta o Sr. Oficial que a exibição da declaração de ITR se prestaria à verificação do 'maior valor' entre aqueles arrolados nos incisos I a III do art. 7º (preço do imóvel, valor lançado para fins de ITR ou base de cálculo do ITBI), conforme dispõe o caput do mesmo dispositivo. Todavia, o caso em análise subsume-se ao parágrafo único do art. 7º, que vincula a base de cálculo dos emolumentos ao valor atribuído à coisa em sede de ação judicial ou procedimento fiscal (exceção à regra do caput). Assim, a quantia indenizatória fixada em favor do proprietário do imóvel (art. 40 do Decreto-Lei nº 3.365/1941) dá a justa dimensão patrimonial da servidão, devendo ser utilizada como parâmetro na apuração das despesas registrais".

No mais, em que pese a realização de prova técnica no bojo da ação judicial em que instituída a servidão administrativa em favor da apelante, com a indicação das coordenadas geográficas e geodésicas da área (fl. 26), não foram apresentados, nestes autos, planta ou memorial descritivo com pontos de amarração que permitam identificar em que parte da matrícula nº 1.963 se encontra a área sujeita à servidão.

São diversos os precedentes deste Egrégio Conselho Superior da Magistratura no sentido de que o registro da servidão administrativa se submete a todos os princípios informadores dos registros públicos**[3]**. A propósito, já ficou decidido que:

"Registro de Imóveis – Dúvida Inversa – Carta de sentença – Servidão administrativa – Princípio da especialidade objetiva – Impossibilidade de identificar a servidão dentro da área de cada um dos imóveis atingidos, em razão da descrição deficiente nas respectivas matrículas – Dúvida julgada procedente – Recurso desprovido." (TJSP; Apelação Cível 1005785-19.2017.8.26.0037; Relator (a): Pinheiro Franco (Corregedor Geral); Órgão Julgador: Conselho Superior de Magistratura; Foro de Araraquara – 6ª Vara Cível; Data do Julgamento: 17/12/2018; Data de Registro: 19/12/2018).

No referido voto, ficou expressamente consignado que:

"A servidão administrativa proporciona utilidade para o prédio dominante e grava o prédio serviente, que pertence a proprietário diverso, com força de limitação administrativa. Uma vez registrada, grava o direito real em favor de seu titular, no caso, a Administração Pública ou suas concessionárias.

Ora, não se pode admitir a constituição de um direito real sem a necessária certeza sobre a amarração da área objeto da servidão à base territorial sobre a qual está sendo implantada.

É verdade que as servidões administrativas não possuem natureza similar à da desapropriação, como modo de aquisição de domínio; entretanto, de outro enfoque, traduzem gravame e limitam o exercício da propriedade, com natureza pública, instituído sobre imóvel alheio.

Não se pode falar em mitigação da especialidade objetiva para atos de registro constitutivo de um novo direito real, sob pena de ofensa a todos os princípios de segurança jurídica e publicidade afetos ao serviço de registro imobiliário."

Assim sendo, correta a exigência formulada pelo registrador, quanto à necessidade de apresentação de planta e memorial descritivo do imóvel objeto do imóvel serviente, com a localização da respectiva servidão, a fim de que seja preservado o princípio da especialidade objetiva.

3. À vista do exposto, pelo meu voto, nego provimento à apelação.

RICARDO ANAFE

Corregedor Geral da Justiça e Relator.

Notas:

[1] *119. Incumbe ao oficial impedir o registro de título que não satisfaça os requisitos exigidos pela lei, quer sejam consubstanciados em instrumento público ou particular, quer em atos judiciais.*

[2] Apelação Cível nº 413-6/7; Apelação Cível nº 0003968-52.2014.8.26.0453; Apelação Cível nº 0005176-34.2019.8.26.0344; Apelação Cível nº 1001015-36.2019.8.26.0223. (– DJe de 19.06.2020 – SP)

PODER JUDICIÁRIO

TRIBUNAL DE JUSTIÇA DO ESTADO DE SÃO PAULO

CONSELHO SUPERIOR DA MAGISTRATURA

Apelação nº 1006983-27.2018.8.26.0047

Registro: 2020.000282841

ACÓRDÃO

Vistos, relatados e discutidos estes autos de **Apelação Cível nº 1006983-27.2018.8.26.0047**, da Comarca de **Assis**, em que é apelante **TRIANGULO MINEIRO TRANSMISSORA S/A**, é apelado **OFICIAL DE REGISTRO DE IMÓVEIS, TÍTULOS E DOCUMENTOS E CIVIL DAS PESSOAS JURÍDICAS DA COMARCA DE ASSIS.**

ACORDAM, em Conselho Superior de Magistratura do Tribunal de Justiça de São Paulo, proferir a seguinte decisão: **"Deram provimento à apelação, v.u."**, de conformidade com o voto do Relator, que integra este acórdão.

O julgamento teve a participação dos Exmos. Desembargadores **PINHEIRO FRANCO (PRESIDENTE TRIBUNAL DE JUSTIÇA) (Presidente), LUIS SOARES DE MELLO (VICE PRESIDENTE), XAVIER DE AQUINO (DECANO), GUILHERME G. STRENGER (PRES. SEÇÃO DE DIREITO CRIMINAL), MAGALHÃES COELHO(PRES. DA SEÇÃO DE DIREITO PÚBLICO) E DIMAS RUBENS FONSECA (PRES. DA SEÇÃO DE DIREITO PRIVADO).**

São Paulo, 15 de abril de 2020.

RICARDO ANAFE

Corregedor Geral da Justiça e Relator

Apelação Cível nº 1006983-27.2018.8.26.0047

Apelante: TRIANGULO MINEIRO TRANSMISSORA S/A

Apelado: Oficial de Registro de Imóveis, Títulos e Documentos e Civil das Pessoas Jurídicas da Comarca de Assis

VOTO Nº 31.129

Registro de Imóveis – Título judicial – Servidão administrativa – Dúvida julgada procedente

pela MM.ª Juíza Corregedora Permanente – Inscrição do imóvel no Cadastro Ambiental Rural (CAR) que não pode ser imposta à concessionária de serviço público – Emolumentos que devem ser fixados segundo a avaliação estabelecida na ação judicial, nos moldes do art. 7º, parágrafo único, da Lei Estadual nº 11.331/2002 – Exigências afastadas com base em precedentes do Conselho Superior da Magistratura – Óbice afastado – Apelação a que se dá provimento.

1. Trata-se de recurso de apelação interposto por *Triângulo Mineiro Transmissora S.A.* em face da r. sentença proferida pela MM.ª Juíza Corregedora Permanente do Oficial de Registro de Imóveis e Anexos da Comarca de Assis/SP, que julgou procedente a dúvida suscitada e manteve a recusa de registro de servidão administrativa junto à matrícula nº 50.053 daquela serventia extrajudicial (fl. 98/100), confirmando os óbices apresentados na nota devolutiva emitida pelo registrador (fl. 10).

A Nota de Exigência indicou como motivos de recusa do ingresso do título: *"(i) providenciar a prévia averbação da inscrição no Cadastro Ambiental Rural do imóvel objeto da matrícula n.º 50.053, acompanhado do comprovante de inscrição, que se tornou condição para registro de servidão em imóveis rurais, nos termos da alínea "b" do item 125 e dos subitens 125.1 e 125.2, do Capítulo XX, das Normas de Serviço da CGJ/SP, com as alterações do Provimento CG n.º 37/2013; (ii) juntar a última Declaração do ITR (recibo de entrega e DIAC-DIAT) referente ao exercício de 2017, correspondente ao imóvel objeto da matrícula acima citada, para que seja possível a verificação do valor tributário do imóvel e, assim, cálculo das custas e emolumentos correspondentes ao registro pretendido".*

Sustenta a apelante, em síntese, não estar obrigada à inscrição do imóvel no Cadastro Ambiental Rural CAR, bem como que as custas e os emolumentos devem ser calculados com base no valor econômico apurado na ação judicial que instituiu a servidão administrativa (fl. 123/133).

A D. Procuradoria Geral de Justiça ofertou parecer, opinando pelo provimento do apelo (fl. 198/200).

É o relatório.

2. A apelante, concessionária de serviço público de transmissão de energia elétrica, por sentença proferida em ação judicial teve instituída, em seu favor, servidão administrativa sobre uma faixa de terras, declarada de utilidade pública, inserida em imóvel rural objeto da matrícula nº 50.053 do Registro de Imóveis e Anexos da Comarca de Assis/SP.

Contudo, o mandado judicial expedido nos autos da ação de instituição de servidão administrativa (Processo nº 1007597-71.2014.8.26.0047, da 1ª Vara Cível da Comarca de Assis/SP), apresentado a registro pela apelante, foi negativamente qualificado pelo Sr. Oficial Registrador.

Desde logo, importa lembrar que a origem judicial do título não o torna imune à qualificação registral, ainda que limitada aos requisitos formais do título e sua adequação aos princípios registrais, conforme disposto no item 119 do Capítulo XX das Normas de Serviço da Corregedoria Geral da Justiça**[1]**, vigente à época da qualificação (atual item 117). Está pacificado, inclusive, que a qualificação negativa não caracteriza desobediência ou descumprimento de decisão judicial**[2]**.

No que diz respeito à necessidade de prévia inscrição do imóvel serviente junto ao Cadastro Ambiental Rural CAR e de apresentação da documentação relativa ao ITR, importa anotar que este C. Conselho Superior da Magistratura, apreciando hipótese bastante semelhante àquela versada nos presentes autos, entendeu, recentemente, que as exigências formuladas pelo registrador não merecem subsistir.

A propósito, assim ficou decidido:

> **"Registro de Imóveis – Servidão administrativa instituída por decisão judicial – I – Exigência de prévia averbação da inscrição do imóvel serviente no Cadastro Ambiental Rural CAR que não deve subsistir – 'Servidão administrativa' não se confunde com 'servidão de passagem' para os fins do item 125.2 das NSCGJ – Informações que integram o CAR devem partir do proprietário ou possuidor do bem imóvel (objeto da inscrição), nos moldes da Lei nº 12.651/2012 e do Decreto nº 7.830/2012, e não da empresa concessionária do serviço público de transmissão de energia elétrica, até mesmo porque têm o condão de criar restrições de uso para os primeiros (delimitação dos remanescentes de vegetação nativa, das Áreas de Preservação Permanente, das Áreas de Uso Restrito, das áreas consolidadas e, caso existente, também da localização da Reserva Legal, nos moldes do art. 29, §1º, III, da Lei nº 12.651/2012) – Elaboração do CAR pela empresa concessionária que acarretaria, ainda, ônus desproporcional à extensão do direito de servidão administrativa – II – Emolumentos que devem ser fixados em consideração à avaliação estabelecida na demanda judicial, nos moldes do art. 7º, parágrafo único, da Lei Estadual nº 11.331/2002 – Recurso provido, para afastar a dúvida suscitada pelo Oficial de Registro de Imóveis da Comarca de Assis-SP"** (TJSP; Apelação Cível nº

1002363-69.2018.8.26.0047; Relator (a): Pereira Calças (Presidente Tribunal de Justiça); Órgão Julgador: Conselho Superior de Magistratura; Foro de Assis – 1ª Vara Cível; Data do Julgamento: 30/04/2019; Data de Registro: 21/05/2019).

Para efetiva compreensão das razões que levaram ao afastamento dos referidos óbices pelo C. Conselho Superior da Magistratura, vale a transcrição de parte do voto vencedor proferido nos autos da Apelação nº 1002363-69.2018.8.26.0047:

"O Cadastro Ambiental Rural, criado pela Lei nº 12.651/2012 (Código Florestal), consiste em registro público eletrônico integrante do Sistema Nacional de Informação sobre Meio Ambiente SINIMA, contemplando, nos termos do art. 5º do Decreto nº 7.830/2012, 'os dados do proprietário, possuidor rural ou responsável direto pelo imóvel rural, a respectiva planta georreferenciada do perímetro do imóvel, das áreas de interesse social e das áreas de utilidade pública, com a informação da localização dos remanescentes de vegetação nativa, das Áreas de Preservação Permanente, das Áreas de Uso Restrito, das áreas consolidadas e da localização das Reservas Legais.' Cuidando-se de pequena propriedade familiar, a planta georreferenciada pode ser substituída por croqui que indique o perímetro do imóvel, as Áreas de Preservação Permanente e os remanescentes que formam a Reserva Legal, consoante art. 8º, caput, do mesmo Decreto.

As informações acima listadas, ante a sua complexidade e significativa extensão, devem ser fornecidas pelo proprietário ou possuidor do imóvel, conforme determina o art. 29, §1º, da Lei nº 12.651/2012 ('A inscrição do imóvel rural no CAR deverá ser feita, preferencialmente, no órgão ambiental municipal ou estadual, que, nos termos do regulamento, exigirá do proprietário ou possuidor rural: I identificação do proprietário ou possuidor rural; II comprovação da propriedade ou posse; III identificação do imóvel por meio de planta e memorial descritivo, contendo a indicação das coordenadas geográficas com pelo menos um ponto de amarração do perímetro do imóvel, informando a localização dos remanescentes de vegetação nativa, das Áreas de Preservação Permanente, das Áreas de Uso Restrito, das áreas consolidadas e, caso existente, também da localização da Reserva Legal').

Outrossim, dispõe o art. 5º, §4º, do Decreto nº 7.830/2012, que 'a atualização ou alteração dos dados inseridos no CAR só poderão ser efetuadas pelo proprietário ou possuidor rural ou representante legalmente constituído.'

É certo que, uma vez efetivada a inscrição no CAR, a averbação do respectivo número junto ao Cartório de Registro de Imóveis pode ser feita por iniciativa de 'qualquer pessoa', como prevê o item 125.3 do capítulo XX das NSCGJ. Contudo, nos casos em que o proprietário ou possuidor deixou de realizar o cadastro ambiental (hipótese sub examine), não se pode exigir que o titular de servidão administrativa promova, por si mesmo, a regularização do imóvel perante o SINIMA, para só então solicitar a averbação do respectivo número ao CRI e obter, finalmente, o registro do direito de servidão.

Primeiro, porque, como visto, as informações que integram o CAR devem partir do proprietário ou possuidor do bem imóvel (objeto da inscrição), nos moldes da Lei nº 12.651/2012 e do Decreto nº 7.830/2012. Até mesmo porque a inscrição no CAR, por demandar a 'localização dos remanescentes de vegetação nativa, das Áreas de Preservação Permanente, das Áreas de Uso Restrito, das áreas consolidadas e, caso existente, também da localização da Reserva Legal' (art. 29, §1º, III, da Lei nº 12.651/2012), tem o condão de criar restrições de uso (obrigações de não fazer) para o proprietário ou possuidor. Não parece adequado, nesse contexto, que o titular de servidão administrativa, a qual atinge apenas uma fração do imóvel serviente (diminuta, no mais das vezes), possa estabelecer os limites de uso e fruição de todo o imóvel, afetando direitos alheios (do proprietário e do possuidor). Segundo, porque a elaboração do CAR pela empresa concessionária acarretaria ônus desproporcional à extensão do direito de servidão administrativa, podendo prejudicar, em última análise, o atendimento dos interesses da coletividade.

(...)

Possível imaginar, ainda, os efeitos negativos potencializados em escala nacional, caso exigidas tais providências das concessionárias de energia elétrica, para todas as propriedades sem CAR pelas quais passem as redes de transmissão.

(...)

É preciso salientar, no entanto, que a Lei nº 12.651/2012 dispensa a criação de Reserva Legal sobre 'áreas adquiridas ou desapropriadas por detentor de concessão, permissão ou autorização para exploração de potencial de energia hidráulica, nas quais funcionem empreendimentos de geração de energia elétrica, subestações ou sejam instaladas linhas de transmissão e de distribuição de energia elétrica' (art. 12, §7º). Logo, nesse cenário, a

delimitação da Reserva Legal continua a cargo do proprietário, que deve excluir do cálculo da Reserva o trecho abrangido pela utilidade pública (art. 23, inciso I, da Instrução Normativa MMA nº 02/2014).

(...)

Sustenta o Sr. Oficial que a exibição da declaração de ITR se prestaria à verificação do 'maior valor' entre aqueles arrolados nos incisos I a III do art. 7º (preço do imóvel, valor lançado para fins de ITR ou base de cálculo do ITBI), conforme dispõe o caput do mesmo dispositivo. Todavia, o caso em análise subsume-se ao parágrafo único do art. 7º, que vincula a base de cálculo dos emolumentos ao valor atribuído à coisa em sede de ação judicial ou procedimento fiscal (exceção à regra do caput). Assim, a quantia indenizatória fixada em favor do proprietário do imóvel (art. 40 do Decreto-Lei nº 3.365/1941) dá a justa dimensão patrimonial da servidão, devendo ser utilizada como parâmetro na apuração das despesas registrais".

3. À vista do exposto, pelo meu voto, dou provimento à apelação.

RICARDO ANAFE

Corregedor Geral da Justiça e Relator.

Notas:

[1] *119. Incumbe ao oficial impedir o registro de título que não satisfaça os requisitos exigidos pela lei, quer sejam consubstanciados em instrumento público ou particular, quer em atos judiciais.*

[2] Apelação Cível nº 413-6/7; Apelação Cível nº 0003968-52.2014.8.26.0453; Apelação Cível nº 0005176-34.2019.8.26.0344; Apelação Cível nº 1001015-36.2019.8.26.0223. (– DJe de 08.05.2020 – SP)

1.3.2 REGISTRO DE TÍTULOS E DOCUMENTOS E PESSOA JURÍDICA

ATAS DE ASSEMBLEIA

PODER JUDICIÁRIO

TRIBUNAL DE JUSTIÇA DO ESTADO DE SÃO PAULO

CONSELHO SUPERIOR DA MAGISTRATURA

Apelação nº 1000057-36.2019.8.26.0066

Registro: 2019.0001032004

ACÓRDÃO

Vistos, relatados e discutidos estes autos de **Apelação Cível nº 1000057-36.2019.8.26.0066**, da Comarca de **Barretos**, em que é apelante **CONGREGAÇÃO CRISTÃ NO BRASIL**, é apelado **OFICIAL DE REGISTRO DE IMÓVEIS E ANEXOS DA COMARCA DE BARRETOS.**

ACORDAM, em Conselho Superior de Magistratura do Tribunal de Justiça de São Paulo, proferir a seguinte decisão: **"Julgaram a dúvida prejudicada e não conheceram do recurso, v.u.",** de conformidade com o voto do Relator, que integra este acórdão.

O julgamento teve a participação dos Exmos. Desembargadores **PEREIRA CALÇAS (PRESIDENTE TRIBUNAL DE JUSTIÇA) (Presidente), ARTUR MARQUES (VICE PRESIDENTE), XAVIER DE AQUINO (DECANO), EVARISTO DOS SANTOS(PRES. DA SEÇÃO DE DIREITO PÚBLICO), CAMPOS MELLO (PRES. DA SEÇÃO DE DIREITO PRIVADO) E FERNANDO TORRES GARCIA(PRES. SEÇÃO DE DIREITO CRIMINAL).**

São Paulo, 2 de dezembro de 2019.

GERALDO FRANCISCO PINHEIRO FRANCO

Corregedor Geral da Justiça e Relator

Apelação Cível nº 1000057-36.2019.8.26.0066

Apelante: Congregação Cristã No Brasil

Apelado: Oficial de Registro de Imóveis e Anexos da Comarca de Barretos

VOTO Nº 37.978

Registro de Imóveis – Dúvida inversa julgada procedente – Instrumentos particulares de atas de assembleias gerais ordinárias – Títulos com prenotações canceladas pelo decurso do prazo de validade, sem reapresentação para novo protocolo – Dúvida prejudicada – Recurso não conhecido.

Trata-se de apelação interposta contra r. sentença que julgou procedente a dúvida inversamente suscitada e manteve a recusa do Senhor Oficial de Registro de Imóveis, Títulos e Documentos e Civil de Pessoa Jurídica da Comarca de Barretos em promover o registro de instrumentos particulares de transmissão de imóveis em razão da necessidade de instrumento público e da apresentação da prova do recolhimento do ITBI ou o reconhecimento de sua isenção pela municipalidade.

A apelante sustenta o cabimento do registro dos instrumentos particulares nos termos do artigo 64 da Lei n. 8.934/94 e por haver apresentado certidões negativas de débitos tributários municipais e federais (fls. 95/99).

A douta Procuradoria Geral de Justiça opinou pelo não conhecimento da dúvida por falta de prenotação do título, ou, alternativamente, pelo não provimento do recurso (fls. 119/122).

É o relatório.

A apelante pretende o registro de instrumentos particulares de atas de assembleias gerais ordinárias nas quais foi deliberada e aceita a transferência de imóveis (fls. 28/34).

Ocorre que os instrumentos particulares foram protocolados em 25 de junho de 2018, sob nº 238.622, e em 13 de agosto de 2018, sob o nº 239.562, com qualificação registral negativa (fls. 35/37), sem que houvesse suscitação de dúvida à época.

Não houve reapresentação dos títulos para novo protocolo, não havendo, em consequência, prenotação ainda válida que permita o eventual registro do título.

Note-se que a prenotação dos títulos competia ao suscitante nos termos do item 41.1, do Capítulo XX, das Normas de Serviço da Corregedoria Geral da Justiça.

O procedimento de dúvida é reservado à análise da dissensão da apresentante com os motivos que levaram à recusa do registro do título que, para essa finalidade, deve ser objeto de protocolo válido, pois do julgamento decorrerá a manutenção da recusa, com cancelamento da prenotação, ou a improcedência da dúvida que terá como consequência a realização do registro (art. 203, II, da Lei nº 6.015/73).

A necessidade de protocolo válido também decorre de interpretação lógica da Lei nº 6.015/73 que: I) em seu art. 182 determina que todos os títulos tomarão no protocolo o número de ordem correspondente à sequência de apresentação; II) no art. 198, e incisos, dispõe sobre a anotação da dúvida no Livro nº 1 Protocolo, para conhecimento da prorrogação do prazo da prenotação; III) no art. 203 prevê os efeitos do julgamento da dúvida em relação ao registro que, se for autorizado, dependerá da existência de título objeto de prenotação com prazo não vencido.

Ademais, os títulos ingressam no protocolo conforme a rigorosa ordem cronológica de apresentação, e adquirem preferência para o registro também conforme essa ordem.

E não é possível decidir a dúvida sem prenotação válida, porque o que se qualifica é o título efetivamente apresentado para registro e com prioridade sobre eventuais outros títulos representativos de direitos reais contraditórios.

A determinação de registro em procedimento sem que exista prenotação válida equivaleria à prolação de decisão condicional, vedada pelo art. 492 do CPC, pois sua execução dependeria do futuro protocolo do título e da observação de todos os requisitos que incidirem quando desse novo protocolo.

Em razão disso, na forma como foi suscitada a dúvida adquire natureza meramente consultiva, para o que não se presta.

Por esses motivos, este Col. Conselho Superior da Magistratura já decidiu:

*"**No mais, ao contrário do sustentado pelo recorrente, não cabe aqui ao Judiciário se pronunciar acerca da solução cabível para o caso concreto, não se tratando de órgão consultivo, como bem ressaltado pela nobre representante do parquet**" (CSM, Processo n° 000.608.6/7-00, Rel. Des. Gilberto Passos de Freitas, j. 21/12/2006).*

Ante o exposto, pelo meu voto julgo a dúvida prejudicada e não conheço do recurso.

GERALDO FRANCISCO PINHEIRO FRANCO

Corregedor Geral da Justiça e Relator. (– DJe de 11.03.2020 – SP)

1.3.3 REGISTRO CIVIL DAS PESSOAS NATURAIS

TRASLADO

PODER JUDICIÁRIO

TRIBUNAL DE JUSTIÇA DO ESTADO DE SÃO PAULO

CONSELHO SUPERIOR DA MAGISTRATURA

Embargos de Declaração Cível nº 1000893-93.2018.8.26.0114/50000

Registro: 2019.0000984684

ACÓRDÃO

Vistos, relatados e discutidos estes autos de **Embargos de Declaração Cível nº 1000893-93. 2018.8.26.0114/50000**, da Comarca de **Campinas**, em que é embargante **ROSALBA CUCCARO FERRARA**, é embargado **1º OFICIAL DE REGISTRO DE IMÓVEIS DE CAMPINAS**.

ACORDAM, em Conselho Superior de Magistratura do Tribunal de Justiça de São Paulo, proferir a seguinte decisão: **"Rejeitaram os embargos de declaração, v.u."**, de conformidade com o voto do Relator, que integra este acórdão.

O julgamento teve a participação dos Exmos. Desembargadores **PEREIRA CALÇAS (PRESIDENTE TRIBUNAL DE JUSTIÇA) (Presidente), ARTUR MARQUES (VICE PRESIDENTE), XAVIER DE AQUINO (DECANO), ANTONIO CARLOS MALHEIROS, CAMPOS MELLO (PRES. DA SEÇÃO**

DE DIREITO PRIVADO) E FERNANDO TORRES GARCIA(PRES. SEÇÃO DE DIREITO CRIMINAL).

São Paulo, 7 de novembro de 2019.

GERALDO FRANCISCO PINHEIRO FRANCO

Corregedor Geral da Justiça e Relator

Embargos de Declaração Cível nº 1000893-93.2018.8.26.0114/50000

Embargante: Rosalba Cuccaro Ferrara

Embargado: 1° Oficial de Registro de Imóveis de Campinas

VOTO Nº 37.926

Embargos de Declaração – Inexistência de omissão, contradição ou obscuridade no v. acórdão – Efeitos infringentes – Finalidade de prequestionamento incabível em dúvida registral, por não estar sujeita a recurso especial – Embargos de declaração rejeitados.

Trata-se de embargos de declaração opostos por Rosalba Cuccaro Ferrara visando a reforma do julgado porque, embora realizado em país estrangeiro, o seu casamento foi homologado no Brasil, com averbação, na transcrição realizada no Livro E do Registro Civil das Pessoas Naturais, de que foi adotado o regime da separação de bens.

É o relatório.

O v. acórdão embargado negou provimento ao recurso pelos seguintes fundamentos:

A certidão de fls. 25 comprova que a apelante e Pasquale Ferrara se casaram em 10 de outubro de 1968, em Formia, Itália, e que o casamento foi transcrito no Registro Civil das Pessoas Naturais e de Interdições e Tutela da Comarca de Rio Claro, às fls. 164-F do Livro E, sob n. 0003, em 25 de maio de 1983.

Demonstra, ainda, que por sentença prolatada em 31 de agosto de 2017, nos autos da Retificação n. 1.659/2017 da 3ª Vara Cível da Comarca de Rio Claro, foi a transcrição retificada para constar que foi adotado no casamento o regime da separação total de bens, ajustado desde 2 de dezembro de 1977.

A transcrição, no Livro "E" do Registro Civil das Pessoas Naturais, de casamento de brasileiro celebrado no exterior não depende de homologação judicial:

"Art. 32. Os assentos de nascimento, óbito e de casamento de brasileiros em país estrangeiro serão considerados autênticos, nos termos da lei do lugar em que forem feitos, legalizadas as certidões pelos cônsules ou quando por estes tomados, nos termos do regulamento consular.

§ 1º Os assentos de que trata este artigo serão, porém, transladados nos cartórios de 1º Ofício do domicílio do registrado ou no 1º Ofício do Distrito Federal, em falta de domicílio conhecido, quando tiverem de produzir efeito no País, ou, antes, por meio de segunda via que os cônsules serão obrigados a remeter por intermédio do Ministério das Relações Exteriores".

E a certidão de fls. 25 não demonstra que o casamento celebrado na Itália foi "homologado" judicialmente, nem que houve estabelecimento de registro de bens para vigorar somente no Brasil.

Ao contrário, a transcrição do casamento no Livro "E" deve indicar o regime de bens adotado quando de sua celebração em outro país, pois prevalece, exceto se, ocorrendo a naturalização do cônjuge, for alterado para o da comunhão parcial de bens (art. 7º, § 5º, do Decreto lei n. 4.657/42), se for alterado na forma do art. 1.639, § 2º, do Código Civil, ou se for contrário à legislação brasileira (art. 2.035, parágrafo único, do Código Civil).

Nesse sentido, o art. 7º da Lei de Introdução às Normas do Direito Brasileiro determina que:

> ***"Art. 7º A lei do país em que domiciliada a pessoa determina as regras sobre o começo e o fim da personalidade, o nome, a capacidade e os direitos de família.***
>
> **(...)**
>
> ***§ 4° O regime de bens, legal ou convencional, obedece à lei do país em que tiverem os nubentes domicílio, e, se este for diverso, a do primeiro domicílio conjugal.***
>
> ***§ 5º – O estrangeiro casado, que se naturalizar brasileiro, pode, mediante expressa anuência de seu cônjuge, requerer ao juiz, no ato de entrega do decreto de naturalização, se apostile ao mesmo a adoção do regime de comunhão parcial de bens, respeitados os direitos de terceiros e dada esta adoção ao competente registro".***

Portanto, e uma vez que a legislação vigente em 2 de dezembro de 1977 não permitia a alteração consensual do regime de bens, exceto na hipótese anteriormente indicada, é de se presumir que o regime da separação de bens foi adotado na forma da legislação italiana.

Fixadas essas premissas, a certidão da transcrição do registro do casamento, juntada às fls. 25, não se mostra suficiente para o reconhecimento de que a separação de bens decorreu de convenção entre os nubentes e, mais, que

nessa convenção foi prevista a incomunicabilidade dos aquestos.

Conforme a Súmula n. 377 do Supremo Tribunal Federal, os bens adquiridos a título oneroso na constância do casamento celebrado pelo regime da separação legal são presumidos como de propriedade comum dos cônjuges, porque é igualmente presumido o esforço comum para a sua aquisição.

A presunção do esforço comum pode incidir, igualmente, em relação aos bens adquiridos onerosamente na constância do casamento celebrado pelo regime da separação convencional de bens, salvo se pactuada a não comunicação dos aquestos.

Não se ignora que a presunção de comunicação decorrente da Súmula n. 377 do Eg. Supremo Tribunal Federal não incide em relação aos bens adquiridos após a vigência do Código Civil de 2002, o que, porém, não ocorre neste caso concreto.

Assim porque o imóvel foi adquirido pela doadora, por compra, em 20 de setembro de 1996, mediante registro de escritura pública outorgada em 15 de agosto do referido ano, ocasião em que a compradora era casada com Pasquale Ferrara pelo regime da separação de bens em conformidade com as leis italianas (fls. 17).

Entretanto, não se comprovou que a adoção do referido regime decorreu de convenção entre os nubentes, nem que, se convencional, foi prevista a não comunicação dos aquestos.

Disso decorre a necessidade de realização do inventário decorrente do falecimento de Pasquale Ferrara, para que a questão da comunicabilidade, ou não, do imóvel seja apreciada na via apropriada.

Essa solução, por fim, é compatível com precedente deste Eg. Conselho Superior da Magistratura conforme se verifica na Apelação Cível n. 990.10.017.203-4, da Comarca de Caçapava, de que foi relator o e. Desembargador Munhoz Soares, j. 30/6/2010, que teve a seguinte ementa:

"REGISTRO DE IMÓVEIS – Doação com reserva de usufruto de imóvel de propriedade do doador casado anteriormente ao novo Código Civil pelo regime da Separação total de bens – Discussão sobre a incidência da Súmula n. 377 do E. Supremo Tribunal Federal – Necessidade de abertura do inventário da falecida esposa do doador para elucidar a questão – Dúvida procedente – Recurso não provido" (fls. 160/165).

Não há, portanto, contradição, obscuridade ou omissão a ser declarada em sede de embargos de declaração que, neste caso concreto, têm natureza infringente.

Por sua vez, o v. acórdão é claro quanto à legislação aplicada e não necessita de qualquer aperfeiçoamento. Além disso, a decisão em sede de dúvida registrária não está sujeita a recurso especial por força de sua natureza administrativa, destarte, não se cogita de prequestionamento na hipótese. Nesse sentido, o seguinte precedente do Superior Tribunal de Justiça:

> **"AGRAVO INTERNO NO AGRAVO EM RECURSO ESPECIAL. DIREITO ADMINISTRATIVO. CIVIL. PROCESSUAL CIVIL. PROCEDIMENTO DE DÚVIDA REGISTRAL. NATUREZA ADMINISTRATIVA. IMPUGNAÇÃO POR TERCEIRO INTERESSADO. IRRELEVÂNCIA. CAUSA. AUSÊNCIA. NÃO CABIMENTO DE RECURSO ESPECIAL. DECISÃO MANTIDA.**
>
> **1. O procedimento de dúvida registral, previsto no art. 198 e seguintes da Lei de Registros Públicos, tem, por força de expressa previsão legal (LRP, art. 204), natureza administrativa, não qualificando prestação jurisdicional.**
>
> **2. A Segunda Seção do STJ assentou o descabimento de recurso especial tirado contra decisão proferida em procedimento administrativo, afigurando-se irrelevantes a existência de litigiosidade ou o fato de o julgamento emanar de órgão do Poder Judiciário, em função atípica (REsp 1570655/GO, Rel. Ministro ANTONIO CARLOS FERREIRA, SEGUNDA SEÇÃO, julgado em 23/11/2016, DJe 09/12/2016). 3. Agravo interno desprovido.** (AgInt no AREsp 1101772/SP, Rel. Ministro ANTONIO CARLOS FERREIRA, QUARTA TURMA, julgado em 19/09/2017, DJe 8/09/2017)".

Ante o exposto, pelo meu voto rejeito os embargos de declaração.

GERALDO FRANCISCO PINHEIRO FRANCO

Corregedor Geral da Justiça e Relator. (– DJe de 11.03.2020 – SP)

1.4 DECISÕES DO CONSELHO SUPERIOR DA MAGISTRATURA DO ESTADO DE SÃO PAULO – **ANO 2019**

1.4.1. REGISTRO DE IMÓVEIS E TABELIONATO DE NOTAS

ADJUDICAÇÃO

PODER JUDICIÁRIO

TRIBUNAL DE JUSTIÇA DO ESTADO DE SÃO PAULO

CONSELHO SUPERIOR DA MAGISTRATURA

Apelação nº 1012306- 98.2017.8.26.0224

Registro: 2019.0000197904

ACÓRDÃO

Vistos, relatados e discutidos estes autos de **Apelação nº 1012306- 98.2017.8.26.0224**, da Comarca de **Guarulhos**, em que é apelante **GALDINO LOPES DE OLIVEIRA**, é apelado **SEGUNDO OFICIAL DE REGISTRO DE IMÓVEIS DE GUARULHOS.**

ACORDAM, em Conselho Superior de Magistratura do Tribunal de Justiça de São Paulo, proferir a seguinte decisão: **"Julgaram prejudicada a dúvida e não conheceram do recurso, v.u."**, de conformidade com o voto do Relator, que integra este acórdão.

O julgamento teve a participação dos Exmos. Desembargadores **PEREIRA CALÇAS (PRESIDENTE TRIBUNAL DE JUSTIÇA) (Presidente), ARTUR MARQUES (VICE PRESIDENTE), XAVIER DE AQUINO (DECANO), EVARISTO DOS SANTOS(PRES. DA SEÇÃO DE DIREITO PÚBLICO), CAMPOS MELLO (PRES. DA SEÇÃO DE DIREITO PRIVADO) E FERNANDO TORRES GARCIA(PRES. SEÇÃO DE DIREITO CRIMINAL).**

São Paulo, 14 de março de 2019.

GERALDO FRANCISCO PINHEIRO FRANCO

Corregedor Geral da Justiça e Relator

Apelação nº 1012306-98.2017.8.26.0224

Apelante: Galdino Lopes de Oliveira

Apelado: Segundo Oficial de Registro de Imóveis de Guarulhos

VOTO Nº 37.698

Registro de imóveis – Adjudicação compulsória – Dúvida inversa julgada procedente, com manutenção da recusa do registro de carta de sentença – Título com prenotação cancelada antes da suscitação da dúvida, pelo decurso do prazo de validade do protocolo – Ausência, ademais, da integralidade do título de que pretendido o registro e da certidão do registro do imóvel, o que impede o reexame da qualificação e torna prejudicada a dúvida – Recurso não conhecido, prejudicada a dúvida suscitada.

Trata-se de apelação interposta contra r. sentença que manteve a recusa do registro de carta de adjudicação do lote 15 da quadra 6 do setor A do loteamento Cidade Parque São Luiz, objeto da inscrição de loteamento nº 10 do Livro nº 8, do 1º Registro de Imóveis da Comarca de Guarulhos, que foi extraída de ação de adjudicação compulsória movida por Galdino Lopes de Oliveira e Ivonete Pilon Lopes contra os Espólios de Maria Apparecida Bueno e de Luiz Franco.

O apelante alegou, em suma, que as razões apresentadas pelo Oficial de Registro de Imóveis para a recusa do registro foram apreciadas e afastadas na ação de adjudicação compulsória. Afirmou que a referida ação foi movida em razão da impossibilidade de obtenção de vários dos documentos exigidos para o registro da aquisição do imóvel, nesses incluídos o contrato de compromisso de compra e venda com firma reconhecida e os documentos originais dos vendedores. Asseverou que os herdeiros dos proprietários do imóvel participaram da ação e anuíram com a transmissão do domínio, sendo respeitada a cadeia sucessória. Esclareceu que em ação de desquite não foi promovida a partilha dos bens da cedente do compromisso de compra e venda, mas esses bens foram partilhados em razão do falecimento da cedente cujos herdeiros participaram da ação de adjudicação compulsória. Informou que não é necessário o registro da escritura de compra e venda outorgada pelos proprietários em favor da compromissária compradora, porque se cuida de medida superada pela ação de adjudicação compulsória, igual ocorrendo com a averbação da alteração do estado civil da compromissária compradora. Reiterou que os herdeiros da compromissária compradora foram citados pessoalmente, apesar da carta de sentença não conter a cópia da prova da citação por não ser documento obrigatório. Asseverou que a exigência de registro da escritura de compra e venda outorgada para a compromissária compradora, para posterior registro da carta de sentença, consiste em burocracia que não se justifica. Por fim, requereu a faculdade de apresentar cópia integral da ação de adjudicação compulsória e, ao final, a reforma da r. sentença para o registro do título.

O recurso foi originalmente distribuído para a Corregedoria Geral da Justiça que declinou da competência para o julgamento (fls. 218/220).

A douta Procuradoria Geral de Justiça opinou pelo não provimento do recurso (fls. 234/237).

É o relatório.

Cuida-se de dúvida inversamente suscitada em razão da recusa do Sr. 2º Oficial de Registro de Imóveis da Comarca de Guarulhos em promover o registro da carta de adjudicação expedida no Processo nº 0040360- 77.2006.8.26.0224, da 6ª Vara Cível daquela Comarca.

Os documentos de fls. 16/23 demonstram que a última reapresentação da carta de sentença extraída da ação de adjudicação compulsória ocorreu em 28 de setembro de 2016 (prenotação nº 24.171), ao passo que a dúvida foi suscitada em 08 de abril de 2017 (fls. 01), quando já vencido o prazo de validade do protocolo que é de 30 dias (art. 205 da Lei nº 6.015/73).

Ao se manifestar sobre a suscitação da dúvida inversa o Sr. Oficial de Registro de Imóveis esclareceu que o apelante não promoveu a nova apresentação da carta de sentença, em seu original, para protocolo, na forma do item 41.1, do Capítulo XX, do Tomo II, das Normas de Serviço da Corregedoria Geral da Justiça, e, mais, que o apelante não juntou aos autos a cópia integral da carta de sentença e dos demais documentos que anteriormente apresentou para registro (fls. 154/156).

O procedimento de dúvida é reservado à análise da dissensão entre o apresentante e o Oficial sobre os motivos que levaram à recusa do registro do título que, para essa finalidade, deve ser objeto de protocolo válido, pois do julgamento decorrerá a manutenção da recusa, com cancelamento da prenotação, ou a improcedência da dúvida que terá como consequência a realização do registro (art. 203, II, da Lei nº 6.015/73).

A necessidade de protocolo válido decorre de interpretação lógica da Lei nº 6.015/73 que: I) no art. 182 determina que todos os títulos tomarão no protocolo o número de ordem correspondente à sequência de apresentação;

II) no art. 198, e incisos, dispõe sobre a anotação da dúvida no Livro nº 1 Protocolo, para conhecimento da prorrogação do prazo da prenotação; III) no art. 203 prevê os efeitos do julgamento da dúvida em relação ao registro e, em consequência, ao resultado da qualificação realizada depois da respectiva prenotação do título.

Ademais, todos os títulos ingressaram no protocolo conforme a rigorosa ordem cronológica de apresentação e adquirem preferência para o registro também conforme a ordem de prenotação.

A inexistência de protocolo válido impede que a carta de sentença extraída da ação de adjudicação compulsória adquira prioridade para o registro.

E não é possível decidir a dúvida sem prenotação válida porque o que se qualifica é o título efetivamente apresentado para registro e com prioridade sobre eventuais outros títulos representativos de direitos reais contraditórios.

Em razão disso, na forma como suscitada a dúvida adquire natureza meramente consultiva, para o que não se presta:

"*No mais, ao contrário do sustentado pelo recorrente, não cabe aqui ao Judiciário se pronunciar acerca da solução cabível para o caso concreto, não se tratando de órgão consultivo, como bem ressaltado pela nobre representante do parquet*" (CSM, Processo nº 000.608.6/7-00, Rel. Des. Gilberto Passos de Freitas, j. 21/12/2006).

Por outro lado, a falta de protocolo com prazo de validade ainda vigente torna desnecessária a intimação do apelante para apresentar a totalidade da carta de sentença e das certidões relativas à inscrição e transcrição do imóvel, pois a dúvida não pode ser conhecida na forma como foi suscitada.

E mesmo o eventual novo protocolo não produzirá efeitos em relação ao presente procedimento, porque deverá o Oficial de Registro promover nova qualificação para, diante dos documentos que lhe forem efetivamente apresentados, apurar se ainda persiste exigência para o registro ou, em caso negativo, promover o ato que lhe for solicitado.

Tudo isso torna a dúvida prejudicada, de forma a impedir o conhecimento do recurso. Ante o exposto, pelo meu voto julgo prejudicada a dúvida e não conheço do recurso. **GERALDO FRANCISCO PINHEIRO FRANCO**

Corregedor Geral da Justiça e Relator (DJe de 05.04.2019 - SP)

PODER JUDICIÁRIO

TRIBUNAL DE JUSTIÇA DO ESTADO DE SÃO PAULO

CONSELHO SUPERIOR DA MAGISTRATURA

Apelação nº 1008543-16.2017.8.26.0604

Registro: 2019.0000366998

ACÓRDÃO

Vistos, relatados e discutidos estes autos de **Apelação Cível nº 1008543-16.2017.8.26.0604**, da Comarca de **Sumaré**, em que , é apelada/apelante **CONCESSIONÁRIA DO SISTEMA ANHANGUERA-BANDEIRANTES S/A** e Apelado **OFICIAL DE REGISTRO DE IMÓVEIS E ANEXOS DA COMARCA DE SUMARÉ.**

ACORDAM, em Conselho Superior de Magistratura do Tribunal de Justiça de São Paulo, proferir a seguinte decisão: **"Negaram provimento à apelação, v.u."**, de conformidade com o voto do Relator, que integra este acórdão.

O julgamento teve a participação dos Exmos. Desembargadores **PEREIRA CALÇAS (PRESIDENTE TRIBUNAL DE JUSTIÇA) (Presidente), ARTUR MARQUES (VICE PRESIDENTE), XAVIER DE AQUINO (DECANO), EVARISTO DOS SANTOS(PRES. DA SEÇÃO DE DIREITO PÚBLICO), CAMPOS MELLO (PRES. DA SEÇÃO DE DIREITO PRIVADO) E FERNANDO TORRES GARCIA(PRES. SEÇÃO DE DIREITO CRIMINAL).**

São Paulo, 30 de abril de 2019.

GERALDO FRANCISCO PINHEIRO FRANCO

Corregedor Geral da Justiça e Relator

Apelação Cível nº 1008543-16.2017.8.26.0604

Apelado: Oficial de Registro de Imóveis e Anexos da Comarca de Sumaré Apelado/Apelante: **Concessionária do Sistema Anhanguera-Bandeirantes S/A**

VOTO Nº 37.733

Registro de Imóveis – Dúvida – Carta de Adjudicação expedida nos autos de ação de desapropriação – Aquisição originária da propriedade – Incerteza quanto à real localização do imóvel desapropriado – Princípio da especialidade objetiva – Necessidade de apresentação de certidão expedida pelo Instituto Geográfico e Cartográfico do Estado de São Paulo – Dúvida julgada procedente – Recurso não provido.

Trata-se de apelação interposta pela *Concessionária do Sistema Anhanguera Bandeirantes S/A - Autoban* contra a r. sentença proferida pelo MM. Juiz Corregedor Permanente do Oficial de Registro de Imóveis, Títulos e Documentos e Civil de Pessoas Jurídicas da Comarca de Sumaré/SP, que julgou procedente a dúvida suscitada para o fim de manter a exigência de que seja apresentada certidão do Instituto Geográfico e Cartográfico do Estado de São Paulo, confirmando, se o caso, que a área desapropriada está localizada no Município de Sumaré, averbando-se à margem da matrícula nº 33.660 do 2º Cartório de Registro de Imóveis de Campinas a real e correta localização do imóvel de forma a possibilitar a abertura de matrícula e o registro da Carta de Adjudicação expedida junto àquela serventia extrajudicial.

A apelante afirma, em síntese, estarem presentes todos os requisitos necessários para efetivação do registro, uma vez que a desapropriação é forma originária de aquisição da propriedade, certo que a área desapropriada se encontra perfeitamente descrita, estando localizada no Município de Sumaré, o que afasta a configuração de ofensa ao princípio registral da continuidade.

A Procuradoria Geral de Justiça opinou pelo não provimento do recurso.

É o relatório.

Dispõe o art. 176, II, "3", da Lei de Registros Públicos:

"Art. 176 - O Livro nº 2 - Registro Geral - será destinado, à matrícula dos imóveis e ao registro ou averbação dos atos relacionados no art. 167 e não atribuídos ao Livro nº 3.

(...)

II - são requisitos da matrícula:

(...)

3) a identificação do imóvel, que será feita com indicação:

a - se rural, do código do imóvel, dos dados constantes do CCIR, da denominação e de suas características, confrontações, localização e área; b - se urbano, de suas características e confrontações, localização, área, logradouro, número e de sua designação cadastral, se houver."

Já o art. 225 da mesma Lei assim prevê:

"Art. 225 - Os tabeliães, escrivães e juízes farão com que, nas escrituras e nos autos judiciais, as partes indiquem, com precisão, os característicos, as confrontações e as localizações dos imóveis, mencionando os nomes dos confrontantes e, ainda, quando se tratar só de terreno, se esse fica do lado par ou do lado ímpar do logradouro, em que quadra e a que distância métrica da edificação ou da esquina mais próxima, exigindo dos interessados certidão do registro imobiliário.

§ 1º As mesmas minúcias, com relação à caracterização do imóvel, devem constar dos instrumentos particulares apresentados em cartório para registro.

§ 2º Consideram-se irregulares, para efeito de matrícula, os títulos nos quais a caracterização do imóvel não coincida com a que consta do registro anterior."

Referidas normas externam o princípio da especialidade e destinam-se a assegurar que a totalidade dos imóveis esteja precisamente individuada. A identificação há de ser tal que permita a quem a leia ter integrais condições de identificar os limites da área imobiliária objeto da matrícula.

Somente quando satisfeitas as exigências legais e devidamente matriculado o imóvel é que registros e averbações futuras poderão ser validamente efetuados.

Diversamente do quanto sustentado pela recorrente, não foi reconhecida afronta ao princípio da continuidade, uma vez que se cuida de modo originário de aquisição da propriedade. O que motiva a recusa do Oficial é a ofensa ao princípio da especialidade objetiva, considerando que, conforme AV. 6/33.660 do 2º Registro de Imóveis de Campinas, consta que o imóvel *"encontra-se dentro do perímetro urbano do Município de Campinas"*. Daí porque se faz correta a exigência de averbação, na referida matrícula, *"que o imóvel pertence ao Município de Sumaré, através da apresentação, àquela Serventia, de Certidão expedida pelo IGC Instituto Geográfico e Cartográfico do Estado de São Paulo"*, sanando- se a incerteza quanto a real localização do imóvel desapropriado.

A respeito, prevê o art. 169 da Lei de Registros Públicos que:

"Todos os atos enumerados no art. 167 são obrigatórios e efetuar-se-ão no Cartório da situação do imóvel, salvo:

I - as averbações, que serão efetuadas na matrícula ou à margem do registro a que se referirem, ainda que o imóvel tenha passado a pertencer a outra circunscrição;

II - os registros relativos a imóveis situados em comarcas ou circunscrições limítrofes, que serão feitos em todas elas."

No mesmo sentido, o disposto nas Normas de Serviço da Corregedoria Geral da Justiça, em seu Capítulo XX,

Seção II, item 12. A regra está relacionada ao princípio da unitariedade, que é um dos alicerces da vigente estrutura tabular, eis que a cada imóvel deve corresponder, tão-somente, uma matrícula.

De outra parte, a sentença judicial em ação de desapropriação não está isenta da incidência das demais determinações legais para o ingresso do título no registro imobiliário.

Diante do exposto, **nego provimento** à apelação.

GERALDO FRANCISCO PINHEIRO FRANCO

Corregedor Geral da Justiça e Relator (DJe de 28.05.2019 - SP)

PODER JUDICIÁRIO

TRIBUNAL DE JUSTIÇA DO ESTADO DE SÃO PAULO

CONSELHO SUPERIOR DA MAGISTRATURA

Apelação nº 1013660-80.2018.8.26.0562
Registro: 2019.000483140

ACÓRDÃO

Vistos, relatados e discutidos estes autos de **Apelação Cível nº 1013660-80.2018.8.26.0562**, da Comarca de **Santos**, em que é apelante **AGRICIO FERREIRA DE BARROS**, é apelado **1º OFICIAL DE REGISTRO DE IMÓVEIS DA COMARCA DE SANTOS.**

ACORDAM, em Conselho Superior de Magistratura do Tribunal de Justiça de São Paulo, proferir a seguinte decisão: **"Negaram provimento ao recurso, v.u."**, de conformidade com o voto do Relator, que integra este acórdão.

O julgamento teve a participação dos Exmos. Desembargadores **PEREIRA CALÇAS (PRESIDENTE TRIBUNAL DE JUSTIÇA) (Presidente),**

ARTUR MARQUES (VICE PRESIDENTE), XAVIER DE AQUINO (DECANO), EVARISTO DOS SANTOS(PRES. DA SEÇÃO DE DIREITO PÚBLICO), CAMPOS MELLO (PRES. DA SEÇÃO DE DIREITO PRIVADO) E FERNANDO TORRES GARCIA(PRES. SEÇÃO DE DIREITO CRIMINAL).

São Paulo, 13 de junho de 2019.

GERALDO FRANCISCO PINHEIRO FRANCO

Corregedor Geral da Justiça e Relator

Apelação Cível nº 1013660-80.2018.8.26.0562

Apelante: Agricio Ferreira de Barros

Apelado: 1º OFICIAL DE REGISTRO DE IMÓVEIS DA COMARCA DE SANTOS

VOTO Nº 37.772

Registro de Imóveis – Dúvida Inversa – Sentença de adjudicação compulsória – Imóvel de propriedade de terceiros – Ofensa à continuidade – Imóvel transcrito – Aquisição de metade ideal de área submetida a diversas alienações – Descrição imprecisa – Necessidade de apuração do remanescente – Primeiro ato de registro em sentido estrito – Abertura de matrícula – Recurso desprovido.

Trata-se de apelação interposta por AGRÍCIO FERREIRA DE BARROS contra r. sentença de fls. 202/213, que manteve recusa de registro de sentença de adjudicação compulsória, em favor do recorrente, de metade ideal do imóvel objeto da transcrição nº 2.844 do 1º Oficial de Registro de Imóveis e Anexos da Comarca de Santos.

Afirma o recorrente que, após tentativas de registro de escrituras de cessão de direitos hereditários (fls. 137/139), além de compra e venda relativa a outro imóvel, ainda na década de 80, fora ajuizada ação declaratória perante a 11ª Vara Cível de Santos.

Naqueles autos houve sentença de procedência, com adjudicação das propriedades em prol do requerente, buscando, assim, o registro em relação ao imóvel transcrito sob o nº 2.844 da referida serventia.

Sustenta o recorrente a desnecessidade de retificação e apuração do remanescente, uma vez que a própria serventia possui legitimidade para retificar as informações necessárias, já que o registro é antigo e todas as alienações e desmembramentos ocorridos no período de mais de um século estão registradas na referida transcrição.

No que se refere à cadeia dominial, afirma que ela obedeceu aos termos da sentença de adjudicação, de modo que o título está formalmente apto ao registro, não sendo necessária qualquer das regularizações sustentadas pelo oficial registrador.

A D. Procuradoria Geral de Justiça opinou pelo desprovimento do recurso (fls. 261/263). É o relatório.

Presentes os pressupostos legais e administrativos, conheço do recurso. No mérito, o recurso não comporta provimento.

A natureza judicial do título apresentado não impede sua qualificação registral quanto aos aspectos extrínsecos, ou aqueles que não foram objeto de exame pela autoridade jurisdicional.

O item 119 do Capítulo XX das Normas de Serviço da Corregedoria Geral da Justiça é expresso acerca do dever do Oficial do Registro de Imóveis a tanto, como se constata de sua redação:

"119. Incumbe ao oficial impedir o registro de título que não satisfaça os requisitos exigidos pela lei, quer sejam consubstanciados em instrumento público ou particular, quer em atos judiciais."

O recorrente busca o registro da r. sentença que deferiu a adjudicação de metade ideal de área que abrange parte dos Sítios *Taxinho, Tanque, Cutucupê, Pinheiro, Tia Marta, Cachoeira, Água Branca* e *Cumbuca*, todos sob a denominação *Fazenda Monte Prado*, situada na Nova Cintra, devidamente transcrita sob nº 2.844, no Livro 3-A, folha 31 da serventia acima referida (autos nº 0032583-21.2011.8.26.0562, fls. 16/19).

O primeiro óbice que se verifica ao ingresso diz respeito à continuidade registrária.

Isso porque, como se colhe dos autos do processo judicial, a ação declaratória foi proposta contra o *Espólio de Oceano Rodrigues de Freitas* e sua mulher *Ignez Parolari de Freitas* (fl. 16), ao passo que o imóvel se encontra transcrito em nome de *Cândida de Mattos*, casada com *Luiz José de Mattos* (fls. 153/196).

A sentença proferida em ação de adjudicação compulsória deve conter os mesmos requisitos os quais seriam exigíveis ao título que ela, por declaração judicial, supriu, de modo que, se não fosse possível o registro da escritura, a sentença também não terá ingresso no fólio real, caso possua os mesmos elementos.

São diversos os precedentes deste Eg. Conselho Superior da Magistratura, sempre no sentido de impossibilidade de registro de carta de arrematação/adjudicação, quando o imóvel não se encontra em nome dos devedores/executados. O mesmo raciocínio é aplicável à adjudicação compulsória proposta contra quem não figura como proprietário:

"REGISTRO DE IMÓVEIS – TÍTULO JUDICIAL – CARTA DE ARREMATAÇÃO – PROPRIEDADE DO IMÓVEL EM NOME DE TERCEIRO ESTRANHO À EXECUÇÃO – Falta de registro dos direitos dos executados no fólio real – Direito real de aquisição sobre o imóvel pertencente a terceiro – Vaga de garagem não especificada – Ofensa aos princípios registrais da continuidade, disponibilidade e da especialidade objetiva – Averbação de indisponibilidade que não constitui óbice à alienação judicial – Dúvida procedente – Recurso desprovido." (Apelação nº 1077741- 71.2015.8.26.0100, Des. Manoel de Queiroz Pereira Calças).

"REGISTRO DE IMÓVEIS – DÚVIDA – RECUSA DO OFICIAL EM REGISTRAR CARTA DE ARREMATAÇÃO EXPEDIDA EM EXECUÇÃO DERIVADA DE AÇÃO DE COBRANÇA – Imóvel pertencente a terceiros – Ação e execução de ciência de apenas um deles – Penhora e arrematação da integralidade do imóvel – Inviabilidade do registro – Arrematação que constitui modo derivado de aquisição de propriedade – Ofensa ao princípio da continuidade – Recurso não provido." (Apelação n° 0018338-33.2011.8.26.0100, Des. José Renato Nalini).

Não bastasse, há ainda óbice em relação à regularidade do título, uma vez que, tratando-se de transmissão de propriedade com natureza derivada, imprescindível o atendimento a todos os princípios registrários, dentre eles, o da especialidade objetiva.

Como se verifica da certidão de transcrição nº 2.844, lançada em 14 de junho de 1893, no Livro 3-A da referida serventia (fls. 153/196), ela se sujeitou a diversas alienações ao longo de todos esses anos, sendo imprescindível a sua retificação e apuração da área remanescente.

Tratando-se de primeiro ato de registro em sentido estrito, imprescindível o descerramento da matrícula, com a devida descrição atualizada do imóvel, como determinado pelo art. 228, da Lei nº 6.015/73:

"Art. 228 - A matrícula será efetuada por ocasião do primeiro registro a ser lançado na vigência desta Lei, mediante os elementos constantes do título apresentado e do registro anterior nele mencionado."

Assim, de fato, não seria possível o ingresso do título, à míngua de descrição suficiente da área e dos limites dos imóveis, sem a indicação de marcos seguros que permitam identificar a sua correta descrição, sob pena de ofensa ao princípio da especialidade objetiva.

Não se pode falar em mitigação da especialidade objetiva para atos de registro constitutivo de um novo direito real, sob pena de ofensa a todos os princípios de segurança jurídica e publicidade afetos ao serviço de registro imobiliário.

Esse é o entendimento remansoso deste Eg. Conselho Superior da Magistratura:

"REGISTRO DE IMÓVEIS – DÚVIDA JULGADA PROCEDENTE – TRANSCRIÇÃO IMPRECISA QUE COMPROMETE A SEGURANÇA DO SISTEMA – Venda e compra celebrada com herdeiros dos titulares tabulares – Sujeição do registro ao princípio da continuidade – Desmembramento irregular de lote, a exigir retificação (apuração do remanescente) – Irrelevância dos erros praticados no âmbito do serviço extrajudicial (notarial e registral) – Sentença mantida – Recursos improvidos." (Apelação nº 0005615-39.2015.8.26.0068, Des. Manoel de Queiroz Pereira Calças).

Por essas razões, a confirmação da r. sentença é medida que se impõe. Ante o exposto, nego provimento ao recurso.

GERALDO FRANCISCO PINHEIRO FRANCO

Corregedor Geral da Justiça e Relator (DJe de 03.07.2019 - SP)

PODER JUDICIÁRIO

TRIBUNAL DE JUSTIÇA DO ESTADO DE SÃO PAULO

CONSELHO SUPERIOR DA MAGISTRATURA

Apelação n° 0002071-85.2016.8.26.0269

Registro: 2019.000176582

ACÓRDÃO

Vistos, relatados e discutidos estes autos do(a) **Apelação nº 0002071-85.2016.8.26.0269**, da Comarca de **Itapetininga**, em que são apelantes **BRADLEY LOUIS MANGEOT, PEDRO NESTOR GUIVISDALSKY, ELENA ALEJANDRA BOUBET, CLEIDE KAYOKO MORYIAMA, PAULO ANTONIO FISCHER, TANIA MARIA FISCHER, VANESSA ALVES DA SILVA, OSVALDO VERGA, DORALICE RODRIGUES VERGA, GILSON NUNES ALCANTARA, ADRIANA PEREIRA DA SILVA ALCÂNTARA, JOSÉ NERES DA SILVA, MIRIAM NERES DA SILVA, FERNANDO FERNANDES DE OLIVEIRA e MARIA REGINA MANGEOT**, é apelado **OFICIAL DE REGISTRO DE IMÓVEIS, TÍTULOS**

E DOCUMENTOS E CIVIL DE PESSOA JURÍDICA DE ITAPETININGA/SP.

ACORDAM, em Conselho Superior de Magistratura do Tribunal de Justiça de São Paulo, proferir a seguinte decisão: **"Negaram provimento, v.u.",** de conformidade com o voto do Relator, que integra este Acórdão.

O julgamento teve a participação dos Exmos. Desembargadores **PEREIRA CALÇAS (PRESIDENTE TRIBUNAL DE JUSTIÇA) (Presidente), ARTUR MARQUES (VICE PRESIDENTE), XAVIER DE AQUINO (DECANO), EVARISTO DOS SANTOS(PRES. DA SEÇÃO DE DIREITO PÚBLICO), CAMPOS MELLO (PRES. DA SEÇÃO DE DIREITO PRIVADO) E FERNANDO TORRES GARCIA(PRES. SEÇÃO DE DIREITO CRIMINAL).**

São Paulo, 26 de fevereiro de 2019.

GERALDO FRANCISCO PINHEIRO FRANCO

Corregedor Geral da Justiça e Relator

Apelação n.º 0002071-85.2016.8.26.0269

Apelantes: Bradley Louis Mangeot, Pedro Nestor Guivisdalsky, Elena Alejandra Boubet, Cleide Kayoko Moryiama, Paulo Antonio Fischer, Tania Maria Fischer, Vanessa Alves da Silva, Osvaldo Verga, Doralice Rodrigues Verga, Gilson Nunes Alcantara, Adriana Pereira da Silva Alcântara, José Neres da Silva, Miriam Neres da Silva, Fernando Fernandes de Oliveira E Maria Regina Mangeot

Apelado: Oficial de Registro de Imóveis, Títulos e Documentos e Civil de Pessoa Jurídica de Itapetininga/SP

VOTO N.º 37.648

Registro de imóveis – Carta de Adjudicação – Aquisição por estrangeiro – Autorização temporária de permanência que não equivale a residência permanente no Brasil – Constitucionalidade e incidência da Lei n. 5.709/71 que impede a aquisição de imóveis rurais por estrangeiros não residentes – Irrelevância, em razão da vedação legal, da área ser inferior a três módulos de exploração indefinida, bem como da possibilidade de aquisição pelo condômino estrangeiro – Inviabilidade da cisão do título, por sua unidade, para fins de registro – Nulidade do registro configurada – Recurso não provido.

Trata-se de apelação interposta por Bradley Louis Mangeot e outros contra r. sentença que reconheceu a nulidade do registro de carta de adjudicação em razão da presença de estrangeiros entre os adquirentes de imóvel rural em contraste com as disposições da Lei n. 5.709/71.

Os apelantes sustentam a regularidade e natureza jurisdicional do título, o fato dos condôminos estrangeiros serem residentes, a possibilidade da aquisição de imóveis rurais por estrangeiros residentes, a inconstitucionalidade das normas da Lei n. 5.709/71, a não equiparação da adjudicação à compra de imóvel rural, violação do Tratado do Mercosul, ausência de vontade de comprar o imóvel em razão da adjudicação, fração ideal no limite do permitido pela legislação e a possibilidade de divisão do imóvel; competindo a reforma da decisão com a manutenção do registro existente (a fls. 339/386).

A douta Procuradoria Geral de Justiça opinou pelo não provimento do recurso (a fls. 443/446).

É o relatório.

A natureza judicial do título não o torna imune à qualificação registral, ainda que limitada aos requisitos formais do título e sua adequação aos princípios registrais, conforme o disposto no item 119 do Capítulo XX das NSCGJ. Este C. Conselho Superior da Magistratura tem decidido, inclusive, que a qualificação negativa não caracteriza desobediência ou descumprimento de decisão judicial (Apelação Cível: 1004739-62.2017.8.26.0047, j. 24/7/2018; Apelação Cível: 0014119-11.2017.8.26.0344, j. 5/7/2018).

A circunstância da aquisição do imóvel ter decorrido de adjudicação em processo judicial não exclui a incidência da Lei 5.709/71, uma vez que a norma jurídica em questão menciona aquisição imobiliária em sentido amplo, não restringindo apenas às hipóteses de aquisição derivada por meio compra e venda ou permuta.

A tanto confiram-se os artigos 1º, *caput*, e 3º, *caput:*

> *Art. 1º - O estrangeiro residente no País e a pessoa jurídica estrangeira autorizada a funcionar no Brasil só poderão adquirir imóvel rural na forma prevista nesta Lei.*
>
> *Art. 3º - A aquisição de imóvel rural por pessoa física estrangeira não poderá exceder a 50 (cinqüenta) módulos de exploração indefinida, em área contínua ou descontínua.* (grifos meus)

Assim, a aquisição do imóvel dependeu de ato volitivo da parte dos estrangeiros, na forma do artigo 876 do Código de Processo Civil.

O ponto fundamental é a transmissão da propriedade em decorrência de requerimento (vontade) de pessoas físicas com situação jurídica de estrangeiro, pouco importando se tal decorreu de adjudicação em processo judicial ou outra modalidade.

O fato dos Srs. Pedro Nestor Guividalsky e Elena Alejandra Boubet terem permissão de residência temporária no Brasil (cf. documentos de fls. 300/302) não os exclui da vedação legal contida no artigo 1º, *caput*, da Lei 5.709/71, ou seja, a impossibilidade de aquisição de imóvel rural por estrangeiro não residente.

A permissão de residência temporária não se equipara a situação jurídica de estrangeiro com residência permanente, portanto, os documentos de fls. 300/302, à falta de autorização de residência permanente, não têm o condão de excluir a vedação legal.

O artigo 6º, *caput*, do Decreto n. 74.965/74, dispõe:

> *Ao estrangeiro que pretende imigrar para o Brasil é facultado celebrar, ainda em seu país de origem, compromisso de compra e venda do imóvel rural desde que, dentro de 3 (três) anos, contados da data do contrato, venha fixar domicílio no Brasil e explorar o imóvel.* (grifos meus)

No caso em julgamento não há prova de processo de imigração dos Srs. Pedro Nestor Guividalsky e Elena Alejandra Boubet, ao menos com conhecimento do Governo Brasileiro e tampouco da exploração do imóvel pelos mesmos, portanto, não tem lugar a aplicação do dispositivo legal em questão.

Recorde-se que as Cédulas de Identidade de Estrangeiro de fls. 301/302 são temporárias e não permitem a conclusão do desejo de imigração.

A alegação de não recepção da Lei n. 5.709/71 pela Constituição Federal não pode ser aceita a falta de qualquer decisão judicial a respeito, não sendo a presente via administrativa adequada a tanto; destarte, permanece a presunção de constitucionalidade daquela.

Nesse sentido, em situação próxima, transcrevo trecho da decisão do Excelentíssimo Ministro Marco Aurélio, do Supremo Tribunal Federal, na Medida Cautelar na Ação Cível Originária 2.463 Distrito Federal, j. 1º/9/2016, conforme segue:

> *Percebam as balizas objetivas do caso. O autor pretende a declaração de nulidade de ato da Corregedoria-Geral de Justiça do Estado de São Paulo mediante o qual se reconheceu a não recepção do artigo 1º, § 1º, da Lei nº 5.709/1971. O preceito restringe a aquisição de imóveis rurais por pessoas jurídicas brasileiras cuja maioria do capital social pertença a estrangeiros.*
>
> *Observem a organicidade do Direito. A norma em jogo, embora controvertida no âmbito administrativo, não foi declarada inconstitucional pelo Supremo em processo objetivo. Ou seja, milita em favor do dispositivo a presunção de constitucionalidade das leis regularmente aprovadas pelo Poder Legislativo, tal como preconiza o Estado de Direito. É impróprio sustentar a não observância de diploma presumidamente conforme ao Diploma Maior com alicerce em pronunciamento de Tribunal local em processo subjetivo - mandado de segurança. Notem, a ressaltar essa óptica, que o ato atacado afastou a incidência, em apenas um Estado da Federação, de preceito de lei federal por meio da qual regulamentado tema inserido na competência da União - artigo 190 da Constituição Federal -, atentando contra o pacto federativo.*
>
> *A par desse aspecto, vê-se, em exame inicial, a existência de fundamentos na Carta Federal para o alcance das restrições previstas na Lei nº 5.709/1971. O Texto Maior, conquanto agasalhe os princípios da isonomia e da livre iniciativa, reservou ao legislador ferramentas aptas a assegurar a soberania, pressuposto da própria preservação da ordem constitucional. A soberania, além de fundamento da República Federativa do Brasil, também constitui princípio da ordem econômica, evidenciando o papel no arranjo institucional instaurado em 1988. Expressou-se preocupação com a influência do capital estrangeiro em assuntos sensíveis e intrinsecamente vinculados ao interesse nacional. Daí o tratamento diferenciado previsto no artigo 190 da Lei Básica da República:*
>
> *Art. 190. A lei regulará e limitará a aquisição ou o arrendamento de propriedade rural por pessoa física ou jurídica estrangeira e estabelecerá os casos que dependerão de autorização do Congresso Nacional.*
>
> *A efetividade dessa norma pressupõe que, na locução "estrangeiro", sejam incluídas entidades nacionais controladas por capital alienígena. A assim não se concluir, a burla ao texto constitucional se concretizará, presente a possibilidade de a criação formal de pessoa jurídica nacional ser suficiente à observância dos requisitos legais, mesmo em face da submissão da entidade a diretrizes estrangeiras – configurando a situação que o constituinte buscou coibir.*

Nestes termos, não se cogita da inconstitucionalidade da Lei n. 5.709/71, competindo sua aplicação, mormente na esfera administrativa.

A Lei n. 5.709/71 regula a aquisição de imóveis rurais por estrangeiro residente ou não no Brasil, não há sentido em sustentar que ao estrangeiro não residente a aquisição de terras rurais seria livre, a interpretação sistemática da lei redunda na vedação de imóveis rurais por estrangeiros não residentes.

Desse modo, como também destacado no parecer do INCRA (a fls. 62/67) e da D. Procuradoria Geral da Justiça (a fls. 443/446), a Lei n. 5.709/71 impede a aquisição de imóveis rurais por estrangeiros não residentes.

A aquisição imobiliária por adjudicação não afasta a incidência da norma restritiva, não ocorrendo, também nessa ótica, qualquer afronta à Constituição Federal ou o Código de Processo Civil. Reitero o suprarreferido acerca do caráter voluntário da aquisição por meio de adjudicação.

A carta de adjudicação tem equivalência à escritura pública em razão de sua origem (pública), a previsão do artigo 8º da Lei n. 5.709/71 não exclui a carta de adjudicação e tampouco limita as aquisições imobiliárias pela forma de escritura pública.

As previsões do Tratado do Mercosul e demais atos normativos a ele relacionados, igualmente, não redundam na inaplicabilidade da Lei n. 5.709/71; porquanto são legítimas as distinções a estrangeiros em conformidade com a soberania de cada país membro.

A situação jurídica de estrangeiros não residentes, que não é alterada pela autorização de permanência temporária, dos Srs. Pedro Nestor Guividalsky e Elena Alejandra Boubet, redundam na irrelevância da possibilidade de aquisição pelo Sr. Bradley, também estrangeiro, bem como, a aquisição ser inferior a três módulos de exploração indefinida.

Como ressaltado no parecer do INCRA (itens 10 e 11, fls. 64/65), o Sr. Bradley e os demais condôminos são atingidos por via reflexa ante a impossibilidade de aquisição de imóvel rural por estrangeiro que não possui autorização de residência definitiva no Brasil.

Em virtude da aquisição imobiliária na modalidade de condomínio geral, não é possível a cisão do título para fins de registro ante sua unidade. A divisibilidade do imóvel encerra fato jurídico diverso da aquisição em comunhão de direitos, como consta do título, cujo registro foi declarado nulo.

Ante o exposto, nego provimento ao recurso.

GERALDO FRANCISCO PINHEIRO FRANCO

Corregedor Geral da Justiça e Relator (DJe de 03.07.2019 - SP)

PODER JUDICIÁRIO

TRIBUNAL DE JUSTIÇA DO ESTADO DE SÃO PAULO

CONSELHO SUPERIOR DA MAGISTRATURA

Apelação nº 1000446-15.2018.8.26.0047

Registro: 2019.0000546787

ACÓRDÃO

Vistos, relatados e discutidos estes autos de **Apelação Cível nº 1000446-15.2018.8.26.0047**, da Comarca de **Assis**, em que é apelante **CONCESSIONARIA AUTO RAPOSO TAVARES S/A - CART**, é apelado **OFICIAL DE REGISTRO DE IMÓVEIS E ANEXOS DA COMARCA DE ASSIS**.

ACORDAM, em Conselho Superior de Magistratura do Tribunal de Justiça de São Paulo, proferir a seguinte decisão: **"Negaram provimento, com observação, v.u."**, de conformidade com o voto do Relator, que integra este acórdão.

O julgamento teve a participação dos Exmos. Desembargadores **PEREIRA CALÇAS (PRESIDENTE TRIBUNAL DE JUSTIÇA) (Presidente), ARTUR MARQUES (VICE PRESIDENTE), DAMIÃO COGAN, EVARISTO DOS SANTOS (PRES. DA SEÇÃO DE DIREITO PÚBLICO), CAMPOS MELLO (PRES. DA SEÇÃO DE DIREITO PRIVADO) E FERNANDO TORRES GARCIA(PRES. SEÇÃO DE DIREITO CRIMINAL)**.

São Paulo, 25 de junho de 2019.

GERALDO FRANCISCO PINHEIRO FRANCO

Corregedor Geral da Justiça e Relator

Apelação Cível nº 1000446-15.2018.8.26.0047

Apelante: Concessionaria Auto Raposo Tavares S/A - Cart

Apelado: Oficial de Registro de Imóveis e Anexos da Comarca de Assis

VOTO Nº 37.775

Registro de Imóveis – Desapropriação parcial de área rural – Carta de Adjudicação – Qualificação registral – Aquisição originária da propriedade – Rodovia em área rural – Cabimento do georreferenciamento, em cumprimento à Lei de Registros Públicos (artigos 176, § 1º, 3 "a", 176, §§ 3º e 5º e 225, § 3º) e ao Princípio da Especialidade Objetiva – Recurso desprovido, com observação.

Trata-se de recurso de apelação interposto pela CONCESSIONÁRIA AUTO RAPOSO TAVARES S/A contra a r. sentença de fls. 166/173, que julgou procedente a dúvida suscitada pelo Sr. Oficial de

Registro de Imóveis, Títulos e Documentos e Civil das Pessoas Jurídicas da Comarca de Assis, mantendo a recusa do ingresso de carta de adjudicação em razão da necessidade de apresentação de memorial descritivo e planta georreferenciados da área desapropriada, contendo as coordenadas dos vértices definidores dos limites dos imóveis rurais, georreferenciados ao

Sistema Geodésico Brasileiro, certificados pelo INCRA, nos termos do disposto no parágrafo 3º, no artigo 225, da Lei 6.015/1973.

Sustenta a apelante cuidar-se de desapropriação de imóvel para fins de trecho de rodovia, não cabendo a imposição das exigências e sim o registro da carta de adjudicação, tendo em vista a natureza originária da aquisição.

Verbera que, uma vez desapropriada a área para a construção de rodovia, tal bem passa a ser de uso comum do povo, perdendo suas características de imóvel rural, de forma que o Decreto 62.504/1.968 dispõe que desmembramento de imóveis por ocasião de desapropriação por utilidade pública não está sujeito à disposição do art. 65 do Estatuto da Terra, bem como tal desmembramento independe de prévia autorização do INCRA.

Afirma, assim, que, tratando-se de ente público, a simples apresentação de planta e memorial descritivo bastariam para a abertura de matrícula da área desapropriada.

A D. Procuradoria Geral de Justiça opinou pelo não provimento do recurso (fls. 238/241). É o relatório.

Presentes os pressupostos legais e administrativos, conheço do apelo. No mérito, o recurso não comporta provimento.

A natureza judicial do título apresentado não impede sua qualificação registral quanto aos aspectos extrínsecos ou aqueles que não foram objeto de exame pela Autoridade Jurisdicional.

O item 119, do Capítulo XX, das Normas de Serviço da Corregedoria Geral da Justiça é expresso acerca do dever do Oficial do Registro de Imóveis a tanto, como se constata de sua redação:

"119. Incumbe ao oficial impedir o registro de título que não satisfaça os requisitos exigidos pela lei, quer sejam consubstanciados em instrumento público ou particular, quer em atos judiciais."

Essa questão é pacífica nos precedentes administrativos deste órgão colegiado, entre muitos, confira-se trecho do voto do Desembargador Manoel de Queiroz Pereira Calças, Corregedor Geral da Justiça à época, na Apelação nº 0001561-55.2015.8.26.0383, j. 20.07.17:

"A origem judicial do título não afasta a necessidade de sua qualificação registral, com intuito de se obstar qualquer violação ao princípio da continuidade (Lei 6.015/73, art. 195). Nesse sentido, douto parecer da lavra do então Juiz Assessor desta Corregedoria Geral de Justiça, Álvaro Luiz Valery Mirra, lançado nos autos do processo n.º 2009/85.842, que, fazendo referência a importante precedente deste Colendo Conselho Superior da Magistratura (Apelação Cível n.º 31.881-0/1), aduz o que segue:

"De início, cumpre anotar, a propósito da matéria, que tanto esta Corregedoria Geral da Justiça quanto o Colendo Conselho Superior da Magistratura têm entendido imprescindível a observância dos princípios e regras de direito registral para o ingresso no fólio real – seja pela via de registro, seja pela via de averbação – de penhoras, arrestos e seqüestros de bens imóveis, mesmo considerando a origem judicial de referidos atos, tendo em conta a orientação tranqüila nesta esfera administrativa segundo a qual a natureza judicial do título levado a registro ou a averbação não o exime da atividade de qualificação registral realizada pelo oficial registrador, sob o estrito ângulo da regularidade formal (Ap. Cív. n. 31.881-0/1)."""

De fato, a desapropriação encerra forma originária de aquisição da propriedade.

Nesse sentido, o voto do Desembargador José Renato Nalini, Corregedor Geral da Justiça ao momento do julgamento da Apelação nº 0001026-61.2011.8.26.0062, em 17/01/2013:

"A desapropriação, amigável ou judicial, concluída extrajudicialmente, na via administrativa, ou por meio de processo litigioso, com a intervenção do Poder Judiciário, revela-se, sempre, um modo originário de aquisição da propriedade: inexiste um nexo causal entre o passado, o estado jurídico anterior, e a situação atual. A propriedade adquirida, com o aperfeiçoamento da desapropriação, liberta-se de seus vínculos anteriores, desatrela-se dos títulos dominiais pretéritos, dos quais não deriva e com os quais não mantém ligação, tanto que não poderá ser reivindicada por terceiros e pelo expropriado (artigo 35 do Decreto-lei n.° 3.365/1941), salvo no caso de retrocessão."

A natureza originária da aquisição pela desapropriação, contudo, não descaracteriza a submissão dessa situação jurídica à hipótese de desmembramento de imóvel rural, porquanto a área desapropriada (autos nº 1005012- 46.2014.8.26.0047, 1ª Vara Cível da Comarca de Assis), inserida na área rural matriculada sob o nº 43.615, possui área de 16.969,87 m², destacada de área maior com 6,70 hectares (fl. 6).

O art. 176, § 3º, da Lei nº 6.015/73 dispõe:

"§ 3º Nos casos de desmembramento, parcelamento ou remembramento de imóveis rurais, a identificação prevista na alínea a do item 3 do inciso II do § 1º será obtida a partir de memorial descritivo, assinado por profissional habilitado e com a devida Anotação de Responsabilidade Técnica - ART, contendo as coordenadas dos vértices definidores dos limites dos imóveis rurais, geo-referenciadas ao Sistema Geodésico Brasileiro e com precisão posicional a ser fixada pelo INCRA, garantida a isenção de custos financeiros aos proprietários de imóveis rurais cuja somatória da área não exceda a quatro módulos fiscais."

Na mesma linha, o art. 225, § 3º, da Lei nº 6.015/73, prescreve:

"§ 3º Nos autos judiciais que versem sobre imóveis rurais, a localização, os limites e as confrontações serão obtidos a partir de memorial descritivo assinado por profissional habilitado e com a devida Anotação de Responsabilidade Técnica - ART, contendo as coordenadas dos vértices definidores dos limites dos imóveis rurais, georeferenciadas ao Sistema Geodésico Brasileiro e com precisão posicional a ser fixada pelo INCRA, garantida a isenção de custos financeiros aos proprietários de imóveis rurais cuja somatória da área não exceda a quatro módulos fiscais."

A interpretação teleológica das referidas disposições normativas permite a compreensão de sua incidência no caso da desapropriação de parcela de imóvel rural, notadamente pela repercussão no imóvel objeto da desapropriação parcial no aspecto da especialidade objetiva.

Nessa linha, há precedentes deste Eg. Conselho Superior da Magistratura, como se observa de extrato do voto do Desembargador Manoel de Queiroz Pereira Calças, Corregedor Geral da Justiça à época, na Apelação nº 1002005- 13.2016.8.26.0100, j. 25.11.16:

"Também tem razão o Oficial em relação à exigência de descrição georreferenciada do imóvel desapropriado e sua certificação pelo INCRA. Conforme precedentes recentes citados pelo Oficial, este Conselho tem posição firme no sentido de que a exigência formulada encontra respaldo nos artigos 176, §§ 3º e 5º, e 225, § 3º, ambos da Lei nº 6.015/73; artigo 9º, § 1º, do Decreto nº 4.449/02; e artigo 2º do Decreto nº 5.570/05. A propósito: "REGISTRO DE IMÓVEIS – DÚVIDA – CARTA DE SENTENÇA EXTRAÍDA DE AÇÃO DE DESAPROPRIAÇÃO – IMÓVEL LOCALIZADO EM ÁREA RURAL – NECESSIDADE DE APRESENTAÇÃO DE CERTIDÃO DO INCRA DE QUE A POLIGONAL OBJETO DO MEMORIAL DESCRITIVO NÃO SE SOBREPÕE A NENHUMA OUTRA CONSTANTE DE SEU CADASTRO GEORREFERENCIADO E QUE O MEMORIAL ATENDE ÀS EXIGÊNCIAS TÉCNICAS – EXIGÊNCIA CORRETA APRESENTADA PELO OFICIAL, EM OBSERVÂNCIA AOS PRINCÍPIOS DA LEGALIDADE E DA ESPECIALIDADE OBJETIVA – SENTENÇA DE PROCEDÊNCIA MANTIDA – RECURSO NÃO PROVIDO" (Apelação nº 0001532-10.2014.8.26.0037, Rel. Des. Elliot Akel, j. em 16/10/2014). A Medida Provisória n. 700/2015, mencionada pela apelante, sequer havia sido editada quando da apresentação do título. Ele foi apresentado em 17 de setembro de 2015, ao passo que a medida provisória é de 08 de dezembro de 2015 (ressalte-se, aliás, que essa medida provisória nem mesmo foi reeditada; já foi revogada). Vigorando, entre nós, o princípio do tempus regit actum, descabe analisar o argumento."

A localização do imóvel é em área rural, pois compreendia imóvel dessa natureza; tampouco há indicação de situar-se em área urbana, assim definida pelo município.

Embora afirme a recorrente que a desapropriação transforma a área em bem de uso comum do povo, o fato de se cuidar de rodovia que cruza área rural não a transforma em área urbana. Além disso, no precedente acima referido (na Apelação nº 1002005-13.2016.8.26.0100) constou no voto convergente do Desembargador Ricardo Dip, então Presidente da Seção de Direito Público:

"As exigências concernentes ao cadastro do imóvel desapropriado junto ao Instituto Nacional de Colonização e Reforma Agrária –Incra ("CCIR") e a seu georreferenciamento são de todo pertinentes, porque a especialidade objetiva do imóvel tem apurar-se, segundo preceitua o direito posto (vide art. 176, § 1º, II, 1, a, e §§ 3º-5º, e art. 225, § 3º, da Lei n. 6.015, de 31 de dezembro de 1973, e art. 22 da Lei nº 4.947, de 6 de abril de 1966), ainda que, como sucede in casu, haja aquisição originária: afinal, da circunstância de que, na desapropriação judicial, não se leve em conta a existência de direito anterior, não se extrai que o objeto do direito deva isentar-se de individuação secundum legem. Não é possível, na amplitude campal da realidade das coisas, admitir um direito sobre coisa indiferenciada, porque seria o mesmo que admitir um direito sem objeto." *(g.n).*

Portanto, compete definir a exata localização do imóvel conforme as coordenadas de seus vértices, consoante previsto na Lei de Registros Públicos.

A sentença judicial em ação de desapropriação não está isenta da incidência das demais determinações legais para o ingresso do título no registro imobiliário.

Desse modo, é necessário o georreferenciamento para o ingresso do título judicial atinente à desapropriação parcial de imóvel para implantação de rodovia, conforme os precedentes deste Conselho Superior da Magistratura.

E tal obrigatoriedade se impõe ainda que não se esteja falando em transmissão de propriedade, mas sim em forma de extinção da propriedade do anterior titular (art. 1275, inciso V, do Código Civil), independentemente de haver ou não interesse da Administração Pública ou suas concessionárias.

Por fim, em razão da extinção da propriedade pela desapropriação, bem como o destaque de área menor, merece observação a necessidade do georreferenciamento apenas da área desapropriada, sem necessidade de sua efetivação para fins de apuração do remanescente da matrícula da qual será destacada, como também tem sido decidido reiteradamente por este Eg. Conselho Superior da Magistratura.

Ante o exposto, nego provimento à apelação, com observação.

GERALDO FRANCISCO PINHEIRO FRANCO

Corregedor Geral da Justiça e Relator (DJe de 26.07.2019 - SP)

PODER JUDICIÁRIO

TRIBUNAL DE JUSTIÇA DO ESTADO DE SÃO PAULO

CONSELHO SUPERIOR DA MAGISTRATURA

Apelação nº 1003666-75.2018.8.26.0223

Registro: 2019.000068122

ACÓRDÃO

Vistos, relatados e discutidos estes autos de **Apelação Cível n.º 1003666-75.2018.8.26.0223**, da Comarca de **Guarujá**, em que é apelante **MINISTÉRIO PÚBLICO DO ESTADO DE SÃO PAULO**, é apelada **WALQUIRIA FRANCO SIMÃO.**

ACORDAM, em Conselho Superior de Magistratura do Tribunal de Justiça de São Paulo, proferir a seguinte decisão: **"Negaram provimento ao recurso, v.u..",** de conformidade com o voto do Relator, que integra este acórdão.

O julgamento teve a participação dos Exmos. Desembargadores **PEREIRA CALÇAS (PRESIDENTE TRIBUNAL DE JUSTIÇA) (Presidente), ARTUR MARQUES (VICE PRESIDENTE), XAVIER DE AQUINO (DECANO), EVARISTO DOS SANTOS(PRES. DA SEÇÃO DE DIREITO PÚBLICO), CAMPOS MELLO (PRES. DA SEÇÃO DE DIREITO PRIVADO) E FERNANDO TORRES GARCIA(PRES. SEÇÃO DE DIREITO CRIMINAL).**

São Paulo, 15 de agosto de 2019.

GERALDO FRANCISCO PINHEIRO FRANCO

Corregedor Geral da Justiça e Relator

ApelaçãoCíveln.º1003666-75.2018.8.26.0223

Apelante: Ministério Público do Estado de São Paulo

Apelado: Walquiria Franco Simão

VOTO Nº 37.823

Registro de Imóveis – Carta de Adjudicação – Suposta quebra do princípio da continuidade – Fraude à Execução – Ineficácia da doação declarada expressamente nos mesmos autos da execução em que ocorrida a arrematação – Desnecessidade de cancelamento da averbação da penhora – Ausência de quebra da continuidade – Desnecessidade de averbação da construção – Recurso desprovido.

Cuida-se de recurso de apelação interposto pelo MINISTÉRIO PÚBLICO DO ESTADO DE SÃO PAULO, em face da r. sentença de fls. 59/64, que julgou improcedente dúvida suscitada pelo Sr. Oficial de Registro de Imóveis e Anexos da Comarca de Guarujá, permitindo, assim, o registro de carta de arrematação referente ao imóvel da matrícula nº 64.811 daquela serventia.

O apelante sustenta a impossibilidade do registro, pois o imóvel não era de propriedade do executado constante na carta de arrematação, sendo ainda preciso o prévio cancelamento de penhora inscrita, por não produzir efeitos perante terceiros a declaração de ineficácia.

A D. Procuradoria Geral de Justiça opinou pelo provimento do recurso (fls. 131/134).

É o relatório.

Presentes pressupostos legais e administrativos, conheço do recurso.

No mérito, respeitado o entendimento do *Parquet*, a r. Sentença deve ser confirmada.

Em 14 de fevereiro de 2018, foi prenotada Carta de Arrematação expedida pela 1ª Vara do Trabalho do Guarujá, em 7 de fevereiro de 2017, nos autos do processo nº 00122000919955020301, extraída da ação trabalhista ajuizada por *Maria Tereza de Jesus* contra *Borelli & Martins - Comércio de Refeições Ltda.*

Conforme reiterados precedentes deste Eg. Conselho Superior da Magistratura, a natureza judicial do título apresentado não impede sua qualificação registral quanto aos aspectos extrínsecos ou aqueles que não foram objeto de exame pela Autoridade Jurisdicional.

O Item 119 do Capítulo XX do Tomo II das Normas de Serviço da Corregedoria Geral da Justiça, é expresso acerca do dever do Oficial do Registro de Imóveis a tanto, como se constata de sua redação:

> *"119. Incumbe ao oficial impedir o registro de título que não satisfaça os requisitos exigidos pela lei, quer sejam consubstanciados em instrumento público ou particular, quer em atos judiciais".*

Também deve ser anotado que a arrematação não é modo originário de aquisição de propriedade.

Embora essa tese tenha prevalecido neste C. Conselho Superior da Magistratura por um breve período, já se retomou o entendimento consolidado de que a arrematação é modo derivado de aquisição da propriedade.

Nesse sentido:

> *"REGISTRO DE IMÓVEIS – CARTA DE ARREMATAÇÃO – MODO DERIVADO DE AQUISIÇÃO DA PROPRIEDADE – Ferimento dos Princípios da Continuidade e da Especialidade Objetiva – Recurso Desprovido" (Apelação nº 9000002-19.2013.8.26.0531, Rel. Des. Elliot Akel, j. em 2/9/2014).*

A alienação forçada em processo judicial encerra, assim, transmissão derivada do direito de propriedade do imóvel, por envolver manifestação de vontade do adquirente e do Estado, pressupondo relação jurídica anterior, donde emerge o caráter bilateral da aquisição, apesar da ausência de manifestação de vontade do titular do direito real.

No caso em exame, nada obstante a possibilidade de qualificação de título judicial em alienação forçada, não haverá ofensa à continuidade, uma vez que existe declaração **expressa de ineficácia** relativa à alienação feita a *Viviane Costa Martins* e *Jussara Costa Martins*, a título de doação, conforme R. 8 (fls. 19/24).

A declaração de ineficácia ocorreu **nos próprios autos em que houve a arrematação**, processo nº 0122/1995 (00122000919955020301), movida por *Maria Tereza de Jesus* em face de *João Bernardino Borelli Martins* e sua esposa. (Av. 11), de 5 de fevereiro de 2015, de modo que, quanto ao arrematante, tal doação é ineficaz.

São reiterados os precedentes desse Eg. Conselho Superior da Magistratura:

> *"REGISTRO DE IMÓVEIS – DÚVIDA – PRETENSÃO DE REGISTRO DE CARTA DE ADJUDICAÇÃO – Negativa, em Razão De Quebra Do Princípio Da Continuidade – Fraude À Execução – Ineficácia Da Renúncia Ao Direito De Propriedade Declarada Expressamente Pelo Juízo Da Execução – Desnecessidade De Cancelamento Da Averbação – Ausência De Quebra Da Continuidade – Recurso Provido.* (Apelação Cível nº 0005288-85.2013.8.26.0223, Des. ELLIOT AKEL)".

A declaração de ineficácia que resulta da fraude à execução tem limites objetivos e subjetivos, restritos ao processo no qual tal declaração ocorreu. Na hipótese, ela ocorreu nos mesmos autos em que reconhecida a fraude, sendo possível o ingresso do título, já que a ineficácia do negócio jurídico aproveita justamente o arrematante.

Da mesma forma, desnecessário o cancelamento da penhora antecedente no caso de alienação forçada, pois a sua existência não obstam o registro da carta de arrematação:

> *"REGISTRO DE IMÓVEIS – Carta de arrematação – Cancelamento direto de penhoras estranhas à do processo onde ocorrida a alienação judicial – Desnecessidade – Cancelamento indireto oriundo do pretendido registro – Indisponibilidades legais (art. 53, § 1.º, da Lei nº 8.212/1991) desprovidas de força para obstaculizar a alienação forçada do bem imóvel e seu respectivo registro – Retificação prévia prescindível – Princípio da cindibilidade – Exigências afastadas – Dúvida improcedente – Recurso procedente, com observação.* (Apelação Cível n. 9000001- 36.2015.8.26.0443, Des. MANOEL PEREIRA CALÇAS)".

Por fim, não há óbice ao registro da arrematação do terreno, ficando postergado, oportunamente, por iniciativa do interessado, a averbação da construção.

Resta assim confirmada integralmente a r. Sentença. Ante o exposto, nego provimento ao recurso.

GERALDO FRANCISCO PINHEIRO FRANCO

Corregedor Geral da Justiça e Relator (DJe de 02.09.2019 – SP)

PODER JUDICIÁRIO

TRIBUNAL DE JUSTIÇA DO ESTADO DE SÃO PAULO

CONSELHO SUPERIOR DA MAGISTRATURA

Apelação nº 0010549-80.2018.8.26.0344

Registro: 2019.0000718901

ACÓRDÃO

Vistos, relatados e discutidos estes autos de **Apelação Cível nº 0010549-80.2018.8.26.0344**, da Comarca de **Marília**, em que é apelante **ALVES DE SOUZA EMPREENDIMENTOS IMOBILIÁRIOS LTDA**, é apelado **2º OFICIAL DE REGISTRO DE IMÓVEIS E ANEXOS DA COMARCA DE MARÍLIA**.

ACORDAM, em Conselho Superior de Magistratura do Tribunal de Justiça de São Paulo, proferir a seguinte decisão: **"Negaram provimento ao recurso, v.u."**, de conformidade com o voto do Relator, que integra este acórdão.

O julgamento teve a participação dos Exmos. Desembargadores **PEREIRA CALÇAS (PRESIDENTE TRIBUNAL DE JUSTIÇA) (Presidente), ARTUR MARQUES (VICE PRESIDENTE), XAVIER DE AQUINO (DECANO), EVARISTO DOS SANTOS(PRES. DA SEÇÃO DE DIREITO PÚBLICO), CAMPOS MELLO (PRES. DA SEÇÃO DE DIREITO PRIVADO) E FERNANDO TORRES GARCIA(PRES. SEÇÃO DE DIREITO CRIMINAL).**

São Paulo, 27 de agosto de 2019.

GERALDO FRANCISCO PINHEIRO FRANCO

Corregedor Geral da Justiça e Relator

Apelação Cível nº 0010549-80.2018.8.26.0344

Apelante: Alves de Souza Empreendimentos Imobiliários Ltda

Apelado: 2º Oficial de Registro de Imóveis e Anexos da Comarca de Marília

VOTO Nº 37.773

Registro de Imóveis – Carta de adjudicação – Propriedade do imóvel em nome da própria arrematante – Impossibilidade de registro – Ofensa ao princípio da continuidade – Título que não se sujeita à averbação – Recurso desprovido.

Trata-se de apelação interposta por ALEXANDRE RAYES MANHÃES, na qualidade de procurador da empresa *Alves de Souza Empreendimentos Imobiliários Ltda.*, contra r. sentença de fls. 73/76, integrada pela decisão de fls. 84/85, que julgou procedente a dúvida suscitada pelo Sr. Oficial de Registro de Imóveis de Marília, mantendo a negativa de registro de carta de adjudicação.

O apelante sustenta a possibilidade do registro da referida carta, ou, alternativamente, sua averbação junto à matrícula do imóvel, tendo em vista a quantidade de ações que tramitam contra os anteriores proprietários, havendo alto risco de constrições sobre o imóvel, além da possibilidade de declarações de ineficácia da venda por reconhecimento de fraude à execução.

A D. Procuradoria Geral da Justiça opinou pelo desprovimento do recurso (fls. 146/148).

Petição de fls. 142/143, informando julgamento de ação na qual se buscava reconhecimento de fraude à execução em relação à aquisição do imóvel pelo apelante.

É o relatório.

Presentes os pressupostos legais e administrativos, conheço do apelo. No mérito, o recurso não comporta provimento.

O apelante busca o registro da carta de adjudicação expedida nos autos da execução de título extrajudicial nº 0003052-62.1995.8.26.0201 (fl. 19), referente ao imóvel constante da matrícula nº 15.983 (fl. 30), a qual foi devolvida pelo Sr. Oficial do Registro de Imóveis por entender que o imóvel já se encontra registrado em nome da empresa adjudicante, *Alves de Souza Empreendimentos Imobiliários Ltda.*, em razão de escritura de venda e compra anteriormente registrada.

A natureza judicial do título apresentado não impede sua qualificação registral quanto aos aspectos extrínsecos, ou aqueles que não foram objeto de exame pela autoridade jurisdicional.

O item 119 do Capítulo XX das Normas de Serviço da Corregedoria Geral da Justiça é expresso acerca do dever do Oficial do Registro de Imóveis a tanto, como se constata de sua redação:

> *119. Incumbe ao oficial impedir o registro de título que não satisfaça os requisitos exigidos pela lei, quer sejam consubstanciados em instrumento público ou particular, quer em atos judiciais.*

Também deve ser anotado que a arrematação/adjudicação não é modo originário de aquisição de propriedade.

Embora essa tese tenha prevalecido neste C. Conselho Superior da Magistratura por um breve período, já se retomou o entendimento consolidado de que a arrematação é modo derivado de aquisição da propriedade. Nesse sentido:

REGISTRO DE IMÓVEIS – CARTA DE ARREMATAÇÃO – MODO DERIVADO DE AQUISIÇÃO DA PROPRIEDADE – Ferimento dos Princípios da Continuidade e da Especialidade Objetiva – Recurso Desprovido. (apelação nº 9000002-19.2013.8.26.0531, Rel. Des. Elliot Akel, j. em 02/09/2014).

Tratando-se de forma derivada de aquisição, necessária a observância de todos os princípios afetos ao registro de imóveis, dentre eles, o da continuidade.

Nesse cenário, tendo em vista que a apelante já é a proprietária do imóvel, face ao registro anterior de escritura de compra e venda (R.13, fl. 2), não é possível o registro da carta de adjudicação do imóvel, por clara ofensa ao princípio da continuidade, já que o imóvel adjudicado não é de propriedade dos devedores, mas da própria arrematante.

São diversos os precedentes desse Eg. Conselho Superior da Magistratura, sempre no sentido de impossibilidade de registro de carta de arrematação/adjudicação quando o imóvel não se encontra em nome dos devedores/executados:

REGISTRO DE IMÓVEIS – TÍTULO JUDICIAL – CARTA DE ARREMATAÇÃO – PROPRIEDADE DO IMÓVEL EM NOME DE TERCEIRO ESTRANHO À EXECUÇÃO – Falta de registro dos direitos dos executados no fólio real – Direito real de aquisição sobre o imóvel pertencente a terceiro – Vaga de garagem não especificada – Ofensa aos princípios registrais da continuidade, disponibilidade e da especialidade objetiva – Averbação de indisponibilidade que não constitui óbice à alienação judicial – Dúvida procedente – Recurso desprovido. (Apelação nº 1077741-71.2015.8.26.0100, Des. Manoel de Queiroz Pereira Calças).

REGISTRO DE IMÓVEIS – DÚVIDA – RECUSA DO OFICIAL EM REGISTRAR CARTA DE ARREMATAÇÃO EXPEDIDA EM EXECUÇÃO DERIVADA DE AÇÃO DE COBRANÇA – Imóvel pertencente a terceiros – Ação e execução de ciência de apenas um deles – Penhora e arrematação da integralidade do imóvel – Inviabilidade do registro – Arrematação que constitui modo derivado de aquisição de propriedade – Ofensa ao princípio da continuidade – Recurso não provido (Apelação n° 0018338-33.2011.8.26.0100, José Renato Nalini).

Independentemente da quantidade de ações que tramitam contra os anteriores proprietários, com risco de constrições sobre o imóvel ou decretação de ineficácia da venda por reconhecimento de fraude à execução, não é possível a superação do princípio da continuidade no caso em exame.

Ademais, muito embora o rol relativo aos atos de averbação seja exemplificativo, sendo possível o seu alargamento, não se pode perder de vista que o ato que se busca é o ingresso no registro imobiliário de título sujeito a registro em sentido estrito (art. 167, I, 26, da Lei nº 6.015/73) o que, por consequência, exclui sua inscrição como ato de averbação.

Sendo assim, respeitado o entendimento do apelante, a manutenção da r. sentença é medida que se impõe. Ante o exposto, nego provimento à apelação.

GERALDO FRANCISCO PINHEIRO FRANCO

Corregedor Geral da Justiça e Relator. (DJe de 16.09.2019 – SP)

PODER JUDICIÁRIO

TRIBUNAL DE JUSTIÇA DO ESTADO DE SÃO PAULO

CONSELHO SUPERIOR DA MAGISTRATURA

Apelação n° 1005201-86.2017.8.26.0348

Registro: 2019.000792686

ACÓRDÃO

Vistos, relatados e discutidos estes autos de **Apelação Cível n.º 1005201-86.2017.8.26.0348**, da Comarca de **Mauá**, em que é apelante **FABIO CORDEIRO**, é apelado **OFICIAL DE REGISTRO DE IMÓVEIS E ANEXOS DA COMARCA DE MAUÁ**.

ACORDAM, em Conselho Superior de Magistratura do Tribunal de Justiça de São Paulo, proferir a seguinte decisão: **"Negaram provimento ao recurso. V.U."**, de conformidade com o voto do Relator, que integra este acórdão.

O julgamento teve a participação dos Exmos. Desembargadores **PEREIRA CALÇAS (PRESIDENTE TRIBUNAL DE JUSTIÇA) (Presidente), ARTUR MARQUES (VICE PRESIDENTE), XAVIER DE AQUINO (DECANO), EVARISTO DOS SANTOS(PRES. DA SEÇÃO DE DIREITO PÚBLICO), CAMPOS MELLO (PRES. DA SEÇÃO DE DIREITO PRIVADO) E FERNANDO TORRES GARCIA(PRES. SEÇÃO DE DIREITO CRIMINAL)**.

São Paulo, 24 de setembro de 2019.

GERALDO FRANCISCO PINHEIRO FRANCO

Corregedor Geral da Justiça e Relator

Apelação Cível n.º 1005201-86.2017.8.26.0348

Apelante: Fabio Cordeiro

Apelado: Oficial de Registro de Imóveis e Anexos da Comarca de Mauá

VOTO N.º 37.903

Registro de Imóveis – Carta de adjudicação – Ação de adjudicação compulsória – Atuais proprietários que, contudo, não figuram como réus da ação – Título em nome de terceiras pessoas que não possuem a titularidade dominial – Preservação do princípio da continuidade – Recurso desprovido.

Cuida-se de recurso de apelação interposto por FÁBIO CORDEIRO contra r. sentença de fls. 235/239, que manteve recusa ao registro de carta de adjudicação suscitada pelo Sr. Oficial de Registro de Imóveis da Comarca de Mauá.

A D. Procuradoria Geral de Justiça opinou pelo desprovimento do recurso (fls. 284/286).

É o relatório.

Preliminarmente, desnecessário o deferimento de assistência judiciária, tendo em vista que, nos procedimentos administrativos, não incidem custas ou despesas processuais.

Presentes pressupostos legais e administrativos, conheço do recurso. No mérito, o recurso não comporta provimento.

Conforme consta, o apelante apresentou para registro, em 20 de abril de 2017, carta de sentença extraída dos autos de adjudicação compulsória que tramitou perante a 4.ª Vara Cível da Comarca de Mauá, tendo por objeto o imóvel da matrícula n.º 24.703 da serventia local.

Contudo, o imóvel em questão não está registrado em nome dos réus que figuraram no polo passivo da ação de adjudicação compulsória, mas sim de *Antônio Sibula* e *Eneide Modesto da Silva Sibula*.

Conforme reiterados precedentes deste Eg. Conselho Superior da Magistratura, a natureza judicial do título apresentado não impede sua qualificação registral quanto aos aspectos extrínsecos ou aqueles que não foram objeto de exame pela Autoridade Jurisdicional.

O Item 119 do Capítulo XX Tomo II das Normas de Serviço da Corregedoria Geral da Justiça é expresso acerca do dever do Oficial do Registro de Imóveis a tanto, como se constata de sua redação:

> *119. Incumbe ao oficial impedir o registro de título que não satisfaça os requisitos exigidos pela lei, quer sejam consubstanciados em instrumento público ou particular, quer em atos judiciais.*

Também deve ser anotado que a ação de adjudicação compulsória, se procedente, resultará em sentença que substituirá o título judicial que se buscava, mas, contudo, seus requisitos de qualificação são os mesmos daquele título ora substituído; noutros termos, se a escritura de compra e venda não fosse apta a registro, a sentença assim também não será.

São diversos os precedentes deste Eg. Conselho Superior da Magistratura, sempre no sentido de impossibilidade de registro de carta de arrematação/adjudicação quando o imóvel não se encontra em nome daqueles que figuraram no polo passivo da lide.

Tal entendimento se aplica integralmente à ação de adjudicação compulsória:

> *REGISTRO DE IMÓVEIS – DÚVIDA – RECUSA DO OFICIAL EM REGISTRAR CARTA DE ARREMATAÇÃO EXPEDIDA EM EXECUÇÃO DERIVADA DE AÇÃO DE COBRANÇA – Imóvel pertencente a terceiros – Ação e execução de ciência de apenas um deles – Penhora e arrematação da integralidade do imóvel – Inviabilidade do registro – Arrematação que constitui modo derivado de aquisição de propriedade – Ofensa ao princípio da continuidade – Recurso não provido (Apelação n.° 0018338-33.2011.8.26.0100, José Renato Nalini).*

Ante o exposto, **nego provimento ao recurso.**

GERALDO FRANCISCO PINHEIRO FRANCO

Corregedor Geral da Justiça e Relator (DJe de 14.10.2019 – SP)

ALIENAÇÃO FIDUCIÁRIA

PODER JUDICIÁRIO

TRIBUNAL DE JUSTIÇA DO ESTADO DE SÃO PAULO

CONSELHO SUPERIOR DA MAGISTRATURA

Apelação n° 1043342-11.2018.8.26.0100

Registro: 2019.0000448342

ACÓRDÃO

Vistos, relatados e discutidos estes autos de **Apelação Cível nº 1043342-11.2018.8.26.0100**, da Comarca de **São Paulo**, em que é apelante **SK REALTY EMPREENDIMENTOS IMOBILIÁRIOS LTDA**, são apelados **MUNICIPALIDADE DE SÃO PAULO** e **PRIMEIRO OFICIAL DE REGISTRO DE IMOVEIS DA COMARCA DA CAPITAL.**

ACORDAM, em Conselho Superior de Magistratura do Tribunal de Justiça de São Paulo, proferir a seguinte decisão: **"Negaram provimento, v.u.",**

de conformidade com o voto do Relator, que integra este acórdão.

O julgamento teve a participação dos Exmos. Desembargadores **PEREIRA CALÇAS (PRESIDENTE TRIBUNAL DE JUSTIÇA) (Presidente), ARTUR MARQUES (VICE PRESIDENTE), XAVIER DE AQUINO (DECANO), EVARISTO DOS SANTOS(PRES. DA SEÇÃO DE DIREITO PÚBLICO), CAMPOS MELLO (PRES. DA SEÇÃO DE DIREITO PRIVADO) E FERNANDO TORRES GARCIA(PRES. SEÇÃO DE DIREITO CRIMINAL).**

São Paulo, 28 de maio de 2019.

GERALDO FRANCISCO PINHEIRO FRANCO

Corregedor Geral da Justiça e Relator

Apelação Cível nº 1043342-11.2018.8.26.0100

Apelante: Sk Realty Empreendimentos Imobiliários Ltda

Apelados: Municipalidade de São Paulo e Primeiro Oficial de Registro de Imóveis da Comarca da Capital

VOTO Nº 37.736

Registro de imóveis – Incorporação empresarial – Transmissão imobiliária sujeita ao sistema de título e modo – Compromisso de compra e venda sem aptidão causal – Transferência da propriedade – Necessidade de prévia averbação da incorporação para o registro da escritura pública de compra e venda – ITBI – Imunidade tributária que necessita de análise prévia do titular da competência tributária – Recurso não provido.

Trata-se de recurso de apelação interposto por SK Realty Empreendimentos Imobiliários Ltda. contra a r. sentença de fls. 207/211, que julgou procedente a dúvida suscitada pelo 1º Oficial de Registros de Imóveis da Comarca de Capital, mantendo a recusa do ingresso de escritura pública de compra e venda de imóvel em razão da violação do princípio da continuidade.

Sustenta a apelante o cabimento do registro, sem a incidência de impostos de transmissão imobiliária, por ser sucessora da vendedora em razão de incorporação, quanto a negócio jurídico ocorrido em data anterior à incorporação da empresa Salto Empreendimentos Imobiliários SE Ltda. Pela recorrente (fls. 223/232).

A D. Procuradoria Geral da Justiça opinou pelo não provimento do recurso (fls. 258/262).

É o relatório.

O título apresentado a registro encerra escritura pública de compra e venda do imóvel matriculado sob o n. 111.082, no qual a vendedora SK Realty Empreendimentos Imobiliários Ltda. menciona atuar na condição de sucessora de direitos e obrigações de Salto Empreendimentos Imobiliários SE Ltda., em razão de incorporação.

Na matrícula do imóvel consta a empresa Salto Empreendimentos Imobiliários SE Ltda. como proprietária, não havendo qualquer registro atinente ao compromisso de compra e venda celebrado e tampouco a incorporação empresarial (a fls. 161/163).

O artigo 1.116 do Código Civil estabelece:

> *Art. 1.116. Na incorporação, uma ou várias sociedades são absorvidas por outra, que lhes sucede em todos os direitos e obrigações, devendo todas aprová-la, na forma estabelecida para os respectivos tipos.*

Desse modo, a empresa incorporadora sucede em todos os direitos e obrigações da empresa incorporada em decorrência de sucessão universal.

A sucessão na incorporação de sociedades empresariais decorre de ato *inter vivos*, portanto, é regida pelo direito das obrigações e empresarial, não se aplicando as disposições do direito das sucessões, notadamente, o disposto no artigo 1.784 que estabelece a transmissão independentemente de outra providência (*droit de saisine*).

Essa situação, com aplicação por analogia à sociedade limitada, é prevista no artigo 234 da Lei n. 6.404/76 que dispõe:

> *Art. 234. A certidão, passada pelo registro do comércio, da incorporação, fusão ou cisão, é documento hábil para a averbação, nos registros públicos competentes, da sucessão, decorrente da operação, em bens, direitos e obrigações.*

Diante disso, a aquisição imobiliária em razão de atos de incorporação empresarial segue o disposto no artigo 1.245 do Código Civil, o qual encerra opção legislativa pelo sistema do título e do modo.

Conforme Mónica Jardim (Efeitos substantivos do registro predial. Almedina: Coimbra, 2013, p. 51):

> *No sistema de título e modo a aquisição, modificação ou extinção dos direitos reais dependem de um título – fundamento jurídico ou causa que justifica a mutação jurídicoreal – e de um modo: acto pelo qual se realiza efectivamente a aquisição, modificação ou extinção do direito real, acto através do qual se executa o prévio acordo de vontades.*

Nessa linha, o parágrafo primeiro do artigo 1.245 do Código Civil refere – *Enquanto não se registrar o título translativo, o alienante continua a ser havido como dono do imóvel.*

De outra parte, o contrato de promessa ou compromisso de compra e venda, ainda que em situação excepcional, não presente neste julgamento, possa encerrar título de transmissão da propriedade (artigo 26, p. 6º, da Lei n. 6.766/79), regra geral tem por objeto a celebração do contrato de compra e venda, inclusive, nesse caso, o direito real decorrente de seu registro envolve direito real de aquisição e não transmissão da propriedade (Código Civil, artigos 1.417 e 1.418).

Nessa perspectiva, a apelante celebrou contrato de compra e venda em cumprimento ao compromisso de compra e venda (a fls. 141/146).

Ocorre, todavia, a necessidade da transmissão da propriedade entre as empresas incorporadora e absorvida para cumprimento do contrato de compromisso de compra e venda, o qual é causa para celebração do contrato de compra e venda (já celebrado) e não título de translativo do direito de propriedade.

Portanto, a titular do direito de propriedade do imóvel registrado sob o n. 111.082 é a empresa incorporada (de Salto Empreendimentos Imobiliários SE Ltda.).

A transmissão da propriedade para a apelante dependerá da averbação no registro imobiliário do ato de incorporação, seguido do registro da transferência da propriedade em cumprimento à obrigação assumida pela empresa incorporada no contrato preliminar firmado anteriormente à incorporação.

O Princípio da Continuidade, previsto no artigo 195 da Lei de Registros Públicos, com aplicação no caso em exame por força da aquisição derivada da propriedade imobiliária, impede o ingresso do título sem o registro da aquisição da propriedade em nome da recorrente (alienante constante do título apresentado).

Não encerrando o compromisso de compra e venda título bastante (causa) para a transmissão dominial e não sendo a alienante constante do título (escritura pública de compra e venda) proprietária do imóvel, não cabe o ingresso no registro imobiliário.

Esse ponto foi tratado de forma precisa pela MM. Juíza Corregedora Permanente, como segue:

No presente caso, o imóvel encontra-se registrado em nome de Salto Empreendimentos Imobiliários SE Ltda. (fls. 161/163). Por outro lado, o título que se pretende registrar (fls. 141/146) tem como outorgante SK Realty Empreendimentos. Portanto, não há identidade entre proprietário e outorgante, o que inviabiliza o registro, nos termos do Art. 195 da Lei 6.015/73.

Assim, para possibilitar o registro do título, deve ser averbado/registrado ato em que se noticie que o bem passou a pertencer a SK Realty, ou ser apresentado título em que a proprietária Salto conste como outorgante.

Nestes termos, a primeira exigência deve ser mantida.

O artigo 156, parágrafo 2º, inciso I, da Constituição Federal, estabelece a seguinte imunidade com relação ao Imposto sobre Transmissão de Bens Imóveis:

Art. 156. Compete aos Municípios instituir impostos sobre:

(...)

II – transmissão "inter vivos", a qualquer título, por ato oneroso, de bens imóveis, por natureza ou acessão física, e de direitos reais sobre imóveis, exceto os de garantia, bem como cessão de direitos a sua aquisição;

(...)

§ 2º O imposto previsto no inciso II:

I – não incide sobre a transmissão de bens ou direitos incorporados ao patrimônio de pessoa jurídica em realização de capital, nem sobre a transmissão de bens ou direitos decorrente de fusão, incorporação, cisão ou extinção de pessoa jurídica, salvo se, nesses casos, a atividade preponderante do adquirente for a compra e venda desses bens ou direitos, locação de bens imóveis ou arrendamento mercantil;

Nestes termos, a imunidade tributária não ocorre, nos termos da norma constitucional, *se, nesses casos, a atividade preponderante do adquirente for a compra e venda desses bens ou direitos, locação de bens imóveis ou arrendamento mercantil.*

Não compete ao Oficial do Registro Imobiliário examinar a não incidência, mas sim ao titular da competência tributária.

A manifestação do Município de São Paulo confirma essa compreensão (a fls. 235/241).

Ante a necessidade da transferência da propriedade imóvel, bem como da análise da imunidade pela municipalidade, igualmente, compete manter a exigência nesse sentido.

Por todo o exposto, pelo meu voto, nego provimento à apelação.

GERALDO FRANCISCO PINHEIRO FRANCO

Corregedor Geral da Justiça e Relator (DJe de 27.06.2019 - SP)

ARROLAMENTO DE BENS

PODER JUDICIÁRIO

TRIBUNAL DE JUSTIÇA DO ESTADO DE SÃO PAULO

CONSELHO SUPERIOR DA MAGISTRATURA

Apelação nº 1043342-11.2018.8.26.0100

Registro: 2019.0000448342

ACÓRDÃO

Vistos, relatados e discutidos estes autos de **Apelação Cível nº 1043342-11.2018.8.26.0100**, da Comarca de **São Paulo**, em que é apelante **SK REALTY EMPREENDIMENTOS IMOBILIÁRIOS LTDA**, são apelados **MUNICIPALIDADE DE SÃO PAULO** e **PRIMEIRO OFICIAL DE REGISTRO DE IMOVEIS DA COMARCA DA CAPITAL.**

ACORDAM, em Conselho Superior de Magistratura do Tribunal de Justiça de São Paulo, proferir a seguinte decisão: **"Negaram provimento, v.u.",** de conformidade com o voto do Relator, que integra este acórdão.

O julgamento teve a participação dos Exmos. Desembargadores **PEREIRA CALÇAS (PRESIDENTE TRIBUNAL DE JUSTIÇA) (Presidente), ARTUR MARQUES (VICE PRESIDENTE), XAVIER DE AQUINO (DECANO), EVARISTO DOS SANTOS(PRES. DA SEÇÃO DE DIREITO PÚBLICO), CAMPOS MELLO (PRES. DA SEÇÃO DE DIREITO PRIVADO) E FERNANDO TORRES GARCIA(PRES. SEÇÃO DE DIREITO CRIMINAL).**

São Paulo, 28 de maio de 2019.

GERALDO FRANCISCO PINHEIRO FRANCO

Corregedor Geral da Justiça e Relator

Apelação Cível nº 1043342-11.2018.8.26.0100

Apelante: Sk Realty Empreendimentos Imobiliários Ltda

Apelados: Municipalidade de São Paulo e Primeiro Oficial de Registro de Imóveis da Comarca da Capital

VOTO Nº 37.736

Registro de imóveis – Incorporação empresarial – Transmissão imobiliária sujeita ao sistema de título e modo – Compromisso de compra e venda sem aptidão causal – Transferência da propriedade – Necessidade de prévia averbação da incorporação para o registro da escritura pública de compra e venda – ITBI – Imunidade tributária que necessita de análise prévia do titular da competência tributária – Recurso não provido.

Trata-se de recurso de apelação interposto por SK Realty Empreendimentos Imobiliários Ltda. contra a r. sentença de fls. 207/211, que julgou procedente a dúvida suscitada pelo 1º Oficial de Registros de Imóveis da Comarca de Capital, mantendo a recusa do ingresso de escritura pública de compra e venda de imóvel em razão da violação do princípio da continuidade.

Sustenta a apelante o cabimento do registro, sem a incidência de impostos de transmissão imobiliária, por ser sucessora da vendedora em razão de incorporação, quanto a negócio jurídico ocorrido em data anterior à incorporação da empresa Salto Empreendimentos Imobiliários SE Ltda. Pela recorrente (fls. 223/232).

A D. Procuradoria Geral da Justiça opinou pelo não provimento do recurso (fls. 258/262).

É o relatório.

O título apresentado a registro encerra escritura pública de compra e venda do imóvel matriculado sob o n. 111.082, no qual a vendedora SK Realty Empreendimentos Imobiliários Ltda. menciona atuar na condição de sucessora de direitos e obrigações de Salto Empreendimentos Imobiliários SE Ltda., em razão de incorporação.

Na matrícula do imóvel consta a empresa Salto Empreendimentos Imobiliários SE Ltda. como proprietária, não havendo qualquer registro atinente ao compromisso de compra e venda celebrado e tampouco a incorporação empresarial (a fls. 161/163).

O artigo 1.116 do Código Civil estabelece:

> *Art. 1.116. Na incorporação, uma ou várias sociedades são absorvidas por outra, que lhes sucede em todos os direitos e obrigações, devendo todas aprová-la, na forma estabelecida para os respectivos tipos.*

Desse modo, a empresa incorporadora sucede em todos os direitos e obrigações da empresa incorporada em decorrência de sucessão universal.

A sucessão na incorporação de sociedades empresariais decorre de ato *inter vivos*, portanto, é regida pelo direito das obrigações e empresarial, não se aplicando as disposições do direito das sucessões, notadamente, o disposto no artigo 1.784

que estabelece a transmissão independentemente de outra providência (*droit de saisine*).

Essa situação, com aplicação por analogia à sociedade limitada, é prevista no artigo 234 da Lei n. 6.404/76 que dispõe:

Art. 234. A certidão, passada pelo registro do comércio, da incorporação, fusão ou cisão, é documento hábil para a averbação, nos registros públicos competentes, da sucessão, decorrente da operação, em bens, direitos e obrigações.

Diante disso, a aquisição imobiliária em razão de atos de incorporação empresarial segue o disposto no artigo 1.245 do Código Civil, o qual encerra opção legislativa pelo sistema do título e do modo.

Conforme Mónica Jardim (Efeitos substantivos do registro predial. Almedina: Coimbra, 2013, p. 51):

No sistema de título e modo a aquisição, modificação ou extinção dos direitos reais dependem de um título – fundamento jurídico ou causa que justifica a mutação jurídicoreal – e de um modo: acto pelo qual se realiza efectivamente a aquisição, modificação ou extinção do direito real, acto através do qual se executa o prévio acordo de vontades.

Nessa linha, o parágrafo primeiro do artigo 1.245 do Código Civil refere – *Enquanto não se registrar o título translativo, o alienante continua a ser havido como dono do imóvel.*

De outra parte, o contrato de promessa ou compromisso de compra e venda, ainda que em situação excepcional, não presente neste julgamento, possa encerrar título de transmissão da propriedade (artigo 26, p. 6º, da Lei n. 6.766/79), regra geral tem por objeto a celebração do contrato de compra e venda, inclusive, nesse caso, o direito real decorrente de seu registro envolve direito real de aquisição e não transmissão da propriedade (Código Civil, artigos 1.417 e 1.418).

Nessa perspectiva, a apelante celebrou contrato de compra e venda em cumprimento ao compromisso de compra e venda (a fls. 141/146).

Ocorre, todavia, a necessidade da transmissão da propriedade entre as empresas incorporadora e absorvida para cumprimento do contrato de compromisso de compra e venda, o qual é causa para celebração do contrato de compra e venda (já celebrado) e não título de translativo do direito de propriedade.

Portanto, a titular do direito de propriedade do imóvel registrado sob o n. 111.082 é a empresa incorporada (de Salto Empreendimentos Imobiliários SE Ltda.).

A transmissão da propriedade para a apelante dependerá da averbação no registro imobiliário do ato de incorporação, seguido do registro da transferência da propriedade em cumprimento à obrigação assumida pela empresa incorporada no contrato preliminar firmado anteriormente à incorporação.

O Princípio da Continuidade, previsto no artigo 195 da Lei de Registros Públicos, com aplicação no caso em exame por força da aquisição derivada da propriedade imobiliária, impede o ingresso do título sem o registro da aquisição da propriedade em nome da recorrente (alienante constante do título apresentado).

Não encerrando o compromisso de compra e venda título bastante (causa) para a transmissão dominial e não sendo a alienante constante do título (escritura pública de compra e venda) proprietária do imóvel, não cabe o ingresso no registro imobiliário.

Esse ponto foi tratado de forma precisa pela MM. Juíza Corregedora Permanente, como segue:

No presente caso, o imóvel encontra-se registrado em nome de Salto Empreendimentos Imobiliários SE Ltda. (fls. 161/163). Por outro lado, o título que se pretende registrar (fls. 141/146) tem como outorgante SK Realty Empreendimentos. Portanto, não há identidade entre proprietário e outorgante, o que inviabiliza o registro, nos termos do Art. 195 da Lei 6.015/73.

Assim, para possibilitar o registro do título, deve ser averbado/registrado ato em que se noticie que o bem passou a pertencer a SK Realty, ou ser apresentado título em que a proprietária Salto conste como outorgante.

Nestes termos, a primeira exigência deve ser mantida.

O artigo 156, parágrafo 2º, inciso I, da Constituição Federal, estabelece a seguinte imunidade com relação ao Imposto sobre Transmissão de Bens Imóveis:

Art. 156. Compete aos Municípios instituir impostos sobre:

(...)

II – transmissão "inter vivos", a qualquer título, por ato oneroso, de bens imóveis, por natureza ou acessão física, e de direitos reais sobre imóveis, exceto os de garantia, bem como cessão de direitos a sua aquisição;

(...)

§ 2º O imposto previsto no inciso II:

I – não incide sobre a transmissão de bens ou direitos incorporados ao patrimônio de pessoa jurídica em realização de capital, nem sobre a transmissão de bens ou direitos decorrente de fusão, incorporação, cisão ou extinção de pessoa jurídica, salvo se, nesses casos, a atividade preponderante do adquirente for a compra e venda desses bens ou direitos, locação de bens imóveis ou arrendamento mercantil;

Nestes termos, a imunidade tributária não ocorre, nos termos da norma constitucional, *se, nesses casos, a atividade preponderante do adquirente for a compra e venda desses bens ou direitos, locação de bens imóveis ou arrendamento mercantil.*

Não compete ao Oficial do Registro Imobiliário examinar a não incidência, mas sim ao titular da competência tributária.

A manifestação do Município de São Paulo confirma essa compreensão (a fls. 235/241).

Ante a necessidade da transferência da propriedade imóvel, bem como da análise da imunidade pela municipalidade, igualmente, compete manter a exigência nesse sentido.

Por todo o exposto, pelo meu voto, nego provimento à apelação.

GERALDO FRANCISCO PINHEIRO FRANCO

Corregedor Geral da Justiça e Relator (DJe de 27.06.2019 - SP)

CARTA DE ARREMATAÇÃO

PODER JUDICIÁRIO

TRIBUNAL DE JUSTIÇA DO ESTADO DE SÃO PAULO

CONSELHO SUPERIOR DA MAGISTRATURA

Apelação nº 1001246-78.2018.8.26.0100

Registro: 2018.0000798034

ACÓRDÃO

Vistos, relatados e discutidos estes autos do(a) **Apelação nº 1001246-78.2018.8.26.0100**, da Comarca de **São Paulo**, em que é apelante **THIAGO MAGGI QUARTIERO**, é apelado **17º OFICIAL DE REGISTRO DE IMOVEIS DA COMARCA DE SÃO PAULO.**

ACORDAM, em Conselho Superior de Magistratura do Tribunal de Justiça de São Paulo, proferir a seguinte decisão: **"Indeferiram o pedido de intervenção de terceiro e negaram provimento ao recurso, com observação quanto às providências a serem adotadas no procedimento de registro, v.u."**, de conformidade com o voto do Relator, que integra este Acórdão.

O julgamento teve a participação dos Exmos. Desembargadores **PEREIRA CALÇAS (PRESIDENTE TRIBUNAL DE JUSTIÇA) (Presidente), ARTUR MARQUES (VICE PRESIDENTE), XAVIER DE AQUINO (DECANO), EVARISTO DOS SANTOS(PRES. DA SEÇÃO DE DIREITO PÚBLICO), CAMPOS MELLO (PRES. DA SEÇÃO DE DIREITO PRIVADO) E FERNANDO TORRES GARCIA(PRES. SEÇÃO DE DIREITO CRIMINAL).**

São Paulo, 4 de outubro de 2018.

GERALDO FRANCISCO PINHEIRO FRANCO

Corregedor Geral da Justiça e Relator

Apelação nº 1001246-78.2018.8.26.0100

Apelante: Thiago Maggi Quartiero

Apelado: 17º Oficial de Registro de Imóveis da Comarca de São Paulo

VOTO Nº 37.573

Registro de Imóveis – Dúvida – Intervenção de terceiro – Não cabimento por ser a dúvida procedimento administrativo destinado à solução do dissenso entre o registrador e o interessado no registro do título – Intervenção indeferida – Dúvida julgada prejudicada – Carta de arrematação, extraída de ação de execução, que teve o procedimento de qualificação suspensa em razão de ordem judicial específica – Conteúdo da ordem judicial que deve ser observado pelo Oficial de Registro e que não pode ser revisto na esfera administrativa – Procedimento a ser adotado para o registro, neste caso concreto, que se encontra previsto no subitem 110.1 do Capítulo XX do Tomo II das Normas de Serviço da Corregedoria Geral da Justiça – Recurso não provido, com observação.

Trata-se de apelação interposta contra r. sentença que julgou prejudicada a dúvida suscitada pelo Sr. 17º Oficial de Registro de Imóveis da Comarca da Capital em razão da recusa do registro, na matrícula nº 53.876, de carta de arrematação de frações ideais que totalizam 20% do imóvel.

O apelante alegou, em suma, que apresentou para registro carta de arrematação extraída do Processo nº 0129159-80.2006.8.26.0100 da 42ª Vara Cível da Comarca da Capital, com último protocolo em 27 de novembro de 2017, relativa às frações ideais dos co-proprietários Sérgio Della Crocci (5%), Osmar Gomes (10%) e Wilson Gomes (5%) no imóvel objeto da matrícula nº 53.876. Disse que o título recebeu qualificação positiva, mas teve o registro negado em razão de ofício extraído do Processo nº 1105291-41.2015.8.26.0100, também da 42ª Vara Cível da Comarca da Capital, em que foi comunicada a suspensão da carta de arrematação. Asseverou que o ofício suspendendo a carta de arrematação foi protocolado em 12 de dezembro de 2017, depois da prenotação da referida carta. Aduziu que prevalece o princípio da prioridade que impõe o registro do título ingressado no protocolo em primeiro lugar, e que tem direito ao registro para que o título aquisitivo do domínio possa ser oposto *erga omnes*. Ademais, não houve cancelamento da arrematação, mas somente a suspensão da carta que foi expedida. Esclareceu que não foi observado o prazo de 10 dias para registro, ou devolução do título. Por fim, o fato dos executados não serem titulares de domínio da totalidade dos quinhões no imóvel que foram arrematados não impede o registro da arrematação sobre as frações de que atualmente são proprietários, correspondentes a 3,75% do imóvel em relação a cada um dos executados Sérgio e Wilson, e 7,5% do imóvel em relação ao executado Osmar. Requereu a reforma da r. sentença para que seja promovido o registro do título que deverá ser cindido conforme os quinhões que os co-proprietários detém no imóvel (fls. 207/216).

A douta Procuradoria Geral de Justiça opinou pelo não provimento do recurso (fls. 232/234).

Goreti de Fátima Fernandes Costa requereu a intervenção no processo, como terceira interessada, e apresentou contrarrazões de recurso e documentos (fls. 237/247).

É o relatório.

O procedimento de dúvida tem natureza administrativa (art. 204 da Lei nº 6.015/73), não tem lide e não comporta as modalidades de intervenção de terceiro previstas nos arts. 119 e seguintes do Código de Processo Civil.

Nessa linha, cabe lembrar os v. acórdãos prolatados por este Col. Conselho Superior da Magistratura na Apelação Cível nº 510-0, da Comarca de Ribeirão Preto, de que foi relator o Desembargador Bruno Affonso de André, e na Apelação Cível 000.964.6/0-00, da Comarca de São Paulo, de que foi relator o Desembargador Ruy Pereira Camilo, o último com a seguinte ementa:

REGISTRO DE IMÓVEIS – Dúvida inversa – Intervenção de terceiro – Não cabimento por ser a dúvida destinada à solução do dissenso entre o registrador e o interessado no registro do título – Intervenção indeferida – Admissibilidade, apenas, de apelação pelo terceiro interessado, do que não se trata no presente caso concreto.

Indefiro, portanto, o pedido de intervenção no processo, como terceira interessada, realizado por Goreti de Fátima Fernandes Costa.

O apelante pretende o registro de carta de arrematação extraída do Processo nº 0129159-80.2006.8.26.0100 da 42ª Vara Cível da Comarca da Capital, relativa a quinhão de 20% do imóvel objeto da matrícula nº 53.876 do 17º Registro de Imóveis de São Paulo que assim é dividido: 10% do imóvel de propriedade de Osmar Gomes; 5% do imóvel de propriedade de Wilson Gomes; 5% do imóvel de propriedade de Sérgio Della Crocci (fls. 11 e seguintes).

A carta de arrematação foi prenotada em 27 de novembro de 2017, sob nº 211810, e foi devolvida ao apresentante em razão de ofício, com força de mandado, protocolado em 12 de dezembro de 2017 e em que foi determinada a suspensão da referida carta (fls. 09/10).

Esse ofício, que foi expedido em embargos de terceiro em curso na 42ª Vara Cível da Comarca da Capital, no Processo nº 1105291-41.2015.8.26.0100, tem o seguinte teor:

Pelo presente, solicito a Vossa Senhoria providências para SUSPENDER a carta de arrematação, referente ao imóvel sob número de matrícula 53.876, emitido nos autos de Execução de Título Extrajudicial nº 0129159- 80.2006.8.26.0100, tudo de acordo com a r. Decisão a seguir: 'Vistos. Sobrevindo notícia de que a arrematação do bem se deu em data de 17/11/2015 quando já encerrado o segundo leilão, bem como diante do documento apresentado às fls. 227/228 que dá conta que o arrematante não se encontrava habilitado no tempo do leilão, determino, por cautela, a suspensão da carta de arrematação expedida providenciando a z. serventia tudo o que for necessário, inclusive certificando o teor da presente decisão nos autos da demanda executiva. Manifeste-se o embargado sobre a petição de fls. 305/310, no prazo de dez dias. Anotado o nome do patrono indicado pela embargante, ficando concedido o prazo de dez dias para juntada da respectiva procuração acompanhada das custas da carteira de previdência dos advogados. Oportunamente, tornem para julgamento. Int." (fls. 08).

Diante disso, não se cuidou de título representativo de direito contraditório, cuja tramitação deveria aguardar o resultado da prenotação da carta de arrematação que foi prenotada em primeiro lugar.

Ao contrário, o ofício de fls. 08 tem conteúdo de mandado judicial direcionado à suspensão cautelar do procedimento de registro de título específico, no caso a carta de arrematação apresentada pelo apelante, o que obriga o Oficial de Registro a suspender o exame de qualificação e aguardar a comunicação, pelo juízo competente, da eventual revogação da restrição ou da proibição definitiva do registro do título.

Por sua vez, a ordem de "suspensão da carta de arrematação" deve ser interpretada conforme a situação existente, pois a carta foi expedida e protocolada para registro.

Tendo em conta essa situação específica, e como bem observado pela e. Promotora de Justiça, Dra. Mariângela de Sousa Balduíno, no r. parecer de fls. 152/154, o procedimento a ser adotado neste caso específico está previsto no subitem 110.1 do Capítulo XX do Tomo II das Normas de Serviço da Corregedoria Geral da Justiça:

> *110.1 Quando se tratar de ordem de indisponibilidade que tenha por objeto título determinado, que já esteja tramitando no registro imobiliário para fim de registro, sua prenotação ficará prorrogada, até que seja solucionada a pendência, cumprindo seja anotada a ocorrência na respectiva prenotação, no local próprio do Livro 1 – Protocolo.*

Essa solução não se altera pela utilização dos termos indisponibilidade ou suspensão, pois em se cuidando de título determinado a ordem que enseja a suspensão do procedimento de registro deve ter o mesmo tratamento.

Portanto, mostra-se equivocado o entendimento de que a ordem judicial dirigida ao Oficial de Registro de Imóveis, relativa ao procedimento de registro de título específico, não produz efeitos quando o título atingido foi prenotado em data anterior.

Destarte, suspenso o procedimento de registro por decisão de natureza cautelar, deve o Oficial aguardar para promover a qualificação do título somente se a ordem judicial for revogada, mantendo, contudo, prorrogada a prenotação da carta de arrematação até que na esfera jurisdicional seja resolvido litígio.

Por fim, a questão relativa à cindibilidade do título deverá ser analisada pelo Sr. Oficial quando da eventual revogação da ordem de suspensão cautelar do procedimento de registro, se não for essa ordem tornada definitiva para impedir o registro, podendo, conforme o resultado dessa qualificação, ser promovido o registro ou recusada a prática do ato mediante expedição de nova nota devolutiva.

Ante o exposto, indefiro o pedido de intervenção de terceiro e nego provimento ao recurso, fazendo-o com observação quanto às providências a serem adotadas no procedimento de registro.

GERALDO FRANCISCO PINHEIRO FRANCO

Corregedor Geral da Justiça e Relator (DJe de 01.03.2019 - SP)

PODER JUDICIÁRIO

TRIBUNAL DE JUSTIÇA DO ESTADO DE SÃO PAULO

CONSELHO SUPERIOR DA MAGISTRATURA

Apelação nº 1008007-61.2017.8.26.0068

Registro: 2018.0000876316

ACÓRDÃO

Vistos, relatados e discutidos estes autos do(a) **Apelação nº 1008007-61.2017.8.26.0068**, da Comarca de **Barueri**, em que é apelante **ARACO PROPERTIES LTDA**, é apelado **OFICIAL DE REGISTRO DE IMÓVEIS E ANEXOS DA COMARCA DE BARUERI**.

ACORDAM, em Conselho Superior de Magistratura do Tribunal de Justiça de São Paulo, proferir a seguinte decisão: **"Deram provimento ao recurso para julgar improcedente a dúvida e determinar o registro da carta de arrematação, v.u.",** de conformidade com o voto do Relator, que integra este Acórdão.

O julgamento teve a participação dos Exmos. Desembargadores **PEREIRA CALÇAS (PRESIDENTE TRIBUNAL DE JUSTIÇA) (Presidente), ARTUR MARQUES (VICE PRESIDENTE), XAVIER DE AQUINO (DECANO), EVARISTO DOS SANTOS(PRES. DA SEÇÃO DE DIREITO PÚBLICO), CAMPOS MELLO (PRES. DA SEÇÃO DE DIREITO PRIVADO) E FERNANDO TORRES GARCIA(PRES. SEÇÃO DE DIREITO CRIMINAL).**

São Paulo, 30 de outubro de 2018.

GERALDO FRANCISCO PINHEIRO FRANCO

Corregedor Geral da Justiça e Relator

Apelação nº 1008007-61.2017.8.26.0068

Apelante: Comercial Araco Ltda

Apelado: Oficial de Registro de Imóveis e Anexos da Comarca de Barueri

VOTO Nº 37.580.

Registro de imóveis – Carta de Arrematação – Alienação Forçada – Aquisição Derivada – Domínio Útil – A aquisição de imóvel mediante alienação forçada em processo judicial não pode ser totalmente equiparada a alienação voluntária para fins de exigências do Oficial do Registro Imobiliário – Consideradas as particularidades não cabe prova do recolhimento do laudêmio e do cumprimento de demais obrigações perante a SPU em razão dessas obrigações do falido terem sido sub-rogadas no preço pago pelo arrematante – Recurso provido.

Trata-se de apelação interposta por Araco Properties Ltda contra r. sentença que julgou procedente a dúvida e manteve a recusa do registro de carta de arrematação do domínio útil de imóvel de propriedade da União por não cumprimento das disposições do artigo 3º, parágrafo 2º, inciso I, do Decreto- Lei nº 2.398, de 1987.

A apelante sustenta a regularidade do título e o cabimento do registro em razão da legislação incidente e por se cuidar de arrematação em processo de falência.

A douta Procuradoria Geral de Justiça opinou pelo não provimento do recurso (fls. 424/427). É o relatório.

A natureza judicial do título não o torna imune à qualificação registral, ainda que limitada aos requisitos formais do título e sua adequação aos princípios registrais, conforme o disposto no item 119, do Capítulo XX, das NSCGJ. Este C. Conselho Superior da Magistratura tem decidido, inclusive, que a qualificação negativa não caracteriza desobediência ou descumprimento de decisão judicial.

As exigências do Sr. Registrador foram as constantes do artigo 3º, parágrafo 2º, inciso I, do Decreto--Lei n. 2.398, de 1987, o qual prescreve:

§ 2º Os Cartórios de Notas e Registro de Imóveis, sob pena de responsabilidade dos seus respectivos titulares, não lavrarão nem registrarão escrituras relativas a bens imóveis de propriedade da União, ou que contenham, ainda que parcialmente, área de seu domínio:

I - sem certidão da Secretaria do Patrimônio da União - SPU que declare:

a) ter o interessado recolhido o laudêmio devido, nas transferências onerosas entre vivos;

b) estar o transmitente em dia com as demais obrigações junto ao Patrimônio da União; e

c) estar autorizada a transferência do imóvel, em virtude de não se encontrar em área de interesse do serviço público;

A alienação forçada em processo judicial encerra transmissão derivada do direito de propriedade imóvel por envolver manifestação de vontade do adquirente e do Estado, pressupondo relação jurídica anterior, donde emerge o caráter bilateral da aquisição, apesar da ausência de manifestação de vontade do titular do direito real.

Essa situação tem natureza de negócio jurídico entre o adquirente e o Estado, caracterizando aquisição derivada. Esse o entendimento de Araken de Assis (**Manual da execução**. São Paulo: Revista dos Tribunais, 2018, itens 339 e 340.1), conforme segue:

Seguramente, essa construção enfatiza aspecto deveras relevante na alienação forçada: o ato do Estado e o ato do adquirente se mostram heterogêneos. O poder de quem aliena (Estado) é indiscutivelmente público, jurisdicional, sub- rogatório da vontade do executado ou, trilhando o percurso da ação material, do agir do exequente, impedido de agir de mão própria pelo veto à autotutela. E a declaração de vontade do terceiro, que lança e arremata (ou do exequente e do terceiro que adjudicam) ostenta cunho privado.

A conciliação é intuitiva, demonstrando a excelência da explicação seu cabal ajuste à realidade. Há oferta no lanço, e, no pedido de adjudicação, declaração de vontade que o Estado aceita, e, portanto, surge um típico negócio bilateral. Não existe contrato, porém: o negócio é de direito público e processual, classificado em categoria distinta. Em seu estilo característico, o autor da tese estigmatiza os críticos, acentuando: "Quando algum jurista investe, armas em riste, contra a afirmação de ser negocial a arrematação, ataca o quartel vizinho àquele que tinha de atacar, aquele que pertence aos contratos".

Enfim, a reunião do poder de expropriar do Estado, prestando tutela jurídica ao exequente, e a declaração de vontade do adquirente, movido pelo seu próprio interesse, revela-se flagrante. Outra razão plausível para rejeitar a engenhosa explicação oposta consiste na observação trivial de que, na compra e venda em que os atos são "homogêneos", também a aceitação (pelo vendedor) da oferta (feita pelo comprador) condiciona a consumação do negócio.

Por conseguinte, na alienação forçada se descortina negócio jurídico entre o Estado, titular do poder de expropriar o poder de dispor do executado, e o adquirente.

(...)

Quem equipara a alienação forçada à compra e venda, sem maiores hesitações, oferece ao quesito resposta tranquila: cuida-se de aquisição derivada, como é da índole do seu modelo privado.

Em contrapartida, os adeptos de primeira hora do caráter público do negócio, radicalizando a ideia de que o Estado substitui o proprietário, cindindo a continuidade da cadeia de transmissões, estimam originária a aquisição. Claro está que, nesta última perspectiva, despreza-se o caráter negocial da alienação forçada.

Respeitando a correlação entre dívida e responsabilidade (art. 789), ao Estado não cabe expungir dos bens do executado alguns ônus (v.g., servidão de passagem que grava o imóvel penhorado), que beneficiam a terceiros, ou assegurar, tout court, o domínio apenas aparente do devedor em face do verus dominus. Também aqui calha o velho brocardo: não se transfere mais do que se tem (nemo plus iuris in alios transferre potest quam ipse haberet). Em outras palavras, a transmissão é feita a título derivado ao arrematante.

Apesar da natureza derivada da aquisição ela não é uma aquisição derivada voluntária em conformidade com a faculdade de dispor do proprietário do bem imóvel frente ao caráter forçado da alienação.

Este C. Conselho Superior da Magistratura, em sua atual composição, analisou a situação da responsabilidade do arrematante pelas dívidas do executado, na Apelação Cível n. 1000063-31.2017.8.26.0319, j. 15.05.2018, como se observa do extrato do voto de minha relatoria:

Contudo, independentemente de se tratar de aquisição derivada de propriedade, o caso concreto envolve, em verdade, a limitação de eventual responsabilidade do arrematante por eventual débito existente em desfavor do titular da propriedade do bem alienado judicial. E aqui, há de se observar que o arrematante não assume, de forma alguma, qualquer ônus ou responsabilidade sobre débitos do executado que tem seu imóvel levado a leilão judicial,

Para além da inexistência de responsabilidade a qualquer título pelo arrematante por débitos pessoais do executado que tem o bem arrematado em leilão judicial, exceção óbvia às obrigações ambulatórias que figurem no edital, observa-se de fato que não existe qualquer registro ou averbação de ações reais ou reipersecutórias junto à matrícula do imóvel objeto do loteamento, além de inexistirem quaisquer ônus reais, tais como penhora, hipoteca, alienação fiduciária ou decretação de indisponibilidade (fl. 13/16).

E, mesmo que existissem alguma oneração sobre o bem, haveria se de avaliar, em concreto, se não se enquadraria naqueles casos em que a arrematação transfere o direito de garantia sobre o bem para o saldo obtido com a arrematação, entregando-se o bem isento de ônus ao arrematante.

(...)

Pensar de forma diversa seria responsabilizar o arrematante, que confiou na segurança jurídica estatal, pagou o preço e arrematou o bem, por todos os encargos vinculados ao anterior proprietário, o que comprometeria a eficiência da tutela executiva, em ofensa à segurança jurídica.

E refoge à lógica da arrematação judicial de bem por particular, no âmbito de processo executivo, a permanência dos efeitos de garantia patrimonial do bem sobre as dívidas que, em verdadeiro concurso de credores, haveriam de ser pagas com o saldo da arrematação, sendo impossível nova penhora sobre o bem arrematado por conta de débitos anteriores ou atuais havidos pelo devedor executado (STJ, REsp 866.191/SC – 1ª T. – rel. Min. Teori Albino Zavascki j. 22.02.2011 DJe 28.02.2011).

Compete, portanto, analisar as exigências legais sob o prisma da aquisição do imóvel em arrematação judicial. O artigo 3º, caput, do Decreto-Lei n. 2.398, de 1987, dispõe.

Art. 3º A transferência onerosa, entre vivos, do domínio útil e da inscrição de ocupação de terreno da União ou de cessão de direito a eles relativos dependerá do prévio recolhimento do laudêmio pelo vendedor, em quantia correspondente a 5% (cinco por cento) do valor atualizado do domínio pleno do terreno, excluídas as benfeitorias.

Assim, a obrigação do recolhimento do laudêmio, compete ao vendedor, no caso, a massa falida executada.

A falência da titular do direito real em questão, igualmente, pressupõe a existência de diversas dívidas e modo específico de sua satisfação no processo de falência.

Nessa perspectiva, considerada a alienação forçada do direito real em processo de falência, haveria dificuldade, senão impossibilidade, da adquirente (arrematante) satisfazer exigências concernentes a prova do recolhimento do laudêmio e da quitação das demais obrigações junto ao Patrimônio da União (v. certidão de débitos de fls. 331), justamente, em razão dessas obrigações competirem à massa falida.

De forma geral, o artigo 130, parágrafo único, do Código Tributário Nacional estabelece:

Art. 130. Os créditos tributários relativos a impostos cujo fato gerador seja a propriedade, o domínio útil ou a posse de bens imóveis, e bem assim os relativos a taxas pela prestação de serviços referentes a tais bens, ou a contribuições de melhoria, subrogam-se na pessoa dos respectivos adquirentes, salvo quando conste do título a prova de sua quitação.

Parágrafo único. No caso de arrematação em hasta pública, a sub-rogação ocorre sobre o respectivo preço.

De forma específica, igualmente, o artigo 141, inciso II, da Lei n. 11.101/05, estabelece:

Art. 141. Na alienação conjunta ou separada de ativos, inclusive da empresa ou de suas filiais, promovida sob qualquer das modalidades de que trata este artigo:

(...)

II – o objeto da alienação estará livre de qualquer ônus e não haverá sucessão do arrematante nas obrigações do devedor, inclusive as de natureza tributária, as derivadas da legislação do trabalho e as decorrentes de acidentes de trabalho.

Desse modo, as obrigações, cuja prova do adimplemento é exigida, são da alçada da falida e não da arrematante; somente teria lugar tais exigências na hipótese de alienação voluntária, o que não é a situação desta dúvida.

As exigências do Sr. Oficial do Registro Imobiliário devem ser afastadas, sob pena de jamais haver arrematantes em situações semelhantes frustrando a efetividade do sistema legal incidente.

A autorização da transferência, pelo fato do imóvel não se encontrar em área de interesse do serviço público é absolutamente indevida, pois, cumprida por meio da apresentação da Certidão de Autorização para Transferência CAT (a fls. 41/42).

Por fim, o ora decidido já tinha sido reconhecido pela Secretaria de Patrimônio da União quando da expedição da CAT (a fls. 41/42) inclusive com posteriores esclarecimentos (a fls. 348/349), não tendo havido ilegalidade alguma.

Ante o exposto, dou provimento ao recurso para julgar improcedente a dúvida e determinar o registro da carta de arrematação.

GERALDO FRANCISCO PINHEIRO FRANCO

Corregedor Geral da Justiça e Relator (DJe de 01.03.2019 - SP)

PODER JUDICIÁRIO

TRIBUNAL DE JUSTIÇA DO ESTADO DE SÃO PAULO

CONSELHO SUPERIOR DA MAGISTRATURA

Apelação nº 1004329-04.2017.8.26.0047

Registro: 2018.000600332

ACÓRDÃO

Vistos, relatados e discutidos estes autos do(a) **Apelação nº 1004329-04.2017.8.26.0047**, da Comarca de **Assis**, em que são partes é apelante/requerido **ANDERSON CARLOS DE BRITO** e Apelante/Requerente **OFICIAL DE REGISTRO DE TÍTULOS E DOCUMENTOS DE ASSIS**.

ACORDAM, em Conselho Superior de Magistratura do Tribunal de Justiça de São Paulo, proferir a seguinte decisão: **"Negaram provimento ao recurso. V. U. Negaram provimento à apelação, v.u."**, de conformidade com o voto do Relator, que integra este Acórdão.

O julgamento teve a participação dos Exmos. Desembargadores **PEREIRA CALÇAS (PRESIDENTE TRIBUNAL DE JUSTIÇA) (Presidente), ARTUR MARQUES (VICE PRESIDENTE), XAVIER DE AQUINO (DECANO), EVARISTO DOS SANTOS (PRES. DA SEÇÃO DE DIREITO PÚBLICO), CAMPOS MELLO (PRES. DA SEÇÃO DE DIREITO PRIVADO) E FERNANDO TORRES GARCIA(PRES. SEÇÃO DE DIREITO CRIMINAL)**.

São Paulo, 19 de julho de 2018.

GERALDO FRANCISCO PINHEIRO FRANCO

Corregedor Geral da Justiça e Relator

Apelação nº 1004329-04.2017.8.26.0047

Apelante/Requerente: Oficial de Registro de Títulos e Documentos de Assis Apelante/Requerido: Anderson Carlos de Brito

VOTO Nº 37.505

Registro de Imóveis – Carta de Arrematação – Título judicial sujeito à qualificação registral – Forma derivada de aquisição de propriedade – Desqualificação por ofensa ao princípio da continuidade – Necessidade de registro do instrumento anterior a fim de viabilizar o encadeamento dos títulos – Dúvida julgada procedente – Recurso não provido.

Inconformado com a r. sentença que confirmou o juízo negativo de qualificação registral **[1]**, *ANDERSON CARLOS DE BRITO* interpôs apelação **[2]** objetivando o registro da carta de arrematação expedida em seu favor nos autos do processo nº

0016083-72.2008.8.26.0047, que tramitou perante o SEF - Setor de Execuções Fiscais da Comarca de Assis/SP, tendo por objeto o imóvel matriculado sob nº 62.303 junto ao Cartório de Registro de Imóveis daquela cidade. Alega, em síntese, que não há que se falar em ofensa ao princípio da continuidade, eis que a arrematação judicial é forma originária de aquisição de propriedade.

O Oficial do Registro de Imóveis manifestou-se nos autos, pugnando pela manutenção da sentença proferida **[3]**.

A Procuradoria Geral da Justiça, em seu parecer, opinou pelo não provimento da apelação **[4]**.

É o relatório.

No caso concreto, a nota de devolução expedida pelo registrador está assim redigida: *"Consta da Carta de*

Arrematação que a ação foi proposta em face de Neuza Aparecida Viana Miranda.

Porém, o imóvel ora arrematado, objeto da matrícula n.º 62.303, deste Serviço Registral, é de propriedade da Companhia de Desenvolvimento Habitacional e Urbano do Estado de São Paulo- CDHU, sendo que o mesmo não é parte na ação de Execução Fiscal que originou a arrematação.

Assim, primeiramente, é necessário apresentar para registro o título aquisitivo de Neuza Aparecida Viana Miranda, em obediência ao Princípio da Continuidade Registral" **[5]**.

Entende a apelante que o óbice apresentado pelo registrador deve ser afastado, na medida em que a Carta de Arrematação foi expedida nos autos ação de execução fiscal movida contra Neusa Aparecida Viana Miranda, ajuizada em virtude de débitos de IPTU. Aduz que a executada era mutuária do imóvel e que a mutuante ainda figura como proprietária junto ao fólio real, de forma que ambas são solidariamente responsáveis pelo débito tributário, independentemente do registro do contrato de mútuo. Acrescenta que a CDHU foi intimada a respeito da realização do leilão judicial e que, no entanto, não se manifestou nos autos. Assim, entende que a Carta de Arrematação foi regularmente expedida, ressaltando que aquisição do imóvel em hasta pública é forma originária de aquisição de propriedade, por romper a cadeia de transmissão pretérita.

Desde logo, importa lembrar que a origem judicial do título não o torna imune à qualificação registral, ainda que limitada aos requisitos formais do título e sua adequação aos princípios registrais, conforme o disposto no item 119, do Capítulo XX, das NSCGJ **[6]**. Este C. Conselho Superior da Magistratura tem decidido, inclusive, que a qualificação negativa não caracteriza desobediência ou descumprimento de decisão judicial **[7]**.

Da análise da documentação trazida aos autos, é possível constatar que imóvel objeto da Matrícula nº 62.303 **[8]**, registrado em nome da Companhia de Desenvolvimento Habitacional e Urbano do Estado de São Paulo - CDHU, foi arrematado pela parte apelante no bojo de ação de execução fiscal movida contra Neuza Aparecida Viana Miranda. Como se vê, a devedora, na ação de execução em que havida a arrematação, é pessoa diversa daquela que ainda figura, perante o fólio real, como titular de domínio do imóvel arrematado.

Nesse cenário, não há como se afastar o óbice apresentado pelo registrador, sob pena de se configurar injustificado rompimento na cadeia de sucessão dos titulares do bem. Trata-se de obedecer ao princípio da continuidade registrária, previsto no art. 195 da Lei de Registros Públicos:

"Se o imóvel não estiver matriculado ou registrado em nome do outorgante, o oficial exigirá a prévia matrícula e o registro do título anterior, qualquer que seja a sua natureza, para manter a continuidade do registro."

De seu turno, dispõe o art. 237 do mesmo diploma legal:

"Ainda que o imóvel esteja matriculado, não se fará registro que dependa da apresentação de título anterior, a fim de que se preserve a continuidade do registro."

Sobre o tema, de rigor lembrar que a arrematação judicial constitui forma de alienação forçada, que, segundo *Araken de Assis*, revela negócio jurídico entre o Estado, que detém o poder de dispor e aceita a declaração de vontade do adquirente (*"Manual da Execução"*. Editora Revista dos Tribunais; 14ª edição; São Paulo. 2012. p. 819). É ato expropriatório por meio do qual *"o órgão judiciário transfere coativamente os bens penhorados do patrimônio do executado para o credor ou para outra pessoa"*.

Não se desconhece que, em data relativamente recente, este C. Conselho Superior da Magistratura chegou a reconhecer que a arrematação constituía modo originário de aquisição da propriedade **[9]**. Contudo, tal entendimento acabou não prevalecendo, pois o fato de inexistir relação jurídica ou negocial entre o antigo proprietário e o adquirente (arrematante ou adjudicante) não é o quanto basta para afastar o reconhecimento de que há aquisição derivada da propriedade.

E se assim é, tratando-se a arrematação judicial de modo derivado de aquisição de propriedade, mantido o vínculo com a situação pretérita do bem, há que ser respeitado o princípio da continuidade. Consoante ensina o magistrado *Josué Modesto Passos*:

"Diz-se originária a aquisição que, em seu suporte fático, é independente da existência de um outro direito; derivada, a que pressupõe, em seu suporte fático, a existência do direito por adquirir. A inexistência de relação entre titulares, a distinção entre o conteúdo do direito anterior e o do direito adquirido originariamente, a extinção de restrições e limitações, tudo isso pode se passar, mas nada disso é da essência da aquisição originária" **[10]**.

E, então, enfatiza:

"A arrematação não pode ser considerada um fundamento autônomo do direito que o arrematante adquire. A arrematação é ato que se dá entre o Estado (o juízo) e o maior lançador (arrematante), e não entre o maior lançador (arrematante) e o executado; isso, porém, não exclui que se exija – como de fato se exige –, no suporte fático da arrematação (e, logo, no suporte fático da aquisição imobiliária fundada na arrematação), a existência do direito que, perdido para o executado, é então objeto de disposição em favor do arrematante. Ora, se essa existência do direito anterior está pressuposta e é exigida, então – quod erat demonstrandum - *a aquisição é derivada (e não originária)"* **[11]**.

No mesmo sentido, é pacífica a atual jurisprudência deste C. Conselho Superior da Magistratura:

"REGISTRO DE IMÓVEIS – CARTA DE ARREMATAÇÃO – FORMA DERIVADA DE AQUISIÇÃO DA PROPRIEDADE – EXECUTADA QUE NÃO FIGURA COMO PROPRIETÁRIA DO IMÓVEL NA RESPECTIVA MATRÍCULA – AFRONTA AO PRINCÍPIO DA CONTINUIDADE – RECURSO DESPROVIDO. **[12]***"*

REGISTRO DE IMÓVEIS – ARREMATAÇÃO EM HASTA PÚBLICA – FORMA DERIVADA DE AQUISIÇÃO DA PROPRIEDADE– EXECUTADA QUE NÃO FIGURA COMO PROPRIETÁRIA DO IMÓVEL NA RESPECTIVA MATRÍCULA – AFRONTA AO PRINCÍPIO DA CONTINUIDADE – CARTA DE ADJUDICAÇÃO DO IMÓVEL PREVIAMENTE EXPEDIDA EM FAVOR DA EXECUTADA, MAS NÃO LEVADA A REGISTRO, QUE NÃO BASTA PARA PERMITIR EXCEÇÃO À CONTINUIDADE - RECURSO DESPROVIDO **[13]**.

Veja-se que o apelante tinha meios de verificar, antes da arrematação, que o imóvel não era de propriedade da executada. Por conseguinte, imprescindível o prévio registro do título por meio do qual Neuza Aparecida Viana Miranda adquiriu a propriedade para, então, ser possível o registro da Carta de Arrematação expedida na ação de execução que lhe foi movida.

Nesse cenário, justifica-se a confirmação da r. sentença proferida pela MM.ª Juíza Corregedora Permanente e, portanto, do juízo negativo de qualificação, em atenção ao princípio da continuidade registral.

Diante do exposto, pelo meu voto, **nego provimento** à apelação.

GERALDO FRANCISCO PINHEIRO FRANCO
Corregedor Geral da Justiça e Relator

Notas:

[1] Fls. 156/159.

[2] Fls. 176/190.

[3] Fls. 206/209.

[4] Fls. 218/221.

[5] Fls. 13.

[6] *119. Incumbe ao oficial impedir o registro de título que não satisfaça os requisitos exigidos pela lei, quer sejam consubstanciados em instrumento público ou particular, quer em atos judiciais.*

[7] Apelação Cível n° 413-6/7; Apelação Cível n° 0003968-52.2014.8.26.0453.

[8] Fls. 34.

[9] Apelação Cível n.° 0007969-54.2010.8.26.0604.

[10] *PASSOS, Josué Modesto. A arrematação no registro de imóveis: continuidade do registro e natureza da aquisição. São Paulo: Editora Revista dos Tribunais, 2014, pp. 111/112.*

[11] *Op. cit., p. 118.*

[12] TJSP; Apelação 1047731-10.2016.8.26.0100; Relator (a): Pereira Calças; Órgão Julgador: Conselho Superior de Magistratura; Foro Central Cível - 1ª Vara de Registros Públicos; Data do Julgamento: 29/09/2017; Data de Registro: 16/10/2017.

[13] TJSP; Apelação 1009832-65.2014.8.26.0223; Relator (a): Pereira Calças; Órgão Julgador: Conselho Superior de Magistratura; Foro de Guarujá - 3ª Vara Cível; Data do Julgamento: 30/09/2016; Data de Registro: 06/10/2016. (DJe de 18.03.2019 - SP)

PODER JUDICIÁRIO

TRIBUNAL DE JUSTIÇA DO ESTADO DE SÃO PAULO

CONSELHO SUPERIOR DA MAGISTRATURA

Apelação n° 1024105-80.2017.8.26.0405

Registro: 2018.0000694963

ACÓRDÃO

Vistos, relatados e discutidos estes autos do(a) **Apelação nº 1024105-80.2017.8.26.0405**, da Comarca de **Osasco**, em que é apelante **JOSÉ EDILSON DA SILVA**, é apelado **SEGUNDO OFICIAL DE REGISTRO DE IMÓVEIS DE OSASCO**.

ACORDAM, em Conselho Superior de Magistratura do Tribunal de Justiça de São Paulo, proferir a seguinte decisão: **"Não conheceram do recurso. V.U. Julgaram a dúvida prejudicada e não conheceram do recurso, v.u."**, de conformidade com o voto do Relator, que integra este Acórdão.

O julgamento teve a participação dos Exmos. Desembargadores **PEREIRA CALÇAS (PRESIDENTE TRIBUNAL DE JUSTIÇA) (Presidente), ARTUR MARQUES (VICE PRESIDENTE), DAMIÃO COGAN (DECANO), EVARISTO DOS SANTOS(PRES. DA SEÇÃO DE DIREITO PÚBLICO), CAMPOS MELLO (PRES. DA SEÇÃO DE DIREITO PRIVADO) E FERNANDO TORRES GARCIA(PRES. SEÇÃO DE DIREITO CRIMINAL)**.

São Paulo, 31 de agosto de 2018.

GERALDO FRANCISCO PINHEIRO FRANCO

Corregedor Geral da Justiça e Relator

Apelação nº 1024105-80.2017.8.26.0405

Apelante: JOSÉ EDILSON DA SILVA

Apelado: Segundo Oficial de Registro de Imóveis de Osasco

VOTO Nº 37.550

Registro de Imóveis – Dúvida julgada procedente – Carta de arrematação – Imóvel consistente em lote situado em loteamento irregular – Impugnação parcial das exigências formuladas – Dúvida prejudicada – Recurso não conhecido.

Trata-se de apelação interposta contra r. sentença que manteve a recusa do registro de carta de arrematação do imóvel situado na rua Pereira Barreto, s/nº, consistente no Lote 08 da Quadra B do loteamento "Jardim São Vicente de Paulo", Bairro Munhoz Júnior, Comarca de Osasco, inserido na área da transcrição nº 1.217 do 16º Registro de Imóveis da Comarca de São Paulo, por se tratar de loteamento irregular.

O apelante alegou, em suma, que o imóvel foi arrematado em ação judicial. Disse que a aquisição ocorreu de forma regular e que o registro da arrematação do imóvel independe do prévio registro de loteamento. Asseverou que o local em que situado o imóvel é dotado da infraestrutura básica necessária. Aduziu que o anterior proprietário adquiriu o imóvel mediante escritura pública de compra e venda e efetuou o pagamento do ITBI. Informou que o imóvel está inserido no cadastro fiscal do Município de Osasco e é objeto de lançamento de IPTU desde o ano de 1978. Esclareceu que o Município de Osasco forneceu certidão anuindo com o desmembramento do imóvel em relação à área da transcrição que o abrange. Afirmou que devem ser considerados os direitos ao bem estar social, à moradia digna, à propriedade e à dignidade humana. Além disso, em relação aos requisitos para o parcelamento deve ser considerada a legislação vigente na época da implantação do loteamento, anterior à Lei nº 6.766/79, e o direito do adquirente do lote obter a propriedade uma vez pago o preço do bem conforme disposto no art. 41 da referida Lei. Ademais, não pode ser exigida, agora, a comprovação dos requisitos para o registro do loteamento que já foi implantado. Requereu a reforma da r. sentença para que seja aberta matrícula para o lote e registrado o título que apresentou (fls. 128/134). A douta Procuradoria Geral de Justiça opinou pelo não provimento do recurso (fls. 152/155).

É o relatório.

O apelante pretende o registro da carta de arrematação do imóvel situado na rua Pereira Barreto, s/nº, consistente no Lote 08 da Quadra B do loteamento "Jardim São Vicente de Paulo", Bairro Munhoz Júnior, Comarca de Osasco, que foi extraída do Processo nº 0433424-77.1991.8.26.0100 (fls. 20/25).

A última prenotação do título foi realizada sob nº 106.812, em 29 de junho de 2017 (fls. 21/23, 25 e 57), e o registro foi recusado porque: I) não foi promovido o registro do loteamento da área maior em que situado o lote arrematado, o que impede que seja considerado como unidade com existência jurídica própria (fls. 21); II) a carta de arrematação deve ser aditada para constar a concessão da assistência judiciária em favor do arrematante Irajá Jovino da Silva (fls. 23).

A concessão da assistência judiciária em favor do arrematante não consta no termo de conferência e encerramento da carta de arrematação e nos demais documentos juntados aos autos (fls. 25 e seguintes).

O pedido de assistência judiciária também não consta na petição em que foi requerida a extração da carta de arrematação (fls. 88/89), ao passo que a decisão reproduzida às fls. 91 não contém referência específica à concessão desse benefício em favor do arrematante do imóvel.

Contudo, na suscitação da dúvida o apelante se limitou a impugnar o óbice consistente na ausência do registro do loteamento como motivo impeditivo do registro do lote, silenciando em relação à exigência de comprovação da isenção dos emolumentos.

O não atendimento e a falta de impugnação em relação à exigência de comprovação de que o arrematante do imóvel era beneficiário da assistência judiciária é suficiente para a recusa do registro porque tem como efeito a obrigação da parte em promover o depósito prévio dos alimentos devidos pelo ato, como solicitado pelo Oficial de Registro e autorizado no item 69 do Capítulo XIII do Tomo II das Normas de Serviço da Corregedoria Geral da Justiça:

"69. Até o valor total previsto na tabela vigente, poderá o notário ou registrador exigir depósito prévio para a prática de atos solicitados, entregando recibo de depósito provisório".

E a nota de devolução apresentada com a suscitação da dúvida (fls. 21/23), bem como as razões de sua suscitação pelo Oficial de Registro de Imóveis (fls. 03, parte inicial) permitem reconhecer que os referidos emolumentos não foram objeto de depósito como exigido pelo registrador.

O procedimento de dúvida é reservado à análise da discordância do apresentante com os motivos que levaram à recusa do registro do título e de seu julgamento decorrerá a manutenção dessa recusa, com cancelamento da prenotação, ou a improcedência da dúvida que terá como consequência a realização do ato solicitado (art. 203, II, da Lei nº 6.015/73).

A impugnação parcial das exigências formuladas, silenciando o apresentante em relação a uma delas, prejudica o exame da dúvida porque permanecerá o óbice que prejudica o ingresso do título no registro imobiliário.

Em razão disso, a anuência como parte das exigências apontadas para o ingresso do título no fólio real atribui ao procedimento de dúvida natureza consultiva, ou meramente doutrinária, pois o novo exame de admissibilidade para o futuro registro poderá ser influenciado por eventuais fatos novos mesmo se o título for reapresentado com atendimento, ou afastamento, da exigência impugnada.

No sentido de não conhecimento da dúvida, diante da impugnação parcial das exigências formuladas, foi o v. acórdão prolatado por este Col. Conselho Superior da Magistratura na Apelação Cível nº 41.846-0/0, de que foi relator o Desembargador Sérgio Augusto Nigro Conceição, em que se verifica:

"Como já decidiu este Colendo Conselho Superior da Magistratura: 'Carece de interesse jurídico para o provimento judicial-administrativo, aquele que reconhece a procedência, ainda que parcial, de exigência do registrador'.

Reconhecidas procedentes em parte as exigências feitas, a solução será denegar o registro, julgando-se prejudicada a dúvida.

Em se tratando de dúvida imobiliária que tenha por objeto um único ato de registro, como no caso, não há falar em provimento parcial.

Quando o interessado no registro reconhece no recurso a procedência de uma ou mais exigências, como no caso, caracteriza-se a falta de interesse recursal, restando prejudicada a dúvida.

Como acrescentou aquele julgado: 'a decisão proferida em procedimento de dúvida tem sempre conteúdo positivo ou negativo acerca da registrabilidade do título' (ApCiv 8.765-0/5, de São Carlos, votação unânime, relatado pelo eminente Desembargador Milton Evaristo dos Santos).

Nesse sentido o procedimento de dúvida visa a dirimir dissensão entre o apresentante do título e o registrador, considerada a registrabilidade do título na ocasião de sua apresentação.

Por esses motivos julgam prejudicada a dúvida, e não conhecem do recurso" (Revista de Direito Imobiliário nº 45/154).

Ante o exposto, julgo a dúvida prejudicada e não conheço do recurso.

GERALDO FRANCISCO PINHEIRO FRANCO
Corregedor Geral da Justiça e Relator (DJe de 18.03.2019 - SP)

PODER JUDICIÁRIO

TRIBUNAL DE JUSTIÇA DO ESTADO DE SÃO PAULO

CONSELHO SUPERIOR DA MAGISTRATURA

Apelação nº 0016392-20.2015.8.26.0477

Registro: 2019.0000354227

ACÓRDÃO

Vistos, relatados e discutidos estes autos de **Apelação Cível nº 0016392-20.2015.8.26.0477**, da Comarca de **Praia Grande**, em que são apelantes **ANDERSON ZERBINATTI e DANIELA RECO SIMAO ZERBINATTI, é apelado OFICIAL DE**

REGISTRO DE IMÓVEIS E ANEXOS DA COMARCA DE PRAIA GRANDE.

ACORDAM, em Conselho Superior de Magistratura do Tribunal de Justiça de São Paulo, proferir a seguinte decisão: "Julgaram prejudicada a dúvida e não conheceram do recurso, v.u.", de conformidade com o voto do Relator, que integra este acórdão.

O julgamento teve a participação dos Exmos. Desembargadores **PEREIRA CALÇAS (PRESIDENTE TRIBUNAL DE JUSTIÇA) (Presidente), ARTUR MARQUES (VICE PRESIDENTE), XAVIER DE AQUINO (DECANO), EVARISTO DOS SANTOS(PRES. DA SEÇÃO DE DIREITO PÚBLICO), CAMPOS MELLO (PRES. DA SEÇÃO DE DIREITO PRIVADO) E FERNANDO TORRES GARCIA(PRES. SEÇÃO DE DIREITO CRIMINAL).**

São Paulo, 25 de abril de 2019.

GERALDO FRANCISCO PINHEIRO FRANCO
Corregedor Geral da Justiça e Relator

Apelação Cível nº 0016392-20.2015.8.26.0477
Apelantes: Anderson Zerbinatti e Daniela Reco Simao Zerbinatti
Apelado: Oficial de Registro de Imóveis e Anexos da Comarca de Praia Grande

VOTO Nº 37.730

Registro de Imóveis – Carta de Arrematação – Impugnação parcial – Dúvida prejudicada – Recurso não conhecido.

Inconformado com a r. sentença que confirmou o juízo negativo de qualificação registral**[1]**, *ANDERSON ZERBINATTI* e *DANIELA RECO SIMÃO ZERBINATTI* interpuseram apelação**[2]** objetivando o registro da carta de arrematação expedida em seu favor, ao argumento de que não há violação ao princípio da continuidade

A Procuradoria Geral da Justiça, em seu parecer, opinou pelo não provimento da apelação**[3]**.

Nos termos da r. decisão monocrática a fls. 119, que aprovou o parecer a fls. 117/118, os autos foram redistribuídos a este Colendo Conselho Superior da Magistratura**[4]**.

É o relatório.

No caso concreto, o registrador emitiu nota de devolução afirmando não ser possível o registro da carta de arrematação expedida nos do Processo nº 0004936-64.2001.8.26.0477, que tramitou perante a 3ª Vara Cível da Comarca de Praia Grande/SP, em respeito ao princípio da continuidade. Aduz que, da matrícula nº 109.216 daquela serventia imobiliária, constam como proprietários do imóvel outras pessoas que não o executado, Evaldo Luis Ferreira, como consta do título. Assim, seria necessária a apresentação do título anterior correspondente (via original) para a devida qualificação registral, sem o que não estaria configurado o imprescindível encadeamento entre os assentos. Ainda, foi exigida a comprovação do recolhimento de ITBI.

Sustentam os apelantes que o óbice apresentado pelo registrador deve ser afastado, na medida em que possuem cópia autenticada do instrumento particular de promessa de compra e venda, por intermédio do qual o imóvel foi alienado a Evaldo Luis Ferreira, bem como porque há microfilme do documento original arquivado naquela serventia. Entendem, assim, que a cadeia registral está completa, o que afasta a alegada ofensa ao princípio da continuidade registral.

Ocorre que, uma vez informados do teor da nota devolutiva, os interessados limitaram-se a requerer o afastamento do óbice apresentado pelo registrador em relação à alegada ofensa ao princípio da continuidade (*item 1*), o mesmo ocorrendo, em sede recursal, por ocasião da apresentação de suas razões de inconformismo.

Sendo assim, ante a impugnação parcial das exigências formuladas pelo Oficial, resulta prejudica a dúvida.

Com efeito, a concordância com o outro óbice apresentado, referente à necessidade de comprovação do recolhimento de ITBI, prejudica a dúvida, que só admite duas soluções: a) a determinação do registro do título protocolado e prenotado, que é analisado, em reexame da qualificação, tal como se encontrava no momento em que surgida a dissensão entre o apresentante e o Oficial de Registro de Imóveis; ou b) a manutenção da recusa do Oficial. Para que se possa decidir se o título pode ser registrado ou não, é preciso que todas as exigências - e não apenas parte delas - sejam reexaminadas pelo Corregedor Permanente.

Essa situação impede o conhecimento da apelação, consoante pacífico entendimento deste Conselho Superior da Magistratura (*Apelação n. 990.10.325.599-2, Rel. Des. Antônio Carlos Munhoz Soares, j. 14/12/2010; Apelação n. 990.10.030.839-4, Rel. Des. Marco César Müller Valente, j. 30/06/2010; Apelação n. 0011799-78.2010.8.26.0070, Rel. Maurício Vidigal, j. 07/11/2011, Apelação n. 17-6/0, Rel. Des. Luiz Tâmbara, j. 7.11.03 e Apelação n. 7.120-0/9, Rel. Des. Sylvio do Amaral, j. 1°.6.87*).

Há precedentes recentes no mesmo sentido: *Apelação Cível n. 1004343-82.2016.8.26.0318*, j. 24.04.18; *Apelação Cível n.1015740-40.2016.8.26.0577*, j. 15.05. 2018.

E o reconhecimento de que a dúvida se encontra prejudicada acarreta o não conhecimento do recurso. Diante do exposto, julgo prejudicada a dúvida e **não conheço** do recurso.

GERALDO FRANCISCO PINHEIRO FRANCO

Corregedor Geral da Justiça e Relator

Notas:

[1] Fls. 71/73 e embargos de declaração a fls. 81/83.

[2] Fls. 85/91.

[3] Fls. 102/105.

[4] Fls. 206/209. (DJe de 10.06.2019 - SP)

PODER JUDICIÁRIO

TRIBUNAL DE JUSTIÇA DO ESTADO DE SÃO PAULO

CONSELHO SUPERIOR DA MAGISTRATURA

Apelação nº 1004286-19.2016.8.26.0236

Registro: 2019.000441829

ACÓRDÃO

Vistos, relatados e discutidos estes autos de **Apelação Cível nº 1004286-19.2016.8.26.0236**, da Comarca de **Ibitinga**, em que é apelante **CARROCERIAS E MADEIRAS CIMAL LTDA - EPP**, é apelado **OFICIAL DE REGISTRO DE IMÓVEIS E ANEXOS DA COMARCA DE IBITINGA**.

ACORDAM, em Conselho Superior de Magistratura do Tribunal de Justiça de São Paulo, proferir a seguinte decisão: **"Por maioria de votos, deram provimento e julgaram improcedente a dúvida, para que se proceda ao registro strictu sensu, nos termos do voto do Desembargador Artur Marques. Vencido o Desembargador Pinheiro Franco, que votou por negar provimento. Declararão votos os Desembargadores Fernando Torres Garcia (convergente) e Pinheiro Franco (divergente).**", de conformidade com o voto do Relator, que integra este acórdão.

O julgamento teve a participação dos Exmos. Desembargadores **ARTUR MARQUES (VICE PRESIDENTE), vencedor, PINHEIRO FRANCO (CORREGEDOR GERAL), vencido, PEREIRA CALÇAS (PRESIDENTE TRIBUNAL DE JUSTIÇA) (Presidente), XAVIER DE AQUINO (DECANO), EVARISTO DOS SANTOS(PRES. DA SEÇÃO DE DIREITO PÚBLICO), CAMPOS MELLO (PRES. DA SEÇÃO DE DIREITO PRIVADO) E FERNANDO TORRES GARCIA(PRES. SEÇÃO DE DIREITO CRIMINAL).**

São Paulo, 28 de maio de 2019

ARTUR MARQUES DA SILVA FILHO

VICE-PRESIDENTE RELATOR DESIGNADO

APELAÇÃO CÍVEL nº 1004286-19.2016.8.26.0236

Apelante: CARROCERIAS E MADEIRAS CIMAL LTDA - EPP

Apelado: OFICIAL DE REGISTRO DE IMÓVEIS E ANEXOS DA COMARCA DE IBITINGA COMARCA: IBITINGA

VOTO Nº 45.958

Dúvida de registro – Arrematação – Cancelamento indireto das indisponibilidades – Modo de privilegiar a facilitação do tráfego jurídico – Precedentes – 1. Depois da arrematação do imóvel em execução forçada, as indisponibilidades anteriores à hasta perdem a sua eficácia e, portanto, não impedem que o arrematante, voluntariamente, aliene o imóvel a terceiros, haja ou não seu cancelamento expresso ("direto") – 2. Esse modo de decidir, afinal, resguarda o interesse dos beneficiários da indisponibilidade (que poderão satisfazer-se à custa do produto da arrematação), também traz facilidade o tráfego jurídico e aumenta a confiança do público na alienação feita em leilão público – 3. Improcedência da dúvida.

1. Carrocerias e Madeiras Cimal Toda Ltda. Interpôs apelação contra sentença que, julgando procedente dúvida suscitada pelo Oficial de Registro de Imóveis e Anexos da comarca de Ibitinga, obstou ao registro *stricto sensu* de compra e venda celebrada por escritura pública.

A apelante alega que para o registro dessa compra e venda não é necessário o prévio cancelamento de indisponibilidades. No seu entender, essas averbações não têm mais nenhuma eficácia, já que são todas anteriores à arrematação do imóvel pelo ora vendedor, em hasta pública.

2. Razão assiste a apelante.

Conquanto fosse respeitável o entendimento do eminente Desembargador Relator que votava pela improcedência do apelo , deve-se reconhecer que ao longo de anos a jurisprudência deste Conselho já veio abrigando, em decisões reiteradas, a tese sustentada pelo recorrente. Ou seja: depois da arrematação do imóvel em execução forçada, as indisponibilidades anteriores à hasta realmente perdem a sua eficácia e, portanto, não impedem que o arrematante, voluntariamente, aliene o imóvel a terceiros, haja ou não seu cancelamento expresso ("direto").

Nesse sentido:

REGISTRO DE IMÓVEIS. Penhoras e decretos de indisponibilidade que não impedem a alienação forçada. Ocorrida a alienação forçada, há, por via indireta, imediato cancelamento das penhoras e indisponibilidades pretéritas. Cancelamento direto que não é condição necessária à posterior alienação voluntária. Escritura de venda e compra que, portanto, pode ser registrada. Recurso desprovido (CSMSP, Apelação Cível 100157093.2016.8.26.0664, Rel. Des. Pereira Calças, j. 19.12.2017)

REGISTRO DE IMÓVEIS – Averbação de indisponibilidade que não impede a alienação forçada – Ocorrida a alienação, há cancelamento indireto das penhoras, que geraram a indisponibilidade – O cancelamento direto não é condição necessária à posterior alienação voluntária – Escritura de venda e compra que, portanto, pode ser registrada – Recurso provido (CSMSP, Apelação Cível 0019371-42.2013.8.26.0309, Rel. Des. Pereira Calças, j. 14.03.2017).

Ressalto que a questão é tormentosa.

Eu mesmo, em caso análogo (isto é, no primeiro julgamento da Apel. Cív. 0019371-42.2013.8.26.0309, em 27.01.2015, sob a relatoria do Desembargador Elliot Akel), tive a oportunidade de proferir voto pela procedência da dúvida. É que, em tal oportunidade, a jurisprudência mais recente deste Conselho ainda não se havia consolidado em favor do cancelamento indireto das indisponibilidades, depois da arrematação.

Contudo, verifico agora que é caso de prestigiar o entendimento contrário, que se veio consolidando desde então, em particular depois do julgamento das Apelações Cíveis 1077741-71.2015.8.26.0100, em 20.05.2016, e 0023897-25.2015.8.26.0554, em 15.09.2016. Esse modo de decidir, afinal, se resguarda o interesse dos beneficiários da indisponibilidade (que poderão satisfazer-se à custa do produto da arrematação), também traz facilidade o tráfego jurídico e aumenta a confiança do público na alienação feita em leilão público.

Além disso, esse reiterado entendimento do Conselho, de um lado, não faz mais que tornar presente a segura lição de Afrânio de Carvalho (*Registro de Imóveis*, 3ª ed., Rio de Janeiro: Forense, 1982, p. 184, g. n.):

Assim como a constituição de direitos reais por atos entre vivos se dá pela inscrição, a extinção desses direitos se opera pelo cancelamento, que é a inscrição negativa. A não ser por esse modo direto, a extinção dos direitos reais imobiliários dá-se também por modo indireto, isto é, por transferência desses direitos a outra pessoa, quando então aparece como a face negativa da aquisição desta. ***Nesse modo indireto a inscrição subsequente é naturalmente extintiva da antecedente, desempenhando assim o papel do cancelamento.***

E, de outro lado, esse mesmo entendimento recupera a melhor tradição de nossa jurisprudência administrativa:

"... o registro de arrematação não reclama o cancelamento direto e autônomo de registro das constrições precedentes, porque ele se afeta negativamente pela inscrição mais nova. Isso se dá porque a arrematação tem força extintiva das onerações pessoais e até mesmo das reais (cfr. Artigo 251 II, Lei n.º 6.015, de 31 de dezembro de 1973; Afrânio de Carvalho, op. cit., pág. 83), e de extinção do direito é que deriva a admissão de cancelamento do registro que lhe corresponda (RIFA SOLER, "La anotación preventiva de embargo, 1983, págs. 510 ss.). O vínculo da penhora traslada-se para o preço da aquisição, sobre o qual concorrem os credores (LOPES DA COSTA, com apoio em DIDIMODA VEIGA e CARVALHO SANTOS, "Direito Processual Civil Brasileiro, 1947, IV, pág. 169).

Observe-se, por fim, que, no cancelamento indireto, é despicienda, em regra, a elaboração de assento negativo, salvo quanto à hipoteca, em vista da necessidade de qualificar-se pelo registrador a ocorrência que não é automática da causa extintiva segundo prescreve o artigo 251 II, Lei n.º 6.015, citada." (Apelação Cível n. 13.838-0/4, rel. Des. Dínio de Santis Garcia, ocorrido em 24.2.1992).

Enfim: já por privilegiar a facilitação do tráfego jurídico, já por assentar-se na linha do que reiteradamente vem decidindo este Conselho, a tese da apelação deve ser prestigiada, para que, dando-se provimento ao recurso, seja afastada a dúvida e se faça a inscrição pretendida.

3. Ante o exposto, **voto pela improcedência da dúvida, para se proceda ao registro *stricto sensu*, como rogado.**

ARTUR MARQUES DA SILVA FILHO

Vice-Presidente Relator Designado

APELAÇÃO Nº 1004286-19.2016.8.26.0236 – DÚVIDA REGISTRÁRIA

Apelante: *CARROCERIAS E MADEIRAS CIMAL LTDA - EPP*

Apelado: OFICIAL DE REGISTRO DE IMÓVEIS DA COMARCA DE IBITINGA

DECLARAÇÃO DE VOTO CONVERGENTE Nº 31.229

Acompanho o E. Relator designado, Desembargador ARTUR MARQUES DA SILVA FILHO, por entender que o caso concreto comporta apreciação particular.

A presente apelação é ofertada contra a r. sentença do MM. Juiz Corregedor Permanente do Oficial de Registro de Imóveis da Comarca de Ibitinga, que julgou procedente dúvida suscitada e manteve a recusa do registro de escritura pública de compra e venda de imóvel (lavrada em 23 de agosto de 2016), na qual consta como alienante particular Joemerson de Luiz e sua mulher, Elisangela Aparecida Furlaneto de Luiz, que adquiriram anteriormente o imóvel em arrematação judicial, e, como adquirente, o ora apelante, tendo por objeto um terreno, situado na rua Benedito Alves de Oliveira, objeto da matrícula 6.918, e um terreno, situação também na rua Benedito Alves de Oliveira, objeto da matrícula 18.300, ambos do Cartório de Registro de Imóveis de Ibitinga (fls. 19/20).

Lastreia-se a recusa na **necessidade de prévio cancelamento das indisponibilidades que gravam o bem**, anteriores à arrematação judicial pela qual o alienante adquiriu a propriedade, entendendo pela **extensão da indisponibilidade mesmo após a aquisição judicial da propriedade**.

Os fundamentos da apelação são, em resumo, a existência de posicionamento atual do Conselho Superior da Magistratura no sentido da possibilidade de registro da alienação voluntária posterior à arrematação judicial, considerando seu efeito extintivo indireto sobre a eficácia das penhoras e indisponibilidades inscritas sobre o bem. Afirma que a orientação indicada em Acórdãos juntados às razões são vinculativas, obrigando o posicionamento pelo Juiz Corregedor local (fls. 165/179).

Resposta ao recurso pelo Ministério Público em primeiro grau (fls. 185/187), sem questões prejudiciais ao conhecimento do recurso, pugnando pelo não provimento.

A Douta Procuradoria Geral de Justiça ofertou parecer (fls. 190/192) pelo não provimento do recurso.

É o relatório.

Ressalto, desde logo, que não se desconhece a reiterada posição deste C. Conselho Superior da Magistratura a respeito da eficácia da indisponibilidade averbada na matrícula de determinado imóvel em relação a negócios jurídicos tendentes à transferência da propriedade, ainda que ocorridos após a alienação judicial em decorrência de arrematação ou adjudicação em processo executivo.

A jurisprudência, seguida pelas Normas de Serviço, afirma a *impossibilidade da alienação judicial posterior à indisponibilidade determinada por outro Juízo*, até que se tenham cancelado todas as averbações e registros que tornem o bem fora da esfera de disponibilidade de seu titular.

Limita-se, assim, a indisponibilidade da propriedade a casos de alienação judicial do bem, conforme o item 422, do Capítulo XX, das Normas de Serviço:

> *"**Cap. XX, item 422.** As indisponibilidades averbadas nos termos do Provimento CG. 13/2012, e na forma do § 1º, do art. 53, da Lei nº 8.212, de 24 de julho de 1991, não impedem a alienação, oneração e constrição judiciais do imóvel".*

Entrementes, o caso concreto tem particularidades que, a meu sentir, **autorizam o registro da transmissão feita pelo arrematante judicial do bem a terceiro**, por contrato de compra e venda celebrado após o registro da arrematação judicial.

Por primeiro, há de se analisar com atenção as matrículas dos imóveis em questão.

O registro da alienação da matrícula 6.918 foi recusado pela existência de penhora registrada sob o nº 4, decorrente na Execução Fiscal nº 123/2000, movida pelo INSS contra Ibiplastic Indústria e Comércio Ltda, datada a penhora de 4.9.2002. Na matrícula 18.300, houve registro da mesma penhora sob o nº 2, decorrente dos mesmos autos, inscrita na mesma data.

Da matrícula **6.918** (fls. 62/65), observa-se que o imóvel: **a)** foi penhorado pelo INSS na execução fiscal nº 123/2000, movida contra Ibiplastic Indústria e Comércio Ltda, originando o R. 4; **b)** foi penhorado nos autos das execuções trabalhistas 421/2002-5 (apensos 401, 402, 405, 407, 409, 420 e 457/2002), da Vara do Trabalho de Itápolis, movida contra Gilberto Montanari - ME e Ibiplastic Ind. e Comércio Ltda, originado o R. 5; **c)** fora arrematado judicialmente em **14.05.2007** por Sivaldo Aparecido Casemiro Domingos, casado com Gislaine Cristina Zambuzzi Casemiro Domingos; Jesus Alvin da Silva, casado com Silvania Margarreti Telleni da Silva; José Ferreira; Argeu Domingues, casado com Matilde Aparecida dos Santos Domingues; Sérgio Paulo de Azevedo; Fernando Sérgio Massa, casado com Rosely de Fátima da Silva Massa; Vergílio Rafael Giroto, casado com Benedita Damas

Giroto; e Santo Zani da Cunha, dando origem ao **R. 6** e à **Av. 7**, cancelando o R. 5 correspondente à penhora; **d)** foi vendido por escritura pública pelos adquirentes no leilão judicial para Joemerson de Luiz e sua esposa, Elisangela Aparecida Furlaneto de Luiz, dando origem ao R. 8, de 04.10.2007. Da matrícula **18.300** (fls. 66/68), observa-se que o imóvel: **a)** foi penhorado pelo INSS na execução fiscal nº 123/2000, movida contra Ibiplastic Indústria e Comércio Ltda, originando o R. 2; **b)** foi arrematado nos autos da execução fiscal nº 150/2005, movida pela União contra Ibiplastic Indústria e Comércio Ltda, em 11.12.2013, por **Joemerson de Luiz**, casado com Elisangela Aparecida Furlaneto de Luiz.

No caso em exame, **a existência de transmissão válida da propriedade ao arrematante em processo judicial, com registro da propriedade em seu favor, faz cessar por completo a eficácia das penhoras anteriores**, ainda que sujeitas a cancelamento direto ordenado pelo juízo que determinou as constrições. O titular, apesar de receber a propriedade com todas as suas características e ônus próprios, como as obrigações *propter rem*, também a recebe **sem qualquer vinculação a obrigações pessoais do antigo proprietário**, dentre elas, aquelas que originaram as penhoras.

Não está aqui a se advogar o caráter originário da aquisição pela arrematação judicial do bem, pois as qualidades e restrições vinculadas ao bem *in re* devem ser, por óbvio, observadas pelo novo titular. Assim, outros **direitos reais limitados em favor de terceiros** vinculados ao bem e não à situação pessoal do antigo titular, como servidões de passagem, restrições ambientais, servidões administrativas etc., por conta de sua natureza real, mantem-se eficazes face ao adquirente forçado do bem, não se falando em eficácia extintiva da transmissão judicial.

Mas, ao contrário, não se há de falar em contaminação da propriedade transmitida pelas relações jurídicas pessoais do executado e seus reflexos no registro imobiliário, por não se permitir a transferência de situações jurídicas sem que haja expressa assunção pelo novo proprietário ou determinação legal neste sentido.

Caso contrário, como dito, haverá uma substituição do arrematante em relações jurídicas pessoais do executado, o que não se admite, considerando a natureza e a finalidade da venda judicial de bens em procedimento executivo.

Assim, **o bem transmitido ao arrematante de forma lícita o é de forma plena em relação ao direito de dispor futuramente do bem, sem que restrições pessoais do titular anterior**, lançadas no registro imobiliário, sejam- lhe eficazes.

Entender-se em sentido contrário significa indicar a transmissão do direito real com restrição de natureza pessoal referente ao titular expropriado.

Recebendo o arrematante o bem por força de ordem judicial, surge a ineficácia das restrições de ordem pessoal referentes ao antigo proprietário, seja porque substituídas em seu objeto pelo numerário obtido com a venda judicial, no caso de penhoras judiciais ou direitos reais de garantia sobre o bem excutido judicialmente, seja porque extintas, em razão de sua natureza pessoal e da extinção do vínculo entre proprietário e o próprio bem, como no caso da ordem de indisponibilidade. Recebe-o, assim, em sua plenitude no que diz respeito ao exercício dos direitos fundamentais do proprietário, especialmente, aqui, o de dispor do bem.

A questão envolve, em termos finais, a consideração da existência ou não de cancelamento, para fins de eficácia sobre atos de alienação voluntária, das penhoras e indisponibilidades levadas a inscrição na matrícula.

Segundo a doutrina de Afrânio de Carvalho, há duas espécies distintas de cancelamento do registro das penhoras levadas a termos sobre a matrícula: o **direto**, dependendo de assento negativo na forma de averbação, e o **indireto**, reflexo de inscrição subsequentes, como no caso da arrematação ou adjudicação, sobre as inscrições prévias existentes na matrícula. O caso em questão é de cancelamento indireto da inscrição da penhora.

O *cancelamento indireto da penhora*, em casos de arrematação judicial, já foi acolhido em pareceres de Corregedoria (Parecer nº 238/2006 Juiz Álvaro Luiz Valery Mirra e Des. Vicente de Abreu Amadei – Corregedor Geral DES. GILBERTO PASSOS DE FREITAS 26.06.2006; Parecer nº 173/07/E – Juiz Álvaro Luiz Valery Mirra – Corregedor Geral DES. GILBERTO PASSOS DE FREITAS – 26.6.2007; Parecer nº 74/2010-E – Juiz Álvaro Luiz Valery Mirra – Corregedor Geral DES. ANTONIO CARLOS MUNHOZ SOARES 30.03.2010), bem como em decisões deste C. Conselho Superior da Magistratura.

O entendimento pela ocorrência do cancelamento indireto de **todas as penhoras** anteriores à arrematação, permitindo a livre disposição do bem pelo adquirente em venda pública realizada por força de processo executivo, foi **expressamente acolhido** pelo Conselho Superior da Magistratura, no julgamento da Apelação nº 1001570-93.2016.8.26.0664, em 19.12.2017:

REGISTRO DE IMÓVEIS *Penhoras e decretos de indisponibilidade que não impedem a alienação forçada Ocorrida a alienação forçada, há, por via indireta, imediato cancelamento das penhoras e indisponibilidades pretéritas – Cancelamento direto que não é condição necessária à posterior alienação voluntária – Escritura de venda e compra que, portanto, pode ser registrada – Recurso desprovido* (CSM – Rel. DES. PEREIRA CALÇAS – CORREGEDOR GERAL DA JUSTIÇA j. 19.12.2017).

O r. voto condutor concluiu pela **possibilidade de registro da alienação voluntária do imóvel adquirido por meio de arrematação judicial, ainda que existentes registros prévios de penhora e indisponibilidade do bem**:

"Daí, portanto, decorrem as seguintes conclusões: a) arrematação, remição e adjudicação, formas de alienação forçada do bem e de aquisição derivada da propriedade, podem ser levadas a cabo e registradas, não obstante a indisponibilidade; b) registrada a carta de arrematação, remição ou adjudicação, ocorre o cancelamento indireto das penhoras previamente havidas e, portanto, afasta-se a indisponibilidade; c) ***o bem, agora disponível, pode ser alienado pelo arrematante, remitente ou adjudicante, razão pela qual a escritura de venda e compra pode ser registrada****; d) cabe ao proprietário, se assim o desejar, providenciar o cancelamento direto das penhoras, perante os Juízos de onde elas provieram".*

Tem-se, neste caso, a imposição da **indisponibilidade do bem a proprietário que não é ou foi titular de qualquer relação jurídica que tenha justificado a imposição de restrições gerais com natureza assecuratória**. Estas, repito, não se confundem com a constituição de direitos reais de garantia ou de especificação do bem para fins de expropriação judicial, como no caso da penhora, mas **apenas indicam uma restrição ao agir do titular anterior, com efeitos em relação à eficácia do ato de disposição voluntária** que eventualmente seja por ele levado a cabo.

Estar-se-á fixando, a se manter a proibição de registro da transmissão da propriedade pelo arrematante, **regime de *aquisição limitada da propriedade***, pois desnuda do poder de dispor, por força de restrição de *natureza pessoal destinada ao proprietário expropriado do bem*. Seria, em última análise, impor a quem auxilia na própria eficácia do processo executivo, com a conversão do bem penhorado em valor monetário em espécie para o pagamento do credor exequente, a responsabilidade por ônus que eram próprios do executado.

Mais que isto, seria tornar o bem *fora do comércio* caso alguma das autoridades judiciais ou administrativas que determinaram a indisponibilidade contra ao antigo proprietário se recusar a reconhecer a alienação judicial do bem a terceiro de boa fé como causa de ineficácia das ordens por ele emitidas.

Nunca é demais esclarecer que não se está a afirmar que as averbações e os registros de indisponibilidades judiciais e administrativas anteriores devam ser automaticamente cancelados do fólio real, o que exige, por certo, ordem judicial dos emitentes do comando restritivo. **O que se está aqui a decidir é a restrição da eficácia de tais limitações ao poder de dispor por ato voluntário do titular da relação obrigacional que deu origem às ordens de restrição**, permitindo-se a transmissão voluntária da propriedade por adquirente que, *por sua qualidade de* ***arrematante judicial***, rompe com a vinculação entre o bem e as obrigações pessoais pretéritas.

Não há que se confundir eventual pedido de cancelamento ***direto*** de penhora ou indisponibilidade a partir da arrematação judicial [cancelamento direto de ato judicial determinado por juízo certo somente a ele compete], com o cancelamento ***indireto*** **decorrente, de forma automática, da arrematação, da adjudicação ou da remição imposta ao bem imóvel**.

Ou seja, o cancelamento direto das penhoras e indisponibilidades não decorre **diretamente** do registro da arrematação, mas não significa a inexistência de cancelamento indireto da **eficácia** de tais inscrições, permitindo-se o registro de eventual alienação sucessiva havida por ato voluntário do arrematante, agora proprietário e sem vínculos obrigacionais para com o executado que teve sem bem vendido judicialmente.

A posição, entendendo pelo cancelamento indireto na ocorrência da arrematação e limitação da proibição do cancelamento direto sem ordem dos Juízos de onde emanaram os atos, foi adotada nos Pareceres 170/2016-E, do Juiz Assessor da Corregedoria Luciano Gonçalves Paes Leme (CORREGEDOR DES. PEREIRA CALÇAS - 2.8.2016) e 529/2013-E, do Juiz Assessor da Corregedoria Luciano Gonçalves Paes Leme (CORREGEDOR DES. RENATO NALINI 6.12.2013).

Em recente parecer da E. Corregedoria Geral da Justiça manteve-se o entendimento da impossibilidade de cancelamento das penhoras por decorrência direta da arrematação, havendo necessidade de requerimento de tal cancelamento junto aos Juízos que determinaram as constrições.

O posicionamento, entretanto, **não abarca a questão do cancelamento indireto e seu efeito sobre o direito de dispor do bem pelo adquirente por força da arrematação judicial, mantendo-se íntegra a jurisprudência administrativa da Corregedoria Geral da Justiça** (Recurso Administrativo 1093002-08.2017.8.26.0100 [Parecer 101/2018-E] - Juiz Assessor Marcelo Benacchio CORREGEDOR DES. GERALDO FRANCISCO PINHEIRO FRANCO Parecer 12.03.2018 13.03.2018).

Ou seja, **não se confunde a impossibilidade de determinação do cancelamento direto das penhoras e indisponibilidades por força da arrematação com os efeitos naturais e automáticos do cancelamento indireto, decorrente do esvaziamento do próprio objeto da penhora ou da indisponibilidade.**

Estes, de fato, transferem-se do bem para o preço, nos termos do art. 908, § 1º, do Código de Processo Civil (*No caso de adjudicação ou alienação, os créditos que recaem sobre o bem, inclusive os de natureza* ***propter rem****, sub-rogam-se sobre o respectivo preço, observada a ordem de preferência*).

E, por força disto, **em nada não limita o exercício do direito de dispor** pelo proprietário que detém o bem por força de aquisição em *arrematação judicial*.

À vista da apreciação ampla da questão, vale a transcrição de decisão deste C. Conselho Superior da Magistratura, abordando questão absolutamente idêntica à presente:

> *REGISTRO DE IMÓVEIS Averbação de indisponibilidade que não impede a alienação forçada – Ocorrida a alienação, há cancelamento indireto das penhoras, que geraram a indisponibilidade – O cancelamento direto não é condição necessária à posterior alienação voluntária – Escritura de venda e compra que, portanto, pode ser registrada Recurso provido.* (Ap. nº 0019371-42.2013.8.26.0309 – CSM – Rel. DES. PEREIRA CALÇAS - CORREGEDOR GERAL DA JUSTIÇA - j. 14.03.2017).

O voto vencedor do então Corregedor Geral, atual Presidente do Tribunal de Justiça, DES. PEREIRA CALÇAS, apresenta as seguintes conclusões:

> *"a) a arrematação, forma de alienação forçada do bem e de aquisição derivada da propriedade, pode ser levada a cabo e registrada não obstante a indisponibilidade (essa impede, apenas, a alienação voluntária); b)* ***registrada a carta de arrematação, ocorre o cancelamento indireto das penhoras e, portanto, afasta-se a indisponibilidade****; c)* ***tornando-se o bem disponível, ele pode ser alienado pelo arrematante, razão pela qual a escritura de venda e compra posterior pode ser registrada****; d)* ***cabe ao proprietário, se assim o desejar, providenciar o cancelamento direto das penhoras, perante os Juízos de onde elas provieram****"* (grifei).

Do voto convergente, da lavra do E. DES. RICARDO DIP, então Presidente da Seção de Direito Público, extraem-se os seguintes ensinamentos, aplicáveis ao caso concreto:

> *"Desses dois julgados [AC n. 13.838, j. 24-2-1992, e AC 15.296, j. 3-8-1992, de relatoria do Des. Dínio de Santis Garcia] extrai-se que* ***o registro stricto sensu da arrematação*** *(e, ex eadem decidendi ratione, da adjudicação)* ***em via executória forçada propicia, de modo correntio, o cancelamento das inscrições de penhora concernentes ao imóvel arrematado ou adjudicado.***
>
> *É que, consistindo a penhora na 'expropriação de eficácia do poder de dispor' (PONTES DE MIRANDA. Comentários ao código de processo civil. Rio de Janeiro: Forense, 1976, tomo X, p. 160), o posterior e efetivo exercício do ius disponendi no ato de arrematação (ou de adjudicação) subtrai a possibilidade de reiterar o próprio Estado na alienação do bem objeto, salva ulterior penhora. Daí resulta que, senão todas, muitas das inscrições de constrangimentos processual-executórios antecedentes à arrematação (ou adjudicação) estejam supressas ipso facto dos registros, por mio de cancelamento indireto (é dizer, implícito, reflexo, mediante ricochete). 3. Ora,* ***porque a arrematação leva, in pluribus, à substituição do objeto das outras penhoras, ela implica então cancelamento indireto de suas inscrições, e cai também, no caso (aqui versado) na norma do § 1º do art. 53 da Lei n. 8.212/1991 (de 24-7), a indisponibilidade correspondente.*** *Com isto, depois da arrematação (ou adjudicação) em via executiva forçada, não pode mais vedar-se que se inscrevam alienações ou onerações voluntárias (a primeira, por suposto e evidentemente, a que é em prol do próprio arrematante), tal bem o concluiu o r. voto de relatoria. 4. Note-se que é nessa linha que se vieram solidando os julgados deste Conselho: (i) entendeu-se, num dado tempo, que* ***a indisponibilidade advinda da penhora*** *(ou de arresto: AC n. 70.722, de 2000), nos termos da Lei n. 8.212, de 24-7-1991, no § 1º de seu art. 53,* ***implicava impenhorabilidade*** *(AC's 69.130, 71.126 e 73.757, de 2000; 80.611, de 2001; 5-6/5, de 2003; 119-6/5 e 208-6/1, de 2004),* ***salvo o caso de a penhora ter sido inscrita depois da que adveio da arrematação*** *ou adjudicação (AC's 72.716, de 2000, e 76.567, de 2001),* ***ou se o***

crédito fosse mais graduado que o crédito de que proveniente a penhora causativa da indisponibilidade *(AC's 60.175 e 72.716, de 2000); (ii) depois, passou a julgar-se que* ***a indisponibilidade resultante da constrição não importava em impenhorabilidade*** *(AC's 362-6/3, 411-6/8 e 421-6/3, de 2005); (iii) todavia, continuou a decidir-se que* ***a indisponibilidade derivada da penhora não permitia que se inscrevesse a arrematação*** *(ou adjudicação) do processo executivo (AC's 29.886, de 1996; 50.589, de 1999; 71.126, de 2000; 76.562, 78,127, 78.635 e 79,730, de 2001; 91.394, de 2002; 7-6/4, 96.485 e 100.023, de 2003; 195-6/0, de 2004; 386-6/2, 289- 6/0, 386-6/2, 427-6/0 e 429-6/0, de 2005; 557-6/3 e 584-6/6, de 2006; 643-6/6, 464-6/0, 743-6/2, 746-6/6, 749-6/0, 805- 6/6, de 2007; 777-6/7, 854-6/9, 911-6/6, 950-6/7, 979-6/9 e 991-6/3, de 2008; 1-194-6/3, de 2009; 1.223-6/7, 1-233-6/2, 990.10.034.303-3 e 990.10.004-965-8, de 2010, 0002812-30.2010, 0011783-24, 0020697-83.2010, 0011924-51.2009 e 0011644-48.2011, de 2011; 0007386-82.2011, de 2012); (iv) mas, ainda esse entendimento superou--se, e este Conselho Superior passou a entender que* ***a indisponibilidade emanada de penhora permite que se inscreva a arrematação*** *ou adjudicação* ***da via executória*** *(AC's 0004717-40.2010 e 0007969-54.2010, de 2012; 0013197-92 e 0018382- 04.2011, de 2013; 3000029-33.2013, 3001116-49.2013 e 3003761-77.2013, de 2014; 0023897-25.2015 e 1077741- 71.2015, de 2016); (v) nada obstante, conquanto se houvesse, em algumas decisões, autorizado o registro stricto sensu da arrematação (ou adjudicação) em execução forçada, manteve-se o entendimento segundo o qual* ***posteriores alienações voluntárias não poderiam ser inscritas sem o cancelamento direto (direto,*** *nota bene!****) da indisponibilidade*** *(AC's 0054473-65.2012 e 0003288-37.2009, de 2012; 3003761-77.2013, de 2014; 0019371-42.2013 e 0004060-59.2014, de 2015). [Saliente-se que, num veto de vencido, ao julgar-se a AC 3001116-49, em 2013, o Des. JOSÉ RENATO NALINI retratou-se do que sustentara nas AC's 0054473-65.2012 e 0003288-37.2009]. 5. Agora, finalmente, parece apontar-se uma solução para o problema, recobrando-se posição antecedente deste Conselho: a* ***indisponibilidade derivada de penhora,*** no caso do § 1º do art. 53 da Lei n. 8.212/1991***, não impede o registro stricto sensu da arrematação (ou adjudicação) em execução forçada, nem, a fortiori, de alienações ou onerações voluntárias posteriores.*** *A indisponibilidade amparada nessa normativa apenas visa a impedir, com efeito, a disposição voluntária* ***antes de,*** *no plexo de uma* ***pendente*** *execução civil,* ***operar-se ato de disposição pelo Estado****. 6. Ressalve- se, entretanto, que o caso destes autos está cifrado ao tema do § 1º do art. 53 da Lei n. 8.212, de 1991, em que* ***a indisponibilidade cessa porque lhe cessou a causa, i.e., a penhora*** *(cf. fl. 5).* ***Outras hipóteses há em que a indisponibilidade deriva diretamente da lei*** *(e.g., art. 185 do Código Tributário Nacional)* ***ou da inscrição de um título dotado de preferente transcendência real*** *(ou seja, aqui já não trataria de mera providência constritiva oriunda de um processo: pense-se, por exemplo, na indisponibilidade derivada de hipoteca que garanta cédula de crédito rural, nos termos do Decreto-Lei n. 167, de 14-2-1967). Em outros termos, a solução deste caso é uma resposta propícia ao quadro correspondente ao § 1º do art. 53 da Lei n. 8.212/1991. Pode-se estender-se, é verdade ,a situações análogas, mas não elimina, de modo simplista, as hipóteses em que a indisponibilidade não derive de mera constrição processual. Observe- se, em acréscimo, que* ***não há motivo para manter-se uma inscrição de penhora, se (i) a execução que penda não aflija o arrematante, que não é nela parte passiva, e, bem por isto, (ii) a permanência da inscrição seja mostra de superveniente ofensa da consecutividade****. 7. Por fim, parece recomendar-se que, em inscrição comprimida (é evidente!), caiba referir o cancelamento indireto no texto mesmo do registro da arrematação ou da adjudicação. Com insto, pensa-se clarificar o efeito desse registro em favor da dinâmica imobiliária"* (grifei).

Portanto, as **averbações permanecem na matrícula** até que seja realizada o seu cancelamento em atendimento a ordens judiciais originadas pelos Juízos que as determinaram. Porém, **não podem impedir o registro da transmissão levada a cabo pelo arrematante judicial**, sob pena de tornar o bem fora do comércio por fato pessoal do proprietário excutido, ou impor ao adquirente restrição ao poder de dispor sem vínculo jurídico pretérito que o justifique.

Ante o exposto, pelo meu voto, **dou provimento** ao apelo, a fim de julgar improcedente a dúvida e determinar o registro do título.

FERNANDO TORRES GARCIA

Presidente da Seção de Direito Criminal

VOTO Nº 37.743

Apelação Cível nº 1004286-19.2016.8.26.0236 Comarca: Ibitinga

Apelante: Carrocerias e Madeiras Cimal LTDA - EPP

Apelado: Oficial de Registro de Imóveis e Anexos da Comarca de Ibitinga

DECLARAÇÃO DE VOTO VENCIDO

Trata-se de apelação interposta contra a r. sentença proferida pela MM.ª Juíza Corregedora Permanente do Oficial de Registro de Imóveis, Títulos e Documentos e Civil de Pessoa Jurídica da Comarca de Ibitinga, que julgou procedente dúvida suscitada para o fim de manter a recusa do registro de escritura pública de venda e compra lavrada, tendo por objeto os imóveis matriculados sob nos 18.300 e 6.918 daquela serventia imobiliária, confirmando a necessidade do prévio cancelamento das penhoras existentes em favor da Fazenda Nacional e do INSS1.

Alega a apelante, em síntese, que a alienação forçada do bem enseja o cancelamento indireto das penhoras que geraram a indisponibilidade. Entende, assim, que o cancelamento direto não é condição necessária à posterior alienação, devendo o óbice ser afastado2.

A Procuradoria de Justiça ofertou parecer, opinando pelo não provimento do recurso3.

É o relatório.

Pretende a apelante registrar a escritura pública de compra e venda, em que figurou como adquirente de imóveis anteriormente gravados com penhoras e ordens de indisponibilidade.

Importa anotar que é pacífica a jurisprudência do Colendo Conselho Superior da Magistratura no sentido de que a ordem de indisponibilidade obsta a alienação voluntária do bem, mas não a forçada4. Tal entendimento está em harmonia com os julgados do E. Superior Tribunal de Justiça (REsp. 512.398) e com o disposto no item 405 do Capítulo XX das NSCGJ: *"405.*

> *As indisponibilidades averbadas nos termos do Provimento CG. 13/2012, e na forma do § 1º, do art. 53, da Lei nº 8.212, de 24 de julho de 1991, não impedem a alienação, oneração e constrição judiciais do imóvel".*

Assim sendo, os imóveis em questão foram, enquanto ainda indisponíveis, levados à hasta pública e arrematados. As cartas de arrematação, na sequência, foram devidamente registradas (R6/6.918 e R3/18.300)5.

Ocorre que, posteriormente, houve a alienação do bem por escritura pública6, tendo o registrador se recusado a realizar o respectivo ingresso no fólio real com fundamento na necessidade do cancelamento das penhoras e, consequentemente, da indisponibilidade de bens em nome do antigo proprietário.

Contudo, o óbice apontado na nota de devolução é mesmo intransponível. Sobre a indisponibilidade, prevê o art. 53, § 1º, da Lei nº 8.212/91:

> *"Art. 53. Na execução judicial da dívida ativa da União, suas autarquias e fundações públicas, será facultado ao exequente indicar bens à penhora, a qual será efetivada concomitantemente com a citação inicial do devedor.*
>
> *§ 1º Os bens penhorados nos termos deste artigo ficam desde logo indisponíveis."*

A redação da norma permite concluir que, penhorado o imóvel por dívida ativa da União, de suas autarquias ou de suas fundações públicas, de pronto estará indisponível o bem. E, por conseguinte, atos de voluntária alienação ficarão obstados pela indisponibilidade que o afeta.

Há precedentes sobre a questão aqui debatida. A compra e venda, tendo por objeto o imóvel versado nos autos, configura negócio voluntário defeso em face de sua indisponibilidade. A respeito do tema, já ficou decidido que:

> *"REGISTRO DE IMÓVEIS – Escritura de compra e venda – CND da Receita Federal Exigência afastada, conforme atual orientação do CNJ, do CSM e nos termos das NSCGJ Penhoras promovidas em execuções fiscais ajuizadas pela Fazenda Nacional – Documentos apresentados para o registro que somente autorizam o cancelamento da averbação de uma dessas penhoras Impedimento para o registro – Dúvida procedente – Recurso não provido."* (Apelação nº 1056244-85.2017.8.26.0114; Rel. Pinheiro Franco; j. 28/06/2018).
>
> *"O Conselho Superior da Magistratura tem entendimento pacífico de que, embora a indisponibilidade não impeça a alienação forçada, obsta a voluntária. Subsistente a penhora, advinda de dívida com o INSS, a indisponibilidade, decorrente do art. 53, § 1º, da Lei nº 8.212/91, impede a alienação voluntária e, via de consequência, o registro da escritura."* (Apelação nº 1003418-87.2015.8.26.0038, Rel. Pereira Calças, j. 25.04.2016).
>
> *"Registro de Imóveis – Dúvida – Escritura pública de confissão de dívida com pacto adjeto de constituição de propriedade fiduciária e outras avenças Imóvel indisponível – Penhora, em execução fiscal, a favor da Fazenda Nacional e da União – Recusa do registro com base no artigo 53, § 1º, Lei 8.212/91 – Alienação voluntária – Irrelevância da aquisição anterior por alienação forçada – Registro inviável – Dúvida procedente*

– Recurso desprovido, com observação" (Apelação nº 3003761-77.2013.8.26.0019, Rel. Elliot Akel, j. 03.06.2014).

Ademais, não há que se falar em cancelamento indireto da penhora decorrente da alienação forçada para fins de autorizar o ingresso do título recusado. O registro da carta de arrematação não pode surtir efeito em relação aos atos posteriores, pois inexiste decisão judicial nesse sentido, seja por parte do juízo em que houve a alienação judicial, seja por parte dos juízos de que emanadas as constrições incidentes sobre os imóveis.

Em outras palavras: o registro da carta de arrematação de imóvel implica a transferência da propriedade ao seu adquirente, ainda que se trate de bem indisponível por força de outra penhora promovida em favor da União.

Contudo, como esclarecido em r. parecer apresentado pelo Desembargador Vicente de Abreu Amadei e pelo Dr. Álvaro Luiz Valery Mirra, então MM. Juízes Auxiliares da Corregedoria, no Processo CG nº 11.394/2006, o cancelamento da averbação de outra penhora, que não aquela que ensejou a arrematação, depende de decisão pelo juiz competente, na esfera jurisdicional:

"Registro de Imóveis – Cancelamento automático ou por decisão administrativa da Corregedoria Permanente ou da Corregedoria Geral da Justiça de penhoras, arrestos e seqüestros anteriores, a partir do registro da arrematação ou adjudicação do bem constrito realizada em ação de execução – Inadmissibilidade – Necessidade de ordem judicial expressa oriunda do juízo que determinou a constrição – Impossibilidade de desfazimento, pela via administrativa, de registro de ato constritivo determinado na esfera jurisdicional – Consulta conhecida, com resposta negativa.

Registro de Imóveis – Cancelamento automático ou por decisão administrativa da Corregedoria Permanente ou da Corregedoria Geral da Justiça de indisponibilidade de bens imóveis em virtude da arrematação ou adjudicação destes em ação de execução – Inadmissibilidade – Indisponibilidade que implica inalienabilidade, a obstar o ingresso no fólio real da carta de arrematação ou de adjudicação e, por via de conseqüência, o cancelamento da restrição – Consulta conhecida, com resposta negativa".

Verifica-se no referido r. parecer que os assentos precedentes não prevalecem quando representativos de direitos incompatíveis com a posterior arrematação, como ocorre com as penhoras anteriores porque, nesse caso, os credores se sub-rogam no preço da arrematação.

Cumpre ressaltar que a interpretação, naquele r. parecer, é restrita aos efeitos da arrematação em relação a penhoras anteriores das quais não decorrem indisponibilidade.

No que se refere às ordens de indisponibilidade e às demais que ensejam restrição ao direito real de propriedade, o parecer fez remissão à possibilidade de averbação de penhora, mas ressalva a então posição do Col. Conselho Superior da Magistratura que vedava o ingresso de carta de arrematação ou de adjudicação, salvo na hipótese de haver ordem judicial nesse sentido.

Por essa razão, a questão deve ser apreciada sob a ótica dos efeitos que a arrematação produz em relação aos credores que promoveram penhoras, das quais decorrem a indisponibilidade do bem. A arrematação de imóvel penhorado, em praça pública ou por outro modo equivalente, implica a sub-rogação dos demais credores sobre o produto da venda.

Para isso, no entanto, é necessário o prévio concurso de credores, com fixação da preferência para recebimento do crédito conforme o privilégio, ou não, de que o crédito for dotado. E compete ao Juiz da execução em que foi promovida a penhora, diante do resultado do concurso de credores que realizou, determinar o cancelamento das averbações das penhoras que levaram à indisponibilidade do imóvel.

É que, neste procedimento de dúvida, de natureza administrativa, não é possível presumir a sub-rogação no preço da arrematação tão somente por força do registro da carta de arrematação promovida em razão do entendimento, deste Col. Conselho, de que todos os credores teriam concorrido para o recebimento do preço pago pelo imóvel.

Isso não afasta a possibilidade de cancelamento da averbação da penhora, da qual decorre a indisponibilidade, também por determinação do Juízo da execução em que foi promovida, ou seja, com submissão da matéria à análise na esfera jurisdicional.

Porém, em procedimento de dúvida não se pode presumir que a alienação judicial do imóvel foi precedida de concurso de credores e que todos, incluindo o ente público que promoveu a penhora, tiveram oportunidade de concorrer no levantamento do preço da arrematação conforme a ordem legal de preferência dos respectivos créditos.

Como se vê, o registro da aquisição da propriedade pelo arrematante não é causa automática de cessação da indisponibilidade que já existia em relação ao anterior proprietário.

Logo, persistindo o óbice da indisponibilidade, a recusa do Oficial foi correta.

Diante do exposto, pelo meu voto, e sempre com o devido respeito, **nego provimento** ao recurso.

PINHEIRO FRANCO

Corregedor Geral da Justiça Notas:

[1] Fls. 147/148 e embargos de declaração a fls. 159/160.

[2] Fls. 165/179.

[3] Fls. 190/192.

[4] Apelação nº 0007969-54.2010.8.26.0604 - Relator Desembargador Renato Nalini; Apelação nº 3003761- 77.2013.8.26.0019 - Relator Desembargador Elliot Akel; Apelação nº 0006122-61.2016.8.26.0198 - Relator Desembargador Pereira Calças.

[5] Fls. 62/68.

[6] Fls. 19/23. (DJe de 27.06.2019 - SP)

PODER JUDICIÁRIO

TRIBUNAL DE JUSTIÇA DO ESTADO DE SÃO PAULO

CONSELHO SUPERIOR DA MAGISTRATURA

Apelação nº 1042254-27.2017.8.26.0114

Registro: 2019.000441828

ACÓRDÃO

Vistos, relatados e discutidos estes autos de **Apelação Cível nº 1042254-27.2017.8.26.0114**, da Comarca de **Campinas**, em que é apelante **JPGC ADMINISTRADORA LTDA.**, é apelado **4º OFICIAL DE REGISTRO DE IMÓVEIS DE CAMPINAS.**

ACORDAM, em Conselho Superior de Magistratura do Tribunal de Justiça de São Paulo, proferir a seguinte decisão: **"Por maioria de votos, deram provimento e julgaram improcedente a dúvida, para que se proceda ao registro strictu sensu, nos termos do voto do Desembargador Artur Marques. Vencido o Desembargador Pinheiro Franco, que votou por negar provimento. Declararão votos os Desembargadores Fernando Torres Garcia (convergente) e Pinheiro Franco (divergente).**", de conformidade com o voto do Relator, que integra este acórdão.

O julgamento teve a participação dos Exmos. Desembargadores **ARTUR MARQUES (VICE PRESIDENTE), vencedor, PINHEIRO FRANCO (CORREGEDOR GERAL), vencido, PEREIRA CALÇAS (PRESIDENTE TRIBUNAL DE JUSTIÇA) (Presidente), XAVIER DE AQUINO (DECANO), EVARISTO DOS SANTOS(PRES. DA SEÇÃO DE DIREITO PÚBLICO), CAMPOS MELLO (PRES. DA SEÇÃO DE DIREITO PRIVADO) E FERNANDO TORRES GARCIA(PRES. SEÇÃO DE DIREITO CRIMINAL)**.

São Paulo, 28 de maio de 2019

ARTUR MARQUES DA SILVA FILHO VICE-PRESIDENTE

RELATOR DESIGNADO

APELAÇÃO CÍVEL nº 1042254-27.2017.8.26.0114

Apelante: JPGC ADMINISTRADORA LTDA.

Apelado: 4º OFICIAL DE REGISTRO DE IMÓVEIS DE CAMPINAS COMARCA: CAMPINAS

VOTO Nº 45.957

Dúvida de registro – Arrematação – Cancelamento indireto das indisponibilidades – Modo de privilegiar a facilitação do tráfego jurídico – Precedentes – 1. Depois da arrematação do imóvel em execução forçada, as indisponibilidades anteriores à hasta perdem a sua eficácia e, portanto, não impedem que o arrematante, voluntariamente, aliene o imóvel a terceiros, haja ou não seu cancelamento expresso ("direto") – 2. Esse modo de decidir, afinal, resguarda o interesse dos beneficiários da indisponibilidade (que poderão satisfazer-se à custa do produto da arrematação), também traz facilidade o tráfego jurídico e aumenta a confiança do público na alienação feita em leilão público – 3. Improcedência da dúvida.

1. JPGC Administradora Ltda. interpôs apelação contra sentença que, julgando procedente dúvida suscitada pelo 4º Oficial de Registro de Imóveis da comarca de Campinas, obstou ao registro *stricto sensu* de compra e venda celebrada por escritura pública.

A apelante alega que para o registro dessa compra e venda não é necessário o prévio cancelamento de indisponibilidades. No seu entender, essas averbações não têm mais nenhuma eficácia, já que são todas anteriores à arrematação do imóvel pelo ora vendedor, em hasta pública.

2. Razão assiste a apelante.

Conquanto fosse respeitável o entendimento do eminente Desembargador Relator que votava pela improcedência do apelo , deve-se reconhecer que ao longo de anos a jurisprudência deste

Conselho já veio abrigando, em decisões reiteradas, a tese sustentada pelo recorrente. Ou seja: depois da arrematação do imóvel em execução forçada, as indisponibilidades anteriores à hasta realmente perdem a sua eficácia e, portanto, não impedem que o arrematante, voluntariamente, aliene o imóvel a terceiros, haja ou não seu cancelamento expresso ("direto").

Nesse sentido:

REGISTRO DE IMÓVEIS. Penhoras e decretos de indisponibilidade que não impedem a alienação forçada. Ocorrida a alienação forçada, há, por via indireta, imediato cancelamento das penhoras e indisponibilidades pretéritas. Cancelamento direto que não é condição necessária à posterior alienação voluntária. Escritura de venda e compra que, portanto, pode ser registrada. Recurso desprovido (CSMSP, Apelação Cível 100157093.2016.8.26.0664, Rel. Des. Pereira Calças, j. 19.12.2017)

REGISTRO DE IMÓVEIS – Averbação de indisponibilidade que não impede a alienação forçada – Ocorrida a alienação, há cancelamento indireto das penhoras, que geraram a indisponibilidade – O cancelamento direto não é condição necessária à posterior alienação voluntária – Escritura de venda e compra que, portanto, pode ser registrada – Recurso provido (CSMSP, Apelação Cível 0019371-42.2013.8.26.0309, Rel. Des. Pereira Calças, j. 14.03.2017).

Ressalto que a questão é tormentosa.

Eu mesmo, em caso análogo (isto é, no primeiro julgamento da Apel. Cív. 0019371-42.2013.8.26.0309, em 27.01.2015, sob a relatoria do Desembargador Elliot Akel), tive a oportunidade de proferir voto pela procedência da dúvida. É que, em tal oportunidade, a jurisprudência mais recente deste Conselho ainda não se havia consolidado em favor do cancelamento indireto das indisponibilidades, depois da arrematação.

Contudo, verifico agora que é caso de prestigiar o entendimento contrário, que se veio consolidando desde então, em particular depois do julgamento das Apelações Cíveis 1077741-71.2015.8.26.0100, em 20.05.2016, e 0023897- 25.2015.8.26.0554, em 15.09.2016. Esse modo de decidir, afinal, se resguarda o interesse dos beneficiários da indisponibilidade (que poderão satisfazer-se à custa do produto da arrematação), também traz facilidade o tráfego jurídico e aumenta a confiança do público na alienação feita em leilão público.

Além disso, esse reiterado entendimento do Conselho, de um lado, não faz mais que tornar presente a segura lição de Afrânio de Carvalho (*Registro de Imóveis*, 3ª ed., Rio de Janeiro: Forense, 1982, p. 184, g. n.):

Assim como a constituição de direitos reais por atos entre vivos se dá pela inscrição, a extinção desses direitos se opera pelo cancelamento, que é a inscrição negativa. A não ser por esse modo direto, a extinção dos direitos reais imobiliários dá-se também por modo indireto, isto é, por transferência desses direitos a outra pessoa, quando então aparece como a face negativa da aquisição desta. ***Nesse modo indireto a inscrição subsequente é naturalmente extintiva da antecedente, desempenhando assim o papel do cancelamento.***

E, de outro lado, esse mesmo entendimento recupera a melhor tradição de nossa jurisprudência administrativa:

"... o registro de arrematação não reclama o cancelamento direto e autônomo de registro das constrições precedentes, porque ele se afeta negativamente pela inscrição mais nova. Isso se dá porque a arrematação tem força extintiva das onerações pessoais e até mesmo das reais (cfr. Artigo 251 II, Lei n.º 6.015, de 31 de dezembro de 1973; Afrânio de Carvalho, op. cit., pág. 83), e de extinção do direito é que deriva a admissão de cancelamento do registro que lhe corresponda (RIFA SOLER, "La anotación preventiva de embargo, 1983, págs. 510 ss.). O vínculo da penhora traslada-se para o preço da aquisição, sobre o qual concorrem os credores (LOPES DA COSTA, com apoio em DIDIMODA VEIGA e CARVALHO SANTOS, "Direito Processual Civil Brasileiro, 1947, IV, pág. 169).

Observe-se, por fim, que, no cancelamento indireto, é despicienda, em regra, a elaboração de assento negativo, salvo quanto à hipoteca, em vista da necessidade de qualificar-se pelo registrador a ocorrência que não é automática da causa extintiva segundo prescreve o artigo 251 II, Lei n.º 6.015, citada." (Apelação Cível n. 13.838-0/4, rel. Des. Dínio de Santis Garcia, ocorrido em 24.2.1992).

Enfim: já por privilegiar a facilitação do tráfego jurídico, já por assentar-se na linha do que reiteradamente vem decidindo este Conselho, a tese da apelação deve ser prestigiada, para que, dando-se provimento ao recurso, seja afastada a dúvida e se faça a inscrição pretendida.

3. Ante o exposto, **voto pela improcedência da dúvida, para se proceda ao registro *stricto sensu*, como rogado.**

ARTUR MARQUES DA SILVA FILHO

Vice-Presidente Relator Designado

APELAÇÃO Nº 1042254-27.2017.8.26.0114 – DÚVIDA REGISTRÁRIA

Apelante: ***JPGC ADMINISTRADORA LTDA.***

Apelado: 4º OFICIAL DE REGISTRO DE IMÓVEIS DA COMARCA DE CAMPINAS

DECLARAÇÃO DE VOTO CONVERGENTE Nº 30.522

Acompanho o E. Relator designado, Desembargador ARTUR MARQUES DA SILVA FILHO, por entender que o caso concreto comporta apreciação particular.

A presente apelação é ofertada contra a r. sentença do MM. Juiz Corregedor Permanente do 4º Oficial de Registro de Imóveis da Comarca de Campinas, que julgou procedente dúvida suscitada e manteve a recusa do registro de escritura pública de compra e venda de imóvel (lavrada em 21 de março de 2017 e retificada por escritura pública lavrada em 17 de maio de 2017), na qual consta, como alienante, particular que adquiriu anteriormente o imóvel em *arrematação judicial*, e, como adquirente, o ora apelante, tendo por objeto fração ideal de 4,731% do imóvel matriculado sob nº 3.732 daquela serventia imobiliária, correspondente à futura unidade autônoma designada como apartamento nº 12 e boxes de garagem nos 33 e 34 do *Condomínio Edifício Village*.

Lastreia-se a recusa na **necessidade de prévio cancelamento das indisponibilidades que gravam o bem**, anteriores à arrematação judicial pela qual o alienante adquiriu a propriedade, entendendo pela **extensão da indisponibilidade mesmo após a aquisição judicial da propriedade**.

Os fundamentos da apelação são, em resumo, a falta de razoabilidade da exigência, ante a determinação, na carta de sentença levada a registro prévio pelo alienante, e de sua prevalência sobre outras penhoras e indisponibilidades sobre o bem. Sustenta que houve registro da carta de sentença, com regular transmissão da propriedade ao ora alienante voluntário, havendo ciência e anuência dos adquirentes da existência das averbações e registros de restrições à disposição do bem em desfavor do proprietário anterior, não se justificando a restrição à alienação. Afirma que a exigência da baixa prévia das restrições ligadas ao proprietário executado traduz cerceamento do pleno exercício do direito de propriedade, adquirida regularmente em leilão judicial.

A Douta Procuradoria Geral de Justiça ofertou parecer (fls. 278/279) pela intimação do apelado para apresentação de contrarrazões.

É o relatório.

Prejudicado, de plano, o pleito da d. Procuradoria Geral de Justiça, pois a apresentação de resposta ao recurso pelo Oficial de Registro não se mostra essencial ao conhecimento do recurso, considerada sua natureza administrativa.

Ressalto, desde logo, que não se desconhece a reiterada posição deste C. Conselho Superior da Magistratura a respeito da eficácia da indisponibilidade averbada na matrícula de determinado imóvel em relação a negócios jurídicos tendentes à transferência da propriedade, ainda que ocorridos após a alienação judicial em decorrência de arrematação ou adjudicação em processo executivo.

A jurisprudência, seguida pelas Normas de Serviço, afirma a *impossibilidade da alienação judicial posterior à indisponibilidade determinada por outro Juízo*, até que se tenham cancelado todas as averbações e registros que tornem o bem fora da esfera de disponibilidade de seu titular.

Limita-se, assim, a indisponibilidade da propriedade a casos de alienação judicial do bem, conforme o item 422, do Capítulo XX, das Normas de Serviço:

> *"**Cap. XX, item 422.** As indisponibilidades averbadas nos termos do Provimento CG. 13/2012, e na forma do § 1º, do art. 53, da Lei nº 8.212, de 24 de julho de 1991, não impedem a alienação, oneração e constrição judiciais do imóvel".*

Entrementes, o caso concreto tem particularidades que, a meu sentir, **autorizam o registro da transmissão feita pelo arrematante judicial do bem a terceiro**, por contrato de compra e venda celebrado após o registro da arrematação judicial.

Por primeiro, de extrema importância que se fixem os limites fáticos envolvidos na solução deste caso concreto, analisando-se cada uma das restrições genericamente lançadas sobre a matrícula, referentes à parte ideal do imóvel então de propriedade de Edson Moura.

Da atenta análise da matrícula nº 3.732, observam-se **duas penhoras averbadas** (nºs 25 e 65), ambas em execuções decorrentes de ações civis públicas levadas a cabo pelo Ministério Público, originando o leilão judicial e a arrematação, cuja carta expedida fora objeto do registro nº 66. Ou seja, tais penhoras, pela alienação judicial do bem em procedimento executivo, são substituídas pelo concurso de interesses sobre o resultado da alienação judicial, estabelecendo concurso de credores e de preferências sobre o crédito.

No mais, **não há nenhuma penhora levada à averbação por força de execução fiscal ou de "dívida ativa da União, suas autarquias e fundações públicas"**, inexistindo fundamento de fato para a incidência da restrição do art. 53, § 1º, da Lei 8.212/1991, que assim dispõe:

*"**Art. 53.** Na execução judicial da dívida ativa da União, suas autarquias e fundações públicas, será facultado ao exequente indicar bens à penhora, a qual será efetivada concomitantemente com a citação inicial do devedor.*

***§ 1º** Os bens penhorados nos termos deste artigo ficam desde logo indisponíveis".*

O pressuposto de fato para a incidência da indisponibilidade legal do art. 53, § 1º, Lei 8.212/1991, é a existência de *"execução judicial da dívida ativa da União"* e, nesta, a *penhora de bens*. Sem que haja a junção destes dois pressupostos de fato, não há que se falar em indisponibilidade legal do bem.

Bem por isto, os precedentes do Colendo Conselho Superior da Magistratura, quando afirmam a indisponibilidade do bem decorrente do art. 53, § 1º, Lei 8.213/1991, **não têm aplicação ao caso concreto**, pois diversa a situação fática observada da matrícula do imóvel.

O que se tem, de fato, é a existência de ordens de indisponibilidade decorrentes da Justiça do Trabalho, medidas de arrolamento fiscal fundadas no art. 64, § 5º, Lei 9.532/1997 (R. 17 e R. 42) e medida cautelar fiscal para fins de indisponibilidade do bem (Av. 40), mas **nenhuma delas convertida, efetivamente, em penhora judicial**.

Nem há, na matrícula, qualquer ordem judicial concretizando a garantia obtida com as medidas de *natureza puramente cautelar*, não se sabendo se, a partir de tais medidas, datadas algumas de mais de 10 anos, originaram-se ações judiciais ou execuções judiciais nas quais tenha havido penhora.

Está-se, assim, no âmbito da incidência da Lei 9.532/1997 e da Lei 8.397/1992, que preveem o arrolamento administrativo de bens e a medida cautelar fiscal como instrumentos de garantia do crédito tributário.

Tal âmbito é de pura *cautelaridade*, sem que tenha havido sobre o imóvel a especificação de outras garantias judiciais (penhora), salvo o próprio leilão judicial levado a cabo a partir da penhora realizada pelo Ministério Público, nos autos de execução da ação civil pública.

Neste aspecto, a medida administrativo-tributária de arrolamento fiscal, prevista genericamente no art. 64, § 5º, Lei 9.532/1997, tem, insta repetir, natureza estritamente cautelar, porquanto decorrente de uma presunção de insolvência tributária para o caso de o sujeito passivo ter contra si débitos tributários superiores a 30% (trinta por cento) de seu patrimônio conhecido.

Não significa, por si só, a *indisponibilidade do bem*, pois os § 3º e § 4º do citado art. 64, autorizam a alienação ou oneração do bem após o arrolamento fiscal, apenas sujeitando à comunicação ao órgão fazendário. Sequer se fala em ineficácia absoluta do ato, pois eventual alienação não comunicada somente dará azo a medida cautelar fiscal contra o sujeito passivo para eventual reconhecimento da ineficácia do ato perante a Fazenda e, aí sim, decretar-se a indisponibilidade do bem, condicionada ao ajuizamento futuro da execução fiscal.

Em suma, um resultado futuro a depender de decisão judicial que, em linhas finais, não equivale à penhora descrita no art. 53, § 1º, da Lei 8.213/1991, mas apenas enseja a indisponibilidade condicionada do bem, já que a Fazenda Pública, beneficiada com a medida cautelar, haverá de promover a execução fiscal no prazo de 60 (sessenta) dias (art. 11, da Lei 8.397/1992), sob pena de perder sua eficácia (art. 13, I, da Lei 8.397/1992).

Percebe-se, no caso, que a natureza da medida cautelar fiscal não equivale à penhora, mas a garante para a execução fiscal e a penhora futura. Em linhas finais, resulta na concretização da penhora na execução fiscal. Esta a sua finalidade e, uma vez realizada, tem-se apenas e tão somente o **concurso de preferências sobre o resultado financeiro da alienação judicial do bem**, nos termos da legislação processual civil.

Há de se ter em mente que a indisponibilidade judicial ou administrativa do bem não o retira do comércio, permitindo-se a realização ampla de negócios jurídicos que tenham por objeto o direito de propriedade sobre o mesmo, apenas condicionando o registro imobiliário à eventual **cessação da eficácia da indisponibilidade**. Bem por isto, as Normas de Serviço permitem a lavratura de escritura pública com a finalidade de transmissão da propriedade do bem gravado pela indisponibilidade judicial, exigindo a ciência às partes da restrição existente e do condicionamento do registro à verificação da eficácia daquela (Cap. XIV, item 4.1).

A indisponibilidade, para o caso concreto, tem por fim garantir o cumprimento de determinada obrigação pecuniária pessoal do titular. Ou seja, representa limitação ao poder de disposição voluntária da propriedade por seu titular, por conta de situação jurídica da qual lhe resulte ou possa resultar imposição de obrigação a ser garantida pelo bem.

Sendo a disponibilidade do bem uma faculdade decorrente do próprio domínio, vincula-se sua existência e exercício ao seu titular, no caso, o proprietário, que terá a prerrogativa de transferir a propriedade a terceiro, de forma voluntária ou por força de decisão judicial.

No dizer da doutrina:

> *"O poder de disposição pode ser visto, deste modo, como uma situação jurídica que associa um sujeito a um bem do patrimônio,* ***orientada à possibilidade real de alterar quer o conteúdo de titularidade dominial****, quer a titularidade de situações jurídicas em geral"* (Luciano de Camargo Penteado, *Direito das Coisas*, 3ª ed., São Paulo. RT, 2014, p. 182 grifei).

Tal poder de disposição, como poder que é, concretiza-se ordinariamente por exercício voluntário de seu titular, sendo a transferência forçada da propriedade por decisão judicial situação anômala dentro da natureza e características do direito real de propriedade. No âmbito do direito registral imobiliário, entende-se que:

> *"O princípio da disponibilidade registral diz respeito à* ***possibilidade de haver transferência efetiva, destaque patrimonial, de um para outro sujeito de direitos****. Disponibilidade é a possibilidade de um direito ser objeto do patrimônio de outro sujeito de direitos. Trata-se de conceito potencial, ou seja, de conceito virtual:* ***é a possibilidade de dispor****. Refere-se à titularidade objetiva do poder de disposição e à possibilidade efetiva de seu exercício eficaz"* (Luciano de Camargo Penteado, *Direito das Coisas*, 3ª ed., São Paulo. RT, 2014, p. 346 grifei).

Se o princípio da disponibilidade está ligado ao exercício concreto do poder de dispor da propriedade pelo titular do domínio, deve-se apreciar a indisponibilidade a partir de sua função limitadora tão somente ao exercício voluntário, excluindo-se, por óbvio, situações de disposição não voluntária, por decisão judicial, como o caso de alienação judicial do bem em procedimento executivo *lato sensu*.

Caracteriza-se a indisponibilidade, assim, como espécie de ônus real vinculado, necessariamente, a uma situação pessoal (obrigacional) do titular do direito de propriedade. Apesar de caracterizar uma limitação *erga omnes* por força da inscrição das ordens de indisponibilidade decorrentes de procedimentos judiciais ou administrativo-tributários, tal eficácia restritiva encontra limites decorrentes de sua vinculação ao sujeito do procedimento que originou tais ordens.

Não há razão de ser para a eficácia da indisponibilidade se o bem objeto da ordem foi, de forma legal e válida, transmitido a terceiro, no caso, por força de ordem judicial.

Ou seja, a restrição decorrente da indisponibilidade do bem somente mantém sua eficácia enquanto a propriedade perdurar nas mãos do titular da relação de direito que originou a averbação da ordem. Transmitido o bem a terceiro, por ato não voluntário do proprietário, como no caso de alienação judicial, cessa a eficácia imediata de tal indisponibilidade.

Aceitar que a indisponibilidade, ainda que mantido seu lançamento no fólio real, produza efeitos em relação ao novo titular do domínio que não participa da relação jurídica que a originou, é aceitar a transmissão tácita dos efeitos da obrigação do antigo proprietário ao atual. E não se diga pela existência de caráter *propter rem* do decreto de indisponibilidade, pois dizer isso seria confundir a eficácia *erga omnes* da averbação com a natureza da obrigação que gera o gravame sobre o bem.

Inexiste, nas determinações de indisponibilidade ou arrolamento administrativo-tributário, caráter *propter rem*, pois não se tem uma **obrigação decorrente da existência do bem em si, com atribuição de responsabilidade pelo pagamento ao titular do direito de propriedade**. A natureza é de garantia *lato sensu*, não se vinculando sua origem à natureza da relação jurídica que a gera – trabalhista, fiscal ou outra –, mas, sim, em função de seu efeito de ineficácia em relação a **atos voluntários do titular** que traduzam transferência da propriedade ou a constituição de outro direito real em favor de terceiro.

Desta forma, os efeitos jurídicos das medidas genéricas de garantia, como o decreto de indisponibilidade e o arrolamento cautelar fiscal, diversamente do destaque concreto do bem para pagamento de certa obrigação executada (penhora ou arresto cautelar), limitam-se temporalmente à manutenção da propriedade pelo titular da relação jurídica que originou a restrição. Afetam **atos do titular**, que sofre os efeitos da relação jurídica originária da restrição, mas não podem atingir direitos de terceiros que, **de forma legítima e em procedimento previsto na lei**, venham a constituir novos direitos reais sobre o mesmo bem.

No caso em exame, **a existência de transmissão válida da propriedade ao arrematante em processo judicial, com registro da propriedade em seu favor, faz cessar por completo a eficácia das ordens de indisponibilidade e arrolamento cautelar administrativo.** O titular, apesar de receber a propriedade com todas as suas características e ônus próprios, como as obrigações *propter rem*, também a recebe **sem qualquer vinculação a obrigações pessoais do antigo proprietário**, dentre elas, aquelas que originaram as ordens de indisponibilidade.

Não está aqui a se advogar o caráter originário da aquisição pela arrematação judicial do bem, pois as qualidades e restrições vinculadas ao bem *in re* devem ser, por óbvio, observadas pelo novo titular. Assim, outros **direitos reais limitados em favor de terceiros** vinculados ao bem e não à situação pessoal do antigo titular, como servidões de passagem, restrições ambientais, servidões administrativas etc., por conta de sua natureza real, mantem-se eficazes face ao adquirente forçado do bem, não se falando em eficácia extintiva da transmissão judicial.

Mas, ao contrário, não se há de falar em contaminação da propriedade transmitida pelas relações jurídicas pessoais do executado e seus reflexos no registro imobiliário, por não se permitir a transferência de situações jurídicas sem que haja expressa assunção pelo novo proprietário ou determinação legal neste sentido. Caso contrário, como dito, haverá uma substituição do arrematante em relações jurídicas pessoais do executado, o que não se admite, considerando a natureza e a finalidade da venda judicial de bens em procedimento executivo.

Assim, **o bem transmitido ao arrematante de forma lícita o é de forma plena em relação ao direito de dispor futuramente do bem, sem que restrições pessoais do titular anterior**, lançadas no registro imobiliário, sejam-lhe eficazes.

Entender-se em sentido contrário significa indicar a transmissão do direito real com restrição de natureza pessoal referente ao titular expropriado.

Recebendo o arrematante o bem por força de ordem judicial, surge a ineficácia das restrições de ordem pessoal referentes ao antigo proprietário, seja porque substituídas em seu objeto pelo numerário obtido com a venda judicial, no caso de penhoras judiciais ou direitos reais de garantia sobre o bem excutido judicialmente, seja porque extintas, em razão de sua natureza pessoal e da extinção do vínculo entre proprietário e o próprio bem, como no caso da ordem de indisponibilidade. Recebe-o, assim, em sua plenitude no que diz respeito ao exercício dos direitos fundamentais do proprietário, especialmente, aqui, o de dispor do bem.

A questão envolve, em termos finais, a consideração da existência ou não de cancelamento, para fins de eficácia sobre atos de alienação voluntária, das penhoras e indisponibilidades levadas à inscrição na matrícula.

Segundo a doutrina de Afrânio de Carvalho, há duas espécies distintas de cancelamento do registro das penhoras levadas a termos sobre a matrícula: o **direto**, dependendo de assento negativo na forma de averbação, e o **indireto**, reflexo de inscrição subsequentes, como no caso da arrematação ou adjudicação, sobre as inscrições prévias existentes na matrícula. O caso em questão é de cancelamento indireto da inscrição da penhora.

O *cancelamento indireto da penhora*, em casos de arrematação judicial, já foi acolhido em pareceres de Corregedoria (Parecer nº 238/2006 Juiz Álvaro Luiz Valery Mirra e Des. Vicente de Abreu Amadei - Corregedor Geral DES. GILBERTO PASSOS DE FREITAS 26.06.2006; Parecer nº 173/07/E - Juiz Álvaro Luiz Valery Mirra - Corregedor Geral DES. GILBERTO PASSOS DE FREITAS - 26.6.2007; Parecer nº 74/2010-E - Juiz Álvaro Luiz Valery Mirra - Corregedor Geral DES. ANTONIO CARLOS MUNHOZ SOARES - 30.03.2010), bem como em decisões deste C. Conselho Superior da Magitratura.

O entendimento pela ocorrência do cancelamento indireto de **todas as penhoras** anteriores à arrematação, permitindo a livre disposição do bem pelo adquirente em venda pública realizada por força de processo executivo, foi **expressamente acolhido** pelo Conselho Superior da Magistratura, no julgamento da Apelação nº 1001570-93.2016.8.26.0664, em 19.12.2017:

> ***REGISTRO DE IMÓVEIS*** *– Penhoras e decretos de indisponibilidade que não impedem a alienação forçada – Ocorrida a alienação forçada, há, por via indireta, imediato cancelamento das penhoras e indisponibilidades pretéritas – Cancelamento direto que não é condição necessária à posterior alienação voluntária – Escritura de venda e compra que, portanto, pode ser registrada – Recurso desprovido* (CSM Rel. DES. PEREIRA CALÇAS CORREGEDOR GERAL DA JUSTIÇA j. 19.12.2017).

O r. voto condutor concluiu pela **possibilidade de registro da alienação voluntária do imóvel adquirido por meio de arrematação judicial, ainda que existentes registros prévios de penhora e indisponibilidade do bem:**

"Daí, portanto, decorrem as seguintes conclusões: a) arrematação, remição e adjudicação, formas de alienação forçada do bem e de aquisição derivada da propriedade, podem ser levadas a cabo e registradas, não obstante a indisponibilidade; b) registrada a carta de arrematação, remição ou adjudicação, ocorre o cancelamento indireto das penhoras previamente havidas e, portanto, afasta-se a indisponibilidade; c) ***o bem, agora disponível, pode ser alienado pelo arrematante, remitente ou adjudicante, razão pela qual a escritura de venda e compra pode ser registrada****; d) cabe ao proprietário, se assim o desejar, providenciar o cancelamento direto das penhoras, perante os Juízos de onde elas provieram".*

Tem-se, neste caso, a imposição da **indisponibilidade do bem a proprietário que não é ou foi titular de qualquer relação jurídica que tenha justificado a imposição de restrições gerais com natureza assecuratória**. Estas, repito, não se confundem com a constituição de direitos reais de garantia ou de especificação do bem para fins de expropriação judicial, como no caso da penhora, mas **apenas indicam uma restrição ao agir do titular anterior, com efeitos em relação à eficácia do ato de disposição voluntária** que eventualmente seja por ele levado a cabo.

Estar-se-á fixando, a se manter a proibição de registro da transmissão da propriedade pelo arrematante, **regime de *aquisição limitada da propriedade***, pois desnuda do poder de dispor, por força de restrição de *natureza pessoal destinada ao proprietário expropriado do bem*. Seria, em última análise, impor a quem auxilia na própria eficácia do processo executivo, com a conversão do bem penhorado em valor monetário em espécie para o pagamento do credor exequente, a responsabilidade por ônus que eram próprios do executado.

Mais que isto, seria tornar o bem *fora do comércio* caso alguma das autoridades judiciais ou administrativas que determinaram a indisponibilidade contra ao antigo proprietário se recusar a reconhecer a alienação judicial do bem a terceiro de boa fé como causa de ineficácia das ordens por ele emitidas.

Nunca é demais esclarecer que não se está a afirmar que as averbações e os registros de indisponibilidades judiciais e administrativas anteriores devam ser automaticamente cancelados do fólio real, o que exige, por certo, ordem judicial dos emitentes do comando restritivo. **O que se está aqui a decidir é a restrição da eficácia de tais limitações ao poder de dispor por ato voluntário do titular da relação obrigacional que deu origem às ordens de restrição**, permitindo-se a transmissão voluntária da propriedade por adquirente que, *por sua qualidade de* ***arrematante judicial***, rompe com a vinculação entre o bem e as obrigações pessoais pretéritas.

Não há que se confundir eventual pedido de cancelamento ***direto*** de penhora ou indisponibilidade a partir da arrematação judicial [cancelamento direto de ato judicial determinado por juízo certo somente a ele compete], com o cancelamento ***indireto*** **decorrente, de forma automática, da arrematação, da adjudicação ou da remição imposta ao bem imóvel**.

Ou seja, o cancelamento direto das penhoras e indisponibilidades não decorre **diretamente** do registro da arrematação, mas não significa a inexistência de cancelamento indireto da **eficácia** de tais inscrições, permitindo-se o registro de eventual alienação sucessiva havida por ato voluntário do arrematante, agora proprietário e sem vínculos obrigacionais para com o executado que teve sem bem vendido judicialmente.

A posição, entendendo pelo cancelamento indireto na ocorrência da arrematação e limitação da proibição do cancelamento direto sem ordem dos Juízos de onde emanaram os atos, foi adotada nos Pareceres 170/2016-E, do Juiz Assessor da Corregedoria Luciano Gonçalves Paes Leme (CORREGEDOR DES. PEREIRA CALÇAS - 2.8.2016) e 529/2013-E, do Juiz Assessor da Corregedoria Luciano Gonçalves Paes Leme (CORREGEDOR DES. RENATO NALINI - 6.12.2013).

Em recente parecer da E. Corregedoria Geral da Justiça manteve-se o entendimento da impossibilidade de cancelamento das penhoras por decorrência direta da arrematação, havendo necessidade de requerimento de tal cancelamento junto aos Juízos que determinaram as constrições.

O posicionamento, entretanto, **não abarca a questão do cancelamento indireto e seu efeito sobre o direito de dispor do bem pelo adquirente por força da arrematação judicial, mantendo-se íntegra a jurisprudência administrativa da Corregedoria Geral da Justiça** (Recurso Administrativo 1093002-08.2017.8.26.0100 [Parecer 101/2018-E] - Juiz Assessor Marcelo Benacchio CORREGEDOR DES. GERALDO FRANCISCO PINHEIRO FRANCO Parecer 12.03.2018 13.03.2018).

Ou seja, **não se confunde a impossibilidade de determinação do cancelamento direto das penhoras e indisponibilidades por força da arrematação com os efeitos naturais e automáticos do cancelamento indireto, decorrente do**

esvaziamento do próprio objeto da penhora ou da indisponibilidade.

Estes, de fato, transferem-se do bem para o preço, nos termos do art. 908, § 1º, do Código de Processo Civil (*No caso de adjudicação ou alienação, os créditos que recaem sobre o bem, inclusive os de natureza* ***propter rem****, sub- rogam-se sobre o respectivo preço, observada a ordem de preferência*).

E, por força disto, **em nada não limita o exercício do direito de dispor** pelo proprietário que detém o bem por força de aquisição em *arrematação judicial*.

À vista da apreciação ampla da questão, vale a transcrição de decisão deste C. Conselho Superior da Magistratura, abordando questão absolutamente idêntica à presente:

REGISTRO DE IMÓVEIS – Averbação de indisponibilidade que não impede a alienação forçada – Ocorrida a alienação, há cancelamento indireto das penhoras, que geraram a indisponibilidade – O cancelamento direto não é condição necessária à posterior alienação voluntária – Escritura de venda e compra que, portanto, pode ser registrada – Recurso provido. (Ap. nº 0019371-42.2013.8.26.0309 CSM Rel. DES. PEREIRA CALÇAS - CORREGEDOR GERAL DA JUSTIÇA - j. 14.03.2017).

O voto vencedor do então Corregedor Geral, atual Presidente do Tribunal de Justiça, DES. PEREIRA CALÇAS, apresenta as seguintes conclusões:

"a) a arrematação, forma de alienação forçada do bem e de aquisição derivada da propriedade, pode ser levada a cabo e registrada não obstante a indisponibilidade (essa impede, apenas, a alienação voluntária); b) ***registrada a carta de arrematação, ocorre o cancelamento indireto das penhoras e, portanto, afasta-se a indisponibilidade****; c)* ***tornando-se o bem disponível, ele pode ser alienado pelo arrematante, razão pela qual a escritura de venda e compra posterior pode ser registrada****; d)* ***cabe ao proprietário, se assim o desejar, providenciar o cancelamento direto das penhoras, perante os Juízos de onde elas provieram****"* (grifei).

Do voto convergente, da lavra do E. DES. RICARDO DIP, então Presidente da Seção de Direito Público, extraem- se os seguintes ensinamentos, aplicáveis ao caso concreto:

"Desses dois julgados [AC n. 13.838, j. 24-2-1992, e AC 15.296, j. 3-8-1992, de relatoria do Des. Dínio de Santis Garcia] extrai-se que ***o registro stricto sensu da arrematação*** *(e, ex eadem decidendi ratione, da adjudicação)* ***em via executória forçada propicia, de modo correntio, o cancelamento das inscrições de penhora concernentes ao imóvel arrematado ou adjudicado.***

É que, consistindo a penhora na 'expropričão de eficácia do poder de dispor' (PONTES DE MIRANDA. Comentários ao código de processo civil. Rio de Janeiro: Forense, 1976, tomo X, p. 160), o posterior e efetivo exercício do ius disponendi no ato de arrematação (ou de adjudicação) subtrai a possibilidade de reiterar o próprio Estado na alienação do bem objeto, salva ulterior penhora. Daí resulta que, senão todas, muitas das inscrições de constrangimentos processual-executórios antecedentes à arrematação (ou adjudicação) estejam supressas ipso facto dos registros, por mio de cancelamento indireto (é dizer, implícito, reflexo, mediante ricochete).

3. Ora, ***porque a arrematação leva, in pluribus, à substituição do objeto das outras penhoras, ela implica então cancelamento indireto de suas inscrições, e cai também, no caso (aqui versado) na norma do § 1º do art. 53 da Lei n. 8.212/1991 (de 24-7), a indisponibilidade correspondente****. Com isto, depois da arrematação (ou adjudicação) em via executiva forçada, não pode mais vedar-se que se inscrevam alienações ou onerações voluntárias (a primeira, por suposto e evidentemente, a que é em prol do próprio arrematante), tal bem o concluiu o r. voto de relatoria.*

4. Note-se que é nessa linha que se vieram solidando os julgados deste Conselho:

(i) entendeu-se, num dado tempo, que ***a indisponibilidade advinda da penhora*** *(ou de arresto: AC n. 70.722, de 2000), nos termos da Lei n. 8.212, de 24-7-1991, no § 1º de seu art. 53,* ***implicava impenhorabilidade*** *(AC's 69.130, 71.126 e 73.757, de 2000; 80.611, de 2001; 5-6/5, de 2003; 119-6/5 e 208-6/1, de 2004),* ***salvo o caso de a penhora ter sido inscrita depois da que adveio da arrematação*** *ou adjudicação (AC's 72.716, de 2000, e 76.567, de 2001),* ***ou se o crédito fosse mais graduado que o crédito de que proveniente a penhora causativa da indisponibilidade*** *(AC's 60.175 e 72.716, de 2000);*

(ii) depois, passou a julgar-se que ***a indisponibilidade resultante da constrição não importava em impenhorabilidade*** *(AC's 362-6/3, 411-6/8 e 421-6/3, de 2005);*

(iii) todavia, continuou a decidir-se que ***a indisponibilidade derivada da penhora não permitia que se inscrevesse a arrematação*** *(ou adjudicação) do processo executivo (AC's 29.886, de 1996; 50.589, de 1999; 71.126, de 2000; 76.562, 78,127, 78.635 e 79,730, de 2001; 91.394, de 2002;*

7-6/4, 96.485 e 100.023, de 2003; 195-6/0, de 2004; 386-6/2, 289-6/0, 386-6/2, 427-6/0 e 429-6/0, de 2005; 557-6/3 e 584-6/6, de 2006; 643-6/6, 464-6/0, 743-6/2, 746-6/6, 749-6/0, 805-6/6, de 2007; 777-6/7, 854-6/9, 911-6/6, 950-6/7, 979-6/9 e 991-6/3, de 2008; 1-194-6/3, de 2009; 1.223-6/7, 1-233-6/2, 990.10.034.303-3 e 990.10.004-965-8, de 2010, 0002812-30.2010, 0011783-24, 0020697-83.2010, 0011924-51.2009 e 0011644-48.2011, de 2011; 0007386-82.2011, de 2012);

(iv) mas, ainda esse entendimento superou-se, e este Conselho Superior passou a entender que ***a indisponibilidade emanada de penhora permite que se inscreva a arrematação*** *ou adjudicação* ***da via executória*** *(AC's 0004717-40.2010 e 0007969-54.2010, de 2012; 0013197-92 e 0018382-04.2011, de 2013; 3000029-33.2013, 3001116-49.2013 e 3003761-77.2013, de 2014; 0023897-25.2015 e 1077741-71.2015, de 2016);*

(v) nada obstante, conquanto se houvesse, em algumas decisões, autorizado o registro stricto sensu da arrematação (ou adjudicação) em execução forçada, manteve-se o entendimento segundo o qual ***posteriores alienações voluntárias não poderiam ser inscritas sem o cancelamento direto (direto,*** *nota bene!)* ***da indisponibilidade*** *(AC's 0054473-65.2012 e 0003288-37.2009, de 2012; 3003761-77.2013, de 2014; 0019371-42.2013 e 0004060-59.2014, de 2015). [Saliente-se que, num veto de vencido, ao julgar-se a AC 3001116-49, em 2013, o Des. JOSÉ RENATO NALINI retratou-se do que sustentara nas AC's 0054473-65.2012 e 0003288-37.2009].*

5. Agora, finalmente, parece apontar-se uma solução para o problema, recobrando-se posição antecedente deste Conselho: a ***indisponibilidade derivada de penhora, no caso do § 1º do art. 53 da Lei n. 8.212/1991, não impede o registro stricto sensu da arrematação (ou adjudicação) em execução forçada, nem, a fortiori, de alienações ou onerações voluntárias posteriores.***

A indisponibilidade amparada nessa normativa apenas visa a impedir, com efeito, a disposição voluntária ***antes de****, no plexo de uma* ***pendente*** *execução civil,* ***operar-se ato de disposição pelo Estado.***

6. Ressalve-se, entretanto, que o caso destes autos está cifrado ao tema do § 1º do art. 53 da Lei n. 8.212, de 1991, em que ***a indisponibilidade cessa porque lhe cessou a causa, i.e., a penhora*** *(cf. fl. 5).*

Outras hipóteses há em que a indisponibilidade deriva diretamente da lei *(e.g., art. 185 do Código Tributário Nacional)* ***ou da inscrição de um título dotado de preferente transcendência real*** *(ou seja, aqui já não trataria de mera providência constritiva oriunda de um processo: pense-se, por exemplo, na indisponibilidade derivada de hipoteca que garanta cédula de crédito rural, nos termos do Decreto-Lei n. 167, de 14-2-1967).*

Em outros termos, a solução deste caso é uma resposta propícia ao quadro correspondente ao § 1º do art. 53 da Lei n. 8.212/1991. Pode-se estender-se, é verdade ,a situações análogas, mas não elimina, de modo simplista, as hipóteses em que a indisponibilidade não derive de mera constrição processual.

Observe-se, em acréscimo, que ***não há motivo para manter-se uma inscrição de penhora, se (i) a execução que penda não aflija o arrematante, que não é nela parte passiva, e, bem por isto, (ii) a permanência da inscrição seja mostra de superveniente ofensa da consecutividade.***

7. Por fim, parece recomendar-se que, em inscrição comprimida (é evidente!), caiba referir o cancelamento indireto no texto mesmo do registro da arrematação ou da adjudicação. Com insto, pensa-se clarificar o efeito desse registro em favor da dinâmica imobiliária" (grifei).

Portanto, as **averbações permanecem na matrícula** até que seja realizada o seu cancelamento em atendimento a ordens judiciais originadas pelos Juízos que as determinaram. Porém, **não po dem impedir o registro da transmissão levada a cabo pelo arrematante judicial**, sob pena de tornar o bem fora do comércio por fato pessoal do proprietário excutido, ou impor ao adquirente restrição ao poder de dispor sem vínculo jurídico pretérito que o justifique.

Ante o exposto, pelo meu voto, **dou provimento** ao apelo, a fim de julgar improcedente a dúvida e determinar o registro do título.

FERNANDO TORRES GARCIA

Presidente da Seção de Direito Criminal

VOTO Nº 37.686

Apelação Cível nº 1042254-27.2017.8.26.0114 Comarca: Campinas

Apelante: Jpgc Administradora Ltda.

Apelado: 4° Oficial de Registro de Imóveis de Campinas

DECLARAÇÃO DE VOTO VENCIDO

Trata-se de apelação **[1]** interposta contra a r. sentença proferida pelo MM. Juiz Corregedor

Permanente do 4º Oficial de Registro de Imóveis da Comarca de Campinas, que julgou procedente dúvida suscitada para o fim de manter a recusa do registro de escritura pública de venda e compra, lavrada em 21 de março de 2017 e retificada por escritura pública lavrada em 17 de maio de 2017, tendo por objeto fração ideal de 4,731% do imóvel matriculado sob nº 3.732 daquela serventia imobiliária, correspondente à futura unidade autônoma designada como apartamento nº 12 e boxes de garagem nos 33 e 34 do Condomínio Edifício Village **[2]**. A negativa fundou-se na necessidade do prévio cancelamento das indisponibilidades que recaem sobre a fração ideal negociada **[3]**.

Alega a apelante, em síntese, que a exigência não se mostra razoável, pois o juízo que expediu a Carta de Adjudicação, devidamente registrada, determinou a prevalência da alienação judicial sobre outras penhoras e indisponibilidades. Aduz que, tendo sido averbada a carta de adjudicação e havendo anuência dos adquirentes em relação à existência de outras penhoras, o pedido de baixa da constrição em cada processo não se justifica, sob pena de cerceamento do direito de exercício pleno da propriedade adquirida pelo arrematante.

A Douta Procuradoria manifestou-se a fls. 278/279, pugnando pela intimação do recorrido para apresentação de contrarrazões **[4]**.

É o relatório.

Desde logo, anote-se ser desnecessária a intimação do Oficial de Registro de Imóveis para oferecimento de contrarrazões, eis que o procedimento de dúvida tem natureza administrativa (art. 204 da Lei nº 6.015/73).

Pretende a apelante registrar a escritura pública de compra e venda, em que figurou como adquirente da parte ideal de imóvel anteriormente gravado com penhoras e ordens de indisponibilidade.

Importa anotar que é pacífica a jurisprudência do Colendo Conselho Superior da Magistratura no sentido de que a ordem de indisponibilidade obsta a alienação voluntária do bem, mas não a forçada **[5]**. Tal entendimento está em harmonia com os julgados do E. Superior Tribunal de Justiça (REsp. 512.398) e com o disposto no item 405 do Capítulo XX das NSCGJ: *"405. As indisponibilidades averbadas nos termos do Provimento CG. 13/2012, e na forma do § 1º, do art. 53, da Lei nº 8.212, de 24 de julho de 1991, não impedem a alienação, oneração e constrição judiciais do imóvel"*.

Assim sendo, parte ideal do imóvel objeto da matrícula nº 3.732 foi, ainda enquanto indisponível, levada à hasta pública e arrematada por *Marcílio José Valente Alberte*. A carta de adjudicação, datada de 23 de setembro de 2.016, foi devidamente registrada, em 14 de março de 2017 (R. 66/3.732) **[6]**.

Ocorre que, posteriormente, houve a alienação do bem por escritura pública **[7]**, retificada **[8]**, tendo o registrador se recusado a realizar o respectivo ingresso no fólio real com fundamento na necessidade do cancelamento das anteriores averbações que se referem às penhoras e indisponibilidade de bens em nome do antigo proprietário. No que diz respeito às penhoras, ressalvou a possibilidade de retificação da escritura, com a presença das partes, consignando- se a ciência dos adquirentes sobre a existência de referido ônus.

O óbice referente à ciência dos adquirentes sobre as penhoras existentes foi superado com a lavratura de escritura de retificação e ratificação lavrada.

Contudo, o outro óbice apontado na nota de devolução é mesmo intransponível. A propósito da indisponibilidade, prevê o art. 53, § 1º, da Lei 8.212/91:

> *Art. 53. Na execução judicial da dívida ativa da União, suas autarquias e fundações públicas, será facultado ao exequente indicar bens à penhora, a qual será efetivada concomitantemente com a citação inicial do devedor.*
>
> *§ 1º Os bens penhorados nos termos deste artigo ficam desde logo indisponíveis.*

A redação da norma permite concluir que, penhorado o imóvel por dívida ativa da União, de suas autarquias ou de suas fundações públicas, de pronto estará indisponível o bem. E, por conseguinte, atos de voluntária alienação ficarão obstados pela indisponibilidade que o afeta.

Há precedentes sobre a questão aqui debatida. A compra e venda, tendo por objeto o imóvel versado nos autos, configura negócio voluntário defeso em face de sua indisponibilidade. A respeito do tema, já ficou decidido que:

> *"O Conselho Superior da Magistratura tem entendimento pacífico de que, embora a indisponibilidade não impeça a alienação forçada, obsta a voluntária. Subsistente a penhora, advinda de dívida com o INSS, a indisponibilidade, decorrente do art. 53, § 1º, da Lei nº 8.212/91, impede a alienação voluntária e, via de consequência, o registro da escritura."* (Apelação nº 1003418-87.2015.8.26.0038, Rel. Pereira Calças, j. 25.04.2016).

Registro de Imóveis – Dúvida – Escritura pública de confissão de dívida com pacto adjeto de constituição de propriedade fiduciária e outras avenças – Imóvel indisponível – Penhora, em execução fiscal, a favor da Fazenda Nacional e da União – Recusa do registro com base no artigo 53, § 1º, Lei 8.212/91 – Alienação voluntária – Irrelevância da aquisição anterior por alienação forçada – Registro inviável – Dúvida procedente – Recurso desprovido, com observação (Apelação nº 3003761-77.2013.8.26.0019, Rel. Elliot Akel, j. 03.06.2014).

Veja-se, ademais, que a previsão expressa constante da carta de arrematação, no sentido de que a penhora daqueles autos prevaleceria sobre as demais eventualmente existentes, efetivamente surtiu efeitos para fins de registro daquele título, concluído no caso concreto. Contudo, não pode surtir efeito em relação aos atos posteriores, pois inexiste decisão judicial nesse sentido, seja por parte do juízo em que houve a alienação judicial, seja por parte dos juízos de que emanadas as constrições incidentes sobre o imóvel.

Em outras palavras: o registro da carta de arrematação de imóvel implica a transferência da propriedade ao seu adquirente, ainda que se trate de bem indisponível por força de outra penhora promovida em favor da União.

Contudo, como esclarecido em r. parecer apresentado pelo Desembargador Vicente de Abreu Amadei e pelo Dr. Álvaro Luiz Valery Mirra, então MM. Juízes Auxiliares da Corregedoria, no Processo CG nº 11.394/2006, o cancelamento da averbação de outra penhora, que não aquela que ensejou a arrematação, depende de decisão pelo juiz competente, na esfera jurisdicional:

"Registro de Imóveis – Cancelamento automático ou por decisão administrativa da Corregedoria Permanente ou da Corregedoria Geral da Justiça de penhoras, arrestos e seqüestros anteriores, a partir do registro da arrematação ou adjudicação do bem constrito realizada em ação de execução – Inadmissibilidade – Necessidade de ordem judicial expressa oriunda do juízo que determinou a constrição – Impossibilidade de desfazimento, pela via administrativa, de registro de ato constritivo determinado na esfera jurisdicional – Consulta conhecida, com resposta negativa.

Registro de Imóveis – Cancelamento automático ou por decisão administrativa da Corregedoria Permanente ou da Corregedoria Geral da Justiça de indisponibilidade de bens imóveis em virtude da arrematação ou adjudicação destes em ação de execução – Inadmissibilidade – Indisponibilidade que implica inalienabilidade, a obstar o ingresso no fólio real da carta de arrematação ou de adjudicação e, por via de conseqüência, o cancelamento da restrição – Consulta conhecida, com resposta negativa".

Verifica-se no referido r. parecer que os assentos precedentes não prevalecem quando representativos de direitos incompatíveis com a posterior arrematação, como ocorre com as penhoras anteriores porque, nesse caso, os credores se sub-rogam no preço da arrematação.

Cumpre ressaltar que a interpretação, naquele r. parecer, é restrita aos efeitos da arrematação em relação às penhoras anteriores das quais não decorrem indisponibilidade.

No que se refere às ordens de indisponibilidade e às demais que ensejam restrição ao direito real de propriedade, o parecer fez remissão à possibilidade de averbação de penhora, mas ressalva a então posição do Col. Conselho

Superior da Magistratura que vedava o ingresso de carta de arrematação ou de adjudicação, salvo na hipótese de haver ordem judicial nesse sentido.

Por essa razão, a questão deve ser apreciada sob a ótica dos efeitos que a arrematação produz em relação aos credores que promoveram penhoras, das quais decorrem a indisponibilidade do bem. A arrematação de imóvel penhorado, em praça pública ou por outro modo equivalente, implica a sub-rogação dos demais credores sobre o produto da venda.

Para isso, no entanto, é necessário o prévio concurso de credores, com fixação da preferência para recebimento do crédito conforme o privilégio, ou não, de que o crédito for dotado. E compete ao Juiz da execução em que foi promovida a penhora, diante do resultado do concurso de credores que realizou, determinar o cancelamento das averbações das penhoras que levaram à indisponibilidade do imóvel.

É que, neste procedimento de dúvida, de natureza administrativa, não é possível presumir a sub-rogação no preço da arrematação tão somente por força do registro da carta de arrematação promovida em razão do entendimento, deste Col. Conselho, de que todos os credores teriam concorrido para o recebimento do preço pago pelo imóvel.

Isso não afasta a possibilidade de cancelamento da averbação da penhora, da qual decorre a indisponibilidade, também por determinação do Juízo da execução em que foi promovida, ou seja, com submissão da matéria à análise na esfera jurisdicional.

Porém, em procedimento de dúvida não se pode presumir que a alienação judicial do imóvel foi precedida de concurso de credores e que todos, incluindo o ente público que promoveu a penhora, tiveram oportunidade de concorrer no levantamento do preço da arrematação conforme a ordem legal de preferência dos respectivos créditos.

Como se vê, o registro da aquisição da propriedade pelo arrematante não é causa automática de cessação da indisponibilidade que já existia em relação ao anterior proprietário.

Logo, persistindo o óbice da indisponibilidade, a recusa do Oficial foi correta.

Diante do exposto, pelo meu voto, sempre com o devido respeito da douta maioria, **nego provimento** ao recurso.

GERALDO FRANCISCO PINHEIRO FRANCO

Corregedor Geral da Justiça Notas:

[1] Fls. 255/263.

[2] Fls. 248/249.

[3] Fls. 37/38.

[4] Fls. 278/279.

[5] Apelação nº 0007969-54.2010.8.26.0604 - Relator Desembargador Renato Nalini; Apelação nº 3003761- 77.2013.8.26.0019, Relator Desembargador Elliot Akel; Apelação n.º 0006122-61.2016.8.26.0198 Relator Desembargador Pereira Calças

[6] Fls. 24.

[7] Fls. 29/30.

[8] Fls. 31. (DJe de 03.07.2019 - SP)

PODER JUDICIÁRIO

TRIBUNAL DE JUSTIÇA DO ESTADO DE SÃO PAULO

CONSELHO SUPERIOR DA MAGISTRATURA

Apelação nº 1001015-36.2019.8.26.0223

Registro: 2019.0000792684

ACÓRDÃO

Vistos, relatados e discutidos estes autos de **Apelação Cível nº 1001015-36.2019.8.26.0223**, da Comarca de **Guarujá**, em que é apelante **NATHALIA ALMEIDA SAPANJOS**, é apelado **OFICIAL DE REGISTRO DE IMÓVEIS E ANEXOS DA COMARCA DE GUARUJÁ**.

ACORDAM, em Conselho Superior de Magistratura do Tribunal de Justiça de São Paulo, proferir a seguinte decisão: **"Negaram provimento à apelação, v.u."**, de conformidade com o voto do Relator, que integra este acórdão.

O julgamento teve a participação dos Exmos. Desembargadores **PEREIRA CALÇAS (PRESIDENTE TRIBUNAL DE JUSTIÇA) (Presidente), ARTUR MARQUES (VICE PRESIDENTE), XAVIER DE AQUINO (DECANO), EVARISTO DOS SANTOS(PRES. DA SEÇÃO DE DIREITO PÚBLICO), CAMPOS MELLO (PRES. DA SEÇÃO DE DIREITO PRIVADO) E FERNANDO TORRES GARCIA(PRES. SEÇÃO DE DIREITO CRIMINAL)**.

São Paulo, 19 de setembro de 2019.

GERALDO FRANCISCO PINHEIRO FRANCO

Corregedor Geral da Justiça e Relator

Apelação Cível nº 1001015-36.2019.8.26.0223

Apelante: Nathalia Almeida Sapanjos

Apelado: OFICIAL DE REGISTRO DE IMÓVEIS E ANEXOS DA COMARCA DE GUARUJÁ

VOTO Nº 37.898

Registro de Imóveis – Carta de Arrematação – Título judicial sujeito à qualificação registral – Forma derivada de aquisição de propriedade – Desqualificação por ofensa ao princípio da continuidade – Dúvida julgada procedente – Recurso não provido.

Inconformada com a r. sentença que confirmou o juízo negativo de qualificação registral **[1]**, *Nathalia Almeida Sapanjos* interpôs apelação objetivando o registro da carta de arrematação expedida em processo judicial que tramitou perante a 1ª Vara Cível da Comarca de Guarujá/SP, tendo por objeto o imóvel matriculado sob nº 40.291 junto ao Cartório de Registro de Imóveis daquela cidade. Alega, em síntese, que foi requerido o registro da carta de arrematação, acompanhada de instrumento de cessão, razão pela qual entende não haver quebra de continuidade na cadeia de transmissão **[2]**.

A Procuradoria Geral da Justiça, em seu parecer, opinou pelo não provimento da apelação **[3]**.

É o relatório.

No caso concreto, a nota de devolução expedida pelo registrador está assim redigida: *"(...) a presente Carta de Arrematação juntamente com o instrumento particular de promessa de venda e compra, não registrado, devem servir de base para que os proprietários do apartamento 25 do Edifício BRETAGNE outorguem a escritura definitiva de venda e compra contemplando o ora arrematante de direitos JOÃO ILÁRIO DE CERQUEIRA FILHO na qualidade de legítimo sucessor de GISELLE DE MELLO. Fundamento:*

Princípios da continuidade e da disponibilidade registrárias" **[4]**.

A Carta de Arrematação foi expedida em favor de João Ilário de Cerqueira Filho, nos autos ação de cobrança de despesas condominiais ajuizada por Condomínio Edifício Bretagne contra Giselle de Mello, em fase de cumprimento de sentença **[5]**. Então, por instrumento particular de compromisso de cessão e transferência de direitos e outras avenças, João Ilário de Cerqueira Filho cedeu os direitos adquiridos por intermédio da Carta de Arrematação a *Nathalia Almeida Sapanjos*, ora apelante **[6]**.

Desde logo, importa lembrar que a origem judicial do título não o torna imune à qualificação registral, ainda que limitada aos requisitos formais do título e sua adequação aos princípios registrais, conforme o disposto no item 119, do Capítulo XX, das NSCGJ **[7]**. Este C. Conselho Superior da Magistratura tem decidido, inclusive, que a qualificação negativa não caracteriza desobediência ou descumprimento de decisão judicial **[8]**.

Da análise da documentação trazida aos autos, é possível constatar que imóvel objeto da Matrícula nº 40.291 **[9]** está registrado em nome de Estevam Roberto Serafim e Marisia Braga Serafim, tendo sido arrematado no bojo de ação judicial ajuizada contra Giselle de Mello. Como se vê, a devedora, na ação de execução em que havida a arrematação, é pessoa diversa daquela que ainda figura, perante o fólio real, como titular de domínio do imóvel arrematado.

Nesse cenário, não há como se afastar o óbice apresentado pelo registrador, sob pena de se configurar injustificado rompimento na cadeia de sucessão dos titulares do bem. Trata-se de obedecer ao princípio da continuidade registrária, previsto no art. 195 da Lei de Registros Públicos:

> *"Se o imóvel não estiver matriculado ou registrado em nome do outorgante, o oficial exigirá a prévia matrícula e o registro do título anterior, qualquer que seja a sua natureza, para manter a continuidade do registro."*

De seu turno, dispõe o art. 237 do mesmo diploma legal:

> *"Ainda que o imóvel esteja matriculado, não se fará registro que dependa da apresentação de título anterior, a fim de que se preserve a continuidade do registro."*

Sobre o tema, merecem destaque as lições de *Afrânio de Carvalho* **[10]** e de *Narciso Orlando Neto* **[11]**, sendo de rigor lembrar que a arrematação judicial constitui forma de alienação forçada, que, segundo *Araken de Assis*, revela negócio jurídico entre o Estado, que detém o poder de dispor e aceita a declaração de vontade do adquirente (*"Manual da Execução"*. Editora Revista dos Tribunais; 14ª edição; São Paulo. 2012. p. 819). É ato expropriatório por meio do qual *"o órgão judiciário transfere coativamente os bens penhorados do patrimônio do executado para o credor ou para outra pessoa"*.

Não se desconhece que, em data relativamente recente, este C. Conselho Superior da Magistratura chegou a reconhecer que a arrematação constituía modo originário de aquisição da propriedade **[12]**. Contudo, tal entendimento acabou não prevalecendo, pois o fato de inexistir relação jurídica ou negocial entre o antigo proprietário e o adquirente (arrematante ou adjudicante) não é o quanto basta para afastar o reconhecimento de que há aquisição derivada da propriedade.

E se assim é, tratando-se a arrematação judicial de modo derivado de aquisição de propriedade, mantido o vínculo com a situação pretérita do bem, há que ser respeitado o princípio da continuidade. Consoante ensina o magistrado *Josué Modesto Passos:*

> *"Diz-se originária a aquisição que, em seu suporte fático, é independente da existência de um outro direito; derivada, a que pressupõe, em seu suporte fático, a existência do direito por adquirir. A inexistência de relação entre titulares, a distinção entre o conteúdo do direito anterior e o do direito adquirido originariamente, a extinção de restrições e limitações, tudo isso pode se passar, mas nada disso é da essência da aquisição originária"* **[13]**.

E, então, enfatiza:

> *"A arrematação não pode ser considerada um fundamento autônomo do direito que o arrematante adquire. A arrematação é ato que se dá entre o Estado (o juízo) e o maior lançador (arrematante), e não entre o maior lançador (arrematante) e o executado; isso, porém, não exclui que se exija – como de fato se exige –, no suporte fático da arrematação (e, logo, no suporte fático da aquisição imobiliária fundada na arrematação), a existência do direito que, perdido para o executado, é então objeto de disposição em favor do arrematante. Ora, se essa existência do direito anterior está pressuposta e é exigida, então -* quod erat demonstrandum *- a aquisição é derivada (e não originária)"* **[14]**.

No mesmo sentido, é pacífica a atual jurisprudência deste C. Conselho Superior da Magistratura:

> *"REGISTRO DE IMÓVEIS – CARTA DE ARREMATAÇÃO – FORMA DERIVADA DE AQUISIÇÃO DA*

PROPRIEDADE – EXECUTADA QUE NÃO FIGURA COMO PROPRIETÁRIA DO IMÓVEL NA RESPECTIVA MATRÍCULA – AFRONTA AO PRINCÍPIO DA CONTINUIDADE – RECURSO DESPROVIDO. **[15]**" *– REGISTRO DE IMÓVEIS – ARREMATAÇÃO EM HASTA PÚBLICA – FORMA DERIVADA DE AQUISIÇÃO DA PROPRIEDADE – EXECUTADA QUE NÃO FIGURA COMO PROPRIETÁRIA DO IMÓVEL NA RESPECTIVA MATRÍCULA – AFRONTA AO PRINCÍPIO DA CONTINUIDADE – CARTA DE ADJUDICAÇÃO DO IMÓVEL PREVIAMENTE EXPEDIDA EM FAVOR DA EXECUTADA, MAS NÃO LEVADA A REGISTRO, QUE NÃO BASTA PARA PERMITIR EXCEÇÃO À CONTINUIDADE – RECURSO DESPROVIDO* **[16]**.

Como se vê, a apelante tinha meios de verificar, antes da arrematação, que o imóvel não era de propriedade da executada.

Nesse cenário, justifica-se a confirmação da r. sentença proferida pelo MM. Juiz Corregedor Permanente e, portanto, do juízo negativo de qualificação, em atenção ao princípio da continuidade registral.

Diante do exposto, pelo meu voto, **nego provimento** à apelação.

GERALDO FRANCISCO PINHEIRO FRANCO
Corregedor Geral da Justiça e Relator

Notas:

[1] Fls. 197/200.

[2] Fls. 209/219.

[3] Fls. 248/254.

[4] Fls. 27.

[5] Fls. 114 e ss.

[6] Fls. 33 e ss.

[7] *119. Incumbe ao oficial impedir o registro de título que não satisfaça os requisitos exigidos pela lei, quer sejam consubstanciados em instrumento público ou particular, quer em atos judiciais.*

[8] Apelação Cível nº 413-6/7; Apelação Cível nº 0003968-52.2014.8.26.0453.

[9] Fls. 21/24.

[10] *"O princípio da continuidade, que se apoia no de especialidade, quer dizer que, em relação a cada imóvel, adequadamente individuado, deve existir uma cadeia de titularidade à vista da qual só se fará a inscrição de um direito se o outorgante dele aparecer no registro como seu titular. Assim, as sucessivas transmissões, que derivam umas das outras, asseguram sempre a preexistência do imóvel no patrimônio do transferente. Ao exigir que cada inscrição encontre sua procedência em outra anterior, que assegure a legitimidade da transmissão ou da oneração do direito, acaba por transformá-la no elo de uma corrente ininterrupta de assentos, cada um dos quais se liga ao seu antecedente, como o seu subseqüente a ele se ligará posteriormente. Graças a isso o Registro de Imóveis inspira confiança ao público."* (Registro de Imóveis, 4ª edição, Ed. Forense, 1998, p. 254).

[11] *"Existe uma inteiração dos princípios da especialidade e da continuidade na formação da corrente filiatória. Quando se exige a observância da continuidade dos registros, exige-se que ela diga respeito a um determinado imóvel. O titular inscrito, e só ele, transmite um direito sobre um bem específico, perfeitamente individualizado, inconfundível, sobre o qual, de acordo com o registro, exerce o direito transmitido. É por este corolário dos princípios da continuidade e da especialidade, reunidos, que o § 2º do art. 225 da Lei nº 6.015/73 dispõe: "Consideram-se irregulares, para efeito de matrícula, os títulos nos quais a caracterização do imóvel não coincida com a que consta do registro anterior."* (Retificação do registro de imóveis, Ed. Juarez de Oliveira, 2ª ed., 1999, p. 67/68).

[12] Apelação Cível n.º 0007969-54.2010.8.26.0604.

[13] *PASSOS, Josué Modesto. A arrematação no registro de imóveis: continuidade do registro e natureza da aquisição. São Paulo: Editora Revista dos Tribunais, 2014, pp. 111/112.*

[14] *Op. cit., p. 118.*

[15] TJSP; Apelação 1047731-10.2016.8.26.0100; Relator (a): Pereira Calças; Órgão Julgador: Conselho Superior de Magistratura; Foro Central Cível - 1ª Vara de Registros Públicos; Data do Julgamento: 29/09/2017; Data de Registro: 16/10/2017. 16TJSP; Apelação 1009832-65.2014.8.26.0223; Relator (a): Pereira Calças; Órgão Julgador: Conselho Superior de Magistratura; Foro de Guarujá - 3ª Vara Cível; Data do Julgamento: 30/09/2016; Data de Registro: 06/10/2016. (DJe de 07.10.2019 – SP)

CÉDULAS

PODER JUDICIÁRIO

TRIBUNAL DE JUSTIÇA DO ESTADO DE SÃO PAULO

CONSELHO SUPERIOR DA MAGISTRATURA

Apelação nº 1047825-76.2017.8.26.0114

Registro: 2018.0000600321

ACÓRDÃO

Vistos, relatados e discutidos estes autos do(a) **Apelação nº 1047825-76.2017.8.26.0114**, da

Comarca de **Campinas**, em que são partes é apelante **BANCO DO BRASIL S/A**, é apelado **2º OFICIAL DE REGISTRO DE IMÓVEIS DA COMARCA DE CAMPINAS.**

ACORDAM, em Conselho Superior de Magistratura do Tribunal de Justiça de São Paulo, proferir a seguinte decisão: **"Deram provimento ao recurso. V. U. Deram provimento à apelação, para o fim de julgar improcedente a dúvida registral e determinar o registro do título, v.u."**, de conformidade com o voto do Relator, que integra este Acórdão.

O julgamento teve a participação dos Exmos. Desembargadores **PEREIRA CALÇAS (PRESIDENTE TRIBUNAL DE JUSTIÇA) (Presidente), ARTUR MARQUES (VICE PRESIDENTE), XAVIER DE AQUINO (DECANO), EVARISTO DOS SANTOS(PRES. DA SEÇÃO DE DIREITO PÚBLICO), CAMPOS MELLO (PRES. DA SEÇÃO DE DIREITO PRIVADO) E FERNANDO TORRES GARCIA(PRES. SEÇÃO DE DIREITO CRIMINAL).**

São Paulo, 2 de agosto de 2018.

GERALDO FRANCISCO PINHEIRO FRANCO
Corregedor Geral da Justiça e Relator

Apelação nº 1047825-76.2017.8.26.0114

Apelante: Banco do Brasil S/A

Apelado: 2º Oficial de Registro de Imóveis da Comarca de Campinas

VOTO Nº 37.515

Registro de Imóveis – Cédula de crédito bancário – Desqualificação do título, exigindo-se certidão positiva com efeitos negativos de débitos relativos a tributos federais e à dívida ativa da União em nome da empresa alienante – Impossibilidade – Item 119.1, do Capítulo XX, Tomo II, das NSCGJ – Registrador que não pode assumir o papel de fiscal dos tributos não vinculados ao ato registrado – Dúvida improcedente – Apelação provida.

Trata-se de recurso de apelação interposto pelo *Banco do Brasil S/A.* em face da r. sentença a fls. 173/175, que manteve a recusa ao registro da cédula de crédito bancário nº 496.902.506, emitida pela pessoa jurídica Engendar Engenheiros Associados Ltda., sob argumento de que é correta a exigência contida na nota de devolução expedida pelo Registrador, consistente na apresentação de *"Certidão Positiva com efeitos Negativos de Débitos Relativos aos Tributos Federais e à Dívida Ativa da União em nome da empresa alienante (...)"* (fls. 24/26).

Argui o apelante, preliminarmente, a nulidade da sentença proferida e, no mérito, requer seja dado provimento ao recurso, ao argumento de que as certidões negativas federais são inexigíveis, tal como previsto nas Normas de Serviço da Corregedoria Geral da Justiça e pela jurisprudência do C. Conselho Superior da Magistratura (fls. 191/212).

Manifestação do Oficial registrador a fls. 218/219.

A D. Procuradoria de Justiça opinou pelo provimento da apelação (fls. 231/238).

É o relatório.

Desde logo, há que ser afastada a alegada nulidade da sentença proferida. Embora sucinta, a decisão está fundamentada conforme o entendimento do magistrado, com a exposição das razões que o levaram a concluir pela manutenção do óbice imposto pelo registrador.

No mais, assiste razão ao apelante. Com efeito, não se justifica a exibição de CNDs (certidões negativas de débitos previdenciários e tributários) diante da contemporânea compreensão do Colendo Conselho Superior da Magistratura, iluminada por diretriz estabelecida pelo Supremo Tribunal Federal (ADI n.º 173/DF e ADI n.º 394/STF, rel Min. Joaquim Barbosa, j. 25.9.2008), que dispensa a exigência formulada pelo Oficial, porquanto, uma vez mantida, estaria sendo prestigiada vedada sanção política (Apelação Cível n.º 0013759-77.2012.8.26.0562, rel. Des. Renato Nalini, j. 17.1.2013; Apelação Cível n.º 0021311-24.2012.8.26.0100, rel. Des. Renato Nalini, j. 17.1.2013; Apelação Cível n.º 0013693-47.2012.8.26.0320,rel.Des.RenatoNalini,j.18.4.2013; Apelação Cível n.º 9000004-83.2011.8.26.0296, rel. Des. Renato Nalini, j. 26.9.2013; e Apelação Cível n.º 0002289-35.2013.8.26.0426, rel. Des. Hamilton Elliot Akel, j. 26.8.2014; Apelação Cível n.º 14803-69.2014.8.26.0269, rel. Manoel de Queiroz Pereira Calças, j. 30.6.2016).

Sobre o tema, o Supremo Tribunal Federal, em diversas ocasiões, já se posicionou pela inconstitucionalidade de atos do Poder Público que traduzam exercício abusivo e coercitivo de exigência de obrigações tributárias, inclusive com natureza de contribuições previdenciárias.

Tal entendimento se encontra consubstanciado em enunciados da Suprema Corte (Súmulas 70, 323 e 547), no sentido de que a imposição, pela autoridade fiscal, de restrições de índole punitiva, quando motivada tal limitação pela mera inadimplência do contribuinte, revela-se contrária às liberdades públicas ora referidas (RTJ 125/395, Rel. Min. OCTAVIO GALLOTTI), conforme voto do E. Ministro CELSO DE MELLO:

"O fato irrecusável, nesta matéria, como já evidenciado pela própria jurisprudência desta Suprema Corte, é que o Estado não pode valer-se de meios indiretos de coerção, convertendo-os em instrumentos de acertamento da elação tributária, para, em função deles – e mediante interdição ou grave restrição ao exercício da atividade empresarial, econômica ou profissional – constranger o contribuinte a adimplir obrigações fiscais eventualmente em atraso." **[1]**

Na situação em apreço, a confirmação da exigência representa indevida restrição ao acesso de título à tábua registral, imposta como forma oblíqua e instrumentalizada para, ao arrepio e distante do devido processo legal, forçar o contribuinte ao pagamento de tributos.

Caracteriza, em síntese, limitação a interesses privados em desacordo com a orientação do E. STF, à qual se alinha este Colendo Conselho Superior da Magistratura, mascarando uma cobrança por quem não é a autoridade competente, sem observância do procedimento adequado à defesa dos direitos do contribuinte, em atividade estranha à fiscalização que lhe foi cometida, certo que as obrigações tributárias em foco não decorrem do ato registral buscado.

Segundo lição de Humberto Ávila, *"a cobrança de tributos é atividade vinculada procedimentalmente pelo devido processo legal, passando a importar quem pratica o ato administrativo, como e dentro de que limites o faz, mesmo que - e isto é essencial - não haja regra expressa ou a que seja prevista estabeleça o contrário."* (Sistema Constitucional Tributário, 5ª. Ed., São Paulo. Saraiva, 2012, p. 173).

Nessa mesma direção, sob inspiração desses precedentes, assim dispõe o subitem 119.1. do Cap. XX das NSCGJ: *"com exceção do recolhimento do imposto de transmissão e prova de recolhimento do laudêmio, quando devidos, nenhuma exigência relativa à quitação de débitos para com a Fazenda Pública, inclusive quitação de débitos previdenciários, fará o oficial, para o registro de títulos particulares, notariais ou judiciais."*

À dispensa afirmada também leva a intelecção do parágrafo único do art. 21 da Lei n.º 9.393/1996, que, ao fazer remissão ao art. 134 do CTN, condicionou a responsabilidade solidária (e subsidiária) dos tabeliães e registradores pelas obrigações não cumpridas pelo contribuinte à existência de um vínculo entre o tributo não pago e o ato praticado, ausente, em se tratando dos tributos federais, cujo fato gerador é alheio ao registro da carta de adjudicação.

Acrescente-se que, mais recentemente, o C. Conselho Nacional de Justiça - CNJ, no julgamento do Pedido de Providências nº 0001230-82.2015.2.00.000, por votação unânime, firmou entendimento de que, reconhecida a inconstitucionalidade do art. 1°, inciso IV, da Lei nº 7.711/88 (ADI 394), não há mais que se falar em comprovação de quitação de créditos tributários, de contribuições federais e de outras imposições para o ingresso de qualquer título no registro de imóveis.

Com essas considerações, suficientes para afastar, *in concreto*, toda e qualquer exigência ligada à comprovação de pagamento ou de inexistência de débitos fiscais desatrelados do registro idealizado, conclui-se, respeitado o entendimento do MM. Juiz Corregedor sentenciante, que a recusa não deve prevalecer.

Em suma, afastada a exigência, o ingresso do título se impõe.

Diante do exposto, **dou provimento** à apelação, para o fim de julgar improcedente a dúvida registral e determinar o registro do título.

GERALDO FRANCISCO PINHEIRO FRANCO
Corregedor Geral da Justiça e Relator

Notas:

[1] STF, RE 666405/RS. (DJe de 29.01.2019 - SP)

PODER JUDICIÁRIO

TRIBUNAL DE JUSTIÇA DO ESTADO DE SÃO PAULO

CONSELHO SUPERIOR DA MAGISTRATURA

Apelação nº 1000824-94.2016.8.26.0352

Registro: 2018.0000694995

ACÓRDÃO

Vistos, relatados e discutidos estes autos da **Apelação nº 1000824-94.2016.8.26.0352**, da Comarca de **Miguelópolis**, em que é apelante **BANCO DO BRASIL S.A**, é apelado **OFICIAL DE REGISTRO DE IMÓVEIS E ANEXOS DA COMARCA DE MIGUELÓPOLIS-SP.**

ACORDAM, em Conselho Superior de Magistratura do Tribunal de Justiça de São Paulo, proferir a seguinte decisão: **"Negaram provimento ao recurso e mantiveram a recusa do registro do título, v.u"**, de conformidade com o voto do Relator, que integra este Acórdão.

O julgamento teve a participação dos Exmos. Desembargadores **PEREIRA CALÇAS (PRESIDENTE TRIBUNAL DE JUSTIÇA) (Presidente), ARTUR MARQUES (VICE PRESIDENTE), DAMIÃO**

COGAN (DECANO), EVARISTO DOS SANTOS(PRES. DA SEÇÃO DE DIREITO PÚBLICO), CAMPOS MELLO (PRES. DA SEÇÃO DE DIREITO PRIVADO) E FERNANDO TORRES GARCIA(PRES. SEÇÃO DE DIREITO CRIMINAL).

São Paulo, 31 de agosto de 2018.

GERALDO FRANCISCO PINHEIRO FRANCO

Corregedor Geral da Justiça e Relator

Apelação nº 1000824-94.2016.8.26.0352

Apelante: Banco do Brasil S.A.

Apelado: Oficial de Registro de Imóveis e Anexos da Comarca de Miguelópolis SP

VOTO Nº 37.532

Registro de Imóveis – Dúvida julgada procedente para manter a recusa do registro – Cédula rural pignoratícia – Prazo de garantia dissociado do prazo de vencimento da obrigação – Impossibilidade – Precedentes deste Col. Conselho Superior da Magistratura – Apelação não provida.

Trata-se de apelação interposta pelo BANCO DO BRASIL S.A. contra r. sentença que julgou procedente a dúvida e manteve a recusa do Oficial de Registro de Imóveis da Comarca de Miguelópolis em promover o registro da cédula de crédito rural pignoratícia nº 40/06170-1, sob o argumento de que o prazo da garantia é distinto do prazo do vencimento da obrigação.

O recorrente alega, em suma, que o art. 61 do Decreto Lei n° 167/67 não impede a utilização de outros tipos de documentos para a renegociação de dívidas. Disse que o contrato apresentado para registro da garantia versa sobre direito disponível e deve ser preservado em atendimento aos princípios da conservação dos negócios jurídicos e da boa- fé. Afirmou que o Manual de Crédito Rural (MCR) e a Resolução n° 4.106 do Banco Central do Brasil, editados em conformidade com as normas do Conselho Monetário Nacional, que atua por força da Lei nº 4.559/64, permitem a renovação simplificada do crédito, razão pela qual a data de vencimento da cédula corresponde à da futura renovação.

Asseverou, ainda, que a possibilidade de renovação simplificada do crédito dispensa a lavratura de aditivo ou menção adicional aos instrumentos de crédito, o que não equivale a negócio condicional. Esclareceu que estará obrigado a promover a renovação simplificada se presentes os requisitos previstos nas normas que citou. Por essa razão, constou na cédula apresentada para registro que a última parcela para pagamento do débito atualmente existente terá vencimento em 2017 (fl. 8), mas diante da possibilidade de Renovação Simplificada, também prevista no contrato celebrado, terá a cédula de Crédito rural pignoratícia vencimento final em 2021 (fl. 9).

A Douta Procuradoria Geral de Justiça opinou pelo não provimento do recurso (fls. 109/111).

É o relatório.

O recurso não deve ser provido.

O art. 61 do Decreto Lei n° 167/67 prevê que o prazo do penhor rural, agrícola ou pecuário não excederá o prazo da obrigação garantida:

> Art. 61. O prazo do penhor rural, agrícola ou pecuário não excederá o prazo da obrigação garantida e, embora vencido o prazo, permanece a garantia, enquanto subsistirem os bens que a constituem.

Parágrafo único. A prorrogação do penhor rural, inclusive decorrente de prorrogação da obrigação garantida prevista no caput, ocorre mediante a averbação à margem do registro respectivo, mediante requerimento do credor e do devedor.

O art. 1.439 do Código Civil, de igual modo, determina que os prazos do penhor agrícola e do penhor rural não podem ser superiores aos das obrigações garantidas:

> Art. 1.439. O penhor agrícola e o penhor pecuário não podem ser convencionados por prazos superiores aos das obrigações garantidas.
>
> § 1º Embora vencidos os prazos, permanece a garantia, enquanto subsistirem os bens que a constituem.
>
> § 2º A prorrogação deve ser averbada à margem do registro respectivo, mediante requerimento do credor e do devedor.

No presente caso, a cédula rural pignoratícia apresentada para registro tem vencimento em 26 de abril de 2021 (fl.9, "FORMA DE PAGAMENTO"), mas o vencimento da última prestação devida pela obrigação garantida ocorreu em 20 de agosto de 2017 (fl. 9, "FORMA DE PAGAMENTO, PARÁGRAFO PRIMEIRO").

A divergência entre a data do vencimento da cédula e a data do vencimento da prestação prevista para pagamento da obrigação garantida decorre da previsão contratual sobre a possibilidade de Renovação Simplificada de Crédito (fl. 9).

A renovação, porém, dependerá da eventual concessão de novo crédito, se estiverem presentes as condições previstas no contrato e nas normas editadas pelo Banco Central do Brasil, inserindo-se entre essas condições o integral pagamento do débito.

Verifica-se, desse modo, que a dissonância entre a data de vencimento da cédula e a data de vencimento das obrigações tem como causa a previsão contratual de possibilidade da concessão de novo financiamento que será diverso daquele objeto da obrigação inicialmente garantida, visando o custeio de atividade agropecuária, hipótese que não se coaduna com a vedação legal de previsão de vencimento da cédula com prazo que excede o da obrigação atualmente garantida.

Essa vedação, por seu turno, não é afastada por normas do Banco Central do Brasil e do Conselho Monetário Nacional sobre a possibilidade de concessão de novo crédito mediante Renovação Simplificada, porque não se sobrepõem à legislação aplicável.

Importa anotar, ademais, que a atual redação dos art.61 do Decreto-Lei nº 167/67 e 1.439 do Código Civil foi introduzida pela Lei nº 12.873/13, com isso afastando antiga divergência sobre a recepção do texto original do art. 61 da Lei nº 167/67 pela Constituição de 1988.

Prevalece, portanto, a jurisprudência deste Col. Conselho Superior da Magistratura que não admite o registro de cédula de crédito rural pignoratícia com prazo de vencimento superior ao da obrigação garantia:

"Registro de Imóveis – Recusa de ingresso de crédito rural pignoratícia – Prazo de garantia dissociado do prazo de vencimento da obrigação – Impossibilidade – Precedentes desse Conselho – Apelação desprovida" (AP nº 0006933-25.2014.8.26.0575, Rel. Des. Pereira Calças, j. 02/06/16).

Ante o exposto, nego provimento ao recurso e mantenho a recusa do registro do título.

GERALDO FRANCISCO PINHEIRO FRANCO

Corregedor Geral da Justiça e Relator (DJe de 01.03.2019 - SP)

PODER JUDICIÁRIO

TRIBUNAL DE JUSTIÇA DO ESTADO DE SÃO PAULO

CONSELHO SUPERIOR DA MAGISTRATURA

Apelação nº 1000686-28.2016.8.26.0288

Registro: 2018.0000694969

ACÓRDÃO

Vistos, relatados e discutidos estes autos do(a) **Apelação nº 1000686-28.2016.8.26.0288**, da Comarca de **Ituverava**, em que é apelante **BANCO DO BRASIL**, é apelado **OFICIAL DE REGISTRO DE IMÓVEIS E ANEXOS DA COMARCA DE ITUVERAVA.**

ACORDAM, em Conselho Superior de Magistratura do Tribunal de Justiça de São Paulo, proferir a seguinte decisão: **"Deram provimento ao recurso para julgar a dúvida improcedente e, em consequência, permitir o registro do título, v.u.",** de conformidade com o voto do Relator, que integra este Acórdão.

O julgamento teve a participação dos Exmos. Desembargadores **PEREIRA CALÇAS (PRESIDENTE TRIBUNAL DE JUSTIÇA) (Presidente), ARTUR MARQUES (VICE PRESIDENTE), DAMIÃO COGAN (DECANO), EVARISTO DOS SANTOS(PRES. DA SEÇÃO DE DIREITO PÚBLICO), CAMPOS MELLO (PRES. DA SEÇÃO DE DIREITO PRIVADO) E FERNANDO TORRES GARCIA(PRES. SEÇÃO DE DIREITO CRIMINAL).**

São Paulo, 31 de agosto de 2018.

GERALDO FRANCISCO PINHEIRO FRANCO

Corregedor Geral da Justiça e Relator

Apelação nº 1000686-28.2016.8.26.0288

Apelante: Banco do Brasil

Apelado: Oficial de Registro de Imóveis da Comarca de Ituverava

VOTO Nº 37.549

Registro de Imóveis – Cédula de Crédito Rural – Garantia prestada por terceiro – Possibilidade – Precedente do Eg. Conselho Superior da Magistratura que se mostra em consonância com a atual jurisprudência deste Eg. Tribunal de Justiça e do Eg. Superior Tribunal de Justiça – Art. 60, §§ 2º e 3º, do Decreto-Lei 167/67 que vedam o aval, e outras garantias pessoais e reais, prestadas por terceiros em nota promissória rural e em duplicata rural, salvo nas hipóteses expressamente autorizadas no referido artigo – Recurso provido para julgar a dúvida improcedente.

Trata-se de apelação interposta pelo Banco do Brasil S.A. contra r. sentença que julgou procedente a dúvida e manteve a negativa do Sr. Oficial de Registro de Imóveis, Títulos e Documentos e Civil de Pessoa Jurídica da Comarca de Ituverava em promover o registro da Cédula de Crédito Rural Pignoratícia nº 40/02708-2 por conter garantia prestada por pessoa diversa do emitente do título, consistente em aval.

O apelante alega, em suma, que a cédula de crédito rural representa a vontade das partes do negócio jurídico e que a atual jurisprudência do Eg. Superior Tribunal de Justiça, ao analisar o art. 60 do Decreto-Lei nº 167/67, passou a admitir a validade do aval prestado em cédula de crédito rural pignoratícia, interpretação que, segundo afirmou, deve nortear o julgamento da dúvida (fls. 77/86).

A douta Procuradoria Geral de Justiça opinou pelo provimento do recurso (fls. 122/125).

É o relatório.

A recusa do registro do título teve como fundamento o disposto no § 3º do art. 60 do Decreto-Lei 167/67:

"Art. 60. Aplicam-se à cédula de crédito rural, à nota promissória rural e à duplicata rural, no que forem cabíveis, as normas de direito cambial, inclusive quanto a aval, dispensado porém o protesto para assegurar o direito de regresso contra endossantes e seus avalistas.

§ 1º O endossatário ou o portador de Nota Promissória Rural ou Duplicata Rural não tem direito de regresso contra o primeiro endossante e seus avalistas.

§ 2º É nulo o aval dado em Nota Promissória Rural ou Duplicata Rural, salvo quando dado pelas pessoas físicas participantes da empresa emitente ou por outras pessoas jurídicas.

§ 3º Também são nulas quaisquer outras garantias, reais ou pessoais, salvo quando prestadas pelas pessoas físicas participantes da empresa emitente, por esta ou por outras pessoas jurídicas".

Discute-se o alcance da nulidade prevista no § 3º do art. 60 do Decreto-Lei nº 167/67 que, segundo anterior interpretação, diria respeito a todos os títulos de créditos referidos no *caput* do citado dispositivo.

Porém, este Col. Conselho Superior da Magistratura alterou sua antiga orientação para admitir o registro de Cédula de Crédito Rural Pignoratícia com aval, passando a entender que a nulidade prevista nos §§ 2º e 3º do art. 60 do Decreto-Lei nº 167/67 somente alcança as garantias reais e pessoais prestadas por terceiros em Nota Promissória Rural e em Duplicata Rural, exceto nas hipóteses autorizadas no referido artigo, como a seguir se verifica:

"REGISTRO DE IMÓVEIS – CÉDULA DE CRÉDITO RURAL – Garantia prestada por terceiro – Possibilidade – Inteligência do art. 60, § 3º, do Decreto 167/67, que faz referência ao art. 60, § 2º, do mesmo Decreto – Harmonização do entendimento deste E. CSM com os entendimentos do E. STJ e das Ínclitas Câmaras de Direito Privado desta Corte – Dúvida inversa improcedente – Recurso provido" (CSM, Apel. Cível nº 1008819-06.2016.8.26.0047 da Comarca de Assis, Relator o Exmo. Des. Pereira Calças, j. 21/11/2017).

Assim porque, conforme a fundamentação do referido v. acórdão:

"Como anotado em precedente de minha relatoria (Apelação n. 1000758-10.2016.8.26.0128), prevalecia, no âmbito deste Egrégio Conselho Superior da Magistratura, o entendimento de que a nulidade versada no § 3º seria alusiva às garantias prestadas em cédula de crédito rural, nota promissória e duplicata rural, modalidades elencadas no caput. E era este, também, o posicionamento do E. STJ, que, todavia, reviu-o a partir de 2014, passando a decidir que o § 3º trata de nulidades de garantias prestadas apenas nas hipóteses do § 2º (nota promissória rural e duplicata rural).

É que a redação da norma em análise inicia com o advérbio "também" ("Também são nulas..."), parecendo remeter às nulidades tratadas no § 2º" (CSM, Apel. Cível nº 1008819-06.2016.8.26.0047 da Comarca de Assis, Relator o Exmo. Des. Pereira Calças).

Essa nova orientação tem amparo na jurisprudência do Eg. Superior Tribunal de Justiça que, também alterando seu antigo entendimento, passou a adotar interpretação restritiva para o § 3º do art. 60 do Decreto-Lei nº 167/67 e a considerar que a nulidade nele prevista somente se aplica às garantias prestadas por terceiros em Nota Promissória Rural e em Duplicata Rural, ressalvadas as hipótese em que essas garantias são expressamente permitidas, previstas no mesmo artigo.

Colhe-se na jurisprudência do Eg. Superior Tribunal de Justiça:

"AGRAVO INTERNO NO RECURSO ESPECIAL – AÇÃO DECLARATÓRIA DE EXONERAÇÃO DE AVAL - DECISÃO MONOCRÁTICA QUE DEU PROVIMENTO AO RECURSO ESPECIAL A FIM DE DECLARAR VÁLIDA A GARANTIA PRESTADA POR AVAL NA CÉDULA DE CRÉDITO RURAL. IRRESIGNAÇÃO DO AUTOR.

1. "Admite-se o aval nas cédulas de crédito rural, pois a vedação contida no § 3º do art. 60 do Decreto-Lei 167/1967 não alcança o referido título, sendo aplicável apenas às notas e duplicatas rurais. Precedentes das Terceira e Quarta Turmas do Superior Tribunal de Justiça." (Cf. AgRg no AREsp 741.088/RS, Rel. Ministro LUIS FELIPE SALOMÃO, QUARTA TURMA, julgado em 20/10/2015, DJe

23/10/2015) 2. Agravo interno desprovido" (AgInt no REsp 1638996/RS, Rel. Ministro MARCO BUZZI, QUARTA TURMA, julgado em 19/10/2017, DJe 26/10/2017);

"AGRAVO INTERNO NO AGRAVO EM RECURSO ESPECIAL. EXCEÇÃO DE PRÉ-EXECUTIVIDADE. CONTRATO DE ABERTURA DE CRÉDITO FIXO COM REPASSE DO FINAME. NEGATIVA DE PRESTAÇÃO JURISDICIONAL. INEXISTÊNCIA. DECRETO-LEI Nº 167/1967. NÃO INCIDÊNCIA.

1. Não viola o artigo 535 do Código de Processo Civil de 1973 nem importa negativa de prestação jurisdicional o acórdão que adota, para a resolução da causa, fundamentação suficiente, porém diversa da pretendida pelo recorrente, para decidir de modo integral a controvérsia posta.

2. Rever as conclusões do acórdão recorrido acerca da natureza do contrato demandaria o reexame de cláusulas contratuais e de matéria fático-probatória, procedimentos inadmissíveis em recurso especial, nos termos das Súmulas nºs 5 e 7/STJ, inclusive quanto ao alegado dissídio interpretativo.

3. A jurisprudência desta Corte é consolidada no sentido de que a interpretação sistemática do art. 60 do Decreto- Lei nº 167/1967 permite inferir que a nulidade disposta no seu parágrafo 3º refere-se diretamente ao parágrafo 2º, ou seja, não se dirige às cédulas de crédito rural, mas às notas e duplicatas rurais.

4. Agravo interno não provido" (AgInt no AREsp 955.824/MS, Rel. Ministro RICARDO VILLAS BÔAS CUEVA, TERCEIRA TURMA, julgado em 03/08/2017, DJe 18/08/2017);

"ADMINISTRATIVO. DIREITO CIVIL. TÍTULOS DE CRÉDITO. FAZENDA NACIONAL. CÉDULA DE CRÉDITO RURAL. GARANTIA. AVAL. VALIDADE. PRECEDENTES. SÚMULA 568/STJ. AGRAVO INTERNO IMPROVIDO.

*I. Recurso especial voltado contra acórdão que manteve a decisão de improcedência do pedido de declaração de nulidade de aval prestado pelos autores em cédulas de crédito rural, sob o entendimento de que a nulidade a que se refere o § 3º do art. 60 do Decreto-Lei n.167/67 está relacionada à previsão contida no § 2º do mesmo artigo, e não ao **caput**.*

II. A nulidade do aval se dá apenas com relação às notas promissórias e às duplicatas rurais, não se estendendo às cédulas de crédito rural.

III. A moderna jurisprudência do Superior Tribunal de Justiça firmou-se no entendimento de ser "válido o aval prestado por pessoa física nas cédulas de crédito rural, pois a vedação contida no § 3º do art. 60 do Decreto-lei n. 167/67 não alcança o referido título, sendo aplicável apenas às notas promissórias e duplicatas rurais. Precedentes das Terceira e Quarta Turmas do Superior Tribunal de Justiça". (AgRg no REsp 1557317/PR, Rel. Ministro Moura Ribeiro, terceira turma, julgado em 17/11/2015, DJe 19/11/2015).

IV. Recurso improvido" (AgInt no REsp 1365814/RS, Rel. Ministro FRANCISCO FALCÃO, SEGUNDA TURMA, julgado em 04/10/2016, DJe 20/10/2016).

O Col. Tribunal de Justiça de São Paulo, em igual sentido, decidiu pela inexistência de nulidade em aval prestado por terceiro na cédula de crédito rural:

"PRELIMINAR – CERCEAMENTO DE DEFESA – Alegação de nulidade da r. sentença por falta de prova pericial – Matéria discutida que depende de interpretação contratual – Desnecessária a produção de outras provas Presença dos elementos necessários ao julgamento antecipado da lide – Preliminar afastada. CÉDULA DE CRÉDITO RURAL – ALEGAÇÃO DE NULIDADE DE AVAL PRESTADO POR PESSOA FÍSICA ESTRANHA À PESSOA JURÍDICA – Não acolhimento – Vedação não aplica à cédula de crédito rural pignoratícia, sendo, assim, válido o aval prestado por pessoa física nas cédulas de crédito rural, uma vez que a vedação contida no § 3º do art. 60 do Decreto-lei nº 167/67 não alcança o referido título de crédito, sendo aplicável apenas às notas promissórias e duplicatas rurais – Precedentes do E. STJ. CAPITALIZAÇÃO – Possibilidade – Súmula 93 do STJ. COMISSÃO DE PERMANÊNCIA Impossibilidade de cobrança – JUROS REMUNERATÓRIOS – Validade – Percentual avençado que não ultrapassa a 12% ao ano – ENCADEAMENTO DE CONTRATOS – Ausência de verossimilhança das alegações – Alegação deduzida de forma genérica – DESCARACTERIZAÇÃO DA MORA – Não acolhimento – Encargos do período de normalidade que não foram afastados – Precedente do E. STJ. Recurso parcialmente provido" (TJSP; Apelação 1002345-08.2016.8.26.0083; Relator (a): Roberto Mac Cracken; Órgão Julgador: 22ª Câmara de Direito Privado; Foro de Aguaí – Vara Única; Data do Julgamento: 23/11/2017; Data de Registro: 29/11/2017).

Ante o exposto, pelo meu voto dou provimento ao recurso para julgar a dúvida improcedente e, em consequência, permitir o registro do título.

GERALDO FRANCISCO PINHEIRO FRANCO

Corregedor Geral da Justiça e Relator (DJe de 18.03.2019 - SP)

PODER JUDICIÁRIO

TRIBUNAL DE JUSTIÇA DO ESTADO DE SÃO PAULO

CONSELHO SUPERIOR DA MAGISTRATURA

Apelação nº 1009983-42.2018.8.26.0077

Registro: 2019.0000668127

ACÓRDÃO

Vistos, relatados e discutidos estes autos de **Apelação Cível nº 1009983-42.2018.8.26.0077**, da Comarca de **Birigüi**, em que é apelante **BANCO DO BRASIL S/A**, é apelado **OFICIAL DE REGISTRO DE IMÓVEIS E ANEXOS DA COMARCA DE BIRIGUI**.

ACORDAM, em Conselho Superior de Magistratura do Tribunal de Justiça de São Paulo, proferir a seguinte decisão: **"Não conheceram do recurso, v.u."**, de conformidade com o voto do Relator, que integra este acórdão.

O julgamento teve a participação dos Exmos. Desembargadores **PEREIRA CALÇAS (PRESIDENTE TRIBUNAL DE JUSTIÇA) (Presidente), ARTUR MARQUES (VICE PRESIDENTE), XAVIER DE AQUINO (DECANO), EVARISTO DOS SANTOS(PRES. DA SEÇÃO DE DIREITO PÚBLICO), CAMPOS MELLO (PRES. DA SEÇÃO DE DIREITO PRIVADO) E FERNANDO TORRES GARCIA(PRES. SEÇÃO DE DIREITO CRIMINAL).**

São Paulo, 15 de agosto de 2019.

GERALDO FRANCISCO PINHEIRO FRANCO

Corregedor Geral da Justiça e Relator

Apelação Cível nº 1009983-42.2018.8.26.0077

Apelante: Banco do Brasil S/A

Apelado: Oficial de Registro de Imóveis e Anexos da Comarca de Birigui

VOTO Nº 37.850

Registro de Imóveis – Constituição de garantia hipotecária por cédula de crédito bancária – Impugnação parcial às exigências formuladas – Dúvida prejudicada – Recurso não conhecido.

Cuida-se de recurso de apelação interposto pelo BANCO DO BRASIL S/A, em face da r. sentença de fls. 64/65, que julgou procedente dúvida suscitada pelo Sr. Oficial de Registro de Imóveis e Anexos da Comarca de Birigui, obstando, assim, o registro de garantia hipotecária, constante da cédula de crédito, recusado por ausência de manifestação de vontade de todas as partes, assim como o reconhecimento de firmas de todas as assinaturas.

O apelante sustenta a total possibilidade do registro, tendo em vista que o título de crédito em questão é firmado unicamente pelo emitente, sendo desnecessárias as exigências feitas pelo Oficial Registrador.

A D. Procuradoria Geral de Justiça opinou pelo desprovimento do recurso (fls. 98/99).

É o relatório.

O recurso não comporta conhecimento.

Trata-se de garantia hipotecária proveniente da Cédula de Crédito Bancário 495.803.187, emitida por *Lucas Rahal Sanchez*, em favor do apelante, prenotada sob o nº 247.078, em 24/10/2018, cuja garantia real é o imóvel da matrícula nº 74.898 daquela serventia imobiliária.

Para tanto, insurge-se o apelante contra a necessidade de assinatura de todas as partes, tendo em vista que a Cédula de Crédito Bancário é um título de crédito cuja regulação é feita pela Lei 10.931/04, de modo que, dentre seus requisitos, está somente a assinatura do emitente do título.

Entretanto, percebe-se que a nota devolutiva apontou outro óbice que não fora impugnado pelo recorrente, relativamente à divergência no CPF da proprietária *Cláudia Rahal Sanchez* entre a matrícula (092.637.928-38) e o título (092.637.928-36), exigindo cópia autenticada do referido documento, juntamente com o requerimento do interessado, com firma reconhecida pelo Tabelião de Notas, ou então a retificação do título (fl. 01/02).

Como se sabe, o procedimento de dúvida é reservado à análise da discordância do apresentante com os motivos que levaram à recusa do registro do título. De seu julgamento, decorrerá a manutenção da recusa, com cancelamento da prenotação, ou a improcedência da dúvida, que terá como consequência a realização do registro (art. 203, II, da Lei nº 6.015/73).

A anuência parcial do recorrente com a irregularidade de seu próprio título, não impugnando a exigência, reconhecendo, consequentemente, que aquele apresentado estava incompleto, prejudica o exame da dúvida, já que, ainda que julgada improcedente, havia outro óbice, quando da prenotação, que prejudicaria o ingresso do título no registro imobiliário.

Tal situação atribui ao procedimento de dúvida natureza consultiva, ou meramente doutrinária. O novo exame de admissibilidade para o futuro registro poderá ser influenciado por eventuais fatos novos, mesmo se o título for apresentado com atendimento das exigências impugnadas.

Esse é o entendimento pacífico deste Col. Conselho Superior da Magistratura:

"No mais, ao contrário do sustentado pelo recorrente, não cabe aqui ao Judiciário se pronunciar acerca da solução cabível para o caso concreto, não se tratando de órgão consultivo, como bem ressaltado pela nobre representante do parquet" (CSM, Processo n° 000.608.6/7-00, Rel. Des. GILBERTO PASSOS DE FREITAS, j. 21/12/2006)".

A impugnação parcial, assim, torna a dúvida prejudicada e impede o conhecimento do recurso. Ante o exposto, não conheço do recurso.

GERALDO FRANCISCO PINHEIRO FRANCO

Corregedor Geral da Justiça e Relator. (DJe de 09.09.2019 – SP)

PODER JUDICIÁRIO

TRIBUNAL DE JUSTIÇA DO ESTADO DE SÃO PAULO

CONSELHO SUPERIOR DA MAGISTRATURA

Apelação n° 1009982-57.2018.8.26.0077

Registro: 2019.000718919

ACÓRDÃO

Vistos, relatados e discutidos estes autos de **Apelação Cível nº 1009982-57.2018.8.26.0077**, da Comarca de **Birigüi**, em que é apelante **BANCO DO BRASIL S/A**, é apelado **OFICIAL DE REGISTRO DE IMÓVEIS E ANEXOS DA COMARCA DE BIRIGUI**.

ACORDAM, em Conselho Superior de Magistratura do Tribunal de Justiça de São Paulo, proferir a seguinte decisão: **"Deram provimento ao recurso para julgar a dúvida improcedente, v.u."**, de conformidade com o voto do Relator, que integra este acórdão.

O julgamento teve a participação dos Exmos. Desembargadores **PEREIRA CALÇAS (PRESIDENTE TRIBUNAL DE JUSTIÇA) (Presidente), ARTUR MARQUES (VICE PRESIDENTE), XAVIER DE AQUINO (DECANO), EVARISTO DOS SANTOS(PRES. DA SEÇÃO DE DIREITO PÚBLICO), CAMPOS MELLO (PRES. DA SEÇÃO DE DIREITO PRIVADO) E FERNANDO TORRES GARCIA(PRES. SEÇÃO DE DIREITO CRIMINAL).**

São Paulo, 23 de agosto de 2019.

GERALDO FRANCISCO PINHEIRO FRANCO

Corregedor Geral da Justiça e Relator

Apelação Cível nº 1009982-57.2018.8.26.0077

Apelante: Banco do Brasil S/A

Apelado: Oficial de Registro de Imóveis e Anexos da Comarca de Birigui

VOTO Nº 37.859

Registro de Imóveis – Dúvida julgada procedente para manter a recusa do registro – Cédula de crédito bancário com garantia hipotecária – Exigência de assinatura pelo representante do credor e por testemunhas, com reconhecimento de firmas e lançamento de suas rubricas em todas as folhas da cédula – Garantia hipotecária que integra o título de crédito que, por sua vez, foi emitido com observação dos requisitos previstos na legislação específica – Recurso provido para julgar a dúvida improcedente.

Trata-se de apelação interposta pelo Banco do Brasil S.A. contra r. sentença que julgou procedente a dúvida e manteve a recusa do Oficial de Registro de Imóveis da Comarca de Birigui em promover o registro da hipoteca constituída pela Cédula de Crédito Bancário nº 495.803.182 porque não foi assinada pelo credor e por testemunhas, com reconhecimento de firmas e rubrica em todas as páginas e com prova da qualidade do representante do credor.

O recorrente alegou, em suma, que a emissão da cédula de crédito bancário observou o disposto na Lei nº 10.931/2004 que não prevê a assinatura do credor. Citou, nesse sentido, v. acórdão prolatado pelo Eg. Tribunal de Justiça de São Paulo. Requereu a reforma da r. sentença (fls. 63/64).

A douta Procuradoria Geral de Justiça opinou pelo não provimento do recurso (fls. 101/102).

É o relatório.

Os requisitos para a emissão da cédula de crédito bancário são previstos no art. 29 da Lei nº 10.931/2004 que dispõe:

"Art. 29. A Cédula de Crédito Bancário deve conter os seguintes requisitos essenciais: I - a denominação "Cédula de Crédito Bancário";

II - a promessa do emitente de pagar a dívida em dinheiro, certa, líquida e exigível no seu vencimento ou, no caso de dívida oriunda de contrato de abertura de crédito bancário, a promessa do emitente de pagar a dívida em dinheiro, certa, líquida e exigível, correspondente ao crédito utilizado;

III - a data e o lugar do pagamento da dívida e, no caso de pagamento parcelado, as datas e os valores de cada prestação, ou os critérios para essa determinação;

IV - o nome da instituição credora, podendo conter cláusula à ordem; V - a data e o lugar de sua emissão; e

VI - a assinatura do emitente e, se for o caso, do terceiro garantidor da obrigação, ou de seus respectivos mandatários.

§ 1º A Cédula de Crédito Bancário será transferível mediante endosso em preto, ao qual se aplicarão, no que couberem, as normas do direito cambiário, caso em que o endossatário, mesmo não sendo instituição financeira ou entidade a ela equiparada, poderá exercer todos os direitos por ela conferidos, inclusive cobrar os juros e demais encargos na forma pactuada na Cédula.

§ 2º A Cédula de Crédito Bancário será emitida por escrito, em tantas vias quantas forem as partes que nela intervierem, assinadas pelo emitente e pelo terceiro garantidor, se houver, ou por seus respectivos mandatários, devendo cada parte receber uma via.

§ 3º Somente a via do credor será negociável, devendo constar nas demais vias a expressão "não negociável".

§ 4º A Cédula de Crédito Bancário pode ser aditada, retificada e ratificada mediante documento escrito, datado, com os requisitos previstos no ***caput,*** *passando esse documento a integrar a Cédula para todos os fins"* (grifei).

Conforme os arts. 31 e 32 da Lei nº 10.931/2004, na cédula de crédito bancário pode ser constituída garantia fidejussória ou real, a última sobre bens móveis ou imóveis cuja titularidade pertença ao emitente ou a terceiro garantidor:

"Art. 31. A garantia da Cédula de Crédito Bancário poderá ser fidejussória ou real, neste último caso constituída por bem patrimonial de qualquer espécie, disponível e alienável, móvel ou imóvel, material ou imaterial, presente ou futuro, fungível ou infungível, consumível ou não, cuja titularidade pertença ao próprio emitente ou a terceiro garantidor da obrigação principal.

Art. 32. A constituição da garantia poderá ser feita na própria Cédula de Crédito Bancário ou em documento separado, neste caso fazendo-se, na Cédula, menção a tal circunstância".

Em complementação, o art. 30 da Lei nº 10.931/2004 prevê:

"Art. 30. A constituição de garantia da obrigação representada pela Cédula de Crédito Bancário é disciplinada por esta Lei, sendo aplicáveis as disposições da legislação comum ou especial que não forem com ela conflitantes".

Desse modo, a emissão e a constituição de garantia real na cédula de crédito bancário são regidas pela Lei nº 10.931/2004, com aplicação da legislação comum somente de forma supletiva.

E no que tange à forma de constituição da garantia hipotecária não há lacuna a ser suprida mediante aplicação das normas contidas no Código Civil.

Observo que a cédula de crédito bancário constitui título de crédito que permite ao credor emitir certificado que a represente, para circulação do crédito (arts. 26 e 53, *caput*, e § 4º da Lei nº 10.931/2004), não sendo adequada a cisão dos modos de constituição da obrigação e da respectiva garantia para efeito de fixação dos requisitos para emissão da cédula.

Cuida-se, mais, de forma de constituição da garantia real que não difere, em sua essência, daquela prevista para as cédulas de crédito rural e industrial, pois conforme Afrânio de Carvalho:

"As hipotecas convencionais podem ser instrumentadas em cédulas hipotecárias rurais e industriais, que, à semelhança das escrituras, contém a estipulação da obrigação e do direito real, mas se acham predispostas para, uma vez feita a inscrição, circularem, por si mesmas, com títulos à ordem, por endosso. Dessas cédulas diferem as que se extraem da inscrição das escrituras de hipotecas habitacionais em uma segunda operação registral, que se destina precisamente a representar as hipotecas em títulos à ordem, por meio dos quais também circulem por endosso (Decreto- Lei nº 70, de 1966, arts. 9, 27). Ambas as modalidades de cédulas hipotecárias circulam por endosso, mas a primeira é originária, a segunda, derivada" (Registro de Imóveis, 4ª ed., Rio de Janeiro: Forense, 1997, p. 95).

Portanto, para a constituição de garantia real em cédula de crédito bancário bastam as assinaturas do emitente ou do terceiro garantidor da obrigação, pessoalmente ou por seus respectivos mandatários.

Ante o exposto, dou provimento ao recurso para julgar a dúvida improcedente.

GERALDO FRANCISCO PINHEIRO FRANCO

Corregedor Geral da Justiça e Relator (DJe de 25.09.2019 – SP)

PODER JUDICIÁRIO

TRIBUNAL DE JUSTIÇA DO ESTADO DE SÃO PAULO

CONSELHO SUPERIOR DA MAGISTRATURA

Apelação nº 1009984-27.2018.8.26.0077

Registro: 2019.0000718917

ACÓRDÃO

Vistos, relatados e discutidos estes autos de **Apelação Cível nº 1009984-27.2018.8.26.0077**, da Comarca de **Birigüi**, em que é apelante **BANCO DO BRASIL**, é apelado **OFICIAL DE REGISTRO DE IMÓVEIS E ANEXOS DA COMARCA DE BIRIGUI**.

ACORDAM, em Conselho Superior de Magistratura do Tribunal de Justiça de São Paulo, proferir a seguinte decisão: **"Não conheceram do recurso, v.u."**, de conformidade com o voto do Relator, que integra este acórdão.

O julgamento teve a participação dos Exmos. Desembargadores **PEREIRA CALÇAS (PRESIDENTE TRIBUNAL DE JUSTIÇA) (Presidente), ARTUR MARQUES (VICE PRESIDENTE), XAVIER DE AQUINO (DECANO), EVARISTO DOS SANTOS(PRES. DA SEÇÃO DE DIREITO PÚBLICO), CAMPOS MELLO (PRES. DA SEÇÃO DE DIREITO PRIVADO) E FERNANDO TORRES GARCIA(PRES. SEÇÃO DE DIREITO CRIMINAL)**.

São Paulo, 23 de agosto de 2019.

GERALDO FRANCISCO PINHEIRO FRANCO

Corregedor Geral da Justiça e Relator

Apelação Cível nº 1009984-27.2018.8.26.0077

Apelante: Banco do Brasil

Apelado: Oficial de Registro de Imóveis e Anexos da Comarca de Birigui

VOTO Nº 37.848

Registro de Imóveis – Constituição de garantia hipotecária por cédula de crédito bancária – Impugnação parcial às exigências formuladas – Dúvida prejudicada – Recurso não conhecido.

Cuida-se de recurso de apelação interposto pelo BANCO DO BRASIL S/A, em face da r. sentença de fls. 62/63, que julgou procedente dúvida suscitada pelo Sr. Oficial de Registro de Imóveis e Anexos da Comarca de Birigui, obstando, assim, o registro de garantia hipotecária, constante da cédula de crédito, recusado por ausência de manifestação de vontade de todas as partes, assim como por ausência do reconhecimento de firmas de todas as assinaturas.

O apelante sustenta a total possibilidade do registro, tendo em vista que o título de crédito em questão é firmado unicamente pelo emitente, sendo desnecessárias as exigências feitas pelo Oficial Registrador.

A D. Procuradoria Geral de Justiça opinou pelo desprovimento do recurso (fls. 99/101).

É o relatório.

O recurso não comporta conhecimento.

Trata-se de garantia hipotecária proveniente da Cédula de Crédito Bancário 495.803.195, emitida por *Lucas Rahal Sanchez*, em favor do apelante, prenotada sob o nº 247.079, em 24/10/2018, cuja garantia real é o imóvel da matrícula nº 74.898 daquela serventia imobiliária.

Para tanto, insurge-se o apelante contra a necessidade de assinatura de todas as partes, tendo em vista que a Cédula de Crédito Bancário é um título de crédito cuja regulação é feita pela Lei 10.931/04, de modo que, dentre seus requisitos, está somente a assinatura do emitente do título.

Entretanto, percebe-se que a nota devolutiva apontou outro óbice que não fora impugnado pelo recorrente, relativamente à divergência no CPF da proprietária *Cláudia Rahal Sanchez* entre a matrícula (092.637.928-38) e o título (092.637.928-36), exigindo cópia autenticada do referido documento, juntamente com o requerimento do interessado, com firma reconhecida pelo Tabelião de Notas, ou então a retificação do título (fls. 01/02).

Como se sabe, o procedimento de dúvida é reservado à análise da discordância do apresentante com os motivos que levaram à recusa do registro do título. De seu julgamento, decorrerá a manutenção da recusa, com cancelamento da prenotação, ou a improcedência da dúvida, que terá como consequência a realização do registro (art. 203, II, da Lei nº 6.015/73).

A anuência parcial do recorrente com a irregularidade de seu próprio título, não impugnando a exigência, reconhecendo, consequentemente, que aquele apresentado estava incompleto, prejudica o exame da dúvida, já que, ainda que julgada improcedente, havia outro óbice, quando da prenotação, que prejudicaria o ingresso do título no registro imobiliário.

Tal situação atribui ao procedimento de dúvida natureza consultiva, ou meramente doutrinária. O novo exame de admissibilidade para o futuro registro poderá ser influenciado por eventuais fatos novos, mesmo se o título for apresentado com atendimento das exigências impugnadas.

Esse é o entendimento pacífico deste Col. Conselho Superior da Magistratura:

"No mais, ao contrário do sustentado pelo recorrente, não cabe aqui ao Judiciário se pronunciar acerca da solução cabível para o caso concreto, não se tratando de órgão consultivo, como bem ressaltado pela nobre representante do parquet" (CSM, Processo nº 000.608.6/7-00, Rel. Des. GILBERTO PASSOS DE FREITAS, j. 21/12/2006).

A impugnação parcial, assim, torna a dúvida prejudicada e impede o conhecimento do recurso. Ante o exposto, não conheço do recurso.

GERALDO FRANCISCO PINHEIRO FRANCO
Corregedor Geral da Justiça e Relator (DJe de 25.09.2019 – SP)

PODER JUDICIÁRIO

TRIBUNAL DE JUSTIÇA DO ESTADO DE SÃO PAULO

CONSELHO SUPERIOR DA MAGISTRATURA

Apelação nº 1009986-94.2018.8.26.0077

Registro: 2019.000769222

ACÓRDÃO

Vistos, relatados e discutidos estes autos de **Apelação Cível nº 1009986-94.2018.8.26.0077**, da Comarca de **Birigüi**, em que é apelante **BANCO DO BRASIL S/A**, é apelado **OFICIAL DE REGISTRO DE IMÓVEIS, TÍTULOS E DOCUMENTOS E CIVIL DE PESSOAS JURÍDICAS DA COMARCA DE BIRIGUI - SP.**

ACORDAM, em Conselho Superior de Magistratura do Tribunal de Justiça de São Paulo, proferir a seguinte decisão: **"Não conheceram do recurso, v.u.",** de conformidade com o voto do Relator, que integra este acórdão.

O julgamento teve a participação dos Exmos. Desembargadores **PEREIRA CALÇAS (PRESIDENTE TRIBUNAL DE JUSTIÇA) (Presidente), ARTUR MARQUES (VICE PRESIDENTE), XAVIER DE AQUINO (DECANO), EVARISTO DOS SANTOS(PRES. DA SEÇÃO DE DIREITO PÚBLICO), CAMPOS MELLO (PRES. DA SEÇÃO DE DIREITO PRIVADO) E FERNANDO TORRES GARCIA(PRES. SEÇÃO DE DIREITO CRIMINAL).**

São Paulo, 12 de setembro de 2019.

GERALDO FRANCISCO PINHEIRO FRANCO

Corregedor Geral da Justiça e Relator

Apelação Cível nº 1009986-94.2018.8.26.0077

Apelante: Banco do Brasil S/A

Apelado: Oficial de Registro de Imóveis, Títulos e Documentos e Civil de Pessoas Jurídicas da Comarca de Birigui - SP

VOTO Nº 37.864

Registro de imóveis – Constituição de garantia hipotecária por cédula de crédito bancária – Impugnação parcial às exigências formuladas – Dúvida prejudicada – Recurso não conhecido.

Cuida-se de recurso de apelação interposto pelo BANCO DO BRASIL S/A, em face da r. sentença de fls. 61/62, que julgou procedente dúvida suscitada pelo Sr. Oficial de Registro de Imóveis e Anexos da Comarca de Birigui, obstando, assim, o registro de garantia hipotecária, constante da cédula de crédito, recusado por ausência de manifestação de vontade de todas as partes, assim como o reconhecimento de firmas de todas as assinaturas.

O apelante sustenta a total possibilidade do registro, tendo em vista que o título de crédito em questão é firmado unicamente pelo emitente, sendo desnecessárias as exigências feitas pelo Oficial Registrador.

A D. Procuradoria Geral de Justiça opinou pelo desprovimento do recurso (fls. 93/98).

É o relatório.

O recurso não comporta conhecimento.

Trata-se de garantia hipotecária proveniente da Cédula de Crédito Bancário 495.803.186, emitida por *Lucas Rahal Sanchez,* em favor do apelante, prenotada sob o nº 247.080, em 24/10/2018, cuja garantia real é o imóvel da matrícula nº 74.898 daquela serventia imobiliária.

Para tanto, insurge-se o apelante contra a necessidade de assinatura de todas as partes, tendo em vista que a Cédula de Crédito Bancário é um título de crédito cuja regulação é feita pela Lei 10.931/04, de modo que, dentre seus requisitos, está somente a assinatura do emitente do título.

Entretanto, percebe-se que a nota devolutiva apontou outro óbice que não fora impugnado pelo recorrente, relativamente à divergência no CPF da proprietária *Cláudia Rahal Sanchez* entre a matrícula (092.637.928-38) e o título (092.637.928-36), exigindo cópia autenticada do referido documento, juntamente com o requerimento do interessado, com firma reconhecida pelo Tabelião de Notas, ou então a retificação do título (fl. 01/02).

Como se sabe, o procedimento de dúvida é reservado à análise da discordância do apresentante com os motivos que levaram à recusa do registro do título. De seu julgamento, decorrerá a manutenção da recusa, com cancelamento da prenotação, ou a improcedência da dúvida, que terá como consequência a realização do registro (art. 203, II, da Lei nº 6.015/73).

A anuência parcial do recorrente com a irregularidade de seu próprio título, não impugnando a exigência, reconhecendo, consequentemente, que aquele apresentado estava incompleto, prejudica o exame da dúvida, já que, ainda que julgada improcedente, havia outro óbice, quando da prenotação, que prejudicaria o ingresso do título no registro imobiliário.

Tal situação atribui ao procedimento de dúvida natureza consultiva, ou meramente doutrinária. O novo exame de admissibilidade para o futuro registro poderá ser influenciado por eventuais fatos novos, mesmo se o título for apresentado com atendimento das exigências impugnadas.

Esse é o entendimento pacífico deste Col. Conselho Superior da Magistratura:

"No mais, ao contrário do sustentado pelo recorrente, não cabe aqui ao Judiciário se pronunciar acerca da solução cabível para o caso concreto, não se tratando de órgão consultivo, como bem ressaltado pela nobre representante do parquet" (CSM, Processo n° 000.608.6/7-00, Rel. Des. GILBERTO PASSOS DE FREITAS, j. 21/12/2006).

A impugnação parcial, assim, torna a dúvida prejudicada e impede o conhecimento do recurso. Ante o exposto, não conheço do recurso.

GERALDO FRANCISCO PINHEIRO FRANCO

Corregedor Geral da Justiça e Relator (DJe de 30.10.2019 – SP)

CERTIDÃO NEGATIVA DE DÉBITOS FEDERAIS-CND

PODER JUDICIÁRIO

TRIBUNAL DE JUSTIÇA DO ESTADO DE SÃO PAULO

CONSELHO SUPERIOR DA MAGISTRATURA

Apelação n° 1002176-74.2018.8.26.0366

Registro: 2019.0000718929

ACÓRDÃO

Vistos, relatados e discutidos estes autos de **Apelação Cível nº 1002176-74.2018.8.26.0366**, da Comarca de **Mongaguá**, em que é apelante **OLIVENZA INDÚSTRIA DE ALIMENTOS LTDA**, é apelado **OFICIAL DE REGISTRO DE IMÓVEIS E ANEXOS DA COMARCA DE MONGAGUÁ**.

ACORDAM, em Conselho Superior de Magistratura do Tribunal de Justiça de São Paulo, proferir a seguinte decisão: **"Deram provimento ao recurso e julgaram improcedente a dúvida suscitada, v.u."**, de conformidade com o voto do Relator, que integra este acórdão.

O julgamento teve a participação dos Exmos. Desembargadores **PEREIRA CALÇAS (PRESIDENTE TRIBUNAL DE JUSTIÇA) (Presidente), ARTUR MARQUES (VICE PRESIDENTE), XAVIER DE AQUINO (DECANO), EVARISTO DOS SANTOS(PRES. DA SEÇÃO DE DIREITO PÚBLICO), CAMPOS MELLO (PRES. DA SEÇÃO DE DIREITO PRIVADO) E FERNANDO TORRES GARCIA(PRES. SEÇÃO DE DIREITO CRIMINAL)**.

São Paulo, 23 de agosto de 2019.

GERALDO FRANCISCO PINHEIRO FRANCO

Corregedor Geral da Justiça e Relator

Apelação Cível nº 1002176-74.2018.8.26.0366

Apelante: OLIVENZA INDÚSTRIA DE ALIMENTOS LTDA

Apelado: Oficial de Registro de Imóveis e Anexos da Comarca de Mongaguá

VOTO Nº 37.872

Registro de Imóveis – Escritura de compra e venda – CND Federal. Exigência afastada, conforme atual orientação do CNJ, do CSM e nos termos das NSCGJ – Arrolamento de bens em processo administrativo fiscal – Receita Federal do Brasil – Art. 64-A da Lei n° 9.532/97 e art. 3° da Instrução Normativa/RFB 1.565/2015 – Suposta ocorrência de fraude que poderia levar à indisponibilidade do bem – Ausência de determinação legal ou administrativa de inalienabilidade – Limites da qualificação registral – Dúvida improcedente – Recurso provido.

Trata-se de apelação interposta por OLIVENZA INDÚSTRIA DE ALIMENTOS LTDA. contra r. sentença de fls. 117/122, que julgou procedente a dúvida suscitada pelo Sr. Oficial de Registro de Imóveis e Anexos da Comarca de Mongaguá, mantendo, assim, o óbice ao registro de escritura de compra e venda, por ser exigível a apresentação de Certidão Negativa de Débitos Federais-CND e em face de indícios de fraude na alienação.

A apelante sustenta que a exigência de certidão negativa da Receita Federal traduz abuso de poder da fazenda federal, conforme pacífico entendimento da jurisprudência, constrangendo o contribuinte ao pagamento de débito tributário de forma indireta, sendo inexigível a sua apresentação para ingresso do título.

A D. Procuradoria Geral de Justiça opinou pelo desprovimento do recurso (fls. 159/160).

É o relatório.

Presentes os pressupostos processuais e administrativos, no mérito, o recurso deve ser provido.

Prenotou-se escritura pública de compra e venda na qual *Olivenza Indústria de Alimentos Ltda.*, ora apelante, vende a *Alberto Rodrigues Moura Neto* os imóveis que são objeto das matrículas nº 23.595 e 23.597, ambas do Registro de Imóveis de Mongaguá.

A r. sentença, acolhendo as respeitáveis razões oferecidas na nota de exigência, afirma que, nada obstante os precedentes deste Eg. Conselho Superior da Magistratura, a exigência da CND aqui se justificava pelo fato de a Receita Federal ter promovido, em data recente, pesquisa de bens imóveis registrados em nome da apelante, sendo que, tão logo restou informado acerca da existência de imóveis objetos das matrículas de nº 23.595 e 23.597, que ora se pretende alienar, entendeu por bem solicitar o registro do arrolamento de bens (art. 64 da Lei nº 9.532/97).

Ainda segundo as razões de recusa, o representante legal da apelante, *Nelson Júlio*, ao longo dos últimos meses, estaria promovendo a dilapidação de seu patrimônio, justamente em favor do ora adquirente, *Alberto Rodrigues Moura Neto*, também com alienações a *Elizabete Rodrigues*, profissional que oficia perante a empresa apelante, e que lançou assinatura como testemunha no último contrato social consolidado e arquivado na JUCESP.

Conclui o Sr. Oficial que, nos últimos meses, *Nelson Júlio* tem alienado seu patrimônio pessoal e o patrimônio da apelante a *Alberto Rodrigues Moura Neto*, seja diretamente ou por interposta pessoa, sem que se saibam os reais motivos.

Delimitada a controvérsia, vale lembrar que o tema objeto do debate (exigência da CND para alienações de imóveis) não é novo.

Tampouco existe unanimidade na doutrina quanto à possibilidade de afastamento dessa exigência pela via administrativa.

Nada obstante, são diversos os precedentes deste E. Conselho Superior da Magistratura quanto à inexigibilidade da certidão negativa de tributos federais (CND) para ingresso de títulos no registro de imóveis, sob argumento de que a exigência configura forma heterodoxa e atípica de exigibilidade de débitos tributários, sem o devido processo legal, em afronta à Constituição Federal, por traduzir verdadeira sanção política ao jurisdicionado.

E, de fato, o Eg. Supremo Tribunal Federal já vem se posicionando pela inconstitucionalidade de atos do Poder Público que traduzam exercício coercitivo de exigência de obrigações tributárias, inclusive com natureza de contribuições previdenciárias.

Tal entendimento se encontra consubstanciado em enunciados da Suprema Corte (Súmulas 70, 323 e 547), no sentido de que a imposição, pela autoridade fiscal, de restrições de índole punitiva, quando motivada tal limitação pela mera inadimplência do contribuinte, revela-se contrária às liberdades públicas ora referidas (RTJ 125/395, Rel. Min. OCTAVIO GALLOTTI).

A matéria se encontra normatizada também no âmbito administrativo desta Eg. Corregedoria Geral da Justiça, conforme Item 119.1 do Capítulo XX das Normas de Serviço Extrajudicial:

> *"119.1. Com exceção do recolhimento do imposto de transmissão e prova de recolhimento do laudêmio, quando devidos, nenhuma exigência relativa à quitação de débitos para com a Fazenda Pública, inclusive quitação de débitos previdenciários, fará o oficial, para o registro de títulos particulares, notariais ou judiciais."*

Não bastasse, o C. Conselho Nacional de Justiça-CNJ, no julgamento do Pedido de Providências nº 0001230- 82.2015.2.00.000, por votação unânime, firmou entendimento de que, reconhecida a inconstitucionalidade do art. 1º, inciso IV da Lei nº 7.711/88 (ADI 394), não há mais que se falar em comprovação de quitação de créditos tributários, de contribuições federais e de outras imposições para o ingresso de qualquer título do registro de imóveis com base na referida norma.

Passando ao argumento de que a Receita Federal, recentemente, promoveu a pesquisa de bens em nome da apelante, com posterior pedido de arrolamento administrativo, deve ser lembrado que tal medida fiscal, sequer, tem o condão de levar à indisponibilidade de bens.

O art. 64-A da Lei nº 9.532/97 dispõe:

> *"Art. 64-A. O arrolamento de que trata o art. 64 recairá sobre bens e direitos suscetíveis de registro público, com prioridade aos imóveis, e em valor suficiente para cobrir o montante do crédito tributário de responsabilidade do sujeito passivo."*

Da mesma forma, a Instrução Normativa RFB nº 1.565, de 11 de maio de 2015, em seu art. 3º, assim define:

"Art. 3º Para efeito de aplicação do disposto no art. 2º, considera-se patrimônio conhecido da pessoa física o informado na ficha de bens e direitos da última declaração de rendimentos, e da pessoa jurídica o total do ativo constante do último balanço patrimonial registrado na contabilidade ou o informado na Declaração de Informações Econômico- Fiscais da Pessoa Jurídica (DIPJ) ou em outro documento que venha a substituí-la."

Tratando do tema, o professor HUGO DE BRITO MACHADO discorre sobre os efeitos da medida:

*"O arrolamento tem duas finalidades. Uma aparente e outra disfarçada. A sua finalidade aparente é a de tornar conhecido da Fazenda o patrimônio do suposto devedor, de sorte a facilitar a penhora e consequentemente garantir a eficácia do processo executivo fiscal. O rol de bens e direitos do sujeito passivo na verdade facilita a penhora sobre um, alguns ou todos os bens do devedor, se e quando promovida a execução fiscal. Tem, todavia, o arrolamento, uma finalidade disfarçada, ou oculta, que é a de criar um constrangimento para o contribuinte, dificultando suas atividades, com que pretende a Fazenda obrigá-lo, por via oblíqua, a pagar o que lhe esteja sendo exigido, sem questionar a legalidade da exigência. (...) Em tese, o arrolamento presta-se para dar maior eficácia à execução fiscal. O acompanhamento do patrimônio do contribuinte permite a propositura da ação cautelar fiscal, a indicação de bens à penhora e a frustração de tentativas de fraude à execução. Assim, os efeitos que produz no plano teórico são: **(a) a publicidade da situação patrimonial do titular dos bens arrolados; (b) o dever deste de informar ao Fisco a alienação dos bens arrolados; e ainda, (c) facilitar a realização da penhora quando da propositura da execução fiscal.**"* (Revista de Direito Tributário nº 82, p. 22 e seguintes) (g.n).

Também o Eg. Superior Tribunal de Justiça, no julgamento do Resp nº 1.486.861/RS, delimitou os efeitos da medida:

*"PROCESSO ADMINISTRATIVO FISCAL FEDERAL. ARROLAMENTO DE BEM. ART. 64 DA LEI Nº 9.532/97. INDEFERIMENTO DO REGISTRO DA ALIENAÇÃO NO CARTÓRIO DE REGISTRO DE IMÓVEIS EM RAZÃO DA AVERBAÇÃO PRÉVIA DO ARROLAMENTO NA MATRÍCULA DO IMÓVEL. IMPOSSIBILIDADE. COMUNICAÇÃO DA ALIENAÇÃO AO FISCO. IMPOSSIBILIDADE DE MANUTENÇÃO DO REGISTRO DO ARROLAMENTO. 1. Conforme se depreende dos § § 3º e 4º do art. 64 da Lei nº 9.532/97, **o ônus imputado ao contribuinte em relação ao bem arrolado é tão somente a comunicação ao Fisco da transferência, alienação ou oneração do bem, cuja inobservância autoriza o requerimento de medida cautelar fiscal contra o devedor.** 2. A IN RFB nº 1.088/10 impôs obrigação ao órgão de registro de comunicar à unidade da RFB do domicílio tributário do sujeito passivo, no prazo de 48 (quarenta e oito) horas, a alteração promovida no registro em decorrência de alienação, oneração ou transferência a qualquer título, de qualquer dos bens ou direitos arrolados, sob pena de imposição da penalidade prevista no art. 9 º do Decreto-Lei n º 2.303, de 21 de novembro de 1986. 3. **Da legislação citada infere-se claramente que o titular do órgão de registro não pode negar o registro da alteração da titularidade do bem tão somente em razão de haver na matrícula do imóvel o registro do arrolamento do bem, incumbindo-lhe, apenas, comunicar tal alteração à unidade da RFB do domicílio tributário do sujeito passivo.** 4.(...)"* (REsp 1486861/RS, Rel. Ministro MAURO CAMPBELL MARQUES, SEGUNDA TURMA, julgado em 09/12/2014, DJe 15/12/2014, g.n).

Deveras, o arrolamento levado a efeito pela Receita Federal **não tem natureza de constrição judicial**, não impedindo a sua alienação ou oneração, tratando-se de procedimento suscetível de ser indicado como garantia de débitos federais e para representação, quando da propositura de medida cautelar fiscal.

Já quanto aos supostos indícios de dilapidação patrimonial, muito embora a própria redação do Item 40 do Capítulo XX das Normas de Serviço disponha ser dever do Registrador proceder ao exame exaustivo do título apresentado, tal exame, contudo, não pode ultrapassar os limites registrais, sob pena de ingresso indevido do Oficial nos elementos intrínsecos do título apresentado.

E isso não pode ocorrer, por melhores que sejam as intenções do diligente Oficial Registrador.

À luz do art. 167, §1º, II, do Código Civil, a simulação é vício que leva à nulidade do negócio jurídico:

"Art. 167. É nulo o negócio jurídico simulado, mas subsistirá o que se dissimulou, se válido for na substância e na forma.

§ 1º Haverá simulação nos negócios jurídicos quando: (...)

II - contiverem declaração, confissão, condição ou cláusula não verdadeira;"

A fraude contra credores está descrita no art. 158 do Código Civil:

"Art. 158. Os negócios de transmissão gratuita de bens ou remissão de dívida, se os praticar o devedor já insolvente, ou por eles reduzido à insolvência, ainda quando o ignore, poderão ser anulados pelos credores quirografários, como lesivos dos seus direitos.

§ 1º Igual direito assiste aos credores cuja garantia se tornar insuficiente.

§ 2º Só os credores que já o eram ao tempo daqueles atos podem pleitear a anulação deles."

Por fim, a fraude à execução está assim descrita no Código de Processo Civil:

"Art. 792. A alienação ou a oneração de bem é considerada fraude à execução:

I - quando sobre o bem pender ação fundada em direito real ou com pretensão reipersecutória, desde que a pendência do processo tenha sido averbada no respectivo registro público, se houver;

II - quando tiver sido averbada, no registro do bem, a pendência do processo de execução, na forma do art. 828;

III - quando tiver sido averbado, no registro do bem, hipoteca judiciária ou outro ato de constrição judicial originário do processo onde foi arguida a fraude;

IV - quando, ao tempo da alienação ou da oneração, tramitava contra o devedor ação capaz de reduzi-lo à insolvência;

V - nos demais casos expressos em lei.

§ 1º A alienação em fraude à execução é ineficaz em relação ao exequente. (...)

§ 4º Antes de declarar a fraude à execução, o juiz deverá intimar o terceiro adquirente, que, se quiser, poderá opor embargos de terceiro, no prazo de 15 (quinze) dias."

Verifica-se que, em todas as hipóteses acima citadas, o reconhecimento de situações que levem à nulidade ou ineficácia da alienação pressupõe a **manifestação judicial** quanto a sua constatação.

Frise-se ser da essência da simulação a conduta praticada em conluio, em ardil, e que, pois, demandará ação própria, de natureza jurisdicional, com contraditório e ampla defesa, o que não é possível ser feito na esfera administrativa, sob pena de invasão na livre declaração de vontade das partes.

A Lei nº 6.015/73, no que diz respeito à hipótese em exame, trata das nulidades dos registros nos arts. 214 e 216:

"Art. 214 - As nulidades de pleno direito do registro, uma vez provadas, invalidam-no, independentemente de ação direta.

§ 1º A nulidade será decretada depois de ouvidos os atingidos."

"Art. 216 - O registro poderá também ser retificado ou anulado por sentença em processo contencioso, ou por efeito do julgado em ação de anulação ou de declaração de nulidade de ato jurídico, ou de julgado sobre fraude à execução."

Ocorre que, nos termos do art. 252 da Lei nº 6.015/73, o registro, enquanto não cancelado, produz todos os efeitos legais ainda que, por outra maneira, seja provado que o título está desfeito, anulado, extinto ou rescindido.

Não existe qualquer informação quanto a indícios de falsidade material, ou mesmo ideológica, mas sim a presunção de negócio simulado ou fraudulento, com base em fatos intrínsecos levados em conta no momento da qualificação.

As hipóteses legais de nulidades a serem declaradas no próprio registro de imóveis são restritas, valendo a releitura do art. 214 da Lei nº 6.015/73, que reserva essa possibilidade somente para nulidades cujo exame se verifique no próprio registro, desligadas do título que lhe deu origem, ressalvadas hipóteses expressamente previstas em lei, como o próprio art. 250, inciso IV, da Lei de Registros Públicos, ou do art. 1º da Lei nº 6.739/79.

Para a situação aqui apresentada, será necessária eventual propositura de ação jurisdicional, ou medida cautelar fiscal, por parte dos credores/interessados, a fim de que seja imposta a indisponibilidade ou declarada a nulidade do título e de seu respectivo registro, se for o caso, com base em vício intrínseco, o que, deveras, demanda análise casuística.

Desse modo, com o devido respeito, não é possível, em âmbito administrativo, acolher-se a afirmação do MM. Juiz Corregedor Permanente no sentido de que: *"Assim, a partir de todo este quadro, a exigência da CND, neste caso, não se apresenta como uma forma enviesada de exigência tributária,* ***mas sim mecanismo legítimo para preservar direitos de credores e evitar a ocorrência de fraude.****"* (fl. 121, g.n).

O direito de propriedade se enquadra no rol daqueles fundamentais. Não se pode criar uma nova hipótese de indisponibilidade de bens administrativa não prevista em lei, e sem decisão judicial, feita pelo Oficial de Registro de Imóveis, com base em anteriores alienações feitas pelas mesmas partes, por se entender que, em tese, poderia haver alguma espécie de simulação ou fraude.

Neste cenário, portanto, a exigência de apresentação da Certidão Negativa de Débitos deve ser afastada. Ante o exposto, dou provimento ao recurso e julgo improcedente a dúvida suscitada.

GERALDO FRANCISCO PINHEIRO FRANCO

Corregedor Geral da Justiça e Relator. (DJe de 17.09.2019 – SP)

COMPRA E VENDA E COMPROMISSO

PODER JUDICIÁRIO

TRIBUNAL DE JUSTIÇA DO ESTADO DE SÃO PAULO

CONSELHO SUPERIOR DA MAGISTRATURA

Apelação nº 1000228-15.2017.8.26.0534

Registro: 2018.000962592

ACÓRDÃO

Vistos, relatados e discutidos estes autos do(a) **Apelação nº 1000228-15.2017.8.26.0534**, da Comarca de **Santa Branca**, em que é apelante **ANTONIO CARLOS PIRES**, é apelado **OFICIAL DE REGISTRO DE IMÓVEIS E ANEXOS DA COMARCA DE SANTA BRANCA.**

ACORDAM, em Conselho Superior de Magistratura do Tribunal de Justiça de São Paulo, proferir a seguinte decisão: **"Julgaram prejudicada a dúvida e não conheceram do recurso, v.u."**, de conformidade com o voto do Relator, que integra este Acórdão.

O julgamento teve a participação dos Exmos. Desembargadores **PEREIRA CALÇAS (PRESIDENTE TRIBUNAL DE JUSTIÇA) (Presidente), ARTUR MARQUES (VICE PRESIDENTE), XAVIER DE AQUINO (DECANO), EVARISTO DOS SANTOS(PRES. DA SEÇÃO DE DIREITO PÚBLICO), CAMPOS MELLO (PRES. DA SEÇÃO DE DIREITO PRIVADO) E FERNANDO TORRES GARCIA(PRES. SEÇÃO DE DIREITO CRIMINAL).**

São Paulo, 23 de novembro de 2018.

GERALDO FRANCISCO PINHEIRO FRANCO

Corregedor Geral da Justiça e Relator

Apelação nº 1000228-15.2017.8.26.0534
Apelante: Antonio Carlos Pires

Apelado: Oficial de Registro de Imóveis e Anexos da Comarca de Santa Branca

VOTO Nº 37.646

Registro de Imóveis – Dúvida – Impugnação parcial das exigências – Ofensa ao princípio da continuidade

– Anuência do apresentante com um dos óbices apresentados – Dúvida prejudicada – Recurso não conhecido.

Trata-se de apelação interposta contra r. sentença que julgou procedente dúvida suscitada pela Oficial de Registro de Imóveis da Comarca de Santa Branca/SP e manteve a negativa de registro, na matrícula nº 6.845, de escritura pública de compra e venda com doação de numerário e cláusulas de impenhorabilidade, inalienabilidade e fideicomisso.

O apelante alega, em suma, que o seu falecido irmão, Luiz Carlos Pires, doou a importância de R$ 28.500,00 para que seus pais, Antonio Pires Filho e Dejanira Teixeira Pires, ambos igualmente falecidos, comprassem o imóvel de propriedade de Lilian Cristina de Paiva Xavier e outros, matriculado na referida serventia imobiliária. Lavrada escritura de compra e venda na data de 16/3/2002, os falecidos Antonio Pires Filho e Dejanira Teixeira Pires nela figuraram como compradores, inexistindo qualquer impedimento à imposição de cláusula por doador de numerário para aquisição de bem imóvel. Pugna, assim, pela reforma da sentença a fim de que seja registrada a escritura e, após, averbadas as cláusulas de acréscimo entre os compradores, reversão em favor de seu irmão e doador do numerário, Luiz Carlos Pires, e fideicomisso, sem prejuízo das averbações subsequentes dos óbitos ocorridos.

A douta Procuradoria Geral de Justiça opinou pelo não provimento do recurso (fls. 104/107).

É o relatório.

Postulou o apelante perante a Oficial de Registro de Imóveis da Comarca de Santa Branca/SP o registro da escritura de compra e venda com doação de numerário e cláusulas de impenhorabilidade e inalienabilidade, mais cláusula de acréscimo, reversão e fideicomisso, com a consequente transferência da titularidade do imóvel diretamente ao seu nome.

Consoante se depreende da nota devolutiva elaborada após a análise do título apresentado pela parte (fls. 15/16), foram apresentados vários óbices pela registradora que, em suma, dizem respeito à ofensa ao princípio da continuidade registral e à ausência de título em nome do interessado, diretamente. Entendeu a registradora que as cláusulas de acréscimo e de reversão são próprias da doação e alcançam o objeto desta, que no caso concreto é o numerário destinado à aquisição do imóvel e não este. Ainda, sustentou que a despeito de prever o Código Civil antigo a instituição de fideicomisso por ato *inter vivos* e em favor de qualquer pessoa, este se refere ao bem fideicomitido, ou seja, ao numerário objeto da doação, sem que possa alcançar e vincular o bem adquirido a título oneroso. Por fim, diz que, mesmo se admitida a validade de todas as cláusulas estipuladas no título, deveria o interessado observar, para aquisição do imóvel, a sequência de atos instrumentalizada na escritura e em conformidade com os acontecimentos do mundo fático, certo que eventual hipótese de isenção do ITCMD deveria nela ter constado expressamente.

Uma vez informado do teor da nota devolutiva, o interessado limitou-se a discordar dos óbices apresentados pela registradora, alegando: a) a possibilidade de haver doação de numerário para compra de imóvel; b) o direito de acrescer dos donatários do numerário, ainda que não fossem cônjuges; c) a validade da cláusula de reversão, pois houve doação do numerário com a condição de o imóvel ir para o patrimônio do doador, o que permitiria o registro do título em nome deste; d) a validade da cláusula de fideicomisso, ante o princípio *"tempus regit actus"*; e) a desnecessidade do necessário o recolhimento do ITCMD pois a doação não ultrapassou 2.500 UFESPs, cabendo ao fisco notificar o contribuinte para recolhimento do imposto quando devido; f) a irregularidade na cobrança de emolumentos e custas, ao argumento de que o princípio da legalidade impõe a realização apenas das inscrições eficazes.

A MM. Juíza Corregedora Permanente julgou procedente a dúvida, reputando correta a qualificação negativa do título apresentada pela registradora.

Em suas razões de inconformismo, o apelante, agora, afirma que pretende registrar a escritura de compra e venda para que o imóvel seja transferido ao nome de seus falecidos pais, os adquirentes Antonio e Dejanira, em atenção ao princípio da continuidade registral e, a seguir, que sejam feitas as inscrições na matrícula referentes às cláusulas de acréscimo entre os compradores, de reversão em favor do irmão e doador do numerário e, finalmente, de fideicomisso, de modo que, ao final, seja transferida a titularidade do imóvel a seu próprio nome. Entende, diante disso, que o único óbice remanescente seria relativo à possibilidade de imposição de cláusulas restritivas pelo doador de numerário para aquisição de bem imóvel, defendendo sua validade por entender que essa faculdade não está reservada ao titular de domínio do bem.

Desde logo, importa consignar que o ato registral é de iniciativa exclusiva do interessado, vedado o ato *ex officio* (princípio da rogação), de forma que, ausentes as hipóteses de exceção trazidas pela lei, à Oficial competia qualificar o título em conformidade com o requerimento que lhe foi formulado.

Ocorre que, em sede recursal, o apelante reconheceu que o registro, tal como postulado, feriria o princípio da continuidade. Ante a concordância com um dos óbices apresentados, resta prejudicada a dúvida.

Daí porque, mesmo que admitida, em tese, a validade das cláusulas pactuadas, a parcial impugnação dos óbices apresentados prejudica a dúvida, que só admite duas soluções: a determinação do registro do título protocolado e prenotado, que é analisado, em reexame da qualificação, tal como se encontrava no momento em que surgida dissensão entre o apresentante e o Oficial de Registro de Imóveis; ou a manutenção da recusa do Oficial.

Para que se possa decidir se o título deve ser registrado ou não, é preciso que todas as exigências – e não apenas algumas delas – sejam reexaminadas. Isso porque, em caso de impugnação parcial, permanecerão óbices que prejudicam o ingresso do título no registro imobiliário.

Essa circunstância impede o conhecimento da apelação, consoante pacífico entendimento deste Conselho Superior da Magistratura: *Apelação 0001724-22.2015.8.26.0355, Relator Des. Pinheiro Franco, j. 9/3/2018; Apelação 1001619-57.2016.8.26.0431, Relator Des. Pinheiro Franco, j. 28/3/2018; Apelação n. 990.10.325.599-2, Rel. Des. Antônio Carlos Munhoz Soares, j. 14/12/2010; Apelação n. 990.10.030.839-4, Rel. Des. Marco César Müller Valente, j. 30/6/2010; Apelação n. 0011799-78.2010.8.26.0070, Rel. Maurício Vidigal, j. 7/11/2011, Apelação n. 17-6/0, Rel. Des. Luiz Tâmbara, j. 7/11/2003 e Apelação n. 7.120-0/9, Rel. Des. Sylvio do Amaral, j. 1/6/1987.*

E o reconhecimento de que a dúvida se encontra prejudicada acarreta o não conhecimento da apelação. Diante do exposto, julgo prejudicada a dúvida e não conheço do recurso.

GERALDO FRANCISCO PINHEIRO FRANCO

Corregedor Geral da Justiça e Relator (DJe de 22.01.2019 - SP)

PODER JUDICIÁRIO

TRIBUNAL DE JUSTIÇA DO ESTADO DE SÃO PAULO

CONSELHO SUPERIOR DA MAGISTRATURA

Apelação nº 1000035-06.2018.8.26.0068

Registro: 2018.0000694957

ACÓRDÃO

Vistos, relatados e discutidos estes autos do(a) **Apelação nº 1000035-06.2018.8.26.0068**, da Comarca de **Barueri**, em que são partes é apelante **VALDENILIA DE ARAÚJO E SILVA**, é apelado **OFICIAL DE REGISTRO DE IMÓVEIS E ANEXOS DA COMARCA DE BARUERI.**

ACORDAM, em Conselho Superior de Magistratura do Tribunal de Justiça de São Paulo, proferir a seguinte decisão: **"Negaram provimento ao recurso. V. U. Negaram provimento ao recurso, v.u."**, de conformidade com o voto do Relator, que integra este Acórdão.

O julgamento teve a participação dos Exmos. Desembargadores **PEREIRA CALÇAS (PRESIDENTE TRIBUNAL DE JUSTIÇA) (Presidente), ARTUR MARQUES (VICE PRESIDENTE), DAMIÃO COGAN (DECANO), EVARISTO DOS SANTOS(PRES. DA SEÇÃO DE DIREITO PÚBLICO), CAMPOS MELLO (PRES. DA SEÇÃO DE DIREITO PRIVADO) E FERNANDO TORRES GARCIA(PRES. SEÇÃO DE DIREITO CRIMINAL).**

São Paulo, 31 de agosto de 2018.

GERALDO FRANCISCO PINHEIRO FRANCO

Corregedor Geral da Justiça e Relator

Apelação nº 1000035-06.2018.8.26.0068

Apelante: Valdenilia de Araújo e Silva

Apelado: Oficial de Registro de Imóveis e Anexos da Comarca de Barueri

VOTO Nº 37.538

Registro de imóveis – Escritura de compra e venda – Área maior transcrita, com marcos imprecisos e contendo diversos desfalques, perdendo suas características de especialização objetiva – Necessidade de retificação – Apuração de remanescente – Dúvida procedente – Recurso desprovido.

VALDENILIA DE ARAUJO SILVA interpõe recurso de apelação contra r. sentença de fl. 83/85, que julgou procedente a dúvida suscitada pelo Sr. Oficial do Registro de Imóveis da Comarca de Barueri, mantendo a recusa para ingresso de escritura de compra e venda naquela serventia.

A apelante sustenta que o título apresentado para registro não apresenta qualquer vício, já que presente a especialidade quantitativa, que será destacada de área maior da transcrição. Afirmou que já houve aberturas de matrículas da mesma transcrição de origem (fl. 91/95).

A D. Procuradoria Geral de Justiça opinou pelo desprovimento do recurso (fl. 143/144). É o relatório.

O apelo não deve ser provido.

O objeto da escritura de compra e venda apresentada a registro é uma área de 2.625,00 m² (fl. 25/28), com origem na transcrição n° 81.055, do 11° Registro de Imóveis da Capital, circunscrição competente antes da criação das comarcas de Cotia, Itapevi e Barueri.

De acordo com a certidão transcrição n° 81.055, expedida pela serventia imobiliária de origem (fl.32/39), o vendedor adquiriu o terreno sem denominação, localizado no Sítio Paneleiros, Distrito de Itapevi, com área total de 329.263,00 m².

Não consta da referida transcrição qualquer regularização quanto ao parcelamento da área, arruamento, desmembramento ou loteamento.

Ainda está certificada pela circunscrição de origem a ocorrência de diversas alienações, muitas delas da década de 60, totalizando o desfalque de 272.854,00 m². E, em Barueri, estão registradas alienações que totalizam 47.810,94 m² (fl. 32/39).

Sendo assim, do total da área da transcrição n° 81.055 (329.263,00 m²) já saíram 320.664,94 m². Sobram 8.598,06 m².

Como o título possui como objeto a área de 2.625,00 m², não há dúvidas quanto à disponibilidade quantitativa no registro anterior; contudo, por outro enfoque, está claro que a disponibilidade qualitativa inexiste. Não se sabe de onde sairá a área a ser destacada.

Em razão de tantas alienações e destaques ao longo do tempo, a transcrição n° 81.055 perdeu suas características de especialização objetiva, não havendo, sequer no Registo Imobiliário de Barueri, planta da referida transcrição, para mínimo controle de disponibilidade.

Não seria possível o ingresso do título, portanto, à míngua de descrição suficiente da área e dos limites do imóvel remanescente, sem a indicação de marcos seguros que permitam levantar de onde será destacada a área, sob pena de ofensa ao princípio da especialidade objetiva.

A questão não é nova; são diversos os precedentes deste Eg. Conselho Superior da Magistratura sobre a matéria. A título ilustrativo:

REGISTRO DE IMÓVEIS - Escritura pública de venda e compra – Acesso negado - Lote destacado de área transcrita - Ausência de perfeita identificação tabular - Princípios da especialidade e da disponibilidade - Dúvida procedente - Recurso não provido. (APELAÇÃO CÍVEL Nº 188-6/9, da Comarca de BARUERI, Rel. Des. JOSÉ MÁRIO ANTONIO CARDINALE).

REGISTRO DE IMÓVEIS – Dúvida julgada procedente – Transcrição imprecisa que compromete a segurança do sistema Venda e compra celebrada com herdeiros dos titulares tabulares – Sujeição do registro ao princípio da continuidade – Desmembramento irregular de lote, a exigir retificação (apuração do remanescente) Irrelevância dos erros praticados no âmbito do serviço extrajudicial (notarial e registral) – Sentença mantida – Recursos improvidos. (Apelação nº 0005615-39.2015.8.26.0068, Comarca de BARUERI, Rel. Des. MANOEL DE QUEIROZ PEREIRA CALÇAS)

Não se pode falar em mitigação da especialidade objetiva para atos de registro constitutivo de um novo direito real, sob pena de ofensa a todos os princípios de segurança jurídica e publicidade afetos ao serviço de registro imobiliário.

Embora a apelante sustente ocorrência de registros anteriores envolvendo a mesma área, consta às fl.7 que a penúltima matrícula aberta naquela serventia data de 1979 (matrícula nº 16.920), e a última, de 2011, se deu por declaração de usucapião (matrícula nº154.402).

Ademais, sem prejuízo de eventual pedido de usucapião, não há óbice que impossibilite, de forma absoluta, que a apelante promova a retificação da transcrição, na condição de interessada no registro da compra e venda de área a ser destacada, uma vez que, na impossibilidade de iniciativa de eventuais titulares de domínio ou confrontantes, serão feitas as regulares notificações, na forma do art. 213 e parágrafos da Lei nº 6.015/73.

Ante o exposto, nego provimento ao recurso.

GERALDO FRANCISCO PINHEIRO FRANCO

Corregedor Geral da Justiça e Relator (DJe de 07.02.2019 - SP)

PODER JUDICIÁRIO

TRIBUNAL DE JUSTIÇA DO ESTADO DE SÃO PAULO

CONSELHO SUPERIOR DA MAGISTRATURA

Apelação nº 1000736-33.2016.8.26.0586

Registro: 2019.0000030638

ACÓRDÃO

Vistos, relatados e discutidos estes autos do(a) **Apelação nº 1000736-33.2016.8.26.0586**, da Comarca de **São Roque**, em que é apelante **MARIA APARECIDA BICK**, é apelado **OFICIAL DE REGISTRO DE IMÓVEIS E ANEXOS DA COMARCA DE SÃO ROQUE.**

ACORDAM, em Conselho Superior de Magistratura do Tribunal de Justiça de São Paulo, proferir a seguinte decisão: **"Julgaram prejudicada a dúvida e não conheceram do recurso, v.u."**, de conformidade com o voto do Relator, que integra este Acórdão.

O julgamento teve a participação dos Exmos. Desembargadores **PEREIRA CALÇAS (PRESIDENTE TRIBUNAL DE JUSTIÇA) (Presidente), ARTUR MARQUES (VICE PRESIDENTE), XAVIER DE AQUINO (DECANO), EVARISTO DOS SANTOS(PRES. DA SEÇÃO DE DIREITO PÚBLICO), CAMPOS MELLO (PRES. DA SEÇÃO DE DIREITO PRIVADO) E FERNANDO TORRES GARCIA(PRES. SEÇÃO DE DIREITO CRIMINAL).**

São Paulo, 24 de janeiro de 2019.

GERALDO FRANCISCO PINHEIRO FRANCO

Corregedor Geral da Justiça e Relator

Apelação nº 1000736-33.2016.8.26.0586

Apelante: Maria Aparecida Bick

Apelado: Oficial de Registro de Imóveis e Anexos da Comarca de São Roque

VOTO Nº 37.662

Registro de Imóveis – Dúvida julgada procedente para manter a recusa do registro – Compra e venda da metade ideal de imóvel realizada em favor dos coproprietários da outra metade – Concordância da apresentante com a exigência de apresentação de declaração do INCRA, com prova de quitação do ITR – Irresignação parcial – Dúvida prejudicada – Recurso não conhecido.

Trata-se de apelação interposta por Maria Aparecida Bick contra r. sentença que julgou a dúvida procedente e manteve a recusa do registro de escritura de compra e venda da metade ideal do imóvel objeto da transcrição nº 20.202 do Registro de Imóveis, Títulos e Documentos e Civil de Pessoa Jurídica da Comarca de São Roque.

A apelante alegou, em suma, que o imóvel é de co-propriedade de dois irmãos, e seus respectivos cônjuges, que o adquiriram quando situado em zona rural. Afirmou que a venda foi realizada em favor de um dos co-proprietários e que a escritura de compra e venda reproduz a descrição do imóvel contida em sua transcrição, o que torna desnecessária a retificação para alterar a descrição da área. Indicou os números das identidades e CPFs dos coproprietários do imóvel, que obteve em documentos cujas cópias juntou aos autos, com responsabilização, por seu Advogado, de que as cópias simples correspondem aos originais. Esclareceu que foi apresentada certidão da inscrição do imóvel no Cadastro Fiscal do Município de Araçariguana, comprovando que, atualmente, está localizado em zona urbana. Aduziu que não é possível a adequação da escritura pública lavrada no ano de 1982 ao previsto no Provimento nº 58/89 da Corregedoria Geral da Justiça, que diz respeito à indicação do estado civil das partes do negócio jurídico, por ser a referida escritura anterior ao provimento e em razão do posterior falecimento dos vendedores. Por fim, concordou com as exigências de comprovação do cancelamento da inscrição do imóvel no INCRA e de comprovação da quitação do imposto sobre propriedade rural, o que será providenciado.

A douta Procuradoria Geral de Justiça opinou pelo não provimento do recurso (fls. 225/229). É o relatório.

A certidão de fls. 41 demonstra que o imóvel objeto da transcrição nº 20.202 do Registro de Imóveis, Títulos e Documentos e Civil de Pessoa Jurídica da Comarca de São Roque é de propriedade de José Antonio de Souza Donnabella e sua esposa Anna Emília Moreira de Souza Donnabella, na proporção de metade ideal, e da apelante Maria Aparecida Bick (que tinha o nome de solteira Maria Aparecida de Souza Donnabella), casada com Léo Feinik Bick.

Foi apresentada para registro a escritura pública de fls. 201/203, em que Léo Feinik Bick, casado com Maria Aparecida Bick pelo regime comum anterior à Lei nº 6.515/77, ou seja, pelo regime da comunhão universal de bens, comprou a metade ideal do imóvel pertencente a José Antonio de Souza Donnabella e Ana Emília Moreira de Souza Donnabella.

No recurso apresentado, a apelante concordou com a exigência de comprovação do cancelamento da inscrição do imóvel no INCRA e de comprovação da quitação do imposto sobre propriedade rural (fls. 37 e 194), o que caracteriza impugnação parcial que impede a análise das demais exigências formuladas.

O procedimento de dúvida é reservado à análise da discordância da apresentante com os motivos que levaram à recusa do registro do título. De seu julgamento, decorrerá a manutenção da recusa, com cancelamento da prenotação, ou a improcedência da dúvida que terá como consequência a realização do registro (art. 203, II, da Lei nº 6.015/73).

Em razão disso, a impugnação parcial das exigências formuladas, com anuência em relação a uma delas, prejudica o exame da dúvida porque permanece óbice que impede o ingresso do título no registro imobiliário.

Portanto, a anuência com uma das exigências apontadas para o ingresso do título no fólio real atribui ao procedimento de dúvida natureza consultiva, ou meramente doutrinária, pois o novo exame de admissibilidade para o futuro registro poderá ser influenciado por eventuais fatos novos, mesmo se o título for reapresentado com atendimento da exigência impugnada.

Por esses motivos este Col. Conselho Superior da Magistratura já decidiu:

"No mais, ao contrário do sustentado pelo recorrente, não cabe aqui ao Judiciário se pronunciar acerca da solução cabível para o caso concreto, não se tratando de órgão consultivo, como bem ressaltado pela nobre representante do *parquet*" (CSM, Processo n° 000.608.6/7-00, Rel. Des. Gilberto Passos de Freitas, j. 21/12/2006).

E por estar a dúvida prejudicada não é possível o conhecimento do recurso. Ante o exposto, julgo prejudicada a dúvida e não conheço do recurso.

GERALDO FRANCISCO PINHEIRO FRANCO

Corregedor Geral da Justiça e Relator (DJe de 20.02.2019 - SP)

PODER JUDICIÁRIO

TRIBUNAL DE JUSTIÇA DO ESTADO DE SÃO PAULO

CONSELHO SUPERIOR DA MAGISTRATURA

Embargos de Declaração nº 1000526-04.2016.8.26.0320/50000

Registro: 2018.0000726426

ACÓRDÃO

Vistos, relatados e discutidos estes autos do(a) **Embargos de Declaração nº 1000526-04.2016.**

8.26.0320/50000, da Comarca de **Limeira**, em que é embargante **ELIANA FERREIRA GRAF**, é embargado **2º OFICIAL DE REGISTRO DE IMÓVEIS E ANEXOS DA COMARCA DE LIMEIRA**.

ACORDAM, em Conselho Superior de Magistratura do Tribunal de Justiça de São Paulo, proferir a seguinte decisão: **"Rejeitaram os embargos de declaração, v.u."**, de conformidade com o voto do Relator, que integra este Acórdão.

O julgamento teve a participação dos Exmos. Desembargadores **PEREIRA CALÇAS (PRESIDENTE TRIBUNAL DE JUSTIÇA) (Presidente), ARTUR MARQUES (VICE PRESIDENTE), DAMIÃO COGAN (DECANO), EVARISTO DOS**

SANTOS(PRES. DA SEÇÃO DE DIREITO PÚBLICO), CAMPOS MELLO (PRES. DA SEÇÃO DE DIREITO PRIVADO) E FERNANDO TORRES GARCIA(PRES. SEÇÃO DE DIREITO CRIMINAL).

São Paulo, 13 de setembro de 2018.

GERALDO FRANCISCO PINHEIRO FRANCO

Corregedor Geral da Justiça e Relator

Embargos de Declaração nº 1000526-04.2016.8.26.0320/50000

Embargante: Eliana Ferreira Graf

Embargado: 2º Oficial de Registro de Imóveis e Anexos da Comarca de Limeira

VOTO Nº 37.554

Embargos de Declaração - Inexistência de omissão, contradição ou obscuridade no v. acórdão - Efeitos infringentes - Embargos de declaração rejeitados.

Trata-se de embargos de declaração opostos por Eliana Ferreira Graf visando a reforma do julgado, em razão de omissão, porque o desmembramento do imóvel foi autorizado pelo INCRA no ano de 1996 e a área que se pretende excluir mediante re-ratificação da escritura pública já registrada não deveria integrar a compra e venda. Porém, em razão de questões pessoais e do falecimento de João Edmundo Graf não foi promovido o desmembramento do imóvel. Asseverou que a questão do desmembramento não foi apreciada, devendo, porém, ser determinada a prática do ato em razão dos documentos apresentados.

É o relatório.

A certidão de fls. 15 demonstra que o imóvel objeto da matrícula nº 59.926 do 2º Registro de Imóveis de Limeira, com área total de 125.092,60m², teve a propriedade transmitida para Matheus Varga Antonio mediante registro de escritura pública de compra e venda promovido em 03 de novembro de 2008.

Pretendeu-se, posteriormente, o registro de escritura pública de re-ratificação para constar que o imóvel vendido tem área total de 121.429,60m², descrita às fls. 24/25.

Apurou-se, contudo, que a matrícula nº 59.926 tem origem tabular na matrícula nº 24.704 do 2º Registro de Imóveis de Limeira (fls. 05/08 e 15) e que ambas foram bloqueadas por r. decisão de 28 de setembro de 2009 (fls. 32/34).

Diante desses fatos, foi reconhecida a impossibilidade de ingresso da escritura pública de re-ratificação da compra e venda, constando no v. Acórdão:

"No entanto, a escritura de compra e venda cujo conteúdo a apelante pretende ratificar e retificar já ingressou no fólio real (cf. R.2 da matrícula nº 59.962 – fls. 15).

Ocorrido o registro, não se pode admitir que novo título altere elemento essencial do negócio – no caso, o próprio objeto da compra e venda –, cuja área restaria sensivelmente reduzida por conta de alienação anterior, a qual não foi registrada.

Ou seja, realizado o registro da escritura de compra e venda, inviável o registro da escritura de rerratificação ora analisada.

E o fato de a matrícula estar bloqueada também impede o registro do título. Preceitua o § 4º do artigo 214 da Lei nº 6.015/73:

> *§ 4º Bloqueada a matrícula, o oficial não poderá mais nela praticar qualquer ato, salvo com autorização judicial, permitindo-se, todavia, aos interessados a prenotação de seus títulos, que ficarão com o prazo prorrogado até a solução do bloqueio.*

Percebe-se, assim, que o bloqueio da matrícula impede não só o ingresso da escritura de rerratificação que aqui se avalia, mas de qualquer outro título que seja eventualmente apresentado na serventia extrajudicial.

Correta, portanto, a decisão do MM. Juiz Corregedor Permanente" (fls. 128/129).

O procedimento de dúvida é reservado à análise da dissensão do apresentante com os motivos que levaram à recusa do registro do título apresentado (art. 203, II, da Lei nº 6.015/73).

No presente caso, o título consistiu em escritura pública de re-ratificação de contrato de compra e venda, e todas as matérias pertinentes à admissibilidade de acesso desse título ao registro imobiliário foram apreciadas no v. acórdão.

Por fim, a solução adotada não se altera pela alegação de que o INCRA anteriormente autorizou o desmembramento da parte do imóvel que se pretende excluir da compra e venda, pois o desmembramento deve ser objeto de requerimento próprio, com protocolo específico perante o Registro de Imóveis, e em tese independe da re- ratificação da compra e venda, desde que sejam atendidos todos os requisitos legais.

Diante disso, os embargos apresentam natureza infringente, não existindo omissão, contradição ou obscuridade passível de esclarecimento.

Ante o exposto, **pelo meu voto rejeito os embargos de declaração**. **GERALDO FRANCISCO PINHEIRO FRANCO**

Corregedor Geral da Justiça e Relator (DJe de 01.03.2019 - SP)

PODER JUDICIÁRIO

TRIBUNAL DE JUSTIÇA DO ESTADO DE SÃO PAULO

CONSELHO SUPERIOR DA MAGISTRATURA

Apelação nº 1004800-38.2016.8.26.0408

Registro: 2018.0000429207

ACÓRDÃO

Vistos, relatados e discutidos estes autos do(a) **Apelação nº 1004800-38.2016.8.26.0408**, da Comarca de **Ourinhos**, em que são partes são apelantes **ELOY ALBANEZ JUNIOR e WILSON DOLCI**, é apelado **OFICIAL DE REGISTRO DE IMÓVEIS E ANEXOS DA COMARCA DE OURINHOS.**

ACORDAM, em Conselho Superior de Magistratura do Tribunal de Justiça de São Paulo, proferir a seguinte decisão: **"Negaram provimento ao recurso, v.u."**, de conformidade com o voto do Relator, que integra este Acórdão.

O julgamento teve a participação dos Exmos. Desembargadores **PEREIRA CALÇAS (PRESIDENTE TRIBUNAL DE JUSTIÇA) (Presidente), ARTUR MARQUES (VICE PRESIDENTE), XAVIER DE AQUINO (DECANO), EVARISTO DOS SANTOS(PRES. DA SEÇÃO DE DIREITO PÚBLICO), CAMPOS MELLO (PRES. DA SEÇÃO DE DIREITO PRIVADO) E FERNANDO TORRES GARCIA(PRES. SEÇÃO DE DIREITO CRIMINAL).**

São Paulo, 24 de maio de 2018.

GERALDO FRANCISCO PINHEIRO FRANCO

Corregedor Geral da Justiça e Relator

Apelação n.º 1004800-38.2016.8.26.0408

Apelantes: Eloy Albanez Junior e Wilson Dolci

Apelado: Cartório de Registro de Imoveis

VOTO N.º 37.471

Registro de Imóveis – Dúvida – Escritura de Compra e Venda – Descrição deficiente – Princípio da especialidade objetiva – Indícios de duplicidade antinômica – Dúvida procedente – Recurso desprovido.

ELOY ALBANEZ JUNIOR e WILSON DOLCI recorrem contra r. sentença que julgou procedente a dúvida suscitada e manteve a negativa de registro de escritura de compra e venda, acolhendo as razões trazidas pelo Sr. Oficial do Registro de Imóveis, Títulos e Documentos e Civil de Pessoas Jurídicas de Ourinhos, quanto à necessidade de retificação da transcrição objeto do negócio jurídico.

Os apelantes sustentam que o imóvel não está encravado, pois existe servidão de passagem de expressiva largura, que delimita o imóvel adquirido daquele contíguo, conforme estudo depositado nos autos. Ademais, seria perfeitamente possível a transferência da propriedade, já que não importa alteração das dimensões do imóvel.

A D. Procuradoria de Justiça opina pelo desprovimento do recurso.

É o relatório.

Presentes pressupostos legais e administrativos, conheço do recurso. No mérito, ele não prospera.

A qualificação registral imobiliária é expressão do exame registral, após apresentação do título original.

Por essas razões, a qualificação deve observar todos os princípios e regras aplicáveis, sejam legais, sejam administrativas.

E, de fato, não seria possível o ingresso do título, à míngua de descrição suficiente da área e dos limites do imóvel objeto do negócio jurídico, sem a indicação de marcos seguros que permitam identificar a sua correta descrição, sob pena de ofensa ao princípio da especialidade objetiva.

O objeto da escritura de compra e venda é o imóvel correspondente ao lote nº 33, com 400m2, figurando como vendedora a Fazenda do Estado de São Paulo e como compradores os recorrentes e suas esposas. O registro atingido é a transcrição nº **27.490** daquela serventia (fls. 16/23)

Ocorre que a transcrição n° **27.490**, de propriedade da Fazenda do Estado de São Paulo, tem origem no imóvel da transcrição n° **21.460** que, por sua vez, tem origem no imóvel da transcrição n° **17.825**. Esse último imóvel, originalmente com 26.965,60m², sofreu muitos desfalques, desmembrando-se em uma dezena de outros imóveis.

Em prenotação anterior (fls. 5/6), foi solicitada a retificação da transcrição n° 27.490, mas não houve averbação por risco de duplicidade antinômica com a matrícula n° 51.494 (fls. 12/14). Esse último imóvel e aquele da transcrição retificanda distam 100,11m da esquina da Rua São José com a Rua Constituição, o que traduz indícios de sobreposição.

Esse risco de sobreposição se agrava quando se percebe que ambos os imóveis supostamente sobrepostos têm origem na mesma transcrição n° 17.825, acima referida, e dizem respeito aos lotes 31, 32 (matrícula n° 51.494) e 33.

Além da configurada duplicidade antinômica, a descrição na transcrição n° 27.490 é deveras deficiente, o que foi reproduzido na escritura de compra e venda, e não atende a todos os requisitos legais. Não há identificação dos confrontantes do imóvel, nos termos do art.176, § 1°, inciso II, alínea 3, *b*, da Lei n° 6.015/77; só há informação que *"a noroeste confronta com os transmitentes"* (fl. 8 e fl. 17), o que não atende à especialidade subjetiva.

E a própria alegação recursal no sentido de que não se trata de imóvel encravada, face à existência de servidão de passagem, vai de confronto ao próprio título que se busca registrar, que é expresso ao descrever o bem como *"Um terreno sem benfeitorias, sob o n° 33 (trinta e três),* ***encravado dentro de uma área maior****"* (fl. 17).

E não será uma declaração do Município atestando que no local há faixa de terra reservada para caminho (fl. 45) que irá modificar o registro já existente e o título aquisitivo que se busca registrar, e que, como dito, expressamente descreve o imóvel como encravado.

Não se pode falar em mitigação da especialidade objetiva e subjetiva para atos de registro constitutivo de um novo direito real de propriedade, sob pena de ofensa a todos os princípios de segurança jurídica e publicidade afetos ao serviço de registro imobiliário.

Ademais, não há óbice que impossibilite, de forma absoluta, que aos apelantes promovam a retificação dos imóveis, com levantamento mais amplo, na forma do art. 213 e parágrafos da Lei n° 6.015/73, para superação do risco de duplicidade antinômica. Se impossibilitada por absoluto a retificação administrativa ou judicial, a matéria precisará ser levada às vias ordinárias, para que judicialmente se defina quem detém o melhor título entre os imóveis sobrepostos.

Ante o exposto, nego provimento ao recurso.

GERALDO FRANCISCO PINHEIRO FRANCO

Corregedor Geral da Justiça e Relator (DJe de 18.03.2019 - SP)

PODER JUDICIÁRIO

TRIBUNAL DE JUSTIÇA DO ESTADO DE SÃO PAULO

CONSELHO SUPERIOR DA MAGISTRATURA

Apelação n° 1007331-86.2017.8.26.0271

Registro: 2018.0000962622

ACÓRDÃO

Vistos, relatados e discutidos estes autos do(a) **Apelação nº 1007331-86.2017.8.26.0271**, da Comarca de **Itapevi**, em que é apelante **SCOPEL EMPREENDIMENTOS E OBRAS S/A**, é apelado **OFICIAL DE REGISTRO DE IMÓVEIS E ANEXOS DA COMARCA DE ITAPEVI**.

ACORDAM, em Conselho Superior de Magistratura do Tribunal de Justiça de São Paulo, proferir a seguinte decisão: **"Negaram provimento ao recurso, v.u.",** de conformidade com o voto do Relator, que integra este Acórdão.

O julgamento teve a participação dos Exmos. Desembargadores **PEREIRA CALÇAS (PRESIDENTE TRIBUNAL DE JUSTIÇA) (Presidente), ARTUR MARQUES (VICE PRESIDENTE), XAVIER DE AQUINO (DECANO), EVARISTO DOS SANTOS(PRES. DA SEÇÃO DE DIREITO PÚBLICO), CAMPOS MELLO (PRES. DA SEÇÃO DE DIREITO PRIVADO) E FERNANDO TORRES GARCIA(PRES. SEÇÃO DE DIREITO CRIMINAL)**.

São Paulo, 23 de novembro de 2018.

GERALDO FRANCISCO PINHEIRO FRANCO

Corregedor Geral da Justiça e Relator

Apelação nº 1007331-86.2017.8.26.0271

Apelante: Scopel Empreendimentos e Obras S/A

Apelado: Oficial de Registro de Imóveis e Anexos da Comarca de Itapevi

VOTO Nº 37.638

Registro de Imóveis – Dúvida – Escritura pública de compra e venda de imóvel em que figura,

como vendedora, pessoa jurídica – Distrato social registrado na Jucesp que não enseja a automática extinção da personalidade jurídica da empresa – Óbito da liquidante nomeada no distrato – Inventariante da sócia falecida que não tem poderes para representar a sociedade e praticar atos necessários à sua liquidação – Irregularidade na representação da pessoa jurídica – Apelação não provida.

Trata-se de recurso de apelação interposto por *SCOPEL EMPREENDIMENTOS E OBRAS S/A*. contra a sentença proferida pelo MM. Juiz Corregedor Permanente do Oficial de Registro de Imóveis, Títulos e Documentos, Civil de Pessoa Jurídica, Civil das Pessoas Naturais, Interdições e Tutelas da Comarca de Itapevi/SP, que em procedimento de dúvida confirmou os óbices impostos pelo registrador para registro da escritura de compra e venda em que a apelante figurou como compradora e como vendedora, a empresa CONSTRUTORA E IMOBILIÁRIA MARCONI CIMAR LTDA.

Em suas razões de inconformismo, alega a apelante, em síntese, que a escritura foi lavrada em cumprimento a contrato de compromisso de compra e venda tendo por objeto os imóveis matriculados junto ao referido registro imobiliário, celebrado pela empresa vendedora quando ainda ativa, ou seja, antes de sua liquidação. Afirma que, à época, a pessoa jurídica estava representada por sua administradora que, posteriormente, foi nomeada liquidante. Vindo a ocorrer a extinção da pessoa jurídica, entende que, com o falecimento da liquidante, caberia ao único herdeiro da falecida dar cumprimento às obrigações assumidas em virtude dos poderes que a ela foram conferidos na qualidade de administradora da pessoa jurídica. Acrescenta que todos os princípios registrários estão sendo respeitados, sendo certo que o inventariante tem poderes para representar o espólio. Discorda da necessidade de alvará para transferência de titularidade de bens que nunca integraram o espólio da liquidante.

A Douta Procuradoria de Justiça opinou pelo não provimento do recurso (fls. 283/286).

É o relatório.

Desde logo, importa ressaltar que não se desconhece o fato de que ao registrador cabe examinar, de forma exaustiva, o título apresentado e que, havendo exigências de qualquer ordem, estas deverão ser formuladas de uma só vez (NSCG, Cap. XX, item 40). Ocorre que, a despeito da modificação do teor das exigências inicialmente formuladas quando da suscitação da dúvida, o fato é que ao apreciar a questão apresentada pode o MM. Juiz Corregedor Permanente, assim como este C. Conselho Superior da Magistratura requalificar o título por completo.

Com efeito, a qualificação do título realizada no julgamento da dúvida é devolvida por inteiro ao Órgão para tanto competente, sem que disso decorra decisão *extra petita* ou violação do contraditório e ampla defesa, como decidido por este Colendo Superior da Magistratura na Apelação Cível nº 33.111-0/3, da Comarca de Limeira, em v. acórdão de que foi relator o Desembargador Márcio Martins Bonilha:

> *"Inicialmente, cabe ressaltar a natureza administrativa do procedimento da dúvida, que não se sujeita, assim, aos efeitos da imutabilidade material da sentença. Portanto, nesse procedimento há a possibilidade de revisão dos atos praticados, seja pela própria autoridade administrativa, seja pela instância revisora, até mesmo de ofício (cf. Ap Civ 10.880-0/3, da Comarca de Sorocaba).*
>
> *Não vai nisso qualquer ofensa ao direito de ampla defesa e muito menos se suprime um grau do julgamento administrativo. O exame qualificador do título, tanto pelo oficial delegado, como por seu Corregedor Permanente, ou até mesmo em sede recursal, deve necessariamente ser completo e exaustivo, visando escoimar todo e qualquer vício impeditivo de acesso ao cadastro predial.*
>
> *Possível, portanto, a requalificação do título nesta sede, ainda que de ofício, podendo ser levantados óbices até o momento não argüidos, ou ser reexaminado fundamento da sentença, até para alteração de sua parte dispositiva"* ("Revista de Direito Imobiliário", 39/339).

Daí porque, em que pese a irregularidade verificada, a recusa do registro fundamentada em razão distinta daquela inicialmente apresentada não invalida o procedimento de dúvida, nem impede o prosseguimento do feito e tampouco a análise do mérito do presente recurso.

O dissenso versa sobre a registrabilidade da escritura de venda e compra lavrada em 06 de junho de 2017, por meio da qual a empresa CONSTRUTORA E IMOBILIÁRIA MARCONI CIMAR LTDA. vendeu imóveis de sua titularidade à apelante. No título consta que a pessoa jurídica teve seu distrato assinado em 12.01.2009, devidamente registrado junto à JUCESP, nele ficando consignado que caberia à falecida MARIA ANTONIA POLICHETTI a responsabilidade pelo ativo e passivo e cumprimento de todas as obrigações relativas à empresa. Constou, ainda, que as partes autorizavam, expressamente, o inventariante dos bens da *de cujus* a representar seu espólio, inclusive na qualidade de representante da empresa, dando, assim, cumprimento às obrigações assumidas pela pessoa jurídica, como previsto no distrato celebrado, podendo também outorgar escritura referente aos imóveis vendidos pela empresa antes de seu encerramento.

Entende o registrador que, por não se tratar de obrigação pessoal da falecida, mas sim da sociedade, o espólio não tem obrigação que possa ou deva ser transferida aos herdeiros. Por conseguinte, o inventariante do espólio não pode cumprir uma obrigação que caberia à liquidante da pessoa jurídica, havendo irregularidade na representação da sociedade vendedora já extinta.

Aduz a apelante, de seu turno, que as exigências apresentadas pelo registrador não se sustentam pois a escritura foi lavrada para dar cumprimento à obrigação assumida pela falecida, representante legal da pessoa jurídica quando ainda não havia sido extinta. Ou seja, não se trata de inventariante representando a *de cujus* na condição de liquidante, mas sim, enquanto sócia e administradora da empresa em relação à obrigação assumida antes do distrato.

No caso concreto, mister consignar que, no distrato averbado na JUCESP, ficou expressamente constando que a *"responsabilidade pelo ativo e passivo porventura supervenientes fica a cargo da ex-sócia, a Sra. MARIA ANTONIA POLICHETTI, que se compromete, também, manter em boa guarda os livros e documentos da sociedade ora distratada"* (Cláusula 4ª do instrumento a fls. 266/2684).

O art. 51, *caput*, do Código Civil dispõe que nos casos de dissolução da pessoa jurídica ou cassada a autorização para seu funcionamento, ela subsistirá para fins de liquidação, até que esta se conclua.

Importa lembrar que a dissolução da pessoa jurídica não extingue, de imediato, sua personalidade, que irá persistir até a finalização de sua liquidação, quando então se dará o cancelamento de sua inscrição no órgão competente (art. 51, § 3º, c.c. art. 1.109, caput, do Código Civil). É dizer: optando os sócios da pessoa jurídica pelo encerramento das atividades mercantis, o registro obrigatório do documento que formaliza a dissolução extrajudicial se caracteriza apenas como a primeira das três fases do procedimento de extinção da personalidade, disciplinadas pela lei (dissolução, liquidação e partilha).

Entende-se por liquidação a total destinação do acervo líquido da pessoa jurídica, com pagamento do passivo e rateio do ativo remanescente. Para tanto, se não houver designação do liquidante no contrato social, os sócios deverão deliberar a respeito (CC, art. 1.038, *caput*), ficando o escolhido incumbido de pagar o passivo e de receber os ativos, prestando contas ao final (CC, art. 1.108). Apenas após a prestação de contas tem-se por extinta a sociedade (CC, art. 1.109).

Considerando o panorama fático desenhado nos autos, é possível concluir que nem todas as obrigações assumidas pela pessoa jurídica foram cumpridas, eis que a liquidante nomeada no distrato veio a falecer sem outorgar escritura definitiva dos imóveis vendidos à apelante.

Nem se alegue, como pretende a apelante, que o inventariante não estaria a representar a falecida na condição de liquidante, mas sim, na condição de sócia administradora da empresa. É que a administração da sociedade é ato personalíssimo e, ademais, falecida a sócia, seu espólio ou seus herdeiros não se tornam sócios da pessoa jurídica, mas sim, passam a ser detentores de direito de crédito contra a empresa, consubstanciado na participação societária deixada pela *de cujus*.

Assim sendo, à luz do disposto nos arts. 1.103, inciso IV, 1.104 e 1.105 do Código Civil, não há como se concluir pela regularidade da representação da pessoa jurídica na escritura de compra e venda em questão, o que leva à confirmação do óbice apresentado pelo registrador.

Diante do exposto, pelo meu voto, **nego provimento** à apelação para manter a recusa ao registro do título.

GERALDO FRANCISCO PINHEIRO FRANCO

Corregedor Geral da Justiça e Relator (DJe de 18.03.2019 - SP)

PODER JUDICIÁRIO

TRIBUNAL DE JUSTIÇA DO ESTADO DE SÃO PAULO

CONSELHO SUPERIOR DA MAGISTRATURA

Apelação n° 1027686-09.2016.8.26.0577

Registro: 2018.0000726424

ACÓRDÃO

Vistos, relatados e discutidos estes autos do(a) **Apelação nº 1027686-09.2016.8.26.0577**, da Comarca de **São José dos Campos**, em que é apelante **SÉRGIO ANTÔNIO MONTEIRO PORTO**, é apelado **TABELIAO DO PRIMEIRO CARTÓRIO DE REGISTRO DE IMOVEIS DE SÃO JOSÉ DOS CAMPOS**.

ACORDAM, em Conselho Superior de Magistratura do Tribunal de Justiça de São Paulo, proferir a seguinte decisão: **"Deram provimento à apelação, para o fim de julgar improcedente a dúvida registral e determinar o registro do título, v.u."**, de conformidade com o voto do Relator, que integra este Acórdão.

O julgamento teve a participação dos Exmos. Desembargadores **PEREIRA CALÇAS (PRESIDENTE TRIBUNAL DE JUSTIÇA) (Presidente), ARTUR MARQUES (VICE PRESIDENTE), DAMIÃO COGAN (DECANO), EVARISTO DOS SANTOS(PRES. DA SEÇÃO DE DIREITO PÚBLICO), CAMPOS MELLO (PRES. DA SEÇÃO DE DIREITO PRIVADO) E FERNANDO TORRES GARCIA(PRES. SEÇÃO DE DIREITO CRIMINAL).**

São Paulo, 13 de setembro de 2018.

GERALDO FRANCISCO PINHEIRO FRANCO

Corregedor Geral da Justiça e Relator

Apelação nº 1027686-09.2016.8.26.0577

Apelante: Sérgio Antônio Monteiro Porto

Apelado: Tabelião do Primeiro Cartório de Registro de Imóveis de São José dos Campos

VOTO Nº 37.557

Registro de Imóveis – Dúvida inversa – Escritura pública de compra e venda de imóvel em que figura, como vendedora, pessoa jurídica – Distrato social registrado anteriormente na Jucesp que não enseja a automática extinção da personalidade jurídica da empresa – Panorama fático desenhado nos autos que permite concluir pela regularidade da representação da pessoa jurídica no título levado a registro – Óbices apresentados pela registradora que merecem ser afastados para ingresso do título no fólio real – Apelação provida.

Trata-se de recurso de apelação **[1]** interposto por *Sérgio Antônio Monteiro Porto* contra a sentença proferida pelo MM. Juiz Corregedor Permanente do 1º Oficial de Registro de Imóveis, Títulos e Documentos e Civil de Pessoa Jurídica de São José dos Campos/SP **[2]**, que em procedimento de dúvida inversa confirmou os óbices impostos pela registradora para registro da escritura de compra e venda tendo por objeto o imóvel matriculado sob nº 101.583 naquela serventia extrajudicial.

Em suas razões de inconformismo, alega o apelante, em síntese, ter adquirido o apartamento nº 11 do edifício localizado na Rua Bárbara K. Loureiro, 91, da empresa Concrex, da qual foi sócio majoritário. Aduz que a escritura de compra e venda foi lavrada em 10.08.2012, nela tendo figurado como comprador e também como representante legal da vendedora, nos termos do contrato social da empresa. Esclarece que, em 19.08.1998, a sócia Guilhermina doou a totalidade de suas quotas (1,32%) ao sócio, filho e herdeiro, ora apelante, com a expressa anuência e concordância de Luiz Roberto Monteiro Porto, seu outro filho e herdeiro, tendo constado que o valor correspondente às quotas integrava a parte disponível do bens da doadora, com dispensa da colação. Sustenta o apelante, assim, que todas as quotas da empresa passaram a lhe pertencer, sendo nomeado procurador da doadora, com poderes especiais para, a qualquer tempo, formalizar a transferência das quotas doadas para seu próprio nome ou de terceiros que indicasse e firmar alterações contratuais da empresa Concrex. Afirma que, em 20.01.1993, o apelante e Guilhermina, que já havia doado suas cotas, mas ainda constava formalmente dos quadros societários da empresa, firmaram distrato social em que constou a realização do ativo da sociedade e a inexistência de passivo ou de patrimônio a ser rateado entre os sócios. Acrescenta que, em 28.06.1997, ocorreu o óbito de Guilhermina, certo que, em razão da doação das quotas sociais realizada em favor do apelante e da anuência do outro herdeiro, nem as referidas quotas, nem o apartamento registrado em nome da sociedade dissolvida foram objeto de partilha. Dessa forma, entende que não há necessidade de transferência do imóvel, na proporção de 1,93%, ao espólio de Guilhermina, tampouco de partilha das quotas da empresa ou mesmo do imóvel, eis que válida a doação das quotas antes da dissolução da sociedade. Acrescenta que as exigências formuladas revelam extremo formalismo, pois demonstrada a ausência de prejuízos a terceiros.

A Douta Procuradoria de Justiça opinou pelo não provimento do recurso **[3]**.

É o relatório.

O dissenso versa sobre a registrabilidade da escritura de venda e compra lavrada em 10 de agosto de 2012, por meio da qual a empresa Concrex – Tecnologia de Concreto Usinado Ltda. (dissolvida), representada por seu sócio, Sérgio Antônio Monteiro Porto, a ele vendeu o imóvel objeto da matrícula nº 101.583 do 1º Oficial de Registro de Imóveis de São José dos Campos/SP **[4]**.

Na nota de devolução **[5]** elaborada por ocasião da qualificação negativa do título, a Oficial registradora formulou as seguintes exigências:

"a) A liquidação da sociedade, devendo existir uma alteração contratual para nomear um liquidante,

sendo o espólio de Guilhermina Monteiro Porto representado por alvará judicial.

b) Lavratura de uma escritura de dação em pagamento, subscrito pelo liquidante, onde o imóvel será transferido para o sócio Sérgio Antonio Monteiro Porto e para o espólio do Guilhermina Monteiro Porto, na proporção da cota que cada um possuía na sociedade.

c) Partilha da parte pertencente ao espólio de Guilhermina Monteiro Porto, podendo essa ser judicial ou extrajudicial, essa última modalidade se preenchidos os requisitos exigidos pela lei."

Aduz o apelante que as exigências apresentadas pela registradora não se sustentam porque a falecida Guilhermina havia lhe doado todas as suas quotas sociais, com a anuência do outro herdeiro, bem como porque, no instrumento de distrato social, constou expressamente que a pessoa jurídica realizou seu ativo e não deixou passivo, nem patrimônio a ser rateado entre os sócios. Assim foi feito, pois os bens da sociedade seriam revertidos ao sócio remanescente, ora apelante, a quem passou a pertencer a totalidade das quotas sociais.

Por conseguinte, afirma ser dispensável a transferência do imóvel, na proporção de 1,93%, ao espólio de Guilhermina, bem como sua partilha.

No caso concreto, mister consignar que o contrato de doação de quotas sociais não foi devidamente averbado na JUCESP, de forma que, à época do distrato social, Guilhermina ainda constava formalmente como sócia da pessoa jurídica denominada Concrex Tecnologia de Concreto Usinado Ltda.

Por outro lado, no instrumento de distrato acostado aos autos, datado de 20.01.1993 e averbado na JUCESP em 04.03.1993, ficou constando, expressamente, que: *"a sociedade realizou o seu ativo e resolveu os compromissos, não restando passivo, nem patrimônio a ser rateado entre os sócios"*. Consta, ainda, que *"Os sócios dão-se, reciprocamente, ampla quitação, nada mais tendo a reivindicar a qualquer título, em qualquer época"*, sendo que o *"sócio Sérgio Antonio Monteiro Porto assume a responsabilidade da guarda dos livros e documentos da sociedade"* **[6]**.

O art. 51, *caput*, do Código Civil dispõe que nos casos de dissolução da pessoa jurídica ou cassada a autorização para seu funcionamento, ela subsistirá para fins de liquidação, até que esta se conclua. Na hipótese em análise, não houve liquidação, tendo os sócios deliberado pela extinção da sociedade de plano ao declarar a inexistência de passivo e ativo, o que, contudo, não corresponde à realidade na medida em que apenas em 2012 foi lavrada escritura de compra e venda tendo por objeto o imóvel de titularidade da Concrex.

É preciso lembrar que a dissolução da pessoa jurídica não extingue, de imediato, sua personalidade, que irá persistir até a finalização de sua liquidação, quando então se dará o cancelamento de sua inscrição no órgão competente (art. 51, § 3º, c.c. art. 1.109, caput, do Código Civil). É dizer: optando os sócios da pessoa jurídica pelo encerramento das atividades mercantis, o registro obrigatório do documento que formaliza a dissolução extrajudicial se caracteriza apenas como a primeira das três fases do procedimento de extinção da personalidade, disciplinadas pela lei (dissolução, liquidação e partilha).

Entende-se por liquidação a total destinação do acervo líquido da pessoa jurídica, com pagamento do passivo e rateio do ativo remanescente. Para tanto, se não houver designação do liquidante no contrato social, os sócios deverão deliberar a respeito (CC, art. 1.038, *caput*), ficando o escolhido incumbido de pagar o passivo e de receber os ativos, prestando contas ao final (CC, art. 1.108). Apenas após a prestação de contas tem-se por extinta a sociedade (CC, art. 1.109).

No caso concreto, considerando o panorama fático desenhado nos autos, é possível concluir que o sócio Sérgio, ora apelante, não está a ocultar ou desviar bens da pessoa jurídica a fim de fraudar os demais herdeiros de Guilhermina, sócia falecida, tampouco o direito de terceiros. De fato, por constar do distrato que a sociedade já havia realizado seu ativo e resolvido seus compromissos, não restando passivo, nem patrimônio a ser rateado entre os sócios e, ainda, porque ao sócio Sérgio, ora apelante, coube a guarda dos livros e documentos da sociedade, conclui-se que há implícita autorização da parte de Guilhermina para que este atue na qualidade de liquidante, de forma a concluir as formalidades necessárias ao cumprimento das obrigações assumidas pela pessoa jurídica. Entendimento contrário revelaria demasiado apego a um formalismo exacerbado.

Assim sendo, à luz do disposto no art. 1.103, inciso IV, e no art. 1.105, ambos do Código Civil, há que se admitir a regularidade da representação da pessoa jurídica na escritura de compra e venda em questão, o que leva à superação dos óbices apresentados pela registradora, bem como à desnecessidade do referido alvará judicial para venda do imóvel.

Ademais, é certo que as questões referentes à partilha do produto da venda ou da finalização do procedimento de liquidação, para regular encerramento da pessoa jurídica, são estranhas aos autos e irrelevantes para alterar a solução da dúvida suscitada pela registradora.

Cumpre ressaltar, ainda, que as cláusulas do contrato de doação e do mandato outorgado por Guilhermina ao filho, ora apelante, além da anuência dos demais herdeiros com o negócio celebrado em nome da sociedade dissolvida, permitem afirmar que os prejuízos trazidos pela negativa de registro superam os benefícios advindos da estrita obediência ao formalismo dos registros públicos.

Daí porque, a despeito dos respeitáveis fundamentos da r. sentença, o recurso, dada a peculiaridade do caso, comporta provimento.

Diante do exposto, **dou provimento** à apelação, para o fim de julgar improcedente a dúvida registral e determinar o registro do título.

GERALDO FRANCISCO PINHEIRO FRANCO

Corregedor Geral da Justiça e Relator

Notas:

[1] Fls. 82/87.

[2] Fls. 78/79.

[3] Fls. 90/92.

[4] Fls. 34/37.

[5] Fls. 45/51.

[6] Fls. 19/20. (DJe de 18.03.2019 - SP)

PODER JUDICIÁRIO

TRIBUNAL DE JUSTIÇA DO ESTADO DE SÃO PAULO

CONSELHO SUPERIOR DA MAGISTRATURA

Apelação nº 1033886-29.2017.8.26.0114

Registro: 2018.0000798027

ACÓRDÃO

Vistos, relatados e discutidos estes autos do(a) **Apelação nº 1033886-29.2017.8.26.0114**, da Comarca de **Campinas**, em que são apelantes **PAULO FERRACINI JUNIOR e CRISTINA REGINA GINÉ FERRACINI**, é apelado **4º OFICIAL DE REGISTRO DE IMÓVEIS DA COMARCA DE CAMPINAS.**

ACORDAM, em Conselho Superior de Magistratura do Tribunal de Justiça de São Paulo, proferir a seguinte decisão: **"Negaram provimento ao recurso. V. U."**, de conformidade com o voto do Relator, que integra este Acórdão.

O julgamento teve a participação dos Exmos. Desembargadores **PEREIRA CALÇAS (PRESIDENTE TRIBUNAL DE JUSTIÇA) (Presidente), ARTUR MARQUES (VICE PRESIDENTE), XAVIER DE AQUINO (DECANO), EVARISTO DOS SANTOS(PRES. DA SEÇÃO DE DIREITO PÚBLICO), CAMPOS MELLO (PRES. DA SEÇÃO DE DIREITO PRIVADO) E FERNANDO TORRES GARCIA(PRES. SEÇÃO DE DIREITO CRIMINAL)**.

São Paulo, 4 de outubro de 2018.

GERALDO FRANCISCO PINHEIRO FRANCO

Corregedor Geral da Justiça e Relator

Apelação nº 1033886-29.2017.8.26.0114

Apelantes: Paulo Ferracini Junior e Cristina Regina Giné Ferracini

Apelado: 4º Oficial de Registro de Imóveis da Comarca de Campinas

VOTO Nº 37.570

Registro de Imóveis – Escritura pública de compra e venda de imóvel – Vendedor casado sob o regime da comunhão parcial de bens ao tempo da celebração do negócio – Necessidade de anuência da esposa do vendedor ou de suprimento judicial – Óbices apresentados pelo registrador mantidos – Apelação não provida.

Trata-se de recurso de apelação interposto por *Cristina Regina Giné Ferracini* e *Paulo Ferracini Júnior* contra a sentença proferida pelo MM. Juiz Corregedor Permanente do 4º Oficial de Registro de Imóveis de Campinas/SP, que confirmou o óbice imposto pelo registrador referente à falta de outorga uxória da esposa do vendedor, ou alvará judicial para supri-la.

Alegam os apelantes, em síntese, que não sendo proprietária do imóvel, visto que adquirido antes da celebração do casamento, mostra-se desnecessária a outorga uxória da cônjuge casada com o vendedor pelo regime da comunhão parcial de bens.

A Douta Procuradoria de Justiça opinou pelo não provimento do recurso.

É o relatório.

O dissenso versa sobre a registrabilidade da escritura de venda e compra lavrada em 29 de março de 2010, tendo por objeto o imóvel matriculado sob nº 13.053 junto ao 4º Oficial de Registro de Imóveis de Campinas/SP. O registrador entendeu pela necessidade de constar a outorga uxória da esposa do vendedor ou de alvará judicial para supri-la, uma vez que, embora o vendedor tenha sido qualificado como separado judicialmente, constatou-se que, ao tempo da celebração do negócio, era em verdade casado, em novas núpcias, com Denise Cardillo Barbosa, sob o regime da comunhão parcial de bens.

Da análise dos documentos apresentados, depreende-se que Luiz Antonio Guimarães Ferreira adquiriu, em 11 de novembro de 2005, o imóvel descrito na Matrícula nº 13.053 do 4º Oficial de Registro de Imóveis de Camp inas/SP, certo que o adquirente, à época, encontrava-se separado judicialmente (R-4/13053).

Em 12 de janeiro de 2006, Luiz Antonio Guimarães Ferreira contraiu novas núpcias, pelo regime da comunhão parcial de bens, com Denise Cardillo Barbosa, que veio a falecer em 17 de junho de 2010.

Em que pese o entendimento dos apelantes, os óbices apresentados pelo registrador estão corretos. Assim se afirma, pois a exigência de outorga uxória decorre do texto legal do art. 1.647 do Código Civil, que assim dispõe:

"Art. 1.647. Ressalvado o disposto no art. 1.648, nenhum dos cônjuges pode, sem autorização do outro, exceto no regime da separação absoluta:

I - alienar ou gravar de ônus real os bens imóveis;

(...)"

Veja-se que a única exceção diz respeito aos bens dos cônjuges casados em regime da separação absoluta, sem qualquer ressalva, porém, quanto aos bens particulares ou em comunhão nos demais regimes.

Isso se justifica na medida em que, embora a pessoa casada possa, livremente, praticar os atos necessários à manutenção do casal, alguns negócios jurídicos são tão relevantes para o patrimônio do casal e manutenção do núcleo familiar que, bem por isso, dependem da expressa anuência do outro cônjuge.

Por outro lado, se um dos cônjuges não quer, ou não pode, anuir à venda que o outro pretende realizar e para a qual a lei exige a vênia conjugal, permite o Código Civil, em seu art. 1.648, o suprimento judicial da outorga uxória.

Nesse cenário, não há como se concluir pela superação do óbice apontado pelo registrador. Diante do exposto, pelo meu voto, **nego provimento** ao recurso.

GERALDO FRANCISCO PINHEIRO FRANCO

Corregedor Geral da Justiça e Relator (DJe de 18.03.2019 - SP)

PODER JUDICIÁRIO

TRIBUNAL DE JUSTIÇA DO ESTADO DE SÃO PAULO

CONSELHO SUPERIOR DA MAGISTRATURA

Apelação nº 1056244-85.2017.8.26.0114

Registro: 2018.0000499488

ACÓRDÃO

Vistos, relatados e discutidos estes autos da **Apelação nº 1056244-85.2017.8.26.0114**, da Comarca de **Campinas**, em que é apelante **LEVI RODRIGUES DOS SANTOS**, é apelado **2º OFICIAL DE REGISTRO DE IMÓVEIS DA COMARCA DE CAMPINAS**.

ACORDAM, em Conselho Superior de Magistratura do Tribunal de Justiça de São Paulo, proferir a seguinte decisão: **"Negaram provimento ao recurso. V. U. Negaram provimento ao recurso e mantiveram a recusa do registro, v.u."**, de conformidade com o voto do Relator, que integra este Acórdão.

O julgamento teve a participação dos Exmos. Desembargadores **PEREIRA CALÇAS (PRESIDENTE TRIBUNAL DE JUSTIÇA) (Presidente), ARTUR MARQUES (VICE PRESIDENTE), DAMIÃO COGAN (DECANO), EVARISTO DOS SANTOS(PRES. DA SEÇÃO DE DIREITO PÚBLICO), CAMPOS MELLO (PRES. DA SEÇÃO DE DIREITO PRIVADO) E FERNANDO TORRES GARCIA(PRES. SEÇÃO DE DIREITO CRIMINAL).**

São Paulo, 28 de junho de 2018.

GERALDO FRANCISCO PINHEIRO FRANCO

Corregedor Geral da Justiça e Relator

Apelação nº 1056244-85.2017.8.26.0114

Apelante: Levi Rodrigues dos Santos

Apelado: 2º Oficial de Registro de Imóveis da Comarca de Campinas

VOTO Nº 37.491

Registro de Imóveis – Escritura de compra e venda – CND da Receita Federal – Exigência afastada, conforme atual orientação do CNJ, do CSM e nos termos das NSCGJ – Penhoras promovidas em execuções fiscais ajuizadas pela Fazenda Nacional – Documentos apresentados para o registro que somente autorizam o cancelamento da averbação de uma dessas penhoras – Impedimento para o registro – Dúvida procedente – Recurso não provido.

Trata-se de apelação interposta contra r. sentença que manteve a recusa do registro de escritura pública de compra e venda da metade ideal do imóvel objeto da matrícula nº 61.845 do 2º Registro de Imóveis da Comarca de Campinas porque não foi apresentada a Certidão Negativa de Débitos da Receita Federal em relação à empresa vendedora.

O apelante alegou, em suma, que a exigência da apresentação da Certidão Negativa de Débitos foi afastada pelo Conselho Nacional de Justiça ao julgar procedimento que diz respeito ao art. 1º, inciso IV, da Lei nº 7.711/99 e que essa norma foi declarada inconstitucional pelo Eg. Supremo Tribunal Federal. Afirmou que não há solidariedade tributária passiva entre o adquirente e o alienante do imóvel e que a Fazenda Nacional deve valer-se de outros meios para exigir o cumprimento de obrigações tributárias do vendedor. Requereu a reforma da r. sentença para que seja promovido o registro da escritura de compra e venda (fls. 74/77).

A Procuradoria Geral da Justiça opinou pelo provimento do recurso (fls. 98/105). É o relatório.

Cuida-se de escritura de compra e venda da metade ideal do imóvel objeto da matrícula nº 61.845 do 2º Registro de Imóveis de Campinas, outorgada por Aliança de Serviços Ltda. (fls. 07/08) que teve o registro negado em razão da não apresentação da Certidão Negativa de Débitos – CND da Receita Federal (fls. 21), em nome da vendedora, conforme previsto no art. 47, inciso I, alínea *b*, da Lei 8.212/91.

O tema objeto do debate não é novo. Tampouco existe unanimidade na doutrina quanto à possibilidade de afastamento dessa exigência pela via administrativa.

Nada obstante, são diversos os precedentes deste E. Conselho Superior da Magistratura quanto à inexigibilidade da certidão negativa de tributos federais (CND) para ingresso de títulos no registro de imóveis **[1]**.

De fato, a exigência da CND pode configurar forma heterodoxa e atípica de exigibilidade de débitos tributários, sem o devido processo legal, em afronta à Constituição Federal, por traduzir verdadeira sanção política ao jurisdicionado. O próprio Supremo Tribunal Federal, em diversas ocasiões, já se posicionou pela inconstitucionalidade de atos do Poder Público que traduzam exercício coercitivo de exigência de obrigações tributárias, inclusive com natureza de contribuições previdenciárias.

Tal entendimento se encontra consubstanciado em enunciados da Suprema Corte (Súmulas 70, 323 e 547), no sentido de que a imposição, pela autoridade fiscal, de restrições de índole punitiva, quando motivada tal limitação pela mera inadimplência do contribuinte, revela-se contrária às liberdades públicas ora referidas (RTJ 125/395, Rel. Min. OCTAVIO GALLOTTI), conforme voto do E. Ministro CELSO DE MELLO:

"**O fato irrecusável, nesta matéria, como já evidenciado pela própria jurisprudência desta Suprema Corte, é que o Estado não pode valer-se de meios indiretos de coerção, convertendo-os em instrumentos de acertamento da relação tributária, para, em função deles – e mediante interdição ou grave restrição ao exercício da atividade empresarial, econômica ou profissional – constranger o contribuinte a adimplir obrigações fiscais eventualmente em atraso**" **[2]**.

A doutrina se posiciona no mesmo sentido quanto à impossibilidade de cobrança atípica, feita em ofensa ao *due process of law*:

"**Em Direito Tributário a expressão sanções políticas corresponde a restrições ou proibições impostas ao contribuinte, como forma indireta de obrigá-lo ao pagamento do tributo, tais como a interdição do estabelecimento, a apreensão de mercadorias, o regime especial de fiscalização, entre outras. Qualquer que seja a restrição que implique cerceamento da liberdade de exercer atividade lícita é inconstitucional, porque contraria o disposto nos artigos 5º, inciso XIII, e 170, parágrafo único, do Estatuto Maior do País. (...) São exemplos mais comuns de sanções políticas a apreensão de mercadorias sem que a presença física destas seja necessária para a comprovação do que o fisco aponta como ilícito; o denominado regime especial de fiscalização; a recusa de autorização para imprimir notas fiscais; a inscrição em cadastro de inadimplentes com as restrições daí decorrentes; a recusa de certidão negativa de débito quando não existe lançamento consumado contra o contribuinte; a suspensão e até o cancelamento da inscrição do contribuinte no respectivo cadastro, entre muitos outros. Todas essas práticas são flagrantemente inconstitucionais, entre outras razões, porque: a) implicam indevida restrição ao direito de exercer atividade econômica, independentemente de autorização de órgãos públicos, assegurado pelo art. 170, parágrafo único, da vigente Constituição Federal; e b) configuram cobrança sem o devido processo legal, com grave violação do direito de defesa do contribuinte, porque a autoridade que a**

este impõe a restrição não é a autoridade competente para apreciar se a exigência é ou não legal" [4].

A matéria se encontra normatizada no âmbito administrativo deste E. Tribunal de Justiça, conforme Item 119.1 do Capítulo XX das Normas de Serviço Extrajudicial:

"119.1. Com exceção do recolhimento do imposto de transmissão e prova de recolhimento do laudêmio, quando devidos, nenhuma exigência relativa à quitação de débitos para com a Fazenda Pública, inclusive quitação de débitos previdenciários, fará o oficial, para o registro de títulos particulares, notariais ou judiciais" [5].

Não bastasse a mencionada previsão normativa, recentemente, o C. Conselho Nacional de Justiça-CNJ, no julgamento do Pedido de Providências n° 0001230-82.2015.2.00.000, por votação unânime, firmou entendimento de que, reconhecida a inconstitucionalidade do art. 1°, inciso IV da Lei n° 7.711/88 (ADI 394), não há mais que se falar em comprovação de quitação de créditos tributários, de contribuições federais e de outras imposições para o ingresso de qualquer título do registro de imóveis com base na referida norma.

Neste cenário, a exigência de apresentação da Certidão Negativa de Débitos da Receita Federal deve ser afastada.

Contudo, a suscitação da dúvida devolve a qualificação, em sua totalidade, ao órgão julgador que não se restringe à análise dos fundamentos da recusa opostos pelo Oficial de Registro de Imóveis (C.S.M., Apelação Cível nº 33.111-0/3 da Comarca de Limeira, relator o Desembargador Márcio Martins Bonilha).

In casu, as notas de devolução de fls. 19 e 21 fazem referência à possibilidade de cancelamento das averbações das penhoras promovidas em execuções fiscais ajuizadas pela Fazenda Nacional contra a vendedora do imóvel, com amparo nos documentos apresentados pelo apelante, e ao fato de que a terceira penhora que grava o imóvel não seria impeditiva do registro porque foi posterior à escritura de compra e venda.

A certidão de fls. 23/29 demonstra que a alienante Aliança de Serviços Ltda. é proprietária da metade ideal do imóvel (R. 08 – fls. 26/27) que foi penhorada em duas execuções fiscais movidas pela Fazenda Nacional (Av.09 e Av.10) e em execução de débito trabalhista (Av.11).

Embora a penhora na execução trabalhista não impeça o registro, porque subsistirá à compra e venda, igual não ocorre com as penhoras em execuções fiscais movidas pela Fazenda Nacional que, conforme precedentes deste Col. Conselho Superior da Magistratura, vedam o acesso ao registro de atos de alienação voluntária em razão da indisponibilidade decorrente do art. 53, § 1º, da Lei nº 8.212/91. Nesse sentido:

"REGISTRO DE IMÓVEIS – DÚVIDA – ESCRITURA PÚBLICA DE CONFISSÃO DE DÍVIDA COM PACTO ADJETO DE CONSTITUIÇÃO DE PROPRIEDADE FIDUCIÁRIA E OUTRAS AVENÇAS – IMÓVEL INDISPONÍVEL – PENHORA, EM EXECUÇÃO FISCAL, A FAVOR DA FAZENDA NACIONAL E DA UNIÃO – RECUSA DO REGISTRO COM BASE NO ARTIGO 53, §1°, LEI 8.212/91 – <u>ALIENAÇÃO VOLUNTÁRIA</u> – IRRELEVÂNCIA DA AQUISIÇÃO ANTERIOR POR ALIENAÇÃO FORÇADA – REGISTRO INVIÁVEL – DÚVIDA PROCEDENTE – RECURSO DESPROVIDO, COM OBSERVAÇÃO" [6] (g.n.).

Consta dos autos certidão e mandado autorizando o cancelamento da averbação da penhora promovida pela Fazenda Nacional no Processo nº 171/05, averbada sob nº 09 (fls. 12 e 27), e da penhora averbada sob nº 11, promovida na ação de execução trabalhista (fls. 13 e 28).

Não foi apresentado, porém, mandado ou certidão para o cancelamento da penhora averbada sob nº 10, em 28 de abril de 2015, que foi realizada em execução fiscal movida pela Fazenda Nacional que tem curso no Setor de Execuções Fiscais da Comarca de Itatiba, Processo nº 160/08.

Portanto, subsiste o impedimento para o registro do contrato de alienação voluntária do imóvel em razão de indisponibilidade decorrente da averbação de penhora promovida em execução fiscal movida pela Fazenda Nacional, do que decorre a procedência da dúvida.

Por essas razões, embora por fundamento diverso do adotado na r. sentença, nego provimento ao recurso e mantenho a recusa do registro.

GERALDO FRANCISCO PINHEIRO FRANCO

Corregedor Geral da Justiça e Relator

Notas:

[1] CSM, Apelação nº 0004526-23.2015.8.26.0539, Rel. Desembargador PEREIRA CALÇAS; Apelação n° 0006907-12.2012.8.26.0344, Rel. Desembargador RENATO NALINI.

[2] STF, RE 666405/RS.

[4] MACHADO, Hugo De Brito, *Sanções Políticas no Direito Tributário*, Revista Dialética e Direito Tributário nº 30, p. 46/47.

[5] CTN, art. 192; CPC, arts. 1.026 e 1.031 e Proc. CG 61.983/82; Apelação nº 006907-12.2012.8.26.0344, Marília (SP); NSCGJSP, XIV, 59.2.

[6] TJSP; Apelação 3003761-77.2013.8.26.0019; Relator (a): Elliot Akel; Órgão Julgador: Conselho Superior de Magistratura; Foro de Americana - 1ª Vara Cível; Data do Julgamento: 03/06/2014; Data de Registro: 16/06/2014. (DJe de 18.03.2019 - SP)

PODER JUDICIÁRIO

TRIBUNAL DE JUSTIÇA DO ESTADO DE SÃO PAULO

CONSELHO SUPERIOR DA MAGISTRATURA

Apelação nº 1005690-76.2018.8.26.0320

Registro: 2019.0000197952

ACÓRDÃO

Vistos, relatados e discutidos estes autos de **Apelação nº 1005690-76.2018.8.26.0320**, da Comarca de **Limeira**, em que são apelantes **GERALDO MILANI e ANTONIA FASSIS MILANI**, é apelado **2º CARTÓRIO DE REGISTRO DE IMÓVEIS E ANEXOS DA COMARCA DE LIMEIRA.**

ACORDAM, em Conselho Superior de Magistratura do Tribunal de Justiça de São Paulo, proferir a seguinte decisão: **"Julgaram a dúvida prejudicada e não conheceram do recurso, v.u."**, de conformidade com o voto do Relator, que integra este acórdão.

O julgamento teve a participação dos Exmos. Desembargadores **PEREIRA CALÇAS (PRESIDENTE TRIBUNAL DE JUSTIÇA) (Presidente), ARTUR MARQUES (VICE PRESIDENTE), XAVIER DE AQUINO (DECANO), EVARISTO DOS SANTOS(PRES. DA SEÇÃO DE DIREITO PÚBLICO), CAMPOS MELLO (PRES. DA SEÇÃO DE DIREITO PRIVADO) E FERNANDO TORRES GARCIA(PRES. SEÇÃO DE DIREITO CRIMINAL).**

São Paulo, 14 de março de 2019.

GERALDO FRANCISCO PINHEIRO FRANCO

Corregedor Geral da Justiça e Relator

Apelação nº 1005690-76.2018.8.26.0320

Apelantes: Geraldo Milani e Antonia Fassis Milani

Apelado: 2º Cartório de Registro de Imóveis e Anexos da Comarca de Limeira

VOTO Nº 37.701

Registro de imóveis – Dúvida inversa julgada procedente – Escritura pública de compra e venda – Título com prenotação cancelada pelo decurso do prazo de validade, sem que o suscitante o tenha reapresentado para novo protocolo – Dúvida prejudicada – Recurso não conhecido.

Trata-se de apelação interposta por Geraldo Milani e Antonia Fassis Milani contra r. sentença que julgou procedente a dúvida inversamente suscitada e manteve a recusa do Sr. 2º Oficial de Registro de Imóveis, Títulos e Documentos e Civil de Pessoa Jurídica da Comarca de Limeira em promover o registro de escritura pública de compra e venda do Lote 03 da Quadra "19" do Parque das Nações, objeto da matrícula nº 10.966, em razão da existência de anterior registro de contrato de compromisso de compra e venda celebrado com pessoas que não cederam seus direitos de compromissários em favor dos compradores do imóvel.

Os apelantes alegaram, em suma, que compromissaram comprar o imóvel por contrato particular de 17 de dezembro de 1979 e que receberam a escritura pública de compra e venda em 02 de abril de 1990, ao passo que o contrato de compromisso de compra e venda celebrado pelos proprietários do imóvel com Odécio Miranda Gonçalves e sua mulher foi registrado em 22 de abril de 1981. Asseveraram que as empresas loteadoras encerraram suas atividades há muitos anos. Informaram que não conhecem Odécio e sua mulher, o que impede a celebração do distrato do compromisso de compra e venda, ou a obtenção da cessão dos direitos desses compromissários compradores. Ademais, esse contrato de compromisso de compra e venda perdeu o valor e não impede o registro da escritura pública. Requereram a improcedência da dúvida (fls. 48/51).

A douta Procuradoria Geral de Justiça opinou pelo não provimento do recurso (fls. 64/66). É o relatório.

Os apelantes pretendem o registro de escritura de compra e venda do imóvel consistente no Lote 03 da Quadra 19 do Parque das Nações, objeto da matrícula nº 10.966 do 2º Registro de Imóveis da Comarca de Limeira (fls. 12/16).

Ocorre que a escritura pública foi protocolada em 23 de março de 2018 (fls. 18), mais de trinta dias antes da suscitação da dúvida inversa que foi promovida em 08 de junho de 2018 (fls.19).

E não consta dos autos a notícia da reapresentação do original do título ao registro imobiliário, para novo protocolo, o que não foi suprido quando da manifestação dos recorrentes acerca do exposto pelo Sr. Oficial quanto às exigências formuladas (fls. 22/25 e 33/35), ou por ocasião da interposição do presente recurso.

Contudo, em sua manifestação o Sr. 2º Oficial de Registro de Imóveis de Limeira alertou sobre a necessidade de reapresentação do título para nova prenotação (fls. 23), o que fez em conformidade com o subitem 41.1 e do Capítulo XX das Normas de Serviço da Corregedoria Geral da Justiça que dispõe:

41.1. Ocorrendo suscitação diretamente pelo interessado (Dúvida Inversa), assim que o Oficial a receber do Juízo para informações, deverá prenotar o título e observar o disposto nas letras "b" e "c" do item 41.

Nota: Suscitada por meio eletrônico, o Juízo dará ciência dos termos e da data da suscitação ao oficial de registro e aguardará a apresentação dos motivos da recusa do registro. O suscitante encaminhará ao registrador a via original do título em cinco dias contados da data do protocolo da dúvida, sob pena de arquivamento. Ao receber o título, o registrador o prenotará, dará recibo ao apresentante e, no prazo de 15 dias, informará ao Juízo se lhe foi apresentada a via original do título dentro do prazo e as razões da recusa.

Se o interessado no registro não tiver advogado constituído, poderá apresentar a petição em meio físico no distribuidor do Fórum, onde será protocolada, digitalizada, e destruída após a formação do processo eletrônico. Os documentos que instruem a petição, o título recusado pelo registrador inclusive, serão apresentados em cópia, não cabendo ao distribuidor esse exame. Distribuída a dúvida, o suscitante encaminhará a via original do título ao registro de imóveis nos termos do parágrafo acima. As petições intermediárias em meio físico serão apresentadas diretamente no Ofício Judicial competente, que a digitalizará e a inserirá no processo eletrônico (grifei)

De outro lado, também nos termos do arts. 203 e 221 da Lei nº 6.015/73 mostra-se indispensável a apresentação da via original do título, e nova prenotação quando já vencida a anterior. Nesse sentido:

"Penhor rural. Penhor agrícola. Cédula rural pignoratícia. Prazo - prorrogação trienal. Dúvida prejudicada título original cópia reprográfica" (Ap. Civ. 1.076-6/5, j. Em 5/5/2009 Rel. Des. Ruy Camilo).

"REGISTRO DE IMÓVEIS – Dúvida inversa – Origem judicial do título que não o isenta de qualificação Ausência, todavia, de título original – Matéria prejudicial – Recurso não conhecido" (Ap. Civ. 1.188-6/6, j. Em 6/10/2009, Rel. Des. Reis Kuntz).

Essa compreensão é pacífica nas decisões administrativas em matéria registral imobiliária, pois *"A cópia constitui mero documento e não instrumento formal previsto como idôneo a ter acesso ao registro e tendo em vista uma reavaliação qualificativa do título, vedado o saneamento intercorrente das deficiências da documentação apresentada (...)"* (Apelação Cível nº 33.624-0/4, Rel. Des. Márcio Bonilha, j . 12/9/1996).

O D. Desembargador Manoel de Queiroz Pereira Calças, Corregedor Geral da Justiça à época, no julgamento da Apelação Cível nº 0011169-71.2015.8.26.0482, j . 16/2/2017, reafirmou essa compreensão:

Preambularmente, cumpre observar que o apelante não acostou, quando da suscitação da dúvida, o original do documento cujo registro se pretende. A providência é de rigor para que, em caso de eventual improcedência, lavre-se o ato notarial. O documento trazido à baila, cópia de contrato particular de doação, não está no rol do art. 221 da Lei 6.015/73. A ausência do título original configura óbice intransponível ao registro e, pois, ao conhecimento da dúvida.

Para o mesmo Norte aponta a sedimentada jurisprudência deste Egrégio Conselho Superior da Magistratura, consoante Apelação Cível 9000001-98.2015.8.26.0099, julgada em 21/06/2016, por mim relatada, com citação de diversos outros julgados em idêntico sentido:

"Não obstante, o entendimento pacificado no Conselho Superior, há muito, é de que a ausência do instrumento original levado a registro prejudica o exame da questão, por representar um obstáculo intransponível ao registro (Apelação Cível n. 17-6/0 [3] e Apelação Cível n. 7.120-0/9). Nesse sentido, o acórdão proferido na apelação 1076-6/5, de 05 de maio de 2009, Rel. Des. RUY CAMILO: 'A ausência de requisitos essenciais constituise em matéria prejudicial ao conhecimento do recurso interposto. Com efeito, nenhum título original se encontra acostado aos autos, uma vez que a presente dúvida foi suscitada a partir de mera cópia reprográfica da cédula rural pignoratícia que foi reapresentada pelo banco suscitado, estando inviabilizada assim a sua análise direta por este Conselho Superior da Magistratura'".

Neste raciocínio, acerca de hipóteses semelhantes sobre a posição firmada, é representativo o V. Acórdão proferido na Apelação Cível nº 43.728-0/7, da

Comarca de Batatais, relatado pelo eminente Des. SÉRGIO AUGUSTO NIGRO CONCEIÇÃO:

"REGISTRO DE IMÓVEIS - Dúvida inversamente suscitada - Falta do título original e de prenotação - Inadmissibilidade - Prejudicialidade - Recurso não conhecido".

O texto do julgado faz referência a outro precedente, o qual é categórico: "Pacífica a jurisprudência deste Colendo Conselho Superior da Magistratura no sentido da necessidade de apresentação do título original, como decidido na apelação cível n.° 30.728-0/7, da Comarca de Ribeirão Preto, Relator o Desembargador Márcio Martins Bonilha, nos seguintes termos:

'Ora, sem a apresentação do título original, não se admite a discussão do quanto mais se venha a deduzir nos autos, porque o registro, em hipótese alguma, poderá ser autorizado, nos termos do artigo 203, II, da Lei 6.015/73. Não é demasiado observar que no tocante à exigência de autenticidade, o requisito da exibição imediata do original diz respeito ao direito obtido com a prenotação do título, direito que não enseja prazo reflexo de saneamento extrajudicial de deficiências da documentação apresentada"' (Apelação Cível 9000001-98.2015.8.26.0099, julgada em 21/6/2016, por mim relatada).

"Saliente-se ser tranquilo o entendimento deste Egrégio Colendo Conselho Superior da Magistratura no sentido de que o título deve ser apresentado em seu original e não por cópias. A cópia constitui mero documento e não instrumento formal previsto como idôneo a ter acesso ao registro e tendo em vista uma reavaliação qualificativa do título, vedado o saneamento intercorrente das deficiências da documentação apresentada, sendo imprescindível a exibição de qualquer dos títulos relacionados no mencionado artigo, que tem caráter restritivo, no original." (Apelação Cível: 17-6/0, j. 11/9/2003, Relator Des. LUIZ TÂMBARA).

Ou seja, imprescindível a apresentação do título original, ao Oficial de Registro de Imóveis, pois eventual procedência do recurso resultaria no pretendido registro, decidindo-se acerca da qualificação registral. Inviável, igualmente, a apresentação posterior do título original, em razão da necessidade de sua qualificação registral em todas as etapas.

Sobre o tema, decidiu este C. Conselho Superior da Magistratura nos embargos de declaração n° 0006849- 88.2015.8.26.0510/50000, j . 28/3/2018, em apelação que relatei:

A apelação não foi conhecida em razão de não ter sido apresentada a via original dos títulos cujos registros eram pretendidos.

A juntada dos originais em sede de embargos de não modifica essa situação, pois já realizada a qualificação registrai e analisado o procedimento de dúvida registrai.

Assim, permanece o não conhecimento da dúvida, o que impediria o exame do cabimento do registro.

Esse entendimento tem como fundamento o fato de que todos os títulos ingressaram no protocolo conforme a rigorosa ordem cronológica de apresentação e adquirem preferência para o registro também conforme a ordem de prenotação.

A inexistência de protocolo válido impede que a escritura de compra e venda adquira prioridade para o registro.

E não é possível decidir a dúvida sem protocolo válido porque o que se qualifica é o título efetivamente apresentado para registro e com prioridade sobre eventuais outros representativos de direitos reais contraditórios.

Em razão disso, na forma como suscitada a dúvida adquire natureza meramente consultiva, para o que não se presta.

Nesse cenário, ante a falta de apresentação do título original ao Oficial de Registro de Imóveis, com novo protocolo em razão do decurso do prazo de validade do anteriormente realizado, o presente recurso não comporta conhecimento.

E de acordo com precedentes atuais deste Col. Conselho Superior da Magistratura, ante o não conhecimento do recurso descabe prosseguir com o exame das questões de fundo por ausência de poder vinculativo dessa providência (nesse sentido: Apelação nº 1015740-40.2016.8.26.0577, Apelação nº 1000295-86.2017.8.26.0531 e Apelação nº 1001619-57.2016.8.26.0431).

Ante o exposto, pelo meu voto julgo a dúvida prejudicada e não conheço do recurso.

GERALDO FRANCISCO PINHEIRO FRANCO

Corregedor Geral da Justiça e Relator (DJe de 09.04.2019 - SP)

PODER JUDICIÁRIO

TRIBUNAL DE JUSTIÇA DO ESTADO DE SÃO PAULO

CONSELHO SUPERIOR DA MAGISTRATURA

Apelação nº 1003262-94.2017.8.26.0114

Registro: 2019.0000344276

ACÓRDÃO

Vistos, relatados e discutidos estes autos de **Apelação Cível nº 1003262-94.2017.8.26.0114**, da Comarca de **Campinas**, em que são apelantes **GISBERTO ANTONIO PIOVESAN e MARIA THEREZA CARELLI CAETANO**, é apelado **2º OFICIAL DE REGISTRO DE IMOVEIS DA COMARCA DE CAMPINAS.**

ACORDAM, em Conselho Superior de Magistratura do Tribunal de Justiça de São Paulo, proferir a seguinte decisão: **"Negaram provimento à apelação, v.u."**, de conformidade com o voto do Relator, que integra este acórdão.

O julgamento teve a participação dos Exmos. Desembargadores **PEREIRA CALÇAS (PRESIDENTE TRIBUNAL DE JUSTIÇA) (Presidente), ARTUR MARQUES (VICE PRESIDENTE), XAVIER DE AQUINO (DECANO), EVARISTO DOS SANTOS(PRES. DA SEÇÃO DE DIREITO PÚBLICO), CAMPOS MELLO (PRES. DA SEÇÃO DE DIREITO PRIVADO) E FERNANDO TORRES GARCIA(PRES. SEÇÃO DE DIREITO CRIMINAL).**

São Paulo, 25 de abril de 2019.

GERALDO FRANCISCO PINHEIRO FRANCO

Corregedor Geral da Justiça e Relator

Apelação Cível nº 1003262-94.2017.8.26.0114

Apelantes: Gisberto Antonio Piovesan e MARIA THEREZA CARELLI CAETANO

Apelado: 2º OFICIAL DE REGISTRO DE IMOVEIS DA COMARCA DE CAMPINAS

VOTO Nº 37.729

Registro de Imóveis – Sucessão Provisória – Ingresso do título no fólio real condicionado à sucessão definitiva – Negativa de registro da escritura de compra e venda celebrado pela viúva meeira e herdeiros em atenção ao princípio da continuidade – Formal de partilha – Documentos pessoais das partes – Apresentação ao Tabelião que não supre a omissão apontada nos títulos prenotados junto à serventia imobiliária – Manutenção dos óbices apontados pelo registrador – Dúvida julgada procedente – Apelação não provida.

Trata-se de apelação interposta por *Gisberto Antonio Piovesan e Maria Thereza Carelli Caetano* contra a sentença**[1]** proferida pelo MM. Juiz Corregedor Permanente do Oficial do 2º Registro de Imóveis da Comarca de Campinas, que julgou procedente a dúvida suscitada e manteve a recusa de registro do aditamento ao formal de partilha expedido nos autos do processo nº 3175/97, que tramitou perante a 7ª Vara Cível daquela Comarca, referente à partilha da parte ideal de 7/48 ou 14,58% do imóvel objeto da matrícula nº 33.061 daquela serventia, bem como dos demais títulos protocolados relativos ao mesmo imóvel.

Alegam os apelantes, em síntese, que em relação à partilha dos bens deixados por Sylvio Caetano não há que se falar em sucessão provisória, sendo que a parte ideal de 14,58% do imóvel objeto da matrícula nº 33.061 foi atribuída à viúva e herdeiros mencionados no título. Aduzem que a menção equivocada à sucessão provisória não tem o condão de afastar o direito dos sucessores, devendo prevalecer a regra do art. 112 do Código Civil no sentido de que, nas declarações de vontade, mais se deve ater à intenção das partes que ao sentido literal da linguagem utilizada no título. Afirmam que houve regular processamento do inventário dos bens deixados pelo falecido, o que ensejou, inclusive, a lavratura de escritura de compra e venda do imóvel partilhado que, assim, merece ser registrada. Ainda, sustentam que a indisponibilidade decretada sobre uma pequena fração ideal do imóvel não pode reduzir o direito dos adquirentes e demais proprietários, sobretudo porque, à época da lavratura da escritura, não constava da matrícula nenhuma averbação de indisponibilidade. No mais, discordam da necessidade de apresentação dos documentos pessoais das partes, eis que já apresentados ao Tabelião de Notas quando da lavratura das escrituras que pretendem registrar**[2]**.

A Douta Procuradoria de Justiça opinou pelo não provimento do recurso**[3]**.

É o relatório.

O dissenso versa sobre a registrabilidade:

a) do aditamento de formal de partilha expedido nos autos do Processo nº 3175/97, que tramitou perante a 7ª Vara Cível da Comarca de Campinas/SP (prenotação nº 338.998);

b) da escritura de venda e compra lavrada pelo Oficial de Registro Civil das Pessoas Naturais e Tabelião de Notas do Distrito de Barão Geraldo, Comarca de Campinas/SP, no Livro 171, pp. 185/186 (prenotação nº 338.999);

c) do formal de partilha expedido nos autos do Processo nº 2075/93, que tramitou perante a 5ª Vara Cível da Comarca de Campinas/SP (prenotação nº 339.001); e

d) da escritura de compra e venda lavrada pelo Oficial de Registro Civil das Pessoas Naturais e Tabelião de Notas do Distrito de Barão Geraldo,

Comarca de Campinas/SP, Livro 153, pp. 388/391 (prenotação nº 339.296).

Os títulos foram devolvidos, argumentando o Registrador que:

a) o aditamento de formal de partilha expedido nos autos do Processo nº 3175/97, que tramitou perante a 7ª Vara Cível da Comarca de Campinas/SP (prenotação nº 338.998), não é passível de registro eis que necessária a apresentação da sucessão definitiva, devendo, caso superado esse óbice, ser instruído com as cópias autenticadas dos documentos pessoais (RG e CPF) de Maria Thereza Carelli Caetano e Silvio Caetano;

b) a qualificação da escritura de venda e compra lavrada pelo Oficial de Registro Civil das Pessoas Naturais e Tabelião de Notas do Distrito de Barão Geraldo, Comarca de Campinas/SP, Livro 171, pp. 185/186 (prenotação nº 338.999) resultou prejudicada, pois condicionada à superação dos óbices apresentados em relação ao título objeto da prenotação nº 338.998, em respeito ao princípio da continuidade dos registros previsto no art. 195 da Lei dos Registros Públicos;

c) o formal de partilha expedido nos autos do Processo nº 2075/93, que tramitou perante a 5ª Vara Cível da Comarca de Campinas/SP (prenotação nº 339.001), deveria estar acompanhado de cópias autenticadas dos documentos pessoais (RG e CPF) de João Carelli e Ana Casarin Carelli, em atenção ao disposto no art. 176 da Lei 6.015/73; e

d) a escritura de compra e venda lavrada pelo Oficial de Registro Civil das Pessoas Naturais e Tabelião de Notas do Distrito de Barão Geraldo, Comarca de Campinas/SP, Livro 153, pp. 388/391 (prenotação nº 339.296) foi qualificada negativamente ante a existência de averbação de ordem de indisponibilidade na matrícula do imóvel.

Primeiramente, é preciso lembrar que o instituto da ausência visa assegurar a situação patrimonial de quem tenha desaparecido sem deixar notícias ou quem o representasse, e seus reflexos perante terceiros. Deferida a sucessão provisória, são os herdeiros imitidos na posse dos bens deixados pelo ausente, mas não em caráter definitivo. Nomeia-se quem irá administrar os bens do ausente até que, decorrido certo tempo, os bens se transmitam, definitivamente, a quem de direito.

Ensinam Sebastião Amorim e Euclides de Oliveira que: *"Em garantia aos direitos de terceiros, cumpre aos herdeiros, imitidos na posse dos bens do ausente, prestar caução de os restituir. Essa garantia visa preservar os direitos do ausente para a hipótese de seu regresso. Mantém-se a regra no novo Código Civil, porém suavizada pela dispensa da garantia para posse nos bens do ausente por seus ascendentes, descendentes ou cônjuge, uma vez provada a sua qualidade de herdeiros (art. 30 e seu par. 2º). Cessa a sucessão provisória pelo comparecimento do ausente, de seu procurador ou de quem o represente, enquanto não vencido o prazo para conversão da sucessão em definitiva"* (Inventários e Partilhas, Leud, 15ª. Edição, p. 234/235).

Como se vê, na sucessão provisória os herdeiros ainda não tem a propriedade definitiva dos bens, o que é incompatível com a segurança que se exige do registro de imóveis. Por essa razão, o ingresso no fólio real fica condicionado à sucessão definitiva, conforme já decidido por este Egrégio Conselho Superior, nas Apelações Cíveis nº 093.962-0/5 e nº 99010515.250-3.

Até lá, o caráter provisório da transmissão fica ainda mais evidente por força do disposto no art. 31 do Código Civil, que veda a alienação dos imóveis do ausente, salvo nas hipóteses específicas ali estabelecidas. Em outras palavras, os herdeiros não possuem plena disponibilidade dos imóveis.

A conversão da sucessão provisória em definitiva dá-se por sentença, a requerimento dos interessados, o qual poderá ser feito somente dez anos após o trânsito em julgado da sentença que deferiu a abertura da sucessão provisória. No caso concreto, porém, tendo sido o formal expedido nos autos do procedimento de sucessão provisória, sem apresentação da sentença declaratória da sucessão definitiva (Código Civil, art. 37), inviável o registro.

Correto, pois, o óbice apresentado pelo Oficial em relação ao aditamento de formal de partilha expedido nos autos do Processo nº 3175/97, que tramitou perante a 7ª Vara Cível da Comarca de Campinas/SP, prenotado sob nº 338.998 e, por força do princípio da continuidade, também em relação à escritura de compra e venda em que figuram a viúva meeira e os demais herdeiros como outorgantes vendedores, prenotada sob nº 338.999.

E ainda que dispensável a exigência de apresentação de cópias autenticadas do CPF de Ana Casarin Carelli, eis que possível a relativização do princípio da especialidade subjetiva diante da justificativa apresentada, o fato é que a simples alegação de que os demais documentos já foram apresentados ao Tabelião de Notas, por ocasião da escritura de compra e venda posteriormente lavrada, não afasta os óbices apresentados ao registro do formal de partilha expedido nos autos do Processo nº 2075/93, que tramitou perante a 5ª Vara Cível da Comarca de Campinas/SP, prenotado sob nº

339.001. É que o formal de partilha que deve estar apto a registro independentemente da regularidade do ato subsequente, isto é, da escritura de compra e venda lavrada na sequência.

Aliás, o registro desse formal de partilha é pressuposto do registro da escritura de compra e venda lavrada pelos herdeiros junto ao Oficial de Registro Civil das Pessoas Naturais e Tabelião de Notas do Distrito de Barão Geraldo, Comarca de Campinas/SP, Livro 153, pp. 388/391, prenotada sob nº 339.296, de maneira que também se mostra correta a recusa formulada em relação a esse título, sobretudo diante da ordem de indisponibilidade averbada na matrícula e a impossibilidade de ser autorizada, no caso concreto, a cindibilidade do título.

Ressalte-se, a propósito, que no sistema dos registros públicos vige o princípio *tempus regit actum*. Em outras palavras, a registrabilidade do título é aferida por ocasião da prenotação, pouco importando, destarte, que a averbação de indisponibilidade tenha ocorrido após a lavratura da escritura de compra e venda.

Nesse cenário, correta a sentença prolatada.

Diante do exposto, pelo meu voto, **nego provimento** à apelação.

GERALDO FRANCISCO PINHEIRO FRANCO

Corregedor Geral da Justiça e Relator

Notas:

[1] Fls. 235/239.

[2] Fls. 250/253.

[3] Fls. 269/271. (DJe de 23.05.2019 - SP)

PODER JUDICIÁRIO

TRIBUNAL DE JUSTIÇA DO ESTADO DE SÃO PAULO

CONSELHO SUPERIOR DA MAGISTRATURA

Apelação nº 1044002-05.2018.8.26.0100

Registro: 2019.0000391278

ACÓRDÃO

Vistos, relatados e discutidos estes autos de **Apelação Cível nº 1044002-05.2018.8.26.0100**, da Comarca de **São Paulo**, em que é apelante **MINISTÉRIO PÚBLICO DO ESTADO DE SÃO PAULO**, é apelado **PATRÍCIA LACZYNSKI DE SOUZA.**

ACORDAM, em Conselho Superior de Magistratura do Tribunal de Justiça de São Paulo, proferir a seguinte decisão: **"Negaram provimento, v.u.",** de conformidade com o voto do Relator, que integra este acórdão.

O julgamento teve a participação dos Exmos. Desembargadores **PEREIRA CALÇAS (PRESIDENTE TRIBUNAL DE JUSTIÇA) (Presidente), ARTUR MARQUES (VICE PRESIDENTE), XAVIER DE AQUINO (DECANO), EVARISTO DOS SANTOS(PRES. DA SEÇÃO DE DIREITO PÚBLICO), CAMPOS MELLO (PRES. DA SEÇÃO DE DIREITO PRIVADO) E FERNANDO TORRES GARCIA(PRES. SEÇÃO DE DIREITO CRIMINAL).**

São Paulo, 16 de maio de 2019.

GERALDO FRANCISCO PINHEIRO FRANCO

Corregedor Geral da Justiça e Relator

Apelação Cível nº 1044002-05.2018.8.26.0100

Apelante: MINISTÉRIO PÚBLICO DO ESTADO DE SÃO PAULO

Apelado: PATRÍCIA LACZYNSKI DE SOUZA

VOTO Nº 37.738

Registro de Imóveis – Escritura de compra e venda de imóvel – Compradora solteira que declara conviver em união estável com companheiro divorciado, sob o regime da comunhão parcial de bens – Princípio da especialidade subjetiva – Apresentação de escritura declaratória de união estável – Exigência de registro da união estável no Livro E do Registro Civil das Pessoas Naturais e no Livro nº 3 (Registro Auxiliar) do Registro de Imóveis que, no caso concreto, não se sustenta – Dúvida improcedente – Recurso não provido.

Trata-se de recurso de apelação interposto pelo Ministério Público do Estado de São Paulo contra a sentença**[1]** proferida pela MM.ª Juíza Corregedora Permanente do 5º Oficial de Registro de Imóveis da Capital, que julgou improcedente dúvida suscitada e afastou o óbice apresentado em relação ao registro de escritura pública de compra e venda, tendo por objeto o imóvel matriculado sob nº 80.980 junto àquela serventia, lavrada pelo 2º Tabelião de Notas da Capital, a fls. 89/91 do Livro 2.737.

Alega o apelante, em síntese, que na escritura de compra e venda levada a registro a adquirente do imóvel declarou-se convivente em união estável, sob o regime da comunhão parcial de bens. Assim, entende obrigatória a apresentação de escritura declaratória de união estável do casal comprador, assim como a comprovação de seu registro no Livro E do Registro Civil das Pessoas Naturais e no Registro de Imóveis de seu domicílio**[2]**.

Apesar de regularmente intimada, a apelada deixou de ofertar contrarrazões**[3]**. A Procuradoria Geral da Justiça opinou pelo não provimento da apelação**[4]**.

É o relatório.

Na escritura de compra e venda levada a registro**[5]**, a outorgada compradora foi qualificada como solteira, convivente em união estável sob o regime da comunhão parcial de bens, com Eduardo de Lima Caldas, conforme escritura lavrada, em 01 de agosto de 2012, pelo 1º Tabelião de Notas desta Capital. O Oficial de Registro de Imóveis negou o ingresso do título em virtude da ausência do prévio registro de escritura declaratória de união estável no Livro "E" do Registro Civil das Pessoas Naturais e no Registro de Imóveis da Comarca do domicílio dos companheiros**[6]**.

A interpretação adotada pelo Sr. Oficial de Registro de Imóveis encontra respaldo nas Normas de Serviço da Corregedoria Geral da Justiça que, em seu Capítulo XX, Tomo II, determinam que será averbada na matrícula do imóvel a união estável declarada judicialmente ou estabelecida por escritura pública registrada no Livro "E" do Registro Civil das Pessoas Naturais (item 11, "b", 5), assim:

> *"85. As escrituras antenupciais e as escrituras públicas que regulem regime de bens na união estável serão registradas no Registro de Imóveis da comarca em que os cônjuges ou companheiros têm ou tiverem seu último domicílio sem prejuízo de sua averbação obrigatória no lugar da situação dos imóveis de propriedade ou dos que forem sendo adquiridos.*
>
> *85.1. O registro da convenção antenupcial ou da escritura pública envolvendo regime de bens na união estável mencionará, obrigatoriamente, os nomes e a qualificação dos cônjuges ou companheiros, as disposições ajustadas quanto ao regime de bens e a data em que se realizou o casamento ou da escritura pública, constante de certidão que deverá ser apresentada com a escritura. Se essa certidão não for arquivada em cartório, deverão ainda ser mencionados no registro o cartório em que se realizou o casamento, o número do assento, o livro e a folha em que tiver sido lavrado ou do registro da escritura envolvendo a união estável no Livro "E" do Registro Civil das Pessoas Naturais".*

Ocorre que, a despeito dos entendimentos em sentido contrário, a matéria ganhou nova interpretação. Como ficou consignado no voto proferido nos autos da Apelação nº 1101111-45.2016.8.26.0100**[7]**:

"São requisitos da união estável a convivência pública, contínua e duradoura entre duas pessoas, estabelecida com o objeto de constituição de família, ou como previsto no art. 1723 do Código Civil:

"Art. 1.723. É reconhecida como entidade familiar a união estável entre o homem e a mulher, configurada na convivência pública, contínua e duradoura e estabelecida com o objetivo de constituição de família.

§ 1° A união estável não se constituirá se ocorrerem os impedimentos do art. 1.521; não se aplicando a incidência do inciso VI no caso de a pessoa casada se achar separada de fato ou judicialmente.

§ 2° As causas suspensivas do art. 1.523 não impedirão a caracterização da união estável".

Os requisitos enumerados no Código Civil para a constituição de união estável não contemplam a celebração de ato formal, ou a realização de cerimônia revestida de formalidades específicas.

Diante disso, e ao contrário do casamento, a união estável tem como característica própria a informalidade, ou informalismo, para a sua formação.

A ausência de formalismo, ademais, é apontada por Euclides de Oliveira como um dos requisitos da união estável ("União Estável: do concubinato ao casamento: antes e depois do Código Civil", 6º ed., São Paulo: Editora Método, 2003, p. 122), esclarecendo o autor:

"A união estável é tipicamente livre na sua formação. Independe de qualquer formalidade, bastando o fato em si, de optarem, homem e mulher, por estabelecer vida em comum. Bem o diz ANTONIO CARLOS MATHIAS COLTRO, assinalando que a união de fato se instaura 'a partir do instante em que resolvem seus integrantes iniciar a convivência como se fossem casados, renovando dia a dia tal conduta, e recheando-a de afinidade e afeição, com vistas à manutenção da intensidade.

***Na união estável basta o mútuo consentimento dos conviventes, que se presume do seu comportamento convergente e da contínua renovação pela permanência**" (Euclides de Oliveira, obra citada, p. 124).*

A informalidade para a constituição da união estável, entretanto, convive com a exigência de observação de formas específicas para que certos atos e negócios jurídicos produzam os efeitos que deles se pretende.

Assim ocorre, em especial, quanto aos atos e negócios jurídicos que têm como característica a constituição de direitos reais sobre imóveis que são oponíveis "erga omnes" por força da publicidade decorrente de seu registro.

Desse modo, para o julgamento da dúvida suscitada, devem ser diferenciados os atos e negócios jurídicos relacionados aos direitos da personalidade cuja oponibilidade em relação a terceiros prescindem de cerimônia e forma prescritas em lei, como ocorre com a constituição de família por meio da união estável, e os atos e negócios jurídicos que demandam publicidade específica, por meio de sua inscrição em Registro Público, como ocorre com os direitos reais imobiliários" (grifos no original).

No caso concreto, o que se pretende pelo registro da escritura de compra e venda é tornar público o direito de propriedade que foi adquirido pela outorgada compradora por meio de contrato de compra e venda de imóvel e, assim, conferir ao referido direito oponibilidade *"erga omnes"*.

A propósito, constou do voto anteriormente referido que:

"A necessidade de indicação do estado civil do titular do direito real permanece presente porque a união estável pode coexistir com o casamento, desde que constituída com pessoa separada de fato, como previsto no § 1º do art. 1.723 do Código Civil:

"Art. 1.723. É reconhecida como entidade familiar a união estável entre o homem e a mulher, configurada na convivência pública, contínua e duradoura e estabelecida com o objetivo de constituição de família.

§ 1º A união estável não se constituirá se ocorrerem os impedimentos do art. 1.521; não se aplicando a incidência do inciso VI no caso de a pessoa casada se achar separada de fato ou judicialmente".

Em outros termos, a união estável pode ser mantida tanto entre duas pessoas solteiras, viúvas, separadas ou divorciadas, como entre pessoas casadas, desde que separadas de fato de seus respectivos cônjuges.

Bem por isso, não há como admitir no Registro Imobiliário que tem como finalidade precípua a de promover a publicidade dos direitos reais inscritos, com estrita observação do princípio da especialidade subjetiva para que possam produzir efeitos "erga omnes", que o titular de direito dessa natureza seja qualificado simplesmente como "companheiro", ou "em união estável", sem que se indique seu real estado civil que pode, em tese, ser o de casado.

Em sendo casado não poderá o titular do direito real ser, ao mesmo tempo, qualificado como "companheiro" ou "em união estável", ressalvado prévio reconhecimento judicial da existência da união estável, porque o Registro de Imóveis não comporta a simultânea inscrição de direitos de propriedade que sejam conflitantes entre si.

Desse modo, ou titular do direito é qualificado no Registro de Imóveis como solteiro, viúvo, separado ou divorciado e mantendo união estável, do que não decorrerá eventual direito conflitante entre eventual cônjuge e companheiro, ou é casado e, em consequência, não poderá ser qualificado também como "em união estável", pois neste caso os direitos do cônjuge e do companheiro poderão ser incompatíveis entre si, exceto se o reconhecimento da união estável decorrer de ação judicial que atinja o imóvel.

Por todos esses motivos, o Provimento nº 37/2004 da Eg. Corregedoria Nacional de Justiça delimita seu alcance e efeitos e discrimina as diferentes hipóteses para registro da união estável no Livro "E" do Registro Civil das Pessoas Naturais.

Em razão da informalidade para sua constituição e, em regra, para sua dissolução, o art. 1º do Provimento nº 37/2004 da Corregedoria Nacional de Justiça prevê que o registro da união estável no Registro Civil das Pessoas Naturais é faculdade dos companheiros:

"Art. 1º. É facultativo o registro da união estável prevista nos artigos 1.723 a 1.727 do Código Civil, mantida entre o homem e a mulher, ou entre duas pessoas do mesmo sexo".

Sendo facultativo, não deve esse registro ser exigido para que um dos companheiros, ou ambos, pratiquem atos ou negócios jurídicos compatíveis com a autonomia da vontade.

Também em decorrência da informalidade para sua constituição e dissolução, e por independer de outra publicidade para sua existência, o art. 5º do Provimento nº 37/2004 da Corregedoria Nacional de Justiça determina que o registro da união estável no Livro "E" do Registro Civil das Pessoas Naturais produzirá efeitos patrimoniais entre os companheiros, não prejudicando terceiros que não tiverem participado da escritura pública:

"Art. 5º. O registro de união estável decorrente de escritura pública de reconhecimento ou extinção produzirá efeitos patrimoniais entre os companheiros, não prejudicando terceiros que não tiverem participado da escritura pública".

Por seu turno, para preservação da segurança jurídica que os registros públicos visam proporcionar nas relações sociais, o art. 8º do Provimento nº

37/2004 da Corregedoria Nacional de Justiça determina que a união estável com pessoa casada não poderá ser inscrita no Livro "E" do Registro Civil das Pessoas Naturais, exceto se separada judicial ou extrajudicialmente, ou se a declaração da união estável decorrer de sentença judicial transitada em julgada:

"Art. 8º. Não poderá ser promovido o registro, no Livro E, de união estável de pessoas casadas, ainda que separadas de fato, exceto se separadas judicialmente ou extrajudicialmente, ou se a declaração da união estável decorrer de sentença judicial transitada em julgado".

Ao delimitar o alcance e os efeitos, e discriminar as hipóteses em que admitido o registro da união estável no Livro "E" do Registro Civil das Pessoas Naturais, o Provimento nº 37/2014 da Eg. Corregedoria Nacional de Justiça serve de parâmetro para o ingresso união estável nos demais Registros Públicos que, como exposto, não pode ser causa para a concomitante inscrição de direitos reais de igual natureza, entre cônjuge e companheiro, que sejam conflitantes entre si" (grifos no original).

São esses os parâmetros que devem nortear a fixação dos requisitos para o ingresso, no Registro de Imóveis, de título em que o titular do direito inscrito se declare como "companheiro", ou "em união estável". Assim, a existência da união estável deve estar amparada em declaração conjunta dos companheiros, ou em sentença judicial transitada em julgado, na medida em que a declaração unilateral de vontade, ou seja, de que há ou foi mantida união estável, somente obriga quem a realizou, sem criar ou prejudicar direito de terceiro que dela não tiver participado.

Também se faz necessário que conste no título o real estado civil do titular do direito, isto é, solteiro, casado, viúvo, separado ou divorciado.

Não sendo casado, não há vedação para que o titular de direito inscrito seja qualificado conforme seu estado civil, com indicação de que mantém união estável desde que também constem no registro o nome do respectivo companheiro e o restante de sua qualificação.

Em sendo o titular do direito casado ao tempo da aquisição do direito real, sua inscrição no Registro Imobiliário com indicação de que mantém união estável e consignação do nome e qualificação do companheiro dependerá da apresentação de prova de que a união estável foi declarada por sentença judicial transitada em julgado, em que reconhecido que se trata de bem comum dos companheiros, podendo essa prova ser feita por certidão do processo ou por demonstração do registro da união estável no Livro "E" do Registro Civil das Pessoas Naturais, pois esse registro também dependerá da prova da declaração judicial da união estável.

Outra situação possível é da aquisição de bem a título oneroso por companheiro que seja casado, com posterior averbação de separação ou divórcio. Nesse caso, a averbação da existência da "união estável", com o nome e qualificação do companheiro, poderá ser feita depois do registro da partilha decorrente da dissolução do casamento, observando-se, sempre, que a declaração da existência da união estável dependerá de ato bilateral, ou seja, deverá ser feita pelos dois companheiros, ou deverá decorrer de sentença transitada em julgado em que reconhecido que se trata de bem comum entre os companheiros.

Além disso, em todas as hipóteses em que admitida a inscrição da união estável deverá constar no registro do imóvel o regime de bens adotado, se diverso da comunhão parcial de bens, que é o regime legal (art. 1.725 do Código Civil) e será presumido em caso de silêncio.

Nesse cenário, é possível concluir, observados os requisitos imprescindíveis à inscrição da união estável sem risco de inscrição de direitos de propriedade presumidamente conflitantes, e diante da informalidade para sua constituição e dissolução, que não se mostra necessária a prévia obrigação de registro de escritura pública declaratória no Registro de Imóveis, como se pacto antenupcial fosse, ou de prévio registro no Livro "E" do Registro Civil das Pessoas Naturais, exceto se esse registro for utilizado como prova de que a união estável foi declarada por meio de sentença judicial transitada em julgado, em sendo um dos companheiros casado.

No mais, os documentos necessários à confirmação da qualificação dos companheiros, ao que consta dos autos, foram apresentados ao Tabelião de Notas que lavrou a escritura pública levada a registro, como expressamente consignado na r. sentença proferida pela MM.ª Juíza Corregedora Permanente, ora recorrida.

No referido título, a compradora se qualificou, no que pertine ao seu estado civil, como solteira, convivente em união estável com Eduardo de Lima Caldas, divorciado. Ainda, apresentou cópia da escritura de declaração de união estável, com participação do companheiro**[8]**.

Destarte, não há obstáculo ao registro do título em que a adquirente do direito a ser inscrito está identificada como convivente em união estável, independentemente do prévio registro da união estável no Livro nº 3 Registro Auxiliar do Registro de Imóveis do domicílio dos companheiros, ou no Livro "E" do Registro Civil das Pessoas Naturais, desde que observados os requisitos indicados, tal como efetivamente ocorre no caso em análise.

Diante do exposto, nego provimento ao apelo.

GERALDO FRANCISCO PINHEIRO FRANCO

Corregedor Geral da Justiça e Relator

Notas:

[1] Fls. 59/62.

[2] Fls. 69/74.

[3] Fls. 79. **[4]** Fls. 86/87. **[5]** Fls. 02/05.

[6] Fls. 01 e 06/07.

[1] *REGISTRO DE IMÓVEIS – Formal de Partilha – Herdeiros que se declararam como mantenedores de uniões estáveis – Princípio da especialidade subjetiva – Herdeiros que devem ser qualificados com as indicações de seus estados civis – Necessidade, ainda, de apresentação das anuências dos respectivos companheiros com as declarações de uniões estáveis, uma vez que, no presente caso concreto, não participaram da ação de inventário – Dúvida procedente, mas por fundamento distinto daquele adotado pelo Sr. Oficial de Registro de Imóveis para a recusa do registro – Recurso não provido, com determinação.* (TJSP; Apelação Cível 1101111-45.2016.8.26.0100; Relator(a): Pinheiro Franco (Corregedor Geral); Órgão Julgador: Conselho Superior de Magistratura; Foro Central Cível - 1ª Vara de Registros Públicos; Data do Julgamento: 10/04/2018; Data de Registro: 17/04/2018).

[8] Fls. 12. (DJe de 05.06.2019 - SP)

PODER JUDICIÁRIO

TRIBUNAL DE JUSTIÇA DO ESTADO DE SÃO PAULO

CONSELHO SUPERIOR DA MAGISTRATURA

Apelação nº 1002238-39.2018.8.26.0100

Registro: 2019.0000154068

ACÓRDÃO

Vistos, relatados e discutidos estes autos do(a) **Apelação nº 1002238-39.2018.8.26.0100**, da Comarca de **São Paulo**, em que é apelante **ROBERTO MELLO DE CARVALHO ROCHA**, é apelado **2º OFICIAL DE REGISTRO DE IMÓVEIS DA COMARCA DE SÃO PAULO.**

ACORDAM, em Conselho Superior de Magistratura do Tribunal de Justiça de São Paulo, proferir a seguinte decisão: **"Negaram provimento ao recurso, v.u.",** de conformidade com o voto do Relator, que integra este Acórdão.

O julgamento teve a participação dos Exmos. Desembargadores **PEREIRA CALÇAS (PRESIDENTE TRIBUNAL DE JUSTIÇA) (Presidente), ARTUR MARQUES (VICE PRESIDENTE), XAVIER DE AQUINO (DECANO), EVARISTO DOS SANTOS(PRES. DA SEÇÃO DE DIREITO PÚBLICO), CAMPOS MELLO (PRES. DA SEÇÃO DE DIREITO PRIVADO) E FERNANDO TORRES GARCIA(PRES. SEÇÃO DE DIREITO CRIMINAL).**

São Paulo, 26 de fevereiro de 2019.

GERALDO FRANCISCO PINHEIRO FRANCO

Corregedor Geral da Justiça e Relator

Apelação nº 1002238-39.2018.8.26.0100

Apelante: Roberto Mello de Carvalho Rocha

Apelado: 2º Oficial de Registro de imóveis da Comarca de São Paulo

VOTO Nº 37.675

Registro de imóveis – Falência da vendedora em data posterior ao contrato de compra e venda – Prenotação do título em data posterior à quebra – Necessidade de autorização do juízo da falência – Impossibilidade do reconhecimento de decadência ou aquisição por usucapião neste processo administrativo sob pena de violação do direito fundamental ao devido processo legal em razão do direito de terceiros – recurso não provido.

Trata-se de recurso de apelação interposto por Roberto Mello de Carvalho Rocha contra a r. sentença de fls. 58/61, que julgou procedente a dúvida suscitada pelo Sr. 2º Oficial de Registros de Imóveis da Comarca de São Paulo mantendo a recusa do ingresso de escritura pública de compra e venda em razão da ausência de autorização do Juízo Falimentar para a transmissão imobiliária e ser descabido o reconhecimento de decadência ou usucapião no presente processo administrativo.

Sustenta o apelante a desnecessidade da autorização judicial pelo fato da escritura pública de compra e venda ter sido lavrada em data anterior à decretação da falência, a ocorrência da decadência de direitos sobre o imóvel e ainda a configuração da usucapião (fls. 68/81).

A D. Procuradoria Geral da Justiça opinou pelo não provimento do recurso (fls. 98/100).

É o relatório.

A aquisição da propriedade imóvel por meio registro do título no ordenamento jurídico pátrio, ante a opção legislativa pelo sistema do título e do modo, ocorre com o registro do título translativo no registro de imóveis nos termos do artigo 1.245 do Código Civil.

Os efeitos do contrato são pessoais, assim, atualmente, a propriedade do imóvel objeto deste procedimento de dúvida é da vendedora a empresa falida.

Houve a decretação da falência da vendedora em 07.05.1997, portanto, em data posterior à celebração do contrato de compra e venda (23.8.1995).

Em virtude da quebra ter ocorrido em momento anterior à vigência da Lei 11.101/05, deve ser aplicado o regime jurídico do Decreto-lei n. 7.661, de 21 de junho de 1945.

E a disciplina legal em questão, semelhante a atual, determina a arrecadação de todos os bens da falida e a ineficácia do registro de direitos reais, exceto se a prenotação ocorreu antes da quebra.

Nessa linha, os artigos 39, *caput*, e 52, inciso VII, do Decreto-lei n. 7.661, de 21 de junho de 1945, estabelecem:

Art. 39. A falência compreende todos os bens do devedor inclusive direitos e ações, tanto os existentes na época de sua declaração como os que forem adquiridos no curso do processo.

Art. 52. Não produzem efeitos relativamente à massa, tenha ou não o contratante conhecimento do estado econômico do devedor, seja ou não intenção dêste fraudar credores:

(...)

VII - as inscrições de direitos reais, as transcrições de transferência de propriedade entre vivos, por título oneroso ou gratuito, ou a averbação relativa a imóveis, realizadas após a decretação do sequestro ou a declaração da falência, a menos que tenha havido prenotação anterior; a falta de inscrição do ônus real dá ao credor o direito de concorrer à massa como quirografário, e a falta da transcrição dá ao adquirente ação para haver o preço até onde bastar o que se apurar na venda do imóvel;

Ante a especificidade do regime legal incidente no sentido de permitir o exame pelo Juízo da Falência das transmissões patrimoniais imobiliárias ainda que os contratos (título) tenham sido celebrados no período anterior à quebra, compete, como mencionado pela MM Juíza Corregedora Permanente, autorização judicial para o registro.

Nessa linha, sendo a prenotação efetuada após a quebra, não é possível a realização do registro sem a anuência do Juízo da Falência ante a restrição legal à transmissão de bens.

Há precedente deste Conselho Superior da Magistratura nesse sentido:

Registro de Imóveis – Escritura de venda e compra – Alienante falida – Exigência de alvará do juízo da falência – Certidão Negativa de Débitos (CND) e Certidão de Quitação de Tributos e Contribuições Federais (CQDTCF) – Ordem de Serviço número 207/99 do INSS – Atividade concorrente e não exclusiva – Impossibilidade da dispensa – Dúvida procedente – Recurso não provido. (apelação cível n. 096028-0/5, j. 27.11.2002, Rel. Des. Luiz Tâmbara).

Na via administrativa do registro imobiliário não é possível o reconhecimento de decadência ou aquisição do imóvel por usucapião na hipótese em julgamento, por implicar em modificações em direitos de terceiros que não são partes deste processo administrativo.

Qualquer interpretação e aplicação do direito não pode violar o direito fundamental do devido processo legal. Por todo o exposto, pelo meu voto, nego provimento à apelação.

GERALDO FRANCISCO PINHEIRO FRANCO

Corregedor Geral da Justiça e Relator (DJe de 28.06.2019 - SP)

PODER JUDICIÁRIO

TRIBUNAL DE JUSTIÇA DO ESTADO DE SÃO PAULO

CONSELHO SUPERIOR DA MAGISTRATURA

Apelação nº 1003406-95.2018.8.26.0223

Registro: 2019.0000197901

ACÓRDÃO

Vistos, relatados e discutidos estes autos de **Apelação nº 1003406-95.2018.8.26.0223**, da Comarca de **Guarujá**, em que é apelante **MINISTÉRIO PÚBLICO DO ESTADO DE SÃO PAULO**, é apelado **ALEX BONALDA JUCIUS**.

ACORDAM, em Conselho Superior de Magistratura do Tribunal de Justiça de São Paulo, proferir a seguinte decisão: **"Negaram provimento ao recurso, v.u."**, de conformidade com o voto do Relator, que integra este acórdão.

O julgamento teve a participação dos Exmos. Desembargadores **PEREIRA CALÇAS (PRESIDENTE TRIBUNAL DE JUSTIÇA) (Presidente), ARTUR MARQUES (VICE PRESIDENTE), XAVIER DE AQUINO (DECANO), EVARISTO DOS**

SANTOS(PRES. DA SEÇÃO DE DIREITO PÚBLICO), CAMPOS MELLO (PRES. DA SEÇÃO DE DIREITO PRIVADO) E FERNANDO TORRES GARCIA(PRES. SEÇÃO DE DIREITO CRIMINAL).

São Paulo, 14 de março de 2019.

GERALDO FRANCISCO PINHEIRO FRANCO

Corregedor Geral da Justiça e Relator

Apelação nº 1003406-95.2018.8.26.0223

Apelante: Ministério Público do Estado de São Paulo

Apelado: ALEX BONALDA JUCIUS

VOTO Nº 37.705

Registro de Imóveis – Dúvida julgada improcedente – Escritura pública de compra e venda de imóvel – Vendedora em regime de recuperação judicial – Declaração pela vendedora, na escritura pública, de que o imóvel integra seu ativo circulante – Apartamento situado em empreendimento imobiliário promovido pela vendedora que tem por atividade a comercialização de imóveis – Circunstâncias do negócio jurídico que, neste caso concreto, não demandam a autorização do Juízo da recuperação judicial para o registro da compra e venda – Recurso não provido.

Trata-se de apelação interposta pelo Ministério Público do Estado de São Paulo contra r. sentença que julgou improcedente a dúvida suscitada pelo Sr. Oficial de Registro de Imóveis, Títulos e Documentos e Civil de Pessoa Jurídica da Comarca de Guarujá e afastou a recusa do registro, na matrícula nº 101.225, de escritura pública de compra e venda que foi outorgada pela proprietária em regime de recuperação judicial.

O apelante alegou, em suma, que o procedimento de dúvida tem natureza administrativa e, portanto, não é adequado para a análise da afirmação realizada pela vendedora, na escritura pública, de que o imóvel alienado integra seu ativo circulante. Aduziu que compete ao juízo da ação de recuperação judicial a verificação da necessidade, ou não, de autorização para a venda do imóvel. Requereu a reforma da r. sentença para que a dúvida seja julgada procedente (fls. 111/115).

O apresentante do título ofereceu contrarrazões em que informou que em razão do julgamento da dúvida entregou a sentença ao Oficial de Registro de Imóveis que promoveu o registro da escritura pública. Esclareceu que o registro da escritura pública somente foi recusado porque a proprietária do imóvel se encontra em recuperação judicial (Processo nº 1016422-34.2017.8.26.0100). Disse que o imóvel foi adquirido por sua filha, Stella Jucius, mediante autorização judicial expedida em ação que teve curso na Vara da Família e das Sucessões. Alegou que o imóvel foi objeto de compromisso de compra e venda que teve o preço quitado em 02 de dezembro de 2013, antes da ação de recuperação judicial proposta em 23 de fevereiro de 2017. Ademais, o art. 66 da Lei nº 11.101/2005 somente obriga a autorização do juízo da ação de recuperação judicial para a venda dos bens que integram o ativo permanente do devedor, o que não ocorre no presente caso em que a vendedora declarou que o imóvel integrava seu ativo circulante. Por fim, o registro da escritura pública de compra e venda caracteriza ato jurídico perfeito que deve ser mantido. Requereu o não provimento do recurso (fls. 120/129).

A douta Procuradoria Geral de Justiça opinou pelo provimento do recurso (fls. 137/139). É o relatório.

Cuida-se de dúvida suscitada, a requerimento de Alex Bonalda Jucius, em razão da recusa do registro da escritura pública de compra e venda do apartamento nº 42 da Torre A do Condomínio Mareas, lavrada às fls. 161 do Livro nº 10.826 do 9º Tabelião de Notas da Capital, outorgada em 18 de setembro de 2017 por Mareas Empreendimento Imobiliário SPE Ltda. em favor de Stella Jucius, porque não foi apresentada autorização judicial para a venda por empresa que se encontra em regime de recuperação judicial.

A certidão da escritura pública de compra e venda (fls. 61/66) demonstra que a vendedora declarou que o bem integra o seu ativo circulante.

E a Lei nº 11.101/2005 não exige a prévia autorização judicial para a alienação de bens que integram o ativo circulante do devedor em recuperação judicial.

Ao contrário, essa exigência somente é prevista para a alienação de bens que integram o ativo permanente do devedor em recuperação judicial, ou para alienações realizadas depois da decretação da falência (arts. 27, inciso II, alínea "c", 66, 74, 94 e 129 da Lei nº 11.101/2005 e art. 215 da Lei nº 6.015/73).

O art. 66 da Lei nº 11.101/2005, nesse sentido, dispõe que:

"Art. 66. Após a distribuição do pedido de recuperação judicial, o devedor não poderá alienar ou onerar bens ou direitos de seu <u>ativo permanente</u>, salvo evidente utilidade reconhecida pelo juiz, depois de ouvido o Comitê, com exceção daqueles previamente relacionados no plano de recuperação judicial" (grifei).

Ademais, neste caso concreto as circunstâncias do negócio jurídico indicam que o imóvel integrava o ativo circulante da vendedora.

A certidão da matrícula nº 101.225 demonstra que a empresa Mareas Empreendimento Imobiliário SPE Ltda. Celebrou com o Banco Bradesco S.A. contrato de mútuo, no valor de R$ 30.198.566,00, destinado à construção do Condomínio Mareas, dando em garantia o referido apartamento e outros duzentos e nove imóveis (fls. 11/12).

Esse fato permite presumir que as unidades autônomas integrantes do empreendimento denominado Condomínio Mareas foram construídas pela vendedora no exercício das atividades de promoção de empreendimentos imobiliários e de sua comercialização, o que é compatível com a declaração de que o apartamento vendido passou a integrar seu ativo circulante.

Ainda, o recibo reproduzido às fls. 29 e 124 demonstra que em 02 de dezembro de 2013 foi realizado em nome da compradora Stella Jucius o pagamento da quantia de R$ 409.900,00, fato que reforça a declaração, contida na escritura pública de compra e venda, de que foi outorgada em cumprimento de contrato particular de compromisso de compra e venda celebrado em 25 de novembro de 2013 e em que foi pactuado igual valor como correspondente ao preço do imóvel.

Além disso, a escritura pública de compra e venda foi precedida de alvará expedido no Processo nº 1012126- 22.2016.8.26.0223, da 1ª Vara da Família e das Sucessões da Comarca de Guarujá, autorizando a aquisição do imóvel por Stella Jucius, representada por seus genitores, o que demonstra a existência de anterior negócio jurídico celebrado entre as partes.

Por essas razões, e ainda neste caso concreto, as circunstâncias do negócio jurídico permitem reconhecer que o imóvel integrava o ativo circulante da vendedora, como declarado pelas partes da compra e venda, o que afasta a exigência da apresentação de alvará que, reitero, não tem previsão específica na Lei nº 11.101/2005.

Por fim, cabe ressalvar que o procedimento de dúvida não comporta tutela antecipada, ou execução provisória, em razão do disposto no art. 203 da Lei nº 6.015/73 que condiciona o registro do título ao trânsito em julgado da decisão:

"*Art. 203 - Transitada em julgado a decisão da dúvida, proceder-se-á do seguinte modo:*

I - se for julgada procedente, os documentos serão restituídos à parte, independentemente de translado, dando-se ciência da decisão ao oficial, para que a consigne no Protocolo e cancele a prenotação;

II - se for julgada improcedente, o interessado apresentará, de novo, os seus documentos, com o respectivo mandado, ou certidão da sentença, que ficarão arquivados, para que, desde logo, se proceda ao registro, declarando o oficial o fato na coluna de anotações do Protocolo".

Entretanto, diante do resultado da dúvida não existe medida a ser adotada em razão do registro da escritura de compra que foi realizado mediante autorização do MM. Juiz Corregedor Permanente (fls. 105).

Ante o exposto, nego provimento ao recurso.

GERALDO FRANCISCO PINHEIRO FRANCO
Corregedor Geral da Justiça e Relator (DJe de 28.06.2019 - SP)

PODER JUDICIÁRIO

TRIBUNAL DE JUSTIÇA DO ESTADO DE SÃO PAULO

CONSELHO SUPERIOR DA MAGISTRATURA

Apelação nº 1007580-86.2018.8.26.0405
Registro: 2019.0000254363

ACÓRDÃO

Vistos, relatados e discutidos estes autos de **Apelação Cível nº 1007580-86.2018.8.26.0405**, da Comarca de **Osasco**, em que é apelante **DANIEL PONTES**, é apelado **1º OFICIAL DE REGISTRO DE IMÓVEIS E ANEXOS DA COMARCA DE OSASCO**.

ACORDAM, em Conselho Superior de Magistratura do Tribunal de Justiça de São Paulo, proferir a seguinte decisão: **"Negaram provimento ao recurso. V. U."**, de conformidade com o voto do Relator, que integra este acórdão.

O julgamento teve a participação dos Exmos. Desembargadores **PEREIRA CALÇAS (PRESIDENTE TRIBUNAL DE JUSTIÇA) (Presidente), ARTUR MARQUES (VICE PRESIDENTE), XAVIER DE AQUINO (DECANO), EVARISTO DOS SANTOS(PRES. DA SEÇÃO DE DIREITO PÚBLICO), CAMPOS MELLO (PRES. DA SEÇÃO DE DIREITO PRIVADO) E FERNANDO TORRES GARCIA(PRES. SEÇÃO DE DIREITO CRIMINAL).**

São Paulo, 28 de março de 2019.

GERALDO FRANCISCO PINHEIRO FRANCO

Corregedor Geral da Justiça e Relator

Apelação Cível nº 1007580-86.2018.8.26.0405

Apelante: Daniel Pontes

Apelado: 1º Oficial de Registro de Imóveis e Anexos da Comarca de Osasco

VOTO Nº 37.719

Registro de Imóveis – Escritura de compra e venda de imóvel – Substabelecimento – Procuração – Necessidade de poderes especiais – Art. 661 § 1º do CPC – Recurso desprovido.

DANIEL PONTES interpõe recurso de apelação contra r. sentença de fl. 56/57, que manteve o óbice levantado pelo 1º Oficial de Registro de Imóveis e Anexos da Comarca de Osasco, obstando registro de escritura pública de compra e venda de imóvel.

Sustenta o recorrente a viabilidade de ingresso do título, tendo em vista a existência de poderes especiais no instrumento de substabelecimento e a desnecessidade de tal amplitude no tocante à vontade das partes para a realização do ato.

D. Procuradoria opinou pelo desprovimento do recurso (fl. 86/88). É o relatório.

DECIDO.

Presentes pressupostos processuais e administrativos, conheço do recurso. No mérito, a r. sentença merece integral confirmação.

O título que se busca registrar (escritura de compra e venda de imóvel, fl. 6/10) foi lavrado com base em substabelecimento com poderes expressos e especiais (fl. 17/31).

Todavia, tal substabelecimento está fundado em procuração apenas com poderes gerais (fl. 36/37). Acerca do tema, expressamente prevê o artigo 661, § 1º, do Código Civil:

> Art. 661. O mandato em termos gerais só confere poderes de administração.
>
> § 1º Para alienar, hipotecar, transigir, ou praticar outros quaisquer atos que exorbitem da administração ordinária, depende a procuração de poderes especiais e expressos.

Esse C. Conselho Superior da Magistratura possui entendimento remansoso a esse respeito:

REGISTRO DE IMÓVEIS – Dúvida julgada procedente – Instrumento particular de integralização de capital social – Sócio representado por mandatária – Procuração em que outorgados poderes para assinar e outorgar contratos de compra e venda de bens móveis e imóveis – Poderes genéricos que não autorizam a transmissão da propriedade de imóvel para integralização de capital social – Recurso não provido. (Apelação nº 0001301-68.2016.8.26.0083, Des PINHEIRO FRANCO).

REGISTRO DE IMÓVEIS – Cédula de crédito bancário garantido por alienação fiduciária de bem imóvel sacada por meio de representação – Existência de poderes expressos mas não especiais – Art. 661, p. 1º, do Código Civil – Exigência de poderes expressos e especiais – Recurso não provido. (Apelação Cível nº 0024552-06.2012.8.26.0100, Des. JOSÉ RENATO NALINI).

Por essas razões, de fato, inviável o ingresso do título, com confirmação integral da r. sentença recorrida. Ante o exposto, nego provimento ao recurso.

GERALDO FRANCISCO PINHEIRO FRANCO

Corregedor Geral da Justiça e Relator (DJe de 28.06.2019 - SP)

PODER JUDICIÁRIO

TRIBUNAL DE JUSTIÇA DO ESTADO DE SÃO PAULO

CONSELHO SUPERIOR DA MAGISTRATURA

Apelação nº 1009878-92.2018.8.26.0068

Registro: 2019.0000294998

ACÓRDÃO

Vistos, relatados e discutidos estes autos de **Apelação Cível nº 1009878-92.2018.8.26.0068**, da Comarca de **Barueri**, em que é apelante **BH REAL ESTATE EMPREENDIMENTOS E PARTICIPAÇÕES SPE LTDA**, é apelado **OFICIAL DE REGISTRO DE IMÓVEIS, TÍTULOS E DOCUMENTOS E CÍVIL DAS PESSOAS JURÍDICAS DE BARUERI**.

ACORDAM, em Conselho Superior de Magistratura do Tribunal de Justiça de São Paulo, proferir a seguinte decisão: **"Negaram provimento ao recurso e mantiveram a procedência da dúvida, v.u."**, de conformidade com o voto do Relator, que integra este acórdão.

O julgamento teve a participação dos Exmos. Desembargadores **PEREIRA CALÇAS (PRESIDENTE TRIBUNAL DE JUSTIÇA) (Presidente), ARTUR MARQUES (VICE PRESIDENTE), XAVIER DE AQUINO (DECANO), EVARISTO DOS SANTOS(PRES. DA SEÇÃO DE DIREITO PÚBLICO), CAMPOS MELLO (PRES. DA SEÇÃO DE DIREITO PRIVADO) E FERNANDO TORRES GARCIA (PRES. SEÇÃO DE DIREITO CRIMINAL)**.

São Paulo, 4 de abril de 2019.

GERALDO FRANCISCO PINHEIRO FRANCO

Corregedor Geral da Justiça e Relator

Apelação Cível n.º 1009878-92.2018.8.26.0068

Apelante: BH Real Estate Empreendimentos e Participações Spe Ltda

Apelado: Oficial de Registro de Imóveis, Títulos e Documentos e Civil das Pessoas Jurídicas de Barueri

VOTO N.º 37.726

Registro de Imóveis – Dúvida julgada procedente – Contrato particular de compromisso de compra e venda – Imóvel vendido para terceiro antes do registro do compromisso de compra e venda que não foi ratificado mediante sub-rogação do novo proprietário nas obrigações de promitente vendedor – Princípios da prioridade e da continuidade – Recurso não provido.

Trata-se de apelação interposta por "BH Real Estate Empreendimentos e Participações SPE Ltda." contra r. sentença que julgou procedente a dúvida suscitada pelo Sr. Oficial de Registro de Imóveis, Títulos e Documentos e Civil de Pessoa Jurídica da Comarca de Barueri e manteve a recusa do registro de contrato particular de compromisso de compra e venda de parte a ser destacada do imóvel objeto da matrícula n.º 26.200.

A apelante alegou, em suma, que é cessionária do contrato particular de compromisso de compra e venda celebrado por "Amanic Administração e Participação Ltda." com Marcos Adriano Ferreira Zoni, Patrick Pierre Delfosse e Pedro Paulo Longuini. Afirmou que o contrato de compromisso de compra e venda e o de sua cessão foram apresentados e devolvidos sucessivamente, pelo Oficial de Registro de Imóveis, mediante formulação de exigências. Aduziu que na última apresentação, que gerou o Protocolo n.º 447.289, o contrato particular de compromisso de compra e venda foi devolvido porque a propriedade do imóvel foi transmitida para "Campos Áureos Empreendimentos Imobiliários Ltda." Esclareceu que a compradora declarou na escritura pública que tinha conhecimento de que na data em que foi celebrada existiam prenotações, então válidas, relativas ao contrato particular de compromisso de compra e venda e de sua cessão, sub-rogando-se nas obrigações do promitente vendedor. Asseverou que os precedentes do Conselho Superior da Magistratura admitem o registro de escritura de compra e venda de imóvel objeto de anterior contrato de compromisso celebrado com terceiro, por reconhecer que não há violação da continuidade. Requereu o registro do compromisso de compra e venda e o de sua cessão.

A douta Procuradoria Geral de Justiça opinou pelo não provimento do recurso (fls. 134/137).

É o relatório.

A dúvida diz respeito à recusa do registro do contrato particular de compromisso de compra e venda que foi prenotado sob n.º 447.289, em 16 de maio de 2018 (fls. 1/5, 7 e 12).

Como decorre da certidão de fls. 13 e 14, a prenotação n.º 447.289 não abrange o contrato particular de cessão do compromisso de compra e venda que é objeto da prenotação n.º 448.838 (fls. 20).

Em razão disso, neste procedimento não é possível apreciar a recusa do registro do contrato particular de cessão do compromisso de compra e venda que, porém, depende de forma lógica do prévio registro do compromisso firmado entre o promitente vendedor e os cedentes.

Por contrato particular celebrado em 13 de julho de 2015, "Amanic Administração e Participação Ltda." comprometeu vender para Marcos Adriano Ferreira Zoni, Patrick Pierre Delfosse e Pedro Paulo Longuini área com 211.400m², a ser oportunamente descrita e destacada do imóvel maior objeto da matrícula n.º 26.200 do Registro de Imóveis de Barueri (fls. 31).

Esse contrato foi sucessivamente prenotado a partir de fevereiro de 2016 (fls. 4), com emissão de notas de devolução não juntadas aos autos.

Contudo, por escritura pública prenotada sob n.º 437.954, com registro em 14 de dezembro de 2017, a proprietária "Amanic Administração e Participações Ltda." vendeu a totalidade do imóvel para "Campos Áureos Empreendimentos Imobiliários Eireli" (fls. 19).

Como previsto no art. 1.245, e seu § 1º, ambos do Código Civil a transmissão da propriedade por ato "inter vivos" somente ocorre com o registro do título translativo no Registro de Imóveis:

"Art. 1.245. Transfere-se entre vivos a propriedade mediante o registro do título translativo no Registro de Imóveis.

§ 1° Enquanto não se registrar o título translativo, o alienante continua a ser havido como dono do imóvel.

§ 2° Enquanto não se promover, por meio de ação própria, a decretação de invalidade do registro, e o respectivo cancelamento, o adquirente continua a ser havido como dono do imóvel".

De igual modo ocorre com o direito real de compromissário comprador, pois até o registro subsiste, apenas, o direito obrigacional entre as partes do contrato.

Entretanto, o apelante não promoveu o registro do contrato de compromisso de compra e venda em data anterior ao registro da venda do imóvel "Campos Áureos Empreendimentos Imobiliários Eireli", razão pela qual não se tornou titular de direito real.

A inexistência de direito real de compromissário comprador, decorrente da falta de registro do contrato particular de compromisso de compra e venda anterior à transmissão do imóvel ao novo proprietário, impede que o compromisso seja oposto em relação ao atual proprietário.

Ademais, neste caso concreto, o contrato particular de compromisso de compra e venda não foi instruído com a prova de que foi ratificado pelo novo proprietário do imóvel, com sub-rogação nas obrigações do promitente vendedor.

E para isso não basta a alegação de que o atual proprietário teria declarado em escritura pública de compra e venda que tinha conhecimento da existência de prenotações de contratos que tiveram o registro recusado mediante formulação de exigências (fls. 120).

Ao contrário, conforme o princípio da prioridade prevalece o direito real constituído em favor daquele que registrou o título em primeiro lugar.

Consequentemente, não sendo o contrato de compromisso de compra e venda celebrado pela apelante com o atual titular do domínio, e não havendo prova de que foi ratificado mediante sub-rogação das obrigações de promitente vendedor, não há continuidade que é requisito essencial ao seu registro, pois como esclarece Afrânio de Carvalho:

> *"O princípio da continuidade, que se apoia no de especialidade, quer dizer que, em relação a cada imóvel, adequadamente individuado, deve existir uma cadeia de titularidade à vista da qual só se fará a inscrição de um direito se o outorgante dele aparecer no registro como seu titular. Assim, as sucessivas transmissões, que derivam umas das outras, asseguram sempre a preexistência do imóvel no patrimônio do transferente"* (Registro de Imóveis, 4ª edição, 1998, Forense, pág. 253).

Em decorrência, a apelante deverá promover o aditamento, ou ratificação, do contrato de compromisso de compra e venda para que a atual proprietária do imóvel passe a constar como transmitente do direito que se pretende registrar.

Disso decorre a manutenção da recusa do registro do contrato particular de compromisso de compra e venda apresentado pela apelante.

Ante o exposto, nego provimento ao recurso e mantenho a procedência da dúvida.

GERALDO FRANCISCO PINHEIRO FRANCO

Corregedor Geral da Justiça e Relator (DJe de 28.06.2019 - SP)

PODER JUDICIÁRIO

TRIBUNAL DE JUSTIÇA DO ESTADO DE SÃO PAULO

CONSELHO SUPERIOR DA MAGISTRATURA

Apelação nº 1000352-08.2018.8.26.0584

Registro: 2019.0000030639

ACÓRDÃO

Vistos, relatados e discutidos estes autos do(a) **Apelação nº 1000352-08.2018.8.26.0584**, da Comarca de **São Pedro**, em que é apelante **PEDRO APOLINARIO**, é apelado **OFICIAL DE REGISTRO DE IMÓVEIS E ANEXOS DA COMARCA DE SÃO PEDRO.**

ACORDAM, em Conselho Superior de Magistratura do Tribunal de Justiça de São Paulo, proferir a seguinte decisão: **"Negaram provimento ao recurso, v.u."**, de conformidade com o voto do Relator, que integra este Acórdão.

O julgamento teve a participação dos Exmos. Desembargadores **PEREIRA CALÇAS (PRESIDENTE TRIBUNAL DE JUSTIÇA) (Presidente), ARTUR MARQUES (VICE PRESIDENTE), XAVIER DE AQUINO (DECANO), EVARISTO DOS SANTOS(PRES. DA SEÇÃO DE DIREITO PÚBLICO), CAMPOS MELLO (PRES. DA SEÇÃO DE DIREITO PRIVADO) E FERNANDO TORRES GARCIA(PRES. SEÇÃO DE DIREITO CRIMINAL).**

São Paulo, 24 de janeiro de 2019.

GERALDO FRANCISCO PINHEIRO FRANCO

Corregedor Geral da Justiça e Relator

Apelação nº 1000352-08.2018.8.26.0584

Apelante: Pedro Apolinario

Apelado: Oficial de Registro de Imóveis e Anexos da Comarca de São Pedro

VOTO Nº 37.667

Registro de Imóveis – Escritura pública de compra e venda – Alienação de fração ideal

de imóvel a pessoas sem vínculos – Vedação – Desdobro de lote – Registro obstado – Item. 171 das Normas de Serviço da Corregedoria Geral da Justiça – Recurso desprovido.

PEDRO APOLINÁRIO interpõe recurso de apelação contra r. sentença de fl. 38/39, que julgou procedente a dúvida e manteve a negativa ao registro de escritura de compra e venda de alienação de fração ideal em condomínio voluntário em loteamento registrado.

O apelante sustenta ser possível o registro do instrumento público, já que se trata de negócio jurídico em condomínio em comum, sem que haja qualquer vedação legal para a sua instituição.

Afirma que não se trata de qualquer tentativa de burla à Lei de Parcelamento de Solo Urbano, sendo dispensável a necessidade de qualquer procedimento específico para ingresso do título.

A D. Procuradoria Geral de Justiça opinou pelo desprovimento do recurso (fl. 69/72). É o relatório.

Presentes os pressupostos legais e administrativos, conheço do recurso. No mérito, ele não comporta provimento.

Foi prenotado no registro de imóveis o instrumento público de compra e venda da fração ideal correspondente a 50% do imóvel objeto da matrícula nº 24.356 do Ofício Imobiliário, correspondente ao lote 7 da quadra 57 do Loteamento Alpes das Águas (fl. 14/18).

Procuram, outorgante e outorgado, a instituição de condomínio geral, nos termos do art. 1.314 do Código Civil. Muito embora se trate de cessão voluntária de fração ideal adquirida anteriormente por sucessão *causa mortis*, está demonstrado, na hipótese, que a venda está sendo feita a pessoa que não possui qualquer vínculo com o outorgante e demais condôminos.

O ingresso do título significaria tentativa de desfiguração do plano de loteamento aprovado pelo município e desmembramento da área sem a observância dos requisitos legais e normativos, na medida em que tornaria possível a divisão da área entre os adquirentes em partes certas e determinadas, suscetíveis de utilização individual por cada um deles.

Assim, independentemente da forma de aquisição do outorgante vendedor, e ainda que cedida a integralidade de sua fração ideal, tudo leva a crer que pessoas que não possuam vínculo entre si, ao adquirir um terreno em frações ideais de 50%, tenham clara intenção de instituir sobre a área imóveis distintos, com futuro desdobro.

O projeto de loteamento foi aprovado pelo município, com o devido registro na serventia imobiliária e divisão de quadras e lotes, em atendimento às posturas legais, urbanísticas e ambientais.

Permitir o ingresso de títulos dessa natureza poderia levar à modificação do plano do loteamento, o que não se concebe.

As Normas de Serviço desta Eg. Corregedoria Geral da Justiça também tratam do tema, em seu Capítulo XX, com expressa vedação à formação de condomínio voluntário que traduza ofensa à Lei nº 6.766/79:

> *171. É vedado o registro de alienação voluntária de frações ideais com localização, numeração e metragem certas, ou a formação de condomínio voluntário, que implique fraude ou qualquer outra hipótese de descumprimento da legislação de parcelamento do solo urbano, de condomínios edilícios e do Estatuto da Terra. A vedação não se aplica à hipótese de sucessão causa mortis.*

A questão posta não é nova e já foi enfrentada diversas vezes por esse Eg. Conselho Superior da Magistratura, inclusive em precedente envolvendo cessão voluntária de fração ideal oriunda de sucessão *causa mortis*:

> *REGISTRO DE IMÓVEIS – Dúvida julgada procedente – Escritura pública de inventário e partilha – Cessão onerosa de direitos hereditários e meação – Parte ideal – Instituição de Condomínio Voluntário – Desmembramento irregular – Ofensa aos dispositivos que regulam o parcelamento do solo – Sujeição ao item 171, Cap. XX das Normas de Serviço – Recurso não provido. (Apc nº1002675- 90.2015.8.26.0066, Rel Des. PEREIRA CALÇAS).*

Por essas razões, a negativa de ingresso do título apresentado deve ser mantida em seus exatos termos. Ante o exposto, nego provimento ao recurso.

GERALDO FRANCISCO PINHEIRO FRANCO

Corregedor Geral da Justiça e Relator (DJe de 03.07.2019 - SP)

PODER JUDICIÁRIO

TRIBUNAL DE JUSTIÇA DO ESTADO DE SÃO PAULO

CONSELHO SUPERIOR DA MAGISTRATURA

Apelação nº 1001939-02.2017.8.26.0390

Registro: 2019.0000254361

ACÓRDÃO

Vistos, relatados e discutidos estes autos de **Apelação Cível nº 1001939-02.2017.8.26.0390**, da Comarca de **Nova Granada**, em que é apelante **SANTOS & OLIVEIRA NG COMÉRCIO DE MATERIAIS DE CONTRUÇÃO LTDA - ME**, é apelado **OFICIAL DE REGISTRO DE IMÓVEIS E ANEXOS DA COMARCA DE NOVA GRANADA**.

ACORDAM, em Conselho Superior de Magistratura do Tribunal de Justiça de São Paulo, proferir a seguinte decisão: **"Negaram provimento ao recurso e mantiveram a procedência da dúvida, v.u"**, de conformidade com o voto do Relator, que integra este acórdão.

O julgamento teve a participação dos Exmos. Desembargadores **PEREIRA CALÇAS (PRESIDENTE TRIBUNAL DE JUSTIÇA) (Presidente), ARTUR MARQUES (VICE PRESIDENTE), XAVIER DE AQUINO (DECANO), EVARISTO DOS SANTOS(PRES. DA SEÇÃO DE DIREITO PÚBLICO), CAMPOS MELLO (PRES. DA SEÇÃO DE DIREITO PRIVADO) E FERNANDO TORRES GARCIA(PRES. SEÇÃO DE DIREITO CRIMINAL).**

São Paulo, 28 de março de 2019.

GERALDO FRANCISCO PINHEIRO FRANCO

Corregedor Geral da Justiça e Relator

Apelação Cível nº 1001939-02.2017.8.26.0390

Apelante: Santos & Oliveira Ng Comercio de Materias de Construção Ltda - Me

Apelado: Oficial do Registro de Imóveis, Títulos e Documentos e Civil das Pessoas Juridícas da Comarca de Nova Granada-sp

VOTO Nº 37.714

Registro de Imóveis – Dúvida julgada procedente – Escritura de compra e venda objeto de rerratificação para alterar o comprador que passou a ser pessoa jurídica de que são sócios os adquirentes originais – Possibilidade, uma vez que a rerratificação ocorreu antes do registro do negócio jurídico – Imposto de Transmissão "inter vivos" recolhido em nome do anterior adquirente – Necessidade de comprovação do pagamento do imposto em razão da transmissão realizada para a nova adquirente – Alegação de dificuldade para a retificação da guia de recolhimento do ITBI, ou para a repetição do indébito, que não comporta solução no procedimento de dúvida que tem natureza administrativa e em que o Município não intervém – Recurso não provido.

Trata-se de apelação interposta contra r. sentença que julgou procedente dúvida suscitada pelo Sr. Oficial de Registro de Imóveis, Títulos e Documentos e Civil de Pessoa Jurídica da Comarca de Nova Granada e manteve a negativa do registro da compra e venda do imóvel objeto da matrícula nº 11.333 que foi realizada por escritura pública objeto de rerratificação.

O apelante alegou, em suma, que é pessoa jurídica regularmente constituída, tem a posse do imóvel e o utiliza em conformidade com os requisitos fixados pelo Município de Nova Granada na instituição do Distrito Industrial, razão pela qual o registro da escritura de compra e venda, com sua rerratificação, não causará prejuízos. Asseverou que foi promovido o recolhimento do ITBI devido pela compra e venda e que a rerratificação da escritura pública, para alterar a figura do comprador, não alterou o fato gerador desse imposto. Disse que houve aumento significativo do valor venal do imóvel e que terá prejuízo injustificável se for obrigada a recolher novamente o ITBI, mesmo se for considerada a possibilidade do comprador inicialmente indicado solicitar a devolução do valor que pagou ao Município. Por fim, não há vedação para a retificação da escritura pública de compra e venda com a alteração da figura do comprador que, neste caso, passou a ser a empresa constituída pelas pessoas que inicialmente figuraram como adquirentes do imóvel, pois a retificação ocorreu antes do registro da escritura pública. Asseverou que a escritura de rerratificação visou atender as exigências formuladas pelo Oficial de Registro de Imóveis quando da apresentação da escritura de compra e venda retificada, não podendo servir para a formulação de novas exigências que acabam por impedir o registro da compra e venda. Requereu o provimento do recurso para que seja promovido o registro da compra e venda.

A douta Procuradoria Geral de Justiça opinou pelo não provimento do recurso (fls. 180/183). É o relatório.

Foi originalmente apresentada para registro escritura pública de compra e venda do imóvel objeto da matrícula nº 11.333 do Registro de Imóveis de Nova Granada, lavrada em 06 de junho de 2017, em que figuraram como vendedor J. Cardoso Comércio e Transporte de Areia e Pedra Ltda. ME e como compradores Wiliam dos Santos Oliveira e Ana Paula Santos de Oliveira (fls. 11/13).

Consta às fls. 36 que o registro dessa escritura foi recusado porque não foi comprovada a autorização municipal para a venda do imóvel situado em Distrito Industrial, como exigido pela Lei nº 065/2002 do Município de Nova Granada.

Ainda segundo a apelante, para atender essa exigência foi lavrada em 18 de setembro de 2017, nas págs. 109/110 do Livro 063 do Oficial de Registro Civil das Pessoas Naturais e Tabelião de Notas do Município de Ipiguá, Comarca de São José do Rio Preto, escritura pública de rerratificação em que passou a figurar como compradora do imóvel a empresa Santos & Oliveira NG Comércio de Materiais de Construção Ltda. – ME, o que ocorreu mediante anuência dos compradores originais que são os sócios da nova adquirente (fls. 09/10).

Além disso, consta na escritura pública de rerratificação que a venda do imóvel para a apelante foi autorizada pela Lei nº 0036/2017, do Município de Nova Granada.

Posteriormente, com a reapresentação da escritura de compra e venda, e sua rerratificação, foi o registro novamente recusado porque: I) a Lei Municipal nº 36/2017 descreve o imóvel como consistente em lote de terreno com 1.575,00m², ao passo que a matrícula diz respeito a um barracão com 357,64m² e seu respectivo terreno, o que violaria a continuidade; II) os efeitos da rerratificação retroagem à data do ato que foi retificado, razão pela qual a empresa Santos & Oliveira NG Comércio de Materiais de Construção Ltda.-ME não pode ser compradora de imóvel por meio de escritura pública que foi originalmente lavrada na data em que sua personalidade jurídica não existia de forma regular; III) a guia de ITBI indicada na escritura de compra e venda deve ser retificada para constar como adquirente a empresa Santos & Oliveira NG Comércio de Materiais de Construção Ltda. – ME, ou deve ser promovido o novo recolhimento do Imposto de Transmissão "inter vivos" – ITBI (fls. 28/33).

A primeira exigência foi corretamente afastada pelo MM. Juiz Corregedor Permanente, pois não há discrepância entre a descrição do imóvel contida na matrícula nº 11.333 e a Lei Municipal nº 0036/3017 que autorizou sua venda para a empresa Santos & Oliveira NG Comércio de Materiais de Construção Ltda. (fls. 21).

O cumprimento da segunda exigência, consistente na apresentação de lei municipal autorizando a venda do imóvel, acabou sendo promovido por ocasião da escritura pública de rerratificação.

Contudo, a autorização municipal foi concedida para a venda do imóvel para a empresa Santos & Oliveira NG Comércio de Materiais de Construção Ltda., e não para os compradores inicialmente indicados na escritura pública, o que ensejou a rerratificação para a modificação da pessoa do adquirente.

Essa alteração não acarreta a nulidade do negócio jurídico, nem impede o registro da compra e venda para a apelante porque a escritura rerratificada não foi registrada, com transferência do domínio do imóvel aos compradores originais, e porque esses compradores anuíram com a modificação realizada.

A propriedade somente se transfere, por ato "inter vivos", mediante registro do título aquisitivo (arts. 1.227 e 1245 do Código Civil), razão pela qual a retificação da escritura pública com a modificação da pessoa do comprador, desde que mediante anuência do adquirente original, não impede o registro em conformidade com o ato rerratificado.

Ademais, sendo o registro do título constitutivo do direito real de propriedade, não existe impedimento para que a nova compradora passe a figurar na matrícula como proprietária do imóvel, pois a data da aquisição do domínio será a do protocolo do título no Registro de Imóveis, a que retroagem os efeitos do registro.

E no registro constará como título aquisitivo a escritura pública de compra e venda com sua rerratificação que foi realizada quando a empresa compradora já estava regularmente constituída.

Afasta-se, por esses motivos, a recusa do registro fundada na impossibilidade de rerratificação da escritura pública para alterar a identidade do comprador. Permanece, porém, a necessidade de apresentação de nova guia de recolhimento do Imposto de Transmissão "inter vivos" – ITBI em que figure como adquirente a empresa Santos & Oliveira NG Comércio de Materiais de Construção Ltda.

A guia do Imposto de Transmissão "inter vivos" – ITBI indicada na escritura pública foi recolhida tendo como adquirente do imóvel Wiliam dos Santos Oliveira, portador do CPF 364.119.298-66 (fls. 15).

Tendo ocorrido alteração substancial do negócio jurídico, impõe-se a apresentação de nova guia de recolhimento do Imposto de Transmissão "inter vivos" – ITBI em que figure como adquirente o novo comprador, o que poderá ser feito tanto mediante retificação da guia anterior como através do novo recolhimento do imposto.

Isso porque compete ao Município de Nova Granada verificar se o imposto já pago teve como fato gerador a compra e venda celebrada entre o proprietário do imóvel e a empresa Santos & Oliveira

NG Comércio de Materiais de Construção Ltda., ou se o fato gerador consistiu na venda do imóvel para Wiliam dos Santos Oliveira e Ana Paula Santos Oliveira que posteriormente anuíram com a transmissão de seus direitos de compradores para a apelante.

Essa exigência não se altera pelo fato dos compradores originais serem os sócios da nova adquirente, pois têm personalidades jurídicas distintas.

Por fim, o presente procedimento é via imprópria para a declaração de que o imposto já recolhido teve como fato gerador a venda do imóvel para a apelante, porque esse reconhecimento depende da retificação da guia de recolhimento do ITBI a ser promovida pelo Município de Nova Granada.

Ademais, o procedimento de dúvida tem como finalidade a solução da controvérsia entre o apresentante e o Oficial de Registro sobre a possibilidade de acesso do título ao fólio real, razão pela qual eventual litígio entre o apelante e o Município de Nova Granada, que tenha por objeto ato praticado pela Administração Pública, deverá ser solucionado em ação própria.

Ante o exposto, e porque subsistente um dos óbices opostos ao registro, nego provimento ao recurso e mantenho a procedência da dúvida.

GERALDO FRANCISCO PINHEIRO FRANCO

Corregedor Geral da Justiça e Relator (DJe de 03.07.2019 - SP)

PODER JUDICIÁRIO

TRIBUNAL DE JUSTIÇA DO ESTADO DE SÃO PAULO

CONSELHO SUPERIOR DA MAGISTRATURA

Apelação nº 1011119-24.2017.8.26.0590

Registro: 2019.0000483142

ACÓRDÃO

Vistos, relatados e discutidos estes autos de **Apelação Cível nº 1011119-24.2017.8.26.0590**, da Comarca de **São Vicente**, em que é apelante **SERGIO BRAGA**, é apelado **OFICIAL DO REGISTRO DE IMOVEIS E ANEXOS DA COMARRCA DE SÃO VICENTE.**

ACORDAM, em Conselho Superior de Magistratura do Tribunal de Justiça de São Paulo, proferir a seguinte decisão: **"Negaram provimento à apelação, v.u."**, de conformidade com o voto do Relator, que integra este acórdão.

O julgamento teve a participação dos Exmos. Desembargadores **PEREIRA CALÇAS (PRESIDENTE TRIBUNAL DE JUSTIÇA) (Presidente), ARTUR MARQUES (VICE PRESIDENTE), XAVIER DE AQUINO (DECANO), EVARISTO DOS SANTOS(PRES. DA SEÇÃO DE DIREITO PÚBLICO), CAMPOS MELLO (PRES. DA SEÇÃO DE DIREITO PRIVADO) E FERNANDO TORRES GARCIA(PRES. SEÇÃO DE DIREITO CRIMINAL).**

São Paulo, 13 de junho de 2019.

GERALDO FRANCISCO PINHEIRO FRANCO

Corregedor Geral da Justiça e Relator

Apelação Cível n. 1011119-24.2017.8.26.0590

Apelante: Sergio Braga

Apelado: Oficial do Registro de Imóveis e Anexos da Comarca de São Vicente

VOTO N. 37.778

Registro de Imóveis – Escritura pública de compra e venda – Procuração outorgada por instrumento particular – Impossibilidade – Mandato que deve ser outorgado pela forma exigida em lei para a prática do ato – Hipótese de exceção não configurada – Recurso não provido.

Trata-se de recurso de apelação interposto por *Sérgio Braga* contra a r. sentença proferida pelo MM. Juiz Corregedor Permanente do Oficial de Registro de Imóveis da Comarca de São Vicente/SP, que julgou procedente a dúvida inversa suscitada e manteve um dos óbices impostos pelo registrador **[1]**.

Alega o apelante, em síntese, que a lei autoriza expressamente o mandato por instrumento particular para a celebração de negócios jurídicos, inclusive para fins de transferência de propriedade, no âmbito do Sistema Financeiro de Habitação. Assim, sustenta ser cabível a procuração particular para lavratura da escritura levada a registro, na forma prevista no art. 22, § 2º, inciso II, da Lei 10.150/00 **[2]**.

A Douta Procuradoria Geral de Justiça opinou pelo não provimento da apelação **[3]**.

É o relatório.

O dissenso versa sobre a possibilidade de registro da Escritura Pública de Compra e Venda, lavrada em 3 de junho de 2015, tendo por objeto o imóvel objeto da transcrição n. 45.724 do Registro de Imóveis da Comarca de São Vicente/SP.

O Oficial do Registro de Imóveis da Comarca de São Vicente desqualificou o título e formulou exigências, entendendo o MM. Juiz Corregedor Permanente pela regularidade da recusa eis que a procuração outorgada pelos vendedores não foi formalizada por meio de instrumento público, mas particular, o que é defeso para a prática de atos relativos a imóveis.

É certo que o art. 657 do Código Civil prevê que o mandato seja outorgado pela forma exigida em lei para a prática do ato **[4]**. Nesse sentido, o item 130 do Capítulo XIV do Tomo II das Normas de Serviço da Corregedoria Geral da Justiça, estabelece que *"A procuração outorgada para a prática de atos em que exigível o instrumento público também deve revestir a forma pública"*.

Referidas regras legal e administrativa tem por finalidade impedir que a manifestação de vontade seja formalizada por um instrumento menos solene que o exigido para a transferência dominial do imóvel, conforme disposto no art. 108 do Código Civil **[5]**.

Nesse cenário, a representação dos vendedores, advinda da cláusula mandato constante do instrumento particular de compromisso de compra e venda, é mesmo inadequada para fins de lavratura de escritura pública visando a transferência de domínio de imóvel.

Não se ignora que, em certos casos, é possível prescindir da escritura pública para a validade do negócio jurídico, como ocorre, por exemplo, no compromisso de compra e venda de imóveis loteados; na venda e compra de imóvel de qualquer valor com financiamento mediante a contratação da alienação fiduciária em garantia; no mútuo com alienação fiduciária em garantia imobiliária, nos termos do SFI (Lei n. 9.514/1997, arts. 38 e parágrafo único do art. 22, com redação dada pela Lei n. 11.076/2004); na compra e venda de imóvel de qualquer valor com financiamento do SFH (art. 1º da Lei n. 5.049/1966, que alterou o art. 61 da Lei n. 4.380/1964) e, ainda, em qualquer negócio jurídico envolvendo imóvel de valor igual ou inferior a trinta vezes o maior salário mínimo vigente no País.

Contudo, no caso concreto, nenhuma dessas exceções se faz presente, eis que a escritura de compra e venda qualificada negativamente diz respeito a contrato de compra e venda de imóvel celebrado entre particulares, sendo o valor do bem superior a trinta vezes o maior salário mínimo do país **[6]**, à época da lavratura do ato.

Por conseguinte, há que ser mantido o óbice ao registro. Nesses termos, pelo meu voto, **nego provimento** à apelação. **GERALDO FRANCISCO PINHEIRO FRANCO**

Corregedor Geral da Justiça e Relator

Notas:

[1] Fls. 74/76.

[2] Fls. 101/107.

[3] Fls. 124/128.

[4] Art. 657. A outorga do mandato está sujeita à forma exigida por lei para o ato a ser praticado. Não se admite mandato verbal quando o ato deva ser celebrado por escrito.

[5] Art. 108. Não dispondo a lei em contrário, a escritura pública é essencial à validade dos negócios jurídicos que visem à constituição, transferência, modificação ou renúncia de direitos reais sobre imóveis de valor superior a trinta vezes o maior salário mínimo vigente no País.

[6] Fls. 16. (DJe de 07.08.2019 – SP)

PODER JUDICIÁRIO

TRIBUNAL DE JUSTIÇA DO ESTADO DE SÃO PAULO

CONSELHO SUPERIOR DA MAGISTRATURA

Apelação nº 1001349-65.2018.8.26.0236

Registro: 2019.0000585474

ACÓRDÃO

Vistos, relatados e discutidos estes autos de **Apelação Cível nº 1001349-65.2018.8.26.0236**, da Comarca de **Ibitinga**, em que é apelante **ESPÓLIO DE HAROLDO CAMARGO ABIB**, é apelado **OFICIAL DE REGISTRO DE IMÓVEIS E ANEXOS DA COMARCA DE IBITINGA**.

ACORDAM, em Conselho Superior de Magistratura do Tribunal de Justiça de São Paulo, proferir a seguinte decisão: **"Negaram provimento ao recurso, v.u."**, de conformidade com o voto do Relator, que integra este acórdão.

O julgamento teve a participação dos Exmos. Desembargadores **PEREIRA CALÇAS (PRESIDENTE TRIBUNAL DE JUSTIÇA) (Presidente), ARTUR MARQUES (VICE PRESIDENTE), XAVIER DE AQUINO (DECANO), EVARISTO DOS SANTOS(PRES. DA SEÇÃO DE DIREITO PÚBLICO), CAMPOS MELLO (PRES. DA SEÇÃO DE DIREITO PRIVADO) E FERNANDO TORRES GARCIA(PRES. SEÇÃO DE DIREITO CRIMINAL)**.

São Paulo, 25 de julho de 2019.

GERALDO FRANCISCO PINHEIRO FRANCO

Corregedor Geral da Justiça e Relator

Apelação Cível nº 1001349-65.2018.8.26.0236

Apelante: ESPÓLIO DE HAROLDO CAMARGO ABIB

Apelado: Oficial de Registro de Imóveis e Anexos da Comarca de Ibitinga

VOTO Nº 37.811

Dúvida Imobiliária – Procedimento de natureza administrativa, de competência do Juiz Corregedor Permanente – Inexistência de prevenção decorrente de suposta continência com ação jurisdicional.

Registro de Imóveis – Contrato particular de compromisso de compra e venda – Imóvel inserido em área maior de propriedade dos vendedores – Contrato particular que não descreve a área objeto do compromisso de compra e venda com suas medidas perimetrais e não identifica a matrícula, ou transcrição, correspondente ao imóvel de que será desfalcada – Princípios da especialidade e da continuidade – Ingresso do título negado – Recurso não provido.

Trata-se de apelação interposta contra r. sentença que julgou a dúvida inversa improcedente e manteve a recusa da averbação (ou registro) de contrato particular de compromisso de compra e venda na matrícula nº 4.593 do Registro de Imóveis, Títulos e Documentos e Civil de Pessoa Jurídica da Comarca de Ibitinga porque não identifica a área a ser desmembrada de imóvel maior, não identifica o registro relativo ao imóvel em que inserida a área compromissada à venda, e porque a matrícula em que pretendida a "averbação" sofreu desfalques, sem a posterior retificação com a descrição do remanescente.

O apelante arguiu, em preliminar, a nulidade da r. sentença em razão de continência do procedimento de dúvida inversa com ação de retificação de área que tem curso perante a 2ª Vara Cível da Comarca de Ibitinga, Processo nº 1003568-22.2016.8.26.0236, do que decorre a necessidade de reunião dos processos para evitar decisões conflitantes. No mérito requereu a *"...regularização da matrícula de nº 4.593, averbando a venda da área de 2 (dois) alqueires para o Sr. Paulo e a Sra. Lygia, excluindo, dessa forma, os 2 (dois) alqueires da área remanescente pertencente ao Apelante"* (fls. 71).

A douta Procuradoria Geral de Justiça opinou pelo não provimento do recurso (fls. 79/81).

É o relatório.

Afasto a arguição de nulidade do processo em razão de continência com a ação de retificação de área anteriormente movida pelo apelante, Processo nº 1003568-22.2016.8.26.0236 da 2ª Vara Cível da Comarca de Ibitinga.

O procedimento de dúvida tem natureza administrativa (art. 204 da Lei nº 6.015/73), não configura a existência de demanda ou causa, e, portanto, não se submete às normas de fixação de competência previstas no Código de Processo Civil. Nesse sentido o v. acórdão prolatado por este Col. Conselho Superior da Magistratura na Apelação Cível nº 262.437, da Comarca de Ubatuba, de que foi relator o Excelentíssimo Desembargador Acácio Rebouças, em que se verifica:

> *"1. Indeferem o requerimento de fls., afastada a pretendida conexão entre este procedimento administrativo e a ação consignatória de pagamento que, noutra comarca, corre pela esfera jurisdicional. Dúvida de serventuário não é demanda ou causa, nem traz lide posta in judicio, cabendo a sua decisão a órgãos administrativos, e não judiciais".*

Ademais, o procedimento de dúvida é limitado à análise da insurgência do apresentante com as exigências formuladas para o registro do título, como disposto no art. 198 da Lei nº 6.015/73:

> *"Art. 198 – Havendo exigência a ser satisfeita, o oficial indicá-la-á por escrito. Não se conformando o apresentante com a exigência do oficial, ou não a podendo satisfazer, será o título, a seu requerimento e com a declaração de dúvida, remetido ao juízo competente para dirimí-la, obedecendo-se ao seguinte:".*

No presente caso, o título apresentado pelo apelante consistiu no contrato particular de compromisso de compra e venda reproduzido às fls. 10/11 que por sua natureza é passível de registro em sentido estrito (art. 167, inciso I, nº 9, da Lei nº 6.015/73).

A necessidade de novo registro, ademais, não se afastaria pela pretensão de inclusão da área na matrícula nº 4.592, que deu origem às matrículas nºs 15.937 e 25.479, como informado pelo Sr. Oficial de Registro de Imóveis na nota de devolução de fls. 13.

Isso porque o eventual cancelamento do registro feito na matrícula nº 4.592, ou nas matrículas nºs 15.937 e
25.479 que nela tiveram origem, não autorizaria, por si, a transposição do registro cancelado para a matrícula nº 4.593, por ato de averbação.

Ao contrário, uma vez cancelado o registro, novo ingresso do título constitutivo de direito real de propriedade, ou de compromisso de compra e venda, somente pode ser feito por novo registro, como disposto no art. 254 da Lei nº 6.015/73:

"Art. 254 – Se, cancelado o registro, subsistirem o título e os direitos dele decorrentes, poderá o credor promover novo registro, o qual só produzirá efeitos a partir da nova data".

Neste caso concreto, ademais, não se cuida de retificação de registro a ser promovida por determinação judicial, uma vez que para essa finalidade não foi promovido o protocolo de mandado expedido na forma do art. 221, inciso IV, do Código de Processo Civil.

Disso decorre a competência deste Col. Conselho Superior da Magistratura para o julgamento da apelação, ainda que na apresentação do título o apelante tenha se referido à prática de ato de averbação (fls. 09).

Por sua vez, o contrato particular de fls. 10/11 descreve a área comprometida à venda como tendo dois alqueires a serem desmembrados de metade da chácara "São Carlos", sendo um alqueire com 2.800 pés de café e o outro com poucos pés de abacate e de limão, confrontando esse imóvel com a outra metade da chácara "São Carlos" de propriedade dos compromissários compradores (fls. 10/11).

Esse contrato particular não indica a matrícula, ou a transcrição, de que será desfalcada a área compromissada à venda e não descreve as medidas perimetrais dessa área, com suas respectivas confrontações, de modo a permitir o seu registro.

Isso porque prevalece o princípio da continuidade que obriga o respeito à cadeia dominial, devendo o transmitente figurar como detentor do direito real transmitido, e também o princípio da especialidade que demanda a identificação da coisa vendida de forma a permitir tanto verificar a sua localização no solo, como identificar os titulares dos direitos reais sobre ela incidentes.

Isso basta para impedir o registro do contrato particular de compromisso de compra e venda na matrícula nº 4.593 do Registro de Imóveis de Ibitinga.

Ademais, as certidões de fls. 32 e seguintes demonstram que Haroldo Camargo Abib e sua mulher Jacy de Lima Ramos Abib, e Paulo Ghiraldelli e sua mulher Lygia Arruda Abib Ghiraldelli, foram coproprietários de imóvel que em razão de divisão amigável foi desdobrado em duas novas áreas.

O primeiro imóvel formado por esse desmembramento, denominado como Gleba "A", se tornou objeto da matrícula nº 4.592 e teve a propriedade atribuída a Paulo Ghiraldelli e sua mulher Lygia Arruda Abib Ghiraldelli.

Essa matrícula foi encerrada em decorrência da sua fusão com a matrícula nº 9.349, o que gerou a abertura da matrícula nº 15.937 para o imóvel unificado (fls. 32/33).

A matrícula nº 15.937, por sua vez, sofreu desfalque mediante alienação de imóvel com 2,12 alqueires, em favor de Manoel Roberto Alves Lopes e sua mulher, que se tornou objeto da matrícula nº 25.479 (fls. 38/39).

O segundo imóvel, denominado como Gleba "B", se tornou objeto da matrícula nº 4.593, teve a propriedade atribuída para Haroldo Camargo Abib e sua mulher Jacy de Lima Ramos Abib, e sofreu dois desfalques consistentes nas vendas de áreas que se tornaram objeto da matrícula nº 9.575, com 3 alqueires (Av. 3), e da matrícula nº 11.070, com 5,91 alqueires (Av. 5), como se verifica às fls. 35/36.

Outrossim, segundo informado pelo Sr. Oficial de Registro de Imóveis às fls. 13, no requerimento de fls. 09 o apelante aduziu que a área de dois alqueires objeto do contrato particular de compromisso de compra e venda seria, atualmente, abrangida pela matrícula nº 25.479 (fls. 13) que diz respeito a imóvel vendido por Paulo Ghiraldelli Júnior, e sua mulher, para Manoel Roberto Alves Lopes, e sua mulher (fls. 38/39).

Diante disso, o novo registro do contrato dependeria, em tese, do cancelamento da matrícula que atualmente seria mantida para o imóvel com dois alqueires, o que somente pode ser feito por determinação em procedimento de que participem todos os atingidos, tenha esse procedimento natureza administrativa (art. 214, § 1º, da Lei nº 6.015/73) ou jurisdicional (art. 506 do Código de Processo Civil).

Portanto, não se mostra possível o registro do contrato particular de compromisso de compra e venda na matrícula nº 4.593, ao passo que não foi apresentado, mediante regular protocolo, título que autorize o cancelamento da matrícula nº 4.592 e das que nela tiveram origem, nem a retificação dos registros promovidos nessas matrículas para alterar a origem tabular do imóvel.

Ante o exposto, pelo meu voto nego provimento ao recurso.

GERALDO FRANCISCO PINHEIRO FRANCO

Corregedor Geral da Justiça e Relator (DJe de 13.08.2019 – SP)

PODER JUDICIÁRIO

TRIBUNAL DE JUSTIÇA DO ESTADO DE SÃO PAULO

CONSELHO SUPERIOR DA MAGISTRATURA

Apelação nº 1004656-53.2017.8.26.0271

Registro: 2019.0000571863

ACÓRDÃO

Vistos, relatados e discutidos estes autos de **Apelação Cível nº 1004656-53.2017.8.26.0271**, da Comarca de **Itapevi**, em que são apelantes **AMAURI GIANELLI DE TOLEDO e CLEONICE DA SILVA DE TOLEDO**, é apelado **OFICIAL DE REGISTRO DE IMÓVEIS E ANEXOS DA COMARCA DE ITAPEVI.**

ACORDAM, em Conselho Superior de Magistratura do Tribunal de Justiça de São Paulo, proferir a seguinte decisão: **"Julgaram a dúvida prejudicada e não conheceram do recurso, v.u.",** de conformidade com o voto do Relator, que integra este acórdão.

O julgamento teve a participação dos Exmos. Desembargadores **PEREIRA CALÇAS (PRESIDENTE TRIBUNAL DE JUSTIÇA) (Presidente), ARTUR MARQUES (VICE PRESIDENTE), XAVIER DE AQUINO (DECANO), EVARISTO DOS SANTOS(PRES. DA SEÇÃO DE DIREITO PÚBLICO), CAMPOS MELLO (PRES. DA SEÇÃO DE DIREITO PRIVADO) E FERNANDO TORRES GARCIA(PRES. SEÇÃO DE DIREITO CRIMINAL).**

São Paulo, 18 de julho de 2019.

GERALDO FRANCISCO PINHEIRO FRANCO

Corregedor Geral da Justiça e Relator

Apelação Cível nº 1004656-53.2017.8.26.0271

Apelantes: Amauri Gianelli de Toledo e Cleonice da Silva de Toledo

Apelado: Oficial de Registro de Imóveis e Anexos da Comarca de Itapevi

VOTO Nº 37.805

Registro de Imóveis – Dúvida julgada procedente – Escritura pública de compra e venda e cessão, retificada e ratificada por outra escritura – Outorgantes vendedores falecidos – Não apresentação do título original para protocolo – Dúvida prejudicada – Recurso não conhecido.

Trata-se de recurso de apelação interposto contra a r. sentença do MM. Juiz Corregedor Permanente do Oficial de Registro de Imóveis da Comarca de Itapevi/SP, que julgou procedente dúvida suscitada para o fim de manter a recusa do registro de escritura de compra e venda e cessão lavrada em 13 de dezembro de 2007, retificada e ratificada pela escritura lavrada em 21 de junho de 2017, em que os vendedores, já falecidos, estão representados por procuração, tida por extinta com a morte, sem quitação válida.

Sustentam os apelantes, em síntese, que o mandatário pode concluir o negócio já iniciado mesmo ciente da morte do mandante, se houver perigo na demora, como ocorre no caso concreto. Além disso, aduzem que os negócios celebrados pelo mandatário com terceiros de boa-fé são válidos, enquanto ignorada a morte do mandante ou a extinção do mandato, por qualquer causa.

Argumentam, por fim, que estando consignada a quitação, o registrador não pode impedir o ingresso do título sob o fundamento de nulidade do negócio jurídico celebrado entre as partes, pois não lhe cabe analisar os elementos intrínsecos do título.

A douta Procuradoria de Justiça opinou pelo não provimento da apelação **[1]**.

É o relatório.

Não houve apresentação do original do título perante o registro imobiliário, consoante informado pelo Sr. Oficial por ocasião da suscitação da dúvida **[2]**. Por outro lado, não consta dos autos a notícia da reapresentação do original do título para novo protocolo quando da manifestação dos apelantes acerca das exigências formuladas, ou mesmo por ocasião da interposição do presente recurso.

Ocorre que o item 41, do Capítulo XX, das Normas de Serviço da Corregedoria Geral da Justiça está assim redigido:

"41. Não se conformando o apresentante com a exigência, ou não a podendo satisfazer, será o título, a seu requerimento e com a declaração de dúvida, remetido ao Juízo competente para dirimila, obedecendo-se ao seguinte:

a) o título será prenotado;

b) será anotada, na coluna "atos formalizados", à margem da prenotação, a observação "dúvida suscitada", reservando-se espaço para anotação do resultado;

c) após certificadas, no título, a prenotação e a suscitação da dúvida, será aquele rubricado em todas as suas folhas;

d) em seguida, o oficial dará ciência dos termos da dúvida ao apresentante, fornecendo-lhe cópia da suscitação e notificando-o para impugná-la no prazo legal;

e) certificado o cumprimento do acima disposto, as razões da dúvida serão remetidas ao Juízo competente, acompanhadas do título, mediante carga.

Nota: Se a suscitação da dúvida for eletrônica, o registrador digitalizará as razões da dúvida, o título e os documentos que o acompanham, informará se lhe foi apresentada a via original do título e a arquivará em ordem cronológica no classificador "Títulos das dúvidas registrais eletrônicas" até o trânsito em julgado. Sempre que o juiz reputar necessário, solicitará ao registrador que lhe apresente a via original do título, a qual não poderá ser desentranhada do classificador sem prévia autorização judicial."

Desse modo, há expressa previsão normativa da necessidade do protocolo do título original em processo de dúvida. Também nos termos do art 221 da Lei nº 6.015/73 mostra-se indispensável a apresentação da via original do título. Nesse sentido:

"Penhor rural. Penhor agrícola. Cédula rural pignoratícia. Prazo - prorrogação trienal. Dúvida prejudicada título original cópia reprográfica" (Ap. Civ. 1.076-6/5, j. Em 5/5/2009 Rel. Des. Ruy Camilo).

"REGISTRO DE IMÓVEIS. Dúvida inversa - Origem judicial do título que não o isenta de qualificação Ausência, todavia, de título original - Matéria prejudicial - Recurso não conhecido" (Ap. Civ. 1.188-6/6, j. Em 6/10/2009, Rel. Des. Reis Kuntz).

Essa compreensão é pacífica nas decisões administrativas em matéria registral imobiliária, pois *"A cópia constitui mero documento e não instrumento formal previsto como idôneo a ter acesso ao registro e tendo em vista uma reavaliação qualificativa do título, vedado o saneamento intercorrente das deficiências da documentação apresentada (...)"* (Apelação Cível nº 33.624-0/4, Rel. Des. Márcio Bonilha, j . 12/9/1996).

O D. Desembargador Manoel de Queiroz Pereira Calças, Corregedor Geral da Justiça à época, no julgamento da Apelação Cível nº 0011169-71.2015. 8.26.0482, j . 16/2/2017, reafirmou essa compreensão:

Preambularmente, cumpre observar que o apelante não acostou, quando da suscitação da dúvida, o original do documento cujo registro se pretende. A providência é de rigor para que, em caso de eventual improcedência, lavre-se o ato notarial. O documento trazido à baila, cópia de contrato particular de doação, não está no rol do art. 221 da Lei 6.015/73. A ausência do título original configura óbice intransponível ao registro e, pois, ao conhecimento da dúvida.

Para o mesmo Norte aponta a sedimentada jurisprudência deste Egrégio Conselho Superior da Magistratura, consoante Apelação Cível 9000001-98.2015.8.26.0099, julgada em 21/06/2016, por mim relatada, com citação de diversos outros julgados em idêntico sentido:

"Não obstante, o entendimento pacificado no Conselho Superior, há muito, é de que a ausência do instrumento original levado a registro prejudica o exame da questão, por representar um obstáculo intransponível ao registro (Apelação Cível n. 17-6/0 [3] e Apelação Cível n. 7.120-0/9). Nesse sentido, o acórdão proferido na apelação 1076-6/5, de 05 de maio de 2009, Rel. Des. RUY CAMILO: 'A ausência de requisitos essenciais constituise em matéria prejudicial ao conhecimento do recurso interposto. Com efeito, nenhum título original se encontra acostado aos autos, uma vez que a presente dúvida foi suscitada a partir de mera cópia reprográfica da cédula rural pignoratícia que foi reapresentada pelo banco suscitado, estando inviabilizada assim a sua análise direta por este Conselho Superior da Magistratura'".

Neste raciocínio, acerca de hipóteses semelhantes sobre a posição firmada, é representativo o V. Acórdão proferido na Apelação Cível nº 43.728-0/7, da Comarca de Batatais, relatado pelo eminente Des. SÉRGIO AUGUSTO NIGRO CONCEIÇÃO:

"REGISTRO DE IMÓVEIS - Dúvida inversamente suscitada - Falta do título original e de prenotação - Inadmissibilidade – Prejudicialidade - Recurso não conhecido".

O texto do julgado faz referência a outro precedente, o qual é categórico: "Pacífica a jurisprudência deste Colendo Conselho Superior da Magistratura no sentido da necessidade de apresentação do título original, como decidido na apelação cível n.° 30.728-0/7, da Comarca de Ribeirão Preto, Relator o Desembargador Márcio Martins Bonilha, nos seguintes termos: 'Ora, sem a apresentação do título original, não se admite a discussão do quanto mais se venha a deduzir nos autos, porque o registro, em hipótese alguma, poderá ser autorizado, nos termos do artigo 203, II, da Lei 6.015/73. Não é demasiado observar que no tocante à exigência de autenticidade, o requisito da exibição imediata do original diz respeito ao direito obtido com a prenotação do título, direito que não enseja prazo reflexo de saneamento extrajudicial de deficiências da documentação apresentada'" (Apelação Cível 9000001- 98.2015.8.26.0099, julgada em 21/6/2016, por mim relatada).

"Saliente-se ser tranquilo o entendimento deste Egrégio Colendo Conselho Superior da Magistratura no sentido de que o título deve ser apresentado em seu original e não por cópias. A cópia constitui mero documento e não instrumento formal previsto como idôneo a ter acesso ao registro e tendo em vista uma reavaliação qualificativa do título, vedado o saneamento intercorrente das deficiências da documentação apresentada, sendo imprescindível a exibição de qualquer dos títulos relacionados no mencionado artigo, que tem caráter restritivo, no original." (Apelação Cível: 17-6/0, j. 11/9/2003, Relator Des. LUIZ TÂMBARA).

Ou seja, imprescindível a apresentação do título original ao Oficial de Registro de Imóveis, pois eventual procedência do recurso resultaria no pretendido registro, decidindo-se acerca da qualificação registral. Inviável, igualmente, a apresentação posterior do título original, em razão da necessidade de sua qualificação registral em todas as etapas.

Sobre o tema, decidiu este C. Conselho Superior da Magistratura nos embargos de declaração n° 0006849- 88.2015.8.26.0510/50000, j . 28/3/2018, em apelação que relatei:

A apelação não foi conhecida em razão de não ter sido apresentada a via original dos títulos cujos registros eram pretendidos.

A juntada dos originais em sede de embargos de não modifica essa situação, pois já realizada a qualificação registral e analisado o procedimento de dúvida registrai.

Assim, permanece o não conhecimento da dúvida, o que impediria o exame do cabimento do registro.

Esse entendimento tem como fundamento o fato de que todos os títulos ingressam no protocolo conforme a rigorosa ordem cronológica de apresentação e adquirem preferência para o registro também conforme a ordem de prenotação.

A inexistência de protocolo válido impede que a escritura de compra e venda e respectivo ato retificativo adquiram prioridade para o registro.

Em razão disso, na forma como suscitada a dúvida adquire natureza meramente consultiva, para o que não se presta.

Nesse cenário, ante a falta de apresentação do título original ao Oficial de Registro de Imóveis, o presente recurso não comporta conhecimento.

E de acordo com precedentes atuais deste Col. Conselho Superior da Magistratura, ante o não conhecimento do recurso descabe prosseguir com o exame das questões de fundo por ausência de poder vinculativo dessa providência (nesse sentido: Apelação nº 1015740-40.2016.8.26.0577, Apelação nº 1000295-86.2017.8.26.0531 e Apelação nº 1001619-57.2016.8.26.0431).

Diante do exposto, pelo meu voto julgo a dúvida prejudicada e **não conheço** do recurso.

GERALDO FRANCISCO PINHEIRO FRANCO

Corregedor Geral da Justiça e Relator

Notas:

[1] Fls. 229/231.

[2] Fls. 01/04, *in fine* e 76. (DJe de 13.08.2019 – SP)

PODER JUDICIÁRIO

TRIBUNAL DE JUSTIÇA DO ESTADO DE SÃO PAULO

CONSELHO SUPERIOR DA MAGISTRATURA

Apelação n° 1001686-10.2016.8.26.0435

Registro: 2019.000668117

ACÓRDÃO

Vistos, relatados e discutidos estes autos de **Apelação Cível nº 1001686-10.2016.8.26.0435**, da Comarca de **Pedreira**, em que é apelante **CARLOS DE OLIVEIRA JUNIOR**, é apelado **OFICIAL DE REGISTRO DE IMÓVEIS E ANEXOS DA COMARCA DE PEDREIRA**.

ACORDAM, em Conselho Superior de Magistratura do Tribunal de Justiça de São Paulo, proferir a seguinte decisão: **"Julgaram prejudicada a dúvida e não conheceram da apelação, v.u."**, de conformidade com o voto do Relator, que integra este acórdão.

O julgamento teve a participação dos Exmos. Desembargadores **PEREIRA CALÇAS (PRESIDENTE TRIBUNAL DE JUSTIÇA) (Presidente), ARTUR MARQUES (VICE PRESIDENTE), XAVIER DE AQUINO (DECANO), EVARISTO DOS SANTOS(PRES. DA SEÇÃO DE DIREITO PÚBLICO), CAMPOS MELLO (PRES. DA SEÇÃO DE DIREITO PRIVADO) E FERNANDO TORRES GARCIA(PRES. SEÇÃO DE DIREITO CRIMINAL).**

São Paulo, 15 de agosto de 2019.

GERALDO FRANCISCO PINHEIRO FRANCO

Corregedor Geral da Justiça e Relator

Apelação Cível nº 1001686-10.2016.8.26.0435
Apelante: Carlos de Oliveira Junior

Apelado: Oficial de Registro de Imóveis e Anexos da Comarca de Pedreira

VOTO Nº 37.809

Registro de Imóveis – Dúvida julgada procedente – Negativa de registro de escritura de compra e venda, retificada e ratificada por outra escritura – Irresignação apenas parcial que prejudica a dúvida e impede o acolhimento do recurso – Recurso não conhecido.

Trata-se de apelação interposta em face da r. sentença **[1]** que julgou procedente dúvida suscitada pelo Oficial de Registro de Imóveis, Títulos e Documentos e Civil de Pessoa Jurídica da Comarca de Pedreira/SP, mantendo os óbices apresentados pelo registrador.

Em suas razões de inconformismo, alega o apelante, em síntese, que as exigências formuladas para registro do título são descabidas, pois o erro havido em relação à existência de uma construção de alvenaria de 321,42m^2 e de uma servidão de passagem com área de 2.355m^2, que nunca existiram, foi sanado pela escritura de retificação e ratificação posteriormente lavrada com base em nova planta planimétrica da área. Assim, entende que não se sustenta a exigência de averbação de construção inexistente, assim como da apresentação de certidão negativa de débitos relativos ao INSS, assim como da escritura pública de instituição de servidão de passagem **[2]**.

A douta Procuradoria de Justiça opinou pelo não provimento da apelação **[3]**.

É o relatório.

Trata-se de dúvida suscitada pela Oficial de Registro de Imóveis, Títulos e Documentos e Civil de Pessoa Jurídica da Comarca de Pedreira/SP, pretendendo o apelante o registro de escritura de venda e compra, lavrada em 11 de novembro de 2011, acompanhada da Escritura de Retificação e Ratificação, lavrada em 27 de maio de 2015.

Consoante se depreende da nota devolutiva elaborada após a análise do título apresentado pela parte, foram formuladas as seguintes exigências pela registradora:

"1. Complementar a folha 03 do traslado da escritura de retificação, com assinatura da substituta do Tabelião que o subscreveu.

2. Juntar comprovante de entrega da Declaração do ITR, exercício 2015, a fim de comprovar o valor venal dos imóveis.

3. No tocante ao imóvel matriculado sob nº 34.382: a) apresentar requerimento da proprietária, com firma reconhecida, para averbação da construção com área de 321,42m2, conforme mencionada na escritura (item 66, Cap. XX das Normas de Serviço da E. Corregedoria Geral da Justiça), instruído com: 1) cópia autenticada do(s) documento(s) que comprove(m) sua representação legal; e

2) Certidão Negativa de Débitos Relativos às Contribuições Previdenciárias, da área construída.

b) apresentar a registro via original da escritura pública de instituição da servidão de passagem, com a área de 2.355,00m2, mencionada na escritura."

Ocorre que, uma vez informado do teor da nota devolutiva, o interessado limitou-se a discordar do óbice apresentado pela registradora em relação ao seu item "3" **[4]**, afirmando que a lavratura da escritura de retificação e ratificação dispensaria a averbação de uma construção inexistente e a apresentação de certidão negativa de débitos relativos ao INSS da área construída, assim como seria desnecessária a exibição da via original da escritura pública de instituição de passagem igualmente inexistente. No mais, alegou que a falta de assinatura da substituta do Tabelião não invalida o título, pois se trata de falha sanável, aduzindo, por fim, que a declaração do ITR, exercício 2015, poderá ser apresentada posteriormente **[5]**.

Sendo assim, ante a impugnação parcial das exigências formuladas pela Oficial, resta prejudicada a dúvida.

Com efeito, a concordância com os demais óbices apresentados prejudica a dúvida, que só admite duas soluções: a determinação do registro do título protocolado e prenotado, que é analisado, em reexame da qualificação, tal como se encontrava no momento em que surgida dissensão entre o apresentante e o Oficial de Registro de Imóveis; ou a manutenção da recusa do Oficial.

Para que se possa decidir se o título deve ser registrado ou não, é preciso que todas as exigências - e não apenas algumas delas – sejam reexaminadas pelo Corregedor Permanente. Isso porque, em caso de impugnação parcial, permanecerão óbices que prejudicarão o ingresso do título no registro imobiliário.

Essa circunstância impede o conhecimento da apelação, consoante pacífico entendimento deste Conselho Superior da Magistratura: *Apelação nº 0001724-22.2015.8.26.0355, Relator Des. Pinheiro Franco, j. 09.03.2018; Apelação nº 1001619-57.2016.8.26.0431, Relator Des. Pinheiro Franco, j. 28.03.2018; Apelação nº 990.10.325.599-2, Rel. Des. Antônio Carlos Munhoz Soares, j. 14/12/2010; Apelação nº 990.10.030.839-4, Rel. Des. Marco César Müller Valente, j. 30/06/2010; Apelação nº 0011799-78.2010.8.26.0070, Rel. Maurício Vidigal, j. 07/11/2011, Apelação nº 17-6/0, Rel. Des. Luiz Tâmbara, j. 7.11.03 e Apelação nº 7.120-0/9, Rel. Des. Sylvio do Amaral, j. 1.6.87.*

Diante do exposto, julgo prejudicada a dúvida e **não conheço** da apelação.

GERALDO FRANCISCO PINHEIRO FRANCO
Corregedor Geral da Justiça e Relator

Notas:

[1] Fls. 76/77.

[2] Fls. 82/90.

[3] Fls. 113/115.

[4] Fls. 33/34.

[5] Fls. 56/62. (DJe de 02.09.2019 – SP)

PODER JUDICIÁRIO

TRIBUNAL DE JUSTIÇA DO ESTADO DE SÃO PAULO

CONSELHO SUPERIOR DA MAGISTRATURA

Apelação nº 1002032-53.2017.8.26.0587

Registro: 2019.000668119

ACÓRDÃO

Vistos, relatados e discutidos estes autos de **Apelação Cível n. 1002032-53.2017.8.26.0587**, da Comarca de **São Sebastião**, em que é apelante **WALDIR ALLAN KARDEC BONETTI**, é apelado **OFICIAL DE REGISTRO DE IMÓVEIS E ANEXOS DA COMARCA DE SÃO SEBASTIÃO**.

ACORDAM, em Conselho Superior de Magistratura do Tribunal de Justiça de São Paulo, proferir a seguinte decisão: **"Negaram provimento ao recurso, v.u."**, de conformidade com o voto do Relator, que integra este acórdão.

O julgamento teve a participação dos Exmos. Desembargadores **PEREIRA CALÇAS (PRESIDENTE TRIBUNAL DE JUSTIÇA) (Presidente), ARTUR MARQUES (VICE PRESIDENTE), XAVIER DE AQUINO (DECANO), EVARISTO DOS SANTOS(PRES. DA SEÇÃO DE DIREITO PÚBLICO), CAMPOS MELLO (PRES. DA SEÇÃO DE DIREITO PRIVADO) E FERNANDO TORRES GARCIA(PRES. SEÇÃO DE DIREITO CRIMINAL)**.

São Paulo, 15 de agosto de 2019.

GERALDO FRANCISCO PINHEIRO FRANCO

Corregedor Geral da Justiça e Relator

Apelação Cível n. 1002032-53.2017.8.26.0587

Apelante: Waldir Allan Kardec Bonetti

Apelado: Oficial de Registro de imóveis e Anexos da Comarca de São Sebastião

VOTO N.º 37.812

Registro de Imóveis – Escritura pública de compra e venda – Alienação de fração ideal de imóvel a pessoas sem vínculos – Imóvel com área certa e metragem específica – Vedação – Desdobro de lote – Registro obstado – Item 171 das Normas de Serviço da Corregedoria Geral da Justiça – Recurso desprovido.

WALDIR ALLAN KARDEC BONETTI interpõe recurso de apelação contra r. sentença de fl. 69/71, que julgou procedente a dúvida e manteve a negativa ao registro de escritura de compra e venda de alienação de fração ideal em condomínio voluntário em loteamento registrado perante o Oficial de Registro de Imóveis e Anexos da Comarca de São Sebastião.

O apelante sustenta ser possível o registro do instrumento público, já que se trata de negócio jurídico em condomínio em comum, sem que haja qualquer vedação legal para a sua instituição.

Afirma que não se trata de qualquer tentativa de burla à Lei de Parcelamento de Solo Urbano, sendo dispensável a necessidade de qualquer procedimento específico para ingresso do título.

A D. Procuradoria Geral de Justiça opinou pelo desprovimento do recurso (fl. 100/103).

É o relatório.

Presentes os pressupostos legais e administrativos, conheço do recurso. No mérito, ele não comporta provimento.

A escritura pública de venda e compra lavrada em 10 de abril de 2017, p. 154/156 do livro n. 999, instruída com a ata retificativa lavrada em 9 de maio de 2017, p. 247 do livro 1.002, ambas do 2.º Tabelião de Notas da Comarca de São José do Rio Preto (fl. 17/22) tem por objeto a alienação por venda de parte ideal correspondente a 9,534500% do imóvel inscrito sob a matrícula 28.755 (fl. 45/48).

Procuram, outorgante e outorgado, a instituição de condomínio geral, nos termos do art. 1.314 do Código Civil.

Pela leitura da matrícula (fl. 45/48), verifica-se também que se trata de propriedade adquirida por usucapião, e cuja porção de 69,6472%, dividida em seis frações distintas, foi vendida a seis diferentes compradores, sendo um deles o vendedor constante da escritura que se pretendeu fosse registrada.

No campo das declarações mútuas, consta que o referido imóvel foi objeto de instrumento particular de promessa de compra e venda, com referência de que a fração ideal negociada referente a uma parte **certa** e **determinada** da construção existente sobre o imóvel, **com uma área de 88,0 metros quadrados**, designada em atas de assembleia de condomínio como apartamento 2 (fl. 5).

Muito embora se trate alienação voluntária, está demonstrado, na hipótese, que a venda está sendo feita à pessoa que não possui qualquer vínculo com o outorgante e demais condôminos.

O ingresso do título significaria tentativa de desfiguração das regras de parcelamento de solo, na medida em que tornaria possível a divisão da área entre os adquirentes em partes certas e determinadas, suscetíveis de utilização individual por cada um deles.

Assim, independentemente da forma de aquisição do outorgante vendedor, e ainda que cedida a integralidade de sua fração ideal, tudo leva a crer que pessoas que não possuam vínculo entre si, ao adquirir um terreno em frações ideais tenham clara intenção de instituir sobre a área imóveis distintos, com futuro desdobro, o que não se concebe.

As Normas de Serviço desta Eg. Corregedoria Geral da Justiça também tratam do tema, em seu Capítulo XX, com expressa vedação à formação de condomínio voluntário que traduza ofensa à Lei n. 6.766/79:

171. É vedado o registro de alienação voluntária de frações ideais com localização, numeração e metragem certas, ou a formação de condomínio voluntário, que implique fraude ou qualquer outra hipótese de descumprimento da legislação de parcelamento do solo urbano, de condomínios edilícios e do Estatuto da Terra. A vedação não se aplica à hipótese de sucessão causa mortis.

A questão posta não é nova e já foi enfrentada diversas vezes por este Eg. Conselho Superior da Magistratura:

REGISTRO DE IMÓVEIS – Dúvida julgada procedente – Escritura pública de inventário e partilha – Cessão onerosa de direitos hereditários e meação Parte ideal – Instituição de Condomínio Voluntário – Desmembramento irregular – Ofensa aos dispositivos que regulam o parcelamento do solo – Sujeição ao item 171, Cap. XX das Normas de Serviço – Recurso não provido. (Apc n. 1002675-90.2015.8.26.0066, Rel Des. PEREIRA CALÇAS).

Por essas razões, a negativa de ingresso do título apresentado deve ser mantida em seus exatos termos. Ante o exposto, nego provimento ao recurso.

GERALDO FRANCISCO PINHEIRO FRANCO

Corregedor Geral da Justiça e Relator. (DJe de 09.09.2019 – SP)

PODER JUDICIÁRIO

TRIBUNAL DE JUSTIÇA DO ESTADO DE SÃO PAULO

CONSELHO SUPERIOR DA MAGISTRATURA

Apelação nº 1003358-26.2017.8.26.0271

Registro: 2019.0000668121

ACÓRDÃO

Vistos, relatados e discutidos estes autos de **Apelação Cível nº 1003358-26.2017.8.26.0271**, da Comarca de **Itapevi**, em que são apelantes **VIVIAN MARIA DOS SANTOS DINIZ e SERGIO TADEU ZAMBELLI DINIZ**, é apelado **OFICIAL DE REGISTRO DE IMÓVEIS E ANEXOS DA COMARCA DE ITAPEVI.**

ACORDAM, em Conselho Superior de Magistratura do Tribunal de Justiça de São Paulo, proferir a seguinte decisão: **"Negaram provimento ao recurso, v.u."**, de conformidade com o voto do Relator, que integra este acórdão.

O julgamento teve a participação dos Exmos. Desembargadores **PEREIRA CALÇAS (PRESIDENTE TRIBUNAL DE JUSTIÇA) (Presidente), ARTUR MARQUES (VICE PRESIDENTE), XAVIER DE AQUINO (DECANO), EVARISTO DOS SANTOS(PRES. DA SEÇÃO DE DIREITO PÚBLICO), CAMPOS MELLO (PRES. DA SEÇÃO DE DIREITO PRIVADO) E FERNANDO TORRES GARCIA(PRES. SEÇÃO DE DIREITO CRIMINAL).**

São Paulo, 15 de agosto de 2019.

GERALDO FRANCISCO PINHEIRO FRANCO

Corregedor Geral da Justiça e Relator

Apelação Cível nº 1003358-26.2017.8.26.0271

Apelantes: Vivian Maria dos Santos Diniz e Sergio Tadeu Zambelli Diniz

Apelado: Oficial de Registro de Imóveis e Anexos da Comarca de Itapevi

VOTO Nº 37.822

Registro de Imóveis – ITBI – Registro de escritura de compra e venda – Lei Municipal que cria hipótese de incidência na cessão de compromissos de compra e venda – Transmissão de propriedade – Dever do Registrador na fiscalização do correto recolhimento – Recurso desprovido.

Trata-se de apelação interposta por SERGIO TADEU ZAMBELLI DINIZ e VIVIAN MARIA DOS SANTOS DINIZ contra a r. sentença de fls. 93/95, que julgou procedente a dúvida suscitada pelo Sr. Oficial de Registro de Imóveis e Anexos da Comarca de Itapevi, que obstava registro de escritura pública de compra e venda de imóvel com cessão anterior de direitos de compromisso de compra e venda.

Sustentam os recorrentes a inexigibilidade de prova do recolhimento do ITBI devido pelas cessões de direitos mencionados no ato notarial, tampouco necessidade de certidão de quitação do referido imposto.

A D. Procuradoria Geral de Justiça apontou não haver interesse institucional no feito (fls. 128/129).

É o relatório. DECIDO.

Presentes os pressupostos processuais e legais, no mérito, o recurso não comporta provimento, mantendo-se na íntegra a r. sentença recorrida.

O art. 289 da Lei n° 6.015/73 é expresso ao indicar que é dever do registrador fiscalizar o pagamento dos tributos incidentes:

> *"Art. 289. No exercício de suas funções, cumpre aos oficiais de registro fazer rigorosa fiscalização do pagamento dos impostos devidos por força dos atos que lhes forem apresentados em razão do ofício."*

A omissão do titular da delegação pode levar à sua responsabilidade solidária no pagamento do tributo, nos termos do art. 134, VI, do Código Tributário Nacional-CTN.

Por sua vez, a Lei Complementar n.° 34/2005 do Município de Itapevi dispõe que o ITBI possui por fato gerador as cessões de direitos relativos à transmissão da propriedade, conforme o seu art. 33, I e II e art. 34, II, reproduzidos às fls. 2/3.

Assim, no caso, busca-se o registro de escritura de fls. 43/47. O precedente citado pelos recorrentes (Apelação nº 0022843-24.2015.8.26.0554) não se aplica ao caso aqui discutido, pois naquela hipótese se buscava o registro do instrumento particular de cessão e transferência de direitos, não de escritura de compra e venda, como é o caso.

Embora não se trate de matéria unânime na jurisprudência de nossos Tribunais, ao menos perante este C. Conselho Superior da Magistratura, os precedentes mais recentes são no sentido de que, tratando-se de órgão administrativo, não é cabível declaração de inconstitucionalidade de normas municipais para afastar a incidência do ITBI nessas hipóteses:

> *"Registro de Imóveis – Dúvida julgada procedente, impedindo-se o registro de Escritura Pública de venda e compra, englobando cessão – Ausência de recolhimento de imposto – ITBI que é devido pela cessão e pela venda e compra – impossibilidade de reconhecimento de inconstitucionalidade e de decadência ou prescrição pela via administrativa – Recurso desprovido." (Apelação nº 1123982-06.2015.8.26.0100, Des. MANOEL DE QUEIROZ PEREIRA CALÇAS).*

Por essas razões, havendo lei local criando a hipótese de incidência aqui tratada, não cabe ao Oficial de Registro entender pela impossibilidade de tributação. Tal matéria deverá ser discutida, se for o caso, no campo jurisdicional.

Da mesma forma, a exigência de comprovação de quitação do ITBI encontra previsão legal no artigo 47, § 2º, da mesma Lei Complementar Municipal nº 34/2005, não podendo o Oficial se omitir de sua fiscalização.

Em recente decisão proferida pela Eg. Corregedoria Geral da Justiça, em pedido de providências contra Tabelião de Notas, nos termos do parecer da lavra do MM. Juiz Assessor *José Marcelo Tossi Silva*, tal entendimento foi novamente consagrado:

> *"TABELIÃO DE NOTAS – Recusa em lavrar escritura de compra e venda sem a consignação da existência de prévia cessão de compromisso de compra e venda e sem a prova do recolhimento do Imposto de Transmissão "inter vivos" –* ***ITBI, devido pela cessão – Pretensão de reconhecimento da inconstitucionalidade e ilegalidade da lei municipal que prevê a incidência do tributo na cessão de compromisso de compra e venda – Inadequação do procedimento de dúvida para tal finalidade*** *– Recurso não provido, com observação."(g.n)* (Processo CG nº 1064887-74.2017.8.26.0100, DJE 26/02/2018).

Forte nestes argumentos, a manutenção da r. sentença é medida impositiva. Ante o exposto, nego provimento ao recurso.

GERALDO FRANCISCO PINHEIRO FRANCO

Corregedor Geral da Justiça e Relator. (DJe de 13.09.2019 – SP)

PODER JUDICIÁRIO

TRIBUNAL DE JUSTIÇA DO ESTADO DE SÃO PAULO

CONSELHO SUPERIOR DA MAGISTRATURA

Apelação n° 1051635-67.2018.8.26.0100

Registro: 2019.0000718897

ACÓRDÃO

Vistos, relatados e discutidos estes autos de **Apelação Cível nº 1051635-67.2018.8.26.0100**, da Comarca de **São Paulo**, em que é apelante **MARIA LUIZA SILVA**, é apelado **4º OFICIAL DE REGISTRO DE IMÓVEIS DA COMARCA DA CAPITAL**.

ACORDAM, em Conselho Superior de Magistratura do Tribunal de Justiça de São Paulo, proferir a seguinte decisão: **"Por maioria de votos, conheceram do recurso e negaram provimento ao apelo, vencidos os Desembargadores Artur Marques, que declarará voto, e Campos Mello, que votaram pela improcedência da dúvida, para que se proceda ao registro stricto sensu da compra e venda.", de conformidade com o voto do Relator, que integra este acórdão.**

O julgamento teve a participação dos Exmos. Desembargadores **PEREIRA CALÇAS (PRESIDENTE TRIBUNAL DE JUSTIÇA) (Presidente), ARTUR MARQUES (VICE PRESIDENTE), XAVIER DE AQUINO (DECANO), EVARISTO DOS SANTOS(PRES. DA SEÇÃO DE DIREITO PÚBLICO), CAMPOS MELLO (PRES. DA SEÇÃO DE DIREITO PRIVADO) E FERNANDO TORRES GARCIA(PRES. SEÇÃO DE DIREITO CRIMINAL)**.

São Paulo, 27 de agosto de 2019.

GERALDO FRANCISCO PINHEIRO FRANCO
Corregedor Geral da Justiça e Relator

Apelação Cível nº 1051635-67.2018.8.26.0100

Apelante: Maria Luiza Silva
Apelado: 4º Oficial de Registro de Imóveis da Comarca da Capital

VOTO Nº 37.750

Registro de Imóveis – Escritura pública de compra e venda e cessão de direitos – Cessões sucessivas – Comunhão universal de bens – Situação de universalidade, com necessidade de que seja inventariada a totalidade do patrimônio comum – Recurso desprovido.

Trata-se de apelação interposta por MARIA LUIZA SILVA contra r. sentença de fl. 69/72, após negativa de registro de escritura pública de compra e venda e cessão, perante o 4º Oficial de Registro de Imóveis da Capital, cujo objeto é o imóvel matriculado sob o nº 162.589 da mencionada serventia.

Sustenta a recorrente que as exigências são descabidas, uma vez que, no título apresentado, *Mauro José Lintz Meyer* cedeu seus direitos sobre o bem à recorrente, e que após, no mesmo título, adquiriu o imóvel do proprietário *Paulo Roberto de Freitas Araújo*.

Afirma ser desnecessária a anuência dos integrantes da cadeia de cessões do compromisso, e que, além disso, a falecida esposa do anuente cedente, *Marília Medéa Meyer,* não possuía bens a inventariar, sendo inviável qualquer exigência de partilha.

A D. Procuradoria Geral de Justiça opinou pelo desprovimento do recurso (fl. 100/101). É o relatório.

Presentes pressupostos legais e administrativos, conheço do recurso. No mérito, ele não comporta provimento.

Nada obstante a possibilidade de registro pelo último dos compromissários compradores na hipótese de sucessivas cessões de direitos sobre o mesmo bem imóvel, com desnecessária anuência de cada um dos integrantes da cadeia, no caso em exame, as referidas cessões não foram registradas na matrícula nº 162.589 (fl. 09).

Como se verifica do fólio real, em 02 de julho de 1969, os titulares dominiais compromissaram a venda do imóvel a *Mauro José Lintz Meyer,* na época solteiro, averbada sob o nº 01 na referida matrícula.

Somente o compromisso de compra e venda em que figuram *Paulo Roberto de Freitas Araújo* (compromissário vendedor) e *Mauro José Lintz Meyer* (compromissário comprador) se encontra inscrito, como acima referido.

Noutra linha, verifica-se que na escritura de fl. 10/15, *Mauro José Lintz Meyer,* anuente cedente, declarou-se como viúvo (fl. 11), enquanto, na matrícula de fl. 09, seu estado civil é de solteiro.

O compromissário *Mauro José* se casou pelo regime de comunhão universal de bens com *Marília Medéa* (fl. 21), em 8/05/1987, e, consequentemente, os direitos do compromisso de venda e compra com ela se comunicaram.

Falecida em 09 de novembro de 2003 (fl. 21), os direitos de compromissária restaram pendentes de inventariança.

Afirma a recorrente que *Marília Medéa Meyer,* ao falecer, não deixou herdeiros, tampouco bens a inventariar, de modo que todas as exigências de registro foram cumpridas, à exceção da partilha inexistente, mesmo porque não há condição de realizá-la.

Entretanto, incidem neste caso os art. 195 e 237 da Lei nº 6.015/73, que dispõem:

Art. 195. Se o imóvel não estiver matriculado ou registrado em nome do outorgante, o oficial exigirá a prévia matrícula e o registro do título anterior, qualquer que seja a sua natureza, para manter a continuidade do registro.

Art. 237. Ainda que o imóvel esteja matriculado, não se fará registro que dependa da apresentação de título anterior, a fim de que se preserve a continuidade do registro.

Igual conclusão decorre da lição de AFRÂNIO DE CARVALHO:

"O princípio da continuidade, que se apoia no de especialidade, quer dizer que, em relação a cada imóvel, adequadamente individuado, deve existir uma cadeia de titularidade à vista da qual só se fará a inscrição de um direito se o outorgante dele aparecer no registro como seu titular.

Assim, as sucessivas transmissões, que derivam umas das outras, asseguram sempre a preexistência do imóvel no patrimônio do transferente. Ao exigir que cada inscrição encontre sua procedência em outra anterior, que assegure a legitimidade da transmissão ou da oneração do direito, acaba por transformá-la no elo de uma corrente ininterrupta de assentos, cada um dos quais se liga ao seu antecedente, como o seu subseqüente a ele se ligará posteriormente. Graças a isso o Registro de Imóveis inspira confiança ao público. (Registro de Imóveis, 4ª edição, Ed.Forense, 1998, pág. 253)."

Com a comunhão universal, os bens do casal integram um só acervo, indivisível, até que ultimada a partilha, razão pela qual inviável o ingresso do título nessa situação.

Nesse sentido, o pacífico entendimento desse Eg. Conselho Superior da Magistratura:

REGISTRO DE IMÓVEIS – Ação de extinção de condomínio. Qualificação registral. Situação de universalidade dos bens, com necessidade de que seja inventariada a totalidade do patrimônio comum. Cônjuge que é proprietário de 1/5 do imóvel casado em regime de comunhão universal de bens. Falecimento da esposa. Necessidade de realização de seu inventário e partilha. Existência de filhos comuns. Recurso desprovido. (Apelação Cível n° º 1004863-65.2018.8.26.0223, Des. PINHEIRO FRANCO).

REGISTRO DE FORMAL DE PARTILHA – Falecida casada com o viúvo pelo regime da comunhão universal de bens – Necessidade de se inventariar a totalidade do bem havido em comunhão no casamento – Universalidade de direito que se extrema somente com a partilha – Recurso não provido. (Apelação Cível nº 1004346-37.2016.8.26.0318, Des. PINHEIRO FRANCO).

REGISTRO DE IMÓVEIS – Carta de adjudicação expedida nos autos de Ação de Execução – Título não imune à qualificação registra – Devedor que consta como casado em regime da comunhão universal na matrícula, mas que se divorciou – Necessidade do prévio registro da partilha para que se conheça o destino da meação da ex-cônjuge – Continuidade não observada – Dúvida Procedente – Recurso não provido. (Apelação n° 0003968-52.2014.8.26.0453, Des. PEREIRA CALÇAS).

Ademais, não há dúvidas de que os direitos do compromisso adquiridos pela falecida, observado o regime de bens, pertence em sua totalidade a ambos os cônjuges.

Ao inventário será levado o todo, somente sendo apurada a parte pertencente a cada um deles com a extinção da comunhão.

Por estas razões, pelo meu voto, conheço do recurso e nego provimento ao apelo.

GERALDO FRANCISCO PINHEIRO FRANCO

Corregedor Geral da Justiça e Relator

Apelação Cível nº 1051635-67.2018.8.26.0100

Apelantes: MINISTÉRIO PÚBLICO DO ESTADO DE SÃO PAULO e MARIA LUIZA DA SILVA

Apelado: 4º Oficial de Registro de Imóveis da comarca de São Paulo

VOTO Nº 45.715

1. O Ministério Público do Estado de São Paulo e Maria Luiza da Silva interpuseram apelações (fls. 78-82 e 85-

90) contra a sentença que, julgando procedente dúvida inversa, obstou ao registro de compra e venda e cessão celebradas por escritura pública.

Os apelantes alegam, em apertada síntese, que o registro poderia ser feito, independentemente da observância do princípio da continuidade na cessão, porque, de qualquer maneira, a cessionária (e ora apelante) também figurou no negócio jurídico como compradora.

É Relatório.

2. Razão assiste os apelantes.

Conquanto fosse respeitável o entendimento do eminente Desembargador Relator que votava pela improcedência dos apelos, deve-se reconhecer que a escritura pública em questão (fls. 10-17) contém *dois* negócios jurídicos:

a) uma compra e venda celebrada entre os donos *Paulo Roberto* e sua mulher, de um lado, e a apelante *Maria Luiza*, de outro (fls. 09, 20 e 16, e letras *a* e *b* do item III da escritura pública, a fls. 10-11); e

b) uma cessão de compromisso de compra e venda celebrada entre o promitente comprador *Mauro José*, de um lado, e a mesma apelante *Maria*

Luiza, de outro (fls. 09 – Av. 01 e fls. 21, e letra *c* do item III da escritura pública, a fls. 11).

Como bem fez notar o nobre Corregedor, essa cessão não atende o princípio da continuidade e, portanto, não produz efeito registral. É que o promitente comprador *Mauro* consta, no registro (fls. 09 Av. 01), como solteiro, mas, no título, como viúvo (fls. 11) – e mais: o seu casamento (cessado por morte do cônjuge em 2003 – fls. 21 e 23) foi celebrado no regime da comunhão universal (fls. 54). Portanto, não há dúvida de que os direitos decorrentes do compromisso de compra e venda se haviam comunicado durante o casamento, nem de que, agora, a sua disponibilidade só poderia ser aferida se houvesse prova da relativa partilha *causa mortis*.

Como essa prova não veio, o princípio da continuidade não se pode dizer respeitado e, logo, a cessão não pode ingressar no registro. Por outros termos: esse título material (repita-se: a cessão) não é suscetível de *averbação*, nas condições em que foi apresentado.

Contudo, o fato de a cessão não ser passível de averbação *não* implica que o *registro* em sentido estrito (= o registro da compra e venda) possa ser negado. Afinal, a jurisprudência mais recente deste Conselho tem reconhecido que o compromisso de compra e venda, inscrito na forma dos arts. 1.417-1.418 do Código Civil, gera um direito real que não subtrai ao dono (no caso, ao compromissário vendedor) o poder de dispor.

Nesse sentido:

Registro de Imóveis – Dúvida julgada procedente – Compromisso de compra e venda registrado com sucessivas cessões – Negativa de ingresso de escritura de venda e compra de imóvel da qual participaram os proprietários tabulares e a última cessionária Desnecessidade da anuência dos cedentes – Inexistência de afronta ao Princípio da Continuidade

– Recurso provido. (Conselho Superior da Magistratura, Apel. Cív. N. 1040210-48.2015.8.26.0100, Rel. Des. Pereira Calças, j. 8.4.2016)

Registro de Imóveis – Dúvida julgada procedente, impedindo-se o registro da escritura de compra e venda – Irrelevância da existência de promessa de compra e venda e cessões de direitos – Precedentes do Conselho Superior da Magistratura – Inteligência do art. 1.418 do Código Civil – Quebra do princípio da continuidade inexistente – Recurso provido, para determinar o registro da escritura de compra e venda. (CSM, Apel. Cív. n. 1057235- 74.2015.8.26.0100, Rel. Des. Pereira Calças, j. 15.3.2016)

Registro de Imóveis – Dúvida julgada procedente – Negativa de ingresso de escritura de venda e compra de imóvel – Desrespeito ao registro anterior de instrumento particular – Desnecessidade da anuência dos compromissários compradores Inexistência de afronta ao Princípio da Continuidade – Recurso provido. (CSM, Apel. Cível n. 0025566- 92.2011.8.26.0477, Rel. Des. Renato Nalini, j. 10.12.2013)

Se assim é, a existência ou não de averbação do direito do promitente comprador – e, por maior força de razão, a existência ou não de subsequente regularidade registral na cessão desse mesmo direito –, não impede o registro puro e simples da compra e venda, como, aliás, está rogado pela parte interessada (fls. 04 e 47, *verbis* "registro").

Quanto ao direito do promitente comprador, ainda averbado na matrícula (fls. 09), a interessada deverá buscar o seu cancelamento em ocasião oportuna, quando dispuser de título suficiente a tanto, ou de decisão judicial nesse sentido. Sem criar nenhuma insegurança, essa solução facilita o tráfego jurídico, dá eficácia registral ao negócio jurídico de compra e venda, e ressalva à interessada melhor tutela de seus direitos, quando dispuser de meios para tanto.

3. Ante o exposto, **voto pela improcedência da dúvida, para se proceda ao registro *stricto sensu* da compra e venda, como rogado.**

ARTUR MARQUES DA SILVA FILHO

Desembargador Vice-Presidente. (DJe de 16.09.2019 – SP)

PODER JUDICIÁRIO

TRIBUNAL DE JUSTIÇA DO ESTADO DE SÃO PAULO

CONSELHO SUPERIOR DA MAGISTRATURA

Apelação nº 1018356-90.2018.8.26.0100

Registro: 2019.0000642594

ACÓRDÃO

Vistos, relatados e discutidos estes autos de **Apelação Cível nº 1018356-90.2018.8.26.0100**, da Comarca de **São Paulo**, em que é apelante **TERESA SALERA DE CASTRO**, é apelado **5º OFICIAL DE REGISTRO DE IMÓVEIS DA COMARCA DA CAPITAL**.

ACORDAM, em Conselho Superior de Magistratura do Tribunal de Justiça de São Paulo, proferir a

seguinte decisão: **"Deram provimento ao recurso para julgar a dúvida improcedente, v.u."**, de conformidade com o voto do Relator, que integra este acórdão.

O julgamento teve a participação dos Exmos. Desembargadores **PEREIRA CALÇAS (PRESIDENTE TRIBUNAL DE JUSTIÇA) (Presidente), ARTUR MARQUES (VICE PRESIDENTE), XAVIER DE AQUINO (DECANO), EVARISTO DOS SANTOS(PRES. DA SEÇÃO DE DIREITO PÚBLICO), CAMPOS MELLO (PRES. DA SEÇÃO DE DIREITO PRIVADO) E FERNANDO TORRES GARCIA(PRES. SEÇÃO DE DIREITO CRIMINAL)**.

São Paulo, 9 de agosto de 2019.

GERALDO FRANCISCO PINHEIRO FRANCO
Corregedor Geral da Justiça e Relator

Apelação Cível nº 1018356-90.2018.8.26.0100

Apelante: Teresa Salera de Castro

Apelado: 5º Oficial de Registro de Imóveis da Comarca da Capital Interessado: Municipalidade de São Paulo

VOTO Nº 37.819

Registro de Imóveis – Dúvida julgada procedente – Escritura pública de compra e venda outorgada pela Prefeitura do Município de São Paulo em cumprimento de contrato de compromisso de compra e venda inscrito na vigência do Decreto nº 4.857/1939 – Possibilidade de abertura de matrícula, diante do direito real inscrito – Escritura pública de compra e venda outorgada diretamente em favor da viúva e herdeiros do compromissário comprador, mediante alvará expedido em ação de inventário – Desnecessidade de apresentação do formal de partilha – Instituição de bem de família, pelos compradores, que embora prevista na escritura pública de compra venda não foi objeto de requerimento de registro – Escritura outorgada no ano de 1990 - Princípio da rogação – Possibilidade de cisão do título – Registro viável – Recurso provido.

Trata-se de apelação interposta contra r. sentença que julgou procedente a dúvida e manteve a recusa do Sr. 5º Oficial de Registro de Imóveis da Comarca da Capital em promover o registro de escritura pública de compra e venda de imóvel urbano, outorgada pelo Município de São Paulo, porque não foi apresentado título hábil para a abertura de matrícula.

A apelante alegou, em suma, que Giacomino Gillo Salera e sua mulher, Maria de Aro Salera, compromissaram comprar o imóvel por meio de escritura de compromisso de compra e venda outorgada pelo Município de São Paulo, em 1º de setembro de 1961, que foi inscrita no 15º Oficial de Registro de Imóveis da Comarca da Capital. Afirmou que o compromissário comprador faleceu em 25 de fevereiro de 1978 e que foi promovido o inventário de bens em que houve expedição de alvará autorizando a transmissão da propriedade diretamente à viúva e aos herdeiros. Aduziu que a inscrição do compromisso de compra e venda foi realizada com amparo na legislação estadual então vigente. Informou que foram abertas matrículas e promovidos os registros de transmissões de outros imóveis situados na mesma rua, também alienados pelo Município de São Paulo.

Requereu o provimento do recurso para que seja aberta matrícula para o imóvel, com o registro da compra e venda (fls. 229/234).

A douta Procuradoria Geral de Justiça arguiu a intempestividade do recurso. No mérito, opinou pelo seu não provimento (fls. 269/270).

É o relatório.

O prazo para apelação tem início com a publicação da sentença (art. 231, inciso VII, do Código de Processo Civil), considerando-se como data da publicação o primeiro dia útil subsequente ao da disponiblilização da intimação no DJe (arts. 224, § 2º, e 231, inciso VII, ambos do Código de Processo Civil).

A r. sentença foi disponibilizada no DJe de 06 de março de 2019 (fls. 223).

Por sua vez, embora tenha natureza administrativa, contra a sentença prolatada em procedimento de dúvida é cabível apelação (art. 202 da Lei nº 6.015/73) que é inteiramente regulado no Código de Processo Civil, o que enseja a contagem do prazo de recurso em dias úteis.

O prazo de recurso, de quinze dias úteis (art. 219 do Código de Processo Civil), teve início em 10 de março, o que torna tempestiva a apelação interposta em 28 de março de 2019 (fls. 229).

O registro da escritura pública de compra e venda foi negado pelo Sr. 5º Oficial de Registro de Imóveis da Comarca da Capital porque: não foi apresentado título hábil para a abertura de matrícula; não foi apresentado o formal de partilha dos bens deixados pelo falecimento do compromissário comprador; não foram apresentadas as certidões de propriedade e negativas de ônus e alienações atualizadas, emitidas pelos 1º, 3º e 15º Oficiais de Registro de Imóveis da Capital; não foram atendidos todos os requisitos para o registro da instituição do bem de família (fls. 01/03).

A r. sentença, por sua vez, manteve a negativa de registro pela impossibilidade de abertura de matrícula para o imóvel porque inexistente registro anterior e porque, em se cuidando de terras supostamente devolutas, o reconhecimento do domínio municipal depende da prévia demarcação e discriminação do imóvel.

Observa-se que anterior requerimento administrativo de abertura de matrícula, formulado pelo Município de São Paulo (Processo nº 0001989-18.2012.8.26.100), foi indeferido pela inexistência de título apto para demonstrar o domínio público municipal (fls. 220).

Contudo, as certidões de fls. 22/23 e 90/91 comprovam que o contrato de compromisso de compra e venda do imóvel, outorgado pelo Município de São Paulo em favor de Giacomino Gillo Salera, foi inscrito em 29 de dezembro de 1961, sob nº 10.552, pelo 15º Oficial de Registro de Imóveis da Comarca da Capital.

A inscrição do contrato de compromisso de compra e venda de imóvel não loteado constituiu direito real em favor do compromissário comprador, como previsto no art. 22 do Decreto-lei nº 58/1937, então vigente:

"Art. 22. Os contratos, sem cláusula de arrependimento, de compromisso de compra e venda e cessão de direitos de imóveis não loteados, cujo preço tenha sido pago no ato de sua constituição ou deva sê-lo em uma, ou mais prestações, desde que, inscritos a qualquer tempo, atribuem aos compromissos direito real oponível a terceiros, e lhes conferem o direito de adjudicação compulsória nos termos dos artigos 16 desta lei, 640 e 641 do Código de Processo Civil".

Por sua vez, o ato de registro foi praticado na vigência do Decreto nº 4.857/1939 que previa a inscrição dos contratos de compromisso de compra e venda dos imóveis não loteados (art. 178, alínea "a", XIV) e a averbação dos contratos dessa natureza relativos aos imóveis loteados (art. 8º).

Ademais, em seu art. 244 o Decreto nº 4.857/1939 impunha a observação da continuidade para realização das transcrições e das inscrições, tanto em relação aos negócios e atos jurídicos sobre imóveis já transcritos, como aos relativos aos títulos que pelo sistema anterior ao Código Civil de 1916 independiam de registro:

"Art. 244. Em qualquer caso não se poderá fazer a transcrição ou inserção sem prévio registo do título anterior, e quando nenhum haja, do último anterior ao Código Civil, salvo se este não estivesse obrigado a registo, segundo o direito então vigente, de modo a assegurar a continuidade do registo de cada prédio, entendendo-se por disponibilidade a faculdade de registar alienações ou onerações dependentes, assim, da transcrição anterior".

Além das disposições contidas no Decreto nº 4.857/1939, a presunção da existência e da titularidade dos direitos reais de compromissário comprador e, em consequência, do promitente vendedor, também decorria do art. 859 do Código Civil de 1916:

"Art. 859. Presume-se pertencer o direito real à pessoa, em cujo nome se inscreveu, ou transcreveu".

Ainda em conformidade com o art. 860 do Código Civil de 1916, essa presunção subsistia enquanto não cancelado o registro, ou retificado, disposição repetida no art. 295 do Decreto nº 4.857/1939:

"Art. 295. O cancelamento da inscrição não importará a extinção do direito real, que não estiver extinto, sendo em tal caso lícito ao credor promover novo registro, o qual só valerá desde a nova data".

A presunção de existência e veracidade dos direitos reais registrados, ou seja, transcritos, inscritos ou averbados (imóveis loteados), não se alterou com o Código Civil de 2002 (art. 1.245, § 2º) e, mais, é prevista no art. 252 da Lei nº 6.015/73:

"Art. 252 - O registro, enquanto não cancelado, produz todos os efeitos legais ainda que, por outra maneira, se prove que o título está desfeito, anulado, extinto ou rescindido".

Destarte, a inscrição do compromisso de compra e venda faz presumir o direito real em favor do compromissário comprador que, por questão de lógica, depende da existência do direito de propriedade pelo promitente vendedor.

Portanto, neste caso concreto, a inscrição do imóvel no Registro de Imóveis, ou seja, o primeiro registro, foi realizada pelo 15º Oficial de Registro de Imóveis da Comarca da Capital, em 29 de dezembro de 1961, com a inscrição do contrato de compromisso de compra e venda, o que enseja a presunção de que é de propriedade do Município de São Paulo e sobre ele incide direito real de compromissário comprador constituído em favor de Giacomino Gillo Salera, casado.

Enquanto não for cancelada essa inscrição produz todos os efeitos legais, incluído o de, diante das peculiaridades deste caso concreto, constituir registro anterior do imóvel para efeito de abertura de matrícula, na forma do art. 228 da Lei nº 6.015/73:

"Art. 228 - A matrícula será efetuada por ocasião do primeiro registro a ser lançado na vigência desta Lei, mediante os elementos constantes do título apresentado e do registro anterior nele mencionado".

Por outro lado, a r. sentença não manteve as exigências de apresentação do formal de partilha dos bens deixados pelo falecimento de Giacomino Gillo Salera e de apresentação de novas certidões dos 1º, 3º e 15º Oficiais de Registro de Imóveis da Capital, o que fez corretamente.

Na escritura pública de compra e venda consta que foi outorgada em favor da viúva e dos herdeiros de Giacomino Gillo Salera, em cumprimento do contrato de compromisso de compra e venda, mediante alvará expedido em 26 de janeiro de 1988 no Processo nº 692/86 da 5ª Vara da Família e das Sucessões da Comarca da Capital (fls. 29 e 97, item 3º).

Diante da autorização expedida pelo Juízo da ação de inventário dos bens deixados pelo falecimento de Giacomino Gillo Salera para o recebimento da escritura pública de compra e venda diretamente por sua viúva e herdeiros, não prevalece a exigência de prévio registro da partilha do imóvel.

Outrossim, foram apresentadas as certidões de propriedade e negativas de ônus dos 1º, 3º e 15º Oficiais de Registro de Imóveis da Comarca da Capital (fls. 25, 24 e 22/23, respectivamente).

E a certidão da inscrição do compromisso de compra e venda, promovida no 15º Oficial de Registro de Imóveis da Capital sob nº 10.552, descreve o imóvel com sua localização, medidas e confrontações, de forma a permitir a abertura de matrícula.

Por fim, embora previsto na escritura pública, o requerimento de fls. 15/19 demonstra que a apresentante não solicitou o registro da instituição de bem de família, assim como não foi a recusa desse registro objeto do recurso interposto.

Por essa razão, e decorrendo a instituição do bem de família de declaração de vontade dos compradores do imóvel, é possível a cisão do título para que seja promovido o registro da compra e venda.

Ante o exposto, pelo meu voto dou provimento ao recurso para julgar a dúvida improcedente.

GERALDO FRANCISCO PINHEIRO FRANCO

Corregedor Geral da Justiça e Relator. (DJe de 24.09.2019 – SP)

PODER JUDICIÁRIO

TRIBUNAL DE JUSTIÇA DO ESTADO DE SÃO PAULO

CONSELHO SUPERIOR DA MAGISTRATURA

Apelação nº 1004209-31.2018.8.26.0271

Registro: 2019.0000769221

ACÓRDÃO

Vistos, relatados e discutidos estes autos de **Apelação Cível nº 1004209-31.2018.8.26.0271**, da Comarca de **Itapevi**, em que é apelante **MOISES DE PAULA**, é apelado **OFICIAL DE REGISTRO DE IMÓVEIS E ANEXOS DA COMARCA DE ITAPEVI**.

ACORDAM, em Conselho Superior de Magistratura do Tribunal de Justiça de São Paulo, proferir a seguinte decisão: **"Negaram provimento ao recurso e mantiveram a recusa do registro, v.u."**, de conformidade com o voto do Relator, que integra este acórdão.

O julgamento teve a participação dos Exmos. Desembargadores **PEREIRA CALÇAS (PRESIDENTE TRIBUNAL DE JUSTIÇA) (Presidente), ARTUR MARQUES (VICE PRESIDENTE), XAVIER DE AQUINO (DECANO), EVARISTO DOS SANTOS(PRES. DA SEÇÃO DE DIREITO PÚBLICO), CAMPOS MELLO (PRES. DA SEÇÃO DE DIREITO PRIVADO) E FERNANDO TORRES GARCIA(PRES. SEÇÃO DE DIREITO CRIMINAL).**

São Paulo, 12 de setembro de 2019.

GERALDO FRANCISCO PINHEIRO FRANCO

Corregedor Geral da Justiça e Relator

Apelação Cível nº 1004209-31.2018.8.26.0271

Apelante: MOISES DE PAULA

Apelado: Oficial de Registro de Imóveis e Anexos da Comarca de Itapevi

VOTO Nº 37.861

Registro de Imóveis – Dúvida julgada procedente – Apelante que comprovou o interesse em promover o registro da escritura pública de compra e venda para que possa, na sequência, obter o registro de nova compra que contratou com a adquirente dos imóveis – Alteração da descrição dos imóveis, em razão da regularização do loteamento, que não impede o registro da escritura pública que permite que sejam identificados – Não apresentação, contudo, da guia de recolhimento do imposto de transmissão "inter vivos", o que impede o registro da compra e venda – Recurso não provido.

Trata-se de apelação interposta contra r. sentença que julgou procedente a dúvida suscitada pelo Sr. Oficial de Registro de Imóveis, Títulos e Documentos e Civil de Pessoa Jurídica da Comarca de

Itapevi e manteve a negativa do registro de escritura pública de compra e venda dos imóveis consistentes nos lotes 03 e 17 da quadra 86 do Parque Suburbano porque a guia do recolhimento do imposto de transmissão "inter vivos" diz respeito a negócio jurídico distinto do que se pretende registrar e porque é necessária a comprovação da anuência da adquirente, que não foi a apresentante do título, para que sejam adotadas as novas descrições dos imóveis que foram alteradas em razão da regularização do loteamento promovida depois da data da escritura pública.

O apelante alegou, em suma, que os lotes 03, 17 e 18 da quadra 86 do Parque Suburbano foram de propriedade de Carlos de Castro e Olga Casasco de Castro que os venderam para Esther Alves de Lima por escritura pública lavrada em 10 de março de 1948, da qual pretendem o registro. Esclareceu que, em conjunto com sua esposa, comprou os imóveis de Esther por escritura pública lavrada em 29 de janeiro de 1996. Informou que Carlos, Olga e Esther já faleceram. Asseverou que o imposto de transmissão "inter vivos" relativo à compra do imóvel por Esther foi pago no ano de 1948, como constou na escritura pública, sendo desnecessária a repetição da prova do pagamento e impossível a obtenção da respectiva guia em razão do tempo decorrido. Ademais, houve registro da compra e venda do lote 18 da quadra 86 sem exigência da comprovação do recolhimento do imposto de transmissão "inter vivos", procedimento que deve ser observado para a compra e venda dos lotes 03 e 17. Por sua vez, tem interesse e legitimidade para solicitar o registro das escrituras públicas e foi regularmente representado perante o Registro de Imóveis por mandatária que constituiu. Requereu a reforma da r. sentença para que seja promovido o registro da escritura pública de compra e venda (fls. 121/132).

A douta Procuradoria Geral de Justiça opinou pelo não provimento do recurso (fls. 146/148). É o relatório.

O apelante apresentou, para registro, escritura pública de compra e venda dos lotes 03 e 17 da quadra 86 do Parque Suburbano, lavrada em 10 de março de 1948, às fls. 35 do Livro nº 133 do 18º Tabelião de Notas da Comarca da

Capital, em que figuram como vendedores Carlos de Castro e Olga de Castro e como compradora Esther Alves Lima (fls. 23/24).

Em razão da exigência de apresentação da anuência de Esther Alves Lima, ou seus representantes, com o registro mediante observação das novas descrições dos lotes 03 e 17 decorrentes da regularização do loteamento posterior à escritura pública, o apelante apresentou ao Registro de Imóveis prova de que comprou esses lotes de Esther, por escritura pública lavrada em 29 de fevereiro de 1996 (fls. 16/18).

Além disso, o apelante apresentou ao Registro de Imóveis escrituras públicas que demonstram que é representado pela apresentante do título, a quem constituiu como mandatária (fls. 09/13 e 21).

Inexistindo dúvida quanto à identificação dos imóveis, não há vedação ao registro da compra e venda com adoção das novas descrições dos lotes 03 e 17 da quadra 86 do Parque Suburbano que decorrem da regularização do loteamento, porque assim é autorizado pelo § 13 do art. 213 da Lei nº 6.015/73:

"§ 13. Não havendo dúvida quanto à identificação do imóvel, o título anterior à retificação poderá ser levado a registro desde que requerido pelo adquirente, promovendo-se o registro em conformidade com a nova descrição".

Contudo, o art. 30, inciso XI, da Lei nº 8.935/94 e o art. 289 da Lei de Registros Públicos atribuem aos oficiais de registro o dever de fiscalizar o pagamento dos impostos devidos por força dos atos que forem solicitados em razão de seu ofício:

"Art. 289. No exercício de suas funções, cumpre aos oficiais de registro fazer rigorosa fiscalização do pagamento dos impostos devidos por força dos atos que lhes forem apresentados em razão do ofício".

Embora essa obrigação não abranja o controle do valor recolhido (cf. Apelação Cível nº 0011118-34.2014.8.26.0405, da Comarca de Osasco, Relator Desembargador Elliot Akel, j. 03/03/2015), permanece o dever do apelante de comprovar que foi promovida a declaração e o pagamento do imposto de transmissão "inter vivos", ou apresentar prova de sua isenção.

Essa solução não é alterada pela data em que foi lavrada a escritura pública porque a propriedade imóvel somente se transfere, por ato entre vivos, mediante registro do título translativo (arts. 1.227 e 1.245 do Código Civil), o que impede o reconhecimento, na esfera administrativa, de eventual prescrição.

Por fim, a realização de registro de outra compra e venda sem a prova do pagamento do imposto de transmissão não altera o resultado da dúvida, pois não há direito adquirido à repetição da omissão ocorrida (cf. Apelação Cível nº 932-6/5, da Comarca de São Bernardo do Campo, Relator Desembargador Ruy Camilo).

Ante o exposto, nego provimento ao recurso e mantenho a recusa do registro.

GERALDO FRANCISCO PINHEIRO FRANCO

Corregedor Geral da Justiça e Relator (DJe de 07.10.2019 – SP)

PODER JUDICIÁRIO

TRIBUNAL DE JUSTIÇA DO ESTADO DE SÃO PAULO
CONSELHO SUPERIOR DA MAGISTRATURA

Apelação nº 1011227-86.2018.8.26.0309

Registro: 2019.000769231

ACÓRDÃO

Vistos, relatados e discutidos estes autos de **Apelação Cível nº 1011227-86.2018.8.26.0309**, da Comarca de **Jundiaí**, em que é apelante **ARMINIA GATAMORTA CONTESINI**, é apelado **2º OFÍCIAL DE REGISTRO DE IMÓVEIS, TÍTULOS E DOCUMENTOS CIVIL DE PESSOA JURÍDICA DA COMARCA DE JUNDIAÍ/SP**.

ACORDAM, em Conselho Superior de Magistratura do Tribunal de Justiça de São Paulo, proferir a seguinte decisão: **"Julgaram prejudicada a dúvida e não conheceram do recurso, v.u."**, de conformidade com o voto do Relator, que integra este acórdão.

O julgamento teve a participação dos Exmos. Desembargadores **PEREIRA CALÇAS (PRESIDENTE TRIBUNAL DE JUSTIÇA) (Presidente), ARTUR MARQUES (VICE PRESIDENTE), XAVIER DE AQUINO (DECANO), EVARISTO DOS SANTOS(PRES. DA SEÇÃO DE DIREITO PÚBLICO), CAMPOS MELLO (PRES. DA SEÇÃO DE DIREITO PRIVADO) E FERNANDO TORRES GARCIA(PRES. SEÇÃO DE DIREITO CRIMINAL).**

São Paulo, 12 de setembro de 2019.

GERALDO FRANCISCO PINHEIRO FRANCO

Corregedor Geral da Justiça e Relator

Apelação Cível nº 1011227-86.2018.8.26.0309

Apelante: Arminia Gatamorta Contesini

Apelado: 2º Oficial de Registro de Imóveis, Títulos e Documentos Civil de Pessoa Jurídica da Comarca de Jundiaí/SP

VOTO Nº 37.880

Registro de Imóveis – Escritura de compra e venda – Impugnação parcial – Dúvida prejudicada – Recurso não conhecido.

Inconformada com a r. sentença que confirmou o juízo negativo de qualificação registral **[1]**, *Arminia Gatamorta Contesini* interpôs apelação **[2]** objetivando o registro das escrituras de compra e venda lavradas sob a égide do Decreto nº 4.857/39, ao argumento de que, à época, não era exigível a apresentação dos documentos pessoais (RG, CPF e certidão de casamento) dos vendedores, Argemiro do Prado e sua esposa, Candida da Silva Prado.

A Procuradoria de Justiça, em seu parecer, opinou pelo não provimento da apelação **[3]**.

É o relatório.

No caso concreto, o registrador emitiu nota de devolução **[4]**, em relação à prenotação nº 376.771, nos seguintes termos: 1. apresentar certidão atualizada da transcrição nº 19.537 (livro-AP), expedida pelo 1º Oficial de Registro de Imóveis de Jundiaí/SP; 2. apresentar o original ou cópia autenticada do ITBI devidamente recolhido; 3. apresentar cópia autenticada do RG, CPF e certidão de casamento de Argemiro do Prado, bem como sua cônjuge; e 4. Depositar o valor dos emolumentos. As mesmas exigências foram feitas em relação à prenotação nº 376.907, que aguarda, contudo, o cumprimento das exigências formuladas em relação à nota de devolução anteriormente expedida.

Insiste a apelante na possibilidade de registro da escritura pública de compra e venda tal como requerido, pois desconhece o local onde os vendedores possam ter se casado e sequer sabe se estão vivos ou não, o que dificulta a obtenção dos documentos pessoais exigidos pelo registrador.

E ainda que, a princípio, a interessada tenha afirmado que sua irresignação se voltava contra a totalidade da negativa formulada pelo registrador, o fato é que, em verdade, impugnou especificamente apenas o tópico nº 3 da nota devolutiva decorrente da prenotação nº 376.771 **[5]**.

Com efeito, uma vez informada do teor da nota devolutiva, a interessada limitou-se a requerer o afastamento do óbice apresentado pelo registrador em relação à alegada ofensa ao princípio da especialidade subjetiva (item nº 3), o mesmo ocorrendo, em sede recursal, por ocasião da apresentação de suas razões de inconformismo.

Sendo assim, ante a impugnação parcial das exigências formuladas pelo Oficial, resulta prejudicada a dúvida.

É que a não insurgência em relação aos outros óbices apresentados prejudica a dúvida, que só admite duas soluções: a) a determinação do registro do título protocolado e prenotado, que é analisado, em reexame da qualificação, tal como se encontrava no momento em que surgida dissensão entre o apresentante e o Oficial de Registro de Imóveis; ou b) a manutenção da recusa do Oficial. Para que se possa decidir se o título pode ser registrado ou não, é preciso que todas as exigências - e não apenas parte delas - sejam reexaminadas pelo Corregedor Permanente.

E o reconhecimento de que a dúvida se encontra prejudicada acarreta o não conhecimento do recurso, consoante pacífico entendimento deste Conselho Superior da Magistratura (*Apelação n. 990.10.325.599-2, Rel. Des. Antônio Carlos Munhoz Soares, j. 14/12/2010; Apelação n. 990.10.030.839-4, Rel. Des. Marco César Müller Valente, j. 30/06/2010; Apelação n. 0011799-78.2010.8.26.0070, Rel. Maurício Vidigal, j. 07/11/2011, Apelação n. 17-6/0, Rel. Des. Luiz Tâmbara, j. 7.11.03 e Apelação n. 7.120-0/9, Rel. Des. Sylvio do Amaral, j. 1°.6.87*).

Há precedentes recentes no mesmo sentido: *Apelação Cível n. 1004343-82.2016.8.26.0318*, j. 24.04.18; *Apelação Cível n. 1015740-40.2016.8.26.0577*, j. 15.05.2018.

Diante do exposto, julgo prejudicada a dúvida e **não conheço** do recurso.

GERALDO FRANCISCO PINHEIRO FRANCO
Corregedor Geral da Justiça e Relator

Notas:

[1] Fls. 81/82.

[2] Fls. 89/95.

[3] Fls. 116/119.

[4] Fls. 19.

[5] Fls. 10. (DJe de 30.10.2019 – SP)

CONDOMÍNIO

PODER JUDICIÁRIO
TRIBUNAL DE JUSTIÇA DO ESTADO DE SÃO PAULO
CONSELHO SUPERIOR DA MAGISTRATURA

Apelação nº 1004863-65.2018.8.26.0223

Registro: 2018.000994931

ACÓRDÃO

Vistos, relatados e discutidos estes autos do(a) **Apelação nº 1004863-65.2018.8.26.0223**, da Comarca de **Guarujá**, em que é apelante **RONALDO DE SOUZA COSTA**, é apelado **OFICIALA DO CARTÓRIO DE REGISTRO DE IMOVEIS, TÍTULOS E DOCUMENTOS E CIVIL DE PESSOA JURÍDICA DA COMARCA DE GUARUJÁ**.

ACORDAM, em Conselho Superior de Magistratura do Tribunal de Justiça de São Paulo, proferir a seguinte decisão: **"Negaram provimento à apelação, v.u."**, de conformidade com o voto do Relator, que integra este Acórdão.

O julgamento teve a participação dos Exmos. Desembargadores **PEREIRA CALÇAS (PRESIDENTE TRIBUNAL DE JUSTIÇA) (Presidente), ARTUR MARQUES (VICE PRESIDENTE), XAVIER DE AQUINO (DECANO), EVARISTO DOS SANTOS(PRES. DA SEÇÃO DE DIREITO PÚBLICO), CAMPOS MELLO (PRES. DA SEÇÃO DE DIREITO PRIVADO) E FERNANDO TORRES GARCIA(PRES. SEÇÃO DE DIREITO CRIMINAL)**.

São Paulo, 6 de dezembro de 2018.

GERALDO FRANCISCO PINHEIRO FRANCO
Corregedor Geral da Justiça e Relator

Apelação nº 1004863-65.2018.8.26.0223

Apelante: Ronaldo de Souza Costa

Apelado: OFICIALA DO CARTÓRIO DE REGISTRO DE IMOVEIS, TÍTULOS E DOCUMENTOS E CIVIL DE PESSOA JURÍDICA DA COMARCA DE GUARUJÁ

VOTO Nº 37.656

Registro de Imóveis – Ação de extinção de condomínio – Qualificação registral – Situação de universalidade dos bens, com necessidade de que seja inventariada a totalidade do patrimônio comum – Cônjuge que é proprietário de 1/5 do imóvel casado em regime de comunhão universal de bens – Falecimento da esposa – Necessidade de realização de seu inventário e partilha – Existência de filhos comuns – Recurso desprovido.

RONALDO DE SOUZA COSTA interpõe apelação contra r. sentença de fl. 213/216, que julgou procedente dúvida suscitada pela Sra. Oficial designada do Registro de Imóveis e Anexos da Comarca do Guarujá, mantendo os óbices levantados para ingresso, naquela serventia imobiliária, da carta de sentença oriunda de ação de extinção de condomínio.

O recorrente alega que não é possível o cumprimento da exigência, vez que não possui legitimidade para requerimento de abertura do inventário da falecida, tampouco sendo possível o aditamento do alvará para que nele figure o seu espólio.

A D. Procuradoria Geral de Justiça opinou pelo desprovimento do recurso (fl.254/257). É o relatório.

Presentes os pressupostos processuais e administrativos, conheço do recurso. No mérito, a r. sentença deve ser mantida em sua integralidade.

Como é sabido, os títulos judiciais também não escapam ao crivo da qualificação registral,1 de modo que o registrador, longe de questionar o conteúdo da decisão e tampouco o seu mérito, deverá examinar se estão atendidos os princípios registrais pertinentes ao caso, para seu perfeito ingresso no fólio real.

No presente caso, o apelante pretende o registro da carta de sentença proveniente dos autos nº 0006529- 82.2002.8.26.0093, ação de extinção de condomínio, que tramitou perante a 3ª Vara Cível da Comarca de Guarujá, cujo objeto dizia respeito ao lote nº 4, quadra nº 21, do loteamento Vila Parque Estuário, matrícula nº 89.388 daquela serventia (fl. 23/26).

Para tanto, foram feitas as seguintes exigências pela Sra. Oficial: a) apresentação de formal de partilha expedido em decorrência do falecimento de *Alcina Rodrigues dos Passos Costa*, esposa de *Arnaldo Costa*, que ocorreu em 22 de junho de 1996, ou seja, antes da ação de extinção do condomínio; b) recolhimento da guia do ISTI junto a Prefeitura de Guarujá, acrescido de multa, se o caso.

Consta do R.3 da matrícula nº 89.388 (fl. 24), de 13 de maio de 2002, que *Arnaldo da Costa* é proprietário de uma fração ideal correspondente a 1/5 do imóvel, em estado civil de casado com *Alcina Rodrigues dos Passos Costa*, em regime da comunhão universal de bens.

Não obstante, fato é que *Alcina Rodrigues dos Passos Costa*, coproprietária de parte ideal do imóvel, faleceu antes da propositura da ação de extinção do condomínio, sem que se procedesse à abertura de inventário ou arrolamento dos seus bens.

Logo, sua fração ideal não foi transmitida aos seus herdeiros, ou mesmo passou a ser exclusivamente do cônjuge sobrevivente, em ofensa ao princípio da continuidade registral.

A falecida deixou três filhos comuns: *Ana Carolina dos Passos Costa, Daniela Rodrigues dos Passos Costa* e *Arnaldo da Costa Junior* (fl. 182).

O viúvo *Arnaldo da Costa* propôs ação de extinção de condomínio juntamente com outros condôminos (fl. 87), no estado civil de viúvo, sem qualquer menção sobre a sua propriedade integral da fração ideal de 1/5.

Na matrícula do imóvel não consta qualquer menção ao inventário de *Alcina Rodrigues*. E para que o cônjuge sobrevivente possa transferir o seu quinhão referente ao imóvel (1/5), seria imprescindível o registro do formal de partilha onde conste que a propriedade da fração restou exclusivamente sua.

Não pode o cônjuge viúvo transferir a fração ideal de 1/5 sem que seja superada a sucessão de sua falecida esposa, que, pelo regime de casamento, era meeira da referida fração.

Considerando que os bens em questão foram adquiridos na constância de casamento, estabeleceu-se entre os cônjuges uma comunhão, que não se confunde com o condomínio.

Acerca da distinção, ensina LUCIANO DE CAMARGO PENTEADO:

"No condomínio há sempre duas facetas: a pluralidade de situações jurídicas e a pluralidade de sujeitos associados e organizados (Massimo Bianca). Preserva-se a possibilidade de personificação, mas esta não é necessária nem constitutiva de condomínio enquanto realidade. Na comunhão, não há essa possibilidade, porque os interesses não são unidirecionais e não há situações jurídicas diversas para pessoas diversas, mas as mesmas situações pertencentes simultaneamente a mais de uma pessoa. Na comunhão verifica-se uma situação jurídica em que o mesmo direito sobre determinada coisa comporta diferentes sujeitos. No condomínio ressalta-se o estado de indivisão de coisa, com direitos distintos, incidindo sobre partes do mesmo objeto, direitos estes que pertencem a sujeitos igualmente diversos" ("Direito das Coisas"; 2ª ed. rev. atual. e ampl.; Editora Revista dos Tribunais; 2012; p. 454).

Ademais, considerando o disposto no art. 1.829 do Código Civil, não há dúvidas de que a fração ideal do imóvel adquirido pelo casal, na constância do casamento, observado o regime legal de bens, pertence em sua totalidade a ambos os cônjuges. Ao inventário é levado o todo, somente sendo apurada a parte pertencente a cada um deles com a extinção da comunhão.

O precedente citado pelo recorrente em sua peça recursal não tem semelhança com o caso em exame, vez que se refere à necessidade de outorga uxória, matéria que envolve causa de nulidade relativa, sujeita à convalidação e caducidade de impugnaçoes (art. 1647, I, e art. 1649 do Código Civil).

E a partilha da fração ideal sequer se trata de questão já decidida em processo judicial, tendo em vista que, como trazido nas razões recursais, o próprio Magistrado responsável pela ação de extinção de condomínio afirmou que a sucessão da falecida deveria ser discutida em *"demanda própria"* (fl. 231), deixando claro que a matéria não estava decidida ainda.

Pelo princípio da continuidade, ou do trato sucessivo, ocorre a transmissão da propriedade ao espólio herdeiro, e assim sucessivamente, diante do fato daquele titular ter falecido antes da extinção do condomínio.

Por fim, correta a exigência quanto à comprovação de quitação do imposto de transmissão, não cabendo a declaração de inconstitucionalidade da lei criadora do tributo (ISTI) em âmbito municipal (Lei Municipal nº 2019/1988) pela via administrativa.

Nesse cenário, correto o posicionamento da Sra. Oficial designada, devendo ser mantido o óbice levantado. Por estas razões, nego provimento à apelação.

GERALDO FRANCISCO PINHEIRO FRANCO

Corregedor Geral da Justiça e Relator (DJe de 18.03.2019 - SP)

PODER JUDICIÁRIO

TRIBUNAL DE JUSTIÇA DO ESTADO DE SÃO PAULO

CONSELHO SUPERIOR DA MAGISTRATURA

Apelação nº 1090191-75.2017.8.26.0100

Registro: 2018.000557211

ACÓRDÃO

Vistos, relatados e discutidos estes autos do(a) **Apelação nº 1090191-75.2017.8.26.0100**, da Comarca de **São Paulo**, em que são partes é apelante **CELESTE DE JESUS GORDINHO**, é apelado **2º OFICIAL DE REGISTRO DE IMÓVEIS DA COMARCA DA CAPITAL**.

ACORDAM, em Conselho Superior de Magistratura do Tribunal de Justiça de São Paulo, proferir a seguinte decisão: **"Negaram provimento ao recurso. V. U. Negaram provimento ao recurso e mantiveram a recusa do registro do contrato particular de compromisso de compra e venda, v.u."**, de conformidade com o voto do Relator, que integra este Acórdão.

O julgamento teve a participação dos Exmos. Desembargadores **PEREIRA CALÇAS (PRESIDENTE TRIBUNAL DE JUSTIÇA) (Presidente), ARTUR MARQUES (VICE PRESIDENTE), XAVIER DE AQUINO (DECANO), EVARISTO DOS SANTOS(PRES. DA SEÇÃO DE DIREITO PÚBLICO), CAMPOS MELLO (PRES. DA SEÇÃO DE DIREITO PRIVADO) E FERNANDO TORRES GARCIA(PRES. SEÇÃO DE DIREITO CRIMINAL)**.

São Paulo, 24 de julho de 2018.

GERALDO FRANCISCO PINHEIRO FRANCO

Corregedor Geral da Justiça e Relator

Apelação n.º 1090191-75.2017.8.26.0100

Apelante: Celeste de Jesus Gordinho

Apelado: 2º Oficial do Registro de Imóveis da Capital

VOTO N.º 37.474

Registro de imóveis – Dúvida procedente – Condomínio edilício – Vagas de garagem – Alienação para pessoa que não é proprietária de unidade autônoma – Ausência de autorização na Convenção do Condomínio – Registro negado – Recurso não provido.

Trata-se de apelação interposta por Celeste de Jesus Gordinho contra r. sentença que julgou a dúvida procedente e manteve a recusa do Sr. 2º Oficial do Registro de Imóveis da Capital ao registro de contrato particular de compromisso de compra e venda das vagas de garagem nºs 4-B e 9-B do "Edifício Minister", objeto, respectivamente, das matrículas nºs 25.433 e 17.292, em que figura como compromissária compradora Eliete Rodrigues Chaves NE, em razão da inexistência de previsão na Convenção do Condomínio autorizando a alienação de garagens a quem não for proprietário de unidades autônomas.

A apelante arguiu, em preliminar, a nulidade da r. sentença porque o Oficial de Registro de Imóveis se limitou a aplicar precedente do Conselho Superior da Magistratura, sem exercer o dever de apreciar e decidir, livremente, o procedimento de registro que é de jurisdição voluntária. Além disso, a r. sentença não apreciou os seis fundamentos apresentados na impugnação da dúvida, consistentes em: I) adoção de solução diversa em procedimento que disse respeito à alienação de vagas em edifício garagem; II) interpretação do art. 1.331, § 1º, do Código Civil, com a redação da Lei nº 12.607/2012, em conformidade com os arts. 2º e 5º da Lei de Introdução às Normas do Direito Brasileiro; III) interpretação sobre constituir o art. 1.331, º 1º, do Código Civil norma de direito público ou de direito privado; IV) existência de conflito de leis no tempo em razão da revogação dos arts. 1º e 2º da Lei nº 4.591/64; V) ofensa ao princípio da igualdade e não discriminação; VI) ofensa ao direito de propriedade. No mérito asseverou que a Convenção de Condomínio do "Edifício Minister" foi registrada em 12/12/1969, na vigência da Lei nº 4.591/64, sendo o edifício composto por apartamentos, lojas e vagas de garagem. Parte das vagas de garagem é de propriedade e uso comum dos condôminos e outra parte é de propriedade exclusiva, sendo, porém, todas as vagas destinadas ao comércio porque o item 2 das Disposições Transitórias da Convenção permite que sejam locadas preferencialmente para os condôminos, com uso da renda em benefício das unidades situadas entre o primeiro e o vigésimo oitavo andar. Por sua finalidade as vagas de garagem de propriedade comum obtiveram CNPJ e produzem renda mensal que é repassada em benefício dos condôminos, o que permite caracterizar o edifício como comercial de vagas de garagem e, portanto, isento da restrição de venda a terceiros. Ademais, a convenção é anterior ao art. 1.331, § 1º, do Código Civil, com a redação dada pela Lei nº 12.607/2012, sendo essa a razão pela qual não traz autorização para venda das vagas a terceiros. Aduziu que a restrição atenta contra o bem-estar dos condôminos e contra seus interesses social e econômico, sem trazer qualquer benefício. Esclareceu que não reside no edifício e que utiliza as vagas para locação, mas por falta de interesse dos demais condôminos a locação para moradores do edifício gera pequena renda. Diante disso, a impossibilidade de vender as vagas implica em perda do direito de propriedade. Ademais, há antinomia entre os arts. 1º e 2º da Lei nº 4.591/64 e a parte final do § 1º do art. 1.331 do Código Civil, devendo a última ter incidência "ex tunc", sem repercutir sobre convenções anteriores à sua vigência. Informou que a garagem consistente em unidade autônoma não pode ser tratada como parte acessória de outra unidade. Além disso, há discriminação entre os proprietários de garagens que podem ser alienadas a terceiros e de garagens situadas em edifícios que não autorizam essa alienação, com violação do princípio da igualdade. A Constituição Federal, por seu turno, tutela o direito adquirido que não pode ser alterado por lei nova, razão pela qual inexigível a autorização em convenção do condomínio para a venda de garagem a terceiro. Por fim, a restrição fere o livre exercício do direito de propriedade.

A douta Procuradoria Geral de Justiça opinou pelo não provimento do recurso (fls. 147/150).

É o relatório.

Rejeito a arguição de nulidade da r. sentença que apreciou todas as matérias necessárias para a solução da dúvida suscitada pelo Sr. Oficial de Registro de Imóveis, o que também fez tendo em conta a finalidade da legislação aplicável, sendo consignado pela MM. Juíza de Direito:

"A finalidade da lei é clara: preservar a segurança da vida condominial, uma vez que permitir que pessoa estranha ao condomínio utilize o espaço da garagem acarretaria riscos aos moradores. Para tanto, houve a limitação da disposição de vaga de garagem à pessoas não condôminas" (fls. 84).

Ademais, não há impedimento para que os fundamentos deduzidos pelo apelante sejam conhecidos em sua totalidade no julgamento do recurso, pois inexiste instrução probatória pendente de realização.

Não há nulidade no procedimento de registro porque o Sr. 2º Oficial de Registro de Imóveis da Capital promoveu a qualificação do título sem ingerências que pudessem restringir sua liberdade de atuação.

A menção a precedente deste Col. Conselho Superior da Magistratura contida na nota de devolução reproduzida às fls. 25/26 foi realizada como integrante dos fundamentos jurídicos adotados para a recusa do registro que ocorreu porque não estava atendido requisito previsto no art. 1.331, § 1º, do Código Civil, como indicado no item 1 da referida Nota Devolutiva (fls. 25).

Além disso, não se olvida que no sistema pátrio a natureza da prestação dos serviços extrajudiciais de notas e de registro tem os precedentes administrativos como um dos nortes para atuação dos notários e registradores, sem que disso decorra indevida ingerência na prestação do serviço público delegado.

Ademais, a suscitação da dúvida tem como efeito a prorrogação do prazo do protocolo do título (art. 203, I, da Lei nº 6.015/73) e devolve a qualificação, em sua totalidade, ao órgão julgador que não se restringe à análise dos fundamentos da recusa opostos pelo Oficial de Registro de Imóveis (C.S.M., Apelação Cível nº 33.111-0/3 da Comarca de Limeira, relator o Desembargador Márcio Martins Bonilha).

Rejeita-se, portanto, a arguição de nulidade do procedimento de registro.

A apelante apresentou para registro contrato particular de compromisso de compra e venda das vagas de garagem 4-B e 9-B do "Edifício Minister", situado na Rua das Palmeiras, 359, São Paulo (fls. 21/22), objeto das matrículas nºs 25.433 e 17.292 (fls. 27/30), tendo como compromissária compradora pessoa que não é proprietária de unidade autônoma do condomínio edilício.

A Convenção do Condomínio (fls. 33/44) não específica a natureza de todas as unidades autônomas e os usos a que se destinam, mas decorre do recurso que no condomínio existente apartamentos, lojas e garagens.

Quanto às garagens, o item 2 das Disposições Transitórias da Convenção do Condomínio dispõe que parte consiste em garagens de uso comum, com serviço de manobrista, destinadas à locação preferencialmente para os condôminos, com rateio mensal dos aluguéis recebidos entre os proprietários das unidades situadas do primeiro ao vigésimo quinto andar que correspondem aos pavimentos quarto ao vigésimo oitavo (fls. 42).

Por sua vez, o item 3 das Disposições Transitórias da Convenção de Condomínio esclarece que as demais garagens são de propriedade privativa dos condôminos.

O condomínio edilício se caracteriza pela existência de partes de propriedade comum e de partes de propriedade privativa dos condôminos.

A definição da natureza e uso das unidades autônomas é aquela contida na instituição e especificação do condomínio, podendo as partes de propriedade privativa consistir em apartamentos residenciais, escritórios, salas, lojas, sobrelojas, casas ou garagens (arts. 1331 do Código Civil e 8º, alínea "a", da Lei nº 4.591/64).

Nos edifícios-garagem a que se refere o art. 1º, § 3º da Lei nº 4.591/64 as unidades autônomas são vagas de garagem vinculadas às frações ideais do terreno e às coisas de uso comum, ou seja, sua propriedade não é ligada à de unidade autônoma de outra natureza, razão pela qual não existe restrição para que sejam livremente alienadas pelo proprietário.

Nos demais edifícios, ou seja, naqueles em que as unidades autônomas são apartamentos, lojas, sobrelojas, escritórios e casas, a propriedade das garagens se vincula à unidade autônoma a que corresponder, isto é, de que houver o mesmo proprietário, conforme conceito contido no § 1º do art. 2º da Lei nº 4.591/64.

Por outro lado, e ainda que a sua propriedade permaneça vinculada à de outra unidade autônoma situada no condomínio, podem as garagens se revestir das seguintes formas: I) propriedade coletiva dos condôminos (com uma só matrícula); II) espaço de uso comum dos condôminos (sem matrícula autônoma); III) acessório de outra unidade com registro na mesma matrícula, podendo ou não, neste caso, se determinada ou indeterminada; IV) unidade autônoma com matrícula exclusiva.

O fato de se revestir da forma de unidade autônoma com matrícula exclusiva, contudo, não torna a garagem livremente alienável quando não integrar edifício-garagem, isto é, edifício destinado à guarda de veículos.

Ao contrário, nos demais condomínios edilícios, não consistentes em edifícios-garagem, a alienação de vaga de garagem a quem não for proprietário de unidade autônoma depende de expressa autorização na convenção do condomínio, como previsto na parte final do § 1º do art. 1.331 do Código Civil:

"Art. 1.331. Pode haver, em edificações, partes que são propriedade exclusiva, e partes que são propriedade comum dos condôminos.

> *§ 1º As partes suscetíveis de utilização independente, tais como apartamentos, escritórios, salas, lojas e sobrelojas, com as respectivas frações ideais no solo e nas outras partes comuns, sujeitam-se a propriedade exclusiva, podendo ser alienadas e gravadas livremente por seus proprietários, exceto os abrigos para veículos, que não poderão ser alienados ou alugados a pessoas estranhas ao condomínio, salvo autorização expressa na convenção de condomínio"* (grifei).

No presente caso, ficou incontroverso que não se trata de edifício-garagem, quer em sua totalidade ou em parte.

A convenção do condomínio, ao invés, deixa claro que no edifício existe uma garagem integrante das áreas comuns que é de co-propriedade de todos os condôminos titulares de unidades autônomas situadas entre o quarto e o vigésimo oitavo pavimento, destinadas à locação, sendo o uso das vagas nessa garagem feito por meio de serviço de manobrista (fls. 42, item 2).

Além disso, existem garagens de propriedade privativa de parte dos condôminos (fls. 42, item 3).

Porém, qualquer que seja a natureza das garagens (garagem comum ou garagens privativas), a Convenção do Condomínio não contém autorização para que sejam alienadas a terceiros não condôminos, isto é, para pessoas não proprietárias de unidades autônomas consistentes em apartamentos ou lojas.

Essa restrição não se afasta pela existência de garagem integrante das áreas comuns que se destina à locação para condôminos e não condôminos, pois a Convenção do Condomínio é expressa no sentido de que a finalidade da locação é produzir renda mediante locação (item 2, fls. 42).

A Convenção do Condomínio obriga a todos os condôminos a partir de sua subscrição, ou seja, aprovação em Assembleia, e também obriga terceiros a partir de seu registro no Registro de Imóveis (art. 1.333, parágrafo único, do Código Civil).

Assim porque, como afirma João Batista Lopes, a convenção de condomínio tem caráter normativo e institucional, não se confundindo com o contrato de sociedade e os demais contratos em geral:

"Em verdade, porém, a convenção de condomínio tem caráter predominantemente estatutário ou institucional, por isso que alcança não só os signatários, mas todos os que ingressarem no universo do condomínio.

(...)

A convenção do condomínio, por seu caráter normativo e institucional, distingue-se dos contratos em geral e não se confunde com o contrato de sociedade em particular".

Sua finalidade é a de reger as relações entre os condôminos que, como esclarecido, são proprietários de partes de domínio exclusivo e ao mesmo tempo de partes de domínio comum entre todos, razão pela qual, como esclarece J. Nascimento Franco, consiste em verdadeira lei interna do edifício:

"7. A Convenção é lei interna do edifício e, por isso, de obediência obrigatória por todos os ocupantes. Daí ter o síndico ação direta contra o locatário, e não propriamente contra o condômino locador, para puni-lo no caso de violação de qualquer uma de suas disposições, bem como para obrigá-lo a desfazer obras irregulares ou remover coisas instaladas inconvenientemente. Como ***lex mater*** *situa-se hierarquicamente acima de toda e qualquer outra norma, como o regulamento interno, decisão da assembleia geral, resolução do conselho fiscal etc. Com efeito, todas as demais disposições constituem normas infraconvencionais, que só têm eficácia jurídica na medida em que se ajustarem à convenção e jamais quando com ela conflitarem"* ("Condomínio", 5º ed., São Paulo: Revista dos Tribunais, 2005, págs. 19/20).

Prossegue o autor afirmando:

"As convenções já existentes quando o Código Civil atual entrou em vigor são atos jurídicos perfeitos e, por isso, não precisam ser adaptadas ao novo sistema legal, mas devem ser aplicadas naquilo que não contrariem as normas de ordem pública inseridas no Código, pelo que se infere do parágrafo único do art. 2.035. Esse parágrafo utiliza o vocábulo 'convenção' em sentido amplo, motivo pelo qual abrange a convenção de condomínio" (obra citada, pág. 21, grifei).

Desse modo, as convenções de condomínio anteriores ao Código Civil de 2002 continuam vigentes no que não conflitarem com normas de natureza cogente, o que ocorre no presente caso em relação às disposições sobre as vagas de garagem contidas na Convenção de Condomínio do "Edifício Minister".

Isso não viola o princípio da isonomia porque se cuida de norma que é uniforme para todos os condôminos do "Edifício Minister" e porque as relações entre os condôminos em cada condomínio edilício são regidas por suas próprias normas na forma que os próprios condôminos dispuserem por meio de deliberação na instituição e especificação do condomínio, na Convenção do Condomínio, no Regimento Interno e em suas Assembleias.

Por sua vez, não se sustenta a alegação de que a r. sentença apelada contrariou precedente relativo ao mesmo tema porque o v. acórdão citado às fls. 106 diz respeito a vagas em edifício-garagem, ou seja, hipótese distinta daquela versada no presente caso.

Também não prevalece a alegação de que houve interpretação divorciada dos arts. 2º e 5º da Lei de Introdução às Normas do Direito Brasileiro.

Como exposto, a Convenção do Condomínio "Edifício Minister" continua vigente no que tange às vagas de garagem porque não contém disposição que contrarie o Código Civil.

Além disso, não houve interpretação contrária aos fins sociais da lei e exigências do bem comum, pois a convenção do condomínio rege as relações entre os proprietários de unidades autônomas de forma a atender os interesses da coletividade dos condôminos e não a interesse individual sobre a possibilidade, ou não, de alienação de garagem para pessoas estranhas ao condomínio.

Outrossim, independente da natureza cogente que se atribui ao § 1º do art. 1.331 do Código Civil no que tange à restrição para a alienação de vagas de garagem a terceiros não condôminos, a questão sobre a natureza dessa norma não altera a solução adotada neste caso concreto.

Assim porque a lei faculta que na convenção seja autorizada a venda de garagem a pessoas estranhas ao condomínio.

Bem por isso, compete aos condôminos decidir se em condomínio não consistente em edifício-garagem as vagas de estacionamento podem, ou não, ser vendidas a pessoas não proprietárias de unidades autônomas de outra natureza.

E a convenção do condomínio pode ser alterada a qualquer tempo pela Assembleia dos Condôminos, desde que respeitado o quórum previsto em lei para a matéria que for objeto da alteração.

Em razão disso, atualmente a Convenção do Condomínio do "Edifício Minister" não autoriza a alienação de vaga de garagem para terceiro, ou seja, pessoa estranha ao condomínio, mas nada impede que no futuro a Assembleia dos Condôminos altere a convenção para passar a autorizar essa venda, respeitado o quórum legal.

Não há conflito de leis no tempo, porque autorizar ou não a venda de vaga de garagem para terceiro não condômino é questão que pode ser objeto de deliberação a qualquer tempo, observada a legislação atual, mas desde que essa deliberação seja promovida mediante alteração da Convenção do Condomínio por Assembleia dos Condôminos em que respeitado o quórum legal. Em decorrência, também não há que se falar em antinomia, real ou aparente, porque sobre a matéria aqui tratada vige o § 1º do art. 1.331 do Código Civil que comporta interpretação literal, pois assim redigido:

> *"As partes suscetíveis de utilização independente, tais como apartamentos, escritórios, salas, lojas e sobrelojas, com as respectivas frações ideais no solo e nas outras partes comuns, sujeitam-se a propriedade exclusiva, podendo ser alienadas e gravadas livremente por seus proprietários, exceto os abrigos para veículos, que não poderão ser alienados ou alugados a pessoas estranhas ao condomínio, salvo autorização expressa na convenção de condomínio"* (grifei).

Por fim, não há violação ao direito de propriedade que deve ser exercido em conformidade com as suas finalidades econômicas e sociais (art. 1.228, § 1º, do Código Civil) e, em se tratando de condomínio edilício, em conformidade com as normas que regem as relações entre a coletividade de condôminos e entre esses e terceiros que se relacionem com o condomínio.

Destarte, sob qualquer aspecto em que se analise a matéria prevalecem as razões opostas para a recusa do registro do título.

Ante o exposto, nego provimento ao recurso e mantenho a recusa do registro do contrato particular de compromisso de compra e venda.

GERALDO FRANCISCO PINHEIRO FRANCO
Corregedor Geral da Justiça e Relator (DJe de 18.03.2019 - SP)

PODER JUDICIÁRIO

TRIBUNAL DE JUSTIÇA DO ESTADO DE SÃO PAULO

CONSELHO SUPERIOR DA MAGISTRATURA

Apelação nº 1001801-53.2018.8.26.0114

Registro: 2019.0000448340

ACÓRDÃO

Vistos, relatados e discutidos estes autos de **Apelação Cível nº 1001801-53.2018.8.26.0114**, da Comarca de **Campinas**, em que é apelante **JOSÉ EDUARDO DE MARCO SIMÃO**, é apelado **1º OFICIAL DE REGISTRO DE IMÓVEIS DE CAMPINAS**.

ACORDAM, em Conselho Superior de Magistratura do Tribunal de Justiça de São Paulo, proferir a seguinte decisão: **"Negaram provimento ao recurso e determinaram o bloqueio da matrícula nº 13.380 do 2º Oficial de Registro de Imóveis de Campinas/SP, com recomendação, v.u."**, de conformidade com o voto do Relator, que integra este acórdão.

O julgamento teve a participação dos Exmos. Desembargadores **PEREIRA CALÇAS (PRESIDENTE TRIBUNAL DE JUSTIÇA) (Presidente), ARTUR MARQUES (VICE PRESIDENTE), XAVIER DE AQUINO (DECANO), EVARISTO DOS SANTOS(PRES. DA SEÇÃO DE DIREITO PÚBLICO), CAMPOS MELLO (PRES. DA SEÇÃO DE DIREITO PRIVADO) E FERNANDO TORRES GARCIA(PRES. SEÇÃO DE DIREITO CRIMINAL)**.

São Paulo, 28 de maio de 2019.

GERALDO FRANCISCO PINHEIRO FRANCO
Corregedor Geral da Justiça e Relator

Apelação Cível n.º 1001801-53.2018.8.26.0114

Apelante: José Eduardo de Marco Simão
Apelado: 1º Oficial de Registro de Imóveis de Campinas

VOTO N.º 37.715

Registro de Imóveis – Titulares de domínio que preservam a qualidade de comunheiros – Hipótese que não se equipara à situação em que há condomínio de bens – Escritura pública

que, independentemente da nomenclatura atribuída, instrumenta ato de partilha de bens do casal após o divórcio – Necessidade de observância dos requisitos da Resolução nº 35 do CNJ e das disposições trazidas pelas NSCGJ – Dúvida julgada procedente – Recurso não provido, com determinação.

Trata-se de recurso de apelação interposto por *José Eduardo de Marco Simão* contra a r. sentença proferida pelo MM. Juiz Corregedor Permanente do 1º Oficial de Registro de Imóveis de Campinas/SP, que julgou procedente a dúvida suscitada em virtude de qualificação negativa do título apresentado a registro **[1]**.

Alega o apelante, preliminarmente, que o mesmo título foi registrado perante o 2º Oficial de Registro de Imóveis de Campinas/SP, sem que fosse feita qualquer exigência. No que diz respeito ao óbice apresentado, aduz que, na ação de divórcio, efetivou-se a partilha de bens do casal, de forma que inexiste estado de mancomunhão do patrimônio. Passando os ex-cônjuges ao estado de condôminos, sustenta que não há necessidade de retificação do título para constar os requisitos da partilha de bens. Ainda, afirma que não há ofensa ao princípio da continuidade, pois a permuta realizada depois do divórcio, mas antes de registrada a partilha, em nada se diferencia de uma alienação feita por ambos os cônjuges durante a constância do casamento. Por fim, argumenta que o prévio registro da partilha dos bens do casal ensejaria custos desnecessários aos interessados **[2]**.

A Douta Procuradoria de Justiça opinou pelo não provimento do recurso **[3]**.

É o relatório.

O dissenso versa sobre a registrabilidade da escritura de permuta para extinção de condomínio, lavrada em 24 de novembro de 2017, tendo por objeto, dentro outros, os imóveis matriculados sob nos 35.306, 35.307 junto ao 1º Oficial de Registro de Imóveis de Campinas/SP. O registrador entendeu que a escritura representa verdadeira partilha de bens em virtude de divórcio, razão pela qual, em respeito ao princípio da continuidade, seria necessária a retificação do título para constar os requisitos da Resolução CNJ nº 35 e das Normas de Serviço da Corregedoria Geral da Justiça.

Em que pese haver decisão judicial, na ação de divórcio, sobre a partilha dos bens do casal, o fato é que essa partilha não foi registrada junto ao fólio real. Seus efeitos, portanto, são meramente obrigacionais, não podendo a situação ser equiparada àquela em que, eventualmente registrada a carta de sentença expedida na ação de divórcio, passariam os ex-cônjuges à condição de condôminos dos bens.

Nesse cenário, é possível afirmar que os titulares de domínio permanecem nas matrículas imobiliárias na condição de comunheiros. A propósito, ensina Orlando Gomes que a comunhão é *"situação jurídica em que o mesmo direito sobre determinada coisa compete a diferentes sujeitos"* **[4]**.

E se assim é, a despeito da nomenclatura constante da escritura levada a registro, o ato praticado pelas partes representa verdadeira partilha de bens. Por conseguinte, ou se registra a carta de sentença expedida na ação de divórcio, ou, optando os interessados por realizar a partilha extrajudicial de bens, há que se alterar a escritura lavrada e cumprir o disposto na Resolução nº 35 do CNJ, assim como nas Normas de Serviço da Corregedoria Geral da Justiça.

Correto, pois, o óbice imposto pelo legislador, sendo de rigor a manutenção da procedência da dúvida suscitada.

E nem se alegue que o ingresso do título em outra serventia imobiliária ensejaria, automaticamente, o registro pretendido no caso concreto. De fato, erros pretéritos não justificam nem legitimam outros, na justa e histórica compreensão deste C. Conselho Superior da Magistratura **[5]**.

A propósito, ante os fundamentos ora apresentados, mostra-se necessário o bloqueio da matrícula nº 13.380 do 2º Oficial de Registro de Imóveis de Campinas/SP **[6]**, em que registrada a permuta entre cônjuges casados sob o regime da comunhão universal de bens, sem prévio registro da partilha decorrente do divórcio.

Diante do exposto, **NEGO PROVIMENTO** ao recurso e determino o bloqueio da matrícula nº 13.380 do 2º Oficial de Registro de Imóveis de Campinas/SP.

Deverá o MM. Juiz Corregedor Permanente do 2º Oficial de Registro de Imóveis da Comarca de Campinas/SP extrair cópias dos autos e formar expediente para imediato cumprimento da ordem de bloqueio da matrícula nº 13.380 e oportuna comunicação à Corregedoria Geral da Justiça a respeito, bem como para que sejam tomadas as providências necessárias ao cancelamento administrativo do registro, mediante procedimento próprio em que deverão ser ouvidos todos os interessados.

Sem prejuízo, extraiam-se cópias, encaminhando-as à DICOGE 5.1 para acompanhamento do expediente a ser instaurado, como determinado, perante a Corregedoria Permanente.

GERALDO FRANCISCO PINHEIRO FRANCO

Corregedor Geral da Justiça e Relator

Notas:

[1] Fls. 90/92.

[2] Fls. 100/109.

[3] Fls. 152/154.

[4] *In* "Direitos Reais"; Ed. Forense; 12ª Edição, p. 211.

[5] Apelação Cível n.º 20.603-0/9, Rel. Des. Antônio Carlos Alves Braga, j. 9.12.1994; Apelação Cível n.º 19.492- 0/8, Rel. Des. Antônio Carlos Alves Braga, j. 17.02.95; Apelação Cível n.º 024606-0/1, Rel. Des. Antônio Carlos Alves Braga, j. 30.10.1995; Apelação Cível 1006203-25.2018.8.26.0100; Rel. Des. Geraldo Francisco Pinheiro Franco, j. 18/12/2018.

[6] Fls. 113/117. (DJe de 03.07.2019 - SP)

PODER JUDICIÁRIO

TRIBUNAL DE JUSTIÇA DO ESTADO DE SÃO PAULO

CONSELHO SUPERIOR DA MAGISTRATURA

Apelação nº 1127926-11.2018.8.26.0100

Registro: 2019.0000769230

ACÓRDÃO

Vistos, relatados e discutidos estes autos de **Apelação Cível nº 1127926-11.2018.8.26.0100,** da Comarca de **São Paulo**, em que é apelante **OSMAR CAPUANO**, é apelado **14º OFICIAL DE REGISTRO DE IMÓVEIS DA COMARCA DA CAPITAL.**

ACORDAM, em Conselho Superior de Magistratura do Tribunal de Justiça de São Paulo, proferir a seguinte decisão: **"Negaram provimento à apelação, v.u."**, de conformidade com o voto do Relator, que integra este acórdão.

O julgamento teve a participação dos Exmos. Desembargadores **PEREIRA CALÇAS (PRESIDENTE TRIBUNAL DE JUSTIÇA) (Presidente), ARTUR MARQUES (VICE PRESIDENTE), XAVIER DE AQUINO (DECANO), EVARISTO DOS SANTOS(PRES. DA SEÇÃO DE DIREITO PÚBLICO), CAMPOS MELLO (PRES. DA SEÇÃO DE DIREITO PRIVADO) E FERNANDO TORRES GARCIA(PRES. SEÇÃO DE DIREITO CRIMINAL).**

São Paulo, 12 de setembro de 2019.

GERALDO FRANCISCO PINHEIRO FRANCO

Corregedor Geral da Justiça e Relator

Apelação Cível nº 1127926-11.2018.8.26.0100

Apelante: Osmar Capuano

Apelado: 14º Oficial de Registro de Imóveis da Comarca da Capital

VOTO Nº 37.881

Registro de imóveis – Registro de instituição de condomínio cancelado – Inexistência jurídica das unidades autônomas – Negativa de registro de escritura de compra e venda de parte ideal do imóvel – Violação ao princípio da legalidade registral – Dúvida julgada procedente – Recurso não provido.

Trata-se de recurso de apelação interposto por *Osmar Capuano* contra a sentença proferida pela MM.ª Juíza Corregedora Permanente do 14º Registro de Imóveis da Capital, que manteve a recusa de registro da escritura de compra e venda, lavrada em 13 de agosto de 2018, tendo por objeto a parte ideal correspondente a 3,26385% do imóvel matriculado sob nº 144.830 **[1]**. Alega o apelante, em síntese, que a despeito dos cancelamentos referidos na AV.10, datada de 27 de dezembro de 2012, o prédio, como um todo, passou a ser de propriedade comum de Eleonora Curi David e Nadime Jorge, no percentual de 50% para cada, conforme adjudicação referida no R.11, em 17 de abril de 2014. Sustenta que a fração ideal negociada foi calculada com base em informações constantes da própria matrícula imobiliária, na medida em que a instituição de condomínio (R.6), a despeito de cancelada, contém todos os elementos necessários à identificação da unidade em questão. Assim, tendo sido realizado o registro da adjudicação, entende que a escritura de compra e venda apresentada a registro deve, igualmente, ter acesso ao fólio real **[2]**.

A Procuradoria de Justiça opinou pelo não provimento do recurso **[3]**.

É o relatório.

O prazo para apelação tem início com a publicação da r. sentença (art. 231, inciso VII, do Código de Processo Civil), considerando-se como data da publicação o primeiro dia útil subsequente ao da disponibilização da intimação no DJe (arts. 224, § 2º, e 231, inciso VII, ambos do Código de Processo Civil).

A r. sentença recorrida foi disponibilizada no DJe de 13 de fevereiro de 2019 **[4]**, sendo a data da publicação o dia 14 de fevereiro de 2019. Por sua vez, embora tenha natureza administrativa, contra a sentença prolatada em procedimento de dúvida é cabível recurso de apelação (art. 202 da Lei nº 6.015/73), que é inteiramente regulado no Código de Processo Civil, o que enseja a contagem do prazo de recurso em dias úteis **[5]**. O prazo de recurso, de quinze dias úteis (art. 219 do Código de Processo Civil), teve início em 15 de fevereiro de 2019, sendo interrompido pela interposição de embargos de declaração, em 21 de fevereiro de 2019 **[6]**. Disponibilizada a decisão que rejeitou os embargos de declaração em 25 de fevereiro de 2019 **[7]**, sua publicação ocorreu em 26 de fevereiro de 2019, começando a correr o prazo de apelação em 27 de fevereiro de 2019, o que torna tempestivo o recurso interposto em 19 de março de 2019 **[8]**.

Não há que se falar, pois, em intempestividade da apelação, a despeito da decisão proferida pelo juízo de origem **[9]**.

O apelante, por meio de escritura pública de compra e venda **[10]**, adquiriu de Nadime Jorge a parte ideal de 3,26385% do terreno e suas benfeitorias, correspondente a 50% da parte ideal do apartamento nº 22 e 50% da parte ideal correspondente a uma vaga na garagem indeterminada do prédio composto por oito pavimentos, edificado no imóvel objeto da matrícula nº 144.830 do 14º Oficial de Registro de Imóveis da Capital.

No entanto, a análise da matrícula nº 144.830 do 14º Oficial de Registro de Imóveis da Capital **[11]** revela que o registro da instituição de condomínio (R.6) foi cancelado (AV.10), fato este que, acertadamente, justifica a qualificação negativa do título.

Dispõe o art. 7º da Lei nº 4.591/64 que:

> *"Art. 7º O condomínio por unidades autônomas instituir-se-á por ato entre vivos ou por testamento, com inscrição obrigatória no Registro de Imóvel, dele constando; a individualização de cada unidade, sua identificação e discriminação, bem como a fração ideal sobre o terreno e partes comuns, atribuída a cada unidade, dispensando-se a descrição interna da unidade".*

A propósito, prevê o art. 1.332 do Código Civil:

> *"Art. 1.332. Institui-se o condomínio edilício por ato entre vivos ou testamento, registrado no Cartório de Registro de Imóveis, devendo constar daquele ato, além do disposto em lei especial:*
>
> *I - a discriminação e individualização das unidades de propriedade exclusiva, estremadas uma das outras e das partes comuns;*
>
> *II - a determinação da fração ideal atribuída a cada unidade, relativamente ao terreno e partes comuns; III - o fim a que as unidades se destinam".*

Na lição de José Marcelo Tossi Silva: *"(...) somente com o término da construção do edifício e a instituição do condomínio edilício é promovida a divisão do imóvel, que passa a ser dotado, de forma concomitante, de partes de propriedade comum e partes de propriedade exclusiva de cada condômino, o que constitui o direito de propriedade autônoma consistente no condomínio edilício."* Ou seja, é o registro da instituição do condomínio que *"põe fim à comunhão sobre o todo anteriormente existente e constitui o regime do condomínio edilício, com atribuição aos adquirentes, com exclusividade, das respectivas unidades autônomas vinculadas às frações ideais que lhes foram anteriormente alienadas, bem como atribuição, aos mesmos adquirentes, da participação na fração do terreno e nas coisas comuns do todo que correspondem a cada unidade"* **[12]**.

Logo, cancelado o registro da instituição de condomínio, não se mostra cabível o registro de escritura de compra e venda tendo por objeto parte ideal do imóvel correspondente à fração de unidade autônoma e de vaga de garagem indeterminada. Com efeito, sem que haja novo registro da instituição de condomínio, mostra-se inviável o registro de alienação voluntária de frações ideais com localização, numeração e metragem certas, ou a formação de condomínio voluntário, sob pena de violação ao princípio da legalidade registral.

Não se pode, a pretexto de proteger o direito do apelante, admitir o registro de escritura de compra e venda de parte ideal correspondente à unidade autônoma que ocupa sem que, antes, ocorra o registro da instituição de condomínio. Tal entendimento somente serviria de incentivo para a prática que se quer evitar, qual seja, a fraude à lei.

Por fim, mister consignar que, diferentemente, o registro da adjudicação havida em favor de Nadime Jorge (R.11) foi correto, na medida em que, nesse caso, houve alienação forçada de fração correspondente a 50% da totalidade do imóvel descrito na matrícula nº 144.830.

Diante do exposto, **nego provimento** à apelação.

GERALDO FRANCISCO PINHEIRO FRANCO
Corregedor Geral da Justiça e Relator

Notas:

[1] Fls. 59/63 e embargos de declaração a fls. 70/72.

[2] Fls. 80/85.

[3] Fls. 109/111.

[4] Fls. 64/65.

[5] Nesse sentido: *Apelação Cível 1060989-19.2018.8.26.0100; Relator (a): Pinheiro Franco (Corregedor Geral); Órgão Julgador: Conselho Superior de Magistratura; Foro Central Cível - 1ª Vara de Registros Públicos; Data do Julgamento: 04/04/2019; Data de Registro: 17/04/2019.*

[6] Fls. 70/72.

[7] Fls. 75.

[8] Fls. 80/85.

[9] Fls. 88.

[10] Fls. 21/24.

[11] Fls. 06/10.

[12] *In* "Incorporação Imobiliária", Ed. Atlas, 2010.

(DJe de 14.11.2019 – SP)

CONFERÊNCIA DE BENS

PODER JUDICIÁRIO

TRIBUNAL DE JUSTIÇA DO ESTADO DE SÃO PAULO

CONSELHO SUPERIOR DA MAGISTRATURA

Apelação nº 1071137-26.2017.8.26.0100

Registro: 2018.0000994911

ACÓRDÃO

Vistos, relatados e discutidos estes autos do(a) **Apelação nº 1071137-26.2017.8.26.0100**, da Comarca de **São Paulo**, em que é apelante **SANSEVERINO ADVOGADOS ASSOCIADOS**, é apelado **OFICIAL DO 10º CARTÓRIO DE REGISTRO DE IMOVEIS DA CAPITAL**.

ACORDAM, em Conselho Superior de Magistratura do Tribunal de Justiça de São Paulo, proferir a seguinte decisão: **"Negaram provimento, v.u."**, de conformidade com o voto do Relator, que integra este Acórdão.

O julgamento teve a participação dos Exmos. Desembargadores **PEREIRA CALÇAS (PRESIDENTE TRIBUNAL DE JUSTIÇA) (Presidente), ARTUR MARQUES (VICE PRESIDENTE), XAVIER DE AQUINO (DECANO), EVARISTO DOS SANTOS(PRES. DA SEÇÃO DE DIREITO PÚBLICO), CAMPOS MELLO (PRES. DA SEÇÃO DE DIREITO PRIVADO) E FERNANDO TORRES GARCIA(PRES. SEÇÃO DE DIREITO CRIMINAL).**

São Paulo, 11 de dezembro de 2018.

GERALDO FRANCISCO PINHEIRO FRANCO

Corregedor Geral da Justiça e Relator

Apelação nº 1071137-26.2017.8.26.0100

Apelante: Sanseverino Advogados Associados

Apelado: Oficial do 10º Cartório de Registro de Imóveis da Capital

VOTO Nº 37.652

Registro de Imóveis – Dúvida julgada procedente – Instrumento particular de integralização de capital social – Sociedade de advogados – Sociedade simples registrada no Conselho Seccional da OAB, em cuja base territorial está sediada – Regra de exceção trazida pelo art. 64 da Lei nº 8.934/94, que não se aplica ao caso concreto – Necessidade de apresentação de escritura pública, nos termos do art. 108 do Código Civil – Recurso não provido.

Vistos.

Sanseverino Advogados Associados interpôs recurso de apelação contra a r. sentença **[1]** proferida pela MM.ª Juíza Corregedora Permanente, que julgou procedente a dúvida suscitada pelo Oficial do 10º Registro de Imóveis da Capital, mantendo a recusa do registro de instrumento particular de alteração de contrato social, por intermédio do qual o sócio, Carlos Alberto Maluf Sanseverino, transfere a propriedade do imóvel de sua propriedade, matriculado sob nº 87.664 perante aquela serventia predial, para integralizar o capital da referida sociedade.

Alega a apelante, em síntese, que não se aplica o disposto no art. 108 do Código Civil ao caso concreto, pois a regra do art. 109 do mesmo Código não incide na hipótese por expressa determinação legal. Sustenta que a constituição e registro da sociedade de advogados tem o mesmo regramento legal aplicável às sociedades simples, ainda que limitadas. Acrescenta que os atos constitutivos e posteriores alterações contratuais das sociedades de advogados, inclusive a integralização de capital por conferência de bens, são registrados na forma dos arts. 45, *caput*, do Código Civil, e art. 15, § 1º, da Lei 8.906/94, sendo que o art. 167, inciso I, nº 32, da Lei de Registros Públicos não faz distinção entre sociedade simples e empresária. Ainda, diz que o art. 221, inciso II, da referia lei autoriza o registro dos atos constitutivos das sociedades de advogados e posteriores alterações contratuais, nos termos do Código Civil **[2]**.

A Procuradoria de Justiça opinou pelo não provimento do recurso **[3]**.

É o relatório.

Trata-se de pedido de registro de instrumento particular de alteração de contrato social, por meio do qual o sócio buscou transmitir a titularidade do imóvel matriculado sob nº 87.644 junto ao 10º Oficial de Registro de Imóveis da Capital, para fins de integralização do capital.

Na nota devolutiva expedida **[4]** em 19.06.2017, o registrador formulou três exigências, que podem ser assim resumidas: 1) imprescindibilidade da lavratura de escritura pública para transmissão de domínio do imóvel, pois a sociedade de advogados é registrada na Ordem dos Advogados do Brasil – Seção de São Paulo e não possui estrutura de sociedade empresária; 2) necessidade de apresentação da via original do título; 3) necessidade de apresentação da certidão de casamento atualizada de Carlos Alberto Maluf Sanseverino, cópia autenticada de seus documentos pessoais e declaração de profissão subscrita pelo cônjuge, com firma reconhecida.

Cumpridos os itens "2" e "3" acima, o título foi reapresentado, acompanhado do requerimento de suscitação de dúvida em relação ao item "1", por entender a interessada que o próprio Estatuto da Advocacia e da OAB impõem à sociedade de advogados a forma de sociedade simples, vedando atividades empresariais. Sustenta que, tal como decidido anteriormente nos autos da Apelação Cível nº 1036892-23.2016.8.26.0100, que estendeu às sociedades simples a exceção trazida pelo art. 64 da Lei nº 8.934/94, também na hipótese da sociedade de advogados é dispensável a lavratura de escritura pública para integralização do capital social mediante a conferência de bens na forma requerida.

Prevê o art. 108 do Código Civil:

> *"Art. 108. Não dispondo a lei em contrário, a escritura pública é essencial à validade dos negócios jurídicos que visem à constituição, transferência, modificação ou renúncia de direitos reais sobre imóveis de valor superior a trinta vezes o maior salário mínimo vigente no País."*

Ou seja, para os negócios jurídicos que envolvam direitos reais relativos a imóveis de valor superior a trinta salários mínimos, a escritura pública é essencial, salvo disposição de lei em contrário.

O art. 64 da Lei n.º 8.934/94 é um dos dispositivos que abre exceção à regra da escritura pública, assim prevendo:

> *"Art. 64. A certidão dos atos de constituição e de alteração de sociedades mercantis, passada pelas juntas comerciais em que foram arquivados, será o documento hábil para a transferência, por transcrição no registro público competente, dos bens com que o subscritor tiver contribuído para a formação ou aumento do capital social."*

A questão é saber se uma sociedade de advogados pode se beneficiar dessa hipótese de exceção para fins de dispensa da lavratura de escritura pública para transferência de direitos reais sobre imóveis.

Não se desconhece a existência de precedente deste C. Conselho Superior da Magistratura, no sentido de que é possível a obtenção pela sociedade simples, que adota o modelo da sociedade limitada, da transferência da propriedade de imóvel utilizado para a formação ou aumento de capital social mediante a apresentação a registro de certidão expedida pelo Registro Civil das Pessoas Jurídicas **[5]**.

Assim ficou decidido, pois o art. 983 do Código Civil possibilita a constituição de sociedades simples com a adoção da estrutura de um dos tipos de sociedade empresária. Então, a *contrario sensu*, admitiu-se que fossem aplicadas a essa sociedade simples, que atua como sociedade limitada, as normas relativas ao modelo de sociedade empresária adotado.

Ocorre que, no caso concreto, a hipótese é diversa. Trata-se, em verdade, de sociedade de advogados, que ostenta natureza jurídica de sociedade simples e não exerce atividade empresária.

A propósito, cumpre lembrar que o Código Civil diferencia a sociedade simples da sociedade empresária a partir de seu objeto e das pessoas que as constituem. Assim, para que a sociedade seja empresária, é indispensável o caráter mercantil de sua atividade econômica organizada, bem como o registro da pessoa jurídica perante a Junta Comercial. As sociedades simples, em contrapartida, não exercem atividades consideradas próprias de empresário sujeito a registro e tem por objeto a prestação de serviços de natureza intelectual, científica, literária ou artística.

De seu turno, a Lei 8.906/94, no Capítulo IV, com a redação dada pela Lei nº 13.247/16, assim dispõe:

> *"Art. 15. Os advogados podem reunir-se em sociedade simples de prestação de serviços de advocacia ou constituir sociedade unipessoal de advocacia, na forma disciplinada nesta Lei e no regulamento geral.*
>
> *§ 1º A sociedade de advogados e a sociedade unipessoal de advocacia adquirem personalidade jurídica com o registro aprovado dos seus atos constitutivos no Conselho Seccional da OAB em cuja base territorial tiver sede.*
>
> (...)

Art. 16. Não são admitidas a registro nem podem funcionar todas as espécies de sociedades de advogados que apresentem forma ou características de sociedade empresária, que adotem denominação de fantasia, que realizem atividades estranhas à advocacia, que incluam como sócio ou titular de sociedade unipessoal de advocacia pessoa não inscrita como advogado ou totalmente proibida de advogar."

Confrontando-se, pois, o disposto no Código Civil de 2002 e o teor do Estatuto da OAB, conclui-se que as sociedades de advogados possuem natureza de sociedade simples, na medida em que lhes é vedado, dentre outros, o exercício de atividades de caráter mercantil, além do registro nas juntas comerciais, requisitos estes que são essenciais para a caracterização de uma sociedade empresária.

É sabido, no mais, que o exame do título pelo registrador é restrito aos aspectos formais e extrínsecos, à luz dos princípios que norteiam os registros públicos, dentre eles, o da legalidade. Consoante lições de Afrânio de Carvalho, o Oficial tem o dever de proceder o exame da legalidade do título e apreciação das formalidades extrínsecas da ordem e à conexão de seus dados com o registro e sua formalização instrumental (*in* "Registro de Imóveis", editora Forense, 4ª ed.). O exame da legalidade consiste na aceitação para registro somente do título que estiver de acordo com a lei.

Nesse cenário, não há de se falar em aplicação analógica no âmbito administrativo. A regra de exceção contida na parte inicial do art. 108 do Código Civil permite dispensa da forma pública no caso da integralização de patrimônio de sociedade empresarial para transferência da propriedade de bens imóveis, em razão do disposto no art. 64 da Lei n. 8.934/94, cuja dicção é clara ao se referir a "sociedades mercantis" e "juntas comerciais".

E como toda regra de exceção, deve ser interpretada restritivamente, sendo descabida a interpretação extensiva defendida pela apelante.

Por conseguinte, inviável a transferência de bens imóveis do sócio por instrumento particular arquivado no Conselho Seccional da OAB, em cuja base territorial está sediada a sociedade de advogados, para fins de integralização do capital social, incidindo na espécie a regra geral da forma pública.

Diante do exposto, pelo meu voto, **NEGO PROVIMENTO** ao recurso.

GERALDO FRANCISCO PINHEIRO FRANCO

Corregedor Geral da Justiça e Relator

Notas:

[1] Fls. 99/102.

[2] Fls. 108/119.

[3] Fls. 137/139.

[4] Fls. 37/38.

[5] *REGISTRO DE IMÓVEIS – Conferência de bens – Bens transferidos por um dos sócios para sociedade simples limitada – Óbice ao registro pela não formalização da transferência dos imóveis por escritura – Sentença de procedência da dúvida – Reforma da decisão – Sociedade simples limitada que é regida pelas normas aplicáveis às sociedades empresárias limitadas (art. 983 do CC) – Certidão de alteração de sociedade simples limitada, passada pelo Registro Civil da Pessoa Jurídica, que constitui documento hábil para a transferência de bens imóveis – Inteligência dos artigos 983 do CC e 64 da Lei n.º 8.934/94 – Recurso provido para julgar improcedente a dúvida.* (TJSP; Apelação 1031098-21.2016.8.26.0100; Relator (a): Pereira Calças; Órgão Julgador: Conselho Superior de Magistratura; Foro Central Cível - 1ª Vara de Registros Públicos; Data do Julgamento: 02/02/2017; Data de Registro: 17/02/2017) (DJe de 07.02.2019 - SP)

PODER JUDICIÁRIO

TRIBUNAL DE JUSTIÇA DO ESTADO DE SÃO PAULO

CONSELHO SUPERIOR DA MAGISTRATURA

Apelação nº 1002354-90.2017.8.26.0161

Registro: 2018.0000499486

ACÓRDÃO

Vistos, relatados e discutidos estes autos da **Apelação nº 1002354-90.2017.8.26.0161**, da Comarca de **Diadema**, em que é apelante **ARAGUAIA CONSTRUTORA BRASILEIRA DE RODOVIAS SA**, é apelado **OFICIAL DE REGISTRO DE IMÓVEIS, TÍTULOS E DOCUMENTOS E CIVIL DE PESSOA JURÍDICA DE DIADEMA.**

ACORDAM, em Conselho Superior de Magistratura do Tribunal de Justiça de São Paulo, proferir a seguinte decisão: **"Não conheceram do recurso. V. U. Mantiveram a r. sentença que declarou a dúvida prejudicada e não conheceram do recurso, v.u."**, de conformidade com o voto do Relator, que integra este Acórdão.

O julgamento teve a participação dos Exmos. Desembargadores **PEREIRA CALÇAS (PRESIDENTE TRIBUNAL DE JUSTIÇA) (Presidente), ARTUR MARQUES (VICE PRESIDENTE), DAMIÃO**

COGAN (DECANO), EVARISTO DOS SANTOS(PRES. DA SEÇÃO DE DIREITO PÚBLICO), CAMPOS MELLO (PRES. DA SEÇÃO DE DIREITO PRIVADO) E FERNANDO TORRES GARCIA(PRES. SEÇÃO DE DIREITO CRIMINAL).

São Paulo, 28 de junho de 2018.

GERALDO FRANCISCO PINHEIRO FRANCO
Corregedor Geral da Justiça e Relator

Apelação nº 1002354-90.2017.8.26.0161

Requerente: Araguaia Construtora Brasileira de Rodovias Sa

Requerido: Oficial de Registro de Imóveis, Títulos e Documentos e Civil de Pessoa Jurídica de Diadema

VOTO Nº 37.490

Registro de Imóveis – Dúvida inversa – Escritura pública de transmissão de imóvel para a integralização de capital social – Título com prenotação cancelada pelo decurso do prazo de validade do protocolo – Impugnação parcial – Dúvida prejudicada – Recurso não conhecido.

Trata-se de apelação interposta contra r. sentença que declarou prejudicada a dúvida inversamente suscitada contra a recusa da Sra. Oficial de Registro de Imóveis da Comarca de Diadema em promover o registro de escritura pública de transferência do imóvel objeto da matrícula nº 45.274 para a integralização do capital social da apelante, o que fez porque o título original não foi apresentado para nova prenotação e porque a suscitante somente impugnou uma das exigências formuladas.

A apelante alegou, em suma, que a recusa do registro teve como fundamento a indisponibilidade dos bens do transmitente que se encontra averbada na matrícula. Disse que o imóvel se destina à integralização de seu capital social, para que passe a compor seu ativo imobilizado, e que não pretende o cancelamento da averbação da indisponibilidade. Afirmou que a conferência do domínio ocorreu mediante escritura pública lavrada em 19 de março de 1981, trinta e cinco anos antes da medida cautelar fiscal de que decorre a indisponibilidade de bens. Aduziu que somente pretende regularizar negócio jurídico já realizado, o que pode ser feito com manutenção da averbação da indisponibilidade que foi decretada em ação em que figura no polo passivo como devedora principal. Informou, por fim, que demonstrou ter os demais documentos referidos nos itens 02 e 03 da nota de devolução (fls. 93/100).

A douta Procuradoria Geral de Justiça opinou pelo não conhecimento da dúvida em razão da impugnação parcial das exigências formuladas, ou pela manutenção da recusa do registro (fls. 122/125).

É o relatório.

A apelante pretende o registro da escritura pública de conferência de bens mediante transmissão de imóvel para integralização de seu capital social que foi outorgada por Antonio de Vasconcelos e sua mulher, em 19 de março de 1981, às fls. 206 do Livro 296 do 1º Tabelião de Notas da Comarca de São Carlos (fls. 11/14).

O registro foi negado em razão da indisponibilidade dos bens do proprietário do imóvel, Antonio de Vasconcelos, averbada na matrícula nº 45.274 em 10 de fevereiro de 2012 (Av. 02, fls. 10).

Além disso, para o registro do título foram exigidas a apresentação da cópia autenticada da Ata da Assembleia Geral Extraordinária da apelante, realizada em 11 de dezembro de 1976, e do original ou da cópia autenticada do comprovante de não incidência do Imposto sobre a Transmissão de Bens Imóveis – ITBI.

Ocorre que a apresentação do título para registro foi realizada em 15 de fevereiro de 2017, com protocolo nº 148.342, informando a Sra. Oficial de Registro de Imóveis que ao suscitar a dúvida inversa a apelante não restituiu a via original da certidão da escritura pública, como previsto em Nota do item 41.1 do Capítulo XX das Normas de Serviço da Corregedoria Geral da Justiça.

Além disso, a apelante somente se insurgiu contra uma das exigências formuladas para o registro da escritura pública, sem impugnar as demais, o que torna a dúvida prejudicada.

No mais, esclareceu que a indisponibilidade dos bens do atual proprietário impede o registro da escritura pública de transmissão do imóvel para integralização do capital social da apelante (fls. 25/27).

A apelante foi intimada para se manifestar sobre os esclarecimentos prestados pela Sra. Oficial de Registro de Imóveis (fls. 32) e o fez esclarecendo que as demais exigências que não foram impugnadas na suscitação da dúvida inversa serão cumpridas mediante apresentação, à Oficial de Registro, dos documentos que estão em seu poder (fls. 35/36).

Novamente intimada para comprovar a reapresentação do original da escritura pública ao Registro de Imóveis (fls. 51), a apelante alegou que o título foi apresentado conforme protocolo de fls. 11/14, o que gerou a nota devolutiva de fls. 15, datada de 15 de fevereiro de 2017.

Ainda, a apelante juntou nestes autos cópias de documentos destinados a comprovar o cumprimento das demais exigências formuladas (fls. 54/56).

A seguir, a Sra. Oficial de Registro de Imóveis informou que a escritura pública foi protocolada em 02 de fevereiro de 2017, sob nº 148.342, e foi devolvida ao apresentante que a retirou, com a nota de devolução, em 20 de fevereiro de 2017, sem posterior reapresentação, o que ensejou o cancelamento do protocolo (fls. 83).

O procedimento de dúvida é reservado à análise da dissensão do apresentante com os motivos que levaram à recusa do registro do título que, para essa finalidade, deve ser objeto de protocolo válido, pois de seu julgamento decorrerá a manutenção da recusa, com cancelamento da prenotação, ou a improcedência da dúvida que terá como consequência a realização do registro (art. 203, II, da Lei nº 6.015/73).

A necessidade de protocolo válido, portanto, decorre de interpretação lógica da Lei nº 6.015/73 que: I) em seu art. 182 determina que todos os títulos tomarão no protocolo o número de ordem correspondente à sequência de apresentação; II) em seu art. 198, e incisos, dispõe sobre a anotação da dúvida no Livro nº 1 – Protocolo, para conhecimento da prorrogação do prazo da prenotação; III) em seu art. 203 prevê os efeitos do julgamento da dúvida em relação ao registro e, em consequência, ao resultado da qualificação realizada depois da respectiva prenotação do título.

Ademais, todos os títulos ingressaram no protocolo conforme a rigorosa ordem cronológica de apresentação e adquirem preferência para o registro também conforme a ordem de prenotação.

A inexistência de protocolo válido impede que a escritura de integralização de capital social adquira prioridade para o registro.

E não é possível decidir a dúvida sem prenotação válida porque o que se qualifica é o título efetivamente apresentado para registro e com prioridade sobre eventuais outros títulos representativos de direitos reais contraditórios.

Em razão disso, na forma como suscitada, a dúvida adquire natureza meramente consultiva, para o que não se presta.

Não bastasse, no presente caso a apelante somente impugnou uma das três exigências que foram realizadas para o registro da escritura pública.

A impugnação parcial das exigências formuladas, com anuência em relação às demais, também prejudica o exame da dúvida porque sempre permanecerão óbices que prejudicarão o ingresso do título no registro imobiliário.

Dessa forma, a anuência com parte das exigências apontadas para o ingresso do título no fólio real também atribui ao procedimento de dúvida natureza consultiva, ou meramente doutrinária, pois a efetiva admissibilidade de futuro registro poderá ser influenciada por eventuais fatos novos mesmo se o título for reapresentado com atendimento de todas as exigências impugnadas.

Por esses motivos, este Col. Conselho Superior da Magistratura já decidiu:

"**No mais, ao contrário do sustentado pelo recorrente, não cabe aqui ao Judiciário se pronunciar acerca da solução cabível para o caso concreto, não se tratando de órgão consultivo, como bem ressaltado pela nobre representante do *parquet***" (CSM, Processo nº 000.608.6/7-00, Rel. Des. Gilberto Passos de Freitas, j. 21/12/2006).

Não bastasse, a suscitação da dúvida não se presta para permitir a complementação do título no curso do processo, o que ocorre em respeito à prioridade dos títulos que ingressarem posteriormente e tiverem a qualificação suspensa na forma do art. 191 da Lei nº 6.015/73.

Destarte, todos os documentos destinados a permitir o registro do título deveriam ser apresentados à Oficial de Registro de Imóveis, para protocolo e qualificação, antes da suscitação da dúvida, motivo pelo qual os documentos de fls. 57/76 não se prestam para suprir os demais obstáculos que foram apontados na nota de devolução.

Tudo isso torna a dúvida prejudicada, impedindo o conhecimento do recurso.

Ante o exposto, pelo meu voto, mantenho a r. sentença que declarou a dúvida prejudicada e não conheço do recurso.

GERALDO FRANCISCO PINHEIRO FRANCO

Corregedor Geral da Justiça e Relator (DJe de 18.03.2019 - SP)

PODER JUDICIÁRIO

TRIBUNAL DE JUSTIÇA DO ESTADO DE SÃO PAULO

CONSELHO SUPERIOR DA MAGISTRATURA

Embargos de Declaração Cível nº 1071137-26.2017.8.26.0100/50000

Registro: 2019.0000391281

ACÓRDÃO

Vistos, relatados e discutidos estes autos de **Embargos de Declaração Cível nº 1071137-26.2017.8.26.0100/50000**, da Comarca de **São Paulo**, em que é embargante **SANSEVERINO ADVOGADOS ASSOCIADOS**, é embargado **OFICIAL DO 10º CARTÓRIO DE REGISTRO DE IMÓVEIS DA CAPITAL**.

ACORDAM, em Conselho Superior de Magistratura do Tribunal de Justiça de São Paulo, proferir a seguinte decisão: **"Rejeitaram, v.u."**, de conformidade com o voto do Relator, que integra este acórdão.

O julgamento teve a participação dos Exmos. Desembargadores **PEREIRA CALÇAS (PRESIDENTE TRIBUNAL DE JUSTIÇA) (Presidente), ARTUR MARQUES (VICE PRESIDENTE), XAVIER DE AQUINO (DECANO), EVARISTO DOS SANTOS(PRES. DA SEÇÃO DE DIREITO PÚBLICO), CAMPOS MELLO (PRES. DA SEÇÃO DE DIREITO PRIVADO) E FERNANDO TORRES GARCIA(PRES. SEÇÃO DE DIREITO CRIMINAL).**

São Paulo, 16 de maio de 2019.

GERALDO FRANCISCO PINHEIRO FRANCO

Corregedor Geral da Justiça e Relator

Embargos de Declaração Cível nº 1071137-26.2017.8.26.0100/50000

Embargante: Sanseverino Advogados Associados

Embargado: Oficial do 10º Cartório de Registro de Imóveis da Capital

VOTO Nº 37.737

Embargos de Declaração – Inexistência de omissão – Alegações que revelam inconformismo da parte embargante – Caráter infringente do recurso – Matéria já examinada na decisão questionada – Embargos de declaração rejeitados.

Trata-se de embargos de declaração opostos por *Sanseverino Advogados Associados* em face do v. Acórdão **[1]** que negou provimento à apelação interposta, com a consequente manutenção da recusa ao registro de instrumento particular de alteração de contrato social, por intermédio do qual o sócio, Carlos Alberto Maluf Sanseverino, transfere a propriedade de seu imóvel, matriculado sob nº 87.664 junto ao 10º Registro de Imóveis da Capital, para integralizar o capital social da sociedade. Afirma, em síntese, que o acórdão proferido precisa ser declarado para que, em razão do quanto decidido, dele passe a constar que a certidão emitida pela Ordem dos Advogados do Brasil (alteração de contrato social), por força do disposto nos arts. 15, § 1º, e 44 da Lei nº 8.906/94, bem como no art. 45, *caput*, do Código Civil, não tem o mesmo valor probante (jurídico) que o mesmo tipo de certidão expedida pela Junta Comercial do Estado de São Paulo e pelo Registro Civil de Pessoas Jurídicas, para efeitos de afastamento de comando do art. 108 do Código Civil, dispensando-se a apresentação de escritura pública, com base no art. 64 da Lei nº 8.935/94, nos arts. 167, inciso I, nº 32, e 221, inciso II, da Lei 6.015/73.

É o relatório.

Ao apontar a ocorrência de suposta omissão, pretende a embargante a alteração do julgado.

Assim se afirma, pois a confirmação da exigência formulada pelo registrador e, consequentemente, a manutenção da negativa de registro não decorrem da natureza jurídica da certidão expedida pela Ordem dos Advogados do Brasil em comparação àquela expedida pela JUCESP, mas sim, da impossibilidade de ser também aplicada às sociedades de advogados a hipótese de dispensa de lavratura de escritura pública para transferência de direitos reais sobre imóveis.

A propósito, ficou expressamente consignado que a sociedade de advogados ostenta natureza jurídica de sociedade simples e não exerce atividade empresária, sendo inadmissível, por outro lado, falar-se em aplicação analógica no âmbito administrativo. Assim, restou esclarecido que:

> *"(...) as sociedades de advogados possuem natureza de sociedade simples, na medida em que lhes é vedado, dentre outros, o exercício de atividades de caráter mercantil, além do registro nas juntas comerciais, requisitos estes que são essenciais para a caracterização de uma sociedade empresária.*
>
> *(...) A regra de exceção contida na parte inicial do art. 108 do Código Civil permite dispensa da forma pública no caso da integralização de patrimônio de sociedade empresarial para transferência da propriedade de bens imóveis em razão do disposto no art. 64 da Lei n. 8.934/94, cuja dicção é clara ao se referir a 'sociedades mercantis' e 'juntas comerciais'.*
>
> *E como toda regra de exceção, deve ser interpretada restritivamente, sendo descabida a interpretação extensiva defendida pela apelante.*
>
> *Por conseguinte, inviável a transferência de bens imóveis do sócio por instrumento particular arquivado no Conselho Seccional da OAB em cuja base*

territorial está sediada a sociedade de advogados, para fins de integralização do capital social, incidindo na espécie a regra geral da forma pública."

Nesse cenário, não há omissão a sanar. Nota-se, em verdade, claro inconformismo do embargante em relação ao teor do acórdão, motivo pelo qual, diante de seu caráter nitidamente infringente, os embargos devem ser rejeitados.

Diante do exposto, pelo meu voto, **rejeito os embargos de declaração** opostos.

GERALDO FRANCISCO PINHEIRO FRANCO

Corregedor Geral da Justiça e Relator Nota:

[1] Fls. 148/155. (DJe de 03.07.2019 - SP)

PODER JUDICIÁRIO

TRIBUNAL DE JUSTIÇA DO ESTADO DE SÃO PAULO

CONSELHO SUPERIOR DA MAGISTRATURA

Apelação nº 1001687-51.2015.8.26.0363

Registro: 2019.000502559

ACÓRDÃO

Vistos, relatados e discutidos estes autos de **Apelação Cível nº 1001687-51.2015.8.26.0363**, da Comarca de **Mogi-Mirim**, em que é apelante **REYNALDO JOÃO MILANI FILHO**, é apelado **OFICIAL DE OFICIAL DE REGISTRO DE IMÓVEIS E ANEXOS DA COMARCA DE MOGI MIRIM.**

ACORDAM, em Conselho Superior de Magistratura do Tribunal de Justiça de São Paulo, proferir a seguinte decisão: **"Deram provimento para julgar improcedente a dúvida, v.u."**, de conformidade com o voto do Relator, que integra este acórdão.

O julgamento teve a participação dos Exmos. Desembargadores **PEREIRA CALÇAS (PRESIDENTE TRIBUNAL DE JUSTIÇA) (Presidente), ARTUR MARQUES (VICE PRESIDENTE), XAVIER DE AQUINO (DECANO), EVARISTO DOS SANTOS(PRES. DA SEÇÃO DE DIREITO PÚBLICO), CAMPOS MELLO (PRES. DA SEÇÃO DE DIREITO PRIVADO) E FERNANDO TORRES GARCIA(PRES. SEÇÃO DE DIREITO CRIMINAL).**

São Paulo, 25 de junho de 2019.

GERALDO FRANCISCO PINHEIRO FRANCO

Corregedor Geral da Justiça e Relator

Apelação Cível nº 1001687-51.2015.8.26.0363

Apelante: Reynaldo João Milani Filho

Apelado: Oficial de Oficial de Registro de Imóveis e Anexos da Comarca de Mogi Mirim

VOTO Nº 37.754.

Registro de Imóveis – Conferência de bens para integralização de capital social de sociedade anônima – Procuração pública outorgada pelo cônjuge – Falecimento da mandante – Regime de comunhão parcial de bens – Comunicação – Necessidade de cumprimento dos poderes outorgados – Mandato com amplos poderes de representação – Precedentes deste Eg. Conselho Superior da Magistratura – Apelação provida.

Trata-se de recurso de apelação interposto por REYNALDO JOÃO MILANI FILHO contra r. sentença de fl. 175/178, que julgou procedente a dúvida suscitada pelo Sr. Oficial de Registro de Imóveis e Anexos da Comarca de Mogi Mirim, negando registro do instrumento particular de conferência de bens para integralização do capital social da sociedade *Rofhasar Administração e Participação S/A*, tendo como objeto o imóvel matriculado sob nº 77.103 daquela serventia imobiliária.

O apelante sustenta ter sido casado com *Aurora Aparecida Viola Milani*, desde 26 de março de 1982, pelo regime da comunhão parcial de bens, e que, em 22 de abril de 2014, sua esposa lhe outorgou procuração pública conferindo-lhe poderes específicos para, em seu nome, administrar, alienar e onerar todos os seus bens, podendo constituir nova sociedade e conferir bens para integralização de capital social.

Afirma que, em 22 de dezembro de 2014, foi constituída a referida sociedade anônima, após realização da Assembleia Geral de Constituição, arquivada na Junta Comercial do Estado de São Paulo, e que em 31 de dezembro do mesmo ano, por meio da realização de Assembleia Geral Extraordinária, o apelante conferiu ao capital social da sociedade o imóvel de titularidade do casal, matriculado sob nº 77.103 junto ao Oficial de Registro de Imóveis de Mogi Mirim.

Afirma o apelante que os atos constitutivos da empresa ocorreram em momento anterior ao óbito de sua esposa, ocorrido em 12 de janeiro de 2015, de modo que se encontrava em plena validade a procuração que lhe fora outorgada.

Por fim, afirma a desnecessidade de indicação expressa de poderes de alienação de bem específico, dada a amplitude daqueles outorgados e o regime de bens do casamento.

A D. Procuradoria Geral de Justiça opinou pelo não provimento do recurso (248/252). É o relatório.

Presentes pressupostos processuais e administrativos, conheço do recurso.

No mérito, o apelo comporta provimento.

Não obstante a mandante *Aurora Aparecida Viola Milani* tenha falecido em 12 de janeiro de 2015, a conferência de bens levada a registro, em verdade, somente exauriu o negócio jurídico iniciado ainda em 31 de dezembro de 2014, qual seja, a Assembleia Geral Extraordinária na qual se conferiu ao capital social da sociedade o imóvel de titularidade do casal.

De fato, como afirmado, uma vez obedecidos todos os procedimentos, o registro efetivado na Junta Comercial retroage à data da realização da referida Assembleia, evidenciando que todos os atos societários ocorreram em momento anterior ao óbito da outorgante *Aurora Aparecida Viola Milani*.

Noutras palavras, quando da constituição da sociedade, bem como da conferência de bens, a outorgante ainda estava viva e, consequentemente, em plena validade e eficácia o mandato outorgado.

Aplicável, portanto, o art. 674 do Código Civil, segundo o qual: *"embora ciente da morte, interdição ou mudança de estado do mandante, deve o mandatário concluir o negócio já começado, se houver perigo na demora"*.

Nesse sentido, há precedente deste Eg. Conselho Superior da Magistratura, quando, no mesmo julgamento, também se afastou a obrigatoriedade de que a procuração identifique expressamente os bens a serem alienados. Isso porque o instrumento público já concede amplos poderes ao mandatário, inclusive de alienação de bens imóveis:

> *"(...) Por fim, o falecimento do mandante em 24 de dezembro de 2002 não constitui óbice à utilização do mandato, já que a conferência do bem se deu em 16 de outubro de 2002, antes do óbito. O ato a ser praticado por meio da procuração era o de alienação do imóvel, o que se deu com a sua conferência, independentemente do registro.*
>
> *(...) O art. 661, par. 1º, do Código Civil exige poderes especiais para os atos de alienação de imóveis. Ocorre que a procuração outorgada pelo sócio Benedicto Laporte Vieira da Motta outorgou aos mandatários poderes para: ´gerir e administrar todos os bens, negócios e interesses dele outorgante; podendo adquirir, vender, compromissar, ceder, transferir, permutar, hipotecar, renunciar, dar em pagamento ou por qualquer outra forma ou título alienar, a quem quiser, por preço e condições que convencionar, quaisquer bens, móveis ou imóveis..´ (fls. 56 verso). E ainda para ´..fazer quaisquer contratos, hipotecários, de venda e compra, contratos sociais e alterações, inclusive para aumento ou redução de capital´ (fls. 57). Tais circunstâncias, aliadas ao fato de tratar de hipótese de integralização de capital, levaram este Egrégio Conselho Superior da Magistratura a decidir, que ´Esses poderes, respeitados os entendimentos em sentido contrário expostos nos autos, são, a meu ver, suficientes para o reconhecimento de que pela procuração outorgada o mandante habilitou os mandatários a alienar qualquer de seus bens imóveis mediante integralização do aumento do capital social da empresa apelante, integralização que, ainda 'in casu', foi concomitante com a subscrição, pelo mandante, de novas ações ordinárias emitidas pela apelante, como decorre do documento de fls. 29/57´.* (Apelação Cível nº 990.10.473.290-5, Rel. Des. MAURÍCIO VIDIGAL, 19/4/2011).

Tal precedente cuida de hipótese idêntica à discutida nesses autos, já que a procuração aqui outorgada também conferiu ao apelante amplos poderes de representação de sua esposa.

Vale destacar que outorgante e outorgado eram cônjuges, em regime de comunhão parcial de bens, o que traz presunção de confiança quanto aos poderes outorgados.

Ainda segundo o Sr. Oficial, não poderia o apelante, valendo-se da referida procuração, conferir um imóvel comum do casal para integralizar o capital societário, unicamente em seu favor, já que sua esposa não passou a integrar a sociedade *Rofhasar Administração e Participação S/A*.

No entanto, como já ressaltado, o recorrente e sua falecida esposa eram casados pelo regime da comunhão parcial de bens, fazendo valer a regra do art. 1.660 do Código Civil:

> *Art. 1.660. Entram na comunhão: I - os bens adquiridos na constância do casamento por título oneroso, ainda que só em nome de um dos cônjuges;*

Desse modo, ainda que a participação societária permanecesse exclusivamente em nome do recorrente, pelo regime de bens que regulava o casamento já extinto, as ações adquiridas onerosamente na constância da união entrariam na comunhão de bens.

Assim, não há prejuízo pelo fato das ações serem titularizadas exclusivamente pelo recorrente ou por sua falecida esposa, pois, se a conferência de bens para a integralização de capital social é uma modalidade de alienação patrimonial, e se a procuração concedia amplos poderes ao representante, inclusive para a alienação de bens, então é válido o negócio jurídico que integrará ao patrimônio comum do casal ações de uma sociedade anônima.

Assim, encontre-se suprida a outorga conjugal exigida pelo art. 1.647 do Código Civil.

Em situação idêntica à tratada nestes autos, esse Eg. Conselho Superior da Magistratura assim firmou seu entendimento:

> *Registro de Imóveis – Conferência de bens para integralização de capital social – Dúvida julgada procedente em primeira instância – Análise das três exigências – Óbito da outorgante da procuração ocorrido entre a conferência de bens e o registro do título – Afastamento do óbice – Aplicação do artigo 674 do Código Civil – Falta de identificação dos imóveis a serem transferidos na procuração outorgada – Procuração que confere ao apelante amplos poderes para representar sua esposa, inclusive para alienação de bens – Afastamento do óbice – Precedente deste Conselho – Conferência de bens comuns do casal para integralizar participação em sociedade da qual apenas o marido se tornará sócio – Regime da comunhão parcial de bens – Participação societária que entrará na comunhão de bens, ainda que as ações fiquem em nome do recorrente – Inteligência do artigo 1.660, I, do Código Civil – Anuência suprida pelos termos da procuração e pela futura partilha da participação societária – Exigência afastada.* (Apelação Cível nº 1001689- 21.2015.8.26.0363, Des. PEREIRA CALÇAS).

Ante o exposto, dou provimento à apelação para julgar improcedente a dúvida.

GERALDO FRANCISCO PINHEIRO FRANCO

Corregedor Geral da Justiça e Relator (DJe de 28.08.2019 – SP)

CONTRATO PARTICULAR

PODER JUDICIÁRIO

TRIBUNAL DE JUSTIÇA DO ESTADO DE SÃO PAULO

CONSELHO SUPERIOR DA MAGISTRATURA

Apelação nº 1017364-22.2018.8.26.0071

Registro: 2019.0000585469

ACÓRDÃO

Vistos, relatados e discutidos estes autos de **Apelação Cível nº 1017364-22.2018.8.26.0071**, da Comarca de **Bauru**, em que são apelantes **H. AIDAR PAVIMENTAÇÃO E OBRAS LTDA. e ASSUÃ – CONSTRUÇÕES ENGENHARIA E COMÉRCIO LTDA**, é apelado **PRIMEIRO OFICIAL DE REGISTRO DE IMOVEIS DE BAURU.**

ACORDAM, em Conselho Superior de Magistratura do Tribunal de Justiça de São Paulo, proferir a seguinte decisão: **"Negaram provimento ao recurso, v.u."**, de conformidade com o voto do Relator, que integra este acórdão.

O julgamento teve a participação dos Exmos. Desembargadores **PEREIRA CALÇAS (PRESIDENTE TRIBUNAL DE JUSTIÇA) (Presidente), ARTUR MARQUES (VICE PRESIDENTE), XAVIER DE AQUINO (DECANO), EVARISTO DOS SANTOS(PRES. DA SEÇÃO DE DIREITO PÚBLICO), CAMPOS MELLO (PRES. DA SEÇÃO DE DIREITO PRIVADO) E FERNANDO TORRES GARCIA(PRES. SEÇÃO DE DIREITO CRIMINAL).**

São Paulo, 25 de julho de 2019.

GERALDO FRANCISCO PINHEIRO FRANCO

Corregedor Geral da Justiça e Relator

Apelação Cível nº 1017364-22.2018.8.26.0071
Apelantes: H. Aidar Pavimentação e Obras Ltda. e Assuã – Construções Engenharia e Comércio Ltda

Apelado: Primeiro Oficial de Registro de Imoveis de Bauru

VOTO Nº 37.804

Registro de Imóveis – Contrato particular de parceria em empreendimentos imobiliários – Título representativo de direito obrigacional – Pretensão de prevalência perante terceiros, visando assegurar o recebimento de suposto crédito – Recusa do registro – Ausência, ademais, dos requisitos para a realização de averbação preventiva – Recurso não provido.

Trata-se de apelação interposta por H. AIDAR PAVIMENTAÇÃO E OBRAS LTDA. e ASSUÃ – CONSTRUÇÕES, ENGENHARIA E COMÉRCIO LTDA. contra r. sentença que julgou a dúvida procedente e manteve a negativa de ingresso, na matrícula nº 105.774 do 1º Registro de Imóveis, Títulos e Documentos e Civil de Pessoa Jurídica da Comarca de Bauru, de contrato particular de parceria em empreendimentos imobiliários, porque ausentes os requisitos necessários para o registro e, ainda, para a averbação prevista no inciso IV do art. 54 da Lei nº 13.097/2015.

Os apelantes alegaram, em suma, que existe fato novo porque foi celebrada escritura pública de compra e venda do imóvel objeto da matrícula nº 114.384, consistente em área que seria abrangida pelo contrato de parceria em empreendimentos imobiliários, e porque moveram ação cautelar, com pedido de tutela antecipada (Processo nº 1023381-74.2018.8.26.0071 da 3ª Vara Cível da Comarca de Bauru), em que formularam pedido de averbação na matrícula nº 114.385. Afirmaram, no mais, que em contrato particular de parceria em empreendimentos imobiliários foi previsto que promoveriam a implantação de empreendimentos dessa natureza em áreas de propriedade das empresas Thotus Empreendimentos Imobiliários Ltda. e Jafd Empreendimentos Imobiliários Ltda.. Asseveraram que o contrato não foi rescindido no que se refere ao imóvel objeto da matrícula nº 105.774, ao passo que as proprietárias se tornaram inadimplentes em razão do descumprimento das obrigações que assumiram. Disseram que o registro tem por finalidade resguardar direitos decorrentes de contrato relativo a imóvel e afastar os riscos da alienação do bem pelas proprietárias. Aduziram que não é possível a apresentação de ordem judicial específica a que se refere o art. 54 da Lei nº 13.097/2015 porque o contrato de que pretendem o registro prevê que eventuais litígios serão resolvidos por meio de arbitragem. Ademais, o art. 167 da Lei nº 6.015/73 autoriza a averbação de ocorrências que de qualquer modo alterem o registro. Por fim, o registro é necessário para valer perante terceiros, como previsto na Lei nº 13.097/2015. Requereram o provimento do recurso para que seja promovida a averbação do instrumento particular na matrícula nº 105.774 (fls. 129/137).

A douta Procuradoria Geral de Justiça opinou pelo não provimento do recurso (fls. 926/929).

É o relatório.

Anoto, primeiro, que os documentos de fls. 138 e seguintes não dizem respeito diretamente ao registro, ou averbação, do contrato apresentado pelos apelantes na matrícula nº 105.774 e, portanto, não alteram o resultado da dúvida.

Conforme o documento de fls. 29/30, os apelantes requereram ao Sr. 1º Oficial de Registro de Imóveis, Títulos e Documentos e Civil de Pessoa Jurídica da Comarca de Bauru o registro, na matrícula nº 105.774, do Instrumento Particular de Parceria em Empreendimentos Imobiliários reproduzido às fls. 31/52, o que fizeram "...visando resguardar direitos, bem como instituir garantias para o caso da inadimplência das proprietárias perdurar..." (fls. 30).

Em razão da recusa da prática do ato (fls. 54/55) os apelantes solicitaram a suscitação de dúvida (fls. 23/27) reiterando o pedido de registro do contrato que apresentaram (fls. 27).

Somente nas razões de apelação foi requerida a averbação do instrumento particular (fls. 137).

A imprecisão relativa à natureza do ato pretendido recomenda a manutenção da competência deste Eg. Conselho Superior da Magistratura para o julgamento da apelação, posto que tem competência exclusiva para o julgamento das dúvidas suscitadas contra a recusa de ato de registro em sentido estrito.

O contrato particular apresentado pelos apelantes, contudo, não preenche os requisitos legais para o seu registro em sentido estrito, nem para a prática de ato de averbação de natureza preventiva, com finalidade de constituição do direito de sequela.

Como esclarece Arruda Alvim, os direitos reais são regidos pelo princípio da legalidade e tipicidade que significa que somente têm essa natureza aqueles assim previstos em lei, conforme tipos rígidos e exaurientes (Arruda Alvim, José Manoel de, Direitos reais de garantia imobiliária, in *Direito privado*: contratos. direitos reais, pessoas jurídicas de direito privado, responsabilidade. São Paulo: Revista dos Tribunais, 2002. v. 1, p. 184/187).

O registro dos direitos e ônus reais sobre imóveis submetem-se a igual princípio da tipicidade, posto que restrito ao rol taxativo dos direitos reais sobre imóveis que são aqueles assim definidos em lei.

Bem por isso, a Lei nº 6.015/73 relaciona em seu art. 167, inciso I, os direitos reais passíveis de registro, em rol que, mediante complementação pela legislação esparsa, constitui *numerus clausus*.

Os atos de averbação, por seu lado, são previstos em *numerus apertus* porque dizem respeito às mutações relativas aos direitos e aos fatos inscritos, sendo, portanto, acessórias.

Essa estrutura, apesar de nem sempre ser observada pelo legislador, é bem descrita por Afrânio de Carvalho quando esclarece:

"Embora uma e outra cubram mutações jurídico--reais, a primeira destina-se a certas mutações e a segunda a outras diversas.

A inscrição, nela absorvida a transcrição discrepante, cobre as aquisições e onerações de imóveis, que são os assentos mais importantes, ao passo que a averbação cobre as demais, que alteram por qualquer modo os principais. A nomenclatura binária condiz com a diferença entre a principalidade dos primeiros atos e a acessoriedade dos segundos.

Essa diferença, derivada da consideração recíproca dos atos, implica outra de natureza temporal, pois o que altera é necessariamente posterior ao alterado. Assim, pressupondo a inscrição, a averbação lhe é posterior, devendo consignar fatos subsequentes. A nova lei registral confirma esse conceito, visto como, após referência a casos expressos de averbação, a prevê para 'as sub-rogações e outras ocorrências que, por qualquer modo, alterem o registro' (art. 246).

(...)

A averbação não muda nem a causa nem a natureza do título que deu origem à inscrição, não subverte o assento original, tão somente o subentende (...)" (Afrânio de Carvalho, *Registro de Imóveis*, 4ª ed,, Rio de Janeiro: Forense, 1998, pág. 117).

Por essa razão, a Lei nº 6.015/73 ressalva em seu art. 246 que: *"Além dos casos expressamente indicados no item II do artigo 167, serão averbados na matrícula as subrogações e outras ocorrências que, por qualquer modo, alterem o registro".*

No presente caso, a apresentação do Instrumento Particular de Parceria em Empreendimentos Imobiliários de fls. 31/52 não visou a constituição de direito real sobre imóvel, pois é representativo de direitos de natureza obrigacional.

Diante disso, ausente o requisito da tipicidade, o registro originalmente pretendido pelos apelantes não se mostra possível.

Igual ocorre com a averbação do Instrumento Particular de Parceria em Empreendimentos Imobiliários, pois não representa mutação do imóvel, ou de direito inscrito no Registro Imobiliário, nem diz respeito a direito pessoal a que a lei atribua eficácia real.

Por ser representativo de direito obrigacional a que a lei não atribui eficácia real, a averbação do contrato não encontra amparo nas normas e princípios que regem o Direito Imobiliário, ainda que sob o fundamento de que terá natureza preventiva.

Lembra-se, sob o tema, a advertência de Afrânio de Carvalho no sentido de que o Registro de Imóveis não é depositório de quaisquer espécies de atos e negócios jurídicos, visando conferir maior força aos direitos obrigacionais ou enfraquecer direitos reais, a depender dos interesses da parte:

"A despeito de serem irregistráveis, pelo que o registro, vão e inócuo, nenhum efeito lhes acrescentará, a experiência demonstra que certos títulos são levados obstinadamente pelas partes ao registro, cuja porta acabam forçando. Quando as partes assim procedem, pensam, mas desavisadamente, que fortalecem os próprios direitos ou debilitam os dos adversários, com os quais disputam em juízo, mediante daninha propaganda contra o seu direito real.

O registro não é desaguadouro comum de todos e quaisquer títulos, senão apenas daqueles que confiram uma posição jurídico-real, como os constantes da enumeração da nova Lei do Registro (art. 167). Dessa maneira, não são recebíveis os títulos que se achem fora dessa enumeração, porquanto o registro nada lhes acrescenta de útil. Neste particular, a regra dominante é a de qua não é inscritível nenhum direito que mediante a inscrição não se torne mais eficaz do que sem ela" (Afrânio de Carvalho, *Registro de Imóveis*, cit., p. 236).

Não se ignora, por certo, os benefícios decorrentes da concentração na matrícula dos atos que digam respeito ao imóvel, reduzindo os riscos aos adquirentes pela eventual existência de ônus reais ocultos, ou de situações que possam caracterizar fraude contra credores ou à execução.

A proteção aos credores do titular do domínio, entretanto, não afasta a vedação ao registro e à averbação dos contratos representativos de direitos meramente obrigacionais, pois o inciso IV do art. 54 da Lei nº 13.097/2015 determina que pode ser averbada, mediante decisão judicial, a existência de ação que não seja real, ou pessoal reipersecutória, o que não se confunde com o contrato de que decorre o litígio:

"Art. 54. Os negócios jurídicos que tenham por fim constituir, transferir ou modificar direitos reais sobre imóveis são eficazes em relação a atos jurídicos precedentes, nas hipóteses em que não tenham sido registradas ou averbadas na matrícula do imóvel as seguintes informações:

(...)

IV – averbação, mediante decisão judicial, da existência de outro tipo de ação cujos resultados ou responsabilidade patrimonial possam reduzir seu proprietário à insolvência, nos termos do inciso II do art. 593 da Lei no 5.869, de 11 de janeiro de 1973 – Código de Processo Civil, (...)".

Por fim, a previsão contratual de arbitragem (fls. 50) não torna o cumprimento da exigência impossível porque não afasta o recurso à esfera jurisdicional para a obtenção de medida cautelar, ou de urgência, como previsto no art. 22-A da Lei nº 9.307/96:

"Art. 22-A. Antes de instituída a arbitragem, as partes poderão recorrer ao Poder Judiciário para a concessão de medida cautelar ou de urgência.

Parágrafo único. Cessa a eficácia da medida cautelar ou de urgência se a parte interessada não requerer a instituição da arbitragem no prazo de 30 (trinta) dias, contado da data de efetivação da respectiva decisão".

Ante o exposto, pelo meu voto nego provimento ao recurso.

GERALDO FRANCISCO PINHEIRO FRANCO

Corregedor Geral da Justiça e Relator (DJe de 13.08.2019 – SP)

DAÇÃO EM PAGAMENTO

PODER JUDICIÁRIO

TRIBUNAL DE JUSTIÇA DO ESTADO DE SÃO PAULO

CONSELHO SUPERIOR DA MAGISTRATURA

Apelação nº 1000459-49.2017.8.26.0176

Registro: 2019.0000108406

ACÓRDÃO

Vistos, relatados e discutidos estes autos de **Apelação nº 1000459-49.2017.8.26.0176**, da Comarca de **Embu das Artes**, em que é apelante **ABSOLUTE SERVIÇOS TERCEIRIZADOS LTDA**, é apelado **OFICIAL DE REGISTRO DE IMÓVEIS E ANEXOS DA COMARCA DE EMBU DAS ARTES.**

ACORDAM, em Conselho Superior de Magistratura do Tribunal de Justiça de São Paulo, proferir a seguinte decisão: **"Deram provimento à apelação para julgar a dúvida improcedente, v.u."**, de conformidade com o voto do Relator, que integra este acórdão.

O julgamento teve a participação dos Exmos. Desembargadores **PEREIRA CALÇAS (PRESIDENTE TRIBUNAL DE JUSTIÇA) (Presidente), ARTUR MARQUES (VICE PRESIDENTE), XAVIER DE AQUINO (DECANO), EVARISTO DOS SANTOS(PRES. DA SEÇÃO DE DIREITO PÚBLICO), CAMPOS MELLO (PRES. DA SEÇÃO DE DIREITO PRIVADO) E FERNANDO TORRES GARCIA(PRES. SEÇÃO DE DIREITO CRIMINAL).**

São Paulo, 13 de fevereiro de 2019.

GERALDO FRANCISCO PINHEIRO FRANCO

Corregedor Geral da Justiça e Relator

Apelação nº 1000459-49.2017.8.26.0176

Apelante: Absolute Serviços Terceirizados Ltda

Apelado: Oficial de Registro de Imóveis e Anexos da Comarca de Embu das Artes

VOTO Nº 37.687

Registro de Imóveis – Escritura pública de dação em pagamento – Qualificação negativa – Questionamento a respeito da base de cálculo utilizada para recolhimento do imposto sobre transmissão de bens imóveis – ITBI – Análise pelo oficial registrador, na matéria concernente ao imposto de transmissão, que deve se ater ao seu recolhimento, sem alcançar o valor – Não configuração de flagrante irregularidade no recolhimento – Precedentes do C. Conselho Superior da Magistratura – Apelação provida para julgar a dúvida improcedente.

Trata-se de recurso de apelação interposto por *Absolute Serviços Terceirizados Ltda.* contra a r. sentença proferida pelo MM. Juiz Corregedor Permanente do Oficial de Registro de Imóveis da Comarca de Embu das Artes, que julgou procedente a dúvida registrária e manteve o óbice imposto pelo registrador referente à exigência de recolhimento da diferença devida a título de ITBI **[1]**. Alega a apelante, em síntese, que os atos precedentes não guardam relação com o negócio jurídico consubstanciado na escritura pública de dação em pagamento levada a registro, em que as partes fixaram o valor do crédito em conformidade ao valor da avaliação do bem, isto é, em R$ 200.000,00. Afirma que foi apresentado o comprovante de pagamento de ITBI, calculado segundo o valor de avaliação do imóvel, do crédito e da dação. Discorda do cálculo do imposto com base no valor da dívida, ou seja, R$ 12.708.924,77, pois a lei municipal define como base de cálculo do ITBI o valor do bem ou dos direitos constantes do instrumento de transmissão, observado como mínimo o valor venal utilizado como base de cálculo do IPTU **[2]**.

A Douta Procuradoria de Justiça opinou pelo provimento da apelação **[3]**.

É o relatório.

O dissenso versa sobre a possibilidade de registro da Escritura Pública de Dação em Pagamento, lavrada em 01 de setembro de 2011, tendo por objeto o imóvel matriculado sob nº 894, dado em pagamento à apelante, pelo valor de R$

200.000,00. Segundo consta da referida escritura, os outorgantes eram garantidores hipotecários de dívida existente em nome da empresa "Cotia Foods Indústria e Comércio Ltda.", no valor de R$ 12.500.000,00, sendo certo que referido crédito foi cedido à outorgada apelante pelo valor de R$ 7.000.000,00. Então, outorgantes e outorgadas concordaram em ajustar o valor da dívida em R$ 200.000,00, quitada mediante dação em pagamento do imóvel objeto da escritura **[4]**.

O Oficial do Registro de Imóveis da Comarca de Embu das Artes desqualificou o título e exigiu o recolhimento da diferença do Imposto de Transmissão de Bens Imóveis ITBI devido à Prefeitura Municipal, referente ao negócio jurídico celebrado, em montante a ser calculado com base no valor da dívida.

A exigência formulada pelo Oficial para registro do título, contudo, não se sustenta. Este C. Conselho Superior da Magistratura vem decidindo que ao registrador compete verificar tão somente o recolhimento dos tributos relativos aos atos cuja prática lhe é atribuída, pois não lhe cabe discutir o valor recolhido, matéria de interesse exclusivo da Fazenda Pública, a quem a lei reserva os meios próprios para haver do contribuinte diferenças de recolhimento de impostos que entenda devidas. Sobre o tema:

"Assentou-se orientação, neste Conselho Superior, no sentido de que o elastério conferido ao artigo 289 da Lei 6.015/73, e agora ao artigo 30, XI, da Lei 8.935, é o de que ao serventuário compete verificar tão só a ocorrência do pagamento do imposto relativo aos atos cuja prática lhe é acometida. Ou seja, no caso, em que se busca a prática de ato registrário, a qualificação do Oficial, na matéria concernente ao imposto de transmissão, não vai além da aferição sobre seu recolhimento, e não sobre a integralidade de seu valor. Com efeito, qualquer diferença de imposto deve ser reclamada pela Fazenda na esfera própria". **[5]**

Na mesma linha, foi decidido no julgamento da Apelação nº 0002604-73.2011.8.26.0025, em voto da lavra do então Excelentíssimo Corregedor Geral da Justiça, Desembargador José Renato Nalini, que:

"A falha apontada pelo Oficial envolve questão de questionamento no âmbito do direito material. Não foi atacada a regularidade formal do título nem mesmo a temporalidade do recolhimento ou o ato em si. Ao contrário, a exigência envolve exame substancial do montante do pagamento do imposto devido, que é atribuição dos órgãos fazendários competentes, sendo que seu questionamento mereceria a participação da Fazenda Pública, principal Interessada. Ao Oficial cabe fiscalizar, sob pena de responsabilização pessoal, a existência da arrecadação do imposto previsto e a oportunidade em que foi efetuada. O montante, desde que não seja flagrantemente equivocado, extrapola a sua função. Neste sentido é o parecer da D. Procuradora de Justiça, citando precedente deste E. Conselho Superior da Magistratura (Apelação Cível 996-6/6, de 09/12/2008)."

Como se vê, extrapolou o registrador suas atribuições, pois não lhe cabe atuar como agente fiscal, exigindo a complementação do imposto pago.

Veja-se que, no caso concreto, as partes chegaram a um acordo a respeito do valor do débito e, então, mediante dação em pagamento do imóvel em questão, houve quitação da obrigação. Ora, tanto a dívida acordada e quitada, quanto o imóvel em si tem o valor de R$ 200.000,00, de forma que o montante pago a título de ITBI, tendo por base de cálculo esse mesmo valor, não se mostra irrisório.

Por conseguinte, não estando configurado flagrante equívoco no recolhimento do ITBI, há que ser afastado o óbice ao registro.

Nesses termos, pelo meu voto, **dou provimento** à apelação para julgar a dúvida improcedente.

GERALDO FRANCISCO PINHEIRO FRANCO

Corregedor Geral da Justiça e Relator

Notas:

[1] Fls. 77/78.

[2] Fls. 80/84.

[3] Fls. 105/109.

[4] Fls. 05/10.

[5] *CSMSP - APELAÇÃO CÍVEL: 28.382-0/7. LOCALIDADE: São Paulo. DATA JULGAMENTO: 28/09/1995. DATA DJ: 07/12/1995. Relator: Antônio Carlos Alves Braga. No mesmo sentido: Apelação Cível n.º 22.679-0/9.* (DJe de 08.03.2019 - SP)

DEMARCAÇÃO

PODER JUDICIÁRIO

TRIBUNAL DE JUSTIÇA DO ESTADO DE SÃO PAULO

CONSELHO SUPERIOR DA MAGISTRATURA

Apelação nº 1006541-23.2015.8.26.0223

Registro: 2018.0000994891

ACÓRDÃO

Vistos, relatados e discutidos estes autos do(a) **Apelação nº 1006541-23.2015.8.26.0223**, da Comarca de **Guarujá**, em que são apelantes **SECRETARIA DE PATRIMONIO DA UNIÃO e G YOSHIOKA & CIA LTDA**, é apelado **OFICIAL DE REGISTRO DE IMOVEIS, TÍTULOS, DOCUMENTOS E NOTAS DA COMARCA DE GUARUJA.**

ACORDAM, em Conselho Superior de Magistratura do Tribunal de Justiça de São Paulo, proferir a seguinte decisão: **"Deram provimento em parte aos recursos, apenas para reformar a r. sentença no ponto em que declarou a nulidade do procedimento demarcatório, mantidos, no mais, os óbices levantados para ingresso do título, v.u.",** de conformidade com o voto do Relator, que integra este Acórdão.

O julgamento teve a participação dos Exmos. Desembargadores **PEREIRA CALÇAS (PRESIDENTE TRIBUNAL DE JUSTIÇA) (Presidente), ARTUR MARQUES (VICE PRESIDENTE), XAVIER DE AQUINO (DECANO), EVARISTO DOS SANTOS(PRES. DA SEÇÃO DE DIREITO PÚBLICO), CAMPOS MELLO (PRES. DA SEÇÃO DE DIREITO PRIVADO) E FERNANDO TORRES GARCIA(PRES. SEÇÃO DE DIREITO CRIMINAL).**

São Paulo, 11 de dezembro de 2018.

GERALDO FRANCISCO PINHEIRO FRANCO

Corregedor Geral da Justiça e Relator

Apelação nº 1006541-23.2015.8.26.0223

Apelantes: SECRETARIA DE PATRIMONIO DA UNIÃO e G YOSHIOKA & CIA LTDA

Apelado: OFICIAL DE REGISTRO DE IMOVEIS, TÍTULOS, DOCUMENTOS E NOTAS DA COMARCA DE GUARUJA

VOTO Nº 37.644

Registro de Imóveis – Contrato de aforamento gratuito – Terreno da marinha – Procedimento de demarcação – Eventuais vícios procedimentais que escapam à análise do Juiz Corregedor Permanente, até que desfeitos pelo devido processo legal – Terras da União – Aquisição originária – Princípio da especialidade – Área decorrente de parcelamento irregular – Impossibilidade de identificar a área aforada, dentro da área dos imóveis atingidos – Recursos providos em parte, apenas para reformar a r. sentença no ponto em que declarou a nulidade do procedimento demarcatório.

Trata-se de apelação interposta por GORO YOSHIOKA LTDA contra a r. sentença de fl. 820/824, que manteve a recusa levantada pelo Sr. Oficial de Registro de Imóveis e Anexos da Comarca do Guarujá, negando registro a Contrato de Aforamento apresentado pelo seu titular, diante de sua nulidade, e determinou o bloqueio das matrículas nº 104.620 e 104.621, até o término de novo procedimento de demarcação a ser instaurado.

Sustenta o recorrente que a área aforada está devidamente especializada, não havendo qualquer afronta à especialidade objetiva, tampouco ao princípio da continuidade, face à natureza originária da aquisição dos bens da União. Ademais, não caberia ao Registrador, assim como ao MM. Magistrado *a quo*, examinar a regularidade do procedimento de demarcação, até porque prescrito tal exame.

Recorre também a UNIÃO, com preliminar de incompetência desta Eg. Corregedoria Geral da Justiça para exame da matéria, além de nulidade do procedimento, face à ausência de regular intimação da Advocacia-Geral da União no feito, suscitando também preliminar de prescrição, para, no mérito propriamente dito, aduzir as mesmas razões do primeiro recorrente.

A D. Procuradoria Geral de Justiça opinou pelo acolhimento da preliminar de incompetência e, caso seja superada a preliminar, pelo desprovimento dos recursos (fl. 903/915).

O Ministério Público Federal disse não ter interesse no feito (fl. 918/922).

É o relatório.

Presentes pressupostos recursais e administrativos, conheço dos recursos. As preliminares suscitadas pela União não devem ser acolhidas.

Não há qualquer nulidade na ausência de intimação da Advocacia Geral da União no feito, até porque houve regular comunicação à Secretaria de Patrimônio da União nos autos (fl. 399 e fl. 457), que foi devidamente recebido pelo Órgão Federal à fl. 460 e respondido à fl. 461.

De outra parte, quanto à declaração de nulidade do procedimento demarcatório, quando aí sim seria imprescindível a participação da Advocacia da União, tal matéria será enfrentada no exame do mérito.

Outrossim, tratando-se de procedimento administrativo, no qual a União não figura como parte, mostra-se inaplicável a incidência do art. 109, inciso I, da Constituição Federal.

Aliás, no procedimento de dúvida, não existe polo ativo ou passivo, tampouco existem "partes", tratando-se exclusivamente de expediente no qual há nova qualificação do título, por parte do Juiz Corregedor Permanente, com recurso de apelação a este C. Conselho Superior da Magistratura.

No campo administrativo da dúvida, só se analisa a discordância do apresentante com os motivos que levaram à recusa do registro do título. De seu julgamento, decorrerá a manutenção da recusa, com cancelamento da prenotação, ou a improcedência da dúvida, que terá como consequência a realização do registro (art. 203, II, da Lei nº 6.015/73).

Por essas razões, não obstante a Súmula 150 do STJ, na hipótese, não há sequer justa causa à remessa dos autos à Justiça Federal, razão pela qual ficam rejeitadas as preliminares suscitadas pela União.

No mérito, a r. Sentença deve ser parcialmente reformada quanto à declaração de nulidade do procedimento de demarcação dos terrenos da marinha.

A dúvida decorre dos óbices levantados pelo Sr. Oficial de Registro de Imóveis da Comarca de Guarujá em registrar o contrato de constituição de aforamento gratuito (fl. 62/74), pelo qual a União outorgou título de aforamento sobre o terreno com área de 9.159,00 m2, localizado na Avenida Santos Dumont, naquela Comarca.

Em suma, a serventia imobiliária sustenta que o título afronta o princípio da especialidade objetiva, face à necessidade de apuração do remanescente não aforado, que a porção de terra aforada constituiria lote de parcelamento irregular de solo e, não bastasse, que haveria ofensa ao trato sucessivo, já que a União não é a proprietária das áreas.

Não se desconhece que os terrenos de marinha são bens da União (art. 20, inciso VII, da Constituição Federal), e sua aquisição possui natureza originária, passando os antigos proprietários ao regime de ocupação. E sendo originária a aquisição, desnecessária a observância do princípio da continuidade (Resp. nº 798.165/ES, Relator Ministro LUIZ FUX, Resp. n° 693.032/RJ, Relator Ministro CASTRO MEIRA).

Os terrenos da marinha, por sua vez, são identificados a partir da média das marés altas do ano de 1831, tomando como referência o estado da costa brasileira naquele ano (art. 2º do Decreto-Lei nº 9.760/1946).

Ocorre que, no caso, o imóvel objeto do aforamento não está matriculado na serventia, ou seja, não possui registro próprio, inserindo-se em duas áreas maiores.

E, se para a aquisição de propriedade pela União, sequer seria necessária a observância do princípio da continuidade, ao menos para as transferências de direitos sucessivas, tal princípio deve ser observado, ressalvada nova hipótese de aquisição originária.

A demarcação da linha do preamar-médio (LPM) é um procedimento administrativo, declaratório de propriedade, definido no mesmo Decreto-Lei nº 9.760/1946, e é realizado pela Secretaria do Patrimônio da União (SPU), por meio de estudos técnicos com base em plantas, mapas, documentos históricos, dados de ondas e marés.

E se observa às fl. 807/810, nos termos da r. sentença proferida na ação de retificação, que a linha do preamar- médio foi fixada judicialmente na área em questão, sem prejuízo do procedimento demarcatória na via administrativa, ainda nos anos 70. Contudo, tal demarcação nunca houve.

Em verdade, a origem do imóvel aforado remonta à transcrição n° 1.593, de 7/3/1968, e transcrições nº 6.718, 6.719, 6.720, 6.721 e 6.722, datadas de 1°/3/1971, e matrícula n° 3.131, atuais matrículas n° 104.620 e 104.621 (fl. 12/23).

A área remanescente da matrícula n° 3.131 foi apurada nos autos de ação de retificação de registro imobiliário, que tramitou perante a 2ª vara Cível do Guarujá-SP, (autos n° 223.02.1995.000301-1/000000-000), proposta pelos proprietários *Joaquim da Rocha Brites* e *outros*, que levou à abertura das referidas matrículas n° 104.620 e 104.621.

Os titulares das áreas parcelaram o solo, num total de 93.904,630 m2 (matrícula n° 104.620) e 133.290,107 m2 (matrícula n° 104.621), sem submeter tal parcelamento ao registro especial previsto no art. 18 da Lei n° 6.766/79, e ainda em ofensa ao art. 37 do mesmo diploma, já que a apelante GORO YOSHIOKA LTDA adquiriu o lote n° 10 desse parcelamento, e, sobre essa área, pretende registrar o aforamento (fl. 143/146).

O loteamento no qual se localiza o aludido lote n° 10 nunca foi submetido ao registro imobiliário, e, mesmo assim, foi transmitido à suscitante, em clara afronta à lei regente.

Nas referidas matrículas não há especialização das áreas da marinha; há mera informação de que a área está, em parte, sobre *"faixa de marinha"* (Av. 03, fl. 15 e 21).

O imóvel aforado possui área de 9.159,00 m2, mas não guarda especialidade com os imóveis das matrículas n° 104.620 e 104.621, não sendo possível localizá-lo nas referidas áreas.

Por esse motivo, para o registro do aforamento pretendido, será imprescindível a prévia demarcação dos terrenos da marinha, nos termos do aludido Decreto-Lei n° 9.760/1946, e com redação do atual parágrafo único do art. 2° da Lei n° 9.636/1998:

> Art. 2° Concluído, na forma da legislação vigente, o processo de identificação e demarcação das terras de domínio da União, a SPU lavrará, em livro próprio, com força de escritura pública, o termo competente, incorporando a área ao patrimônio da União.

Parágrafo único. O termo a que se refere este artigo, mediante certidão de inteiro teor, **acompanhado de plantas e outros documentos técnicos que permitam a correta caracterização do imóvel, será registrado no Cartório de Registro de Imóveis competente. (g.n).**

Como dito acima, não bastasse, a União não é a proprietária, ao menos de acordo com o registro, das áreas matriculadas sob os n° 104.620 e 104.621, sem embargo à também já aludida aquisição originária. Os titulares dominais são *Joaquim da Rocha Brites* e *outros*, conforme certidões de fl. 12/23.

Não há dúvida de que o instrumento de aforamento e retificações (fl. 62/74) descreve de forma pormenorizada o imóvel objeto do contrato, com apresentação de memorial descritivo e identificação dos confrontantes.

Mas não há, em verdade, especialidade quanto à área maior.

O princípio da especialidade objetiva, previsto no art. 176 da Lei n° 6.015/73, estabelece que a descrição contida na inscrição do imóvel no registro imobiliário deve permitir a compreensão de sua singularidade, tornando -o inconfundível em face de qualquer outro.

De forma difusa, os precedentes administrativos do Eg. Conselho Superior da Magistratura, ao examinar atos de registro em sentido estrito, afirmam que a especialidade objetiva *"exige a identificação do imóvel como um corpo certo impedindo o ingresso de título sem coincidência com o imóvel registrado a partir da aproximação dos elementos constantes no título e na matrícula"* (Apelação Cível: 0002476-47.2015.8.26.0111, j. 24/7/2018).

O princípio da especialidade objetiva também fornece a certeza da localização física do imóvel e dos direitos nele inscritos, dando forma à segurança jurídica decorrente do registro imobiliário.

A certeza da área do imóvel a ser aforado não implica, em igual condição, com aquela dos imóveis descritos nas matrículas n° 104.620 e 104.621, assim como à devida demarcação dos terrenos da marinha. Assim, cabe precisar a localização destes, para que haja a inclusão daquele.

Sem o conhecimento exato da localização dos imóveis, seria temerário o registro pretendido, ocasionando insegurança jurídica, e não a consecução das normas legais destinadas à administração dos bens da União.

O próprio diligente Promotor de Justiça atuante em primeira instância, após reiteradamente solicitar cópia integral do procedimento de demarcação da área da marinha, foi pessoalmente à Secretaria de Patrimônio da União local e se assegurou de que o referido procedimento não foi encerrado em sua plenitude (fl. 793).

Também em primeira instância, o *Parquet* chancelou, na sua visão, a nulidade do procedimento de demarcação da área aforada (fl. 798/799):

> O procedimento de demarcação do terreno de marinha em que inserida a área aforada data de 1972 (fls.722/774) 28 - À época da realização do procedimento de demarcação, essas porções de terra estavam registradas ou transcritas (fls. 408, 410, 412, 414, 416, 418 e 420, este com expressa referência a transcrição anterior da Comarca de Santos); logo, possuíam proprietários. E se essas terras a serem então demarcadas possuíam proprietários à época da deflagração do respectivo procedimento ou ao menos pessoas cadastradas na Secretaria de Patrimônio da União (SPU) -, todos deveriam ter sido pessoalmente cientificados da instauração, em razao da declaração de Inconstitucionalidade (11) do artigo 11 do Decreto-lei nº 9.760/46-que facultava a cientificação por edital - com eficácia não modulada, a evidenciar os efeitos *ex tunc* desse pronunciamento jurisdicional.

Apenas nesse ponto, contudo, a r. sentença deve ser reformada.

Independentemente de eventuais vícios no mencionado procedimento, e ainda que ainda se aguarde o julgamento da ADI 4264 pelo Eg. Supremo Tribunal Federal, na qual deferida a medida cautelar pela inconstitucionalidade do art. 11, do Decreto-Lei 9.760/1946, na redação dada pela Lei nº 11.481/2007, não se mostra cabível a declaração de nulidade de procedimento nos autos da dúvida registral.

Assim, deve ser reformada a r. sentença no ponto em que reconheceu a referida nulidade do procedimento de demarcação dos terrenos da marinha, por ausência de notificação dos proprietários das porções de terra que estavam registradas ou transcritas (fls. 408, 410, 412, 414, 416, 418 e 420).

Trata-se de nulidade a ser reconhecida, caso exista, em ação própria, envolvendo todos os prejudicados, com a efetiva participação da Advocacia Geral da União-AGU, com contraditório e ampla defesa.

Esse Eg. Conselho Superior da Magistratura tem entendido que não cabe, quando da qualificação, rever procedimentos jurisdicionais ou administrativos, apontando e utilizando eventuais vícios processuais como causa de recusa.

A Lei de Registros Públicos trata das nulidades nos seus art. 214 e 216, sendo que as hipóteses de declaração de nulidade, em âmbito administrativo, somente ocorrem quando tal vício seja reconhecível de pleno direito:

> Art. 214 - As nulidades de pleno direito do registro, uma vez provadas, invalidam-no, independentemente de ação direta.

O §5º do referido artigo, inclusive, possui ressalva de que não será declarada nulidade, caso preenchidos os requisitos da usucapião:

> § 5º A nulidade não será decretada se atingir terceiro de boa-fé que já tiver preenchido as condições de usucapião do imóvel.

De outra parte, eventuais nulidades que digam respeito a vícios extrínsecos ao registro, inerentes ao próprio título, ou ao procedimento de onde o título se originou, escapam ao exame de qualificação, e somente podem ser desfeitos por ação própria, quando então incidirá a regra do art. 216 da Lei nº 6.015/73:

> Art. 216 - O registro poderá também ser retificado ou anulado por sentença em processo contencioso, ou por efeito do julgado em ação de anulação ou de declaração de nulidade de ato jurídico, ou de julgado sobre fraude à execução.

Assim, embora não seja cabível a declaração de nulidade, nesse cenário incerto, o bloqueio das matrículas traduz medida a ser tomada, já que presente risco de que a superveniência de novos registros possa causar danos de difícil reparação a titulares de direitos e a terceiros.

O Oficial Registrador não poderá mais praticar qualquer ato de inscrição na referida matrícula, salvo com autorização judicial. Serão prenotados os títulos que ingressarem nesse período, com prazo prorrogado até a solução do bloqueio.

Fica mantido, assim, o bloqueio das matrículas nº 104.620 e 104.621, em razão do parcelamento irregular de solo levado a efeito sobre as referidas áreas.

Por fim, o precedente desse Eg. Conselho Superior da Magistratura, citado pela primeira apelante (Apc nº 0005482-22.2011.8.26.0590), aqui não se aplica, tendo em vista que, naquele julgado, o aforamento dizia respeito à integralidade do imóvel matriculado, o que não é a hipótese dos autos, já que se está tratando de áreas remanescentes e de imóvel não matriculado.

Ante o exposto, dou provimento em parte aos recursos, apenas para reformar a r. sentença no ponto em que declarou a nulidade do procedimento demarcatório, mantidos, no mais, os óbices levantados para ingresso do título.

GERALDO FRANCISCO PINHEIRO FRANCO
Corregedor Geral da Justiça e Relator (DJe de 18.03.2019 - SP)

DESAPROPRIAÇÃO

PODER JUDICIÁRIO

TRIBUNAL DE JUSTIÇA DO ESTADO DE SÃO PAULO

CONSELHO SUPERIOR DA MAGISTRATURA

Embargos de Declaração nº 1044076-85.2016.8.26.0114/50000

Registro: 2019.0000214968

ACÓRDÃO

Vistos, relatados e discutidos estes autos de **Embargos de Declaração nº 1044076-85.2016.8.26.0114/50000**, da Comarca de **Campinas**, em que é embargante **CONCESSIONÁRIA ROTA DAS BANDEIRAS S/A**, é embargado **1º OFICIAL DE REGISTRO DE IMÓVEIS DA COMARCA DE CAMPINAS.**

ACORDAM, em Conselho Superior de Magistratura do Tribunal de Justiça de São Paulo, proferir a seguinte decisão: **"Rejeitaram os embargos. V. U.",** de conformidade com o voto do Relator, que integra este acórdão.

O julgamento teve a participação dos Exmos. Desembargadores **PEREIRA CALÇAS (PRESIDENTE TRIBUNAL DE JUSTIÇA) (Presidente), ARTUR MARQUES (VICE PRESIDENTE), XAVIER DE AQUINO (DECANO), EVARISTO DOS SANTOS(PRES. DA SEÇÃO DE DIREITO PÚBLICO), CAMPOS MELLO (PRES. DA SEÇÃO DE DIREITO PRIVADO) E FERNANDO TORRES GARCIA(PRES. SEÇÃO DE DIREITO CRIMINAL).**

São Paulo, 19 de março de 2019.

GERALDO FRANCISCO PINHEIRO FRANCO

Corregedor Geral da Justiça e Relator

Embargos de Declaração nº 1044076-85.2016.8.26.0114/50000

Embargante: Concessionária Rota das Bandeiras S/A

Embargado: 1º Oficial de Registro de Imóveis da Comarca de Campinas

VOTO Nº 37.702

Embargos de declaração – Desapropriação parcial de imóvel – Necessidade de individualização do imóvel para aferir sua exata localização com exigências atinentes ao CAR, georreferenciamento e CCIR – Ausência de omissões ou contradição na decisão colegiada – Inviabilidade dos embargos de declaração para rediscussão de questões já decididas – Embargos de Declaração rejeitados.

Trata-se de embargos de declaração opostos sob o fundamento da existência de omissões e contradição no v. acórdão em virtude de ser incabível a exigência do CAR, a não ocorrência de desmembramento rural sendo descabido exigir georreferenciamento e CCIR (a fls. 01/09).

É o relatório.

A decisão colegiada, não obstante a permanência do inconformismo da embargante quanto às questões de mérito, tratou da totalidade dos pontos postos nos embargos de declaração.

Nessa perspectiva houve decisão acerca da pertinência das exigências concernentes à inscrição no CAR, georreferenciamento e apresentação do CCIR.

Nesse sentido, confiram-se os seguintes trechos do acórdão:

A aquisição da propriedade imóvel por meio de desapropriação encerra forma originária de aquisição da propriedade.

(...)

A natureza originária da aquisição pela desapropriação não descaracteriza a submissão dessa situação jurídica à hipótese de desmembramento de imóvel rural, porquanto a área desapropriada, da ordem de 12.047,27 m2, foi destacada de imóvel matriculado de área maior.

(...)

A interpretação teleológica das referidas disposições normativas permite a compreensão de sua incidência no caso da desapropriação de parcela de imóvel rural, notadamente pela repercussão no imóvel objeto da desapropriaçao parcial no aspecto da especialidade objetiva.

O Certificado de Cadastro de Imóvel Rural (CCIR) - documento emitido pelo INCRA nas hipóteses de desmembramento, arrendamento, hipoteca, venda ou promessa de venda de imóveis rurais, deve ser exigido com fundamento no art. 22 da Lei nº 4.947/1966 e, especialmente, por força do estabelecido no art. 9º do Decreto nº 4.449/2002.

(...)

A localização do imóvel é em área rural, pois compreendia imóvel dessa natureza; tampouco há indicação de situar-se em área urbana, assim definida pelo município. O fato de se cuidar de rodovia que cruza área rural não a transforma em área urbana.

(...)

Portanto, compete definir a exata localização do imóvel conforme as coordenadas de seus vértices, consoante previsto na Lei de Registros Públicos.

A sentença judicial em ação de desapropriação não está isenta da incidência das demais determinações legais para o ingresso do título no registro imobiliário.

Desse modo, é necessário o georreferenciamento para o ingresso do título judicial atinente à desapropriação parcial de imóvel para implantação de rodovia, bem como a apresentação do CCIR conforme os precedentes deste Conselho Superior da Magistratura.

Em razão da transmissão da propriedade por meio de desapropriação, da interpretação teleológica efetuada, bem como o destaque de área menor, faço observação da necessidade do georreferenciamento apenas da área desapropriada sem necessidade de sua efetivação para fins de apuração do remanescente da matrícula da qual será destacada.

A exigência do georreferenciamento foi mantida com base na compreensão da ocorrência de desmembramento nos termos do artigo 176, parágrafo 3º, da Lei n. 6.015/73 e não em razão do disposto no artigo 29, parágrafo 3º, do Código Florestal.

Como exposto na decisão colegiada, a desapropriação implicou no destaque de parcela de imóvel registrado em área maior, daí a necessidade do cumprimento das exigências mantidas.

O fato da aquisição em decorrência de instituto de direito público não afasta a incidência da Lei de Registros Públicos que também alberga essa situação jurídica.

Desse modo, a decisão colegiada não padece dos vícios apontados estando tecnicamente correta; sendo desnecessária a repetição de seus fundamentos.

Pelo exposto, rejeito os embargos de declaração.

GERALDO FRANCISCO PINHEIRO FRANCO

Corregedor Geral da Justiça e Relator (DJe de 03.07.2019 - SP)

PODER JUDICIÁRIO

TRIBUNAL DE JUSTIÇA DO ESTADO DE SÃO PAULO

CONSELHO SUPERIOR DA MAGISTRATURA

Apelação nº 1044076-85.2016.8.26.0114

Registro: 2018.0000994893

ACÓRDÃO

Vistos, relatados e discutidos estes autos da **Apelação nº 1044076-85.2016.8.26.0114**, da Comarca de **Campinas**, em que é apelante **CONCESSIONÁRIA ROTA DAS BANDEIRAS S/A**, é apelado **1° OFICIAL DE REGISTRO DE IMÓVEIS DE CAMPINAS.**

ACORDAM, em Conselho Superior de Magistratura do Tribunal de Justiça de São Paulo, proferir a seguinte decisão: **"Negaram provimento, com observação, v.u."**, de conformidade com o voto do Relator, que integra este Acórdão.

O julgamento teve a participação dos Exmos. Desembargadores **PEREIRA CALÇAS (PRESIDENTE TRIBUNAL DE JUSTIÇA) (Presidente), ARTUR MARQUES (VICE PRESIDENTE), XAVIER DE AQUINO (DECANO), EVARISTO DOS SANTOS(PRES. DA SEÇÃO DE DIREITO PÚBLICO), CAMPOS MELLO (PRES. DA SEÇÃO DE DIREITO PRIVADO) E FERNANDO TORRES GARCIA(PRES. SEÇÃO DE DIREITO CRIMINAL).**

São Paulo, 11 de dezembro de 2018.

GERALDO FRANCISCO PINHEIRO FRANCO

Corregedor Geral da Justiça e Relator

Apelação nº 1044076-85.2016.8.26.0114

Apelante: Concessionária Rota das Bandeiras S/A

Apelado: 1° Oficial de Registro de Imóveis de Campinas

VOTO Nº 37.531.

Registro de Imóveis – Desapropriação parcial de área rural – Aquisição originária da propriedade – Rodovia em área rural – Cabimento do georreferenciamento em cumprimento à Lei de Registros Públicos (artigos 176, § 1º, 3 "a", 176, §§ 3º e 5º, e 225, § 3º) e ao princípio da especialidade objetiva – Cabimento do registro no CAR – Recurso não provido, com observação.

Trata-se de recurso de apelação interposto pela Concessionária Rota das Bandeiras S/A contra a r. sentença de fls. 107/108, que julgou procedente a dúvida suscitada pelo Sr. 1º Oficial de Registros de Imóveis da Comarca de Campinas mantendo a recusa do ingresso de carta de adjudicação em razão da ausência de georreferenciamento, cadastro de imóvel rural e cadastro ambiental rural.

Sustenta o apelante cuidar-se de desapropriação de imóvel para fins de trecho de rodovia não cabendo as exigências efetuadas e sim o registro da carta de adjudicação (fls. 151/159).

A D. Procuradoria Geral da Justiça opinou pelo não provimento do recurso (fls. 219/223).

É o relatório.

A natureza judicial do título apresentado não impede sua qualificação registral quanto aos aspectos extrínsecos ou aqueles que não foram objeto de exame pela Autoridade Jurisdicional.

O item 119, do Capítulo XX, das Normas de Serviço da Corregedoria Geral da Justiça é expresso acerca do dever do Oficial do Registro de Imóveis a tanto, como se constata de sua redação: *119. Incumbe ao oficial impedir o registro de título que não satisfaça os requisitos exigidos pela lei, quer sejam consubstanciados em instrumento público ou particular, quer em atos judiciais.*

Essa questão é pacífica nos precedentes administrativos deste órgão colegiado, entre muitos, confira-se trecho do voto do Desembargador Manuel Pereira Calças, Corregedor Geral da Justiça à época, na Apelação n. 0001561- 55.2015.8.26.0383, j. 20.07.17:

> *A origem judicial do título não afasta a necessidade de sua qualificação registral, com intuito de se obstar qualquer violação ao princípio da continuidade (Lei 6.015/73, art. 195).*
>
> *Nesse sentido, douto parecer da lavra do então Juiz Assessor desta Corregedoria Geral de Justiça, Álvaro Luiz Valery Mirra, lançado nos autos do processo n.º 2009/85.842, que, fazendo referência a importante precedente deste Colendo Conselho Superior da Magistratura (Apelação Cível n.º 31.881-0/1), aduz o que segue:*

"De início, cumpre anotar, a propósito da matéria, que tanto esta Corregedoria Geral da Justiça quanto o Colendo Conselho Superior da Magistratura têm entendido imprescindível a observância dos princípios e regras de direito registral para o ingresso no fólio real – seja pela via de registro, seja pela via de averbação – de penhoras, arrestos e seqüestros de bens imóveis, mesmo considerando a origem judicial de referidos atos, tendo em conta a orientação tranqüila nesta esfera administrativa segundo a qual a natureza judicial do título levado a registro ou a averbação não o exime da atividade de qualificação registral realizada pelo oficial registrador, sob o estrito ângulo da regularidade formal (Ap. Cív. n. 31.881-0/1)."

A aquisição da propriedade imóvel por meio de desapropriação encerra forma originária de aquisição da propriedade.

Nesse sentido, o voto do Desembargador José Renato Nalini, Corregedor Geral da Justiça ao momento do julgamento da Apelação n. 0001026-61.2011.8.26.0062, em 17/01/2013:

> *A desapropriação, amigável ou judicial, concluída extrajudicialmente, na via administrativa, ou por meio de processo litigioso, com a intervenção do Poder Judiciário, revela-se, sempre, um modo originário de aquisição da propriedade: inexiste um nexo causal entre o passado, o estado jurídico anterior, e a situação atual.*
>
> *A propriedade adquirida, com o aperfeiçoamento da desapropriação, liberta-se de seus vínculos anteriores, desatrela-se dos títulos dominiais pretéritos, dos quais não deriva e com os quais não mantém ligação, tanto que não poderá ser reivindicada por terceiros e pelo expropriado (artigo 35 do Decreto-lei n.° 3.365/1941), salvo no caso de retrocessão.*

A jurisprudência do Superior Tribunal de Justiça também tem essa compreensão:

> *PROCESSO CIVIL E TRIBUTÁRIO. RECURSO ESPECIAL. ENUNCIADO ADMINISTRATIVO N. 3/STJ. DESAPROPRIAÇÃO. AQUISIÇÃO ORIGINÁRIA DE PROPRIEDADE. EXIGIBILIDADE DE TRIBUTOS ANTERIORES AO ATO DESAPROPRIATÓRIO. AUSÊNCIA DE RESPONSABILIDADE DO ENTE EXPROPRIANTE. RECURSO ESPECIAL NÃO PROVIDO. 1. No caso em tela o recorrente exige do ente expropriante, em execução fiscal, os tributos (IPTU e Taxa de Limpeza Pública de Coleta de Resíduos Sólidos) incidentes sobre o imóvel desapropriado, derivados de fatos geradores ocorridos anteriormente ao ato expropriatório. 2. Considerando o período de ocorrência do fato gerador de tais tributos, e, levando-se em consideração que a desapropriação é ato de aquisição originária de propriedade, não há a transferência de responsabilidade tributária prevista no artigo 130 do CTN ao ente expropriante. 3. Recurso especial não provido. (REsp 1668058/ES, Rel. Ministro MAURO CAMPBELL MARQUES, SEGUNDA TURMA, julgado em 08/06/2017, DJe 14/06/2017).*

A natureza originária da aquisição pela desapropriação não descaracteriza a submissão dessa situação jurídica à hipótese de desmembramento de imóvel rural, porquanto a área desapropriada, da ordem de 12.047,27 m2, foi destacada de imóvel matriculado de área maior.

O artigo 176, parágrafo 3º, da Lei n. 6.015/73, dispõe:

> *§ 3º Nos casos de desmembramento, parcelamento ou remembramento de imóveis rurais, a identificação prevista na alínea a do item 3 do inciso II do § 1º será obtida a partir de memorial descritivo, assinado por profissional habilitado e com a devida Anotação de Responsabilidade Técnica ART, contendo as coordenadas dos vértices definidores dos limites dos imóveis rurais, geo-referenciadas ao Sistema Geodésico Brasileiro e com precisão posicional a ser fixada pelo INCRA, garantida a isenção de custos financeiros aos proprietários de imóveis rurais cuja somatória da área não exceda a quatro módulos fiscais.*

Na mesma linha, o artigo 225, parágrafo 3º, da Lei n. 6.015/73, prescreve:

> *§ 3º Nos autos judiciais que versem sobre imóveis rurais, a localização, os limites e as confrontações serão obtidos a partir de memorial descritivo assinado por profissional habilitado e com a devida Anotação de Responsabilidade Técnica – ART, contendo as coordenadas dos vértices definidores dos limites dos imóveis rurais, geo-referenciadas ao Sistema Geodésico Brasileiro e com precisão posicional a ser fixada pelo INCRA, garantida a isenção de custos financeiros aos proprietários de imóveis rurais cuja somatória da área não exceda a quatro módulos fiscais.*

A interpretação teleológica das referidas disposições normativas permite a compreensão de sua incidência no caso da desapropriação de parcela de imóvel rural, notadamente pela repercussão no imóvel objeto da desapropriação parcial no aspecto da especialidade objetiva.

O Certificado de Cadastro de Imóvel Rural (CCIR) - documento emitido pelo INCRA nas hipóteses de desmembramento, arrendamento, hipoteca, venda ou promessa de venda de imóveis rurais, deve ser exigido com fundamento no art. 22 da Lei nº

4.947/1966 e, especialmente, por força do estabelecido no art. 9º do Decreto nº 4.449/2002.

Nessa linha, há precedentes deste Conselho Superior da Magistratura, como se observa de extrato do voto do Desembargador Manuel Pereira Calças, Corregedor Geral da Justiça à época, na Apelação n. 1002005- 13.2016.8.26.0100, j. 25.11.16:

Também tem razão o Oficial em relação à exigência de descrição georreferenciada do imóvel desapropriado e sua certificação pelo INCRA.

Conforme precedentes recentes citados pelo Oficial, este Conselho tem posição firme no sentido de que a exigência formulada encontra respaldo nos artigos 176, §§ 3º e 5º, e 225, § 3º, ambos da Lei nº 6.015/73; artigo 9º, § 1º, do Decreto nº 4.449/02; e artigo 2º do Decreto nº 5.570/05. A propósito:

"REGISTRO DE IMÓVEIS – DÚVIDA – CARTA DE SENTENÇA EXTRAÍDA DE AÇÃO DE DESAPROPRIAÇÃO – IMÓVEL LOCALIZADO EM ÁREA RURAL – NECESSIDADE DE APRESENTAÇÃO DE CERTIDÃO DO INCRA DE QUE A POLIGONAL OBJETO DO MEMORIAL DESCRITIVO NÃO SE SOBREPÕE A NENHUMA OUTRA CONSTANTE DE SEU CADASTRO GEORREFERENCIADO E QUE O MEMORIAL ATENDE ÀS EXIGÊNCIAS TÉCNICAS – EXIGÊNCIA CORRETA APRESENTADA PELO OFICIAL, EM OBSERVÂNCIA AOS PRINCÍPIOS DA LEGALIDADE E DA ESPECIALIDADE OBJETIVA – SENTENÇA DE PROCEDÊNCIA MANTIDA – RECURSO NÃO PROVIDO" (Apelação nº 0001532-10.2014.8.26.0037, Rel. Des. Elliot Akel, j. em 16/10/2014).

A Medida Provisória n. 700/2015, mencionada pela apelante, sequer havia sido editada quando da apresentação do título. Ele foi apresentado em 17 de setembro de 2015, ao passo que a medida provisória é de 08 de dezembro de 2015 (ressalte-se, aliás, que essa medida provisória nem mesmo foi reeditada; já foi revogada). Vigorando, entre nós, o princípio do tempus regit actum, descabe analisar o argumento.

A localização do imóvel é em área rural, pois compreendia imóvel dessa natureza; tampouco há indicação de situar-se em área urbana, assim definida pelo município. O fato de se cuidar de rodovia que cruza área rural não a transforma em área urbana.

Além disso, no precedente acima referido (na Apelação n. 1002005-13.2016.8.26.0100) constou no voto convergente do Desembargador Ricardo Dip, então Presidente da Seção de Direito Público:

As exigências concernentes ao cadastro do imóvel desapropriado junto ao Instituto Nacional de Colonização e Reforma Agrária -Incra ("CCIR") e a seu georreferenciamento são de todo pertinentes, porque a especialidade objetiva do imóvel tem apurar-se, segundo preceitua o direito posto (vide art. 176, § 1º, II, 1, a, e §§ 3º-5º, e art. 225, § 3º, da Lei n. 6.015, de 31 de dezembro de 1973, e art. 22 da Lei nº 4.947, de 6 de abril de 1966), ainda que, como sucede in casu, haja aquisição originária: afinal, da circunstância de que, na desapropriação judicial, não se leve em conta a existência de direito anterior, não se extrai que o objeto do direito deva isentar-se de individuação secundum legem.

Não é possível, na amplitude campal da realidade das coisas, admitir um direito sobre coisa indiferenciada, porque seria o mesmo que admitir um direito sem objeto.

Portanto, compete definir a exata localização do imóvel conforme as coordenadas de seus vértices, consoante previsto na Lei de Registros Públicos.

A sentença judicial em ação de desapropriação não está isenta da incidência das demais determinações legais para o ingresso do título no registro imobiliário.

Desse modo, é necessário o georreferenciamento para o ingresso do título judicial atinente à desapropriação parcial de imóvel para implantação de rodovia, bem como a apresentação do CCIR conforme os precedentes deste Conselho Superior da Magistratura.

Em razão da transmissão da propriedade por meio de desapropriação, da interpretação teleológica efetuada, bem como o destaque de área menor, faço observação da necessidade do georreferenciamento apenas da área desapropriada sem necessidade de sua efetivação para fins de apuração do remanescente da matrícula da qual será destacada.

O espaço físico objeto do registro é parte de rodovia, portanto é área de utilidade pública nos termos do artigo 3º, inciso VIII, alínea "b", da Lei n. 12.651/12.

O artigo 12, parágrafo 8º, da Lei n. 12.651/12, prescreve:

Art. 12. Todo imóvel rural deve manter área com cobertura de vegetação nativa, a título de Reserva Legal, sem prejuízo da aplicação das normas sobre as Áreas de Preservação Permanente, observados os seguintes percentuais mínimos em relação à área do imóvel, excetuados os casos previstos no art. 68 desta Lei:

(...)

§ 8º Não será exigido Reserva Legal relativa às áreas adquiridas ou desapropriadas com o objetivo de

implantação e ampliação de capacidade de rodovias e ferrovias.

De outra parte, o artigo 29, *caput*, da Lei n. 12.651/12 estabelece:

Art. 29. É criado o Cadastro Ambiental Rural - CAR, no âmbito do Sistema Nacional de Informação sobre Meio Ambiente - SINIMA, registro público eletrônico de âmbito nacional, obrigatório para todos os imóveis rurais, com a finalidade de integrar as informações ambientais das propriedades e posses rurais, compondo base de dados para controle, monitoramento, planejamento ambiental e econômico e combate ao desmatamento.

Diante disso, em virtude da área desapropriada encerrar imóvel rural para fins de registro imobiliário, compete exigir o Cadastro Ambiental Rural, no que pese a não exigência da Reserva Legal, pois, o CAR tem por *"finalidade de integrar as informações ambientais das propriedades e posses rurais, compondo base de dados para controle, monitoramento, planejamento ambiental e econômico e combate ao desmatamento"*.

Não obstante a não exigência da reserva legal, em conformidade ao decidido por este C. Conselho Superior da Magistratura, com sua composição atual, na Apelação n. 0002716-31.2016.8.26.0457, j. 10.04.18, faço a observação da dispensa do Termo de Reserva Legal em razão da decisão liminar na ADI nº 2100850-72.2016.8.26.0000 que suspendeu a vigência e eficácia da Lei Estadual n. 15.684, de 14 de janeiro de 2015.

Por todo o exposto, pelo meu voto, nego provimento à apelação, com observação.

GERALDO FRANCISCO PINHEIRO FRANCO

Corregedor Geral da Justiça e Relator (DJe de 22.01.2019 - SP)

PODER JUDICIÁRIO

TRIBUNAL DE JUSTIÇA DO ESTADO DE SÃO PAULO

CONSELHO SUPERIOR DA MAGISTRATURA

Apelação nº 1052838-56.2017.8.26.0114

Registro: 2018.0000962627

ACÓRDÃO

Vistos, relatados e discutidos estes autos do(a) **Apelação nº 1052838-56.2017.8.26.0114**, da Comarca de **Campinas**, em que é apelante **CONCESSIONÁRIA ROTA DAS BANDEIRAS S/A**, é apelado **1° OFICIAL DE REGISTRO DE IMÓVEIS DE CAMPINAS.**

ACORDAM, em Conselho Superior de Magistratura do Tribunal de Justiça de São Paulo, proferir a seguinte decisão: **"Negaram provimento à apelação, v.u."**, de conformidade com o voto do Relator, que integra este Acórdão.

O julgamento teve a participação dos Exmos. Desembargadores **PEREIRA CALÇAS (PRESIDENTE TRIBUNAL DE JUSTIÇA) (Presidente), ARTUR MARQUES (VICE PRESIDENTE), XAVIER DE AQUINO (DECANO), EVARISTO DOS SANTOS(PRES. DA SEÇÃO DE DIREITO PÚBLICO), CAMPOS MELLO (PRES. DA SEÇÃO DE DIREITO PRIVADO) E FERNANDO TORRES GARCIA(PRES. SEÇÃO DE DIREITO CRIMINAL).**

São Paulo, 23 de novembro de 2018.

GERALDO FRANCISCO PINHEIRO FRANCO

Corregedor Geral da Justiça e Relator

Apelação nº 1052838-56.2017.8.26.0114

Apelante: Concessionária Rota das Bandeiras S/A

Apelado: 1° Oficial de Registro de Imóveis de Campinas

VOTO Nº 37.641

Registro de Imóveis – Desapropriação parcial de área rural – Aquisição originária da propriedade – Rodovia em área rural – Cabimento do georreferenciamento em cumprimento à Lei de Registros Públicos (artigos 176, § 1º, 3 "a", 176, §§ 3º e 5º, e 225, § 3º) e ao princípio da especialidade objetiva – Cabimento do registro no CAR – Recurso não provido.

Trata-se apelação interposta pela Concessionária Rota das Bandeiras S/A contra a r. sentença de fls. 112/114 que julgou procedente a dúvida suscitada pelo Sr 1º Oficial de Registros de Imóveis da Comarca de Campinas mantendo a recusa do ingresso de carta de adjudicação em razão da ausência de georreferenciamento e cadastro ambiental rural das áreas desapropriadas.

Sustenta o apelante cuidar-se de desapropriação de imóvel para fins de trecho de rodovia não cabendo as exigências efetuadas e sim o registro da carta de adjudicação (fls. 135/142).

A D. Procuradoria Geral da Justiça opinou pelo não provimento do recurso (fls. 179/182).

É o relatório.

A natureza judicial do título apresentado não impede sua qualificação registral quanto aos aspectos extrínsecos ou aqueles que não foram objeto de exame pela Autoridade Jurisdicional.

O item 119, do Capítulo XX, das Normas de Serviço da Corregedoria Geral da Justiça é expresso acerca do dever do Oficial do Registro de Imóveis a tanto, como se constata de sua redação:

> *119. Incumbe ao oficial impedir o registro de título que não satisfaça os requisitos exigidos pela lei, quer sejam consubstanciados em instrumento público ou particular, quer em atos judiciais.*

Essa questão é pacífica nos precedentes administrativos deste órgão colegiado, entre muitos, confira-se trecho do voto do Desembargador Manuel Pereira Calças, Corregedor Geral da Justiça à época, na apelação n. 0001561- 55.2015.8.26.0383, j. 20.07.17:

> *A origem judicial do título não afasta a necessidade de sua qualificação registral, com intuito de se obstar qualquer violação ao princípio da continuidade (Lei 6.015/73, art. 195).*
>
> *Nesse sentido, douto parecer da lavra do então Juiz Assessor desta Corregedoria Geral de Justiça, Álvaro Luiz Valery Mirra, lançado nos autos do processo n.º 2009/85.842, que, fazendo referência a importante precedente deste Colendo Conselho Superior da Magistratura (Apelação Cível n.º 31.881-0/1), aduz o que segue:*
>
> *"De início, cumpre anotar, a propósito da matéria, que tanto esta Corregedoria Geral da Justiça quanto o Colendo Conselho Superior da Magistratura têm entendido imprescindível a observância dos princípios e regras de direito registral para o ingresso no fólio real - seja pela via de registro, seja pela via de averbação - de penhoras, arrestos e seqüestros de bens imóveis, mesmo considerando a origem judicial de referidos atos, tendo em conta a orientação tranqüila nesta esfera administrativa segundo a qual a natureza judicial do título levado a registro ou a averbação não o exime da atividade de qualificação registral realizada pelo oficial registrador, sob o estrito ângulo da regularidade formal (Ap. Cív. n. 31.881-0/1)."*

A aquisição da propriedade imóvel por meio de desapropriação encerra forma originária de aquisição do domínio.

Nesse sentido, o voto do Desembargador José Renato Nalini, Corregedor Geral da Justiça ao momento do julgamento da apelação n. 0001026-61.2011.8.26.0062, em 17/01/2013:

> *A desapropriação, amigável ou judicial, concluída extrajudicialmente, na via administrativa, ou por meio de processo litigioso, com a intervenção do Poder Judiciário, revela-se, sempre, um modo originário de aquisição da propriedade: inexiste um nexo causal entre o passado, o estado jurídico anterior, e a situação atual.*
>
> *A propriedade adquirida, com o aperfeiçoamento da desapropriação, liberta-se de seus vínculos anteriores, desatrela-se dos títulos dominiais pretéritos, dos quais não deriva e com os quais não mantém ligação, tanto que não poderá ser reivindicada por terceiros e pelo expropriado (artigo 35 do Decreto-lei n.° 3.365/1941), salvo no caso de retrocessão.*

A jurisprudência do Superior Tribunal de Justiça também tem essa compreensão:

> *PROCESSO CIVIL E TRIBUTÁRIO. RECURSO ESPECIAL. ENUNCIADO ADMINISTRATIVO N. 3/STJ. DESAPROPRIAÇÃO. AQUISIÇÃO ORIGINÁRIA DE PROPRIEDADE. EXIGIBILIDADE DE TRIBUTOS ANTERIORES À AO ATO DESAPROPRIATÓRIO. AUSÊNCIA DE RESPONSABILIDADE DO ENTE EXPROPRIANTE. RECURSO*
>
> *ESPECIAL NÃO PROVIDO. 1. No caso em tela o recorrente exige do ente expropriante, em execução fiscal, os tributos (IPTU e Taxa de Limpeza Pública de Coleta de Resíduos Sólidos) incidentes sobre o imóvel desapropriado, derivados de fatos geradores ocorridos anteriormente ao ato expropriatório. 2. Considerando o período de ocorrência do fato gerador de tais tributos, e, levando-se em consideração que a desapropriação é ato de aquisição originária de propriedade, não há a transferência de responsabilidade tributária prevista no artigo 130 do CTN ao ente expropriante. 3. Recurso especial não provido. (REsp 1668058/ES, Rel. Ministro MAURO CAMPBELL MARQUES, SEGUNDA TURMA, julgado em 08/06/2017, DJe 14/06/2017).*

A natureza originária da aquisição pela desapropriação não descaracteriza a submissão dessa situação jurídica à hipótese de desmembramento de imóvel rural, porquanto a área desapropriada (fls. 14 e 36/45) foi destacada de imóvel rural com área maior (fls. 29/33 e 42/44).

O artigo 176, parágrafo 3º, da lei n. 6.015/73, dispõe:

> *§ 3º Nos casos de desmembramento, parcelamento ou remembramento de imóveis rurais, a identificação prevista na alínea a do item 3 do inciso II do § 1º será obtida a partir de memorial descritivo, assinado por profissional habilitado e com a devida Anotação de Responsabilidade Técnica - ART, contendo as coordenadas dos vértices definidores dos limites dos imóveis rurais, georeferenciadas ao Sistema Geodésico Brasileiro e com precisão posicional a ser fixada pelo INCRA, garantida a isenção de custos financeiros aos proprietários de imóveis*

rurais cuja somatória da área não exceda a quatro módulos fiscais.

Na mesma linha, o artigo 225, parágrafo 3º, da lei n. 6.015/73, prescreve:

§ 3º Nos autos judiciais que versem sobre imóveis rurais, a localização, os limites e as confrontações serão obtidos a partir de memorial descritivo assinado por profissional habilitado e com a devida Anotação de Responsabilidade Técnica - ART, contendo as coordenadas dos vértices definidores dos limites dos imóveis rurais, geo-referenciadas ao Sistema Geodésico Brasileiro e com precisão posicional a ser fixada pelo INCRA, garantida a isenção de custos financeiros aos proprietários de imóveis rurais cuja somatória da área não exceda a quatro módulos fiscais.

A interpretação teleológica das referidas disposições normativas permite a compreensão de sua incidência no caso da desapropriação de parcela de imóvel rural, notadamente pela repercussão no imóvel objeto da desapropriação parcial no aspecto da especialidade objetiva.

A sentença judicial em ação de desapropriação não está isenta da incidência das demais determinações legais para o ingresso do título no registro imobiliário.

Desse modo, é necessário o georreferenciamento para o ingresso do título judicial atinente à desapropriação parcial de imóvel para implantação de rodovia.

Em razão da transmissão da propriedade por meio de desapropriação, da interpretação teleológica efetuada, bem como o destaque de área menor, faço observação da necessidade do georreferenciamento apenas da área desapropriada sem necessidade de sua efetivação para fins de apuração do remanescente da matrícula da qual será destacada.

O espaço físico objeto do registro é parte de rodovia, portanto é área de utilidade pública nos termos do artigo 3º, inciso VIII, alínea "b", da Lei n. 12. 651/12.

O artigo 12, parágrafo 8º, da Lei n. 12.651/12, prescreve:

Art. 12. Todo imóvel rural deve manter área com cobertura de vegetação nativa, a título de Reserva Legal, sem prejuízo da aplicação das normas sobre as Áreas de Preservação Permanente, observados os seguintes percentuais mínimos em relação à área do imóvel, excetuados os casos previstos no art. 68 desta Lei:

(...)

§ 8º Não será exigido Reserva Legal relativa às áreas adquiridas ou desapropriadas com o objetivo de implantação e ampliação de capacidade de rodovias e ferrovias.

De outra parte, o artigo 29, *caput*, da Lei n. 12.651/12 estabelece:

Art. 29. É criado o Cadastro Ambiental Rural - CAR, no âmbito do Sistema Nacional de Informação sobre Meio Ambiente - SINIMA, registro público eletrônico de âmbito nacional, obrigatório para todos os imóveis rurais, com a finalidade de integrar as informações ambientais das propriedades e posses rurais, compondo base de dados para controle, monitoramento, planejamento ambiental e econômico e combate ao desmatamento.

Diante disso, em virtude da área desapropriada encerrar imóvel rural para fins de registro imobiliário, compete exigir o Cadastro Ambiental Rural, no que pese a não exigência da Reserva Legal, pois, o CAR tem por "*finalidade de integrar as informações ambientais das propriedades e posses rurais, compondo base de dados para controle, monitoramento, planejamento ambiental e econômico e combate ao desmatamento*".

Por todo o exposto, pelo meu voto, nego provimento à apelação.

GERALDO FRANCISCO PINHEIRO FRANCO

Corregedor Geral da Justiça e Relator (DJe de 22.01.2019 - SP)

PODER JUDICIÁRIO

TRIBUNAL DE JUSTIÇA DO ESTADO DE SÃO PAULO

CONSELHO SUPERIOR DA MAGISTRATURA

Apelação nº 1006361-02.2018.8.26.0320

Registro: 2019.000176584

ACÓRDÃO

Vistos, relatados e discutidos estes autos do(a) **Apelação nº 1006361-02.2018.8.26.0320**, da Comarca de **Limeira**, em que é apelante **CONCESSIONÁRIA DO SISTEMA ANHANGUERA-BANDEIRANTES S/A**, é apelado **2º CARTÓRIO DE REGISTRO DE IMÓVEIS E ANEXOS DA COMARCA DE LIMEIRA**.

ACORDAM, em Conselho Superior de Magistratura do Tribunal de Justiça de São Paulo, proferir a seguinte decisão: **"Negaram provimento, com observação, v.u."**, de conformidade com o voto do Relator, que integra este Acórdão.

O julgamento teve a participação dos Exmos. Desembargadores **PEREIRA CALÇAS (PRESIDENTE TRIBUNAL DE JUSTIÇA) (Presidente), ARTUR MARQUES (VICE PRESIDENTE), XAVIER DE AQUINO (DECANO), EVARISTO DOS SANTOS(PRES. DA SEÇÃO DE DIREITO PÚBLICO), CAMPOS MELLO (PRES. DA SEÇÃO DE DIREITO PRIVADO) E FERNANDO TORRES GARCIA(PRES. SEÇÃO DE DIREITO CRIMINAL).**

São Paulo, 26 de fevereiro de 2019.

GERALDO FRANCISCO PINHEIRO FRANCO

Corregedor Geral da Justiça e Relator

Apelação n.º 1006361-02.2018.8.26.0320

Apelante: Concessionária do Sistema Anhanguera-Bandeirantes S/A

Apelado: 2º Cartório de Registro de Imóveis e Anexos da Comarca de Limeira

VOTO N.º 37.681

Registro de Imóveis – Desapropriação parcial de área rural – Aquisição originária da propriedade – Rodovia em área rural – Cabimento do georreferenciamento em cumprimento à Lei de Registros Públicos (artigos 176, § 1º, 3 "a", 176, §§ 3º e 5º, e 225, § 3º) e ao princípio da especialidade objetiva – Recurso não provido, com observação.

Trata-se de recurso de apelação interposto pela Concessionária do Sistema Anhanguera Bandeirantes S.A. - AUTOBAN contra a r. sentença de fls. 425/427, que julgou procedente a dúvida suscitada pelo Sr. 2º Oficial de Registros de Imóveis e Anexos da Comarca de Limeira mantendo a recursa do ingresso de carta de adjudicação em razão da ausência de georreferenciamento, cadastro de imóvel rural e cadastro ambiental rural.

Sustenta o apelante cuidar-se de desapropriação de imóvel para fins de trecho de rodovia não cabendo as exigências efetuadas e sim o registro da carta de adjudicação (fls. 432/439).

A D. Procuradoria Geral da Justiça opinou pelo não provimento do recurso (fls. 454/456).

É o relatório.

A natureza judicial do título apresentado não impede sua qualificação registral quanto aos aspectos extrínsecos ou aqueles que não foram objeto de exame pela Autoridade Jurisdicional.

O item 119 do Capítulo XX das Normas de Serviço da Corregedoria Geral da Justiça é expresso acerca do dever do Oficial do Registro de Imóveis a tanto, como se constata de sua redação:

119. Incumbe ao oficial impedir o registro de título que não satisfaça os requisitos exigidos pela lei, quer sejam consubstanciados em instrumento público ou particular, quer em atos judiciais.

Essa questão é pacífica nos precedentes administrativos deste órgão colegiado, entre muitos, confira-se trecho do voto do Desembargador Manuel de Queiroz Pereira Calças, Corregedor Geral da Justiça à época, na apelação n. 0001561-55.2015.8.26.0383, j. 20/7/17:

A origem judicial do título não afasta a necessidade de sua qualificação registral, com intuito de se obstar qualquer violação ao princípio da continuidade (Lei 6.015/73, art. 195).

Nesse sentido, douto parecer da lavra do então Juiz Assessor desta Corregedoria Geral de Justiça, Álvaro Luiz Valery Mirra, lançado nos autos do processo n.º 2009/85.842, que, fazendo referência a importante precedente deste Colendo Conselho Superior da Magistratura (Apelação Cível n.º 31.881-0/1), aduz o que segue:

"De início, cumpre anotar, a propósito da matéria, que tanto esta Corregedoria Geral da Justiça quanto o Colendo Conselho Superior da Magistratura têm entendido imprescindível a observância dos princípios e regras de direito registral para o ingresso no fólio real – seja pela via de registro, seja pela via de averbação – de penhoras, arrestos e seqüestros de bens imóveis, mesmo considerando a origem judicial de referidos atos, tendo em conta a orientação tranqüila nesta esfera administrativa segundo a qual a natureza judicial do título levado a registro ou a averbação não o exime da atividade de qualificação registral realizada pelo oficial registrador, sob o estrito ângulo da regularidade formal (Ap. Cív. n. 31.881-0/1)."

A aquisição da propriedade imóvel por meio de desapropriação encerra forma originária de aquisição da propriedade.

Nesse sentido, o voto do Desembargador José Renato Nalini, Corregedor Geral da Justiça ao momento do julgamento da apelação n. 0001026-61.2011.8.26.0062, em 17/1/2013:

A desapropriação, amigável ou judicial, concluída extrajudicialmente, na via administrativa, ou por meio de processo litigioso, com a intervenção do Poder Judiciário, revela-se, sempre, um modo originário de aquisição da propriedade: inexiste um nexo causal entre o passado, o estado jurídico anterior, e a situação atual.

A propriedade adquirida, com o aperfeiçoamento da desapropriação, liberta-se de seus vínculos anteriores, desatrela-se dos títulos dominiais pretéritos, dos quais não deriva e com os quais não mantém ligação, tanto que não poderá ser reivindicada por terceiros e pelo expropriado (artigo 35 do Decreto-lei n.° 3.365/1941), salvo no caso de retrocessão.

A jurisprudência do Superior Tribunal de Justiça também tem essa compreensão:

PROCESSO CIVIL E TRIBUTÁRIO. RECURSO ESPECIAL. ENUNCIADO ADMINISTRATIVO N. 3/STJ. DESAPROPRIAÇÃO. AQUISIÇÃO ORIGINÁRIA DE PROPRIEDADE. EXIGIBILIDADE DE TRIBUTOS ANTERIORES À AO ATO DESAPROPRIATÓRIO. AUSÊNCIA DE RESPONSABILIDADE DO ENTE EXPROPRIANTE. RECURSO ESPECIAL NÃO PROVIDO.

1. No caso em tela o recorrente exige do ente expropriante, em execução fiscal, os tributos (IPTU e Taxa de Limpeza Pública de Coleta de Resíduos Sólidos) incidentes sobre o imóvel desapropriado, derivados de fatos geradores ocorridos anteriormente ao ato expropriatório. 2. Considerando o período de ocorrência do fato gerador de tais tributos, e, levando-se em consideração que a desapropriação é ato de aquisição originária de propriedade, não há a transferência de responsabilidade tributária prevista no artigo 130 do CTN ao ente expropriante. 3. Recurso especial não provido. (REsp 1668058/ES, Rel. Ministro MAURO CAMPBELL MARQUES, SEGUNDA TURMA, julgado em 08/06/2017, DJe 14/06/2017).

A natureza originária da aquisição pela desapropriação não descaracteriza a submissão dessa situação jurídica à hipótese de desmembramento de imóvel rural, porquanto a área desapropriada que foi destacada de imóvel matriculado de área maior.

O artigo 176, parágrafo 3º, da Lei n. 6.015/73, dispõe:

§3º Nos casos de desmembramento, parcelamento ou remembramento de imóveis rurais, a identificação prevista na alínea a do item 3 do inciso II do § 1º será obtida a partir de memorial descritivo, assinado por profissional habilitado e com a devida Anotação de Responsabilidade Técnica - ART, contendo as coordenadas dos vértices definidores dos limites dos imóveis rurais, geo-referenciadas ao Sistema Geodésico Brasileiro e com precisão posicional a ser fixada pelo INCRA, garantida a isenção de custos financeiros aos proprietários de imóveis rurais cuja somatória da área não exceda a quatro módulos fiscais.

Na mesma linha, o artigo 225, parágrafo 3º, da Lei n. 6.015/73, prescreve:

§ 3° Nos autos judiciais que versem sobre imóveis rurais, a localização, os limites e as confrontações serão obtidos a partir de memorial descritivo assinado por profissional habilitado e com a devida Anotação de Responsabilidade Técnica - ART, contendo as coordenadas dos vértices definidores dos limites dos imóveis rurais, geo-referenciadas ao Sistema Geodésico Brasileiro e com precisão posicional a ser fixada pelo INCRA, garantida a isenção de custos financeiros aos proprietários de imóveis rurais cuja somatória da área não exceda a quatro módulos fiscais.

A interpretação teleológica das referidas disposições normativas permite a compreensão de sua incidência no caso da desapropriação de parcela de imóvel rural, notadamente pela repercussão no imóvel objeto da desapropriação parcial no aspecto da especialidade objetiva.

O Certificado de Cadastro de Imóvel Rural (CCIR) – documento emitido pelo INCRA nas hipóteses de desmembramento, arrendamento, hipoteca, venda ou promessa de venda de imóveis rurais, deve ser exigido com fundamento no art. 22 da Lei n. 4.947/1966 e, especialmente, por força do estabelecido no art. 9º do Decreto n. 4.449/2002.

Nessa linha, há precedentes deste Conselho Superior da Magistratura, como se observa de extrato do voto do Desembargador Manuel de Queiroz Pereira Calças, Corregedor Geral da Justiça à época, na apelação n. 1002005- 13.2016.8.26.0100, j. 25/11/16:

Também tem razão o Oficial em relação à exigência de descrição georreferenciada do imóvel desapropriado e sua certificação pelo INCRA.

Conforme precedentes recentes citados pelo Oficial, este Conselho tem posição firme no sentido de que a exigência formulada encontra respaldo nos artigos 176, §§ 3º e 5º, e 225, § 3º, ambos da Lei nº 6.015/73; artigo 9º, § 1º, do Decreto nº 4.449/02; e artigo 2º do Decreto nº 5.570/05. A propósito:

"REGISTRO DE IMÓVEIS - DÚVIDA - CARTA DE SENTENÇA EXTRAÍDA DE AÇÃO DE DESAPROPRIAÇÃO - IMÓVEL LOCALIZADO EM ÁREA RURAL - NECESSIDADE DE APRESENTAÇÃO DE CERTIDÃO DO INCRA DE QUE A POLIGONAL OBJETO DO MEMORIAL DESCRITIVO NÃO SE SOBREPÕE A NENHUMA OUTRA CONSTANTE DE SEU CADASTRO GEORREFERENCIADO E QUE O MEMORIAL ATENDE ÀS EXIGÊNCIAS TÉCNICAS - EXIGÊNCIA CORRETA APRESENTADA PELO OFICIAL, EM OBSERVÂNCIA AOS PRINCÍPIOS DA LEGALIDADE E DA ESPECIALIDADE OBJETIVA - SENTENÇA DE PROCEDÊNCIA MANTIDA - RECURSO NÃO PROVIDO" (Apelação

nº 0001532-10.2014.8.26.0037, Rel. Des. Elliot Akel, j. em 16/10/2014).

A Medida Provisória n. 700/2015, mencionada pela apelante, sequer havia sido editada quando da apresentação do título. Ele foi apresentado em 17 de setembro de 2015, ao passo que a medida provisória é de 08 de dezembro de 2015 (ressalte-se, aliás, que essa medida provisória nem mesmo foi reeditada; já foi revogada). Vigorando, entre nós, o princípio do tempus regit actum, descabe analisar o argumento.

A localização do imóvel é em área rural, pois compreendia imóvel dessa natureza; tampouco há indicação de situar-se em área urbana, assim definida pelo município. O fato de se cuidar de rodovia que cruza área rural não a transforma em área urbana.

Além disso, no precedente acima referido (na apelação n. 1002005-13.2016.8.26.0100) constou no voto convergente do Desembargador Ricardo Dip, então Presidente da Seção de Direito Público:

As exigências concernentes ao cadastro do imóvel desapropriado junto ao Instituto Nacional de Colonização e Reforma Agrária -Incra ("CCIR") e a seu georreferenciamento são de todo pertinentes, porque a especialidade objetiva do imóvel tem apurar-se, segundo preceitua o direito posto (vide art. 176, § 1º, II, 1, a, e §§ 3º-5º, e art. 225, § 3º, da Lei n. 6.015, de 31 de dezembro de 1973, e art. 22 da Lei nº 4.947, de 6 de abril de 1966), ainda que, como sucede in casu, haja aquisição originária: afinal, da circunstância de que, na desapropriação judicial, não se leve em conta a existência de direito anterior, não se extrai que o objeto do direito deva isentar-se de individuação secundum legem.

Não é possível, na amplitude campal da realidade das coisas, admitir um direito sobre coisa indiferenciada, porque seria o mesmo que admitir um direito sem objeto.

Portanto, compete definir a exata localização do imóvel conforme as coordenadas de seus vértices, consoante previsto na Lei de Registros Públicos.

A sentença judicial em ação de desapropriação não esta isenta da incidência das demais determinações legais para o ingresso do título no registro imobiliário.

Desse modo, é necessário o georreferenciamento para o ingresso do título judicial atinente à desapropriação parcial de imóvel para implantação de rodovia, bem como a apresentação do CCIR conforme os precedentes deste Conselho Superior da Magistratura.

Em razão da transmissão da propriedade por meio de desapropriação, da interpretação teleológica efetuada, bem como o destaque de área menor, faço observação da necessidade do georreferenciamento apenas da área desapropriada sem necessidade de sua efetivação para fins de apuração do remanescente da matrícula da qual será destacada.

Por todo o exposto, pelo meu voto, nego provimento à apelação, com observação.

GERALDO FRANCISCO PINHEIRO FRANCO

Corregedor Geral da Justiça e Relator (DJe de 01.04.2019 - SP)

PODER JUDICIÁRIO

TRIBUNAL DE JUSTIÇA DO ESTADO DE SÃO PAULO

CONSELHO SUPERIOR DA MAGISTRATURA

Apelação nº 1016316-30.2017.8.26.0114

Registro: 2019.0000214966

ACÓRDÃO

Vistos, relatados e discutidos estes autos de **Apelação nº 1016316-30.2017.8.26.0114**, da Comarca de **Campinas**, em que é apelante **CONCESSIONÁRIA ROTA DAS BANDEIRAS S/A**, é apelado **1º OFICIAL DE REGISTRO DE IMÓVEIS DE CAMPINAS.**

ACORDAM, em Conselho Superior de Magistratura do Tribunal de Justiça de São Paulo, proferir a seguinte decisão: **"Negaram provimento à apelação, com observação, v.u."**, de conformidade com o voto do Relator, que integra este acórdão.

O julgamento teve a participação dos Exmos. Desembargadores **PEREIRA CALÇAS (PRESIDENTE TRIBUNAL DE JUSTIÇA) (Presidente), ARTUR MARQUES (VICE PRESIDENTE), XAVIER DE AQUINO (DECANO), EVARISTO DOS SANTOS(PRES. DA SEÇÃO DE DIREITO PÚBLICO), CAMPOS MELLO (PRES. DA SEÇÃO DE DIREITO PRIVADO) E FERNANDO TORRES GARCIA(PRES. SEÇÃO DE DIREITO CRIMINAL).**

São Paulo, 19 de março de 2019.

GERALDO FRANCISCO PINHEIRO FRANCO

Corregedor Geral da Justiça e Relator

Apelação n.º 1016316-30.2017.8.26.0114

Apelante: Concessionária Rota das Bandeiras S/A

Apelado: 1º Oficial de Registro de Imóveis de Campinas

VOTO N.º 37.692

Registro de Imóveis – Desapropriação parcial de área rural – Aquisição originária da propriedade – Rodovia em área rural – Cabimento do georreferenciamento, em cumprimento à Lei de Registros Públicos (artigos 176, § 1º, 3 "a", §§ 3º e 5º, e 225, § 3º) e ao Princípio da Especialidade Objetiva – Cabimento do registro no CAR – Recurso não provido, com observação.

Trata-se de recurso de apelação interposto pela CONCESSIONÁRIA ROTA DAS BANDEIRAS S.A. contra a r. sentença de fls. 135/137, que julgou procedente a dúvida suscitada pelo Sr. 1º Oficial de Registros de Imóveis da Comarca de Campinas, mantendo a recusa do ingresso de carta de adjudicação em razão da ausência de georreferenciamento, cadastro de imóvel rural e cadastro ambiental rural.

Sustenta o apelante cuidar-se de desapropriação de imóvel para fins de trecho de rodovia não cabendo a imposição das exigências e sim o registro da carta de adjudicação.

A D. Procuradoria Geral da Justiça opinou pelo não provimento do recurso (fls. 203/206).

É o relatório.

Presentes pressupostos legais e administrativos, conheço do apelo. No mérito, contudo, ele deve ser desprovido.

A natureza judicial do título apresentado não impede sua qualificação registral quanto aos aspectos extrínsecos ou aqueles que não foram objeto de exame pela Autoridade Jurisdicional.

O item 119 do Capítulo XX das Normas de Serviço da Corregedoria Geral da Justiça é expresso acerca do dever do Oficial do Registro de Imóveis a tanto, como se constata de sua redação:

119. Incumbe ao oficial impedir o registro de título que não satisfaça os requisitos exigidos pela lei, quer sejam consubstanciados em instrumento público ou particular, quer em atos judiciais.

Essa questão é pacífica nos precedentes administrativos deste órgão colegiado, entre muitos, confira-se trecho do voto do Desembargador Manoel de Queiroz Pereira Calças, Corregedor Geral da Justiça à época, na Apelação n. 0001561-55.2015.8.26.0383, j. 20/7/2017:

A origem judicial do título não afasta a necessidade de sua qualificação registral, com intuito de se obstar qualquer violação ao princípio da continuidade (Lei 6.015/73, art. 195). Nesse sentido, douto parecer da lavra do então Juiz Assessor desta Corregedoria Geral de Justiça, Álvaro Luiz Valery Mirra, lançado nos autos do processo n.º 2009/85.842, que, fazendo referência a importante precedente deste Colendo Conselho Superior da Magistratura (Apelação Cível n.º 31.881-0/1), aduz o que segue:

"De início, cumpre anotar, a propósito da matéria, que tanto esta Corregedoria Geral da Justiça quanto o Colendo Conselho Superior da Magistratura têm entendido imprescindível a observância dos princípios e regras de direito registral para o ingresso no fólio real seja pela via de registro, seja pela via de averbação de penhoras, arrestos e sequestros de bens imóveis, mesmo considerando a origem judicial de referidos atos, tendo em conta a orientação tranquila nesta esfera administrativa segundo a qual a natureza judicial do título levado a registro ou a averbação não o exime da atividade de qualificação registral realizada pelo oficial registrador, sob o estrito ângulo da regularidade formal (Ap. Cív. n. 31.881-0/1)".

A aquisição da propriedade imóvel por meio de desapropriação encerra forma originária de aquisição da propriedade.

Nesse sentido, o voto do Desembargador José Renato Nalini, Corregedor Geral da Justiça ao momento do julgamento da Apelação n. 0001026-61.2011.8.26.0062, em 17/1/2013:

A desapropriação, amigável ou judicial, concluída extrajudicialmente, na via administrativa, ou por meio de processo litigioso, com a intervenção do Poder Judiciário, revela-se, sempre, um modo originário de aquisição da propriedade: inexiste um nexo causal entre o passado, o estado jurídico anterior, e a situação atual. A propriedade adquirida, com o aperfeiçoamento da desapropriação, liberta-se de seus vínculos anteriores, desatrela-se dos títulos dominiais pretéritos, dos quais não deriva e com os quais não mantém ligação, tanto que não poderá ser reivindicada por terceiros e pelo expropriado (artigo 35 do Decreto-lei n.º 3.365/1941), salvo no caso de retrocessão.

A jurisprudência do Superior Tribunal de Justiça também tem essa compreensão:

> PROCESSO CIVIL E TRIBUTÁRIO. RECURSO ESPECIAL. ENUNCIADO ADMINISTRATIVO N. 3/STJ. DESAPROPRIAÇÃO. AQUISIÇÃO ORIGINÁRIA DE PROPRIEDADE. EXIGIBILIDADE DE TRIBUTOS ANTERIORES AO ATO DESAPROPRIATÓRIO. AUSÊNCIA DE RESPONSABILIDADE DO ENTE EXPROPRIANTE. RECURSO ESPECIAL NÃO PROVIDO. 1. No caso em tela o recorrente exige do ente expropriante, em

execução fiscal, os tributos (IPTU e Taxa de Limpeza Pública de Coleta de Resíduos Sólidos) incidentes sobre o imóvel desapropriado, derivados de fatos geradores ocorridos anteriormente ao ato expropriatório. 2. Considerando o período de ocorrência do fato gerador de tais tributos, e, levando-se em consideração que a desapropriação é ato de aquisição originária de propriedade, não há a transferência de responsabilidade tributária prevista no artigo 130 do CTN ao ente expropriante. 3. Recurso especial não provido. (REsp 1668058/ES, Rel. Ministro MAURO CAMPBELL MARQUES, SEGUNDA TURMA, julgado em 8/6/2017, DJe 14/6/2017).

A natureza originária da aquisição pela desapropriação não descaracteriza a submissão dessa situação jurídica à hipótese de desmembramento de imóvel rural, porquanto a área desapropriada, da ordem de 454,52 m2, foi destacada de imóvel matriculado de área maior.

O art. 176, § 3º, da Lei n. 6.015/73 dispõe:

§ 3° Nos casos de desmembramento, parcelamento ou remembramento de imóveis rurais, a identificação prevista na alínea a do item 3 do inciso II do § 1° será obtida a partir de memorial descritivo, assinado por profissional habilitado e com a devida Anotação de Responsabilidade Técnica ART, contendo as coordenadas dos vértices definidores dos limites dos imóveis rurais, geo-referenciadas ao Sistema Geodésico Brasileiro e com precisão posicional a ser fixada pelo INCRA, garantida a isenção de custos financeiros aos proprietários de imóveis rurais cuja somatória da área não exceda a quatro módulos fiscais.

Na mesma linha, o art. 225, § 3º, da Lei n. 6.015/73, prescreve:

§ 3° Nos autos judiciais que versem sobre imóveis rurais, a localização, os limites e as confrontações serão obtidos a partir de memorial descritivo assinado por profissional habilitado e com a devida Anotação de Responsabilidade Técnica ART, contendo as coordenadas dos vértices definidores dos limites dos imóveis rurais, geo-referenciadas ao Sistema Geodésico Brasileiro e com precisão posicional a ser fixada pelo INCRA, garantida a isenção de custos financeiros aos proprietários de imóveis rurais cuja somatória da área não exceda a quatro módulos fiscais.

A interpretação teleológica das referidas disposições normativas permite a compreensão de sua incidência no caso da desapropriação de parcela de imóvel rural, notadamente pela repercussão no imóvel objeto da desapropriação parcial no aspecto da especialidade objetiva.

O Certificado de Cadastro de Imóvel Rural (CCIR) – documento emitido pelo INCRA nas hipóteses de desmembramento, arrendamento, hipoteca, venda ou promessa de venda de imóveis rurais, deve ser exigido com fundamento no art. 22 da Lei n. 4.947/1966 e, especialmente, por força do estabelecido no art. 9º do Decreto n. 4.449/2002.

Nessa linha, há precedentes deste Eg. Conselho Superior da Magistratura, como se observa de extrato do voto do Desembargador Manoel de Queiroz Pereira Calças, Corregedor Geral da Justiça à época, na Apelação n. 1002005- 13.2016.8.26.0100, j. 25/11/2016:

Também tem razão o Oficial em relação à exigência de descrição georreferenciada do imóvel desapropriado e sua certificação pelo INCRA. Conforme precedentes recentes citados pelo Oficial, este Conselho tem posição firme no sentido de que a exigência formulada encontra respaldo nos artigos 176, §§ 3º e 5º, e 225, § 3º, ambos da Lei nº 6.015/73; artigo 9º, § 1º, do Decreto nº 4.449/02; e artigo 2º do Decreto nº 5.570/05. A propósito: "REGISTRO DE IMÓVEIS - DÚVIDA - CARTA DE SENTENÇA EXTRAÍDA DE AÇÃO DE DESAPROPRIAÇÃO - IMÓVEL LOCALIZADO EM ÁREA RURAL - NECESSIDADE DE APRESENTAÇÃO DE CERTIDÃO DO INCRA DE QUE A POLIGONAL OBJETO DO MEMORIAL DESCRITIVO NÃO SE SOBREPÕE A NENHUMA OUTRA CONSTANTE DE SEU CADASTRO GEORREFERENCIADO E QUE O MEMORIAL ATENDE ÀS EXIGÊNCIAS TÉCNICAS - EXIGÊNCIA CORRETA APRESENTADA PELO OFICIAL, EM OBSERVÂNCIA AOS PRINCÍPIOS DA LEGALIDADE E DA ESPECIALIDADE OBJETIVA - SENTENÇA DE PROCEDÊNCIA MANTIDA - RECURSO NÃO PROVIDO" (Apelação nº 0001532-10.2014.8.26.0037, Rel. Des. Elliot Akel, j. em 16/10/2014). A Medida Provisória n. 700/2015, mencionada pela apelante, sequer havia sido editada quando da apresentação do título. Ele foi apresentado em 17 de setembro de 2015, ao passo que a medida provisória é de 08 de dezembro de 2015 (ressalte-se, aliás, que essa medida provisória nem mesmo foi reeditada; já foi revogada). Vigorando, entre nós, o princípio do tempus regit actum, descabe analisar o argumento.

A localização do imóvel é em área rural, pois compreendia imóvel dessa natureza; tampouco há indicação de situar-se em área urbana, assim definida pelo município.

Embora afirme a recorrente que a desapropriação transforma a área em bem de uso comum do povo, o fato de se cuidar de rodovia que cruza área rural não a transforma em área urbana. Além disso, no precedente acima referido (na Apelação

n. 1002005-13.2016.8.26.0100) constou no voto convergente do Desembargador Ricardo Dip, então Presidente da Seção de Direito Público:

As exigências concernentes ao cadastro do imóvel desapropriado junto ao Instituto Nacional de Colonização e Reforma Agrária - Incra ("CCIR") e a seu georreferenciamento são de todo pertinentes, porque a especialidade objetiva do imóvel tem apurar-se, segundo preceitua o direito posto (vide art. 176, § 1º, II, 1, a, e §§ 3º-5º, e art. 225, § 3º, da Lei n. 6.015, de 31 de dezembro de 1973, e art. 22 da Lei nº 4.947, de 6 de abril de 1966), ainda que, como sucede in casu, haja aquisição originária: **afinal, da circunstância de que, na desapropriação judicial, não se leve em conta a existência de direito anterior, não se extrai que o objeto do direito deva isentar-se de individuação secundum legem. Não é possível, na amplitude campal da realidade das coisas, admitir um direito sobre coisa indiferenciada, porque seria o mesmo que admitir um direito sem objeto**. (g.n).

Portanto, compete definir a exata localização do imóvel conforme as coordenadas de seus vértices, consoante previsto na Lei de Registros Públicos.

A sentença judicial em ação de desapropriação não está isenta da incidência das demais determinações legais para o ingresso do título no registro imobiliário.

Desse modo, é necessário o georreferenciamento para o ingresso do título judicial atinente à desapropriação parcial de imóvel para implantação de rodovia, bem como a apresentação do CCIR, conforme os precedentes deste Conselho Superior da Magistratura.

E tal obrigatoriedade se impõe ainda que não se esteja falando em transmissão de propriedade, mas sim em forma de extinção da propriedade do anterior titular (art. 1.275, inciso V, do Código Civil), independentemente de haver ou não interesse da Administração Pública ou suas concessionárias.

Em razão da extinção da propriedade pela desapropriação, bem como o destaque de área menor, faço observação da necessidade do georreferenciamento apenas da área desapropriada, sem necessidade de sua efetivação para fins de apuração do remanescente da matrícula da qual será destacada.

O espaço físico objeto do registro é parte de rodovia, portanto é área de utilidade pública, nos termos do art. 3º, inciso VIII, alínea "b", da Lei n. 12.651/12.

Nesses termos, o art. 12, § 8º, da Lei n. 12.651/12, prescreve:

Art. 12. Todo imóvel rural deve manter área com cobertura de vegetação nativa, a título de Reserva Legal, sem prejuízo da aplicação das normas sobre as Áreas de Preservação Permanente, observados os seguintes percentuais mínimos em relação à área do imóvel, excetuados os casos previstos no art. 68 desta Lei:

(...)

§ 8° Não será exigido Reserva Legal relativa às áreas adquiridas ou desapropriadas com o objetivo de implantação e ampliação de capacidade de rodovias e ferrovias.

De outra parte, o art. 29, *caput*, da Lei n. 12.651/12 estabelece:

Art. 29. É criado o Cadastro Ambiental Rural - CAR, no âmbito do Sistema Nacional de Informação sobre Meio Ambiente - SINIMA, registro público eletrônico de âmbito nacional, obrigatório para todos os imóveis rurais, com a finalidade de integrar as informações ambientais das propriedades e posses rurais, compondo base de dados para controle, monitoramento, planejamento ambiental e econômico e combate ao desmatamento.

Diante disso, em virtude da área desapropriada encerrar imóvel rural para fins de registro imobiliário, compete exigir o Cadastro Ambiental Rural, no que pese a não exigência da Reserva Legal, pois, o CAR tem por finalidade de integrar as informações ambientais das propriedades e posses rurais, compondo base de dados para controle, monitoramento, planejamento ambiental e econômico e combate ao desmatamento.

O momento para exame da exigência do CAR é quando da apresentação do título ao registro imobiliário, e não o momento da aquisição da propriedade pela desapropriação, por força do art. 1.246 do Código Civil.

Não obstante a não exigência da reserva legal, em conformidade ao decidido por este C. Conselho Superior da Magistratura, com sua composição atual, na Apelação n. 0002716-31.2016.8.26.0457, j. 10/4/2018, faço a observação da dispensa do Termo de Reserva Legal, em razão da decisão liminar na ADI n. 2100850-72.2016.8.26.0000, que suspendeu a vigência e eficácia da Lei Estadual n. 15.684, de 14/1/2015.

Por todo o exposto, pelo meu voto, nego provimento à apelação, com observação.

GERALDO FRANCISCO PINHEIRO FRANCO

Corregedor Geral da Justiça e Relator (DJe de 28.06.2019 - SP)

PODER JUDICIÁRIO

TRIBUNAL DE JUSTIÇA DO ESTADO DE SÃO PAULO

CONSELHO SUPERIOR DA MAGISTRATURA

Apelação nº 1002546-11.2017.8.26.0553

Registro: 2019.0000448341

ACÓRDÃO

Vistos, relatados e discutidos estes autos de **Apelação Cível nº 1002546-11.2017.8.26.0553**, da Comarca de **Santo Anastácio**, em que é apelante **CONCESSIONARIA AUTO RAPOSO TAVARES S/A - CART**, é apelado **OFICIAL DE REGISTRO DE IMÓVEIS E ANEXOS DA COMARCA DE SANTO ANASTÁCIO**.

ACORDAM, em Conselho Superior de Magistratura do Tribunal de Justiça de São Paulo, proferir a seguinte decisão: **"Negaram provimento à apelação, v.u."**, de conformidade com o voto do Relator, que integra este acórdão.

O julgamento teve a participação dos Exmos. Desembargadores **PEREIRA CALÇAS (PRESIDENTE TRIBUNAL DE JUSTIÇA) (Presidente), ARTUR MARQUES (VICE PRESIDENTE), XAVIER DE AQUINO (DECANO), EVARISTO DOS SANTOS(PRES. DA SEÇÃO DE DIREITO PÚBLICO), CAMPOS MELLO (PRES. DA SEÇÃO DE DIREITO PRIVADO) E FERNANDO TORRES GARCIA(PRES. SEÇÃO DE DIREITO CRIMINAL).**

São Paulo, 28 de maio de 2019.

GERALDO FRANCISCO PINHEIRO FRANCO
Corregedor Geral da Justiça e Relator

Apelação Cível nº 1002546-11.2017.8.26.0553

Apelante: Concessionaria Auto Raposo Tavares S/A - Cart

Apelado: Oficial de Registro de Imóveis e Anexos da Comarca de Santo Anastácio

VOTO Nº 37.728

Registro de Imóveis – Desapropriação parcial de área rural – Aquisição originária da propriedade – Rodovia em área rural – Cabimento do georreferenciamento em cumprimento à Lei de Registros Públicos (artigos 176, § 1º, 3 "a", 176, §§ 3º e 6º e 225, § 3º) e ao princípio da especialidade objetiva – Cabimento do registro no CAR – Recurso não provido.

Trata-se de apelação interposta contra a r. sentença de fls. 211/217, que julgou procedente a dúvida suscitada pelo Sr. Oficial de Registro de Imóveis da Comarca de Santo Anastácio e manteve a recusa do ingresso de carta de sentença em razão da ausência de georreferenciamento e cadastro ambiental rural da área desapropriada.

Sustenta a apelante cuidar-se de desapropriação de imóvel para fins de trecho de rodovia não cabendo as exigências efetuadas e sim o registro da carta de sentença. Informou que apresentou o memorial com descrição georreferenciada (fls. 201), sendo desnecessária a certificação do INCRA por se tratar de forma originária de aquisição de propriedade (fls. 227/233).

A D. Procuradoria Geral de Justiça opinou pelo não provimento do recurso (fls. 260/263).

É o relatório.

Não há divergência entre o Oficial de Registro de Imóveis e a apelante sobre o fato da aquisição da propriedade imóvel por meio de desapropriação encerrar forma originária de aquisição do domínio.

Sobre isso também não há divergência nos precedentes deste Col. Conselho Superior da Magistratura, como se verifica no voto do e. Desembargador José Renato Nalini, então Corregedor Geral da Justiça, no julgamento da apelação nº 0001026-61.2011.8.26.0062, em 17/01/2013.

A jurisprudência do Superior Tribunal de Justiça também tem essa compreensão:

"PROCESSO CIVIL E TRIBUTÁRIO. RECURSO ESPECIAL. ENUNCIADO ADMINISTRATIVO N. 3/STJ. DESAPROPRIAÇÃO. AQUISIÇÃO ORIGINÁRIA DE PROPRIEDADE. EXIGIBILIDADE DE TRIBUTOS ANTERIORES À AO ATO DESAPROPRIATÓRIO. AUSÊNCIA DE RESPONSABILIDADE DO ENTE EXPROPRIANTE. RECURSO

ESPECIAL NÃO PROVIDO. 1. No caso em tela o recorrente exige do ente expropriante, em execução fiscal, os tributos (IPTU e Taxa de Limpeza Pública de Coleta de Resíduos Sólidos) incidentes sobre o imóvel desapropriado, derivados de fatos geradores ocorridos anteriormente ao ato expropriatório. 2. Considerando o período de ocorrência do fato gerador de tais tributos, e, levando-se em consideração que a desapropriação é ato de aquisição originária de propriedade, não há a transferência de responsabilidade tributária prevista no artigo 130 do CTN ao ente expropriante. 3. Recurso especial não provido" (REsp 1668058/ES, Rel. Ministro MAURO CAMPBELL MARQUES, SEGUNDA TURMA, julgado em 08/06/2017, DJe 14/06/2017).

Contudo, a natureza originária da aquisição pela desapropriação não descaracteriza a submissão dessa situação jurídica à hipótese de desmembramento de imóvel rural, porquanto a área desapropriada foi destacada de imóvel rural com área maior, objeto da matrícula nº 2.307 do Registro de Imóveis da Comarca de Santo Anastácio (fls. 104/112).

O artigo 176, parágrafo 3º, da Lei nº 6.015/73, dispõe:

"§ 3º Nos casos de desmembramento, parcelamento ou remembramento de imóveis rurais, a identificação prevista na alínea a do item 3 do inciso II do § 1º será obtida a partir de memorial descritivo, assinado por profissional habilitado e com a devida Anotação de Responsabilidade Técnica - ART, contendo as coordenadas dos vértices definidores dos limites dos imóveis rurais, georeferenciadas ao Sistema Geodésico Brasileiro e com precisão posicional a ser fixada pelo INCRA, garantida a isenção de custos financeiros aos proprietários de imóveis rurais cuja somatória da área não exceda a quatro módulos fiscais".

Na mesma linha, o artigo 225, parágrafo 3º, da Lei nº 6.015/73, prescreve:

"§ 3° Nos autos judiciais que versem sobre imóveis rurais, a localização, os limites e as confrontações serão obtidos a partir de memorial descritivo assinado por profissional habilitado e com a devida Anotação de Responsabilidade Técnica - ART, contendo as coordenadas dos vértices definidores dos limites dos imóveis rurais, geo-referenciadas ao Sistema Geodésico Brasileiro e com precisão posicional a ser fixada pelo INCRA, garantida a isenção de custos financeiros aos proprietários de imóveis rurais cuja somatória da área não exceda a quatro módulos fiscais".

A interpretação teleológica das referidas disposições normativas permite a compreensão de sua incidência no caso da desapropriação de parcela de imóvel rural, notadamente pela repercussão no imóvel objeto da desapropriação parcial no aspecto da especialidade objetiva.

Por sua vez, o § 6º do art. 176, da Lei nº 6.015/73 não dispensa a certificação do INCRA em relação à descrição georreferenciada das áreas públicas, e essa certificação é necessária para evitar que a descrição georreferenciada do imóvel rural que foi desfalcado pela desapropriação não se sobreponha, no cadastro do INCRA, à da área que se tornou de propriedade da apelante.

A sentença judicial em ação de desapropriação não está isenta da incidência das demais determinações legais para o ingresso do título no registro imobiliário.

Desse modo, é necessário o georreferenciamento para o ingresso do título judicial atinente à desapropriação parcial de imóvel para implantação de rodovia, com certificação pelo INCRA relativa ao georreferenciamento.

Em razão da transmissão da propriedade por meio de desapropriação, da interpretação teleológica efetuada, bem como o destaque de área menor, a necessidade do georreferenciamento apenas incide para a área desapropriada, sem necessidade de sua efetivação para fins de apuração do remanescente da matrícula da qual será destacada, o que, aliás, foi observado na exigência formulada pelo Sr. Oficial de Registro de Imóveis.

O espaço físico objeto do registro é parte de rodovia, portanto é área de utilidade pública nos termos do artigo 3º, inciso VIII, alínea "b", da Lei nº 12. 651/12.

O artigo 12, parágrafo 8º, da Lei nº 12.651/12, prescreve:

"Art. 12. Todo imóvel rural deve manter área com cobertura de vegetação nativa, a título de Reserva Legal, sem prejuízo da aplicação das normas sobre as Áreas de Preservação Permanente, observados os seguintes percentuais mínimos em relação à área do imóvel, excetuados os casos previstos no art. 68 desta Lei:

(...)

§ 8º Não será exigido Reserva Legal relativa às áreas adquiridas ou desapropriadas com o objetivo de implantação e ampliação de capacidade de rodovias e ferrovias".

De outra parte, o artigo 29, *caput*, da Lei nº 12.651/12 estabelece:

"Art. 29. É criado o Cadastro Ambiental Rural - CAR, no âmbito do Sistema Nacional de Informação sobre Meio Ambiente - SINIMA, registro público eletrônico de âmbito nacional, obrigatório para todos os imóveis rurais, com a finalidade de integrar as informações ambientais das propriedades e posses rurais, compondo base de dados para controle, monitoramento, planejamento ambiental e econômico e combate ao desmatamento".

Diante disso, em virtude da área desapropriada encerrar imóvel rural para fins de registro imobiliário, compete exigir o Cadastro Ambiental Rural, no que pese a não exigência da Reserva Legal, pois, o CAR tem por *"finalidade de integrar as informações ambientais das propriedades e posses rurais, compondo base de dados para controle, monitoramento, planejamento ambiental e econômico e combate ao desmatamento".*

Por todo o exposto, pelo meu voto, nego provimento à apelação.

GERALDO FRANCISCO PINHEIRO FRANCO

Corregedor Geral da Justiça e Relator (DJe de 03.07.2019 - SP)

PODER JUDICIÁRIO

TRIBUNAL DE JUSTIÇA DO ESTADO DE SÃO PAULO

CONSELHO SUPERIOR DA MAGISTRATURA

Embargos de Declaração nº 1052838-56.2017.8.26.0114/50000

Registro: 2019.0000366994

ACÓRDÃO

Vistos, relatados e discutidos estes autos de **Embargos de Declaração nº 1052838-56.2017.8.26.0114/50000**, da Comarca de **Campinas**, em que é embargante **CONCESSIONÁRIA ROTA DAS BANDEIRAS S/A**, é embargado **1º OFICIAL DE REGISTRO DE IMÓVEIS DA COMARCA DE CAMPINAS.**

ACORDAM, em Conselho Superior de Magistratura do Tribunal de Justiça de São Paulo, proferir a seguinte decisão: **"Rejeitaram os Embargos de Declaração, v.u."**, de conformidade com o voto do Relator, que integra este acórdão.

O julgamento teve a participação dos Exmos. Desembargadores **PEREIRA CALÇAS (PRESIDENTE TRIBUNAL DE JUSTIÇA) (Presidente), ARTUR MARQUES (VICE PRESIDENTE), XAVIER DE AQUINO (DECANO), EVARISTO DOS SANTOS(PRES. DA SEÇÃO DE DIREITO PÚBLICO), CAMPOS MELLO (PRES. DA SEÇÃO DE DIREITO PRIVADO) E FERNANDO TORRES GARCIA(PRES. SEÇÃO DE DIREITO CRIMINAL)**.

São Paulo, 30 de abril de 2019.

GERALDO FRANCISCO PINHEIRO FRANCO

Corregedor Geral da Justiça e Relator

Embargos de Declaração nº 1052838-56.2017.8.26.0114/50000

Embargante: Concessionária Rota das Bandeiras S/A

Embargado: 1º OFICIAL DE REGISTRO DE IMÓVEIS DA COMARCA DE CAMPINAS

VOTO Nº 37.707

Embargos de declaração – Desapropriação parcial de imóvel – Necessidade de individualização do imóvel para aferir sua exata localização com exigências atinentes ao georreferenciamento – Ausência de omissões ou contradição na decisão colegiada, inviabilidade dos embargos de declaração para rediscussão de questões já decididas – Embargos de Declaração rejeitados.

Trata-se de embargos de declaração opostos sob o fundamento da existência de omissões e contradição no v. acórdão em virtude de ser incabível a exigência do CAR, a não ocorrência de desmembramento rural sendo incabível a exigência de georreferenciamento e CCIR (a fls. 01/09).

É o relatório.

A decisão colegiada, não obstante a permanência do inconformismo da embargante quanto às questões de mérito, tratou da totalidade dos pontos postos nos embargos de declaração.

Observo, primeiro, que a embargante anuiu com a exigência de apresentação do CCIR e informou que a cumpriu (fls. 88), razão pela qual a matéria não foi tratada no acórdão embargado.

Por sua vez, houve decisão acerca da pertinência das exigências concernentes à inscrição no CAR e georreferenciamento.

Nesse sentido, confiram-se os seguintes trechos do acórdão:

A aquisição da propriedade imóvel por meio de desapropriação encerra forma originária de aquisição do domínio. (...)

A natureza originária da aquisição pela desapropriação não descaracteriza a submissão dessa situação jurídica à hipótese de desmembramento de imóvel rural, porquanto a área desapropriada (fls. 14 e 36/45), foi destacada de imóvel com área maior (fls. 29/33 e 42/44).

(...)

A interpretação teleológica das referidas disposições normativas permite a compreensão de sua incidência no caso da desapropriação de parcela de imóvel rural, notadamente pela repercussão no imóvel objeto da desapropriação parcial no aspecto da especialidade objetiva.

A localização do imóvel é em área rural, pois compreendia imóvel dessa natureza; tampouco há indicação de situar-se em área urbana, assim definida pelo município. O fato de se cuidar de rodovia que cruza área rural não a transforma em área urbana.

(...)

A sentença judicial em ação de desapropriação não está isenta da incidência das demais determinações legais para o ingresso do título no registro imobiliário.

Desse modo, é necessário o georreferenciamento para o ingresso do título judicial atinente à desapropriação parcial de imóvel para implantação de rodovia

(...)

Em razão da transmissão da propriedade por meio de desapropriação, da interpretação teleológica efetuada, bem como o destaque de área menor, faço observação da necessidade do georreferenciamento apenas da área desapropriada sem necessidade de sua efetivação para fins de apuração do remanescente da matrícula da qual será destacada.

A exigência do georreferenciamento foi mantida com base na compreensão da ocorrência de desmembramento nos termos do artigo 176, parágrafo 3º, da Lei n. 6.015/73 e não em razão do disposto no artigo 29, parágrafo 3º, do Código Florestal.

Por sua vez, a exigência do Cadastro Ambiental Rural está fundamentada no v. acórdão em que consta:

"Diante disso, em virtude da área desapropriada encerrar imóvel rural para fins de registro imobiliário, compete exigir o Cadastro Ambiental Rural, no que pese a não exigência da Reserva Legal, pois, o CAR tem 'por finalidade de integrar as informações ambientais das propriedades e posses rurais,compondo base de dados para controle, monitoramento, planejamento ambiental e econômico e combate ao desmatamento'".

Como exposto na decisão colegiada, a desapropriação implicou no destaque de parcela de imóvel registrado em área maior, daí a necessidade do cumprimento das exigências mantidas.

O fato da aquisição em decorrência de instituto de direito público não afasta a incidência da Lei de Registros Públicos que também alberga essa situação jurídica.

Desse modo, a decisão colegiada não padece dos vícios apontados estando tecnicamente correta; sendo desnecessária a repetição de seus fundamentos.

Ante o exposto, rejeito os embargos de declaração.

GERALDO FRANCISCO PINHEIRO FRANCO

Corregedor Geral da Justiça e Relator (DJe de 03.07.2019 - SP)

PODER JUDICIÁRIO

TRIBUNAL DE JUSTIÇA DO ESTADO DE SÃO PAULO

CONSELHO SUPERIOR DA MAGISTRATURA

Apelação nº 1054903-24.2017.8.26.0114

Registro: 2019.0000176583

ACÓRDÃO

Vistos, relatados e discutidos estes autos do(a) **Apelação nº 1054903-24.2017.8.26.0114**, da Comarca de **Campinas**, em que é apelante **CONCESSIONÁRIA ROTA DAS BANDEIRAS S/A**, é apelado **1º OFICIAL DE REGISTRO DE IMÓVEIS DE CAMPINAS**.

ACORDAM, em Conselho Superior de Magistratura do Tribunal de Justiça de São Paulo, proferir a seguinte decisão: **"Negaram provimento, com observação, v.u."**, de conformidade com o voto do Relator, que integra este Acórdão.

O julgamento teve a participação dos Exmos. Desembargadores **PEREIRA CALÇAS (PRESIDENTE TRIBUNAL DE JUSTIÇA) (Presidente), ARTUR MARQUES (VICE PRESIDENTE), XAVIER DE AQUINO (DECANO), EVARISTO DOS SANTOS(PRES. DA SEÇÃO DE DIREITO PÚBLICO), CAMPOS MELLO (PRES. DA SEÇÃO DE DIREITO PRIVADO) E FERNANDO TORRES GARCIA(PRES. SEÇÃO DE DIREITO CRIMINAL).**

São Paulo, 26 de fevereiro de 2019.

GERALDO FRANCISCO PINHEIRO FRANCO

Corregedor Geral da Justiça e Relator

Apelação nº 1054903-24.2017.8.26.0114

Apelante: Concessionária Rota das Bandeiras S/A

Apelado: 1º Oficial de Registro de Imóveis de Campinas

VOTO Nº 37.677

Registro de Imóveis – Desapropriação parcial de área rural – Aquisição originária da propriedade – Rodovia em área rural – Cabimento do georreferenciamento em cumprimento à Lei de Registros Públicos (artigos 176, § 1º, 3 "a", 176, §§ 3º e 5º, e 225, § 3º) e ao princípio da especialidade objetiva – Recurso não provido, com observação.

Trata-se de recurso de apelação interposto pela Concessionária Rota das Bandeiras S/A contra a r. sentença de fls. 105/107, que julgou procedente a dúvida suscitada pelo Sr. 1º Oficial de Registros de Imóveis da Comarca de Campinas mantendo a recusa do ingresso de carta de adjudicação em razão da falta de apuração de remanescente e ausência de georreferenciamento.

Sustenta o apelante cuidar-se de desapropriação de imóvel para fins de trecho de rodovia não cabendo as exigências efetuadas e sim o registro da carta de adjudicação (fls. 163/169).

A D. Procuradoria Geral da Justiça opinou pelo não provimento do recurso (fls. 213/215).

É o relatório.

A natureza judicial do título apresentado não impede sua qualificação registral quanto aos aspectos extrínsecos ou aqueles que não foram objeto de exame pela Autoridade Jurisdicional.

O item 119, do Capítulo XX, das Normas de Serviço da Corregedoria Geral da Justiça é expresso acerca do dever do Oficial do Registro de Imóveis a tanto, como se constata de sua redação:

119. Incumbe ao oficial impedir o registro de título que não satisfaça os requisitos exigidos pela lei, quer sejam consubstanciados em instrumento público ou particular, quer em atos judiciais.

Essa questão é pacífica nos precedentes administrativos deste órgão colegiado, entre muitos, confira-se trecho do voto do Desembargador Manuel de Queiroz Pereira Calças, Corregedor Geral da Justiça à época, na apelação n. 0001561-55.2015.8.26.0383, j. 20.07.17:

A origem judicial do título não afasta a necessidade de sua qualificação registral, com intuito de se obstar qualquer violação ao princípio da continuidade (Lei 6.015/73, art. 195).

Nesse sentido, douto parecer da lavra do então Juiz Assessor desta Corregedoria Geral de Justiça, Álvaro Luiz Valery Mirra, lançado nos autos do processo n.º 2009/85.842, que, fazendo referência a importante precedente deste Colendo Conselho Superior da Magistratura (Apelação Cível n.º 31.881-0/1), aduz o que segue:

"De início, cumpre anotar, a propósito da matéria, que tanto esta Corregedoria Geral da Justiça quanto o Colendo Conselho Superior da Magistratura têm entendido imprescindível a observância dos princípios e regras de direito registral para o ingresso no fólio real - seja pela via de registro, seja pela via de averbação - de penhoras, arrestos e seqüestros de bens imóveis, mesmo considerando a origem judicial de referidos atos, tendo em conta a orientação tranqüila nesta esfera administrativa segundo a qual a natureza judicial do título levado a registro ou a averbação não o exime da atividade de qualificação registral realizada pelo oficial registrador, sob o estrito ângulo da regularidade formal (Ap. Cív. n. 31.881-0/1)."

A aquisição da propriedade imóvel por meio de desapropriação encerra forma originária de aquisição da propriedade.

Nesse sentido, o voto do Desembargador José Renato Nalini, Corregedor Geral da Justiça ao momento do julgamento da apelação n. 0001026-61.2011.8.26.0062, em 17/01/2013:

A desapropriação, amigável ou judicial, concluída extrajudicialmente, na via administrativa, ou por meio de processo litigioso, com a intervenção do Poder Judiciário, revela-se, sempre, um modo originário de aquisição da propriedade: inexiste um nexo causal entre o passado, o estado jurídico anterior, e a situação atual.

A propriedade adquirida, com o aperfeiçoamento da desapropriação, liberta-se de seus vínculos anteriores, desatrela-se dos títulos dominiais pretéritos, dos quais não deriva e com os quais não mantém ligação, tanto que não poderá ser reivindicada por terceiros e pelo expropriado (artigo 35 do Decreto-lei n.° 3.365/1941), salvo no caso de retrocessão.

A jurisprudência do Superior Tribunal de Justiça também tem essa compreensão:

PROCESSO CIVIL E TRIBUTÁRIO. RECURSO ESPECIAL. ENUNCIADO ADMINISTRATIVO N. 3/STJ. DESAPROPRIAÇÃO. AQUISIÇÃO ORIGINÁRIA DE PROPRIEDADE. EXIGIBILIDADE DE TRIBUTOS ANTERIORES À AO ATO DESAPROPRIATÓRIO. AUSÊNCIA DE RESPONSABILIDADE DO ENTE EXPROPRIANTE. RECURSO

ESPECIAL NÃO PROVIDO. 1. No caso em tela o recorrente exige do ente expropriante, em execução fiscal, os tributos (IPTU e Taxa de Limpeza Pública de Coleta de Resíduos Sólidos) incidentes sobre o imóvel desapropriado, derivados de fatos geradores ocorridos anteriormente ao ato expropriatório. 2. Considerando o período de ocorrência do fato gerador de tais tributos, e, levando-se em consideração que a desapropriação é ato de aquisição originária de propriedade, não há a transferência de responsabilidade tributária prevista no artigo 130 do CTN ao ente expropriante. 3. Recurso especial não provido. (REsp 1668058/ES, Rel. Ministro MAURO CAMPBELL MARQUES, SEGUNDA TURMA, julgado em 08/06/2017, DJe 14/06/2017).

A natureza originária da aquisição pela desapropriação não descaracteriza a submissão dessa situação jurídica à hipótese de desmembramento de imóvel rural, porquanto a área desapropriada, da ordem de 4.793,88 m², foi destacada de imóvel matriculado de área maior.

O artigo 176, parágrafo 3º, da lei n. 6.015/73, dispõe:

§ 3º. Nos casos de desmembramento, parcelamento ou remembramento de imóveis rurais, a identificação prevista na alínea a do item 3 do inciso II do § 1º será obtida a partir de memorial descritivo, assinado por profissional habilitado e com a devida Anotação de Responsabilidade Técnica - ART, contendo as coordenadas dos vértices definidores dos limites dos imóveis rurais, georeferenciadas ao Sistema Geodésico Brasileiro e com precisão posicional a ser fixada pelo INCRA, garantida a isenção de custos financeiros aos proprietários de imóveis rurais cuja somatória da área não exceda a quatro módulos fiscais.

Na mesma linha, o artigo 225, parágrafo 3º, da lei n. 6.015/73, prescreve:

§ 3º. Nos autos judiciais que versem sobre imóveis rurais, a localização, os limites e as confrontações serão obtidos a partir de memorial descritivo assinado por profissional habilitado e com a devida Anotação de Responsabilidade Técnica - ART, contendo as coordenadas dos vértices definidores dos limites dos imóveis rurais, geo-referenciadas ao Sistema Geodésico Brasileiro e com precisão posicional a ser fixada pelo INCRA, garantida a isenção de custos financeiros aos proprietários de imóveis rurais cuja somatória da área não exceda a quatro módulos fiscais.

A interpretação teleológica das referidas disposições normativas permite a compreensão de sua incidência no caso da desapropriação de parcela de imóvel rural, notadamente pela repercussão no imóvel objeto da desapropriação parcial no aspecto da especialidade objetiva.

A localização do imóvel é em área rural, pois compreendia imóvel dessa natureza; tampouco há indicação de situar-se em área urbana, assim definida pelo município. O fato de se cuidar de rodovia que cruza área rural não a transforma em área urbana.

Na apelação n. 1002005-13.2016.8.26.0100 constou no voto convergente do Desembargador Ricardo Dip, então Presidente da Seção de Direito Público:

As exigências concernentes ao cadastro do imóvel desapropriado junto ao Instituto Nacional de Colonização e Reforma Agrária -Incra ("CCIR") e a seu georreferenciamento são de todo pertinentes, porque a especialidade objetiva do imóvel tem apurar-se, segundo preceitua o direito posto (vide art. 176, § 1º, II, 1, a, e §§ 3º-5º, e art. 225, § 3º, da Lei n. 6.015, de 31 de dezembro de 1973, e art. 22 da Lei nº 4.947, de 6 de abril de 1966), ainda que, como sucede in casu, haja aquisição originária: afinal, da circunstância de que, na desapropriação judicial, não se leve em conta a existência de direito anterior, não se extrai que o objeto do direito deva isentar-se de individuação secundum legem.

Não é possível, na amplitude campal da realidade das coisas, admitir um direito sobre coisa indiferenciada, porque seria o mesmo que admitir um direito sem objeto.

Portanto, compete definir a exata localização do imóvel conforme as coordenadas de seus vértices, consoante previsto na Lei de Registros Públicos.

A sentença judicial em ação de desapropriação não esta isenta da incidência das demais determinações legais para o ingresso do título no registro imobiliário.

Desse modo, é necessário o georreferenciamento para o ingresso do título judicial atinente à desapropriação parcial de imóvel para implantação de rodovia, bem como a apresentação do CCIR conforme os precedentes deste Conselho Superior da Magistratura.

Em razão da transmissão da propriedade por meio de desapropriação, da interpretação teleológica efetuada, bem como o destaque de área menor, faço observação da necessidade do georreferenciamento apenas da área desapropriada sem necessidade de sua efetivação para fins de apuração do remanescente da matricula da qual será destacada.

Por todo o exposto, pelo meu voto, nego provimento à apelação, com observação.

GERALDO FRANCISCO PINHEIRO FRANCO

Corregedor Geral da Justiça e Relator (DJe de 03.07.2019 - SP)

PODER JUDICIÁRIO

TRIBUNAL DE JUSTIÇA DO ESTADO DE SÃO PAULO

CONSELHO SUPERIOR DA MAGISTRATURA

Apelação nº 0002302-91.2017.8.26.0491

Registro: 2019.000502536

ACÓRDÃO

Vistos, relatados e discutidos estes autos de **Apelação Cível nº 0002302-91.2017.8.26.0491**, da Comarca de **Rancharia**, em que é apelante **CONCESSIONÁRIA AUTO RAPOSO TAVARES S/A**, é apelado **OFICIAL DE REGISTRO DE IMÓVEIS E ANEXOS DA COMARCA DE RANCHARIA.**

ACORDAM, em Conselho Superior de Magistratura do Tribunal de Justiça de São Paulo, proferir a seguinte decisão: **"Negaram provimento à apelação, com observação, v.u."**, de conformidade com o voto do Relator, que integra este acórdão.

O julgamento teve a participação dos Exmos. Desembargadores **PEREIRA CALÇAS (PRESIDENTE TRIBUNAL DE JUSTIÇA) (Presidente), ARTUR MARQUES (VICE PRESIDENTE), XAVIER DE AQUINO (DECANO), EVARISTO DOS SANTOS(PRES. DA SEÇÃO DE DIREITO PÚBLICO), CAMPOS MELLO (PRES. DA SEÇÃO DE DIREITO PRIVADO) E FERNANDO TORRES GARCIA(PRES. SEÇÃO DE DIREITO CRIMINAL).**

São Paulo, 13 de junho de 2019.

GERALDO FRANCISCO PINHEIRO FRANCO
Corregedor Geral da Justiça e Relator

Apelação Cível n. 0002302-91.2017.8.26.0491

Apelante: Concessionária Auto Raposo Tavares S/A

Apelado: Oficial de Registro de Imóveis e Anexos da Comarca de Rancharia

VOTO N. 37.780

Registro de Imóveis – Desapropriação parcial de área rural – Aquisição originária da propriedade – Rodovia em área rural – Cabimento do georreferenciamento em cumprimento à Lei de Registros Públicos (artigos 176, § 1º, 3 "a", 176, §§ 3º e 5º, e 225, § 3º) e ao princípio da especialidade objetiva – Recurso não provido, com observação.

Trata-se de recurso de apelação interposto pela Concessionária Auto Raposo Tavares S.A. contra a r. sentença de fls. 256/259, que julgou procedente a dúvida suscitada pelo Sr. Oficial de Registro de Imóveis e Anexos da Comarca de Rancharia mantendo a recusa do ingresso de carta de adjudicação em razão da ausência de georreferenciamento.

Sustenta o apelante cuidar-se de desapropriação de imóvel rural que passou a ser um trecho de rodovia não cabendo a exigência de georreferenciamento e sim o registro da carta de adjudicação (fls. 263/271).

A D. Procuradoria Geral de Justiça opinou pelo não provimento do recurso (fls. 293/296).

É o relatório.

A natureza judicial do título apresentado não impede sua qualificação registral quanto aos aspectos extrínsecos ou aqueles que não foram objeto de exame pela Autoridade Jurisdicional.

O item 119 do Capítulo XX das Normas de Serviço da Corregedoria Geral da Justiça é expresso acerca do dever do Oficial do Registro de Imóveis a tanto, como se constata de sua redação:

> *119. Incumbe ao oficial impedir o registro de título que não satisfaça os requisitos exigidos pela lei, quer sejam consubstanciados em instrumento público ou particular, quer em atos judiciais.*

Essa questão é pacífica nos precedentes administrativos deste órgão colegiado, entre muitos, confira-se trecho do voto do Desembargador Manoel de Queiroz Pereira Calças, Corregedor Geral da Justiça à época, na apelação n. 0001561-55.2015.8.26.0383, j. 20/7/2017:

> *A origem judicial do título não afasta a necessidade de sua qualificação registral, com intuito de se obstar qualquer violação ao princípio da continuidade (Lei 6.015/73, art. 195).*
>
> *Nesse sentido, douto parecer da lavra do então Juiz Assessor desta Corregedoria Geral de Justiça, Álvaro Luiz Valery Mirra, lançado nos autos do processo n.º 2009/85.842, que, fazendo referência a importante precedente deste Colendo Conselho Superior da Magistratura (Apelação Cível n.º 31.881-0/1), aduz o que segue:*
>
> *"De início, cumpre anotar, a propósito da matéria, que tanto esta Corregedoria Geral da Justiça quanto o Colendo Conselho Superior da Magistratura têm entendido imprescindível a observância dos princípios e regras de direito registral para o ingresso no fólio real - seja pela via de registro, seja pela via de averbação - de penhoras, arrestos e seqüestros de bens imóveis, mesmo considerando a origem judicial de referidos atos, tendo em conta a orientação tranqüila nesta esfera administrativa segundo a qual a natureza judicial do título levado a registro ou a averbação não o exime da atividade de qualificação registral realizada pelo oficial registrador, sob o estrito ângulo da regularidade formal (Ap. Cív. n. 31.881-0/1)."*

A aquisição da propriedade imóvel por meio de desapropriação encerra forma originária de aquisição da propriedade. Nesse sentido, o voto do Desembargador José Renato Nalini, Corregedor Geral da Justiça ao momento do julgamento da apelação n. 0001026-61.2011.8.26.0062, em 17/1/2013:

> *A desapropriação, amigável ou judicial, concluída extrajudicialmente, na via administrativa, ou por*

meio de processo litigioso, com a intervenção do Poder Judiciário, revela-se, sempre, um modo originário de aquisição da propriedade: inexiste um nexo causal entre o passado, o estado jurídico anterior, e a situação atual.

A propriedade adquirida, com o aperfeiçoamento da desapropriação, liberta-se de seus vínculos anteriores, desatrela-se dos títulos dominiais pretéritos, dos quais não deriva e com os quais não mantém ligação, tanto que não poderá ser reivindicada por terceiros e pelo expropriado (artigo 35 do Decreto-lei n. 3.365/1941), salvo no caso de retrocessão.

A jurisprudência do Superior Tribunal de Justiça também tem essa compreensão:

PROCESSO CIVIL E TRIBUTÁRIO. RECURSO ESPECIAL. ENUNCIADO ADMINISTRATIVO N. 3/STJ. DESAPROPRIAÇÃO. AQUISIÇÃO ORIGINÁRIA DE PROPRIEDADE. EXIGIBILIDADE DE TRIBUTOS ANTERIORES À AO ATO DESAPROPRIATÓRIO. AUSÊNCIA DE RESPONSABILIDADE DO ENTE EXPROPRIANTE. RECURSO ESPECIAL NÃO PROVIDO.

1. No caso em tela o recorrente exige do ente expropriante, em execução fiscal, os tributos (IPTU e Taxa de Limpeza Pública de Coleta de Resíduos Sólidos) incidentes sobre o imóvel desapropriado, derivados de fatos geradores ocorridos anteriormente ao ato expropriatório. 2. Considerando o período de ocorrência do fato gerador de tais tributos, e, levando-se em consideração que a desapropriação é ato de aquisição originária de propriedade, não há a transferência de responsabilidade tributária prevista no artigo 130 do CTN ao ente expropriante. 3. Recurso especial não provido. (REsp 1668058/ES, Rel. Ministro MAURO CAMPBELL MARQUES, SEGUNDA TURMA, julgado em 8/6/2017, DJe 14/6/2017).

A natureza originária da aquisição pela desapropriação não descaracteriza a submissão dessa situação jurídica à hipótese de desmembramento de imóvel rural, porquanto a área desapropriada, da ordem de 2,592008 ha, foi destacada do imóvel matriculado sob o n. 587, com área total de 3.388,00 hectares.

O artigo 176, parágrafo 3º, da Lei n. 6.015/73, dispõe:

§3º Nos casos de desmembramento, parcelamento ou remembramento de imóveis rurais, a identificação prevista na alínea a do item 3 do inciso II do § 1º será obtida a partir de memorial descritivo, assinado por profissional habilitado e com a devida Anotação de Responsabilidade Técnica - ART, contendo as coordenadas dos vértices definidores dos limites dos imóveis rurais, geo-referenciadas ao Sistema Geodésico Brasileiro e com precisão posicional a ser fixada pelo INCRA, garantida a isenção de custos financeiros aos proprietários de imóveis rurais cuja somatória da área não exceda a quatro módulos fiscais.

Na mesma linha, o artigo 225, parágrafo 3º, da Lei n. 6.015/73, prescreve:

§ 3° Nos autos judiciais que versem sobre imóveis rurais, a localização, os limites e as confrontações serão obtidos a partir de memorial descritivo assinado por profissional habilitado e com a devida Anotação de Responsabilidade Técnica - ART, contendo as coordenadas dos vértices definidores dos limites dos imóveis rurais, geo-referenciadas ao Sistema Geodésico Brasileiro e com precisão posicional a ser fixada pelo INCRA, garantida a isenção de custos financeiros aos proprietários de imóveis rurais cuja somatória da área não exceda a quatro módulos fiscais.

A interpretação teleológica das referidas disposições normativas permite a compreensão de sua incidência no caso da desapropriação de parcela de imóvel rural, notadamente pela repercussão no imóvel objeto da desapropriação parcial no aspecto da especialidade objetiva.

Nessa linha, há precedentes deste Conselho Superior da Magistratura, como se observa de extrato do voto do Desembargador Manoel de Queiroz Pereira Calças, Corregedor Geral da Justiça à época, na apelação n. 1002005- 13.2016.8.26.0100, j. 25/11/2016:

Também tem razão o Oficial em relação à exigência de descrição georreferenciada do imóvel desapropriado e sua certificação pelo INCRA.

Conforme precedentes recentes citados pelo Oficial, este Conselho tem posição firme no sentido de que a exigência formulada encontra respaldo nos artigos 176, §§ 3º e 5º, e 225, § 3º, ambos da Lei nº 6.015/73; artigo 9º, § 1º, do Decreto nº 4.449/02; e artigo 2º do Decreto nº 5.570/05. A propósito:

"REGISTRO DE IMÓVEIS – DÚVIDA – CARTA DE SENTENÇA EXTRAÍDA DE AÇÃO DE DESAPROPRIAÇÃO – IMÓVEL LOCALIZADO EM ÁREA RURAL – NECESSIDADE DE APRESENTAÇÃO DE CERTIDÃO DO INCRA DE QUE A POLIGONAL OBJETO DO MEMORIAL DESCRITIVO NÃO SE SOBREPÕE A NENHUMA OUTRA CONSTANTE DE SEU CADASTRO GEORREFERENCIADO E QUE O MEMORIAL ATENDE ÀS EXIGÊNCIAS TÉCNICAS – EXIGÊNCIA CORRETA APRESENTADA PELO OFICIAL, EM OBSERVÂNCIA AOS PRINCÍPIOS DA LEGALIDADE E DA ESPECIALIDADE OBJETIVA – SENTENÇA DE PROCEDÊNCIA

MANTIDA – RECURSO NÃO PROVIDO" (Apelação nº 0001532-10.2014.8.26.0037, Rel. Des. Elliot Akel, j. em 16/10/2014).

A Medida Provisória n. 700/2015, mencionada pela apelante, sequer havia sido editada quando da apresentação do título. Ele foi apresentado em 17 de setembro de 2015, ao passo que a medida provisória é de 08 de dezembro de 2015 (ressalte-se, aliás, que essa medida provisória nem mesmo foi reeditada; já foi revogada). Vigorando, entre nós, o princípio do tempus regit actum, descabe analisar o argumento.

A localização do imóvel é em área rural, pois compreendia imóvel dessa natureza; tampouco há indicação de situar-se em área urbana, assim definida pelo município. O fato de se cuidar de rodovia que cruza área rural não a transforma em área urbana.

Noutra quadra, no precedente acima referido (na apelação n. 1002005-13.2016.8.26.0100), no qual a apelante também era a ora recorrente, constou no voto convergente do Desembargador Ricardo Dip, então Presidente da Seção de Direito Público:

As exigências concernentes ao cadastro do imóvel desapropriado junto ao Instituto Nacional de Colonização e Reforma Agrária - Incra ("CCIR") e a seu georreferenciamento são de todo pertinentes, porque a especialidade objetiva do imóvel tem apurar-se, segundo preceitua o direito posto (vide art. 176, § 1º, II, 1, a, e §§ 3º-5º, e art. 225, § 3º, da Lei n. 6.015, de 31 de dezembro de 1973, e art. 22 da Lei nº 4.947, de 6 de abril de 1966), ainda que, como sucede in casu, haja aquisição originária: afinal, da circunstância de que, na desapropriação judicial, não se leve em conta a existência de direito anterior, não se extrai que o objeto do direito deva isentar-se de individuação secundum legem.

Não é possível, na amplitude campal da realidade das coisas, admitir um direito sobre coisa indiferenciada, porque seria o mesmo que admitir um direito sem objeto.

Portanto, compete definir a exata localização do imóvel conforme as coordenadas de seus vértices, consoante previsto na Lei de Registros Públicos.

De outra parte, a sentença judicial em ação de desapropriação não esta isenta da incidência das demais determinações legais para o ingresso do título no registro imobiliário.

A problemática envolvida não trata do princípio da continuidade, mas sim da especialidade objetiva; conforme os dispositivos normativos cogentes acima mencionados.

Compete realização do georreferenciamento para o ingresso do título judicial atinente à desapropriação parcial de imóvel para implantação de rodovia, conforme os precedentes deste Conselho Superior da Magistratura.

Em razão da transmissão da propriedade por meio de desapropriação, da interpretação teleológica efetuada, bem como o destaque de área menor antes incluída em extensa área, faço observação da necessidade do georreferenciamento apenas da área desapropriada sem necessidade de sua efetivação para fins de apuração do remanescente da matrícula da que será destacada.

Por todo o exposto, pelo meu voto, **nego provimento à apelação, com observação. GERALDO FRANCISCO PINHEIRO FRANCO**

Corregedor Geral da Justiça e Relator (DJe de 19.07.2019 - SP)

PODER JUDICIÁRIO

TRIBUNAL DE JUSTIÇA DO ESTADO DE SÃO PAULO

CONSELHO SUPERIOR DA MAGISTRATURA

Apelação nº 1000054-68.2018.8.26.0114

Registro: 2019.0000546783

ACÓRDÃO

Vistos, relatados e discutidos estes autos de **Apelação Cível nº 1000054-68.2018.8.26.0114**, da Comarca de **Campinas**, em que é apelante **CONCESSIONÁRIA ROTA DAS BANDEIRAS S/A**, é apelado **1º OFICIAL DE REGISTRO DE IMÓVEIS DE CAMPINAS.**

ACORDAM, em Conselho Superior de Magistratura do Tribunal de Justiça de São Paulo, proferir a seguinte decisão: **"Negaram provimento, com observação, v.u."**, de conformidade com o voto do Relator, que integra este acórdão.

O julgamento teve a participação dos Exmos. Desembargadores **PEREIRA CALÇAS (PRESIDENTE TRIBUNAL DE JUSTIÇA) (Presidente), ARTUR MARQUES (VICE PRESIDENTE), DAMIÃO COGAN, EVARISTO DOS SANTOS(PRES. DA SEÇÃO DE DIREITO PÚBLICO), CAMPOS MELLO (PRES. DA SEÇÃO DE DIREITO PRIVADO) E FERNANDO TORRES GARCIA(PRES. SEÇÃO DE DIREITO CRIMINAL).**

São Paulo, 25 de junho de 2019.

GERALDO FRANCISCO PINHEIRO FRANCO

Corregedor Geral da Justiça e Relator

Apelação Cível nº 1000054-68.2018.8.26.0114

Apelante: Concessionária Rota das Bandeiras S/A

Apelado: 1º Oficial de Registro de Imóveis de Campinas

VOTO Nº 37.763

Registro de Imóveis – Carta de adjudicação – Desapropriação parcial – Georreferenciamento – Aquisição originária da propriedade – Rodovia em área rural – Cabimento do registro no CAR – Recurso não provido, com observação.

Trata-se de recurso de apelação interposto pela CONCESSIONÁRIA ROTA DAS BANDEIRAS S.A. contra a r. sentença de fls. 72/74, que julgou procedente a dúvida suscitada pelo Sr. 1º Oficial de Registros de Imóveis da Comarca de Campinas, mantendo a recusa do ingresso de carta de adjudicação, em razão da ausência de georreferenciamento, cadastro de imóvel rural (CCIR) e cadastro ambiental rural (CAR).

Sustenta a apelante cuidar-se de desapropriação de imóvel para fins de trecho de rodovia, não cabendo a imposição das exigências e sim o registro da carta de adjudicação.

Afirma que apresentou o CCIR do último exercício quitado. Ademais, a desapropriação seria forma originária de aquisição de propriedade, não tratando a hipótese de parcelamento de imóvel rural.

Verbera que o imóvel desapropriado é parte de rodovia, não se tratando de imóvel rural, estando suspensa a obrigatoriedade de apresentação do Cadastro Ambiental Rural (CAR), sendo dispensada a prova de ITR.

A D. Procuradoria Geral da Justiça opinou pelo não provimento do recurso (fls. 183/186). É o relatório.

Presentes os pressupostos legais e administrativos, conheço do apelo. No mérito, contudo, ele deve ser desprovido.

A natureza judicial do título apresentado não impede sua qualificação registral quanto aos aspectos extrínsecos ou aqueles que não foram objeto de exame pela Autoridade Jurisdicional.

O item 119 do Capítulo XX das Normas de Serviço da Corregedoria Geral da Justiça é expresso acerca do dever do Oficial do Registro de Imóveis a tanto, como se constata de sua redação:

119. Incumbe ao oficial impedir o registro de título que não satisfaça os requisitos exigidos pela lei, quer sejam consubstanciados em instrumento público ou particular, quer em atos judiciais.

Essa questão é pacífica nos precedentes administrativos deste órgão colegiado, entre muitos, confira-se trecho do voto do Desembargador Manoel de Queiroz Pereira Calças, Corregedor Geral da Justiça à época, na Apelação n. 0001561-55.2015.8.26.0383, j. 20/7/2017:

A origem judicial do título não afasta a necessidade de sua qualificação registral, com intuito de se obstar qualquer violação ao princípio da continuidade (Lei 6.015/73, art. 195). Nesse sentido, douto parecer da lavra do então Juiz Assessor desta Corregedoria Geral de Justiça, Álvaro Luiz Valery Mirra, lançado nos autos do processo n.º 2009/85.842, que, fazendo referência a importante precedente deste Colendo Conselho Superior da Magistratura (Apelação Cível n.º 31.881-0/1), aduz o que segue: "De início, cumpre anotar, a propósito da matéria, que tanto esta Corregedoria Geral da Justiça quanto o Colendo Conselho Superior da Magistratura têm entendido imprescindível a observância dos princípios e regras de direito registral para o ingresso no fólio real seja pela via de registro, seja pela via de averbação de penhoras, arrestos e seqüestros de bens imóveis, mesmo considerando a origem judicial de referidos atos, tendo em conta a orientação tranqüila nesta esfera administrativa segundo a qual a natureza judicial do título levado a registro ou a averbação não o exime da atividade de qualificação registral realizada pelo oficial registrador, sob o estrito ângulo da regularidade formal (Ap. Cív. n. 31.881-0/1)".

A aquisição da propriedade imóvel por meio de desapropriação encerra forma originária de aquisição da propriedade.

Nesse sentido, o voto do Desembargador José Renato Nalini, Corregedor Geral da Justiça no momento do julgamento da Apelação n. 0001026-61.2011.8.26.0062, em 17/1/2013:

A desapropriação, amigável ou judicial, concluída extrajudicialmente, na via administrativa, ou por meio de processo litigioso, com a intervenção do Poder Judiciário, revela-se, sempre, um modo originário de aquisição da propriedade: inexiste um nexo causal entre o passado, o estado jurídico anterior, e a situação atual. A propriedade adquirida, com o aperfeiçoamento da desapropriação, liberta-se de seus vínculos anteriores, desatrela-se dos títulos dominiais pretéritos, dos quais não deriva e com os quais não mantém ligação, tanto que não poderá ser reivindicada por terceiros e pelo expropriado (artigo 35 do Decreto-lei n.º 3.365/1941), salvo no caso de retrocessão.

A jurisprudência do Superior Tribunal de Justiça também tem essa compreensão:

PROCESSO CIVIL E TRIBUTÁRIO. RECURSO ESPECIAL. ENUNCIADO ADMINISTRATIVO N. 3/STJ. DESAPROPRIAÇÃO. AQUISIÇÃO ORIGINÁRIA DE PROPRIEDADE. EXIGIBILIDADE DE TRIBUTOS ANTERIORES AO ATO DESAPROPRIATÓRIO. AUSÊNCIA DE RESPONSABILIDADE DO ENTE EXPROPRIANTE. RECURSO

ESPECIAL NÃO PROVIDO. 1. No caso em tela o recorrente exige do ente expropriante, em execução fiscal, os tributos (IPTU e Taxa de Limpeza Pública de Coleta de Resíduos Sólidos) incidentes sobre o imóvel desapropriado, derivados de fatos geradores ocorridos anteriormente ao ato expropriatório. 2. Considerando o período de ocorrência do fato gerador de tais tributos, e, levando-se em consideração que a desapropriação é ato de aquisição originária de propriedade, não há a transferência de responsabilidade tributária prevista no artigo 130 do CTN ao ente expropriante. 3. Recurso especial não provido. (REsp 1668058/ES, Rel. Ministro MAURO CAMPBELL MARQUES, SEGUNDA TURMA, julgado em 8/6/2017, DJe 14/6/2017).

Entretanto, a natureza originária da aquisição pela desapropriação não descaracteriza a submissão dessa situação jurídica à hipótese de desmembramento de imóvel rural, porquanto a área desapropriada foi destacada de imóvel matriculado de área maior.

Da mesma forma, tal desapropriação não desnatura a área como imóvel rural, impondo-se a observância de todos os ditames legais e normativos.

O art. 176, § 3º, da Lei n. 6.015/73 dispõe:

§ 3º Nos casos de desmembramento, parcelamento ou remembramento de imóveis rurais, a identificação prevista na alínea a do item 3 do inciso II do § 1º será obtida a partir de memorial descritivo, assinado por profissional habilitado e com a devida Anotação de Responsabilidade Técnica ART, contendo as coordenadas dos vértices definidores dos limites dos imóveis rurais, geo-referenciadas ao Sistema Geodésico Brasileiro e com precisão posicional a ser fixada pelo INCRA, garantida a isenção de custos financeiros aos proprietários de imóveis rurais cuja somatória da área não exceda a quatro módulos fiscais.

Na mesma linha, o art. 225, § 3º, da Lei n. 6.015/73, prescreve:

§ 3º Nos autos judiciais que versem sobre imóveis rurais, a localização, os limites e as confrontações serão obtidos a partir de memorial descritivo assinado por profissional habilitado e com a devida Anotação de Responsabilidade Técnica ART, contendo as coordenadas dos vértices definidores dos limites dos imóveis rurais, geo-referenciadas ao Sistema Geodésico Brasileiro e com precisão posicional a ser fixada pelo INCRA, garantida a isenção de custos financeiros aos proprietários de imóveis rurais cuja somatória da área não exceda a quatro módulos fiscais.

A interpretação teleológica das referidas disposições normativas permite a compreensão de sua incidência no caso da desapropriação de parcela de imóvel rural, notadamente pela repercussão no imóvel objeto da desapropriação parcial no aspecto da especialidade objetiva.

O Certificado de Cadastro de Imóvel Rural (CCIR) documento emitido pelo INCRA nas hipóteses de desmembramento, arrendamento, hipoteca, venda ou promessa de venda de imóveis rurais, deve ser exigido com fundamento no art. 22 da Lei n. 4.947/1966 e, especialmente, por força do estabelecido no art. 9º do Decreto n. 4.449/2002.

Nessa linha, há precedentes deste Eg. Conselho Superior da Magistratura, como se observa de extrato do voto do Desembargador Manoel de Queiroz Pereira Calças, Corregedor Geral da Justiça à época, na Apelação n. 1002005- 13.2016.8.26.0100, j. 25/11/2016:

Também tem razão o Oficial em relação à exigência de descrição georreferenciada do imóvel desapropriado e sua certificação pelo INCRA. Conforme precedentes recentes citados pelo Oficial, este Conselho tem posição firme no sentido de que a exigência formulada encontra respaldo nos artigos 176, §§ 3º e 5º, e 225, § 3º, ambos da Lei nº 6.015/73; artigo 9º, § 1º, do Decreto nº 4.449/02; e artigo 2º do Decreto nº 5.570/05. A propósito: "REGISTRO DE IMÓVEIS – DÚVIDA – CARTA DE SENTENÇA EXTRAÍDA DE AÇÃO DE DESAPROPRIAÇÃO – IMÓVEL LOCALIZADO EM ÁREA RURAL – NECESSIDADE DE APRESENTAÇÃO DE CERTIDÃO DO INCRA DE QUE A POLIGONAL OBJETO DO MEMORIAL DESCRITIVO NÃO SE SOBREPÕE A NENHUMA OUTRA CONSTANTE DE SEU CADASTRO GEORREFERENCIADO E QUE O MEMORIAL ATENDE ÀS EXIGÊNCIAS TÉCNICAS – EXIGÊNCIA CORRETA APRESENTADA PELO OFICIAL, EM OBSERVÂNCIA AOS PRINCÍPIOS DA LEGALIDADE E DA ESPECIALIDADE OBJETIVA – SENTENÇA DE PROCEDÊNCIA MANTIDA – RECURSO NÃO PROVIDO" (Apelação nº

0001532-10.2014.8.26.0037, Rel. Des. Elliot Akel, j. em 16/10/2014). A Medida Provisória n. 700/2015, mencionada pela apelante, sequer havia sido editada quando da apresentação do título. Ele foi apresentado em 17 de setembro de 2015, ao passo que a medida provisória é de 08 de dezembro de 2015 (ressalte-se, aliás, que essa medida provisória nem mesmo foi reeditada; já foi revogada). Vigorando, entre nós, o princípio do tempus regit actum, descabe analisar o argumento.

A localização do imóvel é em área rural, pois compreendia imóvel dessa natureza; tampouco há indicação de situar-se em área urbana, assim definida pelo município.

Embora afirme a recorrente que a desapropriação transforma a área em bem de uso comum do povo, o fato de se cuidar de rodovia que cruza área rural não a transforma em área urbana. Além disso, no precedente acima referido (na Apelação n. 1002005-13.2016.8.26.0100) constou no voto convergente do Desembargador Ricardo Dip, então Presidente da Seção de Direito Público:

> *As exigências concernentes ao cadastro do imóvel desapropriado junto ao Instituto Nacional de Colonização e Reforma Agrária - Incra ("CCIR") e a seu georreferenciamento são de todo pertinentes, porque a especialidade objetiva do imóvel tem apurar-se, segundo preceitua o direito posto (vide art. 176, § 1º, II, 1, a, e §§ 3º-5º, e art. 225, § 3º, da Lei n. 6.015, de 31 de dezembro de 1973, e art. 22 da Lei nº 4.947, de 6 de abril de 1966), ainda que, como sucede in casu, haja aquisição originária:* ***afinal, da circunstância de que, na desapropriação judicial, não se leve em conta a existência de direito anterior, não se extrai que o objeto do direito deva isentar-se de individuação secundum legem. Não é possível, na amplitude campal da realidade das coisas, admitir um direito sobre coisa indiferenciada, porque seria o mesmo que admitir um direito sem objeto.*** *(g.n).*

Portanto, compete definir a exata localização do imóvel conforme as coordenadas de seus vértices, consoante previsto na Lei de Registros Públicos.

Desse modo, é necessário o georreferenciamento para o ingresso do título judicial atinente à desapropriação parcial de imóvel para implantação de rodovia, bem como a apresentação do CCIR, conforme os precedentes deste Conselho Superior da Magistratura.

E tal obrigatoriedade se impõe ainda que não se esteja falando em transmissão de propriedade, mas sim em forma de extinção da propriedade do anterior titular (art. 1.275, inciso V, do Código Civil), independentemente de haver ou não interesse da Administração Pública ou de suas concessionárias.

O espaço físico objeto do registro é parte de rodovia, portanto é área de utilidade pública, nos termos do art. 3º, inciso VIII, alínea "b", da Lei n. 12.651/12.

Nesses termos, o art. 12, § 8º, da Lei n. 12.651/12, prescreve:

> *Art. 12. Todo imóvel rural deve manter área com cobertura de vegetação nativa, a título de Reserva Legal, sem prejuízo da aplicação das normas sobre as Áreas de Preservação Permanente, observados os seguintes percentuais mínimos em relação à área do imóvel, excetuados os casos previstos no art. 68 desta Lei:*
>
> *(...) § 8° Não será exigido Reserva Legal relativa às áreas adquiridas ou desapropriadas com o objetivo de implantação e ampliação de capacidade de rodovias e ferrovias.*

De outra parte, o art. 29, caput, da Lei n. 12.651/12 estabelece:

> *Art. 29. É criado o Cadastro Ambiental Rural - CAR, no âmbito do Sistema Nacional de Informação sobre Meio Ambiente - SINIMA, registro público eletrônico de âmbito nacional, obrigatório para todos os imóveis rurais, com a finalidade de integrar as informações ambientais das propriedades e posses rurais, compondo base de dados para controle, monitoramento, planejamento ambiental e econômico e combate ao desmatamento.*

Diante disso, em virtude da área desapropriada encerrar imóvel rural para fins de registro imobiliário, compete exigir o Cadastro Ambiental Rural, no que pese a não exigência da Reserva Legal, pois, o CAR tem por finalidade de integrar as informações ambientais das propriedades e posses rurais, compondo base de dados para controle, monitoramento, planejamento ambiental e econômico e combate ao desmatamento.

O momento para exame da exigência do CAR é quando da apresentação do título ao registro imobiliário, e não o momento da aquisição da propriedade pela desapropriação, por força do art. 1.246 do Código Civil.

Não obstante a não exigência da reserva legal, em conformidade ao decidido por este C. Conselho Superior da Magistratura, com sua composição atual, na Apelação n. 0002716-31.2016.8.26.0457, j. 10/4/2018, faço a observação da dispensa do Termo de Reserva Legal, em razão da decisão liminar na ADI n. 2100850-72.2016.8.26.0000, que suspendeu a vigência e eficácia da Lei Estadual n. 15.684, de 14/1/2015.

A exigência do georreferenciamento, assim, é de ser mantida com base na compreensão da ocorrência de desmembramento nos termos do art.

176, § 3º, da Lei nº 6.015/73 e não em razão do disposto no art. 29, § 3º, do Código Florestal.

A desapropriação implicou no destaque de parcela de imóvel registrado em área maior, daí a necessidade do cumprimento das exigências mantidas.

O fato da aquisição em decorrência de instituto de direito público não afasta a incidência da Lei de Registros Públicos que também alberga essa situação jurídica.

Em razão da extinção da propriedade pela desapropriação, bem como o destaque de área menor, faço observação da necessidade do georreferenciamento apenas da área desapropriada, sem necessidade de sua efetivação para fins de apuração do remanescente da matrícula da qual será destacada.

Por todo o exposto, pelo meu voto, nego provimento à apelação, com observação.

GERALDO FRANCISCO PINHEIRO FRANCO

Corregedor Geral da Justiça e Relator (DJe de 26.07.2019 - SP)

PODER JUDICIÁRIO
TRIBUNAL DE JUSTIÇA DO ESTADO DE SÃO PAULO
CONSELHO SUPERIOR DA MAGISTRATURA

Apelação nº 1001639-44.2018.8.26.0539

Registro: 2019.0000546786

ACÓRDÃO

Vistos, relatados e discutidos estes autos de **Apelação Cível nº 1001639-44.2018.8.26.0539**, da Comarca de **Santa Cruz do Rio Pardo**, em que é apelante **CONCESSIONÁRIA AUTO RAPOSO TAVARES S/A CART**, é apelado **OFICIAL DE REGISTRO DE IMÓVEIS TÍTULOS E DOCUMENTOS E REGISTRO CIVIL DAS PESSOAS JURÍDICAS DE SANTA CRUZ DO RIO PARDO**.

ACORDAM, em Conselho Superior de Magistratura do Tribunal de Justiça de São Paulo, proferir a seguinte decisão: **"Negaram provimento, com observação, v.u."**, de conformidade com o voto do Relator, que integra este acórdão.

O julgamento teve a participação dos Exmos. Desembargadores **PEREIRA CALÇAS (PRESIDENTE TRIBUNAL DE JUSTIÇA) (Presidente), ARTUR MARQUES (VICE PRESIDENTE), DAMIÃO COGAN, EVARISTO DOS SANTOS(PRES. DA SEÇÃO DE DIREITO PÚBLICO), CAMPOS MELLO (PRES. DA SEÇÃO DE DIREITO PRIVADO) E FERNANDO TORRES GARCIA(PRES. SEÇÃO DE DIREITO CRIMINAL).**

São Paulo, 25 de junho de 2019.

GERALDO FRANCISCO PINHEIRO FRANCO

Corregedor Geral da Justiça e Relator

Apelação Cível nº 1001639-44.2018.8.26.0539

Apelante: Concessionária Auto Raposo Tavares S/A CART

Apelado: Oficial de Registro de Imóveis Títulos e Documentos e Registro Civil das Pessoas Jurídicas de Santa Cruz do Rio Pardo

VOTO Nº 37.776

Registro de Imóveis – Desapropriação parcial de área rural – Carta de Adjudicação – Qualificação registral

– Aquisição originária da propriedade – Rodovia em área rural – Cabimento do georreferenciamento, em cumprimento à Lei de Registros Públicos (artigos 176, § 1º, 3 "a", 176, §§ 3º e 5º e 225, § 3º) e ao Princípio da

Especialidade Objetiva – Cabimento do registro no CAR - Certificado de Cadastro de Imóvel Rural (CCIR) – Recurso não provido, com observação.

Trata-se de recurso de apelação interposto pela CONCESSIONÁRIA AUTO RAPOSO TAVARES S/A--CART contra a r. sentença de fls. 150/154, que julgou procedente em parte a dúvida suscitada pelo Sr. Oficial de Registro de Imóveis, Títulos e Documentos e Registro Civil de Pessoas Jurídicas da Comarca de Santa Cruz do Rio Pardo, mantendo a recusa do ingresso de carta de adjudicação em razão da necessidade de descrição georreferenciada do imóvel; apresentação do memorial descritivo e planta da área desapropriada com descrição georreferenciada; certificação expedida pelo INCRA, que ateste a observância dos critérios utilizados na descrição e a inexistência de sobreposição; Certificado de Cadastro de Imóvel Rural (CCIR), apenas afastando a necessidade de apresentação do ITR do imóvel.

Sustenta a apelante cuidar-se de desapropriação de imóvel para fins de trecho de rodovia, não cabendo a imposição das exigências e sim o registro da carta de adjudicação, tendo em vista a natureza originária da aquisição.

Verbera que, uma vez desapropriada a área para a construção de rodovia, tal bem passa a ser de uso comum do povo, perdendo suas características de imóvel rural, de forma que o Decreto 62.504/1.968 dispõe que desmembramento de imóveis por ocasião de desapropriação por utilidade pública não está sujeito à disposição do art. 65 do Estatuto da Terra, bem como tal desmembramento independe de prévia autorização do INCRA.

Afirma, assim, que, tratando-se de ente público, a simples apresentação de planta e memorial descritivo bastariam para a abertura de matrícula da área desapropriada.

A D. Procuradoria Geral de Justiça opinou pelo não provimento do recurso (fls. 194/197). É o relatório.

Presentes os pressupostos legais e administrativos, conheço do apelo. No mérito, o recurso não comporta provimento.

A natureza judicial do título apresentado não impede sua qualificação registral quanto aos aspectos extrínsecos ou aqueles que não foram objeto de exame pela Autoridade Jurisdicional.

O item 119, do Capítulo XX, das Normas de Serviço da Corregedoria Geral da Justiça é expresso acerca do dever do Oficial do Registro de Imóveis a tanto, como se constata de sua redação:

"119. Incumbe ao oficial impedir o registro de título que não satisfaça os requisitos exigidos pela lei, quer sejam consubstanciados em instrumento público ou particular, quer em atos judiciais."

Essa questão é pacífica nos precedentes administrativos deste órgão colegiado, entre muitos, confira-se trecho do voto do Desembargador Manoel de Queiroz Pereira Calças, Corregedor Geral da Justiça à época, na Apelação nº 0001561-55.2015.8.26.0383, j. 20.07.17:

"A origem judicial do título não afasta a necessidade de sua qualificação registral, com intuito de se obstar qualquer violação ao princípio da continuidade (Lei 6.015/73, art. 195). Nesse sentido, douto parecer da lavra do então Juiz Assessor desta Corregedoria Geral de Justiça, Álvaro Luiz Valery Mirra, lançado nos autos do processo n.º 2009/85.842, que, fazendo referência a importante precedente deste Colendo Conselho Superior da Magistratura (Apelação Cível n.º 31.881-0/1), aduz o que segue:

"De início, cumpre anotar, a propósito da matéria, que tanto esta Corregedoria Geral da Justiça quanto o Colendo Conselho Superior da Magistratura têm entendido imprescindível a observância dos princípios e regras de direito registral para o ingresso no fólio real – seja pela via de registro, seja pela via de averbação de – penhoras, arrestos e seqüestros de bens imóveis, mesmo considerando a origem judicial de referidos atos, tendo em conta a orientação tranqüila nesta esfera administrativa segundo a qual a natureza judicial do título levado a registro ou a averbação não o exime da atividade de qualificação registral realizada pelo oficial registrador, sob o estrito ângulo da regularidade formal (Ap. Cív. n. 31.881-0/1)."""

De fato, a desapropriação encerra forma originária de aquisição da propriedade.

Nesse sentido, o voto do Desembargador José Renato Nalini, Corregedor Geral da Justiça ao momento do julgamento da Apelação nº 0001026-61.2011.8.26.0062, em 17/01/2013:

"A desapropriação, amigável ou judicial, concluída extrajudicialmente, na via administrativa, ou por meio de processo litigioso, com a intervenção do Poder Judiciário, revela-se, sempre, um modo originário de aquisição da propriedade: inexiste um nexo causal entre o passado, o estado jurídico anterior, e a situação atual. A propriedade adquirida, com o aperfeiçoamento da desapropriação, liberta-se de seus vínculos anteriores, desatrela-se dos títulos dominiais pretéritos, dos quais não deriva e com os quais não mantém ligação, tanto que não poderá ser reivindicada por terceiros e pelo expropriado (artigo 35 do Decreto-lei n.° 3.365/1941), salvo no caso de retrocessão."

A natureza originária da aquisição pela desapropriação, contudo, não descaracteriza a submissão dessa situação jurídica à hipótese de desmembramento de imóvel rural, porquanto a área desapropriada (autos nº 0005749- 50.2011.8.26.0539, 3ª Vara Cível da Comarca de Santa Cruz do Rio Pardo), inserida na área rural matriculada sob o nº 23.392, possui área de 323,19027 hectares (fl. 02).

O art. 176, § 3º, da Lei nº 6.015/73 dispõe:

"§ 3° Nos casos de desmembramento, parcelamento ou remembramento de imóveis rurais, a identificação prevista na alínea a do item 3 do inciso II do § 1° será obtida a partir de memorial descritivo, assinado por profissional habilitado e com a devida Anotação de Responsabilidade Técnica - ART, contendo as coordenadas dos vértices definidores dos limites dos imóveis rurais, geo-referenciadas ao Sistema Geodésico Brasileiro e com precisão posicional a ser fixada pelo INCRA, garantida a isenção de custos financeiros aos proprietários de imóveis rurais cuja somatória da área não exceda a quatro módulos fiscais."

Na mesma linha, o art. 225, § 3º, da Lei n. 6.015/73, prescreve:

"§ 3° Nos autos judiciais que versem sobre imóveis rurais, a localização, os limites e as confrontações serão obtidos a partir de memorial descritivo assinado por profissional habilitado e com a devida Anotação de Responsabilidade Técnica - ART,

contendo as coordenadas dos vértices definidores dos limites dos imóveis rurais, georeferenciadas ao Sistema Geodésico Brasileiro e com precisão posicional a ser fixada pelo INCRA, garantida a isenção de custos financeiros aos proprietários de imóveis rurais cuja somatória da área não exceda a quatro módulos fiscais."

A interpretação teleológica das referidas disposições normativas permite a compreensão de sua incidência no caso da desapropriação de parcela de imóvel rural, notadamente pela repercussão no imóvel objeto da desapropriação parcial no aspecto da especialidade objetiva.

O Certificado de Cadastro de Imóvel Rural (CCIR) - documento emitido pelo INCRA nas hipóteses de desmembramento, arrendamento, hipoteca, venda ou promessa de venda de imóveis rurais, deve ser exigido com fundamento no art. 22 da Lei nº 4.947/1966 e, especialmente, por força do estabelecido no art. 9º do Decreto nº 4.449/2002.

Nessa linha, há precedentes deste Eg. Conselho Superior da Magistratura, como se observa de extrato do voto do Desembargador Manoel de Queiroz Pereira Calças, Corregedor Geral da Justiça à época, na Apelação nº 1002005- 13.2016.8.26.0100, j. 25.11.16:

"Também tem razão o Oficial em relação à exigência de descrição georreferenciada do imóvel desapropriado e sua certificação pelo INCRA. Conforme precedentes recentes citados pelo Oficial, este Conselho tem posição firme no sentido de que a exigência formulada encontra respaldo nos artigos 176, §§ 3º e 5º, e 225, § 3º, ambos da Lei nº 6.015/73; artigo 9º, § 1º, do Decreto nº 4.449/02; e artigo 2º do Decreto nº 5.570/05. A propósito: "REGISTRO DE IMÓVEIS – DÚVIDA – CARTA DE SENTENÇA EXTRAÍDA DE AÇÃO DE DESAPROPRIAÇÃO – IMÓVEL LOCALIZADO EM ÁREA RURAL – NECESSIDADE DE APRESENTAÇÃO DE CERTIDÃO DO INCRA DE QUE A POLIGONAL OBJETO DO MEMORIAL DESCRITIVO NÃO SE SOBREPÕE A NENHUMA OUTRA CONSTANTE DE SEU CADASTRO GEORREFERENCIADO E QUE O MEMORIAL ATENDE ÀS EXIGÊNCIAS TÉCNICAS – EXIGÊNCIA CORRETA APRESENTADA PELO OFICIAL, EM OBSERVÂNCIA AOS PRINCÍPIOS DA LEGALIDADE E DA ESPECIALIDADE OBJETIVA – SENTENÇA DE PROCEDÊNCIA MANTIDA – RECURSO NÃO PROVIDO" (Apelação nº 0001532-10.2014.8.26.0037, Rel. Des. Elliot Akel, j. em 16/10/2014). A Medida Provisória n. 700/2015, mencionada pela apelante, sequer havia sido editada quando da apresentação do título. Ele foi apresentado em 17 de setembro de 2015, ao passo que a medida provisória é de 08 de dezembro de 2015 (ressalte-se, aliás, que essa medida provisória nem mesmo foi reeditada; já foi revogada). Vigorando, entre nós, o princípio do tempus regit actum, descabe analisar o argumento."

A localização do imóvel é em área rural, pois compreendia imóvel dessa natureza; tampouco há indicação de situar-se em área urbana, assim definida pelo município.

Embora afirme a recorrente que a desapropriação transforma a área em bem de uso comum do povo, o fato de se cuidar de rodovia que cruza área rural não a transforma em área urbana. Além disso, no precedente acima referido (na Apelação nº 1002005-13.2016.8.26.0100) constou no voto convergente do Desembargador Ricardo Dip, então Presidente da Seção de Direito Público:

"As exigências concernentes ao cadastro do imóvel desapropriado junto ao Instituto Nacional de Colonização e Reforma Agrária –Incra ("CCIR") e a seu georreferenciamento são de todo pertinentes, porque a especialidade objetiva do imóvel tem apurar-se, segundo preceitua o direito posto (vide art. 176, § 1º, II, 1, a, e §§ 3º-5º, e art. 225, § 3º, da Lei n. 6.015, de 31 de dezembro de 1973, e art. 22 da Lei nº 4.947, de 6 de abril de 1966), ainda que, como sucede in casu, haja aquisição originária: afinal, da circunstância de que, na desapropriação judicial, não se leve em conta a existência de direito anterior, não se extrai que o objeto do direito deva isentar-se de individuação secundum legem. Não é possível, na amplitude campal da realidade das coisas, admitir um direito sobre coisa indiferenciada, porque seria o mesmo que admitir um direito sem objeto._" *(g.n).*

Portanto, compete definir a exata localização do imóvel conforme as coordenadas de seus vértices, consoante previsto na Lei de Registros Públicos.

A sentença judicial em ação de desapropriação não está isenta da incidência das demais determinações legais para o ingresso do título no registro imobiliário.

Desse modo, é necessário o georreferenciamento para o ingresso do título judicial atinente à desapropriação parcial de imóvel para implantação de rodovia, bem como a apresentação do CCIR, conforme os precedentes deste Conselho Superior da Magistratura.

E tal obrigatoriedade se impõe ainda que não se esteja falando em transmissão de propriedade, mas sim em forma de extinção da propriedade do anterior titular (art. 1275, inciso V, do Código Civil), independentemente de haver ou não interesse da Administração Pública ou suas concessionárias.

O espaço físico objeto do registro é parte de rodovia, de fato, é área de utilidade pública, nos termos do art. 3º, inciso VIII, alínea "b", da Lei nº 12.651/12, o que poderia levar à referência ao art. 12, § 8º, da mesma lei.

De outra parte, o art. 29, *caput*, da Lei nº 12.651/12 estabelece expressamente:

"Art. 29. É criado o Cadastro Ambiental Rural - CAR, no âmbito do Sistema Nacional de Informação sobre Meio Ambiente - SINIMA, registro público eletrônico de âmbito nacional, obrigatório para todos os imóveis rurais, com a finalidade de integrar as informações ambientais das propriedades e posses rurais, compondo base de dados para controle, monitoramento, planejamento ambiental e econômico e combate ao desmatamento."

Diante disso, em virtude da área desapropriada encerrar imóvel rural para fins de registro imobiliário, compete exigir o Cadastro Ambiental Rural, no que pese a não exigência da Reserva Legal, pois, o CAR tem por finalidade de integrar as informações ambientais das propriedades e posses rurais, compondo base de dados para controle, monitoramento, planejamento ambiental e econômico, além do combate ao desmatamento.

Aliás, o momento para exame da exigência do CAR é quando da apresentação do título ao registro imobiliário, e não o momento da aquisição da propriedade pela desapropriação, por força do art. 1.246 do Código Civil.

Não obstante a não exigência da Reserva Legal, como referido, em conformidade ao decidido por este C. Conselho Superior da Magistratura, com sua composição atual, na Apelação nº 0002716-31.2016.8.26.0457, j. 10.04.18, faço a observação da dispensa do Termo de Reserva Legal, em razão da decisão liminar na ADI nº 2100850-72.2016.8.26.0000, que suspendeu a vigência e eficácia da Lei Estadual nº 15.684, de 14 de janeiro de 2015.

Por fim, em razão da extinção da propriedade pela desapropriação, bem como o destaque de área menor, também merece observação a necessidade do georreferenciamento apenas da área desapropriada, sem necessidade de sua efetivação para fins de apuração do remanescente da matrícula da qual será destacada, como também tem sido decidido reiteradamente por este Eg. Conselho Superior da Magistratura

Ante o exposto, nego provimento à apelação, com observação.

GERALDO FRANCISCO PINHEIRO FRANCO

Corregedor Geral da Justiça e Relator (DJe de 26.07.2019 - SP)

PODER JUDICIÁRIO

TRIBUNAL DE JUSTIÇA DO ESTADO DE SÃO PAULO

CONSELHO SUPERIOR DA MAGISTRATURA

Apelação nº 1034507-89.2018.8.26.0114

Registro: 2019.0000718915

ACÓRDÃO

Vistos, relatados e discutidos estes autos de **Apelação Cível nº 1034507-89.2018.8.26.0114**, da Comarca de **Campinas**, em que é apelante **CONCESSIONÁRIA DO SISTEMA ANHANGUERA - BANDEIRANTES S/A**, é apelado **2º OFICIAL DE REGISTRO DE IMÓVEIS DA COMARCA DE CAMPINAS.**

ACORDAM, em Conselho Superior de Magistratura do Tribunal de Justiça de São Paulo, proferir a seguinte decisão: **"Negaram provimento à apelação, v.u."**, de conformidade com o voto do Relator, que integra este acórdão.

O julgamento teve a participação dos Exmos. Desembargadores **PEREIRA CALÇAS (PRESIDENTE TRIBUNAL DE JUSTIÇA) (Presidente), ARTUR MARQUES (VICE PRESIDENTE), XAVIER DE AQUINO (DECANO), EVARISTO DOS SANTOS(PRES. DA SEÇÃO DE DIREITO PÚBLICO), CAMPOS MELLO (PRES. DA SEÇÃO DE DIREITO PRIVADO) E FERNANDO TORRES GARCIA(PRES. SEÇÃO DE DIREITO CRIMINAL).**

São Paulo, 27 de agosto de 2019.

GERALDO FRANCISCO PINHEIRO FRANCO

Corregedor Geral da Justiça e Relator

Apelação Cível nº 1034507-89.2018.8.26.0114

Apelante: Concessionária do Sistema Anhanguera - Bandeirantes S/A

Apelado: 2º Oficial de Registro de Imóveis da Comarca de Campinas

VOTO Nº 37.830

Registro de Imóveis – Desapropriação Parcial de Área Rural – Aquisição originária da propriedade – Rodovia em área rural – Modificação geodésica do imóvel – Cabimento do registro no CAR, nos termos do Código Florestal e das NSCGJ – Recurso não provido.

Trata-se de recurso de apelação interposto pela Concessionária do Sistema Anhanguera

Bandeirantes S/A - AUTOBAN contra a r. sentença de fls. 278/280, que julgou procedente a dúvida suscitada pelo Sr. Oficial do 2º Registro de Imóveis da Comarca de Campinas, mantendo a recusa do ingresso de carta de adjudicação em razão da ausência de cadastro ambiental rural.

Sustenta o apelante cuidar-se de desapropriação de imóvel para fins de trecho de rodovia sendo desnecessária averbação do cadastro ambiental rural, a qual, inclusive, estaria suspensa nos termos da legislação incidente (fls. 289/296).

A D. Procuradoria Geral de Justiça opinou pelo não provimento do recurso (fls. 324/329). É o relatório.

A natureza judicial do título apresentado não impede sua qualificação registral quanto aos aspectos extrínsecos ou aqueles que não foram objeto de exame pela Autoridade Jurisdicional.

O item 119, do Capítulo XX, das Normas de Serviço da Corregedoria Geral da Justiça é expresso acerca do dever do Oficial do Registro de Imóveis a tanto, como se constata de sua redação:

"119. Incumbe ao oficial impedir o registro de título que não satisfaça os requisitos exigidos pela lei, quer sejam consubstanciados em instrumento público ou particular, quer em atos judiciais."

Essa questão é pacífica nos precedentes administrativos deste órgão colegiado, entre muitos, confira-se trecho do voto do Desembargador Manoel de Queiroz Pereira Calças, Corregedor Geral da Justiça à época, na Apelação nº 0001561-55.2015.8.26.0383, j. 20.07.17:

"A origem judicial do título não afasta a necessidade de sua qualificação registral, com intuito de se obstar qualquer violação ao princípio da continuidade (Lei 6.015/73, art. 195).

Nesse sentido, douto parecer da lavra do então Juiz Assessor desta Corregedoria Geral de Justiça, Álvaro Luiz Valery Mirra, lançado nos autos do processo n.º 2009/85.842, que, fazendo referência a importante precedente deste Colendo Conselho Superior da Magistratura (Apelação Cível n.º 31.881-0/1), aduz o que segue:

"De início, cumpre anotar, a propósito da matéria, que tanto esta Corregedoria Geral da Justiça quanto o Colendo Conselho Superior da Magistratura têm entendido imprescindível a observância dos princípios e regras de direito registral para o ingresso no fólio real - seja pela via de registro, seja pela via de averbação - de penhoras, arrestos e seqüestros de bens imóveis, mesmo considerando a origem judicial de referidos atos, tendo em conta a orientação tranquila nesta esfera administrativa segundo a qual a natureza judicial do título levado a registro ou a averbação não o exime da atividade de qualificação registral realizada pelo oficial registrador, sob o estrito ângulo da regularidade formal (Ap. Cív. n. 31.881-0/1).""

A aquisição da propriedade imóvel por meio de desapropriação encerra forma originária de aquisição da propriedade.

Nesse sentido, o voto do Desembargador José Renato Nalini, Corregedor Geral da Justiça ao momento do julgamento da Apelação nº 0001026-61.2011.8.26.0062, em 17/01/2013:

"A desapropriação, amigável ou judicial, concluída extrajudicialmente, na via administrativa, ou por meio de processo litigioso, com a intervenção do Poder Judiciário, revela-se, sempre, um modo originário de aquisição da propriedade: inexiste um nexo causal entre o passado, o estado jurídico anterior, e a situação atual.

A propriedade adquirida, com o aperfeiçoamento da desapropriação, liberta-se de seus vínculos anteriores, desatrela-se dos títulos dominiais pretéritos, dos quais não deriva e com os quais não mantém ligação, tanto que não poderá ser reivindicada por terceiros e pelo expropriado (artigo 35 do Decreto-lei n.° 3.365/1941), salvo no caso de retrocessão."

A jurisprudência do Superior Tribunal de Justiça também tem essa compreensão:

"PROCESSO CIVIL E TRIBUTÁRIO. RECURSO ESPECIAL. ENUNCIADO ADMINISTRATIVO N. 3/STJ. DESAPROPRIAÇÃO. AQUISIÇÃO ORIGINÁRIA DE PROPRIEDADE. EXIGIBILIDADE DE TRIBUTOS ANTERIORES À AO ATO DESAPROPRIATÓRIO. AUSÊNCIA DE RESPONSABILIDADE DO ENTE EXPROPRIANTE. RECURSO ESPECIAL NÃO PROVIDO. 1. No caso em tela o recorrente exige do ente expropriante, em execução fiscal, os tributos (IPTU e Taxa de Limpeza Pública de Coleta de Resíduos Sólidos) incidentes sobre o imóvel desapropriado, derivados de fatos geradores ocorridos anteriormente ao ato expropriatório. 2. Considerando o período de ocorrência do fato gerador de tais tributos, e, levando-se em consideração que a desapropriação é ato de aquisição originária de propriedade, não há a transferência de responsabilidade tributária prevista no artigo 130 do CTN ao ente expropriante. 3. Recurso especial não provido. (REsp 1668058/ES, Rel. Ministro MAURO CAMPBELL MARQUES, SEGUNDA TURMA, julgado em 08/06/2017, DJe 14/06/2017)."

A localização do imóvel é em área rural, pois compreendia imóvel dessa natureza; tampouco há indicação de situar-se em área urbana, assim definida pelo município.

O fato de se cuidar de rodovia que cruza área rural não a transforma em área urbana.

Não houve apresentação de qualquer documento da municipalidade reconhecendo a área como urbana.

A sentença judicial em ação de desapropriação não está isenta da incidência das demais determinações legais para o ingresso do título no registro imobiliário.

O espaço físico objeto do registro é parte de rodovia, portanto é área de utilidade pública nos termos do artigo 3º, inciso VIII, alínea "b", da Lei nº 12. 651/12.

O artigo 12, parágrafo 8º, da Lei nº 12.651/12, prescreve:

"Art. 12. Todo imóvel rural deve manter área com cobertura de vegetação nativa, a título de Reserva Legal, sem prejuízo da aplicação das normas sobre as Áreas de Preservação Permanente, observados os seguintes percentuais mínimos em relação à área do imóvel, excetuados os casos previstos no art. 68 desta Lei:

(...)

§ 8º Não será exigido Reserva Legal relativa às áreas adquiridas ou desapropriadas com o objetivo de implantação e ampliação de capacidade de rodovias e ferrovias."

De outra parte, o artigo 29, *caput*, da Lei nº 12.651/12 estabelece:

"Art. 29. É criado o Cadastro Ambiental Rural - CAR, no âmbito do Sistema Nacional de Informação sobre Meio Ambiente - SINIMA, registro público eletrônico de âmbito nacional, obrigatório para todos os imóveis rurais, com a finalidade de integrar as informações ambientais das propriedades e posses rurais, compondo base de dados para controle, monitoramento, planejamento ambiental e econômico e combate ao desmatamento."

Diante disso, em virtude da área desapropriada encerrar imóvel rural para fins de registro imobiliário, compete exigir o Cadastro Ambiental Rural, no que pese a não exigência da Reserva Legal, pois, o CAR tem por *"finalidade de integrar as informações ambientais das propriedades e posses rurais, compondo base de dados para controle, monitoramento, planejamento ambiental e econômico e combate ao desmatamento"*.

Além disso, o registro implicará na modificação geodésica do imóvel, assim, compete exigência da inscrição do imóvel no CAR nos termos dos itens 125.2 e 125.2.1, do Capítulo XX, das Normas de Serviço da Corregedoria Geral da Justiça, a saber:

"125.2. As averbações referidas na alínea b do item 125 condicionam as retificações de registro, os desmembramentos, unificações, outros atos registrais modificativos da figura geodésica dos imóveis e o registro de servidões de passagem, mesmo antes de tornada obrigatória a averbação do número de inscrição do imóvel rural no Cadastro Ambiental Rural CAR, salvo se realizada a averbação tratada na alínea a do item 125." (grifos meus)

125.2.1. Nas retificações de registro, bem como nas demais hipóteses previstas no item 125.2, o Oficial deverá, à vista do número de Inscrição no CAR/SICAR, verificar se foi feita a especialização da reserva legal florestal, qualificando negativamente o título em caso contrário. A reserva legal florestal será averbada, gratuitamente, na respectiva matrícula do bem imóvel, em momento posterior, quando homologada pela autoridade ambiental através do Sistema Paulista de Cadastro Ambiental Rural - SICARSP."

Desse modo, é cabível exigir a inscrição no CAR no caso de desapropriação de parcela de imóvel rural para implantação de rodovia.

Inclusive há precedentes nesse sentido, deste C. Conselho Superior da Magistratura, com sua composição atual, a exemplo do seguinte:

"REGISTRO DE IMÓVEIS – DESAPROPRIAÇÃO PARCIAL DE ÁREA RURAL. Aquisição originária da propriedade. Rodovia em área rural. Cabimento do georreferenciamento em cumprimento à Lei de Registros Públicos (artigos 176, § 1º, 3 "a", 176, §§ 3º e 5º, e 225, § 3º) e ao princípio da especialidade objetiva. Cabimento do registro no CAR – Recurso não provido, com observação." (Apelação n. 1000413-22.2017.8.26.0415, j. 28/05/2019).

Por todo o exposto, pelo meu voto, nego provimento à apelação.

GERALDO FRANCISCO PINHEIRO FRANCO

Corregedor Geral da Justiça e Relator. (DJe de 25.09.2019 – SP)

PODER JUDICIÁRIO

TRIBUNAL DE JUSTIÇA DO ESTADO DE SÃO PAULO

CONSELHO SUPERIOR DA MAGISTRATURA

Apelação nº 0000051-03.2017.8.26.0491

Registro: 2019.0000718936

ACÓRDÃO

Vistos, relatados e discutidos estes autos de **Apelação Cível nº 0000051-03.2017.8.26.0491**, da Comarca de **Rancharia**, em que é apelante **CONCESSIONÁRIA AUTO RAPOSO TAVARES S/A**, é apelado **OFICIAL DE REGISTRO DE IMÓVEIS E ANEXOS DA COMARCA DE RANCHARIA**.

ACORDAM, em Conselho Superior de Magistratura do Tribunal de Justiça de São Paulo, proferir a seguinte decisão: **"Julgaram prejudicada a dúvida e não conheceram do recurso, v.u."**, de conformidade com o voto do Relator, que integra este acórdão.

O julgamento teve a participação dos Exmos. Desembargadores **PEREIRA CALÇAS (PRESIDENTE TRIBUNAL**

DE JUSTIÇA) (Presidente), ARTUR MARQUES (VICE PRESIDENTE), XAVIER DE AQUINO (DECANO), EVARISTO DOS SANTOS(PRES. DA SEÇÃO DE DIREITO PÚBLICO), CAMPOS MELLO (PRES. DA SEÇÃO DE DIREITO PRIVADO) E FERNANDO TORRES GARCIA(PRES. SEÇÃO DE DIREITO CRIMINAL).

São Paulo, 27 de agosto de 2019.

GERALDO FRANCISCO PINHEIRO FRANCO

Corregedor Geral da Justiça e Relator

Apelação Cível n. 0000051-03.2017.8.26.0491

Apelante: Concessionária Auto Raposo Tavares S/A

Apelado: Oficial de Registro de Imóveis e Anexos da Comarca de Rancharia

VOTO N. 37.769

Registro de Imóveis – Desapropriação – Aquisição originária da propriedade – Rodovia em área rural – Atendimento de uma das exigências formuladas – Dúvida prejudicada – Apelação não conhecida.

Trata-se de apelação interposta por **CONCESSIONÁRIA AUTO RAPOSO TAVARES S.A.** contra r. sentença a fls. 137/140, que manteve parte dos óbices levantados pelo Oficial de Registro de Imóveis, Títulos e Documentos e Civil de Pessoa Jurídica de Rancharia/SP para registro de carta de adjudicação oriunda de ação de desapropriação, tendo em vista a necessidade de: **a)** certificação com precisão posicional pelo INCRA; **b)** apresentação de documentação com a qualificação do DER/SP, com número de CNPJ e endereço da sede para constar da abertura da matrícula; e **c)** apresentação de CCIR - 2010/2011/2012/2013/2014 e ITR/DIAT/DIAC 2015, bem como certidão negativa de débitos relativos ao imposto sobre a propriedade territorial rural atualizada.

Sustenta a recorrente haver apresentado a qualificação do DER/SP nos autos e que, no mais, mostra-se desnecessário o georreferenciamento exigido, tendo em vista que se cuida de aquisição originária de propriedade. Ainda, afirma que o imóvel desapropriado é parte de rodovia, ou seja, que não se trata de imóvel rural, o que afasta a necessidade de certificação do INCRA e de apresentação de CCIR.

A D. Procuradoria Geral de Justiça opinou pelo não provimento do recurso (fls. 175/178).

É o relatório.

Conforme reconhecido nas próprias razões recursais, a apelante, ao impugnar a dúvida, veio a cumprir uma das exigências formuladas pelo registrador, apresentando a qualificação do DER/SP (fls. 124).

Ocorre que a concordância parcial com as exigências do Oficial prejudica o julgamento da dúvida, que só admite duas soluções: a determinação do registro do título protocolado e prenotado, que é analisado, em reexame da qualificação, tal como se encontrava no momento em que surgida a dissensão entre a apresentante e o Oficial de Registro de Imóveis; ou a manutenção da recusa do Oficial. Para que se possa decidir se o título pode ser registrado ou não é preciso que todas as exigências e não apenas parte delas sejam reexaminadas pelo Corregedor Permanente.

E o reconhecimento de que a dúvida se encontra prejudicada acarreta o não conhecimento da apelação, consoante pacífico entendimento deste Conselho Superior da Magistratura (*Apelação n. 990.10.325.599-2, Rel. Des. Antônio Carlos Munhoz Soares, j. 14/12/2010; Apelação n. 990.10.030.839-4, Rel. Des. Marco César Müller Valente, j. 30/6/2010; Apelação n. 0011799-78.2010.8.26.0070, Rel. Maurício Vidigal, j. 7/11/2011, Apelação n. 17-6/0, Rel. Des. Luiz Tâmbara, j. 7/11/2003 e Apelação n. 7.120-0/9, Rel. Des. Sylvio do Amaral, j. 1º/6/1987*).

Há precedentes recentes no mesmo sentido: *Apelação Cível n. 1004343-82.2016.8.26.0318, j. 24/4/2018; Apelação Cível n. 1015740-40.2016.8.26.0577, j. 15/5/2018.*

Diante do exposto, julgo prejudicada a dúvida e **não conheço** do recurso.

GERALDO FRANCISCO PINHEIRO FRANCO

Corregedor Geral da Justiça e Relator (DJe de 26.09.2019 – SP)

PODER JUDICIÁRIO

TRIBUNAL DE JUSTIÇA DO ESTADO DE SÃO PAULO

CONSELHO SUPERIOR DA MAGISTRATURA

Embargos de Declaração Cível nº 0002302-91.2017.8.26.0491/50000

Registro: 2019.000727728

ACÓRDÃO

Vistos, relatados e discutidos estes autos de **Embargos de Declaração Cível nº 0002302-91.2017.8.26.0491/50000**, da Comarca de **Rancharia**, em que é embargante **CONCESSIONÁRIA AUTO RAPOSO TAVARES S/A**, é embargado **OFICIAL DE REGISTRO DE IMÓVEIS E ANEXOS DA COMARCA DE RANCHARIA**.

ACORDAM, em Conselho Superior de Magistratura do Tribunal de Justiça de São Paulo, proferir a seguinte decisão: **"Rejeitaram os embargos de declaração, v.u."**, de conformidade com o voto do Relator, que integra este acórdão.

O julgamento teve a participação dos Exmos. Desembargadores **PEREIRA CALÇAS (PRESIDENTE TRIBUNAL DE JUSTIÇA) (Presidente), ARTUR MARQUES (VICE PRESIDENTE), XAVIER DE AQUINO (DECANO), EVARISTO DOS SANTOS(PRES. DA SEÇÃO DE DIREITO PÚBLICO), CAMPOS MELLO (PRES. DA SEÇÃO DE DIREITO PRIVADO) E FERNANDO TORRES GARCIA(PRES. SEÇÃO DE DIREITO CRIMINAL).**

São Paulo, 27 de agosto de 2019.

GERALDO FRANCISCO PINHEIRO FRANCO

Corregedor Geral da Justiça e Relator

Embargos de Declaração Cível nº 0002302-91.2017.8.26.0491/50000

Embargante: Concessionária Auto Raposo Tavares S/A

Embargado: Oficial de Registro de Imóveis e Anexos da Comarca de Rancharia

VOTO Nº 37.867

Embargos de Declaração – Desapropriação parcial de imóvel rural para implantação de rodovia – Natureza rural da área em virtude de sua localização – Necessidade de individualização do imóvel por meio do georreferenciamento – Ausência de obscuridade ou omissão na decisão colegiada, inviabilidade dos embargos de declaração para rediscussão de questões já decididas – Embargos de Declaração rejeitados.

Trata-se de embargos de declaração opostos sob o fundamento da existência de obscuridades no v. acórdão no aspecto da localização do imóvel em área rural e também da aquisição originária da propriedade por desapropriação excluir a figura do desmembramento ou parcelamento (a fls. 312/316).

É o relatório.

A decisão colegiada, não obstante a permanência do inconformismo da embargante quanto às questões de mérito, tratou da totalidade dos pontos postos nos embargos de declaração.

Nessa perspectiva houve decisão acerca da localização do imóvel em área rural e também da necessidade da descrição georreferenciada do imóvel.

Nesse sentido, confiram-se os seguintes trechos do acórdão:

"A natureza originária da aquisição pela desapropriação não descaracteriza a submissão dessa situação jurídica à hipótese de desmembramento de imóvel rural, porquanto a área desapropriada, da ordem de 2,592008 ha, foi destacada de imóvel matriculado sob o n. 587, com área total de 3.388,00 hectares.

(...)

A interpretação teleológica das referidas disposições normativas permite a compreensão de sua incidência no caso da desapropriação de parcela de imóvel rural, notadamente pela repercussão no imóvel objeto da desapropriação parcial no aspecto da especialidade objetiva.

Nessa linha, há precedentes deste Conselho Superior da Magistratura, como se observa de extrato do voto do Desembargador Manuel de Queiroz Pereira Calças, Corregedor Geral da Justiça à época, na apelação n. 1002005- 13.2016.8.26.0100, j. 25/11/16:

Também tem razão o Oficial em relação à exigência de descrição georreferenciada do imóvel desapropriado e sua certificação pelo INCRA.

Conforme precedentes recentes citados pelo Oficial, este Conselho tem posição firme no sentido de que a exigência formulada encontra respaldo nos artigos 176, §§ 3º e 5º, e 225, § 3º, ambos da Lei nº 6.015/73; artigo 9º, § 1º, do Decreto nº 4.449/02; e artigo 2º do Decreto nº 5.570/05. A propósito:

"REGISTRO DE IMÓVEIS – DÚVIDA – CARTA DE SENTENÇA EXTRAÍDA DE AÇÃO DE DESAPROPRIAÇÃO – IMÓVEL LOCALIZADO EM ÁREA RURAL – NECESSIDADE DE APRESENTAÇÃO DE CERTIDÃO DO INCRA DE QUE A POLIGONAL OBJETO DO MEMORIAL DESCRITIVO NÃO SE SOBREPÕE A NENHUMA OUTRA CONSTANTE DE SEU CADASTRO GEORREFERENCIADO E QUE O MEMORIAL ATENDE ÀS EXIGÊNCIAS TÉCNICAS – EXIGÊNCIA CORRETA APRESENTADA PELO OFICIAL, EM OBSERVÂNCIA AOS PRINCÍPIOS DA LEGALIDADE E DA ESPECIALIDADE OBJETIVA – SENTENÇA DE PROCEDÊNCIA MANTIDA – RECURSO NÃO PROVIDO" (Apelação nº 0001532-10.2014.8.26.0037, Rel. Des. Elliot Akel, j. em 16/10/2014).

A Medida Provisória n. 700/2015, mencionada pela apelante, sequer havia sido editada quando da apresentação do título. Ele foi apresentado em 17 de setembro de 2015, ao passo que a medida provisória é de 08 de dezembro de 2015 (ressalte-se, aliás, que essa medida provisória nem mesmo foi reeditada; já foi revogada). Vigorando, entre nós, o princípio do tempus regit actum, descabe analisar o argumento.

A localização do imóvel é em área rural, pois compreendia imóvel dessa natureza; tampouco há indicação de situar-se em área urbana, assim definida pelo município. O fato de se cuidar de rodovia que cruza área rural não a transforma em área urbana".

A caracterização do imóvel rural decorreu da adoção do critério da localização do bem desapropriado nos termos da legislação municipal, e também da consideração de sua destinação (rodovia) não o transformar em imóvel urbano.

A exigência do georreferenciamento foi mantida com base na compreensão da ocorrência de desmembramento nos termos do artigos 176, parágrafo 3º, e 225, parágrafo 3º, da Lei nº 6.015/73.

Como exposto na decisão colegiada, a desapropriação implicou no destaque de parcela de imóvel registrado em área maior, daí a necessidade do cumprimento das exigências mantidas.

O fato da aquisição em decorrência de instituto de direito público não afasta a incidência da Lei de Registros Públicos que também alberga essa situação jurídica.

Desse modo, a decisão colegiada não padece dos vícios apontados estando tecnicamente correta, sendo desnecessária a repetição de seus fundamentos.

Noutra quadra, não é possível a rediscussão das questões já julgadas em cognição exauriente, por meio da interposição de embargos de declaração.

Pelo exposto, rejeito os embargos de declaração.

GERALDO FRANCISCO PINHEIRO FRANCO

Corregedor Geral da Justiça e Relator (DJe de 27.09.2019 – SP)

PODER JUDICIÁRIO

TRIBUNAL DE JUSTIÇA DO ESTADO DE SÃO PAULO

CONSELHO SUPERIOR DA MAGISTRATURA

Apelação nº 1002421-45.2018.8.26.0347

Registro: 2019.000769229

ACÓRDÃO

Vistos, relatados e discutidos estes autos de **Apelação Cível n.º 1002421-45.2018.8.26.0347**, da Comarca de

Matão, em que é apelante **MINISTÉRIO PÚBLICO**, é apelado **PREFEITURA MUNICIPAL DE MATÃO**.

ACORDAM, em Conselho Superior de Magistratura do Tribunal de Justiça de São Paulo, proferir a seguinte decisão: **"Negaram provimento ao recurso, v.u."**, de conformidade com o voto do Relator, que integra este acórdão.

O julgamento teve a participação dos Exmos. Desembargadores **PEREIRA CALÇAS (PRESIDENTE TRIBUNAL DE JUSTIÇA) (Presidente), ARTUR MARQUES (VICE PRESIDENTE), XAVIER DE AQUINO (DECANO), EVARISTO DOS SANTOS(PRES. DA SEÇÃO DE DIREITO PÚBLICO), CAMPOS MELLO (PRES. DA SEÇÃO DE DIREITO PRIVADO) E FERNANDO TORRES GARCIA(PRES. SEÇÃO DE DIREITO CRIMINAL).**

São Paulo, 12 de setembro de 2019.

GERALDO FRANCISCO PINHEIRO FRANCO

Corregedor Geral da Justiça e Relator

Apelação Cível n.º 1002421-45.2018.8.26.0347

Apelante: Ministério Público

Apelado: Prefeitura Municipal de Matão

VOTO N.º 37.876

Registro de Imóveis – Desapropriação amigável – Aquisição originária da propriedade – Art. 176, § 1.º, 3 *a* e 225, § 3.º da Lei n.º 6.015/73 – Desnecessidade de retificação da área maior,

de onde será feito o desfalque – Recurso desprovido.

O MINISTÉRIO PÚBLICO DO ESTADO DE SÃO PAULO interpõe apelação contra r. sentença de fls. 74/80, que julgou improcedente a dúvida suscitada pelo Sr. Oficial do Registro de Imóveis da Comarca de Matão, permitindo o registro de escritura de desapropriação amigável, sem a necessidade de retificação administrativa da área remanescente.

Sustenta o apelante ser o caso de reversão da r. sentença, com manutenção da exigência formulada pelo Oficial Registrador, uma vez que o título apresentado depende de retificação da área maior da qual será desfalcado o imóvel objeto da desapropriação.

A D. Procuradoria Geral de Justiça opinou pelo provimento do recurso (fls. 117/118).

É o relatório.

Presentes os pressupostos legais e administrativos, conheço do apelo. No mérito, o recurso não comporta provimento.

Prenotou-se, em 4 de junho de 2018, traslado de escritura pública de desapropriação amigável, referente ao imóvel da matrícula n.° 2.116 (fls. 4/9) daquela serventia imobiliária.

O N. Oficial afirma que a interessada *"na qualidade de adquirente de parte do imóvel objeto da matrícula n° 2.116, deverá providenciar primeiramente a retificação administrativa daquele imóvel, para possibilitar a abertura de matrícula para a área desapropriada, conforme as mais recentes decisões do CSM do Estado de São Paulo"* (fl. 30).

A aquisição de imóvel por meio de desapropriação, mesmo amigável, encerra forma originária de aquisição da propriedade1.

Verifica-se que não há irregularidade quanto à especialização da área desapropriada, que está devidamente descrita em planta e memorial descritivo.

Já quanto à área maior destacada, a natureza originária da aquisição pela desapropriação descaracteriza a submissão dessa situação jurídica à hipótese de desmembramento de imóvel, já que não há que se fala r em continuidade.

Assim já se posicionou este C. CSM conforme Apelação Cível n.º 3.604-0, Rel. Des. MARCOS NOGUEIRA GARCEZ, j. 3/12/1984; Apelação Cível n.º 9.461-0/9, Rel. Des. MILTON EVARISTO DOS SANTOS, j. 30/1/1989; e Apelação Cível n.º 990.10.415.058-2, Rel. Des. MAURÍCIO VIDIGAL, j. 7/7/2011; Apelação Cível n.º 0000025-73.2011.8.26.0213, Rel. Des. RENATO NALINI, j. 19/7/2012; Apelação Cível n.º 0001026-61.2011.8.26.0062, Rel. Des. RENATO NALINI, j. 17/1/2013; Apelação Cível n.º 0004802-13.2008.8.26.0438, Rel. Des. RENATO NALINI, j. 6/11/2013; e Apelação Cível n.º 3000623-74.2013.8.26.0481, Rel. Des. HAMILTON ELLIOT AKEL. J. 28/4/2015.

E, de fato, já que a desapropriação traduz forma originária de propriedade, sem qualquer vínculo com a relação jurídica antecedente, a área desapropriada pode ser destacada da matrícula maior, sem a necessidade de descrição da referida área maior. Aliás, seria possível o registro da desapropriação mesmo se não se soubesse sequer de onde seria feito o desfalque.

Feito o registro da área desapropriada, deverá ser averbado o desfalque na matrícula mãe, apurando-se seu remanescente. Aliás, para atos de disposição voluntária futuros, aí sim será necessária a retificação do remanescente da matrícula desfalcada, mas não agora.

A necessidade de especialização da área remanescente se impõe por força do art. 176, §§ 3.° e 4.° e do art. 225, § 3.° da Lei n.° 6.015/73, com a redação que foi dada pela Lei n.° 10.267/01, mas, como dito, tal obrigatoriedade não se aplica à aquisição originária de propriedade, e em relação à área maior, de onde será feito o desfalque.

Em acórdão de minha relatoria, este Eg. Conselho Superior da Magistratura recentemente se manifestou:

> *REGISTRO DE IMÓVEIS – Desapropriação Parcial de Área Rural – Aquisição originária da propriedade – Autarquia Estadual – Desnecessidade da avaliação prevista no inciso II do art. 7.° da Lei Estadual n.° 11.331/02 – Rodovia em área rural – art. 176, § 1.º, 3 a e 225, § 3.º da Lei n.° 6.015/73 –* ***Desnecessidade de georreferenciamento da área maior, de onde será feito o desfalque*** *–* ***Recurso provido****. (Apelação Cível n.° 1000777-24.2016.8.26.0481, Rel. Des. PINHEIRO FRANCO).* (g.n.)

Por todo o exposto, **nego provimento ao recurso. GERALDO FRANCISCO PINHEIRO FRANCO Corregedor Geral da Justiça e Relator**

Notas:

[1] Nesse sentido, o voto do Desembargador José Renato Nalini, Corregedor Geral da Justiça na apelação n.° 0001026-61.2011.8.26.0062, em 17/1/2013. (DJe de 07.10.2019 – SP)

PODER JUDICIÁRIO

TRIBUNAL DE JUSTIÇA DO ESTADO DE SÃO PAULO

CONSELHO SUPERIOR DA MAGISTRATURA

Apelação nº 1001440-36.2017.8.26.0481

Registro: 2019.0000546781

ACÓRDÃO

Vistos, relatados e discutidos estes autos de **Apelação Cível nº 1001440-36.2017.8.26.0481**, da Comarca de **Presidente Epitácio**, em que é apelante **CONCESSIONARIA AUTO RAPOSO TAVARES S/A - CART**, é apelado **OFICIAL DE REGISTRO DE IMÓVEIS E ANEXOS DE PRESIDENTE EPITÁCIO.**

ACORDAM, em Conselho Superior de Magistratura do Tribunal de Justiça de São Paulo, proferir a seguinte decisão: **"Deram provimento e julgaram improcedente a dúvida, v.u."**, de conformidade com o voto do Relator, que integra este acórdão.

O julgamento teve a participação dos Exmos. Desembargadores **PEREIRA CALÇAS (PRESIDENTE TRIBUNAL**

DE JUSTIÇA) (Presidente), ARTUR MARQUES (VICE PRESIDENTE), DAMIÃO COGAN, EVARISTO DOS SANTOS(PRES. DA SEÇÃO DE DIREITO PÚBLICO), CAMPOS MELLO (PRES. DA SEÇÃO DE DIREITO PRIVADO) E FERNANDO TORRES GARCIA(PRES. SEÇÃO DE DIREITO CRIMINAL).

São Paulo, 25 de junho de 2019.

GERALDO FRANCISCO PINHEIRO FRANCO

Corregedor Geral da Justiça e Relator

Apelação Cível nº 1001440-36.2017.8.26.0481

Apelante: Concessionaria Auto Raposo Tavares S/A - Cart

Apelado: Oficial de Registro de Imóveis e Anexos de Presidente Epitácio

VOTO Nº 37.755

Registro de imóveis – Desapropriação Parcial de Área Rural – Aquisição originária da propriedade – Rodovia em área rural – art. 176, § 1º, 3a e 225, § 3º da Lei nº 6.015/73 – Desnecessidade de georreferenciamento da área maior, de onde será feito o desfalque – Recurso provido.

Trata-se de apelação interposta pela CONCESSIONÁRIA AUTO RAPOSO TAVARES contra r. sentença de fls. 105/107, que manteve o óbice levantado pelo Oficial de Registro de Imóveis, Títulos e Documentos e Civil de Pessoas Jurídicas de Presidente Epitácio, para registro de carta de adjudicação em ação de desapropriação, tendo em vista a necessidade de georreferenciamento do imóvel de onde será destacada a área desapropriada.

Sustenta a recorrente a desnecessidade de georreferenciamento, tendo em vista que se cuida de aquisição originária de propriedade, somado ao contido na Medida Provisória 700/2015, que alterou o Decreto-Lei nº 3.365 e a Lei de Registros Públicos, em seu art. 176-A, § 1º.

A D. Procuradoria opinou pelo provimento do recurso (fl. 155/157). É o relatório.

DECIDO.

Presentes pressupostos processuais e administrativos, conheço do recurso. No mérito, a r. sentença merece reforma.

Preliminarmente, destaca-se a existência de precedentes desse Eg. Conselho Superior da Magistratura quanto à necessidade de georreferenciamento da área desapropriada, conforme se verifica dos autos da apelação cível nº 1004739-62.2017.8.26.0047.

Contudo, aqui a hipótese é diversa, já que o óbice, neste caso, diz respeito à **necessidade de georreferenciamento e apuração da área remanescente**, não da área desapropriada, conforme se verifica da nota de exigência:

> *a) falta de georreferenciamento* do imóvel de onde será destacada a área desapropriada, *nos termos da Lei n 10.267, regulamentada pelos Decretos nºs 4.449/02, 5.570/05 e 7.620/2011.*

No mesmo precedente acima referido, em sua parte final, destacou-se expressamente a desnecessidade de apuração da área remanescente:

> *"Em razão da transmissão da propriedade por meio de desapropriação, da interpretação teleológica efetuada, bem como o destaque de área menor antes incluída em extensa área, **faço observação da necessidade do georreferenciamento apenas da área desapropriada sem necessidade de sua efetivação para fins de apuração do remanescente da matrícula que será destacada**"* (g.n).

E essa é a hipótese deste apelo.

Como é sabido, os títulos judiciais também não escapam ao crivo da qualificação registral**[1]**, de modo que o registrador, longe de questionar o conteúdo da decisão e tampouco o seu mérito, deverá examinar se estão atendidos os princípios registrais pertinentes ao caso, para seu perfeito ingresso no fólio real.

No caso, a recorrente apresentou para registro carta de adjudicação extraída dos autos n° 1001440- 36.2017.8.26.0481, 2ª Vara da Comarca de Presidente Epitácio-SP, nos autos de ação de desapropriação na qual foi transmitida a propriedade ao Departamento de Estradas e Rodagem do Estado de São Paulo-DER.

A aquisição de imóvel por meio de desapropriação encerra forma originária de aquisição da propriedade**[2]**.

Verifica-se que não há irregularidade quanto à especialização da área desapropriada, que está devidamente descrita em planta e memorial descritivo que instruem a carta de sentença.

Já quanto à área maior destacada, a natureza originária da aquisição pela desapropriação descaracteriza a submissão dessa situação jurídica à hipótese de desmembramento de imóvel rural, já que não há que se falar em continuidade.

Assim já se posicionou este C. CSM com respaldo na norma do art. 35 do Decreto-Lei n.º 3.365/1941, conforme Apelação Cível n.º 3.604-0, rel. Des. Marcos Nogueira Garcez, j. 3.12.1984; Apelação Cível n.º 9.461-0/9, rel. Des. Milton Evaristo dos Santos, j. 30.1.1989; Apelação Cível n.º 12.958-0/4, rel. Des. Raphael, j. 14.10.1991; Apelação Cível n.º 990.10.415.058-2, rel. Des. Maurício Vidigal, j. 7.7.2011; Apelação Cível n.º 0000025-73.2011.8.26.0213,rel.Des.RenatoNalini,j.19.7.2012; Apelação Cível n.º 0001026-61.2011.8.26.0062, rel. Des. Renato Nalini, j. 17.1.2013; Apelação Cível n.º 0004802-13.2008.8.26.0438, rel. Des. Renato Nalini, j. 6.11.2013; e Apelação Cível n.º 3000623-74.2013.8.26.0481, rel. Des. Hamilton Elliot Akel. j. 28.4.2015.

Os itens 59.2 e 59.3 do Capítulo XX das Normas de Serviço da Corregedoria Geral da Justiça assim dispõem sobre a necessidade do georreferenciamento:

> *1.2. A descrição georreferenciada constante do memorial descritivo certificado pelo INCRA será averbada para o fim da alínea "a" do item 3 do inciso II do parágrafo 1º do artigo 176 da Lei nº 6.015, de 31 de dezembro de 1973, mediante requerimento do titular do domínio nos termos do parágrafo 5º do artigo 9º do Decreto nº 4.449, de 30 de outubro de 2002, e apresentação de documento de aquiescência da unanimidade dos confrontantes tabulares na forma do parágrafo 6º do mesmo artigo, exigido o reconhecimento de todas as suas firmas.*
>
> *1.3. Não sendo apresentadas as declarações constantes do parágrafo 6º e a certidão prevista no parágrafo 1º, ambos do artigo 9º do Decreto nº 4.449, de 30 de outubro de 2002, o Oficial, caso haja requerimento do interessado nos termos do inciso II artigo 213 da Lei nº 6.015, de 31 de dezembro de 1973, providenciará o necessário para que a retificação seja processada na forma deste último dispositivo.*

Com efeito, a Medida Provisória n° 700/2015, usada como argumentação pelo recorrente, caducou, não sendo convertida em lei.

Entretanto, de fato, já que a desapropriação traduz forma originária de propriedade, sem qualquer vínculo com a relação jurídica antecedente, a área desapropriada pode ser destacada da matrícula maior, sem a necessidade de descrição georreferenciada da referida área maior. Aliás, seria possível o registro da desapropriação mesmo se não se soubesse sequer de onde seria feito o desfalque.

Feito o registro da área desapropriada, deverá ser averbado o desfalque na matrícula mãe, apurando-se seu remanescente. Aliás, para atos de disposição voluntária futuros, aí sim será necessário o georreferenciamento do remanescente da matrícula desfalcada, mas não agora.

A necessidade de especialização da área remanescente se impõe por força do art. 176, §§ 3° e 4° e do art. 225, § 3° da Lei n° 6.015/73, com a redação que foi dada pela Lei n° 10.267/01, mas, como dito, tal obrigatoriedade não se aplica à aquisição originária de propriedade, e em relação à área maior, de onde será feito o desfalque.

Em hipótese idêntica, esse Eg. Conselho Superior da Magistratura assim firmou entendimento:

> *REGISTRO DE IMÓVEIS – Desapropriação Parcial de Área Rural – Aquisição originária da propriedade – Autarquia Estadual – Desnecessidade da avaliação prevista no inciso II do art. 7° da Lei Estadual n° 11.331/02 – Rodovia em área rural – Art. 176, § 1º, 3a e 225, § 3º da Lei n° 6.015/73 –* ***Desnecessidade de georreferenciamento da área maior, de onde será feito o desfalque – Recurso provido.*** *(Apelação Cível n° 1000777-24.2016.8.26.0481, Rel. Des. PINHEIRO FRANCO).* (g.n).

Por todo o exposto, dou provimento ao recurso e julgo improcedente a dúvida.

GERALDO FRANCISCO PINHEIRO FRANCO

Corregedor Geral da Justiça e Relator

Notas:

[1] Apelações CSM n° 1006009-07.2016.8.26.0161 e 0001652-41.2015.8.26.0547.

[2] Nesse sentido, o voto do Desembargador José Renato Nalini, Corregedor Geral da Justiça na apelação nº 0001026-61.2011.8.26.0062, em 17/01/2013. (DJe de 08.11.2019 – SP)

PODER JUDICIÁRIO

TRIBUNAL DE JUSTIÇA DO ESTADO DE SÃO PAULO

CONSELHO SUPERIOR DA MAGISTRATURA

Apelação nº 1048306-39.2017.8.26.0114

Registro: 2019.000718912

ACÓRDÃO

Vistos, relatados e discutidos estes autos de **Apelação Cível n.º 1048306-39.2017.8.26.0114**, da Comarca de **Campinas**, em que são apelantes **MINISTÉRIO PÚBLICO DO ESTADO DE SÃO PAULO e CONCESSIONÁRIA DO SISTEMA ANHANGUERA-BANDEIRANTES S/A**, é apelado **2º OFICIAL DE REGISTRO DE IMÓVEIS DA COMARCA DE CAMPINAS.**

ACORDAM, em Conselho Superior de Magistratura do Tribunal de Justiça de São Paulo, proferir a seguinte decisão: **"Rejeitaram a preliminar de nulidade arguida pela primeira recorrente e, no mérito, negaram provimento aos recursos, v.u."**, de conformidade com o voto do Relator, que integra este acórdão.

O julgamento teve a participação dos Exmos. Desembargadores **PEREIRA CALÇAS (PRESIDENTE TRIBUNAL DE JUSTIÇA) (Presidente), ARTUR MARQUES (VICE PRESIDENTE), XAVIER DE AQUINO (DECANO), EVARISTO DOS SANTOS(PRES. DA SEÇÃO DE DIREITO PÚBLICO), CAMPOS MELLO (PRES. DA SEÇÃO DE DIREITO PRIVADO) E FERNANDO TORRES GARCIA(PRES. SEÇÃO DE DIREITO CRIMINAL).**

São Paulo, 27 de agosto de 2019.

GERALDO FRANCISCO PINHEIRO FRANCO

Corregedor Geral da Justiça e Relator

Apelação Cível n.º 1048306-39.2017.8.26.0114

Apelante: Concessionária do Sistema Anhanguera-Bandeirantes S/A

Apelado: 2º Oficial de Registro de Imóveis da Comarca de Campinas

VOTO N.º 37.817

Registro de Imóveis – Desapropriação – Transação judicial homologada por sentença – Carta de adjudicação – Previsão de doação de parte da área ao Departamento de Estradas de Rodagem do Estado de São Paulo - DER/SP – Necessidade de indicação dos elementos essenciais do contrato de doação – Impossibilidade de reconhecimento de desapropriação da referida área – Divergência da área desapropriada com o Decreto expropriatório – Modificação superveniente do projeto – Recurso do Ministério Público Estadual buscando declaração de nulidade do acordo judicial – Oitiva da Procuradoria Geral do Estado no momento da qualificação – Impossibilidade – Recursos desprovidos.

Trata-se de apelação interposta pela CONCESSIONÁRIA DO SISTEMA ANHANGUERA – BANDEIRANTES S. A. – AUTOBAN contra r. sentença de fls. 233/236, que julgou parcialmente procedente a dúvida suscitada pelo 2.º Oficial de Registro de Imóveis de Campinas, mantendo a exigência de apresentação de elementos essenciais do negócio jurídico envolvendo a área doada, mas afastando a necessidade de descrição da área remanescente, oriundas de carta de adjudicação expedida em ação de desapropriação.

Sustenta a apelante, preliminarmente, a nulidade da r. sentença, por cerceamento de defesa, já que não tomou ciência da manifestação da ARTESP de fls. 186/217, alegando que a publicação de fl. 221 ocorrera apenas em nome da Advogada *Natália Silva Pereira.*

No mérito, afirma não se sustentar a alegação do Sr. Oficial Registrador quanto à área de 2.281,59m^2, no sentido de que não seria o caso de desapropriação, mas sim doação, já que ambas as áreas foram efetivamente desapropriadas.

Segundo aduz, na redação do acordo, houve apenas erro material ao se referir à doação, tanto que, conforme consta, o pagamento seria realizado ao desapropriado por intermédio de serviços, qual seja, construção de acesso à área lindeira da rodovia.

Assim, apesar do termo equivocado empregado no acordo, deve ser levada em consideração a intenção das partes, nos termos dos arts. 112 e 113 do Código Civil, que era de desapropriar mediante pagamento em serviço.

De sua parte, o MINISTÉRIO PÚBLICO DO ESTADO DE SÃO PAULO também interpõe recurso (fls. 267/269), na forma adesiva, buscando a declaração de nulidade de pleno direito do acordo judicial realizado na ação desapropriatória, da qual decorre o título prenotado, por ausência de participação da Procuradoria Geral do Estado, órgão legalmente definido como detentor de poderes de representação, salientando que o acordo versa sobre a incorporação de imóvel ao patrimônio do Estado de São Paulo.

A D. Procuradoria Geral de Justiça opinou pelo não provimento do recurso da concessionária e provimento parcial do recurso do *Parquet*, para que a Procuradoria Geral de Justiça seja ouvida durante a qualificação do título, quando reapresentado (fls. 279/285).

É o relatório.

DECIDO.

A preliminar de nulidade arguida pela primeira recorrente não deve ser acolhida.

Conforme fls. 17/21, a N. Advogada Dra. *Natália Silva Pereira* representava os interesses da apelante, sem que houvesse manifestação ao longo dos autos de sua regularização processual em nome de outro profissional.

Como não houve qualquer revogação expressa ou tácita, com constituição de novos advogados e com a juntada de procuração/substabelecimento em nome desses constituídos, não poderia a apelante se beneficiar de sua própria inércia em regularizar sua representação processual.

Dessa forma, a publicação de fl. 221, realizada em nome da referida patrona, nada possui de irregular, inexistindo qualquer nulidade a ser reconhecida.

Passando ao mérito, ambos os recursos não comportam provimento.

Quanto ao apelo interposto pela CONCESSIONÁRIA DO SISTEMA ANHANGUERA-BANDEIRANTES S. A., consta dos autos que fora apresentada para registro carta de adjudicação expedida nos autos da ação de desapropriação n.° 0065692-22.2005.8.26.0114 (fl. 33), 2.ª Vara da Fazenda Pública da Comarca de Campinas, movida pela apelante em face do *Espólio de Willian Zammataro* e Ana Maria Valente Zammataro.

Na referida ação, a propriedade do imóvel foi adjudicada ao *Departamento de Estradas de Rodagem do Estado de São Paulo* – DER/SP.

Verbera a apelante ter havido transação entre as partes, de modo que as áreas desapropriadas foram indenizadas da seguinte forma: I. Área de 695,60m² e suas benfeitorias: indenizada através de pagamento em dinheiro - R$78.470,63 (2.ª cláusula do acordo); II. Área de 2.281,59m² *"indenizada"* através da implantação do acesso comercial e industrial para a área remanescente até o limite da faixa de domínio e da reposição da cerca de arame - padrão DER (3.ª e 4.ª cláusulas do acordo), tudo na forma das fls. 96/98.

Conforme reiterados precedentes deste Eg. Conselho Superior da Magistratura, a natureza judicial do título apresentado não impede sua qualificação registral quanto aos aspectos extrínsecos ou aqueles que não foram objeto de exame pela Autoridade Jurisdicional.

O Item 119 do Capítulo XX do Tomo II das Normas de Serviço da Corregedoria Geral da Justiça é expresso acerca do dever do Oficial do Registro de Imóveis a tanto, como se constata de sua redação:

> *"119. Incumbe ao oficial impedir o registro de título que não satisfaça os requisitos exigidos pela lei, quer sejam consubstanciados em instrumento público ou particular, quer em atos judiciais."*

Essa questão é pacífica nos precedentes administrativos deste órgão colegiado, entre muitos, confira-se trecho do voto do Desembargador MANOEL DE QUEIROZ PEREIRA CALÇAS, Corregedor Geral da Justiça à época, na Apelação n.º 0001561-55.2015.8.26.0383, j. 20/7/17:

> *"A origem judicial do título não afasta a necessidade de sua qualificação registral, com intuito de se obstar qualquer violação ao princípio da continuidade (Lei 6.015/73, art. 195). Nesse sentido, douto parecer da lavra do então Juiz Assessor desta Corregedoria Geral de Justiça, Álvaro Luiz Valery Mirra, lançado nos autos do processo n.º 2009/85.842, que, fazendo referência a importante precedente deste Colendo Conselho Superior da Magistratura (Apelação Cível n.º 31.881-0/1), aduz o que segue:*
>
> *'De início, cumpre anotar, a propósito da matéria, que tanto esta Corregedoria Geral da Justiça quanto o Colendo Conselho Superior da Magistratura têm entendido imprescindível a observância dos princípios e regras de direito registral para o ingresso no fólio real seja pela via de registro, seja pela via de averbação – de penhoras, arrestos e seqüestros de bens imóveis, mesmo considerando a origem judicial de referidos atos, tendo em conta a orientação tranqüila nesta esfera administrativa segundo a qual a natureza judicial do título levado a registro ou a averbação não o exime da atividade de qualificação registral realizada pelo oficial registrador, sob o estrito ângulo da regularidade formal (Ap. Cív. n. 31.881-0/1)'".*

Quanto à sua natureza, a desapropriação, ainda que amigável, é modo originário de aquisição da propriedade. Nesse sentido, o voto do Desembargador JOSÉ RENATO NALINI, na Apelação n.º 0001026-61.2011.8.26.0062, em 17/1/2013:

"A desapropriação, amigável ou judicial, concluída extrajudicialmente, na via administrativa, ou por meio de processo litigioso, com a intervenção do Poder Judiciário, revela-se, sempre, um modo originário de aquisição da propriedade: inexiste um nexo causal entre o passado, o estado jurídico anterior, e a situação atual. A propriedade adquirida, com o aperfeiçoamento da desapropriação, liberta-se de seus vínculos anteriores, desatrela-se dos títulos dominiais pretéritos, dos quais não deriva e com os quais não mantém ligação, tanto que não poderá ser reivindicada por terceiros e pelo expropriado (artigo 35 do Decreto-lei n.° 3.365/1941), salvo no caso de retrocessão."

Ainda se verifica tal entendimento no seguinte precedente:

"REGISTRO DE IMÓVEIS – Escritura pública de desapropriação amigável – Modo originário de aquisição da propriedade – Desnecessidade de prévia apuração da área remanescente do registro atingido – Abertura de matrícula para a área desapropriada, com a averbação do desfalque no registro originário – Recurso a que se nega provimento" (Apelação Cível n.° 1014257-77.2015.8.26.0037, julgado em 2/6/2016, Rel. Des. MANOEL DE QUEIROZ PEREIRA CALÇAS).

Não se discute, assim, a natureza originária da aquisição e sua desnecessidade de apuração da área remanescente na desapropriação, mas desde que, de fato, seja o caso de aquisição por expropriação e, além disso, que a área desapropriada esteja claramente descrita e especificada.

No caso, com a homologação judicial da transação entre expropriante e expropriado, houve modificação do projeto objeto do decreto expropriatório, conforme resposta apresentada pela própria área técnica da *Agência de Transporte do Estado de São Paulo – ARTESP* (fls. 186/217), para oferecimento de acesso aos imóveis adjacentes à rodovia:

"(...) Como se pode observar, ***o projeto funcional não contava com o referido acesso, mas foi realizada uma modificação para oferecer as necessárias condições de acesso aos imóveis adjacentes à rodovia.*** *O projeto da via marginal implantada possibilitou acesso à propriedade lindeira, não deixando-a na condição de área encravada,* ***já que no projeto funcional ('original') não estava contemplada acessibilidade à propriedade em questão****"* (fl. 187). (g.n.)

O processo de desapropriação resultaria na implantação de via marginal da Rodovia Anhanguera, SP 330. A área destacada para desapropriação do imóvel objeto da matrícula n.° 115.517 (fls. 150/152) estaria localizada na altura do Km 102-736m da referida rodovia.

Porém, no Decreto n.° 50.106/05 (fls. 201/217), não há informação da área destacada conforme descrito no acordo devidamente homologado, até porque, como dito, tal modificação ocorreu posteriormente, ao passo que o Decreto abrangia o Km 98+200m ao Km103+500m (fl. 201).

Nos referidos autos, há informações que a área objeto do destaque totalizaria a área de 2.977,19m² (fl. 96). Ocorre que, no mesmo acordo, as partes dispuseram que a área correspondente a 2.281,59m² seria doada para a implantação de acesso comercial e industrial para a área remanescente (fl. 97).

Tratando-se de doação, portanto, imprescindível fosse indicado o valor referente à área doada, bem como apurada a área do remanescente do imóvel descrito na matrícula n.° 115.517, já que, ao contrário da desapropriação, a doação traduz forma derivada de aquisição de propriedade.

Não é possível acolher, assim, a alegação da apelante de que toda a área fora objeto de desapropriação e que, na verdade, o termo utilizado no acordo como *"doação"* seria fruto de erro material, significando, em verdade *"renúncia à indenização"* (fl. 251).

Nos estritos rigores da qualificação registral não há espaço interpretativo para termos expressos utilizados pelas partes quando entabulado o negócio jurídico, ainda mais no que diga respeito a qualquer renúncia a direito, deverá ser sempre expressa, não sendo cabível sua presunção com base na vontade buscada pelas partes.

Também não cabe a alegação de que teria havido a desapropriação e que a indenização se deu justamente pela implantação do acesso comercial e industrial.

Como dito, o exame do acordo de fls. 96/98, assim como o projeto técnico de fls. 101/103, não deixam dúvidas de que a respectiva área foi objeto de doação:

*"3-****A área restante de 2.281,59 m² está sendo doada pelos Requeridos*** *para implantação de acesso comercial e industrial para a área remanescente, que deverá ser construído integralmente pela primeira Requerente, a quem caberá todos os custos, despesas e demais providências necessárias à construção e concessão do mencionado acesso, até o limite da faixa de domínio estabelecida pela presente ação de desapropriação"* (fl. 97). (g.n.)

Além disso, como bem destacado pelo Sr. Oficial, em matéria de desapropriação, não existe pagamento de indenização por intermédio de serviços, o que torna inafastável a constatação de ausência de correlação entre o decreto de utilidade pública e a área maior supostamente desapropriada, impondo-se a necessidade de indicação do valor da área doada.

Naturalmente, é perfeitamente possível a transação extrajudicial no âmbito do processo de desapropriação. Não é esse o ponto.

O que sucede é que, na hipótese, o que existe é divergência quanto à natureza jurídica do que foi entabulado para a aquisição da propriedade pelo DER, o que, sem sombra de dúvidas, traduziu doação.

De acordo com a Constituição, a indenização decorrente de desapropriação, além de justa, também deverá ser prévia:

"Art. 5° (...):

XXIV - a lei estabelecerá o procedimento para desapropriação por necessidade ou utilidade pública, ou por interesse social, mediante justa e prévia indenização em dinheiro, ressalvados os casos previstos nesta Constituição;"

No caso, a obra de acesso que supostamente serviria de indenização ao expropriado teria natureza de obrigação futura, fugindo ao escopo constitucional, não podendo, consequentemente, ser considerada como indenização para fins de desapropriação.

Ainda que houvesse compra e venda, o valor dos serviços dados em pagamento teria de ser especificado, por de tratar de elemento essencial do contrato, e sendo requisito indispensável às comunicações de operações imobiliárias à Receita Federal (DOI).

E o registro da doação, por não constituir forma originária de aquisição da propriedade, depende da especificação da área doada a do respectivo remanescente, não sendo possível deixar a apuração do remanescente para um momento futuro, face à imperatividade de constatação da disponibilidade quantitativa e qualitativa do imóvel.

Reafirma-se que não se trata de apurar o remanescente do imóvel atingido, até porque, na área desapropriada, estamos tratando de aquisição originária, mas sim apenas demonstrar que a área expropriada está nele contido, informação que não é extraída dos trabalhos técnicos apresentados pela requerida.

Quanto à eventual necessidade de anuência da Procuradoria Geral do Estado ao acordo entabulado (houve anuência das partes diretamente ouvidas e da ARTESP), trata-se de matéria afeta ao Juízo responsável pela homologação do acordo judicial, não cabendo à serventia verificar se tal participação da Procuradoria Estadual era ou não cabível.

Este Eg. Conselho Superior da Magistratura tem entendido que não cabe, quando da qualificação, rever procedimentos jurisdicionais ou administrativos, apontando e utilizando eventuais vícios processuais como causa de recusa.

A Lei de Registros Públicos trata das nulidades nos seus arts. 214 e 216, sendo que as hipóteses de declaração de nulidade, em âmbito administrativo, somente ocorrem quando tal vício seja reconhecível de pleno direito:

"Art. 214 - As nulidades de pleno direito do registro, uma vez provadas, invalidam-no, independentemente de ação direta."

O § 5.° do referido artigo, inclusive, possui ressalva de que não será declarada nulidade, caso preenchidos os requisitos da usucapião:

"§ 5.° A nulidade não será decretada se atingir terceiro de boa-fé que já tiver preenchido as condições de usucapião do imóvel".

De outra parte, já adentrando ao recurso do MINISTÉRIO PÚBLICO DO ESTADO DE SÃO PAULO, eventuais nulidades que digam respeito a vícios extrínsecos ao registro, inerentes ao próprio título, ou ao procedimento de onde o título se originou, escapam ao exame de qualificação, e somente podem ser desfeitos por ação própria, quando então incidirá a regra do art. 216 da Lei n.° 6.015/73:

"Art. 216 - O registro poderá também ser retificado ou anulado por sentença em processo contencioso, ou por efeito do julgado em ação de anulação ou de declaração de nulidade de ato jurídico, ou de julgado sobre fraude à execução".

Também não há espaço para a "anuência" da Procuradoria Estadual antes da efetivação do registro do título, quando reapresentado, já que os documentos apresentados à prenotação devem estar, de imediato, aptos ao registro, não podendo depender de manifestação de órgão externo ao registro.

Neste cenário, portanto, o desprovimento de ambos os recursos é medida inafastável.

Ante o exposto, rejeito a preliminar de nulidade arguida pela primeira recorrente e, no mérito, nego provimento aos recursos.

GERALDO FRANCISCO PINHEIRO FRANCO
Corregedor Geral da Justiça e Relator (DJe de 08.11.2019 – SP)

PODER JUDICIÁRIO

TRIBUNAL DE JUSTIÇA DO ESTADO DE SÃO PAULO

CONSELHO SUPERIOR DA MAGISTRATURA

Embargos de Declaração Cível nº 1006361-02.2018.8.26.0320/50000

Registro: 2019.000072733

ACÓRDÃO

Vistos, relatados e discutidos estes autos de **Embargos de Declaração Cível nº 1006361- 02.2018.8.26.0320/50000**, da Comarca de **Limeira**, em que é embargante **CONCESSIONÁRIA DO SISTEMA ANHANGUERABANDEIRANTES S/A**, é embargado **2º CARTÓRIO DE REGISTRO DE IMÓVEIS E ANEXOS DA COMARCA DE LIMEIRA**.

ACORDAM, em Conselho Superior de Magistratura do Tribunal de Justiça de São Paulo, proferir a seguinte decisão: **"Rejeitaram os embargos de declaração, v.u."**, de conformidade com o voto do Relator, que integra este acórdão.

O julgamento teve a participação dos Exmos. Desembargadores **PEREIRA CALÇAS (PRESIDENTE TRIBUNAL DE JUSTIÇA) (Presidente), ARTUR MARQUES (VICE PRESIDENTE), XAVIER DE AQUINO (DECANO), EVARISTO DOS SANTOS(PRES. DA SEÇÃO DE DIREITO PÚBLICO), CAMPOS MELLO (PRES. DA SEÇÃO DE DIREITO PRIVADO) E FERNANDO TORRES GARCIA(PRES. SEÇÃO DE DIREITO CRIMINAL).**

São Paulo, 27 de agosto de 2019.

GERALDO FRANCISCO PINHEIRO FRANCO
Corregedor Geral da Justiça e Relator

Embargos de Declaração Cível nº 1006361-02.2018.8.26.0320/50000

Embargante: Concessionária do Sistema Anhanguera-Bandeirantes S/A

Embargado: 2º Cartório de Registro de Imóveis e Anexos da Comarca de Limeira

VOTO Nº 37.801

Embargos de declaração – Desapropriação parcial de imóvel rural para implantação de rodovia. Natureza rural da área em virtude de sua localização. Necessidade de individualização do imóvel por meio do georreferenciamento. Ausência de obscuridade ou omissão na decisão colegiada, inviabilidade dos embargos de declaração para rediscussão de questões já decididas – Embargos de Declaração rejeitados.

Trata-se de embargos de declaração opostos sob o fundamento da existência de obscuridade e omissões no v. acórdão no aspecto da localização do imóvel em área rural e também da aquisição originária da propriedade por desapropriação excluir a figura do desmembramento ou parcelamento (a fls. 475/479).

É o relatório.

A decisão colegiada, não obstante a permanência do inconformismo da embargante quanto às questões de mérito, tratou da totalidade dos pontos postos nos embargos de declaração.

Nessa perspectiva houve decisão acerca da localização do imóvel em área rural e também da necessidade da descrição georreferenciada do imóvel.

Nesse sentido, confiram-se os seguintes trechos do acórdão:

> *A natureza originária da aquisição pela desapropriação não descaracteriza a submissão dessa situação jurídica à hipótese de desmembramento de imóvel rural, porquanto a área desapropriada que foi destacada de imóvel matriculado de área maior.*
>
> *(...)*
>
> *A interpretação teleológica das referidas disposições normativas permite a compreensão de sua incidência no caso da desapropriação de parcela de imóvel rural, notadamente pela repercussão no imóvel objeto da desapropriação parcial no aspecto da especialidade objetiva.*
>
> *O Certificado de Cadastro de Imóvel Rural (CCIR) - documento emitido pelo INCRA nas hipóteses de desmembramento, arrendamento, hipoteca, venda ou promessa de venda de imóveis rurais, deve ser exigido com fundamento no art. 22 da Lei n. 4.947/1966 e, especialmente, por força do estabelecido no art. 9º do Decreto n. 4.449/2002.*
>
> *Nessa linha, há precedentes deste Conselho Superior da Magistratura, como se observa de extrato do voto do Desembargador Manuel de Queiroz Pereira Calças, Corregedor Geral da Justiça à época, na apelação n. 1002005- 13.2016.8.26.0100, j. 25/11/16:*
>
> *Também tem razão o Oficial em relação à exigência de descrição georreferenciada do imóvel desapropriado e sua certificação pelo INCRA.*
>
> *Conforme precedentes recentes citados pelo Oficial, este Conselho tem posição firme no sentido de que a exigência formulada encontra respaldo nos artigos 176, §§ 3º e 5º, e 225, § 3º, ambos da Lei nº*

6.015/73; artigo 9º, § 1º, do Decreto n. 4.449/02; e artigo 2º do Decreto n. 5.570/05. A propósito:

"REGISTRO DE IMÓVEIS – DÚVIDA – CARTA DE SENTENÇA EXTRAÍDA DE AÇÃO DE DESAPROPRIAÇÃO – IMÓVEL LOCALIZADO EM ÁREA RURAL – NECESSIDADE DE APRESENTAÇÃO DE CERTIDÃO DO INCRA DE QUE A POLIGONAL OBJETO DO MEMORIAL DESCRITIVO NÃO SE SOBREPÕE A NENHUMA OUTRA CONSTANTE DE SEU CADASTRO GEORREFERENCIADO E QUE O MEMORIAL ATENDE ÀS EXIGÊNCIAS TÉCNICAS – EXIGÊNCIA CORRETA APRESENTADA PELO OFICIAL, EM OBSERVÂNCIA AOS PRINCÍPIOS DA LEGALIDADE E DA ESPECIALIDADE OBJETIVA – SENTENÇA DE PROCEDÊNCIA MANTIDA – RECURSO NÃO PROVIDO" (Apelação n. 0001532-10.2014.8.26.0037, Rel. Des. Elliot Akel, j. em 16/10/2014).

A Medida Provisória n. 700/2015, mencionada pela apelante, sequer havia sido editada quando da apresentação do título. Ele foi apresentado em 17 de setembro de 2015, ao passo que a medida provisória é de 08 de dezembro de 2015 (ressalte-se, aliás, que essa medida provisória nem mesmo foi reeditada; já foi revogada). Vigorando, entre nós, o princípio do tempus regit actum, *descabe analisar o argumento.*

A localização do imóvel é em área rural, pois compreendia imóvel dessa natureza; tampouco há indicação de situar-se em área urbana, assim definida pelo município. O fato de se cuidar de rodovia que cruza área rural não a transforma em área urbana.

A caracterização do imóvel rural decorreu da adoção do critério da localização do bem desapropriado nos termos da legislação municipal, e também da consideração de sua destinação (rodovia) não o transformar em imóvel urbano.

A exigência do georreferenciamento foi mantida com base na compreensão da ocorrência de desmembramento nos termos dos artigos 176, parágrafo 3º, e 225, parágrafo 3º, da Lei n. 6.015/73.

Como exposto na decisão colegiada, a desapropriação implicou no destaque de parcela de imóvel registrado em área maior, daí a necessidade do cumprimento das exigências mantidas.

O fato da aquisição em decorrência de instituto de direito público não afasta a incidência da Lei de Registros Públicos que também alberga essa situação jurídica.

Desse modo, a decisão colegiada não padece dos vícios apontados, estando tecnicamente correta, sendo desnecessária a repetição de seus fundamentos.

Noutra quadra, não é possível a rediscussão das questões já julgadas em cognição exauriente, por meio da interposição de embargos de declaração.

Pelo exposto, **rejeito os embargos de declaração. GERALDO FRANCISCO PINHEIRO FRANCO Corregedor Geral da Justiça e Relator** (DJe de 14.11.2019 – SP)

DIVISÃO

PODER JUDICIÁRIO

TRIBUNAL DE JUSTIÇA DO ESTADO DE SÃO PAULO

CONSELHO SUPERIOR DA MAGISTRATURA

Apelação nº 1007487-88.2016.8.26.0019

Registro: 2019.0000464760

ACÓRDÃO

Vistos, relatados e discutidos estes autos de **Apelação Cível nº 1007487-88.2016.8.26.0019**, da Comarca de **Americana**, em que é apelante **MARCO ANTONIO DOS REIS TOLEDO**, é apelado **OFICIAL DE REGISTRO DE IMOVEIS E ANEXOS DA COMARCA DE AMERICANA.**

ACORDAM, em Conselho Superior de Magistratura do Tribunal de Justiça de São Paulo, proferir a seguinte decisão: **"Deram provimento ao recurso e julgaram improcedente a dúvida, afastando o óbice apresentado, v.u.**", de conformidade com o voto do Relator, que integra este acórdão.

O julgamento teve a participação dos Exmos. Desembargadores **PEREIRA CALÇAS (PRESIDENTE TRIBUNAL DE JUSTIÇA) (Presidente), ARTUR MARQUES (VICE PRESIDENTE), XAVIER DE AQUINO (DECANO), EVARISTO DOS SANTOS(PRES. DA SEÇÃO DE DIREITO PÚBLICO), CAMPOS MELLO (PRES. DA SEÇÃO DE DIREITO PRIVADO) E FERNANDO TORRES GARCIA(PRES. SEÇÃO DE DIREITO CRIMINAL).**

São Paulo, 7 de junho de 2019.

GERALDO FRANCISCO PINHEIRO FRANCO

Corregedor Geral da Justiça e Relator

Apelação Cível nº 1007487-88.2016.8.26.0019

Apelante: Marco Antonio dos Reis Toledo

Apelado: Oficial de Registro de Imoveis e Anexos da Comarca de Americana

VOTO nº 37.761

Registro de Imóveis – Escritura de divisão amigável – Exigência de prévia averbação da construção referida na certidão de desdobro expedida pela Municipalidade – Dúvida julgada procedente – Ausência de menção da construção no título qualificado negativamente e de averbação na matrícula – Não configuração de ofensa aos princípios da continuidade e especialidade – Óbice afastado – Apelação provida.

Trata-se de recurso de apelação interposto por *Marco Antonio dos Reis Toledo* contra a r. sentença proferida pelo MM. Juiz Corregedor Permanente do Oficial de Registro de Imóveis e Anexos de Americana/SP, que julgou procedente a dúvida suscitada em virtude de qualificação negativa do título apresentado a registro**[1]**.

Alega o apelante, em síntese, que a escritura de compra e venda levada a registro é anterior à norma administrativa em que se funda a qualificação negativa do título. Aduz que, por ser proprietário do Lote 13-A da quadra 16, não tem como atender às exigências relacionadas ao Lote 13-B da quadra 16, sobretudo se considerado o fato de que a obra está inacabada há vinte anos**[2]**.

O apelante apresentou novos documentos**[3]** e, intimado**[4]**, insistiu no prosseguimento do recurso**[5]**. A Douta Procuradoria de Justiça opinou pelo não provimento do recurso**[6]**.

É o relatório.

O dissenso versa sobre a registrabilidade da escritura pública de divisão amigável, tendo por objeto o imóvel matriculado sob no 56.009 junto ao Oficial de Registro de Imóveis e Anexos de Americana/SP. Por haver, na certidão municipal de desdobro**[7]**, indicação de construção em um dos futuros imóveis, ou seja, no lote 13-B, o registrador exigiu a apresentação dos documentos necessários para a prévia averbação dessa construção.

Ocorre que a construção referida na certidão expedida pela Municipalidade não está averbada na matrícula nº 1.09 e tampouco foi referida na escritura de divisão amigável que se pretende registrar. Ademais, foi expedida nova certidão de desdobro**[8]**, agora sem referência à construção, o que confirma o cumprimento, no caso concreto, dos requisitos aprovados pela Municipalidade.

Sendo assim, o registro do título não ofende os princípios da continuidade e especialidade, sendo perfeitamente possível a cindibilidade do título para posterior averbação da construção referida na certidão de desdobro inicialmente expedida, se o caso. Nesse sentido, já decidiu este E. CSM: Apelação Cível nº 83.293-0/3; Apelação Cível nº 21.841-0/1; Apelação Cível nº2.642-0.

Veja-se, a propósito, que a hipótese dos autos diverge daquela tratada no precedente referido pelo registrador, na medida em que o título em análise não cuida de pedido isolado de averbação de desdobro.

Diante do exposto, **DOU PROVIMENTO** ao recurso e julgo improcedente a dúvida, afastando o óbice apresentado.

GERALDO FRANCISCO PINHEIRO FRANCO

Corregedor Geral da Justiça e Relator

Notas:

[1] Fls. 75/78 e embargos de declaração a fls. 83/89.

[2] Fls. 92/100.

[3] Fls. 117/120.

[4] Fls. 124.

[5] Fls. 126/127.

[6] Fls. 133/141.

[7] Fls. 27.

[8] Fls. 120. (DJe de 26.06.2019 - SP)

PODER JUDICIÁRIO

TRIBUNAL DE JUSTIÇA DO ESTADO DE SÃO PAULO

CONSELHO SUPERIOR DA MAGISTRATURA

Apelação nº 1001802-73.2018.8.26.0070

Registro: 2019.0000769223

ACÓRDÃO

Vistos, relatados e discutidos estes autos de **Apelação Cível nº 1001802-73.2018.8.26.0070**, da Comarca de **Batatais**, em que é apelante **ANA MARIA DE LIMA MARINHEIRO**, é apelado **OFICIAL DE REGISTRO DE IMÓVEIS E ANEXOS DA COMARCA DE BATATAIS.**

ACORDAM, em Conselho Superior de Magistratura do Tribunal de Justiça de São Paulo, proferir a seguinte decisão: **"Negaram provimento ao recurso, v.u."**, de conformidade com o voto do Relator, que integra este acórdão.

O julgamento teve a participação dos Exmos. Desembargadores **PEREIRA CALÇAS (PRESIDENTE TRIBUNAL DE JUSTIÇA) (Presidente), ARTUR MARQUES (VICE PRESIDENTE), XAVIER DE AQUINO (DECANO), EVARISTO DOS SANTOS(PRES. DA SEÇÃO DE DIREITO PÚBLICO), CAMPOS MELLO (PRES. DA SEÇÃO DE DIREITO**

PRIVADO) E FERNANDO TORRES GARCIA(PRES. SEÇÃO DE DIREITO CRIMINAL).

São Paulo, 12 de setembro de 2019.

GERALDO FRANCISCO PINHEIRO FRANCO

Corregedor Geral da Justiça e Relator

Apelação Cível nº 1001802-73.2018.8.26.0070

Apelante: Ana Maria de Lima Marinheiro

Apelado: Oficial de Registro de Imóveis e Anexos da Comarca de Batatais

VOTO Nº 37.870

Registro de Imóveis – Escritura pública de divisão amigável – Título lavrado no ano de 1986 – Diversas inscrições posteriores que modificaram a situação dominial do imóvel – Ausência de disponibilidade – Ofensa ao Princípio da Continuidade – Impossibilidade de retroatividade do título para influenciar relações jurídicas posteriores – Recurso desprovido.

Trata-se de apelação interposta por ANA MARIA DE LIMA MARINHEIRO contra a r. sentença de fls. 89/91, que julgou procedente a dúvida suscitada pelo Sr. Oficial de Registro de Imóveis e Anexos da Comarca de Batatais, mantendo o óbice para registro de escritura pública de divisão amigável, tendo por objeto o imóvel matricu lado sob nº

1.182 daquela serventia.

Sustenta a apelante que, muito embora haja novos proprietários tabulares, eles não serão prejudicados e terão os seus quinhões resguardados, já que a escritura reflete, em verdade, uma permuta de partes ideais. Assim, face à ausência de prejuízo a terceiros, em respeito à manifestação de vontade declarada, e por aplicação do Princípio da Cindibilidade, seria possível o ingresso do título, por envolver transmissões entre proprietários tabulares.

A D. Procuradoria Geral de Justiça opinou pelo não provimento do recurso (fls. 114/116). É o relatório.

Presentes pressupostos recursais e administrativos, no tema de fundo, o recurso não comporta provimento.

Busca-se o registro, junto ao imóvel da matrícula nº 1.182 (fl. 32/55), de escritura pública de divisão amigável celebrada entre *Álvaro Roberto Marinheiro Sandrin, Zilda Marinheiro Sandrin, Geraldo Marinheiro, Odila Silva Marinheiro, Thereza Marinheiro Fernandes, Genesio Marinheiro, Francisca Cardoso Marinheiro, Oswaldo Marinheiro, Neida Marly Valentini Marinheiro, Antonio Carlos Marinheiro, Ana Maria de Lima Marinheiro, Fernando Antonio de Pádua Marinheiro, Maria Cristina Torres Marinheiro, Rita Aparecida Marinheiro Manso Paulo Roberto Jardim Manso, Maria Regina Fernandes Barroso, casada com José Francisco Barroso, e José Mauro Marinheiro Fernandes, Sonia Maria Sandrin Toscano, Luís Paulo Toscano, Dilma Trivelli Pimenta Sandrin, João Bosco Marinheiro Sandrin, Alexandra Jardim Sandrin, Sandra Maria Baldo Fernandes,* e como intervenientes anuentes *Maria José de Lima Marinheiro e Maria Tavares Marinheiro*, lavrada em 30 de setembro de 1986, junto ao 1º Tabelião de Notas da comarca de Batatais (fls. 09/26).

Ocorre que, como a escritura não fora apresentada a registro naquela época, nesse interregno houve ingresso de outros diversos títulos, com alterações sucessivas de titulares de frações ideais, seja por transmissão *inter vivos* como *causa mortis*, de modo que a realidade registral hoje não mais reflete aquela que consta da escritura ora obstada.

Pelo exame do histórico dominial, em dezembro de 1976, verifica-se que eram proprietários tabulares, na fração de 1/7, *Armando Marinheiro, Maria José de Lima Marinheiro, Álvaro Roberto Marinheiro Sandrin, Zilda Marinheiro Sandrin, Geraldo Marinheiro, Odila Silva Marinheiro, Pedro Paulo Fernandes, Thereza Marinheiro Fernandes, Genesio Marinheiro, Francisca Cardoso Marinheiro, Oswaldo Marinheiro, Neida Marly Valentini Marinheiro, Antonio Carlos Marinheiro e Ana Maria Lima Marinheiro* (fls. 32).

Em 5 de abril de 1984, *Armando Marinheiro* e *Maria José de Lima Marinheiro* doaram sua fração ideal de 1/7 a *Fernando Antonio de Pádua Marinheiro, Maria Cristina Torres Marinheiro, Rita Aparecida Marinheiro Manso* e *Paulo Roberto Jardim Manso* (R.3, fls. 32/33).

Diante do falecimento de *Pedro Paulo Fernandes*, em 11 de outubro de 1985 (R.6, fl. 33), houve partilha de sua fração ideal entre a viúva meeira, *Tereza Marinheiro Fernandes*, na fração de ½, restando a outra metade aos filhos *Maria Regina Fernandes Barroso*, casada com *José Francisco Barroso*, e *José Mauro Marinheiro Fernandes*.

Assim, pela escritura de divisão amigável ora obstada (fls. 09/26), em 30 de setembro de 1986, *Fernando Antonio de Pádua Marinheiro*, sua esposa *Maria Cristina Torre Marinheiro, Rita Aparecida Marinheiro Manso* e seu marido *Paulo Roberto Jardim Manso* resolveram transmitir seus quinhões, a título oneroso, recebendo frações ideais em pagamento.

Ocorre que, como o título não foi apresentado a registro naquela época, ao longo dos anos houve diversas inscrições junto à matrícula, alterando a situação dominial, fazendo com que, hoje, não haja mais correspondência entre os outorgantes e os titulares atualmente inscritos no fólio real.

Com efeito, após o referido registro R.6 (formal de partilha dos bens deixados por *Pedro Paulo Fernandes*), houve os seguintes registros: formal de partilha (R.12, fl. 35); carta de sentença (R. 14, fls. 36/37); formal de partilha (R.16, fl. 38); escritura pública de sobrepartilha (R.22, fls. 40/41); escritura de venda e compra (R. 24 e R. 26, fls. 41/42); quatro escrituras públicas de inventário e partilha (R.28, R.33, R. 38 e R. 42, fls. 43/51) e uma escritura pública de compra e venda (R. 47, fl. 53).

Face às inúmeras mutações dominiais, ainda que a apelante afirme que não haverá prejuízo a qualquer dos atuais titulares de frações ideais, é inegável a afirmação de que já não existe disponibilidade daqueles outorgantes estampados no título, havendo óbice à sua inscrição, nos termos do art. 172 da Lei nº 6.015/1973:

"Art. 172 - No Registro de Imóveis serão feitos, nos termos desta Lei, o registro e a averbação dos títulos ou atos constitutivos, declaratórios, translativos e extintos de direitos reais sobre imóveis reconhecidos em lei, " inter vivos" ou " mortis causa" quer para sua constituição, transferência e extinção, quer para sua validade em relação a terceiros, quer para a sua disponibilidade".

Como afirmado pelo Sr. Oficial, realmente não há como se operar efeitos retroativos ao título, datada do 1986, para que, agora, gere efeitos em todas as inscrições subsequentes, mesmo que, conforme sustentado, a intenção das partes tenha sido apenas permutar frações ideais, sem prejuízo aos demais titulares.

Por mais que se esforce a apelante em demonstrar a ausência de prejuízos a terceiros, é insuperável que aqueles que figuram como outorgantes no título que se busca ingresso não podem, nesta data, figurarem como partes em negócio jurídico, seja em razão de falecimentos, seja por ausência de disponibilidade, se diversas foram as modificações dominiais ocorridas ao longo do tempo.

De fato, independentemente de manifestação de vontade declarada ao tempo do negócio jurídico, do ponto de vista dos direitos reais imobiliários – com natureza constitutiva de direitos reais, como regra geral –, os requisitos de validade e eficácia do título são observados ao **tempo da prenotação** (art. 1.246 do Código Civil):

"Art. 1246. O registro é eficaz desde o momento em que se apresentar o título ao oficial do registro e este o prenotar no protocolo".

No caso em exame, além de respeito ao Princípio da Continuidade, também justamente em razão do Princípio da Prioridade, gerado pela prenotação, é que os títulos contraditórios preponderam sobre títulos prenotados posteriormente (art. 186 da Lei nº 6.015/1973):

"Art. 186 - O número de ordem determinará a prioridade do título, e esta a preferência dos direitos reais, ainda que apresentados pela mesma pessoa mais de um título simultaneamente".

Por esses motivos, também não há se falar em cindibilidade do título, uma vez que, na forma apresentada, não é cabível seu ingresso, ainda que o negócio jurídico diga respeito somente a parte dos titulares de frações ideais.

Neste cenário, respeitadas as razões da apelante, o desprovimento do apelo é medida inafastável.

Ante o exposto, nego provimento ao recurso.

GERALDO FRANCISCO PINHEIRO FRANCO

Corregedor Geral da Justiça e Relator(DJe de 07.10.2019 – SP)

DOAÇÃO

PODER JUDICIÁRIO

TRIBUNAL DE JUSTIÇA DO ESTADO DE SÃO PAULO

CONSELHO SUPERIOR DA MAGISTRATURA

Apelação nº 1000893-93.2018.8.26.0114

Registro: 2019.0000718904

ACÓRDÃO

Vistos, relatados e discutidos estes autos de **Apelação Cível nº 1000893-93.2018.8.26.0114**, da Comarca de **Campinas**, em que é apelante **ROSALBA CUCCARO FERRARA**, é apelado **1º OFICIAL DE REGISTRO DE IMÓVEIS DE CAMPINAS**.

ACORDAM, em Conselho Superior de Magistratura do Tribunal de Justiça de São Paulo, proferir a seguinte decisão: **"Negaram provimento ao recurso e mantiveram a recusa do registro, v.u. Declarará voto convergente o Desembargador Pereira Calças."**, de conformidade com o voto do Relator, que integra este acórdão.

O julgamento teve a participação dos Exmos. Desembargadores **PEREIRA CALÇAS (PRESIDENTE TRIBUNAL DE JUSTIÇA) (Presidente), ARTUR**

MARQUES (VICE PRESIDENTE), DAMIÃO COGAN, EVARISTO DOS SANTOS(PRES. DA SEÇÃO DE DIREITO PÚBLICO), CAMPOS MELLO (PRES. DA SEÇÃO DE DIREITO PRIVADO) E FERNANDO TORRES GARCIA(PRES. SEÇÃO DE DIREITO CRIMINAL).

São Paulo, 27 de agosto de 2019.

GERALDO FRANCISCO PINHEIRO FRANCO

Corregedor Geral da Justiça e Relator

Apelação Cível n. 1000893-93.2018.8.26.0114

Apelante: Rosalba Cuccaro Ferrara

Apelado: 1° Oficial de Registro de Imóveis de Campinas

VOTO N. 37.789

Registro de Imóveis – Dúvida julgada procedente – Doação com reserva de usufruto – Imóvel adquirido a título oneroso, na vigência do Código Civil de 1916, por pessoa casada em regime de separação de bens – Casamento realizado em país estrangeiro – Inexistência de prova de que o regime de bens adotado decorreu de convenção entre os nubentes, e de que prevista a não comunicação dos aquestos – Súmula n. 377 do Supremo Tribunal Federal – Comunicação dos aquestos decorrente da presunção da existência de esforço na aquisição – Falecimento do marido sem que promovido o inventário e a partilha do imóvel, ou que promovida a sua exclusão da partilha por se tratar de bem particular da esposa – Afronta ao princípio da continuidade – Apelação não provida.

Trata-se de apelação interposta contra r. sentença que manteve a recusa do registro de escritura pública de doação, com reserva de usufruto, do imóvel objeto da matrícula n. 35.649 do 1º Registro de Imóveis da Comarca de Campinas, por aparente violação ao princípio da continuidade, uma vez que foi adquirido a título oneroso, durante casamento celebrado na vigência do Código Civil de 1916 pelo regime da separação de bens, o que faz presumir a comunicação entre os cônjuges, mas não foi levado ao inventário decorrente do falecimento do marido da doadora.

A apelante alegou, em suma, que se casou com Pasquale Ferrara em 10 de outubro de 1968, em Formia, Itália. Afirmou que o casamento foi homologado no Brasil em 2 de dezembro de 1977, mediante r. sentença prolatada em ação judicial que teve curso na Comarca de Rio Claro, com adoção do regime de separação de bens por meio de convenção que passou a prevalecer a partir da referida data. Disse que adquiriu o imóvel em 20 de setembro de 1996, quando casada pelo regime da separação convencional de bens conforme a legislação brasileira. Asseverou que não se aplica a presunção de comunhão do imóvel prevista na Súmula n. 377 do Supremo Tribunal Federal porque somente incide em relação aos bens adquiridos na vigência de separação legal. Esclareceu que a matrícula do imóvel contem erro ao indicar que o regime da separação de bens decorre da legislação italiana. Aduziu que o art. 276 do Código Civil de 1916 afastava a comunhão em relação aos imóveis adquiridos na constância de casamento em que adotado o regime da separação convencional de bens, sendo essa norma aplicável para o registro da doação. Ademais, na época da homologação do casamento não necessitavam de autorização ou de suprimento de vontade para a adoção do regime da separação convencional que foi pactuado conforme a livre vontade dos cônjuges. Informou que ao falecer o seu marido não deixou bens, não havendo inventário a ser promovido. Além disso, o reconhecimento da comunhão dependeria da prova do esforço comum para aquisição do bem, o que não ocorreu. Requereu o provimento do recurso para que seja promovido o registro da doação com reserva de usufruto (fls. 102/121).

A douta Procuradoria Geral de Justiça opinou pelo não provimento do recurso (fls. 146/149).

É o relatório.

A certidão de fls. 25 comprova que a apelante e Pasquale Ferrara se casaram em 10 de outubro de 1968, em Formia, Itália, e que o casamento foi transcrito no Registro Civil das Pessoas Naturais e de Interdições e Tutela da Comarca de Rio Claro, às fls. 164-F do Livro E, sob n. 0003, em 25 de maio de 1983.

Demonstra, ainda, que por sentença prolatada em 31 de agosto de 2017, nos autos da Retificação n. 1.659/2017 da 3ª Vara Cível da Comarca de Rio Claro, foi a transcrição retificada para constar que foi adotado no casamento o regime da separação total de bens, ajustado desde 2 de dezembro de 1977.

A transcrição, no Livro "E" do Registro Civil das Pessoas Naturais, de casamento de brasileiro celebrado no exterior não depende de homologação judicial:

"Art. 32. Os assentos de nascimento, óbito e de casamento de brasileiros em país estrangeiro serão considerados autênticos, nos termos da lei do lugar em que forem feitos, legalizadas as certidões pelos

cônsules ou quando por estes tomados, nos termos do regulamento consular.

§ 1º Os assentos de que trata este artigo serão, porém, transladados nos cartórios de 1º Ofício do domicílio do registrado ou no 1º Ofício do Distrito Federal, em falta de domicílio conhecido, quando tiverem de produzir efeito no País, ou, antes, por meio de segunda via que os cônsules serão obrigados a remeter por intermédio do Ministério das Relações Exteriores".

E a certidão de fls. 25 não demonstra que o casamento celebrado na Itália foi "homologado" judicialmente, nem que houve estabelecimento de registro de bens para vigorar somente no Brasil.

Ao contrário, a transcrição do casamento no Livro "E" deve indicar o regime de bens adotado quando de sua celebração em outro país, pois prevalece, exceto se, ocorrendo a naturalização do cônjuge, for alterado para o da comunhão parcial de bens (art. 7º, § 5º, do Decreto-lei n. 4.657/42), se for alterado na forma do art. 1.639, § 2º, do Código Civil, ou se for contrário à legislação brasileira (art. 2.035, parágrafo único, do Código Civil).

Nesse sentido, o art. 7º da Lei de Introdução às Normas do Direito Brasileiro determina que:

"Art. 7º A lei do país em que domiciliada a pessoa determina as regras sobre o começo e o fim da personalidade, o nome, a capacidade e os direitos de família.

(...)

§ 4º O regime de bens, legal ou convencional, obedece à lei do país em que tiverem os nubentes domicílio, e, se este for diverso, a do primeiro domicílio conjugal.

§ 5º - O estrangeiro casado, que se naturalizar brasileiro, pode, mediante expressa anuência de seu cônjuge, requerer ao juiz, no ato de entrega do decreto de naturalização, se apostile ao mesmo a adoção do regime de comunhão parcial de bens, respeitados os direitos de terceiros e dada esta adoção ao competente registro".

Portanto, e uma vez que a legislação vigente em 2 de dezembro de 1977 não permitia a alteração consensual do regime de bens, exceto na hipótese anteriormente indicada, é de se presumir que o regime da separação de bens foi adotado na forma da legislação italiana.

Fixadas essas premissas, a certidão da transcrição do registro do casamento, juntada às fls. 25, não se mostra suficiente para o reconhecimento de que a separação de bens decorreu de convenção entre os nubentes e, mais, que nessa convenção foi prevista a incomunicabilidade dos aquestos.

Conforme a Súmula n. 377 do Supremo Tribunal Federal, os bens adquiridos a título oneroso na constância do casamento celebrado pelo regime da separação legal são presumidos como de propriedade comum dos cônjuges, porque é igualmente presumido o esforço comum para a sua aquisição.

A presunção do esforço comum pode incidir, igualmente, em relação aos bens adquiridos onerosamente na constância do casamento celebrado pelo regime da separação convencional de bens, salvo se pactuada a não comunicação dos aquestos.

Não se ignora que a presunção de comunicação decorrente da Súmula n. 377 do Eg. Supremo Tribunal Federal não incide em relação aos bens adquiridos após a vigência do Código Civil de 2002, o que, porém, não ocorre neste caso concreto.

Assim porque o imóvel foi adquirido pela doadora, por compra, em 20 de setembro de 1996, mediante registro de escritura pública outorgada em 15 de agosto do referido ano, ocasião em que a compradora era casada com Pasquale Ferrara pelo regime da separação de bens em conformidade com as leis italianas (fls. 17).

Entretanto, não se comprovou que a adoção do referido regime decorreu de convenção entre os nubentes, nem que, se convencional, foi prevista a não comunicação dos aquestos.

Disso decorre a necessidade de realização do inventário decorrente do falecimento de Pasquale Ferrara, para que a questão da comunicabilidade, ou não, do imóvel seja apreciada na via apropriada.

Essa solução, por fim, é compatível com precedente deste Eg. Conselho Superior da Magistratura conforme se verifica na Apelação Cível n. 990.10.017.203-4, da Comarca de Caçapava, de que foi relator o e. Desembargador Munhoz Soares, j. 30/6/2010, que teve a seguinte ementa:

"REGISTRO DE IMÓVEIS - Doação com reserva de usufruto de imóvel de propriedade do doador casado anteriormente ao novo Código Civil pelo regime da Separação total de bens – Discussão sobre a incidência da Súmula n. 377 do E. Supremo Tribunal Federal – Necessidade de abertura do inventário da falecida esposa do doador para elucidar a questão – Dúvida procedente – Recurso não provido".

Ante o exposto, **nego provimento ao recurso e mantenho a recusa do registro.**

GERALDO FRANCISCO PINHEIRO FRANCO

Corregedor Geral da Justiça e Relator

Voto nº 30.167

Apelação Cível nº 1000893-93.2018.8.26.0114 Comarca: Campinas

Apelante: Rosalba Cuccaro Ferrara

Apelado: 1° Oficial de Registro de Imóveis de Campinas

DECLARAÇÃO DE VOTO CONVERGENTE

1 - Adotando o relatório de fls. 151/152, acompanho integralmente o respeitável voto do Exmo. Sr. Corregedor Geral da Justiça, N. Desembargador *Pinheiro Franco*, pelos fundamentos abaixo lançados.

2 - A controvérsia reside, em suma, na necessidade de apresentação do formal de partilha dos bens deixados por *Pasquale Ferrara*, falecido em 18/06/1997, para registro de escritura pública de doação referente ao imóvel de matrícula nº 35.649 (fls. 15/20), adquirido em nome da doadora *Rosalba Cuccaro Ferrara* (viúva do *de cujus*). *Rosalba Cuccaro Ferrara* e *Pasquale Ferrara* casaram-se em Formia, Itália, aos 10/10/1968 (fl. 25), "sob o regime de separação de bens, de acordo com as leis italianas". O imóvel em questão foi comprado por *Rosalba* em 15/08/1996, na constância do matrimônio. Em 23/03/2017, após o óbito de *Pasquale Ferrara*, foi lavrada escritura pública de doação relativa à totalidade do imóvel, figurando somente *Rosalba* como doadora.

Segundo a nota devolutiva nº 46.043 (fl. 33), para que a doação realizada pela viúva seja inscrita no fólio real, o plano de partilha de bens do *de cujus* deve ser previamente analisado, em atenção à Súmula nº 377 do C. Supremo Tribunal Federal ("No regime de separação legal de bens, comunicam-se os adquiridos na constância do casamento").

Tal exigência, em meu sentir, mostra-se acertada.

Nos termos da Súmula nº 377 do C. STF, a despeito do regime da separação, os bens adquiridos onerosamente no curso do casamento (aquestos) integram a comunhão patrimonial, ante a presunção de esforço comum dos consortes. O enunciado, como se nota, apresenta nítido fundamento ético, pois "assegura a meação sobre o patrimônio constituído durante o período de convívio, de modo a evitar a ocorrência de enriquecimento injustificado." **[1]**

Conforme precedentes deste C. Conselho Superior da Magistratura, é legítima a recusa do título pelo Oficial de Registro de Imóveis, por aplicação da Súmula nº 377, quando constatada a possível ofensa à meação de um dos cônjuges ou conviventes:

REGISTRO DE IMÓVEIS – Dúvida – Compra e venda de imóvel – Espólio que promoveu a venda autorizado por alvará expedido em inventário judicial Imóvel, porém, que foi parcialmente adquirido, a título oneroso e na vigência do Código Civil de 1916, por pessoa casada em regime de separação obrigatória de bens Súmula nº 377 do Supremo Tribunal Federal Presunção de comunicação dos aquestos – Falecimento da esposa sem que promovido o inventário da meação na parte do imóvel adquirida por seu marido a título oneroso Pretensão de registro de venda da integralidade do bem, pelo espólio do marido posteriormente falecido – Ausência de menção, na matrícula do imóvel, da partilha relativa à metade ideal adquirida a título oneroso Afronta ao princípio da continuidade Dúvida procedente Apelação não provida. (TJSP. Apelação Cível nº 1135175-81.2016.8.26.0100; Relator: Pinheiro Franco. Órgão Julgador: Conselho Superior de Magistratura, j. 10/04/2018).

REGISTRO DE IMÓVEIS – Proprietária casada no regime da separação obrigatória de bens – Bem adquirido na constância da união – Cônjuges falecidos – Escritura de inventário da falecida esposa por meio da qual a totalidade do imóvel é partilhada – Impossibilidade de registro – Aplicabilidade da Súmula 377 do STF – Comunhão que se presume – Necessidade de prévia inscrição do formal de partilha extraído do inventário do falecido marido, no qual sua parte no imóvel será dividida Alegação de prescrição da ação de sonegados Matéria estranha ao procedimento de dúvida – Apelação desprovida. (TJSP. Apelação Cível nº 1027173-17.2016.8.26.0100. Relator: Pereira Calças. Órgão Julgador: Conselho Superior de Magistratura, j. 02/02/2017).

REGISTRO DE IMÓVEIS – Proprietários casados no regime da separação obrigatória de bens – Bem adquirido na constância da união - Escritura de compra e venda por meio da qual apenas um dos cônjuges, com a anuência do outro, vende 50% do imóvel a terceiro Impossibilidade de registro – Aplicabilidade da Súmula 377 do STF Comunhão que se presume Necessidade de que ambos os consortes figurem na escritura como vendedores – Ingresso registral que desrespeitaria os princípios da continuidade e da disponibilidade – Apelação desprovida. (TJSP. Apelação Cível nº 1112372-41.2015.8.26.0100. Relator: Pereira Calças. Órgão Julgador: Conselho Superior de Magistratura, j. 22/11/2016).

Importante salientar, no mais, que o fato de o matrimônio ter sido celebrado em território estrangeiro (Itália), por si só, não afasta a aplicação da Súmula nº 377 do Pretório Excelso.

Ao cuidar de tema pertinente ao Direito Internacional Privado, o Decreto-lei nº 4.657/1942 (Lei de Introdução às Normas do Direito Brasileiro) prevê que "o regime de bens, legal ou convencional, obedece à lei do país em que tiverem os nubentes domicílio, e, se este for diverso, à do primeiro domicílio conjugal" (art. 7º, §4º). Ainda, "para qualificar os bens e regular as relações a eles concernentes, aplicar-se-á a lei do país em que estiverem situados" (art. 8º, *caput*).

No caso em tela, não há comprovação de que *Pasquale Ferrara* e *Rosalba Cuccaro Ferrara* (nubentes com domicílios diversos fl. 25) tenham, durante o casamento, estabelecido residência ou adquirido bens fora do Brasil. Consoante entendimento firmado pelo C. STF na vigência do Código Civil de 1916 (lei aplicável *in casu*), **tratando-se de patrimônio amealhado no Brasil por cônjuges aqui domiciliados, o regime da separação de bens subordina-se à Súmula nº 377**:

> *1.* ***Alemães casados pelo*** *regime da separação de bens de acordo com a lei nacional de ambos,* ***que se radicaram no Brasil após o casamento****. Se o marido e a mulher se mantiveram sempre unidos e conjugaram esforços para levar a cabo a formação do patrimônio comum, ainda que a cooperação da esposa tenha sido limitada ao trabalho doméstico, tem ela indiscutivelmente o direito, até mesmo natural, de compartilhar daquele complexo de bens, como dispõe o art. 259 do Código Civil. Não importa que o marido e a mulher sejam estrangeiros e hajam celebrado o casamento pelo regime da separação de bens, nos termos da lei nacional de ambos, porque,* ***no pormenor da comunhão dos aquestos, o importante e decisivo é o esforço comum e construtivo desenvolvido pelo casal no domicílio em que ele construiu ou formou o patrimônio pelo trabalho constante e conjugado do marido e da mulher****. Trata-se de uma realidade que o direito positivo se limita a homologar, tão difícil e sua negação. 2. Recurso extraordinário provido, nos termos do* ***verbete 377 da Súmula do STF****. (STF. RE nº 78.811, Relator: Min. Antonio Neder, Primeira Turma, j. 29/04/1975).*

O C. Superior Tribunal de Justiça tem decidido, de igual modo, que os bens adquiridos pelo esforço comum de cônjuges casados sob o regime da separação, quando da convivência em solo brasileiro, integram a comunhão patrimonial, na esteira da Súmula nº 377: *CIVIL E PROCESSUAL. RECURSO ESPECIAL. PREQUESTIONAMENTO LIMITADO. DISSÍDIO NÃO APRESENTADO. INVENTÁRIO.* ***CASAMENTO CONTRAÍDO NA ÁUSTRIA. REGIME DA SEPARAÇÃO DE BENS, CONSOANTE A LEI DAQUELE PAÍS****, POR FALTA DE PACTO ANTENUPCIAL EM SENTIDO CONTRÁRIO. VINDA PARA O BRASIL. AQUISIÇÃO DE PATRIMÔNIO AO LONGO DA VIDA EM COMUM. FALECIMENTO DO CÔNJUGE VARÃO. DECLARAÇÃO DE BENS, CONSTANDO APENAS AQUELES EM NOME DO DE CUJUS. IMPUGNAÇÃO PELA FILHA DO PRIMEIRO CASAMENTO. AQUESTOS. COMUNICAÇÃO. RESSALVA QUANTO AOS HAVIDOS PELO ESFORÇO EXCLUSIVO/DOAÇÃO/HERANÇA DA CÔNJUGE MULHER. LICC, ART. 7º, § 4º CC, ART. 259.* ***SÚMULA N. 377-STF****. I.* ***Apesar de o casamento haver sido contraído pelo regime da separação de bens no exterior, os bens adquiridos na constância da vida comum, quase à totalidade transcorrida no Brasil, devem se comunicar, desde que resultantes do esforço comum****. II. Exclusão, portanto, do patrimônio existente em nome da viúva, obtido pelo labor individual, doação ou herança, incorporando-se os demais ao espólio do cônjuge varão, para partilha e meação, a serem apurados em ação própria. III. Recurso especial conhecido em parte e parcialmente provido. (STJ. REsp nº 123.633/SP, Rel. Ministro Aldir Passarinho Júnior, Quarta Turma, j. 17/03/2009).*

Outrossim, colhe-se da jurisprudência deste E. Conselho Superior da Magistratura:

> *REGISTRO DE IMÓVEIS. Dúvida improcedente. Apelação e recurso adesivo.* ***Escritura de doação. Doadora que figura no registro como casada pelo regime da separação de bens e, na escritura, como viúva.*** *Aquisição onerosa da doadora e óbito de seu ex-esposo ao tempo da vigência do Código Civil de 1916.* ***Aplicação do artigo 259 do Código Civil antigo, conforme a orientação jurisprudencial consolidada (Súmula nº 377 do Supremo Tribunal Federal), nada obstante realizado o casamento no exterior, com regime da separação de bens segundo a lei estrangeira. Necessidade de prévia partilha do bem ou, diante de cessão de direitos hereditários, de adjudicação no juízo do inventário, em respeito ao princípio de continuidade.*** *Apelação provida. Recurso adesivo prejudicado. (TJSP, Apelação Cível Nº 498-6/3, Relator: Des. Gilberto Passos de Freitas. Órgão julgador: Conselho Superior da Magistratura, j. 23/03/2006).*

3 - Em recurso de apelação, *Rosalba* aduz que a hipótese dos autos não se submete à Súmula nº 377, uma vez que o verbete alude apenas ao regime da separação *legal* de bens (isto é, de natureza obrigatória), ao passo que o casamento em análise estaria vinculado a regras convencionais, firmadas pelas próprias partes. Nesse sentido, ressalta que o regime da separação de bens fora pactuado em 02/12/1977, no Brasil, sendo o casamento estrangeiro também "homologado" pelas autoridades brasileiras (fls. 106/108).

O argumento da apelante, todavia, não merece prosperar.

O regime da separação convencional de bens pressupõe a elaboração de um **pacto antenupcial**, lavrado obrigatoriamente na forma de escritura pública (art. 134, inciso I, do CC/1916; arts. 1.536, inciso VII, 1.640, parágrafo único, e 1.653 do CC/2002). O pacto antenupcial deve ser registrado no Cartório de Registro de Imóveis do domicílio dos nubentes, sob pena de não operar efeitos perante terceiros (art. 261, CC/1916; art. 1.657, CC/2002).

Compulsando os autos, observo que a apelante não apresentou cópia de eventual pacto antenupcial ou de qualquer outro documento que comprovasse a fixação voluntária do regime de bens. O registro da compra e venda do imóvel, lavrado em **20/09/1996** (fls. 17/18), assinala que a adquirente *Rosalba* ainda era "casada sob o regime da separação de bens, de acordo com as leis italianas", não fazendo qualquer menção ao suposto pacto feito no Brasil, em data anterior (**02/12/1977**).

A propósito, note-se que, na vigência do CC/1916, não havia a possibilidade de modificação consensual do regime de bens estabelecido na celebração, ressalvada a hipótese não verificada no caso de opção pelo regime da comunhão parcial, quando da naturalização do cônjuge estrangeiro (art. 7º, §5º, do Decreto-lei nº 4.657/1942).

Por fim, ao contrário do que sugere a apelante, não é possível depreender, a partir da leitura da certidão de casamento (fls. 25/26), que a separação tenha sido convencionada por escritura pública de pacto antenupcial, **com expressa previsão de incomunicabilidade dos aquestos.**

Disso decorre, como bem destacou o N. Desembargador Relator, "**a necessidade de realização do inventário decorrente do falecimento de *Pasquale Ferrara*, para que a questão da comunicabilidade, ou não, do imóvel seja apreciada na via apropriada.**"

4 - Isto posto, pelo meu voto, **nego provimento à apelação**, mantendo a exigência de apresentação do formal de partilha de *Pasquale Ferrara*.

MANOEL DE QUEIROZ PEREIRA CALÇAS

Presidente do Tribunal de Justiça Notas:

[1] DIAS, Maria Berenice. *Manual de direito das famílias*. 10ª ed. São Paulo: Revista dos Tribunais, 2018, p. 331. (DJe de 25.09.2019 – SP)

PODER JUDICIÁRIO

TRIBUNAL DE JUSTIÇA DO ESTADO DE SÃO PAULO

CONSELHO SUPERIOR DA MAGISTRATURA

Apelação nº 1005469-40.2018.8.26.0079

Registro: 2019.000792689

ACÓRDÃO

Vistos, relatados e discutidos estes autos de **Apelação Cível nº 1005469-40.2018.8.26.0079**, da Comarca de **Botucatu**, em que é apelante **HELENA BERGO BADRA**, é apelado **1º OFICIAL DE REGISTRO DE IMÓVEIS E ANEXOS DA COMARCA DE BOTUCATU**.

ACORDAM, em Conselho Superior de Magistratura do Tribunal de Justiça de São Paulo, proferir a seguinte decisão: **"Negaram provimento à apelação, v.u."**, de conformidade com o voto do Relator, que integra este acórdão.

O julgamento teve a participação dos Exmos. Desembargadores **PEREIRA CALÇAS (PRESIDENTE TRIBUNAL DE JUSTIÇA) (Presidente), ARTUR MARQUES (VICE PRESIDENTE), XAVIER DE AQUINO (DECANO), EVARISTO DOS SANTOS(PRES. DA SEÇÃO DE DIREITO PÚBLICO), CAMPOS MELLO (PRES. DA SEÇAO DE DIREITO PRIVADO) E FERNANDO TORRES GARCIA(PRES. SEÇÃO DE DIREITO CRIMINAL).**

São Paulo, 19 de setembro de 2019.

GERALDO FRANCISCO PINHEIRO FRANCO

Corregedor Geral da Justiça e Relator

Apelação Cível nº 1005469-40.2018.8.26.0079

Apelante: Helena Bergo Badra

Apelado: 1º Oficial de Registro de Imóveis e Anexos da Comarca de Botucatu

VOTO Nº 37908

Registro de Imóveis – Dúvida – Escritura Pública de Doação – Regime de separação obrigatória de bens – Inteligência da Súmula 377 do Eg. Supremo Tribunal Federal – Necessidade de prévia partilha dos bens deixados pelo viúvo pré-morto – Recurso desprovido.

Trata-se de recurso de apelação interposto por HELENA BERGO BADRA contra a r. sentença (fls. 63/67), que julgou procedente a dúvida suscitada pelo Sr. Oficial do 1º Registro de Imóveis e Anexos da Comarca de Botucatu, mantendo a negativa de registro de escritura pública de doação do imóvel matriculado sob nº 19.368, tendo em vista que os documentos trazidos seriam insuficientes para afastar a presunção de comunicação do bem pelo casamento da doadora.

Sustenta a apelante que inexiste qualquer presunção de comunicabilidade de bens, sendo perfeitamente cabível o registro, inexistindo óbice ao registro da escritura, tal como apresentada.

A D. Procuradoria de Justiça opinou pelo desprovimento do apelo (fl. 100/102). É o relatório.

DECIDO.

Presentes pressupostos legais e administrativos, no mérito, o recurso não comporta provimento.

O imóvel objeto da matrícula nº 19.368 foi adquirido pela apelante, no estado civil de casada com *Eduardo Badra*, sob o regime da separação obrigatória de bens.

Consta dos autos que o casamento celebrado entre a apelante e seu esposo se deu ainda sob a égide do Código Civil de 1916 (fl. 9), de modo que se aplica ao caso o art. 2039 do Código Civil:

Art. 2.039. O regime de bens nos casamentos celebrados na vigência do Código Civil anterior, Lei nº 3.071, de 1ºde janeiro de 1916, é o por ele estabelecido.

O imóvel objeto da doação foi adquirido na constância do casamento, em regime de separação obrigatória, incidindo, então, a interpretação da súmula nº 377 do Eg. STF, quanto à comunicação dos bens adquiridos onerosamente em regime da separação legal.

O registro do título aquisitivo faz presumir a propriedade e produz todos os efeitos legais enquanto não for cancelado, ainda que, por outro modo, haja prova de que o título foi desfeito, anulado, extinto ou rescindido (art. 252 da Lei nº 6.015/73).

Portanto, a matrícula faz presumir que o *de cujus* adquiriu a metade ideal do imóvel, quando era casado pelo regime da separação legal de bens, fato ocorrido na vigência do Código Civil de 1916.

Incidem, neste caso, os art. 195 e 237 da Lei nº 6.015/73, que dispõem:

Art. 195. Se o imóvel não estiver matriculado ou registrado em nome do outorgante, o oficial exigirá a prévia matrícula e o registro do título anterior, qualquer que seja a sua natureza, para manter a continuidade do registro.

Art. 297. Ainda que o imóvel esteja matriculado, não se fará registro que dependa da apresentação de título anterior, a fim de que se preserve a continuidade do registro.

Igual conclusão decorre da lição de AFRÂNIO DE CARVALHO:

"O princípio da continuidade, que se apoia no de especialidade, quer dizer que, em relação a cada imóvel, adequadamente individuado, deve existir uma cadeia de titularidade à vista da qual só se fará a inscrição de um direito se o outorgante dele aparecer no registro como seu titular. Assim, as sucessivas transmissões, que derivam umas das outras, asseguram sempre a preexistência do imóvel no patrimônio do transferente. Ao exigir que cada inscrição encontre sua procedência em outra anterior, que assegure a legitimidade da transmissão ou da oneração do direito, acaba por transformá-la no elo de uma corrente ininterrupta de assentos, cada um dos quais se liga ao seu antecedente, como o seu subseqüente a ele se ligará posteriormente. Graças a isso o Registro de Imóveis inspira confiança ao público". (Registro de Imóveis, 4ª edição, Ed.Forense, 1998, pág. 253).

Embora haja certa discussão doutrinária a respeito da aplicabilidade de tal Súmula, após a entrada em vigor do Código Civil de 2002, a posição deste C. Conselho Superior da Magistratura é a de que ela ainda produz efeitos.

Nesse sentido:

REGISTRO DE IMÓVEIS – Dúvida. Escritura pública de venda e compra de imóvel. Aquisição da nua-propriedade pela mulher e do usufruto pelo marido. Regime de separação obrigatória de bens. Falecimento do cônjuge usufrutuário. Cancelamento do usufruto vitalício. Recusa do registro da compra e venda realizada pelo cônjuge sobrevivente sem a apresentação do formal de partilha. Comunicação dos aquestos nos termos da Súmula 377 do Supremo Tribunal Federal. Recusa do registro mantida. Recurso não provido" (Apelação nº 0000376-81.2013.8.26.0114, Rel. Des. Elliot Akel, j. em 18/3/2014).

REGISTRO DE IMÓVEIS. Dúvida julgada procedente. Negativa de registro de escritura pública de alienação de imóvel sem prévio inventário do cônjuge pré-morto. Regime de separação legal de bens. Imóvel adquirido na constância do casamento. Comunicação dos aquestos. Súmula 377 do Supremo Tribunal Federal. Ofensa ao princípio da continuidade. Registro inviável. Recurso não provido" (Apelação nº 0045658- 92.2010.8.26.0100, Rel. Des. Maurício Vidigal, j. em 27/10/2011).

Considerando, pois, que a aquisição ocorrera na constância de casamento celebrado sob o regime da separação obrigatória de bens, estabeleceu-se entre os cônjuges uma comunhão, que não se confunde com o condomínio.

Acerca da distinção, ensina LUCIANO DE CAMARGO PENTEADO:

> *No condomínio há sempre duas facetas: a pluralidade de situações jurídicas e a pluralidade de sujeitos associados e organizados (Massimo Bianca). Preserva-se a possibilidade de personificação, mas esta não é necessária nem constitutiva de condomínio enquanto realidade. Na comunhão, não há essa possibilidade, porque os interesses não são unidirecionais e não há situações jurídicas diversas para pessoas diversas, mas as mesmas situações pertencentes simultaneamente a mais de uma pessoa. Na comunhão verifica-se uma situação jurídica em que o mesmo direito sobre determinada coisa comporta diferentes sujeitos. No condomínio ressalta-se o estado de indivisão de coisa, com direitos distintos, incidindo sobre partes do mesmo objeto, direitos estes que pertencem a sujeitos igualmente diversos* (Direito das Coisas; 2ª ed. rev. atual. e ampl.; Editora Revista dos Tribunais; 2012; p. 454).

Ao inventário é levado o todo, somente sendo apurada a parte pertencente a cada um deles com a extinção da comunhão. Em hipótese semelhante, já se decidiu que:

> *REGISTRO DE IMÓVEIS – DÚVIDA – Registro de formal de partilha – Transmissão de parte ideal de imóvel a viúva e herdeiros – Partilha que recai sobre a totalidade do bem – Hipoteca realizada em financiamento imobiliário que não afasta a norma geral – Acerto das exigências formuladas pelo Registrador – Recurso não provido. (TJSP; Apelação 0016589-34.2012.8.26.0071; Relator (a): José Renato Nalini; Órgão Julgador: Conselho Superior de Magistratura; Foro de Bauru - 1ª. Vara Cível; Data do Julgamento: 26/09/2013; Data de Registro: 04/10/2013).*

Necessário, assim, seja registrada, primeiramente, a partilha dos bens deixados pelo *de cujus*, falecido no estado civil de casado, pelo regime da separação obrigatória de bens, nos termos do art. 258 do Código Civil de 1916, vigente à época.

Correto, portanto, o posicionamento do Oficial de Registro, uma vez que a meação do cônjuge sobrevivente participa do estado indiviso do bem levado à partilha, salvo se, de forma diversa, vier a ser expressamente decidido pelo juízo do inventário.

Por estas razões, pelo meu voto, nego provimento à apelação.

GERALDO FRANCISCO PINHEIRO FRANCO

Corregedor Geral da Justiça e Relator(DJe de 14.10.2019 – SP)

PODER JUDICIÁRIO

TRIBUNAL DE JUSTIÇA DO ESTADO DE SÃO PAULO

CONSELHO SUPERIOR DA MAGISTRATURA

Apelação nº 1041935-33.2019.8.26.0100

Registro: 2019.0000792692

ACÓRDÃO

Vistos, relatados e discutidos estes autos de **Apelação Cível nº 1041935-33.2019.8.26.0100**, da Comarca de **São Paulo**, em que é apelante **MINISTÉRIO PÚBLICO DO ESTADO DE SÃO PAULO**, é apelado **JAIR KACZINSKI**.

ACORDAM, em Conselho Superior de Magistratura do Tribunal de Justiça de São Paulo, proferir a seguinte decisão: **"Deram provimento à apelação para julgar procedente a dúvida, v.u."**, de conformidade com o voto do Relator, que integra este acórdão.

O julgamento teve a participação dos Exmos. Desembargadores **PEREIRA CALÇAS (PRESIDENTE TRIBUNAL DE JUSTIÇA) (Presidente), ARTUR MARQUES (VICE PRESIDENTE), XAVIER DE AQUINO (DECANO), EVARISTO DOS SANTOS(PRES. DA SEÇÃO DE DIREITO PÚBLICO), CAMPOS MELLO (PRES. DA SEÇÃO DE DIREITO PRIVADO) E FERNANDO TORRES GARCIA(PRES. SEÇÃO DE DIREITO CRIMINAL).**

São Paulo, 19 de setembro de 2019.

GERALDO FRANCISCO PINHEIRO FRANCO

Corregedor Geral da Justiça e Relator

Apelação Cível nº 1041935-33.2019.8.26.0100

Apelante: Ministério Público do Estado de São Paulo

Apelado: Jair Kaczinski

VOTO Nº 37.913

Divórcio consensual sem partilha de bens – Bem imóvel em mancomunhão – Impossibilidade de alienação antes da partilha por não configurada propriedade em condomínio – Violação do princípio da continuidade – Inviabilidade do registro de doação da metade ideal realizada por um dos antigos cônjuges

– Pena da violação ao princípio da continuidade – recurso provido.

Trata-se de recurso de apelação interposto pelo Ministério Público contra a r. sentença de fls. 49/52 que julgou improcedente a dúvida e determinou o registro de escritura pública de doação.

Sustenta o apelante a procedência da dúvida em razão da impossibilidade do registro por não ter havido a partilha do imóvel no divórcio dos proprietários em respeito ao princípio da continuidade (fls. 65/70).

O apresentante do título, em contrarrazões, preliminarmente, referiu a intenção da realização da doação da totalidade do imóvel, no mais pugnou pelo cabimento do registro ante a possibilidade da doação de sua parte no imóvel ante a natureza de condomínio em razão do divórcio (fls. 84/89).

A D. Procuradoria Geral da Justiça opinou pelo não acolhimento da preliminar e no mérito, pelo provimento do recurso (fls. 99/102).

É o relatório.

Não é possível a modificação do título em sede de apelação por já realizada a qualificação registral, assim, a intenção da doação total do imóvel é irrelevante ao exame deste recurso não configurando matéria preliminar.

No divórcio foi estabelecido que o imóvel objeto desta dúvida "continuará em nome dos cônjuges e, quando for alienado, o valor arrecadado com a alienação será partilhado em partes iguais" (fls. 28).

Não obstante à intenção de venda futura, é certo que não houve partilha do imóvel, no que pese a averbação do divórcio na matrícula (fls. 10/14). Na falta da partilha, a situação jurídica do imóvel é de mancomunhão, não de condomínio.

Nessa ordem de ideias, não é possível aplicar o regramento legal concernente a propriedade em condomínio à falta da atribuição da propriedade a cada um dos antigos cônjuges.

Essa é a compreensão de Maria Berenice Dias (*Manual das famílias*. São Paulo: Revista dos Tribunais, e-book, 2017):

> *Quer no casamento, quer na união estável, quando o regime do casamento prevê a comunhão do patrimônio adquirido durante o período de convívio, os bens pertencem a ambos em partes iguais. A presunção é que foram adquiridos pela comunhão de esforços para amealhá-los. Cada um é titular da metade e tem direito à meação de cada um dos bens. Esta copropriedade recebe o nome de mancomunhão, expressão corrente na doutrina, que, no entanto, não dispõe de previsão legal. É o estado dos bens conjugais antes de sua efetiva partilha. Nada mais significa do que propriedade em "mão comum", ou seja, pertencente a ambos os cônjuges ou companheiros. Tal figura distingue-se do condomínio: quando o casal detém o bem ou coisa simultaneamente, com direito a uma fração ideal, podendo alienar ou gravar seus direitos, observada a preferência do outro (CC 1.314 e seguintes).*

O estado de mancomunhão inviabiliza a transmissão (e o respectivo registro) de partes ideais pelos antigos cônjuges por razões de duas ordens: (i) ausência de partilha, o que impossibilita o conhecimento acerca da atribuição da titularidade da propriedade e (ii) violação do princípio da continuidade por não ser possível a inscrição da transmissão da propriedade a falta da extinção da mancomunhão que não tem natureza jurídica de condomínio.

A aplicação do estatuto jurídico da propriedade em condomínio dependeria da partilha do imóvel nessa situação jurídica, o que não houve até momento.

Desse modo, não poderia ocorrer o registro da doação de parcela ideal da propriedade à falta de sua partilha em virtude do divórcio.

Cabe também ressaltar que o título envolveu a doação da metade ideal do imóvel por um dos cônjuges (fls. 16/19) e não sua venda por ambos, como ficou estipulado no divórcio consensual (fls. 26/32).

Nestes termos, respeitada a compreensão da i. MM. Juíza Corregedora Permanente, compete o acolhimento do inconformismo recursal pelas razões expostas.

Por todo o exposto, pelo meu voto, dou provimento à apelação para julgar procedente a dúvida.

GERALDO FRANCISCO PINHEIRO FRANCO

Corregedor Geral da Justiça e Relator (DJe de 14.10.2019 – SP)

ESCRITURA PÚBLICA DE RETIFICAÇÃO

PODER JUDICIÁRIO

TRIBUNAL DE JUSTIÇA DO ESTADO DE SÃO PAULO

CONSELHO SUPERIOR DA MAGISTRATURA

Apelação nº 1092322-86.2018.8.26.0100

Registro: 2019.0000391282

ACÓRDÃO

Vistos, relatados e discutidos estes autos de **Apelação Cível nº 1092322-86.2018.8.26.0100**, da Comarca de **São Paulo**, em que são apelantes **RICARDO JORGE VISCARDI e MILENE ESTEVES MIRABELLI VISCARDI**, é apelado **10º OFICIAL DE REGISTRO DE IMÓVEIS DA COMARCA DA CAPITAL**.

ACORDAM, em Conselho Superior de Magistratura do Tribunal de Justiça de São Paulo, proferir a seguinte decisão: **"Julgaram a dúvida prejudicada e não conheceram do recurso, v.u."**, de conformidade com o voto do Relator, que integra este acórdão.

O julgamento teve a participação dos Exmos. Desembargadores **PEREIRA CALÇAS (PRESIDENTE TRIBUNAL DE JUSTIÇA) (Presidente), ARTUR MARQUES (VICE PRESIDENTE), XAVIER DE AQUINO (DECANO), EVARISTO DOS SANTOS(PRES. DA SEÇÃO DE DIREITO PÚBLICO), CAMPOS MELLO (PRES. DA SEÇÃO DE DIREITO PRIVADO) E FERNANDO TORRES GARCIA(PRES. SEÇÃO DE DIREITO CRIMINAL).**

São Paulo, 16 de maio de 2019.

GERALDO FRANCISCO PINHEIRO FRANCO

Corregedor Geral da Justiça e Relator

Apelação Cível nº 1092322-86.2018.8.26.0100

Apelantes: Ricardo Jorge Viscardi e Milene Esteves Mirabelli Viscardi

Apelado: 10º Oficial de Registro de Imóveis da Comarca da Capital

VOTO Nº 37.749

Registro de Imóveis – Impugnação parcial – Dúvida julgada prejudicada – Título complementado no curso da dúvida, mediante apresentação de escritura pública de retificação, para atendimento de exigência não impugnada – Impossibilidade de alteração do título no curso da dúvida, o que impede o reexame da qualificação – Recurso não conhecido, prejudicada a dúvida suscitada.

Trata-se de apelação interposta contra r. sentença que julgou prejudicada a dúvida suscitada em razão da recusa do registro da escritura pública de compra e venda dos escritórios 205 e 206 do Bloco 04 – Gaivota, do "Condomínio Vista Verde Offices", objeto das matrículas nºs 140.578 e 140.579 do 10º Oficial de Registro de Imóveis da Comarca de São Paulo, porque os apresentantes impugnaram as exigências formuladas de forma parcial, anuindo com a consistente na retificação do título para constar a correta denominação da vendedora.

Os apelantes alegaram, em suma, que a dúvida foi suscitada em razão da exigência de comprovação do pagamento do ITBI na cessão de compromisso de compra e venda. Disseram que esse imposto não é devido porque a sua cessão do compromisso de compra e venda não importa em transmissão do domínio dos imóveis e porque, ademais, esses negócios jurídicos, consistentes no compromisso e sua cessão, não serão objeto de registro. Esclareceram, por fim, que para o atendimento da exigência de correção da denominação da vendedora dos imóveis foi promovida a retificação da escritura pública de compra e venda, conforme documento que instruiu as razões de apelação (fls. 145/176 e 177).

A douta Procuradoria Geral de Justiça opinou pelo não provimento do recurso (fls. 195/197).

É o relatório.

O registro da escritura pública de compra e venda foi recusado mediante formulação das exigências contidas na nota de devolução de fls. 100/101, que foram reproduzidas pelo Sr. Oficial de Registro de Imóveis às fls. 01/03.

Ao requerer a suscitação da dúvida os apelantes se limitaram a impugnar a recusa do registro pela falta de comprovação do pagamento do imposto de transmissão "inter vivos" – ITBI na cessão do compromisso de compra e venda dos imóveis (fls. 12/33 e 102/126).

Além disso, com o oferecimento das razões de apelação os apelantes informaram que foi lavrada escritura de retificação da compra e venda visando o cumprimento da exigência contida no item 1 da nota de devolução, consistente na correção da denominação da vendedora dos imóveis (fls. 157/158 e 177).

Conforme o documento reproduzido às fls. 177, a retificação da escritura de compra e venda, visando corrigir a denominação da vendedora dos imóveis, foi lavrada em 23 de outubro de 2018, data posterior à do protocolo do título, feito em 25 de julho (fls. 100), e à da suscitação da dúvida realizada em 04 de setembro de 2018 (fls. 01).

Esses fatos caracterizam a anuência dos apelantes com parte das exigências formuladas para o registro do loteamento.

O art. 186 da Lei nº 6.015/73 assegura o direito à qualificação e ao registro do título conforme a perfeita ordem cronológica de sua apresentação e protocolo, o que impede que eventuais títulos representativos de direitos conflitantes apresentados em segundo lugar obtenham preferência sobre aqueles que foram objeto de prenotação anterior.

O procedimento de dúvida, que prorroga o prazo de validade da prenotação, tem por finalidade a análise da dissensão entre o apresentante e o oficial registrador sobre as exigências formuladas para o registro do título que deve ser analisado considerando a sua conformação no momento em que foi suscitada.

Em razão disso, a impugnação parcial das exigências tem como consequência a manutenção da recusa do registro que não pode ser feito a partir do título efetivamente prenotado, o que faz com que a dúvida adquira natureza meramente consultiva, para o que não se presta:

"No mais, ao contrário do sustentado pelo recorrente, não cabe aqui ao Judiciário se pronunciar acerca da solução cabível para o caso concreto, não se tratando de órgão consultivo, como bem ressaltado pela nobre representante do parquet" (CSM, Processo n° 000.608.6/7-00, Rel. Des. Gilberto Passos de Freitas, j. 21/12/2006).

Ademais, a complementação ou alteração do título no curso do procedimento de dúvida enseja prorrogação indevida do prazo de validade do protocolo, o que acarreta potencial prejuízo aos eventuais apresentantes de títulos representativos de direitos conflitantes que forem posteriormente prenotados.

Por isso, os precedentes do Eg. Conselho Superior da Magistratura são firmes no sentido de que não se admite a complementação do título no curso da dúvida, ou a realização de instrução probatória visando a comprovação de fato, não tabular, destinado a afastar exigência formulada pelo Oficial de Registro de Imóveis:

"Dúvida registrária é só para dirimir o dissenso, entre o registrador e o apresentante, sobre a prática de ato de registro, referente a título determinado que, para esse fim (registro) foi protocolado e prenotado.

Logo, não se admite, no seu curso, diligências ou dilação de provas destinadas à complementação de título desqualificado, à apuração de fatos extratabulares demonstrativos de situação jurídica de loteamento ou à promoção de medidas de saneamento de vício que macula o parcelamento do solo.

A razão dessa restrição cognitiva, ademais, é evitar a indevida prorrogação do prazo da prenotação, consoante firme orientação deste Conselho Superior da Magistratura: "A dilação probatória em procedimento desta natureza prorrogaria indevidamente o prazo da prenotação, potencializando prejuízo para o direito de prioridade de terceiros, que também tivessem prenotado outros títulos que refletissem direitos contraditórios" (Apelação Cível nº 027583-0/7, Santa Rosa do Viterbo, j. 30.10.1995, rel. Des. Alves Braga, in Revista de Direito Imobiliário 39/297-298). Confira, ainda, Apelação Cível nº 97.090-0/4, São José do Rio Preto, j. 12.12.2002, Rel. Des. Luiz Tâmbara; Apelação Cível nº 000.176.6/4-00, Socorro, j. 16.09.2004, Rel. Des. José Mário Antonio Cardinale". (CSM, Apelação Cível nº 482-6/0, da Comarca de Santa Isabel, Relator Desembargador Gilberto Passos de Freitas).

A impugnação parcial e a complementação do título no curso deste procedimento, para atender exigência aceita pelos apelantes, tornam a dúvida prejudicada e impedem o conhecimento do recurso.

Ante o exposto, pelo meu voto julgo a dúvida prejudicada e não conheço do recurso.

GERALDO FRANCISCO PINHEIRO FRANCO

Corregedor Geral da Justiça e Relator (DJe de 05.06.2019 - SP)

FORMAL DE PARTILHA

PODER JUDICIÁRIO

TRIBUNAL DE JUSTIÇA DO ESTADO DE SÃO PAULO

CONSELHO SUPERIOR DA MAGISTRATURA

Apelação nº 1000506-36.2018.8.26.0128

Registro: 2018.0000962609

ACÓRDÃO

Vistos, relatados e discutidos estes autos do(a) **Apelação nº 1000506-36.2018.8.26.0128**, da Comarca de **Cardoso**, em que é apelante **CRISTINA WEXELL MACHADO**, é apelado **OFICIAL DE REGISTRO DE IMÓVEIS E ANEXOS DA COMARCA DE CARDOSO.**

ACORDAM, em Conselho Superior de Magistratura do Tribunal de Justiça de São Paulo, proferir a seguinte decisão: **"Negaram provimento ao recurso, v.u.",** de conformidade com o voto do Relator, que integra este Acórdão.

O julgamento teve a participação dos Exmos. Desembargadores PEREIRA CALÇAS (PRESIDENTE TRIBUNAL DE JUSTIÇA) (Presidente), ARTUR MARQUES (VICE PRESIDENTE), XAVIER DE AQUINO (DECANO), EVARISTO DOS SANTOS(PRES. DA SEÇÃO DE DIREITO PÚBLICO), CAMPOS MELLO (PRES. DA SEÇÃO DE DIREITO PRIVADO) E FERNANDO

TORRES GARCIA(PRES. SEÇÃO DE DIREITO CRIMINAL).

São Paulo, 23 de novembro de 2018.

GERALDO FRANCISCO PINHEIRO FRANCO

Corregedor Geral da Justiça e Relator

Apelação nº 1000506-36.2018.8.26.0128

Apelante: Cristina Wexell Machado

Apelado: Oficial de Registro de Imóveis e Anexos da Comarca de Cardoso

VOTO Nº 37.643

Registro de Imóveis – Formal de Partilha – Ausência de comprovação de recolhimento de Imposto de Transmissão *causa mortis* - ITCMD – Dever do Oficial de velar pelo seu recolhimento, exigindo a apresentação das respectivas guias, o que não ocorreu em relação a todos os herdeiros – Ausência de discussão quanto ao acerto do cálculo, mas sim ao não recolhimento do tributo, mesmo em valor supostamente inferior ao devido – Cindibilidade do título – Impossibilidade – Indeterminação do que tenha sido partilhado e a quem – Recurso desprovido.

Trata-se de apelação interposta por CRISTINA WEXELL MACHADO, contra a r. sentença de fls. 361/362, que manteve a recusa levantada pelo Oficial de Registro de Imóveis e Anexos da Comarca de Cardoso, negando registro de formal de partilha em razão da não apresentação de prova de quitação do ITCMD.

A recorrente afirma que a negativa não se aplica, já que não cabe ao registrador exercer função de fiscalização de recolhimentos tributários, tratando-se de forma indireta de execução de dívidas da Fazenda, em substituição aos mecanismos da Fazenda Estadual.

Afirma que o cálculo do tributo é equivocado, razão pela qual os recolhimentos não foram realizados. A D. Procuradoria Geral de Justiça opinou pelo desprovimento do recurso (fls. 408/410).

É o relatório.

Presentes os pressupostos recursais e administrativos, conheço do recurso. No mérito, a r. sentença deve ser integralmente confirmada.

Versa a questão sobre a possibilidade de se efetuar o registro do formal de partilha dos bens imóveis deixados por *José Ferreira da Costa* (fls. 62/96), expedido nos autos do inventário nº 0013381-23.2001.8.26.0008, 1ª Vara da Família e Sucessões do Foro Regional do Tatuapé, sem que houvesse prova de recolhimento do ITCMD.

É consabido que os títulos judiciais também não escapam ao crivo da qualificação registral, de modo que o registrador deverá examinar se estão atendidos os princípios registrais pertinentes ao caso, para seu perfeito ingresso no fólio real.

Tratando-se de ITCMD, este Eg. Conselho Superior da Magistratura tem seguido a linha de que não cabe ao Oficial Registrador aferir a regularidade do valor apurado a título do referido imposto:

"REGISTRO DE IMÓVEIS – DÚVIDA - FORMAL DE PARTILHA - Registro negado, ao argumento de recolhimento a menor de ITCMD impossibilidade não pode o sr. Oficial obstar registro por entender que o valor recolhido a título de tributo é inferior ao devido dúvida improcedente recurso provido." (Apelação n.º 1066691-48.2015.8.26.0100, Rel. Des. PEREIRA CALÇAS).

"REGISTRO DE IMÓVEIS - dúvida julgada improcedente determinando o registro do formal de partilha - recusa do Oficial de Registro de Imóveis fundada na necessidade de manifestação da Fazenda Pública sobre o acerto do recolhimento do ITCMD - Impossibilidade de análise do mérito do título judicial - possível divergência quanto ao valor do tributo que comporta cobrança pela Fazenda na esfera administrativa e judicial - inexistência de impedimento para o registro - Recurso não provido." (Apelação Cível nº 0000503-16.2012.8.26.0579, Rel. Des. JOSÉ RENATO NALINI).

Ocorre que aqui não se trata de apuração do valor recolhido. O caso aqui é de efetivo não recolhimento.

A rigor, no título em exame, não existe qualquer prova de quitação do ITCMD por todos os herdeiros, ainda que a menor.

Como confessado pela apelante à fl. 377, o inventariante *Alexander Ferreira da Costa*, nos autos do inventário, incluiu a meeira como herdeira do *de cujus*. Confessa, também, que **apenas duas herdeiras recolheram o tributo até o momento** (fl. 377), como se observa às fls. 48 e 54, de modo que os **outros cinco herdeiros ainda não fizeram qualquer recolhimento a título de ITCMD**.

Em suma, aqui não se discute o acerto do cálculo; **aqui não há recolhimento do tributo**, mesmo em valor supostamente inferior ao devido.

E o art. 289 da Lei nº 6.015/73 é expresso ao indicar que é dever do registrador fiscalizar o pagamento dos tributos incidentes:

"Art. 289. No exercício de suas funções, cumpre aos oficiais de registro fazer rigorosa fiscalização do pagamento dos impostos devidos por força dos atos que lhes forem apresentados em razão do ofício."

A omissão do titular da delegação pode levar à sua responsabilidade solidária no pagamento do tributo, nos termos do art. 134, VI, do Código Tributário Nacional-CTN.

A partilha dos bens do falecido, que totalizou R$ 17.768.137,00 em valores atuais, levou à apuração de valor do ITCMD, pela Fazenda Estadual, em R$ 1.773.098,00 (fls. 229/235).

O espólio questionou tal apuração, sob o argumento de que a Fazenda considerou, no cálculo do imposto, o valor integral dos bens do falecido, sem excluir a meação da convivente meeira, o que não foi aceito pelo fisco estadual.

A r. sentença homologatória de partilha (fls. 334/335) ressalvou interesses da Fazenda, ao dispor que:

"As certidões negativas eventualmente faltantes serão apresentadas por ocasião do registro. A expedição do formal de partilha fica vinculada ao recolhimento do ITCMD, cumprindo ao inventariante, eventualmente, impugnar o valor já lançado pela Fazenda do Estado administrativamente, ou, se o caso, por intermédio da ação judicial própria."

Em seguida, o título arremata:

"Transitada esta em julgado, bem como comprovado o recolhimento de que trata o Provimento 833/04 **e o pagamento do ITCMD, com a correlata manifestação da Fazenda do Estado,** e providenciadas as cópias necessárias, expeça-se o formal de partilha para o registro da transmissão dos bens imóveis, observando-se as disposições constantes na partilha e demais cautelas de praxe." (g.n).

A questão relativa ao recolhimento do ITCMD, para o título ora apresentado, está judicializada em duas execuções fiscais: n° 1540600-59.2014.8.26.0014, no valor de R$ 2.204.449,20 e n° 1540601-44.2014.8.26.0014, com valor de R$ 300.338,34 (fls. 21/27).

Não se sabe, sequer, se as referidas execuções dizem respeito apenas à metade da base de cálculo referente à meação da companheira.

Nesse cenário, como se trata de não apresentação das guias de recolhimento do ITCMD, a recusa encontra respaldo na lei e nas Normas de Serviço da Corregedoria Geral da Justiça.

Da mesma forma, não é possível a cindibilidade do título.

O título é cindível caso haja mais de um negócio jurídico ou mais de um ato a ser praticado, de forma dissociada, com origem no mesmo título.

O formal de partilha é título causal único, passível de registro imobiliário, a fim de que haja nova inscrição dos atuais proprietários do imóvel, por sucessão *causa mortis*.

Não se pode registrar a propriedade de apenas uma pessoa, seja meeira, seja herdeira, e deixar em aberto a titularidade dominial da outra fração ideal dos imóveis. Se assim o for, não haverá qualquer segurança jurídica, pois não se saberá, de fato, quem são os proprietários da outra metade daqueles imóveis.

Quanto à impossibilidade de cindibilidade de formal de partilha, esse Eg. Conselho Superior da Magistratura já se posicionou:

"REGISTRO DE IMÓVEIS. PARTILHA CAUSA MORTIS. Formal de partilha. Partilha que não abrangeu nem todos os bens, nem todos os herdeiros, e que descreve erroneamente um dos bens partilhados. **Indeterminação do que, afinal, tenha sido partilhado, e a quem. Ofensa a segurança jurídica e à LRP/1973, art. 225, § 2°. Impossibilidade de cisão do título. Dúvida procedente. Apelação a que se nega provimento.**" (g.n).

Por essas razões, de fato, incabível o registro buscado, com a manutenção dos óbices suscitados pelo Sr. Oficial Registrador.

Ante o exposto, nego provimento ao recurso.

GERALDO FRANCISCO PINHEIRO FRANCO

Corregedor Geral da Justiça e Relator (DJe de 21.01.2019 - SP)

PODER JUDICIÁRIO

TRIBUNAL DE JUSTIÇA DO ESTADO DE SÃO PAULO

CONSELHO SUPERIOR DA MAGISTRATURA

Apelação nº 9000001-04.2018.8.26.0646

Registro: 2018.0000994935

ACÓRDÃO

Vistos, relatados e discutidos estes autos do(a) **Apelação nº 9000001-04.2018.8.26.0646**, da Comarca de **Urânia**, em que é apelante **LISANDREIA APARECIDA SCATENA DE ALMEIDA**, é apelado **OFICIALA DE REGISTRO DE IMÓVEIS E ANEXOS DA COMARCA DE URÂNIA**.

ACORDAM, em Conselho Superior de Magistratura do Tribunal de Justiça de São Paulo, proferir a seguinte decisão: **"Negaram provimento à**

apelação, v.u.", de conformidade com o voto do Relator, que integra este Acórdão.

O julgamento teve a participação dos Exmos. Desembargadores **PEREIRA CALÇAS (PRESIDENTE TRIBUNAL DE JUSTIÇA) (Presidente), ARTUR MARQUES (VICE PRESIDENTE), XAVIER DE AQUINO (DECANO), EVARISTO DOS SANTOS(PRES. DA SEÇÃO DE DIREITO PÚBLICO), CAMPOS MELLO (PRES. DA SEÇÃO DE DIREITO PRIVADO) E FERNANDO TORRES GARCIA(PRES. SEÇÃO DE DIREITO CRIMINAL)**.

São Paulo, 6 de dezembro de 2018.

GERALDO FRANCISCO PINHEIRO FRANCO

Corregedor Geral da Justiça e Relator

Apelação n.º 9000001-04.2018.8.26.0646

Apelante: Lisandreia Aparecida Scatena de Almeida

Apelado: Oficiala de Registro de Imóveis e Anexos da Comarca de Urânia

VOTO N.º 37.650

Registro de Imóveis – Ação de inventário/arrolamento – Formal de partilha – Situação de universalidade dos bens, com necessidade de que seja inventariada a totalidade do patrimônio, para, em seguida, proceder-se à sua partilha, de modo a retificar as partes ideais – Recurso desprovido.

LISANDREIA APARECIDA SCATENA DE ALMEIDA interpõe apelação contra r. sentença de fl. 23/25, que julgou procedente dúvida suscitada pela Sra. Oficial de Registro de Imóveis e Anexos da Comarca de Urânia, mantendo os óbices levantados para ingresso, naquela serventia imobiliária, do formal de partilha apresentado pela apelante.

A recorrente alega que o plano de partilha foi devidamente homologado judicialmente e que as respectivas frações ideais já distribuídas aos respectivos herdeiros, sendo que o pedido apenas busca registrar o que já foi decidido pelos herdeiros e homologado pela Justiça.

A D. Procuradoria Geral de Justiça opinou pelo desprovimento do recurso (fl.43/46).

É o relatório.

Presentes os pressupostos processuais e administrativos, conheço do recurso.

No mérito, a r. sentença deve ser mantida em sua integralidade.

A apelante pretende o registro do formal de partilha extraído dos autos do processo nº 0005158-67.2013.8.26.0297, Comarca de Jales/SP, quando inventariados os bens deixados por *Domingos Scatena*.

O título judicial apresentado a registro teve o ingresso negado porque necessário o aditamento do formal de partilha, uma vez que todo o patrimônio do falecido deveria ter sido inventariado, e não apenas a metade ideal dos bens.

Antes de tudo, como é sabido, os títulos judiciais também não escapam ao crivo da qualificação registral,1 de modo que o registrador, longe de questionar o conteúdo da decisão e tampouco o seu mérito, deverá examinar se estão atendidos os princípios registrais pertinentes ao caso, para seu perfeito ingresso no fólio real.

O falecido era casado em regime da comunhão universal de bens.

Com a morte de um dos cônjuges, na situação de universalidade dos bens, seria necessário inventariar a totalidade do patrimônio e, somente em seguida, proceder à sua partilha, de modo a retificar as partes ideais do imóvel da matrícula nº 26.234 do registro imobiliário daquela circunscrição (fl. 55/56 do formal de partilha anexo).

Considerando que os bens em questão foram adquiridos na constância de casamento, estabeleceu-se entre os cônjuges uma comunhão, que não se confunde com o condomínio.

Acerca da distinção, ensina LUCIANO DE CAMARGO PENTEADO:

"No condomínio há sempre duas facetas: a pluralidade de situações jurídicas e a pluralidade de sujeitos associados e organizados (Massimo Bianca). Preserva-se a possibilidade de personificação, mas esta não é necessária nem constitutiva de condomínio enquanto realidade. Na comunhão, não há essa possibilidade, porque os interesses não são unidirecionais e não há situações jurídicas diversas para pessoas diversas, mas as mesmas situações pertencentes simultaneamente a mais de uma pessoa. Na comunhão verifica-se uma situação jurídica em que o mesmo direito sobre determinada coisa comporta diferentes sujeitos. No condomínio ressalta-se o estado de indivisão de coisa, com direitos distintos, incidindo sobre partes do mesmo objeto, direitos estes que pertencem a sujeitos igualmente diversos" ("Direito das Coisas"; 2ª ed. rev. atual. e ampl.; Editora Revista dos Tribunais; 2012; p. 454).

Ademais, considerando o disposto no art. 1.829 do Código Civil, não há dúvidas de que o imóvel adquirido pelo casal na constância do casamento, observado o regime legal de bens, pertence em sua totalidade a ambos os cônjuges.

Ao inventário é levado o todo, somente sendo apurada a parte pertencente a cada um deles com a extinção da comunhão.

Em hipótese semelhante, já se decidiu que:

"REGISTRO DE IMÓVEIS – DÚVIDA – REGISTRO DE FORMAL DE PARTILHA – TRANSMISSÃO DE PARTE IDEAL DE IMÓVEL A VIÚVA E HERDEIROS – PARTILHA QUE RECAI SOBRE A TOTALIDADE DO BEM – Hipoteca realizada em financiamento imobiliário que não afasta a norma geral – Acerto das exigências formuladas pelo Registrador – Recurso não provido. (TJSP; Apelação 0016589-34.2012.8.26.0071; Relator (a): José Renato Nalini; Órgão Julgador: Conselho Superior de Magistratura; Foro de Bauru - 1ª. Vara Cível; Data do Julgamento: 26/09/2013; Data de Registro: 04/10/2013).

Nesse cenário, correto o posicionamento do Oficial de Registro, devendo ser mantido o óbice levantado. Por estas razões, nego provimento à apelação.

GERALDO FRANCISCO PINHEIRO FRANCO

Corregedor Geral da Justiça e Relator

Notas:

[1] Apelações CSM nº 1006009-07.2016.8.26.0161 e 0001652-41.2015.8.26.0547. (DJe de 28.01.2019 - SP)

PODER JUDICIÁRIO

TRIBUNAL DE JUSTIÇA DO ESTADO DE SÃO PAULO

CONSELHO SUPERIOR DA MAGISTRATURA

Apelação nº 1019279-69.2017.8.26.0224

Registro: 2018.000798028

ACÓRDÃO

Vistos, relatados e discutidos estes autos do(a) **Apelação nº 1019279-69.2017.8.26.0224**, da Comarca de **Guarulhos**, em que é apelante **LUCIA MARQUES COSENZA**, é apelado **PRIMEIRO OFICIAL DE REGISTRO DE IMÓVEIS DA COMARCA DE GUARULHOS.**

ACORDAM, em Conselho Superior de Magistratura do Tribunal de Justiça de São Paulo, proferir a seguinte decisão: **"Negaram provimento ao recurso. V. U.",** de conformidade com o voto do Relator, que integra este Acórdão.

O julgamento teve a participação dos Exmos. Desembargadores **PEREIRA CALÇAS (PRESIDENTE TRIBUNAL DE JUSTIÇA) (Presidente), ARTUR MARQUES (VICE PRESIDENTE), XAVIER DE AQUINO (DECANO), EVARISTO DOS SANTOS(PRES. DA SEÇÃO DE DIREITO PÚBLICO), CAMPOS MELLO (PRES. DA SEÇÃO DE DIREITO PRIVADO) E FERNANDO TORRES GARCIA(PRES. SEÇÃO DE DIREITO CRIMINAL).**

São Paulo, 4 de outubro de 2018.

GERALDO FRANCISCO PINHEIRO FRANCO

Corregedor Geral da Justiça e Relator

Apelação nº 1019279-69.2017.8.26.0224

Apelante: Lucia Marques Cosenza

Apelado: Primeiro Oficial de Registro de Imóveis da Comarca de Guarulhos

VOTO Nº 37.571

Registro de Formal de Partilha – Autor da herança casado pelo regime da comunhão universal de bens – Separação de fato – Necessidade de se inventariar a totalidade do bem havido em comunhão no casamento – Universalidade de direitos que se extrema somente com a partilha – Registro de Formal de Partilha – Alegação de que a meação do autor da herança no imóvel foi adjudicada pela viúva para a satisfação de crédito de alimentos – Carta de adjudicação, extraída da ação de execução, que não foi levada à registro – Registro de Formal de Partilha – Adjudicação da metade ideal do imóvel inventariado em favor da viúva porque destinado à quitação de débito de alimentos – Decisão judicial que afastou a incidência do ITCMD porque o imóvel partilhado não se transmitiu aos herdeiros, mas diretamente à credora do autor da herança – Fato que não impede a partilha da totalidade do imóvel, para extremar a meação da viúva, e não isenta da prova do pagamento do imposto que corresponder ao ato jurídico que se alegou ocorrido – Dúvida julgada procedente – Recurso não provido.

Trata-se de apelação interposta por Lúcia Marques Cosenza contra r. sentença que julgou procedente a dúvida e manteve a recusa do registro da carta de adjudicação extraída do arrolamento dos bens deixados pelo falecimento de Vicenzo Cosenza porque não foi arrolada a totalidade do imóvel de propriedade comum do autor da herança e da viúva que eram casados pelo regime da comunhão universal de bens e porque não houve o pagamento do imposto devido pela transmissão do bem.

A apelante sustentou, em suma, que era separada de fato e que antes da abertura da sucessão adjudicou, em ação de execução de alimentos (Processo nº 003083/2005 da 4ª Vara da Família e Sucessões da Comarca de Guarulhos) a meação de que seu marido era titular no imóvel objeto da matrícula nº 25.233 do 1º Registro de Imóveis de Guarulhos. Disse que Vicenzo Cosenza faleceu em 05 de julho de 2002 e foi substituído na ação de execução de alimentos pelo seu espólio. Esclareceu que somente depois dessa adjudicação foi ajuizado o arrolamento dos bens deixados pelo falecimento de Vicenzo Conseza, ficando o processo sem movimentação pela discordância dos herdeiros em reconhecer o débito de alimentos. Informou que foram opostos embargos à execução e que houve averbação da penhora nela promovida. Porém, como não houve o pagamento da dívida, acabou por adjudicar o imóvel na ação de execução, com lavratura do auto de adjudicação em 31 de maio de 2012 e expedição da respectiva carta para registro. Desse modo, a adjudicação do imóvel também na ação de arrolamento de bens não caracterizou dação em pagamento, o que afasta a incidência do ITCMD e do ITBI. Asseverou que esses fatos não foram considerados na r. sentença e na decisão prolatada nos embargos de declaração, com o que não se proporcionou a efetividade que se espera do processo. Requereu a reforma da r. sentença para que seja promovido o registro do título (fls. 551/567).

A douta Procuradoria Geral de Justiça opinou pelo não provimento do recurso (fls. 585/586). É o relatório.

Foi apresentada para registro, na matrícula nº 25.233 do 1º Registro de Imóveis da Comarca de Guarulhos, carta de adjudicação extraída da ação de arrolamento dos bens deixados pelo falecimento de Vicenzo Cosenza, processado sob nº 0016316.14.2003.8.26.0224 da 1ª Vara da Família e das Sucessões da Comarca de Guarulhos (fls. 14/320).

Embora casado pelo regime da comunhão universal de bens com Lúcia Marques Cosenza (fls. 40 e 42), foi levado ao arrolamento dos bens somente a meação de Vicenzo Conseza no imóvel, sob o fundamento de que o autor da herança e a viúva eram separados de fato e de que essa meação foi anteriormente adjudicada pela viúva em ação de execução de alimentos que moveu contra seu ex-marido (fls. 124/136 e 224).

Em decorrência, constou nas primeiras declarações da ação de arrolamento de bens que em razão do crédito de alimentos a meação do autor da herança no imóvel seria novamente adjudicada à viúva (fls. 136).

As certidões da matrícula nº 25.233 juntadas aos autos mostram que foram averbados o óbito de Vitório Cosenza e a penhora da metade ideal do Espólio no imóvel que foi promovida pela viúva na ação de execução de alimentos (fls. 138/140 e 442/444).

No que tange à ação de arrolamento, deve ser considerado que o regime de bens do casamento ensejou comunhão de direitos entre a falecida e o viúvo quanto ao imóvel arrolado.

Havendo universalidade de direitos em relação à integralidade do único bem a ser partilhado, era necessário inventariar a totalidade do bem e proceder sua partilha, pois, antes desta, o direito dos titulares da universalidade é sobre a totalidade do patrimônio.

Cabe mencionar, sobre o tema, precedente deste Col. Conselho Superior da Magistratura consistente na Apelação Cível n.º 764-6/8, de 30 de outubro de 2007, de que foi relator o Exmo. Sr. Des. Gilberto Passos de Freitas, então Corregedor Geral da Justiça:

> *Não se discute que meação de cônjuge não se enquadra no conceito legal de herança (e, por isso, não havendo transmissão, seu valor não deve ser considerado na base de cálculo de tributo); mas isso não significa que deva ser desprezada na partilha.*
>
> *Ao contrário, justamente porque a situação é de massa indivisa, que abrange a comunhão decorrente do casamento e a herança gerada pela sucessão "mortis causa", que se extrema apenas com a partilha, não há como deixar de incluir a integridade do bem, e não apenas sua metade ideal, na partilha, que deve prever não só o pagamento do quinhão da herdeira, mas também a atribuição da parte que couber à viúva-meeira.*
>
> *Diversos são, aliás, os precedentes do Conselho Superior da Magistratura neste sentido, deles destacando-se não só a verdade de que "a comunhão decorrente do casamento é pro indiviso'" (CSM, Ap. Civ. nº 404-6/6, rel. JOSÉ MÁRIO ANTONIO CARDINALE) – e, por isso, a meação da cônjuge sobrevivente "só se extremará com a partilha" (CSM, Ap. Civ nºs 404-6/6, rel. JOSÉ MÁRIO ANTONIO CARDINALE e 17.289-0/7, rel. JOSÉ ALBERTO WEISS DE ANDRADE) –, mas também a consequência lógica de que, até a partilha integral, "permanece a indivisão" (CSM, Ap.Civ. nº 15.305, rel. DÍNIO DE SANTIS GARCIA).*

Logo, com Afrânio de Carvalho, se pode repetir a pertinente e apropriada lição de que a "partilha abrange todo o patrimônio do morto e todos os interessados, desdobrando-se em duas partes, a societária e a sucessória, embora o seu sentido se restrinja por vezes à segunda" (AFRÂNIO DE CARVALHO. Registro de Imóveis. Ed. Forense: 3ª edição, 1982, pág. 281).

Apesar da existência do débito ao final reconhecido pelo espólio e que ensejou a nova adjudicação, em favor da credora, da meação do autor da herança no imóvel, a adjudicação do bem em ação de execução de alimentos e a adjudicação em arrolamento de bens são atos jurídicos distintos, representados por diferentes títulos de transmissão do domínio.

Diante disso, sendo prenotada a carta de adjudicação extraída da ação de arrolamento de bens, neste procedimento de dúvida somente é possível analisar as razões apresentadas pelo Oficial para a recusa do registro desse título.

E o registro da carta de adjudicação extraído da ação de arrolamento de bens não se mostra possível porque não foi levada à partilha a totalidade do imóvel, de modo a permitir a extinção da meação com a atribuição à cônjuge sobrevivente e aos herdeiros (ou à credora) dos quinhões que lhe corresponderão no bem anteriormente comum, e porque não houve prova do pagamento do respectivo imposto de transmissão.

A única ressalva cabível, neste caso concreto, é que na partilha foi reconhecida a existência de débito do autor da herança e foi a sua meação no imóvel atribuído diretamente à credora para pagamento do valor devido, o que equivaleu, em outros termos, à realização de pagamento para credor habilitado no processo.

Em razão disso, pela adjudicação do quinhão do imóvel equivalente à meação do autor da herança, feita em favor da credora, deverá ser comprovada a declaração e pagamento do imposto de transmissão "inter vivos", ou a sua isenção conforme for previsto na legislação municipal.

Ainda neste caso concreto, em relação ao ITCMD prevalecerá a r. decisão prolatada pelo Juízo da ação de inventário de bens, da qual foi determinada ciência à Fazenda do Estado e que constitui peça do processo que instruiu a carta de adjudicação (fls. 308), por se cuidar de ato jurisdicional cujo mérito não é possível reapreciar no presente procedimento que, por seu lado, tem natureza administrativa (art. 204 da Lei nº 6.015/73).

Ante o exposto, nego provimento ao recurso e mantenho a recusa do registro do título.

GERALDO FRANCISCO PINHEIRO FRANCO

Corregedor Geral da Justiça e Relator (DJe de 01.03.2019 - SP)

PODER JUDICIÁRIO

TRIBUNAL DE JUSTIÇA DO ESTADO DE SÃO PAULO

CONSELHO SUPERIOR DA MAGISTRATURA

Apelação nº 1000237-38.2018.8.26.0664

Registro: 2018.0000911423

ACÓRDÃO

Vistos, relatados e discutidos estes autos do(a) **Apelação nº 1000237-38.2018.8.26.0664**, da Comarca de **Votuporanga**, em que é apelante **WALTER FERNANDES**, é apelado **OFICIAL DE REGISTRO DE IMÓVEIS E ANEXOS DA COMARCA DE VOTUPORANGA.**

ACORDAM, em Conselho Superior de Magistratura do Tribunal de Justiça de São Paulo, proferir a seguinte decisão: **"Negaram provimento ao recurso. V. U."**, de conformidade com o voto do Relator, que integra este Acórdão.

O julgamento teve a participação dos Exmos. Desembargadores **PEREIRA CALÇAS (PRESIDENTE TRIBUNAL DE JUSTIÇA) (Presidente), ARTUR MARQUES (VICE PRESIDENTE), XAVIER DE AQUINO (DECANO), EVARISTO DOS SANTOS(PRES. DA SEÇÃO DE DIREITO PÚBLICO), CAMPOS MELLO (PRES. DA SEÇÃO DE DIREITO PRIVADO) E FERNANDO TORRES GARCIA(PRES. SEÇÃO DE DIREITO CRIMINAL).**

São Paulo, 12 de novembro de 2018.

GERALDO FRANCISCO PINHEIRO FRANCO

Corregedor Geral da Justiça e Relator

Apelação nº 1000237-38.2018.8.26.0664

Apelante: Walter Fernandes

Apelado: Oficial de Registro de Imóveis e Anexos da Comarca de Votuporanga

VOTO Nº 37.584.

Registro de Imóveis – Imóvel registrado em nome de pessoas casadas – Escritura de compra e venda celebrada somente pela mulher na condição de divorciada – Necessidade do prévio registro da partilha do imóvel havida na ação de divórcio – Princípio da Continuidade – Além disso, inscrição de várias ordens de

indisponibilidade sem indicação expressa de envolver a totalidade ou metade do imóvel – Impossibilidade da consideração de situações jurídicas não inscritas no registro imobiliário – Recurso não provido.

Trata-se de apelação interposta por Walter Fernandes contra r. sentença que julgou procedente a dúvida, manteve a recusa do registro de escritura pública de compra e venda por violação ao princípios da continuidade e disponibilidade por não ter sido registrada a partilha do divórcio dos proprietários e recair indisponibilidade sobre o imóvel.

O apelante sustenta o cabimento do registro em virtude da indisponibilidade não atingir a meação da vendedora e por ter havido a partilha do bem quando do divórcio dos proprietários (a fls. 280/285).

A douta Procuradoria Geral de Justiça opinou pelo provimento do recurso (fls. 299/300). É o relatório. Como consta da matrícula n. 2.089, o imóvel está registrado em nome de Aureo Ferreira e Maria Apparecida Rivera Ferreira (a fls. 16/21).

O título apresentado encerra escritura de compra e venda de metade do referido imóvel por Maria Apparecida Zeitune Rivera, na condição de divorciada, em favor do Sr. Walter Fernades (a fls. 22/24).

O artigo 195 da Lei de Registros Públicos estabelece:

> *Art. 195 - Se o imóvel não estiver matriculado ou registrado em nome do outorgante, o oficial exigirá a prévia matrícula e o registro do título anterior, qualquer que seja a sua natureza, para manter a continuidade do registro.*

Essa previsão normativa estabelece o princípio da continuidade, o qual é objeto das seguintes considerações de Valmir Pontes (*Registro de imóveis.* São Paulo: Saraiva, 1982, p. 92):

> *O sistema do Registro Imobiliário, entre nós, é rígido e fechado, sujeito ao princípio da continuidade do registro, de rigorosa observância. Por esse princípio, só a pessoa nominalmente referida no registro como titular do domínio de um imóvel pode transmitir a outrem esse seu direito ou onerá-lo de qualquer modo, pouco importando que o domínio lhe resulte de ato do próprio registro, como as transmissões inter vivos, ou independa dele, como no usucapião ou na sucessão hereditária. O essencial é que o nome do outorgante figure no registro como titular da propriedade ou do direito real, em cada caso.*

Desse modo, o registro pretendido depende do ingresso do título atinente à partilha do imóvel na ação de divórcio havida entre os proprietários constantes do registro.

Sem essa providência, como bem decidiu o MM Juiz Corregedor Permanente, merece ser mantida a qualificação registral negativa, sob pena de violação do Princípio da Continuidade.

Isso já seria suficiente para negar o registro.

Seja como for, também há inscrições de diversas ordens de indisponibilidade sem indicação expressa de atingir a totalidade do imóvel ou apenas sua meação, apesar da menção somente do nome de Aureo Ferreira; o que, igualmente, demandaria a necessidade de especificação dos limites da eventual disponibilidade do bem.

As razões recursais tratam de fatos que, até o momento, não foram objeto de registro em sentido amplo no registro imobiliário e, portanto, não podem ser consideradas na forma pretendida.

Ante o exposto, nego provimento ao recurso.

GERALDO FRANCISCO PINHEIRO FRANCO
Corregedor Geral da Justiça e Relator (DJe de 18.03.2019 - SP)

PODER JUDICIÁRIO

TRIBUNAL DE JUSTIÇA DO ESTADO DE SÃO PAULO

CONSELHO SUPERIOR DA MAGISTRATURA

Apelação nº 1070005-94.2018.8.26.0100

Registro: 2019.0000391280

ACÓRDÃO

Vistos, relatados e discutidos estes autos de **Apelação Cível nº 1070005-94.2018.8.26.0100**, da Comarca de **São Paulo**, em que é apelante **ESPÓLIO DE MANUEL SOARES DE MELO JUNIOR (REPRES. POR MARIA MARGARIDA MELO DO AMARAL)**, é apelado **16º OFICIAL DE REGISTRO DE IMÓVEIS DA COMARCA DA CAPITAL**.

ACORDAM, em Conselho Superior de Magistratura do Tribunal de Justiça de São Paulo, proferir a seguinte decisão: **"Negaram provimento, v.u."**, de conformidade com o voto do Relator, que integra este acórdão.

O julgamento teve a participação dos Exmos. Desembargadores **PEREIRA CALÇAS (PRESIDENTE TRIBUNAL DE JUSTIÇA) (Presidente), ARTUR MARQUES (VICE PRESIDENTE), XAVIER DE AQUINO (DECANO), EVARISTO DOS**

SANTOS(PRES. DA SEÇÃO DE DIREITO PÚBLICO), CAMPOS MELLO (PRES. DA SEÇÃO DE DIREITO PRIVADO) E FERNANDO TORRES GARCIA(PRES. SEÇÃO DE DIREITO CRIMINAL).

São Paulo, 16 de maio de 2019.

GERALDO FRANCISCO PINHEIRO FRANCO
Corregedor Geral da Justiça e Relator

Apelação Cível nº 1070005-94.2018.8.26.0100

Apelante: Espólio de Manuel Soares de Melo Junior (repres. por MARIA MARGARIDA MELO DO AMARAL)

Apelado: 16º Oficial de Registro de Imóveis da Comarca da Capital

VOTO Nº 37.752

Registro de Imóveis – Formal de Partilha – Divergência no nome do falecido – Afronta ao princípio da especialidade subjetiva – Dúvida procedente – Apelação não provida.

Inconformado com a r. sentença que confirmou o juízo negativo de qualificação registral **[1]**, o *ESPÓLIO DE MANUEL SOARES DE MELO JÚNIOR*, representado por sua inventariante, Maria Margarida Melo do Amaral, interpôs apelação **[2]** objetivando o registro do formal de partilha expedido nos autos da ação de inventário que tramitou perante a 3ª Vara Cível da Comarca de Osasco/SP, datado de 28 de agosto de 2003, tendo por objeto o imóvel transcrito sob nº 28.751 junto ao 16º Cartório de Registro de Imóveis da Capital. Alega, em síntese, que a escritura pública que deu origem ao formal de partilha expedido foi lavrada há muito tempo (16.12.1961), ainda de forma manuscrita, motivo pelo qual o falecido, que mal conseguia assinar, não se deu conta do equívoco referente a seu nome. Argumenta que o genitor, de nome semelhante, viveu e morreu em Portugal, sem jamais ter vindo ao Brasil. Acrescenta que o imóvel sempre lhe pertenceu, tendo constado de suas declarações de bens apresentadas ao fisco, além de ser o lançamento do IPTU realizado em nome de sua esposa.

A Procuradoria da Justiça, em seu parecer, opinou pelo não provimento da apelação **[3]**.

É o relatório.

Apresentado o formal de partilha para registro, o título foi negativamente qualificado, tendo sido expedida nota de devolução em que exigida a apresentação dos títulos aquisitivos anteriores, tais como formal de partilha de Manoel Soares de Mello, eventualmente o de sua mulher e de outros herdeiros, se o caso.

Desde logo, importa lembrar que a origem judicial do título não o torna imune à qualificação registral, ainda que limitada aos requisitos formais do título e sua adequação aos princípios registrais, conforme o disposto no item 119, do Capítulo XX, das NSCGJ **[4]**. Este C. Conselho Superior da Magistratura tem decidido, inclusive, que a qualificação negativa não caracteriza desobediência ou descumprimento de decisão judicial **[5]**.

No título apresentado, o nome do proprietário do imóvel partilhado consta como sendo Manuel Soares de Melo Júnior, sendo que na transcrição nº 28.751 do 16º Registro de Imóveis da Capital o nome do titular de domínio é Manoel Soares de Mello. No título anterior, uma escritura pública datada de 16 de dezembro de 1961, consta como adquirente Manoel Soares de Mello, português, casado, mas sem outros dados de qualificação que pudessem comprovar sua identidade. Além disso, da análise dos documentos apresentados, é possível constatar que o nome do pai do falecido é Manuel Soares de Melo.

Ou seja, não há certeza de que o imóvel foi adquirido pelo *de cujus* e não por seu pai.

Entende o apelante que o óbice apresentado pela registradora deve ser afastado, na medida em que o pai do *de cujus* jamais esteve no Brasil, certo que Manuel Soares de Melo Júnior sempre se portou como proprietário do imóvel.

Ocorre que não há como se afastar o óbice apresentado pela registradora, pois a hipótese não configura erro registrário na medida em que a transcrição reflete os exatos termos do título apresentado, isto é, a escritura de venda e compra datada de 16.12.1961.

Por outro lado, não é possível concluir, com a necessária certeza, que Manoel Soares de Mello e Manuel Soares de Melo Júnior são a mesma pessoa, sobretudo porque inexistem outros elementos que o identifiquem, seja na escritura **[6]**, seja na transcrição **[7]**. Aliás, o pai de Manuel Soares de Melo Júnior chama-se Manuel Soares de Melo **[8]**, o que permite indagar se não teria sido o imóvel adquirido pelo pai do falecido, sem a devida partilha anterior.

Veja-se que o fato de Manoel Soares de Mello nunca ter vindo ao Brasil, como alega o apelante, não o impediria de adquirir um imóvel aqui localizado. E nem mesmo o cadastro municipal do imóvel contribui para a solução da controvérsia em favor do apelante, pois nele também consta o nome do proprietário sem o agnome "Júnior" **[9]**.

Nesse cenário, ausente certeza quanto à real identidade do titular de domínio do imóvel, o registro pretendido afrontaria o princípio da especialidade subjetiva. Correta, pois, a qualificação negativa do título e a consequente procedência da dúvida.

Diante do exposto, pelo meu voto, **nego provimento** à apelação.

GERALDO FRANCISCO PINHEIRO FRANCO

Corregedor Geral da Justiça e Relator

Notas:

[1] Fls. 186/189.

[2] Fls. 198/201.

[3] Fls. 242/244.

[4] *119. Incumbe ao oficial impedir o registro de título que não satisfaça os requisitos exigidos pela lei, quer sejam consubstanciados em instrumento público ou particular, quer em atos judiciais.*

[5] Apelação Cível nº 413-6/7; Apelação Cível nº 0003968-52.2014.8.26.0453.

[6] Fls. 59/64.

[7] Fls. 185.

[8] Fls. 152.

[9] Fls. 95. (DJe de 17.06.2019 - SP)

PODER JUDICIÁRIO

TRIBUNAL DE JUSTIÇA DO ESTADO DE SÃO PAULO

CONSELHO SUPERIOR DA MAGISTRATURA

Apelação nº 1030170-02.2017.8.26.0564

Registro: 2019.0000197911

ACÓRDÃO

Vistos, relatados e discutidos estes autos de **Apelação Cível nº 1030170-02.2017.8.26.0564**, da Comarca de **São Bernardo do Campo**, em que é apelante **PAULO SERGIO CAU**, é apelado **1º OFICIAL DE REGISTRO DE IMÓVEIS DE SÃO BERNARDO DO CAMPO.**

ACORDAM, em Conselho Superior de Magistratura do Tribunal de Justiça de São Paulo, proferir a seguinte decisão: **"Deram provimento à apelação para julgar a dúvida improcedente e determinar o ingresso do título com a observação de que para o ingresso de futuros títulos para a transmissão da parcela do imóvel de titularidade da Sra. Gisele Elisabete Cau haverá a necessidade da averbação de seu casamento com o regime de bens e óbito de seu esposo para a qualificação daqueles, v.u."**, de conformidade com o voto do Relator, que integra este acórdão.

O julgamento teve a participação dos Exmos. Desembargadores **PEREIRA CALÇAS (PRESIDENTE TRIBUNAL DE JUSTIÇA) (Presidente), ARTUR MARQUES (VICE PRESIDENTE), XAVIER DE AQUINO (DECANO), EVARISTO DOS SANTOS(PRES. DA SEÇÃO DE DIREITO PÚBLICO), CAMPOS MELLO (PRES. DA SEÇÃO DE DIREITO PRIVADO) E FERNANDO TORRES GARCIA(PRES. SEÇÃO DE DIREITO CRIMINAL).**

São Paulo, 14 de março de 2019.

GERALDO FRANCISCO PINHEIRO FRANCO

Corregedor Geral da Justiça e Relator

Apelação Cível nº 1030170-02.2017.8.26.0564

Apelante: Paulo Sergio Cau

Apelado: 1º Oficial de Registro de Imóveis de São Bernardo do Campo

VOTO Nº 37.711

Registro de Imóveis – Condômina qualificada como solteira em aquisição anterior de parcela do imóvel e como viúva em formal de partilha – Insuficiência da documentação apresentada para averbação do regime de bens do casamento – Ingresso do título por não haver direito de seu falecido esposo na herança da mãe da condômina, falecida anteriormente àquele – recurso provido, com observação.

Trata-se de recurso de apelação interposto por Paulo Sérgio Cau contra a r. sentença de fls. 92/96, que julgou procedente a dúvida suscitada pelo Oficial de Registros de Imóveis e Anexos da Comarca de São Bernardo do Campo mantendo a recusa do ingresso de formal de partilha ante a necessidade da averbação do regime de bens do casamento da coproprietária e herdeira.

Sustenta o apelante não haver pertinência da exigência concernente à averbação do casamento e respectivo regime de bens, sendo o título apresentado apto ao registro (fls. 102/113).

A D. Procuradoria Geral da Justiça opinou pelo não provimento do recurso (fls. 137/141).

É o relatório.

Os proprietários do imóvel constante da matrícula nº. 64.098 são Maria José Cau (50%), Paulo Sérgio Cau (25%) e Gisele Elisabete Cau (25%) (a fls. 14/15).

O título apresentado é o formal de partilha de Maria José Cau (a fls. 18/63) por meio do qual a parte da falecida é atribuída, em partes iguais, aos herdeiros Paulo Sérgio Cau e Gisele Elisabete Cau.

A Sra. Gisele Elisabete Cau é qualificada como solteira na matrícula e viúva no formal de partilha.

A Sra. Gisele Elisabete Cau contraiu matrimônio no Uruguai com o Sr. José Angel Durante Fraga, em 21.03.1977, o qual foi transcrito no Brasil em 01.12.1987, sem indicação do regime de bens, dada a ausência dessa informação quando da realização do ato de registro (a fls. 11).

O Sr. José Angel Durante Fraga faleceu, no Brasil, em 07.10.2002 (a fls. 12), a Sra. Maria José Cau faleceu em 16.04.2004 (a fls. 21).

O artigo 7º, parágrafo quarto, da Lei de Introdução às Normas do Direito Brasileiro estabelece:

> *Art. 7º A lei do país em que domiciliada a pessoa determina as regras sobre o começo e o fim da personalidade, o nome, a capacidade e os direitos de família.*
>
> *(...)*
>
> *§ 4º O regime de bens, legal ou convencional, obedece à lei do país em que tiverem os nubentes domicílio, e, se este for diverso, a do primeiro domicílio conjugal.*

Os documentos apresentados não esclarecem qual o regime de bens no casamento da condômina Gisele Elisabete Cau.

De outra parte, a não indicação do regime da comunhão universal e a transcrição do casamento no Brasil em 1987 são irrelevantes para solucionar esse ponto, sendo evidente a importância dessa questão para analisar se houve ou não a transmissão da parcela do imóvel de propriedade da Sra. Gisele (25%) a seu marido em razão do matrimônio.

Seja como for, não há dúvida do estado civil de viúva da Sra. Gisele Elisabete Cau ao tempo da sucessão de sua genitora (Maria José Cau), pois, seu esposo (José Angel Durante Fraga) falecera em 07.10.2002 (a fls. 12), data anterior ao óbito da genitora da herdeira ocorrido em 16.04.2004 (a fls. 21); de modo que não se cogita do direito de seu falecido cônjuge à herança.

Assim, não há vícios na transmissão constante do título apresentado (formal de partilha) no que pese a modificação do estado civil da condômina.

Em razão das dificuldades inerentes à averbação do casamento e seu regime de bens, bem como o óbito do cônjuge, excepcionalmente, a luz do caso concreto, é o caso de se permitir o ingresso do título, com observação.

Por todo o exposto, pelo meu voto, dou provimento à apelação para julgar a dúvida improcedente e determinar o ingresso do título com a observação de que para o ingresso de futuros títulos para a transmissão da parcela do imóvel de titularidade da Sra. Gisele Elisabete Cau haverá a necessidade da averbação de seu casamento com o regime de bens e óbito de seu esposo para a qualificação daqueles.

GERALDO FRANCISCO PINHEIRO FRANCO

Corregedor Geral da Justiça e Relator (DJe de 28.06.2019 - SP)

PODER JUDICIÁRIO

TRIBUNAL DE JUSTIÇA DO ESTADO DE SÃO PAULO

CONSELHO SUPERIOR DA MAGISTRATURA

Apelação nº 1121216-72.2018.8.26.0100

Registro: 2019.000483156

ACÓRDÃO

Vistos, relatados e discutidos estes autos de **Apelação Cível nº 1121216-72.2018.8.26.0100**, da Comarca de **São Paulo**, em que é apelante **JOSE CARLOS DUNDER**, é apelado **17º OFICIAL DE REGISTRO DE IMOVEIS DA COMARCA DE SÃO PAULO**.

ACORDAM, em Conselho Superior de Magistratura do Tribunal de Justiça de São Paulo, proferir a seguinte decisão: **"Negaram provimento à apelação, com observação, v.u."**, de conformidade com o voto do Relator, que integra este acórdão.

O julgamento teve a participação dos Exmos. Desembargadores **PEREIRA CALÇAS (PRESIDENTE TRIBUNAL DE JUSTIÇA) (Presidente), ARTUR MARQUES (VICE PRESIDENTE), XAVIER DE AQUINO (DECANO), EVARISTO DOS SANTOS(PRES. DA SEÇÃO DE DIREITO PÚBLICO), CAMPOS MELLO (PRES. DA SEÇÃO DE DIREITO PRIVADO) E FERNANDO TORRES GARCIA(PRES. SEÇÃO DE DIREITO CRIMINAL)**.

São Paulo, 13 de junho de 2019.

GERALDO FRANCISCO PINHEIRO FRANCO

Corregedor Geral da Justiça e Relator

Apelação Cível nº 1121216-72.2018.8.26.0100

Apelante: Jose Carlos Dunder

Apelado: 17º Oficial de Registro de Imoveis da Comarca de São Paulo

VOTO Nº 37.786

Registro de Imóveis – Espólio titular de direito real de aquisição – Impossibilidade de registro de formal de partilha no qual houve

transmissão do direito real de propriedade – Violação do princípio da continuidade – Necessidade do registro da aquisição da propriedade ou retificação do título judicial – Recurso não provido.

Trata-se de recurso de apelação interposto por José Carlos Dunder contra a r. sentença de fls. 215/218, que julgou procedente a dúvida suscitada pelo 17º Oficial de Registro de Imóveis da Comarca da Capital, mantendo a recusa do ingresso de formal de partilha, em razão de na matrícula haver a inscrição de metade ideal dos direitos e obrigações decorrentes de compromisso de compra e venda e no título judicial 50% da propriedade do imóvel em questão.

Sustenta o apelante o cabimento do registro em razão da imutabilidade e soberania da r. sentença homologatória da partilha (fls. 225/228).

A D. Procuradoria Geral de Justiça opinou pelo não provimento do recurso (fls. 244/245).

É o relatório.

A natureza judicial do título apresentado não impede sua qualificação registral quanto aos aspectos extrínsecos ou aqueles que não foram objeto de exame pela Autoridade Jurisdicional.

O item 119, do Capítulo XX, das Normas de Serviço da Corregedoria Geral da Justiça é expresso acerca do dever do Oficial do Registro de Imóveis a tanto, como se constata de sua redação:

> *119. Incumbe ao oficial impedir o registro de título que não satisfaça os requisitos exigidos pela lei, quer sejam consubstanciados em instrumento público ou particular, quer em atos judiciais.*

Essa questão é pacífica nos precedentes administrativos deste órgão colegiado, entre muitos, confira-se trecho do voto do Desembargador Manoel de Queiroz Pereira Calças, Corregedor Geral da Justiça à época, na Apelação nº 0001561-55.2015.8.26.0383, j. 20.07.17:

> *A origem judicial do título não afasta a necessidade de sua qualificação registral, com intuito de se obstar qualquer violação ao princípio da continuidade (Lei 6.015/73, art. 195).*
>
> *Nesse sentido, douto parecer da lavra do então Juiz Assessor desta Corregedoria Geral de Justiça, Álvaro Luiz Valery Mirra, lançado nos autos do processo n.º 2009/85.842, que, fazendo referência a importante precedente deste Colendo Conselho Superior da Magistratura (Apelação Cível n.º 31.881-0/1), aduz o que segue:*
>
> *"De início, cumpre anotar, a propósito da matéria, que tanto esta Corregedoria Geral da Justiça quanto o Colendo Conselho Superior da Magistratura têm entendido imprescindível a observância dos princípios e regras de direito registral para o ingresso no fólio real - seja pela via de registro, seja pela via de averbação - de penhoras, arrestos e seqüestros de bens imóveis, mesmo considerando a origem judicial de referidos atos, tendo em conta a orientação tranqüila nesta esfera administrativa segundo a qual a natureza judicial do título levado a registro ou a averbação não o exime da atividade de qualificação registral realizada pelo oficial registrador, sob o estrito ângulo da regularidade formal (Ap. Cív. n. 31.881-0/1)."*

Na matrícula nº 62.162 (R5) há o registro de formal de partilha por meio do qual consta a transmissão à Alice Alves Dunder da "metade ideal dos direitos sobre o imóvel" do compromisso objeto da AV.01 (a fls. 165).

De outra parte, na partilha homologada por sentença dos bens deixados por Alice Alves Dunder, há a indicação de 50% ou ½ da propriedade do mesmo imóvel (a fls. 111/116, 138/139 e 159).

A falecida era titular de direito real de aquisição sobre metade do bem e não da propriedade de 50% do imóvel.

Nesse quadro, sob pena de violação do princípio da continuidade, não é possível o ingresso do título judicial no registro imobiliário, em virtude do direito anteriormente titulado pela *de cujus* encerrar direito real de aquisição e não direito real de propriedade.

A sentença homologatória da partilha não decidiu quanto à aquisição da propriedade pelo espólio ou pelos herdeiros e, aliás, nem poderia por força da garantia constitucional do devido processo legal. Portanto, não houve adjudicação.

Desse modo, o título apresentado a registro não encerra a transmissão de direito real de aquisição e sim a aquisição derivada da propriedade, o que não poderia ter ocorrido, em razão da falecida não ser titular desse direito à época do passamento; bem como o constante do registro imobiliário.

A previsão contida no artigo 26 da Lei nº 6.766/79, acaso eventualmente pertinente, não ocorre de ofício, depende de requerimento com prova da quitação; assim, no caso em exame, como precisamente destacado pela Mma. Juíza Corregedora Permanente, caberia apresentar o respectivo título para aquisição da propriedade.

Nessa ordem de ideias, o ingresso do título judicial apresentado depende do prévio registro da transmissão da propriedade em favor do espólio ou, retificação do título para adequação do direito transmitido ao constante da matrícula.

Por todo o exposto, pelo meu voto, nego provimento à apelação, com observação.

GERALDO FRANCISCO PINHEIRO FRANCO

Corregedor Geral da Justiça e Relator (DJe de 26.07.2019 – SP)

PODER JUDICIÁRIO

TRIBUNAL DE JUSTIÇA DO ESTADO DE SÃO PAULO

CONSELHO SUPERIOR DA MAGISTRATURA

Apelação nº 1008695-17.2018.8.26.0576

Registro: 2019.0000571861

ACÓRDÃO

Vistos, relatados e discutidos estes autos de **Apelação Cível nº 1008695-17.2018.8.26.0576**, da Comarca de **São José do Rio Preto**, em que são apelantes **HELOISA HELENA MAZZI JORGE RACY e LUCIA HELENA MAZZI CARRETA**, é apelado **2º OFICIAL DE REGISTRO DE IMÓVEIS DA COMARCA DE SÃO JOSÉ DO RIO PRETO.**

ACORDAM, em Conselho Superior de Magistratura do Tribunal de Justiça de São Paulo, proferir a seguinte decisão: **"Não conheceram do recurso, v.u."**, de conformidade com o voto do Relator, que integra este acórdão.

O julgamento teve a participação dos Exmos. Desembargadores **PEREIRA CALÇAS (PRESIDENTE TRIBUNAL DE JUSTIÇA) (Presidente), ARTUR MARQUES (VICE PRESIDENTE), XAVIER DE AQUINO (DECANO), EVARISTO DOS SANTOS(PRES. DA SEÇÃO DE DIREITO PÚBLICO), CAMPOS MELLO (PRES. DA SEÇÃO DE DIREITO PRIVADO) E FERNANDO TORRES GARCIA(PRES. SEÇÃO DE DIREITO CRIMINAL).**

São Paulo, 18 de julho de 2019.

GERALDO FRANCISCO PINHEIRO FRANCO

Corregedor Geral da Justiça e Relator

Apelação Cível nº 1008695-17.2018.8.26.0576

Apelantes: HELOISA HELENA MAZZI JORGE RACY e Lucia Helena Mazzi Carreta

Apelado: 2º Oficial de Registro de Imóveis da Comarca de São José do Rio Preto

VOTO Nº 37.798

Registro de Imóveis – Dúvida julgada procedente – Formal de partilha extraído de ação de inventário de bens – Renúncia à herança – Apelação intempestiva – Recurso não conhecido.

Trata-se de apelação interposta contra r. sentença que julgou procedente a dúvida suscitada em razão da recusa do registro, na matrícula nº 15.020 do 2º Registro de Imóveis da Comarca de São José do Rio Preto, do formal de partilha extraído da ação de inventário dos bens deixados pelo falecimento do senhor Francisco Mazzi, o que fez em razão de ordens de indisponibilidade que recaem sobre os bens de herdeiro que renunciou à herança e porque a escritura pública de renúncia foi lavrada antes da abertura da sucessão.

A apelante sustenta, em suma, a tempestividade do recurso porque o advogado que constituiu não foi intimado da decisão prolatada nos embargos de declaração opostos contra a r. sentença. No mérito alegou que a renúncia à herança não caracteriza fraude à execução ou fraude contra credores e que não era vedada pela indisponibilidade dos bens do herdeiro renunciante (fls. 152/157).

A douta Procuradoria Geral de Justiça opinou pelo recebimento do recurso e, no mérito, pelo seu não provimento (fls. 185/188).

É o relatório.

Foi apresentado para registro o formal de partilha extraído da ação de inventário judicial dos bens deixados pelo falecimento de Francisco Mazzi, que teve curso na 1ª Vara da Família e das Sucessões da Comarca de São José do Rio Preto, processo nº 576.01.2012.004736-1 (fls. 13 e seguintes).

No protocolo do título figuraram como apresentante a herdeira Lucia Helena Mazzi Carreta, como outorgante Francisco Mazzi e como outorgada a herdeira Heloisa Helena Mazzi Jorge Racy (fls. 88).

Por seu lado, a dúvida foi suscitada a requerimento da apelante Heloisa Helena Mazzi Jorge Racy (fls. 08/10) que foi nomeada inventariante dos bens deixados pelo falecimento de Francisco Mazzi (fls. 20).

Para o requerimento de suscitação da dúvida a apelante Heloisa Helena Mazzi Jorge Racy constituiu como sua advogada a herdeira Lucia Helena Mazzi Carreta (fls. 12).

A intimação da suscitação da dúvida foi enviada à herdeira Lucia Helena Mazzi Carreta, procuradora da inventariante (fls. 98) e apresentante do título (fls. 98).

A apresentante Lucia Helena Mazzi Carreta, a seguir, impugnou as razões da dúvida, o que fez em nome próprio (fls. 103/108) e por meio de petição que assinou em conjunto com o Dr. Wanderley Romano Calil (fls. 108) que, então, foi constituída advogado tanto pela apresentante do título como pela inventariante (fls. 109).

Contra a r. sentença que julgou a dúvida procedente foram opostos embargos de declaração em nome da apresentante e da inventariante, sendo a petição assinada, eletronicamente, somente pela apresentante Lucia Helena Mazzi Carreta (fls. 131/133),

A r. decisão prolatada nos embargos de declaração, por sua vez, foi disponibilizada no DJE de 12 de junho de 2018 e no de 26 de junho de 2018, em nome da Dr.ª Lucia Helena Mazzi Carreta (fls. 143 e 145), ao passo que o recurso de apelação foi interposto em 25 de outubro de 2018, também por meio de petição assinada, eletronicamente, somente pela Dr.ª Lucia Helena Mazzi Carreta (fls. 152/157).

Portanto, a apresentante do título, Dr.ª Lucia Helena Mazzi Carreta, atua em causa própria e também como advogada constituída pela inventariante Heloisa Helena Mazzi Jorge Racy (fls. 12).

E a procuração de fls. 109, outorgada em favor de novo advogado, não teve o efeito de revogar tacitamente a anterior porque a Dr.ª Lucia Helana Mazzi Carreta, que atua em causa própria e que foi originalmente constituída pela inventariante Heloisa continuou peticionando em nome de ambas, de modo a demonstrar a manutenção do mandato que originalmente recebeu.

Nesse ponto, é relevante observar que somente a petição de fls. 103/108 foi assinada pelo segundo advogado constituído, em conjunto com a Dr.ª Lucia Helena Mazzi Carreta.

A petição de interposição da apelação (fls. 152/153) e as razões do recurso interposto por Heloisa Helena Mazzi Jorge Racy e outra (fls. 154/157), embora indiquem o nome do Dr. Wanderley Romano Calil, foi assinada exclusivamente pela Dr.ª Lucia Helena Mazzi Carreta, de forma eletrônica (fls. 152/157).

Disso decorre a conclusão de que a Dr.ª Lucia Helena Mazzi Carreta continuou atuando em nome próprio e também como representante da inventariante Heloisa Helena Mazzi Jorge Racy.

E na falta de revogação expressa não cabe reconhecer a existência de revogação tácita de mandato judicial, pela constituição de novo procurador, quando a advogada anterior continua atuando em nome próprio e também em favor da outra parte que a constituiu. Nesse sentido:

"PROCESSUAL CIVIL. ADMINISTRATIVO. IMPROBIDADE ADMINISTRATIVA. AGRAVO INTERNO NO RECURSO ESPECIAL. JUNTADA DE NOVO INSTRUMENTO DE PROCURAÇÃO. REVOGAÇÃO TÁCITA NÃO RECONHECIDA PELO TRIBUNAL DE ORIGEM, DIANTE DAS PARTICULARIDADES DO CASO CONCRETO. REVISÃO DE MATÉRIA FÁTICA. IMPOSSIBILIDADE. SÚMULA 7/STJ.

1. Não se desconhece o entendimento firmado do âmbito deste Superior Tribunal de Justiça no sentido de que a outorga de nova procuração sem ressalva do instrumento procuratório anterior caracteriza revogação tácita de mandato, obrigando o Tribunal a retificar a autuação do feito.

2. A presunção de revogação pode ser colocada em confronto com outras particularidades existentes no caso concreto, de modo que, se da análise dos atos praticados durante o deslinde processual ficar constatada a ausência do intuito de proceder à revogação de mandato anterior, devem ser considerados plenamente vigentes os poderes constantes das procurações previamente acostadas aos autos.

3. Segundo o arcabouço fático delineado no acórdão, restou claramente demonstrada a ausência do desígnio de revogar os poderes outorgados ao advogado anteriormente constituído nos autos.

4. A alteração das conclusões adotadas pela Corte de origem, tal como colocada a questão nas razões recursais, demandaria, necessariamente, novo exame do acervo fático-probatório constante dos autos, providência vedada em recurso especial, conforme o óbice previsto na Súmula 7/STJ.

5. Agravo interno a que se nega provimento" (AgInt no REsp 1578990/MG, Rel. Ministro SÉRGIO KUKINA, PRIMEIRA TURMA, julgado em 02/08/2018, DJe 10/08/2018).

Por fim, havendo dois advogados constituídos bastava a publicação em nome de um deles, na forma do Art. 135, I, das Normas de Serviço da Corregedoria Geral da Justiça, pois o contrário não foi requerido às fls. 103/107:

"Art. 135. Nas intimações pela imprensa:

I - quando qualquer das partes estiver representada nos autos por mais de 1 (um) advogado, o ofício de justiça fará constar o nome de qualquer subscritor da petição inicial, da contestação ou da primeira intervenção nos autos, com o número da respectiva inscrição na Ordem dos Advogados do Brasil, a não ser que a parte indique outro ou, no máximo, 2 (dois) nomes, ou indique o nome da sociedade de advogados a que seu advogado pertença".

Reconhecida a regularidade da intimação, prevalecem a certidões de fls. 146 e 160 que demonstram a intempestividade da apelação que foi protocolada em 25 de outubro de 2018.

Ante o exposto, não conheço do recurso, porque intempestivo.

GERALDO FRANCISCO PINHEIRO FRANCO

Corregedor Geral da Justiça e Relator (DJe de 13.08.2019 – SP)

PODER JUDICIÁRIO

TRIBUNAL DE JUSTIÇA DO ESTADO DE SÃO PAULO

CONSELHO SUPERIOR DA MAGISTRATURA

Apelação nº 1003970-04.2018.8.26.0505

Registro: 2019.000668123

ACÓRDÃO

Vistos, relatados e discutidos estes autos de **Apelação Cível nº 1003970-04.2018.8.26.0505**, da Comarca de **Ribeirão Pires**, em que é apelante **LAURO YUKIO AKAO**, é apelado **OFICIAL DE REGISTRO DE IMÓVEIS E ANEXOS DA COMARCA DE RIBEIRÃO PIRES**.

ACORDAM, em Conselho Superior de Magistratura do Tribunal de Justiça de São Paulo, proferir a seguinte decisão: **"Negaram provimento ao recurso, v.u."**, de conformidade com o voto do Relator, que integra este acórdão.

O julgamento teve a participação dos Exmos. Desembargadores **PEREIRA CALÇAS (PRESIDENTE TRIBUNAL DE JUSTIÇA) (Presidente), ARTUR MARQUES (VICE PRESIDENTE), XAVIER DE AQUINO (DECANO), EVARISTO DOS SANTOS(PRES. DA SEÇÃO DE DIREITO PÚBLICO), CAMPOS MELLO (PRES. DA SEÇÃO DE DIREITO PRIVADO) E FERNANDO TORRES GARCIA(PRES. SEÇÃO DE DIREITO CRIMINAL)**.

São Paulo, 15 de agosto de 2019.

GERALDO FRANCISCO PINHEIRO FRANCO

Corregedor Geral da Justiça e Relator

Apelação Cível nº 1003970-04.2018.8.26.0505

Apelante: Lauro Yukio Akao

Apelado: Oficial de Registro de Imóveis e Anexos da Comarca de Ribeirão Pires

VOTO Nº 37.832

Registro de Imóveis – Partilha de direitos hereditários – Cessão de direitos ocorrida nos autos do arrolamento, com adjudicação integral do bem em favor de um dos herdeiros – Imóvel com ordem de indisponibilidade – Alienação voluntária – Impossibilidade de registro – Recurso desprovido.

Trata-se de apelação interposta por LAURO YUKIO AKAO contra r. sentença de fls. 368/370, que julgou procedente a dúvida suscitada pelo Sr. Oficial de Registro de Imóveis e Anexos da Comarca de Ribeirão Pires, para o fim de manter a recusa de registro da carta de adjudicação apresentada pelo recorrente, até o levantamento da indisponibilidade dos bens de *Rui Akao*, titular do domínio, pelo juízo competente.

Sustenta o recorrente que a adjudicação dos bens constantes do inventário de seu pai, teve por finalidade equiparar legítimas, em razão de doação feita em vida pelo *de cujus* aos filhos do herdeiro devedor, conforme constou nas primeiras declarações.

Assevera ser terceiro de boa-fé e que o fato de não ter registrado a carta de adjudicação antes da decretação de indisponibilidade de seu irmão não pode lhe suprimir direitos, especialmente porque a lei não estabelece prazo para o registro.

Afirma, assim, a possibilidade de ingresso do título, independentemente do cancelamento da indisponibilidade do herdeiro remanescente ou, alternativamente, o registro parcial dos imóveis doados ao apelante por sua mãe (50%) e o recebido em razão da morte de seu pai (25%).

A D. Procuradoria Geral de Justiça opinou pelo não provimento do recurso (fls. 404/407). É o relatório.

DECIDO.

Presentes pressupostos recursais, no tema de fundo, o recurso não comporta provimento.

Busca-se o registro de carta de adjudicação em favor de herdeiro (fl. 28), decorrente de cessão de direitos hereditários, expedida em 13/02/2012, pelo MM. Juízo da 1ª Vara Judicial da Comarca de Ribeirão Pires, nos autos do arrolamento nº 505.01.2004.002453-3/000000-000, cujo objeto é o imóvel da matrícula nº 15.760 (fls. 9/10).

A natureza judicial do título não o torna imune à qualificação registral, ainda que limitada aos requisitos formais e sua adequação aos princípios registrais.

O Item 119 do Capítulo XX do Tomo II das Normas de Serviço da Corregedoria Geral da Justiça é expresso acerca do dever do Oficial do Registro de Imóveis a tanto, como se constata de sua redação:

> *"119. Incumbe ao oficial impedir o registro de título que não satisfaça os requisitos exigidos pela lei, quer sejam consubstanciados em instrumento público ou particular, quer em atos judiciais."*

Essa questão é pacífica nos precedentes administrativos deste órgão colegiado, entre muitos, confira-se trecho do voto do Desembargador MANOEL DE QUEIROZ PEREIRA CALÇAS, Corregedor Geral da Justiça à época, na Apelação n.º 0001561-55.2015.8.26.0383, j. 20/7/17:

"A origem judicial do título não afasta a necessidade de sua qualificação registral, com intuito de se obstar qualquer violação ao princípio da continuidade (Lei 6.015/73, art. 195). Nesse sentido, douto parecer da lavra do então Juiz Assessor desta Corregedoria Geral de Justiça, Álvaro Luiz Valery Mirra, lançado nos autos do processo n.º 2009/85.842, que, fazendo referência a importante precedente deste Colendo Conselho Superior da Magistratura (Apelação Cível n.º 31.881-0/1), aduz o que segue:

'De início, cumpre anotar, a propósito da matéria, que tanto esta Corregedoria Geral da Justiça quanto o Colendo Conselho Superior da Magistratura têm entendido imprescindível a observância dos princípios e regras de direito registral para o ingresso no fólio real seja pela via de registro, seja pela via de averbação – de penhoras, arrestos e seqüestros de bens imóveis, mesmo considerando a origem judicial de referidos atos, tendo em conta a orientação tranqüila nesta esfera administrativa segundo a qual a natureza judicial do título levado a registro ou a averbação não o exime da atividade de qualificação registral realizada pelo oficial registrador, sob o estrito ângulo da regularidade formal (Ap. Cív. n. 31.881-0/1)'".

No caso concreto, verifica-se que não se cuida de carta de adjudicação expedida em execução, com natureza de alienação forçada. Bem ao contrário, o aludido título diz respeito à partilha de bens deixados pelo falecimento de *Keissuke Akao*, constituídos pelos imóveis das matrículas nºs 9.391, 15.760, 37.581 e 37.582, quando então se deu a cessão voluntária dos direitos à meação da viúva *Kimi Akao*, resultando na adjudicação dos bens ao herdeiro *Lauro Yukio Akao*.

Segundo consta do documento de fl. 12, o nome do herdeiro *Rui Akao* foi inserido junto à Central Nacional de Indisponibilidade de Bens em 31/07/2013, em virtude de decisão judicial nos autos da Execução Fiscal nº 2997/1999.

Dessa forma, a existência de ordem de indisponibilidade que recai sobre o herdeiro cedente *Rui Akao* obsta o registro da adjudicação voluntária, ainda que a decretação tenha ocorrido após a expedição da carta.

No sentido do exposto, já decidiu o Conselho Superior da Magistratura, na Apelação nº 29.886-0/4, Relator Desembargador MARCIO MARTINS BONILHA:

"A indisponibilidade de bens é forma especial de inalienabilidade e impenhorabilidade, impedindo o acesso de títulos de disposição ou oneração, ainda que formalizados anteriormente à decretação da inalienabilidade."

De fato, os requisitos de validade e eficácia do título, ao menos sob o ponto de vista dos princípios registrais, são observados ao tempo da prenotação (art. 1.246 do Código Civil):

"Art. 1246. O registro é eficaz desde o momento em que se apresentar o título ao oficial do registro e este o prenotar no protocolo."

E justamente em razão do princípio da prioridade, gerado pela prenotação, é que o título contraditório (ordem de indisponibilidade) prepondera sobre títulos prenotados posteriormente (art. 186 da Lei nº 6.015/73).

Por fim, também não é possível o registro de percentual de 75% do imóvel, tendo em vista que o título diz respeito à sua totalidade, exatamente como a r. sentença que deu origem a ele, quando se adjudicou a integralidade do bem (fl. 28).

Neste cenário, portanto, o desprovimento do recurso é medida inafastável. Ante o exposto, nego provimento ao recurso.

GERALDO FRANCISCO PINHEIRO FRANCO

Corregedor Geral da Justiça e Relator (DJe de 02.09.2019 – SP)

PODER JUDICIÁRIO

TRIBUNAL DE JUSTIÇA DO ESTADO DE SÃO PAULO

CONSELHO SUPERIOR DA MAGISTRATURA

Apelação nº 1000122-65.2018.8.26.0648

Registro: 2019.0000769226

ACÓRDÃO

Vistos, relatados e discutidos estes autos de **Apelação Cível nº 1000122-65.2018.8.26.0648**, da Comarca de **Urupês**, em que é apelante **OSNI ANTONIO DOS SANTOS**, é apelado **OFICIAL DE REGISTRO DE IMÓVEIS E ANEXOS DA COMARCA DE URUPÊS.**

ACORDAM, em Conselho Superior de Magistratura do Tribunal de Justiça de São Paulo, proferir a seguinte decisão: **"Julgaram a dúvida prejudicada e não conheceram do recurso, v.u.",** de conformidade com o voto do Relator, que integra este acórdão.

O julgamento teve a participação dos Exmos. Desembargadores **PEREIRA CALÇAS (PRESIDENTE TRIBUNAL DE JUSTIÇA) (Presidente), ARTUR MARQUES (VICE PRESIDENTE), XAVIER DE AQUINO (DECANO), EVARISTO DOS SANTOS(PRES. DA SEÇÃO DE DIREITO PÚBLICO), CAMPOS MELLO (PRES. DA SEÇÃO DE DIREITO PRIVADO) E FERNANDO TORRES GARCIA(PRES. SEÇÃO DE DIREITO CRIMINAL).**

São Paulo, 12 de setembro de 2019.

GERALDO FRANCISCO PINHEIRO FRANCO
Corregedor Geral da Justiça e Relator

Apelação Cível nº 1000122-65.2018.8.26.0648

Apelante: Osni Antonio dos Santos

Apelado: Oficial de Registro de Imóveis e Anexos da Comarca de Urupês

VOTO Nº 37.873

Registro de Imóveis – Dúvida julgada procedente – Formal de partilha retificado e ratificado por escrituras públicas posteriormente lavradas – Não apresentação do título original para protocolo – Dúvida prejudicada – Recurso não conhecido.

Inconformado com a r. sentença que confirmou o juízo negativo de qualificação registral **[1]**, *OSNI ANTONIO DOS SANTOS* interpôs apelação**[2]** objetivando o registro do formal de partilha expedido nos autos da ação de arrolamento dos bens deixados por falecimentos de Agenor Antonio dos Santos e outros, alterado por intermédio da escritura pública de inventário lavrada perante o Oficial de Registro Civil das Pessoas Naturais e Tabelião de Notas de Sales/SP, em 25 de julho de 2014, retificada e ratificada por outras escrituras públicas lavradas posteriormente na mesma serventia extrajudicial, tendo por objeto o imóvel transcrito sob nº 1.326 do Oficial de Registro de Imóveis da Comarca de Urupês/SP. Alega, em síntese, que os inventários dos bens deixados por falecimentos de Agenor Antonio dos Santos e Maria Ribeiro de Mattos Santos não abarcam os bens deixados por falecimentos de Maria dos Santos Silva e Aparecido Gonzaga da Silva, razão pela qual a ação de inventário que tramitou perante a Vara Única da Comarca de Urupês/SP precisaria ser aperfeiçoado mediante retificações e aditamentos. Afirma que o envio do documento sob a forma eletrônica, em que pese a digitalização do documento, atendeu à estrutura adequada, tendo as escrituras sido geradas sob o padrão PDF/FA com inserção de assinatura digital. Nega ter havido invasão na seara jurisdicional ou ofensa ao trânsito em julgado e discorda da necessidade de participação da viúva do falecido nas escrituras lavradas, ressaltando que todos os documentos exigidos para a lavratura do ato notarial foram devidamente apresentados.

A Procuradoria da Justiça, em seu parecer, opinou pelo não provimento da apelação**[3]**.

É o relatório.

Requerido o registro de formal de partilha, alterado por intermédio da escritura pública de inventário lavrada em 25 de julho de 2014, retificada e ratificada por outras escrituras públicas lavradas posteriormente, o título foi negativamente qualificado, tendo sido expedida a nota de devolução em que formuladas várias exigências. A primeira das exigências refere-se à necessidade de apresentação do formal de partilha original, pois a cópia enviada à serventia imobiliária por intermédio do serviço de protocolo eletrônico de títulos, ainda que acompanhada dos traslados de atos notariais pelos quais teriam sido realizadas retificações e ratificações do formal de partilha, não seria suficiente para afastar esse óbice. A segunda exigência refere-se à impossibilidade de correção, aperfeiçoamento e alteração de formal de inventário e partilha expedido em ação de inventário por meio de escritura pública e, ainda que admitida essa possibilidade, foram então formuladas exigências relativas à não participação, nas escrituras lavradas, de todos os interessados e, ainda, à não apresentação de todos os documentos exigidos na espécie.

Como é sabido, é imprescindível a apresentação do título original ao Oficial de Registro de Imóveis, pois eventual procedência do recurso resultaria no pretendido registro, decidindo-se acerca da qualificação registral.

No caso concreto, contudo, o formal de partilha expedido nos autos da ação de inventário foi encaminhado ao Oficial de Registro de Imóveis por meio eletrônico. Ou seja, recebeu o registrador cópia do formal de partilha, digitalizado.

Sendo assim, a dúvida encontra-se prejudicada porque não consta dos autos o original do título que se pretendia ver registrado.

O art. 198, inciso IV, da Lei nº 6.015/73 determina que, no procedimento da dúvida, sejam remetidas ao juízo competente as razões da dúvida, acompanhadas do título.

Na mesma linha, o item 41 do Capítulo XX das Normas de Serviço da Corregedoria Geral de Justiça, assim dispõe:

"41. Não se conformando o apresentante com a exigência, ou não a podendo satisfazer, será o título, a seu requerimento e com a declaração de dúvida, remetido ao Juízo competente para dirimi-la, obedecendo-se ao seguinte:

a) o título será prenotado;

b) será anotada, na coluna "atos formalizados", à margem da prenotação, a observação "dúvida suscitada", reservando-se espaço para anotação do resultado;

c) após certificadas, no título, a prenotação e a suscitação da dúvida, será aquele rubricado em todas as suas folhas;

d) em seguida, o oficial dará ciência dos termos da dúvida ao apresentante, fornecendo-lhe cópia da suscitação e notificando-o para impugná-la no prazo legal;

e) certificado o cumprimento do acima disposto, as razões da dúvida serão remetidas ao Juízo competente, acompanhadas do título, mediante carga.

Nota: Se a suscitação da dúvida for eletrônica, o registrador digitalizará as razões da dúvida, o título e os documentos que o acompanham, informará se lhe foi apresentada a via original do título e a arquivará em ordem cronológica no classificador "Títulos das dúvidas registrais eletrônicas" até o trânsito em julgado. Sempre que o juiz reputar necessário, solicitará ao registrador que lhe apresente a via original do título, a qual não poderá ser desentranhada do classificador sem prévia autorização judicial."

Desse modo, há expressa previsão normativa da necessidade do protocolo do título original em processo de dúvida. Também nos termos do art. 221, inciso IV, da Lei nº 6.015/73 mostra-se indispensável a apresentação da via original do título.

Ora, ainda que digitalizadas as cópias do formal de partilha, não há que se falar em título eletrônico. E nem mesmo o fato de estarem referidas cópias acompanhadas de atos notariais, que retificaram e ratificaram o formal de partilha originariamente expedido, favorece o apelante.

Isso porque, aos notários é permitida a remessa e protocolização de títulos através do sistema eletrônico quando estes forem por eles próprios confeccionados ou emitidos, atendidos, ainda, os requisitos e exigências pertinentes, consoante previsto nos itens 371 e seguintes do Capítulo XX das Normas de Serviço da Corregedoria Geral da Justiça.

No caso concreto, ante a ausência do original, não há título hábil à efetivação do registro. O exame de legalidade inerente à qualificação pressupõe exibição do título em si.

Essa compreensão é pacífica nas decisões administrativas em matéria registral imobiliária, pois: *"A cópia constitui mero documento e não instrumento formal previsto como idôneo a ter acesso ao registro e tendo em vista uma reavaliação qualificativa do título, vedado o saneamento intercorrente das deficiências da documentação apresentada (...)"* (Apelação Cível nº 33.624-0/4, Rel. Des. Márcio Bonilha, j . 12/9/1996). Nesse sentido, há reiterados entendimentos do Conselho Superior da Magistratura (Apelação nº 17-6/0, Rel. Des. Luiz Tâmbara, j. 7.11.03; Apelação nº 7.120-0/9, Rel. Des. Sylvio do Amaral, j. 1º.6.87), merecendo destaque os mais recentes precedentes:

REGISTRO DE IMÓVEIS – DÚVIDA PREJUDICADA – AUSÊNCIA DO TÍTULO – FORMAL DE PARTILHA – RECURSO NÃO CONHECIDO. (TJSP; Apelação Cível nº 0000702-10.2013.8.26.0480; Relator (a): HAMILTON ELLIOT AKEL; Órgão Julgador: Conselho Superior de Magistratura; Data do Julgamento: 18/03/2014).

DÚVIDA – Necessidade de apresentação de documentos originais, não podendo haver registro de cópia de títulos

– Ausência de impugnação de todos os itens da nota de devolução – Dúvida prejudicada – Recurso não conhecido.

REGISTRO DE IMÓVEIS – Imprescindibilidade de recolhimento do imposto de transmissão – Impossibilidade de ingresso registral. (TJSP; Apelação Cível 1009025-47.2015.8.26.0114; Relato (a): Pereira Calças; Órgão Julgador: Conselho Superior de Magistratura; Data do Julgamento: 20/07/2017).

REGISTRO DE IMÓVEIS – Dúvida julgada procedente – Escritura pública de compra e venda e cessão, retificada e ratificada por outra escritura – Outorgantes vendedores falecidos - Não apresentação do título original para protocolo – Dúvida prejudicada – Recurso não conhecido. (TJSP; Apelação Cível 1004656-53.2017.8.26.0271; Relator (a): Pinheiro Franco (Corregedor Geral); Órgão Julgador: Conselho Superior de Magistratura; Data do Julgamento: 18/07/2019)".

Em razão disso, o presente recurso não comporta conhecimento.

E de acordo com precedentes atuais deste Col. Conselho Superior da Magistratura, ante o não conhecimento do recurso descabe prosseguir com o exame das questões de fundo por ausência de poder vinculativo dessa providência (nesse sentido: Apelação nº 1015740-40.2016.8.26.0577, Apelação nº 1000295-86.2017.8.26.0531 e Apelação nº 1001619-57.2016.8.26.0431).

Diante do exposto, pelo meu voto julgo a dúvida prejudicada e **não conheço** do recurso.

GERALDO FRANCISCO PINHEIRO FRANCO

Corregedor Geral da Justiça e Relator

Notas:

[1] Fls. 368/373.

[2] Fls. 381/388.

[3] Fls. 405/407. (DJe de 04.10.2019 – SP)

PODER JUDICIÁRIO

TRIBUNAL DE JUSTIÇA DO ESTADO DE SÃO PAULO

CONSELHO SUPERIOR DA MAGISTRATURA

Apelação n° 1124580-52.2018.8.26.0100

Registro: 2019.0000769227

ACÓRDÃO

Vistos, relatados e discutidos estes autos de **Apelação Cível nº 1124580-52.2018.8.26.0100**, da Comarca de **São Paulo**, em que é apelante **MANOEL FRANCISCO DOS SANTOS**, é apelado **10º OFICIAL DE REGISTRO DE IMÓVEIS DA COMARCA DA CAPITAL.**

ACORDAM, em Conselho Superior de Magistratura do Tribunal de Justiça de São Paulo, proferir a seguinte decisão: **"Negaram provimento ao recurso, v.u."**, de conformidade com o voto do Relator, que integra este acórdão.

O julgamento teve a participação dos Exmos. Desembargadores **PEREIRA CALÇAS (PRESIDENTE TRIBUNAL DE JUSTIÇA) (Presidente), ARTUR MARQUES (VICE PRESIDENTE), XAVIER DE AQUINO (DECANO), EVARISTO DOS SANTOS(PRES. DA SEÇÃO DE DIREITO PÚBLICO), CAMPOS MELLO (PRES. DA SEÇÃO DE DIREITO PRIVADO) E FERNANDO TORRES GARCIA(PRES. SEÇÃO DE DIREITO CRIMINAL).**

São Paulo, 12 de setembro de 2019.

GERALDO FRANCISCO PINHEIRO FRANCO

Corregedor Geral da Justiça e Relator

Apelação Cível nº 1124580-52.2018.8.26.0100

Apelante: Manoel Francisco dos Santos

Apelado: 10º Oficial de Registro de Imóveis da Comarca da Capital

VOTO Nº 37.879

Registro de Imóveis – Formal de partilha – Dúvida julgada procedente – Registro Paroquial – Declaração relativa à posse dos bens imóveis – Ausência de título de domínio – Apelação não provida.

Trata-se de apelação interposta por *Manoel Francisco dos Santos* contra a sentença proferida pela MM.ª Juíza Corregedora Permanente do Oficial do 10º Registro de Imóveis da Capital, que julgou procedente a dúvida suscitada e manteve a recusa ao registro do formal de partilha expedido nos autos do inventário de bens deixados por falecimento de Joaquim Rodrigues Goulart **[1]**. Alega o apelante, em síntese, que o formal de partilha foi instruído com cópia da declaração de posse de terras feita por Joaquim Rodrigues Goulart, subscrita pela autoridade competente, bem como histórico das transmissões dos requerimentos anteriores, o que bastaria para a qualificação positiva do título apresentado ante a inexistência de registro de propriedade em nome do *de cujus* **[2]**.

A D. Procuradoria da Justiça opinou pelo não provimento do recurso **[3]**.

É o relatório.

O registro paroquial, também conhecido como registro do vigário, foi criado pelo Decreto nº 1.318, de 30.01.1854, e tinha fins meramente estatísticos em relação à posse dos bens imóveis. O art. 91 do referido regulamento previa que todos os possuidores de terras, qualquer que fosse o seu título de propriedade ou posse, seriam obrigados a registra-las. Ainda, estabelecia que a incumbência para receber as declarações para o registro de terras ficaria a cargo dos vigários de cada uma das freguesias do império, os quais poderiam nomear livremente seus escreventes, exercendo mais a função de notário do que propriamente de registrador.

No presente caso, há apenas uma declaração de posse no registro paroquial, o que não substitui a prova de registro da propriedade. E nem mesmo o fato de partes ideais daquela gleba estarem inscritas perante o 1º Oficial de Registro de Imóveis da Capital favorece o apelante, na medida em que o título apresentado e os documentos que o acompanham não bastam para comprovar o domínio do *de cujus*.

A controvérsia foi objeto de análise pela 4ª Turma do Colendo Superior Tribunal de Justiça no Resp nº 389372/SC, de relatoria do Ministro Luis Felipe Salomão:

"Recurso Especial. Direito das coisas. Ação declaratória de domínio pleno. Ilha costeira. Não

demonstração do cumprimento das condições impostas pela Lei nº 601 de 1850 (Lei de Terras). Sumula 07 do STJ. Registro Paroquial. Documento imprestável à comprovação de propriedade. Juntada de documento novo em sede de recurso especial. Impossibilidade. Recurso especial. Não conhecido. (...) 3. A origem da propriedade particular no Brasil ora advém das doações de sesmarias, ora é proveniente de ocupações primárias. Ambas, para se transformarem em domínio pleno, deveria passar pelo crivo da revalidação ou, quanto às posses de fato, da legitimação, procedimentos previstos, respectivamente, nos artigos 4º e 5º da Lei 601, de 18 de setembro de 1850 (Lei de Terras). (...) 5. Não há direito de propriedade decorrente do Registro Paroquial. Com efeito, nos termos do art. 94 do Decreto nº 1.318, de 30 de janeiro de 1854, as declarações dos possuidores ou sesmeiros feitas ao Pároco não lhes conferiam nenhum direito. Por outro lado, sendo vedado ao possuidor ou sesmeiro hipotecar ou alienar o terreno antes de tirar título passado na respectiva Representação Provincial, infere-se que o direito de propriedade das glebas somente se aperfeiçoava com o registro do dito título, sendo irrelevante o cadastro realizado perante o Vigário Paroquial (...)".

Nesse contexto, este Egrégio Conselho Superior da Magistratura vem entendendo que:

Registro de Imóveis – Dúvida procedente – Ausência de título de domínio em nome dos inventariados – Registro Paroquial produz efeito meramente estatístico de posse – não de domínio perante terceiros – Apelação Desprovida. (CSMSP - APELAÇÃO CÍVEL: 097513-0/6; Rel. LUIZ TÂMBARA; DATA DE JULGAMENTO: 24/02/2003).

Formal de partilha – Registro Paroquial – Continuidade – Especialidade – Quitação de débitos MIRAD – INCRA – Títulos anteriores ao Código Civil – Dúvida prejudicada - Exigência – Concordância parcial – Posse – Registro (CSMSP – APELAÇÃO CÍVEL: 17539-0/9; Rel. WEISS DE ANDRADE; DATA DE JULGAMENTO: 17.09.1993).

Como se vê, a questão já foi amplamente examinada por este Egrégio Conselho Superior da Magistratura e também pela Corregedoria Geral da Justiça, sendo pacífico o entendimento de que o registro paroquial (ou do vigário) tem efeitos meramente estatísticos quanto à posse de bens imóveis, não produzindo efeitos perante terceiros. Impossível, pois, a abertura de transcrição ou de matrícula com origem em tais imprecisas e unilaterais declarações.

Ademais, por conter descrição vaga e precária, referida declaração sequer permite a perfeita individualização do imóvel e consequente abertura de matrícula.

Nesse cenário, os precedentes em que fundou o registrador sua recusa, assim como aqueles invocados pela MM.ª Juíza Corregedora Permanente são suficientes para confirmar a qualificação negativa do título, dada a inexistência de título de domínio em favor do *de cujus*.

Diante do exposto, **NEGO PROVIMENTO** ao recurso.

GERALDO FRANCISCO PINHEIRO FRANCO

Corregedor Geral da Justiça e Relator

Notas:

[1] Fls. 1100/1104.

[2] Fls. 1111/1137.

[3] Fls. 1162/1165. (DJe de 07.10.2019 – SP)

HIPOTECA

PODER JUDICIÁRIO

TRIBUNAL DE JUSTIÇA DO ESTADO DE SÃO PAULO

CONSELHO SUPERIOR DA MAGISTRATURA

Apelação nº 1002137-02.2018.8.26.0100

Registro: 2019.0000154049

ACÓRDÃO

Vistos, relatados e discutidos estes autos do(a) **Apelação nº 1002137-02.2018.8.26.0100**, da Comarca de **São Paulo**, em que são apelantes **SANDRA GOLDMAN LEWKOWICZ e H MOTORS COMERCIAL IMPORTADORA DE PEÇAS E SERVIÇOS EM VEICULOS LTDA**, é apelado **2º OFICIAL DE REGISTRO DE IMÓVEIS DA CAPITAL.**

ACORDAM, em Conselho Superior de Magistratura do Tribunal de Justiça de São Paulo, proferir a seguinte decisão: **"Deram provimento para julgar improcedente a dúvida e determinar o registro do instrumento particular de alienação fiduciária, com menção ao número e data da prenotação do título, v.u."**, de conformidade com o voto do Relator, que integra este Acórdão.

O julgamento teve a participação dos Exmos. Desembargadores **PEREIRA CALÇAS (PRESIDENTE TRIBUNAL DE JUSTIÇA) (Presidente), ARTUR MARQUES (VICE PRESIDENTE), XAVIER DE AQUINO (DECANO), EVARISTO DOS SANTOS(PRES. DA SEÇÃO DE DIREITO PÚBLICO), CAMPOS MELLO (PRES. DA SEÇÃO DE DIREITO**

PRIVADO) E FERNANDO TORRES GARCIA(PRES. SEÇÃO DE DIREITO CRIMINAL).

São Paulo, 26 de fevereiro de 2019.

GERALDO FRANCISCO PINHEIRO FRANCO
Corregedor Geral da Justiça e Relator

Apelação nº 1002137-02.2018.8.26.0100

Apelantes: SANDRA GOLDMAN LEWKOWICZ e H Motors Comercial Importadora de Peças e Serviços Em Veiculos Ltda

Apelado: 2º Oficial de Registro de Imóveis da Capital

VOTO Nº 37.642

Registro de Imóveis – Dúvida julgada procedente – Cancelamento de hipoteca registrada – Prenotação do instrumento particular de alienação fiduciária – Averbação do restabelecimento da hipoteca anteriormente cancelada – Exigência de prévio cancelamento da hipoteca para registro do título já prenotado – Ofensa ao princípio da prioridade – Apelação provida, com observação.

Trata-se de apelação interposta contra r. sentença que julgou procedente a dúvida suscitada pelo 2º Oficial de Registro de Imóveis da Comarca da Capital, mantendo a recusa do registro, na matrícula nº 74.229, de instrumento particular de alienação fiduciária de imóvel.

Alegam os apelantes, em síntese, que a prenotação antecipa os efeitos do registro, de forma que não poderia ter ocorrido o restabelecimento da hipoteca em favor de GM Factoring – Sociedade de Fomento Comercial Ltda., sem observância da ordem de prioridade decorrente da anterior apresentação do instrumento de particular com garantia de alienação fiduciária, em 30.11.2017. Aduzem que não se pode desconsiderar a anterioridade da prenotação do título e, assim, defendem a efetivação do pretendido registro.

A D. Procuradoria Geral de Justiça opinou pelo provimento do recurso (fls. 111/116).

É o relatório.

Nos termos da Av. 7, datada de 28.11.2017, foi averbado o cancelamento da hipoteca registrada sob nº 3 junto à matrícula nº 74.229 do 2º Oficial de Registro de Imóveis da Capital, em cumprimento à ordem expedida nos autos do Processo nº 1005782-35.2017.8.26.0176, conforme ofício datado de 16.11.2017 e prenotado em 21.11.2017 (fls. 29).

Na sequência, os apelantes apresentaram para registro, na referida matrícula, o instrumento particular de alienação fiduciária prenotado sob nº 436.910, em 30.11.2017.

E então, sobreveio nova ordem judicial para manutenção da hipoteca anteriormente cancelada, conforme ofício datado de 01.12.2017 e prenotado nesse mesmo dia, ficando, destarte, restabelecido o R. 3 da matrícula em questão, conforme Av. 8, datada de 07.12.2017 (fls. 30).

Nessas circunstâncias, o título apresentado pelos apelantes foi objeto de nota de devolução, em que o registrador condicionou o registro do instrumento de alienação fiduciária ao prévio cancelamento da hipoteca (fls. 31).

Ora, é sabido que, tratando-se de títulos representativos de direitos contraditórios ou que representem uma graduação de direitos, a tramitação da qualificação do mandado de restabelecimento da hipoteca deveria aguardar o resultado da qualificação do instrumento de alienação fiduciária, prenotado em primeiro lugar.

O ofício a fls. 30 tem conteúdo de mandado judicial direcionado à manutenção da hipoteca cujo cancelamento havia sido anteriormente registrado. Não se voltando a ordem, pois, à suspensão do procedimento de registro de título específico, qual seja, o instrumento particular de alienação fiduciária apresentado pelo apelante, não caberia ao Oficial de Registro, no exame de sua qualificação, exigir que os apresentantes do título buscassem o cancelamento da hipoteca. A opção tomada pelo registrador deixou de observar o o que prevêem os itens 39 e 39.1, do Capítulo XX, das NSCGJ, que assim estão redigidos:

39. No caso de prenotações sucessivas de títulos contraditórios ou excludentes, criar-se-á uma fila de precedência. Cessados os efeitos da prenotação, poderá retornar à fila, mas após os outros, que nela já se encontravam no momento da cessação.

39.1. O exame do segundo título subordina-se ao resultado do procedimento de registro do título que goza da prioridade. Somente se inaugurará novo procedimento registrário, ao cessarem os efeitos da prenotação do primeiro. Nesta hipótese, os prazos ficarão suspensos e se contarão a partir do dia em que o segundo título assumir sua posição de precedência na fila.

A prioridade se apura no protocolo do Registro de Imóveis, de acordo com a ordem de seu ingresso. Por outro lado, a Lei de Registros Públicos disciplina a matéria e estabelece regras que devem ser observadas pelos Oficiais. Sobre o tema, merece ser lembrada a lição de Afrânio de Carvalho:

"O princípio da prioridade significa que, num concurso de direitos reais sobre um imóvel, estes não ocupam todos o mesmo posto, mas se graduam ou classificam por uma relação de precedência fundada na ordem cronológica do seu aparecimento: prior tempore potior jure. *Conforme o tempo em que surgirem, os direitos tomam posição no registro, prevalecendo os anteriormente estabelecidos sobre os que vierem depois"* (Registro de Imóveis, 4a ed., Editora Forense, 1998, p. 181).

A prenotação subsiste também na hipótese de suscitação de dúvida, prevista no art. 198 da Lei de Registros Públicos, pois, se julgada improcedente, a prioridade fará com que seus efeitos retroajam à data da protocolização do título. Na hipótese de ser julgada procedente, a prenotação será cancelada (art. 203 da Lei de Registros Públicos).

Por fim, cumpre ressaltar que a exigência de cancelamento da hipoteca não se sustenta pois, como ensina Melhim Namem Chalhub:

"(...) na hipoteca o bem permanece no patrimônio do devedor e, assim, sendo ele, o devedor, titular de domínio sobre o imóvel, pode constituir sobre ele novos gravames e até mesmo vendê-los, hipótese em que, por força da seqüela, o gravame hipotecário passa à responsabilidade do adquirente." ("Negócio Fiduciário", Ed. Renovar, Rio de Janeiro – São Paulo – Recife, 2009, p. 204).

Como se vê, a hipoteca não impede o registro do instrumento de alienação fiduciária, devendo a questão relativa a eventual preferência de crédito ser debatida em sede própria.

Diante do exposto, **dou provimento** à apelação para julgar improcedente a dúvida e determinar o registro do instrumento particular de alienação fiduciária, com menção ao número e data da prenotação do título.

GERALDO FRANCISCO PINHEIRO FRANCO

Corregedor Geral da Justiça e Relator (DJe de 15.03.2019 - SP)

PODER JUDICIÁRIO

TRIBUNAL DE JUSTIÇA DO ESTADO DE SÃO PAULO

CONSELHO SUPERIOR DA MAGISTRATURA

Apelação n° 1018007-06.2018.8.26.0224

Registro: 2019.0000546780

ACÓRDÃO

Vistos, relatados e discutidos estes autos de **Apelação Cível nº 1018007-06.2018.8.26.0224**, da Comarca de **Guarulhos**, em que é apelante **CONSTRUTORA LIX DA CUNHA SA**, é apelado **PRIMEIRO OFICIAL DE REGISTRO DE IMÓVEIS DA COMARCA DE GUARULHOS**.

ACORDAM, em Conselho Superior de Magistratura do Tribunal de Justiça de São Paulo, proferir a seguinte decisão: **"Julgaram prejudicada a dúvida, nos termos do voto do relator, v.u."**, de conformidade com o voto do Relator, que integra este acórdão.

O julgamento teve a participação dos Exmos. Desembargadores **PEREIRA CALÇAS (PRESIDENTE TRIBUNAL DE JUSTIÇA) (Presidente), ARTUR MARQUES (VICE PRESIDENTE), DAMIÃO COGAN, EVARISTO DOS SANTOS(PRES. DA SEÇÃO DE DIREITO PÚBLICO), CAMPOS MELLO (PRES. DA SEÇÃO DE DIREITO PRIVADO) E FERNANDO TORRES GARCIA(PRES. SEÇÃO DE DIREITO CRIMINAL).**

São Paulo, 25 de junho de 2019.

GERALDO FRANCISCO PINHEIRO FRANCO

Corregedor Geral da Justiça e Relator

Apelação Cível nº 1018007-06.2018.8.26.0224

Apelante: Construtora Lix da Cunha Sa

Apelado: Primeiro Oficial de Registro de Imóveis da Comarca de Guarulhos

VOTO Nº 37.758

Registro de Imóveis – Dúvida julgada procedente – Hipoteca judicial – Título com prenotação cancelada por ordem judicial proferida em concurso de credores – Recurso não conhecido.

Trata-se de apelação interposta por *Construtora Lix da Cunha S/A.* contra r. sentença **[1]** que julgou procedente a dúvida suscitada e manteve a recusa do 1º Oficial de Registro de Imóveis da Comarca de Guarulhos/SP em promover o registro de hipoteca judiciária junto às matrículas nos 76.668 e 78.493. Alega a apelante, em síntese, que há título judicial transitado em julgado que autoriza o registro da hipoteca judiciária pretendida, de modo a assegurar a afetividade da condenação. Entende que o registro independe de ordem judicial, bastando o requerimento da credora. Afirma que o valor definitivo da condenação será apurado no momento oportuno, razão pela qual não se mostra cabível a exigência relacionada à liquidação do débito apenas para fins de cálculo de emolumentos relacionados ao registro da hipoteca. Alternativamente, aduz que o valor dos emolumentos deve ser apurado com base no valor da causa constante da petição inicial ou, ainda, na memória de cálculo apresentada ao registrador. Por fim, sustenta fazer jus à gratuidade requerida ou, ao menos, ao diferimento do recolhimento de emolumentos, visto que concedido em seu favor, na ação judicial, o benefício da Justiça Gratuita.

O Sr. Oficial noticiou o cumprimento de ordem judicial, que determinou o cancelamento da Prenotação nº 321.337 relativa ao registro da hipoteca judiciária discutido no presente feito, com o consequente registro dos títulos subsequentes nas matrículas nos 76.668 e 78.493 daquela serventia extrajudicial **[2]**.

A douta Procuradoria Geral de Justiça opinou pelo não conhecimento do recurso.

Houve, então, manifestação da apelante **[3]** e da empresa GLP I PARTICIPAÇÕES S.A **[4]**.

É o relatório.

A apelante pretende o registro de hipoteca judicial junto às matrículas nos 76.668 e 78.493 do 1º Registro de Imóveis da Comarca de Guarulhos/SP, fundada em sentença condenatória proferida em ação judicial, já transitada em julgado. O título foi prenotado sob nº 321.337, em 27.04.2018, sendo que, posteriormente, ingressaram perante a serventia extrajudicial títulos contraditórios, prenotados sob no 321.822, em 11.05.2018, e sob nº 329.600, em 11.10.2018, cujas qualificações foram sobrestadas até encerramento do processo registrário daquele outro prenotado com prioridade.

Em que pese a impossibilidade de ser deferido pedido de intervenção de terceiro em procedimento de dúvida, de natureza administrativa, o que leva ao não conhecimento da pretensão deduzida pela empresa GLP I, o fato é que há, nos autos, notícia de cumprimento, pelo Oficial registrador, de ordem judicial de cancelamento da prenotação nº 321.337, relativa ao requerimento de registro de hipoteca judicial formulado pela apelante, com o consequente registro da compra e venda e alienação fiduciária em garantia dos bens matriculados sob nos 76.668 e 78.493 junto ao 1º Oficial de Registro de Imóveis da Comarca de Guarulhos/SP.

Sendo assim, a dúvida resta prejudicada. Com efeito, não é possível decidir a dúvida sem protocolo válido pois o que se qualifica é o título efetivamente apresentado para registro, com prioridade sobre eventuais outros representativos de direitos reais contraditórios. No caso concreto, cancelado o protocolo do requerimento de registro de hipoteca judicial e registrados os títulos subsequentes, a dúvida adquire natureza meramente consultiva, para o que não se presta.

De acordo com precedentes atuais deste Col. Conselho Superior da Magistratura, ante o não conhecimento do recurso descabe prosseguir com o exame das questões de fundo por ausência de poder vinculativo dessa providência **[5]**.

Veja-se que eventual discordância da apelante em relação à ordem de cancelamento da prenotação deverá ser apreciada em sede própria, na medida em que, no presente procedimento de dúvida, não há como ser declarada a pretendida nulidade do registro. De fato, a hipótese não configura erro registrário, certo que, no âmbito administrativo, mostra-se inviável apreciar as razões que deram origem à decisão, de natureza jurisdicional, que ensejou o cancelamento da prenotação do título apresentado pela apelante.

Diante do exposto, pelo meu voto, não conheço do recurso.

GERALDO FRANCISCO PINHEIRO FRANCO

Corregedor Geral da Justiça e Relator

Notas:

[1] Fls. 865/870 e embargos de declaração a fls. 877/886.

[2] Fls. 956/957 e documentos a fls. 958/980.

[3] Fls. 1011/1015.

[4] Fls. 1019/1033.

[5] Nesse sentido: *Apelação nº 1015740-40.2016.8.26.0577, Apelação nº 1000295-86.2017.8.26.0531 e Apelação nº 1001619-57.2016.8.26.0431.* (DJe de 08.11.2019 – SP)

INCORPORAÇÃO EMPRESARIAL

PODER JUDICIÁRIO

TRIBUNAL DE JUSTIÇA DO ESTADO DE SÃO PAULO

CONSELHO SUPERIOR DA MAGISTRATURA

Apelação n° 1043342-11.2018.8.26.0100

Registro: 2019.0000448342

ACÓRDÃO

Vistos, relatados e discutidos estes autos de **Apelação Cível nº 1043342-11.2018.8.26.0100**, da Comarca de **São Paulo**, em que é apelante **SK**

REALTY EMPREENDIMENTOS IMOBILIÁRIOS LTDA, são apelados **MUNICIPALIDADE DE SÃO PAULO** e **PRIMEIRO OFICIAL DE REGISTRO DE IMOVEIS DA COMARCA DA CAPITAL.**

ACORDAM, em Conselho Superior de Magistratura do Tribunal de Justiça de São Paulo, proferir a seguinte decisão: **"Negaram provimento, v.u.",** de conformidade com o voto do Relator, que integra este acórdão.

O julgamento teve a participação dos Exmos. Desembargadores **PEREIRA CALÇAS (PRESIDENTE TRIBUNAL DE JUSTIÇA) (Presidente), ARTUR MARQUES (VICE PRESIDENTE), XAVIER DE AQUINO (DECANO), EVARISTO DOS SANTOS(PRES. DA SEÇÃO DE DIREITO PÚBLICO), CAMPOS MELLO (PRES. DA SEÇÃO DE DIREITO PRIVADO) E FERNANDO TORRES GARCIA(PRES. SEÇÃO DE DIREITO CRIMINAL).**

São Paulo, 28 de maio de 2019.

GERALDO FRANCISCO PINHEIRO FRANCO

Corregedor Geral da Justiça e Relator

Apelação Cível nº 1043342-11.2018.8.26.0100
Apelante: Sk Realty Empreendimentos Imobiliários Ltda

Apelados: Municipalidade de São Paulo e Primeiro Oficial de Registro de Imóveis da Comarca da Capital

VOTO Nº 37.736

Registro de imóveis – Incorporação empresarial – Transmissão imobiliária sujeita ao sistema de título e modo – Compromisso de compra e venda sem aptidão causal – Transferência da propriedade – Necessidade de prévia averbação da incorporação para o registro da escritura pública de compra e venda – ITBI – Imunidade tributária que necessita de análise prévia do titular da competência tributária – Recurso não provido.

Trata-se de recurso de apelação interposto por SK Realty Empreendimentos Imobiliários Ltda. contra a r. sentença de fls. 207/211, que julgou procedente a dúvida suscitada pelo 1º Oficial de Registros de Imóveis da Comarca de Capital, mantendo a recusa do ingresso de escritura pública de compra e venda de imóvel em razão da violação do princípio da continuidade.

Sustenta a apelante o cabimento do registro, sem a incidência de impostos de transmissão imobiliária, por ser sucessora da vendedora em razão de incorporação, quanto a negócio jurídico ocorrido em data anterior à incorporação da empresa Salto Empreendimentos Imobiliários SE Ltda. Pela recorrente (fls. 223/232).

A D. Procuradoria Geral da Justiça opinou pelo não provimento do recurso (fls. 258/262).

É o relatório.

O título apresentado a registro encerra escritura pública de compra e venda do imóvel matriculado sob o n. 111.082, no qual a vendedora SK Realty Empreendimentos Imobiliários Ltda. menciona atuar na condição de sucessora de direitos e obrigações de Salto Empreendimentos Imobiliários SE Ltda., em razão de incorporação.

Na matrícula do imóvel consta a empresa Salto Empreendimentos Imobiliários SE Ltda. como proprietária, não havendo qualquer registro atinente ao compromisso de compra e venda celebrado e tampouco a incorporação empresarial (a fls. 161/163).

O artigo 1.116 do Código Civil estabelece:

> *Art. 1.116. Na incorporação, uma ou várias sociedades são absorvidas por outra, que lhes sucede em todos os direitos e obrigações, devendo todas aprová-la, na forma estabelecida para os respectivos tipos.*

Desse modo, a empresa incorporadora sucede em todos os direitos e obrigações da empresa incorporada em decorrência de sucessão universal.

A sucessão na incorporação de sociedades empresariais decorre de ato *inter vivos*, portanto, é regida pelo direito das obrigações e empresarial, não se aplicando as disposições do direito das sucessões, notadamente, o disposto no artigo 1.784 que estabelece a transmissão independentemente de outra providência (*droit de saisine*).

Essa situação, com aplicação por analogia à sociedade limitada, é prevista no artigo 234 da Lei n. 6.404/76 que dispõe:

> *Art. 234. A certidão, passada pelo registro do comércio, da incorporação, fusão ou cisão, é documento hábil para a averbação, nos registros públicos competentes, da sucessão, decorrente da operação, em bens, direitos e obrigações.*

Diante disso, a aquisição imobiliária em razão de atos de incorporação empresarial segue o disposto no artigo 1.245 do Código Civil, o qual encerra opção legislativa pelo sistema do título e do modo.

Conforme Mónica Jardim (Efeitos substantivos do registro predial. Almedina: Coimbra, 2013, p. 51):

No sistema de título e modo a aquisição, modificação ou extinção dos direitos reais dependem de um título – fundamento jurídico ou causa que justifica a mutação jurídicoreal – e de um modo: acto pelo qual se realiza efectivamente a aquisição, modificação ou extinção do direito real, acto através do qual se executa o prévio acordo de vontades.

Nessa linha, o parágrafo primeiro do artigo 1.245 do Código Civil refere – *Enquanto não se registrar o título translativo, o alienante continua a ser havido como dono do imóvel.*

De outra parte, o contrato de promessa ou compromisso de compra e venda, ainda que em situação excepcional, não presente neste julgamento, possa encerrar título de transmissão da propriedade (artigo 26, p. 6º, da Lei n. 6.766/79), regra geral tem por objeto a celebração do contrato de compra e venda, inclusive, nesse caso, o direito real decorrente de seu registro envolve direito real de aquisição e não transmissão da propriedade (Código Civil, artigos 1.417 e 1.418).

Nessa perspectiva, a apelante celebrou contrato de compra e venda em cumprimento ao compromisso de compra e venda (a fls. 141/146).

Ocorre, todavia, a necessidade da transmissão da propriedade entre as empresas incorporadora e absorvida para cumprimento do contrato de compromisso de compra e venda, o qual é causa para celebração do contrato de compra e venda (já celebrado) e não título de translativo do direito de propriedade.

Portanto, a titular do direito de propriedade do imóvel registrado sob o n. 111.082 é a empresa incorporada (de Salto Empreendimentos Imobiliários SE Ltda.).

A transmissão da propriedade para a apelante dependerá da averbação no registro imobiliário do ato de incorporação, seguido do registro da transferência da propriedade em cumprimento à obrigação assumida pela empresa incorporada no contrato preliminar firmado anteriormente à incorporação.

O Princípio da Continuidade, previsto no artigo 195 da Lei de Registros Públicos, com aplicação no caso em exame por força da aquisição derivada da propriedade imobiliária, impede o ingresso do título sem o registro da aquisição da propriedade em nome da recorrente (alienante constante do título apresentado).

Não encerrando o compromisso de compra e venda título bastante (causa) para a transmissão dominial e não sendo a alienante constante do título (escritura pública de compra e venda) proprietária do imóvel, não cabe o ingresso no registro imobiliário.

Esse ponto foi tratado de forma precisa pela MM. Juíza Corregedora Permanente, como segue:

No presente caso, o imóvel encontra-se registrado em nome de Salto Empreendimentos Imobiliários SE Ltda. (fls. 161/163). Por outro lado, o título que se pretende registrar (fls. 141/146) tem como outorgante SK Realty Empreendimentos. Portanto, não há identidade entre proprietário e outorgante, o que inviabiliza o registro, nos termos do Art. 195 da Lei 6.015/73.

Assim, para possibilitar o registro do título, deve ser averbado/registrado ato em que se noticie que o bem passou a pertencer a SK Realty, ou ser apresentado título em que a proprietária Salto conste como outorgante.

Nestes termos, a primeira exigência deve ser mantida.

O artigo 156, parágrafo 2º, inciso I, da Constituição Federal, estabelece a seguinte imunidade com relação ao Imposto sobre Transmissão de Bens Imóveis:

Art. 156. Compete aos Municípios instituir impostos sobre:

(...)

II – transmissão "inter vivos", a qualquer título, por ato oneroso, de bens imóveis, por natureza ou acessão física, e de direitos reais sobre imóveis, exceto os de garantia, bem como cessão de direitos a sua aquisição;

(...)

§ 2º O imposto previsto no inciso II:

I – não incide sobre a transmissão de bens ou direitos incorporados ao patrimônio de pessoa jurídica em realização de capital, nem sobre a transmissão de bens ou direitos decorrente de fusão, incorporação, cisão ou extinção de pessoa jurídica, salvo se, nesses casos, a atividade preponderante do adquirente for a compra e venda desses bens ou direitos, locação de bens imóveis ou arrendamento mercantil;

Nestes termos, a imunidade tributária não ocorre, nos termos da norma constitucional, *se, nesses casos, a atividade preponderante do adquirente for a compra e venda desses bens ou direitos, locação de bens imóveis ou arrendamento mercantil.*

Não compete ao Oficial do Registro Imobiliário examinar a não incidência, mas sim ao titular da competência tributária.

A manifestação do Município de São Paulo confirma essa compreensão (a fls. 235/241).

Ante a necessidade da transferência da propriedade imóvel, bem como da análise da imunidade pela municipalidade, igualmente, compete manter a exigência nesse sentido.

Por todo o exposto, pelo meu voto, nego provimento à apelação.

GERALDO FRANCISCO PINHEIRO FRANCO

Corregedor Geral da Justiça e Relator (DJe de 27.06.2019 - SP)

PODER JUDICIÁRIO

TRIBUNAL DE JUSTIÇA DO ESTADO DE SÃO PAULO

CONSELHO SUPERIOR DA MAGISTRATURA

Apelação n° 1094800-67.2018.8.26.0100

Registro: 2019.0000464749

ACÓRDÃO

Vistos, relatados e discutidos estes autos de **Apelação Cível nº 1094800-67.2018.8.26.0100**, da Comarca de **São Paulo**, em que é apelante **DELFIN RIO S/A CREDITO IMOBILIARIO**, é apelado **PRIMEIRO OFICIAL DE REGISTRO DE IMOVEIS DA COMARCA DA CAPITAL.**

ACORDAM, em Conselho Superior de Magistratura do Tribunal de Justiça de São Paulo, proferir a seguinte decisão: **"Negaram provimento à apelação, v.u.",** de conformidade com o voto do Relator, que integra este acórdão.

O julgamento teve a participação dos Exmos. Desembargadores **PEREIRA CALÇAS (PRESIDENTE TRIBUNAL DE JUSTIÇA) (Presidente), ARTUR MARQUES (VICE PRESIDENTE), XAVIER DE AQUINO (DECANO), EVARISTO DOS SANTOS(PRES. DA SEÇÃO DE DIREITO PÚBLICO), CAMPOS MELLO (PRES. DA SEÇÃO DE DIREITO PRIVADO) E FERNANDO TORRES GARCIA(PRES. SEÇÃO DE DIREITO CRIMINAL).**

São Paulo, 7 de junho de 2019.

GERALDO FRANCISCO PINHEIRO FRANCO

Corregedor Geral da Justiça e Relator

Apelação Cível nº 1094800-67.2018.8.26.0100

Apelante: Delfin Rio S/A Credito Imobiliario

Apelado: Primeiro Oficial de Registro de Imoveis da Comarca da Capital

VOTO Nº 37.751

Registro de imóveis – Incorporação empresarial – Transmissão imobiliária sujeita ao sistema de título e modo – Escritura de compra e venda em que figura como alienante quem não é titular de domínio junto ao fólio real – Necessidade de prévia averbação da incorporação de uma pessoa jurídica pela outra e transmissão da propriedade – ITBI – Imunidade tributária que necessita de análise prévia do titular da competência tributária – Apelação não provida.

Trata-se de recurso de apelação interposto contra a sentença proferida pela MM.ª Juíza Corregedora Permanente, que manteve a recusa ao registro de escritura de compra e venda tendo por objeto o imóvel matriculado sob nº 13.822 junto ao 1º Oficial de Registro de Imóveis da Capital, ao argumento de ser necessária a averbação da incorporação da proprietária, Delfin S/A Crédito Imobiliário, pela empresa Delfin Rio S/A Crédito Imobiliário, bem como o recolhimento do imposto devido pela transação, ou comprovação de sua isenção**[1]**.

Sustenta a apelante, em síntese, que não há ofensa ao princípio da continuidade, pois, na condição de incorporadora da promitente vendedora, outorgou escritura aos titulares de direito do imóvel. Aduz que, tendo havido a incorporação de uma pessoa jurídica por outra, foi então constituída uma única pessoa jurídica com a consequente extinção da sociedade incorporada e absorção de seus direitos e obrigações pela incorporadora. Afirma que o exame da exigibilidade, ou não, do recolhimento do ITBI cabe ao órgão fazendário competente. Sustenta, assim, ser descabida a exigência de apresentação de guia de recolhimento de ITBI, ressalvando que o correto seria apenas a averbação da incorporação noticiada, sem valor declarado**[2]**.

A D. Procuradoria de Justiça opinou pelo não provimento do recurso**[3]**.

É o relatório.

Na matrícula nº 13.822 do 1º Oficial de Registro de Imóveis da Capital consta como titular de domínio a empresa Delfin S/A Crédito Imobiliário, que se comprometeu a vender o imóvel a Coríntio Mariani Neto e outros**[4]**.

Posteriormente, foi lavrada escritura pública de compra e venda, em que figurou como outorgada vendedora do referido imóvel a empresa Delfin Rio S/A Crédito Imobiliário, na qualidade de sucessora por incorporação da Delfin S/A Crédito Imobiliário**[5]**.

A questão é simples do ponto de vista registrário, o único que importa no procedimento de dúvida, de natureza administrativa. O título não pode ser registrado, pois isso representaria ofensa ao princípio da continuidade, explicado por Afrânio de Carvalho da seguinte forma: *"em relação a cada imóvel, adequadamente individuado, deve existir uma cadeia de titularidade à vista da qual só se fará a inscrição de um direito se o outorgante dele aparecer no registro como seu titular. Assim, as sucessivas transmissões, que derivam umas das outras, asseguram a preexistência do imóvel no patrimônio do transferente"* (Registro de Imóveis, Editora Forense, 4ª ed., p. 254).

Na medida em que, na matrícula do imóvel, consta como promitente vendedora a empresa Delfin S/A Crédito Imobiliário (R. 4**[6]**) e que, na escritura de compra e venda, consta como outorgante vendedora a empresa Delfin Rio S/A Crédito Imobiliário, sucessora por incorporação, não há como o título ser registrado, certo que não há qualquer registro junto ao fólio real atinente à incorporação empresarial.

A propósito, estabelece o art. 1.116 do Código Civil:

> *Art. 1.116. Na incorporação, uma ou várias sociedades são absorvidas por outra, que lhes sucede em todos os direitos e obrigações, devendo todas aprová-la, na forma estabelecida para os respectivos tipos.*

Como se vê, a empresa incorporadora sucede a empresa incorporada em todos os direitos e obrigações, em decorrência de sucessão universal.

Ocorre que a sucessão na incorporação de sociedades empresariais decorre de ato *inter vivos* e, portanto, é regida pelo direito das obrigações e empresarial, o que afasta a aplicação das disposições do direito das sucessões, notadamente o art. 1.784 que estabelece a transmissão do patrimônio independentemente de outra providência (*droit de saisine*).

Assim, a aquisição imobiliária em virtude de atos de incorporação empresarial segue o disposto no art. 1.245 do Código Civil, que encerra opção legislativa pelo sistema do título e do modo. Conforme Mónica Jardim (Efeitos substantivos do registro predial. Almedina: Coimbra, 2013, p. 51): *"No sistema de título e modo a aquisição, modificação ou extinção dos direitos reais dependem de um título fundamento jurídico ou causa que justifica a mutação jurídico-real - e de um modo: acto pelo qual se realiza efectivamente a aquisição, modificação ou extinção do direito real, acto através do qual se executa o prévio acordo de vontades.*

Nessa linha, o § 1º do art. 1.245 do Código Civil assim prevê:

> *Art. 1.245. Enquanto não se registrar o título translativo, o alienante continua a ser havido como dono do imóvel.*

Ora, a titular do direito de propriedade do imóvel registrado sob nº 13.822 é a empresa incorporada (Delfin S/A Crédito Imobiliário) e não, a incorporadora, ora apelante (Delfin Rio S/A Crédito Imobiliário). Logo, a transmissão da propriedade para a apelante dependerá da averbação no registro imobiliário do ato de incorporação, seguido do registro da transferência da propriedade em cumprimento à obrigação assumida pela empresa incorporada.

O Princípio da Continuidade, previsto no art. 195 da Lei de Registros Públicos, com aplicação na hipótese em exame por força da aquisição derivada da propriedade imobiliária, impede o ingresso do título sem o registro da aquisição da propriedade em nome da incorporadora (outorgante vendedora constante da escritura de compra e venda negativamente qualificada).

Isso porque a continuidade, *in casu*, diz respeito ao domínio do imóvel e não, aos direitos da incorporação. Em outros termos, a alegada sub-rogação nos deveres da empresa incorporada não autoriza, por si só, o registro de escritura de compra e venda lavrada em nome de quem não figura como titular de domínio do imóvel.

Não sendo a alienante constante do título proprietária do imóvel, não cabe o ingresso no registro imobiliário.

No mais, o art. 156, § 2º, inciso I, da Constituição Federal estabelece a seguinte imunidade com relação ao Imposto sobre Transmissão de Bens Imóveis:

> *Art. 156. Compete aos Municípios instituir impostos sobre:*
>
> *(...)*
>
> *II - transmissão "inter vivos", a qualquer título, por ato oneroso, de bens imóveis, por natureza ou acessão física, e de direitos reais sobre imóveis, exceto os de garantia, bem como cessão de direitos a sua aquisição;*
>
> *(...)*
>
> *§ 2º O imposto previsto no inciso II:*

I - não incide sobre a transmissão de bens ou direitos incorporados ao patrimônio de pessoa jurídica em realização de capital, nem sobre a transmissão de bens ou direitos decorrente de fusão, incorporação, cisão ou extinção de pessoa jurídica, salvo se, nesses casos, a atividade preponderante do adquirente for a compra e venda desses bens ou direitos, locação de bens imóveis ou arrendamento mercantil".

É dizer, a imunidade tributária não ocorre se, nesses casos referidos pela norma constitucional, a atividade preponderante do adquirente for a compra e venda desses bens ou direitos, locação de bens imóveis ou arrendamento mercantil.

Contudo, não compete ao Oficial do Registro Imobiliário examinar a não incidência, mas sim ao titular da competência tributária.

Daí porque, ante a necessidade da transferência da propriedade imóvel à incorporadora, ora apelante, bem como da análise da não incidência, da imunidade ou da concessão de isenção pela Municipalidade, mostram-se corretas as exigências formuladas pelo Oficial registrador.

Diante do exposto, pelo meu voto, **nego provimento** à apelação.

GERALDO FRANCISCO PINHEIRO FRANCO

Corregedor Geral da Justiça e Relator

Notas:

[1] Fls. 412/416.

[2] Fls. 423/437.

[3] Fls. 461/465.

[4] Fls. 09/13.

[5] Fls. 14/17.

[6] Fls. 10/11 (DJe de 27.06.2019 - SP)

INCORPORAÇÃO IMOBILIÁRIA

PODER JUDICIÁRIO

TRIBUNAL DE JUSTIÇA DO ESTADO DE SÃO PAULO

CONSELHO SUPERIOR DA MAGISTRATURA

Apelação n° 1001503-02.2018.8.26.0457

Registro: 2019.0000546784

ACÓRDÃO

Vistos, relatados e discutidos estes autos de **Apelação Cível nº 1001503-02.2018.8.26.0457**, da Comarca de **Pirassununga**, em que é apelante **JOÃO GILBERTO PIRES**, é apelado **OFICIAL DE REGISTRO DE IMÓVEIS E ANEXOS DA COMARCA DE PIRASSUNUNGA.**

ACORDAM, em Conselho Superior de Magistratura do Tribunal de Justiça de São Paulo, proferir a seguinte decisão: **"Negaram provimento ao recurso. V. U."**, de conformidade com o voto do Relator, que integra este acórdão.

O julgamento teve a participação dos Exmos. Desembargadores **PEREIRA CALÇAS (PRESIDENTE TRIBUNAL DE JUSTIÇA) (Presidente), ARTUR MARQUES (VICE PRESIDENTE), DAMIÃO COGAN, EVARISTO DOS SANTOS(PRES. DA SEÇÃO DE DIREITO PÚBLICO), CAMPOS MELLO (PRES. DA SEÇÃO DE DIREITO PRIVADO) E FERNANDO TORRES GARCIA(PRES. SEÇÃO DE DIREITO CRIMINAL).**

São Paulo, 25 de junho de 2019.

GERALDO FRANCISCO PINHEIRO FRANCO

Corregedor Geral da Justiça e Relator

Apelação Cível nº 1001503-02.2018.8.26.0457

Apelante: João Gilberto Pires

Apelado: Oficial de Registro de Imóveis e Anexos da Comarca de Pirassununga

VOTO Nº 37.760

Registro de Imóveis – Incorporação imobiliária – Incorporadora que não é titular da propriedade do terreno

– Necessidade da participação da proprietária e da incorporadora nos atos de transmissão de direitos nos termos da lei nº 4.591/64 – Contrato preliminar particular não registrado, inexistência de direito real de aquisição

– Direito pessoal que não pode ser opostos a terceiro por não possuir eficácia erga omnes – Recurso não provido.

Trata-se de recurso de apelação interposto por João Gilberto Pires contra a r. sentença de fls. 77/81, que julgou procedente a dúvida suscitada pelo Oficial de Registros de Imóveis e Anexos da Comarca da Pirassununga, mantendo a recusa do ingresso de escritura pública de compra e venda de imóvel em razão da falta de anuência da incorporadora.

Sustenta a apelante o cabimento do registro em razão da presença de ato jurídico perfeito, inexistência de patrimônio de afetação e regularidade da escritura pública de compra e venda lavrada, competindo seu registro (fls. 90/109).

A D. Procuradoria Geral da Justiça opinou pelo não provimento do recurso (fls. 266/267).

É o relatório.

Na matrícula do imóvel há o registro da propriedade em nome de Macaw Incorporadora Ltda, bem como, da incorporação, este último em cumprimento a alvará judicial, sendo incorporadora a Associação Pró-Construção e Incorporação do Edifício Maison Royale (fls. 21/26).

Os artigos 31-A, *caput*, e 31-B, *caput*, da lei n. 4.591/64, tem a seguinte redação:

Art. 31-A. A critério do incorporador, a incorporação poderá ser submetida ao regime da afetação, pelo qual o terreno e as acessões objeto de incorporação imobiliária, bem como os demais bens e direitos a ela vinculados, manter- se-ão apartados do patrimônio do incorporador e constituirão patrimônio de afetação, destinado à consecução da incorporação correspondente e à entrega das unidades imobiliárias aos respectivos adquirentes.

Art. 31-B. Considera-se constituído o patrimônio de afetação mediante averbação, a qualquer tempo, no Registro de Imóveis, de termo firmado pelo incorporador e, quando for o caso, também pelos titulares de direitos reais de aquisição sobre o terreno.

Portanto, no caso em exame a constituição do patrimônio de afetação dependeria de atos formais a serem praticados conjuntamente pela proprietária do terreno e a incorporadora.

Como não ocorreu qualquer ato formal nesse sentido, e tampouco houve decisão judicial a respeito, observada a convicção do i. sentenciante, não houve a constituição de patrimônio de afetação.

O artigo 28, parágrafo único, da Lei n. 4.591/64, conforma o instituto da incorporação imobiliária nos seguintes termos:

Art. 28. Parágrafo único. Para efeito desta Lei, considera-se incorporação imobiliária a atividade exercida com o intuito de promover e realizar a construção, para alienação total ou parcial, de edificações ou conjunto de edificações compostas de unidades autônomas.

Nestes termos, o incorporador é a figura central relativamente aos atos necessários à construção da edificação, competindo várias atividades para consecução da incorporação imobiliária.

O artigo 29, *caput*, da Lei n. 4.591/64, traça os contornos jurídicos do incorporador ao dispor:

Art. 29. Considera-se incorporador a pessoa física ou jurídica, comerciante ou não, que embora não efetuando a construção, compromisse ou efetive a venda de frações ideais de terreno objetivando a vinculação de tais frações a unidades autônomas, em edificações a serem construídas ou em construção sob regime condominial, ou que meramente aceite propostas para efetivação de tais transações, coordenando e levando a têrmo a incorporação e responsabilizando- se, conforme o caso, pela entrega, a certo prazo, preço e determinadas condições, das obras concluídas.

Assim, o incorporador pode ser o proprietário do terreno ou não.

No caso em julgamento, a incorporadora e a proprietária do terreno são pessoas jurídicas diversas.

Além disso, a incorporação e seu registro ocorreram por determinação judicial, não sendo fruto da autonomia privada da proprietária e incorporadora.

Na hipótese do incorporador não ser proprietário do imóvel no qual acontece a construção do empreendimento, este deve receber mandato outorgado por instrumento público, com poderes especiais, para concluir todos os negócios tendentes à alienação das frações ideais de terreno.

Essa previsão está contida no artigo 31, alínea "b" e parágrafo 1º, bem como, no artigo 35, parágrafo 4º, da Lei n. 4.591/64:

Art. 31. A iniciativa e a responsabilidade das incorporações imobiliárias caberão ao incorporador, que somente poderá ser:

(...)

b) o construtor (Decreto número 23.569, de 11-12-33, e 3.995, de 31 de dezembro de 1941, e Decreto-lei número 8.620, de 10 de janeiro de 1946) ou corretor de imóveis (Lei nº 4.116, de 27-8-62).

(...)

§ 1º No caso da alínea b, o incorporador será investido, pelo proprietário de terreno, o promitente comprador e cessionário dêste ou o promitente cessionário, de mandato outorgado por instrumento público, onde se faça menção expressa desta Lei e se transcreva o disposto no § 4º, do art. 35, para concluir todos os negócios tendentes à alienação das frações ideais de terreno, mas se obrigará pessoalmente pelos atos que praticar na qualidade de incorporador.

Art. 35. § 4º. Descumprida pelo incorporador e pelo mandante de que trata o § 1º do art. 31 a obrigação da outorga dos contratos referidos no caput dêste artigo, nos prazos ora fixados, a carta-proposta ou o documento de ajuste preliminar poderão ser averbados no Registro de Imóveis, averbação que conferirá direito real oponível a terceiros, com o consequente direito à obtenção compulsória do contrato correspondente.

Nessa linha, a outorga da escritura pública de compra e venda deverá ser realizada pelo proprietário do terreno e pelo incorporador, havendo disciplina legal da outorga de mandato pelo proprietário ao incorporador para tal finalidade.

Portanto, há necessidade da participação de ambos.

Na presente dúvida há a particularidade do registro da incorporação por ordem judicial, o que repercute na ausência de mandato voluntário na forma das prescrições legais acima referidas.

Seja como for, não é possível o registro do título apresentado em virtude da ausência de anuência da incorporadora.

A celebração do contrato de compra e venda, em forma publica, cumprindo o pactuado em instrumento particular celebrado em 10/02/2010, com termo de quitação firmado em 22/08/17 (fls. 04/20) encerra direito de natureza pessoal por não ter havido o registro de direito real de aquisição.

A natureza pessoal desse direito impede sua oposição à incorporadora, a qual, portanto, deve participar do contrato de compra e venda nos termos da Lei n. 4.591/64; notadamente em razão do registro da incorporação em data anterior à celebração da escritura pública de compra e venda.

A disponibilidade do direito da proprietária, por força do registro da incorporação, depende da participação do incorporador.

Nessa ordem de ideias, não é possível o registro do contrato de compra e venda sem a anuência da incorporadora.

Por todo o exposto, pelo meu voto, nego provimento à apelação.

GERALDO FRANCISCO PINHEIRO FRANCO

Corregedor Geral da Justiça e Relator (DJe de 26.07.2019 - SP)

PODER JUDICIÁRIO

TRIBUNAL DE JUSTIÇA DO ESTADO DE SÃO PAULO

CONSELHO SUPERIOR DA MAGISTRATURA

Apelação n° 1132584-78.2018.8.26.0100

Registro: 2019.000718907

ACÓRDÃO

Vistos, relatados e discutidos estes autos de **Apelação Cível nº 1132584-78.2018.8.26.0100**, da Comarca de **São Paulo**, em que são apelantes **FERNANDA FERIGATTO VARDASCA e MARLENE FERIGATTO VARDASCA**, é apelado **5º OFICIAL DE REGISTRO DE IMÓVEIS DA COMARCA DA CAPITAL**.

ACORDAM, em Conselho Superior de Magistratura do Tribunal de Justiça de São Paulo, proferir a seguinte decisão: **"Por maioria de votos, negaram provimento ao recurso. Vencidos os Desembargadores Campos Mello, que declarará voto, e Fernando Torres Garcia."**, de conformidade com o voto do Relator, que integra este acórdão.

O julgamento teve a participação dos Exmos. Desembargadores **PEREIRA CALÇAS (PRESIDENTE TRIBUNAL DE JUSTIÇA) (Presidente), ARTUR MARQUES (VICE PRESIDENTE), XAVIER DE AQUINO (DECANO), EVARISTO DOS SANTOS(PRES. DA SEÇÃO DE DIREITO PÚBLICO), CAMPOS MELLO (PRES. DA SEÇÃO DE DIREITO PRIVADO) E FERNANDO TORRES GARCIA(PRES. SEÇÃO DE DIREITO CRIMINAL).**

São Paulo, 27 de agosto de 2019.

GERALDO FRANCISCO PINHEIRO FRANCO

Corregedor Geral da Justiça e Relator

Apelação Cível nº 1132584-78.2018.8.26.0100

Apelantes: Fernanda Ferigatto Vardasca e Marlene Ferigatto Verdasca

Apelado: 5º Oficial de Registro de Imóveis da Comarca da Capital

VOTO Nº 37.800

Registro de Imóveis – ITBI – Incorporação imobiliária em regime de administração – Legislação municipal que impõe necessidade de reconhecimento prévio pela administração tributária da não consideração na base de cálculo do imposto do valor das benfeitorias e construções – Qualificação registral que deve observar a legalidade estrita – Recurso não provido.

Trata-se de apelação interposta por Marlene Ferigatto Vardasca e Fernanda Ferigatto Vardasca contra r. sentença que julgou procedente a dúvida e manteve a recusa do registro de escritura pública de compra e venda de fração de terreno e quitação de benfeitorias em razão da necessidade da comprovação do recolhimento integral do ITBI ou do reconhecimento pela Administração

Tributária da não consideração na apuração na base de cálculo do imposto do valor das benfeitorias e construções.

As apelantes sustentam a regularidade do recolhimento do ITBI, pugnando pelo registro do título (a fls. 89/98). A douta Procuradoria Geral de Justiça opinou pelo não provimento do recurso (fls. 117/119).

É o relatório.

A questão em exame é referente à comprovação do ITBI no caso de incorporação imobiliária pelo regime de administração.

Os recorrentes sustentam a incidência do ITBI em consideração somente ao valor atribuído à fração ideal do terreno, com exclusão do valor da construção da base de cálculo.

Os artigos 7º, parágrafos 1º e 4º, e 29, incisos I e III, do Decreto Municipal n. 55.196, de 11 de junho de 2014, ao reger a hipótese de incidência em exame, estabelece:

> *Art. 7º A base de cálculo do Imposto é o valor venal dos bens ou direitos transmitidos, assim considerado o valor pelo qual o bem ou direito seria negociado à vista, em condições normais de mercado.*
>
> *§ 1º Na apuração do valor venal do bem transmitido ou do seu respectivo direito, considera-se o valor das benfeitorias e construções nele incorporadas.*
>
> *(...)*
>
> *§ 4º Não se considera na apuração da base de cálculo do Imposto o valor das benfeitorias e construções incorporadas ao bem imóvel pelo adquirente ou cessionário, desde que comprovada, à Administração Tributária, na forma e condições estabelecidas pela Secretaria Municipal de Finanças e Desenvolvimento Econômico, que a incorporação foi efetivada por tais agentes.*
>
> *Art. 29. Para lavratura, registro, inscrição, averbação e demais atos relacionados à transmissão de imóveis ou de direitos a eles relativos, ficam os notários, oficiais de Registro de Imóveis e seus prepostos obrigados a verificar:*
>
> *I - a existência da prova do recolhimento do Imposto ou do reconhecimento administrativo da não incidência, da imunidade ou da concessão de isenção;*
>
> *(...)*
>
> *III - a manifestação da Administração Tributária quanto à comprovação, pelo sujeito passivo, da situação prevista no § 4º do artigo 7º deste regulamento.*

Desse modo, a não incidência do imposto sobre as benfeitorias e acessões artificiais depende de prévio exame pela Administração Tributária, na forma e condições estabelecidas pela Secretaria Municipal de Finanças e Desenvolvimento Econômico, da comprovação da realização de benfeitorias ou construção pelos agentes da incorporação em regime de administração.

Em sede de qualificação registral não cabe ao Oficial de Registro Imobiliário o exame da compatibilidade das prescrições normativas tributárias frente ao sistema jurídico.

Observada a legalidade estrita, tão só deve verificar a validade da norma e sua incidência no caso concreto.

Nessa perspectiva, nos termos da normatização municipal aplicável, compete examinar a incidência do ITBI e exigir a comprovação de seu recolhimento com o valor venal do imóvel acrescido do valor das benfeitorias e construções nele incorporadas ou, então, manifestação da administração tributária reconhecendo a exclusão do valor daquelas da base de cálculo do imposto por se tratar de incorporação imobiliária pelo regime de administração.

Ante o exposto, nego provimento ao recurso.

GERALDO FRANCISCO PINHEIRO FRANCO

Corregedor Geral da Justiça e Relator VOTO 67980

DECLARAÇÃO VOTO VENCIDO AP. 1132584-78.2018.8.26.0100

Ouso divergir do entendimento da d. maioria, para dar provimento ao recurso.

Trata-se de recurso de apelação interposto contra a sentença que manteve a recusa ao registro de escritura pública de compra e venda de fração de terreno e quitação de benfeitorias em razão da necessidade de comprovação do recolhimento integral do ITBI sobre o terreno e sobre as benfeitorias e construções ou, então, do reconhecimento pela Administração Tributária quanto à desnecessidade de inclusão do valor das benfeitorias e construções na base de cálculo do imposto.

O Oficial do Registro Imobiliário recusou o registro da escritura alegando o dever de fiscalizar o correto recolhimento de impostos.

Todavia, no presente caso, houve o recolhimento do imposto. E este Conselho Superior já firmou entendimento de que ao registrador compete verificar apenas o recolhimento dos tributos relativos aos atos cuja prática lhe é atribuída, não lhe competindo discutir o *valor* recolhido, matéria de interesse exclusivo da Fazenda Pública, a quem a lei reserva os meios próprios para haver do contribuinte diferenças de recolhimento de impostos que entenda devidas.

Com efeito, a recusa de registro deve limitar-se às hipóteses de total ausência de recolhimento do tributo ou, então, de recolhimento em valor desarrazoado.

Não é esse, porém, o caso dos autos, uma vez que o montante do imposto pago, considerado como base de cálculo apenas o valor do terreno, foi de R$ 84.346,00 (fl. 11), observando-se que o imóvel está avaliado em *"R$ 5.168.260,00, do qual corresponde R$ 2.811.533,44 para o terreno, e R$ 2.356.726,56 para a construção"* (fl. 10).

Neste sentido, confira-se decisão deste Conselho Superior da Magistratura, na Apelação nº 0011118-34.2014.8.26.0405, Relator Des. Elliot Akel:

"Assentou-se orientação, neste Conselho Superior, no sentido de que o elastério conferido ao artigo 289 da Lei 6.015/73, e agora ao artigo 30, XI, da Lei 8.935, é o de que ao serventuário compete verificar tão só a ocorrência do pagamento do imposto relativo aos atos cuja prática lhe é acometida.

Ou seja, no caso, em que se busca a prática de ato registrário, a qualificação do Oficial, na matéria concernente ao imposto de transmissão, não vai além da aferição sobre seu recolhimento, e não sobre a integralidade de seu valor.

Com efeito, qualquer diferença de imposto deve ser reclamada pela Fazenda na esfera própria." (CSM, Ap. 28.382-0/7, Relator Antônio Carlos Alves Braga, São Paulo, Data Julgamento: 28/09/95).

Ainda, em outro recente precedente deste Conselho Superior da Magistratura:

"Registro de Imóveis Escritura pública de dação em pagamento Qualificação negativa Questionamento a respeito da base de cálculo utilizada para recolhimento do imposto sobre transmissão de bens móveis ITBI Análise pela oficial registradora, na matéria concernente ao imposto de transmissão, que deve se ater ao seu recolhimento, sem alcançar o valor Não configuração de flagrante irregularidade no recolhimento Recolhimento antecipado de ITBI que não afronta as NSCGJ Precedente do C. Conselho Superior da Magistratura Dúvida julgada improcedente para afastar a exigência de recolhimento de alegada diferença do imposto devido à Municipalidade Apelação não provida" (Apelação nº 1024222-11.2015.8.26.0577, Relator Des. Geraldo Francisco Pinheiro Franco, data de julg. 24/05/18).

Relevante, por fim, a transcrição de trecho do voto acima mencionado:

"(...) *Não foi atacada a regularidade formal do título nem mesmo a temporalidade do recolhimento ou o ato em si.*

Ao contrário, a exigência envolve exame substancial do montante do pagamento do imposto devido, que é atribuição dos órgãos fazendários competentes, sendo que seu questionamento mereceria a participação da Fazenda Pública, principal interessada. Ao Oficial cabe fiscalizar, sob pena de responsabilização pessoal. A existência da arrecadação do imposto previsto e a oportunidade em que foi efetuada. O montante, desde que não seja flagrantemente equivocado, extrapola a sua função".

Além do mais, a obrigação imposta ao registrador de exigir a prévia manifestação da Administração Tributária está prevista em Decreto (art. 29, inciso III, do Decreto Municipal nº 55.196/14), que não pode criar obrigação não prevista em lei, sob pena de violação do princípio da legalidade.

Nesse sentido é a lição do Ministro José Celso de Mello Filho: *"Qualquer comando estatal, ordenando prestação de ato ou abstenção de fato, impondo comportamento positivo (ação) ou exigindo conduta negativa (abstenção), para ser juridicamente válido, há de emanar de regra legal. O conceito de lei, a que se refere a Constituição, está vinculado ao critério subjetivo-orgânico.*

Em consequência, e para os efeitos desta regra, lei é todo ato normativo editado, ordinariamente, pelo Poder Legislativo, ou, excepcionalmente, pelo Poder Executivo (leis delegadas e decretosleí), no desempenho de sua competência constitucional e segundo o rito estabelecido na própria Constituição. Apenas a lei em sentido formal, portanto, pode impor às pessoas um dever de prestação ou de abstenção." (in "Constituição Federal Anotada", Ed. Saraiva, 1984, p. 325). Por isso, não prevista a obrigação em lei, é descabida a exigência apresentada pelo registrador.

Desse modo, caso entenda que o valor das benfeitorias deveria integrar a base de cálculo do ITBI, caberá ao Município de São Paulo cobrar a complementação pertinente, oportunidade em que a apelante poderá discutir sua tese de que a compra e venda limitou-se à fração ideal do terreno com sucessiva quitação das benfeitorias, pois, segundo alega, foram realizadas por administração, a cargo de construtora contratada, e pagas diretamente pelas adquirentes.

Pelo exposto, dou provimento ao recurso para permitir o registro da escritura pública de compra e venda. É como voto, sempre tributado o devido respeito ao entendimento divergente.

São Paulo, 27 de agosto de 2019.

Campos Mello

Presidente da Seção de Direito Privado. (DJe de 16.09.2019 – SP)

INDISPONIBILIDADE

PODER JUDICIÁRIO

TRIBUNAL DE JUSTIÇA DO ESTADO DE SÃO PAULO

CONSELHO SUPERIOR DA MAGISTRATURA

Apelação nº 1005168-36.2017.8.26.0368

Registro: 2019.0000718909

ACÓRDÃO

Vistos, relatados e discutidos estes autos de **Apelação Cível nº 1005168-36.2017.8.26.0368**, da Comarca de **Monte Alto**, em que são apelantes **TÂNIA MARIA DE OLIVEIRA, LUIS CARLOS ROGERI e ANA LUCIA DE OLIVEIRA ROGERI**, é apelado **OFICIAL DE REGISTRO DE IMÓVEIS E ANEXOS DA COMARCA DE MONTE ALTO.**

ACORDAM, em Conselho Superior de Magistratura do Tribunal de Justiça de São Paulo, proferir a seguinte decisão: **"Deram provimento à apelação, v.u."**, de conformidade com o voto do Relator, que integra este acórdão.

O julgamento teve a participação dos Exmos. Desembargadores **PEREIRA CALÇAS (PRESIDENTE TRIBUNAL DE JUSTIÇA) (Presidente), ARTUR MARQUES (VICE PRESIDENTE), XAVIER DE AQUINO (DECANO), EVARISTO DOS SANTOS(PRES. DA SEÇÃO DE DIREITO PÚBLICO), CAMPOS MELLO (PRES. DA SEÇÃO DE DIREITO PRIVADO) E FERNANDO TORRES GARCIA(PRES. SEÇÃO DE DIREITO CRIMINAL).**

São Paulo, 27 de agosto de 2019.

GERALDO FRANCISCO PINHEIRO FRANCO

Corregedor Geral da Justiça e Relator

Apelação Cível nº 1005168-36.2017.8.26.0368

Apelantes: Tânia Maria de Oliveira, Luis Carlos Rogeri e Ana Lucia de Oliveira Rogeri

Apelado: Oficial de Registro de Imóveis e Anexos da Comarca de Monte Alto

VOTO Nº 37.813

Registro de Imóveis – Indisponibilidade decorrente de penhora determinada em favor do INSS – Carta de Arrematação – Alienação forçada – Dúvida julgada procedente – Precedentes do Conselho Superior da Magistratura – Recurso provido.

Inconformados com a r. sentença **[1]** que confirmou o juízo negativo de qualificação registral, *Tânia Maria de Oliveira*, *Ana Lúcia de Oliveira Rogeri* e *Luiz Carlos Rogeri* interpuseram apelação objetivando o registro da carta de adjudicação expedida nos autos do processo nº 0000194-71.1997.8.26.0368, que tramitou perante a 2ª Vara Cível da Comarca de Monte Alto/SP, tendo por objeto o imóvel matriculado sob nº 325 junto ao Cartório de Registro de Imóveis daquela localidade. Alegam, em síntese, que celebraram contrato de cessão de crédito e outras avenças com o exequente/cedente, Banco Bradesco S/A., subrogando-se nos direitos, ações e garantias existentes em nome deste, no referido processo, com anuência dos executados. Assim, foi deferida a adjudicação, em seu favor, dos imóveis penhorados nos autos, sendo negado o registro da respectiva carta de adjudicação em virtude da existência de hipoteca cedular registrada em favor da Cooperativa de Crédito Rural Coopercitrus Credicitrus e, ainda, por estar averbada a penhora de partes ideais pertencentes a Mamede de Oliveira e Luiz Paulo de Oliveira, coproprietários do imóvel, deferida nos autos da ação de execução fiscal movida pelo Instituto Nacional do Seguro Social – INSS. Aduzem, contudo, que a hipoteca cedular foi cancelada e que a averbação de penhora em favor do INSS não serve de óbice ao registro da adjudicação, sendo desnecessário aguardar o resultado do agravo de instrumento interposto pela Fazenda Nacional **[2]**.

A douta Procuradoria de Justiça, em seu parecer, opinou pelo não provimento da apelação **[3]**.

É o relatório.

Importa lembrar, desde logo, que a origem judicial do título não o torna imune à qualificação registral, ainda que limitada aos requisitos formais do título e sua adequação aos princípios registrais, conforme o disposto no item 119, do Capítulo XX, das NSCGJ **[4]**. Este C. Conselho Superior da Magistratura tem decidido, inclusive, que a qualificação negativa não caracteriza desobediência ou descumprimento de decisão judicial **[5]**.

A carta de adjudicação apresentada a registro foi qualificada negativamente, tendo o registrador expedido nota de devolução **[6]** exigindo o prévio cancelamento: a) da hipoteca cedular (R. 32/325) registrada em favor da Cooperativa de Crédito Rural Coopercitrus - Credicitrus; e b) da penhora sobre partes ideais do imóvel (AV. 45/325) pertencentes a Mamede de Oliveira e Luiz Paulo de Oliveira, coproprietários do imóvel, deferida na ação de execução fiscal ajuizada pelo Instituto Nacional do Seguro Social, ante o contido no art. 53, § 1º, da Lei 8.212/91.

O primeiro óbice foi superado, ante o cancelamento (AV. 48/325) da hipoteca cedular registrada na matrícula do imóvel (R. 32/325).

Com relação à penhora deferida em favor do Instituto Nacional do Seguro Social e o disposto no art. 53, § 1º, da Lei 8.212/91, é pacífica a jurisprudência do Colendo Conselho Superior da Magistratura no sentido de que a ordem de indisponibilidade obsta a alienação voluntária do bem, eis que implica a inalienabilidade e impenhorabilidade do bem. Contudo, a indisponibilidade não constitui óbice à alienação forçada. Tal entendimento está em harmonia com o disposto no item 422, do Capítulo XX, das NSCGJ:

"422. As indisponibilidades averbadas nos termos do Provimento CG. 13/2012, e na forma do § 1º, do art. 53, da Lei nº 8.212, de 24 de julho de 1991, não impedem a alienação, oneração e constrição judiciais do imóvel".

Sobre o tema, já ficou decidido que:

"Registro de Imóveis – Recusa de ingresso de carta de adjudicação – Dúvida Inversa – Irresignação parcial e título em cópia – Dúvida prejudicada – Recurso não conhecido – Análise das exigências a fim de orientar futura prenotação. Registro de carta de adjudicação – Indisponibilidade legal (art. 53, § 1.º, da Lei nº 8.212/1991) desprovida de força para obstaculizar a venda judicial forçada do bem imóvel e seu respectivo registro – Inteligência do item 405 do Capítulo XX das NSCGJ – Precedentes deste Conselho Superior. Falta de recolhimento de ITBI – Imposto que incide em caso de adjudicação – Artigo 877, § 2º, do CPC – Exigência mantida." (TJSP; Apelação Cível 0016149- 53.2015.8.26.0032; Relator (a): Pereira Calças; Órgão Julgador: Conselho Superior de Magistratura; Data do Julgamento: 24/05/2017; Data de Registro: 01/06/2017).

"Registro de Imóveis – Dúvida – Carta de arrematação – Imóvel gravado com registro de hipoteca – Penhora em favor do credor em execução hipotecária, penhora em execução fiscal da fazenda nacional, e averbação de indisponibilidade determinada em ação de falência – Recusa do registro sob o fundamento de necessidade de prévio cancelamento dos ônus que gravam o imóvel – Alienação forçada – Registro viável de acordo com os precedentes do Conselho Superior da Magistratura – Recurso Parcialmente provido – Dúvida Procedente." (CSMSP - Apelação Cível: 3001116-49.2013.8.26.0223 Rel. Des. Elliot Akel. j. 18/11/2014).

"Registro de imóveis – dúvida – arrematação de imóvel em hasta pública – forma originária de aquisição de propriedade – inexistência de relação jurídica entre o arrematante e o anterior proprietário do bem – imóvel penhorado com base no art. 53, § Io, da Lei 8.212/91 – indisponibilidade que obsta apenas a alienação voluntária – recurso provido." (TJSP; Apelação Cível 0013197-92.2012.8.26.0554; Relator (a): José Renato Nalini; Órgão Julgador: Conselho Superior de Magistratura; Data do Julgamento: 18/04/2013; Data de Registro: 25/04/2013).

Não bastasse, é a firme posição do Colendo Superior Tribunal de Justiça:

"PROCESSO CIVIL. AGRAVO REGIMENTAL NA MEDIDA CAUTELAR. IMÓVEL PENHORADO EM EXECUÇÃO FISCAL. INDISPONIBILIDADE. ART. 53, § 1º, DA LEI 8.212/91. NOVA PENHORA EM OUTRO PROCESSO. POSSIBILIDADE. ARREMATAÇÃO. AUSÊNCIA DE INTIMAÇÃO DO CREDOR HIPOTECÁRIO. EFICÁCIA DO ATO FRENTE AO EXECUTADO E AO ARREMATANTE. ALIENAÇÃO JUDICIAL DE BEM PENHORADO. LAPSO TEMPORAL RAZOÁVEL ENTRE A AVALIAÇÃO DO BEM E A HASTA PÚBLICA. REAVALIAÇÃO. DEMONSTRAÇÃO DA NECESSIDADE. SIMPLES ATUALIZAÇÃO MONETÁRIA. A indisponibilidade de que trata o art. 53, § 1º, da Lei 8.212/91, refere-se à inviabilidade da alienação, pelo executado, do bem penhorado em execução movida pela Fazenda Pública, o que não impede que recaia nova penhora sobre o mesmo bem, em outra execução. Precedentes. (...) Agravo a que se nega provimento." (AgRg na MC nº 16.022/SP, 3ª Turma, Relatora Ministra Nancy Andrighi, 27.4.2010).

"PROCESSUAL CIVIL. EXECUÇÃO. PENHORA. INDISPONIBILIDADE. IMÓVEL PENHORADO EM EXECUTIVO FISCAL. ART. 53, § 1º, LEI 8.212/91. ALIENAÇÃO FORÇADA. POSSIBILIDADE. APLICAÇÃO DO ART. 711 DO CPC. I - A indisponibilidade a que se refere o art. 53, § 1º, da Lei nº 8.212/91, traduz-se na invalidade, em relação ao ente Fazendário, de qualquer ato de alienação do bem penhorado, praticado sponte propria pelo devedor/executado após a efetivação da constrição judicial. II - É possível a

alienação forçada do bem em decorrência da segunda penhora, realizada nos autos de execução proposta por particular, desde que resguardados, dentro do montante auferido, os valores atinentes ao crédito fazendário relativo ao primeiro gravame imposto." (RECURSO ESPECIAL Nº 512.398 - SP (2003/0031765-1) RELATOR: MINISTRO FELIX FISCHER, j. 17/2/04).

Em suma, a indisponibilidade não é óbice ao registro da carta de adjudicação, motivo pelo qual deve ser reformada a sentença que julgou procedente a dúvida suscitada.

Diante do exposto, pelo meu voto, **dou provimento** à apelação.

GERALDO FRANCISCO PINHEIRO FRANCO

Corregedor Geral da Justiça e Relator

Notas:

[1] Fls. 270/273.

[2] Fls. 279/287.

[3] Fls. 316/320.

[4] *119. Incumbe ao oficial impedir o registro de título que não satisfaça os requisitos exigidos pela lei, quer sejam consubstanciados em instrumento público ou particular, quer em atos judiciais.*

[5] Apelação Cível nº 413-6/7; Apelação Cível nº 0003968-52.2014.8.26.0453.

[6] Fls. 05. (DJe de 13.09.2019 – SP)

PODER JUDICIÁRIO

TRIBUNAL DE JUSTIÇA DO ESTADO DE SÃO PAULO

CONSELHO SUPERIOR DA MAGISTRATURA

Apelação nº 1014237-16.2018.8.26.0576

Registro: 2019.0000176581

ACÓRDÃO

Vistos, relatados e discutidos estes autos do(a) **Apelação nº 1014237-16.2018.8.26.0576**, da Comarca de **São José do Rio Preto**, em que é apelante **FRANCISCO FRANCO DO AMARAL NETO**, é apelado **2º OFICIAL DE REGISTRO DE IMÓVEIS DA COMARCA DE SÃO JOSÉ DO RIO PRETO.**

ACORDAM, em Conselho Superior de Magistratura do Tribunal de Justiça de São Paulo, proferir a seguinte decisão: **"Negaram provimento, v.u."**, de conformidade com o voto do Relator, que integra este Acórdão.

O julgamento teve a participação dos Exmos. Desembargadores **PEREIRA CALÇAS (PRESIDENTE TRIBUNAL DE JUSTIÇA) (Presidente), ARTUR MARQUES (VICE PRESIDENTE), XAVIER DE AQUINO (DECANO), EVARISTO DOS SANTOS(PRES. DA SEÇÃO DE DIREITO PÚBLICO), CAMPOS MELLO (PRES. DA SEÇÃO DE DIREITO PRIVADO) E FERNANDO TORRES GARCIA(PRES. SEÇÃO DE DIREITO CRIMINAL).**

São Paulo, 26 de fevereiro de 2019.

GERALDO FRANCISCO PINHEIRO FRANCO

Corregedor Geral da Justiça e Relator

Apelação nº 1014237-16.2018.8.26.0576

Apelante: FRANCISCO FRANCO DO AMARAL NETO

Apelado: 2º Oficial de Registro de Imóveis da Comarca de São José do Rio Preto

VOTO Nº 37.649

Registro de Imóveis – Alienação fiduciária em garantia – Ordem judicial de indisponibilidade de bens – Exigências formuladas pelo registrador mantidas pelo MM. Juiz Corregedor Permanente – Registro inviável – Dúvida procedente – Recurso não provido.

Trata-se de apelação interposta por *Francisco Franco do Amaral Neto* contra a r. Sentença a fls. 75/78, que manteve a recusa ao registro do instrumento particular de compra e venda de imóvel, mútuo e alienação fiduciária em garantia no SFH – Sistema Financeiro de Habitação, em virtude de ordem de indisponibilidade de bens de sua cônjuge, Ana Paula Caldeira de Menezes do Amaral, determinada nos autos do Processo nº 00454001220015150082, em curso perante a 3ª Vara do Trabalho de São José do Rio Preto/SP.

Alega o apelante, em síntese, que sua esposa, Ana Paula, não tem nenhum imóvel registrado em seu nome e que, por se tratar de propriedade resolúvel, a titularidade do bem somente será transferida se houver mora por parte dos devedores. Sustenta que a cônjuge está, em verdade, adquirindo um bem e não, alienando, razão pela qual o registro pretendido não fere a ordem de indisponibilidade oriunda da justiça trabalhista.

A douta Procuradoria Geral de Justiça opinou pelo provimento do recurso.

É o relatório.

O recurso, a despeito de seus jurídicos fundamentos, não comporta provimento.

Dispõem as Normas de Serviço dos Cartórios Extrajudiciais, em seu Capítulo XX, item 421.3:

"421.3 Em caso de aquisição de imóvel por pessoa cujos bens foram atingidos por indisponibilidade, deverá o oficial, imediatamente após o lançamento do registro aquisitivo na matrícula, promover a averbação da indisponibilidade, independentemente de prévia consulta ao adquirente."

Como se vê, o bem se torna indisponível assim que passar a compor o patrimônio da cônjuge do apelante, razão pela qual não é passível de ser dado em garantia por meio da alienação fiduciária. Nesse sentido, nem mesmo a anuência do credor fiduciário tornaria possível a alienação voluntária, uma vez que o gravame em questão restringe as ações sobre o bem.

Ademais, a ordem de indisponibilidade de bens, ao contrário do aduzido pelo apelante, atinge os bens adquiridos antes e depois da decisão. Desse modo, para que se efetue o registro, deve ser obtido o levantamento da restrição junto ao Juízo emissor da ordem, mostrando-se corretas as exigências formuladas pelo registrador.

Há precedentes sobre a questão aqui debatida. A alienação fiduciária, tendo por objeto o imóvel versado nos autos, configura negócio voluntário defeso em face de sua indisponibilidade. A respeito do tema, já ficou decidido que:

"O Conselho Superior da Magistratura tem entendimento pacífico de que, embora a indisponibilidade não impeça a alienação forçada, obsta a voluntária. Subsistente a penhora, advinda de dívida com o INSS, a indisponibilidade, decorrente do art. 53, § 1º, da Lei 8.212/91, impede a alienação voluntária e, via de consequência, o registro da escritura." (Apelação nº 1003418-87.2015.8.26.0038, Rel. Pereira Calças, j. 25.04.2016).

No caso concreto, a ordem de indisponibilidade foi inserida no sistema da central nacional em 10.10.2017 **[1]**, sendo este o marco inicial da indisponibilidade dos bens da cônjuge do suscitado e não, seu marco final.

A respeito do contrato de alienação fiduciária em garantia, Arnaldo Rizzardo, *in* "Contratos", Ed. Forense, 6ª Edição, p. 1303, ensina que: *"O credor fiduciário, por outro lado, tem em seu nome o domínio da coisa, embora submetendo-a ao poder e à vontade do devedor-fiduciário, que usufrui da mesma. O domínio envolve a propriedade plena, isto é, posse, uso, gozo e disposição. Mas, na espécie, o poder de dispor fica suspenso, eis que se transfere ao credor-fiduciário o domínio resolúvel, sendo a posse apenas indireta. Por ser resolúvel, o domínio está sujeito a ser revogado ou extinto independentemente da vontade do proprietário, o que sucede com a solvência total da obrigação contratual".*

Assim, em que pese não ser plena a propriedade do credor fiduciário, mas resolúvel, pois adquirida apenas para garantia seu crédito, não deixa de existir a transferência da titularidade do imóvel. Na doutrina, também Melhim Namem Chalhub, na obra "Negócio Fiduciário", Renovar, 4ª ed., p. 225, observa que o devedor (fiduciante), sendo proprietário de um imóvel, aliena-o ao credor (fiduciário) a título de garantia; a propriedade assim adquirida tem caráter resolúvel, vinculada ao pagamento da dívida, pelo que, uma vez verificado o pagamento, opera-se a automática extinção da propriedade do credor, com a consequente reversão da propriedade plena ao devedor-fiduciante, enquanto, ao contrário, se verificado o inadimplemento contratual do devedor-fiduciante, opera-se a consolidação da propriedade plena no patrimônio do credor-fiduciário.

Nesse cenário, constatada, sob o prisma formal, a existência de alienação de bem, correto o indeferimento de acesso do título ao registro de imóveis, em obediência ao que se determinou na via judicial.

Diante do exposto, **NEGO PROVIMENTO** ao recurso.

GERALDO FRANCISCO PINHEIRO FRANCO

Corregedor Geral da Justiça e Relator

Notas:

[1] Fls. 47. (DJe de 03.07.2019 - SP)

PODER JUDICIÁRIO

TRIBUNAL DE JUSTIÇA DO ESTADO DE SÃO PAULO

CONSELHO SUPERIOR DA MAGISTRATURA

Embargos de Declaração Cível nº 1056244-85.2017.8.26.0114/50000

Registro: 2019.0000344279

ACÓRDÃO

Vistos, relatados e discutidos estes autos de **Embargos de Declaração Cível nº 1056244-85.2017.8.26.0114/50000**, da Comarca de **Campinas**, em que é embargante **LEVI RODRIGUES DOS SANTOS**, é embargado **2º OFICIAL DE REGISTRO DE IMÓVEIS DA COMARCA DE CAMPINAS.**

ACORDAM, em Conselho Superior de Magistratura do Tribunal de Justiça de São Paulo, proferir a

seguinte decisão: **"Rejeitaram os embargos de declaração, v.u."**, de conformidade com o voto do Relator, que integra este acórdão.

O julgamento teve a participação dos Exmos. Desembargadores **PEREIRA CALÇAS (PRESIDENTE TRIBUNAL DE JUSTIÇA) (Presidente), ARTUR MARQUES (VICE PRESIDENTE), XAVIER DE AQUINO (DECANO), EVARISTO DOS SANTOS(PRES. DA SEÇÃO DE DIREITO PÚBLICO), CAMPOS MELLO (PRES. DA SEÇÃO DE DIREITO PRIVADO) E FERNANDO TORRES GARCIA(PRES. SEÇÃO DE DIREITO CRIMINAL).**

São Paulo, 25 de abril de 2019.

GERALDO FRANCISCO PINHEIRO FRANCO
Corregedor Geral da Justiça e Relator

Embargos de Declaração Cível nº 1056244-85.2017.8.26.0114/50000

Embargante: Levi Rodrigues dos Santos

Embargado: 2º Oficial de Registro de Imóveis da Comarca de Campinas

VOTO Nº 37.732

Embargos de declaração – Inexistência de omissão, contradição ou obscuridade no v. Acórdão – Efeitos infringentes – Embargos de declaração rejeitados.

Trata-se de embargos de declaração opostos por Levi Rodrigues dos Santos visando a reforma do julgado porque o único impedimento para o registro decorreu da falta de apresentação da Certidão Negativa de Débitos e porque o juiz competente já determinou o cancelamento da averbação da penhora do imóvel que foi promovida em execução fiscal (fls. 04).

É o relatório.

Como foi consignado no v. acórdão, a suscitação da dúvida devolveu a qualificação do título por inteiro, do que decorreu a análise de todos os requisitos para o registro, ainda que eventualmente não indicados nas exigências formuladas pelo Oficial em nota de devolução.

Portanto, prevalecem os fundamentos adotados no v. Acórdão sobre a impossibilidade de ingresso do título enquanto estiverem pendentes as averbações das penhoras realizadas em execuções fiscais movidas pela Fazenda Nacional:

"Contudo, a suscitação da dúvida devolve a qualificação, em sua totalidade, ao órgão julgador que não se restringe à análise dos fundamentos da recusa opostos pelo Oficial de Registro de Imóveis (C.S.M., Apelação Cível nº 33.111-0/3 da Comarca de Limeira, relator o Desembargador Márcio Martins Bonilha).

In casu, as notas de devolução de fls. 19 e 21 fazem referência à possibilidade de cancelamento das averbações das penhoras promovidas em execuções fiscais ajuizadas pela Fazenda Nacional contra a vendedora do imóvel, com amparo nos documentos apresentados pelo apelante, e ao fato de que a terceira penhora que grava o imóvel não seria impeditiva do registro porque foi posterior à escritura de compra e venda.

A certidão de fls. 23/29 demonstra que a alienante Aliança de Serviços Ltda. É proprietária da metade ideal do imóvel (R. 08 fls. 26/27) que foi penhorada em duas execuções fiscais movidas pela Fazenda Nacional (Av. 09 e Av. 10) e em execução de débito trabalhista (Av. 11).

Embora a penhora na execução trabalhista não impeça o registro, porque subsistirá à compra e venda, igual não ocorre com as penhoras em execuções fiscais movidas pela Fazenda Nacional que, conforme precedentes deste Col. Conselho Superior da Magistratura, vedam o acesso ao registro de atos de alienação voluntária em razão da indisponibilidade decorrente do art. 53, § 1º, da Lei nº 8.212/91. Nesse sentido:

"REGISTRO DE IMÓVEIS – DÚVIDA – ESCRITURA PÚBLICA DE CONFISSÃO DE DÍVIDA COM PACTO ADJETO DE CONSTITUIÇÃO DE PROPRIEDADE FIDUCIÁRIA E OUTRAS AVENÇAS – IMÓVEL INDISPONÍVEL – PENHORA, EM EXECUÇÃO FISCAL, A FAVOR DA FAZENDA NACIONAL E DA UNIÃO – RECUSA DO REGISTRO COM BASE NO ARTIGO 53, § 1º, LEI 8.212/91 – ALIENAÇÃO VOLUNTÁRIA – IRRELEVÂNCIA DA AQUISIÇÃO ANTERIOR POR ALIENAÇÃO FORÇADA – REGISTRO INVIÁVEL – DÚVIDA PROCEDENTE – RECURSO DESPROVIDO, COM OBSERVAÇÃO" [1] (g.n.).

Consta dos autos certidão e mandado autorizando o cancelamento da averbação da penhora promovida pela Fazenda Nacional no Processo nº 171/05, averbada sob nº 09 (fls. 12 e 27), e da penhora averbada sob nº 11, promovida na ação de execução trabalhista (fls. 13 e 28).

Não foi apresentado, porém, mandado ou certidão para o cancelamento da penhora averbada sob nº 10, em 28 de abril de 2015, que foi realizada em execução fiscal movida pela Fazenda Nacional que tem curso no Setor de Execuções Fiscais da Comarca de Itatiba, Processo nº 160/08.

Portanto, subsiste o impedimento para o registro do contrato de alienação voluntária do imóvel em razão de indisponibilidade decorrente da averbação de penhora promovida em execução fiscal movida pela Fazenda Nacional, do que decorre a procedência da dúvida" (fls. 114/116).

Por outro lado, não é possível complementar ou alterar o título depois da suscitação do procedimento de dúvida, pois implicaria em indevida prorrogação do prazo de validade da prenotação, em detrimento de outros apresentantes de títulos representativos de direito conflitantes.

Em razão disso, eventual mandado para o cancelamento da penhora que foi reconhecida como impeditiva do registro, que não instruiu o título objeto da suscitação da dúvida, deverá ser apresentado diretamente ao Oficial de Registro de Imóveis, com requerimento de averbação, para as providências que forem pertinentes.

Ante o exposto, **pelo meu voto rejeito os embargos de declaração**. **GERALDO FRANCISCO PINHEIRO FRANCO**

Corregedor Geral da Justiça e Relator Nota:

[1] TJSP; Apelação 3003761-77.2013.8.26.0019; Relator(a): Elliot Akel; Órgão Julgador: Conselho Superior de Magistratura; Foro de Americana - 1ª Vara Cível; Data do Julgamento: 03/06/2014; Data de Registro: 16/06/2014. (DJe de 03.07.2019 - SP)

INVENTÁRIO E PARTILHA

PODER JUDICIÁRIO

TRIBUNAL DE JUSTIÇA DO ESTADO DE SÃO PAULO

CONSELHO SUPERIOR DA MAGISTRATURA

Apelação nº 1000604-91.2017.8.26.0116

Registro: 2018.0000726428

ACÓRDÃO

Vistos, relatados e discutidos estes autos do(a) **Apelação nº 1000604-91.2017.8.26.0116**, da Comarca de **Campos do Jordão**, em que é apelante **ESPÓLIO DE WILSON LUZ ROSCHEL, REPRESENTADO POR LUIZ FILIPE ARENDS ROSCHEL**, é apelado **OFICIAL DE REGISTRO DE IMÓVEIS E ANEXOS DA COMARCA DE CAMPOS DO JORDÃO**.

ACORDAM, em Conselho Superior de Magistratura do Tribunal de Justiça de São Paulo, proferir a seguinte decisão: **"Negaram provimento à apelação, v.u."**, de conformidade com o voto do Relator, que integra este Acórdão.

O julgamento teve a participação dos Exmos. Desembargadores **PEREIRA CALÇAS (PRESIDENTE TRIBUNAL DE JUSTIÇA) (Presidente), ARTUR MARQUES (VICE PRESIDENTE), DAMIÃO COGAN (DECANO), EVARISTO DOS SANTOS(PRES. DA SEÇÃO DE DIREITO PÚBLICO), CAMPOS MELLO (PRES. DA SEÇÃO DE DIREITO PRIVADO) E FERNANDO TORRES GARCIA(PRES. SEÇÃO DE DIREITO CRIMINAL).**

São Paulo, 13 de setembro de 2018.

GERALDO FRANCISCO PINHEIRO FRANCO

Corregedor Geral da Justiça e Relator

Apelação nº 1000604-91.2017.8.26.0116

Apelante: Espólio de Wilson Luz Roschel, representado por Luiz Filipe Arends Roschel

Apelado: Oficial de Registro de Imóveis e Anexos da Comarca de Campos do Jordão

VOTO Nº 37.564

Registro de Imóveis – Dúvida – Escritura Pública de Inventário e Partilha – Regime de Separação Obrigatória de Bens – Existência de compromisso de compra e venda entabulado e quitado enquanto o compromissário comprador era viúvo de primeiras núpcias – Existência de cessão onerosa de fração ideal na mesma escritura lavrada para cumprimento do compromisso – Ato translativo que impossibilita o ingresso do título – Inteligência da Súmula 377 do Eg. Supremo Tribunal Federal – Necessidade de prévia partilha dos bens deixados pela viúva pré-morta – Recurso desprovido.

Trata-se de apelação interposta pelo ESPÓLIO DE WILSON LUZ ROSCHEL contra r. sentença de fl. 141/144, da lavra do MM. Juiz Corregedor Permanente do Registro de Imóveis e anexos de Campos do Jordão, que julgou procedente a dúvida suscitada, mantendo o óbice ao ingresso de escritura de inventário e partilha de bens deixados pelo *de cujus*.

Sustenta o apelante que o imóvel foi adquirido pelo *de cujus* por compromisso particular de compra e venda, registrado e quitado, no estado de viúvo do primeiro matrimônio, sendo apenas a escritura lavrada quando estava casado, de modo que não houve comunicação do bem com a segunda esposa do falecido.

Entende, assim, não haver óbice ao registro da partilha, tal como apresentada. A D. Procuradoria de Justiça opinou pelo desprovimento do apelo (fl. 180/182). É o relatório.

DECIDO.

O recurso não comporta provimento.

Foi lavrada escritura de inventário e partilha em 14/11/2016 (fl. 90/99), relativa aos bens deixados pelo falecimento de *Wilson Luz Roschel*.

O imóvel matriculado na serventia imobiliária sob o nº 8.167 (fl. 61/62) foi adquirido pelo *de cujus* na constância do casamento com *Erica Wapler Roschel*, pré-morta em 31/05/2005, incidindo, então, a interpretação da súmula nº 377 do Eg. STF, quanto à comunicação dos bens adquiridos onerosamente em regime da separação legal.

A aquisição de direito de compromissário comprador pelo *de cujus* foi realizada no estado civil de viuvez do primeiro casamento (negócio jurídico de 28/10/1974, fl. 39/54).

O recorrente tem razão ao afirmar que a aquisição se operou em cumprimento de compromisso de compra e venda celebrado enquanto solteiro. Se fosse apenas por isso, a escritura lavrada em 18/06/1980 (fl. 119/126) teria ingresso no registro imobiliário, já que o compromisso já estaria quitado integralmente quando da lavratura da escritura, em cumprimento à promessa de compra e venda.

Ocorre que a mesma escritura não retrata apenas o cumprimento do compromisso de compra venda. Há outra avença entabulada: a cessão onerosa de direitos correspondentes à metade ideal de *Maria José Araújo Arents*, feita, no mesmo ato, em favor do *de cujus*, casado à época em regime de separação obrigatória de bens (fl. 123).

É justamente essa cessão onerosa de direitos que inviabiliza o ingresso do título.

O registro do título aquisitivo faz presumir a propriedade e Produz todos os efeitos legais enquanto não for cancelado, ainda que, por outro modo, haja prova de que o título foi desfeito, anulado, extinto ou rescindido (art. 252 da Lei nº 6.015/73).

Portanto, a matrícula faz presumir que o *de cujus* adquiriu a metade ideal do imóvel, por cessão onerosa, quando era casado pelo regime da separação legal de bens, fato ocorrido na vigência do Código Civil de 1916.

Incidem, neste caso, os art. 195 e 237 da Lei nº 6.015/77, que dispõem:

"Art. 195. Se o imóvel não estiver matriculado ou registrado em nome do outorgante, o oficial exigirá a prévia matrícula e o registro do título anterior, qualquer que seja a sua natureza, para manter a continuidade do registro.

Art. 297. Ainda que o imóvel esteja matriculado, não se fará registro que dependa da apresentação de título anterior, a fim de que se preserve a continuidade do registro."

Igual conclusão decorre da lição de AFRÂNIO DE CARVALHO:

> "O princípio da continuidade, que se apoia no de especialidade, quer dizer que, em relação a cada imóvel, adequadamente individuado, deve existir uma cadeia de titularidade à vista da qual só se fará a inscrição de um direito se o outorgante dele aparecer no registro como seu titular. Assim, as sucessivas transmissões, que derivam umas das outras, asseguram sempre a preexistência do imóvel no patrimônio do transferente. Ao exigir que cada inscrição encontre sua procedência em outra anterior, que assegure a legitimidade da transmissão ou da oneração do direito, acaba por transformá-la no elo de uma corrente ininterrupta de assentos, cada um dos quais se liga ao seu antecedente, como o seu subseqüente a ele se ligará posteriormente. Graças a isso o Registro de Imóveis inspira confiança ao público. (Registro de Imóveis, 4ª edição, Ed.Forense, 1998, pág. 253)."

Embora haja certa discussão doutrinária a respeito da aplicabilidade de tal Súmula, após a entrada em vigor do Código Civil de 2002, a posição deste C. Conselho Superior da Magistratura é a de que ela ainda produz efeitos.

Nesse sentido:

> "REGISTRO DE IMÓVEIS – Dúvida. Escritura pública de venda e compra de imóvel. Aquisição da nua- propriedade pela mulher e do usufruto pelo marido. Regime de separação obrigatória de bens. Falecimento do cônjuge usufrutuário. Cancelamento do usufruto vitalício. Recusa do registro da compra e venda realizada pelo cônjuge sobrevivente sem a apresentação do formal de partilha. Comunicação dos aquestos nos termos da Súmula 377 do Supremo Tribunal Federal. Recusa do registro mantida. Recurso não provido" (Apelação nº 0000376-81.2013.8.26.0114, Rel. Des. Elliot Akel, j. em 18/3/2014). REGISTRO DE IMÓVEIS. Dúvida julgada procedente. Negativa de registro de escritura pública de alienação de imóvel sem prévio inventário do cônjuge pré-morto. Regime de separação legal de bens. Imóvel adquirido na constância do casamento. Comunicação dos aquestos. Súmula 377 do Supremo Tribunal Federal. Ofensa ao princípio da continuidade. Registro inviável. Recurso não provido" (Apelação nº 0045658- 92.2010.8.26.0100, Rel. Des. Maurício Vidigal, j. em 27/10/2011)."

Considerando, pois, que a cessão onerosa ocorrera na constância de casamento celebrado sob o regime da separação obrigatória de bens, estabeleceu-se entre os cônjuges uma comunhão, que não se confunde com o condomínio.

Acerca da distinção, ensina LUCIANO DE CAMARGO PENTEADO:

"No condomínio há sempre duas facetas: a pluralidade de situações jurídicas e a pluralidade de sujeitos associados e organizados (Massimo Bianca). Preserva-se a possibilidade de personificação, mas esta não é necessária nem constitutiva de condomínio enquanto realidade. Na comunhão, não há essa possibilidade, porque os interesses não são unidirecionais e não há situações jurídicas diversas para pessoas diversas, mas as mesmas situações pertencentes simultaneamente a mais de uma pessoa. Na comunhão verifica-se uma situação jurídica em que o mesmo direito sobre determinada coisa comporta diferentes sujeitos. No condomínio ressalta-se o estado de indivisão de coisa, com direitos distintos, incidindo sobre partes do mesmo objeto, direitos estes que pertencem a sujeitos igualmente diversos ("Direito das Coisas"; 2ª ed. rev. atual. e ampl.; Editora Revista dos Tribunais; 2012; p. 454)."

Ademais, não há dúvidas de que a fração ideal do imóvel adquirido pelo casal, na constância do casamento, observado o regime legal de bens, pertence em sua totalidade a ambos os cônjuges.

Ao inventário é levado o todo, somente sendo apurada a parte pertencente a cada um deles com a extinção da comunhão. Em hipótese semelhante, já se decidiu que:

"REGISTRO DE IMÓVEIS - DÚVIDA – Registro de formal de partilha – Transmissão de parte ideal de Imóvel a viúva e herdeiros – Partilha que recai sobre a totalidade do bem – Hipoteca realizada em financiamento imobiliário que não afasta a norma geral – Acerto das exigências formuladas pelo Registrador – Recurso não provido. (TJSP; Apelação 0016589-34.2012.8.26.0071; Relator (a): José Renato Nalini; Órgão Julgador: Conselho Superior de Magistratura; Foro de Bauru - 1ª. Vara Cível; Data do Julgamento: 26/09/2013; Data de Registro: 04/10/2013)."

Necessário, assim, seja registrada, primeiramente, a partilha dos bens deixados por *Erica Wapler Roschel*, falecida no estado civil de casada com o *de cujus, Wilson Luz Roschel*, pelo regime da separação obrigatória de bens, nos termos do art. 258 do Código Civil de 1916, vigente à época.

Correto, portanto, o posicionamento do Oficial de Registro, uma vez que a meação do cônjuge sobrevivente participa do estado indiviso do bem levado à partilha, salvo se, de forma diversa, vier a ser expressamente decidido pelo juízo do inventário.

Por estas razões, pelo meu voto, nego provimento à apelação.

GERALDO FRANCISCO PINHEIRO FRANCO

Corregedor Geral da Justiça e Relator (DJe de 07.02.2019 - SP)

PODER JUDICIÁRIO

TRIBUNAL DE JUSTIÇA DO ESTADO DE SÃO PAULO

CONSELHO SUPERIOR DA MAGISTRATURA

Apelação nº 1000188-90.2017.8.26.0418

Registro: 2018.0000694985

ACÓRDÃO

Vistos, relatados e discutidos estes autos do(a) **Apelação nº 1000188-90.2017.8.26.0418**, da Comarca de **Paraibuna**, em que são partes é apelante **FRANCISCA IDILVA BARBOSA DO CARMO**, é apelado **OFICIAL DE REGISTRO DE IMÓVEIS E ANEXOS DA COMARCA DE PARAIBUNA.**

ACORDAM, em Conselho Superior de Magistratura do Tribunal de Justiça de São Paulo, proferir a seguinte decisão: **"Não conheceram do recurso. V. U. Julgaram prejudicada a dúvida e não conheceram da apelação, v.u."**, de conformidade com o voto do Relator, que integra este Acórdão.

O julgamento teve a participação dos Exmos. Desembargadores **PEREIRA CALÇAS (PRESIDENTE TRIBUNAL DE JUSTIÇA) (Presidente), ARTUR MARQUES (VICE PRESIDENTE), DAMIÃO COGAN (DECANO), EVARISTO DOS SANTOS(PRES. DA SEÇÃO DE DIREITO PÚBLICO), CAMPOS MELLO (PRES. DA SEÇÃO DE DIREITO PRIVADO) E FERNANDO TORRES GARCIA(PRES. SEÇÃO DE DIREITO CRIMINAL).**

São Paulo, 31 de agosto de 2018.

GERALDO FRANCISCO PINHEIRO FRANCO

Corregedor Geral da Justiça e Relator

Apelação nº 1000188-90.2017.8.26.0418

Apelante: Francisca Edilva Barbosa do Carmo

Apelado: Oficial de Registro de Imóveis e Anexos da Comarca de Paraibuna

VOTO Nº 37.548

Registro de Imóveis – Dúvida julgada procedente – Negativa de registro de escritura de inventário e partilha – Irresignação apenas parcial que prejudica a dúvida e impede o

acolhimento do recurso – Apelação não conhecida.

Inconformada com a r. sentença que julgou procedente dúvida suscitada pela Oficial de Registro de Imóveis e Anexos de Paraibuna/SP por não se harmonizar o título com o princípio da especialidade objetiva, entendendo a MM. Juíza Corregedora Permanente que a análise pormenorizada dos demais itens impugnados pela parte estavam prejudicados **[1]**, *Francisca Idilva Barbosa do Carmo* interpôs o presente recurso de apelação. Em suas razões de inconformismo, alega a apelante, em síntese, que a exigência formulada pela registradora é descabida, pois a descrição do imóvel na escritura de inventário está em conformidade com aquela constante no registro imobiliário, o que permite sua identificação **[2]**.

A Procuradoria Geral da Justiça opinou pelo não provimento da apelação **[3]**.

É o relatório.

Trata-se de dúvida suscitada pela Oficial do Registro de Imóveis e Anexos da Comarca de Paraibuna/SP, pretendendo a apelante o registro de escritura de inventário e partilha que envolve a parte ideal correspondente a 17,33% do imóvel matriculado sob nº 336 perante aquela serventia imobiliária.

Consoante se depreende da nota devolutiva elaborada após a análise do título apresentado pela parte, foram formuladas as seguintes exigências pela registradora:

"- Apresentar declaração assinada por todos os condôminos e seus respectivos cônjuges (com as firmas devidamente reconhecidas) a fim de indicar as partes ideais de titularidade de cada um no imóvel matriculado sob nº 336; - Apresentar os documentos necessários à retificação da descrição dos imóveis, quais sejam:

a) requerimento assinado pelo proprietário, com firma devidamente reconhecida;

b) material técnico (Mapa e Memorial descritivo elaborado por profissional habilitado com ART ou RRT e seu comprovante de pagamento) do imóvel, devidamente certificado pelo INCRA;

c) anuência dos confrontantes, e seus respectivos cônjuges, na planta ou em apartado com as firmas devidamente reconhecidas;

d) CCIR/INCRA 2010/2011/2012/2013/2014, devidamente quitado, acompanhado da declaração do ITR 2016, devidamente quitada;

e) Cadastro Ambiental Rural - CAR. - Apresentar os documentos necessários ao destaque da parte pertencente a José Carlos do Carmo e sua mulher Idilva Barbosa do Carmo, quais sejam:

a) requerimento assinado pelo proprietário, com firma devidamente reconhecida;

b) material técnico (Mapa e Memorial descritivo elaborado por profissional habilitado com ART ou RRT e seu comprovante de pagamento) da área destacada e do remanescente;

c) CCIR/INCRA 2015/2016, devidamente quitado, acompanhado da declaração do ITR 2016, devidamente quitada."

Ocorre que, uma vez informada do teor da nota devolutiva, a interessada limitou-se a discordar dos óbices apresentados pela registradora em relação à necessidade de: a) apresentar declaração assinada por todos os condôminos e seus respectivos cônjuges (com as firmas devidamente reconhecidas) a fim de indicar as partes ideais de titularidade de cada um no imóvel; b) apresentar os documentos necessários à retificação da descrição dos imóveis; e c) apresentar os documentos necessários ao destaque da parte pertencente a José Carlos do Carmo e sua mulher Idilva Barbosa do Carmo **[4]**. Ou seja, em que pese afirmar que o princípio da especialidade objetiva foi respeitado e argumentar que não houve pedido de destaque de área, deixou de impugnar a exigência referente aos CCIR/INCRA, devidamente quitado, acompanhados da declaração do ITR 2016, também devidamente quitada, bem como em relação ao Cadastro Ambiental Rural - CAR.

Sendo assim, ante a impugnação parcial das exigências formuladas pela Oficial, resta prejudicada a dúvida.

Com efeito, a concordância com os demais óbices apresentados prejudica a dúvida, que só admite duas soluções: a determinação do registro do título protocolado e prenotado, que é analisado, em reexame da qualificação, tal como se encontrava no momento em que surgida dissensão entre o apresentante e o Oficial de Registro de Imóveis; ou a manutenção da recusa do Oficial.

Para que se possa decidir se o título deve ser registrado ou não, é preciso que todas as exigências – e não apenas algumas delas – sejam reexaminadas pelo Corregedor Permanente. Isso porque, em caso de impugnação parcial, permanecerão óbices que prejudicarão o ingresso do título no registro imobiliário.

Essa circunstância impede o conhecimento da apelação, consoante pacífico entendimento deste Conselho Superior da Magistratura: *Apelação 0001724-22.2015.8.26.0355,* Relator Des.

Pinheiro Franco, j. 9/3/2018; Apelação 1001619-57.2016.8.26.0431, Relator Des. Pinheiro Franco, j. 28/3/2018; Apelação n. 990.10.325.599-2, Rel. Des. Antônio Carlos Munhoz Soares, j. 14/12/2010; Apelação n. 990.10.030.839-4, Rel. Des. Marco César Müller Valente, j. 30/6/2010; Apelação n. 0011799-78.2010.8.26.0070, Rel. Maurício Vidigal, j. 7/11/2011, Apelação n. 17-6/0, Rel. Des. Luiz Tâmbara, j. 7/11/2003 e Apelação n. 7.120-0/9, Rel. Des. Sylvio do Amaral, j. 1/6/1987.

Diante do exposto, julgo prejudicada a dúvida e **não conheço** da apelação.

GERALDO FRANCISCO PINHEIRO FRANCO

Corregedor Geral da Justiça e Relator

Notas:

[1] Fls. 143/146.

[2] Fls. 153/157.

[3] Fls. 177/180.

[4] Fls. 66/74. (DJe de 01.03.2019 - SP)

PODER JUDICIÁRIO

TRIBUNAL DE JUSTIÇA DO ESTADO DE SÃO PAULO

CONSELHO SUPERIOR DA MAGISTRATURA

Apelação nº 1035377-16.2017.8.26.0100

Registro: 2018.0000726422

ACÓRDÃO

Vistos, relatados e discutidos estes autos do(a) **Apelação nº 1035377-16.2017.8.26.0100**, da Comarca de **São Paulo**, em que são partes é apelante **MINISTÉRIO PÚBLICO DO ESTADO DE SÃO PAULO**, é apelado **DÉCIO DELFINI MAZIERO**.

ACORDAM, em Conselho Superior de Magistratura do Tribunal de Justiça de São Paulo, proferir a seguinte decisão: **"Negaram provimento ao recurso e mantiveram a r. sentença que julgou a dúvida improcedente, v.u."**, de conformidade com o voto do Relator, que integra este Acórdão.

O julgamento teve a participação dos Exmos. Desembargadores **PEREIRA CALÇAS (PRESIDENTE TRIBUNAL DE JUSTIÇA) (Presidente), ARTUR MARQUES (VICE PRESIDENTE), DAMIÃO COGAN (DECANO), EVARISTO DOS SANTOS(PRES. DA SEÇÃO DE DIREITO PÚBLICO), CAMPOS MELLO (PRES. DA SEÇÃO DE DIREITO PRIVADO) E FERNANDO TORRES GARCIA(PRES. SEÇÃO DE DIREITO CRIMINAL).**

São Paulo, 13 de setembro de 2018.

GERALDO FRANCISCO PINHEIRO FRANCO

Corregedor Geral da Justiça e Relator

Apelação nº 1035377-16.2017.8.26.0100

Apelante: Ministério Público do Estado de São Paulo

Apelado: Décio Delfini Maziero

VOTO Nº 37.516

Registro de Imóveis – Dúvida inversa julgada improcedente – Escritura pública de inventário e partilha de bens, com reconhecimento de união estável mantida pela autora da herança – Imóvel adquirido durante a união estável na proporção de 80% pela autora da herança e 20% pelo companheiro – Atribuição, na partilha, da

totalidade do imóvel ao companheiro sobrevivente – Possibilidade porque a partilha foi promovida em conjunto por todos os herdeiros e pelo companheiro sobrevivente que reconheceram estar o imóvel sujeito, em sua totalidade, ao regime legal da comunhão parcial de bens – Recurso não provido.

Trata-se de apelação interposta pelo Ministério Público do Estado de São Paulo contra r. sentença que julgou improcedente a dúvida inversamente suscitada em razão da recusa do Sr. 14º Oficial de Registro de Imóveis da Comarca de São Paulo em promover o registro de escritura pública de inventário e partilha na matrícula nº 155.398.

O apelante alega, em suma, que foi apresentada para registro escritura pública de inventário e partilha dos bens deixados pelo falecimento de Fátima Solange Antunes em que se atribuiu ao companheiro sobrevivente a totalidade do imóvel objeto da matrícula nº 155.398 do 14º Registro de Imóveis de São Paulo. Afirmou que o imóvel foi comprado na proporção de 80% pela companheira e 20% pelo companheiro sobrevivente, o que faz presumir que sobre o bem não incidiu a presunção de meação decorrente do regime da comunhão parcial. Disse que deve ser respeitada a declaração de vontade manifestada pelos companheiros no momento da aquisição do imóvel, pois do inventário e partilha participaram somente seus herdeiros. Requereu a reforma da r. sentença para a manutenção da recusa do registro.

O apelado apresentou contrarrazões em que pugnou pela manutenção da r. sentença (fls. 219/228). A douta Procuradoria Geral de Justiça opinou pelo provimento do recurso (fls. 235/237).

É o relatório.

A certidão de fls. 103/104 demonstra que Fátima Solange Antunes e Décio Delfini Maziero, ambos solteiros, adquiriram o imóvel objeto da matrícula nº 155.398 do 14º Registro de Imóveis de São Paulo em 22 de julho de 2009, na proporção de 80% para a primeira e 20% para o segundo.

Fátima Solange Antunes faleceu em 13 de agosto de 2016 sem deixar descendentes, constando da certidão de fls. 37 que mantinha união estável com Décio.

Com o falecimento de Fátima foi promovido o inventário e partilha de bens em que, conforme a escritura pública de fls. 108/115, os herdeiros ascendentes e o companheiro sobrevivente reconheceram a existência de união estável mantida a partir de 10 de março de 1991, com adoção do regime de comunhão parcial de bens (fls. 109/110), e atribuíram o imóvel, em sua totalidade, ao companheiro sobrevivente (fls. 110/111 e 113).

Portanto, neste caso concreto houve reconhecimento de que o imóvel ficou sujeito ao regime da comunhão parcial de bens em sua totalidade, o que ensejou o inventário e a partilha também da integralidade do bem, ou seja, dos quinhões pertencentes a ambos os companheiros.

Ademais, na matrícula nº 155.398 (fls. 103/104) e na escritura pública de compra do imóvel (fls. 145/147) não consta que os quinhões atribuídos aos proprietários consistiam em bens reservados e a presunção nesse sentido, que supostamente decorreria do registro, não prevalece diante da declaração em sentido contrário que foi realizada pelos herdeiros e pelo companheiro sobrevivente na escritura pública de inventário e partilha.

Isso porque se cuida de direito patrimonial e, assim, disponível, o que faz prevalecer o negócio jurídico celebrado entre o companheiro e os demais herdeiros para a partilha do bem.

Ante o exposto, pelo meu voto nego provimento ao recurso e mantenho a r. sentença que julgou a dúvida improcedente.

GERALDO FRANCISCO PINHEIRO FRANCO

Corregedor Geral da Justiça e Relator (DJe de 18.03.2019 - SP)

PODER JUDICIÁRIO

TRIBUNAL DE JUSTIÇA DO ESTADO DE SÃO PAULO

CONSELHO SUPERIOR DA MAGISTRATURA

Apelação nº 1034876-28.2018.8.26.0100

Registro: 2019.0000197908

ACÓRDÃO

Vistos, relatados e discutidos estes autos de **Apelação nº 1034876-28.2018.8.26.0100**, da Comarca de **São Bernardo do Campo**, em que é apelante **ESPÓLIO DE JOSÉ CARLOS MONTEIRO (REPRES. LUCIANA LOPES MONTEIRO PACE)**, é apelado 1º **OFICIAL DE REGISTRO DE IMÓVEIS E ANEXOS DA COMARCA DE SÃO BERNARDO DO CAMPO.**

ACORDAM, em Conselho Superior de Magistratura do Tribunal de Justiça de São Paulo, proferir a seguinte decisão: **"Negaram provimento ao recurso, v.u.",** de conformidade com o voto do Relator, que integra este acórdão.

O julgamento teve a participação dos Exmos. Desembargadores **PEREIRA CALÇAS (PRESIDENTE TRIBUNAL DE JUSTIÇA) (Presidente), ARTUR MARQUES (VICE PRESIDENTE), XAVIER DE AQUINO (DECANO), EVARISTO DOS SANTOS(PRES. DA SEÇÃO DE DIREITO PÚBLICO), CAMPOS MELLO (PRES. DA SEÇÃO DE DIREITO PRIVADO) E FERNANDO TORRES GARCIA(PRES. SEÇÃO DE DIREITO CRIMINAL).**

São Paulo, 14 de março de 2019.

GERALDO FRANCISCO PINHEIRO FRANCO

Corregedor Geral da Justiça e Relator

Apelação nº 1034876-28.2018.8.26.0100

Apelante: Espólio de José Carlos Monteiro (Repres. Luciana Lopes Monteiro Pace)

Apelado: 1º Oficial de Registro de Imóveis e Anexos da Comarca de São Bernardo do Campo

VOTO Nº 37.693

Registro de imóveis – Escritura de inventário e partilha – Imóveis permutados no curso de inventário judicial – Bens que passaram a integrar o patrimônio do espólio – Necessidade de comprovação de recolhimento de Imposto de Transmissão causa mortis-ITCMD ou prova de sua isenção – Dever do Oficial de velar pelo seu recolhimento – Ausência de discussão quanto ao acerto do cálculo, mas sim à não apresentação dos imóveis à repartição fiscal estadual – Recurso desprovido.

Trata-se de apelação interposta pelo ESPÓLIO DE JOSÉ CARLOS MONTEIRO contra a r. sentença de fl. 164/167, que manteve a recusa levantada pelo 1º Oficial de Registro de Imóveis e Anexos da Comarca de São Bernardo do Campo, negando registro de escritura pública de inventário e partilha, em razão da não apresentação de prova de quitação/ isenção do ITCMD.

O recorrente afirma que a negativa não se aplica, não sendo exigível o comprovante de recolhimento de ITCM sobre a partilha de apartamentos, vez que as transmissões ocorreram após o falecimento do autor da herança, já na constância do processo de inventário.

Requereu a gratuidade de justiça.

A D. Procuradoria Geral de Justiça opinou pelo desprovimento do recurso (fl. 193/195). É o relatório.

Prejudicado o pedido de assistência judiciária, por se tratar de procedimento isento de custas, despesas e honorários advocatícios.

Presentes pressupostos recursais e administrativos, conheço do recurso. No mérito, a r. sentença deve ser integralmente confirmada.

Cuida-se de escritura pública de inventário e partilha (fl. 7/36, retificada pela ata de fls.37/38) dos bens deixados por *José Carlos Monteiro*, relativa aos imóveis matriculados sob os n°s 140.627, 140.628, 140.629, 140.756, 140.760 e 140.761 daquela serventia imobiliária (fl. 68/93).

A referida partilha fora precedida de inventário judicial (autos n° 1030036-83.2014.8.26.0562, 3ª Vara da Família e Sucessões da Comarca de Santos) e, durante a tramitação do feito judicial, o espólio obteve alvará (fl. 63) para dar cumprimento a compromisso de compra e venda de um imóvel no Guarujá, recebendo, como parte do pagamento, os imóveis das matrículas acima descritas (itens 5.1.22 a 5.1.27 às fls. 24/28 e referidos na ata de fls. 37), localizados em São Bernardo do Campo/SP.

Agora, pela referida escritura de inventário e partilha, os herdeiros buscam partilhar os seis imóveis matriculados no 1º Registro de Imóveis de São Bernardo do Campo/SP.

Tratando-se de ITCMD, este Eg. Conselho Superior da Magistratura tem seguido a linha de que não cabe ao Oficial Registrador aferir a regularidade do valor apurado a título do referido imposto:

REGISTRO DE IMÓVEIS – DÚVIDA – FORMAL DE PARTILHA – Registro negado, ao argumento de recolhimento a menor de ITCMD – Impossibilidade não pode o sr. Oficial obstar registro por entender que o valor recolhido a título de tributo é inferior ao devido dúvida improcedente recurso provido. (Apelação n.º 1066691- 48.2015.8.26.0100, Rel. Des. PEREIRA CALÇAS).

REGISTRO DE IMÓVEIS – Dúvida julgada improcedente determinando o registro do formal de partilha – Recusa do Oficial de Registro de Imóveis fundada na necessidade de manifestação da Fazenda Pública sobre o acerto do recolhimento do ITCMD – Impossibilidade de análise do mérito do título judicial – Possível divergência quanto ao valor do tributo que comporta cobrança pela Fazenda na esfera administrativa e judicial – Inexistência de impedimento para o registro – Recurso não provido. (Apelação Cível n° 0000503-16.2012.8.26.0579, Rel. Des. JOSÉ RENATO NALINI).

Ocorre que aqui não se trata de apuração do valor recolhido.

O caso aqui é de não apresentação dos imóveis à Secretaria da Fazenda para cálculo do imposto, ou sua eventual isenção.

E o art. 289 da Lei n° 6.015/73 é expresso ao indicar que é dever do registrador fiscalizar o pagamento dos tributos incidentes:

> Art. 289. No exercício de suas funções, cumpre aos oficiais de registro fazer rigorosa fiscalização do pagamento dos impostos devidos por força dos atos que lhes forem apresentados em razão do ofício.

A omissão do titular da delegação pode levar à sua responsabilidade solidária no pagamento do tributo, nos termos do art. 134, VI, do Código Tributário Nacional-CTN.

Assim, não é possível o ingresso do título sem que os bens partilhados tenham sido submetidos à Secretaria da Fazenda, por intermédio da declaração de ITCMD.

O requerente afirma não haver incidência de ITCMD porque os imóveis foram recebidos pelo espólio após o falecimento do autor, negociados pela viúva e herdeiros, baseando-se no inciso II, do art. 5º da Lei 10.705/2000.

Ocorre que a competência para imposição do recolhimento, ou mesmo sua isenção, é de competência da repartição fiscal estadual, não podendo ser tal atribuição afastada em sede administrativa.

De fato, o art. 5º da Lei 10.705/2000 dispõe que:

> Artigo 5º - O imposto não incide:
>
> (...)
>
> *II* - sobre o fruto e rendimento do bem do espólio havidos após o falecimento do autor da herança ou legado; Sucede que a hipótese aqui não diz respeito aos frutos, que são riquezas normalmente produzidas por um bem, sem que haja seu esgotamento, mas sim as unidades sub-rogadas no bem dado em permuta pelo espólio,

mediante alvará, passando a integrar o patrimônio do espólio e que ora se busca partilhar.

Na hipótese em exame, reitera-se, os bens permutados foram em seguida partilhados por sucessão *causa mortes*, o que atrai a atribuição da Fazenda Estadual para apurar se o caso é de imposição do ITCMD, nos termos dos art.8°, I, 21, II e 25 da Lei Estadual n° 10.705/2000.

Nestes termos, inafastável a necessidade dos bens imóveis serem submetidos à declaração de ITCMD, cabendo à Fazenda Estadual se manifestar quanto ao cálculo ou eventual isenção tributária.

Ante o exposto, nego provimento ao recurso.

GERALDO FRANCISCO PINHEIRO FRANCO

Corregedor Geral da Justiça e Relator (DJe de 09.04.2019 - SP)

PODER JUDICIÁRIO

TRIBUNAL DE JUSTIÇA DO ESTADO DE SÃO PAULO

CONSELHO SUPERIOR DA MAGISTRATURA

Apelação n° 1109068-29.2018.8.26.0100

Registro: 2019.0000293903

ACÓRDÃO

Vistos, relatados e discutidos estes autos de **Apelação Cível nº 1109068-29.2018.8.26.0100**, da Comarca de **São Paulo**, em que é apelante **EDMUNDO RASPANTI FILHO**, é apelado **8º OFICIAL DE REGISTRO DE IMÓVEIS DA COMARCA DA CAPITAL.**

ACORDAM, em Conselho Superior de Magistratura do Tribunal de Justiça de São Paulo, proferir a seguinte decisão: **"Negaram provimento ao recurso e mantiveram a recusa do registro do formal de partilha, v.u.",** de conformidade com o voto do Relator, que integra este acórdão.

O julgamento teve a participação dos Exmos. Desembargadores **PEREIRA CALÇAS (PRESIDENTE TRIBUNAL DE JUSTIÇA) (Presidente), ARTUR MARQUES (VICE PRESIDENTE), XAVIER DE AQUINO (DECANO), EVARISTO DOS SANTOS(PRES. DA SEÇÃO DE DIREITO PÚBLICO), CAMPOS MELLO (PRES. DA SEÇÃO DE DIREITO PRIVADO) E FERNANDO TORRES GARCIA(PRES. SEÇÃO DE DIREITO CRIMINAL).**

GERALDO FRANCISCO PINHEIRO FRANCO

Corregedor Geral da Justiça e Relator

Apelação Cível nº 1109068-29.2018.8.26.0100

Apelante: Edmundo Raspanti Filho

Apelado: 8º Oficial de Registro de Imóveis da Comarca da Capital

VOTO Nº 37.727

Registro de Imóveis – Dúvida julgada procedente – Partilha realizada em ação de inventário de bens – Imposto de transmissão "inter vivos" – Cessão de direitos hereditários, com previsão de pagamento de quantia em dinheiro para a reposição do valor correspondente ao quinhão da herança da cedente – Necessidade de comprovação da declaração e do recolhimento do imposto de transmissão "inter vivos", ou de prova de que a não incidência, ou a prescrição, foram reconhecidos pela autoridade competente – Recurso não provido.

Trata-se de apelação interposta contra r. sentença que julgou procedente dúvida suscitada pelo Sr. 8º Oficial de Registro de Imóveis da Comarca de São Paulo e manteve a negativa de registro de formal de partilha extraído de ação de inventário de bens porque não foi comprovado o recolhimento do imposto de transmissão "inter vivos" incidente na cessão, a título oneroso, promovida pela herdeira em relação ao seu quinhão no imóvel objeto da matrícula nº 52.811.

O apelante alegou, em suma, que a partilha foi homologada por r. sentença que transitou em julgado em 15 de agosto de 2011. Disse que em razão do decurso do prazo de cinco anos ocorreu a prescrição que afasta a exigibilidade do tributo e, portanto, a comprovação do seu pagamento. Asseverou que o parágrafo único do art. 195 do Código Tributário Nacional dispensa a conservação dos comprovantes de liquidação dos débitos tributários prescritos e que em razão disso não é obrigado a promover a prova do pagamento do Imposto de Transmissão "Inter Vivos" - ITBI. Por fim, caberia ao Oficial de Registro de Imóveis solicitar a manifestação da Fazenda Municipal se tivesse suspeita de interrupção da prescrição. Requereu o provimento do recurso para que seja promovido o registro do formal de partilha (fls. 361/364).

A douta Procuradoria Geral de Justiça opinou pelo não provimento do recurso (fls. 381/383).

O apelante, a seguir, afirmou que não se aplica o disposto no art. 1.245 do Código Civil porque se cuida de transmissão ocorrida "causa mortis" (fls. 387/389).

É o relatório.

Foi apresentado para registro o formal de partilha dos bens deixados pelo falecimento de Clotilde Muller Raspanti, extraído do Processo nº 0622047-32.2008.8.26.0100 da 9ª Vara da Família e das Sucessões da Comarca da Capital (fls. 57 e seguintes), em que a herdeira Gisela Pellegrini Granito cedeu ao apelante seu quinhão nos bens que recebeu por sucessão hereditária, nesses incluídos os direitos sobre 25% do imóvel objeto da matrícula nº 52.811 do 8º Oficial de Registro de Imóveis da Comarca de São Paulo (fls. 237/247).

Essa cessão foi realizada a título oneroso (fls. 191/196, 237/247 e 269), mediante pagamento em favor da cedente do valor correspondente ao quinhão que deixou de receber pela sua participação na herança, o que torna exigível a comprovação do recolhimento do Imposto de Transmissão "Inter Vivos" – ITBI em relação aos bens imóveis.

E ao contrário do alegado às fls. 387/389, a origem dos bens cedidos não afasta a incidência do Imposto de Transmissão "Inter Vivos" – ITBI porque a transmissão "causa mortis" ocorreu entre a autora da herança e a herdeira Gisela, ao passo que a cessão onerosa promovida em favor do apelante tem natureza jurídica de compra e venda.

Por sua vez, e como previsto no art. 289 da Lei nº 6.015/73, sendo o formal de partilha representativo de transmissão de domínio de bem imóvel compete ao Oficial de Registro de Imóveis exigir a comprovação do imposto devido pelo negócio jurídico que foi celebrado entre os herdeiros, de cessão onerosa de direitos hereditários, pois, *in casu*, essa prova não integra os documentos que compõem o título a ser registrado:

"Art. 289. No exercício de suas funções, cumpre aos oficiais de registro fazer rigorosa fiscalização do pagamento dos impostos devidos por força dos atos que lhes forem apresentados em razão do ofício".

Outrossim, e como se verifica nos precedentes deste Col. Conselho Superior da Magistratura, o procedimento de dúvida não é a via adequada para o reconhecimento da prescrição relativa ao imposto de transmissão devido pela cessão onerosa de direitos sobre imóvel. Nesse sentido:

*"Registro de Imóveis - Formal de Partilha - Ausência de recolhimento de Imposto de Transmissão "**causa mortis**" - Dever do Oficial de velar pelo recolhimento - Impossibilidade de reconhecimento de decadência ou prescrição pela via administrativa - Recurso desprovido"* (CSM, Apelação Cível nº 1042731-63.2015.8.26.0100, Rel. Desembargador Pereira Calças)

O procedimento de dúvida, que é de natureza administrativa, tem por finalidade exclusiva a análise da dissensão entre o apresentante e o Oficial de Registro de Imóveis sobre os fundamentos adotados para a recusa do registro.

A par da natureza administrativa, o titular do crédito tributário não participa do procedimento de dúvida e, em decorrência, não pode ser atingido pelo pretendido reconhecimento da prescrição.

Ademais, em razão de sua natureza o procedimento de dúvida não comporta o chamamento do credor tributário para comprovar eventual causa interruptiva da prescrição.

Por fim, as informações lançadas pelo contador judicial às fls. 291 e 299 disseram respeito às custas da ação do inventário e não implicam em declaração judicial da não incidência do Imposto de Transmissão "Inter Vivos" – ITBI.

Contudo, a natureza administrativa da dúvida não impede que o apelante obtenha a declaração, pela via própria, de que o imposto de transmissão "inter vivos" foi quitado, ou não é exigível em razão da prescrição, com posterior reapresentação do título instruído com a prova do pagamento, ou do reconhecimento da não exigibilidade do tributo.

Ante o exposto, nego provimento ao recurso e mantenho a recusa do registro do formal de partilha.

GERALDO FRANCISCO PINHEIRO FRANCO

Corregedor Geral da Justiça e Relator (DJe de 08.05.2019 - SP)

PODER JUDICIÁRIO

TRIBUNAL DE JUSTIÇA DO ESTADO DE SÃO PAULO

CONSELHO SUPERIOR DA MAGISTRATURA

Apelação nº 1003886-73.2018.8.26.0223

Registro: 2019.0000725535

ACÓRDÃO

Vistos, relatados e discutidos estes autos de **Apelação Cível nº 1003886-73.2018.8.26.0223**, da Comarca de

Guarujá, em que é apelante **MINISTÉRIO PÚBLICO DO EST. DE SP**, é apelado **SEBASTIÃO COSTA**.

ACORDAM, em Conselho Superior de Magistratura do Tribunal de Justiça de São Paulo, proferir a seguinte decisão: **"Por maioria de votos, negaram provimento, nos termos do voto do**

Desembargador Pereira Calças, que fica como relator designado. Vencidos os Desembargadores Evaristo dos Santos e Pinheiro Franco, que votaram por dar provimento ao recurso. Declarará voto convergente o Desembargador Campos Mello.", de conformidade com o voto do Relator, que integra este acórdão.

O julgamento teve a participação dos Exmos. Desembargadores **PEREIRA CALÇAS (PRESIDENTE TRIBUNAL DE JUSTIÇA), vencedor, PINHEIRO FRANCO (CORREGEDOR GERAL), vencido, PEREIRA CALÇAS (PRESIDENTE TRIBUNAL DE JUSTIÇA) (Presidente), ARTUR MARQUES (VICE PRESIDENTE), XAVIER DE AQUINO (DECANO), EVARISTO DOS SANTOS(PRES. DA SEÇÃO DE DIREITO PÚBLICO), CAMPOS MELLO (PRES. DA SEÇÃO DE DIREITO PRIVADO) E FERNANDO TORRES GARCIA(PRES. SEÇÃO DE DIREITO CRIMINAL).**

São Paulo, 27 de agosto de 2019

MANOEL DE QUEIROZ PEREIRA CALÇAS

Relator Designado

APELAÇÃO CÍVEL nº 1003886-73.2018.8.26.0223

Apelante: MINISTÉRIO PÚBLICO DO EST. DE SP

Apelado: SEBASTIÃO COSTA

COMARCA: GUARUJÁ

VOTO Nº 30.169

Registro de Imóveis – Dúvida inversa – Inventário extrajudicial – União estável formalizada por escritura pública com atribuição da propriedade exclusiva de imóvel em favor do companheiro falecido – Inaptidão da disposição para subtrair do companheiro supérstite sua condição de herdeiro universal, à falta de descendentes e ascendentes vivos – Regime sucessório dos conviventes definido por entendimento firmado pelo E. STF, em repercussão geral, a reconhecer a inconstitucionalidade do art. 1.790 do CC 2002 – Desnecessária aquiescência dos colaterais para a lavratura de escritura pública de inventário e adjudicação do único imóvel integrante do monte mor – Presumível subsistência da união estável formalizada até a abertura da sucessão – Ausência de impugnação ou indícios de dissolução de fato da relação de convivência, expressamente referida por um dos irmãos do de cujus, declarante do óbito – Recurso não provido.

Vistos.

Cuida-se de recurso de apelação interposto pelo Ministério Público do Estado de São Paulo contra r. sentença pela qual o MM. Juiz Corregedor Permanente da Serventia de Registro de Imóveis da Comarca do Guarujá, **Dr. Gustavo Gonçalves Alvarez**, refutou os óbices levantados pelo registrador em relação ao registro de escritura de inventário e adjudicação do imóvel matriculado sob o número 32.011.

O apelante reafirmou a incomunicabilidade *causa mortis* dos bens do autor da herança, tendo em vista a presença de cláusula nesse sentido na escritura pública de união estável celebrada pelos companheiros em vida.

O Desembargador Corregedor Geral da Justiça, em seu voto, rechaçou os argumentos deduzidos no apelo e manteve a solução adotada na sentença quanto a esse ponto. Todavia, levantou novo óbice para a realização do inventário extrajudicial no caso concreto:

"Não se desconhece a equiparação do companheiro ao cônjuge sobrevivente, que, com o advento do novo Código Civil, foi elevado à posição de herdeiro necessário, em concorrência com eventuais descendentes e ascendentes.

Ocorre que, independentemente dessa equiparação, o fato é que a união estável deve existir à época da abertura da sucessão para fins de recebimento de herança pelo companheiro supérstite.

No caso dos autos, contudo, a escritura de inventário e adjudicação lavrada não conta com a participação dos outros possíveis herdeiros do falecido, não sendo cabível presumir que a união estável reconhecida pelos companheiros efetivamente perdurou até o óbito do autor da herança. A escritura de declaração de convivência homoafetiva apresentada serve para comprovar a qualidade de companheiro do apelado, mas não para comprovar que essa união estável ainda existia na data da abertura da sucessão.

Como ensina Euclides de Oliveira: 'Da mesma forma como nasce, tipicamente informal, a união estável prescinde de reconhecimento judicial de sua existência ou de sua dissolução para que opere efeitos jurídicos entre os companheiros.

(...)

A união estável, diversamente do que acontece no casamento, não exige procedimento judicial para sua dissolução. (...) a dissolução se dá pelo simples rompimento da vida em comum, sem maiores formalidades'.

Daí porque, sem a anuência dos demais interessados na herança, isto é, dos irmãos do falecido, não há como se afirmar que os companheiros ainda viviam em união estável à época da abertura da sucessão, o que configura inafastável óbice ao registro da escritura de inventário e adjudicação lavrada pelo apelado".

Em suma, o Desembargador Corregedor entende não haver prova de que a união estável perdurou até a morte de um dos companheiros, o que seria imprescindível para a realização do inventário extrajudicial e consequente registro da escritura de inventário e adjudicação lavrada pelo companheiro sobrevivente. Inexistente tal comprovação e ausente também manifestação de concordância dos possíveis interessados na herança com a adjudicação do imóvel ao apelado, reconheceu a impossibilidade de realização extrajudicial do inventário, dando, assim, provimento ao recurso.

Esta a síntese do necessário.

I - Pelo meu voto, **nego provimento** ao recurso.

II - Inicialmente, não há necessidade de abordar mais a fundo a questão referente à existência de cláusula de inalienabilidade e a ausência de repercussão dessa circunstância nos direitos hereditários do apelado. Essa controvérsia foi bem decidida no voto do E. Corregedor Geral da Justiça, em solução com a qual aquiesço integralmente.

Transcrevo, no que de perto interessa ao equacionamento desta questão, as lúcidas ponderações lançadas pelo

E. Corregedor Geral da Justiça:

". para qualificação do título apresentado a registro não há que se falar em interpretar ou supor a vontade do

falecido, mas sim, é preciso observar os princípios e normas legais vigentes e aplicáveis ao caso concreto.

A propósito, cumpre anotar que o imóvel objeto da matrícula nº 32.011 não está gravado com cláusula de incomunicabilidade que, aliás, sequer poderia ser instituída pelo titular do domínio em seu próprio favor. Em verdade, a escritura indicada pelo registrador como motivo da recusa permite concluir que a intenção dos companheiros foi a de reconhecer que o imóvel era de propriedade exclusiva de Antônio Floriano, com instituição do direito real de usufruto em favor de Sebastião Costa. Por conseguinte, não seria partilhado em caso de eventual dissolução da união estável em vida, aplicando-se à hipótese as regras de Direito de Família.

Esse fato, porém, não implica vedação ao recebimento do imóvel pelo companheiro, por sucessão hereditária, que é causa distinta da submissão do patrimônio a determinado regime de bens decorrente da união estável. Nesse caso, devem ser aplicadas as regras do Direito das Sucessões".

III - A divergência, assim, cinge-se à parte final de seu voto, na qual levantou óbice distinto do afirmado no recurso de apelação. Nesse particular, respeitada a orientação contrária do E. Corregedor Geral da Justiça, entendo não haver necessidade de exigir do apelado prova de que a união estável, nesse caso formalizada por escritura pública, perdurou até a abertura da sucessão, tampouco se justifica determinar a comprovação da anuência dos colaterais, integrantes da próxima classe da sucessão legítima. Essas exigências não encontram respaldo normativo e, mais que isso, não se justificam nem mesmo por cautela, diante das circunstâncias do caso concreto.

Como se sabe, o Supremo Tribunal Federal igualou, em sede de repercussão geral, as regras do regime sucessório estabelecido entre cônjuges e entre companheiros. O v. acórdão foi assim ementado:

"Ementa: Direito constitucional e civil. Recurso extraordinário. Repercussão geral. Aplicação do artigo 1.790 do Código Civil à sucessão em união estável homoafetiva. Inconstitucionalidade da distinção de regime sucessório entre cônjuges e companheiros. 1. A Constituição brasileira contempla diferentes formas de família legítima, além da que resulta do casamento. Nesse rol incluem-se as famílias formadas mediante união estável, hetero ou homoafetivas. O STF já reconheceu a "inexistência de hierarquia ou diferença de qualidade jurídica entre as duas formas de constituição de um novo e autonomizado núcleo doméstico", aplicando-se a união estável entre pessoas do mesmo sexo as mesmas regras e mesmas consequências da união estável heteroafetiva (ADI 4277 e ADPF 132, Rel. Min. Ayres Britto, j. 05.05.2011) 2. Não é legítimo desequiparar, para fins sucessórios, os cônjuges e os companheiros, isto é, a família formada pelo casamento e a formada por união estável. Tal hierarquização entre entidades familiares é incompatível com a Constituição de 1988. Assim sendo, o art. 1790 do Código Civil, ao revogar as Leis nº 8.971/1994 e nº 9.278/1996 e discriminar a companheira (ou o companheiro), dando-lhe direitos sucessórios bem inferiores aos conferidos à esposa (ou ao marido), entra em contraste com os princípios da igualdade, da dignidade humana, da proporcionalidade como vedação à proteção deficiente e da vedação do retrocesso. 3. Com a finalidade de preservar a segurança jurídica, o entendimento ora firmado é aplicável apenas aos inventários judiciais em que não tenha havido trânsito em julgado da sentença

de partilha e às partilhas extrajudiciais em que ainda não haja escritura pública. 4. Provimento do recurso extraordinário. ***Afirmação, em repercussão geral, da seguinte tese: "No sistema constitucional vigente, é inconstitucional a distinção de regimes sucessórios entre cônjuges e companheiros, devendo ser aplicado, em ambos os casos, o regime estabelecido no art. 1.829 do CC/2002***" (STF, RE nº 646.721/RS, Tribunal Pleno, j. 10/05/2017, rel. p/ acórdão Min. Roberto Barroso).

Consequentemente, o companheiro, agora, é tratado como cônjuge, razão pela qual herda sozinho na falta de descendentes e ascendentes vivos do autor da herança, independentemente da existência de irmãos ou outros colaterais (art. 1.829, III, do Código Civil). É esse o caso dos autos.

Ao comentar o julgado do Supremo Tribunal Federal, Cristiano Chaves de Farias e Nelson Rosenvald **[1]** ressaltam que ***"as regras sucessórias do casamento, assim, norteiam a sucessão da união estável em todos os seus diferentes níveis e consequências"***.

Nessa quadra, somente se justifica o estabelecimento de diferença de tratamento entre cônjuges e companheiros na esfera sucessória quando as particularidades da união estável em relação ao casamento trouxerem riscos à segurança jurídica ou ao direito de terceiros, notadamente em virtude da falta de formalidade e publicidade que *normalmente* são características inerentes à união estável.

No caso concreto, no entanto, tendo os companheiros optado pela formalização da relação de convivência em regime de união estável por escritura pública, declarando de comum acordo seu termo inicial e estabelecendo disposições patrimoniais, era de se presumir a permanência do vínculo à época da abertura da sucessão.

Notadamente porque, da detida análise dos autos nada se extrai a justificar desconsiderar-se a reivindicação do companheiro supérstite quanto à condição de herdeiro universal, consentânea, aliás, com a inércia dos colaterais que, passados mais de cinco anos da abertura da sucessão não tomaram qualquer providência em relação ao inventário dos bens deixados pelo *de cujus*.

Entendimento em sentido contrário, com a devida vênia, inverte a lógica da presunção de boa-fé que milita em favor do companheiro supérstite na espécie, tanto quanto a de que o ônus da reivindicação da herança pesa sobre o sedizente herdeiro tido por injustamente excluído da sucessão.

Em reforço a tais ponderações, impõe-se registrar que na certidão de óbito do *de cujus* compareceu como declarante seu irmão, João Aparecido Floriano, constando do documento, presume-se, por reconhecimento do declarante, que o falecido vivia em união estável com Sebastião Costa (fls. 15), circunstância a corroborar a presunção de boa-fé com que este se houve ao lavrar a escritura de inventário, declarando-se herdeiro universal.

Tenha-se presente ainda que, a despeito do regime formal do casamento, com reflexos na desconstituição do vínculo matrimonial, a exigir o divórcio, não se pode olvidar os efeitos da separação de fato sobre a legitimação sucessória do cônjuge supérstite, a teor do disposto no art. 1.830 do CC. Nem por isso se legitimaria, em contexto análogo, de inventário extrajudicial promovido por cônjuge supérstite, dizendo-se herdeiro universal, cogitar-se da necessária aquiescência dos colaterais, desnudando-se, pois, o desarrazoado discrímen que se pretendeu impor ao apelado, em contexto de união homoafetiva.

Definitivamente, houvesse o apelado ingressado com o inventário judicial, não haveria o menor sentido em cogitar-se da citação dos colaterais. Afinal, considerando-se que a sucessão legítima é estabelecida segundo uma ordem preferencial de classes de herdeiros (CC, art. 1829), precedendo o companheiro supérstite aos colaterais, estes últimos sequer ostentariam a condição de herdeiros, não concorreriam à herança e, portanto, não integrariam o litisconsórcio necessário que o art. 626 do CPC impõe no inventário judicial.

Resta assim, para lá de evidenciado, o acerto da ponderação lançada pelo D. Procurador de Justiça oficiante nos autos, no sentido de que *"o Oficial extrapolou a análise dos aspectos extrínsecos do título e das regras previstas na Lei dos Registros Públicos, para examinar aspectos inerentes à sucessão hereditária"* (fls. 306).

Ressalto, por fim, que não altera o entendimento desta Presidência a previsão abstrata do art. 18 da Resolução CNJ nº 35, de 24.4.2007, segundo o qual *"O(A) companheiro(a) que tenha direito à sucessão é parte, observada a necessidade de ação judicial se o autor da herança não deixar outro sucessor ou não houver consenso de todos os herdeiros, inclusive quanto ao reconhecimento da união estável"*.

Com efeito, para além da circunstância de o dispositivo regulamentar invadir competência material reservada da União, inovando o ordenamento jurídico onde não é dado ao C. Conselho Nacional de Justiça fazê-lo, sua releitura à luz do subsequente precedente vinculante do E. Supremo Tribunal Federal acima citado é de rigor, a tornar em tudo e por tudo desarrazoada a remessa obrigatória do companheiro supérstite à via judicial no caso concreto, vedando-lhe o acesso ao inventário extrajudicial.

Daí prevalecer, no contexto fático subjacente ao expediente, a norma preconizada pelo art. 26 do mesmo ato normativo, segundo a qual *"Havendo um só herdeiro, maior e capaz, com direito à totalidade da herança, não haverá partilha, lavrando-se a escritura de inventário e adjudicação de bens"*.

Uma última observação se impõe. Não se há cogitar de qualificação negativa da escritura de inventário, pela ausência de documentos concernentes ao óbito dos ascendentes do *de cujus*, aspecto sequer cogitado no expediente, exceção feita ao respeitável voto do E. Corregedor Geral da Justiça.

Isso porque por decorrência do dever de diligência que sobre a atividade notarial pesa, é de se presumir tenha sido verificada a inexistência de herdeiros necessários na linha ascendente, sem o que não seria viável a lavra tura da escritura como se deu.

De mais a mais, embora não se olvide que a apelação devolve integralmente a análise da qualificação do título, dando ensejo, bem por isso, à possibilidade de recusa do registro por fundamento diverso do apresentado, não me parece razoável o provimento do recurso com base em questão em nenhum momento sequer ventilada, e na contramão da presunção de observância do dever de diligência do notário, mormente tendo em vista a possibilidade excepcional de regularização em nova nota devolutiva, ainda que prejudicada a prenotação precedente.

Salvo melhor juízo, a solução aqui propugnada considera a eloquência da lacuna quanto à menção ao passamento dos ascendentes, tendo em vista que o *de cujus* veio a óbito já em avançada idade, aos 68 anos, prestigia a qualificação notarial, fomenta a desjudicialização e a instrumentalidade registral, já que o registro não encerra um fim em si mesmo.

Acertada, pois, a decisão proferida pelo D. Juiz Corregedor Permanente da serventia extrajudicial, o desprovimento do apelo é medida de rigor.

IV - Diante do exposto, pelo meu voto, nego provimento ao recurso. São Paulo, 30 de julho de 2019.

MANOEL DE QUEIROZ PEREIRA CALÇAS
Presidente do Tribunal de Justiça Relator Designado

VOTO 67979
DECLARAÇÃO DE VOTO CONVERGENTE
AP. 1003886-73.2018.8.26.0223

Acompanho o entendimento do e. Relator designado, para negar provimento ao recurso.

No caso em tela, foi interposto recurso de apelação contra a sentença que afastou a recusa ao registro de escritura pública de inventário e adjudicação envolvendo o imóvel matriculado sob o nº 32.011.

O apelante alega a impossibilidade de comunicabilidade do imóvel em favor do companheiro supérstite, pois ele foi agraciado, na escritura pública de união estável, com o usufruto vitalício do único bem que compõe a herança. Sustenta que o companheiro, ao aceitar o usufruto, concordou com a incomunicabilidade do bem e, agora, adota comportamento contraditório, em violação à boa-fé objetiva, ao pleitear a sua adjudicação.

A sentença do Juiz Corregedor Permanente já havia afastado o óbice apresentado pelo suscitado ao observar o entendimento do Supremo Tribunal Federal que reconheceu a inconstitucionalidade, em repercussão geral, do art. 1.790 do Código Civil ao distinguir o cônjuge e o companheiro para fins sucessórios:

"É inconstitucional a distinção de regimes sucessórios entre cônjuges e companheiros prevista no art. 1.790 do CC/2002, devendo ser aplicado, tanto nas hipóteses de casamento quanto nas de união estável, o regime do art. 1.829 do CC/2002." (RE 646721/RS - j. 10/05/17, Relator Min. Marco Aurélio, e RE 878694/MG j. 10/05/17, Rel. Min. Roberto Barroso).

Em consequência, na ordem de vocação hereditária, o companheiro prefere aos colaterais como herdeiro universal, nos termos do art. 1.829, inciso III, do Código Civil.

Tampouco podem ser acolhidas as razões recursais trazidas pelo Ministério Público, pois, consoante o parecer da Procuradoria Geral de Justiça, a cláusula de incomunicabilidade, inserida na escritura pública de união estável homoafetiva, não se confunde com a vocação hereditária:

"Logo, a disposição patrimonial estabelecida entre os conviventes não poderia produzir efeitos após o falecimento de um deles, por 'inexistir no ordenamento pátrio previsão de ultratividade do regime patrimonial apta a emprestar eficácia póstuma ao regime matrimonial' (REsp 1.472.945/RJ).

Assim, ainda que pactuado tal cláusula de incomunicabilidade, o apelado não perde a condição de herdeiro do bem deixado pelo falecido, por força do disposto no art. 1.829, inciso III, do Código Civil, e do entendimento firmado pelo

E. Supremo Tribunal Federal, nos Recursos Extraordinários nº 646.721 e nº 878.674 (...)" (fls. 306/307).

De fato, a cláusula de incomunicabilidade não pode privar o cônjuge ou o companheiro do direito hereditário que lhe cabe, na falta de ascendentes e descendentes. A incomunicabilidade dos bens refere-se ao regime desses bens na constância do casamento ou da união estável e não se confunde com a sucessão legítima, que regula a transmissão de bens causa mortis.

Por sua vez, no tocante à permanência da união estável à época do falecimento, vale lembrar que, segundo a escritura pública, a união estável entre os companheiros iniciou-se no ano 2002 e, em 2010, foi formalizada por escritura. O óbito do autor da herança ocorreu no ano 2015, ou seja, apenas cinco anos após a elaboração da escritura pública de união estável homoafetiva.

Após o óbito, os irmãos do falecido não ajuizaram ação de inventário nem impugnaram, extra ou judicialmente, a existência da união estável ou a condição do apelante de herdeiro universal.

Ao contrário, um dos irmãos do falecido, João Aparecido Floriano, foi o declarante na certidão de óbito e reconheceu que seu irmão vivia em união estável com o apelado no momento de sua morte (fl. 17).

É verdade que, embora equiparados o casamento e a união estável, aquele permanece vigente enquanto não houver o divórcio, ao passo que essa pode se extinguir ainda na pendência de escritura pública de união estável. Afinal, trata-se de uma situação de fato. No entanto, a existência de escritura pública, não revogada, faz presumir a manutenção dessa união. Não há nenhuma razão para se inverter tal presunção, transformando a união estável em instável, notadamente à falta de algum indício de dissolução dessa união.

Em tais circunstâncias, é de rigor a manutenção da decisão do Juiz Corregedor Permanente da serventia extrajudicial.

Pelo exposto, nego provimento ao recurso. São Paulo, 12 de setembro de 2019.

Campos Mello

Presidente da Seção de Direito Privado Notas:

[1] Curso de Direito Civil, Volume 6, 10ª Edição, pág. 528, Ed. Juspodivm, Salvador/BA, 2018. (DJe de 25.09.2019 – SP)

IRRESIGNAÇÃO PARCIAL

PODER JUDICIÁRIO

TRIBUNAL DE JUSTIÇA DO ESTADO DE SÃO PAULO

CONSELHO SUPERIOR DA MAGISTRATURA

Apelação nº 1013579-15.2017.8.26.0224

Registro: 2018.0000600309

ACÓRDÃO

Vistos, relatados e discutidos estes autos do(a) **Apelação nº 1013579-15.2017.8.26.0224**, da Comarca de **Guarulhos**, em que são partes é apelante **JOSE ROBERTO DINIZ FERREIRA**, é apelado **PRIMEIRO OFICIAL DE REGISTRO DE IMÓVEIS DA COMARCA DE GUARULHOS.**

ACORDAM, em Conselho Superior de Magistratura do Tribunal de Justiça de São Paulo, proferir a seguinte decisão: **"Julgaram prejudicada a dúvida e não conheceram do recurso, com observação, v.u."**, de conformidade com o voto do Relator, que integra este Acórdão.

O julgamento teve a participação dos Exmos. Desembargadores **PEREIRA CALÇAS (PRESIDENTE TRIBUNAL DE JUSTIÇA) (Presidente), ARTUR MARQUES (VICE PRESIDENTE), XAVIER DE AQUINO (DECANO), EVARISTO DOS SANTOS(PRES. DA SEÇÃO DE DIREITO PÚBLICO), CAMPOS MELLO (PRES. DA SEÇÃO DE DIREITO PRIVADO) E FERNANDO TORRES GARCIA(PRES. SEÇÃO DE DIREITO CRIMINAL).**

São Paulo, 2 de agosto de 2018.

GERALDO FRANCISCO PINHEIRO FRANCO

Corregedor Geral da Justiça e Relator

Apelação nº 1013579-15.2017.8.26.0224

Apelante: Jose Roberto Diniz Ferreira

Apelado: Primeiro Oficial de Registro de Imóveis da Comarca de Guarulhos

VOTO Nº 37.519.

Registro de Imóveis – Dúvida – Impugnação parcial das exigências – Anuência do apresentante com parte das exigências formuladas – Não apresentação do título original – Dúvida prejudicada – Recurso não conhecido, com observação.

Trata-se de apelação interposta pelo Sr. José Roberto Diniz Ferreira contra r. sentença que julgou procedente a dúvida inversa, mantendo a recusa de registro da escritura pública de compra e venda.

O apelante sustenta a legalidade e legitimidade do título, competindo seu ingresso no registro imobiliário, pois, indevidas as exigências do Sr. Oficial (fls. 95/104).

A douta Procuradoria Geral de Justiça opinou pelo não provimento do recurso (fls. 114/118). É o relatório.

O Sr. 1º Oficial de Registro de Imóveis da Comarca de Guarulhos, conforme documentação constante dos autos, efetuou a devolução do título apresentado para registro com as seguintes exigências: 1) Necessidade da prévia apuração do remanescente do imóvel objeto da matrícula n. 22.547 e; 2) Indícios de falsidade do título apresentado a registro (escritura pública).

O apelante, na peça exordial, impugnou apenas as questões atinentes aos indícios de falsidade do título, nada foi mencionado acerca da apuração de remanescente.

Após indicação pelo Sr. Oficial da impugnação parcial, o recorrente afirmou (a fls. 62):

> *Porém, ao contrário do exposto pelo 1º Oficial de Registro de Imóveis da Comarca de Guarulhos/SP que não houve impugnação a necessidade da prévia apuração do remanescente do imóvel objeto da matrícula nº 22.547, o Requerente deixou de impugnar eis que a apuração do remanescente do imóvel objeto da matrícula nº 22.547 já foi verificada na Escritura Pública de Re-Ratificação de fls. 14/15, caindo por terra tal alegação.*
>
> *Portanto, o único ponto a ser suscitado na presente seria o óbice quanto a existência de sérios indícios de falsidade material e/ou ideologia no ato notarial, o qual, conforme o 1º Oficial de Registro de Imóveis da Comarca de Guarulhos/SP o mesmo imóvel teria sido vendido para 03 (três) distintos compradores.*

A rerratificação mencionada foi apresentada ao Sr. Oficial que manteve a recusa fundado também na necessidade da apuração do remanescente.

Nessa perspectiva, tecnicamente, a impugnação foi parcial, porquanto, não ocorreu enfrentamento direto da apuração de remanescente; a qual, inclusive, pena de inversão da ordem do procedimento, não poderia ser aduzida em momento processual posterior.

Desse modo, ocorreu impugnação parcial das exigências; o que implica na concordância com a referida exigência, tornando prejudicada a dúvida.

Isso porque a anuência com parte das exigências apontadas para o ingresso do título no fólio real atribui ao procedimento de dúvida natureza consultiva, ou meramente doutrinária, pois novo exame de admissibilidade para o futuro registro poderá ser influenciado por eventuais fatos novos mesmo se o título for apresentado com atendimento das exigências impugnadas.

Não é só. Não houve a apresentação do título original.

O item 41.1, do Capítulo XX, das Normas de Serviço da Corregedoria Geral da Justiça, tem a seguinte redação:

> *41.1. Ocorrendo suscitação diretamente pelo interessado (Dúvida Inversa), assim que o Oficial a receber do Juízo para informações, deverá prenotar o título e observar o disposto nas letras "b" e "c" do item 41.3*
>
> *Nota: Suscitada por meio eletrônico, o Juízo dará ciência dos termos e da data da suscitação ao oficial de registro e aguardará a apresentação dos motivos da recusa do registro. O suscitante encaminhará ao registrador a via original do título em cinco dias contados da data do protocolo da dúvida, sob pena de arquivamento. (...)*

O artigo 221 da Lei nº 6.015/73 somente permite a apresentação de títulos originais para registro em sentido amplo, destarte, competia o protocolo do título original.

"A cópia constitui mero documento e não instrumento formal previsto como idôneo a ter acesso ao registro e tendo em vista uma reavaliação qualificativa do título, vedado o saneamento intercorrente das deficiências da documentação apresentada..." (Apelação Cível nº 33.624-0/4, Rel. Des. Márcio Bonilha, j. 12.9.96).

O Des. Manoel de Queiroz Pereira Calças, Corregedor Geral da Justiça à época, no julgamento da Apelação Cível n. 0011169-71.2015.8.26.0482, j. 16.02.2017, afirmou em seu voto:

> *Preambularmente, cumpre observar que o apelante não acostou, quando da suscitação da dúvida, o original do documento cujo registro se pretende. A providência é de rigor para que, em caso de eventual improcedência, lavre-se o ato notarial. O documento trazido à baila, cópia de contrato particular de doação, não está no rol do art. 221 da Lei 6.015/73. A ausência do título original configura óbice intransponível ao registro e, pois, ao conhecimento da dúvida.*
>
> *Para o mesmo Norte aponta a sedimentada jurisprudência deste Egrégio Conselho Superior da Magistratura, consoante Apelação Cível 9000001-98.2015.8.26.0099, julgada em 21/06/2016, por mim relatada, com citação de diversos outros julgados em idêntico sentido:*
>
> *"Não obstante, o entendimento pacificado no Conselho Superior, há muito, é de que a ausência do instrumento original levado a registro prejudica o exame da questão, por representar um obstáculo intransponível ao registro (Apelação Cível n17-6/0 [3] e Apelação Cível n 7.120-0/9). Nesse sentido, o*

acórdão proferido na apelação 1076-6/5, de 05 de maio de 2009, Rel. Des. RUY CAMILO: "A ausência de requisitos essenciais constitui-se em matéria prejudicial ao conhecimento do recurso interposto. Com efeito, nenhum título original se encontra acostado aos autos, uma vez que a presente dúvida foi suscitada a partir de mera cópia reprográfica da cédula rural pignoratícia que foi reapresentada pelo banco suscitado, estando inviabilizada assim a sua análise direta por este Conselho Superior da Magistratura"".

Neste raciocínio, acerca de hipóteses semelhantes sobre a posição firmada, é representativo o V. Acórdão proferido na Apelação Cível nº 43.728-0/7, da Comarca de Batatais, relatado pelo eminente Des. SÉRGIO AUGUSTO NIGRO CONCEIÇÃO:

"REGISTRO DE IMÓVEIS – Dúvida inversamente suscitada – Falta do título original e de prenotação – Inadmissibilidade – Prejudicialidade – Recurso não conhecido".

O texto do julgado faz referência a outro precedente, o qual é categórico: "Pacífica a jurisprudência deste Colendo Conselho Superior da Magistratura no sentido da necessidade de apresentação do título original, como decidido na apelação cível n.º 30.728-0/7, da Comarca de Ribeirão Preto, Relator o Desembargador Márcio Martins Bonilha, nos seguintes termos: 'Ora, sem a apresentação do título original, não se admite a discussão do quanto mais se venha a deduzir nos autos, porque o registro, em hipótese alguma, poderá ser autorizado, nos termos do artigo 203, II, da Lei 6.015/73. Não é demasiado observar que no tocante à exigência de autenticidade, o requisito da exibição imediata do original diz respeito ao direito obtido com a prenotação do título, direito que não enseja prazo reflexo de saneamento extrajudicial de deficiências da documentação apresentada'" (Apelação Cível 9000001-98.2015.8.26.0099, julgada em 21/06/2016, por mim relatada)

"Saliente-se ser tranqüilo o entendimento deste Egrégio Colendo Conselho Superior da Magistratura no sentido de que o título deve ser apresentado em seu original e não por cópias. A cópia constitui mero documento e não instrumento formal previsto como idôneo a ter acesso ao registro e tendo em vista uma reavaliação qualificativa do título, vedado o saneamento intercorrente das deficiências da documentação apresentada, sendo imprescindível a exibição de qualquer dos títulos relacionados no mencionado artigo, que tem caráter restritivo, no original." (Apelação Cível: 17-6/0, j. 11/09/2003, Relator Des. LUIZ TÂMBARA)

A eventual procedência deste recurso demandaria na realização do registro, o que só pode ser realizado a partir do exame do título original.

Desse modo, a impugnação parcial das exigências e a falta da apresentação do título original tornam esta dúvida prejudicada, cuja consequência é o não conhecimento do recurso.

Conforme recentes precedentes deste C. Conselho Superior da Magistratura (apelações cíveis 1015740-40.2016.8.26.0577, 1000295-86.2017.8.26.0531 e 1001619-57.2016.8.26.0431), inviável o conhecimento do recurso, não compete analisar a pertinência das exigências (mérito) dado ao caráter não vinculativo da decisão.

Por fim, faço a observação da permanência da expedição dos ofícios determinados pelo MM Juiz Corregedor Permanente à E. Corregedoria Geral da Justiça do Tribunal de Justiça do Estado do Ceará e ao D. Ministério Público objetivando apuração dos fatos mencionados no curso deste processo administrativo.

Ante o exposto, julgo prejudicada a dúvida e não conheço do recurso, com observação.

GERALDO FRANCISCO PINHEIRO FRANCO

Corregedor Geral da Justiça e Relator (DJe de 07.02.2019 - SP)

PODER JUDICIÁRIO

TRIBUNAL DE JUSTIÇA DO ESTADO DE SÃO PAULO

CONSELHO SUPERIOR DA MAGISTRATURA

Apelação nº 1000984-18.2017.8.26.0439

Registro: 2018.0000847246

ACÓRDÃO

Vistos, relatados e discutidos estes autos da **Apelação nº 1000984-18.2017.8.26.0439**, da Comarca de **Pereira Barreto**, em que é apelante **ELZA RUDNIK BARBEIRO**, é apelado **OFICIAL DE REGISTRO DE IMOVEIS E ANEXOS DA COMARCA DE PEREIRA BARRETO**.

ACORDAM, em Conselho Superior de Magistratura do Tribunal de Justiça de São Paulo, proferir a seguinte decisão: **"Julgaram prejudicada a dúvida e não conheceram do recurso, v.u."**, de conformidade com o voto do Relator, que integra este Acórdão.

O julgamento teve a participação dos Exmos. Desembargadores **PEREIRA CALÇAS (PRESIDENTE**

TRIBUNAL DE JUSTIÇA) (Presidente), ARTUR MARQUES (VICE PRESIDENTE), XAVIER DE AQUINO (DECANO), EVARISTO DOS SANTOS(PRES. DA SEÇÃO DE DIREITO PÚBLICO), CAMPOS MELLO (PRES. DA SEÇÃO DE DIREITO PRIVADO) E FERNANDO TORRES GARCIA(PRES. SEÇÃO DE DIREITO CRIMINAL).

São Paulo, 22 de outubro de 2018.

GERALDO FRANCISCO PINHEIRO FRANCO

Corregedor Geral da Justiça e Relator

Apelação nº 1000984-18.2017.8.26.0439
Apelante: Elza Rudinik Barbeiro
Apelado: Oficial de Registro de Imóveis e anexos da Comarca de Pereira Barreto

VOTO Nº 37.586.

Registro de Imóveis – Instrumentalidade do processo administrativo – Ausência de prejuízo concreto – Nulidade afastada – Dúvida – Impugnação parcial das exigências – Anuência da apresentante com parte das exigências formuladas – Dúvida prejudicada – Recurso não conhecido.

Trata-se de apelação interposta por Elza Rudnik Barbeiro contra r. sentença que julgou procedente a dúvida e manteve a recusa de ingresso no fólio real de Escritura Pública de Inventário e Partilha Extrajudicial em razão da existência de testamento e herdeiros menores.

A apelante sustenta, em preliminar, a nulidade do procedimento administrativo por não ter sido intimada de seu andamento e no mérito o cabimento da realização do registro em razão da inexistência de herdeiros menores ou testamento pendente de cumprimento à época da lavratura da escritura pública (fls. 332/341).

A douta Procuradoria Geral de Justiça opinou pelo não provimento do recurso (fls. 363/367). É o relatório.

Apesar do equívoco consistente na ausência de intimação da apelante para manifestação no procedimento de dúvida e, igualmente, da r. sentença que manteve a recusa de ingresso do título, não houve violação a garantia constitucional do devido processo legal, considerado o procedimento administrativo em sua instrumentalidade e totalidade.

No processo administrativo há aplicação do princípio do formalismo moderado, o qual, conforme Odete Medauar (*A processualidade no direito administrativo*. São Paulo: Revista dos Tribunais, 2008, p. 132) "se traduz na exigência de interpretação flexível e razoável quanto a formas, para evitar que sejam vistas com um fim em si mesmas, desligadas das verdadeiras dadas do processo".

As alegações da recorrente foram deduzidas perante o Oficial do Registro Imobiliário (a fls. 08/12), examinadas pelo MM. Juiz Corregedor Permanente e reiteradas em sede recursal. Além disso, o recurso foi recebido em virtude da devolução do prazo ante as vicissitudes ocorridas.

Diante disso, foi possível a exposição das razões do inconformismo da apelante, mesmo considerado o atípico andamento do processo em decorrência dos erros de processamento.

Nessa ordem de ideias, afasto a alegação de nulidade, considerado o processo em sua instrumentalidade, sobretudo diante da ausência de prejuízo à recorrente.

Na nota devolutiva principal (a fls. 145), das quais as demais são dependentes (a fls. 146/147), a recusa do registro foi fundada em razão de duas ordens: (i) inadmissão do inventário extrajudicial e (ii) ausência de prova do recolhimento do ITCMD.

Na manifestação perante o Oficial do Registro Imobiliário, conforme destacado por este, a apresentante concordou com a exigência atinente à apresentação da guia do ITCMD (a fls. 09).

De outra parte, as razões recursais impugnam apenas a correção do inventário extrajudicial para fins de registro.

Houve, portanto, concordância com outra exigência apontada pelo Sr. Oficial de Registro de Imóveis, o que torna prejudicada a dúvida.

Isso porque a anuência com parte das exigências apontadas para o ingresso do título no fólio real atribui ao procedimento de dúvida natureza consultiva, ou meramente doutrinária, pois o novo exame de admissibilidade para o futuro reglstro poderá ser influenciado por eventuais fatos novos mesmo se o título for apresentado com atendimento da exigência impugnada (comprovação do recolhimento do ITCMD).

Por essas razões, este Col. Conselho Superior da Magistratura já decidiu que:

"No mais, ao contrário do sustentado pelo recorrente, não cabe aqui ao Judiciário se pronunciar acerca da solução cabível para o caso concreto, não se tratando de órgão consultivo, como bem ressaltado pela nobre representante do *parquet*" (CSM, Processo nº 000.608.6/7-00, Rel. Des. Gilberto Passos de Freitas, j. 21/12/2006).

Há precedentes recentes no mesmo sentido: Apelação Cível n. 1004343-82.2016.8.26.0318, j.

24.04.2018; Apelação Cível n. 1015740-40.2016.8.26.0577, j. 15.05.2018.

E o reconhecimento de que a dúvida se encontra prejudicada acarreta o não conhecimento do recurso. Ante o exposto, julgo prejudicada a dúvida e não conheço do recurso.

GERALDO FRANCISCO PINHEIRO FRANCO

Corregedor Geral da Justiça e Relator (DJe de 01.03.2019 - SP)

PODER JUDICIÁRIO

TRIBUNAL DE JUSTIÇA DO ESTADO DE SÃO PAULO

CONSELHO SUPERIOR DA MAGISTRATURA

Apelação nº 1004347-22.2016.8.26.0318

Registro: 2018.0000694973

ACÓRDÃO

Vistos, relatados e discutidos estes autos da **Apelação nº 1004347-22.2016.8.26.0318**, da Comarca de **Leme**, em que é apelante **VALDECIR BONFOGO**, é apelado **OFICIAL DE REGISTRO DE IMÓVEIS DA COMARCA DE LEME**.

ACORDAM, em Conselho Superior de Magistratura do Tribunal de Justiça de São Paulo, proferir a seguinte decisão: **"Julgaram prejudicada a dúvida e não conheceram do recurso, v.u."**, de conformidade com o voto do Relator, que integra este Acórdão.

O julgamento teve a participação dos Exmos. Desembargadores **PEREIRA CALÇAS (PRESIDENTE TRIBUNAL DE JUSTIÇA) (Presidente), ARTUR MARQUES (VICE PRESIDENTE), DAMIÃO COGAN (DECANO), EVARISTO DOS SANTOS(PRES. DA SEÇÃO DE DIREITO PÚBLICO), CAMPOS MELLO (PRES. DA SEÇÃO DE DIREITO PRIVADO) E FERNANDO TORRES GARCIA(PRES. SEÇÃO DE DIREITO CRIMINAL)**.

São Paulo, 31 de agosto de 2018.

GERALDO FRANCISCO PINHEIRO FRANCO

Corregedor Geral da Justiça e Relator

Apelação nº 1004347-22.2016.8.26.0318

Apelante: Valdecir Bonfogo

Apelado: OFICIAL DE REGISTRO DE IMÓVEIS DA COMARCA DE LEME

VOTO Nº 37.540

Registro de Imóveis – Anuência do apresentante com parte das exigências formuladas – Impossibilidade de complementação no curso do procedimento – Dúvida prejudicada – Recurso não conhecido.

VALDECIR BONFOGO interpõe recurso de apelação contra r. sentença de fls. 219/223, que julgou procedente a dúvida suscitada pelo Sr. Oficial de Registro de Imóveis e Anexos da Comarca de Leme, após exigências para ingresso de formal de partilha no registro imobiliário.

A D. Procuradoria Geral de Justiça opinou pelo desprovimento do recurso (fls. 255/258). É o relatório.

O recurso não comporta conhecimento.

O apelante apresentou a registro o formal de partilha expedido pelo D. Juízo da 3ª Vara Cível da Comarca de Leme, o qual foi prenotado sob nº 141.836.

O título não ingressou em razão das seguintes exigências: (a) necessidade de retificação do formal de partilha para o arrolamento da totalidade dos bens deixados pela autora da herança (incluindo a meação); (b) necessidade de esclarecer o estado civil de um dos herdeiros (Sidnei Bonfogo) no momento da abertura da sucessão, mediante a apresentação da certidão de casamento, RG e CPF da sua ex cônjuge; (c) necessidade de retificação dos dados qualificativos da autora da herança, Josefina Gallo Bonfogo, e de seu marido, Luiz Bonfogo, constantes da matrícula, mediante apresentação de cópias autenticadas do RG e CPF de ambos; (d) necessidade de apresentar cópias do Imposto sobre Propriedade Territorial Rural – ITR do último exercício fiscal e do Certificado de Cadastro de Imóvel Rural – CCIR (de 2010 a 2014), referente ao imóvel partilhado.

O recorrente, em sua primeira oportunidade (fls. 212/213), não apresentou qualquer impugnação expressa às exigências formuladas, apenas afirmando que se tratava de ordem judicial e que o Oficial deveria ser responsabilizado criminalmente.

Já em sede recursal, embora sustente a desnecessidade de partilha integral, concorda expressamente com parte das razões do Sr. Oficial, aduzindo que: *"De outro lado, o requerente juntou a certidão do primeiro casamento de Sidinei Bonfogo e o CCIR/ITR (2015) e a comprovação do valor venal do imóvel inventariado,* ***tendo em vista serem procedentes as exigências do sr. Oficial, com relação à ausência de tais documentos.****"* (fl. 234, Item 9, g.n).

O procedimento de dúvida é reservado à análise da discordância do apresentante com os motivos que levaram à recusa do registro do título. De seu julgamento, decorrerá a manutenção da recusa, com cancelamento da prenotação, ou a improcedência da dúvida, que terá como consequência a realização do registro (art. 203, II, da Lei nº 6.015/73).

A impugnação parcial das exigências apontadas pelo Sr. Oficial de Registro de Imóveis, ou o reconhecimento de que o título está incompleto, prejudica o exame da dúvida, já que, ainda que julgada improcedente, haverá outros óbices não impugnados que prejudicarão o ingresso do título no registro imobiliário.

E não é possível a complementação do título após a prenotação, ao longo do procedimento da dúvida, conforme reiterados precedentes desse Eg. Conselho Superior da Magistratura:

REGISTRO DE IMÓVEIS – Dúvida inversa instruída com cópia do título – Impossibilidade de suprir a falta no curso do procedimento – Jurisprudência remansosa do Conselho Superior da Magistratura – Irresignação parcial – Inadmissibilidade – Dúvida prejudicada – Recurso não provido. (Rel. Des. MAURÍCIO VIDIGAL, APC nº 990.10.415.115- 5, da Comarca de MOGI MIRIM).

A anuência parcial quanto às exigências apontadas para o ingresso do título no fólio real atribui ao procedimento de dúvida natureza consultiva, ou meramente doutrinária. O novo exame de admissibilidade para o futuro registro poderá ser influenciado por eventuais fatos novos, mesmo se o título for apresentado com atendimento das exigências impugnadas.

Por essas razões, o reconhecimento de que a dúvida se encontra prejudicada tem como consequência o não conhecimento do recurso.

Ante o exposto, julgo prejudicada a dúvida e não conheço do recurso.

GERALDO FRANCISCO PINHEIRO FRANCO
Corregedor Geral da Justiça e Relator (DJe de 01.03.2019 - SP)

PODER JUDICIÁRIO

TRIBUNAL DE JUSTIÇA DO ESTADO DE SÃO PAULO

CONSELHO SUPERIOR DA MAGISTRATURA

Embargos de Declaração nº 1000096-45.2015.8.26.0269/50000

Registro: 2018.000770392

ACÓRDÃO

Vistos, relatados e discutidos estes autos do(a) **Embargos de Declaração nº 1000096-45.2015.8.26.0269/50000**, da Comarca de **Itapetininga**, em que é embargante **CIA DE SANEAMENTO BÁSICO DO ESTADO DE SÃO PAULO - SABESP**, é embargado **OFICIAL DE REGISTRO DE IMÓVEIS E ANEXOS DA COMARCA DE ITAPETININGA.**

ACORDAM, em Conselho Superior de Magistratura do Tribunal de Justiça de São Paulo, proferir a seguinte decisão: **"Rejeitaram os embargos de declaração, v.u."**, de conformidade com o voto do Relator, que integra este Acórdão.

O julgamento teve a participação dos Exmos. Desembargadores **PEREIRA CALÇAS (PRESIDENTE TRIBUNAL DE JUSTIÇA) (Presidente), ARTUR MARQUES (VICE PRESIDENTE), DAMIÃO COGAN (DECANO),**

EVARISTO DOS SANTOS(PRES. DA SEÇÃO DE DIREITO PÚBLICO), CAMPOS MELLO (PRES. DA SEÇÃO DE DIREITO PRIVADO) E FERNANDO TORRES GARCIA(PRES. SEÇÃO DE DIREITO CRIMINAL).

São Paulo, 21 de setembro de 2018.

GERALDO FRANCISCO PINHEIRO FRANCO
Corregedor Geral da Justiça e Relator

Embargos de Declaração nº 1000096-45.2015.8.26.0269/50000

Embargante: Cia de Saneamento Básico do Estado de São Paulo - SABESP Embargado: Oficial de Registro de Imóveis e Anexos da Comarca de Itapetininga

VOTO Nº 37.563

Embargos de Declaração – Alegações que revelam inconformismo da parte embargante – Questões debatidas que foram expressamente analisadas – Caráter infringente do recurso – Situação que não se enquadra nas hipóteses de cabimento dos embargos declaratórios (CPC, art. 1.022) – Embargos de declaração rejeitados.

Trata-se de embargos de declaração opostos pela *COMPANHIA DE SANEAMENTO BÁSICO DO ESTADO DE SÃO PAULO - SABESP* em face do v. acórdão que julgou prejudicada a dúvida. Afirma, em síntese, que o acórdão proferido é nulo por ausência de contraditório, tendo sido proferido sem que fosse dada oportunidade às partes para manifestação sobre a norma em que fundada a decisão. Aponta a ocorrência de erro material, pois a exigência trazida pelo referido item 41.1.1 do Capítulo XX das NSCGJ diz respeito ao procedimento de dúvida inversa, sendo, portanto, inaplicável ao caso em comento. Acrescenta que o título foi apresentado ao Oficial, conforme certificado a fls. 50, de forma que há contradição entre a premissa da fundamentação e a conclusão trazida pelo acórdão embargado. Por fim, sustenta haver omissão em relação à apreciação de matéria de ordem pública consubstanciada na ausência de fundamentação da sentença recorrida.

É o relatório.

Ao apontar a ocorrência de suposta omissão, da qual decorre nulidade, e de contradição do julgado, pretende a embargante, em verdade, a modificação da decisão proferida, mais que seu aclaramento.

No entanto, não se prestam os embargos de declaração, salvo em situações excepcionais, à obtenção de efeitos infringentes. E, no caso concreto, não se vislumbra tal excepcionalidade.

Em que pese haver, no v. acórdão embargado, menção a dispositivo normativo que diz respeito ao procedimento de dúvida inversa, que não se aplica ao caso concreto, e ainda que considerado o teor da certidão copiada a fls. 50 ou mesmo a ausência de intimação das partes para manifestação sobre a questão, o fato é que ficou expressamente constando que:

"(...) as alegações do Sr. Oficial são, em tese, acertadas. Deveras, à luz do art. 176, II, 3, da Lei de Registros Públicos:

'Art. 176 - O Livro nº 2 - Registro Geral - será destinado, à matrícula dos imóveis e ao registro ou averbação dos atos relacionados no art. 167 e não atribuídos ao Livro nº 3.

II *- são requisitos da matrícula:*

3) a identificação do imóvel, que será feita com indicação:

a - se rural, do código do imóvel, dos dados constantes do CCIR, da denominação e de suas características, confrontações, localização e área;

b - se urbano, de suas características e confrontações, localização, área, logradouro, número e de sua designação cadastral, se houver.'

Já o art. 225 da mesma Lei dispõe:

'Art. 225 - Os tabeliães, escrivães e juízes farão com que, nas escrituras e nos autos judiciais, as partes indiquem, com precisão, os característicos, as confrontações e as localizações dos imóveis, mencionando os nomes dos confrontantes e, ainda, quando se tratar só de terreno, se esse fica do lado par ou do lado ímpar do logradouro, em que quadra e a que distância métrica da edificação ou da esquina mais próxima, exigindo dos interessados certidão do registro imobiliário.

§ 1º As mesmas minúcias, com relação à caracterização do imóvel, devem constar dos instrumentos particulares apresentados em cartório para registro.

§ 2º Consideram-se irregulares, para efeito de matrícula, os títulos nos quais a caracterização do imóvel não coincida com a que consta do registro anterior.'

Referidas normas externam o princípio da especialidade e destinam-se a assegurar que a totalidade dos imóveis esteja precisamente individuada. A identificação há de ser tal que permita a quem a leia ter integrais condições de identificar os limites da área imobiliária objeto da matrícula. Somente quando satisfeitas as exigências legais e devidamente matriculado o imóvel é que registros e averbações futuras serão validamente efetuados.

À míngua da precisa descrição do imóvel, tampouco se consegue identificar a parcela sobre a qual recai a servidão cujo registro se almeja."

Ademais, na declaração de voto também ficou esclarecido que:

"(...) calha que não há referência aos ***lugares****, supõe-se, a servidão cujo registro se persegue, sem suficiente irresignação quanto ao ponto.*

Sublinhe-se, neste passo, a indicação do plural: ***lugares****.*

É que são ***quatro*** *os possíveis lugares referenciáveis a uma servidão: lugar-ubi, lugar-unde, lugar--quo e lugar-qua.*

Tal se disse em outra parte, "e avistável a muito maior importância, teórica e prática, que se deve reconhecer ao tema do lugar-ubi no registro de imóveis, mas - ainda que redutíveis à sindicância do lugar-ubi- , as demais apontadas espécies correspondem, algumas vezes, a indagações rotineiras na praxis registral".

Lugar-ubi define-se a parcela do espaço ***onde*** *está um dado corpo; trata-se, pois, do objeto de conceito ou conteúdo daquilo que se busca saber ou que se responde em face do advérbio* ***onde*** *(ubi servitium est?).*

*Lugar-unde é a fração do espaço de onde (****de + onde****) provem algo, donde procede, donde resulta, de onde parte ou começa cet. (unde servitium incipit? - onde começa a servidão, de onde ela parte).*

Se, todavia, postamo-nos no ponto em que começa o traçado físico de uma dada servidão, podemos ainda indagar: aonde vai esta servidão de passagem? (quo it servitium?). E agora o de que tratamos é do lugar-quo, vale dizer, a parte do espaço ***aonde*** *ou* ***para onde*** *se dirige, orienta ou ordena um corpo.*

Também, ao fim, interessa saber ***por onde*** *passa, em dado imóvel, a servidão que o afete. Este "por* *onde" corresponde ao conteúdo de um lugar-qua, é dizer, a parcela de um espaço **por onde** passa um determinado corpo; se uma estrada corta um imóvel rural, tem-se de saber por onde – qua - passa essa estrada. Se uma servidão de passagem atinge um prédio, temos de aferir por onde ela passa (quase sempre isto se reduz ao locus-ubi, mas são lugares categoriais distintos).*

Assim, todas essas espécies de lugar (loci ubi, unde, quo quaque) correspondem a frações do espaço que podem ser ocupadas ou estão de fato ocupadas por um dado corpo, de sorte que, tratando-se de uma servidão que afete uma porção imobiliária, estes lugares devem esclarecer-se para a regularidade tabular."

Como se vê, todas as questões debatidas foram analisadas, de forma que não há omissões ou contradições a sanar, sendo de rigor a manutenção dos óbices apresentados pelo Oficial, tal como constou do v. Acórdão embargado.

Diante do exposto, pelo meu voto, **rejeito os embargos de declaração** opostos.

GERALDO FRANCISCO PINHEIRO FRANCO

Corregedor Geral da Justiça e Relator (DJe de 18.03.2019 - SP)

PODER JUDICIÁRIO

TRIBUNAL DE JUSTIÇA DO ESTADO DE SÃO PAULO

CONSELHO SUPERIOR DA MAGISTRATURA

Apelação nº 1001945-30.2017.8.26.0383

Registro: 2018.000962614

ACÓRDÃO

Vistos, relatados e discutidos estes autos do(a) **Apelação nº 1001945-30.2017.8.26.0383**, da Comarca de **Nhandeara**, em que é apelante **PATRÍCIA MOREIRA DORNAIKA PERINA**, é apelado **OFICIAL DE REGISTRO DE IMÓVEIS E ANEXOS DE NHANDEARA.**

ACORDAM, em Conselho Superior de Magistratura do Tribunal de Justiça de São Paulo, proferir a seguinte decisão: **"Julgaram prejudicada a dúvida e não conheceram do recurso, v.u."**, de conformidade com o voto do Relator, que integra este Acórdão.

O julgamento teve a participação dos Exmos. Desembargadores **PEREIRA CALÇAS (PRESIDENTE TRIBUNAL DE JUSTIÇA) (Presidente), ARTUR MARQUES (VICE PRESIDENTE), XAVIER DE AQUINO (DECANO), EVARISTO DOS SANTOS(PRES. DA SEÇÃO DE DIREITO PÚBLICO), CAMPOS MELLO (PRES. DA SEÇÃO DE DIREITO PRIVADO) E FERNANDO TORRES GARCIA(PRES. SEÇÃO DE DIREITO CRIMINAL).**

São Paulo, 23 de novembro de 2018.

GERALDO FRANCISCO PINHEIRO FRANCO

Corregedor Geral da Justiça e Relator

Apelação nº 1001945-30.2017.8.26.0383

Apelante: Patrícia Moreira Dornaika Perina

Apelado: Oficial de Registro de Imóveis e Anexos de Nhandeara

VOTO Nº 37.639

Registro de Imóveis – Dúvida – Impugnação parcial das exigências Anuência da apresentante com parte das exigências formuladas – Dúvida prejudicada – Recurso não conhecido.

Trata-se de apelação interposta pela Sra. Patrícia Moreira Dornaika Perina contra r. sentença que julgou procedente a dúvida e manteve a recusa de ingresso no fólio real de Carta de Sentença em razão da não apresentação da documentação exigida.

A apelante sustenta a impossibilidade de cumprimento das exigências em razão do caráter pessoal da documentação que somente pode ser obtida por meio de dados e senhas pessoais de terceiros, quanto aos quais não tem acesso; daí o cabimento da realização do registro com o título e documentos apresentados (fls. 650/654).

A douta Procuradoria Geral de Justiça opinou pelo não provimento do recurso (fls. 668/670). É o relatório.

Na nota devolutiva (a fls. 08/14) constaram trinta e cinco exigências.

A apelante não impugnou as exigências de forma específica, optou por sustentar a inviabilidade da obtenção dos documentos da Sra. Natália Dornaika, falecida; bem como, agrupar e impugnar as exigências atinentes à apresentação de CCIR, ITR com apresentação da CND, apresentação do DIAC/DIAT relativo ao ITR e comprovante de inscrição no SICAR.

Desse modo, não houve impugnação às seguintes exigências: (i) 5 M 5011 r. sentença para resolver em perdas e danos, (ii) 9 a. Constar registro de cédula rural pignoratícia e hipotecária r. 25, a ser transportada para a matrículas a serem inauguradas, (iii) 14 a. Consta registro de cédula rural a ser transportada para as matrículas a serem inauguradas (R. 11); (iv) 26 a. Consta registro de alienação fiduciária para Randon Administradora de Consórcios

Ltda R. 5, (v) 29 a. Consta registro de cédula rural pignoratícia e hipotecária, a ser transportada para as matrículas a serem inauguradas (R. 15 e R. 17), (vi) 30 e. Faltou parte da descrição do imóvel no laudo, (vii) 31 a. Tem arrolamento de bens Lei 9.532/97 e b. Consta registro de cédula de crédito bancário a ser transportada para as matrículas a serem inauguradas (R. 23), (viii) 32 e. Consta registro de penhoras a serem transportadas (R. 4, R. 5, R. 7) e (ix) Apresentar planta planimétrica de fls. 421 legível, correspondente aos laudos homologados pela r. sentença (a fls. 08/14).

Houve, portanto, concordância com as exigências acima transcritas apontadas pelo Sr. Oficial de Registro de Imóveis, o que torna prejudicada a dúvida.

Isso porque a anuência com parte das exigências apontadas para o ingresso do título no fólio real atribui ao procedimento de dúvida natureza consultiva, ou meramente doutrinária, pois, o novo exame de admissibilidade para o futuro registro poderá ser influenciado por eventuais fatos novos, mesmo se o título for apresentado com atendimento das exigências impugnadas.

Por essas razões, este Col. Conselho Superior da Magistratura já decidiu que:

"No mais, ao contrário do sustentado pelo recorrente, não cabe aqui ao Judiciário se pronunciar acerca da solução cabível para o caso concreto, não se tratando de órgão consultivo, como bem ressaltado pela nobre representante do *parquet*" (CSM, Processo nº 000.608.6/7-00, Rel. Des. Gilberto Passos de Freitas, j. 21/12/2006).

Há precedentes recentes no mesmo sentido: Apelação Cível n. 1004343-82.2016.8.26.0318, j. 24.04.18; Apelação Cível n.1015740-40.2016.8.26.0577, j. 15.05.2018.

E o reconhecimento de que a dúvida se encontra prejudicada acarreta o não conhecimento do recurso. Ante o exposto, julgo prejudicada a dúvida e não conheço do recurso.

GERALDO FRANCISCO PINHEIRO FRANCO

Corregedor Geral da Justiça e Relator (DJe de 18.03.2019 - SP)

PODER JUDICIÁRIO

TRIBUNAL DE JUSTIÇA DO ESTADO DE SÃO PAULO

CONSELHO SUPERIOR DA MAGISTRATURA

Apelação nº 1001615-96.2018.8.26.0189

Registro: 2019.0000293900

ACÓRDÃO

Vistos, relatados e discutidos estes autos de **Apelação Cível nº 1001615-96.2018.8.26.0189**, da Comarca de **Fernandópolis**, em que é apelante **DIVINA DAS GRAÇAS DE JESUS SERRA, é apelado OFICIAL DE REGISTRO DE IMÓVEIS, TÍTULOS E DOCUMENTOS E CIVIL DE PESSOA JURÍDICA DA COMARCA DE FERNANDÓPOLIS.**

ACORDAM, em Conselho Superior de Magistratura do Tribunal de Justiça de São Paulo, proferir a seguinte decisão: **"Julgaram prejudicada a dúvida e não conheceram do recurso, v.u."**, de conformidade com o voto do Relator, que integra este acórdão.

O julgamento teve a participação dos Exmos. Desembargadores **PEREIRA CALÇAS (PRESIDENTE TRIBUNAL DE JUSTIÇA) (Presidente), ARTUR MARQUES (VICE PRESIDENTE), XAVIER DE AQUINO (DECANO), EVARISTO DOS SANTOS(PRES. DA SEÇÃO DE DIREITO PÚBLICO), CAMPOS MELLO (PRES. DA SEÇÃO DE DIREITO PRIVADO) E FERNANDO TORRES GARCIA(PRES. SEÇÃO DE DIREITO CRIMINAL).**

São Paulo, 4 de abril de 2019.

GERALDO FRANCISCO PINHEIRO FRANCO

Corregedor Geral da Justiça e Relator

Apelação Cível nº 1001615-96.2018.8.26.0189

Apelante: Divina das Graças de Jesus Serra

Apelado: Oficial de Registro de Imóveis, Títulos e Documentos e Civil de Pessoa Jurídica da Comarca de Fernandópolis

VOTO Nº 37.722

Registro de Imóveis – Dúvida inversa julgada procedente para manter a recusa do registro – Título, contudo, que foi registrado quando de sua reapresentação, porque houve atendimento da exigência formulada – Dúvida prejudicada – Recurso não conhecido.

Trata-se de apelação interposta contra r. sentença que julgou procedente a dúvida inversamente suscitada e manteve a recusa do registro, na matrícula nº 67.004 do Registro de Imóveis, Títulos e Documentos e Civil de Pessoa Jurídica da Comarca de Fernandópolis, de formal de sobrepartilha extraído de ação de arrolamento de bens porque não foram comprovados a declaração, e o recolhimento e a homologação da Fazenda do Estado em relação ao Imposto de Transmissão "Causa Mortis" e Doação - ITCMD devido pela transmissão de bens decorrente do falecimento de Altino Pereira Serra.

A apelante informou que acabou por atender a exigência formulada, o que ensejou o registro do formal de sobrepartilha. Porém, tem interesse no prosseguimento da dúvida inversa para que seja determinado ao Sr. Oficial de Registro de Imóveis, Títulos e Documentos e Civil de Pessoa Jurídica da Comarca de Fernandópolis que se abstenha de formular igual exigência para o registro de outros formais de partilha extraídos de ações de arrolamento de bens (fls. 169/174).

A douta Procuradoria Geral de Justiça opinou pelo provimento do recurso (fls. 199/201). É o relatório.

Na suscitação da dúvida inversa, proposta em 26 de março de 2018, foi impugnada a exigência de comprovação da declaração e do recolhimento do Imposto de Transmissão "Causa Mortis" e Doação – ITCMD, com homologação pela Fazenda do Estado, como requisito para o registro do formal de sobrepartilha dos bens deixados pelo falecimento de Altino Pereira Serra que foi expedido no Processo nº 1008071-96.2017.8.26.0189 da 2ª Vara Cível da Comarca de Fernandópolis.

Contudo, como esclarecido pelo Sr. Oficial de Registro de Imóveis, Títulos e Documentos e Civil de Pessoa Jurídica da Comarca de Fernandópolis às fls. 111/115 e 180, e confirmado pela apelante às fls. 97, o formal de sobrepartilha foi novamente protocolado em 09 de abril e foi registrado em 19 de abril de 2018, fato comprovado pela certidão da matrícula nº 67.004 juntada às fls. 181/182.

Promovido o registro, não se admite o prosseguimento da dúvida para análise da exigência formulada, visando a determinação ao Oficial de Registro de Imóveis que se abstenha de reproduzi-la na apresentação de outros títulos de igual natureza.

O procedimento de dúvida, que é de natureza administrativa, é reservado à análise da dissensão do apresentante com os motivos que levaram à recusa do registro do título visando a prática de ato específico (arts. 198 e 203 da Lei nº 6.015/73).

Realizado o registro, nada resta a ser apreciado na dúvida inversa suscitada pela apelante que atendeu a exigência formulada pelo Oficial de Registro de Imóveis.

Assim porque a dúvida não se presta para a análise da possibilidade de registro de títulos abstratamente considerados, pois não tem natureza consultiva como reiteradamente decidido por este Col. Conselho Superior da Magistratura:

"No mais, ao contrário do sustentado pelo recorrente, não cabe aqui ao Judiciário se pronunciar acerca da solução cabível para o caso concreto, não se tratando de órgão consultivo, como bem ressaltado pela nobre representante do *parquet*" (CSM, Processo nº 000.608.6/7-00, Rel. Des. Gilberto Passos de Freitas, j. 21/12/2006).

Portanto, eventuais recusas para os registros de outros títulos semelhantes deverão ser impugnadas por meio de novos procedimentos de dúvida, um para cada título.

Ante o exposto, julgo prejudicada a dúvida e não conheço do recurso.

GERALDO FRANCISCO PINHEIRO FRANCO

Corregedor Geral da Justiça e Relator (DJe de 07.05.2019 - SP)

PODER JUDICIÁRIO

TRIBUNAL DE JUSTIÇA DO ESTADO DE SÃO PAULO

CONSELHO SUPERIOR DA MAGISTRATURA

Apelação nº 1105478-44.2018.8.26.0100

Registro: 2019.000391277

ACÓRDÃO

Vistos, relatados e discutidos estes autos de **Apelação Cível nº 1105478-44.2018.8.26.0100**, da Comarca de **São Paulo**, em que são apelantes **ADRIANO FARIAS DE VASCONCELOS e JOSIVÂNIA DOVALINA PIMENTA DE VASCONCELOS**, é apelado **5º OFICIAL DE REGISTRO DE IMÓVEIS DA COMARCA DA CAPITAL.**

ACORDAM, em Conselho Superior de Magistratura do Tribunal de Justiça de São Paulo, proferir a seguinte decisão: **"Julgaram prejudicada a dúvida e não conheceram do recurso, v.u."**, de conformidade com o voto do Relator, que integra este acórdão.

O julgamento teve a participação dos Exmos. Desembargadores **PEREIRA CALÇAS (PRESIDENTE TRIBUNAL DE JUSTIÇA) (Presidente), ARTUR MARQUES (VICE PRESIDENTE), XAVIER DE AQUINO (DECANO), EVARISTO DOS SANTOS(PRES. DA SEÇÃO DE DIREITO PÚBLICO), CAMPOS MELLO (PRES. DA SEÇÃO DE DIREITO PRIVADO) E FERNANDO TORRES GARCIA(PRES. SEÇÃO DE DIREITO CRIMINAL).**

São Paulo, 16 de maio de 2019.

GERALDO FRANCISCO PINHEIRO FRANCO

Corregedor Geral da Justiça e Relator

Apelação Cível nº 1105478-44.2018.8.26.0100

Apelantes: Adriano Farias de Vasconcelos e Josivânia Dovalina Pimenta de Vasconcelos

Apelado: 5º Oficial de Registro de Imóveis da Comarca da Capital

VOTO Nº 37.753

Registro de Imóveis – Dúvida – Impugnação parcial das exigências – Anuência dos apresentantes com parte das exigências formuladas – Dúvida prejudicada – Recurso não conhecido.

Trata-se de apelação interposta por Adriano Farias de Vasconcelos e Josivânia Dovalina Pimenta de Vasconcelos contra r. sentença que julgou procedente a dúvida e manteve a recusa de ingresso no fólio real de Carta de Adjudicação em razão do princípio da continuidade.

Os apelantes sustentam o cabimento do registro em razão da desnecessidade da inclusão dos cedentes no polo passivo da ação de adjudicação compulsória, devendo ocorrer o ingresso do título judicial (a fls. 372/380).

A douta Procuradoria Geral de Justiça opinou pelo não provimento do recurso (fls. 396/398). É o relatório.

Na nota devolutiva constaram as seguintes exigências: aditamento do título judicial para inclusão no polo passivo da ação todos os proprietários tabulares, apresentação do título original e não por cópia e comprovar o recolhimento do ITBI (a fls. 317/318):

Os apelantes somente impugnaram a exigência atinente ao aditamento do título judicial, nada mencionam contra as demais e, inclusive, no curso da dúvida referiram *A propósito, as demais exigências os Requerentes serão supridas no momento oportuno* (a fls. 328).

Houve, portanto, concordância com duas das exigências acima transcritas apontadas pelo Sr. Oficial de Registro de Imóveis, o que torna prejudicada a dúvida.

Isso porque a anuência com parte das exigências apontadas para o ingresso do título no fólio real atribui ao procedimento de dúvida natureza consultiva, ou meramente doutrinária, pois, o novo exame de admissibilidade para o futuro registro poderá ser influenciado por eventuais fatos novos mesmo se o título for apresentado com atendimento das exigências impugnadas.

Por essas razões, este Col. Conselho Superior da Magistratura já decidiu que:

REGISTRO DE IMÓVEIS – Dúvida inversa julgada procedente – Carta de sentença extraída em ação de separação consensual – Impugnação parcial das exigências formuladas – Dúvida prejudicada – Recurso não conhecido (Apelação Cível: 1000679-66.2018.8.26.0223, Rel. Des. Pinheiro Franco, j. 04/10/2018).

REGISTRO DE IMÓVEIS – Dúvida – Impugnação parcial das exigências – Anuência do apresentante com parte das exigências formuladas – Não apresentação do título original – Dúvida prejudicada – Recurso não conhecido, com observação (Apelação Cível: 1013579-15.2017.8.26.0224, Rel. Des. Pinheiro Franco, j. 02/08/2018).

Nessa linha, também os seguintes precedentes: Apelação Cível n. 1004343-82.2016.8.26.0318, j. 24.04.18; Apelação Cível n.1015740-40.2016.8.26.0577, j. 15.05.2018.

E o reconhecimento de que a dúvida se encontra prejudicada acarreta o não conhecimento do recurso. Ante o exposto, julgo prejudicada a dúvida e não conheço do recurso.

GERALDO FRANCISCO PINHEIRO FRANCO
Corregedor Geral da Justiça e Relator (DJe de 05.06.2019 - SP)

PODER JUDICIÁRIO

TRIBUNAL DE JUSTIÇA DO ESTADO DE SÃO PAULO

CONSELHO SUPERIOR DA MAGISTRATURA

Apelação nº 1001907-18.2018.8.26.0404

Registro: 2019.0000464762

ACÓRDÃO

Vistos, relatados e discutidos estes autos de **Apelação Cível nº 1001907-18.2018.8.26.0404**, da Comarca de **Orlândia**, em que é apelante **ROBERTO LUIZ JUNQUEIRA NETTO**, é apelado **OFICIAL DE REGISTRO DE IMÓVEIS E ANEXOS DA COMARCA DE ORLÂNDIA**.

ACORDAM, em Conselho Superior de Magistratura do Tribunal de Justiça de São Paulo, proferir a seguinte decisão: **"Julgaram prejudicada a dúvida e não conheceram do recurso, v.u."**, de conformidade com o voto do Relator, que integra este acórdão.

O julgamento teve a participação dos Exmos. Desembargadores **PEREIRA CALÇAS (PRESIDENTE TRIBUNAL DE JUSTIÇA) (Presidente), ARTUR MARQUES (VICE PRESIDENTE), XAVIER DE AQUINO (DECANO), EVARISTO DOS SANTOS(PRES. DA SEÇÃO DE DIREITO PÚBLICO), CAMPOS MELLO (PRES. DA SEÇÃO DE DIREITO**

PRIVADO) E FERNANDO TORRES GARCIA(PRES. SEÇÃO DE DIREITO CRIMINAL).

São Paulo, 7 de junho de 2019.

GERALDO FRANCISCO PINHEIRO FRANCO

Corregedor Geral da Justiça e Relator

Apelação Cível nº 1001907-18.2018.8.26.0404

Apelante: Roberto Luiz Junqueira Netto

Apelado: Oficial de Registro de Imóveis e Anexos da Comarca de Orlândia

VOTO Nº 37.762

Registro de Imóveis – Anuência parcial do apresentante com as exigências formuladas – Complementação superveniente do título – Impossibilidade – Dúvida prejudicada – Recurso não conhecido.

ROBERTO LUIZ JUNQUEIRA NETTO interpõe recurso de apelação contra r. sentença de fl. 199/202, que julgou parcialmente procedente a dúvida suscitada pela Sra. Oficial de Registro de Imóveis e Anexos da Comarca de Orlândia, após exigências para registro de carta de arrematação.

Sustenta o recorrente a desnecessidade de apuração de remanescente, por não haver qualquer ofensa ao princípio da especialidade objetiva e da continuidade registrária. Afirma, outrossim, não haver óbice ao registro pela existência de hipotecas (R.23 e R.24) e penhoras (R.25, R.26 e Av.28, discordando quanto à apresentação de certidão negativa ou positiva com efeito de negativa de débitos relativa aos tributos Federais.

Sustenta, outrossim, deva ser afastada a apresentação de CCIR e ITR do imóvel rural, concordando, entretanto, com a necessidade de aditamento do título, para qualificação completa dos arrematantes.

A D. Procuradoria Geral de Justiça opinou pelo desprovimento do recurso (fl. 242/244). É o relatório.

O recurso não comporta conhecimento.

O apelante pretende registrar carta de arrematação extraída dos autos nº 0000113-48.1996.8.26.0404, que tramitaram perante a 1ª Vara da Comarca de Orlândia.

Para tanto, insurge-se contra a necessidade de apuração do remanescente da área arrematada, bem como adequação da carta de arrematação em virtude dessa apuração, afirmando não haver óbice pelas hipotecas e penhoras que recaem sobre o imóvel. Impugna também a obrigatoriedade da apresentação das certidões de tributos Federais, bem como do CCIR.

Entretanto, o apelante reconhece que, de fato, o título apresentado estava incompleto quanto à qualificação dos arrematantes *Francisco Marcos Junqueira Netto* e *Suzana Junqueira Netto*, tanto que assim o fez às fl. 183/184.

Na mesma manifestação, o recorrente regulariza o título com a juntada de certidões de casamento e de pactos antenupciais.

Como se sabe, o procedimento de dúvida é reservado à análise da discordância do apresentante com os motivos que levaram à recusa do registro do título. De seu julgamento, decorrerá a manutenção da recusa, com cancelamento da prenotação, ou a improcedência da dúvida, que terá como consequência a realização do registro (art. 203, II, da Lei nº 6.015/73).

A anuência do recorrente com a irregularidade parcial de seu próprio título, trazendo, após a prenotação, qualificação dos arrematantes e suas certidões de casamento, reconhecendo, consequentemente, que aquele apresentado estava incompleto, prejudica o exame da dúvida, já que, ainda que julgada improcedente, havia outros óbices, quando da prenotação, que prejudicariam o ingresso do título no registro imobiliário.

A referida constatação atribui ao procedimento de dúvida natureza consultiva, ou meramente doutrinária. O novo exame de admissibilidade para o futuro registro poderá ser influenciado por eventuais fatos novos, mesmo se o título for apresentado com atendimento das exigências impugnadas.

Esse é o entendimento pacífico deste C. Conselho Superior da Magistratura:

> *"No mais, ao contrário do sustentado pelo recorrente, não cabe aqui ao Judiciário se pronunciar acerca da solução cabível para o caso concreto, não se tratando de órgão consultivo, como bem ressaltado pela nobre representante do parquet" (CSM, Processo n° 000.608.6/7-00, Rel. Des. Gilberto Passos de Freitas, j. 21/12/2006).*

Ademais, a complementação ou alteração do título no curso do procedimento de dúvida enseja prorrogação indevida do prazo de validade do protocolo, o que acarreta potencial prejuízo aos eventuais apresentantes de títulos representativos de direitos conflitantes que forem posteriormente protocolados.

Por isso, os precedentes do Eg. Conselho Superior da Magistratura são firmes no sentido de que não se admite a complementação do título no curso da dúvida:

"Dúvida registrária é só para dirimir o dissenso, entre o registrador e o apresentante, sobre a prática de ato de registro, referente a título determinado que, para esse fim (registro) foi protocolado e prenotado. Logo, não se admite, no seu curso, diligências ou dilação de provas destinadas à complementação de título desqualificado, à apuração de fatos extratabulares demonstrativos de situação jurídica de loteamento ou à promoção de medidas de saneamento de vício que macula o parcelamento do solo. A razão dessa restrição cognitiva, ademais, é evitar a indevida prorrogação do prazo da prenotação, consoante firme orientação deste Conselho Superior da Magistratura: "A dilação probatória em procedimento desta natureza prorrogaria indevidamente o prazo da prenotação, potencializando prejuízo para o direito de prioridade de terceiros, que também tivessem prenotado outros títulos que refletissem direitos contraditórios" (Apelação Cível nº 027583-0/7, Santa Rosa do Viterbo, j. 30.10.1995, rel. Des. Alves Braga, in Revista de Direito Imobiliário 39/297-298). Confira, ainda, Apelação Cível nº 97.090-0/4, São José do Rio Preto, j. 12.12.2002, Rel. Des. Luiz Tâmbara; Apelação Cível nº 000.176.6/4-00, Socorro, j. 16.09.2004, Rel. Des. José Mário Antonio Cardinale". (CSM, Apelação Cível nº 482-6/0, Relator Desembargador GILBERTO PASSOS DE FREITAS).

REGISTRO DE IMÓVEIS – Registro de loteamento – Dúvida julgada procedente, com manutenção da recusa do registro Impugnação parcial – Título complementado no curso da dúvida mediante apresentação de documentos destinados ao atendimento parcial das exigências formuladas pelo Oficial de Registro – Alteração do título que implicou em anuência com as exigências formuladas para o registro, ainda que de forma parcial – Impossibilidade de alteração do título no curso da dúvida, o que impede o reexame da qualificação – Recurso não conhecido, prejudicada a dúvida suscitada. (CSM, Apelação Cível nº º 1003326-39.2017.8.26.0168, Relator Desembargador PINHEIRO FRANCO).

A impugnação parcial e a complementação do título no curso deste procedimento, para atender exigências aceitas pelo apelante, tornam a dúvida prejudicada e impedem o conhecimento do recurso.

Ante o exposto, julgo prejudicada a dúvida e não conheço do recurso.

GERALDO FRANCISCO PINHEIRO FRANCO

Corregedor Geral da Justiça e Relator (DJe de 27.06.2019 - SP)

PODER JUDICIÁRIO

TRIBUNAL DE JUSTIÇA DO ESTADO DE SÃO PAULO

CONSELHO SUPERIOR DA MAGISTRATURA

Apelação nº 1000426-62.2018.8.26.0584

Registro: 2019.0000483148

ACÓRDÃO

Vistos, relatados e discutidos estes autos de **Apelação Cível nº 1000426-62.2018.8.26.0584**, da Comarca de **São Pedro**, em que são apelantes **MONICA WOHLMANSTETTER VOGT, MILIA BARBOUR NOHRA e JORGE CHALLITA NOUHRA SOBRINHO**, é apelado **OFICIAL DO REGISTRO DE IMÓVEIS E ANEXOS DA COMARCA DE SÃO PEDRO.**

ACORDAM, em Conselho Superior de Magistratura do Tribunal de Justiça de São Paulo, proferir a seguinte decisão: **"Julgaram prejudicada a dúvida e não conheceram do recurso, v,u."**, de conformidade com o voto do Relator, que integra este acórdão.

O julgamento teve a participação dos Exmos. Desembargadores **PEREIRA CALÇAS (PRESIDENTE TRIBUNAL DE JUSTIÇA) (Presidente), ARTUR MARQUES (VICE PRESIDENTE), XAVIER DE AQUINO (DECANO), EVARISTO DOS SANTOS(PRES. DA SEÇÃO DE DIREITO PÚBLICO), CAMPOS MELLO (PRES. DA SEÇÃO DE DIREITO PRIVADO) E FERNANDO TORRES GARCIA(PRES. SEÇÃO DE DIREITO CRIMINAL).**

São Paulo, 13 de junho de 2019.

GERALDO FRANCISCO PINHEIRO FRANCO

Corregedor Geral da Justiça e Relator

Apelação Cível nº 1000426-62.2018.8.26.0584

Apelantes: Monica Wohlmanstetter Vogt, Milia Barbour Nohra e Jorge Challita Nouhra Sobrinho

Apelado: Oficial do Registro de Imóveis e Anexos da Comarca de São Pedro

VOTO Nº 37.785

Registro de Imóveis – Dúvida inversa julgada procedente para manter a recusa do registro – Título apresentado para exame e cálculo – Inexistência de prenotação – Anuência do apresentante com parte das exigências formuladas

– não apresentação do título original – Dúvida prejudicada – Recurso não conhecido.

Trata-se de apelação interposta por Jorge Challita Nouhra Sobrinho, Milia Barbour Nohra e Monica Wohlmanstetter Vogt, tempestivamente, contra r. sentença que julgou procedente a dúvida inversamente suscitada e manteve a recusa do registro da carta de arrematação por violação do princípio da continuidade.

Os apelantes sustentam o registro do título judicial em razão do princípio da utilidade e da boa-fé, execução que deve prevalecer perante a interpretação literal do princípio da continuidade (fls. 59/76).

A douta Procuradoria Geral de Justiça opinou pelo provimento do recurso (fls. 98/100). É o relatório.

Em nota devolutiva que foi expedida em pedido de exame e cálculo (fls. 03/04), o Sr. Oficial Substituto do Registro de Imóveis e Anexos da Comarca de São Pedro indicou as seguintes exigências para o registro do título: a) impossibilidade do registro em razão de coisa julgada administrativa, quanto a exigência que foi objeto da suscitação de dúvida n. 17/2009; b) certidão de valor do imóvel da matrícula nº. 19.291, relativo ao exercício fiscal de 2017; c) comprovante de recolhimento do imposto de transmissão de bens imóveis (ITBI); d) regularização do estado civil e apresentação de certidões do registro civil de condôminos constantes da matrícula.

A apresentação de título para exame e cálculo não gera protocolo com eficácia de prioridade (art. 12, parágrafo único, da Lei nº 6015/73) e, em consequência, não se presta para o registro que deverá ser feito, se forem atendidos os requisitos legais, conforme a prioridade decorrente da prenotação (art. 182 da Lei referida).

O procedimento de dúvida é reservado à análise da dissensão do apresentante com os motivos que levaram à recusa do registro do título que, para essa finalidade, deverá ser objeto de protocolo, pois de seu julgamento decorrerá a manutenção da recusa, com cancelamento da prenotação, ou a improcedência da dúvida que terá como consequência a realização do registro (art. 203, II, da Lei nº 6.015/73).

A necessidade de prévio protocolo do título, ademais, decorre de interpretação lógica da Lei nº 6.015/73 que: em seu art. 182 determina que todos os títulos tomarão no protocolo o número de ordem correspondente à sequência de apresentação; em seu art. 198, e incisos, dispõe sobre a anotação da dúvida no Livro nº 1 Protocolo, para conhecimento da prorrogação do prazo da prenotação; e em seu art. 203 prevê os efeitos do julgamento da dúvida em relação ao registro e, em consequência, ao resultado da qualificação realizada depois da respectiva prenotação do título.

Diante disso, não se admite dúvida para a análise do resultado de exame e cálculo.

Ademais, os recorrentes impugnaram apenas uma das exigências apontadas pelo Sr. Oficial de Registro de Imóveis, concordando com as demais, o que prejudicaria o exame da dúvida mesmo se o título estivesse prenotado.

Isso porque a anuência como parte das exigências apontadas para o ingresso do título no fólio real atribui ao procedimento de dúvida natureza consultiva, ou meramente doutrinária, pois o novo exame de admissibilidade para o futuro registro poderá ser influenciado por eventuais fatos novos mesmo se o título for apresentado com atendimento das exigências impugnadas.

Por essas razões, este Col. Conselho Superior da Magistratura já decidiu que:

REGISTRO DE IMÓVEIS – Dúvida inversa julgada procedente – Carta de sentença extraída em ação de separação consensual – Impugnação parcial das exigências formuladas – Dúvida prejudicada – Recurso não conhecido (Apelação Cível: 1000679-66.2018.8.26.0223, Rel. Des. Pinheiro Franco, j. 04/10/2018).

REGISTRO DE IMÓVEIS – Dúvida – Impugnação parcial das exigências – Anuência do apresentante com parte das exigências formuladas – Não apresentação do título original – Dúvida prejudicada – Recurso não conhecido, com observação (Apelação Cível: 1013579-15.2017.8.26.0224, Rel. Des. Pinheiro Franco, j. 02/08/2018).

Nessa linha, também os seguintes precedentes: Apelação Cível nº. 1004343-82.2016.8.26.0318, j. 24.04.18; Apelação Cível nº. 1015740-40.2016.8.26.0577, j. 15.05.2018.

Impende ainda considerar que, apesar da prenotação do título na dúvida inversa, não houve apresentação da via original do título (a fls. 31).

Essa situação, não bastasse o acima referido, igualmente, prejudicaria o exame da dúvida, porquanto imprescindível apresentação do título original, ao Oficial de Registro de Imóveis, pois eventual procedência do recurso resultaria no pretendido registro, decidindo-se acerca da qualificação registral.

E o reconhecimento de que a dúvida se encontra prejudicada acarreta o não conhecimento do recurso. Ante o exposto, julgo prejudicada a dúvida e não conheço do recurso.

GERALDO FRANCISCO PINHEIRO FRANCO
Corregedor Geral da Justiça e Relator (DJe de 26.07.2019 - SP)

PODER JUDICIÁRIO

TRIBUNAL DE JUSTIÇA DO ESTADO DE SÃO PAULO

CONSELHO SUPERIOR DA MAGISTRATURA

Apelação nº 1105389-21.2018.8.26.0100

Registro: 2019.0000642595

ACÓRDÃO

Vistos, relatados e discutidos estes autos de **Apelação Cível nº 1105389-21.2018.8.26.0100**, da Comarca de **São Paulo**, em que é apelante **PÉRSIO BRUNO DE SOUZA**, é apelado **15º OFICIAL DE REGISTRO DE IMÓVEIS DA COMARCA DA CAPITAL.**

ACORDAM, em Conselho Superior de Magistratura do Tribunal de Justiça de São Paulo, proferir a seguinte decisão: **"Rejeitaram a intervenção de terceiros e não conheceram da dúvida suscitada, v.u.",** de conformidade com o voto do Relator, que integra este acórdão.

O julgamento teve a participação dos Exmos. Desembargadores **PEREIRA CALÇAS (PRESIDENTE TRIBUNAL DE JUSTIÇA) (Presidente), ARTUR MARQUES (VICE PRESIDENTE), XAVIER DE AQUINO (DECANO), EVARISTO DOS SANTOS(PRES. DA SEÇÃO DE DIREITO PÚBLICO), CAMPOS MELLO (PRES. DA SEÇÃO DE DIREITO PRIVADO) E FERNANDO TORRES GARCIA(PRES. SEÇÃO DE DIREITO CRIMINAL).**

São Paulo, 9 de agosto de 2019.

GERALDO FRANCISCO PINHEIRO FRANCO

Corregedor Geral da Justiça e Relator

Apelação Cível nº 1105389-21.2018.8.26.0100

Apelante: Pérsio Bruno de Souza

Apelado: 15º Oficial de Registro de Imóveis da Comarca da Capital

Interessados: MARCELO VAZ DO AMARAL PEREIRA e ROBERTA ANDRÉ RIBEIRO PEREIRA

VOTO Nº 37.827

Registro de imóveis – Dúvida – Intervenção de terceiros – Não cabimento, por ser a dúvida procedimento administrativo destinado à solução do dissenso entre o registrador e o interessado no registro do título – Intervenção indeferida – Divergências de dados qualificativos no título – Necessidade de complementação dos documentos – Impossibilidade de regularização superveniente – Recurso não conhecido.

Cuida-se de recurso de apelação interposto por PERSIO BRUNO DE SOUZA em face da r. sentença de fls. 83/85, que julgou procedente dúvida suscitada pelo Sr. 15º Oficial de Registro de Imóveis da Capital, que obstou o registro de compromisso de compra e venda de imóvel, em razão de deficiência e divergência nos dados de qualificação dos seus promitentes vendedores e compradores.

O apelante sustenta a possibilidade do registro, já que as exigências referentes ao estado civil dos promitentes vendedores e compradores são devidamente supridas pelos documentos juntados, e que a escritura já traz as informações necessárias.

Além disso, as demais diligências poderiam ser tomadas pela própria serventia ou pela Corregedoria Permanente.

Por fim, relata que lavrou boletim de ocorrência para apurar possível estelionato, uma vez que o imóvel foi negociado a terceiras pessoas.

MARCELO VAZ DO AMARAL PEREIRA e ROBERTA ANDRÉ RIBEIRO PEREIRA se manifestam às fls. 119/125, na qualidade de terceiros interessados, relatando haver prenotado título contraditório, que consiste em escritura de compra e venda pela qual os titulares de domínio transmitem para si o imóvel.

A D. Procuradoria Geral de Justiça opinou pelo desprovimento do recurso (fls. 190/194). É o relatório.

Preliminarmente, não é possível o ingresso de terceiros interessados no presente procedimento.

O procedimento de dúvida tem natureza administrativa (art. 204 da Lei nº 6.015/73), não tem lide e não comporta as modalidades de intervenção de terceiro previstas nos arts. 119 e seguintes do Código de Processo Civil.

Nessa linha, cabe lembrar os v. acórdãos prolatados por este Col. Conselho Superior da Magistratura na Apelação Cível nº 510-0, da Comarca de Ribeirão Preto, de que foi relator o Desembargador BRUNO AFFONSO DE ANDRÉ, e na Apelação Cível nº 000.964.6/0-00, da Comarca de São Paulo, de que foi relator o Desembargador RUY PEREIRA CAMILO, o último com a seguinte ementa:

"REGISTRO DE IMÓVEIS. Dúvida inversa Intervenção de terceiro Não cabimento por ser a dúvida destinada à solução do dissenso entre o registrador e o interessado no registro do título Intervenção indeferida Admissibilidade, apenas, de apelação pelo terceiro interessado, do que não se trata no presente caso concreto."

Indefiro, portanto, o pedido de intervenção no processo, como terceiros interessados, realizado por MARCELO VAZ DO AMARAL PEREIRA e ROBERTA ANDRÉ RIBEIRO PEREIRA.

Quanto ao recurso de apelação, ele não comporta conhecimento.

Houve sucessivas reiterações da prenotação, até que aquela de nº 836.156 deu origem ao presente procedimento.

O título foi qualificado negativamente devido aos seguintes óbices: (I) O domínio do imóvel foi adquirido pelos promitentes vendedores *José Ricardo de Souza Pinheiro* e *Tania Rodrigues Santos*, no estado civil de solteiros, ao passo que no título consta que estão casados sob regime de união estável; (II) Ausentes informações acerca do casamento do promitente comprador *Pérsio Bruno de Souza*, data de casamento e regime de bens; e (III) Ausência de informações sobre os promitentes vendedores estarem sujeitos ou não à Lei Previdenciária nº 8.212/91.

Dessa forma, as apontadas divergências não permitem o ingresso do título junto ao fólio real, por ofensa à própria especialidade subjetiva e continuidade, o que, por si só, já seria motivo suficiente para a procedência da dúvida suscitada.

Não bastasse, muito embora o recorrente afirme ter instruído corretamente o título, ao mesmo tempo, aduz que as exigências apresentadas deveriam ser supridas pela própria Serventia Imobiliária, ou pela Corregedoria Permanente, reconhecendo que os documentos apresentados admitem complementação (fls. 100/101):

"Em consonância com as questões relativas a qualificação e legislação previdenciária, entendendo estarem todas supridas, fato que não é de concordância do oficial registrador, dentro as possibilidades, nos termos do artigo 201 da Lei nº. 6.015/73 ***caberia a realização de diligências para a elucidação das questões voltadas para o registro imobiliário. Assim, foi colocado que não estão esgotadas as formas de alcance para a elucidação das questões e desta feita, o que se admite apenas por argumentação, as diligências, salvo entendam*** *Vossas Excelências não restar cumpridas as exigências, a expedições de diligências para possibilitar, em sede final, a Averbação / Registro do Instrumento Particular de Compromisso de Compra e Venda devem ser tomadas por iniciativa do MM. Juízo nas formas requeridas.* ***Esclareceu ainda o apelante/suscitado que oportunamente traria a prova de ingresso de medida judicial criminal específica****, inicialmente lavrado apenas um Boletim de Ocorrência, para apurar autoria e materialidade de crime de estelionato tipificado no Código Penal e outros crimes porventura cometidos, posto que inegável que houve a venda e compra por duas vezes do mesmo imóvel nos termos do relato do Sr. Oficial Registrador (fls. 05). Concluindo, além de presentes todos os requisitos para a Averbação / Registro do Instrumento Particular de Compromisso de Compra e Venda,* ***supridas assim as exigências registrais, inegável deveria ser a determinação do MM. Juízo da 01º VARA DE REGISTROS PÚBLICOS DO FORO CENTRAL DA CAPITAL - SP., salvo entendimento diverso de complementação de documentos por diligências a serem tomadas****, a final, não podendo ser outro o resultado, senão, a necessária inclusão no registro imobiliário do Instrumento Particular de Compromisso de Compra e Venda."* (g.n).

Como se sabe, o procedimento de dúvida é reservado à análise da discordância do apresentante com os motivos que levaram à recusa do registro do título. De seu julgamento, decorrerá a manutenção da recusa, com cancelamento da prenotação, ou a improcedência da dúvida, que terá como consequência a realização do registro (art. 203, II, da Lei nº 6.015/73).

A afirmação do recorrente no sentido de que o título poderia ser complementado por outras diligências, **após a prenotação**, reconhecendo, consequentemente, que aquele apresentado poderia demandar integração, prejudica o exame da dúvida, já que, ainda que julgada improcedente, haveriam outros óbices, quando da prenotação, que prejudicariam o ingresso do título no registro imobiliário.

A referida constatação atribui ao procedimento de dúvida natureza consultiva, ou meramente doutrinária. O novo exame de admissibilidade para o futuro registro poderá ser influenciado por eventuais fatos novos, mesmo se o título for apresentado com atendimento das exigências impugnadas.

Esse é o entendimento pacífico deste C. Conselho Superior da Magistratura:

"No mais, ao contrário do sustentado pelo recorrente, não cabe aqui ao Judiciário se pronunciar

acerca da solução cabível para o caso concreto, não se tratando de órgão consultivo, como bem ressaltado pela nobre representante do parquet." (CSM, Processo nº 000.608.6/7-00, Rel. Des. GILBERTO PASSOS DE FREITAS, j. 21/12/2006).

Ademais, a complementação ou alteração do título no curso do procedimento de dúvida enseja prorrogação indevida do prazo de validade do protocolo, o que acarreta potencial prejuízo aos eventuais apresentantes de títulos representativos de direitos conflitantes que forem posteriormente protocolados.

Por isso, os precedentes do Eg. Conselho Superior da Magistratura são firmes no sentido de que não se admite a complementação do título no curso da dúvida:

"Dúvida registrária é só para dirimir o dissenso, entre o registrador e o apresentante, sobre a prática de ato de registro, referente a título determinado que, para esse fim (registro) foi protocolado e prenotado. Logo, não se admite, no seu curso, diligências ou dilação de provas destinadas à complementação de título desqualificado, à apuração de fatos extratabulares demonstrativos de situação jurídica de loteamento ou à promoção de medidas de saneamento de vício que macula o parcelamento do solo. A razão dessa restrição cognitiva, ademais, é evitar a indevida prorrogação do prazo da prenotação, consoante firme orientação deste Conselho Superior da Magistratura: "A dilação probatória em procedimento desta natureza prorrogaria indevidamente o prazo da prenotação, potencializando prejuízo para o direito de prioridade de terceiros, que também tivessem prenotado outros títulos que refletissem direitos contraditórios." (Apelação Cível nº 027583-0/7, Santa Rosa do Viterbo, j. 30.10.1995, rel. Des. ALVES BRAGA, in Revista de Direito Imobiliário 39/297-298). Confira, ainda, Apelação Cível nº 97.090-0/4, São José do Rio Preto, j. 12.12.2002, Rel. Des. LUIZ TÂMBARA; Apelação Cível nº 000.176.6/4-00, Socorro, j. 16.09.2004, Rel. Des. JOSÉ MÁRIO ANTONIO

CARDINALE." (CSM, Apelação Cível nº 482-6/0, Relator Desembargador GILBERTO PASSOS DE FREITAS). "REGISTRO DE IMÓVEIS – Registro de loteamento – Dúvida julgada procedente, com manutenção da recusa do registro – Impugnação parcial – Título complementado no curso da dúvida mediante apresentação de documentos destinados ao atendimento parcial das exigências formuladas pelo Oficial de Registro – Alteração do título que implicou em anuência com as exigências formuladas para o registro, ainda que de forma parcial – Impossibilidade de alteração do título no curso da dúvida, o que impede o reexame da qualificação – Recurso não conhecido, prejudicada a dúvida suscitada." (CSM, Apelação Cível nº º 1003326-39.2017.8.26.0168, Relator Desembargador PINHEIRO FRANCO).

A complementação do título no curso deste procedimento, para atender exigências feitas pelo Oficial, impedem o conhecimento do recurso.

Ante o exposto, rejeito a intervenção de terceiros e não conheço da dúvida suscitada.

GERALDO FRANCISCO PINHEIRO FRANCO

Corregedor Geral da Justiça e Relator (DJe de 23.08.2019 – SP)

ITBI

PODER JUDICIÁRIO

TRIBUNAL DE JUSTIÇA DO ESTADO DE SÃO PAULO

CONSELHO SUPERIOR DA MAGISTRATURA

Apelação nº 1000908-70.2019.8.26.0100

Registro: 2019.0000642597

ACÓRDÃO

Vistos, relatados e discutidos estes autos de **Apelação Cível n.º 1000908-70.2019.8.26.0100**, da Comarca de **São Paulo**, em que é apelante **CALMINHER S/A**, é apelado **9º OFICIAL DE REGISTRO DE IMÓVEIS DA COMARCA DE SÃO PAULO.**

ACORDAM, em Conselho Superior de Magistratura do Tribunal de Justiça de São Paulo, proferir a seguinte decisão: **"Negaram provimento ao recurso, v.u."**, de conformidade com o voto do Relator, que integra este acórdão.

O julgamento teve a participação dos Exmos. Desembargadores **PEREIRA CALÇAS (PRESIDENTE TRIBUNAL DE JUSTIÇA) (Presidente), ARTUR MARQUES (VICE PRESIDENTE), XAVIER DE AQUINO (DECANO), EVARISTO DOS SANTOS(PRES. DA SEÇÃO DE DIREITO PÚBLICO), CAMPOS MELLO (PRES. DA SEÇÃO DE DIREITO PRIVADO) E FERNANDO TORRES GARCIA(PRES. SEÇÃO DE DIREITO CRIMINAL)**.

São Paulo, 9 de agosto de 2019.

GERALDO FRANCISCO PINHEIRO FRANCO

Corregedor Geral da Justiça e Relator

Apelação Cível n.º 1000908-70.2019.8.26.0100

Apelante: Calminher S/A

Apelado: 9º Oficial de Registro de Imóveis da Comarca de São Paulo

VOTO Nº 37.846

Registro de Imóveis – Tributos – Impossibilidade do exame de prescrição e decadência no âmbito da qualificação registral – Dever do oficial em exigir a prova do pagamento do ITBI – Especialidade objetiva – Descrição do imóvel imprecisa sem possibilidade de compreender sua exata localização – Necessidade de apuração do remanescente que não pode ser suprida por laudo de avaliação – recurso não provido.

Trata-se de apelação interposta por Calminher S.A. contra r. sentença que julgou procedente a dúvida e manteve a recusa do registro de ata de assembleia geral por ausência de apresentação da guia do recolhimento do ITBI e violação ao princípio da especialidade objetiva.

A apelante sustenta a desnecessidade da prova do recolhimento do ITBI, ante a extinção de eventual crédito tributário e a possibilidade de localização do imóvel em razão de laudo de avaliação (fls. 211/220).

A douta Procuradoria Geral de Justiça opinou pelo não provimento do recurso (fls. 235/237).

É o relatório.

É dever do registrador, nos termos do artigo 289 da Lei de Registros Públicos, *fazer rigorosa fiscalização do pagamento dos impostos devidos por força dos atos que lhes forem apresentados em razão do ofício*, portanto, correta a exigência atinente à comprovação do pagamento do ITBI.

Não é atribuição do Registrador, e tampouco deste órgão administrativo recursal, o exame da ocorrência de decadência ou prescrição de tributo com a finalidade de afastar a exigência da comprovação de seu pagamento.

O procedimento de dúvida, que é de natureza administrativa, tem por finalidade exclusiva a análise da dissensão entre o apresentante e o Oficial de Registro de Imóveis sobre os fundamentos adotados para a recusa do registro.

A par da natureza administrativa, o titular do crédito tributário não participa do procedimento de dúvida e, em decorrência, não pode ser atingido pelo pretendido reconhecimento da decadência. Ademais, em razão de sua natureza o procedimento de dúvida não comporta o chamamento do credor tributário para comprovar eventual causa interruptiva da prescrição.

Nesse sentido:

"Registro de Imóveis – Formal de Partilha – Ausência de recolhimento de Imposto de Transmissão "causa mortis" – Dever do Oficial de velar pelo recolhimento – Impossibilidade de reconhecimento de decadência ou prescrição pela via administrativa – Recurso desprovido." (CSM, Apelação Cível n.º 1042731-63.2015.8.26.0100, Rel. Desembargador Pereira Calças).

O Princípio da Especialidade Objetiva, contido no art. 176 da Lei n.º 6.015/73, exige a identificação do imóvel como um corpo certo objetivando sua localização física.

No presente caso, em razão de várias alienações parciais há necessidade de apuração do remanescente. Assim, a descrição existente na transcrição é imprecisa e lacunosa, impedindo a identificação e exata localização da parcela do imóvel a ser transmitido.

Essa questão já foi objeto de precedente deste Conselho Superior da Magistratura, como se observa de extrato do voto do Desembargador Hamilton Elliot Akel, então Corregedor Geral da Justiça, na Apelação n.º 0010422- 67.2013.8.26.0361:

"No que respeita ao principio da especialidade objetiva, ele apenas seria respeitado se o título descrevesse o imóvel tal como no assento e, também, se esse assento contivesse perfeita individualização do bem. Para Afrânio de Carvalho, o princípio da especialidade do imóvel significa a sua descrição como corpo certo, a sua representação escrita como individualidade autônoma, com o seu modo de ser físico, que o torna inconfundível e, portanto, heterogêneo em relação a qualquer outro (Registro de Imóveis: comentários ao sistema de registro em face da Lei 6.015/73, 2.ª ed., Rio de Janeiro, 1977, p. 219). Por isso, o imóvel deve estar perfeitamente descrito no título objeto de registro de modo a permitir sua exata localização e individualização, não se confundindo com nenhum outro. Narciso Orlandi Neto, ao citar Jorge de Seabra Magalhães, lembra que 'as regras reunidas no princípio da especialidade impedem que sejam registrados títulos cujo objeto não seja exatamente aquele que consta do registro anterior. É preciso que a caracterização do objeto do negócio repita os elementos de descrição constantes do registro' (Narciso Orlandi Neto, Retificação do Registro de Imóveis, Juarez de Oliveira, pág. 68). É certo que caberia mitigação no princípio da especialidade, caso o título - formal de partilha - espelhasse a antiga transcrição. Mas nem isso ocorre no caso. Enquanto a certidão oriunda do 1º registro de Imóveis menciona dois lotes de terreno, o formal de partilha, ao tratar de deles, discriminam-os como um só imóvel, não obstante a ausência

de qualquer procedimento de unificação. E, mais, como ressalta o Oficial, traz medidas laterais inéditas, que não constam do assento. (grifo nosso) A situação não melhora com os documentos trazidos no curso do processo, que, de mais a mais, não integram o título e, portanto, não podem ser admitidos. Por meu voto, à vista do exposto, nega-se provimento ao recurso."

O imóvel, com sua atual descrição, não permite individualização. Portanto, imprescindível apuração do remanescente para consecução da segurança jurídica do registro imobiliário.

No caso, não tem lugar a utilização de documentos diversos do título e do constante no registro imobiliário (laudo de avaliação) para identificação do imóvel, porquanto a localização deve ocorrer com os elementos existentes na serventia extrajudicial, daí a necessidade da apuração do remanescente.

Além disso, o laudo referido tinha finalidade de avaliar o imóvel e não estabelecer sua individualização para fins de registro imobiliário, em cumprimento ao princípio da especialidade objetiva.

Ante o exposto, **nego provimento ao recurso.**

GERALDO FRANCISCO PINHEIRO FRANCO

Corregedor Geral da Justiça e Relator (DJe de 10.2019 – SP)

PODER JUDICIÁRIO

TRIBUNAL DE JUSTIÇA DO ESTADO DE SÃO PAULO

CONSELHO SUPERIOR DA MAGISTRATURA

Apelação nº 1023519-09.2018.8.26.0114

Registro: 2019.000068128

ACÓRDÃO

Vistos, relatados e discutidos estes autos de **Apelação Cível nº 1023519-09.2018.8.26.0114**, da Comarca de **Campinas**, em que é apelante **PEDRO NILTON RIBEIRO**, é apelado **4º OFICIAL DE REGISTRO DE IMÓVEIS DA COMARCA DE CAMPINAS.**

ACORDAM, em Conselho Superior de Magistratura do Tribunal de Justiça de São Paulo, proferir a seguinte decisão: **"Negaram provimento ao recurso, v.u."**, de conformidade com o voto do Relator, que integra este acórdão.

O julgamento teve a participação dos Exmos. Desembargadores **PEREIRA CALÇAS (PRESIDENTE TRIBUNAL DE JUSTIÇA) (Presidente), ARTUR MARQUES (VICE PRESIDENTE), XAVIER DE AQUINO (DECANO), EVARISTO DOS SANTOS(PRES. DA SEÇÃO DE DIREITO PÚBLICO), CAMPOS MELLO (PRES. DA SEÇÃO DE DIREITO PRIVADO) E FERNANDO TORRES GARCIA(PRES. SEÇÃO DE DIREITO CRIMINAL).**

São Paulo, 15 de agosto de 2019.

GERALDO FRANCISCO PINHEIRO FRANCO

Corregedor Geral da Justiça e Relator

Apelação Cível nº 1023519-09.2018.8.26.0114

Apelante: Pedro Nilton Ribeiro

Apelado: 4º Oficial de Registro de Imóveis da Comarca de Campinas

VOTO Nº 37.852

Registro de Imóveis – ITBI – Registro de escritura de compra e venda – Lei Municipal que cria hipótese de incidência na cessão de compromissos de compra e venda – Transmissão de propriedade – Dever do Registrador na fiscalização do correto recolhimento – Recurso desprovido.

Trata-se de apelação interposta por Pedro Milton Ribeiro contra a r. sentença de fls. 64/65, que julgou procedente a dúvida suscitada pelo Sr. 4º Oficial de Registro de Imóveis da Comarca de Campinas, que obstava registro de escritura pública de compra e venda de imóvel com cessão anterior de direitos de compromisso de compra e venda.

Sustenta o recorrente a inexigibilidade de prova do recolhimento do ITBI devido pela cessão de direito mencionada no ato notarial, tampouco necessidade de certidão de quitação do referido imposto.

A D. Procuradoria Geral de Justiça opinou pelo desprovimento do recurso (fls. 105/108).

É o relatório. DECIDO.

Presentes os pressupostos processuais e legais, no mérito, o recurso não comporta provimento, mantendo-se íntegra a r. sentença recorrida.

O art. 289 da Lei nº 6.015/73 é expresso ao indicar que é dever do registrador fiscalizar o pagamento dos tributos incidentes:

"Art. 289. No exercício de suas funções, cumpre aos oficiais de registro fazer rigorosa fiscalização do pagamento dos impostos devidos por força dos atos que lhes forem apresentados em razão do ofício".

A omissão do titular da delegação pode levar à sua responsabilidade solidária no pagamento do tributo, nos termos do art. 134, VI, do Código Tributário Nacional - CTN.

Por sua vez, a Lei nº 12.391, de 20 de outubro de 2005, do Município de Campinas dispõe que o ITBI possui por fato gerador as cessões de direitos relativos à transmissão da propriedade, especialmente, o compromisso de compra e venda e suas cessões, conforme o seu art. 2º, IV e art. 7º, III, reproduzidos às fls. 2.

Embora não se trate de matéria unânime na jurisprudência de nossos Tribunais, ao menos perante este C. Conselho Superior da Magistratura, os precedentes mais recentes são no sentido de que, tratando-se de órgão administrativo, não é cabível declaração de inconstitucionalidade de normas municipais para afastar a incidência do ITBI nessas hipóteses:

"Registro de Imóveis – Dúvida julgada procedente, impedindo-se o registro de Escritura Pública de venda e compra, englobando cessão – Ausência de recolhimento de imposto – ITBI que é devido pela cessão e pela venda e compra – Impossibilidade de reconhecimento de inconstitucionalidade e de decadência ou prescrição pela via administrativa – Recurso desprovido." (Apelação nº 1123982-06.2015.8.26.0100, Des. MANOEL DE QUEIROZ PEREIRA CALÇAS)".

Por essas razões, havendo lei local criando a hipótese de incidência aqui tratada, não cabe ao Oficial de Registro entender pela impossibilidade de tributação. Tal matéria deverá ser discutida, se for o caso, no campo jurisdicional.

Da mesma forma, a exigência de comprovação de quitação do ITBI encontra previsão legal no artigo 47, § 2º, da mesma Lei Complementar Municipal nº 34/2005, não podendo o Oficial se omitir de sua fiscalização.

Em recente decisão proferida pela Eg. Corregedoria Geral da Justiça, em pedido de providências contra Tabelião de Notas, nos termos do parecer da lavra do MM. Juiz Assessor *José Marcelo Tossi Silva*, tal entendimento foi novamente consagrado:

*"TABELIÃO DE NOTAS - Recusa em lavrar escritura de compra e venda sem a consignação da existência de prévia cessão de compromisso de compra e venda e sem a prova do recolhimento do Imposto de Transmissão "inter vivos" - ITBI, devido pela cessão – **Pretensão de reconhecimento da inconstitucionalidade e ilegalidade da lei municipal que prevê a incidência do tributo na cessão de compromisso de compra e venda – Inadequação do procedimento de dúvida para tal finalidade** – Recurso não provido, com observação.* (Processo CG n. 1064887- 74.2017.8.26.0100, DJE 26/02/2018)".

Forte nestes argumentos, a manutenção da r. sentença é medida impositiva. Ante o exposto, nego provimento ao recurso.

GERALDO FRANCISCO PINHEIRO FRANCO

Corregedor Geral da Justiça e Relator (DJe de 02.09.2019 – SP)

ITCMD

PODER JUDICIÁRIO

TRIBUNAL DE JUSTIÇA DO ESTADO DE SÃO PAULO

CONSELHO SUPERIOR DA MAGISTRATURA

Apelação nº 1048498-06.2016.8.26.0114

Registro: 2019.0000546785

ACÓRDÃO

Vistos, relatados e discutidos estes autos de **Apelação Cível nº 1048498-06.2016.8.26.0114**, da Comarca de **Campinas**, em que é apelante **MATHEUS MACCARI NETO**, é apelado **1° OFICIAL DE REGISTRO DE IMÓVEIS DE CAMPINAS.**

ACORDAM, em Conselho Superior de Magistratura do Tribunal de Justiça de São Paulo, proferir a seguinte decisão: **"Mantiveram a recusa do registro e negaram provimento ao recurso, v.u."**, de conformidade com o voto do Relator, que integra este acórdão.

O julgamento teve a participação dos Exmos. Desembargadores **PEREIRA CALÇAS (PRESIDENTE TRIBUNAL**

DE JUSTIÇA) (Presidente), ARTUR MARQUES (VICE PRESIDENTE), DAMIÃO COGAN, EVARISTO DOS SANTOS(PRES. DA SEÇÃO DE DIREITO PÚBLICO), CAMPOS MELLO (PRES. DA SEÇÃO DE DIREITO PRIVADO) E FERNANDO TORRES GARCIA(PRES. SEÇÃO DE DIREITO CRIMINAL).

São Paulo, 25 de junho de 2019.

GERALDO FRANCISCO PINHEIRO FRANCO

Corregedor Geral da Justiça e Relator

Apelação Cível nº 1048498-06.2016.8.26.0114

Apelante: Matheus Maccari Neto

Apelado: 1° Oficial de Registro de Imóveis de Campinas

VOTO Nº 37.765

Registro de Imóveis – Dúvida julgada procedente – Carta de sentença extraída de ação de divórcio consensual – Partilha desigual em

razão de liberalidade do cônjuge – Título que faz presumir a existência de doação – Necessidade de comprovação da declaração e do recolhimento do Imposto de Transmissão "causa mortis" e de Doação – ITCMD, ou de demonstração de sua isenção – Recurso não provido.

Trata-se de apelação interposta contra r. sentença que julgou procedente a dúvida e manteve a recusa do registro nas matrículas nºs 113.259, 113.260, 113.261, 113.262, 121.058 e 121.060 do 1º Oficial de Registro de Imóveis da Comarca de Campinas, da partilha de bens realizada em ação de divórcio consensual em que, apesar da atribuição de patrimônio com valor desigual a cada um dos ex-cônjuges, não foram promovidos a declaração e o recolhimento do Imposto de Transmissão "causa mortis" e de Doação – ITCMD, ou demonstrada a sua isenção.

O apelante alegou, em suma, que em razão da compensação decorrente da atribuição aos cônjuges de bens com valores desiguais foram promovidos a declaração e o pagamento do Imposto de Transmissão "inter vivos" - ITBI. Afirmou que foi adotado o regime da comunhão parcial e que a universalidade dos bens partilhados, adquiridos durante o casamento, somente se extinguiu com a partilha que englobou o ativo e o passivo, ou seja, os bens e as dívidas comuns do casal. Esclareceu que os bens partilhados têm valor total de R$ 8.971.709,39 e que na partilha recebeu bens com valor de R$ 5.721.709,39, ao passo que os atribuídos à sua ex-esposa somam R$ 3.250.000,00. Contudo, assumiu a obrigação de pagar a totalidade das dívidas comuns, de R$ 4.236.794,80, o que caracterizou a reposição onerosa de bens em favor de sua ex-esposa, na forma de dação em pagamento, e ensejou a declaração e o pagamento do Imposto de Transmissão "inter vivos" – ITBI. Aduziu que a inexistência de transmissão gratuita afasta a incidência do imposto sobre doação e, portanto, a declaração e o recolhimento do ITCMD. Requereu o provimento do recurso para que seja promovido o registro da partilha (fls. 209/222).

A douta Procuradoria Geral de Justiça opinou pelo não provimento do recurso (fls. 252/254). É o relatório.

Foi apresentada para registro a carta de sentença extraída de ação de divórcio consensual, Processo nº 0004611- 71.2013.8.08.0024 da 3ª Vara da Família da Comarca de Vitória, Espírito Santo (fls. 20 e seguintes), em que foram partilhados os bens móveis e imóveis relacionados às fls. 24/28.

O quadro demonstrativo apresentado às fls. 8 e 157/158 mostra que os bens partilhados somam R$ 8.971.709,39, sendo que os atribuídos ao apelante têm valor de R$ 5.721.709,39 e os pertencentes à sua ex-esposa totalizam R$ 3.250.000,00.

Por sua vez, o apelante assumiu a obrigação de pagar a totalidade dos débitos comuns do casal, de R$ 4.236.794,80 (fls. 08, 28/29 e 159).

Ocorre que na partilha não foi prevista a reposição em favor da ex-esposa da diferença entre valor total dos bens partilhados e o daqueles que lhe foram atribuídos (fls. 21/30 e 122/123), o que faz presumir a existência de doação.

As obrigações comuns, por seu lado, não alteram a base de cálculo do Imposto de Transmissão "causa mortis" e de Doação – ITCMD, porque o art. 12 da Lei nº 10.705/2000 dispõe que em seu cálculo não serão abatidas as dívidas que onerem os bens transmitidos:

"***Artigo 12** - No cálculo do imposto, não serão abatidas quaisquer dívidas que onerem o bem transmitido, nem as do espólio*".

Ademais, neste caso concreto a obrigação de comprovar a declaração e o recolhimento do ITCMD não se modificaria pela existência de dívidas comuns que foram integralmente assumidas pelo apelante, pois se forem abatidas haverá inversão do resultado patrimonial da partilha, com atribuição de bens de maior valor à ex-esposa e a consequente permanência da obrigação de declarar e recolher o Imposto de Transmissão "causa mortis" e de Doação - ITCMD pela inexistência de reposição do patrimônio do outro cônjuge.

Por seu lado, o fato do apelante assumir integralmente as dívidas do casal, sem integral abatimento nos valores dos bens atribuídos à ex-esposa, não caracteriza reposição onerosa do patrimônio e, portanto, não afasta a incidência do ITCMD.

Assim porque a reposição do patrimônio, para efeito de apuração do imposto devido, ocorre mediante negócio jurídico bilateral, oneroso e comutativo.

Contudo, na forma como realizada, a partilha faz presumir a existência de doação porque não há previsão de que o patrimônio do outro cônjuge, correspondente à diferença entre a metade dos bens comuns do casal e o valor que efetivamente recebeu, será recomposto mediante pagamento em dinheiro, ou por outro modo equivalente.

Disso decorre a presunção da existência de negócio jurídico de doação que, conforme o art. 538 do Código Civil: "*Considera-se doação o contrato em que uma pessoa, por liberalidade, transfere do seu patrimônio bens ou vantagens para o de outra*".

A partilha realizada também não importou em dação em pagamento que consiste em acordo pelo qual o credor, para a extinção da obrigação, concorda em receber prestação diversa da que lhe é devida, ou como disposto no art. 356 do Código Civil:

"Art. 356. O credor pode consentir em receber prestação diversa da que lhe é devida".

Por essas razões, mostra-se correta a exigência de comprovação da declaração e pagamento do Imposto de Transmissão "Causa Mortis" e de Doação - ITCMD, ou do reconhecimento de sua isenção, como requisito para o registro da partilha.

Ante o exposto, mantenho a recusa do registro e, em consequência, nego provimento ao recurso.

GERALDO FRANCISCO PINHEIRO FRANCO

Corregedor Geral da Justiça e Relator (DJe de 22.07.2019 - SP)

PODER JUDICIÁRIO

TRIBUNAL DE JUSTIÇA DO ESTADO DE SÃO PAULO

CONSELHO SUPERIOR DA MAGISTRATURA

Apelação nº 1013975-59.2016.8.26.0019

Registro: 2019.0000082356

ACÓRDÃO

Vistos, relatados e discutidos estes autos do(a) **Apelação nº 1013975-59.2016.8.26.0019**, da Comarca de **Americana**, em que é apelante **MARCIO ANTONIO CATANI**, é apelado **OFICIAL DE REGISTRO DE IMÓVEIS E ANEXOS DA COMARCA DE AMERICANA**.

ACORDAM, em Conselho Superior de Magistratura do Tribunal de Justiça de São Paulo, proferir a seguinte decisão: **"Negaram provimento ao recurso e mantiveram a recusa do registro, v.u."**, de conformidade com o voto do Relator, que integra este Acórdão.

O julgamento teve a participação dos Exmos. Desembargadores **PEREIRA CALÇAS (PRESIDENTE TRIBUNAL DE JUSTIÇA) (Presidente), ARTUR MARQUES (VICE PRESIDENTE), XAVIER DE AQUINO (DECANO), EVARISTO DOS SANTOS(PRES. DA SEÇÃO DE DIREITO PÚBLICO), CAMPOS MELLO (PRES. DA SEÇÃO DE DIREITO PRIVADO) E FERNANDO TORRES GARCIA(PRES. SEÇÃO DE DIREITO CRIMINAL)**.

São Paulo, 24 de janeiro de 2019.

GERALDO FRANCISCO PINHEIRO FRANCO

Corregedor Geral da Justiça e Relator

Apelação nº 1013975-59.2016.8.26.0019

Apelante: Marcio Antonio Catani

Apelado: Oficial de Registro de Imóveis e Anexos da Comarca de Americana Interessado: Município de Americana

VOTO Nº 37.664

Registro de Imóveis – Dúvida julgada procedente – Isenção do imposto de transmissão "inter vivos" na primeira aquisição de bem imóvel com área de construção não superior a 120m² e área de terreno não superior a 200m² – Certidão expedida pela Prefeitura Municipal de Americana em que ressalvada a análise pelo Oficial de Registro de Imóveis do preenchimento dos requisitos para a isenção – Posterior manifestação, pela Prefeitura, de não concessão da isenção porque o adquirente foi proprietário de fração ideal de outro imóvel situado naquele Município – Impossibilidade de revisão do ato da Prefeitura do Município de Americana em procedimento de dúvida – Recurso não provido.

Trata-se de apelação interposta contra r. sentença que julgou procedente dúvida suscitada pelo Sr. Oficial de Registro de Imóveis, Títulos e Documentos e Civil de Pessoa Jurídica da Comarca de Americana e manteve a negativa do registro de escritura pública de compra e venda do imóvel objeto da matrícula nº 101.269 porque não foi comprovado o recolhimento do imposto de transmissão "inter vivos" e porque a isenção concedida para a primeira aquisição de imóvel com área de construção não superior a 120m² e área de terreno não superior a 200m² não prevalece uma vez que o adquirente foi anteriormente proprietário de imóvel naquele município.

O apelante alegou, em suma, que o art. 136 do Código Tributário do Município de Americana prevê a isenção do imposto de transmissão "inter vivos" na primeira aquisição de imóvel exclusivamente residencial, observadas as áreas máximas de construção e terreno que especifica. Afirmou que não foi proprietário de outro imóvel residencial no Município de Americana que expediu a certidão de isenção do imposto de transmissão "inter vivos". Contudo, por ter recebido em herança de seu genitor quinhão equivalente a um sexto de terreno, que posteriormente vendeu, foi a certidão de isenção recusada pelo Oficial de Registro de Imóveis. Disse que o imóvel deixado por seu genitor não comportava uso residencial pela inexistência de construção e foi vendido em 28 de setembro de 2009, com reversão do produto da venda para sua mãe. Aduziu que a Receita Federal somente considera como sendo residencial o imóvel dotado de construção. Esclareceu que a isenção deve ser concedida na primeira compra de imóvel residencial, o que somente ocorreu pela escritura pública lavrada em 18 de dezembro de 2015. Requereu o provimento do recurso para que seja promovido o registro da compra venda (fls. 242/251).

A douta Procuradoria Geral de Justiça se manifestou às fls. 96/97. É o relatório.

O procedimento de dúvida tem como finalidade a solução da controvérsia entre o apresentante e o Oficial de Registro sobre a possibilidade de acesso do título ao fólio real.

Diante disso, a dúvida não comporta a formação de contraditório entre o apresentante e a Prefeitura do Município para solução de litígio que tenha por objeto ato praticado pela Administração Pública.

Por essas razões, e não se cuidando de recurso interposto por terceiro prejudicado, é desnecessária a intimação da Prefeitura do Município de Americana para apresentar contrarrazões de apelação em procedimento de dúvida em que não figura como apresentante do título.

O apelante apresentou para registro escritura de compra e venda do imóvel objeto da matrícula nº 101.269 do Registro de Imóveis da Comarca de Americana (fls. 13/17 e 33/34), instruída com certidão municipal da isenção do imposto de transmissão "inter vivos" que foi concedida com fundamento no art. 136, inciso VI, parágrafo único, da Lei Municipal nº 4.930/2009, por se tratar de imóvel residencial com área de construção não superior a 120m² e com área de terreno não superior a 200m² (fls. 20/23 e 28/29).

Constou na certidão, contudo, a ressalva de que: *"Esta certidão está sujeita a análise posterior a ser realizada pelo Oficial de Registro de Imóveis, Títulos e Documentos, Civil das Pessoas Jurídicas de Americana"* (fls. 20 e 28).

Em razão dessa ressalva, foi promovida pesquisa de bens em que apurado que o apelante foi proprietário de quinhão equivalente a 1/6 do imóvel objeto da matrícula nº 43.446 do Registro de Imóveis da Comarca de Americana, que recebeu por sucessão hereditária de seu genitor e que vendeu em 08 de março de 2010 (fls. 35/39).

Diante disso, foi realizada nova consulta à Prefeitura do Município de Americana que revogou a isenção tributária a que se refere a certidão de fls. 20/21 e 28/29, como se verifica às fls. 63/68.

O art. 289 da Lei de Registros Públicos confere aos oficiais de registro de imóveis a fiscalização do pagamento dos impostos devidos por força dos atos que lhes forem apresentados.

Essa atribuição, porém, não autoriza que no procedimento de qualificação seja realizado o controle dos fundamentos adotados pela Prefeitura Municipal para o ato administrativo de revogação do anterior reconhecimento de isenção tributária.

Diante disso, resta ao interessado obter nova declaração de isenção expedida pela Prefeitura Municipal, ou recorrer à ação própria, contenciosa, para a declaração de que o imposto de transmissão "inter vivos" não é exigível em razão de isenção tributária, com posterior reapresentação do título instruído com a prova do reconhecimento da não incidência desse tributo.

Por essas razões, não se mostra possível o registro da escritura pública sem a prova do recolhimento do imposto de transmissão "inter vivos", ou prova de que houve novo reconhecimento da isenção tributária.

Ante o exposto, nego provimento ao recurso e mantenho a recusa do registro.

GERALDO FRANCISCO PINHEIRO FRANCO

Corregedor Geral da Justiça e Relator (DJe de 03.07.2019 - SP)

PODER JUDICIÁRIO

TRIBUNAL DE JUSTIÇA DO ESTADO DE SÃO PAULO

CONSELHO SUPERIOR DA MAGISTRATURA

Apelação nº 1067171-21.2018.8.26.0100

Registro: 2019.000154063

ACÓRDÃO

Vistos, relatados e discutidos estes autos do(a) **Apelação nº 1067171-21.2018.8.26.0100**, da Comarca de **São Paulo**, em que são apelantes **ERIKA PIRES RAMOS e FERNANDO GASPAR NEISSER**, é apelado **4º OFICIAL DE REGISTRO DE IMÓVEIS DA CAPITAL**.

ACORDAM, em Conselho Superior de Magistratura do Tribunal de Justiça de São Paulo, proferir a seguinte decisão: **"Negaram provimento e mantiveram a recusa do registro da carta de sentença, v.u."**, de conformidade com o voto do Relator, que integra este Acórdão.

O julgamento teve a participação dos Exmos. Desembargadores **PEREIRA CALÇAS (PRESIDENTE TRIBUNAL DE JUSTIÇA) (Presidente), ARTUR MARQUES (VICE PRESIDENTE), XAVIER DE AQUINO (DECANO), EVARISTO DOS SANTOS(PRES. DA SEÇÃO DE DIREITO PÚBLICO), CAMPOS MELLO (PRES. DA SEÇÃO DE DIREITO PRIVADO) E FERNANDO TORRES GARCIA(PRES. SEÇÃO DE DIREITO CRIMINAL)**.

São Paulo, 26 de fevereiro de 2019.

GERALDO FRANCISCO PINHEIRO FRANCO
Corregedor Geral da Justiça e Relator

Apelação nº 1067171-21.2018.8.26.0100

Apelantes: Erika Pires Ramos e Fernando Gaspar Neisser

Apelado: 4º Oficial de Registro de Imóveis da Capital

VOTO Nº 37.663

Registro de Imóveis – Dúvida julgada procedente – Partilha realizada em ação de divórcio – Imposto de transmissão "inter vivos" – Apartamento e vaga de garagem atribuídos para a apelante – Partilha desigual, com previsão de pagamento de quantia em dinheiro, ao divorciando, para a reposição do valor correspondente à sua meação na totalidade dos bens comuns – Necessidade de comprovação da declaração e do recolhimento do imposto de transmissão "inter vivos", ou de decisão judicial em que reconhecida a sua não incidência – Recurso não provido.

Trata-se de apelação interposta contra r. sentença que julgou procedente dúvida suscitada pelo Sr. 4º Oficial de Registro de Imóveis da Comarca de São Paulo e manteve a negativa de registro de carta de sentença extraída de ação de divórcio consensual porque não foi comprovado o recolhimento do imposto de transmissão "inter vivos" incidente em razão da partilha do apartamento e da vaga de garagem que são objeto, respectivamente, das matrículas n.ºs 48.195 e 48.196.

Os apelantes alegaram, em suma, que na partilha realizada em ação de divórcio consensual que teve curso na 12ª Vara da Família e das Sucessões da Comarca da Capital, Processo n.º 1124351-29.2017.8.26.0100, foram atribuídos para a divorcianda o apartamento e a vaga de garagem que são objeto das matrículas n.ºs 48.195 e 48.196, sendo o registro da carta de sentença recusado mediante exigência da comprovação de recolhimento do imposto de transmissão "inter vivos", ou do reconhecimento judicial de sua não incidência. Asseveraram que a partilha englobou outros bens e foi promovida de maneira igualitária em razão da obrigação da divorcianda repor ao seu ex-marido a quantia de R$214.011,96, o que será promovido mediante utilização de recursos que integravam os bens comuns. Aduziram que para efeito de caracterização da incidência do imposto de transmissão deve ser considerada a universalidade dos bens partilhados, não havendo alienação quando a divisão é realizada de maneira equânime. Esclareceram que essa matéria foi apreciada pelo Conselho Superior da Magistratura na Apelação n.º 1060800- 12.2016.8.26.0100, em que foi reconhecido que legislação municipal não prevalece ao adotar a desigualdade na partilha do patrimônio imobiliário como único como fato gerador do imposto de transmissão. Requereram o provimento do recurso para que seja promovido o registro da carta de sentença (fls. 242/251).

A douta Procuradoria Geral de Justiça opinou pelo não provimento do recurso (fls. 265/268).

É o relatório.

Os apelantes apresentaram para registro a carta de sentença extraída do Processo n.º 1124351-29.2017.8.26.0100 da 12ª Vara da Família e das Sucessões da Comarca da Capital (fls. 48 e seguintes) em que mediante partilha realizada em ação de divórcio consensual foram atribuídas para a divorcianda o apartamento e a vaga de garagem que são objeto, respectivamente, das matrículas n.ºs 48.195 e 48.196 do 4º Registro de Imóveis da Comarca de São Paulo (fls. 88/104 e 106/122).

Na referida partilha a apelante recebeu bens imóveis e móveis que totalizaram o valor de R$1.210.984,82 (fls. 50/58), ao passo que os depósitos bancários e aplicações financeiras atribuídas ao divorciando tiveram o valor total de R$782.960,90 (fls. 58/60).

Em complementação da partilha, as partes previram que:

"Tendo em vista o regime de bens adotado pelo casal, e para fins de equiparação da partilha do monte mor ora levada a efeito, obriga-se a requerente Erika à reposição de valores ao requerente Fernando do montante de R$214.011,96 (duzentos e quatorze mil e onze reais e noventa e seis centavos), a ser realizado em conta corrente de titularidade do divorciando (abaixo indicada), de modo a implicar a divisão igualitária dos bens no valor de R$996.972,86 (novecentos e noventa e seis mil novecentos e setenta e dois reais e oitenta e seis centavos) para cada um" (fls. 60).

A obrigação de repor em favor do divorciando o valor correspondente ao quinhão que deixou de receber por sua meação nos bens partilhados caracteriza negócio jurídico bilateral, oneroso e comutativo, o que torna exigível a comprovação do recolhimento do imposto de transmissão "inter vivos".

Para essa conclusão não se mostra relevante o fato de que a apelante poderá utilizar recursos que já eram de sua propriedade antes do divórcio, ou recursos que lhe foram atribuídos na partilha.

Assim porque a obrigação de repor o patrimônio em momento futuro, neste caso concreto, será cumprida mediante o pagamento de quantia certa pela apelante em favor de seu ex-marido, ou seja, mediante negócio jurídico que em tudo equivale à compra e venda.

Por essas razões, a partilha de bens, na forma como realizada, não dispensa a comprovação da declaração e do recolhimento do imposto de transmissão "inter vivos" decorrente da atribuição dos bens imóveis com exclusividade para a apelante.

Por fim, a natureza administrativa da dúvida não impede que os apelantes obtenham a declaração, pela via própria, de que o imposto de transmissão "inter vivos" não é exigível em razão da alegada não caracterização do fato gerador, com posterior reapresentação do título instruído com a prova do reconhecimento da não incidência desse tributo.

Ante o exposto, nego provimento ao recurso e mantenho a recusa do registro da carta de sentença.

GERALDO FRANCISCO PINHEIRO FRANCO

Corregedor Geral da Justiça e Relator (DJe de 28.06.2019 - SP)

LOCAÇÃO

PODER JUDICIÁRIO

TRIBUNAL DE JUSTIÇA DO ESTADO DE SÃO PAULO

CONSELHO SUPERIOR DA MAGISTRATURA

Embargos de Declaração nº 1000920-23.2017.8.26.0337/50000

Registro: 2018.0000726425

ACÓRDÃO

Vistos, relatados e discutidos estes autos do(a) **Embargos de Declaração nº 1000920-23.2017.8.26.0337/50000**, da Comarca de **Mairinque**, em que é embargante **VANDERLEI ZANETTIN**, é embargado **OFICIAL DE REGISTRO DE IMÓVEIS DA COMARCA DE MAIRINQUE - SP**.

ACORDAM, em Conselho Superior de Magistratura do Tribunal de Justiça de São Paulo, proferir a seguinte decisão: **"Rejeitaram os embargos de declaração, v.u."**, de conformidade com o voto do Relator, que integra este Acórdão.

O julgamento teve a participação dos Exmos. Desembargadores **PEREIRA CALÇAS (PRESIDENTE TRIBUNAL DE JUSTIÇA) (Presidente), ARTUR MARQUES (VICE PRESIDENTE), DAMIÃO COGAN (DECANO), EVARISTO DOS SANTOS(PRES. DA SEÇÃO DE DIREITO PÚBLICO), CAMPOS MELLO (PRES. DA SEÇÃO DE DIREITO PRIVADO) E FERNANDO TORRES GARCIA(PRES. SEÇÃO DE DIREITO CRIMINAL).**

São Paulo, 13 de setembro de 2018.

GERALDO FRANCISCO PINHEIRO FRANCO

Corregedor Geral da Justiça e Relator

Embargos de Declaração nº 1000920-23.2017.8.26.0337/50000

Embargante: Vanderlei Zanettin

Embargado: Oficial de Registro de Imóveis da Comarca de Mairinque - SP

VOTO Nº 37. 553

Embargos de Declaração – Pretensão de registro de contrato de locação para efeito de vigência – Imóvel que não é mais de propriedade da locadora – Impossibilidade do registro por ausência de continuidade entre o transmitente do direito e o seu adquirente – Direito pessoal, decorrente do contrato de locação não registrado, que não oponível ao novo proprietário do imóvel – Inexistência de omissão, contradição ou obscuridade no v. acórdão – Embargos de Declaração rejeitados.

Trata-se de embargos de declaração opostos por Vanderlei Zanettin visando a reforma do julgado e o prequestionamento sobre a aplicação dos arts. 167, inciso I, nº 3, e 176, ambos da Lei nº 6.015/73 porque o contrato de locação com cláusula de vigência foi celebrado em 26 de outubro de 2016, com a devedora fiduciante, antes da consolidação da propriedade do imóvel com o credor fiduciário que dele é o atual proprietário.

É o relatório.

Em que pese o contrato de locação ser datado de 24 de outubro de 2016, como consta às fls. 12, o seu protocolo no Registro de Imóveis visando o registro da cláusula de vigência somente foi realizado em 23 de março de 2017, sob nº 13.753, como consta às fls. 5 e 8.

Ocorre que na data do protocolo do contrato de locação o imóvel objeto da matrícula nº 3.949 do Registro de Imóveis da Comarca de Mairinque já não era de propriedade da locadora, Nair Correia da Cruz Menezes, e de seu marido (fls. 9), pois a propriedade plena foi consolidada em favor de Itaú Unibanco S.A. por averbação de título prenotado, sob nº 12.813, em 29 de agosto de 2016 (Av. 13, fls. 20/21).

E os efeitos da averbação da consolidação da propriedade retroagem à data do protocolo, como disposto no art. 1.246 do Código Civil: *"O registro é eficaz desde o momento em que se apresentar o título ao oficial do registro, e este o prenotar no protocolo"*.

Diante disso, deixou de existir continuidade para o registro da locação, com cláusula de vigência, porque contratada com pessoa que não era proprietária do imóvel na data em que o apelante protocolou o referido contrato no Registro de Imóveis.

No mais, a matéria deduzida na apelação foi integralmente apreciada no v. acórdão que reconheceu que o credor fiduciário obteve o direito real de propriedade plena porque protolocou o título constitutivo em primeiro lugar, o que se fez em respeito ao princípio expressado no brocardo *"Prior in tempore, potior in iure"*, ou primeiro no tempo, melhor no direito.

Isso porque o art. 182 da Lei nº 6.015/73 confere prioridade aos títulos ingressados no protocolo do Registro de Imóveis conforme a rigorosa ordem cronológica de apresentação, o que faz dispondo: *"Todos os títulos tomarão, no Protocolo, o número de ordem que lhes competir em razão da sequência rigorosa de sua apresentação"*.

E o princípio da prioridade, como esclarece Narciso Orlandi Neto: "*...determina que, no confronto de direitos contraditórios submetidos simultaneamente à qualificação, os registros seguem a ordem de prenotação dos respectivos títulos*" (*Retificação do Registro de Imóveis*", Ed. Oliveira Mendes – Livraria Del Rey Editora, 1997, pág. 62).

Por fim, não há que se falar em preferência do contrato de locação em razão da data em que foi celebrado, ou do uso do imóvel pelo locatário, pois, além de celebrado em data posterior à eficácia da consolidação da propriedade, no conflito entre direitos reais e direitos obrigacionais prevalecem os primeiros.

Ante o exposto, **pelo meu voto rejeito os embargos de declaração. GERALDO FRANCISCO PINHEIRO FRANCO**

Corregedor Geral da Justiça e Relator (DJe de 29.01.2019 - SP)

PODER JUDICIÁRIO

TRIBUNAL DE JUSTIÇA DO ESTADO DE SÃO PAULO

CONSELHO SUPERIOR DA MAGISTRATURA

Apelação n° 1042486-34.2016.8.26.0224

Registro: 2018.0000694975

ACÓRDÃO

Vistos, relatados e discutidos estes autos do(a) **Apelação nº 1042486-34.2016.8.26.0224**, da Comarca de **Guarulhos**, em que são partes é apelante **VIA VAREJO S/A**, é apelado **PRIMEIRO OFICIAL DE REGISTRO DE IMÓVEIS DA COMARCA DE GUARULHOS.**

ACORDAM, em Conselho Superior de Magistratura do Tribunal de Justiça de São Paulo, proferir a seguinte decisão: **"Negaram provimento ao recurso. V. U. Negaram provimento ao recurso para manter a recusa do registro do título, v.u."**, de conformidade com o voto do Relator, que integra este Acórdão.

O julgamento teve a participação dos Exmos. Desembargadores **PEREIRA CALÇAS (PRESIDENTE TRIBUNAL DE JUSTIÇA) (Presidente), ARTUR MARQUES (VICE PRESIDENTE), DAMIÃO COGAN (DECANO), EVARISTO DOS SANTOS(PRES. DA SEÇÃO DE DIREITO PÚBLICO), CAMPOS MELLO (PRES. DA SEÇÃO DE DIREITO PRIVADO) E FERNANDO TORRES GARCIA(PRES. SEÇÃO DE DIREITO CRIMINAL).**

São Paulo, 31 de agosto de 2018.

GERALDO FRANCISCO PINHEIRO FRANCO

Corregedor Geral da Justiça e Relator

Apelação nº 1042486-34.2016.8.26.0224

Apelante: V. V. S/A

Apelado: P. O. de R. de I. da C. de G.

VOTO Nº 37.511

Registro de imóveis – Contrato de locação – Pedido de registro de cláusula de vigência e averbação do direito de preferência – Princípio da especialidade objetiva, porém, que não foi respeitado em razão da divergência

existente entre a descrição dos imóveis locados no título e aquela existente no registro – Impossibilidade, neste caso concreto, de cisão do título para registro da locação dos terrenos, deixando-se para momento posterior a averbação da construção, porque o contrato diz respeito à locação de "loja" cujo faturamento servirá como base de cálculo do aluguel – Recurso desprovido.

Trata-se de recurso de apelação interposto por VIA VAREJO S.A. contra a r. sentença de fl. 426/428, que julgou procedente dúvida suscitada e manteve a recusa aos atos de registro e averbação de contrato de locação junto às matrículas de imóveis pertencentes à circunscrição do Registro de Imóveis de Guarulhos.

Em síntese, a apelante sustenta que a r. sentença deve ser reformada e devem ser afastados os óbices ao registro e averbação do contrato de locação, pelas seguintes razões: 1) estão sendo observados os princípios da especialidade e continuidade, pois o título permite identificar de forma clara o objeto da locação, a partir da indicação das matrículas dos imóveis locados, e não se pode exigir a prévia unificação das matrículas e tampouco a prévia averbação da construção para registro do contrato; 2) a denominação da locatária está regular.

A Procuradoria Geral de Justiça opinou pelo desprovimento do recurso.

É o relatório.

O recurso deve ser desprovido.

A r. sentença recorrida manteve a recusa do ingresso do título porque: 1) no contrato de locação, constou como locatária a sociedade Nova Casa Bahia S.A., quando, à época da celebração, a locatária ainda se chamava Filisur Participações S.A.; 2) o objeto da locação não está devidamente descrito, face à necessidade de averbação da construção, com todas as consequências e requisitos legais.

O óbice relacionado à incorreção na denominação da empresa locatária deve ser mantido, na medida em que a própria recorrente admite que, na data de assinatura do contrato, a denominação da empresa ainda era Filisur Participações S.A., havendo um *"desencontro entre a data da assinatura do contrato e a realização da AGE que alterou a denominação da empresa"* (fl. 443).

Persistem também as razões relativas ao outro óbice apresentado pelo Oficial.

No título apresentado, o objeto da locação é a "loja" localizada na rua XV de Novembro, n.º 58, bairro Centro, cidade de Guarulhos (fl. 27), com os terrenos em que situada, constando no contrato a indicação das matrículas desses imóveis.

Contudo, não foi realizada a prévia averbação da construção do prédio em que instalada a "loja", cuja existência é elemento essencial do contrato celebrado.

A referência à "loja", realizada em diferentes cláusulas, deixa claro que, neste caso concreto, a locação abrange não somente o terreno, mas também o prédio não averbado e a própria atividade empresarial nele realizada, servindo o faturamento da referida "loja" como base de cálculo dos aluguéis que terão valores variáveis ao longo do tempo (itens 2.1 a 2.2.3 do contrato – fl. 31/33).

Sendo a "loja" e, em consequência, o prédio em que instalada, elementos indissociáveis da locação porque compõem os bens locados (terreno, prédio e "loja"), não há como autorizar a cisão do título para o registro da locação dos terrenos, relegando-se a averbação da construção do prédio e "loja" para momento posterior.

Portanto, a falta da prévia averbação da construção nas matrículas dos imóveis que são objeto do contrato de locação constitui óbice ao registro, em consonância com o princípio da especialidade objetiva do registro imobiliário.

Apenas vale a ressalva de que, quando da averbação da construção, devem ser observados os reiterados precedentes deste E. CSM quanto à inexigibilidade de apresentação de CND, conforme posição do CNJ no Pedido de Providências n.º 0001230-82.2015.2.00.000 e nos termos das NSCGJ (Item 119.1 do Capítulo XX).

Ante o exposto, nego provimento ao recurso para manter a recusa do registro do título.

GERALDO FRANCISCO PINHEIRO FRANCO
Corregedor Geral da Justiça e Relator (DJe de 18.03.2019 - SP)

PODER JUDICIÁRIO

TRIBUNAL DE JUSTIÇA DO ESTADO DE SÃO PAULO

CONSELHO SUPERIOR DA MAGISTRATURA

Apelação nº 1055799-04.2016.8.26.0114

Registro: 2019.0000464758

ACÓRDÃO

Vistos, relatados e discutidos estes autos de **Apelação Cível nº 1055799-04.2016.8.26.0114**, da Comarca de **Campinas**, em que é apelante **TV ÔMEGA LTDA. (REDE TV!),** é apelado **3º OFICIAL DE REGISTRO DE IMÓVEIS DA COMARCA DE CAMPINAS.**

ACORDAM, em Conselho Superior de Magistratura do Tribunal de Justiça de São Paulo, proferir

a seguinte decisão: **"Negaram provimento ao recurso, v.u."**, de conformidade com o voto do Relator, que integra este acórdão.

O julgamento teve a participação dos Exmos. Desembargadores **PEREIRA CALÇAS (PRESIDENTE TRIBUNAL DE JUSTIÇA) (Presidente), ARTUR MARQUES (VICE PRESIDENTE), XAVIER DE AQUINO (DECANO), EVARISTO DOS SANTOS(PRES. DA SEÇÃO DE DIREITO PÚBLICO), CAMPOS MELLO (PRES. DA SEÇÃO DE DIREITO PRIVADO) E FERNANDO TORRES GARCIA(PRES. SEÇÃO DE DIREITO CRIMINAL).**

São Paulo, 7 de junho de 2019.

GERALDO FRANCISCO PINHEIRO FRANCO

Corregedor Geral da Justiça e Relator

Apelação Cível nº 1055799-04.2016.8.26.0114

Apelante: Tv Ômega Ltda. (Rede Tv!)

Apelado: 3º Oficial de Registro de Imóveis da Comarca de Campinas

VOTO Nº 37.757.

Registro de Imóveis – Registro de contrato de locação – Especialidade objetiva – Locação que tem por objeto imóvel com construção – Matrícula que refere lote – Impossibilidade de ingresso sem inscrição da construção – Cabimento da averbação da extinção do contrato de locação anteriormente registrado para o registro de contrato de locação posterior – Recurso não provido.

Trata-se de apelação interposta por TV Ômega Ltda contra a r. sentença de fls. 92/93 que julgou procedente a dúvida e manteve a recusa do registro de contrato de locação por violação ao princípio da especialidade objetiva e necessidade da averbação prévia na matrícula do contrato anterior.

A apelante sustenta a inviabilidade das exigências em virtude da prorrogação do contrato e de caber ao proprietário a averbação da construção, competindo o registro (a fls. 101/107).

A douta Procuradoria Geral de Justiça opinou pelo não provimento do recurso (fls. 127/129). É o relatório.

O contrato de locação apresentado a registro tem por objeto o *"imóvel situado à Avenida Engenheiro Francisco de Paula Souza, 199, Jardim São Gabriel, Campinas, Estado de São Paulo, incluindo torre e demais acessões"* (a fls. 33, grifos meus), portanto, encerra uma edificação.

De outra banda, na matrícula não houve averbação de qualquer construção, havendo a descrição de um lote de terreno (a fls. 48/50).

O Princípio da Especialidade Objetiva, contido no art. 176 da Lei n. 6.015/73, exige a identificação do imóvel como um corpo certo, inconfundível com qualquer outro, passível de compreensão desde o exame do título frente à matrícula.

A descrição contida no título é desconforme ao constante no registro imobiliário em virtude da ausência da inscrição de construção, assim, o ingresso do título violaria o referido princípio.

O fato da averbação da construção competir à proprietária/locadora em razão da documentação a ser apresentada, não modifica a situação existente. Se o caso, caberá à interessada buscar o modo adequado para a solução dessa questão em conformidade ao contrato de locação celebrado.

Há precedente administrativo deste Conselho Superior da Magistratura, como segue:

> *Registro de imóveis – Contrato de locação – Pedido de registro de cláusula de vigência e averbação do direito de preferência – Princípio da especialidade objetiva, porém, que não foi respeitado em razão da divergência existente entre a descrição dos imóveis locados no título e aquela existente no registro – Impossibilidade, neste caso concreto, de cisão do título para registro da locação dos terrenos, deixando-se para momento posterior a averbação da construção, porque o contrato diz respeito à locação de "loja" cujo faturamento servirá como base de cálculo do aluguel – Recurso desprovido* (CSM, Rel. Des. Pinheiro Franco, Apelação nº 1042486-34.2016.8.26.0224, j. 31/08/2018).

O registro de novo contrato de locação depende da prévia averbação da extinção do contrato de locação anteriormente registrado.

Extrapolam os limites desta apelação o exame da forma de efetivação, o relevante é a necessidade da averbação da extinção do contrato de locação, para o acesso do título objeto desta dúvida.

Nesse sentido, confira-se:

> *Registro de Imóveis – Dúvida – Registro de contrato de locação de bem imóvel – Inexistência de cláusula de vigência – Inadmissibilidade – Art. 167, I, 3, da lei nº 6.015/73 – Eventual possibilidade de averbação, a fim de assegurar o direito de preferência da locatária, nos termos do art. 167, II, 16, da lei nº 6.015/73 – Necessidade, entretanto, de prévio cancelamento do registro de anterior contrato de locação constante da matrícula do imóvel – Elementos suficientes à autorizá-lo, o que, contudo, deverá ser providenciado em requerimento autônomo ao registrador e não nestes autos – Recurso não provido* (CSM, Rel. Des. Elliot Akel, Apelação nº 0012529-40.2013.8.26.0602, j. 07/07/2014).

Desse modo, as duas exigências foram pertinentes e merecem ser mantidas. Ante o exposto, nego provimento ao recurso.

GERALDO FRANCISCO PINHEIRO FRANCO

Corregedor Geral da Justiça e Relator (DJe de 26.06.2019 - SP)

PODER JUDICIÁRIO

TRIBUNAL DE JUSTIÇA DO ESTADO DE SÃO PAULO

CONSELHO SUPERIOR DA MAGISTRATURA

Apelação nº 1019039-30.2018.8.26.0100

Registro: 2019.0000226096

ACÓRDÃO

Vistos, relatados e discutidos estes autos de **Apelação nº 1019039-30.2018.8.26.0100**, da Comarca de **São Paulo**, em que é apelante **TV ÔMEGA LTDA. (REDE TV!)**, é apelado **4º OFICIAL DE REGISTRO DE IMÓVEIS DA COMARCA DA CAPITAL**.

ACORDAM, em Conselho Superior de Magistratura do Tribunal de Justiça de São Paulo, proferir a seguinte decisão: **"Negaram provimento à apelação, v.u."**, de conformidade com o voto do Relator, que integra este acórdão.

O julgamento teve a participação dos Exmos. Desembargadores **PEREIRA CALÇAS (PRESIDENTE TRIBUNAL DE JUSTIÇA) (Presidente), ARTUR MARQUES (VICE PRESIDENTE), XAVIER DE AQUINO (DECANO), EVARISTO DOS SANTOS(PRES. DA SEÇÃO DE DIREITO PÚBLICO), CAMPOS MELLO (PRES. DA SEÇÃO DE DIREITO PRIVADO) E FERNANDO TORRES GARCIA(PRES. SEÇÃO DE DIREITO CRIMINAL).**

São Paulo, 21 de fevereiro de 2019.

GERALDO FRANCISCO PINHEIRO FRANCO

Corregedor Geral da Justiça e Relator

Apelação nº 1019039-30.2018.8.26.0100

Apelante: Tv Ômega Ltda. (Rede Tv!)

Apelado: 4º Oficial de Registro de Imóveis da Comarca da Capital

VOTO Nº 37.688

Registro de Imóveis – Contrato de locação com cláusula de vigência – Aditamentos – Desqualificação do título – Inconformismo da parte quanto aos óbices remanescentes – Pertinência de um deles – Negativa de registro mantida – Recurso não provido.

Trata-se de recurso de apelação **[1]** interposto por *TV Ômega Ltda. (Rede TV)* contra a sentença proferida pela MM.ª Juíza Corregedora Permanente do 4º Oficial de Registro de Imóveis de São Paulo/SP, que julgou procedente a dúvida suscitada e manteve os óbices impostos ao registro do contrato de locação para fins comerciais e seus aditamentos, exceto aquele atinente à necessidade de apresentação de procuração outorgada por Dayse a seu cônjuge, Roberto, referente ao aditamento datado de 28.12.2010.

Alega a apelante, em síntese, que não possui o instrumento de representação da locatária à época do contrato e que, de qualquer forma, os procuradores ratificam o teor dos contratos com base nos poderes a eles atualmente outorgados. Além disso, aduz que o Decreto Estadual nº 52.658/2008 proíbe que se exija o reconhecimento de firmas pelos órgãos e entidades da Administração Pública. Ainda, sustenta que não é necessário o cancelamento dos contratos de locação anteriores, eis que possuíam prazo de vigência, já transcorrido.

A Procuradoria de Justiça opinou pelo não provimento do recurso **[2]**.

É o relatório.

O dissenso versa sobre a registrabilidade do contrato de locação comercial, celebrado em 28 de dezembro de 2007, e respectivos aditamentos, celebrados em 28 de dezembro de 2010, 1º de janeiro de 2016 e 16 de janeiro de 2017.

Seu ingresso no fólio real foi recusado pelo Oficial, que formulou as seguintes exigências **[3]**: *a) necessidade de apresentação de prova de representação da locatária Ômega Ltda., com validade na data do contrato de locação celebrado em 28 de dezembro de 2007, e dos instrumentos de aditamento de 28 de dezembro de 2010, 01 de janeiro de 2016 e 16 de janeiro de 2017; b) necessidade de juntada de procuração outorgada por Dayse Casciano Gasparian em favor de Roberto de Mello Oliveira Gasparian, com validade na data do aditamento celebrado em 28 de dezembro de 2017; c) necessidade de reconhecimento de firma dos representantes da locatária, do fiador e das testemunhas, no contrato de locação celebrado em 28 de dezembro de 2007; c) necessidade do reconhecimento de todas as firmas lançadas nos instrumentos de aditamento celebrados em 28 de dezembro de 2010 e em 01 de janeiro de 2016; d) necessidade do reconhecimento de firma das testemunhas, no instrumento de aditamento celebrados em 16 de janeiro de 2017; e) prévio cancelamento do registro do contrato de* *locação celebrado com Yapyra S/C Ltda. e do registro do contato de locação celebrado com Amaral Gurgel e Freire Advogados.*

O óbice referente à necessidade de apresentação de procuração outorgada por Dayse a Roberto já foi afastado pela MM.ª Corregedora Permanente, acertadamente.

Com relação ao prévio cancelamento dos registros dos contratos de locação já constantes da matrícula, é preciso observar que, nos termos do R.11/624, o contrato de locação celebrado com a empresa Yapyra tinha prazo de vigência, com término previsto para 31 de dezembro de 1.986, posteriormente prorrogado para 31 de agosto de 1.988 (AV.12/624) e, então, para 31 de agosto de 1989 (AV.13/624). De seu turno, o contrato de locação celebrado com a pessoa jurídica Amaral Gurgel e Freire Advogados tinha prazo de vigência, com término previsto para 31 de março de 1.995.

O art. 8º da Lei do Inquilinato determina que se o imóvel for alienado durante a vigência da locação, em noventa dias contados da data do registro da venda poderá o comprador denunciar o contrato, quando então o locatário terá idêntico prazo para desocupação voluntária. Essa regra somente é excepcionada na hipótese de ser o contrato de locação celebrado por prazo determinado e conter previsão de cláusula de vigência em caso de alienação, com registro da avença junto à matrícula do imóvel.

O contrato prorrogado por prazo indeterminado, ou ainda que por prazo determinado, mas sem registro no fólio real, não é oponível perante terceiros para fins de garantir o direito de vigência, de forma que desnecessário o cancelamento dos anteriores registros realizados. A exigência formulada pelo registrador nesse sentido, portanto, não se sustenta e merece ser afastada.

No que diz respeito à necessidade de apresentação de prova de representação da locatária Ômega Ltda., com validade na data do contrato de locação celebrado em 28 de dezembro de 2007, e dos instrumentos de aditamento de 28 de dezembro de 2010, 01 de janeiro de 2016 e 16 de janeiro de 2017, mostrasse conveniente observar que, no último instrumento de aditamento foi feita referência ao contrato e aditamentos anteriores, com expressa ratificação das condições do contrato original, de forma que eventual irregularidade que pudesse ter havido em relação à representação da locatária está hoje superada.

Com efeito, inexistindo irregularidade na atual representação da locatária, encontram-se convalidados os atos anteriores, certo que o instrumento de aditamento contratual ora apresentado a registro contém nova cláusula de vigência, com término previsto para 31 de dezembro de 2019 **[4]**.

Nesse cenário, há que ser afastado o óbice imposto pelo registrador no que pertine à representação da locatária.

Também em virtude da convalidação decorrente do último adiantamento, mostra-se igualmente desnecessário o reconhecimento das firmas lançadas naqueles instrumentos anteriormente subscritos.

Melhor sorte, porém, não assiste à apelante em relação à necessidade de reconhecimento de firmas das testemunhas no último aditamento celebrado. A propósito, dispõe o art. 221 da Lei de Registros Públicos que:

"Art. 221 - Somente são admitidos registro:

(...)

II - escritos particulares autorizados em lei, assinados pelas partes e testemunhas, com as firmas reconhecidas, dispensado o reconhecimento quando se tratar de atos praticados por entidades vinculadas ao Sistema Financeiro da Habitação;"

A exigência de reconhecimento das firmas das testemunhas não pode ser dispensada, certo que as disposições do Decreto Estadual nº 52.658/2008 aplicam-se apenas aos órgãos e entidades da Administração direta, autárquica e fundacional, que não se confundem com as serventias extrajudiciais, geridas em caráter privado, ainda que por delegação.

Ademais, o próprio Decreto Estadual nº 52.658/2008 traz expressa ressalva à dispensa de reconhecimento de firma quando houver determinação legal em sentido contrário, tal como se verifica no caso concreto.

Por conseguinte, mantida essa exigência, não há como ser deferido o registro pretendido. Diante do exposto, **nego provimento** à apelação.

GERALDO FRANCISCO PINHEIRO FRANCO
Corregedor Geral da Justiça e Relator

Notas:

[1] Fls. 175/181.

[2] Fls. 199/202.

[3] Fls. 06/07.

[4] Fls. 54/57. (DJe de 28.06.2019 - SP)

LOTEAMENTO E DESMEMBRAMENTO

PODER JUDICIÁRIO

TRIBUNAL DE JUSTIÇA DO ESTADO DE SÃO PAULO

CONSELHO SUPERIOR DA MAGISTRATURA

Apelação nº 1001368-74.2017.8.26.0408

Registro: 2018.0000694950

ACÓRDÃO

Vistos, relatados e discutidos estes autos do(a) **Apelação nº 1001368-74.2017.8.26.0408**, da Comarca de **Ourinhos**, em que são partes são apelantes **ESPÓLIO DE JACINTHO FERREIRA E SÁ e ESPÓLIO DE MARIA DE LOURDES CARVALHO FERREIRA E SA**, é apelado **OFICIAL DE REGISTRO DE IMÓVEIS E ANEXOS DA COMARCA DE OURINHOS**.

ACORDAM, em Conselho Superior de Magistratura do Tribunal de Justiça de São Paulo, proferir a seguinte decisão: **"Deram provimento ao recurso. V. U. Deram provimento ao recurso para julgar procedente a dúvida, v.u. Declarará voto convergente o Desembargador Campos Mello."**, de conformidade com o voto do Relator, que integra este Acórdão.

O julgamento teve a participação dos Exmos. Desembargadores **PEREIRA CALÇAS (PRESIDENTE TRIBUNAL DE JUSTIÇA) (Presidente), ARTUR MARQUES (VICE PRESIDENTE), XAVIER DE AQUINO (DECANO), EVARISTO DOS SANTOS(PRES. DA SEÇÃO DE DIREITO PÚBLICO), CAMPOS MELLO (PRES. DA SEÇÃO DE DIREITO PRIVADO) E FERNANDO TORRES GARCIA(PRES. SEÇÃO DE DIREITO CRIMINAL)**.

São Paulo, 21 de agosto de 2018.

GERALDO FRANCISCO PINHEIRO FRANCO

Corregedor Geral da Justiça e Relator

Apelação nº 1001368-74.2017.8.26.0408
Recorrentes: Espólio de Jacintho Ferreira e Sá e Espólio de Maria de Lourdes Carvalho Ferreira e Sa Recorridos: Rodrigo Bielawski Sutto e Oficial de Registro de Imóveis e Anexos da Comarca de Ourinhos

VOTO Nº 37.492

Loteamento – Hipoteca – Obrigação real – Possibilidade de oposição aos adquirentes dos lotes de estipulação constante do registro imobiliário quando do registro de hipoteca – A necessidade de anuência dos credores hipotecários não é impeditiva da alienação do bem, apenas integra os termos da garantia e o cancelamento da hipoteca decorrente é conforme as finalidades sociais da legislação incidente – Manutenção da recusa do registro – Recurso provido.

Trata-se de recurso de apelação interposto pelos Espólios de Jacintho Ferreira Sá e de Maria de Lourdes Carvalho Ferreira e Sá contra a r. sentença de fls. 68/70 que julgou improcedente a dúvida e determinou o registro de escritura de compra e venda.

Sustentam os apelantes a procedência da dúvida sob o fundamento da eficácia real da obrigação que estabeleceu a necessidade da anuência dos credores hipotecários aos contratos de compra e venda do loteamento, fixada na hipoteca, devidamente registrada; o que não ocorreu no título apresentado (fls. 76/124).

Os apresentantes do título, em contrarrazões, referem a desnecessidade da anuência dos credores hipotecários por ser nula disposição que impeça a alienação do bem hipotecado nos termos do artigo 1.475 do Código Civil (a fls. 136/141).

A D. Procuradoria Geral da Justiça opinou pelo não provimento do recurso (fls. 175/178).

É o relatório.

Os recorrentes são titulares da hipoteca que grava o imóvel objeto do registro em cuja especialização constou a necessidade da anuência dos credores hipotecários para alienação do bem e respectivo cancelamento da hipoteca, portanto, ante a situação jurídica de interessados, têm legitimidade recursal nos termos do artigo 202 da Lei de Registros Públicos.

O título protocolado encerra escritura pública de compra e venda do lote 01, da Quadra E, do loteamento denominado "Royal Park Prime" celebrada entre a loteadora e o apresentante do título.

O loteamento é gravado por hipoteca, celebrada em 19.06.1990 (a fls. 93/101) e registrada nas matrículas das glebas do loteamento em 06.07.1990 e 09.08.1999 (a fls. 21).

No contrato de hipoteca, registrado e transportado da matrícula de origem, constou a seguinte cláusula:

(...) os vendedores também concordam que os futuros lotes dos imóveis, seja alienados livremente pela compradora por venda e compra ou promessa de venda e compra, obrigando-se os vendedores a, pessoalmente, ou através de seus

representantes legais manifestar sua anuência nos respectivos contratos ou escritura de alienação, concordando ainda, uma vez pago integralmente o preço da venda com o respectivo desligamento de cada lote assim negociado, da presente garantia hipotecária, de modo que a correspondente averbação no Registro de Imóveis competente se faça livre do presente ônus real.

O programa contratual celebrado envolvia a realização das obras e custos necessários à implantação e registro do loteamento pela loteadora e o pagamento dos espólios (vendedores da gleba) ocorreria por meio do recebimento de metade do valor obtido com a venda de cada lote.

As obrigações em favor dos espólios receberam como garantia especial, a hipoteca do imóvel vendido.

Dois pontos são controvertidos nesta dúvida: (i) a incidência do disposto no artigo 1.475 do Código Civil em hipoteca registrada na vigência do Código Civil de 1.916 e, (ii) a possibilidade de oposição das cláusulas do contrato de hipoteca perante futuros adquirentes dos lotes.

Os artigos 1.475 e 2.035 do Código Civil estabelecem:

> *Art. 1.475. É nula a cláusula que proíbe ao proprietário alienar imóvel hipotecado.*
>
> *Parágrafo único. Pode convencionar-se que vencerá o crédito hipotecário, se o imóvel for alienado.*
>
> *Art. 2.035. A validade dos negócios e demais atos jurídicos, constituídos antes da entrada em vigor deste Código, obedece ao disposto nas leis anteriores, referidas no art. 2.045, mas os seus efeitos, produzidos após a vigência deste Código, aos preceitos dele se subordinam, salvo se houver sido prevista pelas partes determinada forma de execução.*
>
> *Parágrafo único. Nenhuma convenção prevalecerá se contrariar preceitos de ordem pública, tais como os estabelecidos por este Código para assegurar a função social da propriedade e dos contratos.*

Apesar da hipoteca ter sido celebrada e registrada ao tempo da vigência do Código Civil de 1.916, no qual não havia norma estabelecendo a nulidade de cláusula impeditiva da alienação do imóvel gravado, tal qual a constante do artigo 1.475 do Código Civil de 2.002; nos termos do artigo 2.035 do Código Civil compete o reconhecimento da ineficácia de disposição que não permita a venda do bem hipotecado.

Essa compreensão decorre do fato da circulação do bem hipotecado ser útil a economia e não afetar a garantia real do credor em razão do direito de sequela, portanto, a regra é de interesse social e norma de ordem pública incidente nos efeitos de negócio jurídico celebrado durante a vigência do Código Civil de 1.916.

Não obstante a isso, na particularidade do caso concreto, a previsão contratual não trata da impossibilidade da transmissão do imóvel gravado pela hipoteca, pelo contrário, é do interesse dos credores hipotecários a transmissão do bem, pois, somente receberão sua prestação contratual (50% do valor da venda do lote) ocorrendo alienação.

Diante disso, não há incidência do disposto no artigo 1.475 do Código Civil em razão da cláusula contratual não fixar a proibição de alienação, mas a participação dos credores hipotecários em conformidade à operação econômica (consubstanciada no contrato de hipoteca) havida e, ressalte-se, com levantamento da hipoteca no interesse do adquirente do lote.

A anuência do credor hipotecário que tem absoluto interesse na alienação, não se confunde com a vedação da alienação, pois, apenas complementa a segurança da garantia hipotecaria.

Cabe verificar a sujeição dos adquirentes dos lotes a estipulação contratual, da qual são terceiros, competindo ponderar acerca da aplicação do princípio do efeito relativo das convenções; uma das principais distinções dos direitos reais e pessoais.

Uma das figuras distintas, mas assemelhadas aos direitos reais no âmbito da eficácia, são as obrigações com eficácia *erga omnes*.

As obrigações com eficácia real, são referidas por Luciano de Camargo Penteado (*Direito das coisas*. São Paulo: Revista dos Tribunais, 2014, p. 139) da seguinte forma:

> *As obrigações com eficácia real contra terceiros são aquelas situações jurídicas de natureza pessoal em que não integrantes da relação jurídica (não partes) podem ser por ela afetados mediante a oposição de seu conteúdo, com prevalência em face deste terceiro. Justamente esta prevalência ou preferência é que assemelha estas situações jurídicas àquelas de direito das coisas.*

Ainda que não se trate de direito real, o ordenamento jurídico opta por um tratamento protetivo da obrigação real ao expandir sua eficácia perante terceiros.

Apesar da obrigação com eficácia real mais comum estar na Lei de Locações (cláusula de vigência e preferência de aquisição), a especialização e o registro da hipoteca repercutiu na eficácia em face de terceiros quanto à estipulação obrigacional que estabelece a participação dos credores hipotecários na alienação dos lotes com o levantamento da hipoteca incidente sobre os mesmos.

Também impende considerar que a Lei n. 6.766/79 encerra uma série de estipulações destinadas à proteção dos adquirentes de lotes por força do caráter social do parcelamento do solo, portanto, a presente decisão segue em estreita ligação com as finalidades sociais do referido diploma legislativo.

Nessa linha e forte nas particularidades do caso concreto, não é possível o registro do contrato sem a anuência dos titulares da garantia real, inclusive para fins de cancelamento da hipoteca.

Por todo o exposto, pelo meu voto, dou provimento à apelação para julgar procedente a dúvida.

GERALDO FRANCISCO PINHEIRO FRANCO
Corregedor Geral da Justiça e Relator

DECLARAÇÃO DE VOTO CONVERGENTE

DÚVIDA REGISTRÁRIA AP.1001368-74.2017.8. 26.0408 COMARCA DE OURINHOS

Trata-se de recurso de apelação interposto contra a sentença que julgou improcedente dúvida e determinou o registro de escritura de compra e venda.

O voto do eminente Relator deu provimento ao recurso por entender que cláusulas do contrato de hipoteca, uma vez registrada a garantia, podem ser opostas a futuros adquirentes do imóvel e que a exigência de anuência do credor hipotecário à venda, na hipótese, não violou o art. 1.475 do Código Civil.

Após a análise dos autos, acompanho o voto do eminente Relator, com algumas breves considerações.

Em primeiro lugar, a nulidade da cláusula não poderia ser declarada pela via administrativa, no procedimento de dúvida. A cláusula existe e foi registrada. Ela, portanto, é pública, válida e eficaz, até que, eventualmente, sua invalidade seja declarada na via jurisdicional. Se é assim, o registrador agiu corretamente ao impedir o registro, pois a ele também não é dado afastar cláusula inserta em hipoteca registrada, sob o argumento da invalidade.

Ainda que se entendesse de modo contrário, os apelantes venderam imóvel a Comercial e Empreendimentos Delfim Verde Ltda. para que realizasse empreendimentos no local e tornaram-se credores hipotecários porque o pagamento do preço seria feito quando da venda dos lotes oriundos desse empreendimento imobiliário.

A hipoteca foi registrada na matrícula do imóvel (R.2) com integral descrição da cláusula que obrigava os credores hipotecários a manifestar sua anuência no contrato ou na escritura de alienação do lote, para consequente levantamento da garantia real.

Com o registro da hipoteca e a transcrição da mencionada cláusula contratual na matrícula do imóvel, a exigência de anuência dos credores hipotecários ao negócio ganhou publicidade e, portanto, era de conhecimento dos adquirentes do imóvel.

No caso concreto, tal exigência não viola o art. 1.475 do Código Civil, que dispõe ser nula a cláusula que proíbe ao proprietário alienar imóvel hipotecado.

Com efeito, aqui não há proibição de venda do imóvel hipotecado, mas, tão somente, condicionamento da alienação à anuência dos credores hipotecários.

E essa necessidade de concordância com o negócio não se mostra abusiva nem desarrazoada.

Ao contrário, ela atende às peculiaridades do negócio, uma vez que os credores hipotecários somente receberiam o preço quando da alienação dos lotes a terceiros. Desse modo, eles tinham legítimo interesse de se inteirar do negócio e conhecer suas condições.

Não há, portanto, no presente caso, qualquer abusividade na estipulação da anuência do credor hipotecário à alienação e tampouco violação ao art. 1.475 do Código Civil.

Também não há que se falar em desconhecimento dessa condição pelos adquirentes.

Pelo exposto, com as observações acima, acompanho o voto do eminente Relator para dar provimento ao recurso.

São Paulo, 03 de agosto de 2018.

GASTAO TOLEDO DE CAMPOS MELLO FILHO

Presidente da Seção de Direito Privado (DJe de 29.01.2019 - SP)

PODER JUDICIÁRIO

TRIBUNAL DE JUSTIÇA DO ESTADO DE SÃO PAULO

CONSELHO SUPERIOR DA MAGISTRATURA

Apelação nº 0000705-22.2018.8.26.0566

Registro: 2018.0000876310

ACÓRDÃO

Vistos, relatados e discutidos estes autos do(a) **Apelação nº 0000705-22.2018.8.26.0566**, da Comarca de **São Carlos**, em que é apelante **DANGA EMPREENDIMENTOS LTDA.**, é apelado **OFICIAL DE REGISTRO DE IMÓVEIS E ANEXOS DA COMARCA DE SÃO CARLOS.**

ACORDAM, em Conselho Superior de Magistratura do Tribunal de Justiça de São Paulo, proferir a seguinte decisão: **"Deram provimento ao recurso para julgar a dúvida improcedente, v.u."**, de conformidade com o voto do Relator, que integra este Acórdão.

O julgamento teve a participação dos Exmos. Desembargadores **PEREIRA CALÇAS (PRESIDENTE TRIBUNAL DE JUSTIÇA) (Presidente), ARTUR MARQUES (VICE PRESIDENTE), XAVIER DE AQUINO (DECANO), EVARISTO DOS SANTOS(PRES. DA SEÇÃO DE DIREITO PÚBLICO), CAMPOS MELLO (PRES. DA SEÇÃO DE DIREITO PRIVADO) E FERNANDO TORRES GARCIA(PRES. SEÇÃO DE DIREITO CRIMINAL).**

São Paulo, 30 de outubro de 2018. GERALDO FRANCISCO PINHEIRO FRANCO

Corregedor Geral da Justiça e Relator

Apelação nº 0000705-22.2018.8.26.0566

Apelante: Danga Empreendimentos Ltda.

VOTO Nº 37.545

Registro de Imóveis – Registro de loteamento – Ações civis públicas, por improbidade administrativa, movidas contra o ex-proprietário do imóvel – Valores das indenizações pretendidas e patrimônio do ex- proprietário do imóvel, que é sócio da empresa que promove o loteamento, que demonstram a inexistência de risco aos adquirentes – Recurso provido para julgar a dúvida improcedente.

Trata-se de apelação interposta por DANGA EMPREENDIMENTOS LTDA. contra r. sentença que rejeitou a impugnação ao registro do loteamento a ser implantado no imóvel objeto da matrícula nº 139.580 do Registro de Imóveis, Títulos e Documentos e Civil de Pessoa Jurídica da Comarca de São Carlos.

A apelante alegou, em suma, que somente as ações penais impedem o registro do loteamento. Disse que a ação civil pública processada sob nº 0011767-35.2013.8.26.0566 não causará prejuízo aos adquirentes dos lotes e que existe patrimônio livre e desembaraçado para garantir o resultado daquela ação. Esclareceu que tem como sócio e administrador João Carlos Pedrazzani que foi ex proprietário do imóvel a ser loteado e que é réu em duas ações civis públicas, uma visando a condenação em indenização no valor de R$509.418,00 e outra visando indenização pelo cancelamento de duas multas de trânsito com o valor de R$170,26 cada uma. Asseverou que não há prova da responsabilidade de seu sócio por atos de impropriedade administrativa e que o referido sócio tem patrimônio suficiente para garantir o cumprimento de eventual condenação naquelas ações, pois é proprietário de imóveis com valor aproximado de R$1.160.000,00, dentre eles o objeto da matrícula nº 96.884 que tem valor de R$750.000,00 e que ofereceu em caução nas ações que lhe são movidas, isso para efeito de demonstrar a inexistência de risco ao loteamento. Ademais, nas duas ações movidas não foi determinada a indisponibilidade de bens e uma delas foi julgada improcedente por r. sentença prolatada no Processo nº 1000012.26.2015.8.26.0566 que está reunido com o Processo nº 1009920-44.2014.8.26.0000, em razão de prescrição. Reiterou que a ação civil pública processada sob nº 0011767- 35.2013.8.26.0566 não causará risco aos adquirentes dos lotes. Requereu a reforma da r. sentença para que a dúvida seja julgada improcedente.

A douta Procuradoria Geral da Justiça opinou pelo não provimento do recurso (fls. 1.063/1.068).

É o relatório.

Cuida-se de impugnação ao registro do "Loteamento Danga" a ser implantado no imóvel objeto da matrícula nº 139.580 do Registro de Imóveis, Títulos e Documentos de Civil de Pessoa Jurídica de São Carlos (fls. 25/30).

O registro foi negado porque o imóvel foi de propriedade de João Carlos Pedrazzani que é sócio e representante legal da atual proprietária do bem (fls. 11/23) e que figura como réu em duas ações civis públicas em curso na Vara da Fazenda Pública de São Carlos, Processos nºs 0011767-35.2013.8.26.0566 (apensado ao 0011767-35.2013.8.26.0566) e 1000012-26.2015.8.26.0566 (fls. 92).

O Processo nº 1000012-26.2015.8.26.0566 teve por objeto a condenação de seus réus na restituição de verbas salariais que supostamente superaram o valor legal de suas remunerações, sendo atribuído à causa o valor de R$186.558,12 e formulado pedido de condenação dos réus em igual valor (fls.95/98).

Ocorre que esse processo foi extinto por r. sentença, prolatada em 23 de fevereiro de 2018, em que foi reconhecida a prescrição (fls. 514/520).

O julgamento da referida ação constitui fato novo que pode ser considerado no julgamento da dúvida porque foi posterior à sua suscitação.

Além disso, o procedimento de registro de loteamento envolve a prática de conjunto de atos que incluem a publicação de edital e a possibilidade de oferecimento de impugnação por terceiro, com instauração de contraditório (art. 19 da Lei nº 6.766/79), o que também permite que se considere fato ocorrido durante o seu processamento e que é intrinsecamente relacionado ao motivo da recusa do registro.

Julgada a ação improcedente pelo E. Juízo de primeira instância, embora por r. sentença contra a qual foi interposto recurso pendente de julgamento (cf. verifiquei em consulta ao sistema SAJ), e não se comprovando que seu valor poderá repercutir sobre os adquirentes do lote na eventual condenação, não é possível reconhecer que a referida ação impede o registro do loteamento.

Assim porque a existência da ação civil pública não é suficiente para impedir o registro do loteamento, sendo necessário que dela decorra efetivo risco aos adquirentes dos lotes por débito do anterior proprietário do imóvel loteado.

Por igual razão o Processo nº 0011767-35.2013.8.26.0566 não constitui impedimento ao registro do loteamento.

Embora se trate de ação civil pública em que foi atribuído à causa o valor de R$50.000,00 (fls. 93) e formulado pedido de condenação em multa a ser fixada em até 100 vezes o valor da última remuneração do agente público (fls. 111/138) que foi de R$5.094,18 (fls. 164), não há prova de que a eventual condenação será superior ao patrimônio que restou ao ex-proprietário do imóvel.

Isso porque a apelante demonstrou que João Carlos Pedrazzani é proprietário, com sua esposa, do imóvel objeto da matrícula nº 96.884 (fls. 165/170) e do imóvel objeto da matrícula nº 142.163, ambos do Registro de Imóveis de São Carlos (fls. 176).

Diante das provas realizadas, é possível reconhecer que os pedidos formulados nas duas ações civis públicas movidas contra o ex-proprietário do imóvel, somados, podem ser garantidos pelo restante de seu patrimônio, cabendo neste caso concreto observar que esse patrimônio também é composto por 40% das cotas sociais de que o ex- proprietário do imóvel é titular na empresa loteadora que, por sua vez, é a apelante e atual titular do domínio do bem a ser loteado (fls. 20 e 29).

Ante o exposto, dou provimento ao recurso para julgar a dúvida improcedente.

GERALDO FRANCISCO PINHEIRO FRANCO

Corregedor Geral da Justiça e Relator (DJe de 26.02.2019 - SP)

PODER JUDICIÁRIO

TRIBUNAL DE JUSTIÇA DO ESTADO DE SÃO PAULO

CONSELHO SUPERIOR DA MAGISTRATURA

Apelação nº 1001845-69.2017.8.26.0288

Registro: 2018.0000876314

ACÓRDÃO

Vistos, relatados e discutidos estes autos do(a) **Apelação nº 1001845-69.2017.8.26.0288**, da Comarca de **Ituverava**, em que é apelante **BOM SUCESSO EMPREENDIMENTOS IMOBILIÁRIOS LTDA**, é apelado **OFICIAL DO REGISTRO DE IMOVÉIS DA COMARCA DE ITUVERAVA.**

ACORDAM, em Conselho Superior de Magistratura do Tribunal de Justiça de São Paulo, proferir a seguinte decisão: **"Julgaram prejudicada a dúvida e não conheceram do recurso, v.u."**, de conformidade com o voto do Relator, que integra este Acórdão.

O julgamento teve a participação dos Exmos. Desembargadores **PEREIRA CALÇAS (PRESIDENTE TRIBUNAL DE JUSTIÇA) (Presidente), ARTUR MARQUES (VICE PRESIDENTE), XAVIER DE AQUINO (DECANO), EVARISTO DOS SANTOS(PRES. DA SEÇÃO DE DIREITO PÚBLICO), CAMPOS MELLO (PRES. DA SEÇÃO DE DIREITO PRIVADO) E FERNANDO TORRES GARCIA(PRES. SEÇÃO DE DIREITO CRIMINAL).**

São Paulo, 30 de outubro de 2018.

GERALDO FRANCISCO PINHEIRO FRANCO

Corregedor Geral da Justiça e Relator

Apelação nº 1001845-69.2017.8.26.0288

Apelante: Bom Sucesso Empreendimentos Imobiliários Ltda

Apelado: Oficial do Registro de Imovéis da Comarca de Ituverava

VOTO Nº 37.574

Registro de Imóveis – Dúvida inversa julgada procedente, com manutenção da recusa do registro de desmembramento – Ausência, nestes autos, da integralidade do título de que pretendido o registro e da certidão da matrícula do imóvel, o que impede o reexame da qualificação e torna prejudicada a dúvida, de forma a ensejar o não conhecimento do recurso – Recurso não conhecido, prejudicada a dúvida suscitada.

Trata-se de apelação interposta por BOM SUCESSO EMPREENDIMENTOS IMOBILIÁRIOS LTDA. contra r. sentença que julgou procedente a dúvida inversa e manteve a recusa do registro do desmembramento do imóvel objeto da matrícula nº 23.619 do Registro de Imóveis da Comarca de Ituverava (fls. 69/73) em razão da existência de ação penal movida contra o sócio Eduardo Guilherme Alves de Oliveira.

O apelante arguiu, em preliminar, que o imóvel será desmembrado em 19 lotes, o que dispensa o registro especial da Lei nº 6.766/1979, como previsto no subitem 170.5 do Capítulo XX das Normas de Serviço da Corregedoria Geral da Justiça. Alegou, no mais, que na época do protocolo do título não havia ação penal movida contra o seu sócio, mas somente inquérito policial, o que não impedia o registro do desmembramento. Ademais, o inquérito policial e o processo nº 1000360-68.2016.8.26.0288 são relacionados à venda de lote do desmembramento já realizada para Edvar de Paula Leite, razão pela qual o registro servirá para a solução da matéria em ambos tratada. Esclareceu que o imóvel conta com infraestrutura e que seus sócios têm patrimônio suficiente para garantir os adquirentes dos lotes. Asseverou que o sócio que respondia ao inquérito policial detém somente 3% do capital social. Além disso, o posteriormente ajuizamento da ação penal não deve impedir o registro porque prevalece a presunção de inocência e porque eventual pena não ultrapassará a pessoa do réu, estando os adquirentes dos lotes protegidos também em razão da inexistência de averbação ou registro da referida ação na matrícula, prevalecendo o disposto no art. 54, § único, da Lei nº 13.097/2015. Por fim, para garantir os futuros adquirentes do lote oferece e caução o imóvel objeto da matrícula nº 19.648 do Registro de Imóveis de Ituverava, com valor de R$ 7.000.000,00 (fls. 139/152).

A douta Procuradoria Geral de Justiça opinou pelo não provimento do recurso (fls. 229/231).

Posteriormente, o apelante apresentou nova manifestação e documentos afirmando que o valor recebido pela venda do lote para Edvar Paula Leite foi depositado em ação judicial, conforme determinado na sentença prolatada naquele feito, não havendo risco aos adquirentes dos lotes que pretende implantar (fls. 238 e seguintes).

É o relatório.

Anoto, de início, que a terminologia prevista no artigo 203 da Lei nº 6.015/73 é aplicável na dúvida inversa, o que, entretanto, não prejudica a r. sentença que apesar do uso do termo improcedente negou o registro pretendido.

O requerimento originalmente formulado ao Sr. Oficial de Registro de Imóveis da Comarca de Ituverava foi de registro do desmembramento denominado "Jardim Tropical III" (fls. 10), com apresentação de relação dos documentos protocolados para essa finalidade (fls. 11/13).

Na suscitação da dúvida inversa, de igual modo, foi requerido o afastamento de óbice oposto pelo Sr. Oficial ao registro de desmembramento (fls. 01/07).

Portanto, o protocolo se destinou ao registro especial de desmembramento previsto no art. 18 da Lei nº 6.766/1979, hipótese em que a recusa da prática do ato é impugnável por meio de dúvida.

E a dúvida foi suscitada em razão da recusa do registro decorrente da existência de ação penal movida contra o sócio Eduardo Guilherme Alves de Oliveira (fls. 09), com fundamento no art. 18, § 2º, da Lei nº 6.766/79 que, repito, trata do registro especial de loteamento e de desmembramento:

"*§ 2º - A existência de protestos, de ações pessoais ou de ações penais, exceto as referentes a crime contra o patrimônio e contra a administração, não impedirá o registro do loteamento se o requerente comprovar que esses protestos ou ações não poderão prejudicar os adquirentes dos lotes. Se o Oficial do Registro de Imóveis julgar insuficiente a comprovação feita, suscitará a dúvida perante o juiz competente*".

Diante disso, a matéria argüida em preliminar nas razões de recurso não é compatível com a finalidade da dúvida inversamente suscitada.

Por seu lado, ao suscitar a dúvida inversa o apelante somente juntou aos autos parte do título prenotado para o registro especial do desmembramento, o que impede o reexame da qualificação.

Ocorre que no procedimento de dúvida a qualificação do título deve ser realizada por inteiro, o que enseja a análise da exigência formulada pelo Oficial de Registro e, também, dos demais requisitos para a prática do ato, em atendimento ao princípio da legalidade que norteia a atividade registral. Nesse sentido o v. acórdão prolatado por este Colendo Conselho Superior da Magistratura na Apelação Cível nº 33.111-0/3, da Comarca de Limeira, em que foi relator o Desembargador Márcio Martins Bonilha:

"Inicialmente, cabe ressaltar a natureza administrativa do procedimento da dúvida, que não se sujeita, assim, aos efeitos da imutabilidade material da sentença. Portanto, nesse procedimento há a possibilidade de revisão dos atos praticados, seja pela própria autoridade administrativa, seja pela instância revisora, até mesmo de ofício (cf. ApCiv 10.880-0/3, da Comarca de Sorocaba). Não vai nisso qualquer ofensa ao direito de ampla defesa e muito menos se suprime um grau do julgamento administrativo. O exame qualificador do título, tanto pelo oficial delegado, como por seu Corregedor Permanente, ou até em sede recursal, deve necessariamente ser completo e exaustivo, visando escoimar todo e qualquer vício impeditivo de acesso ao cadastro predial.

Possível, portanto, a requalificação do título nesta sede, ainda que de ofício, podendo ser levantados óbices até o momento não argüidos, ou ser reexaminado fundamento da sentença, até para alteração de sua parte dispositiva" (*Revista de Direito Imobiliário*, 39/339).

Essa qualificação abrange a análise da totalidade dos documentos previstos no art. 18 da Lei nº 6.766/1979, bem como a compatibilidade do memorial e planta com a área descrita na matrícula.

Entretanto, neste caso concreto o apelante apresentou cópia de relação em que indicados os documentos que teria protocolado no Registro de Imóveis para o registro do desmembramento, não juntando aos autos, porém, os documentos indicados nos itens 2, 3, 6 e 9 a 40 da referida relação.

Sem esses documentos sequer é possível verificar quais são os sócios do recorrente, pois a certidão de fls. 33 não os relaciona.

Além disso, porque relevante, anoto que faltam as licenças concedidas para o desmembramento, a planta, as declarações de que não existem obras de infra-estrutura pendentes de realização, a declaração de doação da área indicada no item 13 de fls. 11 e a minuta do contrato-padrão.

Ademais, embora a certidão de fls. 42 dissesse respeito somente a inquérito policial em que figurava como investigado o sócio Eduardo Guilherme, esse inquérito originou ação penal, movida no curso do processo, que diz respeito a crime contra o patrimônio segundo a certidão de fls. 123/124.

Cuidando-se de crime contra o patrimônio, não há impedimento para a que a existência do fato seja comunicada no curso do procedimento de registro que é ato complexo que contempla a publicação de edital e a possibilidade de oferecimento de impugnação (art. 19 da Lei nº 6.766/1979).

A par da referida ação penal movida contra um dos sócios, a certidão de fls. 36/37 mostra a existência de duas ações civis públicas, de ação de cumprimento de sentença, de execuções fiscais e de ação de indenização por danos movidas contra a autora do desmembramento, sem que a apelante tenha juntado nestes autos as certidões de objeto e pé, ou cópias dos processos, demonstrando que essas ações não repercutirão sobre os adquirentes dos lotes.

Outrossim, a certidão de fls. 43 mostra a existência de duas ações penais movidas contra a pessoa indicada como sendo o outro sócio da apelante, sem que conste nestes autos as certidões de objeto e pé, ou as cópias do processo que permitam verificar se podem, eventualmente, impedir o registro do loteamento.

Por fim, sequer foi juntada aos autos a matrícula do imóvel a ser desmembrado, isso por omissão da apelante e do Oficial de Registro de Imóveis.

Destarte, a apresentação parcial do título protocolado para registro impede o exame de qualificação inerente à dúvida que deve ser considerada prejudicada porque seu julgamento, na forma como suscitada, equivaleria à prolação de decisão condicional, cuja execução dependeria da futura e eventual observação de outros requisitos, o que não se mostra possível.

Por esses motivos este Col. Conselho Superior da Magistratura já decidiu:

"No mais, ao contrário do sustentado pelo recorrente, não cabe aqui ao Judiciário se pronunciar acerca da solução cabível para o caso concreto, não se tratando de órgão consultivo, como bem ressaltado pela nobre representante do parquet" (CSM, Processo nº 000.608.6/7-00, Rel. Des. Gilberto Passos de Freitas, j. 21/12/2006).

Ante o exposto, julgo prejudicada a dúvida e não conheço do recurso.

GERALDO FRANCISCO PINHEIRO FRANCO

Corregedor Geral da Justiça e Relator (DJe de 01.03.2019 - SP)

PODER JUDICIÁRIO

TRIBUNAL DE JUSTIÇA DO ESTADO DE SÃO PAULO

CONSELHO SUPERIOR DA MAGISTRATURA

Apelação nº 1009557-35.2016.8.26.0292

Registro: 2018.0000557191

ACÓRDÃO

Vistos, relatados e discutidos estes autos do(a) **Apelação nº 1009557-35.2016.8.26.0292**, da Comarca de **Jacareí**, em que são partes são apelantes **ZITUNE EMPREENDIMENTOS IMOBILIÁRIOS LTDA, SCDU EMPREENDIMENTOS IMOBILIÁRIOS LTDA., MKP INCORPORADORA IMOBILIÁRIA LTDA, SOUZA ANSELMO ENGENHARIA E CONSTRUÇÃO LTDA., JOSÉ DE SIQUEIRA MARTINS e TERCOLINA SILVA TORRES MARTINS**, é apelado **OFICIAL DE REGISTRO DE IMOVEIS E ANEXOS DE JACAREÍ**.

ACORDAM, em Conselho Superior de Magistratura do Tribunal de Justiça de São Paulo, proferir a seguinte decisão: **"Rejeitaram a preliminar e negaram provimento à apelação, mantendo a negativa de registro dos títulos apresentados, v.u."**, de conformidade com o voto do Relator, que integra este Acórdão.

O julgamento teve a participação dos Exmos. Desembargadores **PEREIRA CALÇAS (PRESIDENTE TRIBUNAL DE JUSTIÇA) (Presidente), ARTUR MARQUES (VICE PRESIDENTE), XAVIER DE AQUINO (DECANO), EVARISTO DOS SANTOS(PRES. DA SEÇÃO DE DIREITO PÚBLICO), CAMPOS MELLO (PRES. DA SEÇÃO DE DIREITO PRIVADO) E FERNANDO TORRES GARCIA(PRES. SEÇÃO DE DIREITO CRIMINAL).**

São Paulo, 24 de julho de 2018.

GERALDO FRANCISCO PINHEIRO FRANCO

Corregedor Geral da Justiça e Relator

Apelação nº 1009557-35.2016.8.26.0292
Apelantes: Zitune Empreendimentos Imobiliários Ltda, Scdu Empreendimentos Imobiliários Ltda., MKP INCORPORADORA IMOBILIÁRIA LTDA, Souza Anselmo Engenharia e Construção Ltda., José de Siqueira Martins e Tercolina Silva Torres Martins

Apelado: Oficial de Registro de Imóveis e Anexos de Jacareí

VOTO Nº 37.336

Registro de Imóveis – Decisão fundamentada – Nulidade não configurada – Desmembramento registrado e, posteriormente, cancelado por ordem judicial – Escrituras públicas com descrição relativa à lotes – Especialidade objetiva – Negativa do ingresso dos títulos ante a diversidade da descrição do imóvel ante ao atualmente contido na matrícula – Impossibilidade de consideração dos títulos pela área ou fração ideal por não serem essas as descrições neles contidas – Preliminar rejeitada e Recurso não provido.

Trata-se de recurso de apelação interposto por Zitune Empreendimentos Imobiliários Ltda e outros contra a r. sentença de fls. 376/377, que julgou procedente a dúvida inversa suscitada perante o Sr. Oficial de Registro de Imóveis e Anexos da Comarca de Jacareí mantendo a recusa dos registros pretendidos na matrícula n. 47.873.

Sustentam os apelantes, em preliminar, nulidade da r. sentença por falta de fundamentação e no mérito a possibilidade dos registros conforme pedido principal e sucessivo (fls. 383/401).

A D. Procuradoria Geral da Justiça opinou pela rejeição da preliminar e no mérito o não provimento do recurso (fls. 425/429).

É o relatório.

A r. sentença referiu a correção da recusa do Sr. Registrador, seguindo com a exposição fundamentada das razões do não cabimento dos registros pretendidos de forma principal e sucessiva, mantendo a qualificação registral negativa.

Afasto, portanto, a preliminar de nulidade da sentença.

O registro do desmembramento da matrícula n. 47.873 foi cancelado por decisão judicial (a fls. 359/369).

De outra parte, a exceção da realização e cancelamento do mesmo registro na matrícula (vide R8 e AV 10 da M 47.873), não houve determinação de outros registros por ordem judicial para além do cancelamento mencionado no parágrafo anterior.

Não é possível interpretar as várias decisões judiciais de primeiro e segundo graus, referidas nas razões recursais, para o fim do ingresso dos títulos em virtude daquelas não determinarem tal providência, bem como não terem alterado a descrição dos imóveis nos títulos apresentados.

Desse modo, como realizado, competia qualificação dos títulos em conformidade às regras de direito e princípios incidentes no âmbito do registro imobiliário, pois, repita-se, nos processos judicias não houve determinações para realização dos registros pretendidos, apenas foi indicado o cabimento de seu requerimento na presente via administrativa.

Os títulos apresentados para registro possuem a descrição do imóvel como lotes numerados (escrituras públicas às fls. 90/131), compatível com o registro do desmembramento vigente à época; todavia, absolutamente contrastante com a descrição da Gleba "A" contida na matrícula e atualmente vigente por força da decisão judicial que determinou o cancelamento daquele.

O Princípio da Especialidade Objetiva, contido no art. 176 da lei n. 6.015/73, exige a identificação do imóvel como um corpo certo objetivando sua localização física, tornando-o singular perante os demais.

Conforme Afrânio de Carvalho:

"o princípio da especialidade significa que toda inscrição deve recair sobre um objeto precisamente individuado" e que "o requisito registrai da especialização do imóvel, vertido no fraseado clássico do direito, significa a sua descrição como corpo certo, a sua representação escrita como individualidade autónoma, com o seu modo de ser físico, que o torna inconfundível e, portanto, heterogéneo em relação a qualquer outro. O corpo certo imobiliário ocupa lugar determinado no espaço, que é abrangido por seu contorno, dentro do qual se pode encontrar maior ou menor área, contanto que não sejam ultrapassadas as reais definidoras da entidade territorial" ("Registro de Imóveis", Editora Forense, 4ª ed.).

Considerado a descrição do imóvel contida na matricula, os títulos apresentados não permitem registro, pena da violação do princípio da especialidade objetiva ante a diversidade das descrições quando confrontadas, impedindo o conhecimento da localização pelo conteúdo atualmente válido do registro imobiliário.

Por esse fundamento, também não é possível efetuar os registros com base na área dos lotes ou em consideração a fração ideal proporcional, pois, a descrição existente encerra lote e não área ou fração ideal.

Diante disso, eventualmente, competirá aos recorrentes a retificação das escrituras públicas para adequar a descrição dos imóveis em respeito ao princípio da especialidade objetiva.

Por todo o exposto, pelo meu voto, rejeito a preliminar e nego provimento à apelação, mantendo a negativa de registro dos títulos apresentados.

GERALDO FRANCISCO PINHEIRO FRANCO

Corregedor Geral da Justiça e Relator (DJe de 19.03.2019 - SP)

PODER JUDICIÁRIO

TRIBUNAL DE JUSTIÇA DO ESTADO DE SÃO PAULO

CONSELHO SUPERIOR DA MAGISTRATURA

Apelação nº 1003326-39.2017.8.26.0168

Registro: 2019.0000197903

ACÓRDÃO

Vistos, relatados e discutidos estes autos de **Apelação nº 1003326-39.2017.8.26.0168**, da Comarca de **Dracena**, em que é apelante **JARDIM BORTOLATO VI EMPREENDIMENTOS IMOBILIÁRIOS SPE LTDA**, é apelado **OFICIAL DE REGISTRO DE IMÓVEIS E ANEXOS DA COMARCA DE DRACENA-SP**.

ACORDAM, em Conselho Superior de Magistratura do Tribunal de Justiça de São Paulo, proferir a seguinte decisão: **"Julgaram prejudicada a dúvida e não conheceram do recurso, v.u."**, de conformidade com o voto do Relator, que integra este acórdão.

O julgamento teve a participação dos Exmos. Desembargadores **PEREIRA CALÇAS (PRESIDENTE TRIBUNAL DE JUSTIÇA) (Presidente), ARTUR MARQUES (VICE PRESIDENTE), XAVIER DE AQUINO (DECANO), EVARISTO DOS SANTOS(PRES. DA SEÇÃO DE DIREITO PÚBLICO), CAMPOS MELLO (PRES. DA SEÇÃO DE DIREITO PRIVADO) E FERNANDO TORRES GARCIA(PRES. SEÇÃO DE DIREITO CRIMINAL).**

São Paulo, 14 de março de 2019.

GERALDO FRANCISCO PINHEIRO FRANCO

Corregedor Geral da Justiça e Relator

Apelação nº 1003326-39.2017.8.26.0168

Apelante: Jardim Bortolato VI Empreendimentos Imobiliários SPE LTDA

Apelado: Oficial de Registro de Imóveis e Anexos da Comarca de Dracena-SP

VOTO Nº 37.700

Registro de Imóveis – Registro de loteamento – Dúvida julgada procedente, com manutenção da recusa do registro – Impugnação

parcial – Título complementado no curso da dúvida mediante apresentação de documentos destinados ao atendimento parcial das exigências formuladas pelo Oficial de Registro – Alteração do título que implicou em anuência com as exigências formuladas para o registro, ainda que de forma parcial – Impossibilidade de alteração do título no curso da dúvida, o que impede o reexame da qualificação – Recurso não conhecido, prejudicada a dúvida suscitada.

Trata-se de apelação interposta contra r. sentença que manteve a recusa do registro de loteamento na matrícula nº 93 do Registro de Imóveis da Comarca de Dracena porque no curso da dúvida o apresentante promoveu o atendimento parcial das exigências formuladas para o registro, implicando em reconhecimento de que estavam corretas, e em razão de condenação do sócio da loteadora em ação penal movida por crime contra a administração pública (fls. 516/519).

O apelante alegou, em suma, que foi movida contra o seu sócio ação penal por crime previsto na Lei nº 8.666/93 que, todavia, não caracterizou crime contra a Administração Pública. Ademais, é pessoa jurídica que não pode ser atingida por condenação promovida contra um de seus sócios. Asseverou que o seu sócio tem patrimônio suficiente para suportar os efeitos da condenação que, ademais, consistiu em pena de multa de um salário mínimo, o que afasta a existência de risco para os adquirentes dos lotes.

A douta Procuradoria Geral de Justiça opinou pelo não provimento do recurso (fls. 555/558).

É o relatório.

O registro do loteamento foi recusado mediante formulação das exigências contidas na nota de devolução de fls.

401/403 e relacionadas pelo Sr. Oficial de Registro de Imóveis às fls. 01/07.

Ao requerer a suscitação da dúvida o apelante se limitou a impugnar a recusa do registro em razão da condenação de seu sócio em ação penal, silenciando quanto às demais exigências contidas na nota de devolução (fls. 404).

Além disso, ao impugnar a dúvida o apelante cumpriu as exigências contidas no item 3 (comprovação do resultado das ações cíveis em nome de Doraci Segura Ferreira e das ações movidas em nome de Nelson Bertolo) e no item 4 (anuência dos confrontantes com o projeto de drenagem das águas pluviais), todas formuladas na nota de devolução de fls. 401/402.

Ainda, não foi atendida de maneira integral a exigência consistente na comprovação de que a Estrada Municipal DRA 001 é via oficializada, a ser feita com a apresentação do Decreto de oficialização (item 04 de fls. 402), nem foi essa exigência impugnada de maneira específica.

Esses fatos caracterizam a anuência do apelante com parte das exigências formuladas para o registro do loteamento.

O art. 186 da Lei nº 6.015/73 assegura o direito à qualificação e ao registro do título conforme a perfeita ordem cronológica de sua apresentação e protocolo, o que impede que eventuais títulos representativos de direitos conflitantes apresentados em segundo lugar obtenham preferência sobre aqueles que foram objeto de prenotação anterior

Este procedimento, por sua vez, tem por finalidade a análise da dissensão entre o apresentante e o oficial registrador sobre as exigências formuladas para o registro do título que deve ser analisado considerando a sua conformação no momento em que formulada a suscitação da dúvida.

Ocorre que a impugnação parcial das exigências tem como consequência a manutenção da recusa do registro, o que faz com que a dúvida adquira natureza meramente consultiva, para o que não se presta:

"No mais, ao contrário do sustentado pelo recorrente, não cabe aqui ao Judiciário se pronunciar acerca da solução cabível para o caso concreto, não se tratando de órgão consultivo, como bem ressaltado pela nobre representante do parquet" (CSM, Processo n° 000.608.6/7-00, Rel. Des. Gilberto Passos de Freitas, j. 21/12/2006).

Ademais, a complementação ou alteração do título no curso do procedimento de dúvida enseja prorrogação indevida do prazo de validade do protocolo, o que acarreta potencial prejuízo aos eventuais apresentantes de títulos representativos de direitos conflitantes que forem posteriormente protocolados.

Por isso, os precedentes do Eg. Conselho Superior da Magistratura são firmes no sentido de que não se admite a complementação do título no curso da dúvida, ou a realização de instrução probatória visando a comprovação de fato destinado a afastar exigência formulada pelo Oficial de Registro de Imóveis:

"Dúvida registrária é só para dirimir o dissenso, entre o registrador e o apresentante, sobre a prática de ato de registro, referente a título determinado que, para esse fim (registro) foi protocolado e prenotado.

Logo, não se admite, no seu curso, diligências ou dilação de provas destinadas à complementação de título desqualificado, à apuração de fatos extratabulares demonstrativos de situação jurídica de loteamento ou à promoção de medidas de saneamento de vício que macula o parcelamento do solo.

A razão dessa restrição cognitiva, ademais, é evitar a indevida prorrogação do prazo da prenotação, consoante firme orientação deste Conselho Superior da Magistratura: "A dilação probatória em procedimento desta natureza prorrogaria indevidamente o prazo da prenotação, potencializando prejuízo para o direito de prioridade de terceiros, que também tivessem prenotado outros títulos que refletissem direitos contraditórios" (Apelação Cível nº 027583-0/7, Santa Rosa do Viterbo, j. 30.10.1995, rel. Des. Alves Braga, in Revista de Direito Imobiliário 39/297-298). Confira, ainda, Apelação Cível nº 97.090-0/4, São José do Rio Preto, j. 12.12.2002, Rel. Des. Luiz Tâmbara; Apelação Cível nº 000.176.6/4-00, Socorro, j. 16.09.2004, Rel. Des. José Mário Antonio Cardinale". (CSM, Apelação Cível nº 482-6/0, da Comarca de Santa Isabel, Relator Desembargador Gilberto Passos de Freitas).

A impugnação parcial e a complementação do título no curso deste procedimento, para atender exigências aceitas pelo apelante, tornam a dúvida prejudicada e impedem o conhecimento do recurso.

Ante o exposto, pelo meu voto julgo a dúvida prejudicada e não conheço do recurso.

GERALDO FRANCISCO PINHEIRO FRANCO

Corregedor Geral da Justiça e Relator (DJe de 03.04.2019 - SP)

PODER JUDICIÁRIO

TRIBUNAL DE JUSTIÇA DO ESTADO DE SÃO PAULO

CONSELHO SUPERIOR DA MAGISTRATURA

Apelação n° 0007988-83.2017.8.26.0032

Registro: 2019.0000154087

ACÓRDÃO

Vistos, relatados e discutidos estes autos de **Apelação nº 0007988-83.2017.8.26.0032**, da Comarca de **Araçatuba**, em que é apelante **ASSOCIAÇÃO DOS PROPRIETÁRIOS DO RESIDENCIAL COSTA AZUL**, é apelado **OFICIAL DE REGISTRO DE IMÓVEIS E ANEXOS DA COMARCA DE ARAÇATUBA**.

ACORDAM, em Conselho Superior de Magistratura do Tribunal de Justiça de São Paulo, proferir a seguinte decisão: **"Deram provimento ao recurso e julgaram procedente a impugnação ao registro do loteamento, v.u."**, de conformidade com o voto do Relator, que integra este acórdão.

O julgamento teve a participação dos Exmos. Desembargadores **PEREIRA CALÇAS (PRESIDENTE TRIBUNAL DE JUSTIÇA) (Presidente), ARTUR MARQUES (VICE PRESIDENTE), XAVIER DE AQUINO (DECANO), EVARISTO DOS SANTOS(PRES. DA SEÇÃO DE DIREITO PÚBLICO), CAMPOS MELLO (PRES. DA SEÇÃO DE DIREITO PRIVADO) E FERNANDO TORRES GARCIA(PRES. SEÇÃO DE DIREITO CRIMINAL)**.

São Paulo, 21 de fevereiro de 2019.

GERALDO FRANCISCO PINHEIRO FRANCO

Corregedor Geral da Justiça e Relator

Apelação nº 0007988-83.2017.8.26.0032

Apelante: Associação dos Proprietários do Residencial Costa Azul

Apelado: Oficial de Registro de Imóveis e Anexos da Comarca de Araçatuba

VOTO Nº 37.691

Registro de Imóveis – Impugnação ao registro de loteamento – Art. 18 da Lei n° 6.766/79 – Descumprimento eventual de obrigações contratuais – Matéria a ser decidida pela via jurisdicional – Projeto instruído com certidões pessoais e aprovação dos órgãos competentes – Contrato-padrão – Cláusulas incompatíveis com a Lei de Parcelamento de Solo Urbano e com o Código de Defesa do Consumidor – Recurso provido.

Trata-se de apelação interposta pela ASSOCIAÇÃO DOS PROPRIETÁRIOS DO RESIDENCIAL COSTA AZUL contra r. sentença de fl. 727/728 que rejeitou a impugnação oferecida pela apelante ao registro do Loteamento Costa Azul II junto ao Registro de Imóveis e Anexos de Araçatuba.

Em suas razões, a apelante sustenta a possibilidade de dano ambiental com a implantação do empreendimento, já que o estudo realizado pelos órgãos competentes poderia estar equivocado.

Afirma que, na área onde se pretende implantar o loteamento, que correspondia à matrícula n° 63.333, deveria ser construído um clube de golfe, por se tratar de promessa da loteadora quando da implantação do Loteamento Costa Azul I (matrícula nº 63.334), e que também não foi cumprida a promessa de acesso ao Parque Náutico do Veleiro.

Aduz que o loteamento a ser registrado não teria área institucional, de lazer, portaria, área de preservação permanente, e que estaria utilizando áreas e equipamentos do Loteamento Costa Azul I, de modo que a aprovação municipal estaria eivada de vícios, já que não se trata de expansão, e sim de implantação.

Também afirma que não estão sendo cumpridas as exigências do art. 18 da Lei nº 6.766/79 quanto aos títulos de propriedade, certidões negativas, realização das obras de infraestrutura e seu cronograma e não a comprovação do cumprimento do termo de compromisso de recuperação ambiental.

Por fim, a apelante sustenta irregularidades nas cláusulas do contrato-padrão, em manifesta ofensa ao Código de Defesa do Consumidor.

A D. Procuradoria Geral de Justiça opinou pelo desprovimento do recurso (fl. 817/822).

Por decisão de fl. 824/826, foi determinada a redistribuição dos autos a este C. Conselho Superior da Magistratura.

É o relatório.

Embora interposto recurso administrativo, tendo em vista a sua tempestividade, e considerando a redistribuição por mim determinada às fl. 824/826, conheço da insurgência.

No mérito, ele deve ser provido.

Primeiramente, vale lembrar que, no procedimento de dúvida, com natureza administrativa, não cabe qualquer revisão de legalidade dos atos expedidos pelo Poder Executivo, seja por órgãos Municipais ou Estaduais.

E partindo dessa premissa, verifica-se que há nos autos certidão de aprovação do projeto de loteamento pela Prefeitura de Araçatuba (fl. 263), certificado do GRAPROHAB (fl. 265), Termo de Compromisso junto à CETESB (fl. 266/269) e parecer da Secretaria do Meio Ambiente e Sustentabilidade de Araçatuba (fl. 377).

Como já dito acima, não há espaço, em sede administrativa, para qualquer exame quanto ao cumprimento ou não do termo de compromisso de recuperação ambiental, matéria que deve ser acompanhada pelo Ministério Público e eventualmente questionada judicialmente.

Qualquer alegação de vício formal ou material que eventualmente possa recair sobre os mencionados atos administrativos somente pode ser arguida pela via judicial, com o devido processo legal, inclusive quanto à existência ou não de expansão do loteamento vizinho.

Estando o plano de loteamento aprovado pelos órgãos do Poder Executivo, e não se tratando de matéria estritamente vinculada ao plano registral, não cabe ao registro de imóveis, e nem mesmo a esse C. Conselho Superior da Magistratura, qualquer juízo valorativo nesta seara.

Aliás, no campo administrativo, é cabível apenas o exame dos requisitos previstos na Lei nº 6.766/79 e demais atos legais ou normativos, do ponto de vista estritamente registral. Noutras palavras, verificar se o requerimento apresentado comporta qualificação positiva e ingresso no fólio real.

Da mesma forma, o descumprimento de obrigações contratuais, tais como a construção do clube de golfe, são matérias a serem resolvidas no juízo cível, já que, ao menos em tese, poderia significar inadimplemento contratual por parte da vendedora, a ser solucionado com a propositura de ação de obrigação de fazer, ou mesmo perdas e danos; nada influenciando no registro do loteamento.

Passando, agora sim, ao registro especial previsto no art. 18 da Lei nº 6.766/79, no que tange à alegação de ausência dos títulos de propriedade, ela também não se acolhe, já que a referida Lei, em seu art. 18, dispõe que o apresentante deverá juntar ao pedido os títulos de propriedade **ou** a certidão da matrícula.

As certidões das matrículas foram juntadas, assim como as respectivas certidões vintenárias e demais exigidas pelo art. 18, incisos III e IV da Lei nº 6.766/79 (24/251), e, ao contrário do que afirmado, todas eram válidas ao tempo da prenotação, ocorrida em 31 de março de 2017, que é o termo que serve de referência aos requisitos formais do registro, conforme art. 1.246 do Código Civil:

> **Art. 1.246. O registro é eficaz desde o momento em que se apresentar o título ao oficial do registro, e este o prenotar no protocolo.**

A título ilustrativo, todas as certidões de fl. 78, 82, 83, 85, 90, 179, 193, 230 e 241 eram válidas ao tempo da prenotação (essas últimas, inclusive, referem-se às certidões estaduais).

A certidão do ITR (fl. 89), como foi feito, deveria ser apresentada, em cumprimento ao art. 53 da Lei nº 6.766/79, tendo em vista que, há menos de 5 anos da data da prenotação, o imóvel era rural (cancelamento do cadastro do imóvel no

SNCR-INCRA, cf. 15v, 18v e 22), razão pela qual necessária a comprovação de débitos tributários de natureza rural:

Art. 53. Todas as alterações de uso do solo rural para fins urbanos dependerão de prévia audiência do Instituto Nacional de Colonização e Reforma Agrária - INCRA, do Órgão Metropolitano, se houver, onde se localiza o Município, e da aprovação da Prefeitura municipal, ou do Distrito Federal quando for o caso, segundo as exigências da legislação pertinente.

Quanto às certidões pessoais e à obrigatoriedade de se fazer prova da ausência de risco aos futuros adquirentes dos lotes, além da previsão expressa contida no § 2° do art. 18 da Lei n° 6.766/79, o Item 181 do Capítulo XX das NSCJG assim dispõe:

181. As certidões de ações pessoais e penais, inclusive da Justiça Federal, e as de protestos devem referir-se ao loteador e a todos aqueles que, no período de 10 (dez) anos, tenham sido titulares de direitos reais sobre o imóvel; serão extraídas, outrossim, na comarca da situação do imóvel e, se distintas, naquelas onde domiciliados o loteador e os antecessores abrangidos pelo decênio, exigindo-se que as certidões tenham sido expedidas há menos de 6 (seis) meses.

A certidão positiva juntada às fls. 119, processo n° 0004460-12.1988.4.03.6182, Justiça Federal Seção São Paulo, diz respeito a ação que já está arquivada desde 2003, ajuizada há mais de 30 anos, nada podendo indicar que o referido processo poderia ensejar algum risco a futuros e eventuais adquirentes.

Quanto ao CNPJ da recorrida, os documentos de fls. 262/271, além daquele de fl. 606/609 não deixam dúvidas de que a aprovação diz respeito ao Loteamento Costa Azul II, tratando-se de mero erro material o lançamento do CNPJ equivocado.

Passando à alegação relativa às obras de infraestrutura, desde que haja especificação do cronograma, não há obrigação para que essas obras estejam integralmente finalizadas quando da prenotação do pedido de registro, mas tão somente a observância do inciso V do art. 18 da Lei n° 6.766/79:

Art. 18 (...)

V - cópia do ato de aprovação do loteamento e comprovante do termo de verificação pela Prefeitura Municipal ou pelo Distrito Federal, da execução das obras exigidas por legislação municipal, que incluirão, no mínimo, a execução das vias de circulação do loteamento, demarcação dos lotes, quadras e logradouros e das obras de escoamento das águas pluviais ou da aprovação de um cronograma, com a duração máxima de quatro anos, acompanhado de competente instrumento de garantia para a execução das obras.

O que se exige, assim, é que haja obras de infraestrutura e seu cronograma, ambos aprovados pela Prefeitura de Araçatuba, acompanhado de competente instrumento de garantia para a sua execução das obras.

Afastadas essas impugnações, quanto ao contrato-padrão, assiste razão à recorrente.

A qualificação do modelo de compromisso de compra e venda arquivado pela loteadora no registro de imóveis abrange, sem dúvida alguma, as suas cláusulas, nos termos do art. 18, VI, da Lei nº 6.766/79.

Assim porque o contrato-padrão guarda aspectos de contrato de adesão e, por seu meio, não pode o loteador impor aos adquirentes dos lotes obrigações ou deveres que violem direitos que sejam decorrentes de normas de natureza cogente, dentre elas relativas a direitos do consumidor.

Não se ignora que a prática de constituir associação de proprietários dos lotes para a futura prestação de serviços de conservação e melhorias, assim como para a supervisão do respeito às restrições convencionais que forem previstas no contrato-padrão, em especial no que tange à proibição de desdobros e ao respeito aos recuos e áreas mínimas, ou máximas, de construções que forem previstas, é medida que pode servir de incentivo às vendas por impedir, por exemplo, que a não observação das restrições convencionais, o descuido com a preservação das áreas, e a não prestação de serviços básicos de limpeza de áreas comuns acabem por desvalorizar os lotes.

Contudo, no caso concreto, o contrato-padrão **não cria uma associação**; ele obriga o compromissário comprador ao pagamento de uma taxa de conservação (figura assemelhada ao rateio de despesas condominiais), mas não informa seu valor e, mais do que isso, estipula como credora dessa contribuição a própria **vendedora**, ou *"entidade que estiver responsável pela manutenção do empreendimento"* (Seção II, Cláusulas 2.1 e 2.2., fl. 408).

No tema de associações, o Eg. Supremo Tribunal Federal, analisando a matéria, assentou o entendimento de que a liberdade de se associar é aplicável às associações de moradores de loteamento e, em consequência, também às associações de proprietários de lotes:

"ASSOCIAÇÃO DE MORADORES MENSALIDADE AUSÊNCIA DE ADESÃO. Por não se confundir a associação de moradores com o condomínio disciplinado pela Lei nº 4.591/64, descabe, a pretexto de evitar vantagem sem causa, impor mensalidade a morador ou a proprietário de imóvel que a ela não tenha aderido. Considerações sobre o princípio da legalidade e da autonomia da manifestação de vontade artigo 5º, incisos II e XX, da Constituição Federal" (RE 432106, Relator(a): Min. MARCO AURÉLIO, Primeira Turma, julgado em 20/09/2011, DJe-210 DIVULG 03-11-2011 PUBLIC 04-11-2011 EMENT VOL-02619-01 PP-00177).

Não há óbice a que o contrato preveja a possibilidade (não obrigatoriedade) de constituição de associação, e que os associados voluntariamente estarão vinculados ao pagamento de uma contribuição.

Mas não é esse o caso dos autos.

Aqui, além de previsão de que a vendedora, ou alguma outra entidade, será a beneficiária desse pagamento, em várias outras cláusulas, a esta é estipulada como aquela que decidirá sobre os rumos do loteamento, como se vê também nas cláusulas 1.8, 2.1, 4.9 da Seção I, 3.1 e 5.1 da Seção II (fl. 406/409), o que não é cabível, já que, uma vez alienados todos os lotes, a vendedora não será mais proprietária de qualquer das áreas do loteamento, já que elas serão públicas ou de titularidade dos adquirentes.

Assim, embora não haja expressa obrigatoriedade de se associar, a interpretação sistemática dessas normas contratuais torna claro que os adquirentes dos lotes não terão meios concretos de saber se estarão subordinados à vendedora, mesmo após quitação do preço, ou uma outra entidade, que não se sabe ao certo se será indicada por ela própria ou se será alguma eventual associação.

Desse modo, o contrato-padrão é contraditório ao dispor sobre a liberdade de associação, mas com vinculação à vendedora, que, inclusive, seria a credora de todas as contribuições de manutenção do loteamento, o que não é compatível com a legislação de parcelamento, tampouco com o direito consumerista.

Ademais, como dito, o contrato-padrão contém disposição abusiva ao prever que nas construções e ocupação dos lotes, quanto ao recuo frontal, as alterações deverão ser aprovadas pela **vendedora** ou por entidade não especificada.

As restrições convencionais a que estarão sujeitos os adquirentes dos lotes são as especificadas no contrato- padrão arquivado com o registro do loteamento, na forma dos art. 18, VI, e 26, VII, da Lei nº 6.766/79. Somente o registro de imóveis, em sua qualificação, ou o município poderão apreciar construções que possam significar ofensa às referidas restrições.

Por essas razões, o contrato-padrão, de fato, é motivo bastante a obstar o registro do loteamento, sendo necessária a apresentação de novo modelo, com observância aos preceitos legais acima mencionados. Por esse motivo, o recurso comporta provimento.

Ante o exposto, dou provimento ao recurso e julgo procedente a impugnação ao registro do loteamento.

GERALDO FRANCISCO PINHEIRO FRANCO

Corregedor Geral da Justiça e Relator (DJe de 22.04.2019 - SP)

PODER JUDICIÁRIO

TRIBUNAL DE JUSTIÇA DO ESTADO DE SÃO PAULO

CONSELHO SUPERIOR DA MAGISTRATURA

Apelação n° 1000025-84.2018.8.26.0480

Registro: 2019.0000293897

ACÓRDÃO

Vistos, relatados e discutidos estes autos de **Apelação Cível nº 1000025-84.2018.8.26.0480**, da Comarca de **Presidente Bernardes**, em que é apelante **ESPÓLIO DE MANOEL DA COSTA, REPRESENTADO POR ROSIMEIRE APARECIDA DA COSTA**, é apelado **OFICIAL DE REGISTRO DE IMÓVEIS E ANEXOS DA COMARCA DE PRESIDENTE BERNARDES.**

ACORDAM, em Conselho Superior de Magistratura do Tribunal de Justiça de São Paulo, proferir a seguinte decisão: **"Deram provimento ao recurso e julgaram improcedente a dúvida, v.u.",** de conformidade com o voto do Relator, que integra este acórdão.

O julgamento teve a participação dos Exmos. Desembargadores **PEREIRA CALÇAS (PRESIDENTE TRIBUNAL DE JUSTIÇA) (Presidente), ARTUR MARQUES (VICE PRESIDENTE), XAVIER DE AQUINO (DECANO), EVARISTO DOS SANTOS(PRES. DA SEÇÃO DE DIREITO PÚBLICO),**

CAMPOS MELLO (PRES. DA SEÇÃO DE DIREITO PRIVADO) E FERNANDO TORRES GARCIA(PRES. SEÇÃO DE DIREITO CRIMINAL).

São Paulo, 4 de abril de 2019.

GERALDO FRANCISCO PINHEIRO FRANCO

Corregedor Geral da Justiça e Relator

Apelação Cível nº 1000025-84.2018.8.26.0480

Apelante: Espólio de Manoel da Costa, representado por Rosimeire Aparecida da Costa

Apelado: Oficial de Registro de Imóveis e Anexos da Comarca de Presidente Bernardes

VOTO Nº 37.720

Registro de Imóveis – Loteamento - § 2° do art. 18 da Lei n° 6.766/79 – Item 181 do Capítulo XX das NSCJG

– Ações pessoais – Patrimônio do loteador muito superior à somatória das referidas ações – Inexistência de risco aos futuros adquirentes dos lotes – Recurso provido.

ESPÓLIO DE MANOEL DA COSTA interpõe recurso de apelação contra r. sentença de fl. 393/396, que manteve o óbice levantado pelo Oficial de Registro de Imóveis e anexos da Comarca de Presidente Bernardes, obstando registro de loteamento diante da falta de comprovação de que as ações em tramitação contra o loteador não prejudicarão futuros adquirentes dos lotes.

Sustenta a recorrente que está cabalmente comprovado que as ações não colocam em risco os futuros adquirentes, não sendo aplicável o óbice previsto no § 2°do art. 18 da Lei n° 6766/79.

D. Procuradoria opinou pelo provimento do recurso (fl. 433/437). É o relatório.

DECIDO.

Presentes pressupostos processuais e administrativos, conheço do recurso.

No mérito, respeitado o entendimento do MM. Magistrado, a r. sentença merece reforma.

O primeiro óbice suscitado pelo Sr. Registrador se encontra superado, face à transação realizada nos autos da ação de usucapião nº 1000649-70.2017.8.26.0480 (fl. 385), extinguindo-se o risco potencial levantado.

Relativamente ao segundo óbice (existência de ações pessoais tramitando contra o loteador), sustentou o MM. Juiz Corregedor Permanente que, embora seja certo que o patrimônio do loteador (seu espólio) supere, em muito, o valor dos débitos discutidos, o seu comportamento na condução dos processos em foi acionado revelaria risco aos potenciais adquirentes dos lotes.

Trata-se de prognóstico que, se levados em consideração os valores objetivamente postos, não pode servir de óbice ao registro.

No restrito âmbito administrativo, o exame dos requisitos previstos ao registro especial (art. 18 da Lei n° 6.766/79) deve estar vinculado à legalidade estrita. No caso, o patrimônio do loteador supera, em muito, o valor das ações que tramitam contra si.

A r. sentença examinou, de forma minuciosa, a quantia envolvendo as referidas ações pessoais (fl. 394/395). A sua somatória perfaz aproximadamente R$ 574.201,46.

O valor potencial da venda dos 21 lotes somaria R$ 1.050.000,00 (fls. 232).

O loteador é ainda credor potencial de crédito no valor de R$ 1.643.313,10 (autos nº 0001449-63.2004.8.26.0483, cf. fl. 214). Se compensada tal quantia com aquelas nos quais o recorrente seria parte passiva, haveria um crédito, em favor do recorrente, de R$ 1.069.111,64 aproximadamente.

Não bastasse, o recorrente apresentou como garantia de patrimônio que pode afastar o risco aos futuros adquirentes o imóvel matriculado sob o nº 2.463, Registro de Imóveis da Comarca de Presidente Venceslau (fl. 345/352 e 361/369), avaliado em R$ 22.314.572,86 (fl. 233).

Quanto à obrigatoriedade de se fazer prova da ausência de risco aos adquirentes dos lotes, além da previsão expressa contida no § 2° do art. 18 da Lei n° 6.766/79, o Item 181 do Capítulo XX das NSCGJ assim dispõe:

181. As certidões de ações pessoais e penais, inclusive da Justiça Federal, e as de protestos devem referir-se ao loteador e a todos aqueles que, no período de 10 (dez) anos, tenham sido titulares de direitos reais sobre o imóvel; serão extraídas, outrossim, na comarca da situação do imóvel e, se distintas, naquelas onde domiciliados o loteador e os antecessores abrangidos pelo decênio, exigindo-se que as certidões tenham sido expedidas há menos de 6 (seis) meses No caso em exame, não há litigiosidade a comprometer a segurança que se busca aos futuros adquirentes, não havendo óbice que possa impedir o registro do loteamento, especialmente diante do pujante patrimônio do loteador e levando-se em conta que a extensão das eventuais condenações já está delimitada.

Por fim, não é cabível a medida solicitada, com determinação para que os valores auferidos na venda dos lotes sejam depositados em conta judicial, vinculada ao processo nº 0005082-67.2013.8.26.0483, em trâmite na 3ª Vara, Foro de Presidente Venceslau.

O procedimento de dúvida é reservado à análise da discordância do apresentante com os motivos que levaram à recusa do registro do título. De seu julgamento, decorrerá a manutenção da recusa, com cancelamento da prenotação, ou a improcedência da dúvida, que terá como consequência a realização do registro (art. 203, II, da Lei nº 6.015/73), não havendo espaço para essa espécie de provimento.

Sendo assim, mostra-se viabilizado o registro do loteamento.

Ante o exposto, dou provimento ao recurso e julgo improcedente a dúvida.

GERALDO FRANCISCO PINHEIRO FRANCO

Corregedor Geral da Justiça e Relator (DJe de 30.04.2019 - SP)

PODER JUDICIÁRIO

TRIBUNAL DE JUSTIÇA DO ESTADO DE SÃO PAULO

CONSELHO SUPERIOR DA MAGISTRATURA

Apelação nº 0004484-82.2018.8.26.0566

Registro: 2019.0000448343

ACÓRDÃO

Vistos, relatados e discutidos estes autos de **Apelação Cível nº 0004484-82.2018.8.26.0566**, da Comarca de **São Carlos**, em que é apelante **EXACTA NEGÓCIOS IMOBILIÁRIOS LTDA**, é apelado **OFICIAL DE REGISTRO DE IMÓVEIS E ANEXOS DA COMARCA DE SÃO CARLOS**.

ACORDAM, em Conselho Superior de Magistratura do Tribunal de Justiça de São Paulo, proferir a seguinte decisão: **"Deram provimento ao recurso para julgar a dúvida improcedente, v.u."**, de conformidade com o voto do Relator, que integra este acórdão.

O julgamento teve a participação dos Exmos. Desembargadores **PEREIRA CALÇAS (PRESIDENTE TRIBUNAL DE JUSTIÇA) (Presidente), ARTUR MARQUES (VICE PRESIDENTE), XAVIER DE AQUINO (DECANO), EVARISTO DOS SANTOS(PRES. DA SEÇÃO DE DIREITO PÚBLICO), CAMPOS MELLO (PRES. DA SEÇÃO DE DIREITO PRIVADO) E FERNANDO TORRES GARCIA(PRES. SEÇÃO DE DIREITO CRIMINAL).**

São Paulo, 28 de maio de 2019.

GERALDO FRANCISCO PINHEIRO FRANCO

Corregedor Geral da Justiça e Relator

Apelação Cível nº 0004484-82.2018.8.26.0566

Apelante: Exacta Negócios Imobiliários Ltda

Apelado: Oficial de Registro de Imóveis e Anexos da Comarca de São Carlos

VOTO Nº 37.748

Registro de Imóveis – Registro de loteamento – Ações penais movidas contra sócios da ex-proprietária do imóvel – Crime contra o patrimônio – Art. 168-A, inciso I, do Código Penal – Ações penais suspensas em razão de parcelamentos realizados com fundamento em lei posterior à consolidação dos valores devidos – Valores consignados nas denúncias que são inferiores às das garantias, constituídas pela ex-proprietária do imóvel em favor da Prefeitura Municipal, para o custeio das obras de infraestrutura – Recusa que não decorreu da existência de risco patrimonial aos adquirentes dos lotes – Situação excepcional que autoriza o registro pretendido do loteamento – Recurso provido para julgar a dúvida improcedente.

Trata-se de apelação interposta por Exacta Negócios Imobiliários Ltda. contra r. sentença que manteve a recusa do registro do loteamento a ser implantado no imóvel objeto da matrícula nº 134.374 do Registro de Imóveis, Títulos e Documentos e Civil de Pessoa Jurídica da Comarca de São Carlos em razão de ações penais, por crimes contra o patrimônio, em que figuram como réus os sócios da ex-proprietária do imóvel.

A apelante alegou, em suma, que o registro do loteamento foi recusado em razão da mera existência de ação penal movida contra os sócios da ex-proprietária do imóvel, sem exame da potencial existência de risco aos futuros adquirentes dos lotes. Disse que a ação penal decorreu do não pagamento de valores devidos ao INSS por empresa de que os sócios de sua ex-proprietária também participavam. Essa empresa, porém, foi adquirida por grupo econômico de grande porte e o débito com o INSS foi objeto de parcelamento, o que ensejou a suspensão das duas ações penais, em que não houve condenações. Asseverou que o art. 18, § 2º, letra "c", da Lei nº 6.766/79 restringe o registro do loteamento em razão de ações por crimes contra o patrimônio e a administração públicas movidas contra o loteador e seus sócios, o que não ocorre neste caso em que a ação é movida contra os sócios de sua ex-proprietária.

Ademais, a norma comporta interpretação restrita porque o registro do loteamento somente pode ser impedido quando da ação movida decorrer potencial dano aos adquirentes dos lotes. Além disso, o art. 55 da Lei nº 13.097/2015 protege os adquirentes de lotes ao dispor que as alienações não serão objeto de evicção ou de ineficácia, ficando os credores do loteador sub-rogados nos preços ou nos créditos imobiliários decorrentes das vendas realizadas. Requereu a reforma da r. sentença para que a dúvida seja julgada improcedente (fls. 168/175).

A douta Procuradoria Geral da Justiça opinou pelo provimento do recurso (fls. 193/196).

É o relatório.

Conforme a nota de devolução de fls. 09, o registro do loteamento "Residencial Salto do Monjolinho" foi negado porque José Roberto Ayres Monteiro, Maria Christina Ayres Monteiro e José Carlos Balthazar, que são sócios de "Novo Tema Empreendimentos Ltda."(fls. 566), ex-proprietária do imóvel, figuram como réus em ações penais.

Ao suscitar a dúvida o Sr. Oficial de Registro de Imóveis esclareceu que a recusa do registro decorreu do Processo nº 0000302-61.2001.4.03.6115, relativo a ação penal por crime contra o patrimônio que tem curso na 1ª Vara Federal de São Carlos (fls. 01).

As certidões de fls. 23 e seguintes demonstram que o imóvel objeto da matrícula nº 134.374 do Registro de Imóveis de São Carlos foi de propriedade de "Novo Tema Empreendimentos Ltda." que o vendeu para a apelante por escritura pública lavrada em 06 de março e registrada em 18 de abril de 2018 (fls. 27).

Por sua vez, os documentos de fls. 596 e seguintes comprovam que os sócios da ex-proprietária do imóvel foram denunciados em ações penais em curso na 1ª Vara Federal da Subseção Judiciária de São Carlos (Proc. nº 000302.61.2001.4.03.6115 - fls. 596/600) e na 2ª Vara Federal de São Carlos (Proc. nº 0000303.46.2001.4.03.6115 - fls. 601/605), como incursos, em tese, nas sanções do art. 168-A, parágrafo 1º, inciso I, do Código Penal.

O Processo nº 0000303-46.2001.4.03.6115 da 2ª Vara Federal de São Carlos, movido em razão do não repasse de descontos de contribuições previdenciárias em nome da empresa Usina Açucareira da Serra S/A (fls. 601/605), que tiverem os valores de R$ 385.888,65, R$ 94.719,26 e R$ 261.220,53, foi suspenso, por decisão datada de 13 de agosto de 2007, em razão da comprovação do pedido de pagamento parcelado que foi formulado antes da consolidação administrativa do débito, como decorre da certidão de fls. 625/626 que foi expedida em 08 de fevereiro de 2018.

De igual modo, a certidão de fls. 627/628 demonstra que o Processo nº 0000302-61.2001.4.03.6115, em curso na 1ª Vara Federal de São Carlos, foi suspenso, por decisão de 13 de agosto de 2007, em razão do parcelamento dos débitos pactuado nos termos da Lei nº 9.964/2000 (fls. 627/628) e que, segundo a denúncia reproduzida às fls. 596/600, são referentes à NFLD nº 32.223.768-8 com valor de R$ 357.310,13 em 01 de abril de 1996, e à NFLD nº 32.301.578-7 com valor de R$ 74.649,06 em 27 de outubro de 1998, ambas em nome da empresa Nello Morganti S/A Agropecuária (fls. 598).

A suspensão das ações penais, desde o ano de 2007, em razão do parcelamento dos débitos com o INSS autoriza, no presente caso concreto, afastar a existência das referidas ações como impeditivas do registro do loteamento pelo não atendimento do previsto no art. 18, inciso III, alínea "c", e seu § 2º, da Lei nº 6.766/79.

Importa observar, ainda neste caso concreto, que o parcelamento dos débitos que originaram as ações penais foram autorizados por lei subsequente às datas em que consolidados os seus respectivos valores (Lei nº 9.964/2000 - fls. 626 e 628) e, mais, que não há notícia de repercussão desses débitos em relação ao patrimônio da ex-proprietária do imóvel uma vez que a certidão de fls. 573, com validade até 03 de junho de 2018, demonstra a inexistência de inscrição de débitos da empresa "Novo Tema Empreendimentos Ltda." na dívida ativa da União.

Além disso, para garantir a realização das obras de infraestrutura do loteamento, com valor estimado de R$ 11.550.855,97, a empresa "Novo Tema Empreendimentos Ltda." constituiu em favor do Município hipoteca que recaiu sobre o imóvel objeto da matrícula nº 134.373 do Registro de Imóveis da Comarca de São Carlos (fls. 377/383), o que denota a existência de patrimônio que poderá responder por suas obrigações, de modo a preservar os adquirentes dos lotes.

E as obrigações decorrentes das referidas ações penais, em caso de descumprimento dos parcelamentos realizados, em tese não superarão os valores que ainda forem devidos ao INSS.

Disso decorre a solução ora adotada que, embora excepcional, não destoa dos precedentes deste Col. Conselho Superior da Magistratura, como se verifica no v. acórdão prolatado na Apelação Cível nº 100326-0/7, da Comarca de Franca, de que foi relator o e. Desembargador Luiz Tâmbara, j. 03/04/2003, que teve a ementa a seguir transcrita:

"EMENTA: Registro de Imóveis – Dúvida – Registro de Loteamento – Existência de ação penal pendente contra o anterior proprietário, com sentença condenatória ainda não transitada em julgado, por crime previsto na Lei do Parcelamento do Solo Urbano – Inteligência do artigo 18, inciso III, da Lei n.º 6.766/79 – Prova de que o fato delituoso diz respeito a imóvel diverso daquele objeto do loteamento – Denúncia por fato superveniente à aquisição pela atual proprietária – Indicação de existência de lastro patrimonial para eventual responsabilização no âmbito civil – Registro possível, em caráter de excepcionalidade – Recurso provido".

Ressalvo, por fim, que a excepcionalidade da solução adotada no presente caso não é afastada pelo art. 55 da Lei nº 13.907/2015, porque não beneficia os adquirentes dos lotes por contratos não registrados.

Ante o exposto, dou provimento ao recurso para julgar a dúvida improcedente.

GERALDO FRANCISCO PINHEIRO FRANCO

Corregedor Geral da Justiça e Relator (DJe de 28.06.2019 - SP)

PODER JUDICIÁRIO

TRIBUNAL DE JUSTIÇA DO ESTADO DE SÃO PAULO

CONSELHO SUPERIOR DA MAGISTRATURA

Apelação nº 1000233-13.2018.8.26.0563

Registro: 2019.0000197906

ACÓRDÃO

Vistos, relatados e discutidos estes autos de **Apelação nº 1000233-13.2018.8.26.0563**, da Comarca de **São Bento do Sapucaí**, em que é apelante **PEDRO HENRIQUE TOMAZ**, é apelado **OFICIAL DE REGISTRO DE IMÓVEIS, TÍTULOS E DOCUMENTOS E CIVIL DE PESSOA JURÍDICA DA COMARCA DE SÃO BENTO DO SAPUCAÍ**.

ACORDAM, em Conselho Superior de Magistratura do Tribunal de Justiça de São Paulo, proferir a seguinte decisão: **"Negaram provimento ao recurso, v.u."**, de conformidade com o voto do Relator, que integra este acórdão.

O julgamento teve a participação dos Exmos. Desembargadores **PEREIRA CALÇAS (PRESIDENTE TRIBUNAL DE JUSTIÇA) (Presidente), ARTUR MARQUES (VICE PRESIDENTE), XAVIER DE AQUINO (DECANO), EVARISTO DOS SANTOS(PRES. DA SEÇÃO DE DIREITO PÚBLICO), CAMPOS MELLO (PRES. DA SEÇÃO DE DIREITO PRIVADO) E FERNANDO TORRES GARCIA(PRES. SEÇÃO DE DIREITO CRIMINAL).**

São Paulo, 14 de março de 2019.

GERALDO FRANCISCO PINHEIRO FRANCO

Corregedor Geral da Justiça e Relator

Apelação nº 1000233-13.2018.8.26.0563

Apelante: Pedro Henrique Tomaz

Apelado: Oficial de Registro de Imóveis, Títulos e Documentos e Civil de Pessoa Jurídica da Comarca de São Bento do Sapucaí

VOTO Nº 37.694

Registro de Imóveis – Dúvida – Negativa de registro de desmembramento – Artigo 18, § 2°, da Lei n.° 6.766/79 – Não comprovação de patrimônio suficiente para a garantia da dívida – Dívidas que, embora do anterior proprietário do imóvel, já existiam à época da alienação ao ora recorrente – Risco de prejuízo aos futuros adquirentes – Recurso não provido.

Trata-se de apelação interposta por *Pedro Henrique Tomaz* contra a r. sentença proferida pelo MM. Juiz Corregedor Permanente, que julgou procedente a dúvida suscitada pelo Oficial de Registro de Imóveis, Títulos e Documentos e Civil de Pessoa Jurídica da Comarca de São Bento do Sapucaí/SP, mantendo a recusa relativa ao registro de parcelamento de solo para fins urbanos, na modalidade de desmembramento, em razão da existência de várias ações de execução ajuizadas contra o anterior titular de domínio da área sem que, no entanto, tenha o empreendedor comprovado que as dívidas não podem prejudicar os adquirentes dos lotes **[1]**.

Alega o apelante, em síntese, que a aquisição do imóvel se operou com a mais plena boa-fé, eis que desconhecia a existência de dívidas e ações ajuizadas contra o anterior proprietário. Ressalta a ausência de registro de penhora na matrícula do imóvel, o que afasta a aventada possibilidade de reconhecimento de fraude à execução. Sustenta, assim, que não há risco negocial aos futuros adquirentes dos lotes, o que autoriza o registro do parcelamento pleiteado **[2]**.

A Procuradoria Geral de Justiça opinou pelo não provimento do recurso **[3]**.

É o relatório.

A recusa do registro do desmembramento do imóvel da matrícula n.° 6082 do Registro de Imóveis da Comarca de São Bento do Sapucaí/SP baseia-se no fato de existirem várias ações de execução contra o anterior proprietário do imóvel objeto do pedido de parcelamento de solo, totalizando um débito de R$ 724.242,29, à época.

É certo que não há, nos autos, notícia de pagamento ou mesmo de penhora de bens suficientes para garantia do juízo. Daí porque caberia ao apelante comprovar a existência de patrimônio suficiente para garantir a quitação do débito, conforme preconiza o art. 18, § 2º , da Lei nº 6.766/79, evitando-se prejuízo aos futuros adquirentes de lotes. Contudo, essa prova não foi trazida aos autos.

E muito embora as dívidas sejam do anterior proprietário do imóvel, já existiam à época da alienação do imóvel ao apelante, de modo que não se pode descartar a possibilidade de eventual reconhecimento de fraude contra credores.

Nem mesmo a alegada ausência de registro de penhora nas matrículas favorece o empreendedor, eis que a ocorrência, ou não, de fraude contra credores ou de fraude à execução é matéria jurisdicional, a ser decidida em sede própria, se o caso.

Compete ao apelante, portanto, confrontar o débito decorrente da soma de todas as ações existentes com o seu patrimônio disponível, a fim de demonstrar, de forma cabal, que as referidas ações são desprovidas de potencial lesivo aos adquirentes.

A respeito, há precedentes deste C. Conselho Superior da Magistratura:

"É ônus do loteador a prova da ausência de prejuízo aos adquirentes dos lotes, pois ***"cabe ao interessado no registro demonstrar que as ações existentes, que pendem contra os antecessores dos titulares do domínio, não poderão trazer qualquer risco ao empreendimento, nem mesmo em potencial"*** *(Ap. Cív. n. ° 43.577-0/7 - São Joaquim da Barra, Rel. Des. Nigro Conceição).* ***Se tal prova não é apresentada de maneira contundente, o registro não se pode efetivar****. Na opinião de Marco Aurélio S. Viana: "As certidões poderão ser positivas, e isto não inibirá o registro, se restar provada a ausência de prejuízo para os adquirentes. Já chamamos a atenção para o problema na esfera das incorporações imobiliárias, lembrando a posição de Caio Mário da Silva Pereira no sentido de que bastará ao interessado demonstrar que efetuou o depósito da quantia ou coisa depositada, ou por meio idôneo segurado o juízo, enfim, demonstrado de forma concreta e objetiva que não há prejuízo para os adquirentes. Podemos acrescer outros meios de comprovação de inexistência de prejuízo: demonstração, pelo pretendente, de um patrimônio e de capacidade econômica capazes de cobrir, sobejamente, as obrigações" ("Comentários à Lei sobre Parcelamento do Solo Urbano", Saraiva, 2ª ed., 1984, pp. 54/55). Não há, enfim, prova robusta de que o estado econômico da recorrente é em muito superior às dívidas objeto das certidões juntadas aos autos e que, em consequência, o empreendimento seguirá sem maiores riscos para os adquirentes de lotes e a comunidade em geral. Significa, pois, pelo quadro atual retratado nos autos, a inviabilidade do projeto do parcelamento urbano em tela, enquanto não solucionados em definitivo os débitos apontados.* (Ap. 82.230-0/0; Rel. Luís de Macedo; g.n.).

No mesmo sentido:

REGISTRO DE IMÓVEIS – DÚVIDA – NEGATIVA DE REGISTRO DE DESMEMBRAMENTO – ARTIGO 18, §2°, DA LEI N.° 6.766/79 – NECESSIDADE DE COMPROVAÇÃO DE PATRIMÔNIO SUFICIENTE PARA A GARANTIA DA DÍVIDA – ***DÍVIDAS QUE, EMBORA DOS ANTERIORES PROPRIETÁRIOS DO IMÓVEL, JÁ EXISTIAM À ÉPOCA DA ALIENAÇÃO AO ORA RECORRENTE, PODENDO VIR A PREJUDICAR FUTUROS ADQUIRENTES, EM CASO DE EVENTUAL RECONHECIMENTO DE FRAUDE CONTRA CREDORES*** *– RECURSO NÃO PROVIDO.* (Apelação Cível n.° 0005461-58.2014.8.26.0358; Rel. Elliot Akel; j. 30.07.2015 - g.n.).

Correta, portanto, a recusa do registrador, assim como a r. decisão recorrida. Diante do exposto, pelo meu voto, **NEGO PROVIMENTO** ao recurso.

GERALDO FRANCISCO PINHEIRO FRANCO

Corregedor Geral da Justiça e Relator

Notas:

[1] Fls. 393/396 e embargos de declaração a fls. 404.

[2] Fls. 412/421.

[3] Fls. 449/452. (DJe de 03.07.2019 - SP)

PODER JUDICIÁRIO

TRIBUNAL DE JUSTIÇA DO ESTADO DE SÃO PAULO

CONSELHO SUPERIOR DA MAGISTRATURA

Apelação nº 1000279-30.2018.8.26.0198

Registro: 2019.000082273

ACÓRDÃO

Vistos, relatados e discutidos estes autos do(a) **Apelação nº 1000279-30.2018.8.26.0198**, da Comarca de **Franco da Rocha**, em que são apelantes **VALDINEI RICARDO DO NASCIMENTO e GISLENE VIEIRA DOS SANTOS NASCIMENTO**, é apelado **OFICIAL DE REGISTRO DE IMÓVEIS E ANEXOS DA COMARCA DE FRANCO DA ROCHA**.

ACORDAM, em Conselho Superior de Magistratura do Tribunal de Justiça de São Paulo, proferir a seguinte decisão: **"Negaram provimento ao recurso para manter a recusa do registro do título, v.u."**, de conformidade com o voto do Relator, que integra este Acórdão.

O julgamento teve a participação dos Exmos. Desembargadores **PEREIRA CALÇAS (PRESIDENTE TRIBUNAL DE JUSTIÇA) (Presidente), ARTUR MARQUES (VICE PRESIDENTE), XAVIER DE AQUINO (DECANO), EVARISTO DOS SANTOS(PRES. DA SEÇÃO DE DIREITO PÚBLICO), CAMPOS MELLO (PRES. DA SEÇÃO DE DIREITO PRIVADO) E FERNANDO TORRES GARCIA(PRES. SEÇÃO DE DIREITO CRIMINAL)**.

São Paulo, 24 de janeiro de 2019.

GERALDO FRANCISCO PINHEIRO FRANCO

Corregedor Geral da Justiça e Relator

Apelação nº 1000279-30.2018.8.26.0198

Apelantes: Valdinei Ricardo do Nascimento e Gislene Vieira dos Santos Nascimento

Apelado: Oficial de Registro de Imóveis e Anexos da Comarca de Franco da Rocha

VOTO Nº 37.665

Registro de Imóveis – Dúvida julgada procedente – Compromisso de compra e venda de imóvel loteado – Prova de quitação consistente em recibos outorgados pela loteadora nas folhas do carnê que emitiu para pagamento mensal das parcelas do preço – Recusa fundada na ausência de segurança jurídica dos documentos para que sejam aceitos pelo Oficial de Registro como prova de quitação – Ausência de vício formal que permita a recusa dos comprovantes de pagamento das prestações – Dever de qualificar atribuído ao Oficial de Registro de Imóveis que não comporta a recusa do título com fundamento em análise pessoal e subjetiva – Imóvel loteado – Compromisso de compra e venda registrado – Comprovação de pagamento do preço para efeito de registro da transmissão da propriedade – Art. 26, § 6º, da Lei nº 6.766/79 – Documentos juntados aos autos que não demonstram o preço total pactuado para venda e o número de parcelas previstas para seu pagamento – Recurso não provido, mas por fundamentos distintos do que foi adotado na r. sentença.

Trata-se de apelação interposta por Valdinei Ricardo do Nascimento e Gislene Vieira dos Santos Nascimento contra r. sentença que julgou procedente a dúvida inversamente suscitada e manteve a recusa do Sr. Oficial de Registro de Imóveis, Títulos e Documentos e Civil de Pessoa Jurídica da Comarca de Franco da Rocha em promover o registro da transmissão do domínio do Lote 04 da Quadra "D" do Parque dos Eucaliptos, objeto da matrícula nº 74.992, porque os recibos apresentados não conferem segurança jurídica para a prática do ato.

Os apelantes alegaram, em suma, que o carnê de pagamento das prestações do compromisso de compra e venda é suficiente para comprovar a quitação do preço do imóvel. Ademais, os comprovantes de pagamento das prestações foram instruídos com certidão que demonstra que o vendedor não moveu ação para a rescisão do contrato, devendo ser considerado que nas prestações periódicas a prova do pagamento de uma delas faz presumir a quitação das anteriores. Aduziram que o parágrafo 6º do art. 26 da Lei nº 6.766/79 não afasta a possibilidade de apresentação do carnê de pagamento emitido pela loteadora, com as respectivas quitações, como prova do pagamento do preço. Requereram a improcedência da dúvida (fls. 50/54).

A douta Procuradoria Geral de Justiça opinou pelo não provimento do recurso (fls. 68/69). É o relatório.

A certidão da matrícula nº 74.992 do Registro de Imóveis de Franco da Rocha, juntada às fls. 11/12, comprova que o Lote 04 da Quadra "D" do Parque dos Eucaliptos, de co-propriedade de SOCEM - EMPREENDIMENTOS IMOBILIÁRIOS S/A na proporção de 60%, e de TRINACRIA S/A - ADMINISTRAÇÃO DE BENS na proporção de 40%, foi compromissado à venda para o apelante Valdinei Ricardo dos Santos, solteiro, mediante contrato particular celebrado em 13 de abril de 1983 e registrado em 09 de outubro de 2008.

Conforme a referida certidão, o compromissário comprador se obrigou a pagar pelo imóvel o preço total de Cr$ 4.000.000,00 mediante entrada de Cr$ 50.000,00 e o restante em prestações mensais e consecutivas de Cr$ 15.398,70, "na forma prevista no título" (fls. 11), corrigidas pela ORTN, a primeira com vencimento em 13 de setembro de 1983 (fls. 11/12).

Os documentos de fls. 15/23 demonstram que para o pagamento do preço do compromisso de compra e venda a loteadora emitiu carnê formado por talões representativos das prestações mensais, e que a promitente vendedora SOCEM - EMPREENDIMENTOS IMOBILIÁRIOS S/A deu quitação em cada uma das folhas que corresponderam às prestações vencidas entre 13 de novembro de 1983 (fls. 15) e 13 de janeiro de 1986 (fls. 23).

Na época em que o contrato foi celebrado não era incomum a emissão de carnê para pagamento das prestações mensais do compromisso de compra e venda e, neste caso concreto, cada uma das folhas que compõem o referido carnê contém: I) a indicação do número do contrato; II) a identificação do compromissário comprador, ou seja, Valdinei Ricardo do Nascimento, e da promitente vendedora SOCEM – Empreendimentos Imobiliários S/A; III) a especificação do imóvel como sendo o Lote 04 da Quadra "D" do Parque dos Eucaliptos; IV) a indicação do valor pago e a data do vencimento da prestação; V) a quitação, em cada dos talões, emitida pela promitente vendedora SOCEM – Empreendimentos Imobiliários S/A.

Os referidos recibos fazem prova do pagamento das prestações a que se referem, sendo injustificável a recusa com fundamento em suposta insegurança jurídica que, *in casu*, decorre de análise subjetiva que não se coaduna com o dever de qualificar os títulos e praticar, ou recusar, os atos solicitados conforme o resultado de análise jurídica promovida dentro dos limites legais de atuação do Oficial de Registro de Imóveis.

Em outros termos, atendidos os requisitos de validade que devem ser examinados dentro dos limites da qualificação não pode o registro ser recusado com fundamento em suposta ausência de segurança jurídica sobre o modo escolhido pelas partes do contrato para o pagamento das parcelas mensais e emissão dos respectivos recibos (fls. 24).

Por seu turno, os recibos emitidos pelo credor abrangeram o total de cada uma das prestações devidas, razão pela qual não se mostra relevante o fato de que o Sr. Oficial de Registro de Imóveis não teria meios para conferir se os pagamentos observaram os reajustes pela ORTN.

Esse fundamento para a recusa do registro, ademais, não constou como exigência formulada na nota de devolução de fls. 24, pois somente foi indicado na manifestação de fls. 37/38, o que impediu que os apresentantes se manifestassem antes da suscitação da dúvida.

Entretanto, prevalece óbice ao registro consistente na ausência de comprovação de que os recibos apresentados representam o pagamento integral do preço pactuado.

Assim porque o registro do contrato de compromisso de compra e venda somente indica que a primeira prestação de Cr$ 15.398,70 teve vencimento em 13 de setembro de 1983, sem esclarecer o número de parcelas e a data de vencimento da última prestação (fls. 11/12).

Ademais, os talões contidos no carnê juntado aos autos dizem respeito às parcelas vencidas a partir de 13 de novembro de 1983, não havendo prova do pagamento das parcelas vencidas em 13 de setembro e em 13 de outubro de 1983.

E sem a prova do número de parcelas pactuadas e de que todas foram objeto de quitação outorgada pelo promitente vendedor não é possível o registro da transmissão da propriedade com fundamento no § 6º do art. 26 da Lei nº 6.766/79 que dispõe:

"§ 6° Os compromissos de compra e venda, as cessões e as promessas de cessão valerão como título para o registro da propriedade do lote adquirido, quando acompanhados da respectiva prova de quitação".

Essa prova não é suprida pela certidão de ausência de distribuição de ação de cobrança, de rescisão contratual, ou de reintegração de posse, porque não equivale à quitação.

Por fim, o apelante Valdinei comprometeu comprar o imóvel por contrato celebrado em 13 de abril de 1983, quando era solteiro (fls. 11), e se casou com a apelante Gislene em 12 de julho de 1986, pelo regime da comunhão parcial de bens (fls. 10), o que demanda esclarecimento, na eventual reapresentação do título, em relação à causa do pedido de registro da transmissão da propriedade em favor de ambos, com especificação do quinhão do imóvel que pertencerá a cada um dos cônjuges (fls. 04).

Ante o exposto, embora por fundamentos distintos do adotado na r. sentença, nego provimento ao recurso para manter a recusa do registro do título.

GERALDO FRANCISCO PINHEIRO FRANCO
Corregedor Geral da Justiça e Relator. (DJe de 03.07.2019 - SP)

PODER JUDICIÁRIO

TRIBUNAL DE JUSTIÇA DO ESTADO DE SÃO PAULO

CONSELHO SUPERIOR DA MAGISTRATURA

Apelação n° 1000248-37.2018.8.26.0286

Registro: 2019.0000546782

ACÓRDÃO

Vistos, relatados e discutidos estes autos de **Apelação Cível nº 1000248-37.2018.8.26.0286**, da Comarca de **Itu**, em que é apelante **PREFEITURA MUNICIPAL DA ESTÂNCIA TURISTICA DE ITU**, é apelada **OFICIAL DO REGISTRO DE IMÓVEISE ANEXOS DA COMARCA DE ITU**.

ACORDAM, em Conselho Superior de Magistratura do Tribunal de Justiça de São Paulo, proferir a seguinte decisão: **"Negaram provimento, v.u."**, de conformidade com o voto do Relator, que integra este acórdão.

O julgamento teve a participação dos Exmos. Desembargadores **PEREIRA CALÇAS (PRESIDENTE TRIBUNAL DE JUSTIÇA) (Presidente), ARTUR MARQUES (VICE PRESIDENTE), DAMIÃO COGAN, EVARISTO DOS SANTOS(PRES. DA SEÇÃO DE DIREITO PÚBLICO), CAMPOS MELLO (PRES. DA SEÇÃO DE DIREITO PRIVADO) E FERNANDO TORRES GARCIA(PRES. SEÇÃO DE DIREITO CRIMINAL).**

São Paulo, 25 de junho de 2019.

GERALDO FRANCISCO PINHEIRO FRANCO

Corregedor Geral da Justiça e Relator

Apelação Cível nº 1000248-37.2018.8.26.0286

Apelante: Prefeitura Municipal da Estância Turistica de Itu

Apelado: Oficial do Registro de Imóveise Anexos da Comarca de Itu

VOTO Nº 37.764

Registro de Imóveis – Parcelamento de solo não submetido ao registro especial previsto no art. 18 da Lei n° 6.766/79 – Inaplicabilidade do art. 22 da referida lei para fins de transferência de propriedade de pleno direito ao ente público – Lei Municipal vigente à época que previa a necessidade de lavratura de escritura pública de doação da área verde – Dúvida procedente – Recurso desprovido.

O MUNICÍPIO DA ESTÂNCIA TURÍSTICA DE ITU interpõe apelação contra a r. sentença de fls. 74/79, que julgou procedente a dúvida suscitada e manteve o óbice levantado pelo Oficial de Registro de Imóveis e Anexos da Comarca de Itu, para transferência de domínio ao Município de área verde resultante de parcelamento de solo, conforme art. 52 da Lei Municipal n° 4.057/96.

Sustenta o recorrente que a matéria em discussão se resolve pelo art. 22 da Lei n° 6.766/79, que estipula que, desde a data de registro do loteamento, passam a integrar o domínio do município as vias e praças, os espaços livres e as áreas destinadas a edifícios públicos e outros equipamentos urbanos, constantes do projeto e do memorial descritivo.

Verbera que, se afastada a aplicação da Lei Federal n° 6.766/79, para pequenos desmembramentos, seria o mesmo que criar exceção onde a lei assim não o fez, aduzindo que as Normas da CGJ/SP admitem procedimento simplificado para o registro de desmembramentos de menor impacto urbanístico, mas não excluem tais desmembramentos do alcance da Lei Federal n° 6.766/79.

Por fim, aponta existência da Lei Complementar Municipal n° 28/2017 regendo a matéria, de modo que, neste momento, encontra-se dispensada a lavratura de escritura pública de doação nas hipóteses em exame.

A D. Procuradoria opinou pelo desprovimento do recurso (fls. 111/115). É o relatório.

DECIDO.

Presentes os pressupostos processuais e administrativos, conheço do recurso. No mérito, a r. sentença deve ser integralmente confirmada.

O Município recorrente busca ver transmitido ao seu domínio o imóvel denominado *"área verde"*, matriculado sob o n° 66.180 (fl. 63), sem a prévia necessidade de outorga de escritura pública de doação. Requer também que a referida transferência se dê independentemente de qualquer ônus ou despesas.

O art. 195-A da Lei n° 6.015/73 trata do tema, dispondo sobre parcelamentos de solo submetidos ao regime do Decreto-Lei n° 58/1937, o que não se aplica ao caso em exame, já que o parcelamento aqui tratado ocorreu já na regência da lei atual:

> *Art. 195-A. O Município poderá solicitar ao cartório de registro de imóveis competente a abertura de matrícula de parte ou da totalidade de imóveis públicos oriundos de parcelamento do solo urbano implantado, ainda que não inscrito ou registrado, por meio de requerimento acompanhado dos seguintes documentos:*
>
> *(...)*

*§ 3° **Não será exigido, para transferência de domínio, formalização da doação de áreas públicas pelo loteador nos casos de parcelamentos urbanos realizados na vigência do Decreto-Lei no 58, de 10 de dezembro de 1937**.* (g.n).

A recorrente tem razão ao afirmar que, com o registro do loteamento, passam a integrar o domínio do município as vias e praças, os espaços livres e as áreas destinadas a edifícios públicos e outros equipamentos urbanos, constantes do projeto e do memorial descritivo.

Ocorre que, no caso em exame, há uma peculiaridade que afasta a regra do art. 22 da lei regente, uma vez que o parcelamento ocorrido **não foi submetido ao registro especial** previsto no art. 18 da mesma norma.

Na verdade, o parcelamento da área maior, descrita na matrícula n° 16.105 da mesma serventia, com área total de 17.132,591 m², resultou em apenas 6 lotes, fazendo valer a regra do Subitem 170.5 do Capítulo XX das Normas de Serviço da Corregedoria Geral da Justiça, que assim regula a matéria:

170.5. O registro especial será dispensado nas seguintes hipóteses:

(...)

(3) resulte até 10 lotes;

A transmissão da área ao domínio do Município, em decorrência do parcelamento autorizado pelo Alvará n° 0607/2003 (fl. 24), nos termos da Lei Municipal n° 962/2008 (art. 1°), deveria então ser precedido de doação.

A redação do art. 2° da lei local era expressa ao dispor sobre a forma do referido ato de transmissão de propriedade:

*Art. 2°. **Nas escrituras de doação** deverão constar, obrigatoriamente, a destinação da área recebida em doação, cuja finalidade será, exclusivamente, para fins institucionais, áreas verdes e de lazer, referente a futuro empreendimento de parcelamento de solo (...).*(g.n).

Nada obstante tenha havido revogação do referido diploma local pela Lei Complementar Municipal n° 28/2017 (fl. 23), que dispõe não ser necessária a lavratura de escritura pública de doação, e sem que se ingresse na discussão de sua constitucionalidade, trata-se de norma superveniente e inaplicável ao parcelamento que já se achava registrado ao tempo de sua vigência.

Embora não haja tal alegação nos autos, observa-se que a referida Lei Complementar Municipal n° 28/2017 já fora objeto de ação declaratória de inconstitucionalidade perante o C. Órgão Especial dessa Corte, com pedido julgado improcedente, ao menos nos pontos ali impugnados (autos n° 2072150-18.2018.8.26.0000, 30 de janeiro de 2019, Rel. Desembargadora Cristina Zucchi).

Ademais, como bem destacado pelo Sr. Oficial, o Alvará de Licença do Município de Itu n° 0607/2003, que aprovou o desmembramento da área em 15/04/2003, em sua parte final, dispôs sobre a necessidade de **reserva** da área verde/lazer ao ente público (fl. 24), conforme art. 52 da Lei Municipal n° 4.057/1996, cabendo aqui ser interpretado que o ato de *"reservar"* não possui o mesmo sentido jurídico do ato de *"transmitir"*.

Repita-se, caso fosse observado o registro especial previsto no art. 18 da Lei n° 6.766/79, não haveria qualquer discussão quanto à transferência ao domínio público; mas, no caso em exame, isso não ocorreu, o que também afasta a pretensão de isenção de ônus e despesas por parte do apelante.

Por essas razões, e diante das referidas peculiaridades do caso concreto, impositiva a necessidade de lavratura de escritura de doação, devendo ser mantidos, consequentemente, os óbices apresentados.

Ante o exposto, nego provimento ao recurso.

GERALDO FRANCISCO PINHEIRO FRANCO

Corregedor Geral da Justiça e Relator (DJe de 26.07.2019 - SP)

PODER JUDICIÁRIO

TRIBUNAL DE JUSTIÇA DO ESTADO DE SÃO PAULO

CONSELHO SUPERIOR DA MAGISTRATURA

Apelação n° 0018042-45.2017.8.26.0344

Registro: 2019.000585477

ACÓRDÃO

Vistos, relatados e discutidos estes autos de **Apelação Cível n.º 0018042-45.2017.8.26.0344**, da Comarca de **Marília**, em que são apelantes **AROLDO MARQUES DA COSTA** e **MINISTÉRIO PÚBLICO DO ESTADO DE SÃO PAULO**, é apelado **EMPREENDIMENTO DOM ECO VILLA SPE LTDA**.

ACORDAM, em Conselho Superior de Magistratura do Tribunal de Justiça de São Paulo, proferir a seguinte decisão: **"Deram provimento aos recursos e julgaram procedentes as**

impugnações ao registro do loteamento, v.u.", de conformidade com o voto do Relator, que integra este acórdão.

O julgamento teve a participação dos Exmos. Desembargadores **PEREIRA CALÇAS (PRESIDENTE TRIBUNAL DE JUSTIÇA) (Presidente), ARTUR MARQUES (VICE PRESIDENTE), XAVIER DE AQUINO (DECANO), EVARISTO DOS SANTOS(PRES. DA SEÇÃO DE DIREITO PÚBLICO), CAMPOS MELLO (PRES. DA SEÇÃO DE DIREITO PRIVADO) E FERNANDO TORRES GARCIA(PRES. SEÇÃO DE DIREITO CRIMINAL).**

São Paulo, 25 de julho de 2019.

GERALDO FRANCISCO PINHEIRO FRANCO

Corregedor Geral da Justiça e Relator

Apelação Cível n.º 0018042-45.2017.8.26.0344

Apelantes: Aroldo Marques da Costa e Ministério Público do Estado de São Paulo

Apelado: Empreendimento Dom Eco Villa Spe Ltda

VOTO N.º 37.820

Registro de Imóveis – Impugnação ao registro de loteamento – Art. 18 da Lei n.º 6.766/79 – Alegações de inobservância do projeto frente às normas federais e municipais – Anulação superveniente do Decreto que aprovou o loteamento – Impossibilidade de registro – Recursos providos.

Trata-se de apelação interposta pelo MINISTÉRIO PÚBLICO DO ESTADO DE SÃO PAULO contra a r. sentença de fls. 1.434/1.437, que rejeitou impugnação ao registro do loteamento *Residencial Eco Villa Esmeralda* junto ao 1.º Oficial de Registro de Imóveis e Anexos da Comarca de Marília.

Aduz o apelante que o registro do parcelamento deve ser indeferido, tendo em vista que seu projeto não atendeu às exigências estabelecidas na Lei Federal n.º 6.766/79, notadamente quanto a sua integração com o sistema viário, além de violar dispositivos da Lei Complementar Municipal n.º 54/1992, que trata de loteamentos de acesso controlado no município.

Verbera mais irregularidades no projeto, haja vista que apontadas como áreas de lazer locais onde se situam áreas de preservação permanente, não podendo ser computadas como áreas livres públicas do loteamento, assim como ofensa à normativa municipal e federal e diversos outros apontamentos, tudo a ensejar o indeferimento do registro.

Recorre, também, AROLDO MARQUES DA COSTA, na mesma esteira que busca o indeferimento do pedido de registro do loteamento, apontando diversas irregularidades observadas em seu projeto, aptos ao exame registral, levando à inafastável negativa de seu ingresso no fólio real.

Apresentadas contrarrazões por parte do EMPREENDIMENTO DOM ECO VILLA SPE LTDA., rejeitando as alegações dos apelantes e se batendo na total regularidade do pedido de registro (fls. 1.516/1.559).

A D. Procuradoria Geral de Justiça se manifestou pelo provimento dos recursos (fls. 1.572/1.582).

Às fls. 1.585 o *Parquet* informa a anulação do Decreto de aprovação do loteamento, dando-se ciência às partes envolvidas.

Juntado parecer jurídico por parte da recorrida às fls. 1.672/1.690. É o relatório.

DECIDO.

Presentes os pressupostos processuais e legais, no mérito, os recursos devem ser providos.

Primeiramente, como aduzido pela loteadora, no procedimento de impugnação ao registro de loteamentos, diante de sua natureza estritamente administrativa, não cabe qualquer revisão de legalidade dos atos expedidos pelo Poder Executivo, seja por órgãos municipais, seja estaduais.

Entretanto, respeitados todos os judiciosos argumentos trazidos pela loteadora, a hipótese aqui não cuida de exames extrínsecos ao procedimento do registro especial previsto no art. 18 da Lei n.º 6.766/79, mas sim aos requisitos indispensáveis ao seu ingresso na serventia imobiliária.

Isso porque, como se verifica do conteúdo das Impugnações e dos autos de todo o procedimento, são apontados vícios que comprometeriam o projeto do loteamento, como, por exemplo, aqueles que dizem respeito às suas respectivas áreas públicas (verdes, institucionais, etc.), seus lotes, à sua área total, bem como seu enquadramento à Lei n.º 6.766/79 e à Lei Complementar Municipal n.º 54/1992, bem como ao seu Plano Diretor.

Como colacionados nos diversos precedentes apresentados pela loteadora, não cabe ao Registrador de Imóveis (tampouco ao Juiz Corregedor Permanente) se sobrepor às autoridades municipais e estaduais nas suas respectivas atribuições para aprovação do projeto. Contudo, no que tange ao exame dos elementos registrais, tais como memorial descritivo, plantas, contrato padrão, etc., a qualificação deve ser feita de forma rigorosa pelo Oficial.

E na hipótese aqui em exame, as irregularidades destacadas pelos recorrentes são diversas: a) O Decreto Executivo n.º 11.862, de 30/9/2016, apesar da aprovação do empreendimento, seria nulo de pleno direito (e ora se encontra revogado); b) Cômputo de 30.626,21m² de Áreas Verdes, consideradas de Preservação Permanente, nos espaços livres de uso público, em contrariedade à Lei Municipal; c) Sistema de Lazer de apenas 12.553,88m², que equivalem a 5,88% da área total do empreendimento, quando na verdade a Lei Municipal exige o mínimo de 10%; d) Por se tratar de loteamento de acesso controlado, a área mínima do lote deveria ser de 450m², sendo que no projeto consta área de 360m² por lote; e) Necessidade de correção da área total do empreendimento, uma vez que a Lei Municipal apenas autoriza o parcelamento com área total máxima de 200.000m², ao passo que no projeto consta área total de 213.504,81m²; f) Sistema viário contrário ao Plano Diretor; g) Necessidade de se apresentar no projeto mais uma rua na divisa do loteamento fechado com a gleba vizinha, conforme Plano Diretor; h) A área total do empreendimento é de 213.504,81m²; logo, deveria haver como área de lazer um total de 21.350,81m², equivalente a 10% da área total do empreendimento, o que não ocorreu; i) A área institucional deveria ser de no mínimo 6.405,14m², equivalentes a 3% da área total do empreendimento, conforme estabelece o mesmo artigo 23 da Lei Complementar Municipal n.º 54/92. Contudo, no projeto consta apenas como área institucional um total de 5.445,62m²; j) Demais irregularidades apontadas em estudo de engenharia de fls. 1.467/1.469.

Não bastassem todas essas irregularidades, há ainda fato superveniente inafastável a ser considerado, ocorrido após a prolação da r. sentença: a anulação do Decreto Executivo n.º 11.862, de 30/9/2016, que aprovou o loteamento (fls. 1.589/1.590).

Tal anulação fulmina por completo a pretensão da recorrida, especialmente porque inexistente registro e, por consequência, inaplicáveis as regras do art. 23 da Lei n.º 6.766/79.

Respeitosamente, não se acolhe a alegação de que a prenotação garantiria a higidez do ato normativo municipal, já que anterior à sua anulação.

Em verdade, a prenotação, uma das fases mais importantes da cadeia registral, tem efeitos de gerar a tão indispensável prioridade. Contudo, não é apta a gerar a ultratividade de ato normativo que, antes de consolidado o registro, fora anulado.

O Superior Tribunal de Justiça, nos autos do Resp. 27.832-0- RJ, julgado em 23/3/1995, Rel. MINISTRO ANTÔNIO DE PADUA RIBEIRO, ao confirmar acórdão do Tribunal de Justiça do Estado do Rio de janeiro, assim consolidou esse entendimento:

> *"(...) Mas uma coisa é o registro do loteamento, que só pode ser revogado por decisão judicial, a requerimento do loteador, com anuência da Municipalidade ou com requerimento conjunto do loteador e de todos os adquirentes de lotes;* ***coisa diversa é a anulação do ato administrativo, pela própria administração, em atenção ao princípio da legalidade*** *(...) No RE n.º 27.031-SP, que ensejou a súmula acima, faz-se a distinção entre a revogabilidade e a anulabilidade dos atos administrativos pela própria Administração.* ***A revogação compete à própria autoridade administrativa, e a segunda à própria autoridade administrativa e judicial. (...) Não se pode exigir que a Administração Municipal mantenha um loteamento havido como ilegal, abusivo, contrário ao planos urbanísticos e afrontoso ao meio ambiente****"* (g.n.).

Este C. Conselho Superior da Magistratura, ao examinar recurso que também tinha por objeto impugnação a registro de loteamento, considerou fato superveniente à prenotação de inafastável relevância, naquele caso, a declaração de inconstitucionalidade de lei municipal:

> *"REGISTRO DE IMÓVEIS – Escritura de compra e venda- Município de Presidente Prudente – Bens desafetados e alienados por investidura – Lei Municipal n.° 8.992/2015 declarada inconstitucional por violação aos art. 180, inciso VII, 144 e 117 da Constituição Estadual – Recurso provido" (Apelação Cível n.° 1006193-67.2016.8.26.0482, Rel. Des. PINHEIRO FRANCO, DJE 11/7/2018).*

Por essas razões, as impugnações levantadas pelos recorrentes, somadas, de forma fulminante, à anulação do Decreto de aprovação, levam ao provimento integral dos recursos interpostos.

Ante o exposto, dou provimento aos recursos e julgo procedentes as impugnações ao registro do loteamento.

GERALDO FRANCISCO PINHEIRO FRANCO

Corregedor Geral da Justiça e Relator (DJe de 19.08.2019 – SP)

PODER JUDICIÁRIO

TRIBUNAL DE JUSTIÇA DO ESTADO DE SÃO PAULO

CONSELHO SUPERIOR DA MAGISTRATURA

Apelação nº 1002685-02.2017.8.26.0637

Registro: 2019.000668118

ACÓRDÃO

Vistos, relatados e discutidos estes autos de **Apelação Cível nº 1002685-02.2017.8.26.0637**, da Comarca de **Tupã**, em que é apelante **KONSTROE EMPREENDIMENTOS IMOBILIARIOS LTDA**, é apelado **OFICIAL DE REGISTRO DE IMÓVEIS DA COMARCA DE TUPÃ**.

ACORDAM, em Conselho Superior de Magistratura do Tribunal de Justiça de São Paulo, proferir a seguinte decisão: **"Deram provimento ao recurso e julgaram improcedente a dúvida, v.u."**, de conformidade com o voto do Relator, que integra este acórdão.

O julgamento teve a participação dos Exmos. Desembargadores **PEREIRA CALÇAS (PRESIDENTE TRIBUNAL DE JUSTIÇA) (Presidente), ARTUR MARQUES (VICE PRESIDENTE), XAVIER DE AQUINO (DECANO), EVARISTO DOS SANTOS(PRES. DA SEÇÃO DE DIREITO PÚBLICO), CAMPOS MELLO (PRES. DA SEÇÃO DE DIREITO PRIVADO) E FERNANDO TORRES GARCIA(PRES. SEÇÃO DE DIREITO CRIMINAL)**.

São Paulo, 15 de agosto de 2019.

GERALDO FRANCISCO PINHEIRO FRANCO

Corregedor Geral da Justiça e Relator

Apelação Cível nº 1002685-02.2017.8.26.0637

Apelante: Konstroe Empreendimentos Imobiliarios Ltda

Apelado: Oficial de Registro de Imóveis da Comarca de Tupã

VOTO Nº 37.808

Registro de Imóveis – Loteamento – § 2º do art. 18 da Lei nº 6.766/79 – Item 181 do Capítulo XX das NSCGJ

– Ações cíveis contra ex-proprietário de parte da gleba loteada – Ação de improbidade administrativa e ação penal contra ex-sócio da loteadora – Ausência de constrições ou indisponibilidades incidentes sobre a gleba loteada – Ações com garantia do juízo já apresentada – Patrimônios que indicam ausência de risco a futuros adquirentes – Situação jurídica que demanda tratamento excepcional – Precedentes do Eg. CSM – Recurso provido, para julgar a dúvida improcedente.

Trata-se de apelação interposta por KONSTROE EMPREENDIMENTOS IMOBILIÁRIOS LTDA. contra r. sentença de fl. 266/268, que julgou *"improcedente o pedido"* formulado em dúvida inversa suscitada em face do Oficial do Registro de Imóveis da Comarca de Tupã.

Segundo a apelante, o projeto de loteamento está em condições de ser registrado e os apontamentos constantes na devolução se mostram desarrazoados, eis que baseado em interpretação demasiadamente rígida da regra constante do § 2º do art. 18 da Lei n. 6.766/79.

Todas as ações contra o ex-proprietário de parte da gleba e o ex-sócio da loteadora estariam garantidas, inexistindo qualquer constrição sobre a matrícula do imóvel.

Ademais, a recorrente teria patrimônio sólido e capital social integralizado, tudo a garantir que não há qualquer risco aos futuros adquirentes.

A D. Procuradoria de Justiça opinou pelo desprovimento do recurso (fl. 310/312).

Convertido o julgamento em diligência, para juntada de certidões atualizadas das ações, o que foi cumprido às fl. 329/344.

É o relatório.

DECIDO.

Presentes pressupostos processuais e administrativos, conheço do recurso. No mérito, a r. sentença merece reforma.

No dia 05 de outubro do ano de 2016, o apelante apresentou, perante o Oficial de Registro de Imóveis da Comarca de Tupã, requerimento para registro do loteamento denominado *Residencial Campo Bello*, com parcelamento da gleba da matrícula nº 55.523 (fl. 55/63), Município de Bastos, Comarca de Tupã (fl. 29/30), devidamente aprovado pelas autoridades competentes.

Houve qualificação negativa ao pedido de registro do loteamento, face à existência de ações cíveis em nome do anterior proprietário de parte da gleba loteada (*Natalino Chagas)*, e de ação penal e ação civil de improbidade administrativa, envolvendo ex-sócio da loteadora (*Adilson Brait Wolff*).

Quanto à obrigatoriedade de se fazer prova da ausência de risco aos adquirentes dos lotes, além da previsão expressa contida no § 2º do art. 18 da Lei nº 6.766/79, o Item 181 do Capítulo XX das NSCGJ assim dispõe:

Item 181. As certidões de ações pessoais e penais, inclusive da Justiça Federal, e as de protestos devem referir- se ao loteador e a todos aqueles que, no período de 10 (dez) anos, tenham sido titulares de direitos reais sobre o imóvel; serão extraídas, outrossim, na comarca da situação do imóvel e, se distintas, naquelas onde domiciliados o loteador e os antecessores abrangidos pelo decênio, exigindo-se que as certidões tenham sido expedidas há menos de 6 (seis) meses.

A apelante está regularmente constituída e registrada na JUCESP, com patrimônio sólido e capital social integralizado (fl. 17/27), não aparentando, por esse enfoque, qualquer risco aos futuros adquirentes.

A gleba foi adquirida por escritura pública, datada de 21 de novembro de 2011, de *Thiago Coutinho Pelegrinelli* (fl. 61/62), quando não havia qualquer restrição ou constrição sobre o imóvel.

Atualmente, também não existe penhora, indisponibilidade ou qualquer ônus inscrito na matrícula da gleba parcelada (fl. 55/63). A única penhora que havia dizia respeito à matrícula anterior, nº 24.901, que havia sido transportada à nova, mas que já foi cancelada (fl. 58 e 61).

Assim, no ponto central da questão, existem ações em tramitação envolvendo o ex-proprietário de parte do imóvel loteado, assim como em relação ao ex-sócio da empresa requerente, como dito. Porém, tais ações não são óbices que possam resultar em supostos prejuízos aos futuros adquirentes, conforme se pode ver da leitura atenta dos documentos juntados.

De acordo com as certidões de objeto e pé que instruem os autos, verifica-se que nessas ações ainda se discutem valores, o que poderia gerar condenações futuras; contudo, parte delas já está extinta, inclusive pelo pagamento (fl. 344), e outras já estão garantidas por bens e direitos (fl. 75/106).

No que se refere a *Natalino Chagas*, antigo proprietário de parte da área loteada, o valor atualizado das ações, de acordo com as condenações impostas, perfazem aproximadamente R$ 278.173,67, com descrição apresentada pela recorrente de sua situação e valores, com garantias já ofertadas nos autos (fl. 7/8).

Além dessas garantias já oferecidas nos próprios autos, a recorrente ainda oferece como caução valores correspondentes a 10 lotes do loteamento, avaliados em R$ 656.485,80, o que supera em muito o valor dos débitos vinculados ao antigo proprietário, afastando assim qualquer prejuízo aos futuros adquirentes.

A avaliação dos lotes foi feita por empresas do ramo imobiliário e aprovada pela Prefeitura Municipal de Bastos (Laudo de Avaliação Imobiliária e Declaração de Aprovação, cf. fl. 67/74).

No que diz respeito ao ex-sócio *Adilson Brait Wolff*, tramitam, como dito, uma ação de improbidade administrativa e outra ação penal, ambas sobre os mesmos fatos, em cada uma de suas esferas de responsabilidade.

A ação de improbidade administrativa (autos nº 0000598-26.2015.403.6137, 1ª Vara Federal de Andradina) já possui condenação em primeira instância (fl. 319), cujo valor atualizado da causa é de R$ 61.686,48.

Referida ação está garantida com bloqueio judicial de ativos, no valor de R$ 33.186,16 (fl. 113/114), além de dois veículos, um Chevrolet/S10 LTZ FD2, Tabela Fipe de R$ 81.982,00, e um Fiat Freemont Prec AT6, Tabela Fipe em R$ 66.544,00 (fl. 107/112).

Sendo assim, já existem garantias do juízo que superam os valores discutidos na referida ação de improbidade.

Esse C. Conselho Superior da Magistratura possui precedentes admitindo o ingresso do registro, mesmo na pendência de ações de improbidade administrativa, conforme Apelação Cível nº 0000705-22.2018.8.26.0566, Comarca de São Carlos, Rel. Des. PINHEIRO FRANCO, julgada em 30/10/2018:

Registro de Imóveis – Registro de loteamento – Ações civis públicas, por improbidade administrativa, movidas contra o ex-proprietário do imóvel – Valores das indenizações pretendidas e patrimônio do ex-proprietário do imóvel, que é sócio da empresa que promove o loteamento, que demonstram a inexistência de risco aos adquirentes – Recurso provido para julgar a dúvida improcedente.

Em relação à ação penal nº 0005826-33.2010.403.6112 (1ª Vara Federal de Andradina, relativa aos mesmos fatos da ação de improbidade administrativa) também já existe condenação em primeira instância, pela prática do crime de peculato (art. 312 do CP) à pena de 3 anos e 6 meses de reclusão, além de 80 dias-multa, no valor unitário de 1/2 salário mínimo vigente, regime inicial aberto, substituída por duas penas restritivas de direito, correspondentes ao pagamento de 60 salários mínimos a entidade destinatária e à prestação de serviços, ainda aguardando julgamento do recurso de apelação interposto (fl. 320/323).

Os bens de propriedade do ex-sócio bloqueados nas ações que tramitam contra ele são suficientes para garantir a dívida. Aliás, os bens e valores bloqueados nos autos ultrapassam o valor da dívida; portanto, são mais que suficientes para garanti-la.

Há prova nos autos de que *Adilson Brait Wolff* possui valores a receber de outra empresa, a *Ekoplan*, da qual ainda é sócio no percentual de 10% sobre o capital social, com previsão de R$ 1.879.106,93 em créditos (fl. 331/342), o que indica existência de patrimônio suficiente para garantir eventuais condenações, sem que se leve em consideração os bens já penhorados nos autos.

Dessa forma, verifica-se que o patrimônio do ex-proprietário da gleba, assim como do ex-sócio, são suficientes para garantia das dívidas que venham a ser impostas contra eles, o que comprova que o registro do empreendimento não trará nenhum prejuízo aos futuros adquirentes.

Disso decorre a solução ora adotada que, embora excepcional, não destoa dos precedentes deste Col. Conselho Superior da Magistratura, como se verifica no v. acórdão prolatado na Apelação Cível nº 100326-0/7, da Comarca de Franca, de que foi relator o E. Desembargador LUIZ TÂMBARA, julgada em 03/04/2003, que teve a ementa a seguir transcrita:

Registro de Imóveis – Dúvida – Registro de Loteamento – Existência de ação penal pendente contra o anterior proprietário, com sentença condenatória ainda não transitada em julgado, por crime previsto na Lei do Parcelamento do Solo Urbano – Inteligência do artigo 18, inciso III, da Lei n.º 6.766/79 – Prova de que o fato delituoso diz respeito a imóvel diverso daquele objeto do loteamento – Denúncia por fato superveniente à aquisição pela atual proprietária – Indicação de existência de lastro patrimonial para eventual responsabilização no âmbito civil Registro possível, em caráter de excepcionalidade – Recurso provido.

Entendimento nessa linha também foi proferido nos autos da Apelação Cível nº 0004484-82.2018.8.26.0566, Comarca de São Carlos, Rel. Des. PINHEIRO FRANCO, j. em 28/05/2019:

Registro de Imóveis – Registro de loteamento – Ações penais movidas contra sócios da ex-proprietária do imóvel

– Crime contra o patrimônio – Art. 168-A, inciso I, do Código Penal – Ações penais suspensas em razão de parcelamentos realizados com fundamento em lei posterior à consolidação dos valores devidos – Valores consignados nas denúncias que são inferiores às das garantias, constituídas pela ex-proprietária do imóvel em favor da Prefeitura Municipal, para o custeio das obras de infraestrutura – Recusa que não decorreu da existência de risco patrimonial aos adquirentes dos lotes – Situação excepcional que autoriza o registro pretendido do loteamento – Recurso provido para julgar a dúvida improcedente.

Ressalvo que a excepcionalidade da solução adotada no presente caso não é afastada pelo art. 55 da Lei nº 13.907/2015, porque não beneficia os adquirentes dos lotes por contratos não registrados.

Por fim, não há que se falar em depósito de garantias nestes autos, a título de caução, já que o procedimento administrativo da dúvida não comporta essa espécie de medida.

O procedimento de dúvida é reservado à análise da discordância do apresentante com os motivos que levaram à recusa do registro do título. De seu julgamento, decorrerá a manutenção da recusa, com cancelamento da prenotação, ou a improcedência da dúvida, que terá como consequência a realização do registro (art. 203, II, da Lei nº 6.015/73).

Sendo assim, mostra-se viabilizado o registro do loteamento.

Ante o exposto, dou provimento ao recurso e julgo improcedente a dúvida.

GERALDO FRANCISCO PINHEIRO FRANCO

Corregedor Geral da Justiça e Relator. (DJe de 09.09.2019 – SP)

PODER JUDICIÁRIO

TRIBUNAL DE JUSTIÇA DO ESTADO DE SÃO PAULO

CONSELHO SUPERIOR DA MAGISTRATURA

Apelação nº 1035326-48.2017.8.26.0506

Registro: 2019.0000718914

ACÓRDÃO

Vistos, relatados e discutidos estes autos de **Apelação Cível nº 1035326-48.2017.8.26.0506**, da Comarca de **Ribeirão Preto**, em que é apelante **SAID GAIVOTAS EMPREENDIMENTOS SPE LTDA**, é apelada **2º OFICIAL DE REGISTROS DE IMÓVEIS DA COMARCA DE RIBEIRÃO PRETO**.

ACORDAM, em Conselho Superior de Magistratura do Tribunal de Justiça de São Paulo, proferir a seguinte decisão: **"Deram provimento ao recurso para julgar improcedente a dúvida e afastar o óbice apresentado pelo registrador,**

v.u.", de conformidade com o voto do Relator, que integra este acórdão.

O julgamento teve a participação dos Exmos. Desembargadores **PEREIRA CALÇAS (PRESIDENTE TRIBUNAL DE JUSTIÇA) (Presidente), ARTUR MARQUES (VICE PRESIDENTE), XAVIER DE AQUINO (DECANO), EVARISTO DOS SANTOS(PRES. DA SEÇÃO DE DIREITO PÚBLICO), CAMPOS MELLO (PRES. DA SEÇÃO DE DIREITO PRIVADO) E FERNANDO TORRES GARCIA(PRES. SEÇÃO DE DIREITO CRIMINAL).**

São Paulo, 27 de agosto de 2019.

GERALDO FRANCISCO PINHEIRO FRANCO

Corregedor Geral da Justiça e Relator

Apelação Cível nº 1035326-48.2017.8.26.0506

Apelante: Said Gaivotas Empreendimentos Spe Ltda

Apelado: 2º Oficial de Registros de Imóveis da Comarca de Ribeirão Preto

VOTO Nº 37.829

Registro de imóveis – Registro de loteamento – Óbice ofertado pelo Oficial com fulcro no art. 18, § 2º, da Lei nº 6.766/79 – Acordo homologado nos autos da ação civil pública ajuizada pelo Ministério Público contra um dos sócios da loteadora – Inviabilidade, no mais, de desqualificação do título por questões que merecem ser discutidas, se o caso, na esfera jurisdicional – Dúvida improcedente – Recurso provido.

Trata-se de recurso de apelação interposto por *Said Gaivotas Empreendimentos SPE Ltda.* e pelo *Ministério Público do Estado de São Paulo* contra a r. sentença **[1]** que, deixando de homologar acordo entabulado entre os apelantes, julgou procedente a dúvida suscitada pelo 2º Oficial de Registro de Imóveis da Comarca de Ribeirão Preto/SP. Sustentam, em síntese, que os óbices apresentados ao registro do loteamento estão superados, pois: a) na ação civil pública nº 0029876-35.2003.8.26.0506, já em fase de execução, foi homologado acordo celebrado com o Ministério Público, com a consequente aprovação do parcelamento do solo na gleba objeto daquele feito e regularização de toda a documentação perante os órgãos competentes; b) o inquérito civil instaurado sob nº 14.0702.0000007/2017-2 foi arquivado; c) na ação civil pública ambiental nº 1012954-76.2015.8.26.0506 foi cassada a liminar deferida, tendo o Ministério Público se mostrado satisfeito, posteriormente, com a área verde do loteamento em questão, eis que destinados 53,25% da área total do imóvel; e d) na ação popular nº 1003244-61.2017.8.26.0506 foi liberado o início das obras, bem como a comercialização dos lotes. Entendem, assim, que inexiste risco algum ao empreendimento, razão pela qual não subsistem motivos para negativa do registro do loteamento **[2]**.

A douta Procuradoria de Justiça opinou pelo não provimento do recurso **[3]**. O pedido de atribuição de efeito ativo ao recurso foi negado.

É o relatório.

A apelante *Said Gaivotas Empreendimentos SPE Ltda.*, ao requerer o registro do loteamento denominado "Parque das Gaivotas", deparou-se com a seguinte exigência formulada pelo Oficial:

"Em observância aos itens III e IV do artigo 18 da Lei nº 6.766/1979, deverão ser apresentados documentos comprobatórios de que o processo cível nº 0029876-35.2003.8.26.0506, em trâmite perante a 5ª Vara Cível desta Comarca, não coloca em risco o presente empreendimento".

Inconformada, a interessada requereu a suscitação de dúvida, que foi julgada procedente para manter a qualificação negativa formulada pelo Oficial. Agora, conjuntamente com o Ministério Público, defende a possibilidade do registro.

O procedimento de dúvida é reservado à análise da discordância do apresentante com os motivos que levaram à recusa do registro do título. De seu julgamento, decorrerá a manutenção da recusa, com cancelamento da prenotação, ou a improcedência da dúvida, que terá como consequência a realização do registro (art. 203, inciso II, da Lei nº 6.015/73), não havendo espaço, portanto, para a pretendida homologação de acordo nestes autos.

Contudo, respeitada a posição contrária, o recurso comporta provimento. Sobre o tema, dispõe a Lei n.º 6.766/79:

"Art. 18. Aprovado o projeto de loteamento ou de desmembramento, o loteador deverá submetê-lo ao registro imobiliário dentro de 180 (cento e oitenta) dias, sob pena de caducidade da aprovação, acompanhado dos seguintes documentos:

(...)

§ 2º - A existência de protestos, de ações pessoais ou de ações penais, exceto as referentes a crime contra o patrimônio e contra a administração, não impedirá o registro do loteamento se o requerente comprovar que esses protestos ou ações não poderão prejudicar os adquirentes dos lotes. Se o Oficial do Registro de Imóveis julgar insuficiente a

comprovação feita, suscitará a dúvida perante o juiz competente".

Ocorre que a ação civil pública referida pelo Oficial (processo nº 0029876-35.2003.8.26.0506), ajuizada contra um dos sócios da apelante, não se apresenta como razão para impedir o registro do loteamento.

Assim se afirma, pois os documentos trazidos aos autos, corroborados pela manifestação do Ministério Público **[4]**, evidenciam que, nos termos do acordo celebrado naquele feito e devidamente homologado em juízo **[5]**, os proprietários do imóvel matriculado sob nº 73.651 e sócios da loteadora comprometeram-se a reflorestar a APP e restaurar a reserva legal, estando todas as obras de compensação ou infraestrutura garantidas por apólices de seguros- garantias.

A existência de ações pessoais, como é sabido, não impede o registro do loteamento se o requerente comprovar que essa ação não pode prejudicar os adquirentes dos lotes (art. 18, § 2º, da Lei nº 6.766/79). Além disso, o item 181 do Capítulo XX das Normas de Serviço da Corregedoria Geral da Justiça assim dispõe:

"Item 181 - As certidões de ações pessoais e penais, inclusive da Justiça Federal, e as de protestos devem referir- se ao loteador e a todos aqueles que, no período de 10 (dez) anos, tenham sido titulares de direitos reais sobre o imóvel; serão extraídas, outrossim, na comarca da situação do imóvel e, se distintas, naquelas onde domiciliados o loteador e os antecessores abrangidos pelo decênio, exigindo-se que as certidões tenham sido expedidas há menos de 6 (seis) meses."

No caso concreto, a possibilidade de descumprimento do acordo celebrado com o Ministério Público, nos autos da ação civil pública referida pelo Oficial, não se mostra suficiente para impedir o registro do loteamento, especialmente porque, ao menos por ora, a extensão do dano a ser reparado já está garantida, o que afasta a existência de risco aos futuros adquirentes dos lotes.

No mais, as outras ações referidas nos autos, como a Ação Popular em curso perante a 1ª Vara da Fazenda Pública de Ribeirão Preto (processo nº 1003244-61.2017.8.26.0506), a Ação Civil Pública Ambiental proposta contra a Prefeitura Municipal de Ribeirão Preto (processo nº 1012954-76.2015.8.26.0506) e o Inquérito Civil instaurado pelo Ministério Público (autos nº 14.0702.0000007/2017-2), não configuram, igualmente, óbice ao registro do loteamento.

O inquérito civil instaurado sob nº 140702.0000007/2017-2 foi arquivado **[6]**.

Na ação civil pública ambiental (processo nº 1012954-76.2015.8.26.0506) foi cassada a liminar deferida e, ao final, o pedido foi julgado improcedente **[7]**.

Outrossim, ao que consta dos autos da Ação Popular (processo nº 1003244-61.2017.8.26.0506 **[8]**) e da Ação Civil Pública ambiental (processo nº 1012954-76.2015.8.26.0506 **[9]**), não foram proferidas decisões que possam configurar óbice ao registro do loteamento.

É preciso lembrar que não há espaço, em sede administrativa, para qualquer exame quanto ao cumprimento ou não do termo de compromisso assinado pelos sócios, matéria que deverá, pois, ser acompanhada pelo Ministério Público e, se o caso, questionada judicialmente. Da mesma forma, eventual alegação de vício formal ou material que possa recair sobre os atos administrativos somente poderá ser analisada na via judicial, com o devido processo legal, inclusive quanto à existência ou não de dano ambiental.

E ainda que existente o risco de inversão das decisões até então proferidas nas ações propostas **[10]**, presume- se que essa possibilidade foi sopesada pelos magistrados. O entendimento que ora se adota permite o afastamento do óbice ao registro, certo que a posição contrária, ao revés, levaria à paralisação de um empreendimento imobiliário, até o trânsito em julgado, em virtude de qualquer demanda que viesse a ser proposta, retirando-se do juiz da causa a possibilidade de afastar esse entrave.

A propósito, no campo administrativo é cabível, apenas, o exame dos requisitos previstos na Lei nº 6.766/79 e demais atos legais ou normativos, do ponto de vista estritamente registral. Em outras palavras, verificar se o requerimento apresentado comporta qualificação positiva e ingresso no fólio real.

Estando o plano de loteamento aprovado pelos órgãos do Poder Executivo e não se tratando de matéria estritamente vinculada ao âmbito registral, não cabe ao registro de imóveis, e nem mesmo a este C. Conselho Superior da Magistratura, qualquer juízo valorativo nesta seara.

Não bastasse, o patrimônio apresentado pela apelante **[11]**, até o momento, supera em muito o valor previsto no cronograma físico-financeiro trazido aos autos **[12]**.

Diante do exposto, **dou provimento** ao recurso para julgar improcedente a dúvida e afastar o óbice apresentado pelo registrador.

GERALDO FRANCISCO PINHEIRO FRANCO

Corregedor Geral da Justiça e Relator

Notas:

[1] Fls. 1264/1273 e embargos de declaração a fls. 1397/1400.

[2] Fls. 1406/1465.

[3] Fls. 1498/1500.

[4] Fls. 1348/1354.

[5] Fls. 1375/1377.

[6] Fls. 1429/1431.

[7] Fls. 1507/1516.

[8] Fls. 1134 e ss.

[9] Fls. 1227 e ss.

[10] Fls. 1296 e ss.

[11] Fls. 1518/1519.

[12] Fls. 1396. (DJe de 16.09.2019 – SP)

PODER JUDICIÁRIO

TRIBUNAL DE JUSTIÇA DO ESTADO DE SÃO PAULO

CONSELHO SUPERIOR DA MAGISTRATURA

Apelação nº 0007858-09.2018.8.26.0566

Registro: 2019.0000731185

ACÓRDÃO

Vistos, relatados e discutidos estes autos de **Apelação Cível nº 0007858-09.2018.8.26.0566**, da Comarca de **São Carlos**, em que é apelante **J P V EMPREENDIMENTOS IMOBILIÁRIOS LTDA**, é apelado **OFICIAL DE REGISTRO DE IMÓVEIS E ANEXOS DA COMARCA DE SÃO CARLOS**.

ACORDAM, em Conselho Superior de Magistratura do Tribunal de Justiça de São Paulo, proferir a seguinte decisão: **"Deram provimento ao recurso para julgar a dúvida improcedente, v.u."**, de conformidade com o voto do Relator, que integra este acórdão.

O julgamento teve a participação dos Exmos. Desembargadores **PEREIRA CALÇAS (PRESIDENTE TRIBUNAL DE JUSTIÇA) (Presidente), ARTUR MARQUES (VICE PRESIDENTE), DAMIÃO COGAN, EVARISTO DOS SANTOS(PRES. DA SEÇÃO DE DIREITO PÚBLICO), CAMPOS MELLO (PRES. DA SEÇÃO DE DIREITO PRIVADO) E FERNANDO TORRES GARCIA(PRES. SEÇÃO DE DIREITO CRIMINAL).**

São Paulo, 27 de agosto de 2019.

GERALDO FRANCISCO PINHEIRO FRANCO

Corregedor Geral da Justiça e Relator

Apelação Cível nº 0007858-09.2018.8.26.0566

Apelante: J P V EMPREENDIMENTOS IMOBILIÁRIOS LTDA

Apelado: Oficial de Registro de Imóveis e Anexos da Comarca de São Carlos

VOTO Nº 37.777

Registro de Imóveis – Registro de loteamento – Ações penais movidas contra sócios da ex-proprietária do imóvel – Crime contra o patrimônio – Art. 168-A, inciso I, do Código Penal – Ações penais suspensas em razão de parcelamentos realizados com fundamento em lei posterior à consolidação dos valores devidos – Recusa que não decorreu da existência de risco patrimonial aos adquirentes dos lotes – Situação excepcional que autoriza o registro pretendido do loteamento – Recurso provido para julgar a dúvida improcedente.

Trata-se de recurso de apelação interposto por JPV Empreendimentos Imobiliários Ltda. contra a r. sentença de fls. 2.856/2.859, que julgou procedente a dúvida suscitada pelo Oficial de Registros de Imóveis e Anexos da Comarca de São Carlos, mantendo a recusa do registro de loteamento em razão da existência de ações penais em face dos sócios da anterior proprietária do imóvel a ser loteado.

Sustenta a apelante o cabimento do registro em razão da inexistência de ações penais em face dos sócios da atual proprietária e que as ações penais em face dos anteriores titulares de direitos não impede o registro em virtude das ações penais estarem suspensas em razão do parcelamento do débito, da falta do trânsito em julgado e a necessidade da inscrição das ações penais na matrícula em razão do princípio da concentração dos atos na matrícula (fls. 2.864/2.930).

A D. Procuradoria Geral da Justiça opinou pelo não provimento do recurso (fls. 2.950/2.953).

É o relatório.

Na sessão anterior, manifestei-me, pelo não acolhimento do inconformismo recursal, de modo resumido, pelos seguintes fundamentos:

O artigo 18, incisos III e IV, e seus parágrafos 1º e 2º da Lei n. 6.766/79, estabelecem:

I - *certidões negativas:*

a) de tributos federais, estaduais e municipais incidentes sobre o imóvel;

b) de ações reais referentes ao imóvel, pelo período de 10 (dez) anos;

c) de ações penais com respeito ao crime contra o patrimônio e contra a Administração Pública. IV - certidões:

a) dos cartórios de protestos de títulos, em nome do loteador, pelo período de 10 (dez) anos;

b) de ações pessoais relativas ao loteador, pelo período de 10 (dez) anos;

c) de ônus reais relativos ao imóvel;

d) de ações penais contra o loteador, pelo período de 10 (dez) anos. (...)

§ 1º - Os períodos referidos nos incisos III, alínea b e IV, alíneas a, e d, tomarão por base a data do pedido de registro do loteamento, devendo todas elas serem extraídas em nome daqueles que, nos mencionados períodos, tenham sido titulares de direitos reais sobre o imóvel.

§ 2º - A existência de protestos, de ações pessoais ou de ações penais, exceto as referentes a crime contra o patrimônio e contra a administração, não impedirá o registro do loteamento se o requerente comprovar que esses protestos ou ações não poderão prejudicar os adquirentes dos lotes. Se o Oficial do Registro de Imóveis julgar insuficiente a comprovação feita, suscitará a dúvida perante o juiz competente.

Desse modo, nos termos do artigo 18, parágrafo 1º, da Lei n. 6.766/79, compete exigir as certidões previstas no inciso IV, alínea "d", também quanto aos titulares de direitos reais, nos dez anos anteriores à data do pedido de registro de loteamento.

A não aplicação do disposto no artigo 18, inciso III, alínea "c", com relação aos anteriores titulares de direitos reais, tão só indica a possibilidade do registro, mesmo com a presença de ações penais, desde que o requerente comprove que as ações não poderão prejudicar os adquirentes dos lotes na forma do parágrafo 2º do referido artigo.

Na estrita dicção legal, não caberia essa exceção legal (possibilitando o registro) acaso as ações fossem com respeito ao crime contra o patrimônio e contra a Administração Pública e, envolvessem o atual proprietário (loteador) e não os antecessores.

Seja como for, as ações penais são referentes aos sócios da anterior proprietária, sem relação com a atual proprietária.

As certidões criminais atinentes aos anteriores titulares de direitos reais sobre imóvel envolvem quaisquer ações de natureza penal; a preocupação legal é a potencial possibilidade de prejudicarem os interesses dos adquirentes dos lotes.

Assim, as certidões penais dos antecessores de direitos reais abrange qualquer crime, com os efeitos acima referidos.

Essa compreensão não destoa dos precedentes deste Col. Conselho Superior da Magistratura, como se verifica no v. acórdão prolatado na Apelação Cível nº 100326-0/7, da Comarca de Franca, de que foi relator o e. Desembargador Luiz Tâmbara, j. 03/04/2003, que teve a ementa a seguir transcrita:

Registro de Imóveis – Dúvida – Registro de Loteamento – Existência de ação penal pendente contra o anterior proprietário, com sentença condenatória ainda não transitada em julgado, por crime previsto na Lei do Parcelamento do Solo Urbano – Inteligência do artigo 18, inciso III, da Lei n.º 6.766/79 – Prova de que o fato delituoso diz respeito a imóvel diverso daquele objeto do loteamento – Denúncia por fato superveniente à aquisição pela atual proprietária – Indicação de existência de lastro patrimonial para eventual responsabilização no âmbito civil – Registro possível, em caráter de excepcionalidade – Recurso provido.

Nessa perspectiva, a existência de ações penais em face dos sócios da anterior proprietária, em regra, impede o registro.

A previsão legal não exige o trânsito em julgado e sim o mero trâmite da ação penal, o que é consentâneo, no aspecto econômico, com o protesto de títulos, ou seja, são indícios de dificuldades econômicas que poderão afetar o interesse dos adquirentes dos lotes.

Esse entendimento foi externado no voto do Des. Maurício Vidigal, Corregedor Geral da Justiça à época, na Apelação Cível: 0078848-38.2009.8.26.0114, j. 20/10/2011, conforme segue:

Não é preciso que haja condenação. A ação penal já é bastante para obstar o registro. É o que estabelece a lei, como ensinam Vicente Celeste Amadei e Vicente de Abreu Amadei: "No que tange às certidões de ações penais, se positivas em relação a crimes contra o patrimônio e a crimes contra a administração pública, o registro do parcelamento ficará proibido (Como Lotear uma Gleba, 1ª ed., São Paulo, 2001, pág. 146)."

A tese de que a exigência legal viola os princípios constitucionais da presunção da inocência e da individualização da pena não pode ser apreciada nesta esfera administrativa, porque a ultratividade da decisão constituiria verdadeiro controle concentrado de constitucionalidade, que só pode ser exercido pela via própria, conforme entendimento já assentado neste E. Conselho Superior da Magistratura (Apelação Cível nº 97.021-0/0, 3.346-0, 4.936-0 e 20.932-0/0.

Não obstante, esse óbice (certidões criminais) pode ser afastado nos temos do artigo 18, parágrafo 2º, da Lei n. 6.766/79, assim, compete ao requerente comprovar que esses protestos ou ações não poderão prejudicar os adquirentes dos lotes.

A loteadora, apesar de indicar o valor de aquisição do imóvel a ser loteado, não esclareceu a repercussão econômica dos débitos que originaram as ações penais e tampouco sua condição financeira de modo a comprovar a exclusão da possibilidade de prejuízo aos adquirentes dos lotes.

Nada foi mencionado especificadamente a respeito.

A recorrente referiu existência de garantia, bem como, o julgamento de precedente anterior quanto aos mesmos antecessores proprietários da gleba (a fls. 2.893/3.002 e 3.004/3.006).

A garantia referida, não mencionada nas razões recursais, não modifica minha compreensão inicial, porquanto é atinente às obras de infraestrutura do loteamento, previstas no artigo 18, inciso V, da Lei n. 6.766/79, a saber:

V -cópia do ato de aprovação do loteamento e comprovante do termo de verificação pela Prefeitura Municipal ou pelo Distrito Federal, da execução das obras exigidas por legislação municipal, que incluirão, no mínimo, a execução das vias de circulação do loteamento, demarcação dos lotes, quadras e logradouros e das obras de escoamento das águas pluviais ou da aprovação de um cronograma, com a duração máxima de quatro anos, acompanhado de competente instrumento de garantia para a execução das obras;

Essa garantia, portanto, não se refere à aquisição do imóvel (gleba) e não afasta possíveis danos aos futuros adquirentes dos lotes em razão de eventuais dívidas dos anteriores titulares do direito real de propriedade.

Ainda que essa garantia demonstre boa condição financeira não seria bastante para o risco da perda da propriedade adquirida até mesmo por garantir obrigação diversa da assumida perante a municipalidade.

Nessa linha, permaneceria hígido o raciocínio pertinente ao dano potencial e eventual decorrente das dívidas que originaram as ações penais relatadas nos autos. Especialmente, por não se haver mencionado de modo expresso a situação patrimonial da atual proprietária frente às eventuais dívidas dos anteriores titulares de direito real.

Não obstante, na Apelação Cível: 0004484-82.2018.8.26.0566, j. 28.05.2019, de minha relatoria, este C. Conselho Superior da Magistratura decidiu:

Conforme a nota de devolução de fls. 09, o registro do loteamento "Residencial Salto do Monjolinho" foi negado porque José Roberto Ayres Monteiro, Maria Christina Ayres Monteiro e José Carlos Balthazar, que são sócios de "Novo Tema Empreendimentos Ltda."(fls. 566), ex-proprietária do imóvel, figuram como réus em ações penais.

Ao suscitar a dúvida o Sr. Oficial de Registro de Imóveis esclareceu que a recusa do registro decorreu do Processo nº 0000302-61.2001.4.03.6115, relativo a ação penal por crime contra o patrimônio que tem curso na 1ª Vara Federal de São Carlos (fls. 01).

As certidões de fls. 23 e seguintes demonstram que o imóvel objeto da matrícula nº 134.374 do Registro de Imóveis de São Carlos foi de propriedade de "Novo Tema Empreendimentos Ltda." que o vendeu para a apelante por escritura pública lavrada em 06 de março e registrada em 18 de abril de 2018 (fls. 27).

Por sua vez, os documentos de fls. 596 e seguintes comprovam que os sócios da ex-proprietária do imóvel foram denunciados em ações penais em curso na 1ª Vara Federal da Subseção Judiciária de São Carlos (Proc. nº 000302.61,2001.4.03.6015 - fls. 596/600) e na 2ª Vara Federal de São Carlos (Proc. nº 0000303.46.2001.4.03.6115 - fls. 601/605), como incursos, em tese, nas sanções do art. 168-A, parágrafo 1º, inciso I, do Código Penal.

O Processo nº 0000303-46.2001.403.6115 da 2ª Vara Federal de São Carlos, movido em razão do não repasse de descontos de contribuições previdenciárias em nome da empresa Usina Açucareira da Serra S/A (fls. 601/605), que tiverem os valores de R$ 385.888,65, R$ 94.719,26 e R$ 261.220,53, foi suspenso, por decisão datada de 13 de agosto de 2007, em razão da comprovação do pedido de pagamento parcelado que foi formulado antes da consolidação administrativa do débito, como decorre da certidão de fls. 625/626 que foi expedida em 08 de fevereiro de 2018.

De igual modo, a certidão de fls. 627/628 demonstra que o Processo nº 0000302-61.2001.403.6115, em curso na 1ª Vara Federal de São Carlos, foi *suspenso, por decisão de 13 de agosto de 2007, em razão do parcelamento dos débitos pactuado nos termos da Lei nº 9.964/2000 (fls. 627/628) e que, segundo a denúncia reproduzida às fls. 596/600, são referentes à NFLD nº 32.223.768-8 com valor de R$ 357.310,13 em 01 de abril de 1996, e à NFLD nº 32.301.578-7 com valor de R$ 74.649,06 em 27 de outubro de 1998, ambas em nome da empresa Nello Morganti S/A/ Agropecuária (fls. 598).*

A suspensão das ações penais, desde o ano de 2007, em razão do parcelamento dos débitos com o INSS autoriza, no presente caso concreto, afastar a existência das referidas ações como impeditivas do registro do loteamento pelo não atendimento do previsto no art. 18, inciso III, alínea "c", e seu § 2º, da Lei nº 6.766/79.

Importa observar, ainda neste caso concreto, que o parcelamento dos débitos que originaram as ações penais foram autorizados por lei subsequente às datas em que consolidados os seus respectivos valores (Lei nº 9.964/2000 - fls. 626 e 628) e, mais, que não há notícia de repercussão desses débitos em relação ao patrimônio da ex-proprietária do imóvel uma vez que a certidão de fls. 573, com validade até 03 de junho de 2018, demonstra a inexistência de inscrição de débitos da empresa "Novo Tema Empreendimentos Ltda." na dívida ativa da União.

Além disso, para garantir a realização das obras de infraestrutura do loteamento, com valor estimado de R$ 11.550.855,97, a empresa "Novo Tema Empreendimentos Ltda." constituiu em favor do Município hipoteca que recaiu sobre o imóvel objeto da matrícula nº 134.373 do Registro de Imóveis da Comarca de São Carlos (fls. 377/383), o que denota a existência de patrimônio que poderá responder por suas obrigações, de modo a preservar os adquirentes dos lotes.

E as obrigações decorrentes das referidas ações penais, em caso de descumprimento dos parcelamentos realizados, em tese não superarão os valores que ainda forem devidos ao INSS.

Disso decorre a solução ora adotada que, embora excepcional, não destoa dos precedentes deste Col. Conselho Superior da Magistratura, como se verifica no v. acórdão prolatado na Apelação Cível nº 100326-0/7, da Comarca de Franca, de que foi relator o e. Desembargador Luiz Tâmbara, j. 03/04/2003, que teve a ementa a seguir transcrita:

"EMENTA: Registro de Imóveis – Dúvida – Registro de Loteamento – Existência de ação penal pendente contra o anterior proprietário, com sentença condenatória ainda não transitada em julgado, por crime previsto na Lei do Parcelamento do Solo Urbano – Inteligência do artigo 18, inciso III, da Lei n.º 6.766/79 – Prova de que o fato delituoso diz respeito a imóvel diverso daquele objeto do loteamento – Denúncia por fato superveniente à aquisição pela atual proprietária – Indicação de existência de lastro patrimonial para eventual responsabilização no âmbito civil – Registro possível, em caráter de excepcionalidade – Recurso provido".

Ressalvo, por fim, que a excepcionalidade da solução adotada no presente caso não é afastada pelo art. 55 da Lei nº 13.907/2015, porque não beneficia os adquirentes dos lotes por contratos não registrados.

No presente julgamento o imóvel a ser loteado foi adquirido da empresa Novo Tema Empreendimento Imobiliários (a fls. 13) e o óbice apresentado pelo Sr. Oficial foi justamente a existência das ações penais nº 0000302- 61.2001.4.03.6115 e Proc. nº 0000303.46.2001.4.03.6115 (a fls. 304/2818), em curso perante 1ª e 2ª Varas Federais de São Carlos, respectivamente; movida em face dos Srs. José Roberto Ayres Monteiro, Maria Christina Ayres Monteiro e José Carlos Balthazar (a fls. 02).

As situações fática e jurídica são idênticas.

Nessa quadra, modifico o pensamento externado no início deste julgamento colegiado para convergir com o mencionado precedente.

Desse modo, em virtude dos documentos de fls. 98/103 comprovarem a suspensão das ações penais, desde o ano de 2007, em razão do parcelamento dos débitos com o INSS, no presente caso concreto, também afasto a existência das referidas ações como impeditivas do registro do loteamento pelo não atendimento do previsto no art. 18, inciso III, alínea "c", e seu § 2º, da Lei nº 6.766/79.

Importa observar, igualmente, que o parcelamento dos débitos que originaram as ações penais foram autorizados por lei subsequente às datas em que consolidados os seus respectivos valores (Lei nº 9.964/2000).

Por fim, reitero que o princípio da concentração dos atos na matrícula constante do art. 54 da Lei nº 13.907/2015, não tem aplicação neste julgamento ante a incidência, por especialidade, da disposição contida no artigo 18 da Lei n. 6.766/79, justamente, para proteção dos futuros adquirentes dos lotes.

Ante o exposto, dou provimento ao recurso para julgar a dúvida improcedente.

GERALDO FRANCISCO PINHEIRO FRANCO
Corregedor Geral da Justiça e Relator. (DJe de 25.09.2019 – SP)

PODER JUDICIÁRIO

TRIBUNAL DE JUSTIÇA DO ESTADO DE SÃO PAULO

CONSELHO SUPERIOR DA MAGISTRATURA

Apelação nº 1001891-43.2018.8.26.0120

Registro: 2019.0000792678

ACÓRDÃO

Vistos, relatados e discutidos estes autos de **Apelação Cível nº 1001891-43.2018.8.26.0120**, da Comarca de **Cândido Mota**, em que é apelante **M.A. GUADANHIN EMPREENDIMENTOS EIRELI**, é apelado **OFICIAL DE REGISTRO DE IMOVEIS E ANEXO DE CANDIDO MOTA.**

ACORDAM, em Conselho Superior de Magistratura do Tribunal de Justiça de São Paulo, proferir a seguinte decisão: **"Negaram provimento ao recurso, v.u."**, de conformidade com o voto do Relator, que integra este acórdão.

O julgamento teve a participação dos Exmos. Desembargadores **PEREIRA CALÇAS (PRESIDENTE TRIBUNAL DE JUSTIÇA) (Presidente), ARTUR MARQUES (VICE PRESIDENTE), XAVIER DE AQUINO (DECANO), EVARISTO DOS SANTOS (PRES. DA SEÇÃO DE DIREITO PÚBLICO), CAMPOS MELLO (PRES. DA SEÇÃO DE DIREITO PRIVADO) E FERNANDO TORRES GARCIA(PRES. SEÇÃO DE DIREITO CRIMINAL).**

São Paulo, 24 de setembro de 2019.

GERALDO FRANCISCO PINHEIRO FRANCO

Corregedor Geral da Justiça e Relator

Apelação Cível n. 1001891-43.2018.8.26.0120
Apelante: M.A. Guadanhin Empreendimentos Eireli
Apelado: Oficial de Registro de Imoveis e Anexo de Candido Mota

VOTO N.º 37.814

Registro de Imóveis – Loteamento – § 2.º do art. 18 da Lei n.º 6.766/79 – Item 181 do Capítulo XX das NSCGJ – Ações cíveis pessoais contra o anterior proprietário da gleba e titular da loteadora – Necessidade de prova de existência de patrimônio suficiente para garantia aos futuros adquirentes – Precedentes do Eg. CSM – Recurso desprovido.

Trata-se de apelação interposta por M.A. GUADANHIN EMPREENDIMENTOS EIRELI contra r. sentença de fls. 769/774, que julgou procedente a dúvida suscitada pelo Sr. Oficial do Registro de Imóveis e Anexos da Comarca de Cândido Mota/SP.

Segundo o apelante, o projeto de loteamento está em condições de ser registrado e os apontamentos constantes na devolução se mostram desarrazoados, eis que baseado em interpretação demasiadamente rígida da regra constante do § 2.º do art. 18 da Lei n.º 6.766/79, inexistindo qualquer constrição sobre a matrícula do imóvel. Ademais, o recorrente teria patrimônio sólido e capital social integralizado, além de ser proprietário de outra empresa, na cidade de Assis/SP, tudo a garantir que não há qualquer risco aos futuros adquirentes.

D. Procuradoria Geral de Justiça opinou pelo desprovimento do recurso (fls. 832/834). É o relatório.

DECIDO.

Presentes os pressupostos processuais e administrativos, conheço do recurso. No mérito, a r. sentença merece integral confirmação.

No dia 19 de julho de 2018, a apelante apresentou, perante o Oficial de Registro de Imóveis da Comarca de Cândido Mota, requerimento para registro do loteamento denominado *Park Industrial Alvorada*, com parcelamento da gleba objeto da matrícula n.º 12.535 (fls. 211/217), devidamente aprovado pelas autoridades competentes.

Houve qualificação negativa ao pedido de registro do loteamento face à existência de ações cíveis e de protesto (fls. 251/291) contra o anterior proprietário da gleba loteada, e agora titular da empresa loteadora, *Marcos Aurelio Guadanhin*.

Quanto à obrigatoriedade de se fazer prova da ausência de risco aos adquirentes dos lotes, além da previsão expressa contida no § 2.º do art. 18 da Lei n.º 6.766/79, o Item 181 do Capítulo XX das NSCGJ assim dispõe:

> *"181. As certidões de ações pessoais e penais, inclusive da Justiça Federal, e as de protestos devem referir-se ao loteador e a todos aqueles que, no período de 10 (dez) anos, tenham sido titulares de direitos reais sobre o imóvel; serão extraídas, outrossim, na comarca da situação do imóvel e, se distintas, naquelas onde domiciliados o loteador e os antecessores abrangidos pelo decênio, exigindo-se que as certidões tenham sido expedidas há menos de 6 (seis) meses."*

Trata-se de exame a ser aferido caso a caso, de acordo com a natureza das ações, os valores discutidos e, especialmente, o patrimônio dos empreendedores.

O apelante possui contra ele ações cíveis pessoais, as quais, somadas, atingiam valores aproximados de R$4.125.000,00 na data da suscitação da dúvida (fls. 794). A gleba parcelada tem valor indicado pelo próprio apelante, em sua declaração anual de ajuste, de R$815.000,00 (fl. 730), ou seja, bem inferior às dívidas discutidas.

O pagamento dos débitos relacionados pelo apelante no pedido de reconsideração de fls. 844/845, com valor total de R$ 952.595,44, não altera a existência de dívidas que podem ensejar riscos aos futuros adquirentes dos lotes porque ainda somariam a quantia de R$ 2.916.000,00.

De fato, nenhuma das ações que tramitam contra o apelante é real ou reipersecutória, inexistindo qualquer gravame na matrícula da gleba loteada (fl. 211/217). Mas isso, por si só, não significa ausência de riscos aos futuros adquirentes, diante da necessidade de prova de existência de outros bens passíveis de suportar eventuais condenações nas referidas ações.

O capital social da EIRELI loteadora é de R$ 487.500,00 (fl. 19). Contudo, segundo suas razões, seu valor de mercado seria de R$27.300.000,00, se somados os valores dos 78 lotes avaliados.

A seu favor, a apelante afirma ainda *"possuir"* um *"abatedouro de frangos, denominado Frigorífico De Aves Santa Amélia"*, elaborando parecer técnico de avaliação dessa empresa, cujo valor de mercado, segundo o seu estudo, seria de R$16.912.500,00 (fls. 525/541). Afirma que seu faturamento mensal e as máquinas lá existentes já seriam suficientes para garantir as dívidas existentes.

Verbera que o referido frigorífico *"abate 20.000,00 vinte mil frangos por dia e possuir mais de 125 (cento e vinte cinco) funcionários, com faturamento milionário mês a mês"*. Mas não afirma, contudo, qual o valor desse *"faturamento milionário"*.

Ainda se esforça ao aduzir que *"somente as máquinas e equipamentos existentes dentro do frigorífico já seria suficientes para garantir as dividas existentes pelo valor de R$4.125.000,00"*. Entretanto, não esclarece se tais máquinas são de sua propriedade plena, se são arrendadas ou mesmo se ainda estão sendo financiadas; tampouco indica a ausência de constrição sobre esses maquinários.

Aliás, tais máquinas e equipamentos elencados na avaliação são destinados à atividade econômica do empresário individual, o que poderia levar, em tese, ao reconhecimento de sua impenhorabilidade (art. 833, V, do CPC).

O *"contrato social"* do referido frigorífico se encontra às fls. 676/682. De sua leitura, constata-se que, em verdade, trata-se de firma individual, não havendo verossimilhança suficiente da real existência do aludido *"faturamento milionário"* afirmado pelo apelante.

O apelante também não informa se o referido frigorífico possui dívidas, se há ônus reais/constrições/indisponibilidades recaindo sobre o imóvel no qual a empresa está instalada ou sobre os bens móveis lá existentes.

O laudo técnico de avaliação do imóvel onde instalado o *Frigorífico Santa Amélia* também não comprova a robustez patrimonial, já que não existe nos autos prova de que o imóvel no qual ele está instalado esteja livre e desembaraçado de qualquer ônus. Tampouco existe comprovação de que o estabelecimento não possua outras dívidas que possam comprometer sua higidez patrimonial.

E o referido laudo, repito, não equivale à balanço de determinação, pois somente atribui valores para bens que comporiam o patrimônio vinculado à atividade de empresário individual.

Quanto aos imóveis oferecidos como prova de robustez patrimonial, aquele da matrícula n.º 51.439 (fls. 711/713) está alienado fiduciariamente ao Banco do Brasil S.A..

Já o imóvel da transcrição n.º 18.524 (fls. 714/719) possui o apelante como proprietário de fração ideal de 1/7. Além disso, a certidão foi expedida sem negativa de ônus e alienações, não se sabendo se referida parte ideal foi dada em garantia a terceiros.

O mesmo se diga quanto ao imóvel transcrito sob o n.º 19.971 (fls. 720/722), do qual o apelante também é titular de fração ideal de 1/7; também nesse caso não foi expedida certidão com negativa de ônus reais.

A caução de 12 lotes dada em hipoteca ao município não serve de garantia aos futuros adquirentes, mas apenas à pessoa jurídica de direito público, e tudo isso para implantação das obras de infraestrutura.

Dessa forma, em virtude de tais circunstâncias, constata-se a ausência de comprovação de patrimônio suficientemente hígido do apelante, na qualidade de anterior proprietário da gleba e atual titular da EIRELI loteadora, para garantia de eventuais prejuízos aos futuros adquirentes dos lotes, em decorrência das ações cíveis movidas contra ele.

São diversos os precedentes deste Eg. Conselho Superior da Magistratura:

"REGISTRO DE IMÓVEIS – DÚVIDA – NEGATIVA DE REGISTRO DE LOTEAMENTO – ARTIGO 18, § 2.º, DA LEI N.º 6.766/79 – Necessidade de comprovação de patrimônio suficiente para a garantia do pagamento de dívida e de sua higidez – Possibilidade de dano a futuros adquirentes – Dúvida procedente – Recurso não provido." (Apelação Cível n.º 0005919-13.2012.8.26.0272, Des. *HAMILTON ELLIOT AKEL*)

"REGISTRO DE IMÓVEIS – DÚVIDA JULGADA PROCEDENTE – NEGATIVA DE REGISTRO DE LOTEAMENTO – ARTIGO 18, § 2.º DA LEI 6766/79 – Necessidade de comprovação de patrimônio suficiente para a garantia do pagamento de dívida e de sua higidez – Possibilidade de dano a futuros adquirentes – Recurso não provido." (Apelação Cível n.º 0000701-23.2011.8.26.0374, Des. JOSÉ RENATO NALINI).

Nesse cenário, de fato, inviável o registro do loteamento, confirmando-se integralmente a r. sentença recorrida.

Por fim, o procedimento de dúvida tem por finalidade a análise do inconformismo do apresentante com as exigências formuladas para o registro do título que foi prenotado.

Diante disso, e ainda o registro de loteamento tenha procedimento específico previsto na Lei nº 6.766/79, não se mostra adequado o adiamento do julgamento do recurso para que o apelante tenha prazo para pagar os débitos que, em meu entender, atualmente caracterizam a existência de riscos aos futuros adquirentes dos lotes, razão pela qual não se acolhe o pedido de suspensão do processo formulado às fls. 850.

Ante o exposto, nego provimento ao recurso.

GERALDO FRANCISCO PINHEIRO FRANCO

Corregedor Geral da Justiça e Relator(DJe de 04.10.2019 – SP)

PODER JUDICIÁRIO

TRIBUNAL DE JUSTIÇA DO ESTADO DE SÃO PAULO

CONSELHO SUPERIOR DA MAGISTRATURA

Apelação nº 1001042-24.2018.8.26.0362

Registro: 2019.000718910

ACÓRDÃO

Vistos, relatados e discutidos estes autos de **Apelação Cível nº 1001042-24.2018.8.26.0362**, da Comarca de **Mogi-Guaçu**, em que é apelante **JOSÉ ROBERTO BEVINI**, é apelado **OFICIAL DE REGISTRO DE IMÓVEIS E ANEXOS DA COMARCA DE MOJI GUAÇU.**

ACORDAM, em Conselho Superior de Magistratura do Tribunal de Justiça de São Paulo, proferir a seguinte decisão: **"Deram provimento ao recurso para julgar a dúvida improcedente, com observação, v.u."**, de conformidade com o voto do Relator, que integra este acórdão.

O julgamento teve a participação dos Exmos. Desembargadores **PEREIRA CALÇAS (PRESIDENTE TRIBUNAL DE JUSTIÇA) (Presidente), ARTUR MARQUES (VICE PRESIDENTE), XAVIER DE AQUINO (DECANO), EVARISTO DOS SANTOS(PRES. DA SEÇÃO DE DIREITO PÚBLICO), CAMPOS MELLO (PRES. DA SEÇÃO DE DIREITO PRIVADO) E FERNANDO TORRES GARCIA(PRES. SEÇÃO DE DIREITO CRIMINAL).**

São Paulo, 27 de agosto de 2019.

GERALDO FRANCISCO PINHEIRO FRANCO

Corregedor Geral da Justiça e Relator

Apelação Cível nº 1001042-24.2018.8.26.0362
Apelante: José Roberto Bevini

Apelado: Oficial de Registro de Imóveis e Anexos da Comarca de Moji Guaçu

VOTO Nº 37.810

Registro de imóveis – Dúvida julgada procedente – Fração ideal de lote urbano – Venda de frações ideais, realizadas há mais de 20 anos, a que não estão vinculadas medidas específicas, ou outros elementos que permitam identificar parcela certa e determinada do solo – Constatação da existência de parcelamento irregular do solo que, in casu, não decorre dos elementos estritamente registrários – Registro viável – Recurso provido, com observação.

Trata-se de apelação interposta por José Roberto Bevini contra r. sentença que julgou procedente a dúvida suscitada em razão da recusa da Sr. Oficial de Registro de Imóveis, Títulos e Documentos e Civil de Pessoa Jurídica da Comarca de Mogi Guaçu em promover o registro de escritura de compra e venda de fração ideal correspondente a 20% do imóvel urbano objeto da matrícula nº 29.752, por considerar demonstrada a implantação de parcelamento irregular do solo.

O apelante alegou, em suma, que em relação ao imóvel existe condomínio voluntário constituído pela venda de frações ideais promovida pelos proprietários originais e, ainda, em razão de posteriores divisões decorrentes de sucessões hereditárias. Disse que a existência de condomínio voluntário não implica em irregularidade e que os condôminos utilizam o imóvel observando a indivisão existente. Asseverou que não houve ânimo de fraudar a legislação relativa ao parcelamento do solo. Requereu o provimento do recurso para que seja promovido o registro da escritura pública de compra e venda.

A douta Procuradoria Geral de Justiça opinou pelo não provimento do recurso (fls. 73/75). É o relatório.

Foi apresentada para registro escritura pública de compra e venda, lavrada em 22 de dezembro de 2017, de fração ideal correspondente a 20% do lote 01 da quadra B do loteamento "Estância Outro Preto", objeto da matrícula nº 29.752 do Registro de Imóveis de Mogi Guaçu, em que figuram como vendedores Ivan Assi e sua esposa, sendo compradores o apelante e sua esposa (fls. 13/17).

Conforme a certidão de fls. 30/40, o lote 01 da quadra B do loteamento urbano denominado "Estância Ouro Preto", com área total de 5.357,58m^2, foi de propriedade de Hélio Scanavachi que mediante contrato registrado em 20 de abril de 1993 comprometeu vender cinco frações ideais, de 20% cada uma, para adquirentes distintos.

A partir de então foram realizados registros da compra e venda das referidas frações ideais e, ainda, de partilhas decorrentes de falecimentos dos co-proprietários, tendo Ivan Assi e sua esposa adquirido fração ideal de 20% por meio de registro promovido em novembro de 2015.

Desse modo constituído o condomínio voluntário, a análise dos elementos estritamente registrários não permite reconhecer que as alienações das frações ideais correspondentes a 20% do imóvel constituíram forma de ocultar parcelamento do solo realizado sem observação das normas que o regem.

Isso porque não houve vinculação de área certa à cada fração ideal por meio de indicação de medidas perimetrais, ou de área total calculada em metros quadrados.

Ademais, do registro não decorre que os coproprietários das frações ideais de 20% do imóvel não mantém relacionamento, de parentesco ou de amizade, que justifique a formação do condomínio voluntário.

Mais que isso, não há notícia de fato que tenha ensejado o uso da venda de fração ideal para burlar a legislação relativa ao parcelamento do solo urbano, pois a matrícula não contém averbação de restrição urbanística convencional e não foi noticiada a existência de legislação municipal que impeça o desdobro do imóvel em cinco novas áreas.

Portanto, neste caso concreto não incide a restrição decorrente da orientação, com força normativa, contida no v. acórdão prolatado por este Colendo Conselho Superior da Magistratura na Apelação Cível nº 72.365-0/7, de que foi relator o Excelentíssimo Desembargador Luís de Macedo, em que decidido que o fato de o registrador se limitar à análise dos elementos tabulares ou expressamente constantes do título não se presta para: *"...viabilizar a fraude às normas cogentes que disciplinam o uso e o parcelamento do solo"*.

Observo, porém, que a referida orientação continua vigente e deve ser aplicada sempre que for possível verificar, a partir da análise dos elementos registrários, o uso do instituto do condomínio voluntário para fraudar as normas que regem o parcelamento do solo, porque são de natureza cogente.

Ante o exposto, com essa observação, dou provimento ao recurso para julgar a dúvida improcedente.

GERALDO FRANCISCO PINHEIRO FRANCO

Corregedor Geral da Justiça e Relator (DJe de 14.11.2019 – SP)

PODER JUDICIÁRIO

TRIBUNAL DE JUSTIÇA DO ESTADO DE SÃO PAULO

CONSELHO SUPERIOR DA MAGISTRATURA

Apelação nº 1000889-50.2018.8.26.0019

Registro: 2018.0000847248

ACÓRDÃO

Vistos, relatados e discutidos estes autos do(a) **Apelação nº 1000889-50.2018.8.26.0019**, da Comarca de **Americana**, em que é apelante **JARDIM PACAEMBU SPE LTDA**, é apelado **OFICIAL DE REGISTRO DE IMOVEIS E ANEXOS DA COMARCA DE AMERICANA.**

ACORDAM, em Conselho Superior de Magistratura do Tribunal de Justiça de São Paulo, proferir a seguinte decisão: **"Negaram provimento ao**

recurso. V. U.", de conformidade com o voto do Relator, que integra este Acórdão.

O julgamento teve a participação dos Exmos. **PEREIRA CALÇAS (PRESIDENTE TRIBUNAL DE JUSTIÇA) (Presidente), ARTUR MARQUES (VICE PRESIDENTE), XAVIER DE AQUINO (DECANO), EVARISTO DOS SANTOS(PRES. DA SEÇÃO DE DIREITO PÚBLICO), CAMPOS MELLO (PRES. DA SEÇÃO DE DIREITO PRIVADO) E FERNANDO TORRES GARCIA(PRES. SEÇÃO DE DIREITO CRIMINAL).**

São Paulo, 22 de outubro de 2018.

GERALDO FRANCISCO PINHEIRO FRANCO
Corregedor Geral da Justiça e Relator

Apelação n.º 1000889-50.2018.8.26.0019
Apelante: Jardim Pacaembu SPE LTDA
Apelado: Oficial de Registro de Imóveis e Anexos da Comarca de Americana

VOTO N.º 37.585

Registro de Imóveis – Instrumento de compra e venda de lote, com pacto de alienação fiduciária – Item 171 das NSCGJ – É vedado o registro de alienação voluntária, com formação de condomínio voluntário, que implique fraude ou qualquer outra hipótese de descumprimento da legislação de parcelamento do solo urbano – Recurso desprovido.

JARDIM PACAEMBU SPE LTDA. interpõe recurso de apelação contra r. sentença de fl. 119/123, que julgou procedente a dúvida e manteve a negativa ao registro de instrumento particular de compra e venda, com pacto adjeto de garantia fiduciária, envolvendo a criação de condomínio voluntário em loteamento registrado.

Os apelantes sustentam ser possível o registro do contrato, já que se trata de negócio jurídico com criação de condomínio em comum, sem que haja qualquer vedação legal para a sua instituição, sem alteração do sistema viário do loteamento original e sem impacto urbanístico.

Além disso, afirma que não se trata de qualquer tentativa de burla à Lei de Parcelamento de Solo Urbano, sendo dispensável a necessidade de qualquer procedimento específico para ingresso do título.

A D. Procuradoria Geral de Justiça opinou pelo desprovimento do recurso (fl. 153/155). Juntados novos documentos às fl. 158/159.

É o relatório.

Presentes os pressupostos legais e administrativos, conheço do recurso. No mérito, ele não comporta provimento.

Foi prenotado no registro de imóveis instrumento particular de compra e venda, com pacto de alienação fiduciária em garantia (fl. 12/27), nos termos do art. 61 e parágrafos da Lei n. 4.380/64, com a redação da Lei n. 9.514/97, que tem por objeto do imóvel matriculado sob o n. 130.619.

O negócio jurídico que se busca o registro, portanto, envolve compra de imóvel, na qual figuram como compradores *Diego Diniz da Silva* e *Bianca Pereira da Silva*, procurando os outorgados a instituição de condomínio civil, com frações ideais de 50% para cada um dos compradores, nos termos do parágrafo único do art. 1.315 do Código Civil.

Muito embora sustente a apelante que a venda em favor de dois adquirentes não configura alteração do loteamento e tampouco esteja sendo feita em parte certa e localizada do lote, mas sim em frações ideais do todo, está demonstrado, na hipótese, que a venda está sendo feita a pessoas que não possuem qualquer vínculo entre si.

A própria apelante afirmou ao Sr. Oficial sobre a existência de outros títulos de alienação celebrados em situação idêntica à presente, e que também foram devolvidos, o que indica claros indícios de tentativa de desfiguração do plano de loteamento aprovado pelo município. E mais do que isso, de desmembramento de área sem a observância dos requisitos legais e normativos.

De fato, independentemente de o plano diretor municipal admitir essa possibilidade, tudo leva a crer que pessoas que não possuam vínculo entre si, ao adquirir um terreno em frações ideais de 50%, tenham clara intenção de instituir sobre a mesma área imóveis distintos, com futuro desdobro.

Aliás, o documento de fl. 159 indica a impossibilidade de desdobro na hipótese.

O projeto de loteamento foi aprovado pelo município, com o devido registro na serventia imobiliária e divisão de quadras e lotes, em atendimento às posturas legais, urbanísticas e ambientais. Permitir o ingresso de títulos dessa natureza poderia levar à modificação do plano do loteamento, o que não se concebe.

As Normas de Serviço desta Eg. Corregedoria Geral da Justiça também tratam do tema, em seu Capítulo XX, com expressa vedação à formação de condomínio voluntário que traduza fraude à Lei n. 6.766/79:

171. É vedado o registro de alienação voluntária de frações ideais com localização, numeração e metragem certas, ou a formação de condomínio voluntário, que implique fraude ou qualquer outra hipótese de descumprimento da legislação de parcelamento do solo urbano, de condomínios edilícios e do Estatuto da Terra. A vedação não se aplica à hipótese de sucessão causa mortis.

A questão posta não é nova e já foi enfrentada diversas vezes por esse Eg. Conselho Superior da Magistratura:

REGISTRO DE IMÓVEIS – ESCRITURA PÚBLICA DE VENDA E COMPRA DE FRAÇÃO IDEAL – ELEMENTOS INDICATIVOS DE PARCELAMENTO ILEGAL DO SOLO – IMÓVEL DESMEMBRADO EM TAMANHO INFERIOR AO DO MÓDULO RURAL – OFENSA AO SISTEMA NACIONAL DE CADASTRO RURAL – AUSÊNCIA, DEMAIS, DE VÍNCULO ENTRE OS COPROPRIETÁRIOS – DESQUALIFICAÇÃO REGISTRAL CONFIRMADA – REGISTRO OBSTADO RECURSO DESPROVIDO. (Apelação n.º 0000881-74.2015.8.26.0414, Des. PEREIRA CALÇAS).

REGISTRO DE IMÓVEIS – Escritura pública de venda e compra de fração ideal – Elementos indicativos de parcelamento ilegal do solo – Vendas sucessivas de frações ideais do mesmo bem imóvel – Ausência de vínculo entre os coproprietários – Erros pretéritos não justificam outros – Adquirentes cientes da orientação normativa do C. CSM e da E. CGJ – Desqualificação registral confirmada – Registro obstado – Recurso provido. (Apelação Cível n.° 0009405- 61.2012.8.26.0189, Des. RENATO NALINI).

Por essas razões, a negativa de ingresso do título apresentado deve ser mantida em seus exatos termos. Ante o exposto, nego provimento ao recurso.

GERALDO FRANCISCO PINHEIRO FRANCO

Corregedor Geral da Justiça e Relator (DJe de 15.02.2019 - SP)

PODER JUDICIÁRIO

TRIBUNAL DE JUSTIÇA DO ESTADO DE SÃO PAULO

CONSELHO SUPERIOR DA MAGISTRATURA

Apelação nº 1000515-22.2017.8.26.0099

Registro: 2018.0000994922

ACÓRDÃO

Vistos, relatados e discutidos estes autos do(a) **Apelação nº 1000515-22.2017.8.26.0099**, da Comarca de **Bragança Paulista**, em que é apelante **PONTUAL BRAGANCA INCORPORADORA EMPREENDIMENTOS IMOBILIARIOS S.A.**, é apelado **OFICIAL DE REGISTRO DE IMOVEIS E ANEXOS DE BRAGANÇA PAULISTA**.

ACORDAM, em Conselho Superior de Magistratura do Tribunal de Justiça de São Paulo, proferir a seguinte decisão: **"Deram provimento ao recurso para rejeitar a impugnação ofertada pela FDCT - Fundação para o Desenvolvimento Científico e Tecnológico do Estado de São Paulo, v.u."**, de conformidade com o voto do Relator, que integra este Acórdão.

O julgamento teve a participação dos Exmos. Desembargadores **PEREIRA CALÇAS (PRESIDENTE TRIBUNAL DE JUSTIÇA) (Presidente), ARTUR MARQUES (VICE PRESIDENTE), XAVIER DE AQUINO (DECANO), EVARISTO DOS SANTOS(PRES. DA SEÇÃO DE DIREITO PÚBLICO), CAMPOS MELLO (PRES. DA SEÇÃO DE DIREITO PRIVADO) E FERNANDO TORRES GARCIA(PRES. SEÇÃO DE DIREITO CRIMINAL).**

São Paulo, 6 de dezembro de 2018.

GERALDO FRANCISCO PINHEIRO FRANCO

Corregedor Geral da Justiça e Relator

Apelação nº 1000515-22.2017.8.26.0099

Apelante: Pontual Braganca Incorporadora Empreendimentos Imobiliarios S.a.

Apelado: Oficial de Registro de Imoveis e Anexos de Bragança Paulista

VOTO Nº 37.647

Registro de Imóveis – Pedido de desmembramento – Impugnação ao registro – Remessa ao Juiz Corregedor Permanente ante o disposto no art. 19, § 2º, da Lei nº 6.766/1979 – Apresentação da documentação ao registrador, com aprovação pelo órgão público municipal competente – Suficiência para reconhecimento da legalidade formal do parcelamento, no âmbito da qualificação registral – Circunstância que torna prejudicada a apreciação, nesta via, do alegado descumprimento, pela Municipalidade, de TAC firmado em ação civil pública – Afastamento da impugnação ofertada – Recurso provido.

Trata-se de apelação interposta por *Pontual Bragança Incorporadora e Empreendimentos Imobiliários S/A.* contra a r. sentença a fls. 673/674 que manteve a recusa do Oficial de Registro de Imóveis e Anexos de Bragança Paulista/SP e, acolhendo a impugnação ofertada pela FDCT – Fundação para o Desenvolvimento Científico e Tecnológico do Estado de São Paulo, indeferiu o pedido de registro de desmembramento das áreas matriculadas sob nº 77.445 e 77.447 junto àquela serventia predial.

Em suas razões de inconformismo **[1]**, sustenta a apelante, em síntese, que o desmembramento pretendido foi aprovado pela Municipalidade, não estando condicionada tal aprovação à realização de Estudos de Impacto Ambiental e Relatório de Impacto Ambiental EIA/RIA, nos termos do TAC celebrado perante o Ministério Público Estadual. Aduz que o desmembramento requerido não deve ser considerado um novo empreendimento, pois não contempla qualquer intervenção física a ser praticada na área dos imóveis, certo que não participou do termo de ajustamento de conduta celebrado entre o Ministério Público e o Município de Bragança Paulista.

A douta Procuradoria Geral da Justiça manifestou-se pelo não provimento do recurso **[2]**.

É o relatório.

A recusa do Oficial quanto ao registro do desmembramento decorre da impugnação ofertada pela FDCT - Fundação para o Desenvolvimento Científico e Tecnológico do Estado de São Paulo **[3]**, acolhida pelo MM. Juiz Corregedor Permanente.

Na impugnação ofertada, consta que a área objeto do pedido de desmembramento está inserida no domínio territorial objeto da ação civil pública em que ficou vedada a realização ou permissão para realização de quaisquer intervenções na Avenida Menin e em área de entorno, bem como a concessão de qualquer tipo de licença ou autorização para intervenção na Avenida Atílio Menin e área de entorno.

Não há controvérsia sobre o fato de que o acordo celebrado nos autos da ação civil pública abrange a área objeto do pedido de desmembramento em questão, tal como constou da sentença recorrida.

Da mesma forma, ficou demonstrado que, nos termos do TAC firmado com o Ministério Público, a Prefeitura de Bragança Paulista comprometeu-se a se abster de realizar ou permitir que sejam realizadas quaisquer intervenções nessa área, relacionadas à implantação dos loteamentos privados e públicos especificados naqueles autos, ou qualquer outro projeto de empreendimento imobiliário a ser locado na região, bem como a conceder qualquer tipo de licença ou autorização para intervenção na mesma área, sem a elaboração do devido estudo de impacto ambiental e relatório de impacto ambiental da região já delimitada. Comprometeu-se, ainda, a cumprir as disposições legais em que se funda a ação, de modo a realizar ou permitir que se realizem intervenções na área em questão somente após a elaboração do devido estudo de impacto ambiental e relatório de impacto ambiental a ser realizado pelos empreendedores por exigência da Municipalidade ou por ela própria **[4]**.

Ocorre que, em sua manifestação no presente feito, o Município de Bragança Paulista aduz que as obrigações assumidas na referida ação civil pública devem ser aplicadas a novos projetos de empreendimento imobiliário apenas. Assim, sustenta que o pedido de desmembramento de área não conflita com as obrigações assumidas nos termos do TAC firmado com o Ministério Público e que, nesse sentido, a licença concedida é perfeitamente válida.

Veja-se que, no caso concreto, o pedido de desmembramento formulado pela apelante, prenotado sob nº 231426 em 11.11.2016 e reapresentado em 05.12.2016 **[5]**, foi instruído com o comprovante de dispensa de análise expedido pelo GRAPROHAB **[6]** e devidamente aprovado pela Prefeitura Municipal de Bragança Paulista **[7]**, em 31.08.2016, entendendo o Oficial registrador **[8]** pela regularidade da documentação apresentada nos termos da Lei 6.766/79.

Nesse cenário é possível afirmar que, a despeito da impugnação ofertada pela FDCT - Fundação para o Desenvolvimento Científico e Tecnológico do Estado de São Paulo e acolhida pelo MM. Juiz Corregedor Permanente, para a Prefeitura Municipal de Bragança Paulista o imóvel a ser desmembrado não se enquadra nas hipóteses previstas no TAC celebrado com o Ministério Público, motivo pelo qual foi aprovado o projeto de parcelamento do solo em discussão.

Ora, o procedimento de impugnação de registro de loteamento tem natureza administrativa, sendo o "juiz competente", para os fins do art. 19, § 1º, da Lei 6.766/1979, o Juiz Corregedor Permanente dos oficiais de registro de imóveis, que exerce, no caso, atividade puramente administrativa. Ou seja, o Corregedor Permanente e a Corregedoria Geral da Justiça atuam, em casos como este, como órgãos meramente administrativos, despidos, por conseguinte, de função jurisdicional.

E se assim é, na impugnação ao registro de loteamento apenas é possível realizar o controle da legalidade formal, próprio da atividade administrativa de corregedoria, sem que se admita amplo controle quanto à legitimidade das normas aplicáveis. Não cabe aqui, na esfera administrativa, discutir a respeito de eventual descumprimento de obrigação de não fazer assumida na referida ação civil pública, certo que o controle de legalidade realizado no âmbito administrativo-registral, para fins de parcelamento do solo urbano, é de natureza meramente formal, com base nas aprovações emitidas pelos órgãos competentes. O controle de legalidade material fica reservado, portanto, ao âmbito jurisdicional, respeitado o direito à ampla defesa e contraditório, sendo que, na hipótese em análise, sequer houve participação da apelante na ação em que celebrado o acordo em questão.

Sobre o tema, esclarecem Vicente Celeste Amadei e Vicente de Abreu Amadei que:

> *"(...) em matéria de qualificação de registro do parcelamento do solo urbano, no ponto relativo ao ato de aprovação e de anuências prévias exigíveis, a situação é, da parte do Serviço Registral Imobiliário [e, acrescente-se, da parte da Corregedoria Permanente ou Geral], de controle urbanístico indireto e formal e, assim, não cabe ao oficial registrador [e, acrescente-se, ao Corregedor Permanente ou à Corregedoria Geral] promover, para tais documentos, a investigação de fundo, quer técnica, quer de controle de sua legalidade material, mas apenas ter a cautela de verificar e exigir a existência jurídica e a validade formal deles.*
>
> *Isso não significa, note-se, que a ilegalidade intrínseca da aprovação do loteamento não deve ser controlada. Ao contrário, toda ilegalidade administrativa deve ser autocontrolada e heterocontrolada, mas sempre pelos órgãos públicos que estiverem devidamente investidos nos poderes administrativos e jurisdicionais, respectivamente, para tanto. Havendo, então, vício material na aprovação do parcelamento, o heterocontrole da legalidade cabe ao Poder Judiciário, em exercício de sua função típica, jurisdicional, por meio de remédio processual adequado (...)"* (Como lotear uma gleba - o parcelamento do solo urbano em seus aspectos essenciais. 2ª ed. Campinas: Millenium, 2003, p. 151/152).

Nesse sentido, há precedentes da E. Corregedoria Geral da Justiça, conforme se verifica nos Processos CG nos 933/2006, 276/2007 e 4607/2007.

Como se vê, não sendo cabível, nessa esfera administrativa, a análise da legalidade da licença concedida pela Municipalidade quanto ao pretendido desmembramento, há que ser reformada a r. decisão do MM. Juiz Corregedor Permanente.

Diante do exposto, pelo meu voto, **DOU PROVIMENTO** ao recurso para rejeitar a impugnação ofertada pela FDCT - Fundação para o Desenvolvimento Científico e Tecnológico do Estado de São Paulo.

GERALDO FRANCISCO PINHEIRO FRANCO

Corregedor Geral da Justiça e Relator

Notas:

[1] Fls. 692/702.

[2] Fls. 745/748.

[3] Fls. 501/502.

[4] Fls. 564/566 e 598/603.

[5] Fls. 03/04.

[6] Fls. 425.

[7] Fls. 412/414.

[8] Fls. 485. (DJe de 24.01.2019 - SP)

PATRIMÔNIO DE AFETAÇÃO

PODER JUDICIÁRIO

TRIBUNAL DE JUSTIÇA DO ESTADO DE SÃO PAULO

CONSELHO SUPERIOR DA MAGISTRATURA

Apelação nº 1006856-54.2018.8.26.0576

Registro: 2019.0000344281

ACÓRDÃO

Vistos, relatados e discutidos estes autos de **Apelação Cível nº 1006856-54.2018.8.26.0576**, da Comarca de **São José do Rio Preto**, em que são apelantes **BANESPREV FUNDO BANESPA DE SEGURIDADE SOCIAL e SANPREV - SANTANDER ASSOCIAÇÃO DE PREVIDÊNCIA**, é apelado **2º OFICIAL DE REGISTRO DE IMÓVEIS DA COMARCA DE SÃO JOSÉ DO RIO PRETO.**

ACORDAM, em Conselho Superior de Magistratura do Tribunal de Justiça de São Paulo, proferir a seguinte decisão: **"Negaram provimento à Apelação, v.u.",** de conformidade com o voto do Relator, que integra este acórdão.

O julgamento teve a participação dos Exmos. Desembargadores **PEREIRA CALÇAS (PRESIDENTE TRIBUNAL DE JUSTIÇA) (Presidente), ARTUR MARQUES (VICE PRESIDENTE), XAVIER DE AQUINO (DECANO), EVARISTO DOS SANTOS(PRES. DA SEÇÃO DE DIREITO PÚBLICO), CAMPOS MELLO (PRES. DA SEÇÃO DE DIREITO PRIVADO) E FERNANDO TORRES GARCIA(PRES. SEÇÃO DE DIREITO CRIMINAL).**

São Paulo, 30 de abril de 2019.

GERALDO FRANCISCO PINHEIRO FRANCO

Corregedor Geral da Justiça e Relator

Apelação Cível nº 1006856-54.2018.8.26.0576

Apelantes: Banesprev Fundo Banespa de Seguridade Social e Sanprev - Santander Associação de Previdência

Apelado: 2º Oficial de Registro de Imóveis da Comarca de São José do Rio Preto

VOTO Nº 37.718

Registro de Imóveis – Transferência de Gerenciamento de Plano de Benefícios – Entidade fechada de previdência complementar – Imóveis que integram os ativos garantidores das reservas técnicas registrados em nome de antiga gestora – Patrimônio de afetação – Necessidade de averbação do vínculo no respectivo registro imobiliário, como previsto no art. 28, § 1º, da Lei Complementar nº 109/2001 – Título que, no caso concreto, não se presta à dispensa da lavratura de escritura pública – Dúvida procedente – Recurso desprovido.

Trata-se de recurso de apelação interposto por SANPREV – SANTANDER ASSOCIAÇÃO DE PREVIDÊNCIA e BANESPREV – FUNDO BANESPA DE SEGURIDADE SOCIAL contra r. sentença de fls. 570/573 que julgou procedente a dúvida, mantendo os óbices apresentados à transmissão da titularidade dos imóveis matriculados sob os nºs 20.474 e 25.364 do 2º Oficial de Registro de Imóveis e anexos da Comarca de São José do Rio Preto.

Sustentam as apelantes que referidos imóveis, desde sua aquisição, permanecem afetados à garantia de suas reservas matemáticas, fundos e provisões, de forma que não há que se falar em alienação de domínio, mas simples averbação da modificação subjetiva da titularidade, a fim de preservar direitos e garantir o pagamento dos benefícios contratados pelos participantes e assistidos dos fundos envolvidos no negócio jurídico em questão.

Aduzem que houve mera sucessão entre entidades gestoras, na forma permitida pelo regime jurídico peculiar estabelecido nas diretrizes regulatórias da matéria relativa à previdência complementar, sendo dispensável, pois, a lavratura de escritura pública.

Afirmam, ainda, ser desnecessária a averbação exigida pelo registrador, eis que são entidades fechadas de previdência complementar, de âmbito mais restrito.

Por fim, asseveram que a sucessão na gestão dos Planos de Benefícios, em virtude da qual o Patrocinador BANCO SANTANDER S/A, valendo-se de prerrogativa legal, promove deliberação ratificada pelo órgão regulador, no sentido de que a SANPREV - SANTANDER ASSOCIAÇÃO DE PREVIDÊNCIA seja substituída nesse mister pela BANESPREV – FUNDO BANESPA DE SEGURIDADE SOCIAL, não implica propriamente a alteração de titularidade da propriedade dos imóveis, mas apenas uma modificação consentida pela lei da entidade gestora e, portanto, do titular da denominada propriedade aparente.

A Procuradoria Geral de Justiça opinou pelo não provimento do recurso (fls. 636/638). É o relatório.

Presentes pressupostos administrativos e processuais, conheço do recurso, mas, no mérito, a insurgência não procede. Relativamente ao patrimônio das entidades fechadas de previdência complementar, importa dizer que não se desconhece a particular regulação da matéria instituída pelas Leis Complementares nºs 108 e 109/2001, e pelas diretrizes normativas trazidas pela PREVIC - Superintendência Nacional da Previdência Complementar, CNPC Conselho Nacional de Previdência Complementar e pelo Conselho Monetário Nacional.

Como é sabido, o principal desafio do sistema previdenciário é garantir que todos os benefícios e serviços previstos por lei ou por contrato, prometidos aos segurados e seus dependentes, sejam efetivamente fornecidos a seus beneficiários.

Bem por isso, existem instrumentos jurídicos de proteção patrimonial dos recursos destinados ao pagamento dos benefícios e promoção de medidas, visando a garantia de recursos disponíveis para integral cobertura dos compromissos previdenciários assumidos pelo plano, o que seria a chamada *independência patrimonial dos planos de benefício.*

A doutrina clássica, representada por Orlando Gomes, há tempos reconhece a possibilidade da existência de um patrimônio especial afetado a uma finalidade específica, sobre o qual se estabelecerão relações jurídicas (GOMES, Orlando. *Introdução ao Direito Civil.* 11ª edição. Rio de Janeiro. Forense. 1995. p. 203).

A ideia de afetação leva à possibilidade da existência de patrimônios especiais e consiste numa restrição pela qual determinados bens se dispõem a servir a um fim desejado, limitando-se, desse modo, a ação de credores.

No caso específico das entidades gestoras de planos de benefícios de previdência complementar fechada, o titular final do direito de propriedade desses bens que integram o patrimônio de afetação é a pessoa física (participante, beneficiário ou assistido) e não o plano de benefícios, universalidade de direito criada para reunir os interesses dos indivíduos que se encontram ligados a uma relação jurídica comum, disciplinada por seu regulamento.

Alegam as apelantes que a sucessão na gestão dos planos de benefício, com aprovação do órgão regulador, enseja mera alteração formal na situação descrita na matrícula, na medida em que a entidade que ali figura como proprietária deixou de ostentar tal posição, de natureza cogente e aparente, sendo substituída por outra.

Entendem, pois, desnecessária a averbação anterior com a finalidade de distinguir o patrimônio de afetação, assim como a apresentação do instrumento de transmissão de domínio legalmente formalizado, como exigido pelo Oficial registrador.

Ora, em que pese tratar o título prenotado da transferência de gestão de planos de benefícios previdenciários, não se sustenta a tese das apelantes no sentido de que a modificação da entidade gestora do plano de benefícios deve resultar automaticamente na prática do ato registral reclamado, para adequado espelhamento da nova realidade dos imóveis junto ao fólio real no tocante à titularidade formal da situação de proprietária.

Isso porque, nas matrículas nºs 20.474 e 25.364 do 2º Oficial de Registro de Imóveis e anexos da Comarca de São José do Rio Preto, consta como titular de domínio dos imóveis a pessoa jurídica SANPREV SANTANDER ASSOCIAÇÃO DE PREVIDÊNCIA (fls. 533/537), sem inscrição do vínculo a que se refere o art. 28, § 1º, da Lei Complementar nº 109/01.

E se assim é, a despeito do entendimento defendido pelas apelantes no sentido de que os imóveis pertencem, em última análise, aos próprios participantes do plano de benefícios, cabendo à entidade fechada, que figura na tábua registral como proprietária aparente, tão somente a administração e execução desse plano, o fato é que, em respeito aos princípios registrais, faz-se mesmo necessária a prévia averbação exigida pelo Oficial, para que os bens em questão se vinculem ao propósito específico a que se destinam.

Ausente a averbação do vínculo, a sucessão na gestão dos planos de benefício, com aprovação do órgão regulador, não implica a alteração formal na situação descrita na matrícula, ainda que a entidade que ali figura como proprietária tenha deixado de ostentar tal posição, de natureza cogente e aparente, sendo substituída por outra.

Ademais, no Termo de Rescisão de Convênio de Adesão e Transferência de Gerenciamento do Plano de Benefícios II constou que a SANPREV tem obrigação de transferir à BANESPREV, como parte do ativo do Plano II, os bens imóveis que estão em seu nome (cláusula 13, fl. 347).

Ocorre que, além da não averbação do vínculo dos imóveis matriculados acima referidos, ao ativo garantidor do plano de previdência complementar gerido pelas apelantes, os imóveis a serem transferidos à titularidade, ainda que formal, da nova gestora também não se encontram individualizados no instrumento subscrito pelas entidades interessadas.

Nesse contexto, para cumprimento da obrigação assumida no caso concreto, a SANPREV deverá mesmo se valer da lavratura de escritura pública, cumprindo ressaltar que a mera alteração da indicação da gestora do plano de benefícios não serve à modificação da titularidade dominial dos imóveis, ainda que se trate de propriedade aparente.

Esse C. Conselho Superior da Magistratura possui precedente recente neste sentido:

"REGISTRO DE IMÓVEIS – Transferência de Gerenciamento de Plano de Benefícios – Entidade fechada de previdência complementar – Imóveis que integram os ativos garantidores das reservas técnicas registrados em nome de antiga gestora – Patrimônio de afetação – Necessidade de averbação do vínculo no respectivo registro imobiliário, como previsto no art. 28, § 1º, da Lei Complementar 109/2001 – Título que, no caso concreto, não se presta à dispensa da lavratura de escritura pública – Dúvida procedente – Recurso desprovido." (Apelação nº 1001717- 94.2018.8.26.0100, Des. PINHEIRO FRANCO).

Como se vê, assiste razão ao Oficial registrador quanto aos óbices levantados. Diante do exposto, nego provimento ao recurso.

GERALDO FRANCISCO PINHEIRO FRANCO

Corregedor Geral da Justiça e Relator (DJe de 29.05.2019 - SP)

PERMUTA

PODER JUDICIÁRIO

TRIBUNAL DE JUSTIÇA DO ESTADO DE SÃO PAULO

CONSELHO SUPERIOR DA MAGISTRATURA

Apelação nº 1012344-60.2018.8.26.0100

Registro: 2018.0000830486

ACÓRDÃO

Vistos, relatados e discutidos estes autos da **Apelação nº 1012344-60.2018.8.26.0100**, da Comarca de **São Paulo**, em que são apelantes **RITA MARIA HORTA DE MENEZES MEDINA e JOÃO BATISTA MEDINA NETO**, é apelado **4º OFICIAL DE REGISTRO DE IMÓVEIS DA COMARCA DA CAPITAL.**

ACORDAM, em Conselho Superior de Magistratura do Tribunal de Justiça de São Paulo, proferir a seguinte decisão: **"Negaram provimento ao recurso. V. U."**, de conformidade com o voto do Relator, que integra este Acórdão.

O julgamento teve a participação dos Exmos. Desembargadores **PEREIRA CALÇAS (PRESIDENTE TRIBUNAL DE JUSTIÇA) (Presidente), ARTUR MARQUES (VICE PRESIDENTE), XAVIER DE AQUINO (DECANO), EVARISTO DOS SANTOS(PRES. DA SEÇÃO DE DIREITO PÚBLICO), CAMPOS MELLO (PRES. DA SEÇÃO DE DIREITO PRIVADO) E FERNANDO TORRES GARCIA(PRES. SEÇÃO DE DIREITO CRIMINAL).**

São Paulo, 15 de outubro de 2018.

GERALDO FRANCISCO PINHEIRO FRANCO

Corregedor Geral da Justiça e Relator

Apelação nº 1012344-60.2018.8.26.0100

Apelantes: Rita Maria Horta de Menezes Medina e João Batista Medina Neto

Apelado: 4º Oficial de Registro de Imóveis da Comarca da Capital

VOTO Nº 37.514.

Registro de imóveis – Contrato de permuta não caracterizado em razão de uma das prestações encerrar entrega de dinheiro – Não cabimento de qualquer registro relativo à unidade autônoma a falta do registro da incorporação imobiliária com respectivo memorial – Não descrição no título a quais unidades autônomas estão sendo objeto de transmissão – Violação do Princípio da Especialidade Objetiva – Impossibilidade de registro mantida – Recurso não provido.

Trata-se de apelação interposta por Rita Maria Horta de Menezes Medina e João Batista Medina Neto contra r. sentença que julgou procedente a dúvida e manteve a recusa do registro de escritura pública de confissão, novação de dívida, promessa de dação em pagamento e outros pactos por violação ao princípio da especialidade objetiva.

Os apelantes sustentam a nulidade da sentença, a regularidade do título e o cabimento do registro ante a possibilidade de identificação dos imóveis descritos no contrato frente ao registro imobiliário.

A douta Procuradoria Geral de Justiça opinou pelo não provimento do recurso (fls. 124/127).

É o relatório.

Afasto a alegação de nulidade da r. sentença recorrida uma vez que é possível a compreensão da remissão às razões de manutenção da qualificação registral negativa por idênticos fundamentos da decisão anterior acerca do mesmo título.

No processo administrativo tem aplicação o princípio do formalismo moderado, o qual, conforme Odete Medauar (*A processualidade no direito administrativo*. São Paulo: Revista dos Tribunais, 2008, p. 132) "se traduz na exigência de interpretação flexível e razoável quanto a formas, para evitar que sejam vistas com um fim em si mesmas, desligadas das verdadeiras dadas do processo".

Desse modo, a decisão administrativa atingiu sua finalidade, não se cogitando de nulidade, sobretudo em consideração à instrumentalidade das formas no âmbito do processo administrativo.

O negócio jurídico contido no título apresentado envolveu confissão de dívida da ordem de R$ 3.612.000,00, dos quais R$ 3.360.000,00 foram quitados mediante a entrega de tantas unidades autônomas quantas totalizem duzentos e oitenta metros quadrados do empreendimento a ser construído (a fls. 43).

Apesar do contrato celebrado entres as partes mencionar "dação em pagamento" com relação às referidas unidades, os apresentantes mencionam tratar de promessa de permuta, a qual é passível de registro nos termos do artigo 32, alínea "a", da Lei n. 4.591/64.

Ainda que a qualificação jurídica do negócio jurídico independa do nome atribuído pelos participantes, a permuta é caracterizada pela entrega de bem que não seja dinheiro.

Arnaldo Rizzardo (*Contratos*. Rio de Janeiro: Forense, 2001, p. 321) comenta esse ponto nos seguintes termos:

Define-se a troca ou permuta como o contrato pelo qual as partes se obrigam a dar uma coisa por outra, que não seja dinheiro. Grande é a semelhança com a compra e venda, mas, distingue Enneccerus, naquela não há a contraprestação em dinheiro, "sino em otra cosa o en derecho. Así, pues, respecto a la permuta no procede distinguir entrre precio y mercancía".

Justamente aí aparece a diferença. As prestações dos permutantes são em espécie, o que é bem diferente na compra e venda.

Em assim sendo, o pagamento em dinheiro por meio de dação em pagamento de coisa futura (a fls. 43) não poder ser qualificado juridicamente como promessa de permuta.

Nestes termos, o ato realizado pelas partes encerrou dação em pagamento de coisa futura, o qual se rege pelas regras da compra e venda nos termos do artigo 357 do Código Civil.

Seja como for, a qualificação registral negativa merece ser mantida por força da violação do princípio da especialidade objetiva quanto ao registro pretendido.

O Princípio da Especialidade Objetiva, contido no art. 176 da Lei n. 6.015/73, exige a identificação do imóvel como um corpo certo, impedindo o ingresso de título sem coincidência com o imóvel registrado a partir da aproximação dos elementos constantes no título e na matrícula.

O Desembargador Hamilton Elliot Akel, então Corregedor Geral da Justiça, na apelação n. 0010422- 67.2013.8.26.0361, tratando desse princípio, mencionou:

No que respeita ao principio da especialidade objetiva, ele apenas seria respeitado se o título descrevesse o imóvel tal como no assento e, também, se esse assento contivesse perfeita individualização do bem. Para Afrânio de Carvalho, o princípio da especialidade do imóvel significa a sua descrição como corpo certo, a sua representação escrita como individualidade autônoma, com o seu modo de ser físico, que o torna inconfundível e, portanto, heterogêneo em relação a qualquer outro (Registro de Imóveis: comentários ao sistema de registro em face da Lei 6.015/73, 2a ed., Rio de Janeiro, 1977, p. 219). Por isso, o imóvel deve estar perfeitamente descrito no título objeto de registro de modo a permitir sua exata localização e individualização, não se confundindo com nenhum outro. Narciso Orlandi Neto, ao citar Jorge de Seabra Magalhães, lembra que "as regras reunidas no princípio da especialidade impedem que sejam registrados títulos cujo objeto não seja exatamente aquele que consta do registro anterior. É preciso que a caracterização do objeto do negócio repita os elementos de descrição constantes do registro" (Narciso Orlandi Neto, Retificação do Registro de Imóveis, Juarez de Oliveira, pág. 68).

Não houve o registro da incorporação imobiliária com o respectivo memorial, destarte, inviável o ingresso de título referente à incorporação imobiliária não existente no álbum imobiliário.

Da mesma forma, o título apresentado não indica, de forma detalhada, quais unidades autônomas serão transmitidas.

Nestes termos, permanecendo o óbice atinente ao Princípio da Especialidade Objetiva, não é possível o ingresso do título no registro imobiliário.

Ante o exposto, nego provimento ao recurso.

GERALDO FRANCISCO PINHEIRO FRANCO

Corregedor Geral da Justiça e Relator (DJe de 29.01.2019 - SP)

PRENOTAÇÃO

PODER JUDICIÁRIO

TRIBUNAL DE JUSTIÇA DO ESTADO DE SÃO PAULO

CONSELHO SUPERIOR DA MAGISTRATURA

Apelação nº 1022340-35.2017.8.26.0224

Registro: 2018.0000694966

ACÓRDÃO

Vistos, relatados e discutidos estes autos da **Apelação nº 1022340-35.2017.8.26.0224**, da Comarca de **Guarulhos**, em que é apelante **MAIA INVESTIMENTOS IMOBILIÁRIOS LTDA**, é apelado **SEGUNDO OFICIAL DE REGISTRO DE IMOVEIS E ANEXOS DE GUARULHOS**.

ACORDAM, em Conselho Superior de Magistratura do Tribunal de Justiça de São Paulo, proferir a seguinte decisão: **"Julgaram prejudicada a dúvida e não conheceram do recurso, v.u."**, de conformidade com o voto do Relator, que integra este Acórdão.

O julgamento teve a participação dos Exmos. Desembargadores **PEREIRA CALÇAS (PRESIDENTE TRIBUNAL DE JUSTIÇA) (Presidente), ARTUR MARQUES (VICE PRESIDENTE), DAMIÃO COGAN (DECANO), EVARISTO DOS SANTOS(PRES.**

DA SEÇÃO DE DIREITO PÚBLICO), CAMPOS MELLO (PRES. DA SEÇÃO DE DIREITO PRIVADO) E FERNANDO TORRES GARCIA(PRES. SEÇÃO DE DIREITO CRIMINAL).

São Paulo, 31 de agosto de 2018.

GERALDO FRANCISCO PINHEIRO FRANCO

Corregedor Geral da Justiça e Relator

Apelação nº 1022340-35.2017.8.26.0224

Apelante: Maia Investimentos Imobiliários Ltda

Apelado: Segundo Oficial de Registro de Imóveis e Anexos de Guarulhos

VOTO Nº 37.535

Registro de Imóveis – Dúvida inversa – Manutenção, pelo MM. Juiz Corregedor Permanente, de um dos óbices apontados pelo Oficial – Título apresentado para exame e cálculo – Inexistência de prenotação – Dúvida prejudicada – Recurso não conhecido.

Trata-se de apelação **[1]** interposta por MAIA INVESTIMENTOS IMOBILIÁRIOS LTDA. contra r. sentença **[2]** que, em procedimento de dúvida inversa, afastou parte dos óbices apresentados pelo 2º Oficial de Registro de Imóveis, Títulos e Documentos e Civil da Comarca de Guarulhos/SP, mas manteve a negativa do registro de instrumento particular de compra e venda com alienação fiduciária em garantia, datado de 02 de agosto de 2011, e respectivo instrumento de rerratificação, datado de 27 de dezembro de 2016, relativos ao imóvel objeto da matrícula nº 118.937 daquela serventia extrajudicial.

A apelante alega, em suma, que a despeito do entendimento do MM. Juiz Corregedor Permanente, a rerratificação foi promovida apenas para incluir a descrição correta do imóvel e o prazo de carência da alienação fiduciária, a fim de atender ao princípio registral da especialidade objetiva e o requisito da Lei 9.514/94, sem alteração de elementos essenciais do negócio celebrado, de forma que a qualificação negativa do título não merece prosperar. Acrescenta que o instrumento particular de rerratificação foi elaborado de maneira unilateral em observância à cláusula nº 17.6 (mandato) contida no instrumento particular de aquisição, por intermédio da qual lhe foram conferidos poderes para representar o devedor perante a serventia registral. Requer seja dado provimento à apelação interposta, com o consequente registro do título.

A Douta Procuradoria opinou pelo não provimento do recurso **[3]**.

É o relatório.

Em nota devolutiva expedida em pedido de exame e cálculo **[4]**, os óbices apresentados pelo 2º Oficial de Registro de Imóveis da Comarca de Guarulhos foram assim especificados: a) necessidade de assinatura, pelos devedores, do instrumento de rerratificação, dando ciência de seu conteúdo, pois a procuração constante da cláusula

17.6 do contrato original não outorga à credora fiduciária poderes especiais e expressos para a finalidade de rerratificação do contrato, mas tão somente autoriza a representação pela credora junto à instituição financeira, o que não é o caso; b) necessidade de recolhimento de multa e juros referentes ao pagamento em atraso do ITBI, em observância à lei municipal; e c) esclarecimentos quanto à taxa de transferência dos direitos do fiduciante, uma vez que não há respaldo legal para sua cobrança.

Como é sabido, o procedimento de dúvida é reservado à análise da dissensão do apresentante com os motivos que levaram à recusa do registro do título que, para essa finalidade, deverá ser objeto de protocolo, pois de seu julgamento decorrerá a manutenção da recusa, com cancelamento da prenotação, ou a improcedência da dúvida que terá como consequência a realização do registro (art. 203, inciso II, da Lei nº 6.015/73).

A necessidade de prévio protocolo do título, ademais, decorre de interpretação lógica da Lei nº 6.015/73 que: a) em seu art. 182 determina que todos os títulos tomarão no protocolo o número de ordem correspondente à sequência de apresentação; b) em seu art. 198, e incisos, dispõe sobre a anotação da dúvida no Livro nº 1 Protocolo, para conhecimento da prorrogação do prazo da prenotação; e c) em seu art. 203 prevê os efeitos do julgamento da dúvida em relação ao registro e, em consequência, ao resultado da qualificação realizada depois da respectiva prenotação do título.

Considerando, pois, que a apresentação de título para exame e cálculo não gera protocolo (art. 12, parágrafo único, da Lei nº 6015/73) e, assim, não se presta para o registro que deverá ser feito se forem atendidos os requisitos legais, conforme a prioridade decorrente da prenotação (art. 182 da Lei referida), não se admite dúvida para análise do resultado da nota devolutiva expedida nessas circunstâncias.

Veja-se que, no presente caso, a ausência de protocolo foi confirmada pelo Sr. Oficial de Registro de Imóveis nas informações a fls. 344 e seguintes, certo que apenas depois do início do procedimento de dúvida inversa é que o título foi prenotado.

E o reconhecimento de que a dúvida se encontra prejudicada acarreta o não conhecimento do recurso. Diante do exposto, julgo prejudicada a dúvida e não conheço do recurso.

GERALDO FRANCISCO PINHEIRO FRANCO

Corregedor Geral da Justiça e Relator

Notas:

[1] Fls. 381/392.

[2] Fls. 361/364 e embargos de declaração a fls. 372/376.

[3] Fls. 407/408.

[4] Fls. 172/180. (DJe de 01.03.2019 - SP)

PODER JUDICIÁRIO

TRIBUNAL DE JUSTIÇA DO ESTADO DE SÃO PAULO

CONSELHO SUPERIOR DA MAGISTRATURA

Apelação n° 1002170-63.2018.8.26.0238

Registro: 2019.0000792691

ACÓRDÃO

Vistos, relatados e discutidos estes autos de **Apelação Cível n.º 1002170-63.2018.8.26.0238**, da Comarca de **Ibiúna**, em que é apelante **VALDIR SALLES TRIGHETAS**, é apelado **OFICIAL DE REGISTRO DE IMÓVEIS E ANEXOS DA COMARCA DE IBIÚNA**.

ACORDAM, em Conselho Superior de Magistratura do Tribunal de Justiça de São Paulo, proferir a seguinte decisão: **"Julgaram prejudicada a dúvida e não conheceram do recurso, v.u."**, de conformidade com o voto do Relator, que integra este acórdão.

O julgamento teve a participação dos Exmos. Desembargadores **PEREIRA CALÇAS (PRESIDENTE TRIBUNAL DE JUSTIÇA) (Presidente), ARTUR MARQUES (VICE PRESIDENTE), XAVIER DE AQUINO (DECANO), EVARISTO DOS SANTOS (PRES. DA SEÇÃO DE DIREITO PÚBLICO), CAMPOS MELLO (PRES. DA SEÇÃO DE DIREITO PRIVADO) E FERNANDO TORRES GARCIA(PRES. SEÇÃO DE DIREITO CRIMINAL).**

São Paulo, 19 de setembro de 2019.

GERALDO FRANCISCO PINHEIRO FRANCO

Corregedor Geral da Justiça e Relator

Apelação Cível n.º 1002170-63.2018.8.26.0238
Apelante: Valdir Salles Trighetas
Apelado: Oficial de Registro de Imóveis e Anexos da Comarca de Ibiúna

VOTO N.º 37.914

Registro de Imóveis - Dúvida julgada procedente para manter a recusa do registro – Título apresentado para exame e cálculo – Anuência do apresentante com parte das exigências formuladas - Dúvida prejudicada - Recurso não conhecido.

Trata-se de recurso de apelação interposto por Valdir Salles Trighetas contra a r. sentença de fls. 52/54 que julgou procedente a dúvida e manteve a recusa de escritura pública de compra e venda.

O apelante sustenta o cabimento do registro em razão de não haver dúvida da identidade da vendedora e à época da escritura não havia obrigação da inscrição no CPF de estrangeiros (fls. 56/66).

A D. Procuradoria Geral de Justiça opinou pelo provimento do recurso (fls. 87/89).

É o relatório.

Em nota devolutiva expedida em pedido de exame e cálculo (v. manifestação de fls. 1/3), o Sr. Oficial referiu a necessidade da apresentação de cópia autenticada de documentos (duas identidades de estrangeiro e uma certidão de casamento com averbação do divórcio), a prova da inscrição de CPF de estrangeira e indicou o valor dos emolumentos (fls. 12).

Como é sabido, o procedimento de dúvida é reservado à análise da dissensão do apresentante com os motivos que levaram à recusa do registro do título que, para essa finalidade, deverá ser objeto de protocolo, pois de seu julgamento decorrerá a manutenção da recusa, com cancelamento da prenotação, ou a improcedência da dúvida que terá como consequência a realização do registro (art. 203, inciso II, da Lei n.º 6.015/73).

A necessidade de prévio protocolo do título para registro, ademais, decorre de interpretação lógica da Lei n.º 6.015/73 que:

a) em seu art. 182 determina que todos os títulos tomarão no protocolo o número de ordem correspondente à sequência de apresentação;

b) em seu art. 198, e incisos, dispõe sobre a anotação da dúvida no Livro n.º 1 Protocolo, para conhecimento da prorrogação do prazo da prenotação e;

c) em seu art. 203 prevê os efeitos do julgamento da dúvida em relação ao registro e, em consequência, ao resultado da qualificação realizada depois da respectiva prenotação do título.

Considerando, pois, que a apresentação de título para exame e cálculo não gera prenotação (art. 12, parágrafo único, da Lei n.º 6.015/73) e, assim, não se presta para o registro que deverá ser feito se forem atendidos os requisitos legais, conforme a prioridade decorrente do protocolo (art. 182 da lei referida), não se admite dúvida para análise do resultado da nota devolutiva expedida para análise e exame e cálculo.

Ademais, o recorrente impugnou apenas uma das exigências apontadas pelo Sr. Oficial de Registro de Imóveis (inscrição no CPF), concordando com as demais, o que prejudicaria o exame da dúvida mesmo se o título estivesse prenotado para fins de registro.

Isso porque a anuência como parte das exigências apontadas para o ingresso do título no fólio real atribui ao procedimento de dúvida natureza consultiva, ou meramente doutrinária, pois o novo exame de admissibilidade para o futuro registro poderá ser influenciado por eventuais fatos novos mesmo se o título for apresentado com atendimento das exigências impugnadas.

Por essas razões, este Col. Conselho Superior da Magistratura já decidiu que:

REGISTRO DE IMÓVEIS – Dúvida inversa julgada procedente – Carta de sentença extraída em ação de separação consensual – Impugnação parcial das exigências formuladas – Dúvida prejudicada – Recurso não conhecido (Apelação Cível: 1000679-66.2018.8.26.0223, Rel. Des. Pinheiro Franco, j. 4/10/2018),

REGISTRO DE IMÓVEIS – Dúvida – Impugnação parcial das exigências – Anuência do apresentante com parte das exigências formuladas – Não apresentação do título original – Dúvida prejudicada – Recurso não conhecido, com observação (Apelação Cível: 1013579-15.2017.8.26.0224, Rel. Des. Pinheiro Franco, j. 2/8/2018).

Nessa linha, também os seguintes precedentes: Apelação Cível n.º 1004343-82.2016.8.26.0318, j. 24/4/18; Apelação Cível n.º 1015740-40.2016.8.26.0577, j. 15/5/2018.

Essa situação, não bastasse o acima referido, igualmente, prejudicaria o exame da dúvida.

E o reconhecimento de que a dúvida se encontra prejudicada, acarreta o não conhecimento do recurso. Ante o exposto, **julgo prejudicada a dúvida e não conheço do recurso.**

GERALDO FRANCISCO PINHEIRO FRANCO

Corregedor Geral da Justiça e Relator(DJe de 14.10.2019 – SP)

PRINCÍPIO DA ESPECIALIDADE

PODER JUDICIÁRIO

TRIBUNAL DE JUSTIÇA DO ESTADO DE SÃO PAULO

CONSELHO SUPERIOR DA MAGISTRATURA

Apelação nº 1004682-98.2017.8.26.0320

Registro: 2019.0000108381

ACÓRDÃO

Vistos, relatados e discutidos estes autos do(a) **Apelação nº 1004682-98.2017.8.26.0320**, da Comarca de **Limeira**, em que é apelante **WESLEY AIRTON PELLEGRINI**, é apelado **2º CARTÓRIO DE REGISTRO DE IMÓVEIS E ANEXOS DA COMARCA DE LIMEIRA.**

ACORDAM, em Conselho Superior de Magistratura do Tribunal de Justiça de São Paulo, proferir a seguinte decisão: **"Negaram provimento ao recurso, v.u..",** de conformidade com o voto do Relator, que integra este Acórdão.

O julgamento teve a participação dos Exmos. Desembargadores **PEREIRA CALÇAS (PRESIDENTE TRIBUNAL DE JUSTIÇA) (Presidente), ARTUR MARQUES (VICE PRESIDENTE), XAVIER DE AQUINO (DECANO), EVARISTO DOS SANTOS (PRES. DA SEÇÃO DE DIREITO PÚBLICO), CAMPOS MELLO (PRES. DA SEÇÃO DE DIREITO PRIVADO) E FERNANDO TORRES GARCIA(PRES. SEÇÃO DE DIREITO CRIMINAL).**

São Paulo, 7 de fevereiro de 2019.

GERALDO FRANCISCO PINHEIRO FRANCO

Corregedor Geral da Justiça e Relator

Apelação nº 1004682-98.2017.8.26.0320

Apelante: WESLEY AIRTON PELLEGRINI

Apelado: 2º Cartório de Registro de Imóveis e Anexos da Comarca de Limeira

VOTO Nº 37.680

Registro de Imóveis – Especialidade objetiva – Descrição do imóvel imprecisa sem

possibilidade de compreender sua localização – Polígono do imóvel aberto redundando em dúvidas de sua exata localização – Retificação judicial do registro imobiliário realizada em 1991 que não impede a qualificação registral negativa ante a permanência do vício na especialidade objetiva – Necessidade de nova retificação do registro imobiliário – recurso não provido.

Trata-se de apelação interposta por Wesley Airton Pellegrini contra a r. sentença de fls. 140/142 que julgou procedente a dúvida e manteve a recusa do registro de escritura pública de compra e venda por violação ao princípio da especialidade objetiva, reconhecendo a necessidade de retificação do registro imobiliário.

O apelante sustenta, em preliminar, nulidade da decisão pela não produção da prova requerida e no mérito o ingresso do título em razão da regularidade da matrícula, a qual, inclusive, foi objeto de retificação judicial (a fls. 163/174).

A douta Procuradoria Geral de Justiça opinou pelo não provimento do recurso (fls. 188/193). É o relatório.

No presente procedimento de dúvida não cabia realização de prova pericial para examinar a regularidade da matrícula uma vez que não é possível aclarar o conteúdo daquela com informações externas ao registro imobiliário.

Além disso, consta dos autos plantas realizadas ao tempo da retificação de área (a fls. 119/124). Nestes temos, afasto a preliminar de nulidade da r. sentença.

O Princípio da Especialidade Objetiva, contido no art. 176 da lei n. 6.015/73, exige a identificação do imóvel como um corpo certo, inconfundível com qualquer outro, objetivando sua localização física.

O Sr. Oficial do Registro Imobiliário afirmou (a fls. 02):

> *Ocorre que ao verificarmos a descrição do imóvel, lançada na averbação n. 07, matrícula 3.375, verificamos que o polígono não fecha, e embora a área tenha sido objeto de retificação judicial, é certo que a descrição é falha e não atende o princípio da especialidade objetiva.*

Essa situação permanece e não foi afastada pelas alegações do apelante; inclusive, nas razões recursais é afirmado (a fls. 167):

> *O que se observa é que simplesmente deixou de constar da matrícula do imóvel (averbação 7), o rumo do ponto 5 ao ponto 1, de 58º 51' 45" NW, entretanto, esse rumo consta do levantamento planimétrico apresentado às fls. 123. No mais, constam todas as medidas dos 5 lados do polígono, bem como a área total.*

A falta da indicação do mencionado rumo corrobora o fundamento da qualificação registral negativa impossibilidade de fechamento do polígono a partir do conteúdo da matrícula.

Compete, destarte, a retificação do registro imobiliário para o cumprimento do princípio da especialidade objetiva, afastando o vício existente.

A retificação judicial do registro imobiliário, havida em 1991, não resolve a questão, porquanto, como exposto, permanece a incerteza da exata localização do imóvel.

Os efeitos da coisa julgada, igualmente, não impedem a qualificação negativa ante a permanência de dúvidas acerca do polígono do imóvel. Note-se que não há reforma ou descumprimento do decidido em ação judicial de jurisdição voluntária.

Desse modo, a descrição do imóvel é imprecisa, falha e lacunosa impedindo sua exata identificação geográfica.

O que se defende não é apego a desmedido formalismo e sim que o registro imobiliário forneça segurança jurídica, aperfeiçoando o sistema registral e impedindo a permanência de situações jurídicas registrais contrárias às normas cogentes incidentes.

O registro imobiliário, para sua plena eficácia, deve refletir a realidade física no campo da especialidade objetiva, do contrário, permite incertezas que não se coadunam com os princípios legais incidentes.

O imóvel, com sua atual descrição, não está individualizado, portanto, imprescindível prévia retificação do registro imobiliário para consecução da segurança jurídica do registro imobiliário.

Ante o exposto, nego provimento ao recurso.

GERALDO FRANCISCO PINHEIRO FRANCO

Corregedor Geral da Justiça e Relator (DJe de 18.03.2019 - SP)

PODER JUDICIÁRIO

TRIBUNAL DE JUSTIÇA DO ESTADO DE SÃO PAULO

CONSELHO SUPERIOR DA MAGISTRATURA

Apelação nº 1000267-95.2018.8.26.0204

Registro: 2019.0000391272

ACÓRDÃO

Vistos, relatados e discutidos estes autos de **Apelação Cível nº 1000267-95.2018.8.26.0204**, da Comarca de **General Salgado**, em que é apelante **CLAUDEVANIRA RODRIGUES DE MENDONÇA VIANA**, é apelado **OFICIAL DE REGISTRO DE IMÓVEIS E ANEXOS DA COMARCA DE GENERAL SALGADO.**

ACORDAM, em Conselho Superior de Magistratura do Tribunal de Justiça de São Paulo, proferir a seguinte decisão: **"Negaram provimento, v.u.",** de conformidade com o voto do Relator, que integra este acórdão.

O julgamento teve a participação dos Exmos. Desembargadores **PEREIRA CALÇAS (PRESIDENTE TRIBUNAL DE JUSTIÇA) (Presidente), ARTUR MARQUES (VICE PRESIDENTE), XAVIER DE AQUINO (DECANO), EVARISTO DOS SANTOS(PRES. DA SEÇÃO DE DIREITO PÚBLICO), CAMPOS MELLO (PRES. DA SEÇÃO DE DIREITO PRIVADO) E FERNANDO TORRES GARCIA(PRES. SEÇÃO DE DIREITO CRIMINAL).**

São Paulo, 16 de maio de 2019.

GERALDO FRANCISCO PINHEIRO FRANCO
Corregedor Geral da Justiça e Relator

Apelação Cível nº 1000267-95.2018.8.26.0204

Apelante: Claudevanira Rodrigues de Mendonça Viana

Apelado: Oficial de Registro de Imóveis e Anexos da Comarca de General Salgado

VOTO Nº 37.742.

Registro de Imóveis – Especialidade objetiva – Descrição do imóvel diversa da existente na matrícula – Impossibilidade de ingresso do título – A validade do negócio jurídico por vício de forma deve ser avaliada no momento de seu aperfeiçoamento – Nulidade por vício de forma – Impossibilidade de pedido de desdobro com base em contrato nulo – Recurso não provido.

Trata-se de apelação interposta por Claudevanira Rodrigues de Mendonça Viana contra a r. sentença de fls. 98/103 que julgou procedente a dúvida e manteve a recusa do registro de instrumento particular de compra e venda por violação ao princípio da especialidade objetiva e nulidade do contrato por vício de forma.

A apelante sustenta competir o desdobro do lote com o subsequente ingresso do título, afastando-se as exigências (a fls. 121/126).

A douta Procuradoria Geral de Justiça opinou pelo não provimento do recurso (fls. 156/158). É o relatório.

O título apresentado a registro, contrato de compra venda em instrumento particular, descreve um lote de 119,70 m2 (a fls. 16/20).

Na matrícula há indicação de um terreno com 365,40 m², no qual está construída uma casa com 257,90 m2 (a fls. 35/36).

O Princípio da Especialidade Objetiva, contido no art. 176 da lei n. 6.015/73, exige a identificação do imóvel como um corpo certo, inconfundível com qualquer outro, passível de compreensão desde o exame do título frente à matrícula.

A descrição contida no título é desconforme ao constante no registro imobiliário em virtude da diversidade de área e da existência de uma construção residencial, portanto, não é possível afirmar que o imóvel registrado seja o contido no contrato particular de compra e venda.

Cabe salientar não ter ocorrido o desdobro do imóvel até o momento; seja como for, há incompatibilidade da construção existente com situação referida no título.

Nessa linha, a primeira exigência foi correta e merece ser mantida, inclusive em razão da conformidade ao disposto no artigo 225, parágrafo primeiro, da Lei de Registros Públicos.

No caso em julgamento, a validade do negócio jurídico celebrado (contrato particular de compra e venda) deve ser analisada ao tempo de sua realização.

No momento do aperfeiçoamento do contrato por meio do encontro de vontades, o valor do imóvel em sua totalidade era superior a trinta salários mínimos, assim, nos termos do artigo 108 e 166, inciso IV, do Código Civil, o contrato é nulo por vício de forma, porquanto a manifestação de vontade deveria ocorrer por meio de instrumento público, quando o foi por escrito particular.

Compete reiterar a compreensão do artigo 108 do Código Civil referir o valor do imóvel e não do contrato para fins de imposição de forma (nesse sentido, o precedente deste CSM, constante da apelação cível n. 0007514- 42.2010.8.26.0070).

Noutra quadra, eventual desdobro do imóvel deveria preceder o contrato, não sendo cabível convalidação de negócio jurídico nulo por ato posterior. A possível conversão do negócio jurídico (Código Civil, artigo 170), além de não tratada nos autos, não modifica a situação concreta.

Finalmente, não seria possível o desdobro do lote com base em contrato nulo.

É o que basta para demonstrar a correção da segunda exigência do Sr. Oficial do Registro de Imóveis. Ante o exposto, nego provimento ao recurso.

GERALDO FRANCISCO PINHEIRO FRANCO

Corregedor Geral da Justiça e Relator (DJe de 18.06.2019 - SP)

PODER JUDICIÁRIO

TRIBUNAL DE JUSTIÇA DO ESTADO DE SÃO PAULO

CONSELHO SUPERIOR DA MAGISTRATURA

Apelação n° 1002805-36.2017.8.26.0543

Registro: 2019.0000154065

ACÓRDÃO

Vistos, relatados e discutidos estes autos do(a) **Apelação nº 1002805-36.2017.8.26.0543**, da Comarca de **Santa Isabel**, em que é apelante **SONIA HEIDER IERVOLINO**, é apelado **OFICIAL DO REGISTRO DE IMÓVEIS, TÍTULOS E DOCUMENTOS E CIVIL DE PESSOAS JURÍDICAS DA COMARCA DE SANTA ISABEL**.

ACORDAM, em Conselho Superior de Magistratura do Tribunal de Justiça de São Paulo, proferir a seguinte decisão: **"Negaram provimento, v.u."**, de conformidade com o voto do Relator, que integra este Acórdão.

O julgamento teve a participação dos Exmos. Desembargadores **PEREIRA CALÇAS (PRESIDENTE TRIBUNAL DE JUSTIÇA) (Presidente), ARTUR MARQUES (VICE PRESIDENTE), XAVIER DE AQUINO (DECANO), EVARISTO DOS SANTOS(PRES. DA SEÇÃO DE DIREITO PÚBLICO), CAMPOS MELLO (PRES. DA SEÇÃO DE DIREITO PRIVADO) E FERNANDO TORRES GARCIA(PRES. SEÇÃO DE DIREITO CRIMINAL)**.

São Paulo, 26 de fevereiro de 2019.

GERALDO FRANCISCO PINHEIRO FRANCO

Corregedor Geral da Justiça e Relator

Apelação nº 1002805-36.2017.8.26.0543

Apelante: Sonia Heider Iervolino

Apelado: Oficial do Registro de Imóveis, Títulos e Documentos e Civil de Pessoas Jurídicas da Comarca de Santa Isabel

VOTO Nº 37.673

Registro de Imóveis – Especialidade objetiva – Descrição de imóvel rural imprecisa impossibilitando a compreensão de sua exata localização – Existência de registros anteriores na matrícula com a mesma descrição – Aperfeiçoamento da especialidade objetiva enquanto mandamento do registro imobiliário legal para o aperfeiçoamento do registro imobiliário – Necessidade de retificação do registro imobiliário – Modificação de precedente administrativo – Recurso não provido.

Trata-se de apelação interposta por Sônia Heider Iervolino contra r. sentença que julgou procedente a dúvida e manteve a recusa do registro de escritura pública de doação por violação ao princípio da especialidade objetiva, todavia, afastando a necessidade de extinção de condomínio. A apelante sustenta a regularidade do título e o cabimento do registro ante sua correção e a certeza de se referir ao imóvel constante do registro imobiliário.

A douta Procuradoria Geral de Justiça opinou pelo não provimento do recurso (fls. 172/174). É o relatório.

O Princípio da Especialidade Objetiva, contido no art. 176 da lei n.º 6.015/73, exige a identificação do imóvel como um corpo certo objetivando sua localização física.

A descrição do imóvel contida na matrícula e repetida na escritura pública é a seguinte:

Um terreno, com área de 25,41 ha. ou 10,5 alqueires paulista, mais ou menos, localizado no bairro do Cubatão, município de Igaratá, desta comarca de Santa Isabel, com as divisas e confrontações seguintes: "começa na estrada Igaratá-Cruz Branca, no lugar onde está construída uma ponte de cimento e sobre um ribeirão. Segue daí, pela estrada em direção a Cruz Branca, divisando com Orival Rozendo até onde há uma cerca de arame que segue pela antiga estrada e pela qual, segue até o ribeirão. Tendo ainda o mesmo confrontante atinge subindo ribeirão acima, uma cachoeira onde defletindo à esquerda segue espigão acima; cruza a estrada e atinge o alto confrontando com Benedito Moreira. Continuando pelo mesmo e confrontando novamente com Orival Rozendo, atinge uma cerca de arame que deixa espigão e segue grota abaixo, local este onde começa a confrontação com terras de Ana Rodrigues e outros. Seguindo pela cerca cruza um córrego por três vezes e atinge um valo. Segue daí por este valo, confrontando com as terras de herdeiros de Francisco de Sousa Prianti até o ribeirão inicialmente citado.

Essa descrição é imprecisa, lacunosa, impedindo a exata identificação e localização do imóvel.

Assim, os elementos inscritos não permitem localização geográfica precisa por falta de dados suficientes; como se observa das seguintes expressões: *"onde está construída uma ponte de cimento e sobre um ribeirão", "onde há uma cerca de arame que segue pela antiga estrada"* e *"atinge subindo ribeirão acima, uma cachoeira onde defletindo à esquerda segue espigão acima"*.

Não surpreende a área constante do Cadastro Ambiental Rural - CAR ser superior à registrada, porquanto, da leitura da matrícula é impossível compreender o imóvel como um corpo certo diverso de todos os demais, considerado em sua singularidade.

Não se desconhecem os precedentes administrativos indicados nas bem elaboradas razões recursais no sentido de flexibilizar o princípio da especialidade objetiva quando envolva o ingresso de títulos que possuam a mesma descrição do registro anterior.

Na presente situação registral, houve nove registros com a atual descrição constante da matrícula (fls. 76/80).

Isso demonstra a necessidade de aperfeiçoamento do paradigma, nos imóveis rurais em situação semelhante à existente neste processo, pelas razões que passo a tratar.

As alterações efetuadas na Lei de Registros Públicos passaram a exigir, nos imóveis rurais, as coordenadas dos vértices definidores dos limites dos imóveis rurais, georreferenciadas ao Sistema Geodésico Brasileiro; demonstrando maior preocupação do legislador na exatidão da descrição dos imóveis rurais, banindo as situações registrais que redundam na impossibilidade de compreender a correta localização do imóvel desde o exame da matrícula.

As previsões do Cadastro Ambiental Rural - CAR, noutra esfera, realizam o mesmo princípio.

Uma das principais finalidades do registro imobiliário é a segurança jurídica, obtida por meio do perfeito diálogo da inscrição dos imóveis, dos títulos e direitos a ele relacionados; possibilitando uma compreensão isenta de dúvidas.

Conforme Ricardo Dip "o *fini qui* do registro predial abrange imóveis, pessoas e títulos jurídicos, o que explica e justifica as exigências de determinação e especialidade tabulares objetiva (ou, da base imobiliária), subjetiva e do fato inscritível, *meios para consecução da segurança jurídica"* (*Registro de imóveis (princípios)*. t. I, Descalvado: PrimVs, 2017, p. 29).

O que se defende não é apego a desmedido formalismo e sim que o registro imobiliário forneça segurança jurídica, aperfeiçoando o sistema registral e impedindo a permanência de situações jurídicas registrais contrárias às normas cogentes incidentes.

Não cabe o ingresso de um título, apesar de semelhante aos anteriores, perenizando imprecisões e vícios existentes no respectivo registro.

O registro imobiliário, para sua plena eficácia, deve refletir a realidade física no campo da especialidade objetiva, do contrário, permite incertezas que não se coadunam com os princípios legais incidentes.

Nos tempos atuais, da sociedade da informação, é consentâneo exigir o aperfeiçoamento do sistema registral imobiliário em conformidade à tecnologia existente e respectivas previsões legais.

O interesse particular concernente à aquisição da propriedade, com o menor custo possível, deve ceder ao interesse público da segurança jurídica haurida do registro imobiliário.

Diante disso, como decidiu a MM Juíza Corregedora Permanente, é necessária prévia retificação do registro para sanar o vício concernente à especialidade objetiva.

Ante o exposto, nego provimento ao recurso.

GERALDO FRANCISCO PINHEIRO FRANCO

Corregedor Geral da Justiça e Relator (DJe de 03.07.2019 - SP)

PODER JUDICIÁRIO

TRIBUNAL DE JUSTIÇA DO ESTADO DE SÃO PAULO

CONSELHO SUPERIOR DA MAGISTRATURA

Apelação n° 1046099-39.2017.8.26.0576

Registro: 2019.0000030641

ACÓRDÃO

Vistos, relatados e discutidos estes autos do(a) **Apelação nº 1046099-39.2017.8.26.0576**, da Comarca de **São José do Rio Preto**, em que são apelantes **OLINDA MARIA GOMES DA COSTA BRITO EUSÉBIO (REPRESENTADO(A) POR TERCEIRO(A)) e JOSÉ FRANCISCO BRITO EUSÉBIO**

(REPRESENTADO(A) POR TERCEIRO(A)), é apelado **2º OFICIAL DE REGISTRO DE IMÓVEIS DA COMARCA DE SÃO JOSÉ DO RIO PRETO**.

ACORDAM, em Conselho Superior de Magistratura do Tribunal de Justiça de São Paulo, proferir a seguinte decisão: **"Negaram provimento ao recurso, v.u."**, de conformidade com o voto do Relator, que integra este Acórdão.

O julgamento teve a participação dos Exmos. Desembargadores **PEREIRA CALÇAS (PRESIDENTE TRIBUNAL DE JUSTIÇA) (Presidente), ARTUR MARQUES (VICE PRESIDENTE), XAVIER DE AQUINO (DECANO), EVARISTO DOS SANTOS(PRES. DA SEÇÃO DE DIREITO PÚBLICO), CAMPOS MELLO (PRES. DA SEÇÃO DE DIREITO PRIVADO) E FERNANDO TORRES GARCIA(PRES. SEÇÃO DE DIREITO CRIMINAL)**.

São Paulo, 24 de janeiro de 2019.

GERALDO FRANCISCO PINHEIRO FRANCO

Corregedor Geral da Justiça e Relator

Apelação nº 1046099-39.2017.8.26.0576

Apelantes: OLINDA MARIA GOMES DA COSTA BRITO EUSÉBIO e José Francisco Brito Eusébio

Apelado: 2º Oficial de Registro de Imóveis da Comarca de São José do Rio Preto

VOTO Nº 37.674

Registro de Imóveis – Aditamento a contrato particular – Necessidade da apresentação da totalidade dos instrumentos contratuais por formarem um único negócio jurídico – Não substituição do contrato preliminar por outro ante a diversidade de partes – Especialidade objetiva – Necessidade da descrição do imóvel no título conforme os registros existentes – Bloqueio judicial que não permite o ingresso de contrato sem expressa autorização da autoridade judiciária – Impossibilidade da não apresentação de documentos sob alegação de sua retenção por terceiros – Recurso não provido.

Trata-se de apelação interposta por Olinda Maria Gomes da Costa Brito Eusébio e José Francisco Brito Eusébio contra r. sentença que julgou procedente a dúvida e manteve a recusa do registro de aditamento de contrato de compromisso de compra e venda em razão da não apresentação do contrato principal.

A apelante sustenta a regularidade do título e o consequente descabimento das exigências concernentes à retificação do título, não incidência do bloqueio pelo fato do ingresso do título não prejudicar terceiros e a impossibilidade de apresentar CCIR, e recibo de entrega do ITR, DIAC e DIAT por se encontrar em poder de terceiros (fls. 132/138).

A douta Procuradoria Geral de Justiça opinou pelo não provimento do recurso (fls. 157/160). É o relatório.

O instrumento particular apresentado a registo é o segundo aditamento de um contrato de compromisso de compra e venda, portanto, o negócio jurídico é composto pelo conjunto dos instrumentos de manifestação de vontade, daí a necessidade do protocolo do original da totalidade dos instrumentos contratuais, não bastando o último e tampouco cópia dos anteriores (LRP, artigo 221).

Igualmente é pertinente a exigência de reconhecimento de firma nos instrumentos particulares na forma do artigo 221, inciso II, da Lei 6.015/73. Não é possível a autenticação das assinaturas por meio de considerações e documentos diversos do título apresentado para registro.

O contrato celebrado em forma pública (fls. 21/26) foi realizado com outorgante comprador diverso, sabidamente a pessoa jurídica não se confunde com os sócios ante a diversidade de personalidades jurídicas, destarte, não pode ser considerado contrato principal. Além disso, as referências dos aditamentos são a contrato diverso.

As áreas registradas em comparação com o conteúdo dos instrumentos particulares não permite conclusão de se cuidar, exatamente, da mesma área em razão dos desmembramentos havidos e descrições incompatíveis existente, competindo, assim, a retificação do título.

O bloqueio judicial do imóvel matriculado sob o n.º 72.276 impede o ingresso do título, eventual, autorização a tanto deve ser emanada pelo Juízo que o determinou.

A matrícula exigida para dispensa da exigência n. 03 é da totalidade do imóvel, a matrícula n.º 72.276 abarca apenas parcela do bem alienado.

A documentação referente ao CCIR, recibo de entrega do ITR, DIAC e DIAT tem de ser apresentada pelos apelantes, não sendo cabível a oposição de terceiros a sua obtenção, bem como que a providência seja realizada pelo Oficial do Registro de Imóveis.

Igualmente cabível a averbação do estado civil dos promitentes vendedores para consecução do princípio da especialidade subjetiva.

Nestes termos, ausente o cumprimento das exigências, competia qualificação negativa do título apresentado. Ante o exposto, nego provimento ao recurso.

GERALDO FRANCISCO PINHEIRO FRANCO

Corregedor Geral da Justiça e Relator (DJe de 03.07.2019 - SP)

PODER JUDICIÁRIO

TRIBUNAL DE JUSTIÇA DO ESTADO DE SÃO PAULO

CONSELHO SUPERIOR DA MAGISTRATURA

Apelação nº 1006203-25.2018.8.26.0100

Registro: 2018.0001018244

ACÓRDÃO

Vistos, relatados e discutidos estes autos do(a) **Apelação nº 1006203-25.2018.8.26.0100**, da Comarca de **São Paulo**, em que é apelante **EDVALDO SOARES BONFIM**, é apelado **16º OFICIAL DE REGISTRO DE IMÓVEIS DA COMARCA DA CAPITAL.**

ACORDAM, em Conselho Superior de Magistratura do Tribunal de Justiça de São Paulo, proferir a seguinte decisão: **"Negaram provimento ao recurso. V. U. Negaram provimento ao recurso, v.u."**, de conformidade com o voto do Relator, que integra este Acórdão.

O julgamento teve a participação dos Exmos. **PEREIRA CALÇAS (PRESIDENTE TRIBUNAL DE JUSTIÇA) (Presidente), ARTUR MARQUES (VICE PRESIDENTE), XAVIER DE AQUINO (DECANO), EVARISTO DOS SANTOS(PRES. DA SEÇÃO DE DIREITO PÚBLICO), CAMPOS MELLO (PRES. DA SEÇÃO DE DIREITO PRIVADO) E FERNANDO TORRES GARCIA(PRES. SEÇÃO DE DIREITO CRIMINAL).**

São Paulo, 18 de dezembro de 2018.

GERALDO FRANCISCO PINHEIRO FRANCO

Corregedor Geral da Justiça e Relator

Apelação nº 1006203-25.2018.8.26.0100

Apelante: Edvaldo Soares Bonfim

Apelado: 16º Oficial de Registro de Imóveis da Comarca da Capital

VOTO Nº 37.659

Registro de imóveis – Imóvel contido em área maior, que sofreu anteriores desfalques – Ofensa ao princípio da especialidade – Dúvida julgada procedente – Recurso não provido.

Trata-se de apelação interposta contra a r. Sentença (fls.124/126) da MM.ª Juíza Corregedora Permanente do 16º Oficial de Registro de Imóveis e Anexos da Comarca de Sorocaba, que julgou procedente dúvida suscitada para o fim de manter a recusa a registro de compromisso de compra e venda de imóvel, eis que configurada ofensa ao princípio da objetividade.

Em síntese, afirma o apelante que não foi considerada a incapacidade relativa de Geralda Francisca de Assis, a despeito de, no título, constar a expressão "a rogo", devendo ser apurada a responsabilidade do Estado pela atuação do delegatário. Aduz que a sentença é nula, por ter havido cerceamento de defesa e por não terem sido apreciados todos os pedidos formulados.

A Procuradoria Geral de Justiça opinou pelo não provimento do recurso (fls. 153/156).

É o relatório.

O dissenso versa sobre a registrabilidade da escritura de venda e compra lavrada em 28 de dezembro de 1983, referente a um terreno de 250m2 que teria sido destacado de área maior, com 123.300m2, objeto da transcrição nº 1.50 da 2ª Circunscrição Imobiliária da Capital. Em sua nota devolutiva, a registradora apresentou óbices relativos à ausência de loteamento inscrito ou regularizado, bem como da comprovação da aprovação de desmembramento. Consignou, ainda, que eventual lançamento de imposto municipal não induz aprovação ao parcelamento e que a origem indicada no título diz respeito a área que não se pode encartar, com a indispensável segurança, o imóvel objeto da escritura.

Desde logo, importa observar que a questão referente à alegada incapacidade relativa de Geralda Francisca de Assis é irrelevante para o desfecho da dúvida, na medida em que as exigências formuladas em nada dizem respeito à capacidade das partes. Por conseguinte, inexiste responsabilidade administrativa a ser apurada, nesse particular, estando também afastada a ocorrência de nulidade do julgado.

No mais, é certo que o título apresentado não poderia mesmo ser registrado, porquanto o imóvel objeto da escritura de compra e venda em análise está contido em área maior, sem a indicação de marcos seguros que permitam levantar de onde será destacado.

Como é sabido, incumbe ao Oficial, quando da qualificação do título, com apoio nas normas e princípios registrários, proceder ao exame de sua regularidade formal e extrínseca. Ocorre que, no caso concreto, não consta da referida transcrição nº 14.050 a necessária regularização quanto ao parcelamento da área, arruamento, desmembramento ou loteamento, sendo que a mera existência de lançamento fiscal do terreno como unidade imobiliária não é o quanto basta para afastar a ofensa ao princípio da especialidade objetiva.

Sobre o tema, ensina Afrânio de Carvalho que: "*o princípio da especialidade significa que toda inscrição deve recair sobre um objeto precisamente individuado*" e que "*o requisito registral da especialização do imóvel, vertido no fraseado clássico do direito, significa a sua descrição como corpo certo, a sua representação escrita como individualidade autônoma, com o seu modo de ser físico, que o torna inconfundível e, portanto, heterogêneo em relação a qualquer outro. O corpo certo imobiliário ocupa lugar determinado no espaço, que é abrangido por seu contorno, dentro do qual se pode encontrar maior ou menor área, contanto que não sejam ultrapassadas as reais definidoras da entidade territorial*" ("Registro de Imóveis", Editora Forense, 4ª ed.).

De seu turno, observa Narciso Orlandi Neto que: "*As regras reunidas no princípio da especialidade impedem que sejam registrados títulos cujo objeto não seja exatamente aquele que consta do registro anterior. E preciso que a caracterização do objeto do negócio repita os elementos de descrição constantes do registro. Quando se tratar, por exemplo, de alienação de parte de um imóvel, necessário será que a descrição da parte permita localizá-la no todo e, ao mesmo tempo, contenha todos elementos necessários à abertura da matricula (conf. Jorge de Seabra Magalhães, ob. cit., p. 63)*" ("Retificação do Registro de Imóveis", Ed. Juarez de Oliveira, 2ª ed., 1999, p. 68).

No caso vertente, existiram anteriores destacamentos de partes do imóvel sem apuração do remanescente, o que torna imprecisa a descrição da área maior, trazendo insegurança e incerteza incompatíveis com os registros públicos.

Há precedentes deste C. Conselho Superior da Magistratura sobre a matéria:

> *REGISTRO DE IMÓVEIS – Escritura pública de venda e compra – Acesso negado – Lote destacado de área transcrita – Ausência de perfeita identificação tabular – Princípios da especialidade e da disponibilidade – Dúvida procedente – Recurso não provido.* (APELAÇÃO CÍVEL Nº 188-6/9, da Comarca de BARUERI, Rel. Des. JOSÉ MÁRIO ANTONIO CARDINALE).

> *REGISTRO DE IMÓVEIS – Dúvida julgada procedente – Transcrição imprecisa que compromete a segurança do sistema – Venda e compra celebrada com herdeiros dos titulares tabulares – Sujeição do registro ao princípio da continuidade – Desmembramento irregular de lote, a exigir retificação (apuração do remanescente) – Irrelevância dos erros praticados no âmbito do serviço extrajudicial (notarial e registral) – Sentença mantida – Recursos improvidos.* (Apelação nº 0005615-39.2015.8.26.0068, Comarca de BARUERI, Rel. Des. MANOEL DE QUEIROZ PEREIRA CALÇAS).

Acrescente-se que o lançamento fiscal noticiado nos autos é insuficiente para oportunizar o registro perseguido, eis que o interesse tributário não se confunde com os princípios e as regras registrais orientadores do assento requerido. Por fim, quanto aos descerramentos passados de matrículas de outros imóveis oriundos da área maior em que também inserido o terreno objeto do título recusado, é oportuno frisar que erros pretéritos não justificam nem legitimam outros e tampouco se prestam a respaldar o ato registral pretendido, na justa e histórica compreensão deste C. Conselho

Superior da Magistratura **[1]**.

Diante do exposto, **NEGO PROVIMENTO** ao recurso.

GERALDO FRANCISCO PINHEIRO FRANCO
Corregedor Geral da Justiça e Relator Nota:

[1] Apelação Cível n.º 20.603-0/9, rel. Des. Antônio Carlos Alves Braga, j. 9.12.1994; Apelação Cível n.º 19.492 0/8, rel. Des. Antônio Carlos Alves Braga, j. 17.02.95; Apelação Cível n.º 024606-0/1, rel. Des. Antônio Carlos Alves Braga, j. 30.10.1995. (DJe de 03.07.2019 - SP)

PODER JUDICIÁRIO

TRIBUNAL DE JUSTIÇA DO ESTADO DE SÃO PAULO

CONSELHO SUPERIOR DA MAGISTRATURA

Apelação nº 1102183-96.2018.8.26.0100

Registro: 2019.0000571864

ACÓRDÃO

Vistos, relatados e discutidos estes autos de **Apelação Cível nº 1102183-96.2018.8.26.0100**, da

Comarca de **São Paulo**, em que é apelante **LUCIANA PEREIRA DOS SANTOS**, é apelado **12º OFICIAL DE REGISTRO DE IMÓVEIS DA COMARCA DA CAPITAL**.

ACORDAM, em Conselho Superior de Magistratura do Tribunal de Justiça de São Paulo, proferir a seguinte decisão: **"Negaram provimento ao recurso, v.u."**, de conformidade com o voto do Relator, que integra este acórdão.

O julgamento teve a participação dos Exmos. Desembargadores **PEREIRA CALÇAS (PRESIDENTE TRIBUNAL DE JUSTIÇA) (Presidente), ARTUR MARQUES (VICE PRESIDENTE), XAVIER DE AQUINO (DECANO), EVARISTO DOS SANTOS(PRES. DA SEÇÃO DE DIREITO PÚBLICO), CAMPOS MELLO (PRES. DA SEÇÃO DE DIREITO PRIVADO) E FERNANDO TORRES GARCIA(PRES. SEÇÃO DE DIREITO CRIMINAL)**.

São Paulo, 18 de julho de 2019.

GERALDO FRANCISCO PINHEIRO FRANCO

Corregedor Geral da Justiça e Relator

Apelação Cível n.º 1102183-96.2018.8.26.0100

Apelante: Luciana Pereira dos Santos

Apelado: 12º Oficial de Registro de Imóveis da Comarca da Capital

VOTO N.º 37.806

Registro de imóveis – Ofensa ao princípio da especialidade objetiva – Possibilidade de retificação do registro anterior para abertura de matrícula e posterior ingresso do título, se o caso – Dúvida julgada procedente – Recurso não provido.

Trata-se de apelação interposta contra a r. sentença **[1]** proferida pela MM.ª Juíza Corregedora Permanente do 12º Oficial de Registro de Imóveis da Capital, que julgou procedente dúvida suscitada para o fim de manter a recusa a registro de escritura de compra e venda de imóvel, por ausência de elementos referentes à descrição doimóvel.

Em síntese, afirma a apelante que os documentos apresentados permitem a retificação da matrícula, sendo suficientes para sanar a omissão ou o erro relativo à descrição do imóvel, certo que as medidas laterais não constam dos registros anteriores. Entende que, por se tratar de erro simples, não há óbice ao ingresso do título no fólio real com base no memorial descritivo apresentado **[2]**.

A douta Procuradoria Geral de Justiça opinou pelo não provimento do recurso **[3]**.

É o relatório.

O dissenso versa sobre a registrabilidade da escritura de venda e compra lavrada em 27 de novembro de 2013, referente ao lote 5 da quadra 30, Vila Burgo Paulista, Distrito de Ermelino Matarazzo. Em sua nota devolutiva, o registrador apresentou óbices relativos à ausência de medidas laterais e divergência entre a área total do imóvel mencionada na escritura pública e a planta arquivada na serventia.

Ora, o título apresentado não pode mesmo ser registrado, porquanto o imóvel objeto da escritura de compra e venda em análise está descrito sem as medidas laterais que, ademais, não podem ser retificadas de ofício ante a divergência da metragem total do lote **[4]** e a planta arquivada em cartório **[5]**. Veja-se que o formato irregular do imóvel, que apresenta 8,5m de frente e 8m de fundos, impede a apuração das medidas laterais e, por conseguinte, da área total por meros cálculos aritméticos.

Como é sabido, incumbe ao Oficial, quando da qualificação do título, com apoio nas normas e princípios registrários, proceder ao exame de sua regularidade formal e extrínseca. De seu turno, o Princípio da Especialidade Objetiva, contido no art. 176 da Lei n. 6.015/73, exige a identificação do imóvel como um corpo certo objetivando sua localização física, tornando-o singular perante os demais. Na lição de Afrânio de Carvalho: *"o princípio da especialidade significa que toda inscrição deve recair sobre um objeto precisamente individuado"* e que *"o requisito registral da especialização do imóvel, vertido no fraseado clássico do direito, significa a sua descrição como corpo certo, a sua representação escrita como individualidade autónoma, com o seu modo de ser físico, que o torna inconfundível e, portanto, heterogéneo em relação a qualquer outro. O corpo certo imobiliário ocupa lugar determinado no espaço, que é abrangido por seu contorno, dentro do qual se pode encontrar maior ou menor área, contanto que não sejam ultrapassadas as reais definidoras da entidade territorial"* ("Registro de Imóveis", Editora Forense, 4ª ed.).

Considerado a descrição do imóvel contida na serventia imobiliária, o título apresentado não permite registro, sob pena de violação do princípio da especialidade objetiva ante a diversidade das descrições quando confrontadas. Uma das principais finalidades do registro imobiliário é a segurança jurídica, obtida por meio do perfeito diálogo da inscrição dos imóveis, dos títulos e direitos a ele relacionados, de maneira que possibilite uma compreensão isenta de dúvidas. Conforme Ricardo Dip: *"o fini qui do registro predial abrange imóveis, pessoas e títulos jurídicos, o que explica e justifica as exigência de determinação e especialidade tabulares objetiva (ou, da base imobiliária), subjetiva e do fato inscritível, meios para consecução da segurança jurídica"* ["Registro de imóveis (princípios)". t. I, Descalvado: PrimVs, 2017, p. 29].

De seu turno, observa Narciso Orlandi Neto que: *"As regras reunidas no princípio da especialidade impedem que sejam registrados títulos cujo objeto não seja exatamente aquele que consta do registro anterior. E preciso que a caracterização do objeto do negócio repita os elementos de descrição constantes do registro. Quando se tratar, por exemplo, de alienação de parte de um imóvel, necessário será que a descrição da parte permita localizá-la no todo e, ao mesmo tempo, contenha todos elementos necessários à abertura da matrícula (conf. Jorge de Seabra Magalhães, ob. cit., p. 63)"* ("Retificação do Registro de Imóveis", Ed. Juarez de Oliveira, 2ª ed., 1999, p.68).

Acrescente-se que o lançamento fiscal noticiado nos autos é insuficiente para oportunizar o registro perseguido, eis que o interesse tributário não se confunde com os princípios e as regras registrais orientadores do assento requerido. Assim, caberá à apelante requerer a retificação do registro – o que poderá ser feito inclusive na via extrajudicial, se assim desejar – para abertura de matrícula de acordo com a real metragem e correta descrição do imóvel adquirido, de forma que, posteriormente, possa pleitear o registro do título em questão. Ou seja, uma vez promovida a retificação e aberta a matrícula, será desnecessária a alteração da escritura pública que identifica o Imóvel a partir do número do lote e quadra, ante o disposto no art. 213, inciso II, § 13, da Lei n. 6.015/73.

Diante do exposto, **NEGO PROVIMENTO** ao recurso.

GERALDO FRANCISCO PINHEIRO FRANCO

Corregedor Geral da Justiça e Relator

Notas:

[1] Fls. 67/69.

[2] Fls. 78/87.

[3] Fls. 105/107.

[4] Fls. 10/13.

[5] Fls. 34. (DJe de 05.08.2019 – SP)

PODER JUDICIÁRIO

TRIBUNAL DE JUSTIÇA DO ESTADO DE SÃO PAULO

CONSELHO SUPERIOR DA MAGISTRATURA

Apelação nº 1030819-80.2018.8.26.0224

Registro: 2019.0000668131

ACÓRDÃO

Vistos, relatados e discutidos estes autos de **Apelação Cível nº 1030819-80.2018.8.26.0224**, da Comarca de **Guarulhos**, em que é apelante **SUELI VIEIRA DA COSTA**, é apelado **2º OFICIAL DE REGISTRO DE IMOVÉIS E ANEXOS DA COMARCA DE GUARULHOS.**

ACORDAM, em Conselho Superior de Magistratura do Tribunal de Justiça de São Paulo, proferir a seguinte decisão: **"Negaram provimento ao recurso, v.u."**, de conformidade com o voto do Relator, que integra este acórdão.

O julgamento teve a participação dos Exmos. Desembargadores **PEREIRA CALÇAS (PRESIDENTE TRIBUNAL DE JUSTIÇA) (Presidente), ARTUR MARQUES (VICE PRESIDENTE), XAVIER DE AQUINO (DECANO), EVARISTO DOS SANTOS(PRES. DA SEÇÃO DE DIREITO PÚBLICO), CAMPOS MELLO (PRES. DA SEÇÃO DE DIREITO PRIVADO) E FERNANDO TORRES GARCIA(PRES. SEÇÃO DE DIREITO CRIMINAL).**

São Paulo, 15 de agosto de 2019.

GERALDO FRANCISCO PINHEIRO FRANCO

Corregedor Geral da Justiça e Relator

Apelação Cível nº 1030819-80.2018.8.26.0224

Apelante: Sueli Vieira da Costa

Apelado: 2º Oficial de Registro de Imóveis e Anexos da Comarca de Guarulhos

VOTO Nº 37.858

Registro de Imóveis – Especialidade objetiva – Falta das medidas de fundo do imóvel e impossibilidade de seu conhecimento desde as informações constantes no registro imobiliário – Necessidade de retificação da inscrição imobiliária – Cabimento da exigência de documentação destinada a indicar a localização do imóvel, ausência de ônus e regularidade da construção – Recurso não provido.

Trata-se de apelação interposta por Sueli Vieira da Costa contra r. sentença que julgou procedente a dúvida e manteve a recusa do registro de escritura pública de compra e venda, cessão e divisão amigável por violação ao princípio da especialidade objetiva e a necessidade de documentos destinados a prova da ausência de ônus e documentação pertinente à regularidade da construção existente.

A apelante sustenta a regularidade do título e o cabimento do registro em face da documentação apresentada. A douta Procuradoria Geral de Justiça opinou pelo não provimento do recurso (fls. 113/115).

É o relatório.

O Princípio da Especialidade Objetiva, contido no art. 176 da Lei nº 6.015/73, exige a identificação do imóvel como um corpo certo objetivando sua localização física.

No presente caso, as informações constantes da transcrição nº 19.272, do 12º Registro de Imóveis da Capital, não mencionam as medidas de fundos do imóvel.

De outra parte, não é possível a compreensão da exata localização desses documentos não inscritos no registro imobiliário ou imprecisos, sobretudo documentos municipais.

Tampouco é pertinente situação física do imóvel a partir de outros registros ante a incerteza de eventual ângulo das medidas laterais, bem como a insuficiência daqueles para conclusão das medidas de fundos do imóvel. Além disso, não cabe o exame de documentação não apresentada ao tempo da prenotação.

Em virtude do pedido de registro e divisão amigável é inviável o registro parcial do título. Nestes termos, compete retificação do registro anterior para os atos registrais ora pretendidos.

A impugnação, de conteúdo genérico nesse ponto, não tem o condão de afastar as demais exigências concernentes a necessidade da prova da ausência de ônus e alienações da totalidade do imóvel, certidões cadastrais expedidas pela Secretaria de Finanças do Município e a documentação pertinente à construção mencionada no título, porquanto compete aplicar a legislação vigente à época da qualificação do título para fins de registro (*tempus regit actum*).

Ante o exposto, nego provimento ao recurso.

GERALDO FRANCISCO PINHEIRO FRANCO

Corregedor Geral da Justiça e Relator. (DJe de 13.09.2019 – SP)

PODER JUDICIÁRIO

TRIBUNAL DE JUSTIÇA DO ESTADO DE SÃO PAULO

CONSELHO SUPERIOR DA MAGISTRATURA

Apelação nº 0002476-47.2015.8.26.0111

Registro: 2018.0000557162

ACÓRDÃO

Vistos, relatados e discutidos estes autos do(a) **Apelação nº 0002476-47.2015.8.26.0111**, da Comarca de **Cajuru**, em que são partes é apelante **MATHEUS DOS SANTOS MENTA**, é apelado **OFICIAL DE REGISTRO DE IMÓVEIS E ANEXOS DA COMARCA DE CAJURU.**

ACORDAM, em Conselho Superior de Magistratura do Tribunal de Justiça de São Paulo, proferir a seguinte decisão: **"Negaram provimento ao recurso. V. U. Negaram provimento, v.u."**, de conformidade com o voto do Relator, que integra este Acórdão.

O julgamento teve a participação dos Exmos. Desembargadores **PEREIRA CALÇAS (PRESIDENTE TRIBUNAL DE JUSTIÇA) (Presidente), ARTUR MARQUES (VICE PRESIDENTE), XAVIER DE AQUINO (DECANO), EVARISTO DOS SANTOS(PRES. DA SEÇÃO DE DIREITO PÚBLICO), CAMPOS MELLO (PRES. DA SEÇÃO DE DIREITO PRIVADO) E FERNANDO TORRES GARCIA(PRES. SEÇÃO DE DIREITO CRIMINAL).**

São Paulo, 24 de julho de 2018.

GERALDO FRANCISCO PINHEIRO FRANCO

Corregedor Geral da Justiça e Relator

Apelação nº 0002476-47.2015.8.26.0111

Apelante: MATHEUS DOS SANTOS MENTA

Apelado: MÁRCIO GUERRA SERRA - Oficial

VOTO Nº 37.495

Registro de imóveis – Especialidade Objetiva – Descrição genérica de imóveis rurais com indicação de área, matrícula e cadastro do INCRA – Necessidade da especificação do perímetro e confrontações – Qualificação negativa pertinente apesar da possibilidade de identificar a denominação utilizada pelas averbações existentes e não ser imprescindível a previsão no título da existência de direito real de servidão – Recurso não provido.

Trata-se de apelação interposta por Matheus dos Santos Menta contra r. sentença que julgou procedente a dúvida manteve a recusa do registro de contrato particular de compromisso de compra e venda por violação ao princípio da especialidade objetiva, indicação de denominação errônea de um dos imóveis rurais e existência de direito real de servidão sobre um dos imóveis não mencionado no título.

O apelante sustenta a regularidade do título e o cabimento do registro ante a possibilidade de identificação dos imóveis descritos no contrato quanto ao registro imobiliário.

A douta Procuradoria Geral de Justiça opinou pelo não provimento do recurso (fls. 156/158). É o relatório.

O Princípio da Especialidade Objetiva, contido no art. 176 da lei n. 6.015/73, exige a identificação do imóvel como um corpo certo impedindo o ingresso de título sem coincidência com o imóvel registrado a partir da aproximação dos elementos constantes no título e na matrícula.

O Desembargador Hamilton Elliot Akel, então Corregedor Geral da Justiça, na apelação n. 0010422- 67.2013.8.26.0361, tratando desse princípio, mencionou:

No que respeita ao principio da especialidade objetiva, ele apenas seria respeitado se o título descrevesse o imóvel tal como no assento e, também, se esse assento contivesse perfeita individualização do bem. Para Afrânio de Carvalho, o princípio da especialidade do imóvel significa a sua descrição como corpo certo, a sua representação escrita como individualidade autônoma, com o seu modo de ser físico, que o torna inconfundível e, portanto, heterogêneo em relação a qualquer outro (Registro de Imóveis: comentários ao sistema de registro em face da Lei 6.015/73, 2a ed., Rio de Janeiro, 1977, p. 219). Por isso, o imóvel deve estar perfeitamente descrito no título objeto de registro de modo a permitir sua exata localização e individualização, não se confundindo com nenhum outro. Narciso Orlandi Neto, ao citar Jorge de Seabra Magalhães, lembra que "as regras reunidas no princípio da especialidade impedem que sejam registrados títulos cujo objeto não seja exatamente aquele que consta do registro anterior. É preciso que a caracterização do objeto do negócio repita os elementos de descrição constantes do registro" (Narciso Orlandi Neto, Retificação do Registro de Imóveis, Juarez de Oliveira, pág. 68).

No caso em julgamento, os imóveis constantes do instrumento particular são descritos pelas respectivas áreas, denominações, cadastros no INCRA e número das matrículas (a fls. 05/08).

Diversamente do existente nas matrículas (a fls. 49, 57, 67 e 75), no título não há qualquer indicação das confrontações dos imóveis e a descrição de seus polígonos.

Diante disso, não há o atendimento integral do disposto no artigo 176, parágrafo 1º, 3), "a", da Lei de Registros Públicos.

A indicação genérica das áreas, denominações, cadastros no INCRA e matrículas são insuficientes para precisar os imóveis enquanto corpos únicos e determinados por não descreverem os perímetros dos imóveis e as respectivas confrontações.

Eventualmente, é possível a coincidência de aspectos genéricos com perímetro e confrontações diversas da existente no registro imobiliário.

A descrição genérica impede o exame dos exatos limites do imóvel e, portanto, não permite a segurança jurídica objeto do registro público; destarte, não merece acolhimento o inconformismo recursal nesse sentido.

As demais exigências seriam passíveis de superação na via recursal pelas seguintes razões:

a. a matrícula n. 2.760 permite a compreensão da denominação utilizada no título "Estância Menta Mit II" - referir-se ao imóvel de atual denominação "Estância Nossa Senhora de Fátima II" como se observa das averbações de números 16 e 22, respectivamente; b. o direito real de servidão constante da matrícula 4.298 não necessita constar do título particular por não encerrar a descrição física do imóvel; eventual discussão concernente ao contrato é interesse particular dos interessados sem possibilidade de interferência pelo Oficial do Registro Imobiliário.

Seja como for, permanecendo o óbice atinente ao Princípio da Especialidade Objetiva, deve ser mantida a qualificação negativa do título apresentado.

Ante o exposto, nego provimento ao recurso.

GERALDO FRANCISCO PINHEIRO FRANCO

Corregedor Geral da Justiça e Relator (DJe de 18.03.2019 - SP)

REGIME DE BENS

PODER JUDICIÁRIO

TRIBUNAL DE JUSTIÇA DO ESTADO DE SÃO PAULO

CONSELHO SUPERIOR DA MAGISTRATURA

Apelação nº 1000578-42.2018.8.26.0348

Registro: 2019.0000585471

ACÓRDÃO

Vistos, relatados e discutidos estes autos de **Apelação Cível nº 1000578-42.2018.8.26.0348**, da Comarca de **Mauá**, em que é apelante **CAROLINA EMILIA TEIXEIRA DE MARCO**, é apelado **OFICIAL DO REGISTRO DE IMOVEIS, TÍTULOS E DOCUMENTOS E CIVIL DE PESSOA JURÍDICA DE MAUÁ**.

ACORDAM, em Conselho Superior de Magistratura do Tribunal de Justiça de São Paulo, proferir a seguinte decisão: **"Negaram provimento ao recurso e mantiveram a recusa do registro, v.u."**, de conformidade com o voto do Relator, que integra este acórdão.

O julgamento teve a participação dos Exmos. Desembargadores **PEREIRA CALÇAS (PRESIDENTE TRIBUNAL DE JUSTIÇA) (Presidente), ARTUR MARQUES (VICE PRESIDENTE), XAVIER DE AQUINO (DECANO), EVARISTO DOS SANTOS(PRES. DA SEÇÃO DE DIREITO PÚBLICO), CAMPOS MELLO (PRES. DA SEÇÃO DE DIREITO PRIVADO) E FERNANDO TORRES GARCIA(PRES. SEÇÃO DE DIREITO CRIMINAL).**

São Paulo, 25 de julho de 2019.

GERALDO FRANCISCO PINHEIRO FRANCO

Corregedor Geral da Justiça e Relator

Apelação Cível nº 1000578-42.2018.8.26.0348

Apelante: CAROLINA EMILIA TEIXEIRA DE MARCO

Apelado: Oficial do Registro de Imóveis, Títulos e Documentos e Civil de Pessoa Jurídica de Mauá

VOTO Nº 37.807

Registro de Imóveis – Dúvida julgada procedente – Imóvel adquirido a título oneroso, na vigência do Código Civil de 1916, pela esposa que era casada em regime de separação legal de bens – Posterior constituição de usufruto sobre a totalidade do imóvel em favor de seu esposo – Falecimento do marido sem que promovido o inventário e a partilha do imóvel – Presunção de comunicação dos aquestos, decorrente da Súmula n. 377 do Supremo Tribunal Federal, incompatível com o recebimento do usufruto que tem a natureza de direito real sobre imóvel alheio.

Princípio da Continuidade – Registro de formal de partilha que teve por objeto imóvel gravado por usufruto – Necessidade de prévio cancelamento do usufruto – Ato não abrangido pelo inventário, uma vez que o usufruto foi constituído em favor de pessoa distinta da autora da herança – Necessidade de requerimento expresso do cancelamento do usufruto, em conformidade com o princípio da rogação, e de pagamento dos emolumentos incidentes – Apelação não provida.

Trata-se de apelação interposta por Carolina Emília Teixeira de Marco contra r. sentença que manteve a recusa do registro de formal de partilha do imóvel objeto da matrícula nº 41.666 do Registro de Imóveis, Títulos e Documentos e

Civil de Pessoa Jurídica da Comarca de Mauá porque foi adquirido pela autora da herança a título oneroso, durante casamento celebrado na vigência do Código Civil de 1916 pelo regime da separação legal de bens, o que fez presumir a comunicação entre os cônjuges, e porque não foi requerido o cancelamento do usufruto que grava o imóvel que teve a propriedade plena levada ao inventário.

A apelante alegou, em suma, que a autora da herança se casou com Manoel Maria Monteiro Gil em 20 de abril de 1968, pelo regime da separação obrigatória de bens. Afirmou que o imóvel inventariado foi adquirido exclusivamente pela autora da herança, por escritura pública lavrada em 15 de julho de 1971, e que por escritura pública de 16 de julho de 1971 a proprietária instituiu usufruto em favor de seu marido. Asseverou que a constituição do usufruto decorreu da inexistência de comunicação do imóvel entre os cônjuges. Além disso, Manoel faleceu em 29 de junho de 1984 e seu único filho não incluiu o imóvel no inventário que promoveu. Por sua vez, a morte de Manuel ensejou a extinção do usufruto, com consolidação da propriedade plena em favor da autora da herança que, por seu lado, faleceu em 26 de abril de 2014. Requereu o provimento do recurso para que seja promovido o registro do formal de partilha (fls. 155/160).

A douta Procuradoria Geral de Justiça opinou pelo provimento do recurso porque o usufruto foi extinto com o falecimento do usufrutário e porque a sucessão é regida pela Código Civil de 2002, o que afasta a presunção de comunhão dos aquestos no regime da separação legal de bens (fls. 146/149).

É o relatório.

A apelante apresentou para registro o formal de partilha extraído da ação de arrolamento dos bens deixados pelo falecimento de Lídia Emília Monteiro (Processo nº 1004181-65.2014.8.26.0348 da 4ª Vara Cível da Comarca de Mauá), em que foi promovida a adjudicação, em seu favor, da propriedade plena do imóvel objeto da matrícula nº 41.666 do Registro de Imóveis, Títulos e Documentos e Civil de Pessoa Jurídica da Comarca de Mauá (fls. 76, 106 e 107).

O registro da partilha foi negado porque a autora da herança era casada pelo regime da separação legal de bens, sendo necessária a comprovação de que o imóvel não se comunicou com o seu ex-marido, já falecido, uma vez que prevalece a presunção de comunhão dos aquestos decorrente da Súmula nº 377 do Supremo Tribunal Federal, e porque deve ser requerido e promovido o cancelamento do usufruto que grava o imóvel, a fim de permitir o posterior registro da transmissão da propriedade plena.

A Súmula nº 377 do Supremo Tribunal Federal faz presumir comunhão sobre os bens adquiridos a título oneroso, na constância do casamento celebrado pelo regime da separação legal, por ser igualmente presumido o esforço comum para a aquisição.

Por sua vez, é a data da aquisição do imóvel, e não a da abertura da sucessão, que deve ser considerada para efeito de incidência da Súmula nº 377 do Supremo Tribunal Federal que prevaleceu durante a vigência do Código Civil de 1916.

Contudo, os precedentes deste Eg. Conselho Superior da Magistratura não são uniformes sobre os efeitos da constituição de usufruto do imóvel em favor do cônjuge que não adquiriu a propriedade.

Como lembrado pelo Sr. Oficial de Registro de Imóveis (fls. 03/04) e pela MM. Juíza Corregedora Permanente (fls. 148), no julgamento da Apelação nº 0000376-81.2015.8.26.0114, da Comarca de Campinas, de que foi relator o Excelentíssimo Desembargador Elliot Akel, foi decidido que a aquisição da nua propriedade pela mulher e do usufruto pelo marido não afastava a presunção de comunicação da propriedade do imóvel adquirido a título oneroso, na constância do casamento.

Por sua vez, ao julgar a Apelação Cível nº 77.870-0/8, da Comarca da Capital, de que foi relator o Excelentíssimo Desembargador Luís de Macedo, este Col. Conselho Superior da Magistratura manteve a recusa do registro de escritura pública de compra e venda da nua-propriedade para a mulher e do usufruto para o marido por considerar que em razão da presunção de comunhão decorrente da Súmula nº 377 o pretenso usufrutuário já era comunheiro e, portanto, titular da meação do imóvel. Constou no v. acórdão:

"Daí a recusa de se registrar o mencionado título negocial, pois, se os bens adquiridos na constância do casamento, segundo a Súmula 377 da Suprema Corte, se comunicam mesmo no regime da separação obrigatória de bens, o marido tornou-se comunheiro da nuapropriedade comprada pela mulher, não podendo, por consequência, ser usufrutuário do imóvel todo".

O usufruto tem natureza de direito real sobre coisa alheia e, portanto, não pode ser constituído em favor daquele que já detém o domínio.

Em decorrência, não se justifica a constituição de usufruto em favor de um dos cônjuges sobre a totalidade de imóvel sujeito ao regime da comunhão de bens, ou que integrar a universalidade decorrente do regime da comunhão parcial.

A constituição de usufruto em favor do outro cônjuge, desse modo, somente subsiste em relação aos bens particulares de um deles.

Em decorrência, a questão que se coloca é se a presunção de comunicação dos aquestos prevalece contra manifestação de vontade formulada em conjunto pelos cônjuges.

A presunção de comunicação dos aquestos decorrente da Súmula nº 377 do Supremo Tribunal Federal admite prova contrária porque pode ser afastada mediante demonstração de que a aquisição foi promovida com recursos ou esforços próprios, sem participação do outro cônjuge.

Ademais, sendo atinente à direito patrimonial, a presunção pode ser afastada por declaração do cônjuge supostamente prejudicado, quando de partilha celebrada em ação de separação ou de divórcio, ou por declaração dos seus herdeiros, em inventário ou arrolamento, dependendo o reconhecimento de eventual nulidade, pela simulação da doação de numerário, do ajuizamento de ação própria.

In casu, a propriedade plena do imóvel foi comprada pela autora da herança mediante escritura pública lavrada em 15 de julho de 1971, às fls. 095 do Livro 016, ao passo que a constituição do usufruto da totalidade do imóvel em favor de seu marido foi objeto de escritura pública outorgada em 16 de julho de 1971, às fls. 195 do Livro 014, ambas do 1º Tabelião de Notas e de Protesto de Letras e Títulos da Comarca de Mauá (fls. 115/120).

A aceitação do usufruto da totalidade do imóvel manifestada em escritura pública, com sua apresentação e ingresso no Registro de Imóveis (fls. 73), faz presumir o reconhecimento da propriedade plena em favor da nua- proprietária, o que afasta a condição de comunheiro que decorreria da Súmula nº 377 do Eg. Supremo Tribunal Federal.

O reconhecimento da inexistência de comunhão sobre o imóvel também decorre dos termos adotados na escritura pública em que constou que a autora da herança era senhora e legítima proprietária da totalidade do imóvel, sendo o usufruto constituído em favor de seu marido a título de doação (fls. 119).

Interpretação contrária, além de incompatível com as vontades manifestadas pelas partes nos negócios jurídicos de compra e venda e de constituição de usufruto, acarretaria encargos excessivos à nua-proprietária que seria privada do uso e gozo do imóvel por força do usufruto e, depois da extinção desse, de parte da propriedade pela incidência de presunção de comunhão em favor do cônjuge.

Importa observar, nesse ponto, que a adoção do regime da separação legal de bens visa impedir a comunicação daqueles adquiridos na constância do casamento.

Por essa razão, a Eg. Corregedoria Geral da Justiça fixou entendimento no sentido de que os cônjuges não ficam impedidos de pactuar a incidência da separação também em relação aos aquestos, ou seja, de adotar regime mais gravoso que o previsto em lei, sendo nesse sentido o r. Parecer apresentado pelo MM. Juiz Assessor da Corregedoria, Dr. Iberê de Castro Dias, no Processo nº 1065469-74.2017.8.26.0100, que foi aprovado pelo Excelentíssimo Desembargador Manoel de Queiroz Pereira Calças, então Corregedor Geral da Justiça.

Por fim, embora o ex-marido tenha falecido em 24 de junho de 1984 (fls. 77), permanece o imóvel registrado como de propriedade da autora da herança, sem que da matrícula decorra notícia de ação que diga respeito ao seu domínio (fls. 73).

Todavia, e para que o requisito da continuidade seja observado, o registro do formal de partilha depende da prévia averbação do cancelamento do usufruto, pois representa a transmissão da propriedade plena do imóvel em favor da herdeira.

Isso porque, embora o usufruto se extinga com a morte do usufrutuário, deve ser promovido o cancelamento de seu registro para que a nua-proprietária retome a presunção, com força *erga omnes*, de titularidade do domínio pleno.

O cancelamento do usufruto, a ser promovido mediante apresentação da certidão de óbito do usufrutuário, depende de requerimento próprio, em atendimento ao princípio da rogação, e de recolhimento dos emolumentos incidentes para o ato que não é abrangido pela assistência judiciária concedida na ação de inventário.

Subsistindo óbice ao registro, é a dúvida procedente.

Ante o exposto, pelo meu voto nego provimento ao recurso e mantenho a recusa do registro.

GERALDO FRANCISCO PINHEIRO FRANCO

Corregedor Geral da Justiça e Relator (DJe de 13.08.2019 – SP)

REGULARIZAÇÃO FUNDIÁRIA

PODER JUDICIÁRIO

TRIBUNAL DE JUSTIÇA DO ESTADO DE SÃO PAULO

CONSELHO SUPERIOR DA MAGISTRATURA

Apelação nº 1023039-06.2017.8.26.0554

Registro: 2018.0000694946

ACÓRDÃO

Vistos, relatados e discutidos estes autos do(a) **Apelação nº 1023039-06.2017.8.26.0554**, da Comarca de **Santo André**, em que é apelante **PREFEITURA MUNICIPAL DE SANTO ANDRÉ**, é apelado **2º OFICIAL DE REGISTRO DE IMÓVEIS DA COMARCA DE SANTO ANDRÉ - S/P.**

ACORDAM, em Conselho Superior de Magistratura do Tribunal de Justiça de São Paulo, proferir a seguinte decisão: **"Não conheceram do recurso. V. U. Declararam a dúvida prejudicada e não conheceram do recurso, v.u."**, de conformidade com o voto do Relator, que integra este Acórdão.

O julgamento teve a participação dos Exmos. **PEREIRA CALÇAS (PRESIDENTE TRIBUNAL DE JUSTIÇA) (Presidente), ARTUR MARQUES (VICE PRESIDENTE), DAMIÃO COGAN (DECANO), EVARISTO DOS SANTOS(PRES. DA SEÇÃO DE DIREITO PÚBLICO), CAMPOS MELLO (PRES. DA SEÇÃO DE DIREITO PRIVADO) E FERNANDO TORRES GARCIA(PRES. SEÇÃO DE DIREITO CRIMINAL).**

São Paulo, 31 de agosto de 2018.

GERALDO FRANCISCO PINHEIRO FRANCO

Corregedor Geral da Justiça e Relator

Apelação nº 1023039-06.2017.8.26.0554

Apelante: Prefeitura Municipal de Santo André

Apelado: 2º Oficial de Registro de Imóveis da Comarca de Santo André - S/P

VOTO Nº 37.528

Registro de Imóveis – Dúvida inversa – Regularização fundiária urbana – Título com prenotação cancelada pelo decurso do prazo de validade do protocolo – Requerimento não instruído com todos os documentos necessários ao registro – Impossibilidade de julgamento condicional – Dúvida prejudicada – Recurso não conhecido.

Trata-se de apelação interposta contra r. sentença que indeferiu pedido formulado pela Prefeitura do Município de Santo André para o afastamento dos óbices opostos ao registro de projeto de regularização fundiária e para que seja "*...expedida determinação judicial a permitir o reparcelamento do Loteamento Parque Represa Billings, Glebas I e II, na forma proposta no pedido encaminhado ao 2º Cartório de Registro de Imóveis*" (fls. 05).

A apelante alegou, em suma, que o projeto de loteamento, que abrangeu área de proteção aos mananciais, foi originalmente arquivado no 1º Registro de Imóveis de Santo André que teve competência entre os anos de 1955 a 1966. Posteriormente, entre 1967 e 1990 foi competente o Registro de Imóveis de Ribeirão Pires, passando o registro do imóvel, a partir de 1990, para a circunscrição do 2º Registro de Imóveis de Santo André em razão de decisão judicial que reconheceu que está situado neste Município. Disse que o loteamento foi implantando por Osvaldo Marques de Almeida e que foram constatadas divergências entre as plantas do loteamento e sua implantação, afetando os compradores dos lotes, além do loteamento ocupar área de preservação permanente com restrições para construção e uso. Em razão disso moveu ação civil pública em que foi celebrada transação, homologada por sentença, em que se obrigou a promover os levantamentos necessários para que o registro do loteamento seja adequado à forma como foi implantado, observadas as normas incidentes para a ocupação do solo urbano, obrigando-se o loteador, por seu turno, a promover a transferência de lotes suficientes para que sejam atendidas as normas ambientais e urbanísticas. Informou que promoveu os estudos e levantamentos necessários, com a participação dos adquirentes dos lotes. O loteador, por sua vez, se obrigou a promover a doação de lotes para o reassentamento de famílias, a permuta de lotes com terceiros, a obtenção do licenciamento ambiental, a contratação de projetos e a implantação de obras de infraestrutura e iluminação Pública. Porém, o registro foi negado com sugestão de adequação do pedido às normas incidentes para a regularização fundiária, ressalvada eventual determinação judicial para que seja realizado em conformidade com o projeto já elaborado. Além disso, em sua manifestação neste processo o Oficial de Registro afirmou que o título deve ser complementado para também conter: "*1.) o destino final das matrículas abertas com base no registro original do loteamento; 2.) a possível quebra do princípio da continuidade no momento da transmissão dos imóveis criados a partir da nova planta do empreendimento, caso tal missão não seja desempenhada pelo loteador ou seus sucessores; 3.) será também necessário especificar qual o documento que servirá como justo título para aquisição da propriedade dos lotes; 4.) por fim, explicitar a forma de cobrança dos emolumentos (dentro ou fora do regime especial instituído pela legislação que disciplina a regularização fundiária)*" (fls. 218). Diante das exigências formuladas, requereu a reforma da sentença: "*...a fim de que seja possibilitada a regularização do Loteamento do Parque Represa Billings, Glebas I e II, na forma proposta no pedido encaminhado ao 2º Cartório de Registro de Imóveis*" (fls. 208/223).

A douta Procuradoria Geral de Justiça opinou pela manutenção da recusa do registro (fls. 241/243). É o relatório.

Anoto, primeiro, que embora sob a denominação de "procedimento administrativo" (fls. 05) o que a apelante pretende é a obtenção de determinação judicial de registro do projeto de regularização fundiária já elaborado e apresentado ao Oficial de Registro de Imóveis (fls. 05), razão pela qual o pedido foi processado como dúvida inversa, com interposição do recurso previsto no art. 202 da Lei nº 6.015/73 (fls. 208).

O registro do projeto de regularização fundiária apresentado pela apelante ao Oficial de Registro de Imóveis foi originalmente prenotado em 19 de abril de 2016, sob nº 136461 (fls. 46), e foi reapresentado em 13 de junho de 2016 com prenotação nº 136513 (fls. 47).

Na primeira prenotação foi expedida nota de devolução em que exigida "*...a relação dos nomes dos proprietários dos lotes referentes às glebas 02 e 03 do 'Parque Represa Billings', fornecida pelo 1º Oficial de Registro de Imóveis de Santo André e pelo Oficial de Registro de Imóveis de Ribeirão Pires*" (fls. 46).

Vencido o prazo de validade da primeira prenotação, foi o título reapresentado e gerou nova nota devolutiva em que constou:

"**1- O presente levantamento aprovado pela Municipalidade, foi efetivamente recepcionado por este serviço registral.**

2- Desta forma, títulos anteriores elaborados em desacordo com a presente planta, deverão ser saneados, ou, alternativamente, novos títulos deverão ser confeccionados em sede de regularização fundiária ou determinação judicial".

Contudo, este procedimento foi apresentado em 25 de setembro de 2017 (fls. 01), quando já vencido o prazo de 30 dias para validade da última prenotação (art. 205 da Lei nº 6.015/73), o que prejudica o reexame do título que, ademais, não foi juntado por inteiro aos autos como consta às fls. 5, item V, nem foi reapresentado ao Oficial de Registro de Imóveis para novo protocolo como exigido em nota de esclarecimento do item 41.1 do Capítulo XX das Normas de Serviço da Corregedoria Geral da Justiça:

"**Nota: Suscitada por meio eletrônico, o Juízo dará ciência dos termos e da data da suscitação ao oficial de registro e aguardará a apresentação dos motivos da recusa do registro. O suscitante encaminhará ao registrador a via original do título em cinco dias contados da data do protocolo da dúvida, sob pena de arquivamento. Ao receber o título, o registrador o prenotará, dará recibo ao apresentante e, no prazo de 15 dias, informará ao Juízo se lhe foi apresentada a via original do título dentro do prazo e as razões da recusa. Se o interessado no registro não tiver advogado constituído, poderá apresentar a petição em meio físico no distribuidor do Fórum, onde será protocolada, digitalizada, e destruída após a formação do processo eletrônico. Os documentos que instruem a petição, o título recusado pelo registrador inclusive, serão apresentados em cópia, não cabendo ao distribuidor esse exame. Distribuída a dúvida, o suscitante encaminhará a via original do título ao registro de imóveis nos termos do parágrafo acima. As petições intermediárias em meio físico serão apresentadas diretamente no Ofício Judicial competente, que a digitalizará e a inserirá no processo eletrônico**".

O procedimento de dúvida é reservado à análise da dissensão do apresentante com os motivos que levaram à recusa do registro do título que, para essa finalidade, deve ser objeto de protocolo válido, pois de seu julgamento decorrerá a manutenção da recusa, com cancelamento da prenotação, ou a improcedência da dúvida que terá como consequência a realização do registro (art. 203, II, da Lei nº 6.015/73).

A necessidade de protocolo válido decorre de interpretação lógica da Lei nº 6.015/73 que: I) em seu art. 182 determina que todos os títulos tomarão no protocolo o número de ordem correspondente à sequência de apresentação;

II) em seu art. 198, e incisos, dispõe sobre a anotação da dúvida no Livro nº 1 Protocolo, para conhecimento da prorrogação do prazo da prenotação; III) em seu art. 203 prevê os efeitos do julgamento da dúvida em relação ao registro e, em consequência, ao resultado da qualificação realizada depois da respectiva prenotação do título.

Ademais, os títulos ingressaram no protocolo conforme a rigorosa ordem cronológica de apresentação e adquirem preferência para o registro também conforme essa ordem.

E não é possível decidir a dúvida sem prenotação válida porque o que se qualifica é o título efetivamente apresentado para registro e com prioridade sobre eventuais outros títulos representativos de direitos reais contraditórios.

Em razão disso, na forma como suscitada a dúvida adquire natureza meramente consultiva, para o que não se presta.

Ainda, a determinação de registro em procedimento em que o título não foi apresentado por inteiro e sem que exista prenotação válida equivaleria à prolação de decisão condicional, pois sua execução dependeria da futura e eventual observação de outros requisitos, o que não se mostra possível (art. 492, parágrafo único, do CPC).

Por esses motivos este Col. Conselho Superior da Magistratura já decidiu:

"**No mais, ao contrário do sustentado pelo recorrente, não cabe aqui ao Judiciário se pronunciar acerca da solução cabível para o caso concreto, não se tratando de órgão consultivo, como bem ressaltado pela nobre representante do *parquet***" (CSM, Processo nº 000.608.6/7-00, Rel. Des. Gilberto Passos de Freitas, j. 21/12/2006).

Por seu turno, o presente procedimento não é adequado para o suprimento judicial de eventuais requisitos para o registro da regularização fundiária urbana, que não foram especificados pela apelante, pois, reitero, se destina unicamente à análise do inconformismo com as exigências formuladas para o registro do título na forma como prenotado (art. 198 da Lei nº 6.015/73).

Tudo isso torna a dúvida prejudicada, impedindo o conhecimento do recurso.

Ressalvo, porém, que o resultado deste procedimento não impede a adoção das medidas que forem cabíveis para a regularização fundiária urbana, observada a legislação vigente, assim como não impede que a apelante se utilize dos meios próprios para a execução da transação celebrada com o loteador, se for o caso, ou adote outras medidas que entender necessárias para que o projeto de regularização fundiária atenda todos os requisitos que se mostrarem cabíveis ao seu registro.

Ante o exposto, pelo meu voto, declaro a dúvida prejudicada e não conheço do recurso.

GERALDO FRANCISCO PINHEIRO FRANCO

Corregedor Geral da Justiça e Relator (DJe de 29.01.2019 - SP)

PODER JUDICIÁRIO

TRIBUNAL DE JUSTIÇA DO ESTADO DE SÃO PAULO

CONSELHO SUPERIOR DA MAGISTRATURA

Apelação n° 1001148-39.2018.8.26.0506

Registro: 2019.0000668115

ACÓRDÃO

Vistos, relatados e discutidos estes autos de **Apelação Cível nº 1001148-39.2018.8.26.0506**, da Comarca de **Ribeirão Preto**, em que é apelante **CONDOMINIO BOSQUE DAS COLINAS**, é apelado **2º OFICIAL DE REGISTRO DE IMÓVEIS DA COMARCA DE RIBEIRÃO PRETO.**

ACORDAM, em Conselho Superior de Magistratura do Tribunal de Justiça de São Paulo, proferir a seguinte decisão: **"Negaram provimento à apelação, com observação, v.u."**, de conformidade com o voto do Relator, que integra este acórdão.

O julgamento teve a participação dos Exmos. Desembargadores **PEREIRA CALÇAS (PRESIDENTE TRIBUNAL DE JUSTIÇA) (Presidente), ARTUR MARQUES (VICE PRESIDENTE), XAVIER DE AQUINO (DECANO), EVARISTO DOS SANTOS(PRES. DA SEÇÃO DE DIREITO PÚBLICO), CAMPOS MELLO (PRES. DA SEÇÃO DE DIREITO PRIVADO) E FERNANDO TORRES GARCIA(PRES. SEÇÃO DE DIREITO CRIMINAL).**

São Paulo, 15 de agosto de 2019.

GERALDO FRANCISCO PINHEIRO FRANCO

Corregedor Geral da Justiça e Relator

Apelação Cível nº 1001148-39.2018.8.26.0506

Apelante: Condomínio Bosque das Colinas

Apelado: 2º Oficial de Registro de Imóveis da Comarca de Ribeirão Preto

VOTO Nº 37.831

Registro de Imóveis – Regularização Fundiária – A CRF expedida na vigência da Lei n. 11.977/09 não supre, sobretudo a falta de nova manifestação do ente público competente, requisito da Lei n. 13.465/17, especialmente, ao se considerar a modalidade de regularização de condomínio de lotes, inexistente no momento da expedição da CRF – Impugnações genéricas reiterando o conteúdo do título apresentado não têm o condão de afastar exigências específicas e fundamentadas – Recurso não provido.

Trata-se de recurso de apelação interposto pelo Condomínio Bosque das Colinas contra a r. sentença de fls. 424/430, que julgou procedente a dúvida suscitada pela Sra. 2º Oficial de Registros de Imóveis da Comarca de Ribeirão Preto, mantendo a recusa do ingresso de regularização fundiária na modalidade de condomínio de lotes.

Sustenta o apelante a validade da certidão de regularização fundiária expedida com fundamento na Lei n. 11.977/09 e que no projeto constam todas as medidas da regularização fundiária, realizada em termos técnicos, cabendo o registr1º do título (fls. 459/471).

A D. Procuradoria Geral da Justiça opinou pelo não provimento do recurso (fls. 488/490).

É o relatório.

A regularização fundiária pretendida envolve a modalidade do condomínio de lotes.

O condomínio de lotes foi incluído no Código Civil (artigo 1.358-A) por meio da Lei n. 13.465/2017 e não tinha previsão na Lei n. 11.977/09.

Desse modo, não é possível a consideração do auto de regularização expedido pela Municipalidade em 08.08.2016 (a fls. 30), pois, à época, não havia a modalidade de regularização fundiária pretendida.

Ainda que fosse possível a aplicação do disposto no artigo 75 da Lei n. 13.465/2017, caberia decisão da Municipalidade quanto à validade da CRF anteriormente expedida, o que não ocorreu.

As exigências relativas à divergência de medidas entre o perímetro do imóvel e o constante do título, diversidade de descrição, unidades diversas com mesma área, unidades com acesso por área comum e sem acesso a ruas, número de unidades, localização da área de lazer, plantas, convenção de condomínio e outras constantes da nota de devolução, permanecem não atendidas.

A mera alegação genérica no sentido de todas as questões estarem corretas no título não permite o exame da pertinência das exigências, a impugnação deveria ser detalhada ante a qualificação registral negativa.

A título de exemplo, nada foi mencionado acerca da não apresentação da convenção de condomínio de modo específico pelo apelante.

Desse modo, compete manutenção das exigências para o registro do título de regularização fundiária. Por todo o exposto, pelo meu voto, nego provimento à apelação, com observação.

GERALDO FRANCISCO PINHEIRO FRANCO

Corregedor Geral da Justiça e Relator (DJe de 02.09.2019 – SP)

PODER JUDICIÁRIO

TRIBUNAL DE JUSTIÇA DO ESTADO DE SÃO PAULO

CONSELHO SUPERIOR DA MAGISTRATURA

Apelação nº 1001229-85.2018.8.26.0506

Registro: 2019.000668125

ACÓRDÃO

Vistos, relatados e discutidos estes autos de **Apelação Cível nº 1001229-85.2018.8.26.0506**, da Comarca de **Ribeirão Preto**, em que é apelante **ASSOCIAÇÃO DOS PROPRIETÁRIOS DO RECANTO CRUZEIRO DO SUL**, é apelado **2º OFICIAL DE REGISTRO DE IMÓVEIS DA COMARCA DE RIBEIRÃO PRETO**.

ACORDAM, em Conselho Superior de Magistratura do Tribunal de Justiça de São Paulo, proferir a seguinte decisão: **"Negaram provimento ao recurso e mantiveram a negativa do registro, v.u."**, de conformidade com o voto do Relator, que integra este acórdão.

O julgamento teve a participação dos Exmos. Desembargadores **PEREIRA CALÇAS (PRESIDENTE TRIBUNAL DE JUSTIÇA) (Presidente), ARTUR MARQUES (VICE PRESIDENTE), XAVIER DE AQUINO (DECANO), EVARISTO DOS SANTOS(PRES. DA SEÇÃO DE DIREITO PÚBLICO), CAMPOS MELLO (PRES. DA SEÇÃO DE DIREITO PRIVADO) E FERNANDO TORRES GARCIA(PRES. SEÇÃO DE DIREITO CRIMINAL).**

São Paulo, 15 de agosto de 2019.

GERALDO FRANCISCO PINHEIRO FRANCO

Corregedor Geral da Justiça e Relator

Apelação Cível nº 1001229-85.2018.8.26.0506

Apelante: Associação dos Proprietários do Recanto Cruzeiro do Sul

Apelado: 2º Oficial de Registro de Imóveis da Comarca de Ribeirão Preto

VOTO Nº 37.851

Procedimento de dúvida – Requerimento de suspensão do processo, para que seja apreciado pedido de avocação de procedimento de dúvida decorrente da negativa de registro a ser promovido em imóvel distinto, mas em que formuladas exigências com igual conteúdo – Impossibilidade – Procedimento de dúvida imobiliária que, por sua natureza, não comporta a avocação prevista no art. 28, inciso XXVII, do Regimento Interno do Tribunal de Justiça do Estado de São Paulo.

Registro de Imóveis – Dúvida julgada procedente – Registro de regularização fundiária – Condomínio de frações ideais a que foram atribuídas áreas certas – Regularização que tem por objeto lotes intercalados, situados dentro das quadras em que dividida a gleba – Ausência da anuência de todos os co-proprietários das frações ideais – Requisitos técnicos para a elaboração da planta e dos memorais descritivos – Dispensa da apresentação das licenças para o registro, com fundamento na implantação do parcelamento do solo antes da vigência da Lei nº 6.766/79 – Registros das vendas das frações ideais iniciados no ano de 1984 – Declaração municipal que não permite verificar que toda a gleba foi objeto de parcelamento irregular, ou clandestino, implantado e consolidado antes da vigência da Lei de Parcelamento do Solo Urbano – Recurso a que se nega provimento.

Trata-se de apelação interposta pela Associação dos Proprietários do Recanto Cruzeiro do Sul contra r. sentença que manteve a negativa do registro da regularização do loteamento implantado, de forma irregular, no imóvel objeto da matrícula nº 25.506 do 2º Registro de Imóveis da Comarca de Ribeirão Preto.

A apelante alegou, em suma, que a planta e os memorais que instruíram o pedido de registro da regularização fundiária descrevem o perímetro da gleba, as vias de circulação e as unidades imobiliárias, com suas confrontações, em conformidade com as normas técnicas aplicáveis. Afirmou que o parcelamento foi implantado, de forma irreversível, antes de 19 de dezembro de 1979, o que dispensa a apresentação de projeto de regularização fundiária instruído com manifestações, licenças, aprovações ou alvarás emitidos por órgãos públicos. Esclareceu que a planta e os memoriais descritivos descrevem as áreas e os lotes conforme se consolidaram e que pretende a regularização por trechos e lotes, como permitido pela legislação e aceito pela Oficial de Registro. Por se tratar de regularização parcial não é necessária a descrição das áreas, ou lotes, que não serão objeto da regularização. Por sua vez, os lotes que serão regularizados foram descritos de forma completa, com identificação dos proprietários das frações ideais, ou de seus sucessores. Reiterou que a certificação de que o parcelamento é anterior à 19 de dezembro de 1979, e de que está consolidado, afasta a necessidade de aprovação da planta e dos memoriais pelo Município. Por sua vez, a realização de registros de vendas de frações ideais a partir de 02 de março de 1984, por empresa que adquiriu a propriedade da gleba em 20 de outubro de 1983, não altera o conteúdo da certidão municipal que foi expedida com base em documento apresentado para comprovar a data do parcelamento, consistente em contrato particular celebrado no ano de 1978. Aduziu que a ressalva, pelo Município, de que deverão ser adotadas medidas de mitigação dos impactos do parcelamento, conforme a legislação vigente, não impede o registro da regularização porque essas medidas serão posteriores. Por fim, o pedido de registro da regularização teve a primeira prenotação realizada em 13 de dezembro de 2017, antes da vigência do Provimento CGJ nº 51/2017 e do Decreto Municipal nº 360/2017, devendo para o registro ser observado o previsto nas Leis nºs 11.997/2009 e 13.465/2017 e no Provimento CGJ nº 37/2013. Requereu a reforma da r. sentença para que seja promovido o registro da regularização fundiária (fls. 1379/1391).

A apelante requereu, após, a suspensão do processo para que seja aguardado o resultado do pedido de avocação do processo de dúvida, pela Corregedoria Geral da Justiça, em razão da divergência de tratamento conferido a diferentes pedidos de registro de regularização fundiária (fls. 1407).

A douta Procuradoria Geral da Justiça opinou pelo não provimento do recurso (fls. 1418/1423).

É o relatório.

O inciso XXVII do art. 28 do Regimento Interno do Tribunal de Justiça do Estado de São Paulo dispõe que o Corregedor Geral da Justiça é competente para: "*XXVII – avocar, motivadamente e no interesse do serviço cartorário ou da Justiça, sindicâncias ou processos administrativos instaurados pelos corregedores permanentes e reexaminar as decisões proferidas;*".

O processo de dúvida, contudo, é regulado pela Lei nº 6.015/73 que determina que a suscitação será promovida pelo Oficial de Registro de Imóveis, a requerimento do apresentante (art. 198), e prevê que será julgado por sentença sujeita a recurso de apelação (art. 202) que é de competência do Col. Conselho Superior da Magistratura (arts. 64, inciso VI, do Decreto-Lei Complementar Estadual nº 03/69, e 16, inciso IV, do Regimento Interno do Tribunal de Justiça do Estado de São Paulo).

Portanto, o processo de dúvida imobiliária não se confunde com as sindicâncias e demais processos administrativos instaurados pelos corregedores permanentes e sujeitos à avocação pelo Corregedor Geral da Justiça para decisão de forma originária, ou para reexame *ex officio* das decisões proferidas em primeira instância administrativa.

Rejeito, destarte, o pedido de suspensão do processo que, ademais, também não poderia ser feito para a adequação do projeto técnico da regularização, como requerido pela apelante às fls. 1343.

Assim porque o procedimento de dúvida se destina à análise da recusa do registro do título que para essa finalidade foi apresentado pelo interessado e prenotado pelo Oficial de Registro, razão pela qual não se mostra cabível a realização de diligências visando a complementação, ou alteração, do título.

A apelante é Associação constituída por uma parte dos proprietários de imóveis no parcelamento denominado Recanto Cruzeiro do Sul, com o objetivo de promover as atividades relacionadas no art. 2º do Estatuto Social (fls. 23 e seguintes).

A certidão reproduzida às fls.1242 e seguintes permite verificar que o Recanto Cruzeiro do Sul, implantado no imóvel objeto da matrícula nº 25.506 do 2º Registro de Imóveis de Ribeirão Preto, foi constituído mediante a venda de pequenas frações ideais à pessoas distintas, sem vínculos que o justificassem.

Esse fato ensejou a observação, pela Oficial de Registro de Imóveis, da orientação com força normativa, decorrente do julgamento pelo Colendo Conselho Superior da Magistratura da Apelação Cível nº 72.365-0/7, de que foi relator o e. Desembargador Luís de Macedo, então Corregedor Geral da Justiça, e da orientação, também com força normativa, promovida por r. decisão que foi prolatada no Processo CG nº 2.588/00, impedindo novos registros de alienações voluntárias de frações ideais quando os elementos registrários demonstrarem a intenção de burlar a legislação, de natureza cogente, que disciplina o parcelamento do solo.

Impedidos novos registros de alienações voluntárias de frações ideais do imóvel objeto da matrícula nº 25.506, resta a regularização do parcelamento como forma de permitir que os proprietários das frações ideais possam dispor das áreas certas e determinadas que, na realidade, adquiriram.

A regularização, porém, deve ser promovida conforme as disposições legais e normativas aplicadas em consonância com as peculiaridades deste caso concreto em que o imóvel foi alienado pelo autor do parcelamento, ao menos em sua grande parte, para diferentes pessoas que mediante aquisição das frações ideais passaram a ocupar áreas certas, com localização determinada no solo.

Ainda conforme a certidão de fls. 1242 e seguintes, o imóvel em que implantado o parcelamento irregular tem área total de 36,34,02ha, ou 363.420m², ao passo que a regularização será promovida em relação a gleba com 276.937,38m², descrita no memorial de fls. 40/41, o que encontra amparo no art. 36, § 2º, da Lei nº 13.465/2017 que permite que a regularização urbana seja implantada de forma parcial, por etapas.

Entretanto, a par da regularização sobre parte do imóvel, sem notícia da existência de parcelamento da área restante, a apelante pretende promove-la sobre lotes intercalados, situados em sete quadras distintas (fls. 38 e seguintes).

Para essa finalidade a apelante apresentou planta e memoriais com as medidas perimetrais dos lotes abrangidos pela regularização, identificando seus adquirentes conforme a situação que disse decorrer da efetiva ocupação do solo, mas não identificou os demais co-proprietários das frações ideais e não apresentou suas anuências com a regularização.

Ademais, nem mesmo foram apresentadas as anuências das pessoas indicadas como proprietárias dos lotes que serão regularizados.

Promovido o parcelamento do solo pela venda de mais de 120 pequenas frações ideais para pessoas distintas, segundo indicado na planta de fls. 38/39, o que implicaria no desdobro da gleba em mais de 120 lotes, a regularização fundiária, neste caso concreto, importa em divisão do imóvel entre seus co-proprietários, com atribuição de domínio exclusivo sobre partes determinadas do solo.

Assim, a regularização parcial, abrangendo lotes intercalados, demanda, neste caso concreto, a apresentação da anuência dos proprietários das frações ideais, ou a sua notificação, importando anotar que esses proprietários são os ocupantes dos lotes que deverão ser demarcados conforme a situação de fato existente em toda área a ser regularizada.

Apesar disso, não foram apresentadas a relação dos proprietários de frações ideais não beneficiados com a regularização, nem a anuência dos proprietários das frações ideais com o pedido formulado.

Desse modo, na forma como requerida, a regularização fundiária em relação aos lotes intercalados implicará na atribuição da propriedade exclusiva sobre áreas determinadas mediante declaração unilateral da apelante de que as frações ideais de seus associados correspondem aos imóveis descritos na planta e nos memoriais apresentados, o que, porém, causará repercussão direta em relação aos direitos de proprietário de todos os titulares dessas frações ideais.

Observo que as notificações dos titulares de domínio e dos confrontantes é prevista para o registro da Certidão de Regularização Fundiária, ou seja, para o registro da Regularização Fundiária Urbana (Reurb) inclusive quando promovida pelo Poder Público (arts. 31 e 44, § 6º, da Lei nº 13.465/2017), e não é afastada para os parcelamentos implantados e consolidados antes de 19 de dezembro de 1979, pois o art. 69 da Lei nº 13.465/2017 somente dispensa, nessa hipótese, as licenças, alvarás e autorizações dos órgãos públicos competentes:

"Art. 69. As glebas parceladas para fins urbanos anteriormente a 19 de dezembro de 1979, que não possuírem registro, poderão ter a sua situação jurídica regularizada mediante o registro do parcelamento, desde que esteja implantado e integrado à cidade,

podendo, para tanto, utilizar-se dos instrumentos previstos nesta Lei.

§ 1º O interessado requererá ao oficial do cartório de registro de imóveis a efetivação do registro do parcelamento, munido dos seguintes documentos:

I - planta da área em regularização assinada pelo interessado responsável pela regularização e por profissional legalmente habilitado, acompanhada da Anotação de Responsabilidade Técnica (ART) no Conselho Regional de Engenharia e Agronomia (Crea) ou de Registro de Responsabilidade Técnica (RRT) no Conselho de Arquitetura e Urbanismo (CAU), contendo o perímetro da área a ser regularizada e as subdivisões das quadras, lotes e áreas públicas, com as dimensões e numeração dos lotes, logradouros, espaços livres e outras áreas com destinação específica, se for o caso, dispensada a ART ou o RRT quando o responsável técnico for servidor ou empregado público;

II - descrição técnica do perímetro da área a ser regularizada, dos lotes, das áreas públicas e de outras áreas com destinação específica, quando for o caso;

III - documento expedido pelo Município, atestando que o parcelamento foi implantado antes de 19 de dezembro de 1979 e que está integrado à cidade.

§ 2º A apresentação da documentação prevista no § 1º deste artigo dispensa a apresentação do projeto de regularização fundiária, de estudo técnico ambiental, de CRF ou de quaisquer outras manifestações, aprovações, licenças ou alvarás emitidos pelos órgãos públicos".

Apesar da falta da anuência, ou notificação, dos proprietários de frações ideais com a regularização de lotes intercalados, situados em mesmas quadras, a planta de fls. 38/39 contém o desmembramento de todas as sete quadras em mais de 120 lotes identificados com seus respectivos números.

Porém, os lotes não sujeitos à regularização não tiveram suas medidas perimetrais, ângulos de deflexão e áreas totais especificadas, o que impede o acesso da planta ao registro porque afeta diretamente os direitos dos proprietários de frações ideais que não anuíram com o parcelamento da gleba na forma indicada pela apelante.

Ainda, a planta de fls. 38/39 e os memorais descritivos de fls. 50 e seguintes não descrevem os lotes a serem regularizados com indicação dos ângulos de deflexão e azimutes, embora tenham conformações irregulares.

Reitero, nesse ponto, que os requisitos técnicos devem ser atendidos antes da suscitação da dúvida, razão pela qual não se mostra possível o sobrestamento do processo, requerido às fls. 1343, ou a conversão do julgamento em diligência, para a alteração da planta e dos memoriais descritivos.

Por outro lado, a certidão municipal de fls. 37 é no sentido de que o parcelamento denominado "Condomínio Recanto Cruzeiro do Sul", constituído mediante venda de frações ideais para pessoas distintas, é anterior à Lei nº 6.766/79 e está integrado e consolidado, com irreversibilidade de ocupação.

Essa certidão, no entanto, não especifica que a implantação de toda parcela do loteamento a ser regularizada ocorreu antes da vigência da Lei nº 6.766/79, de modo a dispensar as licenças e autorizações referidas no parágrafo 2º do art. 69 da Lei nº 13.465/2017.

Isso porque, neste caso concreto, a certidão de fls. 1242 e seguintes demonstra que as vendas das frações ideais do imóvel objeto da matrícula nº 25.506 foram promovidas por escrituras públicas lavradas e registradas a partir do ano de 1984.

Constituído o parcelamento irregular mediante venda de frações ideais para pessoas distintas, com constituição de condomínio voluntário, presume-se que a ocupação do solo teve início a partir dessas alienações.

Em decorrência, a certidão municipal deve permitir a verificação de que a efetiva implantação do parcelamento, com abertura das vias de circulação e com a divisão da gleba em lotes, foi realizada antes da vigência da Lei nº 6.766/79, o que não ocorre no presente caso.

Ademais, segundo o documento de fls. 1312/1320, a certidão municipal foi expedida com fundamento em único contrato particular de compromisso de compra e venda, em tese reproduzido às fls. 1308/1311.

O contrato particular de fls. 1308/1311, celebrado em 26 de março de 1979, faz referência à lote específico indicado em planta particular de loteamento, não comprovando que o parcelamento foi efetivamente implantado e consolidado antes da vigência da Lei nº 6.766/79.

E apesar do procedimento de registro não comportar a análise do mérito administrativo das certidões, licenças e autorizações expedidas pelo Poder Público, deve o Oficial de Registro qualificar esses atos para verificar se atendem à finalidade a que se destinam, ou seja, à congruência entre o seu conteúdo e o efeito que se destina a produzir, pois, ainda como decidido por este Col. Conselho Superior da Magistratura no julgamento da Apelação Cível nº 72.365-0/7, de que foi relator o Desembargador Luís de Macedo:

"A qualificação registrária não é um simples processo mecânico, chancelador dos atos já praticados, mas parte, isso sim, de uma análise lógica, voltada para a perquirição da compatibilidade entre os assentamentos registrários e os títulos causais (judiciais ou extrajudiciais), sempre feita à luz das normas cogentes em vigor".

Por essa razão, mostra-se equivocado o entendimento do apelante no sentido de que a certidão de fls. 37 não se submete à qualificação registrária.

Por fim, a única ressalva cabível diz respeito à recusa do registro com fundamento na observação, contida na certidão de fls. 37, da necessidade de adoção de medidas de mitigação dos impactos urbanísticos e ambientais para que a regularização fundiária seja promovida pelo Município, porque a referida certidão não indica a adoção de medidas dessa natureza como requisito para a regularização feita em conformidade com o art. 69 da Lei nº 13.465/2017.

Ante o exposto, nego provimento ao recurso e mantenho a negativa do registro.

GERALDO FRANCISCO PINHEIRO FRANCO

Corregedor Geral da Justiça e Relator (DJe de 02.09.2019 – SP)

SERVIDÃO

PODER JUDICIÁRIO

TRIBUNAL DE JUSTIÇA DO ESTADO DE SÃO PAULO

CONSELHO SUPERIOR DA MAGISTRATURA

Apelação nº 1005785-19.2017.8.26.0037

Registro: 2018.0001016099

ACÓRDÃO

Vistos, relatados e discutidos estes autos do(a) **Apelação nº 1005785-19.2017.8.26.0037**, da Comarca de **Araraquara**, em que é apelante **INTERLIGAÇAO ELETRICA DO MADEIRA S/A**, é apelado **2º OFICIAL DE REGISTRO DE IMÓVEIS E ANEXOS DA COMARCA DE ARARAQUARA.**

ACORDAM, em Conselho Superior de Magistratura do Tribunal de Justiça de São Paulo, proferir a seguinte decisão: **"Negaram provimento à apelação, v.u."**, de conformidade com o voto do Relator, que integra este Acórdão.

O julgamento teve a participação dos Exmos. Desembargadores **PEREIRA CALÇAS (PRESIDENTE TRIBUNAL DE JUSTIÇA) (Presidente), ARTUR MARQUES (VICE PRESIDENTE), XAVIER DE AQUINO (DECANO), EVARISTO DOS SANTOS(PRES. DA SEÇÃO DE DIREITO PÚBLICO), CAMPOS MELLO (PRES. DA SEÇÃO DE DIREITO PRIVADO) E FERNANDO TORRES GARCIA(PRES. SEÇÃO DE DIREITO CRIMINAL).**

São Paulo, 18 de dezembro de 2018.

GERALDO FRANCISCO PINHEIRO FRANCO

Corregedor Geral da Justiça e Relator

Apelação nº 1005785-19.2017.8.26.0037

Apelante: Interligação Elétrica do Madeira S/A

Apelado: 2º Oficial de Registro de Imóveis e Anexos da Comarca de Araraquara

VOTO Nº 37.645

Registro de Imóveis – Dúvida Inversa – Carta de sentença – Servidão administrativa – Princípio da especialidade objetiva – Impossibilidade de identificar a servidão dentro da área de cada um dos imóveis atingidos, em razão da descrição deficiente nas respectivas matrículas – Dúvida julgada procedente – Recurso desprovido.

Trata-se de apelação interposta por **INTERLIGAÇÃO ELÉTRICA DO MADEIRA S.A.** contra r. sentença que, no julgamento de dúvida inversa, manteve a negativa de registro de carta de sentença de servidão administrativa, acolhendo as razões trazidas pelo Sr. Oficial do 2º Ofício de Registro de Imóveis, Títulos e Documentos e Civil de Pessoas Jurídicas de Araraquara quanto à necessidade de prévia retificação das matrículas atingidas pela servidão.

A apelante sustenta, em síntese, que o georreferenciamento, conforme §§ 3º e 4º art. 176 da Lei nº 6.015/1973, somente é obrigatório em caso de transferência de titularidade e quando há alteração dos limites do imóvel, o que não é o caso da servidão administrativa. Ademais, seria impossível a obtenção das assinaturas do proprietário nos mapas e memoriais, bem como assinatura dos confrontantes, eis que se trata de servidão constituída judicialmente.

A D. Procuradoria Geral de Justiça opinou pelo provimento do recurso (fls. 412/415).

É o relatório.

A apelante é concessionária de serviço público de transmissão de energia elétrica e lhe coube a construção, operação e manutenção do empreendimento elétrico denominado de Linha de Transmissão Coletora Porto Velho Araraquara 2, cujo traçado passou pelos Estados de Rondônia, Mato Grosso, Goiás, Minas Gerais e São Paulo.

Não evoluindo as tentativas de formalização da faixa de servidão pela via administrativa, a apelante, na forma do Decreto-Lei n.º 3.365/41, obteve sentença judicial favorável para a constituição de servidão administrativa nas áreas da matrícula n° 9.770 do 2º Registro de Imóveis de Araraquara (Processo n° 0009264-47.2011.8.26.0037), com expedição da carta de sentença (fls. 09/127).

O título, contudo, obteve qualificação negativa perante o 2º Ofício de Registro de Imóveis de Araraquara pelas razões expostas na nota de devolução nº 12337/2017 (fls. 194) e nas informações prestadas a fls. 185/190.

A qualificação registral imobiliária é expressão do exame registral, após apresentação do título original. Ela é feita pelo Oficial Registrador, com verdadeira natureza de tutela preventiva de conflitos (órgão pacificador de conflitos). Por essas razões, a qualificação deve observar todos os princípios e regras aplicáveis, sejam legais, sejam administrativas.

Como é sabido, os títulos judiciais também não escapam ao crivo da qualificação registral **[1]**, de modo que o registrador, longe de questionar o mérito da decisão, deverá examinar se estão atendidos os princípios registrais pertinentes ao caso, para seu perfeito ingresso no fólio real. Trata-se, assim, de análise formal, restrita aos requisitos extrínsecos do título.

No presente caso, para o registro da carta de sentença o 2º Oficial de Registro de Imóveis de Araraquara apresentou Nota de Devolução assim redigida: *"Inviável identificar a área de servidão no imóvel objeto da matrícula 9.770, face a precariedade da descrição do imóvel daquela matrícula, devendo, precedentemente, a descrição de referido bem de raiz ser objeto de retificação"* (fls. 194).

E, de fato, não é possível o ingresso do título à míngua de descrição suficiente da área e dos limites do imóvel, sem a indicação de marcos seguros que permitam identificar a sua correta base geodésica, sob pena de ofensa ao princípio da especialidade objetiva.

Os requisitos para o registro da servidão de passagem na matrícula do imóvel atingido, contudo, não estão presentes porque a descrição das áreas contidas na matrícula nº 9.770 não permite identificar, com a segurança necessária, o local em que seria atingida pela servidão de passagem com a descrição contida no memorial trazido aos autos. A precariedade das descrições dos imóveis, ademais, não é suprida pela planta apresentada porque inova em relação aos pontos de amarração e demais elementos contidos na matrícula, com indicação de medidas e azimutes nela não identificáveis por meio de sua leitura.

São diversos os precedentes deste Egrégio Conselho Superior da Magistratura sobre a matéria, no sentido de que o registro da servidão administrativa se submete a todos os princípios informadores dos registros públicos. A servidão administrativa proporciona utilidade para o prédio dominante e grava o prédio serviente, que pertence a proprietário diverso, com força de limitação administrativa. Uma vez registrada, grava o direito real em favor de seu titular, no caso, a Administração Pública ou suas concessionárias.

Ora, não se pode admitir a constituição de um direito real sem a necessária certeza sobre a amarração da área objeto da servidão à base territorial sobre a qual está sendo implantada **[2]**.

É verdade que as servidões administrativas não possuem natureza similar à da desapropriação, como modo de aquisição de domínio; entretanto, de outro enfoque, traduzem gravame e limitam o exercício da propriedade, com natureza pública, instituído sobre imóvel alheio **[3]**.

Não se pode falar em mitigação da especialidade objetiva para atos de registro constitutivo de um novo direito real, sob pena de ofensa a todos os princípios de segurança jurídica e publicidade afetos ao serviço de registro imobiliário **[4]**.

E a despeito do quanto alegado pela apelante, decisão anterior proferida por outro Juízo então responsável pela Corregedoria Permanente, ou mesmo a existência de outra nota devolutiva com exigência não feita anteriormente não obstam a nova análise feita pela r. sentença recorrida, especialmente em virtude da inexistência de coisa julgada administrativa nesta hipótese.

Ademais, não há óbice que impeça, de forma absoluta, que a apelante promova a retificação da matrícula, na condição de interessada no registro da servidão, uma vez que, na impossibilidade de assinatura de titulares de domínio ou confrontantes, serão feitas as regulares notificações, na forma do art. 213 e parágrafos da Lei n° 6.015/73.

Em hipótese bastante semelhante, decidiu este Egrégio Conselho Superior da Magistratura:

REGISTRO DE IMÓVEIS – Dúvida Inversa – Carta de sentença – Impugnação da totalidade das exigências – Exame das razões da apelante – Servidão administrativa – Princípio da especialidade – Impossibilidade de identificar a servidão dentro da área dos imóveis atingidos, em razão da descrição deficiente – Cabimento do aditamento de carta de sentença em obediência ao conteúdo do título judicial – Recurso parcialmente provido para julgar a dúvida procedente. (TJSP; Apelação 1005784-34.2017.8.26.0037; Relator (a): Pinheiro Franco (Corregedor Geral); Órgão Julgador: Conselho Superior de Magistratura; Foro de Araraquara - 6ª Vara Cível; Data do Julgamento: 28/03/2018; Data de Registro: 04/04/2018).

Diante do exposto, **nego provimento** à apelação.

GERALDO FRANCISCO PINHEIRO FRANCO
Corregedor Geral da Justiça e Relator

Notas:

[1] Apelações CSM nº 1006009-07.2016.8.26.0161 e 0001652-41.2015.8.26.0547.

[2] Apelação CSM nº 1003805-88.2015.8.26.0269.

[3] DI PIETRO, Maria Sylvia Zanella, Direito Administrativo, 15ª ed. São Paulo: Atlas, 2003, p. 145.

[4] CSM, Apelações nº 122-6/9, 456-6/2, 454-6/3 e 666-6/0 e 0001620-50.2014 e 1001809-55.2015. (DJe de 07.02.2019 - SP)

PODER JUDICIÁRIO

TRIBUNAL DE JUSTIÇA DO ESTADO DE SÃO PAULO

CONSELHO SUPERIOR DA MAGISTRATURA

Apelação nº 1002363-69.2018.8.26.0047

Registro: 2019.0000358055

ACÓRDÃO

Vistos, relatados e discutidos estes autos de Apelação Cível nº **1002363-69.2018.8.26.0047**, da Comarca de **Assis**, em que é apelante **TRIANGULO MINEIRO TRANSMISSORA S/A**, é apelado **OFICIAL DE REGISTRO DE IMÓVEIS E ANEXOS DA COMARCA DE ASSIS.**

ACORDAM, em Conselho Superior de Magistratura do Tribunal de Justiça de São Paulo, proferir a seguinte decisão: **"Por maioria de votos, deram provimento ao recurso, nos termos do voto do Desembargador Pereira Calças, vencido, em parte, o Desembargador Pinheiro Franco, que votou por negar provimento. Declararão votos os Desembargadores Pinheiro Franco e Fernando Torres Garcia."**, de conformidade com o voto do Relator, que integra este acórdão.

O julgamento teve a participação dos Exmos. Desembargadores **PEREIRA CALÇAS (PRESIDENTE TRIBUNAL DE JUSTIÇA), vencedor, PINHEIRO FRANCO (CORREGEDOR GERAL), vencido, PEREIRA CALÇAS (PRESIDENTE TRIBUNAL DE JUSTIÇA) (Presidente), ARTUR MARQUES (VICE PRESIDENTE), XAVIER DE AQUINO (DECANO), EVARISTO DOS SANTOS(PRES. DA SEÇÃO DE DIREITO PÚBLICO), CAMPOS MELLO (PRES. DA SEÇÃO DE DIREITO PRIVADO) E FERNANDO TORRES GARCIA(PRES. SEÇÃO DE DIREITO CRIMINAL).**

São Paulo, 30 de abril de 2019

MANOEL DE QUEIROZ PEREIRA CALÇAS
RELATOR DESIGNADO

APELAÇÃO CÍVEL nº 1002363-69.2018.8.26.0047

Apelante: TRIANGULO MINEIRO TRANSMISSORA S/A

Apelado: OFICIAL DE REGISTRO DE IMÓVEIS E ANEXOS DA COMARCA DE ASSIS COMARCA: ASSIS

VOTO Nº 30.043

Registro de Imóveis – Servidão administrativa instituída por decisão judicial – I - Exigência de prévia averbação da inscrição do imóvel serviente no Cadastro Ambiental Rural – CAR que não deve subsistir – "Servidão administrativa" não se confunde com "servidão de passagem" para os fins do item 125.2 das NSCGJ – Informações que integram o CAR devem partir do proprietário ou possuidor do bem imóvel (objeto da inscrição), nos moldes da Lei nº 12.651/2012 e do Decreto nº 7.830/2012, e não da empresa concessionária do serviço público de transmissão de energia elétrica, até mesmo porque têm o condão de criar restrições de uso para os primeiros (delimitação dos remanescentes de vegetação nativa, das Áreas de Preservação Permanente, das Áreas de Uso Restrito, das áreas consolidadas e, caso existente, também da localização da Reserva Legal, nos moldes do art. 29, §1º, III, da Lei nº 12.651/2012) – Elaboração do CAR pela empresa concessionária que acarretaria, ainda, ônus desproporcional à extensão do direito de servidão administrativa – II - Emolumentos que devem ser fixados em consideração à avaliação estabelecida na demanda judicial, nos moldes do art. 7º, parágrafo único, da Lei

Estadual nº 11.331/2002 – Recurso provido, para afastar a dúvida suscitada pelo oficial de Registro de Imóveis da Comarca de Assis-SP.

Trata-se de recurso de apelação interposto por TRIÂNGULO MINEIRO TRANSMISSORA S/A em face da r. sentença de fls. 141/144, que julgou procedente a dúvida suscitada pelo Sr. Oficial de Registro de Imóveis e Anexos da Comarca de Assis, mantendo a recusa do ingresso da carta de adjudicação referente à servidão administrativa, em razão da ausência [i] de prévia inscrição no Cadastro Ambiental Rural do imóvel objeto da matricula nº 21.169 e [ii] de documentação atinente ao ITR, para cálculo das custas e emolumentos.

Afirma a apelante não estar obrigada à inscrição do imóvel no CAR, bem como que as custas e emolumentos devem ser calculados em conformidade com o valor econômico apurado na ação judicial que instituiu a servidão administrativa.

É o Relatório.

I. Respeitado o posicionamento manifestado no voto do Excelentíssimo Desembargador Corregedor Geral, é caso de dar provimento ao recurso de apelação.

I.1. A r. sentença de fls. 141/144, ao julgar procedente dúvida suscitada pelo Oficial de Registro de Imóveis da Comarca de Assis-SP, confirmou o conteúdo da nota de exigências nº 211.747 (fl. 41), para submeter o registro de título constitutivo de servidão administrativa às seguintes determinações:

1) Providenciar a prévia averbação da inscrição no Cadastro Ambiental Rural do imóvel objeto da matricula nº 21.169, acompanhado do comprovante de inscrição, que se tornou condição para registro de servidão em imóveis rurais, nos termos da alínea "b" do item 125 e dos subitens 125.1 e 125.2, do capítulo XX, das Normas de Serviço da CGJ/SP, com as alterações do Provimento CG nº 37/2013.

2) Apresentar o atual CCIR, conforme dispõe o § 1° do artigo 22 da Lei 4.947/66, e a Declaração do ITR referente ao exercício de 2017, correspondente ao imóvel objeto da matrícula acima citada, para que seja possível a verificação do valor tributário do imóvel e, assim, cálculo das custas e emolumentos correspondentes ao registro pretendido.

I.2. No que toca à prévia averbação da inscrição do imóvel serviente no Cadastro Ambiental Rural CAR (tópico nº 1 da nota), a exigência não deve subsistir.

A apelante *Triângulo Mineiro Transmissora S/A* é empresa concessionária do serviço público de transmissão de energia elétrica. Nos autos do processo nº 1007595-04.2014.8.26.0047, foi instituída, em favor da apelante, **servidão administrativa** sobre uma faixa territorial inserida em prédio rústico (imóvel de matrícula nº 21.169 CRI da Comarca de Assis-SP), declarada de utilidade pública pela Agência Nacional de Energia Elétrica (Resolução Autorizativa nº 4.663/2014).

Ao qualificar negativamente o título apresentado (mandado judicial), o Sr. Oficial sustentou que o registro da servidão estaria sujeito às formalidades do item 125, alínea "b", e dos subitens 125.1 e 125.2 do capítulo XX das Normas de Serviço da CGJ, abaixo transcritos:

125. ***Poderão ser averbados:***

[...]

b) ***o número de inscrição no CAR/SICAR-SP****, enquanto não decorrido o prazo estabelecido no § 3° do artigo 29 da Lei n.° 12.651, de 25 de maio de 2012, a partir do qual a averbação passará a ser obrigatória nos termos do subitem 12.5. deste Capítulo.*

125.1. As averbações referidas na alínea b do item 125 serão realizadas mediante provocação de qualquer pessoa.

125.1.1. As averbações serão feitas de ofício pelo Oficial do Registro de Imóveis, sem cobrança de emolumentos, quando do primeiro registro e por meio do Serviço de Registro Eletrônico de Imóveis (SREI), assim que implantados os mecanismos de fluxo de informações entre a Secretaria do Meio Ambiente do Estado de São Paulo (SMA), a Companhia Ambiental do Estado de São Paulo (Cetesb) e a Associação dos Registradores Imobiliários de São Paulo (Arisp), definidos no Acordo de Cooperação Técnica que entre si celebraram.

125.1.2. A averbação da reserva legal florestal será feita de ofício pelo Oficial do Registro de Imóveis, sem cobrança de emolumentos, por meio do Serviço de Registro Eletrônico de Imóveis (SREI), assim que o perímetro da reserva for validado pela autoridade ambiental e implantados os mecanismos de fluxo de informações entre a Secretaria do Meio Ambiente do Estado de São Paulo (SMA), a Companhia Ambiental do Estado de São Paulo (Cetesb) e a Associação dos Registradores Imobiliários de São Paulo (Arisp), definidos no Acordo de Cooperação Técnica que entre si celebraram.

125.1.3. Na hipótese de compensação de Reserva Legal, a notícia deverá ser averbada na matrícula de todos os imóveis envolvidos após a homologação ou aprovação do órgão ambiental através do

Sistema Paulista de Cadastro Ambiental Rural - SICAR-SP.

125.1.4. O conceito de imóvel para fins de Cadastro Ambiental Rural (CAR/SICAR-SP), obedece ao disposto na Instrução Normativa 2, de 5 de maio de 2014, do Ministério de Meio Ambiente; e Lei nº 8.629, de 25 de fevereiro de 1993, inciso I, art. 4º, não sendo obrigatória a coincidência e total identidade entre a matrícula imobiliária e o Cadastro Ambiental Rural (SICARSP).

125.2. As averbações referidas na alínea b do item 125 condicionam as retificações de registro, os desmembramentos, unificações, outros atos registrais modificativos da figura geodésica dos imóveis e o registro de servidões de passagem, *mesmo antes de tornada obrigatória a averbação do número de inscrição do imóvel rural no Cadastro Ambiental Rural CAR, salvo se realizada a averbação tratada na alínea a do item 125.*

125.2.1. Nas retificações de registro, bem como nas demais hipóteses previstas no item 125.2, o Oficial deverá, à vista do número de Inscrição no CAR/SICAR, verificar se foi feita a especialização da reserva legal florestal, qualificando negativamente o título em caso contrário. A reserva legal florestal será averbada, gratuitamente, na respectiva matrícula do bem imóvel, em momento posterior, quando homologada pela autoridade ambiental através do Sistema Paulista de Cadastro Ambiental Rural - SICAR-SP.

Tal orientação, em meu sentir, não se mostra acertada.

O item 125.2 enumera, como atos condicionados à averbação do número de inscrição no CAR, as retificações de registro, os desmembramentos, as unificações, outros atos registrais modificativos da figura geodésica dos imóveis e o registro das servidões de passagem. Como se nota, **não há, a rigor, menção específica à servidão administrativa**, oriunda da ação interventiva do Estado na propriedade privada.

De proêmio, cumpre destacar que o caso não trata de retificação de área ou de qualquer outro ato modificativo das medições e confrontações do imóvel serviente, cuja matrícula apresenta suficiente descrição. Limita-se o registro pretendido à **especificação da área destinada ao atendimento do serviço público de transmissão de energia elétrica**, conforme declaração de utilidade pública da ANEEL e sentença constitutiva proferida no processo judicial nº 1007595-04.2014.8.26.0047.

Os precedentes deste C. Conselho Superior da Magistratura citados às fls. 06 e 182/183 não tratam, com a devida vênia, de hipótese idêntica à dos autos, **eis que conjugam a servidão administrativa com outros temas já listados no item 125.2** (*v.g.*, retificação imobiliária, desmembramento), estes sim indubitavelmente condicionados à averbação do nº de inscrição do CAR.

Também não parece adequado afirmar que a servidão administrativa estaria implicitamente contida na expressão "servidões de passagem", haja vista que aquela apresenta natureza jurídica peculiar, inconfundível com a essência das servidões regidas pelo Direito Civil.

A servidão administrativa, vale lembrar, autoriza o uso da propriedade imóvel alheia pelo Estado e/ou seus delegatários, de forma a permitir a execução de obras e serviços de interesse da coletividade. Difere, nesse aspecto, da servidão de Direito Privado, pelo fato de ser instituída em prol do Poder Público e sofrer o influxo do regime jurídico de Direito Público. Na servidão administrativa, a coisa dominante não é exatamente um imóvel (como estabelece a lei civil), mas uma utilidade pública. **[1]**

O perímetro da servidão administrativa deve constar das informações do Cadastro Ambiental Rural, segundo dispõe o art. 13, inciso III, da Instrução Normativa nº 02/2014 do Ministério do Meio Ambiente. Diante disso, caso o item 125.2 das NSCGJ fosse aplicado, extensivamente, à servidão administrativa, haveria aparente contradição entre os comandos normativos: por um lado, o CAR não seria feito sem a discriminação das servidões administrativas; por outro, a própria formalização da servidão estaria submetida à prévia inscrição no CAR.

Ademais, requisitar da empresa concessionária a averbação da inscrição ambiental não seria, no caso, **em termos práticos**, a solução mais equânime.

Explico.

O Cadastro Ambiental Rural, criado pela Lei nº 12.651/2012 (Código Florestal), consiste em registro público eletrônico integrante do Sistema Nacional de Informação sobre Meio Ambiente SINIMA, contemplando, nos termos do art. 5º do Decreto nº 7.830/2012, "os dados do proprietário, possuidor rural ou responsável direto pelo imóvel rural, a respectiva planta georreferenciada do perímetro do imóvel, das áreas de interesse social e das áreas de utilidade pública, com a informação da localização dos remanescentes de vegetação nativa, das Áreas de Preservação Permanente, das Áreas de Uso Restrito, das áreas consolidadas e da localização das Reservas Legais." Cuidando-se de pequena propriedade familiar, a planta georreferenciada pode ser substituída por croqui que indique o perímetro do imóvel, as Áreas de Preservação Permanente e os remanescentes que formam a Reserva Legal, consoante art. 8º, *caput*, do mesmo Decreto.

As informações acima listadas, ante a sua complexidade e significativa extensão, devem ser fornecidas pelo **proprietário ou possuidor do imóvel**, conforme determina o art. 29, §1º, da Lei nº 12.651/2012 ("A inscrição do imóvel rural no CAR deverá ser feita, preferencialmente, no órgão ambiental municipal ou estadual, que, nos termos do regulamento, **exigirá do proprietário ou possuidor rural**: I - identificação do proprietário ou possuidor rural; II - comprovação da propriedade ou posse; III - identificação do imóvel por meio de planta e memorial descritivo, contendo a indicação das coordenadas geográficas com pelo menos um ponto de amarração do perímetro do imóvel, informando a localização dos remanescentes de vegetação nativa, das Áreas de Preservação Permanente, das Áreas de Uso Restrito, das áreas consolidadas e, caso existente, também da localização da Reserva Legal").

Outrossim, dispõe o art. 5º, §4º, do Decreto nº 7.830/2012, que "a atualização ou alteração dos dados inseridos no CAR **só poderão ser efetuadas pelo proprietário ou possuidor rural ou representante legalmente constituído**."

É certo que, uma vez efetivada a inscrição no CAR, a **averbação** do respectivo número junto ao Cartório de Registro de Imóveis pode ser feita por iniciativa de "qualquer pessoa", como prevê o item 125.3 do capítulo XX das NSCGJ.

Contudo, nos casos em que o proprietário ou possuidor deixou de realizar o cadastro ambiental (hipótese *sub examine*), não se pode exigir que o titular de servidão administrativa promova, por si mesmo, a regularização do imóvel perante o SINIMA, para só então solicitar a averbação do respectivo número ao CRI e obter, finalmente, o registro do direito de servidão.

Primeiro, porque, como visto, as informações que integram o CAR devem partir do proprietário ou possuidor do bem imóvel (objeto da inscrição), nos moldes da Lei nº 12.651/2012 e do Decreto nº 7.830/2012. Até mesmo porque a inscrição no CAR, por demandar a "localização dos remanescentes de vegetação nativa, das Áreas de Preservação Permanente, das Áreas de Uso Restrito, das áreas consolidadas e, caso existente, também da localização da Reserva Legal" (art. 29, §1º, III, da Lei nº 12.651/2012), **tem o condão de criar restrições de uso (*obrigações de não fazer*) para o proprietário ou possuidor**. Não parece adequado, nesse contexto, que o titular de servidão administrativa, a qual atinge apenas uma fração do imóvel serviente (diminuta, no mais das vezes), possa estabelecer os limites de uso e fruição de todo o imóvel, afetando direitos alheios (do proprietário e do possuidor).

Segundo, porque a elaboração do CAR pela empresa concessionária acarretaria ônus desproporcional à extensão do direito de servidão administrativa, podendo prejudicar, em última análise, o atendimento dos interesses da coletividade.

Vale ponderar, a propósito, que a servidão conferida à empresa *Triângulo* restringe-se a uma faixa de 0,9529 hectare, equivalente a apenas **2,15%** da área global do imóvel (44,5 hectares fls. 35 e 39). Para colher os dados necessários à realização do cadastro ambiental (perímetro total do imóvel, extensão dos trechos de vegetação nativa, localização de todas as APPs, planta georreferenciada, etc.), a apelante teria que esquadrinhar área muito mais ampla que aquela pertinente ao seu direito, responsabilizando-se, inclusive, por informações relativas a terceiros (art. 6º, §1º, do Decreto nº 7.830/2012). Tal método, além de difícil implementação prática, não contribuiria para o efetivo e célere cadastramento ambiental.

Possível imaginar, ainda, os efeitos negativos potencializados em escala nacional, caso exigidas tais providências das concessionárias de energia elétrica, para todas as propriedades sem CAR pelas quais passem as redes de transmissão.

Em seu r. voto, o N. Desembargador *Geraldo Francisco Pinheiro Franco* aduz que a imposição do dever de averbação do CAR à apelante *Triângulo* teria fundamento na necessidade de preservação do meio ambiente, com destaque para as áreas de Reserva Legal.

É preciso salientar, no entanto, que a Lei nº 12.651/2012 dispensa a criação de Reserva Legal sobre "áreas adquiridas ou desapropriadas por detentor de concessão, permissão ou autorização para exploração de potencial de energia hidráulica, nas quais funcionem empreendimentos de geração de energia elétrica, subestações ou sejam instaladas **linhas de transmissão e de distribuição de energia elétrica**" (art. 12, §7º). Logo, nesse cenário, a delimitação da Reserva Legal **continua a cargo do proprietário**, que deve excluir do cálculo da Reserva o trecho abrangido pela utilidade pública (art. 23, inciso I, da Instrução Normativa MMA nº 02/2014).

I.3. No que tange à apresentação da declaração do ITR do imóvel para cálculo de emolumentos (tópico nº 2 da nota nº 211.747), reputo desnecessária a exigência formulada.

Com efeito, ao disciplinar o cálculo de emolumentos devidos ao Oficial de Registro de Imóveis, a Lei Estadual nº 11.331/2002 traz a seguinte previsão:

Artigo 7º - O valor da base de cálculo a ser considerado para fins de enquadramento nas tabelas de que trata o artigo 4º, relativamente aos atos classificados na alínea "b" do inciso III do artigo 5º, ambos desta lei, será determinado pelos parâmetros a seguir, ***prevalecendo o que for maior****:*

I - preço ou valor econômico da transação ou do negócio jurídico declarado pelas partes;

II - valor tributário do imóvel, estabelecido no último lançamento efetuado pela Prefeitura Municipal, para efeito de cobrança de imposto sobre a propriedade predial e territorial urbana, ou o valor da avaliação do imóvel rural aceito pelo órgão federal competente, considerando o valor da terra nua, as acessões e as benfeitorias;

III - base de cálculo utilizada para o recolhimento do imposto de transmissão "inter vivos" de bens imóveis.

Parágrafo único - Nos casos em que, por força de lei, devam ser utilizados valores decorrentes de avaliação judicial ou fiscal, estes serão os valores considerados para os fins do disposto na alínea "b" do inciso III do artigo 5º desta lei.

Sustenta o Sr. Oficial que a exibição da declaração de ITR se prestaria à verificação do "maior valor" entre aqueles arrolados nos incisos I a III do art. 7º (preço do imóvel, valor lançado para fins de ITR ou base de cálculo do ITBI), conforme dispõe o *caput* do mesmo dispositivo.

Todavia, o caso em análise subsume-se ao parágrafo único do art. 7º, que vincula a base de cálculo dos emolumentos ao valor atribuído à coisa em sede de ação judicial ou procedimento fiscal (exceção à regra do *caput*). Assim, a quantia indenizatória fixada em favor do proprietário do imóvel (art. 40 do Decreto-Lei nº 3.365/1941) dá a justa dimensão patrimonial da servidão, devendo ser utilizada como parâmetro na apuração das despesas registrais.

II Isto posto, pelo meu voto, **dou provimento à apelação**, para afastar a dúvida suscitada pelo Oficial de Registro de Imóveis da Comarca de Assis-SP, nos termos *supra.*

MANOEL DE QUEIROZ PEREIRA CALÇAS

PRESIDENTE DO TRIBUNAL DE JUSTIÇA

VOTO Nº 37.690

Apelação Cível nº 1002363-69.2018.8.26.0047

Comarca: Assis

Apelante: TRIANGULO MINEIRO TRANSMISSORA S/A

Apelado: Oficial de Registro de Imóveis e Anexos da Comarca de Assis

DECLARAÇÃO DE VOTO PARCIALMENTE DIVERGENTE

Trata-se de recurso de apelação interposto por Triângulo Mineiro Transmissora S/A contra a r. sentença de fls. 141/144, que julgou procedente a dúvida suscitada pelo Oficial de Registro de Imóveis e Anexos da Comarca de Assis, mantendo a recusa do ingresso de carta de adjudicação de sentença referente a servidão administrativa, em razão da ausência de cadastro ambiental rural e documentação atinente ao ITR.

Sustenta a apelante não estar obrigada à inscrição do imóvel no cadastro ambiental rural nos termos da legislação incidente e também que os emolumentos devem ser calculados em conformidade ao valor econômico apurado na ação judicial, sendo desnecessário apresentar o ITR (fls. 147/169).

A D. Procuradoria Geral de Justiça opinou pelo não provimento do recurso (fls. 204/206).

É o relatório.

Pelo meu voto, com todo respeito à compreensão da Douta maioria, não caberia acesso do título ao registro imobiliário sem a devida inscrição no Cadastro Ambiental Rural - CAR.

A natureza judicial do título apresentado não impede sua qualificação registral quanto aos aspectos extrínsecos ou aqueles que não foram objeto de exame pela Autoridade Jurisdicional.

A reserva legal nos termos do inciso III, do artigo 3º, da Lei n. 12.651/12, é a *"área localizada no interior de uma propriedade ou posse rural, delimitada nos termos do art. 12, com a função de assegurar o uso econômico de modo sustentável dos recursos naturais do imóvel rural, auxiliar a conservação e a reabilitação dos processos ecológicos e promover a conservação da biodiversidade, bem como o abrigo e a proteção de fauna silvestre e da flora nativa".*

Por seu turno, o artigo 12, *caput*, do Código Florestal estabelece:

"Art. 12. Todo imóvel rural deve manter área com cobertura de vegetação nativa, a título de Reserva Legal, sem prejuízo da aplicação das normas sobre as Áreas de Preservação Permanente, observados os seguintes percentuais mínimos em relação à área do imóvel, excetuados os casos previstos no art. 68 desta Lei."

A reserva legal é fundamental à proteção do meio ambiente, daí a exigência legal que *"deve ser conservada com cobertura de vegetação nativa pelo proprietário do imóvel rural, possuidor ou ocupante a qualquer título, pessoa física ou jurídica, de direito público ou privado"* (Código Florestal, artigo 17, *caput*).

O Código Florestal também instituiu o Cadastro Ambiental Rural CAR, como se observa de seu artigo 29, *caput*: *"Art. 29. É criado o Cadastro Ambiental Rural - CAR, no âmbito do Sistema Nacional de Informação sobre Meio Ambiente - SINIMA, registro público eletrônico de âmbito nacional, obrigatório para todos os imóveis rurais, com a finalidade de integrar as informações ambientais das propriedades e posses rurais, compondo base de dados para controle, monitoramento, planejamento ambiental e econômico e combate ao desmatamento."*

De outra parte, no CAR também constarão informações da reserva legal, como é expresso o artigo 29, parágrafo primeiro, inciso III, parte final, do Código Florestal.

A proteção da reserva legal somente terá efetividade se houver possibilidade do conhecimento de sua existência e exata localização.

Nessa linha, há obrigatoriedade de sua averbação no registro imobiliário, como dispõem, a contrário *sensu*, os artigos 18, parágrafo 4º, e 30, ambos do Código Florestal:

> *"Art. 18. § 4º. O registro da Reserva Legal no CAR desobriga a averbação no Cartório de Registro de Imóveis, sendo que, no período entre a data da publicação desta Lei e o registro no CAR, o proprietário ou possuidor rural que desejar fazer a averbação terá direito à gratuidade deste ato."*
>
> *"Art. 30. Nos casos em que a Reserva Legal já tenha sido averbada na matrícula do imóvel e em que essa averbação identifique o perímetro e a localização da reserva, o proprietário não será obrigado a fornecer ao órgão ambiental as informações relativas à Reserva Legal previstas no inciso III do § 1º do art. 29.*
>
> *Parágrafo único. Para que o proprietário se desobrigue nos termos do caput, deverá apresentar ao órgão ambiental competente a certidão de registro de imóveis onde conste a averbação da Reserva Legal ou termo de compromisso já firmado nos casos de posse."*

Nessa perspectiva, os imóveis rurais deverão possuir a indicação da reserva legal por meio da sua averbação no registro imobiliário ou no cadastro ambiental rural, este último desobrigando a primeira providência, todavia, com averbação da inscrição no CAR, na matrícula do imóvel.

Os itens 125, alíneas a) e b), 125.2 e 125.2.1., do Capítulo XX, das Normas de Serviço da Corregedoria Geral da Justiça, estabelecem:

"125. Poderão ser averbados:

> *a) os termos de responsabilidade de preservação de reserva legal e outros termos de compromisso relacionados à regularidade ambiental do imóvel, emitidos pelo órgão ambiental competente;*
>
> *b) o número de inscrição no CAR/SICAR-SP, enquanto não decorrido o prazo estabelecido no § 3.º do artigo 29 da Lei n.º 12.651, de 25 de maio de 2012, a partir do qual a averbação passará a ser obrigatória nos termos do subitem*
>
> *12.5. deste Capítulo;"*
>
> *"125.2. <u>As averbações referidas na alínea b do item 125 condicionam as retificações de registro, os desmembramentos, unificações, outros atos registrais modificativos da figura geodésica dos imóveis e o registro de servidões de passagem</u>, mesmo antes de tornada obrigatória a averbação do número de inscrição do imóvel rural no Cadastro Ambiental Rural – CAR, salvo se realizada a averbação tratada na alínea a do item 125.*
>
> *125.2.1. Nas retificações de registro, bem como nas demais hipóteses previstas no item 125.2, o Oficial deverá, à vista do número de Inscrição no CAR/SICAR, verificar se foi feita a especialização da reserva legal florestal, qualificando negativamente o título em caso contrário. A reserva legal florestal será averbada, gratuitamente, na respectiva matrícula do bem imóvel, em momento posterior, quando homologada pela autoridade ambiental através do Sistema Paulista de Cadastro Ambiental Rural - SICAR-SP."* (grifos meus)

Portanto, no caso da servidão administrativa há obrigatoriedade da averbação do CAR, a qual, todavia, poderia ser substituída pela averbação da reserva legal.

Assim, a interpretação sistemática do artigo 18, parágrafo 4º, do Código Florestal, permite a conclusão da necessidade da averbação da reserva legal ou sua inscrição no CAR com o ingresso do número da inscrição, nesta última hipótese, no registro imobiliário.

Essa interpretação da legislação e das Normas de Serviço da Corregedoria Geral da Justiça não fere o disposto no artigo 29, parágrafo 3º, do Código Florestal, com a redação dada pela Lei n. 13.295/16. Isso porque as normas administrativas, em consonância com o Código Florestal, obrigam a averbação da reserva legal ou o número de inscrição no CAR objetivando adequada proteção ao meio ambiente.

Ressalto que, no presente processo, a apelante não pretende a aludida substituição e sim a dispensa total da averbação do CAR no registro imobiliário, o que é contrário ao Código Florestal, como tratado.

Permito-me discordar quanto a não aplicação do regramento administrativo das NSCGJ às servidões administrativas, porquanto, apesar da diversidade do regime jurídico aplicável, a servidão administrativa é um direito real.

A natureza de direito real da servidão administrativa é afirmada por Celso Antônio Bandeira de Mello (*Curso de direito administrativo*. São Paulo: Malheiros, 2003, p. 774):

"Servidão administrativa é direito real que assujeita um bem a suportar uma utilidade pública, por força da qual ficam afetados parcialmente os poderes do proprietário quanto ao seu uso e gozo.

São exemplos de servidão administrativa: a passagem de fios elétricos sobre imóveis particulares, a passagem de aquedutos (...)."

Ainda que a servidão real de direito privado exija a existência de prédios de diferentes donos nos termos do artigo 1.378 do Código Civil, há imposição de um ônus ou utilidade em favor do titular de uma propriedade imóvel (prédio dominante) sobre outro titular (prédio serviente).

A servidão administrativa, apesar da aplicação do regime de direito público, segue a estrutura do instituto de direito privado.

Nesse sentido são as considerações de Maria Sylvia Zanela de Pietro (*Direito administrativo*. Rio de Janeiro: Forense, 2017, p. 188/189):

"Nas servidões administrativas ou de direito público, existem todos os elementos que caracterizam a servidão: a res serviens (prédio de propriedade alheia), prestando utilidade à res dominans (bem afetado a fim de utilidade pública ou a determinado serviço público).

(...)

Por exemplo, na servidão de energia elétrica, res serviens é o prédio particular por onde passam as linhas de distribuição e res dominans é o próprio serviço público de energia elétrica; na servidão ao redor de aeroportos, res serviens são os prédios vizinhos e res dominans, o próprio prédio onde funciona o serviço de navegação aérea."

Nessa ordem de ideias, enquanto direitos reais, apesar da regência por princípios de direito privado na servidão real e princípios de direito público na servidão administrativa; é possível aplicação analógica das disposições administrativas das NSCGJ.

Além disso, o item 125.2 do Capítulo XX, das NSCGJ, ao referir "outros atos registrais modificativos da figura geodésica dos imóveis e o registro de servidões de passagem", torna claro o espírito do regramento em impor o registro no CAR em razão de qualquer registro relevante na matrícula do imóvel, como a servidão administrativa.

Essa previsão normativa decorre do CAR, na forma do artigo 29, *caput*, do Código Florestal, ter *"a finalidade de integrar as informações ambientais das propriedades e posses rurais, compondo base de dados para controle, monitoramento, planejamento ambiental e econômico e combate ao desmatamento"*; assim, a interpretação voltada à obrigatoriedade da inscrição, é conforme aos princípios protetivos do meio ambiente, sendo o registro imobiliário instituto de fundamental importância para a consecução desses mandamentos legais.

Nessa perspectiva, interpretação sistemática e teleológica das NSCGJ e do Código Florestal permite a conclusão da necessidade de prévia inscrição no CAR para o registro de servidão administrativa.

Em compreensão diversa do afirmado no r. voto vencedor, a disposição contida no art. 13, inciso III, da Instrução Normativa n. 02/2014 do Ministério do Meio Ambiente, evidencia a necessidade da inscrição da servidão administrativa no CAR, justamente em razão da necessidade de conhecimento do local de passagem das linhas de transmissão neste caso concreto.

É relevante à proteção do meio ambiente o conhecimento do exato local em que se situa a servidão administrativa e, notadamente, sua relação com a localização da reserva legal.

A alegação de ser custoso à empresa concessionária realizar os atos necessários para inscrição da totalidade do imóvel no CAR, a meu sentir, envolve o cumprimento de obrigação imposta pelo Código Florestal, assim, compete-lhe a realização dos atos pertinentes em face do proprietário para viabilizar a inscrição.

O ingresso da servidão administrativa, sem a exigência da inscrição das informações voltadas à proteção ambiental, com o máximo respeito, eventualmente, não atenderia ao interesse público.

O artigo 12, parágrafo 7º, da Lei n. 12.651/12, dispensa a criação de reserva legal sobre *"áreas adquiridas ou desapropriadas por detentor de concessão, permissão ou autorização para exploração de potencial de energia hidráulica, nas quais funcionem empreendimentos de geração de energia elétrica, subestações ou sejam instaladas linhas de transmissão e de distribuição de energia elétrica"* (grifos meus).

No caso em exame ocorreu servidão administrativa, destarte, não houve transmissão do direito de propriedade por aquisição voluntária ou desapropriação.

Quanto à segunda exigência (cálculo dos emolumentos), não houve divergência, assim, reitero os fundamentos.

A servidão administrativa constante do título foi fixada por meio de ação judicial, em razão das divergências entre Administração e proprietários acerca do montante da indenização.

O artigo 7º da Lei Estadual n. 11.331/02 tem a seguinte redação:

> *"Artigo 7º - O valor da base de cálculo a ser considerado para fins de enquadramento nas tabelas de que trata o artigo 4º, relativamente aos atos classificados na alínea "b" do inciso III do artigo 5º, ambos desta lei, será determinado pelos parâmetros a seguir, prevalecendo o que for maior:*
>
> *I - preço ou valor econômico da transação ou do negócio jurídico declarado pelas partes;*
>
> *II - valor tributário do imóvel, estabelecido no último lançamento efetuado pela Prefeitura Municipal, para efeito de cobrança de imposto sobre a propriedade predial e territorial urbana, ou o valor da avaliação do imóvel rural aceito pelo órgão federal competente, considerando o valor da terra nua, as acessões e as benfeitorias;*
>
> *III - base de cálculo utilizada para o recolhimento do imposto de transmissão "inter vivos" de bens imóveis.*
>
> *Parágrafo único - Nos casos em que, por força de lei, devam ser utilizados valores decorrentes de avaliação judicial ou fiscal, estes serão os valores considerados para os fins do disposto na alínea "b" do inciso III do artigo 5º desta lei."*

A norma jurídica constante do parágrafo único excepciona o conteúdo do *caput* e seus incisos, assim, tendo sido fixada a servidão administrativa em ação de desapropriação, os emolumentos devem ser fixados a partir da utilização do valor considerado na decisão judicial, o qual corresponde ao direito real instituído sobre coisaalheia.

Por todo o exposto, pelo meu voto, e sempre com o devido respeito à douta maioria, nego provimento à apelação, com observação.

PINHEIRO FRANCO

CORREGEDOR GERAL DA JUSTIÇA

APELAÇÃO Nº 1002363-69.2018.8.26.0047 – DÚVIDA DE REGISTRO

Apelante: *TRIÂNGULO MINEIRO TRANSMISSÕES S.A.*

Apelado: OFICIAL DE REGISTRO DE IMÓVEIS E ANEXOS DA COMARCA DE ASSIS

DECLARAÇÃO VOTO Nº 30.521

Trata-se de apelação interposta por *Triângulo Mineiro Transmissora S/A* contra a r. sentença (fls. 141/144) que julgou procedente a dúvida suscitada pelo Oficial de Registro de Imóveis e Anexos da Comarca de Assis, mantendo a recusa do ingresso de carta de adjudicação de sentença referente a servidão administrativa, em razão da ausência de cadastro ambiental rural e documentação atinente ao ITR.

A apelação se funda na inexistência de exigência do Cadastro Ambiental Rural, considerando a eficácia postergada do comando legal para data posterior à apresentação do título a registro, e que os emolumentos devem ser calculados em conformidade ao valor econômico apurado na ação judicial, sendo desnecessário apresentar o ITR (fls. 147/169).

A D. Procuradoria Geral de Justiça opinou pelo não provimento do recurso (fls. 204/206).

É o relatório.

Em que pese o brilho dos argumentos, sempre lúcidos, lançados no voto do E. CORREGEDOR GERAL DA JUSTIÇA, ouso deles divergir em parte, especificamente para afastar o primeiro óbice ao registro, mantido o segundo, atinente ao cálculo dos emolumentos sobre o ato pretendido.

O presente procedimento de dúvida diz respeito à recusa de registro de carta de sentença que instituiu *servidão administrativa* sobre imóvel rural, tendo por finalidade a prestação de serviços de transmissão de energia elétrica por concessionária de serviços públicos, após decretação de utilidade pública do uso parcial do bem imóvel.

O fundamento essencial da recusa ao ingresso no fólio real é a necessidade de ***realização prévia do Cadastro Ambiental Rural***, indicando o Sr. Registrador a norma prevista no item 125 das Normas de Serviço da Corregedoria Geral da Justiça.

Entrementes, **no caso concreto**, a recusa não se justifica.

A *servidão administrativa*, embora se assemelhe à servidão de passagem do direito civil, tem natureza jurídica e regramento distintos, espelhando-se no regime geral apenas para o reconhecimento da natureza comum de direito real sobre coisa alheia. É que enquanto a servidão civil se vincula à necessidade de um prédio dominante sobre o serviente, na servidão administrativa o que se tem é o *uso público parcial do bem em favor de um interesse público*, no caso, a realização de instalações necessárias à construção e manutenção de rede de transmissão de energia elétrica.

Em comum, tem-se a limitação do uso do bem pelo proprietário.

Observa-se, de plano, que o caso ora em exame não traduz qualquer tipo de **regularização fundiária** ou **retificação de área** para fins de registro, vez que a matrícula juntada aos autos aparentemente indica suficiente descrição do imóvel em suas medições e confrontações. Não se tem, assim, qualquer caráter de alteração das confrontações ou medições do imóvel serviente, limitando-se a inscrição da servidão administrativa à especificação da área destinada ao atendimento da utilidade pública regularmente decretada e reconhecida na sentença constitutiva, este com suficiente amarração descritiva para fins de indicação precisa, na matrícula, da área sujeita à servidão.

Da confrontação da matrícula do imóvel e do título levado a registro, cuja recusa é objeto da presente dúvida, nota-se suficiente especificação objetiva para o registro, com pontos de amarração da servidão administrativa muito bem delimitados no título judicial.

Não há, assim, qualquer impedimento desta ordem para a realização do registro.

Faço a ressalva para relativizar a imposição da observância das normas do item 125.2 das Normas de Serviço da CGJSP, vez que aqui **não se tem, em concreto, a ocorrência de desmembramento, unificações e outros atos registrais modificativos da figura geodésica dos imóveis**.

Justamente por isso, não têm lugar os precedentes apresentados nos autos que digam respeito, de forma específica, às alterações da descrição dos imóveis serviente e da área da servidão ou, ainda, que neguem a possibilidade do registro por conta da falta de amarração descritiva da servidão ou do imóvel serviente.

Objetivamente, o caso é de aferição da necessidade de imposição ao Poder Público, por si ou por seus concessionários em caso de servidão administrativa decorrente de utilidade pública, especialmente para fim de instalação de rede de transmissão e distribuição de energia elétrica, da observância do prévio *Cadastro Ambiental Rural* e, ainda, da legitimidade para se realizar tal cadastro.

A averbação da inscrição no Cadastro Ambiental Rural, como condição para o registro de servidões em imóveis rurais, foi regulada, no âmbito dos serviços extrajudiciais no Estado de São Paulo, nos itens 125, *b*, 125.1 e 125.2, do Capítulo XX, das Normas de Serviço da CGJ de São Paulo, que aqui reproduzo:

*"**Art. 125.** Poderão ser averbados:*

a) os termos de responsabilidade de preservação de reserva legal e outros emitidos de compromisso relacionados à regularidade ambiental do imóvel, emitido pelo órgão ambiental competente;

b) o número de inscrição no CAR/SICAR-SP, enquanto não decorrido o prazo estabelecido no § 3º do artigo 29 da Lei nº 12.651, de 25 de maio de 2012, a partir do qual a averbação passará a ser obrigatória nos termos do subitem 12.5 deste Capítulo;

c) suprimido;

d) a informação de adesão do interessado ao Programa de Regularização Ambiental (PRA) de posses e propriedades rurais.

***1.1.** As averbações referidas na alínea b do item 125 serão realizadas mediante provocação de qualquer pessoa.*

(...)

***1.2.** As averbações referidas na alínea b do item 125 condicionam as retificações de registro, os desmembramentos, unificações e outros atos registrais modificativos da figura geodésica dos imóveis e o registro de servidões de passagem, mesmo antes de tornada obrigatória a averbação do número de inscrição do imóvel rural no Cadastro Ambiental Rural CAR, salvo se realizada a averbação tratada na alínea a do item 125.*

***1.2.1.** Nas retificações de registro, bem como nas demais hipóteses previstas no item 125.2, o Oficial deverá, à vista do número de inscrição no CAR/SICAR, verificar se foi feita a especialização da reserva legal florestal, qualificando negativamente o título em* *caso contrário. A reserva legal florestal será averbada, gratuitamente, na respectiva matrícula do bem imóvel, em momento posterior, quando homologada pela autoridade ambiental através do Sistema Paulista de Cadastro ambiental Rural SICAR-SP.*

(...)."

Em primeiro lugar, há de se fixar objetivamente a questão da legitimidade para requerer o *Cadastro Ambiental Rural*, assim como a sua averbação.

O *Cadastro Ambiental Rural* tem sua regulação a partir do art. 29, do Código Florestal, que estabelece:

"**Art. 29.** *É criado o Cadastro Ambiental Rural – CAR, no âmbito do Sistema Nacional de Informações sobre Meio Ambiente – SINIMA, registro público eletrônico de âmbito nacional, obrigatório para todos os imóveis rurais, com a finalidade de integrar as informações ambientais das propriedades e posses rurais, compondo base de dados para controle, monitoramento, planejamento ambiental e econômico e combate ao desmatamento.*

§ 1º *A inscrição do imóvel rural no CAR deverá ser feita, preferencialmente, no órgão ambiental municipal ou estadual, que, nos termos do regulamento,* ***exigirá do proprietário ou possuidor rural:***

I – identificação do proprietário ou possuidor rural;

II – comprovação da propriedade ou posse;

III – identificação do imóvel por meio de planta e memorial descritivo, contendo a indicação das coordenadas geográficas com pelo menos um ponto de amarração do perímetro do imóvel, informando a localização dos remanescentes de vegetação nativa, das Áreas de Preservação Permanente, das Áreas de Uso Restrito, das áreas consolidadas e, caso existente, também da localização da Reserva Legal.

(...)."

Percebe-se que o **Código Florestal**, ao impor exigências **ao proprietário e ao possuidor rural, indica que a legitimidade para a realização do *CAR* é somente destas duas figuras jurídicas, não se estendendo a legitimidade a possíveis interessados.** É que a inscrição no *CAR*, por exigir a correta descrição objetiva do imóvel, além da qualificação de suas áreas de indicação de remanescentes de vegetação nativa, das APPs, das Áreas de Uso Restrito, das áreas consolidadas e da Reserva Legal, se existente e de impor ao proprietário e ao possuidor uma *obrigação de não fazer* futura, consistente em não promover supressões de vegetação nativa sem prévia autorização do órgão competente (art. 12, § 3º), **deve ser feita por quem tenha efetivo vinculo fático jurídico com a totalidade do imóvel.** Caso contrário, ter-se-á atuação de terceiro desvinculado do direito real de propriedade ou da posse rural, elegidos pelo legislador como elementos de vinculação à obrigação do cadastro, como meio suficiente para condicionar e limitar futuramente o livre uso da propriedade cadastrada.

Exigir-se do titular de direito real limitado, como a *servidão administrativa*, a realização do *CAR*, seria atribuir a terceiro ato que poderia, no futuro, limitar o próprio direito de fruir do proprietário. Seria limitação feita pelo titular de direito limitado a atingir, em sua plenitude, o titular do direito de propriedade.

Não se há de confundir a legitimação atribuída ao interessado em promover a averbação do *CAR*, prevista no item 125.1, das NSCGJ, por tal ato ter por pressuposto fático à própria existência do cadastro, de inscrição limitada a ato vinculado dos proprietários e possuidores do imóvel rural.

Desta forma, **a exigência da realização do *CAR* ao titular de direito real limitado, no caso, de servidão administrativa, seria impor ao sujeito a realização de ato que afete interesse alheio sem que a lei o autorize.**

De outra parte, de se observar que **o caso concreto comporta regramento específico,** por se tratar de instituição **de servidão administrativa com base na utilidade pública** no uso parcial do bem de titularidade de terceiro, **não se igualando à servidão de passagem de imóveis, regulada pelo direito civil**.

O regramento legal da desapropriação de áreas de utilidade pública deve ser aplicado para o caso de instituição de servidões que venham diretamente interferir na própria realização da atividade à qual se reconhece o caráter de utilidade pública. O art. 40, do Decreto Lei 3.365/1941, autoriza o expropriante a constituir servidões, devendo a instituição da servidão em favor do uso da propriedade expropriada ou mesmo da prestação do serviço público, ter regramento legal similar ao da própria desapropriação.

A previsão específica para concessionários de serviços públicos de transmissão de energia está no art. 10, da Lei 9.074/1995.

"**Art. 10.** *Cabe à Agência Nacional de Energia Elétrica – ANEEL,* ***declarar de utilidade pública****, para fins de desapropriação ou* ***instituição de servidão administrativa****, das áreas necessárias* *à implantação de instalações de concessionários, permissionários e autorizados de energia elétrica"*

O caso é, portanto, de ***servidão administrativa*** **e não de mera servidão de passagem civil**.

E, por se tratar de *servidão administrativa*, **não está sujeita** ao mesmo regime jurídico imposto a eventual servidão civil, especialmente quanto à aplicação de regras limitadoras decorrentes do direito ambiental. É que a utilidade pública afirmada sobre o uso do bem autoriza, nos limites da lei, a aplicação de regime distinto, sendo que o próprio Código Florestal reconhece, dentro do conceito de utilidade pública, as *"obras de infraestrutura destinadas às concessões e aos serviços públicos de [...] energia."* (art. 3º, VIII, *b*).

Pois bem.

Trata-se, como dito, de ***servidão administrativa*** para fins de passagem de rede de distribuição de energia elétrica, a partir de decreto de utilidade pública da área e de sentença judicial impondo ao proprietário do prédio serviente o uso limitado da área, mediante remuneração. Nestes casos, **há exceção legal à necessidade de observação de Reserva Legal ambiental, por se tratarem de áreas destinadas à implantação de rede de distribuição de energia elétrica**, conforme disposto no **art. 12, § 7º, do Código Florestal**:

> *"**Art. 12.** Todo imóvel rural deve manter área com cobertura de vegetação nativa, a título de Reserva Legal, sem prejuízo da aplicação das normas sobre as Áreas de Preservação Permanente, observados os seguinte percentuais mínimos em relação à área do imóvel, excetuados os casos previstos no art. 68 desta Lei:*
>
> *(...)*
>
> ***§ 7º** Não será exigido Reserva Legal relativa às áreas adquiridas ou desapropriadas por detentor de concessão, permissão ou autorização para exploração de potencial de energia hidráulica, nas quais funcionem empreendimento de geração de energia elétrica, subestações ou **sejam instaladas linhas de transmissão e de distribuição de energia elétrica.***
>
> *(...)"* (grifei).

Assim, a própria regra do art. 17, a exigir a conservação da área de Reserva Legal com cobertura nativa para ocupantes a qualquer título, deve ser interpretada a partir da exceção do art. 12, § 7º, que exclui a Reserva Legal para os casos de áreas utilizadas para a transmissão de energia elétrica, como aqui.

Ou seja, nos casos de instituição de servidão administrativa, não há impedimento de natureza ambiental fundado na existência ou localização de Reserva Legal no imóvel, posto que excepcionada a situação nos termos da Lei. Ou seja, **se toda a área destinada à servidão administrativa fosse desapropriada para o fim de uso em atividade de reconhecida utilidade pública (construção de rede de transmissão de energia elétrica), não haveria limitação a seu uso decorrente da Reserva Legal, por expressa dispensa pelo art. 12, § 7º, do Código Florestal, cuja constitucionalidade já foi declarada pelo Supremo Tribunal Federal, na decisão da ADIN 4.901 e na ADC 42.**

Se a área desapropriada para tal fim poderia ser explorada sem limitação da Reserva Legal, o mesmo se deve aplicar para o caso de **constituição de direito real limitado sobre a mesma área**, no caso, a ***servidão administrativa***. Isto não significa, por certo, que estará o proprietário do prédio serviente dispensado de observar e registrar a Reserva Legal, por conta da realização do *CAR*.

O que se está a dizer é que **a área destinada à servidão administrativa não estará obstruída em seu uso decorrente do decreto de utilidade pública por conta de ali se localizar ou poder se localizar futuramente uma Reserva Legal**.

A natureza autônoma da servidão ambiental em relação ao *CAR* é observada mesmo de sua regulação administrativa. A Instrução Normativa nº 2, do Ministério do Meio Ambiente, de 6 de maio de 2014, indica que, dentre os requisitos para o proprietário ou possuidor realizar o *Cadastro Ambiental Rural*, está o dever de descrever as servidões administrativas que existam no imóvel rural.

Assim dispõe o art. 13, da Instrução Normativa:

> *"**Art. 13.** A inscrição e o registro do imóvel rural no CAR é gratuita e deverá conter, conforme disposto no art. 5º do Decreto nº 7.830, de 2012, as seguintes informações:*
>
> *I – Identificação do proprietário ou possuidor do imóvel rural; II – comprovação da propriedade ou posse rural; e*
>
> *III – planta georreferenciada da área do imóvel, contendo a indicação das coordenadas geográficas com pelo menos um ponto de amarração do perímetro do imóvel e o **perímetro das áreas de servidão administrativa**, e a informação da localização das áreas remanescentes de vegetação nativa, das Áreas de Preservação Permanente,*

das áreas de uso restrito, das áreas consolidadas e, caso existente, a localização da Reserva Legal"

A própria existência da servidão administrativa deverá ser descrita pelo proprietário quando da realização do *Cadastro Ambiental Rural*, indicando a possibilidade de sua constituição precedente, eis que desvinculada de qualquer ato de vontade do proprietário.

Daí porque a falta do *CAR*, no caso, não traduz prejuízo à legislação ambiental, já que: a) áreas utilizadas para instituição de servidões administrativas para fins de instalação de linhas de transmissão e distribuição de energia elétrica não estão sujeitas à Reserva Legal; b) a realização posterior do CAR não indica afastamento da norma ambiental, eis que haverá imposição da Reserva Legal no restante do imóvel, a ser descrita de forma suficiente quando da realização do CAR.

Assim, seja porque o caso concreto não caracteriza retificação de registro, desmembramento, unificação ou ato registral a alterar a figura geodésica dos imóveis, seja porque **não se trata de servidão de passagem do direito civil**, mas de ***servidão administrativa por utilidade pública***, ou, ainda, seja porque a área destinada à instalação de rede de transmissão de energia elétrica por concessionária de serviço público não se sujeita a limitações decorrentes do Código Florestal, especialmente a Reserva Legal, possibilitando a realização posterior do *Cadastro Ambiental Rural* pelo proprietário, é que o ingresso do título no registro de imóveis não deverá ser obstaculizado por falta do *CAR*.

No que diz respeito ao segundo fundamento da recusa, acompanho integralmente o voto do E. Relator, DES. PINHEIRO FRANCO.

Em havendo fixação judicial da servidão administrativa, com avaliação judicial sobre o valor devido a título de indenização por força da restrição e uso do bem de propriedade do particular, incide a regra excepcional do parágrafo único do art. 7º, da Lei Estadual 11.331/2002, que assim prevê a fixação dos emolumentos: *"Nos casos em que, por força de lei, devam ser utilizados valores decorrentes de avalição judicial ou fiscal, estes serão os valores considerados para os fins do disposto na alínea 'b' do inciso III do artigo 5º desta lei".*

Desta forma, incidindo o caso em exceção legal à base de cálculo determinada nos incisos do *caput* do dispositivo, não prevalece a determinação do cálculo dos emolumentos a partir da base de cálculo do ITR, prevalecendo a avaliação judicial.

Ante o exposto, pelo meu voto, **dou provimento** ao apelo, a fim de afastar a dúvida suscitada pelo Sr. Oficial de Registro de Imóveis e Anexos da comarca de Assis e determinar o ingresso do título na matrícula do imóvel.

FERNANDO TORRES GARCIA

PRESIDENTE DA SEÇÃO DE DIREITO CRIMINAL

Nota:

[1] FARIAS, Cristiano Chaves de; ROSENVALD, Nelson. *Direitos reais*. 6ª ed. Rio de Janeiro: Lumen Juris, 2009, p. 545. (DJe de 24.05.2019 - SP)

PODER JUDICIÁRIO

TRIBUNAL DE JUSTIÇA DO ESTADO DE SÃO PAULO

CONSELHO SUPERIOR DA MAGISTRATURA

Apelação nº 1005782-64.2017.8.26.0037

Registro: 2019.0000030640

ACÓRDÃO

Vistos, relatados e discutidos estes autos do(a) **Apelação nº 1005782-64.2017.8.26.0037**, da Comarca de **Araraquara**, em que é apelante **INTERLIGAÇAO ELETRICA DO MADEIRA S/A**, é apelado **2º OFICIAL DE REGISTRO DE IMÓVEIS E ANEXOS DA COMARCA DE ARARAQUARA**.

ACORDAM, em Conselho Superior de Magistratura do Tribunal de Justiça de São Paulo, proferir a seguinte decisão: **"Negaram provimento ao recurso, v.u."**, de conformidade com o voto do Relator, que integra este Acórdão.

O julgamento teve a participação dos Exmos. Desembargadores **PEREIRA CALÇAS (PRESIDENTE TRIBUNAL DE JUSTIÇA) (Presidente), ARTUR MARQUES (VICE PRESIDENTE), XAVIER DE AQUINO (DECANO), EVARISTO DOS SANTOS(PRES. DA SEÇÃO DE DIREITO PÚBLICO), CAMPOS MELLO (PRES. DA SEÇÃO DE DIREITO PRIVADO) E FERNANDO TORRES GARCIA(PRES. SEÇÃO DE DIREITO CRIMINAL)**.

São Paulo, 24 de janeiro de 2019.

GERALDO FRANCISCO PINHEIRO FRANCO

Corregedor Geral da Justiça e Relator

Apelação nº 1005782-64.2017.8.26.0037

Apelante: Interligaçao Eletrica do Madeira S/A

Apelado: 2º Oficial de Registro de Imóveis e Anexos da Comarca de Araraquara

VOTO Nº 37.671

Registro de Imóveis – Dúvida Inversa – Carta de sentença – Servidão administrativa – Princípio da especialidade – Impossibilidade de identificar a servidão dentro da área dos imóveis atingidos, em razão da descrição deficiente – Dúvida improcedente – Recurso desprovido.

Trata-se de apelação interposta por INTERLIGAÇÃO ELÉTRICA DO MADEIRA S.A. contra r. sentença de fl. 252/256 que, no julgamento de dúvida inversa, manteve a negativa de registro de carta de sentença de servidão administrativa, acolhendo as razões trazidas pelo Sr. Oficial do 2° Registro de Imóveis e Anexos de Araraquara quanto à necessidade de prévia retificação das matrículas atingidas pela servidão.

A apelante sustenta que o georreferenciamento, conforme §§ 3º e 4º art. 176 da Lei nº 6.015/1973, somente é obrigatório em caso de transferência de titularidade e quando há alteração dos limites do imóvel, o que não é o caso da servidão administrativa.

Ademais, seria impossível a obtenção das assinaturas do proprietário nos mapas e memoriais, bem como assinatura dos confrontantes, já que se trata de servidão constituída judicialmente.

A D. Procuradoria Geral de Justiça opinou pelo desprovimento do recurso (fl.293/295). Decisão de fl. 297, para regularização da peça recursal, o que foi feito às fls. 301/310. É o relatório.

Presentes pressupostos legais e administrativos, conheço do recurso. No mérito, o recurso não comporta provimento.

A recorrente é concessionária de serviço público de transmissão de energia elétrica e lhe coube a construção, operação e manutenção do empreendimento elétrico denominado de Linha de Transmissão Coletora Porto Velho Araraquara 2, cujo traçado passou pelos Estados de Rondônia, Mato Grosso, Goiás, Minas Gerais e São Paulo.

Não evoluindo as tentativas de formalização da faixa de servidão pela via administrativa, a recorrente, na forma do Decreto-Lei n.º 3.365/41, obteve sentença judicial favorável para a constituição de servidão administrativa nas áreas das matrículas n° 3.296 e 9.297 da referida serventia imobiliária (autos n° 0007918-61.2011.8.26.0037), com expedição da judiciosa carta de sentença.

O título, contudo, obteve qualificação negativa perante o 2º Oficial de Registro de Imóveis de Araraquara.

Como é sabido, os títulos judiciais também não escapam ao crivo da qualificação registral, de modo que o registrador, longe de questionar o conteúdo da decisão e tampouco o seu mérito, deverá examinar se estão atendidos os princípios registrais pertinentes ao caso, para seu perfeito ingresso no fólio real.

Trata-se, assim, de análise formal, restrita aos requisitos extrínsecos do título.

E, de fato, não seria possível o ingresso do título, à míngua de descrição suficiente da área e dos limites dos imóveis, sem a indicação de marcos seguros que permitam identificar a sua correta base geodésica, sob pena de ofensa ao princípio da especialidade objetiva.

A servidão administrativa proporciona utilidade para o prédio dominante, e grava o prédio serviente, que pertence a proprietário diverso, com força de limitação administrativa. Uma vez registrada, grava o direito real em favor de seu titular, no caso, a Administração Pública ou suas concessionárias.

E não se pode admitir a constituição de um direito real sem a necessária certeza sobre a amarração da área objeto da servidão à base territorial sobre a qual está sendo implantada.

É verdade que as servidões administrativas não têm natureza similar à da desapropriação, como modo de aquisição de domínio; entretanto, de outro enfoque, traduzem gravame e limitam o exercício da propriedade, com natureza pública, instituído sobre imóvel alheio **[1]**.

Não se pode falar em mitigação da especialidade objetiva para atos de registro constitutivo de um novo direito real, sob pena de ofensa a todos os princípios de segurança jurídica e publicidade afetos ao serviço de registro imobiliário.

Decisão anterior proferida por outro Juízo então responsável pela Corregedoria Permanente, ou mesmo a existência de outra nota devolutiva com exigência não feita anteriormente não obstam a nova análise feita pela r. sentença recorrida, especialmente face à inexistência de coisa julgada administrativa nesta hipótese.

A questão não é nova; são diversos os precedentes deste Eg. Conselho Superior da Magistratura sobre essa exata matéria, no sentido de que o registro da servidão administrativa se submete a todos os princípios informadores dos registros públicos, não sendo cabível seu deferimento na hipótese: CSM APC n° 1005785-19.2017.8.26.0037; CSM APC n° 1005784-34.2017.8.26.0037; CSM APC n° 1005788-71.2017.8.26.0037; CSM APC n°

1005783-49.2017.8.26.0037; CSM APC nº1005787-86.2017.8.26.0037.

Ademais, não há óbice que impossibilite, de forma absoluta, que a apelante promova a retificação das matrículas, na condição de interessada no registro da servidão, uma vez que, na impossibilidade de assinatura de titulares de domínio ou confrontantes, serão feitas as regulares notificações, na forma do art. 213 e parágrafos da Lei nº 6.015/73.

Por essas razões, a confirmação da r. sentença é medida que se impõe. Ante o exposto, nego provimento ao recurso.

GERALDO FRANCISCO PINHEIRO FRANCO

Corregedor Geral da Justiça e Relator Nota:

[1] DI PIETRO, Maria Sylvia Zanella, Direito Administrativo, 15ª ed. São Paulo: Atlas, 2003, p. 145. (DJe de 03.07.2019 - SP)

PODER JUDICIÁRIO

TRIBUNAL DE JUSTIÇA DO ESTADO DE SÃO PAULO

CONSELHO SUPERIOR DA MAGISTRATURA

Apelação nº 1033387-80.2018.8.26.0576

Registro: 2019.0000483143

ACÓRDÃO

Vistos, relatados e discutidos estes autos de **Apelação Cível nº 1033387-80.2018.8.26.0576**, da Comarca de **São José do Rio Preto**, em que é apelante **JAIME SILVA TRINDADE**, é apelado **2º OFICIAL DE REGISTRO DE IMÓVEIS E ANEXOS DA COMARCA DE SÃO JOSÉ DO RIO PRETO.**

ACORDAM, em Conselho Superior de Magistratura do Tribunal de Justiça de São Paulo, proferir a seguinte decisão: **"Negaram provimento à apelação, com observações, v.u."**, de conformidade com o voto do Relator, que integra este acórdão.

O julgamento teve a participação dos Exmos. Desembargadores **PEREIRA CALÇAS (PRESIDENTE TRIBUNAL DE JUSTIÇA) (Presidente), ARTUR MARQUES (VICE PRESIDENTE), XAVIER DE AQUINO (DECANO), EVARISTO DOS SANTOS(PRES. DA SEÇÃO DE DIREITO PÚBLICO), CAMPOS MELLO (PRES. DA SEÇÃO DE DIREITO PRIVADO) E FERNANDO TORRES GARCIA(PRES. SEÇÃO DE DIREITO CRIMINAL).**

São Paulo, 13 de junho de 2019.

GERALDO FRANCISCO PINHEIRO FRANCO

Corregedor Geral da Justiça e Relator

Apelação Cível nº 1033387-80.2018.8.26.0576

Apelante: Jaime Silva Trindade

Apelado: 2º Oficial de Registro de Imóveis e Anexos da Comarca de São José do Rio Preto

VOTO N º 37.779

Registro de Imóveis - Servidão de passagem com parcial coincidência em área de reserva legal - Necessidade de modificação da anterior inscrição no cadastro ambiental rural em cumprimento aos deveres do titular do direito de propriedade frente a proteção do meio ambiente - Recurso não provido.

Trata-se de recurso de apelação interposto por Jaime Silva Trindade contra a r. sentença de fls. 158/159, que julgou procedente a dúvida suscitada pelo 2º Oficial de Registro de Imóveis da Comarca de São José do Rio Preto, mantendo a recusa do ingresso de escritura pública de compra e venda com divisão e instituição de servidão de passagem, em razão da ausência de cadastro ambiental rural quanto à servidão de passagem instituída.

Sustenta a apelante já ter havido a realização dos atos necessários perante o cadastro ambiental rural competindo o registro da escritura pública (fls. 177/179).

A D. Procuradoria Geral de Justiça opinou pelo não provimento do recurso (fls. 199/201).

É o relatório.

O presente julgamento é limitado às alegações realizadas ao tempo da qualificação registral, notadamente a coincidência física entre parte da servidão de passagem a ser registrada e a reserva legal averbada na matrícula e inscrita no cadastro ambiental rural.

Diante disso, não é possível a consideração das novas alegações deduzidas pelo apelante, referidas no memorial de fls. 204/216.

Como mencionado nas razões recursais e, também, objeto da qualificação registral, há coincidência parcial entre as áreas de reserva legal e de servidão de passagem.

A reserva legal é dotada de regime jurídico protetivo não havendo exceção legal direta de sua utilização parcial para fins de servidão de passagem, para tanto, será necessário alteração da inscrição anteriormente realizada perante o cadastro ambiental rural, com sua validação.

Nesse sentido são as previsões do artigo 18, *caput*, do Código Florestal e do item 125.1.2 e 125.2 das Normas de Serviço da Corregedoria Geral da Justiça:

Lei n. 12.651/12, Art. 18, *caput*. A área de Reserva Legal deverá ser registrada no órgão ambiental competente por meio de inscrição no CAR de que trata o art. 29, sendo vedada a alteração de sua destinação, nos casos de transmissão, a qualquer título, ou de desmembramento, com as exceções previstas nesta Lei. (grifos meus)

NSCGJ, 125.1.2. A averbação da reserva legal florestal será feita de ofício pelo Oficial do Registro de Imóveis, sem cobrança de emolumentos, por meio do Serviço de Registro Eletrônico de Imóveis (SREI), assim que o perímetro da reserva for validado pela autoridade ambiental e implantados os mecanismos de fluxo de informações entre a Secretaria do Meio Ambiente do Estado de São Paulo (SMA), a Companhia Ambiental do Estado de São Paulo (Cetesb) e a Associação dos Registradores Imobiliários de São Paulo (Arisp), definidos no Acordo de Cooperação Técnica que entre si celebraram. (grifos meus)

NSCGJ, 125.2. As averbações referidas na alínea b do item 125 condicionam as retificações de registro, os desmembramentos, unificações, outros atos registrais modificativos da figura geodésica dos imóveis e o registro de servidões de passagem, mesmo antes de tornada obrigatória a averbação do número de inscrição do imóvel rural no Cadastro Ambiental Rural CAR, salvo se realizada a averbação tratada na alínea a do item 125.

Desse modo, em virtude da servidão de passagem estar parcialmente situada em área de reserva legal, é necessário a prévia inscrição dessa alteração perante o CAR para o ingresso do título.

A eventual situação fática não tem interferência na situação jurídica ambiental e registral da propriedade rural, competindo sua adequação.

O direito de propriedade é uma situação jurídica envolvendo direitos e deveres, assim, o exercício das faculdades proprietárias pressupõe o cumprimento dos deveres correlatos à proteção do meio ambiente.

Por todo o exposto, pelo meu voto, nego provimento à apelação, com as observações acima.

GERALDO FRANCISCO PINHEIRO FRANCO

Corregedor Geral da Justiça e Relator. (DJe de 17.09.2019 – SP)

PODER JUDICIÁRIO

TRIBUNAL DE JUSTIÇA DO ESTADO DE SÃO PAULO

CONSELHO SUPERIOR DA MAGISTRATURA

Apelação nº 1002362-84.2018.8.26.0047

Registro: 2019.0000423479

ACÓRDÃO

Vistos, relatados e discutidos estes autos de **Apelação Cível nº 1002362-84.2018.8.26.0047**, da Comarca de **Assis**, em que é apelante **TRIANGULO MINEIRO TRANSMISSORA S/A**, é apelado **OFICIAL DE REGISTRO DE IMÓVEIS E ANEXOS DA COMARCA DE ASSIS.**

ACORDAM, em Conselho Superior de Magistratura do Tribunal de Justiça de São Paulo, proferir a seguinte decisão: **"Por maioria de votos, deram provimento para afastar a dúvida suscitada, nos termos do voto do Desembargador Pereira Calças. Vencido o Desembargador Pinheiro Franco, que votou por negar provimento, com observações, e declarará voto."**, de conformidade com o voto do Relator, que integra este acórdão.

O julgamento teve a participação dos Exmos. Desembargadores **PEREIRA CALÇAS (PRESIDENTE TRIBUNAL DE JUSTIÇA), vencedor, PINHEIRO FRANCO (CORREGEDOR GERAL), vencido, PEREIRA CALÇAS (PRESIDENTE TRIBUNAL DE JUSTIÇA) (Presidente), ARTUR MARQUES (VICE PRESIDENTE), XAVIER DE AQUINO (DECANO), EVARISTO DOS SANTOS(PRES. DA SEÇÃO DE DIREITO PÚBLICO), CAMPOS MELLO (PRES. DA SEÇÃO DE DIREITO PRIVADO) E FERNANDO TORRES GARCIA(PRES. SEÇÃO DE DIREITO CRIMINAL).**

São Paulo, 28 de maio de 2019

MANOEL DE QUEIROZ PEREIRA CALÇAS RELATOR DESIGNADO

APELAÇÃO CÍVEL nº 1002362-84.2018.8.26.0047

Apelante: TRIANGULO MINEIRO TRANSMISSORA S/A

Apelado: OFICIAL DE REGISTRO DE IMÓVEIS E ANEXOS DA COMARCA DE ASSIS COMARCA: ASSIS

VOTO Nº: 30.044

Registro de Imóveis – Servidão administrativa instituída por decisão judicial – I - Exigência de prévia averbação da inscrição do imóvel serviente no Cadastro Ambiental Rural - CAR

que não deve subsistir – "Servidão administrativa" não se confunde com "servidão de passagem" para os fins do item 125.2 das NSCGJ – Informações que integram o CAR devem partir do proprietário ou possuidor do bem imóvel (objeto da inscrição), nos moldes da Lei nº 12.651/2012 e do Decreto nº 7.830/2012, e não da empresa concessionária do serviço público de transmissão de energia elétrica, até mesmo porque têm o condão de criar restrições de uso para os primeiros (delimitação dos remanescentes de vegetação nativa, das Áreas de Preservação Permanente, das Áreas de Uso Restrito, das áreas consolidadas e, caso existente, também da localização da Reserva Legal, nos moldes do art. 29, §1º, III, da Lei nº 12.651/2012) – Elaboração do CAR pela empresa concessionária que acarretaria, ainda, ônus desproporcional à extensão do direito de servidão administrativa – II - Emolumentos que devem ser fixados em consideração à avaliação estabelecida na demanda judicial, nos moldes do art. 7º, parágrafo único, da Lei Estadual nº 11.331/2002 – III - Precedente recente deste Conselho Superior da Magistratura, tratando de caso idêntico, envolvendo os mesmos interessados (Apelação nº 1002363-69.2018.8.26.0047) – Recurso provido, para afastar a dúvida suscitada pelo Oficial de Registro de Imóveis da Comarca de Assis-SP.

Trata-se de recurso de apelação interposto por TRIÂNGULO MINEIRO TRANSMISSORA S/A em face da r. sentença de fls. 148/151, que julgou procedente a dúvida suscitada pelo Sr. Oficial de Registro de Imóveis e Anexos da Comarca de Assis, mantendo a recusa do ingresso da carta de adjudicação referente à servidão administrativa, em razão da ausência [i] de prévia inscrição no Cadastro Ambiental Rural do imóvel objeto da matrícula nº 12.318 e [ii] de documentação atinente ao ITR, para cálculo das custas e emolumentos.

Afirma a apelante não estar obrigada à inscrição do imóvel no CAR, bem como que as custas e emolumentos devem ser calculados em conformidade com o valor econômico apurado na ação judicial que instituiu a servidão administrativa.

É o Relatório.

I. Respeitado o posicionamento manifestado no voto do Excelentíssimo Desembargador Corregedor Geral, é caso de dar provimento ao recurso de apelação.

I.1. A r. sentença de fls. 148/151, ao julgar procedente dúvida suscitada pelo Sr. Oficial de Registro de Imóveis, confirmou o conteúdo da nota de exigências nº 211.746 (fl. 47), para submeter o registro de título constitutivo de servidão administrativa às seguintes determinações:

1) Providenciar a prévia averbação da inscrição no Cadastro Ambiental Rural do imóvel da matrícula nº 12.318, deste SRI, acompanhado do comprovante de inscrição, que se tornou condição para registro de servidão em imóveis

rurais, nos termos da alínea "b" do item 125 e dos subitens 125.1 e 125.2, do capítulo XX, das Normas de Serviço da CGJ/SP.

2) Apresentar os comprovantes dos pagamentos dos 5 últimos ITRs ou a Certidão Negativa de Débitos relativos ao ITR, expedida pela Secretaria da Receita Federal, do imóvel objeto da matrícula nº 12.318, acompanhada do último DIAT e DIAC, documento que contém o valor fiscal do imóvel, para que seja possível o cálculo das custas e emolumentos correspondentes ao registro pretendido.

I.2. No que toca à prévia averbação da inscrição do imóvel serviente no Cadastro Ambiental Rural CAR (tópico nº 1 da nota), a exigência não deve subsistir.

A apelante *Triângulo Mineiro Transmissora S/A* é empresa concessionária do serviço público de transmissão de energia elétrica. Nos autos do processo nº 1007033-92.2014.8.26.0047, foi instituída, em favor da apelante, **servidão administrativa** sobre uma faixa territorial inserida em prédio rústico (imóvel de matrícula nº 12.318 CRI da Comarca de Assis-SP), declarada de utilidade pública pela Agência Nacional de Energia Elétrica (Resolução Autorizativa nº 4.663/2014).

Ao qualificar negativamente o título apresentado (mandado judicial), o Sr. Oficial sustentou que o registro da servidão estaria sujeito às formalidades do item 125, alínea "b", e dos subitens 125.1 e 125.2 do capítulo XX das Normas de Serviço da CGJ, abaixo transcritos:

*125. **Poderão ser averbados:***

[...]

*b) **o número de inscrição no CAR/SICAR-SP**, enquanto não decorrido o prazo estabelecido no § 3º do artigo 29 da Lei n.º 12.651, de 25 de maio de 2012, a partir do qual a averbação passará a ser obrigatória nos termos do subitem 12.5. deste Capítulo.*

1.1. As averbações referidas na alínea b do item 125 serão realizadas mediante provocação de qualquer pessoa.

1.1.1. As averbações serão feitas de ofício pelo Oficial do Registro de Imóveis, sem cobrança de emolumentos, quando do primeiro registro e por meio do Serviço de Registro Eletrônico de Imóveis (SREI), assim que implantados os mecanismos de fluxo de informações entre a Secretaria do Meio Ambiente do Estado de São Paulo (SMA), a Companhia Ambiental do Estado de São Paulo (Cetesb) e a Associação dos Registradores Imobiliários de São Paulo (Arisp), definidos no Acordo de Cooperação Técnica que entre si celebraram.

1.1.2. A averbação da reserva legal florestal será feita de ofício pelo Oficial do Registro de Imóveis, sem cobrança de emolumentos, por meio do Serviço de Registro Eletrônico de Imóveis (SREI), assim que o perímetro da reserva for validado pela autoridade ambiental e implantados os mecanismos de fluxo de informações entre a Secretaria do Meio Ambiente do Estado de São Paulo (SMA), a Companhia Ambiental do Estado de São Paulo (Cetesb) e a Associação dos Registradores Imobiliários de São Paulo (Arisp), definidos no Acordo de Cooperação Técnica que entre si celebraram.

1.1.3. Na hipótese de compensação de Reserva Legal, a notícia deverá ser averbada na matrícula de todos os imóveis envolvidos após a homologação ou aprovação do órgão ambiental através do Sistema Paulista de Cadastro Ambiental Rural - SICAR-SP.

1.1.4. O conceito de imóvel para fins de Cadastro Ambiental Rural (CAR/SICAR-SP), obedece ao disposto na Instrução Normativa 2, de 5 de maio de 2014, do Ministério de Meio Ambiente; e Lei nº 8.629, de 25 de fevereiro de 1993, inciso I, art. 4º, não sendo obrigatória a coincidência e total identidade entre a matrícula imobiliária e o Cadastro Ambiental Rural (SICAR-SP).

1.2. ***As averbações referidas na alínea b do item 125 condicionam as retificações de registro, os desmembramentos, unificações, outros atos registrais modificativos da figura geodésica dos imóveis e o registro de servidões de passagem****, mesmo antes de tornada obrigatória a averbação do número de inscrição do imóvel rural no Cadastro Ambiental Rural CAR, salvo se realizada a averbação tratada na alínea a do item 125.*

1.2.1. Nas retificações de registro, bem como nas demais hipóteses previstas no item 125.2, o Oficial deverá, à vista do número de Inscrição no CAR/SICAR, verificar se foi feita a especialização da reserva legal florestal, qualificando negativamente o título em caso contrário. A reserva legal florestal será averbada, gratuitamente, na respectiva matrícula do bem imóvel, em momento posterior, quando homologada pela autoridade ambiental através do Sistema Paulista de Cadastro Ambiental Rural - SICAR-SP.

Tal orientação, com a devida vênia, não se mostra acertada.

O item 125.2 enumera, como atos condicionados à averbação do número de inscrição no CAR, as retificações de registro, os desmembramentos, as unificações, outros atos registrais modificativos da figura geodésica dos imóveis e o registro das servidões de passagem. Como se nota, **não há, a rigor, menção específica à servidão administrativa**, oriunda da ação interventiva do Estado na propriedade privada.

De proêmio, cumpre destacar que o caso não trata de retificação de área ou de qualquer outro ato modificativo das medições e confrontações do imóvel serviente, cuja matrícula apresenta suficiente descrição. Limita-se o registro pretendido à **especificação da área destinada ao atendimento do serviço público de transmissão de energia elétrica**, conforme declaração de utilidade pública da ANEEL e sentença constitutiva proferida no processo judicial nº 1007033-92.2014.8.26.0047 (fls. 103/114).

Os precedentes deste C. Conselho Superior da Magistratura citados às fls. 06 e 194/195 não tratam, com a devida vênia, de hipótese idêntica à dos autos, **eis que conjugam a servidão administrativa com outros temas já listados no item 125.2** (*v.g.*, retificação de área), estes sim indubitavelmente condicionados à averbação do nº de inscrição do CAR.

Também não parece adequado afirmar que a servidão administrativa estaria implicitamente contida na expressão "servidões de passagem", haja vista que aquela apresenta natureza jurídica peculiar, inconfundível com a essência das servidões regidas pelo Direito Civil.

A servidão administrativa, vale lembrar, autoriza o uso da propriedade imóvel alheia pelo Estado e/ou seus delegatários, de forma a permitir a execução de obras e serviços de interesse da coletividade. Difere, nesse aspecto, da servidão de Direito Privado, pelo fato de ser instituída em prol do Poder Público e sofrer o influxo do regime jurídico de Direito Público. Na servidão administrativa, a coisa dominante não é exatamente um imóvel (como estabelece a lei civil), mas uma utilidade pública. **[1]**

O perímetro da servidão administrativa deve constar das informações do Cadastro Ambiental Rural, segundo dispõe o art. 13, inciso

III, da Instrução Normativa nº 02/2014 do Ministério do Meio Ambiente. Diante disso, caso o item 125.2 das NSCGJ fosse aplicado, extensivamente, à servidão administrativa, haveria aparente contradição entre os comandos normativos: por um lado, o CAR não seria feito sem a discriminação das servidões administrativas; por outro, a própria formalização da servidão estaria submetida à prévia inscrição no CAR.

Ademais, requisitar da empresa concessionária a averbação da inscrição ambiental não seria, no caso, **em termos práticos**, a solução mais equânime.

Explico.

O Cadastro Ambiental Rural, criado pela Lei nº 12.651/2012 (Código Florestal), consiste em registro público eletrônico integrante do Sistema Nacional de Informação sobre Meio Ambiente SINIMA, contemplando, nos termos do art. 5º do Decreto nº 7.830/2012, "os dados do proprietário, possuidor rural ou responsável direto pelo imóvel rural, a respectiva planta georreferenciada do perímetro do imóvel, das áreas de interesse social e das áreas de utilidade pública, com a informação da localização dos remanescentes de vegetação nativa, das Áreas de Preservação Permanente, das Áreas de Uso Restrito, das áreas consolidadas e da localização das Reservas Legais." Cuidando-se de pequena propriedade familiar, a planta georreferenciada pode ser substituída por croqui que indique o perímetro do imóvel, as Áreas de Preservação Permanente e os remanescentes que formam a Reserva Legal, consoante art. 8º, *caput*, do mesmo Decreto.

As informações acima listadas, ante a sua complexidade e significativa extensão, devem ser fornecidas pelo **proprietário ou possuidor do imóvel**, conforme determina o art. 29, §1º, da Lei nº 12.651/2012 ("A inscrição do imóvel rural no CAR deverá ser feita, preferencialmente, no órgão ambiental municipal ou estadual, que, nos termos do regulamento, **exigirá do proprietário ou possuidor rural**: I identificação do proprietário ou possuidor rural; II comprovação da propriedade ou posse; III identificação do imóvel por meio de planta e memorial descritivo, contendo a indicação das coordenadas geográficas com pelo menos um ponto de amarração do perímetro do imóvel, informando a localização dos remanescentes de vegetação nativa, das Áreas de Preservação Permanente, das Áreas de Uso Restrito, das áreas consolidadas e, caso existente, também da localização da Reserva Legal").

Outrossim, dispõe o art. 6º, §4º, do Decreto nº 7.830/2012, que "a atualização ou alteração dos dados inseridos no CAR **só poderão ser efetuadas pelo proprietário ou possuidor rural ou representante legalmente constituído**."

É certo que, uma vez efetivada a inscrição no CAR, a **averbação** do respectivo número junto ao Cartório de Registro de Imóveis pode ser feita por iniciativa de "qualquer pessoa", como prevê o item 125.1 do capítulo XX das NSCGJ.

Contudo, nos casos em que o proprietário ou possuidor deixou de realizar o cadastro ambiental (hipótese *sub examine*), não se pode exigir que o titular de servidão administrativa promova, por si mesmo, a regularização do imóvel perante o SINIMA, para só então solicitar a averbação do respectivo número ao CRI e obter, finalmente, o registro do direito de servidão.

Primeiro, porque, como visto, as informações que integram o CAR devem partir do proprietário ou possuidor do bem imóvel (objeto da inscrição), nos moldes da Lei nº 12.651/2012 e do Decreto nº 7.830/2012. Até mesmo porque a inscrição no CAR, por demandar a "localização dos remanescentes de vegetação nativa, das Áreas de Preservação Permanente, das Áreas de Uso Restrito, das áreas consolidadas e, caso existente, também da localização da Reserva Legal" (art. 29, §1º, III, da Lei nº 12.651/2012), **tem o condão de criar restrições de uso (*obrigações de não fazer*) para o proprietário ou possuidor**. Não parece adequado, nesse contexto, que o titular de servidão administrativa, a qual atinge apenas uma fração do imóvel serviente (diminuta, no mais das vezes), possa estabelecer os limites de uso e fruição de todo o imóvel, afetando direitos alheios (do proprietário e do possuidor).

Segundo, porque a elaboração do CAR pela empresa concessionária acarretaria ônus desproporcional à extensão do direito de servidão administrativa, podendo prejudicar, em última análise, o atendimento dos interesses da coletividade.

Vale ponderar, a propósito, que a servidão conferida à empresa *Triângulo* restringe-se a uma faixa de 1,3198 hectare (fl. 49), equivalente a apenas **2,65%** da área global do imóvel (49,8 hectares fls. 79, 85 e 87). Para colher os dados necessários à realização do cadastro ambiental (perímetro total do imóvel, extensão dos trechos de vegetação nativa, localização de todas as APPs, planta georreferenciada, etc.), a apelante teria que esquadrinhar área muito mais ampla que aquela pertinente ao seu direito, responsabilizando-se, inclusive, por informações relativas a terceiros (art. 6º, §1º, do Decreto nº 7.830/2012). Tal método, além de difícil implementação prática, não contribuiria para o efetivo e célere cadastramento ambiental.

Possível imaginar, ainda, os efeitos negativos potencializados em escala nacional, caso exigidas tais providências das concessionárias de energia elétrica, para todas as propriedades sem CAR pelas quais passem as redes de transmissão.

Em seu r. voto, o N. Desembargador *Geraldo Francisco Pinheiro Franco* aduz que a imposição do dever de averbação do CAR à apelante *Triângulo* teria fundamento na necessidade de preservação do meio ambiente, com destaque para as áreas de Reserva Legal.

É preciso salientar, no entanto, que a Lei nº 12.651/2012 dispensa a criação de Reserva Legal sobre "áreas adquiridas ou desapropriadas por detentor de concessão, permissão ou autorização para exploração de potencial de energia hidráulica, nas quais funcionem empreendimentos de geração de energia elétrica, subestações ou sejam instaladas **linhas de transmissão e de distribuição de energia elétrica**" (art. 12, §7º). Logo, nesse cenário, a delimitação da Reserva Legal **continua a cargo do proprietário**, que deve excluir do cálculo da Reserva o trecho abrangido pela utilidade pública (art. 23, inciso I, da Instrução Normativa MMA nº 02/2014).

1.3. No que tange à apresentação de documentos relativos ao ITR para cálculo de emolumentos (tópico nº 2 da nota nº 211.746), reputo desnecessária a exigência formulada.

Com efeito, ao disciplinar o cálculo de emolumentos devidos ao Oficial de Registro de Imóveis, a Lei Estadual nº 11.331/2002 traz a seguinte previsão:

Artigo 7º - O valor da base de cálculo a ser considerado para fins de enquadramento nas tabelas de que trata o artigo 4º, relativamente aos atos classificados na alínea "b" do inciso III do artigo 5º, ambos desta lei, será determinado pelos parâmetros a seguir, ***prevalecendo o que for maior****:*

I - preço ou valor econômico da transação ou do negócio jurídico declarado pelas partes;

II - valor tributário do imóvel, estabelecido no último lançamento efetuado pela Prefeitura Municipal, para efeito de cobrança de imposto sobre a propriedade predial e territorial urbana, ou o valor da avaliação do imóvel rural aceito pelo órgão federal competente, considerando o valor da terra nua, as acessões e as benfeitorias;

III - base de cálculo utilizada para o recolhimento do imposto de transmissão "inter vivos" de bens imóveis.

Parágrafo único - Nos casos em que, por força de lei, devam ser utilizados valores decorrentes de avaliação judicial ou fiscal, estes serão os valores considerados para os fins do disposto na alínea "b" do inciso III do artigo 5º desta lei.

Sustenta o Sr. Oficial que a exibição da declaração de ITR se prestaria à verificação do "maior valor" entre aqueles arrolados nos incisos I a III do art. 7º (preço do imóvel, valor lançado para fins de ITR ou base de cálculo do ITBI), conforme dispõe o *caput* do mesmo dispositivo.

Todavia, o caso em análise subsome-se ao parágrafo único do art. 7º, que vincula a base de cálculo dos emolumentos ao valor atribuído à coisa em sede de ação judicial ou procedimento fiscal (exceção à regra do *caput*). Assim, a quantia indenizatória fixada em favor do proprietário do imóvel (art. 40 do Decreto-Lei nº 3.365/1941) dá a justa dimensão patrimonial da servidão, devendo ser utilizada como parâmetro na apuração das despesas registrais.

1.4. Por fim, vale ressaltar que, em recente julgado (Apelação nº 1002363-69.2018.8.26.0047), este C. Conselho Superior da Magistratura apreciou hipótese idêntica à ora examinada, envolvendo as mesmas partes e a mesma matéria registral.

A ementa daquele r. acórdão corrobora, resumidamente, os fundamentos expresso no presente voto:

REGISTRO DE IMÓVEIS Servidão administrativa instituída por decisão judicial. I - Exigência de prévia averbação da inscrição do imóvel serviente no Cadastro Ambiental Rural CAR que não deve subsistir. "Servidão administrativa" não se confunde com "servidão de passagem" para os fins do item 125.2 das NSCGJ. Informações que integram o CAR devem partir do proprietário ou possuidor do bem imóvel (objeto da inscrição), nos moldes da Lei nº 12.651/2012 e do Decreto nº 7.830/2012, e não da empresa concessionária do serviço público de transmissão de energia elétrica, até mesmo porque têm o condão de criar restrições de uso para os primeiros (delimitação dos remanescentes de vegetação nativa, das Áreas de Preservação Permanente, das Áreas de Uso Restrito, das áreas consolidadas e, caso existente, também da localização da Reserva Legal, nos moldes do art. 29, §1º, III, da Lei nº 12.651/2012). Elaboração do CAR pela empresa concessionária que acarretaria, ainda, ônus desproporcional à extensão do direito de servidão administrativa. II - Emolumentos que devem ser fixados em consideração à avaliação estabelecida na demanda judicial, nos moldes do art. 7º, parágrafo único, da Lei Estadual nº 11.331/2002.

Recurso provido, para afastar a dúvida suscitada pelo Oficial de Registro de Imóveis da Comarca de Assis-SP. (TJSP. Apelação Cível nº 1002363-69.2018.8.26.0047, Relator: Des. Pereira Calças. Conselho Superior de Magistratura. Foro de Assis - 1ª Vara Cível. Data do Julgamento: 30/04/2019).

II. Isto posto, pelo meu voto, **dou provimento à apelação**, para afastar a dúvida suscitada pelo Oficial de Registro de Imóveis da Comarca de Assis-SP, nos termos *supra.*

MANOEL DE QUEIROZ PEREIRA CALÇAS PRESIDENTE DO TRIBUNAL DE JUSTIÇA

Notas:

[1] FARIAS, Cristiano Chaves de; ROSENVALD, Nelson. *Direitos reais.* 6ª ed. Rio de Janeiro: Lumen Juris, 2009, p. 545.

Apelação Cível nº 1002362-84.2018.8.26.0047 Comarca: Assis

Apelante: TRIANGULO MINEIRO TRANSMISSORA S/A

Apelado: Oficial de Registro de Imóveis e Anexos da Comarca de Assis

VOTO Nº 37.689

DECLARAÇÃO DE VOTO PARCIALMENTE DIVERGENTE

Trata-se de recurso de apelação interposto por Triângulo Mineiro Transmissora S/A contra a r. sentença de fls. 148/151, que julgou procedente a dúvida suscitada pelo Oficial de Registro de Imóveis e Anexos da Comarca de Assis, mantendo a recusa do ingresso de carta de adjudicação de sentença referente a servidão administrativa, em razão da ausência de cadastro ambiental rural e documentação atinente ao ITR.

Sustenta a apelante não estar obrigada à inscrição do imóvel no cadastro ambiental rural nos termos da legislação incidente e também que os emolumentos devem ser calculados em conformidade ao valor econômico apurado na ação judicial, sendo desnecessário apresentar o ITR (fls. 159/181).

A D. Procuradoria Geral de Justiça opinou pelo não provimento do recurso (fls. 204/207).

É o relatório.

Pelo meu voto, com todo respeito à compreensão da Douta maioria, não caberia acesso do título ao registro imobiliário sem a devida inscrição no Cadastro Ambiental Rural - CAR.

A natureza judicial do título apresentado não impede sua qualificação registral quanto aos aspectos extrínsecos ou aqueles que não foram objeto de exame pela Autoridade Jurisdicional.

A reserva legal nos termos do inciso III, do artigo 3º, da Lei n. 12.651/12, é a *"área localizada no interior de uma propriedade ou posse rural, delimitada nos termos do art. 12, com a função de assegurar o uso econômico de modo sustentável dos recursos naturais do imóvel rural, auxiliar a conservação e a reabilitação dos processos ecológicos e promover a conservação da biodiversidade, bem como o abrigo e a proteção de fauna silvestre e da flora nativa".*

Por seu turno, o artigo 12, *caput*, do Código Florestal estabelece:

> *Art. 12. Todo imóvel rural deve manter área com cobertura de vegetação nativa, a título de Reserva Legal, sem prejuízo da aplicação das normas sobre as Áreas de Preservação Permanente, observados os seguintes percentuais mínimos em relação à área do imóvel, excetuados os casos previstos no art. 68 desta Lei.*

A reserva legal é fundamental à proteção do meio ambiente, daí a exigência legal que *"deve ser conservada com cobertura de vegetação nativa pelo proprietário do imóvel rural, possuidor ou ocupante a qualquer título, pessoa física ou jurídica, de direito público ou privado"* (Código Florestal, artigo 17, *caput*).

O Código Florestal também instituiu o Cadastro Ambiental Rural CAR, como se observa de seu artigo 29, *caput*: *Art. 29. É criado o Cadastro Ambiental Rural - CAR, no âmbito do Sistema Nacional de Informação sobre Meio*

> *Ambiente - SINIMA, registro público eletrônico de âmbito nacional, obrigatório para todos os imóveis rurais, com a finalidade de integrar as informações ambientais das propriedades e posses rurais, compondo base de dados para controle, monitoramento, planejamento ambiental e econômico e combate ao desmatamento.*

De outra parte, no CAR também constarão informações da reserva legal, como é expresso o artigo 29, parágrafo primeiro, inciso III, parte final, do Código Florestal.

A proteção da reserva legal somente terá efetividade se houver possibilidade do conhecimento de sua existência e exata localização.

Nessa linha, há obrigatoriedade de sua averbação no registro imobiliário, como dispõem, a contrário *sensu*, os artigos 18, parágrafo 4º, e 30, ambos do Código Florestal:

Art. 18. § 4º. O registro da Reserva Legal no CAR desobriga a averbação no Cartório de Registro de Imóveis, sendo que, no período entre a data da publicação desta Lei e o registro no CAR, o proprietário ou possuidor rural que desejar fazer a averbação terá direito à gratuidade deste ato.

Art. 30. Nos casos em que a Reserva Legal já tenha sido averbada na matrícula do imóvel e em que essa averbação identifique o perímetro e a localização da reserva, o proprietário não será obrigado a fornecer ao órgão ambiental as informações relativas à Reserva Legal previstas no inciso III do § 1° do art. 29.

Parágrafo único. Para que o proprietário se desobrigue nos termos do caput, deverá apresentar ao órgão ambiental competente a certidão de registro de imóveis onde conste a averbação da Reserva Legal ou termo de compromisso já firmado nos casos de posse.

Nessa perspectiva os imóveis rurais deverão possuir a indicação da reserva legal por meio da sua averbação no registro imobiliário ou no cadastro ambiental rural, este último desobrigando a primeira providência, todavia, com averbação da inscrição no CAR, na matrícula do imóvel.

Os itens 125, alíneas a) e b), 125.2 e 125.2.1., do Capítulo XX, das Normas de Serviço da Corregedoria Geral da Justiça, estabelecem:

125. Poderão ser averbados:

a) os termos de responsabilidade de preservação de reserva legal e outros termos de compromisso relacionados à regularidade ambiental do imóvel, emitidos pelo órgão ambiental competente;

b) o número de inscrição no CAR/SICAR-SP, enquanto não decorrido o prazo estabelecido no § 3.º do artigo 29 da Lei n.º 12.651, de 25 de maio de 2012, a partir do qual a averbação passará a ser obrigatória nos termos do subitem 12.5. deste Capítulo;

1.2. As averbações referidas na alínea b do item 125 condicionam as retificações de registro, os desmembramentos, unificações, outros atos registrais modificativos da figura geodésica dos imóveis e o registro de servidões de passagem, mesmo antes de tornada obrigatória a averbação do número de inscrição do imóvel rural no Cadastro Ambiental Rural CAR, salvo se realizada a averbação tratada na alínea a do item 125.

1.2.1. Nas retificações de registro, bem como nas demais hipóteses previstas no item 125.2, o Oficial deverá, à vista do número de Inscrição no CAR/SICAR, verificar se foi feita a especialização da reserva legal florestal, qualificando negativamente o título em caso contrário. A reserva legal florestal será averbada, gratuitamente, na respectiva matrícula do bem imóvel, em momento posterior, quando homologada pela autoridade ambiental através do Sistema Paulista de Cadastro Ambiental Rural - SICAR-SP. (grifos meus)

Portanto, no caso da servidão administrativa há obrigatoriedade da averbação do CAR, a qual, todavia, poderia ser substituída pela averbação da reserva legal.

Assim, a interpretação sistemática do artigo 18, parágrafo 4º, do Código Florestal, permite a conclusão da necessidade da averbação da reserva legal ou sua inscrição no CAR com o ingresso do número da inscrição, nesta última hipótese, no registro imobiliário.

Essa interpretação da legislação e das Normas de Serviço da Corregedoria Geral da Justiça não fere o disposto no artigo 29, parágrafo 3º, do Código Florestal com a redação dada pela Lei n. 13.295/16. Isso porque as normas administrativas, em consonância com o Código Florestal, obrigam a averbação da reserva legal ou o número de inscrição no CAR objetivando adequada proteção ao meio ambiente.

Ressalto que, no presente processo, a apelante não pretende a aludida substituição e sim a dispensa total da averbação do CAR no registro imobiliário, o que é contrário ao Código Florestal, como tratado.

Permito-me discordar quanto a não aplicação do regramento administrativo das NSCGJ às servidões administrativas, porquanto, apesar da diversidade do regime jurídico aplicável, a servidão administrativa é um direito real.

A natureza de direito real da servidão administrativa é afirmada por Celso Antônio Bandeira de Mello (*Curso de direito administrativo*. São Paulo: Malheiros, 2003, p. 774):

Servidão administrativa é direito real que assujeita um bem a suportar uma utilidade pública, por força da qual ficam afetados parcialmente os poderes do proprietário quanto ao seu uso e gozo.

São exemplos de servidão administrativa: a passagem de fios elétricos sobre imóveis particulares, a passagem de aquedutos

(...).

Ainda que a servidão real de direito privado exija a existência de prédios de diferentes donos nos termos do artigo 1.378 do Código Civil, há imposição de um ônus ou utilidade em favor do titular de uma propriedade imóvel (prédio dominante) sobre outro titular (prédio serviente).

A servidão administrativa, apesar da aplicação do regime de direito público, segue a estrutura do instituto de direito privado.

Nesse sentido são as considerações de Maria Sylvia Zanela de Pietro (*Direito administrativo*. Rio de Janeiro: Forense, 2017, p. 188/189):

> *Nas servidões administrativas ou de direito público, existem todos os elementos que caracterizam a servidão: a res serviens (prédio de propriedade alheia), prestando utilidade à res dominans (bem afetado a fim de utilidade pública ou a determinado serviço público).*
>
> *(...)*
>
> *Por exemplo, na servidão de energia elétrica, res serviens é o prédio particular por onde passam as linhas de distribuição e res dominans é o próprio serviço público de energia elétrica; na servidão ao redor de aeroportos, res serviens são os prédios vizinhos e res dominans, o próprio prédio onde funciona o serviço de navegação aérea.*

Nessa ordem de ideias, enquanto direitos reais, apesar da regência por princípios de direito privado na servidão real e princípios de direito público na servidão administrativa; é possível aplicação analógica das disposições administrativas das NSCGJ.

Além disso, o item 125.2 do Capítulo XX, das NSCGJ, ao referir "outros atos registrais modificativos da figura geodésica dos imóveis e o registro de servidões de passagem" torna claro o espírito do regramento em impor o registro no CAR em razão de qualquer registro relevante na matrícula do imóvel, como a servidão administrativa.

Essa previsão normativa decorre do CAR, na forma do artigo 29, *caput*, do Código Florestal, ter *"a finalidade de integrar as informações ambientais das propriedades e posses rurais, compondo base de dados para controle, monitoramento, planejamento ambiental e econômico e combate ao desmatamento"*; assim, a interpretação voltada à obrigatoriedade da inscrição, é conforme aos princípios protetivos do meio ambiente, sendo o registro imobiliário instituto de fundamental importância para a consecução desses mandamentos legais.

Nessa perspectiva, interpretação sistemática e teleológica das NSCGJ e do Código Florestal permite a conclusão da necessidade de prévia inscrição no CAR para o registro de servidão administrativa.

Em compreensão diversa do afirmado no r. voto vencedor, a disposição contida no art. 13, inciso III, da Instrução Normativa n. 02/2014 do Ministério do Meio Ambiente, evidencia a necessidade da inscrição da servidão administrativa no CAR, justamente em razão da necessidade de conhecimento do local de passagem das linhas de transmissão neste caso concreto.

É relevante à proteção do meio ambiente o conhecimento do exato local em que se situa a servidão administrativa e, notadamente, sua relação com a localização da reserva legal.

A alegação de ser custoso à empresa concessionária realizar os atos necessários para inscrição da totalidade do imóvel no CAR, a meu sentir, envolve o cumprimento de obrigação imposta pelo Código Florestal, assim, compete-lhe a realização dos atos pertinentes em face do proprietário para viabilizar a inscrição.

O ingresso da servidão administrativa, sem a exigência da inscrição das informações voltadas à proteção ambiental, com o máximo respeito, eventualmente, não atenderia ao interesse público.

O artigo 12, parágrafo 7º, da Lei n. 12.651/12, dispensa a criação de reserva legal sobre *"áreas adquiridas ou desapropriadas por detentor de concessão, permissão ou autorização para exploração de potencial de energia hidráulica, nas quais funcionem empreendimentos de geração de energia elétrica, subestações ou sejam instaladas linhas de transmissão e de distribuição de energia elétrica"* (grifos meus).

No caso em exame ocorreu servidão administrativa, destarte, não houve transmissão do direito de propriedade por aquisição voluntária ou desapropriação.

Quanto à segunda exigência (cálculo dos emolumentos), não houve divergência, assim, reitero os fundamentos.

A servidão administrativa constante do título foi fixada por meio de ação judicial, em razão das divergências entre Administração e proprietários acerca do montante da indenização.

O artigo 7º da Lei Estadual n. 11.331/02 tem a seguinte redação:

> *Artigo 7º - O valor da base de cálculo a ser considerado para fins de enquadramento nas tabelas de que trata o artigo 4º, relativamente aos atos classificados na alínea "b" do inciso III do artigo 5º, ambos desta lei, será determinado pelos parâmetros a seguir, prevalecendo o que for maior:*

I - preço ou valor econômico da transação ou do negócio jurídico declarado pelas partes;

II - valor tributário do imóvel, estabelecido no último lançamento efetuado pela Prefeitura Municipal, para efeito de cobrança de imposto sobre a propriedade predial e territorial urbana, ou o valor da avaliação do imóvel rural aceito pelo órgão federal competente, considerando o valor da terra nua, as acessões e as benfeitorias;

III - base de cálculo utilizada para o recolhimento do imposto de transmissão "inter vivos" de bens imóveis.

Parágrafo único - Nos casos em que, por força de lei, devam ser utilizados valores decorrentes de avaliação judicial ou fiscal, estes serão os valores considerados para os fins do disposto na alínea "b" do inciso III do artigo 5º desta lei.

A norma jurídica constante do parágrafo único excepciona o conteúdo do *caput* e seus incisos, assim, tendo sido fixada a servidão administrativa em ação de desapropriação, os emolumentos devem ser fixados a partir da utilização do valor considerado na decisão judicial, o qual corresponde ao direito real instituído sobre coisa alheia.

Por todo o exposto, pelo meu voto, negaria provimento à apelação, com observação.

GERALDO FRANCISCO PINHEIRO FRANCO

Corregedor Geral da Justiça e Relator (DJe de 08.11.2019 – SP)

USUCAPIÃO

PODER JUDICIÁRIO

TRIBUNAL DE JUSTIÇA DO ESTADO DE SÃO PAULO

CONSELHO SUPERIOR DA MAGISTRATURA

Apelação nº 1040381-61.2017.8.26.0576

Registro: 2018.000994908

ACÓRDÃO

Vistos, relatados e discutidos estes autos do(a) **Apelação nº 1040381-61.2017.8.26.0576**, da Comarca de **São José do Rio Preto**, em que é apelante **MARCELO DAUD**, é apelado **2º OFICIAL DE REGISTRO DE IMÓVEIS DA COMARCA DE SÃO JOSÉ DO RIO PRETO.**

ACORDAM, em Conselho Superior de Magistratura do Tribunal de Justiça de São Paulo, proferir a seguinte decisão: **"Deram provimento ao recurso para julgar a dúvida improcedente, v.u."**, de conformidade com o voto do Relator, que integra este Acórdão.

O julgamento teve a participação dos Exmos. Desembargadores **PEREIRA CALÇAS (PRESIDENTE TRIBUNAL DE JUSTIÇA) (Presidente), ARTUR MARQUES (VICE PRESIDENTE), XAVIER DE AQUINO (DECANO), EVARISTO DOS SANTOS(PRES. DA SEÇÃO DE DIREITO PÚBLICO), CAMPOS MELLO (PRES. DA SEÇÃO DE DIREITO PRIVADO) E FERNANDO TORRES GARCIA(PRES. SEÇÃO DE DIREITO CRIMINAL).**

São Paulo, 11 de dezembro de 2018.

GERALDO FRANCISCO PINHEIRO FRANCO

Corregedor Geral da Justiça e Relator

Apelação nº 1040381-61.2017.8.26.0576

Apelante: MARCELO DAUD

Apelado: 2º Oficial de Registro de Imóveis da Comarca de São José do Rio Preto

VOTO Nº 37.640

Registro de Imóveis – Usucapião extrajudicial – Dúvida julgada procedente – Apartamento e vagas de garagem – Imóvel adquirido pelo genitor do apelante mediante sucessão testamentária – Formal de partilha não registrado – Compra e venda dos direitos sobre o imóvel legado por contrato particular celebrado entre o apelante, sua genitora e os demais herdeiros de seu pai – Anuência dos cedentes da posse manifestada na Ata Notarial que integra o título prenotado – Possibilidade de acréscimo da posse do requerente à de seus antecessores que não figuram no registro imobiliário como titulares do domínio – Usucapião – Apartamento e vagas de garagem – Uso habitual como moradia – Edifício residencial em que a propriedade e o uso das vagas de garagem são vinculadas à propriedade do apartamento – Possibilidade de redução do prazo da usucapião extraordinária em razão do uso da unidade autônoma (apartamento) para moradia – Certidões de distribuição de ações que devem abranger todos os titulares da posse pelo período da prescrição aquisitiva do imóvel – Hipótese, porém, em que os cedentes da posse receberam o imóvel da anterior proprietária, por meio de sucessão testamentária, com partilha homologada por sentença transitada em julgado, e em que o requerente exerce posse, em nome próprio, por período superior ao prazo da prescrição aquisitiva – Recurso provido para julgar a dúvida improcedente.

Trata-se de apelação interposta por Marcelo Daud contra r. sentença que manteve a recusa do Sr. 2º Oficial de Registro de Imóveis da Comarca de São José do Rio Preto em promover o registro de aquisição da propriedade do apartamento 111 do 11º pavimento e das vagas de garagem nºs 07 e 08 do Edifício Cida Marly, objeto, respectivamente, das matrículas nºs 62.110, 62.111 e 62.112, porque o genitor do apelante recebeu o imóvel por sucessão da proprietária e não transmitiu seus direitos reais por escritura pública, não sendo possível a soma de posses entre titular de domínio e usucapiente, nem a cessão de direito real sem observação da forma prevista em lei.

O apelante alegou, em suma, que o apartamento e as vagas de gavarem eram de propriedade de sua tia, Aparecida Nonato Assen, que faleceu em 05 de dezembro de 2005. Disse que desde então passou a residir no apartamento e a utilizar as vagas de garagem que foram herdadas por seu pai, Mauro Daud. Esclareceu que em 09 de junho de 2006 comprou os direitos de seus genitores sobre o apartamento e as vagas de garagem, mas em razão do falecimento de seu pai, em 22 de fevereiro de 2010, a celebração desse negócio somente foi formalizada em 14 de fevereiro de 2017 por meio de contrato feito com a viúva e os herdeiros de Mauro Daud e em que constou que destinado a ratificar a compra e venda celebrada em 09 de junho de 2006. Aduziu que o exercício de posse sobre o apartamento e as vagas de garagem foi confirmado pela Ata Notarial que integra o título apresentado para registro. Informou que seus genitores residiram em sua companhia em razão da idade, o que, porém, não caracterizou composse. Por fim, a eventual possibilidade de registro do formal de partilha extraído do inventário dos bens de Aparecida Nonato Assen e de realização da partilha dos bens deixados pelo falecimento de Mauro Daud não impedem o reconhecimento da aquisição do domínio sobre o apartamento e as vagas de garagem em razão da usucapião. Requereu a reforma da r. sentença para que a dúvida seja julgada improcedente (fls. 420/434).

A douta Procuradoria Geral da Justiça opinou pelo não provimento do recurso (fls. 452/455).

É o relatório.

O título apresentado para registro consiste no conjunto dos documentos que instruíram o pedido de usucapião extrajudicial.

E o contrato de compra e venda dos imóveis constitui somente um dos documentos que, com a Ata Notarial e os demais documentos apresentados, se destinou a comprovar a origem e o período de posse exercido pelo apelante.

Por esse motivo, a celebração do contrato de compra e venda por escrito particular não caracteriza impedimento ao registro da usucapião.

Conforme a nota de devolução reproduzida às fls. 344/345, o registro da usucapião extrajudicial foi negado porque: I) em 04 de setembro de 2007 e em 06 de abril de 2010 foram protocolados títulos em que os genitores do apelante declararam que ocupavam os imóveis (apartamento e vagas de garagem), o que afasta o exercício de posse exclusiva pelo apelante; II) as vagas de garagem são objeto de matrículas próprias, não se destinam à moradia, e não podem ter o prazo de usucapião reduzido na forma do parágrafo único do art. 1.238 do Código Civil; III) devem ser apresentadas certidões de distribuição da comarca do imóvel e do domicílio do apelante, de seus genitores e de seus irmãos, com os respectivos cônjuges; IV) o requerimento inicial deve ser assinado pelo requerente e seu advogado e ter as firmas reconhecidas.

A exigência de reconhecimento de firmas do apelante e de seu advogado no requerimento de registro da aquisição da propriedade dos imóveis pela usucapião foi atendida junto com o pedido de suscitação de dúvida, conforme se verifica às fls. 17/26, sendo a firma do apelante reconhecida também na procuração outorgada ao seu advogado (fls. 27/28), com o que ficou suprida, de forma oportuna, a exigência nesse sentido.

As demais exigências formuladas pelo Sr. 1º Oficial de Registro de Imóveis da Comarca de São José do Rio Preto foram integralmente impugnadas pelo apelante (fls. 17/26 e 368/384), razão pela qual passo a analisá-las de maneira individualizada.

As certidões das matrículas nºs 62.110, 62.111 e 62.112 (fls. 60/62 e 348/350) demonstram que o apartamento 111 do 11º pavimento e as vagas de garagem nºs 07 e 08 do Edifício Cida Marly estão registrados como de propriedade de Aparecida Nonato Assen.

Por sua vez, o formal de partilha de fls. 71/ 331 comprova que Aparecida Nonato Assen faleceu em 02 de dezembro de 2005 (fls. 78) e que em vida legou, por meio de testamento cerrado, o apartamento e as vagas de garagem para Mauro Daud (fls. 79/88).

A sucessão testamentária relativa ao apartamento e vagas de garagem foi observada no julgamento da partilha dos bens deixados pelo falecimento de Aparecida Nonato Assen (fls. 303/318 e 330).

Mauro Daud, por seu turno, faleceu em 22 de fevereiro de 2010 e deixou viúva Nídia Márcia Daud, bem como filhos que são o apelante e, ainda, Melani Daud Florido, Márcia Helena Daud e Mauro Daud Filho (fls. 333).

Posteriormente, em 14 de fevereiro de 2017 o apelante celebrou com a viúva e demais herdeiros de Mauro Daud, os últimos assistidos por seus respectivos cônjuges, contrato particular (fls. 55/59) em que consta que o apelante comprou de seus genitores os direitos sobre o apartamento e as vagas de garagem por negócio jurídico celebrado em 09 de junho de 2006 (fls. 56), mediante preço que foi integralmente pago na referida data (fls. 57), e que desde então o apelante exerce posse exclusiva sobre esses bens (fls. 57).

O exercício de posse exclusiva do apelante sobre o imóvel, por período superior a dez anos (fls. 32), também foi reconhecido pela viúva e pelos demais herdeiros de Mauro Daud, assistidos por seus respectivos cônjuges, na Ata Notarial de fls. 31/33, lavrada em 03 de novembro de 2016.

A ex-esposa do apelante, de igual modo, apresentou declaração de que estavam separados de fato quando da aquisição da posse e que, portanto, não se opõe ao reconhecimento do domínio do apartamento e das vagas de garagem na forma requerida (fls. 38/39).

As testemunhas que intervieram na Ata Notarial confirmaram o exercício de posse por período superior a dez anos (fls. 33) e, mais, disseram que o apelante utiliza o apartamento para sua moradia (fls.34).

Embora tenha adquirido o apartamento e as vagas de garagem por sucessão testamentária, Mauro Daud não promoveu o registro do formal de partilha dos bens deixados por Aparecida Nonato Assen que, portanto, continua a figurar nas matrículas como proprietária dos imóveis.

Em que pese a transmissão da propriedade ter ocorrido com a abertura da sucessão, o registro do formal de partilha dos bens deixados pelo falecimento de Aparecida Nonato Assen era requisito para o pleno exercício, por Mauro Daud, dos direitos inerentes ao domínio do apartamento e das vagas de garagem, pois como esclarece Miguel Maria de Serpa Lopes sobre os efeitos do registro do título:

"**Se, nos atos *inter vivos*, opera como elemento de transferência do domínio, nos atos *causa mortis* é exigível como condição de disponibilidade do domínio e como elemento indispensável à sua revelação, ainda que este se haja transmitido por efeito da morte do *de cujus*"** (*Tratado dos Registros Públicos*, Vol. IV, 6º ed., Brasília: Livraria e Editora Brasília Jurídica, 1996, p. 38).

Não figurando Mauro Daud e sua esposa no Registro Imobiliário como proprietários do apartamento e das vagas de garagem, aplica-se o disposto no art. 1.243 do Código Civil:

"O possuidor pode, para o fim de contar o tempo exigido pelos artigos antecedentes, acrescentar à sua posse a dos seus antecessores (art. 1.207), contanto que todas sejam contínuas, pacíficas e, nos casos do art. 1.242, com justo título e de boa-fé".

Por essas razões, não há impedimento para que o atual possuidor acresça o período de posse que foi exercido por seus antecessores, ou seja, Mauro Daud e sua esposa, pois não se cuida de proprietários cujo domínio resulte do Registro de Imóveis.

O ato de instituição do condomínio edilício é o instrumento em que se define a destinação das unidades autônomas, como previsto no inciso III do art. 1.332 do Código Civil.

Cuidando-se de edifício com unidades residenciais, o destino das vagas de garagem é vinculado ao previsto na convenção do condomínio que pode vedar a alienação e a locação para não condôminos, ainda que essas vagas tenham matrículas próprias (art.1.331, § 1º, do Código Civil).

Por isso, não há livre disposição sobre as vagas de garagem cujo domínio vincula-se ao do apartamento que constituir a unidade autônoma do edifício residencial, exceto se houver previsão distinta na respectiva convenção.

O uso das vagas de garagem, ademais, é inerente ao da moradia no apartamento a que são vinculadas, por questão de conveniência e comodidade do morador, assim como usualmente ocorre com as vagas localizadas em imóveis de natureza e uso distintos.

Em decorrência, a redução do prazo da aquisição do domínio pela usucapião que é prevista no parágrafo único do art. 1.238 do Código Civil é aplicável tanto ao apartamento como às vagas de garagem cuja propriedade lhe é vinculada:

"Art. 1.238. Aquele que, por quinze anos, sem interrupção, nem oposição, possuir como seu um imóvel, adquire-lhe a propriedade, independentemente de título e boa-fé; podendo requerer ao juiz que assim o declare por

sentença, a qual servirá de título para o registro no Cartório de Registro de Imóveis.

Parágrafo único. O prazo estabelecido neste artigo reduzir-se-á a dez anos se o possuidor houver estabelecido no imóvel a sua moradia habitual, ou nele realizado obras ou serviços de caráter produtivo".

Por fim, o pedido de usucapião extrajudicial deve ser instruído com as certidões negativas dos distribuidores da situação do imóvel e do domicílio do requerente, na forma do inciso III do art. 216-A da Lei nº 6.015/73.

Essas certidões devem ser apresentadas em nome do requerente da usucapião e de todos os antecessores no período da prescrição aquisitiva.

No presente caso foram apresentadas certidões de distribuição em nome do requerente (fls. 47/48), abrangendo a certidão de distribuição cível estadual a Comarca de São José do Rio Preto, ou seja, a da situação do imóvel (fls. 49).

Contudo, neste caso concreto o requerente demonstrou, pela Ata Notarial, que exerce posse do imóvel, em nome próprio, por período superior a dez anos que é o da prescrição aquisitiva e, mais, comprovou por documentos que a posse teve origem em negócio jurídico celebrado com seus genitores que receberam o imóvel da anterior proprietária por meio de sucessão hereditária.

Em decorrência, também *in casu* as certidões apresentadas são suficientes para o registro da usucapião. Ante o exposto, pelo meu voto dou provimento ao recurso para julgar a dúvida improcedente.

GERALDO FRANCISCO PINHEIRO FRANCO

Corregedor Geral da Justiça e Relator (DJe de 21.01.2019 - SP)

PODER JUDICIÁRIO

TRIBUNAL DE JUSTIÇA DO ESTADO DE SÃO PAULO

CONSELHO SUPERIOR DA MAGISTRATURA

Apelação nº 1009529-30.2017.8.26.0099

Registro: 2018.0000694970

ACÓRDÃO

Vistos, relatados e discutidos estes autos do(a) **Apelação nº 1009529-30.2017.8.26.0099**, da Comarca de **Bragança Paulista**, em que são partes são apelantes **ANTONIO PAULO DAMIÃO DA SILVA e LEONOR COUTINHO CUNHA DAMIÃO DA SILVA**, é apelado **OFICIAL DE REGISTRO DE IMOVEIS E ANEXOS DE BRAGANÇA PAULISTA**.

ACORDAM, em Conselho Superior de Magistratura do Tribunal de Justiça de São Paulo, proferir a seguinte decisão: **"Negaram provimento ao recurso e mantiveram a recusa do registro do título, v.u."**, de conformidade com o voto do Relator, que integra este Acórdão.

O julgamento teve a participação dos Exmos. Desembargadores **PEREIRA CALÇAS (PRESIDENTE TRIBUNAL DE JUSTIÇA) (Presidente), ARTUR MARQUES (VICE PRESIDENTE), DAMIÃO COGAN (DECANO), EVARISTO DOS SANTOS(PRES. DA SEÇÃO DE DIREITO PÚBLICO), CAMPOS MELLO (PRES. DA SEÇÃO DE DIREITO PRIVADO) E FERNANDO TORRES GARCIA(PRES. SEÇÃO DE DIREITO CRIMINAL)**.

São Paulo, 31 de agosto de 2018.

GERALDO FRANCISCO PINHEIRO FRANCO

Corregedor Geral da Justiça e Relator

Apelação nº 1009529-30.2017.8.26.0099

Apelantes: Antonio Paulo Damião da Silva e Leonor Coutinho Cunha Damião da Silva

Apelado: Oficial de Registro de Imóveis e Anexos de Bragança Paulista

VOTO Nº 37.533

Registro de Imóveis – Registro de sentença de usucapião – Dúvida julgada procedente – Divergências entre a planta e o memorial descritivo apresentados na ação de usucapião e a certidão expedida pela Prefeitura Municipal sobre a denominação e não oficialização da via em que situado – Princípio da especialidade objetiva – Necessidade de adequação do título judicial que deve descrever o imóvel de modo a permitir a identificação de sua localização de forma inequívoca – Correta indicação da denominação da via em que situado o imóvel que também é necessária para a elaboração do Livro nº 4 - Indicador Real – Dúvida julgada procedente – Recurso desprovido.

Trata-se de apelação interposta por Antonio Paulo Damião da Silva e Leonor Coutinho Cunha Damião da Silva contra r. sentença que manteve a negativa, pelo Sr. Oficial de Registro de Imóveis, Títulos e Documentos e Civil de Pessoa Jurídica da Comarca de Bragança Paulista, de registro de sentença declaratória de usucapião porque existe divergência em relação à oficialização e denominação da via em que situado o imóvel, porque não foi identificado o quarteirão e o lado da via, par ou ímpar, em que localizado.

Os apelantes alegam, em suma, que a Prefeitura do Município de Bragança Paulista foi citada para a ação de usucapião e não impugnou a indicação, na planta e no memorial descritivo, de que o imóvel tem frente para Estrada Municipal, com distância de 131,30 metros do Km. 7+200m. da Rodovia João Hermenegildo de Oliveira, Bairro da Marina, Município de Bragança Paulista. Esclareceram que a certidão do Município de fls. 44 indica que o imóvel está situado no lado par da via em que localizado, sem porém identificar quarteirão e quadra pela conformação do local. Aduzem que a única divergência diz respeito à denominação da via em que situado o imóvel, devendo prevalecer aquela adotada na ação judicial em que o Município informou que não se trata de imóvel encravado. Asseveraram que não têm meios para exigir do Município que a via em que localizado o imóvel seja oficializada e que o Oficial de Registro não pode analisar o mérito da ação judicial. Requereram a reforma da r. sentença para o registro do título.

A douta Procuradoria Geral de Justiça opinou pelo não provimento do recurso (fls. 136/138). É o relatório.

A origem judicial do título não dispensa sua qualificação pelo Oficial de Registro de Imóveis conforme decorre da pacífica orientação deste Col. Conselho Superior da Magistratura. Nesse sentido, entre outros, foram os v. acórdãos prolatados nas Apelações Cíveis nº 71.397-0/5 e nº 76.101-0/2, ambas da Comarca da Capital, e na Apelação Cível nº 30.657-0/2, da Comarca de Praia Grande, de que foi relator o Desembargador Márcio Martins Bonilha, o último com o seguinte teor:

"**Em primeiro lugar, salienta-se que o fato de ser apresentado a registro um título de origem judicial não o isenta do exame qualificativo dos requisitos registrários, cabendo ao registrador, como o firmado na Ap. Cível 15.028-0/7, da mesma Comarca de Praia Grande, apontar eventual hipótese de incompetência absoluta da autoridade judiciária, aferir a congruência do que se ordena, apurar a presença de formalidades documentais e, finalmente, analisar existência de eventuais obstáculos registrários, como é o caso**".

No presente caso, foi apresentado mandado de registro de sentença declaratória da aquisição, por usucapião, do imóvel descrito no memorial de fls. 58-A e na planta de fls. 59 do Processo nº 0010703-04.2011.8.26.0009 da 1ª Vara Cível da Comarca de Bragança Paulista (fls. 40/41).

Os referidos memorial descritivo (fls.38) e planta (fls.39) identificam o imóvel como localizado com frente para "Estrada Municipal", tendo início no Ponto 1 que está situado a 131,30 metros do Km. 7+200 metros da Rodovia João Hermenegildo de Oliveira.

Ocorre que a denominação "Estrada Municipal" não se mostra adequada para permitir a correta identificação da localização do imóvel no solo porque não é adotada pelo Município de Bragança Paulista e porque a referida estrada consiste, na realidade, em passagem não oficializada, ou seja, em via de circulação que não integra o sistema viário regular do referido Município.

Não se ignora que as vias de circulação destinadas ao uso comum do povo podem ser incorporadas ao domínio público em razão de sua afetação, pois o autor de parcelamento irregular do solo não tem direitos maiores do que aquele o faz observando integralmente os requisitos da Lei nº 6.766/79.

Contudo, para o registro da aquisição do imóvel com abertura de matrícula é necessária a indicação da correta denominação da via de circulação, ou ao menos de denominação que permita sua futura identificação, pois se presta para permitir que a localização do imóvel no solo seja apurada a partir dos elementos contidos na própria matrícula.

Ademais, a indicação da correta denominação da via de circulação é necessária para localização do imóvel inscrito no fólio real a partir do Livro nº 4 - Indicador Real, a ser escriturado em conformidade com o art. 179 da Lei nº 6.015/73:

"**Art. 179. O Livro nº 4 - Indicador Real - será o repositório de todos os imóveis que figurarem nos demais livros, devendo conter sua identificação, referência aos números de ordem dos outros livros e anotações necessárias.**

§ 1º Se não for utilizado o sistema de fichas, o Livro nº 4 conterá, ainda, o número de ordem, que seguirá indefinidamente, nos livros da mesma espécie.

§ 2º Adotado o sistema previsto no parágrafo precedente, os oficiais deverão ter, para auxiliar a consulta, um livro-índice ou fichas pelas ruas, quando se tratar de imóveis urbanos, e pelos nomes e situações, quando rurais".

Neste caso concreto, a certidão de fls.43, expedida pela Prefeitura do Município de Bragança

Paulista, identifica o imóvel com o número de seu cadastro fiscal, mas indica que está situado em "Estrada de Servidão", o que faz presumir que se trata de via de circulação não oficializada.

Igual conclusão decorre da certidão municipal de fls. 44 que mostra que o imóvel está encravado entre outros imóveis, com acesso por caminho que tem início no lado par da Estrada Municipal João Hermenegildo de Oliveira.

Desse modo, deverá o título judicial ser retificado para constar denominação da via de acesso ao imóvel que seja compatível com a existente nos cadastros municipais e que, desse modo, permita a identificação de sua localização no solo mesmo se, no futuro, a denominação for alterada ou a via for oficializada.

A retificação do título também é necessária para que seja indicado se o imóvel está situado no lado par ou ímpar da via pública (o que não é esclarecido pela certidão de fls.44), ou para, se assim não for possível, indicar se está situado no lado direito ou esquerdo da via de circulação em que localizado, tendo por base o sentido dessa via a partir de quem olha da Estrada Municipal João Hermenegildo de Oliveira ou de outro ponto de amarração que seja imutável.

Essa retificação não se mostra desarrazoada, ou difícil, porque já contida na planta de fls.39, bastando a alteração do memorial descritivo apresentado para registro.

Por fim, afasta-se a exigência de indicação de quadra, ou quarteirão, por ser o seu cumprimento impossível, ao menos neste momento, conforme decorre da certidão municipal de fls. 44.

Contudo, a manutenção de parte dos obstáculos opostos ao registro é suficiente para a procedência da dúvida, pois implica na impossibilidade de registro do título.

Ante o exposto, nego provimento ao recurso e mantenho a recusa do registro do título.

GERALDO FRANCISCO PINHEIRO FRANCO

Corregedor Geral da Justiça e Relator (DJe de 07.02.2019 - SP)

PODER JUDICIÁRIO

TRIBUNAL DE JUSTIÇA DO ESTADO DE SÃO PAULO

CONSELHO SUPERIOR DA MAGISTRATURA

Apelação nº 1000162-42.2018.8.26.0100

Registro: 2018.0000876312

ACÓRDÃO

Vistos, relatados e discutidos estes autos do(a) **Apelação nº 1000162-42.2018.8.26.0100**, da Comarca de **São Paulo**, em que é apelante **MARCELO EMANUEL FANGIO FERREIRA CABRAL**, são apelados **14º OFICIAL DE REGISTRO DE IMOVEIS DA CAPITAL e TEC FAMA ADMINISTRAÇÃO E ASSESSORIA EMPRESARIAL LTDA**.

ACORDAM, em Conselho Superior de Magistratura do Tribunal de Justiça de São Paulo, proferir a seguinte decisão: **"Negaram provimento ao recurso. V. U."**, de conformidade com o voto do Relator, que integra este Acórdão.

O julgamento teve a participação dos Exmos. Desembargadores **PEREIRA CALÇAS (PRESIDENTE TRIBUNAL DE JUSTIÇA) (Presidente), ARTUR MARQUES (VICE PRESIDENTE), XAVIER DE AQUINO (DECANO), EVARISTO DOS SANTOS(PRES. DA SEÇÃO DE DIREITO PÚBLICO), CAMPOS MELLO (PRES. DA SEÇÃO DE DIREITO PRIVADO) E FERNANDO TORRES GARCIA(PRES. SEÇÃO DE DIREITO CRIMINAL).**

São Paulo, 30 de outubro de 2018.

GERALDO FRANCISCO PINHEIRO FRANCO

Corregedor Geral da Justiça e Relator

Apelação nº 1000162-42.2018.8.26.0100

Apelante: Marcelo Emanuel Fangio Ferreira Cabral

Apelado: 14º Oficial de Registro de Imóveis da Capital

VOTO Nº 37.566

Registro de Imóveis – Usucapião extrajudicial – Impossibilidade de obrigar a requerente de pedido administrativo de usucapião a adequação para início de ação de natureza jurisdicional – Princípio da demanda – Recurso não provido.

Trata-se de apelação interposta pelo Sr. Marcelo Emanuel Fangio Ferreira Cabral contra r. sentença que manteve a recusa de registro de usucapião extrajudicial em razão de impugnação apresentada e determinou o arquivamento do pedido, facultando ao interessado o início de processo judicial.

O apelante sustenta competir determinação à requerente do pedido de usucapião extrajudicial para emendar a petição inicial com sua adaptação ao procedimento comum para inicio de ação de jurisdição contenciosa (a fls. 760/777).

A douta Procuradoria Geral de Justiça opinou pelo não conhecimento do recurso (fls. 797/799). É o relatório.

Após a impugnação pelo ora apelante, e a impossibilidade de conciliação, a requerente desistiu do procedimento de usucapião extrajudicial (a fls. 713).

O Sr. Oficial do Registro Imobiliário indeferiu o pedido de desistência e encaminhou o procedimento para a 1ª Vara de Registros Públicos da Comarca da Capital, na sequência houve decisão da MMª Juíza Corregedora Permanente determinando o cancelamento da prenotação e o arquivamento do procedimento de usucapião extrajudicial, facultando ao interessado o início do processo judicial.

A disposição contida no artigo 216-A, p. 10º, da Lei de Registros Públicos, não afasta o princípio da demanda previsto no artigo 2º, do Código de Processo Civil, assim, a requerente do pedido administrativo de usucapião extrajudicial não pode ser compelida à emenda da inicial e ao início de processo jurisdicional, aplicando-se o aforismo *nemo iudex sine actore*.

O princípio da inércia da jurisdição (*ne procedat iudex ex officio*) impede a movimentação do processo à falta da primeira manifestação processual no sentido do exercício do direito de ação (demanda).

O protocolo do pedido da usucapião extrajudicial não implica em exercício da demanda em razão da natureza administrativa da atividade exercida pela serventia extrajudicial, aquela, referente ao direito de ação, é deduzida perante órgão jurisdicional.

A requerente do pedido de usucapião extrajudicial não pode ser obrigada à emenda do pedido administrativo de usucapião para o início de ação jurisdicional. Isso é uma faculdade de sua alçada jurídica, o que não foi modificado pelo disposto no artigo 216-A, p. 10º, da Lei de Registros Públicos; considerado o sistema de direito processual civil existente. O presente recurso foi interposto pelo impugnante do pedido administrativo de usucapião pretendendo, justamente, obrigar à requerente do pedido de usucapião extrajudicial a adequação para o início de ação jurisdicional.

Na peculiaridade do caso concreto, a requerente do pedido de usucapião extrajudicial ao requerer a desistência do pedido administrativo, tornou clara sua manifestação de vontade no sentido da falta de interesse em iniciar processo de natureza jurisdicional.

Desse modo, não cabe o acolhimento do recurso ante a impossibilidade de determinação do aditamento da inicial para o início de processo judicial, competindo a manutenção da r. sentença por estar conforme às normas jurídicas incidentes, notadamente, a ausência de interesse da requerente do pedido de usucapião extrajudicial em sua adequação para o início de processo de jurisdição contenciosa.

Ante o exposto, nego provimento ao recurso.

GERALDO FRANCISCO PINHEIRO FRANCO

Corregedor Geral da Justiça e Relator (DJe de 06.03.2019 - SP)

PODER JUDICIÁRIO

TRIBUNAL DE JUSTIÇA DO ESTADO DE SÃO PAULO

CONSELHO SUPERIOR DA MAGISTRATURA

Apelação nº 1002887-04.2018.8.26.0100

Registro: 2018.0000876309

ACÓRDÃO

Vistos, relatados e discutidos estes autos do(a) **Apelação nº 1002887-04.2018.8.26.0100**, da Comarca de **São Paulo**, em que são partes são apelantes **ANTONIO DE MELO e NELEY DE MELO**, é apelado **18 CARTÓRIO DE REGISTRO DE IMOVEIS DA CAPITAL**.

ACORDAM, em Conselho Superior de Magistratura do Tribunal de Justiça de São Paulo, proferir a seguinte decisão: **"Negaram provimento ao recurso, v.u."**, de conformidade com o voto do Relator, que integra este Acórdão.

O julgamento teve a participação dos Exmos. Desembargadores **PEREIRA CALÇAS (PRESIDENTE TRIBUNAL DE JUSTIÇA) (Presidente), ARTUR MARQUES (VICE PRESIDENTE), XAVIER DE AQUINO (DECANO), EVARISTO DOS SANTOS(PRES. DA SEÇÃO DE DIREITO PÚBLICO), CAMPOS MELLO (PRES. DA SEÇÃO DE DIREITO PRIVADO) E FERNANDO TORRES GARCIA(PRES. SEÇÃO DE DIREITO CRIMINAL)**.

São Paulo, 30 de outubro de 2018.

GERALDO FRANCISCO PINHEIRO FRANCO

Corregedor Geral da Justiça e Relator

Apelação nº 1002887-04.2018.8.26.0100

Apelantes: Antonio de Melo e Neley de Melo

Apelado: 18 Cartório de Registro de Imóveis da Capital

VOTO Nº 37.530

Registro de Imóveis – Usucapião extrajudicial – Necessidade de instrução do requerimento com ata notarial – Art. 216, inciso I, da Lei nº 6.015/73 e art. 4º, inciso I, do Provimento nº 65, de 14 de dezembro de 2017, da Corregedoria Nacional de Justiça – Alegação de incompatibilidade da exigência formulada com a natureza jurídica e a finalidade da ata notarial – Exigência legal e normativa que não pode ser afastada, em procedimento de natureza administrativa, pelos fundamentos apresentados pelo apelante – Dúvida julgada procedente – Recurso não provido.

Trata-se de apelação interposta por Antonio de Melo e Nely de Melo contra r. sentença que manteve a recusa do Sr. 18º Oficial de Registro de Imóveis de São Paulo em promover o registro de aquisição da propriedade de imóvel por usucapião porque o procedimento extrajudicial não foi instruído com a ata notarial prevista no art. 216, inciso I, da Lei nº 6.015/73.

Os apelantes, nas razões de recurso, tecem comentários sobre a natureza e a finalidade da ata notarial que não seria compatível com o efeito de atestar posse durante o período da prescrição aquisitiva. Asseveram que a exigência da ata notarial viola o princípio da economia porque o Conselho Nacional de Justiça não tem competência para a fixação de emolumentos. Requerem: *"b) O reconhecimento da impossibilidade física do Tabelião de Notas atestar a posse e tempo;*

c) O reconhecimento da impossibilidade jurídica do Tabelião de Notas em declarar um direito decorrente de uma situação de fato; d) O reconhecimento da disfuncionalidade e desvirtuamento do instituto pelo art. 216-A, inciso I, da Lei nº 6.015/73; e) O reconhecimento da natureza jurídica da ata notarial no plano da eficácia ser considerado um ato-fato jurídico. f) O reconhecimento dos pressupostos da ata notarial serem a ocorrência de um fato presente e a presença pessoal do Tabelião de Notas no mesmo momento; g) O reconhecimento da inexistência de IMEDIAÇÃO NOTARIAL nas atas notariais pela incompatibilidade com sua natureza jurídica; h) O reconhecimento da impossibilidade de lavratura de ATA NOTARIAL EM SENTIDO ESTRITO no procedimento de usucapião administrativo; i) O reconhecimento do dever de julgamento do Oficial de Registro de Imóveis no exame das provas juntadas" (fls. 469/470).

A douta Procuradoria Geral da Justiça opinou pelo não provimento do recurso (fls. 487/489).

É o relatório.

Cuida-se de procedimento de reconhecimento extrajudicial de usucapião de imóvel urbano, processado diretamente perante o Oficial de Registro de Imóveis, em que fundada a recusa do registro na falta da ata notarial prevista no art. 216, inciso I, da Lei nº 6.015/73, assim redigido:

> **"Art. 216-A. Sem prejuízo da via jurisdicional, é admitido o pedido de reconhecimento extrajudicial de usucapião, que será processado diretamente perante o cartório do registro de imóveis da comarca em que estiver situado o imóvel usucapiendo, a requerimento do interessado, representado por advogado, instruído com:**
>
> **I - ata notarial lavrada pelo tabelião, atestando o tempo de posse do requerente e de seus antecessores, conforme o caso e suas circunstâncias, aplicando-se o disposto no art. 384 da Lei nº 13.105, de 16 de março de 2015 (Código de Processo Civil);**
>
> (...)".

Por constituir requisito do procedimento extrajudicial para reconhecimento da aquisição do domínio de imóvel por usucapião, destinado a atestar o tempo de posse pelo requerente e seus antecessores, a Corregedoria Nacional de Justiça editou o Provimento nº 65, de 14 de dezembro de 2017, em que dispõe sobre os elementos que devem constar da ata notarial:

> **"Art. 4º O requerimento será assinado por advogado ou por defensor público constituído pelo requerente e instruído com os seguintes documentos:**
>
> **I – ata notarial com a qualificação, endereço eletrônico, domicílio e residência do requerente e respectivo cônjuge ou companheiro, se houver, e do titular do imóvel lançado na matrícula objeto da usucapião que ateste:**
>
> **a) a descrição do imóvel conforme consta na matrícula do registro em caso de bem individualizado ou a descrição da área em caso de não individualização, devendo ainda constar as características do imóvel, tais como a existência de edificação, de benfeitoria ou de qualquer acessão no imóvel usucapiendo;**
>
> **b) o tempo e as características da posse do requerente e de seusantecessores:**
>
> **c) a forma de aquisição da posse do imóvel usucapiendo pela parterequerente;**
>
> **d) a modalidade de usucapião pretendida e sua base legal ou constitucional;**

e) o número de imóveis atingidos pela pretensão aquisitiva e a localização: se estão situados em uma ou em mais circunscrições;

f) o valor do imóvel;

g) outras informações que o tabelião de notas considere necessárias à instrução do procedimento, tais como depoimentos de testemunhas ou partes confrontantes; (...)".

O recurso interposto, em sua essência, visa o controle da legalidade do art. 216, inciso I, da Lei nº 6.015/73 e da norma oriunda da Eg. Corregedoria Nacional de Justiça.

Contudo, não se verifica a existência de inconstitucionalidade evidente, nem de antinomia jurídica decorrente de incompatibilidade entre as normas que regem a atividade do tabelião de notas a comportar, neste procedimento, a solução de conflito real ou aparente de normas.

Assim porque a exigência de apresentação de ata notarial para instruir o requerimento extrajudicial de reconhecimento da aquisição de imóvel por usucapião decorre de interpretação literal do inciso I do art. 216 da Lei nº 6.015/73, sem que exista outra norma que induza solução diversa.

Essa interpretação não se afasta pela finalidade da ata notarial atestar: "...**o tempo de posse do requerente e de seus antecessores, conforme o caso e suas circunstâncias**...", pois são as provas sobre o tempo de posse que deverão ser indicadas segundo o que for apurado pelo Tabelião de Notas em conformidade com o caso concreto e as circunstâncias que identificar como elementos de caracterização do seu exercício.

Portanto, dessa norma não se extrai a conclusão de que a ata notarial somente é necessária nos casos em que não forem produzidas outras provas suficientes para o reconhecimento da aquisição do domínio pela usucapião.

Ao contrário, a ata notarial constitui requisito essencial do requerimento administrativo de reconhecimento da aquisição de imóvel por usucapião porque assim previsto em lei, e para que atenda essa finalidade o art. 4º, inciso I, alíneas "a" a "g", do Provimento nº 65/2017, da Corregedoria Nacional de Justiça, especifica os requisitos mínimos que devem ser observados em sua lavratura.

Também não se constata a existência de incongruência entre a obrigatoriedade e a finalidade dessa ata notarial com o previsto no art. 384 do Código de Processo Civil:

"**Seção III**

Da Ata Notarial

Art. 384. A existência e o modo de existir de algum fato podem ser atestados ou documentados, a requerimento do interessado, mediante ata lavrada por tabelião.

Parágrafo único. Dados representados por imagem ou som gravados em arquivos eletrônicos poderão constar da ata notarial".

A atribuição do Tabelião de Notas para lavrar escrituras públicas em geral, e atas notariais de forma específica, está prevista no art. 7º, e incisos, da Lei nº 8.935/94 que não delimita os elementos de um ou de outro desses atos notariais.

Bem por isso, para a solução da dúvida é irrelevante verificar se a ata notarial prevista no art. 216, inciso I, da Lei nº 6.015/73 contém elementos puros de ato dessa natureza, ou se nela serão mesclados elementos próprios de escritura pública com finalidade diversa, pois em ambos se encontram presentes a exigência do instrumento público e o respeito à competência exclusiva do Tabelião de Notas.

Não se acolhem, em consequência, a pretensão de reconhecimento de que a natureza jurídica da ata notarial e os pressupostos para sua lavratura são dissonantes da finalidade prevista no art. 216, inciso I, da Lei nº 6.015/73.

Por iguais razões afasta-se a alegação de que a ata notarial na forma como exigida seria incompatível com a natureza dessa espécie de ato que tem por finalidade conter a narrativa dos fatos presenciados pelo Tabelião de Notas, sem a sua intervenção no desenvolvimento desses fatos e nas manifestações de vontades que forem manifestadas em sua presença.

Reitero, neste ponto, que o art. 216, inciso I, da Lei nº 6.015/73 permite claro entendimento do conteúdo que deve ser contido na ata notarial a que se refere, razão pela qual o ato a ser lavrado pelo Tabelião de Notas deve observar esses requisitos independentemente da denominação que se lhe atribua.

Rejeitam-se, pois, as pretensões de reconhecimento da inexistência de imediação notarial nas atas notariais pela incompatibilidade com sua natureza jurídica e de reconhecimento da impossibilidade de lavratura de ata notarial em sentido estrito para instruir o procedimento de usucapião extrajudicial (fls. 470).

Ao prever a via extrajudicial para o reconhecimento da aquisição de domínio de imóvel por usucapião a atual legislação afastou anterior obrigatoriedade de ação de natureza contenciosa e inovou ao prever a necessidade de ata notarial destinada a instruir procedimento que tem curso perante Oficial de Registro de Imóveis, o que fez por considerar necessária a fé pública notarial no ato que é atribuído ao Tabelião de Notas.

E o Oficial de Registro de Imóveis, em atividade de natureza administrativa, não pode afastar requisitos legais e normativos sob o fundamento de que lhe compete qualificar de forma exaustiva os documentos que formam o título levado à registro.

Portanto, em outros termos, não pode o Oficial de Registro de Imóveis afastar a apresentação da ata notarial, que é requisito legal do procedimento extrajudicial de reconhecimento da aquisição de domínio de imóvel por usucapião, sob o fundamento de que outros documentos, embora não dotados de fé pública notarial, supririam essa exigência.

Em razão da expressa previsão legal dos requisitos do procedimento extrajudicial de usucapião, eventual recusa da apresentação de um dos documentos previstos em lei somente poderá ser contornada mediante recurso às vias ordinárias, ou seja, à ação jurisdicional para a declaração da aquisição do domínio do imóvel pela usucapião.

Por sua vez, e ainda considerando a finalidade e a natureza do ato notarial previsto no art. 216, inciso I, da Lei nº 6.015/73, não há como reconhecer a impossibilidade física do Tabelião de Notas obter as informações necessárias à lavratura da ata notarial que são as previstas no art. 4º, inciso I, alíneas "a" a "g", do Provimento nº 65/2017 da Corregedoria Nacional de Justiça.

Afasta-se, igualmente, a alegação de impossibilidade jurídica do Tabelião de Notas em declarar direito que decorreria de situação de fato.

O inciso I do art. 216 da Lei nº 6.015/73 não atribui ao Tabelião de Notas a declaração do direito ao reconhecimento da aquisição do domínio do imóvel pela usucapião, mas somente a identificação e descrição dos fatos nele previstos, com atendimento da regulamentação promovida pela autoridade competente (art. 30, inciso XIV, da Lei nº 8.935/94).

Por iguais motivos, e porque decorrente de previsão legal, não há que se falar em ausência de funcionalidade e desvirtuamento do instituto pela exigência da ata notarial como requisito do procedimento extrajudicial de reconhecimento da aquisição de imóvel por usucapião.

Por fim, o procedimento de dúvida não se mostra adequado para a discussão sobre a incidência de emolumentos pela lavratura de ata notarial diante da competência atribuída à Corregedoria Geral da Justiça pelos arts. 29 e 30 da Lei Estadual nº 11.331/2002 e porque, ademais, neste procedimento não se discute sobre os valores efetivamente cobrados pela lavratura de ata, mas a recusa dos apelantes em apresentá-la ao Oficial de Registro de Imóveis.

Ante o exposto, pelo meu voto nego provimento ao recurso.

GERALDO FRANCISCO PINHEIRO FRANCO

Corregedor Geral da Justiça e Relator (DJe de 06.03.2019 - SP)

PODER JUDICIÁRIO

TRIBUNAL DE JUSTIÇA DO ESTADO DE SÃO PAULO

CONSELHO SUPERIOR DA MAGISTRATURA

Apelação nº 1009664-54.2018.8.26.0019

Registro: 2019.0000391276

ACÓRDÃO

Vistos, relatados e discutidos estes autos de **Apelação Cível nº 1009664-54.2018.8.26.0019**, da Comarca de **Americana**, em que são apelantes **PAULO GAZOLI** e **ARLETE APARECIDA EUFRASIO GAZOLI**, é apelado **OFICIAL DE REGISTRO DE IMOVEIS E ANEXOS DA COMARCA DE AMERICANA.**

ACORDAM, em Conselho Superior de Magistratura do Tribunal de Justiça de São Paulo, proferir a seguinte decisão: **"Julgaram prejudicada a dúvida e não conheceram do recurso, v.u.",** de conformidade com o voto do Relator, que integra este acórdão.

O julgamento teve a participação dos Exmos. Desembargadores **PEREIRA CALÇAS (PRESIDENTE TRIBUNAL DE JUSTIÇA) (Presidente), ARTUR MARQUES (VICE PRESIDENTE), XAVIER DE AQUINO (DECANO), EVARISTO DOS SANTOS(PRES. DA SEÇÃO DE DIREITO PÚBLICO), CAMPOS MELLO (PRES. DA SEÇÃO DE DIREITO PRIVADO) E FERNANDO TORRES GARCIA(PRES. SEÇÃO DE DIREITO CRIMINAL).**

São Paulo, 16 de maio de 2019.

GERALDO FRANCISCO PINHEIRO FRANCO

Corregedor Geral da Justiça e Relator

Apelação Cível nº 1009664-54.2018.8.26.0019

Apelantes: Paulo Gazoli e Arlete Aparecida Eufrasio Gazoli

Apelado: Oficial de Registro de Imoveis e Anexos da Comarca de Americana

VOTO Nº 37.744

Registro de Imóveis – Dúvida – Usucapião extrajudicial – Impugnação parcial das exigências – Dúvida prejudicada – Recurso não conhecido.

Trata-se de apelação**[1]** interposta por ***PAULO GAZOLI*** e ***ARLETE APARECIDA EUFRASIO GAZOLI*** contra a r. sentença**[2]** que julgou procedente a dúvida suscitada pelo Oficial de Registro de Imóveis e Anexos da Comarca de

Americana/SP, com a consequente manutenção das exigências formuladas para processamento de pedido de usucapião extrajudicial.

A D. Procuradoria de Justiça opinou pelo não provimento do recurso**[3]**.

É o relatório.

O recurso não merece ser conhecido.

Prenotado o pedido de usucapião extrajudicial, foi expedida pelo Oficial Registrador nota de devolução**[4]**, em que formuladas dezoito (18) exigências, das quais quatro (04) não foram cumpridas (itens 8, 10, 13 e 16), sendo impugnada uma delas apenas (item 13: *"apresentação de certidões negativas dos distribuidores da Justiça Estadual e da Justiça Federal em nome dos proprietários do imóvel usucapiendo e de todos os demais possuidores e respectivos cônjuges, da comarca da situação do imóvel e do domicílio dos requerentes, expedidas no prazo máximo de trinta dias"*).

Os apelantes, cumpre ressaltar, confessam que apresentaram impugnação parcial, argumentando que o procedimento de dúvida em matéria de usucapião admitiria a insurgência apenas contra parte das exigências formuladas pelo Oficial Registrador.

Entretanto, ainda que se trate de pedido de usucapião, o procedimento de dúvida é reservado à análise da discordância do apresentante com os motivos que levaram à recusa do registro do título. De seu julgamento, decorrerá a manutenção da recusa, com cancelamento da prenotação, ou a improcedência da dúvida, que terá como consequência a realização do registro (art. 203, II, da Lei nº 6.015/73).

A impugnação parcial das exigências apontadas pelo Oficial Registrador, com o consequente reconhecimento de que o título está incompleto, prejudica o exame da dúvida, eis que, ainda que julgada improcedente, haverá outros óbices não impugnados que prejudicarão o ingresso do título no registro imobiliário, sendo preciso novo protocolo.

Vale lembrar que a atual composição deste Órgão Colegiado não tem entendido pelo exame do mérito, nas hipóteses em que a dúvida se encontra prejudicada. É que a anuência parcial quanto às exigências apontadas para o ingresso do título no fólio real atribui ao procedimento de dúvida natureza consultiva, ou meramente doutrinária. O novo exame de admissibilidade para o futuro registro poderá ser influenciado por eventuais fatos novos, mesmo se o título for apresentado com atendimento das exigências impugnadas.

Em hipótese bastante semelhante, assim entendeu recentemente este C. Conselho Superior da Magistratura:

REGISTRO DE IMÓVEIS. Usucapião extrajudicial. Anuência parcial do apresentante com as exigências formuladas. Dúvida prejudicada. Recurso não conhecido.(CSM;ApelaçãoCívelnº1009666-24.2018.8.26.0019; Rel. Des. Pinheiro Franco; j. 28/03/2019. No mesmo sentido: *CSM; Apelação nº 1002220-92.2017.8.26.0022. CSM; Apelação nº 1003326-39.2017.8.26.0168. CSM; Apelação nº 1001945-30.2017.8.26.0383).*

Por essas razões, o reconhecimento de que a dúvida se encontra prejudicada acarreta o não conhecimento do recurso.

Diante do exposto, julgo prejudicada a dúvida e **não conheço** do recurso.

GERALDO FRANCISCO PINHEIRO FRANCO

Corregedor Geral da Justiça e Relator

Notas:

[1] Fls. 166/181.

[2] Fls. 154/161.

[3] Fls. 194/196.

[4] Fls. 111/119. (DJe de 05.06.2019 - SP)

PODER JUDICIÁRIO

TRIBUNAL DE JUSTIÇA DO ESTADO DE SÃO PAULO

CONSELHO SUPERIOR DA MAGISTRATURA

Apelação n° 1000598-67.2018.8.26.0272

Registro: 2019.000197909

ACÓRDÃO

Vistos, relatados e discutidos estes autos de **Apelação nº 1000598-67.2018.8.26.0272**, da Comarca de **Itapira**, em que são apelantes **IRINEU MACHADO CARDOSO SOBRINHO e NAZARÉ FERNANDA RIBEIRO CARDOSO**, é apelado **OFICIAL DE REGISTRO DE IMÓVEIS DA COMARCA DE ITAPIRA**.

ACORDAM, em Conselho Superior de Magistratura do Tribunal de Justiça de São Paulo, proferir a seguinte decisão: **"Deram provimento ao recurso para anular a r. sentença apelada e julgar prejudicada a dúvida, com determinação de retorno do procedimento extrajudicial de usucapião ao Oficial de Registro de Imóveis a fim de que tenha prosseguimento mediante notificação da Companhia de Desenvolvimento Habitacional e Urbano do Estado de São Paulo - CDHU e apresentação das certidões de distribuição cível em nome dos genitores do apelante, visando posterior qualificação do requerimento pelo Oficial de Registro de Imóveis, v.u."**, de conformidade com o voto do Relator, que integra este acórdão.

O julgamento teve a participação dos Exmos. Desembargadores **PEREIRA CALÇAS (PRESIDENTE TRIBUNAL DE JUSTIÇA) (Presidente), ARTUR MARQUES (VICE PRESIDENTE), XAVIER DE AQUINO (DECANO), EVARISTO DOS SANTOS(PRES. DA SEÇÃO DE DIREITO PÚBLICO), CAMPOS MELLO (PRES. DA SEÇÃO DE DIREITO PRIVADO) E FERNANDO TORRES GARCIA(PRES. SEÇÃO DE DIREITO CRIMINAL)**.

São Paulo, 14 de março de 2019.

GERALDO FRANCISCO PINHEIRO FRANCO

Corregedor Geral da Justiça e Relator

Apelação nº 1000598-67.2018.8.26.0272

Apelantes: Irineu Machado Cardoso Sobrinho e Nazaré Fernanda Ribeiro Cardoso

Apelado: Oficial de Registro de Imóveis da Comarca de Itapira

VOTO Nº 37.709

Registro de Imóveis – Usucapião extrajudicial – Dúvida julgada procedente – Indeferimento do processamento do pedido de usucapião por se tratar de imóvel de propriedade da CDHU – Imóvel objeto de Termo de Adesão e Ocupação Voluntária com opção de Compra celebrado com os genitores do apelante, posteriormente falecidos – Encerramento precoce do procedimento, diante da ausência de notificação da CDHU para oferecimento de manifestação – Recurso provido para anular a r. sentença, declarar prejudicada a dúvida, e determinar a restituição do procedimento de usucapião extrajudicial ao Registro de Imóveis a fim de que prossiga com a notificação da titular do domínio do imóvel e a apresentação de certidões de distribuição cível em nome dos genitores do apelante, para que, posteriormente, seja promovida a nova qualificação do título pelo Oficial Registrador.

Trata-se de apelação interposta por Irineu Machado Cardoso Sobrinho e Nazaré Fernanda Ribeiro Cardoso contra r. sentença que manteve a recusa do Sr. Oficial de Registro de Imóveis da Comarca de Itapira em promover o registro de aquisição da propriedade por usucapião porque o imóvel consiste em lote residencial que integra conjunto habitacional implantando e de propriedade da Companhia de Desenvolvimento Habitacional e Urbano do Estado de São Paulo – CDHU que é sociedade de economia mista, sendo bem público que não pode ser usucapido.

Os apelantes alegaram, em suma, que a Companhia de Desenvolvimento Habitacional e Urbano do Estado de São Paulo – CDHU é sociedade de economia mista e, portanto, consiste em pessoa jurídica de direito privado que não está sujeita ao regime jurídico do direito público. Asseveraram que os bens das sociedades de economia mista são particulares e, assim, passíveis de aquisição por usucapião. Ademais, ainda que a Companhia de Desenvolvimento Habitacional e Urbano do Estado de São Paulo – CDHU fosse considerada como tendo personalidade de direito público poderia o imóvel ser objeto de usucapião em razão de sua função social e porque foi desafetado com a finalidade de alienação. Requereram a reforma da r. sentença para que o procedimento de usucapião extrajudicial prossiga mediante intimação dos interessados e posterior registro se não houver impugnação ao pedido (fls. 133/140).

A douta Procuradoria Geral da Justiça opinou pelo não provimento do recurso (fls. 158/162).

É o relatório.

Cuida-se de procedimento de reconhecimento extrajudicial de usucapião do lote 25 da quadra H do Conjunto Habitacional Antonio Assad Alcici, de propriedade da Companhia de Desenvolvimento Habitacional e Urbano do Estado de São Paulo – CDHU, objeto da matrícula nº 30.860, processado perante o Oficial de Registro de Imóveis de Itapira, em que a recusa do prosseguimento do procedimento extrajudicial teve como fundamento a impossibilidade de aquisição do domínio de bem público por meio da prescrição aquisitiva.

Em que pese a divergência jurisprudencial sobre a natureza dos bens propriedade da Companhia de Desenvolvimento Habitacional e Urbano do Estado de São Paulo – CDHU e a possibilidade de aquisição por usucapião daqueles situados em núcleos destinados à moradia, houve encerramento precoce do procedimento extrajudicial porque não foi promovida a notificação da titular do domínio, para se manifestar, na forma prevista no art. 216-A, § 2º, do Código de Processo Civil, no art. 10 do Provimento nº 65/2017 da Corregedoria Nacional de Justiça e no item 427 do Capítulo XX das Normas de Serviço da Corregedoria Geral de Justiça.

Essa omissão impede que seja verificada a atual natureza do lote objeto do pedido de reconhecimento da usucapião diante da previsão contratual de opção de compra e, mais, de contratação de seguro que, segundo a cláusula 9ª do contrato, poderia cobrir o preço da compra e venda em razão da morte dos beneficiários do termo de adesão (fls. 67).

E o pagamento do preço da compra e venda do lote pode, em tese, afastar a discussão sobre a manutenção de todos os direitos decorrentes da propriedade em favor da Companhia de Desenvolvimento Habitacional e Urbano do Estado de São Paulo – CDHU e, assim, da possibilidade de aquisição do domínio por usucapião.

Cabe observar, nesse ponto, que os v. acórdãos apontados na r. sentença recorrida ressalvam a possibilidade de aquisição por usucapião dos imóveis quando promovido o integral pagamento do preço da compra e venda por particulares, restando à Companhia de Desenvolvimento Habitacional e Urbano do Estado de São Paulo – CDHU somente a obrigação de outorgar o título de transmissão da propriedade.

Em razão disso, o procedimento extrajudicial de usucapião deve ser anulado, com restituição ao Oficial de Registro de Imóveis para que realize a notificação faltante e somente depois, se não houver impugnação, promova nova qualificação que abrangerá a análise da possibilidade, ou não, da aquisição do domínio por usucapião em consonância com a natureza jurídica do imóvel que considerar existir, ou seja, bem público ou particular.

Por outro lado, apesar da alegação da existência de posse em nome próprio foi o imóvel objeto de contrato celebrado pela mãe e pelo pai do apelante (fls. 64 e seguintes) que faleceram, respectivamente, nos anos de 1998 e de 1999 (fls. 79/80), sendo os lançamentos de IPTU ainda realizados em nome do Espólio de Dino Luiz Machado Cardoso (fls. 39/40 e 50).

Por esses motivos, no procedimento de usucapião deverão ser apresentadas as certidões de distribuição cível também em nome dos genitores do apelante, para qualificação pelo Oficial de Registro de Imóveis.

Por fim, a determinação de retorno do procedimento extrajudicial de usucapião ao Oficial de Registro de Imóveis, para prosseguimento e nova qualificação, torna prejudicada a dúvida que foi suscitada.

Ante o exposto, dou provimento ao recurso para anular a r. sentença apelada e julgar prejudicada a dúvida, com determinação de retorno do procedimento extrajudicial de usucapião ao Oficial de Registro de Imóveis a fim de que tenha prosseguimento mediante notificação da Companhia de Desenvolvimento Habitacional e Urbano do Estado de São Paulo

– CDHU e apresentação das certidões de distribuição cível em nome dos genitores do apelante, visando posterior qualificação do requerimento pelo Oficial de Registro de Imóveis.

GERALDO FRANCISCO PINHEIRO FRANCO
Corregedor Geral da Justiça e Relator (DJe de 28.06.2019 - SP)

PODER JUDICIÁRIO

TRIBUNAL DE JUSTIÇA DO ESTADO DE SÃO PAULO

CONSELHO SUPERIOR DA MAGISTRATURA

Apelação nº 1003295-95.2018.8.26.0099

Registro: 2019.0000571862

ACÓRDÃO

Vistos, relatados e discutidos estes autos de **Apelação Cível nº 1003295-95.2018.8.26.0099**, da Comarca de **Bragança Paulista**, em que são apelantes **ALBERTO JOSÉ POMPEO, OSWALDO POMPEU FILHO, SONIA MARIA ANGELI POMPÊO e ANA LUCIA LUPPE POMPEO**, é apelado **OFICIAL DE REGISTRO DE IMOVEIS E ANEXOS DE BRAGANÇA PAULISTA.**

ACORDAM, em Conselho Superior de Magistratura do Tribunal de Justiça de São Paulo, proferir a seguinte decisão: **"Negaram provimento ao**

recurso, v.u.", de conformidade com o voto do Relator, que integra este acórdão.

O julgamento teve a participação dos Exmos. Desembargadores **PEREIRA CALÇAS (PRESIDENTE TRIBUNAL DE JUSTIÇA) (Presidente), ARTUR MARQUES (VICE PRESIDENTE), XAVIER DE AQUINO (DECANO), EVARISTO DOS SANTOS(PRES. DA SEÇÃO DE DIREITO PÚBLICO), CAMPOS MELLO (PRES. DA SEÇÃO DE DIREITO PRIVADO) E FERNANDO TORRES GARCIA(PRES. SEÇÃO DE DIREITO CRIMINAL).**

São Paulo, 18 de julho de 2019.

GERALDO FRANCISCO PINHEIRO FRANCO

Corregedor Geral da Justiça e Relator

Apelação Cível nº 1003295-95.2018.8.26.0099

Apelantes: Alberto José Pompeo, Oswaldo Pompeu Filho, Sonia Maria Angeli Pompêo e Ana Lucia Luppe Pompeo

Apelado: Oficial de Registro de Imóveis e Anexos de Bragança Paulista

VOTO Nº 37.799

Registro de imóveis – Usucapião de servidão – Ausência de indicação no título judicial do prédio serviente

– Aquisição originária e unilateral impeditiva da utilização de elementos constantes de registros imobiliários anteriores – Necessidade de atendimento ao princípio da especialidade objetiva com a correta indicação dos elementos estruturais do direito real de servidão no título judicial – Recurso não provido.

Trata-se de apelação interposta por Alberto José Pompeo e outros contra r. sentença que julgou procedente a dúvida e manteve a recusa do registro de usucapião de imóvel e servidão de água por violação ao princípio da especialidade objetiva.

Os apelantes sustentam a regularidade do título e o cabimento do registro porquanto a servidão de água foi objeto da ação de usucapião e existe de longa data, como consta do registro imobiliário (fls. 131/139).

A douta Procuradoria Geral de Justiça opinou pelo não provimento do recurso (fls. 167/171).

É o relatório.

A natureza judicial do título apresentado não impede sua qualificação registral quanto aos aspectos extrínsecos ou aqueles que não foram objeto de exame pela Autoridade Jurisdicional.

O item 119, do Capítulo XX, das Normas de Serviço da Corregedoria Geral da Justiça é expresso acerca do dever do Oficial do Registro de Imóveis a tanto, como se constata de sua redação:

> *119. Incumbe ao oficial impedir o registro de título que não satisfaça os requisitos exigidos pela lei, quer sejam consubstanciados em instrumento público ou particular, quer em atos judiciais.*

Essa questão é pacífica nos precedentes administrativos deste órgão colegiado, entre muitos, confira-se trecho do voto do Desembargador Manuel Pereira Calças, Corregedor Geral da Justiça à época, na apelação n. 0001561- 55.2015.8.26.0383, j. 20.07.17:

> *A origem judicial do título não afasta a necessidade de sua qualificação registral, com intuito de se obstar qualquer violação ao princípio da continuidade (Lei 6.015/73, art. 195).*
>
> *Nesse sentido, douto parecer da lavra do então Juiz Assessor desta Corregedoria Geral de Justiça, Álvaro Luiz Valery Mirra, lançado nos autos do processo n.º 2009/85.842, que, fazendo referência a importante precedente deste Colendo Conselho Superior da Magistratura (Apelação Cível n.º 31.881-0/1), aduz o que segue:*
>
> *"De início, cumpre anotar, a propósito da matéria, que tanto esta Corregedoria Geral da Justiça quanto o Colendo Conselho Superior da Magistratura têm entendido imprescindível a observância dos princípios e regras de direito registral para o ingresso no fólio real – seja pela via de registro, seja pela via de averbação – de penhoras, arrestos e seqüestros de bens imóveis, mesmo considerando a origem judicial de referidos atos, tendo em conta a orientação tranqüila nesta esfera administrativa segundo a qual a natureza judicial do título levado a registro ou a averbação não o exime da atividade de qualificação registral realizada pelo oficial registrador, sob o estrito ângulo da regularidade formal (Ap. Cív. n. 31.881-0/1)."*

A servidão predial, conforme Orlando Gomes (*Direitos reais*. Rio de Janeiro: Forense, 1996, p. 281), *é o direito real sobre a coisa imóvel, que lhe impõe um ônus em proveito de outra, pertencente a diferente dono.*

Desse modo, a estrutura do direito real de servidão envolve os prédios serviente e dominante, aquele é gravado e este tem sua utilidade ampliada.

Os artigos 1.378 e 1.379 do Código Civil prescrevem:

> *Art. 1.378. A servidão proporciona utilidade para o prédio dominante, e grava o prédio serviente, que*

pertence a diverso dono, e constitui-se mediante declaração expressa dos proprietários, ou por testamento, e subseqüente registro no Cartório de Registro de Imóveis.

Art. 1.379. O exercício incontestado e contínuo de uma servidão aparente, por dez anos, nos termos do art. 1.242, autoriza o interessado a registrá-la em seu nome no Registro de Imóveis, valendo-lhe como título a sentença que julgar consumado a usucapião.

Parágrafo único. Se o possuidor não tiver título, o prazo da usucapião será de vinte anos.

Nessa perspectiva, é possível a constituição da servidão por usucapião, contudo deve haver descrição dos prédios serviente e dominante.

No âmbito dos registros públicos, o Princípio da Especialidade Objetiva, contido no art. 176 da Lei n. 6.015/73, exige a identificação do imóvel como um corpo certo objetivando sua localização física.

No presente caso, competia descrição exata do prédio serviente no título judicial, com detalhada indicação da servidão.

A usucapião é modo originário de aquisição da propriedade imóvel, destarte, os registros imobiliários anteriores da área usucapida não tem relevância para inscrição da servidão adquirida por usucapião ante ao caráter unilateral da aquisição.

A servidão tem de constar no título judicial com indicação dos prédios dominante e serviente, o que não ocorre.

A simples indicação na exordial da ação judicial ou em escritura pública não tem o condão de superar essa situação.

A mera manifestação do Oficial de Registro de Imóveis na ação de usucapião, bem como a procedência genérica da ação não supre os requisitos referidos para o atendimento do princípio da especialidade objetiva.

A descrição do prédio serviente tem de constar no título e não em matrícula imobiliária ante ao caráter originário da aquisição por usucapião.

A qualificação registral negativa não implica na extinção da servidão.

Nestes termos, não é possível o ingresso do título judicial como se encontra por força do não atendimento ao princípio da especialidade objetiva.

Ante o exposto, nego provimento ao recurso.

GERALDO FRANCISCO PINHEIRO FRANCO

Corregedor Geral da Justiça e Relator (DJe de 05.08.2019 – SP)

PODER JUDICIÁRIO

TRIBUNAL DE JUSTIÇA DO ESTADO DE SÃO PAULO

CONSELHO SUPERIOR DA MAGISTRATURA

Apelação nº 1009670-61.2018.8.26.0019

Registro: 2019.0000483145

ACÓRDÃO

Vistos, relatados e discutidos estes autos de **Apelação Cível nº 1009670-61.2018.8.26.0019**, da Comarca de **Americana**, em que são apelantes **AMANCIO RODRIGUES DE OLIVEIRA e MARIA APARECIDA SEGATTO DE OLIVEIRA**, é apelado **OFICIAL DE REGISTRO DE IMOVEIS E ANEXOS DA COMARCA DE AMERICANA**.

ACORDAM, em Conselho Superior de Magistratura do Tribunal de Justiça de São Paulo, proferir a seguinte decisão: **"Negaram provimento ao recurso, v.u."**, de conformidade com o voto do Relator, que integra este acórdão.

O julgamento teve a participação dos Exmos. Desembargadores **PEREIRA CALÇAS (PRESIDENTE TRIBUNAL DE JUSTIÇA) (Presidente), ARTUR MARQUES (VICE PRESIDENTE), XAVIER DE AQUINO (DECANO), EVARISTO DOS SANTOS(PRES. DA SEÇÃO DE DIREITO PÚBLICO), CAMPOS MELLO (PRES. DA SEÇÃO DE DIREITO PRIVADO) E FERNANDO TORRES GARCIA(PRES. SEÇÃO DE DIREITO CRIMINAL)**.

São Paulo, 13 de junho de 2019.

GERALDO FRANCISCO PINHEIRO FRANCO

Corregedor Geral da Justiça e Relator

Apelação Cível nº 1009670-61.2018.8.26.0019

Apelantes: Amancio Rodrigues de Oliveira e Maria Aparecida Segatto de Oliveira

Apelado: Oficial de Registro de Imoveis e Anexos da Comarca de Americana

VOTO Nº 37.782

Registro de Imóveis – Usucapião extrajudicial – Necessidade de instrução do requerimento com as certidões de distribuição em nome dos titulares tabulares do imóvel – Art. 216, inciso III, da Lei nº 6.015/73 e art. 4º, inciso IV, alínea "b", do Provimento nº 65, de 14 de dezembro de 2017, da Corregedoria Nacional de Justiça – Alegações de desnecessidade das certidões e de impossibilidade de sua obtenção – Exigência legal e normativa que não pode ser

afastada, em procedimento de natureza administrativa, pelos fundamentos apresentados pelos apelantes – Dúvida julgada procedente – Recurso não provido.

Trata-se de apelação interposta por Amâncio Rodrigues de Oliveira e Maria Aparecida Segatto de Oliveira contra r. sentença que manteve a recusa do Sr. Oficial de Registro de Imóveis, Títulos e Documentos e Civil de Pessoa Jurídica da Comarca de Americana em promover o registro da aquisição da propriedade de imóvel por usucapião porque o procedimento extrajudicial não foi instruído com as certidões negativas dos distribuidores da Justiça Estadual e da Justiça Federal, expedidas nos nomes dos proprietários tabulares do imóvel usucapiendo.

Os apelantes alegaram a existência de contradição na r. sentença porque na manifestação sobre a dúvida impugnaram todas as exigências formuladas na nota de devolução. Ainda, teceram comentários sobre as exigências realizadas pelo Oficial de Registro de Imóveis para o início do procedimento administrativo de usucapião extrajudicial, asseverando que são indevidas. Esclareceram que pretendem o reconhecimento da usucapião extrajudicial, o que dispensa a apresentação de certidões dos distribuidores em nome de seus antecessores na posse. Afirmaram que o imóvel usucapiendo tem como proprietários tabulares pessoas que estão precariamente qualificadas nas transcrições n°s 22.594 e 12.932 do 1° Registro de Imóveis de Campinas e que não é possível a obtenção de certidões dos distribuidores porque não conhece os números dos documentos de identidade. Aduziram que a exigência de apresentação dessas certidões caracteriza burocracia desnecessária e não impede o reconhecimento da aquisição do domínio pela usucapião porque os requisitos ficaram comprovados pela Ata Notarial que mostra o exercício de posse mansa e pacífica por 26 anos. Diante disso, as certidões de distribuição não alteram o seu direito ao registro da aquisição da propriedade pela usucapião, que é forma originária de aquisição do domínio, constituindo a negativa de registro violação do direito fundamental à propriedade e caracterizando sanção política. Ademais, as transcrições não contém notícia de ações relativas ao imóvel, o que deveria ocorrer diante do princípio da concentração das informações na matrícula introduzido pela Lei n° 13.097/2015. Além disso, os proprietários serão notificados, ainda que por edital, o que permitirá a impugnação ao pedido. Asseveraram que as atas notariais são suficientes para a comprovação da posse e observação dos requisitos legais, independente do fato das atas retificadoras não estarem assinadas pelas testemunhas e requerentes. Requereram a improcedência da dúvida, com o afastamento das exigências formuladas.

A douta Procuradoria Geral da Justiça opinou pelo não conhecimento do recurso, por estar a dúvida prejudicada em razão da impugnação parcial das exigências formuladas, ou, alternativamente, pela manutenção da r. sentença que julgou a dúvida procedente (fls. 226/231).

É o relatório.

Cuida-se de procedimento extrajudicial de usucapião de imóvel urbano, processado perante o Oficial de Registro de Imóveis, em que foram formuladas as seguintes exigências:

a) apresentação de procuração, com firma reconhecida, que contenha poderes especiais e expressos para o procedimento extrajudicial de usucapião, pela modalidade extraordinária, do lote 27-B da quadra 16 do loteamento Jardim Brasil, Comarca de Americana;

b) requerer a notificação da co-proprietária Líder Brasil Imobiliária e Incorporadora S/A e dos confrontantes tabulares que apesar de intervirem na Ata Notarial não assinaram a planta e o memorial descritivo doimóvel;

c) a Ata Notarial não contém ressalva de que não tem valor como confirmação ou estabelecimento da propriedade, na forma do § 3° do art. 5° do Provimento CNJ n° 65/2017;

d) o projeto, o requerimento e a Ata Notarial devem ser retificados no que se refere aos confrontantes, porque não identificam os proprietários tabulares do lote 26-B, mas apenas as pessoas indicadas como possuidoras, não foram instruídos com prova de que Maria de Fátima Marsoli Justi é proprietária do lote 27-A, e não foi identificada e requerida a notificação de Edna Fátima Kokol Boer, cônjuge do proprietário do lote 09 da quadra 16;

e) não foram apresentadas as certidões dos distribuidores da Justiça Estadual e da Justiça Federal nos nomes dos proprietários tabulares do imóvel e dos possuidores no período aquisitivo da usucapião (fls. 143/149).

O procedimento extrajudicial de registro de usucapião comporta requisitos que podem ser atendidos ao longo de seu processamento, como, por exemplo, a apresentação de cópias para a complementação das notificações e a publicação de editais.

Contudo, a recusa do apresentante em atender exigência que impeça o curso do procedimento, por dizer respeito a requisitos indispensáveis à formação ou à continuidade do procedimento administrativo, importa na impossibilidade do registro da aquisição do imóvel por usucapião extrajudicial e, em consequência, acarreta a procedência do procedimento de dúvida.

Neste caso concreto, os apelantes constituíram advogado com poderes expressos e específicos para o requerimento de usucapião extrajudicial do lote 27-B da quadra 16, por meio de procurações com firmas reconhecidas (fls. 38 e 129).

Essas procurações, embora não indiquem a alteração da modalidade do requerimento que inicialmente era de usucapião ordinária e depois passou a extraordinária, são suficientes para o procedimento administrativo de usucapião e para a regular representação processual na dúvida que foi suscitada.

Para afastar a discussão sobre a caracterização de justo título os requerentes, atendendo exigência formulada, alteraram a modalidade do requerimento para o de registro de usucapião extraordinária.

Essa alteração não demanda reconhecimento das firmas dos requerentes no pedido de alteração da modalidade da usucapião, porque estão representados por advogado constituído por procurações com firmas reconhecidas e porque é inequívoca a identificação dos requerentes e a natureza e conteúdo do registro que pretendem obter.

A omissão da advertência, na Ata Notarial de fls. 52/59 e nas retificações de fls. 131/134 e 39/42, de que não têm valor como prova ou para o estabelecimento da propriedade (art. 5º, § 3º, do Provimento CNJ nº 65/2017), não as desqualificam para efeito de instruir o procedimento de usucapião extrajudicial.

Assim porque o requerimento de registro da aquisição da propriedade pela usucapião deixa claro que os apelantes estão cientes de que a Ata Notarial é modo de prova, não produzindo o efeito de constituir ou de confirmar do domínio do imóvel.

A apresentação de cópias necessárias para a notificação da co-proprietária Líder Brasil Imobiliária e Incorporadora S/A e dos confrontantes tabulares que não assinaram a planta e o memorial descritivo do imóvel (art. 4º, inciso II, do Provimento CNJ nº 65/2017), que restou como pendência indicada na suscitação da dúvida (fls.11), poderia ser atendida no curso do procedimento extrajudicial de usucapião que, nesse ponto, somente seria obstado se houvesse expressa recusa ao seu fornecimento, impedindo as notificações necessárias.

Diante da nota de exigências de fls. 143/149 os apelantes apresentaram requerimento de processamento do pedido de registro da usucapião extrajudicial, com solicitação de adoção de providências para atendimento dos requisitos indicados pelo Oficial de Registro de Imóveis, com exceção da apresentação das certidões dos distribuídos da Justiça Estadual e da Justiça Federal do local do imóvel, em nome dos proprietários e dos possuidores no período da prescrição aquisitiva (fls. 122/130).

Todas as exigências foram impugnadas pelos apelantes quando de sua manifestação sobre as razões apresentadas pelo Oficial de Registro de Imóveis na suscitação da dúvida, com exceção do fornecimento de cópias para notificações (fls. 156/175).

Diante disso, e das peculiaridades deste caso concreto, a forma como os apelantes se manifestaram sobre essas exigências não caracteriza impugnação parcial e não torna a dúvida prejudicada.

A r. sentença, por sua vez, afastou as exigências de natureza procedimental que eram passíveis de suprimento, mantendo a negativa do registro em razão da recusa da apresentação das certidões dos distribuidores da Justiça Federal e da Justiça Estadual nos nomes dos titulares do domínio e dos anteriores possuidores do imóvel, bem como de seus cônjuges (fls. 146).

O requerimento de registro da usucapião extrajudicial diz respeito ao lote 27-B da quadra 16.

O imóvel usucapiendo é formado por parte do lote 27 da quadra 16 que para efeito de cadastro municipal foi desmembrado nos lotes 27-A e 27-B.

Os apelantes não identificaram o registro e os proprietários do lote 27-A da quadra 16, que confronta com o imóvel usucapiendo, limitando-se a indicar como possuidora Maria de Fátima Marsula Justi (fls. 73).

Porém, as certidões de fls. 64/70 e 106/121 mostram que a totalidade do lote 27 da quadra 16, com área total de 250,00m^2, com 10,00m de frente por 25,00m nos fundos, tem iguais proprietários, pois não há notícia de que houve averbação do desdobro no Registro de Imóveis.

Por essa razão, as notificações dos proprietários do lote 27 da quadra 16 decorrerá tanto da condição de titulares do domínio do imóvel usucapiendo como de proprietários do imóvel confrontante identificado como lote 27-A.

Por essa razão, a ausência de indicação do confrontante tabular em relação ao lote 27-A da quadra 16 não impede o processamento do requerimento de usucapião extrajudicial.

Por sua vez, na usucapião extraordinária a boa fé é presumida, com dispensa da apresentação de justo título, o que afasta a necessidade de intervenção dos antecessores na posse e a apresentação de certidões a eles relativas, sendo nesse sentido o art. 4º, inciso IV, alínea "c", do Provimento CNJ nº 65/2017.

Igual não ocorre, entretanto, com as certidões dos distribuidores da Justiça Estadual e da Justiça Federal nos nomes titulares do domínio do imóvel usucapiendo.

O art. 216-A, inciso IV, da Lei nº 6.015/73 prevê que o requerimento de usucapião extrajudicial será instruído com certidões dos distribuidores da comarca da situação do imóvel e do domicílio do requerente:

> *"Art. 216-A. Sem prejuízo da via jurisdicional, é admitido o pedido de reconhecimento extrajudicial de usucapião, que será processado diretamente perante o cartório do registro de imóveis da comarca em que estiver situado o imóvel usucapiendo, a requerimento do interessado, representado por advogado, instruído com:*
>
> *(...)*
>
> III - *certidões negativas dos distribuidores da comarca da situação do imóvel e do domicílio do requerente; (...)".*

A obrigatoriedade da apresentação dessas certidões também é prevista no Provimento CNJ nº 65/2017 que especifica que devem ser expedidas pela Justiça Estadual e Justiça Federal, em nome do proprietário do imóvel usucapiendo e seu cônjuge, ou companheiro, se houver:

> *"Art. 4º O requerimento será assinado por advogado ou por defensor público constituído pelo requerente e instruído com os seguintes documentos:*
>
> (...)
>
> IV – *certidões negativas dos distribuidores da Justiça Estadual e da Justiça Federal do local da situação do imóvel usucapiendo expedidas nos últimos trinta dias, demonstrando a inexistência de ações que caracterizem oposição à posse do imóvel, em nome das seguintes pessoas:*
>
> *a) do requerente e respectivo cônjuge ou companheiro, se houver;*
>
> *b) do proprietário do imóvel usucapiendo e respectivo cônjuge ou companheiro, se houver;*
>
> *c) de todos os demais possuidores e respectivos cônjuges ou companheiros, se houver, em caso de sucessão de posse, que é somada à do requerente para completar o período aquisitivo da usucapião;*
>
> (...)".

O inciso IV do art. 4º do Provimento CNJ nº 65/2017 esclarece que essas certidões se destinam a comprovar "...*a inexistência de ações que caracterizem oposição à posse do imóvel*".

Assim ocorre porque a usucapião extrajudicial é reservada às hipóteses em que não existe litígio em relação ao imóvel, ou seja, àquelas em que é dispensável o ajuizamento da ação judicial que for a via adequada para a solução de controvérsia sobre o domínio do bem.

Havendo litígio sobre o imóvel, ainda que caracterizado a partir do oferecimento de impugnação ao pedido, torna- se indispensável a intervenção judicial para a solução da controvérsia, como disposto no § 10 do art. 216-A da Lei nº 6.015/73:

> *"§ 10. Em caso de impugnação do pedido de reconhecimento extrajudicial de usucapião, apresentada por qualquer um dos titulares de direito reais e de outros direitos registrados ou averbados na matrícula do imóvel usucapiendo e na matrícula dos imóveis confinantes, por algum dos entes públicos ou por algum terceiro interessado, o oficial de registro de imóveis remeterá os autos ao juízo competente da comarca da situação do imóvel, cabendo ao requerente emendar a petição inicial para adequá-la ao procedimento comum".*

E compete ao requerente do usucapião extrajudicial fazer prova da inexistência de litígio apresentando as certidões dos distribuidores da Justiça Estadual e da Justiça Federal em nome do proprietário do imóvel e de seu cônjuge, ou companheiro se for conhecido, como previsto no art. 216-A da Lei nº 6.015/73 e no Provimento CNJ nº 65/2017 que na esfera administrativa tem força normativa e vinculante.

A obrigatoriedade da apresentação dessas certidões não se afasta pelo conteúdo da Ata Notarial que consiste, apenas, em uma das provas do exercício de posse, nem pela afirmação dos apelantes de que exercem posse mansa e pacífica sobre o imóvel por período superior ao da prescrição aquisitiva uma vez que constitui ato unilateral insuficiente para o registro da propriedade.

Cabe lembrar, nesse ponto, que a propriedade é presumida em favor dos titulares indicados no registro imobiliário, como previsto no art. 1.245, §§ 1º e 2º, do Código Civil e no art. 252 da Lei nº 6.015/73:

"Art. 252 - O registro, enquanto não cancelado, produz todos os efeitos legais ainda que, por outra maneira, se prove que o título está desfeito, anulado, extinto ou rescindido".

Destarte, equivocam-se os apelantes quando alegam que a exigência das certidões é ato burocrático desnecessário e que a recusa do registro da usucapião extrajudicial, pela falta dessas certidões, constitui sanção política. A negativa do registro da usucapião extrajudicial também não implica em violação do direito de propriedade, porque cabe às pessoas que tiverem legitimidade comprovar o preenchimento de todos os requisitos previstos para o procedimento que preferirem adotar.

A concentração na matrícula dos direitos e ônus incidentes sobre o imóvel, por seu lado, não altera o resultado da dúvida porque a propriedade é presumida em favor dos titulares que figuram no registro imobiliário, não havendo que se falar em averbações e anotações premonitórias para assegurar direito que já detém por força do domínio.

Por fim, não se comprovou a impossibilidade de obtenção dos dados de qualificação dos titulares do domínio que permitam, por meio extrajudicial ou judicial, a obtenção das certidões de distribuição da Justiça Estadual e da Justiça Federal.

Ante o exposto, pelo meu voto nego provimento ao recurso.

GERALDO FRANCISCO PINHEIRO FRANCO
Corregedor Geral da Justiça e Relator (DJe de 07.08.2019 – SP)

PODER JUDICIÁRIO

TRIBUNAL DE JUSTIÇA DO ESTADO DE SÃO PAULO

CONSELHO SUPERIOR DA MAGISTRATURA

Apelação nº 1016314-40.2018.8.26.0562

Registro: 2019.0000718906

ACÓRDÃO

Vistos, relatados e discutidos estes autos de **Apelação Cível nº 1016314-40.2018.8.26.0562**, da Comarca de **Santos**, em que é apelante **RODRIGO BARBOZA DIAS**, são apelados **MARJORIE DE CASTRO AGUIAR e 2º OFICIAL DE REGISTRO DE IMÓVEIS DA COMARCA DE SANTOS**.

ACORDAM, em Conselho Superior de Magistratura do Tribunal de Justiça de São Paulo, proferir a seguinte decisão: **"Negaram provimento ao recurso, v.u. Declarará voto convergente o Desembargador Campos Mello."**, de conformidade com o voto do Relator, que integra este acórdão.

O julgamento teve a participação dos Exmos. Desembargadores **PEREIRA CALÇAS (PRESIDENTE TRIBUNAL DE JUSTIÇA) (Presidente), ARTUR MARQUES (VICE PRESIDENTE), XAVIER DE AQUINO (DECANO), EVARISTO DOS SANTOS(PRES. DA SEÇÃO DE DIREITO PÚBLICO), CAMPOS MELLO (PRES. DA SEÇÃO DE DIREITO PRIVADO) E FERNANDO TORRES GARCIA(PRES. SEÇÃO DE DIREITO CRIMINAL).**

São Paulo, 27 de agosto de 2019.

GERALDO FRANCISCO PINHEIRO FRANCO
Corregedor Geral da Justiça e Relator

Apelação Cível nº 1016314-40.2018.8.26.0562

Apelante: Rodrigo Barboza Dias

Apelados: Marjorie de Castro Aguiar e 2º Oficial de Registro de Imóveis da Comarca de Santos

VOTO Nº 37.793

Registro de imóveis – Usucapião extrajudicial – Acessão da posse de antecessores para prova do tempo de posse – Alegação de vício na transmissão por antecessor – Falta do requisito da posse contínua, mansa e pacífica – Inadequação da via administrativa apesar da aparente regularidade documental – Recurso não provido.

Trata-se de apelação interposta por Rodrigo Barboza Dias contra r. sentença que manteve a recusa de registro de usucapião extrajudicial ante ao reconhecimento de fato com força de impugnação.

O apelante sustenta a presença dos requisitos legais, competindo afastar o fato impugnativo com o consequente registro da aquisição da propriedade por usucapião administrativa (a fls. 721/741).

A douta Procuradoria Geral de Justiça opinou pelo não provimento do recurso (fls. 896/899). É o relatório.

Rodrigo Barboza Dias para contar o tempo de posse exigido para usucapião utilizou-se do instituto da acessão de posse (*accessio possessionis*) previsto no artigo 1.243 do Código Civil, assim, reuniu sua posse às posses exercidas por Marjorie de Castro Aguiar (titular da posse do imóvel desde novembro de 1991) e Giovanna Alves Machado (que recebeu a posse de Marjorie em 01 de novembro de 2017), pois adquiriu a posse de Giovanna em 14 de novembro de 2017, de acordo com os documentos de fls. 118/127.

Ocorreu, conforme comunicado ao Oficial de Registro Imobiliário, que Marjorie de Castro Aguiar, em 25.06.2018, compareceu perante a Delegacia de Polícia de Proteção ao Idoso de Santos e efetuou o registro de boletim de ocorrência referindo irregularidade na transmissão de sua posse, porquanto teria havido indevida apropriação do bem imóvel, ora objeto deste processo administrativo (a fls. 680/685).

A usucapião administrativa pressupõe a demonstração do exercício da posse pelo tempo em consonância com a espécie eleita pelo requerente, a qual deve ser inconteste.

No presente caso a posse é derivada, portanto, há comunicação dos vícios das posses dos antecessores.

A Sra. Marjorie refere a suposta ocorrência de fraude no ato de transmissão de posse a Sra. Giovanna, assim, não há prova bastante da posse mansa e pacífica exercida para o fim do deferimento da usucapiãoadministrativa.

Ausente o requisito legal, cabia, como aconteceu, o indeferimento do pedido.

De outra parte, não é possível na estreita via administrativa, o exame da pertinência das alegações da antecessora possuidora. Essa questão, se o caso, deve ser submetida à via jurisdicional em conformidade à garantia do devido processo legal.

A eventual regularidade documental dos termos de transmissão de posse, especialmente suas assinaturas, não tem o condão de comprovar o exercício da posse de modo contínuo e inconteste, pois, uma das antecessoras na posse refere ter sido ludibriada.

Desnecessária igualmente a oposição formal daquela neste expediente, bastando a notícia do fato e a plausibilidade de suas circunstâncias para afastar a via administrativa.

Ante o exposto, nego provimento ao recurso.

GERALDO FRANCISCO PINHEIRO FRANCO

Corregedor Geral da Justiça e Relator VOTO 68141

DECLARAÇÃO VOTO CONVERGENTE

AP. 1016314-40.2018.8.26.0562

Acompanho o voto do eminente relator, para negar provimento ao recurso. O usucapião extrajudicial só pode prosseguir caso não ocorra impugnação.

O art. 216-A, parágrafo 10 da Lei 6.015/73, nela introduzida pela Lei 13.465/2017, determina que, apresentada impugnação, mesmo por algum terceiro interessado, os autos deverão ser remetidos a Juízo.

Isso significa que não cabe ao oficial efetuar valoração da impugnação. Ele não pode conferir ou deixar de conferir juridicidade a essa manifestação de vontade contrária à pretensão de reconhecimento extrajudicial de usucapião.

A impugnação implica a judicialização da pretensão de reconhecimento de usucapião. São esses os motivos pelos quais sucintamente nego provimento ao recurso.

É como voto. Campos Mello

Presidente da Seção de Direito Privado. (DJe de 16.09.2019 – SP)

PODER JUDICIÁRIO

TRIBUNAL DE JUSTIÇA DO ESTADO DE SÃO PAULO

CONSELHO SUPERIOR DA MAGISTRATURA

Apelação nº 1009530-78.2018.8.26.0099

Registro: 2019.0000718920

ACÓRDÃO

Vistos, relatados e discutidos estes autos de **Apelação Cível nº 1009530-78.2018.8.26.0099**, da Comarca de **Bragança Paulista**, em que são apelantes **EMÍLIO BARALDI e MARIA APARECIDA BARALDI**, é apelado **OFICIAL DE REGISTRO DE IMOVEIS E ANEXOS DE BRAGANÇA PAULISTA**.

ACORDAM, em Conselho Superior de Magistratura do Tribunal de Justiça de São Paulo, proferir a seguinte decisão: **"Deram provimento ao recurso para determinar o registro do título**

judicial, v.u.", de conformidade com o voto do Relator, que integra este acórdão.

O julgamento teve a participação dos Exmos. Desembargadores **PEREIRA CALÇAS (PRESIDENTE TRIBUNAL DE JUSTIÇA) (Presidente), ARTUR MARQUES (VICE PRESIDENTE), XAVIER DE AQUINO (DECANO), EVARISTO DOS SANTOS(PRES. DA SEÇÃO DE DIREITO PÚBLICO), CAMPOS MELLO (PRES. DA SEÇÃO DE DIREITO PRIVADO) E FERNANDO TORRES GARCIA(PRES. SEÇÃO DE DIREITO CRIMINAL).**

São Paulo, 23 de agosto de 2019.

GERALDO FRANCISCO PINHEIRO FRANCO

Corregedor Geral da Justiça e Relator

Apelação Cível nº 1009530-78.2018.8.26.0099

Apelantes: Emílio Baraldi e Maria Aparecida Baraldi

Apelado: Oficial de Registro de Imoveis e Anexos de Bragança Paulista

VOTO Nº 37.860

Registro de imóveis – Mandado judicial – Usucapião – Situação física do imóvel indicada a partir de atos técnicos – Princípio da especialidade objetiva cumprido – Confrontação com estrada de servidão sem indicação do titular do direito real – Suposta área de servidão fora do imóvel – Impossibilidade de exigência relativa à especificação de direito real de imóvel confrontante ante sua irrelevância para compreensão da individualização do imóvel objeto do título judicial – Recurso provido.

Trata-se de apelação interposta por Emilio Baraldi e Maria Aparecida Baraldi contra r. sentença que manteve a recusa de registro de mandado judicial de usucapião extrajudicial em razão do imóvel usucapido confrontar com uma estrada de servidão sem indicação do titular da servidão.

Os apelantes sustentam a presença dos requisitos legais competindo o registro do título judicial (a fls. 125/133). A douta Procuradoria Geral de Justiça opinou pelo não provimento do recurso (fls. 150/152).

É o relatório.

Como se depreende do mandado judicial, a descrição do imóvel usucapido apresenta em um de seus pontos uma estrada de servidão como confrontante, sem indicação do titular do direito real.

De outra parte, a r. sentença judicial de usucapião acolheu memorial descritivo e levantamento planimétrico constante dos autos (a fls. 67/71 e 28/29), os quais possibilitam a exata compreensão da situação física do imóvel usucapido em atendimento ao princípio da especialidade objetiva.

A expressão contida no artigo 225, *caput*, da Lei de Registros Públicos concernente aos *"nomes dos confrontantes"* deve ser interpretada no sentido da consideração do imóvel, a partir de sua descrição total, como um bem único e individualizado.

No caso em julgamento, há indicação do nome de todos os confrontantes a exceção do titular da estrada de servidão, assim, as peças técnicas indicadas no mandado judicial são suficientes para o entendimento da posição do imóvel e, inclusive, é possível a utilização de outras informações, se o caso, constantes no registro imobiliário.

A estrada de servidão referida como limite do perímetro do imóvel não está incluída em sua descrição situando-se fora daquele, portanto, não há direitos reais contraditórios.

Ultrapassa o limite de qualificação registral perquirir a regularidade da inscrição imobiliária de servidão em imóvel confrontante, além disso, eventual direito de servidão a falta de registro imobiliário envolve direito pessoal.

Ao registro pretendido é irrelevante a servidão real existente em imóvel confrontante por não afetar a aquisição originária do direito de propriedade por meio da usucapião.

A regularidade jurídica da servidão como direito real ou direito pessoal e ainda, a eventual ocorrência de serventia, não tem o condão de obstar o registro.

O imóvel descrito no título judicial não abarca a área indicada como estrada de servidão, e sim a confronta, daí o cabimento do registro.

Não é possível exigência relativa à melhora da descrição dos direitos em imóvel contíguo, bem como, eventualmente, competirá aos interessados os atos necessários ao registro imobiliário da servidão para fins de constituição do direito real.

Ante o exposto, dou provimento ao recurso para determinar o registro do título judicial.

GERALDO FRANCISCO PINHEIRO FRANCO

Corregedor Geral da Justiça e Relator. (DJe de 25.09.2019 – SP)

1.4.2 REGISTRO DE TÍTULOS E DOCUMENTOS E PESSOA JURÍDICA

ATA DE ASSEMBLEIA

PODER JUDICIÁRIO

TRIBUNAL DE JUSTIÇA DO ESTADO DE SÃO PAULO

CONSELHO SUPERIOR DA MAGISTRATURA

Apelação nº 1007007-51.2017.8.26.0286

Registro: 2018.0000994897

ACÓRDÃO

Vistos, relatados e discutidos estes autos do(a) **Apelação nº 1007007-51.2017.8.26.0286**, da Comarca de **Itu**, em que é apelante **CONDOMÍNIO TERRAS DE SÃO JOSÉ**, é apelada **OFICIAL DO REGISTRO DE IMÓVEISE ANEXOS DA COMARCA DE ITU**.

ACORDAM, em Conselho Superior de Magistratura do Tribunal de Justiça de São Paulo, proferir a seguinte decisão: **"Negaram provimento ao recurso. V. U."**, de conformidade com o voto do Relator, que integra este Acórdão.

O julgamento teve a participação dos Exmos. Desembargadores **PEREIRA CALÇAS (PRESIDENTE TRIBUNAL DE JUSTIÇA) (Presidente), ARTUR MARQUES (VICE PRESIDENTE), XAVIER DE AQUINO (DECANO), EVARISTO DOS SANTOS(PRES. DA SEÇÃO DE DIREITO PÚBLICO), CAMPOS MELLO (PRES. DA SEÇÃO DE DIREITO PRIVADO) E FERNANDO TORRES GARCIA(PRES. SEÇÃO DE DIREITO CRIMINAL)**.

São Paulo, 11 de dezembro de 2018.

GERALDO FRANCISCO PINHEIRO FRANCO

Corregedor Geral da Justiça e Relator

Apelação nº 1007007-51.2017.8.26.0286

Apelante: Condomínio Terras de São José

Apelado: Oficial do Registro de Imóveis e Anexos da Comarca de Itu

VOTO Nº 37.657

Registro de Títulos e Documentos – Ata de Assembleia Geral Ordinária – Loteamento urbano – Inexistência de associação de moradores regularmente constituída – Registro para fins de mera conservação, na forma do art. 127, inciso VII, da Lei de Registros Públicos – Impossibilidade de registro para fins de publicidade e eficácia perante terceiros – Recurso desprovido.

Trata-se de recurso de apelação interposto por **CONDOMÍNIO TERRAS DE SÃO JOSÉ** contra r. sentença proferida pela MM.ª Juíza Corregedora Permanente da Oficial de Registro de Imóveis, Títulos e Documentos e Civil de Pessoas Jurídicas da Comarca de Itu **[1]**, que julgou procedente a dúvida suscitada e manteve a negativa ao registro da ata da 16ª Assembleia Geral Extraordinária do Condomínio Terras de São José, realizada em 24 de junho de 2017.

Sustenta o apelante, em síntese, ser possível o registro da referida ata com a finalidade de gerar publicidade e efeitos em relação a terceiros, tendo em vista que a anterior decisão do Egrégio Conselho Superior da Magistratura, nos autos da Apelação Cível nº 0003094-83.2014.8.26.0286, dizia respeito à constituição de sua administração, na forma de condomínio, e não à hipótese ora tratada.

Aduz que a mudança de entendimento jurisprudencial quanto à inexistência jurídica dos condomínios de lotes não se aplica ao caso, visto que não pretende a modificação de sua forma jurídica para condomínio, mas apenas o registro de suas atas com a finalidade de surtir efeitos em relação a terceiros, tornando possível a continuidade de sua administração na forma da Lei Municipal nº 1.659/1974.

Assevera também que, ante a imposição legal de que sua administração fosse submetida ao regime de condomínio, e não como mera associação de moradores, há mais de quarenta anos sua convenção e regulamento interno foram registrados, assim como também foram registradas as atas de assembleia realizadas ao longo desse tempo, tudo com fins de dar publicidade e gerar efeitos perante terceiros.

Ainda, esclarece buscar outros efeitos além do registro para fins de mera conservação, certo que o óbice ao registro das atas para eficácia perante terceiros vem lhe causando grandes prejuízos, ante a impossibilidade de sua regularização perante a Receita Federal, órgãos públicos, instituições financeiras, dada a exigência de regular representação legal, e também em razão das dificuldades havidas no registro, junto às matrículas dos imóveis integrantes do loteamento, de ordens judiciais.

O apelante manifestou oposição ao julgamento virtual **[2]**.

A D. Procuradoria Geral de Justiça opinou pelo não provimento do recurso **[3]**.

É o relatório.

Apresentada ao Oficial de Registro de Títulos e Documentos a Ata da 16ª Assembleia Geral Extraordinária do Condomínio Terras de São José, para fins de publicidade e eficácia perante terceiros, foi expedida nota de devolução e negado o respectivo registro sob o fundamento de que deveria ser providenciado o requerimento de registro facultativo para fins de mera conservação, nos exatos termos do inciso VII do art. 127 da Lei nº 6.015/73, em atendimento ao v. Acórdão proferido na Apelação Cível nº 0003094-83.2014.8.26.0286 do E. Conselho Superior da Magistratura, assim ementado:

REGISTRO DE TÍTULOS E DOCUMENTOS – ATA DE ASSEMBLEIA GERAL ORDINÁRIA DE CONDOMÍNIO – REGISTRO PARA FINS DE MERA CONSERVAÇÃO, NA FORMA DO ART, 127, VII, DA LRP – EMPREENDIMENTO COM NATUREZA DE LOTEAMENTO E NÃO DE CONDOMÍNIO – INEXISTÊNCIA DE RISCO DE INDUÇÃO DE TERCEIROS A ERRO – RECURSO PROVIDO. (TJSP; Apelação 0003094-83.2014.8.26.0286; Relator (a): Elliot Akel;

Órgão Julgador: Conselho Superior de Magistratura; Foro de Itu - 1ª. Vara Cível; Data do Julgamento: 27/01/2015; Data de Registro: 05/02/2015).

Como se vê, o pedido encontrou óbices que dizem respeito à natureza jurídica da apelante e à consequente possibilidade, ou não, do registro buscado.

O exame do tema aqui tratado demanda a diferenciação entre o registro de títulos e documentos para fins de publicidade e vinculação perante terceiros e o registro facultativo para fins de mera conservação.

A função do registro de títulos e documentos é registrar e conferir a determinado instrumento particular relativo a obrigações e estipulações referentes a bens móveis a prova de sua existência, sua publicidade e conservação (art. 1°, § 1°, inciso II e art. 127, incisos I a VII, da Lei n° 6.015/73 e inciso V do art. 5°, da Lei n° 8.935/94).

Quanto às atribuições, diz a Lei de Registros Públicos:

Art. 127. No Registro de Títulos e Documentos será feita a transcrição:

I - dos instrumentos particulares, para a prova das obrigações convencionais de qualquer valor;

II - do penhor comum sobre coisas móveis;

III - da caução de títulos de crédito pessoal e da dívida pública federal, estadual ou municipal, ou de Bolsa ao portador;

IV - do contrato de penhor de animais, não compreendido nas disposições do art. 10 da Lei n° 492, de 30-8-1934; V- do contrato de parceria agrícola ou pecuária;

VI - do mandado judicial de renovação do contrato de arrendamento para sua vigência, quer entre as partes contratantes, quer em face de terceiros.

*VII - **facultativo, de quaisquer documentos, para sua conservação.** (g.n)*

Existe, ainda, previsão expressa para a competência residual do Registro de Títulos e Documentos, como consta do parágrafo único do mesmo artigo de lei:

Parágrafo único. Caberá ao Registro de Títulos e Documentos a realização de quaisquer registros não atribuídos expressamente a outro ofício.

Aliás, essas atribuições também estão previstas no Item 1, do Capítulo XIX, das Normas de Serviço da Corregedoria Geral da Justiça:

1. O registro de títulos e documentos, no âmbito de suas atribuições, é o serviço de organização técnica e administrativa que tem por finalidade assegurar a autenticidade, segurança, publicidade e eficácia dos atos e negócios jurídicos, constituindo ou declarando direitos e obrigações, para prova de sua existência e data, além da conservação perpétua de seu conteúdo.

Não existe, a rigor, qualquer óbice ao registro de documentos particulares que digam respeito a assembleias, reuniões, etc. Todos esses documentos estariam incluídos na competência prevista no art. 127, inciso VII, da Lei n° 6.015/73 e também abrangidos pela natureza residual da competência do Serviço de Registro de Títulos e Documentos.

No que diz respeito ao registro versado nos autos, divergem o Oficial e o apelante quanto à possibilidade de sua efetivação para fins de publicidade e eficácia *erga omnes*, ou apenas para fins de mera conservação, na forma do art. 127, inciso VII, da Lei nº 6.015/73.

Não há mais espaço para qualquer discussão envolvendo a existência ou não do condomínio de lotes em nosso ordenamento. Com o advento da Lei n° 13.465/2017, tal figura foi disciplinada no art. 1.358-A ao Código Civil:

Art. 1.358-A. Pode haver, em terrenos, partes designadas de lotes que são propriedade exclusiva e partes que são propriedade comum dos condôminos.

A mesma lei acrescentou o § 7º no art. 2º da Lei nº 6.766/79:

> *§ 7º. O lote poderá ser constituído sob a forma de imóvel autônomo ou de unidade imobiliária integrante de condomínio de lotes.*

As Normas de Serviço da Corregedoria Geral da Justiça também passaram a tratar do tema, nos Itens 447 e seguintes do Capítulo XX:

> *447. A implantação de condomínio de lotes submete-se à configuração estabelecida pelos artigos 1.331 e seguintes do Código Civil e aos parâmetros urbanísticos de ocupação e uso do solo instituídos pela legislação estadual e municipal.*
>
> *448. A fração ideal de cada condômino poderá ser proporcional à área do solo de cada unidade autônoma, ao respectivo potencial construtivo ou a outros critérios indicados no ato de instituição.*
>
> *449. Para fins de incorporação imobiliária, a implantação de toda a infraestrutura ficará a cargo do empreendedor.*
>
> *450. A execução das obras de infraestrutura equipara-se à construção da edificação e sua conclusão deverá ser averbada na matrícula matriz do empreendimento, seguida dos atos simultâneos de registros da instituição e especificação de condomínio e da convenção.*
>
> *451. Aplicam-se ao condomínio de lotes, no que couber, as disposições relativas à incorporação imobiliária e ao condomínio edilício, constantes deste capítulo.*

Desse modo, a existência jurídica do condomínio de lotes é indiscutível na legislação atual, encerrando a divergência na jurisprudência administrativa até então existente.

Contudo, isso não significa que, com a novel legislação, os condomínios edilícios ou loteamentos urbanos registrados estejam *convertidos* em condomínios de lotes.

Os loteamentos regularizados, constituídos sob a égide do Decreto-Lei nº 58/1937, ou da Lei nº 6.766/1979, não se convertem em condomínio de lotes, pois os bens públicos neles existentes, tais como sistemas viários, incorporados ao patrimônio municipal, não são passíveis de desafetação (art. 180, inciso VII, da Constituição do Estado de São Paulo).

Já os condomínios edilícios regularmente instituídos, seja pela Lei n° 4.591/64, seja pelo Código Civil, também não se convertem, eis que o condomínio de lotes tem como unidades autônomas áreas não edificadas, ao passo que o que caracteriza e distingue o condomínio edilício dos demais institutos jurídicos é a existência de vinculação obrigatória entre o terreno e a construção.

Sendo assim, a existência jurídica atual do condomínio de lotes em nada altera, por si só, a natureza jurídica do apelante e a controvérsia aqui tratada.

Aliás, o apelante foi inscrito como um loteamento urbano, de acesso controlado, sob o n. 85 do Livro Auxiliar 8-E, de 18 de fevereiro de 1975, sob a égide do Decreto-Lei nº 58/1937, sem que tenha sido constituída uma associação de moradores **[4]**.

E muito embora haja menção quanto à existência, uma administração na forma de condomínio edilício, não existe, a rigor, instituição jurídica dessa espécie condominial, na medida em que, tal como anteriormente consignado, a área foi parcelada sob o regime de loteamento urbano, sem distribuição de frações ideais sobre áreas comuns, unidades autônomas e incorporação de bens ao patrimônio público municipal.

E se não há associação de moradores legalmente constituída, o que ensejaria ato de averbação de referida assembleia, e se tampouco há condomínio edilício, inviável se falar em registro de assembleia geral para fins de eficácia *erga omnes*.

O apelante foi instituído, há mais quarenta anos, nos termos da Lei do Município de Itu n° 1.659/1974 **[5]**, de modo que sua natureza jurídica, quando da constituição, deu-se, como dito, na forma de loteamento urbano, certo que apenas sua administração seria feita na forma de condomínio edilício. Contudo, condomínio edilício não há.

Sendo assim, por se tratar de loteamento urbano, e considerando que inexiste associação de moradores formalmente constituída, hipótese em que seria cabível a averbação da ata no Registro Civil de Pessoas Jurídicas, apenas se mostra possível, na espécie em análise, o registro para fins facultativos e de mera conservação.

E nem se alegue, como pretende a apelante, que a anterior decisão do E. Conselho Superior da Magistratura, nos autos da Apelação Cível n° 0003094-83.2014.8.26.0286, dizia respeito à constituição de sua administração na forma de condomínio, sendo diversa a hipótese ora tratada.

Isso porque, após o julgamento acima mencionado, este órgão colegiado voltou a enfrentar o tema, agora nos autos da Apelação Cível nº 0005617-68.2014.8.26.0286 e, mais uma vez, ao se referir expressamente ao registro de ata de assembleia, decidiu pela sua possibilidade apenas para fins de conservação:

REGISTRO DE TÍTULOS E DOCUMENTOS – ATA DE ASSEMBLÉIA GERAL ORDINÁRIA DE CONDOMÍNIO – ***Registro para fins de mera conservação na forma do art. 127, VII, da LRP*** *– Irresignação parcial – Dúvida prejudicada – Recurso não conhecido (g.n).*

No voto do ilustre Relator, Des. PEREIRA CALÇAS, há expressa manifestação pela possibilidade do registro previsto no art. 127, inciso VII, da Lei nº 6.015/73:

A assembleia é, em última análise, mero ajuste de vontades firmado entre pessoas de interesse comum. *E o registro dela não terá força para convalidar, chancelar ou referendar qualquer defeito jurídico eventualmente existente.* ***Parece não haver dúvida de que o intuito do registro é apenas o previsto no art. 127, VII, da Lei nº 6.015/73, e não induzir terceiros a erro.*** *Some-se a isso o fato de que, quando o oficial realiza o registro facultativo, deve fazer a seguinte declaração: registro efetuado, nos termos do art 127, VII, da Lei de Registros Públicos, apenas para fins de mera conservação, prova apenas a existência, a data e o conteúdo do documento, não gerando publicidade nem efeitos em relação a terceiros, (item 3, do Cap. XIX, das NSCGJ). O espírito que deve ser aqui aplicado é o mesmo daqueles casos em que as associações pedem ingresso das respectivas atas de assembleia registro (CG 2014/00012733). Em suma, o registro ora pretendido, se deferido, em nada colocará em risco a veracidade dos registros públicos. De outro lado, servirá de importante fator de segurança para os interessados que o firmaram. (g.n).*

Por essas razões, a negativa de ingresso do título apresentado deve ser mantida, eis que corretos os óbices apresentados pela registradora.

Diante do exposto, **nego provimento** ao recurso.

GERALDO FRANCISCO PINHEIRO FRANCO

Corregedor Geral da Justiça e Relator

Notas:

[2] Fls. 374/378 e embargos de declaração a fls. 3811/385.

[2] Fls. 427.

[3] Fls. 430/432.

[4] Fls. 15/29.

[5] Fls. 46/51. (DJe de 24.01.2019 - SP)

PODER JUDICIÁRIO

TRIBUNAL DE JUSTIÇA DO ESTADO DE SÃO PAULO

CONSELHO SUPERIOR DA MAGISTRATURA

Apelação nº 1007008-36.2017.8.26.0286

Registro: 2018.0000994926

ACÓRDÃO

Vistos, relatados e discutidos estes autos do(a) **Apelação nº 1007008-36.2017.8.26.0286**, da Comarca de **Itu**, em que é apelante **CONDOMÍNIO TERRAS DE SÃO JOSÉ**, é apelada **OFICIAL DO REGISTRO DE IMÓVEIS E ANEXOS DA COMARCA DE ITU**.

ACORDAM, em Conselho Superior de Magistratura do Tribunal de Justiça de São Paulo, proferir a seguinte decisão: **"Negaram provimento, v.u."**, de conformidade com o voto do Relator, que integra este Acórdão.

O julgamento teve a participação dos Exmos. Desembargadores **PEREIRA CALÇAS (PRESIDENTE TRIBUNAL DE JUSTIÇA) (Presidente), ARTUR MARQUES (VICE PRESIDENTE), XAVIER DE AQUINO (DECANO), EVARISTO DOS SANTOS(PRES. DA SEÇÃO DE DIREITO PÚBLICO), CAMPOS MELLO (PRES. DA SEÇÃO DE DIREITO PRIVADO) E FERNANDO TORRES GARCIA(PRES. SEÇÃO DE DIREITO CRIMINAL)**.

São Paulo, 11 de dezembro de 2018.

GERALDO FRANCISCO PINHEIRO FRANCO
Corregedor Geral da Justiça e Relator

Apelação nº 1007008-36.2017.8.26.0286

Apelante: Condomínio Terras de São José

Apelado: Oficial do Registro de Imóveis e Anexos da Comarca de Itu

VOTO Nº 37.635.

Registro de Títulos e Documentos – Ata de Assembleia Geral Ordinária – Loteamento urbano – Inexistência de associação de moradores regularmente constituída – Registro para fins de mera conservação, na forma do art. 127, VII, da Lei de Registros Públicos – Impossibilidade de registro para fins de publicidade e eficácia perante terceiros – Recurso desprovido.

CONDOMÍNIO TERRAS DE SÃO JOSÉ interpõe recurso de apelação contra r. sentença de fl. 587/591, que julgou procedente a dúvida suscitada e manteve a negativa ao registro da ata da 42ª Assembleia Geral Ordinária do Condomínio Terras de São José, perante o Sr. Oficial de Registro de Imóveis, Títulos e Documentos e Civil de Pessoas Jurídicas da Comarca de Itu.

Sustenta o recorrente haver direito ao registro da referida ata com a finalidade de gerar publicidade e efeitos em relação a terceiros, tendo em vista que a anterior decisão do Eg. Conselho Superior da Magistratura, nos autos da apelação cível n° 0003094-83.2014.8.26.0286, dizia respeito à constituição da sua administração, na forma de condomínio, e não à hipótese ora tratada.

Aduz que a mudança de entendimento jurisprudencial quanto à inexistência jurídica dos condomínios de lotes não se aplica ao caso, já que não se pretende modificação de sua forma jurídica para condomínio, mas apenas o registro de suas atas, tornando possível sua administração na forma da Lei Municipal n. 1.659/1974.

Assevera ainda que, face à imposição legal de que sua administração seja submetida ao regime de condomínio, e não como uma mera associação de moradores, a apelante teve sua convenção e regulamento interno registrados há mais de 40 anos e, ao longo de todo esse tempo, teve suas atas de assembleia sempre registradas com publicidade e efeitos perante terceiros.

Reafirma ser inaplicável o princípio da unitariedade registral ao caso, até porque a apelante busca outros efeitos com o pedido atual, e que o óbice ao registro das atas para eficácia perante terceiros tem causado grandes prejuízos, por não conseguir a apelante sua regularização perante a Receita Federal, órgãos públicos, instituições financeiras ou mesmo para o registro junto às matrículas dos imóveis integrantes do loteamento, inclusive quanto a ordens judiciais, face à exigência de regular representação legal.

Por fim, afirma não haver qualquer óbice ao registro das procurações em conjunto com a ata, por se tratar de documentos anexos.

A D. Procuradoria Geral de Justiça opinou pelo desprovimento do recurso (fl. 646/651). O apelante manifestou oposição ao julgamento virtual (fl. 643).

É o relatório.

Presentes pressupostos legais e administrativos, conheço do recurso.

No mérito, respeitado o entendimento do apelante, ele não comporta provimento.

Foi apresentada ao Oficial de Registro de Títulos e Documentos a Ata da 42ª Assembleia Geral Ordinária do Condomínio Terras de São José (fl. 144/161), acompanhada das procurações outorgadas pelos participantes da reunião, para fins de publicidade e eficácia perante terceiros.

Contudo, tal pedido encontrou óbices que dizem respeito à natureza jurídica da apelante e à consequente possibilidade ou não do registro buscado, à existência de outra ata da mencionada 42ª Assembleia Geral, que já estava registrada naquela serventia.

Além disso, do ponto de vista do protocolo dos documentos, o óbice levantado diz respeito à possibilidade de registro conjunto da referida ata e das procurações que a acompanham.

E todo o exame do tema aqui tratado demanda a diferenciação entre o registro de títulos e documentos para fins de publicidade e vinculação perante terceiros e o registro facultativo para fins de mera conservação.

A função do registro de títulos e documentos é registrar e conferir a determinado instrumento particular relativo a obrigações e estipulações referentes a bens móveis a prova de sua existência, sua publicidade e conservação (art. 1°, § 1°, inciso II e art. 127, I a VII, da Lei n° 6.015/73 e inciso V do art. 5°, da Lei n° 8.935/94).

Quanto às suas atribuições, diz a Lei de Registros Públicos:

> Art. 127. No Registro de Títulos e Documentos será feita a transcrição:
>
> I - dos instrumentos particulares, para a prova das obrigações convencionais de qualquer valor; II - do penhor comum sobre coisas móveis;
>
> III - da caução de títulos de crédito pessoal e da dívida pública federal, estadual ou municipal, ou de Bolsa ao portador;
>
> IV - do contrato de penhor de animais, não compreendido nas disposições do art. 10 da Lei n° 492, de 30-8-1934; V- do contrato de parceria agrícola ou pecuária;
>
> VI - do mandado judicial de renovação do contrato de arrendamento para sua vigência, quer entre as partes contratantes, quer em face de terceiros.
>
> VII - **facultativo, de quaisquer documentos, para sua conservação.** (g.n)

Existe ainda previsão expressa para a competência residual do Registro de Títulos e Documentos, como consta do parágrafo único do mencionado artigo:

Parágrafo único. Caberá ao Registro de Títulos e Documentos a realização de quaisquer registros não atribuídos expressamente a outro ofício.

Aliás, tais atribuições também estão no Item 1 do Capítulo XIX, das Normas de Serviço da Corregedoria Geral da Justiça:

1. O registro de títulos e documentos, no âmbito de suas atribuições, é o serviço de organização técnica e administrativa que tem por finalidade assegurar a autenticidade, segurança, publicidade e eficácia dos atos e negócios jurídicos, constituindo ou declarando direitos e obrigações, para prova de sua existência e data, além da conservação perpétua de seu conteúdo.

Não há, a rigor, qualquer óbice ao registro de documentos particulares que digam respeito a assembleias, reuniões etc. Todos esses documentos estariam incluídos na competência prevista no inciso VII do art. 127, da Lei nº 6.015/73, e também abrangidos pela natureza residual da competência do Serviço de Registro de Títulos e Documentos.

Passando à espécie de registro da referida ata, divergem o Oficial e o apelante quanto à possibilidade dele ser feito para fins de publicidade e eficácia *erga omnes*, ou apenas para fins de mera conservação, conforme art. 127, VII, da Lei n. 6.015/77.

Não há mais espaço para qualquer discussão envolvendo a existência ou não do condomínio de lotes em nosso ordenamento. Com o advento da Lei nº 13.465/2017, tal figura foi disciplinada no art. 1.358-A ao Código Civil:

> Art. 1.358-A. Pode haver, em terrenos, partes designadas de lotes que são propriedade exclusiva e partes que são propriedade comum dos condôminos.

A mesma lei acrescentou o § 7º no art. 2º da Lei nº 6.766/79:

> § 7º. O lote poderá ser constituído sob a forma de imóvel autônomo ou de unidade imobiliária integrante de condomínio de lotes.

As Normas de Serviço da Corregedoria Geral da Justiça também já tratam do tema, nos Itens 447 e seguintes do Capítulo XX:

447. A implantação de condomínio de lotes submete-se à configuração estabelecida pelos artigos 1.331 e seguintes do Código Civil e aos parâmetros urbanísticos de ocupação e uso do solo instituídos pela legislação estadual e municipal.

448. A fração ideal de cada condômino poderá ser proporcional à área do solo de cada unidade autônoma, ao respectivo potencial construtivo ou a outros critérios indicados no ato de instituição.

449. Para fins de incorporação imobiliária, a implantação de toda a infraestrutura ficará a cargo doempreendedor.

450. A execução das obras de infraestrutura equipara-se à construção da edificação e sua conclusão deverá ser averbada na matrícula matriz do empreendimento, seguida dos atos simultâneos de registros da instituição e especificação de condomínio e da convenção.

451. Aplicam-se ao condomínio de lotes, no que couber, as disposições relativas à incorporação imobiliária e ao condomínio edilício, constantes deste capítulo.

Desse modo, a existência jurídica do condomínio de lotes é indiscutível na legislação atual, encerrando a divergência na jurisprudência administrativa até então existente.

Contudo, isso não significa que, com a novel legislação, os condomínios edilícios ou loteamentos urbanos registrados estejam *convertidos* em condomínios de lotes.

Os loteamentos regularizados, constituídos sob a égide do Decreto- Lei nº 58/1937, ou da Lei n. 6.766/1979, não se convertem em condomínio de lotes, já que os bens públicos neles existentes, tais como sistemas viários, incorporados ao patrimônio municipal, não são passíveis de desafetação (art. 180, VII, da Constituição do Estado de São Paulo).

Já os condomínios edilícios regularmente instituídos, seja pela Lei nº 4.591/64, seja pelo Código Civil, também não se convertem, já que o condomínio de lotes tem como unidades autônomas áreas não edificadas, ao passo que o que caracteriza e distingue o condomínio edilício dos demais institutos jurídicos é a existência de vinculação obrigatória entre o terreno e a construção.

Sendo assim, a existência jurídica atual do condomínio de lotes em nada altera, por si só, a natureza jurídica do apelante e a controvérsia aqui tratada.

Aliás, a apelante foi inscrita como um loteamento urbano, de acesso controlado, sob o n. 87 do Livro Auxiliar 8-E, de 27 de maio de 1975, sob a égide do Decreto-Lei nº 58/1937, em que não foi constituída uma associação de moradores (fl. 182/196).

E, muito embora haja menção quanto à existência de administração na forma de condomínio edilício (fl. 190/192, e fl. 398/404), não existe, a rigor, instituição jurídica dessa espécie condominial, já que, como dito, a área foi parcelada sob o regime de loteamento urbano, sem distribuição de frações ideais sobre áreas comuns, unidades autônomas e, como dito, com a incorporação de bens ao patrimônio público municipal.

E se não há associação de moradores legalmente constituída, o que ensejaria em ato de averbação de referida assembleia, e se tampouco há condomínio edilício, não há como se falar em registro de assembleia geral para fins de eficácia *erga omnes*.

A forma pela qual a recorrente está instituída data de mais de 40 anos, nos termos da Lei do Município de Itu n° 1.659/1974 (fl. 138/143), de modo que a sua natureza jurídica, quando da constituição, deu-se, como dito, na forma de loteamento urbano e apenas a sua administração seria feita na forma de condomínio edilício, mas condomínio edilício não há.

Sendo assim, tratando-se de loteamento urbano, e considerando que não existe associação de moradores formalmente constituída, quanto então a hipótese seria de averbação da ata no Registro Civil de Pessoas Jurídicas, apenas se mostra cabível tal registros para fins facultativos e de mera conservação.

A apelante menciona, em suas razões, a anterior decisão do Eg. Conselho Superior da Magistratura, nos autos da apelação cível n° 0003094-83.2014.8.26.0286, afirmando que tal julgado dizia respeito à constituição da sua administração, na forma de condomínio, e não a hipótese ora tratada.

Ocorre que, após o julgamento acima mencionado, este órgão colegiado voltou a enfrentar o tema, agora nos autos da apelação cível n° 0005617-68.2014.8.26.0286, e, mais uma vez, ao se referir expressamente ao registro de ata de assembleia, decidiu pela sua possibilidade apenas para fins de conservação:

REGISTRO DE TÍTULOS E DOCUMENTOS – ATA DE ASSEMBLÉIA GERAL ORDINÁRIA DE CONDOMÍNIO –**Registro para fins de mera conservação na forma do art. 127, VII, da LRP** – Irresignação parcial – Dúvida prejudicada – Recurso não conhecido (g.n).

No voto do E. Relator, Des. PEREIRA CALÇAS, há expressa manifestação pela possibilidade do registro previsto no art. 127, VII, da Lei n. 6.015/77:

A assembleia é, em última análise, mero ajuste de vontades firmado entre pessoas de interesse comum. E o registro dela não terá força para convalidar, chancelar ou referendar qualquer defeito jurídico eventualmente existente. **Parece não haver dúvida de que o intuito do registro é apenas o previsto no art. 127, VII, da Lei n° 6.015/73, e não induzir terceiros a erro.** Some-se a isso o fato de que, quando o oficial realiza o registro facultativo, deve fazer a seguinte declaração: registro efetuado, nos termos do art 127, VII, da Lei de Registros Públicos, apenas para fins de mera conservação, prova apenas a existência, a data e o conteúdo do documento, não gerando publicidade nem efeitos em relação a terceiros, (item 3, do Cap. XIX, das NSCGJ). O espírito que deve ser aqui aplicado é o mesmo daqueles casos em que as associações pedem ingresso das respectivas atas de assembleia registro (CG 2014/00012733). Em suma, o registro ora pretendido, se deferido, em nada colocará em risco a veracidade dos registros públicos. De outro lado, servirá de importante fator de segurança para os interessados que o firmaram. (g.n).

No que tange à unitariedade registral, como afirmado às fl. 12, já existe registro, na mesma serventia, da ata da 42ª Assembleia Geral Ordinária, sendo vedado novo registro para fins de eficácia *erga omnes*, ressalvada, como já acima exposto, a possibilidade de aplicação do art. 127, VII, da Lei n. 6.015/77.

Passando ao último óbice, relativo ao protocolo de documentos conjuntos, o registro das procurações outorgadas não seria pré-requisito para o eventual registro da ata da assembleia, salvo se a solicitação do apelante dissesse respeito ao registro das referidas procurações também para fins de publicidade e eficácia *erga omnes*.

E para tal finalidade, insere-se na competência do Registro de Títulos e Documentos o registro de procurações, com previsão no art. 158 da Lei n. 6.015/77.

Allás, ao qualificar tais procurações, para fins de publicidade e vinculação *erga omnes,* o Oficial precisará verificar: a) se o documento apresentado é original e se está devidamente subscrito pelo outorgante, com firma reconhecida; b) se houve eventual revogação de mandato anterior, para que seja feita a devida averbação ao ato revogado; c) se estão atendidos todos os requisitos do art. 654 do Código Civil (indicação do lugar onde foi passado o instrumento de mandado, qualificação do outorgante e outorgado e designação da extensão dos poderes conferidos), dentre outros.

Não por outro motivo, o Item 2.2.2. do Capítulo XIX das Normas de Serviço da Corregedoria Geral da Justiça possui previsão expressa de vedação ao registro de documentos em conjunto, salvo, como sempre tenho destacado, se a finalidade for de mera conservação:

2.2.2. É vedado o registro conjunto de títulos e documentos, salvo na hipótese de registro exclusivamente para fins de mera conservação.

Por tal motivo é que não se pode dizer que as procurações apresentadas pelo apelante, em conjunto com a ata da assembleia, traduzem apenas "anexos" ao documento principal, salvo se o apelante, em verdade, não buscasse o registro para eficácia *erga omnes* dos documentos, mas apenas para fins de conservação. Nesse caso, tais registros serão sempre facultativos.

Nesse caso, o registro da ata, independentemente de registro anterior, será cabível, em razão se sua facultatividade e finalidade de mera conservação.

Por essas razões, a negativa de ingresso dos títulos apresentados deve ser mantida em seus exatos termos. Ante o exposto, nego provimento ao recurso.

GERALDO FRANCISCO PINHEIRO FRANCO
Corregedor Geral da Justiça e Relator (DJe de 24.01.2019 - SP)

DENOMINAÇÃO DE PESSOA JURÍDICA

PODER JUDICIÁRIO

TRIBUNAL DE JUSTIÇA DO ESTADO DE SÃO PAULO

CONSELHO SUPERIOR DA MAGISTRATURA

Apelação nº 1008510-86.2017.8.26.0099
Registro: 2019.000010839 5

ACÓRDÃO

Vistos, relatados e discutidos estes autos do(a) **Apelação nº 1008510-86.2017.8.26.0099**, da Comarca de **Bragança Paulista**, em que é apelante **ALMIRO RODRIGUES DE SOUZA**, é apelado **OFICIAL DE REGISTRO DE IMÓVEIS E ANEXOS DA COMARCA DE BRAGANÇA PAULISTA**.

ACORDAM, em Conselho Superior de Magistratura do Tribunal de Justiça de São Paulo, proferir a seguinte decisão: **"Negaram provimento ao recurso, v.u.",** de conformidade com o voto do Relator, que integra este Acórdão.

O julgamento teve a participação dos Exmos. Desembargadores **PEREIRA CALÇAS (PRESIDENTE TRIBUNAL DE JUSTIÇA) (Presidente), ARTUR MARQUES (VICE PRESIDENTE), XAVIER DE AQUINO (DECANO),**

EVARISTO DOS SANTOS(PRES. DA SEÇÃO DE DIREITO PÚBLICO), CAMPOS MELLO (PRES. DA SEÇÃO DE DIREITO PRIVADO) E FERNANDO TORRES GARCIA(PRES. SEÇÃO DE DIREITO CRIMINAL).

São Paulo, 7 de fevereiro de 2019.

GERALDO FRANCISCO PINHEIRO FRANCO

Corregedor Geral da Justiça e Relator

Apelação n.º 1008510-86.2017.8.26.0099

Apelante: Almiro Rodrigues de Souza

Apelado: Oficial de Registro de Imóveis e Anexos da Comarca de Bragança Paulista

VOTO N.º 37.678

Registro Civil de Pessoa Jurídica – Núcleo das expressões linguísticas de denominação de pessoa jurídica semelhante à de outra pessoa jurídica anteriormente registrada – Pessoas jurídicas com objeto social semelhante – Possibilidade de confusão e incertezas no meio social acaso efetuado o registro – A diferença de estrutura jurídica (organização religiosa e associação) insuficiente para diferenciação – Qualificação registral negativa mantida – Recurso não provido.

Trata-se de recurso de apelação interposto por Almiro Rodrigues de Souza contra a r. sentença de fls. 108/109, que julgou procedente a dúvida suscitada pelo Oficial de Registros de Imóveis e anexos da Comarca de Bragança Paulista mantendo a recusa do registro de pessoa jurídica em razão da semelhança com a denominação de outra pessoa jurídica anteriormente registrada.

Sustenta o recorrente a ausência de semelhança, correção do sistema de prestação de contas e erro material na numeração dos artigos do estatuto social (fls. 118/221).

A D. Procuradoria Geral da Justiça opinou pelo provimento do recurso (fls. 249/253).

É o relatório.

Inicialmente observo que a recusa de registro, neste expediente, não tratou de questões atinentes à prestação de contas, bem como, não há dissenso quanto ao erro material na indicação dos números dos artigos do estatuto social.

Desse modo, como mencionou o i. sentenciante, o ponto a ser examinado é ocorrência de semelhança da denominação com a de outra pessoa jurídica anteriormente registrada, impedindo o registro pretendido.

Essas questões foram objeto de apreciação pelo MM. Juiz Corregedor Permanente, donde não se cogita de nulidade da r. sentença por ausência de fundamentação.

A denominação da pessoa jurídica cujo registro é pretendido é "Igreja Evangélica Pentecostal Jesus é Esperança – Ministério em Bragança Paulista – SP" (a fls. 35), a denominação da pessoa jurídica anteriormente registrada é "Associação Igreja Pentecostal 'Jesus é a Esperança'" (a fls. 55).

Apesar das denominações não serem absolutamente coincidentes, os núcleos daquelas são, ou seja: "(..) Igreja (..) Pentecostal Jesus é Esperança (..)". Além disso, ambas têm finalidades religiosas solidárias.

Essa proximidade permite confusão entre as pessoas jurídicas, sendo certo que os elementos diversos das denominações não possibilitam a diferenciação por envolverem objeto social religioso e mesma localidade.

O fato da estrutura jurídica da recorrente ser organização religiosa e da empresa registrada ser associação, na forma do artigo 44 do Código Civil, são insuficientes para rejeitar a qualificação registral negativa.

Isso porque a finalidade da vedação é impedir dúvidas da parte das pessoas que tiverem contato com a pessoa jurídica em sentido amplo, bem como, a comunidade em geral; assim, a mera diversidade de espécie legal não tem aptidão para a diferenciação das pessoas jurídicas em questão.

Nessa perspectiva, o item 3 do Capítulo XVIII das Normas de Serviço da Corregedoria Geral da Justiça, trata as pessoas jurídicas como gênero ao estabelecer:

> *3. É vedado, na mesma Comarca, o registro de pessoas jurídicas com nome empresarial (denominação social ou razão social) ou denominação idêntica ou semelhante a outra já existente, que possa ocasionar dúvida aos usuários do serviço.*

Por todo o exposto, pelo meu voto, **nego provimento ao recurso. GERALDO FRANCISCO PINHEIRO FRANCO**

Corregedor Geral da Justiça e Relator (DJe de 18.03.2019 - SP)

PROPRIEDADE FIDUCIÁRIA

PODER JUDICIÁRIO

TRIBUNAL DE JUSTIÇA DO ESTADO DE SÃO PAULO

CONSELHO SUPERIOR DA MAGISTRATURA

Apelação nº 1056292-52.2018.8.26.0100

Registro: 2019.0000546788

ACÓRDÃO

Vistos, relatados e discutidos estes autos de **Apelação Cível nº 1056292-52.2018.8.26.0100**, da Comarca de **São Paulo**, em que é apelante **MASTER CASH FOMENTO COMERCIAL LTDA**, é apelado **5º OFICIAL DE REGISTRO DE IMÓVEIS DA COMARCA DA CAPITAL**.

ACORDAM, em Conselho Superior de Magistratura do Tribunal de Justiça de São Paulo, proferir a seguinte decisão: **"Negaram provimento, com observação, v.u."**, de conformidade com o voto do Relator, que integra este acórdão.

O julgamento teve a participação dos Exmos. Desembargadores **PEREIRA CALÇAS (PRESIDENTE TRIBUNAL DE JUSTIÇA) (Presidente), ARTUR MARQUES (VICE PRESIDENTE), DAMIÃO COGAN, EVARISTO DOS SANTOS(PRES. DA SEÇÃO DE DIREITO PÚBLICO), CAMPOS MELLO (PRES. DA SEÇÃO DE DIREITO PRIVADO) E FERNANDO TORRES GARCIA(PRES. SEÇÃO DE DIREITO CRIMINAL).**

São Paulo, 25 de junho de 2019.

GERALDO FRANCISCO PINHEIRO FRANCO

Corregedor Geral da Justiça e Relator

Apelação Cível nº 1056292-52.2018.8.26.0100

Apelante: Master Cash Fomento Comercial Ltda

Apelado: 5º Oficial de Registro de Imóveis da Comarca da Capital

VOTO Nº 37.784

Registro de títulos e documentos – A propriedade fiduciária somente pode ser constituída tendo por objeto direito real, o que exclui sua incidência sobre direitos possessórios de imóvel – Posse não é direito real – Impossibilidade de registro de direitos sobre imóveis no registro de títulos e documentos para fins de oposição a terceiros – Recurso não provido.

Trata-se de recurso de apelação interposto por Master Cash Fomento Comercial Ltda contra a r. sentença de fls. 64/67, que julgou procedente a dúvida suscitada pelo 5º Oficial de Registro de Títulos e Documentos e Civil de Pessoas Jurídicas da Comarca da Capital, mantendo a recusa do registro de contrato de alienação fiduciária em virtude da garantia recair sobre posse de bem imóvel.

Sustenta a apelante que a garantia envolve direitos possessórios sobre imóvel, os quais, por não encerrarem direito real, devem ser objeto de registro perante o Cartório de Registro de Títulos e Documentos, pugnando pela realização da inscrição (fls. 74/81).

A D. Procuradoria Geral de Justiça opinou pelo não provimento do recurso (fls. 100/101).

É o relatório.

O artigo 1.361, parágrafo primeiro, do Código Civil, prescreve:

> *Art. 1.361. Considera-se fiduciária a propriedade resolúvel de coisa móvel infungível que o devedor, com escopo de garantia, transfere ao credor.*
>
> *§ 1º Constitui-se a propriedade fiduciária com o registro do contrato, celebrado por instrumento público ou particular, que lhe serve de título, no Registro de Títulos e Documentos do domicílio do devedor, ou, em se tratando de veículos, na repartição competente para o licenciamento, fazendo-se a anotação no certificado de registro.*

Portanto, somente é possível o registro de contratos de alienação fiduciária que tenham por objeto bens móveis infungíveis perante o Registro de Títulos e Documentos.

O registro do contrato de alienação fiduciária de bens imóveis para constituição da propriedade fiduciária é realizado perante o Registro Imobiliário, nos termos do artigo 23 da Lei nº 9.514/97 e artigo 167, inciso I, da Lei nº 6.015/73.

A propriedade fiduciária em garantia de bem móvel ou imóvel está prevista no artigo 1.225 do Código Civil e, portanto, em conformidade aos princípios da taxatividade e tipicidade, tem natureza jurídica de direito real.

Nesse sentido, Melhim Namen Challub (*Alienação Fiduciária: negócio fiduário*. Rio de Janeiro: Forense, 2017, p. 134):

> *A propriedade, ou titularidade fiduciária, em garantia é direito real oponível erga omnes, sendo o contrato seu título aquisitivo e o registro o modo de sua aquisição. Para validade contra terceiros, o registro se faz, conforme o objeto do negócio jurídico seja móvel ou imóvel, no Registro de Títulos e Documentos ou no Registro de Imóveis competente, ou, tratando-se de veículos, na repartição competente para seu licenciamento.*

No contrato apresentado para registro, a garantia envolve a posse de imóvel (a fls. 04/12), a qual não é direito real, nos termos do artigo 1.225 do Código Civil.

Diante disso, é inviável o registro pretendido para fins de propriedade fiduciária.

Além disso, o registro de direitos sobre imóveis devem ser realizados no Registro Imobiliário, o qual prevê a possibilidade excepcional de registros de direitos hauridos da posse nas situações de legitimação fundiária, o que, igualmente, não é a situação dos autos.

Nessa perspectiva, o registro é inviável tanto pelo fato da posse não ser um direito real com aptidão para constituição de propriedade fiduciária, como, em sentido amplo, não competir o registro de direito de posse perante o Registro de Títulos e Documentos.

Por todo o exposto, pelo meu voto, nego provimento à apelação, com as observações acima.

GERALDO FRANCISCO PINHEIRO FRANCO

Corregedor Geral da Justiça e Relator (DJe de 26.07.2019 - SP)

1.5. DECISÕES DO CONSELHO SUPERIOR DA MAGISTRATURA DO ESTADO DE SÃO PAULO – **ANO 2018**

1.5.1 REGISTRO DE IMÓVEIS E TABELIONATO DE NOTAS

ADJUDICAÇÃO

PODER JUDICIÁRIO

TRIBUNAL DE JUSTIÇA DO ESTADO DE SÃO PAULO
CONSELHO SUPERIOR DA MAGISTRATURA
Apelação nº 1000878-84.2016.8.26.0538
Registro: 2018.0000187375

ACÓRDÃO

Vistos, relatados e discutidos estes autos do(a) **Apelação nº 1000878-84.2016.8.26.0538**, da Comarca de **Santa Cruz das Palmeiras**, em que são partes é apelante **COOPERATIVA DE CRÉDITO DE LIVRE ADMISSÃO DE SANTA CRUZ DAS PALMEIRAS E REGIÃO,** é apelado **OFICIAL DE REGISTRO DE IMÓVEIS, TÍTULOS E DOCUMENTOS E CIVIL DE PESSOAS JURÍDICAS DE SANTA CRUZ DAS PALMEIRAS**.

ACORDAM, em Conselho Superior de Magistratura do Tribunal de Justiça de São Paulo, proferir a seguinte decisão: **"Deram provimento ao recurso e julgaram improcedente a dúvida, V. U."**, de conformidade com o voto do Relator, que integra este Acórdão.

O julgamento teve a participação dos Exmos. Desembargadores **PEREIRA CALÇAS (PRESIDENTE TRIBUNAL DE JUSTIÇA) (Presidente), ARTUR MARQUES (VICE PRESIDENTE), XAVIER DE AQUINO (DECANO), EVARISTO DOS SANTOS(PRES. DA SEÇÃO DE DIREITO PÚBLICO), CAMPOS MELLO (PRES. DA SEÇÃO DE DIREITO PRIVADO) E FERNANDO TORRES GARCIA(PRES. SEÇÃO DE DIREITO CRIMINAL)**.
São Paulo, 9 de março de 2018.
PINHEIRO FRANCO
Corregedor Geral da Justiça e Relator

Apelação nº 1000878-84.2016.8.26.0538
Apelante: Cooperativa de Crédito de Livre Admissão de Santa Cruz das Palmeiras e Região

Apelado: Oficial de Registro de Imóveis, Títulos e Documentos e Civil de Pessoas Jurídicas de Santa Cruz das Palmeiras (SP)

VOTO Nº 37.282

Registro de imóveis – Recusa de ingresso de carta de adjudicação – Apresentação de CND – Exigência afastada, conforme posição do CNJ, do CSM e nos termos das NSCGJ – Recurso provido.

Cuida-se de recurso de apelação interposto pela COOPERATIVA DE CRÉDITO DE LIVRE ADMISSÃO DE SANTA CRUZ DAS PALMEIRAS E REGIÃO, contra r. sentença que julgou procedente a dúvida suscitada pelo Oficial de Registro de Imóveis, Títulos e Documentos e Civil de Pessoas Jurídicas da Comarca de Santa Cruz das Palmeiras, quanto à exigibilidade de certidão negativa de tributos federais e contribuições previdenciárias-CND em nome da transmitente.

Sustenta a recorrente a inexigibilidade da CND para o registro da carta de adjudicação apresentada ao Oficial, embasando suas razões na legislação e em decisões deste E. Conselho Superior da Magistratura, assim como em recente orientação do Conselho Nacional de Justiça-CNJ.

A D. Procuradoria Geral de Justiça opinou pelo desprovimento do recurso, mantida a procedência da dúvida. É o relatório.

Presentes seus pressupostos legais e administrativos, conheço do recurso.

No mérito, respeitando o entendimento do MMº Juiz sentenciante, assim como da D. Procuradoria de Justiça, o recurso deve ser provido.

Cuida-se de carta de adjudicação apresentada para registro perante o ofício de imóveis, expedida pelo Juízo de Direito da Vara Única da Comarca de Santa Cruz das Palmeiras, extraída dos autos de Execução nº 0003160- 83.2014.8.26.0538.

O ingresso da carta foi negado, com expedição de nota devolutiva contendo a exigência de apresentação de certidão negativa relativa a tributos federais e contribuições previdenciárias em nome da transmitente (Lei 8.212/91, art. 47, I, *b*).

O tema objeto do debate não é novo. Tampouco é unânime na doutrina quanto à possibilidade de afastamento dessa exigência pela via administrativa.

Nada obstante, há diversos precedentes deste E. Conselho Superior da Magistratura quanto à inexigibilidade da certidão negativa de tributos federais (CND) para ingresso de títulos no registro de imóveis **[1]**.

De fato, a exigência da CND pode configurar forma heterodoxa e atípica de exigibilidade de débitos tributários, sem o devido processo legal, em afronta à Constituição Federal, por traduzir verdadeira sanção política ao jurisdicionado

O próprio Supremo Tribunal Federal, em diversas ocasiões, já se posicionou pela inconstitucionalidade de atos do Poder Público que traduzam exercício abusivo e coercitivo de exigência de obrigações tributárias, inclusive com natureza de contribuições previdenciárias.

Tal entendimento se encontra consubstanciada em enunciados da Suprema Corte (Súmulas 70, 323 e 547), no sentido de que a imposição, pela autoridade fiscal, de restrições de índole punitiva, quando motivada tal limitação pela mera inadimplência do contribuinte, revela-se contrária às liberdades públicas ora referidas (RTJ 125/395, Rel. Min. OCTAVIO GALLOTTI), conforme voto do E. Ministro CELSO DE MELLO:

> "O fato irrecusável, nesta matéria, como já evidenciado pela própria jurisprudência desta Suprema Corte, é que o Estado não pode valer-se de meios indiretos de coerção, convertendo-os em instrumentos de acertamento da relação tributária, para, em função deles e mediante interdição ou grave restrição ao exercício da atividade empresarial, econômica ou profissional constranger o contribuinte a adimplir obrigações fiscais eventualmente em atraso" **[2]**.

A doutrina reiteradamente citada vai nesse mesmo sentido quanto à impossibilidade de cobrança atípica, em ofensa ao *due process of law*:

"Em Direito Tributário a expressão sanções políticas corresponde a restrições ou proibições impostas ao contribuinte, como forma indireta de obrigá-lo ao pagamento do tributo, tais como a interdição do estabelecimento, a apreensão de mercadorias, o regime especial de fiscalização, entre outras. Qualquer que seja a restrição que implique cerceamento da liberdade de exercer atividade lícita é inconstitucional, porque contraria o disposto nos artigos 5º, inciso XIII, e 170, parágrafo único, do Estatuto Maior do País. (...) São exemplos mais comuns de sanções políticas a apreensão de mercadorias sem que a presença física destas seja necessária para a comprovação do que o fisco aponta como ilícito; o denominado regime especial de fiscalização; a recusa de autorização para imprimir notas fiscais; a inscrição em cadastro de inadimplentes com as restrições daí decorrentes; a recusa de certidão negativa de débito quando não existe lançamento consumado contra o contribuinte; a suspensão e até o cancelamento da inscrição do contribuinte no respectivo cadastro, entre muitos outros. Todas essas práticas são flagrantemente inconstitucionais, entre outras razões, porque: a) implicam indevida restrição ao direito de exercer atividade econômica, independentemente de autorização de órgãos públicos, assegurado pelo art. 170, parágrafo único, da vigente Constituição Federal; e b) configuram cobrança sem o devido processo legal, com grave violação do direito de defesa do contribuinte, porque a autoridade que a este impõe a restrição não é a autoridade competente para apreciar se a exigência é ou não legal." **[3]**

A matéria já se encontra normatizada no âmbito administrativo nesta Corte, conforme Item 119.1 do Capítulo XX das Normas de Serviço Extrajudicial:

119.1. Com exceção do recolhimento do imposto de transmissão e prova de recolhimento do laudêmio, quando devidos, **nenhuma exigência relativa à quitação de débitos para com a Fazenda Pública, inclusive quitação de débitos previdenciários, fará o oficial, para o registro de títulos particulares, notariais ou judiciais [4]**. (g.n).

Não bastasse a mencionada previsão normativa, recentemente, o C. Conselho Nacional de Justiça-CNJ, no julgamento do Pedido de Providências nº 0001230-82.2015.2.00.000, por votação unânime, firmou entendimento de que, reconhecida a inconstitucionalidade do art. 1º, inciso IV da Lei nº 7.711/88 (ADI 394), não há mais que se falar em comprovação de quitação de créditos tributários, de contribuições federais e de outras imposições para o ingresso de qualquer título do registro de imóveis.

Neste cenário, a exigência imposta deve ser afastada.

Por essas razões, dou provimento ao recurso e julgo improcedente a dúvida.

PINHEIRO FRANCO

Corregedor Geral da Justiça e Relator

Notas:

[1] CSM, Apelação n° 0004526-23.2015.8.26.0539. Rel. Desembargador PEREIRA CALÇAS, Apelação n° 0006907-12.2012.8.26.0344, Rel. Desembargador RENATO NALINI.

[2] STF, RE 666405/RS.

[3] MACHADO, Hugo De Brito, *Sanções Políticas no Direito Tributário*, Revista Dialética e Direito Tributário nº 30, p. 46/47.

[4] CTN, art. 192; CPC, arts. 1.026 e 1.031 e Proc. CG 61.983/82; Apelação nº 006907-12.2012.8.26.0344, Marília (SP); NSCGJSP, XIV, 59.2. (DJe de 02.05.2018 - SP)

PODER JUDICIÁRIO

TRIBUNAL DE JUSTIÇA DO ESTADO DE SÃO PAULO

CONSELHO SUPERIOR DA MAGISTRATURA

Apelação nº 1015179-66.2016.8.26.0625

Registro: 2018.0000187361

ACÓRDÃO

Vistos, relatados e discutidos estes autos do(a) **Apelação nº 1015179-66.2016.8.26.0625**, da Comarca de **Taubaté**, em que são partes é apelante **INCAPITAL PARTICIPAÇÕES LTDA.**, é apelado **OFICIAL DE REGISTRO DE IMÓVEIS E ANEXOS DA COMARCA DE TAUBATÉ**.

ACORDAM, em Conselho Superior de Magistratura do Tribunal de Justiça de São Paulo, proferir a seguinte decisão: **"Deram provimento ao recurso e julgaram improcedente a dúvida, V. U."**, de conformidade com o voto do Relator, que integra este Acórdão.

O julgamento teve a participação dos Exmos. Desembargadores **PEREIRA CALÇAS (PRESIDENTE TRIBUNAL DE JUSTIÇA) (Presidente), ARTUR MARQUES (VICE PRESIDENTE), XAVIER DE AQUINO (DECANO), EVARISTO DOS SANTOS(PRES. DA SEÇÃO DE DIREITO PÚBLICO), CAMPOS MELLO (PRES. DA SEÇÃO DE DIREITO PRIVADO) E FERNANDO TORRES GARCIA(PRES. SEÇÃO DE DIREITO CRIMINAL)**.

São Paulo, 9 de março de 2018.

PINHEIRO FRANCO

CORREGEDOR GERAL DA JUSTIÇA E RELATOR

Apelação nº 1015179-66.2016.8.26.0625

Apelante: Incapital Participações Ltda.

Apelado: Oficial de Registro de Imóveis e Anexos da Comarca de Taubaté

VOTO Nº 37.288

Registro de imóveis – Recusa de ingresso de carta de adjudicação – Apresentação de CND – Exigência afastada, conforme posição do CNJ, do CSM e nos termos das NSCGJ – Recurso provido.

Trata-se de recurso de apelação interposto por Incapital Participações Ltda. contra a sentença de fls. 239/240, que manteve a recusa ao registro da carta de sentença expedida nos autos de ação de adjudicação compulsória que correu perante a 3ª Vara Cível da Comarca de Taubaté, sob argumento de que é correta a exigência contida na nota de devolução expedida pela Registradora, consistente na apresentação de *"certidão negativa de débitos expedida conjuntamente pela Secretaria da Receita Federal do Brasil (RBF) e pela Procuradoria-Geral da Fazenda Nacional (PGN), referente a todos os créditos tributários federais e à Dívida Ativa da União (DAU) por elas administrados, em nome da N & F Construtora e Incorporadora Ltda. devidamente atualizada (art. 47, inciso I, letra "b" da Lei Federal n. 8.212/91 e artigo 1º. Da Portaria Conjunta RFB/PGFN no. 1.751/14)."* (fls. 23/24).

Sustenta o apelante que as certidões negativas federais são inexigíveis, uma vez que tais débitos tributários não guardam relação com o ato de registro do título.

Sobrevieram contrarrazões.

A Procuradoria de Justiça opinou pelo provimento do recurso. É o relatório.

Presentes seus pressupostos legais e administrativos, conheço do recurso.

No mérito, respeitando o entendimento do MM° Juiz sentenciante, assim como da D. Procuradoria de Justiça, o recurso deve ser provido.

Cuida-se de carta de sentença apresentada para registro perante o cartório de imóveis, expedida pelo Juízo de Direito da 3ª Vara Cível da Comarca de Taubaté, extraída dos autos de n° 1010932-76.2015.8.26.0625.

O ingresso da carta foi negado, com expedição de nota devolutiva contendo a exigência de apresentação de certidão negativa relativa a tributos federais e contribuições previdenciárias em nome da transmitente (Lei 8.212/91, art. 47, I, *b*).

O tema objeto do debate não é novo. Tampouco é unânime na doutrina quanto à possibilidade de afastamento dessa exigência pela via administrativa.

Nada obstante, há diversos precedentes deste E. Conselho Superior da Magistratura quanto à inexigibilidade da certidão negativa de tributos federais (CND) para ingresso de títulos no registro de imóveis **[1]**.

De fato, a exigência da CND pode configurar forma heterodoxa e atípica de exigibilidade de débitos tributários, sem o devido processo legal, em afronta à Constituição Federal, por traduzir verdadeira sanção política ao jurisdicionado.

O próprio Supremo Tribunal Federal, em diversas ocasiões, já se posicionou pela inconstitucionalidade de atos do Poder Público que traduzam exercício abusivo e coercitivo de exigência de obrigações tributárias, inclusive com natureza de contribuições previdenciárias.

Tal entendimento se encontra consubstanciado em enunciados da Suprema Corte (Súmulas 70, 323 e 547), no sentido de que a imposição, pela autoridade fiscal, de restrições de índole punitiva, quando motivada tal limitação pela mera inadimplência do contribuinte, revela-se contrária às liberdades públicas ora referidas (RTJ 125/395, Rel. Min. OCTAVIO GALLOTTI), conforme voto do E. Ministro CELSO DE MELLO:

O fato irrecusável, nesta matéria, como já evidenciado pela própria jurisprudência desta Suprema Corte, é que o Estado não pode valer-se de meios indiretos de coerção, convertendo-os em instrumentos de acertamento da relação tributária, para, em função deles e mediante interdição ou grave restrição ao exercício da atividade empresarial, econômica ou profissional constranger o contribuinte a adimplir obrigações fiscais eventualmente em atraso **[2]**.

A doutrina reiteradamente citada vai nesse mesmo sentido quanto à impossibilidade de cobrança atípica, em ofensa ao *due process of law*:

"Em Direito Tributário a expressão sanções políticas corresponde a restrições ou proibições impostas ao contribuinte, como forma indireta de obrigá-lo ao pagamento do tributo, tais como a interdição do estabelecimento, a apreensão de mercadorias, o regime especial de fiscalização, entre outras. Qualquer que seja a restrição que implique cerceamento da liberdade de exercer atividade lícita é inconstitucional, porque contraria o disposto nos artigos 5º, inciso XIII, e 170, parágrafo único, do Estatuto Maior do País. (...) São exemplos mais comuns de sanções políticas a apreensão de mercadorias sem que a presença física destas seja necessária para a comprovação do que o fisco aponta como ilícito; o denominado regime especial de fiscalização; a recusa de autorização para imprimir notas fiscais; a inscrição em cadastro de inadimplentes com as restrições daí decorrentes; a recusa de certidão negativa de débito quando não existe lançamento consumado contra o contribuinte; a suspensão e até o cancelamento da inscrição do contribuinte no respectivo cadastro, entre muitos outros. Todas essas práticas são flagrantemente inconstitucionais, entre outras razões, porque: a) implicam indevida restrição ao direito de exercer atividade econômica, independentemente de autorização de órgãos públicos, assegurado pelo art. 170, parágrafo único, da vigente Constituição Federal; e b) configuram cobrança sem o devido processo legal, com grave violação do direito de defesa do contribuinte, porque a autoridade que a este impõe a restrição não é a autoridade competente para apreciar se a exigência é ou não legal." **[3]**

A matéria já se encontra normatizada no âmbito administrativo nesta Corte, conforme Item 119.1 do Capítulo XX das Normas de Serviço Extrajudicial:

119.1. Com exceção do recolhimento do imposto de transmissão e prova de recolhimento do laudêmio, quando devidos, **nenhuma exigência relativa à quitação de débitos para com a Fazenda Pública, inclusive quitação de débitos previdenciários, fará o oficial, para o registro de títulos particulares, notariais ou judiciais [4]**. (g.n).

Não bastasse a mencionada previsão normativa, recentemente, o C. Conselho Nacional de Justiça-CNJ, no julgamento do Pedido de Providências nº 0001230-82.2015.2.00.000, por votação unânime, firmou entendimento de que, reconhecida a inconstitucionalidade do art. 1°, inciso IV da Lei nº 7.711/88 (ADI 394), não há mais que se falar em comprovação de quitação de créditos tributários, de contribuições federais e de outras imposições para o ingresso de qualquer título do registro de imóveis.

Neste cenário, a exigência imposta deve ser afastada.

Por essas razões, dou provimento ao recurso e julgo improcedente a dúvida.

PINHEIRO FRANCO

Corregedor Geral da Justiça e Relator

Notas:

[1] CSM, Apelação nº 0004526-23.2015.8.26.0539. Rel. Desembargador PEREIRA CALÇAS, Apelação nº 0006907-12.2012.8.26.0344, Rel. Desembargador RENATO NALINI.

[2] STF, RE 666405/RS.

[3] MACHADO, Hugo De Brito, *Sanções Políticas no Direito Tributário*, Revista Dialética e Direito Tributário nº 30, p. 46/47.

[4] CTN, art. 192; CPC, arts. 1.026 e 1.031 e Proc. CG 61.983/82; Apelação nº 006907-12.2012.8.26.0344, Marília (SP); NSCGJSP, XIV, 59.2. (DJe de 02.05.2018 - SP)

PODER JUDICIÁRIO

TRIBUNAL DE JUSTIÇA DO ESTADO DE SÃO PAULO

CONSELHO SUPERIOR DA MAGISTRATURA

Apelação nº 1003260-25.2015.8.26.0590

Registro: 2017.0000351954

ACÓRDÃO

Vistos, relatados e discutidos estes autos do(a) **Apelação nº 1003260-25.2015.8.26.0590**, da Comarca de **São Vicente**, em que são partes são apelantes **SOLANGE APARECIDA DE ALMEIDA OLIVEIRA e JOÃO BATISTA DE OLIVEIRA**, é apelado **OFICIAL DE REGISTRO DE IMÓVEIS, TÍTULOS E DOCUMENTOS, CIVIL DE PESSOA JURÍDICA DA COMARCA DE SÃO VICENTE**.

ACORDAM, em Conselho Superior de Magistratura do Tribunal de Justiça de São Paulo, proferir a seguinte decisão: **"Negaram provimento ao recurso, v.u."**, de conformidade com o voto do Relator, que integra este Acórdão.

O julgamento teve a participação dos Exmos. Desembargadores **PAULO DIMAS MASCARETTI (Presidente), ADEMIR BENEDITO, XAVIER DE AQUINO, LUIZ ANTONIO DE GODOY, RICARDO DIP (PRES. DA SEÇÃO DE DIREITO PÚBLICO) E SALLES ABREU.**

São Paulo, 15 de maio de 2017.

MANOEL DE QUEIROZ PEREIRA CALÇAS

Corregedor Geral da Justiça e Relator

Apelação nº 1003260-25.2015.8.26.0590

Apelantes: Solange Aparecida de Almeida Oliveira e João Batista de Oliveira

Apelado: Oficial de Registro de Imóveis, Títulos e Documentos, Civil de Pessoa Jurídica da Comarca de São Vicente

VOTO Nº 29.745

Registro de imóveis – Carta de adjudicação – Forma derivada de aquisição da propriedade – Réus que não figuram como proprietários do imóvel na respectiva matrícula – Afronta ao princípio da continuidade – Recurso desprovido.

Cuida-se de recurso de apelação tirado de r. sentença do MM. Juiz Corregedor Permanente do Oficial de Registro de Imóveis e Anexos da Comarca de São Vicente, que julgou procedente dúvida suscitada para o fim de manter a recusa a registro de carta de adjudicação expedida em demanda em que figuram como réus pessoas diversas daquelas que constam como proprietárias na matrícula do imóvel arrematado.

Os apelantes afirmam, em síntese, haver confiado nos vendedores, ao tempo da contratação. Não sabiam da relação de sociedade entre os antigos proprietários do imóvel. Sustentaram que a concordância externada por todos os interessados em audiência judicial deveria suprir a aventada descontinuidade.

A Procuradoria Geral de Justiça opinou pelo desprovimento do recurso. É o relatório.

À luz do art. 195 da Lei de Registros Públicos:

"Se o imóvel não estiver matriculado ou registrado em nome do outorgante, o oficial exigirá a prévia matrícula e o registro do título anterior, qualquer que seja a sua natureza, para manter a continuidade do registro."

Já o art. 237 do mesmo Diploma dispõe:

"Ainda que o imóvel esteja matriculado, não se fará registro que dependa da apresentação de título anterior, a fim de que se preserve a continuidade do registro."

Consoante se verifica de fls. 88/89, o imóvel em questão é de propriedade de Jorge Radecki, Elza Cunha Radecki e espólio de João Fernandes Ribeiro.

A demanda em que expedida a carta de adjudicação, todavia, foi movida em face dos herdeiros dos proprietários aludidos, sem que tenha havido registro dos formais de partilha dos bens por eles deixados.

Trata-se de obedecer ao princípio da continuidade registrária. Conforme os magistérios de Afrânio de Carvalho: "O princípio da continuidade, que se apoia no de especialidade, quer dizer que, em relação a cada imóvel, adequadamente individuado, deve existir uma cadeia de titularidade à vista da qual só se fará a inscrição de um direito se o outorgante dele aparecer no registro como seu titular. Assim, as sucessivas transmissões, que derivam umas das outras, asseguram sempre a preexistência do imóvel no patrimônio do transferente. Ao exigir que cada inscrição encontre sua procedência em outra anterior, que assegure a legitimidade da transmissão ou da oneração do direito, acaba por transformá-la no elo de uma corrente ininterrupta de assentos, cada um dos quais se liga ao seu antecedente, como o seu subsequente a ele se ligará posteriormente. Graças a isso o Registro de Imóveis inspira confiança ao público" (Registro de Imóveis, 4ª edição, Ed. Forense, 1998, pág. 253).

Em idêntico sentido o entendimento de Narciso Orlandi Neto:

"Existe uma inteiração dos princípios da especialidade e da continuidade na formação da corrente filiatória. Quando se exige a observância da continuidade dos registros, exige-se que ela diga respeito a um determinado imóvel. O titular inscrito, e só ele, transmite um direito sobre um bem específico, perfeitamente individualizado, inconfundível, sobre o qual, de acordo com o registro, exerce o direto transmitido. É por este corolário dos princípios da continuidade e da especialidade, reunidos, que o §2º do art. 225 da Lei nº 6015/73 dispõe: "Consideram-se irregulares, para efeito de matrícula, os títulos nos quais a caracterização do imóvel não coincida com a que consta do registro anterior."(Retificação do registro de imóveis, Ed. Juarez de Oliveira, 2ª ed., 1999, p. 67/68)

Assim é que a exigência feita pelo Sr. Oficial, de apresentação dos formais de partilha dos bens deixados por Jorge Radecki, Elza Cunha Radecki e João Fernandes Ribeiro, para que sejam registrados previamente à carta de adjudicação em voga, afigura-se mesmo de rigor, sob pena de violação a elementar princípio registral.

Desta feita, bem postada a recusa do Sr. Oficial, nego provimento ao recurso.

MANOEL DE QUEIROZ PEREIRA CALÇAS

Corregedor Geral da Justiça e Relator (DJe de 20.06.2018 - SP)

PODER JUDICIÁRIO

TRIBUNAL DE JUSTIÇA DO ESTADO DE SÃO PAULO

CONSELHO SUPERIOR DA MAGISTRATURA

Apelação nº 1000328-93.2015.8.26.0451

Registro: 2017.0000157957

ACÓRDÃO

Vistos, relatados e discutidos estes autos do(a) **Apelação nº 1000328- 93.2015.8.26.0451**, da Comarca de **Piracicaba**, em que são partes é apelante **MARCO ANTONIO CHIARELLA**, é apelado **1º OFICIAL DE REGISTRO DE IMÓVEIS, TÍTULOS E DOCUMENTOS E CIVIL DE PESSOA JURÍDICA DE PIRACICABA SP.**

ACORDAM, em Conselho Superior de Magistratura do Tribunal de Justiça de São Paulo, proferir a seguinte decisão: **"Negaram provimento ao recurso. V. U."**, de conformidade com o voto do Relator, que integra este Acórdão.

O julgamento teve a participação dos Exmos. Desembargadores **PAULO DIMAS MASCARETTI (Presidente sem voto), ADEMIR BENEDITO (VICE PRESIDENTE), PAULO DIMAS MASCARETTI(PRESIDENTE TRIBUNAL DE JUSTIÇA), XAVIER DE AQUINO (DECANO), LUIZ ANTONIO DE GODOY(PRES. DA SEÇÃO DE DIREITO PRIVADO), RICARDO DIP (PRES. DA SEÇÃO DE DIREITO PÚBLICO) E SALLES ABREU (PRES. SEÇÃO DE DIREITO CRIMINAL).**

São Paulo, 10 de março de 2017.

MANOEL DE QUEIROZ PEREIRA CALÇAS

Corregedor Geral da Justiça e Relator

Apelação nº 1000328-93.2015.8.26.0451

Apelante: Marco Antonio Chiarella

Apelado: 1º Oficial de Registro de Imóveis, Títulos e Documentos e Civil de Pessoa Jurídica de Piracicaba SP

VOTO Nº 29.613

Registro de imóveis – Título judicial – Adjudicação compulsória – Proprietário tabular não integrou o polo passivo da ação judicial – Ofensa ao princípio da continuidade registral – *Tempus regit actum* – Impossibilidade de examinar, no âmbito administrativo, a pertinência de cancelamentos de inscrições resultantes de ordens judiciais exaradas em processos contenciosos – Formação defeituosa do título – Confirmação do juízo de desqualificação registral e, portanto, da r. sentença

impugnada – Dúvida procedente – Recurso desprovido.

Com amparo no princípio da continuidade registral, a r. sentença impugnada julgou a dúvida procedente. **[1]**

Inconformado, o interessado interpôs apelação, com vistas ao registro da adjudicação compulsória do imóvel identificado na mat. n.º 15.226 do RI de Piracicaba, a ser antecedido pelo cancelamento da av. 7 e das inscrições subsequentes.

Argumenta que a av. 7 lançada na mat. n.º 15.226 é nula de pleno direito e não serve, tal como o r. 11, a obstar o acesso ao álbum imobiliário do título judicial, injustamente recusado pelo Oficial. **[2]**

Com o recebimento do recurso **[3]**, os autos foram enviados ao C. CSM e, ato contínuo, abriu-se vista à Procuradoria Geral da Justiça, que propôs o desprovimento da apelação **[4]**.

É o relatório.

Pretende-se o registro da adjudicação compulsória do bem imóvel descrito na mat. n.º 15.226 do RI de Piracicaba, resolvida nos autos n.º 0022764-83.2003.8.26.0451, mediante sentença transitada em julgado, proferida pelo Juízo da 4.ª Vara Cível de Piracicaba. **[5]**

A origem judicial do título não torna prescindível a qualificação registral: a conferência voltada ao exame do preenchimento das formalidades legais atreladas ao ato pretendido é indispensável. **[6]**

Nessa linha, justifica-se a confirmação da r. sentença proferida pelo MM Juiz Corregedor Permanente **[7]** e, portanto, do juízo negativo de qualificação registral **[8]**, **mormente**, mas não só, **em atenção ao princípio da continuidade registral.**

O bem imóvel objeto da adjudicação invocada pelo recorrente pertence, atualmente, de acordo com a mat. n.º 15.226 do RI de Piracicaba, a Fábio Minharo Filho **[9]**, **estranho ao processo judicial**.

Quero dizer, **o proprietário tabular não integrou o polo passivo da ação de adjudicação compulsória**, de modo que o princípio do trato sucessivo está a obstar o acesso do título ao fólio real.

Por ocasião da prenotação, no dia 5 de dezembro de 2014 **[10]**, os réus no processo de adjudicação compulsória, os promitentes vendedores do imóvel, Henri Felix Ruffieux e Rosemarie Ruffieux **[11]**, não mais figuravam, na tábua registral, como proprietários desse bem.

Perderam essa condição, então, **com a retificação averbada em 17 de novembro de 2014**, por meio da qual a propriedade do bem imóvel passou, **por deliberação em processo contencioso**, para Antonio Chiarella e Olga Therezinha La Selva Chiarella, sucedidos, na mesma data, por Fábio Minharo Filho, que a adquiriu mediante registro da carta de adjudicação n.º 01/2014, expedida pelo Juízo da 1.ª Vara do Trabalho de Piracicaba **[12]**.

Pouco importa, aliás, para hipótese vertente, que, ao tempo do ajuizamento da ação judicial de adjudicação compulsória e, em particular, à época do trânsito em julgado da sentença, os promitentes vendedores, réus naquele processo, ainda constassem como proprietários tabulares do imóvel adjudicado.

De fato, **no sistema dos registros públicos, vige o princípio *tempus regit actum***. Em outras palavras, a *registrabilidade* do título é aferida por ocasião da prenotação.

Destarte, enquanto subsistirem aquelas inscrições as questionadas pelo recorrente , inviabilizado estará o registro por ele intencionado, que, além do mais, **apenas na via contenciosa**, poderá buscar o cancelamento da averbação e do registro impugnados.

Ao reverso da compreensão do recorrente, não cabe, neste processo de dúvida, nem mesmo em outro processo com natureza administrativa, qualquer deliberação a respeito da eficácia desses atos registrais, especialmente, então, sobre a pertinência do cancelamento da retificação objeto da av. 7, resultante de ordem judicial lançada, **após nota devolutiva**, em processo contencioso trabalhista.

Essa a vetusta compreensão do C. STJ, expressa, por exemplo, no **RMS n.º 193/SP**, rel. p/acórdão Min. Sálvio de Figueiredo, j. 4.8.1992, onde se assentou, consoante trecho abaixo transcrito, ser vedado ao Corregedor, ainda que orientado pela guarda da regularidade dos registros públicos, rever ordens exaradas em processo contencioso:

É certo que, à primeira vista tudo está a indicar que a decisão do MM Juiz de Direito da 3.ª Vara Cível não se afeiçoou ao bom direito, haja vista que não deveria aquele r. Juízo, através de cautelar inominada, ter determinado a indisponibilidade dos bens, com a respectiva averbação no álbum imobiliário.

É de convir-se, contudo, que, se assim agiu, bem ou mal, somente por meio das vias jurisdicionais próprias é que tal decisão poderia

ser impugnada, contrariada e reformada. Com efeito, não obstante o MM Juiz da Vara dos Registros Públicos estivesse no exercícios da sua atividade correcional, podendo determinar medidas com lastro no art. 214 da Lei n.º 6.015/73, vê-se que as averbações, bem ou mal, repita-se, tinham sido determinadas e realizadas sob o império de uma decisão proferida em feito jurisdicionalizado. **Em síntese, tenho que autoridade judicial em função administrativa não pode modificar decisão jurisdicional, que somente pode ser desconstituída pelas vias adequadas.**

Posição contrário, receio, poderia constituir perigoso precedente, de efeitosindesejáveis.

Com idêntica diretriz, há outros julgamento do C. STJ: **CC n.º 14.750/RS**, rel. Min. Sálvio de Figueiredo, j. 10.04.1996; **CC n.º 21.413/SP**, rel. p/ acórdão Min. Barros Monteiro, j. 4.04.1999; **CC n.º 30.820/RO**, rel. Min. Antônio de Pádua Ribeiro, j. 22.08.2001; **CC n.º 31.866/MS**, rel. Min. Ruy Rosado de Aguiar, j. 22.8.2001; **CC n.º 41.042/PR**, rel. Min. Fernando Gonçalves, j. 25.5.2005; **e CC n.º 106.446/SP**, rel. Min. Sidnei Beneti, j. 26.3.2010.

Na mesma linha, inclusive, segue a jurisprudência administrativa desta E. CGJ: **parecer n.º 340/2010-E**, do Juiz Assessor Hamid Charaf Bdine Júnior, aprovado pelo Des. Antonio Carlos Munhoz Soares, no processo CGJSP n.º 82.153/2010, em 18.11.2010; **parecer n.º 298/2012-E**, do Juiz Assessor Marcelo Benacchio, aprovado pelo Des. José Renato Nalini, no processo CGJSP n.º 58.237/2012, em 28.8.2012; **e parecer n.º 52/2013-E**, do Juiz Assessor Luciano Gonçalves Paes Leme, aprovado pelo Des. José Renato Nalini, no processo CGJSP n.º 12.566/2013, em 22.2.2013.

Nada obstante, porém sem reflexo na prevalecente orientação e, assim, no desfecho deste recurso de apelação, vale realçar a preocupação e as expectativas exteriorizadas pelo e. Min. Ruy Rosado de Aguiar, tanto no **CC n.º 31.866/MS**, do qual foi relator, como no voto que declarou no **CC n.º 30.820/RO**:

Confesso que não deixo de encontrar defeito na orientação adotada, pois as ordens judiciais expedidas em processos de execução muitas vezes não levam na devida conta os princípios do registro público, cuja rigorosa formalidade é fator de segurança social. Daí a conveniência de que somente seja ordenado o registro de documento hábil.

No entanto, **mais difícil será submeter a decisão de um Juízo à revisão do outro, criando infinitas disputas.**

Assim, **parece mais conveniente autorizar o cumprimento da decisão do Juízo da execução, ficando reservado à parte prejudicada, que tenha ou não tido oportunidade de se defender no curso do processo, exercer seu direito nas vias judiciais.** Fica, ainda, ressalvado a qualquer interessado o direito de discutir os efeitos do ato praticado com ofensa ao sistema registral e sua legislação específica. **Confia-se em que a juiz da execução, ao expedir mandados dessa natureza, previamente atenderá ao disposto na Lei dos Registros Públicos. E, uma vez observada a dificuldade pelo Oficial Público, não tomará isso como uma ofensa à autoridade, mas sim como boa oportunidade para regularizar o registro e assim evitar futuras demandas, com grave prejuízo aos interessados que confiam na correção dos registros, especialmente naqueles ordenados pelo juiz.** (grifei)

De qualquer maneira, enfim, no caso em apreço, o registro pleiteado resta desautorizado; não é respaldado pela titularidade de direito inscrita na matrícula; não assegura, não garante a preservação da integridade da cadeia de titularidades; não se justifica, portanto, à vista das inscrições antecedentes.

No mais, os cancelamentos objetivados, pretendidos com a finalidade de possibilitar a inscrição da adjudicação compulsória, não comportam, já se sublinhou, exame na via administrativa.

Em arremate, e independentemente da denominação atribuída ao instrumento que materializa o título judicial (mandado ao invés de carta de sentença), **é certo que sua formação** cuja exatidão, em contraposição à justa e correta exigência feita pelo Registrador **[13]**, foi defendida pelo interessado em impugnação **[14] , revelou-se deficiente, precária.**

Não se observou, com efeito, em sua integralidade, **a regra do art. 221 das Normas de Serviço dos Ofícios de Justiça**, em detrimento do princípio da segurança jurídica. Por exemplo, **o título não contempla termos de abertura e encerramento, numeração de folhas e a indicação do número destas**, isto é, dados necessários a garantir ao Oficial a inocorrência de acréscimo ou subtração de peças ou folhas.

Isto posto, **nego provimento ao recurso. MANOEL DE QUEIROZ PEREIRA CALÇAS**

Corregedor Geral da Justiça e Relator

Notas:

[1] Fls. 105-108.

[2] Fls. 118-161.

[3] Fls. 162.

[4] Fls. 178-181.

[5] Fls. 3-54.

[6] Apelação Cível n.º 39.487-0/1, rel. Des. Márcio Martins Bonilha, j. 31.07.1997, e **Apelação Cível n.º 404- 6/6**, rel. Des. José Mário Antonio Cardinale, j. 08.09.2005.

[7] Fls. 105-108.

[8] Fls. 55-58.

[9] Fls. 65-68, r. 11.

[10] Fls. 5 e 55.

[11] Fls. 7-15 e 21-27.

[12] Fls. 65-68, av. 7 e r. 11.

[13] Fls. 55-58, item 1, 61-64 e 82-87.

[14] Fls. 70-74. (DJe de 04.07.2018 - SP)

PODER JUDICIÁRIO

TRIBUNAL DE JUSTIÇA DO ESTADO DE SÃO PAULO

CONSELHO SUPERIOR DA MAGISTRATURA

Apelação nº 1121962-08.2016.8.26.0100

Registro: 2017.0000783784

ACÓRDÃO

Vistos, relatados e discutidos estes autos do(a) **Apelação nº 1121962-08.2016.8.26.0100**, da Comarca de **São Paulo**, em que são partes são apelantes **CLAUDETE CHAVES SALA e ANTÔNIO SALA GONZALEZ**, é apelado **5º OFICIAL DE REGISTRO DE IMOVEIS DA COMARCA DE SÃO PAULO**.

ACORDAM, em Conselho Superior de Magistratura do Tribunal de Justiça de São Paulo, proferir a seguinte decisão: **"Não conheceram do recurso, V. U. Declarará voto convergente o Desembargador Ricardo Dip."**, de conformidade com o voto do Relator, que integra este Acórdão.

O julgamento teve a participação dos Exmos. Desembargadores **PAULO DIMAS MASCARETTI (Presidente), ADEMIR BENEDITO, XAVIER DE AQUINO, LUIZ ANTONIO DE GODOY, RICARDO DIP E SALLES ABREU.**

São Paulo, 29 de setembro de 2017.

MANOEL DE QUEIROZ PEREIRA CALÇAS

Corregedor Geral da Justiça e Relator

Apelação nº 1121962-08.2016.8.26.0100

Apelantes: Claudete Chaves Sala e Antônio Sala Gonzalez

Apelado: 5º Oficial de Registro de Imóveis da Comarca de São Paulo

VOTO Nº 29.812

Dúvida – Ausência de impugnação de todos os itens da nota de devolução – Dúvida prejudicada – Recurso não conhecido – Registro de Imóveis – Carta de Adjudicação – Necessidade de apresentação de certidão de casamento dos compradores, qualificando-se a cônjuge do comprador e, ainda, especificando-se o regime de bens, com cópia do pacto antenupcial, se o caso Inteligência do item 63, Capítulo XX, Tomo II, das NSCGJ – Impossibilidade de ingresso registral – Recurso não conhecido.

Trata-se de recurso de apelação interposto contra a sentença da MMª Juíza Corregedora Permanente do 5º Oficial de Registro de Imóveis da Capital, que julgou prejudicada a dúvida suscitada e manteve a recusa de registro de carta de adjudicação, a teor de que não foi impugnada a exigência referente à apresentação de guia de ITBI.

Sustentam os apelantes que os adquirentes vêm se furtando, há anos, de firmar a escritura de venda e compra do imóvel que adquiriram, o que deu ensejo à propositura de ação de adjudicação compulsória, julgada procedente. Ao solicitarem os dados exigidos no item 2 da nota de exigências (qualificação completa da cônjuge, regime de bens e, se o caso, pacto antenupcial), os adquirentes se recusaram a fornece-los. Alegam, ainda, que tal exigência vai além do que é previsto em Lei (art. 176, parágrafo 1º, inciso III, item 2, a, da Lei de Registros Públicos) e que as normas da Corregedoria Geral da Justiça apenas complementam as disposições legais, não podendo criar exigências que superem a legislação. Por fim, argumentam que a apresentação da guia de ITBI não se fazia necessária, diante da recusa contida no item 2 da nota de exigência, comprometendo-se, entretanto, a comprovar o recolhimento do tributo.

A Procuradora Geral da Justiça opinou pelo não provimento do recurso.

É o relatório.

Houve irresignação parcial em relação à nota devolutiva juntada a fls. 34, pois a exigência relativa à comprovação de recolhimento do ITBI não foi impugnada e tampouco atendida antes da suscitação da dúvida.

A jurisprudência deste Conselho Superior é tranquila no sentido de que a concordância, ainda que tácita, com qualquer das exigências feitas pelo registrador ou o atendimento delas no curso da dúvida, ou do recurso contra a decisão nela proferida, prejudica-a:

> *A dúvida registrária não se presta para o exame parcial das exigências formuladas e não comporta o atendimento de exigência depois de sua suscitação,* ***pois a qualificação do título é feita, integralmente, no momento em que é apresentado para registro.*** *Admitir o atendimento de exigência* ***no curso*** *do procedimento da dúvida teria como efeito a indevida prorrogação do prazo de validade da prenotação e, em consequência, impossibilitaria o registro de eventuais outros títulos representativos de direitos reais contraditórios que forem apresentados no mesmo período. Em razão disso, a aquiescência do apelante com uma das exigências formuladas prejudica a apreciação das demais matérias que se tornaram controvertidas. Neste sentido decidiu este Colendo Conselho Superior da Magistratura na Apelação Cível n.º 60.460.0/8, da Comarca de Santos, em que foi relator o Desembargador Sérgio Augusto Nigro Conceição, e na Apelação Cível n.º 81.685-0/8, da Comarca de Batatais, em que foi relator o Desembargador Luís de Macedo* (Apelação Cível n.º 220.6/6-00). (grifei)

Desse modo, pela irresignação parcial, a dúvida está prejudicada.

Ainda assim, deve-se analisar a questão de fundo, a fim de evitar que, cumpridas as exigências não impugnadas, o interessado venha a ter que se valer, novamente, do procedimento.

Não se trata de consulta, em tese, mas de análise de caso concreto. O Conselho não atua como mero órgão consultivo, mas como regulador de uma situação de fato. Uma vez resolvida a controvérsia, o tema não será mais levado à Corregedoria Permanente, dado que o Oficial já terá orientação clara sobre como proceder.

Ao contrário do exercício de função jurisdicional, cuja essência é teleológica, a função administrativa, exercida no âmbito do julgamento das dúvidas, tem caráter disciplinador. Enquanto, na função jurisdicional, visa-se ao julgamento do mérito, com posterior formação de coisa julgada e impossibilidade de rediscussão para as partes, o julgamento das dúvidas não se presta somente a decidir o caso concreto, mas a servir de orientação aos registradores para casos análogos.

Logo, por esses dois ângulos é importante a análise do mérito, ainda que prejudicada a dúvida: a) evita-se a nova suscitação; b) fixa-se orientação para casos similares.

Pois bem.

A origem judicial do título não afasta a necessidade de sua qualificação registral, com intuito de se obstar qualquer violação ao princípio da continuidade (Lei 6.015/73, art. 195).

Nesse sentido, douto parecer da lavra do então Juiz Assessor desta Corregedoria Geral da Justiça, Álvaro Luiz Valery Mirra, lançado nos autos do processo n. 2009/85842, que, fazendo referência a importante precedente deste Colendo Conselho Superior da Magistratura (Apelação Cível nº 31.881-0/1), aduz o que segue:

> *"De início, cumpre anotar, a propósito da matéria, que tanto esta Corregedoria Geral da Justiça quanto o Colendo Conselho Superior da Magistratura têm entendido imprescindível a observância dos princípios e regras de direito registral para o ingresso no fólio real - seja pela via de registro, seja pela via de averbação - de penhoras, arrestos e seqüestros de bens imóveis, mesmo considerando a origem judicial de referidos atos, tendo em conta a orientação tranqüila nesta esfera administrativa segundo a qual a natureza judicial do título levado a registro ou a averbação não o exime da atividade de qualificação registral realizada pelo oficial registrador, sob o estrito ângulo da regularidade formal (Ap. Cív. n. 31.881-0/1)."*

No mérito, correta a exigência do Oficial Registrador. A uma, porque a Lei de Registros Públicos, no art. 176, parágrafo 1º, III, 2, *a*, dispõe sobre a necessidade de que conste dos atos registrais o estado civil das partes contratantes. A duas, porque dispõe o art. 244, da Lei de Registros Públicos, sobre a necessidade de se averbar as escrituras de pacto antenupcial, *"...no lugar da situação dos imóveis de propriedade do casal, ou dos que forem sendo adquiridos e sujeitos a regime de bens diverso do comum, com a declaração das respectivas cláusulas, para ciência de terceiros."*

Ademais, como bem ponderou o Registrador, a necessidade de se conhecer o regime de bens do adquirente e a qualificação do cônjuge está em consonância com os princípios da publicidade (arts. 16 a 21, da Lei de Registros Públicos e art. 5º, inciso XXXIII, da Constituição Federal), da continuidade (arts. 195, 222 e 237, da Lei de Registros Públicos) registrárias e, ainda, da especialidade subjetiva, refletindo diretamente na titularidade dominial.

O item 63, do Capítulo XX, do Tomo II, das NSC-GJ vai ao encontro das disposições legais acima mencionadas:

"63. A qualificação do proprietário, quando se tratar de pessoa física, referirá ao seu nome civil completo, sem abreviaturas, nacionalidade, estado civil, profissão, residência e domicílio, número de instrução no Cadastro das Pessoas Físicas do Ministério da Fazenda (CPF), número do Registro Geral (RG) de sua cédula de identidade ou, à falta deste, sua filiação e, sendo casado, o nome e qualificação do cônjuge e o regime de bens no casamento, bem como se este se realizou antes ou depois da Lei n. 6.515, de 26 de dezembro de 1977"

Correta, portanto, a exigência impugnada.

Isto posto, **pelo meu voto, não conheço do recurso. MANOEL DE QUEIROZ PEREIRA CALÇAS**

Corregedor Geral da Justiça e Relator

TRIBUNAL DE JUSTIÇA DE SÃO PAULO

Conselho Superior da Magistratura

Apelação 1121962-08.2016.8.26.0100 SEMA

Dúvida de registro

VOTO 50.856 (com divergência)

1. Registro, à partida, adotar o relatório lançado pelo insigne Relator da espécie.

2. Peço, entretanto, vênia para não aceder à "análise de mérito" a que se lançou **depois de deixar-se de conhecer do recurso.**

Ao registrador público, tendo afirmada, *per naturam legemque positam*, a **independência na qualificação jurídica** (*vide* arts. 3º e 28 da Lei n. 8.935, de 18-11-1994), não parece possam impor-se, nessa esfera de qualificação, "orientações" prévias e abstratas de caráter hierárquico.

Assim, o registrador tem o **dever** de qualificação jurídica e o **direito** de efetivá-la com independência profissional, *in suo ordine*.

Vem a propósito que a colenda Corregedoria Geral da Justiça paulista, em seu código de normas, enuncia:

"Os oficiais de Registro de Imóveis gozam de independência jurídica no exercício de suas funções e exercem essa prerrogativa quando interpretam disposição legal ou normativa. (...)" (item 9º do cap. XX das "Normas de Serviço da Corregedoria Geral da Justiça de São Paulo").

Se o que basta não bastara, calha que os órgãos dotados de *potestas* para editar **regras técnicas** relativas aos registros públicos são os **juízes competentes para o exercício da função correcional** (o que inclui a egrégia Corregedoria Geral da Justiça; cf. inc. XIV do art. 30 da Lei n. 8.935/1994). Essa função de corregedoria dos registros, em instância administrativa final no Estado de São Paulo, **não compete a este Conselho Superior da Magistratura**, Conselho que, a meu ver, não detém, ao revés do que respeitavelmente entendeu o venerando voto de relação, "poder disciplinador" sobre os registros e as notas (v., a propósito, os incs. XVII a XXXIII do art. 28 do Regimento Interno deste Tribunal).

Averbo, por fim, que a admitir-se a pretendida força normativa da ventilada "orientação", não só os juízes corregedores permanentes estariam jungidos a observá-la, mas também as futuras composições deste mesmo Conselho.

Deste modo, voto no sentido de que não se conheça do recurso e se exclua a r. "orientação para casos similares".

É como voto.

Des. RICARDO DIP

Presidente da Seção de Direito Público (DJe de 12.07.2018 - SP)

PODER JUDICIÁRIO

TRIBUNAL DE JUSTIÇA DO ESTADO DE SÃO PAULO

CONSELHO SUPERIOR DA MAGISTRATURA

Apelação nº 1000791-27.2017.8.26.0625

Registro: 2018.0000378209

ACÓRDÃO

Vistos, relatados e discutidos estes autos do(a) **Apelação nº 1000791-27.2017.8.26.0625**, da Comarca de **Taubaté**, em que são partes é apelante **MATHEUS NEVES CARRASCO SANTOS**, é apelado **OFICIAL DE REGISTRO DE IMÓVEIS E ANEXOS DA COMARCA DE TAUBATÉ**.

ACORDAM, em Conselho Superior de Magistratura do Tribunal de Justiça de São Paulo, proferir a seguinte decisão: **"Deram provimento à apelação, para o fim de julgar improcedente a dúvida registral e determinar o registro da carta de adjudicação, v.u."**, de conformidade com o voto do Relator, que integra este Acórdão.

O julgamento teve a participação dos Exmos. Desembargadores **PEREIRA CALÇAS (PRESIDENTE TRIBUNAL DE JUSTIÇA) (Presidente), ARTUR MARQUES (VICE PRESIDENTE), XAVIER**

DE AQUINO (DECANO), EVARISTO DOS SANTOS(PRES. DA SEÇÃO DE DIREITO PÚBLICO), CAMPOS MELLO (PRES. DA SEÇÃO DE DIREITO PRIVADO) E FERNANDO TORRES GARCIA(PRES. SEÇÃO DE DIREITO CRIMINAL).

São Paulo, 15 de maio de 2018.

GERALDO FRANCISCO PINHEIRO FRANCO

Corregedor Geral da Justiça e Relator

Apelação n.º 1000791-27.2017.8.26.0625

Apelante: Matheus Neves Carrasco Santos

Apelado: Oficial de Registro de Imóveis e Anexos da Comarca de Taubaté

VOTO N.º 37.315

Registro de Imóveis – Carta de Adjudicação – Desqualificação do título judicial, exigindo-se certidão negativa de débitos (CND) expedida conjuntamente pela Receita Federal e pela Procuradoria Geral da Fazenda Nacional – Impossibilidade – Item 119.1, do Capítulo XX, Tomo II, das NSCGJ – Registrador que não pode assumir o papel de fiscal dos tributos não vinculados ao ato registrado – Dúvida improcedente – Apelação provida.

Trata-se de recurso de apelação interposto por Matheus Neves Carrasco Santos contra a sentença de fls. 91/93, que manteve a recusa ao registro da carta de adjudicação expedida nos autos de ação de Execução Extrajudicial n.º 0024474-23.2011.8.26.0625, da 5ª Vara Cível da Comarca de Taubaté, sob argumento de que é correta a exigência contida na nota de devolução expedida pela Registradora, consistente na apresentação de *"certidão negativa de débitos expedida conjuntamente pela Secretaria da Receita Federal do Brasil (CFB) e pela Procuradoria-Geral da Fazenda Nacional (PGN), referente a todos os créditos tributários federais e à Dívida Ativa da União (DAU) por elas administrados, em nome de ALCOPRADO REPAROS PREDIAIS LTDA. ME devidamente atualizada"* (fls. 19).

Sustenta o apelante que as certidões negativas federais são inexigíveis, uma vez que tais débitos tributários não guardam relação com o ato de registro do título.

Sobrevieram contrarrazões.

A Procuradoria de Justiça opinou pelo provimento do recurso.

É o relatório.

A origem judicial do título não afasta a necessidade de sua qualificação registral. Sobre o tema, o douto parecer da lavra do então Juiz Assessor desta Corregedoria Geral de Justiça, Álvaro Luiz Valery Mirra, lançado nos autos do processo n.º 2009/85.842, que, fazendo referência a importante precedente deste Colendo Conselho Superior da Magistratura (Apelação Cível n.º 31.881-0/1), ressaltou que:

"De início, cumpre anotar, a propósito da matéria, que tanto esta Corregedoria Geral da Justiça quanto o Colendo Conselho Superior da Magistratura têm entendido imprescindível a observância dos princípios e regras de direito registral para o ingresso no fólio real - seja pela via de registro, seja pela via de averbação - de penhoras, arrestos e seqüestros de bens imóveis, mesmo considerando a origem judicial de referidos atos, tendo em conta a orientação tranqüila nesta esfera administrativa segundo a qual a natureza judicial do título levado a registro ou a averbação não o exime da atividade de qualificação registral realizada pelo oficial registrador, sob o estrito ângulo da regularidade formal (Ap. Cív. n. 31.881-0/1)."

Feitas essas considerações iniciais, impõe-se a análise da exigência impugnada.

Não se justifica a exibição de CND (certidões negativas de débitos previdenciários e tributários), diante da contemporânea compreensão do Colendo Conselho Superior da Magistratura, iluminada por diretriz estabelecida pelo Supremo Tribunal Federal (ADI n.º 173/DF e ADI n.º 394/STF, rel Min. Joaquim Barbosa, j. 25.9.2008), a dispensá-la, porquanto a exigência, uma vez mantida, prestigiaria vedada sanção política (Apelação Cível n.º 0013759- 77.2012.8.26.0562, rel. Des. Renato Nalini, j. 17.1.2013; Apelação Cível n.º 0021311-24.2012.8.26.0100, rel. Des. Renato Nalini, j. 17.1.2013; Apelação Cível n.º 0013693-47.2012.8.26.0320, rel. Des. Renato Nalini, j. 18.4.2013; Apelação Cível n.º 9000004-83.2011.8.26.0296, rel. Des. Renato Nalini, j. 26.9.2013; e Apelação Cível n.º 0002289- 35.2013.8.26.0426, rel. Des. Hamilton Elliot Akel, j. 26.8.2014; Apelação Cível n.º 14803-69.2014.8.26.0269, rel. Manoel de Queiroz Pereira Calças, j. 30.6.2016).

Sobre o tema, o Supremo Tribunal Federal, em diversas ocasiões, já se posicionou pela inconstitucionalidade de atos do Poder Público que traduzam exercício abusivo e coercitivo de exigência de obrigações tributárias, inclusive com natureza de contribuições previdenciárias.

Tal entendimento se encontra consubstanciado em enunciados da Suprema Corte (Súmulas 70, 323 e 547), no sentido de que a imposição, pela autoridade fiscal, de restrições de índole punitiva, quando motivada tal limitação pela mera inadimplência do contribuinte, revela-se contrária às liberdades públicas ora referidas (RTJ 125/395, Rel. Min. OCTAVIO GALLOTTI), conforme voto do E. Ministro CELSO DE MELLO:

"O fato irrecusável, nesta matéria, como já evidenciado pela própria jurisprudência desta Suprema Corte, é que o Estado não pode valer-se de meios indiretos de coerção, convertendo-os em instrumentos de acertamento da elação tributária, para, em função deles e mediante interdição ou grave restrição ao exercício da atividade empresarial, econômica ou profissional constranger o contribuinte a adimplir obrigações fiscais eventualmente em atraso." **[1]**

Na situação em apreço, a confirmação da exigência representa indevida restrição ao acesso de título à tábua registral, imposta como forma oblíqua e instrumentalizada para, ao arrepio e distante do devido processo legal, forçar o contribuinte ao pagamento de tributos.

Caracteriza, em síntese, limitação a interesses privados em desacordo com a orientação do E. STF, à qual se alinha este Colendo Conselho Superior da Magistratura, mascarando uma cobrança por quem não é a autoridade competente, sem observância do procedimento adequado à defesa dos direitos do contribuinte, em atividade estranha à fiscalização que lhe foi cometida, certo que as obrigações tributárias em foco não decorrem do ato registral buscado.

Segundo lição de Humberto Ávila, *"a cobrança de tributos é atividade vinculada procedimentalmente pelo devido processo legal, passando a importar quem pratica o ato administrativo, como e dentro de que limites o faz, mesmo que - e isto é essencial - não haja regra expressa ou a que seja prevista estabeleça o contrário."* (Sistema Constitucional Tributário, 5ª. Ed., São Paulo. Saraiva, 2012, p. 173).

Nessa mesma direção, sob inspiração desses precedentes, assim dispõe o subitem 119.1. do Cap. XX das NSCGJ: *"com exceção do recolhimento do imposto de transmissão e prova de recolhimento do laudêmio, quando devidos, nenhuma exigência relativa à quitação de débitos para com a Fazenda Pública, inclusive quitação de débitos previdenciários, fará o oficial, para o registro de títulos particulares, notariais ou judiciais."*

À dispensa afirmada também leva a intelecção do parágrafo único do art. 21 da Lei n.º 9.393/1996, que, ao fazer remissão ao art. 134 do CTN, condicionou a responsabilidade solidária (e subsidiária) dos tabeliães e registradores pelas obrigações não cumpridas pelo contribuinte à existência de um vínculo entre o tributo não pago e o ato praticado, ausente, em se tratando dos tributos federais, cujo fato gerador é alheio ao registro da carta de adjudicação.

Acrescente-se que, recentemente, o C. Conselho Nacional de Justiça - CNJ, no julgamento do Pedido de Providências nº 0001230-82.2015.2.00.000, por votação unânime, firmou entendimento de que, reconhecida a inconstitucionalidade do art. 1º, inciso IV, da Lei nº 7.711/88 (ADI 394), não há mais que se falar em comprovação de quitação de créditos tributários, de contribuições federais e de outras imposições para o ingresso de qualquer título do registro de imóveis.

Com essas considerações, suficientes para afastar, *in concreto*, toda e qualquer exigência ligada à comprovação de pagamento ou de inexistência de débitos fiscais desatrelados do registro idealizado, conclui-se, respeitado o entendimento do MM. Juiz Corregedor sentenciante, que a recusa não deve prevalecer.

Em suma, afastada a exigência, o ingresso do título se impõe.

Diante do exposto, **dou provimento** à apelação, para o fim de julgar improcedente a dúvida registral e determinar o registro da carta de adjudicação.

GERALDO FRANCISCO PINHEIRO FRANCO
Corregedor Geral da Justiça e Relator Nota:

[1] STF, RE 666405/RS. (DJe de 17.07.2018 - SP)

PODER JUDICIÁRIO

TRIBUNAL DE JUSTIÇA DO ESTADO DE SÃO PAULO

CONSELHO SUPERIOR DA MAGISTRATURA

Apelação nº 1047710-97.2017.8.26.0100

Registro: 2018.0000510395

ACÓRDÃO

Vistos, relatados e discutidos estes autos do(a) **Apelação nº 1047710-97.2017.8.26.0100**, da Comarca de **São Paulo**, em que são partes é apelante **CLAUDETE ROMILDA DE GERONE RODRIGUES**, é apelado **7º OFICIAL DE REGISTRO DE IMÓVEIS DA CAPITAL DE SÃO PAULO**.

ACORDAM, em Conselho Superior de Magistratura do Tribunal de Justiça de São Paulo, proferir a seguinte decisão: **"Negaram provimento ao**

recurso para manter a negativa do registro do título, v.u.", de conformidade com o voto do Relator, que integra este Acórdão.

O julgamento teve a participação dos Exmos. Desembargadores **PEREIRA CALÇAS (PRESIDENTE TRIBUNAL DE JUSTIÇA) (Presidente), ARTUR MARQUES (VICE PRESIDENTE), DAMIÃO COGAN (DECANO), EVARISTO DOS SANTOS(PRES. DA SEÇÃO DE DIREITO PÚBLICO), CAMPOS MELLO (PRES. DA SEÇÃO DE DIREITO PRIVADO) E FERNANDO TORRES GARCIA(PRES. SEÇÃO DE DIREITO CRIMINAL).**

São Paulo, 5 de julho de 2018.

GERALDO FRANCISCO PINHEIRO FRANCO
Corregedor Geral da Justiça e Relator

Apelação nº 1047710-97.2017.8.26.0100

Apelante: Claudete Romilda de Gerone Rodrigues

Apelado: 7º Oficial de Registro de Imóveis da Capital de São Paulo

VOTO N.º 37.500

Registro de Imóveis – Adjudicação compulsória – Parte certa e determinada de imóvel mantido em copropriedade – Necessidade de citação de todos os titulares de domínio, ou seus espólios se falecidos, para preservação da continuidade do registro – Desdobro – Averbação de construção que não substitui ou dispensa a autorização municipal – ITBI – Recolhimento em anterior escritura pública de cessão por parte dos coproprietários – Dispensa de prova do recolhimento, ou isenção, somente quanto aos quinhões ideais dos cedentes da referida escritura pública – Dúvida julgada procedente – Apelação não provida.

Trata-se de apelação interposta contra r. sentença que manteve a recusa do registro de carta de adjudicação, relativa a parte certa e determinada do imóvel objeto das transcrições nºs 65.501 e 80.485 do 7º Registro de Imóveis da Comarca de São Paulo, que foi extraída de ação de adjudicação compulsória movida pelo Espólio de Deolinda Rosa Battagin de Gerona, representado por Claudete Romilda de Gerone Rodrigues, contra os Espólios de Raul Batttagin, Ivone Battagin Vaselli, Maria Battagin Covelli, Rosa Battagin Gambirasio, Mafalda Battagin de Campos e Daniva Battagin Rigol, e contra Almir Monzo Castelão e Cláudio Xavier de Souza.

A apelante alegou, em suma, que Alexandre Battagin e Adélia V. Battagin foram proprietários do imóvel objeto das transcrições nºs 65.501 e 80.485 do 7º Registro de Imóveis da Comarca de São Paulo, consistente em terreno situado na Rua Visconde de Cairú, 142, 144 e 144-A. Afirmou que a metade ideal do imóvel foi partilhada entre os nove filhos de Adélia V. Battagin, conforme a transcrição nº 65.501, ao passo que em razão da morte de Alexandre foi a outra metade ideal partilhada aos herdeiros Aldo Battagin, Amélia Behido Battagin e Deolinda Rosa Battagin de Gerona. Disse que a construção da casa 144-A foi averbada em 1974. Posteriormente, por contrato particular os herdeiros e seus cônjuges promoveram a permuta de bens em que o total do imóvel foi atribuído a Aldo Battagin, Amélia Behido Battagin e Deolinda Rosa Battagin de Gerona, sendo que Aldo recebeu a casa 142, Amélia a casa 144 e Deolinda a casa 144-A. Informou que os herdeiros faleceram há muitos anos, razão pela qual moveu ação de adjudicação compulsória da casa 144-A, ao passo que a casa 144 é objeto de ação de igual natureza movida por Arthur Monzo e a casa 142 é objeto de ação de usucapião movida por Cláudio Xavier. Asseverou que Aldo e Amélia deveriam figurar como co-autores da ação de adjudicação compulsória em que foram citados todos os herdeiros, bem como foram notificadas pessoas que compraram os imóveis de Aldo e Amélia. Afirmou que o termo de partilha celebrado por instrumento particular equivale a contrato de permuta e enseja a adjudicação em favor do adquirente. Esclareceu que o ITBI foi pago quando da celebração de escritura pública de cessão de direitos hereditários reproduzida às fls. 37/39, não havendo nova transmissão que sirva de fato gerador desse imposto. Por fim, o imóvel foi transcrito em 1954, com averbação da última construção em 1974, motivo pelo qual a Lei nº 6.766/79 não retroage para efeito de exigência de autorização municipal para o desdobro das casas com construções averbadas anteriormente à referida norma e à Lei nº 6.015/73. Ademais, as casas são objeto de cadastro fiscal isolado desde 1985. Requereu a reforma da r. Sentença para o registro do título (fls. 207/211).

A apelante se manifestou às fls. 238/239, 248/250, 252/254 e 258/263. A apelante se manifestou às fls. 238/239, 248/250 e 252/254.

É o relatório.

Conforme a certidão de fls. 05/07, pela transcrição nº 65.501 do 7º Registro de Imóveis de São Paulo a metade ideal do imóvel situado na rua Visconde de Cairú, 142, 144 e 144-A, São Paulo, com área total de 205,50m², foi adquirida por: Aldo Battagin;

Raul Battagin; Ivone Battagin Vaselli e seu marido; Maria Battagin Covelli e seu marido; Deolinda Battagin de Gerona e seu marido; Amélia Battagin Belhido e seu marido; Rosa Battagin Gambirasio e seu marido, Mafalta Battagin de Campos e seu marido; Davina Battagin Rigol e seu marido, na proporção de 1/9 para cada herdeiro.

Posteriormente, pela transcrição nº 80.845, a outra metade ideal do imóvel foi partilhada em favor de Aldo Battagin, Deolinda Rosa Battagin de Gerona e Amélia Battagin Belhido.

A carta de adjudicação de fls. 18/100 demonstra que o Espólio de Deolinda Rosa Battagin de Gerona, representado por Claudete Romilda de Gerone Rodrigues, moveu ação de adjudicação compulsória do imóvel situado na rua Visconde de Cairú, 144-A, com área total de 75m², a ser destacado das transcrições nºs 65.501 e 80.845.

O registro da carta de adjudicação foi recusado pelo Sr. 7º Registro de Imóveis de São Paulo porque: a) a ação de adjudicação compulsória não foi movida contra todos os co-proprietários do imóvel; b) não foi comprovado recolhimento do ITBI decorrente da cessão de direitos hereditários e permuta de partes ideais celebradas entre os herdeiros dos proprietários originais do imóvel; c) não foi comprovada a autorização municipal para o desdobro do imóvel objeto das transcrições nº 65.501 e 80.485 (fls. 01/04), sendo as exigências integralmente mantidas pela r. sentença recorrida (fls. 194/108).

No presente caso, as transcrições nºs 65.501 e 80.485 do 7º Registro de Imóveis de São Paulo dizem respeito ao imóvel situado na rua Visconde de Cairú, 142, 144 e 144-A, com área total de 205,50m² (fls. 05/07).

E a situação jurídica a ser considerada para o registro da carta de adjudicação é a que decorre do Registro Imobiliário, ou das transcrições nºs 65.501 e 80.485.

Por sua vez, o procedimento de dúvida tem por objeto a análise da dissensão entre o apresentante e o Oficial de Registro sobre a admissibilidade, ou não, do registro do título na forma como apresentado.

Em razão disso, a dúvida deve ser solucionada mediante análise do título apresentado para registro, ou seja, a carta de adjudicação, feita em consonância com a situação jurídica existente, ou seja, com o que consta no Registro Imobiliário.

A ação de adjudicação compulsória foi movida pelo Espólio de Deolinda Rosa Battagin de Gerona contra os Espólios de Raul Batttagin, Ivone Battagin Vaselli, Maria Battagin Covelli, Rosa Battagin Gambirasio, Mafalda Battagin de Campos e Daniva Battagin Rigol, e contra Almir Monzo Castelão e Cláudio Xavier de Souza (fls. 18 e seguintes).

Na referida ação foram citados por edital os Espólios de Raul Bataggin, Ivone Battagin Vaseli, Maria Battagin Covelli, Rosa Battagin Gambiraso, Mafalda Battigin de Campos e Davina Battagin Rigol (fls. 74).

Não foram citados, ou não consta na carta de adjudicação como citados, os co-proprietários Aldo Battagin e Amélia Battagin Belhido e seu marido.

A alegação de notificação e anuência dos adquirentes dos quinhões de Aldo e de Amélia no imóvel não dispensa a prova da citação desses proprietários, para efeito de respeito à continuidade registrária, porque o domínio por ato entre vivos somente se adquire mediante registro do título transmissivo no Registro de Imóveis:

"Art. 1.245. Transfere-se entre vivos a propriedade mediante o registro do título translativo no Registro de Imóveis.

§ 1º Enquanto não se registrar o título translativo, o alienante continua a ser havido como dono do imóvel". Como bem afirmado pela Dra. Promotora de Justiça no parecer de fls. 191/193, no Registro de Imóveis vigora o princípio da continuidade que demanda o estrito respeito à cadeia dominial, de forma que deve figurar como transmitente do imóvel aquele que consta no registro como titular do direito transmitido, ou como esclarece Afrânio de Carvalho:

"O princípio da continuidade, que se apóia no de especialidade, quer dizer que, em relação a cada imóvel, adequadamente individuado, deve existir uma cadeia de titularidade à vista da qual só se fará a inscrição de um direito se o outorgante dele aparecer no registro como seu titular. Assim, as sucessivas transmissões, que derivam umas das outras, asseguram sempre a preexistência do imóvel no patrimônio do transferente" (*Registro de Imóveis*, 4ª edição, 1998, Forense, pág. 253).

Portanto, embora represente a transmissão proporcional dos quinhões de que eram proprietárias as pessoas que foram efetivamente citadas para a ação de adjudicação compulsória, a carta de adjudicação não serve de título de transmissão do domínio dos quinhões de Aldo e de Amélia.

Esse fato não se altera pela existência de ações movidas pelas pessoas indicadas como sucessoras de Aldo e Amélia, também pretendendo a aquisição de partes certas do imóvel, porque essas pessoas ainda não figuram no Registro Imobiliário como titulares do domínio.

Em razão disso, na forma como foi expedida a carta de adjudicação não serve como título para a transmissão de domínio dos quinhões do imóvel adjudicado que ainda são de propriedade de Aldo e de Amélia.

Essa solução não se altera pelo contrato particular de permuta, ou de divisão do imóvel, reproduzido às fls. 44 porque não foi objeto de registro, continuando o imóvel, portanto, a ser de co-propriedade das pessoas que dele figuram como donos nas transcrições nºs 65.501 e 80.485 do 7º Registro de Imóveis de São Paulo.

Por outro lado, neste caso concreto a citação de parte dos co-proprietários do imóvel também não autoriza, por si só, o registro da adjudicação compulsória de forma proporcional aos quinhões que cederam para a autora da referida ação.

Assim porque foi adjudicada parte certa e determinada consistente em terreno com 75m² em que foi construída a casa 144-A, mas no registro o imóvel com área total de 205,50m² continua indiviso.

A carta de adjudicação, entretanto, não instruída com prova da autorização municipal para o desdobro do imóvel.

As averbações das construções das casas 142, 144 e 144-A não alteraram a situação registrária do imóvel que permaneceu consistente em um só terreno, embora dotado de três edifícios, pois essas averbações não ensejaram ou equivaleram ao desdobro do registro.

Por sua vez, contratos particulares celebrados antes da vigência da Lei nº 6.766/79 não dispensam a apresentação da aprovação municipal porque não provam que houve autorização para o desdobro, pelo Município, também antes da vigência da referida lei.

A autorização para desdobro, ademais, não decorre da autorização para averbação da construção, pois, reitera- se, a simples averbação de mais de uma construção não implica em automática divisão do terreno, permanecendo o imóvel único tanto perante o Registro como em relação à municipalidade.

Neste caso concreto foi alegado que a inclusão em cadastro fiscal como terrenos separados, para lançamento de IPTU, somente ocorreu em 1985 (fls. 16), ou seja, depois da vigência da Lei nº 6.766/79, não se prestando o referido cadastro para suprir a exigência de autorização municipal específica para o desdobro (arts. 2º e 10).

Como decidido por este Col. Conselho Superior da Magistratura na Apelação Cível nº 1029037-70.2014.8.26.0577, de que foi relator o eminente Desembargador Manoel de Queiroz Pereira Calças, no Registro de Imóveis prevalece o princípio *tempus regit actum* que importa na obrigatoriedade de atendimento dos requisitos conforme a legislação vigente quando da apresentação do título:

"Registro de aquisição de vagas de garagem – Interessado que não é proprietário de unidade autônoma no condomínio – Desqualificação acertada – Inteligência do artigo 1.331, § 1º, do Código Civil –Análise da legislação aplicável no momento da apresentação do título – Aplicação do princípio tempos regit actum – Óbice mantido".

Por fim, decorre da carta de adjudicação que os contratos em que fundada a ação de adjudicação compulsória consistiram na escritura pública reproduzida às fls. 108/110 e no contrato particular de partilha amigável de fls. 44.

Pela escritura pública de fls. 108/110 Raul Batttagin, Ivone Battagin Vaselli, Maria Battagin Covelli, Rosa Battagin Gambirasio, Mafalda Battagin de Campos e Davina Battagin Rigol, com seus respectivos cônjuges, cederam para Aldo Battagin, Deolinda Rosa Battagin de Gerona e Amélia Battagin Belhido os quinhões de 1/9 da metade ideal que cada um detinha no imóvel, e sobre essa cessão foi pago o imposto de transmissão "inter vivos", como decorre da referida escritura que foi lavrada em 1966 (fls. 109).

Por essa razão é desnecessária nova comprovação do recolhimento do referido imposto.

Porém, não houve registro da divisão do imóvel a que se refere o contrato particular de fls. 44, e em relação à referida divisão deve ser comprovado o pagamento do imposto de transmissão "inter vivos" na forma da legislação municipal que estiver vigente na data do registro.

Ante o exposto, pelo meu voto nego provimento ao recurso para manter a negativa do registro do título.

GERALDO FRANCISCO PINHEIRO FRANCO
Corregedor Geral da Justiça e Relator (DJe de 31.07.2018 - SP)

ALIENAÇÃO FIDUCIÁRIA

PODER JUDICIÁRIO

TRIBUNAL DE JUSTIÇA DO ESTADO DE SÃO PAULO

CONSELHO SUPERIOR DA MAGISTRATURA

Apelação nº 0006849-88.2015.8.26.0510

Registro: 2017.0000792644

ACÓRDÃO

Vistos, relatados e discutidos estes autos da **Apelação nº 0006849-88.2015.8.26.0510**, da Comarca de **Rio Claro**, em que é apelante **BANCO PINE S/A**, é apelado **1º OFICIAL DE REGISTRO DE IMÓVEIS E ANEXOS DA COMARCA DE RIO CLARO**.

ACORDAM, em Conselho Superior de Magistratura do Tribunal de Justiça de São Paulo, proferir a seguinte decisão: **"Deixaram de conhecer do recurso, V. U. Declarará voto convergente o Desembargador Ricardo Dip."**, de conformidade com o voto do Relator, que integra este Acórdão.

O julgamento teve a participação dos Exmos. Desembargadores **PAULO DIMAS MASCARETTI (Presidente),**

ADEMIR BENEDITO, XAVIER DE AQUINO, LUIZ ANTONIO DE GODOY, RICARDO DIP E SALLES ABREU.

São Paulo, 9 de outubro de 2017.

MANOEL DE QUEIROZ PEREIRA CALÇAS

Corregedor Geral da Justiça e Relator

Apelação nº 0006849-88.2015.8.26.0510

Apelante: Banco Pine S/A

Apelado: 1º Oficial de Registro de Imóveis e Anexos da Comarca de Rio Claro

VOTO Nº 29.814

Título original – Ausência nos autos – Cópia apresentada que não comporta registro, obstando o conhecimento do recurso – Violação ao item 41.1 do Capítulo XX, Tomo II, das NSCGJ – Alienação fiduciária – Imóvel – Penhora em execução fiscal federal – Indisponibilidade – Penhora levada a cabo pelo INSS, tornando indisponível o imóvel penhorado, por força do art. 53, §1º, da Lei 8.212/91 – Alienação fiduciária que não pode, pois, ser registrada, por violar a indisponibilidade – Recusa correta – Recurso não conhecido, à míngua de título original.

Cuida-se de recurso de apelação tirado de r. sentença do MM. Juiz Corregedor Permanente do 1º Oficial de Registro de Imóveis e Anexos da Comarca de Rio Claro, que julgou procedente dúvida suscitada para o fim de manter a recusa aregistro de escritura pública de alienação fiduciária em garantia, referente a imóvel rural objeto de prévia penhora em execução movida pelo INSS.

O apelante afirma, em síntese, que a ausência do título original não há de obstar o conhecimento da dúvida, uma vez que a juntada do documento seria "suprível a qualquer tempo". Sustenta, ainda, que eventual penhora ou indisponibilidade parcial não impediria alienação fiduciária do imóvel, uma vez que estariam resguardados, do preço auferido, os valores do crédito fazendário da penhora levada a cabo pelo INSS.

A Procuradoria Geral de Justiça opinou pelo não conhecimento do recurso. É o relatório.

À luz do item 41.1.1 do Capítulo XX, Tomo II, das NSCGJ:

> *"41.1.1. Caso o requerimento tenha sido instruído apenas com cópia do título, mesmo autêntica, o procedimento deverá ser convertido em diligência, para juntada do original, no prazo de 10 (dez) dias, sob pena de arquivamento."*

Na hipótese dos autos, todavia, limitou-se o recorrente a acostar cópias dos títulos cujos registros almeja. Mesmo depois de a falha ter sido apontada nos autos, seguiu inerte o apelante. Sequer com o recurso sobrevieram aos autos os títulos originais.

Per si, é quanto basta para que não se conheça da apelação. Ainda que assim não fosse, o óbice apontado na nota de devolução é intransponível. Com efeito, prevê o art. 53, §1º, da Lei 8212/91:

> *Art. 53. Na execução judicial da dívida ativa da União, suas autarquias e fundações públicas, será facultado ao exeqüente indicar bens à penhora, a qual será efetivada concomitantemente com a citação inicial do devedor.*
>
> ***§ 1º Os bens penhorados nos termos deste artigo ficam desde logo indisponíveis.***

A redação da norma não dá azo a mínima dúvida acerca da questão. Imóvel que tenha sido penhorado por dívida ativa da União, de qualquer de suas autarquias ou de qualquer de suas fundações públicas restará, de pronto, indisponível. E, por óbvio, qualquer ato de voluntária alienação do bem ficará obstado pela indisponibilidade que o afeta.

Aí se incluem os contratos em análise, que implicam evidente disponibilidade voluntária dos imóveis em questão. É postura assente deste Egrégio Conselho Superior da Magistratura a vedação ao registro de contrato que implique alienação voluntária de imóvel previamente penhorado em sede de execução fiscal da União, ou de suas autarquias, como na hipótese:

"REGISTRO DE IMÓVEIS Termo de atribuição de lote e especialização de parte ideal em parcelamento objeto de regularização fundiária de interesse social Indisponibilidade, oriunda de penhora, nos termos do art. 53, §1º, da Lei n. 8.212/91 Impossibilidade de registro e de transporte da indisponibilidade para outro imóvel, quanto mais sem manifestação de vontade das partes do processo de execução Recurso provido." (APELAÇÃO CÍVEL: 0000750- 95.2015.8.26.0577, Rel. Des. Pereira Calças, DJ 9/8/16)

"O Conselho Superior da Magistratura tem entendimento pacífico de que, embora a indisponibilidade não impeça a alienação forçada, obsta a voluntária. Subsistente a penhora, advinda de dívida com o INSS, a indisponibilidade, decorrente do art. 53, §1º, da Lei nº 8.212/91, impede a alienação voluntária e, via de consequência, o registro da escritura." (APELAÇÃO CÍVEL: 1003418-87.2015.8.26.0038, Rel. Pereira Calças. DJ 20/6/16)

"Registro de Imóveis – dúvida – registro de escritura pública de dação em pagamento – carta de arrematação anteriormente registrada – manutenção das penhoras em favor da fazenda nacional e do INSS – indisponibilidade, nos termos do art. 53, §1º, da lei n. 8.212/91 – negativa de registro da escritura, em face da indisponibilidade – impossibilidade de alienação voluntária – precedentes do conselho superior da magistratura – dúvida procedente – recurso desprovido." (APELAÇÃO CÍVEL: 0004060-59.2014.8.26.0120, Rel. Elliot Akel, DJ 13/10/15)

Frise-se, sobremais, que o recorrente é titular de 50% dos imóveis em pauta. A penhora recaiu sobre 22,22% dos imóveis, de tal arte que apenas 27,78% dos bens escapariam à indisponibilidade. Não obstante, a somatória das partes ideais que o apelante almeja alienar fiduciariamente perfaz 33,32%, suplantando a porção disponível, ainda que se admitisse similar raciocínio.

Por todo o exposto, deixo de conhecer do recurso.

MANOEL DE QUEIROZ PEREIRA CALÇAS

Corregedor Geral da Justiça e Relator

TRIBUNAL DE JUSTIÇA DO ESTADO DE SÃO PAULO

Conselho Superior da Magistratura

Apelação Cível 0006849-88.2015.8.26.0510 SEMA

Dúvida de registro

VOTO 50.861 (com divergência):

1. Acompanho a **conclusão** do respeitável voto de Relatoria.

2. Peço reverente licença, entretanto, para não aderir a "análise de mérito" a que se lançou **após afirmar não conhecer do recurso.**

3. Ao registrador público, tendo afirmada, *per naturam legemque positam*, a **independência na qualificação jurídica** (*vide* arts. 3º e 28 da Lei n. 8.935, de 18-11-1994), não parece possam impor-se, nessa esfera de qualificação, "orientações" prévias e abstratas de caráter hierárquico.

Assim, o registrador tem o **dever** de qualificação jurídica e o **direito** de efetivá-la com independência profissional, *in suo ordine*.

4. Vem a propósito que a colenda Corregedoria Geral da Justiça paulista, em seu código de normas, enuncia: "Os oficiais de Registro de Imóveis gozam de independência jurídica no exercício de suas funções eexercem essa prerrogativa quando interpretam disposição legal ou normativa. (...)" (item 9º do cap. XX das "Normas de Serviço da Corregedoria Geral da Justiça de São Paulo").

5. Se o que basta não bastara, calha que os órgãos dotados de *potestas* para editar **regras técnicas** relativas aos registros públicos são os **juízes competentes para o exercício da função correcional** (o que inclui a egrégia Corregedoria Geral da Justiça; cf. inc. XIV do art. 29 da Lei n. 8.935/1994). Essa função de corregedoria dos registros, em instância administrativa final no Estado de São Paulo, **não compete a este Conselho Superior da Magistratura**, Conselho que, a meu ver, não detém, ao revés do que respeitavelmente entendeu o venerando voto de relação, "poder disciplinador" sobre os registros e as notas (v., a propósito, os incs. XVII a XXXIII do art. 28 do Regimento Interno deste Tribunal).

6. Averbo, por fim, que a admitir-se a pretendida força normativa da ventilada "orientação", não só os juízes corregedores permanentes estariam jungidos a observá-la, mas também as futuras composições deste mesmo Conselho.

Deste modo, voto no sentido de que se exclua a r. "orientação para casos similares". É, *da veniam*, **meu voto**.

Des. RICARDO DIP

Presidente da Seção de Direito Público (DJe de 21.02.2018 - SP)

PODER JUDICIÁRIO

TRIBUNAL DE JUSTIÇA DO ESTADO DE SÃO PAULO

CONSELHO SUPERIOR DA MAGISTRATURA

Apelação nº 1095724-49.2016.8.26.0100

Registro: 2017.0000530806

ACÓRDÃO

Vistos, relatados e discutidos estes autos da **Apelação nº 1095724-49.2016.8.26.0100**, da Comarca de **São Paulo**, em que são apelantes **CLÉCIO ROCHA E SILVA e ANA MARIA FRACASSI DE MELLO ROCHA E SILVA**, é apelado **14º OFICIAL DE REGISTRO DE IMÓVEIS DA COMARCA DA CAPITAL**.

ACORDAM, em Conselho Superior de Magistratura do Tribunal de Justiça de São Paulo, proferir a seguinte decisão: **"Deram provimento ao recurso, para julgar improcedente a dúvida, v.u."**, de conformidade com o voto do Relator, que integra este Acórdão.

O julgamento teve a participação dos Exmos. Desembargadores **PAULO DIMAS MASCARETTI (Presidente), ADEMIR BENEDITO, XAVIER DE AQUINO, JOÃO CARLOS SALETTI, RICARDO DIP (PRES. DA SEÇÃO DE DIREITO PÚBLICO) E PÉRICLES PIZA**.

São Paulo, 20 de julho de 2017.

MANOEL DE QUEIROZ PEREIRA CALÇAS

Corregedor Geral da Justiça e Relator

Apelação nº 1095724-49.2016.8.26.0100

Apelantes: Clécio Rocha e Silva e Ana Maria Fracassi de Mello Rocha e Silva

Apelado: 14º Oficial de Registro de Imóveis da Comarca da Capital

VOTO Nº 29.799

Registro de imóveis – Alienação fiduciária – Termo de quitação – Na hipótese de o imóvel alienado fiduciariamente ser arrematado por valor superior ao da dívida, o registro da escritura firmada entre credor fiduciário e arrematante não pode ser obstado por ausência do termo de quitação recíproca, previsto no art. 27, § 4º, da Lei 9514/97 – Recurso provido.

Cuida-se de recurso de apelação tirado de r. sentença da MM. Juíza Corregedora Permanente do 14º Oficial de Registro de Imóveis da Capital, que julgou procedente dúvida inversa suscitada, para o fim de manter a recusa a registro de escritura de compra e venda havida entre credor fiduciário e arrematante de imóvel objeto de alienação fiduciária inadimplida, à míngua do termo de quitação previsto no art. 27, §4º, da Lei 9514/97.

O apelante afirma, em síntese, que a quitação faltante há de ser dada entre credor fiduciário e devedor fiduciante e não é requisito para o registro da escritura de compra e venda imobiliária. Colacionouprecedentes.

A Procuradoria Geral de Justiça opinou pelo desprovimento do recurso. É o relatório.

À luz do art. 27, *caput* e §4º, da Lei 9514/97:

> *Art. 27. Uma vez consolidada a propriedade em seu nome, o fiduciário, no prazo de trinta dias, contados da data do registro de que trata o § 7º do artigo anterior, promoverá público leilão para a alienação do imóvel.*
>
> *§ 4º Nos cinco dias que se seguirem à venda do imóvel no leilão, o credor entregará ao devedor a importância que sobejar, considerando-se nela compreendido o valor da indenização de benfeitorias, depois de deduzidos os valores da dívida e das despesas e encargos de que tratam os §§ 2º e 3º, fato esse que importará em recíproca quitação, não se aplicando o disposto na parte final do art. 516 do Código Civil.*

Conforme se extrai do *caput* da norma aludida, o leilão público somente terá lugar quando já consolidada a propriedade em nome do credor fiduciário. Arrematado o Imóvel, pago o preço ofertado e lavrada a escritura prevista no item 259. 1 do Capítulo XX, Tomo II, das NSCGJ, não há como obstar o respectivo registro.

A recíproca quitação versada no §4º não guarda qualquer relação com o arrematante. Não lhe diz respeito. Dá- se entre aqueles que, originariamente, assumiram as condições de credor fiduciário e devedor fiduciante. Tampouco, como se viu, é condição para que a propriedade do imóvel consolide-se em mãos do credor fiduciário, o que já terá ocorrido pela reiterada inadimplência do fiduciante, mesmo depois de constituído em mora (art. 26, *caput*, da Lei 9514/97).

Para o mesmo Norte aponta a jurisprudência deste E. CSM, como se vê do seguinte aresto:

"A controvérsia a ser dirimida relaciona-se ao cumprimento ou não, pela credora fiduciária, do dever de entregar às devedoras fiduciantes, que agora são credoras, a quantia que sobejou em decorrência da arrematação do imóvel em leilão público realizado, em cumprimento ao § 4º do artigo 27 da Lei 9.514/97, e também ao dever do registrador fiscalizar tal cumprimento.

(...) O título apresentado a registro foi uma escritura de compra e venda pela qual a Caixa Econômica Federal transferiu à arrematante Elza Maria Franjolli Teixeira a titularidade do domínio do imóvel. A obrigação da Caixa Econômica Federal, de dar quitação às devedoras fiduciantes, em razão da arrematação do bem imóvel no referido leilão e de prestar contas acerca do valor excedente apurado a ser devolvido, conforme previsto no §4º do artigo 27 da Lei 9.514/97, é de natureza pessoal e restrita às partes deste negócio (alienação fiduciária). Não guarda, pois, nenhuma relação com o dever da instituição financeira de transferir a titularidade do domínio à arrematante, o que se deu por meio da escritura de compra e venda apresentada para registro." (Apelação nº 1010103-21.2015.8.26.0100, Rel. Des Xavier de Aquino, j. 9/11/15)

Desta feita, dou provimento ao recurso, para julgar improcedente a dúvida.

MANOEL DE QUEIROZ PEREIRA CALÇAS

Corregedor Geral da Justiça e Relator (DJe de 27.04.2018 - SP)

PODER JUDICIÁRIO

TRIBUNAL DE JUSTIÇA DO ESTADO DE SÃO PAULO

CONSELHO SUPERIOR DA MAGISTRATURA

Apelação nº 1062367-44.2017.8.26.0100

Registro: 2018.000361190

ACÓRDÃO

Vistos, relatados e discutidos estes autos do(a) **Apelação nº 1062367-44.2017.8.26.0100**, da Comarca de **São Paulo**, em que são partes é apelante **SUMMIT BPO BUSINESS PROCESS OUTSOURCING SERVIÇOS ADMINISTRATIVOS LTDA**, é apelado **7º OFICIAL DE REGISTRO DE IMÓVEIS DA CAPITAL.**

ACORDAM, em Conselho Superior de Magistratura do Tribunal de Justiça de São Paulo, proferir a seguinte decisão: **"Deram provimento à apelação para o fim de julgar improcedente a dúvida registral e determinar o registro do instrumento particular de alienação fiduciária, v.u."**, de conformidade com o voto do Relator, que integra este Acórdão.

O julgamento teve a participação dos Exmos. Desembargadores **PEREIRA CALÇAS (PRESIDENTE TRIBUNAL DE JUSTIÇA) (Presidente), ARTUR MARQUES (VICE PRESIDENTE), XAVIER DE AQUINO (DECANO), EVARISTO DOS SANTOS(PRES. DA SEÇÃO DE DIREITO PÚBLICO), CAMPOS MELLO (PRES. DA SEÇÃO DE DIREITO PRIVADO) E FERNANDO TORRES GARCIA(PRES. SEÇÃO DE DIREITO CRIMINAL)**.

São Paulo, 15 de maio de 2018.

GERALDO FRANCISCO PINHEIRO FRANCO

Corregedor Geral da Justiça e Relator

Apelação nº 1062367-44.2017.8.26.0100

Apelante: Summit BPO Business Process Outsourcing Serviços Administrativos Ltda

Apelado: 7º Oficial de Registro de Imóveis da Capital

VOTO Nº 37.331

Registro de Imóveis – Instrumento particular de alienação fiduciária de imóvel – Desqualificação do título – Exigência de certidões negativas de débitos (CND) expedida pelo INSS e pela Receita Federal e de retificação da denominação da empresa titular de domínio – Dispensa apenas da apresentação das certidões negativas de débitos pela Corregedoria Permanente – Inconformismo da parte quanto ao óbice remanescente, relativo à denominação social da empresa alienante fiduciária – Elementos que permitem o estabelecimento de identidade perfeita entre a pessoa jurídica que figura como proprietária tabular e aquela posicionada, no instrumento de contrato, como devedora fiduciante – Ausência de ofensa ao princípio da especialidade subjetiva – Afastada a exigência, para ingresso do título no fólio real – Apelação provida.

Trata-se de recurso de apelação **[1]** interposto por *Summit BPO Business Process Outsourcing Serviços Administrativos Ltda.* contra a sentença proferida pela MM.ª Juíza Corregedora Permanente do 7º Cartório de Registro de Imóveis de São Paulo/SP, que afastou o óbice imposto pelo registrador referente à exigência de certidão negativa de débitos (CND) expedida pelo INSS e pela Receita Federal, mas manteve a negativa de registro do instrumento particular de alienação fiduciária em virtude da divergência constatada em relação à denominação da empresa alienante fiduciária **[2]**.

Em suas razões de inconformismo, alega a apelante, em síntese, que a manutenção do óbice relativo à denominação social da empresa participante do ato não pode prevalecer, pois, conforme ficha cadastral atualizada, a sede social e número de inscrição no cadastro geral de contribuintes da pessoa jurídica continuam os mesmos, certo que não houve troca do NIRE MATRIZ e tampouco do CNPJ. Acrescenta que a sede social da empresa se manteve no mesmo endereço e que não houve alteração do objeto social ou dos sócios. Sustenta que a simples modificação do nome empresarial é irrelevante, pois, não havendo divergência entre os demais dados da ficha cadastral da JUCESP e o contrato celebrado, é perfeitamente possível identificar as pessoas jurídicas que participaram do ato.

A Procuradoria de Justiça opinou pelo não provimento do recurso **[3]**.

É o relatório.

O dissenso versa sobre a registrabilidade do contrato de alienação fiduciária de bem imóvel, por meio do qual, em garantia do empréstimo recebido, a empresa J. RAU METALÚRGICA INDÚSTRIA E COMÉRCIO LTDA., atualmente denominada J. RAU METALÚRGICA, INDÚSTRIA, IMPORTAÇÃO, EXPORTAÇÃO E COMÉRCIO LTDA., transferiu à apelante a propriedade fiduciária do imóvel objeto da matrícula nº 36.409 do 7º Cartório de Registo de Imóveis da Capital. Seu ingresso no fólio real foi recusado pelo Oficial porque: (1) o interessado deverá apresentar as respectivas Certidões Negativas de Débitos (CND) do INSS e da Receita Federal, com data atualizada; (2) do instrumento particular, devidamente registrado na JUCESP em 09.03.2016, consta a alteração da denominação da empresa alienante, enquanto que, no título apresentado para registro, datado de 11.03.2016, a mesma empresa comparece com a antiga denominação, o que reclama a devida retificação.

A exigência de apresentação das Certidões Negativas de Débitos (CND) do INSS e da Receita Federal, com data atualizada, foi afastada pela MM.ª Juíza Corregedora Permanente, de modo que a controvérsia remanesce apenas em relação à necessidade de retificação do instrumento particular firmado pelas partes, em razão da alegada ofensa ao princípio da especialidade subjetiva cuja finalidade é identificar e individualizar aquele que está transmitindo ou adquirindo algum tipo de direito no registro de imóveis, tornando-o inconfundível com qualquer outra pessoa.

Consoante se verifica da análise do instrumento particular de alteração do contrato social registrado na JUCESP em 09.03.2016, houve alteração do nome empresarial da empresa titular de domínio para J. RAU METALÚRGICA INDÚSTRIA, IMPORTAÇÃO, EXPORTAÇÃO, COMÉRCIO LTDA. **[4]**. Por outro lado, no instrumento particular apresentado a registro, datado de 11.03.2016, consta que o nome da devedora fiduciante é J. RAU METALÚRGICA INDÚSTRIA E COMÉRCIO LTDA. **[5]**.

Ocorre que, a despeito da apontada divergência, há sólidos elementos que permitem o induvidoso estabelecimento de identidade perfeita entre a pessoa jurídica que figura como proprietária tabular e aquela posicionada, no instrumento de contrato, como alienante fiduciária, tudo a indicar que o registro almejado não vulnerará o princípio da continuidade.

Acrescente-se que, quando da formação do título, havia coincidência exata entre este e a matrícula no que toca ao aspecto focalizado. Ou seja, ao tempo do negócio, era precisamente a nomenclatura J. RAU METALÚRGICA INDÚSTRIA E COMÉRCIO LTDA. que constava do fólio real como titular de domínio, passível de ser conferida pela credora fiduciária.

Enfim, não paira qualquer dúvida no que diz respeito à identidade tabular da devedora fiduciante que possa implicar quebra da necessária linha de continuidade e macular o registro.

No mais, nada impede que, posteriormente, a alteração da razão social da pessoa jurídica em questão seja objeto de averbação junto à matrícula do imóvel, pois a Lei 6.015/73 prevê a retificação do registro de imóveis sempre que se fizer necessária inserção ou modificação dos dados de qualificação pessoal das partes, comprovada por documentos oficiais, ou mediante despacho judicial quando houver necessidade de produção de outras provas (arts. 212 e 213, I, "g").

Com essas considerações, suficientes para afastar, *in concreto*, a alegada ofensa ao princípio da especialidade subjetiva, conclui-se, respeitado o entendimento da MM.ª Juíza Corregedora sentenciante, que a recusa não deve prevalecer.

Por conseguinte, afastada a exigência, o ingresso do título se impõe.

Diante do exposto, **dou provimento** à apelação, para o fim de julgar improcedente a dúvida registral e determinar o registro do instrumento particular de alienação fiduciária.

GERALDO FRANCISCO PINHEIRO FRANCO

Corregedor Geral da Justiça e Relator

Notas:

[1] Fls. 198/203.

[2] Fls. 178/182 e embargos de declaração a fls. 189/194.

[3] Fls. 218/219.

[4] Fls. 134/139.

[5] Fls. 42/51. (DJe de 20.06.2018 - SP)

PODER JUDICIÁRIO

TRIBUNAL DE JUSTIÇA DO ESTADO DE SÃO PAULO

CONSELHO SUPERIOR DA MAGISTRATURA

Apelação nº 1036558-52.2017.8.26.0100

Registro: 2018.0000241177

ACÓRDÃO

Vistos, relatados e discutidos estes autos do(a) **Apelação nº 1036558-52.2017.8.26.0100**, da Comarca de **São Paulo**, em que são partes é apelante **IONE KOSTER JORGE AGUIAR**, é apelado **4º OFICIAL DE REGISTRO DE IMÓVEIS E ANEXOS DE SÃO PAULO.**

ACORDAM, em Conselho Superior de Magistratura do Tribunal de Justiça de São Paulo, proferir a seguinte decisão: **"Negaram provimento ao recurso, v.u.",** de conformidade com o voto do Relator, que integra este Acórdão.

O julgamento teve a participação dos Exmos. Desembargadores **PEREIRA CALÇAS (PRESIDENTE TRIBUNAL DE JUSTIÇA) (Presidente), ARTUR MARQUES (VICE PRESIDENTE), XAVIER DE AQUINO (DECANO), EVARISTO DOS SANTOS(PRES. DA SEÇÃO DE DIREITO PÚBLICO), CAMPOS MELLO (PRES. DA SEÇÃO DE DIREITO PRIVADO) E FERNANDO TORRES GARCIA(PRES. SEÇÃO DE DIREITO CRIMINAL).**

São Paulo, 28 de março de 2018.

PINHEIRO FRANCO

CORREGEDOR GERAL DA JUSTIÇA E RELATOR

Apelação nº 1036558-52.2017.8.26.0100

Apelante: Ione Koster Jorge Aguiar

Apelado: 4º Oficial de Registro de Imóveis e Anexos de São Paulo

VOTO Nº PF 37.327

Registro de imóveis – Carta de Sentença – Partilha de Bens – Dúvida procedente – Necessidade de correção do plano de partilha para constar a partilha dos direitos aquisitivos dos fiduciantes e não a partilha do imóvel propriamente dito – Indispensabilidade da anuência do credor fiduciário, na forma do art. 29 da Lei 9.514/97 – Carta de sentença que deve ser aditada porque o plano de partilha se encontra incompleto – Apelação não provida.

Trata-se de recurso de apelação interposto por Ione Koster Jorge Aguiar contra a sentença de fls. 111/114, que manteve a recusa ao registro de carta de sentença extraída dos autos da ação de separação consensual que tramitou perante a 10ª Vara da Família e das Sucessões da Comarca da Capital.

A apelante afirma, em síntese, que a carta de sentença está completa e contém todos os documentos necessários ao seu registro. Além disso, entende inexistir diferença de partilha de modo que não há tributo (ITBI) a ser pago. Sustenta que não se faz necessária a anuência do credor fiduciário porque o bem partilhado já pertencia aos ex-cônjuges e o artigo 29 da Lei 9.514/97 somente se aplica à transmissão de direitos a terceiros.

A Procuradoria Geral de Justiça opinou pelo desprovimento do recurso (fls.147/151).

É o relatório.

Inicialmente, importa anotar que os títulos judiciais não estão isentos de qualificação para ingresso no fólio real.

A qualificação negativa do título judicial não caracteriza desobediência ou descumprimento de decisão judicial.

No exercício desse dever, o Oficial encontrou óbices ao registro da carta de sentença que foi apresentada pela recorrente.

A despeito da argumentação apresentada pela recorrente, é certo que a carta de sentença extraída dos autos em que foram partilhados os bens adquiridos na constância de casamento dissolvido por sentença não poderia mesmo ingressar no fólio real.

Assim se afirma, pois dentre os bens partilhados encontra-se o imóvel registrado na matrícula nº 165.601 do 4º Oficial de Registro de Imóveis da Comarca da Capital, que foi alienado fiduciariamente a Brascan Imobiliária Incorporações S.A. (R. 02) **[1]**.

Como o imóvel foi objeto de alienação fiduciária, devem ser partilhados os direitos aquisitivos dos fiduciantes e não o imóvel propriamente dito, certo que os ex-cônjuges não são titulares da propriedade imobiliária.

Além disso, faz-se necessária a anuência da credora fiduciária, na forma do art. 29 da Lei 9.514/97, que assim prescreve:

"O fiduciante, com anuência expressa do fiduciário, poderá transmitir os direitos de que seja titular sobre o imóvel objeto da alienação fiduciária em garantia, assumindo o adquirente as respectivas obrigações".

A anuência do credor fiduciário é indispensável, pouco importando se a transmissão dos direitos se deu entre os devedores originais. Com efeito, tem o credor fiduciário o direito de avaliar se a garantia permanece hígida e se a transmissão dos direitos de aquisição lhe interessa, visto que é titular da propriedade imobiliária.

No mais, justamente porque o plano de partilha está incompleto e porque há menção a um pagamento que seria realizado para "equalizar" a divisão do patrimônio **[2]**, faz-se necessário o aditamento da carta de sentença. A apresentação do plano de partilha completo, além de ser peça obrigatória, permite que o Oficial se desincumba do seu dever de verificar a eventual incidência de ITBI.

Por essas razões, deve ser mantido o óbice ao registro da carta de sentença. Diante do exposto, pelo meu voto, **nego provimento** ao recurso.

PINHEIRO FRANCO

CORREGEDOR GERAL DA JUSTIÇA E RELATOR

Notas:

[1] Fls. 79.

[2] Fls. 17/19. (DJe de 02.05.2018 - SP)

ARROLAMENTO DE BENS

PODER JUDICIÁRIO

TRIBUNAL DE JUSTIÇA DO ESTADO DE SÃO PAULO

CONSELHO SUPERIOR DA MAGISTRATURA

Apelação nº 0006511-11.2015.8.26.0318

Registro: 2018.0000190685

ACÓRDÃO

Vistos, relatados e discutidos estes autos do(a) **Apelação nº 0006511-11.2015.8.26.0318**, da Comarca de **Leme**, em que são partes é apelante **MARIA LEITE SOARES**, é apelado **OFICIAL DE REGISTRO DE IMÓVEIS DA COMARCA DE LEME.**

ACORDAM, em Conselho Superior de Magistratura do Tribunal de Justiça de São Paulo, proferir a seguinte decisão: **"Negaram provimento ao recurso. V. U."**, de conformidade com o voto do Relator, que integra este Acórdão.

O julgamento teve a participação dos Exmos. Desembargadores **PEREIRA CALÇAS (PRESIDENTE TRIBUNAL DE JUSTIÇA) (Presidente), ARTUR MARQUES (VICE PRESIDENTE), XAVIER DE AQUINO (DECANO), EVARISTO DOS SANTOS(PRES. DA SEÇÃO DE DIREITO PÚBLICO), CAMPOS MELLO (PRES. DA SEÇÃO DE DIREITO PRIVADO) E FERNANDO TORRES GARCIA(PRES. SEÇÃO DE DIREITO CRIMINAL).**

São Paulo, 9 de março de 2018.

PINHEIRO FRANCO

CORREGEDOR GERAL DA JUSTIÇA E RELATOR

Apelação nº 0006511-11.2015.8.26.0318

Apelante: Maria Leite Soares

Apelado: Oficial de Registro de Imóveis da Comarca de Leme

VOTO Nº 37.298

Registro de imóveis – Arrolamento de Bens – Carta de adjudicação – Partilha de imóvel adquirido na constância do casamento do falecido – Casamento celebrado sob a égide do Código Civil de 1916 – Regime da separação obrigatória de bens – Súmula n.º 377 do STF – Deve ser partilhada a integralidade dos bens para solução do estado de indivisão provocado pela morte de um dos cônjuges – Indicação do título pelo qual houve a transmissão do bem adjudicado – Recusa mantida – Recurso improvido.

Trata-se de recurso de apelação interposto por Maria Leite Soares contra a r. sentença de fls. 84/87, que manteve a recusa ao registro de carta de adjudicação expedida nos autos de arrolamento de bens deixados por Raymundo Oliveira de Jesus, que tramitou perante a 1ª Vara Cível da Comarca de Leme.

Em síntese, a apelante sustenta que deve ser afastado o óbice ao registro da carta de adjudicação, pois o falecido era proprietário de somente metade ideal do imóvel inventariado. Entende ser incorreta a partilha da totalidade do imóvel, pois a outra metade ideal pertence à pessoa viva.

A Procuradoria Geral de Justiça opinou pelo desprovimento do recurso (fls. 107/111).

É o relatório.

Segundo consta dos autos, o título foi recusado porque o imóvel inscrito sob a matrícula nº 3.230 do Registro de Imóveis da Comarca de Leme, pertencente aos cônjuges Raymundo e Lucilia, não foi levado por inteiro aos autos de arrolamento de bens para que esta recolhesse sua meação, e também por não indicação do título pelo qual houve a adjudicação do imóvel.

A natureza judicial do título apresentado não impede sua qualificação registral quanto aos aspectos extrínsecos ou aqueles que não foram objeto de exame pela Autoridade Jurisdicional.

O item 119, do Capítulo XX, das Normas de Serviço da Corregedoria Geral da Justiça é expresso acerca do dever do Oficial do Registro de Imóveis a tanto, como se constata de sua redação:

> *119. Incumbe ao oficial impedir o registro de título que não satisfaça os requisitos exigidos pela lei, quer sejam consubstanciados em instrumento público ou particular, quer em atos judiciais.*

Essa questão é pacífica nos precedentes administrativos deste órgão colegiado, entre muitos, confira-se trecho do voto do Desembargador Manuel Pereira Calças, Corregedor Geral da Justiça à época, na apelação n. 0001561- 55.2015.8.26.0383, j. 20.07.17:

A origem judicial do título não afasta a necessidade de sua qualificação registral, com intuito de se obstar qualquer violação ao princípio da continuidade (Lei 6.015/73, art. 195).

Nesse sentido, douto parecer da lavra do então Juiz Assessor desta Corregedoria Geral de Justiça, Álvaro Luiz Valery Mirra, lançado nos autos do processo n.º 2009/85.842, que, fazendo referência a importante precedente deste Colendo Conselho Superior da Magistratura (Apelação Cível n.º 31.881-0/1), aduz o que segue:

"De início, cumpre anotar, a propósito da matéria, que tanto esta Corregedoria Geral da Justiça quanto o Colendo Conselho Superior da Magistratura têm entendido imprescindível a observância dos princípios e regras de direito registral para o ingresso no fólio real - seja pela via de registro, seja pela via de averbação - de penhoras, arrestos e seqüestros de bens imóveis, mesmo considerando a origem judicial de referidos atos, tendo em conta a orientação tranqüila nesta esfera administrativa segundo a qual a natureza judicial do título levado a registro ou a averbação não o exime da atividade de qualificação registral realizada pelo oficial registrador, sob o estrito ângulo da regularidade formal (Ap. Cív. n. 31.881-0/1)."

No caso destes autos, o título foi devolvido em virtude do que dispõe a Súmula nº 377 do Supremo Tribunal Federal, segundo a qual os bens adquiridos a título oneroso na constância do casamento celebrado pelo regime da separação legal de bens são presumidos como de propriedade comum dos cônjuges, pois também é presumida a existência de esforço comum para a aquisição.

O registro do título aquisitivo faz presumir a propriedade (art. 1.245 e seguintes do Código Civil) e produz todos os efeitos legais enquanto não for cancelado, ainda que por outro modo se prove que o título foi desfeito, anulado, extinto ou rescindido (art. 252 da Lei nº 6.015/73).

A matrícula faz presumir que Raymundo adquiriu a metade ideal do imóvel por compra e venda quando era casado pelo regime da separação legal de bens com Lucília, cuidando-se de bem comum.

Uma vez estabelecida a comunicabilidade, o bem imóvel em questão deveria ter sido inventariado em sua totalidade e não como ocorreu (metade ideal), de modo a possibilitar, com o registro do título judicial nestes termos, o registro do título sob exame. Tal providência não foi tomada, o que torna inviável o registro, pois a situação, tal como se apresenta, configura quebra do princípio da continuidade.

O mencionado casamento foi celebrado na vigência do Código Civil de 1916, assim, não há discussão acerca da aplicabilidade da Súmula nº 377 do Supremo Tribunal de Federal. E, por essa razão, como o bem foi adquirido na constância de casamento celebrado sob o regime da separação obrigatória de bens, presume-se a comunicação, de modo que a integralidade do imóvel deve ser objeto do arrolamento.

Segundo Afrânio de Carvalho: "*não importa que, em se tratando de cônjuge sobrevivente casado no regime da comunhão de bens, metade ideal do imóvel já lhe pertença desde o casamento, porque o título reúne essa parte ideal, societária, com a outra, a sucessória, para recompor a unidade real do 'de cujus'. A partilha abrange todo o patrimônio do morto e todos os interessados, desdobrando-se em duas partes, a societária e a sucessória, embora o seu sentido se restrinja por vezes à segunda.*

Por isso, dá em pagamento ao cônjuge sobrevivente ambas as metades que lhe caibam, observando dessa maneira o sentido global da operação, expressa na ordem de pagamento preceituado para o seu esboço, a qual enumera, em segundo lugar, depois das dívidas, a meação do cônjuge e, em seguida, a meação do falecido que, na hipótese, passa também ao cônjuge" (Registro de Imóveis, Forense, 3ª Edição, p. 281).

Assim, mostra-se necessário que todos os bens do falecido sejam declarados por inteiro para que a cônjuge sobrevivente recolha a sua meação, mesmo que não haja outros herdeiros. Como decorrência da sucessão hereditária, abre-se para todo o patrimônio do casal um estado de indivisão, que só é solucionado com a partilha.

Em outras palavras, será na partilha que a meação será separada e entregue ao sobrevivente, partilhando-se a outra metade entre os herdeiros, ainda que o único herdeiro seja o próprio cônjuge.

Por fim, observa-se que, no título apresentado, houve a atribuição de metade ideal do imóvel à recorrente Maria Leite Soares. Não está claro se houve a transmissão da metade ideal correspondente à meação ou se houve a transmissão da metade correspondente à herança. Assim, deverá constar da carta de adjudicação a que título houve a transmissão da metade ideal do bem à recorrente, sem ignorar as exigências legais pertinentes ao negócio jurídico celebrado, preservando-se assim o princípio da continuidade.

Em suma, são essas as razões pelas quais devem ser mantidos os óbices ao registro da carta de adjudicação. Ante o exposto, nego provimento ao recurso.

PINHEIRO FRANCO

Corregedor Geral da Justiça e Relator (DJe de 08.05.2018 - SP)

PODER JUDICIÁRIO

TRIBUNAL DE JUSTIÇA DO ESTADO DE SÃO PAULO

CONSELHO SUPERIOR DA MAGISTRATURA

Apelação nº 0001207-39.2016.8.26.0498

Registro: 2018.0000234929

ACÓRDÃO

Vistos, relatados e discutidos estes autos do(a) **Apelação nº 0001207-39.2016.8.26.0498**, da Comarca de **Ribeirão Bonito**, em que são partes é apelante **REGINA CÉLIA SOUZA DE PAULA LEITE**, é apelado **OFICIAL DE REGISTRO DE IMOVEIS E ANEXOS DA COMARCA DE RIBEIRÃO BONITO - SP**.

ACORDAM, em Conselho Superior de Magistratura do Tribunal de Justiça de São Paulo, proferir a seguinte decisão: **"Negaram provimento ao recurso, v.u."**, de conformidade com o voto do Relator, que integra este Acórdão.

O julgamento teve a participação dos Exmos. Desembargadores **PEREIRA CALÇAS (PRESIDENTE TRIBUNAL DE JUSTIÇA) (Presidente), ARTUR MARQUES (VICE PRESIDENTE), XAVIER DE AQUINO (DECANO), EVARISTO DOS SANTOS(PRES. DA SEÇÃO DE DIREITO PÚBLICO), CAMPOS MELLO (PRES. DA SEÇÃO DE DIREITO PRIVADO) E FERNANDO TORRES GARCIA(PRES. SEÇÃO DE DIREITO CRIMINAL).**

São Paulo, 28 de março de 2018.

PINHEIRO FRANCO

CORREGEDOR GERAL DA JUSTIÇA E RELATOR

Apelação nº 0001207-39.2016.8.26.0498

Apelante: Regina Célia Souza de Paula Leite

Apelado: OFICIAL DE REGISTRO DE IMOVEIS E ANEXOS DA COMARCA DE RIBEIRÃO BONITO - SP

VOTO Nº 37.323

Registro de imóveis – Ação de inventário/arrolamento envolvendo mais de um falecido – Sentença homologatória de partilhas sucessivas – Impossibilidade de registro – Princípio da continuidade – Óbice mantido – Recurso desprovido.

Trata-se de recurso de apelação interposto por REGINA CÉLIA SOUZA DE PAULA LEITE, contra r. sentença que julgou procedente dúvida suscitada pelo Sr. OFICIAL DE REGISTRO DE IMÓVEIS E ANEXOS DA COMARCA DE RIBEIRÃO BONITO, mantendo os óbices levantados para ingresso do título na serventia imobiliária.

A recorrente sustenta que o CPC lhe autoriza a realizar partilhas sucessivas e que não haveria razão jurídica para recusa do ingresso do título no registro de imóveis.

A Procuradoria Geral de Justiça opinou pelo desprovimento do recurso. É o relatório.

Presentes pressupostos legais e administrativos, conheço do recurso. No mérito, a r. sentença deve ser mantida.

A apelante ajuizou processo de inventário e partilha dos bens deixados por seus pais, *Ester Jacobucci de Souza*, falecida em 15/12/1996, e *Eugênio de Souza*, falecido em 22/02/2003, prosseguindo o feito até a homologação das partilhas.

Como é sabido, os títulos judiciais também não escapam ao crivo da qualificação registral, **[1]** de modo que o registrador, longe de questionar o conteúdo da decisão e tampouco o seu mérito, deverá examinar se estão atendidos os princípios registrais pertinentes ao caso, para seu perfeito ingresso no fólio real.

Trata-se, assim, de análise formal, restrita aos requisitos extrínsecos do título.

A recorrente sustenta que incidiu a regra albergada no art. 1.044 do CPC vigente à época, que prescrevia que:

> Art. 1.044. Ocorrendo a morte de algum herdeiro na pendência do inventário em que foi admitido e não possuindo outros bens além do seu quinhão na herança, poderá este ser partilhado com os bens do monte.

Sustenta que tal regra foi invocada na partilha dos bens deixados por *Ester*, e adotada como fundamento na r. sentença homologatória pelo MM. Juiz que a prolatou, de modo que produziu o efeito de subsunção no caso concreto.

Ou, por outras palavras, ao homologar a partilha tal como apresentada, o douto Magistrado aplicou a regra prevista no art. 1.044 do CPC.

Ocorre que as regras quanto à possibilidade de inventários sucessivos, para fins processuais, são diferentes dos rigores dos princípios no campo dos registros públicos, e com eles não se confundem.

Sendo assim, seria preciso realizar, primeiramente, a partilha dos direitos sobre os bens deixados pelo falecimento de *Ester Jacobucci de Souza*, realizando o pagamento ao espólio de *Eugênio de Souza*, aos herdeiros filhos *Regina, Guiomar* e *Ondina*, aos espólios de *Maria Edna de Souza* e de *Edmo de Souza* e aos herdeiros netos, por representação do herdeiro pré-morto *Fábio de Souza*, ocorrido em 03/08/1992.

Somente após, seria possível realizar a partilha do espólio de *Maria Edna de Souza*, aos herdeiros filhos; do Espólio de *Edmo de Souza*, aos herdeiros filhos e finalmente do Espólio de *Eugênio de Souza*, as herdeiras filhas *Regina*, *Guiomar* e *Ondina* e aos herdeiros netos, também por representação.

Ainda que inventariados de modo conexo e por instrumento conjunto, os bens dos falecidos deveriam ter sido, assim, paulatinamente partilhados quanto ao seu ingresso no registro de imóveis, conforme a ordem de falecimentos, ressalvadas hipóteses de comoriência, o que não houve no caso concreto.

Pelo princípio da continuidade, ou do trato sucessivo, compete a transmissão da propriedade ao espólio herdeiro, e assim sucessivamente, não sendo possível a transmissão da propriedade diretamente aos herdeiros, pelo fato daquele que faleceu posteriormente ainda estar vivo quando aberta a sucessão anterior.

A cumulação de inventários visa privilegiar a economia processual, mas não é apta a afastar a previsão de partilhas distintas, sucessivas e sequenciais, aplicáveis no caso em tela.

O pleito da apelante se assimila à partilha *per saltum*, que já teve tratamento em diversos precedentes deste Colendo Conselho Superior da Magistratura (Apelação nº 917-6/7, Rel. Des. RUY CAMILO, j. 4.11.08; Apelação nº 1.067-6/4, Rel. Des. RUY CAMILO, j. 14.4.09).

Confira-se, também os seguintes precedentes:

> REGISTRO DE IMÓVEIS – Carta de Adjudicação – casal falecido com único herdeiro – inexistência de comoriência – necessidade da realização de partilhas sucessivas – violação do princípio da continuidade – necessidade de retificação do título judicial para acesso ao fólio real – Recurso não provido (TJSP, Conselho Superior da Magistratura, APELAÇÃO CÍVEL N° 0051003-05.2011.8.26.0100). (g.n).

> Registro de Imóveis – Dúvida – Formal de partilha – Transmissão per saltum que se não coaduna com o princípio da continuidade (Lei nº 6.015/73, arts. 195 e 237) – Jurisprudência do Conselho Superior da Magistratura – Recurso não provido. (TJSP, Conselho Superior da Magistratura, APELAÇÃO CÍVEL Nº 0002506-52.2009.8.26.0383). (g.n).

> Partilha 'per saltum' – Inobservância do princípio da continuidade – Cessão de direitos hereditários por instrumento particular – Inviabilidade – Infringência ao que dispõe o artigo 1.783, 'caput', do CPC – Recurso não provido. REGISTRO DE IMÓVEIS – Carta de adjudicação – Qualificação dos títulos judiciais – Partilha *'per saltum'* – Inobservância do princípio da continuidade – Cessão de direitos hereditários por instrumento particular – Inviabilidade – Infringência ao que dispõe o artigo 1.783, 'caput', do CPC – Recurso não provido. (TJSP, Conselho Superior da Magistratura, APELAÇÃO CÍVEL Nº 917-6/7).

Por fim, correta a exigência quanto às certidões negativas de débitos em relação aos ITR´s dos últimos cinco anos, nos termos do art. 22, § 3° da Lei n° 4.947/1966 e do art. 21 da Lei n° 9.393/1996.

Por essas razões, a hipótese é de desprovimento do recurso, mantidos os óbices levantados na nota devolutiva ora impugnada.

Ante o exposto, nego provimento ao recurso.

PINHEIRO FRANCO

Corregedor Geral da Justiça e Relator

Notas:

[1] Apelações CSM nº 1006009-07.2016.8.26.0161 e 0001652-41.2015.8.26.0547. (DJe de 04.05.2018 - SP)

CARTA DE ARREMATAÇÃO

PODER JUDICIÁRIO

TRIBUNAL DE JUSTIÇA DO ESTADO DE SÃO PAULO

CONSELHO SUPERIOR DA MAGISTRATURA

Apelação nº 3003527-32.2013.8.26.0137

Registro: 2017.0000929537

ACÓRDÃO

Vistos, relatados e discutidos estes autos do(a) **Apelação nº 3003527-32.2013.8.26.0137**, da Comarca de **Cerquilho**, em que são partes é apelante **DAMIÃO BIRATAN ALVES CORREA**, é apelado **OFICIAL DE REGISTRO DE IMÓVEIS E ANEXOS DA COMARCA DE CERQUILHO.**

ACORDAM, em Conselho Superior de Magistratura do Tribunal de Justiça de São Paulo, proferir a seguinte decisão: **"Não conheceram do recurso, v.u. Declarará voto convergente o Desembargador Ricardo Dip."**, de conformidade com o voto do Relator, que integra este Acórdão.

O julgamento teve a participação dos Exmos. Desembargadores **PAULO DIMAS MASCARETTI (Presidente sem voto), ADEMIR BENEDITO (VICE PRESIDENTE), PAULO DIMAS MASCARETTI(PRESIDENTE TRIBUNAL DE JUSTIÇA), XAVIER DE AQUINO (DECANO), LUIZ ANTONIO DE GODOY(PRES. DA SEÇÃO DE DIREITO PRIVADO), RICARDO DIP (PRES. DA SEÇÃO DE DIREITO PÚBLICO) E SALLES ABREU (PRES. SEÇÃO DE DIREITO CRIMINAL).**

São Paulo, 27 de novembro de 2017.

MANOEL DE QUEIROZ PEREIRA CALÇAS

Corregedor Geral da Justiça e Relator

Apelação nº 3003527-32.2013.8.26.0137

Apelante: Damião Biratan Alves Correa

Apelado: Oficial de Registro de Imóveis e Anexos da Comarca de Cerquilho

VOTO Nº 29.843

Irresignação Parcial – Concordância com apenas parte das exigências formuladas pelo Sr. Oficial basta para prejudicar a dúvida – Apelação não conhecida – Análise, porém, das exigências, como forma de pautar futura prenotação – Carta de arrematação – Registro – Imóvel rural – Georreferenciamento – Imprescindibilidade para a precisa descrição do imóvel rural – Princípio da especialidade objetiva – Art. 176 da Lei 6015/73 e item 12.1 do Capítulo XX das NSCGJ – Arrematação – Registro – Ausência de cientificação, na execução, de terceiros credores hipotecários e com penhoras averbadas – Ausência de óbice ao registro, à míngua de expressa previsão legal do art. 698 do CPC de 1973 – Omissão que acarreta ineficácia da arrematação perante o terceiro que não foi cientificado – Quitação de tributos – Exigência do Sr. Registrador de comprovação de quitação de ITR – Impossibilidade – Item 119.1, Capítulo XX, Tomo II, das NSCGJ – Medida que constituiria vedada sanção política – Precedentes do Excelso Pretório e deste E. CSM.

Cuida-se de recurso de apelação tirado de r. sentença do MM. Juiz Corregedor Permanente do Oficial de Registro de Imóveis e Anexos da Comarca de Cerquilho, que julgou procedente dúvida, para o fim de manter a recusa a registro de carta de arrematação.

O apelante afirma, em síntese, que o Sr. Oficial estaria criando entraves indevidos e burocráticos ao ato registral, ao exigir descrição do imóvel, com medidas, rumos norteadores e deflexões. Sustentou não ter entrado na posse do imóvel, para o que exigiu o MM. Juízo da execução prova de registro da carta de arrematação, de modo que estaria impossibilitado de adotar as providências necessárias para atender à exigência. Afirmou haver apresentado comprovantes de quitação da totalidade do ITR devido. Ponderou, por fim, que a falta de cientificação de terceiros credores hipotecários e titulares de penhoras averbadas incidentes sobre os imóveis não impediria o registro almejado, na esteira de julgados deste E. CSM.

A Procuradoria Geral de Justiça opinou pelo improvimento do recurso. É o relatório.

Preambularmente, nos moldes da jurisprudência absolutamente sedimentada desta Egrégia Corregedoria Geral da Justiça, o recurso mostra-se prejudicado pela falta de ataque à totalidade dos óbices levantados pelo Sr. Oficial. É que a concordância tácita do recorrente com qualquer das objeções cartorárias é suficiente para impedir que se lavre o ato pretendido, ainda que parte das restrições seja revista judicialmente.

A análise das exigências formuladas, todavia, é de rigor, como forma de pautar futuras prenotações.

De início, imprescindível a precisa descrição dos imóveis rurais em voga. Conforme mencionado pelo Sr. Registrador, faltam medidas, rumos norteadores e deflexões, a obstar a individualização do bem, ideia central do georreferenciamento, como meio de dar concretude ao princípio da especialidade objetiva.

Consoante prevê o art. 176, §§3º e 4º, da Lei 6015/73:

§ 3º Nos casos de desmembramento, parcelamento ou remembramento de imóveis rurais, a identificação prevista na alínea *a* do item 3 do inciso II do § 1º será obtida a partir de memorial descritivo, assinado por profissional habilitado e com a devida Anotação de Responsabilidade Técnica ART, contendo as coordenadas dos vértices definidores dos limites dos imóveis rurais, geo-referenciadas ao Sistema Geodésico Brasileiro e com precisão posicional a ser fixada pelo INCRA, garantida a isenção de custos financeiros aos proprietários de imóveis rurais cuja somatória da área não exceda a quatro módulos fiscais.

§ 4º A identificação de que trata o § 3º tornar-se-á obrigatória para efetivação de registro, em qualquer situação de transferência de imóvel rural, nos prazos fixados por ato do Poder Executivo.

O §2º do artigo compilado ainda reforça a absoluta impossibilidade de registro da transferência do imóvel pelos Registradores, à míngua de georreferenciamento:

"§ 2º Após os prazos assinalados nos incisos I a IV do caput, fica defeso ao oficial do registro de imóveis a prática dos seguintes atos registrais envolvendo as áreas rurais de que tratam aqueles incisos, até que seja feita a identificação do imóvel na forma prevista neste Decreto:

II - transferência de área total;"

A matéria está igualmente disciplinada pelo item 12.1, Capítulo XX, das NSCGJ:

12.1. O acesso ao fólio real de atos de transferência, desmembramento, parcelamento ou remembramento de imóveis rurais dependerá de apresentação de memorial descritivo elaborado, executado e assinado por profissional habilitado e com a devida Anotação de Responsabilidade Técnica (ART) no Conselho Regional de Engenharia e Agronomia (CREA) ou Registro de Responsabilidade Técnica (RRT) no Conselho de Arquitetura e Urbanismo (CAU), contendo as coordenadas dos vértices definidores dos limites dos imóveis rurais, georreferenciadas ao Sistema Geodésico Brasileiro e com precisão posicional estabelecida pelo INCRA, observados os prazos regulamentares.7

12.1.1. A descrição precária do imóvel rural, desde que identificável como corpo certo, não impede o registro de sua alienação ou oneração, salvo quando sujeito ao georreferenciamento ou, ainda, quando a transmissão implique atos de parcelamento ou unificação, hipóteses em que será exigida sua prévia retificação.

Impositivo, pois, o georreferenciamento para a hipótese em questão, como, aliás, sedimentou este Egrégio Conselho Superior, em acórdão que tive a oportunidade de relatar:

"Registro de Imóveis – Escritura pública de venda e compra Georreferenciamento – Necessidade – Exigência ratificada – Princípio da especialidade objetiva – Juízo negativo de qualificação registral prestigiado pelos arts. 176, § 4.º, da Lei nº 6.015, de 1973, 9.º, *caput*, e 10, IV e § 2.º, II, do Decreto 4449/02 – Dúvida inversa procedente – Sentença confirmada – Recurso desprovido.

A identificação do bem adquirido, na matrícula, está em desconformidade com o georreferenciamento pelo sistema geodésico brasileiro, método descritivo introduzido pela Lei nº 10.267/2001 – regulamentada pelo Decreto nº 4.449/2002, parcialmente modificado pelos Decretos nº 5.570/2005 e n. 7.620/2011 –, que, inegavelmente, representa um aperfeiçoamento do princípio da especialidade objetiva, devido à técnica cartográfica empregada, com potência para individuar o imóvel de modo a separá-lo de qualquer outro na superfície terrestre.

Ocorre que, conforme o § 4.º do art. 176 da Lei nº 6.015/1973, "a identificação de que trata o § 3.º tornar-se-á obrigatória para efetivação de registro, em qualquer situação de transferência de imóvel rural, nos prazos fixados por ato do Poder Executivo." (grifei)

Nem se argumente que o ato registral pretendido independe de especialização objetiva do bem imóvel pelo novo sistema descritivo, imposta, no caso dos autos, tendo em vista a dimensão de área constante da matrícula, correspondente a 265,07 hectares - a prevalecer, enquanto inocorrente a retificação, em cotejo com eventual realidade extrarregistral diversa -, e o comando emergente do art. 10, IV, do Decreto nº 4.449/2002, com a redação que lhe foi dada pelo Decreto nº 7.620/2011, *in verbis*:

Art. 10. A identificação da área do imóvel rural, prevista nos §§ 3º e 4º do art. 176 da Lei nº 6.015, de 1973, será exigida nos casos de desmembramento, parcelamento, remembramento e em qualquer situação de transferência de imóvel rural, na forma do art. 9º, somente após transcorridos os seguintes prazos:

...

IV - dez anos, para os imóveis com área de duzentos e cinquenta a menos de quinhentos hectares" (Apelação n 0001745- 94.2015.8.26.0614, Rel. Des. Pereira Calças, j. 18/10/16)

Ao recorrente compete adotar as providências necessárias para o georreferenciamento, inclusive com uso das medidas judiciais que se mostrarem úteis a tanto, se o caso, à vista da alegação de que não adentrou na posse do bem.

De outro bordo, a ausência de cientificação de qualquer terceiro que figure como senhorio direto, credor com garantia real, ou com penhora anteriormente averbada, nos moldes do art. 698 da Lei Processual Civil vigente ao tempo dos fatos, cuja ideia veio grafada no art. 889 do Novo Diploma Processual Civil, não acarreta vício à arrematação, que será, outrossim, ineficaz perante terceiros que não tenham sido cientificados a tempo e modo. Válida, porém, para todos os efeitos, de tal arte que tal motivo não ensejaria óbice ao registro.

Cumpre rememorar a sedimentada orientação jurisprudencial acerca do tema, consolidada em decisão do Egrégio Superior Tribunal de Justiça:

"Por fim, alega a recorrente que o acórdão impugnado violou o art. 698 do CPC ao invalidar a arrematação em virtude da ausência de intimação do credor hipotecário sobre a hasta pública. Isso porque referido dispositivo deveria ter sua aplicação conjugada com o art. 619 do mesmo diploma legal, resultando, apenas, na ineficácia da arrematação em relação ao credor com garantia real, e não na sua invalidade. Em outras palavras, a arrematação é plenamente válida para o processo em que se realizou, porém é ineficaz em relação ao credor hipotecário, de modo que o bem passa ao arrematante com o gravame.

Conquanto o art. 698 do CPC possua redação incisiva ("não se efetuará"), fato é que não aponta cominação específica de nulidade pela sua inobservância, o que traz a lume a regra do art. 244 do CPC, a recomendar que se considere válido o ato se, realizado de forma diversa da prevista, alcançar sua finalidade e ainda não redundar em prejuízo.

A respeito, leciona ERNANE FIDÉLIS DOS SANTOS que o art. 698 do CPC: "[...] não disciplinou nenhum caso de nulidade absoluta por interesse público, nem é norma cogente que obrigue decretação, de ofício, de nulidade. Usando tais expressões, o art. 698 faz entender que, antes da praça, dando pela falta, o juiz deve mandar fazer a intimação, não para que se evite nulidade, mas a prejudicial ineficácia, com relação ao credor hipotecário e senhorio direto." (*Manual de Direito Processual Civil*, vol. 2, 10ª ed., rev. e atual. São Paulo: Saraiva, 2006, p. 166.)

Essa ineficácia vem expressamente consignada no art. 619 do CPC e também no art. 826 do Código Civil de 1916 (correspondente ao art. 1.501 do CC/2002), o que afasta a ocorrência de prejuízo para o credor hipotecário. Leia- se, a propósito, a lição de AMÍLCAR DE CASTRO:

"E o art. 619, com perfeita técnica jurídica, estabelece que a alienação será *ineficaz* em relação ao beneficiário do ônus, que não houver sido intimado. Não será nula, porque o beneficiário do ônus não tem necessidade de anulá-la. Se a alienação não extingue o ônus, está claro que o beneficiário deste não tem interesse, de qualquer espécie, em anulá-la, podendo, como pode, exercer normalmente suas ações de seqüela e preferência.

É certo que o art. 826 do CC declara que a arrematação 'não será válida', mas estas três palavras o que significam é que a arrematação 'não será operante', relativamente ao beneficiário do ônus: para este será como se não existisse. Como coisa realizada entre terceiros, é ineficaz relativamente ao credor não intimado, conquanto possa ser válida entre o executado e o terceiro adquirente." (*Comentários ao Código de Processo Civil*, vol. VIII, 3ª ed. São Paulo: Revista dos Tribunais, 1983, p. 149.)

Não por outra razão é que o Banco Bamerindus, em suas contrarrazões ao presente recurso especial, consignou que seu objetivo era "**RETORNAR** o imóvel livre para que pudesse levá-lo a alienação judicial em sua Execução", razão pela qual requereu "a ineficácia da arrematação perante ele, credor hipotecário", embora o resultado trazido pelo acórdão recorrido tenha, igualmente, atendido seu objetivo.

Não se desconhece que o parágrafo único do art. 694 do CPC previa, como uma das possibilidades de desfazimento da arrematação, a inobservância da regra insculpida no art. 698. Com o advento da Lei n. 11.382/2006, a matéria passou a ser tratada no § 1º, e optou o legislador pela supressão de efeitos da arrematação em vez de seu desfazimento. Essa alteração legislativa, por certo, objetivou fazer com que ambos os dispositivos (arts. 619 e 698) gravitem em torno da mesma ideia de ineficácia da arrematação.

Assim, inexistindo cominação de nulidade pela inobservância da intimação do credor hipotecário, determinada pelo art. 698 do CPC, e não havendo demonstração de prejuízo, tem esta Corte aplicado o princípio do aproveitamento racional dos atos processuais, evitando a declaração de nulidade.

A tese da recorrente encontra eco na jurisprudência do STJ. Com efeito, vários são os precedentes que afastam a nulidade da arrematação realizada sem a prévia do credor hipotecário, ressalvando apenas a ineficácia em relação a ele. Nesse sentido: AgRg na MC n. 16.022/SP, Terceira Turma, relatora Ministra Nancy Andrighi, DJe de 14.5.2010; REsp n. 704.006/ES, Quarta Turma, relator Ministro Hélio Quaglia Barbosa, DJ de 12.3.2007; AgRg no REsp n. 345.902/SP, Quarta Turma, relator Ministro Hélio Quaglia Barbosa, DJ de 2.4.2007; REsp n. 55.016/MG, Terceira Turma, relator Ministro Menezes Direito, DJ de 31.3.1997; e REsp n. 1.269.474/SP, Terceira Turma, relatora Ministra Nancy Andrighi, DJe de 13.12.2011, este último assim ementado:

"PROCESSO CIVIL. EXECUÇÃO FISCAL. IMÓVEL. PENHORA. INDISPONIBILIDADE. ART. 53, § 1º, DA LEI 8.212/91. NOVA PENHORA EM OUTRO PROCESSO. POSSIBILIDADE. ARREMATAÇÃO. AUSÊNCIA DE INTIMAÇÃO DO CREDOR HIPOTECÁRIO. EFICÁCIA DO ATO FRENTE AO EXECUTADO E AO ARREMATANTE. ALIENAÇÃO

JUDICIAL DE BEM PENHORADO. LAPSO TEMPORAL RAZOÁVEL ENTRE A AVALIAÇÃO DO BEM E A HASTA PÚBLICA. REAVALIAÇÃO. DEMONSTRAÇÃO DA NECESSIDADE. SIMPLES ATUALIZAÇÃO MONETÁRIA.

[...]

3. A arrematação levada a efeito sem intimação do credor hipotecário é inoperante relativamente a este, não obstante que seja eficaz entre executado e arrematante. Precedentes.

[...]

5. Recurso especial provido."

Fica assegurado o direito de regresso do arrematante contra o devedor." (RESP 1.219.329 RJ, Rel. Min. João Otávio de Noronha, DJ 29/4/14)

Por fim, também descabida a imposição de comprovação da adimplência do ITR, como condição para o registro. A exigência está fundada no item 59.2 do Capítulo XX das NSCGJ, que, a seu turno, remete ao art. 9º, §5º, do Decreto 4449/02:

"59.2. A descrição georreferenciada constante do memorial descritivo certificado pelo INCRA será averbada para o fim da alínea "a" do item 3 do inciso II do parágrafo 1º do artigo 176 da Lei nº 6.015, de 31 de dezembro de 1973, **mediante requerimento do titular do domínio** nos termos do parágrafo 5º do artigo 9º do Decreto nº 4.449, de 30 de outubro de 2002, e apresentação de documento de aquiescência da unanimidade dos confrontantes tabulares na forma do parágrafo 6º do mesmo artigo, exigido o reconhecimento de todas as suas firmas."

"§ 5º O memorial descritivo, que de qualquer modo possa alterar o registro, resultará numa nova matrícula com encerramento da matrícula anterior no serviço de registro de imóveis competente, mediante requerimento do interessado, contendo declaração firmada sob pena de responsabilidade civil e criminal, com firma reconhecida, de que foram respeitados os direitos dos confrontantes, acompanhado da certificação prevista no § 1º deste artigo, do CCIR e da prova de quitação do ITR dos últimos cinco exercícios, quando for o caso."

Frise-se a explícita ressalva ao final do dispositivo ("quando for o caso"). E, na hipótese versada, a questão há de ser analisada sob a ótica do item 119.1, Capítulo XX, Tomo II, das NSCGJ:

"119.1. Com exceção do recolhimento do imposto de transmissão e prova de recolhimento do laudêmio, quando devidos, nenhuma exigência relativa à quitação de débitos para com a Fazenda Pública, inclusive quitação de débitos previdenciários, fará o oficial, para o registro de títulos particulares, notariais ou judiciais."

Poder-se-ia argumentar, ainda, que a exigibilidade adviria do art. 21 da Lei 9393/96:

"Art. 21. É obrigatória a comprovação do pagamento do ITR, referente aos cinco últimos exercícios, para serem praticados quaisquer dos atos previstos nos arts. 167 e 168 da Lei nº 6.015, de 31 de dezembro de 1973 (Lei dos Registros Públicos),observada a ressalva prevista no caput do artigo anterior, *in fine*."

Todavia, consagrou o Excelso Pretório a impossibilidade de se impor comprovação de quitação tributária como condição para a prática de atos civis, a caracterizar inadmissível sanção política (ADI n.º 173/DF e ADI n.º 394/DF, rel. Min. Joaquim Barbosa, j. 25.9.2008).

Para o mesmo Norte aponta a jurisprudência deste E. CSM, como se vê do seguinte aresto, de minha relatoria:

"Não se justifica, igualmente, por variadas e diferentes causas, **a exibição de CNDs** (certidões negativas de débitos previdenciários e tributários), seja porque também sem relação com o registro pretendido, seja porque originária a aquisição da propriedade e, por isso, inocorrente alienação de imóvel, pressuposto de incidência do art. 47, I, b, da Lei nº 8.212/1991http://www.kollemata.com.br/ - _edn22, seja diante da contemporânea compreensão do **C. CSM**, iluminada por diretriz estabelecida pela Corte Suprem, a dispensá-la, porquanto a exigência, uma vez mantida, prestigiaria vedada sanção política.

Em atenção a esse último fundamento, a confirmação da exigência importaria, na situação em apreço, uma restrição indevida ao acesso de título à tábua registral, imposta como forma oblíqua, instrumentalizada para, ao arrepio e distante do devido processo legal, desvinculada da inscrição visada e contrária à eficiência e segurança jurídica ínsitas ao sistema registral, forçar, constranger o contribuinte ao pagamento de tributo.

Caracterizaria, em síntese, restrição a interesses privados em desacordo com a orientação do **E. STF**, a qual se alinhou este **C. CSM**, e, nessa trilha, incompatível com limitações inerentes ao devido processo legal, porque mascararia uma cobrança por quem não é a autoridade competente, longe do procedimento adequado à defesa dos direitos do contribuinte, em atividade estranha à fiscalização que lhe foi cometida, ao seu fundamento e fins legais, dado que as obrigações tributárias em foco não decorrem do ato registral intencionado.

Conforme Humberto Ávila, "a cobrança de tributos é atividade vinculada procedimentalmente pelo devido processo legal, passando a importar quem pratica o ato administrativo, como e dentro de que limites o faz, mesmo que - e isto é essencial – não haja regra expressa ou a que seja prevista estabeleça ocontrário."

Na mesma direção, sob inspiração desses precedentes, escudado no *ideal de protetividade dos direitos do contribuinte*, na eficácia e na *função bloqueadora* próprios do princípio do devido processo legal, segue o subitem 119.1. do Cap. XX das NSCGJ, consoante o qual, "com exceção do recolhimento do imposto de transmissão e prova de recolhimento do laudêmio, quando devidos, nenhuma exigência relativa à quitação de débitos para com a Fazenda Pública, inclusive quitação de débitos previdenciários, fará o oficial, para o registro de títulos particulares, notariais ou judiciais."

Com essas considerações, suficientes para afastar, *in concreto*, toda e qualquer exigência ligada à comprovação de pagamento ou de inexistência de débitos fiscais desatrelados do registro idealizado, é oportuno, em acréscimo, **e particularmente quanto ao ITR** (imposto sobre propriedade territorial rural), tendo em vista o comando emergente do art. 21, *caput*, da Lei nº 9.393/1966, **realçar**, à luz do acima argumentado, **a desnecessidade de comprovação de seu pagamento**, a ser fiscalizado e perseguido pela União, pela Fazenda Pública Federal ou, nos termos do art. 153, § 4.º, III, da CF, pelos Municípios. Dela (a comprovação), portanto, independe o registro." (Apelação nº 0002001-88.2012.8.26.0146, j. 21/6/16)

Em idêntico sentido, Apelação Cível n.º 0013759-77.2012.8.26.0562, rel. Des. Renato Nalini, j. 17.1.2013; Apelação Cível n.º 0021311-24.2012.8.26.0100, rel. Des. Renato Nalini, j. 17.1.2013; Apelação Cível n.º 0013693-47.2012.8.26.0320, rel. Des. Renato Nalini, j. 18.4.2013; Apelação Cível n.º 9000004 -83.2011.8.26.0296, rel. Des. Renato Nalini, j. 26.9.2013; e Apelação Cível n.º 0002289-35.2013.8. 26.0426, rel. Des. Hamilton Elliot Akel, j. 26.8.2014.

Desta feita, por meu voto, deixo de conhecer do recurso.

MANOEL DE QUEIROZ PEREIRA CALÇAS

Corregedor Geral da Justiça e Relator

TRIBUNAL DE JUSTIÇA DO ESTADO DE SÃO PAULO

Conselho Superior da Magistratura

Apelação Cível 3003527-23.2013.8.26.0137 SEMA

Dúvida de registro

VOTO 52.040 (com divergência):

1. Acompanho a **conclusão** do respeitável voto de Relatoria.

2. Peço reverente licença, entretanto, para não aderir à "análise de mérito" a que se lançou **após afirmar não conhecer do recurso**.

3. Ao registrador público, tendo afirmada, *per naturam legemque positam*, a **independência na qualificação jurídica** (*vide* arts. 3º e 28 da Lei n. 8.935, de 18-11-1994), não parece possam impor-se, nessa esfera de qualificação, "orientações" prévias e abstratas de caráter hierárquico.

Assim, o registrador tem o **dever** de qualificação jurídica e o **direito** de efetivá-la com independência profissional, *in suo ordine*.

4. Vem a propósito que a colenda Corregedoria Geral da Justiça paulista, em seu código de normas, enuncia: "Os oficiais de Registro de Imóveis gozam de independência jurídica no exercício de suas funções e exercem essa prerrogativa quando interpretam disposição legal ou normativa. (...)" (item 9º do cap. XX das "Normas de Serviço da Corregedoria Geral da Justiça de São Paulo").

5. Se o que basta não bastara, calha que os órgãos dotados de *potestas* para editar **regras técnicas** relativas aos registros públicos são os **juízes competentes para o exercício da função correcional** (o que inclui a egrégia Corregedoria Geral da Justiça; cf. inc. XIV do art. 29 da Lei n. 8.935/1994). Essa função de corregedoria dos registros, em instância administrativa final no Estado de São Paulo, **não compete a este Conselho Superior da Magistratura**, Conselho que, a meu ver, não detém, ao revés do que respeitavelmente entendeu o venerando voto de relação, "poder disciplinador" sobre os registros e as notas (v., a propósito, os incs. XVII a XXXIII do art. 28 do Regimento Interno deste Tribunal).

6. Averbo, por fim, que a admitir-se a pretendida força normativa da ventilada "orientação", não só os juízes corregedores permanentes estariam jungidos a observá-la, mas também as futuras composições deste mesmo Conselho.

Deste modo, voto no sentido de que se exclua a r. "orientação para casos similares". É, *da veniam*, o **meu voto**.

Des. RICARDO DIP

Presidente da Seção de Direito Público (DJe de 22.01.2018 - SP)

PODER JUDICIÁRIO

TRIBUNAL DE JUSTIÇA DO ESTADO DE SÃO PAULO

CONSELHO SUPERIOR DA MAGISTRATURA

Apelação nº 1047731-10.2016.8.26.0100

Registro: 2017.0000783786

ACÓRDÃO

Vistos, relatados e discutidos estes autos do(a) **Apelação nº 1047731-10.2016.8.26.0100**, da Comarca de **São Paulo**, em que são partes é apelante **LUCIANA BONIFACIO**, é apelado **18º OFICIAL DE REGISTRO DE IMÓVEIS DA COMARCA DA CAPITAL**.

ACORDAM, em Conselho Superior de Magistratura do Tribunal de Justiça de São Paulo, proferir a seguinte decisão: **"Negaram provimento ao recurso. V. U."**, de conformidade com o voto do Relator, que integra este Acórdão.

O julgamento teve a participação dos Exmos. Desembargadores **PAULO DIMAS MASCARETTI (Presidente), ADEMIR BENEDITO, XAVIER DE AQUINO, LUIZ ANTONIO DE GODOY, RICARDO DIP E SALLES ABREU**.

São Paulo, 29 de setembro de 2017.

MANOEL DE QUEIROZ PEREIRA CALÇAS

Corregedor Geral da Justiça e Relator

Apelação n.º 1047731-10.2016.8.26.0100

Apelante: Luciana Bonifacio

Apelado: 18º Oficial de Registro de Imóveis da Comarca da Capital

VOTO N.º 29.835

Registro de Imóveis – Carta de arrematação – Forma derivada de aquisição da propriedade – Executada que não figura como proprietária do imóvel na respectiva matrícula – Afronta ao princípio da continuidade – Recurso desprovido.

Cuida-se de recurso de apelação tirado de r. sentença do MM. Juiz Corregedor Permanente do 18º Oficial de Registro de Imóveis e Anexos da Comarca da Capital, que julgou procedente dúvida suscitada para o fim de manter a recusa a registro de carta de arrematação expedida em execução de que figura, como executada, pessoa diversa daquela que consta como proprietária na matrícula do imóvel arrematado.

A apelante afirma, em síntese, que arrematação é modo originário de aquisição da propriedade imóvel, de forma que o registro da respectiva carta não implicaria violação ao princípio da continuidade, ainda que distintos o devedor da execução em que arrematado o bem e o titular registrário do imóvel. Sustenta que, ao tempo da arrematação, o entendimento deste E. CSM era no sentido de que a arrematação era modo originário de aquisição da propriedade, o que permitiria o registro.

A Procuradoria Geral de Justiça opinou pelo desprovimento do recurso.

É o relatório.

Consoante se verifica de fls. 153, o imóvel em comento está registrado em nome de Caixa Econômica Federal. Não obstante, o imóvel foi arrematado pela recorrente no bojo de execução movida em face de Denise Ferreira Manso. O devedor, na execução em que havida a arrematação promovida pelo recorrente, é, pois, pessoa diversa daquela que atualmente figura, perante o Registro Imobiliário, como titular do imóvel arrematado.

Todavia, à luz do art. 195 da Lei de Registros Públicos:

"Se o imóvel não estiver matriculado ou registrado em nome do outorgante, o oficial exigirá a prévia matrícula e o registro do título anterior, qualquer que seja a sua natureza, para manter a continuidade do registro."

Já o art. 237 do mesmo Diploma dispõe:

"Ainda que o imóvel esteja matriculado, não se fará registro que dependa da apresentação de título anterior, a fim de que se preserve a continuidade do registro."

Inviável, pois, o registro, tal como almejado, por implicar injustificado rompimento na cadeia de sucessão dos titulares do bem. Trata-se de obedecer ao princípio da continuidade registrária. Conforme os magistérios de Afrânio de Carvalho:

"O princípio da continuidade, que se apoia no de especialidade, quer dizer que, em relação a cada imóvel, adequadamente individuado, deve existir uma cadeia de titularidade à vista da qual só se fará a inscrição de um direito se o outorgante dele aparecer no registro como seu titular. Assim, as sucessivas transmissões, que derivam umas das outras, asseguram sempre a preexistência do imóvel no patrimônio do transferente. Ao exigir que cada inscrição encontre sua procedência em outra anterior, que assegure a legitimidade da transmissão ou da oneração do direito, acaba por transformá-la no elo de uma corrente ininterrupta de assentos, cada um dos quais se liga ao seu antecedente, como o seu subseqüente a ele se ligará posteriormente. Graças a isso o Registro de Imóveis inspira confiança ao público" (Registro de Imóveis, 4ª edição, Ed. Forense, 1998, pág. 253).

Em idêntico sentido o entendimento de Narciso Orlandi Neto:

"Existe uma inteiração dos princípios da especialidade e da continuidade na formação da corrente filiatória. Quando se exige a observância da continuidade dos registros, exige-se que ela diga respeito a um determinado imóvel. O titular inscrito, e só ele, transmite um direito sobre um bem específico, perfeitamente individualizado, inconfundível, sobre o qual, de acordo com o registro, exerce o direto transmitido. É por este corolário dos princípios da continuidade e da especialidade, reunidos, que o §2º do art. 225 da Lei nº 6.015/73 dispõe: "Consideram-se irregulares, para efeito de matrícula, os títulos nos quais a caracterização do imóvel não coincida com a que consta do registro anterior." (Retificação do registro de imóveis, Ed. Juarez de Oliveira, 2ª ed., 1999, p. 67/68)

O só fato de se tratar de arrematação judicial não basta para afastar a incidência das normas aludidas. Trata-se, com efeito, de modo derivado de aquisição da propriedade imóvel, mantendo-se vínculo com a situação pretérita do bem. A participação do Estado-Juiz na alienação forçada do imóvel não transmuda para originária a natureza da aquisição.

Consoante ensina o eminente magistrado Josué Modesto Passos:

"Diz-se originária a aquisição que, em seu suporte fático, é independente da existência de um outro direito; derivada, a que pressupõe, em seu suporte fático, a existência do direito por adquirir. A inexistência de relação entre titulares, a distinção entre o conteúdo do direito anterior e o do direito adquirido originariamente, a extinção de restrições e limitações, tudo isso pode se passar, mas nada disso é da essência da aquisição originária" (PASSOS, Josué Modesto.

A arrematação no registro de imóveis: continuidade do registro e natureza da aquisição. São Paulo: Editora Revista dos Tribunais, 2014, pp. 111-112).

E, em seguida, reforça:

"A arrematação não pode ser considerada um fundamento autônomo do direito que o arrematante adquire. A arrematação é ato que se dá entre o Estado (o juízo) e o maior lançador (arrematante), e não entre o mais lançador (arrematante) e o executado; isso, porém, não exclui que se exija - como de fato se exige -, no suporte fático da arrematação (e, logo, no suporte fático da aquisição imobiliária fundada na arrematação), a existência do direito que, perdido para o executado, é então objeto de disposição em favor do arrematante. Ora, se essa existência do direito anterior está pressuposta e é exigida, então - *quod erat demonstrandum* - a aquisição é derivada (e não originária)" (op. cit., p. 118).

Para o mesmo Norte aponta a pacificada jurisprudência deste Colendo Conselho Superior da Magistratura: "REGISTRO DE IMÓVEIS. Dúvida. Registro de carta de adjudicação. Modo derivado de aquisição da propriedade. Modificação do posicionamento anterior do Conselho Superior da Magistratura. Análise da natureza jurídica do ato de adjudicação. Fundamentos que não afastam a natureza derivada da transmissão coativa. Óbices ao registro mantidos. Recurso não provido." (APELAÇÃO CÍVEL: 9000001-34.2013.8.26.0531, Rel. Des. Elliot Akel, j. 7/10/14)

"Apesar de se tratar de título judicial, está ele sujeito à qualificação registrária. O fato de tratar-se o título de mandado judicial não o torna imune à qualificação registrária, sob o estrito ângulo da regularidade formal. O exame da legalidade não promove incursão sobre o mérito da decisão judicial, mas à apreciação das formalidades extrínsecas da ordem e à conexão de seus dados com o registro e a sua formalização instrumental" (Ap. Cível nº 31.881-0/1).

Por fim, cabe notar que a adjudicação pela atual proprietária do imóvel ocorreu em 23/6/03 e foi registrada em 2/4/13 (fls. 153), ao passo que a arrematação pela recorrente deu-se em 11/4/14 (fls. 148), mais de um ano depois do registro da adjudicação. Assim é que a recorrente tinha meios de verificar, previamente à arrematação, que o imóvel já não mais era de propriedade da executada.

Desta feita, bem postada a recusa do Sr. Oficial, nego provimento ao recurso.

MANOEL DE QUEIROZ PEREIRA CALÇAS

Corregedor Geral da Justiça e Relator (DJe de 15.03.2018 - SP)

PODER JUDICIÁRIO

TRIBUNAL DE JUSTIÇA DO ESTADO DE SÃO PAULO

CONSELHO SUPERIOR DA MAGISTRATURA

Apelação nº 1000506-84.2016.8.26.0361

Registro: 2018.000012864

ACÓRDÃO

Vistos, relatados e discutidos estes autos do(a) **Apelação nº 1000506-84.2016.8.26.0361**, da Comarca de **Mogi das Cruzes**, em que são partes é apelante **ADAILTON FRANCISCO DOS SANTOS**, é apelado **2º OFICIAL DE REGISTRO DE IMÓVEIS E ANEXOS DA COMARCA DE MOGI DAS CRUZES.**

ACORDAM, em Conselho Superior de Magistratura do Tribunal de Justiça de São Paulo, proferir a seguinte decisão: **"Negaram provimento ao recurso. V. U."**, de conformidade com o voto do Relator, que integra este Acórdão.

O julgamento teve a participação dos Exmos. Desembargadores **PAULO DIMAS MASCARETTI (Presidente), ADEMIR BENEDITO, XAVIER DE AQUINO, LUIZ ANTONIO DE GODOY, RICARDO DIP E SALLES ABREU.**

São Paulo, 19 de dezembro de 2017.

MANOEL DE QUEIROZ PEREIRA CALÇAS

Corregedor Geral da Justiça e Relator

Apelação nº 1000506-84.2016.8.26.0361

Apelante: Adailton Francisco dos Santos

Apelados: Plinio Schenk Junior e 2º Oficial de Registro de Imóveis e Anexos da Comarca de Mogi das Cruzes

VOTO Nº 29.883

Registro de Imóveis – Arrematação de bem em processo de execução – Modo derivado de aquisição da propriedade – Penhora anteriormente averbada que não obstava a alienação do bem – Atuais proprietários que não figuram no polo passivo da execução fiscal – Preservação do princípio da continuidade – Apelação desprovida.

Trata-se de recurso de apelação interposto por Adailton Francisco dos Santos contra a sentença de fls. 120/121, que manteve a recusa ao registro de carta de arrematação extraída do processo nº 361.01.2001.01868-3, que tramitou perante a Vara da Fazenda Pública da Comarca de Mogi das Cruzes.

De acordo com o recurso interposto, houve a averbação de penhora incidente sobre o imóvel inscrito sob a matrícula nº 22.675 do 2º Registro de Imóveis, Civil de Pessoa Jurídica e de Títulos e Documentos da Comarca de Mogi das Cruzes. Averbada a penhora, o imóvel foi arrematado, tendo sido expedida a competente carta de arrematação. Levada a carta de arrematação ao Cartório de Registro de Imóveis, não foi possível o seu registro porque o imóvel foi vendido a terceiros, os quais não figuraram no polo passivo da execução fiscal. Entende que referido negócio teria sido celebrado em fraude à execução. Afirma que houve fraude e que o imóvel não poderia ter sido alienado. Por tais razões, pede o provimento do recurso e a reforma da sentença, julgando-se improcedente a dúvida suscitada.

A Procuradoria de Justiça opinou pelo desprovimento do recurso (fls. 148/152). É o relatório.

De início, deve-se ressaltar que a arrematação não é modo originário de aquisição de propriedade.

Embora essa tese tenha prevalecido neste Conselho Superior por um breve período, já no último biênio retomou-se o entendimento consolidado de que a arrematação é modo derivado de aquisição da propriedade.

Nesse sentido:

"REGISTRO DE IMÓVEIS - CARTA DE ARREMATAÇÃO - MODO DERIVADO DE AQUISIÇÃO DA PROPRIEDADE - FERIMENTO DOS PRINCÍPIOS DA CONTINUIDADE E DA ESPECIALIDADE OBJETIVA - *RECURSO DESPROVIDO*" (apelação nº 900000219.2013.8.26.0531, Rel. Des. Elliot Akel, j. em 02/09/2014).

Sendo derivada a aquisição, a fim de preservar a continuidade, imprescindível o encadeamento dos títulos.

No caso, consoante certidão da matrícula nº 22.675 do 2º Oficial Registro de Imóveis, Civil de Pessoa Jurídica e de Títulos e Documentos da Comarca de Mogi das Cruzes, o lote foi objeto de duas penhoras (R. 02 e 03 de fls. 16), determinadas em processos em que Lotesa Empreendimentos Imobiliários Ltda. figurava como executada. A seguir, houve o registro de duas escrituras de compra e venda (R. 04 e 05 de fls. 17/18). Atualmente, figuram como proprietários do imóvel Sergio Affonso dos Santos, casado com Nilzete Aparecida Machado dos Santos.

De acordo com o título judicial apresentado, o apelante arrematou imóvel de que a executada Lotesa empreendimentos Imóbiliários Ltda. era proprietária (fls. 72).

Em sede de dúvida, não é possível alcançar o resultado pretendido pelo recorrente. Em outras palavras, não é possível o cancelamento dos atos de registro porque inexistente nulidade absoluta a ser reconhecida.

Não há nulidade absoluta porque as penhoras que incidiam sobre o imóvel não impediam sua alienação.

A penhora, no conceito de Marcus Vinícius Rios Gonçalves, *"é um mecanismo processual que afeta um bem à futura expropriação em execução por quantia"* (*in* Novo Curso de Direito Processual Civil, Saraiva, vol. 3, 3ª ed., pág. 134).

Essa função acautelatória, que visa resguardar o bem para a satisfação de um crédito, não torna, por si, o bem inalienável.

O ônus se torna público com a averbação da penhora, mas não impede a alienação do bem.

E justamente porque as penhoras não impediam a alienação do bem é que o Oficial aceitou e providenciou o registro de escrituras públicas de compra e venda junto à matrícula do imóvel.

Como o imóvel foi vendido a terceiros, restou inviável o registro da carta de arrematação, uma vez que a executada já não figura como proprietária do bem.

Ora, se as alienações ocorreram em fraude à execução, é imprescindível o prévio reconhecimento judicial dessa circunstância, com a declaração da ineficácia de tais negócios, para que então seja possível o ingresso da carta de arrematação no fólio real. Só assim preservar-se-á a continuidade registral.

Em suma, como é necessário observar o encadeamento dos atos de registro e se deve respeito ao princípio da continuidade, o registro da carta de arrematação não pode ser admitido, pois o imóvel não figura em nome da executada.

Ante o exposto, nego provimento ao recurso.

MANOEL DE QUEIROZ PEREIRA CALÇAS

Corregedor Geral da Justiça e Relator (DJe de 15.03.2018 - SP)

PODER JUDICIÁRIO

TRIBUNAL DE JUSTIÇA DO ESTADO DE SÃO PAULO

CONSELHO SUPERIOR DA MAGISTRATURA

Apelação nº 0041267-84.2016.8.26.0100

Registro: 2018.0000234923

ACÓRDÃO

Vistos, relatados e discutidos estes autos do(a) **Apelação nº 0041267-84.2016.8.26.0100**, da Comarca de **São Paulo**, em que são partes é apelante **PATRIMONY ADMINISTRADORA DE BENS S.A.**, é apelado **8º OFICIAL DE REGISTRO DE IMÓVEIS DA CAPITAL.**

ACORDAM, em Conselho Superior de Magistratura do Tribunal de Justiça de São Paulo, proferir a seguinte decisão: **"Negaram provimento ao recurso, v.u."**, de conformidade com o voto do Relator, que integra este Acórdão.

O julgamento teve a participação dos Exmos. Desembargadores **PEREIRA CALÇAS (PRESIDENTE TRIBUNAL DE JUSTIÇA) (Presidente), ARTUR MARQUES (VICE PRESIDENTE), XAVIER DE AQUINO (DECANO), EVARISTO DOS SANTOS(PRES. DA SEÇÃO DE DIREITO PÚBLICO), CAMPOS MELLO (PRES. DA SEÇÃO DE DIREITO PRIVADO) E FERNANDO TORRES GARCIA(PRES. SEÇÃO DE DIREITO CRIMINAL)**.

São Paulo, 28 de março de 2018.

PINHEIRO FRANCO

CORREGEDOR GERAL DA JUSTIÇA E RELATOR

Apelação nº 0041267-84.2016.8.26.0100

Apelante: Patrimony Administradora de Bens S.a.

Apelado: 8º Oficial de Registro de Imóveis da Capital Interessado: Espólio de Frederico Henrique Thiessen

VOTO Nº 37.301

Registro de imóveis – Dúvida – Impossibilidade de ingresso de assistente – Carta de arrematação expedida pela Justiça do Trabalho – Alienação judicial – Matrícula com indisponibilidade e bloqueio averbados – Indisponibilidade que não impede o registro, na forma do item 405 do Capítulo XX das NSCGJ – Bloqueio da matrícula, por sua vez, determinado em processo judicial de falência, que não pode ser simplesmente ignorado na esfera administrativa – Recurso não provido.

Trata-se de recurso de apelação interposto por PATRIMONY ADMINISTRADORA DE BENS S/A, contra a r. sentença que julgou procedente a dúvida inversa suscitada pela apelante e impediu o registro de carta de arrematação expedida pela 55ª Vara do Trabalho da Capital, na matrícula nº 25.357, do 8º Registro de Imóveis da Capital.

Sustenta a apelante, em resumo, que além da expedição da carta de arrematação, a Justiça do Trabalho determinou sua imissão na posse do bem; que dívidas trabalhistas têm natureza alimentar e possuem prioridade em relação aos outros débitos; e que passados dez anos da arrematação, não pode lhe ser negado o direito de registrar seu título aquisitivo, sob pena de afronta ao direito de propriedade (fls. 204/211).

A Procuradoria Geral de Justiça opinou pelo não provimento do recurso (fls. 227/229). É o relatório.

Deve ser indeferido o ingresso do ESPÓLIO DE FREDERICO HENRIQUE THIESSEN como assistente nos autos.

O procedimento de dúvida tem natureza administrativa, daí porque inaplicáveis, já por esse motivo, as regras de assistência, seja a simples (art. 121 do CPC), seja a litisconsorcial (art. 124 do CPC).

Não bastasse, na dúvida, o Oficial Registrador não é considerado parte adversa, já que ele não defende interesse próprio nos autos. O Registrador defende a legalidade e fiel observância dos princípios registrais e normas aplicáveis.

E só a ele cabe esse papel no procedimento da dúvida, não havendo espaço para que seja assistido, neste interesse público, por qualquer outro terceiro interessado.

Por essas razões, fica indeferido o ingresso requerido às fl. 238.

A qualificação imobiliária é expressão do exame registral, após apresentação do título original.

Ela é feita pelo Oficial Registrador, com verdadeira natureza de tutela preventiva de conflitos (órgão pacificador de conflitos).

Por essas razões, a qualificação deve observar todos os princípios e regras aplicáveis, sejam legais, sejam administrativas.

Como é sabido, os títulos judiciais também não escapam ao crivo da qualificação registral, **[1]** de modo que o registrador, longe de questionar o conteúdo da decisão e tampouco o seu mérito, deverá examinar se estão atendidos os princípios registrais pertinentes ao caso, para seu perfeito ingresso no fólio real.

Trata-se, assim, de análise formal, restrita aos requisitos extrínsecos do título.

Também deve ser anotado que a arrematação não é modo originário de aquisição de propriedade.

Embora essa tese tenha prevalecido neste Conselho Superior por um breve período, já se retomou o entendimento consolidado de que a arrematação é modo derivado de aquisição da propriedade.

Nesse sentido:

REGISTRO DE IMÓVEIS-CARTA DE ARREMATAÇÃO MODO DERIVADO DE AQUISIÇÃO DA PROPRIEDADE- Ferimento dos princípios da continuidade e da especialidade objetiva-recurso desprovido. (apelação nº 9000002-19.2013.8.26.0531,Rel. Des. Elliot Akel, j. em 02/09/2014).

No caso, a desqualificação da carta de arrematação apresentada pela apelante tem por fundamento as averbações nº 15 e 18 da matrícula nº 25.357 do 8º Registro de Imóveis da Capital.

A primeira averbação dá conta da indisponibilidade do bem decretada no processo de falência de Brasmedica S/A Indústrias Farmacêuticas, que tramita na 3ª Vara Cível do Foro Central da Capital (fls. 133). A segunda averbou o bloqueio dessa mesma matrícula, determinado pelo mesmo juízo citado anteriormente (fls. 134).

A MM. Juíza Corregedora Permanente manteve o óbice ao registro (fls. 192/195).

Preceitua o item 405 do Capítulo XX das NSCGJ: 405. As indisponibilidades averbadas nos termos do Provimento CG. 13/2012, e na forma do § 1º, do art. 53, da Lei nº 8.212, de 24 de julho de 1991, não impedem a alienação, oneração e constrição judiciais do imóvel.

Por esse dispositivo normativo, nota-se que a indisponibilidade averbada sob nº 15 na matrícula nº 25.357 não impediria o ingresso da carta de arrematação, que instrumentaliza a alienação judicial do bem.

Todavia, o bloqueio averbado sob nº 18, decorrente de decisão judicial em processo falimentar, não é abarcado pelo item acima transcrito, não podendo ser simplesmente ignorado.

O bloqueio de matrícula, com origem na jurisprudência, foi levado à Lei de Registros Públicos pela Lei nº 10.931/94, acrescendo o § 3º ao art. 214 da Lei nº 6.015/73:

> Art. 214 - As nulidades de pleno direito do registro, uma vez provadas, invalidam-no, independentemente de ação direta.

(...)

> § 3º Se o juiz entender que a superveniência de novos registros poderá causar danos de difícil reparação poderá determinar de ofício, a qualquer momento, ainda que sem oitiva das partes, o bloqueio da matrícula do imóvel.
>
> § 4º Bloqueada a matrícula, o oficial não poderá mais nela praticar qualquer ato, salvo com autorização judicial, permitindo-se, todavia, aos interessados a prenotação de seus títulos, que ficarão com o prazo prorrogado até a solução do bloqueio.

O bloqueio, assim, não é um fim em si mesmo, mas uma providência de natureza cautelar decorrente de determinação judicial. A partir da prenotação daquela ordem, nenhum outro ato sucessivo será realizado naquela matrícula. É medida de preservação do interesse de eventuais lesados por alguma invalidade, além de proteger terceiros de boa-fé.

Aliás, a ordem de bloqueio deve ser cumprida e não sofre qualificação registral, já que não se trata de título, mas de ordem judicial. **[2]**

A ordem de bloqueio será protocolada e seguirá a ordem de prioridade, ou seja, caso haja outro título já protocolado, aguardando ingresso no Registro Imobiliário, ele será registrado antes que ocorra o trancamento da matrícula, salvo se a ordem judicial fizer expressa menção a ele.

Neste sentido, ademais, é a orientação contida no item 110.3 do Capítulo XX das Normas de Serviço da Corregedoria Geral da Justiça, que assim dispõe:

110.3. Quando se tratar de ordem genérica de indisponibilidade de determinado bem imóvel, sem indicação do título que a ordem pretende atingir, não serão sustados os registros dos títulos que já estejam tramitando, porque estes devem ter assegurado o seu direito de prioridade. Contudo, os títulos que forem posteriormente protocolados terão suas prenotações suspensas como previsto no item 110.2.9.

Outra, aliás, não poderia ser a norma administrativa em razão da diretriz traçada pelo art. 182 da Lei nº 6.015/73, que tem o seguinte teor:

"Todos os títulos tomarão, no Protocolo, o número de ordem que lhes competir em razão da seqüência rigorosa de sua apresentação".

O registro da carta de arrematação, por ser posterior à ordem de bloqueio da matrícula, significaria revisão de decisão judicial na via administrativa, o que não se admite.

Anota-se, por fim, que a imissão na posse do bem autorizada pela Justiça do Trabalho e a prioridade dos créditos trabalhistas são questões que em nada alteram as conclusões acima expostas, que derivam de uma análise formal do registro e do título apresentado.

Por essas razões, a negativa de ingresso do título apresentado deve ser mantida em seus exatos termos. Ante o exposto, nego provimento ao recurso.

PINHEIRO FRANCO

Corregedor Geral da Justiça e Relator

Notas:

[1] Apelações CSM n° 1006009-07.2016.8.26.0161 e 0001652-41.2015.8.26.0547.

[2] Processo CG n° 2013/174855, parecer da lavra do MM° Juiz Assessor Gustavo Henrique Bretas Marzagão, aprovado pelo Corregedor

Geral da Justiça HAMILTON ELLIOT AKEL. (DJe de 07.05.2018 - SP)

PODER JUDICIÁRIO

TRIBUNAL DE JUSTIÇA DO ESTADO DE SÃO PAULO

CONSELHO SUPERIOR DA MAGISTRATURA

Apelação nº 1013108-38.2017.8.26.0405

Registro: 2018.0000296530

ACÓRDÃO

Vistos, relatados e discutidos estes autos do(a) **Apelação nº 1013108-38.2017.8.26.0405**, da Comarca de **Osasco**, em que são partes é apelante **GERBEQ GERENCIAMENTO DE BENS E EQUIPAMENTOS LTDA**, é apelado **SEGUNDO OFICIAL DE REGISTRO DE IMÓVEIS DE OSASCO.**

ACORDAM, em Conselho Superior de Magistratura do Tribunal de Justiça de São Paulo, proferir a seguinte decisão: **"Deram provimento ao recurso, determinando o registro do título, v.u."**, de conformidade com o voto do Relator, que integra este Acórdão.

O julgamento teve a participação dos Exmos. Desembargadores **PEREIRA CALÇAS (PRESIDENTE TRIBUNAL DE JUSTIÇA) (Presidente), ARTUR MARQUES (VICE PRESIDENTE), XAVIER DE AQUINO (DECANO), EVARISTO DOS SANTOS(PRES. DA SEÇÃO DE DIREITO PÚBLICO), CAMPOS MELLO (PRES. DA SEÇÃO DE DIREITO PRIVADO) E FERNANDO TORRES GARCIA(PRES. SEÇÃO DE DIREITO CRIMINAL).**

São Paulo, 23 de abril de 2018.

GERALDO FRANCISCO PINHEIRO FRANCO

Corregedor Geral da Justiça e Relator

Apelação nº 1013108-38.2017.8.26.0405

Apelante: Gerbeq Gerenciamento de Bens e Equipamentos Ltda

Apelado: Segundo Oficial de Registro de Imóveis de Osasco

VOTO Nº 37.335

Registro de Imóveis – Carta de Arrematação – Qualificação negativa – Imposto sobre transmissão de bens móveis – Qualificação feita pela oficial registradora, na matéria concernente ao imposto de transmissão, que deve se ater ao seu recolhimento, sem alcançar o valor – Afastada a exigência, para ingresso do título no fólio real – Apelação provida.

Trata-se de recurso de apelação **[1]** interposto por *Gerbeq Gerenciamento de Bens e Equipamentos Ltda.* contra a sentença proferida pela MM.ª Juíza Corregedora Permanente do 2º Oficial de Registro de Imóveis de Osasco - SP, que manteve o óbice imposto pela registradora referente à exigência de recolhimento da diferença devida a título de ITBI **[2]**. Alega, em síntese, que não compete ao registrador discutir o valor recolhido, mas apenas verificar o efetivo recolhimento do imposto. Afirma que não se mostra configurado erro grosseiro, pois o fato gerador do ITBI, nos termos do art. 35, inciso I, do Código Tributário Nacional, é a transmissão da propriedade que, por sua vez, ocorre com o registro translativo do título no Registro de Imóveis. Pugna, assim, para que seja dado provimento ao recurso, com a consequente reforma da sentença e determinação de registro do título.

A Procuradoria de Justiça, não vislumbrando interesse que justifique a intervenção do Ministério Público, deixou de se manifestar sobre o recurso interposto **[3]**.

É o relatório.

O dissenso versa sobre a possibilidade de registro da carta de arrematação expedida em favor da apelante. Entende a registradora que o Imposto sobre Transmissão de Bens Imóveis – ITBI é de competência municipal e que, portanto, nos termos do art. 49, inciso II, da Lei Complementar nº 139/2005, que instituiu o Código Tributário do Município de Osasco/SP, deveria ser pago no prazo de trinta (30) dias contados da data em que assinado o ato ou deferida a adjudicação, ainda que haja recurso pendente. Sendo assim, formulou nota devolutiva exigindo o recolhimento da diferença devida a título de ITBI.

A exigência formulada pela Oficial para registro do título, contudo, não se sustenta. Com efeito, este C. Conselho Superior da Magistratura vem decidindo que ao registrador compete verificar tão somente o recolhimento dos tributos relativos aos atos cuja prática lhe é atribuída, pois não lhe cabe discutir o valor recolhido, matéria de interesse exclusivo da Fazenda Pública, a quem a lei reserva os meios próprios para haver do contribuinte diferenças de recolhimento de impostos que entenda devidas. Sobre o tema:

"Assentou-se orientação, neste Conselho Superior, no sentido de que o elastério conferido ao artigo 289 da Lei 6.015/73, e agora ao artigo 30, XI, da Lei 8.935, é o de que ao serventuário compete verificar tão só a ocorrência do pagamento do imposto relativo aos atos cuja prática lhe é acometida. Ou

seja, no caso, em que se busca a prática de ato registrário, a qualificação do Oficial, na matéria concernente ao imposto de transmissão, não vai além da aferição sobre seu recolhimento, e não sobre a integralidade de seu valor. Com efeito, qualquer diferença de imposto deve ser reclamada pela Fazenda na esfera própria **[4]**.

Na mesma linha, foi decidido no julgamento da Apelação nº 0002604-73.2011.8.26.0025, em voto da lavra do então Excelentíssimo Corregedor Geral da Justiça, Desembargador José Renato Nalini, que:

"A falha apontada pelo Oficial envolve questão de questionamento no âmbito do direito material. Não foi atacada a regularidade formal do título nem mesmo a temporalidade do recolhimento ou o ato em si. Ao contrário, a exigência envolve exame substancial do montante do pagamento do imposto devido, que é atribuição dos órgãos fazendários competentes, sendo que seu questionamento mereceria a participação da Fazenda Pública, principal Interessada. Ao Oficial cabe fiscalizar, sob pena de responsabilização pessoal, a existência da arrecadação do imposto previsto e a oportunidade em que foi efetuada. O montante, desde que não seja flagrantemente equivocado, extrapola a sua função. Neste sentido é o parecer da D Procuradora de Justiça, citando precedente deste E. Conselho Superior da Magistratura (Apelação Cível 996-6/6, de 09/12/2088)."

Desse modo, a despeito da cautela empregada, a atitude da registradora vai além de suas atribuições normais, pois não lhe cabe aferir se o montante do tributo recolhido está correto, devendo apenas zelar pela existência de recolhimento e pela razoabilidade da base de cálculo utilizada.

Com isso, não se está aqui afirmando que o recolhimento foi feito de maneira correta e no valor efetivamente devido. Aliás, caso o município venha a entender que houve recolhimento a menor, poderá efetuar o lançamento da diferença e, se entender conveniente e necessário, ajuizar execução fiscal. Reitera-se, apenas, o entendimento segundo o qual não cabe ao registrador agir como agente fiscal, exigindo a complementação de tributo.

Cumpre ressaltar não ser cabível, em procedimento de dúvida, discutir a interpretação da Lei Municipal sobre valor e correto momento para recolhimento do tributo. Essa questão deverá, eventualmente, ser debatida e solucionada na esfera jurisdicional.

E se assim é, há que ser afastado o óbice ao registro, sobretudo porque não ficou configurado flagrante equívoco no recolhimento do ITBI.

Nesses termos, pelo meu voto, **dou provimento** ao recurso, determinando o registro do título.

GERALDO FRANCISCO PINHEIRO FRANCO

Corregedor Geral da Justiça e Relator

Notas:

[1] Fls. 81/89.

[2] Fls. 72/74.

[3] Fls. 105/107..

[4] *CSMSP - APELAÇÃO CÍVEL: 28.382-0/7. LOCALIDADE: São Paulo. DATA JULGAMENTO: 28/09/1995. DATA DJ: 07/12/1995. Relator: Antônio Carlos Alves Braga.* No mesmo sentido: *Apelação Cível n.º 22.679-0/9.* (DJe de 23.05.2018 - SP)

PODER JUDICIÁRIO

TRIBUNAL DE JUSTIÇA DO ESTADO DE SÃO PAULO

CONSELHO SUPERIOR DA MAGISTRATURA

Apelação nº 1061979-44.2017.8.26.0100

Registro: 2018.0000296544

ACÓRDÃO

Vistos, relatados e discutidos estes autos do(a) **Apelação nº 1061979-44.2017.8.26.0100**, da Comarca de **São Paulo**, em que são partes é apelante **MARIA BENEDITA DE FARIA**, é requerido **16º OFICIAL DE REGISTRO DE IMOVEIS DA CAPITAL.**

ACORDAM, em Conselho Superior de Magistratura do Tribunal de Justiça de São Paulo, proferir a seguinte decisão: **"Negaram provimento, v.u."**, de conformidade com o voto do Relator, que integra este Acórdão.

O julgamento teve a participação dos Exmos. Desembargadores **PEREIRA CALÇAS (PRESIDENTE TRIBUNAL DE JUSTIÇA) (Presidente), ARTUR MARQUES (VICE PRESIDENTE), XAVIER DE AQUINO (DECANO), EVARISTO DOS SANTOS(PRES. DA SEÇÃO DE DIREITO PÚBLICO), CAMPOS MELLO (PRES. DA SEÇÃO DE DIREITO PRIVADO) E FERNANDO TORRES GARCIA(PRES. SEÇÃO DE DIREITO CRIMINAL)**.

São Paulo, 23 de abril de 2018.

GERALDO FRANCISCO PINHEIRO FRANCO

Corregedor Geral da Justiça e Relator

Apelação nº 1061979-44.2017.8.26.0100

Apelante: Maria Benedita de Faria

Requerido: 16º Oficial de Registro de Imóveis da Capital

VOTO Nº 37.349

Registro de imóveis – Carta de Arrematação – Título judicial que não escapa à qualificação registral – Forma derivada de aquisição de propriedade – Desqualificação por ofensa ao princípio da continuidade – Cancelamento objetivado, com a finalidade de possibilitar a inscrição do título, que não comporta exame na via administrativa – Dúvida julgada procedente – Recurso não provido.

Inconformada com a r. sentença que confirmou o juízo negativo de qualificação registral **[1]**, *MARIA BENEDITA DE FARIA* interpôs apelação **[2]** objetivando o registro da carta de arrematação expedida em seu favor nos autos do processo nº 0019266-53.2003.8.26.0006, que tramitou perante a 1ª Vara Cível do Foro Regional VI – Penha de França, tendo por objeto o imóvel matriculado sob nº 107.124 junto ao 16º Cartório de Registro de Imóveis da Capital. Alega, em síntese, que o imóvel foi penhorado em 04 de maio de 2009 e que, na qualidade de credora hipotecária, a Caixa Econômica Federal foi regularmente intimada a respeito em 28 de dezembro de 2009. Sustenta que a questão relativa à preferência do crédito hipotecário foi amplamente discutida e definitivamente decidida naquele feito, ficando afastada a pretensão da Caixa Econômica Federal. Acrescenta que a penhora deferida na ação de cobrança de condomínio é anterior à adjudicação do imóvel pela credora hipotecária que, assim, deve ser cancelada para consequente registro da carta de arrematação devolvida pela Oficial do 16º Cartório de Imóveis da Capital.

Apesar de devidamente intimada, a credora hipotecária deixou de ofertar contrarrazões de apelação **[3]**.

A fls. 122/123 foi noticiado o óbito da apelante, com requerimento de ingresso do espólio nos autos, representado por Leonardo de Faria.

A Procuradoria Geral da Justiça, em seu parecer, opinou pelo não provimento da apelação **[4]**.

É o relatório.

Desde logo, ante o comprovado falecimento da apelante (fls. 125), defiro o ingresso de seu espólio nos autos, como requerido (CPC, art. 110). Anote-se.

A parte interessada, não se conformando com as exigências formuladas pelo registrador, suscitou *dúvida inversa* **[5]**, criação pretoriana historicamente admitida por este C. Conselho Superior da Magistratura **[6]** e regrada pelas NSCGJ **[7]**. Ou seja, ao invés de requerer a suscitação de dúvida ao Oficial de Registro, dirigiu seu inconformismo diretamente à MM.ª Juíza Corregedora Permanente da 16º Oficial de Registro de Imóveis da Capital.

A *dúvida inversa* foi julgada procedente, ficando mantida a negativa de registro da carta de arrematação expedida em favor de *Maria Benedita de Faria.*

No caso concreto, consta da nota de devolução expedida pela registradora que: *"Conforme R-7 na matrícula 107.124, o imóvel foi adjudicado a Caixa Econômica Federal pela Ação de Execução Extrajudicial datada de 18/10/2010 e registrada em 19/11/2011"*.

Entende a apelante que o óbice apresentado pela registradora deve ser afastado, na medida em que a penhora deferida na ação de cobrança de condomínio é anterior à adjudicação havida em favor da credora hipotecária, bem como porque definitivamente afastada a pretensão da Caixa Econômica Federal nos autos do processo em que o imóvel foi arrematado.

Desde logo, importa lembrar que a origem judicial do título não o torna imune à qualificação registral, ainda que limitada aos requisitos formais do título e sua adequação aos princípios registrais, conforme o disposto no item 119, do Capítulo XX, das NSCGJ **[8]**. Este C. Conselho Superior da Magistratura tem decidido, inclusive, que a qualificação negativa não caracteriza desobediência ou descumprimento de decisão judicial **[9]**.

Da análise da Matrícula nº 107.126 do 16º Cartório de Registro de Imóveis da Capital **[10]**, é possível constatar que o apartamento nº 132, localizado no 13º pavimento do "Edifício Los Angeles" - (Edifício 3), integrante do empreendimento denominado "City Park III", foi adjudicado pela Caixa Econômica Federal, estando atualmente registrado em seu nome.

Ocorre que o imóvel em questão foi arrematado pela parte apelante no bojo de ação de cobrança de condomínio, em fase de cumprimento de sentença, movida contra Carla Cristina Castilho. Como se vê, a devedora, na execução em que havida a arrematação, é pessoa diversa daquela que atualmente figura, perante o fólio real, como titular de domínio do imóvel arrematado.

Nesse cenário, não há como se afastar o óbice apresentado pela registradora, sob pena de se configurar injustificado rompimento na cadeia de sucessão dos titulares do bem. Trata-se de obedecer ao princípio da continuidade registrária, previsto no art. 195 da Lei de Registros Públicos:

"Se o imóvel não estiver matriculado ou registrado em nome do outorgante, o oficial exigirá a prévia matrícula e o registro do título anterior, qualquer que seja a sua natureza, para manter a continuidade do registro."

De seu turno, dispõe o art. 237 do mesmo diploma legal:

"Ainda que o imóvel esteja matriculado, não se fará registro que dependa da apresentação de título anterior, a fim de que se preserve a continuidade do registro."

Sobre o tema, merecem destaque as lições de *Afrânio de Carvalho* **[11]** e de *Narciso Orlando Neto* **[12]**, transcritos na sentença proferida pela MM.ª Juíza Corregedora Permanente.

A propósito, mister lembrar que a arrematação judicial constitui forma de alienação forçada, que, segundo *Araken de Assis*, revela negócio jurídico entre o Estado, que detém o poder de dispor e aceita a declaração de vontade do adquirente (*"Manual da Execução"*. Editora Revista dos Tribunais; 14ª edição; São Paulo. 2012. p. 819). É ato expropriatório por meio do qual *"o órgão judiciário transfere coativamente os bens penhorados do patrimônio do executado para o credor ou para outra pessoa"*.

Não se desconhece que, em data relativamente recente, este C. Conselho Superior da Magistratura chegou a reconhecer que a arrematação constituía modo originário de aquisição da propriedade **[13]**. Contudo, tal entendimento acabou não prevalecendo, pois o fato de inexistir relação jurídica ou negocial entre o antigo proprietário (executado) e o adquirente (arrematante ou adjudicante) não é o quanto basta para afastar o reconhecimento de que há aquisição derivada da propriedade.

E se assim é, tratando-se a arrematação judicial de modo derivado de aquisição de propriedade, mantido o vínculo com a situação pretérita do bem, há que ser respeitado o princípio da continuidade. Consoante ensina o magistrado *Josué Modesto Passos*:

"Diz-se originária a aquisição que, em seu suporte fático, é independente da existência de um outro direito; derivada, a que pressupõe, em seu suporte fático, a existência do direito por adquirir. A inexistência de relação entre titulares, a distinção entre o conteúdo do direito anterior e o do direito adquirido originariamente, a extinção de restrições e limitações, tudo isso pode se passar, mas nada disso é da essência da aquisição originária" **[14]**.

E, então, enfatiza:

"A arrematação não pode ser considerada um fundamento autônomo do direito que o arrematante adquire. A arrematação é ato que se dá entre o Estado (o juízo) e o maior lançador (arrematante), e não entre o mais lançador (arrematante) e o executado; isso, porém, não exclui que se exija - como de fato se exige -, no suporte fático da arrematação (e, logo, no suporte fático da aquisição imobiliária fundada na arrematação), a existência do direito que, perdido para o executado, é então objeto de disposição em favor do arrematante. Ora, se essa existência do direito anterior está pressuposta e é exigida, então – quod erat demonstrandum *- a aquisição é derivada (e não originária)"* **[15]**.

No mesmo sentido, é pacífica a atual jurisprudência deste C. Conselho Superior da Magistratura:

"REGISTRO DE IMÓVEIS – CARTA DE ARREMATAÇÃO – FORMA DERIVADA DE AQUISIÇÃO DA PROPRIEDADE – EXECUTADA QUE NÃO FIGURA COMO PROPRIETÁRIA DO IMÓVEL NA RESPECTIVA MATRÍCULA – AFRONTA AO PRINCÍPIO DA CONTINUIDADE – RECURSO DESPROVIDO. **[16]***"*

REGISTRO DE IMÓVEIS – ARREMATAÇÃO EM HASTA PÚBLICA - FORMA DERIVADA DE AQUISIÇÃO DA PROPRIEDADE – EXECUTADA QUE NÃO FIGURA COMO PROPRIETÁRIA DO IMÓVEL NA RESPECTIVA MATRÍCULA – AFRONTA AO PRINCÍPIO DA CONTINUIDADE – CARTA DE ADJUDICAÇÃO DO IMÓVEL PREVIAMENTE EXPEDIDA EM FAVOR DA EXECUTADA, MAS NÃO LEVADA A REGISTRO, QUE NÃO BASTA PARA PERMITIR EXCEÇÃO À CONTINUIDADE - RECURSO DESPROVIDO **[17]**.

Ressalte-se que, a despeito da alegada anterioridade, a penhora deferida na ação judicial não havia sido registrada na matrícula do imóvel. Além disso, a adjudicação pela atual proprietária do imóvel ocorreu em 18 de outubro de 2010 e foi registrada em 29 de junho de 2011 (R-7/107.124 **[18]**), ao passo que a apelante arrematou o imóvel em 22 de agosto de 2013 **[19]**, mais de dois anos depois do registro da adjudicação, pois.

Como se vê, a apelante tinha meios de verificar, antes da arrematação, que o imóvel já não mais era de propriedade da executada.

No mais, mister ressaltar a impossibilidade de examinar, no âmbito administrativo, a pertinência de cancelamentos de registro resultante de procedimento de expropriação extrajudicial realizado pela credora hipotecária, devendo a questão ser debatida em sede própria.

Nesse cenário, justifica-se a confirmação da r. sentença proferida pela MM.ª Juíza Corregedora Permanente e, portanto, do juízo negativo de qualificação, em atenção ao princípio da continuidade registral.

Diante do exposto, pelo meu voto, **nego provimento** à apelação.

GERALDO FRANCISCO PINHEIRO FRANCO
Corregedor Geral da Justiça e Relator

Notas:

[1] Fls. 90/95.

[2] Fls. 102/107.

[3] Certidão a fls. 110.

[4] Fls. 246/249.

[5] Fls. 01/04.

[6] Apelação Cível n.º 23.623-0/1, Rel. Des. Antônio Carlos Alves Braga, j. 20.2.1995; Apelação Cível n.º 76.030-0/8, rel. Des. Luís de Macedo, j. 8.3.2001; e Apelação Cível n.º 990.10.261.081-0, rel. Des. Munhoz Soares, j. 14.9.2010.

[7] Item 41.1. do Cap. XX.

[8] *119. Incumbe ao oficial impedir o registro de título que não satisfaça os requisitos exigidos pela lei, quer sejam consubstanciados em instrumento público ou particular, quer em atos judiciais.*

[9] Apelação Cível nº 413-6/7; Apelação Cível nº 0003968-52.2014.8.26.0453.

[10] Fls. 18/21.

[11] *"O princípio da continuidade, que se apoia no de especialidade, quer dizer que, em relação a cada imóvel, adequadamente individuado, deve existir uma cadeia de titularidade à vista da qual só se fará a inscrição de um direito se o outorgante dele aparecer no registro como seu titular. Assim, as sucessivas transmissões, que derivam umas das outras, asseguram sempre a preexistência do imóvel no patrimônio do transferente. Ao exigir que cada inscrição encontre sua procedência em outra anterior, que assegure a legitimidade da transmissão ou da oneração do direito, acaba por transformá-la no elo de uma corrente ininterrupta de assentos, cada um dos quais se liga ao seu antecedente, como o seu subseqüente a ele se ligará posteriormente. Graças a isso o Registro de Imóveis inspira confiança ao público."* (Registro de Imóveis, 4ª edição, Ed. Forense, 1998, p. 254).

[12] *"Existe uma inteiração dos princípios da especialidade e da continuidade na formação da corrente filiatória. Quando se exige a observância da continuidade dos registros, exige-se que ela diga respeito a um determinado imóvel. O titular inscrito, e só ele, transmite um direito sobre um bem específico, perfeitamente individualizado, inconfundível, sobre o qual, de acordo com o registro, exerce o direito transmitido. É por este corolário dos princípios da continuidade e da especialidade, reunidos, que o § 2º do art. 225 da Lei nº 6.015/73 dispõe: "Consideram-se irregulares, para efeito de matrícula, os títulos nos quais a caracterização do imóvel não coincida com a que consta do registro anterior."* (Retificação do registro de imóveis, Ed. Juarez de Oliveira, 2ª ed., 1999, p. 67/68).

[13] Apelação Cível n.º 0007969-54.2010.8.26.0604.

[14] *PASSOS, Josué Modesto. A arrematação no registro de imóveis: continuidade do registro e natureza da aquisição. São Paulo: Editora Revista dos Tribunais, 2014, pp. 111/112.*

[15] *Op. cit., p. 118.*

[16] TJSP; Apelação 1047731-10.2016.8.26.0100; Relator (a): Pereira Calças; Órgão Julgador: Conselho Superior de Magistratura; Foro Central Cível - 1ª Vara de Registros Públicos; Data do Julgamento: 29/09/2017; Data de Registro: 16/10/2017.

[17] TJSP; Apelação 1009832-65.2014.8.26.0223; Relator (a): Pereira Calças; Órgão Julgador: Conselho Superior de Magistratura; Foro de Guarujá - 3ª Vara Cível; Data do Julgamento: 30/09/2016; Data de Registro: 06/10/2016.

[18] Fls. 20/21.

[19] Fls. 47/49. (DJe de 23.05.2018 - SP)

PODER JUDICIÁRIO

TRIBUNAL DE JUSTIÇA DO ESTADO DE SÃO PAULO

CONSELHO SUPERIOR DA MAGISTRATURA

Apelação nº 1092790-21.2016.8.26.0100

Registro: 2017.0000412875

ACÓRDÃO

Vistos, relatados e discutidos estes autos do(a) **Apelação nº 1092790-21.2016.8.26.0100**, da Comarca de **São Paulo**, em que são partes é apelante **VOLMIR DA SILVA MATOS**, é apelado **2º OFICIAL DE REGISTRO DE IMÓVEIS DA COMARCA DA CAPITAL**.

ACORDAM, em Conselho Superior de Magistratura do Tribunal de Justiça de São Paulo, proferir a seguinte decisão: **"Negaram provimento, v.u."**,

de conformidade com o voto do Relator, que integra este Acórdão.

O julgamento teve a participação dos Exmos. Desembargadores **PAULO DIMAS MASCARETTI (Presidente), ADEMIR BENEDITO, XAVIER DE AQUINO, LUIZ ANTONIO DE GODOY, RICARDO DIP (PRES. DA SEÇÃO DE DIREITO PÚBLICO) E SALLES ABREU.**

São Paulo, 6 de junho de 2017.

MANOEL DE QUEIROZ PEREIRA CALÇAS

Corregedor Geral da Justiça e Relator

Apelação nº 1092790-21.2016.8.26.0100

Apelante: Volmir da Silva Matos

Apelado: 2º Oficial de Registro de Imóveis da Comarca da Capital

VOTO Nº 29.747

Registro de imóveis – Carta de arrematação – Forma derivada de aquisição da propriedade – Coproprietário que não foi parte no processo de onde derivou a carta – Ferimento do princípio da continuidade – Recurso desprovido.

Volmir da Silva Santos interpôs recurso contra a r. sentença que manteve a recusa de registro de carta de arrematação.

O recorrente arrematou o imóvel, em ação em que coproprietário, Cândido José Escobar Medeiros, ex-marido de Maria Aparecida Brandão de Oliveira Neto (casados sob o regime da comunhão universal de bens), não figurou no polo passivo. Por essa razão, a fim de preservar o princípio da continuidade, o Oficial negou ingresso aotítulo.

O recorrente alega que a arrematação é forma originária de aquisição da propriedade e pondera sobre os prejuízos sofridos com a quebra da legítima expectativa criada pela venda perfeita e acabada em hasta pública.

A Procuradoria de Justiça manifestou-se pelo desprovimento do recurso.

É o relatório.

O recurso não comporta provimento.

Em primeiro lugar, ressalte-se que a origem judicial do título não torna prescindível a qualificação registrária, conforme pacífico entendimento do Colendo Conselho Superior da Magistratura:

> *Apesar de se tratar de título judicial, está ele sujeito à qualificação registrária. O fato de tratar-se o título de mandado judicial não o torna imune à qualificação registrária, sob o estrito ângulo da regularidade formal. O exame da legalidade não promove incursão sobre o mérito da decisão judicial, mas à apreciação das formalidades extrínsecas da ordem e à conexão de seus dados com o registro e a sua formalização instrumental (Ap. Cível nº 31881-0/1).*

Em segundo lugar, ressalte-se que a arrematação não é modo originário de aquisição da propriedade. Embora essa tese tenha prevalecido neste Conselho Superior por um breve período, já no último biênio retomou-se o entendimento consolidado de que a arrematação é modo derivado de aquisição da propriedade. Nesse sentido: *"REGISTRO DE IMÓVEIS - CARTA DE ARREMATAÇÃO - MODO DERIVADO DE AQUISIÇÃO DA PROPRIEDADE - FERIMENTO DOS PRINCÍPIOS DA CONTINUIDADE E DA ESPECIALIDADE OBJETIVA - RECURSO DESPROVIDO"* (apelação nº 9000002-19.2013.8.26.0531, Rel. Des. Elliot Akel, j. em 02/09/2014).

E se é modo derivado de aquisição da propriedade, o princípio da continuidade é plenamente aplicável, razão pela qual o encadeamento do título judicial com a informação que consta no registro deve ser observado.

Sobre o significado do princípio da continuidade, ensina Afrânio de Carvalho:

> *"O princípio da continuidade, que se apóia no de especialidade, quer dizer que, em relação a cada imóvel, adequadamente individuado, deve existir uma cadeia de titularidade à vista da qual só se fará a inscrição de um direito se o outorgante dele aparecer no registro como seu titular. Assim, as sucessivas transmissões, que derivam umas das outras, asseguram sempre a preexistência do imóvel no patrimônio do transferente. Ao exigir que cada inscrição encontre sua procedência em outra anterior, que assegure a legitimidade da transmissão ou da oneração do direito, acaba por transformá-la no elo de uma corrente ininterrupta de assentos, cada um dos quais se liga ao seu antecedente, como o seu subseqüente a ele se ligará posteriormente. Graças a isso o Registro de Imóveis inspira confiança ao público"* (Registro de Imóveis, 4ª edição, Ed.Forense, 1998, pág. 253).

Desta noção não se afasta Narciso Orlandi Neto, para quem:

> *"Existe uma inteiração dos princípios da especialidade e da continuidade na formação da corrente filiatória. Quando se exige a observância da continuidade dos registros, exige-se que ela diga respeito a um determinado imóvel. O titular inscrito, e só ele, transmite um direito sobre um bem específico, perfeitamente individualizado, inconfundível,*

sobre o qual, de acordo com o registro, exerce o direto transmitido. É por este corolário dos princípios da continuidade e da especialidade, reunidos, que o §2º do art. 225 da Lei n. 6.015/73 dispõe: 'Consideram-se irregulares, para efeito de matrícula, os títulos nos quais a caracterização do imóvel não coincida com a que consta do registro anterior.'' (Retificação do registro de imóveis, Ed. Juarez de Oliveira, 2ª ed., 1999, p. 67/68)

Portanto, uma vez que coproprietário do imóvel não constou do polo passivo da ação de onde emanou o título, ele não pode ser registrado.

Os eventuais prejuízos causados ao arrematante devem ser objeto de ressarcimento pelas vias próprias, não se podendo quebrar a segurança jurídica ínsita ao sistema registrário.

Nesses termos, pelo meu voto, nego provimento ao recurso.

MANOEL DE QUEIROZ PEREIRA CALÇAS

Corregedor Geral da Justiça e Relator (DJe de 12.07.2018 - SP)

PODER JUDICIÁRIO

TRIBUNAL DE JUSTIÇA DO ESTADO DE SÃO PAULO

CONSELHO SUPERIOR DA MAGISTRATURA

Apelação nº 1066906-53.2017.8.26.0100

Registro: 2018.0000510394

ACÓRDÃO

Vistos, relatados e discutidos estes autos do(a) **Apelação nº 1066906-53.2017.8.26.0100**, da Comarca de **São Paulo**, em que são partes é apelante **MINISTÉRIO PÚBLICO DO ESTADO DE SÃO PAULO**, é apelada **VANIA MARIA DA COSTA OLIVEIRA**.

ACORDAM, em Conselho Superior de Magistratura do Tribunal de Justiça de São Paulo, proferir a seguinte decisão: **"Deram provimento ao recurso. V. U. Deram provimento ao recurso para julgar procedente a dúvida, v.u."**, de conformidade com o voto do Relator, que integra este Acórdão.

O julgamento teve a participação dos Exmos. Desembargadores **PEREIRA CALÇAS (PRESIDENTE TRIBUNAL DE JUSTIÇA) (Presidente), ARTUR MARQUES (VICE PRESIDENTE), DAMIÃO COGAN (DECANO), EVARISTO DOS SANTOS(PRES. DA SEÇÃO DE DIREITO PÚBLICO), CAMPOS MELLO (PRES. DA SEÇÃO DE DIREITO PRIVADO) E FERNANDO TORRES GARCIA(PRES. SEÇÃO DE DIREITO CRIMINAL).**

São Paulo, 28 de junho de 2018.

GERALDO FRANCISCO PINHEIRO FRANCO

Corregedor Geral da Justiça e Relator

Apelação nº 1066906-53.2017.8.26.0100

Apelante: Ministério Público do Estado de São Paulo

Apelado: Vania Maria da Costa Oliveira

VOTO Nº 37.493

Registro de Imóveis – Carta de Arrematação – Expropriação Extrajudicial – Intimação por edital – Ilegalidade – Diligência determinada no curso do procedimento de dúvida – Via inadequada para superação do óbice apontado pelo registrador – Recurso provido.

Inconformado com a r. sentença que afastou o juízo negativo de qualificação registral **[1]**, o Ministério Público do Estado de São Paulo interpôs apelação objetivando a manutenção do óbice levantado pelo 17º Oficial de Registro de Imóveis da Capital e consequente indeferimento do registro da carta de arrematação referente ao imóvel matriculado sob nº 41.515 junto àquela serventia extrajudicial.

Alega o recorrente, em síntese, que não há previsão legal para a realização de diligências, instrução ou contraditório em sede de procedimento de dúvida, sendo inadequada esta via para superar deficiência verificada no procedimento de expropriação extrajudicial, anterior à arrematação que se pretende registrar.

A Procuradoria Geral da Justiça, em seu parecer, opinou pelo provimento da apelação **[2]**.

É o relatório.

O registro pretendido foi obstado pois, a despeito das demais diligências realizadas, depreende-se da notificação encaminhada ao endereço do imóvel hipotecado que o destinatário não foi encontrado. Contudo, na certidão lavrada, não houve referência ao fato de estar o devedor em local incerto e não sabido, sendo deixados com o porteiro os avisos de comparecimento ao serviço registral.

Assim, em virtude do quanto determinado no art. 31, § 2º, do Decreto-lei 70/66, entendeu o registrador que a notificação editalícia do devedor não observou o procedimento legal, estando configurada a existência de óbice ao registro pretendido. Isso porque, o simples fato de não ter sido encontrado o destinatário da notificação não equivale a dizer que se encontrava em local incerto e não sabido.

A respeito do tema, a jurisprudência do C. Superior Tribunal de Justiça está consolidada no sentido da necessidade da intimação pessoal do devedor para o procedimento de expropriação extrajudicial no âmbito do Decreto- lei 70/66 **[3]**, assegurando-lhe a possibilidade de efetuar a purgação da mora. Duvidosa tal intimação, torna-se questionável a validade da expropriação extrajudicial e, por conseguinte, da arrematação realizada.

Na hipótese vertente, a dúvida foi instruída com cópias das notificações enviadas ao devedor, sendo que, em nenhuma das diligências realizadas, concretizou-se sua intimação pessoal. Em que pese constar, em algumas das certidões lavradas, que o destinatário se encontrava em local incerto e não sabido, o fato é que, na notificação encaminhada ao endereço do imóvel objeto do contrato de empréstimo hipotecário, a certidão lavrada apenas menciona que: *"Não foi encontrado(a) o(a) destinatário(a) quando procurado(a) nas diligências de 23/02/2016 às 10h50; 02/03/2016 às 13h50; e 10/03/2016 às 16h00, nessas foram deixados avisos de comparecimento a este Serviço Registral, com o Sr. Rony, porteiro"* **[4]**.

Considerando, pois, que o notificante esteve no endereço do imóvel objeto do contrato por três vezes, inclusive deixando os avisos de comparecimento com o porteiro, é possível concluir que a intimação do devedor por edital, de fato, não atendeu ao quanto exigido em lei. É que, havendo indícios que o destinatário da notificação estava em local incerto e não sabido, não teria o notificante voltado ao local várias vezes, tampouco deixaria referidos avisos no local, sob o cuidado de terceira pessoa.

Nem mesmo as posteriores diligências, nas quais foi certificado que o destinatário da notificação estava em local incerto e não sabido, levam ao reconhecimento da regularidade do procedimento de expropriação extrajudicial, pois o vício inicial não foi convalidado.

É que, ao que tudo indica, o endereço correto para fins de intimação pessoal do devedor era aquele inicialmente diligenciado, certo que o vício se perpetuou na sucessão de atos em que se tentou localizá-lo posteriormente, sem que tivesse certeza de que não poderia mesmo ser encontrado no imóvel objeto do contrato.

A prova da regular publicação do edital era atribuição da arrematante e deveria instruir o título apresentado para registro, o que não ocorreu. Sem isso, não se mostra possível o registro da carta de arrematação.

E essa prova não poderia ser suprida no curso do procedimento de dúvida, eis que este somente comporta duas soluções: a possibilidade, ou não, do registro do título protocolado e prenotado que, por sua vez, deve analisado tal como se encontrava no momento em que surgida a dissensão entre a apresentante e o Oficial de Registro de Imóveis.

A ausência da prova da regularidade da publicação da intimação do devedor, no endereço do imóvel constante do contrato de empréstimo hipotecário, é suficiente para impedir o registro da carta de arrematação expedida no procedimento de alienação extrajudicial decorrente da mora do mutuário.

Não bastasse, a suscitação da dúvida não admite a complementação do título no curso do processo, o que ocorre em respeito à prioridade dos títulos que possam ingressar posteriormente e ter a qualificação suspensa na forma do art. 191 da Lei nº 6.015/73.

Destarte, todos os documentos destinados a permitir o registro do título deveriam ser apresentados ao Oficial de Registro de Imóveis, para protocolo e qualificação, antes da suscitação da dúvida. Bem por isso, o mandado de constatação expedido no curso do procedimento e respectiva certidão lavrada pelo Sr. Oficial de Justiça (fls. 219) não se prestam a suprir os obstáculos que foram apontados na nota de devolução, de maneira que a qualificação negativa feita pelo registrador merece prevalecer.

Diante do exposto, pelo meu voto, **dou provimento** ao recurso para julgar procedente a dúvida.

GERALDO FRANCISCO PINHEIRO FRANCO

Corregedor Geral da Justiça e Relator

Notas:

[1] Fls. 229/233.

[2] Fls. 257/261.

[3] *REsp 1447687/DF, Rel. Ministro RICARDO VILLAS BÔAS CUEVA, TERCEIRA TURMA, julgado em 21/08/2014, DJe 08/09/2014; AgRg no RECURSO ESPECIAL Nº 1.367.704 – RS (2013/0035337-1) RELATOR: MINISTRO PAULO DE TARSO SANSEVERINO, DJe: 13/08/2015; DECISÃO MONOCRÁTICA no RECURSO ESPECIAL Nº 309.106 - SC (2001/0028135-4), Rel. Min.*

HERMAN BENJAMIN, j. 18/11/2008; REsp 115687/SP, Rel. Ministra NANCY ANDRIGHI, TERCEIRA TURMA, julgado em 18/11/2010, DJe 02/02/2011; DECISÃO MONOCRÁTICA no RECURSO ESPECIAL Nº 1.258.116 – RJ (2011/0104103-7), Rel. Min. PAULO DE TARSO SANSEVERINO, j. 07.06.2013).

[4] Fls. 62. (DJe de 07.08.2018 - SP)

COMPRA E VENDA E COMPROMISSO

PODER JUDICIÁRIO

TRIBUNAL DE JUSTIÇA DO ESTADO DE SÃO PAULO

CONSELHO SUPERIOR DA MAGISTRATURA

Apelação nº 1124381-98.2016.8.26.0100

Registro: 2017.0000725118

ACÓRDÃO

Vistos, relatados e discutidos estes autos do(a) **Apelação nº 1124381-98.2016.8.26.0100**, da Comarca de **São Paulo**, em que são partes é apelante **LEGEP MINERAÇÃO LTDA**, é apelado **15º OFICIAL DE REGISTRO DE IMÓVEIS DA COMARCA DA CAPITAL.**

ACORDAM, em Conselho Superior de Magistratura do Tribunal de Justiça de São Paulo, proferir a seguinte decisão: **"Negaram provimento ao recurso, v.u. Declarará voto convergente o Desembargador Ricardo Dip."**, de conformidade com o voto do Relator, que integra este Acórdão.

O julgamento teve a participação dos Exmos. Desembargadores **PAULO DIMAS MASCARETTI (Presidente), ADEMIR BENEDITO, XAVIER DE AQUINO, LUIZ ANTONIO DE GODOY, RICARDO DIP E SALLES ABREU.**

São Paulo, 1º de setembro de 2017.

MANOEL DE QUEIROZ PEREIRA CALÇAS

Corregedor Geral da Justiça e Relator

Apelação nº 1124381-98.2016.8.26.0100

Apelante: LEGEP Mineração Ltda

Apelado: 15º Oficial de Registro de Imóveis da Comarca da Capital

VOTO Nº 29.822

"Registro de Imóveis – Dúvida julgada procedente – Instrumento Particular de Venda e Compra de Imóvel – Questionamento das diversas exigências formuladas pelo Registrador – Pertinência da maioria delas – Negativa de registro mantida – Recurso não provido".

Trata-se de recurso de apelação interposto por Legep Mineração Ltda. contra a sentença de fls. 128/133, que julgou procedente a dúvida suscitada e manteve a recusa ao registro de "contrato particular de recibo de sinal e princípio de pagamento e outras avenças", referente a um terreno remanescente de desapropriação, que tem origem na transcrição nº 16.422 do 15º Oficial de Registro de Imóveis da Capital.

Sustentou a apelante, em resumo, que a divergência existente entre a descrição do imóvel no contrato particular e a descrição do imóvel na serventia judicial não deve ser óbice ao registro, pois, como proprietária, a recorrente poderá promover a necessária retificação. Além disso, entende que as demais exigências não podem subsistir em respeito aos princípios da efetividade, economia e celeridade. Pede, assim, a reforma da sentença de primeiro grau (fls. 140/143).

A Procuradoria Geral da Justiça opinou pelo não provimento do recurso (fls.156/159). É o relatório.

De acordo com a dúvida suscitada, o título denominado de "Recibo de Sinal e Princípio de Pagamento e Outras Avenças" não comportaria registro pelos seguintes motivos: 1) a descrição do imóvel não confere com a planta arquivada no cartório, observando a desapropriação objeto da matrícula 66.379; 2) falta de reconhecimento da firma dos promitentes vendedores; 3) declaração de que a vendedora Alice de Moraes Barros Campelo não se encontra incursa nas restrições da Legislação Previdenciária ou apresentação de Certidão Negativa de Débitos Relativos a Tributos Federais e Dívida Ativa da União; 4) não apresentação de cópia autenticada da alteração contratual da compradora Legep Mineração Ltda.

Três das exigências do registrador devem prevalecer, mantida a impossibilidade de ingresso do título no fólio real. Por sua vez, uma das exigências deve ser afastada.

Item 1 (Descrição do imóvel): A divergência entre a descrição do imóvel que está contida no contrato e aquela que está contida na planta arquivada na Serventia Extrajudicial impede o ingresso do título no fólio real.

A divergência verificada na identificação do imóvel representa violação aos princípios da legalidade e da especialidade objetiva. Dispõe o art. 225, parágrafo 2º, da Lei de Registros Públicos, que *"Consideram-se irregulares, para efeito de matrícula, os títulos nos quais a caracterização do imóvel não coincida com a que consta do registro anterior."*

No caso, a descrição que consta do título não corresponde à descrição que consta da Serventia Extrajudicial, o que é bastante para que o Oficial desqualifique o título, recusando seu ingresso no cadastro imobiliário, em respeito ao princípio da especialidade objetiva, que impõe que cada imóvel tenha descrição precisa que viabilize sua completa identificação e localização, distinguindo-se de todos os demais (LRP, art. 176).

Itens 2 e 4 (Reconhecimento de firma e cópia autenticada de alteração contratual): Nos dois itens, o registrador tem razão. Na forma do inciso II do artigo 221 da Lei 6.015/73, faz-se necessário o reconhecimento da firma de todas as partes contratantes. Dispensa-se, contudo, o reconhecimento das firmas das testemunhas, conforme apontado pelo próprio Oficial, em razão do disposto no "caput" do artigo 221 do Código Civil.

Além disso, não obstante a recorrente tenha afirmado que iria providenciar a regularização da exigência do item 4, é certo que não houve a apresentação de cópia autenticada da alteração contratual que comprova a regularidade da representação da vendedora, exigência essa que também está relacionada com o dispositivo da Lei de Registros que foi mencionado e com a segurança dos registros públicos.

Reconhecida a pertinência de três das exigências, uma delas não deve subsistir.

Item 3 (Certidão negativa de tributos federais e da dívida ativa da União): Essa exigência é a única a ser afastada. Este Conselho Superior da Magistratura já se posicionou, por diversas vezes, no sentido de que são dispensáveis as certidões de dívidas ativas tributárias e previdenciárias federais.

Inspirado em precedentes do Supremo Tribunal Federal que inadmitiram a imposição de sanções políticas pelos entes tributários para, por vias oblíquas, constranger o contribuinte a quitar débitos tributários, o Conselho Superior da Magistratura reconheceu inexistir justificativa "para condicionar o registro de títulos nas serventias prediais à prévia comprovação da quitação de créditos tributários, contribuições sociais e de outras imposições pecuniárias compulsórias" (Apelações Cíveis n 0018870-06.2011.8.26.0068, 0013479-23.2011.8.26.0019 e 9000003-22.2009.8.26.0441, todas sob

a relatoria do Desembargador José Renato Nalini).

Por essas razões, dispensa-se a apresentação das certidões exigidas em relação à vendedora Alice de Moraes Barros Campelo.

Em suma, reconhecida a correção de três das exigências, deve ser mantida a sentença que julgou procedente a dúvida suscitada.

Ante o exposto, nego provimento ao recurso.

MANOEL DE QUEIROZ PEREIRA CALÇAS
Corregedor Geral da Justiça e Relator

TRIBUNAL DE JUSTIÇA DO ESTADO DE SÃO PAULO

Conselho Superior da Magistratura

Apelação Cível 1124381-98.2016.8.26.0100
SEMA

Dúvida de registro

VOTO DE CONVERGÊNCIA COM A CONCLUSÃO (50.184):

1. Convergindo, embora, com a conclusão do r. voto do eminente Relator, penso, *da veniam*, que ao registrador imobiliário não é dado conceder dispensa de observância de norma infraconstitucional mediante suposta incompatibilidade material com regra da Constituição.

2. A **atividade registrária** é composta de atos de **função técnica** e atos de **função prudencial**. Aqueles são os de

(i) recepção de títulos,

(ii) prenotação no Protocolo,

(iii) lançamento material da inscrição,

(iv) conservação dos títulos e dos livros de assentamento,

(v) dação de publicidade registral e

(vi) devolução de documentos.

Os atos da **função técnica** atraem prevista eventual normativa judiciária, nos termos do que dispõe o inciso XIV do art. 30 da Lei n. 8.935/1994 (de 18-11), cuja incompatibilidade vertical não se tem de ordinário discutido na jurisprudência quer doutrinária, quer pretoriana.

3. Diversamente, os atos próprios da **função prudencial** do registrador (*cioè*, de prudência jurídica), que são o de **qualificação** do título e o da **determinação do conteúdo inscritivo,** não comportam essa (controversa) regulação técnico--judicial, sequer (e talvez *a fortiori*) no plano do reconhecimento de cogitável inconstitucionalidade o qual reconhecimento, não podendo fazer-se pelo registrador, tampouco lhe pode ser imposto pela esfera judicial, quando do julgamento da dúvida registrária, que não é via própria para tanto.

Este mesmo Conselho veio afirmando, *fortiter in modo,* que **em via administrativa não é lícito**

reconhecer inconstitucionalidade de lei ou ato normativo (*breviter:* Apel. Cív. 0038442-73.2011.8.26.0576, j. 19.7.2012; Apel. Cív. 43.694-0/0, j. 27.3.1998; Apel. Cív. 18.671-0/8, j. 17.9.1993). E acrescente-se aqui se está em órgão fracionário do Tribunal, e a inconstitucionalidade só pode ser afirmada pelo Pleno, ou por Órgão Especial.

4. A despeito disso, é certo que, em numerosas decisões, nosso Conselho chegou a reconhecer a inconstitucionalidade da norma da **alínea *b* do inc. I do art. 47 da Lei n. 8.212/1991 (de 24-7):** mencionem-se apenas, *brevitatis causa,* a Apel. Cív. 0018870-06.2011.8.26.0068, j. 13.12.2012 e a Apel. Cív. 0020124-97.2012.8.26.0223, j. 7.10.2014.

É bem de ver, contudo, que esta regra está em vigor.

Primo, a inconstitucionalidade da Lei 7.711/1988 (de 22-12), art. 1º, I, III e IV, e §§ 1º, 2º e 3º, declarada pelo egrégio Supremo Tribunal Federal nas Ações Diretas de Inconstitucionalidade ns. 173-6 e 394-1 **não alcança o art. 47** da vigente Lei de Organização da Seguridade Social: é que os motivos determinantes das declarações de inconstitucionalidade isto é doutrina corrente do Pretório Excelso não transcendem para situações apenas símiles (Rcl 7.956-AgR, j. 19.9.2013; Rcl 11.478- AgR, j. 5.6.2012).

Secundo, o art. 1º da Lei Complementar n. 147 (de 7-8-2014), dando nova redação ao art. 9º da Lei Complementar n. 123 (de 14-12-2007), de um lado, e o Decreto Federal n. 8.302 (de 4-9-2014), de outro, só revogaram

(a) a alínea *d* do inc. I do dito art. 47, *(b)* o Decreto n. 6.106, de 30 de abril de 2007 (*in totum*), e *(c)* alguns dispositivos do Decreto n. 3.048, de 6 de maio de 1999 (em particular o art. 257, I, *d*).

Assim, **estando em vigor essa lei** passe o truísmo, **é nenhuma**, *data venia*, **e de nenhum efeito a dispensa dada pelo item 119.1** do capítulo XX do tomo II das vultosas Normas de Serviço da Corregedoria Geral da Justiça de São Paulo.

5. De toda forma, subsistem, na espécie, os óbices concernentes à especialidade objetiva (desconformidade entre a descrição posta no título e aquela que consta do registro), ao reconhecimento de firma e à prova das alterações contratuais. Deste modo, ainda que se afastasse (como, pela r. votação majoritária, afastada ficou) a exigência referente à negativa tributária e fiscal, o pretendido registro *stricto sensu* não podia mesmo deferir-se.

TERMOS EM QUE, *cum magna reverentia*, nego provimento à apelação, para manter a r. sentença de origem. É como voto.

Des. RICARDO DIP

Presidente da Seção de Direito Público (DJe de 23.01.2018 - SP)

PODER JUDICIÁRIO

TRIBUNAL DE JUSTIÇA DO ESTADO DE SÃO PAULO

CONSELHO SUPERIOR DA MAGISTRATURA

Apelação nº **1007772-35.2016.8.26.0099**
Registro: 2017.0000769377

ACÓRDÃO

Vistos, relatados e discutidos estes autos do(a) **Apelação nº 1007772-35.2016.8.26.0099**, da Comarca de **Bragança Paulista**, em que são partes são apelantes **CARINA APARECIDA SANT'ANNA, SHEILA SANT'ANA, MARIELLI SANT'ANNA e TIAGO ALEXANDRE SANT'ANNA**, é apelado **OFICIAL DE REGISTRO DE IMÓVEIS, TÍTULOS E ANEXOS DA COMARCA DE BRAGANÇA PAULISTA**.

ACORDAM, em Conselho Superior de Magistratura do Tribunal de Justiça de São Paulo, proferir a seguinte decisão: **"Deram provimento ao recurso. V. U. Deram provimento ao recurso, para julgar improcedente a dúvida inversa, permitindo o ingresso registral do título, v.u. Vencido na preliminar o Desembargador Ricardo Dip, que declarará voto."**, de conformidade com o voto do Relator, que integra este Acórdão.

O julgamento teve a participação dos Exmos. Desembargadores PAULO DIMAS MASCARETTI (Presidente), ADEMIR BENEDITO, XAVIER DE AQUINO, LUIZ ANTONIO DE GODOY, RICARDO DIP E SALLES ABREU.

São Paulo, 19 de setembro de 2017. MANOEL DE QUEIROZ PEREIRA CALÇAS

Corregedor Geral da Justiça e Relator

Apelação nº 1007772-35.2016.8.26.0099

Apelantes: Carina Aparecida Sant'Anna, Sheila Sant'ana, Marielli Sant'Anna e Tiago Alexandre Sant'Anna

Apelado: Oficial de Registro de Imóveis, Títulos e Anexos da Comarca de Bragança Paulista

VOTO Nº 29.823

Dúvida Inversa – Escritura pública de compra e venda de imóvel lavrada em 1994 – Adquirentes que, à época, eram menores impúberes e se fizeram representar apenas pela genitora – Ausência, ademais, de alvará judicial – Maioridade atingida por todos os adquirentes, os quais referendaram o negócio jurídico, reconhecendo que os beneficiou – Convalidação – Ausência de prejuízo às partes ou a terceiros – Ausência de ofensa a qualquer princípio registral – Possibilidade de ingresso registral – Recurso provido para esse fim.

Trata-se de recurso de apelação tirado de sentença que julgou procedente dúvida inversa suscitada pelos recorrentes, Carina Aparecida Sant'Anna, Sheila Sant'Anna, Marielli Sant'Anna e Tiago Alexandre Sant'Anna em face Oficial do Registro de Imóveis, Títulos e Documentos e Pessoas Jurídicas da Comarca de Bragança Paulista, negando registro de escritura de venda e compra, relativa à aquisição de bem imóvel à época em que eram *menores* incapazes, representados por sua genitora.

A sentença baseou-se no argumento de que o título contém nulidade insanável, consistente na ausência de representação por ambos os genitores.

Alegam, em síntese, que sua genitora foi a única e exclusiva responsável por sua manutenção até atingirem a maioridade, o que constou expressamente do título, podendo qualquer dos genitores, isoladamente, exercer o poder familiar. Argumentam com o fato de que esse negócio jurídico lhes beneficiou, tendo incrementado seu patrimônio, não incidindo a norma do art. 1.691, do Código Civil. Por fim, se pautam pela observância do princípio da função social da propriedade e pela ausência de prejuízo a terceiros.

A D. Procuradoria de Justiça opinou pelo não provimento do recurso.

É o relatório.

O recurso comporta provimento.

É certo que há diversos precedentes do Egrégio Conselho Superior da Magistratura (Apelações Cíveis n. 0012929-18.2014.8.26.0344, 0072005-60.2013 e 9000002-71.2014) por mim relatadas tratando do tema.

Entretanto, o presente caso contém particularidade que o diferencia dos precedentes acima indicados. Isso porque, aqui, os próprios adquirentes, todos já maiores de idade e capazes, compareceram perante o Oficial Registrador, representados por seu advogado, a fim de obterem o registro da escritura pública de venda e compra, não se conformando com o teor da nota de devolução n. 35.843 e suscitando dúvida inversa (fls. 01/05), em que referendam o negócio jurídico realizado quando eram menores de idade e afirmando que a aquisição do imóvel os beneficiou.

Cediço que o art. 1.691, do Código Civil vigente, dispõe sobre a necessidade de autorização judicial para que os pais celebrem negócios jurídicos que gerem obrigações aos filhos que superem a mera administração de bens, devendo haver necessidade ou interesse da prole. No mesmo sentido, o art. 386, do Código Civil de 1916.

Entretanto, a norma legal em comento tem por objetivo primordial proteger os interesses de incapazes, evitando que seus genitores, na gestão de seu patrimônio, causem-lhes prejuízos de qualquer ordem. A *ratio legis* é que a lisura e a conveniência do negócio jurídico seja avaliada por juiz competente, após ouvido o Ministério Público, suprindo a hipossuficiência cognitiva dos incapazes.

Ora, se os únicos beneficiados com a proteção legal já atingiram a plena capacidade civil e referendam o negócio jurídico de iniciativa de sua genitora, afirmando tê-los beneficiado e, inclusive, incrementado seu patrimônio, fica superada a necessidade de apresentação de alvará judicial. Tanto é assim que, se porventura postulassem, atualmente, autorização judicial visando regularização do negócio jurídico, seria reconhecida a ausência de interesse processual, uma vez que a capacidade civil já alcançada por todos dispensa em absoluto essa autorização.

Já maiores, os adquirentes têm pleno discernimento para avaliarem e referendarem a compra e venda de que participaram.

Não é por outro motivo que o parágrafo único do art. 1.691, do Código Civil vigente, restringe a legitimidade para pleitear a declaração de nulidade dos atos previstos no *caput* aos filhos, herdeiros e ao representante legal, ou seja, àqueles que sejam interessados no reconhecimento dessa nulidade. Cuida-se de nulidade relativa, uma vez que viola norma de interesse particular e depende de provocação dos interessados para que seja reconhecida. Sendo relativa a nulidade, é possível a convalidação do negócio jurídico. Ora, se os próprios filhos adquirentes avalizam o negócio jurídico, assumindo que os favoreceu, convalidado está o ato e afastada fica qualquer possibilidade de se reconhecer sua nulidade por falta de autorização judicial prévia.

É bom frisar que a atual redação do item 41, do Cap. XIV, das NSCGJ, que dispõe que compete ao Tabelião de Notas, antes da lavratura de qualquer ato, exigir alvará para ato que envolva incapazes, foi acrescentada pelo Provimento CG N. 12/2013, sendo posterior à lavratura da escritura em análise.

Quanto à ausência de representação do genitor, também não tem o condão de obstar o ingresso registral. Isso porque, na falta de um dos pais, pode o outro representar a prole (CC, art. 1.690), sendo ambos detentores do Poder Familiar. Acresça-se a isso os fatos de que constou da escritura pública que os menores eram dependentes economicamente da genitora e, ainda, que não consta que o genitor tenha, em algum momento, se oposto ao negócio jurídico em questão, realizado há 23 anos.

Por fim, o que foi dito com relação à ausência de prévia autorização judicial também se aplica à ausência de representação pelo genitor: os adquirentes, já maiores e capazes, referendaram o ato praticado pela genitora.

Uma vez suscitada a dúvida inversa, tal documento, juntamente com a escritura pública de venda e compra passou a integrar o título que os recorrentes pretendem registrar. Estando contida inequívoca ratificação do negócio jurídico pelos interessados agora maiores e capazes, definitivamente superada qualquer invalidade.

Por fim, cumpre salientar que o negócio jurídico realizado há 23 anos já se consolidou e não consta ter causado qualquer prejuízo a terceiros e tampouco seu ingresso está em dissonância com os princípios registrais.

Ante o exposto, pelo meu voto, DOU PROVIMENTO ao recurso, para julgar improcedente a dúvida inversa, permitindo o ingresso registral do título.

MANOEL DE QUEIROZ PEREIRA CALÇAS

Corregedor Geral da Justiça e Relator

TRIBUNAL DE JUSTIÇA DE SÃO PAULO

Conselho Superior da Magistratura

Apelação Cível 1007772-35.2016.8.26.0099

Procedência: Bragança Paulista

Apelantes: Carina Aparecida Sant'Anna, Sheila Sant'Anna, Marielli Sant'Anna e Tiago Alexandre Sant'Anna

Apelado: Oficial de Registro de Imóveis, Títulos e Anexos da comarca

VOTO (n. 50.821):

1. Anoto, à partida, adotar o relatório lançado pelo eminente Relator da espécie.

2. Permito-me, *da veniam*, lançar um reparo.

3. Parece-me, *da veniam*, mais do que hora de deixar de admitir o que se convencionou chamar **dúvida "inversa"**, ou seja, aquela destinada pelo próprio interessado, diretamente, ao juízo corregedor.

A prática, com efeito, não está prevista em lei, o que já é razão bastante para inadmiti-la, por ofensa à cláusula do devido processo (inc. LIV do art. 5º da Constituição de 1988), com a qual não pode coadunar-se permissão ou tolerância (jurisprudencial, *nota bene*) para que os interessados disponham sobre a forma e o rito de processo administrativo, dispensando-se o expressamente previsto no estatuto de regência (Lei n. 6.015, de 31-12-1973, arts. 198 *et seqq.*).

Se o que basta não bastara, ainda cabe considerar que ao longo de anos a dúvida inversa tem constituído **risco para a segurança dos serviços e até mesmo para as justas expectativas dos interessados.** É que, não rara vez, o instrumento vem sendo manejado sem respeito aos mais elementares preceitos de processo registral (o primeiro deles, a existência de prenotação válida e eficaz), de modo que termina sem bom sucesso, levando a delongas que o paciente respeito ao *iter* legal teriam evitado.

4. Superada a preliminar, entretanto, voto pelo provimento do recurso, porque a nulidade por falta de alvará judicial, na hipótese inscrita no art. 1.691 do Código civil, **só pode ser pleiteada pelos filhos, por seus herdeiros ou seu representante legal**. Ora, *in casu* os apresentantes e interessados não são outros, senão aqueles primeiros (os filhos), que querem ver registrado o contrato que em seu favor lhes celebrara a mãe. Não parece, portanto, possa o oficial levantar um óbice que ao próprio juiz, em demanda contenciosa, não seria lícito suscitar de ofício (cf. par. únicos do art. 1.691 e do art. 168, ambos do Cód.civ.).

DO EXPOSTO, por meu voto preliminar, julgava extinto o processo, sem resolução de mérito, prejudicado o recurso de apelação interposto por Carina Aparecida Sant'Anna, Sheila Sant'Anna, Marielli Sant'Anna e Tiago Alexandre Sant'Anna.

No mérito, dou provimento ao recurso, para o fim de que, reformado o r. *decisum* da inferior instância, perfaça- se o perseguido registro *stricto sensu*.

É como voto.

Des. RICARDO DIP

Presidente da Seção de Direito Público (DJe de 07.02.2018 - SP)

PODER JUDICIÁRIO

TRIBUNAL DE JUSTIÇA DO ESTADO DE SÃO PAULO

CONSELHO SUPERIOR DA MAGISTRATURA

Apelação nº 1000008-24.2016.8.26.0543

Registro: 2017.0000581926

ACÓRDÃO

Vistos, relatados e discutidos estes autos do(a) **Apelação nº 1000008-24.2016.8.26.0543**, da Comarca de **Santa Isabel**, em que são partes é apelante **QUITERIA MORAES VILELA**, é apelado **OFICIAL DE REGISTRO DE IMÓVEIS, TÍTULOS E DOCUMENTOS E CIVIL DE PESSOA JURÍDICA DA COMARCA DE SANTA ISABEL**.

ACORDAM, em Conselho Superior de Magistratura do Tribunal de Justiça de São Paulo, proferir a seguinte decisão: **"Negaram provimento à apelação, com determinação para que o MM. Juiz Corregedor Permanente apure a razão da indevida abertura de matrícula e proceda conforme o art. 214, §§ 1º e 2º, da Lei de Registros Públicos, a fim de possibilitar o cancelamento da matrícula, viabilizando que o interessado abra matrícula perante o Cartório de Registro de Imóveis de Itaquaquecetuba e registre a Escritura Pública de Venda e Compra, v.u."**, de conformidade com o voto do Relator, que integra este Acórdão.

O julgamento teve a participação dos Exmos. Desembargadores **PEREIRA CALÇAS (Presidente), ADEMIR BENEDITO, PAULO DIMAS MASCARETTI, XAVIER DE AQUINO, LUIZ ANTONIO DE GODOY, RICARDO DIP E SALLES ABREU**.

São Paulo, 31 de julho de 2017.

MANOEL DE QUEIROZ PEREIRA CALÇAS

Corregedor Geral da Justiça e Relator

Apelação n.º 1000008-24.2016.8.26.0543

Apelante: Quiteria Moraes Vilela

Apelado: Oficial de Registro de Imóveis, Títulos e Documentos e Civil de Pessoa Jurídica da Comarca de Santa Isabel

VOTO N.º 29.786

Registro de Imóveis – Escritura Pública de Venda e Compra – Desqualificação do título judicial, sob o argumento de que o imóvel está localizado em circunscrição imobiliária diversa (Itaquaquecetuba) – Comprovação de que o lote está inserido em Itaquaquecetuba – Princípio da territorialidade – Desqualificação correta – Título que deve ser apresentado no Registro de Imóveis de Itaquaquecetuba – Bloqueio de matrícula pelo Registrador – Impossibilidade – Determinação de observância do art. 214, parágrafos 1º e 2º, da Lei de Registros Públicos, com oitiva dos interessados, em virtude de se referir a imóvel pertencente a outro Município

– Apelação não provida, com determinação.

Trata-se de recurso de apelação interposto por Quitéria Moraes Vilela contra a sentença de fls. 67/69, que manteve a recusa ao registro da escritura pública de compra e venda, sob o argumento de que o bem alienado, matriculado sob o n.º 50.214 no Registro de Imóveis de Santa Isabel, pertence à comarca de Itaquaquecetuba, estando pendente ação demarcatória.

Sustenta o apelante que tentou o registro do título na Comarca de Itaquaquecetuba, sem sucesso, a teor de que não haveria prova de que o imóvel estaria situado dentro dos limites daquele Município. Ademais, consta da matrícula n.º

50.214 que o imóvel está situado no loteamento denominado Arujazinho I, II, III, perímetro urbano do Município de Arujá/SP. Em que pese o bloqueio realizado de ofício, não consta que o imóvel em questão esteja situado no Município de Itaquaquecetuba, segundo análise das transcrições n.º 6.057, 7.172 e 7.509. O bloqueio realizado *ex officio* pelo Oficial contraria o disposto no parágrafo 3º do art. 214 da LRP, que dispõe que se cuida de ato privativo do Juiz Corregedor Permanente. Ainda que não houvesse havido regularização fundiária, o Registrador deveria recepcionar o título, uma vez que o negócio jurídico que deu origem à escritura foi celebrado em 1982, satisfazendo-se os requisitos da declaração judicial de usucapião, consoante parágrafo 5º do art. 214 da LRP. Ainda, há ofensa ao disposto no art. 167, I, n.º 29, da LRP e o imóvel continua, oficialmente, situado no perímetro urbano de Arujá, sendo o imóvel inexistente no perímetro urbano de Itaquaquecetuba para fins registrais. Considerando que ainda não se encerrou a ação demarcatória, recomenda-se cautela quando da realização de bloqueios, cancelamentos ou qualquer inovação dos dados constantes das matrículas envolvidas na controvérsia, especialmente porque há possibilidade de que o lote em questão esteja efetivamente contido no Município de Arujá.

A Procuradoria de Justiça opinou pelo desprovimento do recurso.

É o relatório.

Pretende o apelante o registro de escritura de venda e compra lavrada no Tabelião de Notas do Município de Arujá, livro 231, páginas 123/125, de 21 de novembro de 2011, relativo ao lote n.º 2 da quadra 45 do loteamento Arujazinho III (fls. 16/17), implantado na década de cinquenta. No ano de 2014, referido loteamento foi regularizado, nos termos do artigo 22 da Lei n.º 6.766/79, artigos 288-A e 288-F da Lei n.º 6.015/73 e artigo 67 da Lei n.º 11.977/2009. Após a regularização, o imóvel em questão, que estava inserido em área maior, foi matriculado sob o n.º 50.214 no Registro de Imóveis de Santa Isabel (fls. 21).

O registrador de Santa Isabel desqualificou o título, argumentando que o imóvel pertence à comarca de Itaquaquecetuba (fls. 14), informação essa que consta na averbação n.º 2 da matrícula n.º 50.214 (fls. 21).

Agiu corretamente o registrador, pois, ao afirmar que o imóvel alienado localiza-se na comarca de Itaquaquecetuba, baseou-se em informações constantes em registros anteriores.

Na década de cinquenta, a Sociedade Imobiliária Arujá Limitada iniciou a implantação do parcelamento denominado "Arujazinho I, II e III", em área localizada na divisa dos Municípios de Arujá e Itaquaquecetuba, conforme averbações à margem das transcrições n.º 6.057, 7.172 e 7.509, todas do Registro de Imóveis de Santa Isabel (fls. 36/40, 41/45 e 46/51), e das transcrições n.º 33.045 e 34.059, ambas do Registro de Imóveis de Mogi das Cruzes (fls. 52/57).

Em virtude de o loteamento se localizar em mais de uma comarca, desde o início do projeto, na década de cinquenta, ficou definido a qual Município pertencia cada um dos lotes. No procedimento de regularização, foram acrescidos quadras e lotes inexistentes na época da implantação do parcelamento. Entretanto, o oficial levou em consideração, corretamente, a linha divisória original, constante da planta de 1955, para verificar a localização de cada imóvel.

Assim, para que se determine em qual Cartório de Registro de Imóveis deve o título ser levado a registro, basta que se confira a exata localização do lote n.º 2 da quadra 45 do loteamento Arujazinho III.

A planta física acostada aos autos, de maneira gráfica, retrata exatamente a situação indicada pelo registrador, ou seja, que o lote n.º 2 da quadra 45 está situado no Distrito hoje Município de Itaquaquecetuba.

Tendo ocorrido, em 2014, a regularização do loteamento, com a preservação dos lotes e quadras implantados na década de cinquenta e com o acréscimo de novos, mantendo-se a linha divisória original, impõe-se a observância dos limites de cada município, com o consequente registro relativo a cada imóvel na circunscrição imobiliária a que pertence.

A serventia de Itaquaquecetuba não afastou a localização do imóvel em sua circunscrição, tendo pontuado a necessidade de que a regularização do loteamento seja levada a registro junto a ela para que, em seguida, possa abrir matrículas dos imóveis situados em Itaquaquecetuba. Ademais, como dito, há nos autos elementos bastantes para se concluir a respeito da localização do bem imóvel no Município de Itaquaquecetuba, sendo certo que, em atenção ao princípio da territorialidade, foi correta a desqualificação do título pelo Oficial de Santa Isabel, circunscrição que abrange o Município de Arujá.

Eventual discussão entre os Municípios de Itaquaquecetuba e Arujá a respeito do traçado do limite que os separa é, por ora, irrelevante. Qualquer alteração dependerá de provimento judicial em ação demarcatória, cujo ajuizamento, aliás, sequer foi demonstrado.

Por outro lado, considerando que o lote n.º 2 da quadra 45 do loteamento Arujazinho III situa-se no Município de Itaquaquecetuba, não havia razão para, após a regularização ocorrida em 2014, o descerramento de matrícula a ele relativa no Registro de Imóveis de Santa Isabel, como ocorreu (matrícula n.º 50.214 fls. 21).

E uma vez aberta a matrícula de modo equivocado, o registrador deveria informar o Juiz Corregedor Permanente que o imóvel não se insere no Município de Arujá, solicitando seu bloqueio (artigo 214, § 3º, da Lei n.º 6.015/73). Não poderia, como fez, bloquear por conta própria a matrícula (fls. 21).

De todo modo, como o imóvel efetivamente pertence a outra circunscrição imobiliária e a matrícula sequer deveria ter sido descerrada, conveniente não somente o seu bloqueio que tem caráter acautelatório **[1]** mas o seu cancelamento, cuja feição definitiva afasta qualquer chance de duplicidade de registros.

Com efeito, como já delineado nas apelações n.º 0004875-90.2015 e n.º 0004857-90.2015, que cuidaram de casos bastante similares a esse, é necessário o cancelamento da matrícula, para regularização da situação perante o Cartório de Registro de Imóveis de Itaquaquecetuba.

No presente caso, o imóvel se encontra sob titularidade de Sociedade Imobiliária Arujá Ltda., sendo certo que o bloqueio deve ser processado pela forma do art. 214, §§ 1º e 2º, da Lei de Registros Públicos, com a oitiva dos envolvidos.

Ante o exposto, nego provimento à apelação, com determinação para que o MM. Juiz Corregedor Permanente apure a razão da indevida abertura de matrícula e proceda conforme o art. 214, §§ 1º e 2º, da Lei de Registros Públicos, a fim de possibilitar o cancelamento da matrícula, viabilizando que o interessado abra matrícula perante o Cartório de Registro de Imóveis de Itaquaquecetuba e registre a Escritura Pública de Venda e Compra.

MANOEL DE QUEIROZ PEREIRA CALÇAS

Corregedor Geral da Justiça e Relator

Notas:

[1] Processo CG n.º 29.831/1999 (DJe de 19.02.2018 - SP)

PODER JUDICIÁRIO

TRIBUNAL DE JUSTIÇA DO ESTADO DE SÃO PAULO

CONSELHO SUPERIOR DA MAGISTRATURA

Apelação nº 0000348-54.2015.8.26.0111

Registro: 2017.0000792645

ACÓRDÃO

Vistos, relatados e discutidos estes autos da **Apelação nº 0000348-54.2015.8.26.0111**, da Comarca de **Cajuru**, em que é apelante **MAURO ASSIS GARCIA BUENO DA SILVA**, é apelado **OFICIAL DE REGISTRO DE IMÓVEIS E ANEXOS DA COMARCA DE CAJURU**.

ACORDAM, em Conselho Superior de Magistratura do Tribunal de Justiça de São Paulo, proferir a seguinte decisão: **"Negaram provimento ao recurso. V. U. Declarará voto convergente o Desembargador Ricardo Dip."**, de conformidade com o voto do Relator, que integra este Acórdão.

O julgamento teve a participação dos Exmos. Desembargadores **PAULO DIMAS MASCARETTI (Presidente), ADEMIR BENEDITO, XAVIER DE AQUINO, LUIZ ANTONIO DE GODOY, RICARDO DIP E SALLES ABREU.**

São Paulo, 9 de outubro de 2017.

MANOEL DE QUEIROZ PEREIRA CALÇAS

Corregedor Geral da Justiça e Relator

Apelação nº 0000348-54.2015.8.26.0111

Apelante: Mauro Assis Garcia Bueno da Silva

Apelado: Oficial de Registro de Imóveis e Anexos da Comarca de Cajuru

VOTO Nº 29.826.

Registro de Imóveis – Dúvida julgada procedente – Escritura Particular de Venda e Compra de Imóvel – Questionamento das diversas exigências formuladas pelo Registrador – Pertinência do óbice relativo à especialidade subjetiva e à apresentação de certidões reais – Exigência mantida – Recurso não provido.

Trata-se de recurso de apelação interposto por Mauro Assis Garcia Bueno da Silva contra a sentença de fls. 69/71, que julgou procedente a dúvida suscitada e manteve a recusa ao registro de escritura particular de compra e venda do imóvel matriculado sob o nº 12.194 no Registro de Imóveis e Anexos de Cajuru.

Sustentou o apelante, em resumo: que os requisitos de uma escritura pública e de um instrumento particular são distintos; que o título apresentado identifica claramente os contratantes e as testemunhas, inclusive o representante legal da vendedora; que a referência ao título de aquisição do imóvel pelo alienante é desnecessária; que a apresentação de certidões de propriedade e de ônus reais é dispensável; que a consulta à central de indisponibilidades deveria ter sido feita pelo registrador; e que formalidades em excesso dificultam a instrumentalização de compra e venda de imóveis por instrumento particular, o que é permitido pelo artigo 108 do CC. Pede, assim, a reforma da sentença de primeiro grau (fls. 68/85).

A Procuradoria Geral da Justiça opinou pelo não provimento do recurso (fls.101/103). É o relatório.

Verifica-se que a nota devolutiva decorrente do título apresentado para registro é datada de janeiro de 2015 (fls. 43).

De acordo com referida nota, o título denominado de "escritura particular de compra e venda" não comportaria registro pelos seguintes motivos: i) ausência de documentos da vendedora, pessoa jurídica, que permitam verificar a regularidade de sua representação; ii) ausência de suficiente qualificação das partes, consoante requisitos da Lei n. 6.015/73 e NSCGJ, inclusive em relação à união estável; iii) falta da descrição da forma e registro de aquisição do imóvel pela vendedora; iv) não apresentação da certidão negativa de débitos trabalhistas; v) ausência de certidões exigidas pela Lei 7.433/85; e, vi) falta do código HASH relativa à consulta sobre eventual indisponibilidade existente.

Três das exigências do registrador devem prevalecer, mantida a impossibilidade de ingresso do título no fólio real. Por sua vez, as demais exigências devem ser afastadas.

Item 1 (Documentos): No primeiro item da nota devolutiva de fls. 29, exige-se a apresentação dos documentos que comprovam a regularidade da representação da alienante "LOTEAMENTO CRUZEIRO EMPREENDIMENTO IMOBILIÁRIO SPE LTDA."

A regularidade da representação da pessoa jurídica está relacionada com o princípio da especialidade subjetiva e da segurança jurídica do próprio negócio e de seu consequente registro.

Sem a apresentação de certidão atualizada do registro da pessoa jurídica e da demonstração de que o representante indicado possui poderes para o ato, mostra-se inviável o ingresso do título, motivo pelo qual deve ser atendida a exigência do item "i" da nota devolutiva.

Não basta, portanto, que o instrumento particular se refira à representação da pessoa jurídica. Considerando que o negócio não passou pelo crivo de um tabelião, imprescindível que, na serventia imobiliária, os interessados comprovem que aquele que representa a pessoa jurídica alienante tenha efetivamente poderes para fazê-lo.

Item 2 (união estável): Cediço que a união estável é fato que gera importantes consequências jurídicas. Entretanto, para que figure da matrícula do imóvel, deverá ter sido declarada judicialmente, ou estabelecida por escritura pública registrada no Livro E do Registro Civil das Pessoas Naturais, consoante se depreende da leitura das Normas de Serviço da Corregedoria Geral da Justiça, em especial, item 11.b.5, do Capítulo XX, Tomo II.

Tal norma tem importante razão de ser: evita que figurem como conviventes pessoas casadas, o que poderia gerar problemas de natureza patrimonial, incompatíveis com a segurança jurídica exigida nos registros públicos.

Com efeito, o item 115, do Capítulo VII, das NSCGJ, obsta o registro de escrituras públicas de união estável no livro E do Registro Civil das Pessoas Naturais quando as partes forem *"casadas, ainda que separadas de fato, exceto se separadas judicialmente ou extrajudicialmente, ou se a declaração de união estável decorrer de sentença judicial transitada em julgado ..."*.

Portanto, em prol da segurança jurídica, para os fins de registro imobiliário, não basta mera declaração de união estável firmada pelos interessados.

Item 5 (Certidões em Geral): Neste item, o registrador tem parcial razão. Admitida a necessidade da apresentação da certidão de ações reais e pessoais reipersecutórias e de ônus reais, afasta-se a exigência relativa à certidão atualizada de matrícula do imóvel.

Tem razão o registrador ao exigir a apresentação de certidão de ações reais e pessoais reipersecutórias e de ônus reais (parte final da letra "c" do item 59 das NSCGJ). Ademais, a exigência encontra fundamento na Lei 7.433/1985.

Referida certidão não pode ser dispensada nem mesmo por ocasião da lavratura do ato notarial relativo a imóvel, pois tem como finalidade conferir segurança jurídica à transação imobiliária.

Se nem mesmo o tabelião, dotado de fé pública, pode dispensar a apresentação de certidão de ações reais e pessoais reipersecutórias e de ônus reais, com mais razão deve o registrador exigir a sua apresentação dos particulares. Já em relação à apresentação da certidão atualizada do Registro de Imóveis competente, a exigência não tem cabimento. Não se deve exigir do particular prova de fato de conhecimento do próprio registrador, já que o imóvel objeto do instrumento particular está matriculado naquele mesmo registro de imóveis.

Reconhecida a pertinência de três das exigências, as demais não devem subsistir.

Item 3 (Descrição do Imóvel): Ao contrário do que consta da nota devolutiva, o objeto do título está perfeitamente individuado, com precisa referência ao número de matrícula e respectivo Cartório, conforme preceituam os artigos 222 e 223 da Lei 6.015/73.

E a referência à forma de aquisição da propriedade pelo vendedor não constitui requisito do instrumento particular e a ausência dessa informação não pode servir de óbice ao registro.

Item 4 (CNDT Trabalhista): Tratando-se de registro de instrumento particular, exige-se somente prova do recolhimento do imposto de transmissão.

A certidão negativa de débitos trabalhistas (CNDT) não é exigida nem mesmo por ocasião da lavratura de escritura pública.

Nos termos do item 42 do Capítulo XIV das Normas de Serviço da Corregedoria Geral da Justiça o tabelião tem somente o dever de cientificar as partes envolvidas de que é possível obter a CNDT, instituída pela Lei 12.440/2011 que criou o artigo 642-A da CLT.

Como a apresentação da CNDT não é exigida na lavratura de uma escritura pública, com menos razão é possível impor tal formalidade ao registro de instrumento particular.

Item 6 (Indisponibilidade): A ausência do código HASH não constitui óbice ao registro, pois referida providência incumbe ao registrador. Cabe ao registrador, antes da prática de qualquer ato de alienação ou oneração, proceder à consulta à base de dados da Central de Indisponibilidade de Bens (item 404 do Capítulo XX da NSCGJ e artigo 14 do Provimento 39/2014 do CNJ).

Em suma, reconhecida a correção de três das exigências, deve ser mantida a sentença que julgou procedente a dúvida suscitada.

Ante o exposto, nego provimento ao recurso.

MANOEL DE QUEIROZ PEREIRA CALÇAS

Corregedor Geral da Justiça e Relator

TRIBUNAL DE JUSTIÇA DO ESTADO DE SÃO PAULO

Conselho Superior da Magistratura

Apelação Cível 0000348-54.2015.8.26.0111 SEMA

Dúvida de registro

VOTO 50.860 (com divergência):

1. Acompanho a **conclusão** do respeitável voto de Relatoria.

2. Peço reverente licença, entretanto, para lançar dois reparos.

3. *Ad primum,* observa-se que a Lei n. 6.015/1973 (de 31-12) prevê para a escrituração inaugural da matrícula e das inscrições subsequentes a observância da especialidade **subjetiva**, com indicação do estado civil das pessoas físicas que correspondam (proprietário, credor, adquirente, devedor, transmitente; *vide* § 1º do art. 176: alíneas *a* do n. 4 de seu inc. II e do n. 2 de seu inc. III).

Ora, fato ou, se se quiser, ato jurídico, a união estável **não altera** o estado civil dos conviventes, de tal sorte que não parece justificar-se inscreva-se sua existência factual no Livro n. 2 do Registro imobiliário.

A meu ver, com o devido respeito, o *locus* atrativo da inscrição de eventual contrato referente a união estável é o Registro de Títulos e Documentos, até porque o Livro E do Registro Civil das Pessoas Naturais está destinado a recolher atos "relativos ao estado civil" (p.ún. do art. 33 da Lei n. 6.015), e, como ficou dito, **a união estável não modifica o estado civil**.

4. *Ad secundum.*

Na nota devolutiva datada (*nota bene!*) de 14 de janeiro de 2015 (fls. 43) , o Ofício de registro de imóveis também pôs, por exigência ao deferimento do versado registro *stricto sensu,* a apresentação das **certidões de feitos ajuizados** (§ 2º do art. 1º da Lei n. 7.433, de 18-12-1985 Lei das Escrituras, *em sua redação original*), ou seja, a apresentação das **certidões de ações reais e pessoais reipersecutórias** (inc. IV e § 3º do art. 1º do Decreto n. 93.240, de 9-9-1986).

Na data da prenotação, essas certidões realmente não podiam ter sido dispensadas (cf. § 1º do art. 215 do Código Civil) salvo, decerto, no caso de conteúdo negativo, em que a praxe admitia que se lançasse na escritura pública a declaração de mera da inexistência de ações (§ 3º do art. 1º do Decreto n. 94.240/1986 e letra *e* do item 59 do cap. XIV do tomo II das Normas de Serviço da Corregedoria de São Paulo).

No curso do processo de registro, todavia, **o requisito legal de apresentação de certidões de feitos ajuizados foi revogado**, por força do art. 59 da Lei n. 13.0972015, de 19 de janeiro, que deu ao § 2º do art. 1º da Lei das Escrituras a seguinte redação:

"O Tabelião consignará no ato notarial a apresentação do documento comprobatório do pagamento do Imposto de Transmissão *inter vivos,* as certidões fiscais e as certidões de propriedade e de ônus reais, ficando dispensada sua transcrição."

Suprimiu-se, portanto, a referência às certidões de ações pessoais e reipersecutórias, do que se conclui, **no âmbito da legalidade estrita,** que perderam força normativa não só a primeira parte do inciso IV do art. 1º do Decreto n. 93.240/1986, como ainda as Normas de Serviço (letra *c* do item 59 do cap. XIV do tomo II; *verbis*: "bem como a de ações reais e pessoais reipersecutórias").

Neste sentido, a egrégia Corregedoria Geral da Justiça já publicou aviso (Diário da Justiça Eletrônico, São Paulo, 13-3-2015, caderno administrativo, p. 13-14) dando conta da *"dispensa da exigência de apresentação de certidões dos distribuidores judiciais para a lavratura de escrituras relativas à alienação ou oneração de bens imóveis"*.

Assim, considerando que a exigência de certidões de feitos ajuizados era meramente complementar (e não completiva) da causa jurídica da pretendida transmissão (podendo, pois, ser suprida depois da prenotação) e, mais, que hoje este requisito mais **não** se impõe, o registro *stricto sensu* não poderia indeferir-se por este versado motivo razão. A exigência, pois, ficaria afastada.

5. Averbo, por fim, que, com estas reverentes minhas divergências, a apelação não merecia provimento, assim bem o concluiu o voto de relação, porque os demais óbices em pauta (falta de prova da regularidade de representação e ausência de suficiente qualificação das partes) impediam efetivamente a inscrição, tal como foi ela rogada.

É, *da veniam*, **meu voto. Des. RICARDO DIP Presidente da Seção de Direito Público** (DJe de 22.02.2018 - SP)

PODER JUDICIÁRIO

TRIBUNAL DE JUSTIÇA DO ESTADO DE SÃO PAULO

CONSELHO SUPERIOR DA MAGISTRATURA

Apelação nº 1004286-05.2017.8.26.0100

Registro: 2018.0000187374

ACÓRDÃO

Vistos, relatados e discutidos estes autos do(a) **Apelação nº 1004286-05.2017.8.26.0100**, da Comarca de **São Paulo**, em que são partes são apelantes **OSVALDO DOS SANTOS CORDEIRO e MARIA SANTOS SOARES CORDEIRO**, é apelado **4º OFICIAL DE REGISTRO DE IMÓVEIS DA CAPITAL.**

ACORDAM, em Conselho Superior de Magistratura do Tribunal de Justiça de São Paulo, proferir a seguinte decisão: **"Deram provimento ao recurso, para julgar improcedente a dúvida suscitada, v.u."**, de conformidade com o voto do Relator, que integra este Acórdão.

O julgamento teve a participação dos Exmos. Desembargadores **PEREIRA CALÇAS (PRESIDENTE TRIBUNAL DE JUSTIÇA) (Presidente), ARTUR MARQUES (VICE PRESIDENTE), XAVIER DE AQUINO (DECANO), EVARISTO DOS SANTOS(PRES. DA SEÇÃO DE DIREITO PÚBLICO), CAMPOS MELLO (PRES. DA SEÇÃO DE DIREITO PRIVADO) E FERNANDO TORRES GARCIA(PRES. SEÇÃO DE DIREITO CRIMINAL).**

São Paulo, 16 de março de 2018.

PINHEIRO FRANCO

CORREGEDOR GERAL DA JUSTIÇA E RELATOR

Apelação nº 1004286-05.2017.8.26.0100

Apelantes: Osvaldo dos Santos Cordeiro e Maria Santos Soares Cordeiro

Apelado: 4º Oficial de Registro de Imóveis da Capital

VOTO Nº 37.316

Registro de imóveis – Escritura de Compra e Venda, em que a vendedora é representada por procuração – Outorgante falecida antes da lavratura – Prevalência, excepcionalmente, da validade do mandato, dadas as suas peculiaridades – Contrato acessório de compra e venda imobiliária, já quitado – Validade da escritura – Registro cabível – Recurso provido.

Cuida-se de recurso de apelação tirado de r. sentença do MM. Juiz Corregedor Permanente do 4º Oficial de Registro de Imóveis, que julgou procedente dúvida suscitada para o fim de manter a recusa a registro de escritura de compra e venda imobiliária, em que a vendedora, já falecida, é representada por procuração, tida por extinta com a morte.

Sustentam os apelantes que a peculiaridade da situação, em que o mandato é contrato acessório de compromisso de compra e venda já quitado, faz com que a morte da outorgante não o extinga. Defenderam a validade da procuração e da escritura pública, que comportaria registro.

A Procuradoria Geral de Justiça opinou pelo desprovimento do recurso. É o relatório.

Consoante dispõe o art. 682, inciso II, do Código Civil, a morte do mandante faz cessar o mandato. Esta a norma em que se funda o Oficial para obstar o registro da escritura de compra e venda versada nos autos, dando por revogado o mandato outorgado ao interessado em virtude da morte da outorgante.

Não obstante, na hipótese vertente, o mandato se reveste de características peculiares. Trata-se, em verdade, de contrato acessório de compra e venda imobiliária já quitada, com a específica finalidade de viabilizar o registro da transferência do bem. Ou, na dicção do art. 686, parágrafo único, do Código Civil, de mandato com poderes de cumprimento ou confirmação de negócio anteriormente entabulado ao qual está vinculado, de tal sorte que irrevogável, por explícita disposição da norma em voga.

Assim é que a morte do mandante, ainda que conhecida pelo mandatário, não faz cessar o mandato em questão, não se aplicando o disposto no art. 682, inciso II, do Código Civil. É o quanto esclarece o Ilustre Desembargador Cláudio Luiz Bueno de Godoy:

> *"De modo excepcional, não se extinguirá pela morte do mandante o mandato em causa própria (art. 685) e aquele estabelecido no interesse comum, portanto também do mandatário.* ***Outra hipótese é a de o mandante já ter quitado o mandatário de todas as suas obrigações antes do falecimento****."* ("Código Civil Comentado", SP: Manole, 2016, 10ª ed., p. 681; sem grifos no original).

Irrelevante, neste passo, que o texto do art. 686, parágrafo único, do Código Civil mencione "revogação" e não, "extinção" do mandato. A intelecção da norma é obstar o fim do mandato, impedindo a concretização do contrato do qual é acessório, mormente se já quitado.

Mais uma vez, pertinentes os ensinamentos do Eminente Desembargador Claudio Luiz Bueno de Godoy, ao discorrer sobre a irrevogabilidade do mandato, na hipótese do parágrafo único do art. 686 referido:

> *"É, por exemplo, o mandato conferido para pagamento de débitos, enfim para a execução de contratos, inclusive preliminares. São, no dizer de Caio Mário, mandatos acessórios de outro contrato, ou mesmo cláusula dele constante (Instituições de Direito Civil, 10ª ed., Rio de Janeiro, Forense, 1999, vol. III, p. 265)"* ("Código Civil Comentado", SP: Manole, 2016, 10ª ed., p. 686).

Sobre o tema, a lição de Maria Helena Diniz:

> *"Prevalecerão, apesar do óbito do mandante, a procuração em causa própria (RT 502:66; CC art. 685, 2ª parte) e o mandato outorgado para dar escritura de venda de imóvel cujo preço já tenha sido recebido (AJ 100:149, 96:59, 97:71; RF 134:442).* ("Curso de Direito Civil Brasileiro", 28ª ed., vol. III, Saraiva, 2012, p. 424).

Nesse sentido, entendendo vigente o mandato e viável o registro, mesmo com a morte do mandante, a sedimentada orientação deste E. CSM:

> *"REGISTRO DE IMÓVEIS DÚVIDA - ESCRITURA DE COMPRA E VENDA ALIENANTES REPRESENTADOS POR MANDATÁRIO - FALECIMENTO DE DOIS DOS VENDEDORES MANDANTES MANDATO NÃO EXTINTO - APLICAÇÃO DO ART. 686 DO CÓDIGO CIVIL - POSSIBILIDADE DE REGISTRO - RECURSO PROVIDO."* (Apelação Cível nº 3000355-45.2013.8.26.0408, Rel. Des. Elliot Akel, DJ 30/4/15).

> *"REGISTRO DE IMÓVEIS DÚVIDA JULGADA PROCEDENTE - RECUSA DE INGRESSO DE ESCRITURA DE VENDA E COMPRA COM CESSÃO DE DIREITOS - VENDEDORES, REPRESENTADOS POR PROCURADOR, FALECIDOS NA ÉPOCA DA LAVRATURA DO ATO - AFIRMAÇÃO DE INVALIDADE DO ATO PELA CESSAÇÃO DOS PODERES OUTORGADOS - EXAME QUE EXTRAPOLA OS LIMITES DA QUALIFICAÇÃO DO TÍTULO, RESTRITA AOS ASPECTOS FORMAIS - RECURSO PROVIDO."* (Apelação Cível n.º 3000311-26.2013.8.26.0408, Rel. Des. Elliot Akel, 30/4/15).

> *"REGISTRO DE IMÓVEIS - Escritura de Compra e Venda - Provável falecimento de outorgante vendedora representada por procurador e conseqüente extinção do mandato, que não autoriza a recusa do título - Qualificação registrária limitada ao juízo cognitivo formal - Recurso provido."* (Apelação Cível 562-6/6, Rel. Des. Gilberto Passos, j. 30/11/06).

Diante do exposto, dou provimento ao recurso, para julgar improcedente a dúvida suscitada.

PINHEIRO FRANCO

Corregedor Geral da Justiça e Relator (DJe de 02.05.2018 - SP)

PODER JUDICIÁRIO

TRIBUNAL DE JUSTIÇA DO ESTADO DE SÃO PAULO

CONSELHO SUPERIOR DA MAGISTRATURA

Apelação nº 1056522-31.2017.8.26.0100

Registro: 2018.0000296533

ACÓRDÃO

Vistos, relatados e discutidos estes autos do(a) **Apelação nº 1056522-31.2017.8.26.0100**, da Comarca de **São Paulo**, em que são partes é apelante **MARIA HELENA BETTECHER SILVA PINTO**, é apelado **18º OFICIAL DE REGISTRO DE IMÓVEIS DA CAPITAL**.

ACORDAM, em Conselho Superior de Magistratura do Tribunal de Justiça de São Paulo, proferir a seguinte decisão: **"Negaram provimento ao recurso, com determinação, v.u."**, de conformidade com o voto do Relator, que integra este Acórdão.

O julgamento teve a participação dos Exmos. Desembargadores **PEREIRA CALÇAS (PRESIDENTE TRIBUNAL DE JUSTIÇA) (Presidente),**

ARTUR MARQUES (VICE PRESIDENTE), XAVIER DE AQUINO (DECANO), EVARISTO DOS SANTOS(PRES. DA SEÇÃO DE DIREITO PÚBLICO), CAMPOS MELLO (PRES. DA SEÇÃO DE DIREITO PRIVADO) E FERNANDO TORRES GARCIA(PRES. SEÇÃO DE DIREITO CRIMINAL).

São Paulo, 23 de abril de 2018.

GERALDO FRANCISCO PINHEIRO FRANCO
Corregedor Geral da Justiça e Relator

Apelação nº 1056522-31.2017.8.26.0100
Apelante: Maria Helena Bettecher Silva Pinto
Apelado: 18º Oficial de Registro de Imóveis da Capital

VOTO Nº 37.334

Escritura de compra e venda de imóvel – Desqualificação – Imóvel que foi objeto de anterior escritura de compra e venda, já registrada – Alienante que não consta mais no fólio registral como titular de domínio – Ausência de erro no registro, visto que realizado conforme documentos apresentados à época da abertura da matrícula – Eventual ocupação errônea que somente pode ser solucionada mediante lavratura de escritura de permuta – Ata retificatória que não basta para superação do óbice – Dúvida julgada procedente – Recurso não provido, com determinação.

Inconformada com a r. sentença que confirmou o juízo negativo de qualificação registral **[1]**, *MARIA HELENA BETTECHER SILVA PINTO* interpôs apelação **[2]** objetivando o registro da escritura pública de compra e venda lavrada em 06.05.2016, em que figura como outorgada compradora juntamente com seu marido, MANOEL JOSÉ PINTO, como outorgante vendedora a COMPANHIA METROPOLITANA DE HABITAÇÃO DE SÃO PAULO COHAB, como anuente a CAIXA ECONÔMICA FEDERAL e como intervenientes APARECIDO DONIZETI BARAM e MARIA JANDIRA BARAM,

tendo por objeto o *"apartamento nº 22-A, localizado no 2º pavimento do Bloco A, do Condomínio Multipredial Ilha Baleares, situado na Avenida Heitor Antonio Eiras Garcia, 6.705, CEP: 05564-200, 13º Subdistrito Butantã (...)"*. Aduz, em síntese, que seria desnecessária a lavratura de escritura de permuta, como exigido pelo Oficial, bastando a lavratura de ata retificativa. Isso porque, entende que o erro foi do registrador, que permitiu a abertura de matrícula de imóvel, qual seja, a matrícula nº 176.142 do 18º Oficial de Registro de Imóveis da Capital, em desconformidade com sua real caracterização e descrição imobiliária, pautada no memorial descritivo, plantas e especificação do empreendimento. Acrescenta que não se trata de alteração do objeto da matrícula, mas de descrevê-lo de forma correta e adequada à realidade. Por fim, sustenta que o erro está na matrícula aberta erroneamente e não, na escritura cujo registro foi negado.

A Procuradoria Geral da Justiça, em seu parecer, opinou pelo não provimento da apelação **[3]**.

É o relatório.

A interessada, não se conformando com as exigências formuladas pelo registrador, suscitou *dúvida inversa* **[4]**, criação pretoriana historicamente admitida por este C. Conselho Superior da Magistratura **[5]** e regrada pelas NSCGJ **[6]**. Ou seja, ao invés de requerer a suscitação de dúvida ao Oficial de Registro, dirigiu seu inconformismo diretamente à MM.ª Juíza Corregedora Permanente do 18º Oficial de Registro de Imóveis da Capital.

A *dúvida inversa* foi julgada procedente, ficando mantida a negativa de registro da escritura de compra e venda lavrada em 06.05.2016 **[7]**.

No caso concreto, o Oficial apresentou nota devolutiva **[8]** fazendo referência às exigências formuladas em relação ao título protocolado sob nº 12.515. Por sua vez, na nota devolutiva **[9]** elaborada por ocasião da apresentação da Ata Retificativa lavrada em 25.04.2016, ficou constando que: *"(...) para possibilitar o registro da Escritura objeto do L.R.T. Nº 12.514, os interessados deverão promover a Escritura de PERMUTA entre a atual titular do domínio do aptº 22- A, localizado no 2º pavimento do Bloco B, do referido Condomínio, COMPANHIA METROPOLITANA DE HABITAÇÃO DE SÃO PAULO COHAB/SP, e os titulares dos direitos expectativos de aquisição decorrentes do contrato de alienação fiduciária (R.16/176.142), do aptº 22-A, localizado no 2º pavimento do Bloco A, PAULO CARDOSO DA SILVA e sua mulher, MARIA SONIA DE JESUS DA SILVA. Deverá também, comparecer na Escritura de Permuta, a credora fiduciária CAIXA ECONÔMICA FEDERAL (Segue cópia do Proc. 0039019-24.2011.8.26.0100, da 1ª Vara de Registros Públicos desta Capital).*

Da análise da Matrícula nº 176.142 do 18º Oficial de Registro de Imóveis da Capital, é possível constatar que, em 01 de fevereiro de 2005, foi registrada a escritura de compra e venda por intermédio da qual a proprietária, Companhia Metropolitana de Habitação de São Paulo COHAB/SP, transmitiu o Apartamento nº 22-A do Bloco A para SALVADOR GARCIA, casado com NEUZA CONCEIÇÃO GARCIA. Consta, ainda, que a venda foi feita em cumprimento ao compromisso de venda e compra datado de 30 de junho de 1989, não registrado (R.1). Seguiram-se sucessivas alienações, sendo que, atualmente, o imóvel é objeto de contrato de alienação fiduciária, em que figuram como fiduciantes Paulo Cardoso da Silva e sua mulher e como fiduciária, a Caixa Econômica Federal (R. 15 e R. 16) **[10]**.

Ocorre que, na escritura lavrada em 06.05.2016, cujo registro foi indeferido pelo 18º Oficial de Registro de Imóveis da Capital, o imóvel descrito é o mesmo daquele objeto da Matrícula nº 176.142, qual seja, o apartamento nº 22- A do Bloco A. Sendo assim, não assiste razão à apelante ao afirmar que a ata retificativa elaborada seria suficiente para efetivação do registro.

Como é sabido, escritura pública é ato notarial que reflete a vontade das partes na realização de negócio jurídico, observados os parâmetros fixados pela Lei e pelas Normas de Serviço da Corregedoria Geral de Justiça, reproduzindo, portanto, exatamente aquilo que outorgantes e outorgados declararam ao Escrivão ou ao Escrevente. Bem por isso, há entendimento sedimentado desta Corregedoria Geral no sentido de que não pode o juiz substituir o notário ou uma das partes, retificando escrituras que encerram tudo quanto se passou e declarou perante aquele oficial **[11]**.

Na hipótese em tela, a escritura foi lavrada em conformidade com os documentos apresentados. É sabido que as escrituras públicas, em regra, não comportam retificação e devem ser corrigidas por meio de lavratura de nova escritura pública e não, por determinação judicial. Não cabe ao juiz retificar escrituras que encerram tudo que se passou e foi declarado perante o Oficial, tanto que os livros de notas sequer apresentam colunas de averbações destinadas a tal fim, justamente por inexistir previsão legal a respeito. Sobre o tema, ensina Narciso Orlandi Netoque:

> *"Não há possibilidade de retificação de escritura sem que dela participem as mesmas pessoas que estiveram presentes no ato da celebração do negócio instrumentalizado. É que a escritura nada mais é que o documento, o instrumento escrito de um negócio jurídico; prova preconstituída da manifestação de vontade de pessoas, explicitada de acordo com a lei. Não se retifica manifestação de vontade alheia. Em outras palavras, uma escritura só pode ser retificada por outra escritura, com o comparecimento da mesmas parles que. nu primeira, manifestaram sua vontade e participaram do negócio jurídico instrumentalizado"* **[12]**.

E arremata com a lição de Pontes de Miranda:

> *"(...) falta qualquer competência aos Juizes para decretar sanções e, até, para retificar erros das escrituras públicas: escritura pública somente se retifica por outra escritura pública, e não por mandamento judicial"* **[13]**.

A despeito disso, nos casos em que a retificação decorre de mero erro material, perceptível pela simples confrontação de documentos ou outras provas com o erro alegado, excepcionalmente se admite a retificação. Não é o que ocorre, porém, no caso concreto.

Com efeito, em que pese a alegação dos recorrentes no sentido de que o apartamento vendido a SALVADOR GARCIA e sua esposa era outro, qual seja, o apartamento nº 22-A do Bloco B e que, portanto, a Matrícula nº 176.142 do 18º CRI foi aberta equivocadamente, o fato é que o apartamento nela descrito corresponde a uma unidade do Bloco A (área total de 48,18m^2 **[14]**), de forma que não há como se afirmar que se trata de mero erro material. A matrícula foi aberta, houve registro da escritura de compra e venda então apresentada ao 18º Oficial de Registro de Imóveis da Capital, seguindo-se sucessivas alienações. Inexiste o alegado erro de registro, na medida em que a matrícula reflete o teor do título que lhe deu origem.

Nesse cenário, é possível concluir que as duas escrituras lavradas, a primeira em favor de SALVADOR GARCIA, devidamente registrada **[15]**, e aquela versada nos autos referem-se ao mesmo imóvel. Por conseguinte, não estando mais o imóvel registrado em nome da alienante, não há como deferir o ingresso do título agora apresentado pela apelante no fólio real, sendo de rigor a manutenção do óbice imposto pelo Oficial.

Anote-se que, se houve ocupação errônea – na medida em que, ao que consta, PAULO CARDOSO DA SILVA e S/M, titulares de domínio do imóvel objeto da Matrícula nº 176.142 do 18º CRI, cedido em alienação fiduciária à Caixa Econômica Federal, estão na posse no apartamento nº 22-A do Bloco B **[16]** – somente uma escritura de permuta poderá, de fato, resolver o impasse.

Por fim, conveniente a extração de cópias das principais peças dos autos para remessa à MM.ª Juíza Corregedora Permanente a fim de que seja apurada a atuação do 8º Tabelião de Notas da Capital em razão da retificação de escritura pública de compra e venda de imóvel mediante lavratura de ata notarial, em que alterada a identificação do imóvel vendido e consequente modificação do objeto do contrato, sem notícia de participação, neste último ato, das partes envolvidas no negócio jurídico.

Diante do exposto, pelo meu voto, **nego provimento** ao recurso, com determinação.

GERALDO FRANCISCO PINHEIRO FRANCO
Corregedor Geral da Justiça e Relator

Notas:

[1] Fls. 199/203.

[2] Fls. 223/233.

[3] Fls. 246/249.

[4] Fls. 01/11.

[5] Apelação Cível n.º 23.623-0/1, Rel. Des. Antônio Carlos Alves Braga, j. 20.2.1995; Apelação Cível n.º 76.030-0/8, rel. Des. Luís de Macedo, j. 8.3.2001; e Apelação Cível n.º 990.10.261.081-0, rel. Des. Munhoz Soares, j. 14.9.2010.

[6] Item 41.1. do Cap. XX.

[7] Fls. 14/19.

[8] Fls. 20.

[9] Fls. 21/23.

[10] Fls. 92/107.

[11] Nesse sentido: *"TABELIÃO DE NOTAS - Retificação de escritura pública de compra e venda - Impossibilidade - Inexistência de erro - Ato lavrado corretamente, em consonância com os documentos apresentados - Recurso não provido"*. (CGJ - Processo nº 2014/155532 Parecer: ANA LUIZA VILLA NOVA Corregedor Geral da Justiça: HAMILTON ELLIOT AKEL j. Em 18.12.2014); *RECURSO ADMINISTRATIVO - Pedido de Providências Registro de escritura pública de venda e compra - Alegação de interpretação, pelo registrador, que não teria correspondido à real intenção das partes contratantes Redação em que se menciona a alienação de 1/3 do usufruto e de 2/3 da nua propriedade Registros que correspondem à manifestação de vontade contida no título Atos praticados no ano de 1984, sem qualquer questionamento pelas partes do negócio jurídico, uma delas já falecida - Pedido de providências rejeitado – Recurso desprovido.* Parecer: TATIANA MAGOSSO Corregedor Geral da Justiça: PEREIRA CALÇAS j. Em 18.12.2014).

[12] "Retificação do Registro de Imóveis". Juarez de Oliveira, p. 90.

[13] Cf. R.R. 182/754 - "Tratado de Direito Privado". Parte Geral. Tomo III. 3ª ed. 1970. Borsoi. § 338. p. 361.

[14] Fls. 29, 90 e 131.

[15] Fls. 92/107.

[16] Fls. 122. (DJe de 18.05.2018 - SP)

PODER JUDICIÁRIO

TRIBUNAL DE JUSTIÇA DO ESTADO DE SÃO PAULO

CONSELHO SUPERIOR DA MAGISTRATURA

Apelação nº 1074979-14.2017.8.26.0100

Registro: 2018.0000378246

ACÓRDÃO

Vistos, relatados e discutidos estes autos do(a) **Apelação nº 1074979-14.2017.8.26.0100**, da Comarca de **São Paulo**, em que são partes é apelante **H. R. P. (REPRESENTADO(A) POR SEUS PAIS)**, é apelado **8º OFICIAL DE REGISTRO DE IMÓVEIS DA CAPITAL.**

ACORDAM, em Conselho Superior de Magistratura do Tribunal de Justiça de São Paulo, proferir a seguinte decisão: **"Negaram provimento ao recurso e mantiveram a recusa do registro do título, v.u."**, de conformidade com o voto do Relator, que integra este Acórdão.

O julgamento teve a participação dos Exmos. Desembargadores **PEREIRA CALÇAS (PRESIDENTE TRIBUNAL DE JUSTIÇA) (Presidente), ARTUR MARQUES (VICE PRESIDENTE), XAVIER DE AQUINO (DECANO), EVARISTO DOS SANTOS(PRES. DA SEÇÃO DE DIREITO PÚBLICO), CAMPOS MELLO (PRES. DA SEÇÃO DE DIREITO PRIVADO) E FERNANDO TORRES GARCIA(PRES. SEÇÃO DE DIREITO CRIMINAL).**

São Paulo, 15 de maio de 2018.

GERALDO FRANCISCO PINHEIRO FRANCO

Corregedor Geral da Justiça e Relator

Apelação nº 1074979-14.2017.8.26.0100

Apelante: H. R. P.

Apelado: 8º Oficial de Registro de Imóveis da Capital

VOTO Nº 37.352

Registro de imóveis – Dúvida julgada procedente – Contrato particular de compromisso de compra e venda de fração ideal vinculada a futura unidade autônoma a ser construída em imóvel sujeito ao regime de incorporação imobiliária – Adquirente menor impúbere, representada por seus genitores – Declaração, pelos genitores, também em escrito particular, de pagamento integral do preço do imóvel com uso de dinheiro que pouparam em favor de sua filha – Doação caracterizada – Hipoteca constituída pela incorporadora sobre todo o imóvel incorporado, para obtenção de

recursos para a construção do edifício, que não configura encargo na doação realizada, o que dispensa alvará judicial para aquisição do imóvel pela donatária – Necessidade, porém, de comprovação da declaração e do recolhimento do ITCMD diante de declaração, que passou a integrar os documentos que instruem o título apresentado para registro, de que houve doação de numerário para a aquisição do imóvel – Recurso não provido.

Trata-se de apelação interposta contra r. sentença que julgou procedente dúvida suscitada pelo Sr. 8º Oficial de Registro de Imóveis da Comarca de São Paulo e manteve a negativa de registro, na matrícula nº 180.035, de contrato particular de compromisso de compra e venda de fração ideal de imóvel a que vinculada a futura unidade autônoma nº 604 do 6º andar do Edifício Cannes, a ser construído na Avenida José de Brito de Freitas, 295, Subdistrito da Casa Verde, São Paulo, Capital, em que a figura como adquirente menor impúbere que foi representada por seus genitores.

A apelante alegou, em suma, que foi representada no compromisso de compra e venda por seus dois genitores que exercem, em conjunto, o poder de administração de seus bens. Esclareceu que o preço do imóvel foi pago com recursos mantidos em poupança e em aplicações que os genitores fizeram em seu favor, visando a formação de patrimônio que possa utilizar no futuro. Assim, o preço do imóvel foi pago com recursos de seus genitores que, por sua vez, foram utilizados de forma a não ultrapassar o limite da simples administração de bens. Asseverou que seu patrimônio não será prejudicado e que eventual incidência e pagamento de ITCMD não impede o registro. Requereu a reforma da r. sentença (fls. 193/197).

A douta Procuradoria Geral de Justiça opinou pelo não provimento do recurso (fls. 218/219). É o relatório.

O documento de fls. 77/138 demonstra que por meio de contrato particular celebrado em 14 de março de 2017 a apelante, nascida em 11 de junho de 2014 (fls. 147), compromissou comprar fração ideal do imóvel objeto da matrícula nº 180.035 a que vinculada a futura unidade autônoma nº 604 do 6º andar do Edifício Cannes, a ser construído, sob regime da incorporação imobiliária (fls. 43 e seguintes), na Avenida José de Brito de Freitas, 295, Subdistrito da Casa Verde, São Paulo, Capital.

Por ser absolutamente incapaz para os atos da vida civil (art. 3º do Código Civil) a apelante foi representada por seus genitores no compromisso de compra e venda que não indica, contudo, a origem dos recursos utilizados para pagamento do preço da aquisição.

Apesar disso, na solicitação de suscitação da dúvida (fls. 63) e em suas demais manifestações no processo (fls. 180 e 196/197) a apelante afirmou, de maneira clara, que o preço do compromisso de compra e venda, integralmente quitado, foi pago com recursos de seus genitores que fizeram poupança e aplicações financeiras em seu favor, constando às fls. 197:

"**Portanto, os genitores da adquirente, declaram que se tratam de recursos próprios adquiridos para o futuro e bem-estar da menor, visando constituir e gerar novo patrimônio para um futuro melhor**".

Sendo o contrato de compromisso de compra e venda celebrado por instrumento particular, não há que se exigir escritura pública para essa declaração que passou a complementar o título apresentado para registro.

E o Código Civil, em seu art. 538, dispõe que: "**Considera-se doação o contrato em que uma pessoa, por liberalidade, transfere do seu patrimônio bens ou vantagens para o de outra**".

Essa é a hipótese do presente processo em que os genitores transferiram recursos próprios para a formação de poupança e para a realização de aplicações financeiras em favor de sua filha, utilizando-os, após, para a compra de imóvel também em favor dessa filha que é incapaz porque menor de dezesseis anos de idade.

Por seu lado, para a caracterização da doação não é necessário comprovar a conta ou a aplicação em que se encontrava o dinheiro utilizado para o pagamento do preço do compromisso de compra e venda, pois é de se presumir que os genitores da compromissária compradora dele tinham total disponibilidade uma vez que o entregaram ao promitente vendedor.

Desse modo, a anterior manutenção dos recursos em conta bancária ou aplicação financeira não descaracteriza a doação porque se tratava de recursos de propriedade dos genitores da compromissária compradora que o transferiram para sua filha.

Além disso, cuidou-se de doação pura porque realizada sem encargos, o que dispensa a manifestação de anuência pela donatária conforme disposto no art. 543 do Código Civil:

"**Se o donatário for absolutamente incapaz, dispensa-se a aceitação, desde que se trate de doação pura**".

Esse fato não se altera pela existência de hipoteca sobre o imóvel porque o preço do compromisso de compra e venda foi integralmente quitado conforme declaração contida no item "IV DA FORMA DE PAGAMENTO", alínea "a", do contrato celebrado (fls. 79).

A hipoteca, neste caso concreto, incide sobre todo o imóvel incorporado porque foi contratada pela incorporadora para obtenção de recursos visando a construção do edifício (fls. 52, "R8", e 139) e não constitui, portanto, encargo na doação realizada em favor da apelante.

Cabe lembrar, ademais, que por ser o imóvel sujeito ao regime da incorporação imobiliária não se afasta a aplicação da Súmula 308 do Eg. Superior Tribunal de Justiça que consolidou a orientação no sentido de que:

"A hipoteca firmada entre a construtora e o agente financeiro, anterior ou posterior à celebração da promessa de compra e venda, não tem eficácia perante os adquirentes do imóvel" (Súmula 308, SEGUNDA SEÇÃO, julgado em 30/03/2005, DJ 25/04/2005, p. 384).

Contudo, declarada pela apelante a existência de doação como fundamento para a dispensa de alvará judicial, passando essa declaração a integrar os documentos que acompanham o título apresentado para registro, deve ser comprovada a declaração e recolhimento do ITCMD que na forma da Lei Estadual nº 10.705/00 incide em razão da doação do numerário que foi utilizado para o pagamento do preço do imóvel:

"Artigo 2º - O imposto incide sobre a transmissão de qualquer bem ou direito havido: I - por sucessão legítima ou testamentária, inclusive a sucessão provisória;

II - por doação. (...)

Artigo 3º - Também sujeita-se ao imposto a transmissão de:

(...)

II - dinheiro, haver monetário em moeda nacional ou estrangeira e título que o represente, depósito bancário e crédito em conta corrente, depósito em caderneta de poupança e a prazo fixo, quota ou participação em fundo mútuo de ações, de renda fixa, de curto prazo, e qualquer outra aplicação financeira e de risco, seja qual for o prazo e a forma de garantia;

III - bem incorpóreo em geral, inclusive título e crédito que o represente, qualquer direito ou ação que tenha de ser exercido e direitos autorais.

§ 1º - A transmissão de propriedade ou domínio útil de bem imóvel e de direito a ele relativo, situado no Estado, sujeita-se ao imposto, ainda que o respectivo inventário ou arrolamento seja processado em outro Estado, no Distrito Federal ou no exterior; e, no caso de doação, ainda que doador, donatário ou ambos não tenham domicílio ou residência neste Estado.

§ 2º - O bem móvel, o título e o direito em geral, inclusive os que se encontrem em outro Estado ou no Distrito Federal, também ficam sujeitos ao imposto de que trata esta lei, no caso de o inventário ou arrolamento processar-se neste Estado ou nele tiver domicílio o doador".

Configurada a hipótese de incidência do ITCMD em razão do contrato particular, cabe ao Oficial de Registro de Imóveis exigir a comprovação da declaração do imposto e apresentação da guia de recolhimento, na forma do art. 18, § 5º, da citada Lei:

"Artigo 18 - Na doação, o imposto será recolhido antes da celebração do ato ou contrato correspondente.

(...)

§ 2º - Os tabeliães e serventuários, responsáveis pela lavratura de atos que importem em doação de bens, ficam obrigados a exigir dos contratantes a apresentação da respectiva guia de recolhimento do imposto, cujos dados devem constar do instrumento de transmissão.

§ 3º - No contrato de doação por instrumento particular, os contratantes também ficam obrigados a efetuar o recolhimento antes da celebração e mencionar, em seu contexto, a data, valor e demais dados da guia respectiva.

§ 4º - À doação ajustada verbalmente, aplicam-se, no que couber, as disposições deste artigo, devendo os contratantes, na forma estabelecida em regulamento, fazer constar da guia de recolhimento dados suficientes para identificar o ato jurídico efetivado.

§ 5º - Todo aquele que praticar, registrar ou intervier em ato ou contrato, relativo à doação de bem, está obrigado a exigir dos contratantes a apresentação da respectiva guia de recolhimento do imposto".

O dever de fiscalização da declaração e do recolhimento do imposto, que não se confunde com fiscalização da correção do valor declarado e recolhido, também decorre do art. 289 da Lei nº 6.015/73 que deve ser observado no registro do título:

"**No exercício de suas funções, cumpre aos oficiais de registro fazer rigorosa fiscalização do pagamento dos impostos devidos por força dos atos que lhes forem apresentados em razão do ofício**".

A exigência da apresentação da declaração e do recolhimento do ITCMD, havendo doação de dinheiro para a aquisição de imóvel, também se verifica em precedente deste Col. Conselho Superior da Magistratura:

"**REGISTRO DE IMÓVEIS – Dúvida procedente – Escritura pública de venda e compra acoplada á doação modal – Falta de prova do pagamento do ITCMD, devido pela doação do numerário, que obsta o registro predial – Recurso não provido**" (CSM, Apelação nº 000.577.6/4-00 da Comarca de Mirandópolis, Rel. Desembargador Gilberto Passos de Freitas).

Ante o exposto, por fundamento distinto do adotado na r. sentença, nego provimento ao recurso e mantenho a recusa do registro do título.

GERALDO FRANCISCO PINHEIRO FRANCO
Corregedor Geral da Justiça e Relator (DJe de 18.06.2018 - SP)

PODER JUDICIÁRIO

TRIBUNAL DE JUSTIÇA DO ESTADO DE SÃO PAULO

CONSELHO SUPERIOR DA MAGISTRATURA

Apelação nº 1020262-78.2015.8.26.0114

Registro: 2018.0000429220

ACÓRDÃO

Vistos, relatados e discutidos estes autos do(a) **Apelação nº 1020262-78.2015.8.26.0114**, da Comarca de **Campinas**, em que são partes é apelante **SOLANGE DE CASSIA GIMENE CARNEIRO**, é apelado **3º OFICIAL DE REGISTRO DE IMÓVEIS DA COMARCA DE CAMPINAS**.

ACORDAM, em Conselho Superior de Magistratura do Tribunal de Justiça de São Paulo, proferir a seguinte decisão: **"Deram provimento ao recurso, para julgar improcedente a dúvida, v.u."**, de conformidade com o voto do Relator, que integra este Acórdão.

O julgamento teve a participação dos Exmos. Desembargadores **PEREIRA CALÇAS (PRESIDENTE TRIBUNAL DE JUSTIÇA) (Presidente), ARTUR MARQUES (VICE PRESIDENTE), XAVIER DE AQUINO (DECANO), EVARISTO DOS SANTOS(PRES. DA SEÇÃO DE DIREITO PÚBLICO), CAMPOS MELLO (PRES. DA SEÇÃO DE DIREITO PRIVADO) E FERNANDO TORRES GARCIA(PRES. SEÇÃO DE DIREITO CRIMINAL).**

São Paulo, 24 de maio de 2018.

GERALDO FRANCISCO PINHEIRO FRANCO

Corregedor Geral da Justiça e Relator

Apelação nº 1020262-78.2015.8.26.0114

Apelante: Solange de Cassia Gimene Carneiro

Apelado: 3º Oficial de Registro de Imóveis da Comarca de Campinas

VOTO Nº 37.454

Registro de Imóveis – Compromisso de compra e venda registrado com sucessivas cessões – Negativa de ingresso de escritura de venda e compra de imóvel – Desnecessidade da anuência dos cedentes – Inexistência de afronta ao Princípio da Continuidade – Recurso provido.

Trata-se de recurso de apelação interposto por SOLANGE DE CASSIA GIMENE CARNEIRO, contra r. sentença que julgou procedente dúvida suscitada pelo 3º OFICIAL DE REGISTRO DE IMÓVEIS DA COMARCA DE CAMPINAS, mantendo os óbices levantados para ingresso do título de compra e venda na serventia imobiliária.

A recorrente sustenta que não existe qualquer irregularidade na escritura de compra e venda, mesmo sem a anuência por parte da compromissária compradora e cessionária, face à longevidade das inscrições, todas superadas pela outorga de compra e venda que se busca registrar, nos termos do art. 198 da Lei nº 6.015/73.

Afirma ainda a impossibilidade de satisfação da exigência, além da ausência de prejuízo a terceiros, negando-se o direito de propriedade em nome de títulos superados com a outorga de escrituras públicas sucessivas.

A Procuradoria Geral de Justiça opinou pelo desprovimento do recurso. É o relatório.

Presentes pressupostos legais e administrativos, conheço do recurso. No mérito, o recurso deve ser provido.

O título consiste em escritura de compra e venda, na qual figura como outorgante a *Companhia de Melhoramentos de Campinas*, e como outorgado *Udeval Marcelino Carneiro* e *Solange de Cassia*

Gimene Carneiro, mediante anuência de *Wilson Roberto Horacio Alves* e sua esposa *Brandina Galvão Horácio Alves* (fl. 12/13).

O objeto do negócio é o lote nº 2-A, da Quadra 116, Loteamento Jardim Novo Campos Elísios, matrícula nº 221.400 daquela serventia.

A titularidade dominial é da *Companhia de Melhoramentos de Campinas*, com transporte dos direitos de compromisso de compra e venda da *Companhia Nacional de Melhoramentos S/A* (Av. 01, conforme inscrição 13.356, de 04/03/1975), em que ela prometeu ceder e transferir seus respectivos direitos para a *Imóveis Icaraí Ltda.* (Av. 01/13.356), conforme fl. 1.

Sucede que a *Imóveis Icaraí Ltda* (R.02/13.356) cedeu e transferiu seus direitos decorrentes do compromisso a *Wilson Roberto Horácio Alves* e sua esposa *Brandina Galvão Horácio* Alves, únicas partes anuentes na referida escritura.

Observa-se, inclusive, que a *Imóveis Icaraí Ltda* cedeu e transferiu os direitos e obrigações a terceiro (*Wilson Roberto* e esposa) dando quitação de quaisquer eventuais obrigações envolvendo o referido compromisso.

Quanto à referida necessidade de anuência da *Companhia de Melhoramentos de Campinas*, face à promessa de cessão dos direitos pela *Icaraí Imóveis* a *Wilson Roberto Horácio Alves*, ela se mostra superada pela própria outorga de escritura por parte da *Companhia de Melhoramentos de Campinas*.

De fato, é desnecessária seja exigida a anuência quanto à promessa de cessão se a própria pessoa da qual se exige a anuência figura como vendedora na escritura de compra e venda. Se houve outorga de escritura, presume-se o cumprimento de todas as obrigações inerentes ao negócio jurídico.

Sobre o tema, há precedentes deste C. Conselho Superior da Magistratura:

Registro de Imóveis – Dúvida julgada procedente – Compromisso de compra e venda registrado com sucessivas cessões – Negativa de ingresso de escritura de venda e compra de imóvel da qual participaram os proprietários tabulares e a última cessionária – Desnecessidade da anuência dos cedentes – Inexistência de afronta ao Princípio da Continuidade – Recurso provido. (Rel. Des. PEREIRA CALÇAS, Apelação nº 1040210-48.2015.8.26.0100).

Registro de Imóveis – Dúvida julgada procedente – Negativa de ingresso de escritura de venda e compra de imóvel – Desrespeito ao registro anterior de instrumento particular – Desnecessidade da anuência dos compromissários compradores – Inexistência de afronta ao Princípio da Continuidade – Recurso Provido" (Rel. Des. JOSÉ RENATO NALINI, Apelação nº 0025566-92.2011.8.26.0477).

Ante o exposto, **DOU PROVIMENTO** ao recurso, para julgar improcedente a dúvida.

GERALDO FRANCISCO PINHEIRO FRANCO

Corregedor Geral da Justiça e Relator (DJe de 11.07.2018 - SP)

PODER JUDICIÁRIO

TRIBUNAL DE JUSTIÇA DO ESTADO DE SÃO PAULO

CONSELHO SUPERIOR DA MAGISTRATURA

Apelação nº 1134600-73.2016.8.26.0100

Registro: 2017.0000769378

ACÓRDÃO

Vistos, relatados e discutidos estes autos do(a) **Apelação nº 1134600-73.2016.8.26.0100,** da Comarca de **São Paulo**, em que são partes é apelante **DEFENSORIA PÚBLICA DO ESTADO DE SÃO PAULO**, é apelado **12º OFICIAL DE REGISTRO DE IMÓVEIS DA COMARCA DA CAPITAL**.

ACORDAM, em Conselho Superior de Magistratura do Tribunal de Justiça de São Paulo, proferir a seguinte decisão: **"Negaram provimento à apelação interposta, v.U."**, de conformidade com o voto do Relator, que integra este Acórdão.

O julgamento teve a participação dos Exmos. Desembargadores **PAULO DIMAS MASCARETTI (Presidente), ADEMIR BENEDITO, XAVIER DE AQUINO, LUIZ ANTONIO DE GODOY, RICARDO DIP E SALLES ABREU**.

São Paulo, 29 de setembro de 2017.

MANOEL DE QUEIROZ PEREIRA CALÇAS

Corregedor Geral da Justiça e Relator

Apelação nº 1134600-73.2016.8.26.0100

Apelante: Defensoria Pública do Estado de São Paulo

Apelado: 12º Oficial de Registro de Imóveis da Comarca da Capital

VOTO Nº 29.834

Registro de Imóveis – Recusa ao ingresso de instrumento particular de promessa de cessão de direitos de promitente comprador

– Ausência de reconhecimento de firma das partes contratantes – Exigência que decorre do artigo 221, II, da Lei nº 6.015/73 – Devolução correta do título – Apelação não provida.

Trata-se de recurso de apelação interposto pela Defensoria Pública do Estado de São Paulo contra a sentença de fls. 38/40, que manteve a recusa ao registro de instrumento particular de promessa de cessão de direitos de promitente comprador, no qual constam como promitente cedente Imobiliária e Construtora Bela Vista Ltda. e como promitente cessionário Antônio Virgílio de Mello.

Sustenta a apelante, em resumo, que o reconhecimento de firma no instrumento não é requisito de validade do título apresentado; que a exigência não está de acordo com o "espírito de desburocratização de que se imbuiu o legislador civil constitucional"; e que a parte interessada já desembolsou a quantia relativa ao pagamento do ITCMD incidente sobre a transferência (fls. 48/53).

A Procuradoria de Justiça opinou pelo desprovimento do recurso (fls. 68/70). É o relatório.

Pretende a apelante o registro do instrumento particular de compromisso copiado a fls. 23/26, por meio do qual Imobiliária e Construtora Bela Vista Ltda., no ano de 1959, cedeu seus direitos de compromissária compradora sobre imóvel de 160m^2, com frente para a Rua Rio Branco, a Antônio Virgílio de Mello.

O título foi devolvido por falta reconhecimento de firma das partes que participaram do negócio (fls. 1/2).

Após sentença de procedência da dúvida (fls. 38/40), apela a Defensoria Pública requerendo o levantamento do óbice ao registro (fls. 48/53).

Tem razão, porém, o registrador.

Preceitua o artigo 221, II, da Lei nº 6.015/73:

> *Art. 221 - Somente são admitidos registro:*
>
> *(...)*
>
> *II - escritos particulares autorizados em lei, assinados pelas partes e testemunhas, com as firmas reconhecidas, dispensado o reconhecimento quando se tratar de atos praticados por entidades vinculadas ao Sistema Financeiro da Habitação;*

Embora essa questão não tenha sido tratada de modo expresso, convém ressaltar que o reconhecimento de firma das testemunhas no escrito particular, conforme reiterados precedentes, é desnecessário. Aliás, baseado no que dispõe o artigo 221 do Código Civil, este Conselho entendeu que a própria assinatura de testemunhas no escrito particular é dispensável:

"Registro de Imóveis – Dúvida prejudicada – Ausência da via original do título – Cópia autenticada que não supre a necessidade da apresentação da via original – Falta de prenotação – Exame em tese da exigência – Instrumento particular de compromisso de compra e venda sem o reconhecimento da firma de uma das testemunhas – Exigência prescindível diante do teor do art. 221, do Código Civil – Precedente do Conselho Superior da Magistratura – Recurso não conhecido com determinação" (Apelação nº 0025431-76.2013.8.26.0100, Rel. Des.Elliot Akel, j. em 18/3/2014).

Colhe-se do corpo do voto:

> *"Nos autos da Apelação Cível n.º 018645-08.2012.8.26.0114, este C. Conselho Superior da Magistratura, ao interpretar a redação do art. 221, do Código Civil, concluiu pela prescindibilidade de o instrumento particular estar assinado por duas testemunhas para poder ingressar no registro de imóveis:*
>
> *'Apesar das referências alusivas à subscrição por testemunhas, tanto no inciso III do artigo 169 como no inciso II do artigo 221, da Lei nº 6.015/1973, a exigência não mais se justifica, em razão do texto do artigo 221, caput, do Código Civil que, em confronto com seu par no Código de 1916 (artigo 135, caput), suprimiu a necessidade de duas testemunhas assinarem o instrumento contratual'.*
>
> *Pouca importa que o contrato tenha sido firmado antes do atual Código Civil porque o título se sujeita aos requisitos da lei vigente ao tempo de sua apresentação a registro ("tempus regit actum"). Nesse sentido, as Apelações Cíveis nºs, 115-6/7, rel. José Mário Antonio Cardinale, 777-6/7, rel. Ruy Camilo, 530-6/0, rel. Gilberto Passos de Freitas, e, mais recentemente, 0004535-52.2011.8.26.0562, rel. José Renato Nalini".*

No que tange aos contratantes, todavia, a exigência é incontornável.

O reconhecimento de firma daqueles que se obrigam por meio de escrito particular, a par de trazer segurança a respeito da identidade do contratante, decorre diretamente do artigo 221, II, da Lei nº 6.015/73 e do item 110, b, do Capítulo XX das NSCGJ.

Esse dispositivo da Lei nº 6.015/73, ao contrário do alegado, foi recepcionado pela Constituição de 1988.

E como nesta esfera administrativa os julgadores ficam adstritos às disposições legais, sem oportunidade de avaliação profunda acerca da constitucionalidade dos dispositivos, não se pode dispensar uma exigência que emana da lei em busca de um suposto "espírito desburocratizante".

O fato de o interessado já ter pagado o imposto incidente sobre a transação é questão que aqui não importa, devendo o interessado, querendo, solicitar, pelas vias próprias, a repetição do indébito.

Correta, portanto, a sentença prolatada.

Ante o exposto, pelo meu voto, nego provimento à apelação interposta.

MANOEL DE QUEIROZ PEREIRA CALÇAS

Corregedor Geral da Justiça e Relator (DJe de 12.07.2018 - SP)

PODER JUDICIÁRIO

TRIBUNAL DE JUSTIÇA DO ESTADO DE SÃO PAULO

CONSELHO SUPERIOR DA MAGISTRATURA

Apelação nº 1081978-80.2017.8.26.0100

Registro: 2018.0000449829

ACÓRDÃO

Vistos, relatados e discutidos estes autos do(a) **Apelação nº 1081978-80.2017.8.26.0100,** da Comarca de **São Paulo**, em que são partes é apelante **PORTO SEGURO ADMINISTRADORA DE CONSÓRCIOS LTDA**, é apelado **8º OFICIAL DE REGISTRO DE IMÓVEIS DA COMARCA DA CAPITAL.**

ACORDAM, em Conselho Superior de Magistratura do Tribunal de Justiça de São Paulo, proferir a seguinte decisão: **"Negaram provimento ao recurso, V. U."**, de conformidade com o voto do Relator, que integra este Acórdão.

O julgamento teve a participação dos Exmos. Desembargadores **PEREIRA CALÇAS (PRESIDENTE TRIBUNAL DE JUSTIÇA) (Presidente), ARTUR MARQUES (VICE PRESIDENTE), XAVIER DE AQUINO (DECANO), EVARISTO DOS SANTOS(PRES. DA SEÇÃO DE DIREITO PÚBLICO), CAMPOS MELLO (PRES. DA SEÇÃO DE DIREITO PRIVADO) E FERNANDO TORRES GARCIA(PRES. SEÇÃO DE DIREITO CRIMINAL).**

São Paulo, 7 de junho de 2018.

GERALDO FRANCISCO PINHEIRO FRANCO

Corregedor Geral da Justiça e Relator

Apelação nº 1081978-80.2017.8.26.0100

Apelante: Porto Seguro Administradora de Consórcios LTDA

Apelado: 8º Oficial de Registro de Imóveis da Comarca da Capital

VOTO Nº 37.486

Registro de Imóveis – Escritura de Compra e Venda com Pacto Adjeto de Alienação Fiduciária – Casamento e divórcio no estrangeiro – Regime de bens – Sentença homologatória proferida pelo Superior Tribunal de Justiça que não alcançou o bem imóvel situado no território brasileiro – Recurso desprovido.

PORTO SEGURO ADMINISTRADORA DE CONSÓRCIO LTDA interpõe apelação contra r. sentença de fl. 227/229, que julgou procedente a dúvida suscitada pelo apelante e manteve o óbice levantado pelo 8° Oficial de Registro de Imóveis as Capital, obstando registro de escritura de compra e venda com pacto de alienação fiduciária em garantia.

Após discorrer sobre o regime jurídico do casamento e posterior divórcio, ambos ocorridos nos Estados Unidos da América, o recorrente afirma a desnecessidade de qualquer participação da ex-esposa do vendedor no negócio jurídico entabulado, já que, pelas leis americanas, o imóvel objeto da avença restou como sendo de exclusiva propriedade do marido.

Alega, ainda, a desnecessidade de partilha do bem imóvel no Brasil, já que exclusivo proprietário o outorgante, após a dissolução da sociedade conjugal.

D. Procuradoria opinou pelo desprovimento do recurso. É o relatório.

DECIDO.

Presentes pressupostos processuais e administrativos, conheço do recurso. No mérito, a r. sentença recorrida deve ser confirmada.

O título consiste em escritura pública de compra e venda, com pacto adjeto de alienação fiduciária em garantia (fl. 195/204), lavrada no 21° Tabelião de Notas da Comarca de São Paulo, figurando como vendedor *Luiz Antonio Simões Lopes*, cujo objeto é o imóvel descrito na matrícula n° 15.252, do 8° Registro de Imóveis da Capital (fl. 205/207). O apelante figura como credor fiduciário.

O vendedor *Luiz Antonio Simões Lopes* adquiriu o imóvel em 21 de julho de 1977, em estado de solteiro, conforme R.2/15.252 (fl. 205/206).

Ocorre que, em 4 de outubro de 1986, *Luiz Antonio Simões Lopes* se casou com *Ana E. Antao*, nos EUA, em regime de bens não informado quando da averbação do referido matrimônio na matrícula do imóvel, já que consta apenas que tal regime seria *"segundo as leis vigentes naquele País"* (Av-4, fl. 206).

Desse modo, não há como se afirmar, como quer o recorrente, que ao casamento seriam aplicáveis as regras da comunhão parcial de bens, já que tal informação não consta da matrícula do imóvel, tampouco da carta de sentença de homologação da sentença estrangeira (fl. 93/142).

Aliás, na mesma averbação também consta o divórcio dos cônjuges, por sentença proferida em 14 de junho de 1999, pelo Superior Tribunal de New Jersey, EUA, conforme carta de sentença expedida em 2 de maio de 2007, após homologação pelo Superior Tribunal de Justiça.

E muito embora à fl. 187, de fato, conste a deliberação nos autos do divórcio que: *"a casa localizada em São Paulo (San Paolo), no Brasil, será de propriedade única e exclusiva do marido"*, também é inegável que a referida homologação não acolheu a partilha do imóvel objeto da escritura, como se vê expressamente da r. decisão proferida pelo STJ (fl. 136/137):

(...) A sentença, além de decretar a dissolução do casamento dos requerentes, regulamentar o exercício do pátrio poder dos filhos do casal (concessão da guarda conjunta dos filhos menores) e outras questões de interesse dos menores (como regras de visitação), versou ainda sobre bem imóvel situado no Brasil.

O Ministério Público federal, na pessoa do Subprocurador Geral da república, Edson Oliveira de Almeida, opina pela homologação da sentença, com ressalva em relação à partilha do bem imóvel situado no Brasil, 'verbis': **'afastada a divisão de bens imóveis situados no Brasil, que não resulta de pacto formulado pelas partes, respeitada a menção exigida pela legislação brasileira não alcança, por óbvio, a deliberação pretendida, devendo portanto ser objeto de ação própria na justiça competente, ou seja, no local da sede do imóvel'** (fl. 51).

Decido.

Examinados os autos, verifico que se trata de sentença proferida por juiz estrangeiro em sede de divórcio, na qual foi partilhado bem imóvel localizado no Brasil.

Em princípio, por não ferir o disposto na Lei de Introdução ao Código Civil, art. 12 e tampouco no Código de processo Civil, art. 89, não haveria óbice à homologação, **desde que a divisão do bem imóvel tivesse sido pactuada livremente pelo casal.** (...)

Contudo, **a sentença que se pretende homologar não informa se a divisão de bens é decorrente de pacto firmado entre os requerentes e ratificado em juízo. Assim, no que se refere ao imóvel localizado no Brasil, a presente homologação encontra óbice na evidente incompetência do juízo estrangeiro para decidir a questão (art. 5°, I, da Resolução n° 9/2005 do STJ). (...) Posto isso, homologo o título estrangeiro, sem, contudo, alcançar o bem imóvel situado em território brasileiro.**

Ainda nos termos da r. decisão, não haveria ofensa ao art. 89 do CPC/73, ou mesmo ao art. 12 da Lei de Introdução ao Código Civil, caso a sentença estrangeira deliberasse sobre o imóvel situado em território nacional. Mas desde que a divisão do bem fosse pactuada livremente pelo casal, o que não aconteceu.

O ato praticado na referida matrícula, portanto, fora tão somente a averbação das núpcias e do posterior divórcio, tanto que realmente se tratou de ato de averbação, ao passo que, se partilha houvesse, o ato seria de registro, nos termos da Nota constante do Item 11, alínea *a*, 23, do Capítulo XX das NSCJG.

Assim, mostra-se imprescindível a partilha do imóvel ou declaração judicial de propriedade exclusiva de *Luiz Antonio Simões Lopes*, ou ainda a lavratura de retificação com a participação de sua ex-esposa, em atenção, inclusive, ao Provimento n° 53/2016 do CNJ, já que, se partilha houvesse, a homologação dela pelo STJ seria impositiva (art. 1°, inciso 3°).

Sendo assim, de fato, mostra-se inviável o registro buscado, ficando mantido o óbice levantado pelo Sr. Oficial. Ante o exposto, nego provimento ao recurso.

GERALDO FRANCISCO PINHEIRO FRANCO

Corregedor Geral da Justiça e Relator (DJe de 16.07.2016 – SP)

PODER JUDICIÁRIO

TRIBUNAL DE JUSTIÇA DO ESTADO DE SÃO PAULO

CONSELHO SUPERIOR DA MAGISTRATURA

Apelação nº 1002387-81.2016.8.26.0366

Registro: 2018.0000296525

ACÓRDÃO

Vistos, relatados e discutidos estes autos do(a) **Apelação nº 1002387-81.2016.8.26.0366**, da Comarca de **Mongaguá**, em que são partes são apelantes **JORGE DE JESUS DA SILVA e LEONI LUZIA KOZOWSKI DA SILVA**, é apelado **OFICIAL**

DE REGISTRO DE IMÓVEIS E ANEXOS DA COMARCA DE MONGAGUÁ.

ACORDAM, em Conselho Superior de Magistratura do Tribunal de Justiça de São Paulo, proferir a seguinte decisão: **"Negaram provimento, v.u."**, de conformidade com o voto do Relator, que integra este Acórdão.

O julgamento teve a participação dos Exmos. Desembargadores **PEREIRA CALÇAS (PRESIDENTE TRIBUNAL DE JUSTIÇA) (Presidente), ARTUR MARQUES (VICE PRESIDENTE), XAVIER DE AQUINO (DECANO), EVARISTO DOS SANTOS(PRES. DA SEÇÃO DE DIREITO PÚBLICO), CAMPOS MELLO (PRES. DA SEÇÃO DE DIREITO PRIVADO) E FERNANDO TORRES GARCIA(PRES. SEÇÃO DE DIREITO CRIMINAL).**

São Paulo, 23 de abril de 2018.

GERALDO FRANCISCO PINHEIRO FRANCO

Corregedor Geral da Justiça e Relator

Apelação nº 1002387-81.2016.8.26.0366

Apelantes: JORGE DE JESUS DA SILVA e LEONI LUZIA KOZOWSKI DA SILVA

Apelado: Oficial de Registro de Imóveis e Anexos da Comarca de Mongaguá

VOTO Nº 37.303

Registro de Imóveis – Escritura pública de compra e venda – Desdobro de lote – Loteamento com desmembramentos sucessivos aprovados pelo Município – Necessidade de registro especial – Art. 18 da Lei nº 6.766/79 – Registro obstado – Item 170 das Normas de Serviço da Corregedoria Geral da Justiça – Recurso desprovido.

Trata-se de apelação interposta por JORGE DE JESUS DA SILVA e LEONI LUZIA KOZOWSKI DA SILVA contra r. sentença que julgou procedente a dúvida suscitada pelo Sr. Oficial do Registro de Imóveis, Títulos e Documentos e Civil da Pessoa Jurídica de Mongaguá.

Os apelantes sustentam ser possível o registro da escritura de compra e venda, já que se trata de desmembramento de pequeno lote, conforme estudo técnico apresentado, sem alteração do sistema viário do loteamento original e sem impacto urbanístico.

Além disso, afirmam que não restou provado nos autos que a imobiliária que implantou o loteamento seria a proprietária de toda a área das quadras 25,29 e 33, o que impediria fossem desmembrados todos os 60 novos lotes por ela na área do referido loteamento.

A D. Procuradoria Geral de Justiça opinou pelo desprovimento do recurso. É o relatório.

Presentes pressupostos legais e administrativos, conheço do recurso. No mérito, ele não comporta provimento.

Foi prenotada no registro de imóveis a escritura de compra e venda, figurando como compradores os recorrentes e como vendedora a Imobiliária Ilsimar, cujo objeto é parte do lote 04, da quadra 29, do loteamento Parque Verde Mar, localizado na comarca de Mongaguá, com área de 197,50 m2, inserido em área maior de 395,00 m2, matrícula nº 14.870 do registro imobiliário local.

O negócio jurídico que se busca o registro, portanto, envolve compra de metade do imóvel em área maior, matrícula nº 14.870, procurando os recorrentes a segregação predial prevista no art. 167, II, 4, da Lei nº 6.015/73.

O Oficial qualificou negativamente o título porque o mencionado lote, apesar de autorizado seu desmembramento (processo nº 1.791/05, da Prefeitura de Mongaguá, cf. fl. 19), não foi submetido ao registro especial, assim como toda a mencionada quadra 29, que tinha originariamente 15 lotes, sendo aprovado desmembramento, com a criação de mais 30 lotes.

O título então não teve ingresso no registro imobiliário justamente em face da ocorrência de parcelamento irregular da área, promovido pela imobiliária alienante.

Assim, seria preciso o prévio registro especial, nos termos do art. 18 da Lei nº 6.766/79, ou sua dispensa, se fosse o caso, a ser deferida pelo Juiz Corregedor Permanente local.

Colhe-se dos autos que toda a quadra 29 do loteamento possuía, originariamente, 15 lotes e, após desmembramento aprovado pelo Executivo local, foram criados 30 novos lotes.

O mesmo ocorreu na quadra contígua, a de nº 33, onde também se passou de 15 para 30 lotes (processo nº 1.790/05 da Prefeitura de Mongaguá), num total de 60 novos lotes criados.

Como se sabe, o registro especial previsto na Lei de Parcelamento de Solo Urbano tem a finalidade de resguardar o aspecto urbanístico e proteger os adquirentes dos lotes. Para tanto, dispõe sobre uma série de exigências, nos moldes dispostos no art. 18 da Lei nº 6.766/79.

As Normas de Serviço desta Eg. Corregedoria Geral de Justiça também tratam do tema, em seu Capítulo XX, prevendo a dispensa do registro especial quando:

170.5. O registro especial será dispensado nas seguintes hipóteses: (...)

(3) resulte até 10 lotes;

(4) resulte entre 11 e 20 lotes, mas seja servido por rede de água, esgoto, guias, sarjetas, energia e iluminação pública, o que deve ser comprovado mediante a apresentação de certidão da Prefeitura Municipal;

O mesmo Item faz outra ressalva à necessidade do registro especial, como se vê:

(5) Ressalva-se que não é o simples fato de existência de anterior desmembramento que impede novo parcelamento, havendo possibilidade de ser deferido esse novo desmembramento sucessivo, desde que se avalie o tempo decorrido entre eles se os requerentes e atuais proprietários não são os mesmos que promoveram o anterior parcelamento ou seja, se ingressaram na cadeia de domínio subsequente ao desmembramento originário sem qualquer participação no fracionamento anterior se não houve intenção de burla à lei, se houve esgotamento da área de origem, ou se o novo parcelamento originou lotes mínimos, que pela sua área, impossibilitam novodesdobro;

(6) Na hipótese do desmembramento não preencher os itens acima, ou em caso de dúvida, o deferimento dependerá de apreciação da Corregedoria Permanente.

Os desmembramentos de terrenos situados em vias e logradouros públicos oficiais, ainda que integralmente urbanizados, e ainda que aprovados pelo Município, com expressa dispensa de o parcelador realizar quaisquer melhoramentos públicos, também ficam sujeitos ao registro especial.

O parcelamento anterior, verifica-se, foi levado a cabo pelo mesma vendedora de parte do lote que se busca registrar, a Imobiliária Ilsimar.

Não é cabível, assim, a alegação de que seria impositivo ao Oficial a prova de que a Imobiliária Ilsimar era, de fato, a proprietária de todas as quadras 25, 29 e 33.

Não existe distribuição dos ônus da prova em matéria de registro imobiliário; a segurança jurídica é que impõe a estrita observância aos princípios rígidos e inflexíveis dos registros de imóveis.

Ainda que assim fosse, o fato de a imobiliária ser proprietária de apenas 12 lotes não afastaria a negativa de ingresso, já que o desdobro, levado a cabo por ela, envolveu, inegavelmente, a criação de 60 lotes.

Aliás, se a imobiliária fosse a proprietária de todos os lotes, haveria ainda mais indícios justamente para a verificação de parcelamento sucessivo ilegal, com risco de que os títulos aquisitivos, pouco a pouco, fossem submetidos ao registro de imóveis como se fossem meros desdobros.

Ademais, como bem observado pelo Sr. Oficial, o Alvará extraído dos autos nº 0006165-64.2003.8.26.0000 autoriza a outorga de escritura de compra e venda à Imobiliária Ilsimar e envolve as quadras 25, 29 e 33 do loteamento (fl. 37).

É consabido que não é exatamente a quantidade de lotes que irá definir, por si só, se o desmembramento está ou não sujeito ao registro especial. A análise exige a apuração de outros fatores, tais como sua natureza de empreendimento imobiliário, se há ou não lotes construídos, o lapso temporal entre os desmembramentos, se não há indícios de burla à Lei no 6.766/79, dentre outros.

Daí porque a alegação de que o registro buscado resultaria em mero desdobro de uma única matrícula, a de nº 14.870, com divisão do terreno em 2 partes iguais, conforme laudo analítico, não procede.

A questão posta já foi enfrentada por essa Corregedoria Geral, em parecer da lavra do MMº Juiz Assessor Walter Rocha Barone, aprovado pelo D. Corregedor Geral RUY PEREIRA CAMILO **[1]**, que peço vênia para reproduzir:

A tese de que não se trata de desmembramento, mas de mero desdobro relativo a três propriedades distintas e autónomas, oriundas de ato expropriatório, não se sustenta. Em primeiro lugar, de acordo com o artigo 2º , §2º, da Lei nº 6.766/79, 'considera-se desmembramento a subdivisão de gleba em lotes destinados a edificação, com aproveitamento do sistema viário existente, desde que não implique na abertura de novas vias e logradouros públicos, nem no prolongamento, modificação ou ampliação dos já existentes.'

Conforme lecionam Vicente Celeste Amadei e Vicente de Abreu Amadei, em sua obra Como Lotear Uma Gleba – O Parcelamento do Solo Urbano em seus Aspectos Essenciais (Loteamento e Desmembramento), 2a ed., Millenium Editora, p.02/3, 'entende-se por gleba a área de terreno que ainda não foi objeto de parcelamento urbano regular, isto é, aprovado e registrado', e lote corresponde à 'porção de terra resultante do parcelamento urbano destinada à edificação ou recreação.' Despicienda, porém, 'in casu' a conceituação do imóvel, cujo parcelamento ora se pretende, como sendo gleba ou lote, visto que de acordo com as lições de Vicente Celeste Amadei e Vicente de Abreu Amadei, na obra já citada, 'o reparcelamento do lote, em si - apenas pela circunstância de se cuidar de fracionamento de lote (não de gleba) -, não autoriza a dispensa do registro especial (artigo 18 da Lei n.6.766/70, (...)'

Destarte, descabe considerar, como querem os recorrentes, que se trate de três pedidos autónomos de desdobro, cada qual resultando em nove lotes, devendo ao contrário ser observado que o desmembramento pretendido tem por finalidade o parcelamento do solo em 27 novos lotes no local, com inequívoca repercussão urbanística, em especial quanto ao adensamento populacional na região. Percebe-se, assim, que além do desmembramento sucessivo informado pelo Sr. Oficial, também caracterizasse 'in casu' algo que se pode chamar de desmembramento paralelo, na medida em que o pedido de parcelamento diz respeito a áreas contíguas de três lotes limítrofes. Nesse diapasão é que devem ser somadas as nove unidades que se originariam da matricula nº 89.013 às nove unidades que se originariam da matrícula nº 89.015 e às nove unidades que se originariam da matrícula nº 89.016, matrículas estas que, como dito, são contíguas, chegando-se a um total de 27 (vinte e sete) novos lotes.

Observa-se, por fim, que foi a Imobiliária Ilsimar quem submeteu o projeto de desmembramento das quadras 29 e 33 junto ao Município e, mais do que isso, todos os lotes das aludidas quadras possuem cadastros individualizados perante a Prefeitura de Mongaguá, como se observa das fls. 38/94, tudo a indicar a repercussão urbanística causada pelo parcelamento aprovado em 2005, mas não submetido ao registro especial.

Por essas razões, a negativa de ingresso do título apresentado deve ser mantida em seus exatos termos. Ante o exposto, nego provimento ao recurso.

GERALDO FRANCISCO PINHEIRO FRANCO

Corregedor Geral da Justiça e Relator Nota:

[1] Autos CGJ nº 2008/00092233. (DJe de 19.07.2018 - SP)

PODER JUDICIÁRIO

TRIBUNAL DE JUSTIÇA DO ESTADO DE SÃO PAULO

CONSELHO SUPERIOR DA MAGISTRATURA

Apelação nº 1019470-78.2016.8.26.0506

Registro: 2018.0000294468

ACÓRDÃO

Vistos, relatados e discutidos estes autos do(a) **Apelação nº 1019470-78.2016.8.26.0506**, da Comarca de **Ribeirão Preto**, em que são partes é apelante **MARCOS HENRIQUE DE FARIA**, é apelado **2º OFICIAL DE REGISTRO DE IMÓVEIS DA COMARCA DE RIBEIRÃO PRETO.**

ACORDAM, em Conselho Superior de Magistratura do Tribunal de Justiça de São Paulo, proferir a seguinte decisão: **"Deram provimento ao recurso e julgaram improcedente a dúvida, v.u."**, de conformidade com o voto do Relator, que integra este Acórdão.

O julgamento teve a participação dos Exmos. Desembargadores **PEREIRA CALÇAS (PRESIDENTE TRIBUNAL DE JUSTIÇA) (Presidente), ARTUR MARQUES (VICE PRESIDENTE), XAVIER DE AQUINO (DECANO), EVARISTO DOS SANTOS(PRES. DA SEÇÃO DE DIREITO PÚBLICO), CAMPOS MELLO (PRES. DA SEÇÃO DE DIREITO PRIVADO) E FERNANDO TORRES GARCIA(PRES. SEÇÃO DE DIREITO CRIMINAL).**

São Paulo, 23 de abril de 2018.

GERALDO FRANCISCO PINHEIRO FRANCO

Corregedor Geral da Justiça e Relator

Apelação nº 1019470-78.2016.8.26.0506

Apelante: Marcos Henrique de Faria

Apelado: 2º Oficial de Registro de Imóveis da Comarca de Ribeirão Preto

VOTO Nº 37.309

Registro de Imóveis – Escritura pública de venda e compra de fração ideal – Alienações anteriores de frações ideais do imóvel já devidamente registradas – Imóvel em estado de condomínio geral – Ausência de ofensa à lei das incorporações imobiliárias – Óbice afastado – Recurso provido.

Cuida-se de recurso de apelação tirado de r. sentença do MM. Juiz Corregedor Permanente do 2º Oficial de Registro de Imóveis da Comarca de Ribeirão Preto, que julgou procedente dúvida suscitada para o fim de manter a recusa a registro de compromisso de compra e venda de imóvel.

O apelante afirma, em síntese, não se ter providenciado alienação a terceiros. Sustenta que a parte alienada já estava registrada na respectiva matrícula.

A Procuradoria Geral de Justiça opinou pelo desprovimento do recurso. É o relatório.

Presentes pressupostos legais e administrativos, conheço do recurso. No mérito, respeitado entendimento diverso, ele comporta provimento.

Foi prenotada sob n° 421.433 a escritura de venda e compra de fl. 11/14, cujo objeto é o imóvel matriculado sob n° 55.625, do 2° Ofício de Registros de Imóveis de Ribeirão Preto, referente à unidade n° 73 do Condomínio Edifício Província de Salerno.

Também era objeto do negócio a fração ideal correspondente a 1/70 do imóvel descrito na matrícula de n°. 757 (fl. 16/36), prenotação n° 422.960, que obteve qualificação negativa, conforme nota de exigência e devolução de fl. 39/40.

O imóvel da matrícula n° 757 está em titularidade dominial de várias pessoas (R.10, fl. 19), as quais adquiriram conjuntamente o referido bem, com frações de 1/70 em sua maioria.

Sustentou a diligente Oficial que, para o ingresso do título, seria necessário registro prévio de incorporação, por se tratar tipicamente de um condomínio edilício, em obediência à Lei n° 4.591/64.

Contudo, o caso em exame não demanda registro prévio de incorporação, tampouco envolve instituição de condomínio edilício, não sendo aplicável o art. 32 da Lei n° 4.591/64.

Diz o Item 171 do Capítulo XX das Normas de Serviço Extrajudicial da Corregedoria Geral da Justiça:

171. É vedado o registro de alienação voluntária de frações ideais com localização, numeração e metragem certas, ou a formação de condomínio voluntário, que implique fraude ou qualquer outra hipótese de descumprimento da legislação de parcelamento do solo urbano, de condomínios edilícios e do Estatuto da Terra. A vedação não se aplica à hipótese de sucessão *causa mortis*.

No caso, contudo, verifica-se da matrícula n° 757 que, em 2002, o imóvel foi alienado em 70 frações ideais (fl. 16/36) aos condôminos do Condomínio Edifício Província de Salerno, esse sim instituído em obediência à Lei n° 4.591/64, na matrícula n° 22.228 da mesma serventia.

O condomínio edilício instituído na matrícula n° 22.228 conta com 70 unidades autônomas. O imóvel da matrícula n° 757 é lindeiro, e serve justamente de estacionamento (vagas de garagem) para os adquirentes das unidades.

Da leitura da matrícula n° 757, observa-se que as frações ideais foram distribuídas sem qualquer individualização de sua área, ou mesmo sua localização.

Caso houvesse delimitação da fração ideal em alguma área ou perímetro específico, com numeração, metragens etc., aí sim haveria indícios de burla à lei de parcelamento, já que essa espécie de delimitação é incompatível com as regras do condomínio comum, onde os condôminos, embora tenham cada um sua fração ideal, são, ao mesmo tempo, proprietários do todo, e não de uma determinada área.

Mas não é esse o caso.

Outro motivo para que se conclua pela ausência de burla à lei de incorporações e parcelamento de solo se colhe do tamanho da área do terreno onde estão as vagas de garagem.

A área total é de aproximadamente 2.000 m^2. Para um parcelamento dividido em 70 frações ideais, não haveria tamanho bastante para a existência de lotes viáveis.

Outrossim, no caso em exame, não existe qualquer área a ser revertida ao poder público, como vias de circulação, áreas livres, dentre outras. O que se tem é, simplesmente, um condomínio geral com livre possibilidade de disposição das frações ideais, não havendo que se falar, sequer, em área mínima, já que não existe, como dito, descrição de perímetro do que corresponderia à fração ideal de 1/70.

A N. Registradora não está equivocada ao afirmar que, caso se pretenda vincular a fração ideal da matrícula n° 757 às unidades autônomas do condomínio vizinho, seria obrigatória a retificação da instituição do Condomínio Província de Salerno.

Contudo, essa retificação da instituição seria uma opção, não seria obrigatória.

Não há óbice para que os condôminos da matrícula n° 757 permaneçam como estão, podendo alienar suas frações ideais, até mesmo para terceiros que não tenham qualquer relação com o condomínio edilício vizinho, já que, como dito, não existe vinculação entre a fração de 1/70 com as unidades autônomas do prédio lindeiro.

Aliás, os prédios sequer precisariam ser contíguos.

A área da mencionada matrícula, objeto desta suscitação de dúvida, é composta por garagens construídas e já consolidadas (fotografias de fl. 61/69), erguidas para suprir as que faltavam, já que não havia vagas de garagens suficientes a todos os condôminos.

Tais vagas já estão na posse dos condôminos, com essa exclusiva finalidade, não havendo qualquer indício de que haja objetivo de oferta pública de futuras unidades autônomas.

Observa-se, ademais, várias registros de compra e venda de fração de 1/70, que ingressaram na mesma matrícula; o mais recente, R.37, foi feito em 21.01.2016, e outros tantos feitos no período compreendido entre 17.01.2002 a 21.01.2016 (fl. 27 a 36).

Não que a ocorrência de inscrições anteriores gere direito adquirido a novas inscrições, caso verificado algum óbice registral. O que ocorre, como dito, é que a hipótese levantada pela Sra. Oficial não se aplica ao caso sob exame.

É verdade, outrossim, que, conforme sustentado pela Sra. Oficial, a redação anterior do mencionado item 171 (antigo 151) das Normas não continha a amplitude atual, dada pela redação do Provimento n° 37/2013, publicado em 28/11/2013, que passou a vedar ofensa não somente às regras de loteamentos ou desmembramentos, mas também de condomínio em edificações e incorporações imobiliárias, além das relativas ao Estatuto da Terra.

Ocorre que somente seria preciso retificação da instituição do condomínio Província de Salerno, com o acréscimo das 70 vagas de garagem, junto à matrícula n° 22.228 se a hipótese fosse de incorporação imobiliária, o que não é o caso, como dito.

Existem precedentes deste E. Conselho Superior da Magistratura em situações jurídicas semelhantes, como se vê, a título ilustrativo, nos autos do processo n° 0002976-34.2015.8.26.0396, que tratavam de módulo mínimo rural, no qual são citados outros vários precedentes:

O óbice legal, como se vê, não está na alienação de imóvel rural com área inferior à do módulo, mas no desmembramento ou na divisão do imóvel rural, em área inferior à do módulo, e desde que daí decorra violação ao Estatuto da Terra. É o quanto se dessume da orientação reiteradamente adotada por esta Corregedoria Geral, bem como pelo Egrégio Conselho Superior da Magistratura: *"Escritura de venda e compra fração ideal área menor que o módulo rural possibilidade em caso que não configura desmembramento recurso provido com observação." (Recurso Administrativo 85.474/2014, São Bento do Sapucaí, Des. Elliot Akel, DJ 7/8/14). "Registro de Imóveis. Dúvida. Registro de escritura de compra e venda de partes ideais. Área inferior ao módulo rural da região. Possibilidade de registro, uma vez que não há desmembramento ou divisão do imóvel, nem indícios de fraude à lei do parcelamento do solo. Recurso provido. A lei 4.504/65 estabelece que 'o imóvel rural não é divisível em áreas de dimensão inferior à constitutiva do módulo de propriedade rural'. Esse dispositivo criou a figura do módulo rural, o qual significa a quantidade mínima de terra admitida para formação de um imóvel rural, afim de se evitar a formação de minifúndios. O artigo 8º da Lei 5868/72 dispõe que nenhum imóvel rural pode ser desmembrado ou dividido em área inferior ao módulo rural determinado para a região. Não ocorrendo divisão ou desmembramento do imóvel, rural em novas unidades, não há violação ao módulo de parcelamento rural, conforme tem entendido o Conselho Superior da Magistratura: 'Inexiste infringência ao módulo rural na venda de parle ideal porque não há divisão nem desmembramento do imóvel rural' (apelação cível n° 270.256, São José do Rio Preto). 'Nada impede que a fração ideal de cada coproprietário do imóvel rural seja inferior a do módulo rural. Mas aos condôminos não será dado proceder à divisão ou desmembramento em áreas de tamanho inferior à da fração mínima de parcelamento' (apelação cível 268.272, Pederneiras). 'Nada embaraça, destarte, se proceda ao registro de instrumentos de negócios jurídicos que formem ou mantenham o estado de comunhão sobre imóvel rural' (apelação cível 267.465, Santa Cruz do Rio Pardo)." ." (Apelação 156-6/3, Paraibuna, j. 29/6/04, Rel. Des. José Mário Antônio Cardinale).* **Consoante se nota de fls. 28/29, a venda registrada disse respeito a parte ideal do imóvel originário, sem descrição de limites físicos da área alienada. Não haverá, portanto, desmembramento ou divisão vedados por lei,** tampouco se infere qualquer tentativa de afronta ao Estatuto da Terra, de tal arte que regular o ato notarial. Aliás, é precisamente pela ilegalidade que decorreria da delimitação física da área vendida, na forma do item 171, Capítulo XX, Tomo II, das NSCGJ, que bem andaram ao não proceder ao georreferenciamento. (g.n).

Por essas razões, a hipótese é de provimento do recurso, para afastar o óbice levantado na nota devolutiva ora impugnada.

Ante o exposto, dou provimento ao recurso e julgo improcedente a dúvida.

GERALDO FRANCISCO PINHEIRO FRANCO

Corregedor Geral da Justiça e Relator (DJe de 19.07.2018 - SP)

PODER JUDICIÁRIO

TRIBUNAL DE JUSTIÇA DO ESTADO DE SÃO PAULO

CONSELHO SUPERIOR DA MAGISTRATURA

Apelação nº 1000526-04.2016.8.26.0320

Registro: 2018.0000008902

ACÓRDÃO

Vistos, relatados e discutidos estes autos do(a) **Apelação nº 1000526-04.2016.8.26.0320**, da Comarca de **Limeira**, em que são partes é apelante **ELIANA FERREIRA GRAF**, é apelado **2º OFICIAL DE REGISTRO DE IMÓVEIS E ANEXOS DA COMARCA DE LIMEIRA**.

ACORDAM, em Conselho Superior de Magistratura do Tribunal de Justiça de São Paulo, proferir a seguinte decisão: **"Negaram provimento à apelação V. U."**, de conformidade com o voto do Relator, que integra este Acórdão.

O julgamento teve a participação dos Exmos. Desembargadores **PAULO DIMAS MASCARETTI (Presidente), ADEMIR BENEDITO, XAVIER DE AQUINO, LUIZ ANTONIO DE GODOY, RICARDO DIP E SALLES ABREU**.

São Paulo, 19 de dezembro de 2017.

MANOEL DE QUEIROZ PEREIRA CALÇAS

Corregedor Geral da Justiça e Relator

Apelação nº 1000526-04.2016.8.26.0320

Apelante: Eliana Ferreira Graf

Apelado: 2º Oficial de Registro de Imóveis e Anexos da Comarca de Limeira

VOTO Nº 29.870

Registro de Imóveis – Dúvida procedente – Registro de escritura de rerratificação de escritura de compra e venda já registrada – Escritura de rerratificação que altera elemento essencial do negócio jurídico já registrado – Impossibilidade – Matrícula que, ademais, encontra-se bloqueada – Acerto da decisão de primeiro grau – Apelação a que se nega provimento.

Trata-se de recurso de apelação interposto por Eliana Ferreira Graf contra a sentença de fls. 89/91, que julgou procedente dúvida, para manter o óbice ao registro na matrícula nº 59.962 de escritura de rerratificação, na qual figuram como vendedores Léo Roland Lino Junior e outros e como adquirente Matheus Varga Antonio.

Sustenta, em síntese, que a escritura de rerratificação visa a corrigir equívoco ocorrido anteriormente; que o erro que pretende sanar não interfere no ato jurídico perfeito; e que a escritura cuja inscrição pretende foi lavrada em data anterior ao bloqueio da matrícula. Pede, por fim, a reforma da sentença de primeiro grau (fls. 97/104).

A Procuradoria de Justiça opinou pelo não provimento do recurso (fls. 116/117). É o relatório.

Pretende a apelante o registro da escritura pública de rerratificação acostada a fls. 23/26 na matrícula nº 59.962 do 2º Registro de Imóveis de Limeira.

Por meio da nota devolução de fls. 27, a inscrição foi negada por dois motivos: a) a escritura que o novo título pretende retificar já foi registrada (cf. R.2 da matrícula nº 59.962 fls. 15); b) a matrícula nº 59.962 está bloqueada.

A sentença prolatada pelo MM. Juiz Corregedor Permanente julgou a dúvida procedente. O recurso não comporta provimento.

A análise da escritura de rerratificação mostra que os autores pretendem alterar, de forma considerável, o bem objeto de compra e venda, excluindo do negócio a área de 3.663,00m^2.

No entanto, a escritura de compra e venda cujo conteúdo a apelante pretende ratificar e retificar já ingressou no fólio real (cf. R.2 da matrícula nº 59.962 fls. 15).

Ocorrido o registro, não se pode admitir que novo título altere elemento essencial do negócio no caso, o próprio objeto da compra e venda , cuja área restaria sensivelmente reduzida por conta de alienação anterior, a qual não foi registrada.

Ou seja, realizado o registro da escritura de compra e venda, inviável o registro da escritura de rerratificação ora analisada.

E o fato de a matrícula estar bloqueada também impede o registro do título. Preceitua o § 4º do artigo 214 da Lei nº 6.015/73:

> *§ 4º Bloqueada a matrícula, o oficial não poderá mais nela praticar qualquer ato, salvo com autorização judicial, permitindo-se, todavia, aos interessados a prenotação de seus títulos, que ficarão com o prazo prorrogado até a solução do bloqueio.*

Percebe-se, assim, que o bloqueio da matrícula impede não só o ingresso da escritura de rerratificação que aqui se avalia, mas de qualquer outro título que seja eventualmente apresentado na serventia extrajudicial.

Correta, portanto, a decisão do MM. Juiz Corregedor Permanente. Ante o exposto, nego provimento à apelação.

MANOEL DE QUEIROZ PEREIRA CALÇAS

Corregedor Geral da Justiça e Relator (DJe de 26.07.2018 - SP)

PODER JUDICIÁRIO

TRIBUNAL DE JUSTIÇA DO ESTADO DE SÃO PAULO

CONSELHO SUPERIOR DA MAGISTRATURA

Apelação nº 1121211-55.2015.8.26.0100

Registro: 2017.0000986752

ACÓRDÃO

Vistos, relatados e discutidos estes autos do(a) **Apelação nº 1121211-55.2015.8.26.0100**, da Comarca de **São Paulo**, em que são partes é apelante **KELI CRISTINA LOPES**, é apelado **15º OFICIAL DE REGISTRO DE IMÓVEIS DA CAPITAL**.

ACORDAM, em Conselho Superior de Magistratura do Tribunal de Justiça de São Paulo, proferir a seguinte decisão: **"Não conheceram dos recursos. V. U. Declarará voto convergente o Desembargador Ricardo Dip."**, de conformidade com o voto do Relator, que integra este Acórdão.

O julgamento teve a participação dos Exmos. Desembargadores **PAULO DIMAS MASCARETTI (Presidente), ADEMIR BENEDITO, XAVIER DE AQUINO (DECANO), LUIZ ANTONIO DE GODOY(PRES. DA SEÇÃO DE DIREITO PRIVADO), RICARDO DIP (PRES. DA SEÇÃO DE DIREITO PÚBLICO) E SALLES ABREU (PRES. SEÇÃO DE DIREITO CRIMINAL)**.

São Paulo, 28 de novembro de 2017.

MANOEL DE QUEIROZ PEREIRA CALÇAS

Corregedor Geral da Justiça e Relator

Apelação nº 1121211-55.2015.8.26.0100

Apelante: Keli Cristina Lopes

Apelado: 15º Oficial de Registro de Imóveis da Capital

VOTO Nº 29.780

Registro de Imóveis – Escritura de compra e venda – Outorga pela titular de domínio diretamente ao último cessionário – Menção aos cedentes intermediários – Indisponibilidade de bens decretada em relação a um dos cedentes – Óbice ao registro da escritura – Dúvida procedente – Recurso não provido

Trata-se de recurso de apelação interposto contra a sentença de fls. 85/87, que manteve a recusa do registro de escritura pública de compra e venda lavrada pelo 13º Tabelião de Notas da Capital, envolvendo o apartamento n. 191 e vagas de garagem do Edifício Costa Del Sole (matrícula-mãe n. 163.585), em razão da indisponibilidade que paira sobre os bens de um dos cedentes.

Sustenta o apelante que: a) Giuseppe Trincanato, cujos bens estão indisponíveis, não é e nunca foi proprietário do bem imóvel em questão, mantendo-se como titular de domínio a empresa Panamericana Construtora e Imobiliária S/A; b) o imóvel em questão foi adquirido por Giuseppe para ser destinado à moradia do filho comum com a recorrente, uma vez que Giuseppe e Keli mantiveram união estável entre 1994 e 2003, tendo sido acordado que Keli permaneceria com a propriedade do imóvel e arcaria com 50% do preço do bem. Tal compra, segundo narra, foi realizada por Maurício Matalhana Dezan, padrasto de Keli, devendo ser protegido o patrimônio do menor; c) A indisponibilidade de bens não atinge "direitos". A Procuradoria Geral de Justiça opinou pelo não provimento do recurso (fls. 112/113).

É o relatório.

Por meio da escritura de venda e compra lavrada aos 25 de junho de 2015, a titular dominial (Panamericana Construtora Imobiliária S/A) vendeu o imóvel acima descrito a Keli Cristina Lopes. Constou que a escritura foi lavrada *em cumprimento total* ao instrumento particular de compromisso de venda e compra, datado de 27 de junho de 2001, não registrado e quitado, celebrado entre a titular dominial e Giuseppe Trincanato. Constou, ainda, que Giuseppe Trincanato firmou com Maurício Matalhana Dezan instrumento particular de Cessão de Direitos e Obrigações em **05 de janeiro de 2015**. Maurício Matalhana Dezan, por sua vez, cedeu e transferiu seus direitos por instrumento particular a Keli Cristina Lopes em **18 de fevereiro de 2015**. Em relação a essa última cessão, houve distrato, seguido de nova cessão idêntica datada de **13 de maio de 2015**.

Ao contrário do que sustenta a recorrente, inadmissível desconsiderar-se a indisponibilidade que recai sobre os bens de Giuseppe Trincanato.

A compra e venda instrumentalizada por meio da escritura pública que se pretende registrar teve como motivo declarado o cumprimento de compromisso particular firmado pela proprietária e Giuseppe Trincanato. Dessa forma, declarou-se que os direitos sobre o imóvel em questão haviam sido transmitidos a Giuseppe, passando a integrar seu patrimônio atingido pela indisponibilidade, ainda que não tenha havido a transmissão do domínio do bem.

Não apenas os direitos reais, mas também os direitos pessoais integram o conjunto de bens de Giuseppe atingidos pela indisponibilidade. Portanto, uma vez que se mencionou que a venda e compra se deu em cumprimento de negócio jurídico firmado com Giuseppe e deste com seus sucessores, intransponível o óbice ao registro do título enquanto não levantada a indisponibilidade.

Não é possível dar ao caso vertente a mesma interpretação que vem sendo adotada pelo Conselho Superior da Magistratura, ao admitir o registro de escrituras públicas de venda e compra de imóveis celebradas entre o titular dominial e último cedente, sem necessidade de anuência dos cedentes anteriores (Apelação Cível nº 0025566- 92.2011.8.26.0477, Rel. Des. José Renato Nalini, j. em 10/12/2013; Apelação Cível nº 1040210-48.2015.8.26.0100, Rel. Des. Manoel de Queiroz Pereira Calças, j. em 08/04/2016). Isso porque, nesses paradigmas, não se verificou qualquer óbice à regular transmissão de direitos e obrigações, sendo prestigiada a boa-fé que deve permear os negócios jurídicos.

No caso em exame, bem agiu o Registrador ao consultar o Cadastro de Indisponibilidade em relação a cada cedente mencionado na escritura, em consonância com os art.14 do Provimento 39/2014, do CNJ e item 404, do Capítulo XX, Tomo II, das NSCGJ. Ignorar-se o óbice à cessão de direitos implicaria avalizar conduta flagrantemente ilegal.

As razões suscitadas pela apelante, no sentido de que o imóvel teria sido adquirido por Giuseppe com intuito servir de moradia ao filho deste com Keli apenas desfavorecem sua tese. Isso porque escancaram o intuito de burla à indisponibilidade por intermédio da sucessão de cessões que antecederam a lavratura da escritura pública em questão (de Giuseppe para Maurício, padrasto de Keli; e de Maurício a Keli), revelando que, em verdade, nunca sequer se pretendeu que o imóvel mudasse de mãos, mas que apenas permanecesse à margem da restrição decretada.

Sobre a impossibilidade de registro de escritura de venda e compra em que um dos cedentes teve a indisponibilidade decretada, há precedente desse Conselho Superior da Magistratura, relatado do então Corregedor Geral de Justiça, Dr. José Renato Nalini (Apelação Cível n. 0043598-78.2012.8.26.0100):

"(...)

Sustenta o apelante que o documento particular de promessa de venda e compra não levada a registro deixa de produzir efeito de direito real e que não teve ciência do entrave no momento em que consultou a Serventia Imobiliária para a compra do bem (fl.90).

Como bem observado pelo MM Juiz Corregedor Permanente, "O alegado pelo suscitante não procede em razão da existência da Central de Indisponibilidade (Provimento CG nº 13/2012). O nome do anuente cedente lá se encontra por ordem do juízo Federal da 10ª Vara das Execuções Fiscais da Capital e se não foi informado pelo Registrador num primeiro momento é porque ele ainda não tinha tido acesso ao documento que relacionava essa pessoa com o imóvel negociado pelo suscitante. Tanto é assim, que depois que teve conhecimento da escritura de venda, compra e cessão pôde o Oficial inserir na matrícula do imóvel a informação de indisponibilidade daquele bem." (fl. 83).

A averbação da indisponibilidade está prevista expressamente nas Normas de Serviço da Corregedoria Geral da Justiça (Capítulo XX, item 1, letra "b", n. 23 e subitens 94.1 e 102.2) e ao oficial não é lícito afastá-la sponte propria, conforme precedentes do Conselho Superior da Magistratura (entre outros, Apelação Cível nº 827-6/6, Rel. Des. Ruy Camilo, j. 27.5.08; Apelação Cível nº 870-6/1, Rel. Des. Ruy Camilo, j. 14.10.08; Apelação Cível nº 945-6/4, Rel. Des. Ruy Camilo, j. 4.11.08; Apelação Cível nº 1.062-6/1, Rel. Des. Ruy Camilo, j. 17.3.09; Apelação Cível nº 1.178-6/0, Rel. Des. Reis Kuntz, j. 20.10.09) e da Corregedoria Geral da Justiça (Processos CG 2008/81667, 2009/24745, 2008/81667 e 2009/25998). A Central de Indisponibilidades alcança atos pretéritos, desde que ainda válida a ordem judicial de constrição.

Como bem sustentado pelo Registrador, no tocante à expedição de certidão utilizada para a lavratura da escritura, não poderia mesmo mencionar uma indisponibilidade que atinge pessoa que não consta do registro e cujo instrumento particular não veio a registro. O expediente de se utilizar a figura do cedente se dá justamente para contornar a indisponibilidade decretada (fls. 53).

Nesta esteira a manifestação do D Procurador de Justiça Eventual dano sofrido pelo adquirente deverá ser apurado na via judicial. Insuperável o óbice questionado, conforme acima demonstrado, correta a negativa de ingresso do título no fólio registral."

Em suma, correta a desqualificação do título.

Pelo exposto, pelo meu voto, nego provimento ao recurso interposto.

MANOEL DE QUEIROZ PEREIRA CALÇAS

Corregedor Geral da Justiça e Relator

TRIBUNAL DE JUSTIÇA DO ESTADO DE SÃO PAULO

Conselho Superior da Magistratura

Apelação Cível 1121211-55.2015.8.26.0100 SEMA

Dúvida de registro Procedência: São Paulo

Apelante: Keli Cristina Lopes

Apelado: 15º Oficial de Registro de Imóveis

VOTO 52.096 (convergente):

1. Acompanho a **conclusão** do respeitável voto de Relatoria, cujo relatório também adoto.

2. Na compra e venda cujo registro *stricto sensu* se rogou, a interessada e apelante Keli Cristina Lopes consta como compradora e (esse é o ponto que interessa aqui) também como cessionária dos direitos de aquisição decorrentes de um compromisso de compra e venda celebrado, sobre o mesmo imóvel, entre a ora vendedora e Giuseppe Trincanato.

Ou seja: com a inscrição dessa compra e venda, pretende-se, *também,* dar cabal cumprimento àquele compromisso, a partir do qual Giuseppe Trincanato (repita-se a bem da clareza), inicial compromissário comprador, fez cessão de sua posição contratual.

Essa cabal execução do compromisso, porém, fere a indisponibilidade que recai sobre os bens de Giuseppe Trincanato: admitido o registro da compra e venda *em total cumprimento do compromisso,* esse compromissário comprador teria conseguido dispor de um direito em prejuízo daquela restrição, e em benefício da ora apelante, que então receberia o imóvel sem o gravame representado pelo *ius acquirendi.*

Fosse outro o caso *i. e.,* houvesse sido rogada a inscrição da compra e venda sem o pretendido cabal cumprimento do compromisso , o caso seria de deferirse, porque conviveriam a transmissão do domínio, em favor da interessada Keli, sem o cancelamento do direito real de aquisição de Giuseppe: portanto, com observância da indisponibilidade.

Como foi pedido, todavia, o registro *stricto sensu* de fato não podia ter sido concedido, e não há dar provimento à apelação. A sentença foi bem lançada e deve ser mantida.

É, *da veniam*, como voto. Des. RICARDO DIP Presidente da Seção de Direito Público (DJe de 26.07.2018 - SP)

PODER JUDICIÁRIO

TRIBUNAL DE JUSTIÇA DO ESTADO DE SÃO PAULO

CONSELHO SUPERIOR DA MAGISTRATURA

Apelação nº 1006193-67.2016.8.26.0482

Registro: 2018.000510392

ACÓRDÃO

Vistos, relatados e discutidos estes autos do(a) **Apelação nº 1006193-67.2016.8.26.0482**, da Comarca de **Presidente Prudente**, em que são partes é apelante **MINISTÉRIO PÚBLICO DO ESTADO DE SÃO PAULO**, é apelado **PREFEITURA MUNICIPAL DE PRESIDENTE PRUDENTE.**

ACORDAM, em Conselho Superior de Magistratura do Tribunal de Justiça de São Paulo, proferir a seguinte decisão: **"Deram provimento ao recurso e julgaram procedente a dúvida, v.u.",** de conformidade com o voto do Relator, que integra este Acórdão.

O julgamento teve a participação dos Exmos. Desembargadores **PEREIRA CALÇAS (PRESIDENTE TRIBUNAL DE JUSTIÇA) (Presidente), ARTUR MARQUES (VICE PRESIDENTE), DAMIÃO COGAN (DECANO), EVARISTO DOS SANTOS(PRES. DA SEÇÃO DE DIREITO PÚBLICO), CAMPOS MELLO (PRES. DA SEÇÃO DE DIREITO PRIVADO) E FERNANDO TORRES GARCIA(PRES. SEÇÃO DE DIREITO CRIMINAL).**

São Paulo, 5 de julho de 2018.

GERALDO FRANCISCO PINHEIRO FRANCO

Corregedor Geral da Justiça e Relator

Apelação nº 1006193-67.2016.8.26.0482

Apelante: Ministério Público do Estado de São Paulo

Apelado: Prefeitura Municipal de Presidente Prudente

VOTO Nº 37.497

Registro de Imóveis – Escritura de compra e venda – Município de Presidente Prudente – Bens desafetados e alienados por investidura – Lei Municipal nº 8.992/2015 declarada inconstitucional por violação aos art. 180, inciso VII, 144 e 117 da Constituição Estadual – Recurso provido.

Cuida-se de apelação interposta pelo MINISTÉRIO PÚBLICO DO ESTADO DE SÃO PAULO contra r. sentença que julgou improcedente a dúvida inversa suscitada em face de recusa emitida pelo Oficial de Registro de Imóveis da Comarca de Presidente Prudente, determinando o registro de escritura de compra e venda dos imóveis descritos nas matrículas n° 63.837 e 63.838 daquela serventia.

O apelante sustenta que a compra e venda fora celebrada sem licitação, em ofensa ao art. 17 da Lei n° 8.666/93 e ao art. 120 da Lei Orgânica do Município, sustentando, ainda, a inconstitucionalidade da Lei Municipal n° 8.992/2015, que desafetou as áreas alienadas.

A D. Procuradoria de Justiça foi pelo desprovimento do recurso. É o relatório.

Respeitado o entendimento da D. Procuradoria de Justiça, o recurso deve ser provido.

O Oficial de Registro de Imóveis de Presidente Prudente se negou a proceder ao registro da escritura pública de venda e compra lavrada no 1º Tabelião de Notas daquela Comarca, na qual era vendedor o Município de Presidente Prudente e compradores as pessoas de *Cláudio Eduardo Scalon* e outros (fl. 35/41).

O objeto do negócio eram os imóveis matriculados sob o nº 63.837 e 63.838 daquela serventia, cujas áreas foram desafetadas da condição de bem de uso especial para bem de uso dominial, nos termos da Lei Municipal nº 8.992/15, ficando, dessa forma, habilitadas para alienação por investidura, conforme art. 2º da mencionada lei.

Sucede que a referida lei municipal foi declarada inconstitucional por decisão unânime do Órgão Especial deste Eg. Tribunal, nos autos da ADI n° 2236991-98.2016.8.26.0000, DJ 24/10/2017, Rel. Des. Sérgio Rui, em acórdão assim ementado:

Ação direta de inconstitucionalidade Lei nº 8.992, de 10 de dezembro de 2015, do Município de Presidente Prudente. **Desafetação e autorização para alienação de áreas localizadas no loteamento Residencial Século XXI, por meio de investidura**. Áreas institucionais. Alteração vedada. **Não configuração das exceções expressamente elencadas na Constituição Bandeirante. Nos casos de alienação de bens públicos, a municipalidade deve observar, além das exigências administrativas e financeiras previstas no ordenamento jurídico, a necessidade do certame licitatório. Violação aos artigos 180, inciso VII, 144 e 117 da Constituição Estadual.** Precedentes. Ação julgada procedente (g.n).

A matéria, assim, está superada, uma vez que judicializada ao Órgão Especial, que decidiu por extirpar a legislação em face de ofensa constitucional, de modo que a desafetação realizada perdeu totalmente sua validade jurídica.

Sendo assim, declarada a inconstitucionalidade material da legislação local que serviu de alicerce para a lavratura do título que se busca registrar, a reforma da r. sentença é medida impositiva.

Ante o exposto, dou provimento ao recurso e julgo procedente a dúvida.

GERALDO FRANCISCO PINHEIRO FRANCO

Corregedor Geral da Justiça e Relator (DJe de 01.08.2018 - SP)

PODER JUDICIÁRIO

TRIBUNAL DE JUSTIÇA DO ESTADO DE SÃO PAULO

CONSELHO SUPERIOR DA MAGISTRATURA

Apelação nº 1011732-14.2017.8.26.0309

Registro: 2018.0000510398

ACÓRDÃO

Vistos, relatados e discutidos estes autos do(a) **Apelação nº 1011732-14.2017.8.26.0309**, da Comarca de **Jundiaí**, em que são partes é apelante **CANAÃ INDÚSTRIA DE LATICÍNIOS LTDA.**, é apelado **2º OFICIAL DE REGISTRO DE IMÓVEIS, TÍTULOS E DOCUMENTOS CIVIL DE PESSOA JURÍDICA DA COMARCA DE JUNDIAÍ/SP.**

ACORDAM, em Conselho Superior de Magistratura do Tribunal de Justiça de São Paulo, proferir a seguinte decisão: **"Negaram provimento ao recurso. V. U. Negaram provimento ao recurso, v.u."**, de conformidade com o voto do Relator, que integra este Acórdão.

O julgamento teve a participação dos Exmos. Desembargadores **PEREIRA CALÇAS (PRESIDENTE TRIBUNAL DE JUSTIÇA) (Presidente), ARTUR MARQUES (VICE PRESIDENTE), DAMIÃO COGAN (DECANO), EVARISTO DOS SANTOS(PRES. DA SEÇÃO DE DIREITO PÚBLICO), CAMPOS MELLO (PRES. DA SEÇÃO DE DIREITO PRIVADO) E FERNANDO TORRES GARCIA(PRES. SEÇÃO DE DIREITO CRIMINAL).**

São Paulo, 5 de julho de 2018.

GERALDO FRANCISCO PINHEIRO FRANCO

Corregedor Geral da Justiça e Relator

Apelação nº 1011732-14.2017.8.26.0309

Apelante: Canaã Indústria de Laticínios Ltda.

Apelado: 2º Oficial de Registro de Imóveis, Títulos e Documentos Civil de Pessoa Jurídica da Comarca de Jundiaí/SP

VOTO Nº 37.496

Registro de Imóveis – Compromisso de compra e venda – Cláusula de irretratabilidade e irrevogabilidade – Retrovenda – Dação em pagamento – Irregistrabilidade – Recurso desprovido.

CANAÃ INDÚSTRIA DE LATICÍNIOS LTDA interpõe apelação contra r. sentença do MM. Juiz Corregedor Permanente do 2º Oficial de Registro de Imóveis de Jundiaí, que julgou procedente dúvida inversa suscitada pela recorrente.

Segundo consta, foi apresentado a registro instrumento particular de compromisso de compra e venda, com cláusula especial de retrovenda e dação em pagamento, cujo objeto é o imóvel da matrícula nº 27.074 da mencionada serventia.

O título foi qualificado negativamente, sob o entendimento de que o pacto de retrovenda é restrito aos contratos definitivos e conflita com cláusula contratual de irretratabilidade e irrevogabilidade do negócio.

A D. Procuradoria de Justiça foi pelo desprovimento do recurso. É o relatório.

O recurso não comporta provimento.

A recorrente figura como compromissária compradora (contrato às fl. 7/10) do imóvel objeto da matrícula nº

27.074 (fl. 23/26) da mencionada serventia.

A cláusula sétima do contrato (fl. 9) tem previsão da retrovenda, nos termos do art. 505 do Código Civil, ao passo que a cláusula quinta (fl. 8) tem previsão de irrevogabilidade e irretratabilidade donegócio.

Quanto à retrovenda, ensina NELSON ROSENVALD:

A retrovenda é pacto adjeto à compra e venda, pelo qual as partes estipulam que o vendedor possuirá o direito potestativo (portanto, submetido, tão só, à sua própria manifestação de vontade) de comprar a propriedade de volta, em certo prazo (não superior a três anos), sujeitando o adquirente a tanto independentemente da vontade de quem comprou), desde que deposite o preço, acrescido de despesas realizadas pelo comprador. (...) **Disso deflui, com tranquilidade, a sua natureza de condição resolutiva potestativa. Destarte, o núcleo da retrovenda é, exatamente, o direito potestativo, o poder do comprador de submeter o vendedor ao exercício unilateral da desconstituição do negócio jurídico, sem que possa a isso se opor.** A propósito, não havendo a celebração de um novo contrato de compra e venda, mas apenas o desfazimento do negócio anteriormente celebrado, não se pode questionar a incidência do Imposto de Transmissão de Bens Imóveis-ITBI, por não ter ocorrido uma transmissão. (g.n) (*in* Código Civil Comentado: doutrina e jurisprudência: Lei n. 10.406 de 10.01.2002/ Coordenador Cezar Peluso- 9 ed. Ver. E atual- Barueri, SP: Manole, 2015, p. 538).

A referida cláusula especial à compra e venda é capaz de impor ao comprador o retorno do bem ao vendedor, se exercido o direito dentro do prazo decadencial.

E como se trata de compromisso de compra e venda não sujeito às regras do parcelamento do solo, tampouco ao regramento da incorporação imobiliária, aplica-se o art. 1.417 do Código Civil, que é claro ao estipular que não há efeitos reais ao compromisso de compra e venda nesta hipótese.

Além disso, verifica-se que se trata de compromisso quitado com dação em pagamento. E sobre esse tema, há posição consolidada neste E. Conselho Superior da Magistratura de sua irregistrabilidade, seja por falta de previsão legal específica no art. 167 da Lei de Registros Públicos, seja por sua natureza pessoal (não real) - (Apelações Cíveis nºs 2.272-0-SP, j. 13.06.83, rel. Des. Bruno Affonso de André; 7.476-0/2-Taubaté, j. 18.09.87, rel. Des. Sylvio do Amaral; 40.017-0/0- SP, j. 15.12.97, rel. Des. Márcio Martins Bonilha; 63.089-0/6-SP, j. 10.09.99, rel. Des. Sérgio Augusto Nigro Conceição; 68.605-0/9-Americana, j. 19.10.00, rel. Des. Luís de Macedo; 96.177-0/4-SP, j. 12.12.02, e 84-6/4-Tanabi, j. 23.10.03, ambas rel. Des. Luiz Tâmbara).

E se houve, de fato, quitação integral do preço, as partes poderiam livremente lavrar escritura de compra e venda, observado o art. 108 do Código Civil, inclusive, com previsão de cláusula de retrovenda, quando então a ótica de exame seria diversa.

E o precedente citado pela recorrente às fl. 91/92 aqui não se aplica, já que, naquela situação, o título consistia justamente em escritura pública de compra e venda, não em contrato preliminar por instrumento particular.

Dessa forma, a recusa deve ser mantida, restando íntegra a r. sentença. Ante o exposto, nego provimento ao recurso.

GERALDO FRANCISCO PINHEIRO FRANCO

Corregedor Geral da Justiça e Relator (DJe de 08.08.2018 - SP)

PODER JUDICIÁRIO

TRIBUNAL DE JUSTIÇA DO ESTADO DE SÃO PAULO

CONSELHO SUPERIOR DA MAGISTRATURA

Apelação nº 1038270-77.2017.8.26.0100

Registro: 2018.0000499483

ACÓRDÃO

Vistos, relatados e discutidos estes autos do(a) **Apelação nº 1038270-77.2017.8.26.0100**, da Comarca de **São Paulo**, em que são partes é apelante **CELIA AUN GREGORIN**, é apelado **4º OFICIAL DE REGISTRO DE IMÓVEIS DE SÃO PAULO**.

ACORDAM, em Conselho Superior de Magistratura do Tribunal de Justiça de São Paulo, proferir a seguinte decisão: **"Negaram provimento ao recurso. V. U. Negaram provimento ao recurso, v.u."**, de conformidade com o voto do Relator, que integra este Acórdão.

O julgamento teve a participação dos Exmos. Desembargadores **PEREIRA CALÇAS (PRESIDENTE TRIBUNAL DE JUSTIÇA) (Presidente), ARTUR MARQUES (VICE PRESIDENTE), XAVIER DE AQUINO (DECANO), EVARISTO DOS SANTOS(PRES. DA SEÇÃO DE DIREITO PÚBLICO), CAMPOS MELLO (PRES. DA SEÇÃO DE DIREITO PRIVADO) E FERNANDO TORRES GARCIA(PRES. SEÇÃO DE DIREITO CRIMINAL).**

São Paulo, 21 de junho de 2018.

GERALDO FRANCISCO PINHEIRO FRANCO

Corregedor Geral da Justiça e Relator

Apelação nº 1038270-77.2017.8.26.0100

Apelante: Celia Aun Gregorin

Apelado: 4º Oficial de Registro de Imóveis de São Paulo

VOTO Nº 37.485

Registro de Imóveis – Dúvida julgada procedente – Escritura de compra e venda outorgada em favor da cônjuge, casada pelo regime da comunhão parcial de bens, com declaração do marido de que se trata de imóvel de propriedade reservada da mulher porque adquirido mediante sub-rogação de valores recebidos por herança – Escritura pública lavrada em 13 de março de 2017 – Herança objeto de partilha homologada em 25 de abril de 2002 – Inexistência de prova inequívoca de que o imóvel foi adquirido em sub-rogação de bem que era de propriedade exclusiva da compradora – Marido que teve os bens declarados indisponíveis por ser administrador de entidade financeira em regime de liquidação – Necessidade de autorização pelo Juízo do inquérito civil público, ou da eventual ação de falência, para atos que possam implicar em disposição de bens – Recurso não provido.

Trata-se de apelação interposta contra r. sentença que julgou procedente dúvida suscitada pela Sra. 4ª Oficial de Registro de Imóveis da Comarca de São Paulo e manteve a negativa de registro, na matrícula nº 47.150, de escritura pública de compra e venda em que a apelante, casada pelo regime da comunhão parcial de bens, figurou como única adquirente do imóvel, contendo a escritura, declaração de seu cônjuge no sentido de que se cuida de bem reservado porque teve o preço integralmente pago com valores recebidos pela adquirente por herança de seu genitor.

A apelante alegou, em suma, que no regime da comunhão parcial de bens são excluídos os adquiridos por um dos cônjuges mediante sub-rogação a outros bens particulares (art. 1.659 do CC). Disse que adquiriu o imóvel com recursos oriundos da herança de seu genitor que teve os bens partilhados em ação judicial em que a partilha foi homologada em 22 de maio de 2002. Asseverou que os bens que recebeu na partilha ficaram gravados com cláusula de incomunicabilidade. Aduziu que a herança recebida de seu genitor teve valor de R$ 3.097.120,49 e que o imóvel que comprou tem valor inferior, de R$ 960.000,00. Afirmou que seus bens reservados não são atingidos pela indisponibilidade que incide sobre os de propriedade de seu cônjuge, pois constituem patrimônios distintos. Requereu a reforma da r. sentença para que seja promovido o registro da escritura de compra e venda (fls. 62/74).

A douta Procuradoria Geral de Justiça opinou pelo não provimento do recurso (fls. 124/127). É o relatório.

Foi apresentada para registro escritura de compra e venda em que constou que a apelante, casada pelo regime da comunhão parcial de bens, comprou o imóvel com exclusividade porque promoveu o pagamento do preço com dinheiro recebido por herança de seu genitor, fato ratificado mediante declaração de anuência manifestada por seu marido na escritura pública.

Ocorre que a escritura pública foi lavrada em 13 de março de 2017, às fls. 193 do Livro 4448 do 1º Tabelião de Notas de São Paulo (fls. 16/18), ao passo que a partilha dos bens deixados pelo falecimento do genitor da apelante foi homologada por r. sentença de 25 de abril de 2002 (fls. 32).

Embora na partilha a apelante tenha recebido imóvel (fls. 29/34) e bens que segundo alegou tiveram valor total de R$ 3.097.120,49, não há prova inequívoca de que o preço do imóvel objeto da compra e venda a que se refere a escritura pública apresentada para registro foi integralmente pago com recursos oriundos da herança de seu genitor.

Isso porque entre a homologação da partilha e a compra do imóvel decorreram quinze anos, período que não permite presumir a existência da sub-rogação que não foi corroborada, neste procedimento, por meio de provas no sentido de que o patrimônio reservado da apelante se conservou de forma suficiente para a compra agora realizada e de que foi utilizado com essa finalidade.

Por outro lado, a declaração do marido da apelante no sentido de que determinado imóvel não ingressa no regime de comunhão decorrente do casamento constitui ato de disposição patrimonial que em razão da indisponibilidade que incide sobre seus bens (fls. 27/28) somente pode ser praticado mediante autorização do Juízo competente que é o do inquérito civil, ou da ação de falência caso ajuizada.

Em razão disso, deverão os interessados solicitar autorização do Juízo do inquérito civil, ou da ação de falência, para que o cônjuge declare que o imóvel objeto da escritura de compra e venda teve o preço integralmente pago mediante sub-rogação de bens que a apelante recebeu por herança de seu genitor e, portanto, é de propriedade reservada.

Ante o exposto, nego provimento ao recurso e mantenho a recusa do registro do título.

GERALDO FRANCISCO PINHEIRO FRANCO

Corregedor Geral da Justiça e Relator (DJe de 07.08.2018 - SP)

PODER JUDICIÁRIO

TRIBUNAL DE JUSTIÇA DO ESTADO DE SÃO PAULO

CONSELHO SUPERIOR DA MAGISTRATURA

Apelação nº 1002310-25.2016.8.26.0220

Registro: 2018.0000557176

ACÓRDÃO

Vistos, relatados e discutidos estes autos do(a) **Apelação nº 1002310-25.2016.8.26.0220**, da Comarca de **Guaratinguetá**, em que são partes é apelante **CASAS BAHIA COMERCIAL LTDA.**, é apelado **OFICIAL DE REGISTRO DE IMÓVEIS E ANEXOS DE GUARATINGUETÁ**.

ACORDAM, em Conselho Superior de Magistratura do Tribunal de Justiça de São Paulo, proferir a seguinte decisão: **"Deram provimento à apelação, para o fim de julgar improcedente a dúvida registral e determinar o registro do título, v.u."**, de conformidade com o voto do Relator, que integra este Acórdão.

O julgamento teve a participação dos Exmos. Desembargadores **PEREIRA CALÇAS (PRESIDENTE TRIBUNAL DE JUSTIÇA) (Presidente), ARTUR MARQUES (VICE PRESIDENTE), XAVIER DE AQUINO (DECANO), EVARISTO DOS SANTOS(PRES. DA SEÇÃO DE DIREITO PÚBLICO), CAMPOS MELLO (PRES. DA SEÇÃO DE DIREITO PRIVADO) E FERNANDO TORRES GARCIA(PRES. SEÇÃO DE DIREITO CRIMINAL)**.

São Paulo, 24 de julho de 2018.

GERALDO FRANCISCO PINHEIRO FRANCO

Corregedor Geral da Justiça e Relator

Apelação nº 1002310-25.2016.8.26.0220

Apelante: Casas Bahia Comercial Ltda.

Apelado: Oficial de Registro de Imóveis e Anexos de Guaratinguetá

VOTO Nº 37.483

Registro de Imóveis – Escritura pública de compra e venda de imóvel, retificada por outra escritura pública – Alvará judicial expedido pelo juízo trabalhista, autorizando a venda de imóveis de titularidade da demandada para pagamento dos demandantes – Regularidade da representação do titular de domínio, natureza jurídica e validade do negócio celebrado entre as partes definida em ação judicial, julgada definitivamente durante o curso do processamento da dúvida – Impossibilidade de rediscutir a questão na esfera administrativa – Óbices apresentados pelo registrador afastados para ingresso do título no fólio real – Apelação provida.

Trata-se de recurso de apelação [1] interposto por *Casas Bahia Comercial Ltda.* contra a sentença proferida pelo MM. Juiz Corregedor Permanente do Oficial de Registro de Imóveis de Guaratinguetá/SP, que confirmou o óbice imposto pelo registrador referente à exigência de apresentação de cópia da ata de assembleia em que autorizada a venda dos imóveis pelo titular de domínio, devidamente averbada no registro da pessoa jurídica, nos termos do art. 90 do estatuto social do Clube Literário e Recreativo Guaratinguetaense, como determinado nos autos do Processo nº 15/2008 da Corregedoria Permanente daquela Comarca **[2]**.

Em suas razões de inconformismo, alega a apelante, em síntese, que a manutenção da negativa de registro da escritura de compra e venda, e respectiva re/ratificação, por intermédio da qual adquiriu do Clube Literário e Recreativo os imóveis matriculados sob nº 43.646 e nº 43.647 junto ao Cartório de Registro de Imóveis de Guaratinguetá/SP, não pode subsistir. Afirma que houve expressa autorização judicial para alienação dos bens, tendo agido com inquestionável boa-fé, de forma que o negócio jurídico celebrado é plenamente válido. Aduz ser desnecessária a autorização de 2/3 dos sócios do clube, reunidos em Assembleia Geral, na medida em que a aquisição dos imóveis se deu no âmbito de diversas execuções movidas contra o Clube perante a Justiça Trabalhista, visando a satisfação dos créditos cobrados naqueles feitos. Ressalta que a formalização da aquisição dos imóveis foi realizada por meio da escritura de venda e compra lavrada em 14 de dezembro de 2007, re/ratificada pela escritura lavrada em 05 de novembro de 2008, com observância de todas as condições impostas pelo juízo trabalhista. Assim, entende serem incabíveis as exigências formuladas pelo registrador porque caracterizada a hipótese de alienação por iniciativa particular prevista no art. 800 do Novo Código de Processo Civil, na forma estabelecida pelo alvará judicial expedido e no qual ficou constando que, para a venda o imóvel, o Clube seria representado pelo advogado, Dr. Mauro Francisco de Castro, o que foi aceito pelo Tabelião de Notas que lavrou as escrituras. Acrescenta que, na ação declaratória de inexistência de negócio jurídico contra si ajuizada, tendo por objeto os imóveis versados no presente feito, o pedido foi julgado improcedente, eis que reconhecida a validade do negócio jurídico celebrado entre as partes.

A Douta Procuradoria de Justiça opinou pelo não provimento do recurso **[3]**.

É o relatório.

O dissenso versa sobre a registrabilidade da escritura de venda e compra lavrada em 14 de dezembro de 2007, re/ratificada pela escritura lavrada em 05 de novembro de 2008, por meio das quais o Clube Literário e Recreativo Guaratinguetaense, representado por Mauro Francisco de Castro, vendeu à recorrente os imóveis matriculados sob nos 43.646 e 43.647 junto ao Cartório de Registro de Imóveis de Guaratinguetá/SP.

O Oficial registrador entendeu pela necessidade de apresentação de cópia da ata de assembleia em que autorizada a venda dos imóveis pelo titular de domínio, devidamente averbada no registro da pessoa jurídica nos termos

do art. 90 do estatuto social do Clube Literário e Recreativo Guaratinguetaense, como determinado nos autos do Processo nº 15/2008 da Corregedoria Permanente.

As exigências, contudo, não se sustentam. Assim se afirma, pois a despeito do entendimento do MM. Juiz Corregedor Permanente, é preciso lembrar que, além da qualificação notarial positiva realizada pelo Tabelião ao lavrar as escrituras, a questão da regularidade da representação do Clube, titular de domínio dos imóveis objeto da compra e venda, e consequente validade do negócio jurídico celebrado com a recorrente foram objeto de decisão proferida em ação judicial, com trânsito em julgado.

É sabido que, nesta seara administrativa, não há como rever o quanto decidido na esfera jurisdicional. A discussão da regularidade da representação processual do Clube, da natureza jurídica e validade do negócio celebrado entre as partes está desautorizada no presente feito, eis que, a respeito, houve decisão proferida em ação própria, sendo inadmissível invadir, em sede de procedimento de dúvida, o conteúdo de sentença judicial proferida e devidamente confirmada em grau de recurso.

Por outro lado, o argumento de que os documentos acostados a fls. 294/297 e 310 foram extemporaneamente apresentados também não convence. Com efeito, proferido o acórdão em 12.12.2017 e certificado o trânsito em julgado em 16.03.2018, não haveria como tais documentos serem trazidos aos autos em data anterior.

Nesse cenário, uma vez solucionado definitivamente o litígio na via jurisdicional e definido o direito que prevalecerá, há que se afastar os óbices impostos pelo registrador.

Diante do exposto, **dou provimento** à apelação, para o fim de julgar improcedente a dúvida registral e determinar o registro do título.

GERALDO FRANCISCO PINHEIRO FRANCO
Corregedor Geral da Justiça e Relator

Notas:

[1] Fls. 217/235.

[2] Fls. 209/212.

[3] Fls. 299/302. (DJe de 09.08.2018 - SP)

PODER JUDICIÁRIO

TRIBUNAL DE JUSTIÇA DO ESTADO DE SÃO PAULO

CONSELHO SUPERIOR DA MAGISTRATURA

Apelação nº 1074969-67.2017.8.26.0100

Registro: 2018.0000557201

ACÓRDÃO

Vistos, relatados e discutidos estes autos do(a) **Apelação nº 1074969-67.2017.8.26.0100**, da Comarca de **São Paulo**, em que são partes é apelante **T. R. P. (REPRESENTADO(A) POR SEUS PAIS)**, é apelado **8º OFICIAL DE REGISTRO DE IMÓVEIS DA CAPITAL**.

ACORDAM, em Conselho Superior de Magistratura do Tribunal de Justiça de São Paulo, proferir a seguinte decisão: **"Negaram provimento ao recurso e mantiveram a recusa do registro do título, v.u.",** de conformidade com o voto do Relator, que integra este Acórdão.

O julgamento teve a participação dos Exmos. Desembargadores **PEREIRA CALÇAS (PRESIDENTE TRIBUNAL DE JUSTIÇA) (Presidente), ARTUR MARQUES (VICE PRESIDENTE), XAVIER DE AQUINO (DECANO), EVARISTO DOS SANTOS(PRES. DA SEÇÃO DE DIREITO PÚBLICO), CAMPOS MELLO (PRES. DA SEÇÃO DE DIREITO PRIVADO) E FERNANDO TORRES GARCIA(PRES. SEÇÃO DE DIREITO CRIMINAL).**

São Paulo, 24 de julho de 2018.

GERALDO FRANCISCO PINHEIRO FRANCO
Corregedor Geral da Justiça e Relator
Apelação n.º 1074969-67.2017.8.26.0100
Apelante: T. R. P.
Apelado: 8º Oficial de Registro de Imóveis da Capital

VOTO N.º 37.504

Registro de Imóveis – Dúvida julgada procedente – Contrato particular de compromisso de compra e venda de fração ideal vinculada a futura unidade autônoma a ser construída em imóvel sujeito ao regime de incorporação imobiliária – Adquirente menor impúbere, representada na compra e venda por seus genitores – Alegação de pagamento integral do preço do imóvel com uso de dinheiro que os genitores pouparam em favor de sua filha – Necessidade de apresentação de declaração, firmada por ambos genitores, de que houve doação, ou de apresentação de alvará judicial para a compra se a doação não tiver ocorrido – Hipoteca constituída pela incorporadora sobre todo o imóvel incorporado, para obtenção de recursos para a construção do edifício, que, uma vez declarada a doação, não configurará encargo na doação realizada – Doação, porém, que se for confirmada pelos genitores demandará a comprovação da declaração e do recolhimento do ITCMD – Recurso não provido.

Trata-se de apelação interposta contra r. sentença que julgou procedente dúvida suscitada pelo Sr. 8º Oficial de Registro de Imóveis da Comarca de São Paulo e manteve a negativa de registro, na matrícula nº 180.035, de contrato particular de compromisso de compra e venda de fração ideal de imóvel a que vinculada a futura unidade autônoma nº 703 do 7º andar do "Edifício Cannes", situado no empreendimento "Le Village Casa Verde" a ser construído na Avenida José de Brito de Freitas, 295, Subdistrito da Casa Verde, São Paulo, Capital, em que a figura como adquirente menor impúbere que foi representada por seus genitores.

A apelante alegou, em suma, que foi representada no compromisso de compra e venda por seus dois genitores que exercem, em conjunto, o poder de administração de seus bens. Esclareceu que o preço do imóvel foi pago com recursos mantidos em poupança e em aplicações que os genitores fizeram em seu favor, visando a formação de patrimônio que possa utilizar no futuro. Assim, o preço do imóvel foi pago com recursos de seus genitores que, por sua vez, foram utilizados de forma a não ultrapassar o limite da administração de bens. Asseverou que seu patrimônio não será prejudicado e que eventual incidência e pagamento de ITCMD não impede o registro. Requereu a reforma da r. sentença (fls. 186/192).

A douta Procuradoria Geral de Justiça opinou pelo não provimento do recurso (fls. 211/213).

É o relatório.

O documento de fls. 73/133 demonstra que por meio de contrato particular celebrado em 14 de março de 2017 a apelante, nascida em 29 de março de 2011 (fls. 135), compromissou comprar fração ideal do imóvel objeto da matrícula nº 180.035 a que vinculada a futura unidade autônoma nº 703 do 7º andar do "Edifício Cannes", a ser construído, sob regime da incorporação imobiliária, na Avenida José de Brito de Freitas, 295, Subdistrito da Casa Verde, São Paulo, Capital (fls. 73 e seguintes).

Por ser absolutamente incapaz para os atos da vida civil (art. 3º do Código Civil) a apelante foi representada por seus genitores no compromisso de compra e venda que não indica, contudo, a origem dos recursos utilizados para pagamento do preço da aquisição.

Na solicitação de suscitação da dúvida (fls. 63) e em suas demais manifestações no processo (fls. 172 e 189) a apelante afirmou que o preço da aquisição, já integralmente quitado conforme consignado no contrato de promessa de compra e venda (fls. 75), foi pago com recursos de seus genitores que fizeram poupança e aplicações financeiras em seu favor.

Contudo, neste procedimento a apelante é representada somente por seu pai e o contrato de compromisso de compra e venda não foi instruído com declaração conjunta dos genitores no sentido de que doaram os recursos utilizados na compra do imóvel.

A suscitação da dúvida devolve por inteiro a qualificação ao órgão julgador que, porém, fica adstrito à análise do título na forma como apresentado pela parte, não sendo possível sua posterior complementação, no curso da dúvida, sob pena de indevida prorrogação do prazo de validade do protocolo, o que ocorreria em detrimento de eventuais outros apresentantes de títulos representativos de direitos conflitantes.

Em razão disso, para que seja possível a qualificação do contrato de compromisso de compra e venda em consonância com a alegação de doação deverão os genitores, que representam a filha menor de 16 anos de idade, reapresentar o contrato de compromisso de compra e venda, ao Oficial de Registro de Imóveis, instruído com documento em que declarem, em conjunto, que o imóvel foi comprado com recursos que doaram para sua filha.

Por sua vez, se for declarada pela apelante, representada por seus genitores, a existência de doação como fundamento para a dispensa de alvará judicial, passando essa declaração a integrar os documentos que acompanham o título apresentado para registro, também deverá ser comprovada a declaração e recolhimento do ITCMD, na forma do art. 3º, inciso II, da Lei Estadual nº 10.705/00:

"Artigo 2º - O imposto incide sobre a transmissão de qualquer bem ou direito havido: I - por sucessão legítima ou testamentária, inclusive a sucessão provisória;

II - por doação. (...)

Artigo 3º - Também sujeita-se ao imposto a transmissão de:

(...)

II - dinheiro, haver monetário em moeda nacional ou estrangeira e título que o represente, depósito bancário e crédito em conta corrente, depósito em caderneta de poupança e a prazo fixo, quota ou participação em fundo mútuo de ações, de renda fixa, de curto prazo, e qualquer outra aplicação financeira e de risco, seja qual for o prazo e a forma de garantia;

III - bem incorpóreo em geral, inclusive título e crédito que o represente, qualquer direito ou ação que tenha de ser exercido e direitos autorais.

§ 1º - A transmissão de propriedade ou domínio útil de bem imóvel e de direito a ele relativo, situado no Estado, sujeita-se ao imposto, ainda que o respectivo inventário ou arrolamento seja processado em outro Estado, no Distrito Federal ou no exterior; e, no caso de doação, ainda que doador, donatário ou ambos não tenham domicílio ou residência neste Estado.

§ 2º - O bem móvel, o título e o direito em geral, inclusive os que se encontrem em outro Estado ou no Distrito Federal, também ficam sujeitos ao imposto de que trata esta lei, no caso de o inventário ou arrolamento processar-se neste Estado ou nele tiver domicílio o doador".

Assim porque se for configurada a hipótese de incidência do ITCMD em razão do contrato particular caberá ao Oficial de Registro de Imóveis exigir a comprovação da declaração do imposto e apresentação da guia de recolhimento, na forma do art. 18, § 5º, da citada Lei:

"Artigo 18 - Na doação, o imposto será recolhido antes da celebração do ato ou contrato correspondente.

(...)

§ 2º - Os tabeliães e serventuários, responsáveis pela lavratura de atos que importem

em doação de bens, ficam obrigados a exigir dos contratantes a apresentação da respectiva guia de recolhimento do imposto, cujos dados devem constar do instrumento de transmissão.

§ 3º - No contrato de doação por instrumento particular, os contratantes também ficam obrigados a efetuar o recolhimento antes da celebração e mencionar, em seu contexto, a data, valor e demais dados da guia respectiva.

§ 4º - À doação ajustada verbalmente, aplicam-se, no que couber, as disposições deste artigo, devendo os contratantes, na forma estabelecida em regulamento, fazer constar da guia de recolhimento dados suficientes para identificar o ato jurídico efetivado.

§ 5º - Todo aquele que praticar, registrar ou intervier em ato ou contrato, relativo à doação de bem, está obrigado a exigir dos contratantes a apresentação da respectiva guia de recolhimento do imposto".

O dever de fiscalizar a declaração e o recolhimento do imposto, que não se confunde com fiscalização da correção do valor declarado e recolhido, também decorre do art. 289 da Lei nº 6.015/73 que deve ser observado no registro do título:

"**No exercício de suas funções, cumpre aos oficiais de registro fazer rigorosa fiscalização do pagamento dos impostos devidos por força dos atos que lhes forem apresentados em razão do ofício**".

A exigência da apresentação da declaração e do recolhimento do ITCMD, havendo doação de dinheiro para a aquisição de imóvel, também se verifica em precedente deste Col. Conselho Superior da Magistratura:

"**REGISTRO DE IMÓVEIS – Dúvida procedente – Escritura pública de venda e compra acoplada á doação modal – Falta de prova do pagamento do ITCMD, defido pela doação do numerário, que obsta o registro predial – Recurso não provido**" (CSM, Apelação nº 000.577.6/4-00 da Comarca de Mirandópolis, Rel. Desembargador Gilberto Passos de Freitas).

Por fim, afasta-se desde logo, apenas, o óbice consistente na existência de hipoteca sobre o imóvel porque o preço do compromisso de compra e venda foi integralmente quitado conforme declaração contida no item "IV DA FORMA DE PAGAMENTO", alínea "a", do contrato celebrado (fls. 75).

A hipoteca, neste caso concreto, incide sobre todo o imóvel incorporado porque foi contratada pela incorporadora para obtenção de recursos visando a construção do edifício (fls. 52, "R8", e fls. 53, Av. 13) e não constitui, portanto, encargo na doação alegada pela apelante.

Ademais, por ser o imóvel sujeito ao regime da incorporação imobiliária não se afasta a aplicação da Súmula 308 do Eg. Superior Tribunal de Justiça que consolidou a orientação no sentido de que:

"**A hipoteca firmada entre a construtora e o agente financeiro, anterior ou posterior à celebração da promessa de compra e venda, não tem eficácia perante os adquirentes do imóvel**" (Súmula 308, SEGUNDA SEÇÃO, julgado em 30/03/2005, DJ 25/04/2005, p. 384).

Ante o exposto, embora por fundamento distinto do adotado na r. sentença, nego provimento ao recurso e mantenho a recusa do registro do título.

GERALDO FRANCISCO PINHEIRO FRANCO

Corregedor Geral da Justiça e Relator (DJe de 14.08.2018 - SP)

CONDOMÍNIO

PODER JUDICIÁRIO

TRIBUNAL DE JUSTIÇA DO ESTADO DE SÃO PAULO

CONSELHO SUPERIOR DA MAGISTRATURA

Apelação nº 1111976-30.2016.8.26.0100

Registro: 2017.0000725114

ACÓRDÃO

Vistos, relatados e discutidos estes autos do(a) **Apelação nº 1111976-30.2016.8.26.0100**, da Comarca de **São Paulo**, em que são partes são apelantes **BROOKFIELD BRASIL SHOPPING CENTERS LTDA, FUNDAÇÃO DOS ECONOMIÁRIOS FEDERAIS - FUNCEF, GUANTERA EMPREENDIMENTOS E PARTICIPAÇÕES LTDA e ITC EMPREENDIMENTOS E PARTICIPAÇÕES LTDA**, é apelado **1º OFICIAL DE REGISTRO DE IMÓVEIS DA CAPITAL**.

ACORDAM, em Conselho Superior de Magistratura do Tribunal de Justiça de São Paulo, proferir a seguinte decisão: **"Negaram provimento ao recurso. V. U."**, de conformidade com o voto do Relator, que integra este Acórdão.

O julgamento teve a participação dos Exmos. Desembargadores **PAULO DIMAS MASCARETTI**

(Presidente), ADEMIR BENEDITO, XAVIER DE AQUINO, LUIZ ANTONIO DE GODOY, RICARDO DIP E SALLES ABREU.

São Paulo, 1º de setembro de 2017.

MANOEL DE QUEIROZ PEREIRA CALÇAS

Corregedor Geral da Justiça e Relator

Apelação nº 1111976-30.2016.8.26.0100

Apelantes: Brookfield Brasil Shopping Centers Ltda, Fundação dos Economiários Federais - Funcef, Guantera Empreendimentos e Participações Ltda e ITC Empreendimentos e Participações Ltda

Apelado: 1º Oficial de Registro de Imóveis da Capital

VOTO Nº 29.821

Registro de Imóveis – Convenção de Condomínio – Instrumento particular que estabelece regime de condomínio voluntário, mas apresenta características próprias de um condomínio edilício – Necessidade da anuência da unanimidade dos condôminos – Taxatividade do inciso I do artigo 167 da Lei 6.015/73 – Óbice ao registro mantido – Dúvida procedente – Recurso improvido.

Trata-se de recurso de apelação interposto por Brookfield Brasil Shopping Centers Ltda.; Fundação dos Economiários Federais FUNCEF; Guantera Empreendimentos e Participações Ltda. e ITC Empreendimentos e Participações Ltda. contra a sentença de fls. 208/212, que julgou procedente a dúvida suscitada e manteve a recusa ao registro de "instrumento particular de convenção de condomínio do Shopping Center Paulista", objeto da matrícula

57.449 do Primeiro Oficial de Registro de Imóveis da Capital.

Preliminarmente, sustentaram os apelantes que a sociedade Market Basing S.A. - que figura como proprietária de 10% do imóvel - foi dissolvida e a parte ideal a ela pertencente adjudicada às acionistas ITC Empreendimentos e Participações Ltda. e Guantera Empreendimentos e Participações Ltda., na proporção de 50% para cada, e que a situação registral está em fase final de registro. Além disso, afirmaram que o rol do inciso I do artigo 167 da Lei 6.015/73 não é taxativo e que o registro da convenção de condomínio virá em benefício da segurança jurídica, pois estabelece aspectos atinentes ao exercício do direito de propriedade.

A Procuradoria Geral da Justiça opinou pelo não provimento (fls. 246/248). É o relatório.

O recurso deve ser improvido.

Pretendem os recorrentes o registro de "Convenção de Condomínio do Shopping Center Paulista" (fls. 21/41).

Verifica-se que a nota devolutiva decorrente do título apresentado para registro é datada de 30 de setembro de 2016 (fls. 68).

De acordo com referida nota, o título denominado de "convenção de condomínio" não comportaria registro, pois estabelece apenas obrigações pessoais entre as signatárias, não dispõe sobre direito real e não estabelece obrigação "propter rem". E a recusa ao registro deve ser mantida.

No item 1.5 da Convenção consta que a expressão Condomínio *"designa a propriedade comum detida, de maneira indivisível, pelos CONDÔMINOS no EMPREENDIMENTO, regulado pelos arts. 1.314 a 1.330 do Código Civil Brasileiro"* (fls. 25). A convenção parece, assim, estabelecer regime de condomínio voluntário.

Ocorre que, não obstante pareça instituir regime de condomínio voluntário, a "convenção de condomínio" possui disposições típicas e que apontam para o regime do condomínio edilício.

No item 1.4 da Convenção, estabeleceram que o empreendimento é *"um conjunto indivisível, porquanto a divisão importaria em sua descaracterização, e, por via de consequência, em redução drástica do valor econômico do bem inviabilizado o funcionamento do Empreendimento e o aproveitamento econômico da propriedade"* (fls. 23).

Em outros termos, convencionaram a indivisibilidade da coisa comum, mas não estabeleceram prazo máximo. E, como é cediço, é da natureza do condomínio voluntário a Transitoriedade. Tanto é assim que o §2º do artigo 1.320 do Código Civil impõe o prazo máximo de cinco anos para a convenção que estabelece a indivisibilidade da coisa comum. O prazo pode até ser prorrogado, mas exigirá novo consenso entre os condôminos. O prazo é cogente e é considerada não escrita cláusula que estabelece a indivisibilidade por prazo indeterminado, como é o caso do título apresentado.

A indivisibilidade por prazo indeterminado é característica do condomínio edilício e exigiria a anuência da integralidade dos condôminos. Unanimidade que se exige também para as afetações previstas nos itens 1.6 e 2.1 da convenção (fls. 23).

E, como foi ressaltado pelo Oficial desde o início, a "convenção de condomínio" foi subscrita por Brookfield Brasil Shopping Centers Ltda.; Fundação dos Economiários Federais FUNCEF; Guantera Empreendimentos e Participações Ltda. e ITC Empreendimentos e Participações LTDA. Na data da convenção, as duas primeiras detinham 90% do domínio do imóvel. As duas últimas, por sua vez, ainda não eram titulares do domínio, o que somente foi regularizado muito recentemente, no curso do processo de dúvida (fls. 252/293), e tampouco seria possível admitir, pois significaria a prorrogação indevida do prazo de prenotação.

Não bastasse isso, pelas razões apresentadas, como não se trata de verdadeira convenção de condomínio, mas de instrumento particular a vincular os seus subscritores, correta a negativa de registro, já que o rol do inciso I do artigo 167 da Lei 6.015/73 é taxativo, conforme entendimento deste Conselho Superior da Magistratura. Negócio jurídico cuja natureza não se amolde a qualquer das alíneas do inciso em pauta não pode ser registrado.

Em suma, reconhecida a existência de óbice ao registro do título apresentado, deve ser mantida a sentença que julgou procedente a dúvida suscitada.

Ante o exposto, nego provimento ao recurso.

MANOEL DE QUEIROZ PEREIRA CALÇAS

Corregedor Geral da Justiça e Relator (DJe de 19.02.2018 - SP)

PODER JUDICIÁRIO

TRIBUNAL DE JUSTIÇA DO ESTADO DE SÃO PAULO

CONSELHO SUPERIOR DA MAGISTRATURA

Apelação nº 1024765-14.2015.8.26.0577

Registro: 2017.0000990288

ACÓRDÃO

Vistos, relatados e discutidos estes autos do(a) **Apelação nº 1024765-14.2015.8.26.0577**, da Comarca de **São José dos Campos**, em que são partes é apelante **MINISTÉRIO PÚBLICO DO ESTADO DE SÃO PAULO**, é apelado **CONDOMÍNIO RESIDENCIAL SANTA BARBARA**.

ACORDAM, em Conselho Superior de Magistratura do Tribunal de Justiça de São Paulo, proferir a seguinte decisão: **"Negaram provimento ao recurso. v. u."**, de conformidade com o voto do Relator, que integra este Acórdão.

O julgamento teve a participação dos Exmos. Desembargadores **PAULO DIMAS MASCARETTI (Presidente), ADEMIR BENEDITO, XAVIER DE AQUINO, LUIZ ANTONIO DE GODOY(PRES. DA SEÇÃO DE DIREITO PRIVADO), RICARDO DIP (PRES. DA SEÇÃO DE DIREITO PÚBLICO) E SALLES ABREU (PRES. SEÇÃO DE DIREITO CRIMINAL).**

São Paulo, 5 de dezembro de 2017.

MANOEL DE QUEIROZ PEREIRA CALÇAS

Corregedor Geral da Justiça e Relator

Apelação nº 1024765-14.2015.8.26.0577

Apelante: Ministério Público do Estado de São Paulo

Apelado: Condomínio Residencial Santa Barbara

Interessado: 1º Oficial de Registro de Imóveis, Títulos e Documentos e Civil de Pessoa Jurídica da Comarca de São José dos Campos

VOTO Nº 29.771

Registro de Imóveis – Condomínio – Alienação de unidade condominial – Para que o condomínio edilício venda unidade condominial de que seja proprietário, necessária a unanimidade de votos dos condôminos presentes em assembleia geral convocada para este fim, o que não se confunde com unanimidade de todos os condôminos, prescindível à hipótese – Recurso não provido.

Cuida-se de recurso de apelação tirado de r. sentença do MM. Juiz Corregedor Permanente do 1º Oficial de Registro de Imóveis e Anexos da Comarca de São José dos Campos, que julgou improcedente dúvida suscitada para o fim de determinar registro de transmissão de unidade condominial alienada por condomínio edilício.

O apelante afirma, em síntese, que condomínio edilício não é provido de personalidade, o que tornaria exceção sua participação em negócio jurídico. Menciona precedentes do E. CSM no sentido de que, na ausência de regra legal específica, a venda dependeria de anuência da totalidade de condôminos, reunidos em assembleia geral, o que não teria havido na situação dos autos.

A Procuradoria Geral de Justiça opinou pelo desprovimento do recurso. É o relatório.

Não há previsão legal específica a disciplinar requisitos para alienação de unidade condominial pelo condomínio edilício. Há, todavia, regra para a respectiva aquisição, nas hipóteses em que o imóvel é levado à hasta em execução lastreada em débitos condominiais.

À luz do art. 63, §3º, da Lei 4591/64:

"Art. 63. É lícito estipular no contrato, sem prejuízo de outras sanções, que a falta de pagamento, por parte do adquirente ou contratante, de 3 prestações do preço da construção, quer estabelecidas inicialmente, quer alteradas ou criadas posteriormente, quando fôr o caso, depois de prévia notificação com o prazo de 10 dias para purgação da mora, implique na rescisão do contrato, conforme nêle se fixar, ou que, na falta de pagamento, pelo débito respondem os direitos à respectiva fração ideal de terreno e à parte construída adicionada, na forma abaixo estabelecida, se outra forma não fixar o contrato.

§ 3º No prazo de 24 horas após a realização do leilão final, o condomínio, por decisão unânime de Assembleia- Geral em condições de igualdade com terceiros, terá preferência na aquisição dos bens, caso em que serão adjudicados ao condomínio.

A aquisição da unidade condominial pelo condomínio depende, portanto, da unanimidade dos votos obtidos em Assembleia Geral, coisa mui diversa da unanimidade de todos os condôminos, como assentado por este Egrégio Conselho Superior da Magistratura:

REGISTRO DE IMÓVEIS. Dúvida. Condomínio como adquirente de unidade autônoma. Débito condominial a ela correspondente V. Acórdão anterior, em dúvida relativa ao registro do mesmo título, em que reconhecida a viabilidade da aquisição, com fulcro no art. 63, § 3º, da Lei nº 4.591/64, desde que viesse a ser obtida decisão unânime de assembleia geral. Recusa do registro de carta de adjudicação sob o fundamento de que seria necessária a anuência de todos os condôminos. Interpretação incorreta, pois a anuência dos condôminos, que se colhe por decisão unânime de assembleia geral, não se confunde com decisão unânime dos condôminos. Requisito, in casu, preenchido. Ingresso possível. Recurso provido.

Todavia, a construção jurisprudencial, em aplicação analógica (artigo 4º do Decreto-lei 4.657/42 c.c. o artigo 63, § 3º, da Lei 4.591/64), que abre exceção à regra geral inibitória da aquisição imobiliária por ente (condomínio) despido de personalidade jurídica, exige a satisfação simultânea dos seguintes pressupostos: a) primeiro: que a aquisição seja modo de satisfação de crédito decorrente do inadimplemento das despesas condominiais (obrigações propter rem); b) segundo: que a unidade autônoma adquirida seja exatamente aquela em relação à qual está vinculado o débito condominial; c) terceiro: que a aquisição esteja anuída pelos condôminos, mediante decisão unânime de assembleia geral, em que não se deve computar o voto do respectivo condômino inadimplente (por congruência lógica) nem confundir a unanimidade dos votos proferidos na assembleia (imprescindível) com anuências expressa de todos os condôminos (prescindível).

Não procede, pois, o óbice de registro, ao sustentar que a aquisição em pauta carece de concordância de todos os condôminos, desconsiderando a concordância unânime dos presentes em assembleia geral.

Com efeito, é da norma legal (artigo 63, § 3º, da Lei nº 4.591/64), que se invoca para integração analógica, a expressa menção de que a aquisição da unidade pelo condomínio depende de decisão unânime de assembleia geral, que, naturalmente, não equivale à decisão unânime de condôminos.

Fosse a intenção do legislador, na redação do artigo 63, § 3º, da Lei nº 4.591/64 exigir a unanimidade dos condôminos seria essa a sua redação (tal como é a dos artigos 1.343 e 1.351 do Código Civil, bem como a do § 2º do artigo 10 da Lei nº 4.591/64), mas, não empregando tal expressão, e sim a de decisão unânime de assembleia geral, apenas criou um quorum especial consistente na unanimidade dos condôminos presentes à assembleia geral, que não se equivale à unanimidade de todos condôminos.

(...) Ademais, a condição indicada nos precedentes do Conselho Superior da Magistratura - que a aquisição conte com a anuência dos condôminos, por decisão unânime de assembleia geral para este fim convocada e em que, para essa finalidade específica, não terá voto o proprietário da unidade autônoma que gerou as despesas condominiais objeto da execução em que foi a mesma unidade alienada (v.g., CSM, 469-6/1, da Comarca de Jundiaí, j. 06 de dezembro de 2005, rel. Des. José Mário Antonio Cardinale) é não só de cautela por imposição jurisdicional pura, mas deve ter sua leitura amarrada à apontada norma legal aplicada por analogia: daí, o adjetivo unânime em qualificação à decisão da assembleia (tal como a lei), não à anuência dos condôminos. Em outras palavras, a anuência dos condôminos se deve colher em assembleia geral, especialmente convocada para esse fim, bastando, no entanto, a decisão unânime dos condôminos presentes nessa assembleia." (Apelação Cível 829-6/5, Rel. Des. Ruy Camilo, j. 27/5/08)

Repise-se, como ressaltado no excerto transcrito, que a redação do art. 63, §3º, da lei 4591/64 alude a "decisão unânime de Assembléia-Geral", deixando patente que a exigência é de totalidade de votos, mas apenas dentre condôminos presentes à Assembleia.

À míngua de norma específica, aplica-se idêntico raciocínio para a alienação da unidade pelo condomínio. Deveras, a compra do imóvel pelo condomínio edilício não se faz por escopo outro que o de saldar obrigações condominiais inadimplidas. Por conseguinte, o condomínio adquire o bem já com vistas à futura alienação, aproveitando o produto da venda para reforçar suas provisões, prejudicadas pela inadimplência do antigo proprietário.

Desta feita, o mesmo quórum exigido para a aquisição estende-se à venda da unidade condominial. Faz-se, pois, de rigor a unanimidade de votos obtidos em Assembleia Geral, convocada para tal mister, o que, porém, não se confunde com a unanimidade de votos dentre todos os condôminos. Regularmente instalada a Assembleia, impõe-se a totalidade dos votos dos condôminos lá presentes. Despicienda a anuência dos condôminos que também teriam direito a voto, mas não compareceram à Assembleia.

Pertinente, vez mais, a explícita orientação deste Colendo Conselho Superior da Magistratura:

"Registro de Imóveis. Carta de Adjudicação. Aquisição por condomínio edilício. Irresignação parcial, restrita à comprovação de autorização em assembleia geral em virtude de não possuir o condomínio personalidade jurídica. Demais exigências não impugnadas. Autorização em assembleia que deve ser dada, porém, pela unanimidade dos condôminos que dela participam e não por todos os condôminos, como decidido em primeiro grau - Dúvida Prejudicada. Recurso não conhecido.

Justamente porque o condomínio não é um ente com personalidade jurídica própria, em que pese o agrupamento dos interesses dos condôminos, para que a arrematação ou adjudicação seja possível é necessário que a aquisição conte com a anuência dos condôminos, por decisão unânime de assembleia geral em que, para esta finalidade específica, não terá voto o proprietário da unidade autônoma que gerou as despesas condominiais objeto da execução em que foi a mesma unidade arrematada ou adjudicada.

Igual providência, fica desde já consignado, deverá ser observada para a alienação da referida unidade autônoma pelo condomínio, pois dependerá o ato da anuência dos condôminos, manifestada em assembleia geral." (Apelação Cível 885-6/0, Rel. Des Ruy Camilo, j. 7/10/08)

"Registro de imóveis - Dúvida julgada procedente - Transação em ação de execução - Dação em pagamento destinada à quitação de despesas condominiais - Condomínio edilício como adquirente - Registro de carta de sentença - Ausência de personalidade jurídica - Viabilidade da aquisição, em tese, mediante aplicação analógica do artigo 63, § 3º, da Lei nº 4591/64 - Necessidade de aprovação da aquisição em assembléia geral dos condôminos - Impossibilidade de complementação do título no curso da dúvida - Recurso não provido.

Justamente porque o condomínio não é um ente com personalidade jurídica própria, em que pese o agrupamento dos interesses dos condôminos, para que a aquisição mediante arrematação, adjudicação, ou transação seja possível é necessário que a aquisição conte com a anuência dos condôminos, por decisão unânime de assembleia geral para este fim convocada e em que, para essa finalidade específica, não terá voto o proprietário da unidade autônoma que gerou as despesas condominiais objeto da execução em que foi a mesma unidade alienada.

Igual providência, fica desde já consignado, deverá ser observada para a alienação da referida unidade autônoma pelo condomínio, pois dependerá o ato da anuência dos condôminos, manifestada em assembleia geral." (Apelação Cível 469-6/1, Rel. Des. José Mário Antonio Cardinale, j 6/12/05)

Desta feita, indevida a recusa do Sr. Oficial, nego provimento ao recurso.

MANOEL DE QUEIROZ PEREIRA CALÇAS

Corregedor Geral da Justiça e Relator (DJe de 27.02.2018 - SP)

PODER JUDICIÁRIO

TRIBUNAL DE JUSTIÇA DO ESTADO DE SÃO PAULO

CONSELHO SUPERIOR DA MAGISTRATURA

Apelação nº 1044178-18.2017.8.26.0100

Registro: 2018.0000296539

ACÓRDÃO

Vistos, relatados e discutidos estes autos do(a) **Apelação nº 1044178-18.2017.8.26.0100**, da Comarca de **São Paulo**, em que são partes é apelante **CONDOMÍNIO EDIFÍCIO SETE QUEDAS**, é apelado **5º OFICIAL DE REGISTRO DE IMÓVEIS DA CAPITAL.**

ACORDAM, em Conselho Superior de Magistratura do Tribunal de Justiça de São Paulo, proferir a seguinte decisão: **"Negaram provimento ao recurso para manter a recusa do registro do título, v.u."**, de conformidade com o voto do Relator, que integra este Acórdão.

O julgamento teve a participação dos Exmos. Desembargadores **PEREIRA CALÇAS (PRESIDENTE TRIBUNAL DE JUSTIÇA) (Presidente), ARTUR MARQUES (VICE PRESIDENTE), XAVIER DE AQUINO (DECANO), EVARISTO DOS SANTOS(PRES. DA SEÇÃO DE DIREITO PÚBLICO), CAMPOS MELLO (PRES. DA SEÇÃO DE DIREITO PRIVADO) E FERNANDO TORRES GARCIA(PRES. SEÇÃO DE DIREITO CRIMINAL).**

São Paulo, 23 de abril de 2018.

GERALDO FRANCISCO PINHEIRO FRANCO

Corregedor Geral da Justiça e Relator

Apelação nº 1044178-18.2017.8.26.0100

Apelante: Condomínio Edifício Sete Quedas

Apelado: 5º Oficial de Registro de Imóveis da Capital

VOTO Nº 37.341

Registro de imóveis – Registro de convenção de condomínio edilício – Hipóteses em que necessários quóruns especiais de votação que estão especificados na Convenção do Condomínio conforme deliberado pela Assembleia dos Condôminos – Necessidade, porém, de autorização da totalidade dos condôminos para a alteração do projeto, da estrutura e da fachada do edifício, por acarretar modificação que atinge o direito de propriedade e repercute sobre a especificação do condomínio edilício – Recurso não provido, com manutenção da recusa do registro do título.

Trata-se de recurso interposto pelo "Condomínio Edifício Sete Quedas" contra r. decisão da MMª. Juíza Corregedora Permanente do Sr. 5º Oficial de Registro de Imóveis da Comarca de São Paulo que manteve a recusa do registro da Convenção do Condomínio Edilício que, por sua vez, já foi instituído mediante escritura pública objeto das transcrições nºs 25.816 e 27.309, porque previsto quórum inferior à totalidade dos condôminos para a aprovação de obras que importem em alteração do projeto, da estrutura e da fachada do prédio e porque não especificados os quóruns para os diversos tipos de votações a que se referem o art. 9º, § 1º, da Lei nº 4.591/64 e o art. 1.334, III, do Código Civil.

Sustenta o recorrente, em suma, que o condomínio edilício foi instituído em 27 de dezembro de 1954. Afirma que foram originalmente formuladas nove exigências para o registro da convenção do condomínio, todas com fundamento na primeira parte da Lei nº 4.591/64 que, porém, teve seus arts. 1º a 27 revogados pelo Código Civil vigente. Diz que a r. sentença foi omissa na análise da legislação invocada. Assevera que o art. 10, e seus parágrafos, da Lei nº 4.591/64 foram revogados pelos arts. 1.341 e 1.342 do Código Civil, não mais sendo exigível a unanimidade dos condôminos para a alteração do projeto, da estrutura e da fachada do prédio. Por sua vez, o art. 67 da Convenção do Condomínio especifica o quórum especial de votação para o caso de sinistro parcial ou total, ou desapropriação, e esclarece que os condôminos não pretendem promover a construção de novos pavimentos, para conter outras unidades autônomas, a que se refere o art. 1.343 do Código Civil. Requer a reforma da r. sentença.

A douta Procuradoria Geral da Justiça opinou pelo não provimento do recurso (fls. 205/206). É o relatório.

O primeiro ponto a ser apreciado diz respeito à previsão de quórum inferior à totalidade dos condôminos e, em consequência, das frações ideais para as obras que impliquem em alteração na estrutura, no projeto ou na fachada do edifício (cláusula 43, fls. 39).

Em que pese a alegação de modificação legislativa, permanece a necessidade de anuência unânime dos condôminos com as referidas alterações porque repercutem em aspectos inerentes ao direito de propriedade sobre as partes comuns e privativas e, portanto, sobre a instituição e especificação do condomínio.

Conforme Nisske Gondo e J. Nascimento Franco:

"Uma vez registrado o instrumento de instituição do condomínio, exige-se a unanimidade dos co- proprietários, com anuência dos compromissários compradores ou promitentes cessionários de direitos à compra de unidades autônomas, para as alterações que importem em desdobramentos ou unificação de unidades, mudança na destinação das áreas privativas ou comuns, bem como na participação proporcional no terreno e coisas comuns; enfim, para as inovações que possam direta ou indiretamente repercutir sobre os direitos

subjetivos dos condôminos com a finalidade a que inicialmente se destinou o edifício ou suas unidades autônomas, tal como a transformação da casa do zelador, ou de qualquer área comum, em unidade privativa" (*Condomínio em edifícios*, 5ª ed., São Paulo: Revista dos Tribunais, 1988, pág. 15).

Os referidos autores, sobre as modificações que demandam a aprovação unânime dos condôminos, incluem, de forma exemplificativa, a abertura de vão em parede divisória que também seja de sustentação do edifício, porque é de propriedade comum (obra citada, pág. 235), e a abertura de vão, porta ou janela para área de uso comum, porque "**a parede que separa as partes comuns dos apartamentos pertence à comunidade condominial**" (obra citada, pág. 236).

As obras que importam em alteração da estrutura, do projeto e da fachada do edifício não se confundem com aquelas a que se refere o art. 1.342 do Código Civil, destinadas a aumentar a utilização das áreas comuns, nem com as benfeitorias voluptuárias e úteis previstas no art. 1.341, I e II, do mesmo Código, que dependem de aprovação por quóruns de dois terços dos condôminos no primeiro caso e maioria dos condôminos na segunda hipótese.

Assim porque benfeitorias úteis e voluptuárias são as previstas no art. 96 do Código Civil e, em regra, não importam em obras de modificação da estrutura, do projeto e da fachada do edifício que tem partes de propriedade comum e partes de propriedade privativa dos condôminos.

O Código Civil não contém previsão de quórum para essas obras inferior à totalidade dos condôminos, mas contém regras que impõem a anuência dessa totalidade quando as obras alteram a estrutura e o projeto do edifício, como ocorre com a construção de outros pavimentos destinados a conter novas unidades autônomas (art. 1.343) e a mudança da destinação do edifício, ou da unidade imobiliária (art. 1.351, parte final).

Bem por isso, o item 84 do Capítulo XX das Normas de Serviço da Corregedoria Geral da Justiça dispõe que:

A alteração da especificação exige a anuência da totalidade dos condôminos. Cuida-se de norma que mantém consonância com a natureza do condomínio edilício e, mais, com o Código Civil porque a alteração da estrutura do edifício, do projeto ou de sua fachada implica em modificação das partes comuns que pode repercutir na segurança estrutural do prédio e na harmonia arquitetônica da fachada, repercutindo no valor do edifício e das unidades que o compõem, sendo, portanto, mudanças que afetam a propriedade exercida por todos os condôminos, sobre as áreas comuns, nas proporções das frações ideais de suas respectivas unidades (art. 1.331 do Código Civil).

Cabe lembrar que a necessidade de autorização da unanimidade dos titulares de direitos reais de aquisição de unidades autônomas para a alteração do projeto do condomínio, de suas especificações e do plano de construção está presente desde a fase da incorporação imobiliária, dispondo o inciso IV do art. 43 da Lei nº 4.591/64:

IV - é vedado ao incorporador alterar o projeto, especialmente no que se refere à unidade do adquirente e às partes comuns, modificar as especificações, ou desviar-se do plano da construção, salvo autorização unânime dos interessados ou exigência legal;

A jurisprudência, de igual modo, não afasta a obrigatoriedade da autorização da unanimidade dos condôminos para a alteração da fachada do edifício, mesmo na vigência do atual Código Civil, como se verifica no v. acórdão prolatado pelo Eg. Superior Tribunal de Justiça no REsp 1483733/RJ, Rel. Ministro Ricardo Villas Bôas Cueva, Terceira Turma, julgado em 25/08/2015, DJe 01/09/2015, que teve a seguinte ementa:

RECURSO ESPECIAL. CIVIL. CONDOMÍNIO EDILÍCIO. ALTERAÇÃO DE FACHADA. ESQUADRIAS EXTERNAS. COR DIVERSA DA ORIGINAL. ART. 1.336, III, DO CÓDIGO CIVIL. ART. 10 DA LEI Nº 4.591/1964. VIOLAÇÃO CARACTERIZADA. ANUÊNCIA DA INTEGRALIDADE DOS CONDÔMINOS. REQUISITO NÃO CUMPRIDO. DESFAZIMENTO DA OBRA.

1. Cuida-se de ação ajuizada contra condômino para desfazimento de obra que alterou a fachada de edifício residencial, modificando as cores originais das esquadrias (de preto para branco).

2. A instância ordinária admitiu a modificação da fachada pelo fato de ser pouco perceptível a partir da vista da rua e por não acarretar prejuízo direto no valor dos demais imóveis do condomínio.

3. Os arts. 1.336, III, do Código Civil e 10 da Lei nº 4.591/1964 traçam critérios objetivos bastante claros a respeito de alterações na fachada de condomínios edilícios, os quais devem ser observados por todos os condôminos indistintamente.

4. É possível a modificação de fachada desde que autorizada pela unanimidade dos condôminos (art. 10,

§ 2º, da Lei nº 4.591/1946). Requisito não cumprido na hipótese.

5. Fachada não é somente aquilo que pode ser visualizado do térreo, mas compreende todas as faces de um imóvel: frontal ou principal (voltada para rua), laterais e posterior.

6. Admitir que apenas as alterações visíveis do térreo possam caracterizar alteração da fachada, passível de desfazimento, poderia firmar o entendimento de que, em arranha-céus, os moradores dos andares superiores, quase que invísiveis da rua, não estariam sujeitos ao regramento em análise.

7. A mudança na cor original das esquadrias externas, fora do padrão arquitetônico do edifício e não autorizada pela unanimidade dos condôminos, caracteriza alteração de fachada, passível de desfazimento, por ofensa aos arts. 1.336, III, do Código Civil e 10 da Lei nº 4.591/1964.

8. Recurso especial provido. (Grifei).

A conclusão adotada não se altera pela alegação, feita pelo apelante, de revogação dos arts. 1º a 27 da Lei nº 4.591/64, pois a exigência da unanimidade dos condôminos, ou das frações ideais, para a alteração da estrutura, do projeto e da fachada do edifício é exigência compatível tanto com a Lei nº 4.591/64 como com o Código Civil vigente porque, como visto, afeta o direito de propriedade sobre as partes comuns e as privativas que compõem o condomínio edilício e, portanto, repercute sobre a especificação do condomínio.

Ademais, sobre a vigência da Lei nº 4.591/64, Francisco Eduardo Loureiro esclarece, ao comentar o art. 1.331 do Código Civil, que:

Resta apenas saber, no tocante aos arts. 2º a 27, se houve derrogação ou ab-rogação da lei especial pelo atual Código. Embora haja entendimento divergente a respeito, a melhor posição é no sentido de que houve simples derrogação, podendo as regras da lei especial ser aplicadas de modo supletivo às lacunas do CC/2002, desde que não conflitem com os princípios ou as regras posteriores. Prova disso é que o próprio art. 1.332, adiante comentado, dispõe que em relação à instituição do condomínio edilício se aplicam não apenas as regras do próprio CC, como também o disposto em lei especial ("Código Civil Comentado", 9º ed.,Coord. Min. Cezar Peluso, Manole, Barueri, 2015, p. 1.258/1259).

A confirmar esse entendimento encontrasse o art. 8º, alínea "a", da Lei nº 4.591/64 que regulamenta o condomínio edilício formado por casas térreas ou assobradadas, hipótese não prevista no art. 1.331, § 1º, do Código Civil, razão pela qual, nessa espécie de condomínio, continua vigente a lei especial.

Tanto assim que a Lei nº 10.931/2004, que é posterior ao Código Civil de 2002 e que instituiu o art. 31-A da Lei nº 4.591/64, faz expressa referência ao art. 8º da referida Lei nº 4.591/64 ao dispor sobre a constituição do patrimônio de afetação nas incorporações imobiliárias que tenham por objeto os subconjuntos de casas.

Portanto, a melhor interpretação é no sentido de que a primeira parte da Lei nº 4.591/64, que trata do condomínio edilício, continua aplicável nas hipóteses não expressamente previstas no Código Civil, servindo como norte para o preenchimento de lacunas neste contidas.

No que tange ao segundo obstáculo apresentado, a convenção prevê quóruns especiais para matérias que foram consideradas como não sujeitas ao quórum legal (cláusulas 16, § 2º, 35, 38, § 2º, 39, 43, 45, 47, 48, § 2º, 49, alínea"e" e 50, § único).

Diante disso, não há como exigir previsão de quóruns distintos para deliberações sobre matérias não previstas expressamente na convenção, devendo incidir o quórum legal nas eventuais omissões, ficando ressalvada, sempre, a possibilidade de recurso dos interessados às vias ordinárias para solução de litígios que as deliberações em assembleia possam originar.

Contudo, havendo exigência não suprida pelo apelante, relativa ao quórum para alteração da estrutura, do projeto e da fachada do edifício, prevalece a recusa do registro da Convenção do Condomínio.

Ante o exposto, nego provimento ao recurso para manter a recusa do registro do título.

GERALDO FRANCISCO PINHEIRO FRANCO

Corregedor Geral da Justiça e Relator (DJe de 18.05.2018 - SP)

PODER JUDICIÁRIO

TRIBUNAL DE JUSTIÇA DO ESTADO DE SÃO PAULO

CONSELHO SUPERIOR DA MAGISTRATURA

Apelação nº 1025556-75.2017.8.26.0071

Registro: 2018.0000378225

ACÓRDÃO

Vistos, relatados e discutidos estes autos do(a) **Apelação nº 1025556-75.2017.8.26.0071**, da Comarca de **Bauru**, em que são partes é apelante **HENRIQUE CARANI COUBE**, é apelado **PRIMEIRO OFICIAL DE REGISTRO DE IMÓVEIS E ANEXOS DA COMARCA DE BAURU/SP.**

ACORDAM, em Conselho Superior de Magistratura do Tribunal de Justiça de São Paulo, proferir a seguinte decisão: **"Rejeitaram a preliminar e deram provimento à apelação, para julgar a dúvida improcedente e determinar o ingresso da escritura pública de renúncia ao direito de propriedade por condômina em condomínio geral, v.u."**, de conformidade com o voto do Relator, que integra este Acórdão.

O julgamento teve a participação dos Exmos. Desembargadores **PEREIRA CALÇAS (PRESIDENTE TRIBUNAL DE JUSTIÇA) (Presidente), ARTUR MARQUES (VICE PRESIDENTE), XAVIER DE AQUINO (DECANO), EVARISTO DOS SANTOS(PRES. DA SEÇÃO DE DIREITO PÚBLICO), CAMPOS MELLO (PRES. DA SEÇÃO DE DIREITO PRIVADO) E FERNANDO TORRES GARCIA(PRES. SEÇÃO DE DIREITO CRIMINAL).**

São Paulo, 15 de maio de 2018.

PINHEIRO FRANCO

CORREGEDOR GERAL DA JUSTIÇA E RELATOR

Apelação nº 1025556-75.2017.8.26.0071

Apelante: Henrique Carani Coube

Apelado: Primeiro Oficial de Registro de Imóveis e Anexos da Comarca de Bauru/SP

VOTO Nº 37.305

Registro de imóveis – Condomínio Geral – Renúncia de Condômino – Renúncia incondicional e imotivada – Aplicação da regra geral de extinção da propriedade imóvel por renúncia constante do artigo 1.275, inciso II, do Código Civil – Ingresso do título de renúncia – Recurso provido.

Trata-se de recurso de apelação interposto pelo Sr. Henrique Carani Coube contra a r. sentença de fls. 55/56, que julgou procedente a dúvida suscitada pelo 1º Oficial de Registro de Imóveis e Anexos da Comarca de Bauru mantendo a recusa do ingresso de renúncia à propriedade efetuada por condômina em condomínio geral.

Sustenta o apelante, em preliminar, nulidade da r. sentença por falta de fundamentação e no mérito a possibilidade do registro da renúncia à propriedade imóvel por se cuidar de ato unilateral (fls. 64/80).

A D. Procuradoria Geral de Justiça opinou pelo provimento do recurso (fls. 102/104).

É o relatório.

A r. sentença, apesar de sucinta, enfrentou os pontos fundamentais das questões postas, mantendo a qualificação registral negativa efetuada pelo Sr. Oficial.

Afasto, portanto, a preliminar de nulidade da sentença.

A propriedade por ser um direito real patrimonial permite o exercício de disposição por seu titular, enquanto exercício da autonomia privada.

A renúncia é um dos modos de disposição do direito de propriedade, pelo qual o titular do direito real efetua declaração negocial voltada à extinção daquele.

De acordo com Miguel Maria de Serpa Lopes (*Tratado dos registros públicos*. v. IV. Brasília: Brasília Jurídica, 1997, p. 158):

> *A verdadeira renúncia é a abdicativa. Pode ser definida como o ato unilateral em que se manifesta a vontade de perder um direito com a completa ausência de uma intenção principal e direta de com isso outorgar uma vantagem a quem quer que seja.*

A renúncia por encerrar um negócio jurídico unilateral e incondicional, não depende da aceitação de terceiro; cuidando-se, de acordo com Francisco Eduardo Loureiro (*Código civil comentado*. Barueri: Manole, 2015, p. 1.203) de declaração de vontade não receptícia.

Entretanto, a renúncia não pode afetar direitos de terceiros, ocorrendo isso, há necessidade do consentimento dos titulares dos direitos afetados, nesse sentido José Alberto C. Vieira (*Direitos reais*. Coimbra: Coimbra, 2008, p. 448/449) menciona:

> *Encontrando-se o direito de usufruto onerado, o poder de disposição é afectado pela medida da oneração. Como resultado, sempre que o titular do direito real cause com a renúncia a extinção de outros direitos reais sobre a coisa, ele deve obter antecipadamente o consentimento dos titulares dos direitos implicados.*

A renúncia ao direito de propriedade também não é cabível na hipótese do exercício abusivo de posição jurídica. Nesse sentido, há precedente deste Conselho Superior da Magistratura, como se observa do voto do Des. Ruy

Camilo, Corregedor Geral da Justiça à época, na apelação cível nº 957-6/9, j. 11.11.08:

A renúncia pretendida pela apelada altera claramente o loteamento registrado, pois reduz a área total da gleba loteada e, ainda, põe em risco a continuidade da proteção ao manancial, visto que, em essência, terá como resultado prático o abandono da área, transferindo à coletividade o ônus de sua preservação, além de retirar dos adquirentes dos lotes uma área de natureza preservada, que estava prevista originalmente no projeto que foi aprovado e registrado.

No caso em julgamento, a renúncia ao direito de propriedade foi efetuada por condômina, titular da quarta parte do imóvel em condomínio geral.

O Oficial do Registro Imobiliário entendeu pela necessidade da participação dos demais condôminos para o ingresso do título, fundado nas disposições do artigo 1.316 do Código Civil que dispõe:

Art. 1.316. Pode o condômino eximir-se do pagamento das despesas e dívidas, renunciando à parte ideal.

§ 1º Se os demais condôminos assumem as despesas e as dívidas, a renúncia lhes aproveita, adquirindo a parte ideal de quem renunciou, na proporção dos pagamentos que fizerem.

§ 2º Se não há condômino que faça os pagamentos, a coisa comum será dividida.

A renúncia constante dessa previsão legal não tem a finalidade única de extinção do direito real, porquanto motivada pela exoneração das obrigações *propter rem* da responsabilidade do condômino renunciante.

Seja como for, como consta da escritura pública de fls. 10/11 e documento de fls. 12, não há qualquer dívida sobre o imóvel da parte da renunciante ou dos demais condôminos, portanto, a natureza jurídica da renúncia em exame é puramente abdicativa e incondicional objetivando despedir-se do direito de propriedade. Além disso, também é do corpo da escritura a notícia da existência de ação de usucapião do mesmo imóvel, movida pela renunciante em face dos demais condôminos, a qual, aquela, igualmente, providenciará a renúncia e desistência (a fls. 11).

Diante disso, a renúncia à propriedade imóvel pela condômina segue a regra geral do artigo 1.275, inciso II, do Código Civil, cujos efeitos são subordinados ao registro do título.

A esta altura é possível concluir pela não ofensa de direitos de terceiros até porque a propriedade é o direito real mais amplo, a inexistência de elementos para se apurar exercício abusivo de direito, bem como a não incidência da especificidade das disposições do artigo 1.316 do Código Civil, destarte, compete o ingresso do título no registro imobiliário face ao caráter unilateral e incondicional da renúncia.

Por todo o exposto, pelo meu voto, rejeito a preliminar e dou provimento à apelação, para julgar a dúvida improcedente e determinar o ingresso da escritura pública de renúncia ao direito de propriedade por condômina em condomínio geral.

GERALDO FRANCISCO PINHEIRO FRANCO
Corregedor Geral da Justiça e Relator (DJe de 18.06.2018 - SP)

CONFERÊNCIA DE BENS

PODER JUDICIÁRIO

TRIBUNAL DE JUSTIÇA DO ESTADO DE SÃO PAULO

CONSELHO SUPERIOR DA MAGISTRATURA

Apelação nº 1017702-95.2017.8.26.0114

Registro: 2018.0000266223

ACÓRDÃO

Vistos, relatados e discutidos estes autos do(a) **Apelação nº 1017702-95.2017.8.26.0114**, da Comarca de **Campinas**, em que são partes é apelante **DBZ ADMINISTRAÇÃO, GESTÃO DE ATIVOS E SERVIÇOS IMOBILIÁRIOS LTDA.**, é apelado **2º OFICIAL DE REGISTRO DE IMÓVEIS DA COMARCA DE CAMPINAS.**

ACORDAM, em Conselho Superior de Magistratura do Tribunal de Justiça de São Paulo, proferir a seguinte decisão: **"Deram provimento ao recurso e julgaram improcedente a dúvida, v.u. Declarou-se impedido o Desembargador Xavier de Aquino."**, de conformidade com o voto do Relator, que integra este Acórdão.

O julgamento teve a participação dos Exmos. Desembargadores **PEREIRA CALÇAS (PRESIDENTE TRIBUNAL DE JUSTIÇA) (Presidente), ARTUR MARQUES (VICE PRESIDENTE), XAVIER DE AQUINO (DECANO), EVARISTO DOS SANTOS(PRES. DA SEÇÃO DE DIREITO PÚBLICO), CAMPOS MELLO (PRES. DA SEÇÃO DE DIREITO PRIVADO) E FERNANDO TORRES GARCIA(PRES. SEÇÃO DE DIREITO CRIMINAL).**

São Paulo, 10 de abril de 2018.

GERALDO FRANCISCO PINHEIRO FRANCO

Corregedor Geral da Justiça e Relator

Apelação nº 1017702-95.2017.8.26.0114

Apelante: DBZ Administração, Gestão de Ativos e Serviços Imobiliários Ltda.

Apelado: 2º Oficial de Registro de Imóveis da Comarca de Campinas

VOTO Nº 37.313

Registro de Imóveis – Negativa de registro de conferência de bens imóveis para integralização do capital social de empresa – Apresentação de CND – Exigência afastada, conforme posição do CNJ, do CSM e nos termos das NSCGJ – Recurso provido.

Cuida-se de recurso de apelação interposto por DBZ ADMINISTRAÇÃO, GESTÃO DE ATIVOS E SERVIÇOS IMOBILIÁRIOS LTDA, contra r. sentença que julgou procedente dúvida, quanto à exigibilidade de certidão negativa de tributos federais e contribuições previdenciárias CND.

Sustenta a recorrente a inexigibilidade da CND para o registro da integralização do capital social da empresa dos imóveis objetos das matrículas nº 2.999 e 13.595, embasando suas razões na legislação e em decisões deste E. Conselho Superior da Magistratura.

A D. Procuradoria Geral de Justiça opinou pelo desprovimento do recurso, mantida a procedência da dúvida.

É o relatório.

Presentes seus pressupostos legais e administrativos, conheço do recurso.

No mérito, respeitando o entendimento do MM. Juiz sentenciante, assim como da D. Procuradoria de Justiça, o recurso deve ser provido.

Cuida-se do registro de alteração de contrato social, com o objetivo de conferir de bens para integralização de capital social de empresa.

O ingresso da carta foi negado, com expedição de nota devolutiva contendo a exigência de apresentação de certidão negativa relativa a tributos federais e contribuições previdenciárias em nome da transmitente (Lei 8.212/91, art. 47, I, *b*).

O tema objeto do debate não é novo. Tampouco é unânime na doutrina quanto à possibilidade de afastamento dessa exigência pela via administrativa.

Nada obstante, há diversos precedentes deste E. Conselho Superior da Magistratura quanto à inexigibilidade da certidão negativa de tributos federais (CND) para ingresso de títulos no registro de imóveis **[1]**.

De fato, a exigência da CND pode configurar forma heterodoxa e atípica de exigibilidade de débitos tributários, sem o devido processo legal, em afronta à Constituição Federal, por traduzir verdadeira sanção política ao jurisdicionado.

O próprio Supremo Tribunal Federal, em diversas ocasiões, já se posicionou pela inconstitucionalidade de atos do Poder Público que traduzam exercício abusivo e coercitivo de exigência de obrigações tributárias, inclusive com natureza de contribuições previdenciárias.

Tal entendimento se encontra consubstanciada em enunciados da Suprema Corte (Súmulas 70, 323 e 547), no sentido de que a imposição, pela autoridade fiscal, de restrições de índole punitiva, quando motivada tal limitação pela mera inadimplência do contribuinte, revela-se contrária às liberdades públicas ora referidas (RTJ 125/395, Rel. Min. OCTAVIO GALLOTTI), conforme voto do E. Ministro CELSO DE MELLO:

O fato irrecusável, nesta matéria, como já evidenciado pela própria jurisprudência desta Suprema Corte, é que o Estado não pode valer-se de meios indiretos de coerção, convertendo-os em instrumentos de acertamento da relação tributária, para, em função deles e mediante interdição ou grave restrição ao exercício da atividade empresarial, econômica ou profissional constranger o contribuinte a adimplir obrigações fiscais eventualmente em atraso **[2]**.

A doutrina reiteradamente citada vai nesse mesmo sentido quanto à impossibilidade de cobrança atípica, em ofensa ao *due process of law*:

"Em Direito Tributário a expressão sanções políticas corresponde a restrições ou proibições impostas ao contribuinte, como forma indireta de obrigá-lo ao pagamento do tributo, tais como a interdição do estabelecimento, a apreensão de mercadorias, o regime especial de fiscalização, entre outras. Qualquer que seja a restrição que implique cerceamento da liberdade de exercer atividade lícita é inconstitucional, porque contraria o disposto nos artigos 5º, inciso XIII, e 170, parágrafo único, do Estatuto Maior do País. (...) São exemplos mais comuns de sanções políticas a apreensão de mercadorias sem que a presença física destas seja necessária para a comprovação do que o fisco aponta como ilícito; o denominado regime especial de fiscalização; a recusa de autorização para imprimir notas fiscais; a inscrição em cadastro de inadimplentes com as restrições daí decorrentes; a recusa de certidão negativa de débito quando não existe lançamento consumado contra o contribuinte; a suspensão e até o cancelamento da inscrição do contribuinte no respectivo cadastro, entre muitos outros. Todas essas práticas são flagrantemente inconstitucionais, entre outras razões, porque: a) implicam indevida restrição ao direito de exercer atividade econômica, independentemente de autorização de órgãos públicos, assegurado pelo art. 170, parágrafo único, da vigente Constituição Federal; e b) configuram cobrança sem o devido processo legal, com grave violação do direito de defesa do contribuinte, porque a autoridade que a este impõe a restrição não é a autoridade competente para apreciar se a exigência é ou não legal." **[3]**

A matéria já se encontra normatizada no âmbito administrativo nesta Corte, conforme Item 119.1 do Capítulo XX das Normas de Serviço Extrajudicial:

119.1. Com exceção do recolhimento do imposto de transmissão e prova de recolhimento do laudêmio, quando devidos, **nenhuma exigência relativa à quitação de débitos para com a Fazenda Pública, inclusive quitação de débitos previdenciários, fará o oficial, para o registro de títulos particulares, notariais ou judiciais** **[4]**. (g.n).

Não bastasse a mencionada previsão normativa, recentemente, o C. Conselho Nacional de Justiça (CNJ), no julgamento do Pedido de Providências n° 0001230-82.2015.2.00.000, por votação unânime, firmou entendimento de que, reconhecida a inconstitucionalidade do art. 1º, inciso IV, da Lei nº 7.711/88 (ADI 394), não há mais que se falar em comprovação de quitação de créditos tributários, de contribuições federais e de outras imposições para o ingresso de qualquer título do registro de imóveis.

Neste cenário, a exigência imposta deve ser afastada.

Por essas razões, dou provimento ao recurso e julgo improcedente a dúvida.

GERALDO FRANCISCO PINHEIRO FRANCO

Corregedor Geral da Justiça e Relator

Notas:

[1] CSM, Apelação n° 0004526-23.2015.8.26.0539. Rel. Desembargador PEREIRA CALÇAS, Apelação n° 0006907-12.2012.8.26.0344, Rel. Desembargador RENATO NALINI.

[2] STF, RE 666405/RS.

[3] MACHADO, Hugo De Brito, *Sanções Políticas no Direito Tributário*, Revista Dialética e Direito Tributário nº 30, p. 46/47.

[4] CTN, art. 192; CPC, arts. 1.026 e 1.031 e Proc. CG 61.983/82; Apelação nº 006907-12.2012.8.26.0344, Marília (SP); NSCGJSP, XIV, 59.2. (DJe de 26.07.2018 - SP)

DAÇÃO EM PAGAMENTO

PODER JUDICIÁRIO

TRIBUNAL DE JUSTIÇA DO ESTADO DE SÃO PAULO

CONSELHO SUPERIOR DA MAGISTRATURA

Apelação nº 1024222-11.2015.8.26.0577

Registro: 2018.0000429243

ACÓRDÃO

Vistos, relatados e discutidos estes autos da **Apelação nº 1024222-11.2015.8.26.0577**, da Comarca de **São José dos Campos**, em que é apelante **MINISTÉRIO PÚBLICO DO EST. DE SP**, é apelado **PROGRESSO EMPREENDIMENTOS IMOBILIÁRIOS LTDA**.

ACORDAM, em Conselho Superior de Magistratura do Tribunal de Justiça de São Paulo, proferir a seguinte decisão: **"Negaram provimento à apelação, v.u."**, de conformidade com o voto do Relator, que integra este Acórdão.

O julgamento teve a participação dos Exmos. Desembargadores **PEREIRA CALÇAS (PRESIDENTE TRIBUNAL DE JUSTIÇA) (Presidente), ARTUR MARQUES (VICE PRESIDENTE), XAVIER DE AQUINO (DECANO), EVARISTO DOS SANTOS(PRES. DA SEÇÃO DE DIREITO PÚBLICO), CAMPOS MELLO (PRES. DA SEÇÃO DE DIREITO PRIVADO) E FERNANDO TORRES GARCIA(PRES. SEÇÃO DE DIREITO CRIMINAL)**.

São Paulo, 24 de maio de 2018.

GERALDO FRANCISCO PINHEIRO FRANCO

Corregedor Geral da Justiça e Relator

Apelação nº 1024222-11.2015.8.26.0577

Apelante: Ministério Público do Estado de São Paulo

Apelado: Progresso Empreendimentos Imobiliários Ltda.

VOTO Nº 37.345

Registro de Imóveis – Escritura pública de dação em pagamento – Qualificação negativa

– Questionamento a respeito da base de cálculo utilizada para recolhimento do imposto sobre transmissão de bens móveis - ITBI – Análise pela oficial registradora, na matéria concernente ao imposto de transmissão, que deve se ater ao seu recolhimento, sem alcançar o valor – Não configuração de flagrante irregularidade no recolhimento – Recolhimento antecipado de ITBI que não afronta as NSCGJ – Precedente do C. Conselho Superior da Magistratura – Dúvida julgada improcedente para afastar a exigência de recolhimento de alegada diferença do imposto devido à Municipalidade – Apelação não provida.

Trata-se de recurso de apelação **[1]** interposto pelo *Ministério Público do Estado de São Paulo* contra a sentença proferida pelo MM. Juiz Corregedor Permanente do 1º Oficial de Registro de Imóveis, Títulos e Documentos e Civil de Pessoas Jurídicas de São José dos Campos SP, que julgou improcedente a dúvida registrária e afastou o óbice imposto pela registradora referente à exigência de recolhimento da diferença devida a título de ITBI **[2]**. Alega, em síntese, que à registradora compete realizar rigorosa fiscalização do recolhimento dos tributos incidentes sobre o ato a ser registrado, sob pena de, não o fazendo, ser responsabilizada civil e até criminalmente. Sustenta que o registro deve ser recusado em situações excepcionais, como ocorre no caso concreto em que a diferença a recolher é significativa, de forma que a exigência formulada pela registradora deve ser mantida.

A apelada apresentou contrarrazões **[3]**.

A Procuradoria de Justiça opinou pelo não provimento da apelação **[4]**. A apelada, então, reiterou suas anteriores manifestações nos autos **[5]**. *É o relatório.*

O dissenso versa sobre a possibilidade de registro da Escritura de Dação em Pagamento, lavrada em 08 de julho de 2015, tendo por objeto o imóvel matriculado sob nº 97.682, dado em pagamento por Jenny Velloso para *Progresso Empreendimentos Imobiliários Ltda.*, pelo valor de R$ 81.645,00, em troca de participação societária no percentual indicado no Instrumento Particular de Constituição de Sociedade em Conta de Participação firmado pelas partes.

A Oficial do 1º Cartório de Registro de Imóveis, Títulos e Documentos e Civil de Pessoas Jurídicas de São José dos Campos SP desqualificou o título e exigiu o recolhimento da diferença do Imposto de Transmissão de Bens Imóveis ITBI devido à Prefeitura Municipal de São José dos Campos, referente ao negócio jurídico celebrado, em montante a ser calculado com base no valor venal do imóvel. Aduz a registradora que a certidão de quitação de ITBI apresentada com o título refere-se ao recolhimento realizado em 23 de janeiro de 2015, data em que o imóvel ainda se encontrava cadastrado como rural e, portanto, tendo como base de cálculo o valor da transação, ou seja, R$ 81.645,00. Ocorre que, no momento da transmissão da propriedade, o imóvel já havia passado a ser considerado urbano, o que enseja a mudança da base de cálculo para o pagamento do imposto, na medida em que o valor venal do imóvel excede o valor da transação (art. 5º da Lei Complementar Municipal nº 383/2009).

A exigência formulada pela Oficial para registro do título, contudo, não se sustenta. Este C. Conselho Superior da Magistratura vem decidindo que ao registrador compete verificar tão somente o recolhimento dos tributos relativos aos atos cuja prática lhe é atribuída, pois não lhe cabe discutir o valor recolhido, matéria de interesse exclusivo da Fazenda Pública, a quem a lei reserva os meios próprios para haver do contribuinte diferenças de recolhimento de impostos que entenda devidas. Sobre o tema:

"Assentou-se orientação, neste Conselho Superior, no sentido de que o elastério conferido ao artigo 289 da Lei 6.015/73, e agora ao artigo 30, XI, da Lei 8.935, é o de que ao serventuário compete verificar tão só a ocorrência do pagamento do imposto relativo aos atos cuja prática lhe é acometida. Ou seja, no caso, em que se busca a prática de ato registrário, a qualificação do Oficial, na matéria concernente ao imposto de transmissão, não vai além da aferição sobre seu recolhimento, e não sobre a integralidade de seu valor. Com efeito, qualquer diferença de imposto deve ser reclamada pela Fazenda na esfera própria **[6]**."

Na mesma linha, foi decidido no julgamento da Apelação nº 0002604-73.2011.8.26.0025, em voto da lavra do então Excelentíssimo Corregedor Geral da Justiça, Desembargador José Renato Nalini, que:

"A falha apontada pelo Oficial envolve questão de questionamento no âmbito do direito material.

Não foi atacada a regularidade formal do título nem mesmo a temporalidade do recolhimento ou o ato em si. Ao contrário, a exigência envolve exame substancial do montante do pagamento do imposto devido, que é atribuição dos órgãos fazendários competentes, sendo que seu questionamento mereceria a participação da Fazenda Pública, principal Interessada.

Ao Oficial cabe fiscalizar, sob pena de responsabilização pessoal, a existência da arrecadação do imposto previsto e a oportunidade em que foi efetuada. O montante, desde que não seja flagrantemente equivocado, extrapola a sua função.

Neste sentido é o parecer da D. Procuradora de Justiça, citando precedente deste E. Conselho Superior da Magistratura (Apelação Cível 996-6/6, de 09/12/2008)."

Desse modo, extrapolou a registradora suas atribuições, pois não lhe cabe atuar como agente fiscal, exigindo a complementação do imposto pago.

Veja-se que, no caso concreto, o valor da transação que constou na escritura de dação em pagamento foi o mesmo utilizado para o cálculo do ITBI (R$ 81.645,00), lançado em 12 de janeiro de 2015, quando o imóvel ainda estava cadastrado como rural junto ao INCRA.

E muito embora a Escritura de Dação em Pagamento somente tenha sido lavrada em 08 de julho de 2015 **[7]**, ou seja, meses depois do recolhimento do imposto de transmissão, já decidiu este C. Conselho Superior da Magistratura pela inexistência de irregularidade nessa hipótese. A propósito, merece ser transcrito trecho de voto proferido então Corregedor Geral de Justiça, Desembargador Pereira Calças, ao analisar caso bastante semelhante envolvendo recolhimento de ITBI na Comarca de São José dos Campos/SP:

"Dispõe o item 15 do Capítulo XIV das NSCGJ:

15. O Tabelião de Notas manterá arquivos para os seguintes documentos necessários à lavratura dos atos notariais, em papel, microfilme ou documento eletrônico:

(...);

b) comprovante ou cópia autenticada do pagamento do Imposto sobre Transmissão Inter Vivos de Bens Imóveis, de direitos reais sobre imóveis e sobre cessão de direitos a sua aquisição ITBI e do Imposto sobre Transmissão Causa Mortis e Doação ITCMD, quando incidente sobre o ato, ressalvadas as hipóteses em que a lei autorize a efetivação do pagamento após a sua lavratura;

Pelas Normas de Serviço, salvo autorização legal expressa, o comprovante de recolhimento de ITBI deve ser apresentado no momento da lavratura da escritura de compra e venda.

Assim, ainda que o fato gerador do ITBI ocorra somente com a transmissão da propriedade o que ocorre com o registro do título na serventia imobiliária , fato é que as NSCGJ exigem que o tributo seja recolhido, em regra, de forma antecipada, no caso, antes mesmo da lavratura da escritura Pública (...)" (grifo no original) **[8]**.

Destarte, segundo as NSCGJ, o comprovante de recolhimento de imposto de transmissão de bens imóveis, salvo autorização legal expressa, deve ser apresentado no momento da lavratura do ato notarial. Ou seja, o recolhimento do tributo, em regra, é feito antes mesmo da ocorrência do fato gerador do ITBI, ou seja, da transmissão da propriedade do imóvel o que se dá com o registro do título no fólio real.

E tal como no precedente transcrito, também aqui o recolhimento não foi feito em data aleatória, mas sim, em 23 de janeiro de 2015, ou seja, poucos dias após a assinatura da minuta do contrato constitutivo de sociedade em conta de participação **[9]**. Por outro lado, foi apresentada certidão expedida pela Prefeitura de São José dos Campos/SP, atestando a inexistência de débitos tributários relativos ao imóvel em questão **[10]**.

Nesse cenário, caberá apenas ao Município, se constatado recolhimento a menor, efetuar o lançamento da diferença e se valer dos meios adequados para a respectiva cobrança.

Por conseguinte, não estando configurado flagrante equívoco no recolhimento do ITBI, correto o afastamento do óbice ao registro, devendo ser mantida a sentença proferida pelo MM. Juiz Corregedor Permanente.

Nesses termos, pelo meu voto, **nego provimento** à apelação.

GERALDO FRANCISCO PINHEIRO FRANCO

Corregedor Geral da Justiça e Relator

Notas:

[1] Fls. 128/129.

[2] Fls. 120/122.

[3] Fls. 133/147.

[4] Fls. 170/171.

[5] Fls. 174/192.

[6] *CSMSP - APELAÇÃO CÍVEL: 28.382-0/7. LOCALIDADE: São Paulo. DATA JULGAMENTO: 28/09/1995. DATA DJ: 07/12/1995. Relator: Antônio Carlos Alves Braga.* No mesmo sentido: *Apelação Cível n.º 22.679-0/9.*

[7] Fls. 10/16.

[8] *TJSP - Apelação nº: 1024158-98.2015.8.26.0577 - Relator(a): Pereira Calças - Comarca: São José dos Campos - Órgão julgador: Conselho Superior de Magistratura - Data do julgamento: 25/08/2017*

- *Data de publicação: 30/08/2017 - Data de registro: 30/08/2017.*

[9] Fls. 57/68.

[10] Fls. 17/19. (DJe de 26.07.2018 - SP)

DESAPROPRIAÇÃO

PODER JUDICIÁRIO

TRIBUNAL DE JUSTIÇA DO ESTADO DE SÃO PAULO

CONSELHO SUPERIOR DA MAGISTRATURA

Apelação nº 1001928-88.2017.8.26.0481

Registro: 2018.0000234926

ACÓRDÃO

Vistos, relatados e discutidos estes autos do(a) **Apelação nº 1001928-88.2017.8.26.0481**, da Comarca de **Presidente Epitácio**, em que são partes é apelante **CONCESSIONARIA AUTO RAPOSO TAVARES S/A - CART**, é apelado **OFICIAL DE REGISTRO DE IMÓVEIS E ANEXOS DE PRESIDENTE EPITÁCIO.**

ACORDAM, em Conselho Superior de Magistratura do Tribunal de Justiça de São Paulo, proferir a seguinte decisão: **"Negaram provimento ao recurso, com observação, v.u."**, de conformidade com o voto do Relator, que integra este Acórdão.

O julgamento teve a participação dos Exmos. Desembargadores **PEREIRA CALÇAS (PRESIDENTE TRIBUNAL DE JUSTIÇA) (Presidente), ARTUR MARQUES (VICE PRESIDENTE), XAVIER DE AQUINO (DECANO), EVARISTO DOS SANTOS(PRES. DA SEÇÃO DE DIREITO PÚBLICO), CAMPOS MELLO (PRES. DA SEÇÃO DE DIREITO PRIVADO) E FERNANDO TORRES GARCIA(PRES. SEÇÃO DE DIREITO CRIMINAL).**

São Paulo, 28 de março de 2018.

PINHEIRO FRANCO

CORREGEDOR GERAL DA JUSTIÇA E RELATOR

Apelação nº 1001928-88.2017.8.26.0481

Apelante: CONCESSIONARIA AUTO RAPOSO TAVARES S/A - CART

Apelado: Oficial de Registro de Imóveis e Anexos de Presidente Epitácio

VOTO N.º 37.318

Registro de imóveis – Desapropriação parcial de área rural – Aquisição originária da propriedade – Rodovia em área rural – Cabimento do georreferenciamento em cumprimento à Lei de Registros Públicos (artigos 176, § 1º, 3 "a", 176, §§ 3º e 5º, e 225, § 3º) e ao princípio da especialidade objetiva – Recurso não provido, com observação.

Trata-se de recurso de apelação interposto pela Concessionária Auto Raposo Tavares S.A. contra a r. sentença de fls. 159/161, que julgou procedente a dúvida suscitada pelo Sr. Oficial de Registro de Imóveis e Anexos da Comarca de Presidente Epitácio mantendo a recusa do ingresso de carta de adjudicação em razão da ausência de georreferenciamento.

Sustenta o apelante cuidar-se de desapropriação de imóvel rural que passou a ser um trecho de rodovia não cabendo a exigência de georreferenciamento e sim o registro da carta de adjudicação (fls. 173/180).

A D. Procuradoria Geral da Justiça opinou pelo não provimento do recurso (fls. 202/205).

É o relatório.

A natureza judicial do título apresentado não impede sua qualificação registral quanto aos aspectos extrínsecos ou aqueles que não foram objeto de exame pela Autoridade Jurisdicional.

O item 119, do Capítulo XX, das Normas de Serviço da Corregedoria Geral da Justiça é expresso acerca do dever do Oficial do Registro de Imóveis a tanto, como se constata de sua redação:

> *119. Incumbe ao oficial impedir o registro de título que não satisfaça os requisitos exigidos pela lei, quer sejam consubstanciados em instrumento público ou particular, quer em atos judiciais.*

Essa questão é pacífica nos precedentes administrativos deste órgão colegiado, entre muitos, confira-se trecho do voto do Desembargador Manoel de Queiroz Pereira Calças, Corregedor Geral da Justiça à época, na apelação n. 0001561-55.2015.8.26.0383, j. 20.07.17:

> *A origem judicial do título não afasta a necessidade de sua qualificação registral, com intuito de se obstar qualquer violação ao princípio da continuidade (Lei 6.015/73, art. 195).*
>
> *Nesse sentido, douto parecer da lavra do então Juiz Assessor desta Corregedoria Geral de Justiça, Álvaro Luiz Valery Mirra, lançado nos autos do processo n.º 2009/85.842, que, fazendo referência a importante precedente deste Colendo Conselho Superior da Magistratura (Apelação Cível n.º 31.881-0/1), aduz o que segue:*
>
> *"De início, cumpre anotar, a propósito da matéria, que tanto esta Corregedoria Geral da Justiça quanto o Colendo Conselho Superior da Magistratura*

têm entendido imprescindível a observância dos princípios e regras de direito registral para o ingresso no fólio real - seja pela via de registro, seja pela via de averbação - de penhoras, arrestos e seqüestros de bens imóveis, mesmo considerando a origem judicial de referidos atos, tendo em conta a orientação tranquila nesta esfera administrativa segundo a qual a natureza judicial do título levado a registro ou a averbação não o exime da atividade de qualificação registral realizada pelo oficial registrador, sob o estrito ângulo da regularidade formal (Ap. Cív. n. 31.881-0/1)".

A aquisição da propriedade imóvel por meio de desapropriação encerra forma originária de aquisição da propriedade.

Nesse sentido, o voto do Desembargador José Renato Nalini, Corregedor Geral da Justiça ao momento do julgamento da apelação n. 0001026-61.2011.8.26.0062, em 17/01/2013:

A desapropriação, amigável ou judicial, concluída extrajudicialmente, na via administrativa, ou por meio de processo litigioso, com a intervenção do Poder Judiciário, revela-se, sempre, um modo originário de aquisição da propriedade: inexiste um nexo causal entre o passado, o estado jurídico anterior, e a situação atual.

A propriedade adquirida, com o aperfeiçoamento da desapropriação, liberta-se de seus vínculos anteriores, desatrela-se dos títulos dominiais pretéritos, dos quais não deriva e com os quais não mantém ligação, tanto que não poderá ser reivindicada por terceiros e pelo expropriado (artigo 35 do Decreto-lei n.° 3.365/1941), salvo no caso de retrocessão.

A jurisprudência do Superior Tribunal de Justiça também tem essa compreensão:

PROCESSO CIVIL E TRIBUTÁRIO. RECURSO ESPECIAL. ENUNCIADO ADMINISTRATIVO N. 3/STJ. DESAPROPRIAÇÃO. AQUISIÇÃO ORIGINÁRIA DE PROPRIEDADE. EXIGIBILIDADE DE TRIBUTOS ANTERIORES AO ATO DESAPROPRIATÓRIO. AUSÊNCIA DE RESPONSABILIDADE DO ENTE EXPROPRIANTE. RECURSO ESPECIAL NÃO PROVIDO. 1. No caso em tela o recorrente exige do ente expropriante, em execução fiscal, os tributos (IPTU e Taxa de Limpeza Pública de Coleta de Resíduos Sólidos) incidentes sobre o imóvel desapropriado, derivados de fatos geradores ocorridos anteriormente ao ato expropriatório. 2. Considerando o período de ocorrência do fato gerador de tais tributos, e, levando-se em consideração que a desapropriação é ato de aquisição originária de propriedade, não há a transferência de responsabilidade tributária prevista no artigo 130 do CTN ao ente expropriante. 3. Recurso especial não provido. (REsp 1668058/ES, Rel. Ministro MAURO CAMPBELL MARQUES, SEGUNDA TURMA, julgado em 08/06/2017, DJe 14/06/2017).

A natureza originária da aquisição pela desapropriação não descaracteriza a submissão dessa situação jurídica à hipótese de desmembramento de imóvel rural, porquanto a área desapropriada, da ordem de 9.923,41 m2, foi destacada do imóvel matriculado sob o n. 6.797, com área total de 150,85 hectares.

O artigo 176, parágrafo 3º, da lei n. 6.015/73, dispõe:

§ 3º. Nos casos de desmembramento, parcelamento ou remembramento de imóveis rurais, a identificação prevista na alínea a do item 3 do inciso II do § 1º será obtida a partir de memorial descritivo, assinado por profissional habilitado e com a devida Anotação de Responsabilidade Técnica ART, contendo as coordenadas dos vértices definidores dos limites dos imóveis rurais, geo-referenciadas ao Sistema Geodésico Brasileiro e com precisão posicional a ser fixada pelo INCRA, garantida a isenção de custos financeiros aos proprietários de imóveis rurais cuja somatória da área não exceda a quatro módulos fiscais.

Na mesma linha, o artigo 225, parágrafo 3º, da lei n. 6.015/73, prescreve:

§ 3º. Nos autos judiciais que versem sobre imóveis rurais, a localização, os limites e as confrontações serão obtidos a partir de memorial descritivo assinado por profissional habilitado e com a devida Anotação de Responsabilidade Técnica ART, contendo as coordenadas dos vértices definidores dos limites dos imóveis rurais, geo-referenciadas ao Sistema Geodésico Brasileiro e com precisão posicional a ser fixada pelo INCRA, garantida a isenção de custos financeiros aos proprietários de imóveis rurais cuja somatória da área não exceda a quatro módulos fiscais.

A interpretação teleológica das referidas disposições normativas permite a compreensão de sua incidência no caso da desapropriação de parcela de imóvel rural, notadamente pela repercussão no imóvel objeto da desapropriação parcial no aspecto da especialidade objetiva.

Nessa linha, há precedentes deste Conselho Superior da Magistratura, como se observa de extrato do voto do Desembargador Manoel de Queiroz Pereira Calças, Corregedor Geral da Justiça à época, na apelação n. 1002005- 13.2016.8.26.0100, j. 25.11.16:

Também tem razão o Oficial em relação à exigência de descrição georreferenciada do imóvel desapropriado e sua certificação pelo INCRA.

Conforme precedentes recentes citados pelo Oficial, este Conselho tem posição firme no sentido de que a exigência formulada encontra respaldo nos artigos 176, §§ 3º e 5º, e 225, § 3º, ambos da Lei nº 6.015/73; artigo 9º, § 1º, do Decreto nº 4.449/02; e artigo 2º do Decreto nº 5.570/05. A propósito:

"REGISTRO DE IMÓVEIS - DÚVIDA - CARTA DE SENTENÇA EXTRAÍDA DE AÇÃO DE DESAPROPRIAÇÃO – IMÓVEL LOCALIZADO EM ÁREA RURAL - NECESSIDADE DE APRESENTAÇÃO DE CERTIDÃO DO INCRA DE QUE A POLIGONAL OBJETO DO MEMORIAL DESCRITIVO NÃO SE SOBREPÕE A NENHUMA OUTRA CONSTANTE DE SEU CADASTRO GEORREFERENCIADO E QUE O MEMORIAL ATENDE ÀS EXIGÊNCIAS TÉCNICAS - EXIGÊNCIA CORRETA APRESENTADA PELO OFICIAL, EM OBSERVÂNCIA AOS PRINCÍPIOS DA LEGALIDADE E DA ESPECIALIDADE OBJETIVA - SENTENÇA DE PROCEDÊNCIA MANTIDA - RECURSO NÃO PROVIDO" (Apelação nº 0001532-10.2014.8.26.0037, Rel. Des. Elliot Akel, j. em 16/10/2014).

A Medida Provisória n. 700/2015, mencionada pela apelante, sequer havia sido editada quando da apresentação do título. Ele foi apresentado em 17 de setembro de 2015, ao passo que a medida provisória é de 08 de dezembro de 2015 (ressalte-se, aliás, que essa medida provisória nem mesmo foi reeditada; já foi revogada). Vigorando, entre nós, o princípio do tempus regit actum, descabe analisar o argumento.

A localização do imóvel é em área rural, pois compreendia imóvel dessa natureza; tampouco há indicação de situar-se em área urbana, assim definida pelo município. O fato de se cuidar de rodovia que cruza área rural não a transforma em área urbana.

Noutra quadra, no precedente acima referido (na apelação n. 1002005-13.2016.8.26.0100), no qual a apelante também era a ora recorrente, constou no voto convergente do Desembargador Ricardo Dip, então Presidente da Seção de Direito Público:

As exigências concernentes ao cadastro do imóvel desapropriado junto ao Instituto Nacional de Colonização e Reforma Agrária –Incra ("CCIR") e a seu georreferenciamento são de todo pertinentes, porque a especialidade objetiva do imóvel tem apurar-se, segundo preceitua o direito posto (vide art. 176, § 1º, II, 1, a, e §§ 3º-5º, e art. 225, § 3º, da Lei n. 6.015, de 31 de dezembro de 1973, e art. 22 da Lei nº 4.947, de 6 de abril de 1966), ainda que, como sucede in casu, haja aquisição originária: afinal, da circunstância de que, na desapropriação judicial, não se leve em conta a existência de direito anterior, não se extrai que o objeto do direito deva isentar-se de individuação secundum legem.

Não é possível, na amplitude campal da realidade das coisas, admitir um direito sobre coisa indiferenciada, porque seria o mesmo que admitir um direito sem objeto.

Portanto, compete definir a exata localização do imóvel conforme as coordenadas de seus vértices, consoante previsto na Lei de Registros Públicos.

De outra parte, a sentença judicial em ação de desapropriação não esta isenta da incidência das demais determinações legais para o ingresso do título no registro imobiliário.

A problemática envolvida não trata do princípio da continuidade, mas sim da especialidade objetiva; conforme os dispositivos normativos cogentes acima mencionados.

Compete a realização do georreferenciamento para o ingresso do título judicial atinente à desapropriação parcial de imóvel para implantação de rodovia, conforme os precedentes deste Conselho Superior da Magistratura.

Em razão da transmissão da propriedade por meio de desapropriação, da interpretação teleológica efetuada, bem como o destaque de área menor antes incluída em extensa área, faço observação da necessidade do georreferenciamento apenas da área desapropriada sem necessidade de sua efetivação para fins de apuração do remanescente da matrícula da qual será destacada.

Por todo o exposto, pelo meu voto, nego provimento à apelação, com observação.

PINHEIRO FRANCO

Corregedor Geral da Justiça e Relator (DJe de 04.05.2018 - SP)

PODER JUDICIÁRIO

TRIBUNAL DE JUSTIÇA DO ESTADO DE SÃO PAULO

CONSELHO SUPERIOR DA MAGISTRATURA

Apelação nº 1000777-24.2016.8.26.0481

Registro: 2018.0000296536

ACÓRDÃO

Vistos, relatados e discutidos estes autos do(a) **Apelação nº 1000777-24.2016.8.26.0481**, da

Comarca de **Presidente Epitácio**, em que são partes é apelante **CONCESSIONARIA AUTO RAPOSO TAVARES S/A - CART**, é apelado **OFICIAL DE REGISTRO DE IMÓVEIS E ANEXOS DE PRESIDENTE EPITÁCIO**.

ACORDAM, em Conselho Superior de Magistratura do Tribunal de Justiça de São Paulo, proferir a seguinte decisão: **"Deram provimento ao recurso e julgaram improcedente a dúvida, v.u."**, de conformidade com o voto do Relator, que integra este Acórdão.

O julgamento teve a participação dos Exmos. Desembargadores **PEREIRA CALÇAS (PRESIDENTE TRIBUNAL DE JUSTIÇA) (Presidente), ARTUR MARQUES (VICE PRESIDENTE), XAVIER DE AQUINO (DECANO), EVARISTO DOS SANTOS(PRES. DA SEÇÃO DE DIREITO PÚBLICO), CAMPOS MELLO (PRES. DA SEÇÃO DE DIREITO PRIVADO) E FERNANDO TORRES GARCIA(PRES. SEÇÃO DE DIREITO CRIMINAL)**.

São Paulo, 23 de abril de 2018.

GERALDO FRANCISCO PINHEIRO FRANCO

Corregedor Geral da Justiça e Relator

Apelação nº 1000777-24.2016.8.26.0481

Apelante: CONCESSIONARIA AUTO RAPOSO TAVARES S/A - CART

Apelado: Oficial de Registro de Imóveis e Anexos de Presidente Epitácio

VOTO Nº 37.344

Registro de imóveis – Desapropriação Parcial de Área Rural – Aquisição originária da propriedade – Autarquia Estadual – Desnecessidade da avaliação prevista no inciso II do art. 7º da Lei Estadual nº 11.331/02 – Rodovia em área rural – art. 176, § 1º, 3 *a* e 225, § 3º da Lei nº 6.015/73 – Desnecessidade de georreferenciamento da área maior, de onde será feito o desfalque – Recurso provido.

Trata-se de recurso de apelação interposto pela CONCESSIONÁRIA AUTO RAPOSO TAVARES S.A contra r. sentença que manteve o óbice levantado pelo Oficial de Registro de Imóveis, Títulos e Documentos e Civil de Pessoas Jurídicas de Presidente Epitácio, para registro de carta de adjudicação em ação de desapropriação, tendo em vista a necessidade de georreferenciamento do imóvel de onde será destacada a área desapropriada, afastando, contudo, a necessidade de avaliação do imóvel.

Sustenta a recorrente a desnecessidade de avaliação, tampouco de georreferenciamento, tendo em vista que se cuida de aquisição originária de propriedade, somado ao contido na Medida Provisória 700/2015, que alterou o Decreto - Lei nº 3.365 e a Lei de Registros Públicos, em seu art. 176-A, § 1º.

A D. Procuradoria opinou pelo desprovimento do recurso. É o relatório.

DECIDO.

Presentes pressupostos processuais e administrativos, conheço do recurso. No mérito, a r. sentença merece reforma.

Como é sabido, os títulos judiciais também não escapam ao crivo da qualificação registral, **[1]** de modo que o registrador, longe de questionar o conteúdo da decisão e tampouco o seu mérito, deverá examinar se estão atendidos os princípios registrais pertinentes ao caso, para seu perfeito ingresso no fólio real.

No caso, em 20 de agosto de 2015, a recorrente apresentou para registro carta de adjudicação, expedida em 14 de agosto de 2015, pelo Juízo da 2ª vara da Comarca de Presidente Epitácio-SP, nos autos de ação de desapropriação na qual foi transmitida a propriedade ao Departamento de Estradas e Rodagem do Estado de São Paulo - DER.

A área possui 28.390,44 m^2, descrita em memorial e planta que integravam a carta, sendo parte integrante do imóvel rural "Fazenda Nova Caiuá", objeto da matrícula nº 7.342 da serventia imobiliária (fl. 53/70).

A aquisição da propriedade imóvel por meio de desapropriação encerra forma originária de aquisição da propriedade **[2]**.

E sendo originária a aquisição ao DER, não há que se falar em hipótese de incidência de imposto de transmissão (ITBI), tampouco em necessidade de avaliação, na forma do inciso II do art. 7º da Lei Estadual nº 11.331/02, já que as autarquias estaduais estão isentas do pagamento de emolumentos:

> **Art. 8º** - A União, os Estados, o Distrito Federal, os Municípios, e as respectivas autarquias, são isentos do pagamento das parcelas dos emolumentos destinadas ao Estado, à Carteira de Previdência das Serventias não Oficializadas da Justiça do Estado, ao custeio dos atos gratuitos de registro civil e ao Fundo Especial de Despesa do Tribunal de Justiça.

Parágrafo único - O Estado de São Paulo e suas respectivas autarquias são isentos do pagamento de emolumentos. (g.n)

O segundo óbice levantado diz respeito à necessidade de georreferenciamento **"do imóvel de onde será destacada a área desapropriada"** (fl. 4).

Verifica-se que não há irregularidade quanto à especialização da área desapropriada, que está devidamente descrita em planta e memorial descritivo que instruem a carta de sentença.

Já quanto à área maior de onde será feito o destaque , a natureza originária da aquisição pela desapropriação descaracteriza a submissão dessa situação jurídica à hipótese de desmembramento de imóvel rural, já que não há que se falar em continuidade.

Assim já se posicionou este C. CSM com respaldo na norma do art. 35 do Decreto-Lei n.º 3.365/1941, conforme Apelação Cível n.º 3.604-0, rel. Des. Marcos Nogueira Garcez, j. 3.12.1984; Apelação Cível n.º 9.461-0/9, rel. Des. Milton Evaristo dos Santos, j. 30.1.1989; Apelação Cível n.º 12.958-0/4, rel. Des. Raphael, j. 14.10.1991; e Apelação Cível n.º 990.10.415.058-2, rel. Des. Maurício Vidigal, j. 7.7.2011; Apelação Cível n.º 0000025-73.2011.8.26.0213, rel. Des. Renato Nalini, j. 19.7.2012; Apelação Cível n.º 0001026-61.2011.8.26.0062, rel. Des. Renato Nalini, j. 17.1.2013; Apelação Cível n.º 0004802-13.2008.8.26.0438, rel. Des. Renato Nalini, j. 6.11.2013; e Apelação Cível n.º 3000623-74.2013.8.26.0481, rel. Des. Hamilton Elliot Akel. J. 28.4.2015.

Os itens 59.2 e 59.3 do capítulo XX das Normas de Serviço da Corregedoria Geral da Justiça assim dispõem sobre a necessidade do georreferenciamento:

1.2. A descrição georreferenciada constante do memorial descritivo certificado pelo INCRA será averbada para o fim da alínea "a" do item 3 do inciso II do parágrafo 1º do artigo 176 da Lei nº 6.015, de 31 de dezembro de 1973, mediante requerimento do titular do domínio nos termos do parágrafo 5º do artigo 9º do Decreto nº 4.449, de 30 de outubro de 2002, e apresentação de documento de aquiescência da unanimidade dos confrontantes tabulares na forma do parágrafo 6º do mesmo artigo, exigido o reconhecimento de todas as suas firmas.

1.3. Não sendo apresentadas as declarações constantes do parágrafo 6º e a certidão prevista no parágrafo 1º, ambos do artigo 9º do Decreto nº 4.449, de 30 de outubro de 2002, o Oficial, caso haja requerimento do interessado nos termos do inciso II artigo 213 da Lei nº 6.015, de 31 de dezembro de 1973, providenciará o necessário para que a retificação seja processada na forma deste último dispositivo

Com efeito, a Medida Provisória nº 700/2015, usada como argumentação pelo recorrente, caducou, não sendo convertida em lei.

Entretanto, de fato, já que a desapropriação traduz forma originária de propriedade, sem qualquer vínculo com a relação jurídica antecedente, a área desapropriada pode ser destacada da matrícula da área maior, sem a necessidade de descrição georreferenciada da referida área. Aliás, seria possível o registro da desapropriação mesmo se não se soubesse sequer de onde seria feito o desfalque.

Feito o registro da área desapropriada, deverá ser averbado o desfalque na matrícula nº 7.342, apurando-se seu remanescente. Aliás, para atos de disposição voluntária futuros, aí sim será necessário o georreferenciamento do remanescente da matrícula desfalcada, mas não agora.

A necessidade de especialização da área remanescente se impõe por força do art. 176, §§ 3° e 4° e do art. 225, § 3° da Lei nº 6.015/73, com a redação que foi dada pela Lei nº 10.267/01, mas, como dito, tal obrigatoriedade não se aplica à aquisição originária de propriedade, e em relação à área maior, de onde será feito o desfalque.

Por todo o exposto, pelo meu voto, dou provimento ao recurso e julgo improcedente a dúvida.

GERALDO FRANCISCO PINHEIRO FRANCO
Corregedor Geral da Justiça e Relator

Notas:

[1] Apelações CSM nº 1006009-07.2016.8.26.0161 e 0001652-41.2015.8.26.0547.

[2] Nesse sentido, o voto do Desembargador José Renato Nalini, Corregedor Geral da Justiça na apelação nº 0001026-61.2011.8.26.0062, em 17/01/2013. (DJe de 18.05.2018 - SP)

PODER JUDICIÁRIO

TRIBUNAL DE JUSTIÇA DO ESTADO DE SÃO PAULO

CONSELHO SUPERIOR DA MAGISTRATURA

Apelação nº 1004739-62.2017.8.26.0047

Registro: 2018.0000557187

ACÓRDÃO

Vistos, relatados e discutidos estes autos do(a) **Apelação nº 1004739-62.2017.8.26.0047**, da

Comarca de **Assis**, em que são partes é apelante **CONCESSIONARIA AUTO RAPOSO TAVARES S/A - CART**, é apelado **OFICIAL DE REGISTRO DE IMÓVEIS E ANEXOS DA COMARCA DE ASSIS.**

ACORDAM, em Conselho Superior de Magistratura do Tribunal de Justiça de São Paulo, proferir a seguinte decisão: **"Negaram provimento ao recurso, com observação. V.U. Negaram provimento à apelação, com observação, v.u."**, de conformidade com o voto do Relator, que integra este Acórdão.

O julgamento teve a participação dos Exmos. Desembargadores **PEREIRA CALÇAS (PRESIDENTE TRIBUNAL DE JUSTIÇA) (Presidente), ARTUR MARQUES (VICE PRESIDENTE), XAVIER DE AQUINO (DECANO), EVARISTO DOS SANTOS(PRES. DA SEÇÃO DE DIREITO PÚBLICO), CAMPOS MELLO (PRES. DA SEÇÃO DE DIREITO PRIVADO) E FERNANDO TORRES GARCIA(PRES. SEÇÃO DE DIREITO CRIMINAL).**

São Paulo, 24 de julho de 2018.

GERALDO FRANCISCO PINHEIRO FRANCO
Corregedor Geral da Justiça e Relator

Apelação nº 1004739-62.2017.8.26.0047

Apelante: CONCESSIONARIA AUTO RAPOSO TAVARES S/A - CART

Apelado: Oficial de Registro de Imóveis e Anexos da Comarca de Assis

VOTO Nº 37.470

Registro de Imóveis – Desapropriação parcial de área rural – Aquisição originária da propriedade – Rodovia em área rural – Cabimento do georreferenciamento em cumprimento à Lei de Registros Públicos (artigos 176, § 1º, 3 "a", 176, §§ 3º e 5º, e 225, § 3º) e ao princípio da especialidade objetiva – Recurso não provido, com observação.

Trata-se de recurso de apelação interposto pela CONCESSIONÁRIA AUTO RAPOSO TAVARES S/A contra a r. sentença de fls. 182/185, que julgou procedente a dúvida suscitada pelo Sr. Oficial de Registro de Imóveis e Anexos da Comarca de Assis, mantendo a recusa do ingresso de carta de adjudicação em razão da ausência de georreferenciamento da área desapropriada.

Sustenta o apelante nulidade processual, vez que não intimada da r. sentença prolatada no procedimento de dúvida. No mérito, afirma que se cuida de desapropriação de imóvel rural que passou a ser um trecho de rodovia, não cabendo a exigência de georreferenciamento e sim o registro da carta de adjudicação (fls. 194/201).

A D. Procuradoria Geral da Justiça opinou pelo não provimento do recurso. (fls. 240/245). É o relatório.

A preliminar de nulidade deve ser rejeitada, eis que, não obstante a sua não intimação, a apelante tomou ciência inequívoca da r. sentença e exerceu seu direito ao duplo grau de revisão administrativa, não havendo qualquer nulidade a ser declarada.

No mérito, a natureza judicial do título apresentado não impede sua qualificação registral quanto aos aspectos extrínsecos ou aqueles que não foram objeto de exame pela Autoridade Jurisdicional.

O item 119, do Capítulo XX, das Normas de Serviço da Corregedoria Geral da Justiça é expresso acerca do dever do Oficial do Registro de Imóveis a tanto, como se constata de sua redação: 119. Incumbe ao oficial impedir o registro de título que não satisfaça os requisitos exigidos pela lei, quer sejam consubstanciados em instrumento público ou particular, quer em atos judiciais.

Essa questão é pacífica nos precedentes administrativos deste órgão colegiado, entre muitos, confira-se trecho do voto do Desembargador Manuel Pereira Calças, Corregedor Geral da Justiça à época, na apelação n. 0001561- 55.2015.8.26.0383, j. 20.07.17:

A origem judicial do título não afasta a necessidade de sua qualificação registral, com intuito de se obstar qualquer violação ao princípio da continuidade (Lei 6.015/73, art. 195).

Nesse sentido, douto parecer da lavra do então Juiz Assessor desta Corregedoria Geral de Justiça, Álvaro Luiz Valery Mirra, lançado nos autos do processo n.º 2009/85.842, que, fazendo referência a importante precedente deste Colendo Conselho Superior da Magistratura (Apelação Cível n.º 31.881-0/1), aduz o que segue:

"De início, cumpre anotar, a propósito da matéria, que tanto esta Corregedoria Geral da Justiça quanto o Colendo Conselho Superior da Magistratura têm entendido imprescindível a observância dos princípios e regras de direito registral para o ingresso no fólio real - seja pela via de registro, seja pela via de averbação - de penhoras, arrestos e seqüestros de bens imóveis, mesmo considerando a origem judicial de referidos atos, tendo em conta a orientação tranqüila nesta esfera administrativa segundo a qual a natureza judicial do título levado a registro ou a averbação não o exime da atividade de qualificação registral realizada pelo oficial registrador, sob o estrito ângulo da regularidade formal (Ap. Cív. n. 31.881-0/1)."

A aquisição da propriedade imóvel por meio de desapropriação encerra forma originária de aquisição da propriedade.

Nesse sentido, o voto do Desembargador José Renato Nalini, Corregedor Geral da Justiça ao momento do julgamento da apelação n. 0001026-61.2011.8.26.0062, em 17/01/2013.

A jurisprudência do Superior Tribunal de Justiça também tem essa compreensão:

> PROCESSO CIVIL E TRIBUTÁRIO. RECURSO ESPECIAL. ENUNCIADO ADMINISTRATIVO N. 3/STJ. DESAPROPRIAÇÃO. AQUISIÇÃO ORIGINÁRIA DE PROPRIEDADE. EXIGIBILIDADE DE TRIBUTOS ANTERIORES À AO ATO DESAPROPRIATÓRIO. AUSÊNCIA DE RESPONSABILIDADE DO ENTE EXPROPRIANTE. RECURSO ESPECIAL NÃO PROVIDO. 1. No caso em tela o recorrente exige do ente expropriante, em execução fiscal, os tributos (IPTU e Taxa de Limpeza Pública de Coleta de Resíduos Sólidos) incidentes sobre o imóvel desapropriado, derivados de fatos geradores ocorridos anteriormente ao ato expropriatório. 2. Considerando o período de ocorrência do fato gerador de tais tributos, e, levando-se em consideração que a desapropriação é ato de aquisição originária de propriedade, não há a transferência de responsabilidade tributária prevista no artigo 130 do CTN ao ente expropriante. 3. Recurso especial não provido. (REsp 1668058/ES, Rel. Ministro MAURO CAMPBELL MARQUES, SEGUNDA TURMA, julgado em 08/06/2017, DJe 14/06/2017).

A natureza originária da aquisição pela desapropriação não descaracteriza a submissão dessa situação jurídica à hipótese de desmembramento de imóvel rural, porquanto a área desapropriada, da ordem de 1.475,07 m2, foi destacada do imóvel matriculado sob o n. 52.195 daquela serventia, com área total de 4,840 hectares.

O artigo 176, parágrafo 3º, da lei n. 6.015/73, dispõe:

> § 3º Nos casos de desmembramento, parcelamento ou remembramento de imóveis rurais, a identificação prevista na alínea a do item 3 do inciso II do § 1º será obtida a partir de memorial descritivo, assinado por profissional habilitado e com a devida Anotação de Responsabilidade Técnica ART, contendo as coordenadas dos vértices definidores dos limites dos imóveis rurais, geo-referenciadas ao Sistema Geodésico Brasileiro e com precisão posicional a ser fixada pelo INCRA, garantida a isenção de custos financeiros aos proprietários de imóveis rurais cuja somatória da área não exceda a quatro módulos fiscais.

Na mesma linha, o artigo 225, parágrafo 3º, da lei n. 6.015/73, prescreve:

> § 3º Nos autos judiciais que versem sobre imóveis rurais, a localização, os limites e as confrontações serão obtidos a partir de memorial descritivo assinado por profissional habilitado e com a devida Anotação de Responsabilidade Técnica ART, contendo as coordenadas dos vértices definidores dos limites dos imóveis rurais, geo-referenciadas ao Sistema Geodésico Brasileiro e com precisão posicional a ser fixada pelo INCRA, garantida a isenção de custos financeiros aos proprietários de imóveis rurais cuja somatória da área não exceda a quatro módulos fiscais.

A interpretação teleológica das referidas disposições normativas permite a compreensão de sua incidência no caso da desapropriação de parcela de imóvel rural, notadamente pela repercussão no imóvel objeto da desapropriação parcial no aspecto da especialidade objetiva.

Nessa linha, há precedentes deste Conselho Superior da Magistratura, como se observa de extrato do voto do Desembargador Manuel Pereira Calças, Corregedor Geral da Justiça à época, na apelação n. 1002005- 13.2016.8.26.0100, j. 25.11.16:

Também tem razão o Oficial em relação à exigência de descrição georreferenciada do imóvel desapropriado e sua certificação pelo INCRA.

Conforme precedentes recentes citados pelo Oficial, este Conselho tem posição firme no sentido de que a exigência formulada encontra respaldo nos artigos 176, §§ 3º e 5º, e 225, § 3º, ambos da Lei nº 6.015/73; artigo 9º, § 1º, do Decreto nº 4.449/02; e artigo 2º do Decreto nº 5.570/05. A propósito:

> "REGISTRO DE IMÓVEIS – DÚVIDA – CARTA DE SENTENÇA EXTRAÍDA DE AÇÃO DE DESAPROPRIAÇÃO – IMÓVEL LOCALIZADO EM ÁREA RURAL – NECESSIDADE DE APRESENTAÇÃO DE CERTIDÃO DO INCRA DE QUE A POLIGONAL OBJETO DO MEMORIAL DESCRITIVO NÃO SE SOBREPÕE A NENHUMA OUTRA CONSTANTE DE SEU CADASTRO GEORREFERENCIADO E QUE O MEMORIAL ATENDE ÀS EXIGÊNCIAS TÉCNICAS – EXIGÊNCIA CORRETA APRESENTADA PELO OFICIAL, EM OBSERVÂNCIA AOS PRINCÍPIOS DA LEGALIDADE E DA ESPECIALIDADE OBJETIVA – SENTENÇA DE PROCEDÊNCIA

MANTIDA – RECURSO NÃO PROVIDO" (Apelação nº 0001532-10.2014.8.26.0037, Rel. Des. Elliot Akel, j. em 16/10/2014).

A Medida Provisória n. 700/2015, mencionada pela apelante, sequer havia sido editada quando da apresentação do título. Ele foi apresentado em 17 de setembro de 2015, ao passo que a medida provisória é de 08 de dezembro de 2015 (ressalte-se, aliás, que essa medida provisória nem mesmo foi reeditada; já foi revogada). Vigorando, entre nós, o princípio do tempus regit actum, descabe analisar o argumento.

A localização do imóvel é em área rural, pois compreendia imóvel dessa natureza; tampouco há indicação de situar-se em área urbana, assim definida pelo município. O fato de se cuidar de rodovia que cruza área rural não a transforma em área urbana.

Portanto, compete definir a exata localização do imóvel conforme as coordenadas de seus vértices, consoante previsto na Lei de Registros Públicos.

De outra parte, a sentença judicial em ação de desapropriação não está isenta da incidência das demais determinações legais para o ingresso do título no registro imobiliário.

A problemática envolvida não trata do princípio da continuidade, mas sim da especialidade objetiva; conforme os dispositivos normativos cogentes acima mencionados.

Compete a realização do georreferenciamento para o ingresso do título judicial atinente à desapropriação parcial de imóvel para implantação de rodovia, conforme os precedentes deste Conselho Superior da Magistratura.

Em razão da transmissão da propriedade por meio de desapropriação, da interpretação teleológica efetuada, bem como o destaque de área menor antes incluída em extensa área, faço observação da necessidade do georreferenciamento apenas da área desapropriada sem necessidade de sua efetivação para fins de apuração do remanescente da matrícula que será destacada.

Por todo o exposto, pelo meu voto, nego provimento à apelação, com observação.

GERALDO FRANCISCO PINHEIRO FRANCO

Corregedor Geral da Justiça e Relator (DJe de 17.08.2018 - SP)

DIREITO REAL DE HABITAÇÃO

PODER JUDICIÁRIO

TRIBUNAL DE JUSTIÇA DO ESTADO DE SÃO PAULO

CONSELHO SUPERIOR DA MAGISTRATURA

Apelação nº 1050704-98.2017.8.26.0100

Registro: 2018.0000208950

ACÓRDÃO

Vistos, relatados e discutidos estes autos do(a) **Apelação nº 1050704-98.2017.8.26.0100**, da Comarca de **São Paulo**, em que são partes é apelante **SILVIA REGINA GUERRA SANT'ANNA**, é apelado **3º OFICIAL DE REGISTRO DE IMÓVEIS DA CAPITAL**.

ACORDAM, em Conselho Superior de Magistratura do Tribunal de Justiça de São Paulo, proferir a seguinte decisão: **"Negaram provimento ao recurso e mantiveram a recusa do registro do título, v.u."**, de conformidade com o voto do Relator, que integra este Acórdão.

O julgamento teve a participação dos Exmos. Desembargadores **PEREIRA CALÇAS (PRESIDENTE TRIBUNAL DE JUSTIÇA) (Presidente), ARTUR MARQUES (VICE PRESIDENTE), XAVIER DE AQUINO (DECANO), EVARISTO DOS SANTOS (PRES. DA SEÇÃO DE DIREITO PÚBLICO), CAMPOS MELLO (PRES. DA SEÇÃO DE DIREITO PRIVADO) E FERNANDO TORRES GARCIA (PRES. SEÇÃO DE DIREITO CRIMINAL).**

São Paulo, 16 de março de 2018.

PINHEIRO FRANCO

CORREGEDOR GERAL DA JUSTIÇA E RELATOR

Apelação nº 1050704-98.2017.8.26.0100

Apelante: Silvia Regina Guerra Sant'Anna

Apelado: 3º Oficial de Registro de Imóveis da Capital

VOTO Nº 37.312

Registro de imóveis – Carta de sentença expedida em ação de separação consensual – Pretensão de cisão do título para registro somente da partilha, por não interessar à beneficiária o registro do direito real de habitação – Necessidade de manifestação da renúncia ao direito real de habitação por meio de ato ou instrumento próprio, uma vez que foi constituído no mesmo título em que promovida a partilha do imóvel – Renúncia à meação

pela separanda, assumindo o ex-cônjuge a propriedade do imóvel e a obrigação de pagar integralmente o débito garantido por hipoteca – Renúncia translativa que enseja, em tese, a incidência do imposto de transmissão "causa mortis" e doação – ITCMD, ressalvada eventual isenção a ser reconhecida pela fazenda do estado – Dúvida julgada procedente – Recurso não provido, com manutenção da recusa do registro.

Trata-se de apelação interposta por Sílvia Regina Guerra Sant'Anna contra r. sentença que manteve a recusa do Sr. 3º Oficial de Registro de Imóveis da Comarca de São Paulo em promover o registro, na matrícula nº 64.829, de carta de sentença extraída de ação de separação judicial porque não foi comprovado o pagamento ou demonstrada a isenção do Imposto de Transmissão "causa mortis" e Doação ITCMD devido pela atribuição da totalidade do imóvel ao ex-marido, e porque não foi atribuído valor para a constituição do direito real de habitação em favor da apelante e de seu filho, devendo esse valor ser apurado por meio de avaliação, ou com uso do valor venal do imóvel, para fim de cálculo dos emolumentos.

Alega a apelante, em suma, que renunciou à propriedade do imóvel por não ter recursos para pagar as parcelas do financiamento garantido por hipoteca, assumindo seu ex-marido a obrigação de efetuar esse pagamento de forma integral. Afirma que permaneceu no imóvel depois da separação judicial, com seu filho, mas acabou por desocupá-lo por não ter meios para arcar com os débitos que sobre ele incidiam. Apesar disso, e em razão da falta de registro da carta de sentença, acabou sendo condenada a pagar as despesas condominiais que são devidas por seu ex-marido. Aduz que necessita do registro da carta de sentença para não mais responder pelos débitos que recaem sobre o imóvel e que não pretende o registro do direito real de habitação, pois descaracterizado pela desocupação voluntária do imóvel (fls. 109/117).

A douta Procuradoria Geral de Justiça opina pelo não provimento do recurso (fls. 189/191). É o relatório.

A certidão de fls. 16/18 demonstra que a apelante e seu ex-marido são proprietários do apartamento 16 do 1º andar do Bloco "B" do Edifício Casabela, objeto da matrícula nº 64.829 do 3º Registro de Imóveis de São Paulo, e que o deram em hipoteca constituída em favor do Banco Bradesco S.A. que, por sua vez, promove execução hipotecária em que o imóvel foi penhorado.

A apelante pretende o registro de carta de sentença (fls. 28/58) extraída de ação de separação consensual em que, mediante transação, renunciou à sua meação sobre o imóvel e aos direitos decorrentes de ação de execução movida pelo credor hipotecário, assumindo seu ex-marido a totalidade do débito (fls. 33).

Pretende, também, a cisão do título para que não seja registrado o direito real de habitação constituído para si e em favor do filho do casal, nascido em 24 de outubro de 1990, porque não mais residem no imóvel e não têm recu rsos para arcar com os débitos que sobre ele incidem.

O direito de habitação foi previsto na separação judicial em cláusula com a seguinte redação: "*A separanda terá direito a habitação do imóvel junto com seu filho, sem ônus e por tempo indeterminado*" (fls. 33/34).

Segundo alegado, a apelante seu filho já não residem no imóvel e não pretendem exercer direito de habitação porque não podem se responsabilizar pelas despesas que sobre ele incidem.

No Registro de Imóveis vigora o princípio da rogação, ou da instância, com necessidade de solicitação do registro pelo apresentante do título ou pela autoridade competente.

Porém, a existência de dois ou mais atos distintos no mesmo título impõe o registro de todos quando forem ligados entre si, sendo nesse sentido a lição de Afranio de Carvalho ("Registro de Imóveis", 4ª ed., Rio de Janeiro: Forense, 1988, p. 272):

"(...) *Em suma, a atividade de ofício caberá:*

(...)

C) quando, no mesmo título, se reunirem dois ou mais atos distintos, mas ligados entre si, caso em que se fará o registro de todos".

Cuida-se de norma de proteção dos titulares dos diferentes direitos reais que decorrerão do registro dos dois ou mais atos contidos no mesmo título e que não pode ser afastada pela simples manifestação da apelante, no procedimento de registro, no sentido de que não pretende a constituição do direito real de habitação.

Não há vedação para que a apelante e seu filho renunciem ao direito real de habitação constituído em seu favor, mas desde que o façam mediante uso do instrumento próprio que, neste caso concreto, poderá consistir em manifestação ao Juízo da separação, para homologação da renúncia e aditamento da carta de sentença, ou na lavratura do instrumento de renúncia, observada a forma prevista em lei e a regular representação do filho da apelante que ainda não completou 18 anos de idade.

Por sua vez, a renúncia da apelante à meação na propriedade do imóvel tem requisitos distintos daqueles incidentes para a renúncia ao direito real de habitação.

A propriedade por ser um direito real patrimonial permite o exercício de disposição por seu titular, enquanto exercício da autonomia privada.

Contudo, de acordo com Miguel Maria de Serpa Lopes (*Tratado dos registros públicos*. v. IV. Brasília: Brasília Jurídica, 1997, p. 158):

"A verdadeira renúncia é a abdicativa. Pode ser definida como o ato unilateral em que se manifesta a vontade de perder um direito com a completa ausência de uma intenção principal e direta de com isso outorgar uma vantagem a quem quer que seja".

Porém, não é incomum o uso do termo renúncia para designar ato de disposição do domínio, ou de outro direito real, em favor de pessoa certa.

A renúncia translativa, em favor de pessoa certa, tem natureza de doação quando realizada por liberalidade do renunciante, caracterizando-se, neste caso, a hipótese de incidência do imposto de transmissão "causa mortis" e por doação vigente no Estado de São Paulo.

Ainda *in casu*, a renúncia efetuada pela apelante em sua separação consensual tem nítido aspecto translativo porque teve como finalidade atribuir ao seu ex-marido a totalidade da propriedade do imóvel e, em conjunto, a responsabilidade pelo pagamento integral dos débitos decorrentes do contrato de financiamento garantido por hipoteca:

"A Separanda renuncia à parte que lhe caberia no bem imóvel financiado, assim como do desfecho da Ação de Execução Hipotecária que lhes movem o Banco Bradesco S/A, acima citado, sendo certo que o Separando assume em caráter geral e de forma irrevogável pelo despacho do litígio mencionado, ou seja, toda a dívida que incidir sobre o imóvel 'sub judice', cabendo a ele a responsabilidade de informar àquele Juízo, bem como a parte contrária junto aos Contratos firmados nas datas de 05 de dezembro de 1989 e 05 de junho de 1990 (docs.)" (fls.33).

Disso decorre a caracterização da renúncia como sendo translativa.

Ademais, a existência de débito garantido por hipoteca impedia a renúncia abdicativa sem a anuência do credor hipotecário que, porém, não foi apresentada.

Assim porque a renúncia não pode afetar direitos de terceiros, e assim ocorrendo há necessidade do consentimento dos titulares dos direitos afetados, ou segundo José Alberto C. Vieira (*Direitos reais*. Coimbra: Coimbra, 2008, p. 448/449):

"Encontrando-se o direito de usufruto onerado, o poder de disposição é afectado pela medida da oneração. Como resultado, sempre que o titular do direito real cause com a renúncia a extinção de outros direitos reais sobre a coisa, ele deve obter antecipadamente o consentimento dos titulares dos direitos implicados".

A renúncia manifestada pela apelante, portanto, não se revestiu dos requisitos necessários para a caracterização de renúncia abdicativa, razão pela qual se mostra correta a exigência de comprovação da declaração e recolhimento do Imposto de Transmissão "causa mortis" e por Doação ITCMD, ou de sua isenção.

Ante o exposto, nego provimento ao recurso e mantenho a recusa do registro do título.

PINHEIRO FRANCO

Corregedor Geral da Justiça e Relator (DJe de 02.05.2018 - SP)

DOAÇÃO

PODER JUDICIÁRIO

TRIBUNAL DE JUSTIÇA DO ESTADO DE SÃO PAULO

CONSELHO SUPERIOR DA MAGISTRATURA

Apelação nº 1095365-02.2016.8.26.0100

Registro: 2017.0000631320

ACÓRDÃO

Vistos, relatados e discutidos estes autos do(a) **Apelação nº 1095365-02.2016.8.26.0100**, da Comarca de **São Paulo**, em que são partes é apelante **LUIS MÉDICI**, é apelado **5º OFICIAL DE REGISTRO DE IMÓVEIS DE SÃO PAULO**.

ACORDAM, em Conselho Superior de Magistratura do Tribunal de Justiça de São Paulo, proferir a seguinte decisão: **"Negaram provimento à apelação, v.u."**, de conformidade com o voto do Relator, que integra este Acórdão.

O julgamento teve a participação dos Exmos. Desembargadores **PAULO DIMAS MASCARETTI (Presidente), ADEMIR BENEDITO, XAVIER DE AQUINO, LUIZ ANTONIO DE GODOY, RICARDO DIP E SALLES ABREU**.

São Paulo, 11 de agosto de 2017.

MANOEL DE QUEIROZ PEREIRA CALÇAS
Corregedor Geral da Justiça e Relator

Apelação nº 1095365-02.2016.8.26.0100

Apelante: Luis Médici

Apelado: 5º Oficial de Registro de Imóveis de São Paulo

VOTO Nº 29.774

Registro de Imóveis – Escritura pública de doação de vaga de garagem – Desqualificação do título por ofensa ao § 1º do artigo 1.331 do Código Civil – Dúvida procedente – Convenção de condomínio que não autoriza expressamente a venda de vaga a terceiro estranho ao condomínio – Desqualificação correta – Apelação não provida.

Trata-se de recurso de apelação interposto por Luis Médici contra a sentença de fls. 257/260, que manteve a recusa ao registro de escritura de doação da vaga de garagem nº 13 do Edifício Barão de Motta Paes, imóvel esse descrito da matrícula nº 24.426 do 5º Registro de Imóveis da Capital.

Sustenta o apelante, em síntese, que existe previsão expressa que autoriza o condômino a dispor da vaga de garagem de modo autônomo; que os condomínios Barão de Motta Paes Apartamentos, Barão de Motta Paes Garagens e Visconde Mauá são, conforme convenção de condomínio, completamente independentes entre si, de modo que não há relação de acessoriedade entre vagas e unidades; que a falta de registro da convenção de condomínio na serventia imobiliária não impede a inscrição de seu título; e que a síndica dos condomínios declarou que não há motivo que impeça a alienação autônoma de vaga de garagem (fls. 267/274).

A Procuradoria Geral de Justiça opinou pelo não provimento do recurso (fls. 308/310). É o relatório.

Segundo consta dos autos, o apelante apresentou no 5º Registro de Imóveis da Capital escritura pública, por meio da qual ele, Luis Médici, doava a Celso Luiz Jesuíno da Silva o imóvel matriculado sob nº 24.426, consistente na vaga nº 13 do Edifício Barão da Motta Paes, reservando para si o usufruto do bem.

O título foi desqualificado por dois motivos: a) falta de registro da convenção de condomínio e b) ofensa ao § 1º do artigo 1.331 do Código Civil, que trata da alienação de vaga de garagem a terceiro estranho ao condomínio.

Sobre a primeira exigência, cabe destacar que a convenção de condomínio onde se localiza o bem doado realmente não foi levada a registro na serventia imobiliária, como determinam os artigos 9º, § 1º da Lei nº 3**[1]** e 1.333, parágrafo único, do Código Civil **[2]**. No entanto, nesse caso, não se vislumbra razão para que essa falta de registro impeça a análise do seu teor. Com efeito, o parágrafo único do artigo 1.333 do Código Civil exige o registro apenas para que a convenção se torne oponível contra terceiros, algo que aqui não se pretende.

No que tange o segundo óbice, preceitua o artigo §1º do artigo 1.331 do Código Civil:

> *Art. 1.331. Pode haver, em edificações, partes que são propriedade exclusiva, e partes que são propriedade comum dos condôminos.*
>
> *§ 1º As partes suscetíveis de utilização independente, tais como apartamentos, escritórios, salas, lojas e sobrelojas, com as respectivas frações ideais no solo e nas outras partes comuns, sujeitam-se a propriedade exclusiva, podendo ser alienadas e gravadas livremente por seus proprietários,* ***exceto os abrigos para veículos, que não poderão ser alienados ou alugados a pessoas estranhas ao condomínio, salvo autorização expressa na convenção de condomínio.***

Nota-se que a autorização necessária para a alienação de abrigos para veículos a pessoa estranha ao condomínio deve ser expressa, clara, isenta de dúvida.

Isso, no entanto, não se observa.

Da convenção, cuja cópia está a fls. 277, consta que *"Os conjuntos Barão de Motta Paes Apartamentos Barão de Motta Paes Garajes(sic) e Visconde de Mauá, fazem* ***parte de um todo que é o Condomínio dos Edifícios construídos no terreno situado à Rua Marquês de Itu, nº 182/184/188, e Santa Izabel, nº 67****"*.

Por esse trecho, fica claro que se trata de apenas um condomínio, com dois blocos e um edifício de garagem.

Prova isso, também, o fato de as unidades autônomas do edifício garagem e os apartamentos dos dois blocos possuírem fração ideal no mesmo terreno, de 1.698,31m².

E ainda que haja convenção de condomínio específica para o Conjunto Barão de Motta Paes Garages (fls. 283/296) e, na letra "a" da cláusula nº 6 conste que são direitos dos condôminos *"usar, gozar administrar e dispor de sua propriedade exclusiva, como lhe aprouver, mas de forma a não prejudicar iguais direitos de outros condôminos (...)"* (fls.

284) o que dá a impressão que as garagens podem ser vendidas separadamente a cláusula nº 2 do mesmo documento preceitua que *"são de propriedade e uso comum de todos os proprietários do conjunto, além do especificado na convenção geral do Condomínio, representado pelos Conjuntos Barão de Motta Paes apartamentos, garages e Visconde de Mauá e na Convenção dos conjuntos Barão de Motta Paes apartamentos Barão de Motta Paes - garages"* (fls. 283) o que dá a entender que não há possibilidade de venda separada de vaga de garagem, uma vez que não se justifica que o proprietário de uma vaga seja titular das partes comuns de edifício de apartamentos onde ele não tem unidade autônoma.

Ou seja, ausente autorização expressa na convenção de condomínio, vale a regra segundo a qual pessoas estranhas ao condomínio não podem se tornar proprietárias tão-somente de vaga de garagem.

Finalmente, a alegação de que a síndica do condomínio declarou que não há motivo que impeça a alienação autônoma de vaga de garagem não tem a força que o apelante lhe pretende atribuir.

Isso porque, como já ressaltado, consoante o art. 1.331, § 1º, do Código Civil, a venda separada de vagas de garagem a pessoa estranha ao condomínio depende de autorização expressa da convenção de condomínio. Assim, parece claro que o síndico, mero administrador temporário do condomínio (art. 1.347 do Código Civil **[3]**), não tem autoridade para, sozinho, permitir algo que somente a convenção poderia autorizar.

Ante o exposto, nego provimento à apelação.

MANOEL DE QUEIROZ PEREIRA CALÇAS

Corregedor Geral da Justiça e Relator

Notas:

[1] *Art. 9º Os proprietários, promitentes compradores, cessionários ou promitentes cessionários dos direitos pertinentes à aquisição de unidades autônomas, em edificações a serem construídas, em construção ou já construídas, elaborarão, por escrito, a Convenção de condomínio, e deverão, também, por contrato ou por deliberação em assembléia, aprovar o Regimento Interno da edificação ou conjunto de edificações.*

§ 1º Far-se-á o registro da Convenção no Registro de Imóveis, bem como a averbação das suas eventuais alterações.

[2] *Art. 1.333. A convenção que constitui o condomínio edilício deve ser subscrita pelos titulares de, no mínimo, dois terços das frações ideais e torna-se, desde logo, obrigatória para os titulares de direito sobre as unidades, ou para quantos sobre elas tenham posse ou detenção.*

Parágrafo único. Para ser oponível contra terceiros, a convenção do condomínio deverá ser registrada no Cartório de Registro de Imóveis.

[3] *Art. 1.347. A assembleia escolherá um síndico, que poderá não ser condômino, para administrar o condomínio, por prazo não superior a dois anos, o qual poderá renovar-se.* (DJe de 19.02.2018 - SP)

PODER JUDICIÁRIO

TRIBUNAL DE JUSTIÇA DO ESTADO DE SÃO PAULO

CONSELHO SUPERIOR DA MAGISTRATURA

Apelação nº 1009372-46.2016.8.26.0114

Registro: 2017.0000785007

ACÓRDÃO

Vistos, relatados e discutidos estes autos de **Apelação nº 1009372-46.2016.8.26.0114**, da Comarca de **Campinas**, em que é apelante **HELIO ROSOLEN**, é apelado **3º OFICIAL DE REGISTRO DE IMÓVEIS DA COMARCA DE CAMPINAS**.

ACORDAM, em Conselho Superior de Magistratura do Tribunal de Justiça de São Paulo, proferir a seguinte decisão: **"Deram provimento, nos termos do voto do Desembargador Ricardo Dip, v.u."**, de conformidade com o voto do Relator, que integra este acórdão.

O julgamento teve a participação dos Exmos. Desembargadores **RICARDO DIP (PRES. DA SEÇÃO DE DIREITO PÚBLICO), vencedor, PEREIRA CALÇAS, vencido, PAULO DIMAS MASCARETTI (Presidente), ADEMIR BENEDITO, XAVIER DE AQUINO, LUIZ ANTONIO DE GODOY E SALLES ABREU**.

São Paulo, 19 de setembro de 2017

RICARDO DIP RELATOR DESIGNADO

TRIBUNAL DE JUSTIÇA DE SÃO PAULO

Conselho Superior da Magistratura

Apelação Cível 1009372-46.2016.8.26.0114

Procedência: Campinas

Apelante: Helio Rosolen

Apelado: 3º Oficial de Registro de Imóveis da Comarca

Dúvida – Registro de Imóveis – Doação – Recurso interposto contra sentença que, mantendo a recusa do Oficial, indeferiu o registro

stricto sensu de doação de imóvel que, adquirido na constância de sociedade conjugal em regime de comunhão parcial, foi, entretanto, doado apenas por um dos cônjuges, figurando o outro com o status de mero anuente – Dúvida quanto à necessidade de comparecer esse outro cônjuge na condição de outorgante doador, diante da comunicação de aquestos operada ex vi do verbete n. 377 da Súmula do Supremo Tribunal Federal – A anuência do cônjuge sugere, na espécie, que marido e mulher nunca tiveram o versado bem imóvel como integrante da comunhão – Circunstância que afasta a presunção sumular – Anuência que, ademais, torna inequívoca a intenção de doar (art. 112 do Código Civil) – Óbice afastado – Apelação a que se dá provimento.

VOTO (n. 50.266):

RELATÓRIO:

1. Indeferido o registro *stricto sensu* de doação, celebrada por escritura pública, e mantida, em processo de dúvida, a negativa originária, por sentença do MM. Juiz Corregedor Permanente, do decidido apela o interessado, entendendo que era caso de inscrever-se o título.

Aduz, a tanto, que se casou na vigência do atual Código civil, de modo que não incide, na espécie, o verbete n. 377 da Súmula do colendo Supremo Tribunal Federal. Logo, tendo sido o ora apelante o único adquirente do imóvel, e não havendo comunicação deste bem, só ao exclusivo proprietário competiria comparecer, na condição de causante, ao versado negócio jurídico de doação, ao qual, de toda maneira, anuiu também sua mulher, o que mais razão seria para que se lhe concedesse a inscrição, tal como rogada.

2. À digna Procuradoria Geral de Justiça parece que se haja de negar provimento ao recurso (fls. 67-9). É o relatório.

VOTO:

3. *Datum neque concessum* que o verbete n. 377 da referida Súmula persuasória emitida pela egrégia Suprema Corte federal tenha aplicação aos casamentos celebrados na vigência do Código civil de 2002 – e a jurisprudência deste

Conselho realmente vai neste sentido –, não era caso de negar-se o registro solicitado, porque a anuência dada pela mulher, no ato mesmo da doação, sugeria (ainda que *a posteriori*) que não houve a comunicação do bem: esse anuir, com efeito, é bastante indiciário de que os cônjuges nunca tiveram esse bem imóvel por integrante da comunhão, e isto é suficiente para arredar a presunção, que é *iuris tantum*, anunciada pela previsão sumular.

4. Se o que basta não bastasse, a intervenção da mulher no negócio jurídico deixa claro que era inequívoco o propósito dos cônjuges em transferir o imóvel ao donatário, o que é suficiente para entender-se como corretamente exercido o *poder de dispor*, certo que "nas declarações de vontade se atenderá mais à intenção nelas consubstanciada do que ao sentido literal da linguagem" (art. 112 do Código civil). Com efeito, *falsa demonstratio non nocet*, a "falsa exposição ou explicação do objeto dos contratos" não lhes tira a eficácia (cf. PONTES DE MIRANDA, *Tratado de Direito Privado III*, 2. ed., Rio de Janeiro: Borsoi, 1954, p. 164-165, § 282) – que, *in casu*, é a eficácia translativa do domínio em favor do beneficiário.

TERMOS EM QUE, dou provimento à apelação, para, reformada a r. sentença de primeiro grau, proceder-se ao registro *stricto sensu* rogado por Helio Rosolen.

É como voto.

Des. RICARDO DIP

Presidente da Seção de Direito Público Relator designado (DJe de 19.04.2018 - SP)

PODER JUDICIÁRIO

TRIBUNAL DE JUSTIÇA DO ESTADO DE SÃO PAULO

CONSELHO SUPERIOR DA MAGISTRATURA

Apelação nº 1001295-23.2016.8.26.0575

Registro: 2018.0000241166

ACÓRDÃO

Vistos, relatados e discutidos estes autos do(a) **Apelação nº 1001295-23.2016.8.26.0575**, da Comarca de **São José do Rio Pardo**, em que são partes é apelante **MARCELO DONIZETI DE SOUZA ZULLI**, é apelado **OFICIAL DE REGISTRO DE IMÓVEIS E ANEXOS DA COMARCA DE SÃO JOSÉ DO RIO PARDO.**

ACORDAM, em Conselho Superior de Magistratura do Tribunal de Justiça de São Paulo, proferir a seguinte decisão: **"Negaram provimento ao recurso. V. U.",** de conformidade com o voto do Relator, que integra este Acórdão.

O julgamento teve a participação dos Exmos. Desembargadores **PEREIRA CALÇAS (PRESIDENTE TRIBUNAL DE JUSTIÇA) (Presidente), ARTUR**

MARQUES (VICE PRESIDENTE), XAVIER DE AQUINO (DECANO),

EVARISTO DOS SANTOS(PRES. DA SEÇÃO DE DIREITO PÚBLICO), CAMPOS MELLO (PRES. DA SEÇÃO DE DIREITO PRIVADO) E FERNANDO TORRES GARCIA(PRES. SEÇÃO DE DIREITO CRIMINAL).

São Paulo, 28 de março de 2018.

GERALDO FRANCISCO PINHEIRO FRANCO

Corregedor Geral da Justiça e Relator

Apelação nº 1001295-23.2016.8.26.0575

Apelante: Marcelo Donizeti de Souza Zulli

Apelado: Oficial de Registro de Imóveis e Anexos da Comarca de São José do Rio Pardo

VOTO Nº 37.304

Registro de imóveis – Recusa de ingresso escritura de doação – Imóvel cadastrado no INCRA juntamente com outro bem, ambos adquiridos em um mesmo processo de usucapião – Necessidade de obtenção de Certificado de Cadastramento de Imóvel Rural (CCIR) autônomo – Imóvel objeto de doação com área inferior fração mínima de parcelamento – Circunstância que só reforça a necessidade de cadastro autônomo – Apelação não provida.

Trata-se de recurso de apelação interposto por MARCELO DONIZETI DE SOUZA ZULLI contra a r. sentença de fl. 44/47, que julgou procedente a dúvida para manter a recusa ao registro ao registro de escritura de doação na matrícula nº 26.606 no Registro de Imóveis e Anexos de São José do Rio Pardo.

Sustenta o apelante, em síntese, que não há desmembramento de imóvel rural, pois a matrícula do imóvel objeto de doação já existe; e que o imóvel doado, que tem área inferior ao mínimo legal, foi originado em processo de usucapião (fls. 48/55).

A Procuradoria de Justiça opinou pelo não provimento do recurso (fls. 94/95). É o relatório.

Presentes pressupostos legais e administrativos, conheço do recurso. No mérito, a r. sentença deve ser integralmente confirmada.

De acordo com a matrícula nº 26.606 do Registro de Imóveis e Anexos de São José do Rio Pardo, por meio de usucapião declarado no processo nº 999/99, da 1ª Vara local, Roque Zulli e Izaura de Souza Zulli se tornaram proprietários de um imóvel rural com a área de 1,21 hectare (fls. 10/11).

A averbação nº 2 da mesma matrícula mostra que o imóvel foi cadastrado no INCRA, com a área total de 5,3724 hectares, juntamente com o imóvel da matrícula nº **26.605**. Ainda segundo essa inscrição, a fração mínima do parcelamento na região é de 2 hectares.

Já a matrícula nº 26.605 da referida serventia revela que Roque Zulli e Izaura de Souza Zulli, no bojo do mesmo processo de usucapião, foram declarados proprietários de um imóvel rural, com a área de 4,1624 hectares (fls. 103/104).

Da mesma forma que a matrícula acima, averbação nº 2 da mesma matrícula mostra que o imóvel foi cadastrado no INCRA, com a área total de 5,3724 hectares, juntamente com o imóvel da matrícula nº **26.606**. Também com fração mínima de 2 hectares.

Apresentada a registro a escritura de doação do imóvel da matrícula nº 26.605 (fls. 12/16), a N. Registradora, em nota devolutiva, sustentou a necessidade de cadastramento autônomo do bem no INCRA.

E o fez de maneira correta.

Embora se trate de duas matrículas distintas (25.605 e 25.606), o cadastramento no INCRA é único, de forma que, para o instituto federal, o imóvel é um só.

Assim, necessária a apresentação do Certificado de Cadastro de Imóvel Rural (CCIR) autônomo.

O Certificado de Cadastro de Imóvel Rural (CCIR) é o documento emitido pelo INCRA nas hipóteses de desmembramento, arrendamento, hipoteca, venda ou promessa de venda de imóveis rurais.

Essa exigência não é nova: consta do art. 22 da Lei nº 4.947/1966 e, mais recentemente, do art. 1º do Decreto n.º 4.449/2002, que regulamentou a Lei nº 10.267/2001, diploma legal que, entre outras, promoveu alterações no art. 176 da Lei n.º 6.015/1973 para fazer constar a necessidade da identificação do imóvel rural com o código e os dados constantes do CCIR.

A obrigação da identificação do imóvel rural com os dados constantes no CCIR foi repetida pelo inciso II do Item 59 do Capítulo XX das Normas de Serviço:

59. A identificação e caracterização do imóvel compreendem:

(...)

II – se rural, o código do imóvel e os dados constantes do CCIR, a localização e denominação;

Decorrendo da Lei e das Normas, a exigência deve ser cumprida pelo interessado, que deve providenciar o CCIR autônomo para a gleba desmembrada. Nesse sentido, decisão deste Conselho a propósito do registro de mandado de usucapião:

A sentença de usucapião, porém, apenas declara essa situação de fato e, fazendo-o, concede ao possuidor o modo originário de aquisição da propriedade. A abertura da matrícula, no entanto, é condicionada a outros requisitos. Dentre eles, a apresentação do CCIR. Nem o Oficial nem o Juiz, pela mera via administrativa, podem suprir a exigência legal. E também não podem obrigar o INCRA a emitir o documento. Se a negativa de expedição do CCIR, pelo INCRA, é ilegal, cabe, pelas vias ordinárias contenciosas, constranger esse órgão a emiti-lo. Até lá, a abertura da matrícula não pode mesmo ser feita, pois isso feriria a legislação" (Apelação nº 0007676- 93.2013.8.26.0064, Rel. Des. Hamilton Elliot Akel, j. em 18/3/2014).

E o fato de o imóvel objeto de doação ter área inferior à fração mínima de parcelamento (fls. 11) só reforça a necessidade de se exigir o cadastro autônomo do bem no INCRA.

Por essas razões, a negativa de ingresso do título apresentado deve ser mantida, em seus exatos termos.

Ante o exposto, nego provimento ao recurso.

GERALDO FRANCISCO PINHEIRO FRANCO

Corregedor Geral da Justiça e Relator (DJe de 07.05.2018 - SP)

PODER JUDICIÁRIO

TRIBUNAL DE JUSTIÇA DO ESTADO DE SÃO PAULO

CONSELHO SUPERIOR DA MAGISTRATURA

Apelação nº 1002800-60.2016.8.26.0539

Registro: 2018.0000012861

ACÓRDÃO

Vistos, relatados e discutidos estes autos do(a) **Apelação nº 1002800-60.2016.8.26.0539**, da Comarca de **Santa Cruz do Rio Pardo**, em que são partes é apelante **ELOIZA LORENZETTI SERRANO**, é apelado **OFICIAL DE REGISTRO DE IMÓVEIS E ANEXOS DA COMARCA DE SANTA CRUZ DO RIO PARDO**.

ACORDAM, em Conselho Superior de Magistratura do Tribunal de Justiça de São Paulo, proferir a seguinte decisão: **"Negaram provimento ao recurso. V. U."**, de conformidade com o voto do Relator, que integra este Acórdão.

O julgamento teve a participação dos Exmos. Desembargadores **PAULO DIMAS MASCARETTI (Presidente), ADEMIR BENEDITO, XAVIER DE AQUINO, LUIZ ANTONIO DE GODOY, RICARDO DIP E SALLES ABREU.**

São Paulo, 19 de dezembro de 2017.

MANOEL DE QUEIROZ PEREIRA CALÇAS

Corregedor Geral da Justiça e Relator

Apelação n.º 1002800-60.2016.8.26.0539

Apelante: Eloiza Lorenzetti Serrano

Apelado: Oficial de Registro de Imóveis e Anexos da Comarca de Santa Cruz do Rio Pardo

VOTO N.º 29.871

Escritura pública de doação – Desqualificação – Ausência de dados qualificativos dos doadores, quais sejam, certidão de casamento atualizada e CPF/MF – Imprescindibilidade da apresentação de certidão de casamento, em respeito ao princípio da continuidade registral – Desnecessidade de obtenção do CPF/MF, não constando haver dúvida quanto à identificação dos doadores, tendo em vista o disposto no art. 176, § 2º, da Lei de Registros Públicos – Dúvida procedente – Recurso não provido.

Cuida-se de recurso de apelação tirado de sentença que julgou procedente dúvida suscitada pelo Oficial de Registro de Imóveis e Anexos da Comarca de São José do Rio Pardo, a teor de que seria imprescindível a exibição da certidão de casamento atualizada, a fim de se conhecer o regime de bens do casal doador e, ainda, necessária a prévia inscrição dos doadores no Cadastro de Pessoa Física do Ministério da Fazenda.

Alega, em síntese, que os doadores Plácido e Emma Lorenzetti, já falecidos, nasceram e se casaram na Itália, não havendo informes que permitam obter a certidão de casamento. Acrescentam que consta das certidões de óbito que os doadores não deixaram bens. Argumentam, ainda, que o mesmo Registro de Imóveis permitiu o ingresso registral da escritura pública de doação agora recusada em outra matrícula ali mantida e que não há qualquer prejuízo a terceiros, tratando-se de situação já consolidada a posse da recorrente.

A Procuradoria Geral da Justiça propôs o não provimento do recurso.

É o relatório.

O dissenso versa sobre a registrabilidade da escritura de doação de fls. 04/18, por meio da qual Plácido Lorenzetti, que também era conhecido por Enrico Plácido Lorenzetti, e Emma Lorenzetti, também conhecida por Emma Mezanotte Lorenzetti, casados, doaram o imóvel transcrito sob número 12.130 (atual matrícula n.º 14.580) a diversos herdeiros, dentro os quais, o pai da recorrente, Romualdo Henrique Lorenzetti.

O Registrador, na nota de devolução de fls. 20, solicitou: 1) apresentação da certidão de casamento atualizada de Enrico Plácido Lorenzetti e Emma Mezzanotti Lorenzetti; 2) documento de inscrição dos doadores no CPF/MF.

A primeira exigência do Oficial é intransponível.

Com efeito, da matrícula do imóvel, consta que apenas Plácido Lorenzetti é titular de domínio. Dessa forma, para que seja respeitado o princípio da continuidade, imprescindível a prévia averbação do casamento de Plácido Lorenzetti com a outra doadora, Emma Mezzanotti Lorenzetti. Sem tal providência, não é possível conhecer o regime de bens do casamento e não haveria como se registrar escritura de doação de imóvel em que um dos doadores não figura como titular de domínio.

Não se trata de formalidade infundada, uma vez que é necessário haver segurança jurídica de que a doadora é, efetivamente, a titular dominial do bem doado. Nada obstaria, a título de exemplo, que o doador houvesse sido casado, em primeiras núpcias, sob regime de comunhão universal de bens, com terceira pessoa que não anuiu com a doação. Somente a compatibilidade da titularidade dominial com aqueles que figuram como doadores na escritura pública obstaria dúvida relevante quanto à regularidade da doação e respeitaria a continuidade registral.

As dificuldades inerentes à obtenção do documento não podem servir de motivo para sua dispensa.

Tampouco a consolidação da posse fato que pode servir de fundamento para aquisição originária da propriedade justifica menor cautela quanto à obediência aos princípios registrais.

O mesmo se diga quanto ao registro anterior da mesma escritura pública de doação, ocorrido no ano de 1985, na matrícula n.º 10.918 (fls. 35), do mesmo Registro de Imóveis: um equívoco não autoriza outro.

Em apenas um ponto a nota de devolução não prospera, o que não é suficiente, de qualquer modo, para a improcedência da dúvida: a exigência de números de CPF. Cediço que o princípio da especialidade objetiva não pode ser considerado um fim em si mesmo, sob pena de negar o que pretende proteger, que é a segurançajurídica.

Por essas razões, o C. Conselho Superior da Magistratura tem admitido, em hipóteses excepcionais, a mitigação da especialidade subjetiva:

> *REGISTRO DE IMÓVEIS - Carta de adjudicação - Promitente vendedor falecido - CPF/MF inexistente - Exigência afastada - Impossibilidade de cumprimento pela apresentante - Princípio da segurança jurídica - Princípio da razoabilidade - Dúvida improcedente - Recurso provido. (Apelação n° 0039080-79.2011.8.26.0100, CSM, rel. Des. José Renato Nalini, 20/09/2012).*
>
> *"(...) Assim, para não sacrificar a segurança jurídica e a publicidade, é de rigor flexibilizar, in concreto, a severidade do princípio da especialidade subjetiva, dispensado a informação sobre o número do CPF/MF de Henri Marie Octave Sannejouand, cujo número de inscrição do Registro Geral é, de mais a mais, conhecido e consta da matrícula do imóvel (RG n.º 75.149 - mod. 19 - fls. 07), em sintonia com a carta de arrematação (fls. 23). A especialidade subjetiva, se, na hipótese, valorada com excessivo rigor, levará, em desprestígio da razoabilidade, até porque a exigência não pode ser satisfeita pela interessada, ao enfraquecimento do princípio da segurança jurídica, o que é um contrassenso. Com a exigência, o que se perde, confrontado com o ganho, tem maior importância, de sorte a justificar a reforma da sentença: a garantia registaria é instrumento, não finalidade em si, preordenando-se a abrigar valores cuja consistência jurídica supera o formalismo (...)".*

Assim, embora as qualificações das partes no título não estejam perfeitas, o registrador não afirmou não haver elementos suficientes a eliminar qualquer dúvida quanto às pessoas que figuram como titulares de domínio e doadores.

É preciso observar que a escritura foi lavrada em 1964, época em que não havia o rigor legal de hoje quanto à precisão da qualificação das partes, o que explica o motivo das omissões levantadas pelo registrador quanto aos cadastros mantidos junto à Receita Federal.

Ciente da falta de precisão de dados qualificativos antes da vigência da Lei de Registros Públicos, o legislador, ao editar a norma vigente, previu a regra de transição disposta no § 2º do art. 176:

§ 2º Para a matrícula e registro das escrituras e partilhas, lavradas ou homologadas na vigência do Decreto nº 4.857, de 9 de novembro de 1939, não serão observadas as exigências deste artigo, devendo tais atos obedecer ao disposto na legislação anterior.

Diante deste cenário, especialmente por não constar que haja dúvidas quanto à identidade das pessoas, apenas nesse ponto não devem prevalecer as exigências, ressalvada dúvida concreta quanto à identidade dos titulares de domínio e cedentes.

Isto posto, **pelo meu voto, nego provimento à apelação. MANOEL DE QUEIROZ PEREIRA CALÇAS**

Corregedor Geral da Justiça e Relator (DJe de 07.05.2018 - SP)

PODER JUDICIÁRIO

TRIBUNAL DE JUSTIÇA DO ESTADO DE SÃO PAULO

CONSELHO SUPERIOR DA MAGISTRATURA

Apelação nº 1001295-23.2016.8.26.0575

Registro: 2018.0000241166

ACÓRDÃO

Vistos, relatados e discutidos estes autos do(a) **Apelação nº 1001295-23.2016.8.26.0575**, da Comarca de **São José do Rio Pardo**, em que são partes é apelante **MARCELO DONIZETI DE SOUZA ZULLI**, é apelado **OFICIAL DE REGISTRO DE IMÓVEIS E ANEXOS DA COMARCA DE SÃO JOSÉ DO RIO PARDO.**

ACORDAM, em Conselho Superior de Magistratura do Tribunal de Justiça de São Paulo, proferir a seguinte decisão: **"Negaram provimento ao recurso. V. U.",** de conformidade com o voto do Relator, que integra este Acórdão.

O julgamento teve a participação dos Exmos. Desembargadores **PEREIRA CALÇAS (PRESIDENTE TRIBUNAL DE JUSTIÇA) (Presidente), ARTUR MARQUES (VICE PRESIDENTE), XAVIER DE AQUINO (DECANO),**

EVARISTO DOS SANTOS(PRES. DA SEÇÃO DE DIREITO PÚBLICO), CAMPOS MELLO (PRES. DA SEÇÃO DE DIREITO PRIVADO) E FERNANDO TORRES GARCIA(PRES. SEÇÃO DE DIREITO CRIMINAL).

São Paulo, 28 de março de 2018.

GERALDO FRANCISCO PINHEIRO FRANCO

Corregedor Geral da Justiça e Relator

Apelação nº 1001295-23.2016.8.26.0575

Apelante: Marcelo Donizeti de Souza Zulli

Apelado: Oficial de Registro de Imóveis e Anexos da Comarca de São José do Rio Pardo

VOTO Nº 37.304

Registro de imóveis – Recusa de ingresso escritura de doação – Imóvel cadastrado no INCRA juntamente com outro bem, ambos adquiridos em um mesmo processo de usucapião – Necessidade de obtenção de Certificado de Cadastramento de Imóvel Rural (CCIR) autônomo – Imóvel objeto de doação com área inferior fração mínima de parcelamento – Circunstância que só reforça a necessidade de cadastro autônomo – Apelação não provida.

Trata-se de recurso de apelação interposto por MARCELO DONIZETI DE SOUZA ZULLI contra a r. sentença de fl. 44/47, que julgou procedente a dúvida para manter a recusa ao registro ao registro de escritura de doação na matrícula nº 26.606 no Registro de Imóveis e Anexos de São José do Rio Pardo.

Sustenta o apelante, em síntese, que não há desmembramento de imóvel rural, pois a matrícula do imóvel objeto de doação já existe; e que o imóvel doado, que tem área inferior ao mínimo legal, foi originado em processo de usucapião (fls. 48/55).

A Procuradoria de Justiça opinou pelo não provimento do recurso (fls. 94/95). É o relatório.

Presentes pressupostos legais e administrativos, conheço do recurso. No mérito, a r. sentença deve ser integralmente confirmada.

De acordo com a matrícula nº 26.606 do Registro de Imóveis e Anexos de São José do Rio Pardo, por meio de usucapião declarado no processo nº 999/99, da 1ª Vara local, Roque Zulli e Izaura de Souza Zulli se tornaram proprietários de um imóvel rural com a área de 1,21 hectare (fls. 10/11).

A averbação nº 2 da mesma matrícula mostra que o imóvel foi cadastrado no INCRA, com a área total de 5,3724 hectares, juntamente com o imóvel da matrícula nº **26.605**. Ainda segundo essa inscrição, a fração mínima do parcelamento na região é de 2 hectares.

Já a matrícula nº 26.605 da referida serventia revela que Roque Zulli e Izaura de Souza Zulli, no bojo do mesmo processo de usucapião, foram declarados proprietários de um imóvel rural, com a área de 4,1624 hectares (fls. 103/104).

Da mesma forma que a matrícula acima, averbação nº 2 da mesma matrícula mostra que o imóvel foi cadastrado no INCRA, com a área total de 5,3724 hectares, juntamente com o imóvel da matrícula nº **26.606**. Também com fração mínima de 2 hectares.

Apresentada a registro a escritura de doação do imóvel da matrícula nº 26.605 (fls. 12/16), a N. Registradora, em nota devolutiva, sustentou a necessidade de cadastramento autônomo do bem no INCRA.

E o fez de maneira correta.

Embora se trate de duas matrículas distintas (25.605 e 25.606), o cadastramento no INCRA é único, de forma que, para o instituto federal, o imóvel é um só.

Assim, necessária a apresentação do Certificado de Cadastro de Imóvel Rural (CCIR) autônomo.

O Certificado de Cadastro de Imóvel Rural (CCIR) é o documento emitido pelo INCRA nas hipóteses de desmembramento, arrendamento, hipoteca, venda ou promessa de venda de imóveis rurais.

Essa exigência não é nova: consta do art. 22 da Lei nº 4.947/1966 e, mais recentemente, do art. 1º do Decreto n.º 4.449/2002, que regulamentou a Lei nº 10.267/2001, diploma legal que, entre outras, promoveu alterações no art. 176 da Lei n.º 6.015/1973 para fazer constar a necessidade da identificação do imóvel rural com o código e os dados constantes do CCIR.

A obrigação da identificação do imóvel rural com os dados constantes no CCIR foi repetida pelo inciso II do Item 59 do Capítulo XX das Normas de Serviço:

59. A identificação e caracterização do imóvel compreendem:

(...)

II – se rural, o código do imóvel e os dados constantes do CCIR, a localização e denominação;

Decorrendo da Lei e das Normas, a exigência deve ser cumprida pelo interessado, que deve providenciar o CCIR autônomo para a gleba desmembrada. Nesse sentido, decisão deste Conselho a propósito do registro de mandado de usucapião:

A sentença de usucapião, porém, apenas declara essa situação de fato e, fazendo-o, concede ao possuidor o modo originário de aquisição da propriedade. A abertura da matrícula, no entanto, é condicionada a outros requisitos. Dentre eles, a apresentação do CCIR. Nem o Oficial nem o Juiz, pela mera via administrativa, podem suprir a exigência legal. E também não podem obrigar o INCRA a emitir o documento. Se a negativa de expedição do CCIR, pelo INCRA, é ilegal, cabe, pelas vias ordinárias contenciosas, constranger esse órgão a emiti-lo. Até lá, a abertura da matrícula não pode mesmo ser feita, pois isso feriria a legislação" (Apelação nº 0007676- 93.2013.8.26.0064, Rel. Des. Hamilton Elliot Akel, j. em 18/3/2014).

E o fato de o imóvel objeto de doação ter área inferior à fração mínima de parcelamento (fls. 11) só reforça a necessidade de se exigir o cadastro autônomo do bem no INCRA.

Por essas razões, a negativa de ingresso do título apresentado deve ser mantida, em seus exatos termos.

Ante o exposto, nego provimento ao recurso.

GERALDO FRANCISCO PINHEIRO FRANCO

Corregedor Geral da Justiça e Relator (DJe de 07.05.2018 - SP)

PODER JUDICIÁRIO

TRIBUNAL DE JUSTIÇA DO ESTADO DE SÃO PAULO

CONSELHO SUPERIOR DA MAGISTRATURA

Apelação nº 1002800-60.2016.8.26.0539

Registro: 2018.0000012861

ACÓRDÃO

Vistos, relatados e discutidos estes autos do(a) **Apelação nº 1002800-60.2016.8.26.0539**, da Comarca de **Santa Cruz do Rio Pardo**, em que são partes é apelante **ELOIZA LORENZETTI SERRANO**, é apelado **OFICIAL DE REGISTRO DE IMÓVEIS E ANEXOS DA COMARCA DE SANTA CRUZ DO RIO PARDO**.

ACORDAM, em Conselho Superior de Magistratura do Tribunal de Justiça de São Paulo, proferir a seguinte decisão: **"Negaram provimento ao recurso. V. U."**, de conformidade com o voto do Relator, que integra este Acórdão.

O julgamento teve a participação dos Exmos. Desembargadores **PAULO DIMAS MASCARETTI (Presidente), ADEMIR BENEDITO, XAVIER DE AQUINO, LUIZ ANTONIO DE GODOY, RICARDO DIP E SALLES ABREU.**

São Paulo, 19 de dezembro de 2017.

MANOEL DE QUEIROZ PEREIRA CALÇAS

Corregedor Geral da Justiça e Relator

Apelação n.º 1002800-60.2016.8.26.0539

Apelante: Eloiza Lorenzetti Serrano

Apelado: Oficial de Registro de Imóveis e Anexos da Comarca de Santa Cruz do Rio Pardo

VOTO N.º 29.871

Escritura pública de doação – Desqualificação – Ausência de dados qualificativos dos doadores, quais sejam, certidão de casamento atualizada e CPF/MF – Imprescindibilidade da apresentação de certidão de casamento, em respeito ao princípio da continuidade registral – Desnecessidade de obtenção do CPF/MF, não constando haver dúvida quanto à identificação dos doadores, tendo em vista o disposto no art. 176, § 2º, da Lei de Registros Públicos – Dúvida procedente – Recurso não provido.

Cuida-se de recurso de apelação tirado de sentença que julgou procedente dúvida suscitada pelo Oficial de Registro de Imóveis e Anexos da Comarca de São José do Rio Pardo, a teor de que seria imprescindível a exibição da certidão de casamento atualizada, a fim de se conhecer o regime de bens do casal doador e, ainda, necessária a prévia inscrição dos doadores no Cadastro de Pessoa Física do Ministério da Fazenda.

Alega, em síntese, que os doadores Plácido e Emma Lorenzetti, já falecidos, nasceram e se casaram na Itália, não havendo informes que permitam obter a certidão de casamento. Acrescentam que consta das certidões de óbito que os doadores não deixaram bens. Argumentam, ainda, que o mesmo Registro de Imóveis permitiu o ingresso registral da escritura pública de doação agora recusada em outra matrícula ali mantida e que não há qualquer prejuízo a terceiros, tratando-se de situação já consolidada a posse da recorrente.

A Procuradoria Geral da Justiça propôs o não provimento do recurso.

É o relatório.

O dissenso versa sobre a registrabilidade da escritura de doação de fls. 04/18, por meio da qual Plácido Lorenzetti, que também era conhecido por Enrico Plácido Lorenzetti, e Emma Lorenzetti, também conhecida por Emma Mezanotte Lorenzetti, casados, doaram o imóvel transcrito sob número 12.130 (atual matrícula n.º 14.580) a diversos herdeiros, dentro os quais, o pai da recorrente, Romualdo Henrique Lorenzetti.

O Registrador, na nota de devolução de fls. 20, solicitou: 1) apresentação da certidão de casamento atualizada de Enrico Plácido Lorenzetti e Emma Mezzanotti Lorenzetti; 2) documento de inscrição dos doadores no CPF/MF.

A primeira exigência do Oficial é intransponível.

Com efeito, da matrícula do imóvel, consta que apenas Plácido Lorenzetti é titular de domínio. Dessa forma, para que seja respeitado o princípio da continuidade, imprescindível a prévia averbação do casamento de Plácido Lorenzetti com a outra doadora, Emma Mezzanotti Lorenzetti. Sem tal providência, não é possível conhecer o regime de bens do casamento e não haveria como se registrar escritura de doação de imóvel em que um dos doadores não figura como titular de domínio.

Não se trata de formalidade infundada, uma vez que é necessário haver segurança jurídica de que a doadora é, efetivamente, a titular dominial do bem doado. Nada obstaria, a título de exemplo, que o doador houvesse sido casado, em primeiras núpcias, sob regime de comunhão universal de bens, com terceira pessoa que não anuiu com a doação. Somente a compatibilidade da titularidade dominial com aqueles que figuram como doadores na escritura pública obstaria dúvida relevante quanto à regularidade da doação e respeitaria a continuidade registral.

As dificuldades inerentes à obtenção do documento não podem servir de motivo para sua dispensa.

Tampouco a consolidação da posse fato que pode servir de fundamento para aquisição originária da propriedade justifica menor cautela quanto à obediência aos princípios registrais.

O mesmo se diga quanto ao registro anterior da mesma escritura pública de doação, ocorrido no ano de 1985, na matrícula n.º 10.918 (fls. 35), do mesmo Registro de Imóveis: um equívoco não autoriza outro.

Em apenas um ponto a nota de devolução não prospera, o que não é suficiente, de qualquer modo, para a improcedência da dúvida: a exigência de números de CPF. Cediço que o princípio da especialidade objetiva não pode ser considerado um fim em si mesmo, sob pena de negar o que pretende proteger, que é a segurançajurídica.

Por essas razões, o C. Conselho Superior da Magistratura tem admitido, em hipóteses excepcionais, a mitigação da especialidade subjetiva:

REGISTRO DE IMÓVEIS - Carta de adjudicação - Promitente vendedor falecido - CPF/MF inexistente - Exigência afastada - Impossibilidade de cumprimento pela apresentante - Princípio da segurança jurídica - Princípio da razoabilidade -

Dúvida improcedente - Recurso provido. (Apelação nº 0039080-79.2011.8.26.0100, CSM, rel. Des. José Renato Nalini, 20/09/2012).

"(...) Assim, para não sacrificar a segurança jurídica e a publicidade, é de rigor flexibilizar, in concreto, a severidade do princípio da especialidade subjetiva, dispensado a informação sobre o número do CPF/MF de Henri Marie Octave Sannejouand, cujo número de inscrição do Registro Geral é, de mais a mais, conhecido e consta da matrícula do imóvel (RG n.º 75.149 - mod. 19 - fls. 07), em sintonia com a carta de arrematação (fls. 23). A especialidade subjetiva, se, na hipótese, valorada com excessivo rigor, levará, em desprestígio da razoabilidade, até porque a exigência não pode ser satisfeita pela interessada, ao enfraquecimento do princípio da segurança jurídica, o que é um contrassenso. Com a exigência, o que se perde, confrontado com o ganho, tem maior importância, de sorte a justificar a reforma da sentença: a garantia registaria é instrumento, não finalidade em si, preordenando-se a abrigar valores cuja consistência jurídica supera o formalismo (...)".

Assim, embora as qualificações das partes no título não estejam perfeitas, o registrador não afirmou não haver elementos suficientes a eliminar qualquer dúvida quanto às pessoas que figuram como titulares de domínio e doadores.

É preciso observar que a escritura foi lavrada em 1964, época em que não havia o rigor legal de hoje quanto à precisão da qualificação das partes, o que explica o motivo das omissões levantadas pelo registrador quanto aos cadastros mantidos junto à Receita Federal.

Ciente da falta de precisão de dados qualificativos antes da vigência da Lei de Registros Públicos, o legislador, ao editar a norma vigente, previu a regra de transição disposta no § 2º do art. 176:

> *§ 2º Para a matrícula e registro das escrituras e partilhas, lavradas ou homologadas na vigência do Decreto nº 4.857, de 9 de novembro de 1939, não serão observadas as exigências deste artigo, devendo tais atos obedecer ao disposto na legislação anterior.*

Diante deste cenário, especialmente por não constar que haja dúvidas quanto à identidade das pessoas, apenas nesse ponto não devem prevalecer as exigências, ressalvada dúvida concreta quanto à identidade dos titulares de domínio e cedentes.

Isto posto, **pelo meu voto, nego provimento à apelação. MANOEL DE QUEIROZ PEREIRA CALÇAS Corregedor Geral da Justiça e Relator** (DJe de 07.05.2018 - SP)

FORMAL DE PARTILHA

PODER JUDICIÁRIO

TRIBUNAL DE JUSTIÇA DO ESTADO DE SÃO PAULO

CONSELHO SUPERIOR DA MAGISTRATURA

Apelação nº 1015351-23.2015.8.26.0405

Registro: 2017.0000493549

ACÓRDÃO

Vistos, relatados e discutidos estes autos do(a) **Apelação nº 1015351-23.2015.8.26.0405**, da Comarca de **Osasco**, em que são partes é apelante **MINISTÉRIO PÚBLICO DO ESTADO DE SÃO PAULO**, é apelado **SEGUNDO OFICIAL DE REGISTRO DE IMÓVEIS DE OSASCO.**

ACORDAM, em Conselho Superior de Magistratura do Tribunal de Justiça de São Paulo, proferir a seguinte decisão: **"Deram provimento ao recurso para julgar a dúvida improcedente e, com isso, determinar o registro do formal de partilha, v.u. Declarará voto o Desembargador Ricardo Dip.",** de conformidade com o voto do Relator, que integra este Acórdão.

O julgamento teve a participação dos Exmos. Desembargadores **PAULO DIMAS MASCARETTI (Presidente sem voto), ADEMIR BENEDITO (VICE PRESIDENTE), PAULO DIMAS MASCARETTI(PRESIDENTE TRIBUNAL DE JUSTIÇA), XAVIER DE AQUINO (DECANO), LUIZ ANTONIO DE GODOY(PRES. DA SEÇÃO DE DIREITO PRIVADO), RICARDO DIP (PRES. DA SEÇÃO DE DIREITO PÚBLICO) E SALLES ABREU (PRES. SEÇÃO DE DIREITO CRIMINAL).**

São Paulo, 4 de julho de 2017.

MANOEL DE QUEIROZ PEREIRA CALÇAS

Corregedor Geral da Justiça e Relator

Apelação n.º 1015351-23.2015.8.26.0405

Apelante: Ministério Público do Estado de São Paulo

Apelado: Segundo Oficial de Registro de Imóveis de Osasco

Parte: Ana Nascimento de Jesus

VOTO N.º 29.733

Registro de Imóveis – Formal de partilha – Divisão amigável de herança com preterição

do art. 1.790 do CC – Partilha que se orientou pela regra do art. 1.829, I, do CC – Companheira/inventariante excluída da sucessão – Registrabilidade de título judicial que, apesar da acesa controvérsia sobre a incidência da norma do art. 1.790 do CC, independe de controle de constitucionalidade – Exigência de aditamento do título em contradição com os limites do juízo de qualificação – Desqualificação ofensiva ao conteúdo da sentença judicial – Ressalva feita na sentença, em referência a eventuais erros, omissões e aos direitos de terceiro, não oportuniza a impugnada recusa – Não compete ao Registrador a sindicância de suposto erro de direito – Dúvida improcedente – Inscrição do título determinada – Recurso provido.

Irresignado com a r. sentença que confirmou o juízo negativo de qualificação registral **[1]**, o Ministério Público do Estado de São Paulo interpôs apelação com vistas ao registro recusado, porque a doutrina e jurisprudência têm progressivamente entendido que, apesar da expressa disposição legal (art. 1.790 do CC), deve prevalecer o princípio constitucional da igualdade entre as entidades familiares **[2]**.

Após o recebimento do recurso, o Oficial reviu seu entendimento, alinhando-se com o posicionamento do recorrente **[3]**, os autos foram encaminhados ao **C. CSM** e a Procuradoria Geral da Justiça propôs o desprovimento da apelação **[4]**.

É o relatório.

O dissenso versa sobre a registrabilidade do *formal de partilha* dos bens deixados por **Raimundo Alves Pereira**, expedido pelo Juízo da 2.ª Vara de Família e Sucessões de Osasco, **nos autos n.º 4012943-76.2013.8.26.0405 [5].**

A inscrição do título judicial foi condicionada pelo Oficial, **em atenção ao art. 1.790 do CC**, ao aditamento do título, seja para constar o pagamento à **companheira do autor da herança**, Ana Nascimento de Jesus, herdeira, seja, alternativamente, para provar que ela renunciou à herança **[6]**.

A partilha homologada judicialmente, apresentada pela companheira do *de cujus*, **inventariante**, desconsiderou o art. 1.790 do CC; orientou-se pelo art. 1.829, I, do CC, tanto que o imóvel descrito na mat. n.º 15.750 do 2.º RI de Osasco, o único bem deixado pelo *autor da herança*, foi dividido, em partes iguais, entre os filhos comuns e os exclusivos do falecido, uma vez descontada a meação da companheira. **[7]**

Em outras palavras, **porque o *de cujus* não deixou bens particulares**, e o único bem abrangido pela herança foi adquirido na vigência da união estável mantida com a inventariante, cujas relações patrimoniais se sujeitam às regras do regime da comunhão parcial de bens (cf. art. 1.725 do CC), resolveu-se, no processo judicial, pela não participação da companheira na sucessão.

Ao invés de se aplicar a norma do art. 1.790 do CC, reconhecendo a concorrência da companheira com os filhos (comuns e exclusivos) do *de cujus* partilhando-se a meação dele por cabeça, em igualdade de condições, entre os coerdeiros (inc. I), ou resguardando à companheira metade do que caberia a cada um dos descendentes (inc. II) , o que a colocaria, *in concreto*, em posição mais vantajosa do que se casada fosse, decidiu-se por sua exclusão da sucessão.

Não se desconhece o posicionamento do **C. Órgão Especial desta Corte**, pela constitucionalidade do art. 1.790 do CC: de fato, conforme os julgamentos da **Arguição de Constitucionalidade n.º 0359133-51.2010.8.26.0000** e da **Arguição de Constitucionalidade n.º 0434423-72.2010.8.26.0000**, rel. Des. Cauduro Padin, ocorridos em 14 de setembro de 2011, a norma lá contida não viola preceitos e princípios constitucionais.

Tampouco se ignora, entretanto, **o andamento do julgamento do RE n.º 878.694/MG** suspenso em razão do pedido de vista do Min. Dias Toffoli, apresentado na sessão do dia 31 de agosto de 2016 , **sob a relatoria do Min. Roberto Barroso, que**, já prestigiado pelos votos de outros seis ministros, **afirmou a inconstitucionalidade do art. 1.790 do CC e**, para fins de repercussão geral, **a seguinte tese**:

É inconstitucional a distinção de regimes sucessórios entre os cônjuges e companheiros prevista no art. 1.790 do CC/2002, devendo ser aplicado, tanto nas hipóteses de casamento quanto nas de união estável, o regime do art. 1.829 do CC/2002.

Trata-se de entendimento desenvolvido com vistas à preservação da igualdade entre as famílias, positivada no art. 226 da CF; dirigido à tutela da dignidade da pessoa humana e dos princípios que vedam o retrocesso e a *proteção deficiente*, **cuja consolidação em curso no âmbito da Excelsa Corte tem**, sem dúvida, **forte poder persuasivo**, especialmente diante da maioria construída.

Se, é certo, na hipótese dos autos, **e em todas em que a herança se limita a bens adquiridos**

onerosamente na vigência da união estável, a aplicação do art. 1.790 do CC leva, em matéria de sucessão, a um tratamento mais favorável aos companheiros, é verdade, por sua vez, que a norma, em outras situações, posiciona os casados em condição mais vantajosa, quando valorada a regra do art. 1.829 do CC.

Ora, os companheiros, de acordo com o art. 1.790 do CC, não participam da sucessão nos bens particulares do *de cujus*, caso concorram com descendentes, ao contrário dos casados sob o regime da comunhão parcial de bens (art. 1.829 do CC); seus quinhões sobre o acervo passível de concorrência sucessória são sempre inferiores aos dos cônjuges; e, no mais, concorrem com os colaterais, se o *de cujus* não deixa descendentes e ascendentes, enquanto os casados, nessa situação, tornam-se herdeiros universais (art. 1.829, III, do CC).

Conforme o voto do Min. Edson Fachin, lançado no inconcluso julgamento do **RE n.º 878.694/MG**, "privilegiar o cônjuge ou o companheiro por meio da aplicação de regras sucessórias diversas é tratar de modo diferente pessoas em igual situação conjugalidade *lato sensu*, originada na coexistência em comunhão de vida." Por isso, "os casados não podem ter direitos em menor extensão que os conviventes e estes não podem ter direitos em menor extensão que os casados".

Em síntese: a questão da constitucionalidade do art. 1.790 do CC desperta, é inegável, acesa discussão, ainda não resolvida pelo **E. STF**, que, no entanto, sinaliza, pelo menos, tende a agasalhar compreensão a respaldar a partilha aqui discutida, cuja legalidade é objeto da dúvida suscitada pelo Oficial.

Nada obstante, a solução da controvérsia em exame não supõe *controle de constitucionalidade*, desautorizado nesse ambiente administrativo do processo de dúvida **[8]** (inclusive porque inocorrente uma inconstitucionalidade manifesta, *ictu oculi* **[9]**), **senão análise do respeito à amplitude do juízo de qualificação**, cujos limites foram ultrapassados pelo Registrador, que, ao recusar o título, **invadiu o mérito, o conteúdo de sentença proferida no âmbito jurisdicional**, transitada em julgado.

Não lhe cabe, de fato, rever, na seara administrativa, o resolvido no processo de inventário; condicionar, portanto, a inscrição do título à participação da inventariante na sucessão de seu companheiro ou à comprovação de sua renúncia à herança, em defesa de entendimento não prestigiado no processo jurisdicional, no qual o *Juízo do inventário*, ciente da união estável e de que a herança se restringia aos direitos sobre bem imóvel adquirido onerosamente durante a união estável, decidiu por homologar partilha que preteriu a regra do art. 1.790 do CC.

Nessa linha, com essa intelecção, por conseguinte, este **C. CSM** se posicionou anteriormente, por exemplo, nos julgamentos da **Apelação n.º 51.124-0/4**, rel. Des. Sérgio Augusto Nigro Conceição, j. 29.11.1999; **Apelação n.º 0001717-77.2013.8.26.0071**, rel. Des. José Renato Nalini, j. 10.12.2013; **Apelação n.º 1025290-06.2014.8.26.0100**, rel. Des. Hamilton Elliot Akel, j. 22.1.2015; **Apelação n.º 0006128-03.2012.8.26.0362**, rel. Des. Hamilton Elliot Akel, j. 3.3.2015; e, já com atual composição, quando da **Apelação n.º 1006527-23.2015.8.26.0196**, sob minha relatoria, j. 25.2.2016.

De mais a mais, o desfecho judicial tem amparo em precedente deste **E. TJSP**, que, ao julgar, em 10 de setembro de 2013, o **AI n.º 0083391-96.2013.8.26.0000**, rel. Des. Claudio Godoy, resolveu pela não aplicabilidade do art. 1.790 do CC, a partir de uma *perspectiva infraconstitucional*, apreciada a matéria, assim, à luz da lógica intrínseca, da racionalidade própria do Código Civil, que impede a diferenciação entre cônjuge e companheiro para fins sucessórios.

Nesta senda, afirmou-se, nesse julgamento, "**não se considera tecnicamente possível a distinção que se pretende entre o direito sucessório do cônjuge e do companheiro**, ora para garantir a este, por exemplo, a herança em bens cuja meação já detém, embora não nos bens próprios do convivente falecido, ora para, como se tenciona na espécie, lhe reservar a condição de único herdeiro apenas se não houver parentes sucessíveis, assim mesmo os colaterais." (grifei) Mais recentemente, ao examinar situação símile à partilha debatida neste processo, envolvendo, assim, a participação de inventariante, companheira do *de cujus*, na divisão de herança integrada somente por bens adquiridos onerosamente durante a união estável, o **E. TJSP**, no **AI n.º 2266743-52.2015.8.26.0000**, rel. Des. Rui Cascaldi, j. 13.9.2016, **decidiu por afastar a incidência do art. 1.790 do CC** e, por conseguinte, observar o inc. I do art. 1.829 do mesmo diploma legal.

Destarte, dentro do contexto exposto, impõe, dentro dos lindes da *requalificação registrária, judiciária*, afastar as exigências opostas pelo Oficial, a quem não se permite rever o mérito de sentença judicial transitada em julgado. Ora, preservada a convicção expressa no título, a interpretação lógico-sistemática que (conclui-se) a animou, e a conforta, fica comprometida qualquer consideração concernente à ofensa aos princípios da legalidade, continuidade e da disponibilidade.

A ressalva feita, no corpo da sentença homologatória da *partilha amigável*, em alusão a eventuais *erros, omissões* e *direitos de terceiros* **[10]**, não serve ao controle exercido pelo Oficial. A questão, aqui, não envolve *erro de fato, inexatidões materiais*, tampouco *direitos de terceiros*, convindo observar, a esse respeito, a condição de inventariante da companheira. Ou seja, ausentes se encontram os pressupostos legais que autorizam o aditamento de partilha versado no art. 656 do CPC **[11]**.

Sob outro prisma, eventual *erro de direito*, discutível (à vista do que se discorreu), preso, no caso, ao suposto descumprimento da ordem de vocação hereditária, enfim, à inobservância da concorrência da companheira com os descendentes do *de cujus*, desborda as fronteiras do juízo de qualificação confiado ao Registrador.

A desconstituição da *partilha amigável*, então por esse fundamento, exige ação própria. Pontue-se, além do mais, que a *anulabilidade* não se pronuncia *de ofício*. O ato judicial, admitido fosse o *erro de direito*, ainda assim produz seus efeitos enquanto não anulado. De resto, agitado (e controverso) erro é sanável pelo decurso do tempo. Quanto isso, acrescente-se, a título de *obiter dictum*, o prazo decadencial ânuo, fixado pelo par. único do art. 2.027 do CC e pelo par. único do art. 1.029 do CPC/1973 **[12]**, atualmente já fluiu, malgrado ainda não tivesse decorrido ao tempo da prenotação.

Tudo, em suma, está a deslegitimar o juízo negativo de qualificação registral.

Isto posto, **dou provimento ao recurso para julgar a dúvida improcedente e, com isso, determinar o registro do formal de partilha.**

MANOEL DE QUEIROZ PEREIRA CALÇAS
Corregedor Geral da Justiça e Relator

Tribunal de Justiça de São Paulo

Conselho Superior da Magistratura

Processo DJ 1015351-23.2015.8.26.0405

Comarca de origem: Osasco

Apelante: Ministério Público

Apelado: Segundo Oficial do Registro de Imóveis de Osasco

DECLARAÇÃO DE VOTO (n. 47.846):

1. À luz do que, na intercorrência do julgamento desta apelação, decidiu o egrégio Supremo Tribunal Federal no RE **878.694**, retifico meu voto inaugural para aderir à conclusão a que já tendera antes a Maioria deste Conselho.

Assim voto, sem persuadir-me, entretanto e *cum magna reverentia*, da respeitável tese de que se possa inibir aos interessados em uma união livre que - são palavras de Philippe MALAURIE- *"fixent eux-mêmes le statut et la signification de leur lien"* (*in* "Mariage et concubinage en droit français contemporain", *Archives de philosophie du droit*. Paris: Sirey, 1975, tomo 20, p. 22).

Mas meu entendimento pessoal deve postergar-se, em homenagem à segurança jurídica, especialmente, de tal se trata na espécie, no domínio de uma jurisdição administrativa.

2. Por outro aspecto, embora isto já não repercuta na conclusão do julgado, não me convenço, *da veniam*, de que não possa o registrador de imóveis qualificar, também em seu **conteúdo**, o título judiciário de simples **partilha amigável**.

É que a sentença judicial, quanto a essa partilha, é **meramente homologatória**, destituída de caráter decisório: *"A sentença que se limita a homologar a partilha amigável não pode ser desconstituída por meio de recurso de apelação, pois não possui cunho decisório* (...)*"* (REsp 695.140 -STJ -4ª. Turma, Rel. Min. JOÃO OTÁVIO DE NORONHA, j. 1º-9-2009). Por isto, é anulável - e não objeto de demanda rescisória (*vide* art. 657 do C.Pr.Civ.).

Sendo o conteúdo da partilha amigável um negócio jurídico, é como tal que deve examinar-se pelo registrador.

NESTES TERMOS, adiro à conclusão do r. voto do eminente Relator, Des. **MANOEL DE QUEIROZ PEREIRA**

CALÇAS.

É como voto.

DES. RICARDO DIP

PRESIDENTE DA SEÇÃO DE DIREITO PÚBLICO DO TJSP

Notas:

[1] Fls. 138-139.

[2] Fls. 144-148.

[3] Fls. 152.

[4] Fls. 164-166.

[5] Fls. 22-112.

[6] Fls. 1-7.

[7] Fls. 23-25, 62-65, 77-79, 103-106, 109 e 111.

[8] Apelação Cível n.º 43.694-0/0, rel. Des. Sérgio Augusto Nigro Conceição, j. 6.2.1998; **Apelação Cível n.º**

97.021-0/0, rel. Des. Luiz Tâmbara, j. 12.12.2002; **Apelação Cível n.º 85-6/9**, rel. Des. Luiz Tâmbara, j. 23.10.2003; e

Apelação Cível n.º 600-6/0, rel. Des. Gilberto Passos de Freitas, j. 21.12.2006.

[9] Inconstitucionalidade essa, a propósito, que, em precedente relativo à pertinência da comprovação do recolhimento de ITBI como condição ao registro de uma usucapião, levou à dispensa do cumprimento da exigência, escorada então em lei complementar municipal que estabeleceu fato gerador manifestamente inapto a permitir a discutida imposição tributária (**Apelação Cível n.º 0000424-82.2011.8.26.0543**, rel. Des. José Renato Nalini, j. 7.2.2013).

[10] Fls. 109.

[11] E, antes, no revogado art. 1.028 do CPC/1973.

[12] Atual par. único do art. 657 do CPC/2015. (DJe de 22.01.2018 - SP)

PODER JUDICIÁRIO

TRIBUNAL DE JUSTIÇA DO ESTADO DE SÃO PAULO

CONSELHO SUPERIOR DA MAGISTRATURA

Apelação nº 1074885-37.2015.8.26.0100

Registro: 2017.0000990218

ACÓRDÃO

Vistos, relatados e discutidos estes autos do(a) **Apelação nº 1074885-37.2015.8.26.0100**, da Comarca de **São Paulo**, em que são partes é apelante **LUCIMEIRI COSTA**, é apelado **OFICIAL DO 14º REGISTRO DE IMÓVEIS DA COMARCA DE SÃO PAULO**.

ACORDAM, em Conselho Superior de Magistratura do Tribunal de Justiça de São Paulo, proferir a seguinte decisão: **"Negaram provimento. v. u."**, de conformidade com o voto do Relator, que integra este Acórdão.

O julgamento teve a participação dos Exmos. Desembargadores **PAULO DIMAS MASCARETTI (Presidentesemvoto),ADEMIRBENEDITO(VICE PRESIDENTE), PAULO DIMAS MASCARETTI(PRESIDENTE TRIBUNAL DE JUSTIÇA), XAVIER DE AQUINO (DECANO), LUIZ ANTONIO DE GODOY(PRES. DA SEÇÃO DE DIREITO PRIVADO), RICARDO DIP (PRES. DA SEÇÃO DE DIREITO PÚBLICO) E SALLES ABREU (PRES. SEÇÃO DE DIREITO CRIMINAL).**

São Paulo, 12 de dezembro de 2017.

MANOEL DE QUEIROZ PEREIRA CALÇAS

Corregedor Geral da Justiça e Relator

Apelação nº 1074885-37.2015.8.26.0100

Apelante: Lucimeiri Costa

Apelado: Oficial do 14º Registro de Imóveis da Comarca de São Paulo

VOTO Nº 29.852

Registro de Imóveis – Formal de Partilha – Desqualificação – Ato de desdobro – Necessidade de prévia retificação de registro para adequação da descrição do imóvel e apuração da área remanescente – Especialidade objetiva – Recusa ao registro mantida – Recurso improvido.

Trata-se de recurso de apelação interposto por Lucimeire Costa contra a sentença de fls. 262/265, que manteve a recusa ao registro de formal de partilha que abrange o imóvel objeto da transcrição 15.233 do 14º Oficial de Registro de Imóveis da Capital.

Sustentou a apelante, em resumo, que o registro do formal de partilha não ofenderá o princípio da especialidade objetiva, pois o inventário contemplou o imóvel objeto da transcrição 15.233, o qual já não abrangia a área destacada, objeto da transcrição 43.782. Como a transmissão possui natureza "ad corpus" e não "ad mensuram", a ausência da totalização numérica da área remanescente não obsta o registro do título. Além disso, o formal de partilha apenas atribui a cada herdeiro parte ideal do imóvel, o que torna irrelevante a especificação da área de superfície do bem. Entende ser desarrazoado impor aos herdeiros a obrigação de promover procedimento de retificação de área para registrar o formal de partilha. E, por essas razões, pede a reforma da sentença para que seja autorizado o registro do título em questão.

A Procuradoria Geral da Justiça opinou pelo provimento do recurso (fls. 300/302).

É o relatório.

O dissenso versa sobre a registrabilidade do formal partilha do espólio de Santo Garbujo. Seu ingresso no fólio real foi recusado pelo Oficial porque: (1) faltam cópias das cédulas de identidade e cartões de identificação de Santo Garbujo e Antonia Beldrami Garbujo; (2) declaração subscrita pela inventariante com firma reconhecida, com complementação da qualificação de Tereza Minuci Garbino e de Lidia Valdarini Garbuglio; (3) Certidão informativa da Prefeitura Municipal relativa à alteração do número do prédio 959 da Rua Dom Bernardo Nogueira, para o atual 967; (4) retificação administrativa de área para a apuração do remanescente inventariado, pois o imóvel de transcrição 15.233 é um polígono irregular, possuindo as medidas perimetrais menos a área de superfície, e o destaque vendido (transcrição 43.782) não possui a medida de um dos lados e da superfície (fls. 155/156).

Os três primeiros óbices foram afastados na sentença proferida pela MMª Juíza Corregedora Permanente e não são objeto de recurso. Resta a análise do óbice que impôs a retificação administrativa de área para o registro de formal de partilha, pois inobservado o princípio da especialidade objetiva.

Em que pesem as razões recursais, o formal de partilha não pode ser registrado por causa do desrespeito ao princípio da *especialidade objetiva*.

Para Afrânio de Carvalho, o princípio da *especialidade* do imóvel significa a sua descrição como corpo certo, a sua representação escrita como individualidade autônoma, com o seu modo de ser físico, que o torna inconfundível e,

portanto, heterogêneo em relação a qualquer outro (Reg. de Imóveis: comentários ao sistema de registro em face da Lei 6.015/73, 2ª ed., Rio de Janeiro, 1977, p. 219). Por isso, o imóvel deve estar perfeitamente descrito no título objeto de registro de modo a permitir sua exata localização e individualização, não se confundindo com nenhum outro.

Narciso Orlandi Neto, ao citar Jorge de Seabra Magalhães, lembra que "as regras reunidas no princípio da *especialidade* impedem que sejam registrados títulos cujo objeto não seja exatamente aquele que consta do registro anterior. É preciso que a caracterização do objeto do negócio repita os elementos de descrição constantes do registro" (Narciso Orlandi Neto, *Retificação* do Registro de Imóveis, Juarez de Oliveira, pág. 68).

No presente caso, tendo em vista o desdobro ocorrido, objeto da transcrição 43.782, será necessária a retificação administrativa para a perfeita descrição do imóvel e apuração de sua verdadeira área remanescente.

A alegação da recorrente de que a transmissão se deu "ad corpus" tampouco pode ser acolhida. Como se vê do formal de partilha, na descrição do bem inventariado não houve qualquer menção ao desdobro que deu origem à transcrição 43.782. A partilha homologada abrangeu a "casa situada à Rua Dom Bernardo Nogueira, 959 (hoje 967), antiga Rua Um, Vila Gumercindo, Subdistrito da Saúde, nesta Capital, com Escritura de Compra e Venda, efetuada no 8º Tabelião (Cartório Campos Sales), no Livro 322, fls. 23, traslado, Registrado na 14ª Circunscrição, livro 3-L, fls. 84, transcrito sob o n 15.233".

Houve, assim, menção somente à transcrição-mãe, sem qualquer menção à área anteriormente destacada. E, se houve o destaque de área da transcrição-mãe, a descrição original já não corresponde à atual configuração do imóvel, sendo imprescindível a retificação de área.

A deficiente identificação do imóvel impede a inscrição pretendida, pois em desconformidade com os princípios da legalidade e da especialidade objetiva. Dispõe o art. 225, parágrafo 2º, da Lei de Registros Públicos, que *"Consideram-se irregulares, para efeito de matrícula, os títulos nos quais a caracterização do imóvel não coincida com a que consta do registro anterior."*

No caso vertente, a descrição que consta do título não corresponde àquela que consta da transcrição, o que é bastante para que o Oficial desqualifique o título, recusando seu ingresso no cadastro imobiliário, em respeito ao princípio da especialidade objetiva, que impõe que cada imóvel tenha descrição precisa que viabilize sua completa identificação e localização, distinguindo-se de todos os demais (LRP, art. 176).

O tema já foi tratado em precedentes deste C. Conselho Superior da Magistratura, como no apelo n. 0010422- 67.2013.8.26.0361, de relatoria do então Corregedor Geral de Justiça, Dr. Hamilton Elliot Akel:

"(...)

No que respeita ao principio da especialidade objetiva, ele apenas seria respeitado se o título descrevesse o imóvel tal como no assento e, também, se esse assento contivesse perfeita individualização do bem.

Para Afrânio de Carvalho, o princípio da especialidade do imóvel significa a sua descrição como corpo certo, a sua representação escrita como individualidade autônoma, com o seu modo de ser físico, que o torna inconfundível e, portanto, heterogêneo em relação a qualquer outro (Registro de Imóveis: comentários ao sistema de registro em face da Lei 6.015/73, 2a ed., Rio de Janeiro, 1977, p. 219). Por isso, o imóvel deve estar perfeitamente descrito no título objeto de registro de modo a permitir sua exata localização e individualização, não se confundindo com nenhum outro.

Narciso Orlandi Neto, ao citar Jorge de Seabra Magalhães, lembra que "as regras reunidas no princípio da especialidade impedem que sejam registrados títulos cujo objeto não seja exatamente aquele que consta do registro anterior. É preciso que a caracterização do objeto do negócio repita os elementos de descrição constantes do registro" (Narciso Orlandi Neto, Retificação do Registro de Imóveis, Juarez de Oliveira, pág. 68).

É certo que caberia mitigação no princípio da especialidade, caso o título - formal de partilha - espelhasse a antiga transcrição. Mas nem isso ocorre no caso. Enquanto a certidão oriunda do 1º registro de Imóveis menciona dois lotes de terreno, o formal de partilha, ao tratar de deles, discrimina-os como um só imóvel, não obstante a ausência de qualquer procedimento de unificação. E, mais, como ressalta o Oficial, traz medidas laterais inéditas, que não constam do assento. (grifo nosso)

A situação não melhora com os documentos trazidos no curso do processo, que, de mais a mais, não integram o título e, portanto, não podem ser admitidos.

Por meu voto, à vista do exposto, nega-se provimento ao recurso."

Não é demais ressaltar que a origem judicial do título não o torna imune à qualificação registral, ainda que limitada aos requisitos formais do título e sua adequação aos princípios registrais, conforme o disposto no item 119, do Cap. XX, das NSCGJ.

O Conselho Superior da Magistratura tem decidido, inclusive, que a qualificação negativa não caracteriza desobediência ou descumprimento de decisão judicial. Pelo contrário, *"a circunstância de exibir-se a inscrição do título de origem judicial não implica isenção dos requisitos registrários, incumbindo ao registrador: a) verificar a competência (absoluta) da autoridade judiciária; b) aferir a congruência do que se ordena ao registro com o processo respectivo; c) apurar a presença das formalidades documentais; d) examinar se o título esbarra em obstáculos propriamente registrários (p.ex.: legalidade, prioridade, especialidade, consecutividade)"* (RJTJESP 137/588)

Isto posto, **pelo meu voto, nego provimento à apelação. MANOEL DE QUEIROZ PEREIRA CALÇAS**

Corregedor Geral da Justiça e Relator (DJe de 15.03.2018 - SP)

PODER JUDICIÁRIO

TRIBUNAL DE JUSTIÇA DO ESTADO DE SÃO PAULO

CONSELHO SUPERIOR DA MAGISTRATURA

Apelação nº 1006915-68.2016.8.26.0590

Registro: 2018.0000187383

ACÓRDÃO

Vistos, relatados e discutidos estes autos do(a) **Apelação nº 1006915-68.2016.8.26.0590**, da Comarca de **São Vicente**, em que são partes são apelantes **REGINA CELIA SOPHIE RIBEIRO e ADRIANA SOPHIE OLMEDO, é apelado OFICIAL DO CARTÓRIO DE REGISTRO DE IMÓVEIS E ANEXOS DA COMARCA DE SÃO VICENTE.**

ACORDAM, em Conselho Superior de Magistratura do Tribunal de Justiça de São Paulo, proferir a seguinte decisão: **"Negaram provimento ao recurso. V. U."**, de conformidade com o voto do Relator, que integra este Acórdão.

O julgamento teve a participação dos Exmos. Desembargadores **PEREIRA CALÇAS (PRESIDENTE TRIBUNAL DE JUSTIÇA) (Presidente), ARTUR MARQUES (VICE PRESIDENTE), XAVIER DE AQUINO (DECANO), EVARISTO DOS SANTOS(PRES. DA SEÇÃO DE DIREITO PÚBLICO), CAMPOS MELLO (PRES. DA SEÇÃO DE DIREITO PRIVADO) E FERNANDO TORRES GARCIA(PRES. SEÇÃO DE DIREITO CRIMINAL).**

São Paulo, 16 de março de 2018.

PINHEIRO FRANCO

CORREGEDOR GERAL DA JUSTIÇA E RELATOR

Apelação nº 1006915-68.2016.8.26.0590

Apelantes: Regina Celia Sophie Ribeiro e Adriana Sophie Olmedo

Apelado: Oficial do Cartório de Registro de Imóveis e Anexos da Comarca de São Vicente

VOTO Nº 37.306

Registro de Imóveis – Dúvida inversa – Formal de Partilha – Imóvel doado em favor do autor da herança e sua mulher, casados pelo regime da comunhão universal de bens, além de três outros donatários – Posterior falecimento do único donatário que era casado – Pretensão, pela viúva, de atribuição de quinhões separados do imóvel em seu favor e em favor de seu marido, de forma a que cada um tivesse o equivalente a 20% do imóvel – Interpretação que não encontra respaldo na escritura pública de doação e em seu registro – Dúvida

procedente, com manutenção da recusa do registro do título – Recurso não provido.

Trata-se de recurso de apelação interposto contra a sentença de fls. 148/150, que manteve a recusa de formal de partilha envolvendo imóvel matriculado sob número 68.674, perante o Registro de Imóveis da mesma Comarca, a teor de que o registro do formal nos termos pretendidos seria temerário sem a prévia retificação do R.03 da matrícula 68.674, havendo risco de prejuízo aos coproprietários do imóvel, os quais não manifestaram anuência quanto à pretensão das suscitantes.

Sustentam as apelantes que a doadora Beatriz Ribeiro pretendeu doar à nora Regina Célia parte ideal do imóvel de sua propriedade, não tendo a nora figurado da escritura apenas na qualidade de cônjuge do filho donatário. Nessa linha de argumentação, sustentam ter sido corretamente elaborado o plano de partilha e requerem a reforma da r. decisão de primeiro grau.

A Procuradoria Geral de Justiça opinou pelo provimento do recurso.

É o relatório.

Por meio da escritura de doação copiada às fls. 19/23, registrada na Matrícula nº 68.674 do Registro de Imóveis da Comarca de São Vicente em 28 de dezembro de 1989 (fls. 14/17), Beatriz Ribeiro doou o imóvel para" *"JAIR RIBEIRO (qualificado)* ***e sua mulher*** *REGINA CÉLIA SOPHIE RIBEIRO (qualificada); ADRIANA SOPHIE RIBEIRO (qualificada); JORGE RIBEIRO(qualificado); GEORGETE MATIAS RIBEIRO (qualificada)"*, reservando para si o usufruto vitalício.

Com o óbito de Jair Ribeiro, no ano de 2014, foi promovido o arrolamento em que realizada a partilha de quinhão equivalente a 20% da nua propriedade do imóvel, atribuído inteiramente à herdeira filha (fls. 42 e 51), sem menção da participação da viúva na partilha desse imóvel (fls.41).

O registro do formal de partilha foi recusado pelo Sr. Oficial de Registro de Imóveis porque: 1) a leitura da escritura pública de doação permite compreender que o falecido e sua esposa receberam, em conjunto, o total correspondente a 25% do imóvel, e não cada qual 20% desse bem; 2) incide o disposto no art. 1.791, do Código Civil, sendo o Espólio uma universalidade de bens; 3) com o óbito da doadora o domínio pleno se consolidou em favor dos donatários (fls. 86/93).

As razões apresentadas para a suscitação da dúvida inversa e as razões de apelação mostram que a omissão na partilha decorreu do entendimento, pelas apelantes, de que o imóvel foi doado em seu favor de Jair e sua esposa Regina Célia na proporção de 20% da nua propriedade para cada um, e em favor dos demais três donatários que teriam recebido, também cada um, quinhão de 20% da nua propriedade.

Essa interpretação, contudo, não se coaduna com o teor do registro da doação e com a escritura pública por meio da qual foi realizada.

Assim porque, como visto, consta na escritura pública que o imóvel foi doado para Jair Ribeiro **e sua mulher** Regina Célia Sophie Ribeiro, casados pelo regime da comunhão universal de bens, sem especificar a transmissão de quinhões distintos do imóvel para cada um desses donatários.

Porém, a escritura pública especifica os donatários do imóvel, separando suas qualificações com "ponto e vírgula", e o faz de modo e identificá-los como sendo: 1) Jair Ribeiro e sua mulher Regina Célia Sophie Ribeiro, casados pelo regime da comunhão de bens; 2) Adriana Sophie Ribeiro, solteira; 3) Jorge Ribeiro, viúvo; 4) Georgete Matias Ribeiro, solteira (fls. 19/20).

Na escritura pública e no registro da doação (fls. 14/16) foi utilizada forma padrão de redação que identifica e separa os donatários conforme o número de adquirentes do imóvel, agrupando aqueles que por serem casados adquirem quinhão em conjunto, na proporção de metade desse quinhão para cada um dos cônjuges.

Ademais, conforme disposto no art. 1.667, I, do Código Civil, no regime da comunhão universal não se comunicam os bens doados com cláusula de incomunicabilidade, nem os sub-rogados em seu lugar:

"Art. 1.668. São excluídos da comunhão:

I - os bens doados ou herdados com a cláusula de incomunicabilidade e os sub-rogados em seu lugar;"

Por essa razão, a menção da doação de quinhão do imóvel em favor de Jair Ribeiro e sua mulher deve ser compreendida como destinada à permitir a comunicação do quinhão entre os cônjuges que o receberam em doação, sem excluir a esposa da doação feita ao seu marido.

Essa interpretação não se altera pela consignação, na escritura pública, de que: *"a presente doação é feita aos donatários* ***seus filhos, noras e***

***netos** com a reserva de usufruto vitalício para ela doadora..."* (fls. 21).

Ao contrário, a inclusão de Regina Célia Sophie Ribeiro se presta para confirmar que foi beneficiada com a doação em conjunto com seu marido que era filho da doadora.

Considerada a forma de redação da escritura pública, para que a apelante fosse reconhecida como donatária de quinhão separado do imóvel era necessário que assim fosse consignado de forma expressa na escritura pública, com especificação do quinhão destinado à Jair e do quinhão destinado à sua cônjuge Regina e com a indicação de que esses quinhões não se comunicariam em razão do regime de bens adotado no casamento de ambos.

Isso porque, a par da forma adotada na redação da escritura pública, não haveria razão para a doação separada de quinhões a marido e mulher casados pelo regime da comunhão universal, pois sem cláusula de incomunicabilidade esses quinhões acabariam por se comunicar entre ambos os cônjuges, passando a constituir bem comum.

Desse modo, a melhor interpretação é a de que a doação foi realizada em favor de quatro donatários, mas com comunicação do quinhão doado para Jair Ribeiro em favor de sua cônjuge, Regina Célia Sophie Ribeiro.

Portanto, correta a exigência de retificação do título para que a partilha diga respeito a quinhão equivalente a 25% do imóvel recebido em doação por Jair Ribeiro e Regina Célia Sophie Ribeiro.

Por fim, importa observar que os demais donatários do imóvel não participaram do inventário dos bens deixados pelo falecimento de Jair Ribeiro, mas serão afetados pela forma da partilha realizada porque, em tese, terão reduzidos seus quinhões no bem que lhes foi doado.

Ressalva-se, porém, a possibilidade de retificação da matrícula para constar que cada um dos donatários recebeu quinhão do imóvel distinto daquele atualmente presumido, ou seja, 25% do bem, observando-se na retificação a necessidade de anuência de todos os donatários, ou o recurso à via contenciosa caso haja litígio em relação à essa matéria.

Ante o exposto, pelo meu voto nego provimento ao recurso.

PINHEIRO FRANCO

Corregedor Geral da Justiça e Relator (DJe de 19.04.2018 - SP)

PODER JUDICIÁRIO

TRIBUNAL DE JUSTIÇA DO ESTADO DE SÃO PAULO

CONSELHO SUPERIOR DA MAGISTRATURA

Apelação nº 1004346-37.2016.8.26.0318

Registro: 2018.0000329274

ACÓRDÃO

Vistos, relatados e discutidos estes autos do(a) **Apelação nº 1004346-37.2016.8.26.0318**, da Comarca de **Leme**, em que são partes é apelante **ARLINDO TADEU BONFOGO**, é apelado **OFICIAL DE REGISTROS DE IMÓVEIS DA COMARCA DE LEME.**

ACORDAM, em Conselho Superior de Magistratura do Tribunal de Justiça de São Paulo, proferir a seguinte decisão: **"Negaram provimento ao recurso, v.u.",** de conformidade com o voto do Relator, que integra este Acórdão.

O julgamento teve a participação dos Exmos. Desembargadores **PEREIRA CALÇAS (PRESIDENTE TRIBUNAL DE JUSTIÇA) (Presidente), ARTUR MARQUES (VICE PRESIDENTE), XAVIER DE AQUINO (DECANO), EVARISTO DOS SANTOS(PRES. DA SEÇÃO DE DIREITO PÚBLICO), CAMPOS MELLO (PRES. DA SEÇÃO DE DIREITO PRIVADO) E FERNANDO TORRES GARCIA(PRES. SEÇÃO DE DIREITO CRIMINAL).**

São Paulo, 27 de abril de 2018.

GERALDO FRANCISCO PINHEIRO FRANCO

Corregedor Geral da Justiça e Relator

Apelação nº 1004346-37.2016.8.26.0318

Apelante: Arlindo Tadeu Bonfogo

Apelado: Oficial de Registros de Imóveis e Anexos da Comarca de Leme

VOTO Nº 37.457

Registro de formal de partilha – Falecida casada com o viúvo pelo regime da comunhão universal de bens – Necessidade de se inventariar a totalidade do bem havido em comunhão no casamento – Universalidade de direito que se extrema somente com a partilha – Recurso não provido.

Trata-se de apelação interposta por Arlindo Tadeu Bonfogo contra r. sentença que julgou procedente a dúvida e manteve a recusa do registro de formal em razão do arrolamento na primeira partilha da metade ideal e não da totalidade do bem imóvel de propriedade da falecida e seu marido, casados pelo regime da comunhão universal de bens.

O apelante sustenta a regularidade do título e o cabimento do registro ante sua correção em consideração à metade ideal da falecida.

A douta Procuradoria Geral de Justiça opinou pelo não provimento do recurso (fls. 214/217). É o relatório.

A natureza judicial do título apresentado não impede sua qualificação registral quanto aos aspectos extrínsecos ou aqueles que não foram objeto de exame pela Autoridade Jurisdicional.

O item 119, do Capítulo XX, das Normas de Serviço da Corregedoria Geral da Justiça é expresso acerca do dever do Oficial do Registro de Imóveis a tanto, como se constata de sua redação:

119. Incumbe ao oficial impedir o registro de título que não satisfaça os requisitos exigidos pela lei, quer sejam consubstanciados em instrumento público ou particular, quer em atos judiciais.

Essa questão é pacífica nos precedentes administrativos deste órgão colegiado, entre muitos, confira-se trecho do voto do Desembargador Manuel Pereira Calças, Corregedor Geral da Justiça à época, na apelação n. 0001561- 55.2015.8.26.0383, j. 20.07.17:

A origem judicial do título não afasta a necessidade de sua qualificação registral, com intuito de se obstar qualquer violação ao princípio da continuidade (Lei 6.015/73, art. 195).

Nesse sentido, douto parecer da lavra do então Juiz Assessor desta Corregedoria Geral de Justiça, Álvaro Luiz Valery Mirra, lançado nos autos do processo n.º 2009/85.842, que, fazendo referência a importante precedente deste Colendo Conselho Superior da Magistratura (Apelação Cível n.º 31.881-0/1), aduz o que segue:

"De início, cumpre anotar, a propósito da matéria, que tanto esta Corregedoria Geral da Justiça quanto o Colendo Conselho Superior da Magistratura têm entendido imprescindível a observância dos princípios e regras de direito registral para o ingresso no fólio real - seja pela via de registro, seja pela via de averbação – de penhoras, arrestos e seqüestros de bens imóveis, mesmo considerando a origem judicial de referidos atos, tendo em conta a orientação tranqüila nesta esfera administrativa segundo a qual a natureza judicial do título levado a registro ou a averbação não o exime da atividade de qualificação registral realizada pelo oficial registrador, sob o estrito ângulo da regularidade formal (Ap. Cív. n. 31.881-0/1)."

Na primeira sucessão, apesar do casamento da falecida com o viúvo pelo regime da comunhão total de bens e a titularidade dominial sobre a totalidade do bem, houve a partilha de somente 50% do bem imóvel.

Em virtude do regime de bens do casamento, havia comunhão de direitos entre a falecida e o viúvo quanto ao imóvel inventariado.

Havendo universalidade de direito em relação à integralidade do único bem a ser partilhado, é necessário inventariar a totalidade do bem e proceder sua partilha.

Desse modo, como decidido pelo MM Juiz Corregedor Permanente, competia arrolar a totalidade do imóvel na primeira sucessão e proceder à partilha, pois, antes desta, o direito dos titulares da universalidade é sobre a totalidade do patrimônio.

Por fim, cabe mencionar a existência de precedente deste Conselho Superior da Magistratura, consistente na Apelação Cível n.º 764-6/8, de 30 de outubro de 2007, na qual o Exmo. Sr. Des. Gilberto Passos de Freitas, Corregedor Geral da Justiça à época, referiu:

Não se discute que meação de cônjuge não se enquadra no conceito legal de herança (e, por isso, não havendo transmissão, seu valor não deve ser considerado na base de cálculo de tributo); mas isso não significa que deva ser desprezada na partilha.

Ao contrário, justamente porque a situação é de massa indivisa, que abrange a comunhão decorrente do casamento e a herança gerada pela sucessão "mortis causa", que se extrema apenas com a partilha, não há como deixar de incluir a integridade do bem, e não apenas sua metade ideal, na partilha, que deve prever não só o pagamento do quinhão da herdeira, mas também a atribuição da parte que couber à viúva-meeira.

Diversos são, aliás, os precedentes do Conselho Superior da Magistratura neste sentido, deles destacando-se não só a verdade de que "a comunhão decorrente do casamento é pro indiviso'" (CSM, Ap. Civ. nº 404-6/6, rel. JOSÉ MÁRIO ANTONIO CARDINALE) - e, por isso, a meação da cônjuge sobrevivente "só se extremará com a partilha" (CSM, Ap. Civ nºs 404-6/6, rel. JOSÉ MÁRIO ANTONIO CARDINALE e 17.289-0/7, rel. JOSÉ ALBERTO WEISS DE ANDRADE) -, mas também a conseqüência lógica de que, até a partilha integral, "permanece a indivisão" (CSM, Ap.Civ. nº 15.305, rel. DÍNIO DE SANTIS GARCIA).

Logo, com Afrânio de Carvalho, se pode repetir a pertinente e apropriada lição de que a "partilha abrange todo o patrimônio do morto e todos os interessados, desdobrando-se em duas partes, a societária e a sucessória, embora o seu sentido se restrinja por vezes à segunda" (AFRÂNIO DE CARVALHO. Registro de Imóveis. Ed. Forense: 3ª edição, 1982, pág. 281).

Ante o exposto, nego provimento ao recurso.

GERALDO FRANCISCO PINHEIRO FRANCO

Corregedor Geral da Justiça e Relator (DJe de 07.06.2018 - SP)

PODER JUDICIÁRIO

TRIBUNAL DE JUSTIÇA DO ESTADO DE SÃO PAULO

CONSELHO SUPERIOR DA MAGISTRATURA

Apelação nº 1000306-43.2017.8.26.0361

Registro: 2018.0000181581

ACÓRDÃO

Vistos, relatados e discutidos estes autos do(a) Apelação nº **1000306-43.2017.8.26.0361**, da Comarca de **Mogi das Cruzes**, em que são partes são apelantes **RUBENS PINEDA ALONSO, MÁRIO JOSÉ PINEDA ALONSO, ROGEDIS PINEDA ALONSO FILHO, MARIA TEREZA PINEDA ALONSO BARRETO** e **RUTH PINEDA GUERRA**, é apelado **2º OFICIAL DE REGISTRO DE IMÓVEIS E ANEXOS DA COMARCA DE MOGI DAS CRUZES.**

ACORDAM, em Conselho Superior de Magistratura do Tribunal de Justiça de São Paulo, proferir a seguinte decisão: **"Negaram provimento ao recurso, v.u.",** de conformidade com o voto do Relator, que integra este Acórdão.

O julgamento teve a participação dos Exmos. Desembargadores **PEREIRA CALÇAS (PRESIDENTE TRIBUNAL DE JUSTIÇA) (Presidente), ARTUR MARQUES (VICE PRESIDENTE), XAVIER DE AQUINO (DECANO), EVARISTO DOS SANTOS(PRES. DA SEÇÃO DE DIREITO PÚBLICO), CAMPOS MELLO (PRES. DA SEÇÃO DE DIREITO PRIVADO) E FERNANDO TORRES GARCIA(PRES. SEÇÃO DE DIREITO CRIMINAL).**

São Paulo, 9 de março de 2018.

GERALDO FRANCISCO PINHEIRO FRANCO

Corregedor Geral da Justiça e Relator

Apelação nº 1000306-43.2017.8.26.0361

Apelantes: Rubens Pineda Alonso, Mário José Pineda Alonso, Rogedis Pineda Alonso Filho, Maria Tereza Pineda Alonso Barreto e Ruth Pineda Guerra

Apelado: 2º Oficial de Registro de Imóveis e Anexos da Comarca de Mogi das Cruzes

VOTO Nº 37.295

Registro de imóveis – Formais de partilha e escritura pública de sobrepartilha – Especialidade objetiva – Descrição do imóvel nos títulos que não se coaduna à existente na matrícula – Necessidade de retificação dos títulos – Afronta aos princípios da especialidade objetiva e da continuidade – Um dos formais de partilha levados a registro apresenta, ademais, percentual equivocado do quinhão a ser partilhado – Necessidade de retificação – Sobrepartilha por escritura pública que não basta à solução do problema – Quinhão que estava consolidado ao tempo da abertura da sucessão, não havendo que se falar em soma de quinhões advindos da genitora e do genitor do *de cujus* – Inaplicabilidade, por fim, do art. 213, §13º, da LRP, à hipótese – Recurso não provido.

Cuida-se de recurso de apelação tirado de r. sentença do MM. Juiz Corregedor Permanente do 2º Oficial de Registro de Imóveis e Anexos da Comarca de Mogi das Cruzes, que julgou procedente dúvida suscitada para o fim de manter a recusa a registro de formais de partilha e escritura pública de sobrepartilha, por deficiência na descrição do imóvel e equívoco no quinhão a ser partilhado.

Os apelantes afirmam, em síntese, aceitar a descrição havida nos formais de partilha, pretendendo a aplicação do art. 213, §13º, da Lei de Registros Públicos.

A Procuradoria Geral de Justiça opinou pelo desprovimento do recurso. É o relatório.

A natureza judicial da maior parte dos títulos apresentados não impede sua qualificação registral quanto aos aspectos extrínsecos ou aqueles que não foram objeto de exame pela Autoridade Jurisdicional.

O item 119, do Capítulo XX, das Normas de Serviço da Corregedoria Geral da Justiça é expresso acerca do dever do Oficial do Registro de Imóveis a tanto, como se constata de sua redação:

119. Incumbe ao oficial impedir o registro de título que não satisfaça os requisitos exigidos pela lei, quer sejam consubstanciados em instrumento público ou particular, quer em atos judiciais.

Essa questão é pacífica nos precedentes administrativos deste órgão colegiado, entre muitos, confira-se trecho do voto do Desembargador Manuel Pereira Calças, Corregedor Geral da Justiça à época, na apelação n. 0001561- 55.2015.8.26.0383, j. 20.07.17:

A origem judicial do título não afasta a necessidade de sua qualificação registral, com intuito de se obstar qualquer violação ao princípio da continuidade (Lei 6.015/73, art. 195).

Nesse sentido, douto parecer da lavra do então Juiz Assessor desta Corregedoria Geral de Justiça, Álvaro Luiz Valery Mirra, lançado nos autos do processo n.º 2009/85.842, que, fazendo referência a importante precedente deste Colendo Conselho Superior da Magistratura (Apelação Cível n.º 31.881-0/1), aduz o que segue:

"De início, cumpre anotar, a propósito da matéria, que tanto esta Corregedoria Geral da Justiça quanto o Colendo Conselho Superior da Magistratura têm entendido imprescindível a observância dos princípios e regras de direito registral para o ingresso no fólio real - seja pela via de registro, seja pela via de averbação - de penhoras, arrestos e seqüestros de bens imóveis, mesmo considerando a origem judicial de referidos atos, tendo em conta a orientação tranqüila nesta esfera administrativa segundo a qual a natureza judicial do título levado a registro ou a averbação não o exime da atividade de qualificação registral realizada pelo oficial registrador, sob o estrito ângulo da regularidade formal (Ap. Civ. n. 31.881-0/1)."

Passo ao exame do título com protocolo n. 241.111.

O Princípio da Especialidade Objetiva, contido no art. 176 da lei n. 6.015/73, exige a identificação do imóvel como um corpo certo objetivando sua localização física.

No presente caso a descrição contida na matrícula (retificada em processo específico em 2014) e no formal de partilha (expedido em 13.01.1982) são diversas no aspecto das áreas e em características físicas, tornando impossível concluir tratar-se do mesmo imóvel, daí a necessidade de retificação do título; pena de violação do princípio da especialidade objetiva.

Essa questão já foi objeto de precedente deste Conselho Superior da Magistratura, como se observa de extrato do voto do Desembargador Hamilton Elliot Akel, então Corregedor Geral da Justiça, na apelação n. 0010422- 67.2013.8.26.0361:

No que respeita ao principio da especialidade objetiva, ele apenas seria respeitado se o título descrevesse o imóvel tal como no assento e, também, se esse assento contivesse perfeita individualização do bem. Para Afrânio de Carvalho, o princípio da especialidade do imóvel significa a sua descrição como corpo certo, a sua representação escrita como individualidade autônoma, com o seu modo de ser físico, que o torna inconfundível e, portanto, heterogêneo em relação a qualquer outro (Registro de Imóveis: comentários ao sistema de registro em face da Lei 6.015/73, 2a ed., Rio de Janeiro, 1977, p. 219). Por isso, o imóvel deve estar perfeitamente descrito no título objeto de registro de modo a permitir sua exata localização e individualização, não se confundindo com nenhum outro. Narciso Orlandi Neto, ao citar Jorge de Seabra Magalhães, lembra que "as regras reunidas no princípio da especialidade impedem que sejam registrados títulos cujo objeto não seja exatamente aquele que consta do registro anterior. É preciso que a caracterização do objeto do negócio repita os elementos de descrição constantes do registro" (Narciso Orlandi Neto, Retificação do Registro de Imóveis, Juarez de Oliveira, pág. 68). É certo que caberia mitigação no princípio da especialidade, caso o título - formal de partilha - espelhasse a antiga transcrição. Mas nem isso ocorre no caso. Enquanto a certidão oriunda do 1º registro de Imóveis menciona dois lotes de terreno, o formal de partilha, ao tratar de deles, discrimina-os como um só imóvel, não obstante a ausência de qualquer procedimento de unificação. E, mais, como ressalta o Oficial, traz medidas laterais inéditas, que não constam do assento. (grifo nosso) A situação não melhora com os documentos trazidos no curso do processo, que, de mais a mais, não integram o título e, portanto, não podem ser admitidos. Por meu voto, à vista do exposto, nega-se provimento ao recurso.

Sendo inviável apurar a coincidência entre a descrição contida no título judicial e a existente no assento imobiliário, após retificação, não tem lugar a aplicação do disposto no artigo 213, parágrafo 13, da Lei n. 6.015/73:

§ 13. Não havendo dúvida quanto à identificação do imóvel, o título anterior à retificação poderá ser levado a registro desde que requerido pelo adquirente, promovendo-se o registro em conformidade com a nova descrição.

É que a norma aludida trata da possibilidade de, depois de retificada a descrição do imóvel, registrar-se título emitido previamente, ainda que com descrição diversa daquela havida depois da retificação. Não é a hipótese dos autos, em que os títulos apresentados a registro não se coadunam nem à descrição anterior, nem à descrição atual do imóvel em voga.

Os demais títulos (protocolos n. 241.112, 241.113 e 241.248) a serem inscritos na mesma matrícula (62.229) necessitam das mesmas retificações para fins de observância do princípio da especialidade, bem como o princípio da continuidade ou do trato sucessivo por se cuidar de transmissões parcelares sucessivas do mesmo imóvel.

Além disso, com relação à sucessão de Rodegis Pineda Alonso (protocolo 241.113) há, ainda, outra razão a obstar este registro. É que a parte ideal inventariada deveria corresponder a um terço do imóvel, correspondente à totalidade do quinhão que havia sido transmitido ao de cujus, por herança. A partilha de apenas 16,65% do bem, metade do referido quinhão, revela-se falha insuperável.

O meio eleito para acertamento da fração imobiliária a ser partilhada por ocasião do falecimento de Rogedis Pineda Alonso afigura-se inadequado. Com efeito, não se trata de somar quinhões advindos dos genitores do falecido. Ao tempo em que se deu o óbito, o quinhão do imóvel em pauta pertencente ao de cujus estava consolidado em 33,33%, de forma indivisível.

Note-se, ademais, que a retificação do formal de partilha dos bens deixados por Rogedis Pineda Alonso tornaria desnecessária a escritura púbica de sobrepartilha.

Ante o exposto, nego provimento ao recurso.

GERALDO FRANCISCO PINHEIRO FRANCO

Corregedor Geral da Justiça e Relator (DJe de 11.07.2018 - SP)

PODER JUDICIÁRIO

TRIBUNAL DE JUSTIÇA DO ESTADO DE SÃO PAULO

CONSELHO SUPERIOR DA MAGISTRATURA

Apelação nº 1101111-45.2016.8.26.0100

Registro: 2018.0000272836

ACÓRDÃO

Vistos, relatados e discutidos estes autos do(a) **Apelação nº 1101111-45.2016.8.26.0100**, da Comarca de **São Paulo**, em que são partes é apelante **MINISTÉRIO PÚBLICO DO EST. DE SP**, é apelada **IVANICE SERAFIM PEREIRA**.

ACORDAM, em Conselho Superior de Magistratura do Tribunal de Justiça de São Paulo, proferir a seguinte decisão: **"Negaram provimento ao recurso para manter o julgamento de procedência da dúvida e, portanto, a negativa de registro do formal de partilha, v.u."**, de conformidade com o voto do Relator, que integra este Acórdão.

O julgamento teve a participação dos Exmos. Desembargadores **PEREIRA CALÇAS (PRESIDENTE TRIBUNAL DE JUSTIÇA) (Presidente), ARTUR MARQUES (VICE PRESIDENTE), XAVIER DE AQUINO (DECANO), EVARISTO DOS SANTOS(PRES. DA SEÇÃO DE DIREITO PÚBLICO), CAMPOS MELLO (PRES. DA SEÇÃO DE DIREITO PRIVADO) E FERNANDO TORRES GARCIA(PRES. SEÇÃO DE DIREITO CRIMINAL).**

São Paulo, 10 de abril de 2018.

GERALDO FRANCISCO PINHEIRO FRANCO

Corregedor Geral da Justiça e Relator

Apelação nº 1101111-45.2016.8.26.0100

Apelante: Ministério Público do Estado de São Paulo

Apelado: Ivanice Serafim Pereira

VOTO Nº 37.294

Registro de Imóveis – Formal de Partilha – Herdeiros que se declararam como mantenedores de uniões estáveis – Princípio da especialidade subjetiva – Herdeiros que devem ser qualificados com as indicações de seus estados civis – Necessidade, ainda, de apresentação das anuências dos respectivos companheiros com as declarações de uniões estáveis, uma vez que, no presente caso concreto, não participaram da ação de inventário – Dúvida procedente, mas por fundamento distinto daquele adotado pelo Sr. Oficial de Registro de Imóveis para a recusa do registro – Recurso não provido, com determinação.

Trata-se de recurso de apelação interposto pelo Ministério Público do Estado de São Paulo contra a sentença de fls. 314/319 que julgou "parcialmente procedente" dúvida suscitada e manteve a recusa ao registro de formal de partilha que abrange imóvel objeto da matrícula 76.002 do 8º Oficial de Registro de Imóveis da Capital.

Sustentou o apelante, em resumo, que a dúvida deve ser julgada procedente, mantendo-se o óbice ao registro do formal de partilha. Entende o recorrente que a qualificação de união estável a partir de simples declaração dos interessados é incompatível com o sistema registral imobiliário e que, por essa razão, é imprescindível a formalização da união estável e seu registro antes do ingresso do formal de partilha no fólio real. Caso optem por manter a união estável na informalidade, sugere que retifiquem o estado civil constante do formal de partilha.

A Procuradoria Geral da Justiça opinou pelo provimento do recurso (fls. 340/342).

É o relatório.

Nas primeiras declarações apresentadas no arrolamento dos bens deixados pelo falecimento de Maria Alexandre Pereira foram: a) o herdeiro Nilo Serafim Pereira qualificado como companheiro de Maria Edeniuda da Silva; b) a herdeira Ivanice Serafim Pereira como companheira de Laércio Ferreira dos Santos; c) a herdeira Creuzenice Serafim Pereira como companheira de Salviano da Silva Cruz (fls. 21).

Diante da qualificação desses herdeiros, o Sr. Oficial de Registro de Imóveis negou o ingresso do formal partilha pela ausência do prévio registro de escritura declaratória de união estável no Registro de Imóveis da comarca do domicílio dos companheiros, ou de prévio registro de escritura declaratória de união estável no Livro "E" do Registro Civil das Pessoas Naturais.

A interpretação adotada pelo Sr. Oficial de Registro de Imóveis encontra respaldo nas Normas de Serviço da Corregedoria Geral da Justiça que em seu Capítulo XX determinam que será averbada na matrícula do imóvel a união estável declarada judicialmente ou estabelecida por escritura pública registrada no Livro "E" do Registro Civil das Pessoas Naturais (item 11, "b", 5), e prosseguem dispondo:

> "**85. As escrituras antenupciais e as escrituras públicas que regulem regime de bens na união estável serão registradas no Registro de Imóveis da comarca em que os cônjuges ou companheiros têm ou tiverem seu último domicílio sem prejuízo de sua averbação obrigatória no lugar da situação dos imóveis de propriedade ou dos que forem sendo adquiridos.**
>
> **85.1. O registro da convenção antenupcial ou da escritura pública envolvendo regime de bens na união estável mencionará, obrigatoriamente, os nomes e a qualificação dos cônjuges ou companheiros, as disposições ajustadas quanto ao regime de bens e a data em que se realizou o casamento ou da escritura pública, constante de certidão que deverá ser apresentada com a escritura. Se essa certidão não for arquivada em cartório, deverão ainda ser mencionados no registro o cartório em que se realizou o casamento, o número do assento, o livro e a folha em que tiver sido lavrado ou do registro da escritura envolvendo a união estável no Livro "E" do Registro Civil das Pessoas Naturais**".

Porém, respeitados os entendimentos em sentido contrário, considerado que a matéria comporta nova interpretação.

São requisitos da união estável a convivência pública, contínua e duradoura entre duas pessoas, estabelecida com o objeto de constituição de família, ou como previsto no art. 1723 do Código Civil:

> "**Art. 1.723. É reconhecida como entidade familiar a união estável entre o homem e a mulher, configurada na convivência pública, contínua e duradoura e estabelecida com o objetivo de constituição de família**
>
> **§ 1º A união estável não se constituirá se ocorrerem os impedimentos do art. 1.521; não se aplicando a incidência do inciso VI no caso de a pessoa casada se achar separada de fato ou judicialmente.**
>
> **§ 2º As causas suspensivas do art. 1.523 não impedirão a caracterização da união estável**".

Os requisitos enumerados no Código Civil para a constituição de união estável não contemplam a celebração de ato formal, ou a realização de cerimônia revestida de formalidades específicas.

Diante disso, e ao contrário do casamento, a união estável tem como característica própria a informalidade, ou informalismo, para a sua formação.

A ausência de formalismo, ademais, é apontada por Euclides de Oliveira como um dos requisitos da união estável ("União Estável: do concubinato ao casamento: antes e depois do Código Civil", 6º ed., São Paulo: Editora Método, 2003, p. 122), esclarecendo o autor:

> "**A união estável é tipicamente livre na sua formação. Independe de qualquer formalidade, bastando o fato em si, de optarem, homem e mulher, por estabelecer vida em comum. Bem o diz ANTONIO CARLOS MATHIAS COLTRO, assinalando que a união de fato se instaura 'a partir do instante em que resolvem seus integrantes iniciar a convivência como se fossem casados, renovando dia a dia tal conduta, e recheando-a de afinidade e afeição, com vistas à manutenção da intensidade.**
> **Na união estável basta o mútuo consentimento dos conviventes, que se presume do seu comportamento convergente e da contínua renovação pela permanência**" (Euclides de Oliveira, obra citada, p. 124).

A informalidade para a constituição da união estável, entretanto, convive com a exigência de observação de formas específicas para que certos atos e negócios jurídicos produzam os efeitos que deles se pretende.

Assim ocorre, em especial, quanto aos atos e negócios jurídicos que têm como característica a constituição de direitos reais sobre imóveis que são oponíveis "erga omnes" por força da publicidade decorrente de seu registro.

Desse modo, para o julgamento da dúvida suscitada, devem ser diferenciados os atos e negócios jurídicos relacionados aos direitos da personalidade cuja oponibilidade em relação a terceiros prescindem de cerimônia e forma prescritas em lei, como ocorre com a constituição de família por meio da união estável, e os atos e negócios jurídicos que demandam publicidade específica, por meio de sua inscrição em Registro Público, como ocorre com os direitos reais imobiliários.

O que se pretende, *in casu*, é por meio do registro de formal de partilha torna público o direito de propriedade que foi adquirido pelos herdeiros por meio de sucessão hereditária e, assim, conferir ao referido direito oponibilidade "erga omnes".

Para isso, deverão os herdeiros ser qualificados com indicação de seus estados civis (art. 176, § 1º, III, 2, "a", da Lei nº 6.015/74).

E para efeito de registro deverá ser entendimento como estado civil o de solteiro, casado, viúvo, separado e divorciado, não o constituindo, portanto, o de "companheiro", embora possa essa qualidade ser indicada tanto em atos e negócios jurídicos como nos documentos e registros que deles decorrerem.

Portanto, para efeito de registro imobiliário, permanece aplicável a lição de Irineu Antonio Pedrotti:

> **"A qualificação do homem e da mulher compreende nacionalidade, naturalidade, filiação, estado civil, RG, CPF/MF, domicílio, residência, e outros caracteres subsidiários. Como estado civil pode dizer que é solteiro, casado, viúvo, separado consensual ou judicialmente (anteriormente desquitado amigável ou judicialmente), divorciado amigável ou judicialmente.**
>
> **Mas, agora, com a Constituição de 1988, não poderá dizer unido estavelmente?**
>
> **E, esse estado não demonstra a entidade familiar dada pela nova norma constitucional?**
>
> **O concubinato e/ou a sociedade de fato, e/ou a união estável não cria, em verdade um estado civil e nem modifica a condição jurídica que a pessoa tem. Tratandose que alguém que viva more uxório será considerado concubino, companheiro, unido estavelmente, por se encontrar configurada essa situação jurídica.**
>
> **Pode-se usar a expressão unido estavelmente para demonstrar a existência de uma entidade familiar, autorizada pelo preceito constitucional..."** ("Concubinato - União Estável", 4º ed., São Paulo: LEUD, 1999, p. 203/204).

A necessidade de indicação do estado civil do titular do direito real permanece presente porque a união estável pode coexistir com o casamento, desde que constituída com pessoa separada de fato, como previsto no § 1º do art. 1.723 do Código Civil:

> **"Art. 1.723. É reconhecida como entidade familiar a união estável entre o homem e a mulher, configurada na convivência pública, contínua e duradoura e estabelecida com o objetivo de constituição de família.**
>
> **§ 1º A união estável não se constituirá se ocorrerem os impedimentos do art. 1.521; não se aplicando a incidência do inciso VI no caso de a pessoa casada se achar separada de fato ou judicialmente"**.

Em outros termos, a união estável pode ser mantida tanto entre duas pessoas solteiras, viúvas, separadas ou divorciadas, como entre pessoas casadas, desde que separadas de fato de seus respectivos cônjuges.

Bem por isso, não há como admitir no Registro Imobiliário que tem como finalidade precípua a de promover a publicidade dos direitos reais inscritos, com estrita observação do princípio da especialidade subjetiva para que possam produzir efeitos "erga omnes", que o titular de direito dessa natureza seja qualificado simplesmente como "companheiro", ou "em união estável", sem que se indique seu real estado civil que pode, em tese, ser o de casado.

Em sendo casado não poderá o titular do direito real ser, ao mesmo tempo, qualificado como "companheiro" ou "em união estável", ressalvado prévio reconhecimento judicial da existência da união estável, porque o Registro de Imóveis não comporta a simultânea inscrição de direitos de propriedade que sejam conflitantes entre si.

Desse modo, ou titular do direito é qualificado no Registro de Imóveis como solteiro, viúvo, separado ou divorciado e mantendo união estável, do que não decorrerá eventual direito conflitante entre eventual cônjuge e companheiro, ou é casado e, em consequência, não poderá ser qualificado também como "em união estável", pois neste caso os direitos do cônjuge e do companheiro poderão ser incompatíveis entre si, exceto se o reconhecimento da união estável decorrer de ação judicial que atinja o imóvel.

Por todos esses motivos, o Provimento nº 37/2004 da Eg. Corregedoria Nacional de Justiça delimita seu alcance e efeitos e discrimina as diferentes hipóteses para registro da união estável no Livro "E" do Registro Civil das Pessoas Naturais.

Em razão da informalidade para sua constituição e, em regra, para sua dissolução, o art. 1º do Provimento nº 37/2004 da Corregedoria Nacional de Justiça prevê que o registro da união estável no Registro Civil das Pessoas Naturais é faculdade dos companheiros:

"Art. 1º. É facultativo o registro da união estável prevista nos artigos 1.723 a 1.727 do Código Civil, mantida entre o homem e a mulher, ou entre duas pessoas do mesmo sexo".

Sendo facultativo, não deve esse registro ser exigido para que um dos companheiros, ou ambos, pratiquem atos ou negócios jurídicos compatíveis com a autonomia da vontade.

Também em decorrência da informalidade para sua constituição e dissolução, e por independer de outra publicidade para sua existência, o art. 5º do Provimento nº 37/2004 da Corregedoria Nacional de Justiça determina que o registro da união estável no Livro "E" do Registro Civil das Pessoas Naturais produzirá efeitos patrimoniais entre os companheiros, não prejudicando terceiros que não tiverem participado da escritura pública:

"Art. 5º. O registro de união estável decorrente de escritura pública de reconhecimento ou extinção produzirá efeitos patrimoniais entre os companheiros, não prejudicando terceiros que não tiverem participado da escritura pública".

Por seu turno, para preservação da segurança jurídica que os registros públicos visam proporcionar nas relações sociais, o art. 8º do Provimento nº 37/2004 da Corregedoria Nacional de Justiça determina que a união estável com pessoa casada não poderá ser inscrita no Livro "E" do Registro Civil das Pessoas Naturais, exceto se separada judicial ou extrajudicialmente, ou se a declaração da união estável decorrer de sentença judicial transitada em julgada:

"Art. 8º. Não poderá ser promovido o registro, no Livro E, de união estável de pessoas casadas, ainda que separadas de fato, exceto se separadas judicialmente ou extrajudicialmente, ou se a declaração da união estável decorrer de sentença judicial transitada em julgado".

Ao delimitar o alcance e os efeitos, e discriminar as hipóteses em que admitido o registro da união estável no Livro "E" do Registro Civil das Pessoas Naturais, o Provimento nº 37/2014 da Eg. Corregedoria Nacional de Justiça serve de parâmetro para o ingresso união estável nos demais Registros Públicos que, como exposto, não pode ser causa para a concomitante inscrição de direitos reais de igual natureza, entre cônjuge e companheiro, que sejam conflitantes entre si.

Portanto, a meu ver, esses parâmetros devem nortear a fixação dos requisitos para o ingresso, no Registro de Imóveis, de título em que o titular do direito inscrito se qualifique como "companheiro", ou "em união estável".

O primeiro requisito é que a existência da união estável decorra de declaração conjunta dos companheiros, ou de sentença judicial transitada em julgado.

Assim porque a declaração unilateral de vontade, ou seja, de que é ou foi mantida união estável, somente obriga quem a realizou, sem criar ou prejudicar direito de terceiro que dela não tiver participado.

É também necessário que conste no título o real estado civil do titular do direito, ou seja, solteiro, casado, viúvo, separado ou divorciado.

Não sendo casado, não há vedação para que o titular de direito inscrito seja qualificado conforme seu estado civil, com indicação de que mantém união estável desde que também constem no registro o nome do respectivo companheiro e o restante de sua qualificação.

Em sendo o titular do direito casado ao tempo da aquisição do direito real, sua inscrição no Registro Imobiliário com indicação de que mantém união estável e consignação do nome e qualificação do companheiro dependerá da apresentação de prova de que a união estável foi declarada por sentença judicial transitada em julgado, em que reconhecido que se trata de bem comum dos companheiros, podendo essa prova ser feita por certidão do processo ou por demonstração do registro da união estável no Livro "E" do Registro Civil das Pessoas Naturais, pois esse registro também dependerá da prova da declaração judicial da união estável.

Outra situação possível é da aquisição de bem a título oneroso por companheiro que seja casado, com posterior averbação de separação ou divórcio. Nesse caso, a averbação da existência da "união estável", com o nome e qualificação do companheiro, poderá ser feita depois do registro da partilha decorrente da dissolução do casamento, observando-se, sempre, que a declaração da existência da união estável dependerá de ato bilateral, ou seja, deverá ser feita pelos dois companheiros, ou deverá decorrer de sentença transitada em julgado em que reconhecido que se trata de bem comum entre os companheiros.

Além disso, em todas as hipóteses em que admitida a inscrição da união estável deverá constar no registro do imóvel o regime de bens adotado caso diverso da comunhão parcial de bens que é o regime legal (art. 1.725 do Código Civil), sendo que no silêncio presumir-se-á o regime de comunhão parcial.

Observados os requisitos que forem imprescindíveis para a inscrição da união estável sem risco de inscrição de presumidos direitos de propriedade conflitantes, e diante da informalidade para sua constituição e dissolução, não se mostra necessária a prévia obrigação de registro de escritura pública declaratória no Registro de Imóveis, como se se tratasse de pacto antenupcial, ou de prévio registro no Livro "E" do Registro Civil das Pessoas Naturais, exceto se esse registro for utilizado como prova de que a união estável foi declarada por meio de sentença judicial transitada em julgado no caso de um dos companheiros ser casado.

Outro requisito, consistente na apresentação dos documentos necessários à confirmação da qualificação dos companheiros, exceto se já apresentados ao Tabelião de Notas que tiver lavrado escritura pública que for levada à registro, foi indicado na bem fundamentada r. sentença objeto do recurso, da lavra da MM. Juíza Corregedora Permanente, Dra. Tânia Mara Ahuali.

Resta, por fim, apreciar o resultado da qualificação tendo em conta o formal de partilha apresentado para registro.

Neste caso concreto, os herdeiros que se identificaram como mantedores de uniões estáveis não estão qualificados com os seus respectivos estados civis, e somente Ivanice e seu companheiro Laércio apresentaram declaração conjunta confirmando a existência de união estável (fls. 257).

A declaração de fls. 265 não foi prestada pelos demais herdeiros e respectivos companheiros e, em consequência, não se presta como prova da união estável para efeito de registro.

Destarte, não se encontra obstáculo para o registro de título em que os adquirentes do direito a ser inscrito sejam identificados como mantedores de união estável, independentemente do prévio registro da união estável no Livro nº 3 – Registro Auxiliar, do Registro de Imóveis do domicílio dos companheiros, ou no Livro "E" do Registro Civil das Pessoas Naturais, desde que observados os requisitos indicados, o que, *in casu*, não ocorre.

Ante o exposto, pelo meu voto nego provimento ao recurso para manter o julgamento de procedência da dúvida e, portanto, a negativa de registro do formal de partilha.

Ainda, determino a remessa de cópia do v. acórdão à Corregedoria Geral da Justiça, para estudos visando eventual revisão das Normas de Serviço.

GERALDO FRANCISCO PINHEIRO FRANCO

Corregedor Geral da Justiça e Relator (DJe de 26.07.2018 - SP)

PODER JUDICIÁRIO

TRIBUNAL DE JUSTIÇA DO ESTADO DE SÃO PAULO

CONSELHO SUPERIOR DA MAGISTRATURA

Apelação nº 0014119-11.2017.8.26.0344

Registro: 2018.0000513957

ACÓRDÃO

Vistos, relatados e discutidos estes autos do(a) **Apelação nº 0014119-11.2017.8.26.0344**, da Comarca de **Marília**, em que são partes é apelante **ODILA MONTEFUSCO DUARTE**, é apelado **OFICIAL DO SEGUNDO REGISTRO DE IMOVEIS DA COMARCA DE MARILIA**.

ACORDAM, em Conselho Superior de Magistratura do Tribunal de Justiça de São Paulo, proferir a seguinte decisão: **"Negaram provimento à apelação, v.u."**, de conformidade com o voto do Relator, que integra este Acórdão.

O julgamento teve a participação dos Exmos. Desembargadores **PEREIRA CALÇAS (PRESIDENTE TRIBUNAL DE JUSTIÇA) (Presidente), ARTUR MARQUES (VICE PRESIDENTE), DAMIÃO COGAN (DECANO), EVARISTO DOS SANTOS(PRES. DA SEÇÃO DE DIREITO PÚBLICO), CAMPOS MELLO (PRES. DA SEÇÃO DE DIREITO PRIVADO) E FERNANDO TORRES GARCIA(PRES. SEÇÃO DE DIREITO CRIMINAL).**

São Paulo, 5 de julho de 2018.

GERALDO FRANCISCO PINHEIRO FRANCO

Corregedor Geral da Justiça e Relator

Apelação nº 0014119-11.2017.8.26.0344

Apelante: Odila Montefusco Duarte

Apelado: Oficial do Segundo Registro de Imóveis da Comarca de Marilia

VOTO Nº 37.508

Registro de Imóveis - Dúvida - Registro de formal de partilha – Transmissão de parte ideal de imóveis à viúva – Partilha que recai sobre a totalidade dos bens – Qualificação negativa do título – Acerto do óbice apresentado pelo registrador – Recurso não provido.

Trata-se de apelação (fls. 142/149) interposta contra a r. sentença da MM.ª Juíza Corregedora Permanente do 2º Oficial de Registro de Imóveis da Comarca de Marília, que julgou procedente dúvida suscitada para o fim de manter a recusa do registro do formal de partilha dos bens deixado por Egydio Ribeiro Soares, ao argumento de que a totalidade do patrimônio do falecido deve ser inventariada e não apenas a parte ideal a ele pertencente (fls.131/136).

Alega a recorrente, em síntese, que no inventário de seu falecido cônjuge foram descritos os bens que compunham o patrimônio do *de cujus*, ou seja, 50% do imóvel objeto da matrícula nº 4.129 e 25% do imóvel objeto da matrícula nº 4.149, ambas do 2º Oficial de Registro de Imóveis de Marília. Tendo sido os bens adquiridos na constância do casamento, sustenta que apenas a meação do falecido deveria ser inventariada, para que, então, fosse acrescida à parte cabente à inventariante.

A Douta Procuradoria Geral da Justiça manifestou-se pelo não provimento do apelo (fls. 178/181).

É o relatório.

O título judicial apresentado a registro teve o ingresso negado, por entender o Oficial ser necessário o aditamento do formal de partilha, pois todo o patrimônio do falecido deveria ser inventariado, considerando-se irregular a partilha de apenas 50% de seus bens (fls. 01/04, fls. 10 e 14).

Pondera a recorrente que a partilha realizada judicialmente está correta, pois realizada em conformidade com a lei.

Desde logo, importa lembrar que a origem judicial do título não o torna imune à qualificação registral, ainda que limitada aos requisitos formais do título e sua adequação aos princípios registrais, conforme o disposto no item 119, do Capítulo XX, das NSCGJ **[1]**. Este C. Conselho Superior da Magistratura tem decidido, inclusive, que a qualificação negativa não caracteriza desobediência ou descumprimento de decisão judicial **[2]**.

Por outro lado, o documento a fls. 40 demonstra que a apelante e o falecido casaram-se em 01.12.1990, sob o regime da separação de bens. Preceitua a Súmula nº 377 do Supremo Tribunal Federal: *"No regime da separação legal de bens, comunicam-se os adquiridos na constância do casamento".*

Embora haja certa discussão doutrinária a respeito da aplicabilidade de tal Súmula após a entrada em vigor do Código Civil de 2002, a posição deste C. Conselho Superior da Magistratura é a de que ela ainda produz efeitos. Nesse sentido:

"REGISTRO DE IMÓVEIS - Dúvida. Escritura pública de venda e compra de imóvel. Aquisição da nua- propriedade pela mulher e do usufruto pelo marido. Regime de separação obrigatória de bens. Falecimento do cônjuge usufrutuário. Cancelamento do usufruto vitalício. Recusa do registro da compra e venda realizada pelo cônjuge sobrevivente sem a apresentação do formal de partilha. Comunicação dos aquestos nos termos da Súmula 377 do Supremo Tribunal Federal. Recusa do registro mantida. Recurso não provido" (Apelação nº 0000376-81.2013.8.26.0114, Rel. Des. Elliot Akel, j. em 18/3/2014).

> *"Registro de Imóveis. Dúvida julgada procedente. Negativa de registro de escritura pública de alienação de imóvel sem prévio inventário do cônjuge pré-morto. Regime de separação legal de bens. Imóvel adquirido na constância do casamento. Comunicação dos aquestos. Súmula 377 do Supremo Tribunal Federal. Ofensa ao princípio da continuidade. Registro inviável. Recurso não provido"* (Apelação nº 0045658-92.2010.8.26.0100, Rel. Des. Maurício Vidigal, j. em 27/10/2011).

Considerando, pois, que os bens em questão foram adquiridos na constância de casamento celebrado sob o regime da separação obrigatória de bens, estabeleceu-se entre os cônjuges uma comunhão, que não se confunde com o condomínio. Acerca da distinção, ensina Luciano de Camargo Penteado:

"No condomínio há sempre duas facetas: a pluralidade de situações jurídicas e a pluralidade de sujeitos associados e organizados (Massimo Bianca). Preserva-se a possibilidade de personificação, mas esta não é necessária nem constitutiva de condomínio enquanto realidade. Na comunhão, não há essa possibilidade, porque os interesses não são unidirecionais e não há situações jurídicas diversas para pessoas diversas, mas as mesmas situações pertencentes simultaneamente a mais de uma pessoa. Na comunhão verifica-se uma situação jurídica em que o mesmo direito sobre determinada coisa comporta

diferentes sujeitos. No condomínio ressalta-se o estado de indivisão de coisa, com direitos distintos, incidindo sobre partes do mesmo objeto, direitos estes que pertencem a sujeitos igualmente diversos" ("Direito das Coisas"; 2ª ed. rev. atual. E ampl.; Editora Revista dos Tribunais; 2012; p. 454).

Ademais, considerando o disposto no art. 1.829 do Código Civil, não há dúvidas de que o imóvel adquirido pelo casal na constância do casamento, observado o regime legal de bens, pertence em sua totalidade a ambos os cônjuges. Ao inventário é levado o todo, somente sendo apurada a parte pertencente a cada um deles com a extinção da comunhão. Em hipótese semelhante, já se decidiu que:

> *"Registro de Imóveis – Dúvida – Registro de formal de partilha – Transmissão de parte ideal de imóvel a viúva e herdeiros – Partilha que recai sobre a totalidade do bem – Hipoteca realizada em financiamento imobiliário que não afasta a norma geral – Acerto das exigências formuladas pelo Registrador – Recurso não provido.* (TJSP; Apelação 0016589-34.2012.8.26.0071; Relator (a): José Renato Nalini; Órgão Julgador: Conselho Superior de Magistratura; Foro de Bauru - 1ª. Vara Cível; Data do Julgamento: 26/09/2013; Data de Registro: 04/10/2013).

Nesse cenário, correto o posicionamento do Oficial de Registro, uma vez que a meação do cônjuge sobrevivente participa do estado indiviso do bem levado à partilha, salvo se de forma diversa vier a ser expressamente decidido pelo juízo do inventário.

Por estas razões, pelo meu voto, nego provimento à apelação.

GERALDO FRANCISCO PINHEIRO FRANCO

Corregedor Geral da Justiça e Relator

Notas:

[1] *119. Incumbe ao oficial impedir o registro de título que não satisfaça os requisitos exigidos pela lei, quer sejam consubstanciados em instrumento público ou particular, quer em atos judiciais.*

[2] *Apelação Cível n° 413-6/7; Apelação Cível n° 0003968-52.2014.8.26.0453.* (DJe de 20.08.2018 - SP)

PODER JUDICIÁRIO

TRIBUNAL DE JUSTIÇA DO ESTADO DE SÃO PAULO

CONSELHO SUPERIOR DA MAGISTRATURA

Apelação nº 1002012-92.2014.8.26.0126

Registro: 2018.0000012852

ACÓRDÃO

Vistos, relatados e discutidos estes autos do(a) **Apelação nº 1002012-92.2014.8.26.0126**, da Comarca de **Caraguatatuba**, em que são partes é apelante **FREDDY FREITAS CALHEIROS**, é apelado **OFICIAL DE REGISTRO DE IMÓVEIS E ANEXOS DA COMARCA DE CARAGUATATUBA**.

ACORDAM, em Conselho Superior de Magistratura do Tribunal de Justiça de São Paulo, proferir a seguinte decisão: **"Negaram provimento ao recurso, v.u..",** de conformidade com o voto do Relator, que integra este Acórdão.

O julgamento teve a participação dos Exmos. Desembargadores **PAULO DIMAS MASCARETTI (Presidente), ADEMIR BENEDITO, XAVIER DE AQUINO, LUIZ ANTONIO DE GODOY, RICARDO DIP E SALLES ABREU.**

São Paulo, 19 de dezembro de 2017.

MANOEL DE QUEIROZ PEREIRA CALÇAS

Corregedor Geral da Justiça e Relator

Apelação n.º 1002012-92.2014.8.26.0126

Apelante: FREDDY FREITAS CALHEIROS

Apelado: Oficial de Registro de Imóveis e Anexos da Comarca de Caraguatatuba

VOTO N.º 29.884

Registro de Imóveis – Formal de Partilha – Divergência no nome da falecida – Afronta aos princípios da continuidade e da especialidade subjetiva – Dúvida procedente – Apelação desprovida.

Trata-se de recurso de apelação interposto por Freddy Freitas Calheiros contra a sentença de fls. 69/71, que manteve a recusa ao registro de formal de partilha extraído dos autos do arrolamento de bens deixados por Marlene Vieira de Freitas, processo nº 554.01.2007.009360-7, que tramitou perante a 1ª Vara de Família e das Sucessões da Comarca de Santo André.

O apelante afirma, em síntese, que deve ser afastado o óbice ao registro do formal de partilha, pois está claro que a inventariada "Marlene Vieira de Freitas" também se chamava "Marlene Baumgartner Tsudida de Gois" e que, com o registro, não serão violados os princípios da continuidade e da especialidade subjetiva.

A Procuradoria Geral de Justiça opinou pelo desprovimento do recurso.

É o relatório.

Consoante se verifica de fls. 14, a inventariada, Marlene Vieira de Freitas, figura como proprietária do imóvel inscrito sob a matrícula 44.917 do Registro de Imóveis, Títulos e Documentos e Civil de Pessoa Jurídica da Comarca de Caraguatatuba. No formal de partilha apresentado, consta que o nome da falecida era "Marlene Baumgartner Tsudida de Gois".

Embora inexista dúvida de que "Marlene Vieira de Freitas" e "Marlene Baumgartner Tsudida de Gois" fossem a mesma pessoa, não está clara a origem do sobrenome "Baumgartner", pois o nome do marido da falecida é "Geraldo Maikon Tsuida de Gois" (fls. 13).

Acreditando que não tenha existido razão para a inclusão do sobrenome "Baumgartner" e que a sua inclusão decorra de erro, deve o interessado promover a necessária retificação da transcrição realizada junto ao Oficial de Registro Civil das Pessoas Naturais e de Interdição e Tutelas do 1º Subdistrito da Sede da Comarca de Santo André.

E é justamente porque não está clara a origem do sobrenome "Baumgartner" e porque há divergência entre o nome constante do título e o nome constante da matrícula que não se pode admitir o registro do formal de partilha, pena de afronta aos princípios da continuidade e especialidade subjetiva.

Conforme os magistérios de Afrânio de Carvalho:

"O princípio da continuidade, que se apoia no de especialidade, quer dizer que, em relação a cada imóvel, adequadamente individuado, deve existir uma cadeia de titularidade à vista da qual só se fará a inscrição de um direito se o outorgante dele aparecer no registro como seu titular. Assim, as sucessivas transmissões, que derivam umas das outras, asseguram sempre a preexistência do imóvel no patrimônio do transferente. Ao exigir que cada inscrição encontre sua procedência em outra anterior, que assegure a legitimidade da transmissão ou da oneração do direito, acaba por transformá-la no elo de uma corrente ininterrupta de assentos, cada um dos quais se liga ao seu antecedente, como o seu subseqüente a ele se ligará posteriormente. Graças a isso o Registro de Imóveis inspira confiança ao público" (Registro de Imóveis, 4ª edição, Ed. Forense, 1998, pág. 253).

Em idêntico sentido o entendimento de Narciso Orlandi Neto:

"Existe uma inteiração dos princípios da especialidade e da continuidade na formação da corrente filiatória. Quando se exige a observância da continuidade dos registros, exige-se que ela diga respeito a um determinado imóvel. O titular inscrito, e só ele, transmite um direito sobre um bem específico, perfeitamente individualizado, inconfundível, sobre o qual, de acordo com o registro, exerce o direto transmitido. É por este corolário dos princípios da continuidade e da especialidade, reunidos, que o §2º do art. 225 da Lei nº 6.015/73 dispõe: "Consideram-se irregulares, para efeito de matrícula, os títulos nos quais a caracterização do imóvel não coincida com a que consta do registro anterior." (Retificação do registro de imóveis, Ed. Juarez de Oliveira, 2ª ed., 1999, p. 67/68)

Em suma, é por essas razões que deve ser mantido o óbice ao registro do formal de partilha. Ante o exposto, nego provimento ao recurso.

MANOEL DE QUEIROZ PEREIRA CALÇAS

Corregedor Geral da Justiça e Relator (DJe de 27.02.2018 - SP)

HIPOTECA

PODER JUDICIÁRIO

TRIBUNAL DE JUSTIÇA DO ESTADO DE SÃO PAULO

CONSELHO SUPERIOR DA MAGISTRATURA

Apelação nº **1090261-29.2016.8.26.0100**
Registro: 2017.0000625076

ACÓRDÃO

Vistos, relatados e discutidos estes autos do(a) **Apelação nº 1090261-29.2016.8.26.0100,** da Comarca de **São Paulo,** em que são partes é apelante **EXEMPLAR CONSTRUÇÕES LTDA.**, é apelado **3º OFICIAL DE REGISTRO DE IMÓVEIS DA CAPITAL.**

ACORDAM, em Conselho Superior de Magistratura do Tribunal de Justiça de São Paulo, proferir a seguinte decisão: **"Negaram provimento à apelação, v.u. Declarará voto convergente o Desembargador Ricardo Dip."**, de conformidade com o voto do Relator, que integra este Acórdão.

O julgamento teve a participação dos Exmos. Desembargadores **PAULO DIMAS MASCARETTI (Presidente), ADEMIR BENEDITO, XAVIER DE AQUINO, JOÃO CARLOS SALETTI, RICARDO DIP (PRES. DA SEÇÃO DE DIREITO PÚBLICO) E PÉRICLES PIZA.**

São Paulo, 15 de agosto de 2017. MANOEL DE QUEIROZ PEREIRA CALÇAS

Corregedor Geral da Justiça e Relator

Apelação n.º 1090261-29.2016.8.26.0100

Apelante: Exemplar Construções Ltda.

Apelado: 3º Oficial de Registro de Imóveis da Capital

VOTO N.º 29.772

Registro de Imóveis – Registro de hipoteca judiciária – Impossibilidade – Registro requerido por corréu condenado por sentença judicial – Solidariedade da condenação que não lhe socorre – Corréu que ainda não pagou quantia alguma, de modo que não se tornou credor de nenhum de seus pares – Apelação desprovida.

Trata-se de recurso de apelação interposto por Exemplar Construções Ltda. contra a sentença de fls. 103/105, que manteve a recusa ao registro de hipoteca judiciária na matrícula n.º 17.368 do 3º Registro de Imóveis da Capital, de titularidade de Empresarial Alfredo Pujol SPE 02 Ltda.

Sustenta a apelante, em síntese, que tem interesse jurídico na constrição, porquanto pode ser obrigada a pagar o débito aos credores originais. Nesse caso, para assegurar seu direito de regresso, a hipoteca judiciária seria importante. Ressalta que, ao contrário do alegado pelo registrador, não há qualquer notícia de alienação das unidades de propriedade de Empresarial Alfredo Pujol SPE 02 Ltda. Diz, ainda, que, por força do artigo 54 da Lei n.º 13.097/15, é inaplicável ao caso o artigo 55 da mesma Lei. Pede, por fim, a reforma da sentença, com a determinação do registro da hipoteca judiciária (fls. 119/126).

A Procuradoria Geral de Justiça opinou pelo desprovimento do recurso (fls. 139/141).

É o relatório.

De acordo com os documentos acostados a fls. 16/31, em processo de rescisão contratual, cumulado com pedido de devolução de quantias pagas e perdas e danos, que tramitou na 1ª Vara Cível do Foro Regional de Santana (autos n.º 0015532-94.2012.8.26.0001), a recorrente Exemplar Construções Ltda. e as empresas Empresarial Alfredo Pujol SPE 02 Ltda., AM Assessoria em Crédito Imobiliário e Lopes LPS Consultoria de Imóveis Ltda. foram condenadas a devolver aos autores Antônio Canadeu Filho e Silvio Carlos Rezende da Silva os valores por eles desembolsados para a aquisição de unidade condominial.

A recorrente, que, repita-se, foi condenada a pagar o valor desembolsado pelos autores, apresentou essa sentença no 3º Registro de Imóveis da Capital, com o objetivo de obter a inscrição de hipoteca judiciária na matrícula n.º 17.368, cuja titularidade dominial é de uma corré também condenada.

O Oficial negou o registro, sob o argumento de que apenas o credor poderia pleitear a hipoteca judiciária. Suscitada a dúvida, a MM. Juíza Corregedora Permanente manteve a desqualificação (fls. 103/105).

E o óbice ao registro está correto.

Preceitua o artigo 495 do Código de Processo Civil:

> *Art. 495. A decisão que condenar o réu ao pagamento de prestação consistente em dinheiro e a que determinar a conversão de prestação de fazer, de não fazer ou de dar coisa em prestação pecuniária valerão como título constitutivo de hipoteca judiciária.*
>
> *§ 1º A decisão produz a hipoteca judiciária: I - embora a condenação seja genérica;*
>
> *II - ainda que o credor possa promover o cumprimento provisório da sentença ou esteja pendente arresto sobre bem do devedor;*
>
> *III - mesmo que impugnada por recurso dotado de efeito suspensivo.*
>
> *§ 2º A hipoteca judiciária poderá ser realizada mediante apresentação de cópia da sentença perante o cartório de registro imobiliário, independentemente de ordem judicial, de declaração expressa do juiz ou de demonstração de urgência.*
>
> *§ 3º No prazo de até 15 (quinze) dias da data de realização da hipoteca, a parte informá-la-á ao juízo da causa, que determinará a intimação da outra parte para que tome ciência do ato.*
>
> *§ 4º A hipoteca judiciária, uma vez constituída, implicará, para o credor hipotecário, o direito de preferência, quanto ao pagamento, em relação a outros credores, observada a prioridade no registro.*
>
> *§ 5º Sobrevindo a reforma ou a invalidação da decisão que impôs o pagamento de quantia, a parte responderá, independentemente de culpa, pelos danos que a outra parte tiver sofrido em razão da constituição da garantia, devendo o valor da indenização ser liquidado e executado nos próprios autos.*

Embora não conste expressamente na redação do dispositivo legal acima transcrito, não há outra interpretação possível que não seja a realizada pelo registrador: ou seja, somente pode requerer a inscrição da hipoteca judiciária aquele que, por sentença judicial, se tornou credor.

A recorrente, no entanto, não é credora de absolutamente nada. Muito pelo contrário. Caso a sentença não seja reformada, é devedora.

E se é devedora, não faz sentido que se registre em seu favor hipoteca judiciária na matrícula de imóvel de outro devedor.

Cumpre salientar que o fato de a sentença ter condenado os corréus de modo solidário (fls. 30) nada altera esse panorama.

Prescreve o artigo 283 do Código Civil:

> *Art. 283. O devedor **que satisfez a dívida por inteiro** tem direito a exigir de cada um dos co-devedores a sua quota, dividindo-se igualmente por todos a do insolvente, se o houver, presumindo-se iguais, no débito, as partes de todos os co-devedores.*

No entanto, para que um dos codevedores se transforme em credor de seus pares é necessário que ele tenha satisfeito a dívida por inteiro, o que inegavelmente não ocorreu (cf. fls. 122, terceiro parágrafo).

Ou seja, para o registro da hipoteca judiciária, a recorrente apresenta sentença judicial que não lhe favorece – ao contrário, lhe desfavorece – e justifica sua pretensão em um hipotético direito de regresso.

Note-se que os autores da demanda podem, na forma do artigo 275 do Código Civil **[1]**, buscar a satisfação de seu crédito de Empresarial Alfredo Pujol SPE 02 Ltda. ou de AM Assessoria em Crédito Imobiliário ou de Lopes – LPS Consultoria de Imóveis Ltda., excluindo totalmente a recorrente da fase de cumprimento de sentença. Isso deixa ainda mais claro o contrassenso que seria o registro da hipoteca judiciária na forma pleiteada.

Esses fatos, por si sós, são suficientes para impedir o registro almejado pela recorrente. Ante o exposto, nego provimento à apelação.

MANOEL DE QUEIROZ PEREIRA CALÇAS

Corregedor Geral da Justiça e Relator

TRIBUNAL DE JUSTIÇA DE SÃO PAULO

Conselho Superior da Magistratura

Apelação Cível 1090261-29.2016.8.26.0100

Procedência: São Paulo

Apelante: Exemplar Construções Ltda.

Apelado: 3º Oficial de Registro de Imóveis da comarca

VOTO CONVERGENTE (n. 48.967):

1. Averbo, de início, adotar o relatório lançado pelo insigne Relator do caso.

2. O rogado registro *stricto sensu* (n. 2 do inc. I do art. 167 da Lei n. 6.015, de 31-12-1973) realmente tem de ser indeferido, porque a apelante, que o pedira, não possui interesse jurídico na sua feitura: afinal, não sendo titular de nenhum crédito a ser garantido pela hipoteca judiciária, não na assiste direito de pedir a providência, seja em nome próprio, seja (ainda menos) em nome alheio.

E não se afirme que o art. 217 da Lei n. 6.015/1973 (de 31-12), redigido em termos amplos, lhe concederia tal faculdade. Nesse dispositivo *lex dixit magis quam voluit*, ficou expresso mais do que se queria significar: ali, de fato, a construção "qualquer pessoa" está por "qualquer interessado", como faz ver a circunstância de que, logo a seguir, o texto tem de explicitar a legitimidade rogatória dos atos gratuitos (cf. art. 218), o que não faria sentido, se na disposição anterior realmente não estivesse dito que a rogação depende de interesse como, note-se, está no inc. II do art. 13 da própria Lei de Registros.

É, de resto, a lição de Afrânio de CARVALHO:

"O nosso Código Civil prevê que a inscrição seja requerida por qualquer interessado, tanto aquele a quem aproveita, como aquele a quem prejudica, bem como pelo representante ou órgão de um ou de outro, fazendo-o num texto restrito à transmissão gratuita, mas que tem evidente caráter genérico, abrangendo toda espécie de transmissão e de oneração (Cód. Civ., art. 857; cf. Dec. n.º 4.857, de 1939, art. 233). Ao invés de aludir a 'qualquer interessado', a nova Lei do Registro declara que a inscrição pode ser provocada por 'qualquer pessoa', o que não é exato, bastando, para comprová-lo, lembrar a inscrição da hipoteca legal ou da judicial." (*Registro de Imóveis*, 3. ed., Rio de Janeiro: Forense, p. 329).

TERMOS EM QUE, nego provimento à apelação, para manter a r. sentença de primeiro grau.

É como voto.

Des. RICARDO DIP

Presidente da Seção de Direito Público

Nota:

[1] *Art. 275. O credor tem direito a exigir e receber de um ou de alguns dos devedores, parcial ou totalmente, a dívida comum; se o pagamento tiver sido parcial, todos os demais devedores continuam obrigados solidariamente pelo resto.*

Parágrafo único. Não importará renúncia da solidariedade a propositura de ação pelo credor contra um ou alguns dos devedores. (DJe de 19.02.2018 - SP)

IMISSÃO PROVISÓRIA NA POSSE

PODER JUDICIÁRIO

TRIBUNAL DE JUSTIÇA DO ESTADO DE SÃO PAULO

CONSELHO SUPERIOR DA MAGISTRATURA

Apelação nº 1000517-11.2017.8.26.0125

Registro: 2018.0000234930

ACÓRDÃO

Vistos, relatados e discutidos estes autos do(a) **Apelação nº 1000517-11.2017.8.26.0125**, da Comarca de **Capivari**, em que são partes é apelante **MINISTÉRIO PÚBLICO DO ESTADO DE SÃO PAULO**, é apelado **CONCESSIONÁRIO RODOVIAS DO TIETÊ S/A**.

ACORDAM, em Conselho Superior de Magistratura do Tribunal de Justiça de São Paulo, proferir a seguinte decisão: **"Deram provimento ao recurso. V.U."**, de conformidade com o voto do Relator, que integra este Acórdão.

O julgamento teve a participação dos Exmos. Desembargadores **PEREIRA CALÇAS (PRESIDENTE TRIBUNAL DE JUSTIÇA) (Presidente), ARTUR MARQUES (VICE PRESIDENTE), XAVIER DE AQUINO (DECANO), EVARISTO DOS SANTOS(PRES. DA SEÇÃO DE DIREITO PÚBLICO), CAMPOS MELLO (PRES. DA SEÇÃO DE DIREITO PRIVADO) E FERNANDO TORRES GARCIA(PRES. SEÇÃO DE DIREITO CRIMINAL)**.

São Paulo, 28 de março de 2018.

PINHEIRO FRANCO

CORREGEDOR GERAL DA JUSTIÇA E RELATOR

Apelação nº 1000517-11.2017.8.26.0125

Apelante: Ministério Público do Estado de São Paulo

Apelado: Concessinária Rodovias do Tietê S/A

VOTO Nº PF 37.324

Registro de imóveis – Mandado de imissão provisória na posse – Registro – Imóvel localizado em outra Comarca – Qualificação negativa do título – Princípios da territorialidade e da unitariedade – Óbice afastado pela Juíza Corregedora Permanente – Sentença reformada – Apelação provida.

Inconformado com a r. sentença que afastou o juízo negativo de qualificação registral, o representante do Ministério Público interpôs apelação objetivando o indeferimento do registro, junto ao Cartório de Registro de Imóveis de Capivari/SP, do mandado de imissão provisória na posse expedido em favor da concessionária Rodovias do Tietê S/A., tendo por objeto uma área contida em imóvel rural localizado no Município de Elias Fausto, Comarca de Monte-Mor/SP.

Alega o recorrente, em síntese, que os registros devem ser feitos, em princípio, no cartório da situação do imóvel e apenas excepcionalmente, quando a área se estende por Comarcas limítrofes, é que deverão ser feitos em todas elas. Sustenta que, por não haver provas de que a propriedade rural está localizada na Comarca de Capivari/SP e tampouco de que a área em que a concessionária foi provisoriamente imitida na posse situa-se em comarcas limítrofes, há que ser indeferido o registro em ambos os cartórios. Subsidiariamente, requer o reconhecimento da nulidade da sentença proferida, para produção de provas a respeito do quanto alegado pela interessada.

A Procuradoria Geral da Justiça, em seu parecer, opinou pelo provimento da apelação **[1]**.

É o relatório.

A interessada Concessionária Rodovias do Tietê S/A., ao requerer o registro do mandado de imissão provisória na posse expedido nos autos da ação de desapropriação ajuizada perante a 2ª Vara Cível da Comarca de Monte Mor/SP (processo nº 0002720-66.2015.8.26.0372), deparou-se com a nota devolutiva formulada pela Oficial do Cartório de Registro de Imóveis de Capivari/SP, elaborada nos seguintes termos:

> *"O ato pretendido, pelo título apresentado, é de registro da imissão provisória na posse, conforme art. 167, I, 36, da Lei 6.015/73. Assim, tendo em vista que o imóvel situa-se no município de Elias Fausto, comarca de Monte Mor-SP, o r. mandado deverá ser encaminhado ao Oficial do Registro de Imóveis e Anexos da circunscrição imobiliária de Monte Mor-SP, competente para o exame e prática dos atos de registro relativos aos imóveis nela situados, desde a instalação da comarca, em 25 de novembro de 2009"* **[2]**.

Inconformada, a interessada requereu à Oficial a suscitação de dúvida ao argumento de que o mandado de imissão provisória deve ser registrado na matrícula nº 32.965 do Cartório de Registro de Imóveis de Capivari/SP, como determinado judicialmente. Acrescenta que, conforme certidão expedida pelo Cartório de Registro de Imóveis da Comarca de Monte Mor/SP, não consta que o imóvel objeto da ação de desapropriação tenha *"registro, matrícula ou qualquer cadastro"* naquela serventia extrajudicial **[3]**.

Nos termos da sentença proferida pela MM. Juíza Corregedora Permanente, o óbice apresentado pela Oficial foi afastado e determinado o registro do título junto ao Cartório de Registro de Imóveis de Capivari/SP, sem prejuízo de eventual registro também junto ao Cartório de Registro de Imóveis de Monte Mor/SP, *"para garantir maior efetividade e publicidade ao ato"* **[4]**.

Ocorre que, no caso em análise, agiu corretamente a Oficial Registradora que, em atenção ao princípio da territorialidade, desqualificou o título.

Bem por isso, ainda que não se mostre configurada a alegada nulidade da sentença, pois a produção de provas não se coaduna com o procedimento de dúvida **[5]**, as razões de inconformismo apresentadas pelo representante do Ministério Público comportam acolhimento.

Com efeito, os documentos apresentados são suficientes para confirmar que o imóvel objeto da ação de desapropriação, em que expedida a ordem de imissão provisória na posse cujo registro está sendo postulado, encontra- se localizado no município de Elias Fausto, Comarca de Monte Mor/SP. Aliás, esse fato sequer foi impugnado pela interessada.

E considerando que a origem judicial do título não afasta a qualificação registral **[6]**, há que se reconhecer a impossibilidade do registro da imissão de posse na matrícula nº 32.965 do Cartório de Registro de Imóveis de Capivari/SP.

A respeito, prevê o art. 169 da Lei de Registros Públicos que:

> *"Todos os atos enumerados no art. 167 são obrigatórios e efetuar-se-ão* ***no Cartório da situação do imóvel****, salvo:*
>
> *I - as averbações, que serão efetuadas na matrícula ou à margem do registro a que se referirem, ainda que o imóvel tenha passado a pertencer a outra circunscrição;*
>
> *II - os registros relativos a imóveis situados em comarcas ou circunscrições limítrofes, que serão feitos em todas elas."*

No mesmo sentido, o disposto nas NSCGJ em seu Capítulo XX, Seção II, item 11, "a.35" e item 12.

A regra está relacionada ao princípio da unitariedade **[7]**, que é um dos alicerces da vigente estrutura tabular.

Isto porque a cada imóvel deve corresponder, tão-somente, uma matrícula. Tal máxima acha-se sublinhada em inúmeros precedentes do E. Conselho Superior da Magistratura, dentre os quais vale transcrever o seguinte, que prima pela concisão:

> *"A Lei nº 6.015/73, tendo introduzido o fólio real, estabeleceu o princípio da unitariedade da matrícula. A cada imóvel corresponde uma única matrícula e vice-versa"* (Apelação nº 1.762-0, Jacupiranga, Rel. Des. Bruno Affonso De André).

A doutrina não discrepa, sendo útil, para a solução do caso vertente, focalizar essa ideia com ênfase no respeito à competência territorial, como o fazem Walter Cruz Swensson *et alii*: *"O objetivo é que todos os imóveis localizados na circunscrição imobiliária sejam ali cadastrados, de tal forma que cada imóvel tenha sua própria e única matrícula"* ("Lei de Registros Públicos Anotada", 4ª edição, Ed. Juarez de Oliveira, São Paulo, 2006, p. 572).

Nesse cenário, estando o imóvel versado nos autos sob competência do Cartório de Registro de Imóveis da Comarca de Monte Mor/SP, não se justifica o pretendido registro da imissão na posse na antiga matrícula junto à unidade de Capivari/SP, valendo ressaltar a não configuração de nenhuma das hipóteses de exceção previstas em lei. Sobre o tema, Narciso Orlandi Neto é claro: *"Cada imóvel tem uma matrícula e cada matrícula corresponde a um único imóvel. A regra, estudada como princípio da unitariedade da matrícula, não tem na Lei nº 6.015/73 dispositivo específico, mas é característica dos sistemas que adotam o fólio real; decorre, logicamente, da interpretação sistemática das demais regras aplicáveis à própria matrícula e aos registros"* ("Retificação do Registro de Imóveis", Ed. Oliveira Mendes, São Paulo, 1997, p.11).

Acrescente-se que o art. 228 da Lei de Registros Públicos determina que a abertura de matrícula seja efetuada *"por ocasião do primeiro registro a ser lançado na vigência desta Lei, mediante os elementos constantes do título apresentado e do registro anterior nele mencionado"*. As Normas de Serviço da Egrégia Corregedoria Geral da Justiça, por seu turno, também prevêem, em seu item 54, que: *"Todo imóvel objeto de título a ser registrado deve estar matriculado no Livro 2 de Registro Geral. Caso o imóvel não tenha matrícula própria, esta será obrigatoriamente aberta por ocasião do primeiro registro"*.

Por fim, nos termos do art. 229 da Lei de Registros Públicos: *"Se o registro anterior foi efetuado em outra circunscrição, a matrícula será aberta com os elementos constantes do título apresentado e da certidão atualizada daquele registro, a qual ficará arquivada em cartório"*.

Como se vê, a despeito do teor da certidão a fls. 48, deverá a interessada apresentar o título ao Oficial de Registro de Imóveis da Comarca de Monte Mor/SP, local do imóvel, juntamente com a certidão da matrícula atual **[8]**, a fim de que, após a devida qualificação registral e na hipótese de ser esta positiva, ser aberta nova matrícula do imóvel em tela e registrada a decisão judicial em comento.

Diante do exposto, pelo meu voto, **dou provimento** à apelação.

PINHEIRO FRANCO

Corregedor Geral da Justiça e Relator

Notas:

[1] Fls. 101/104.

[2] Fls. 46.

[3] Fls. 18/21.

[4] Fls. 70.

[5] Sobre o tema: *CSM; A.C. 012102-0/9, D.O.E. 03.07.91.* Confira-se, ainda, a lição de Walter Ceneviva, no sentido de que: *"restrição do âmbito da diligência se afina com a espécie administrativa em que se enquadra a dúvida, incompatível com a realização de audiência, para depoimento pessoal ou ouvida de testemunhas e com produção de prova pericial"* (Lei dos Registros Públicos Comentada, São Paulo: Saraiva, 18ª Edição, p.452).

[6] Nessa linha, a título de exemplo: Apelação Cível n.º 39.487-0/1, Rel. Des. Márcio Martins Bonilha, j. 31.07.1997; Apelação Cível n.º 404-6/6, rel. Des. José Mário Antonio Cardinale, j. 08.09.2005.

[7] Art. 176, §1º, inciso I, da Lei de Registros Públicos.

[8] NSCGJ, Capítulo XX, item 56: *"A matrícula será aberta com os elementos constantes do título apresentado e do registro anterior. Se este tiver sido efetuado em outra circunscrição, deverá ser apresentada certidão expedida há no máximo 30 (trinta) dias pelo respectivo cartório, a qual ficará arquivada, de forma a permitir fácil localização".* (DJe de 02.05.2018 - SP)

INCORPORAÇÃO IMOBILIÁRIA

PODER JUDICIÁRIO

TRIBUNAL DE JUSTIÇA DO ESTADO DE SÃO PAULO

CONSELHO SUPERIOR DA MAGISTRATURA

Apelação nº 1001867-89.2017.8.26.0624

Registro: 2018.0000234928

ACÓRDÃO

Vistos, relatados e discutidos estes autos do(a) **Apelação nº 1001867-89.2017.8.26.0624**, da Comarca de **Tatuí**, em que são partes é apelante **FÁBIO DUARTE**, é apelado **OFICIAL DO SERVIÇO DE REGISTRO DE IMOVEIS E ANEXOS DA COMARCA DE TATUI.**

ACORDAM, em Conselho Superior de Magistratura do Tribunal de Justiça de São Paulo, proferir a seguinte decisão: **"Negaram provimento ao recurso. V. U. Mantiveram a procedência da dúvida e negaram provimento à apelação interposta no Processo nº 1001867-89.2017.8.26.0264, bem como determinaram o desapensamento dos autos nº 1001738-84.2017.8.26.0624, com observações, v.u."**, de conformidade com o voto do Relator, que integra este Acórdão.

O julgamento teve a participação dos Exmos. Desembargadores **PEREIRA CALÇAS (PRESIDENTE TRIBUNAL DE JUSTIÇA) (Presidente), ARTUR MARQUES (VICE PRESIDENTE), XAVIER DE AQUINO (DECANO), EVARISTO DOS SANTOS(PRES. DA SEÇÃO DE DIREITO PÚBLICO), CAMPOS MELLO (PRES. DA SEÇÃO DE DIREITO PRIVADO) E FERNANDO TORRES GARCIA(PRES. SEÇÃO DE DIREITO CRIMINAL).**

São Paulo, 28 de março de 2018.

PINHEIRO FRANCO

CORREGEDOR GERAL DA JUSTIÇA E RELATOR

Apelação nº 1001867-89.2017.8.26.0624

Apelante: Fábio Duarte

Apelado: Oficial do Serviço de Registro de Imoveis e Anexos da Comarca de Tatui

VOTO Nº 37.322

Registro de Imóveis – Dúvida julgada procedente – Cessão da incorporação imobiliária e transmissão da propriedade do imóvel ao cessionário – Contrato particular de compra e venda de dois apartamentos celebrado entre o apelante e o incorporador original que também era o anterior proprietário do imóvel – Recusa do novo incorporador em ratificar o contrato – Princípio da continuidade – Cessão dos direitos e deveres decorrentes da incorporação que não autoriza, por si só, o registro de contrato celebrado com quem não é mais proprietário do imóvel – Procedimento administrativo reunido com o procedimento de dúvida visando a declaração da nulidade do registro do contrato de compra e venda e de alienação fiduciária realizado com violação da

prioridade decorrente da ordem cronológica do protocolo - Pretensão, ainda, de bloqueio de matrículas - Existência de anterior prenotação de contrato de compromisso de compra e venda apresentado pelo apelante - Competência da Corregedoria Geral da Justiça para apreciação do recurso interposto contra decisão que indeferiu cancelamento administrativo de registro, uma vez que o cancelamento se faz por ato de averbação - Disciplinar - Reclamação contra procedimento de Oficial de Registro de Imóveis que não observou prioridade decorrente da ordem cronológica de protocolos de títulos representativos de direitos reais contraditório - Competência da Corregedor Geral da Justiça - Apelação provida em parte, com determinação consistente no desapensamento dos autos e remessa do Processo nº 1001738-84.2017.8.26.0624 à Corregedoria Geral da Justiça.

1. Trata-se de apelação interposta por Fábio Duarte contra r. sentença que julgou procedente a dúvida suscitada pelo Sr. Oficial de Registro de Imóveis, Títulos e Documentos e Civil de Pessoa Jurídica da Comarca de Tatuí e manteve a recusa oposta ao registro de contrato particular de compromisso de compra e venda dos apartamentos nºs 121 e 172 do "Residencial Life Tatuí", que são objeto, respectivamente, das matrículas nºs 91.881 e 91.902 (fls.97/102).

O apelante alega, em suma, que o contrato de compromisso de compra e venda dos apartamentos, quitado, recebeu a prenotação nº 253.605, de 18 de novembro de 2016, e teve qualificação negativa mediante exigência de alteração da figura do vendedor em razão da cessão da incorporação realizada pela incorporadora original. Afirmou que contratou a compra dos imóveis de "Residencial Life Tatuí Spe Ltda.", estando a incorporação registrada na matrícula nº 74.211. Asseverou que a cessão da incorporação em favor de "PW5 Incorporadora e Participação Ltda." transferiu à cessionária todos os direitos e obrigações relacionados à incorporação imobiliária, razão pela qual não há obstáculo para o registro do contrato de compromisso de compra e venda celebrado com a incorporadora original. Ademais, a cessão da incorporação teve como condição a manutenção de todos os contratos de alienação de frações ideais celebrados pelo cedente. Esclareceu que contratou a compra dos imóveis em 10 de novembro de 2014 e que a cessão da incorporação ocorreu 23 de fevereiro de 2015, sub-rogando-se a adquirente em todas as obrigações da cedente.

Além disso, quanto ao apartamento objeto da matrícula nº 91.881 do Registro de Imóveis de Tatuí, durante a vigência do prazo da prenotação nº 253.605 foi promovido o registro de outro título consistente em contrato de compra e venda outorgada pela atual incorporadora em favor de terceiro, e de alienação fiduciária ao Banco Bradesco S.A., sendo esse registro nulo por violação da prioridade que assegurava o direito de registro, em primeiro lugar, à compra e venda que celebrou com a incorporadora original.

2. Ainda, Fábio Duarte interpôs recurso administrativo contra r. decisão prolatada no Processo nº 100173884.2017.8.26.0624, em apenso, que indeferiu pedidos de bloqueio de matrícula, cancelamento de registro e aplicação de sanção disciplinar de perda de delegação contra o Oficial de Registro de Imóveis, Títulos e Documentos e Civil de Pessoa Jurídica da Comarca de Tatuí alegando, em suma, que em 18 de novembro de 2016 promoveu a prenotação, sob nº 253.605, de instrumentos particulares de compromisso de compra e venda relativos aos apartamentos nºs 121 e 172 do "Edifício Residencial Life Tatuí", objeto das matrículas 91.881 e 91.902, que foram comprados em 10 de novembro de 2014 na fase de incorporação imobiliária. Afirmou que o registro foi negado mediante exigência de aditamento do contrato para o cessionário da incorporadora original passe a figurar como vendedora dos apartamentos, sendo a exigência incorreta para a cessão da incorporação transmitiu à nova incorporadora todos os deveres e obrigações relativos aos contratos celebrados anteriormente. Em razão disso, em 06 de dezembro de 2016 requereu a suscitação de dúvida que, porém, não foi apresentada pelo Oficial de Registro de Imóveis. Ademais, no curso do prazo de validade da prenotação nº 253.605 foi promovido o registro de outro contrato de compra e venda e alienação fiduciária relativo ao imóvel objeto da matrícula nº 91.811, celebrado em 24 de janeiro de 2017, sendo esse registro nulo em razão da violação da prioridade existente em favor do título protocolado em primeiro lugar. Diante do ocorrido, requereu o bloqueio das matrículas, o cancelamento dos registros feitos com violação da prioridade, e a apuração da responsabilidade disciplinar do Oficial de Registro com aplicação da pena de perda da delegação.

3. A douta Procuradoria Geral de Justiça opinou pelo não provimento dos recursos de apelação e administrativo. Os processos foram reunidos para julgamento conjunto dos recursos, na forma da r. decisão de fls.151.

É o relatório.

4. Compete ao Colendo Conselho Superior da Magistratura o julgamento das dúvidas suscitadas pelos Oficiais de Registros Públicos, na forma do artigo 64, VI, do Decreto-lei Complementar Estadual nº 03/69 e do artigo 16, IV, do Regimento Interno do Tribunal de Justiça do Estado de São Paulo.

O procedimento de dúvida é pertinente quando o ato colimado é suscetível de registro em sentido estrito.

Ocorre que o Processo nº 1001738-84.2017.8.26.0624 tem por objeto o bloqueio de matrículas e o cancelamento administrativo de atos de registro (R.2) e averbação (Av.3) praticados na matrícula nº 91.881 do Registro de Imóveis de Tatuí (fls. 01/10 e 19/20 dos autos em apenso).

E todos os atos pretendidos, consistentes em cancelamento e bloqueio, são praticados por meio de averbação.

Portanto, cabe à Corregedoria Geral da Justiça o julgamento do recurso administrativo interposto no Processo nº 1001738-84.2017.8.26.0624, assim como a adoção de providências visando a apuração de responsabilidade do Sr. Oficial de Registro para eventual imposição de sanção disciplinar.

Em razão disso passo a analisar, separadamente, a apelação interposta no procedimento de dúvida (Processo nº 1001867-89.2017.8.26.0624), com posterior determinação de medidas visando possibilitar o oportuno julgamento, pela Corregedoria Geral da Justiça, do recurso administrativo interposto no Processo nº 1001738-84.2017.8.26.0624.

5. Conforme a certidão de fls. 19/29 do Processo nº 1001867-89.2017.8.26.0624, o imóvel objeto da matrícula nº

74.211 do Registro de Imóveis de Tatuí foi de propriedade da empresa "Residencial Life Tatuí SPE Ltda." que nele promoveu incorporação imobiliária registrada em 29 de agosto de 2011 (fls. 20).

Posteriormente, mediante escritura registrada em 23 de fevereiro de 2015, a proprietária vendeu o imóvel e cedeu a incorporação para a empresa "PW5 Incorporadora e Participação Ltda." (fls. 27), atualmente denominada "PW5 Incorporação e Participação Ltda" (fls. 31), que instituiu o condomínio edilício por registro realizado em 15 de abril de 2016 (fls. 29).

A certidão da matrícula nº 74.211 não contém registro, realizado na fase da incorporação imobiliária, de venda ou constituição de direito real sobre as frações ideais a que corresponderiam as futuras unidades autônomas, ressalvada a alienação fiduciária em garantia em favor de "Opinião S.A." que anuiu com a cessão da incorporação e com a transmissão da propriedade resolúvel e da posse direita do imóvel incorporado à "PW5 Incorporadora e Construtora Ltda.".

Segundo a certidão de fls. 19/21, o apartamento 121 do "Condomínio Residencial Life Tatuí", objeto da matrícula nº 91.881, foi vendido pela proprietária "PW5 Incorporadora e Participação Ltda." para a empresa "GIM Negócios e Empreendimentos Imobiliários Ltda. EPP", com constituição de alienação fiduciária em garantia em favor de "Bradesco Administradora de Consórcios Ltda.".

O apartamento 172 do "Condomínio residencial Life Tatuí", objeto da matrícula nº 91.902, continua de propriedade, agora plena, de "PW5 Incorporadora e Participação Ltda." (fls. 22).

Portanto, a empresa "Residencial Life Tatuí SPE Ltda." deteve, simultaneamente, as qualidades de proprietária e de incorporadora do imóvel objeto da matrícula 74.211, e posteriormente transferiu para a empresa "PW5 Incorporadora e Participação Ltda." A propriedade e os direitos relativos à incorporação imobiliária.

Desse modo, tanto o imóvel que recebeu a incorporação imobiliária como as unidades autônomas posteriormente construídas passaram a ser de propriedade de "PW5 Incorporação e Participação Ltda." que é a atual denominação de "PW5 Incorporadora e Participação Ltda." (fls. 31).

Na forma do art. 1.245, e seu parágrafo 1º, ambos do Código Civil a transmissão da propriedade por ato "inter vivos" somente ocorre com o registro do título translativo no Registro de Imóveis, continuando o alienante a ser proprietário, para todos os efeitos, até que isso ocorra.

> "**Art. 1.245. Transfere-se entre vivos a propriedade mediante o registro do título translativo no Registro de Imóveis.**
>
> **§ 1º Enquanto não se registrar o título translativo, o alienante continua a ser havido como dono do imóvel.**
>
> **§ 2º Enquanto não se promover, por meio de ação própria, a decretação de invalidade do registro, e o respectivo cancelamento, o adquirente continua a ser havido como dono do imóvel**".

Logo, o registro do título translativo é requisito para a constituição do domínio em favor do adquirente, assim como o registro do contrato de compromisso de compra e venda o é para a constituição de direito real em favor de compromissário comprador de imóvel.

Entretanto, o apelante não promoveu o registro do contrato de compromisso de compra e venda em data anterior ao registro da venda do imóvel incorporado para a empresa "PW5 Incorporação e Participação Ltda.", razão pela qual não se tornou titular de direito real, ou seja, de direito oponível "ergaomnes".

A inexistência de direito real de propriedade ou de compromissário comprador, decorrente da falta de registro de compra e venda ou de compromisso de compra e venda anterior à transmissão da propriedade do imóvel para "PW5 Incorporação e Participação Ltda.", teve como efeito a desnecessidade de apresentação das anuências de eventuais pretendentes à aquisição das futuras unidades autônomas para que se promovesse a cessão da incorporação.

Assim porque os contratos de alienação, enquanto não forem registrados, somente geram direitos obrigacionais entre as partes que os celebraram, não podendo sua existência ser oposta em relação a terceiros pela ausência da publicidade decorrente da falta de registro.

Por isso, a falta da anuência de titular de direito meramente obrigacional não impedia o registro da cessão da incorporação imobiliária e da venda do imóvel ao novo incorporador.

Com a transmissão da propriedade do imóvel para a empresa "PW5 Incorporação e Participação Ltda." deixou de haver continuidade para o registro de contratos de alienação, ou compromisso de compra e venda, celebrados com a incorporadora original, "Residencial Life Tatuí SPE Ltda.".

Isso porque a continuidade, "in casu", diz respeito ao domínio do imóvel, e não aos direitos da incorporação.

Em outros termos, a alegada sub-rogação nos deveres da anterior incorporadora não autoriza, por si só, o registro de contratos de venda e de compromisso de compra e venda celebrados com quem deixou de ser proprietária do imóvel.

Situação diversa existiria se a incorporadora não fosse proprietária do imóvel incorporado (art. 31, "b", da Lei nº 4.591/64), o que, porém, não ocorre neste caso concreto.

Consequentemente, não sendo o contrato de compromisso de compra e venda celebrado pelo apelante com a atual titular do domínio, não há continuidade que é requisito essencial ao seu registro, pois como esclarece Afrânio de Carvalho:

"**O princípio da continuidade, que se apóia no de especialidade, quer dizer que, em relação a cada imóvel, adequadamente individuado, deve existir uma cadeia de titularidade à vista da qual só se fará a inscrição de um direito se o outorgante dele aparecer no registro como seu titular. Assim, as sucessivas transmissões, que derivam umas das outras, asseguram sempre a preexistência do imóvel no patrimônio do transferente**" (*Registro de Imóveis*, 4ª edição, 1998, Forense, pág. 253).

Em decorrência, deverá o apelante promover o aditamento, ou retificação, do contrato de compromisso de compra e venda para que a atual proprietária do imóvel passe a constar como transmitente do direito que se pretende registrar, requisito que não é suprido pela cessão da incorporação promovida pela anterior proprietária do imóvel incorporado.

Disso decorre a procedência da dúvida, com manutenção da recusa do registro do contrato de compromisso de compra e venda apresentado pelo apelante.

6. No que tange à reclamação formulada por Fábio Duarte (Processo nº 1001738-84.2017.8.26.0624), falta a este Colendo Conselho Superior da Magistratura competência para a apreciação do recurso administrativo, pois, como anteriormente esclarecido, diz respeito ao cancelamento e bloqueio que, se forem determinados, serão objeto de averbações.

Por esse motivo, impõe-se o desapensamento dos autos, com remessa do Processo nº 1001738-84.2017.8.26.0624 à Corregedoria Geral da Justiça para o oportuno julgamento do recurso administrativo que nele foi interposto.

Anoto, desde logo, para afastar eventuais questionamentos, que nenhum outro título ingressará na matrícula nº 91.881 do Registro de Imóveis de Tatuí enquanto os efeitos da prenotação nº 253.605 estiverem vigentes, sendo que as consequências decorrentes da procedência da dúvida serão apreciados no Processo nº 1001738-84.2017.8.26.0624.

7. Por fim, as medidas para apuração de responsabilidade disciplinar decorrente da não observação da prioridade para registro serão, de igual modo, apreciadas no Processo nº 1001738-84.2017.8.26.0624, pois de competência da Corregedoria Geral da Justiça.

8. Ante o exposto, mantenho a procedência da dúvida e nego provimento à apelação interposta no Processo nº 1001867-89.2017.8.26.0264.

Determino a extração de cópias de fls. 01/39, 46/57, 60/71, 97/102 (sentença), 110/126, 137/138, 147/149, 151 e 156 do Processo nº 1001867-89.2017.8.26.0624, com sua juntada no Processo nº 1001738-84.2017.8.26.0624 que, ainda, deverá ser instruído com cópia do acórdão prolatado no presente feito, abrindo-se, após, nova conclusão ao Corregedor Geral da Justiça.

PINHEIRO FRANCO

Corregedor Geral da Justiça e Relator (DJe de 07.05.2018 - SP)

PODER JUDICIÁRIO

TRIBUNAL DE JUSTIÇA DO ESTADO DE SÃO PAULO

CONSELHO SUPERIOR DA MAGISTRATURA

Apelação nº 1035964-72.2016.8.26.0100

Registro: 2018.0000911414

ACÓRDÃO

Vistos, relatados e discutidos estes autos da **Apelação nº 1035964-72.2016.8.26.0100**, da Comarca de **São Paulo**, em que é apelante **PAULO EDUARDO NORI MORTARI**, é apelado **4º OFICIAL DE REGISTRO DE IMÓVEIS DE SÃO PAULO**.

ACORDAM, em Conselho Superior de Magistratura do Tribunal de Justiça de São Paulo, proferir a seguinte decisão: **"Negaram provimento à apelação, v.u."**, de conformidade com o voto do Relator, que integra este Acórdão.

O julgamento teve a participação dos Exmos. Desembargadores **PEREIRA CALÇAS (PRESIDENTE TRIBUNAL DE JUSTIÇA) (Presidente), ARTUR MARQUES (VICE PRESIDENTE), XAVIER DE AQUINO (DECANO), EVARISTO DOS SANTOS(PRES. DA SEÇÃO DE DIREITO PÚBLICO), CAMPOS MELLO (PRES. DA SEÇÃO DE DIREITO PRIVADO) E FERNANDO TORRES GARCIA(PRES. SEÇÃO DE DIREITO CRIMINAL)**.

São Paulo, 12 de novembro de 2018.

GERALDO FRANCISCO PINHEIRO FRANCO

Corregedor Geral da Justiça e Relator

Apelação nº 1035964-72.2016.8.26.0100

Apelante: Paulo Eduardo Nori Mortari

Apelado: 4º Oficial de Registro de Imóveis de São Paulo

VOTO Nº 37.589.

Registro de Imóveis – Compromisso de cessão de direitos de unidade autônoma – Desqualificação do título – Necessidade de prévio registro da incorporação, além do registro dos títulos aquisitivos em nome da transmitente e da apresentação de prova de sua representação – Precedentes deste C. Conselho Superior da Magistratura – Apelação desprovida.

Trata-se de recurso de apelação interposto contra a sentença proferida pela MM.ª Juíza Corregedora Permanente do 4º Oficial de Registro de Imóveis da Capital **[1]**, que manteve a recusa ao registro de instrumento particular de compromisso de cessão de direitos das unidades nos 51 e 52 do empreendimento a ser construído no imóvel objeto das matrículas nos 150.508, 146.952, 178.056 e 45.066, sob o fundamento de ser necessário o prévio registro da incorporação imobiliária, além do registro dos títulos aquisitivos em nome da transmitente e da apresentação de prova de sua representação.

Sustenta o apelante, em síntese, que a responsabilidade pela falta de registro de incorporação não lhe pode ser imputada, ressaltando tratar-se de uma exigência impossível de ser cumprida. Diz que não há ofensa ao princípio da continuidade registral, pois o título que pretende registrar identifica os sujeitos participantes do negócio jurídico. Afirma, ainda, que há excesso de formalismo e que não há fundamento legal para a exigência da prova da representação da promitente vendedora.

A Procuradoria de Justiça opinou pelo desprovimento do recurso.

É o relatório.

O apelante, por meio de instrumento particular de compromisso de cessão de direitos, adquiriu duas unidades autônomas de um empreendimento a ser edificado na Rua Casa do Ator, nº 228/232.

No entanto, da análise das matrículas nos 150.508, 146.952, 178.056 e 45.066 do 4º Oficial de Registro de Imóveis da Capital, é possível constatar que a incorporação imobiliária não foi objeto de registro. Ademais, no fólio real não consta como titular de domínio a pessoa jurídica que, no contrato celebrado entre as partes, figurou como promitente cedente.

Assim sendo, sob pena de violação ao princípio da continuidade, não há como se afastar as exigências referentes ao prévio registro do título aquisitivo da promitente cedente.

E por força de expressa disposição legal, mostra-se correto o óbice relativo à ausência do registro do memorial de incorporação, ante o disposto no art. 32 da Lei nº 4.591/64. Quanto às razões que justificam a exigência do prévio registro da incorporação, ensina Caio Mário da Silva Pereira: *"No entanto, a grande inovação, diríamos mesmo, a revolução operada pela Lei nº 4.591/64, no sistema vigente, foi a fixação dos requisitos para que uma incorporação seja lançada e as unidades comprometidas ou vendidas. Ao contrário do que antes ocorria, quando o incorporador negociava sem oferecer garantias e o adquirente realizava verdadeiro salto no escuro, sob todos os aspectos a lei nova cuidou particularmente do assunto fez dele um capítulo, imprimindo-lhe ênfase toda especial"* (Condomínio e Incorporações: 12ª ed. rev. e atual. Forense; fls. 210).

Sobre o tema, já ficou decidido que:

> *Registro de Imóveis – Compromisso de cessão de direitos de unidade autônoma – Pedido de registro do instrumento – Desqualificação – Necessidade de prévio registro da incorporação – Inteligência do artigo 32 da Lei nº 4.591/64 – Precedentes deste Conselho Superior – Apelação desprovida.* (TJSP; Apelação 1009154-60.2016.8.26.0100; Relator (a): Pereira Calças; Órgão Julgador: Conselho Superior de Magistratura; Foro Central Cível - 1ª Vara de Registros Públicos; Data do Julgamento: 10/11/2016; Data de Registro: 12/12/2016).

Por fim, também cabível a exigência de prova da representação da promitente cedente, a teor do quanto previsto no art. 1.060 do Código Civil:

> *Art. 1.060. A sociedade limitada é administrada por uma ou mais pessoas designadas no contrato social ou em ato separado. Parágrafo único. A administração atribuída no contrato a todos os sócios não se estende de pleno direito aos que posteriormente adquiram essa qualidade.*

Desse modo, somente com a apresentação do contrato social atualizado da pessoa jurídica cedente estaria comprovado que o subscritor do contrato de cessão de direitos efetivamente tinha poderes para representar a cedente.

Corretos, pois, os óbices apresentados ao pretendido registro. Diante do exposto, nego provimento à apelação.

GERALDO FRANCISCO PINHEIRO FRANCO

Corregedor Geral da Justiça e Relator Nota:

[1] Fls. 120/124. (DJe de 04.12.2018 - SP)

PODER JUDICIÁRIO

TRIBUNAL DE JUSTIÇA DO ESTADO DE SÃO PAULO

CONSELHO SUPERIOR DA MAGISTRATURA

Apelação nº 1018482-43.2017.8.26.0564

Registro: 2018.0000798021

ACÓRDÃO

Vistos, relatados e discutidos estes autos do(a) **Apelação nº 1018482-43.2017.8.26.0564**, da Comarca de **São Bernardo do Campo**, em que são apelantes **LEVI MECA GALFARO e GALFARO EMPREENDIMENTOS IMOBILIÁRIOS LTDA**, é apelado **1º OFICIAL DE REGISTRO DE IMÓVEIS E ANEXOS DA COMARCA DE SÃO BERNARDO DO CAMPO.**

ACORDAM, em Conselho Superior de Magistratura do Tribunal de Justiça de São Paulo, proferir a seguinte decisão: **"Deram provimento ao recurso para julgar a dúvida improcedente, com observação, v.u."**, de conformidade com o voto do Relator, que integra este Acórdão.

O julgamento teve a participação dos Exmos. Desembargadores **PEREIRA CALÇAS (PRESIDENTE TRIBUNAL DE JUSTIÇA) (Presidente), ARTUR MARQUES (VICE PRESIDENTE), XAVIER DE AQUINO (DECANO), EVARISTO DOS SANTOS(PRES. DA SEÇÃO DE DIREITO PÚBLICO), CAMPOS MELLO (PRES. DA SEÇÃO DE DIREITO PRIVADO) E FERNANDO TORRES GARCIA(PRES. SEÇÃO DE DIREITO CRIMINAL).**

São Paulo, 4 de outubro de 2018.

GERALDO FRANCISCO PINHEIRO FRANCO

Corregedor Geral da Justiça e Relator

Apelação nº 1018482-43.2017.8.26.0564

Apelantes: Levi Meca Galfaro e GALFARO EMPREENDIMENTOS IMOBILIÁRIOS LTDA

Apelado: 1º Oficial de Registro de Imóveis e Anexos da Comarca de São Bernardo do Campo

VOTO N.º 37.565

Incorporação imobiliária – Ação penal em curso contra os sócios administradores da incorporadora – Possibilidade da exigência das certidões dos sócios nos termos das NSCGJ – Cabimento do registro por não afetar a viabilidade econômica da incorporação, devendo, todavia, constar no registro imobiliário e nos documentos de venda das unidades a informação relativa à ação penal por sua

relevância e publicidade nos termos do artigo 37 da lei n. 4.591/64, por analogia – Recurso provido com determinação.

Trata-se de apelação interposta por Levi Meca Galfaro contra a r. decisão de fls. 577/580, que manteve a recusa do registro de incorporação imobiliária em razão da existência de ação criminal em curso em face dos sócios da Incorporadora.

Sustenta o recorrente não ser devida a apresentação das certidões criminais dos sócios da incorporadora ou, sucessivamente, competir o registro mesmo diante das certidões criminais por não afetarem o empreendimento e os direitos dos futuros adquirentes; por fim, ressaltou a impossibilidade de oposição aos futuros adquirentes das restrições não constantes da matrícula na forma da Lei n. 13.097/15 (a fls. 589/616).

A D. Procuradoria Geral da Justiça opinou pelo não provimento do recurso (a fls. 630/633).

É o relatório.

A alteração ocorrida nas Normas de Serviço da Corregedoria Geral da Justiça não impede a exigência da apresentação das certidões criminais dos sócios da pessoa jurídica incorporadora que podem ser solicitadas a critério do Oficial do Registro Imobiliário em consideração às particularidades da situação concreta da incorporação protocolada para registro.

Desse modo, não houve qualquer afronta às Normas de Serviço da Corregedoria Geral da Justiça da parte do Sr. Oficial do Registro Imobiliário, pelo contrário.

A qualificação registral negativa decorreu exclusivamente da existência de certidões criminais relativas aos sócios administradores da incorporadora, os quais estão sendo processados pelo crime de corrupção ativa em decorrência da atividade exercida pela empresa incorporadora (a fls. 109/110, 132/135 e 126/130).

Não há restrições nas demais certidões pessoais dos sócios e as existentes atinentes a ações cíveis em face da incorporadora não apresentam risco aos adquirentes das unidades em consideração a seu montante frente ao patrimônio da incorporadora.

Desse modo, compete examinar se as certidões criminais têm aptidão jurídica para impedir o registro da incorporação na forma decidida pelo Sr. Registrador e mantida pelo MM. Juiz Corregedor Permanente ao julgar procedente a dúvida.

O artigo 32, alínea "b", e seu parágrafo 5º, da Lei n. 4.591/64, têm a seguinte redação:

> *Art. 32. O incorporador somente poderá negociar sobre unidades autônomas após ter arquivado, no cartório competente de Registro de Imóveis, os seguintes documentos:*
>
> *(...)*
>
> *b) certidões negativas de impostos federais, estaduais e municipais, de protesto de títulos de ações cíveis e criminais e de ônus reais relativante ao imóvel, aos alienantes do terreno e ao incorporador;*
>
> *(...)*
>
> *§ 5º A existência de ônus fiscais ou reais, salvo os impeditivos de alienação, não impedem o registro, que será feito com as devidas ressalvas, mencionando-se, em todos os documentos, extraídos do registro, a existência e a extensão dos ônus.*

O artigo 37 da Lei n. 4.591/64, dispõe:

> *Art. 37. Se o imóvel estiver gravado de ônus real ou fiscal ou se contra os alienantes houver ação que possa comprometê-lo, o fato será obrigatoriamente mencionado em todos os documentos de ajuste, com a indicação de sua natureza e das condições de liberação.*

A esta altura é possível examinar a interpretação e aplicação desses dispositivos legais, considerada sua estrutura e função.

Respeitada a compreensão do Sr. Oficial, a presença da certidão positiva de ação criminal não tem o condão de, sempre, implicar na impossibilidade do registro de incorporação.

Para tanto basta observar as disposições do artigo 32, parágrafo 5º, e do artigo 37 da Lei n. 4.591/64 permitirem o registro da incorporação mesmo com a presença de ações judiciais ou de ônus reais e fiscais.

A finalidade do disposto no artigo 32, alínea "b", da Lei n. 4.591/64 é voltada ao interesse coletivo acerca da proteção dos futuros adquirentes, objetivando a diminuição dos riscos na adesão ao empreendimento ligado à execução de edificações imobiliárias (incorporação).

Nesse sentido é a compreensão de Caio Mario da Silva Pereira (*Condomínio e incorporações*. Rio de Janeiro: Forense, 1996, p. 263):

> *A prova de que pode livremente vender, ou de que não sofre embaraços para a alienação e de que não expõe os candidatados a riscos na aquisição, faz-se, quanto ao imóvel, pela demonstração de inexistirem ônus reais sobre ele nem débitos fiscais;*

quanto às pessoas dos alienantes e do incorporador, com a certidão de quitação fiscal e a negativa de protestos e de ações. Quem tem título protestado ou está sendo acionado não tem o patrimônio livre e, pois, não se acha habilitado para mobilizar capitais alheios. A negativa de ação criminal é um luxo do legislador ou um excesso de cautela.

A função da exigência das certidões é a demonstração da regularidade jurídica do terreno e a condição financeira da incorporadora, bem com permitir ciência aos futuros adquirentes da situação jurídica da incorporadora.

A respeito, transcrevo o entendimento de José Marcelo Tossi Silva (*Incorporação imobiliária*. São Paulo: Atlas, 2010, p. 102):

A existência de ônus fiscal ou real não impede o registro da incorporação, salvo se impeditivos de alienação, como previsto no p. 5º do artigo 32. Entre os ônus impeditivos de alienação estão, por exemplo, a cláusula de inalienabilidade instruída em relação ao proprietário do terreno.

(...)

Existentes ações ou protestos de títulos, deve o Oficial de Registro de Imóveis exigir esclarecimentos sobre sua natureza, com certidões complementares, exceto se puder desde logo, pela certidão do distribuidor, verificar que não terão repercussão econômica capaz de atingir o imóvel, ou a ele não são relativas.

No caso ora em julgamento, não era possível a recusa do registro pela simples presença das certidões criminais dos sócios administradores da incorporadora, competindo sua análise frente ao empreendimento, especialmente, no aspecto econômico e segurança jurídica do terreno no qual realizada a incorporação imobiliária.

Nessa perspectiva, ao analisar o artigo 32, b e par. 5º, e o artigo 37, da Lei n. 4.591/64, afirma Arnaldo Rizzardo (*Condomínio edilício e incorporação imobiliária*. Rio de Janeiro: Forense, 2011, p. 293):

A redação da letra b *ordena a apresentação de* certidões negativas, *dando a entender que não pode haver qualquer dívida, encargo ou gravame. Na realidade, essa exegese literal conduz a imprimir maior garantia e segurança na incorporação. Entretanto, por força de dois dispositivos, abaixo citados, entende-se que a existência de dívidas, encargos ou gravames não inviabiliza a incorporação, e que apresentação de documentos sobre a sua existência tem o escopo de prevenir os adquirentes das unidades.*

(...)

Em linhas gerais, o registro somente deverá ser recusado quando presentes fortes indícios de incontornáveis prejuízos para os futuros compradores de unidades autônomas.

Estabelecida a premissa da possibilidade do registro da incorporação imobiliária mesmo com a presença de certidões criminais, passo a verificação de sua repercussão para os fins exigidos pela legislação incidente.

Não há dúvida da gravidade da imputação existente acerca da suposta prática do crime de corrupção ativa pelos sócios administradores da incorporadora, relativo ao objeto social desta.

Não obstante, deve ser considerado o fato de a ação penal estar em curso e, principalmente, não haver indicações de ações de natureza civil movidas em face dos referidos sócios da incorporadora ou notícia de semelhante por força daquela.

Tampouco há notícias concretas da utilização da empresa para fins ilícitos por abuso de personalidade jurídica.

Diante disso, não há elemento efetivo que afete a incorporação imobiliária em potencial prejuízo dos futuros adquirentes das unidades a serem construídas; apesar da referida relevância da ação penal para os fins da incorporação imobiliária e o direito dos adquirentes em ter ciência dessa importante circunstância.

Ora, se é possível o registro da incorporação diante de ônus reais e fiscais, não há, na excepcionalidade deste caso concreto, fundamento legal para se negar o registro da incorporação imobiliária.

Contudo, por analogia, compete aplicar o disposto no artigo 37 da Lei n. 4.591/64, com o escopo da publicidade do fato, permitindo o acesso a todos os interessados, especialmente, potenciais adquirentes quanto à existência de processo criminal em curso contra os administradores da incorporadora.

Assim, esta informação deverá contar de todas as certidões expedidas pelo registro imobiliário e nos documentos de venda das unidades.

Nesse sentido, é uníssona a doutrina acima referida, conforme segue:

O candidato que fechar negócio, e firmar contrato de aquisição com a referência expressa ao débito fiscal, ao direito real ou à ação, corre certamente o risco, porém conscientemente. Está a coberto de uma surpresa. E, se assim faz porque quer, não está iludido nem enganado (Caio Mário da Silva Pereira, op. cit., p. 270).

Eventual existência de ônus real ou fiscal, ou de ação que possa comprometer os alienantes, deve ser obrigatoriamente mencionada pelo incorporador em todos documentos de ajuste, na forma do artigo 37 da Lei n. 4.591/64 (José Marcelo Tossi Silva, op. cit., p. 102).

Já o artigo 37, também quanto aos imóveis gravados de ônus real ou fiscal, ou se existir ação que possa comprometer a situação do alienante, e que, por coerência com o sistema jurídico, se estendem a ônus e gravames decorrentes de obrigações de outra natureza, manda que seja o fato mencionado nos documentos de constituição da incorporação e nos de venda das unidades: "Se o imóvel estiver gravado de ônus real ou fiscal ou se contra os alienantes houver ação que possa comprometê-lo, o fato será obrigatoriamente mencionado em todos os documentos de ajuste, com a indicação de sua natureza e das condições de liberação" (Arnaldo Rizzardo, op. cit., p. 293).

O artigo 54 e 55 da Lei n. 13.097/15 não tem relevância direta neste processo de dúvida registral, em virtude de seu objeto envolver os requisitos para o registro da incorporação imobiliária nos termos da Lei n. 4.591/64 e não a oposição de situações jurídicas reais, o que ocorrerá a partir do registro.

Por todo o exposto, pelo meu voto, dou provimento ao recurso para julgar a dúvida improcedente e determinar o registro da incorporação na qual deverá constar em todas as certidões expedidas pelo registro imobiliário e nos documentos de venda das unidades a informação relativa à ação penal em curso em face dos sócios administradores da incorporadora, nos termos do artigo 37 da Lei n. 4.591/64.

GERALDO FRANCISCO PINHEIRO FRANCO

Corregedor Geral da Justiça e Relator (DJe de 12.12.2018 - SP)

INDISPONIBILIDADE

PODER JUDICIÁRIO

TRIBUNAL DE JUSTIÇA DO ESTADO DE SÃO PAULO

CONSELHO SUPERIOR DA MAGISTRATURA

Apelação nº 0009247-50.2017.8.26.0344

Registro: 2018.0000208881

ACÓRDÃO

Vistos, relatados e discutidos estes autos do(a) **Apelação nº 0009247-50.2017.8.26.0344**, da Comarca de **Marília**, em que são partes é apelante **RAFAEL OTÁVIO BRABO PATITUCCI**, é apelado **1º OFICIAL DE REGISTRO DE IMÓVEIS E ANEXOS DA COMARCA DE MARÍLIA.**

ACORDAM, em Conselho Superior de Magistratura do Tribunal de Justiça de São Paulo, proferir a seguinte decisão: **"Negaram provimento ao recurso, V. U."**, de conformidade com o voto do Relator, que integra este Acórdão.

O julgamento teve a participação dos Exmos. Desembargadores **PEREIRA CALÇAS (PRESIDENTE TRIBUNAL DE JUSTIÇA) (Presidente), ARTUR MARQUES (VICE PRESIDENTE), XAVIER DE AQUINO (DECANO), EVARISTO DOS SANTOS(PRES. DA SEÇÃO DE DIREITO PÚBLICO), CAMPOS MELLO (PRES. DA SEÇÃO DE DIREITO PRIVADO) E FERNANDO TORRES GARCIA(PRES. SEÇÃO DE DIREITO CRIMINAL).**

São Paulo, 20 de março de 2018.

PINHEIRO FRANCO

CORREGEDOR GERAL DA JUSTIÇA E RELATOR

Apelação nº 0009247-50.2017.8.26.0344

Apelante: Rafael Otávio Brabo Patitucci

Apelado: 1º Oficial de Registro de Imóveis e Anexos da Comarca de Marília

VOTO Nº 37.296

Registro de imóveis – Dúvida – Registro de escritura pública de abertura de crédito, com garantia de alienação fiduciária – Negativa de registro em face da indisponibilidade do bem – Impossibilidade de alienação voluntária – Precedentes do Conselho Superior da Magistratura – Recurso não provido.

Trata-se de apelação **[1]** interposta contra a r. sentença do MM. Juiz Corregedor Permanente do 1º Oficial de Registro de Imóveis da Comarca de Marília, que julgou procedente dúvida suscitada para o fim de manter a recusa do registro de escritura pública de abertura de crédito, com garantia de alienação fiduciária, lavrada em 06 de março de 2017, referente ao imóvel matriculado sob nº 25.746. A negativa fundou-se na necessidade da averbação da alteração da denominação da empresa proprietária do imóvel (terceira garantidora) e na obrigação do cancelamento prévio da averbação nº 9 da matrícula, referente à indisponibilidade de bens em nome da antiga proprietária, Zuna Empreendimentos Imobiliários S/C Ltda **[2]**.

Alega o apelante, em síntese, que a empresa ESSA EMPREENDIMENTOS E INCORPORAÇÃO adquiriu o imóvel por adjudicação havida nos autos do Processo nº 013421-72.2004.8.26.0100, que tramitou perante a 16ª Vara Cível Central da Comarca da Capital, devidamente registrada na matrícula (R.10/25.746), com posterior cancelamento das hipotecas e penhoras existentes. Aduz que, averbada a alteração da denominação da empresa proprietária que incorporou o imóvel ao seu patrimônio, mostra-se desnecessário o cancelamento da averbação 9 da matrícula nº 25.746 para registro da escritura de alienação fiduciária. Entende que a indisponibilidade pesa apenas sobre o patrimônio da antiga proprietária, a empresa ZUNA, não havendo impedimento para que a atual titular do domínio possa dispor livremente do bem. Ainda, sustenta que há entendimentos no sentido do cancelamento indireto da constrição judicial em virtude de adjudicação forçada, o que leva à admissão do levantamento da indisponibilidade por não ser lógico reconhecer sua subsistência e eficácia após o registro da carta de adjudicação. Por fim, argumenta que o negócio havido entre a proprietária ESSA e o banco sequer poderia ser considerado alienação voluntária do bem, pois houve mera transferência da propriedade resolúvel do imóvel. Requer a concessão de liminar para averbação provisória da escritura de alienação fiduciária e, ao final, que seja dado provimento ao recurso.

A Douta Procuradoria opinou pelo não provimento dorecurso**[3]**.

É o relatório.

O recurso não merece provimento, estando prejudicada a análise do pedido de antecipação de tutela recursal. Pretende o apelante registrar a escritura pública de abertura de crédito, com garantia de alienação fiduciária, superando o óbice da indisponibilidade averbada na matrícula do imóvel (Av.9/25.746).

Desde logo, importa anotar que é pacífica a jurisprudência do Colendo Conselho Superior da Magistratura no sentido de que a ordem de indisponibilidade obsta a alienação voluntária do bem, mas não a forçada **[4]**. Tal entendimento está em harmonia com os julgados do E. Superior Tribunal de Justiça (REsp. 512.398) e com o disposto no item 405 do Capítulo XX das NSCGJ: *"405. As indisponibilidades averbadas nos termos do Provimento CG. 13/2012, e na forma do § 1º, do art. 53, da Lei nº 8.212, de 24 de julho e 1991, não impedem a alienação, oneração e constrição judiciais do imóvel".*

Assim sendo, o imóvel objeto da matrícula nº 25.746 foi, ainda enquanto indisponível, levado à hasta pública e adjudicado pela empresa ESSA EMPREENDIMENTOS E INCORPORAÇÃO. A carta de adjudicação, expedida em 17 de março de 2.014, foi devidamente registrada, em 01 de abril de 2014 (R.10/25.746) **[5]**.

Ocorre que, posteriormente, houve a alienação do bem por escritura pública de abertura de crédito, com garantia de alienação fiduciária, em 06 de março de 2017 **[6]**, tendo o registrador se recusado a realizar o respectivo ingresso no fólio real com fundamento na necessidade da averbação da alteração da denominação da empresa proprietária do imóvel (terceira garantidora) e na obrigação do cancelamento da averbação nº 9 da matrícula, referente à indisponibilidade de bens em nome da antiga proprietária.

O óbice referente à averbação da alteração da denominação da proprietária do imóvel já foi superado.

Contudo, o outro óbice apontado na nota de devolução é mesmo intransponível. A propósito da indisponibilidade, prevê o art. 53, § 1º, da Lei 8.212/91:

> *Art. 53. Na execução judicial da dívida ativa da União, suas autarquias e fundações públicas, será facultado ao exequente indicar bens à penhora, a qual será efetivada concomitantemente com a citação inicial do devedor.*
>
> *§ 1º Os bens penhorados nos termos deste artigo ficam desde logo indisponíveis.*

A redação da norma permite concluir que, penhorado o imóvel por dívida ativa da União, de suas autarquias ou de suas fundações públicas, de pronto estará indisponível o bem. E, por conseguinte, atos de voluntária alienação ficarão obstados pela indisponibilidade que o afeta.

Há vários precedentes sobre a questão aqui debatida. A alienação fiduciária, tendo por objeto o imóvel versado nos autos, configura negócio voluntário defeso em face de sua indisponibilidade. A respeito do tema, já ficou decidido que:

> *"O Conselho Superior da Magistratura tem entendimento pacífico de que, embora a indisponibilidade não impeça a alienação forçada, obsta a voluntária. Subsistente a penhora, advinda de dívida com o INSS, a indisponibilidade, decorrente do art. 53, § 1º, da Lei nº 8.212/91, impede a alienação voluntária e, via de consequência, o registro da escritura."* (Apelação nº 1003418-87.2015.8.26.0038, Rel. Pereira Calças, j. 25.04.2016).
>
> *Registro de Imóveis Dúvida Escritura pública de confissão de dívida com pacto adjeto de constituição de propriedade fiduciária e outras avenças Imóvel indisponível Penhora, em execução fiscal,*

a favor da Fazenda Nacional e da União – Recusa do registro com base no artigo 53, § 1º, Lei 8.212/91 Alienação voluntária Irrelevância da aquisição anterior por alienação forçada Registro inviável Dúvida procedente – Recurso desprovido, com observação (Apelação nº 3003761-77.2013.8.26.0019, Rel. Elliot Akel, j. 03.06.2014).

Logo, persistindo o óbice da indisponibilidade, a recusa do Oficial foi correta. Diante do exposto, pelo meu voto, **nego provimento** ao recurso.

PINHEIRO FRANCO

CORREGEDOR GERAL DA JUSTIÇA E RELATOR

Notas:

[1] Fls. 100/122.

[2] Fls. 01/06.

[3] Fls. 163/166.

[4] Apelação nº 0007969-54.2010.8.26.0604 - Relator Desembargador Renato Nalini; Apelação nº 3003761- 77.2013.8.26.0019, Relator Desembargador Elliot Akel; Apelação n.º 0006122-61.2016.8.26.0198 Relator Desembargador Pereira Calças

[5] Fls. 13.

[6] Fls. 21/30.

[7] Informação do Oficial do CRI, a fls. 03. (DJe de 02.05.2018 - SP)

PODER JUDICIÁRIO

TRIBUNAL DE JUSTIÇA DO ESTADO DE SÃO PAULO

CONSELHO SUPERIOR DA MAGISTRATURA

Apelação nº 1011373-65.2016.8.26.0320

Registro: 2017.0000990293

ACÓRDÃO

Vistos, relatados e discutidos estes autos do(a) **Apelação nº 1011373-65.2016.8.26.0320**, da Comarca de **Limeira**, em que são partes é apelante **LUIZ CARLOS DOS SANTOS**, é apelado **2º OFICIAL DE REGISTRO DE IMÓVEIS E ANEXOS DA COMARCA DE LIMEIRA**.

ACORDAM, em Conselho Superior de Magistratura do Tribunal de Justiça de São Paulo, proferir a seguinte decisão: **"Deram provimento ao recurso, para viabilizar o registro do título . v. u."**, de conformidade com o voto do Relator, que integra este Acórdão.

O julgamento teve a participação dos Exmos. Desembargadores **PAULO DIMAS MASCARETTI (Presidente), ADEMIR BENEDITO, XAVIER DE AQUINO, LUIZ ANTONIO DE GODOY(PRES. DA SEÇÃO DE DIREITO PRIVADO), RICARDO DIP (PRES. DA SEÇÃO DE DIREITO PÚBLICO) E SALLES ABREU (PRES. SEÇÃO DE DIREITO CRIMINAL).**

São Paulo, 5 de dezembro de 2017.

MANOEL DE QUEIROZ PEREIRA CALÇAS

Corregedor Geral da Justiça e Relator

Apelação nº 1011373-65.2016.8.26.0320

Apelante: Luiz Carlos dos Santos

Apelado: 2º Oficial de Registro de Imóveis e Anexos da Comarca de Limeira

VOTO Nº 29.849

Registro de imóveis – Dúvida – Carta de Adjudicação – Ordem de indisponibilidade emanada de Juízo diverso daquele em que arrematado o imóvel – Provimento 39/14 do CNJ que, em seu artigo 16, permite o registro, ainda que faça alusão à menção, na carta de arrematação, de "prevalência da alienação judicial em relação à restrição oriunda de outro juízo" – Prescindibilidade de previsão expressa – Prevalência ínsita à própria expedição da carta de arrematação – Entendimento pacífico e reiterado deste Conselho Superior da Magistratura – Precedentes das Câmaras de Direito Privado e de Direito Público deste E. TJSP, bem como do C. STJ – Dúvida improcedente – Recurso provido.

Cuida-se de recurso de apelação tirado de r. sentença do MM. Juiz Corregedor Permanente do 2º Oficial de Registro de Imóveis e Anexos de Limeira, que julgou procedente dúvida suscitada para o fim de obstar registro de carta de arrematação, referente a imóvel sobre o qual recaem ordens judiciais de indisponibilidade, emanadas de Juízos distintos daquele em que havida a arrematação.

O apelante afirma, em síntese, nulidade da r. sentença, por falta de fundamentação. Pondera que o título cujo registro se almeja foi expedido anos antes da decretação de indisponibilidade. Sustenta que o artigo 16 do Provimento 39/14 do CNJ merece interpretação diversa daquela que lhe deu o MM. Juízo singular, a viabilizar o registro obstado.

A Procuradoria Geral de Justiça opinou pelo desprovimento do recurso. É o relatório.

Preambularmente, cumpre observar que a r. sentença recorrida contém suficiente fundamentação a amparar a solução alvitrada pelo MM. Juízo a quo. Bem delineados os motivos que conduziram ao decreto de procedência da dúvida, com citação de fontes legislativas e antecedentes jurisprudenciais. Em nulidade, pois, não se há falar.

À luz do artigo 16 do Provimento 39/14 do E. CNJ:

"As indisponibilidades averbadas nos termos deste Provimento e as decorrentes do § 1º, do art.53, da Lei nº 8.212, de 24 de julho de 1991, não impedem a inscrição de constrições judiciais, assim como não impedem o registro da alienação judicial do imóvel desde que a alienação seja oriunda do juízo que determinou a indisponibilidade, ou a que distribuído o inquérito civil público e a posterior ação desse decorrente, ou que consignado no título judicial a prevalência da alienação judicial em relação à restrição oriunda de outro juízo ou autoridade administrativa a que foi dada ciência da execução.

Parágrafo único. Consistindo eventual exigência para o registro de alienação judicial de imóvel atingido por ordem de indisponibilidade na falta de indicação, no título, da prevalência da alienação judicial em relação à restrição oriunda de outro juízo ou autoridade administrativa a que foi dada ciência da execução, será o fato comunicado ao Juízo que expediu o título de alienação, visando sua complementação, ficando prorrogada a prenotação por 30 dias contados da efetivação dessa comunicação."

Consoante se verifica da parte inicial do caput do art. 16, ordens judiciais de indisponibilidade não impedem que se providencie válida alienação judicial do imóvel, com respectivo registro. Esta, a regra. O dispositivo em voga prevê a condicionante de que a alienação tenha emanado do mesmo juízo que decretou a indisponibilidade, ou de que esteja "consignado no título judicial a prevalência da alienação judicial em relação à restrição oriunda de outro juízo ou autoridade administrativa a que foi dada ciência da execução".

Na específica hipótese dos autos, apesar de o decreto de indisponibilidade advir de Juízo distinto daquele que providenciou a alienação forçada, é de se amainar a necessidade de que a carta de arrematação contenha expressa menção de prevalência da venda judicial. Deveras, a preferência da alienação judicial sobre eventuais decretos de indisponibilidade é ínsita à expedição da carta de arrematação ou de adjudicação. A finalidade precípua da carta é viabilizar o registro da venda forçada. Seria de todo incongruente que o Juízo em que efetuada a hasta pública expedisse carta de arrematação ou de adjudicação, se não fosse para que arrematante ou adjudicante pudesse levá-la a efetivo registro. Quando da ordem de expedição da carta de arrematação, o Juízo que providenciou a alienação já está afirmando, porque consequência imanente ao ato, que o respectivo registro há de ser efetuado, ainda que Juízo distinto tenha decretado a indisponibilidade do bem arrematado.

Note-se que o registro não trará, em tese, prejuízo àquele cuja demanda tenha ensejado o decreto de indisponibilidade. O crédito que possui subroga-se no preço da arrematação, sem alteração alguma na ordem de preferência.

Tampouco se olvide que o destinatário da determinação judicial de indisponibilidade é o próprio devedor. A ordem presta-se a obstar que o devedor, *sponte propria*, por alienação entre particulares, desfaça-se de seu patrimônio, furtando-se ao pagamento da dívida. Todavia, a ordem de indisponibilidade não impede a venda judicial do bem.

Há, aliás, expressa previsão em similar sentido, no item 405, do Capítulo XX, Tomo II, das NSCGJ:

"As indisponibilidades averbadas nos termos do Provimento CG. 13/2012, e na forma do § 1º, do art. 53, da Lei nº 8.212, de 24 de julho de 1991, não impedem a alienação, oneração e constrição judiciais do imóvel."

É, ademais, entendimento sedimentado por Este Egrégio Conselho Superior da Magistratura que eventual decreto judicial de indisponibilidade apenas diz respeito à venda voluntária do bem pelo devedor. Não impede que se o penhore, que se o leve à hasta, nem que se registre a alienação forçada.

"REGISTRO DE IMÓVEIS - Título judicial - Carta de arrematação - Propriedade do imóvel em nome de terceiro estranho à execução - Falta de registro dos direitos dos executados no fólio real - Direito real de aquisição sobre o imóvel pertencente a terceiro - Vaga de garagem não especificada - Ofensa aos princípios registrais da continuidade, disponibilidade e da especialidade objetiva - **Averbação de indisponibilidade que não constitui óbice à alienação judicial** - Dúvida procedente – Recurso desprovido.

Em arremate, a mencionada averbação n.º 1 também faz expressa alusão à indisponibilidade dos bens em nome do promitente comprador Sergio Saccab, averbada sob o n.º 6 na matrícula n.º 29.896 do 3.º RI desta Capital. Quanto a isso, entretanto, o obstáculo levantado pelo suscitante não merece prevalecer. Consoante orientação retirada do item 405 do Cap. XX das

NSCGJ, tal indisponibilidade não impede a alienação, oneração e a constrição judicial do imóvel por ela atingido." (APELAÇÃO CÍVEL: 1077741-71.2015.8.26.0100, Rel. Des. Manoel de Queiroz Pereira Calças, DJ 16/6/16)

"Registro de Imóveis - dúvida - carta de arrematação - imóveis indisponíveis - penhora em execução fiscal a favor da fazenda nacional - recusa de registro com base no artigo 53, §1°, lei 8.212/91- alienação forçada - registro viável - recurso provido." (APELAÇÃO CÍVEL: 3000029-33.2013.8.26.0296, Rel. Des. Elliot AKEL, DJ 5/5/14)

"REGISTRO DE IMÓVEIS - dúvida inversa – imóvel penhorado com base no art.53, §1°, da Lei 8.212/91 Indisponibilidade que obsta apenas a alienação voluntária Possibilidade de registro da Carta de Arrematação – Recurso provido" (Apelação Cível n 0004717-40.2010.8.26.0411 – Relator Desembargador Renato Nalini, DJ 27/8/12).

Para o mesmo Norte, aponta a remansosa jurisprudência das Câmaras de Direito Privado e de Direito Público desta Alta Corte Bandeirante:

"A decretação de indisponibilidade atinge apenas os atos voluntários do titular do bem, não o tornando impenhorável para outras execuções. Assim, o decreto de indisponibilidade do imóvel pela averbação na matrícula em desfavor do executado não é fato impeditivo para a realização da constrição.

De fato, a decretação de indisponibilidade de bens tem apenas a finalidade de impedir que o réu de determinada ação aliene ou grave por vontade própria seu patrimônio, esvaziando-o em prejuízo de eventuais credores, o que não impede que sobre ele também recaia penhora." (Agravo de Instrumento nº 2006767-64.2016.8.26.0000, 8ª Câmara de Direito Público, Rel. Des. Ponte Neto, j. 25/5/16)

"Agravo de instrumento Ação de execução de título extrajudicial Alegação de nulidade por ausência de fundamentação que não prospera Decisão que esclareceu o motivo pelo qual indeferiu a penhora - Penhora - Indeferimento tendo em vista a indisponibilidade do bem, decorrente de execução promovida pela Fazenda Pública - Alegada possibilidade da constrição - Acolhimento - Indisponibilidade que impede tão somente atos de disposição do devedor, não obstando penhora do bem, nem alienação judicial - Necessidade de observância, apenas, da preferência do crédito fiscal Recurso provido. (Agravo de Instrumento 2200292-45.2015.8.26.0000, Relator(a): Jacob Valente 12ª Câmara de Direito Privado, j. 30/11/2015)

EXECUÇÃO. Decreto de indisponibilidade de bens proferido em ação civil pública não impede a penhora determinada em outras exceções movidas contra o mesmo devedor. Precedentes. RECURSO DESPROVIDO. (Agravo de Instrumento 2187730-04.2015.8.26.0000, Relator(a): Paulo Alcides, 6ª Câmara de Direito Privado, j.02/10/2015).

Não bastasse, é a firme posição do Colendo Superior Tribunal de Justiça:

"PROCESSO CIVIL. AGRAVO REGIMENTAL NA MEDIDA CAUTELAR. IMÓVEL PENHORADO EM EXECUÇÃO FISCAL. INDISPONIBILIDADE. ART. 53, § 1º, DA LEI 8.212/91. NOVA PENHORA EM OUTRO PROCESSO. POSSIBILIDADE. ARREMATAÇÃO. AUSÊNCIA DE INTIMAÇÃO DO CREDOR HIPOTECÁRIO. EFICÁCIA DO ATO FRENTE AO EXECUTADO E AO ARREMATANTE. ALIENAÇÃO JUDICIAL DE BEM PENHORADO. LAPSO TEMPORAL RAZOÁVEL ENTRE A AVALIAÇÃO DO BEM E A HASTA PÚBLICA. REAVALIAÇÃO. DEMONSTRAÇÃO DA NECESSIDADE. SIMPLES ATUALIZAÇÃO MONETÁRIA.

A indisponibilidade de que trata o art. 53, § 1º, da Lei 8.212/91, refere-se à inviabilidade da alienação, pelo executado, do bem penhorado em execução movida pela Fazenda Pública, o que não impede que recaia nova penhora sobre o mesmo bem, em outra execução. Precedentes. (...) Agravo a que se nega provimento" (AgRg na MC nº 16.022/SP, 3ª Turma, Relatora Ministra Nancy Andrighi, 27.4.2010).

"PROCESSUAL CIVIL. EXECUÇÃO. PENHORA. INDISPONIBILIDADE. IMÓVEL PENHORADO EM EXECUTIVO FISCAL. ART. 53, § 1º, LEI 8.212/91. ALIENAÇÃO FORÇADA. POSSIBILIDADE. APLICAÇÃO DO ART. 711 DO CPC.

I - A indisponibilidade a que se refere o art. 53, § 1º, da Lei nº 8.212/91, traduz-se na invalidade, em relação ao ente Fazendário, de qualquer ato de alienação do bem penhorado, praticado *sponte propria* pelo devedor-executado após a efetivação da constrição judicial.

II - É possível a alienação forçada do bem em decorrência da segunda penhora, realizada nos autos de execução proposta por particular, desde que resguardados, dentro do montante auferido, os valores atinentes ao crédito fazendário relativo ao primeiro gravame imposto." (RECURSO ESPECIAL Nº 512.398 - SP (2003/0031765-1) RELATOR: MINISTRO FELIX FISCHER, j. 17/2/04)

Por todo o aduzido, dou provimento ao recurso, para viabilizar o registro do título.

MANOEL DE QUEIROZ PEREIRA CALÇAS

Corregedor Geral da Justiça e Relator (DJe de 07.05.2018 - SP)

PODER JUDICIÁRIO

TRIBUNAL DE JUSTIÇA DO ESTADO DE SÃO PAULO

CONSELHO SUPERIOR DA MAGISTRATURA

Apelação nº 0005929-10.2015.8.26.0286

Registro: 2017.0000929547

ACÓRDÃO

Vistos, relatados e discutidos estes autos do(a) **Apelação nº 0005929-10.2015.8.26.0286**, da Comarca de **Itu**, em que são partes são apelantes **RAPHAEL JOSÉ LEMOS RODRIGUES, JULIANA APARECIDA LEMOS RODRIGUES DE SOUSA, ANA CAROLINA LEMOS RODRIGUES e MARCIO CARLOS RODRIGUES,** é apelado **OFICIAL DE REGISTRO DE IMÓVEIS E ANEXOS DA COMARCA DE ITU.**

ACORDAM, em Conselho Superior de Magistratura do Tribunal de Justiça de São Paulo, proferir a seguinte decisão: **"Negaram provimento ao recurso. V. U."**, de conformidade com o voto do Relator, que integra este Acórdão.

O julgamento teve a participação dos Exmos. Desembargadores **PAULO DIMAS MASCARETTI (Presidente sem voto), ADEMIR BENEDITO (VICE PRESIDENTE), PAULO DIMAS MASCARETTI(PRESIDENTE TRIBUNAL DE JUSTIÇA), XAVIER DE AQUINO (DECANO), LUIZ ANTONIO DE GODOY(PRES. DA SEÇÃO DE DIREITO PRIVADO), RICARDO DIP (PRES. DA SEÇÃO DE DIREITO PÚBLICO) E SALLES ABREU (PRES. SEÇÃO DE DIREITO CRIMINAL).**

São Paulo, 27 de novembro de 2017.

MANOEL DE QUEIROZ PEREIRA CALÇAS

Corregedor Geral da Justiça e Relator

Apelação nº 0005929-10.2015.8.26.0286

Apelantes: Raphael José Lemos Rodrigues, Juliana Aparecida Lemos Rodrigues de Sousa, Ana Carolina Lemos Rodrigues e Marcio Carlos Rodrigues

Apelado: Oficial de Registro de Imóveis e Anexos da Comarca de Itu

VOTO Nº 29.854

Registro de Imóveis – Indisponibilidade de bens – Decreto de indisponibilidade em Ação Civil Pública – Escritura pública de usufruto, em que figuram, como coproprietárias, duas pessoas cujos bens estão indisponíveis por ordem judicial – Impossibilidade – A indisponibilidade abarca tanto bens já de propriedade do devedor ao tempo que decretada, quanto bens que vierem a ser adquiridos durante a vigência da ordem – Item 1.3 do Capítulo XX das NSCGJ – Registro do usufruto corretamente negado.

Cuida-se de recurso de apelação tirado de r. sentença da MM. Juíza Corregedora Permanente do Oficial de Registro de Imóveis de Itu, que julgou procedente dúvida, para o fim de manter a recusa a registro de escritura pública de usufruto de imóvel que tem, como coproprietárias, duas pessoas cujos bens estão indisponíveis por ordem judicial.

Os apelantes afirmam, em síntese, que a escritura pública foi lavrada quatro anos depois da ordem de indisponibilidade, que abarcaria, apenas, bens que já fossem de propriedade dos devedores ao tempo em que prolatada. A indisponibilidade não atingiria bens posteriores à decisão de indisponibilidade. Sustentaram, ainda, que o mesmo magistrado que decretou a indisponibilidade teria, posteriormente, excluído da restrição parte dos imóveis das devedoras, de modo que, com mais razão, deveriam estar igualmente a salvo da indisponibilidade os bens adquiridos posteriormente.

A Procuradoria Geral de Justiça opinou pelo desprovimento do recurso.

É o relatório.

Por determinação judicial exarada na Ação Civil Pública registrada sob nº 286.01.2010.008041-8/000000-000, da 2ª Vara Cível da Comarca de Itu, decretou-se a indisponibilidade dos bens de Juliana Aparecida Lemos Rodrigues e Ana Carolina Lemos Rodrigues. O comunicado de indisponibilidade data de 29/12/10.

Em 28/5/15, apresentou-se a registro escritura pública de instituição de usufruto sobre bem imóvel que tem, como coproprietárias, Juliana Aparecida Lemos Rodrigues e Ana Carolina Lemos Rodrigues, cujos bens estão indisponíveis pela ordem judicial retromencionada. Assim, a Sra. Registradora obstou o ato cartorial e, de pronto, averbou na respectiva matrícula, em 1º/6/15, a indisponibilidade aludida.

Cumpriu, com isso, o quanto determina o item 404.3 do Capítulo XX das NSCGJ:

"404.3. Em caso de aquisição de imóvel por pessoa cujos bens foram atingidos por indisponibilidade, deverá o oficial, imediatamente após o lançamento do registro aquisitivo na matrícula, promover a averbação da indisponibilidade, independentemente de prévia consulta ao adquirente."

A regra aludida, mais que atestar o acerto do procedimento da Sra. Oficiala, evidencia que a ordem de indisponibilidade afeta a integralidade do patrimônio do devedor, abarcando não apenas os bens de que seja proprietário ao tempo da determinação, mas também aqueles que vier a adquirir enquanto a decisão seguir vigendo, independentemente de expressa previsão da decisão neste sentido. Deveras, o texto da norma explicitamente trata da averbação de indisponibilidade na matrícula dos imóveis adquiridos posteriormente à ordem de indisponibilidade.

De outro bordo, bem pode o MM. Juiz que decretou a indisponibilidade afastar da restrição bens determinados, buscando reduzir efeitos que, gravosos ao devedor, afigurem-se inúteis ao fim maior da ordem. Esta a intelecção que pautou o ilustre Magistrado signatário da r. decisão de fls. 14/15, ao excluir da restrição imóveis inicialmente abarcados pela indisponibilidade.

Poderá, por óbvio, adotar idêntica conduta quanto ao imóvel de fls. 7/8. Enquanto não o fizer, todavia, e de modo expresso, segue o prédio inserido dentre aqueles afetados pela ordem restritiva.

Por fim, a indisponibilidade incide não apenas sobre a propriedade, como sobre a nua propriedade e o domínio útil individualmente considerados. A ideia do bloqueio é obstar que o devedor dissipe seu patrimônio.

Neste passo, a cessão do domínio útil acarretaria inegável diminuição no valor de mercado do imóvel, havendo de ser obstada.

Desta feita bem postada a recusa, nego provimento ao recurso.

MANOEL DE QUEIROZ PEREIRA CALÇAS

Corregedor Geral da Justiça e Relator (DJe de 23.01.2018 - SP)

PODER JUDICIÁRIO

TRIBUNAL DE JUSTIÇA DO ESTADO DE SÃO PAULO

CONSELHO SUPERIOR DA MAGISTRATURA

Apelação nº 1001570-93.2016.8.26.0664

Registro: 2018.0000012863

ACÓRDÃO

Vistos, relatados e discutidos estes autos do(a) **Apelação nº 1001570-93.2016.8.26.0664**, da Comarca de **Votuporanga**, em que são partes é apelante **MINISTÉRIO PÚBLICO DO ESTADO DE SÃO PAULO**, é apelado **EDUARDO GOMES DE QUEIROZ**.

ACORDAM, em Conselho Superior de Magistratura do Tribunal de Justiça de São Paulo, proferir a seguinte decisão: **"Negaram provimento ao recurso. V. U."**, de conformidade com o voto do Relator, que integra este Acórdão.

O julgamento teve a participação dos Exmos. Desembargadores **PAULO DIMAS MASCARETTI (Presidente), ADEMIR BENEDITO, XAVIER DE AQUINO, LUIZ ANTONIO DE GODOY, RICARDO DIP E SALLES ABREU.**

São Paulo, 19 de dezembro de 2017.

MANOEL DE QUEIROZ PEREIRA CALÇAS CORREGEDOR GERAL DA JUSTIÇA E RELATOR

Apelação nº 1001570-93.2016.8.26.0664

Apelante: Ministério Público do Estado de São Paulo

Apelado: Eduardo Gomes de Queiroz

Interessados: Fabiana Garla Passos Correa e Mario Luiz Passos Correa

VOTO Nº 29.872

Registro de imóveis – Penhoras e decretos de indisponibilidade que não impedem a alienação forçada – Ocorrida a alienação forçada, há, por via indireta, imediato *cancelamento* das penhoras e indisponibilidades pretéritas – *Cancelamento* direto que não é condição necessária à posterior alienação voluntária – Escritura de venda e compra que, portanto, pode ser registrada – Recurso desprovido.

Cuida-se de recurso de apelação tirado de r. sentença do MM. Juiz Corregedor Permanente do Oficial de Registro de Imóveis e Anexos de Votuporanga, que julgou improcedente dúvida suscitada, para o fim de determinar o registro de escritura pública de compra e venda de imóveis.

O apelante afirma, em síntese, a imprescindibilidade do prévio cancelamento direto de penhoras e ordens de indisponibilidade, para que só então se possa registrar a escritura pública de compra e venda, tal como defendido pelo Sr. Oficial, na nota devolutiva.

A Procuradoria Geral de Justiça opinou pelo provimento do recurso. É o relatório.

Trata-se de verificar a possibilidade de registro de escritura pública de compra e venda de imóveis, em relação aos quais pendem penhoras e decretos de indisponibilidade. Os imóveis foram levados à hasta pública e remidos pelo filho do executado, que, em seguida à remição, alienou-os a terceiro. É do registro de tais alienações que se está a analisar.

A nota de devolução de fls. 5 exigiu providenciasse o comprador prévio cancelamento dos ônus incidentes sobre os imóveis (penhoras e decretos de indisponibilidade).

De pronto, frise-se que a ordem de indisponibilidade, como absolutamente cediço nesta Altiva Corte, não impede a alienação forçada do bem. E, diversamente do quanto sustentando pelo recorrente, foi o que se fez. Os imóveis foram, primeiro, enquanto indisponíveis, levados à hasta pública e remidos. Só depois de remidos é que se providenciou alienação por escritura pública de compra e venda. O debate incide sobre a necessidade de se obter prévio e autônomo cancelamento dos ônus pendentes, apesar da remição, para que se efetuem os registros das alienações voluntárias que se seguiram.

Neste passo, cumpre reafirmar que a arrematação em hasta pública, assim como a remição, operam o *cancelamento indireto* das penhoras previamente incidentes. À luz dos ensinamentos de Afrânio de Carvalho (Registro de Imóveis. 3.ª ed. Rio de Janeiro: Forense, 1982, p. 184), duas são as espécies de *cancelamento* dos registros (em sentido lato): a) direto, dependente de assento negativo, efetuado mediante averbação; b) indireto, decorrente da repercussão de inscrições subsequentes (como, por exemplo, as de *arrematação* , remição e adjudicação) sobre as anteriores. Na situação dos autos, com a remição, operou-se cancelamento indireto dos registros de gravames havidos sobre os bens.

Esta é, igualmente, a sedimentada orientação deste E. CSM, desde há muito:

"(...) o registro de *arrematação* não reclama o *cancelamento* direto e autônomo de registro das constrições precedentes, porque ele se afeta negativamente pela inscrição mais nova. Isso se dá porque a *arrematação* tem força extintiva das onerações pessoais e até mesmo das reais (cfr. Artigo 251 II, Lei 6.015/73, de 31 de dezembro de 1973; Afrânio de Carvalho, op. cit., pág. 83), e de extinção do direito é que deriva a admissão de *cancelamento* do registro que lhe corresponda (RIFA SOLER, "La anotaction preventiva de embargo, 1983, págs. 510 ss.). O vínculo da penhora traslada-se para o preço da aquisição, sobre o qual concorrem os credores (LOPES DA COSTA, com apoio em DIDIMODA VEIGA e CARVALHO SANTOS, "Direito Processual Civil Brasileiro, 1947, IV, pág. 169).

Observe-se, por fim, que, no *cancelamento* indireto, é despicienda, em regra, a elaboração de assento negativo, salvo quanto à hipoteca, em vista da necessidade de qualificar-se pelo registrador a ocorrência que não é automática da causa extintiva segundo prescreve o artigo 251 II, Lei nº 6.015, citada." (Apelação Cível 13.838-0/4, rel. Des. Dínio de Santis Garcia, j. 24.2.1992; no mesmo sentido, Apelação Cível 15.296-0/4, rel. Des. Dínio de Santis Garcia, j. 3.8.1992.

A E. CGJ, nessa linha, subsidiada pelos precedentes do C. CSM, consolidou o entendimento de ser *indireto* o *cancelamento* de penhoras, arrestos e sequestros em função do registro de *arrematação*, remição ou adjudicação. Significa dizer que o *cancelamento* direto não é automático. Não deriva necessariamente da inscrição da arrematação. Mas é prescindível, malgrado possível, se por ordem expressa do Juízo que determinou a constrição judicial (Parecer n. 238/06-E, do Juiz Assessor da Corregedoria Álvaro Luiz Valery Mirra e do hoje Des. Vicente de Abreu Amadei, aprovado, pelo Des. Gilberto Passos de Freitas, em 26.6.2006; Parecer n. 173/07-E, do Juiz Assessor da Corregedoria Álvaro Luiz Valery Mirra, aprovado, pelo Des. Gilberto Passos de Freitas, em 26.6.2007; e Parecer n. 74/2010-E, do Juiz Assessor da Corregedoria Álvaro Luiz Valery Mirra, aprovado pelo Des. Antonio Carlos Munhoz Soares, em 30.3.2010.)

Esclarecedora, nesta senda, a resposta à consulta formulada no Protocolado CG n. 11.394/2006, documentada no parecer n.º 238/06-E, de autoria do Juiz Assessor da Corregedoria Álvaro Luiz Valery Mirra e do hoje Des. Vicente de Abreu Amadei, aprovado, em 26.6.2006, pelo Des. Gilberto Passos de Freitas:

"(...) no tocante ao registro da *arrematação* ou adjudicação o que se verifica é a sua 'ressonância' sobre o registro das constrições anteriores (penhoras, arrestos ou sequestros), para a retirada da eficácia destas em relação ao credor que arremata ou adjudica o imóvel, configurador do aludido 'cancelamento indireto'. Não há, nesses termos, 'cancelamento direto' das constrições anteriores, dependente de assento negativo, razão pela qual inviável se mostra falar em automático *cancelamento* do registro daquelas com base tão-só no registro da *arrematação* ou adjudicação, a partir de requerimento do interessado.

É certo, porém, que tal *cancelamento* direto das penhoras antecedentes, embora despiciendo, como visto, pode, efetivamente, ser obtido pelo interessado, a fim de evitar dificuldade na leitura e no entendimento, por parte de leigos, da informação gerada pela matrícula, como mencionado pelo Meritíssimo Juiz Corregedor Permanente (fls. 77). Mas para tanto, dever-se-á obter ordem judicial, expedida pelo juízo da execução que determinou a penhora.

Anote-se que a ordem judicial em questão se mostra imprescindível para o *cancelamento* direto das penhoras, já que estas foram determinadas pelo juiz da execução, no exercício regular da jurisdição, não cabendo sequer ao Juiz Corregedor Permanente ou a esta Corregedoria Geral da Justiça, no exercício de atividade meramente administrativa, deliberar a respeito. Como se sabe, no sistema jurídico-constitucional brasileiro, admite-se que os atos dos demais Poderes do Estado legislativos e administrativos sejam revistos pelos juízes no exercício da jurisdição, mas o contrário, ou seja, a revisão dos atos jurisdicionais dos juízes pelas autoridades legislativas ou administrativas, é absolutamente inadmissível (Cândido Rangel Dinamarco, Instituições de Direito Processual Civil. São Paulo: Malheiros, 2001, vo. I, p. 310).

(...) Assim, sem expressa ordem judicial oriunda do juízo que determinou a constrição, não se pode admitir o *cancelamento* de penhoras, arrestos e sequestros antecedentes, como decorrência automática do registro da *arrematação* ou adjudicação dos bens constritos havida em execução judicial."

Tal compreensão foi mantida pelo C. CSM e pela E. CGJ, mesmo no período durante o qual subsistiu a intelecção no sentido de ser originária a natureza jurídica da aquisição de *imóvel* mediante *arrematação* judicial (**Apelação Cível n. 0003288-37.2009.8.26.0358**, rel. Des. Renato Nalini, j. 19.7.2012; **e parecer n. 529/2013-E**, de autoria do Juiz Assessor da Corregedoria Luciano Gonçalves Paes Leme, aprovado, em 6.12.2013, pelo Des. Renato Nalini).

Daí, portanto, decorrem as seguintes conclusões: a) arrematação, remição e adjudicação, formas de alienação forçada do bem e de aquisição derivada da propriedade, podem ser levadas a cabo e registradas, não obstante a indisponibilidade; b) registrada a carta de arrematação, remição ou adjudicação, ocorre o *cancelamento indireto* das penhoras previamente havidas e, portanto, afastasse a indisponibilidade; c) **o bem, agora disponível, pode ser alienado pelo arrematante, remitente ou adjudicante, razão pela qual a escritura de venda e compra posterior pode ser registrada**; d) cabe ao proprietário, se assim o desejar, providenciar o *cancelamento* direto das penhoras, perante os Juízos de onde elas provieram.

Recentemente, aliás, este E. CSM reiterou idêntico entendimento, em acórdão de minha relatoria, com voto convergente do Eminente Desembargador Ricardo Dip:

"REGISTRO DE IMÓVEIS Averbação de indisponibilidade que não impede a alienação forçada Ocorrida a alienação, há *cancelamento indireto* das penhoras, que geraram a indisponibilidade O *cancelamento* direto não é condição necessária à posterior alienação voluntária Escritura de venda e compra que, portanto, pode ser registrada Recurso provido." (APELAÇÃO CÍVEL: 0019371-42.2013.8.26.0309, DJ 26/7/17)

Desta feita, por meu voto, nego provimento ao recurso.

MANOEL DE QUEIROZ PEREIRA CALÇAS

Corregedor Geral da Justiça e Relator (DJe de 07.05.2018 - SP)

INVENTÁRIO

PODER JUDICIÁRIO

TRIBUNAL DE JUSTIÇA DO ESTADO DE SÃO PAULO

CONSELHO SUPERIOR DA MAGISTRATURA

Apelação nº 1005304-64.2015.8.26.0445

Registro: 2018.0000234932

ACÓRDÃO

Vistos, relatados e discutidos estes autos da **Apelação nº 1005304-64.2015.8.26.0445**, da Comarca de **Pindamonhangaba**, em que é apelante **ANTONIO CARLOS QUINTÃO VIEIRA**, é apelado **OFICIAL DE REGISTRO DE IMÓVEIS E ANEXOS DA COMARCA DE PINDAMONHANGABA.**

ACORDAM, em Conselho Superior de Magistratura do Tribunal de Justiça de São Paulo, proferir a seguinte decisão: **"Negaram provimento ao recurso. V. U."**, de conformidade com o voto do Relator, que integra este Acórdão.

O julgamento teve a participação dos Exmos. Desembargadores **PEREIRA CALÇAS (PRESIDENTE TRIBUNAL DE JUSTIÇA) (Presidente), ARTUR MARQUES (VICE PRESIDENTE), XAVIER DE AQUINO (DECANO), EVARISTO DOS**

SANTOS(PRES. DA SEÇÃO DE DIREITO PÚBLICO), CAMPOS MELLO (PRES. DA SEÇÃO DE DIREITO PRIVADO) E FERNANDO TORRES GARCIA(PRES. SEÇÃO DE DIREITO CRIMINAL).

São Paulo, 28 de março de 2018.

PINHEIRO FRANCO

CORREGEDOR GERAL DA JUSTIÇA E RELATOR

Apelação nº 1005304-64.2015.8.26.0445

Apelante: Antonio Carlos Quintão Vieira

Apelado: Oficial de Registro de Imóveis e Anexos da Comarca de Pindamonhangaba

VOTO Nº 37.326

Registro de imóveis – Inventário extrajudicial – Falecido casado sob o regime da separação obrigatória de bens – Viúva que não tem a situação jurídica de herdeira – Necessidade de sua participação no inventário extrajudicial ante a condição de interessada em virtude de ser potencial titular do direito real de habitação – Recurso não provido.

Trata-se de recurso de apelação interposto por Antônio Carlos Quintão Vieira contra a r. sentença de fls. 56/59, que manteve a recusa ao registro de escritura pública de sobrepartilha do Espólio de Darcy Braga Vieira em razão da não participação da viúva na sobrepartilha.

Em síntese, o apelante sustenta que deve ser afastado o óbice ao registro da escritura pública, porquanto a viúva não é herdeira do falecido em razão de ter sido casada com o *de cujus* pelo regime da separação legal de bens.

A Procuradoria Geral de Justiça opinou pelo não provimento do recurso (fls. 94/95).

É o relatório.

A viúva era casada com o falecido pelo regime da separação obrigatória de bens nos termos do artigo 1641, inciso II, do Código Civil, assim, não possui a situação jurídica de herdeira em conformidade ao disposto no artigo 1.829, inciso I, do Código Civil.

Noutra quadra, o artigo 610 do Código de Processo Civil dispõe:

Art. 610. Havendo testamento ou interessado incapaz, proceder-se-á ao inventário judicial.

§ 1º Se todos forem capazes e concordes, o inventário e a partilha poderão ser feitos por escritura pública, a qual constituirá documento hábil para qualquer ato de registro, bem como para levantamento de importância depositada em instituições financeiras.

§ 2º O tabelião somente lavrará a escritura pública se todas as partes interessadas estiverem assistidas por advogado ou por defensor público, cuja qualificação e assinatura constarão do ato notarial. (grifos meus)

Essa previsão normativa não exige apenas a presença dos herdeiros no inventário extrajudicial, mas também dos interessados, ou seja, aquelas pessoas com interesse jurídico na sucessão *mortis causa*.

Neste caso concreto, a viúva tem a situação jurídica de interessada em razão de ser potencial titular do direito real de habitação com fundamento no artigo 1831 do Código Civil, pelo o que consta dos autos.

A redação do referido dispositivo legal é a seguinte:

Art. 1.831. Ao cônjuge sobrevivente, qualquer que seja o regime de bens, será assegurado, sem prejuízo da participação que lhe caiba na herança, o direito real de habitação relativamente ao imóvel destinado à residência da família, desde que seja o único daquela natureza a inventariar.

Nessa ordem de ideias, deve a viúva participar, na condição de interessada, do inventário extrajudicial, uma vez que há potencial direito real de sua titularidade estabelecido sobre bem imóvel que compõe o acervo hereditário.

O fato do direito real em questão ser constituído *ope legis*, independentemente de registro, não modifica a situação da irregularidade na formação do título extrajudicial.

O registro da partilha permitirá a possibilidade de transmissão da propriedade do bem pelos herdeiros, o que é do interesse da titular do direito real de habitação, especialmente no aspecto de sua publicidade.

Nestes termos, foi correta a recusa do registro frente à irregularidade no título para a produção dos efeitos jurídicos a ele consentâneos.

Ante o exposto, nego provimento ao recurso.

PINHEIRO FRANCO

Corregedor Geral da Justiça e Relator (DJe de 02.05.2018 - SP)

PODER JUDICIÁRIO

TRIBUNAL DE JUSTIÇA DO ESTADO DE SÃO PAULO

CONSELHO SUPERIOR DA MAGISTRATURA

Apelação nº 1036633-91.2017.8.26.0100

Registro: 2018.0000187367

ACÓRDÃO

Vistos, relatados e discutidos estes autos do(a) **Apelação nº 1036633-91.2017.8.26.0100**, da Comarca de **São Paulo**, em que são partes é apelante **MINISTÉRIO PÚBLICO DO ESTADO DE SÃO PAULO**, é apelada **ANA MARIA DOS SANTOS**.

ACORDAM, em Conselho Superior de Magistratura do Tribunal de Justiça de São Paulo, proferir a seguinte decisão: **"Deram provimento à apelação, para julgar a dúvida procedente, com observação, V. U."**, de conformidade com o voto do Relator, que integra este Acórdão.

O julgamento teve a participação dos Exmos. Desembargadores **PEREIRA CALÇAS (PRESIDENTE TRIBUNAL DE JUSTIÇA) (Presidente), ARTUR MARQUES (VICE PRESIDENTE), XAVIER DE AQUINO (DECANO), EVARISTO DOS SANTOS(PRES. DA SEÇÃO DE DIREITO PÚBLICO), CAMPOS MELLO (PRES. DA SEÇÃO DE DIREITO PRIVADO) E FERNANDO TORRES GARCIA(PRES. SEÇÃO DE DIREITO CRIMINAL).**

São Paulo, 9 de março de 2018.

PINHEIRO FRANCO

CORREGEDOR GERAL DA JUSTIÇA E RELATOR

Apelação nº 1036633-91.2017.8.26.0100

Apelante: Ministério Público do Estado de São Paulo

Apelado: Ana Maria dos Santos

VOTO Nº 37.283

Registro de imóveis – Recusa ao ingresso de escritura pública de inventário pela falta de prévias inscrições das partilhas de bens de titulares de domínio que se casaram e se separaram ou divorciaram – Registro do novo título que pressupõe a atualização dos estados civis dos proprietários – Especialidade subjetiva – Averbações de divórcio e de separação que dependem, porém, da apresentação de escritura pública ou de carta de sentença – Inteligência do subitem 14 da letra "b" do item 11 do Capítulo XX das NSCGJ – Inscrições prévias obrigatórias das partilhas de bens decorrentes da separação e do divórcio – Afastamento – Inteligência da nota ao subitem 14 da letra "b" do item 11 do Capítulo XX das NSCGJ – Averbação de dissolução da sociedade conjugal que pode ser feita independentemente da partilha de bens – Recurso provido, com observação.

Trata-se de recurso de apelação interposto pelo Ministério Público contra a r. sentença de fls. 56/59, que julgou improcedente a dúvida suscitada pelo Oficial do 14º Registro de Imóveis da Capital e determinou o registro na matrícula nº 223.473 da escritura pública de inventário dos bens deixados por Ana Martinha dos Santos.

Sustenta o apelante, em resumo, que as inscrições prévias da separação, divórcio e partilha de bens relativos aos herdeiros da falecida é imprescindível para que a matrícula esclareça aos interessados quem são os verdadeiros proprietários do bem; e que o afastamento do óbice gera instabilidade incompatível com o fólio imobiliário (fls. 65/71).

Ana Maria dos Santos, uma das suscitadas, apresentou contrarrazões (fls. 76/79). A Procuradoria Geral da Justiça opinou pelo não provimento do recurso (fls. 86/94). **É o relatório.**

No ano de 1991, por meio do registro do formal de partilha dos bens deixados por Joaquim Francisco dos Santos, a titularidade do imóvel descrito na matrícula nº 223.473 do 14º RI da Capital foi dividida na seguinte proporção: metade para Ana Martinha dos Santos, viúva do falecido, e um sexto para cada um de seus filhos (João Carlos dos Santos, Ariovaldo dos Santos e Ana Maria dos Santos), que, à época do falecimento de Joaquim (1968 fls. 7), eram todos solteiros e menores (cf. R.9 da matrícula nº 223.473 fls. 7).

Com o falecimento de Ana Martinha dos Santos, em 01.11.2012, fls. 16), seus filhos apresentaram para registro escritura de inventário, por meio da qual partilharam a metade do imóvel da matrícula nº 223.473 em três partes iguais. Ocorre que, passados vários anos, os beneficiados pela partilha ostentam estados civis diversos do que ostentavam em 1968. João Carlos dos Santos é separado judicialmente; Ariovaldo dos Santos é casado com Ivete Zardo Santos; e Ana Maria dos Santos é divorciada (fls. 15).

O Oficial negou o registro do título, exigindo a apresentação das cartas de sentença de separação e divórcio, respectivamente, de João Carlos dos Santos, que foi casado com Judith Elizabeth Lepratti Hauret, e de Ana Maria dos Santos, que foi casada com Hélio Gasporotti, com a homologação das partilhas de bens.

Suscitada a dúvida, esta foi julgada improcedente pela r. sentença de fls. 56/59, com fundamento no registro do título não afrontar a continuidade e a possibilidade de futura averbação da separação judicial e do divórcio.

Recorre o Ministério Público pleiteando o restabelecimento do óbice ao registro da escritura pública.

Respeitada a convicção da MM Juíza Corregedora Permanente, o recurso merece acolhimento. A atualização do estado civil dos herdeiros na matrícula é medida necessária.

Isso porque, de acordo com o R.9 da matrícula nº 223.473, João Carlos dos Santos, Ariovaldo dos Santos e Ana Maria dos Santos permanecem como solteiros, embora sejam, respectivamente, separado, casado e divorciado, estados civis mencionados no título levado a registro (fls. 15).

Assim, para que se observe a especialidade subjetiva, previamente ao registro do novo título, necessário que sejam averbadas as mudanças de estado civil dos três herdeiros de Ana Martinha dos Santos. Deverão ser realizadas, portanto, as seguintes averbações: casamento e separação judicial de João Carlos dos Santos; casamento de Ariovaldo dos Santos; e casamento e divórcio de Ana Maria dos Santos.

Essas averbações, na particularidade do caso em exame, não se realizam somente com a apresentação das certidões de casamento atualizadas para a concretização de todas essas averbações.

Com efeito, de acordo com o subitem 14 da letra "b" do item 11 do Capítulo XX das NSCGJ:

11. *No Registro de Imóveis, além da matrícula, serão feitos:*

(...)

b) a averbação de:

(...)

14. escrituras públicas de separação, divórcio e dissolução de união estável, das sentenças de separação judicial, divórcio, nulidade ou anulação de casamento, quando nas respectivas partilhas existirem imóveis ou direitos reais sujeitos a registro;

Desse modo, embora os casamentos possam ser averbados por meio da apresentação das certidões respectivas, as inscrições da separação e do divórcio dependem da exibição de escrituras públicas ou de cartas de sentença que tratem da questão.

E isso ocorre porque o tema da partilha de bens, informação de fundamental importância para o registro imobiliário, constará exclusivamente na escritura pública ou no processo judicial de separação ou divórcio.

Por outro lado, caso a escritura ou carta de sentença não trate da partilha ou adie a decisão sobre o tema para momento futuro, não haverá motivo para que não se realize a averbação. Sobre a matéria, estabelece a nota ao subitem 14 da letra "b" do item 11 do Capítulo XX das NSCGJ:

NOTA: A escritura pública de separação, divórcio e dissolução de união estável, a sentença de separação judicial, divórcio, nulidade ou anulação de casamento será objeto de averbação, quando não decidir sobre a partilha de bens dos cônjuges, ou apenas afirmar permanecerem estes, em sua totalidade, em comunhão, atentando-se, neste caso, para a mudança de seu caráter jurídico, com a dissolução da sociedade conjugal e surgimento do condomínio "pro indiviso".

Isso quer dizer que não se pode exigir a prévia partilha dos bens de João Carlos e de Ana Maria para o registro da partilha do quinhão de titularidade de Ana Martinha dos Santos (fls. 7). Apresentados os documentos necessários para a averbação dos três casamentos, da separação de João Carlos e do divórcio de Ana Maria, a escritura copiada a fls. 15/24 obterá qualificação positiva.

E isso se dá mesmo nesse caso, em que Ana Maria dos Santos, que agora é divorciada, e João Carlos dos Santos, ora separado, casaram-se com seus respectivos cônjuges pelo regime da comunhão universal de bens e, na forma dos artigos 1.667 e 1.668 do Código Civil assim como de seus correspondentes do Código de 1916 , os quinhões que receberam enquanto menores passaram a pertencer também a seus consortes.

Indiscutível que informações completas sobre a titularidade do bem são sempre mais adequadas, de modo que o registro prévio da partilha facilitaria o entendimento da situação dominial do bem. No entanto, considerando as previsões das Normas de Serviço já citadas, embora a atualização dos estados civis seja necessária, não se pode exigir o prévio registro das partilhas de bens para o ingresso do título ora apresentado.

Por todo o exposto, pelo meu voto, dou provimento à apelação, para julgar a dúvida procedente, com a observação de que embora os casamentos, a separação e o divórcio dos herdeiros devam ser averbados, o registro da escritura copiada a fls. 15/24 não depende das prévias partilhas dos bens decorrentes da separação de João Carlos dos Santos e do divórcio de Ana Maria dos Santos, acaso não tenha havido partilha.

PINHEIRO FRANCO

Corregedor Geral da Justiça e Relator (DJe de 07.05.2018 - SP)

IRRESIGNAÇÃO PARCIAL

PODER JUDICIÁRIO

TRIBUNAL DE JUSTIÇA DO ESTADO DE SÃO PAULO

CONSELHO SUPERIOR DA MAGISTRATURA

Apelação nº 0025630-46.2015.8.26.0224

Registro: 2017.000990140

ACÓRDÃO

Vistos, relatados e discutidos estes autos do(a) **Apelação nº 0025630-46.2015.8.26.0224**, da Comarca de **Guarulhos**, em que são partes é apelante **CAIXA ECONÔMICA FEDERAL**, é apelado **2º OFICIAL DE REGISTRO DE IMÓVEIS E ANEXOS DA COMARCA DE GUARULHOS**.

ACORDAM, em Conselho Superior de Magistratura do Tribunal de Justiça de São Paulo, proferir a seguinte decisão: **"Julgaram prejudicada a dúvida, deixando de conhecer o recurso, v.u. Declarará voto convergente o Desembargador Ricardo Dip."**, de conformidade com o voto do Relator, que integra este Acórdão.

O julgamento teve a participação dos Exmos. Desembargadores **PAULO DIMAS MASCARETTI (Presidente), ADEMIR BENEDITO, XAVIER DE AQUINO, LUIZ ANTONIO DE GODOY(PRES. DA SEÇÃO DE DIREITO PRIVADO), RICARDO DIP (PRES. DA SEÇÃO DE DIREITO PÚBLICO) E SALLES ABREU (PRES. SEÇÃO DE DIREITO CRIMINAL)**.

São Paulo, 5 de dezembro de 2017.

MANOEL DE QUEIROZ PEREIRA CALÇAS

Corregedor Geral da Justiça e Relator

Apelação nº 0025630-46.2015.8.26.0224

Apelante: Caixa Econômica Federal

Apelado: 2º Oficial de Registro de Imóveis e Anexos da Comarca de Guarulhos

VOTO Nº 29.880.

Registro de imóveis – Dúvida – Imóvel alienado pelo FAR, operado pela Caixa Econômica Federal, sem prévio arrendamento – Inteligência dos artigos 1º, §3º, art. 2º, §7º, II e art. 8º, §1º, da Lei nº 10.188/01 – Exigências corretas – Irresignação parcial – Recurso não conhecido.

Vistos.

Inconformada com a r. sentença que manteve a recusa do 2º Oficial de Registro de Imóveis de Guarulhos em registrar instrumento particular de venda e compra, a Caixa Econômica Federal interpõe recurso de apelação.

A recorrente pretende o registro de instrumento através do qual aliena imóvel sob o regime da Lei 10.188/01, não por meio de arrendamento residencial, mas por oferta em licitação, na modalidade concorrência pública/venda direta. Entende, por isso, que se aplica o art. 1º, §3º, da referida lei, de maneira isolada, razão pela qual o requisito temporal impeditivo de posterior alienação, do art. 8º, §1º – *O contrato de compra e venda referente ao imóvel objeto de arrendamento residencial que vier a ser alienado na forma do inciso II do § 7º do art. 2º desta Lei, ainda que o pagamento integral seja feito à vista,* ***contemplará cláusula impeditiva de o adquirente, no prazo de 24 (vinte e quatro) meses, vender, prometer vender ou ceder seus direitos sobre o imóvel alienado*** – não incidiria.

A Procuradoria de Justiça manifestou-se pelo não conhecimento do recurso, em razão da concordância em face de parte das exigências. Opinou, ademais, pela manutenção das exigências impugnadas.

É o relatório.

Preliminarmente, na hipótese dos autos, limitou-se a recorrente a acostar cópia do título cujo registro almeja. Deu-se-lhe, então, explícita oportunidade para colacionar aos autos o título original cujo registro se almeja. E, mesmo depois de ter vista dos autos, quando já apontada a falha pelo Sr. Oficial, seguiu inerte a apelante. Sequer com o recurso sobreveio aos autos o título original. De nulidade alguma se há cogitar.

A falta do contrato original impossibilita o julgamento da apelação, uma vez que, mesmo improcedente a dúvida, estaria inviabilizado o registro do título.

Ainda que assim não fosse, o recurso não pode ser conhecido pela impugnação de apenas parte das exigências.

A ausência de ataque a qualquer das exigências do Sr. Oficial prejudica o pedido, que só admite duas soluções: a determinação do registro do título protocolado e prenotado, que é analisado, em reexame da qualificação, tal como se encontrava no momento em que surgida dissensão entre a apresentante e o Oficial de Registro; ou a manutenção da recusa do Oficial. Para que se possa decidir se o título pode ser registrado ou não é preciso que todas as exigências – e não apenas parte delas – sejam reexaminadas pelo

Corregedor Permanente. Nesse sentido, é pacífica a jurisprudência deste Egrégio Conselho Superior.

Contudo, muito embora prejudicada a dúvida, deve-se analisar a questão de fundo, a fim de evitar que, supridas as exigências, a interessada venha a ter que se valer, novamente, do procedimento.

Não se trata de exame de consulta, em tese, mas de análise de caso concreto. O Conselho não atua como mero órgão consultivo, mas como regulador de uma situação de fato. Uma vez resolvida a controvérsia, o tema não será mais levado à Corregedoria Permanente, dado que o Oficial já terá orientação clara sobre como proceder.

Ao contrário do exercício de função jurisdicional, cuja essência é teleológica, a função administrativa, exercida no âmbito do julgamento das dúvidas, tem caráter disciplinador. Enquanto, na função jurisdicional, visa-se ao julgamento do mérito, com posterior formação de coisa julgada e impossibilidade de rediscussão para as partes, o julgamento das dúvidas não se presta somente a decidir o caso concreto, mas a servir de orientação aos registradores para casos análogos.

Logo, por esses dois ângulos é importante a análise do mérito, ainda que prejudicada a dúvida: a) evita-se a nova suscitação; b) fixa-se orientação para casos similares.

Passa-se ao exame do caso, portanto.

A necessidade de adaptação do contrato ao art. 61 da Lei de Licitações é cogente. Basta ler o teor do dispositivo: *Art. 61. Todo contrato deve mencionar os nomes das partes e os de seus representantes, a finalidade, o ato que autorizou a sua lavratura, o número do processo da licitação, da dispensa ou da inexigibilidade,* ***a sujeição dos contratantes às normas desta Lei*** *e às cláusulas contratuais.*

Da leitura do título, não se verifica, porém, a teor do art. 24, V – *quando não acudirem interessados à licitação anterior e esta, justificadamente, não puder ser repetida sem prejuízo para a Administração, mantidas, neste caso, todas as condições preestabelecidas* – qualquer justificativa para a ausência de repetição da licitação, ainda que na modalidade de concorrência (art. 17, I, da Lei nº 8.666/93).

A exigência nesse sentido deve, assim, ser cumprida.

No que toca ao afastamento da restrição contida no art. 8º, §1º, da Lei nº 10.188/01, também tem razão o Oficial. A 2ª ressalva feita no campo das *informações adicionais/ressalvas* é inadmissível.

A recorrente aduz que a restrição, por 24 meses, para a revenda do imóvel pelo adquirente não se aplica, defendendo, para isso, uma leitura isolada do art. 3º, §1º, da Lei nº 10.188/01. Essa, porém, não parece a melhor interpretação.

A Lei nº 10.188/01 criou o programa de arrendamento residencial e instituiu o arrendamento residencial com opção de compra. Por seu intermédio, criou-se o PAR Programa de Arrendamento Residencial, cuja gestão cabe ao Ministério das Cidades, por operacionalização da Caixa Econômica Federal. Já para a operacionalização do Programa, a CEF foi autorizada a criar um fundo, que se denomina FAR - Fundo de Arrendamento Residencial.

Tal Fundo, a teor do art. 2º, §3º, é constituído de bens e direitos, que não se comunicam com o patrimônio da CEF; não integram seu ativo; não respondem direta ou indiretamente por qualquer obrigação da CEF; não compõem a lista de bens e direitos da CEF para efeitos de liquidação judicial ou extrajudicial; não podem ser dados em garantia de débito de operação da CEF; não são passíveis de execução por credores da CEF; quantos aos imóveis, não são passíveis de constituição de ônus reais (incisos I a VI).

Vale dizer, trata-se de um Fundo exterior à CEF, passível, conforme o art. 2º-A, §2º, de direitos e obrigações próprias, pelas quais responde com seu patrimônio.

Por isso, no contrato, figuram; o FAR, como vendedor; a Caixa Econômica Federal, como credora fiduciária; a pessoa física, como compradora e devedora fiduciante.

Vale dizer, alienou-se o imóvel à pessoa física, sem prévio arrendamento, contratando-se um mútuo, garantido por alienação fiduciária do imóvel.

A recorrente afirma que o art. 1º, §3º, da Lei nº 10.188/01 permite essa operação e, à falta de prévio arrendamento, não se aplica a restrição temporal, para revenda, do art. 8º, §1º.

Não é isso, no entanto, o que traduz uma leitura atenta e sistemática da Lei nº 10.188/01.

Três dispositivos interessam à presente discussão: os artigos 1º, §3º, 2º, §7º, II e 8º, §1º. Note-se que todos foram inseridos pela mesma Lei nº 11.474/07, de tal arte que devem ser interpretados em conjunto. São suas redações:

> *Art. 1º, §3º Fica facultada a alienação, sem prévio arrendamento, ou a cessão de direitos dos imóveis adquiridos no âmbito do Programa."*

Art. 2º, § 7º A alienação dos imóveis pertencentes ao patrimônio do fundo a que se refere o caput deste artigo será efetivada diretamente pela CEF, constituindo o instrumento de alienação documento hábil para cancelamento, perante o Cartório de Registro de Imóveis, das averbações pertinentes às restrições e ao destaque de que tratam os §§ 3º e 4º deste artigo, observando-se:

I - o decurso do prazo contratual do Arrendamento Residencial; ou

II - a critério do gestor do Fundo, o processo de desimobilização do fundo financeiro de que trata o caput deste artigo.

Art. 8º, §1º - O contrato de compra e venda referente ao imóvel objeto de arrendamento residencial que vier a ser alienado na forma do inciso II do § 7º do art. 2º desta Lei, ainda que o pagamento integral seja feito à vista, contemplará cláusula impeditiva de o adquirente, no prazo de 24 (vinte e quatro) meses, vender, prometer vender ou ceder seus direitos sobre o imóvel alienado.

Pois bem. Ao alterar a Lei nº 10.188/01, a Lei nº 11.474/07, a um só tempo, teve que assentar, em suas disposições gerais: a) a possibilidade de alienação, sem prévio arrendamento; b) a figura da desimobilização; c) consequentemente, a criação do prazo de carência de 24 meses para revenda.

A intenção foi a de viabilizar a alienação dos imóveis não adquiridos, sem a necessidade de arrendamento, mas por meio da venda com pagamento à vista – ainda que por mutuo, com alienação fiduciária. Para tanto, previram-se a exceção ao arrendamento (art. 1º, §3º) e a figura da desimobilização (art. 2º, §7º, II), mas, ao mesmo tempo, para evitar a especulação imobiliária, desvirtuando-se a intenção da lei – oferta de moradia à população carente –, impediu-se a revenda por 24 meses, em qualquer forma (*vender, prometer vender ou ceder seus direitos sobre o imóvel alienado).*

Logo, não é pertinente a leitura estanque de apenas um dos dispositivos acrescidos pela Lei nº 11.474/07. A alicerçar essa conclusão, tome-se notícia extraída da "Agência Câmara de Notícias", de 27/03/2007, a respeito da Medida Provisória nº 350/07, posteriormente convertida na Lei nº 11.474/07:

"Câmara aprova compra antecipada de imóvel arrendado.

O Plenário aprovou nesta terça-feira a Medida Provisória 350/07, que modifica as regras do Programa de Arrendamento Residencial (PAR). A medida permite a venda direta de imóveis pela Caixa Econômica Federal (CEF) à população de baixa renda que participe do programa sem a necessidade de se cumprir contrato de arrendamento por 15 anos.

Com a MP, o prazo de arrendamento não precisa mais ser cumprido se o participante do programa tiver o dinheiro para a compra. As diretrizes para essa venda direta serão estabelecidas pelo Ministério das Cidades, que deverá editar uma portaria regulamentado o tema. A MP também faz parte do Programa de Aceleração do Crescimento (PAC) e ainda será votada pelo Senado.

A matéria foi aprovada na forma de um projeto de lei de conversão apresentado pelo deputado Dagoberto (PDT- MS), que fez poucas modificações no texto original. Uma das mudanças torna mais claro que a Caixa poderá vender os imóveis já adquiridos sem arrendamento prévio.

Prazo de venda

Outro ponto alterado pelo relator diminui de 30 para 24 meses o prazo durante o qual o participante do PAR não poderá vender o imóvel comprado por meio da alienação direta agora permitida pela MP. Esse impedimento deve constar do contrato de compra e venda do imóvel. *Dagoberto manteve ainda artigo que permite a redução do prazo segundo critério a ser definido pelo Ministério das Cidades.*

Por tais razões, corretas as exigências.

Para o mesmo Norte aponta a jurisprudência deste E. CSM:

REGISTRO DE IMÓVEIS – Dúvida – Imóvel alienado pelo FAR, operado pela Caixa Econômica Federal, sem prévio arrendamento – Inteligência dos artigos 1º, §3º, art. 2º, §7º, II e art. 8º, §1º, da Lei nº 10.188/01 – Exigências corretas – Irresignação parcial – Recurso não conhecido." (Apelação n 0016998-31.2015.8.26.0224, Rel. Des. Pereira Calças, DJ 28/4/17; em idêntico sentido, também de minha relatoria, Apelação n 0016999-16.2015.8.26.0224, DJ 3/4/17)

Nesses termos, pelo meu voto, julgo prejudicada a dúvida, deixando de conhecer o recurso.

MANOEL DE QUEIROZ PEREIRA CALÇAS

Corregedor Geral da Justiça e Relator

TRIBUNAL DE JUSTIÇA DO ESTADO DE SÃO PAULO

Conselho Superior da Magistratura

Apelação Cível 0025630-46.2015.8.26.0224(2) SEMA

Dúvida de registro

VOTO 52.203 (com divergência):

1. Acompanho a **conclusão** do respeitável voto de Relatoria.

2. Peço reverente licença, entretanto, para não aderir à "análise de mérito" a que se lançou **após afirmar não conhecer do recurso.**

3. Ao registrador público, tendo afirmada, *per naturam legemque positam*, a **independência na qualificação jurídica** (*vide* arts. 3º e 28 da Lei n. 8.935, de 18-11-1994), não parece possam impor-se, nessa esfera de qualificação, "orientações" prévias e abstratas de caráter hierárquico.

Assim, o registrador tem o **dever** de qualificação jurídica e o **direito** de efetivá-la com independência profissional, *in suo ordine*.

4. Vem a propósito que a colenda Corregedoria Geral da Justiça paulista, em seu código de normas, enuncia: "Os oficiais de Registro de Imóveis gozam de independência jurídica no exercício de suas funções eexercem essa prerrogativa quando interpretam disposição legal ou normativa. (...)" (item 9º do cap. XX das "Normas de Serviço da Corregedoria Geral da Justiça de São Paulo").

5. Se o que basta não bastara, calha que os órgãos dotados de *potestas* para editar **regras técnicas** relativas aos registros públicos são os **juízes competentes para o exercício da função correcional** (o que inclui a egrégia Corregedoria Geral da Justiça; cf. inc. XIV do art. 29 da Lei n. 8.935/1994). Essa função de corregedoria dos registros, em instância administrativa final no Estado de São Paulo, **não compete a este Conselho Superior da Magistratura**, Conselho que, a meu ver, não detém, ao revés do que respeitavelmente entendeu o venerando voto de relação, "poder disciplinador" sobre os registros e as notas (v., a propósito, os incs. XVII a XXXIII do art. 28 do Regimento Interno deste Tribunal).

6. Averbo, por fim, que a admitir-se a pretendida força normativa da ventilada "orientação", não só os juízes corregedores permanentes estariam jungidos a observá-la, mas também as futuras composições deste mesmo Conselho.

Deste modo, voto no sentido de que se exclua a r. "orientação para casos similares". É, *da veniam*, o **meu voto.**

Des. RICARDO DIP

Presidente da Seção de Direito Público (DJe de 23.04.2018 - SP)

PODER JUDICIÁRIO

TRIBUNAL DE JUSTIÇA DO ESTADO DE SÃO PAULO

CONSELHO SUPERIOR DA MAGISTRATURA

Apelação nº 1095365-02.2016.8.26.0100

Registro: 2017.000631320

ACÓRDÃO

Vistos, relatados e discutidos estes autos do(a) **Apelação nº 1095365-02.2016.8.26.0100**, da Comarca de **São Paulo**, em que são partes é apelante **LUIS MÉDICI**, é apelado **5º OFICIAL DE REGISTRO DE IMÓVEIS DE SÃO PAULO.**

ACORDAM, em Conselho Superior de Magistratura do Tribunal de Justiça de São Paulo, proferir a seguinte decisão: **"Negaram provimento à apelação, v.u."**, de conformidade com o voto do Relator, que integra este Acórdão.

O julgamento teve a participação dos Exmos. Desembargadores **PAULO DIMAS MASCARETTI (Presidente), ADEMIR BENEDITO, XAVIER DE AQUINO, LUIZ ANTONIO DE GODOY, RICARDO DIP E SALLES ABREU.**

São Paulo, 11 de agosto de 2017.

MANOEL DE QUEIROZ PEREIRA CALÇAS

Corregedor Geral da Justiça e Relator

Apelação nº 1095365-02.2016.8.26.0100

Apelante: Luis Médici

Apelado: 5º Oficial de Registro de Imóveis de São Paulo

VOTO Nº 29.774

Registro de Imóveis – Escritura pública de doação de vaga de garagem – Desqualificação do título por ofensa ao § 1º do artigo 1.331 do Código Civil – Dúvida procedente – Convenção de condomínio que não autoriza expressamente a venda de vaga a terceiro estranho ao condomínio – Desqualificação correta – Apelação não provida.

Trata-se de recurso de apelação interposto por Luis Médici contra a sentença de fls. 257/260, que manteve a recusa ao registro de escritura de doação da vaga de garagem nº 13 do Edifício Barão de Motta Paes, imóvel esse descrito da matrícula nº 24.426 do 5º Registro de Imóveis da Capital.

Sustenta o apelante, em síntese, que existe previsão expressa que autoriza o condômino a dispor da vaga de garagem de modo autônomo; que os condomínios Barão de Motta Paes Apartamentos,

Barão de Motta Paes Garagens e Visconde Mauá são, conforme convenção de condomínio, completamente independentes entre si, de modo que não há relação de acessoriedade entre vagas e unidades; que a falta de registro da convenção de condomínio na serventia imobiliária não impede a inscrição de seu título; e que a síndica dos condomínios declarou que não há motivo que impeça a alienação autônoma de vaga de garagem (fls. 267/274).

A Procuradoria Geral de Justiça opinou pelo não provimento do recurso (fls. 308/310). É o relatório.

Segundo consta dos autos, o apelante apresentou no 5º Registro de Imóveis da Capital escritura pública, por meio da qual ele, Luis Médici, doava a Celso Luiz Jesuíno da Silva o imóvel matriculado sob nº 24.426, consistente na vaga nº 13 do Edifício Barão da Motta Paes, reservando para si o usufruto do bem.

O título foi desqualificado por dois motivos: a) falta de registro da convenção de condomínio e b) ofensa ao § 1° do artigo 1.331 do Código Civil, que trata da alienação de vaga de garagem a terceiro estranho ao condomínio.

Sobre a primeira exigência, cabe destacar que a convenção de condomínio onde se localiza o bem doado realmente não foi levada a registro na serventia imobiliária, como determinam os artigos 9º, § 1º da Lei nº 3**[1]** e 1.333, parágrafo único, do Código Civil **[2]**. No entanto, nesse caso, não se vislumbra razão para que essa falta de registro impeça a análise do seu teor. Com efeito, o parágrafo único do artigo 1.333 do Código Civil exige o registro apenas para que a convenção se torne oponível contra terceiros, algo que aqui não se pretende.

No que tange o segundo óbice, preceitua o artigo §1º do artigo 1.331 do Código Civil:

> *Art. 1.331. Pode haver, em edificações, partes que são propriedade exclusiva, e partes que são propriedade comum dos condôminos.*
>
> *§ 1º As partes suscetíveis de utilização independente, tais como apartamentos, escritórios, salas, lojas e sobrelojas, com as respectivas frações ideais no solo e nas outras partes comuns, sujeitam-se a propriedade exclusiva, podendo ser alienadas e gravadas livremente por seus proprietários,* ***exceto os abrigos para veículos, que não poderão ser alienados ou alugados a pessoas estranhas ao condomínio, salvo autorização expressa na convenção de condomínio.***

Nota-se que a autorização necessária para a alienação de abrigos para veículos a pessoa estranha ao condomínio deve ser expressa, clara, isenta de dúvida.

Isso, no entanto, não se observa.

Da convenção, cuja cópia está a fls. 277, consta que *"Os conjuntos Barão de Motta Paes Apartamentos Barão de Motta Paes Garajes(sic) e Visconde de Mauá, fazem* ***parte de um todo que é o Condomínio dos Edifícios construídos no terreno situado à Rua Marquês de Itu, nº 182/184/188, e Santa Izabel, nº 67****"*.

Por esse trecho, fica claro que se trata de apenas um condomínio, com dois blocos e um edifício de garagem.

Prova isso, também, o fato de as unidades autônomas do edifício garagem e os apartamentos dos dois blocos possuírem fração ideal no mesmo terreno, de 1.698,31m^2.

E ainda que haja convenção de condomínio específica para o Conjunto Barão de Motta Paes Garages (fls. 283/296) e, na letra "a" da cláusula nº 6 conste que são direitos dos condôminos *"usar, gozar administrar e dispor de sua propriedade exclusiva, como lhe aprouver, mas de forma a não prejudicar iguais direitos de outros condôminos (...)"* (fls. 284) o que dá a impressão que as garagens podem ser vendidas separadamente a cláusula nº 2 do mesmo documento preceitua que *"são de propriedade e uso comum de todos os proprietários do conjunto, além do especificado na convenção geral do Condomínio, representado pelos Conjuntos Barão de Motta Paes apartamentos, garages e Visconde de Mauá e na Convenção dos conjuntos Barão de Motta Paes apartamentos Barão de Motta Paes - garages"* (fls. 283) o que dá a entender que não há possibilidade de venda separada de vaga de garagem, uma vez que não se justifica que o proprietário de uma vaga seja titular das partes comuns de edifício de apartamentos onde ele não tem unidade autônoma.

Ou seja, ausente autorização expressa na convenção de condomínio, vale a regra segundo a qual pessoas estranhas ao condomínio não podem se tornar proprietárias tão-somente de vaga de garagem.

Finalmente, a alegação de que a síndica do condomínio declarou que não há motivo que impeça a alienação autônoma de vaga de garagem não tem a força que o apelante lhe pretende atribuir.

Isso porque, como já ressaltado, consoante o art. 1.331, § 1º, do Código Civil, a venda separada de vagas de garagem a pessoa estranha ao condomínio depende de autorização expressa da convenção de condomínio. Assim, parece claro que o síndico, mero administrador temporário do condomínio (art. 1.347 do Código Civil **[3]**), não tem autoridade para, sozinho, permitir algo que somente a convenção poderia autorizar.

Ante o exposto, nego provimento à apelação.

MANOEL DE QUEIROZ PEREIRA CALÇAS

Corregedor Geral da Justiça e Relator

Notas:

[1] *Art. 9º Os proprietários, promitentes compradores, cessionários ou promitentes cessionários dos direitos pertinentes à aquisição de unidades autônomas, em edificações a serem construídas, em construção ou já construídas, elaborarão, por escrito, a Convenção de condomínio, e deverão, também, por contrato ou por deliberação em assembléia, aprovar o Regimento Interno da edificação ou conjunto de edificações.*

§ 1º Far-se-á o registro da Convenção no Registro de Imóveis, bem como a averbação das suas eventuais alterações.

[2] *Art. 1.333. A convenção que constitui o condomínio edilício deve ser subscrita pelos titulares de, no mínimo, dois terços das frações ideais e torna-se, desde logo, obrigatória para os titulares de direito sobre as unidades, ou para quantos sobre elas tenham posse ou detenção.*

Parágrafo único. Para ser oponível contra terceiros, a convenção do condomínio deverá ser registrada no Cartório de Registro de Imóveis.

[3] *Art. 1.347. A assembleia escolherá um síndico, que poderá não ser condômino, para administrar o condomínio, por prazo não superior a dois anos, o qual poderá renovar-se.* (DJe de 19.02.2018 - SP)

PODER JUDICIÁRIO

TRIBUNAL DE JUSTIÇA DO ESTADO DE SÃO PAULO

CONSELHO SUPERIOR DA MAGISTRATURA

Apelação nº 1009372-46.2016.8.26.0114

Registro: 2017.000785007

ACÓRDÃO

Vistos, relatados e discutidos estes autos de **Apelação nº 1009372-46.2016.8.26.0114**, da Comarca de **Campinas**, em que é apelante **HELIO ROSOLEN**, é apelado **3º OFICIAL DE REGISTRO DE IMÓVEIS DA COMARCA DE CAMPINAS**.

ACORDAM, em Conselho Superior de Magistratura do Tribunal de Justiça de São Paulo, proferir a seguinte decisão: **"Deram provimento, nos termos do voto do Desembargador Ricardo Dip, v.u."**, de conformidade com o voto do Relator, que integra este acórdão.

O julgamento teve a participação dos Exmos. Desembargadores **RICARDO DIP (PRES. DA SEÇÃO DE DIREITO PÚBLICO), vencedor, PEREIRA CALÇAS, vencido, PAULO DIMAS MASCARETTI (Presidente), ADEMIR BENEDITO, XAVIER DE AQUINO, LUIZ ANTONIO DE GODOY E SALLES ABREU**.

São Paulo, 19 de setembro de 2017

RICARDO DIP RELATOR DESIGNADO

TRIBUNAL DE JUSTIÇA DE SÃO PAULO

Conselho Superior da Magistratura

Apelação Cível 1009372-46.2016.8.26.0114

Procedência: Campinas

Apelante: Helio Rosolen

Apelado: 3º Oficial de Registro de Imóveis da Comarca

Dúvida – Registro de Imóveis – Doação – Recurso interposto contra sentença que, mantendo a recusa do Oficial, indeferiu o registro stricto sensu de doação de imóvel que, adquirido na constância de sociedade conjugal em regime de comunhão parcial, foi, entretanto, doado apenas por um dos cônjuges, figurando o outro com o status de mero anuente – Dúvida quanto à necessidade de comparecer esse outro cônjuge na condição de outorgante doador, diante da comunicação de aquestos operada ex vi do verbete n. 377 da Súmula do Supremo Tribunal Federal – A anuência do cônjuge sugere, na espécie, que marido e mulher nunca tiveram o versado bem imóvel como integrante da comunhão – Circunstância que afasta a presunção sumular – Anuência que, ademais, torna inequívoca a intenção de doar (art. 112 do Código Civil) – Óbice afastado – Apelação a que se dá provimento.

VOTO (n. 50.266):

RELATÓRIO:

1. Indeferido o registro *stricto sensu* de doação, celebrada por escritura pública, e mantida, em processo de dúvida, a negativa originária, por sentença do MM. Juiz Corregedor Permanente, do decidido apela o interessado, entendendo que era caso de inscrever-se o título.

Aduz, a tanto, que se casou na vigência do atual Código civil, de modo que não incide, na espécie, o verbete n. 377 da Súmula do colendo Supremo Tribunal Federal. Logo, tendo sido o ora apelante o único adquirente do imóvel, e não havendo comunicação deste bem, só ao exclusivo proprietário competiria comparecer, na condição de causante, ao versado negócio jurídico de doação, ao qual, de toda maneira, anuiu também sua mulher, o que mais razão seria para que se lhe concedesse a inscrição, tal como rogada.

2. À digna Procuradoria Geral de Justiça parece que se haja de negar provimento ao recurso (fls. 67-9). É o relatório.

VOTO:

3. *Datum neque concessum* que o verbete n. 377 da referida Súmula persuasória emitida pela egrégia Suprema Corte federal tenha aplicação aos casamentos celebrados na vigência do Código civil de 2002 – e a jurisprudência deste

Conselho realmente vai neste sentido –, não era caso de negar-se o registro solicitado, porque a anuência dada pela mulher, no ato mesmo da doação, sugeria (ainda que *a posteriori*) que não houve a comunicação do bem: esse anuir, com efeito, é bastante indiciário de que os cônjuges nunca tiveram esse bem imóvel por integrante da comunhão, e isto é suficiente para arredar a presunção, que é *iuris tantum*, anunciada pela previsão sumular.

4. Se o que basta não bastasse, a intervenção da mulher no negócio jurídico deixa claro que era inequívoco o propósito dos cônjuges em transferir o imóvel ao donatário, o que é suficiente para entender-se como corretamente exercido o *poder de dispor*, certo que "nas declarações de vontade se atenderá mais à intenção nelas consubstanciada do que ao sentido literal da linguagem" (art. 112 do Código civil). Com efeito, *falsa demonstratio non nocet*, a "falsa exposição ou explicação do objeto dos contratos" não lhes tira a eficácia (cf. PONTES DE MIRANDA, *Tratado de Direito Privado III*, 2. ed., Rio de Janeiro: Borsoi, 1954, p. 164-165, § 282) – que, *in casu*, é a eficácia translativa do domínio em favor do beneficiário.

TERMOS EM QUE, dou provimento à apelação, para, reformada a r. sentença de primeiro grau, proceder-se ao registro *stricto sensu* rogado por Helio Rosolen.

É como voto.

Des. RICARDO DIP

Presidente da Seção de Direito Público Relator designado (DJe de 19.04.2018 - SP)

PODER JUDICIÁRIO

TRIBUNAL DE JUSTIÇA DO ESTADO DE SÃO PAULO

CONSELHO SUPERIOR DA MAGISTRATURA

Apelação nº 1000450-24.2017.8.26.0100

Registro: 2017.000881198

ACÓRDÃO

Vistos, relatados e discutidos estes autos da **Apelação nº 1000450-24.2017.8.26.0100**, da Comarca de **São Paulo**, em que é apelante **RENATO CANHA CONSTANTINO**, é apelado **17º OFICIAL DE REGISTRO DE IMÓVEIS DA COMARCA DA CAPITAL.**

ACORDAM, em Conselho Superior de Magistratura do Tribunal de Justiça de São Paulo, proferir a seguinte decisão: **"Negaram provimento ao recurso. v.u. Declarará voto convergente o Des. Ricardo Dip."**, de conformidade com o voto do Relator, que integra este Acórdão.

O julgamento teve a participação dos Exmos. Desembargadores **PAULO DIMAS MASCARETTI (Presidente), ADEMIR BENEDITO, XAVIER DE AQUINO, LUIZ ANTONIO DE GODOY, RICARDO DIP E SALLES ABREU.**

São Paulo, 6 de novembro de 2017.

MANOEL DE QUEIROZ PEREIRA CALÇAS

Corregedor Geral da Justiça e Relator

Apelação nº 1000450-24.2017.8.26.0100

Apelante: Renato Canha Constantino

Apelado: 17º Oficial de Registro de Imóveis da Comarca da Capital

VOTO Nº 29.838.

Dúvida – Ausência de impugnação de todos os itens da nota de devolução – Dúvida prejudicada – Recurso não provido – Registro de Imóveis – Emolumentos – Escritura de inventário e partilha – Pretensão de averbação com gratuidade – Impossibilidade – Ausência de previsão legal – Interpretação restritiva – Isenção de emolumentos apenas restrita às hipóteses legais – Pedido de providências prejudicado – Recurso não provido.

Cuida-se de apelação tirada de r. sentença que julgou prejudicada dúvida suscitada pelo 17º Oficial de Registro de Imóveis da Capital, no sentido de negar registro de escritura pública de inventário e partilha sem o recolhimento de emolumentos, a teor de que apenas um dos três óbices registrários foi objeto de impugnação.

Alega, em síntese, que a ausência de impugnação específica para juntada de documentos não poderia obstaculizar a análise de mérito, em consonância com o princípio da primazia da resolução meritória, devendo ser declarada nula a r. sentença. No mérito, sustenta que a decisão apelada não está em consonância com a *mens legis* contida no art. 98, parágrafo 1º, IX, do CPC vigente, devendo ser conferida gratuidade ao ato registrário.

A Procuradoria de Justiça apresentou parecer pelo não provimento do recurso.

É o relatório.

Houve irresignação parcial em relação à nota devolutiva, pois as exigências relativas à apresentação de original ou cópia autenticada da certidão de óbito da inventariada e à apresentação de original ou cópia autenticada de certidões de casamento da herdeira não foram impugnadas e tampouco atendidas antes da suscitação da dúvida.

A jurisprudência deste Conselho Superior é tranquila no sentido de que a concordância, ainda que tácita, com qualquer das exigências feitas pelo registrador ou o atendimento delas no curso da dúvida, ou do recurso contra a decisão nela proferida, prejudica-a:

> *A dúvida registrária não se presta para o exame parcial das exigências formuladas e não comporta o atendimento de exigência depois de sua suscitação,* ***pois a qualificação do título é feita, integralmente, no momento em que é apresentado para registro.*** *Admitir o atendimento de exigência* ***no curso*** *do procedimento da dúvida teria como efeito a indevida prorrogação do prazo de validade da prenotação e, em consequência, impossibilitaria o registro de eventuais outros títulos representativos de direitos reais contraditórios que forem apresentados no mesmo período. Em razão disso, a aquiescência do apelante com uma das exigências formuladas prejudica a apreciação das demais matérias que se tornaram controvertidas. Neste sentido decidiu este Colendo Conselho Superior da Magistratura na Apelação Cível n.º 60.460.0/8, da Comarca de Santos, em que foi relator o Desembargador Sérgio Augusto Nigro Conceição, e na Apelação Cível n.º 81.685-0/8, da Comarca de Batatais, em que foi relator o Desembargador Luís de Macedo* (Apelação Cível n.º 220.6/6-00). (grifei)

Desse modo, pela irresignação parcial, a dúvida está prejudicada.

Ainda assim, deve-se analisar a questão de fundo, a fim de evitar que, cumpridas as exigências não impugnadas, o interessado venha a ter que se valer, novamente, do procedimento.

Não se trata de consulta, em tese, mas de análise de caso concreto. O Conselho não atua como mero órgão consultivo, mas como regulador de uma situação de fato. Uma vez resolvida a controvérsia, o tema não será mais levado à Corregedoria Permanente, dado que o Oficial já terá orientação clara sobre como proceder.

Ao contrário do exercício de função jurisdicional, cuja essência é teleológica, a função administrativa, exercida no âmbito do julgamento das dúvidas, tem caráter disciplinador. Enquanto, na função jurisdicional, visa-se ao julgamento do mérito, com posterior formação de coisa julgada e impossibilidade de rediscussão para as partes, o julgamento das dúvidas não se presta somente a decidir o caso concreto, mas a servir de orientação aos registradores para casos análogos.

Logo, por esses dois ângulos é importante a análise do mérito, ainda que prejudicada a dúvida: a) evita-se a nova suscitação; b) fixa-se orientação para casos similares.

Pois bem.

Sedimentado o entendimento do E. Supremo Tribunal Federal no sentido de que os emolumentos devidos pela prestação de serviços notariais e de registro têm natureza de taxa. Sobre o tema, confira-se trecho de parecer exarado nos autos do Proc. CG n. 382/2004:

"A remuneração dos serviços notariais e de registro tem natureza de taxa. Nesse sentido há muito tempo é o entendimento pacífico do Supremo Tribunal Federal. Merece a transcrição da seguinte decisão daquele colendo Tribunal, proferida em ação direta de inconstitucionalidade de nº 1.444, em que foi requerente o Conselho Federal da Ordem dos Advogados do Brasil, e que bem considerou a matéria:

> *"Se discussões podem existir a respeito da natureza de outros serviços prestados pelo Estado, surgindo dúvidas sobre se são serviços públicos ou atividades econômicas enquadráveis num regime de exploração de cunho mais acentuadamente privado, isso não ocorre em relação à prestação jurisdicional e às atividades do foro extrajudicial. De plano, e por óbvio, afasta-se o seu enquadramento dentre os preços privados: estão vinculados a serviço público; são fixadas unilateralmente pelo Poder Público, independentemente da vontade dos particulares. Também não podem ser enquadrados dentre os chamados preços públicos, que são caracterizáveis como remuneração de serviços*

prestados pelo Estado, mas serviços que não são, por assim dizer, típicos do Estado. Considera-se, a propósito, o escólio de Gilberto de Ulhôa Canto, que traça diferença entre preços públicos e taxas: o que contribui para caracterizar um serviço prestado como sendo remunerável por taxa é a natureza da atividade de que se trate, sob o prisma da sua inerência às funções do Estado; comprovada essa inerência, a compulsoriedade do pagamento da respectiva contrapartida será conseqüência, e não característica diferencial, do mesmo modo que a configuração de um serviço como remunerável por preço público será determinada pelo seu não enquadramento entre as atividades intrinsecamente vinculadas às funções do Estado, sendo a opcionalidade do pagamento um efeito dessa natureza, e não o fator de sua qualificação"."

Sendo tributos, os emolumentos estão submetidos ao princípio da legalidade. Portanto, seja para a incidência, seja para a isenção, necessária expressa previsão legal.

No caso de registro de formal de partilha em registro de imóveis, a Lei Estadual de Emolumentos estabelece os valores devidos ao serviço delegado. Ao contrário do que sustenta o recorrente, não há qualquer previsão legal de isenção ou de gratuidade para a prestação desse serviço registral, à exceção do que prevê o art. 98, parágrafo primeiro, inciso IX, do Código de Processo Civil:

> Art. 98. A pessoa natural ou jurídica, brasileira ou estrangeira, com insuficiência de recursos para pagar **as custas, as despesas processuais** e os honorários advocatícios tem direito à gratuidade da justiça, na forma da lei.
>
> § 1º A gratuidade da justiça compreende:

(...)

IX - os emolumentos devidos a notários ou registradores em decorrência da prática de registro, averbação ou qualquer outro ato notarial **necessário à efetivação de decisão judicial ou à continuidade de processo judicial** no qual o benefício tenha sido concedido. **(grifei)**

O dispositivo legal sobrescrito restringe as hipóteses de isenção ou gratuidade aos atos notariais e registrais praticados em cumprimento de decisões emanadas de processos judiciais em que a gratuidade da Justiça tenha sido concedida.

Não é possível emprestar a interpretação extensiva pretendida pelo recorrente a fim de que tal hipótese de isenção inclua também os emolumentos devidos para registro de títulos extrajudiciais, como o inventário e partilha extrajudicial, sob pena de flagrante afronta ao princípio da legalidade.

O antigo Código de Processo Civil, após alteração legislativa, passou a prever expressamente a gratuidade para a escritura de inventário (art. 982, parágrafo 2º, com redação dada pela Lei 11.065/2000). Ainda assim, nem a Lei antiga previa hipótese de gratuidade para o registro imobiliário da partilha.

Nesse sentido, r. sentença proferida pelo então Juiz, hoje Desembargador, Marcelo Martins Berthe, nos autos n. 0044558-34.2012.8.26.0100, da 1ª Vara de Registros Públicos da Capital:

"Tratam os autos de consulta formulada pelo 5º Registrador Imobiliário da Capital, que visa uma orientação administrativa no que concerne ao entendimento cabível para o registro dos títulos oriundos de *inventário* extrajudicial, isto é, quanto à *gratuidade* prevista para atos notariais, no artigo 982, § 2º do Código de Processo Civil.

É o relatório. DECIDO.

Ainda que a matéria de fundo, relativa à *gratuidade* do registro na mencionada hipótese comporte importante reflexão, cumpre assentar que o seu exame deve ficar rigorosamente adstrito ao princípio da legalidade.

Os emolumentos devidos pela prestação do serviço público delegado de registro, como já pacificado pelo Supremo Tribunal Federal, tem natureza de tributo, cuja espécie foi tida como de taxa. Impende salientar, portanto, que apenas por força de lei a isenção poderá ser instituída.

Não se vê, nessa linha de pensamento, como dar interpretação alargada para estender, sem a necessária previsão legal, a isenção, a fim de que ela abranja também os atos de registro, que, em lei, não estão previstos como isentos."

É importante recordar que, ao contrário do que ocorre com a especialidade de Registro Civil, que conta com fundo especial (SINOREG) para compensar a prática de atos gratuitos, a especialidade de registro de imóveis não dispõe de qualquer forma de compensação semelhante. Portanto, ao lado de se ofender o princípio da legalidade, a interpretação pretendida pelo recorrente implicaria prejuízo ao delegatário.

Nem se alegue que a interpretação restritiva feriria o art. 5º, inciso LXXIV, da Constituição Federal. Com efeito, aos economicamente hipossuficientes, há garantia de acesso absolutamente gratuito à Justiça para partilha de bens em inventário/arrolamento, seja mediante patrocínio da Defensoria Pública, seja mediante isenção de custas judiciais e emolumentos destinados ao cumprimento da decisão judicial correspondente. Portanto, se o interessado optou por realizar a partilha pela via extrajudicial, deve arcar com os custos correspondentes.

Ante o exposto, nego provimento ao recurso.

MANOEL DE QUEIROZ PEREIRA CALÇAS

Corregedor Geral da Justiça e Relator

TRIBUNAL DE JUSTIÇA DE SÃO PAULO

Conselho Superior da Magistratura

Apelação 1000450-24.2017.8.26.0100 SEMA

Dúvida de registro

VOTO 51.542 (com divergência)

1. Registro, à partida, adotar o resumo processual lançado autos pelo eminente Relator da espécie.

2. Peço reverente licença para não aderir à "análise de mérito" a que se dedicou o digno Relator **após afirmar não conhecer do recurso.**

Ao registrador público, tendo afirmada, *per naturam legemque posi tam*, a **independência na qualificação jurídica** (*vide* arts. 3º e 28 da Lei n. 8.935, de 18-11-1994), não parece possam impor-se, nesta esfera de qualificação, "orientações" prévias e abstratas de caráter hierárquico.

Assim, o registrador tem o **dever** de qualificação jurídica e o **direito** de efetivá-la com independência profissional, *in suo ordine*.

Vem a propósito que a colenda Corregedoria Geral da Justiça paulista, em seu volumoso código de normas, enuncia:

"Os oficiais de Registro de Imóveis gozam de independência jurídica no exercício de suas funções e exercem essa prerrogativa quando interpretam disposição legal ou normativa. (...)" (item 9º do cap. XX das "Normas de Serviço da Corregedoria Geral da Justiça de São Paulo").

Se o que basta não bastara, calha que os órgãos dotados de (controversa) *potestas* para editar **regras técnicas** relativas aos registros públicos são os **juízes competentes para o exercício da função correcional** (o que inclui a egrégia Corregedoria Geral da Justiça de São Paulo; cf. inc. XIV do art. 30 da Lei n. 8.935/1994). Essa função de corregedoria dos registros, em instância administrativa final no Estado de São Paulo, **não compete a este Conselho Superior da Magistratura**, Conselho - a cuja *auctoritas* tributo meu respeito- não detém, ao revés do que respeitavelmente entendeu o venerando voto de relação, "poder disciplinador" sobre os registros e as notas (v., a propósito, os incs. XVII a XXXIII do art. 28 do Regimento Interno deste Tribunal).

Averbo, por fim, que a admitir-se a pretendida força normativa da ventilada "orientação", não só os juízes corregedores permanentes estariam jungidos a observá-la, mas também as futuras composições deste mesmo Conselho.

Deste modo, voto no sentido de que não se conheça do recurso, excluindo-se a r. "orientação para casos similares".

É como voto.

DES. RICARDO DIP

PRESIDENTE DA SEÇÃO DE DIREITO PÚBLICO

(DJe de 30.01.2018 - SP)

ITBI

PODER JUDICIÁRIO

TRIBUNAL DE JUSTIÇA DO ESTADO DE SÃO PAULO

CONSELHO SUPERIOR DA MAGISTRATURA

Apelação nº 1047695-31.2017.8.26.0100

Registro: 2018.0000294471

ACÓRDÃO

Vistos, relatados e discutidos estes autos do(a) **Apelação nº 1047695-31.2017.8.26.0100,** da Comarca de **São Paulo**, em que são partes é apelante **NELSON ALVES DA SILVEIRA NETO**, é apelado **7º OFICIAL DE REGISTRO DE IMÓVEIS DA COMARCA DA CAPITAL.**

ACORDAM, em Conselho Superior de Magistratura do Tribunal de Justiça de São Paulo, proferir a seguinte decisão: **"Deram provimento ao recurso e julgaram improcedente a dúvida, v.u."**, de conformidade com o voto do Relator, que integra este Acórdão.

O julgamento teve a participação dos Exmos. Desembargadores **PEREIRA CALÇAS (PRESIDENTE TRIBUNAL DE JUSTIÇA) (Presidente), ARTUR MARQUES (VICE PRESIDENTE), XAVIER DE AQUINO (DECANO), EVARISTO DOS SANTOS(PRES. DA SEÇÃO DE DIREITO PÚBLICO), CAMPOS MELLO (PRES. DA SEÇÃO DE DIREITO PRIVADO) E FERNANDO TORRES GARCIA(PRES. SEÇÃO DE DIREITO CRIMINAL).**

São Paulo, 23 de abril de 2018.

GERALDO FRANCISCO PINHEIRO FRANCO

Corregedor Geral da Justiça e Relator

Apelação nº 1047695-31.2017.8.26.0100

Apelante: Nelson Alves da Silveira Neto

Apelado: 7º Oficial de Registro de Imóveis da Comarca da Capital

VOTO Nº 37.302

Registro de imóveis – Venda por cerca de 10% do valor venal do imóvel – Escritura lavrada em pequeno município de outra unidade da federação – Instrumento sem indícios de falsidade material – Valor de negócio que não será considerado para o cálculo do ITBI – Limites da qualificação registral – Dúvida improcedente – Recurso provido.

Cuida-se de recurso de apelação tirado de r. sentença do MM. Juiz Corregedor Permanente do 7º Oficial de Registro de Imóveis da Capital, que julgou procedente em parte dúvida suscitada para o fim de manter a recusa a registro de escritura pública de compra e venda de imóvel, lavrada em Avaí do Jacinto/MG, por preço de cerca de 10% do valor venal dos imóveis transmitidos. Considerou ter havido simulação. Afastou, ainda, a exigência de apresentação de CND.

O apelante afirma, em síntese, não caber ao registrador averiguar os motivos que levaram as partes a decidirem qual o preço da compra e venda imobiliária. Refutou a prática de simulação e ponderou que o valor do ITBI teve, como base de cálculo, o valor venal dos bens.

A Procuradoria Geral de Justiça opinou pelo desprovimento do recurso. É o relatório.

Presentes pressupostos legais e administrativos, conheço do recurso. No mérito, o recurso merece provimento.

Todos sabem que a qualificação registral é considerada atribuição fundamental e indissociável da atividade do Oficial Imobiliário, com natureza obrigatória, inafastável e vinculada ao princípio da legalidade.

Não por outro motivo, a própria redação do Item 40 do Capítulo XX das Normas de Serviço dispõe que é dever do Registrador proceder ao exame exaustivo do título apresentado.

Por essas razões, a qualificação deve observar os princípios legais e regras administrativas aplicáveis, mas limitada ao âmbito registral, não podendo ultrapassar tais limites, sob pena de ingresso indevido do Oficial nos elementos intrínsecos do título apresentado.

E isso não pode ocorrer, por melhores que sejam as intenções do diligente Oficial Registrador.

À luz do art. 167, §1º, II, do Código Civil, a simulação é vício que leva à nulidade do negócio jurídico:

> Art. 167. É nulo o negócio jurídico simulado, mas subsistirá o que se dissimulou, se válido for na substância e na forma.
>
> § 1º Haverá simulação nos negócios jurídicos quando:
>
> (...)
>
> II - contiverem declaração, confissão, condição ou cláusula não verdadeira;

Na hipótese dos autos, cuida-se de escritura de compra e venda de três imóveis, transacionados pelo preço total de R$ 107.800,00, quando, ao tempo em que celebrada a contratação, o valor venal dos imóveis perfazia R$ 1.215.299,00.

Além disso, a escritura de compra e venda foi lavrada no Distrito de Avaí do Jacinto, no Estado de Minas Gerais, pese ambos os contratantes serem domiciliados nesta cidade de São Paulo, em que também estão situados todos os imóveis transacionados.

Contudo, a verdade é que não há óbice legal à escolha do local em que a escritura será lavrada.

Muito embora chegue a causar espécie a escolha de tabelionato situado em pequeno e distante distrito de cidade igualmente pequena, em Minas Gerais, também não se pode concluir que tal conduta represente pura e simplesmente simulação.

Fosse assim, entraríamos no perigoso terreno das presunções de má-fé das partes, pelo exercício regular de um direito, que é o de escolha da circunscrição onde será lavrado o ato notarial, instrumento do negócio jurídico realizado.

E assim o fazendo, o segundo passo seria o questionamento quanto ao tamanho do município para fins de presunção de fraude, se a cidade não for tão pequena, ou se não for tão grande, presumir-se-ia ou não a má-fé.

Da mesma forma, o valor irrisório declarado pelas partes, apesar de também ser inverossímil, também dependeria de outros elementos a serem apurados em ação própria, movida por qualquer prejudicado, caso haja algum.

Esse diminuto valor sequer representaria prejuízo ao erário, uma vez que a base de cálculo do ITBI não será o valor de declaração, mas o valor venal dos imóveis.

Frise-se ser da essência da simulação a conduta praticada em conluio, em ardil, e que, pois, demandará ação própria, de natureza jurisdicional, com contraditório e ampla defesa, o que não é possível seja feito na esfera administrativa, sob pena de invasão na livre declaração de vontade das partes.

A Lei nº 6.015/73, no que diz respeito à hipótese em exame, trata das nulidades dos registros nos art. 214 e 216:

> Art. 214 - As nulidades de pleno direito do registro, uma vez provadas, invalidam-no, independentemente de ação direta.
>
> § 1º A nulidade será decretada depois de ouvidos os atingidos. Art. 216 - O registro poderá também ser retificado ou anulado por sentença em processo contencioso, ou por efeito do julgado em ação de anulação ou de declaração de nulidade de ato jurídico, ou de julgado sobre fraude à execução

Ocorre que, nos termos do art. 252 da Lei nº 6.015/73, o registro, enquanto não cancelado, produz todos os efeitos legais ainda que, por outra maneira, seja provado que o título está desfeito, anulado, extinto ou rescindido.

Não existe qualquer informação quanto a indícios de falsidade material, ou mesmo ideológica, mas sim a presunção de negócio simulado com base em fatos intrínsecos levados em conta no momento da qualificação.

As hipóteses legais de nulidades a serem declaradas no próprio registro de imóveis são restritas, valendo a releitura do art. 214 da Lei nº 6.015/73, que reserva essa possibilidade somente para nulidades cujo exame se verifique no próprio registro, desligadas do título que lhe deu origem. Noutros termos, apenas para nulidades de pleno direito, como, por exemplo, ofensa à territorialidade, prioridade, continuidade, legalidade, especialidade etc.

O próprio art. 250 da Lei de Registros Públicos admite outra hipótese, prevista em seu inciso IV, mas que somente é aplicável aos casos em que a declaração administrativa da rescisão do título de domínio ou de concessão de

direito real de uso de imóvel rural tiver sido feita para fins de regularização fundiária, que não se confunde com a hipótese aqui tratada.

Também existe previsão do referido cancelamento diretamente no registro imobiliário para a hipótese do art. 1° da Lei nº 6.739/79, que dispõe que, a requerimento de pessoa jurídica de direito público ao Corregedor-Geral da Justiça, são declarados inexistentes e cancelados a matrícula e o registro de imóvel rural vinculado a título nulo de pleno direito, ou feitos em desacordo com o art. 221 da Lei de Registros Públicos.

Para a hipótese aqui tratada, de fato, é necessária eventual propositura de ação jurisdicional, com o devido contraditório e ampla defesa, a fim de que seja declarada a nulidade do título e de seu respectivo registro, se for o caso, com base em vício intrínseco, o que, deveras, demanda análise casuística.

Por fim, a matéria relativa à exigência da CND foi bem tratada na r. sentença, afastando o referido óbice, conforme reiterados precedentes deste Eg. Conselho Superior da Magistratura, devendo ser confirmado neste ponto.

Ante o exposto, dou provimento ao recurso e julgo improcedente a dúvida.

GERALDO FRANCISCO PINHEIRO FRANCO
Corregedor Geral da Justiça e Relator (DJe de 05.07.2018 - SP)

PODER JUDICIÁRIO

TRIBUNAL DE JUSTIÇA DO ESTADO DE SÃO PAULO

CONSELHO SUPERIOR DA MAGISTRATURA

Apelação nº 1024258-11.2016.8.26.0224
Registro: 2018.0000510393

ACÓRDÃO

Vistos, relatados e discutidos estes autos do(a) **Apelação nº 1024258-11.2016.8.26.0224**, da Comarca de **Guarulhos**, em que são partes é apelante **ANTONIO CARLOS RODRIGUES DOS SANTOS**, é apelado **2º OFICIAL DE REGISTRO DE IMÓVEIS E ANEXOS DA COMARCA DE GUARULHOS.**

ACORDAM, em Conselho Superior de Magistratura do Tribunal de Justiça de São Paulo, proferir a seguinte decisão: **"Negaram provimento ao recurso, v.u."**, de conformidade com o voto do Relator, que integra este Acórdão.

O julgamento teve a participação dos Exmos. Desembargadores **PEREIRA CALÇAS (PRESIDENTE TRIBUNAL DE JUSTIÇA) (Presidente), ARTUR MARQUES (VICE PRESIDENTE), DAMIÃO COGAN (DECANO), EVARISTO DOS SANTOS(PRES. DA SEÇÃO DE DIREITO PÚBLICO), CAMPOS MELLO (PRES. DA SEÇÃO DE DIREITO PRIVADO) E FERNANDO TORRES GARCIA(PRES. SEÇÃO DE DIREITO CRIMINAL).**

São Paulo, 28 de junho de 2018.

GERALDO FRANCISCO PINHEIRO FRANCO

Corregedor Geral da Justiça e Relator

Apelação nº 1024258-11.2016.8.26.0224

Apelante: Antonio Carlos Rodrigues dos Santos

Apelado: 02ª Oficial de Registro de Imóveis da Comarca de Guarulhos

VOTO Nº 37.494

Registro de Imóveis – Especialidade objetiva – Descrição do imóvel imprecisa sem possibilidade de compreender sua exata localização – Ausência da comprovação do recolhimento do imposto de transmissão – Necessidade da qualificação e anuência dos compromissários compradores e regularização da reserva legal – Descrição do imóvel no registro imobiliário e escritura pública imprecisa, impossibilidade de sua individualização como corpo certo – Necessidade de retificação do registro – Afronta ao princípio da especialidade objetiva – Necessidade da prova do recolhimento do imposto de transmissão, da anuência do compromissário comprador e da complementação de sua qualificação e da esposa – Imóvel rural, necessidade de regularização da reserva legal – Recurso não provido.

Trata-se de apelação interposta por Antonio Carlos Rodrigues dos Santos contra r. sentença que julgou procedente a dúvida inversa e manteve a recusa do registro de escritura pública de compra e venda por violação ao princípio da especialidade objetiva, ausência de recolhimento do ITBI, falta da anuência do compromissário comprador e não averbação da reserva legal.

O apelante sustenta a regularidade do título e o cabimento do registro ante sua correção e a certeza de se referir ao imóvel constante do registro imobiliário, o recolhimento do imposto devido, bem como a anuência do compromissário comprador e a regularidade da documentação.

A douta Procuradoria Geral de Justiça opinou pelo não provimento do recurso (fls. 136/138). É o relatório.

O Princípio da Especialidade Objetiva, contido no art. 176 da lei n. 6.015/73, exige a identificação do imóvel como um corpo certo objetivando sua localização física.

No presente caso, conforme certidão do registro imobiliário (fls. 15/16), a descrição do imóvel é imprecisa e lacunosa impedindo sua identificação e exata localização. Além disso, o imóvel alienado encerra parte de área maior, descrita com similar precariedade.

Essa questão já foi objeto de precedente deste Conselho Superior da Magistratura, como se observa de extrato do voto do Desembargador Hamilton Elliot Akel, então Corregedor Geral da Justiça, na apelação n.º 0010422- 67.2013.8.26.0361:

No que respeita ao principio da especialidade objetiva, ele apenas seria respeitado se o título descrevesse o imóvel tal como no assento e, também, se esse assento contivesse perfeita individualização do bem. Para Afrânio de Carvalho, o princípio da especialidade do imóvel significa a sua descrição como corpo certo, a sua representação escrita como individualidade autônoma, com o seu modo de ser físico, que o torna inconfundível e, portanto, heterogêneo em relação a qualquer outro (Registro de Imóveis: comentários ao sistema de registro em face da Lei 6.015/73, 2a ed., Rio de Janeiro, 1977, p. 219). Por isso, o imóvel deve estar perfeitamente descrito no título objeto de registro de modo a permitir sua exata localização e individualização, não se confundindo com nenhum outro. Narciso Orlandi Neto, ao citar Jorge de Seabra Magalhães, lembra que "as regras reunidas no princípio da especialidade impedem que sejam registrados títulos cujo objeto não seja exatamente aquele que consta do registro anterior. É preciso que a caracterização do objeto do negócio repita os elementos de descrição constantes do registro" (Narciso Orlandi Neto, Retificação do Registro de Imóveis, Juarez de Oliveira, pág. 68). É certo que caberia mitigação no princípio da especialidade, caso o título - formal de partilha - espelhasse a antiga transcrição. Mas nem isso ocorre no caso. Enquanto a certidão oriunda do 1º registro de Imóveis menciona dois lotes de terreno, o formal de partilha, ao tratar dc dclcs, discrimina-os como um só imóvel, não obstante a ausência de qualquer procedimento de unificação. E, mais, como ressalta o Oficial, traz medidas laterais inéditas, que não constam do assento. (grifo nosso) A situação não melhora com os documentos trazidos no curso do processo, que, de mais a mais, não integram o título e, portanto, não podem ser admitidos. Por meu voto, à vista do exposto, nega-se provimento ao recurso.

O imóvel, com sua atual descrição, não permite individualização, portanto, imprescindível prévia retificação do registro imobiliário para consecução da segurança jurídica do registro imobiliário.

No caso não tem a lugar a utilização de documentos diversos do título e do constante no registro imobiliário (memorial descritivo, plantas, etc.)

para identificação do imóvel, porquanto a localização deve ocorrer com os elementos existentes na serventia extrajudicial, daí a necessidade de retificação.

Na escritura pública consta de forma expressa "que o imposto de transmissão incidente sobre a presente transação, será recolhido "a posterior" (fls. 06); competia comprovar o recolhimento no momento do protocolo do título, o que não ocorreu, a referência ao IBRA envolve imposto de natureza diversa e não modifica o fundamento da qualificação negativa do título.

Houve o registro de direito real de aquisição em favor de Luiz Teixeira Luiz (fls. 16), todavia, apesar da indicação dessa situação jurídica na escritura pública, o compromissário comprador e sua esposa não participaram do negócio jurídico, com forma pública, de modo direto ou por representação.

Também correta exigência quanto à qualificação dos compromissários, especialmente, da esposa do compromissário comprador, cuja qualificação não consta no registro imobiliário.

Da mesma forma, por se cuidar de imóvel rural também necessária averbação da reserva legal ou do número de inscrição no Cadastro Ambiental Rural, o que não é suprido pela documentação apresentada.

Ante o exposto, nego provimento ao recurso.

GERALDO FRANCISCO PINHEIRO FRANCO

Corregedor Geral da Justiça e Relator (DJe de 02.08.2018 - SP)

ITCMD

PODER JUDICIÁRIO

TRIBUNAL DE JUSTIÇA DO ESTADO DE SÃO PAULO

CONSELHO SUPERIOR DA MAGISTRATURA

Apelação nº 1022494-17.2016.8.26.0506

Registro: 2018.000016494

ACÓRDÃO

Vistos, relatados e discutidos estes autos da **Apelação nº 1022494-17.2016.8.26.0506**, da Comarca de **Ribeirão Preto**, em que é apelante **MARCOS ANTÔNIO MAZZO**, é apelado **SEGUNDO CARTÓRIO DE REGISTRO DE IMOVEIS DE RIBEIRAO PRETO.**

ACORDAM, em Conselho Superior de Magistratura do Tribunal de Justiça de São Paulo, proferir a seguinte decisão: **"Não conheceram da apelação, v.u. Declarará voto convergente o Desembargador Ricardo Dip."**, de conformidade com o voto do Relator, que integra este Acórdão.

O julgamento teve a participação dos Exmos. Desembargadores **PAULO DIMAS MASCARETTI (Presidente), ADEMIR BENEDITO, XAVIER DE AQUINO, LUIZ ANTONIO DE GODOY, RICARDO DIP E SALLES ABREU.**

São Paulo, 19 de dezembro de 2017.

MANOEL DE QUEIROZ PEREIRA CALÇAS

Corregedor Geral da Justiça e Relator

Apelação nº 1022494-17.2016.8.26.0506

Apelante: Marcos Antônio Mazzo

Apelado: Segundo Cartório de Registro de Imóveis de Ribeirão Preto

VOTO Nº 29.864

Dúvida – Ausência de impugnação de todos os itens da nota de devolução – Dúvida prejudicada – Recurso não conhecido – Registro de imóveis – Imprescindibilidade de prévia manifestação da Fazenda Pública e prévio recolhimento, se o caso, de imposto de transmissão (ITBI ou ITCMD), relativo a partilha de bens em divórcio – Impossibilidade de ingresso registral – Recurso não conhecido.

Trata-se de recurso de apelação interposto contra a sentença do MM. Juiz Corregedor Permanente do 2º Oficial de Registro de Imóveis da Comarca de Ribeirão Preto, que julgou procedente a dúvida suscitada e manteve a recusa de registro de carta de sentença de partilha de bens em divórcio sem prévia manifestação da Fazenda Pública Estadual acerca de eventual incidência de imposto de transmissão.

Sustenta o apelante que: a) não incumbe ao oficial de registro de imóveis ir além da análise de defeitos extrínsecos e intrínsecos do título, exigindo providências que foram dispensadas pelo juízo; b) a expedição de carta de sentença pressupôs a verificação do correto pagamento de impostos incidentes sobre a partilha; c) citando precedente do E. STJ, argumentou que não seria adequado que o delegatário se imiscuísse em atribuição de órgão administrativo, sob pena de gerar confusão e caos; d) a mesma carta de sentença foi registrada na matrícula do imóvel que coube à ex- mulher do recorrente.

A Procuradoria Geral da Justiça opinou pelo não provimento do recurso.

É o relatório.

Primeiramente, verifica-se que houve irresignação parcial em relação à nota devolutiva juntada a fls. 13/14, pois a exigência relativa à complementação dos emolumentos não foi impugnada.

A jurisprudência deste Conselho Superior é tranquila no sentido de que a concordância, ainda que tácita, com qualquer das exigências feitas pelo registrador ou o atendimento delas no curso da dúvida, ou do recurso contra a decisão nela proferida, prejudica-a:

> *A dúvida registrária não se presta para o exame parcial das exigências formuladas e não comporta o atendimento de exigência depois de sua suscitação,* ***pois a qualificação do título é feita, integralmente, no momento em que é apresentado para registro.*** *Admitir o atendimento de exigência* ***no curso*** *do procedimento da dúvida teria como efeito a indevida prorrogação do prazo de validade da prenotação e, em consequência, impossibilitaria o registro de eventuais outros títulos representativos de direitos reais contraditórios que forem apresentados no mesmo período. Em razão disso, a aquiescência do apelante com uma das exigências formuladas prejudica a apreciação das demais matérias que se tornaram controvertidas. Neste sentido decidiu este Colendo Conselho Superior da Magistratura na Apelação Cível n.º 60.460.0/8, da Comarca de Santos, em que foi relator o Desembargador Sérgio Augusto Nigro Conceição, e na Apelação Cível n.º 81.685-0/8, da Comarca de Batatais, em que foi relator o Desembargador Luís de Macedo* (Apelação Cível n.º 220.6/6-00). (grifei)

Desse modo, em razão da irresignação parcial, a dúvida estáprejudicada.

Ainda assim, deve-se analisar a questão de fundo, a fim de evitar que, cumpridas as exigências não impugnadas, o interessado venha a ter que se valer, novamente, do procedimento.

Não se trata de consulta, em tese, mas de análise de caso concreto. O Conselho não atua como mero órgão consultivo, mas como regulador de uma situação de fato. Uma vez resolvida a controvérsia, o tema não será mais levado à Corregedoria Permanente, dado que o Oficial já terá orientação clara sobre como proceder.

Ao contrário do exercício de função jurisdicional, cuja essência é teleológica, a função administrativa, exercida no âmbito do julgamento das dúvidas, tem caráter disciplinador. Enquanto, na função jurisdicional, visa-se ao julgamento do mérito, com posterior formação de coisa julgada e impossibilidade de rediscussão para as partes, o julgamento das dúvidas não se presta somente a decidir o caso concreto, mas a servir de orientação aos registradores para casos análogos.

Logo, por esses dois ângulos é importante a análise do mérito, ainda que prejudicada a dúvida: a) evita-se a nova suscitação; b) fixa-se orientação para casos similares.

Pois bem.

A origem judicial do título não afasta a necessidade de sua qualificação registral, com intuito de se obstar qualquer violação ao princípio da continuidade (Lei 6.015/73, art. 195).

Nesse sentido, douto parecer da lavra do então Juiz Assessor desta Corregedoria Geral de Justiça, Álvaro Luiz Valery Mirra, lançado nos autos do processo n. 2009/85842, que, fazendo referência a importante precedente deste Colendo Conselho Superior da Magistratura (Apelação Cível nº 31.881-0/1), aduz o que segue:

> *"De início, cumpre anotar, a propósito da matéria, que tanto esta Corregedoria Geral da Justiça quanto o Colendo Conselho Superior da Magistratura têm entendido imprescindível a observância dos princípios e regras de direito registral para o ingresso no fólio real - seja pela via de registro, seja pela via de averbação – de penhoras, arrestos e sequestros de bens imóveis, mesmo considerando a origem judicial de referidos atos, tendo em conta a orientação tranquila nesta esfera administrativa segundo a qual a natureza judicial do título levado a registro ou a averbação não o exime da atividade de qualificação registral realizada pelo oficial registrador, sob o estrito ângulo da regularidade formal (Ap. Cív. n. 31.881-0/1)."*

Quanto ao ITCMD, dispõe o subitem 119.1. do Cap. XX das NSCGJ, em harmonia com o disposto no art. 289, da Lei n. 6.015/73 e art. 30, XI, da Lei 8.935/94, que, *"com exceção do recolhimento do imposto de transmissão e prova de recolhimento do laudêmio, quando devidos, nenhuma exigência relativa à quitação de débitos para com a Fazenda Pública, inclusive quitação de débitos previdenciários, fará o oficial, para o registro de títulos particulares, notariais ou judiciais."*

Ademais, o art. 134, inciso VI, do CTN, estabelece a responsabilidade solidária (e subsidiária) dos tabeliães e registradores *"pelos tributos devidos sobre os atos praticados por eles, ou perante eles, em razão do seu ofício"*.

Inequívoco que o imposto de transmissão (ITBI ou ITCMD) está vinculado ao registro da carta de sentença de partilha de bens em ação de divórcio. No caso em exame, a partilha de bens foi desigual, como bem apontou a registradora. Portanto, sem a prévia verificação, pela Fazenda Estadual, do imposto devido e sem prova de recolhimento, se o caso, não há falar em ingresso do título, sob pena de responsabilidade solidária da registradora. Correta, portanto, tal exigência.

Isto posto, **pelo meu voto, não conheço da apelação.**

MANOEL DE QUEIROZ PEREIRA CALÇAS
Corregedor Geral da Justiça e Relator

TRIBUNAL DE JUSTIÇA DE SÃO PAULO

Conselho Superior da Magistratura

Apelação 1022494-17.2016.0506 SEMA

Dúvida de registro

VOTO 52.317 (com divergência)

1. Adota-se, à partida, a síntese processual lançada aos autos pelo eminente Relator do vertente recurso.

2. Peço respeitosa licença para não aderir à "análise de mérito" a que se dedicou o digno Relator **após afirmar não conhecer do recurso**, e reitero, na sequência, textos já expedidos, à letra, em votos símiles anteriores.

Ao registrador público, tendo afirmada, *per naturam legemque positam*, a **independência na qualificação jurídica** (*vide* arts. 3º e 28 da Lei n. 8.935, de 18-11-1994), não parece possam impor-se, nesta esfera de qualificação, "orientações" prévias e abstratas de caráter hierárquico.

Assim, o registrador tem o **dever** de qualificação jurídica e o **direito** de efetivá-la com independência profissional, *in suo ordine*.

Vem a propósito que a colenda Corregedoria Geral da Justiça paulista, em seu volumoso código de normas, enuncia:

"Os oficiais de Registro de Imóveis gozam de independência jurídica no exercício de suas funções e exercem essa prerrogativa quando interpretam disposição legal ou normativa. (...)" (item 9º do cap. XX das "Normas de Serviço da Corregedoria Geral da Justiça de São Paulo").

Se o que basta não bastara, calha que os órgãos dotados de (controversa) *potestas* para editar **regras técnicas** relativas aos registros públicos são os **juízes competentes para o exercício da função correcional** (o que inclui a egrégia Corregedoria Geral da Justiça de São Paulo; cf. inc. XIV do art. 30 da Lei n. 8.935/1994). Essa função de corregedoria dos registros, em instância administrativa final no Estado de São Paulo, **não compete a este Conselho Superior da Magistratura**, Conselho – a cuja *auctoritas* tributo meu respeito – não detém, ao revés do que respeitavelmente entendeu o venerando voto de relação, "poder disciplinador" sobre os registros e as notas (v., a propósito, os incs. XVII a XXXIII do art. 28 do Regimento Interno deste Tribunal).

Averbo, por fim, que a admitir-se a pretendida força normativa da ventilada "orientação", não só os juízes corregedores permanentes estariam jungidos a observá-la, mas também as futuras composições deste mesmo Conselho.

Deste modo, voto no sentido de que não se conheça do recurso, excluindo-se a r. orientação para quadro futuro.

É como voto.

Des. RICARDO DIP

Presidente da Seção de Direito Público (DJe de 12.07.2018 - SP)

LOCAÇÃO

PODER JUDICIÁRIO

TRIBUNAL DE JUSTIÇA DO ESTADO DE SÃO PAULO

CONSELHO SUPERIOR DA MAGISTRATURA

Apelação nº 1000037-80.2017.8.26.0271
Registro: 2018.0000187376

ACÓRDÃO

Vistos, relatados e discutidos estes autos do(a) **Apelação nº 1000037-80.2017.8.26.0271**, da Comarca de **Itapevi**, em que são partes é apelante **VIA VAREJO S/A**, é apelado **OFICIAL DE REGISTRO DE IMÓVEIS E ANEXOS DA COMARCA DE ITAPEVI.**

ACORDAM, em Conselho Superior de Magistratura do Tribunal de Justiça de São Paulo, proferir a seguinte decisão: **"Negaram provimento ao recurso para manter a recusa do registro do título, v.u."**, de conformidade com o voto do Relator, que integra este Acórdão.

O julgamento teve a participação dos Exmos. Desembargadores **PEREIRA CALÇAS (PRESIDENTE TRIBUNAL DE JUSTIÇA) (Presidente), ARTUR MARQUES (VICE PRESIDENTE), XAVIER DE AQUINO (DECANO), EVARISTO DOS**

SANTOS(PRES. DA SEÇÃO DE DIREITO PÚBLICO), CAMPOS MELLO (PRES. DA SEÇÃO DE DIREITO PRIVADO) E FERNANDO TORRES GARCIA(PRES. SEÇÃO DE DIREITO CRIMINAL).

São Paulo, 16 de março de 2018.

PINHEIRO FRANCO

CORREGEDOR GERAL DA JUSTIÇA E RELATOR

Apelação nº 1000037-80.2017.8.26.0271

Apelante: Via Varejo S/A

Apelado: Oficial de Registro de Imóveis e Anexos da Comarca de Itapevi

VOTO Nº 37.311

Registro de imóveis – Contrato de locação – Regularidade da representação da fiadora em razão da lavratura de escritura pública de procuração na qual o negócio jurídico anteriormente celebrado foi ratificado – Cláusula de vigência (Lei 8.245/91, art. 8º) que decorre de interpretação lógica do contrato – Princípio da especialidade objetiva, porém, que não foi respeitado em razão da divergência existente entre a descrição dos imóveis locados no título e aquela existente no registro – Impossibilidade, neste caso concreto, de cisão do título para registro da locação dos terrenos, deixando-se para momento posterior a averbação da construção, porque o contrato diz respeito à locação de "loja" cujo faturamento servirá como base de cálculo do aluguel – Recurso improvido.

Trata-se de recurso de apelação interposto por Via Varejo S.A. contra a sentença de fls. 1082/1085, que julgou procedente dúvida suscitada e manteve a recusa aos atos de registro e averbação de contrato de locação junto às matriculas de imóveis pertencentes à circunscrição do Cartório de Registro de Imóveis de Itapevi.

Em síntese, a apelante sustenta que a sentença deve ser reformada e devem ser afastados os óbices ao registro e averbação do contrato de locação pelas seguintes razões: 1) a representação da fiadora está regular. Embora o instrumento de procuração tenha sido lavrado após a celebração do contrato, confere poderes retroativos ao mandatário e ratifica os atos praticados antes da outorga do mandato; 2) a cláusula de vigência da locação em caso de aquisição por terceiros está expressa na cláusula 7.4 do contrato, na qual é feita menção clara ao artigo 8º da Lei 8.245/91, que prevê o exercício do direito de vigência da locação em casos de alienação do imóvel no prazo de vigência da locação; 3) estão sendo observados os princípios da especialidade e continuidade, pois o título permite identificar de forma clara o objeto da locação, a partir da indicação das matrículas dos imóveis locados e não se pode exigir a prévia unificação das matrículas e tampouco a prévia averbação da construção para registro do contrato.

A Procuradoria Geral de Justiça opinou pelo desprovimento do recurso (fls. 1121/1122). É o relatório.

A r. sentença do MM Juiz Corregedor Permanente manteve a recusa do ingresso do título porque: 1) a representação da fiadora está irregular; 2) a vigência da locação em caso de alienação do imóvel locado não foi prevista de forma expressa na cláusula 7.4 do contrato; 3) não foram observados os princípios da especialidade e continuidade, pois o contrato indica as matrículas do imóvel em que estaria construída a loja objeto da locação que, porém, não está averbada nas matrículas dos imóveis.

O óbice relacionado com a incorreção na denominação da empresa locatária foi afastado na r. sentença recorrida que, porém, manteve o reconhecimento de vício na representação da fiadora por ausência de mandato válido na época do contrato.

Contudo, por meio da escritura pública de procuração reproduzida às fls. 580/589 a fiadora outorgou mandato ao representante que figurou no contrato de locação, com cláusula expressa de ratificação da fiança (fls. 582 e 13), o que é suficiente para convalidar o negócio jurídico celebrado (art. 662 do Código Civil).

Por sua vez, a cláusula do contrato que relativa à vigência foi redigida da seguinte forma:

> *"7.4. A LOCADORA desde já autoriza a LOCATÁRIA a efetivar o registro da presente locação na matrícula da LOJA, comprometendo-se, desde logo, se necessário, a aditar o presente contrato, para dotá-lo de condições passíveis de registro. Os custos e despesas relacionados a este registro e sua respectiva baixa são de responsabilidade exclusiva da LOCATÁRIA, nos termos do artigo 8º da Lei 8.245/91, ficando desde logo o Sr. Oficial de Registro de Imóveis autorizado a proceder os atos necessários"*.(fls.31)

O artigo 8º da Lei 8.245/91 prescreve:

> *"Art. 8º Se o imóvel for alienado durante a locação, o adquirente poderá denunciar o contrato, com o prazo de noventa dias para a desocupação, salvo se a locação for por tempo determinado e o contrato contiver cláusula de vigência em caso de*

alienação e estiver averbado junto à matrícula do imóvel".

A lei exige que a cláusula de vigência do contrato na hipótese de venda do imóvel seja expressa e registrada para produzir efeitos *erga omnes*, ou seja, em relação ao adquirente.

Pela cláusula 7.4 o locador autoriza o registro do contrato na matrícula do imóvel, com expressa menção ao artigo 8º da Lei 8.245/91.

Em razão disso, a referida cláusula somente pode ser interpretada como destinada à permitir a vigência do contrato em caso de alienação do imóvel, pois do contrário não existiria razão para que fosse pactuada entre as partes da locação.

Ademais, o art. 167, inciso I, nº 3, da Lei nº 6.015/73 prevê a possibilidade de registro do registro do contra to de locação para efeito de vigência, sendo essa a única hipótese em que admitida a prática de ato de registro em sentido estrito dessa espécie de contrato.

Isso porque o contrato de locação deve ser averbado quando se tratar de cláusula de preferência, ao passo que a caução dada em garantia da locação também é objeto de ato de averbação (art. 38, § 1º, da Lei nº 8.245/91).

Disso decorre que a previsão de registro da locação para os efeitos previstos no art. 8º da Lei nº 8.245/91 somente pode dizer respeito à contratação de cláusula de vigência, não havendo, em decorrência, obstáculo para seu ingresso no Registro de Imóveis.

Porém, persistem as razões para o terceiro óbice apresentado pelo Oficial.

No título, o objeto da locação é a "loja" localizada na Avenida Cezário de Abreu, 19 e 77, Bairro Centro, cidade de Itapevi, com os terrenos em que situada, constando no contrato a indicação das matrículas desses imóveis.

Contudo, não foi realizada a prévia averbação da construção do prédio em que instalada a "loja" cuja existência é elemento essencial do contrato celebrado.

A referência à "loja", realizada em diferentes cláusulas, deixa claro que neste caso concreto a locação abrange não somente o terreno, mas também o prédio não averbado e a própria atividade empresarial nele realizada, servindo o faturamento da referida "loja" como base de cálculo dos aluguéis que terão valores variáveis ao longo do tempo (itens 2.1 a 2.2.3 do contrato – fls. 17 e 19).

Sendo a "loja" e, em consequência, o prédio em que instalada elementos indissociáveis da locação porque compõem os bens locados (terreno, prédio e "loja"), não há como autorizar a cisão do título para o registro da locação dos terrenos, relegando-se a averbação da construção do prédio e "loja" para momento posterior.

Portanto, a falta da prévia averbação da construção nas matrículas dos imóveis que são objeto do contrato de locação constitui óbice ao registro, em consonância com o princípio da especialidade objetiva do registro imobiliário.

Ante o exposto, nego provimento ao recurso para manter a recusa do registro do título.

PINHEIRO FRANCO

Corregedor Geral da Justiça e Relator (DJe de 07.05.2018 - SP)

PODER JUDICIÁRIO

TRIBUNAL DE JUSTIÇA DO ESTADO DE SÃO PAULO

CONSELHO SUPERIOR DA MAGISTRATURA

Apelação nº 1000920-23.2017.8.26.0337

Registro: 2018.0000499478

ACÓRDÃO

Vistos, relatados e discutidos estes autos do(a) **Apelação nº 1000920-23.2017.8.26.0337**, da Comarca de **Mairinque**, em que são partes é apelante **VANDERLEI ZANETTIN**, é apelado **OFICIAL DE REGISTRO DE IMÓVEIS DA COMARCA DE MAIRINQUE - SP.**

ACORDAM, em Conselho Superior de Magistratura do Tribunal de Justiça de São Paulo, proferir a seguinte decisão: **"Negaram provimento ao recurso. V. U. Negaram provimento ao recurso para manter a recusa do registro do título, v.u."**, de conformidade com o voto do Relator, que integra este Acórdão.

O julgamento teve a participação dos Exmos. Desembargadores **PEREIRA CALÇAS (PRESIDENTE TRIBUNAL DE JUSTIÇA) (Presidente), ARTUR MARQUES (VICE PRESIDENTE), DAMIÃO COGAN (DECANO), EVARISTO DOS SANTOS(PRES. DA SEÇÃO DE DIREITO PÚBLICO), CAMPOS MELLO (PRES. DA SEÇÃO DE DIREITO PRIVADO) E FERNANDO TORRES GARCIA(PRES. SEÇÃO DE DIREITO CRIMINAL).**

São Paulo, 28 de junho de 2018.

GERALDO FRANCISCO PINHEIRO FRANCO

Corregedor Geral da Justiça e Relator

Apelação nº 1000920-23.2017.8.26.0337

Apelante: Vanderlei Zanettin

Apelados: Marcelo Paula de Almeida e Oficial de Registro de Imóveis da Comarca de Mairinque - SP

VOTO Nº 37.477

Registro de Imóveis – Contrato de locação – Pretensão de registro – Imóvel objeto de alienação fiduciária – Consolidação da propriedade em favor do credor fiduciário antes da prenotação do contrato de locação celebrado com a devedora fiduciante – Princípio da continuidade – Dúvida julgada procedente – Recurso não provido.

Trata-se de recurso de apelação interposto por Vanderlei Zanettin contra a r. sentença que julgou procedente dúvida suscitada e manteve a recusa do Sr. Oficial de Registro de Imóveis da Comarca de Mairinque em promover o registro de contrato de locação na matrícula nº 3.949 porque o imóvel já não figura como de propriedade da locadora, o apelante não especificou se dele pretende o ingresso para efeito de vigência ou preferência, a qualificação das partes e a identificação do imóvel estão incompletas e falta o reconhecimento de firma de todas as partes.

O apelante alegou, em suma, que o contrato de locação foi celebrado antes da notificação da locadora para purgar a mora e da consolidação da propriedade em favor do credor fiduciário. Disse que o contrato identifica o imóvel locado, contém cláusula admitindo seu registro para efeito de vigência e que as partes estão qualificadas e com firmas reconhecidas.

A douta Procuradoria Geral de Justiça opinou pelo não provimento do recurso (fls. 73/75).

É o relatório.

O apelante locou de Nair Correia da Cruz Menezes, por meio de contrato particular celebrado em 24 de outubro de 2016, o imóvel consistente no Lote L-6-F do bairro de Sabaúna, Mairinque, objeto da Matrícula nº 3.949, pelo prazo de onze meses (fls. 09/13).

Em suas cláusulas 20ª e 21ª o contrato prevê a vigência da locação em caso de alienação do imóvel e contém autorização para seu registro no Registro Imobiliário (fls. 12).

Além disso, foram reconhecidas as firmas da locadora, do locatário e de duas testemunhas (fls. 12/13).

Desse modo, o contrato identifica o imóvel locado, contém cláusula de vigência que demanda seu registro para efeito de prevalência perante terceiros, e foram reconhecidas as firmas das partes da locação e de duas testemunhas.

Porém, persistem as razões para os demais óbices apresentados pelo Oficial de Registro.

A qualificação do locador é deficiente porque não foi indicado seu endereço, seja residencial ou comercial embora se qualifique como comerciante (fls. 09).

Além disso, o contrato de locação foi apresentado para registro em 27 de março de 2017 (fls. 08), quando o imóvel já não era de propriedade da locadora.

Isso porque, conforme a certidão de fls. 15/21, por meio de contrato prenotado e registrado em 20 de maio de 2014 a locadora e de seu marido deram o imóvel em alienação fiduciária em garantia em favor de Itaú Unibanco S.A.

Posteriormente, mediante requerimento prenotado em 29 de agosto de 2016, em razão do não pagamento do débito pelos fiduciantes foi a propriedade consolidada em favor credor fiduciário (fls. 20).

A seguir, por título prenotado em 07 de fevereiro de 2017 averbou-se a realização dos leilões em que não houveram licitantes, com extinção da dívida (fls. 21).

Desse modo, quando da apresentação do contrato de locação para registro da cláusula de vigência, em 27 de fevereiro de 2017 (fls. 08), o imóvel já era de Itaú Unibanco S.A. que teve a propriedade consolidada em seu favor em 29 de agosto de 2016 (fls. 20).

Em decorrência, o ingresso do contrato de locação encontra obstáculo na continuidade que é requisito essencial ao seu registro, pois como esclarece Afrânio de Carvalho:

"O princípio da continuidade, que se apóia no de especialidade, quer dizer que, em relação a cada imóvel, adequadamente individuado, deve existir uma cadeia de titularidade à vista da qual só se fará a inscrição de um direito se o outorgante dele aparecer no registro como seu titular. Assim, as sucessivas transmissões, que derivam umas das outras, asseguram sempre a preexistência do imóvel no patrimônio do transferente" (*Registro de Imóveis*, 4ª edição, 1998, Forense, pág. 253).

E ao contrário do que foi alegado pelo apelante, a continuidade diz respeito à titularidade e à transmissão dos direitos reais constituídos sobre o imóvel, e não aos direitos que por não estarem inscritos são meramente obrigacionais.

Ante o exposto, nego provimento ao recurso para manter a recusa do registro do título.

GERALDO FRANCISCO PINHEIRO FRANCO

Corregedor Geral da Justiça e Relator (DJe de 07.08.2018 - SP)

LOTEAMENTO E DESMEMBRAMENTO

PODER JUDICIÁRIO

TRIBUNAL DE JUSTIÇA DO ESTADO DE SÃO PAULO

CONSELHO SUPERIOR DA MAGISTRATURA

Apelação nº 1002342-40.2016.8.26.0443

Apelante: Ministério Público do Estado de São Paulo

Apelados: Sérgio Montenegro e Adriana Rodrigues Goulart Montenegro

VOTO Nº 29.856

Registro de Imóveis – Loteamento Urbano – Dúvida inversa prejudicada – Recurso não conhecido – Análise da exigência impugnada a fim de orientar futura prenotação – Registro de carta de arrematação que é suficiente para garantir aos novos proprietários o direito de solicitar o registro de loteamento, desde que sejam observadas as disposições da Lei 6.766/79.

Trata-se de recurso de apelação interposto pelo Ministério Público do Estado de São Paulo contra a sentença de fls. 222/225, que autorizou o registro de loteamento urbano. Sustenta o apelante que a sentença deve ser reformada para obstar o registro do loteamento do imóvel de matrícula 21.856 do Oficial de Registro de Imóveis de Piedade. Aduz que o imóvel objeto do pedido de registro de loteamento foi arrematado em processo ainda não finalizado, razão pela qual não há segurança jurídica aos futuros adquirentes dos lotes e tampouco à coletividade. Por tais razões, pede a reforma da sentença que autorizou o registro de loteamento.

A Procuradoria de Justiça apresentou parecer contrário ao recurso interposto e opinou pelo desprovimento do apelo.

É o relatório.

A recusa ao registro, conforme nota devolutiva de fls. 13/14, ocorreu em razão das seguintes exigências: a) alguns dos documentos obrigatórios não foram apresentados (itens 01 a 04 de fls. 13); b) alguns dos documentos apresentados estavam com o prazo de validade expirado (item 05 de fls. 13); c) o processo no qual o imóvel foi arrematado ainda não foi finalizado, razão pela qual entende o Oficial que não há segurança jurídica aos futuros adquirentes dos lotes e à coletividade.

Os interessados no registro do loteamento impugnaram apenas a terceira exigência (item "c"), deixando de questionar os demais óbices relacionados pelo Oficial na nota devolutiva.

A jurisprudência deste Conselho Superior é tranquila, porém, no sentido de que a concordância, ainda que tácita, com qualquer das exigências feitas pelo registrador ou o atendimento delas no curso da dúvida, ou do recurso contra a decisão nela proferida, prejudica-a:

"A dúvida registrária não se presta para o exame parcial das exigências formuladas e não comporta o atendimento de exigência depois de sua suscitação, ***pois a qualificação do título é feita, integralmente, no momento em que é apresentado para registro.*** *Admitir o atendimento de exigência* ***no curso*** *do procedimento da dúvida teria como efeito a indevida prorrogação do prazo de validade da prenotação e, em consequência, impossibilitaria o registro de eventuais outros títulos representativos de direitos reais contraditórios que forem apresentados no mesmo período. Em razão disso, a aquiescência do apelante com uma das exigências formuladas prejudica a apreciação das demais matérias que se tornaram controvertidas. Neste sentido decidiu este Colendo Conselho Superior da Magistratura na Apelação Cível n. 60.460.0/8, da Comarca de Santos, em que foi relator o Desembargador Sérgio Augusto Nigro Conceição, e na Apelação Cível n. 81.685-0/8, da Comarca de Batatais, em que foi relator o Desembargador Luís de Macedo"* (Apelação Cível n. 220.6/6-00). (grifei)

Desse modo, prejudicada a dúvida, o recurso não pode ser conhecido, o que não impede o exame em tese da exigência impugnada a fim de orientar futura prenotação.

Nesse ponto, a sentença proferida, que analisou exclusivamente a exigência impugnada, está correta.

A origem judicial do título não afasta a necessidade de sua qualificação registral, com intuito de se obstar qualquer violação ao princípio da continuidade (Lei 6.015/73, art. 195).

Nesse sentido, douto parecer da lavra do então Juiz Assessor desta Corregedoria Geral de Justiça, Álvaro Luiz Valery Mirra, lançado nos autos do processo n. 2009/85842, que, fazendo referência a importante precedente deste Colendo Conselho Superior da Magistratura (Apelação Cível nº 31.881-0/1), aduz o que segue:

"De início, cumpre anotar, a propósito da matéria, que tanto esta Corregedoria Geral da Justiça quanto o Colendo Conselho Superior da Magistratura têm entendido imprescindível a observância dos princípios e regras de direito registral para o ingresso no fólio real - seja pela via de registro, seja pela via de averbação – de penhoras, arrestos e sequestros de bens imóveis, mesmo considerando a origem judicial de referidos atos, tendo em conta a orientação tranquila nesta esfera administrativa segundo a qual a natureza judicial do título levado a registro ou a averbação não o exime da atividade de qualificação registral realizada pelo oficial registrador, sob o estrito ângulo da regularidade formal (Ap. Cív. n. 31.881-0/1)."

A arrematação, por sua vez, é forma derivada de aquisição da propriedade, como já decidiu este Conselho Superior da Magistratura:

"REGISTRO DE IMÓVEIS. Dúvida. Registro de carta de adjudicação. Modo derivado de aquisição da propriedade. Modificação do posicionamento anterior do Conselho Superior da Magistratura. Análise da natureza jurídica do ato de adjudicação. Fundamentos que não afastam a natureza derivada da transmissão coativa. Óbices ao registro mantidos. Recurso não provido." (Apelação Cível: 9000001-34.2013.8.26.0531, Rel. Des. Elliot Akel, j. 7/10/14)

E justamente por se tratar de forma de aquisição de propriedade, não se sustenta o óbice ao registro do loteamento fundado na afirmação de que o processo no qual o imóvel foi arrematado não finalizou e que haveria risco aos futuros adquirentes dos lotes e à coletividade.

Com o registro da carta de arrematação, os suscitantes da dúvida inversa se tornaram proprietários do imóvel matriculado sob nº 21.856 do Registro de Imóveis de Piedade (r.2 de fls. 159). E por ser inerente à propriedade imobiliária, aos proprietários é garantido o direito de registrarem um loteamento, desde que sejam respeitadas as disposições da Lei 6.766/79.

Dessa forma, a existência de ações contra o anterior proprietário do imóvel não pode servir de restrição aos direitos dos atuais proprietários e requerentes do registro de loteamento (§2º do artigo 18 da Lei 6.766/79), razão pela qual deve ser afastado o óbice descrito no item "c" supra.

Ante o exposto, dou por prejudicada a dúvida, impedindo o registro pretendido, e não conheço do recurso.

MANOEL DE QUEIROZ PEREIRA CALÇAS
Corregedor Geral da Justiça e Relator

TRIBUNAL DE JUSTIÇA DE SÃO PAULO
Conselho Superior da Magistratura
Apelação 1002342-40.2016.8.26.0443 SEMA
Dúvida de registro

VOTO 50.859

1. Registro, à partida, adotar o relatório lançado pelo insigne Relator da espécie.

2. Permito-me, *da veniam*, lançar dois reparos.

3. Já é tempo de deixar de admitir o que se convencionou chamar **dúvida "inversa"**, ou seja, aquela levantada pelo próprio interessado, diretamente ao juízo corregedor.

A prática, com efeito, não está prevista nem autorizada em lei, o que já é razão bastante para repelila, por ofensa à cláusula do devido processo (inc. LIV do art. 5º da Constituição), com a qual não pode coadunarse permissão ou tolerância (jurisprudencial, *nota*) para que os interessados disponham sobre a forma e o rito de processo administrativo, dispensando aquele previsto no estatuto de regência (Lei n. 6.015, de 31-12-1973, arts. 198 *et seqq.*).

Se o que basta não bastara, ainda há considerar que ao longo de anos a dúvida inversa tem constituído **risco para a segurança dos serviços e mesmo para as justas expectativas dos interessados.** É que, não rara vez, o instrumento vem sendo manejado sem respeito aos mais elementares preceitos de processo registral (o primeiro deles, a existência de prenotação válida e eficaz), de modo que termina sem bom sucesso, levando a delongas que o paciente respeito ao *iter* legal teriam evitado.

4. Peço reverente licença, ainda, para não aderir à "análise de mérito" a que se lançou **após afirmar não conhecer do recurso**.

Ao registrador público, tendo afirmada, *per naturam legemque positam*, a **independência na qualificação jurídica** (*vide* arts. 3º e 28 da Lei n. 8.935, de 18-11-1994), não parece possam impor-se, nessa esfera de qualificação, "orientações" prévias e abstratas de caráter hierárquico.

Assim, o registrador tem o **dever** de qualificação jurídica e o **direito** de efetivá-la com independência profissional, *in suo ordine*.

Vem a propósito que a colenda Corregedoria Geral da Justiça paulista, em seu código de normas, enuncia: "Os oficiais de Registro de Imóveis gozam de independência jurídica no exercício de suas funções e exercem essa prerrogativa quando interpretam disposição legal ou normativa. (...)" (item 9º do cap. XX das "Normas de Serviço da Corregedoria Geral da Justiça de São Paulo").

Se o que basta não bastara, calha que os órgãos dotados de *potestas* para editar **regras técnicas** relativas aos registros públicos são os **juízes competentes para o exercício da função correcional** (o que inclui a egrégia Corregedoria Geral da Justiça; cf. inc. XIV do art. 30 da Lei n. 8.935/1994). Essa função de corregedoria dos registros, em instância administrativa final no Estado de São Paulo, **não compete a este Conselho Superior da Magistratura**, Conselho que, a meu ver, não detém, ao revés do que respeitavelmente entendeu o venerando voto de relação, "poder disciplinador" sobre os registros e as notas (v., a propósito, os incs. XVII a XXXIII do art. 28 do Regimento Interno deste Tribunal).

Averbo, por fim, que a admitir-se a pretendida força normativa da ventilada "orientação", não só os juízes corregedores permanentes estariam jungidos a observá-la, mas também as futuras composições deste mesmo Conselho.

Deste modo, voto no sentido de que não se conheça do recurso e se exclua a r. "orientação para casos similares".

É como voto.

DES. RICARDO DIP

PRESIDENTE DA SEÇÃO DE DIREITO PÚBLICO

(DJe de 22.01.2018 - SP)

PODER JUDICIÁRIO

TRIBUNAL DE JUSTIÇA DO ESTADO DE SÃO PAULO

CONSELHO SUPERIOR DA MAGISTRATURA

Apelação nº 0001359-63.2016.8.26.0506

Registro: 2017.000990097

ACÓRDÃO

Vistos, relatados e discutidos estes autos do(a) **Apelação nº 0001359-63.2016.8.26.0506**, da Comarca de **Ribeirão Preto**, em que são partes é apelante **ESPÓLIO DE NICOLAU CURY - RPDA. POR GILDA ANTONIETA ORLANDO CURY**, é apelado **2º OFICIAL DE REGISTRO DE IMÓVEIS DA COMARCA DE RIBEIRÃO PRETO.**

ACORDAM, em Conselho Superior de Magistratura do Tribunal de Justiça de São Paulo, proferir a seguinte decisão: **"Negaram provimento ao recurso. V. U."**, de conformidade com o voto do Relator, que integra este Acórdão.

O julgamento teve a participação dos Exmos. Desembargadores **PAULO DIMAS MASCARETTI (Presidente sem voto), ADEMIR BENEDITO (VICE PRESIDENTE), PAULO DIMAS MASCARETTI (PRESIDENTE TRIBUNAL DE JUSTIÇA), XAVIER DE AQUINO (DECANO), LUIZ ANTONIO DE GODOY(PRES. DA SEÇÃO DE DIREITO PRIVADO), RICARDO DIP (PRES. DA SEÇÃO DE DIREITO PÚBLICO) E SALLES ABREU (PRES. SEÇÃO DE DIREITO CRIMINAL).**

São Paulo, 12 de dezembro de 2017.

MANOEL DE QUEIROZ PEREIRA CALÇAS

Corregedor Geral da Justiça e Relator

Apelação nº 0001359-63.2016.8.26.0506

Apelante: Espólio de Nicolau Cury - Rpda. Por Gilda Antonieta Orlando Cury

Apelado: 2º Oficial de Registro de Imóveis da Comarca de Ribeirão Preto

VOTO Nº 29.842

Registro de Imóveis – Dúvida inversa – Sucessivos atos de desdobro, inclusive após abertura da matrícula – Necessidade de prévia retificação de registro para adequação da descrição do imóvel e apuração da área remanescente – Especialidade objetiva – Segurança jurídica – Dúvida inversa procedente – Recurso improvido.

Cuida-se de recurso de apelação tirado de r. sentença da MM. Juíza Corregedora Permanente do 2º Oficial de Registro de Imóveis da Comarca de Ribeirão Preto, que julgou procedente dúvida inversa suscitada para o fim de manter a exigência de prévia retificação de registro, nos moldes do art. 213, da Lei de Registro Público, tendo em vista os sucessivos desdobros pelos quais o imóvel passou, sendo omissa a matrícula quanto a suas características atuais.

Alega, em síntese, que recolheu o ITBI e que o imóvel matriculado sob número 67.618 teve origem na transcrição n. 30.048 e está sendo tributado de forma individualizada pela Municipalidade, contando, inclusive, com certidão de metragem. Prossegue sustentando que a metragem original (562.996,00 metros quadrados) sofreu desfalques em razão de desdobros destinados à abertura de vias de circulação, sendo bastante simples cálculo aritmético para apuração da área remanescente. Por fim, argumenta com a aplicação do princípio da isonomia, devendo ser dado ao imóvel mencionado o mesmo tratamento dispensado ao imóvel matriculado sob n. 67.619, correspondente a área destacada da matrícula 67.618.

A Procuradoria Geral de Justiça opinou pelo desprovimento do recurso. É o relatório.

A escritura não pode ser registrada por causa da quebra do princípio da *especialidade objetiva*.

Para Afrânio de Carvalho, o princípio da *especialidade* do imóvel significa a sua descrição como corpo certo, a sua representação escrita como individualidade autônoma, com o seu modo de ser físico, que o torna inconfundível e, portanto, heterogêneo em relação a qualquer outro (Reg. De Imóveis: comentários ao sistema de registro em face da Lei 6.015/73, 2ª ed., Rio de Janeiro, 1977, p. 219). Por isso, o imóvel deve estar perfeitamente descrito no título objeto de registro de modo a permitir sua exata localização e individualização, não se confundindo com nenhum outro.

Narciso Orlandi Neto, ao citar Jorge de Seabra Magalhães, lembra que "as regras reunidas no princípio da *especialidade* impedem que sejam registrados títulos cujo objeto não seja exatamente aquele que consta do registro anterior. É preciso que a caracterização do objeto do negócio repita os elementos de descrição constantes do registro" (Narciso Orlandi Neto, *Retificação* do Registro de Imóveis, Juarez de Oliveira, pág. 68).

No presente caso, tendo em vista os desdobros ocorridos, inclusive após aberta a matrícula n. 67.618, será necessária retificação para perfeita descrição do imóvel e apuração de sua verdadeira área remanescente, não bastando, como sugere o recorrente, mero cálculo aritmético.

Tampouco é possível reconhecer que seria possível conferir o mesmo tratamento dispensado ao imóvel matriculado sob n. 67.619. Isso porque dito imóvel é fruto de desmembramento de área da matrícula-mãe (67.618, oriunda da transcrição n. 30.048), tendo o imóvel original sofrido alterações que precisam ser objeto de apuração por meio de retificação.

Se houve o destaque de áreas da matrícula-mãe, a descrição original já não corresponde à atual configuração do imóvel, sendo imprescindível a retificação de área.

Nesses termos, pelo meu voto, nega-se provimento ao recurso.

MANOEL DE QUEIROZ PEREIRA CALÇAS

Corregedor Geral da Justiça e Relator (DJe de 22.02.2018 - SP)

PODER JUDICIÁRIO

TRIBUNAL DE JUSTIÇA DO ESTADO DE SÃO PAULO

CONSELHO SUPERIOR DA MAGISTRATURA

Apelação nº 0001359-63.2016.8.26.0506

Registro: 2017.0000990097

ACÓRDÃO

Vistos, relatados e discutidos estes autos do(a) **Apelação nº 0001359-63.2016.8.26.0506**, da Comarca de **Ribeirão Preto**, em que são partes é apelante **ESPÓLIO DE NICOLAU CURY - RPDA. POR GILDA ANTONIETA ORLANDO CURY**, é apelado **2º OFICIAL DE REGISTRO DE IMÓVEIS DA COMARCA DE RIBEIRÃO PRETO**.

ACORDAM, em Conselho Superior de Magistratura do Tribunal de Justiça de São Paulo, proferir a seguinte decisão: **"Negaram provimento ao recurso. V. U."**, de conformidade com o voto do Relator, que integra este Acórdão.

O julgamento teve a participação dos Exmos. Desembargadores **PAULO DIMAS MASCARETTI (Presidente sem voto), ADEMIR BENEDITO (VICE PRESIDENTE), PAULO DIMAS MASCARETTI (PRESIDENTE TRIBUNAL DE JUSTIÇA), XAVIER DE AQUINO (DECANO), LUIZ ANTONIO DE GODOY(PRES. DA SEÇÃO DE DIREITO PRIVADO), RICARDO DIP (PRES. DA SEÇÃO DE DIREITO PÚBLICO) E SALLES ABREU (PRES. SEÇÃO DE DIREITO CRIMINAL).**

São Paulo, 12 de dezembro de 2017.

MANOEL DE QUEIROZ PEREIRA CALÇAS

Corregedor Geral da Justiça e Relator

Apelação nº 0001359-63.2016.8.26.0506

Apelante: Espólio de Nicolau Cury - Rpda. Por Gilda Antonieta Orlando Cury

Apelado: 2º Oficial de Registro de Imóveis da Comarca de Ribeirão Preto

VOTO Nº 29.842

Registro de Imóveis – Dúvida inversa – Sucessivos atos de desdobro, inclusive após abertura da matrícula – Necessidade de prévia retificação de registro para adequação da descrição do imóvel e apuração da área remanescente – Especialidade objetiva – Segurança jurídica – Dúvida inversa procedente – Recurso improvido.

Cuida-se de recurso de apelação tirado de r. sentença da MM. Juíza Corregedora Permanente do 2º Oficial de Registro de Imóveis da Comarca de

Ribeirão Preto, que julgou procedente dúvida inversa suscitada para o fim de manter a exigência de prévia retificação de registro, nos moldes do art. 213, da Lei de Registro Público, tendo em vista os sucessivos desdobros pelos quais o imóvel passou, sendo omissa a matrícula quanto a suas características atuais.

Alega, em síntese, que recolheu o ITBI e que o imóvel matriculado sob número 67.618 teve origem na transcrição n. 30.048 e está sendo tributado de forma individualizada pela Municipalidade, contando, inclusive, com certidão de metragem. Prossegue sustentando que a metragem original (562.996,00 metros quadrados) sofreu desfalques em razão de desdobros destinados à abertura de vias de circulação, sendo bastante simples cálculo aritmético para apuração da área remanescente. Por fim, argumenta com a aplicação do princípio da isonomia, devendo ser dado ao imóvel mencionado o mesmo tratamento dispensado ao imóvel matriculado sob n. 67.619, correspondente a área destacada da matrícula 67.618.

A Procuradoria Geral de Justiça opinou pelo desprovimento do recurso. É o relatório.

A escritura não pode ser registrada por causa da quebra do princípio da *especialidade objetiva*.

Para Afrânio de Carvalho, o princípio da *especialidade* do imóvel significa a sua descrição como corpo certo, a sua representação escrita como individualidade autônoma, com o seu modo de ser físico, que o torna inconfundível e, portanto, heterogêneo em relação a qualquer outro (Reg. De Imóveis: comentários ao sistema de registro em face da Lei 6.015/73, 2ª ed., Rio de Janeiro, 1977, p. 219). Por isso, o imóvel deve estar perfeitamente descrito no título objeto de registro de modo a permitir sua exata localização e individualização, não se confundindo com nenhum outro.

Narciso Orlandi Neto, ao citar Jorge de Seabra Magalhães, lembra que "as regras reunidas no princípio da *especialidade* impedem que sejam registrados títulos cujo objeto não seja exatamente aquele que consta do registro anterior. É preciso que a caracterização do objeto do negócio repita os elementos de descrição constantes do registro" (Narciso Orlandi Neto, *Retificação* do Registro de Imóveis, Juarez de Oliveira, pág. 68).

No presente caso, tendo em vista os desdobros ocorridos, inclusive após aberta a matrícula n. 67.618, será necessária retificação para perfeita descrição do imóvel e apuração de sua verdadeira área remanescente, não bastando, como sugere o recorrente, mero cálculo aritmético.

Tampouco é possível reconhecer que seria possível conferir o mesmo tratamento dispensado ao imóvel matriculado sob n. 67.619. Isso porque dito imóvel é fruto de desmembramento de área da matrícula-mãe (67.618, oriunda da transcrição n. 30.048), tendo o imóvel original sofrido alterações que precisam ser objeto de apuração por meio de retificação.

Se houve o destaque de áreas da matrícula-mãe, a descrição original já não corresponde à atual configuração do imóvel, sendo imprescindível a retificação de área.

Nesses termos, pelo meu voto, nega-se provimento ao recurso.

MANOEL DE QUEIROZ PEREIRA CALÇAS

Corregedor Geral da Justiça e Relator (DJe de 22.02.2018 - SP)

PODER JUDICIÁRIO

TRIBUNAL DE JUSTIÇA DO ESTADO DE SÃO PAULO

CONSELHO SUPERIOR DA MAGISTRATURA

Apelação nº 1002691-52.2017.8.26.0655

Registro: 2018.0000187357

ACÓRDÃO

Vistos, relatados e discutidos estes autos do(a) **Apelação nº 1002691-52.2017.8.26.0655**, da Comarca de **Várzea Paulista**, em que são partes é apelante **ALCIDES TORSO**, é apelado **OFICIAL DE REGISTRO DE IMÓVEIS DA COMARCA DE VÁRZEA PAULISTA.**

ACORDAM, em Conselho Superior de Magistratura do Tribunal de Justiça de São Paulo, proferir a seguinte decisão: **"Não conheceram da apelação interposta e, com fundamento no art. 5º, I.33, da Resolução nº 623/2013 do Órgão Especial do Tribunal de Justiça, determinaram a redistribuição do recurso à Primeira Subseção da Seção de Direito Privado, v.u."**, de conformidade com o voto do Relator, que integra este Acórdão.

O julgamento teve a participação dos Exmos. Desembargadores **PEREIRA CALÇAS (PRESIDENTE TRIBUNAL DE JUSTIÇA) (Presidente), ARTUR MARQUES (VICE PRESIDENTE), XAVIER DE AQUINO (DECANO), EVARISTO DOS SANTOS(PRES. DA SEÇÃO DE DIREITO PÚBLICO), CAMPOS MELLO (PRES. DA SEÇÃO DE DIREITO PRIVADO) E FERNANDO TORRES GARCIA(PRES. SEÇÃO DE DIREITO CRIMINAL).**

São Paulo, 9 de março de 2018.

PINHEIRO FRANCO

CORREGEDOR GERAL DA JUSTIÇA E RELATOR

Apelação nº 1002691-52.2017.8.26.0655

Apelante: Alcides Torso

Apelado: Oficial de Registro de Imóveis da Comarca de Várzea Paulista

VOTO Nº 37.297

Competência recursal – Mandado de Segurança – Desdobro de lote – Exigências formuladas pelo oficial registrador – Discordância da parte – Indeferimento da inicial – Inconformismo do impetrante – Questão de cunho jurisdicional – Incompetência do Conselho Superior da Magistratura – Recurso de apelação não conhecido, com determinação da redistribuição dos autos a uma das Câmaras da Primeira Subseção da Seção de Direito Privado do E. Tribunal de Justiça.

Trata-se de apelação interposta por Alcides Torso em face da r. sentença, que indeferiu a inicial do mandado de segurança impetrado contra ato do Oficial de Registro de Imóveis da Comarca de Várzea Paulista, por inadequação da via eleita **[1]**.

Alega o apelante, em síntese, que a sentença merece ser reformada, pois a autoridade coatora se negou a qualificar o título que lhe foi apresentado ao argumento de que não foram atendidas as exigências do art. 18 da Lei nº 6.766/79. Entende que a negativa formulada pelo registrador, sem completa análise do título e especificação dos documentos necessários, impede a suscitação de dúvida. Afirma que houve violação ao seu direito líquido e certo à regular qualificação do título apresentado ao Oficial do Cartório de Registro de Imóveis e, então, pugna pela reforma da sentença proferida **[2]**.

A douta Procuradoria Geral de Justiça opinou pelo não provimento do recurso **[3]**.

É o relatório.

Não obstante a questão tratada nos autos diga respeito a registro imobiliário e ao cabimento de exigências formuladas pelo Oficial do Cartório de Registro de Imóveis, a impetração de mandado de segurança, que tem caráter inequivocamente jurisdicional, retira tanto do Conselho Superior da Magistratura como da Corregedoria Geral da Justiça a competência para apreciá-la.

Sobre a incompetência do Conselho Superior da Magistratura para julgar mandados de segurança, já ficou decidido que:

"MANDADO DE SEGURANÇA - Decisão proferida em procedimento de dúvida, que teve curso perante a Corregedoria Permanente - Natureza administrativa - Incompetência do Conselho Superior da Magistratura para conhecer de pretensões de cunho jurisdicional - Mandado de Segurança não conhecido, com determinação de devolução dos autos à Seção de Direito Privado" (Mandado de Segurança nº 990.10.344.500-7, Rel. Des. Munhoz Soares, j. em /9/2010).

"Mandado de Segurança - Decisão proferida em procedimento de dúvida - Incompetência do Conselho Superior da Magistratura para conhecer de pretensões de cunho propriamente jurisdicional" (Mandado de Segurança nº 354-6/7, Rel. Des. José Mário Antônio Cardinale, j. em 12/5/2005).

E não se desconhece que a incompetência do C. Conselho Superior da Magistratura para a apreciação do *mandamus* se estende ao julgamento da apelação interposta contra a sentença que julgou mandado de segurança em primeira instância, como ocorre no caso dos autos.

Nesse cenário, impõe-se o reconhecimento da competência das Câmaras de Direito Privado para conhecer do apelo, corroborada pelos seguintes julgados:

> *"MANDADO DE SEGURANÇA - Segundo julgamento - Pretensão de liberação de registro imobiliário, obstado por decisão administrativa do Juiz Corregedor, prolatada em razão de peculiaridades do caso - Adjudicação do bem debatido, e de outro, dada em situação de acordo em ação de cobrança, não em razão de constrição propriamente dita e arrematação - Adjudicação, entretanto, que não pode ser desconsiderada - Cancelamento de gravames na matrícula do bem guerreado recusada na sentença que julgou a ação de cobrança, remetida aos Juízos que determinaram penhoras - Cancelamento posteriormente determinado pela mesma autoridade judiciária, medida que se mostra de todo inoportuna e inviável - Cancelamento que foi revertido por decisão do Juiz Corregedor dos Registros Públicos - Ato fundamentado e que resultou na inviabilidade do registro da venda e compra operada pelo impetrante - Ausência de direito líquido e certo ao tal registro - Matéria que deve ser levada a ação própria, incabível na cognição estreita do Mandado de Segurança - Segurança denegada."* (TJSP; Mandado de Segurança 0587365-89.2010.8.26.0000; Rel. Miguel Brandi; 7ª Câmara de Direito Privado; Data do Julgamento: 22/02/2017; Data de Registro: 09/03/2017).

"MANDADO DE SEGURANÇA. Matéria preliminar. Preservação da competência da Justiça Estadual para o julgamento do mandamus. Autoridade coatora que exerce atividade de registro delegada pelo Estado (art. 3º, da Lei nº 8.935/64). Exigência feita por Oficial de Registro de Imóveis. Apresentação da certidão negativa de débitos federais como condição para o arquivamento de garantia fiduciária. Descabimento. Medida que configura meio indireto da cobrança de tributos. Entendimento alinhado à jurisprudência do E. STF (ADI 173, Rel. Min. Joaquim Barbosa) e deste Tribunal de Justiça (Arguição de Inconstitucionalidade de Lei nº 0139256-75.2011.8.26.0000, Rel. Des. Armando de Toledo). APELO DESPROVIDO. (TJSP; Apelação / Reexame Necessário 0045763-17.2012.8.26.0224; Rel. Donegá Morandini; 3ª Câmara de Direito Privado; Data do Julgamento: 07/11/2016; Data de Registro: 07/11/2016).

"APELAÇÃO. MANDADO DE SEGURANÇA. Impetração contra ato do Oficial do Cartório de Registro de Imóveis, que se recusou a proceder ao registro das escrituras, com fundamento em aventada necessidade de recolhimento de diferenças a título de ITBI. Ordem denegada. Apelo da impetrante. Inadequação da via eleita e incompetência da Câmara para apreciar o pedido. Questão administrativo-registrária a ser apreciada pelo Juiz Corregedor Permanente do Cartório de Registro de Imóveis. Inteligência dos itens 40, 41 e 41.3 do Capítulo XX, Tomo II, das Normas de Serviço da Corregedoria Geral de Justiça deste Tribunal e do art. 198 da Lei nº 6.015/73 Aplicação do art. 10 da Lei nº 12.016/2009. Precedentes desta Câmara, deste Tribunal e do STJ. INDEFERIMENTO DA PETIÇÃO INICIAL, DE OFÍCIO, PREJUDICADO O RECURSO" (TJSP; Apelação 0002454-79.2014.8.26.0157; Rel. Viviani Nicolau; 3ª Câmara de Direito Privado; Data do Julgamento: 06/07/2016; Data de Registro: 06/07/2016).

COMPETÊNCIA Ação originária versando sobre exigência de certidão negativa para arquivamento notarial Demanda ajuizada contra ato do Oficial do 1º Cartório de Registro de Imóveis de Guarulhos Não caracterização de tema típico de Direito Administrativo ou regimentalmente correlato Exegese do artigo 289 do atual Regimento Interno desta Corte, associado ao artigo 184 do Regimento Interno anterior Afirmação da incompetência da Seção de Direito Público Determinada a remessa dos autos à Colenda Seção de Direito Privado. (TJSP; Apelação / Reexame Necessário 0045763-17.2012.8.26.0224; Rel. Fermino Magnani Filho; 5ª Câmara de Direito Público; Data do Julgamento: 03/05/2016; Data de Registro: 03/05/2016).

Diante do exposto, pelo meu voto, **NÃO CONHEÇO** da apelação interposta e, com fundamento no art. 5º, I.33, da Resolução nº 623/2013 do Órgão Especial do Tribunal de Justiça **[4], determino a redistribuição do recurso à Primeira Subseção da Seção de Direito Privado.**

PINHEIRO FRANCO

Corregedor Geral da Justiça e Relator

Notas:

[1] Fls. 49/52 e embargos de declaração a fls. 60/61.

[2] Fls. 62/71.

[3] Fls. 83/86.

[4] Art. 5º. A Seção de Direito Privado, formada por 19 (dezenove) Grupos, numerados ordinalmente, cada um deles integrado por 2 (duas) Câmaras, em ordem sucessiva, é constituída por 38 (trinta e oito) Câmaras, também numeradas ordinalmente, e subdividida em 3 (três) Subseções, assim distribuídas:

I. Primeira Subseção, composta pelas 1ª a 10ª Câmaras, com competência preferencial para o julgamento das seguintes matérias:

(...)

I.33 Ações e procedimentos relativos a registros públicos; (DJe de 07.05.2018 - SP)

PODER JUDICIÁRIO

TRIBUNAL DE JUSTIÇA DO ESTADO DE SÃO PAULO

CONSELHO SUPERIOR DA MAGISTRATURA

Apelação nº 1006711-57.2017.8.26.0309

Registro: 2018.0000234925

ACÓRDÃO

Vistos, relatados e discutidos estes autos do(a) **Apelação nº 1006711-57.2017.8.26.0309**, da Comarca de **Jundiaí**, em que são partes é apelante **GNR PARK EMPREENDIMENTOS IMOBILIÁRIOS LTDA**, é apelado **1º OFICIAL DE REGISTRO DE IMÓVEIS E ANEXOS DA COMARCA DE JUNDIAÍ**.

ACORDAM, em Conselho Superior de Magistratura do Tribunal de Justiça de São Paulo, proferir a seguinte decisão: **"Negaram provimento ao recurso. V. U. Negaram provimento ao recurso e mantiveram a negativa do registro do**

loteamento, v.u.", de conformidade com o voto do Relator, que integra este Acórdão.

O julgamento teve a participação dos Exmos. Desembargadores **PEREIRA CALÇAS (PRESIDENTE TRIBUNAL DE JUSTIÇA) (Presidente), ARTUR MARQUES (VICE PRESIDENTE), XAVIER DE AQUINO (DECANO), EVARISTO DOS SANTOS(PRES. DA SEÇÃO DE DIREITO PÚBLICO), CAMPOS MELLO (PRES. DA SEÇÃO DE DIREITO PRIVADO) E FERNANDO TORRES GARCIA(PRES. SEÇÃO DE DIREITO CRIMINAL)**.

São Paulo, 28 de março de 2018.

PINHEIRO FRANCO

CORREGEDOR GERAL DA JUSTIÇA E RELATOR

Apelação nº 1006711-57.2017.8.26.0309

Apelante: GNR Park Empreendimentos Imobiliários Ltda

Apelado: 1º Oficial de Registro de Imóveis e Anexos da Comarca de Jundiaí

VOTO Nº 37.317

Registro de Imóveis – Dúvida julgada procedente – Registro de loteamento – Ação pessoal em que pretendida indenização pelo descumprimento de contrato que tinha por objeto a comercialização dos lotes – Valor de eventual indenização que depende de liquidação em ação própria – Inexistência de prova de que a ação poderá atingir os futuros adquirentes dos lotes – Contrato padrão, porém, que contém cláusulas aptas a ensejar interpretações conflitantes no que se refere à filiação dos adquirentes dos lotes à Associação de proprietários, com possibilidade de afetar direitos tutelados por normas de natureza cogente – Registro inviável, mas por fundamento distinto daquele apontado na r. sentença – Recurso a que se nega provimento.

Trata-se de apelação interposta por GNR PARK EMPREENDIMENTOS IMOBILIÁRIOS LTDA. contra r. sentença que manteve a negativa do registro do loteamento a ser implantado no imóvel objeto da matrícula nº 129.887 do 1º Registro de Imóveis da Comarca de Jundiaí.

Alega a apelante, em suma, que o registro do loteamento foi negado em razão do suposto risco decorrente do Processo nº 1015748-50.2013.8.26.0309 da 5ª Vara Cível de Jundiaí. Disse que os autores da ação pretendem o reconhecimento de que foram sócios do empreendimento e que na referida ação foi deferido, em tutela antecipada, o depósito de quantia limitada a 19% dos preços dos lotes comercializados antes da dissolução dessa sociedade, com indeferimento do pedido de depósito de porcentagem sobre vendas que forem realizadas posteriormente. Afirmou que no curso da dúvida solicitou a requisição de informações sobre a referida ação, pedido que não foi apreciado. Aduziu que se trata de Sociedade de Propósito Específico, constituída para implementar o loteamento, para o que contratou com a proprietária do imóvel a ser loteado o recebimento de remuneração equivalente a 57% da receita que for obtida com as vendas dos lotes, descontados os impostos, as despesas com obras de infraestrutura e demais insumos. Desse modo, a autora da ação somente teria direito a parte dessa receita com as vendas dos lotes, o que não afeta os futuros adquirentes. Informou que está sendo realizada perícia na ação em curso, para apuração dos haveres e deveres societários até 03/10/2013, data em que os autores da ação se desligaram do empreendimento, e que o pagamento dos haveres foi garantido por depósito judicial. Asseverou que os empreendedores têm robusta capacidade patrimonial, com patrimônio superior a R$ 5.000.000,00. Esclareceu que as obras de infraestrutura com o empreendimento terão custo de R$ 13.000.000,00 que serão suportados em conjunto com seus sócios "RR Duarte" e "Empreendimentos Imobiliários Nossa Senhora do Carmo Ltda.". Requereu a reforma da r. sentença para que seja afastado o óbice ao registro do loteamento (fls. 1.881/1.883).

A douta Procuradoria Geral da Justiça opinou pelo não provimento do recurso (fls. 1.927/1.929).

É o relatório.

O procedimento de dúvida se destina à análise da recusa do registro do título que para essa finalidade foi apresentado ao Oficial de Registro e prenotado, razão pela qual não se mostra cabível a realização de diligências visando solicitar informações do Juízo Cível sobre a eventual possibilidade de ação nele em curso atingir futuros adquirentes de lotes, nem pode o referido Juízo manifestar-se sobre o resultado, em tese, que terá a ação nele em curso. A apelante é proprietária do imóvel objeto da matrícula nº 129.887 do 1º Registro de Imóveis de Jundiaí (fls. 295/302) em que pretende implantar o loteamento "Itupeva Business Park" (fls. 01).

O documento de fls. 190/202 demonstra que a autora tem como sócias as empresas "Gemini Importação e Administração de Bens Próprios Ltda.", "Empreendimentos Imobiliários Nossa Senhora do Carmo Ltda." E "RR Duarte Empreendimentos Imobiliários Ltda." que a constituíram com a finalidade de implantação do loteamento no imóvel que cuja propriedade recebeu a título de integralização do capital social por "Gemini Importação e Administração de Bens Próprios Ltda.".

A empresa "Uzina Construções e Incorporação Ltda." e Marco Antônio Cardoso movem contra a apelante e suas sócias "Gemini Importação e Administração de Bens Próprios Ltda.", "RR Empreendimentos Imobiliários Ltda." e "Empreendimentos Imobiliários Nossa Senhora do Carmo Ltda." ação em que pretendem indenização por perdas e danos decorrentes de sua exclusão do empreendimento consistente na implantação e comercialização do loteamento (Processo nº 1015748-50.2013.8.26.0309 da 5ª Vara Cível de Jundiaí fls. 1.583 e seguintes).

Segundo o documento de fls. 1.559/1.561, as empresas "RR Duarte Empreendimentos Imobiliários Ltda." e "Empreendimentos Imobiliários Nossa Senhora do Carmo Ltda." teriam celebrado contrato para a elaboração de projeto, aprovação, implantação, venda de lotes, promoção e administração do loteamento pela empresa "Uzina Construção e Incorporação Ltda.".

Além disso, a empresa "Uzina Construção e Incorporação Ltda." deveria participar da alienação de outras glebas desmembradas da área maior de que foi destacado o imóvel em que se pretende implantar o loteamento, com obrigação de depósito dos valores apurados em conta bancária de "RR Duarte Empreendimentos Imobiliários Ltda." que é uma das sócias da apelante.

Somente com o recurso de apelação foi juntado aos autos o contrato celebrado entre a apelante, seus sócios, e Marco Antonio Cardoso, em que a empresa "Gemini Administração de Bens Próprios Ltda." outorgou às suas sócias "RR Duarte Empreendimentos Imobiliários Ltda." e "Empreendimentos Imobiliários Nossa Senhora do Carmo Ltda.", e a Marco Antonio Cardoso, as atividades de implantação e comercialização do loteamento, com previsão de recebimento de remuneração equivalente a 43% da renda obtida (fls. 1.897/1.905) .

A decisão reproduzida às fls. 1.575/1.579 permite verificar que os autores da ação em curso na 5ª Vara Cível de Jundiaí, que são Marco Antonio Cardoso e a empresa "Uzina Construção e Incorporação Ltda.", participaram de medidas tomadas para implantação do empreendimento até 03/10/2013, quando foi revogado mandato que receberam de "RR Duarte Empreendimentos Imobiliários Ltda.".

E a referida r. decisão, assim como a r. decisão reproduzida às fls. 1.818/1.831 e o v. acórdão de fls. 1.833/1.847, os últimos prolatados em sede de Agravo de Instrumento (Agravo de Instrumento nº 2174540- 17.2016.8.26.0000, da Col. 1ª Câmara Reservada de Direito Empresarial, de que foi relator o eminente Des. Hamid Bdine), mostram que a pretensão de indenização se funda no desfazimento de sociedade de fato em que Marcos, co- autor da ação, teria recebido a atribuição de comercialização de glebas desmembradas da área original do imóvel e dos lotes que forem formados pelo loteamento que se pretende registrar, sendo negado o pedido de tutela antecipada para o bloqueio da matrícula do imóvel a fim de impedir novas alienações de parcelas dele destacadas (fls. 1.575 e 1.812).

Não se cuida, portanto, de ação real que atinja o imóvel em que será implantado o loteamento, nem se comprovou que dela decorre, até o momento, determinação de bloqueio da matrícula que impeça a livre alienação de lotes.

O mero ajuizamento de ação visando a declaração da existência de sociedade de fato para o loteamento e comercialização dos lotes, assim como de glebas anteriormente destacadas de área maior, com escopo de indenização por perdas e danos pelo não recebimento de porcentagem do valor da comercialização das vendas, não se mostra suficiente para impedir o registro do loteamento.

Assim porque não há prova do valor que seria devido aos autores da ação, ainda que reconhecido em tutela antecipada o direito ao recebimento de parte das quantias obtidas com a venda de glebas, destacadas de área maior em que situado o imóvel a ser loteado, feitas até 03/10/2013 (fls. 1.812).

Ademais, é razoável a alegação da apelante no sentido de que a remuneração aos autores da ação de indenização, se mantida a sociedade, decorreria do sucesso na venda dos lotes, razão pela qual, ainda que eventualmente se venha a reconhecer o direito ao recebimento de perdas e danos, ou lucros cessantes, deve o empreendimento prosseguir de forma a permitir que a arrecadação de recursos por meio das futuras alienações dos lotes que serão formados a partir do registro pretendido.

Portanto, a ação referida pelo 1º Oficial de Registro de Imóveis de Jundiaí às fls. 07 e na r. sentença apelada não diz respeito ao domínio do imóvel a ser loteado e, mais, não é possível presumir que em razão de eventual procedência não terão os réus recursos suficientes para arcar com o valor da condenação, ainda a ser fixado (fls. 1.870/1.872).

Contudo, no procedimento de dúvida deve a qualificação do título ser realizada por inteiro, o que permite o reconhecimento de obstáculos ao registro não indicados anteriormente. Nesse sentido o v. acórdão prolatado por este Colendo Conselho Superior da Magistratura na Apelação Cível nº 33.111-0/3, da Comarca de Limeira, em que foi relator o Desembargador Márcio Martins Bonilha:

"Inicialmente, cabe ressaltar a natureza administrativa do procedimento da dúvida, que não se sujeita, assim, aos efeitos da imutabilidade material da sentença. Portanto, nesse procedimento há a possibilidade de revisão dos atos praticados, seja pela própria autoridade administrativa, seja pela instância revisora, até mesmo de ofício (cf. ApCiv 10.880-0/3, da Comarca de Sorocaba).

Não vai nisso qualquer ofensa ao direito de ampla defesa e muito menos se suprime um grau do julgamento administrativo. O exame qualificador do título, tanto pelo oficial delegado, como por seu Corregedor Permanente, ou até em sede recursal, deve necessariamente ser completo e exaustivo, visando escoimar todo e qualquer vício impeditivo de acesso ao cadastro predial.

Possível, portanto, a requalificação do título nesta sede, ainda que de ofício, podendo ser levantados óbices até o momento não argüidos, ou ser reexaminado fundamento da sentença, até para alteração de sua parte dispositiva" (Revista de Direito Imobiliário, 39/339).

E a qualificação abrange as cláusulas do contratopadrão de compromisso de compra e venda previsto no artigo 18, inciso VI, da Lei nº 6.766/79.

Assim porque o contrato-padrão guarda aspectos de contrato de adesão e por seu meio não pode o loteador impor aos adquirentes dos lotes obrigações ou deveres que violem direitos que sejam decorrentes de normas de natureza cogente, nessas abrangidas as que digam respeito a direitos do consumidor e, especificamente no presente caso, à garantia constitucional da liberdade de se associar.

Não se ignora que a prática de constituir associação de proprietários dos lotes para a futura prestação de serviços de conservação e melhorias, assim como para a supervisão do respeito às restrições convencionais que forem previstas no contrato-padrão, em especial no que tange à proibição de desdobros e ao respeito aos recuos e áreas mínimas, ou máximas, de construções que forem previstas, é medida que pode servir de incentivo às vendas por impedir, por exemplo, que a não observação das restrições convencionais, o descuido com a preservação das áreas, e a não prestação de serviços básicos de limpeza de áreas comuns acabem por desvalorizar os lotes.

In casu, o contrato-padrão do loteamento (fls. 1.635/1.665) dispõe em sua cláusula nona sobre a "Associação Em Itupeva Business Park", a ser composta pelos titulares de direitos sobre os lotes do loteamento "Itupeva Business Park".

Essa associação terá como objetivo social prestar serviços aos associados, consistentes em manutenção das obras do loteamento, execução de obras de infra-estrutura não realizadas pelo Poder Público, realização de melhoramentos, coleta de lixo dentro dos módulos industriais e manutenção das áreas verdes públicas (fls. 1.649, item 9.2).

Porém, como previsto no inciso XX do art. 5º da Constituição Federal: *"ninguém poderá ser compelido a associar-se ou a permanecer associado"*.

O Eg. Supremo Tribunal Federal, analisando a matéria, assentou o entendimento de que a liberdade de se associar é aplicável às associações de moradores de loteamento e, em consequência, também às associações de proprietários de lotes:

"ASSOCIAÇÃO DE MORADORES MENSALIDADE AUSÊNCIA DE ADESÃO. Por não se confundir a associação de moradores com o condomínio disciplinado pela Lei nº 4.591/64, descabe, a pretexto de evitar vantagem sem causa, impor mensalidade a morador ou a proprietário de imóvel que a ela não tenha aderido. Considerações sobre

o princípio da legalidade e da autonomia da manifestação de vontade artigo 5º, incisos II e XX, da Constituição Federal" (RE 432106, Relator(a): Min. MARCO AURÉLIO, Primeira Turma, julgado em 20/09/2011, DJe-210 DIVULG 03-11-2011 PUBLIC 04-11-2011 EMENT VOL-02619-01 PP-00177).

Diante da liberdade de se associar garantida pela Constituição Federal, o contrato-padrão estabelece no item 1.3 da cláusula nona que a filiação à Associação seria facultativa.

Contudo, a redação do item 9.3 da cláusula nona deixa claro que na celebração do contrato de compromisso de compra e venda deverá o adquirente do lote filiar-se à Associação por documento apartado, sem opção de não adesão à referida entidade:

"O(s) COMPRADOR(ES) declara(m) estar ciente(s) de que a filiação à referida ASSOCIAÇÃO é facultativa a todo adquirente de imóvel no referido loteamento, pelo que manifesta(m) expressamente,

em documento apartado, sua imediata adesão à mesma, comprometendo-se a contribuir com a taxa mensal especificada no referido estatuto, com valor a ser definido pela ASSOCIAÇÃO em Assembléia convocada para este fim, para que possa, por si ou por terceiros contratados, executar os seus objetivos sociais" (fls. 1.649).

A reforçar a obrigatoriedade de filiação à associação como condição para a aquisição de lote:

1) os itens 6.4.2 da cláusula sexta e 11.1 da cláusula décima primeira dispõem sobre a obrigatoriedade de pagamento de taxas de contribuição cobradas pela Associação;

2) os itens 13.2 e 13.2.1 da cláusula décima terceira condicionam a realização de construções à prévia aprovação dos projetos pela Associação que poderá impor restrições por meio de seu regulamento interno, fazendo-o a par das restrições convencionais previstas no contrato-padrão, devendo a aprovação dos projetos preceder sua análise pela Prefeitura Municipal;

3) o item 14.1 da cláusula décima quarta reitera que na ocupação dos lotes deverão ser observadas as restrições convencionais previstas no contrato-padrão e também as restrições de utilização e aproveitamento dos lotes que forem previstas nos regulamentos internos da Associação;

4) a alínea "d" do inciso II da cláusula décima quarta repete a obrigação de respeito às restrições que forem previstas nos regulamentos internos da Associação para a aprovação de projeto de construção.

A interpretação sistemática dessas normas contratuais torna claro que os adquirentes do lote não terão meios para o exercício da liberdade de associação referida no item 9.3 da cláusula nona do contrato-padrão (fls. 1.649) que, reitera-se, nos pontos relativos à Associação pode ser qualificado como contrato de adesão.

Desse modo, o contrato-padrão é contraditório ao dispor sobre a liberdade de filiação à Associação de proprietários, ou titulares de direitos sobre lotes, e à obrigatoridade de pagar as taxas de contribuição cobradas pela Associação que além das remuneração por serviços prestados poderão conter contribuição associativa.

Ademais, o contrato-padrão contém disposição abusiva ao dispor que nas construções e ocupação dos lotes deverão ser observadas as restrições que forem previstas nos regulamentos da Associação, porque as restrições convencionais a que estarão sujeitos os adquirentes dos lotes são as especificadas no contrato-padrão arquivado com o registro do loteamento, na forma dos arts. 18, VI, e 26, VII, da Lei nº 6.766/79.

Por fim, observa-se que a negativa do registro não diz respeito à eventual obrigação dos adquirentes de lotes promoverem o pagamento de despesas pela prestação de serviços de conservação, limpeza, ou outros que por deliberação dos interessados forem atribuídos à Associação, mas à ausência de possibilidade de exercício do direito de não filiar-se e, mais, à possibilidade da associação efetuar controle prévio de projetos de construção e impor aos adquirentes restrições de construção e ocupação previstas em seus regulamentos internos que poderão, em tese, extrapolar as restrições convencionais especificadas no contrato-padrão arquivado com o registro do loteamento.

Ante o exposto, embora por fundamento diverso, nego provimento ao recurso e mantenho a negativa do registro do loteamento.

PINHEIRO FRANCO
Corregedor Geral da Justiça e Relator (DJe de 07.05.2018 - SP)

PODER JUDICIÁRIO

TRIBUNAL DE JUSTIÇA DO ESTADO DE SÃO PAULO

CONSELHO SUPERIOR DA MAGISTRATURA
Apelação nº 1007239-35.2017.8.26.0554

Registro: 2018.0000329275

ACÓRDÃO

Vistos, relatados e discutidos estes autos do(a) **Apelação nº 1007239-35.2017.8.26.0554**, da Comarca de **Santo André**, em que são partes é apelante **JOSE VICENTE GUERRA**, é apelado **2º OFICIAL DE REGISTRO DE IMÓVEIS DE SANTO ANDRÉ.**

ACORDAM, em Conselho Superior de Magistratura do Tribunal de Justiça de São Paulo, proferir a seguinte decisão: **"Negaram provimento ao recurso, v. u."**, de conformidade com o voto do Relator, que integra este Acórdão.

O julgamento teve a participação dos Exmos. Desembargadores **PEREIRA CALÇAS (PRESIDENTE TRIBUNAL DE JUSTIÇA) (Presidente), ARTUR MARQUES (VICE PRESIDENTE), XAVIER DE AQUINO (DECANO), EVARISTO DOS SANTOS(PRES. DA SEÇÃO DE DIREITO PÚBLICO), CAMPOS MELLO (PRES. DA SEÇÃO**

DE DIREITO PRIVADO) E FERNANDO TORRES GARCIA(PRES. SEÇÃO DE DIREITO CRIMINAL).

São Paulo, 27 de abril de 2018.

GERALDO FRANCISCO PINHEIRO FRANCO

Corregedor Geral da Justiça e Relator

Apelação nº 1007239-35.2017.8.26.0554

Apelante: Jose Vicente Guerra

Apelado: 2º Registro de Imoveis de Santo Andre

VOTO Nº 37.459

Compromisso de compra e venda - Loteamento - Prova da quitação - Prescrição - Ausência da prova inequívoca da quitação de compromisso de compra e venda - Inviabilidade do reconhecimento da prescrição em processo administrativo - Impossibilidade da aplicação das disposições normativas relativas à regularização fundiária em razão do imóvel não estar em área dessa natureza - Manutenção da qualificação registral negativa - Recurso não provido.

Trata-se de recurso de apelação interposto por José Vicente Guerra contra a r. sentença de fls. 215/216 que julgou procedente a dúvida inversa e manteve a negativa de registro de compromisso de compra e venda.

Sustenta o apelante o cabimento do registro por demonstrada a cadeia de cessão e quitação de direitos do compromisso de compra e venda, e também por configurada prescrição da dívida, inexistindo ação judicial em face do adquirente cabendo considerar como prova da quitação (fls. 224/231).

A D. Procuradoria Geral da Justiça opinou pelo não provimento do recurso (fls. 252/254).

É o relatório.

Pretende o apelante o registro do compromisso particular de compra e venda com a finalidade da transmissão da propriedade nos termos do artigo 26, parágrafo 6º, da Lei n. 6.766/79, o qual dispõe:

> *§ 6º Os compromissos de compra e venda, as cessões e as promessas de cessão valerão como título para o registro da propriedade do lote adquirido, quando acompanhados da respectiva prova de quitação.* (grifos meus)

O óbice apresentado não foi o conjunto de cessões inscritos no registro imobiliário e sim a prova da quitação.

Os documentos apresentados (a fls. 57/153) são insuficientes para demonstrar a quitação das obrigações decorrentes dos contratos pelas seguintes razões:

a. não consta prova da quitação da parcela de Cr$ 200,00 (duzentos cruzeiros) referentes ao saldo do primeiro compromisso particular de compra e venda, celebrado aos 30.04.1956 (a fls. 23/24);

b. não ocorreu juntada dos contratos relativos às parcelas quitadas, sendo certo que na certidão da transcrição consta "as condições do título" na forma de pagamento;

c. não houve juntada de todos os recibos de pagamento parcelado (vide manifestação do Ministério Público de fls. 161 e os documentos em questão (a fls. 57/153);

d. apesar da indicação do imóvel nos recibos de quitação apresentados os credores não são os mesmos indicados na transcrição e, em alguns, a exemplo de fls. 57 e ss. sequer há o nome do credor.

A atividade desenvolvida no serviço registral é administrativa, assim, não há liberdade para ampliação interpretativa competindo o exame da documentação de quitação a luz da legalidade estrita.

Enfim, a documentação referida não fornece a certeza necessária para consideração da quitação nos termos da legislação incidente.

É incabível o reconhecimento de prescrição da dívida na esfera administrativa em razão da não participação das demais pessoas que integraram a relação jurídica, competindo ação de natureza judicial para tanto.

Essa compreensão foi adotada em precedente deste Conselho Superior da Magistratura como se observa do voto do Excelentíssimo Desembargador Hamilton Elliot Akel, então Corregedor Geral da Justiça, na apelação cível n. 9000001-18.2013.8.26.0407, j. 07.10.2015:

> *Não se controverte acerca da necessidade de ser provada a quitação do preço avençado no compromisso de compra e venda, porém, o apelante sustenta que a configuração da prescrição em relação ao pagamento das parcelas convencionadas no título, prova a quitação.*
>
> *É sabido que prescrição é matéria inerente ao âmbito jurisdicional, o que reclama a observância do contraditório e do direito de defesa, e consequentemente impossibilita o seu reconhecimento no âmbito administrativo. O exame do título pelo Oficial é restrito aos seus aspectos formais e extrínsecos, o que inviabiliza o reconhecimento da*

prescrição como forma de comprovar a quitação do preço avençado no título.

As disposições da Lei n. 11.977/09 e as respectivas disposições das Normas de Serviço da Corregedoria Geral da Justiça, atualmente fixadas por meio da Lei n. 13.465/17, somente tem aplicação no caso de regularização fundiária da área registrada, o que não acontece neste caso concreto em virtude da área em questão não ter sido objeto de regularização fundiária conforme certidão do registro imobiliário e manifestação do registrador (a fls. 16/19 e13).

Nestes termos, considerada a natureza administrativa da atividade desenvolvida no registro imobiliário, a ausência da prova inequívoca da quitação das parcelas dos contratos, a impossibilidade do reconhecimento de prescrição neste processo administrativo e não ter incidência o regramento normativo pertinente à regularização fundiária, deve ser mantida a qualificação registral negativa do título apresentado.

Por todo o exposto, pelo meu voto, nego provimento à apelação.

GERALDO FRANCISCO PINHEIRO FRANCO

Corregedor Geral da Justiça e Relator (DJe de 18.05.2018 - SP)

PODER JUDICIÁRIO

TRIBUNAL DE JUSTIÇA DO ESTADO DE SÃO PAULO

CONSELHO SUPERIOR DA MAGISTRATURA

Apelação nº 1000504-84.2017.8.26.0101

Registro: 2018.0000361185

ACÓRDÃO

Vistos, relatados e discutidos estes autos da **Apelação nº 1000504-84.2017.8.26.0101**, da Comarca de **Caçapava**, em que é apelante **CPV HOMES CONSTRUTORA E INCORPORADORA LTDA**, são apelados **OFICIAL DE REGISTRO DE IMÓVEIS E ANEXOS DA COMARCA DA CAÇAPAVA, PORTAL DO LAGO OJZ CAÇAPAVA SPE LTDA e O. J. ZOVICO EMPREENDIMENTOS IMOBILIÁRIOS LTDA**.

ACORDAM, em Conselho Superior de Magistratura do Tribunal de Justiça de São Paulo, proferir a seguinte decisão: **"Negaram provimento ao recurso. V. U."**, de conformidade com o voto do Relator, que integra este Acórdão.

O julgamento teve a participação dos Exmos. Desembargadores **PEREIRA CALÇAS (PRESIDENTE TRIBUNAL DE JUSTIÇA) (Presidente), ARTUR MARQUES (VICE PRESIDENTE), XAVIER DE AQUINO (DECANO), EVARISTO DOS SANTOS(PRES. DA SEÇÃO DE DIREITO PÚBLICO), CAMPOS MELLO (PRES. DA SEÇÃO DE DIREITO PRIVADO) E FERNANDO TORRES GARCIA(PRES. SEÇÃO DE DIREITO CRIMINAL).**

São Paulo, 15 de maio de 2018.

GERALDO FRANCISCO PINHEIRO FRANCO
Corregedor Geral da Justiça e Relator

Apelação nº 1000504-84.2017.8.26.0101

Apelante: CPV Homes Construtora e Incorporadora LTDA

Apelados: Oficial de Registro de Imóveis e Anexos da Comarca da Caçapava, Portal do Lago OJZ Caçapava SPE LTDA e O. J. ZOVICO EMPREENDIMENTOS IMOBILIÁRIOS LTDA

VOTO Nº 37.333

Registro de Imóveis – Registro de loteamento – Impugnação ao registro fundada na celebração de contrato verbal de exclusividade para atuar como corretora na venda dos lotes, com posterior recusa do loteador em promover o contrato por escrito – Alegação, pelo apelante, do direito à indenização pela atuação na realização de estudos de viabilidade econômica, pela captação de futuros compradores de lotes e pelas comissões nas vendas que forem realizadas com valor de 4,5% do preço de cada lote – Reconhecimento da existência de contrato para atuar como corretor com exclusividade, ou de eventual direito à indenização com seu respectivo valor, que dependem de declaração em ação própria diante do litígio existente entre o apelante e o loteador – Pretensão fundada em direito pessoal – Inexistência de prova de direito à indenização com valor que possa atingir os futuros adquirentes dos lotes – Impugnação rejeitada – Recurso do impugnante a que se nega provimento.

Trata-se de apelação interposta por CPV HOMES CONSTRUTORA E INCORPORADORA LTDA. contra r. sentença que rejeitou a impugnação ao registro do loteamento a ser implantado no imóvel objeto da matrícula nº 32.012 do Registro de Imóveis, Títulos e Documentos e Civil de Pessoa Jurídica da Comarca de Caçapava.

A apelante arguiu, em preliminar, a nulidade da r. sentença em razão da não intervenção do Ministério Público no processo. No mérito alegou, em suma, que entre os anos de 2013 e 2014 ocorreram tratativas com as empresas OJ ZOVICO e

N&H CONSULTORIA IMOBILIÁRIA para a comercialização dos lotes do loteamento a ser denominado "Portal do Lago". Disse que no ano de 2014, durante a tramitação do requerimento de aprovação do loteamento pela Prefeitura Municipal, realizou o primeiro estudo de plantão de vendas e fez pesquisa de mercado por meio da empresa DATA STORE.

Posteriormente, no ano de 2015, iniciou projeto de plantão de vendas e contratou a elaboração de maquete do empreendimento, além de realizar tratativas com empresa de propaganda para a instalação de placas. Em 13 de maio de 2015 reencaminhou a proposta de "parceria", sendo orientada a esperar pelo registro do loteamento e a realizar trabalho de "represamento" das propostas de vendas enquanto se aguardava a autorização do GRAPROHAB. Nesse período encaminhou modelo de contrato de compra e venda a ser adotado no empreendimento "Portal do Lago" e realizou, entre março de 2014 e março de 2016, a captação de 1.603 interessados na aquisição de lotes. Porém, em 2016 a empresa OJ ZOVICO vendeu sua participação no empreendimento "Portal do Lago" para a empresa AZUL EMPREENDIMENTOS que não respeitou os compromissos anteriormente assumidos e contratou outra empresa que passou a comercializar os lotes antes mesmo da aprovação e do registro do loteamento. Esclareceu que deveria receber comissão de 4,5% do valor da venda de cada lote e se insurgiu contra o registro do loteamento em razão dos ilícitos contratuais de que decorrerão danos para si e para os 1.603 interessados na aquisição de lotes. Informou que ainda mantém a maquete do empreendimento e a estrutura montada para a recepção de clientes. Asseverou que existem provas da celebração do negócio jurídico, de forma tácita, e que o registro do loteamento impossibilitará a reparação na esfera cível. Requereu a reforma da r. sentença para que seja negado o registro do loteamento (fls. 1.037/1.046). Apresentou documentos (fls. 1.184 e 1.192).

O apelado ofereceu manifestação às fls. 1.205/1.206.

A douta Procuradoria Geral da Justiça opinou pelo não provimento do recurso (fls. 1.209/1.211).

É o relatório.

Rejeito a arguição de nulidade do processo pela ausência de manifestação do Ministério Público na primeira instância porque a omissão foi suprida pela intervenção da douta Procuradoria Geral da Justiça que, no r. parecer de 1.209/1.211, ratificou os atos processuais e manifestou-se sobre o mérito do recurso:

"Inicialmente, anoto que, de fato, deveria ter havido atuação do Ministério Público em todo o procedimento de dúvida; de qualquer maneira, no caso concreto, a atuação desta Procuradoria de Justiça supre eventual falta de intervenção do Ministério Público em primeira instância:" (fls. 1.209/1.210).

Dessa forma, a intervenção do Ministério Público no processo supre a anterior omissão, o que enseja a não declaração de nulidade pela ausência de prejuízo em relação aos atos processuais que foram praticados.

Cuida-se de impugnação ao registro do loteamento "Portal do Lago", a ser implantado no imóvel objeto da matrícula nº 31.012 do Registro de Imóveis, Títulos e Documentos de Civil de Pessoa Jurídica de Caçapava (fls. 06/08) mediante requerimento de PORTAL DO LAGO OJZ CAÇAPAVA SPE LTDA. (fls. 01 e 968/971).

A apelante afirma que em razão de contrato celebrado de forma tácita, em que deveria receber a exclusividade para atuação como corretora com remuneração equivalente a 4,5% do preço de cada lote, promoveu estudo de viabilidade econômica, adquiriu maquete do empreendimento, fez a montagem de estande de vendas e promoveu a captação de 1.603 interessados na compra de lotes.

Porém, esse contrato não foi respeitado pela nova empresa que adquiriu o empreendimento, o que gera direito de indenização que põe em risco os futuros compradores dos lotes.

A impugnação, portanto, não está fundamentada em ação real, ou pessoal reipersecutória, que atinja o imóvel em que será implantado o loteamento.

E também não está fundamentada em ação pessoal de indenização porque não se comprovou, até o momento, que foi ajuizada pelo apelante.

Ademais, ao que decorre das manifestações das partes e dos documentos de fls. 1.047 a 1.130, sequer há contrato escrito para que a apelante tenha exclusividade para atuar como corretora na venda dos lotes, nem para a fixação de comissão de 4,5% sobre o valor de cada venda.

A mera pretensão do reconhecimento do direito à exclusividade para atuar como corretora na venda dos lotes, ou de direito ao recebimento de indenização por perdas e danos pelo não cumprimento de contrato verbal, ou tácito, não se mostra suficiente para impedir o registro do loteamento.

A recusa do registro do loteamento em razão da existência de risco aos adquirentes dos lotes deve decorrer da demonstração da existência de ação real, ou pessoal reipersecutória, que possa atingir o direito do loteador dispor livremente da propriedade do imóvel em que será implantado o empreendimento, ou de ação pessoal, ou penal, de que possa decorrer a obrigação de pagar indenização que por seu valor não será, ainda que presumivelmente, suportada pelo restante do patrimônio do loteador.

Isso, entretanto, não ocorre no presente caso em que não há qualquer prova do direito da apelante ao recebimento de indenização com valor que possa ensejar risco aos futuros adquirentes dos lotes pela ausência de patrimônio do loteador suficiente para suportar o pagamento.

Por fim, o alegado direito da apelante atuar com exclusividade como corretora na venda dos lotes não foi comprovado por contrato escrito e, ademais, não se pode negar o registro de loteamento com fundamento em suposto direito ao recebimento de comissões sobre futuros contratos de compra e venda de lotes, sendo de se observar que antes do registro do loteamento a venda de lotes constitui crime contra a Administração Pública previsto no art. 50, parágrafo único, inciso I, da Lei nº 6.766/79.

Ante o exposto, nego provimento ao recurso para manter a r. sentença que rejeitou a impugnação oferecida por CPV HOMES CONSTRUTORA E INCORPORADORA LTDA. ao registro do loteamento.

GERALDO FRANCISCO PINHEIRO FRANCO

Corregedor Geral da Justiça e Relator (DJe de 18.05.2018 - SP)

PODER JUDICIÁRIO

TRIBUNAL DE JUSTIÇA DO ESTADO DE SÃO PAULO

CONSELHO SUPERIOR DA MAGISTRATURA

Apelação nº 1000920-19.2017.8.26.0306

Registro: 2018.0000187377

ACÓRDÃO

Vistos, relatados e discutidos estes autos do(a) **Apelação nº 1000920-19.2017.8.26.0306**, da Comarca de **José Bonifácio**, em que são partes é apelante **SEBASTIÃO JOSÉ ALONSO ESCANDOLA**, é apelado **CARTÓRIO DE REGISTRO DE IMÓVEIS E ANEXOS DA COMARCA DE JOSÉ BONIFÁCIO.**

ACORDAM, em Conselho Superior de Magistratura do Tribunal de Justiça de São Paulo, proferir a seguinte decisão: **"Negaram provimento ao recurso. V. U."**, de conformidade com o voto do Relator, que integra este Acórdão.

O julgamento teve a participação dos Exmos. Desembargadores **PEREIRA CALÇAS (PRESIDENTE TRIBUNAL DE JUSTIÇA) (Presidente), ARTUR MARQUES (VICE PRESIDENTE), XAVIER DE AQUINO (DECANO), EVARISTO DOS SANTOS(PRES. DA SEÇÃO DE DIREITO PÚBLICO), CAMPOS MELLO (PRES. DA SEÇÃO DE DIREITO PRIVADO) E FERNANDO TORRES GARCIA(PRES. SEÇÃO DE DIREITO CRIMINAL).**

São Paulo, 9 de março de 2018.

GERALDO FRANCISCO PINHEIRO FRANCO

Corregedor Geral da Justiça e Relator

Apelação nº 1000920-19.2017.8.26.0306

Apelante: Sebastiao Jose Alonso Sacandola

Apelado: Cartório de Registro de Imóveis e Anexos da Comarca de José Bonifácio

VOTO Nº 37.300

Registro de imóveis – Dúvida – Termo de atribuição de lote – Averbações decorrentes de ordens judiciais – Impossibilidade de revisão na esfera administrativa – Anterioridade do negócio jurídico que não interfere na qualificação negativa do título – *Tempus regit actum* – Precedentes do Conselho Superior da Magistratura – Recurso não provido.

Inconformado com a r. sentença que confirmou o juízo negativo de qualificação registral **[1]**, Sebastião José Alonso Escandola interpôs apelação objetivando o registro do Termo de Atribuição de Lote e especialização de parte ideal em parcelamento do solo, objeto de Regularização Fundiária de Interesse Social, referente ao compromisso particular de compra e venda datado de 22 de julho de 2008, em que figura como cedente Amauri Eugênio Dias e como cessionário o apelante.

Alega o recorrente, em síntese, que o Loteamento Enseada dos Coqueiros foi totalmente regularizado, conforme averbação nº 31 da matrícula nº 15.029, razão pela qual a averbação nº 17 não pode servir de impedimento ao registro postulado. No que diz respeito às averbações nº 18, nº 22 e nº 27, sustenta que a ordem de indisponibilidade foi proferida na ação civil pública em que se discute a regularidade de loteamento relacionado a outras matrículas (processo nº 0000301-63.2004.8.26.0306), o mesmo ocorrendo em relação à ordem de penhora averbada sob nº 28. Ainda, afirma que as averbações nº 23, nº 24, nº 25 e nº 33 são posteriores à aquisição do imóvel, ocorrida em 22.07.2008. Acrescenta que as averbações relativas a bloqueio ou indisponibilidade de partes ideais do imóvel não podem impedir o registro pretendido, que tem por objeto lote de terreno adquirido de forma legítima e de boa-fé.

A Procuradoria Geral da Justiça, em seu parecer, opinou pelo não provimento da apelação **[2]**.

É o relatório.

Pretende o apelante o registro de termo de atribuição de lote e especialização de parte ideal em parcelamento do solo, objeto de regularização fundiária de interesse social, expedido pelo Município de Mendonça, referente ao lote 15, Quadra B, do Loteamento Enseada dos Coqueiros, correspondente à fração ideal do imóvel matriculado sob nº

15.029 junto ao Cartório de Registro de Imóveis de José Bonifácio/SP.

No entanto, o registro pretendido foi obstado por constar na matrícula do imóvel averbações relativas: a) à existência de ação civil pública contra os loteadores Amauri Eugênio Dias e outros (Av. 17, Av. 18 e Av. 22); b) ao bloqueio de parte ideal do imóvel pertencente a Amauri Eugênio Dias e protesto contra alienação de bens (Av. 23 e 24); *c)* à indisponibilidade de bens e penhora (Av. 25, 27, 28 e 33) **[3]**.

Com relação à existência de ação civil pública, ao protesto contra alienação de bens e à penhora, cumpre consignar que a averbação em si não induz, *a priori*, indisponibilidade patrimonial. No caso concreto, porém, há também averbação de bloqueio de bens, assim como impedimento de alienação e de indisponibilidade.

Por outro lado, as averbações apontadas pelo registrador como óbice ao registro do título pretendido decorrem todas de ordens judiciais. E se assim é, tendo o juiz da causa em que proferidas as ordens analisado o processo e concluído pela legalidade dessas averbações na matrícula imobiliária, apenas por ordem judicial poderão ser elas levantadas. Não altera a situação o fato de ter sido registrada a regularização do loteamento na matrícula, tampouco a alegação de que uma das ações civis públicas em que proferida parte das ordens tem por objeto outros imóveis, pois não se admite a revisão das averbações guerreadas pela via administrativa, mas apenas judicialmente, nos próprios autos da ação em que foram determinadas.

Como é sabido, o MM. Juiz Corregedor Permanente, exercendo sua função correcional da atividade registrária, não pode determinar o levantamento de indisponibilidade incidente sobre imóvel, seja ela decorrente de lei ou de ordem judicial, estando neste último caso incluída, pois, a hipótese dos autos, visto que a indisponibilidade, o bloqueio e o impedimento de alienação foram determinados por decisão proferida nos autos de ações judiciais em trâmite perante as 1ª e 2ª Varas da Comarca de José Bonifácio (processo nº 306.01.2001.000301-4/000000-00 Ordem nº 294/04; Processo nº 0000316320048260306; Processo nº 0001658-83.2001.8.26.0306 Ordem nº 50/2001), perante a 2ª Vara da Fazenda Pública da Comarca de São José do Rio Preto (processo nº 576.01.2011.054221-5/000000-00 - Ordem nº 15418/2011) e perante o TST Tribunal Superior do Trabalho, conforme se depreende das averbações nos 18, 22, 24, 25, 27, 28 e 33, lançadas na matrícula 15.029 do Cartório de Registro de Imóveis de José Bonifácio/SP.

Enquanto não levantados referidos óbices ainda que apenas em relação ao lote 15 da quadra B, objeto do termo a fls. 25 não poderá ser registrado o título aquisitivo do apelante, pois inviável, no âmbito administrativo, apreciar as razões que deram origem às decisões, de natureza jurisdicional, que determinaram o bloqueio, assim como impedimento de alienação e de indisponibilidade de bens averbados na matrícula nº 15.029.

Consigne-se, outrossim, que a anterioridade do compromisso particular de compra e venda firmado pelo apelante, datado de 22.07.2008, e sua alegada boa-fé também não alteram a qualificação negativa do título. Isso porque, é sabido, a qualificação registral segue a regra *tempus regit actum*, o que significa que o título se sujeita às condições vigentes ao tempo de sua apresentação a registro, pouco importando a data de sua celebração.

Nesse sentido, já decidiu o Conselho Superior da Magistratura:

> *REGISTRO DE IMÓVEIS – DÚVIDA – REGISTRO DE ESCRITURA DE VENDA E COMPRA – AVERBAÇÃO DE INDISPONIBILIDADE REALIZADA ANTES DO REGISTRO PRETENDIDO – IRRELEVÂNCIA DO FATO DA ESCRITURA PÚBLICA TER SIDO LAVRADA ANTES DA ORDEM DE INDISPONIBILIDADE SE NÃO REGISTRADA EM DATA ANTERIOR – PRINCÍPIO DA CONTINUIDADE – RECURSO NÃO PROVIDO.* (TJSP; Apelação 0000181-62.2014.8.26.0114; Relator (a): Elliot Akel; Órgão Julgador: Conselho Superior de Magistratura; Foro de Campinas - 6ª. Vara

Cível; Data do Julgamento: 02/12/2014; Data de Registro: 15/12/2014).

REGISTRO DE IMÓVEIS - Compromisso de compra e venda apresentado após a averbação da indisponibilidade do imóvel – Tempus regit actum Jurisprudência do CSM - Dúvida procedente – Recurso não provido. (TJSP; Apelação 1049817-85.2015.8.26.0100; Relator (a): Pereira Calças; Órgão Julgador: Conselho Superior de Magistratura; Foro Central Cível - 1ª Vara de Registros Públicos; Data do Julgamento: 25/02/2016; Data de Registro: 13/04/2016).

Diante do exposto, pelo meu voto, **nego provimento** ao recurso.

GERALDO FRANCISCO PINHEIRO FRANCO

Corregedor Geral da Justiça e Relator

Notas:

[1] Fls. 84/86.

[2] Fls. 114/117.

[3] Fls. 05. (DJe de 20.06.2018 - SP)

PODER JUDICIÁRIO

TRIBUNAL DE JUSTIÇA DO ESTADO DE SÃO PAULO

CONSELHO SUPERIOR DA MAGISTRATURA

Apelação nº 1009845-64.2016.8.26.0362

Registro: 2018.0000329273

ACÓRDÃO

Vistos, relatados e discutidos estes autos do(a) **Apelação nº 1009845-64.2016.8.26.0362**, da Comarca de **Mogi-Guaçu**, em que são partes é apelante **CONSULT - CONSULTORIA E NEGÓCIOS IMOBILIÁRIOS LTDA**, são apelados **CONSTRUTORA IMOB ZANIBONI SC LTDA e CLAUS JOSÉ BRIDI.**

ACORDAM, em Conselho Superior de Magistratura do Tribunal de Justiça de São Paulo, proferir a seguinte decisão: **"Negaram provimento à apelação, para manter o indeferimento da impugnação ao registro do loteamento, v.u.",** de conformidade com o voto do Relator, que integra este Acórdão.

O julgamento teve a participação dos Exmos. Desembargadores **PEREIRA CALÇAS (PRESIDENTE TRIBUNAL DE JUSTIÇA) (Presidente), ARTUR MARQUES (VICE PRESIDENTE), XAVIER DE AQUINO (DECANO), EVARISTO DOS SANTOS(PRES. DA SEÇÃO DE DIREITO PÚBLICO), CAMPOS MELLO (PRES. DA SEÇÃO DE DIREITO PRIVADO) E FERNANDO TORRES GARCIA(PRES. SEÇÃO DE DIREITO CRIMINAL).**

São Paulo, 27 de abril de 2018.

GERALDO FRANCISCO PINHEIRO FRANCO

Corregedor Geral da Justiça e Relator

Apelação nº 1009845-64.2016.8.26.0362

Apelante: Consult - Consultoria e Negócios Imobiliários Ltda Apelados: Construtora Imob Zaniboni Sc Ltda e CLAUS JOSÉ BRIDI

VOTO Nº PF 37.342

Registro de loteamento – Impugnação fundada na alegação do nome atribuído ao loteamento violar direito de propriedade industrial – Matéria não prevista na Lei n. 6.766/79 para fins de impugnação – Discussão, se o caso, a ser realizada na esfera jurisdicional – Recurso não provido.

Trata-se de recurso de apelação interposto por CONSULT - Consultoria e Negócios Imobiliários Ltda contra a r. decisão de fls. 649, que afastou impugnação ao registro do Loteamento Parque dos Eucaliptos III.

Sustenta a apelante a impossibilidade do registro em virtude do nome escolhido para o loteamento, Parque dos Eucaliptos III, violar seu direito de propriedade industrial decorrente da marca "Parque dos Eucaliptos", implicando, inclusive, em concorrência desleal; competindo o acolhimento da impugnação para impedir o registro do loteamento (fls. 658/669).

A D. Procuradoria Geral da Justiça opinou pelo não provimento do recurso (fls. 702/703).

É o relatório.

A Lei n. 6.766/79 estabelece os pressupostos para o registro de loteamento para apuração de sua viabilidade urbanística, registral e econômica.

Preenchidos os requisitos legais e documentais, examinadas e, afastadas, as impugnações, compete o registro do loteamento.

A eventual violação de direito de propriedade industrial, por meio de concorrência desleal, não é passível de apreciação na esfera administrativa por ausência de previsão na Lei n. 6.766/79.

Diante da estrutura e função do direito de propriedade industrial sua alegação somente é pertinente em processo de natureza jurisdicional; não sendo cabível sua análise em sede de impugnação ao registro deloteamento.

Nos estritos limites deste processo administrativo não há possibilidade de impedir o registro do loteamento por força da suposta violação da propriedade industrial, como ressaltado pela D. Procuradoria Geral da Justiça.

Tampouco é pertinente o exame das razões invocadas no presente recurso por demandarem ação de natureza judicial.

Por todo o exposto, pelo meu voto, nego provimento à apelação, para manter o indeferimento da impugnação ao registro do loteamento.

GERALDO FRANCISCO PINHEIRO FRANCO

Corregedor Geral da Justiça e Relator (DJe de 20.06.2018 - SP)

PODER JUDICIÁRIO

TRIBUNAL DE JUSTIÇA DO ESTADO DE SÃO PAULO

CONSELHO SUPERIOR DA MAGISTRATURA

Apelação nº 1000063-31.2017.8.26.0319

Registro: 2018.0000378200

ACÓRDÃO

Vistos, relatados e discutidos estes autos do(a) **Apelação nº 1000063-31.2017.8.26.0319**, da Comarca de **Lençóis Paulista**, em que são partes é apelante **EMPREENDIMENTOS IMOBILIÁRIOS BOREBI LTDA.**, é apelado **OFICIAL DE REGISTROS DE IMÓVEIS E ANEXOS DA COMARCA DE LENÇÓIS PAULISTA.**

ACORDAM, em Conselho Superior de Magistratura do Tribunal de Justiça de São Paulo, proferir a seguinte decisão: **"Deram provimento ao recurso e julgaram improcedente a dúvida, v.u."**, de conformidade com o voto do Relator, que integra este Acórdão.

O julgamento teve a participação dos Exmos. Desembargadores **PEREIRA CALÇAS (PRESIDENTE TRIBUNAL DE JUSTIÇA) (Presidente), ARTUR MARQUES (VICE PRESIDENTE), XAVIER DE AQUINO (DECANO), EVARISTO DOS SANTOS(PRES. DA SEÇÃO DE DIREITO PÚBLICO), CAMPOS MELLO (PRES. DA SEÇÃO DE DIREITO PRIVADO) E FERNANDO TORRES GARCIA(PRES. SEÇÃO DE DIREITO CRIMINAL).**

São Paulo, 15 de maio de 2018.

GERALDO FRANCISCO PINHEIRO FRANCO

Corregedor Geral da Justiça e Relator

Apelação nº 1000063-31.2017.8.26.0319

Apelante: Empreendimentos Imobiliários Borebi Ltda.

Apelado: Oficial de Registros de Imóveis e Anexos da Comarca de Lençóis Paulista

VOTO Nº 37.343

Registro de imóveis – Loteamento – § 2° do art. 18 da Lei n° 6.766/79 – Item 181 do Capítulo XX das NSCJG – Existência de ações cíveis, fiscais e trabalhistas contra o antecessor proprietário da área loteada – Área adquirida em arrematação judicial – Tratamento distinto – Ausência de risco aos futuros adquirentes – Recurso provido.

Trata-se de recurso de apelação interposto por EMPREENDIMENTOS IMOBILIÁRIOS BOREBI LTDA, contra r. sentença que manteve o óbice levantado pelo Oficial de Registro de Imóveis de Lençóis Paulista, obstando registro de loteamento diante da falta de comprovação de que as ações distribuídas contra o antecessor proprietário do imóvel não prejudicarão os futuros adquirentes dos lotes.

Sustenta a recorrente que está cabalmente comprovado que as dívidas do anterior proprietário não prejudicarão futuros compradores dos lotes, tendo em vista que a gleba fora adquirida por arrematação, o que configura aquisição originária de propriedade, inexistindo penhoras ou ônus reais que recaiam sobre a área a ser loteada.

Quanto às ações fiscais, afirma que a jurisprudência do STJ é pacífica quanto à ausência de responsabilidade do arrematante quanto a débitos dessa natureza.

D. Procuradoria opinou pelo desprovimento do recurso. É o relatório.

DECIDO.

Presentes pressupostos processuais e administrativos, conheço do recurso. No mérito, o recurso comporta provimento.

O falecido antecessor proprietário da área da matrícula n° 29.191 era *Antônio Sanches Tosta*, proprietário dos imóveis descritos em duas matrículas-mães: matrículas n° 7.828 (fl. 27/30) e n° 1.203 (fl. 31/35).

Os sócios da recorrente, *Cláudio Centinari, José Cardoso Neto, Pedro Pavanello, Irineu Pavanello, João Angelo Pavanello* e *José Pavanello Filho* arremataram esses dois imóveis (matrículas n° 7.828 e n° 1.203) nos autos da ação de execução n° 319.01.2009.006232-3, ajuizada pelo *Banco do Brasil* contra *Marlene Aparecida Apetitto* e outros (fl. 81/82).

Após o registro da propriedade em favor dos arrematantes e novos desdobros, unificações e abertura de matrículas, o imóvel da matrícula nº 29.191, no qual se busca o registro do loteamento, foi vendido na proporção de 50%, para *José Pavanello Filho* (R.6, fl. 16), e, em seguida, todos conferiram o imóvel à loteadora recorrente (R.7/29.191, fl. 16).

O proprietário antecessor, *Antonio Sanches Tosta*, adquiriu a propriedade das áreas em novembro de 1986 (fl. 27 e 32), e o imóvel foi arrematado em 2013 (fl. 80), ostentando, assim, a propriedade por mais de 10 anos.

Quanto à obrigatoriedade de se fazer prova da ausência de risco aos futuros adquirentes dos lotes, além do mencionado § 2° do art. 18 da Lei nº 6.766/79, o Item 181 do Capítulo XX das NSCJG assim dispõe:

181. As certidões de ações pessoais e penais, inclusive da Justiça Federal, e as de protestos devem referir-se ao loteador e a todos aqueles que, no período de 10 (dez) anos, tenham sido titulares de direitos reais sobre o imóvel; serão extraídas, outrossim, na comarca da situação do imóvel e, se distintas, naquelas onde domiciliados o loteador e os antecessores abrangidos pelo decênio, exigindo-se que as certidões tenham sido expedidas há menos de 6 (seis) meses Há planilha nos autos indicando que o referido antecessor possuía contra si 56 ações cíveis e fiscais, além de ações trabalhistas, atingindo um total, naquela oportunidade, de R$ 2.501.445,26 (fl. 6 e 73) em valores discutidos.

Sucede que a aquisição da área na qual se busca o registro do loteamento não decorreu de simples avença onerosa e bilateral, mas sim de arrematação judicial, o que traduz necessariamente tratamento distinto em relação a eventual alienação voluntária do bem pelo proprietário que apresente contra si ações e obrigações vencidas.

Quanto à natureza da aquisição, deve ser anotado que a arrematação não é modo originário de aquisição de propriedade.

Embora essa tese tenha prevalecido neste Conselho Superior por um breve período, já se retomou o entendimento consolidado de que a arrematação é modo derivado de aquisição da propriedade. Neste sentido:

"REGISTRO DE IMÓVEIS – CARTA DE ARREMATAÇÃO – MODO DERIVADO DE AQUISIÇÃO DA PROPRIEDADE – FERIMENTO DOS PRINCÍPIOS DA CONTINUIDADE E DA ESPECIALIDADE OBJETIVA – RECURSO DESPROVIDO" (apelação nº 9000002-19.2013.8.26.0531, Rel. Des. Elliot Akel, j. em 02/09/2014).

Contudo, independentemente de se tratar de aquisição derivada de propriedade, o caso concreto envolve, em verdade, a limitação de eventual responsabilidade do arrematante por eventual débito existente em desfavor do titular da propriedade do bem alienado judicial. E aqui, há de se observar que o arrematante não assume, de forma alguma, qualquer ônus ou responsabilidade sobre débitos do executado que tem seu imóvel levado a leilão judicial,

Para além da inexistência de responsabilidade a qualquer título pelo arrematante por débitos pessoais do executado que tem o bem arrematado em leilão judicial, exceção óbvia às obrigações ambulatórias que figurem no edital, observa-se de fato que não existe qualquer registro ou averbação de ações reais ou reipersecutórias junto à matrícula do imóvel objeto do loteamento, além de inexistirem quaisquer ônus reais, tais como penhora, hipoteca, alienação fiduciária ou decretação de indisponibilidade (fl. 13/16).

E, mesmo que existissem alguma oneração sobre o bem, haveria se de avaliar, em concreto, se não se enquadraria naqueles casos em que a arrematação transfere o direito de garantia sobre o bem para o saldo obtido com a arrematação, entregando-se o bem isento de ônus ao arrematante.

Assim, nada obstante a existência de diversas ações contra o anterior proprietário, não há qualquer constrição existente por dívidas de *Antônio Sanches Tosta*, como se vê da referida certidão da matrícula nº 29.191, o afastaria, inclusive, o risco de reconhecimento de fraude à execução.

Expedida a carta de arrematação em 1° de abril de 2013 (fl. 34), mesmo o prazo decadencial de anulação da arrematação já estaria fulminado a esta altura (art. 178, inciso II, do Código Civil).

Não bastasse, ainda que houvesse outras constrições, o que não é o caso, o valor dos créditos estaria sub- rogado no preço da arrematação, já que o imóvel fora a leilão e arrematado em 2013 (art. 980 do Código de Processo Civil), em ação judicial já transitada em julgado e com carta de arrematação já registrada.

Pensar de forma diversa seria responsabilizar o arrematante, que confiou na segurança jurídica estatal, pagou o preço e arrematou o bem, por todos os encargos vinculados ao anterior proprietário, o que comprometeria a eficiência da tutela executiva, em ofensa à segurança jurídica.

E refoge à lógica da arrematação judicial de bem por particular, no âmbito de processo executivo, a permanência dos efeitos de garantia patrimonial do bem sobre as dívidas que, em verdadeiro concurso de credores, haveriam de ser pagas com o saldo da arrematação, sendo impossível nova penhora sobre o bem arrematado por conta de débitos anteriores ou atuais havidos pelo devedor executado (STJ, REsp 866.191/SC 1ª T. rel. Min. Teori Albino Zavascki j. 22.02.2011 DJe 28.02.2011).

O valor da arrematação do imóvel, transferido ao Juízo do Inventário de *Antonio Sanches Tosta*, perfaz a quantia de R$ 608.096,81 (fl. 82), e será esse valor que responderá pelas dívidas do anterior proprietário, devendo os credores do *de cujos* formular pedido de habilitação naqueles autos, reduzindo o risco de oneração do imóvel arrematado a essa altura.

Não bastasse, a apelante apresentou bens de sua propriedade e de seus sócios que, em estimativa idônea apresentada, seriam aptos a suportar eventuais débitos do anterior proprietário (fl. 97/119), não havendo, também por esse motivo, risco a futuros adquirentes dos lotes.

Tratando-se de sociedade limitada cuja integralização do capital social foi feita por conferência do imóvel objeto do loteamento (fl. 16, R.7/29.191), os bens dos sócios responderiam por eventuais obrigações sociais, no limite dessa participação no capital social, nos termos do art. 1.052 do Código Civil.

Sendo assim, de fato, mostra-se viável o registro do loteamento, com superação do óbice apresentado. Por todo o exposto, pelo meu voto, dou provimento ao recurso e julgo improcedente a dúvida.

GERALDO FRANCISCO PINHEIRO FRANCO

Corregedor Geral da Justiça e Relator (DJe de 22.06.2018 - SP)

PODER JUDICIÁRIO

TRIBUNAL DE JUSTIÇA DO ESTADO DE SÃO PAULO

CONSELHO SUPERIOR DA MAGISTRATURA

Apelação nº 1000115-64.2016.8.26.0415

Registro: 2018.0000449827

ACÓRDÃO

Vistos, relatados e discutidos estes autos do(a) **Apelação nº 1000115-64.2016.8.26.0415**, da Comarca de **Palmital**, em que são partes é apelante **LUIZ AMBROZIM JUNIOR**, é apelado **OFICIAL DE REGISTRO DE IMÓVEIS E ANEXOS DA COMARCA DE PALMITAL**.

ACORDAM, em Conselho Superior de Magistratura do Tribunal de Justiça de São Paulo, proferir a seguinte decisão: **"Não conheceram da apelação interposta e, com fundamento no art. 5º, I.33, da Resolução nº 623/2013 do Órgão Especial do Tribunal de Justiça, determinaram a redistribuição do recurso à Primeira Subseção da Seção de Direito Privado, v.u."**, de conformidade com o voto do Relator, que integra este Acórdão.

O julgamento teve a participação dos Exmos. Desembargadores **PEREIRA CALÇAS (PRESIDENTE TRIBUNAL DE JUSTIÇA) (Presidente), ARTUR MARQUES (VICE PRESIDENTE), XAVIER DE AQUINO (DECANO), EVARISTO DOS SANTOS(PRES. DA SEÇÃO DE DIREITO PÚBLICO), CAMPOS MELLO (PRES. DA SEÇÃO DE DIREITO PRIVADO) E FERNANDO TORRES GARCIA(PRES. SEÇÃO DE DIREITO CRIMINAL).**

São Paulo, 7 de junho de 2018.

GERALDO FRANCISCO PINHEIRO FRANCO

Corregedor Geral da Justiça e Relator

Apelação nº 1000115-64.2016.8.26.0415

Apelante: Luiz Ambrozim Junior

Apelado: Oficial de Registro de Imóveis e Anexos da Comarca de Palmital

VOTO Nº 37.476

Competência Recursal – Mandado de Segurança – Desdobro de lote – Exigências formuladas pelo oficial registrador – Discordância da parte – Indeferimento da inicial – Inconformismo do impetrante – Questão de cunho jurisdicional – Incompetência do Conselho Superior da Magistratura – Recurso de apelação não conhecido, com determinação da redistribuição dos autos a uma das Câmaras da Primeira Subseção da Seção de Direito Privado do E. Tribunal de Justiça.

Trata-se de apelação interposta por Luiz Ambrozim Junior em face da r. sentença, que julgou extinto sem julgamento do mérito mandado de segurança impetrado contra ato da Oficial de Registro de Imóveis da Comarca de Palmital, por ilegitimidade passiva.

Sustenta o apelante a reforma da decisão com a realização do ato, porquanto ilegal a negativa da prática do registro imobiliário pretendido (a fls. 68/77).

A douta Procuradoria Geral de Justiça opinou pelo não provimento do recurso (a fls. 101/103).

É o relatório.

Não obstante a questão tratada nos autos diga respeito a registro imobiliário e ao cabimento de exigências formuladas pelo Oficial do Cartório de Registro de Imóveis, a impetração de mandado de segurança, que tem caráter inequivocamente jurisdicional, retira tanto do Conselho Superior da Magistratura como da Corregedoria Geral da Justiça a competência para apreciá-la.

Sobre a incompetência do Conselho Superior da Magistratura para julgar mandados de segurança, já ficou decidido que:

"MANDADO DE SEGURANÇA - Decisão proferida em procedimento de dúvida, que teve curso perante a Corregedoria Permanente - Natureza administrativa - Incompetência do Conselho Superior da Magistratura para conhecer de pretensões de cunho jurisdicional - Mandado de Segurança não conhecido, com determinação de devolução dos autos à Seção de Direito Privado" (Mandado de Segurança nº 990.10.344.500-7, Rel. Des. Munhoz Soares, j. em 14/9/2010).

"Mandado de Segurança - Decisão proferida em procedimento de dúvida - Incompetência do Conselho Superior da Magistratura para conhecer de pretensões de cunho propriamente jurisdicional" (Mandado de Segurança nº 354-6/7, Rel. Des. José Mário Antônio Cardinale, j. em 12/5/2005).

E não se desconhece que a incompetência do C. Conselho Superior da Magistratura para a apreciação do *mandamus* se estende ao julgamento da apelação interposta contra a sentença que julgou mandado de segurança em primeira instância, como ocorre no caso dos autos.

Nesse cenário, impõe-se o reconhecimento da competência das Câmaras de Direito Privado para conhecer do apelo, corroborada pelos seguintes julgados:

"MANDADO DE SEGURANÇA – Segundo julgamento – Pretensão de liberação de registro imobiliário, obstado por decisão administrativa do Juiz Corregedor, prolatada em razão de peculiaridades do caso – Adjudicação do bem debatido, e de outro, dada em situação de acordo em ação de cobrança, não em razão de constrição propriamente dita e arrematação – Adjudicação, entretanto, que não pode ser desconsiderada – Cancelamento de gravames na matrícula do bem guerreado recusada na sentença que julgou a ação de cobrança, remetida aos Juízos que determinaram penhoras – Cancelamento posteriormente determinado pela mesma autoridade judiciária, medida que se mostra de todo inoportuna e inviável – Cancelamento que foi revertido por decisão do Juiz Corregedor dos Registros Públicos – Ato fundamentado e que resultou na inviabilidade do registro da venda e compra operada pelo impetrante – Ausência de direito líquido e certo ao tal registro – Matéria que deve ser levada a ação própria, incabível na cognição estreita do Mandado de Segurança – Segurança denegada." (TJSP; Mandado de Segurança 0587365-89.2010.8.26.0000; Rel. Miguel Brandi; 7ª Câmara de Direito Privado; Data do Julgamento: 22/02/2017; Data de Registro: 09/03/2017).

"MANDADO DE SEGURANÇA. Matéria preliminar. Preservação da competência da Justiça Estadual para o julgamento do mandamus. Autoridade coatora que exerce atividade de registro delegada pelo Estado (art. 3º, da Lei nº 8.935/64). Exigência feita por Oficial de Registro de Imóveis. Apresentação da certidão negativa de débitos federais como condição para o arquivamento de garantia fiduciária. Descabimento. Medida que configura meio indireto da cobrança de tributos. Entendimento alinhado à jurisprudência do E. STF (ADI 173, Rel. Min. Joaquim Barbosa) e deste Tribunal de Justiça (Arguição de Inconstitucionalidade de Lei nº 0139256-75.2011.8.26.0000, Rel. Des. Armando de Toledo). APELO DESPROVIDO. (TJSP; Apelação / Reexame Necessário 0045763-17.2012.8.26.0224; Rel. Donegá Morandini; 3ª Câmara de Direito Privado; Data do Julgamento: 07/11/2016; Data de Registro: 07/11/2016).

"APELAÇÃO. MANDADO DE SEGURANÇA. Impetração contra ato do Oficial do Cartório de Registro de Imóveis, que se recusou a proceder ao registro das escrituras, com fundamento em aventada necessidade de recolhimento de diferenças a título de ITBI. Ordem denegada. Apelo da impetrante. Inadequação da via eleita e incompetência da Câmara para apreciar o pedido. Questão administrativo-registrária a ser apreciada pelo Juiz Corregedor Permanente do Cartório de Registro de Imóveis. Inteligência dos itens 40, 41 e 41.3 do Capítulo XX, Tomo II, das Normas de Serviço da Corregedoria Geral de Justiça deste Tribunal e do art. 198 da Lei nº 6.015/73 Aplicação do art. 10 da Lei nº 12.016/2009. Precedentes desta Câmara, deste Tribunal e do STJ. INDEFERIMENTO DA PETIÇÃO INICIAL, DE OFÍCIO, PREJUDICADO O RECURSO" (TJSP; Apelação 0002454-79.2014.8.26.0157; Rel. Viviani Nicolau; 3ª Câmara de Direito Privado; Data do Julgamento: 06/07/2016; Data de Registro: 06/07/2016).

COMPETÊNCIA Ação originária versando sobre exigência de certidão negativa para arquivamento notarial Demanda ajuizada contra ato do Oficial do 1º Cartório de Registro de Imóveis de Guarulhos Não caracterização de tema típico de Direito Administrativo ou regimentalmente correlato Exegese do artigo 289 do atual Regimento Interno desta Corte, associado ao artigo 184 do Regimento Interno anterior Afirmação da incompetência da Seção de Direito Público Determinada a remessa dos autos à Colenda Seção de Direito Privado. (TJSP; Apelação / Reexame Necessário 0045763-17.2012.8.26.0224; Rel. Fermino Magnani Filho; 5ª Câmara de Direito Público; Data do Julgamento: 03/05/2016; Data de Registro: 03/05/2016).

Diante do exposto, pelo meu voto, não conheço da apelação interposta e, com fundamento no art. 5º, I.33, da Resolução nº 623/2013 do Órgão Especial do Tribunal de Justiça, determino a redistribuição do recurso à Primeira Subseção da Seção de Direito Privado.

GERALDO FRANCISCO PINHEIRO FRANCO

Corregedor Geral da Justiça e Relator (DJe de 17.07.2018 - SP)

PODER JUDICIÁRIO

TRIBUNAL DE JUSTIÇA DO ESTADO DE SÃO PAULO

CONSELHO SUPERIOR DA MAGISTRATURA

Apelação nº 1000786-69.2017.8.26.0539

Registro: 2018.0000016495

ACÓRDÃO

Vistos, relatados e discutidos estes autos do(a) **Apelação nº 1000786-69.2017.8.26.0539**, da Comarca de **Santa Cruz do Rio Pardo**, em que são partes é apelante **DINAIR ANTÔNIO MOLINA**, é apelado **OFICIAL DE REGISTRO DE IMÓVEIS E ANEXOS DA COMARCA DE SANTA CRUZ DO RIO PARDO**.

ACORDAM, em Conselho Superior de Magistratura do Tribunal de Justiça de São Paulo, proferir a seguinte decisão: **"Deram por prejudicada a dúvida e não conheceram do recurso, v.u. Declarará voto convergente o Desembargador Ricardo Dip."**, de conformidade com o voto do Relator, que integra este Acórdão.

O julgamento teve a participação dos Exmos. Desembargadores **PAULO DIMAS MASCARETTI (Presidente), ADEMIR BENEDITO, XAVIER DE AQUINO, LUIZ ANTONIO DE GODOY, RICARDO DIP E SALLES ABREU**.

São Paulo, 19 de dezembro de 2017.

MANOEL DE QUEIROZ PEREIRA CALÇAS

Corregedor Geral da Justiça e Relator

Apelação nº 1000786-69.2017.8.26.0539

Apelante: Dinair Antônio Molina

Apelado: Oficial de Registro de Imóveis e Anexos da Comarca de Santa Cruz do Rio Pardo

VOTO Nº 29.874

Registro de Imóveis – Recusa de ingresso de título – Resignação parcial – Dúvida prejudicada – Recurso não conhecido – Análise das exigências a fim de orientar futura prenotação – Correta descrição dos imóveis envolvidos em operações de desdobro e fusão – Princípio da especialidade objetiva – Manutenção das exigências – Exibição de certidões negativas de débitos federais, previdenciários e tributários municipais – Inteligência do item 119.1. do Cap. XX das NSCGJ – Precedentes deste Conselho – Afastamento das exigências – Exibição de certidões de ações reais, pessoais reipersecutórias e de ônus reais – Exigência que encontra amparo na letra "c" do item 59 do Capítulo XIV das NSCGJ e na Lei nº 7.433/1985 – Manutenção dasexigências.

Trata-se de recurso de apelação interposto por Dinair Antônio Molina contra a sentença de fls. 67/69, que julgou prejudicada a dúvida suscitada e manteve a recusa ao registro de instrumento particular de compra e venda apresentado no Registro de Imóveis e Anexos de Santa Cruz do Rio Pardo.

Sustenta o apelante, em resumo, que as exigências formuladas pelo registrador não podem prosperar (fls. 72/77).

A Procuradoria Geral da Justiça opinou pelo não provimento da apelação (fls. 89/91). É o relatório.

De acordo com a nota devolutiva de fls. 43/44, os seguintes motivos impedem a inscrição do instrumento particular de compra e venda de fls. 13/17:

"I) O instrumento ora mencionado deve: a) conter a descrição da área remanescente da matrícula n° 410; b) conter a descrição originária e remanescente da matrícula n° 6.343; c) ter todas as folhas rubricadas pelas partes e testemunhas; d) ser retificado para constar que o imóvel adquirido (item II) e fundido (item IV) é irregular; e) ser retificado para constar que o imóvel adquirido (item II) não contém benfeitorias;

II) A certidão e memorial descritivo do desdobro devem ser retificados para constar que os imóveis originário, desdobrado e remanescente são irregulares e que o imóvel descrito no item 2 (com 69,28m²) não contém benfeitorias;

III) A certidão e memorial descritivo da fusão devem ser retificados para constar que os imóveis fundido (com 450,11m²) e descrito no item 2 (com 69,28m²) são irregulares e que este ultimo não contém benfeitorias;

IV) Devem ser apresentadas, em nome da transmitente: a) certidão negativa de débitos federais e previdenciários, ou, se o caso, a dispensa pela adquirente e declaração do alienante (no instrumento particular), sob pena de responsabilidade civil e penal, de que o imóvel encontra-se livre e desembaraçado de quaisquer ônus reais, judiciais ou extrajudiciais, e sobre a existência de outras ações reais e pessoais reipersecutórias, relativas ao imóvel, e de outros ônus reais incidentes sobre o mesmo; b) certidão negativa de débitos tributários municipais; c) certidão negativa de distribuição de ações expedidas pela Justiça Federal, pela Justiça Estadual e pela Justiça do Trabalho, ou a dispensa pelos adquirentes e declaração do alienante (no instrumento particular), sob pena de responsabilidade civil e penal, de que o imóvel encontra-se livre e desembaraçado de quaisquer ônus reais, judiciais ou extrajudiciais, e sobre a existência de outras ações reais e pessoais reipersecutórias, relativas ao imóvel, e de outros ônus reais incidentes sobre o mesmo; d) certidão negativa de débitos trabalhistas expedidas pelo Tribunal Superior do Trabalho, ou a expressa ciência dos adquirentes no sentido de que poderão obter a Certidão Negativa de Débitos Trabalhistas - CNDT (CLT, art. 642-A); e) as certidões das matriculas nºs 410 e 6.343 (expedidas há menos de 30 dias)".

Como concluído pelo MM. Juiz Corregedor Permanente, verifica-se que houve resignação parcial em relação a essa nota devolutiva, pois a exigência relativa à apresentação das certidões das matriculas nº 410 e 6.343, expedidas há menos de 30 dias, embora tenha contado com a concordância do apelante (fls. 50), não foi cumprida.

A jurisprudência deste Conselho Superior é tranquila no sentido de que a concordância, ainda que tácita, com qualquer das exigências feitas pelo registrador ou o atendimento delas no curso da dúvida, ou do recurso contra a decisão nela proferida, prejudica-a:

A dúvida registrária não se presta para o exame parcial das exigências formuladas e não comporta o atendimento de exigência depois de sua suscitação, ***pois a qualificação do título é feita, integralmente, no momento em que é apresentado para registro.*** *Admitir o atendimento de exigência* ***no curso*** *do procedimento da dúvida teria como efeito a indevida prorrogação do prazo de validade da prenotação e, em consequência, impossibilitaria o registro de eventuais outros títulos representativos de direitos reais contraditórios que forem apresentados no mesmo período. Em razão disso, a aquiescência do apelante com uma das exigências formuladas prejudica a apreciação das demais matérias que se tornaram controvertidas. Neste sentido decidiu este Colendo Conselho Superior da Magistratura na Apelação Cível n.º 60.460.0/8, da Comarca de Santos, em que foi relator o Desembargador Sérgio Augusto Nigro Conceição, e na Apelação Cível n.º 81.685-0/8, da Comarca de Batatais, em que foi relator o Desembargador Luís de Macedo* (Apelação Cível n.º 220.6/6-00). (grifei)

Desse modo, a dúvida está prejudicada.

Ainda assim, deve-se analisar a questão de fundo, a fim de evitar que, cumpridas as exigências não impugnadas, o interessado venha a ter que se valer, novamente, do procedimento.

Não se trata de consulta, em tese, mas de análise de caso concreto. O Conselho não atua como mero órgão consultivo, mas como regulador de uma situação de fato. Uma vez resolvida a controvérsia, o tema não será mais levado à Corregedoria Permanente, dado que o Oficial já terá orientação clara sobre como proceder.

Ao contrário do exercício de função jurisdicional, cuja essência é teleológica, a função administrativa, exercida no âmbito do julgamento das dúvidas, tem caráter disciplinador. Enquanto, na função jurisdicional, visa-se ao julgamento do mérito, com posterior formação de coisa julgada e impossibilidade de rediscussão para as partes, o julgamento das dúvidas não se presta somente a decidir o caso concreto, mas a servir de orientação aos registradores para casos análogos.

Logo, por esses dois ângulos é importante a análise do mérito, ainda que prejudicada a dúvida: a) evita-se a nova suscitação; b) fixa-se orientação para casos similares.

Passa-se ao exame das exigências, anotando-se que item I, letra "c", da nota devolutiva (todas as folhas do título devem ser rubricadas pelas partes e testemunhas) foi reconsiderado (fls. 3) e o item IV, letra "e", não foi impugnado.

As exigências relacionadas no item I da nota devolutiva, que tratam de aspectos que devem ser mencionados no instrumento apresentado (letra "a" – descrição da área remanescente da matrícula nº 410; letra "b" - descrição originária e remanescente da matrícula nº 6.343; letra "d" - constar que o imóvel adquirido e fundido é irregular; e letra "e" - constar que o imóvel adquirido não contém benfeitorias) devem ser todas mantidas.

As descrições dos bens envolvidos no desdobro e na fusão (tanto da situação original como da situação que se pretende criar), assim como a referência às eventuais benfeitorias existentes nos terrenos devem realmente constar no título, ainda que essas informações estejam inseridas em documentos que o tenham acompanhado. Essas providências encontram fundamento no princípio da especialidade objetiva, que exige a caracterização detalhada e precisa dos imóveis matriculados.

Por esses mesmos motivos também devem ser mantidos os óbices descritos nos itens II (retificação da certidão e do memorial descritivo do desdobro para constar que os imóveis originário, desdobrado e remanescente são irregulares e que o imóvel descrito no item 2 não contém benfeitorias) e III (retificação da certidão e do memorial descritivo da fusão para constar que o imóvel fundido e o imóvel descrito no item 2 são irregulares e que este ultimo não contém benfeitorias) da nota devolutiva. Atende ao princípio da especialidade objetiva a retificação das descrições, a fim de que conste que os imóveis envolvidos no desdobro e na fusão não são retangulares o que pressupõe ângulos internos retos e lados opostos congruentes. São, em verdade, quadriláteros irregulares.

Tem razão o registrador ao determinar a apresentação de certidões de ações reais, pessoais reipersecutórias e de ônus reais (item IV, letra "c" da nota devolutiva), exigência que encontra guarida na letra "c" do item 59 do Capítulo XIV das NSCGJ e na Lei 7.433/1985.

Referidas certidões não podem ser dispensadas nem mesmo por ocasião da lavratura de escritura pública relativa a imóvel, pois tem como finalidade conferir segurança jurídica à transação imobiliária.

Se nem mesmo o tabelião, dotado de fé pública, pode dispensar a apresentação de certidão de ações reais, pessoais reipersecutórias e de ônus reais, com mais razão deve o registrador exigir a sua apresentação dos particulares.

Por outro lado, não se justifica a exibição de CNDs (item IV, letras "a" e "b" da nota devolutiva), diante da contemporânea compreensão do C. CSM, iluminada por diretriz estabelecida pela Corte Suprema **[1]**, a dispensá-las, porquanto a exigência, uma vez mantida, prestigiaria vedada sanção política **[2]**.

A confirmação da exigência importaria, na situação em apreço, uma restrição indevida ao acesso de título à tábua registral, imposta como forma oblíqua, instrumentalizada para, ao arrepio e distante do devido processo legal, forçar o contribuinte ao pagamento de tributos **[3]**.

Caracterizaria, em síntese, restrição a interesses privados em desacordo com a orientação do E. STF, a qual se alinhou este C. CSM, e, nessa trilha, incompatível com limitações inerentes ao devido processo legal, porque mascararia uma cobrança por quem não é a autoridade competente, longe do procedimento adequado à defesa dos direitos do contribuinte, em atividade estranha à fiscalização que lhe foi cometida, ao seu fundamento e fins legais, dado que as obrigações tributárias em foco não decorrem do ato registral buscado.

Conforme Humberto Ávila, *"a cobrança de tributos é atividade vinculada procedimentalmente pelo devido processo legal, passando a importar quem pratica o ato administrativo, como e dentro de que limites o faz, mesmo que e isto é essencial não haja regra expressa ou a que seja prevista estabeleça o contrário."* **[4]**

Na mesma direção, sob inspiração desses precedentes, segue o subitem 119.1. do Cap. XX das NSCGJ, consoante o qual, *"com exceção do recolhimento do imposto de transmissão e prova de recolhimento do laudêmio, quando devidos, nenhuma exigência relativa à quitação de débitos para com a Fazenda Pública, inclusive quitação de débitos previdenciários, fará o oficial, para o registro de títulos particulares, notariais ou judiciais."*

Finalmente, a certidão negativa de débitos trabalhistas (CNDT) não é exigida nem mesmo por ocasião da lavratura de escritura pública.

Nos termos do item 42 do Capítulo XIV das Normas de Serviço da Corregedoria Geral da Justiça o tabelião tem somente o dever de cientificar as partes envolvidas de que é possível obter a CNDT, instituída pela Lei 12.440/2011, que criou o artigo 642-A da CLT.

Como a apresentação da CNDT não é exigida na lavratura de uma escritura pública, com menos razão é possível impor tal formalidade ao registro de instrumento particular.

Com tais observações, dou por prejudicada a dúvida e não conheço do recurso.

MANOEL DE QUEIROZ PEREIRA CALÇAS

Corregedor Geral da Justiça e Relator

TRIBUNAL DE JUSTIÇA DE SÃO PAULO

Conselho Superior da Magistratura

Apelação 1000786-69.2017.8.26.0539 SEMA

Dúvida de registro

VOTO 52.315 (com divergência)

1. Registro, para logo, perfilhar o resumo processual lançado autos pelo digno Relator da espécie.

2. Peço reverente licença para, entretanto, não aderir à "análise de mérito" a que se dedicou o digno Relator **após afirmar não conhecer do recurso.**

Ao registrador público, tendo afirmada, *per naturam legemque positam*, a **independência na qualificação jurídica** (*vide* arts. 3º e 28 da Lei n. 8.935, de 18-11-1994), não parece possam impor-se, nesta esfera de qualificação, "orientações" prévias e abstratas de caráter hierárquico.

Assim, o registrador tem o **dever** de qualificação jurídica e o **direito** de efetivá-la com independência profissional, *in suo ordine*.

Vem a propósito que a colenda Corregedoria Geral da Justiça paulista, em seu volumoso código de normas, enuncia:

"Os oficiais de Registro de Imóveis gozam de independência jurídica no exercício de suas funções e exercem essa prerrogativa quando interpretam disposição legal ou normativa. (...)" (item 9º do cap. XX das "Normas de Serviço da Corregedoria Geral da Justiça de São Paulo").

Se o que basta não bastara, calha que os órgãos dotados de (controversa) *potestas* para editar **regras técnicas** relativas aos registros públicos são os **juízes competentes para o exercício da função correcional** (o que inclui a egrégia Corregedoria Geral da Justiça de São Paulo; cf. inc. XIV do art. 30 da Lei n. 8.935/1994). Essa função de corregedoria dos registros, em instância administrativa final no Estado de São Paulo, **não compete a este Conselho Superior da Magistratura**, Conselho - a cuja *auctoritas* tributo meu respeito- não detém, ao revés do que respeitavelmente entendeu o venerando voto de relação, "poder disciplinador" sobre os registros e as notas (v., a propósito, os incs. XVII a XXXIII do art. 28 do Regimento Interno deste Tribunal).

Averbo, por fim, que a admitir-se a pretendida força normativa da ventilada "orientação", não só os juízes corregedores permanentes estariam jungidos a observá-la, mas também as futuras composições deste mesmo Conselho.

Deste modo, voto no sentido de que não se conheça do recurso, excluindo-se a r. incursão no mérito do caso.

É como voto.

Des. RICARDO DIP

Presidente da Seção de Direito Público

Notas:

[1] ADI n.º 173/DF e ADI n.º 394/DF, rel. Min. Joaquim Barbosa, j. 25.9.2008.

[2] Apelação Cível n.º 0013759-77.2012.8.26.0562, rel. Des. Renato Nalini, j. 17.1.2013; Apelação Cível n.º 0021311-24.2012.8.26.0100, rel. Des. Renato Nalini, j. 17.1.2013; Apelação Cível n.º 0013693-47.2012.8.26.0320, rel. Des. Renato Nalini, j. 18.4.2013; Apelação Cível n.º 9000004-83.2011.8.26.0296, rel. Des. Renato Nalini, j. 26.9.2013; e Apelação Cível n.º 0002289-35.2013.8.26.0426, rel. Des. Hamilton Elliot Akel, j. 26.8.2014.

[3] A respeito da proscrição das sanções políticas, cf. Hugo de Brito Machado, *in Curso de Direito Tributário*. 32.ª ed. São Paulo: Malheiros, 2011, p. 509-511.

[4] *Sistema constitucional tributário*. 5.ª ed. São Paulo: Saraiva, 2012, p. 173. (DJe de 19.07.2018 - SP)

PODER JUDICIÁRIO

TRIBUNAL DE JUSTIÇA DO ESTADO DE SÃO PAULO

CONSELHO SUPERIOR DA MAGISTRATURA

Apelação nº 0009825-61.2017.8.26.0037

Registro: 2018.0000694992

ACÓRDÃO

Vistos, relatados e discutidos estes autos do(a) **Apelação nº 0009825-61.2017.8.26.0037**, da Comarca de **Araraquara**, em que é apelante **ANTONIO JOSÉ DE ANDRADE FILHO**, é apelado **SPE ARENCO & PEREIRA ALVIM CONSTRUTORAS LTDA.**

ACORDAM, em Conselho Superior de Magistratura do Tribunal de Justiça de São Paulo, proferir a seguinte decisão: **"Negaram provimento ao recurso. V. U. Negaram provimento ao recurso, v.u."**, de conformidade com o voto do Relator, que integra este Acórdão.

O julgamento teve a participação dos Exmos. Desembargadores **PEREIRA CALÇAS (PRESIDENTE TRIBUNAL DE JUSTIÇA) (Presidente), ARTUR MARQUES (VICE PRESIDENTE), DAMIÃO COGAN (DECANO), EVARISTO DOS SANTOS(PRES. DA SEÇÃO DE DIREITO PÚBLICO), CAMPOS MELLO (PRES. DA SEÇÃO**

DE DIREITO PRIVADO) E FERNANDO TORRES GARCIA(PRES. SEÇÃO DE DIREITO CRIMINAL).

São Paulo, 31 de agosto de 2018.

GERALDO FRANCISCO PINHEIRO FRANCO

Corregedor Geral da Justiça e Relator

Apelação nº 0009825-61.2017.8.26.0037

Apelante: Antonio José de Andrade Filho

Apelado: Spe Arenco & Pereira Alvim Construtoras Ltda Interessado: Municipio de Araraquara

VOTO Nº 37.552

Registro de loteamento – Impugnação – Ação pessoal de indenização movida em face dos anteriores proprietários – Não indicação do valor da indenização e da suposta insuficiência patrimonial dos responsáveis – Rejeição – Ao impugnante competia demonstrar o valor da indenização pretendida e seu impacto no patrimônio da loteadora e a real possibilidade de atingir os interesses dos adquirentes dos lotes – Essa situação impede o exame da impugnação de modo exauriente, eventualmente, poderia haver anotação no registro da existência da ação, mas não do indeferimento do registro do loteamento – Não obstante, houve o julgamento dos recursos pendentes da ação em curso, compete, portanto, rejeitar a impugnação – Recurso não provido.

Trata-se de recurso interposto por Antonio José de Andrade Filho contra a r. decisão de fls. 199/200, que afastou impugnação ao registro do Loteamento Residencial e Comercial Quinta das Laranjeiras.

Sustenta o recorrente o indeferimento do registro do loteamento ante possibilidade de prejuízos aos futuros adquirentes dos lotes no caso da procedência da ação judicial de indenização em curso, por ele movida em face dos herdeiros da anterior proprietária (fls. 206/211).

Contrarrazões à fls. 231/313.

A D. Procuradoria Geral da Justiça opinou pelo não provimento do recurso (fls. 326/328).

O processo foi encaminhado pela Corregedoria Geral da Justiça ao Conselho Superior da Magistratura (a fls. 330/333).

É o relatório.

Em razão do interesse público na regularidade do registro do loteamento não houve perda do objeto do presente recurso pelo fundamento de interesse privado apresentado pelo apelante (a fls. 370), assim, a falta de expressa desistência, passo ao julgamento do recurso.

Além do mais, cuidando-se de impugnação fundada na existência de ação movida em face do proprietário anterior, a análise de sua repercussão em relação ao pedido de registro de loteamento é matéria abrangida na qualificação registral que foi devolvida por inteiro a este colegiado.

O artigo 18, parágrafo 2º, da Lei n. 6.766/79, tem a seguinteredação:

> *§ 2º - A existência de protestos, de ações pessoais ou de ações penais, exceto as referentes a crime contra o patrimônio e contra a administração, não impedirá o registro do loteamento se o requerente comprovar que esses protestos ou ações não poderão prejudicar os adquirentes dos lotes. Se o Oficial do Registro de Imóveis julgar insuficiente a comprovação feita, suscitará a dúvida perante o juiz competente.*

A impugnação funda-se em ação judicial movida em face dos herdeiros da anterior proprietária da gleba, a qual, ao tempo daquela, dependia do exame de recursos de agravo em recurso especial contra decisão que não admitiu recursos especiais interpostos em face de decisão colegiada do Tribunal de Justiça.

Como referido na r. sentença, e reiterado nas razões recursais, já houve o depósito dos valores relativos a condenação na referida ação judicial.

Não obstante, para além desses montantes, a questão que pendia de julgamento envolvia a pretensão do impugnante atinente à indenização correspondente a 10,5736% do valor atualizado da área loteada.

A impugnação apresentada não mencionou o valor específico da indenização pretendida e tampouco a ausência de patrimônio dos herdeiros da antiga proprietária e da loteadora em suportar a eventual procedência da ação de indenização.

Nas contrarrazões, a loteadora referiu a existência de patrimônio tanto dos anteriores proprietários da área como de sua titularidade para arcar com eventual responsabilidade patrimonial, apresentando certidões de matrículas (a fls. 231/313).

Desse modo, os elementos de prova, a cargo do recorrente, não permitiam análise segura da impugnação, notadamente do eventual êxito da ação, cujo montante econômico não foi indicado, ultrapassar o patrimônio dos herdeiros da antiga proprietária e da loteadora atingindo os interesses dos futuros adquirentes dos lotes.

Essas razões seriam suficientes para deferir o registro do loteamento por não ser possível análise em profundidade suficiente, justamente, pela não indicação do valor da suposta indenização e da falta de patrimônio para suportá-la.

Eventualmente, em prol da segurança jurídica, competiria a anotação da ação em curso no registro do loteamento possibilitando ciência aos futuros adquirentes.

Inclusive, o recorrente referiu perda do interesse processual (a fls. 361), todavia, compete o julgamento do recurso pelo mérito em razão do processo estar em grau recursal e haver decisão do MM Juiz Corregedor Permanente.

Em virtude de ter ocorrido o trânsito em julgado do decidido no âmbito do Superior Tribunal de Justiça em 13.04.2018, como consta em meio eletrônico: (https://ww2.stj.jus.br/processo/pesquisa/?src=1.1.3&aplicacao=processos.ea&tipoPesquisa=tipoPesquisaGenerica&num_registro=201602163936) e afirmado pelo recorrente (a fls. 370).

Por todo o exposto, pelo meu voto, nego provimento ao recurso.

GERALDO FRANCISCO PINHEIRO FRANCO

Corregedor Geral da Justiça e Relator (DJe de 02.10.2018 - SP)

PODER JUDICIÁRIO

TRIBUNAL DE JUSTIÇA DO ESTADO DE SÃO PAULO

CONSELHO SUPERIOR DA MAGISTRATURA

Apelação nº 1000036-33.2018.8.26.0539

Registro: 2018.0000911420

ACÓRDÃO

Vistos, relatados e discutidos estes autos do(a) **Apelação nº 1000036-33.2018.8.26.0539**, da Comarca de **Santa Cruz do Rio Pardo,** em que é apelante **JT - LOTEADORA E INCORPORADORA LTDA**, é apelado **OFICIAL DE REGISTRO DE IMÓVEIS E ANEXOS DA COMARCA DE SANTA CRUZ DO RIO PARDO.**

ACORDAM, em Conselho Superior de Magistratura do Tribunal de Justiça de São Paulo, proferir a seguinte decisão: **"Deram provimento ao recurso e julgaram improcedente a dúvida, v.u.",** de conformidade com o voto do Relator, que integra este Acórdão.

O julgamento teve a participação dos Exmos. Desembargadores **PEREIRA CALÇAS (PRESIDENTE TRIBUNAL DE JUSTIÇA) (Presidente), ARTUR MARQUES (VICE PRESIDENTE), XAVIER DE AQUINO (DECANO), EVARISTO DOS SANTOS(PRES. DA SEÇÃO DE DIREITO PÚBLICO), CAMPOS MELLO (PRES. DA SEÇÃO DE DIREITO PRIVADO) E FERNANDO TORRES GARCIA(PRES. SEÇÃO DE DIREITO CRIMINAL).**

São Paulo, 12 de novembro de 2018.

GERALDO FRANCISCO PINHEIRO FRANCO

Corregedor Geral da Justiça e Relator

Apelação nº 1000036-33.2018.8.26.0539

Apelante: Jt - Loteadora e Incorporadora Ltda

Apelado: Oficial de Registro de Imóveis e Anexos da Comarca de Santa Cruz do Rio Pardo

VOTO Nº 37.583

Registro de imóveis – Loteamento – Art. 18, § 2º da Lei nº 6.766/79 – Item 181 do Capítulo XX das NSCGJ – Ação de conhecimento na qual houve condenação dos sócios da loteadora em quantia pecuniária – Pendência de julgamento de recurso pela apelação cível na qual se discute o valor da indenização – Pretensão fundada em direito pessoal – Inexistência de plausibilidade suficiente de direito à indenização em valores que possam atingir os futuros adquirentes dos lotes – Recurso provido.

A JT LOTEADORA E INCORPORADORA LTDA. interpõe recurso de apelação contra r. sentença de fls. 1091/1094, que manteve o óbice levantado pelo Oficial de Registro de Imóveis e Anexos de Santa Cruz do Rio Pardo, obstando registro de loteamento, diante da falta de comprovação de que a ação de conhecimento que tramitou naquela Comarca não prejudicará os futuros adquirentes dos lotes.

Sustenta a recorrente que está cabalmente comprovado que a ação que obsta o registro (Proc. nº 1000152- 44.2015.8.26.0539) se limita à discussão a respeito de qual das partes tem culpa na rescisão contratual, se o lucro do empreendimento deverá ser partilhado pelos litigantes e se a parte lesada com a rescisão terá ou não direito à indenização.

Diz, ainda, que o registro do loteamento é necessário, inclusive, para tornar viável o resultado da ação, à míngua de interesse de qualquer das partes na paralisação do empreendimento.

Sustenta, por fim, que há garantias suficientes para o débito eventualmente imposto em futura condenação.

D. Procuradoria opinou pelo desprovimento do recurso (fls. 1125/1131). É o relatório.

DECIDO.

Presentes os pressupostos processuais e administrativos, conheço do recurso. No mérito, a r. sentença, respeitosamente, deve ser reformada.

A recorrente protocolou junto à serventia imobiliária pedido de registro do *Loteamento Residencial Jardim América*, Comarca de Santa Cruz do Rio Pardo, matrícula n° 8.148, a ser implantado pela proprietária, ora recorrente.

Pelas notas devolutivas de fls. 684/686, 704/706 e 1013/1014, o ingresso foi negado por não haver comprovação de que a loteadora possuiria patrimônio suficiente para garantir eventual condenação decorrente da ação n° 1000152-44.2015.8.26.0539, que tramitou perante a 2ª Vara Cível daquela Comarca.

Na referida ação, *Maria Aparecida de Lima Tavares, Roselene Aparecida Tavares Lippman* (sócias da apelante), *Antônio Geraldo Lippman, Claiton de Almeida Tavares e Cláudia Cristiane Pegorer Tavares* litigam com *Murilo Scatamburlo EPP*. O litígio envolve a resolução do contrato e discussão de culpa pelo inadimplemento da avença firmada para o desenvolvimento do projeto do loteamento.

A empresa *Murilo Scatamburlo EPP* seria responsável pelos custos de comercialização, que englobava desde o desenvolvimento de projetos até a contratação de força de vendas para a comercialização dos lotes.

Na referida ação, uma parte imputa à outra a culpa pelo inadimplemento contratual, e tanto no pedido inicial como na reconvenção, ambas buscam a condenação dos adversários ao pagamento pela reparação material e moral.

Durante o trâmite da referida ação, fora interposto agravo de instrumento n° 2221774-49.2015.8.26.0000, que fora provido pela 1a. Câmara de Direito Privado, em decisão definitiva, para que a apelante continuassem com a execução do projeto do loteamento, sem prejuízo de participação dos litigantes nos resultados eventualmente daí advindos (fls. 875/880).

E pelo que se colhe dos autos, a r. sentença proferida naquela ação julgou procedente em parte os pedidos (fls. 855/863), rescindido o contrato entabulado entre as partes e condenando os sócios da apelante ao pagamento de R$ 250.000,00.

O MM. Juiz reconheceu que os sócios da apelante não cumpriram sua obrigação de tempestiva retificação do registro das áreas contratuais, na forma prevista, e que somente a matrícula n. 8.148, que é aquela relativa a este procedimento, estava devidamente retificada. Os autores também teriam deixado de entregar procuração à *Murilo Scatamburlo EPP*, instrumento esse necessário às providências de implantação e administração do empreendimento (fl. 860).

Por outro lado, a r. sentença também reconhece que a *Murilo Scatamburlo EPP* não cumpriu seu dever contratual de cuidar da implantação do loteamento, elaboração e aprovação de projetos, custeio de despesas de aprovação e gerenciamento das obras de infraestrutura (fl. 861). Reconhece, também, que a *Murilo Scatamburlo EPP* não tomou qualquer providência, face ao descumprimento contratual pelos sócios da apelante, já que deveria ao menos notificá-los para que cumprissem sua parte no contrato (fl. 862).

Noutras palavras, a r. sentença da ação de reparação de danos decretou a resolução do contrato e condenou os autores, em reconvenção, à restituição, em favor da *Murilo Scatamburlo EPP*, apenas do sinal oferecido na celebração do contrato, no importe de R$ 250.000,00, com atualizações.

Em consulta realizada nesta data, verificou-se que a apelação cível interposta contra a r. sentença ainda se encontra pendente de julgamento.

E, ao menos do que consta dos autos, face à decisão lançada no referido agravo de instrumento, as obras de infraestrutura continuam.

Quanto à obrigatoriedade de se fazer prova da ausência de risco aos adquirentes dos lotes, além da previsão expressa contida no § 2° do art. 18 da Lei n° 6.766/79, o Item 181 do Capítulo XX das NSCGJ assim dispõe:

181. As certidões de ações pessoais e penais, inclusive da Justiça Federal, e as de protestos devem referir-se ao loteador e a todos aqueles que, no período de 10 (dez) anos, tenham sido titulares de direitos reais sobre o imóvel; serão extraídas, outrossim, na comarca da situação do imóvel e, se distintas, naquelas onde domiciliados o loteador e os antecessores abrangidos pelo decênio, exigindo-se que as certidões tenham sido expedidas há menos de 6 (seis) meses O Sr. Oficial entendeu não ser possível avaliar os reflexos decorrentes dessa condenação, na hipótese de eventual reforma da sentença, posto que a decisão poderá elevar, de forma considerável, o valor da condenação em desfavor dos sócios da recorrente, podendo alcançar a cifra de R$ 26.000.000,00.

Ocorre que, no quadro atual, não existe risco de insolvência por parte da apelante.

O valor eventualmente cabível em indenização decorrerá da venda dos lotes aos futuros compromissários compradores, com base no lucro dessas vendas que ainda acontecerão, em caso de êxito do empreendimento, tratando- se, assim, de obrigação condicional, não obrigação a termo.

Não se cuida, outrossim, de ação real que atinja o imóvel em que será implantado o loteamento, nem se comprovou que dela decorre, até o momento, determinação de bloqueio da matrícula que impeça a livre alienação de lotes.

A pretensão de recebimento de indenização por perdas e danos pelo não cumprimento de contrato entabulado não se mostra suficiente para impedir o registro do loteamento, especialmente porque, ao menos em cognição inicial, a extensão do dano a ser reparado já está delimitada.

Não há plausibilidade, até o momento, de direito da parte adversária ao recebimento de indenização com valor que possa ensejar risco aos futuros adquirentes dos lotes, ou de ausência de patrimônio do loteador de forma suficiente a suportar o hipotético pagamento.

Ao revés, o que existe até o momento é decisão monocrática, embora provisória, afirmando que esse direito não existe, mas tão somente a retenção do sinal dado em garantia ao negócio jurídico.

Não bastasse, o patrimônio apresentado pela apelante, até o momento, supera em muito o valor da condenação, já que comprovada a propriedade do imóvel da matrícula n. 25.239, do mesmo registro imobiliário, avaliado em R$ 5.764.600,00 (fls. 695/701).

Até o momento, portanto, não há que se falar em risco aos futuros adquirentes dos lotes, já que os pedidos de reparação material e moral, formulados pelos autores na ação e pela reconvinte, foram julgados improcedentes.

O argumento do N. Oficial Registrador, no sentido de que, até o momento, não existe decisão definitiva quanto ao litígio, embora cautelosa, não pode servir de óbice ao registro do parcelamento.

Ainda que julgado o recurso de apelação interposto, a decisão definitiva somente viria após o esgotamento de todas as vias recursais, com possibilidade, em tese, de interposição de Recursos Especial e Extraordinário.

E, ainda que se fale em trânsito em julgado, restaria também o prazo da ação rescisória, sem prejuízo de propositura de ação de *querela nullitatis*, que é imprescritível.

Não bastasse, é razoável a alegação da apelante no sentido de que a remuneração aos autores da ação de indenização decorreria justamente do sucesso na venda dos lotes. Ainda que eventualmente se venha a reconhecer o direito ao recebimento de perdas e danos, ou lucros cessantes, deve o empreendimento prosseguir de forma a permitir que a arrecadação de recursos por meio das futuras alienações dos lotes, que somente serão individualizados a partir do registro pretendido.

Por fim, não há que se falar em depósito nestes autos da receita das vendas dos futuros lotes, a título de caução, ou mesmo oferta de garantia real, já que o procedimento administrativo da dúvida não comporta essa espécie de medida acautelatória.

O procedimento de dúvida é reservado à análise da discordância do apresentante com os motivos que levaram à recusa do registro do título. De seu julgamento, decorrerá a manutenção da recusa, com cancelamento da prenotação, ou a improcedência da dúvida, que terá como consequência a realização do registro (art. 203, II, da Lei nº 6.015/73).

Afora o exame técnico da qualificação levada a efeito pelo oficial, e eventualmente a determinação de bloqueio da matrícula, esse procedimento administrativo não admite qualquer espécie de medida voltada à garantia de eventuais futuros interessados.

Sendo assim, mostra-se viabilizado o registro do loteamento, sendo o provimento do recurso medida que se impõe.

Ante o exposto, dou provimento ao recurso e julgo improcedente a dúvida.

GERALDO FRANCISCO PINHEIRO FRANCO

Corregedor Geral da Justiça e Relator (DJe de 30.11.2018 - SP)

PATRIMÔNIO DE AFETAÇÃO

PODER JUDICIÁRIO

TRIBUNAL DE JUSTIÇA DO ESTADO DE SÃO PAULO

CONSELHO SUPERIOR DA MAGISTRATURA

Apelação nº 1001717-94.2018.8.26.0100

Registro: 2018.0000876313

ACÓRDÃO

Vistos, relatados e discutidos estes autos do(a) **Apelação nº 1001717-94.2018.8.26.0100**, da Comarca de **São Paulo**, em que são apelantes **SANPREV - SANTANDER ASSOCIAÇÃO DE PREVIDÊNCIA e BANESPREV FUNDO BANESPA DE SEGURIDADE SOCIAL**, é apelado **OFICIAL DO 13 CARTÓRIO REGISTRO IMÓVEIS DA COMARCA DE SÃO PAULO**.

ACORDAM, em Conselho Superior de Magistratura do Tribunal de Justiça de São Paulo, proferir a seguinte decisão: **"Negaram provimento, v.u."**, de conformidade com o voto do Relator, que integra este Acórdão.

O julgamento teve a participação dos Exmos. Desembargadores **PEREIRA CALÇAS (PRESIDENTE TRIBUNAL DE JUSTIÇA) (Presidente), ARTUR MARQUES (VICE PRESIDENTE), XAVIER DE AQUINO (DECANO), EVARISTO DOS SANTOS(PRES. DA SEÇÃO DE DIREITO PÚBLICO), CAMPOS MELLO (PRES. DA SEÇÃO DE DIREITO PRIVADO) E FERNANDO TORRES GARCIA(PRES. SEÇÃO DE DIREITO CRIMINAL).**

São Paulo, 30 de outubro de 2018.

GERALDO FRANCISCO PINHEIRO FRANCO

Corregedor Geral da Justiça e Relator

Apelação nº 1001717-94.2018.8.26.0100

Apelantes: Sanprev - Santander Associação de Previdência e Banesprev Fundo Banespa de Seguridade

Social

Apelado: Oficial do 13 Cartório Registro Imoveis da Comarca de São Paulo

VOTO Nº 37.581

Registro de Imóveis – Transferência de Gerenciamento de Plano de Benefícios – Entidade fechada deprevidência complementar – Imóveis que integram os ativos garantidores das reservas técnicas registrados em nome de antiga gestora – Patrimônio de afetação – Necessidade de averbação do vínculo no respectivo registro imobiliário, como previsto no art. 28, §1º, da Lei Complementar 109/2001 – Título que, no caso concreto, não se presta à dispensa da lavratura de escritura pública – Dúvida procedente – Recurso desprovido.

Trata-se de recurso de apelação interposto por SANPREV - SANTANDER ASSOCIAÇÃO DE PREVIDÊNCIA e BANESPREV – FUNDO BANESPA DE SEGURIDADE SOCIAL contra r. sentença que julgou procedente dúvida, mantendo os óbices apresentados à transmissão da titularidade dos imóveis matriculados sob nos 42.812, 41.813 e 41.814 junto ao 13º Registro de Imóveis da Capital.

Sustentam as apelantes que referidos imóveis, desde sua aquisição, permanecem afetados à garantia de suas reservas matemáticas, fundos e provisões, de forma que não há que se falar em alienação de domínio, mas simples averbação da modificação subjetiva da titularidade a fim de preservar direitos e garantir o pagamento dos benefícios contratados pelos participantes e assistidos dos fundos envolvidos no negócio jurídico em questão. Aduzem que houve mera sucessão entre entidades gestoras, na forma permitida pelo regime jurídico peculiar estabelecido nas diretrizes regulatórias da matéria relativa à previdência complementar, sendo dispensável, pois, a lavratura de escritura pública. Afirmam, ainda, ser desnecessária a averbação exigida pelo registrador, eis que são entidades fechadas de previdência complementar, de âmbito mais restrito. Por fim, asseveram que a sucessão na gestão dos Planos de Benefícios, em virtude da qual o Patrocinador BANCO SANTANDER S/A, valendo-se de prerrogativa legal, promove deliberação ratificada pelo órgão regulador, no sentido de que a SANPREV - SANTANDER ASSOCIAÇÃO DE PREVIDÊNCIA seja substituída nesse mister pela BANESPREV – FUNDO BANESPA DE SEGURIDADE SOCIAL, não implica propriamente a alteração de titularidade da propriedade dos imóveis, mas apenas uma modificação consentida pela lei da entidade gestora e, portanto, do titular da denominada propriedade aparente.

A Procuradoria Geral de Justiça opinou pelo não provimento do recurso.

É o relatório.

A MM.ª Juiza Corregedora Permanente do 13º Oficial de Registro de Imóveis da Comarca da Capital julgou procedente a dúvida, entendendo ser necessária a lavratura de escritura pública para transferência dos ativos garantidores dos apelantes, inclusive bens imóveis, bem como por não estar a hipótese inserida nas exceções do art. 221 da Lei 6.015/73.

No que diz respeito à controvérsia travada nos autos, relativa ao patrimônio das entidades fechadas de previdência complementar, importa dizer que não se desconhece a particular regulação da matéria instituída pelas Leis Complementares nos 108 e 109/2001 e pelas diretrizes normativas trazidas pela PREVIC - Superintendência Nacional da Previdência Complementar, CNPC – Conselho

Nacional de Previdência Complementar e pelo Conselho Monetário Nacional.

Como é sabido, o principal desafio do sistema previdenciário é garantir que todos os benefícios e serviços previstos por lei ou por contrato, prometidos aos segurados e seus dependentes, sejam efetivamente fornecidos a seus beneficiários. Bem por isso, existem instrumentos jurídicos de proteção patrimonial dos recursos destinado ao pagamento dos benefícios e promoção de medidas visando a garantia de recursos disponíveis para integral cobertura dos compromissos previdenciários assumidos pelo plano. É o que a doutrina especializada vem chamando de independência patrimonial dos planos de benefício **[1]**.

A doutrina clássica, representada por Orlando Gomes, há tempos reconhece a possibilidade da existência de um patrimônio especial afetado a uma finalidade específica, sobre o qual se estabelecerão relações jurídicas. A ideia de afetação leva à possibilidade da existência de patrimônios especiais e consiste numa restrição pela qual determinados bens se dispõem a servir a um fim desejado, limitando-se, desse modo, a ação de credores **[2]**.

No caso específico das entidades gestoras de planos de benefícios de previdência complementar fechada, o titular final do direito de propriedade desses bens que integram o patrimônio de afetação é a pessoa física (participante, beneficiário ou assistido) e não o plano de benefícios, universalidade de direito criada para reunir os interesses dos indivíduos que se encontram ligados a uma relação jurídica comum, disciplinada por seu regulamento.

Alegam as apelantes que a sucessão na gestão dos planos de benefício, com aprovação do órgão regulador, enseja mera alteração formal na situação descrita na matrícula, na medida em que a entidade que ali figura como proprietária deixou de ostentar tal posição, de natureza cogente e aparente, sendo substituída por outra. Entendem, pois, desnecessária a averbação anterior com a finalidade de distinguir o patrimônio de afetação, assim como a apresentação do instrumento de transmissão de domínio legalmente formalizado, como exigido pelo Oficial registrador.

Ora, em que pese tratar o título prenotado da transferência de gestão de planos de benefícios previdenciários, não se sustenta a tese das apelantes no sentido de que a modificação da entidade gestora do plano de benefícios deve resultar automaticamente na prática do ato registral reclamado, para adequado espelhamento da nova realidade dos imóveis junto ao fólio real no tocante à titularidade formal da situação de proprietária.

Isso porque, nas matrículas nos 41.812, 41.813 e 41.814 do 13º Oficial de Registro de Imóveis da Comarca da Capital consta como titular de domínio dos imóveis a pessoa jurídica SANPREV – SANTANDER ASSOCIAÇÃO DE PREVIDÊNCIA, sem inscrição do vínculo a que se refere o art. 28, § 1º, da Lei Complementar 109/01.

E se assim é, a despeito do entendimento defendido pelas apelantes no sentido de que os imóveis pertencem, em última análise, aos próprios participantes do plano de benefícios, cabendo à entidade fechada, que figura na tábua registral como proprietária aparente, tão somente a administração e execução desse plano, o fato é que, em respeito aos princípios registrais, faz-se mesmo necessária a prévia averbação exigida pelo Oficial para que os bens em questão se vinculem ao propósito específico a que se destinam.

Ausente a averbação do vínculo, a sucessão na gestão dos planos de benefício, com aprovação do órgão regulador, não implica a alteração formal na situação descrita na matrícula, ainda que a entidade que ali figura como proprietária tenha deixado de ostentar tal posição, de natureza cogente e aparente, sendo substituída por outra.

Ademais, no Termo de Rescisão de Convênio de Adesão e Transferência de Gerenciamento do Plano de Benefícios II constou que a SANPREV tem obrigação de transferir à BANESPREV, como parte do ativo do Plano II, os bens imóveis que estão em seu nome (cláusula 13, fls. 126). Ocorre que, além da não averbação do vínculo dos imóveis matriculados sob nos 41.812, 41.813 e 41.814 ao ativo garantidor do plano de previdência complementar gerido pelas apelantes, os imóveis a serem transferidos à titularidade, ainda que formal, da nova gestora também não se encontram individualizados no instrumento subscrito pelas entidades interessadas.

Nesse contexto, para cumprimento da obrigação assumida no caso concreto, a SANPREV deverá mesmo se valer da lavratura de escritura pública, cumprindo ressaltar que a mera alteração da indicação da gestora do plano de benefícios não serve à modificação da titularidade dominial dos imóveis, ainda que se trate de propriedade aparente.

Como se vê, assiste razão ao Oficial registrador quanto aos óbices levantados. Diante do exposto, pelo meu voto, **nego provimento** ao recurso.

GERALDO FRANCISCO PINHEIRO FRANCO

Corregedor Geral da Justiça e Relator

Notas:

[1] TÔRRES, Maurício Corrêa Sete e FILHO, Ivan Jorge Bechara Filho. Independência Patrimonial dos Planos de Previdência Complementar. *In* Revista de Previdência nº 5. Universidade Estadual do Rio de Janeiro. Faculdade de Direito. Centro de Estudos e Pesquisas no Ensino do Direito (CEPED). Rio de Janeiro. Gramma. 2006. pp. 03/30. MESSINA, Independência Patrimonial dos planos de benefícios das entidades fechadas de previdência complementar: uma realidade! Fundos de Pensão - aspectos jurídicos fundamentais (Organizador: Adacir Reis). São Paulo. ABRAPP/ICSS/SINDAPP. 2009. pp. 137/159.

[2] GOMES, Orlando. Introdução ao Direito Civil. 11ª edição. Rio de Janeiro. Forense. 1995. p. 203. (DJe de 13.11.2018 - SP)

PERMUTA

PODER JUDICIÁRIO

TRIBUNAL DE JUSTIÇA DO ESTADO DE SÃO PAULO

CONSELHO SUPERIOR DA MAGISTRATURA

Apelação nº 1000311-58.2016.8.26.0019

Registro: 2017.000990210

ACÓRDÃO

Vistos, relatados e discutidos estes autos do(a) **Apelação n.º 1000311-58.2016.8.26.0019**, da Comarca de **Americana**, em que são partes é apelante **CARLOS ROSENBERGS**, é apelado **OFICIAL DE REGISTRO DE IMOVEIS E ANEXOS DA COMARCA DE AMERICANA**.

ACORDAM, em Conselho Superior de Magistratura do Tribunal de Justiça de São Paulo, proferir a seguinte decisão: **"Deram provimento à apelação para permitir o registro da escritura de permuta somente em relação ao imóvel matriculado sob o nº 11.699 do Oficial de Registro de Imóveis e Anexos da Comarca de Americana, v.u. Declarará voto convergente o Desembargador Ricardo Dip."**, de conformidade com o voto do Relator, que integra este Acórdão.

O julgamento teve a participação dos Exmos. Desembargadores **PAULO DIMAS MASCARETTI (Presidente sem voto), ADEMIR BENEDITO (VICE PRESIDENTE), PAULO DIMAS MASCARETTI(PRESIDENTE TRIBUNAL DE JUSTIÇA), XAVIER DE AQUINO (DECANO), LUIZ ANTONIO DE GODOY(PRES. DA SEÇÃO DE DIREITO PRIVADO), RICARDO DIP (PRES. DA SEÇÃO DE DIREITO PÚBLICO) E SALLES ABREU (PRES. SEÇÃO DE DIREITO CRIMINAL).**

São Paulo, 12 de dezembro de 2017.

MANOEL DE QUEIROZ PEREIRA CALÇAS

Corregedor Geral da Justiça e Relator

Apelação n.º 1000311-58.2016.8.26.0019

Apelante: Carlos Rosenbergs

Apelado: Oficial de Registro de Imoveis e Anexos da Comarca de Americana

VOTO N.º 29.837

Registro de Imóveis – Escritura pública de permuta de quatro imóveis localizados em duas circunscrições distintas – Aplicabilidade do artigo 187 da Lei 6.015/73 – Impossibilidade de cisão do título e do registro da escritura apenas em relação a um de dois imóveis localizados em uma mesma circunscrição – Óbice mantido – Apelação provida.

Trata-se de recurso de apelação interposto por Carlos Rosenbergs contra a sentença de fls. 135/140, que julgou procedente a dúvida suscitada e manteve a recusa ao registro de escritura pública de permuta, referente ao imóvel matriculado sob o nº 11.699 no Registro de Imóveis de Americana.

Sustenta o apelante que a sentença não deve subsistir, pois os imóveis permutados se localizam em circunscrições diferentes, razão pela qual não é aplicável o disposto no artigo 187 da Lei 6.015/73 (fls. 145/151).

A Procuradoria de Justiça opina pelo não provimento do recurso (fls. 168/172). É o relatório.

Apresentada a escritura, o oficial emitiu nota devolutiva, indicando alguns óbices ao ingresso do título no fólio real. Um desses óbices não foi superado, motivo pelo qual a sentença proferida e o recurso de apelação interposto têm por objeto a exigência que se revelou obstáculo intransponível ao registro do título: a aplicação do artigo 187 da Lei 6.015/73 e a imposição de que se realize o registro da escritura em relação aos imóveis localizados na mesma circunscrição imobiliária.

Inicialmente, é importante destacar o texto do artigo 187 da Lei 6.015/73, razão da divergência instaurada nestes autos:

"Art. 187. Em caso de permuta, e pertencendo os imóveis às mesmas circunscrições, serão

feitos os registros nas matriculas correspondentes, sob um único numero de ordem no Protocolo".

A tese do recorrente é a de que, estando os imóveis permutados localizados em circunscrições diferentes, o dispositivo legal não se aplica. O oficial, por seu turno, negou o pedido de registro do título em relação a um dos imóveis de sua circunscrição, sob o fundamento de que não é possível o registro da escritura de permuta apenas em relação a um dos dois imóveis situados em Americana, ainda que os outros estejam localizados em circunscrição diversa.

E a razão está com o recorrente.

Pela escritura pública copiada a fls. 36/53, ajustou-se a permuta de partes ideais de quatro imóveis, dois dos quais estão situados em Americana e dois, em Santos.

Em Santos, já houve o registro da escritura pública de permuta em relação aos dois imóveis que estão lá localizados (fls. 27/33). Restam os dois imóveis, que também são objeto da escritura pública de permuta, e que estão localizados em Americana.

Em Americana, estão localizados dois imóveis, o de matrícula 11.699 e o situado na Rua Rui Barbosa, 89, Centro (ainda sem número de matrícula e sem indicação de transcrição). E o recorrente pretende que o registro da escritura se dê somente em relação ao primeiro imóvel, matriculado sob o nº 11.699, deixando de realizar o registro da escritura em relação ao segundo, pedido que foi negado pelo oficial, mas que deve ser admitido.

Em julgamento recente, o Conselho Superior da Magistratura acabou por reconhecer a cindibilidade da escritura de permuta de modo a permitir o registro da transmissão do domínio em relação a um dos imóveis permutados, ainda que localizados na mesma circunscrição. Segue a ementa:

"PERMUTA. REGISTRO. DÚVIDA. IMÓVEIS SITUADOS EM CIRCUNSCRICOES DIVERSAS. POSSIBILIDADE DA INSCRICAO AUTONOMA DE UMA DAS AQUISIÇÕES. Provimento do recurso" (CSM, apelação 1004930-06.2015.8.26.0362, julgado em 22 de novembro de 2016, Voto vencedor Des. Ricardo Dip).

Ainda que o julgamento citado tenha tratado de imóveis situados em circunscrições diversas, é certo que na fundamentação do V. Acórdão mencionado decidiu-se que nem mesmo quando os imóveis estejam localizados na mesma circunscrição deva se exigir o registro de todos os fatos inscritíveis. Em outros termos, prevaleceu no Conselho Superior da Magistratura a interpretação no sentido de que o artigo 187 da Lei 6.015/73 estabelece regra de técnica para a inscrição no protocolo e não exige a feitura de todos os registros, nem mesmo quando todos os imóveis estejam localizados na mesma circunscrição.

E, a admitir a cindibilidade da escritura de permuta, já tendo sido realizado o registro em relação aos imóveis localizados em Santos, deve ser permitido o registro da escritura de um dos dois imóveis localizados em Americana, como pretende o recorrente.

Anota-se, ademais, que não houve sequer requerimento de registro por parte do interessado em relação ao segundo imóvel localizado em Americana.

Ante o exposto, dou provimento à apelação para permitir o registro da escritura de permuta somente em relação ao imóvel matriculado sob o nº 11.699 do Oficial de Registro de Imóveis, Títulos e Documentos, Civil das Pessoas Jurídicas de Americana.

MANOEL DE QUEIROZ PEREIRA CALÇAS

Corregedor Geral da Justiça e Relator

Tribunal de Justiça de São Paulo Conselho Superior da Magistratura

Apelação 1000311-58.2016.8.26.0019

Comarca: Americana

Apelante: Carlos Ronsenbergs

Apelado: Oficial do Registro de Imóveis da Comarca

VOTO DE VENCEDOR (Voto n. 51.543):

1. Adotando o resumo processual já proferido pelo eminente Relator, Des. MANOEL PEREIRA CALÇAS, também acompanho sua conclusão para **dar provimento** ao recurso.

2. O caso é de qualificação registral negativa a pleito de **permuta de dois imóveis**, com o argumento de que inviável o registro de apenas uma das aquisições.

3. Em que pese ao fato de o digno Registrador da Comarca ter adotado posição que se conforta por doutrina a que não se nega razoabilidade, calha que este Conselho, no julgamento recente da Apelação n. 1004930- 06.2015.8.26.0362, de Mogi Guaçu, perfilhou oposta postura doutrinal não menos razoável.

Nesse apontado precedente assentou-se que

"O contrato de permuta apresenta quer equivalância de obrigações dos contratantes, quer recíproca dupla função dos bens permutados: na espécie, trata-se de imóveis que, sob certo aspecto, são objeto material de uma aquisição, mas, sob outro, simples instrumento de pagamento da aquisição concorrente.

Essa característica da permuta não implica, *ipso facto*, a perda da autonomia jurídica dos títulos, e, com isto, sua consequente cindibilidade formal e material.

É que a permuta é um contrato de natureza consensual, de sorte que o *titulus* se aperfeiçoa sem a tradição. Esta última, quando a permuta diga respeito a bens imóveis, exige o modo registral, constitutivo, para que se atualize a transcendência real do contrato, ajuste que, no entanto, já se tem por aperfeiçoado com o só acordo de vontades, inclusivo da intenção da *traditio*.

Por mais discutível seja que a evicção e o vício redibitório importem num desfazimento obrigatório da permuta - tese que negaria, sem mais, a possibilidade de o prejudicado, em tais situações, eleger entre a (*i*) indenização e (*ii*) a recuperação do imóvel que serviu por meio pagamento (*vide* , neste sentido, a doutrina de Pelayo de la Rosa Diaz, *La permuta: Desde Roma al derecho español actual*. Madri: Montecorvo, 1976, p. 360 et sqq.) -, certamente não se admitirá, contudo, que o ajuste de permuta fique entregue à potestatividade de um dos contratantes, ao ponto de que, refutando- lhe o registro (isto é, frustrando-lhe a intenção da *traditio* implicada no consenso negocial), possa acarretar-lhe unilateralmente a resolução.

A própria técnica registral adotada pela Lei n. 6.015/1973 indica, reitere-se, que a necessidade de dois ou mais distintos registros *stricto sensu* reclame qualificações registrais autônomas.

No plano do direito material (*i.e.*, do direito das obrigações), a questão põe-se no plano da eficácia do negócio jurídico, em que está o adimplemento.

O figurante que haja sofrido a perda do domínio por força do registro stricto sensu adimpliu bem (ou seja, é válido e eficaz o registro *stricto sensu* mediante o qual esse adimplemento se perfez).

A inviabilidade de outro ou de outros registros *stricto sensu* (e, portanto, o inadimplemento da outra ou das outras prestações do negócio de troca) não conduzem, necessariamente, à invalidade ou à ineficácia do adimplemento que já se fez. Independentemente de outro registro stricto sensu que se houvesse de lavrar, o primeiro é válido e eficaz, até que se desfaça, desfazimento que dependerá do que, fora do registro de imóveis, ajustarem os figurantes ou decidir o juiz acerca do inadimplemento, segundo o direito material. A conclusão contrária permitiria, aliás, que o figurante de má fé impusesse ao outro todas as despesas de inscrição, ou mesmo que desfizesse unilateralmente o negócio de permuta, recusando-se a dar a registro a transmissão que o favorecesse.

É, de resto, uma recente lição passada por ADEMAR FIORANELLI:

Já tivemos a oportunidade de manifestar pensamento favorável à cindibilidade da escritura de permuta, na impossibilidade do registro de um dos imóveis, ainda mais quando por expressa autorização dos permutantes, em artigo publicado no Jornal Novos Tempos, Associação dos Serventuários de Justiça do Estado de São Paulo, 1995, nº 9, no sentido de que 'no caso de permuta, malgrado o disposto no art. 187, da Lei nº 6.015/73, nada obsta o registro do título em relação a um dos imóveis permutados, que recebeu qualificação positiva. Não seria lógico que um dos outorgantes- permutantes, para usar de seu direito, venha a suportar as despesas com o registro de todos os imóveis, não podendo ser descartada a possibilidade de que o título, em relação aos demais imóveis, tenha problemas de ordem formal que impossibilitem seu registro, ou mesmo estarem situados em outros Municípios ou Comarcas.'

[...]

Pensamos que não se pode criar, ao nosso juízo, uma regra que só valha quando os imóveis objetos da permuta estejam subordinados à mesma Circunscrição Imobiliária, mas que não tenha o mesmo valor quando os imóveis estiverem situados em circunscrições ou Comarcas diversas. É possível, portanto, sustentar a cindibilidade do título, como acima fizemos, sempre respeitando fundamentos e opiniões contrários» (A cindibilidade dos títulos. Exemplos práticos. *In: Direito Notarial e Registral. Homenagem às Varas de Registros Públicos da comarca de São Paulo*. São Paulo: Quartier Latin, 2016, pp. 409-413; compartem deste mesmo entendimento Gilberto Valente da Silva, Antonio Albergaria e Josué Modesto Passos).

(...) O art. 187 da Lei n. 6.015/1973 - a que acena o digno Registrador suscitante- não impõe, em caso de permuta (art. 533 do Cód.civ.), a disjuntiva de que ou se registrem os fatos inscritíveis todos, ou nenhuma inscrição se faça.

Essa regra, com efeito, trata tão-somente da técnica que se há de adotar para a inscrição no protocolo (Livro n. 1), quando em cartório se apresentar um título formal que contenha negócio jurídico de escambo de dois ou mais imóveis permutados que se situem na mesma circunscrição imobiliária.

Neste caso diz o art. 187 , conquanto se hajam de fazer, *ex hypothesi*, dois ou mais registros *stricto sensu* (n. 30 do inc. I do art. 167 da Lei de Registros Públicos), basta que se faça um só lançamento no Protocolo (*i.e.*, uma só prenotação).

E mais que isso o art. 187 não diz, porque, simplificando-se, com a Lei de 1973, o que antes determinava o art. 203 do Decreto n. 4.857, de 9 de novembro de 1939 (a saber: "na permuta haverá duas transcrições com referências recíprocas e números de ordem seguidos no protocolo e no livro de transcrição, sendo também distintas e com referências recíprocas as indicações no indicador real" os destaques não são do original), não se reproduziu no novo diploma, entretanto, o que constava no parágrafo único do art. 211 do antigo Regulamento, regra esta ela sim que permitia concluir pela obrigatoriedade de fazerem-se todos os registros (à época, transcrições) ou nenhum deles, por abrir exceção ao princípio da instância inclusive (*verbis*: "Em caso de permuta, serão, pelo menos, três os exemplares, sendo a transcrição feita obrigatoriamente em todos os imóveis permutados, ainda que só um dos interessados promova o registo" de novo, o realce não é do original).

Não se ignora que tradicional e prestigiosa corrente doutrinária e jurisprudencial vem dando ao mencionado art. 187 interpretação segundo a qual, tratando-se de imóveis localizados sob a atribuição de um mesmo ofício de registro, seria obrigatória a registração de todos os fatos inscritíveis (: os títulos de transmissão do domínio de todos os imóveis permutados).

Todavia, esse entendimento, de par com não seguir *ad amussim* o texto legal, tem ainda o inconveniente de, criando uma dificuldade onde ela não existe (pois, repita-se, a feitura de todos os registros não está imposta no art. 187, ainda quando os imóveis estejam todos na mesma circunscrição), deixar sem solução o caso de os bens se localizarem em circunscrições distintas (dentro da mesma comarca, ou de comarcas diversas, ou de Estados-membros diferentes, ou mesmo e ainda de vários países). Assim, não impondo a lei nenhum meio ou procedimento para controlar a lavratura dos registros que não forem, todos, da atribuição de um mesmo ofício de imóveis, não aparenta possa este Conselho ao qual não se atribuiu competência normativa, sequer diretiva- expedir uma solução técnico-normativa que o próprio legislador preferiu não desfiar."

4. Averbe-se que, tratando-se de negócio *pro soluto*, a inviabilidade de registro de uma das aquisições atrai a persecução indenitária.

Saliente-se, além disto, que não se dera a possibilidade de cisão do título de permuta, não seria possível registrar o escambo de terreno por unidades edilícias futuras, o que implicaria forte entrave à *praxis* imobiliária.

Outrossim, nada impede que, havendo intenção solidada em adquirir os imóveis, os contratantes estabeleçam condições (suspensiva ou resolutiva) em permuta com caráter *pro solvendo*. Cumprida ou desatendida a condição, averba-se o implemento ou seu déficit, com os efeitos consequentes.

TERMOS EM QUE, *cum magna reverentia* ao entendimento esposado pelo ilustre Registrador suscitante, é caso, a meu ver, de dar provimento ao recurso.

É como voto.

Des. RICARDO DIP

Presidente da Seção de Direito Público (DJe de 15.03.2018 - SP)

REGULARIZAÇÃO FUNDIÁRIA

PODER JUDICIÁRIO

TRIBUNAL DE JUSTIÇA DO ESTADO DE SÃO PAULO

CONSELHO SUPERIOR DA MAGISTRATURA

Apelação nº 1052030-64.2015.8.26.0100

Registro: 2018.0000234927

ACÓRDÃO

Vistos, relatados e discutidos estes autos do(a) **Apelação nº 1052030-64.2015.8.26.0100**, da Comarca de **São Paulo**, em que são partes é apelante **MINISTÉRIO PÚBLICO DO ESTADO DE SÃO PAULO**, são apelados **FERNANDA FERRAZ DAL LAGO e MUNICIPALIDADE DE SÃO PAULO.**

ACORDAM, em Conselho Superior de Magistratura do Tribunal de Justiça de São Paulo, proferir a seguinte decisão: **"Negaram provimento ao recurso, v.u."**, de conformidade com o voto do Relator, que integra este Acórdão.

O julgamento teve a participação dos Exmos. Desembargadores **PEREIRA CALÇAS (PRESIDENTE TRIBUNAL DE JUSTIÇA) (Presidente), ARTUR MARQUES (VICE PRESIDENTE), XAVIER DE AQUINO (DECANO), EVARISTO DOS SANTOS(PRES. DA SEÇÃO DE DIREITO PÚBLICO), CAMPOS MELLO (PRES. DA SEÇÃO DE DIREITO PRIVADO) E FERNANDO TORRES GARCIA(PRES. SEÇÃO DE DIREITO CRIMINAL).**

São Paulo, 28 de março de 2018.

PINHEIRO FRANCO

CORREGEDOR GERAL DA JUSTIÇA E RELATOR

Apelação nº 1052030-64.2015.8.26.0100

Recorrente: Ministério Público do Estado de São Paulo

Recorridos: Fernanda Ferraz Dal Lago e Municipalidade de São Paulo

VOTO Nº PF 37.321

Registro de imóveis – Projeto de regularização fundiária de interesse social – Registro *strictu sensu* – Competência do C. CSM – Óbices apresentados pelo oficial registrador com fundamento no art. 18 da Lei 6.766/79 – Afastamento pela MM. Juíza Corregedora Permanente – Sentença mantida – Recurso não provido.

Inconformada com a sentença proferida pela MM.ª Juíza Corregedora Permanente do 14º Oficial de Registro de Imóveis da Comarca da Capital, que afastou os óbices apontados pelo registrador e determinou ingresso do projeto de regularização fundiária no fólio real, a representante do Ministério Público interpôs o presente recurso alegando, em síntese, que o loteamento Jardim Imperador está devidamente regularizado no Registro de Imóveis, de forma que não se aplicam ao caso concreto as normas trazidas pela Lei 11.977/09. Entende que devam ser observadas as exigências previstas no art. 18 da Lei 6.766/79, sendo, pois, indispensável a anuência de cada um dos titulares de domínio ou de direito real dos imóveis que integram o loteamento, além de necessária a edição de lei municipal visando a desafetação de áreas públicas que passarão ao domínio privado, bem como a apresentação de instrumento de informação técnica de nº 68/DECONTG/2015 em sua via original. Aduz que o cumprimento de uma das exigências formuladas para ingresso do título na matrícula torna prejudicado o pedido, ressaltando que os interessados deverão se valer da retificação de loteamento, como exigido pelo registrador sob pena de fraude aos procedimentos legais previstos para a hipótese.

A Douta Procuradoria de Justiça opinou pelo provimento do recurso **[1]**.

Nos termos da decisão a fls. 1974/1975, por versar o dissenso sobre recusa de título apresentado para *registro em sentido estrito,* foi determinada a remessa dos autos ao C. Conselho Superior da Magistratura, competente para apreciar a matéria.

É o relatório.

Desde logo, cumpre lembrar que a interessada, após cumprir uma das exigências feitas pelo registrador, impugnou as demais e deu início ao presente feito, originariamente processado como pedido de providências. Na sentença proferida, a MM. Juíza Corregedora Permanente afastou os óbices impostos pelo Oficial do 14º Registro de Imóveis da Capital ao argumento de que à hipótese aplicam-se as regras da Lei 11.977/09 e posteriores alterações, determinando o ingresso do título no registro imobiliário **[2]**.

Ocorre que, por se tratar de controvérsia relativa à recusa de registro (*strictu sensu),* foi o recurso redistribuído a este C. Conselho Superior da Magistratura. E muito embora sustente a recorrente que a aceitação, pela apresentante do título, de uma das exigências formuladas pelo Oficial levaria ao não conhecimento da apelação, importa anotar que, no caso concreto, os óbices ao registro foram todos afastados. Por conseguinte, considerando que foi reconhecida a incorreção das exigências apresentadas pelo registrador, melhor que se analise o mérito do recurso, sobretudo porque, como a seguir será exposto, o inconformismo da D. representante do Ministério Público não merece prosperar.

Para melhor compreensão do tema em debate, há que se fazer um breve retrospecto sobre a regularização fundiária urbana. É mais que sabida a existência de problemas habitacionais decorrentes das ocupações irregulares havidas ao longo dos anos em nossas cidades, fazendo com que vários núcleos habitacionais se estabelecessem de forma desordenada por todo os lugares. Esses assentamentos precários e incorretos desenvolveram-se à margem do sistema registral, de maneira irreversível. As pessoas que ali vivem não são proprietárias do imóvel que ocupam, inexistindo garantia de segurança social e jurídica aos envolvidos.

Importa lembrar, por outro lado, que a moradia é direito fundamental previsto na Constituição

Federal de 1988 e, como ensina Marcelo Augusto Santana de Melo: *"Os elementos do direito à cidade são viver com segurança, viver em paz, e viver com dignidade, e somente mediante um sistema de garantia de propriedade adequado é que existirá a satisfação plena de seu conteúdo. (...) a propriedade é o fim a ser observado no direito à moradia porque somente com ela existirá a segurança jurídica plena e a satisfação dos moradores de baixa renda"* **[3]**. Bem por isso, a busca de solução para a questão habitacional sempre foi relevante aos entes públicos, eis que necessitam ter a real dimensão da população de cada cidade, assim como das moradias existentes e faltantes para que, com base nesses dados, consigam adotar as medidas cabíveis para promoção da qualidade de vida dos cidadãos e proporcionar às famílias o acesso aos serviços públicos.

Nesse cenário, o Estatuto da Cidade (Lei nº 10.257/01) estabeleceu diretrizes gerais para a política urbana que tem no parcelamento do solo um de seus instrumentos. Mais recentemente, objetivando dar efetividade à diretriz constitucional, a Lei nº 11.977/09, que instituiu o programa "Minha Casa Minha Vida", rompeu paradigmas relativos à regularização fundiária urbana, estabelecendo, para tanto, novos instrumentos e mecanismos. Em seu art. 46, referida lei dispõe que a regularização fundiária *"consiste no conjunto de medidas jurídicas, urbanísticas, ambientais e sociais que visam à regularização de assentamentos irregulares e à titulação de seus ocupantes, de modo a garantir o direito social à moradia, o pleno desenvolvimento das funções sociais da propriedade urbana e o direito ao meio ambiente ecologicamente equilibrado"*.

E após alguns anos de experiência de regularização fundiária urbana a partir do marco institucional representado pela Lei nº 11.977/09, o Poder Executivo Federal editou a Medida Provisória nº 759, de 22 de dezembro de 2016, convertida na Lei 13.465/17, que expressamente revogou os dispositivos daquele diploma afetos aoassunto.

Atenta à questão, também esta E. Corregedoria Geral da Justiça do Estado de São Paulo envidou os esforços e editou Provimentos indicadores das mudanças havidas no tratamento da regularização fundiária (Provimentos nos 18/2012 e 21/2013 e, no final do último ano, o Provimento nº 51/2017).

Como se vê, o tema vem sendo uma preocupação constante e cada vez maior, na medida em que a perpetuação de ocupações irregulares a ninguém beneficia e tampouco interessa. A respeito, ensina o ilustre Desembargador José Renato Nalini, Corregedor Geral da Justiça paulista no biênio 2012/2013, que existem três dimensões para a regularização fundiária: *"(i) dimensão urbanística, com os investimentos necessários para melhoria das condições de vida da população; (ii) dimensão jurídica, com a utilização de instrumentos que possibilitem a aquisição da propriedade nas áreas privadas e o reconhecimento da posse nas áreas públicas; e (iii) dimensão registrária, com o lançamento nas respectivas matrículas da aquisição destes direitos, a fim de atribuir eficácia para todos os efeitos da vida civil"* **[4]**. Sob esse prisma, o objetivo de todo procedimento de regularização fundiária será a titulação de seus ocupantes, respeitadas a legislação urbanística e ambiental.

Na referida dimensão jurídica, a atribuição de um título aquisitivo passível de ingresso no fólio real enseja a pacificação de conflitos e garante o direito à moradia digna, certo que o parcelamento consolidado de modo ilegal ou irregular impede, inclusive, investimentos públicos para implantação de serviços estruturais, como pavimentação de ruas, iluminação pública, sistema de captação de águas pluviais, instalação de escolas, hospitais, creches, entre outros. Por tal razão, a regularização fundiária, no aspecto jurídico, prima pela inclusão das áreas regularizadas nos cadastros imobiliários.

No caso concreto, porém, entende o Oficial Registrador ser indevido o registro do auto de regularização que lhe foi apresentado para ingresso no fólio real, ao argumento de que é incabível a utilização do instituto da regularização fundiária de interesse social para eximir o loteador de cumprir as exigências trazidas pelo art. 18 da Lei 6.766/79.

Ora, ainda que formalmente regularizado o loteamento Jardim Imperador, visto que aprovado e registrado, o fato é que, na realidade, não houve implantação, tampouco execução das obras conforme o cronograma e o projeto aprovados. Ou seja, permanece irregular.

Se assim é, valorosa a lição de Vicente de Abreu Amadei no sentido de que: *"(...) ante o significativo aumento quantitativo das situações imobiliárias à margem da lei, especialmente nos espaços urbanos, bem como na multiplicidade de aspectos irregulares (da fala de titulação às desordenadas formas de habitações em favelas, passando por inúmeros outros tipos de deficiências), busca-se certa sistematização da matéria. E, nesse esforço de sistematização cunhou-se a expressão* 'regularização fundiária' *como categoria maior ou gênero, que, por sua ampla abrangência, abarca todas as etapas, modos e instrumentos de regularização das informalidades imobiliárias, dentre eles a de parcelamento do solo urbano".* Prossegue o doutrinador lembrando que: *"embora não revogadas e ainda vigentes, as normas específicas de regularização de parcelamento do solo urbano insertas na Lei nº 6.766/79 devem ser interpretadas e aplicadas no contexto das normas que disciplinam a regularização fundiária. Por isso, tocar o ponto da regularização de loteamento exige, hoje, uma compreensão elementar da regularização fundiária.".* Então, conclui: *"para a regularização de interesse social, não se aplicam as regras procedimentais de regularização de parcelamento do solo urbano previstas nas Lei nº 6.766/79. Aliás, a Lei nº 12.424/2011 explicitou que o registro imobiliário do parcelamento do solo urbano decorrente de regularização imobiliária de interesse social independe do atendimento aos requisitos da Lei nº 6.766/79 (art. 65, parágrafo único, da Lei nº 11.977/2009, incluído pela Lei nº 12.424/2011)"* **[5]**.

Se antes da citada lei a regularização dos assentamentos informais era analisada apenas com base nos estreitos limites da Lei nº 6.766/79, a partir de então foram introduzidos novos parâmetros para permitir o reconhecimento jurídico dessas formas de ocupação do solo, chancelando situações jurídicas consolidadas.

Nesse cenário, constatada a inércia do loteador ou do titular imobiliário em assumir a regularização fundiária, ou em caso de sua não localização, esse procedimento caberá a qualquer dos entes legitimados pela lei, sem diferenciação. Bem por isso, verificada a existência de um núcleo habitacional informal em seu território, convém ao Município que instaure um procedimento administrativo para análise da situação jurídica, social, urbanística e ambiental da área e, então, que proponha medidas saneadoras das irregularidades encontradas, seja com o desfazimento daquela ocupação irregular, seja com sua legalização. Nessa última hipótese, a fim de dar cumprimento ao seu dever constitucional de promover o adequado ordenamento territorial, deverá o Município realizar estudos preliminares para reconhecimento da ilegalidade e possível consolidação da situação fática, bem como analisar e ponderar a prevalência do interesse social frente a um interesse específico, indicar o agente promotor da regularização, delimitar o perímetro urbano, elaborar projetos e, ao final, aprová-lo, com a emissão do auto de regularização fundiária. Sobre esse procedimento, merecem destaque os indispensáveis ensinamentos trazidos no "Manual da Regularização Fundiária Urbana no Estado de São Paulo" **[6]**.

Aliás, foi exatamente isso que ocorreu no caso em análise.

E muito embora revogada a Lei nº 11.977/09, é certo que todo o procedimento de regularização fundiária foi realizado ainda na sua vigência, de forma que o título apresentado ao 14º Cartório de Registro de Imóveis deve ser mesmo registrado por atender à lei vigente na data da prenotação. Isso porque é pacífico na jurisprudência deste Conselho Superior da Magistratura que a apresentação do título é regida pelo princípio *tempus regit actum*, ou seja, a qualificação segue as regras vigentes ao tempo do registro.

Ressalte-se que, de conformidade com o ordenamento jurídico aplicável à espécie, presumem-se verdadeiras as informações trazidas a registro pelos Municípios, legítimos os atos praticados pelos órgãos públicos e atendidos os requisitos legais com a emissão do auto de regularização em consonância com as diretrizes técnicas das plantas, projetos e memoriais descritivos apresentados.

Consequentemente, afirmada a anuência dos interessados, a compensação das áreas públicas, a manutenção de áreas verdes e a observância das demais exigências legais, não deveria o conteúdo desses documentos ser objeto de qualificação jurídica do Oficial de Registro de Imóveis por gozar de presunção legal de legitimidade e legalidade, tal como previsto no então vigente item 276 do Capítulo XX das Normas de Serviço da Corregedoria Geral de Justiça (NSCGJ). Apresentado o auto de regularização fundiária urbanístico e ambiental, além da análise formal do título, nenhuma outra exigência deveria ser feita pelo Oficial de Registro de Imóveis.

Por fim, considerando que as matrículas de imóveis, sobre os quais se consolidaram assentamentos irregulares, representam uma situação pretérita que não mais existe no mundo fático e que não atende à função social do registro de imóveis, não há porque negar o ingresso do projeto de regularização fundiária produzido pela Municipalidade junto ao fólio real, de forma a regularizar, de uma vez por todas, a área do denominado Jardim Imperador. Importante lembrar, nesse particular, os ensinamentos de Serpa Lopes: *"Um princípio devem todos ter em vista, quer Oficial de Registro, quer o próprio juiz: em matéria de Registro de Imóveis toda a interpretação deve tender para facilitar e não para dificultar o acesso dos títulos ao Registro, de modo que toda propriedade imobiliária, e todos os direitos sobre ela recaídos fiquem sob o amparo do regime do Registro Imobiliário e participem dos seus benefícios"* **[7]**.

Diante do exposto, pelo meu voto, **nego provimento** ao recurso.

PINHEIRO FRANCO

Corregedor Geral da Justiça e Relator

Notas:

[1] Fls. 1969/1972.

[2] Fls. 1930/1931.

[3] "Regularização Fundiária", 2014, p. 390.

[4] "Direitos que a Cidade Esqueceu", 2012, p.167.

[5] "Como lotear uma gleba"; Ed. Millennium; 4ª Edição; p. 402/405.

https://www.extrajudicial.tjsp.jus.br/pexPtl/arquivos/manual-regularizacao-fundiaria.pdf

[6] SERPA LOPES, Miguel Maria. *Tratado de Registros Públicos*. Vol. II. 3ª Ed. Rio de Janeiro: Freitas Bastos, 1955. p. 346. (DJe de 04.05.2018 - SP)

PODER JUDICIÁRIO

TRIBUNAL DE JUSTIÇA DO ESTADO DE SÃO PAULO

CONSELHO SUPERIOR DA MAGISTRATURA

Apelação nº 1010478-07.2016.8.26.0320

Registro: 2017.000986750

ACÓRDÃO

Vistos, relatados e discutidos estes autos do(a) **Apelação nº 1010478-07.2016.8.26.0320**, da Comarca de **Limeira**, em que são partes é apelante **COMPANHIA DE DESENVOLVIMENTO HABITACIONAL E URBANO DO ESTADO DE SÃO PAULO - CDHU**, é apelado **2º CARTÓRIO DE REGISTRO DE IMÓVEIS E ANEXOS DA COMARCA DE LIMEIRA**.

ACORDAM, em Conselho Superior de Magistratura do Tribunal de Justiça de São Paulo, proferir a seguinte decisão: **"Negaram provimento ao recurso. V. U. Negaram provimento ao recurso. v. u. Declarará voto convergente o Desembargador Ricardo Dip."**, de conformidade com o voto do Relator, que integra este Acórdão.

O julgamento teve a participação dos Exmos. Desembargadores **PAULO DIMAS MASCARETTI (Presidente), ADEMIR BENEDITO, XAVIER DE AQUINO (DECANO), LUIZ ANTONIO DE GODOY(PRES. DA SEÇÃO DE DIREITO PRIVADO), RICARDO DIP (PRES. DA SEÇÃO DE DIREITO PÚBLICO) E SALLES ABREU (PRES. SEÇÃO DE DIREITO CRIMINAL).**

São Paulo, 28 de novembro de 2017.

MANOEL DE QUEIROZ PEREIRA CALÇAS

Corregedor Geral da Justiça e Relator

Apelação nº 1010478-07.2016.8.26.0320

Apelante: Companhia de Desenvolvimento Habitacional e Urbano do Estado de São Paulo – CDHU

Apelado: 2º Cartório de Registro de Imóveis e Anexos da Comarca de Limeira

VOTO Nº 29.796

Registro de Imóveis – Requerimento de regularização de conjunto habitacional formulado pelo CDHU – Pedido para que o pleito siga o regramento da regularização fundiária urbana (itens 273 e seguintes do Capítulo XX das NSCGJ) – Recusa do registrador mantida pelo Juiz Corregedor Permanente – Hipótese que tem regramento próprio nos itens 172 e seguintes do Capítulo XX das NSCGJ, que tratam dos conjuntos habitacionais e de sua averbação – Desqualificação acertada – Apelação a que se nega provimento.

Trata-se de recurso de apelação interposto por Companhia de Desenvolvimento Habitacional e Urbano do Estado de São Paulo - CDHU contra a sentença de fls. 116/118, que manteve a recusa do registro de requerimento de regularização do conjunto habitacional denominado "C.H. Parque Victor D'Andrea", matriculado sob no 86.224 no 2º Registro de Imóveis de Limeira.

Segundo a apelante, embora o conjunto habitacional denominado "C.H. Parque Victor D'Andrea" tenha sido construído em terreno de sua titularidade e esteja totalmente ocupado, nenhum adquirente possui título de propriedade de sua unidade. Sustenta, em resumo, que não pretende burlar leis ou regulamentos, mas apenas assegurar o direito à moradia a mais de mil famílias; e que seu pedido enquadra-se nas hipóteses traçadas tanto pela Lei no 11.977/09 como pelos itens 273 e seguintes do Capítulo XX das NSCGJ (fls. 123/129).

A douta Procuradoria de Justiça opinou pela manutenção da sentença proferida em primeiro grau (fls. 139/142). É o relatório.

Segundo consta, a apelante pretende regularizar o conjunto habitacional denominado "C.H. Parque Victor D'Andrea", empreendimento localizado em terreno de sua propriedade e ocupado, há anos, por uma série de famílias.

Para isso, apresentou requerimento fundamentado nos itens 273 e seguintes do Capítulo XX das

NSCGJ, que tratam da regularização fundiária urbana.

O registrador desqualificou o título, sustentando que a pretensão da apelante deve ser tratada como averbação de conjunto habitacional, tema abordado nos itens 172 e seguintes do Capítulo XX das NSCGJ.

A dúvida foi julgada procedente e a apelante pede a reversão desta decisão. Sem razão, contudo.

Em subseção específica destinada aos Conjuntos Habitacionais, preceitua o item 172 do Capítulo XX das NSCGJ:

> *172. Não se aplica o disposto no artigo 18, da Lei nº 6.766/79, para a averbação dos conjuntos habitacionais erigidos pelas pessoas jurídicas referidas nos incisos VII e VIII, do art. 8º, da Lei nº 4.380/64, salvo se o exigir o interesse público ou a segurança jurídica.*

O item acima transcrito, ao afastar a incidência do artigo 18 da Lei no 6.766/79, facilita sobremaneira a averbação dos conjuntos habitacionais edificados: a) *pelos órgãos federais, estaduais e municipais, inclusive sociedades de economia mista em que haja participação majoritária do poder público, que operem, de acordo com o disposto nesta Lei, no financiamento de habitações e obras conexas* (inciso VII do art. 8º da Lei nº 4.380/64); e b) *pelas fundações, cooperativas e outras formas associativas para construção ou aquisição da casa própria sem finalidade de lucro, que se constituirão de acordo com as diretrizes desta Lei* (inciso VII do art. 8º da Lei no 4.380/64)*;*

A ora apelante, Companhia de Desenvolvimento Habitacional e Urbano do Estado de São Paulo CDHU, é uma sociedade de economia mista estadual, cujo objetivo principal é tornar possível à população de baixa renda o acesso à moradia. Enquadra-se, portanto, no inciso VII do artigo 8º da Lei no 4.380/64, de modo que, na forma do item 172 do Capítulo XX das NSCGJ, não se submete ao regramento do artigo 18 da Lei no 6.766/79.

A apelante, no entanto, quer mais. Solicita a aplicação à hipótese do regramento específico da regularização fundiária urbana, instrumento criado com o objetivo de facilitar a legalização de assentamento irregulares.

Todavia, por se tratar a apelante de sociedade de economia mista criada justamente para executar programas habitacionais, voltados para o atendimento da população de baixa renda, a regularização do empreendimento localizado em terreno de sua propriedade deve obedecer ao regramento que lhe é pertinente, qual seja, os itens 172 e seguintes do Capítulo XX das NSCGJ.

Não se pode equiparar a regularização de assentamento irregular, decorrente de parcelamento clandestino, com a situação dos autos, em que houve a edificação de conjuntos habitacionais, financiados pelo Banco Nacional da Habitação (BNH), em terreno que pertenceu à Companhia Estadual de Casas Populares CECAP, hoje de titularidade dominial da Companhia de Desenvolvimento Habitacional do Estado de São Paulo CDHU (cf. matrículas no 785 e 86.224 ambas do 2º RI de Limeira fls. 59/84).

Em outros termos, salvo comprovação de impossibilidade absoluta de cumprimento hipótese em que o óbice pode ser relevado **[1]** , cabe ao interessado cumprir as exigências relativas a seu requerimento, não podendo se valer de via mais fácil se há regramento próprio na espécie.

Ante o exposto, nego provimento à apelação.

PEREIRA CALÇAS

Corregedor Geral da Justiça e Relator

TRIBUNAL DE JUSTIÇA DO ESTADO DE SÃO PAULO

Conselho Superior da Magistratura

Apelação Cível 1010478-07.2016.8.26.0320 SEMA

Dúvida de registro

VOTO 52.113 (com divergência):

1. Ouso divergir da **conclusão** do respeitável voto de Relatoria, lançando mão, entretanto, do relatório que trouxe aos autos.

2. Antes, porém, permito-me **dois reparos** preliminares.

3. *Ad primum:* já é tempo de deixar de admitir o que se convencionou chamar **dúvida "inversa",** ou seja, aquela levantada pelo próprio interessado, diretamente ao juízo corregedor.

A prática, com efeito, não está prevista nem autorizada em lei, o que já é razão bastante para repeli-la, por ofensa à cláusula do devido processo (inc. LIV do art. 5º da Constituição), com a qual não pode coadunar-se permissão ou tolerância (jurisprudencial, *nota*) para que os interessados disponham sobre a forma e o rito de processo administrativo, dispensando aquele previsto no estatuto de regência (Lei n. 6.015, de 31-12-1973, arts. 198 *et seqq.*).

Se o que basta não bastara, ainda há considerar que ao longo de anos a dúvida inversa tem constituído **risco para a segurança dos serviços e mesmo para as justas expectativas dos interessados.** É que, não rara vez, o instrumento vem sendo manejado sem respeito aos mais elementares preceitos de processo registral (o primeiro deles, a existência de prenotação válida e eficaz), de modo que termina sem bom sucesso, levando a delongas que o paciente respeito ao *iter* legal teriam evitado.

4. *Secundo:* há notar que a dúvida está prejudicada, porque, como informou o Oficial (fls. 53-54), vencido o prazo de prenotação original, a interessada (ora apelante) não tornou a dar o título a protocolo.

5. Prejudicada a dúvida, peço reverente licença, para não aderir a nenhuma "análise de mérito" lançada **após afirmar não conhecer do recurso**.

6. Ao registrador público, tendo afirmada, *per naturam legemque positam*, a **independência na qualificação jurídica** (*vide* arts. 3º e 28 da Lei n. 8.935, de 18-11-1994), não parece possam impor-se, nessa esfera de qualificação, "orientações" prévias e abstratas de caráter hierárquico.

Assim, o registrador tem o **dever** de qualificação jurídica e o **direito** de efetivá-la com independência profissional, *in suo ordine*.

7. Vem a propósito que a colenda Corregedoria Geral da Justiça paulista, em seu código de normas, enuncia: "Os oficiais de Registro de Imóveis gozam de independência jurídica no exercício de suas funções e exercem essa prerrogativa quando interpretam disposição legal ou normativa. (...)" (item 9º do cap. XX das "Normas de Serviço da Corregedoria Geral da Justiça de São Paulo").

8. Se o que basta não bastara, calha que os órgãos dotados de *potestas* para editar **regras técnicas** relativas aos registros públicos são os **juízes competentes para o exercício da função correcional** (o que inclui a egrégia Corregedoria Geral da Justiça; cf. inc. XIV do art. 29 da Lei n. 8.935/1994). Essa função de corregedoria dos registros, em instância administrativa final no Estado de São Paulo, **não compete a este Conselho Superior da Magistratura**, Conselho que, a meu ver, não detém, ao revés do que respeitavelmente entendeu o venerando voto de relação, "poder disciplinador" sobre os registros e as notas (v., a propósito, os incs. XVII a XXXIII do art. 28 do Regimento Interno deste Tribunal).

9. Averbo, por fim, que a admitir-se a pretendida força normativa da ventilada "orientação", não só os juízes corregedores permanentes estariam jungidos a observá-la, mas também as futuras composições deste mesmo Conselho.

Deste modo, voto no sentido de que se dê por prejudicada a dúvida, sem que se lance nenhuma "orientação para casos similares".

10. Superados esses prolegômenos, entretanto, *de meritis* é caso de negar-se provimento ao recurso. O imóvel em questão, porque não se trata de ocupação ilícita de área urbana, está fora das hipóteses dos incisos II e II da Lei n. 13.465, de 11 de julho de 2017 (antes, incs. VI, VII e VIII da Lei n. 11.977, de 7 de julho de 2009), de maneira que não se lhes aplicam as facilitações (quase se diria, as anistias) previstas para a regularização fundiária. Logo, deve o processo seguir o trâmite registral regular, indicado nos itens 172 a 175 do capítulo XX do tomo II das Normas de Serviço Extrajudicial da Corregedoria de São Paulo.

É, *da veniam*, o **meu voto. Des. RICARDO DIP Presidente da Seção de Direito Público Notas:**

[1] *REGISTRO DE IMÓVEIS - Dúvida julgada procedente - Carta de Adjudicação - Exigência pelo Registrador da apresentação de CND do INSS e da Receita Federal para o registro - título judicial suscetível de qualificação registrária - Providência, todavia, de absoluta impossibilidade de cumprimento pela recorrente - excepcionalidade demonstrada - Dispensa justificada.* (Apelação nº 0021798-28.2011.8.26.0100, Rel. Des. José Renato Nalini, j. em 19/7/2012). (DJe de 07.05.2018 - SP)

RESERVA LEGAL

PODER JUDICIÁRIO

TRIBUNAL DE JUSTIÇA DO ESTADO DE SÃO PAULO

CONSELHO SUPERIOR DA MAGISTRATURA

Apelação nº 0002716-31.2016.8.26.0457

Registro: 2018.000266218

ACÓRDÃO

Vistos, relatados e discutidos estes autos do(a) **Apelação nº 0002716-31.2016.8.26.0457**, da Comarca de **Pirassununga**, em que são partes é apelante **REGINALDO APARECIDO PEREIRA TANGERINO**, é apelado **OFICIAL DE REGISTRO DE IMÓVEIS E ANEXOS DA COMARCA DE PIRASSUNUNGA**.

ACORDAM, em Conselho Superior de Magistratura do Tribunal de Justiça de São Paulo, proferir a seguinte decisão: **"Deram provimento ao**

recurso, para julgar improcedente a dúvida, v.u. Declarará voto convergente o Desembargador Campos Mello.", de conformidade com o voto do Relator, que integra este Acórdão.

O julgamento teve a participação dos Exmos. Desembargadores **PEREIRA CALÇAS (PRESIDENTE TRIBUNAL DE JUSTIÇA) (Presidente), ARTUR MARQUES (VICE PRESIDENTE), XAVIER DE AQUINO (DECANO), EVARISTO DOS SANTOS(PRES. DA SEÇÃO DE DIREITO PÚBLICO), CAMPOS MELLO (PRES. DA SEÇÃO DE DIREITO PRIVADO) E FERNANDO TORRES GARCIA(PRES. SEÇÃO DE DIREITO CRIMINAL).**

São Paulo, 10 de abril de 2018.

GERALDO FRANCISCO PINHEIRO FRANCO

Corregedor Geral da Justiça e Relator

Apelação nº 0002716-31.2016.8.26.0457

Apelante: Reginaldo Aparecido Pereira Tangerino

Apelado: Oficial de Registro de Imóveis e Anexos da Comarca de Pirassununga

VOTO Nº 37.285

Registro de imóveis – Recusa de ingresso de título judicial – Sentença que declarou a usucapião, determinando, contudo, a averbação da Reserva Legal quando do registro – Liminar em ADI que suspendeu a eficácia da Lei Estadual Paulista nº 15.684/2015, instituidora do Programa de Regularização Ambiental (PRA), inviabilizando a aprovação da Reserva Legal em órgão estadual – Imóvel devidamente inscrito no CAR – Impossibilidade de cumprimento integral das exigências pelo interessado, face à suspensão da lei que regulamentou o órgão ambiental – Recurso provido.

Cuida-se de recurso de apelação interposto por REGINALDO APARECIDO PEREIRA TANGERINO, contra r. sentença que julgou procedente a dúvida suscitada pelo Oficial de Registro de Imóveis da Comarca de Pirassununga, mantendo o óbice levantado para o registro da sentença de usucapião, em razão da necessidade de aprovação da Reserva Legal Florestal no órgão ambiental competente.

Sustenta o recorrente que a sentença de usucapião, por se tratar de título judicial de aquisição de propriedade, não estaria sujeita à obrigatoriedade da averbação da Reserva Legal, tendo em vista que o novo Código Florestal, Lei 12.651/12, em seu art. 18, é claro ao mencionar que a Reserva Legal deverá ser inscrita no CAR-Cadastro Ambiental Rural.

Por sua vez, o CAR desobrigaria a necessidade de aprovação da reserva legal, para fins de registro imobiliário. A D. Procuradoria Geral de Justiça opinou pelo desprovimento do recurso, mantida a procedência da dúvida.

É o relatório.

Presentes seus pressupostos legais e administrativos, conheço do recurso.

No mérito, o recurso comporta provimento.

Na hipótese, o dispositivo da sentença de procedência de usucapião contém a seguinte redação:

Ante o exposto, JULGO PARCIALMENTE PROCEDENTE o pedido formulado para declarar o domínio dos requerentes REGINALDO APARECIDO PEREIRA TANGERINO e ROSELI APARECIDA RINQUE TANGERINO em relação ao imóvel descrito e identificado na inicial, apontado no memorial descritivo de fls. 37/39 nos termos do artigo 1238 e 1243 do Código Civil, **ressaltando que deve ser averbada RESERVA LEGAL na matrícula do imóvel rural objeto do presente feito, nos exatos termos da manifestação de fls. 89/90.** (g.n)

Nada obstante o dispositivo da r. sentença, deve ser afastado o óbice quanto à exigibilidade de apresentação do Termo de Reserva Legal emitido pelo órgão ambiental estadual, para a averbação da Reserva Legal na matrícula do imóvel.

Isso porque está suspensa a eficácia da legislação estadual reguladora da matéria (Lei Estadual nº 15.684/2015), que dispõe sobre o Programa de Regularização Ambiental - PRA dos imóveis rurais, em liminar deferida pelo C. Órgão Especial do Tribunal de Justiça do Estado de São Paulo, nos autos da ADI nº 2100850-72.2016.8.26.0000. Quanto ao registro da Reserva Legal, já existe a necessidade de sua inscrição junto ao Cadastro Ambiental Rural-CAR, nos termos do art. 18, da Lei nº 12.651/2012:

> Art. 18. A área de Reserva Legal deverá ser registrada no órgão ambiental competente por meio de inscrição no CAR de que trata o art. 29, sendo vedada a alteração de sua destinação, nos casos de transmissão, a qualquer título, ou de desmembramento, com as exceções previstas nesta Lei.
>
> §1º A inscrição da Reserva Legal no CAR será feita mediante a apresentação de planta e memorial descritivo, contendo a indicação das coordenadas geográficas com pelo menos um ponto

de amarração, conforme ato do Chefe do Poder Executivo.

(...)

§4º O registro da Reserva legal no CAR desobriga a averbação no Cartório de Registro de Imóveis, sendo que, no período entre a data da publicação desta Lei e o registro no CAR, o proprietário ou possuidor rural que desejar fazer a averbação terá direito à gratuidade deste ato.

Já as Normas de Serviço Extrajudicial da Corregedoria Geral de Justiça tratam da especialização da Reserva Legal em seu Capítulo XX:

125.1.2. A averbação da reserva legal florestal será feita de ofício pelo Oficial do Registro de Imóveis, sem cobrança de emolumentos, por meio do Serviço de Registro Eletrônico de Imóveis (SREI), **assim que o perímetro da reserva for validado pela autoridade ambiental e implantados os mecanismos de fluxo de informações entre a Secretaria do Meio Ambiente do Estado de São Paulo** (SMA), a Companhia Ambiental do Estado de São Paulo (Cetesb) e a Associação dos Registradores Imobiliários de São Paulo (Arisp), definidos no Acordo de Cooperação Técnica que entre si celebraram. (g.n) **[1]**

125.2.1. Nas retificações de registro, bem como nas demais hipóteses previstas no item 125.2, o Oficial deverá, à vista do número de Inscrição no CAR/SICAR, verificar se foi feita a especialização da reserva legal florestal, qualificando negativamente o título em caso contrário. A reserva legal florestal será averbada, gratuitamente, na respectiva matrícula do bem imóvel, em momento posterior, **quando homologada pela autoridade ambiental através do Sistema Paulista de Cadastro Ambiental Rural - SICAR-SP**. (g.n) **[2]**

A mesma Lei n° 12.651/2012 também atribuiu a órgão estadual a competência para a aprovação da localização da Reserva Legal, após a inclusão do imóvel no CAR, conforme os art. 14 § 1° e art. 29 da referida norma.

Tem-se, assim, a necessidade do inscrição da Reserva Legal via CAR e, em regra, a necessidade de aprovação do órgão ambiental estadual.

Não se desconhece a decisão deste Eg. Conselho Superior da Magistratura que, em recente julgado, entendeu pela irrelevância da suspensão da vigência da Lei Estadual n° 15.684/2015, nos autos da apelação n° 1015407- 59.2016.8.26.0037, Rel. Des. PEREIRA CALÇAS:

REGISTRO DE IMÓVEIS Escritura pública de transferência de imóvel rural Necessidade de especialização da reserva legal, que há de ser aprovada e, em seguida, averbada Liminar em ADIN suspendeu vigência e eficácia da Lei Estadual Paulista 15.684/2015, instituidora do Programa de Regularização Ambiental (PRA), inviabilizando a aprovação da reserva legal Irrelevância Manutenção da necessidade de observância dos requisitos essenciais para a especialização da reserva legal, bem como para respectiva averbação Necessidade, ademais, de georreferenciar o imóvel, para que, só então, faça-se o registro da transferência Princípio da especialidade objetiva Itens 125.1.3 e 125.2.1 do Capítulo XX das NSCGJ Art. 176, §§3º e 4º, da Lei 6015/73 Art. 10,IV, do Decreto 4449/02 Recursodesprovido.

Naquele julgamento, muito embora se tenha decidido pelo desprovimento do recurso à unanimidade, houve divergência quanto à necessidade de aprovação da reserva legal no órgão ambiental, conforme voto do E. Des. SALLES ABREU, seguido pelos E. Des. XAVIER DE AQUINO e RICARDO DIP.

E, de fato, para cumprimento da norma geral, o pressuposto é que esse órgão ambiental estadual exista e esteja em pleno funcionamento, o que não é o caso, face à referida decisão liminar na ADI nº 2100850- 72.2016.8.26.0000.

Assim, não há como se cumprir, à integralidade, os requisitos específicos da legislação, especialmente no que diz respeito à apresentação do Termo de Reserva Legal, não sendo possível obstar o registro da sentença declaratória de propriedade pela ausência de aprovação do projeto por um órgão público estadual que atualmente não está em funcionamento.

Assim, face à situação posta, deve se considerar suficiente o registro no CAR, para que o título tenha ingresso no registro imobiliário, já que, do contrário, o particular estaria com seu direito de propriedade restringido, por tempo indeterminado, o que não se concebe.

E nada obsta, outrossim, que o órgão ambiental, uma vez em pleno funcionamento, exerça seu poder de fiscalização e controle sobre a área registrada, a fim de garantir a observância de todas as regras de tutela do meio ambiente.

Ante o exposto, dou provimento ao recurso para julgar improcedente a dúvida.

GERALDO FRANCISCO PINHEIRO FRANCO
Corregedor Geral da Justiça e Relator

DECLARAÇÃO DE VOTO CONVERGENTE

APELAÇÃO Nº 0002716-31.2016.8.26.0457

COMARCA DE PIRASSUNUNGA

Trata-se de recurso de apelação interposto contra sentença que manteve a recusa ao registro de sentença de usucapião, diante da necessidade de aprovação da Reserva Legal Florestal no órgão ambiental competente.

O voto do eminente Relator deu provimento ao recurso por entender que o apelante cumpriu a determinação legal ao promover a inscrição da reserva legal no Cadastro Ambiental Rural CAR, consoante determina o art. 18 da Lei 12.651/12.

Somente após decisão sobre a eficácia da Lei Estadual nº 15.684/15, que dispõe sobre o Programa de Regularização Ambiental dos imóveis rurais, suspensa por decisão do Órgão Especial do Tribunal de Justiça de São Paulo, na ADI nº 2100850-72.2016.8.26.0000, o órgão ambiental estadual poderá aprovar a reserva legal, permitindo a sua averbação na matrícula do imóvel.

Até que isso ocorra, como bem explicitado no voto do Relator, não há como o apelante ficar na pendência do restabelecimento do funcionamento do órgão ambiental estadual para que seu título seja registrado.

Cabe apenas uma pequena observação.

Não obstante seja suficiente o registro no CAR, remanesce a obrigação do Oficial de Registro de Imóveis de cumprir o disposto no art. 125.2.1 das Normas de Serviço Extrajudicial da Corregedoria Geral de Justiça.

Com efeito, ele deverá, *"à vista do número de Inscrição no CAR/SICAR, verificar se foi feita a especialização da reserva legal florestal, qualificando negativamente o título em caso contrário."*

Se a especialização estiver em ordem, consoante a análise do Oficial, o título será registrado; caso contrário, ele deverá fazer a qualificação negativa.

Pelo exposto, dou provimento ao recurso, nos termos do voto do eminente Relator, com a observação acima. São Paulo, 06 de abril de 2018.

Campos Mello

Presidente da Seção de Direito Privado Notas:

[1] CGJ 37/2015, 51/2015 e 09/2016.

[2] Prov. CGJ 37/2013 e 09/2016. (DJe de 18.05.2018 - SP)

PODER JUDICIÁRIO

TRIBUNAL DE JUSTIÇA DO ESTADO DE SÃO PAULO

CONSELHO SUPERIOR DA MAGISTRATURA

Apelação nº 1015407-59.2016.8.26.0037

Registro: 2017.0000954847

ACÓRDÃO

Vistos, relatados e discutidos estes autos de **Apelação nº 1015407-59.2016.8.26.0037**, da Comarca de **Araraquara**, em que são apelantes **VALDEMAR ARMENINI e CÉLIA REGINA FRANCHINI ARMENINI**, é apelado **2ª OFICIAL DE REGISTRO DE IMÓVEIS, TÍTULOS E DOCUMENTOS E CIVIL DE PESSOA JURÍDICA DA COMARCA DE ARARAQUARA.**

ACORDAM, em Conselho Superior de Magistratura do Tribunal de Justiça de São Paulo, proferir a seguinte decisão: **"Negaram provimento ao recurso, v.u. Vencidos em parte, quanto aos fundamentos, os Desembargadores Xavier de Aquino, Salles Abreu e Ricardo Dip. Declarará voto o Desembargador Salles Abreu."**, de conformidade com o voto do Relator, que integra este acórdão.

O julgamento teve a participação dos Exmos. Desembargadores **PAULO DIMAS MASCARETTI (Presidente), ADEMIR BENEDITO, XAVIER DE AQUINO, LUIZ ANTONIO DE GODOY, RICARDO DIP E SALLES ABREU.**

São Paulo, 28 de novembro de 2017.

MANOEL DE QUEIROZ PEREIRA CALÇAS

Corregedor Geral da Justiça e Relator

Apelação nº 1015407-59.2016.8.26.0037

Apelantes: Valdemar Armenini e Célia Regina Franchini Armenini

Apelado: 2ª Oficial de Registro de Imóveis, Títulos e Documentos e Civil de Pessoa Jurídica da Comarca de Araraquara

Comarca: Araraquara

VOTO Nº 29.839

Registro de Imóveis – Escritura pública de transferência de imóvel rural – Necessidade de especialização da reserva legal, que há de ser aprovada e, em seguida, averbada – Liminar em ADIN suspendeu vigência e eficácia da Lei Estadual Paulista 15.684/2015, instituidora do Programa de Regularização Ambiental (PRA), inviabilizando a aprovação da reserva legal – Irrelevância – Manutenção da necessidade de observância dos requisitos essenciais para a especialização da reserva legal, bem como para respectiva averbação – Necessidade, ademais, de georreferenciar o imóvel, para que, só então, faça-se o registro da transferência – Princípio da especialidade objetiva

– Itens 125.1.3 e 125.2.1 do Capítulo XX das NSCGJ – Art. 176, §§ 3º e 4º, da Lei 6015/73 – Art. 10, IV, do Decreto 4449/02 – Recurso desprovido.

Cuida-se de recurso de apelação tirado de r. sentença do MM. Juiz Corregedor Permanente do 2º Oficial de Registro de Imóveis e Anexos da Comarca de Araraquara, que julgou procedente dúvida inversa suscitada para o fim de manter a recusa a registro de escritura pública de transferência de imóvel rural, por falta de averbação de reserva legal e de georreferenciamento do bem.

Os apelantes afirmam, em síntese, estar impossibilitados de obter a aprovação da proposta de especialização da reserva legal, por conta de liminar concedida em ADIN, suspendendo vigência e eficácia da Lei Estadual 15.684/2015, norma que lastrearia o projeto. Discorreram sobre a necessidade de se permitir o registro sem que a especialização da reserva legal estivesse averbada.

A Procuradoria Geral de Justiça opinou pelo desprovimento do recurso. É o relatório.

Pretendem os recorrentes o registro de escritura pública de transferência de bem imóvel por cisão parcial de sociedade. Para tanto, exigiu o Sr. Registrador de Araraquara a averbação, perante o Cartório de Registro de Imóveis de Capão Bonito, da proposta da servidão ambiental apresentada, bem como o georreferenciamento do imóvel.

Para dar cumprimento à primeira das exigências, os apelantes apresentaram, perante o Cartório de Registro de Imóveis de Capão Bonito, escritura pública de instituição de servidão ambiental. Foi-lhes, então, solicitada a apresentação da anuência do órgão ambiental, que, não obstante, estaria condicionada aos termos da Lei Estadual 15.684/2015, instituidora do Programa de Regularização Ambiental. E, por decisão liminar do Egrégio Órgão Especial deste Colendo Tribunal, concedida em Ação Direta de Inconstitucionalidade, encontram-se suspensas vigência e eficácia da norma referida (fls. 124/125).

Em síntese, os apelantes não lograram obter a aprovação, pelo órgão competente, da proposta de servidão ambiental apresentada, que, pois, não pode ser averbada perante o CRI de Capão Bonito, inviabilizando, por conseguinte, o registro da escritura de transferência perante o 2º Cartório de Registro de Imóveis de Araraquara.

É contra a recusa ao registro do título de transferência do imóvel rural que se voltam os apelantes. Não obstante, as exigências formuladas pelo Sr. Registrador de Araraquara são, mesmo, de rigor.

Com efeito, extrai-se do item 125.1.3 do Capítulo XX das NSCGJ:

125.1.3. **Na hipótese de compensação de Reserva Legal, a notícia deverá ser averbada** na matrícula de todos os imóveis envolvidos após a homologação ou aprovação do órgão ambiental através do Sistema Paulista de Cadastro Ambiental Rural - SICARSP.

Pelos explícitos termos da regra referida, não há como escapar da necessidade de prévia averbação da compensação de reserva legal, para que, só então, a transferência do bem adentre ao fólio real. Eventuais dificuldades experimentadas pelos proprietários para tornar conforme à lei a proposta de reserva ambiental não esvazia a norma.

Tampouco há como suplantar a ordem judicial de suspensão de vigência e eficácia da Lei Estadual que conduziria à averbação. Assim é que ao proprietário do imóvel cabe aguardar a solução acerca da constitucionalidade debatida. E, de qualquer modo, a dificuldade advinda da exigência de consentimento do órgão ambiental, para averbação da reserva legal, não partiu do Registrador de Araraquara, mas do Registrador de Capão Bonito, a quem, portanto, haveria de ser oposta a matéria.

De outro bordo, igualmente irretocável a exigência de georreferenciamento do bem, expressamente prevista pelo art. 176, §§3º e 4º, da Lei 6015/76:

> § 3º Nos casos de desmembramento, parcelamento ou remembramento de imóveis rurais, a identificação prevista na alínea *a* do item 3 do inciso II do § 1º será obtida a partir de memorial descritivo, assinado por profissional habilitado e com a devida Anotação de Responsabilidade Técnica ART, contendo as coordenadas dos vértices definidores dos limites dos imóveis rurais, geo-referenciadas ao Sistema Geodésico Brasileiro e com precisão posicional a ser fixada pelo INCRA, garantida a isenção de custos financeiros aos proprietários de imóveis rurais cuja somatória da área não exceda a quatro módulos fiscais.
>
> § 4º A identificação de que trata o § 3º tornar-se-á obrigatória para efetivação de registro, em qualquer situação de transferência de imóvel rural, nos prazos fixados por ato do Poder Executivo.

O prazo aludido no retromencionado §4º está descrito no art. 10, IV, do Decreto 4449/02, observando-se que o imóvel em voga tem pouco mais de 300 hectares:

"Art. 10. A identificação da área do imóvel rural, prevista nos §§ 3º e 4º do art. 176 da Lei no 6.015, de 1973, será exigida nos casos de desmembramento, parcelamento, remembramento e em qualquer situação de transferência de imóvel rural, na forma do art. 9º, somente após transcorridos os seguintes prazos:

IV - dez anos, para os imóveis com área de duzentos e cinquenta a menos de quinhentos hectares;"

O §2º do artigo compilado ainda reforça a absoluta impossibilidade de registro da transferência do imóvel pelos Registradores, à míngua de georreferenciamento:

"§ 2º Após os prazos assinalados nos incisos I a IV do caput, fica defeso ao oficial do registro de imóveis a prática dos seguintes atos registrais envolvendo as áreas rurais de que tratam aqueles incisos, até que seja feita a identificação do imóvel na forma prevista neste Decreto:

II - transferência de área total;"

Também impositivo, pois, o georreferenciamento para a hipótese em questão, como, aliás, sedimentou este Egrégio Conselho Superior, em acórdão que tive a oportunidade de relatar:

"Registro de Imóveis - Escritura pública de venda e compra Georreferenciamento - Necessidade - Exigência ratificada - Princípio da especialidade objetiva - Juízo negativo de qualificação registral prestigiado pelos arts. 176, § 4.º, da Lei nº 6.015, de 1973, 9.º, *caput*, e 10, IV e § 2.º, II, do Decreto 4449/02- Dúvida inversa procedente - Sentença confirmada - Recurso desprovido.

A identificação do bem adquirido, na matrícula, está em desconformidade com o georreferenciamento pelo sistema geodésico brasileiro, método descritivo introduzido pela Lei nº 10.267/2001 - regulamentada pelo Decreto nº 4.449/2002, parcialmente modificado pelos Decretos nº 5.570/2005 e n. 7.620/2011-, que, inegavelmente, representa um aperfeiçoamento do princípio da especialidade objetiva, devido à técnica cartográfica empregada, com potência para individuar o imóvel de modo a separá-lo de qualquer outro na superfície terrestre.

Ocorre que, conforme o § 4.º do art. 176 da Lei nº 6.015/1973, "a identificação de que trata o § 3.º tornar-se-á obrigatória para efetivação de registro, em qualquer situação de transferência de imóvel rural, nos prazos fixados por ato do Poder Executivo." (grifei)

Nem se argumente que o ato registral pretendido independe de especialização objetiva do bem imóvel pelo novo sistema descritivo, imposta, no caso dos autos, tendo em vista a dimensão de área constante da matrícula, correspondente a 265,07 hectares - a prevalecer, enquanto inocorrente a retificação, em cotejo com eventual realidade extrarregistral diversa -, e o comando emergente do art. 10, IV, do Decreto nº 4.449/2002, com a redação que lhe foi dada pelo Decreto nº 7.620/2011, *in verbis*:

Art. 10. A identificação da área do imóvel rural, prevista nos §§ 3º e 4º do art. 176 da Lei nº 6.015, de 1973, será exigida nos casos de desmembramento, parcelamento, remembramento e em qualquer situação de transferência de imóvel rural, na forma do art. 9º, somente após transcorridos os seguintes prazos:

...

IV - dez anos, para os imóveis com área de duzentos e cinquenta a menos de quinhentos hectares" (Apelação n 0001745- 94.2015.8.26.0614, Rel. Des. Pereira Calças, j. 18/10/16)

Por fim, conforme decidido nos autos 2013.00100877 e 0017103-79.2016.8.26.0577, a especialização da reserva legal é essencial para averbação do registro feito perante o CAR. E não é possível especializar a reserva legal se nem mesmo a descrição do imóvel possui alguma precisão. Daí porque o item 125.2.1, do Cap. XX, das NSCGJ, passou a ter a seguinte redação:

125.2.1. Nas retificações de registro, bem como nas demais hipóteses previstas no item 125.2, o Oficial deverá, à vista do número de Inscrição no CAR/SICAR, verificar se foi feita a especialização da reserva legal florestal, qualificando negativamente o título em caso contrário. A reserva legal florestal será averbada, gratuitamente, na respectiva matrícula do bem imóvel, em momento posterior, quando homologada pela autoridade ambiental através do Sistema Paulista de Cadastro Ambiental Rural - SICAR-SP.

Desta feita, bem postada a recusa do Sr. Oficial, nego provimento ao recurso.

MANOEL DE QUEIROZ PEREIRA CALÇAS

Corregedor Geral da Justiça e Relator

Apelação nº 1015407-59.2016.8.26.0037

Apelantes: Valdemar Armenini e Célia Regina Franchini Armenini

Apelado: 2º Oficial de Registro de Imóveis, Títulos e Documentos e Civil de Pessoas Jurídicas da Comarca de Araraquara

VOTO Nº 43.823

DECLARAÇÃO DE VOTO DO DESEMBARGADOR SALLES ABREU

Divirjo do entendimento do E. Corregedor Geral no que diz respeito à necessidade do interessado aguardar a solução da questão da constitucionalidade da norma estadual reguladora do Programa de Regularização Ambiental PRA, antes do registrado da transmissão da propriedade rural e da servidão ambiental como forma de compensação da Reserva Legal, entendendo pela possibilidade de registro da transmissão da propriedade rural sem a regularização imediata desta servidão ambiental, em cumprimento ao comando da Lei nº 12.651/2012.

E este é o ponto a se decidir na presente dúvida, considerando o conteúdo da apelação interposta, qual seja, a exigibilidade da aprovação da proposta de especialização da reserva legal, havendo suspensão da eficácia da legislação estadual reguladora, por conta da suspensão dos efeitos da Lei Estadual nº 15.684/2015, em liminar concedida em ADIN 2100850-72.2016.8.26.0000, em processamento pelo Órgão Especial do Tribunal de Justiça do Estado de São Paulo.

É certo que a transmissão da propriedade rural está sujeita ao cumprimento da legislação ambiental, em obediência ao princípio da legalidade. No caso particular, observa-se a necessidade de atendimento do comando legal do art. 12, da Lei nº 12.651/2012, qual seja, a manutenção de Reserva Legal de cobertura vegetalnativa.

O registro da Reserva Legal deve ser feito junto ao órgão ambiental (CAR), havendo mitigação da exigência do registro imobiliária para sua plena eficácia administrativa. Dispõe o art. 18, da Lei nº 12.651/2012:

*"**Art. 18**. A **área de Reserva Legal deverá ser registrada no órgão ambiental competente por meio de inscrição no CAR** de que trata o art. 29, sendo vedada a alteração de sua destinação, nos casos de transmissão, a qualquer título, ou de desmembramento, com as exceções previstas nesta Lei.*

*§1º **A inscrição da Reserva Legal no CAR será feita mediante a apresentação de planta e memorial descritivo**, contendo a indicação das coordenadas geográficas com pelo menos um ponto de amarração, conforme ato do Chefe do Poder Executivo.*

§2º Na posse, a área de Reserva Legal é assegurada por termo de compromisso firmado pelo possuidor com o órgão competente do Sisnama, com força de título executivo extrajudicial, que explicite, no mínimo, a localização da área de Reserva Legal e as obrigações assumidas pelo possuidor por força do previsto nesta Lei.

§3º A transferência da posse implica a sub-rogação das obrigações assumidas no termo de compromisso de que trata o §2º.

§4º O registro da Reserva legal no CAR desobriga a averbação no Cartório de Registro de Imóveis, sendo que, no período entre a data da publicação desta Lei e o registro no CAR, o proprietário ou possuidor rural que desejar fazer a averbação terá direito à gratuidade deste ato."

Ocorre que a mesma Lei Federal nº 12.651/2012, ao estabelecer a Reserva Legal e seus patamares de acordo com a localização e qualidade do imóvel rural, previu formas específicas para seu atendimento, seja com a especificação da reserva no próprio imóvel, seja com a realização de compensações ambientais, no caso, através da instituição de servidão ambiental, nos termos da Lei nº 6.938/1981.

Assim, tem-se que a concretização de tal reserva legal ambiental pode dar-se pela especificação de parte do imóvel rural em si, ou através da compensação de Reserva Legal (art. 66, III, da Lei nº 12.651/2012), indicando-se, para a realização da compensação os seguintes requisitos legais:

*"**Art. 66**.(...)*

*§5º A compensação de que trata o inciso III do caput deverá ser **precedida pela inscrição da propriedade no CAR** e poderá ser feita mediante:*

I aquisição de Cota de Reserva Ambiental CRA;

II arrendamento de área sob regime de servidão ambiental ou Reserva Legal;

III doação ao poder público de área localizada no interior de Unidade de Conservação de domínio público pendente de regularização fundiária;

IV cadastramento de outra área equivalente e excedente à Reserva Legal, em imóvel de mesma titularidade ou adquirida em imóvel de terceiro, com vegetação nativa estabelecida, em regeneração ou recomposição, desde que localizada no mesmo bioma.

§6º As áreas a serem utilizadas para compensação na forma do §5º deverão: I ser equivalentes em extensão à área da Reserva legal a ser compensada;

II estar localizadas no mesmo bioma da área de Reserva Legal as ser compensada;

III se fora do Estado, estar localizada em áreas identificadas como prioritárias pela União ou pelos Estados."

A materialização de tal compensação ambiental pode se dar, como no caso concreto, através da averbação de servidão ambiental imposta a outro imóvel com as mesmas características de bioma, quando sua própria Reserva Legal ultrapasse o mínimo legal exigido, procedendo-se na forma do art. 9º-A, da Lei nº 6.938/1981, *verbis*:

*"**Art. 9º-A.** O proprietário ou possuidor de imóvel, pessoal natural ou jurídica, pode, por instrumento público ou particular ou por termo administrativo firmado perante o órgão integrante do Sisnama, limitar o uso de toda a sua propriedade ou de parte dela para preservar, conservar ou recuperar os recursos ambientais existentes, instituindo servidão ambiental.*

(...)

***§5º** Na hipótese de compensação de Reserva Legal, a servidão ambiental deve ser averbada na matrícula de todos os imóveis envolvidos."*

Aliado a isto, tem-se a atribuição de competência, pela Lei Federal, a órgão estadual a aprovação da localização da Reserva Legal, após a inclusão do imóvel no CAR, conforme o art. 29 do Código Florestal (art. 14, §1º, Lei nº 12.651/2012):

*"**Art. 14.** A localização da área de Reserva legal no imóvel rural d verá levar em consideração os seguintes estudos e critérios:*

(...)

***§1º** O órgão estadual integrante do Sisnama ou instituição por ele habilitada deverá aprovar a localização da Reserva legal após a inclusão do imóvel no CAR, conforme o art. 29 desta Lei."*

*"**Art. 29.** É criado o Cadastro Ambiental Rural CAR, no âmbito do Sistema Nacional de Informações sobre Meio Ambiente SINIMA, registro público eletrônico de âmbito nacional, obrigatório para todos os imóveis rurais, com a finalidade de integrar as informações ambientais das propriedades e posses rurais, compondo base de dados para controle, monitoramento, planejamento ambiental e econômico e combate ao desmatamento.*

§1º A inscrição do imóvel rural no CAR deverá ser feita, preferencialmente, no órgão ambiental municipal ou estadual, que, nos termos do regulamento, exigirá do proprietário ou possuidor rural:

I identificação do proprietário ou possuidor rural; II comprovação da propriedade ou posse;

*III identificação do imóvel por meio de planta e memorial descritivo, contendo a indicação das coordenadas geográficas com pelo menos um ponto de amarração do perímetro do imóvel, informando a localização dos remanescentes de vegetação nativa, das Áreas de Preservação Permanente, das Áreas de Uso Restrito, das áreas consolidadas e, caso existente, **também da localização da Reserva Legal**."*

O que se tem, assim, é a necessidade do registro da Reserva Legal em si ou da compensação ambiental via CAR e, em regra, a necessidade de aprovação do órgão ambiental estadual a respeito da observância dos requisitos do Código Florestal (identidade de área e de bioma) para se autorizar a compensação ambiental pretendida.

A própria norma de serviço prevista no item 124.1.31, das NSCGJ prevê a necessidade da averbação da compensação ambiental ser realizar a partir da aprovação do órgão ambiental estadual, o que pressupõe que este órgão exista e seja apto a emitir tal posicionamento.

Ocorre que a norma estadual que regulou o procedimento de aprovação do projeto de compensação fora suspenso, com dito, pela decisão liminar na ADIN nº 2100850-72.2016.8.26.0000, em trâmite pelo Tribunal de Justiça do Estado de São Paulo. Assim, não há hoje como se cumprir, à integralidade, os requisitos específicos da legislação, especialmente no que diz respeito à homologação do projeto de recomposição da Reserva Legal, através da instituição da servidão ambiental no imóvel localizado em Capão Bonito.

Há, tão somente, a possibilidade de apresentação e cadastro do projeto no CAR, com a responsabilidade técnica de engenheiro certificada em ART, sujeitando-se à fiscalização e regularização quando estiverem em funcionamento os órgãos estaduais competentes para tal.

É que, em linhas gerais, não se poderia pensar na absoluta restrição à transmissão da propriedade imobiliária rural por conta da ausência de aprovação ou homologação do plano de adequação da Reserva Legal devidamente inscrito no CAR, **por ausência de regulação local da norma geral federal**. Seria, a um só tempo, atribuir integralmente ao particular os ônus da falta de meios próprios para a realização da lei, bem como sujeitar os interessados a um regime de clandestinidade registral, o que não se admite.

Note-se que, no caso, o apelante cumpre todos os requisitos possíveis e atribuíveis ao particular, com a realização do CAR, apresentação do memorial descritivo do projeto e a emissão de ART pelo engenheiro responsável. Exigir do particular a aprovação do projeto por um órgão público que **atualmente não existe**, pois ineficaz em decorrência da suspensão liminar da eficácia da Lei Estadual nº 15.684/2015, seria o mesmo que exigir-se o cumprimento de obrigação absolutamente impossível.

Percebe-se, em síntese conclusiva que: a) é necessário se cadastrar a Reserva Legal no CAR, cabendo tal cadastro, preferencialmente, a órgãos estaduais e municipais; b) a realização da verificação dos requisitos da compensação ambiental deverá ser feita a partir do CAR, realizada por órgão estadual competente a tal; c) inexistindo órgão estadual em funcionamento para a análise do pedido de compensação ambiental, deve se considerar suficiente o CAR e o projeto apresentado pelo interessado, junto ao mesmo cadastro, assinado por engenheiro responsável pelas especificidades técnicas do projeto, sob pena de se sujeitar a propriedade privada a um regime de clandestinidade registral; d) regularizada a criação e o funcionamento do órgão estadual competente para a verificação, aprovação e homologação do projeto de compensação, caberá ao mesmo realizar a fiscalização ambiental e, eventualmente, exigir a regularização do mesmo, com eventual alteração da servidão ambiental registrada.

A solução, embora não definitiva, tutela de forma mínima o direito de propriedade do particular, ao mesmo tempo que acata os princípios e regramentos mínimos exigidos pela legislação ambiental, o que se observa pela apresentação de projeto de compensação ambiental acompanhado de ART emitido pelo engenheiro responsável.

Não seria admissível, neste ponto, sujeitar o particular a permanecer sem o registro da propriedade por tempo indeterminado em função única e exclusiva da ausência de órgão estadual com atribuição para a fiscalização prévia ambiental, o que seria a consequência da solução dada pela sentença apelada e pelo foto do E. Relator.

Até porque incluem-se nas competências dos órgãos de fiscalização e controle dos projetos de compensação ambiental da Reserva Legal, também o acompanhamento do cumprimento de tais licenciamentos ambientais em sentido amplo, o que permitiria ao órgão estadual, uma vez criado e em funcionamento, proceder à apuração da regularidade da compensação, exigindo eventual complementação em caso de irregularidade.

Com a solução não haveria prejuízo de ordem definitiva à tutela do meio ambiente, ao mesmo tempo em que não se restringiria de forma absoluta da transmissão da propriedade rural, até que se regularize a criação e o funcionamento dos órgãos estaduais responsáveis pela aprovação prévia e fiscalização da medida compensatória.

Anote-se a eficácia da presente decisão em relação a ambos os Oficiais Registradores que negaram o ingresso do título no fólio real, pois ineficaz a decisão se apenas cumpria pelo Oficial do 2º CRI de Araraquara. Inclui-se a eficácia da decisão, de natureza judicial-administrativa, ao Oficial de Registro de Imóveis de Capão Bonito.

No que diz respeito ao georreferenciamento do bem, previsto no art. 176, §§ 3º e 4º, da Lei nº 6.015/1976, acompanho integralmente o voto do E. Corregedor Geral de Justiça.

Por estes fundamentos, **MANTENHO A RECUSA AO REGISTRO,** mas afasto o óbice ao registro decorrente da falta de aprovação do projeto de compensação ambiental junto ao órgão estadual competente, limitando os requisitos materiais para o ingresso no fólio real ao registro, junto ao CAR, do projeto de compensação firmado por engenheiro responsável, com o respectivo ART, sujeitando-se a fiscalização e adequação futura. Mantida, no mais, a exigência do georreferenciamento.

SALLES ABREU

Presidente da Seção de Direito Criminal Notas:

[1] NSCGJ, Cap. XX, item 125.1.3: Na hipótese de compensação de Reserva Legal, a notícia deverá ser averbada na matrícula de todos os imóveis envolvidos após a homologação ou aprovação do órgão ambiental **através do Sistema Paulista de Cadastro Ambiental Rural SICAR-SP**. (grifei) (DJe de 19.02.2018 - SP)

SERVIDÃO

PODER JUDICIÁRIO

TRIBUNAL DE JUSTIÇA DO ESTADO DE SÃO PAULO

CONSELHO SUPERIOR DA MAGISTRATURA

Apelação nº 1000862-76.2016.8.26.0071

Registro: 2017.0000990289

ACÓRDÃO

Vistos, relatados e discutidos estes autos do(a) **Apelação nº 1000862-76.2016.8.26.0071**, da Comarca de **Bauru**, em que são partes é apelante **GCKON PARTICIPAÇÕES LTDA.**, é apelado **2º OFICIAL DE REGISTRO DE IMÓVEIS, TÍTULOS E**

DOCUMENTOS E CIVIL DE PESSOA JURÍDICA DA COMARCA DE BAURU.

ACORDAM, em Conselho Superior de Magistratura do Tribunal de Justiça de São Paulo, proferir a seguinte decisão: **"Negaram provimento. v. u."**, de conformidade com o voto do Relator, que integra este Acórdão.

O julgamento teve a participação dos Exmos. Desembargadores **PAULO DIMAS MASCARETTI (Presidente sem voto), ADEMIR BENEDITO (VICE PRESIDENTE), PAULO DIMAS MASCARETTI(PRESIDENTE TRIBUNAL DE JUSTIÇA), XAVIER DE AQUINO (DECANO), LUIZ ANTONIO DE GODOY(PRES. DA SEÇÃO DE DIREITO PRIVADO), RICARDO DIP (PRES. DA SEÇÃO DE DIREITO PÚBLICO) E SALLES ABREU (PRES. SEÇÃO DE DIREITO CRIMINAL).**

São Paulo, 12 de dezembro de 2017.

MANOEL DE QUEIROZ PEREIRA CALÇAS

Corregedor Geral da Justiça e Relator

Apelação nº 1000862-76.2016.8.26.0071
Apelante: Gckon Participações Ltda.

Apelado: 2º Oficial de Registro de Imóveis, Títulos e Documentos e Civil de Pessoa Jurídica da Comarca de Bauru

VOTO Nº 29.819

Registro de Imóveis – Dúvida – Escritura de instituição de servidão predial – Desqualificação – Manutenção das exigências pela MM. Juíza Corregedora Permanente – Imóveis dominante e servientes pertencentes ao mesmo proprietário – Notícia, ademais, de que a servidão visa à realização de parcelamento irregular do solo, com a abertura irregular de via pública – Impossibilidade da inscrição – Recurso improvido.

Trata-se de recurso de apelação interposto por GCKON Participações Ltda. contra a sentença de fls. 304/306, que julgou procedente a dúvida registrária, mantendo a recusa ao registro de escritura pública de instituição de servidão predial relativa a imóveis matriculados no 2º Registro de Imóveis de Bauru.

Sustenta a apelante, em resumo, que a figura da servidão por destinação é aceita pelo Tribunal de Justiça de São Paulo e pelos Tribunais Superiores; que a situação de seus imóveis é regular perante a Prefeitura de Bauru; e que a inscrição pretende regularizar situação consolidada. Pede, for fim, a reforma da sentença de primeiro grau (fls. 312/320).

A Procuradoria de Justiça opinou pelo não provimento do recurso (fls. 337/340). É o relatório.

Segundo consta, a apelante apresentou no 2º Registro de Imóveis de Bauru a escritura pública copiada a fls. 11/16, por meio da qual, na condição de outorgante e de outorgada, institui servidão em favor de dez imóveis de sua propriedade (matrículas nº 105.191, 105.192 105.195, 105.196, 115.771, 115.772, 113.011, 113.012, 113.013 e 113.014), figurando como serviente outro imóvel de que é titular (matrícula nº 105.197).

O título foi desqualificado por duas razões: a) não há previsão legal de instituição de servidão predial na hipótese de os imóveis serviente e dominante serem do mesmo titular; e b) a qualificação positiva aparentemente implicaria parcelamento irregular do solo urbano (fls. 2).

Suscitada a dúvida, ambas as exigências foram mantidas pela MM. Juíza Corregedora Permanente (fls. 304/306).

Agora, apela GCKON Participações Ltda., pedindo a reforma da sentença de primeiro grau. O recurso não vinga.

Preceitua o artigo 1.378 do Código Civil:

> *Art. 1.378. A servidão proporciona utilidade para o prédio dominante, e grava o prédio serviente, que pertence a diverso dono, e constitui-se mediante declaração expressa dos proprietários, ou por testamento, e subsequente registro no Cartório de Registro de Imóveis.*

A leitura do dispositivo legal mostra que um dos pressupostos da servidão é que os imóveis dominante e serviente sejam de titularidade dominial diversa. E isso aqui não ocorre, pois o imóvel dominante e os dez servientes são todos de propriedade da apelante.

Não se ignora que a doutrina e a jurisprudência reconhecem que uma servidão pode ser constituída por destinação do proprietário, quando esse, titular de domínio de dois imóveis, estabelece uma serventia de um prédio sobre o outro.

No entanto, mesmo nesse caso, para que se reconheça que a mera serventia se tornou servidão, imprescindível a diversidade de proprietários. Sobre o tema, citando a lição de Washington de Barros Monteiro, ensina Carlos Roberto Gonçalves:

"A servidão nasce, portanto, no momento em que os prédios passam a pertencer a donos diversos, deixando de ser mera serventia do anterior e único proprietário.

(...)

Esse modo de constituição das servidões subordina-se, segundo a lição de Washington de Barros Monteiro, ao concurso de três requisitos: 'a) o estado visível da coisa, existência de obras que revelem a destinação; b) a separação dos dois prédios, que passam a pertencer a proprietários diferentes; c) a falta de declaração contrária ao estabelecimento da servidão'" **[1]**.

Ou seja, para que a serventia possa ser tida como servidão, indispensável que os imóveis passem a ter diferente proprietários.

Se não bastasse esse obstáculo de ordem formal, a segunda exigência, que diz respeito ao possível parcelamento irregular do solo, também deve ser mantida.

Com efeito, em que pesem as alegações da apelante, o Município de Bauru, intimado neste procedimento administrativo, afirmou, de modo categórico, que a instituição das servidões aqui analisadas visa ao parcelamento irregular do solo. Explicou, confirmando a suspeita do registrador, que a apelante realizou desdobros da gleba original sem autorização do Poder Público, comercializou as áreas resultantes e agora, sem projeto de loteamento, pretende instituir as servidões justamente para que elas façam as vezes de rua (fls. 153/161).

Considerando esses fatos e que o parcelamento do solo urbano deve observar os ditames da Lei nº 6.766/79 e do Plano Diretor Municipal, não se pode admitir manobra que tenha por objetivo driblar disposições cogentes que visam a organizar a ocupação da cidade.

Ante o exposto, nego provimento à apelação.

MANOEL DE QUEIROZ PEREIRA CALÇAS
Corregedor Geral da Justiça e Relator

Notas:

[1] Direito Civil Brasileiro, Volume V: Direito das Coisas 2ª ed. rev. e atual. Saraiva 2008, p. 431 (DJe de 15.03.2018 - SP)

PODER JUDICIÁRIO

TRIBUNAL DE JUSTIÇA DO ESTADO DE SÃO PAULO

CONSELHO SUPERIOR DA MAGISTRATURA

Apelação nº 1005783-49.2017.8.26.0037

Registro: 2018.0000187372

ACÓRDÃO

Vistos, relatados e discutidos estes autos do(a) **Apelação nº 1005783-49.2017.8.26.0037**, da Comarca de **Araraquara**, em que são partes é apelante **INTERLIGAÇAO ELETRICA DO MADEIRA S/A**, é apelado **2ª OFICIAL DE REGISTRO DE IMÓVEIS, TÍTULOS E DOCUMENTOS E CIVIL DE PESSOA JURÍDICA DA COMARCA DE ARARAQUARA.**

ACORDAM, em Conselho Superior de Magistratura do Tribunal de Justiça de São Paulo, proferir a seguinte decisão: **"Negaram provimento ao recurso, V. U."**, de conformidade com o voto do Relator, que integra este Acórdão.

O julgamento teve a participação dos Exmos. Desembargadores **PEREIRA CALÇAS (PRESIDENTE TRIBUNAL DE JUSTIÇA) (Presidente), ARTUR MARQUES (VICE PRESIDENTE), XAVIER DE AQUINO (DECANO), EVARISTO DOS SANTOS(PRES. DA SEÇÃO DE DIREITO PÚBLICO), CAMPOS MELLO (PRES. DA SEÇÃO DE DIREITO PRIVADO) E FERNANDO TORRES GARCIA(PRES. SEÇÃO DE DIREITO CRIMINAL).**

São Paulo, 9 de março de 2018.

PINHEIRO FRANCO
CORREGEDOR GERAL DA JUSTIÇA E RELATOR

Apelação nº 1005783-49.2017.8.26.0037
Apelante: Interligaçao Eletrica do Madeira S/A
Apelado: 2ª Oficial de Registro de Imóveis, Títulos e Documentos e Civil de Pessoa Jurídica da Comarca de Araraquara

VOTO Nº 37.291

Registro de imóveis – Dúvida Inversa – Carta de sentença – Servidão administrativa – Princípio da especialidade objetiva – Impossibilidade de identificar a servidão dentro da área dos imóveis atingidos, em razão da descrição deficiente – Dúvida inversa improcedente – Recurso desprovido.

Trata-se de apelação interposta por INTERLIGAÇÃO ELÉTRICA DO MADEIRA S.A. contra r. sentença que, no julgamento de dúvida inversa, manteve a negativa de registro de carta de sentença de servidão administrativa, acolhendo as razões trazidas pelo Sr. Oficial do 2º Ofício de Registro de Imóveis, Títulos e Documentos e Civil de Pessoas Jurídicas de Araraquara quanto à necessidade de prévia retificação das matrículas atingidas pela servidão.

A apelante sustenta que o georreferenciamento, conforme §§ 3º e 4º art. 176 da Lei nº 6.015/1973, somente é obrigatório em caso de transferência de titularidade e quando há alteração dos limites do imóvel, o que não é o caso da servidão administrativa.

Ademais, seria impossível a obtenção das assinaturas dos proprietários nos mapas e memoriais, bem como assinatura dos confrontantes, já que se trata de servidão constituída judicialmente.

A D. Procuradoria Geral de Justiça opinou pelo desprovimento do recurso. É o relatório.

Tratando-se de dúvida inversa prenotada e impugnando a integralidade da nota devolutiva, conheço do recurso. No mérito, o recurso não comporta provimento.

A recorrente é concessionária de serviço público de transmissão de energia elétrica e lhe coube a construção, operação e manutenção do empreendimento elétrico denominado de Linha de Transmissão Coletora Porto Velho Araraquara 2, cujo traçado passou pelos Estados de Rondônia, Mato Grosso, Goiás, Minas Gerais e São Paulo.

Não evoluindo as tentativas de formalização da faixa de servidão pela via administrativa, a recorrente, na forma do Decreto-Lei n.º 3.365/41, obteve sentença judicial favorável para a constituição de servidão administrativa nas áreas das matrículas n° 3.296 e 9.297 da referida serventia imobiliária (autos n° 0007918-61.2011.8.26.0037), com expedição da judiciosa carta de sentença.

O título, contudo, obteve qualificação negativa perante o 2º Ofício de Registro de Imóveis de Araraquara, conforme nota de devolução nº 12.339/2017 (fls.102/103).

A qualificação registral imobiliária é expressão do exame registral, após apresentação do título original.

Ela é feita pelo Oficial Registrador, com verdadeira natureza de tutela preventiva de conflitos (órgão pacificador de conflitos).

Por essas razões, a qualificação deve observar todos os princípios e regras aplicáveis, sejam legais, sejam administrativas.

Como é sabido, os títulos judiciais também não escapam ao crivo da qualificação registral, **[1]** de modo que o registrador, longe de questionar o conteúdo da decisão e tampouco o seu mérito, deverá examinar se estão atendidos os princípios registrais pertinentes ao caso, para seu perfeito ingresso no fólio real.

Trata-se, assim, de análise formal, restrita aos requisitos extrínsecos do título.

E, de fato, não seria possível o ingresso do título, à míngua de descrição suficiente da área e dos limites dos imóveis, sem a indicação de marcos seguros que permitam identificar a sua correta base geodésica, sob pena de ofensa ao princípio da especialidade objetiva.

A questão não é nova; são diversos os precedentes deste Eg. Conselho Superior da Magistratura sobre a matéria, no sentido de que o registro da servidão administrativa se submete a todos os princípios informadores dos registros públicos.

A servidão administrativa proporciona utilidade para o prédio dominante, e grava o prédio serviente, que pertence a proprietário diverso, com força de limitação administrativa. Uma vez registrada, grava o direito real em favor de seu titular, no caso, a Administração Pública ou suas concessionárias.

E não se pode admitir a constituição de um direito real sem a necessária certeza sobre a amarração da área objeto da servidão à base territorial sobre a qual está sendo implantada. **[2]**

É verdade que as servidões administrativas não têm natureza similar à da desapropriação, como modo de aquisição de domínio; entretanto, de outro enfoque, traduzem gravame e limitam o exercício da propriedade, com natureza pública, instituído sobre imóvel alheio **[3]**.

Não se pode falar em mitigação da especialidade objetiva para atos de registro constitutivo de um novo direito real, sob pena de ofensa a todos os princípios de segurança jurídica e publicidade afetos ao serviço de registro imobiliário. **[4]**

Embora sustente o apelante, decisão anterior proferida por outro Juízo então responsável pela Corregedoria Permanente, ou mesmo a existência de outra nota devolutiva com exigência não feita anteriormente não obstam a nova análise feita pela r. sentença recorrida, especialmente face à inexistência de coisa julgada administrativa nesta hipótese.

Ademais, não há óbice que impossibilite, de forma absoluta, que a apelante promova a retificação das matrículas, na condição de interessada no registro da servidão, uma vez que, na impossibilidade de assinatura de titulares de domínio ou confrontantes, serão feitas as regulares notificações, na forma do art. 213 e parágrafos da Lei n° 6.015/73.

Ante o exposto, nego provimento ao recurso.

PINHEIRO FRANCO

Corregedor Geral da Justiça e Relator

Notas:

[1] Apelações CSM n° 1006009-07.2016.8.26.0161 e 0001652-41.2015.8.26.0547.

[2] Ver Apelação CSM nº 1003805-88.2015.8.26.0269.

[3] DI PIETRO, Maria Sylvia Zanella, Direito Administrativo, 15ª ed. São Paulo: Atlas, 2003, p. 145.

[4] CSM, Apelações nº 122-6/9, 456-6/2, 454-6/3 e 666-6/0 e 0001620-50.2014 e 1001809-55.2015. (DJe de 02.05.2018 - SP)

PODER JUDICIÁRIO

TRIBUNAL DE JUSTIÇA DO ESTADO DE SÃO PAULO

CONSELHO SUPERIOR DA MAGISTRATURA

Apelação nº 1005788-71.2017.8.26.0037

Registro: 2018.0000187380

ACÓRDÃO

Vistos, relatados e discutidos estes autos do(a) **Apelação nº 1005788-71.2017.8.26.0037**, da Comarca de **Araraquara**, em que são partes é apelante **INTERLIGAÇAO ELETRICA DO MADEIRA S/A**, é apelado **2ª OFICIAL DE REGISTRO DE IMÓVEIS, TÍTULOS E DOCUMENTOS E CIVIL DE PESSOA JURÍDICA DA COMARCA DE ARARAQUARA.**

ACORDAM, em Conselho Superior de Magistratura do Tribunal de Justiça de São Paulo, proferir a seguinte decisão: **"Negaram provimento ao recurso e mantiveram a recusa do registro do título, v.u."**, de conformidade com o voto do Relator, que integra este Acórdão.

O julgamento teve a participação dos Exmos. Desembargadores **PEREIRA CALÇAS (PRESIDENTE TRIBUNAL DE JUSTIÇA) (Presidente), ARTUR MARQUES (VICE PRESIDENTE), XAVIER DE AQUINO (DECANO), EVARISTO DOS SANTOS(PRES. DA SEÇÃO DE DIREITO PÚBLICO), CAMPOS MELLO (PRES. DA SEÇÃO DE DIREITO PRIVADO) E FERNANDO TORRES GARCIA(PRES. SEÇÃO DE DIREITO CRIMINAL)**.

São Paulo, 16 de março de 2018.

PINHEIRO FRANCO

CORREGEDOR GERAL DA JUSTIÇA E RELATOR

Apelação nº 1005788-71.2017.8.26.0037

Apelante: Interligaçao Eletrica do Madeira S/A

Apelado: 2ª Oficial de Registro de Imóveis, Títulos e Documentos e Civil de Pessoa Jurídica da Comarca de Araraquara

VOTO Nº 37.308

Registro de imóveis – Dúvida Inversa – Carta de sentença – Servidão administrativa – Princípio da especialidade objetiva – Impossibilidade de identificar a servidão dentro da área de cada um dos imóveis atingidos, em razão da descrição deficiente nas respectivas matrículas – Dúvida julgada procedente – Recurso desprovido.

Trata-se de apelação interposta por INTERLIGAÇÃO ELÉTRICA DO MADEIRA S.A. contra r. sentença que, no julgamento de dúvida inversa, manteve a negativa de registro de carta de sentença de servidão administrativa, acolhendo as razões trazidas pelo Sr. Oficial do 2° Ofício de Registro de Imóveis, Títulos e Documentos e Civil de Pessoas Jurídicas de Araraquara quanto à necessidade de prévia retificação das matrículas atingidas pela servidão.

A apelante sustenta que o georreferenciamento, conforme §§ 3º e 4º art. 176 da Lei nº 6.015/1973, somente é obrigatório em caso de transferência de titularidade e quando há alteração dos limites do imóvel, o que não é o caso da servidão administrativa. Ademais, seria impossível a obtenção das assinaturas do proprietário nos mapas e memoriais, bem como assinatura dos confrontantes, já que se trata de servidão constituída judicialmente. Por iguais motivos, não deve prevalecer a exigência de retificação do título para descrever a área da servidão que atinge cada um dos imóveis.

A D. Procuradoria Geral de Justiça opinou pelo não provimento do recurso. É o relatório.

A recorrente é concessionária de serviço público de transmissão de energia elétrica e lhe coube a construção, operação e manutenção do empreendimento elétrico denominado de Linha de Transmissão Coletora Porto Velho Araraquara 2, cujo traçado passou pelos Estados de Rondônia, Mato Grosso, Goiás, Minas Gerais e São Paulo.

Não evoluindo as tentativas de formalização da faixa de servidão pela via administrativa, a recorrente, na forma do Decreto-Lei n.º 3.365/41, obteve sentença judicial favorável para a constituição de servidão administrativa nas áreas das matrículas nº 8.998 e 10.427 do 2º Registro de Imóveis de Araraquara (Proc. n° 0011150-81..2011.8.26.0037), com expedição da carta de sentença (fls. 145/239).

O título, contudo, obteve qualificação negativa perante o 2º Ofício de Registro de Imóveis de Araraquara pelas razões expostas na nota de devolução nº 12334/2017 (fls.132) e nas informações prestadas às fls. 122/128.

A qualificação registral imobiliária é expressão do exame registral, após apresentação do título original.

Ela é feita pelo Oficial Registrador, com verdadeira natureza de tutela preventiva de conflitos (órgão pacificador de conflitos).

Por essas razões, a qualificação deve observar todos os princípios e regras aplicáveis, sejam legais, sejam administrativas.

Como é sabido, os títulos judiciais também não escapam ao crivo da qualificação registral, **[1]** de modo que o registrador, longe de questionar o mérito da decisão, deverá examinar se estão atendidos os princípios registrais pertinentes ao caso, para seu perfeito ingresso no fólio real.

Trata-se, assim, de análise formal, restrita aos requisitos extrínsecos do título.

No presente caso, para o registro da carta de sentença o Sr. 2º Oficial de Registro de Imóveis de Araraquara formulou exigências consistentes em: 1) retificar as descrições dos imóveis objeto das matrículas nºs 8.998 e 10.427 para que seja possível identificar sua exata localização no solo; 2) retificar a carta de sentença para que sejam descritas, separadamente, as áreas da servidão de passagem que atingem cada um desses imóveis (fls. 132).

E, de fato, não é possível o ingresso do título à míngua de descrição suficiente da área e dos limites de cada imóvel, sem a indicação de marcos seguros que permitam identificar a sua correta base geodésica, sob pena de ofensa ao princípio da especialidade objetiva.

Por igual razão, ou seja, ainda para preservação do princípio da especialidade objetiva, não é possível o registro da carta de sentença sem a identificação separada da área da servidão que atinge cada um dos imóveis.

Esses requisitos para os registros da servidão de passagem nas matrículas dos dois imóveis atingidos, contudo, não estão presentes porque as descrições das áreas contidas na matrícula nº 8.998 (fls. 133/135) e na matrícula nº

10.427 (fls. 136/138) não permitem identificar, com a segurança necessária, os locais em que seriam atingidas pela servidão de passagem com a descrição contida no memorial de fls. 186.

A precariedade das descrições dos imóveis, ademais, não é suprida pela planta de fls. 186 porque inova em relação aos pontos de amarração e demais elementos contidos nas matrículas, com indicação de medidas e azimutes nelas não identificáveis por meio de sua leitura.

De igual modo, não se pode registrar servidão de passagem com descrição de área não abrangida pela matrícula porque, em tese, parte dela estaria situada em imóvel confrontante, devendo o título ser retificado para que passe a conter memorial descritivo que identifique, separadamente, a área da servidão de passagem que atinge cada um dos imóveis.

Anoto, nesse ponto, que são diversos os precedentes deste Eg. Conselho Superior da Magistratura sobre a matéria, no sentido de que o registro da servidão administrativa se submete a todos os princípios informadores dos registros públicos.

A servidão administrativa proporciona utilidade para o prédio dominante, e grava o prédio serviente, que pertence a proprietário diverso, com força de limitação administrativa. Uma vez registrada, grava o direito real em favor de seu titular, no caso, a Administração Pública ou suas concessionárias.

E não se pode admitir a constituição de um direito real sem a necessária certeza sobre a amarração da área objeto da servidão à base territorial sobre a qual está sendo implantada **[2]**, nem a inserção de descrição que abranja área objeto de mais de uma matrícula.

É verdade que as servidões administrativas não têm natureza similar à da desapropriação, como modo de aquisição de domínio; entretanto, de outro enfoque, traduzem gravame e limitam o exercício da propriedade, com natureza pública, instituído sobre imóvel alheio **[3]**.

Não se pode falar em mitigação da especialidade objetiva para atos de registro constitutivo de um novo direito real, sob pena de ofensa a todos os princípios de segurança jurídica e publicidade afetos ao serviço de registro imobiliário **[4]**.

Embora sustente o apelante, decisão anterior proferida por outro Juízo então responsável pela Corregedoria Permanente, ou mesmo a existência de outra nota devolutiva com exigência não feita anteriormente não obstam a nova análise feita pela r. sentença recorrida, especialmente face à inexistência de coisa julgada administrativa nesta hipótese.

Ademais, não há óbice que impeça, de forma absoluta, que a apelante promova a retificação das matrículas, na condição de interessada no registro da servidão, uma vez que, na impossibilidade de assinatura de titulares de domínio ou confrontantes, serão feitas as regulares notificações, na forma do art. 213 e parágrafos da Lei nº 6.015/73.

Ante o exposto, nego provimento ao recurso e mantenho a recusa do registro do título.

PINHEIRO FRANCO

Corregedor Geral da Justiça e Relator

Notas:

[1] Apelações CSM nº 1006009-07.2016.8.26.0161 e 0001652-41.2015.8.26.0547.

[2] Ver Apelação CSM nº 1003805-88.2015.8.26.0269.

[3] DI PIETRO, Maria Sylvia Zanella, Direito Administrativo, 15ª ed. São Paulo: Atlas, 2003, p. 145.

[4] CSM, Apelações nº 122-6/9, 456-6/2, 454-6/3 e 666-6/0 e 0001620-50.2014 e 1001809-55.2015. (DJe de 02.05.2018 - SP)

PODER JUDICIÁRIO

TRIBUNAL DE JUSTIÇA DO ESTADO DE SÃO PAULO

CONSELHO SUPERIOR DA MAGISTRATURA

Apelação nº 1005787-86.2017.8.26.0037

Registro: 2018.0000187364

ACÓRDÃO

Vistos, relatados e discutidos estes autos do(a) **Apelação nº 1005787-86.2017.8.26.0037**, da Comarca de **Araraquara**, em que são partes é apelante **INTERLIGAÇAO ELETRICA DO MADEIRA S/A**, é apelado **2ª OFICIAL DE REGISTRO DE IMÓVEIS, TÍTULOS E DOCUMENTOS E CIVIL DE PESSOA JURÍDICA DA COMARCA DE ARARAQUARA.**

ACORDAM, em Conselho Superior de Magistratura do Tribunal de Justiça de São Paulo, proferir a seguinte decisão: **"Negaram provimento ao recurso. V. U."**, de conformidade com o voto do Relator, que integra este Acórdão.

O julgamento teve a participação dos Exmos. Desembargadores **PEREIRA CALÇAS (PRESIDENTE TRIBUNAL DE JUSTIÇA) (Presidente), ARTUR MARQUES (VICE PRESIDENTE), XAVIER DE AQUINO (DECANO), EVARISTO DOS SANTOS(PRES. DA SEÇÃO DE DIREITO PÚBLICO), CAMPOS MELLO (PRES. DA SEÇÃO DE DIREITO PRIVADO) E FERNANDO TORRES GARCIA(PRES. SEÇÃO DE DIREITO CRIMINAL).**

São Paulo, 16 de março de 2018.

PINHEIRO FRANCO

CORREGEDOR GERAL DA JUSTIÇA E RELATOR

Apelação nº 1005787-86.2017.8.26.0037

Apelante: Interligaçao Eletrica do Madeira S/A

Apelado: 2ª Oficial de Registro de Imóveis, Títulos e Documentos e Civil de Pessoa Jurídica da Comarca de Araraquara

VOTO Nº 37.307

Registro de imóveis – Dúvida Inversa – Carta de sentença – Servidão administrativa – Princípio da especialidade – Impossibilidade de identificar a servidão dentro da área dos imóveis atingidos, em razão da descrição deficiente – Dúvida procedente – Recurso desprovido.

Trata-se de apelação interposta por INTERLIGAÇÃO ELÉTRICA DO MADEIRA S.A. contra r. sentença que, no julgamento de dúvida inversa, manteve a negativa de registro de carta de sentença de servidão administrativa, acolhendo as razões trazidas pelo Sr. Oficial do 2º Ofício de Registro de Imóveis, Títulos e Documentos e Civil de Pessoas Jurídicas de Araraquara quanto à necessidade de prévia retificação das matrículas atingidas pela servidão.

A apelante sustenta que o georreferenciamento, conforme §§ 3º e 4º art. 176 da Lei nº 6.015/1973, somente é obrigatório em caso de transferência de titularidade e quando há alteração dos limites do imóvel, o que não é o caso da servidão administrativa.

Ademais, seria impossível a obtenção das assinaturas do proprietário nos mapas e memoriais, bem como assinatura dos confrontantes, já que se trata de servidão constituída judicialmente.

A D. Procuradoria Geral de Justiça opinou pelo desprovimento do recurso. É o relatório.

Tratando-se de dúvida inversa prenotada e impugnando a integralidade da nota devolutiva, conheço do recurso. No mérito, o recurso não comporta provimento.

A recorrente é concessionária de serviço público de transmissão de energia elétrica e lhe coube a construção, operação e manutenção do empreendimento elétrico denominado de Linha de Transmissão Coletora Porto Velho Araraquara 2, cujo traçado passou pelos Estados de Rondônia, Mato Grosso, Goiás, Minas Gerais e São Paulo.

Não evoluindo as tentativas de formalização da faixa de servidão pela via administrativa, a recorrente, na forma do Decreto-Lei n.º 3.365/41, obteve sentença judicial favorável para a constituição de servidão administrativa na área da matrícula nº 6.886 da referida serventia imobiliária (autos nº 0007916-61.2011.8.26.0037), com expedição da judiciosa carta de sentença.

O título, contudo, obteve qualificação negativa perante o 2º Ofício de Registro de Imóveis de Araraquara, conforme nota de devolução nº 12.335/2017 (fls.163).

A qualificação registral imobiliária é expressão do exame registral, após apresentação do título original.

Ela é feita pelo Oficial Registrador, com verdadeira natureza de tutela preventiva de conflitos (órgão pacificador de conflitos).

Por essas razões, a qualificação deve observar todos os princípios e regras aplicáveis, sejam legais, sejam administrativas.

Como é sabido, os títulos judiciais também não escapam ao crivo da qualificação registral, **[1]** de modo que o registrador, longe de questionar o conteúdo da decisão e tampouco o seu mérito, deverá examinar se estão atendidos os princípios registrais pertinentes ao caso, para seu perfeito ingresso no fólio real.

Trata-se, assim, de análise formal, restrita aos requisitos extrínsecos do título.

E, de fato, não seria possível o ingresso do título, à míngua de descrição suficiente da área e dos limites dos imóveis, sem a indicação de marcos seguros que permitam identificar a sua correta base geodésica, sob pena de ofensa ao princípio da especialidade objetiva.

A questão não é nova; são diversos os precedentes deste Eg. Conselho Superior da Magistratura sobre a matéria, no sentido de que o registro da servidão administrativa se submete a todos os princípios informadores dos registros públicos.

A servidão administrativa proporciona utilidade para o prédio dominante, e grava o prédio serviente, que pertence a proprietário diverso, com força de limitação administrativa. Uma vez registrada, grava o direito real em favor de seu titular, no caso, a Administração Pública ou suas concessionárias.

E não se pode admitir a constituição de um direito real sem a necessária certeza sobre a amarração da área objeto da servidão à base territorial sobre a qual está sendo implantada. **[2]**

É verdade que as servidões administrativas não têm natureza similar à da desapropriação, como modo de aquisição de domínio; entretanto, de outro enfoque, traduzem gravame e limitam o exercício da propriedade, com natureza pública, instituído sobre imóvel alheio **[3]**.

Não se pode falar em mitigação da especialidade objetiva para atos de registro constitutivo de um novo direito real, sob pena de ofensa a todos os princípios de segurança jurídica e publicidade afetos ao serviço de registro imobiliário. **[4]**

Embora sustente o apelante, decisão anterior proferida por outro Juízo então responsável pela Corregedoria Permanente, ou mesmo a existência de outra nota devolutiva com exigência não feita anteriormente não obstam a nova análise feita pela r. sentença recorrida, especialmente face à inexistência de coisa julgada administrativa nesta hipótese.

Ademais, não há óbice que impossibilite, de forma absoluta, que a apelante promova a retificação das matrículas, na condição de interessada no registro da servidão, uma vez que, na impossibilidade de assinatura de titulares de domínio ou confrontantes, serão feitas as regulares notificações, na forma do art. 213 e parágrafos da Lei nº 6.015/73.

Ante o exposto, nego provimento ao recurso.

PINHEIRO FRANCO

Corregedor Geral da Justiça e Relator

Notas:

[1] Apelações CSM nº 1006009-07.2016.8.26.0161 e 0001652-41.2015.8.26.0547.

[2] Ver Apelação CSM nº 1003805-88.2015.8.26.0269.

[3] DI PIETRO, Maria Sylvia Zanella, Direito Administrativo, 15ª ed. São Paulo: Atlas, 2003, p. 145.

[4] CSM, Apelações nº 122-6/9, 456-6/2, 454-6/3 e 666-6/0 e 0001620-50.2014 e 1001809-55.2015. (DJe de 07.05.2018 - SP)

PODER JUDICIÁRIO

TRIBUNAL DE JUSTIÇA DO ESTADO DE SÃO PAULO

CONSELHO SUPERIOR DA MAGISTRATURA

Apelação nº 1005784-34.2017.8.26.0037

Registro: 2018.0000234924

ACÓRDÃO

Vistos, relatados e discutidos estes autos da **Apelação nº 1005784-34.2017.8.26.0037**, da Comarca de **Araraquara**, em que é apelante **INTERLIGAÇAO ELETRICA DO MADEIRA S/A**, é apelado **2ª OFICIAL DE REGISTRO DE IMÓVEIS, TÍTULOS E DOCUMENTOS E CIVIL DE PESSOA JURÍDICA DA COMARCA DE ARARAQUARA.**

ACORDAM, em Conselho Superior de Magistratura do Tribunal de Justiça de São Paulo, proferir a seguinte decisão: **"Deram provimento em parte ao recurso. V. U. Deram parcial provimento ao recurso para conhecer da dúvida e julgar procedente a dúvida inversa, v.u.",** de conformidade com o voto do Relator, que integra este Acórdão.

O julgamento teve a participação dos Exmos. Desembargadores **PEREIRA CALÇAS (PRESIDENTE TRIBUNAL DE JUSTIÇA) (Presidente), ARTUR MARQUES (VICE PRESIDENTE), XAVIER DE AQUINO (DECANO), EVARISTO DOS SANTOS(PRES. DA SEÇÃO DE DIREITO PÚBLICO), CAMPOS MELLO (PRES. DA SEÇÃO DE DIREITO PRIVADO) E FERNANDO TORRES GARCIA(PRES. SEÇÃO DE DIREITO CRIMINAL).**

São Paulo, 28 de março de 2018.

PINHEIRO FRANCO

CORREGEDOR GERAL DA JUSTIÇA E RELATOR

Apelação nº 1005784-34.2017.8.26.0037

Apelante: Interligaçao Eletrica do Madeira S/A

Apelado: 2ª Oficial de Registro de Imóveis, Títulos e Documentos e Civil de Pessoa Jurídica da Comarca de Araraquara

VOTO Nº 37.310

Registro de imóveis – Dúvida Inversa – Carta de sentença – Impugnação da totalidade das exigências – Exame das razões da apelante – Servidão administrativa – Princípio da especialidade – Impossibilidade de identificar a servidão dentro da área dos imóveis atingidos, em razão da descrição deficiente – Cabimento do aditamento de carta de sentença em obediência ao conteúdo do título judicial – Recurso parcialmente provido para julgar a dúvida procedente.

Trata-se de apelação interposta por INTERLIGAÇÃO ELÉTRICA DO MADEIRA S.A. contra r. sentença que julgou prejudicada a dúvida inversa em virtude da impugnação de todas as exigências apresentadas pelo Sr. Oficial do 2° Ofício de Registro de Imóveis, Títulos e Documentos e Civil de Pessoas Jurídicas de Araraquara.

A apelante sustenta haver impugnado todas as exigências, que o georreferenciamento, conforme §§ 3º e 4º do art. 176 da Lei nº 6.015/1973, somente é obrigatório em caso de transferência de titularidade e quando há alteração dos limites do imóvel, o que não é o caso da servidão administrativa.

Ademais, seria impossível a obtenção das assinaturas do proprietário nos mapas e memoriais, bem como assinatura dos confrontantes, já que se trata de servidão constituída judicialmente.

Por fim, referiu não ser necessário o aditamento da carta de sentença em razão da área já se encontrar discriminada por meio da documentação constante daquela.

A D. Procuradoria Geral de Justiça opinou pelo desprovimento do recurso. É o relatório.

A apelante impugnou a totalidade das exigências, como se observa de fls. 04, 05 e 110; assim, cabia o exame das alegações, não sendo o caso de dúvida prejudicada.

Nestes termos, com fundamento no artigo 1.013, parágrafo 3º, inciso I, do Código Processo Civil e no artigo 202 da Lei de Registros Públicos, passo ao julgamento da dúvida inversa.

No mérito, o recurso não comporta provimento.

A recorrente é concessionária de serviço público de transmissão de energia elétrica e lhe coube a construção, operação e manutenção do empreendimento elétrico denominado de Linha de Transmissão Coletora Porto Velho Araraquara **[2]**, cujo traçado passou pelos Estados de Rondônia, Mato Grosso, Goiás, Minas Gerais e São Paulo.

Não evoluindo as tentativas de formalização da faixa de servidão pela via administrativa, a recorrente, na forma do Decreto-Lei n.º 3.365/41, obteve sentença judicial favorável para a constituição de servidão administrativa na área da matrícula nº 3.378 da referida serventia imobiliária (autos nº 0916264-39.2012.8.26.0037), com expedição da judiciosa carta de sentença.

O título, contudo, obteve qualificação negativa perante o 2º Ofício de Registro de Imóveis de Araraquara, conforme nota de devolução nº 12.339/2017 (fls.110).

A qualificação registral imobiliária é expressão do exame registral, após apresentação do título original.

Ela é feita pelo Oficial Registrador, com verdadeira natureza de tutela preventiva de conflitos (órgão pacificador de conflitos).

Por essas razões, a qualificação deve observar todos os princípios e regras aplicáveis, sejam legais, sejam administrativas.

Como é sabido, os títulos judiciais também não escapam ao crivo da qualificação registral **[1]**, de modo que o registrador, longe de questionar o conteúdo da decisão e tampouco o seu mérito, deverá examinar se estão atendidos os princípios registrais pertinentes ao caso, para seu perfeito ingresso no fólio real.

Trata-se, assim, de análise formal, restrita aos requisitos extrínsecos do título.

E, de fato, não seria possível o ingresso do título, à míngua de descrição suficiente da área e dos limites dos imóveis, sem a indicação de marcos seguros que permitam identificar a sua correta base geodésica, sob pena de ofensa ao princípio da especialidade objetiva.

A questão não é nova; são diversos os precedentes deste Eg. Conselho Superior da Magistratura sobre a matéria, no sentido de que o registro da servidão administrativa se submete a todos os princípios informadores dos registros públicos.

A servidão administrativa proporciona utilidade para o prédio dominante, e grava o prédio serviente, que pertence a proprietário diverso, com força de limitação administrativa. Uma vez registrada, grava o direito real em favor de seu titular, no caso, a Administração Pública ou suas concessionárias.

E não se pode admitir a constituição de um direito real sem a necessária certeza sobre a amarração da área objeto da servidão à base territorial sobre a qual está sendo implantada **[2]**.

É verdade que as servidões administrativas não têm natureza similar à da desapropriação, como modo de aquisição de domínio; entretanto, de outro enfoque, traduzem gravame e limitam o exercício da propriedade, com natureza pública, instituído sobre imóvel alheio **[3]**.

Não se pode falar em mitigação da especialidade objetiva para atos de registro constitutivo de um novo direito real, sob pena de ofensa a todos os princípios de segurança jurídica e publicidade afetos ao serviço de registro imobiliário **[4]**.

Embora sustente o apelante, decisão anterior proferida por outro Juízo então responsável pela Corregedoria Permanente, ou mesmo a existência de outra nota devolutiva com exigência não feita anteriormente não obstam nova análise, ora realizada, especialmente face à inexistência de coisa julgada administrativa nesta hipótese.

Ademais, não há óbice que impossibilite, de forma absoluta, que a apelante promova a retificação das matrículas, na condição de interessada no registro da servidão, uma vez que, na impossibilidade de assinatura de titulares de domínio ou confrontantes, serão feitas as regulares notificações, na forma do art. 213 e parágrafos da Lei nº 6.015/73.

No dispositivo da r. sentença, mantida em sede recursal (a fls. 47/82), constou:

> *Ante o exposto, JULGO PARCIALMENTE PROCEDENTE a ação, para declarar constituída, em favor da autora, a servidão administrativa mencionada sobre a área mencionada na inicial e descrita no laudo pericial de fls. 180/198, mediante o pagamento de indenização no valor de R$14.495,10 (catorze mil, quatrocentos e noventa e cinco reais e dez centavos) aos requeridos.* (grifos meus)

Desse modo, a exigência concernente ao aditamento da carta de sentença para incluir o laudo pericial de fls. 180/198 dos autos do processo judicial, é correta por constar expressamente do título e ser necessária ao exato cumprimento do conteúdo da decisão judicial no aspecto registral.

Ante o exposto, dou parcial provimento ao recurso para conhecer da dúvida e julgar procedente a dúvida inversa.

PINHEIRO FRANCO

Corregedor Geral da Justiça e Relator

Notas:

[1] Apelações CSM nº 1006009-07.2016.8.26.0161 e 0001652-41.2015.8.26.0547.

[2] Ver Apelação CSM nº 1003805-88.2015.8.26.0269.

[3] DI PIETRO, Maria Sylvia Zanella, Direito Administrativo, 15ª ed. São Paulo: Atlas, 2003, p. 145.

[4] CSM, Apelações nº 122-6/9, 456-6/2, 454-6/3 e 666-6/0 e 0001620-50.2014 e 1001809-55.2015. (DJe de 08.05.2018 - SP)

USUCAPIÃO

PODER JUDICIÁRIO

TRIBUNAL DE JUSTIÇA DO ESTADO DE SÃO PAULO

CONSELHO SUPERIOR DA MAGISTRATURA

Apelação nº 1001141-04.2016.8.26.0543

Registro: 2017.0000803320

ACÓRDÃO

Vistos, relatados e discutidos estes autos do(a) **Apelação nº 1001141-04.2016.8.26.0543**, da Comarca de **Santa Isabel**, em que são partes , é apelado **OFICIAL DO REGISTRO DE IMÓVEIS, TÍTULOS E DOCUMENTOS E CIVIL DE PESSOAS JURÍDICAS DA COMARCA DE SANTA ISABEL.**

ACORDAM, em Conselho Superior de Magistratura do Tribunal de Justiça de São Paulo, proferir a seguinte decisão: **"Negaram provimento à apelação, com determinação de cancelamento da matrícula nº 50.199 do Registro de Imóveis de Santa Isabel, V. U.",** de conformidade com o voto do Relator, que integra este Acórdão.

O julgamento teve a participação dos Exmos. Desembargadores **PAULO DIMAS MASCARETTI (Presidente), ADEMIR BENEDITO, XAVIER DE AQUINO, LUIZ ANTONIO DE GODOY, RICARDO DIP (PRES. DA SEÇÃO DE DIREITO PÚBLICO) E SALLES ABREU.**

São Paulo, 17 de outubro de 2017.

MANOEL DE QUEIROZ PEREIRA CALÇAS

Corregedor Geral da Justiça e Relator

Apelação nº 1001141-04.2016.8.26.0543

Apelado: Oficial do Registro de Imóveis, Títulos e Documentos e Civil de Pessoas Jurídicas da Comarca de Santa Isabel

Interessado (Terceiro): Global Empreendimentos Ltda

VOTO N.º 29.829

Registro de Imóveis – Mandado de usucapião de lote – Desqualificação do título judicial, sob o argumento de que o imóvel está localizado em circunscrição imobiliária diversa (Itaquaquecetuba) – Comprovação de que o lote está inserido em Itaquaquecetuba – Princípio da territorialidade – Desqualificação correta – Título que deve ser apresentado no Registro de Imóveis de Itaquaquecetuba – Bloqueio de matrícula pelo Registrador – Impossibilidade – Determinação administrativa do cancelamento da matrícula, em virtude de se referir a imóvel pertencente a outro Município – Apelação desprovida, com determinação.

Trata-se de recurso de apelação interposto por Global Empreendimentos Ltda. contra a sentença de fls. 104/107, que manteve a recusa ao registro de mandado de usucapião, sob o argumento de que o bem usucapido, matriculado sob o n.º 50.199 no Registro de Imóveis de Santa Isabel, está inserido em área que pertence ao município de Itaquaquecetuba. E, como a situação está indefinida por força de ação demarcatória ainda em andamento, o registro do mandado feriria princípios informadores do registro de imóveis.

Sustenta a apelante que não foi possível o registro do mandado de usucapião no Registro de Imóveis de Itaquaquecetuba, sob o fundamento de que não há prova de que o imóvel de matrícula n.º 50.199 do Registro de Imóveis de Santa Isabel esteja localizado dentro dos limites daquele município. Além disso, sustenta que a matrícula n.º 50.199 não poderia ter sido bloqueada pelo próprio Oficial; e que os Municípios de Arujá e de Itaquaquecetuba litigam em ação demarcatória, cujo objeto é a definição dos limites exatos entre as cidades. Pede, por fim, o provimento do recurso para julgar improcedente a dúvida (fls. 112/124).

A Procuradoria de Justiça opinou pelo desprovimento do recurso (fls. 138/140).

É o relatório.

Pretende o apelante o registro de mandado de usucapião relativo ao lote n.º 17 da quadra 39 do loteamento Arujazinho III, implantado na década de cinquenta. No ano de 2014, referido loteamento, a requerimento da Associação dos Condomínios Horizontais do Município de Arujá ACONDA (fls. 1), foi regularizado, nos termos do artigo 22 da Lei n.º 6.766/79, artigos 288-A e 288- F da Lei n.º 6.015/73 e artigo 67 da Lei n.º 11.977/2009. Após a regularização, o imóvel usucapido, que estava inserido em área maior, foi matriculado sob o n.º 50.199 no Registro de Imóveis de Santa Isabel (fls. 64).

Ao receber o mandado judicial, o registrador de Santa Isabel desqualificou o título, argumentando que o imóvel pertence à comarca de Itaquaquecetuba (fls. 12), informação essa que consta na averbação n.º 1 da matrícula n.º 50.199 (fls. 64). Agiu corretamente o registrador, pois, ao afirmar que o imóvel usucapido localiza-se na comarca de Itaquaquecetuba, baseou-se em informações constantes em registros anteriores.

Na década de cinquenta, a Sociedade Imobiliária Arujá Limitada iniciou a implantação do parcelamento denominado "Arujazinho I, II e III", em área localizada na divisa dos Municípios de Arujá e Itaquaquecetuba, conforme averbações à margem das transcrições n.º 6.057, 7.172 e 7.509, todas do Registro de Imóveis de Santa Isabel (fls. 65/80), e das transcrições n.º 33.045 e 34.059, ambas do Registro de Imóveis de Mogi das Cruzes (fls. 81/86).

Em virtude de o loteamento se localizar em mais de uma comarca, desde o início do projeto, na década de cinquenta, ficou definido a qual Município pertencia cada um dos lotes.

Assim, para que se determine em qual Cartório de Registro de Imóveis deve o mandado de usucapião ser levado a registro, basta que se confira a exata localização do lote n.º 17 da quadra 39 do loteamento Arujazinho III.

Consoante as transcrições n.º 6.057, 7.172 e 7.509, todas do Registro de Imóveis de Santa Isabel, nenhum dos lotes da quadra 39 do loteamento Arujazinho III, localizam-se no Município de Arujá (fls. 65/80). Confirmando essa informação, segundo averbação à margem das transcrições n.º 33.045 e 34.059, ambas do Registro de Imóveis de Mogi das Cruzes, situa-se em Itaquaquecetuba a quadra 39 inteira" (fls. 84).

A planta acostada a fls. 07, de maneira gráfica, foi também acostada em forma física. A planta retrata exatamente a situação acima narrada, ou seja, o lote 17 de quadra 39 localiza-se integralmente no Distrito hoje Município de Itaquaquecetuba.

Tendo ocorrido, em 2014, a regularização do loteamento, com a preservação dos lotes e quadras implantados na década de cinquenta, impõ-ese a observância dos limites de cada município, com o consequente registro relativo a cada imóvel na circunscrição imobiliária a que pertence.

Desse modo, havendo informação segura, constante nos assentamentos de ambas as serventias imobiliárias envolvidas, a respeito da localização do bem usucapido no Município de Itaquaquecetuba, em atenção ao princípio da territorialidade, correta a desqualificação do título judicial pelo Oficial de Santa Isabel, circunscrição que abrange o Município de Arujá.

Eventual discussão entre os Municípios de Itaquaquecetuba e Arujá a respeito do traçado do limite que os separa é, por ora, irrelevante.

Por outro lado, considerando que o lote n.º 17 da quadra 39 do loteamento Arujazinho III situa-se no Município de Itaquaquecetuba, não havia razão para, após a regularização ocorrida em 2014, o descerramento de matrícula a ele relativa no Registro de Imóveis de Santa Isabel, como ocorreu (matrícula n.º 50.199 fls. 64).

E uma vez aberta a matrícula de modo equivocado, o registrador deveria informar o Juiz Corregedor Permanente que o imóvel não se insere no Município de Arujá, solicitando seu bloqueio (artigo 214, § 3º, da Lei n.º 6.015/73). Não poderia, como fez, bloquear por conta própria a matrícula (fls. 64).

De todo modo, como o imóvel efetivamente pertence a outra circunscrição imobiliária e a matrícula sequer deveria ter sido descerrada, conveniente não somente o seu bloqueio que tem caráter acautelatório **[1]** mas o seu cancelamento, cuja feição definitiva afasta qualquer chance de duplicidade de registros.

O cancelamento da matrícula, nesta sede, encontra amparo no artigo 233, I, da Lei n.º 6.015/73 **[2]**, pois a decisão judicial a que o dispositivo se refere também abarca aquela tomada na seara administrativa. Nesse sentido:

"O cancelamento de matrícula pode decorrer de decisão judicial proferida na esfera administrativa, pelo juiz corregedor permanente ou gera, ou na jurisdicional, em procedimento que pretenda o próprio cancelamento" (Lei de Registros Públicos comentada; coord. José Manuel Arruda Alvim Neto, Alexandre Laizo Clápis, Everaldo Augusto Cambier Forense, 2014 Comentário ao artigo 233 p. 1.209).

Pelas peculiaridades desse caso, desnecessária a oitiva de eventuais atingidos pelo cancelamento da matrícula aqui determinado (artigo 214. § 1º, da Lei n.º 6.015/73).

A Sociedade Imobiliária Arujá Ltda., titular de domínio que consta na matrícula a ser cancelada (fls. 64), perdeu sua condição de proprietária do bem, em virtude da procedência da ação de usucapião que favoreceu a recorrente.

Com efeito, como a sentença de usucapião tem natureza declaratória, a constituição da propriedade imóvel constitui-se independentemente do registro do mandado.

Desse modo, dispensa-se a manifestação de Sociedade Imobiliária Arujá Ltda. a respeito do cancelamento da matrícula, porque, embora conste no registro nessa condição, perdeu essa qualidade com a procedência da usucapião.

Além disso, o cancelamento visa a afastar qualquer risco de duplicidade de registros, pois elimina a matrícula incorretamente descerrada em Santa Isabel e abre espaço para a abertura de uma nova na circunscrição correta (Itaquaquecetuba), evitando que duas matrículas do mesmo bem coexistam.

Cancelada a matrícula aberta incorretamente, o interessado deve dirigir-se ao Cartório de Registro de Imóveis de Itaquaquecetuba e lá apresentar o título judicial, onde a matrícula do lote n.º 17 da quadra 39 do loteamento Arujazinho será aberta.

É certo que a recorrente, após a sentença de procedência da dúvida, agiu dessa maneira, ou seja, apresentou o mandado de usucapião no Registro de Imóveis de Itaquaquecetuba, título esse que foi desqualificado.

No entanto, embora essa nota devolutiva não tenha sido questionada neste procedimento de dúvida, pelos motivos acima expostos, incorreta a desqualificação do título pelo registrador de Itaquaquecetuba.

Em primeiro lugar, como se viu, o imóvel usucapido localizasse inteiramente no município de Itaquaquecetuba.

Depois, embora o artigo 21 da Lei n.º 6.766/79 preceitue que caso a área loteada esteja situada em mais de uma circunscrição imobiliária, o registro será requerido nas duas, de modo sucessivo, esse fato não justifica a desqualificação do título judicial até a o registro da regularização fundiária do loteamento "Arujazinho I, II eIII".

Isso porque o § 4º do artigo 288-A da Lei n.º 6.015/73 prescreve:

§ 4º Independe da aprovação de projeto de regularização fundiária o registro:

I - da sentença de usucapião, da sentença declaratória ou da planta, elaborada para outorga administrativa, de concessão de uso especial para fins de moradia;

Desse modo, tratando-se a usucapião de modo originário de aquisição da propriedade, está o registrador de onde se localiza o bem, independentemente da regularização do loteamento, obrigado a recepcionar o mandado e descerrar a respectiva matrícula.

E não há sequer risco de duplicidade de registros em circunscrições contíguas, uma vez que a matrícula n.º

50.199 do Registro de Imóveis de Santa Isabel será cancelada por força desta decisão.

Ante o exposto, nego provimento à apelação, com a determinação de cancelamento da matrícula n.º 50.199 do Registro de Imóveis de Santa Isabel.

MANOEL DE QUEIROZ PEREIRA CALÇAS
Corregedor Geral da Justiça e Relator
Notas:

[1] Processo CG nº 29.831/1999

[2] Art. 233 - A matrícula será cancelada:

I - por decisão judicial; (DJe de 15.03.2018 - SP)

PODER JUDICIÁRIO

TRIBUNAL DE JUSTIÇA DO ESTADO DE SÃO PAULO

CONSELHO SUPERIOR DA MAGISTRATURA

Apelação nº 1002214-84.2017.8.26.0281

Registro: 2018.0000294469

ACÓRDÃO

Vistos, relatados e discutidos estes autos da **Apelação nº 1002214-84.2017.8.26.0281**, da Comarca de **Itatiba**, em que é apelante **CÁSSIO DE ARAÚJO OLIVEIRA CALZA**, é apelado **OFICIAL DO REGISTRO DE IMÓVEIS E ANEXOS DA COMARCA DE ITATIBA**.

ACORDAM, em Conselho Superior de Magistratura do Tribunal de Justiça de São Paulo, proferir a seguinte decisão: **"Negaram provimento ao recurso. V. U."**, de conformidade com o voto do Relator, que integra este Acórdão.

O julgamento teve a participação dos Exmos. Desembargadores **PEREIRA CALÇAS (PRESIDENTE TRIBUNAL DE JUSTIÇA) (Presidente), ARTUR MARQUES (VICE PRESIDENTE), XAVIER DE AQUINO (DECANO), EVARISTO DOS SANTOS(PRES. DA SEÇÃO DE DIREITO PÚBLICO), CAMPOS MELLO (PRES. DA SEÇÃO DE DIREITO PRIVADO) E FERNANDO TORRES GARCIA(PRES. SEÇÃO DE DIREITO CRIMINAL)**.

São Paulo, 23 de abril de 2018.

GERALDO FRANCISCO PINHEIRO FRANCO

Corregedor Geral da Justiça e Relator

Apelação nº 1002214-84.2017.8.26.0281

Apelante: Cássio de Araújo Oliveira Calza

Apelado: Oficial do Registro de Imóveis e Anexos da Comarca de Itatiba

VOTO Nº 37.332

Registro de Imóveis – Usucapião Extrajudicial – Ata Notarial – Memorial Descritivo – Art. 176 e 225 da Lei nº 6.015/73 – Impossibilidade de registro – Óbice mantido – Averbação de construção – Possibilidade de registro da usucapião independentemente da averbação da área construída – Titular do domínio figurando como promitente vendedor – Possibilidade do interessado optar pela aquisição originária, caso possua prazo para a prescrição aquisitiva – Recurso desprovido.

Trata-se de recurso de apelação interposto por CÁSSIO DE ARAÚJO OLIVEIRA CALZA, contra r. sentença que julgou procedente dúvida suscitada pelo Sr. OFICIAL DE REGISTRO DE IMÓVEIS, TÍTULOS E DOCUMENTOS E CIVIL DE PESSOA JURÍDICA DE ITATIBA, mantendo os óbices levantados para ingresso do título na serventia imobiliária.

A recorrente sustenta que a ata notarial e o memorial descritivo atendem perfeitamente aos requisitos legais para a identificação do imóvel, e que não haveria necessidade de averbação da construção, para somente então haver o registro da usucapião. Sustenta também que não há impedimento à usucapião em razão dos titulares de domínio serem também os compromissários vendedores da área a ser usucapida.

A Procuradoria Geral de Justiça opinou pelo desprovimento do recurso. É o relatório.

Presentes pressupostos legais e administrativos, conheço do recurso. No mérito, a r. sentença deve ser mantida.

Observando os documentos juntados, verifica-se que os requisitos dos art. 176 e 225 da Lei n° 6.015/73 não estão integralmente atendidos, já que não existe ponto de amarração do imóvel no memorial descritivo ou na planta de fl. 19/26, de modo a permitir sua precisa localização no solo e dentro da área maior do imóvel de onde será destacado.

Tampouco há identificação dos respectivos registros dominiais dos confrontantes, o que poderia auxiliar na precisa localização da área usucapienda, na falta do ponto de amarração.

Tais elementos são imprescindíveis à exata localização do imóvel no solo, com base nas informações que constem da leitura da matrícula a ser aberta.

O recorrente deverá, assim, realizar novo estudo que atenda integralmente aos ditames legais, em observância ao princípio da especialidade objetiva e subjetiva.

No mais, a averbação prévia das construções não seria óbice ao registro, já que poderia ser feita posteriormente.

Da mesma forma, o fato dos titulares de domínio da área maior serem sogros do requerente, e também promitentes vendedores do imóvel usucapiendo, também não seria óbice ao registro da usucapião.

Isso porque a usucapião traduz aquisição originária de propriedade, que independe de manifestação de vontade de anteriores proprietários, sem vínculo com a cadeia dominial antecedente.

Se a prescrição aquisitiva, de fato, ocorreu, os proprietários podem perfeitamente optar em registrar sua propriedade originária, não podendo ser imposto que, mesmo usucapindo o bem, devam adquirir a propriedade de forma derivada, decorrente de negócio jurídico.

Contudo, face à necessidade de correção da descrição do imóvel, o óbice deve ser mantido quanto a este ponto.

Ante o exposto, nego provimento ao recurso.

GERALDO FRANCISCO PINHEIRO FRANCO

Corregedor Geral da Justiça e Relator (DJe de 12.07.2018 - SP)

PODER JUDICIÁRIO

TRIBUNAL DE JUSTIÇA DO ESTADO DE SÃO PAULO

CONSELHO SUPERIOR DA MAGISTRATURA

Apelação nº 1005106-25.2017.8.26.0132

Registro: 2018.0000545341

ACÓRDÃO

Vistos, relatados e discutidos estes autos do(a) **Apelação nº 1005106-25.2017.8.26.0132**, da Comarca de **Catanduva**, em que são partes são apelantes **FÁBIO PAGLIOTTO DA CONCEIÇAO e ROBERTA LOPES DE SOUZA OCCHIENA DA CONCEIÇAO**, é apelado **ORLANDO APARECIDO FUZARO.**

ACORDAM, em Conselho Superior de Magistratura do Tribunal de Justiça de São Paulo, proferir a seguinte decisão: **"Negaram provimento ao recurso. V. U. Negaram provimento ao recurso, v.u."**, de conformidade com o voto do Relator, que integra este Acórdão.

O julgamento teve a participação dos Exmos. Desembargadores **PEREIRA CALÇAS (PRESIDENTE TRIBUNAL DE JUSTIÇA) (Presidente), ARTUR MARQUES (VICE PRESIDENTE), XAVIER DE AQUINO (DECANO), EVARISTO DOS SANTOS(PRES. DA SEÇÃO DE DIREITO PÚBLICO), CAMPOS MELLO (PRES. DA SEÇÃO DE DIREITO PRIVADO) E FERNANDO TORRES GARCIA(PRES. SEÇÃO DE DIREITO CRIMINAL).**

São Paulo, 19 de julho de 2018.

GERALDO FRANCISCO PINHEIRO FRANCO

Corregedor Geral da Justiça e Relator

Apelação nº 1005106-25.2017.8.26.0132

Apelantes: Fábio Pagliotto da Conceiçao e Roberta Lopes de Souza Occhiena da Conceiçao

Apelado: Orlando Aparecido Fuzaro

VOTO Nº 37.510

Registro de Imóveis – Usucapião extrajudicial – Falta da prova da posse – Jus possidendi

decorrente da propriedade que não se confunde com o jus possessionis – A usucapião extrajudicial tem como pressuposto a prova da posse ad usucapionem, a qual não se confunde com a posse como emanação do domínio (jus possidendi) em razão do proprietário não exercer a posse com o ânimo qualificado de adquirir a propriedade por já ser o titular do domínio – Escritura de cessão de direitos hereditários que tratou da alienação da propriedade e não da posse do imóvel seu objeto – Regular o registro imobiliário não se cogita da aquisição da propriedade por usucapião enquanto meio de sanear vícios do registro – Recurso não provido.

Trata-se de apelação interposta por Fabio Pagliotto da Conceição e Roberta Lopes de Souza Occhiena da Conceição contra r. sentença que julgou procedente a dúvida e manteve a recusa do registro de usucapião extrajudicial por não comprovação da posse.

Os apelantes sustentam estar demonstrada a posse e requerem o prosseguimento do processo administrativo com a realização do registro.

A douta Procuradoria Geral de Justiça opinou pelo não provimento do recurso (fls. 407/409). É o relatório.

Apesar de não ter havido notificação dos titulares dos direitos reais dos imóveis confinantes (LRP, art. 216-A, p. 2º), considerando que a rejeição do pedido deveu-se à ausência de posse, passo ao exame dessa questão central, objeto do inconformismo recursal.

Aos recorrentes foi possibilitado ampla produção de provas da posse, inclusive, em cumprimento às exigências feitas pelo Sr. Oficial do Registro Imobiliário.

Os apelantes pretendem o reconhecimento da usucapião extraordinária por meio da acessão, na modalidade de união, da posse dos antecessores, nos termos dos artigos 1.238 e 1.243 do Código Civil.

A prova da posse a ser unida foi feita por meio da apresentação da Escritura Pública de Cessão de Direitos Hereditários referentemente ao imóvel, lavrada em 02.12.2013 (a fls. 62/64).

No corpo dessa escritura pública constou (a fls. 63):

> *(...) autorizando o mesmo cessionário a ingressar nos autos de inventário e/ou arrolamento que será realizado através de escritura pública, e requerer a adjudicação ou receber em pagamento o referido imóvel, cujo direito é cedido por este ato notarial.*

Os falecidos constam como proprietários do imóvel de acordo com o registro existente na matrícula n. 32.248 (a fls. 13/14).

Em verdade, a cessão de direitos tratou do direito de propriedade e não de posse, como se observa do extrato acima transcrito. Aliás, na referida escritura não são mencionados atos de posse.

Ao presente julgamento é relevante a distinção entre o *jus possidendi* e o *jus possessionis*, aquele decorre da propriedade e este da posse ou, ainda, direito à posse e direito de posse, respectivamente.

Benedito Silvério Ribeiro (**Tratado de usucapião.** São Paulo: Saraiva, v. 1, 2012, p. 721) trata dessa diferenciação nos seguintes termos:

> *O direito que tem uma pessoa de exercer posse sobre a coisa cujo d mínio já ostente é o denominado* jus possidendi, *traduzido como direito de possuir. É o caso do proprietário que ostenta título aquisitivo registrado, decorrendo sua posse de um* jus possidendi.
>
> *O* jus possessionis *emerge do próprio fato da posse, sem relacionamento anterior, isto é, ausente um título para possuir* possideo quod possideo. *Assim, o possuidor, mesmo sem o* jus possidendi, *encontra na lei defesas para o estado de posse (interditos possessórios) e ainda, sendo a posse qualificada, com os componentes que direcionam à usucapião* (ad usucapionem*), conduzirá à propriedade* (jus possidendi*).*

Os apelantes não demonstraram juridicamente a existência de posse sobre o imóvel em todo o período, especialmente, dos antecessores (anterior a 02.12.2013).

O entendimento dos recorrentes em presumir a posse dos espólios proprietários não modifica a situação, porquanto a posse desses, mesmo que provada, decorreu da propriedade (*jus possidendi*), assim, não se prestaria para fins de usucapião em razão do proprietário não exercer posse com intenção de ser proprietário - posse *ad usucapionem.* Somente o *jus possessionis* conduz à referida modalidade de aquisição originária da propriedade.

Também não há prova da posse exercida pelos apelantes e tampouco de posse exclusiva do antecessor falecido.

O fato constatado pela Ata Notarial igualmente não tem o condão de superar as questões expostas em virtude de tão só considerar o declarado pelos apelantes e o conteúdo de documentos apresentados.

O registro imobiliário da propriedade do imóvel não padece de vícios, nada foi alegado nesse sentido e, da mesma forma, não se constata qualquer irregularidade no exame da documentação carreada aos autos.

Nessa linha, não se cogita do efeito saneador da aquisição da propriedade por usucapião, pois, repito, não há irregularidade no registro do imobiliário.

Não é possível aos recorrentes substituir a aquisição derivada da propriedade pela cessão de direitos hereditários pela usucapião.

Ante o exposto, nego provimento ao recurso.

GERALDO FRANCISCO PINHEIRO FRANCO

Corregedor Geral da Justiça e Relator (DJe de 08.08.2018 - SP)

PODER JUDICIÁRIO

TRIBUNAL DE JUSTIÇA DO ESTADO DE SÃO PAULO

CONSELHO SUPERIOR DA MAGISTRATURA

Apelação nº 1024562-15.2017.8.26.0405

Registro: 2018.0000911430 ACÓRDÃO

Vistos, relatados e discutidos estes autos do(a) **Apelação nº 1024562-15.2017.8.26.0405**, da Comarca de **Osasco**, em que são apelantes **VAILTON IDELMAR GONÇALVES e ROSELIA MENDES FERREIRA GONÇALVES**, é apelado **1° OFICIAL DE REGISTRO DE IMÓVEIS TÍTULOS E DOCUMENTOS E CIVIL DE PESSOA JURÍDICA OSASCO.**

ACORDAM, em Conselho Superior de Magistratura do Tribunal de Justiça de São Paulo, proferir a seguinte decisão: **"Deram provimento ao recurso e julgaram improcedente a dúvida, com observação, v.u."**, de conformidade com o voto do Relator, que integra este Acórdão.

O julgamento teve a participação dos Exmos. Desembargadores **PEREIRA CALÇAS (PRESIDENTE TRIBUNAL DE JUSTIÇA) (Presidente), ARTUR MARQUES (VICE PRESIDENTE), XAVIER DE AQUINO (DECANO), EVARISTO DOS SANTOS(PRES. DA SEÇÃO DE DIREITO PÚBLICO), CAMPOS MELLO (PRES. DA SEÇÃO DE DIREITO PRIVADO) E FERNANDO TORRES GARCIA(PRES. SEÇÃO DE DIREITO CRIMINAL).**

São Paulo, 12 de novembro de 2018.

GERALDO FRANCISCO PINHEIRO FRANCO

Corregedor Geral da Justiça e Relator

Apelação nº 1024562-15.2017.8.26.0405

Apelantes: Vailton Idelmar Gonçalves e Roselia Mendes Ferreira Gonçalves

Apelado: 1° Oficial de Registro de Imóveis Títulos e Documentos e Civil de Pessoa Jurídica Osasco

VOTO Nº 37.636

Registro de Imóveis – Usucapião – Ausência de citação do titular do domínio – Questão processual que escapa à análise do registrador – Vício que não macula o mandado de registro, até que desfeita, por iniciativa do prejudicado, a coisa julgada material – Registro devido – Caráter originário da aquisição por usucapião obsta questionamentos acerca da continuidade registral – Recurso provido, com determinações.

Trata-se de apelação interposta por VAILTON IDELMAR GONÇALVES e ROSELIA MENDES FERREIRA GONÇALVES, contra a r. sentença de fls. 95/96, que manteve a recusa levantada pelo 1° Oficial de Registro de Imóveis e Anexos da Comarca de Osasco, negando registro de sentença proferida em ação de usucapião judicial.

Os recorrentes afirmam que a usucapião é forma de aquisição originária de propriedade, na qual não há observância do princípio da continuidade, tratando-se de exigência impossível de ser cumprida, já que a ação está transitada em julgado.

A D. Procuradoria Geral de Justiça opinou pelo provimento do recurso (fls. 141/144). É o relatório.

Presentes os pressupostos recursais e administrativos, conheço do recurso. No mérito, o recurso deve ser provido.

Os títulos judiciais também não escapam ao crivo da qualificação registral, de modo que o registrador deverá examinar se estão atendidos os princípios registrais pertinentes ao caso, para seu perfeito ingresso no fólio real.

Contudo, isso não significa que caiba ao registrador questionar o conteúdo da decisão e tampouco o seu mérito, apesar de sua reconhecida cautela e prudência tomadas na hipótese.

A usucapião traduz forma originária de aquisição de propriedade, desvinculada de conteúdo declaratório de vontade de anteriores proprietários, sem necessidade de observância do principio do trato sucessivo.

De fato, o titular do domínio, *José Pereira dos Santos*, não foi citado nos autos da ação de usucapião.

E isso aconteceu porque, quando solicitadas informações à serventia imobiliária, em dezembro de 2009, foi expedida certidão negativa relativa ao imóvel usucapiendo (fl. 34), havendo citação dos proprietários da transcrição da área maior, do 16º Registro de Imóveis da Capital.

Somente após o trânsito em julgado da sentença, em fevereiro de 2013, a serventia disse sobre a existência de matrícula do imóvel usucapiendo lá registrada, fornecendo o nome do titular do domínio, *José Pereira dos Santos*.

Este Eg. Conselho Superior da Magistratura tem entendido que não cabe ao Registrador rever o procedimento jurisdicional, apontando e utilizando eventuais vícios processuais como causa de recusa.

Confira-se:

"Registro de Imóveis – Usucapião – Ausência de parte dos coproprietários registrais no pólo passivo da lide – Questão processual, que escapa à análise do registrador – Vício que não macula a carta de sentença – Registro devido

– Títulos judiciais não escapam à qualificação registral – Todavia, a qualificação limita-se a questões formais – Não compete ao Sr. Registrador recusar registro com base em suposta nulidade do procedimento, por não constar parte dos proprietários registrais no pólo passivo da lide – O caráter originário da aquisição por usucapião obsta questionamentos acerca da continuidade registral – Recurso provido. (Apelação nº 1006009-07.2016.8.26.0161, 15 de agosto de 2017)."

No voto do E. Relator, Des. PEREIRA CALÇAS, foi esclarecido que:

"Por se cuidar de forma originária de aquisição da propriedade, indagação alguma haverá de ser feita acerca da continuidade. Rompem-se todos os vínculos preteritamente havidos sobre o bem, de tal arte que prescindível a estrita observância da continuidade, diversamente do quanto afirmado pela Oficial. Estes os magistérios do Eminente Desembargador Benedito Silvério Ribeiro: "**No referente ao cumprimento de mandado expedido em processo de usucapião, cabe ao oficial verificar se há menção ao trânsito em julgado da sentença transcribenda no seu aspecto formal, isto é, em relação às partes que foram chamadas e acudiram ao chamamento. Questões mais complexas, tais como aquelas derivadas de citações que deveriam ter sido feitas e não o foram, essas escapam ao âmbito da instância administrativa, sob pena de se erigir esta em obstáculo à força da coisa julgada, em seu aspecto material e formal.**" (Tratado de Usucapião, São Paulo: Saraiva. 6ª ed., p. 1469). Em seguida, versando especificamente acerca de eventual falta de citação de coproprietário do imóvel usucapido, pondera: "A ausência de convocação edital verificada pelo oficial do registro não rechaça o trânsito em julgado e, portanto, não impede o cumprimento do mandado. Trata-se de ineficácia relativa da sentença, como assinala Pontes de Miranda, podendo ser rescindida por infração do art. 942 e §§ 1º e 2º do Código de Processo Civil (art. 485, V). Da mesma forma, não cabe afastar o registro, se não foi citado no processo de usucapião o titular da transcrição constante do cadastro tabular, o cônjuge ou os confinantes" (Op. cit., p. 1470). (g.n)."

Caberá aos eventuais prejudicados, titular do domínio, seus herdeiros ou sucessores, pleitear a nulidade da ação de usucapião, via ação rescisória ou mesmo com a propositura de ação de *querela nullitatis*, buscando o desfazimento da coisa julgada material.

Não cabe, na hipótese, sequer o bloqueio da matrícula na qual será registrada a usucapião, já que não se sabe se o proprietário atingido pela usucapião tomará alguma iniciativa de reversão do julgado, não sendo razoável permaneça a matrícula bloqueada *sine die*.

Apenas por cautela, deverá o Sr. Oficial comunicar ao MM. Juiz da ação de usucapião, autos nº 0017788- 64.2009.8.26.0405, 1ª. Vara Cível da Comarca de Osasco, sobre o registro que será realizado.

De outra parte, a conduta do 1º Oficial de Registro de Imóveis e Anexos da Comarca de Osasco precisa ser apurada, face à possibilidade de falha de serviço quando das primeiras informações sobre o imóvel usucapiendo, expedindo-se certidão negativa quando, em verdade, ele estaria matriculado na serventia imobiliária.

Ante o exposto, dou provimento ao recurso e julgo improcedente a dúvida.

Determino a expedição de ofício ao MM. Juiz Corregedor Permanente do 1º Oficial de Registro de Imóveis e Anexos da Comarca de Osasco, com cópia integral desses autos, para apuração de eventual falta disciplinar do Sr. Oficial, assim como o Titular da Serventia deverá comunicar ao MM. Juiz da ação de usucapião sobre o registro realizado, tudo na forma acima descrita.

GERALDO FRANCISCO PINHEIRO FRANCO

Corregedor Geral da Justiça e Relator (DJe de 14.12.2018 - SP)

USUFRUTO

PODER JUDICIÁRIO

TRIBUNAL DE JUSTIÇA DO ESTADO DE SÃO PAULO

CONSELHO SUPERIOR DA MAGISTRATURA

Apelação nº 1024108-77.2017.8.26.0100

Registro: 2018.0000181582

ACÓRDÃO

Vistos, relatados e discutidos estes autos do(a) **Apelação nº 1024108-77.2017.8.26.0100**, da Comarca de **São Paulo**, em que são partes é apelante **OLINDA PINHEIRO SOBREIRA DOS SANTOS**, é apelado **13º OFICIAL DE REGISTRO DE IMÓVEIS DA CAPITAL**.

ACORDAM, em Conselho Superior de Magistratura do Tribunal de Justiça de São Paulo, proferir a seguinte decisão: **"Negaram provimento ao recurso, v.u."**, de conformidade com o voto do Relator, que integra este Acórdão.

O julgamento teve a participação dos Exmos. Desembargadores **PEREIRA CALÇAS (PRESIDENTE TRIBUNAL DE JUSTIÇA) (Presidente), ARTUR MARQUES (VICE PRESIDENTE), XAVIER DE AQUINO (DECANO), EVARISTO DOS SANTOS(PRES. DA SEÇÃO DE DIREITO PÚBLICO), CAMPOS MELLO (PRES. DA SEÇÃO DE DIREITO PRIVADO) E FERNANDO TORRES GARCIA(PRES. SEÇÃO DE DIREITO CRIMINAL)**.

São Paulo, 9 de março de 2018.

GERALDO FRANCISCO PINHEIRO FRANCO

Corregedor Geral da Justiça e Relator

Apelação n.º 1024108-77.2017.8.26.0100

Apelante: Olinda Pinheiro Sobreira dos Santos

Apelado: 13º Oficial de Registro de Imóveis da Capital

VOTO N.º 37.293

Registro de Imóveis – Dúvida inversa – Instrumento particular de instituição de usufruto vitalício – Bem imóvel de valor superior a 30 salários mínimos – Necessidade de formalização por meio de escritura pública – Inteligência do art. 108 do Código Civil – Impossibilidade de averbação de protesto contra alienação de bens decorrente de decisão proferida em sede administrativa – Incidência, outrossim, de ITCMD, sendo dever legal do Registrador fiscalizar o recolhimento de imposto vinculado ao negócio jurídico a ser registrado – Dúvida inversa procedente – Recurso não provido.

Trata-se de recurso de apelação interposto contra a sentença de fls. 136/139, que manteve a recusa do registro de Instrumento Particular de Instituição de Usufruto Vitalício, a teor de que seria necessária a formalização do negócio jurídico por escritura pública, nos termos do art. 108 do Código Civil e, ainda, comprovado o recolhimento do ITCMD.

Em síntese, sustenta a apelante que a ação proposta foi de *"tutela provisória de natureza cautelar de protestos contra alienação de bens, em razão do reconhecimento de direito de usufruto vitalício a favor da autora"* e que deveria ter sido conferido efeito suspensivo ao recurso. Traz jurisprudência do E. STJ referente à possibilidade de averbação de protesto judicial contra alienação de bens e pede que se acate *"posição intermediária de averbação para fins de inscrição provisória"*, caso não seja acolhida a tese de cabimento do registro do instrumento particular de instituição de usufruto vitalício. No tocante ao ITCMD, alega que já recolheu o imposto quando registrada a doação do bem ao filho.

A Procuradoria Geral de Justiça opinou pelo não provimento do recurso.

É o relatório.

A apelante e seu marido doaram o imóvel matriculado sob o número 79.350 (13º Registro de Imóveis da Capital) a seu filho Marco Silvio Sobreira Santos, aos 14/9/2006. Na mesma data, os interessados firmaram Instrumento Particular de Instituição de Usufruto Vitalício em favor dos doadores.

A apelante apresentou o instrumento particular em questão para registro, sobrevindo as notas de devolução de fls. 34 e 35, no sentido de que seria necessária a lavratura de escritura pública de instituição de usufruto, como impõe o art. 108 do Código Civil.

O imóvel objeto do direito real menor tinha valor superior a trinta salários mínimos, assim, no termos do artigo 108 do Código Civil competia a formalização das vontades por meio de instrumento público, sob pena de nulidade em conformidade ao previsto no artigo 166, inciso IV, do mesmo diploma legal.

Desse modo, havendo nulidade do título por vício de forma, não cabia seu acesso ao registro imobiliário em razão da sanção imposta pelo ordenamento jurídica na espécie.

Não se cogita de afronta a qualquer norma constitucional, pelo contrário, patente a legalidade do decidido.

A recorrente provocou a Corregedoria Permanente do 13º Cartório de Registro de Imóveis da Capital por discordar de qualificação negativa de título prenotado naquela unidade. Cuida-se, portanto, de dúvida inversa, tendo sido irretocável o processamento do pedido pela Corregedora Permanente e não havendo falar em suspensão do processo até o julgamento de agravo de instrumento tirado do indeferimento de tutela de urgência.

De outra parte, a esfera administrativa do registro imobiliário é inadequada para dedução de protesto judicial contra alienação de bens; se o caso, deverá a interessada deduzir sua pretensão na via jurisdicional em observância à garantia constitucional do devido processo legal.

Não há falar em providência administrativa para fins de simples "averbação" de protesto contra alienação de bens como "solução intermediária", a averbação dependeria de ordem judicial emanada da Autoridade Jurisdicional competente.

Quanto ao ITCMD, dispõe o subitem 119.1. do Cap. XX das NSCGJ, em harmonia com o disposto no art. 289 da Lei n. 6.015/73 e art. 30, XI, da Lei 8.935/94, que, *"com exceção do recolhimento do imposto de transmissão e prova de recolhimento do laudêmio, quando devidos, nenhuma exigência relativa à quitação de débitos para com a Fazenda Pública, inclusive quitação de débitos previdenciários, fará o oficial, para o registro de títulos particulares, notariais ou judiciais"*.

Tendo sido doado o imóvel ao filho da recorrente e havendo pretensão de registro de instituição de usufruto vitalício, incidente o imposto de transmissão de bens *inter vivos*, nos termos da Legislação Estadual vigente (art. 3º, § 1º, e 9º, § 2º, 3, da Lei Estadual nº 10.705/00). O imposto recolhido quando do registro da doação foi destinado à transmissão da integralidade do imóvel sem qualquer reserva de usufruto aos doadores. A eventual instituição de usufruto implicará novo fato gerador do tributo.

Ante o exposto, nego provimento ao recurso.

GERALDO FRANCISCO PINHEIRO FRANCO

Corregedor Geral da Justiça e Relator (DJe de 11.07.2018 - SP)

PODER JUDICIÁRIO

TRIBUNAL DE JUSTIÇA DO ESTADO DE SÃO PAULO

CONSELHO SUPERIOR DA MAGISTRATURA

Apelação nº 1002147-49.2017.8.26.0369

Registro: 2018.0000557172

ACÓRDÃO

Vistos, relatados e discutidos estes autos do(a) **Apelação nº 1002147-49.2017.8.26.0369**, da Comarca de **Monte Aprazível**, em que são partes é apelante **OTAVIO LUIZ GOMES BARCA**, é apelado **CARTÓRIO DE REGISTRO DE IMÓVEIS E ANEXOS DA COMARCA DE MONTE APRAZÍVEL/SP.**

ACORDAM, em Conselho Superior de Magistratura do Tribunal de Justiça de São Paulo, proferir a seguinte decisão: **"Negaram provimento ao recurso. V. U. Negaram provimento e mantiveram a recusa do registro, v.u."**, de conformidade com o voto do Relator, que integra este Acórdão.

O julgamento teve a participação dos Exmos. Desembargadores **PEREIRA CALÇAS (PRESIDENTE TRIBUNAL DE JUSTIÇA) (Presidente), ARTUR MARQUES (VICE PRESIDENTE), XAVIER DE AQUINO (DECANO), EVARISTO DOS SANTOS(PRES. DA SEÇÃO DE DIREITO PÚBLICO), CAMPOS MELLO (PRES. DA SEÇÃO DE DIREITO PRIVADO) E FERNANDO TORRES GARCIA(PRES. SEÇÃO DE DIREITO CRIMINAL).**

São Paulo, 24 de julho de 2018.

GERALDO FRANCISCO PINHEIRO FRANCO

Corregedor Geral da Justiça e Relator

Apelação nº 1002147-49.2017.8.26.0369

Apelante: Otavio Luiz Gomes Barca

Apelado: Cartório de Registro de Imóveis e Anexos da Comarca de Monte Aprazível/SP

VOTO Nº 37.487

Registro de Imóveis – Usufruto – Indicação de pessoas distintas para que se sucedam, uma após a morte da outra, como usufrutárias com exclusividade – Direito personalíssimo que não pode ser alienado ou transferido a terceiro – Hipótese que não se confunde com direito de acrescer – Registro negado – Recurso não provido.

Trata-se de apelação interposta contra r. sentença que julgou procedente dúvida inversamente suscitada em razão da recusa do Sr. Oficial de

Registro de Imóveis, Títulos e Documentos e Civil de Pessoa Jurídica da Comarca de Monte Aprazível e negou o registro, na matrícula nº 15.087, de usufruto que foi instituído em favor do apelante, de forma sucessiva, para vigorar somente depois da morte da usufrutuária anterior.

O apelante sustenta, em suma, que o imóvel foi de propriedade de sua genitora que o doou aos netos com reserva de usufruto. Disse que na escritura pública de doação constou que após a morte de sua genitora, que era a usufrutuária original, o usufruto passaria a vigorar em seu favor, de forma integral e automática, sendo, portanto, beneficiário sucessivo desse direito real. Aduziu que deve ser considerada a real vontade da instituidora do usufruto, como previsto no art. 112 do Código Civil. Asseverou que o direito de acrescer e de instituição de beneficiários sucessivos é reconhecido pela doutrina e pela jurisprudência e encontra amparo no art. 1.411 do Código Civil. Afirmou que a escritura pública de instituição do usufruto constitui ato jurídico perfeito e gera direito adquirido e que a não admissão do registro pretendido retira a validade da doação em que previsto o benefício. Requereu a reforma da r. sentença para que seja promovido o registro do usufruto ou, subsidiariamente, a anulação da doação doimóvel.

A douta Procuradoria Geral de Justiça opinou pelo não provimento do recurso (fls. 97/101). É o relatório.

Anoto, inicialmente, que o título para o registro do usufruto é a escritura pública de doação reproduzida às fls. 27/31 que não tem prenotação válida porque, conforme a nota de devolução reproduzida às fls. 35, o prazo de validade do protocolo decorreu em 10 de julho de 2017, ao passo que a presente dúvida inversa somente foi suscitada em 14 de setembro de 2017 (fls. 01).

Contudo, diante da impossibilidade do registro pretendido, mostra-se desnecessária a conversão do julgamento em diligência para novo protocolo do título.

Pela escritura pública de fls. 27/31 Waldomira Joaquina de Santiago doou para seus netos, Luis e Ana, o imóvel objeto da matrícula nº 15.087 do Registro de Imóveis de Monte Aprazível, com reserva de usufruto vitalício em seu favor (fls. 28).

Além disso, a doadora dispôs que depois de sua morte o usufruto passaria a ter o apelante como único beneficiário, de forma sucessiva, constando da escritura:

"1º) – **QUE, a outorgante doadora, em cumprimento ao art. 548, do Código Civil Brasileiro, quer e determina, mesmo tendo eles renda suficiente para a garantia de sua subsistência, que dita doação seja feita com reserva de USUFRUTO VITALÍCIO, a favor da mesma e por ocasião de sua morte, dito usufruto, passará integralmente e automaticamente, ao pai dos donatários, Sr. OTÁVIO LUIZ GOMES BARCA, retro nomeado e qualifica e quando da morte de ambos, obedecerá a sucessão que está inserida no contexto da imposição das cláusulas restritivas de direito, ora imposta (03 gerações), prédeterminando o aludido usufruto como sucessivo (exercício dos donatários)**..." (fls. 28).

O usufruto constituído em favor da doadora foi registrado na matrícula do imóvel, bem como foi averbado seu cancelamento em razão da morte da usufrutuária (fls. 33).

Ocorre que o usufruto constitui direito personalíssimo do usufrutuário que não pode vende-lo (art. 1.393 do Código Civil), nem transmitir sua titularidade a terceiro.

Em decorrência, não é possível o registro de usufrutos instituídos de forma sucessiva, o primeiro para vigorar em favor da donatária da nua propriedade do imóvel enquanto for viva, e o segundo para vigorar em favor de outra pessoa que apenas passará a ter direito depois da morte da usufrutuária anterior. Nessesentido:

"**No que tange à primeira característica, o usufruto configura direito real estabelecido em benefício de um indivíduo, que não poderá ser substituído em sua posição jurídica, pelo caráter personalíssimo do direito a ele conferido (San Tiago Dantas, Programa, p. 345). 'Constituído para o favorecimento de determinado beneficiário, não tolera o usufruto substituições' (Gustavo Tepedino, Usufruto, p. 23). Para críticas à excessiva restrição promovida pelo CC à alienabilidade do usufruto, v. Comentários ao art. 1.393, infra. Evidencia-se, assim, o caráter alimentar do usufruto e sua finalidade precípua, qual seja, a de garantir os meios de subsistência à pessoa do usufrutuário (Darcy Bessone, Direitos Reais, p. 349)**" (Gustavo Tepedino, Heloísa Helena Barboza e Maria Celina Bodin de Moraes, *Código Civil interpretado conforme a Constituição da República*, Rio de Janeiro: Renovar, 2011, p. 801/802).

A vedação à alienação do usufruto não é afastada pela vontade da doadora e usufrutuária original porque decorre de norma cogente, ou de ordem pública, não se convalesce em prol de interesse privado (arts. 606, parágrafo único, e 2.035, parágrafo único, ambos do Código Civil):

"**A inalienabilidade do usufruto não tem nenhuma incompatibilidade com a extinção por consolidação. O que proíbe a norma cogente é que o direito real de usufruto sobreviva sob a titularidade de terceiro, porque é personalíssimo do usufrutuário**" (Francisco Eduardo Loureiro, *in Código Civil Comentado*, 9º ed., Coord. Min. Cezar Peluso, Manole, Barueri, 2015, p. 1.373).

A proibição de constituição de usufrutos sucessivos, cada um para vigorar após a morte do usufrutuário anterior, não se confunde com o direito de acrescer previsto em favor de usufrutuários simultâneos, pois neste caso se cuida de um só direito real de usufruto que se extingue, por completo, com a morte do último usufrutuário:

"**Art. 1.411. Constituído o usufruto em favor de duas ou mais pessoas, extinguir-se-á a parte em relação a cada uma das que falecerem, salvo se, por estipulação expressa, o quinhão desses couber ao sobrevivente**".

A escritura pública em que prevista a sua instituição, por seu turno, não é suficiente para constituir o usufruto desde logo, pois a constituição desse direito real sobre imóvel depende do registro do título aquisitivo no Registro de Imóveis, como previsto no art. 1.391 do Código Civil:

"**Art. 1.391. O usufruto de imóveis, quando não resulte de usucapião, constituir-se-á mediante registro no Cartório de Registro de Imóveis**".

Em razão disso, não há direito real constituído em favor do apelante que, em decorrência, não goza de direito adquirido ao usufruto.

Por fim, o presente procedimento não é adequado para o pedido de anulação da doação realizada em favor dos atuais proprietários do imóvel porque não se configura, neste caso concreto, nulidade de pleno direito do registro (art. 214 da Lei nº 6.015/73) e porque, para essa finalidade, é indispensável o recurso às vias ordinárias, com uso de ação contenciosa a ser movida contra todos os legitimados para agir.

Ante o exposto, nego provimento ao recurso e mantenho a recusa do registro.

GERALDO FRANCISCO PINHEIRO FRANCO

Corregedor Geral da Justiça e Relator (DJe de 17.08.2018 - SP)

1.5.2 REGISTRO DE TÍTULOS E DOCUMENTOS E PESSOA JURÍDICA

ASSOCIAÇÃO

PODER JUDICIÁRIO

TRIBUNAL DE JUSTIÇA DO ESTADO DE SÃO PAULO

CONSELHO SUPERIOR DA MAGISTRATURA

Apelação nº 1004404-18.2016.8.26.0099

Registro: 2017.000889765

ACÓRDÃO

Vistos, relatados e discutidos estes autos da **Apelação nº 1004404-18.2016.8.26.0099**, da Comarca de **Bragança Paulista**, em que é apelante **ASSOCIAÇÃO DOS CONDÔMINOS DO AERÓDROMO DA FAZENDA VALE ELDORADO**, é apelado **OFICIAL DE REGISTRO DE PESSOAS JURÍDICAS E ANEXOS DA COMARCA DE BRAGANÇA PAULISTA.**

ACORDAM, em Conselho Superior de Magistratura do Tribunal de Justiça de São Paulo, proferir a seguinte decisão: **"Negaram provimento à apelação, v.u."**, de conformidade com o voto do Relator, que integra este Acórdão.

O julgamento teve a participação dos Exmos. Desembargadores **PAULO DIMAS MASCARETTI (Presidente), ADEMIR BENEDITO, XAVIER DE AQUINO (DECANO), LUIZ ANTONIO DE GODOY(PRES. DA SEÇÃO DE DIREITO PRIVADO), RICARDO DIP (PRES. DA SEÇÃO DE DIREITO PÚBLICO) E SALLES ABREU (PRES. SEÇÃO DE DIREITO CRIMINAL)**.

São Paulo, 16 de outubro de 2017.

MANOEL DE QUEIROZ PEREIRA CALÇAS

Corregedor Geral da Justiça e Relator

Apelação nº 1004404-18.2016.8.26.0099

Apelante: Associação dos Condôminos do Aeródromo da Fazenda Vale Eldorado

Apelado: Oficial de Registro de Pessoas Jurídicas e Anexos da Comarca de Bragança Paulista

VOTO Nº 29.813

Registro Civil de Pessoa Jurídica – Associação registrada em São Paulo – Pretensão de alteração de sua sede para Bragança Paulista, com o seu registro no Registro Civil de Pessoa Jurídica local – Impossibilidade – Registro

originário feito, em 1990, no Serviço de Títulos e Documentos, na forma do artigo 127, VII, da Lei nº 6.015/73 – Registro para mera conservação, que não deu personalidade jurídica à associação – Inteligência do artigo 45 do Código Civil e do artigo 18 do Código anterior – Alteração da sede – Alegação de que a sede da associação se localiza em Bragança Paulista, embora o mesmo local tenha sido identificado como situado em Atibaia em documento anterior – Ausência de elementos mínimos que comprovem que a sede está efetivamente localizada em Bragança Paulista – Apelação não provida.

Trata-se de recurso de apelação interposto por Associação dos Condôminos do Aeródromo da Fazenda Vale Eldorado contra a sentença de fls. 105/106, que julgou procedente a dúvida inversamente suscitada pela apelante, impedindo o registro de seus atos constitutivos no Registro de Pessoas Jurídicas de Bragança Paulista.

Sustenta a apelante, em preliminar, que a sentença é nula por ausência de relatório e de fundamentação. No mérito, alega que seus estatutos foram registrados erroneamente em cartório de títulos e documentos da Capital; e que sua sede se localiza em Bragança Paulista, não em Atibaia (fls. 127/133).

A Procuradoria de Justiça opinou pelo não provimento da apelação (fls. 161/163). É o relatório.

A matéria preliminar não pode ser acolhida.

Com efeito, ao contrário do que alegou a apelante, a sentença de fls. 105/106 possui relatório e fundamentação.

E essa última, ainda que concisa, expõe de forma adequada o motivo pelo qual o título deve ser recusado.

Não há nulidade, portanto, a ser reconhecida.

No mérito, segundo consta, a apelante, no ano de 1990, registrou seus atos constitutivos no 4º Registro de Títulos e Documentos e Civil de Pessoas Jurídicas da Capital (fls. 57/69 e 70/74).

Alegando que houve erro em relação ao local do registro naquela ocasião, pede a inscrição da associação no Registro Civil de Pessoa Jurídica da comarca de Bragança Paulista.

A inscrição foi negada tanto pelo registrador, quanto pelo MM. Juiz Corregedor Permanente, que julgou procedente a dúvida inversa suscitada.

Por meio do presente recurso, pretende a apelante a reforma da decisão de primeiro grau. A apelação, todavia, não vinga.

Nota-se que a apelante, cujos atos constitutivos estão registrados em São Paulo desde 1989, pretende a alteração de sua sede para outro município, no caso, Bragança Paulista.

Para isso, seria necessária, em um primeiro momento, a apresentação de ata de assembleia que confirme a transferência da sede no cartório onde o ato constitutivo foi registrado, procedendo-se a averbação. Em seguida, munido da certidão de inteiro teor do registro com essa última averbação, o interessado deveria pleitear o registro na nova comarca.

É o que preceituam os itens 2 e 22 do Capítulo XVIII das NSCGJ:

> *2. É vedado o registro de quaisquer atos relativos às sociedades simples; associações; organizações religiosas; fundações de direito privado; empresas individuais de responsabilidade limitada, de natureza simples; e, sindicatos, se os atos constitutivos não estiverem registrados no mesmo Serviço.*
>
> *22. Nas hipóteses de transferência de sede e demais registros de ato oriundo de outra Comarca, o requerimento deverá estar instruído com certidão, de inteiro teor, dos atos registrados na unidade registral de origem.*

No caso, no entanto, isso não foi possível.

Isso porque a nota devolutiva elaborada pelo 4º Registro de Títulos e Documentos e Civil de Pessoa Jurídica da Capital, detentor do registro originário, dá conta de que, em 1990, a inscrição da associação apelante se deu perante o **Serviço de Títulos e Documentos**, na forma do artigo 127, VII, da Lei nº 6.015/73 **[1]**, de modo que seus efeitos limitam-se à conservação dos documentos registrados.

Ou seja, a associação, por meio desse registro, não adquiriu personalidade jurídica, o que só ocorreria se a inscrição ocorresse perante o Registro Civil de Pessoa Jurídica.

Assim dispõe o artigo 45 do Código Civil **[2]**, que, com redação alterada, repete a essência do artigo 18 do Código anterior **[4]**.

Desse modo, inviável a transferência requerida, pois ela tem como pressuposto um registro que tenha dado origem à existência legal de uma pessoa jurídica, o que não ocorreu no caso em análise.

Em relação à competência territorial, tem razão também o registrador de Bragança Paulista.

Com efeito, embora na ata de fls. 38/39 conste que a sede da associação se localiza em Bragança Paulista, não foram apresentados documentos que levem a essa conclusão. Note-se que, segundo a ata, o local que inicialmente foi identificado no município de Atibaia, está, na verdade, localizado em Bragança Paulista.

Necessário, porém, prova mínima a esse respeito, até para que, desta feita, o registro da associação seja realizado no local onde sua sede está efetivamente situada.

Ante o exposto, nego provimento à apelação.

MANOEL DE QUEIROZ PEREIRA CALÇAS
Corregedor Geral da Justiça e Relator

Notas:

[1] *Art. 127. No Registro de Títulos e Documentos será feita a transcrição:*

(...)

VII facultativo, de quaisquer documentos, para sua conservação.

[2] *Art. 45. Começa a existência legal das pessoas jurídicas de direito privado com a inscrição do ato constitutivo no respectivo registro, precedida, quando necessário, de autorização ou aprovação do Poder Executivo, averbando-se no registro todas as alterações por que passar o ato constitutivo.*

[4] *Art. 18. Começa a existência legal das pessoas jurídicas de direito privado com a inscrição de seus contratos, atos constitutivos, estatutos ou compromissos no seu registro peculiar, regulado por lei especial, ou com a autorização ou aprovação do Governo, quando precisa.* (DJe de 19.02.2018 - SP)

ATA DA ASSEMBLEIA

PODER JUDICIÁRIO

TRIBUNAL DE JUSTIÇA DO ESTADO DE SÃO PAULO

CONSELHO SUPERIOR DA MAGISTRATURA

Apelação nº 1003583-14.2016.8.26.0099

Registro: 2017.0000783785

ACÓRDÃO

Vistos, relatados e discutidos estes autos do(a) **Apelação nº 1003583-14.2016.8.26.0099**, da Comarca de **Bragança Paulista**, em que são partes é apelante **CONDOMINIO VILLAGE SANTA HELENA**, é apelado **OFICIAL DE REGISTRO DE IMOVEIS E ANEXOS DE BRAGANÇA PAULISTA**.

ACORDAM, em Conselho Superior de Magistratura do Tribunal de Justiça de São Paulo, proferir a seguinte decisão: **"Deram por prejudicada a dúvida e não conheceram do recurso, V. U. Declarará voto convergente o Desembargador Ricardo Dip."**, de conformidade com o voto do Relator, que integra este Acórdão.

O julgamento teve a participação dos Exmos. Desembargadores **PAULO DIMAS MASCARETTI (Presidente), ADEMIR BENEDITO, XAVIER DE AQUINO, LUIZ ANTONIO DE GODOY, RICARDO DIP E SALLES ABREU.**

São Paulo, 29 de setembro de 2017.

MANOEL DE QUEIROZ PEREIRA CALÇAS
Corregedor Geral da Justiça e Relator

Apelação nº 1003583-14.2016.8.26.0099

Apelante: Condomínio Village Santa Helena

Apelado: Oficial de Registro de Imóveis e Anexos de Bragança Paulista

VOTO Nº 29.815

Registro de títulos e documentos – Atas de assembleias gerais ordinária e extraordinária de condomínio

– Natureza jurídica de loteamento – Irrelevância – Viável o registro para fins de mera conservação, na forma do art. 127, VII, da LRP, haja vista não ser apto a causar confusão a interessados – Irresignação parcial – Dúvida prejudicada – Recurso não conhecido.

Trata-se de recurso de apelação interposto contra r. sentença que manteve recusa do Oficial de Registro de Imóveis, Títulos e Documentos e Civil de Pessoa Jurídica da Comarca de Bragança Paulista, em registrar Atas de Assembleias Gerais Ordinária e Extraordinária do recorrente, por entender que não se trata, tecnicamente, de condomínio, mas de loteamento urbano.

Alega o recorrente, em síntese, que nunca se pretendeu registrar qualquer ata de reunião que dissesse respeito ao Serviço Registral de Imóvel, e que não se trata de querer levar a crer que o empreendimento é um Condomínio Edilício. Querse apenas a transcrição, junto ao serviço registral de títulos e documentos, das reuniões realizadas pelos proprietários, para fins exclusivos de conservação, conforme previsto no artigo 127, inciso VII, da Lei 6.015/73.

A D. Procuradoria Geral da Justiça opinou por se julga prejudicada a dúvida e, em caso de conhecimento, pelo respectivo desprovimento.

É o relatório.

Preambularmente, frise-se que o recorrente não impugnou a exigência de apresentação de certidão do Registro de Imóveis indicando regular registro da convenção do condomínio em questão, acompanhada de cópia do inteiro teor da convenção, bem como de eventuais alterações. O conformismo manifestado prejudica a dúvida, já que não há possibilidade de sanar a falta no curso do procedimento. Ou bem as exigências são todas indevidas e o título ingressa no fólio real, ou bem são devidas, ainda que parcialmente, e devem ser cumpridas para viabilizar o registro. Logo, configurada a resignação e a pretensão de ser proferida decisão condicional, que depende de posterior suprimento da omissão mencionada nas notas devolutivas, deve-se ter como prejudicada a dúvida, e, consequentemente, o recurso. Neste sentido Apelação Cível n° 93.875-0/8, j . 06.09.2002, relator Desembargador Luiz Tâmbara:

"A posição do Egrégio Conselho Superior da Magistratura, como bem ressaltado pelo digno Procurador de Justiça, é tranqüila no sentido de se ter como prejudicada a dúvida, em casos como o que se examina, em que admitida como correta uma das exigências, não sendo a outra cumprida, posto que permanece a impossibilidade de acesso do título ao fólio. Nesse sentido os julgados das Apelações Cíveis números 54.073-0/3, 60.046-0/9, 61.845-0/2 e 35.020-0/2. Posicionar-se de maneira diversa importaria admitir uma decisão condicional pois, somente se atendida efetivamente a exigência tida como correta é que a decisão proferida na dúvida, eventualmente afastando o óbice discutido, é que seria possível o registro do título."

A exigência impugnada, todavia, afigura-se ilegal. Pretende o recorrente registrar atas de suas Assembleias Gerais Extraordinária e Ordinária (art. 127, VII, da Lei n° 6.015/73), que admite a transcrição facultativa de qualquer documento para fins de conservação. A recusa do registrador funda-se no fato de o recorrente não ter, juridicamente, natureza de condomínio, na forma da Lei n° 4.591/64, senão de loteamento, de sorte que, admitido o registro, haveria aparência de regularidade formal de condomínio inexistente. Não obstante, é preciso considerar que o fato de o condomínio de lotes não existir expressamente no ordenamento jurídico, bem como de que a menção a ele havida nas NSCGJ ter sido expressamente excluída, em recente decisão, não pode impedir que os titulares de domínio estabeleçam regras a valerem entre si, em virtude do convívio em conjunto, tampouco que as levem a registro para fins de mera conservação na forma prevista na Lei n° 6.015/73.

A assembleia é, em última análise, mero ajuste de vontades, firmado entre pessoas de interesse comum. O respectivo registro não terá força para convalidar, chancelar ou referendar qualquer defeito jurídico eventualmente existente. Parece não haver dúvida de que o intuito do registro é apenas o previsto no art. 127, VII, da Lei n° 6.015/73, sem induzir terceiros a erro. Some-se a isso o fato de que, quando o oficial realiza o registro facultativo, deve fazer a seguinte declaração: "registro efetuado, nos termos do art 127, VII, da Lei de Registros Públicos, apenas para fins de mera conservação, prova apenas a existência, a data e o conteúdo do documento, não gerando publicidade nem efeitos em relação a terceiros" (item 3, do Cap. XIX, das NSCGJ).

O espírito a ser aqui aplicado é o mesmo das hipóteses em que as associações pedem ingresso das respectivas atas de assembleia a registro (CG 2014/00012733). Em suma, o registro ora pretendido, se deferido, não colocará em risco a veracidade dos registros públicos. De outro lado, servirá de importante fator de segurança para os interessados que o firmaram.

Este o Norte para o qual ruma a jurisprudência deste Egrégio Conselho Superior da Magistratura:

"REGISTRO DE TÍTULOS E DOCUMENTOS – ATA DE ASSEMBLÉIA GERAL ORDINÁRIA DE CONDOMÍNIO - REGISTRO PARA FINS DE MERA CONSERVAÇÃO, NA FORMA DO ART, 127, VII, DA LRP – EMPREENDIMENTO COM NATUREZA DE LOTEAMENTO E NÃO DE CONDOMÍNIO - INEXISTÊNCIA DE RISCO DE INDUÇÃO DE TERCEIROS A ERRO RECURSO PROVIDO" (Apelação n° 0003094-83.2014.8.26.0286, j . 27/01/2015, Rel. Des Hamilton Elliot Akel)

Ante o exposto, dou por prejudicada a dúvida e não conheço do recurso.

MANOEL DE QUEIROZ PEREIRA CALÇAS

Corregedor Geral da Justiça e Relator

TRIBUNAL DE JUSTIÇA DE SÃO PAULO

Conselho Superior da Magistratura

Apelação 1003583-14.2016.8.26.0099 SEMA

Dúvida de registro

VOTO 50.854 (com divergência)

1. Registro, à partida, adotar o resumo processual lançado autos pelo eminente Relator da espécie.

2. Peço reverente licença para não aderir à "análise de mérito" a que se dedicou o digno Relator **após afirmar não conhecer do recurso.**

Ao registrador público, tendo afirmada, *per naturam legemque positam*, a **independência na qualificação jurídica** (*vide* arts. 3º e 28 da Lei n. 8.935, de 18-11-1994), não parece possam impor-se, nesta esfera de qualificação, "orientações" prévias e abstratas de caráter hierárquico.

Assim, o registrador tem o **dever** de qualificação jurídica e o **direito** de efetivá-la com independência profissional, *in suo ordine*.

Vem a propósito que a colenda Corregedoria Geral da Justiça paulista, em seu volumoso código de normas, enuncia:

"Os oficiais de Registro de Imóveis gozam de independência jurídica no exercício de suas funções e exercem essa prerrogativa quando interpretam disposição legal ou normativa. (...)" (item 9º do cap. XX das "Normas de Serviço da Corregedoria Geral da Justiça de São Paulo").

Se o que basta não bastara, calha que os órgãos dotados de (controversa) *potestas* para editar **regras técnicas** relativas aos registros públicos são os **juízes competentes para o exercício da função correcional** (o que inclui a egrégia Corregedoria Geral da Justiça de São Paulo; cf. inc. XIV do art. 30 da Lei n. 8.935/1994). Essa função de corregedoria dos registros, em instância administrativa final no Estado de São Paulo, **não compete a este Conselho Superior da Magistratura**, Conselho – a cuja *auctoritas* tributo meu respeito – não detém, ao revés do que respeitavelmente entendeu o venerando voto de relação, "poder disciplinador" sobre os registros e as notas (v., a propósito, os incs. XVII a XXXIII do art. 28 do Regimento Interno deste Tribunal).

Averbo, por fim, que a admitir-se a pretendida força normativa da ventilada "orientação", não só os juízes corregedores permanentes estariam jungidos a observá-la, mas também as futuras composições deste mesmo Conselho.

Deste modo, voto no sentido de que não se conheça do recurso, excluindo-se a r. "orientação para casos similares".

É como voto.

Des. RICARDO DIP

Presidente da Seção de Direito Público (DJe de 16.07.2016 – SP)

SINDICATO

PODER JUDICIÁRIO

TRIBUNAL DE JUSTIÇA DO ESTADO DE SÃO PAULO

CONSELHO SUPERIOR DA MAGISTRATURA

Apelação nº 1002483-98.2016.8.26.0624

Registro: 2018.0000510396

ACÓRDÃO

Vistos, relatados e discutidos estes autos do(a) **Apelação nº 1002483-98.2016.8.26.0624**, da Comarca de **Tatuí**, em que são partes é apelante **SINDICATO DOS TRABALHADORES NA MOVIMENTAÇÃO DE MERCADORIAS EM GERAL DE TATUI E REGIÃO SINTRATUI**, é apelado **JOSE HENRIQUE FERREIRA XAVIER**.

ACORDAM, em Conselho Superior de Magistratura do Tribunal de Justiça de São Paulo, proferir a seguinte decisão: **"Negaram provimento ao recurso. V. U. Negaram provimento ao recurso, v.u."**, de conformidade com o voto do Relator, que integra este Acórdão.

O julgamento teve a participação dos Exmos. Desembargadores **PEREIRA CALÇAS (PRESIDENTE TRIBUNAL DE JUSTIÇA) (Presidente), ARTUR MARQUES (VICE PRESIDENTE), DAMIÃO COGAN (DECANO), EVARISTO DOS SANTOS(PRES. DA SEÇÃO DE DIREITO PÚBLICO), CAMPOS MELLO (PRES. DA SEÇÃO DE DIREITO PRIVADO) E FERNANDO TORRES GARCIA(PRES. SEÇÃO DE DIREITO CRIMINAL).**

São Paulo, 5 de julho de 2018.

GERALDO FRANCISCO PINHEIRO FRANCO

Corregedor Geral da Justiça e Relator

Apelação nº 1002483-98.2016.8.26.0624

Apelante: SINDICATO DOS TRABALHADORES NA MOVIMENTAÇÃO DE MERCADORIAS EM GERAL DE TATUI E REGIÃO SINTRATUI

Apelado: Jose Henrique Ferreira Xavier

VOTO Nº 37.501

Registro Civil de Pessoa Jurídica – Registro de sindicato – Anterior sindicato, com mesma atividade e base territorial, que teve o registro cancelado por determinação judicial – Impossibilidade do registro do novo sindicato, embora com denominação parcialmente alterada, sem prova do afastamento do óbice reconhecido na via jurisdicional para a

existência do sindicato anterior – Recurso não provido.

Excelentíssimo Senhor Corregedor Geral da Justiça:

Trata-se de recurso interposto pelo "Sindicato dos Trabalhadores na Movimentação de Mercadorias em Geral de Tatuí e Região – SINTRATUÍ" contra r. sentença que manteve a recusa do registro de seu estatuto social formulada pelo Sr. Oficial de Registro de Imóveis, Títulos e Documentos e Civil de Pessoa Jurídica da Comarca de Tatuí.

O recorrente arguiu, em preliminar, a nulidade da r. sentença em razão da incompetência do MM. Juiz Corregedor Permanente para julgar as ações sobre representação sindical, entre sindicatos, e entre esses e trabalhadores ou empregadores, uma vez que atribuída à Justiça do Trabalho na forma do art. 114, inciso III, da Constituição Federal. No mérito alegou que a recusa foi fundada na anterior existência de registro de sindicato que tinha denominação semelhante, consistente no "Sindicato dos Trabalhadores Arrumadores de Cargas Corregadores na Movimentação de Mercadorias em Geral de Tatuí". Disse que o registro do anterior sindicato foi cancelado por decisão judicial, deixando de existir o obstáculo relativo à semelhança de denominações. Afirmou que prevalece a liberdade sindical, sendo vedada a interferência do Poder Público na criação de entidade dessa natureza. Requereu a reforma da r. sentença para que seja promovido o registro de seu estatuto social (fls. 147/157).

A douta Procuradoria Geral da Justiça opinou pelo não provimento do recurso (fls. 175/177 e 190/192). É o relatório.

O recurso foi originalmente distribuído à Corregedoria Geral da Justiça, com posterior reconhecimento da competência deste Col. Conselho Superior da Magistratura pela r. decisão de fls. 179.

O procedimento de dúvida previsto na Lei nº 6.015/73 tem natureza administrativa e é de competência da Justiça Estadual porque diz respeito, apenas, à dissensão entre o Registrador e o apresentante do título sobre as exigências formuladas para o registro.

Por ser administrativo não incide o disposto no art. 114, inciso III, da Constituição Federal que diz respeito às "ações" envolvendo sindicatos, ou seja, aos processos jurisdicionais que têm natureza distinta do procedimento de dúvida registrária.

Nesse sentido:

"PROCESSUAL CIVIL. CONFLITO DE COMPETÊNCIA. SUSCITAÇÃO DE PROCEDIMENTO DE DÚVIDA. REGULARIDADE DE ATO REGISTRAL. NATUREZA ADMINISTRATIVA. COMPETÊNCIA. JUÍZO ESTADUAL DE REGISTROS PÚBLICOS. AUSÊNCIA DE LITÍGIO SOBRE REPRESENTAÇÃO SINDICAL.

1 . O procedimento de suscitação de dúvida é disciplinado pelos arts. 198 e seguintes da Lei 6.015/1973 e tem natureza administrativa, apesar de ser processado perante órgão judicial, de exigir a atuação do Ministério Público e de ser resolvido por sentença que desafia recurso de apelação. Inteligência do art. 204 da Lei 6.015/1973

2. Tratando-se, portanto, de procedimento de suscitação de dúvida, é desimportante para a fixação da competência que os motivos ensejadores dela tenham relação com controvérsia sobre a regularidade de representação sindical, visto que os limites do procedimento circunscrevem-se à verificação da regularidade de ato registral.

3. Conflito conhecido para declarar competente o suscitado, Juízo de Direito da Vara Cível da Comarca de Rondonópolis" (CC 147.173/MT, Rel. Ministro MAURO CAMPBELL MARQUES, PRIMEIRA SEÇÃO, julgado em 23/11/2016, DJe 01/12/2016).

Rejeito, portanto, as arguições de incompetência e nulidade formuladas pelo apelante.

O apelante, "Sindicato dos Trabalhadores na Movimentação de Mercadorias em Geral de Tatuí e Região – SINTRATUÍ" pretende o registro de seu estatuto social em que consta que tem por finalidade: "*...representar a categoria diferenciada dos movimentadores de mercadorias em geral nos termos das Portarias do Ministério do Trabalho e Emprego nº 3.176/87 e nº 3.204/88 e arg. 511, § 3º e 4º da Consolidação das Leis do Trabalho, e com sede principal na Rua Treze de Maio, nº 560, Centro, Tatuí/SP, com base territorial nos municípios de Tatuí e Itapetininga*" (fls. 39).

O registro do estatuto social do apelante foi negado porque: a) tem denominação social semelhante à do anterior sindicato que teve o registro cancelado por decisão judicial; b) a finalidade e os integrantes do novo sindicato são os mesmos, o que indica a intenção de bular o resultado do julgamento da ação judicial (fls. 138/139).

Os documentos de fls. 04/38 e as informações de fls. 03 demonstram que foi promovido, sob nº 238, o registro do "Sindicato dos Trabalhadores Arrumadores de Cargas Carregadores na Movimentação de Mercadorias em Geral de Tatuí" (fls. 19/38), anterior "Sindicato dos Carregadores e Arrumadores de Tatuí" (fls. 04/17).

Por sua vez, o "Sindicato dos Trabalhadores Arrumadores de Cargas Carregadores na Movimentação de Mercadorias em Geral de Tatuí" tem por atividade a: "*...representação da categoria que exerce atividades de carga e descarga e remoção de embalagens profissional dos trabalhadores na movimentação de mercadorias, diferenciada nos termos da Portaria Ministerial nº 3.204/88, conf, Art. 511, inc. 3º, da CLT...*" (fls. 19).

O registro do "Sindicato dos Trabalhadores Arrumadores de Cargas Carregadores na Movimentação de Mercadorias em Geral de Tatuí", anteriormente denominado "Sindicato dos Carregadores e Arrumadores de Tatuí", foi realizado no Registro Civil de Pessoa Jurídica em 09 de janeiro de 2002 (fls. 38) e cancelado por determinação no Processo nº 2000042-70.1992.2.60.6242 da 2ª Vara Cível de Tatuí (fls. 70).

Segundo a r. sentença e o v. acórdão de fls. 72/84, o cancelamento foi determinado em ação movida pelo "Sindicato dos Trabalhadores na Movimentação de Mercadorias em Geral", também representante da mesma categoria, em razão da violação da unicidade sindical.

Naquela ação foram apreciadas tanto a questão relativa à categoria representada como a possibilidade de coexistência das duas entidades em razão de liberdade sindical, constando no v. acórdão reproduzido às fls. 84, de que foi relator o então Desembargador, posterior Ministério Massami Uyeda:

"A alegação de que a Portaria nº 3.176/87 encontra-se revogada foi muito bem contrastada pelo apelado, em suas contra-razões. Conquanto a Constituição Federal, em seu artigo 8º, "caput", assegure a liberdade sindical, o desmembramento sindical em uma mesma base territorial há de exigir a diferenciação das categorias profissionais, sob pena de infringir-se o princípio da unicidade sindical, igualmente assegurada na Constituição (inciso II, do art. 8º)".

Os precedentes deste Col. Conselho Superior da Magistratura são, há muito, no sentido de que o registro de estatuto social de sindicato antecede a autorização do Ministério do Trabalho para o seu funcionamento, e de que a via administrativa não é adequada para o controle da unicidade sindical, ou seja, da vedação de existência de mais de um sindicato para representar a mesma categoria profissional tendo igual base territorial. Nesse sentido a Apelação Cível nº 11.592-0/6, da Comarca de Ribeirão Preto, rel. Desembargador Onei Raphael.

Ocorre que, neste caso concreto, o controle da unicidade sindical foi realizado em ação judicial que levou ao cancelamento do registro do "Sindicato dos Trabalhadores Arrumadores de Cargas Carregadores na Movimentação de Mercadorias em Geral de Tatuí", anteriormente denominado "Sindicato dos Carregadores e Arrumadores de Tatuí", realizado sob nº 238, porque abrangeu a base territorial do "Sindicato dos Trabalhadores na Movimentação de Mercadorias em Geral de Sorocaba e Região", ambos representando a mesma categoria profissional.

Desse modo, o litígio sobre a unicidade sindical, em que também apreciada a questão da liberdade sindical, foi objeto de controle jurisdicional em ação contenciosa cujo resultado não pode ser revisto na esfera administrativa.

Ainda no presente caso concreto, ficou suficientemente demonstrado que o apelante pretende representar a mesma categoria e tem base territorial igual à do "Sindicato dos Trabalhadores Arrumadores de Cargas Carregadores na Movimentação de Mercadorias em Geral de Tatuí", anteriormente denominado "Sindicato dos Carregadores e Arrumadores de Tatuí".

Além disso, ambos sindicatos, ou seja, o que teve o registro cancelado e o que se pretende registrar, têm o mesmo presidente (fls. 37 e 63), não havendo nos documentos apresentados para registro, ou na suscitação da dúvida, qualquer fato novo que permita reconhecer a existência de situação jurídica distinta da albergada pela coisa julgada.

Portanto, e ainda que não se trate de duplicidade de denominações em razão do cancelamento do registro feito sob nº 238, a inexistência de fato novo impede o registro pretendido pelo apelante que, se realizado, ensejará ofensa à coisa julgada.

Ante o exposto, pelo meu voto nego provimento ao recurso.

GERALDO FRANCISCO PINHEIRO FRANCO

Corregedor Geral da Justiça e Relator (DJe de 07.08.2018 - SP)

1.6 DECISÕES DO CONSELHO SUPERIOR DA MAGISTRATURA DO ESTADO DE SÃO PAULO – **ANO 2017**

1.6.1 REGISTRO DE IMÓVEIS E TABELIONATO DE NOTAS

ADJUDICAÇÃO

PODER JUDICIÁRIO

TRIBUNAL DE JUSTIÇA DO ESTADO DE SÃO PAULO

CONSELHO SUPERIOR DA MAGISTRATURA

Apelação nº 1014391-67.2015.8.26.0405

Registro: 2016.0000788667

ACÓRDÃO

Vistos, relatados e discutidos estes autos do(a) **Apelação nº 1014391-67.2015.8.26.0405**, da Comarca de **Osasco**, em que são partes é apelado **1° OFICIAL DE REGISTRO DE IMÓVEIS TÍTULOS E DOCUMENTOS E CIVIL DE PESSOA JURÍDICA OSASCO, é apelante CONCESSIONARIA DO RODOANEL OESTE S/A - RODOANEL.**

ACORDAM, em Conselho Superior de Magistratura do Tribunal de Justiça de São Paulo, proferir a seguinte decisão: **"Não conheceram da apelação, v.u."**, de conformidade com o voto do Relator, que integra este Acórdão.

O julgamento teve a participação dos Exmos. Desembargadores **PAULO DIMAS MASCARETTI (Presidente), ADEMIR BENEDITO, XAVIER DE AQUINO, LUIZ ANTONIO DE GODOY, RICARDO DIP (PRES. DA SEÇÃO DE DIREITO PÚBLICO) E SALLES ABREU.**

São Paulo, 14 de outubro de 2016.

MANOEL DE QUEIROZ PEREIRA CALÇAS

Corregedor Geral da Justiça e Relator

Apelação n.º 1014391-67.2015.8.26.0405

Apelado: 1° Oficial de Registro de Imóveis Títulos e Documentos e Civil de Pessoa Juridica Osasco

Apelante: Concessionaria do Rodoanel Oeste S/A - Rodoanel

VOTO N.º 29.571

Registro de Imóveis – Carta de adjudicação – Irresignação parcial configurada – Dúvida registral prejudicada – Desapropriação parcial – Apuração da área remanescente não atingida pela expropriação – Desnecessidade – Recurso não conhecido.

Ao suscitar dúvida, o Oficial argumentou: o pretendido registro depende do aditamento da carta de adjudicação extraída dos autos da desapropriação promovida pela recorrente (n.º 0038153-37.2012.8.26.0405), a ser instruída com novo memorial descritivo e outra planta, então constando a situação atual do imóvel, de conformidade com a mat. n.º

32.235 do 1.º RI de Osasco, e a situação pretendida, com alusão, assim, à área desapropriada e **à remanescente**. Ademais, o título não veio acompanhado de cópia da folha 89 dos autos da desapropriação, que, porém, integra o acordo homologado. **[1]**

Em sua impugnação, a interessada ponderou: prescinde-se da retificação exigida pelo Oficial, enfim, é desnecessária a apuração da área remanescente do bem imóvel objeto da mat. n.º 32.235, não contemplada pela desapropriação, porque originária a aquisição imobiliária aperfeiçoada. De resto, sustentou que o título judicial foi aparelhado com cópia da sentença homologatória, suficiente à inscrição perseguida. **[2]**

Depois do parecer do Ministério Público **[3]**, a dúvida foi julgada procedente **[4]**. Ato contínuo, a interessada interpôs recurso reafirmando a desnecessidade de ajustes na planta e memorial descritivo, **mas reconheceu a deficiente instrução**

da carta de adjudicação, comprometendo-se a exibir, oportunamente, cópia integral do acordo homologado judicialmente. **[5]**

Após o recebimento da apelação no duplo efeito **[6]**, e nova manifestação do Oficial **[7]**, os autos foram enviados ao **C. CSM**, com abertura de vista à Procuradoria Geral da Justiça, que opinou pelo não conhecimento do recurso, ante a concordância da recorrente em relação a uma das exigências, e, subsidiariamente, pela confirmação da sentença atacada **[8]**.

É o relatório.

A abertura de matrícula pretendida pela ora recorrente é condição para a inscrição da carta de adjudicação apresentada, extraída de processo expropriatório **[9]**; envolve, assim, dissenso sobre a potência registral desse título judicial, razão pela qual, presente discussão a respeito de registro em sentido estrito, este **C. CSM** é competente para o julgamento da apelação.

Quero dizer: porque o conflito não se limita à abertura autônoma de matrícula, cujo descerramento requerido é o antecedente lógico necessário de um registro *stricto sensu*, e não (por exemplo) de uma fusão ou de um desmembramento, a recusa manifestada pelo Oficial, questionada pela recorrente, oportuniza o processo de dúvida.

Nada obstante, a dúvida está prejudicada, uma vez que a interessada, em suas razões recursais, conformou-se com uma das exigências opostas pelo Oficial. Reconheceu, em especial, a deficiente instrução da carta de adjudicação, que veio desacompanhada de cópia integral do acordo então homologado pela sentença que lhe serviu de base. **[10]** Aliás, comprometeu-se a cumpri-la oportunamente, suprindo a falta constatada. Em suma, inadmitida prolação de decisão condicional **[11]**, **a apelação não comporta conhecimento**.

Contudo, a título de orientação para fins de qualificação registral futura, **a exigência remanescente não se justifica**. Com efeito, **a exata** localização da área desapropriada **dentro** da área maior identificada na mat. n.º 32.235 do 1.º RI de Osasco, da qual deve ser destacada, com apuração prévia da área restante, então exigida pelo Oficial **[12]**, não é óbice ao registro requerido pela recorrente.

A desapropriação de bens e direitos, amigável ou não, ao retratar despojamento patrimonial compulsório promovido pelo Poder Público ou por quem faça suas vezes via delegação, é modo originário de aquisição da propriedade. O particular, com a coativa expropriação, perde a propriedade sem que ocorra transmissão de bens, e aí pouco importa se o procedimento foi concluído administrativamente ou por meio de processo contencioso.

Independentemente da intervenção do Judiciário, não se estabelece, na desapropriação, um nexo causal entre o estado jurídico anterior e a atual situação. Inclusive, pode ocorrer de indenização ser desembolsada, por equívoco do Poder Público, a quem não seja o legítimo proprietário, e isso não invalidará o procedimento expropriatório nem a aquisição (originária) da propriedade.

Dentro desse contexto, não se exige, nas inscrições de títulos aquisitivos resultantes de desapropriação, a observação do princípio registral da continuidade. Assim já se posicionou este **C. CSM [13]**, inclusive em precedentes mais recentes **[14]**, com respaldo na norma do art. 35 do Decreto-Lei n.º 3.365/1941 **[15]**.

Agora, ao reverso de sua repercussão sobre o princípio registral da continuidade, a originariedade da aquisição imobiliária não torna prescindível, em absoluto, a obediência ao princípio da especialidade objetiva, na justa compreensão do **C. CSM [16]** e de Serpa Lopes, cujo magistério pontua a exigibilidade do "requisito da individuação da coisa desapropriada", até em razão dos efeitos extintivos do registro da desapropriação **[17]**.

Sem dúvida, o acesso da desapropriação ao fólio real, por implicar criação de nova unidade imobiliária, destacada de porção de terra mais extensa, descrita na mat. n.º 32.235 do 1.º RI de Osasco, demanda a observância do princípio da especialidade objetiva. No entanto, **o registro da carta de adjudicação**, por força do traço distintivo da originariedade da aquisição, **não fica condicionado à prévia apuração da área remanescente resultante da desapropriação parcial**.

Aberta nova matrícula e registrado o título, averbar-se-á o destaque, o respectivo desfalque, enfim, na matrícula de origem, inscrição indispensável em atenção à eficácia extintiva da desapropriação, e inclusive para que se dê conhecimento do término dos direitos reais incompatíveis com a desapropriação.

Vale, aqui, o decidido na Apelação Cível n.º 092270-0/0, rel. Des. Luiz Tâmbara, j. 22.8.2002, em cujo julgamento se sublinhou que a usucapião, por ser modo originário de aquisição da propriedade (tal como a desapropriação), afasta a incidência do princípio da continuidade, "sendo de exclusiva responsabilidade do Registrador identificar nos assentos registrários quais o que foram atingidos pelo título originário. Atendidos os requisitos legais, contendo o título original as características e as confrontações, ou seja, perfeita descrição do imóvel, não pode ser negado o seu registro, mormente se o mandado for instruído com cópia da planta elaborada pelo perito que atuou no processo de usucapião."

A impertinência do obstáculo amparado na exigência de prévia apuração da área remanescente é avalizada por precedentes deste **C. CSM** envolvendo a aquisição por desapropriação: Apelação Cível n.º 20.330-0/2, rel. Des. Antônio Carlos Alves Braga, j. 7.7.1994; Apelação Cível n.º 058456-0/0, rel. Des. Sérgio Augusto Nigro Conceição, j. 29.11.1999; Apelação Cível n.º 067912-0/2, rel. Des. Luís de Macedo, j. 1.8.2000; e Apelação Cível n.º 789-6/1, rel. Des. Ruy Camilo,

j. 27.5.2008. De fato, **a desvinculação do título em relação aos registros anteriores conforta essa solução**. Com a abertura da matrícula, inaugurar-se-á nova cadeia dominial.

Pela expressividade de seus fundamentos, transcrevo trechos do v. acórdão proferido pelo **C. CSM**, na Apelação n.º 075444-0/0, rel. Des. Luís de Macedo, j. 10.4.2001, onde discutida a necessidade de prévia apuração do remanescente, tendo em vista não se saber com precisão, em virtude de destaques pretéritos, se a área desapropriada

estava situada dentro do perímetro de uma ou outra matrícula, ou de ambas, ou de nenhuma das matrículas oriundas dos desmembramentos anteriores:

... Sendo a desapropriação forma originária de aquisição da propriedade imobiliária, **o registro da carta de adjudicação independe da prévia apuração de remanescentes, e de se saber se a área desapropriada equivale total ou parcialmente a esta ou àquela matrícula** Assim, uma vez presente a correta e exaustiva identificação da

área alcançada pela ação expropriatória, cumprindo o princípio da especialidade, pode ser praticado o ato registral da carta de adjudicação ...

O registrador deve se acautelar para que o desfalque decorrente da desapropriação seja anotado nos registros atingidos, com o fim de conservar o controle de disponibilidade do imóvel; porém, **este encargo não pode ser transferido para a recorrente** sob o argumento de ofensa à continuidade, porquanto não incidente tal princípio à forma originária de aquisição do imóvel.

Com essa inteligência, e acrescentando a importância do registro da desapropriação para a segurança jurídica e tutela dos interesses de terceiros de boa-fé, lembro lição de Francisco Eduardo Loureiro:

Nas desapropriações, os registros das cartas marcam não propriamente o ingresso do imóvel no domínio público, que pode se dar por destinação, mas, sobretudo, a perda do domínio pelo particular, para efeito de controle da disponibilidade para evitar nova alienação do expropriado a terceiro de boa-fé. Dispensam-se o registro anterior e a observância ao princípio da continuidade, por se entender ser um modo originário de aquisição de propriedade, em virtude do qual o Estado chama a si o imóvel diretamente, livre de qualquer ônus **[18]**

De mais a mais, a compreensão a que se acede afina-se com o princípio da eficiência, a teleologia e a instrumentalidade registral. A exigência de prévia apuração do remanescente, nessas situações, obstaria, com tendência dissuasória, a regularização e a publicidade de uma situação fática e jurídica consolidada, que seriam obtidas, em benefício da segurança jurídica, por meio do registro, que, *in concreto*, é meramente declaratório.

Isto posto, **pelo meu voto, não conheço da apelação.**

MANOEL DE QUEIROZ PEREIRA CALÇAS

Corregedor Geral da Justiça e Relator

Notas:

[1] Fls. 1-2.

[2] Fls. 43-45.

[3] Fls. 69-70.

[4] Fls. 71-72.

[5] Fls. 77-81.

[6] Fls. 83, item 1.

[7] Fls. 87-90.

[8] Fls. 94-98.

[9] Fls. 7-34.

[10] Fls. 30-32 e 77-81, item 4.

[11] CSM Apelação Cível n.º 30.751-0/1, rel. Des. Márcio Martins Bonilha, j. em 15.3.1996; CSM Apelação Cível n.º 278-6/0, rel. Des. José Mário Antonio Cardinale, j. em 20.1.2005; CSM Apelação Cível n.º 505-6/7, rel. Des. Gilberto Passos de Freitas, j. em 25.5.2006.

[12] Fls. 1-2, item 2, e 89.

[13] Apelação Cível n.º 3.604-0, rel. Des. Marcos Nogueira Garcez, j. 3.12.1984; Apelação Cível n.º 9.461-0/9, rel. Des. Milton Evaristo dos Santos, j. 30.1.1989; Apelação Cível n.º 12.958-0/4, rel. Des. Raphael, j. 14.10.1991; e Apelação Cível n.º 990.10.415.058-2, rel. Des. Maurício Vidigal, j. 7.7.2011;

[14] Apelação Cível n.º 0000025-73.2011.8.26.0213, rel. Des. Renato Nalini, j. 19.7.2012; Apelação Cível n.º 0001026-61.2011.8.26.0062, rel. Des. Renato Nalini, j. 17.1.2013; Apelação Cível n.º 0004802-13.2008.8.26.0438, rel. Des. Renato Nalini, j. 6.11.2013; e Apelação Cível n.º 3000623-74.2013.8.26.0481, rel. Des. Hamilton Elliot Akel. J. 28.4.2015.

[15] **Art. 35**. Os bens expropriados, uma vez incorporados à Fazenda Pública, não podem ser objeto de reivindicação, ainda que fundada em nulidade do processo de desapropriação. Qualquer ação, julgada procedente, resolver-se-á em perdas e danos.

[16] Apelação Cível n.º 3.604-0, rel. Des. Marcos Nogueira Garcez, j. 3.12.1984; Apelação Cível n.º 442-6/9, rel. Des. José Mário Antonio Cardinale, j. 15.12.2005; Apelação Cível n.º 496-6/4, rel. Des. Gilberto Passos de Freitas, j. 11.5.2006; Apelação Cível n.º 566-6/4, rel. Des. Gilberto Passos de Freitas, j. 21.11.2006; Apelação Cível n.º 0000025- 73.2011.8.26.0213, rel. Des. Renato Nalini, j. 19.7.2012; Apelação Cível n.º 0001026-61.2011.8.26.0062, rel. Des. Renato Nalini, j. 17.1.2013; Apelação Cível n.º 0004802-13.2008.8.26.0438, rel. Des. Renato Nalini, j. 6.11.2013; Apelação Cível n.º 0001532-10.2014.8.26.0037, rel. Des. Hamilton Elliot Akel. J. 16.10.2014; Apelação Cível n.º 3000623-74.2013.8.26.0481, rel. Des. Hamilton Elliot Akel. J. 28.4.2015.

[17] *Tratado dos Registros Públicos*. 3.ª ed. Rio de Janeiro: Livraria Freitas Bastos S/a, 1957. p. 174. v. IV.

[18] *Lei de Registros Públicos comentada*. José Manuel de Arruda Alvim Neto; Alexandre Laizo Clápis; Everaldo Augusto Cambler (coords.). Rio de Janeiro: Forense, 2014, p. 1.220. (DJe de 30.01.2017 - SP)

PODER JUDICIÁRIO

TRIBUNAL DE JUSTIÇA DO ESTADO DE SÃO PAULO

CONSELHO SUPERIOR DA MAGISTRATURA

Apelação nº **0009567-14.2015.8.26.0266**

Registro: 2017.0000300896

ACÓRDÃO

Vistos, relatados e discutidos estes autos do(a) **Apelação nº 0009567-14.2015.8.26.0266**, da Comarca de **Itanhaém**, em que são partes é apelante **FRANCISCO ASSIS DA SILVA**, é apelado **OFICIAL DE REGISTRO DE IMÓVEIS E ANEXOS DA COMARCA DE ITANHAÉM.**

ACORDAM, em Conselho Superior de Magistratura do Tribunal de Justiça de São Paulo, proferir a seguinte decisão: **"Negaram provimento, v.u."**, de conformidade com o voto do Relator, que integra este Acórdão.

O julgamento teve a participação dos Exmos. Desembargadores **PAULO DIMAS MASCARETTI (Presidente sem voto), ADEMIR BENEDITO (VICE PRESIDENTE), PAULO DIMAS MASCARETTI(PRESIDENTE TRIBUNAL DE JUSTIÇA), XAVIER DE AQUINO (DECANO), LUIZ ANTONIO DE GODOY(PRES. DA SEÇÃO DE DIREITO PRIVADO), RICARDO DIP (PRES. DA SEÇÃO DE DIREITO PÚBLICO) E SALLES ABREU (PRES. SEÇÃO DE DIREITO CRIMINAL)**.

São Paulo, 25 de abril de 2017.

MANOEL DE QUEIROZ PEREIRA CALÇAS

Corregedor Geral da Justiça e Relator

Apelação nº 0009567-14.2015.8.26.0266

Apelante: Francisco Assis da Silva

Apelado: Oficial de Registro de Imóveis e Anexos da Comarca de Itanhaém

VOTO Nº 29.734

Registro de imóveis – Carta de adjudicação – Forma derivada de aquisição da propriedade executada que não figura como proprietária do imóvel na respectiva matrícula – Afronta ao princípio da continuidade – Descrição insuficiente da área imobiliária a ser desmembrada e transferida, em violação ao princípio da especialidade objetiva – Omissa qualificação das partes, em afronta ao princípio da especialidade subjetiva – Falta de prévio recolhimento de ITBI, determinado pelo art. 877, §2º, do CPC – Ausência de comprovação de inscrição do bem junto ao CCIR – Registro inviável – Dúvida procedente – Recurso desprovido.

Cuida-se de recurso de apelação tirado de r. sentença do MM. Juiz Corregedor Permanente do Oficial de Registro de Imóveis e Anexos da Comarca de Itanhaém, que julgou procedente dúvida suscitada para o fim de manter a recusa a registro de carta de adjudicação expedida em execução de que figura, como executada, pessoa diversa daquela que consta como proprietária na matrícula do imóvel arrematado.

O apelante afirma, em síntese, que a carta de adjudicação, título judicial que é, haveria de ser prontamente registrada pelo apelado, já tendo havido determinação a tanto, em sede de agravo de instrumento julgado por este Egrégio Tribunal de Justiça. Pondera que o executado é compromissário comprador do imóvel, embora não tenha registrado o compromisso, de modo que não haveria afronta ao princípio da continuidade. Sustenta que o imóvel já teria sido suficientemente descrito em perícia realizada no bojo da execução. Alega inexigibilidade de recolhimento de ITBI previamente ao registro.

A Procuradoria Geral de Justiça opinou pelo desprovimento do recurso. É o relatório.

Preambularmente, o v. acórdão de fls. 393/394, ao decidir acerca da prescindibilidade do manejo de demanda judicial para que a carta de adjudicação fosse levada a registro, não tem o condão, per si, de impor imediato ingresso do título no fólio real. Nem mesmo os títulos judiciais escapam da necessária qualificação perante o CRI, nos explícitos termos do item 119, do Capítulo XX, Tomo II, das NSCGJ:

"119. Incumbe ao oficial impedir o registro de título que não satisfaça os requisitos exigidos pela lei, quer sejam consubstanciados em instrumento público ou particular, quer em atos judiciais."

E, observando-se violação a qualquer das regras que disciplinam o registro, a respectiva recusa será mesmo de rigor. Neste passo, à luz do art. 195 da Lei de Registros Públicos:

"Se o imóvel não estiver matriculado ou registrado em nome do outorgante, o oficial exigirá a prévia matrícula e o registro do título anterior, qualquer que seja a sua natureza, para manter a continuidade doregistro."

Já o art. 237 do mesmo Diploma dispõe:

"Ainda que o imóvel esteja matriculado, não se fará registro que dependa da apresentação de título anterior, a fim de que se preserve a continuidade do registro."

Conforme os magistérios de Afrânio de Carvalho:

"O princípio da continuidade, que se apoia no de especialidade, quer dizer que, em relação a cada imóvel, adequadamente individuado, deve existir uma cadeia de titularidade à vista da qual só se fará a inscrição de um direito se o outorgante dele aparecer no registro como seu titular. Assim, as sucessivas transmissões, que derivam umas das outras, asseguram sempre a preexistência do imóvel no patrimônio do transferente. Ao exigir que cada inscrição encontre sua procedência em outra anterior, que assegure a legitimidade da transmissão ou da oneração do direito, acaba por transformá-la no elo de uma corrente ininterrupta de assentos, cada um dos quais se liga ao seu antecedente, como o seu subseqüente a ele se ligará posteriormente. Graças a isso o Registro de Imóveis inspira confiança ao público" (Registro de Imóveis, 4ª edição, Ed. Forense, 1998, pág. 253).

Em idêntico sentido o entendimento de Narciso Orlandi Neto:

"Existe uma inteiração dos princípios da especialidade e da continuidade na formação da corrente filiatória. Quando se exige a observância da continuidade dos registros, exige-se que ela diga respeito a um determinado imóvel. O titular inscrito, e só ele, transmite um direito sobre um bem específico, perfeitamente individualizado, inconfundível, sobre o qual, de acordo com o registro, exerce o direto transmitido. É por este corolário dos princípios da continuidade e da especialidade, reunidos, que o §2º do art. 225 da Lei nº 6015/73 dispõe: "Consideram-se irregulares, para efeito de matrícula, os títulos nos quais a caracterização do imóvel não coincida com a que consta do registro anterior." (Retificação do registro de imóveis, Ed. Juarez de Oliveira, 2ª ed., 1999, p. 67/68)

A matrícula de fls. 19 dá conta de que o imóvel em comento é de propriedade de Marvas S/A Empreendimentos e Participações, que, a seu turno, não figurou como parte na demanda em que expedida a carta de adjudicação. Não era ela a devedora da obrigação que serviu de causa de pedir para a execução. Para que não se macule o princípio da continuidade, inviável registrar eventual transmissão da propriedade imobiliária, por quem jamais figurou como dono na matrícula do bem.

De outro bordo, não há, como seria de rigor, integral qualificação das partes na carta de adjudicação. Deveras, o art. 176, II, 4, a, da Lei 6015/73 elenca os elementos essenciais para a perfeita qualificação daspartes:

"O Livro nº 2 - Registro Geral - será destinado, à matrícula dos imóveis e ao registro ou averbação dos atos relacionados no art. 167 e não atribuídos ao Livro nº 3.

II - são requisitos da matrícula:

4) o nome, domicílio e nacionalidade do proprietário, bem como:

a) tratando-se de pessoa física, o estado civil, a profissão, o número de inscrição no Cadastro de Pessoas Físicas do Ministério da Fazenda ou do Registro Geral da cédula de identidade, ou à falta deste, sua filiação;"

Não obstante, nota-se, de fls. 37, que o título omite as profissões de ambas as partes, em violação ao princípio da especialidade subjetiva. Seria essencial, ainda, que a qualificação da esposa do apelante, apontando-se, inclusive, o regime de bens havido entre eles.

Sobremais, o compromisso de compra e venda de fls. 164/171 apresenta, como compradores, tanto o executado, quanto Fernando Tavares, que não tomou parte na execução. Assim é que a adjudicação haveria de ser limitada ao quinhão do devedor. Abarcou, todavia, a totalidade do imóvel, aí incluída a porção de quem sequer figurou como executado, novo obstáculo ao registro.

Também imperiosa a apresentação de memorial descritivo, com plantas dos imóveis transmitidos, para perfeita individualização dos bens, em atenção ao princípio da especialidade objetiva.

Igualmente de rigor a prévia comprovação do recolhimento do ITBI. À luz do artigo 877, §2º, do CPC:

"A carta de adjudicação conterá a descrição do imóvel, com remissão à sua matrícula e aos seus registros, a cópia do auto de adjudicação **e a prova de quitação do imposto de transmissão**."

Frise-se que a fiscalização do recolhimento dos impostos devidos por força dos atos que lhe forem apresentados em razão do ofício é dever do Registrador, em obediência aos artigos 289 da Lei 6015/73 e 30, XI, da Lei 8935/94.

É, ademais, a orientação traçada por este Egrégio Conselho Superior da Magistratura:

"No mais, não cabe, em procedimento de dúvida, discutir a interpretação da Lei Municipal ou fixar o momento correto para o recolhimento do ITBI. Isso será feito, eventualmente, na esfera jurisdicional.

O art. 274, do Código Tributário da Instância de Itu, prevê a incidência do imposto quando da adjudicação e não se afasta, nesse ponto, do art. 685-B, do Código de Processo Civil, que, em seu parágrafo único, preceitua:

Parágrafo único. A carta de adjudicação conterá a descrição do imóvel, com remissão a sua matrícula e registros, a cópia do auto de adjudicação **e a prova de quitação do imposto de transmissão.**

Portanto, sendo dever da Oficial zelar pelo recolhimento do tributo, sob pena de responsabilização solidária, correta a exigência." (Apelação Cível 0005218-39.2014.8.26.0286, DJ: 07/07/2016, Rel. Des. Manoel de Queiroz Pereira Calças).

Por fim, o art. 176, §1º, II, 3, a, da Lei 6015/73 estipula, como requisito da matrícula, a identificação do imóvel rural, com o respectivo código, os dados constantes do CCIR, a denominação e suas características, confrontações, localização e área. Todavia, o apelante não apresentou comprovante de inscrição do imóvel no CCIR, exigência também encontrada no art. 22, §1º, da Lei 4947/66. A previsão legal presta-se a viabilizar a verificação do atendimento da fração mínima de parcelamento do imóvel rural, impossibilitada na hipótese em berlinda.

Desta feita, bem postada a recusa do Sr. Oficial, nego provimento ao recurso.

MANOEL DE QUEIROZ PEREIRA CALÇAS
Corregedor Geral da Justiça e Relator (DJe de 09.06.2017 - SP)

PODER JUDICIÁRIO

TRIBUNAL DE JUSTIÇA DO ESTADO DE SÃO PAULO

CONSELHO SUPERIOR DA MAGISTRATURA

Apelação nº 0016149-53.2015.8.26.0032
Registro: 2017.0000390103

ACÓRDÃO

Vistos, relatados e discutidos estes autos da **Apelação nº 0016149-53.2015.8.26.0032**, da Comarca de **Araçatuba**, em que é apelante **ATOS LOCAÇÕES PARA EVENTOS LTDA.**, é apelado **OFICIAL DE REGISTRO DE IMÓVEIS E ANEXOS DA COMARCA DE ARAÇATUBA**.

ACORDAM, em Conselho Superior de Magistratura do Tribunal de Justiça de São Paulo, proferir a seguinte decisão: **"Deram por prejudicada a dúvida e não conheceram do recurso. V. U. Vencido em parte o Desembargador Ricardo Dip, que declarará voto."**, de conformidade com o voto do Relator, que integra este Acórdão. O julgamento teve a participação dos Exmos. Desembargadores **PAULO DIMAS MASCARETTI (Presidente), ADEMIR BENEDITO, XAVIER DE**

AQUINO, LUIZ ANTONIO DE GODOY, RICARDO DIP (PRES. DA SEÇÃO DE DIREITO PÚBLICO) E PÉRICLES PIZA (PRES. SEÇÃO DE DIREITO CRIMINAL).

São Paulo, 24 de maio de 2017.

MANOEL DE QUEIROZ PEREIRA CALÇAS
Corregedor Geral da Justiça e Relator

Apelação nº 0016149-53.2015.8.26.0032
Apelante: Atos Locações para Eventos Ltda.

Apelado: Oficial de Registro de Imóveis e Anexos da Comarca de Araçatuba

VOTO Nº 29.760

Registro de Imóveis - Recusa de ingresso de carta de adjudicação - Dúvida Inversa - Irresignação parcial e título em cópia - Dúvida prejudicada - Recurso não conhecido - Análise das exigências a fim de orientar futura prenotação - Registro de carta de adjudicação - Indisponibilidade legal (art. 53, § 1.º, da Lei nº 8.212/1991) desprovida de força para obstaculizar a venda judicial forçada do bem imóvel e seu respectivo registro - Inteligência do item 405 do Capítulo XX das NSCGJ - Precedentes deste Conselho Superior - Falta de recolhimento de ITBI - Imposto que incide em caso de adjudicação - Artigo 877, § 2º, do CPC - Exigência mantida.

Trata-se de recurso de apelação interposto contra a sentença de fls. 60/61, que manteve a recusa do registro de carta de adjudicação extraída do processo nº 0010190-72.2013.8.26.0032 da Vara do Juizado Especial Cível de Araçatuba, na matrícula nº 47.272 do Registro de Imóveis de Araçatuba.

Sustenta a apelante que o mais recente posicionamento do Conselho Superior da Magistratura admite o registro da carta de adjudicação, mesmo existindo penhora do bem em favor da Fazenda Púbica (fls. 82/87).

A douta Procuradoria de Justiça opinou por se julgar prejudicado o recurso interposto (fls. 98/100).

É o relatório.

Inicialmente, verifica-se que, em dúvida inversamente suscitada, o título cujo registro o apelante pleiteia foi apresentado em cópia (fls. 13/34 e 50).

Nos moldes do subitem 41.1.1. do Capítulo XX das NSCGJ, era caso de se conceder o prazo de dez dias para o suscitante apresentar o original do título, sob pena de arquivamento do procedimento.

Como isso não foi feito em primeiro grau, agora resta reconhecer que a dúvida está prejudicada, pois título em cópia não pode obter acesso ao registro imobiliário.

Verifica-se, ainda, que houve irresignação parcial em relação à nota devolutiva juntada a fls. 35, pois a exigência relativa à apresentação de guia de recolhimento de ITBI não foi impugnada.

A jurisprudência deste Conselho Superior é tranquila no sentido de que a concordância, ainda que tácita, com qualquer das exigências feitas pelo registrador ou o atendimento delas no curso da dúvida, ou do recurso contra a decisão nela proferida, prejudica-a:

> *A dúvida registrária não se presta para o exame parcial das exigências formuladas e não comporta o atendimento de exigência depois de sua suscitação,* ***pois a qualificação do título é feita, integralmente, no momento em que é apresentado para registro.*** *Admitir o atendimento de exigência* ***no curso*** *do procedimento da dúvida teria como efeito a indevida prorrogação do prazo de validade da prenotação e, em consequência, impossibilitaria o registro de eventuais outros títulos representativos de direitos reais contraditórios que forem apresentados no mesmo período. Em razão disso, a aquiescência do apelante com uma das exigências formuladas prejudica a apreciação das demais matérias que se tornaram controvertidas. Neste sentido decidiu este Colendo Conselho Superior da Magistratura na Apelação Cível n.º 60.460.0/8, da Comarca de Santos, em que foi relator o Desembargador Sérgio Augusto Nigro Conceição, e na Apelação Cível n.º 81.685-0/8, da Comarca de Batatais, em que foi relator o Desembargador Luís de Macedo* (Apelação Cível n.º 220.6/6-00). (grifei)

Desse modo, seja pela irresignação parcial, seja pela juntada do título em cópia, a dúvida está prejudicada.

Ainda assim, deve-se analisar a questão de fundo, a fim de evitar que, cumpridas as exigências não impugnadas, o interessado venha a ter que se valer, novamente, do procedimento.

Não se trata de consulta, em tese, mas de análise de caso concreto. O Conselho não atua como mero órgão consultivo, mas como regulador de uma situação de fato. Uma vez resolvida a controvérsia, o tema não será mais levado à Corregedoria Permanente, dado que o Oficial já terá orientação clara sobre como proceder.

Ao contrário do exercício de função jurisdicional, cuja essência é teleológica, a função administrativa, exercida no âmbito do julgamento das dúvidas, tem caráter disciplinador. Enquanto, na função jurisdicional, visa-se ao julgamento do mérito, com posterior formação de coisa julgada e impossibilidade de rediscussão para as partes, o julgamento das dúvidas não se presta somente a decidir o caso concreto, mas a servir de orientação aos registradores para casos análogos.

Logo, por esses dois ângulos é importante a análise do mérito, ainda que prejudicada a dúvida: a) evita-se a nova suscitação; b) fixa-se orientação para casos similares.

Passa-se ao exame do caso.

A carta de adjudicação copiada a fls. 13/35 foi desqualificada por dois motivos (fls. 35): a) a Av.38 da matrícula nº 47.272, que noticia a penhora em execução fiscal movida pela Fazenda Nacional de 16,66% do imóvel, impede o registro do título judicial, nos termos do artigo 53, § 1º, da Lei nº 8.212/91; e b) falta de comprovação do recolhimento do ITBI relativo à arrematação.

O primeiro empecilho, qual seja existência de penhora anterior decorrente de execução judicial de dívida ativa da Fazenda Nacional, o que tornaria o bem indisponível1 deve ser afastado.

Isso porque é pacífico neste Conselho Superior, que a indisponibilidade referida no artigo 53, § 1º da Lei nº 8.212/91 não se aplica a alienações judiciais forçadas. Nesse sentido, cito trecho de voto por mim proferido na Apelação nº 9000001-36.2015.8.26.0443, julgada em 18/10/2016, que, embora se refira à carta de arrematação, ajusta-se igualmente à carta de adjudicação:

*"Por sua vez, **a indisponibilidade decorrente dessas penhoras**, todas efetivadas em execuções fiscais, **também não é óbice ao registro da carta de arrematação**. Aliás, conforme o item 405 do Cap. XX das NSCGJ, **"as indisponibilidades averbadas nos termos do Provimento CG. 13/2012, e na forma do § 1º, do art. 53, da Lei nº 8.212, de 24 de julho de 1991, não impedem a alienação, oneração e constrição judiciais do imóvel."** (grifei)*

*Ademais, de acordo com entendimento assente no **C. CSM**, essas indisponibilidades dizem respeito exclusivamente à venda voluntária do bem imóvel pelo devedor. Não impedem que se o penhore, que se o leve à hasta, **nem que se registre a alienação forçada**. No mesmo sentido, há precedentes das Câmaras de Direito Privado e de Direito Público desta **E. Corte**. Não bastasse, essa é a posição retirada de julgamentos proferidos pelo **C. STJ**".*

E o artigo 16 do Provimento nº 39/2014 do CNJ, citado pelo registrador, em reforço, para fundamentar a recusa (fls. 35), também não frustra o ingresso da carta. Sobre o tema, cito outro trecho de meu voto na Apelação nº 9000001-36.2015.8.26.0443:

*"**Com relação ao art. 16, caput, do Provimento nº 39/2014 da E. Corregedoria Nacional de Justiça, constata-se**, à luz de seu trecho inicial, **que as indisponibilidades averbadas nos termos desse ato normativo e as decorrentes do art. 53, § 1.º, da Lei nº 8.212/1991 não impedem a alienação judicial do bem imóvel**, com respectivo registro. Esta, frise-se, a regra.*

O dispositivo estabelece, todavia, não se ignora, as condicionantes que ora interessam de que a alienação tenha emanado do juízo que decretou a indisponibilidade ou de que esteja "consignado no título judicial a prevalência da alienação judicial em relação à restrição oriunda de outro juízo ou autoridade administrativa a que foi dada ciência da execução".

*Quanto a essa exigência, é de se amainar, **mormente à vista dos precedentes mencionados**, a necessidade de que a carta de arrematação contenha expressa menção sobre a prevalência da venda judicial. Ora, a preferência da alienação judicial em relação a eventuais restrições oriundas de outros Juízos ou de autoridade administrativa é ínsita a esse título judicial, cuja finalidade precípua é viabilizar o registro da venda forçada.*

Seria de todo incongruente, realmente, que o Juízo onde ocorrida a hasta pública expedisse carta de arrematação, se não fosse para que o arrematante pudesse levá-la a efetivo registro. Quando da ordem de expedição da carta de arrematação, o Juízo está afirmando, porque consequência imanente ao ato, que o respectivo registro há de ser efetuado, ainda que as indisponibilidades inscritas resultem de ordens de outros Juízos ou de autoridade administrativa.

*Note-se que o registro não trará, em tese, prejuízo àquele cuja demanda tenha ensejado a indisponibilidade. O crédito que possui sub-roga-se no preço da arrematação, sem alteração alguma na ordem de preferência. Nem mesmo se olvide que o destinatário da ordem judicial de indisponibilidade é o próprio devedor. A ordem presta-se a obstar que ele, sponte propria, por alienação entre particulares, desfaça-se de seu patrimônio, furtando-se ao pagamento da dívida. Entretanto, insista-se, **a indisponibilidade não impede a venda judicial do bem**".*

Já a segunda exigência (falta de comprovação do recolhimento do ITBI relativo à adjudicação) está correta. Preceitua o artigo 877 do Código de Processo Civil:

Art. 877. Transcorrido o prazo de 5 (cinco) dias, contado da última intimação, e decididas eventuais questões, o juiz ordenará a lavratura do auto de adjudicação.

§1º Considera-se perfeita e acabada a adjudicação com a lavratura e a assinatura do auto pelo juiz, pelo adjudicatário, pelo escrivão ou chefe de secretaria, e, se estiver presente, pelo executado, expedindo-se:

I - a carta de adjudicação e o mandado de imissão na posse, quando se tratar de bem imóvel; II - a ordem de entrega ao adjudicatário, quando se tratar de bem móvel.

§ 2º A carta de adjudicação conterá a descrição do imóvel, com remissão à sua matrícula e aos seus registros, a cópia do auto de adjudicação e a prova de quitação do imposto de transmissão.

Ou seja, a prova de quitação do imposto ou da isenção do pagamento deveria fazer parte da carta, de modo que o registro pretendido depende disso.

No mesmo sentido o item 119.1 do Capítulo XX das NSCGJ:

119.1. Com exceção do recolhimento do imposto de transmissão e prova de recolhimento do laudêmio, quando devidos, nenhuma exigência relativa à quitação de débitos para com a Fazenda Pública, inclusive quitação de débitos previdenciários, fará o oficial, para o registro de títulos particulares, notariais ou judiciais.

Com tais observações, dou por prejudicada a dúvida e não conheço dorecurso.

MANOEL DE QUEIROZ PEREIRA CALÇAS

Corregedor Geral da Justiça e Relator

TRIBUNAL DE JUSTIÇA DE SÃO PAULO

Conselho Superior da Magistratura

Apelação 0016149-53.2015.8.26.0032

Dúvida de registro

VOTO 47.597 (com divergência)

1. Registro, à partida, adotar o relatório lançado pelo insigne Relator da espécie.

2. Permito-me, *da veniam*, lançar dois reparos.

3. Já é tempo de deixar de admitir o que se convencionou chamar **dúvida "inversa",** ou seja, aquela levantada pelo próprio interessado, diretamente ao juízo corregedor.

A prática, com efeito, não está prevista nem autorizada em lei, o que já é razão bastante para repeli-la, por ofensa à cláusula do devido processo (inc. LIV do art. 5º da Constituição), com a qual não pode coadunar-se permissão ou tolerância (jurisprudencial, *nota*) para que os interessados disponham sobre a forma e o rito de processo administrativo, dispensando aquele previsto no estatuto de regência (Lei n. 6.015, de 31-12-1973, arts. 198 *et seqq.*).

Se o que basta não bastara, ainda há considerar que ao longo de anos a dúvida inversa tem constituído **risco para a segurança dos serviços e mesmo para as justas expectativas dos interessados.** É que, não rara vez, o instrumento vem sendo manejado sem respeito aos mais elementares preceitos de processo registral (o primeiro deles, a existência de prenotação válida e eficaz), de modo que termina sem bom sucesso, levando a delongas que o paciente respeito ao *iter* legal teriam evitado.

4. Peço ainda reverente licença para não aderir à "análise de mérito" a que se lançou **após afirmar não conhecer do recurso**.

Ao registrador público, tendo afirmada, *per naturam legem que positam*, a **independência na qualificação jurídica** (*vide* arts. 3º e 28 da Lei n. 8.935, de 18-11-1994), não parece possam impor-se, nessa esfera de qualificação, "orientações" prévias e abstratas de caráter hierárquico.

Assim, o registrador tem o **dever** de qualificação jurídica e o **direito** de efetivá-la com independência profissional, *in suo ordine*.

Vem a propósito que a colenda Corregedoria Geral da Justiça paulista, em seu código de normas, enuncia:

"Os oficiais de Registro de Imóveis gozam de independência jurídica no exercício de suas funções e exercem essa prerrogativa quando interpretam disposição legal ou normativa. (...)" (item 9º do cap. XX das "Normas de Serviço da Corregedoria Geral da Justiça de São Paulo").

Se o que basta não bastara, calha que os órgãos dotados de *potestas* para editar **regras técnicas** relativas aos registros públicos são os **juízes competentes para o exercício da função correcional** (o que inclui a egrégia Corregedoria Geral da Justiça; cf. inc. XIV do art. 30 da Lei n. 8.935/1994). Essa função de corregedoria dos registros, em instância administrativa final no Estado de São Paulo, **não compete a este**

Conselho Superior da Magistratura, Conselho que, a meu ver, não detém, ao revés do que respeitavelmente entendeu o venerando voto de relação, "poder disciplinador" sobre os registros e as notas (v., a propósito, os incs. XVII a XXXIII do art. 28 do Regimento Interno deste Tribunal).

Averbo, por fim, que a admitir-se a pretendida força normativa da ventilada "orientação", não só os juízes corregedores permanentes estariam jungidos a observá-la, mas também as futuras composições deste mesmo Conselho.

Deste modo, voto no sentido de que não se conheça do recurso e se exclua a r. "orientação para casos similares".

É, *da veniam*, **meu voto de vencido.**

Des. RICARDO DIP

Presidente da Seção de Direito Público

Notas:

[1] *Art. 53 da Lei nº 8.212/91. Na execução judicial da dívida ativa da União, suas autarquias e fundações públicas, será facultado ao exequente indicar bens à penhora, a qual será efetivada concomitantemente com a citação inicial do devedor.*

§ 1º Os bens penhorados nos termos deste artigo ficam desde logo indisponíveis. (DJe de 23.08.2017 - SP)

PODER JUDICIÁRIO

TRIBUNAL DE JUSTIÇA DO ESTADO DE SÃO PAULO

CONSELHO SUPERIOR DA MAGISTRATURA

Apelação nº 1020107-44.2015.8.26.0577

Registro: 2017.0000594696

ACÓRDÃO

Vistos, relatados e discutidos estes autos do(a) **Apelação nº 1020107-44.2015.8.26.0577**, da Comarca de **São José dos Campos**, em que são partes são apelantes **MARIA AUXILIADORA MARQUES DA SILVA e JULIANO BRAULINO MARQUES DE MELO**, é apelado **1º OFICIAL DE REGISTRO DE IMÓVEIS E ANEXOS DA COMARCA DE SÃO JOSÉ DOS CAMPOS.**

ACORDAM, em Conselho Superior de Magistratura do Tribunal de Justiça de São Paulo, proferir a seguinte decisão: **"Negaram provimento ao recurso. V. U."**, de conformidade com o voto do Relator, que integra este Acórdão.

O julgamento teve a participação dos Exmos. Desembargadores **PAULO DIMAS MASCARETTI (Presidente), ADEMIR BENEDITO, XAVIER DE AQUINO, JOÃO CARLOS SALETTI, RICARDO DIP (PRES. DA SEÇÃO DE DIREITO PÚBLICO) E PÉRICLES PIZA.**

São Paulo, 20 de julho de 2017.

MANOEL DE QUEIROZ PEREIRA CALÇAS

Corregedor Geral da Justiça e Relator

Apelação n.º 1020107-44.2015.8.26.0577

Apelantes: Maria Auxiliadora Marques da Silva e Juliano Braulino Marques de Melo

Apelado: 1º Oficial de Registro de Imóveis e Anexos da Comarca de São José dos Campos

VOTO N.º 29.768

Registro de Imóveis – Carta de adjudicação – Forma derivada de aquisição da propriedade – Executado que não figura como proprietário do imóvel na respectiva matrícula – Afronta ao princípio da continuidade – Recurso desprovido.

Cuida-se de recurso de apelação tirado de r. sentença do MM. Juiz Corregedor Permanente do Oficial de Registro de Imóveis e Anexos da Comarca de São José dos Campos, que julgou procedente dúvida suscitada para o fim de manter a recusa a registro de carta de arrematação expedida em execução de que figura, como executada, pessoa diversa daquela que consta como proprietária na matrícula do imóvel arrematado.

Os apelantes afirmam, em síntese, que arrematação é modo originário de aquisição da propriedade imóvel, de forma que o registro da respectiva carta não implicaria violação ao princípio da continuidade, ainda que distintos o devedor da execução em que arrematado o bem e a titular registrária do imóvel.

Sustenta que a atual proprietária do imóvel teria sido indolente ao esperar cerca de oito anos para registrar a aquisição do imóvel, também por arrematação.

A Procuradoria Geral de Justiça opinou pelo desprovimento do recurso.

É o relatório.

Consoante se verifica de fls. 51, o imóvel em comento está registrado em nome de Soraia Kazon. Não obstante, o bem foi arrematado pelos recorrentes no bojo de execução movida em face de Sérgio Afonso de Paula Ferreira. O devedor na execução em que havida a arrematação promovida pelo recorrente é, pois, pessoa diversa daquela que atualmente figura, perante o Registro Imobiliário, como titular do imóvel arrematado.

Todavia, à luz do art. 195 da Lei de Registros Públicos:

"Se o imóvel não estiver matriculado ou registrado em nome do outorgante, o oficial exigirá a prévia matrícula e o registro do título anterior, qualquer que seja a sua natureza, para manter a continuidade do registro." Já o art. 237 do mesmo Diploma dispõe:

"Ainda que o imóvel esteja matriculado, não se fará registro que dependa da apresentação de título anterior, a fim de que se preserve a continuidade do registro."

Inviável, pois, o registro, tal como almejado, por implicar injustificado rompimento na cadeia de sucessão dos titulares do bem. Trata-se de obedecer ao princípio da continuidade registrária. Conforme os magistérios de Afrânio de Carvalho:

"O princípio da continuidade, que se apoia no de especialidade, quer dizer que, em relação a cada imóvel, adequadamente individuado, deve existir uma cadeia de titularidade à vista da qual só se fará a inscrição de um direito se o outorgante dele aparecer no registro como seu titular. Assim, as sucessivas transmissões, que derivam umas das outras, asseguram sempre a preexistência do imóvel no patrimônio do transferente. Ao exigir que cada inscrição encontre sua procedência em outra anterior, que assegure a legitimidade da transmissão ou da oneração do direito, acaba por transformá-la no elo de uma corrente ininterrupta de assentos, cada um dos quais se liga ao seu antecedente, como o seu subseqüente a ele se ligará posteriormente. Graças a isso o Registro de Imóveis inspira confiança ao público" (Registro de Imóveis, 4ª edição, Ed. Forense, 1998, pág. 253).

Em idêntico sentido o entendimento de Narciso Orlandi Neto:

"Existe uma inteiração dos princípios da especialidade e da continuidade na formação da corrente filiatória. Quando se exige a observância da continuidade dos registros, exige-se que ela diga respeito a um determinado imóvel. O titular inscrito, e só ele, transmite um direito sobre um bem específico, perfeitamente individualizado, inconfundível, sobre o qual, de acordo com o registro, exerce o direto transmitido. É por este corolário dos princípios da continuidade e da especialidade, reunidos, que o §2º do art. 225 da Lei nº 6015/73 dispõe: "Consideram-se irregulares, para efeito de matrícula, os títulos nos quais a caracterização do imóvel não coincida com a que consta do registro anterior." (Retificação do registro de imóveis, Ed. Juarez de Oliveira, 2ª ed., 1999, p. 67/68)

O só fato de se tratar de arrematação judicial não basta para afastar a incidência das normas aludidas. Trata-se, com efeito, de modo derivado de aquisição da propriedade imóvel, mantendo-se vínculo com a situação pretérita do bem. A participação do Estado-Juiz na alienação forçada do imóvel não transmuda para originária a natureza da aquisição.

Consoante ensina o eminente magistrado Josué Modesto Passos:

"Diz-se originária a aquisição que, em seu suporte fático, é independente da existência de um outro direito; derivada, a que pressupõe, em seu suporte fático, a existência do direito por adquirir. A inexistência de relação entre titulares, a distinção entre o conteúdo do direito anterior e o do direito adquirido originariamente, a extinção de restrições

e limitações, tudo isso pode se passar, mas nada disso é da essência da aquisição originária" (PASSOS, Josué Modesto. A arrematação no registro de imóveis: continuidade do registro e natureza da aquisição. São Paulo: Editora Revista dos Tribunais, 2014, pp. 111-112).

E, em seguida, reforça:

"A arrematação não pode ser considerada um fundamento autônomo do direito que o arrematante adquire. A arrematação é ato que se dá entre o Estado (o juízo) e o maior lançador (arrematante), e não entre o mais lançador (arrematante) e o executado; isso, porém, não exclui que se exija - como de fato se exige -, no suporte fático da arrematação (e, logo, no suporte fático da aquisição imobiliária fundada na arrematação), a existência do direito que, perdido para o executado, é então objeto de disposição em favor do arrematante. Ora, se essa existência do direito anterior está pressuposta e é exigida, então - quod erat demonstrandum - a aquisição é derivada (e não originária)" (op. cit., p. 118).

Para o mesmo Norte aponta a pacificada jurisprudência deste Colendo Conselho Superior da Magistratura: "REGISTRO DE IMÓVEIS. Dúvida. Registro de carta de adjudicação. Modo derivado de aquisição da propriedade. Modificação do posicionamento anterior do Conselho Superior da Magistratura. Análise da natureza jurídica do ato de adjudicação.

Fundamentos que não afastam a natureza derivada da transmissão coativa. Óbices ao registro mantidos.

Recurso não provido." (APELAÇÃO CÍVEL: 9000001-34.2013.8.26.0531, Rel. Des. Elliot Akel, j. 7/10/14)

"Apesar de se tratar de título judicial, está ele sujeito à qualificação registrária. O fato de tratar-se o título de mandado judicial não o torna imune à qualificação registrária, sob o estrito ângulo da regularidade formal. O exame da legalidade não promove incursão sobre o mérito da decisão judicial, mas à apreciação das formalidades extrínsecas da ordem e à conexão de seus dados com o registro e a sua formalização instrumental" (Ap. Cível nº 31881-0/1).

Não bastasse, a penhora – e, portanto, a arrematação – deram-se em relação a direitos sobre o imóvel. Não abarcaram a propriedade do imóvel em si.

E não consta da matrícula do bem qualquer direito real registrado em nome do executado. Sequer compromisso de compra e venda registrado há.

Por fim, o só fato de a obrigação que deu azo à execução ser de natureza *propter rem* não altera o caráter derivado da aquisição da propriedade, inerente à adjudicação. Haveria a demanda de ser movida em face daquele que efetivamente figura como proprietário da unidade em relação à qual pende a dívida condominial. A disparidade entre executado e proprietária, como se disse, é óbice absoluto ao registro da carta, ainda que seja obrigação *propter rem* o nascedouro da dívida executada.

Desta feita, bem postada a recusa do Sr. Oficial, nego provimento ao recurso.

MANOEL DE QUEIROZ PEREIRA CALÇAS

Corregedor Geral da Justiça e Relator. (DJe de 20.09.2017 - SP)

PODER JUDICIÁRIO

TRIBUNAL DE JUSTIÇA DO ESTADO DE SÃO PAULO

CONSELHO SUPERIOR DA MAGISTRATURA

Apelação nº 0001652-41.2015.8.26.0547

Registro: 2017.0000569915

ACÓRDÃO

Vistos, relatados e discutidos estes autos do(a) **Apelação nº 0001652-41.2015.8.26.0547**, da Comarca de **Santa Rita do Passa Quatro**, em que são partes é apelante **FERNANDO RAYMUNDO**, é apelado **OFICIAL DE REGISTRO DE IMÓVEIS E ANEXOS DA COMARCA DE SANTA RITA DO PASSA QUATRO**.

ACORDAM, em Conselho Superior de Magistratura do Tribunal de Justiça de São Paulo, proferir a seguinte decisão: **"Negaram provimento ao recurso, com observações, v.u. Declarará voto convergente o Desembargador Ricardo Dip."**, de conformidade com o voto do Relator, que integra este Acórdão.

O julgamento teve a participação dos Exmos. Desembargadores **PEREIRA CALÇAS (Presidente), ADEMIR BENEDITO, PAULO DIMAS MASCARETTI, XAVIER DE AQUINO, LUIZ ANTONIO DE GODOY, RICARDO DIP E SALLES ABREU**.

São Paulo, 31 de julho de 2017.

MANOEL DE QUEIROZ PEREIRA CALÇAS

Corregedor Geral da Justiça e Relator

Apelação nº 0001652-41.2015.8.26.0547

Apelante: Fernando Raymundo

Apelado: Oficial de Registro de Imóveis e Anexos da Comarca de Santa Rita do Passa Quatro

VOTO Nº 29.794

Registro de Imóveis – Carta de Adjudicação – Desqualificação do título judicial, exigindo-se CCIR, CND, ITR, ITBI – Correta exigência do CCIR – Inteligência dos arts. 176, parágrafo 1º, II, da LRP, art. 22, parágrafos 1º e 2º, da Lei 4.947/66 e item 59, do Capítulo XX, Tomo II, das NSCGJ – Impossibilidade de se exigir CND do ITR e declaração do ITR com comprovante de entrega à Receita Federal – Item 119.1, do Capítulo XX, Tomo II, das

NSCGJ – Registrador que não pode assumir o papel de fiscal dos tributos não vinculados ao ato registrado – Necessidade, por outro lado, de se comprovar o recolhimento de ITBI – Inteligência do art. 887, parágrafo 2º, do CPC e item 119.1, do Capítulo XX, Tomo II, das NSCGJ – Apelação não provida, com observação.

Trata-se de recurso de apelação interposto por Fernando Raymundo contra a sentença de fls. 74/78, que manteve a recusa ao registro da carta de adjudicação expedida nos autos de Reclamação Trabalhista n. 0201700- 65.2005.5.15.0048, da Vara do Trabalho de Porto Ferreira, sob argumento de que são corretas as exigências contidas na nota de devolução expedida pelo Registrador: a) apresentação do último CCIR devidamente quitado; b) apresentação de CND do ITR expedida pela Receita Federal; c) apresentar declaração do ITR 2014 com respectivo comprovante de entrega à Receita Federal; d) apresentar guia de ITBI recolhido sobre o maior valor apurado entre a adjudicação, avaliação e valor venal; e) recolhimento de emolumentos referentes ao registro pretendido, bem como referentes à penhora e respectivo levantamento.

Sustenta o apelante que obteve direito de registro da carta de adjudicação nos autos da ação trabalhista e que o antigo patrão se recusa a disponibilizar a documentação exigida pelo oficial registrador. Aduziu que incumbe ao registrador recolher o ISS; que precisa do registro da carta de adjudicação para obter junto aos órgãos competentes os documentos referentes ao CCIR e ITR; que incide o disposto nos arts. 130 e 186, do Código Tributário Nacional; que a Justiça Estadual não pode se opor ao cumprimento de decisão emanada da Justiça do Trabalho, *"pena de afastar a segurança jurídica"*; que há situação anômala em relação ao Sítio Santo Antonio, com ausência de inscrição desde 1996 perante o Incra e a Receita Federal.

Sobrevieram contrarrazões.

A Procuradoria de Justiça opinou pelo desprovimento do recurso. É o relatório.

A origem judicial do título não afasta a necessidade de sua qualificação registral, com intuito de se obstar qualquer violação ao princípio da continuidade (Lei 6.015/73, art. 195).

Nesse sentido, douto parecer da lavra do então Juiz Assessor desta Corregedoria Geral de Justiça, Álvaro Luiz Valery Mirra, lançado nos autos do processo n. 2009/85842, que, fazendo referência a importante precedente deste Colendo Conselho Superior da Magistratura (Apelação Cível nº 31.881-0/1), aduz o que segue:

> *"De início, cumpre anotar, a propósito da matéria, que tanto esta Corregedoria Geral da Justiça quanto o Colendo Conselho Superior da Magistratura têm entendido imprescindível a observância dos princípios e regras de direito registral para o ingresso no fólio real - seja pela via de registro, seja pela via de averbação – de penhoras, arrestos e seqüestros de bens imóveis, mesmo considerando a origem judicial de referidos atos, tendo em conta a orientação tranqüila nesta esfera administrativa segundo a qual a natureza judicial do título levado a registro ou a averbação não o exime da atividade de qualificação registral realizada pelo oficial registrador, sob o estrito ângulo da regularidade formal (Ap. Cív. n. 31.881-0/1)."*

Feitas essas considerações iniciais, passo à análise de cada uma das exigências impugnadas.

A primeira exigência, qual seja, necessidade de apresentação do Certificado de Cadastro de Imóvel Rural (CCIR), deve ser mantida, como já decidido nos autos da Apelação n. 0001067-18.2015.8.26.0408, de minha relatoria, que cuidou de registro de imóvel desapropriado.

O Certificado de Cadastro de Imóvel Rural (CCIR) é o documento emitido pelo INCRA nas hipóteses de desmembramento, arrendamento, hipoteca, venda ou promessa de venda de imóveis rurais.

Essa exigência não é nova: consta do art. 22 da Lei nº 4.947/1966 e, mais recentemente, do art. 1º do Decreto nº 4.449/2002, que regulamentou a Lei nº 10.267/2001, diploma legal que, entre outras, promoveu alterações no art. 176 da Lei nº 6.015/1973 para fazer constar a necessidade da identificação do imóvel rural com o código e os dados constantes do CCIR.

A obrigação da identificação do imóvel rural com os dados constantes no CCIR foi repetida pelo inciso II do item 59 do Capítulo XX das Normas de Serviço.

Decorrendo da Lei e das Normas, a exigência deve ser cumprida pelo interessado, que deve providenciar o CCIR para a gleba adjudicada. Nesse sentido, decisão deste Conselho a propósito do registro de mandado de usucapião, que é forma originária de aquisição da propriedade:

"A sentença de usucapião, porém, apenas declara essa situação de fato e, fazendo-o, concede ao possuidor o modo originário de aquisição da propriedade. A abertura da matrícula, no entanto, é condicionada a outros requisitos. Dentre eles, a apresentação do CCIR.

> *Nem o Oficial nem o Juiz, pela mera via administrativa, podem suprir a exigência legal. E também não podem obrigar o INCRA a emitir o documento. Se a negativa de expedição do CCIR, pelo INCRA, é ilegal, cabe, pelas vias ordinárias contenciosas, constranger esse órgão a emiti-lo. Até lá, a abertura da matrícula não pode mesmo ser feita, pois isso feriria a legislação"* (Apelação nº 0007676-93.2013.8.26.0064, Rel. Des. Hamilton Elliot Akel, j. em 18/3/2014).

Ora, se nas hipóteses de abertura de matrícula em razão de usucapião e desapropriação formas originárias de aquisição da propriedade exige-se a apresentação do CCIR, com mais razão no caso de adjudicação de imóvel rural, que se cuida de forma derivada de aquisição da propriedade, em que deverá ser observado, inclusive, o princípio da continuidade.

Consoante ensina o eminente magistrado Josué Modesto Passos:

"Diz-se originária a aquisição que, em seu suporte fático, é independente da existência de um outro direito; derivada, a que pressupõe, em seu suporte fático, a existência do direito por adquirir. A inexistência de relação entre titulares, a distinção entre o conteúdo do direito anterior e o do direito adquirido originariamente, a extinção de restrições e limitações, tudo isso pode se passar, mas nada disso é da essência da aquisição originária" (PASSOS, Josué

Modesto. A arrematação no registro de imóveis: continuidade do registro e natureza da aquisição. São Paulo: Editora Revista dos Tribunais, 2014, pp. 111-112).

E, em seguida, reforça:

"A arrematação não pode ser considerada um fundamento autônomo do direito que o arrematante adquire. A arrematação é ato que se dá entre o Estado (o juízo) e o maior lançador (arrematante), e não entre o mais lançador (arrematante) e o executado; isso, porém, não exclui que se exija - como de fato se exige -, no suporte fático da arrematação (e, logo, no suporte fático da aquisição imobiliária fundada na arrematação), a existência do direito que, perdido para o executado, é então objeto de disposição em favor do arrematante. Ora, se essa existência do direito anterior está pressuposta e é exigida, então - quod erat demonstrandum – a aquisição é derivada (e não originária)" (op. cit., p. 118).

Para o mesmo Norte, aponta a pacificada jurisprudência deste Colendo Conselho Superior da Magistratura:

"REGISTRO DE IMÓVEIS. Dúvida. Registro de carta de adjudicação. Modo derivado de aquisição da propriedade. Modificação do posicionamento anterior do Conselho Superior da Magistratura. Análise da natureza jurídica do ato de adjudicação. Fundamentos que não afastam a natureza derivada da transmissão coativa. Óbices ao registro mantidos. Recurso não provido." (APELAÇÃO CÍVEL: 9000001-34.2013.8.26.0531, Rel. Des. Elliot Akel, j. 7/10/14)

"Apesar de se tratar de título judicial, está ele sujeito à qualificação registrária. O fato de tratar-se o título de mandado judicial não o torna imune à qualificação registrária, sob o estrito ângulo da regularidade formal. O exame da legalidade não promove incursão sobre o mérito da decisão judicial, mas à apreciação das formalidades extrínsecas da ordem e à conexão de seus dados com o registro e a sua formalização instrumental" (Ap. Cível nº 31881-0/1).

Não se justifica, por outro lado, a exibição de CND (certidões negativas de débitos previdenciários e tributários), diante da contemporânea compreensão do C. CSM, iluminada por diretriz estabelecida pela Corte Suprema (ADI n. 173/DF e ADI n. 394/STF, rel Min. Joaquim Barbosa, j. 25.9.2008), a dispensá-la, porquanto a exigência, uma vez mantida, prestigiaria vedada sanção política (Apelação Cível n.º 0013759-77.2012.8.26.0562, rel. Des. Renato Nalini, j. 17.1.2013; Apelação Cível n.º 0021311-24.2012.8.26.0100, rel. Des. Renato Nalini, j. 17.1.2013; Apelação Cível n.º 0013693-47.2012.8.26.0320, rel. Des. Renato Nalini, j. 18.4.2013; Apelação Cível n.º 9000004-83.2011.8.26.0296, rel. Des. Renato Nalini, j. 26.9.2013; e Apelação Cível n.º 0002289-35.2013.8.26.0426, rel. Des. Hamilton Elliot Akel, j. 26.8.2014; Apelação Cível n.º 14803-69.2014.8.26.0269, rel. Manoel de Queiroz Pereira Calças, j. 30.06.2016).

A confirmação da exigência importaria, na situação em apreço, uma restrição indevida ao acesso de título à tábua registral, imposta como forma oblíqua, instrumentalizada para, ao arrepio e distante do devido processo legal, forçar o contribuinte ao pagamento de tributos.

Caracterizaria, em síntese, restrição a interesses privados em desacordo com a orientação do E. STF, à qual se alinhou este C. CSM, e, nessa trilha, incompatível com limitações inerentes ao devido processo legal, porque mascararia uma cobrança por quem não é a autoridade competente, longe do procedimento adequado à defesa dos direitos do contribuinte, em atividade estranha à fiscalização que lhe foi cometida, ao seu fundamento e fins legais, dado que as obrigações tributárias em foco não decorrem do ato registral buscado.

Conforme Humberto Ávila, *"a cobrança de tributos é atividade vinculada procedimentalmente pelo devido processo legal, passando a importar quem pratica o ato administrativo, como e dentro de que limites o faz, mesmo que - e isto é essencial - não haja regra expressa ou a que seja prevista estabeleça o contrário."* (Sistema Constitucional Tributário, 5ª. Ed., São Paulo. Saraiva, 2012, p. 173).

Na mesma direção, sob inspiração desses precedentes, segue o subitem 119.1. do Cap. XX das NSCGJ, consoante o qual, *"com exceção do recolhimento do imposto de transmissão e prova de recolhimento do laudêmio, quando devidos, nenhuma exigência relativa à quitação de débitos para com a Fazenda Pública, inclusive quitação de débitos previdenciários, fará o oficial, para o registro de títulos particulares, notariais ou judiciais."*

Com essas considerações, suficientes para afastar, *in concreto*, toda e qualquer exigência ligada à comprovação de pagamento ou de inexistência de débitos fiscais desatrelados do registro idealizado, é oportuno, em acréscimo, e particularmente quanto ao ITR (imposto sobre propriedade territorial rural), tendo em vista o comando emergente do art. 21, *caput*, da Lei nº 9.393/1996, realçar, à luz do acima argumentado, a desnecessidade de comprovação de seu pagamento, a ser fiscalizado e perseguido pela União, pela Fazenda Pública Federal ou, nos termos do art. 153, § 4.º, III, da CF, pelos Municípios. Dessa comprovação, portanto, independe o registro.

À dispensa afirmada, ademais, também leva a intelecção do parágrafo único do art. 21 da Lei nº 9.393/1996, que, ao fazer remissão ao art. 134 do CTN, condicionou a responsabilidade solidária (e subsidiária) dos tabeliães e registradores pelas obrigações não cumpridas pelo contribuinte à existência de um vínculo entre o tributo não pago e o ato praticado, ausente, em se tratando do ITR, cujo fato gerador, sendo a propriedade, o domínio útil ou a posse de imóvel rural, é alheio ao registro da carta de adjudicação.

Em resumo: o registro da carta de adjudicação independe da demonstração de quitação do ITR.

No tocante ao ITBI, correta a exigência, uma vez que a legislação municipal de Santa Rita do Passa Quatro, prevê a incidência do imposto quando da adjudicação e não se afasta, nesse ponto, do art. 877, do Código de Processo Civil vigente, que, em seu parágrafo 2º, preceitua:

> *Parágrafo 2º. A carta de adjudicação conterá a descrição do imóvel, com remissão a sua matrícula e aos seus registros, a cópia do auto de adjudicação* ***e a prova de quitação do imposto de transmissão.***

Portanto, sendo dever da Oficial zelar pelo recolhimento do tributo, sob pena de responsabilização solidária, correta a exigência.

No tocante ao ISS, A Lei Estadual n. 15.600, em seu art. 1º, deu nova redação ao art. 19, da Lei Estadual n. 11.331/2002, estabelecendo que os valores tributários incidentes, instituídos pela lei do município da sede da serventia são considerados emolumentos e compõem o custo total dos serviços notariais e de registro. Correto, portanto, que seja cobrado o ISS do usuário.

Em suma, embora afastadas algumas das exigências do oficial registrador, a desqualificação do título fica mantida.

Ante o exposto, nego provimento à apelação, com as observações acima, no tocante à desnecessidade de comprovação de quitação de tributos que não o de transmissão.

MANOEL DE QUEIROZ PEREIRA CALÇAS

Corregedor Geral da Justiça e Relator

TRIBUNAL DE JUSTIÇA DO ESTADO DE SÃO PAULO

Conselho Superior da Magistratura

Apelação Cível 0001652-41.2015.8.26.0547

Dúvida de registro

VOTO DE VENCEDOR (48.655):

1. Convergindo, embora, com a conclusão do r. voto do eminente Relator, Des. MANOEL PEREIRA CALÇAS, penso, *da veniam*, que ao registrador imobiliário não é dado conceder dispensa de observância de norma infraconstitucional mediante suposta incompatibilidade material com regra da Constituição.

2. A **atividade registrária** é composta de atos de **função técnica** e atos de **função prudencial**. Aqueles são os de

(i) recepção de títulos,

(ii) prenotação no Protocolo,

(iii) lançamento material da inscrição,

(iv) conservação dos títulos e dos livros de assentamento,

(v) dação de publicidade registral e

(vi) devolução de documentos.

Os atos da **função técnica** atraem possível normativa judiciária, nos termos do que dispõe o inciso XIV do art. 30 da Lei n. 8.935/1994.

3. Diversamente, os atos próprios da **função prudencial** do registrador (*cioè*, de prudência jurídica), que são o de **qualificação** do título e o da **determinação do conteúdo inscritivo,** não comportam regulação técnico-judicial, sequer (e talvez *a fortiori*) no plano do reconhecimento de cogitável inconstitucionalidade o qual reconhecimento, não podendo fazer-se pelo registrador, tampouco lhe pode ser imposto pela esfera judicial, aquando do julgamento da dúvida registrária, que não é sede própria para tanto.

Este mesmo Conselho veio afirmando, *fortiter in modo,* que **nesta via administrativa não é lícito reconhecer inconstitucionalidade de lei ou ato normativo** (*breviter:* Apel. Cív. 0038442-73.2011.8.26.0576, j. 19.7.2012; Apel. Cív. 43.694-0/0, j. 27.3.1998; Apel. Cív. 18.671-0/8, j. 17.9.1993). E acrescente-se aqui se está em órgão fracionário do Tribunal, e a inconstitucionalidade só pode ser afirmada pelo Pleno, ou por Órgão Especial.

4. A despeito disso, é certo que em numerosas decisões este Conselho chegou a reconhecer a inconstitucionalidade da **alínea *b* do inc. I do art. 47 da Lei n. 8.212/1991 (de 24-7):** mencionem-se apenas, *brevitatis causa,* a Apel. Cív. 0018870-06.2011.8.26.0068, j. 13.12.2012 e a Apel. Cív. 0020124-97.2012.8.26.0223, j.7.10.2014.

A bem ver, contudo, essa regra está em vigor.

Primo, a inconstitucionalidade da Lei 7.711/1988, art. 1º, I, III e IV, e §§ 1º, 2º e 3º, declarada pelo Supremo Tribunal Federal nas Ações Diretas de Inconstitucionalidade 173-6 e 394-1 **não alcança o art. 47** da vigente Lei de Organização da Seguridade Social: é que os motivos determinantes das declarações de inconstitucionalidade essa a doutrina corrente do Pretório Excelso não transcendem para casos símiles (Rcl 7.956-AgR, j. 19.9.2013; Rcl 11.478-AgR, j. 5.6.2012).

Secundo, o art. 1º da Lei Complementar n. 147 (de 07-8-2014), dando nova redação ao art. 9º da Lei Complementar n. 123 (de 14-12-2007), de um lado, e o Decreto Federal 8.302 (de 04-9-2014), de outro, só revogaram

(a) a alínea *d* do inc. I do dito art. 47, *(b)* o Decreto 6.106, de 30 de abril de 2007 (*in totum*), e *(c)* alguns dispositivos do Decreto 3.048, de 6 de maio de 1999 (em particular, o art. 257, I, *d*).

Portanto, **estando em vigor essa lei** passe o truísmo , **é nenhuma e de nenhum efeito a dispensa dada pelo item 119.1** do capítulo XX do tomo II das Normas de Serviço da Corregedoria Geral da Justiça.

5. Em verdade, a solução para a exigência de certidão negativa de débitos é deveras mais simples que o caminho do reconhecimento de inconstitucionalidade. É que, **tratando-se de adjudicação em execução forçada, a Receita Federal e, com ela, a Procuradoria Geral da Fazenda Nacional dispensam a prova negativa,** expressamente (inc. II do art. 17 da Portaria Conjunta n. 1751, de 02-10-2014).

6. De qualquer forma, subsistem os óbices concernentes à falta de cadastro de imóvel rural e ao inadimplemento do imposto de transmissão, dos emolumentos e do tributo de serviços. Desse modo, ainda que se afastasse (como afastada ficou) a exigência concernente à negativa tributária e fiscal, o pretendido registro *stricto sensu* de fato não podia deferir-se.

TERMOS EM QUE, *cum magna reverentia*, nego Provimento à apelação, para manter a r. sentença de origem.

É como voto.

Des. RICARDO DIP

Presidente da Seção de Direito Público (DJe de 27.10.2017 - SP)

ALIENAÇÃO FIDUCIÁRIA

PODER JUDICIÁRIO

TRIBUNAL DE JUSTIÇA DO ESTADO DE SÃO PAULO

CONSELHO SUPERIOR DA MAGISTRATURA

Apelação nº 1067944-37.2016.8.26.0100

Registro: 2017.0000300524

ACÓRDÃO

Vistos, relatados e discutidos estes autos do(a) **Apelação nº 1067944-37.2016.8.26.0100**, da Comarca de **São Paulo**, em que são partes é apelante **BANCO TRICURY S/A**, é apelado **4º OFICIAL DE REGISTRO DE IMÓVEIS DA COMARCA DA CAPITAL**.

ACORDAM, em Conselho Superior de Magistratura do Tribunal de Justiça de São Paulo, proferir a seguinte decisão: **"Negaram provimento, v.u. Declarará voto convergente o Desembargador Ricardo Dip."**, de conformidade com o voto do Relator, que integra este Acórdão.

O julgamento teve a participação dos Exmos. Desembargadores **PAULO DIMAS MASCARETTI (Presidente sem voto), ADEMIR BENEDITO (VICE PRESIDENTE), PAULO DIMAS MASCARETTI(PRESIDENTE TRIBUNAL DE JUSTIÇA), XAVIER DE AQUINO (DECANO), LUIZ ANTONIO DE GODOY(PRES. DA SEÇÃO DE DIREITO PRIVADO), RICARDO DIP (PRES. DA SEÇÃO DE DIREITO PÚBLICO) E SALLES ABREU (PRES. SEÇÃO DE DIREITO CRIMINAL).**

São Paulo, 25 de abril de 2017.

MANOEL DE QUEIROZ PEREIRA CALÇAS

Corregedor Geral da Justiça e Relator

Apelação nº 1067944-37.2016.8.26.0100

Apelante: Banco Tricury S/A

Apelado: 4º Oficial de Registro de Imóveis da Comarca da Capital

VOTO Nº 29.731

Registro de Imóveis - Dúvida inversa - Bem gravado com cláusula de impenhorabilidade não pode ser dado em alienação fiduciária, modalidade de garantia que se aperfeiçoa com leilão público da coisa alienada - A cláusula de impenhorabilidade abarca, além da penhora, atos voltados a futura venda forçada do bem, como arresto, hipoteca e alienação fiduciária - Precedente deste E. CSM - Registro negado - Recurso desprovido.

Cuida-se de recurso de apelação tirado de r. sentença que julgou procedente dúvida inversa, para o fim de manter a recusa a registro de alienação fiduciária de imóvel gravado com cláusula de impenhorabilidade.

O apelante afirma, em síntese, que a cláusula de impenhorabilidade não obsta a livre disposição do bem por seu proprietário. Pugna por interpretação restritiva do termo, como forma de se valorizar o direito àpropriedade.

A Procuradoria Geral de Justiça opinou pelo desprovimento do recurso.

É o relatório.

A empresa São Marco Administração de Bens e Participações Ltda emitiu, em favor do apelante, cédula de crédito bancário. Simultaneamente, Rodolfo Marco Bonfiglioli e Maria Helena Scuracchio Bonfiglioli firmaram, com o apelante, contrato de alienação fiduciária de imóvel, vinculado à cédula de crédito bancário. O imóvel alienado fiduciariamente, todavia, está gravado com cláusula de impenhorabilidade.

À luz do art. 22 da Lei 9514/97, "alienação fiduciária é o negócio jurídico pelo qual o devedor, ou fiduciante, com

o escopo de garantia, contrata a transferência ao credor, ou fiduciário, da propriedade resolúvel de coisa imóvel." Nos termos do artigo 26 da mesma Lei, caso a obrigação garantida pela alienação fiduciária não seja saldada a tempo e modo, a propriedade do imóvel consolida-se em nome do fiduciário, que, todavia, não poderá mantê-la para si. Estará o credor obrigado a promover leilão público do imóvel. A dívida e os custos inerentes à contratação da garantia serão saldados com o produto da alienação forçada, entregando-se ao devedor o montante que eventualmente sobejar (art. 27).

Não é da voluntária alienação do imóvel, pelo devedor fiduciante, ao credor fiduciário, que se está a cuidar. Trata-se, cumpre repisar, de modalidade de garantia que se efetiva por meio de alienação forçada. A transferência da propriedade resolúvel do imóvel ao credor não esgota o instituto. É, apenas, forma de viabilizar posterior leilão público, a cargo do próprio fiduciário, caso inadimplida a obrigação. A garantia aperfeiçoa-se quando da venda forçada do bem a terceiro.

De outro bordo, em que pese a denominação que lhe foi atribuída, a cláusula de impenhorabilidade não se limita a obstar a penhora do bem. A correta intelecção de "impenhorabilidade" é a que abarca qualquer modalidade de garantia que possa implicar futura alienação forçada, aí, evidentemente, inserida a penhora, mas não a ela restrita. Espraia-se, e.g., ao arresto, à hipoteca e à alienação fiduciária.

Na esteira dos magistérios de Eduardo Pacheco Ribeiro de Souza:

"Menos rigorosa é a imposição exclusivamente da **impenhorabilidade, que impede que o bem seja objeto de atos de constrição judicial (arresto, penhora), inviabilizando sua alienação forçada**, mas permitindo a livre alienação voluntária pelo proprietário, assim como sua comunicação em decorrência de matrimônio (dependendo, por certo, do regime de bens adotado)." (As Restrições Voluntárias na Transmissão de Bens Imóveis Cláusulas de Inalienabilidade, Impenhorabilidade e Incomunicabilidade, São Paulo: Quinta Editorial, 2012, p. 19, g.n.)

Pertinentes as lições de Ademar Fioranelli, que expressamente alude à vedação da alienação fiduciária de imóvel gravado com cláusula de impenhorabilidade:

"**Por seu lado, a cláusula de impenhorabilidade visa subtrair o imóvel da garantia de credores**, que não podem apreender o bem para satisfação de obrigações. Ainda que o proprietário detenha o poder de disposição, pela imposição isolada da mesma cláusula, **não poderá oferecer o bem assim gravado em** garantia 'hipotecária' ou de **'alienação fiduciária'**, direitos reais de garantia típicos que têm como escopo assegurar a satisfação dos créditos concedidos. As consequências imediatas, quando promovida a execução para cumprimento da obrigação contraída, são a penhora e a expropriação da coisa; e para a alienação fiduciária, a perda do domínio em favor do credor fiduciário, após purgada a mora." (Das Cláusulas de Inalienabilidade, Impenhorabilidade e Incomunicabilidade. São Paulo: Saraiva, 2009, p. 25, g.n.)

A impossibilidade de alienar em garantia imóvel gravado com cláusula de impenhorabilidade também restou explicitamente mencionada em v. acórdão deste E. CSM, como se extrai de fls. 68/70, ainda que o cerne da questão a ser decidida, lá, fosse diverso (Apelação Cível 0000006-12.2011.8.26.0587, Rel. Des. José Renato Nalini, j. 24/5/12).

Desta feita, bem postada a recusa do Sr. Oficial, nego provimento ao recurso.

MANOEL DE QUEIROZ PEREIRA CALÇAS
Corregedor Geral da Justiça e Relator

TRIBUNAL DE JUSTIÇA DE SÃO PAULO

Conselho Superior da Magistratura
Apelação 1067944-37.2016.8.26.0100

Dúvida de registro

VOTO 47.197

1. Registro, à partida, adotar o relatório lançado pelo insigne Relator da espécie.

2. Permito-me, *da veniam*, lançar um reparo.

3. Já é tempo de deixar de admitir o que se convencionou chamar dúvida "inversa", ou seja, aquela levantada pelo próprio interessado, diretamente ao juízo corregedor.

A prática, com efeito, não está prevista nem autorizada em lei, o que já é razão bastante para repelila, por ofensa à cláusula do devido processo (inc. LIV do art. 5º da Constituição), com a qual não pode coadunar-se permissão ou tolerância (jurisprudencial, *nota*) para que os interessados disponham sobre a forma e o rito de processo administrativo, dispensando aquele previsto no estatuto de regência (Lei n. 6.015, de 31-12-1973, arts. 198 *et seqq.*).

Se o que basta não bastara, ainda há considerar que ao longo de anos a dúvida inversa tem constituído risco para a segurança dos serviços e mesmo para as justas expectativas dos interessados. É que, não rara vez, o instrumento vem sendo manejado sem respeito aos mais elementares preceitos de processo registral (o primeiro deles, a existência de prenotação válida e eficaz), de modo que termina sem bom sucesso, levando a delongas que o paciente respeito ao *iter* legal teriam evitado.

4. Superada a preliminar, entretanto, voto pelo não provimento do recurso, porque o bem impenhorável não pode ser dado em garantia, mesmo fiduciária, como bem determina a lei (*caput* do art. 1.420 do Código Civil, regra geral aplicável, também, aos negócios regidos pela Lei n. 9.514, de 20-11-1997) e explicitam Ademar FIORANELLI (*Das Cláusulas de Inalienabilidade, Impenhorabilidade e Incomunicabilidade.* São Paulo: Saraiva, 2009, p. 25) e precedente deste mesmo Conselho (AC 0000006-12.2011.8.26.0587).

DO EXPOSTO, por meu voto preliminar, julgava extinto o processo, sem resolução de mérito, prejudicado o recurso de apelação interposto por Banco Tricury S. A.

No mérito, nego provimento ao recurso, para o fim de que, mantido o r. *decisum* da inferior instância, não se proceda ao rogado registro *stricto sensu*.

É como voto.

Des. RICARDO DIP

Presidente da Seção de Direito Público (DJe de 24.07.2017 - SP)

ARRENDAMENTO RESIDENCIAL

PODER JUDICIÁRIO

TRIBUNAL DE JUSTIÇA DO ESTADO DE SÃO PAULO

CONSELHO SUPERIOR DA MAGISTRATURA

Apelação nº 0017004-38.2015.8.26.0224
Registro: 2017.0000074142

ACÓRDÃO

Vistos, relatados e discutidos estes autos do(a) **Apelação nº 0017004-38.2015.8.26.0224**, da Comarca de **Guarulhos**, em que são partes é apelante **BANCO CAIXA ECONOMICA FEDERAL**, é apelado **2º OFICIAL DE REGISTRO DE IMÓVEIS E ANEXOS DA COMARCA DE GUARULHOS**.

ACORDAM, em Conselho Superior de Magistratura do Tribunal de Justiça de São Paulo, proferir a seguinte decisão: **"Julgaram prejudicada a dúvida, deixando de conhecer o recurso, v.u. Declarará voto convergente o Desembargador Ricardo Dip."**, de conformidade com o voto do Relator, que integra este Acórdão.

O julgamento teve a participação dos Exmos. Desembargadores **PAULO DIMAS MASCARETTI (Presidente), ADEMIR BENEDITO, XAVIER DE AQUINO, LUIZ ANTONIO DE GODOY, RICARDO DIP (PRES. DA SEÇÃO DE DIREITO PÚBLICO) E SALLES ABREU**.

São Paulo, 2 de fevereiro de 2017.

MANOEL DE QUEIROZ PEREIRA CALÇAS

Corregedor Geral da Justiça e Relator

Apelação nº 0017004-38.2015.8.26.0224

Apelante: BANCO CAIXA ECONOMICA FEDERAL

Apelado: 2º Oficial de Registro de Imóveis e Anexos da Comarca de Guarulhos

VOTO Nº 29.637

Registro de Imóveis - Dúvida - Imóvel alienado pelo FAR, operado pela Caixa Econômica Federal, sem prévio arrendamento - Inteligência dos artigos 1º, §3º, art. 2º, §7º, II e art. 8º, §1º, da Lei nº 10.188/01 - Exigências corretas - Irresignação parcial - Recurso não conhecido.

Inconformada com a r. sentença que manteve a recusa do 2º Oficial de Registro de Imóveis de Guarulhos em registrar instrumento particular de venda e compra, a Caixa Econômica Federal interpõe recurso de apelação.

A recusa baseou-se em dois pontos: a 2ª Ressal a das *informações adicionais/ressalvas* do contrato deve ser excluída; cuidando-se de oferta de imóvel em licitação, na modalidade concorrência pública, tendo em vista o disposto no art. 17, I, o contrato deverá atender a todos os requisitos do art. 61 da Lei nº8.666/93.

A recorrente pretende o registro de instrumento através do qual aliena imóvel sob o regime da Lei 10.188/01, não por meio de arrendamento residencial, mas por oferta em licitação, na modalidade concorrência pública/venda direta. Entende, por isso, que se aplica o art. 1º, §3º, da referida lei, de maneira isolada razão pela qual o requisito temporal impeditivo de posterior alienação, do art. 8º, §1º - *O contrato de compra e venda referente ao imóvel objeto de arrendamento residencial que vier a ser alienado na forma do inciso II do § 7º do art. 2º desta Lei, ainda que o pagamento integral seja feito à vista,* ***contemplará cláusula impeditiva de o adquirente, no prazo de 24 (vinte e quatro) meses, vender, prometer vender ou ceder seus direitos sobre o imóvel alienado*** – não incide.

Dessa forma, pretende o registro do título com a 2ª ressalva das *informações adicionais/ressalvas: "Para este negócio não deve existir a restrição de 24 meses para revender o imóvel, com fundamento no §3º do art. 1º da Lei 10.188/01: Fica facultada a alienação, sem prévio arrendamento, ou a cessão de direitos dos imóveis adquiridos no âmbito do Programa."*

A Procuradoria de Justiça manifestou-se pelo não conhecimento do recurso, em razão da concordância em face de uma das exigências. Conhecendo-se do recurso, opinou por seu provimento.

É o relatório.

O recurso não deve ser conhecido, na medida em que não houve impugnação em relação à exigência de adaptação do titulo à Lei de Licitações.

A concordância parcial com as exigências do Oficial prejudica o pedido, que só admite duas soluções: a determinação do registro do título protocolado e prenotado, que é analisado, em reexame da qualificação, tal como se encontrava no momento em que surgida dissensão entre a apresentante e o Oficial de Registro; ou a manutenção da recusa do Oficial. Para que se possa decidir se o título pode ser registrado ou não é preciso que todas as exigências e não apenas parte delas sejam reexaminadas pelo Corregedor Permanente. Nesse sentido, é pacífica a jurisprudência deste Egrégio Conselho Superior.

Contudo, muito embora prejudicada a dúvida, deve-se analisar a questão de fundo, a fim de evitar que, supridas as exigências, a interessada venha a ter que se valer, novamente, do procedimento.

Não se trata de exame de consulta, em tese, mas de análise de caso concreto. O Conselho não atua como mero órgão consultivo, mas como regulador de uma situação de fato. Uma vez resolvida a controvérsia, o tema não será mais levado à Corregedoria Permanente, dado que o Oficial já terá orientação clara sobre como proceder.

Ao contrário do exercício de função jurisdicional, cuja essência é teleológica, a função administrativa, exercida no âmbito do julgamento das dúvidas, tem caráter disciplinador. Enquanto, na função jurisdicional, visa-se ao julgamento do mérito, com posterior formação de coisa julgada e impossibilidade de rediscussão para as partes, o julgamento das dúvidas não se presta somente a decidir o caso concreto, mas a servir de orientação aos registradores para casos análogos.

Logo, por esses dois ângulos é importante a análise do mérito, ainda que prejudicada a dúvida:

a) evita-se a nova suscitação;

b) fixa-se orientação para casos similares. Passa-se ao exame do caso, portanto.

A necessidade de adaptação do contrato ao art. 61 da Lei de Licitações é cogente. Basta ler o teor do dispositivo: *Art. 61. Todo contrato deve mencionar os nomes das partes e os de seus representantes, a finalidade, o ato que autorizou a sua lavratura, o número do processo da licitação, da dispensa ou da inexigibilidade,* ***a sujeição dos contratantes às normas desta Lei*** *e às cláusulas contratuais.*

Da leitura do título, não se verifica, porém, a teor do art. 24, V - *quando não acudirem interessados à licitação anterior e esta, justificadamente, não puder ser repetida sem prejuízo para a Administração, mantidas, neste caso, todas as condições preestabelecidas* qualquer justificativa para a ausência de repetição da licitação, ainda que na modalidade de concorrência (art. 17, I, da Lei nº 8.666/93).

A exigência nesse sentido – de mais a mais, não impugnada – deve, assim, ser cumprida.

No que toca ao afastamento da restrição contida no art. 8º, §1º, da Lei nº 10.188/01, também tem razão o Oficial. A 2ª ressalva feita no campo das *informações adicionais/ressalvas* é inadmissível.

A recorrente aduz que a restrição, por 24 meses, para a revenda do imóvel pelo adquirente não se aplica, defendendo, para isso, uma leitura isolada do art. 3º, §1º, da Lei nº 10.188/01. Essa, porém, não parece a melhor interpretação.

A Lei nº 10.188/01 criou o programa de arrendamento residencial e instituiu o arrendamento residencial com opção de compra. Por seu intermédio, criou-se o PAR Programa de Arrendamento Residencial, cuja gestão cabe ao Ministério das Cidades, e a operacionalização, à Caixa Econômica Federal. Já para a operacionalização do Programa, a CEF foi autorizada a criar um fundo, que se denomina FAR Fundo de Arrendamento Residencial.

Tal Fundo, a teor do art. 2º, §3º, é constituído de bens e direitos, que não se comunicam com o patrimônio da CEF; não integram seu ativo; não respondem direta ou indiretamente por qualquer obrigação da CEF; não compõem a lista de bens e direitos da CEF para efeitos de liquidação judicial ou extrajudicial; não podem ser dados em garantia de débito de operação da CEF; não são passíveis de execução por credores da CEF; quantos aos imóveis, não são passíveis de constituição de ônus reais (incisos I a VI).

Vale dizer, trata-se de um Fundo exterior à CEF, passível, conforme o art. 2º-A, §2º, de direitos e obrigações próprias, pelas quais responde com seu patrimônio.

Por isso, no contrato, figuram; o FAR, como vendedor; a Caixa Econômica Federal, como credora fiduciária; a pessoa física, como compradora e devedora fiduciante.

Vale dizer, alienou-se o imóvel à pessoa física, sem prévio arrendamento, contratando-se um mútuo, garantido por alienação fiduciária do imóvel.

A recorrente afirma que o art. 1º, §3º, da Lei nº 10.188/01 permite essa operação e, à falta de prévio arrendamento, não se aplica a restrição temporal, para revenda, do art. 8º, §1º.

Não é isso, no entanto, o que traduz uma leitura atenta e sistemática da Lei nº 10.188/01.

Três dispositivos interessam à presente discussão: os artigos 1º, §3º, 2º, §7º, II e 8º, §1º. Por que eles devem ser lidos em conjunto? Porque todos foram inseridos pela mesma Lei nº 11.474/07. Vejamos, mais uma vez, suas redações:

> *Art. 1º, §3º Fica facultada a alienação, sem prévio arrendamento, ou a cessão de direitos dos imóveis adquiridos no âmbito do Programa."*
>
> *Art. 2º, § 7º A alienação dos imóveis pertencentes ao patrimônio do fundo a que se refere o caput deste artigo será efetivada diretamente pela CEF, constituindo o instrumento de alienação documento hábil para cancelamento, perante o Cartório de Registro de Imóveis, das averbações pertinentes às restrições e ao destaque de que tratam os §§ 3º e 4º deste artigo, observando-se:*
>
> *I - o decurso do prazo contratual do Arrendamento Residencial; ou*
>
> *II - a critério do gestor do Fundo, o processo de desimobilização do fundo financeiro de que trata o caput deste artigo.*
>
> *Art. 8º, §1º - O contrato de compra e venda referente ao imóvel objeto de arrendamento residencial que vier a ser alienado na forma do inciso II do § 7º do art. 2º desta Lei, ainda que o pagamento integral seja feito à vista, contemplará cláusula impeditiva de o adquirente, no prazo de 24 (vinte e quatro) meses, vender, prometer vender ou ceder seus direitos sobre o imóvel alienado.*

Pois bem. Ao alterar a Lei nº 10.188/01, a Lei nº 11.474/07, a um só tempo, teve que assentar, em suas disposições gerais:

a) a possibilidade de alienação, sem prévio arrendamento;

b) a figura da desimobilização;

c) consequentemente, a criação do prazo de carência de 24 meses para revenda.

A intenção foi a de viabilizar a alienação dos imóveis não adquiridos, sem a necessidade de arrendamento, mas através da venda com pagamento à vista ainda que através de mutuo, com alienação fiduciária. Para tanto, previram-se a exceção ao arrendamento (art. 1º, §3º) e a figura da desimobilização (art. 2º, §7º, II), mas, ao mesmo tempo, para evitar a especulação imobiliária, desvirtuando-se a intenção da lei oferta de moradia à população carente -, impediu-se a revenda por 24 meses, em qualquer forma (*vender, prometer vender ou ceder seus direitos sobre o imóvel alienado).*

Logo, não é pertinente a leitura estanque de apenas um dos dispositivos acrescidos pela Lei nº 11.474/07. A alicerçar essa conclusão, tome-se notícia extraída da "Agência Câmara de Notícias", de 27/03/2007, a respeito da Medida Provisória nº 350/07, posteriormente convertida na Lei nº 11.474/07 (http://www2.camara.leg.br/camaranoticias/noticias/100280.html):

> *"Câmara aprova compra antecipada de imóvel arrendado.*
>
> *O Plenário aprovou nesta terça-feira a Medida Provisória 350/07, que modifica as regras do Programa de Arrendamento Residencial (PAR). A medida permite a venda direta de imóveis pela Caixa Econômica Federal (CEF) à população de baixa renda que participe do programa sem a necessidade de se cumprir contrato de arrendamento por 15 anos.*
>
> *Com a MP, o prazo de arrendamento não precisa mais ser cumprido se o participante do programa tiver o dinheiro para a compra. As diretrizes para essa venda direta serão estabelecidas pelo Ministério das Cidades, que deverá editar uma portaria regulamentado o tema. A MP também faz parte do Programa de Aceleração do Crescimento (PAC) e ainda será votada pelo Senado.*
>
> *A matéria foi aprovada na forma de um projeto de lei de conversão apresentado pelo deputado Dagoberto (PDT- MS), que fez poucas modificações no texto original. Uma das mudanças torna mais claro que a Caixa poderá vender os imóveis já adquiridos sem arrendamento prévio.*

Prazo de venda

Outro ponto alterado pelo relator diminui de 30 para 24 meses o prazo durante o qual o participante do PAR não poderá vender o imóvel comprado por meio da alienação direta agora permitida pela MP. Esse impedimento deve constar do contrato de compra e venda do imóvel. *Dagoberto manteve ainda artigo que permite a redução do prazo segundo critério a ser definido pelo Ministério das Cidades.*

Por tais razões, ambas as exigências foram corretas.

Nesses termos, pelo meu voto, julgo prejudicada a dúvida, deixando de conhecer o recurso.

MANOEL DE QUEIROZ PEREIRA CALÇAS

Corregedor Geral da Justiça e Relator

TRIBUNAL DE JUSTIÇA DO ESTADO DE SÃO PAULO

Conselho Superior da Magistratura

Apelação Cível 0017004-38.2015.8.26.0224

Dúvida de registro

VOTO 45.333 (com divergência):

1. Acompanho a **conclusão** do respeitável voto de Relatoria.

2. Peço reverente licença, entretanto, para não aderir à "análise de mérito" a que se lançou **após afirmar não conhecer do recurso**.

3. Ao registrador público, tendo afirmada, *per naturam legemque positam*, a **independência na qualificação jurídica** (*vide* arts. 3º e 28 da Lei n. 8.935, de 18-11-1994), não parece possam impor-se, nessa esfera de qualificação, "orientações" prévias e abstratas de caráter hierárquico.

Assim, o registrador tem o **dever** de qualificação jurídica e o **direito** de efetivá-la com independência profissional, *in suo ordine*.

4. Vem a propósito que a colenda Corregedoria Geral da Justiça paulista, em seu código de normas, enuncia: "Os oficiais de Registro de Imóveis gozam de independência jurídica no exercício de suas funções e exercem

essa prerrogativa quando interpretam disposição legal ou normativa. (...)" (item 9º do cap. XX das "Normas de Serviço da Corregedoria Geral da Justiça de São Paulo").

5. Se o que basta não bastara, calha que os órgãos dotados de *potestas* para editar **regras técnicas** relativas aos registros públicos são os **juízes competentes para o exercício da função correcional** (o que inclui a egrégia Corregedoria Geral da Justiça; cf. inc. XIV do art. 29 da Lei n. 8.935/1994). Essa função de corregedoria dos registros, em instância administrativa final no Estado de São Paulo, **não compete a este Conselho Superior da Magistratura**, Conselho que, a meu ver, não detém, ao revés do que respeitavelmente entendeu o venerando voto de relação, "poder disciplinador" sobre os registros e as notas (v., a propósito, os incs. XVII a XXXIII do art. 28 do Regimento Interno deste Tribunal).

6. Averbo, por fim, que a admitir-se a pretendida força normativa da ventilada "orientação", não

só os juízes corregedores permanentes estariam jungidos a observá-la, mas também as futuras composições deste mesmo Conselho.

Deste modo, voto no sentido de que se exclua a r. "orientação para casos similares". É, *da veniam*, **meu voto de vencido.**

Des. RICARDO DIP

Presidente da Seção de Direito Público (DJe de 27.10.2017 - SP)

PODER JUDICIÁRIO

TRIBUNAL DE JUSTIÇA DO ESTADO DE SÃO PAULO

CONSELHO SUPERIOR DA MAGISTRATURA

Apelação nº 0017007- 90.2015.8.26.0224

Registro: 2017.0000074140

ACÓRDÃO

Vistos, relatados e discutidos estes autos do(a) **Apelação nº 0017007- 90.2015.8.26.0224,** da Comarca de **Guarulhos**, em que são partes é apelante **BANCO CAIXA ECONOMICA FEDERAL**, é apelado **2º OFICIAL DE REGISTRO DE IMÓVEIS E ANEXOS DA COMARCA DE GUARULHOS.**

ACORDAM, em Conselho Superior de Magistratura do Tribunal de Justiça de São Paulo, proferir a seguinte decisão: **"Julgaram prejudicada a dúvida, deixando de conhecer o recurso, v.u. Declarará voto convergente o Desembargador Ricardo Dip."**, de conformidade com o voto do Relator, que integra este Acórdão.

O julgamento teve a participação dos Exmos. Desembargadores **PAULO DIMAS MASCARETTI (Presidente), ADEMIR BENEDITO, XAVIER DE AQUINO, LUIZ ANTONIO DE GODOY, RICARDO DIP (PRES. DA SEÇÃO DE DIREITO PÚBLICO) E SALLES ABREU.**

São Paulo, 2 de fevereiro de 2017.

MANOEL DE QUEIROZ PEREIRA CALÇAS

Corregedor Geral da Justiça e Relator

Apelação nº 0017007-90.2015.8.26.0224

Apelante: BANCO CAIXA ECONOMICA FEDERAL

Apelado: 2º Oficial de Registro de Imóveis e Anexos da Comarca de Guarulhos

VOTO Nº 29.635

Registro de imóveis – Dúvida – Imóvel alienado pelo FAR, operado pela Caixa Econômica Federal, sem prévio arrendamento – Inteligência dos artigos 1º, §3º, art. 2º, §7º, II e art. 8º, §1º, da Lei nº 10.188/01 – Exigências corretas – Irresignação parcial – Recurso não conhecido.

Inconformada com a sentença que manteve a recusa do 2º Oficial de Registro de Imóveis de Guarulhos em registrar instrumento particular de venda e compra, a Caixa Econômica Federal interpõe recurso de apelação.

A recusa baseou-se em dois pontos: a 2ª ressalva das *informações adicionais/ressalvas* do contrato deve ser excluída; cuidando-se de oferta de imóvel em licitação, na modalidade concorrência pública, tendo em vista o disposto no art. 17, I, o contrato deverá atender a todos os requisitos do art. 61 da Lei nº 8.666/93.

A recorrente pretende o registro de instrumento através do qual aliena imóvel sob o regime da Lei 10.188/01, não por meio de arrendamento residencial, mas por oferta em licitação, na modalidade concorrência pública/venda direta. Entende, por isso, que se aplica o art. 1º, §3º, da referida lei, de maneira isolada, razão pela qual o requisito temporal impeditivo de posterior alienação, do art. 8º, §1º *O contrato de compra e venda referente ao imóvel objeto de arrendamento residencial que vier a ser alienado na forma do inciso II do § 7º do art. 2º desta Lei, ainda que o pagamento integral seja feito à vista,* ***contemplará cláusula impeditiva de o adquirente, no prazo de 24 (vinte e quatro) meses, vender, prometer vender ou ceder seus direitos sobre o imóvel alienado*** não incide.

Dessa forma, pretende o registro do título com a 2ª ressalva das *informações adicionais/ressalvas: "Para este negócio não deve existir a restrição de 24 meses para revender o imóvel, com fundamento no §3º do art. 1º da Lei 10.188/01: Fica facultada a alienação, sem prévio arrendamento, ou a cessão de direitos dos imóveis adquiridos no âmbito do Programa."*

A Procuradoria Geral de Justiça manifestou-se pelo não provimento do recurso.

É o relatório.

O recurso não deve ser conhecido, na medida em que não houve impugnação em relação à exigência de adaptação do título à Lei de Licitações.

A concordância parcial com as exigências do Oficial prejudica o pedido, que só admite duas soluções: a determinação do registro do título protocolado e prenotado, que é analisado, em reexame da qualificação, tal como se encontrava no momento em que surgida dissensão entre a apresentante e o Oficial de Registro; ou a manutenção da recusa do Oficial. Para que se possa decidir se o título pode ser registrado ou não é preciso que todas as exigências e não apenas parte delas sejam reexaminadas pelo Corregedor Permanente. Nesse sentido, é pacífica a jurisprudência deste Egrégio Conselho Superior.

Contudo, muito embora prejudicada a dúvida, deve-se analisar a questão de fundo, a fim de evitar que, supridas as exigências, a interessada venha a ter que se valer, novamente, do procedimento.

Não se trata de exame de consulta, em tese, mas de análise de caso concreto. O Conselho não atua como mero órgão consultivo, mas como regulador de uma situação de fato. Uma vez resolvida a controvérsia, o tema não será mais levado à Corregedoria Permanente, dado que o Oficial já terá orientação clara sobre como proceder.

Ao contrário do exercício de função jurisdicional, cuja essência é teleológica, a função administrativa, exercida no âmbito do julgamento das dúvidas, tem caráter disciplinador. Enquanto, na função jurisdicional, visa-se ao julgamento do mérito, com posterior formação de coisa julgada e impossibilidade de rediscussão para as partes, o julgamento das dúvidas não se presta somente a decidir o caso concreto, mas a servir de orientação aos registradores para casos análogos.

Logo, por esses dois ângulos é importante a análise do mérito, ainda que prejudicada a dúvida:

a) evita-se a nova suscitação;

b) fixa-se orientação para casos similares. Passa-se ao exame do caso, portanto.

A necessidade de adaptação do contrato ao art. 61 da Lei de Licitações é cogente. Basta ler o teor do dispositivo: *Art. 61. Todo contrato deve mencionar os nomes das partes e os de seus representantes, a finalidade, o ato que autorizou a sua lavratura, o número do processo da licitação, da dispensa ou da inexigibilidade,* ***a sujeição dos contratantes às normas desta Lei*** *e às cláusulas contratuais.*

Da leitura do título, não se verifica, porém, a teor do art. 24, V *quando não acudirem interessados à licitação anterior e esta, justificadamente, não puder ser repetida sem prejuízo para a Administração, mantidas, neste caso, todas as condições preestabelecidas* qualquer justificativa para a ausência de repetição da licitação, ainda que na modalidade de concorrência (art. 17, I, da Lei nº 8.666/93).

A exigência nesse sentido de mais a mais, não impugnada deve, assim, ser cumprida.

No que toca ao afastamento da restrição contida no art. 8º, §1º, da Lei nº 10.188/01, também tem razão o Oficial. A 2ª ressalva feita no campo das *informações adicionais/ressalvas* é inadmissível.

A recorrente aduz que a restrição, por 24 meses, para a revenda do imóvel pelo adquirente não se aplica, defendendo, para isso, uma leitura isolada do art. 3º, §1º, da Lei nº 10.188/01. Essa, porém, não parece a melhor interpretação.

A Lei nº 10.188/01 criou o programa de arrendamento residencial e instituiu o arrendamento residencial com opção de compra. Por seu intermédio, criou-se o PAR Programa de Arrendamento Residencial, cuja gestão cabe ao Ministério das Cidades, e a operacionalização, à Caixa Econômica Federal. Já para a operacionalização do Programa, a CEF foi autorizada a criar um fundo, que se denomina FAR Fundo de Arrendamento Residencial.

Tal Fundo, a teor do art. 2º, §3º, é constituído de bens e direitos, que não se comunicam com o patrimônio da CEF; não integram seu ativo; não respondem direta ou indiretamente por qualquer obrigação da CEF; não compõem a lista de bens e direitos da CEF para efeitos de liquidação judicial ou extrajudicial; não podem ser dados em garantia de débito de operação da CEF; não são passíveis de execução por credores da CEF; quantos aos imóveis, não são passíveis de constituição de ônus reais (incisos I a VI).

Vale dizer, trata-se de um Fundo exterior à CEF, passível, conforme o art. 2º-A, §2º, de direitos e obrigações próprias, pelas quais responde com seu patrimônio.

Por isso, no contrato, figuram: o FAR, como vendedor; a Caixa Econômica Federal, como credora fiduciária; a pessoa física, como compradora e devedora fiduciante.

Vale dizer, alienou-se o imóvel à pessoa física, sem prévio arrendamento, contratando-se um mútuo, garantido por alienação fiduciária do imóvel.

A recorrente afirma que o art. 1º, §3º, da Lei nº 10.188/01 permite essa operação e, à falta de prévio arrendamento, não se aplica a restrição temporal, para revenda, do art. 8º, §1º.

Não é isso, no entanto, o que traduz uma leitura atenta e sistemática da Lei nº 10.188/01.

Três dispositivos interessam à presente discussão: os artigos 1º, §3º, 2º, §7º, II e 8º, §1º. Por que eles devem ser lidos em conjunto? Porque todos foram inseridos pela mesma Lei nº 11.474/07. Vejamos, mais uma vez, suas redações:

Art. 1º, §3º Fica facultada a alienação, sem prévio arrendamento, ou a cessão de direitos dos imóveis adquiridos no âmbito do Programa."

Art. 2º, § 7º A alienação dos imóveis pertencentes ao patrimônio do fundo a que se refere o caput deste artigo será efetivada diretamente pela CEF, constituindo o instrumento de alienação documento hábil para cancelamento, perante o Cartório de Registro de Imóveis, das averbações pertinentes às restrições e ao destaque de que tratam os §§ 3º e 4º deste artigo, observando-se:

I - o decurso do prazo contratual do Arrendamento Residencial; ou

II - a critério do gestor do Fundo, o processo de desimobilização do fundo financeiro de que trata o caput deste artigo.

Art. 8º, §1º O contrato de compra e venda referente ao imóvel objeto de arrendamento residencial que vier a ser alienado na forma do inciso II do § 7º do art. 2º desta Lei, ainda que o pagamento integral seja feito à vista, contemplará cláusula impeditiva de o adquirente, no prazo de 24 (vinte e quatro) meses, vender, prometer vender ou ceder seus direitos sobre o imóvel alienado.

Pois bem. Ao alterar a Lei nº 10.188/01, a Lei nº 11.474/07, a um só tempo, teve que assentar, em suas disposições gerais: a) a possibilidade de alienação, sem prévio arrendamento; b) a figura da desimobilização; c) consequentemente, a criação do prazo de carência de 24 meses para revenda.

A intenção foi a de viabilizar a alienação dos imóveis não adquiridos, sem a necessidade de arrendamento, mas através da venda com pagamento à vista ainda que através de mútuo, com alienação fiduciária. Para tanto, previram-se a exceção ao arrendamento (art. 1º, §3º) e a figura da desimobilização (art. 2º, §7º, II), mas, ao mesmo tempo, para evitar a especulação imobiliária, desvirtuando-se a intenção da lei oferta de moradia à população carente , impediu-se a revenda por 24 meses, em qualquer forma (*vender, prometer vender ou ceder seus direitos sobre o imóvel alienado).*

Logo, não é pertinente a leitura estanque de apenas um dos dispositivos acrescidos pela Lei nº 11.474/07.

A alicerçar essa conclusão, tome-se notícia extraída da "Agência Câmara de Notícias", de 27/03/2007, a respeito da Medida Provisória nº 350/07, posteriormente convertida na Lei nº 11.474/07 (http://www2.camara.leg.br/camaranoticias/noticias/100280.html):

Câmara aprova compra antecipada de imóvel arrendado.

O Plenário aprovou nesta terça-feira a Medida Provisória 350/07, que modifica as regras do Programa de Arrendamento Residencial (PAR). A medida permite a venda direta de imóveis pela Caixa Econômica Federal (CEF) à população de baixa renda que participe do programa sem a necessidade de se cumprir contrato de arrendamento por 15 anos.

Com a MP, o prazo de arrendamento não precisa mais ser cumprido se o participante do programa tiver o dinheiro para a compra. As diretrizes para essa venda direta serão estabelecidas pelo Ministério das Cidades, que deverá editar uma portaria regulamentado o tema. A MP também faz parte do Programa de Aceleração do Crescimento (PAC) e ainda será votada pelo Senado.

A matéria foi aprovada na forma de um projeto de lei de conversão apresentado pelo deputado Dagoberto (PDT- MS), que fez poucas modificações no texto original. Uma das mudanças torna mais claro que a Caixa poderá vender os imóveis já adquiridos sem arrendamento prévio.

...

Prazo de venda

Outro ponto alterado pelo relator diminui de 30 para 24 meses o prazo durante o qual o participante do PAR não poderá vender o imóvel comprado por meio da alienação direta agora permitida pela MP. Esse impedimento deve constar do contrato de compra e venda do imóvel.

Dagoberto manteve ainda artigo que permite a redução do prazo segundo critério a ser definido pelo Ministério das Cidades.

Por tais razões, ambas as exigências foram corretas.

Nesses termos, pelo meu voto, **julgo prejudicada a dúvida, deixando de conhecer o recurso.**

MANOEL DE QUEIROZ PEREIRA CALÇAS
Corregedor Geral da Justiça e Relator

VOTO 45.335 (com divergência):

1. Acompanho a **conclusão** do respeitável voto de Relatoria.

2. Peço reverente licença, entretanto, para não aderir à "análise de mérito" a que se lançou **após afirmar não conhecer do recurso.**

3. Ao registrador público, tendo afirmada, *per naturam legemque positam*, a **independência na qualificação jurídica** (*vide* arts. 3º e 28 da Lei n. 8.935, de 18-11-1994), não parece possam

impor-se, nessa esfera de qualificação, "orientações" prévias e abstratas de caráter hierárquico.

Assim, o registrador tem o **dever** de qualificação jurídica e o **direito** de efetivá-la com independência profissional, *in suo ordine*.

4. Vem a propósito que a colenda Corregedoria Geral da Justiça paulista, em seu código de normas, enuncia: "Os oficiais de Registro de Imóveis gozam de independência jurídica no exercício de suas funções e exercem essa prerrogativa quando interpretam disposição legal ou normativa. (...)" (item 9º do cap. XX das "Normas de Serviço da Corregedoria Geral da Justiça de São Paulo").

5. Se o que basta não bastara, calha que os órgãos dotados de *potestas* para editar **regras técnicas** relativas aos registros públicos são os **juízes competentes para o exercício da função correcional** (o que inclui a egrégia Corregedoria Geral da Justiça; cf. inc. XIV do art. 29 da Lei n. 8.935/1994). Essa função de corregedoria dos registros, em instância administrativa final no Estado de São Paulo, **não compete a este Conselho Superior da Magistratura**, Conselho que, a meu ver, não detém, ao revés do que respeitavelmente entendeu o venerando voto de relação, "poder disciplinador" sobre os registros e as notas (v., a propósito, os incs. XVII a XXXIII do art. 28 do Regimento Interno deste Tribunal).

6. Averbo, por fim, que a admitir-se a pretendida força normativa da ventilada "orientação", não só os juízes corregedores permanentes estariam jungidos a observá-la, mas também as futuras composições deste mesmo Conselho.

Deste modo, voto no sentido de que se exclua a r. "orientação para casos similares". É, *da veniam*, **meu voto de vencido.**

DES. RICARDO DIP

PRESIDENTE DA SEÇÃO DE DIREITO PÚBLICO.

(DJe de 05.09.2017 - SP)

PODER JUDICIÁRIO

TRIBUNAL DE JUSTIÇA DO ESTADO DE SÃO PAULO

CONSELHO SUPERIOR DA MAGISTRATURA

Apelação nº 0016998-31.2015.8.26.0224

Registro: 2017.0000136190

ACÓRDÃO

Vistos, relatados e discutidos estes autos do(a) **Apelação nº 0016998-31.2015.8.26.0224**, da Comarca de **Guarulhos**, em que são partes é apelante **BANCO CAIXA ECONOMICA FEDERAL**, é apelado **2º OFICIAL DE REGISTRO DE IMÓVEIS E ANEXOS DA COMARCA DE GUARULHOS**.

ACORDAM, em Conselho Superior de Magistratura do Tribunal de Justiça de São Paulo, proferir a seguinte decisão: **"Por maioria de votos, julgaram prejudicada a dúvida, deixando de conhecer o recurso, vencido, na questão de fundo, o Desembargador Salles Abreu. Declararão votos os Desembargadores Ricardo Dip (convergente) e Salles Abreu."**, de conformidade com o voto do Relator, que integra este Acórdão.

O julgamento teve a participação dos Exmos. Desembargadores **PAULO DIMAS MASCARETTI (Presidente), ADEMIR BENEDITO, XAVIER DE AQUINO, LUIZ ANTONIO DE GODOY, RICARDO DIP (PRES. DA SEÇÃO DE DIREITO PÚBLICO) E SALLES ABREU**.

São Paulo, 21 de fevereiro de 2017.

MANOEL DE QUEIROZ PEREIRA CALÇAS

Corregedor Geral da Justiça e Relator

Apelação nº 0016998-31.2015.8.26.0224

Apelante: BANCO CAIXA ECONOMICA FEDERAL

Apelado: 2º Oficial de Registro de Imóveis e Anexos da Comarca de Guarulhos

VOTO Nº 29.634

Registro de Imóveis – Dúvida – Imóvel alienado pelo FAR, operado pela Caixa Econômica Federal, sem prévio arrendamento – Inteligência dos artigos 1º, §3º, art. 2º, §7º, II e art. 8º, §1º, da Lei nº 10.188/01 – Exigências corretas – Irresignação parcial – Recurso não conhecido.

Inconformada com a sentença que manteve a recusa do 2º Oficial de Registro de Imóveis de Guarulhos em registrar instrumento particular de venda e compra, a Caixa Econômica Federal interpõe recurso de apelação.

A recusa baseou-se em dois pontos: a 2ª ressalva das *informações adicionais/ressalvas* do contrato deve ser excluída; cuidando-se de oferta de imóvel em licitação, na modalidade concorrência pública, tendo em vista o disposto no art. 17, I, o contrato deverá atender a todos os requisitos do art. 61 da Lei nº8.666/93.

A recorrente pretende o registro de instrumento através do qual aliena imóvel sob o regime da Lei 10.188/01, não por meio de arrendamento residencial, mas por oferta em licitação, na modalidade concorrência pública/venda direta. Entende, por isso, que se aplica o art. 1º, §3º, da referida lei, de maneira isolada, razão pela qual o requisito temporal impeditivo de posterior alienação, do art. 8º, §1º *O contrato de compra e venda referente ao imóvel objeto de arrendamento residencial que vier a ser alienado na forma do inciso II do § 7º do art. 2º desta Lei, ainda que o pagamento integral seja feito à vista,* ***contemplará cláusula impeditiva de o adquirente, no prazo de 24 (vinte e quatro) meses, vender, prometer vender ou ceder seus direitos sobre o imóvel alienado*** – não incide.

Dessa forma, pretende o registro do título com a 2ª ressalva das *informações adicionais/ressalvas: "Para este negócio não deve existir a restrição de 24 meses para revender o imóvel, com fundamento no §3º do art. 1º da Lei 10.188/01: Fica facultada a alienação, sem prévio arrendamento, ou a cessão de direitos dos imóveis adquiridos no âmbito do Programa."*

A Procuradoria Geral de Justiça manifestou-se pelo não conhecimento do recurso e, subsidiariamente, pelo afastamento da exigência impugnada, com provimento do apelo.

É o relatório.

O recurso não deve ser conhecido, na medida em que não houve impugnação em relação à exigência de adaptação do título à Lei de Licitações.

A concordância parcial com as exigências do Oficial prejudica o pedido, que só admite duas soluções: a determinação do registro do título protocolado e prenotado, que é analisado, em reexame da qualificação, tal como se encontrava no momento em que surgida dissensão entre a apresentante e o Oficial de Registro; ou a manutenção da recusa do Oficial. Para que se possa decidir se o título pode ser registrado ou não é preciso que todas as exigências e não apenas parte delas sejam reexaminadas pelo Corregedor Permanente. Nesse sentido, é pacífica a jurisprudência deste Egrégio Conselho Superior.

Contudo, muito embora prejudicada a dúvida, devese analisar a questão de fundo, a fim de evitar que, supridas as exigências, a interessada venha a ter que se valer, novamente, do procedimento.

Não se trata de exame de consulta, em tese, mas de análise de caso concreto. O Conselho não atua como mero órgão consultivo, mas como regulador de uma situação de fato. Uma vez resolvida a controvérsia, o tema não será mais levado à Corregedoria Permanente, dado que o Oficial já terá orientação clara sobre como proceder.

Ao contrário do exercício de função jurisdicional, cuja essência é teleológica, a função administrativa, exercida no âmbito do julgamento das dúvidas, tem caráter disciplinador. Enquanto, na função jurisdicional, visa-se ao julgamento do mérito, com posterior formação de coisa julgada e impossibilidade de rediscussão para as partes, o julgamento das dúvidas não se presta somente a decidir o caso concreto, mas a servir de orientação aos registradores para casos análogos.

Logo, por esses dois ângulos é importante a análise do mérito, ainda que prejudicada a dúvida: a) evita-se a nova suscitação; b) fixa-se orientação para casos similares.

Passa-se ao exame do caso, portanto.

A necessidade de adaptação do contrato ao art. 61 da Lei de Licitações é cogente. Basta ler o teor do dispositivo: *Art. 61. Todo contrato deve mencionar os nomes das partes e os de seus representantes, a finalidade, o ato que autorizou a sua lavratura, o número do processo da licitação, da dispensa ou da inexigibilidade,* ***a sujeição dos contratantes às normas desta Lei*** *e às cláusulas contratuais.*

Da leitura do título, não se verifica, porém, a teor do art. 24, V - *quando não acudirem interessados à licitação anterior e esta, justificadamente, não puder ser repetida sem prejuízo para a Administração, mantidas, neste caso, todas as condições preestabelecidas* qualquer justificativa para a ausência de repetição da licitação, ainda que na modalidade de concorrência (art. 17, I, da Lei nº 8.666/93).

A exigência nesse sentido de mais a mais, não impugnada deve, assim, ser cumprida.

No que toca ao afastamento da restrição contida no art. 8º, §1º, da Lei nº 10.188/01, também tem razão o Oficial. A 2ª ressalva feita no campo das *informações adicionais/ressalvas* é inadmissível.

A recorrente aduz que a restrição, por 24 meses, para a revenda do imóvel pelo adquirente não se aplica, defendendo, para isso, uma leitura isolada do art. 3º, §1º, da Lei nº 10.188/01. Essa, porém, não parece a melhor interpretação.

A Lei nº 10.188/01 criou o programa de arrendamento residencial e instituiu o arrendamento residencial com opção de compra. Por seu intermédio, criou-se o PAR - Programa de Arrendamento Residencial, cuja gestão cabe ao Ministério das Cidades, e a operacionalização, à Caixa Econômica Federal. Já para a operacionalização do Programa, a CEF foi autorizada a criar um fundo, que se denomina FAR - Fundo de Arrendamento Residencial.

Tal Fundo, a teor do art. 2º, §3º, é constituído de bens e direitos, que não se comunicam com o patrimônio da CEF; não integram seu ativo; não respondem direta ou indiretamente por qualquer obrigação da CEF; não compõem a lista de bens e direitos da CEF para efeitos de liquidação judicial ou extrajudicial; não podem ser dados em garantia de débito de operação da CEF; não são passíveis de execução por credores da CEF; quantos aos imóveis, não são passíveis de constituição de ônus reais (incisos I a VI).

Vale dizer, trata-se de um Fundo exterior à CEF, passível, conforme o art. 2º-A, §2º, de direitos e obrigações próprias, pelas quais responde com seu patrimônio.

Por isso, no contrato, figuram: o FAR, como vendedor; a Caixa Econômica Federal, como credora fiduciária; a pessoa física, como compradora e devedora fiduciante.

Vale dizer, alienou-se o imóvel à pessoa física, sem prévio arrendamento, contratando-se um mútuo, garantido por alienação fiduciária do imóvel.

A recorrente afirma que o art. 1º, §3º, da Lei nº 10.188/01 permite essa operação e, à falta de prévio arrendamento, não se aplica a restrição temporal, para revenda, do art. 8º, §1º.

Não é isso, no entanto, o que traduz uma leitura atenta e sistemática da Lei nº 10.188/01.

Três dispositivos interessam à presente discussão: os artigos 1º, §3º, 2º, §7º, II e 8º, §1º. Por que eles devem ser lidos em conjunto? Porque todos foram inseridos pela mesma Lei nº 11.474/07. Vejamos, mais uma vez, suas redações:

> *Art. 1º, §3º Fica facultada a alienação, sem prévio arrendamento, ou a cessão de direitos dos imóveis adquiridos no âmbito do Programa."*
>
> *Art. 2º, § 7º A alienação dos imóveis pertencentes ao patrimônio do fundo a que se refere o caput deste artigo será efetivada diretamente pela CEF, constituindo o instrumento de alienação documento hábil para cancelamento, perante o Cartório de Registro de Imóveis, das averbações pertinentes às restrições e ao destaque de que tratam os §§ 3º e 4º deste artigo, observando-se:*
>
> *I – o decurso do prazo contratual do Arrendamento Residencial; ou*
>
> *II – a critério do gestor do Fundo, o processo de desimobilização do fundo financeiro de que trata o caput deste artigo.*
>
> *Art. 8º, §1º O contrato de compra e venda referente ao imóvel objeto de arrendamento residencial que vier a ser alienado na forma do inciso II do § 7º do art. 2º desta Lei, ainda que o pagamento integral seja feito à vista, contemplará cláusula impeditiva de o adquirente, no prazo de 24 (vinte e quatro) meses, vender, prometer vender ou ceder seus direitos sobre o imóvel alienado.*

Pois bem. Ao alterar a Lei nº 10.188/01, a Lei nº 11.474/07, a um só tempo, teve que assentar, em suas disposições gerais: a) a possibilidade de alienação, sem prévio arrendamento; b) a figura da desimobilização; c) consequentemente, a criação do prazo de carência de 24 meses para revenda.

A intenção foi a de viabilizar a alienação dos imóveis não adquiridos, sem a necessidade de arrendamento, mas através da venda com pagamento à vista – ainda que através de mútuo, com alienação fiduciária. Para tanto, previram- se a exceção ao arrendamento (art. 1º, §3º) e a figura da desimobilização (art. 2º, §7º, II), mas, ao mesmo tempo, para evitar a especulação imobiliária, desvirtuando-se a intenção da lei – oferta de moradia à população carente –, impediu-se a revenda por 24 meses, em qualquer forma (*vender, prometer vender ou ceder seus direitos sobre o imóvel alienado).*

Logo, não é pertinente a leitura estanque de apenas um dos dispositivos acrescidos pela Lei nº 11.474/07.

A alicerçar essa conclusão, tome-se notícia extraída da "Agência Câmara de Notícias", de 27/03/2007, a respeito da Medida Provisória nº 350/07, posteriormente convertida na Lei nº 11.474/07 (http://www2.camara.leg.br/camaranoticias/noticias/100280.html):

> *Câmara aprova compra antecipada de imóvel arrendado.*
>
> *O Plenário aprovou nesta terça-feira a Medida Provisória 350/07, que modifica as regras do Programa de Arrendamento Residencial (PAR). A medida permite a venda direta de imóveis pela Caixa Econômica Federal (CEF) à população de baixa renda que participe do programa sem a necessidade de se cumprir contrato de arrendamento por 15 anos.*
>
> *Com a MP, o prazo de arrendamento não precisa mais ser cumprido se o participante do programa tiver o dinheiro para a compra. As diretrizes para essa venda direta serão estabelecidas pelo Ministério das Cidades, que deverá editar uma portaria regulamentado o tema. A MP também faz parte*

do Programa de Aceleração do Crescimento (PAC) e ainda será votada pelo Senado.

A matéria foi aprovada na forma de um projeto de lei de conversão apresentado pelo deputado Dagoberto (PDT- MS), que fez poucas modificações no texto original. Uma das mudanças torna mais claro que a Caixa poderá vender os imóveis já adquiridos sem arrendamento prévio.

...

Prazo de venda

Outro ponto alterado pelo relator diminui de 30 para 24 meses o prazo durante o qual o participante do PAR não poderá vender o imóvel comprado por meio da alienação direta agora permitida pela MP. Esse impedimento deve constar do contrato de compra e venda do imóvel.

Dagoberto manteve ainda artigo que permite a redução do prazo segundo critério a ser definido pelo Ministério das Cidades.

Por tais razões, ambas as exigências foram corretas.

Nesses termos, pelo meu voto, **julgo prejudicada a dúvida, deixando de conhecer o recurso.**

MANOEL DE QUEIROZ PEREIRA CALÇAS

Corregedor Geral da Justiça e Relator

TRIBUNAL DE JUSTIÇA DO ESTADO DE SÃO PAULO

Conselho Superior da Magistratura

Apelação Cível 0016998-31.2015.8.26.0224

Dúvida de registro

VOTO 45.327 (com divergência):

1. Acompanho a **conclusão** do respeitável voto de Relatoria.

2. Peço reverente licença, entretanto, para não aderir à "análise de mérito" a que se lançou **após afirmar não conhecer do recurso.**

3. Ao registrador público, tendo afirmada, *per naturam legemque positam*, a **independência na qualificação jurídica** (*vide* arts. 3º e 28 da Lei n. 8.935, de 18-11-1994), não parece possam impor-se, nessa esfera de qualificação, "orientações" prévias e abstratas de caráter hierárquico.

Assim, o registrador tem o **dever** de qualificação jurídica e o **direito** de efetivá-la com independência profissional, *in suo ordine*.

4. Vem a propósito que a colenda Corregedoria Geral da Justiça paulista, em seu código de normas, enuncia: "Os oficiais de Registro de Imóveis gozam de independência jurídica no exercício de suas funções e exercem essa prerrogativa quando interpretam disposição legal ou normativa. (...)" (item 9º do cap. XX das "Normas de Serviço da Corregedoria Geral da Justiça de São Paulo").

5. Se o que basta não bastara, calha que os órgãos dotados de *potestas* para editar **regras técnicas** relativas aos registros públicos são os **juízes competentes para o exercício da função correcional** (o que inclui a egrégia Corregedoria Geral da Justiça; cf. inc. XIV do art. 29 da Lei n. 8.935/1994). Essa função de corregedoria dos registros, em instância administrativa final no Estado de São Paulo, **não compete a este Conselho Superior da Magistratura**, Conselho que, a meu ver, não detém, ao revés do que respeitavelmente entendeu o venerando voto de relação, "poder disciplinador" sobre os registros e as notas (v., a propósito, os incs. XVII a XXXIII do art. 28 do Regimento Interno deste Tribunal).

6. Averbo, por fim, que a admitir-se a pretendida força normativa da ventilada "orientação", não só os juízes corregedores permanentes estariam jungidos a observá-la, mas também as futuras composições deste mesmo Conselho.

Deste modo, voto no sentido de que se exclua a r. "orientação para casos similares". É, *da veniam*, **meu voto de vencido.**

Des. RICARDO DIP

Presidente da Seção de Direito Público Apelação Cível nº 0016998-31.2015.8.26.0224

Apelante: CAIXA ECONÔMICA FEDERAL

Apelado: 2º OFICIAL DE REGISTROS DE IMÓVEIS E ANEXOS DA COMARCA DE GUARULHOS

VOTO nº 40.744

VOTO PARCIALMENTE DIVERGENTE

Adoto o relatório do E. Relator, acompanhando-o quanto ao **não conhecimento** do recurso interposto no procedimento de dúvida, pois, conforme bem exposto no voto condutor, houve devolução do título com apontamento de duas exigências feitas pelo registrador, e insurgência da parte interessada quanto a apenas uma. A insurgência parcial impede o conhecimento da dúvida para fins de se determinar, em caso de acolhimento, o registro do título, pois pendente, de fato, o atendimento da exigência não impugnada.

Acompanho, assim, o voto do E. Relator quanto ao não conhecimento da apelação quanto à dúvida registral.

No entanto, tenho que a análise da questão de fundo necessidade de adaptação de contratos de alienação de bens pelo FAR (Fundo de Arrendamento Residencial), gerenciado pela Caixa Econômica Federal, à Lei nº 8.666/1993, bem como a não incidência da limitação temporal para atos de disposição ou oneração do bem em caso de alienação direta e não arrendamento, nos termos da Lei nº 10.188/2001 extrapola os limites da competência deste Conselho Superior da Magistratura em sua função recursal das decisões do juiz corregedor dos registros públicos, além de caracterizar inviável limitação ao exercício da qualificação como função típica e essencial do registrador.

Por primeiro, observo que falece competência a este Conselho Superior da Magistratura para emitir orientações ou normas administrativas (de serviço) a fim de regular o exercício da função notarial e de registro. Tais orientações, concretizadas através de normas técnicas, como bem estabelecido no art. 30, XIV, Lei nº 8.935/1994, devem provir do "juízo competente" que, no caso, correspondem aos Juízes Corregedores de primeiro grau e, de forma difusa e em grau recursal no âmbito administrativo, pela Corregedoria Geral de Justiça (art. 28, XXXI, RITJSP).

Ao Conselho Superior da Magistratura, cuja competência na matéria se limita ao julgamento de dúvidas registrais, ou seja, situações concretas atinentes à recusa do registro por conta da qualificação negativa (art. 16, IV, RITJSP), **falace competência para emitir qualquer norma abstrata relativa ao exercício da função notarial e de registro**.

Assim, não seria o Conselho Superior da Magistratura órgão regimentalmente competente para emitir orientação relativa ao serviço de registros públicos, o que tornaria inviável o acolhimento do voto do E. Relator neste ponto.

Mas, não só por isto, divirjo da extensão da decisão do caso concreto.

Para além do não conhecimento da matéria devolvida, por conta dos fundamentos já expostos no voto condutor, a divergência adentra pela indevida restrição, por meio indireto e diverso daquele determinado pelo ordenamento, no exercício da qualificação registral como ato privativo e autônomo do registrador, resultante de ato de prudência e técnica jurídica de quem exerce a delegação.

O exercício da função notarial e de registro de imóveis tem, por fundamento essencial, a liberdade no exercício da qualificação jurídica de títulos apresentados, no caso, ao registro imobiliário (art. 28, Lei nº 8.935/1994). A qualificação do título é, assim, representação máxima da delegação do "exercício da atividade notarial e de registro" (art. 3º, Lei nº 8.935/1994), resultado da análise jurídica e prudencial quanto à viabilidade de ingresso do título no fólio real.

Sendo a qualificação jurídica do título, ao mesmo tempo, dever funcional e direito essencial do registrador, no exercício específico de seu mister, não se admitiria a emissão de recomendações ou imposição de entendimentos específicos a serem adotados quando da realização da qualificação do título. Não sem que se tenha, como elemento condutor da manifestação judicial, a existência de efetiva *vexata quaestio* a ser dirimida no caso concreto, a partir de dúvida suscitada pelo interessado.

A orientação constante do voto do E. Relator, do qual ressalto a grande apuração técnica, caracteriza, ainda que de forma indireta, limitação à liberdade do exercício da função registral, materializada, aqui, pelo ato de qualificação. Traria a orientação, no caso, limitação à interpretação dada pelo registrador à disposição legal ou normativa referente a registro pretendido que lhe é apresentado, o que contraria o item 9, do Capítulo XX, Seção I, das NSCGJ – Tomo II – Normas Extrajudiciais, que garante ao registrador liberdade, dentro dos limites jurídicos e prudenciais, para realizar a qualificação positiva ou negativa do título.

Desta forma, seja por ser o Conselho Superior da Magistratura incompetente para emitir norma abstrata relativa aos registros públicos, seja por caracterizar tal "orientação" indevida limitação ao exercício da função registral, voto pela limitação da decisão ao não conhecimento do recurso interposto.

SALLES ABREU

Presidente da Seção de Direito Criminal Relator (DJe de 28.04.2017 - SP)

ARROLAMENTO DE BENS

PODER JUDICIÁRIO

TRIBUNAL DE JUSTIÇA DO ESTADO DE SÃO PAULO

CONSELHO SUPERIOR DA MAGISTRATURA

Apelação nº 1000291-81.2015.8.26.0252

Registro: 2017.0000403269

ACÓRDÃO

Vistos, relatados e discutidos estes autos do(a) **Apelação n.º 1000291-81.2015.8.26.0252**, da Comarca de **Ipauçu**, em que são partes é apelante **JOSÉ QUINTILIANO FILHO**, é apelado **OFICIAL DE REGISTRO DE IMÓVEIS, TÍTULOS E DOCUMENTOS E CIVIL DE PESSOA JURÍDICA DA COMARCA DE IPAUÇU**.

ACORDAM, em Conselho Superior de Magistratura do Tribunal de Justiça de São Paulo, proferir a seguinte decisão: **"Deram provimento ao recurso para julgar improcedente a dúvida e determinar o registro do título, v.u. Declarará voto convergente o Desembargador Ricardo Dip."**, de conformidade com o voto do Relator, que integra este Acórdão.

O julgamento teve a participação dos Exmos. Desembargadores **PAULO DIMAS MASCARETTI (Presidente), ADEMIR BENEDITO, XAVIER DE AQUINO, LUIZ ANTONIO DE GODOY, RICARDO DIP (PRES. DA SEÇÃO DE DIREITO PÚBLICO) E PÉRICLES PIZA (PRES. SEÇÃO DE DIREITO CRIMINAL).**

São Paulo, 24 de maio de 2017.

MANOEL DE QUEIROZ PEREIRA CALÇAS
Corregedor Geral da Justiça e Relator

Apelação nº 1000291-81.2015.8.26.0252
Apelante: José Quintiliano Filho

VOTO N.º 29.753

Registro de Imóveis – Arrolamento de bens – Formal de Partilha – Recusa do registro em razão da exclusão de nora dos falecidos, que, à época da morte de um deles, era casada pelo regime da comunhão universal com um dos herdeiros filhos – Tema que vai além dos limites da qualificação registral – Mérito de decisão judicial transitado em julgado que não pode ser revisto na via administrativa – Exigência feita pelo Oficial, ademais, que não terá efeito prático algum – Dúvida julgada improcedente – Recurso provido.

Trata-se de recurso de apelação interposto por José Quintiliano Filho contra a sentença de fls. 142/143, que julgou procedente a dúvida inversa suscitada pelo apelante e impediu o registro do formal de partilha extraído dos autos de arrolamento de bens deixados por José Gonçalves Quintiliano e Ana Cassemira Quintiliano.

Sustenta o apelante, em resumo, que Augusta Vicente Gonçalves, ao falecer, deixou como único herdeiro seu marido, Benedito Gonçalves Quintiliano; e que as exigências feitas pelo registrador não podem ser satisfeitas (fls. 146/154).

A Procuradoria de Justiça opinou pelo provimento do recurso (fls. 182/186).

É o relatório.

Perante a Vara Única da Comarca de Ipaussu, tramitou o arrolamento dos bens deixados pelo casal José Gonçalves Quintiliano e Ana Cassemira Quintiliano (autos nº 0003539-77.2012.8.26.0252).

Os falecidos tiveram seis filhos (José, Sebastiana, Aparecida, Gabriel, Vitor e Benedito fls. 94/95), sendo que um deles (Benedito) já havia morrido por ocasião da abertura do arrolamento (fls. 57).

Os cinco filhos vivos cederam a Simone Barbosa Quintiliano Cavalini e a Rodrigo de Oliveira Cavalini os quinhões que lhes cabiam (5/6) no único imóvel deixado pelos falecidos, matriculado no Registro de Imóveis de Ipaussu sob o nº 1.374 (fls. 97). Já o quinhão de Benedito (1/6), que faleceu depois de seus pais (fls. 36, 37 e 57), foi transferido a seu espólio (fls. 97), para futura partilha, juntamente com outro bem de sua propriedade, em novo processo de arrolamento (fls. 91).

A partilha amigável levada a efeito foi homologada judicialmente (fls. 116).

Apresentado o formal de partilha a registro, sobreveio a recusa do Oficial, sob o argumento de que na época do falecimento de José Gonçalves Quintiliano (1979, cf. fls. 36), o herdeiro Benedito era casado, sob o regime da comunhão universal, com Augusta Vicente Gonçalves, de modo que ela também era herdeira. Com base nisso, o Oficial exigiu a retificação do formal, com a inclusão de Augusta e correção das cotas hereditárias, assim como a apresentação de cópia autenticada do RG e CPF dela.

Na hipótese, nota-se que o registrador foi além do que lhe é permitido no exame de qualificação de um título. Isso porque, na esfera administrativa, tentou rediscutir questão já decidida judicialmente e transitada em julgado (fls. 118).

E evidentemente não se pode admitir que o registrador, em exame de qualificação, questione o mérito ou, pior, reforme decisão judicial transitada em julgado.

Nesse sentido, decisão da 1ª Vara de Registros Públicos, proferida pelo então MM. Juiz Narciso Orlandi Neto:

> *Não compete ao Oficial discutir as questões decididas no processo de inventário, incluindo a obediência ou não às disposições do Código*

Civil, relativas à ordem da vocação hereditária (art. 1.603). No processo de dúvida, de natureza administrativa, tais questões também não podem ser discutidas. Apresentado o título, incumbe ao Oficial verificar a satisfação dos requisitos do registro, examinando os aspectos extrínsecos do título e a observância das regras existentes na Lei de Registros Públicos. Para usar as palavras do eminente Desembargador Adriano Marrey, ao relatar a Apelação Cível 87-0, de São Bernardo do Campo, "Não cabe ao Serventuário questionar ponto decidido pelo Juiz, mas lhe compete o exame do título à luz dos princípios normativos do Registro de Imóveis, um dos quais o da continuidade mencionada no art. 195 da Lei de Registros Públicos. Assim, não cabe ao Oficial exigir que este ou aquele seja excluído da partilha, assim como não pode exigir que outro seja nela incluído. Tais questões, presume-se, foram já examinadas no processo judicial de inventário." (Processo nº 973/81)

Em caso muito semelhante, decidiu este Conselho Superior:

No caso em exame, o Oficial recusou o ingresso do formal de partilha, pois da análise do formal de partilha percebe-se que quando do óbito de Basílio Ferreira o interessado Basílio Ferreira Filho era casado pelo regime da comunhão universal de bens com Eliane Fernandes Ferreira. Por outro lado, quando do óbito de Antonia Madureira Ferreira, Basilio Ferreira Filho já era separado judicialmente. Portanto, o auto de partilha deve refletir as consequências patrimoniais decorrentes da Saisini relativamente ao estado civil do herdeiro (fls. 09).

A qualificação do Oficial de Registro de Imóveis, ao questionar o título judicial, ingressou no mérito e no acerto da r. sentença proferida no âmbito jurisdicional, o que se situa fora do alcance da qualificação registral por se tratar de elemento intrínseco do título. Assim não fosse, estar-se-ia permitindo que a via administrativa reformasse o mérito da jurisdicional. (Ap. Cível nº 0001717-77.2013.8.26.0071, Rel. José Renato Nalini).

Neste mesmo sentido, Apelações nº 1025290-06.2014.8.26.0100 e 0006128-03.2012.8.26.0362, ambas de relatoria do então Corregedor Geral de Justiça, Desembargador Elliot Akel.

E se não bastasse tudo que já foi dito para autorizar o ingresso do formal de partilha, a exigência feita pelo Oficial não terá efeito prático algum. Com efeito, Augusta faleceu, no ano de 1991 (fl. 156), deixando Benedito, seu marido, como único herdeiro (fls. 157/164). Assim, a fração de 1/24 do imóvel, que Augusta obteve em 1979 com o falecimento de José Gonçalves Quintiliano, foi, em 1991, ano de sua morte (fls. 156), transferida a Benedito, seu único herdeiro.

Nesse sentido, o parecer apresentado pelo Procurador de Justiça Sebastião Silvio de Brito:

"Muitas vezes a preocupação com o respeito a determinados princípios dos registros públicos não tem a menor razão de ser. É o caso dos autos em que a Augusta veio a falecer sem deixar qualquer outro herdeiro, senão o próprio marido com o qual se casou no regime da comunhão universal que era o regime legal da época. Nas circunstâncias, o fato de Augusta não ter sido contemplada na partilha do bem deixado pelo seu sogro, o falecido José Gonçalves Quintiliano, não teve qualquer influência prejudicial na divisão das cotas hereditárias. A situação embora distinta, assemelha-se à hipótese em que Augusta teria se casado com o herdeiro Benedito no regime da separação parcial" (fls. 184).

E como ambas as exigências formuladas pelo Oficial se referem à inclusão de Augusta como herdeira (fls. 10), o caso é de se determinar o afastamento delas, com o registro do formal tal como apresentado.

Ante o exposto, dou provimento ao recurso para julgar improcedente a dúvida e determinar o registro do título.

MANOEL DE QUEIROZ PEREIRA CALÇAS
Corregedor Geral da Justiça e Relator

TRIBUNAL DE JUSTIÇA DE SÃO PAULO
Conselho Superior da Magistratura
Apelação 1000291-81.2015.8.26.0252
Dúvida de registro

VOTO CONVERGENTE (Voto n. 47.600)

1. Registro, à partida, adotar o relatório oferecido pelo eminente Relator da espécie.

2. *Itaque casus est.*

José faleceu em 1979 (fls. 36-37).

Na data da abertura da sucessão de José, **um dos herdeiros,** de nome **Benedito, era casado** em regime da comunhão universal de bens **com Augusta** (fls. 58).

Augusta faleceu em 1991, e todos os bens que deixou couberam a seu marido Benedito.

Benedito faleceu em 2012 (fls. 57).

Em 2012, foi feita a partilha dos bens deixados por José, mas **no relativo processo não figurou Augusta** a qual, repita-se, era casada com Benedito, um dos herdeiros de José, na data da abertura da sucessão deste.

Por força desta omissão, **o ofício de registro de imóveis exige que se retifique a partilha dos bens de José, para que Augusta também conste dela** e, assim, fique respeitado o princípio da *saisine* (fls. 10) *rectius:* do trato consecutivo.

Quid inde?

3. A solução mais correta, mais ortodoxa, é, não se discute, aquela apontada pelo ofício de registro de imóveis: a bem do princípio do trato sucessivo que em tal ponto e para tal fim não conhece exceção, no direito brasileiro seria realmente necessário fazer com que da partilha dos bens deixados por José também constasse Augusta, que (permita- se repeti-lo) ao tempo da abertura da sucessão era casado em regime da comunhão universal com Benedito, um dos filhos herdeiros de José.

Para esse fim (*i. e.,* para a preservação da continuidade) poder-se-ia até cogitar, quiçá, da técnica do trato abreviado (ou comprimido): é dizer, poderiam constar de uma única inscrição (no caso, de um único registro *stricto sensu*) os títulos *causais* que levaram à aquisição *causa mortis* em favor de Augusta (na sucessão de José, por estar casada em comunhão universal com um dos herdeiros) e, depois, aquele outro que fez a fração ideal assim adquirida passar a Benedito (aquando do falecimento de Augusta, que não deixou outros sucessores senão seucônjuge).

Para que se procedesse dessa forma seria entretanto necessário que estivessem à disposição os títulos *formais* relativos àqueles dois títulos causais e para o segundo caso (o da aquisição, por Benedito, do que antes coubera a seu cônjuge Augusta), entretanto, não no há, como bem fez notar o registrador, de maneira que mesmo a solução do trato abreviado não está adequada à *facti species* em discussão.

4. Porém, ainda que do trato sucessivo não seja possível a observância, ortodoxa ou comprimida, nem por isso, a bem ver, se pode denegar o registro pretendido.

Como salientou o douto voto de Relatoria, não obstante o salto na continuidade, claro está que o mero respeito ao disposto nos arts. 195 e 237 da Lei n. 6.015, de 31 de janeiro de 1973, não tem, no caso, nenhuma eficácia registral – e *inutilitates in tabula illicita sunt.* É contraeconômico, para logo, em todos os aspectos (economia de esforços, de tempo e de custos), efetivar-se uma inscrição registrária destituída de toda eficácia atual, *in actu:* está patente, afinal, que a falta de menção a Augusta, no inventário de José, não causou nem causará risco à segurança das situações jurídicas de ninguém, razão pela qual, excepcionalmente para o caso concreto, se defere deferir o pretendido registro *stricto sensu,* tal como foi rogado.

TERMOS EM QUE, dou provimento à apelação, para reformar a r. sentença de origem e determinar que se faça o registro, como solicitara a parte (autos 1000291-81.2015.8.26.0252).

É como voto.

Des. RICARDO DIP

Presidente da Seção de Direito Público (DJe de 23.08.2017 - SP)

BEM DE FAMÍLIA

PODER JUDICIÁRIO

TRIBUNAL DE JUSTIÇA DO ESTADO DE SÃO PAULO

CONSELHO SUPERIOR DA MAGISTRATURA

Apelação nº 0008251-52.2015.8.26.0302

Registro: 2017.0000300507

ACÓRDÃO

Vistos, relatados e discutidos estes autos do(a) **Apelação n.º 0008251-52.2015.8.26.0302**, da Comarca de **Jaú**, em que são partes é apelante **EDSON PINHO RODRIGUES JUNIOR**, é apelado **PRIMEIRO OFICIAL DE REGISTRO DE IMÓVEIS E ANEXOS DA COMARCA DE JAÚ**.

ACORDAM, em Conselho Superior de Magistratura do Tribunal de Justiça de São Paulo, proferir a seguinte decisão: **"Negaram provimento, com observação, v.u."**, de conformidade com o voto do Relator, que integra este Acórdão.

O julgamento teve a participação dos Exmos. Desembargadores **PAULO DIMAS MASCARETTI (Presidente sem voto), ADEMIR BENEDITO (VICE PRESIDENTE), PAULO DIMAS MASCARETTI(PRESIDENTE TRIBUNAL DE JUSTIÇA), XAVIER DE AQUINO (DECANO), LUIZ ANTONIO DE GODOY(PRES. DA SEÇÃO DE DIREITO PRIVADO),**

RICARDO DIP (PRES. DA SEÇÃO DE DIREITO PÚBLICO) E SALLES ABREU (PRES. SEÇÃO DE DIREITO CRIMINAL).

São Paulo, 25 de abril de 2017.

MANOEL DE QUEIROZ PEREIRA CALÇAS

Corregedor Geral da Justiça e Relator

Apelação n.º 0008251-52.2015.8.26.0302

Apelante: Edson Pinho Rodrigues Junior

Apelado: Primeiro Oficial de Registro de Imóveis e Anexos da Comarca de Jaú

VOTO N.º 29.726

Registro de Imóveis – Instrumento particular de alienação de fração ideal, em valor inferior a trinta salários mínimos – Imóvel que, considerado em seu todo, tem valor superior a trinta salários mínimos – Necessidade de escritura pública – Inteligência do art. 108 do Código Civil, e precedentes do Conselho Superior da Magistratura – Bem de família voluntário, com constituição, pelo seu registro, antes da entrada em vigor do Código Civil de 2002 – Regime do Código de 1916, a teor do art. 2.035 do Código Civil de 2002 – Uma das exigências, portanto, afastada – Mantida a outra, porém, ao recurso é negado provimento, com observação.

O 1º Oficial do Registro de Imóveis de Jaú suscitou dúvida, porque os interessados quiseram registrar instrumento particular de venda de fração ideal de imóvel, que, considerado em sua totalidade, tem valor superior a trinta salários mínimos. Daí a necessidade de escritura pública. Exigiu, também, a extinção judicial da instituição do bem de família, cujo registro ainda consta do R.6, da matrícula n.º 4.075.

O entendimento do Oficial foi albergado em sentença.

O recorrente alega que o valor do negócio é inferior a trinta salários mínimos, uma vez que se refere à fração de 6,10% do imóvel, e, portanto, seria desnecessária escritura pública. Aduz que não pode ser levado em consideração o valor total do imóvel, já que não é isso que foi alienado. No que toca à instituição do bem de família, recorda que o registro é anterior ao Código Civil de 2002 e, dessa maneira, conforme o art. 2.035, seus preceitos não se aplicam ao caso.

A Procuradoria de Justiça manifestou-se pelo desprovimento do recurso.

É o relatório.

Decido.

Analisemos as duas exigências.

O imóvel, considerado em sua totalidade, tem valor superior a trinta salários mínimos. A fração ideal alienada, 6,10%, tem valor inferior. Trata-se de dois pontos incontroversos.

Portanto, o dissenso, aqui, repousa sobre a necessidade de formalização do negócio por escritura pública, ainda que a fração ideal alienada tenha valor inferior a trinta salários mínimos. Em termos simples: qual valor considerar, o do todo ou da parte?

A resposta já foi dada, mais de uma vez, por este Conselho Superior da Magistratura. Por todos, veja o voto da apelação n.º 0007514-42.2010.8.26.0070, de 28 de julho de 2011, da lavra do então Corregedor Geral da Justiça, Desembargador Mauricio Vidigal, acompanhado de forma unânime:

> *"A divergência entre a apelante e o registrador está fulcrada na interpretação do art. 108 do Código Civil. Esse dispositivo determina que os negócios jurídicos que visem à constituição, modificação, transferência ou renúncia de direitos reais sobre imóveis de valor superior a trinta vezes o salário mínimo, sejam feitos por escritura pública.*
>
> *A fração ideal foi adquirida pela apelante por quantia inferior ao limite legal; mas o valor do imóvel, como um todo, ultrapassa o teto.*
>
> *A redação do dispositivo legal não deixa dúvida: o valor a ser considerado é o do imóvel, não o da fração ideal. Não fosse assim, a lei teria estabelecido como teto o valor da transação. A "ratio legis" foi evitar a possibilidade de fraudes, já que um imóvel de valor superior poderia ser fracionado e vendido em partes, para evitar-se a escritura pública.*
>
> *Dispondo a lei que o valor a ser considerado é o do imóvel, a eventual inviabilidade de fraude no caso concreto, não pode justificar solução diversa. A lei, prevenindo possíveis tentativas de burla, determinou qual o valor a ser considerado. Se em determinado caso, não é possível a fraude, nem por isso se há de solucioná-lo de forma diversa da prevista, dada a aplicação geral da lei."*

Não há razão para alterar esse entendimento. De fato, basta ler o art. 108 do Código Civil:

> *Art. 108. Não dispondo a lei em contrário, a escritura pública é essencial à validade dos negócios jurídicos que visem à constituição, transferência, modificação ou renúncia de direitos reais sobre imóveis de valor superior a trinta vezes o maior salário mínimo vigente no País.*

É o valor do imóvel que deve ser considerado, não o valor do negócio, da parte alienada. Qualquer *constituição, transferência, modificação ou renúncia de direitos reais*, independentemente de sua extensão ou valor, mas que recaia sobre imóvel *de valor superior a trinta vezes o maior salário mínimo vigente no País*, necessita, para sua validade, da forma de escritura pública.

Correta, dessa maneira, a primeira exigência.

A instituição do bem de família, porém, não configura óbice ao registro. Ele foi instituído, pelo R.6 da matrícula nº 4.075, em 13 de março de 1987, pelos cônjuges Antônio Prado Galvão de Barros e Ruth Nabuco de Araújo Galvão. Visou à proteção deles e dos sete filhos, que constituíam, então, a família. À época, vigorava o Código Civil de 1916, que dispunha sobre o bem de família voluntário nos artigos 70 a 73. Mais especificamente, rezava o art. 70, parágrafo único:

Art. 70. É permitido aos chefes de família destinar um prédio para domicilio desta, com a cláusula de ficar isento de execução por dividas, salvo as que provierem de impostos relativos ao mesmo prédio. ***Parágrafo único. Essa isenção durará enquanto viverem os cônjuges e até que os filhos completem sua maioridade***

É certo, por outro lado, que ambos os cônjuges já faleceram (ele em 1997 e ela em 2013) e que os filhos, todos, já atingiram a maioridade (basta, para tanto, uma conta matemática).

Conforme o art. 2.035 do Código Civil de 2002, a validade dos negócios e atos jurídicos, constituídos antes da entrada em vigor deste Código, obedece ao disposto nas leis anteriores. Logo, devem ser analisados, apenas, os requisitos de extinção do referido art. 70, parágrafo único, do Código Civil de 1916.

Se for assim, a extinção do bem de família é automática, não havendo qualquer necessidade de que se recorra à via jurisdicional. Basta a via administrativa, eis que não há qualquer questão de alta indagação ou imperatividade do contraditório. Superados, indubitavelmente, os requisitos de extinção, basta declará-la, averbando-se o cancelamento.

Nesses termos, pelo meu voto, mantida uma das exigências, nega-se provimento ao recurso, com a observação acima.

MANOEL DE QUEIROZ PEREIRA CALÇAS

Corregedor Geral da Justiça e Relator (DJe de 09.06.2017 - SP)

CARTA DE ARREMATAÇÃO

PODER JUDICIÁRIO

TRIBUNAL DE JUSTIÇA DO ESTADO DE SÃO PAULO

CONSELHO SUPERIOR DA MAGISTRATURA

Apelação nº 1109038-33.2014.8.26.0100

Registro: 2017.0000594694

ACÓRDÃO

Vistos, relatados e discutidos estes autos do(a) **Apelação nº 1109038-33.2014.8.26.0100**, da Comarca de **São Paulo**, em que são partes é apelante **JORGE AUGUSTO FONSECA**, é apelado **4º OFICIAL DE REGISTRO DE IMÓVEIS DA CAPITAL**.

ACORDAM, em Conselho Superior de Magistratura do Tribunal de Justiça de São Paulo, proferir a seguinte decisão: **"Negaram provimento à apelação, V. U."**, de conformidade com o voto do Relator, que integra este Acórdão.

O julgamento teve a participação dos Exmos. Desembargadores **PEREIRA CALÇAS (Presidente), ADEMIR BENEDITO, PAULO DIMAS MASCARETTI, XAVIER DE AQUINO, LUIZ ANTONIO DE GODOY, RICARDO DIP E SALLES ABREU.**

São Paulo, 31 de julho de 2017.

MANOEL DE QUEIROZ PEREIRA CALÇAS

Corregedor Geral da Justiça e Relator

Apelação nº 1109038-33.2014.8.26.0100

Apelante: Jorge Augusto Fonseca

Apelado: 4º Oficial de Registro de Imóveis da Capital

VOTO Nº 29.767

Registro de Imóveis – Arrematação de bem em processo de execução – Modo derivado de aquisição da propriedade – Executado que sequer é mencionado na matrícula do bem – Necessidade de registro do título anterior, a fim de viabilizar o encadeamento dos títulos – Preservação do princípio da continuidade – Apelação desprovida.

Trata-se de recurso de apelação interposto por Jorge Augusto Fonseca contra a sentença de fls. 783/788, que manteve a recusa ao registro de carta de arrematação extraída do processo nº 583.00.2001.047481-8, que tramitou perante a 6ª Vara Cível do Foro Central da Capital.

Sustenta o apelante, em resumo, que o imóvel que arrematou é, sim, de propriedade de Wilson Roberto Reina (fls. 796/798).

A Procuradoria de Justiça opinou pelo desprovimento do recurso (fls. 810/814).

É o relatório.

De início, deve-se ressaltar que a arrematação não é modo originário de aquisição de propriedade.

Embora essa tese tenha prevalecido neste Conselho Superior por um breve período, já no último biênio retomou-se o entendimento consolidado de que a arrematação é modo derivado de aquisição da propriedade.

Nesse sentido:

"REGISTRO DE IMÓVEIS – CARTA DE ARREMATAÇÃO – MODO DERIVADO DE AQUISIÇÃO DA PROPRIEDADE – FERIMENTO DOS PRINCÍPIOS DA CONTINUIDADE E DA ESPECIALIDADE OBJETIVA – RECURSO DESPROVIDO" (apelação nº 9000002-19.2013.8.26.0531, Rel. Des. Elliot Akel, j. em 02/09/2014).

Sendo derivada a aquisição, a fim de preservar a continuidade, imprescindível o encadeamento dos títulos.

No caso, consoante certidão da matrícula nº 179.219 do 4º Registro de Imóveis da Capital, o apartamento duplex nº 41 do Edifício Flat Time é de propriedade de MMS Construtora Ltda., que o deu em hipoteca ao Banco Bradesco S/A (cf. R.1 e Av.2 – fls. 47/49) e prometeu vendê-lo a Marli Rosa da Silva (cf. R.3 – fls. 49). Consta na matrícula, ainda, que o imóvel foi arrecadado nos autos da falência de MMS Construtora Ltda. (cf. Av.4 – fls.50).

De acordo com o título judicial apresentado (fls. 9 e seguintes), na fase de execução de ação de cobrança de condomínio, o apelante arrematou os direitos que o executado Wilson Roberto Reina possuía sobre o apartamento nº 41 do Edifício Flat Time (fls. 41).

Resta nítido que o registro é inviável, uma vez que o executado Wilson Roberto Reina não é sequer mencionado na matrícula do bem.

Aplica-se à hipótese o artigo 195 da Lei nº 6.015/73:

> *Art. 195 - Se o imóvel não estiver matriculado ou registrado em nome do outorgante, o oficial exigirá a prévia matrícula e o registro do título anterior, qualquer que seja a sua natureza, para manter a continuidade do registro.*

Ora, se o imóvel permanece em nome de MMS Construtora Ltda., com venda compromissada a Marli Rosa da Silva, é imprescindível que, antes do ingresso no fólio real da carta de arrematação, haja o registro de título que dá ao executado algum direito sobre o bem.

Só assim preservar-se-á a continuidade registral.

Em caso semelhante, manifestou-se recentemente este Conselho Superior:

"REGISTRO DE IMÓVEIS – Arrematação dos direitos decorrentes do compromisso de compra e venda – Inexistência de registro desse direito no Registro de Imóveis – Executado que não figura como titular de qualquer direito na matrícula – Arrematação de direitos à aquisição da propriedade que não se confunde com aquisição de domínio – Recurso não provido" (Apelação nº 9000001-46.2013.8.26.0624, Rel. Des. José Renato Nalini, j. em 10/12/2013).

Pelo exposto, nego provimento à apelação.

MANOEL DE QUEIROZ PEREIRA CALÇAS

Corregedor Geral da Justiça e Relator. (DJe de 20.09.2017 - SP)

PODER JUDICIÁRIO

TRIBUNAL DE JUSTIÇA DO ESTADO DE SÃO PAULO

CONSELHO SUPERIOR DA MAGISTRATURA

Apelação nº 9000001-36.2015.8.26.0443

Registro: 2016.0000797100

ACÓRDÃO

Vistos, relatados e discutidos estes autos do(a) **Apelação nº 9000001-36.2015.8.26.0443**, da Comarca de **Piedade**, em que são partes é apelante **MEIRE OLIVEIRA LOPES**, é apelado **OFICIAL DE REGISTRO DE IMÓVEIS E ANEXOS DA COMARCA DE PIEDADE**.

ACORDAM, em Conselho Superior de Magistratura do Tribunal de Justiça de São Paulo, proferir a seguinte decisão: **"Deram provimento ao recurso, com observação, v.u. Vencido, em sede de preliminar, o Desembargador Ricardo Dip, que declarará voto."**, de conformidade com o voto do Relator, que integra este Acórdão.

O julgamento teve a participação dos Exmos. Desembargadores **PAULO DIMAS MASCARETTI (Presidente), ADEMIR BENEDITO, XAVIER DE AQUINO, LUIZ ANTONIO DE GODOY, RICARDO DIP E SALLES ABREU.**

São Paulo, 18 de outubro de 2016.

MANOEL DE QUEIROZ PEREIRA CALÇAS

Corregedor Geral da Justiça e Relator

Apelação nº 9000001-36.2015.8.26.0443

Apelante: Meire Oliveira Lopes

Apelado: Oficial de Registro de Imóveis e Anexos da Comarca de Piedade

VOTO N.º 29.541

Registro de Imóveis – Carta de arrematação – Cancelamento direto de penhoras estranhas à do processo onde ocorrida a alienação

judicial - Desnecessidade - Cancelamento indireto oriundo do pretendido registro - Indisponibilidades legais (art. 53, § 1.º, da Lei n.º 8.212/1991) desprovidas de força para obstaculizar a alienação forçada do bem imóvel e seu respectivo registro - Retificação prévia prescindível - Princípio da cindibilidade - Exigências afastadas - Dúvida improcedente - Recurso procedente, com observação.

Irresignada com r. sentença que confirmou o juízo negativo de qualificação registral **[1]**, a interessada interpôs apelação, em cujo corpo argumenta que a inscrição da carta de arrematação independe do cancelamento direto das penhoras especificadas pela Registradora e da prévia retificação exigida **[2]**.

Com o recebimento do recurso **[3]**, os autos foram enviados à **E. CGJ [4]** e, depois - já com o parecer da Procuradoria Geral da Justiça pelo desprovimento da apelação **[5]**, posteriormente reiterado **[6]** , ao C. CSM **[7]**.

É o relatório.

A interessada, irresignada com o juízo negativo de qualificação registral, suscitou *dúvida inversa* **[8]**, criação pretoriana então historicamente admitida por este **C. CSM [9]** e regrada pelas NSCGJ **[10]**: ou seja, ao invés de requerer a suscitação de dúvida à Registradora, dirigiu seu inconformismo diretamente ao Juiz Corregedor Permanente.

Ao tomar conhecimento da *dúvida inversa*, a Oficial prenotou o título, procedeu nos termos das alíneas *b* e *c* do item 41 das NSCGJ e, ato contínuo, apresentou suas razões para recusar a inscrição da carta de arrematação, que afirmou depender do cancelamento (direto) das penhoras registradas na mat. n.º 1.960 do RI de Piedade e da prévia retificação registral, à vista da ordem de destacamento contemplada no título. **[11]**

A *dúvida inversa*, apesar do vocábulo empregado na decisão questionada, **foi julgada procedente**, e não improcedente, pois confirmou o questionado juízo negativo de qualificação registral. **[12]** Feita, no entanto, essa pontual ressalva, **a r. sentença impugnada**, respeitado o entendimento nela expresso, **comporta reforma**.

O interessado/recorrente pretende o registro da carta de arrematação expedida pelo Juízo da 1.ª Vara Cível da Comarca de Piedade. **[13]** De acordo com o título, arrematou-se "a parte ideal do imóvel objeto da matrícula 1960 do Cartório de Registro de Imóveis de Piedade, correspondente a 20 (vinte) alqueires, ou seja, 48,40 ha., a ser destacado de uma área de 100 (cem) alqueires, situado à margem do Ribeirão Travessãozinho, no Bairro José Bento, município de Tapiraí-SP. " **[14]**

A origem judicial do título não torna prescindível, é certo, a qualificação registral: a prévia conferência destinada ao exame do preenchimento das formalidades legais atreladas ao ato pretendido é indispensável. **[15]** De toda forma, no caso vertente, **as exigências opostas ao registro não merecem prevalecer**.

O **C. CSM**, em sua última composição, no biênio 2014-2015, retomou sua tradicional posição **[16]** e, assim, reafirmou que a arrematação, nada obstante forma de alienação forçada, é modo derivado de aquisição da propriedade **[17]**, motivo pelo qual a carta que a documenta se submete a ampla qualificação registral, sujeitando-se aos princípios registrais que a orientam, em sua plenitude.

A propósito, do v. acórdão proferido na **Apelação n.º 9000002-19.2013.8.26.0531**, rel. Des. Elliot Akel, j. 2.9.2014, que revigorou a anterior compreensão deste **C. CSM**, extraio as seguintes conclusões, as quais acedo:

> ... *arrematação e adjudicação são negócios jurídicos entre o Estado e os adquirentes. O primeiro detém o poder de dispor e aceita a declaração de vontade dos adquirentes, não se podendo dizer, só por isso, que não houve relação causal entre a propriedade adquirida e a situação anterior da coisa. Em outras palavras: nos casos de alienação forçada não deixa de haver vínculo entre a situação anterior da coisa e a propriedade adquirida, com a diferença que, nesses casos de transferência coativa, o ato figura mais complexo, justamente diante da participação do Estado.*

Contudo, o acesso registral da carta de arrematação independe do prévio cancelamento (direto) das penhoras referidas pela Oficial, inscritas na mat. n.º 1.960 do RI de Piedade **[18]**, estranhas então à constrição vinculada à alienação judicial de que ora se trata.

A jurisprudência administrativa do **C. CSM**, forte na doutrina de Afrânio de Carvalho **[19]**, sedimentou posição no sentido de que duas são as espécies de cancelamento dos registros (em sentido lato): o *direto*, dependente de assento negativo, efetuado mediante averbação, e o *indireto*, decorrente da repercussão de inscrições subsequentes (como, por exemplo, as da arrematação e adjudicação) sobre as anteriores. **[20]**

Oportuno, a respeito do tema, transcrever trechos do julgamento da **Apelação Cível n.º**

13.838-0/4, rel. Des. Dínio de Santis Garcia, ocorrido em 24.2.1992:

*... **o registro de arrematação não reclama o cancelamento direto e autônomo de registro das constrições precedentes, porque ele se afeta negativamente pela inscrição mais nova.** Isso se dá porque **a arrematação tem força extintiva das onerações pessoais e até mesmo das reais** (cfr. Artigo 251 II, Lei n.º 6.015, de 31 de dezembro de 1973; Afrânio de Carvalho, op. cit., pág. 83), e de extinção do direito é que deriva a admissão de cancelamento do registro que lhe corresponda (RIFA SOLER, "La anotaction preventiva de embargo, 1983, págs. 510 ss.). O vínculo da penhora traslada-se para o preço da aquisição, sobre o qual concorrem os credores (LOPES DA COSTA, com apoio em DIDIMODA VEIGA e CARVALHO SANTOS, "Direito Processual Civil Brasileiro, 1947, IV, pág. 169).*

*Observe-se, por fim, que, **no cancelamento indireto, é despicienda, em regra, a elaboração de assento negativo,** salvo quanto à hipoteca, em vista da necessidade de qualificar-se pelo registrador a ocorrência que não é automática da causa extintiva segundo prescreve o artigo 251 II, Lei n.º 6.015, citada. (grifei)*

A **E. CGJ**, nessa linha, subsidiada pelos precedentes do **C. CSM**, consolidou o entendimento de ser *indireto* o cancelamento de penhoras, arrestos e sequestros em função do registro de arrematação ou adjudicação, ou seja, o cancelamento *direto* não é automático, não deriva necessariamente da inscrição da arrematação, **mas é prescindível**, malgrado possível, se por ordem expressa do Juízo que determinou a constrição judicial. **[21]**

A resposta à consulta formulada no **Protocolado CG n.º 11.394/2006**, documentada no **parecer n.º 238/06-E**, de autoria do Juiz Assessor da Corregedoria Álvaro Luiz Valery Mirra e do hoje Des. Vicente de Abreu Amadei, aprovado, em 26.6.2006, pelo Des. Gilberto Passos de Freitas, é esclarecedora:

... **no tocante ao registro da arrematação ou adjudicação o que se verifica é a sua 'ressonância' sobre o registro das constrições anteriores** (penhoras, arrestos ou sequestros), **para a retirada da eficácia destas em relação ao credor que arremata ou adjudica o imóvel, configurador do aludido 'cancelamento indireto'. Não há, nesses termos, 'cancelamento direto' das constrições anteriores, dependente de assento negativo, razão pela qual inviável se mostra falar em automático cancelamento do registro daquelas com base tãosó no registro da arrematação ou adjudicação, a partir de requerimento do interessado.**

*É certo, porém, que **tal cancelamento direto das penhoras antecedentes, embora despiciendo, como visto, pode, efetivamente, ser obtido pelo interessado,** a fim de evitar dificuldade na leitura e no entendimento, por parte de leigos, da informação gerada pela matrícula, como mencionado pelo Meritíssimo Juiz Corregedor Permanente (fls. 77). **Mas para tanto, dever-se-á obter ordem judicial, expedida pelo juízo da execução que determinou a penhora.** Anote-se que **a ordem judicial em questão se mostra imprescindível** para o cancelamento direto das penhoras, já que estas foram determinadas pelo juiz da execução, no exercício regular da jurisdição, **não cabendo sequer ao Juiz Corregedor Permanente ou a esta Corregedoria Geral da Justiça, no exercício de atividade meramente administrativa, deliberar a respeito.** Como se sabe, no sistema jurídico-constitucional brasileiro, admite-se que os atos dos demais Poderes do Estado legislativos e administrativos sejam revistos pelos juízes no exercício da jurisdição, mas o contrário, ou seja, **a revisão dos atos jurisdicionais dos juízes pelas autoridades legislativas ou administrativas, é absolutamente inadmissível** (Cândido Rangel Dinamarco, Instituições de Direito Processual Civil. São Paulo: Malheiros, 2001, vo. I, p. 310).*

...

Assim, **sem expressa ordem judicial oriunda do juízo que determinou a constrição, não se pode admitir o cancelamento de penhoras, arrestos e sequestros antecedentes, como decorrência automática do registro da arrematação ou adjudicação dos bens constritos havida em execução judicial**. (grifei)

Tal compreensão foi mantida pelo **C. CSM** e pela **E. CGJ** mesmo no período durante o qual subsistiu a intelecção no sentido de ser originária a natureza jurídica da aquisição de imóvel mediante arrematação judicial. **[22]**

Destarte, a carta de arrematação não é documento hábil para, instruindo **eventual** requerimento da recorrente, autorizar, com amparo no art. 250, III, da Lei n.º 6.015/1973, os cancelamentos ***(diretos)*** das penhoras indicadas pela Oficial; tampouco basta, portanto, e para tanto, **o registro do titulo judicial aquisitivo da propriedade, que**, porém, **independe do prévio cancelamento *direto* dos registros das constrições judiciais**, desnecessário para fins da inscrição visada.

Por sua vez, **a indisponibilidade decorrente dessas penhoras**, todas efetivadas em execuções fiscais **[23], também não é óbice ao registro da carta de arrematação**. Aliás, conforme o item 405 do Cap. XX das NSCGJ, "**as indisponibilidades averbadas nos termos do Provimento CG. 13/2012, e na forma do § 1º, do art. 53, da Lei nº 8.212, de 24 de julho de 1991, não impedem a alienação, oneração e constrição judiciais do imóvel.**" (grifei)

Ademais, de acordo com entendimento assente no **C. CSM**, essas indisponibilidades dizem respeito exclusivamente à venda voluntária do bem imóvel pelo devedor. Não impedem que se o penhore, que se o leve à hasta, **nem que se registre a alienação forçada**. **[24]** No mesmo sentido, há precedentes das Câmaras de Direito Privado e de Direito Público desta **E. Corte**. **[25]** Não bastasse, essa é a posição retirada de julgamentos proferidos pelo **C. STJ. [26]**

Com relação ao art. 16, *caput*, do Provimento n.º 39/2014 da E. Corregedoria Nacional de Justiça [27], constata-se, à luz de seu trecho inicial, **que as indisponibilidades averbadas nos termos desse ato normativo e as decorrentes do art. 53, § 1.º, da Lei n.º 8.212/1991 não impedem a alienação judicial do bem imóvel**, com respectivo registro. Esta, frise-se, a regra.

O dispositivo estabelece, todavia, não se ignora, as condicionantes que ora interessam de que a alienação tenha emanado do juízo que decretou a indisponibilidade ou de que esteja "consignado no título judicial a prevalência da alienação judicial em relação à restrição oriunda de outro juízo ou autoridade administrativa a que foi dada ciência da execução".

Quanto a essa exigência, é de se amainar, **mormente à vista dos precedentes mencionados**, a necessidade de que a carta de arrematação contenha expressa menção sobre a prevalência da venda judicial. Ora, a preferência da alienação judicial em relação a eventuais restrições oriundas de outros Juízos ou de autoridade administrativa é ínsita a esse título judicial, cuja finalidade precípua é viabilizar o registro da venda forçada. Seria de todo incongruente, realmente, que o Juízo onde ocorrida a hasta pública expedisse carta de arrematação, se não fosse para que o arrematante pudesse levá-la a efetivo registro. Quando da ordem de expedição da carta de arrematação, o Juízo está afirmando, porque consequência imanente ao ato, que o respectivo registro há de ser efetuado, ainda que as indisponibilidades inscritas resultem de ordens de outros Juízos ou de autoridade administrativa.

Note-se que o registro não trará, em tese, prejuízo àquele cuja demanda tenha ensejado a indisponibilidade. O crédito que possui sub-roga-se no preço da arrematação, sem alteração alguma na ordem de preferência. Nem mesmo se olvide que o destinatário da ordem judicial de indisponibilidade é o próprio devedor. A ordem presta-se a obstar que ele, *sponte propria*, por alienação entre particulares, desfaça-se de seu patrimônio, furtando-se ao pagamento da dívida. Entretanto, insista-se, **a indisponibilidade não impede a venda judicial do bem.**

Sob outro prisma, *in concreto*, não se está diante de uma alienação **voluntária** de frações ideais com localização e metragem certas ou da formação de **condomínio voluntário**, que implique fraude ou qualquer hipótese de descumprimento da legislação de parcelamento do solo urbano, de condomínio edilícios e do Estatuto da Terra. Vale dizer, não se encontra configurado o óbice expresso no item 171 do Cap. XX das NSCGJ.

Nessa trilha, **a registrabilidade do título judicial na mat. n.º 1.960 do RI de Piedade não está comprometida**. Malgrado a retificação do registro e a especialização da fração ideal arrematada, atualmente registrada em nome de Tello e Cia. Ltda., condicionem seu futuro e eventual destacamento da gleba maior identificada na matrícula, **a qualificação do título**, sob o enfoque do princípio da cindibilidade, **conduz à inscrição pretendida**.

Agora, o exame da mat. n.º 1.960 do RI de Piedade sugere o parcelamento irregular do solo, ocorrida enquanto Oficial Paulo Gomes Abreu, que se aposentou compulsoriamente em maio de 1992 **[28]**; evidencia, por exemplo, que a fração ideal equivalente a 200 alqueires, pertencente a Miguel Munhoz Bonilha, foi, no plano fático, destacada da área maior, que corresponde a 300 alqueires, e voluntariamente alienada como se unidade autônoma fosse **[29]**.

Enfim, há elementos concretos indicativos de ilícitos desmembramentos. Convém, nesse contexto, que o MM Juiz Corregedor Permanente, em expediente próprio, cuja abertura deve informar à **E. CGJ**, apure os fatos e, inclusive, resolva sobre a pertinência do bloqueio cautelar da matrícula, com vistas ao seu saneamento, dando ciência, no mais, a todos os interessados.

Isto posto, pelo meu voto, **dou provimento ao recurso, com observação, para julgar a dúvida**

improcedente e, dessa forma, determinar o registro da carta de arrematação na mat. n.º 1.960 do RI de Piedade.

MANOEL DE QUEIROZ PEREIRA CALÇAS
Corregedor Geral da Justiça e Relator

TRIBUNAL DE JUSTIÇA DO ESTADO DE SÃO PAULO

Conselho Superior da Magistratura

Apelação 9000001-36.2015.8.26.0443 -

Procedência: Piedade

Apelantes: Meire Oliveira Lopes

Apelado: Oficial de Registro de Imóveis e Anexos da comarca

VISTO (Voto n. 42.782):

1. Na esfera preliminar, meu voto extingue o processo sem resolução de mérito.

Trata-se aqui do que se habituou designar "dúvida inversa", a que, *contra legem*, é suscitada pelo interessado, diretamente, ao juízo corregedor.

Cuida-se de prática, com efeito, que não está prevista em lei, razão bastante para não se admitir de fato, por ofensa à exigência constitucional do **devido processo** (inc. LIV do art. 5º da Constituição federal de 1988).

Não autoriza a lei uma livre eleição de forma inaugural e de rito de nenhum processo administrativo, e, na espécie, a "dúvida inversa" não se afeiçoa ao previsto expressamente na Lei n. 6.015/1973 (de 31-12, arts. 198 *et sqq.*).

Se o que basta não bastara, cabe considerar que ao longo de anos, essa "dúvida inversa" se tem configurado por um risco para a segurança dos serviços e até para as expectativas dos interessados. É que, não rara vez (e o caso destes autos é só mais um exemplo dentre tantos), o pleito não atende a tão exigíveis preceitos de processo registral (assim, o primeiro deles, a existência de prenotação válida e eficaz) que está mesmo de logo fadado a frustrar-se, levando a delongas que o humilde respeito ao *iter* imposto em lei teria evitado.

Meu voto preliminar, pois, julga extinta a dúvida, sem apreciação de seu mérito, prejudicado o exame do recurso de apelação.

2. Superada a preliminar, voto pelo provimento do recurso.

Em que pese a precedentes deste Conselho e da eg. Corregedoria Geral da Justiça, o registro *stricto sensu* de arrematação em execução forçada **não supõe nem implica** o cancelamento (mesmo indireto) de outras penhoras que existam sobre o bem arrematado.

No direito vigente, o cancelamento *direto* da penhora tem de fazer-se em cumprimento a decisão judicial transitada em julgado; ou a requerimento unânime das partes que tenham participado do ato registrado; ou a requerimento do interessado, instruído com documento hábil (incs. I-III do art. 250 da Lei n. 6.015/1973); ou ainda, em juízo, por iniciativa de terceiro prejudicado (*eodem*, art. 253).

Como, *in casu*, não se dão aquelas duas primeiras hipóteses, nem essa última, o cancelamento direto só se poderia dar se houvesse documento hábil a tanto, apresentado por requerimento do interessado (Lei de Registros, art. 250, III). Esse documento não é outro, senão ordem da própria autoridade judicial que mandara proceder à constrição, uma vez que passe o truísmo um juiz (*ex hypothesi*, o que fez passar a carta de arrematação) não pode desconstituir ato de magistrado de mesmo grau.

Tampouco se pode dizer que a carta de arrematação (se não é documento hábil na forma do dito inc. III do art. 250 e, pois, não permite cancelamento direto) pode servir para o cancelamento *indireto* de outras penhoras.

Ao contrário do que se passa, *e. g.*, com uma compra e venda que suceda a outra *in tabula* (caso em que o poder de dispor do dono anterior se esgota por inteiro), não é viável afirmar, peremptoriamente, que a arrematação esvazie toda a eficácia de outras constrições: por exemplo, ainda resta ao menos a eficácia decorrente do inc. V do art. 889 da nova Lei Adjetiva, suficiente para justificar o desfazimento da hasta, caso não se tenha guardado a preferência oriunda de averbação anterior.

Ademais, tanto não há cogitar de cancelamento indireto, que, a despeito do registro *stricto sensu* da arrematação, as penhoras de que decorram indisponibilidades (di-lo a jurisprudência deste Conselho, aplicando o art. 252 da Lei n. 6.015/1973) continuam a produzir efeitos e a impedir alienações voluntárias subsequentes, até que o interessado consiga, no juízo competente, o cancelamento direto.

Feita essa ressalva, bem lançado está o voto da relatoria, que corretamente dispensa o cancelamento para o registro *stricto sensu* da alienação forçada inscrição à qual tampouco são óbices o fato de tratar-se de aquisição de fração ideal e a necessidade de retificação futura, quando se pretender desmembramento.

DO EXPOSTO, por meu voto preliminar, julgava extinto o processo, sem resolução de mérito, prejudicado o recurso de apelação de Meire Oliveira Lopes.

No mérito, provejo o recurso, para o fim de que se registre a aquisição objeto, como rogado. É como voto.

Des. RICARDO DIP

Presidente da Seção de Direito Público

Notas:

[1] Fls. 58-61.

[2] Fls. 68-79.

[3] Fls. 80.

[4] Fls 84.

[5] Fls. 86-90.

[6] Fls. 99.

[7] Fls. 91.

[8] Fls. 2-9.

[9] Apelação Cível n.º 23.623-0/1, rel. Des. Antônio Carlos Alves Braga, j. 20.2.1995; **Apelação Cível n.º 76.030-0/8**, rel. Des. Luís de Macedo, j. 8.3.2001; **e Apelação Cível n.º 990.10.261.081-0**, rel. Des. Munhoz Soares, j. 14.9.2010.

[10] Item 41.1. do Cap. XX.

[11] Fls. 41-49.

[12] Fls. 58-61. Cf. **Apelação Cível n.º 990.10.261.081-0**, rel. Des. Munhoz Soares, j. 14.9.2010: "a nomenclatura utilizada pelo art. 203 da Lei de Registros Públicos não faz distinção entre a dúvida comum e a inversa, razão pela qual na verdade a dúvida foi julgada procedente, a despeito do erro material contido na sentença."

[13] Fls. 12-25.

[14] Fls. 13-14.

[15] Nessa linha, apenas a título de exemplo, **Apelação Cível n.º 39.487-0/1**, rel. Des. Márcio Martins Bonilha, j. 31.07.1997, **e Apelação Cível n.º 404-6/6**, rel. Des. José Mário Antonio Cardinale, j. 08.09.2005.

[16] Apelação Cível n.º 20.745-0/6, rel. Des. Antônio Alves Braga, j. 11.5.1995; **Apelação Cível n.º 322-6/1**, rel. Des. José Mário Antonio Cardinale, j. 14.4.2005; **Apelação Cível n.º 1.230-6/9**, rel. Des. Munhoz Soares, j. 16.3.2010; **e Apelação Cível n.º 0035805-59.2010.8.26.0100**, rel. Des. Maurício Vidigal, j. 8.9.2011.

[17] Apelação Cível n.º 9000002-19.2013.8.26.0531, rel. Des. Elliot Akel, j. 2.9.2014.

[18] Fls. 39 e 41-48.

[19] *Registro de Imóveis*. 3.ª ed. Rio de Janeiro: Forense, 1982, p. 184.

[20] Apelação Cível n.º 13.838-0/4, rel. Des. Dínio de Santis Garcia, j. 24.2.1992; **e Apelação Cível n.º 15.296- 0/4**, rel. Des. Dínio de Santis Garcia, j. 3.8.1992.

[21] Parecer n.º 238/06-E, do Juiz Assessor da Corregedoria Álvaro Luiz Valery Mirra e do hoje Des. Vicente de Abreu Amadei, aprovado, pelo Des. Gilberto Passos de Freitas, em 26.6.2006; **Parecer n.º 173/07-E**, do Juiz Assessor da Corregedoria Álvaro Luiz Valery Mirra, aprovado, pelo Des. Gilberto Passos de Freitas, em 26.6.2007; **e Parecer n.º 74/2010-E**, do Juiz Assessor da Corregedoria Álvaro Luiz Valery Mirra, aprovado pelo Des. Antonio Carlos Munhoz Soares, em 30.3.2010.

[22] Apelação Cível n.º 0003288-37.2009.8.26.0358, rel. Des. Renato Nalini, j. 19.7.2012; **e parecer n.º 529/2013-E**, de autoria do Juiz Assessor da Corregedoria Luciano Gonçalves Paes Leme, aprovado, em 6.12.2013, pelo Des. Renato Nalini.

[23] Art. 53, § 1.º, da Lei n.º 8.212/1991.

[24] Apelação Cível n.º 0004717-40.2010.8.26.0411, rel. Des. Renato Nalini, j. 27.8.2012; **Apelação Cível n.º 3000029-33.2013.8.26.0296**, rel. Des. Elliot Akel, j. 5.5.2014; **e Apelação Cível n.º 1077741-71.2015.8.26.0100**, rel. Des. Manoel de Queiroz Pereira Calças, j. 16.6.2016.

[25] AI n.º 2200292-45.2015.8.26.0000, rel. Des. Jacob Valente, j. 30.11.2015; **e AI n.º 2006767- 64.2016.8.26.0000**, rel. Des. Ponte Neto, j. 25.5.16.

[26] REsp. n.º 512.398/SP, rel. Min. Felix Fischer, j. 17.2.2004; **e AgRg na MC n.º 16.022/SP**, rel. Min. Nancy Andrighi, j. 27.4.2010.

[27] Art. 16. As indisponibilidades averbadas nos termos deste Provimento e as decorrentes do § 1.º, do art. 53, da Lei n.º 8.212, de 24 de julho de 1991, não impedem a inscrição de constrições judiciais, assim como não impedem **o registro da alienação judicial do imóvel** desde que a alienação seja oriunda do juízo que determinou a indisponibilidade, ou que distribuído o inquérito civil público e a posterior ação desse decorrente, ou que consignado no título judicial a prevalência da alienação judicial em relação à restrição oriunda de outro juízo ou autoridade administrativa a que foi dada ciência da execução. (grifei)

[28] Informação prestada pela DICOGE.

[29] Fls. 34-38, av. 1 da mat. 1.960 do RI de Piedade. (DJe de 27.01.2017 - SP)

PODER JUDICIÁRIO

TRIBUNAL DE JUSTIÇA DO ESTADO DE SÃO PAULO

CONSELHO SUPERIOR DA MAGISTRATURA

Apelação nº 0009216-87.2015.8.26.0477

Registro: 2017.0000212728

ACÓRDÃO

Vistos, relatados e discutidos estes autos do(a) **Apelação nº 0009216-87.2015.8.26.0477**, da Comarca de **Praia Grande**, em que são partes é apelante **ALLAN KARDEC SANTANA SILVA**, é apelado **OFICIAL DE REGISTRO DE IMÓVEIS E ANEXOS DA COMARCA DE PRAIA GRANDE**.

ACORDAM, em Conselho Superior de Magistratura do Tribunal de Justiça de São Paulo, proferir a seguinte decisão: **"Deram por prejudicada a dúvida e não conheceram do recurso, v.u. Vencido em parte o Desembargador Ricardo Dip, que declarará voto."**, de conformidade com o voto do Relator, que integra este Acórdão.

O julgamento teve a participação dos Exmos. Desembargadores **PAULO DIMAS MASCARETTI (Presidente), ADEMIR BENEDITO, XAVIER DE AQUINO, LUIZ ANTONIO DE GODOY, RICARDO DIP (PRES. DA SEÇÃO DE DIREITO PÚBLICO) E SALLES ABREU**.

São Paulo, 23 de março de 2017.

MANOEL DE QUEIROZ PEREIRA CALÇAS

Corregedor Geral da Justiça e Relator

Apelação nº 0009216-87.2015.8.26.0477

Apelante: Allan Kardec Santana Silva

Apelado: Oficial de Registro de Imóveis e Anexos da Comarca de Praia Grande

VOTO Nº 29.740

Registro de Imóveis – Recusa de ingresso de carta de arrematação – Resignação parcial e título em cópia – Dúvida prejudicada – Recurso não conhecido – Análise das exigências a fim de orientar futura prenotação – Princípio da continuidade – Arrematação dos direitos decorrentes do compromisso de compra e venda – Inexistência de inscrição desse direito no Registro de Imóveis – Necessidade de registro do título anterior a fim de viabilizar o encadeamento dos títulos – Ausência de recolhimento de tributo - ITBI que é devido pela cessão dos direitos à aquisição de bem – Óbice que encontra amparo no artigo 901, § 2º, do CPC e na atividade fiscalizatória do registrador.

Trata-se de recurso de apelação interposto por Allan Kardec Santana Silva contra a sentença de fls. 130/132, que manteve a recusa ao registro de carta de arrematação extraída do processo nº 0007167-69.1998.8.26.0477, que tramitou na 2ª Vara Cível de Praia Grande.

Sustenta o apelante, em resumo, que a carta de arrematação deve ser registrada independentemente da inscrição do compromisso de compra e venda em que o executado figura como compromissário comprador; que se sub- rogou nos direitos que o compromissário comprador detinha; e que o ITBI não foi recolhido, mas que pretende fazê-lo assim que a questão da continuidade for solucionada (fls. 136/142).

A Procuradoria de Justiça opinou pelo desprovimento do recurso (fls. 153/156). É o relatório.

Inicialmente, verifica-se que, em dúvida inversamente suscitada, o título cujo registro o apelante pleiteia foi apresentado em cópia (fls. 9/102).

Nos moldes do subitem 41.1.1. do Capítulo XX das NSCGJ, era caso de se conceder o prazo de dez dias para o suscitante apresentar o original do título, sob pena de arquivamento do procedimento.

Como isso não foi feito em primeiro grau, agora resta reconhecer que a dúvida está prejudicada, pois título em cópia não pode obter acesso ao registro imobiliário.

Ainda em sede preliminar, conforme nota devolutiva de fls. 103, a recusa ocorreu por quatro motivos: 1) ofensa à continuidade; 2) falta de qualificação completa do executado Luiz Geraldo Arruda; 3) não recolhimento de ITBI; e 4) ausência de CNPJ/MF do exequente, Condomínio Edifício Paquetá.

Nota-se que houve resignação parcial em relação à nota. Com efeito, embora os itens nº 2 e 4 tenham sido superados pelo aditamento da carta de arrematação (fls. 102), a qual, repita-se, foi apresentada em cópia, o não recolhimento do ITBI (item nº 3) não foi impugnado pelo apelante.

No próprio recurso, aliás, o apelante se dispôs a recolher o tributo exigido pelo registrador (fls. 141).

A jurisprudência deste Conselho Superior é tranquila no sentido de que a concordância, ainda que tácita, com qualquer das exigências feitas pelo registrador ou o atendimento delas no curso da dúvida, ou do recurso contra a decisão nela proferida, prejudica-a:

A dúvida registrária não se presta para o exame parcial das exigências formuladas e não comporta o atendimento de exigência depois de sua suscitação, ***pois a qualificação do título é feita, integralmente, no momento em que é apresentado para registro.*** *Admitir o atendimento de exigência* ***no curso*** *do procedimento da dúvida teria como efeito a indevida prorrogação do prazo de validade da prenotação e, em consequência, impossibilitaria o registro de eventuais outros títulos representativos de direitos reais contraditórios que forem apresentados no mesmo período. Em razão disso, a aquiescência do apelante com uma das exigências formuladas prejudica a apreciação das demais matérias que se tornaram controvertidas. Neste sentido decidiu este Colendo Conselho Superior da Magistratura na Apelação Cível n.º 60.460.0/8, da Comarca de Santos, em que foi relator o Desembargador Sérgio Augusto Nigro Conceição, e na Apelação Cível n.º 81.685-0/8, da Comarca de Batatais, em que foi relator o Desembargador Luís de Macedo* (Apelação Cível n.º 220.6/6-00). (grifei)

Desse modo, seja pela resignação parcial, seja pela juntada do título em cópia, a dúvida está prejudicada.

Ainda assim, deve-se analisar a questão de fundo, a fim de evitar que, cumpridas as exigências não impugnadas, o interessado venha a ter que se valer, novamente, do procedimento.

Não se trata de consulta, em tese, mas de análise de caso concreto. O Conselho não atua como mero órgão consultivo, mas como regulador de uma situação de fato. Uma vez resolvida a controvérsia, o tema não será mais levado à Corregedoria Permanente, dado que o Oficial já terá orientação clara sobre como proceder.

Ao contrário do exercício de função jurisdicional, cuja essência é teleológica, a função administrativa, exercida no âmbito do julgamento das dúvidas, tem caráter disciplinador. Enquanto, na função jurisdicional, visa-se ao julgamento do mérito, com posterior formação de coisa julgada e impossibilidade de rediscussão para as partes, o julgamento das dúvidas não se presta somente a decidir o caso concreto, mas a servir de orientação aos registradores para casos análogos.

Logo, por esses dois ângulos é importante a análise do mérito, ainda que prejudicada a dúvida: a) evita-se a nova suscitação; b) fixa-se orientação para casos similares.

Passa-se ao exame da exigência impugnada e da que contou com a concordância do suscitante.

Consoante certidão da matrícula nº 9.996 do Registro de Imóveis de Praia Grande, o apartamento nº 12 do Bloco A do Edifício Paquetá é de propriedade de Maria Luiza de Magalhães Gouvea, que o deu em hipoteca a Caixa Econômica do Estado de São Paulo S/A - CEESP (fls. 123).

De acordo com o título judicial apresentado (fls. 9/102), na fase de execução de ação de cobrança de condomínio, o apelante arrematou os direitos que o executado Luiz Geraldo Arruda tinha sobre o imóvel matriculado sob nº 9.996 (fls. 95).

Resta nítido que o registro é inviável, uma vez que o extitular dos direitos adquiridos pelo apelante, no caso, o executado Luiz Geraldo Arruda, não é sequer mencionado na matrícula do bem.

Aplica-se à hipótese o artigo 195 da Lei nº 6.015/73:

Art. 195 - Se o imóvel não estiver matriculado ou registrado em nome do outorgante, o oficial exigirá a prévia matrícula e o registro do título anterior, qualquer que seja a sua natureza, para manter a continuidade do registro.

Ora, se o imóvel permanece em nome de Maria Luiza de Magalhães Gouvea (fls. 123), é imprescindível que, antes do ingresso no fólio real da carta de arrematação copiada a fls. 9/102, haja o registro do título que dá ao executado algum direito sobre o bem.

Só assim preservar-se-á a continuidade registral.

Em caso idêntico, manifestou-se recentemente este Conselho Superior:

"REGISTRO DE IMÓVEIS – Arrematação dos direitos decorrentes do compromisso de compra e venda – Inexistência de registro desse direito no Registro de Imóveis – Executado que não figura como titular de qualquer direito na matrícula – Arrematação de direitos à aquisição da propriedade que não se confunde com aquisição de domínio – Recurso não provido" (Apelação nº 9000001-46.2013.8.26.0624, Rel. Des. José Renato Nalini, j. em 10/12/2013).

A exigência relativa ao recolhimento do ITBI, aceita pelo apelante (fls. 141), também deve ser mantida.

Isso porque a necessidade de recolhimento de ITBI no ato de arrematação decorre do § 2º do artigo 901 do Código de Processo Civil, que dispõe que *"A carta de arrematação conterá a descrição do imóvel, com remissão à sua matrícula ou individuação e aos seus registros, a cópia do auto de arrematação e a prova de pagamento do imposto de transmissão, além da indicação da existência de eventual ônus real ou gravame"*. No mesmo sentido o inciso III do artigo 703 do CPC anterior **[1]**.

E é conhecido o dever que o registrador possui de fiscalizar o recolhimento dos tributos decorrentes dos atos praticados na serventia (cf. artigo 30, XI, da Lei nº 8.935/94 e artigo 134, VI, do CTN).

Admitindo a necessidade de comprovação do recolhimento do ITBI para o registro da cessão dos direitos relativos à aquisição de imóvel, precedente deste Conselho, em acórdão de minha relatoria.

"Registro de Imóveis – Dúvida julgada procedente, impedindo-se o registro de Escritura Pública de venda e compra, englobando cessão – Ausência de recolhimento de imposto – ITBI que é devido pela cessão e pela venda e compra – Impossibilidade de reconhecimento de inconstitucionalidade e de decadência ou prescrição pela via administrativa – Recurso desprovido" (Apelação nº 1123982-06.2015.8.26.0100, j. em 18/10/2016).

Ainda que tenha constado em voto recente de minha relatoria a tese contrária (apelação nº 0022843- 24.2015.8.26.0554), afirma-se aqui a possibilidade de que lei municipal preveja a incidência do ITBI nas cessões do direito do promitente comprador. O artigo 156, II, da Constituição Federal, que traça o âmbito de abrangência do tributo, claramente refere-se à cessão dos direitos de aquisição de imóvel como uma de suas hipóteses de incidência:

> *Art. 156. Compete aos Municípios instituir impostos sobre:*
>
> *(...)*
>
> *II - transmissão "inter vivos", a qualquer título, por ato oneroso, de bens imóveis, por natureza ou acessão física, e de direitos reais sobre imóveis, exceto os de garantia, <u>bem como cessão de direitos a sua aquisição</u>;* (grifei).

No mesmo sentido precedente da Seção de Direito Público deste Tribunal de Justiça:

"MANDADO DE SEGURANÇA ITBI – Sentença que concedeu a segurança para fins de impedir a cobrança de ITBI sobre a cessão de direitos de aquisição de bem imóvel – Descabimento – Hipótese em que mencionada cessão constitui fato gerador do ITBI por força da Constituição Federal, do Código Tributário Nacional e da legislação municipal – Inaplicabilidade da isenção reservada às integralizações de capital social, uma vez que a atividade preponderante da adquirente é a compra, venda, locação e incorporação de bens imóveis – Sentença reformada – Segurança denegada – Recurso provido" (Apelação nº 0001948-52.2014.8.26.0562, Rel. Des. Mônica Serrano, j. em 10/3/2016).

Com tais observações, dou por prejudicada a dúvida e não conheço do recurso.

MANOEL DE QUEIROZ PEREIRA CALÇAS

Corregedor Geral da Justiça e Relator

TRIBUNAL DE JUSTIÇA DO ESTADO DE SÃO PAULO

Conselho Superior da Magistratura

Apelação Cível 0009216-87.2015.8.26.0477

Dúvida de registro

VOTO 46.268 (com divergência):

1. Acompanho a **conclusão** do respeitável voto de Relatoria.

2. Peço reverente licença, entretanto, para não aderir à "análise de mérito" a que se lançou **após afirmar não conhecer do recurso**.

3. Ao registrador público, tendo afirmada, *per naturam legemque positam*, a **independência na qualificação jurídica** (*vide* arts. 3º e 28 da Lei n. 8.935, de 18-11-1994), não parece possam impor-se, nessa esfera de qualificação, "orientações" prévias e abstratas de caráter hierárquico.

Assim, o registrador tem o **dever** de qualificação jurídica e o **direito** de efetivá-la com independência profissional, *in suo ordine*.

4. Vem a propósito que a colenda Corregedoria Geral da Justiça paulista, em seu código de normas, enuncia: "Os oficiais de Registro de Imóveis gozam de independência jurídica no exercício de suas funções e exercem essa prerrogativa quando interpretam disposição legal ou normativa. (...)" (item 9º do cap. XX das "Normas de Serviço da Corregedoria Geral da Justiça de São Paulo").

5. Se o que basta não bastara, calha que os órgãos dotados de *potestas* para editar **regras técnicas** relativas aos registros públicos são os **juízes competentes para o exercício da função correcional** (o que inclui a egrégia

Corregedoria Geral da Justiça; cf. inc. XIV do art. 30 da Lei n. 8.935/1994). Essa função de corregedoria dos registros, em instância administrativa final no Estado de São Paulo, **não compete a este Conselho Superior da Magistratura**,

Conselho que, a meu ver, não detém, ao revés do que respeitavelmente entendeu o venerando voto de relação, "poder disciplinador" sobre os registros e as notas (v., a propósito, os incs. XVII a XXXIII do art. 28 do Regimento Interno deste Tribunal).

6. Averbo, por fim, que a admitir-se a pretendida força normativa da ventilada "orientação", não só os juízes corregedores permanentes estariam jungidos a observá-la, mas também as futuras composições deste mesmo Conselho.

Deste modo, voto no sentido de que se exclua a r. "orientação para casos similares". É, *da veniam*, **meu voto de vencido.**

Des. RICARDO DIP

Presidente da Seção de Direito Público Notas:

[1] *Art. 703. A carta de arrematação conterá:*

(...)

III - a prova de quitação do imposto de transmissão. (DJe de 28.04.2017 - SP)

CESSÃO DE DIREITOS HEREDITÁRIOS

PODER JUDICIÁRIO

TRIBUNAL DE JUSTIÇA DO ESTADO DE SÃO PAULO

CONSELHO SUPERIOR DA MAGISTRATURA

Apelação nº 1000864-59.2016.8.26.0099

Registro: 2017.0000761518

ACÓRDÃO

Vistos, relatados e discutidos estes autos da **Apelação nº 1000864-59.2016.8.26.0099**, da Comarca de **Bragança Paulista**, em que é apelante **DELSON EDMUNDO FERRAZ DA SILVA JUNIOR**, é apelado **OFICIAL DE REGISTRO DE IMÓVEIS E ANEXOS DA COMARCA DE BRAGANÇA PAULISTA.**

ACORDAM, em Conselho Superior de Magistratura do Tribunal de Justiça de São Paulo, proferir a seguinte decisão: **"Deram provimento ao recurso, para julgar improcedente a dúvida, v.u. Declarará voto convergente o Desembargador Ricardo Dip."**, de conformidade com o voto do Relator, que integra este Acórdão.

O julgamento teve a participação dos Exmos. Desembargadores **PAULO DIMAS MASCARETTI (Presidente), ADEMIR BENEDITO, XAVIER DE AQUINO, LUIZ ANTONIO DE GODOY, RICARDO DIP (PRES. DA SEÇÃO DE DIREITO PÚBLICO) E SALLES ABREU.**

São Paulo, 15 de agosto de 2017.

MANOEL DE QUEIROZ PEREIRA CALÇAS

Corregedor Geral da Justiça e Relator

Apelação nº 1000864-59.2016.8.26.0099

Apelante: Delson Edmundo Ferraz da Silva Junior

Apelado: Oficial de Registro de Imóveis e Anexos da Comarca de Bragança Paulista

VOTO Nº 29.751

Registro de Imóveis – Cessão de direitos hereditários – Escritura pública que faz alusão à cessão de fração ideal dos direitos hereditários, mas que, em seguida, menciona aceitação, pela herdeira cedente, de quatro dos seis imóveis que compõem o monte-mor – Cessão que, portanto, refere-se aos dois imóveis remanescentes, de modo que incidente sobre bens específicos – Vedação do art. 1793, § 2º, da Lei Civil, todavia, que não se aplica à cessão de bens singularizados entre co-herdeiros – Recurso provido.

Cuida-se de recurso de apelação tirado de r. sentença do MM. Juiz Corregedor Permanente do Oficial de Registro de Imóveis e Anexos da Comarca de Bragança Paulista, que julgou procedente dúvida suscitada para o fim de manter a recusa a registro de escritura pública de inventário e cessão de direitos imobiliários, por incidir a cessão sobre bens determinados, o que afrontaria o art. 1793, §2º, do Código Civil.

O apelante afirma, em síntese, que a cessão incidiu expressamente sobre fração ideal dos direitos hereditários, de modo que em consonância com a legislação.

A Procuradoria Geral de Justiça opinou pelo desprovimento do recurso. É o relatório.

Como se vê do item 5 da escritura copiada a fls. 23 e seguintes, a herdeira Maria Esther Ricci da Silva cede gratuitamente ao apelante "fração ideal de seu quinhão que lhe cabe neste inventário", representada pelo valor de R$ 100.365,56. Logo adiante, porém, no item 6.1, a mesma herdeira recebe expressamente a nua-propriedade de quatro dos seis imóveis deixados pelo *de cujus*.

Evidencia-se, pois, que a cessão de direitos hereditários não se fez sobre fração ideal do quinhão hereditário, senão sobre dois imóveis específicos que compunham o monte-mor. E a resistência do

Sr. Registrador está centrada no artigo 1793, §2º, da Lei Civil:

> Art. 1.793. O direito à sucessão aberta, bem como o quinhão de que disponha o co-herdeiro, pode ser objeto de cessão por escritura pública.
>
> § 2º É ineficaz a cessão, pelo co-herdeiro, de seu direito hereditário sobre qualquer bem da herança considerado singularmente.

O dispositivo em comento tem por Norte a indivisibilidade da herança, até que se ultime a partilha. Com efeito, afigura-se inviável que co-herdeiro ceda a terceiros bem que ainda não lhe pertence, porque não ultimada a partilha. Até então, será o co-herdeiro titular de fração ideal do monte-mor. Apenas a partilha individualizará os bens que tocam a cada herdeiro. Com os magistérios de Mauro Antonini:

"O §2º é decorrência lógica do art. 1791, segundo o qual a herança defere-se como um todo unitário e indivisível até a partilha. Sendo a herança uma universalidade, sem que se possa, antes da partilha, individualizar o direito de cada herdeiro sobre cada um dos bens que a compõem, não se pode cogitar do herdeiro alienar determinado bem, singularmente considerado, pois não se sabe se lhe pertencerá por ocasião da partilha." (Código Civil Comentado. São Paulo: Manole, 10ª ed., 2016, p. 2068)

Não obstante, a hipótese vertente trata de cessão feita entre coherdeiros capazes. Por conseguinte, a cessão sobre bens já singularizados serve como verdadeiro acertamento entre co-herdeiros referente aos bens que tocarão a cada um. Cuida-se de situação equivalente à do acordo quanto à partilha, perfeitamente lícito.

Nos moldes do quanto lecionado por Zeno Veloso:

"No caso de haver somente um herdeiro, como não há outros interessados (coerdeiros), não é ineficaz a cessão que ele fizer de um bem singular, de um determinado bem da herança. **Do mesmo modo, se todos os herdeiros fazem a cessão, é plenamente eficaz a cessão de bens singularmente considerados**, afirmando Nelson Nery Jr e Rosa Maria de Andrade Nery (Código Civil Comentado, 4. Ed., São Paulo, Revista dos Tribunais, 2006, p. 971) que **tal cessão significa uma espécie de pré-partilha amigável**, devendo ser levada a escritura pública ao juízo da sucessão para ser homologada essa pré-partilha e, "encerrando-se o arrolamento ou o inventário, o juiz possa determinar a expedição de formal de partilha de conformidade com a escritura de cessão". **Alerte-se que, se todos os interessados forem capazes, poderão promover a cessão de direitos seguida de partilha por escritura pública, em instrumento único, portanto, que não precisa de homologação judicial e constitui título hábil para o registro imobiliário**, tudo conforme o art. 982 do CPC, com a redação determinada pela Lei 11.441, de 4 de janeiro de 2007, que analisarei, adiante, em comentários ao art. 2.015." (Código Civil Comentado, coord. Regina Beatriz Tavares da Silva, São Paulo: Saraiva, 10ª ed., 2016, p. 1895; grifos não constam do original)

Desta feita, dou provimento ao recurso, para julgar improcedente a dúvida.

MANOEL DE QUEIROZ PEREIRA CALÇAS

Corregedor Geral da Justiça e Relator

TRIBUNAL DE JUSTIÇA DE SÃO PAULO

Conselho Superior da Magistratura

Apelação 1000864-59.2016.8.26.0099

Dúvida de registro

VOTO DE VENCEDOR (Voto n. 47.835)

1. Registro, à partida, adotar o relatório lançado pelo eminente Relator do caso.

2. *De meritis,* há dar provimento ao apelo.

3. Para já, a norma do § 2º do art. 1.793 de nosso vigente Código civil comina o efeito de **mera ineficácia** a cessão, por coerdeiro, de um direito hereditário sobre qualquer bem considerado **singularmente.**

Sendo assim, não compete ao ofício de registro de imóveis aferir simples ineficácia.

4. Mais ainda: sequer **se perfez**, no caso, **esta característica de singularidade da *facti species,*** e vale dizer: não teve, efetivamente, a versada cessão de direito hereditário objeto num bem da herança considerado *ut singulis.*

A coerdeira cedente (di-lo o item 5º da escritura pública de partilha *causa mortis*) cedeu a coerdeiro uma quota parte correspondente a R$ 100.365,56 – apenas isso. Somente depois veio a especificar-se que, para atribuir a cada um dos dois coerdeiros tudo o que lhes cabia (em virtude da cessão da quota parte, inclusive), eram-lhes atribuídos, em pagamento, nuaspropriedades sobre imóveis diversos. Isso, porém, não se pode compreender como a significar, do ponto de vista jurídico, que a **cessão** anterior, desde o início e consumadamente houvesse recaído sobre bem certo.

5. Se o que basta não bastasse, calha que a norma do § 2º do art. 1.793 do Código civil brasileiro **não** se aplica à situação dos coerdeiros, que, pois, podem ceder, uns aos outros, bens singulares, o que corresponde, no dizer autorizado de NERY--NERY, uma pré-partilha (cf. *Código civil comentado*. 12.ed. S.Paulo: RT, 2017, p.2373).

TERMOS EM QUE, pelo meu voto, acompanho o entendimento do digno Desembargador Corregedor-Geral e dou provimento à apelação, para que, afastada a dúvida, se faça o registro *stricto sensu*, tal como rogado.

É como voto.

Des. RICARDO DIP

Presidente da Seção de Direito Público (DJe de 07.12.2017 - SP)

CONDOMÍNIO

PODER JUDICIÁRIO

TRIBUNAL DE JUSTIÇA DO ESTADO DE SÃO PAULO

CONSELHO SUPERIOR DA MAGISTRATURA

Apelação nº 0005481-54.2015.8.26.0248

Registro: 2016.0000845743

ACÓRDÃO

Vistos, relatados e discutidos estes autos do(a) **Apelação nº 0005481-54.2015.8.26.0248**, da Comarca de **Indaiatuba**, em que são partes é apelante **JOSÉ LUIZ AMADIO**, é apelado **OFICIAL DE REGISTRO DE IMÓVEIS E ANEXOS DA COMARCA DE INDAIATUBA**.

ACORDAM, em Conselho Superior de Magistratura do Tribunal de Justiça de São Paulo, proferir a seguinte decisão: **"Negaram provimento ao recurso, v.u."**, de conformidade com o voto do Relator, que integra este Acórdão.

O julgamento teve a participação dos Exmos. Desembargadores **PAULO DIMAS MASCARETTI (Presidente), ADEMIR BENEDITO, XAVIER DE AQUINO, LUIZ ANTONIO DE GODOY, RICARDO DIP (PRES. DA SEÇÃO DE DIREITO PÚBLICO) E SALLES ABREU**.

São Paulo, 10 de novembro de 2016

MANOEL DE QUEIROZ PEREIRA CALÇAS

Corregedor Geral da Justiça e Relator

Apelação n.º 0005481-54.2015.8.26.0248

Apelante: José Fernandes Amadio

Apelado: Oficial de Registro de Imóveis e Anexos da Comarca de Indaiatuba

VOTO N.º 29.552

Registro de Imóveis – Dúvida – Unidade condominial – Compromisso de compra e venda que tem por objeto a fração do terreno, e, apenas indiretamente, a unidade condominial – Inviabilidade do registro – Venda, ademais, que aparenta ter sido feita antes da incorporação, em novo óbice registral – Exigência de cópias da certidão de casamento e das cédulas de RG e CPF da esposa do comprador que atende ao item 63, Capítulo XX, Tomo II, das NSCGJ – Precedentes desse Conselho – Apelação desprovida.

Cuida-se de recurso de apelação tirado de r. sentença que manteve a recusa do registro de compromisso de compra e venda de fração ideal de terreno, como se de unidade condominial se tratasse, por violação ao princípio da especialidade objetiva. Exigiu o Sr. Oficial, ainda, que o recorrente apresentasse cópias autenticadas de sua certidão de casamento, bem como das cédulas de RG e CPF de sua esposa.

O recorrente alega, em síntese, que o contrato em comento já menciona que a fração ideal adquirida viria a corresponder à unidade condominial de nº 84, tornando desarrazoada a exigência apresentada pelo Sr. Oficial. Afirma já haver apresentado as cópias solicitadas. Requer a modificação da r. sentença, para que se julgue improcedente a dúvida.

A Procuradoria Geral de Justiça opinou pelo improvimento do recurso.

É o relatório.

Consoante se verifica de fls. 8/23, o compromisso de compra e venda cujo registro se pretende tem por objeto a fração ideal do terreno em que seria construído o condomínio em voga. Há apenas alusão de que a fração aludida "corresponderá ao apartamento nº 84".

Todavia, a unidade condominial nº 84 já está findada, conforme informação de fls. 6, que não recebeu qualquer contrariedade. Desta feita, seria de rigor, para que o ato notarial fosse lavrado, a retificação da compra e venda, de modo a que passasse a constar, como seu objeto, a própria unidade autônoma.

Trata-se, ademais, de atender ao princípio da especialidade objetiva, previsto nos artigos 176, §1º, II, 3, b, e 225, §§1º e 2º, ambos da Lei 6.015/76, identificando-se precisamente o imóvel alienado, é dizer, a própria unidade autônoma, ao invés da fração ideal do terreno.

Note-se, ainda, pelo quanto se extrai das cláusulas sexta e vigésima quinta (fls. 12 e 22), bem como da ausência de menção, no contrato, ao número da incorporação, que a venda em questão parece ser-lhe anterior, novo óbice ao registro pretendido, por afronta ao artigo 32 da Lei 4.591/64. Pertinente a sedimentada orientação deste Egrégio Conselho Superior da Magistratura:

"Registro de Imóveis – Alienação de unidades autônomas de condomínio edilício antes da incorporação – Impossibilidade – Precedentes do Conselho Superior da Magistratura – Recurso desprovido." (APELAÇÃO CÍVEL: 9000003-14.2015.8.26.0602, Rel. Des. Pereira Calças, j. 8/4/12)

"REGISTRO DE IMÓVEIS – Dúvida procedente – Instrumento Particular de Compromisso de Venda e Compra – Fração ideal vinculada a unidade autônoma de condomínio edilício – Incorporação não registrada – Acesso Negado – Inteligência do artigo 32 da Lei 4.591/64 – Recurso não provido." (APELAÇÃO CÍVEL: 1.249-6/5, Rel. Des. Munhoz Soares, j. 21/9/10)

Por fim, a exigência de apresentação de cópias autenticadas da certidão de casamento do recorrente, bem como das cédulas de RG e CPF de sua esposa, faz-se em obediência ao item 63, do Capítulo XX, Tomo II, das NSCGJ, além de ser natural decorrência da necessidade de observância ao princípio da especialidade subjetiva.

Novamente pertinente a orientação deste Colendo Conselho Superior da Magistratura:

"Apresentação de certidão de casamento de um dos coproprietários – Correta qualificação do titular de direito inscrito – Especialidade subjetiva – Exigência mantida.

A correta qualificação do titular de direito inscrito decorre do princípio da especialidade subjetiva e implica, de acordo com o item 63 do Capítulo XX das Normas, obrigatória referência ao nome de seu cônjuge e ao regime de bens de seu casamento." (APELAÇÃO CÍVEL: 3000575-90.2013.8.26.0360, Rel. Des. Pereira Calças, DJ 5/5/16)

Note-se não haver nos autos comprovação de que o apelante tenha atendido à exigência, diversamente do quanto afirmado a fls. 58.

Bem postada a recusa do Sr. Oficial, nego provimento ao recurso.

MANOEL DE QUEIROZ PEREIRA CALÇAS

Corregedor Geral da Justiça e Relator (DJe de 17.01.2017 - SP)

CONFERÊNCIA DE BENS

PODER JUDICIÁRIO

TRIBUNAL DE JUSTIÇA DO ESTADO DE SÃO PAULO

CONSELHO SUPERIOR DA MAGISTRATURA

Apelação nº 1036892-23.2016.8.26.0100

Registro: 2017.0000074099

ACÓRDÃO

Vistos, relatados e discutidos estes autos do(a) **Apelação nº 1036892-23.2016.8.26.0100**, da Comarca de **São Paulo**, em que são partes são apelantes **JORGE SAAD SOUEN e MARLI TADEA GIANNOTTI SOUEN**, é apelado **1º OFICIAL DE REGISTRO DE IMÓVEIS DA CAPITAL.**

ACORDAM, em Conselho Superior de Magistratura do Tribunal de Justiça de São Paulo, proferir a seguinte decisão: **"Deram provimento ao recurso para julgar improcedente a dúvida, v.u.",** de conformidade com o voto do Relator, que integra este Acórdão.

O julgamento teve a participação dos Exmos. Desembargadores **PAULO DIMAS MASCARETTI (Presidente), ADEMIR BENEDITO, XAVIER DE AQUINO, LUIZ ANTONIO DE GODOY, RICARDO DIP (PRES. DA SEÇÃO DE DIREITO PÚBLICO) E SALLES ABREU.**

São Paulo, 2 de fevereiro de 2017.

MANOEL DE QUEIROZ PEREIRA CALÇAS

Corregedor Geral da Justiça e Relator

Apelação nº 1036892-23.2016.8.26.0100

Apelantes: Jorge Saad Souen e Marli Tadea Giannotti Souen

Apelado: 1º Oficial de Registro de Imóveis da Capital

VOTO Nº 29.591

Registro de imóveis – Conferência de bens – Bens transferidos pelos sócios para sociedade simples limitada – Óbice ao registro pela não formalização da transferência dos imóveis por escritura – Sentença de procedência da dúvida – Reforma da decisão – Sociedade simples limitada que é regida pelas normas aplicáveis às sociedades empresárias limitadas (arts. 983 e 1.150 do CC) – Certidão de alteração de sociedade simples limitada, passada pelo Registro Civil da Pessoa Jurídica, que constitui documento hábil para a transferência de bens

imóveis – Inteligência dos artigos 983, 1.150, do CC, e 64, da Lei n.º 8.934/94 – Recurso provido para julgar improcedente a dúvida.

Trata-se de recurso de apelação interposto por Jorge Saad Souen e Marli Tadea Giannotti Souen contra a sentença de fls. 77/79, que julgou procedente a dúvida suscitada pelo Oficial do 1.º Registro de Imóveis da Capital, impedindo o registro de instrumento particular de alteração contratual da Clínica Jorge Saad Souen Ltda.

Sustentam os apelantes, em síntese, que, embora a clínica seja uma sociedade simples, o registro da conferência dos bens imóveis prescinde da lavratura de escritura pública, pois o artigo 64 da Lei nº 8.934/94 aplica-se a toda sociedade que adote forma empresarial (fls. 84/90).

A Procuradoria de Justiça opinou pelo não provimento do recurso (fls. 105/108). É o relatório.

Dispõe o artigo 108 do Código Civil:

> *Art. 108. Não dispondo a lei em contrário, a escritura pública é essencial à validade dos negócios jurídicos que visem à constituição, transferência, modificação ou renúncia de direitos reais sobre imóveis de valor superior a trinta vezes o maior salário mínimo vigente no País.*

Ou seja, para os negócios jurídicos que envolvam direitos reais relativos a imóveis de valor superior a trinta salários mínimos o que abrange a grande maioria dos bens dessa natureza , a escritura pública é essencial, salvo disposição de lei em contrário.

O artigo 64 da Lei n.º 8.934/94 é um dos dispositivos que abre exceção à regra da escritura pública:

> *Art. 64. A certidão dos atos de constituição e de alteração de sociedades mercantis, passada pelas juntas comerciais em que foram arquivados, será o documento hábil para a transferência, por transcrição no registro público competente, dos bens com que o subscritor tiver contribuído para a formação ou aumento do capital social.*

A questão é saber se uma sociedade simples, que adota o modelo da sociedade limitada, pode obter a transferência da propriedade de imóvel utilizado para a formação ou aumento de capital social, apresentando a registro certidão expedida pelo Registro Civil das Pessoas Jurídicas.

E a resposta é positiva.

Não há dúvida de que o artigo 64 da Lei n.º 8.934/94 faz referência a "sociedades mercantis" e a Juntas Comerciais. Também não se questiona que, pela literalidade do Código Civil, a sociedade simples se contrapõe à sociedade empresária (artigo 982 do CC **[1]**) e que a inscrição de seus atos não ocorre na Junta Comercial, mas no Registro Civil das Pessoas Jurídicas (artigo 1.150 do CC **[2]**).

No entanto, o artigo 983 do Código Civil possibilita a constituição de sociedades simples com a adoção da estrutura de um dos tipos de sociedade empresária. Nessa hipótese, a *contrario sensu* do dispositivo abaixo transcrito, serão aplicáveis a essa sociedade simples as normas relativas ao modelo de sociedade empresária adotado. Senão vejamos:

> *Art. 983. A sociedade empresária deve constituir-se segundo um dos tipos regulados nos arts. 1.039 a 1.092; a sociedade simples pode constituir-se de conformidade com um desses tipos, e, não o fazendo, subordina-se às normas que lhe são próprias.* (grifei)

Ora, se a legislação que rege uma sociedade simples limitada é aquela que se aplica a uma sociedade empresária limitada (artigo 983 do CC), não há razão para que a regra do artigo 64 da Lei n.º 8.934/94 não seja estendida à primeira.

Nem se argumente que o arquivamento dos atos da sociedade simples no Registro Civil das Pessoas Jurídicas, e não na Junta Comercial, impede a pretensão dos requerentes. Isso porque o Registro Civil das Pessoas Jurídicas está para as sociedades simples, assim como a Junta Comercial para as sociedades empresárias. Não se pode admitir que uma certidão emitida por um Registro Civil das Pessoas Jurídicas serventia extrajudicial dirigida por um titular devidamente aprovado em concurso público tenha um valor probante menor que o mesmo tipo de certidão emitida por uma Junta Comercial. É o que ocorreria se na primeira hipótese fosse exigida a lavratura de escritura pública para a transferência de bem imóvel.

A parte final do artigo 1.150 do Código Civil também não deixa dúvida sobre a aplicação da Lei n.º 8.934/94 ao caso. Repita-se seu teor:

> *Art. 1.150. O empresário e a sociedade empresária vinculam-se ao Registro Público de Empresas Mercantis a cargo das Juntas Comerciais, e a sociedade simples ao Registro Civil das Pessoas Jurídicas, o qual deverá obedecer às normas fixadas para aquele registro, se a sociedade simples adotar um dos tipos de sociedade empresária.*

A expressão "o qual" se refere ao Registro Civil das Pessoas Naturais. Esse órgão há de obedecer às normas fixadas para os registros na JUCESP, se a sociedade simples adotar um dos tipos da sociedade empresária. No presente caso, foi adotado um desses tipos: a sociedade limitada. Portanto, o Registro Civil, no que toca às regras de registro, obedecerá à Lei n.º 8.934/94, especialmente, aqui, o artigo 64.

A medida, assim, dá relevo à função do Registrador Civil de Pessoas Jurídicas, pressupondo zelo e prudência em sua atuação.

Ademais, parece excessivamente burocrático exigir que para um ato de conferência de bens, o sócio tenha que:

a) registrar o instrumento particular no Registro Civil das Pessoas Jurídicas; b) lavrar escritura em um Cartório de Notas; e c) registrar esta última no Registro de Imóveis.

São três cartórios diversos para regularizar uma única situação.

Desse modo, a aceitação da certidão passada pelo Registro Civil das Pessoas Jurídicas como título para a transferência imobiliária, além de encontrar guarida em nossa legislação, simplifica o procedimento a ser seguido pelo interessado.

Ante o exposto, dou provimento ao recurso para julgar improcedente a dúvida.

MANOEL DE QUEIROZ PEREIRA CALÇAS

Corregedor Geral da Justiça e Relator

Notas:

[1] *Art. 982. Salvo as exceções expressas, considera-se empresária a sociedade que tem por objeto o exercício de atividade própria de empresário sujeito a registro (art. 967); e, simples, as demais.*

[2] *Art. 1.150. O empresário e a sociedade empresária vinculam-se ao Registro Público de Empresas Mercantis a cargo das Juntas Comerciais, e a sociedade simples ao Registro Civil das Pessoas Jurídicas, o qual deverá obedecer às normas fixadas para aquele registro, se a sociedade simples adotar um dos tipos de sociedade empresária.* (DJe de 09.03.2017 - SP)

PODER JUDICIÁRIO

TRIBUNAL DE JUSTIÇA DO ESTADO DE SÃO PAULO

CONSELHO SUPERIOR DA MAGISTRATURA

Apelação nº 1031098-21.2016.8.26.0100

Registro: 2017.0000089336

ACÓRDÃO

Vistos, relatados e discutidos estes autos do(a) **Apelação nº 1031098-21.2016.8.26.0100**, da Comarca de **São Paulo**, em que são partes são apelantes **JORGE SAAD SOUEN** e **MARLI TADEA GIANNOTTI SOUEN**, é apelado **4º OFICIAL DE REGISTRO IMÓVEIS DE SÃO PAULO**.

ACORDAM, em Conselho Superior de Magistratura do Tribunal de Justiça de São Paulo, proferir a seguinte decisão: **"Deram provimento ao recurso para julgar improcedente a dúvida. V. U."**, de conformidade com o voto do Relator, que integra este Acórdão.

O julgamento teve a participação dos Exmos. Desembargadores **PAULO DIMAS MASCARETTI (Presidente), ADEMIR BENEDITO, XAVIER DE AQUINO, LUIZ ANTONIO DE GODOY, RICARDO DIP (PRES. DA SEÇÃO DE DIREITO PÚBLICO) E SALLES ABREU**.

São Paulo, 2 de fevereiro de 2017.

MANOEL DE QUEIROZ PEREIRA CALÇAS

Corregedor Geral da Justiça e Relator

Apelação n.º 1031098-21.2016.8.26.0100

Apelantes: Jorge Saad Souen e Marli Tadea Giannotti Souen

Apelado: 4º Oficial de Registro Imóveis de São Paulo

VOTO N.º 29.584

Registro de Imóveis – Conferência de bens – Bens transferidos por um dos sócios para sociedade simples limitada – Óbice ao registro pela não formalização da transferência dos imóveis por escritura – Sentença de procedência da dúvida – Reforma da decisão – Sociedade simples limitada que é regida pelas normas aplicáveis às sociedades empresárias limitadas (art. 983 do CC) – Certidão de alteração de sociedade simples limitada, passada pelo Registro Civil da Pessoa Jurídica, que constitui documento hábil para a transferência de bens imóveis – Inteligência dos artigos 983 do CC e 64 da Lei n.º 8.934/94 – Recurso provido para julgar improcedente a dúvida.

Trata-se de recurso de apelação interposto por Jorge Saad Souen e Marli Tadea Giannotti Souen contra a sentença de fls. 108/110, que julgou procedente a dúvida suscitada pela Oficial do 4º Registro de Imóveis da Capital, impedindo o registro de instrumento particular de alteração contratual da Clínica Jorge Saad Souen Ltda.

Sustentam os apelantes, em síntese, que, embora a clínica seja uma sociedade simples, o registro da conferência dos bens imóveis prescinde da lavratura de escritura pública, pois o artigo 64 da Lei n.º 8.934/94 aplica-se a toda sociedade que adote forma empresarial (fls. 116/122).

A Procuradoria de Justiça opinou pelo não provimento do recurso (fls. 136/138).

É o relatório.

Dispõe o artigo 108 do Código Civil:

> *Art. 108. Não dispondo a lei em contrário, a escritura pública é essencial à validade dos negócios jurídicos que visem à constituição, transferência, modificação ou renúncia de direitos reais sobre imóveis de valor superior a trinta vezes o maior salário mínimo vigente no País.*

Ou seja, para os negócios jurídicos que envolvam direitos reais relativos a imóveis de valor superior a trinta salários mínimos – o que abrange a grande maioria dos bens dessa natureza –, a escritura pública é essencial, salvo disposição de lei em contrário.

O artigo 64 da Lei n.º 8.934/94 é um dos dispositivos que abre exceção à regra da escritura pública:

> *Art. 64. A certidão dos atos de constituição e de alteração de sociedades mercantis, passada pelas juntas comerciais em que foram arquivados, será o documento hábil para a transferência, por transcrição no registro público competente, dos bens com que o subscritor tiver contribuído para a formação ou aumento do capital social.*

A questão é saber se uma sociedade simples, que adota o modelo da sociedade limitada, pode obter a transferência da propriedade de imóvel utilizado para a formação ou aumento de capital social, apresentando a registro certidão expedida pelo Registro Civil das Pessoas Jurídicas.

E a resposta é positiva.

Não há dúvida de que o artigo 64 da Lei n.º 8.934/94 faz referência a "sociedades mercantis" e a Juntas Comerciais. Também não se questiona que, pela literalidade do Código Civil, a sociedade simples se contrapõe à sociedade empresária (artigo 982 do CC **[1]**) e que a inscrição de seus atos não ocorre na Junta Comercial, mas no Registro Civil das Pessoas Jurídicas (art. 1.150 do CC **[2]**).

No entanto, o artigo 983 do Código Civil possibilita a constituição de sociedades simples com a adoção da estrutura de um dos tipos de sociedade empresária. Nessa hipótese, a *contrario sensu* do dispositivo abaixo transcrito, serão aplicáveis a essa sociedade simples as normas relativas ao modelo de sociedade empresária adotado. Senão vejamos:

> *Art. 983. <u>A sociedade empresária</u> deve constituir-se segundo um dos tipos regulados nos arts. 1.039 a 1.092; <u>a</u> <u>sociedade simples pode constituir-se de conformidade com um desses tipos, e, não o fazendo, subordina-se às normas</u> <u>que lhe são próprias</u>.* (grifei)

Ora, se a legislação que rege uma sociedade simples limitada é aquela que se aplica a uma sociedade empresária limitada (art. 983 do CC), não há razão para que a regra do artigo 64 da Lei nº 8.934/94 não seja estendida à primeira.

Nem se argumente que o arquivamento dos atos da sociedade simples no Registro Civil das Pessoas Jurídicas, e não na junta comercial, impede a pretensão dos requerentes. Isso porque o Registro Civil das Pessoas Jurídicas está para as sociedades simples, assim como a junta comercial para as sociedades empresárias. Não se pode admitir que uma certidão emitida por um Registro Civil das Pessoas Jurídicas – serventia extrajudicial dirigida por um titular devidamente aprovado em concurso público – tenha um valor probante menor que o mesmo tipo de certidão emitida por uma junta comercial. É o que ocorreria se na primeira hipótese fosse exigida a lavratura de escritura pública para a transferência de bem imóvel.

A parte final do art. 1.150, do Código Civil, também não deixa dúvida sobre a aplicação da Lei n. 8.934/94 ao caso. Repita-se seu teor:

> *Art. 1.150. O empresário e a sociedade empresária vinculam-se ao Registro Público de Empresas Mercantis a cargo das Juntas Comerciais, e a sociedade simples ao Registro Civil das Pessoas Jurídicas,* o qual deverá obedecer às normas fixadas para aquele registro, se a sociedade simples adotar um dos tipos de sociedade empresária.

A expressão "o qual", refere-se ao Registro Civil das Pessoas Naturais. Esse órgão há de obedecer às normas fixadas para os registros na JUCESP, se a sociedade simples adotar um dos tipos da sociedade empresária. No presente caso, foi adotado um desse tipos: a sociedade limitada. Portanto, o Registro Civil, no que toca às regras de registro, obedecerá à Lei n. 8.934/94, especialmente, aqui, o art. 64.

A medida, assim, dá relevo à função do Registrador Civil de Pessoas Jurídicas, pressupondo zelo e prudência em sua atuação.

Ademais, parece excessivamente burocrático exigir que para um ato de conferência de bens, o sócio tenha que:

a) registrar o instrumento particular no Registro Civil das Pessoas Jurídicas; b) lavrar escritura em um Cartório de Notas; e c) registrar esta última no Registro de Imóveis.

São três cartórios diversos para regularizar uma única situação.

Desse modo, a aceitação da certidão passada pelo Registro Civil das Pessoas Jurídicas como título para a transferência imobiliária, além de encontrar guarida em nossa legislação, simplifica o procedimento a ser seguido pelo interessado.

Ante o exposto, dou provimento ao recurso para julgar improcedente a dúvida.

MANOEL DE QUEIROZ PEREIRA CALÇAS
Corregedor Geral da Justiça e Relator

Notas:

[1] *Art. 982. Salvo as exceções expressas, considera-se empresária a sociedade que tem por objeto o exercício de atividade própria de empresário sujeito a registro (art. 967); e, simples, as demais.*

[2] *Art. 1.150. O empresário e a sociedade empresária vinculam-se ao Registro Público de Empresas Mercantis a cargo das Juntas Comerciais, e a sociedade simples ao Registro Civil das Pessoas Jurídicas, o qual deverá obedecer às normas fixadas para aquele registro, se a sociedade simples adotar um dos tipos de sociedade empresária.* (DJe de 15.03.2017 - SP)

PODER JUDICIÁRIO

TRIBUNAL DE JUSTIÇA DO ESTADO DE SÃO PAULO

CONSELHO SUPERIOR DA MAGISTRATURA

Apelação nº 0000048-59.2016.8.26.0531
Registro: 2017.0000074139

ACÓRDÃO

Vistos, relatados e discutidos estes autos do(a) **Apelação nº 0000048-59.2016.8.26.0531**, da Comarca de **Santa Adélia**, em que são partes é apelante **JUMA ADMINISTRAÇÃO E AGROPECUÁRIA LTDA**, é apelado **OFICIAL DE REGISTRO DE IMÓVEIS E ANEXOS DA COMARCA DE SANTA ADÉLIA**.

ACORDAM, em Conselho Superior de Magistratura do Tribunal de Justiça de São Paulo, proferir a seguinte decisão: **"Negaram provimento ao recurso. v.u. Declarará voto convergente o Desembargador Ricardo Dip."**, de conformidade com o voto do Relator, que integra este Acórdão.

O julgamento teve a participação dos Exmos. Desembargadores **PAULO DIMAS MASCARETTI (Presidente), ADEMIR BENEDITO, XAVIER DE AQUINO, LUIZ ANTONIO DE GODOY, RICARDO DIP (PRES. DA SEÇÃO DE DIREITO PÚBLICO) E SALLES ABREU.**

São Paulo, 2 de fevereiro de 2017.

MANOEL DE QUEIROZ PEREIRA CALÇAS
Corregedor Geral da Justiça e Relator

Apelação nº 0000048-59.2016.8.26.0531

Apelante: Juma Administração e Agropecuária Ltda

Apelado: Oficial de Registro de Imóveis e Anexos da Comarca de Santa Adélia Voto nº 29.627

Registro de Imóveis – Dúvida registrária – Integralização do Capital Social por meio de certidão da JUCESP - Incidência da regra do artigo 64 da Lei n.º 8.934/1994 – Inaplicabilidade do artigo 108 do Código Civil – Impossibilidade, contudo, de cindibilidade do título – Recurso desprovido.

Vistos.

Trata-se de dúvida suscitada por conta do Oficial de Registro de Imóveis de Santa Adélia ter negado o ingresso de instrumento particular de constituição de sociedade empresarial limitada, por meio do qual se integralizaria parte de seu capital social.

A certidão da JUCESP, levada a registro, versava, no que toca à Serventia de Santa Adélia, sobre os imóveis de matrículas 7057, 568 e 293.

Apresentado o título, pela primeira vez, o Oficial apontou óbices, somente, em relação aos imóveis de matrículas 568 e 293. O recorrente, então, reapresentou o titulo, dessa vez postulando a sua cindibilidade, para registro, somente, na matrícula 7057, à vista da falta de exigências em relação a esse imóvel.

O Oficial, entendendo que o título não poderia ser cindido, negou o registro, tornando a qualificá-lo integralmente.

A sentença albergou o entendimento do Oficial, seja sobre a incindibilidade do título, seja sobre os óbices relativos aos imóveis de matrículas 568 e 293.

O recurso limita-se a tecer considerações sobre a possibilidade de cindibilidade, trazendo à colação uma série de julgados do Conselho Superior da Magistratura acerca de hipóteses onde ela foi permitida.

A Douta Procuradoria Geral de Justiça opinou pelo desprovimento do recurso.

É o relatório.

O recurso não comporta provimento.

Em primeiro lugar, há de se esclarecer que não é o caso de tratar das exigências relativas aos imóveis de matrícula 568 e 293. Ora, o recorrente não pediu o registro do título nessas matrículas, quando de sua reapresentação. Pediu, tão somente, a cindibilidade, para registro na matrícula 7057.

Portanto, não havia nenhuma necessidade de o Oficial voltar a tratar dos óbices referentes às outras duas matrículas.

Não haveria possibilidade de registro nessas matrículas, à falta de pedido do apresentante – *regra da instância*.

Dessa maneira, tratar-se-á apenas da questão da cindibilidade e, consequentemente, da possibilidade de se registrar o título na matrícula 7057.

O registro não é possível.

É certo que o artigo 64 da Lei n.º 8.934/1994 – de acordo com o qual *"a certidão dos atos de constituição e de alteração de sociedades mercantis, passada pelas juntas comerciais em que foram arquivados, será o documento hábil para a transferência, por transcrição no registro público competente, dos bens com que o subscritor tiver contribuído para a formação ou aumento do capital social"* –, permite que a transferência do bem imóvel, para a formação do capital social, prescinda de escritura pública. Aqui, aliás, abre-se um parêntese: não se compreende porque o Oficial fez a exigência – equivocada – de lavratura de escritura pública para transferência do imóvel objeto da matrícula 568 e não o fez para o de matrícula 7057.

A regra especial do artigo 64 da Lei n.º 8.934/1994, própria do regime jurídico do contrato de constituição de sociedade empresarial, aplica-se em detrimento da norma geral retirada do artigo 108 do Código Civil: a propósito, *lex posterior generalis non derogat priori speciali*.

Contudo, não é possível cindir o título.

Para a constituição da sociedade empresária, é preciso que se forme seu capital social. A integralização pode se fazer por meio de bens móveis ou imóveis. No que respeita aos últimos, a consumação da integralização dá-se, somente, com a transferência do bem imóvel, do sócio para a sociedade.

No regime do direito civil brasileiro, a transmissão da propriedade se opera, apenas, por intermédio do registro. É o artigo 1.245, do Código Civil, que o diz: *Transfere-se entre vivos a propriedade mediante o registro do título translativo no Registro de Imóveis.*

A certidão da JUCESP é o título translativo. Mas a transferência só ocorre mediante seu registro. Ora, se integralizar o capital social equivale a formar o capital social de uma empresa, dando suporte econômico-financeiro a ela, tem-se que, enquanto não transferida a propriedade dos bens imóveis que o compõem, não há consumação da integralização.

Se isso é verdade, de fato o título não pode ser cindido. Caso o fosse, estar-se-ia criando uma dissonância entre o que consta na JUCESP – a sociedade constituiu-se com determinado capital social – e a realidade, pois, no campo fático, não ocorreu a integralização da forma como prevê o título.

Isso iria de encontro ao primado da segurança jurídica, permitindo que o Oficial do Registro contribuísse para uma ficção: na verdade, a sociedade empresarial não seria titular do capital que afirma ter.

Não se deve permitir a cindibilidade nessas condições.

Embora, no campo lógico, se possa considerar a possibilidade de registro em apenas uma das matrículas, do ponto de vista da segurança jurídica isso seria temerário, pois a inscrição macularia o próprio fim da integralização.

Ante o exposto, pelo meu voto, nega-se provimento ao recurso.

MANOEL DE QUEIROZ PEREIRA CALÇAS

Corregedor Geral da Justiça e Relator

TRIBUNAL DE JUSTIÇA DO ESTADO DE SÃO PAULO

Conselho Superior da Magistratura

Apelação Cível 0000048-59.2016.8.26.0531

Dúvida de registro

VOTO 45.324

1. Adoto, à partida, o resumo processual já lançado no voto do eminente Relator.

2. A procedência da dúvida é de rigor.

Se para a integralização de capital social haviam sido dados três imóveis, realmente não se podia cindir o título para que, havendo óbices quanto a dois deles, se procedesse ao registro *stricto sensu* de uma só transmissão. É que, na jurisprudência deste Conselho (cf. Apel. Cív. 1.918-0, Rel. BRUNO AFFONSO DE ANDRÉ, j. 7.7.1983, e Apel. Cív. 59.966-0/4, Rel. SÉRGIO AUGUSTO NIGRO CONCEIÇÃO, j. 10.9.1999), não há cogitar de cisão do título quando a partição implicar alteração da vontade das partes, como sucederia *in casu*, se, à margem do convencionado, fosse permitido que dois dos imóveis indicados deixassem de compor o patrimônio da sociedade.

É, de resto, a lição de ADEMAR FIORANELLI:

"Reafirmando, **superar ou cindir títulos equivale a dividir, quando possível, fatos jurídicos inscritíveis** objetos de um único instrumento, ou melhor afirmando, uma pluralidade de fatos jurídicos concernentes a mesmo imóvel, **com a ressalva de que da multiplicidade de causas não sobreponha unicidade negocial.**" (*A cindibilidade dos títulos. Exemplos práticos.* In: Direito Notarial e Registral. Homenagem às Varas de Registros Públicos da comarca de São Paulo. São Paulo: Quartier Latin, 2016, p. 404, g. n.)

DO EXPOSTO, nego provimento ao recurso para que, mantida neste caso a exigência ligada à impossibilidade de cisão do título, não se faça o rogado registro *stricto sensu*.

É como voto.

Des. RICARDO DIP

Presidente da Seção de Direito Público. (DJe de 03.04.2017 - SP)

PODER JUDICIÁRIO

TRIBUNAL DE JUSTIÇA DO ESTADO DE SÃO PAULO

CONSELHO SUPERIOR DA MAGISTRATURA

Apelação nº 1001689-21.2015.8.26.0363

Registro: 2017.000623383

ACÓRDÃO

Vistos, relatados e discutidos estes autos do(a) **Apelação nº 1001689-21.2015.8.26.0363**, da Comarca de **Mogi-Mirim**, em que são partes é apelante **REYNALDO JOÃO MILANI FILHO**, é apelado **OFICIAL DE REGISTRO DE TÍTULOS E DOCUMENTOS E CIVIL DE PESSOA JURÍDICA - COMARCA DE MOGI MIRIM.**

ACORDAM, em Conselho Superior de Magistratura do Tribunal de Justiça de São Paulo, proferir a seguinte decisão: **"Deram provimento à apelação para julgar a dúvida improcedente, determinando o registro do título, v.u."**, de conformidade com o voto do Relator, que integra este Acórdão.

O julgamento teve a participação dos Exmos. Desembargadores **PAULO DIMAS MASCARETTI (Presidente), ADEMIR BENEDITO, XAVIER DE AQUINO, LUIZ ANTONIO DE GODOY, RICARDO DIP (PRES. DA SEÇÃO DE DIREITO PÚBLICO) E SALLES ABREU.**

São Paulo, 15 de agosto de 2017.

MANOEL DE QUEIROZ PEREIRA CALÇAS

Corregedor Geral da Justiça e Relator

Apelação nº 1001689-21.2015.8.26.0363

Apelante: Reynaldo João Milani Filho

Apelado: OFICIAL DE REGISTRO DE TÍTULOS E DOCUMENTOS E CIVIL DE PESSOA JURÍDICA - COMARCA DE MOGI MIRIM

VOTO Nº 29.806

Registro de Imóveis – Conferência de bens para integralização de capital social – Dúvida julgada procedente em primeira instância – Análise das três exigências – Óbito da outorgante da procuração ocorrido entre a conferência de bens e o registro do título – Afastamento do óbice – Aplicação do artigo 674 do Código Civil – Falta de identificação dos imóveis a serem transferidos na procuração outorgada – Procuração que confere ao apelante amplos poderes para representar sua esposa, inclusive para alienação de bens – Afastamento do óbice – Precedente deste Conselho – Conferência de bens comuns do casal para integralizar participação em sociedade da qual apenas o marido se tornará sócio – Regime da comunhão parcial de bens – Participação societária que entrará na comunhão de bens, ainda que as ações fiquem em nome do recorrente – Inteligência do artigo 1.660, I, do Código Civil – Anuência suprida pelos termos da procuração e pela futura partilha da participação societária – Exigência afastada – Apelação provida, para julgar improcedente a dúvida.

Trata-se de recurso de apelação interposto por Reynaldo João Milani Filho contra a sentença de fls. 162/165, que julgou procedente a dúvida suscitada pelo Oficial do Registro de Imóveis e Anexos de Mogi Mirim, impedindo o registro nas matrículas nº 40.348 e 67.150 de instrumento particular de conferência de bens para integralização do capital social da empresa Fhasel Administração e Participação S/A.

Sustenta o apelante, em síntese: que a constituição da empresa Fhasel Administração e Participação S/A e a conferência dos imóveis ocorreram antes do falecimento da esposa do apelante, de modo que a procuração outorgada é válida; que a procuração pretendeu lhe conceder poderes irrestritos na administração do patrimônio comum;

e que o registro tal como pleiteado não causa prejuízo aos sucessores de sua esposa. Pede, assim, a improcedência da dúvida, com a determinação de registro do título (fls. 189/226).

A Procuradoria de Justiça opinou pelo não provimento da apelação (fls. 239/243). É o relatório.

Segundo consta, o apelante apresentou a registro instrumento particular, por meio do qual conferiu os imóveis matriculados sob nºs 40.348 e 67.150 no Registro de Imóveis e Anexos de Mogi Mirim para a integralização do capital social da empresa Fhasel Administração e Participação S/A.

Esses bens, de acordo com as cópias das matrículas juntadas a fls. 249/251 e 252/254, são de propriedade do apelante, Reynaldo João Milani Filho, e de sua esposa, Aurora Aparecida Viola Milani (cf. R.8 da matrícula nº 40.348 e

R.9 da matrícula nº 67.150 fls. 251 e 254), casados pelo regime da comunhão parcial de bens.

De acordo com a nota devolutiva de fls. 70, a desqualificação foi motivada por três razões: a) o mandato utilizado pelo apelante para representar sua esposa no ato de conferência dos bens está extinto em decorrência do óbito da outorgante, Aurora Aparecida Viola Milani, ocorrido em 12 de janeiro de 2015; b) os imóveis com que o apelante pretende integralizar o capital social da empresa não estão identificados na procuração; e c) não consta na procuração apresentada poderes para a integralização de capital social somente em nome do mandatário, ora apelante.

A primeira exigência deve ser afastada, como já observado pelo MM. Juiz Corregedor Permanente, embora por fundamento diverso.

Com efeito, não obstante a outorgante da procuração copiada a fls. 102/104 tenha falecido em 12 de janeiro de 2015 (fls. 144), a conferência de bens levada a registro simplesmente conclui negócio iniciado em 31 de dezembro de 2014 (cf. fls. 122/123 e 139/141), data em que Aurora Aparecida Viola Milani ainda estava viva e o mandato, portanto, era válido.

Aplica-se à hipótese o artigo 674 do Código Civil, segundo o qual *"embora ciente da morte, interdição ou mudança de estado do mandante, deve o mandatário concluir o negócio já começado, se houver perigo na demora"*.

Nesse sentido, decisão deste Conselho Superior, nos autos da Apelação nº 990.10.473.290-5:

"Por fim, o falecimento do mandante em 24 de dezembro de 2002 não constitui óbice à utilização do mandato, já que a conferência do bem se deu em 16 de outubro de 2002, antes do óbito. O ato a ser praticado por meio da procuração era o de alienação do imóvel, o que se deu com a sua conferência, independentemente do registro" (Rel. Des. Maurício Vidigal, j. em 19/4/2011).

A segunda exigência também não se sustenta.

Isso porque a mesma apelação acima mencionada (990.10.473.290-5) afastou a necessidade de que procuração que concede ao representante amplos poderes inclusive de alienação de bens imóveis tenha obrigatoriamente que identificar os bens a serem alienados para autorizar o negócio. Nesse sentido:

*"O art. 661, par. 1º, do Código Civil exige poderes especiais para os atos de alienação de imóveis. Ocorre que a procuração outorgada pelo sócio Benedicto Laporte Vieira da Motta outorgou aos mandatários poderes para: "**gerir e administrar todos os bens, negócios e interesses dele outorgante; podendo adquirir, vender, compromissar, ceder, transferir, permutar, hipotecar, renunciar, dar em pagamento ou por qualquer outra forma ou título alienar, a quem quiser, por preço e condições que convencionar, quaisquer bens, móveis ou imóveis...**" (fls. 56 verso). E ainda para "**...fazer quaisquer contratos, hipotecários, de venda e compra, contratos sociais e alterações, inclusive para aumento ou redução de capital**" (fls. 57).*

Tais circunstâncias, aliadas ao fato de tratar de hipótese de integralização de capital, levaram este Egrégio Conselho Superior da Magistratura a decidir, que "Esses poderes, respeitados os entendimentos em sentido contrário expostos nos autos, são, a meu ver, suficientes para o reconhecimento de que pela procuração outorgada o mandante habilitou os mandatários a alienar qualquer de seus bens imóveis mediante integralização do aumento do capital social da empresa apelante, integralização que, ainda 'in casu', foi concomitante com a subscrição, pelo mandante, de novas ações ordinárias emitidas pela apelante, como decorre do documento de fls. 29/57" (fls. 182 do apenso)".

É o que se observa nos autos, em que a procuração copiada a fls. 102/104 confere ao apelante amplos poderes para representar sua esposa.

Ressalte-se que por se tratar de esposo da representada, a presunção é de que o procurador goza efetivamente da confiança de quem o nomeou.

A terceira exigência também deve ser afastada.

Refere-se ela ao fato de não constar na procuração poderes para a integralização de capital social somente em nome do mandatário, ora apelante. Ou seja, segundo o Oficial, não poderia

Reynaldo João Milani Filho, valendo-se da procuração de fls. 102/104, conferir um imóvel comum do casal para integralizar, unicamente em seu favor (já que sua esposa não passou a integrar a sociedade Fhasel Administração e Participação S/A), o capital social dessa empresa.

No entanto, como já ressaltado, o recorrente e sua falecida esposa eram casados pelo regime da comunhão parcial de bens.

Em capítulo dedicado a esse regime de bens, preceitua o artigo 1.660 do Código Civil:

> *Art. 1.660. Entram na comunhão:*
>
> *I - os bens adquiridos na constância do casamento por título oneroso, ainda que só em nome de um dos cônjuges;*

Ou seja, ainda que a participação societária permaneça exclusivamente em nome do recorrente, pelo regime de bens que regulava o casamento já extinto, as ações adquiridas onerosamente na constância da união entrarão na comunhão de bens.

Assim, pouco importa se as ações estão em nome do recorrente ou dele e de sua mulher. Tudo será partilhado. Note-se, ainda, que a procuração concede amplos poderes ao representante, inclusive para a alienação de bens.

Assim, se a conferência de bens para a integralização de capital social é uma modalidade de alienação patrimonial, lícito o negócio jurídico ora analisado, que integrará ao patrimônio comum do casal ações de uma sociedade anônima. Assim, considerando os termos da procuração outorgada pela falecida esposa do recorrente e a obrigatória partilha da participação societária resultante do negócio, a outorga conjugal exigida pelo artigo 1.647 do Código Civil está suprida.

Ante o exposto, pelo meu voto, dou provimento à apelação para julgar a dúvida improcedente, determinando o registro do título.

MANOEL DE QUEIROZ PEREIRA CALÇAS

Corregedor Geral da Justiça e Relator (DJe de 31.08.2017 - SP)

PODER JUDICIÁRIO

TRIBUNAL DE JUSTIÇA DO ESTADO DE SÃO PAULO

CONSELHO SUPERIOR DA MAGISTRATURA

Apelação nº 1009023-43.2016.8.26.0405

Registro: 2017.0000575950

ACÓRDÃO

Vistos, relatados e discutidos estes autos do(a) **Apelação nº 1009023-43.2016.8.26.0405**, da Comarca de **Osasco**, em que são partes é apelante **RELUCA PARTICIPAÇÕES LTDA**, é apelado **2º OFICIAL DE REGISTRO DE IMÓVEIS, TÍTULOS E DOCUMENTOS E CIVIL DE PESSOA JURÍDICA DA COMARCA DE OSASCO.**

ACORDAM, em Conselho Superior de Magistratura do Tribunal de Justiça de São Paulo, proferir a seguinte decisão: **"Deram provimento à apelação, para julgar a dúvida improcedente, v.u."**, de conformidade com o voto do Relator, que integra este Acórdão.

O julgamento teve a participação dos Exmos. Desembargadores **PAULO DIMAS MASCARETTI (Presidente), ADEMIR BENEDITO, XAVIER DE AQUINO, JOÃO CARLOS SALETTI, RICARDO DIP (PRES. DA SEÇÃO DE DIREITO PÚBLICO) E PÉRICLES PIZA**.

São Paulo, 20 de julho de 2017.

MANOEL DE QUEIROZ PEREIRA CALÇAS

Corregedor Geral da Justiça e Relator

Apelação nº 1009023-43.2016.8.26.0405

Apelante: Reluca Participações Ltda

Apelado: 2º Oficial de Registro de Imóveis, Títulos e Documentos e Civil de Pessoa Jurídica da Comarca de Osasco

VOTO Nº 29.779

Registro de Imóveis – Escritura pública de conferência de bens – Desqualificação – Suposta incorreção da base de cálculo utilizada para o recolhimento do ITBI – Atuação que extrapola as atribuições do Oficial – Dever de fiscalização que se limita ao recolhimento do tributo – Lançamento, ademais, feito pelo próprio sujeito ativo da obrigação tributária, na forma da legislação municipal – Recurso a que se dá provimento.

Trata-se de recurso de apelação interposto por Reluca Participações Ltda. contra a sentença de fls. 156/157, que julgou procedente a dúvida suscitada pelo Oficial do 2º Registro de Imóveis de Osasco, obstando o registro na matrícula nº 6.442 de escritura pública de conferência de bens, sob o argumento de que a apelante utilizou base de cálculo incorreta para o recolhimento do ITBI.

Sustenta a apelante, em síntese, que o valor do tributo foi recolhido com base em documento de arrecadação emitido pelo Município; e que cabe ao registrador zelar pelo recolhimento do tributo, mas não pela exatidão. Após citar diversos precedentes deste Conselho Superior, pede a reforma da decisão de primeiro grau (fls. 158/169).

A Procuradoria de Justiça opinou pelo provimento do recurso (fls. 187/189). É o relatório.

Inicialmente, cabe destacar que, recentemente, este Conselho Superior da Magistratura, por votação unânime, em acórdão de minha relatoria, entendeu que sociedade simples, que adota o modelo da sociedade limitada, pode obter a transferência da propriedade de imóvel utilizado para a formação ou aumento de capital social, apresentando a registro certidão expedida pelo Registro Civil das Pessoas Jurídicas. Nesse sentido:

"REGISTRO DE IMÓVEIS – Conferência de bens – Bens transferidos por um dos sócios para sociedade simples limitada – Óbice ao registro pela não formalização da transferência dos imóveis por escritura – Sentença de procedência da dúvida – Reforma da decisão – Sociedade simples limitada que é regida pelas normas aplicáveis às sociedades empresárias limitadas (art. 983 do CC) – Certidão de alteração de sociedade simples limitada, passada pelo Registro Civil da Pessoa Jurídica, que constitui documento hábil para a transferência de bens imóveis – Inteligência dos artigos 983 do CC e 64 da Lei nº 8.934/94 – Recurso provido para julgar improcedente a dúvida" (Apelação nº 1031098-21.2016.8.26.0100, j. em 2/2/2017).

Com base nesse voto, não haveria motivo para o Oficial exigir a lavratura de escritura pública de conferência de bens, como ocorreu previamente à suscitação dessa dúvida (fls. 1). Todavia, como essa exigência foi feita em data anterior à prolação do voto acima citado (18 de dezembro de 2015 fls. 1), não há que se cogitar em falha do registrador.

No mais, foi apresentada a registro, no 2º RI de Osasco, escritura pública de conferência de bens (fls. 43/46), por meio da qual Carlos Pinto e Regina Lucia Pinto transferiram a Reluca Participações Ltda. o imóvel matriculado sob nº 6.442.

O título foi desqualificado, sob o argumento de que houve erro no valor utilizado para o cálculo do ITBI. Por essa razão, exigiu o Oficial a complementação do valor do tributo (fls. 1/2).

O MM. Juiz Corregedor Permanente julgou procedente a dúvida, mantendo o óbice (fls. 156/157). O caso, no entanto, é de reforma da decisão.

Como já decidiu esse Conselho Superior, no julgamento da apelação nº 0002604-73.2011.8.26.0025, em voto da lavra do então Excelentíssimo Corregedor Geral da Justiça, Desembargador José Renato Nalini:

"A falha apontada pelo Oficial envolve questão de questionamento no âmbito do direito material.

Não foi atacada a regularidade formal do título nem mesmo a temporalidade do recolhimento ou o ato em si. Ao contrário, a exigência envolve exame substancial do montante do pagamento do imposto devido, que é atribuição dos órgãos fazendários competentes, sendo que seu questionamento mereceria a participação da Fazenda Pública, principal interessada.

Ao Oficial cabe fiscalizar, sob pena de responsabilização pessoal, a existência da arrecadação do imposto previsto e a oportunidade em que foi efetuada. O montante, desde que não seja flagrantemente equivocado, extrapola a sua função.

Neste sentido é o parecer da D Procuradora de Justiça, citando precedente deste E. Conselho Superior da Magistratura (Apelação Cível 996-6/6, de 09/12/2088)."

É o que ocorre no caso em tela.

Embora zelosa, a atitude do registrador vai além de suas atribuições normais, pois não lhe cabe aferir se o montante do tributo recolhido está correto, devendo apenas zelar pela existência de recolhimento e pela razoabilidade da base de cálculo utilizada.

Na hipótese, o Código Tributário do Município de Osasco, instituído pela Lei Complementar Municipal nº 139/2005, no Capítulo destinado ao Imposto sobre a Transmissão Onerosa de Bens Imóveis Inter Vivos ITBI, preceitua:

> *Art. 48. Nas transmissões ou nas cessões, o contribuinte, antes da lavratura da escritura ou do instrumento, conforme o caso, comparecerá ao setor competente da Administração, com a descrição completa do imóvel, suas características, localização, área do terreno, tipo de construção, benfeitorias e outros elementos que possibilitem a estimativa de seu valor pelo fisco, que promoverá o lançamento do tributo e expedirá o Documento de Arrecadação Municipal - DAM.*

Trata-se de lançamento por declaração, no qual a autoridade administrativa, com apoio nas informações prestadas pelo contribuinte ou responsável, informa qual o valor do tributo devido.

E assim foi feito.

Apresentada as informações necessárias, a Prefeitura emitiu o documento de Arrecadação Municipal com o valor que entendeu cabível e o apelante o pagou (fls. 47).

Assim, se o valor do imposto foi calculado pelo próprio sujeito ativo da obrigação tributária, não há razão para que se impeça o ingresso do título por suposta insuficiência de seu recolhimento.

E o próprio Código Tributário do Município de Osasco vai ao encontro da posição consolidada deste Conselho Superior. Com efeito, prescreve o artigo 54 que o registrador deve exigir a prova do recolhimento do tributo, mas não lhe impõe a análise da exatidão desse valor:

Art. 54. Os tabeliães, escrivães e oficiais de Registro de Imóveis não praticarão quaisquer atos atinentes a seu ofício, nos instrumentos públicos ou particulares relacionados com a transmissão de bens imóveis ou de direitos a eles relativos, sem a prova do pagamento do imposto.

Por todo o exposto, dou provimento à apelação, para julgar a dúvida improcedente.

MANOEL DE QUEIROZ PEREIRA CALÇAS

Corregedor Geral da Justiça e Relator (DJe de 31.09.2017 - SP)

DAÇÃO EM PAGAMENTO

PODER JUDICIÁRIO

TRIBUNAL DE JUSTIÇA DO ESTADO DE SÃO PAULO

CONSELHO SUPERIOR DA MAGISTRATURA

Apelação nº 1024158-98.2015.8.26.0577

Registro: 2017.0000655950

ACÓRDÃO

Vistos, relatados e discutidos estes autos do(a) **Apelação nº 1024158-98.2015.8.26.0577**, da Comarca de **São José dos Campos**, em que são partes é apelante **MINISTÉRIO PÚBLICO DO ESTADO DE SÃO PAULO**, é apelado **PROGRESSO EMPREENDIMENTOS IMOBILIÁRIOS LTDA.**.

ACORDAM, em Conselho Superior de Magistratura do Tribunal de Justiça de São Paulo, proferir a seguinte decisão: **"Negaram provimento à apelação, com a manutenção da sentença que julgou a dúvida improcedente, v.u."**, de conformidade com o voto do Relator, que integra este Acórdão.

O julgamento teve a participação dos Exmos. Desembargadores **PAULO DIMAS MASCARETTI (Presidente), ADEMIR BENEDITO, XAVIER DE AQUINO, LUIZ ANTONIO DE GODOY, RICARDO DIP E SALLES ABREU**.

São Paulo, 25 de agosto de 2017.

MANOEL DE QUEIROZ PEREIRA CALÇAS

Corregedor Geral da Justiça e Relator

Apelação nº 1024158-98.2015.8.26.0577

Apelante: Ministério Público do Estado de São Paulo

Apelado: Progresso Empreendimentos Imobiliários Ltda.

Interessado: 1º Oficial de Registro de Imóveis, Títulos e Documentos e Civil de Pessoa Jurídica da Comarca de São José dos Campos

VOTO Nº 29.792

Registro de Imóveis – Registro de escritura pública de dação em pagamento – Desqualificação – Suposta incorreção da base de cálculo utilizada para o recolhimento do ITBI – Dúvida julgada improcedente – Apelação interposta pelo Ministério Público – Atuação que extrapola as atribuições do Oficial – Dever de fiscalização que se limita ao recolhimento do tributo e à razoabilidade da base de cálculo – Recolhimento antecipado do ITBI que não afronta as NSCGJ nem a legislação municipal – Recurso a que se nega provimento.

Trata-se de recurso de apelação interposto pelo Ministério Público do Estado de São Paulo contra a sentença de fls. 118/120, que julgou improcedente a dúvida suscitada pelo Oficial do 1º Registro de Imóveis de São José dos Campos, permitindo o registro na matrícula nº 179.839 de escritura pública de dação em pagamento, sob o argumento de que não houve erro flagrante no recolhimento do ITBI.

Sustenta o apelante, em síntese, que o registrador tem o dever de fiscalizar o recolhimento dos tributos; e que a diferença entre o valor recolhido e o devido é gritante (fls. 124/125).

Contrarrazões de apelação a fls. 135/149.

A Procuradoria de Justiça opinou pelo provimento do recurso (fls. 154/157). É o relatório.

A apelada firmou contrato de sociedade em conta de participação, por meio do qual os sócios participantes lhe transferiram a propriedade de imóvel matriculado sob nº 179.839 no 1º Registro de Imóveis de São José dos Campos. Em que pese a falta de data de celebração na cópia do instrumento acostada a fls. 54/64, pelas autenticações que lá constam, notase que isso ocorreu antes de 30 de dezembro de 2014.

Pelo contrato, a apelada ficou responsável pela implantação de loteamento em três imóveis distintos, entre os quais está o descrito na matrícula nº 179.839.

Logo após a celebração do instrumento particular, mais especificamente em 12 de janeiro de 2015 (fls. 19), a apelada promoveu o recolhimento do Imposto de Transmissão de Bens Imóveis (ITBI). Dois dias depois, em 14 de janeiro de 2015, o imóvel passou a ser considerado urbano, (cf. Av.4 da matrícula nº 179.839 fls. 27), o que gerou a mudança da base de cálculo para o pagamento do imposto. E quando da lavratura da escritura pública de dação em pagamento (8 de julho de 2015) e de sua apresentação a registro (28 de julho de 2015), a base de cálculo já não correspondia àquela utilizada para o cálculo do imposto efetivamente recolhido.

Apresentada a registro a escritura de dação em pagamento (fls. 10/13), a Oficial do 1º Registro de Imóveis de São José dos Campos desqualificou o título e exigiu o recolhimento da *"diferença do Imposto de Transmissão de Bens Imóveis - ITBI, devido à Prefeitura Municipal de São José dos Campos, referente ao objeto jurídico do presente título, devendo este ser recolhido tendo como base de cálculo o valor venal do imóvel"* (fls. 31).

O MM. Juiz Corregedor Permanente julgou improcedente a dúvida, afastando o óbice (fls. 118/119). E correta foi a decisão prolatada em primeiro grau.

Como já decidiu esse Conselho Superior, no julgamento da apelação nº 0002604-73.2011.8.26.0025, em voto da lavra do então Excelentíssimo Corregedor Geral da Justiça, Desembargador José Renato Nalini:

> *"A falha apontada pelo Oficial envolve questão de questionamento no âmbito do direito material.*
>
> *Não foi atacada a regularidade formal do título nem mesmo a temporalidade do recolhimento ou o ato em si. Ao contrário, a exigência envolve exame substancial do montante do pagamento do imposto devido, que é atribuição dos órgãos fazendários competentes, sendo que seu questionamento mereceria a participação da Fazenda Pública, principal interessada.*
>
> *Ao Oficial cabe fiscalizar, sob pena de responsabilização pessoal, a existência da arrecadação do imposto previsto e a oportunidade em que foi efetuada. O montante, desde que não seja flagrantemente equivocado, extrapola a sua função.*
>
> *Neste sentido é o parecer da D Procuradora de Justiça, citando precedente deste E. Conselho Superior da Magistratura (Apelação Cível 996-6/6, de 09/12/2088)."*

No caso, o valor do tributo recolhido foi de R$948,80; com a base de cálculo modificada, após o imóvel ser considerado urbano, o recolhimento seria de R$113.156,21 (fls. 5).

Essa diferença de valores – que não é pequena – fundamentou a desqualificação do título. No entanto, isso não se justificava.

Preceitua o artigo § 4º do artigo 5º da Lei Complementar nº 383/09 do município de São José dos Campos:

> *§ 4º. No caso de imóveis rurais a base de cálculo do imposto será o valor constante do instrumento de transmissão, respeitado, no mínimo o valor da declaração para fins de lançamento do Imposto Territorial Rural, do exercício da transmissão, atualizado monetariamente.* (grifei)

Considerando que o valor da transação que constou na escritura de dação em pagamento foi o mesmo utilizado para o cálculo do imposto de transmissão (R$47.440,00, cf. fls. 11 e 19), percebe-se que, no momento do recolhimento, que ocorreu antes do imóvel ser considerado urbano, o valor estava correto.

A pergunta que deve ser feita é se o imposto de transmissão poderia ter sido recolhido em janeiro para um negócio cuja escritura só foi lavrada em julho, mesmo mês que o instrumento foi levado a registro.

Dispõe o item 15 do Capítulo XIV das NSCGJ:

> *15. O Tabelião de Notas manterá arquivos para os seguintes documentos necessários à lavratura dos atos notariais, em papel, microfilme ou documento eletrônico:*
>
> *(...)*
>
> *b) comprovante ou cópia autenticada do pagamento do Imposto sobre Transmissão Inter Vivos de Bens Imóveis, de direitos reais sobre imóveis e sobre cessão de direitos a sua aquisição – ITBI e do Imposto sobre Transmissão Causa Mortis e Doação – ITCMD, quando incidente sobre o ato, ressalvadas as hipóteses em que a lei autorize a efetivação do pagamento após a sua lavratura;*

Pelas Normas de Serviço, salvo autorização legal expressa, o comprovante de recolhimento de ITBI deve ser apresentado no momento da lavratura da escritura de compra e venda.

Assim, ainda que o fato gerador do ITBI ocorra somente com a transmissão da propriedade – o que ocorre com o registro do título na serventia imobiliária –, fato é que as NSCGJ exigem que o tributo seja recolhido, em regra, de forma antecipada, no caso, antes mesmo da lavratura da escritura pública.

E se por um lado o artigo 12 da Lei Complementar nº 383/09 do município de São José dos Campos preceitue que *"o Imposto Sobre a Transmissão "Inter Vivos" de Bens Imóveis será recolhido até a data do ato de transmissão de bens ou direitos reais"* – o que autorizaria o recolhimento após a lavratura da escritura ; por outro, não existe dispositivo legal que proíba a antecipação do recolhimento do tributo para momento anterior à lavratura da escritura.

Destaque-se que o recolhimento não foi feito em data aleatória. Ocorreu poucos dias após a assinatura pelos interessados de contrato de sociedade em conta de participação, por meio do qual os sócios participantes assumiram a obrigação de transferir à apelada a propriedade do imóvel matriculado sob nº 179.839 no 1º Registro de Imóveis de São José dos Campos (fls. 19 e 54/64).

Note-se que o próprio município, sujeito ativo da obrigação tributária, quase dois meses depois de o imóvel da matrícula nº 179.839 ter sido considerado urbano (cf. Av.4 da matrícula nº 179.839 fls. 27), por meio da certidão acostada a fls. 18, não questionou o valor recolhido pelos contribuintes a título de ITBI.

Desse modo, embora zelosa, a atitude da registradora vai além de suas atribuições normais, pois não lhe cabe aferir se o montante do tributo recolhido está correto, devendo apenas zelar pela existência de recolhimento e pela razoabilidade da base de cálculo utilizada.

E não se está aqui afirmando que o recolhimento está correto. O município, caso entenda que houve recolhimento a menor, poderá efetuar o lançamento da diferença e, se entender necessário, ajuizar execução fiscal.

Reitera-se apenas o entendimento segundo o qual não cabe ao registrador agir como agente fiscal, exigindo a complementação de tributo, cujo recolhimento, em princípio, nem o ente tributante parece questionar (fls. 18).

Por todo o exposto, nego provimento à apelação, com a manutenção da sentença que julgou a dúvida improcedente.

MANOEL DE QUEIROZ PEREIRA CALÇAS

Corregedor Geral da Justiça e Relator. (DJe de 20.09.2017 - SP)

DESAPROPRIAÇÃO

PODER JUDICIÁRIO

TRIBUNAL DE JUSTIÇA DO ESTADO DE SÃO PAULO

CONSELHO SUPERIOR DA MAGISTRATURA

Apelação nº 0002933-39.2015.8.26.0383

Registro: 2017.0000389244

ACÓRDÃO

Vistos, relatados e discutidos estes autos do(a) **Apelação nº 0002933-39.2015.8.26.0383**, da Comarca de **Nhandeara**, em que são partes é apelante **DEPARTAMENTO DE ESTRADAS DE RODAGEM DO ESTADO DE SÃO PAULO**, é apelado **OFICIAL DE REGISTRO DE IMÓVEIS E ANEXOS DA COMARCA DE NHANDEARA**.

ACORDAM, em Conselho Superior de Magistratura do Tribunal de Justiça de São Paulo, proferir a seguinte decisão: **"Negaram provimento ao recurso. V. U."**, de conformidade com o voto do Relator, que integra este Acórdão.

O julgamento teve a participação dos Exmos. Desembargadores **PAULO DIMAS MASCARETTI (Presidente), ADEMIR BENEDITO, XAVIER DE AQUINO, LUIZ ANTONIO DE GODOY, RICARDO DIP (PRES. DA SEÇÃO DE DIREITO PÚBLICO) E PÉRICLES PIZA (PRES. SEÇÃO DE DIREITO CRIMINAL).**

São Paulo, 24 de maio de 2017.

MANOEL DE QUEIROZ PEREIRA CALÇAS

Corregedor Geral da Justiça e Relator

Apelação nº 0002933-39.2015.8.26.0383

Apelante: Departamento de Estradas de Rodagem do Estado de São Paulo

Apelado: Oficial de Registro de Imóveis e Anexos da Comarca de Nhandeara

VOTO Nº 29.757

Registro de Imóveis – Desapropriação – Descrição que obsta a localização da área destacada em relação ao imóvel desapropriado – Conferência do memorial descritivo por meio de software, tendo sido obtida localização diferente da esperada – Inobservância do princípio da especialidade – Dúvida procedente – Recurso improvido.

Cuida-se de recurso de apelação tirado de r. sentença da MM. Juíza Corregedora Permanente do Oficial de Registro de Imóveis da Comarca de

Nhandeara, que julgou procedente dúvida suscitada para o fim de manter a exigência de que se identifique, com precisão, o imóvel desapropriado, no tocante a sua localização no globo, com observância da Lei 6.015/73 c.c. Lei 10.261/01, em obediência ao princípio da especialidade.

A apelante afirma, em síntese, estarem presentes todos os requisitos necessários para efetivação do registro, uma vez que os documentos exibidos à Oficiala possibilitam a identificação do imóvel desapropriado, cuja descrição se houve pelo sistema UTM e não pelo sistema adotado pela apelada. Aduz que a desapropriação é forma originária de aquisição da propriedade, não tendo o procedimento expropriatório escopo de identificar um imóvel rural, seus limites e confrontações e sim de incorporar o bem ao patrimônio público, não sendo extrapolados os limites do imóvel original e, portanto, não havendo ofensa ao princípio da especialidade objetiva. Argumenta com a incidência do art. 176-A, parágrafos 1º, 2º e 3º da Lei 6.015/01.

A Procuradoria Geral de Justiça opinou pelo desprovimento do recurso. É o relatório.

À luz do art. 176, II, 3, da Lei de Registros Públicos:

> "Art. 176 - O Livro nº 2 - Registro Geral – será destinado, à matrícula dos imóveis e ao registro ou averbação dos atos relacionados no art. 167 e não atribuídos ao Livro nº 3.
>
> II - são requisitos da matrícula:
>
> 3) a identificação do imóvel, que será feita com indicação:
>
> a - se rural, do código do imóvel, dos dados constantes do CCIR, da denominação e de suas características, confrontações, localização e área;
>
> b - se urbano, de suas características e confrontações, localização, área, logradouro, número e de sua designação cadastral, se houver."

Já o art. 225 da mesma Lei dispõe:

> "Art. 225 - Os tabeliães, escrivães e juízes farão com que, nas escrituras e nos autos judiciais, as partes indiquem, com precisão, os característicos, as confrontações e as localizações dos imóveis, mencionando os nomes dos confrontantes e, ainda, quando se tratar só de terreno, se esse fica do lado par ou do lado ímpar do logradouro, em que quadra e a que distância métrica da edificação ou da esquina mais próxima, exigindo dos interessados certidão do registro imobiliário.
>
> § 1º As mesmas minúcias, com relação à caracterização do imóvel, devem constar dos instrumentos particulares apresentados em cartório para registro.
>
> § 2º Consideram-se irregulares, para efeito de matrícula, os títulos nos quais a caracterização do imóvel não coincida com a que consta do registro anterior."

Referidas normas externam o princípio da especialidade e destinam-se a assegurar que a totalidade dos imóveis esteja precisamente individuada. A identificação há de ser tal que permita a quem a leia ter integrais condições de identificar os limites da área imobiliária objeto da matrícula. Somente quando satisfeitas as exigências legais e devidamente matriculado o imóvel é que registros e averbações futuras poderão ser validamente efetuados.

Ademais, à míngua da precisa descrição geodésica do imóvel, tampouco se consegue identificar a parcela sobre a qual recai a desapropriação cujo registro se almeja.

Em situação análoga, este Egrégio Conselho Superior da Magistratura tem reiteradamente decidido pela procedência da dúvida:

> "REGISTRO DE IMÓVEIS – DÚVIDA JULGADA PROCEDENTE – RECUSA DE INGRESSO DE CARTA DE SENTENÇA – INSTITUIÇÃO DE SERVIDÃO – DESMEMBRAMENTO DO IMÓVEL DESMEMBRADO, DANDO ORIGEM A QUATRO NOVAS MATRÍCULAS – NECESSIDADE DE DESCRIÇÃO DAS ÁREAS DOMINANTES EM CADA UMA DAS ÁREAS SERVIENTES DESMEMBRADAS – OFENSA AOS PRINCÍPIOS DA ESPECIALIDADE OBJETIVA E DA CONTINUIDADE – RECURSO NÃO PROVIDO.
>
> Em suma, é a matrícula que define, em toda a sua extensão, modalidades e limitações, a situação jurídica do imóvel, razão pela qual, para fins de registro de instituição de servidão administrativa, que consiste em restrição (ônus) ao direito real, devem ser observados os princípios registrários, no caso, o da especialidade objetiva e o da continuidade, o que não se verifica no caso vertente." (Apelação Cível nº 9000003-56.2014.8.26.0082, 29/9/15, Rel. Des. Elliot Akel; no mesmo v. acórdão, estão citados os seguintes precedentes: Apelações Cíveis números 745-6/1; 1.204-6/1; 943-6/5 e 0017110.60.2008..8.26.0348, 0001619-65.2014.8.26.0586, 9000002.71.2014.8.26.0082 e 0001243-53.2013.8.26.0315)

Diversamente do quanto sustentado pelo recorrente, não foi reconhecida afronta ao princípio da continuidade, uma vez que se cuida de modo originário de aquisição da propriedade. O que motiva a recusa da Oficiala é a ofensa ao princípio da especialidade objetiva, considerando que: (1) da descrição da matrícula e da descrição da área desapropriada, não é possível localizar a área destacada em relação ao imóvel original;

(2) a análise do memorial descritivo por meio de software criado para conferência e gestão de trabalhos topográficos de retificação de imóveis rurais implicou a obtenção de localização distinta da esperada.

Por fim, o art. 176-A, da Lei de Registros Públicos, citado pelo apelante, que havia sido incluído pela Medida Provisória n. 700, de 8 de dezembro de 2015, teve vigência encerrada em 17 de maio de 2016.

A notícia pública prestada a partir do registro imobiliário há de ser, primordialmente, precisa. E, na hipótese em berlinda, somente com a correção da descrição do imóvel desapropriado na matrícula imobiliária a informação será suficientemente precisa para se tornar pública.

Note-se que a própria apelante, interessada no registro da certidão, pode providenciar a retificação da área em comento.

Desta feita, bem postada a recusa da Sra. Oficiala, nego provimento ao recurso.

MANOEL DE QUEIROZ PEREIRA CALÇAS

Corregedor Geral da Justiça e Relator (DJe de 23.08.2017 - SP)

DIVISÃO

PODER JUDICIÁRIO

TRIBUNAL DE JUSTIÇA DO ESTADO DE SÃO PAULO

CONSELHO SUPERIOR DA MAGISTRATURA

Apelação nº 9000005-94.2016.8.26.0360

Registro: 2017.000774635

ACÓRDÃO

Vistos, relatados e discutidos estes autos do(a) **Apelação nº 9000005-94.2016.8.26.0360**, da Comarca de **Mococa**, em que são partes são apelantes **LAÉRCIO CELESTINO DE SALLES e ROSA MARIA CESINI DE SALLES**, é apelado **OFICIAL DE REGISTRO DE IMÓVEIS E ANEXOS DA COMARCA DE MOCOCA**.

ACORDAM, em Conselho Superior de Magistratura do Tribunal de Justiça de São Paulo, proferir a seguinte decisão: **"Negaram provimento ao recurso. V. U. Declarará voto convergente o Desembargador Ricardo Dip."**, de conformidade com o voto do Relator, que integra este Acórdão.

O julgamento teve a participação dos Exmos. Desembargadores **PAULO DIMAS MASCARETTI (Presidente), ADEMIR BENEDITO, XAVIER DE AQUINO, LUIZ ANTONIO DE GODOY, RICARDO DIP E SALLES ABREU.**

São Paulo, 29 de setembro de 2017.

MANOEL DE QUEIROZ PEREIRA CALÇAS

Corregedor Geral da Justiça e Relator

Apelação nº 9000005-94.2016.8.26.0360

Apelantes: Laércio Celestino de Salles e Rosa Maria Cesini de Salles

Apelado: Oficial de Registro de Imóveis e Anexos da Comarca de Mococa

VOTO Nº 29.827

Registro de Imóveis – Escritura pública de divisão – Recorrente qualificado como solteiro – Casamento averbado antes de a escritura ser levada a registro – Desobediência ao princípio da especialidade subjetiva – Necessidade de adequação da qualificação do recorrente, na escritura pública, ao teor do fólio real – Pretensão de cancelamento da averbação, como forma de viabilizar o registro da escritura pública – Impossibilidade – Ausência de amparo legal ao cancelamento, que, de resto, mostra-se absolutamente casuístico – Recurso desprovido.

Cuida-se de recurso de apelação tirado de r. sentença do MM. Juiz Corregedor Permanente do Oficial de Registro de Imóveis e Anexos de Mococa, que julgou procedente dúvida suscitada, para o fim de manter a recusa a registro de escritura pública de divisão, por desobediência ao princípio da especialidade subjetiva (desconformidade entre o estado civil do apelante na escritura pública e na matrícula do bem). Recusou, ainda, a possibilidade de cancelamento da averbação do casamento do apelante, à míngua de respaldo legal.

O apelante afirma, em síntese, que sua qualificação na escritura pública está correta, adequada ao tempo em que lavrada. Mencionou a dificuldade de retificação da escritura pública, passados quase trinta anos de sua lavratura, dada a possibilidade de os demais contratantes não mais terem interesse na contratação, tal como feita à época. Bateu- se pela necessidade de flexibilização do princípio da especialidade subjetiva, na hipótese vertente.

A Procuradoria Geral de Justiça opinou pelo desprovimento do recurso.

É o relatório. Consoante se verifica de fls. 20, o apelante figura como solteiro na escritura pública de divisão amigável que pretende registrar. Todavia, da matrícula do imóvel, a fls. 17, verifica-se que o apelante é casado (Av-2- 168).

Dispõe o art. 176, II, 4, a, da Lei 6015/73:

"O Livro nº 2 - Registro Geral - será destinado, à matrícula dos imóveis e ao registro ou averbação dos atos relacionados no art. 167 e não atribuídos ao Livro nº 3.

II - são requisitos da matrícula:

4) o nome, domicílio e nacionalidade do proprietário, bem como:

a) **tratando-se de pessoa física, o estado civil**, a profissão, o número de inscrição no Cadastro de Pessoas Físicas do Ministério da Fazenda ou do Registro Geral da cédula de identidade, ou à falta deste, sua filiação;"

Desta feita, à luz do princípio da especialidade subjetiva, inviável o registro da escritura em pauta. Seria mesmo de rigor, como exigido pelo Sr. Oficial, a prévia correção do título, para o adequar à realidade do estado civil do contratante.

Pouco importa, neste passo, que o casamento tenha se dado depois de lavrada a escritura pública de divisão amigável. Com efeito, o momento juridicamente relevante para análise do preenchimento dos requisitos legais é o do próprio ato cartorário que se quer praticar Se, ao tempo em que apresentada a registro, a escritura pública estiver em desconformidade com a qualificação do contratante havida na matrícula imobiliária, ainda que estivesse adequada ao tempo em que lavrada, o ato há de ser obstado.

De outro bordo, tampouco viável o cancelamento da averbação, que passou a ser postulado pelo recorrente como forma de tentar adequar sua qualificação civil, tal como constante da matrícula, à grafada na escritura pública de divisão. Cancelada a averbação, o apelante tornaria a figurar no fólio real como solteiro, condição ostentada na escritura pública.

Conforme disposto no art. 1247 da Lei Civil:

"Art. 1.247. Se o teor do registro não exprimir a verdade, poderá o interessado reclamar que se retifique ou anule."

A averbação em voga, porém, exprime a realidade. O estado civil do recorrente efetivamente é o de casado, de tal arte que o artigo em questão não se presta a autorizar o cancelamento da averbação.

Tampouco amolda-se a situação em questão a qualquer das hipóteses elencadas no art. 213 da Lei de Registros Públicos, autorizadoras da retificação da averbação.

De qualquer modo, não se há de possibilitar casuístico cancelamento de averbação, destinado unicamente a acomodar registro de título outro, mormente quando verdadeiro o fato nela narrado.

Desta feita, nego provimento ao recurso.

MANOEL DE QUEIROZ PEREIRA CALÇAS

Corregedor Geral da Justiça e Relator

TRIBUNAL DE JUSTIÇA DO ESTADO DE SÃO PAULO

Conselho Superior da Magistratura

Apelação Cível 9000005-94.2016.8.26.0360

Dúvida de registro

VOTO CONVERGENTE (50.853):

1. Convirjo com a conclusão do r. voto do eminente Relator (voto cujo resumo processual adoto): de fato, se o interessado consta, *in tabula*, na condição de **casado**, não poderia receber, sem mais, qualificação registral positiva o título em que figura com o *status* de solteiro. Resta-lhe, pois, providenciar a retificação *ou* do registro (suposto nele haja erro) *ou* do título formal. Até lá, porém, a inscrição que pretende há de permanecer indeferida, e este recurso não merece provimento.

2. Note-se que, *proprie dicto*, o interessado não pode cancelar, *sic et simpliciter*, o averbamento que o dá por ser casado: afinal, esta averbação ou é errônea e então tem de ser retificada (art. 212 da Lei n. 6.015, de 31-12-1973) , ou está correta, e, pois, não há cogitar de cancelamento, pois não haveria título para tanto.

TERMOS EM QUE, nego provimento à apelação, para manter a r. sentença de origem. É como voto.

Des. RICARDO DIP

Presidente da Seção de Direito Público (DJe de 01.12.2017 - SP)

DIVÓRCIO

PODER JUDICIÁRIO

TRIBUNAL DE JUSTIÇA DO ESTADO DE SÃO PAULO

CONSELHO SUPERIOR DA MAGISTRATURA

Apelação nº 0002652-31.2015.8.26.0368

Registro: 2017.0000116941

ACÓRDÃO

Vistos, relatados e discutidos estes autos do(a) **Apelação nº 0002652-31.2015.8.26.0368**, da Comarca de **Monte Alto**, em que são partes é apelante **PAOLA ANGELA DOS SANTOS**, é apelado **OFICIAL DE REGISTRO DE IMÓVEIS E ANEXOS DA COMARCA DE MONTE ALTO.**

ACORDAM, em Conselho Superior de Magistratura do Tribunal de Justiça de São Paulo, proferir a seguinte decisão: **"Negaram provimento ao recurso, v.u."**, de conformidade com o voto do Relator, que integra este Acórdão.

O julgamento teve a participação dos Exmos. Desembargadores **PAULO DIMAS MASCARETTI (Presidente), ADEMIR BENEDITO, XAVIER DE AQUINO, LUIZ ANTONIO DE GODOY, RICARDO DIP E SALLES ABREU.**

São Paulo, 16 de fevereiro de 2017.

MANOEL DE QUEIROZ PEREIRA CALÇAS
Corregedor Geral da Justiça e Relator

Apelação nº 0002652-31.2015.8.26.0368
Apelante: Paola Angela dos Santos
Apelado: Oficial de Registro de Imóveis e Anexos da Comarca de Monte Alto

VOTO Nº 29.604

Registro de Imóveis – Título judicial – Carta de sentença extraída de autos de processo de divórcio – Propriedade do imóvel partilhado que se encontra registrado em nome de terceiros – Inscrição pretendida que não tem respaldo nas titularidades de direitos inscritas na matrícula – Ofensa ao princípio da continuidade registral configurada – Dúvida procedente – Recurso desprovido.

Ao expor as razões de recusa do registro da *carta de sentença*, o suscitante se escorou no princípio da continuidade registral, uma vez que o bem imóvel identificado na mat. 32.468 do RI de Monte Alto não consta, no fólio real, como pertencendo aos divorciandos, Paola Ângela Felix da Silva, ora apelante, e Alessandro dos Santos. **[1]**

Inconformada com a sentença que julgou a dúvida procedente **[2]**, a interessada interpôs apelação afirmando que a inscrição do título judicial é essencial com vistas à publicidade do divórcio e da partilha do bem imóvel resolvida no processo de dissolução do vínculo matrimonial. **[3]**

Com o recebimento do recurso **[4]**, os autos foram enviados ao C. CSM e, ato contínuo, abriu-se vista à Procuradoria Geral da Justiça, que propôs o desprovimento da apelação **[5]**.

É o relatório.

Pretende-se o registro de *carta de sentença* expedida pelo Juízo da 3.ª Vara da Comarca de Monte Alto, nos autos do processo n.º 0001863-66.2014.8.26.0368, em cujo corpo homologado o acordo entabulado pelos divorciandos – a interessada, recorrente, e Alessandro dos Santos –, com partilha do bem imóvel descrito na mat. 32.468 do RI de Monte Alto. **[6]**

A origem judicial do título não torna prescindível a qualificação registral: a conferência voltada ao exame do preenchimento das formalidades legais atreladas ao ato pretendido é indispensável. **[7]** Nessa linha, justifica-se a confirmação da r. sentença e, por conseguinte, o juízo negativo de qualificação registral, **em atenção ao princípio da continuidade registral**.

Os divorciando não são proprietários do bem imóvel partilhado, mas apenas titulares de direitos sobre tal coisa, adquiridos via *cessão de direitos de compromisso de venda e compra* ajustada com os proprietários tabulares, aperfeiçoada mediante instrumento particular não inscrito na tábua registral. **[8]** Enfim, não são titulares de quaisquer direitos assentados no fólio real.

De acordo com o r. 3 da mat. n.º 32.468, o imóvel continua sob a propriedade de Vera Lúcia dos Santos e Oronildo José dos Santos **[9]**, a obstar, assim, **por força do princípio do trato sucessivo**, o requerido acesso da carta de sentença ao álbum imobiliário. Em suma, a inscrição perseguida depende do prévio registro de escritura pública ou de carta de adjudicação transferindo o bem imóvel para os divorciandos.

O registro perseguido pela recorrente não encontra respaldo nas titularidades de direitos inscritas na matrícula; não assegura a preservação, não resguarda a integridade da cadeia de titularidades; não se justifica, nessa trilha, à vista das inscrições antecedentes. Não se harmoniza, em última análise, com o princípio da segurança jurídica.

Destarte, impõe prestigiar o juízo de desqualificação registral. De resto, no tocante à inviabilidade da averbação do título, acrescento, forte na lição de Francisco Loureiro, que "**a averbação não constitui meio oblíquo de se obter a qualificação positiva de títulos típicos de criação de direitos reais sem previsão legal.**" **[10]** (grifei)

Isto posto, **nego provimento ao recurso. MANOEL DE QUEIROZ PEREIRA CALÇAS**

Corregedor Geral da Justiça e Relator

Notas:

[1] Fls. 3 e 6. **[2]** Fls. 42-44. **[3]** Fls. 48-49.

[4] Fls. 50. **[5]** Fls. 58-59. **[6]** Fls. 8-27.

[7] Nesse sentido, a título de exemplo, Apelação Cível n.º 39.487-0/1, rel. Des. Márcio Martins

Bonilha, j. 31.07.1997, e Apelação Cível n.º 404-6/6, rel. Des. José Mário Antonio Cardinale, j. 08.09.2005.

[8] Fls. 17-18 e 35.

[9] Fls. 35.

[10] *Lei de Registros Públicos comentada*. José Manuel de Arruda Alvim Neto; Alexandre Laizo Clápis; Everaldo Augusto Cambler (coords.). Rio de Janeiro: Forense, 2014, p. 1.281. (DJe de 31.03.2017 - SP)

DOAÇÃO

PODER JUDICIÁRIO

TRIBUNAL DE JUSTIÇA DO ESTADO DE SÃO PAULO

CONSELHO SUPERIOR DA MAGISTRATURA

Apelação nº 1006725-68.2015.8.26.0161

Registro: 2016.0000788665

ACÓRDÃO

Vistos, relatados e discutidos estes autos do(a) **Apelação nº 1006725-68.2015.8.26.0161**, da Comarca de **Diadema**, em que são partes é apelante **FAZENDA DO ESTADO DE SÃO PAULO,** é apelado **MARIO EDUARDO ALVES.**

ACORDAM, em Conselho Superior de Magistratura do Tribunal de Justiça de São Paulo, proferir a seguinte decisão: **"Negaram provimento ao recurso, v.u."**, de conformidade com o voto do Relator, que integra este Acórdão.

O julgamento teve a participação dos Exmos. Desembargadores **PAULO DIMAS MASCARETTI (Presidente), ADEMIR BENEDITO, XAVIER DE AQUINO, LUIZ ANTONIO DE GODOY, RICARDO DIP (PRES. DA SEÇÃO DE DIREITO PÚBLICO) E SALLES ABREU.**

São Paulo, 14 de outubro de 2016.

MANOEL DE QUEIROZ PEREIRA CALÇAS

Corregedor Geral da Justiça e Relator

Apelação nº 1006725-68.2015.8.26.0161

Apelante: FAZENDA DO ESTADO DE SÃO PAULO

Apelado: Mario Eduardo Alves

VOTO Nº 29.568

Registro de Imóveis – Apelação interposta pela Fazenda do Estado de São Paulo – Legitimidade reconhecida – Terceira prejudicada – Escritura de Doação – Desqualificação – Discussão a respeito da base de cálculo a ser utilizada no cálculo do ITCMD – Atuação que extrapola as atribuições do Oficial – Dever de fiscalização que se limita ao recolhimento do tributo – Discussão que deve ser travada em processo administrativo tributário ou em execução fiscal – Sentença de improcedência da dúvida mantida.

Trata-se de recurso de apelação interposto pela Fazenda Pública do Estado de São Paulo contra a sentença de fls. 66/67, que julgou improcedente a dúvida suscitada pela Oficial de Registro de Imóveis de Diadema e determinou o registro de escritura de doação, afastando a aplicação do Decreto Estadual nº 55.002/2009.

Sustenta a Fazenda do Estado, em síntese, que o Decreto Estadual nº 55.002/2009 apenas regulamentou o que já está expresso na Lei Estadual nº 10.705/2000, de forma que sua aplicação se impõe. Pede, assim, a reforma da decisão de primeiro grau (fls. 74/79). A Procuradoria de Justiça opinou pelo não provimento do recurso (fls. 96/98). É o relatório.

Inicialmente, ressalta-se que Fazenda do Estado tem legitimidade para recorrer, com fundamento no artigo 202 da Lei nº 6.015/73 **[1]**, uma vez que, por ser destinatária do ITCMD, se enquadra como terceira prejudicada.

No mérito, o caso é de não provimento do recurso.

Liu Kuo Hwa, Selma Jao Liu, Liu Kuo Tze e Chang Yu Liu, por meio de escritura pública, doaram a Felipe Liu e Monica Liu o imóvel matriculado sob o nº 23.013 no Registro de Imóveis de Diadema.

Ao ser apresentado a registro, o título foi desqualificado, em virtude do suposto recolhimento a menor do Imposto sobre Transmissão "Causa Mortis" e Doação de Quaisquer Bens ou Direitos. Na nota devolutiva (fls. 5/8) e nas razões da dúvida (fls. 1/4), sustentou a registradora: a) que a base de cálculo que foi utilizada para o recolhimento do ITCMD relativo à doação é inferior ao valor de lançamento do IPTU; e b) que o correto é a utilização do valor venal de referência do Imposto sobre Transmissão de Bens Imóveis - ITBI como base de cálculo para o ITCMD.

A sentença prolatada em primeiro grau afastou a exigência, forte no argumento de que o valor do lançamento do IPTU e não o valor venal de referência do ITBI é a base de cálculo correta para fins deITCMD.

Conquanto o afastamento do óbice ao registro esteja correto, isso se dá por outros motivos.

Como já decidiu esse Conselho Superior, no julgamento da apelação 0002604-73.2011.8.26.0025, em voto da lavra do então Excelentíssimo Corregedor Geral da Justiça, Desembargador José Renato Nalini:

> *"A falha apontada pelo Oficial envolve questão de questionamento no âmbito do direito material.*
>
> *Não foi atacada a regularidade formal do título nem mesmo a temporalidade do recolhimento ou o ato em si. Ao contrário, a exigência envolve exame substancial do montante do pagamento do imposto devido, que é atribuição dos órgãos fazendários competentes, sendo que seu questionamento mereceria a participação da Fazenda Pública, principal interessada.*
>
> *Ao Oficial cabe fiscalizar, sob pena de responsabilização pessoal, a existência da arrecadação do imposto previsto e a oportunidade em que foi efetuada. O montante, desde que não seja flagrantemente equivocado, extrapola a sua função.*
>
> *Neste sentido é o parecer da D Procuradora de Justiça, citando precedente deste E. Conselho Superior da Magistratura (Apelação Cível 996-6/6, de 09/12/2088)."*

É o que ocorre no caso em tela.

Embora zelosa, a atitude da registradora vai além de suas atribuições normais, pois não lhe cabe aferir se o montante do tributo recolhido está correto, devendo apenas zelar pela existência de recolhimento e pela razoabilidade da base de cálculo utilizada.

Na hipótese, a escritura de doação foi lavrada em 7 de janeiro de 2014 (fls. 20/23) e o valor utilizado para o cálculo do ITCMD (R$1.300.000,00 fls. 26/27 e 29/32) foi o do valor lançamento para fins de IPTU no exercício de 2013 (R$1.295.047,62 - fls. 34).

Pode-se questionar se o cálculo do tributo não deveria ter levado em conta valor venal de referência do ITBI (fls. 38), nos termos do artigo 16 do Regulamento do ITCMD, aprovado pelo Decreto n° 46.655/2002, com a redação dada pelo Decreto nº 55.002/2009 **[2]**, embora se trate de base de cálculo que vem sendo sistematicamente rechaçada pelo Tribunal de Justiça de São Paulo:

"Mandado de Segurança – Recolhimento de ITCMD – Imposto de transmissão causa mortis e Doação – Base de cálculo Valor venal do IPTU lançado no exercício – Sentença ratificada, nos termos do artigo 252 do Regimento Interno desta E. Corte Recursos não providos" (Apelação n.º 0035140-24.2009.8.26.0053, 11ª Câmara de Direito Público, Rel. Des. Aliende Ribeiro, j. 21/11/2011).

"MANDADO DE SEGURANÇA. IMPOSTO SOBRE TRANSMISSÃO CAUSA MORTIS E DOAÇÃO DE QUAISQUER BENS OU DIREITOS (ITCMD). Base de cálculo. ITBI. Inadmissibilidade. A base de cálculo do ITCMD é o valor venal do bem ou direito transmitido. Concessão da segurança mantida. Recursos não providos" (Apelação n.º 0033279-32.2011.8.26.0053, 2ª Câmara de Direito Público, Rel. Des. Vera Angrisani, j. 21/08/2012).

> *Agravo de Instrumento – Inventário – Decisão que defere o pagamento do ITCMD com base no valor venal do bem para fins de IPTU – Alegação de que o pagamento do ITCMD deve ter como base de cálculo o valor venal de referência do ITBI – A base de cálculo do ITCMD, no caso em apreço, deve ser o valor venal do imóvel lançado para fins de IPTU, em razão da ilegalidade do Decreto 55.002/09 – Inteligência do art. 97, inciso II, §1º, do CTN e da Lei 10.705/2000 – Decisão mantida. Recurso desprovido"* (Agravo de Instrumento n.º 2138183-58.2016.8.26.0000, 11ª Câmara de Direito Público, Rel. Des. Oscild de Lima Júnior, j. 9/8/2016).

Discutível, também, se não seria o caso, para fins de cálculo do ITCMD, de se utilizar o valor do lançamento do IPTU do exercício de 2014 (R$ 2.155.736,19 - fls. 35), e não o de 2013 (R$ 1.295.047,62 - fls. 34), não obstante a escritura tenha sido lavrada em 7 de janeiro de 2014 (fls. 20/23), data em que provavelmente o valor do lançamento do IPTU daquele exercício não havia sido disponibilizado aos contribuintes.

De todo modo, ainda que a Fazenda possa questionar o montante do tributo recolhido, fato é que o contribuinte recolheu o imposto utilizando-se de base de cálculo razoável (valor do lançamento do IPTU de 2013), sendo esse fato suficiente para a Oficial, sem maiores questionamentos, permitir o ingresso do título.

Caso entenda realmente que há diferença a ser cobrada, deve a Fazenda do Estado se valer dos meios adequados para tanto, administrativa ou judicialmente, não podendo utilizar a desqualificação do título para indiretamente coagir o contribuinte ao pagamento.

Ante o exposto, reconheço a legitimidade recursal da Fazenda do Estado de São Paulo como terceira prejudicada e nego provimento a seu recurso.

MANOEL DE QUEIROZ PEREIRA CALÇAS

Corregedor Geral da Justiça e Relator

Notas:

[1] Art. 202 - Da sentença, poderão interpor apelação, com os efeitos devolutivo e suspensivo, o interessado, o Ministério Público e o terceiro prejudicado.

[2] *Parágrafo único - Poderá ser adotado, em se tratando de imóvel:*

(...)

2 - urbano, o valor venal de referência do Imposto sobre Transmissão de Bens Imóveis – ITBI divulgado ou utilizado pelo município, vigente à data da ocorrência do fato gerador, nos termos da respectiva legislação, desde que não inferior ao valor referido na alínea "a" do inciso I, sem prejuízo da instauração de procedimento administrativo de arbitramento da base de cálculo, se for o caso.".

(DJe de 30.01.2017 - SP)

PODER JUDICIÁRIO

TRIBUNAL DE JUSTIÇA DO ESTADO DE SÃO PAULO

CONSELHO SUPERIOR DA MAGISTRATURA

Apelação nº 0020409-22.2014.8.26.0320

Registro: 2016.000867032

ACÓRDÃO

Vistos, relatados e discutidos estes autos do(a) **Apelação nº 0020409-22.2014.8.26.0320**, da Comarca de **Limeira**, em que são partes é apelante **UNIÃO**, é apelado **2º OFICIAL DE REGISTRO DE IMÓVEIS E ANEXOS DA COMARCA DE LIMEIRA.**

ACORDAM, em Conselho Superior de Magistratura do Tribunal de Justiça de São Paulo, proferir a seguinte decisão: **"Negaram provimento ao recurso. v.u..",** de conformidade com o voto do Relator, que integra este Acórdão.

O julgamento teve a participação dos Exmos. Desembargadores **PAULO DIMAS MASCARETTI (Presidente), ADEMIR BENEDITO, XAVIER DE AQUINO, LUIZ ANTONIO DE GODOY, RICARDO DIP E SALLES ABREU.**

São Paulo, 10 de novembro de 2016.

MANOEL DE QUEIROZ PEREIRA CALÇAS

Corregedor Geral da Justiça e Relator

Apelação nº 0020409-22.2014.8.26.0320

Apelante: União do Estado de São Paulo

Apelado: 2º Oficial de Registro de Imóveis e Anexos da Comarca de Limeira

VOTO Nº 29.567

Registro de Imóveis – Doação de imóvel do Município para a União – Necessidade de Escritura Pública – Inaplicabilidade do art. 74, do Decreto-Lei n. 9.760/46 – Necessidade, ainda, de pagamento dos emolumentos – Precedentes da Corregedoria Geral da Justiça – Recurso desprovido.

Trata-se de apelação interposta em face de sentença que julgou procedente dúvida, impedindo o registro de certidão de contrato de doação, com encargo, feita pelo Município de Limeira para a União.

A recusa do registro deveu-se a duas exigências: necessidade de escritura pública e de recolhimento dos emolumentos.

Em seu recurso, a apelante alega, preliminarmente, a incompetência da Justiça Estadual, dado o interesse da União. No mérito, diz que o art. 74, do Decreto-Lei n. 9.760/46, permite a dispensa da escritura para a aquisição de imóveis pela União, que, por sua vez, é isenta do recolhimento de emolumentos.

A D. Procuradoria de Justiça manifestou-se pelo desprovimento do recurso.

É o relatório.

Não há de se falar em incompetência para o julgamento da dúvida ou do recurso de apelação. A natureza administrativa do procedimento de dúvida afasta a aplicação do art. 109, I, da Constituição Federal, que, ao utilizar o termo "causas", refere-se aos processos de caráter jurisdicional.

No mérito, ambas as exigências estão corretas. Dispõe o art. 74, do Decreto-Lei 9.760/46:

Art. 74. Os termos, ajustes ou contratos relativos a imóveis da União, serão lavrados na repartição local ao S. P. U. e terão, para qualquer efeito, força de escritura pública, sendo isentos de publicação, para fins de seu registro pelo Tribunal de Contas.

Como se vê da leitura do dispositivo, ele trata, especificamente, de imóveis da União. Quer dizer: imóveis de propriedade da União. No caso presente, no entanto, não se trata de imóvel da União de sua propriedade -, mas, sim, de imóvel do Município de Limeira, doado à União.

A regra do art. 108 do Código Civil só admite exceções nos casos expressamente previstos em lei especial. E não se pode interpretar extensivamente uma regra excepcional, como quer fazer a União.

A escritura pública, portanto, era mesmo exigível.

Também o são os emolumentos. A Corregedoria Geral da Justiça tem entendimento firmado sobre o tema, conforme se colhe do parecer exarado no processo n. 24.770/2014, na gestão do Excelentíssimo Desembargador Corregedor Geral da Justiça, Hamilton Elliot Akel:

"A questão não é nova e a Corregedoria Geral da Justiça tem entendimento firmado sobre o tema. Dessa forma, permito-me repetir os termos do parecer proferido no processo CG 52.164/2004, que, por sua vez, seguiu a esteira do processo CG 382/2004:

'Em que pesem os argumentos expendidos pela Procuradoria da Fazenda Nacional, não se verifica, no caso, razão jurídica para reconsideração da decisão proferida por esta Corregedoria Geral da Justiça no Processo CG nº 382/2004 ou para revisão do posicionamento aqui seguido na matéria.

Com efeito, nos termos do art. 236, § 2º, da Constituição de 1988, compete à lei federal estabelecer normas gerais para a fixação de emolumentos relativos aos atos praticados pelos serviços notariais e de registro. As normas gerais em questão foram estabelecidas pela Lei nº 10.169/2000, segundo a qual 'Os Estados e o Distrito Federal fixarão o valor dos emolumentos relativos aos atos praticados pelos respectivos serviços notariais e de registro, observadas as normas desta Lei'.

Assim, dispôs o legislador federal, no exercício da sua competência legislativa para edição de normas gerais, competir aos Estados e ao Distrito Federal, a disciplina concernente ao valor dos emolumentos.

No Estado de São Paulo, tal disciplina normativa sobreveio com a edição da Lei Estadual nº 11.331/2002, que estabeleceu, no art. 2º, serem contribuintes dos emolumentos as pessoas físicas ou jurídicas utilizadoras dos serviços ou da prática dos atos notariais e de registro, abrangendo, indiscriminadamente, pessoas jurídicas de direito público e privado.

Com relação à União, aos Estados, ao Distrito Federal, aos Municípios e respectivas autarquias, trouxe a lei estadual regra específica, no art. 8º, caput, concernente à isenção do pagamento de parcelas dos emolumentos, destinadas ao Estado, à Carteira de Previdência das Serventias Não Oficializadas da Justiça do Estado, ao custeio dos atos gratuitos de registro civil e ao Fundo Especial de Despesa do Tribunal de Justiça, mantendo, porém, a obrigação de tais entes pagarem a parcela de interesse das serventias extrajudiciais.

Registre-se que esse é o conjunto de normas atualmente em vigor, não se aplicando à matéria o Decreto-lei federal nº 1.537/1977.

A propósito, cumpre reafirmar, na esteira da decisão proferida por esta Corregedoria Geral da Justiça, com base no parecer da Meritíssima Juíza Auxiliar, Dra. Fátima Vilas Boas Cruz, ora em questão, que a remuneração dos serviços notariais e de registro tem natureza tributária, configurando taxa remuneratória de serviço público, de competência estadual. Bem por isso, somente o ente político competente para a imposição do tributo - no caso, o Estado de São Paulo - tem competência para estabelecer isenções, circunstância que afasta a incidência do art. 1º do aludido Decreto- lei federal nº 1.537/1977.

Merece transcrição, no ponto, o seguinte trecho do referido parecer da Meritíssima Juíza Auxiliar desta Corregedoria:

'O artigo 1º do Decreto-lei nº 1.537/77 não foi recepcionado pela Constituição Federal de 1988, uma vez que afronta diretamente o princípio federativo, ao instituir isenção sobre tributo estadual.

A União somente pode estabelecer regras gerais sobre os emolumentos devidos a título de prestação de serviço público, o que foi feito pela Lei nº 10.169/00, mas jamais está autorizada a decretar isenções sobre tributo estadual.

Nesse sentido:

'À União, ao Estado-membro e ao Distrito Federal é conferida competência para legislar concorrentemente sobre custas dos serviços forenses, restringindo-se a competência da União, no âmbito dessa legislação concorrente, ao estabelecimento de normas gerais, certo que, inexistindo tais normas gerais, os Estados exercerão a competência legislativa plena, para atender a suas peculiaridades' (Adin 1624/MG, 08/05/03).

A lei estadual de nº 11.331/02 estabeleceu isenção à União apenas quanto ao pagamento das parcelas dos emolumentos destinados ao Estado, à Carteira de Previdência das Serventias não Oficializadas da Justiça do Estado, ao custeio dos atos gratuitos de registro civil e ao Fundo Especial de Despesa do Tribunal de Justiça, mas não a isentou quanto ao pagamento da remuneração dos serviços das serventias extrajudiciais prestados.

Como foi decidido na Adin nº 2.301-2, RS, citando a lição de Roque Antonio Carraza: 'as leis isentivas não devem se ocupar de hipóteses estranhas à regra matriz do tributo, somente podendo alcançar fatos que, em princípio, estão dentro do campo tributário da pessoa política que as edita. Só se pode isentar o que se pode tributar. Quando não há incidência possível (porque a Constituição não a admite), não há espaço para a isenção."

Corretas as duas exigências, pelo meu voto, nega-se provimento à apelação.

MANOEL DE QUEIROZ PEREIRA CALÇAS
Corregedor Geral da Justiça e Relator (DJe de 06.02.2017 - SP)

PODER JUDICIÁRIO

TRIBUNAL DE JUSTIÇA DO ESTADO DE SÃO PAULO
CONSELHO SUPERIOR DA MAGISTRATURA
Apelação nº 0011169-71.2015.8.26.0482
Registro: 2017.000116947

ACÓRDÃO

Vistos, relatados e discutidos estes autos do(a) **Apelação nº 0011169-71.2015.8.26.0482**, da Comarca de **Presidente Prudente**, em que são partes é apelante **PAULO BATA DE OLIVEIRA**, é apelado **2º OFICIAL DE REGISTRO DE IMÓVEIS E ANEXOS DA COMARCA DE PRESIDENTE PRUDENTE.**

ACORDAM, em Conselho Superior de Magistratura do Tribunal de Justiça de São Paulo, proferir a seguinte decisão: **"Não conheceram do recurso. V.U. Deram por prejudicada a dúvida e não conheceram do recurso, v.u. Vencido em parte o Desembargador Ricardo Dip, que declarará voto."**, de conformidade com o voto do Relator, que integra este Acórdão.

O julgamento teve a participação dos Exmos. Desembargadores **PAULO DIMAS MASCARETTI (Presidente), ADEMIR BENEDITO, XAVIER DE AQUINO, LUIZ ANTONIO DE GODOY, RICARDO DIP (PRES. DA SEÇÃO DE DIREITO PÚBLICO) E SALLES ABREU.**

São Paulo, 16 de fevereiro de 2017.

MANOEL DE QUEIROZ PEREIRA CALÇAS
Corregedor Geral da Justiça e Relator

Apelação nº 0011169-71.2015.8.26.0482
Apelante: Paulo Bata de Oliveira
Apelado: 2º Oficial de Registro de Imóveis e Anexos da Comarca de Presidente Prudente

VOTO Nº 29.622

Registro de Imóveis – Dúvida – Instrumento particular de doação de fração ideal, desmembramento de imóvel e extinção parcial de condomínio – Registro corretamente negado – Ausência de documento original, a obstar decisivamente o registro e prejudicar o julgamento da dúvida – Inviável, ademais, localização física da fração ideal doada – Item 171, Capítulo XX, Tomo II, das NSCGJ – Divisão que só pode ser feita depois de concretizada a doação da fração ideal – Divisão, ademais, que demanda escritura pública, na forma do art. 108 do Código Civil – Ausência da necessária descrição do imóvel que remanesceria depois de ultimado o desmembramento da área doada – Violação ao princípio da especialidade objetiva – Dúvida prejudicada – Recurso não conhecido.

Cuida-se de recurso de apelação tirado de r. sentença que manteve a recusa do registro de instrumento particular de doação de imóvel, desmembramento e extinção de condomínio, pela ausência do documento original a ser registrado, bem como pela impossibilidade de se doar fração ideal geograficamente localizada, além da necessidade de que doação, desmembramento e extinção condominial façam-se em momentos distintos.

O recorrente alegou, em síntese, haver apresentado em Cartório o contrato original de doação. Sustentou que a totalidade dos condôminos anuiu com as providências adotadas no contrato. Refutou as ilegalidades apontadas na sentença e defendeu a possibilidade de utilização de contrato público ou particular para o quanto avençado.

A Procuradoria Geral de Justiça opinou pelo improvimento do recurso. É o relatório.

Preambularmente, cumpre observar que o apelante não acostou, quando da suscitação da dúvida, o original do documento cujo registro se pretende. A providência é de rigor para que, em caso de eventual improcedência, lavre-se o ato notarial. O documento trazido à baila, cópia de contrato particular de doação, não está no rol do art. 221 da Lei 6015/73. A ausência do título original configura óbice intransponível ao registro e, pois, ao conhecimento da dúvida.

Para o mesmo Norte aponta a sedimentada jurisprudência deste Egrégio Conselho Superior da Magistratura, consoante Apelação Cível 9000001-98.2015.8.26.0099, julgada em 21/06/2016, por mim relatada, com citação de diversos outros julgados em idêntico sentido:

> *"Não obstante, o entendimento pacificado no Conselho Superior, há muito, é de que a ausência do instrumento original levado a registro prejudica o exame da questão, por representar um obstáculo intransponível ao registro (Apelação Cível n 17-6/0[3]e Apelação Cível n 7.120-0/9). Nesse sentido, o acórdão proferido na apelação 1076-6/5,*

de 05 de maio de 2009, Rel. Des. RUY CAMILO: "A ausência de requisitos essenciais constitui-se em matéria prejudicial ao conhecimento do recurso interposto.

Com efeito, nenhum título original se encontra acostado aos autos, uma vez que a presente dúvida foi suscitada a partir de mera cópia reprográfica da cédula rural pignoratícia que foi reapresentada pelo banco suscitado, estando inviabilizada assim a sua análise direta por este Conselho Superior da Magistratura"".

Neste raciocínio, acerca de hipóteses semelhantes sobre a posição firmada, é representativo o V. Acórdão proferido na Apelação Cível nº 43.728-0/7, da Comarca de Batatais, relatado pelo eminente Des. SÉRGIO AUGUSTO NIGRO CONCEIÇÃO:

"REGISTRO DE IMÓVEIS - Dúvida inversamente suscitada - Falta do título original e de prenotação - Inadmissibilidade - Prejudicialidade - Recurso não conhecido".

O texto do julgado faz referência a outro precedente, o qual é categórico: "Pacífica a jurisprudência deste Colendo Conselho Superior da Magistratura no sentido da necessidade de apresentação do título original, como decidido na apelação cível n.º 30.728-0/7, da Comarca de Ribeirão Preto, Relator o Desembargador Márcio Martins Bonilha, nos seguintes termos: 'Ora, sem a apresentação do título original, não se admite a discussão do quanto mais se venha a deduzir nos autos, porque o registro, em hipótese alguma, poderá ser autorizado, nos termos do artigo 203, II, da Lei 6.015/73. Não é demasiado observar que no tocante à exigência de autenticidade, o requisito da exibição imediata do original diz respeito ao direito obtido com a prenotação do título, direito que não enseja prazo reflexo de saneamento extrajudicial de deficiências da documentação apresentada'" (Apelação Cível 9000001-98.2015.8.26.0099, julgada em 21/06/2016, por mim relatada)

"Saliente-se ser tranqüilo o entendimento deste Egrégio Colendo Conselho Superior da Magistratura no sentido de que o título deve ser apresentado em seu original e não por cópias.

A cópia constitui mero documento e não instrumento formal previsto como idôneo a ter acesso ao registro e tendo em vista uma reavaliação qualificativa do título, vedado o saneamento intercorrente das deficiências da documentação apresentada, sendo imprescindível a exibição de qualquer dos títulos relacionados no mencionado artigo, que tem caráter restritivo, no original."

(Apelação Cível: 17-6/0, j. 11/09/2003, Relator Des. LUIZ TÂMBARA)

Embora prejudicada a dúvida, prossegue-se na análise das questões versadas nos autos.

As cláusulas 3.2 e 3.3 do instrumento de doação que se pretende registrar expressamente preveem desmembramento de imóvel e extinção parcial de condomínio. Com isso, o apelante, até então condômino de fração ideal do terreno hoje existente, tornar-se-ia exclusivo proprietário de um imóvel de 54.406,70 metros quadrados, desmembrado do originário.

O contrato em voga estipula, portanto, doação de parte ideal de imóvel rural, seguida de desmembramento da área cabente ao donatário, extinção parcial de condomínio e divisão do bem. Inviável, porém, que a totalidade das consequências jurídicas almejadas pelos contratantes dê-se por um único instrumento particular de doação, tal como postulado.

Desmembramento e divisão do imóvel, medidas subsequentes à doação, afiguram-se vedados, ao menos da forma como vieram aos autos. Com efeito, em se tratando de condomínio pro indiviso, cada condômino é titular de parcela determinada quanto ao percentual do todo, mas indeterminada quanto à localização geográfica.

Porém, o desmembramento pretendido pressupõe delimitação da área de propriedade do donatário. E, para tanto, essencial providenciar extinção do condomínio, ainda que parcial, e divisão das áreas tocantes ao donatário e aos co-proprietários do imóvel remanescente.

Ademais, nos moldes do artigo 176, II, 3, da Lei de Registros Públicos:

"Art. 176 - O Livro nº 2 - Registro Geral – será destinado, à matrícula dos imóveis e ao registro ou averbação dos atos relacionados no art. 167 e não atribuídos ao Livro nº 3.

II - são requisitos da matrícula:

3) a identificação do imóvel, que será feita com indicação:

a - se rural, do código do imóvel, dos dados constantes do CCIR, da denominação e de suas características, confrontações, localização e área;"

Já o art. 225 da mesma Lei dispõe:

"Art. 225 - Os tabeliães, escrivães e juízes farão com que, nas escrituras e nos autos judiciais, as partes indiquem, com precisão, os característicos, as confrontações e as localizações dos imóveis, mencionando os nomes dos confrontantes e, ainda, quando se tratar só de terreno, se esse fica do lado

par ou do lado ímpar do logradouro, em que quadra e a que distância métrica da edificação ou da esquina mais próxima, exigindo dos interessados certidão do registro imobiliário.

§ 1º As mesmas minúcias, com relação à caracterização do imóvel, devem constar dos instrumentos particulares apresentados em cartório para registro.

§ 2º Consideram-se irregulares, para efeito de matrícula, os títulos nos quais a caracterização do imóvel não coincida com a que consta do registro anterior."

Referidas normas externam os princípios da especialidade objetiva e da continuidade, e destinam-se a assegurar que a totalidade dos imóveis esteja precisamente individuada. A identificação há de ser tal que permita a quem a leia ter integrais condições de identificar os limites da área imobiliária objeto da matrícula. Somente quando satisfeitas as exigências legais e devidamente matriculado o imóvel é que averbações e registros futuros serão validamente efetuados.

Desta feita, de rigor a descrição de ambos os imóveis que resultarão do desmembramento, para integral observância do princípio da especialidade objetiva. Todavia, o contrato de fls. 14/18 traz, unicamente, as descrições do imóvel já existente (cláusula 1.2) e daquele cujo desmembramento se pretende (cláusula 3.2). Ausente a descrição igualmente imprescindível do imóvel que remanesceria em condomínio, resultante da subtração do imóvel a ser desmembrado, daquele atualmente existente.

Outro impeditivo do registro está na utilização da forma particular de contrato. É que, tomando-se a área total do imóvel e o preço atribuído ao quinhão doado, nota-se que o valor do bem é, em muito, superior a trinta vezes o maior salário mínimo vigente no País.

Assim, à luz do art. 108 da Lei Civil, de rigor que a respectiva divisão venha veiculada por escritura pública.

Por fim, a doação de fração ideal, com imediata localização da área doada em cláusula seguinte do mesmo contrato de doação, também permite entrever violação ao item 171 do Tomo II, Capítulo XX, das NSCGJ:

"171. É vedado o registro de alienação voluntária de frações ideais com localização, numeração e metragem certas, ou a formação de condomínio voluntário, que implique fraude ou qualquer outra hipótese de descumprimento da legislação de parcelamento do solo urbano, de condomínios edilícios e do Estatuto da Terra."

Nesses termos, dou por prejudicada a dúvida e não conheço do recurso de apelação.

MANOEL DE QUEIROZ PEREIRA CALÇAS

Corregedor Geral da Justiça e Relator

TRIBUNAL DE JUSTIÇA DO ESTADO DE SÃO PAULO

Conselho Superior da Magistratura

Apelação Cível 0011169-71.2015.8.26.0482

Dúvida de registro

VOTO 45.569 (com divergência):

1. Acompanho a **conclusão** do respeitável voto de Relatoria.

2. Peço reverente licença, entretanto, para não aderir à "análise de mérito" a que se lançou **após afirmar não conhecer do recurso.**

3. Ao registrador público, tendo afirmada, *per naturam legemque positam*, a **independência na qualificação jurídica** (*vide* arts. 3º e 28 da Lei n. 8.935, de 18-11-1994), não parece possam impor-se, nessa esfera de qualificação, "orientações" prévias e abstratas de caráter hierárquico.

Assim, o registrador tem o **dever** de qualificação jurídica e o **direito** de efetivá-la com independência profissional, *in suo ordine*.

4. Vem a propósito que a colenda Corregedoria Geral da Justiça paulista, em seu código de normas, enuncia: "Os oficiais de Registro de Imóveis gozam de independência jurídica no exercício de suas funções e exercem essa prerrogativa quando interpretam disposição legal ou normativa. (...)" (item 9º do cap. XX das "Normas de Serviço da Corregedoria Geral da Justiça de São Paulo").

5. Se o que basta não bastara, calha que os órgãos dotados de *potestas* para editar **regras técnicas** relativas aos registros públicos são os **juízes competentes para o exercício da função correcional** (o que inclui a egrégia Corregedoria Geral da Justiça; cf. inc. XIV do art. 30 da Lei n. 8.935/1994). Essa função de corregedoria dos registros, em instância administrativa final no Estado de São Paulo, **não compete a este Conselho Superior da Magistratura**, Conselho que, a meu ver, não detém, ao revés do que respeitavelmente entendeu o venerando voto de relação, "poder disciplinador" sobre os registros e as notas (v., a propósito, os incs. XVII a XXXIII do art. 28 do Regimento Interno deste Tribunal).

6. Averbo, por fim, que a admitir-se a pretendida força normativa da ventilada "orientação", não só os juízes corregedores permanentes estariam jungidos a observá-la, mas também as futuras composições deste mesmo Conselho.

Deste modo, voto no sentido de que se exclua a r. "orientação para casos similares". É, *da veniam*, **meu voto de vencido.**

Des. RICARDO DIP

Presidente da Seção de Direito Público. (DJe de 03.04.2017 - SP)

PODER JUDICIÁRIO

TRIBUNAL DE JUSTIÇA DO ESTADO DE SÃO PAULO

CONSELHO SUPERIOR DA MAGISTRATURA

Apelação nº 0031287-16.2015.8.26.0564

Registro: 2017.0000390098

ACÓRDÃO

Vistos, relatados e discutidos estes autos do(a) **Apelação nº 0031287-16.2015.8.26.0564**, da Comarca de **São Bernardo do Campo**, em que são partes são apelantes **BENEDITO COELHO SIEBRA** e **NICHOLAS RONCALLY MARQUES SIEBRA**, é apelado **1º OFICIAL DE REGISTRO DE IMÓVEIS E ANEXOS DA COMARCA DE SÃO BERNANRDO DO CAMPO.**

ACORDAM, em Conselho Superior de Magistratura do Tribunal de Justiça de São Paulo, proferir a seguinte decisão: **"Deram provimento ao recurso, determinando o registro do título. V. U. Vencido em parte o Desembargador Ricardo Dip, que declarará voto."**, de conformidade com o voto do Relator, que integra este Acórdão.

O julgamento teve a participação dos Exmos. Desembargadores **PAULO DIMAS MASCARETTI (Presidente), ADEMIR BENEDITO, XAVIER DE AQUINO, LUIZ ANTONIO DE GODOY, RICARDO DIP (PRES. DA SEÇÃO DE DIREITO PÚBLICO) E PÉRICLES PIZA (PRES. SEÇÃO DE DIREITO CRIMINAL).**

São Paulo, 24 de maio de 2017.

MANOEL DE QUEIROZ PEREIRA CALÇAS

Corregedor Geral da Justiça e Relator

Apelação nº 0031287-16.2015.8.26.0564

Apelantes: Benedito Coelho Siebra e Nicholas Roncally Marques Siebra

Apelado: 1º Oficial de Registro de Imóveis e Anexos da Comarca de São Bernardo do Campo

VOTO Nº 29.744

Registro de Imóveis – Dúvida inversa – Escritura de Doação – Desqualificação – Manutenção da exigência pelo MM. Juiz Corregedor Permanente – Discussão a respeito da base de cálculo a ser utilizada no cálculo do ITCMD – Atuação que extrapola as atribuições do registrador – Dever de fiscalização que se limita ao recolhimento do tributo – Recurso provido para julgar improcedente a dúvida e determinar o registro do título.

Trata-se de recurso de apelação interposto por Benedito Coelho Siebra e Nicholas Roncally Marques Siebra contra a sentença de fls. 44/45, que manteve a recusa ao registro de escritura de doação com reserva de usufruto, lavrada no Tabelionato de Notas do Distrito de Riacho Grande.

Sustenta o apelante, em resumo, que a Lei do Município de São Bernardo do Campo nº 3.317/1989, com a redação dada pela Lei nº 6.388/2014, não se aplica ao ITCMD; e que a Lei Estadual nº 10.705/2000 estabelece que a base de cálculo para o cálculo do ITCMD é o valor do lançamento do IPTU. Pede, for fim, a reforma da sentença de primeiro grau (fls. 51/55).

A Procuradoria de Justiça opinou pelo desprovimento do recurso (fls. 78/79). É o relatório.

Ao ser apresentada a registro, a escritura de doação de fls. 17/18 foi desqualificada. Nas notas devolutivas (fls. 13/14) e nas razões da dúvida (fls. 34/39), sustentou o registrador: a) que o valor venal do IPTU não poderia ser utilizado como base para o cálculo do ITCMD; b) que a base de cálculo correta é o valor de referência do ITBI; c) que não cabe a ele, registrador, analisar a constitucionalidade de norma; e d) que uma de suas funções é verificar o recolhimento dos tributos incidentes sobre os atos registrados.

A sentença prolatada em primeiro grau ratificou o teor da exigência. O caso é de se dar provimento à apelação.

Como já decidiu esse Conselho Superior, no julgamento da apelação 0002604-73.2011.8.26.0025, em voto da lavra do então Excelentíssimo Corregedor Geral da Justiça, Desembargador José Renato Nalini:

"A falha apontada pelo Oficial envolve questão de questionamento no âmbito do direito material.

Não foi atacada a regularidade formal do título nem mesmo a temporalidade do recolhimento ou o ato em si. Ao contrário, a exigência envolve exame substancial do montante do pagamento do imposto devido, que é atribuição dos órgãos fazendários competentes, sendo que seu questionamento mereceria a participação da Fazenda Pública, principal interessada.

Ao Oficial cabe fiscalizar, sob pena de responsabilização pessoal, a existência da arrecadação do imposto previsto e a oportunidade em que foi efetuada. O montante, desde que não seja flagrantemente equivocado, extrapola a sua função.

Neste sentido é o parecer da D Procuradora de Justiça, citando precedente deste E. Conselho Superior da Magistratura (Apelação Cível 996-6/6, de 09/12/2088)."

É o que ocorre no caso em tela.

Embora zelosa, a atitude do registrador vai além de suas atribuições normais, pois não lhe cabe aferir se o montante do tributo recolhido está correto, devendo apenas zelar pela existência de recolhimento – ou ocorrência de isenção, como ocorre no caso dos autos (fls. 20/23) – e pela razoabilidade da base de cálculo utilizada.

Na hipótese, a escritura de doação de 50% do apartamento nº 21 do Edifício Columbia foi lavrada em 28 de julho de 2015 (fls. 17) e o valor utilizado para o cálculo do ITCMD (R$47.421,90 – fls. 20 e 17, verso) foi o correspondente à metade do valor do lançamento para fins de IPTU do exercício de 2015 (R$94.843,80 fls. 17,verso).

Utilizado esse valor, a doação realizada foi considerada isenta do recolhimento de ITCMD (fls. 20/23).

Pode-se questionar se o cálculo do tributo não deveria ter levado em conta valor venal de referência do ITBI (fls. 38), nos termos do artigo 16 do Regulamento do ITCMD (Decreto nº 46.655/2002, com a redação dada pelo Decreto nº 55.002/2009 **[1]**) e do artigo 8º da Lei do Município de São Bernardo do Campo nº 3.317/1989, com a redação dada pela Lei nº 6.388/2014 **[2]**. Trata-se, todavia, de base de cálculo que vem sendo sistematicamente rechaçada pelo Tribunal de Justiça de São Paulo:

"Mandado de Segurança – Recolhimento de ITCMD – Imposto de transmissão causa mortis e Doação – Base de cálculo – Valor venal do IPTU lançado no exercício – Sentença ratificada, nos termos do artigo 252 do Regimento Interno desta E. Corte Recursos não providos" (Apelação n.º 0035140-24.2009.8.26.0053, 11ª Câmara de Direito Público, Rel. Des. Aliende Ribeiro, j. 21/11/2011).

"MANDADO DE SEGURANÇA. IMPOSTO SOBRE TRANSMISSÃO CAUSA MORTIS E DOAÇÃO DE QUAISQUER BENS OU DIREITOS (ITCMD). Base de cálculo. ITBI. Inadmissibilidade. A base de cálculo do ITCMD é o valor venal do bem ou direito transmitido. Concessão da segurança mantida. Recursos não providos" (Apelação n.º 0033279-32.2011.8.26.0053, 2ª Câmara de Direito Público, Rel. Des. Vera Angrisani, j. 21/08/2012).

Agravo de Instrumento – Inventário – Decisão que defere o pagamento do ITCMD com base no valor venal do bem para fins de IPTU – Alegação de que o pagamento do ITCMD deve ter como base de cálculo o valor venal de referência do ITBI – A base de cálculo do ITCMD, no caso em apreço, deve ser o valor venal do imóvel lançado para fins de IPTU, em razão da ilegalidade do Decreto 55.002/09 – Inteligência do art. 97, inciso II, §1º, do CTN e da Lei 10.705/2000 – Decisão mantida. Recurso desprovido" (Agravo de Instrumento n.º 2138183-58.2016.8.26.0000, 11ª Câmara de Direito Público, Rel. Des. Oscild de Lima Júnior, j. 9/8/2016).

De todo modo, ainda que a Fazenda possa questionar a base de cálculo utilizada, fato é que o contribuinte valeu-se de valor razoável (valor do lançamento do IPTU de 2015 – fls. 17, verso), sendo esse fato suficiente para o Oficial, sem maiores questionamentos, permitir o ingresso do título.

Caso entenda que há tributo a ser recolhido, deve a Fazenda do Estado se valer dos meios adequados para tanto, administrativa ou judicialmente, não podendo utilizar a desqualificação do título para indiretamente coagir o contribuinte ao pagamento.

Nesse mesmo sentido, apelação nº 1006725-68.2015.8.26.0161, de minha relatoria:

"Registro de Imóveis – Apelação interposta pela Fazenda do Estado de São Paulo – Legitimidade reconhecida – Terceira prejudicada – Escritura de Doação – Desqualificação – Discussão a respeito da base de cálculo a ser utilizada no cálculo do ITCMD – Atuação que extrapola as atribuições do Oficial – Dever de fiscalização que se limita ao recolhimento do tributo – Discussão que deve ser travada em processo administrativo tributário ou em execução fiscal – Sentença de improcedência da dúvida mantida" (j. em 14/10/2016, votação unânime).

Ante o exposto, dou provimento à apelação para determinar o registro do título.

MANOEL DE QUEIROZ PEREIRA CALÇAS
Corregedor Geral da Justiça e Relator

TRIBUNAL DE JUSTIÇA DE SÃO PAULO

Conselho Superior da Magistratura

Apelação 0031287-16.2015.8.26.0564

Dúvida de registro

VOTO 47.599 (com divergência)

1. Registro, à partida, adotar o relatório lançado pelo insigne Relator da espécie.

2. Permito-me, *da veniam*, lançar um reparo.

3. Já é tempo de deixar de admitir o que se convencionou chamar **dúvida "inversa"**, ou seja, aquela levantada pelo próprio interessado, diretamente ao juízo corregedor.

A prática, com efeito, não está prevista nem autorizada em lei, o que já é razão bastante para repeli-la, por ofensa à cláusula do devido processo (inc. LIV do art. 5º da Constituição), com a qual não pode coadunar-se permissão ou tolerância (jurisprudencial, *nota*) para que os interessados disponham sobre a forma e o rito de processo administrativo, dispensando aquele previsto no estatuto de regência (Lei n. 6.015, de 31-12-1973, arts. 198 *et seqq.*).

Se o que basta não bastara, ainda há considerar que ao longo de anos a dúvida inversa tem constituído **risco para a segurança dos serviços e mesmo para as justas expectativas dos interessados.** É que, não rara vez, o instrumento vem sendo manejado sem respeito aos mais elementares preceitos de processo registral (o primeiro deles, a existência de prenotação válida e eficaz), de modo que termina sem bom sucesso, levando a delongas que o paciente respeito ao *iter* legal teriam evitado.

4. Superada a preliminar, entretanto, voto pelo provimento do recurso, porque, segundo o entendimento estável deste Conselho, tendo sido adimplido o tributo de transmissão com base em critério razoável (e esse é o caso dos auto), não toca ao oficial, no exercício do poder que lhe confere o art. 289 da Lei de Registros Públicos, pôr empeço ao registro pretendido, a pretexto de que exista erro ou imprecisão.

DO EXPOSTO, por meu voto preliminar, julgava extinto o processo, sem resolução de mérito, prejudicado o recurso de apelação interposto por Benedito Coelho Siebra e Nicholas Roncally Marques Siebra.

No mérito, dou provimento ao recurso, para o fim de que, reformado o r. *decisum* da inferior instância, se faça o rogado registro *stricto sensu*.

É como voto.

Des. RICARDO DIP

Presidente da Seção de Direito Público Notas:

[1] *Parágrafo único - Poderá ser adotado, em se tratando de imóvel:*

(...)

2 - urbano, o valor venal de referência do Imposto sobre Transmissão de Bens Imóveis - ITBI divulgado ou utilizado pelo município, vigente à data da ocorrência do fato gerador, nos termos da respectiva legislação, desde que não inferior ao valor referido na alínea "a" do inciso I, sem prejuízo da instauração de procedimento administrativo de arbitramento da base de cálculo, se for o caso.".

[2] ***Art. 8º*** *A base de cálculo não poderá ser inferior ao valor mensalmente apurado pela Secretaria de Finanças, por meio de processos matemáticos e estatísticos empregados para avaliação dos preços praticados no mercado imobiliário.*

§ 1º A base de cálculo apurada nos termos deste artigo deverá refletir o valor do bem colocado à venda no mercado imobiliário, de maneira consciente e voluntária, em condições normais e de livre negociação. (DJe de 23.08.2017 - SP)

PODER JUDICIÁRIO

TRIBUNAL DE JUSTIÇA DO ESTADO DE SÃO PAULO

CONSELHO SUPERIOR DA MAGISTRATURA

Apelação nº 1012088-83.2016.8.26.0037

Registro: 2017.0000631321

ACÓRDÃO

Vistos, relatados e discutidos estes autos do(a) **Apelação n.º 1012088-83.2016.8.26.0037**, da Comarca de **Araraquara**, em que são partes é apelante **ESPÓLIO DE ELIZABETH APARECIDA STIVALETTI RAPATONI**, é apelado **2º OFICIAL DE REGISTRO DE IMÓVEIS, TÍTULOS E DOCUMENTOS E CIVIL DE PESSOA JURÍDICA DA COMARCA DE ARARAQUARA**.

ACORDAM, em Conselho Superior de Magistratura do Tribunal de Justiça de São Paulo, proferir a seguinte decisão: **"Negaram provimento à apelação, v.u."**, de conformidade com o voto do Relator, que integra este Acórdão.

O julgamento teve a participação dos Exmos. Desembargadores **PAULO DIMAS MASCARETTI (Presidente), ADEMIR BENEDITO, XAVIER DE AQUINO, LUIZ ANTONIO DE GODOY, RICARDO DIP E SALLES ABREU**.

São Paulo, 15 de agosto de 2017.

MANOEL DE QUEIROZ PEREIRA CALÇAS

Corregedor Geral da Justiça e Relator

Apelação n.º 1012088-83.2016.8.26.0037

Apelante: Espólio de Elizabeth Aparecida Stivaletti Rapatoni

Apelado: 2º Oficial de Registro de Imóveis, Títulos e Documentos e Civil de Pessoa Jurídica da Comarca de Araraquara

VOTO Nº 29.775

Registro de Imóveis – Doação conjuntiva em favor de marido e mulher – Bem que, em virtude do direito de acrescer estabelecido no parágrafo único do artigo 551 do Código Civil, não poderia ter sido inventariado e partilhado – Desqualificação correta da escritura de inventário e partilha – Apelação não provida.

Trata-se de recurso de apelação interposto pelo espólio de Elizabeth Aparecida Stivaletti Rapatoni contra a sentença de fls. 218/219, que, em dúvida inversa, manteve a recusa ao registro, na matrícula n.º 9.891 do 2º Registro de Imóveis de Araraquara, de escritura de inventário e partilha dos bens deixados pelo espólio apelante.

Sustenta o apelante, em síntese, que o direito de acrescer previsto no parágrafo único do artigo 551 é renunciável; que a escritura de doação dá certa dúvida acerca dos beneficiários da doação (se só a falecida Elizabeth Aparecida Stivaletti Rapatoni ou se ela e seu marido); e que o marido de Elizabeth, passados dois anos do falecimento dela, não requereu que a propriedade que pertencia à falecida lhe fosse transferida. Pede, por fim, a reforma da sentença de primeiro grau e, de modo subsidiário, a autorização para que a renúncia ao direito de acrescer seja veiculada por escritura pública (fls. 267/274).

A Procuradoria Geral de Justiça opinou pelo não provimento do recurso (fls. 254/257).

É o relatório.

De início, cabe registrar que embora no dispositivo da sentença tenha constado o acolhimento em parte do pedido (fls. 219), tecnicamente, tendo em vista que o óbice ao registro do título foi mantido, a dúvida mesmo que inversamente suscitada foi julgada procedente.

Consoante escritura copiada a fls. 234/236, no ano de 1991, José Stivalette e Dirce Gracia Stivalette doaram um terreno urbano, situado na Rua dos Andradas, no Município de Santa Lúcia, comarca de Araraquara, a Aldo Fernando Rapatoni e a Elizabeth Aparecida Stivaletti Rapatoni, marido e mulher. Referido título deu origem ao R.1 da matrícula nº 9.891 do 2º Registro de Imóveis de Araraquara (fls. 37/38).

Em 20 de junho de 2014, Elizabeth Aparecida faleceu (fls. 9).

Ao realizarem o inventário e a partilha extrajudiciais do patrimônio da falecida, seus herdeiros atribuíram o bem matriculado sob nº 9.891 no 2º Registro de Imóveis de Araraquara ao herdeiro filho Fernando Stivaletti Rapatoni (fls. 12/13 e 26).

Alegando afronta ao disposto no artigo 551, parágrafo único, do Código Civil de 2002, que repete o parágrafo único do artigo 1.178 do Código Civil de 1916, o registrador de imóveis desqualificou a escritura de inventário e partilha (fls. 36).

Suscitada dúvida inversa, o óbice foi mantido pelo MM. Juiz Corregedor Permanente (fls. 218/219). Agora, contra essa decisão insurge-se o espólio apelante.

Preceitua o artigo 551 do Código Civil:

> *Art. 551. Salvo declaração em contrário, a doação em comum a mais de uma pessoa entende-se distribuída entre elas por igual.*
>
> *Parágrafo único. Se os donatários, em tal caso, forem marido e mulher, subsistirá na totalidade a doação para o cônjuge sobrevivo.*

O *caput* do artigo acima transcrito trata da doação conjuntiva, que, salvo estipulação em contrário, entende-se distribuída igualmente entre os donatários. Já o parágrafo único cuida de hipótese mais específica: doação conjuntiva em favor de marido e mulher. Nesse caso, ao contrário do disposto no *caput*, em caso de morte de um dos donatários, a lei civil estabelece o direito de acrescer em benefício do cônjuge sobrevivo.

Ou seja, se marido e mulher forem beneficiados com a doação de um bem, ocorrendo a morte de um deles, o outro receberá o bem inteiro, independentemente de inventário, simplesmente em virtude do direito de acrescer.

Desse modo, correta a recusa do título no caso em análise, uma vez que, com a morte de Elizabeth Aparecida, o bem doado passou a pertencer integralmente a seu marido, de modo que não poderia ter sido inventariado e muito menos partilhado entre os herdeiros.

Recentemente, aprovei parecer da lavra do MM. Juiz Assessor da Corregedoria Swarai Cervone de Oliveira, que foi assim ementado:

> *Registro de imóveis - doação a apenas um dos cônjuges – marido pré-morto - impossibilidade de*

se averbar a certidão de óbito, com efeitos translativos da propriedade à esposa - inteligência do art. 551, parágrafo único, do Código Civil - precedentes da Corregedoria Geral da Justiça e do Superior Tribunal de Justiça - recurso desprovido (processo n.º 204.333/2015, j. em 11/3/2016).

Assim, se no caso acima citado, por ter havido doação a apenas um dos cônjuges, não pôde se reconhecer o direito de acrescer do outro; aqui, em que ambos os cônjuges foram beneficiados pela doação, de rigor que se observe o direito de acrescer que favorece o sobrevivo.

Anoto, por fim, que embora a renúncia ao direito de acrescer seja, em tese, possível por escritura pública, na forma do artigo 108 do Código Civil , esse procedimento provavelmente não resolverá o problema do apelante.

Com efeito, a renúncia se limitará à parcela do bem que o cônjuge sobrevivo receberia em virtude do direito de acrescer estabelecido no artigo 551, parágrafo único, do Código Civil, ou seja, metade ideal do imóvel da matrícula n.º 9.891. No entanto, a outra metade ideal do bem, recebida por ocasião da doação propriamente dita, por ser de propriedade do marido, não entrará na partilha.

Ante o exposto, nego provimento à apelação.

MANOEL DE QUEIROZ PEREIRA CALÇAS

Corregedor Geral da Justiça e Relator. (DJe de 25.09.2017 - SP)

FORMAL DE PARTILHA

PODER JUDICIÁRIO

TRIBUNAL DE JUSTIÇA DO ESTADO DE SÃO PAULO

CONSELHO SUPERIOR DA MAGISTRATURA

Apelação nº 1000506-36.2018.8.26.0128

Registro: 2018.0000962609

ACÓRDÃO

Vistos, relatados e discutidos estes autos do(a) **Apelação nº 1000506-36.2018.8.26.0128**, da Comarca de **Cardoso**, em que é apelante **CRISTINA WEXELL MACHADO**, é apelado **OFICIAL DE REGISTRO DE IMÓVEIS E ANEXOS DA COMARCA DE CARDOSO.**

ACORDAM, em Conselho Superior de Magistratura do Tribunal de Justiça de São Paulo, proferir a seguinte decisão: **"Negaram provimento ao recurso, v.u."**, de conformidade com o voto do Relator, que integra este Acórdão.

O julgamento teve a participação dos Exmos. Desembargadores PEREIRA CALÇAS (PRESIDENTE TRIBUNAL DE JUSTIÇA) (Presidente), ARTUR MARQUES (VICE PRESIDENTE), XAVIER DE AQUINO (DECANO), EVARISTO DOS SANTOS(PRES. DA SEÇÃO DE DIREITO PÚBLICO), CAMPOS MELLO (PRES. DA SEÇÃO DE DIREITO PRIVADO) E FERNANDO TORRES GARCIA(PRES. SEÇÃO DE DIREITO CRIMINAL).

São Paulo, 23 de novembro de 2018.

GERALDO FRANCISCO PINHEIRO FRANCO

Corregedor Geral da Justiça e Relator

Apelação nº 1000506-36.2018.8.26.0128

Apelante: Cristina Wexell Machado

Apelado: Oficial de Registro de Imóveis e Anexos da Comarca de Cardoso

VOTO Nº 37.643

Registro de Imóveis – Formal de Partilha – Ausência de comprovação de recolhimento de Imposto de Transmissão *causa mortis* - ITCMD – Dever do Oficial de velar pelo seu recolhimento, exigindo a apresentação das respectivas guias, o que não ocorreu em relação a todos os herdeiros – Ausência de discussão quanto ao acerto do cálculo, mas sim ao não recolhimento do tributo, mesmo em valor supostamente inferior ao devido – Cindibilidade do título – Impossibilidade – Indeterminação do que tenha sido partilhado e a quem – Recurso desprovido.

Trata-se de apelação interposta por CRISTINA WEXELL MACHADO, contra a r. sentença de fls. 361/362, que manteve a recusa levantada pelo Oficial de Registro de Imóveis e Anexos da Comarca de Cardoso, negando registro de formal de partilha em razão da não apresentação de prova de quitação do ITCMD.

A recorrente afirma que a negativa não se aplica, já que não cabe ao registrador exercer função de fiscalização de recolhimentos tributários, tratando-se de forma indireta de execução de dívidas da Fazenda, em substituição aos mecanismos da Fazenda Estadual.

Afirma que o cálculo do tributo é equivocado, razão pela qual os recolhimentos não foram realizados. A D. Procuradoria Geral de Justiça opinou pelo desprovimento do recurso (fls. 408/410).

É o relatório.

Presentes os pressupostos recursais e administrativos, conheço do recurso. No mérito, a r. sentença deve ser integralmente confirmada.

Versa a questão sobre a possibilidade de se efetuar o registro do formal de partilha dos bens imóveis deixados por *José Ferreira da Costa* (fls. 62/96), expedido nos autos do inventário nº 0013381-23.2001.8.26.0008, 1ª Vara da Família e Sucessões do Foro Regional do Tatuapé, sem que houvesse prova de recolhimento do ITCMD.

É consabido que os títulos judiciais também não escapam ao crivo da qualificação registral, de modo que o registrador deverá examinar se estão atendidos os princípios registrais pertinentes ao caso, para seu perfeito ingresso no fólio real.

Tratando-se de ITCMD, este Eg. Conselho Superior da Magistratura tem seguido a linha de que não cabe ao Oficial Registrador aferir a regularidade do valor apurado a título do referido imposto:

"REGISTRO DE IMÓVEIS – DÚVIDA - FORMAL DE PARTILHA - Registro negado, ao argumento de recolhimento a menor de ITCMD impossibilidade não pode o sr. Oficial obstar registro por entender que o valor recolhido a título de tributo é inferior ao devido dúvida improcedente recurso provido." (Apelação n.º 1066691-48.2015.8.26.0100, Rel. Des. PEREIRA CALÇAS).

"REGISTRO DE IMÓVEIS - dúvida julgada improcedente determinando o registro do formal de partilha - recusa do Oficial de Registro de Imóveis fundada na necessidade de manifestação da Fazenda Pública sobre o acerto do recolhimento do ITCMD - Impossibilidade de análise do mérito do título judicial - possível divergência quanto ao valor do tributo que comporta cobrança pela Fazenda na esfera administrativa e judicial - inexistência de impedimento para o registro - Recurso não provido." (Apelação Cível nº 0000503-16.2012.8.26.0579, Rel. Des. JOSÉ RENATO NALINI).

Ocorre que aqui não se trata de apuração do valor recolhido. O caso aqui é de efetivo não recolhimento.

A rigor, no título em exame, não existe qualquer prova de quitação do ITCMD por todos os herdeiros, ainda que a menor.

Como confessado pela apelante à fl. 377, o inventariante *Alexander Ferreira da Costa*, nos autos do inventário, incluiu a meeira como herdeira do *de cujus*. Confessa, também, que **apenas duas herdeiras recolheram o tributo até o momento** (fl. 377), como se observa às fls. 48 e 54, de modo que os **outros cinco herdeiros ainda não fizeram qualquer recolhimento a título de ITCMD**.

Em suma, aqui não se discute o acerto do cálculo; **aqui não há recolhimento do tributo**, mesmo em valor supostamente inferior ao devido.

E o art. 289 da Lei nº 6.015/73 é expresso ao indicar que é dever do registrador fiscalizar o pagamento dos tributos incidentes:

"Art. 289. No exercício de suas funções, cumpre aos oficiais de registro fazer rigorosa fiscalização do pagamento dos impostos devidos por força dos atos que lhes forem apresentados em razão do ofício."

A omissão do titular da delegação pode levar à sua responsabilidade solidária no pagamento do tributo, nos termos do art. 134, VI, do Código Tributário Nacional-CTN.

A partilha dos bens do falecido, que totalizou R$ 17.768.137,00 em valores atuais, levou à apuração de valor do ITCMD, pela Fazenda Estadual, em R$ 1.773.098,00 (fls. 229/235).

O espólio questionou tal apuração, sob o argumento de que a Fazenda considerou, no cálculo do imposto, o valor integral dos bens do falecido, sem excluir a meação da convivente meeira, o que não foi aceito pelo fisco estadual.

A r. sentença homologatória de partilha (fls. 334/335) ressalvou interesses da Fazenda, ao dispor que:

"As certidões negativas eventualmente faltantes serão apresentadas por ocasião do registro. A expedição do formal de partilha fica vinculada ao recolhimento do ITCMD, cumprindo ao inventariante, eventualmente, impugnar o valor já lançado pela Fazenda do Estado administrativamente, ou, se o caso, por intermédio da ação judicial própria."

Em seguida, o título arremata:

"Transitada esta em julgado, bem como comprovado o recolhimento de que trata o Provimento 833/04 **e o pagamento do ITCMD, com a correlata manifestação da Fazenda do Estado,** e providenciadas as cópias necessárias, expeça-se o formal de partilha para o registro da transmissão dos bens imóveis, observando-se as disposições constantes na partilha e demais cautelas de praxe." (g.n).

A questão relativa ao recolhimento do ITCMD, para o título ora apresentado, está judicializada em duas execuções fiscais: nº

1540600-59.2014.8.26.0014, no valor de R$ 2.204.449,20 e n° 1540601-44.2014.8.26.0014, com valor de R$ 300.338,34 (fls. 21/27).

Não se sabe, sequer, se as referidas execuções dizem respeito apenas à metade da base de cálculo referente à meação da companheira.

Nesse cenário, como se trata de não apresentação das guias de recolhimento do ITCMD, a recusa encontra respaldo na lei e nas Normas de Serviço da Corregedoria Geral da Justiça.

Da mesma forma, não é possível a cindibilidade do título.

O título é cindível caso haja mais de um negócio jurídico ou mais de um ato a ser praticado, de forma dissociada, com origem no mesmo título.

O formal de partilha é título causal único, passível de registro imobiliário, a fim de que haja nova inscrição dos atuais proprietários do imóvel, por sucessão *causa mortis*.

Não se pode registrar a propriedade de apenas uma pessoa, seja meeira, seja herdeira, e deixar em aberto a titularidade dominial da outra fração ideal dos imóveis. Se assim o for, não haverá qualquer segurança jurídica, pois não se saberá, de fato, quem são os proprietários da outra metade daqueles imóveis.

Quanto à impossibilidade de cindibilidade de formal de partilha, esse Eg. Conselho Superior da Magistratura já se posicionou:

"REGISTRO DE IMÓVEIS. PARTILHA CAUSA MORTIS. Formal de partilha. Partilha que não abrangeu nem todos os bens, nem todos os herdeiros, e que descreve erroneamente um dos bens partilhados. **Indeterminação do que, afinal, tenha sido partilhado, e a quem. Ofensa a segurança jurídica e à LRP/1973, art. 225, § 2°. Impossibilidade de cisão do título. Dúvida procedente. Apelação a que se nega provimento.**" (g.n).

Por essas razões, de fato, incabível o registro buscado, com a manutenção dos óbices suscitados pelo Sr. Oficial Registrador.

Ante o exposto, nego provimento ao recurso.

GERALDO FRANCISCO PINHEIRO FRANCO

Corregedor Geral da Justiça e Relator (DJe de 21.01.2019 - SP)

PODER JUDICIÁRIO

TRIBUNAL DE JUSTIÇA DO ESTADO DE SÃO PAULO

CONSELHO SUPERIOR DA MAGISTRATURA

Apelação nº 1108424-91.2015.8.26.0100

Registro: 2017.0000089273

ACÓRDÃO

Vistos, relatados e discutidos estes autos do(a) **Apelação nº 1108424-91.2015.8.26.0100**, da Comarca de **São Paulo**, em que são partes é apelante **MINISTÉRIO PÚBLICO DO ESTADO DE SÃO PAULO**, é apelada **LAURINDA COSTEIRA LEITE**.

ACORDAM, em Conselho Superior de Magistratura do Tribunal de Justiça de São Paulo, proferir a seguinte decisão: **"Negaram provimento ao recurso. V. U."**, de conformidade com o voto do Relator, que integra este Acórdão.

O julgamento teve a participação dos Exmos. Desembargadores **PAULO DIMAS MASCARETTI (Presidente), ADEMIR BENEDITO, XAVIER DE AQUINO, LUIZ ANTONIO DE GODOY, RICARDO DIP (PRES. DA SEÇÃO DE DIREITO PÚBLICO) E SALLES ABREU.**

São Paulo, 2 de fevereiro de 2017.

PEREIRA CALÇAS

CORREGEDOR GERAL DA JUSTIÇA E RELATOR
MANOEL DE QUEIROZ PEREIRA CALÇAS

Corregedor Geral da Justiça e Relator

Apelação n.º 1108424-91.2015.8.26.0100

Apelante: Ministério Público do Estado de São Paulo

Apelado: Laurinda Costeira Leite

VOTO Nº 29.583

Registro de Imóveis – Formal de partilha – Apontamento de equívoco na ordem de sucessão – Limites da qualificação do oficial registrador – Recurso desprovido.

Trata-se de recurso de apelação interposto contra sentença de improcedência de dúvida, suscitada pelo Oficial do 10º Cartório de Registro da Capital, que não registrou formal de partilha, porque verificou equívoco na sucessão hereditária.

A sentença julgou a dúvida improcedente, forte nos precedentes do Conselho Superior da Magistratura, no sentido de que não cabe ao Oficial, no exercício de função administrativa, rever decisão judicial.

O Ministério Público recorreu, afirmando que o Juízo do inventário não analisou expressamente a questão da sucessão hereditária e, portanto, o registro do formal, na maneira como feita a partilha, feriria a legalidade.

A Procuradoria de Justiça manifestou-se pelo desprovimento do recurso.

É o relatório.

O recurso não comporta provimento.

Não obstante os títulos judiciais também possam ser objeto de qualificação, inclusive, negativa, o Oficial não pode ultrapassar a análise dos elementos extrínsecos a eles.

Aqui, embora se louve o zelo do Oficial, ele ultrapassou os limites da qualificação, na medida em que adentrou em seara jurisdicional. Vejamos.

A autora da herança faleceu solteira, não deixando descendentes nem ascendentes. O óbice ao registro do formal decorre do fato de que a única herdeira, na linha colateral, até o terceiro grau – uma tia da autora da herança –, não foi contemplada, mas, sim, primos, herdeiros colaterais de quarto grau.

O Oficial, com fundamento nos artigos 1840 e 1843 do Código Civil, lembra que, na classe dos colaterais, os mais próximos excluem os mais remotos. Portanto, a tia excluiria os primos, questão que, no seu entender, não foi enfrentada pelo juízo do inventário.

No entanto, o fato é que a colateral mais próxima, a tia, compareceu ao formal de partilha e concordou com seus termos. E isso foi verificado pelo Juízo do Inventário, ao homologá-la. O trânsito em julgado da sentença homologatória cobriu o deduzido e o dedutível.

Ainda que se entenda que a renúncia, advinda do comparecimento da tia e concordância quanto a partilha, implique translação aos colaterais mais remotos, com consequente incidência de tributo, não é atribuição do Oficial impor sua cobrança. Tal tarefa cabe ao Fisco.

Não há como, na atividade administrativa, o Oficial afastar a decisão judicial, transitada em julgado. Trata-se de posição já assentada pelo Conselho Superior da Magistratura, como se vê, por exemplo, nas apelações n.º 0000434.2015.8.26.0439 e 0006128-03.2012.8.26.0362:

"Louvável embora o zelo do registrador, verifica-se que, no caso, desbordou ele de seu poder-dever de qualificação, na medida em que, na esfera administrativa, tentou reabrir discussão acerca do que já fora objeto de decisão judicial transitada em julgado.

Com efeito, se o Juízo da Família e das Sucessões adjudicou ao herdeiro..., não cabe ao registrador, sobrepondo-se ao entendimento judicial, recusar o ingresso do título sob o fundamento de que há outro herdeiro a ser incluído na partilha dos bens adjudicados ao outro herdeiro, ou de que eventual renúncia deste deve ser comprovada.

O mínimo que se deve presumir é que, se o juiz assim decidiu, é porque entendeu de forma contrária ao Oficial de Registro, contudo, esta questão é de natureza jurisdicional e alheia ao exame formal que deve nortear a qualificação do título.

Assim, cabia ao registrador realizar o exame extrínseco do título e confrontá-lo aos princípios registrais e verificar se algum deles foi rompido. Ao questionar o fato de existir herdeiro não incluído na partilha de bens considerando a universalidade, ingressou no mérito e no acerto da sentença proferida no âmbito jurisdicional, o que se situa fora do alcance da qualificação registral por se tratar de elemento intrínseco do título. Assim não fosse, estar-se-ia permitindo que a via administrativa reformasse o mérito da jurisdicional.

Afrânio de Carvalho ensina:

"Assim como a inscrição pode ter por base atos negociais e atos judiciais, o exame da legalidade aplica-se a uns e a outros. Está visto, porém, que, quando tiver por objeto atos judiciais, será muito mais limitado, cingindo-se à conexão dos respectivos dados com o registro e à formalização instrumental. Não compete ao registrador averiguar senão esses aspectos externos dos atos judiciais, sem entrar no mérito do assunto neles envolvido, pois, do contrário, sobreporia a sua autoridade à do Juiz" (Registro de Imóveis, Forense, 3ª ed. , pág. 300).

No mesmo sentido, decisão da 1ª Vara de Registros Públicos, de lavra do MM. Juiz Narciso Orlandi Neto, quando se anotou:

*"Não compete ao Oficial **discutir as questões decididas no processo de inventário**, incluindo a obediência ou não às disposições do Código Civil, relativas à ordem da vocação hereditária (artº 1.603). No processo de dúvida, de natureza administrativa, tais questões também não podem ser discutidas. Apresentado o título, incumbe ao Oficial verificar a satisfação dos requisitos do registro, examinando os aspectos extrínsecos do título e a observância das regras existentes na Lei de Registros Públicos. Para usar as palavras do eminente Desembargador Adriano Marrey, ao relatar a Apelação Cível 87-0, de São Bernardo do Campo, "Não cabe ao Serventuário questionar ponto decidido pelo Juiz, mas lhe compete o exame do título à luz dos princípios normativos do Registro de Imóveis,*

um dos quais o da continuidade mencionada no art. 195 da Lei de Registros Públicos. Assim, não cabe ao Oficial exigir que este ou aquele seja excluído da partilha, assim como não pode exigir que outro seja nela incluído. Tais questões, presume-se, foram já examinadas no processo judicial de inventário." (Processo nº 973/81)

Precedente antigo deste Conselho Superior da Magistratura já apontava neste sentido:

"O estado de indivisão aberto com a morte de um dos cônjuges somente será solucionado com a decisão do juízo competente relativa à partilha, na qual se possa verificar quais os bens que a integraram e quais aqueles dela excluídos, questões de ordem fática e jurídica que somente podem ser resolvidas na via judicial, vedada qualquer análise probatória no campo administrativo. Essa decisão deverá, por fim, ingressar regularmente no fólio real, para que então sejam disponibilizados os imóveis, cabendo ao registrador apenas a regular qualificação do título para verificação do atendimento aos princípios registrários, sob o estrito ângulo da regularidade formal. Isso significa, em face da inviabilidade de que se venha a questionar, na via administrativa, matéria que envolve questão de mérito da decisão judicial precedente, que nos casos em que o bem objeto do ato de registro tenha sido excluído da partilha ou partilhado como próprio do autor da herança, deverá o registrador, quanto a este aspecto, apenas verificar se houve expressa referência ao imóvel e se no processo judicial houve a ciência ou participação do outro cônjuge ou de seus herdeiros, eventuais interessados no reconhecimento da comunhão de aqüestos." (Ap. Civ. nº 51.124.0/4-00, rel. Des. Nigro Conceição, j. 29.11.99)

Mais recentemente, em julgamento do qual participei, este Conselho, sob a relatoria do ilustre Desembargador que me antecedeu na Corregedoria, ratificou a impossibilidade de o registrador examinar o mérito da decisão judicial:

"No caso em exame, o Oficial recusou o ingresso do formal de partilha, pois da análise do formal de partilha percebe-se que...

A qualificação do Oficial de Registro de Imóveis, ao questionar o título judicial, ingressou no mérito e no acerto da r. sentença proferida no âmbito jurisdicional, o que se situa fora do alcance da qualificação registral por se tratar de elemento intrínseco do título. Assim não fosse, estar-se-ia permitindo que a via administrativa reformasse o mérito da jurisdicional." (Ap. Cível nº 0001717-77.2013.8.26.0071, Rel. José Renato Nalini).

Neste mesmo sentido foi decidido em julgamento do qual fui relator, na Apelação Cível nº 1025290-06.2014.8.26.0100.

Em caso de eventual desacerto da r. sentença proferida no âmbito jurisdicional, poderá o interessado valer-se dos recursos e ações previstos no ordenamento jurídico, inclusive, neste sentido se manifestou neste procedimento (fls. 137/138). ***O que não se permite é que a qualificação registrária reveja o mérito da sentença judicial que já transitou em julgado."***

Nesses termos, pelo meu voto, nego provimento ao recurso.

MANOEL DE QUEIROZ PEREIRA CALÇAS

Corregedor Geral da Justiça e Relator (DJe de 15.03.2017 - SP)

PODER JUDICIÁRIO

TRIBUNAL DE JUSTIÇA DO ESTADO DE SÃO PAULO

CONSELHO SUPERIOR DA MAGISTRATURA

Apelação nº 1007661-93.2015.8.26.0161

Registro: 2017.0000179240

ACÓRDÃO

Vistos, relatados e discutidos estes autos do(a) **Apelação n.º 1007661-93.2015.8.26.0161**, da Comarca de **Diadema**, em que são partes é apelante **EDILSON GLEI ALVES MONTEIRO**, é apelado **OFICIAL DE REGISTRO DE IMÓVEIS, TÍTULOS E DOCUMENTOS E CIVIL DA PESSOA JURÍDICA DE DIADEMA.**

ACORDAM, em Conselho Superior de Magistratura do Tribunal de Justiça de São Paulo, proferir a seguinte decisão: "Negaram provimento ao recurso, v.u.", de conformidade com o voto do Relator, que integra este Acórdão.

O julgamento teve a participação dos Exmos. Desembargadores **PAULO DIMAS MASCARETTI (Presidente sem voto), ADEMIR BENEDITO (VICE PRESIDENTE), PAULO DIMAS MASCARETTI(PRESIDENTE TRIBUNAL DE JUSTIÇA), XAVIER DE AQUINO (DECANO), LUIZ ANTONIO DE GODOY(PRES. DA SEÇÃO DE DIREITO PRIVADO), RICARDO DIP (PRES. DA SEÇÃO DE DIREITO PÚBLICO) E SALLES ABREU (PRES. SEÇÃO DE DIREITO CRIMINAL).**

São Paulo, 10 de março de 2017.

MANOEL DE QUEIROZ PEREIRA CALÇAS

Corregedor Geral da Justiça e Relator

Apelação n.º 1007661-93.2015.8.26.0161

Apelante: Edilson Glei Alves Monteiro

Apelado: Oficial de Registro de Imóveis, Títulos e Documentos e Civil da Pessoa Jurídica de Diadema

VOTO N.º 29.626

Registro de Imóveis – Formal de partilha – Não comprovação do pagamento do imposto sobre herança – Inadmissibilidade do exame da prescrição e da decadência tributárias no processo de dúvida – Pertinência da exigência atacada pelo interessado – Dúvida procedente – Recurso desprovido.

Irresignado com a r. sentença que confirmou o juízo negativo de qualificação registral **[1]**, o suscitado interpôs apelação com vistas ao registro recusado pela Oficiala, sob alegação de que prescrita (presumivelmente) se encontra a pretensão estatal referente ao *imposto sobre transmissão devido ao Estado*, situação a permitir, assim como a sugerida decadência, a exclusão da exigência e a inscrição do título **[2]**.

Após o recebimento do recurso **[3]**, os autos foram encaminhados ao **C. CSM** e a Procuradoria Geral da Justiça propôs o desprovimento da apelação **[4]**.

É o relatório.

O dissenso versa sobre a registrabilidade do *formal de partilha* expedido pelo Juízo da 1.ª Vara Cível de Diadema, **extraído dos autos n.º 0001096-34.1995.8.26.0161 [5]**, condicionada, pela Oficiala, à comprovação do recolhimento do *imposto sobre transmissão (ITBI), devido ao Estado*, em exigência questionada pelo interessado, que se ampara na suposta prescrição da pretensão estatal e na decadência **[6]**.

A objeção arguida faz alusão ao acrônimo *ITBI* **[7]**, em atenção à Lei Estadual n.º 9.591/1966, promulgada quando competia ao Estado a instituição e a cobrança de *imposto sobre transmissão – inter vivos* ou *causa mortis* – de bens imóveis e de direitos a eles relativos, seja por ato oneroso ou gratuito, e que vigia à época do óbito da autora da herança (ainda não tinha sido revogada pela Lei n.º 10.705/2000).

De todo modo, desde a Carta de 1988, ao Estado, cabe somente o *imposto sobre transmissão causa mortis e doação de quaisquer bens ou direitos*, denominado *ITCMD*, pois, aos Municípios, restou atribuída a competência para instituição e cobrança do *imposto sobre transmissão inter vivos, por ato oneroso, de bens imóveis e direitos a eles relativos*. E a esse imposto é que, atualmente, atribui-se a sigla *ITBI*.

Nada obstante, apesar da inicial perplexidade que a referência mencionada possa despertar, não há dúvida de que a Oficiala se reporta ao *imposto sobre herança*, decorrente de *transmissão causa mortis de bens e direitos*, tanto que, expressamente, destaca ser devido ao Estado. Em síntese, **discute-se**, aqui, **o imposto sobre herança**, cujo pagamento não foi demonstrado pelo interessado.

A propósito, **a origem judicial do título não torna prescindível a qualificação registral**: a conferência voltada ao exame do preenchimento das formalidades legais atreladas ao ato pretendido é indispensável. **[8]**

Destarte, e pelas razões abaixo expostas, **justifica-se a confirmação da r. sentença atacada** e, logo, impõe ratificar o juízo negativo de qualificação registral **[9]**.

A exigência discutida guarda relação com o registro pretendido; vincula-se à inscrição visada. Ora, a obrigação tributária é associada ao ato registral intencionado e, assim, a atuação da Oficiala, *in concreto*, é própria da fiscalização que lhe foi cometida; é inerente à responsabilidade atribuída aos Oficiais, quanto ao controle do pagamento de tributos. O obstáculo impugnado tem respaldo nos comandos emergentes dos arts. 289, da Lei n.º 6.015/1973 **[10]**, 30, XI, e 31, V, da Lei n.º 8.935/1994 **[11]**, e 134, VI, do CTN **[12]**. E também na Lei Estadual n.º 9.591/1966 **[13]**, em vigor ao tempo do óbito e da exigibilidade do tributo, bem como na que lhe sucedeu, a Lei n.º 10.705/2000 **[14]**, vigente então por ocasião da qualificação registral.

Sob outro prisma, não cabe ao Oficial de Registro aferir, no juízo de qualificação – tampouco ao Poder Judiciário, **na seara administrativa**, em processo de dúvida, resolver – a invocada prescrição da pretensão estatal ou a sugerida decadência do direito de constituir o crédito tributário. Esse, aliás, o entendimento assente na jurisprudência do **C. CSM**, a desautorizar, no ambiente administrativo, a análise da prescrição e decadência tributárias. **[15]**

Em outras palavras, **não há que se cogitar de uma presumida** (assim as sustenta o recorrente) **prescrição ou decadência**, para fins de afastar a exigência controvertida, apesar da partilha ter sido homologada, por sentença, no dia 15 de maio de 1995 **[16]**, a revelar, *prima facie*, que o prazo decadencial para constituição do crédito tributário teve início em 1.º de junho de 1996 **[17]**: ora, malgrado posterior à abertura da sucessão e à transmissão da herança, não era possível, antes da partilha, constituir o crédito e promover sua cobrança **[18]**.

Sequer, em arremate, há elementos indicativos do pagamento do *imposto sobre transmissão causa mortis*. O inventário se processou, na vigência do CPC/1973, sob o rito do *arrolamento sumário*, em cujos autos, ao que consta, e nos termos do art. 1.034, *caput*, do CPC/1973, não foram conhecidas e analisadas questões relacionadas com o lançamento, o pagamento e a quitação de tributos incidentes sobre a transmissão da herança.

Aliás, **em atenção ao procedimento adotado**, não houve, até o trânsito em julgado da sentença que homologou a partilha, intervenção da Fazenda Pública. Ademais, **essa r. decisão**, proferida, repita-se, no dia 15 de maio de 1995, **não condicionou a expedição do formal de partilha à comprovação do pagamento do tributo sobre transmissão *causa mortis***.

Nessa época, convém destacar, **ainda não vigorava o § 2.º do art. 1.031 do CPC/1973**, introduzido pela Lei n.º 9.280/1996, conforme o qual "transitada em julgado a sentença de homologação de partilha ou adjudicação, o respectivo formal, bem como os alvarás referentes aos bens por ele abrangidos, só serão expedidos e entregues às partes após a comprovação, verificada pela Fazenda Pública, do pagamento de todos os tributos."

Em resumo: não há dados que levem à suspeita de um provável pagamento do tributo, que não pode ser inferido do tempo decorrido desde a prolação da sentença de homologação de partilha nem da expedição do formal de partilha. Inexiste, realmente, lastro a indicar que o interessado promoveu o pagamento antecipado, exigido de tributos sujeitos a *lançamento por homologação*, observando, em particular, o § 2.º do art. 1.034 do CPC/1973 **[19]** e a regra do art. 25 da Lei Estadual n.º 9.591/1966 **[20]**, à época vigentes.

Dentro desse contexto, **o acesso do título** (do formal de partilha) **ao fólio real foi corretamente recusado pela Oficiala**. O pleiteado registro na matrícula n.º 345 do RI de Diadema **[21]** resta vedado, enquanto não provado o pagamento do ITBI ou declarada a decadência ou a prescrição em processo contencioso.

Isto posto, **nego provimento ao recurso. MANOEL DE QUEIROZ PEREIRA CALÇAS**

Corregedor Geral da Justiça e Relator

Notas:

[1] Fls. 121-122 e 132.

[2] Fls. 138-146.

[3] Fls. 150.

[4] Fls. 164-166.

[5] Fls. 14-98 e 99-107.

[6] Fls. 6-7 e 118-119.

[7] Fls. 12.

[8] Apelação Cível n.º 39.487-0/1, rel. Des. Márcio Martins Bonilha, j. 31.07.1997, e **Apelação Cível n.º 404- 6/6**, rel. Des. José Mário Antonio Cardinale, j. 08.09.2005.

[9] Fls. 1-4 e 11-13.

[10 Art. 289. No exercício de suas funções, cumpre aos oficiais de registro fazer rigorosa fiscalização do pagamento dos impostos **devidos por força dos atos que lhes forem apresentados em razão do ofício**. (grifei)

[11] Art. 30. São deveres dos notários e dos oficiais de registro:

(...)

XI fiscalizar o recolhimento dos impostos incidentes **sobre os atos que devem praticar**; (grifei)

Art. 31. São infrações disciplinares que sujeitam os notários e os oficiais de registro às penalidades previstas nesta lei:

(...)

V o descumprimento de quaisquer dos deveres descritos no art. 30.

[12] Art. 134. Nos casos de impossibilidade de exigência do cumprimento da obrigação principal pelo contribuinte, respondem solidariamente com este nos atos em que intervierem ou pelas omissoes de que forem responsáveis:

(...)

VI os tabeliães, escrivães e demais serventuários de ofício, pelos tributos devidos sobre os atos praticados por eles, ou perante eles, em razão do seu ofício;

[13] Art. 34 - Não serão lavrados, registrados, inscritos ou averbados pelos tabeliães, escrivães e oficiais de Registro de Imóveis, os atos e termos de seu cargo, sem a prova do pagamento do imposto.

Artigo 38 - Os serventuários de justiça que infringirem as disposições deste Capítulo ficam sujeitos à multa de Cr$ 20.000 (vinte mil cruzeiros) a Cr$ 500.0O0 (quinhentos mil cruzeiros), respondendo solidariamente pelo imposto não arrecadado

Parágrafo único - As penas deste artigo serão também aplicáveis aos tabeliães e escrivães, quando os dizeres constantes das guias de recolhimento não corresponderem aos dados da escritura ou termo.

[14] Art. 8º. Nos casos de impossibilidade de exigência do cumprimento da obrigações principal pelo contribuinte, respondem solidariamente com este nos atos em que intervierem ou pelas omissões de que forem responsáveis:

I o tabelião, escrivão e demais serventuários de ofício, em relação aos atos tributáveis praticados por eles ou perante eles, em razão de seu ofício;

Art. 25. Não serão lavrados, registrados ou averbados pelo tabelião, escrivão e oficial de Registro de Imóveis, atos e termos de seu cargo, sem a prova do pagamento do imposto.

[15] Apelação Cível n.º 551-6/6, rel. Des. Gilberto Passos de Freitas, j. 17.8.2006; Apelação Cível n.º 851-6/5, rel. Des. Ruy Camilo, j. 1.7.2008; Apelação Cível n.º 0019186-49.2013.8.26.0100, rel. Des. Hamilton Elliot Akel, j. 7.7.2014; e Apelação Cível n.º 1042731-63.2015.8.26.0100, rel. Des. Pereira Calças, j. 25.2.2016.

[16] Fls. 91 e 95. Houve um aditamento posterior, realizado anos depois fls. 99-107.

[17] Art. 175, I, do CTN.

[18] Cf. STJ Resp. n.º 752.808, rel. Min. Teori Zavascki, j. 17.5.2007; STJ AgRg no REsp n.º 1274227/MS, rel. Min. Herman Benjamin, j. 7.2.2012; TJSP Apelação n.º 0017831-88.2011.8.26.0224, rel. Des. Aroldo Viotti, j. 1.º.12.2015; TJSP Apelação n.º 3009984-66.2013.8.26.0562, rel. Antonio Celso Faria, j. 27.7.2016; e TJSP Apelação n.º 1009715-11.2015.8.26.0071, rel. Des. Paulo Barcellos Gatti, j. 17.10.2016.

[19] Art. 1.034. (...)

2.º O imposto de transmissão será objeto de lançamento administrativo, conforme dispuser a legislação tributária, não ficando as autoridades fazendárias adstritas aos valores dos bens do espólio atribuídos pelos herdeiros.

[20] Art. 25. Nas transmissões "causa mortis", o imposto será recolhido no prazo de 60 (sessenta) dias da data da intimação da homologação do cálculo ou do despacho que determinar o seu pagamento.

[21] Fls. 57-59. (DJe de 12.04.2017 - SP)

PODER JUDICIÁRIO

TRIBUNAL DE JUSTIÇA DO ESTADO DE SÃO PAULO

CONSELHO SUPERIOR DA MAGISTRATURA

Apelação nº 1060800-12.2016.8.26.0100

Registro: 2017.0000409395

ACÓRDÃO

Vistos, relatados e discutidos estes autos do(a) **Apelação nº 1060800-12.2016.8.26.0100**, da Comarca de **São Paulo**, em que são partes é apelante **JOÃO ANTONIO BERNARDI FILHO**, é apelado **4º OFICIAL REGISTRO IMÓVEIS CAPITAL DO ESTADO DE SÃO PAULO.**

ACORDAM, em Conselho Superior de Magistratura do Tribunal de Justiça de São Paulo, proferir a seguinte decisão: **"Deram provimento à apelação e determinaram o registro do formal de partilha, v.u.",** de conformidade com o voto do Relator, que integra este Acórdão.

O julgamento teve a participação dos Exmos. Desembargadores **PAULO DIMAS MASCARETTI (Presidente), ADEMIR BENEDITO, XAVIER DE AQUINO, LUIZ ANTONIO DE GODOY, RICARDO DIP (PRES. DA SEÇÃO DE DIREITO PÚBLICO) E SALLES ABREU.**

São Paulo, 6 de junho de 2017.

MANOEL DE QUEIROZ PEREIRA CALÇAS

Corregedor Geral da Justiça e Relator

Apelação n.º 1060800-12.2016.8.26.0100

Apelante: João Antonio Bernardi Filho

Apelado: 4º Oficial Registro Imóveis Capital do Estado de São Paulo

VOTO N.º 29.732

Registro de Imóveis – Recusa de ingresso de formal de partilha por falta de recolhimento de ITBI – Valor do patrimônio imobiliário dividido desigualmente entre os herdeiros – Hipótese de incidência prevista no artigo 2º, VI, da Lei do Município de São Paulo n.º 11.154/91 – Exigência descabida – Quinhões que devem ser analisados como um todo para fins de incidência de imposto – Inocorrência de transmissão *"inter vivos"* de imóvel por ato oneroso – Inaplicabilidade do artigo 289 da Lei n.º 6.015/73 e do inciso XI do artigo 30 da Lei n.º 8.935/94 – Apelação provida.

Trata-se de recurso de apelação interposto contra a sentença de fls. 102/105, que julgou procedente a dúvida suscitada pela 4ª Oficial do Registro de Imóveis da Capital e manteve a recusa do registro de formal de partilha extraído do inventário dos bens deixados por Aura Lopes Bernardi, que tramitou na 12ª Vara de Família e Sucessões do Foro Central da Capital.

Sustenta o apelante: que o ITBI incide na transmissão onerosa de bens imóveis por ato *inter vivos* e na hipótese houve transmissão *causa mortis*; que os herdeiros podem abrir mão de um determinado bem sem que isso gere o pagamento de ITBI; e que os herdeiros receberam partes iguais na herança, que era constituída de móveis e imóveis (fls. 112/120).

A Procuradoria de Justiça opinou pelo desprovimento do recurso (fls. 135/137).

É o relatório.

Segundo consta, o apelante apresentou no 4º Registro de Imóveis da Capital formal de partilha extraído do inventário dos bens deixados por Aura Lopes Bernardi. De acordo com o título, os únicos herdeiros de Aura dividiram a herança da seguinte maneira: ao apelante, couberam um apartamento com duas vagas de garagem (matrículas nº 18.405, 18.406 e 18.407 todas do 4º RI da Capital) e o valor de R$108.982,74 depositado em uma conta corrente; à herdeira Ana Maria Salete Bernardi Caspari, coube a integralidade das cotas sociais da empresa Indústria e Comércio Zambom Bernardi Ltda. (fls. 33/36).

Em valores, o apelante recebeu R$510.389,74 (R$401.407,00 em imóveis + R$108.982,74 da conta corrente) e sua irmã Ana Maria, R$663.660,52, relativos às cotas sociais (fls. 35/36).

O recolhimento do imposto de transmissão *causa mortis* foi efetuado devidamente (fls. 41/42).

A inscrição do formal de partilha foi negada, sob o argumento de que não havia comprovação do pagamento do Imposto sobre Transmissão *inter vivos*. Sustentou a registradora que os bens imóveis que integravam o monte partível foram atribuídos exclusivamente ao apelante, com reposição em cotas sociais em favor de Ana Maria, fato que conferiu caráter oneroso à transação, atraindo a incidência do ITBI.

A tese da Oficial, adotada pela sentença de fls. 102/105, apoia-se no artigo 2º, VI, da Lei do Município de São Paulo nº 11.154/91, repetido pelo artigo 2º, VI, do Decreto Municipal nº 55.196/14, que preceitua acerca da incidência do ITBI:

Art. 2º Estão compreendidos na incidência do Imposto:

(...)

VI - o valor dos imóveis que, na divisão de patrimônio comum ou na partilha, forem atribuídos a um dos cônjuges separados ou divorciados, ao cônjuge supérstite ou a qualquer herdeiro, acima da respectiva meação ou quinhão, considerando, em conjunto, apenas os bens imóveis constantes do patrimônio comum ou montemor;

Pela leitura do dispositivo, percebe-se que a Lei Municipal, em se tratando de partilha, separa o patrimônio imobiliário do patrimônio mobiliário e somente admite a não incidência do ITBI se a divisão do primeiro for exatamente igual. Pouco importa que os quinhões, no total, sejam iguais; para fins de incidência de ITBI, analisa-se o patrimônio imobiliário de forma destacada.

A título de exemplo, suponhamos que uma pessoa faleça deixando dois herdeiros e um patrimônio de R$400.000,00, composto por um imóvel que vale R$200.000,00 e R$200.000,00 depositados em conta corrente. Digamos que um dos herdeiros tenha ficado com o imóvel e o outro com a aplicação financeira. Pela Lei do Município de São Paulo, além do ITCMD, cuja incidência é incontroversa em virtude da morte, os herdeiros, embora tenham dividido o monte partível de modo igual, terão que recolher ITBI, pois se considera que o herdeiro que ficou com o dinheiro vendeu sua parte no imóvel ao outro, que ficou com o bem.

Desafia a lógica o que se extrai do dispositivo acima transcrito. Se na forma do artigo 1.791 do Código Civil a herança é um todo unitário, cuja posse e propriedade regulam-se pelas normas relativas ao condomínio, não há como se defender que, antes da partilha, cada herdeiro seja titular da metade ideal de cada bem que integra o monte partível. Cada herdeiro, na verdade, é condômino da universalidade formada pelos bens da herança, de modo que somente a partilha fixará a quota parte de cada um.

A atribuição de imóveis para um herdeiro e de bens móveis para outro, resultando essa operação em quinhões iguais, não implica transmissão de bens imóveis por ato oneroso. Trata-se simplesmente de se definir quem será proprietário de quais bens, sem qualquer operação subsequente.

Não houve na espécie, portanto, transmissão por ato oneroso de bem imóvel, pressuposto estabelecido pela Constituição Federal para a incidência do ITBI1, mas simples partilha de patrimônio comum.

A bem da verdade, no caso, se há ainda algum imposto a ser recolhido é o ITCMD, concernente à doação feita pelo apelante em favor de sua irmã, já que ele recebeu um quinhão avaliado em

R$510.389,74, enquanto a parte que coube a ela foi de R$663.660,52 (fls.35/36). A diferença entre esses valores (R$153.270,78), caso não seja hipótese de eventual isenção, poderia, em tese, servir de base de cálculo para o imposto sobre doações. Esse tributo, todavia, por não ter qualquer relação com a transmissão de bens imóveis, também não pode condicionar a inscrição do formal de partilha.

A propósito da inaplicabilidade do inciso VI do artigo 2º da Lei do Município de São Paulo n.º 11.154/91, reiterados precedentes deste Tribunal de Justiça:

"MANDADO DE SEGURANÇA. ITBI. Decadência não configurada. Divórcio consensual que resultou em divisão patrimonial em partes exatamente iguais. Ato não oneroso. Tributo indevido. Precedentes. Sentença reformada. Recurso conhecido e provido" (Apelação n.º 0004548-21.2014.8.26.0344, Rel. Des. Vera Angrisani, j. em 27/10/2016).

"ITBI Mandado de segurança Partilha de bens em alteração de regime de bens do casal Partilha igualitária da totalidade dos bens Excesso de meação inocorrente Imposto indevido Segurança concedida Sentença mantida Recursos oficial e voluntário desprovidos" (Apelação n.º 1013039-97.2014.8.26.0053, Rel. Des. Osvaldo Capraro, j. em 9/10/2014).

"Tributário ITBI Partilha de bens. Divórcio consensual Divisão igualitária da totalidade de bens Compensação Atualização dos bens imóveis à apelante. Operação que não se identifica como onerosa. Não incidência de ITBI Recurso provido" (Apelação n.º 0001518-59.2010 Rel. Des. Mourão Neto, j. em 31/1/2013).

"Apelação Mandado de Segurança ITBI Partilha de bens em separação judicial. Equivalência econômica- financeira na divisão patrimonial Inexistência de excesso de meação Imposto indevido Segurança concedida Recurso provido" (Apelação n.º 9122550- 97.2007.8.26.0000, Rel. Des. João Alberto Pezarini, j. em 14/6/12).

Assim, se não houve fato gerador a justificar a incidência do ITBI, não se pode condicionar a inscrição do título ao recolhimento do tributo. Note-se que o artigo 289 da Lei n.º 6.015/732 e o inciso XI do artigo 30 da Lei n.º 8.935/943 pressupõem a fiscalização por parte do Oficial do recolhimento de impostos devidos, não de tributos cuja incidência seja injustificável.

Finalmente, sabe-se que a esfera administrativa não é o palco adequado para a declaração de inconstitucionalidade de lei. Justamente por isso, aqui apenas se admite, nessa hipótese, a inscrição do formal independentemente da comprovação do recolhimento do ITBI. Nesse sentido, precedente deste Conselho, que dispensou a comprovação do recolhimento do ITBI em usucapião:

"Não se pretende, aqui, seara inadequada, agitar a inconstitucionalidade da Lei Complementar n.º 7, de 28 de setembro de 2007, do Município de Arujá: não se desconhece os precedentes administrativos deste Conselho Superior da Magistratura, então desautorizando declaração em tal sentido, até em situações equiparadas à agora focalizada.

Apenas, porém, admite-se, in concreto, o registro do mandado judicial independente da comprovação do recolhimento do ITBI.

Dispensa-se, exclusivamente, o cumprimento da exigência, pois, ictu oculi, porque manifesto, a usucapião não é hipótese de incidência de ITBI. Assimila-se, com isso, a orientação jurisdicional deste Egrégio Tribunal de Justiça, de modo a prestigiar a segurança jurídica e a função instrumental dos serviços de registro.

Ao invés de sujeitar a interessada a um processo contencioso voltado à declaração da inconstitucionalidade do inciso IV do § 1° do artigo 270 da Lei Complementar n° 7/2007 do Município de Arujá, e comprometer a regularização de seu direito de propriedade, a publicidade de seu direito, estabilidade das relações jurídicas e a confiabilidade do sistema registral, transfere-se o ônus ao Município, a quem caberá, na via judicial, afirmar a constitucionalidade e buscar o recebimento do tributo" (Apelação n.º 000424-82.2011.8.26.0543, Rel. Des. José Renato Nalini, j. em 7/2/2013).

Como no julgado supra, determinar-se-á o ingresso do título, com a regularização da titularidade dominial das propriedades imobiliárias. Caso o Município entenda, a despeito de tudo que aqui foi dito, que houve fato gerador do ITBI, caberá a ele buscar, em execução fiscal, o recebimento do tributo.

Ante o exposto, dou provimento à apelação e determino o registro do formal de partilha.

MANOEL DE QUEIROZ PEREIRA CALÇAS

Corregedor Geral da Justiça e Relator

Notas:

[1] Art. 156. Compete aos Municípios instituir impostos sobre:

(...)

II - transmissão "inter vivos", a qualquer título, por ato oneroso, de bens imóveis, por natureza ou acessão física, e de direitos reais sobre imóveis, exceto os de garantia, bem como cessão de direitos a sua aquisição;

[2] Art. 289. No exercício de suas funções, cumpre aos oficiais de registro fazer rigorosa fiscalização do pagamento dos impostos devidos por força dos atos que lhes forem apresentados em razão do ofício.

[3] Art. 30. São deveres dos notários e dos oficiais de registro:

(...)

XI - fiscalizar o recolhimento dos impostos incidentes sobre os atos que devem praticar; (DJe de 20.07.2017 - SP)

PODER JUDICIÁRIO

TRIBUNAL DE JUSTIÇA DO ESTADO DE SÃO PAULO

CONSELHO SUPERIOR DA MAGISTRATURA

Apelação nº 1006360-55.2015.8.26.0309

Registro: 2017.0000157969

ACÓRDÃO

Vistos, relatados e discutidos estes autos do(a) **Apelação nº 1006360-55.2015.8.26.0309**, da Comarca de

Jundiaí, em que são partes são apelantes **VADETE SCAPINELLI FORTI, RAFAEL ISAAC FORTI, ERIKA APARECIDA**

FORTI RUIVO, MARLI SCAPINELLI LOURENÇÃO e DIVA SCAPINELLI DA SILVA, é apelado 1º OFICIAL DE REGISTRO DE IMÓVEIS, TÍTULOS E DOCUMENTOS E CIVIL DE PESSOA JURÍDICA DA COMARCA DE JUNDIAÍ.

ACORDAM, em Conselho Superior de Magistratura do Tribunal de Justiça de São Paulo, proferir a seguinte decisão: **"Negaram provimento ao recurso. V. U."**, de conformidade com o voto do Relator, que integra este Acórdão.

O julgamento teve a participação dos Exmos. Desembargadores **PAULO DIMAS MASCARETTI (Presidente sem voto), ADEMIR BENEDITO (VICE PRESIDENTE), PAULO DIMAS MASCARETTI(PRESIDENTE TRIBUNAL DE JUSTIÇA), XAVIER DE AQUINO (DECANO), LUIZ ANTONIO DE GODOY(PRES. DA SEÇÃO DE DIREITO PRIVADO), RICARDO DIP (PRES. DA SEÇÃO DE DIREITO PÚBLICO) E SALLES ABREU (PRES. SEÇÃO DE DIREITO CRIMINAL).**

São Paulo, 10 de março de 2017.

MANOEL DE QUEIROZ PEREIRA CALÇAS

Corregedor Geral da Justiça e Relator

Apelação nº 1006360-55.2015.8.26.0309

Apelantes: Vadete Scapinelli Forti, RAFAEL ISAAC FORTI, Erika Aparecida Forti Ruivo, Marli Scapinelli Lourenção e Diva Scapinelli da Silva

VOTO Nº 29.729

Registro de Imóveis – Recusa de ingresso de formal de partilha que repete descrição que já consta em transcrição anterior – Dúvida procedente – Descrição que impede a própria localização do imóvel – Precedentes que permitem o ingresso de título que repete descrição lacunosa e cujo objeto é a integralidade do bem – Inaplicabilidade – Localização mínima do imóvel que se faz necessária – Impossibilidade de ingresso do título – Necessidade de prévia retificação – Apelação a que se nega provimento.

Trata-se de recurso de apelação interposto contra a sentença de fls. 433/435, que julgou procedente a dúvida suscitada pelo 1º Oficial do Registro de Imóveis, Títulos e Documentos e Civil de Pessoa Jurídica de Jundiaí e manteve a recusa do registro de formal de partilha extraído do inventário dos bens deixados por Alcides Isaco Forti, que tramitou na 3ª Vara Cível de Jundiaí.

Sustenta o apelante que a qualificação feita pelo Oficial deve ser sempre tendente a promover o registro dos títulos; que o título está formalmente em ordem; e que não há violação ao princípio da especialidade objetiva, uma vez que a descrição que consta no formal de partilha, embora vaga, repete a que consta na transcrição (fls. 243/262).

A Procuradoria de Justiça opinou pelo desprovimento do recurso (fls. 445/447). É o relatório.

De acordo com a transcrição nº 65.732 do 1º Registro de Imóveis de Jundiaí, Vadete Scapinelli, Laerte Antônio Scapinelli, Marli Scapinelli e Diva Scapinelli, no ano de 1966, receberam em doação com reserva de usufruto um imóvel de Benjamin Scapinelli e de Maria Luiza Costa Scapinelli (fls. 211/214).

Vadete Scapinelli casou-se com Alcides Isaco Forti, passando a se chamar Vadete Scapinelli Forti (fls. 313). Com o falecimento de Alcides em 16 de julho de 1991 (fls. 312), seus bens foram inventariados em processo que tramitou perante a 3ª Vara Cível de Jundiaí (fls. 309/343). Entre os bens inventariados, estava a fração ideal do imóvel objeto da transcrição nº 65.732 do 1º Registro de Imóveis de Jundiaí, que, na partilha, coube a Vadete Scapinelli Forti e aos filhos do casal (fls. 338/339 e 341).

Apresentado a registro, o Oficial desqualificou o formal de partilha, argumentando que a descrição do imóvel é tão vaga, que não permite sua localização no município. Ressaltou que embora haja precedentes desta Corregedoria Geral no sentido de permitir o ingresso de títulos com descrição deficiente, desde que em consonância com o registro a que se filia, a seu ver, essa exceção não pode abarcar descrições "flutuantes" de imóveis.

No registro, assim como no título que o repete, o imóvel transcrito sob o nº 65.732 no 1º Registro de Imóveis de Jundiaí é descrito da seguinte forma:

"*Um terreno contendo uma casa, um galinheiro, duas garagens, 4.000 pés de uvas, com a área de dois alqueires de terras, mais ou menos, situado no bairro de Corupira ou Engordador, neste município, dividindo com Orlando Scapinelli, Antônio Passilongo, Yutaka Korogui, e com propriedade remanescente dos doadores*" (fls.211).

A vagueza da descrição do imóvel objeto do formal de partilha é tal, que nem o posicionamento que assegura o ingresso de título que repita descrição precária já constante no fólio real justifica o acolhimento da pretensão do apelante.

Pela leitura da descrição do bem, nota-se que além de sua área ser aproximada ("*dois alqueires de terras, mais ou menos*") e de suas confrontações fazerem referência a vizinhos ("*dividindo com Orlando Scapinelli, Antônio Passilongo, Yutaka Korogui, e com propriedade remanescente dos doadores*") fato que, isolados, não impediriam o registro do título chama atenção a circunstância de que não há qualquer identificação da medidas perimetrais do bem que encerram os aproximados dois alqueires, nem da distância de qualquer ponto identificável até algum ponto do imóvel.

Essa falta de identificação das medidas dos lados do terreno, aliada à referência ao nome dos vizinhos cuja titulação não se conhece (proprietários, possuidores, detentores...) e que provavelmente não estão mais no local impede a localização do bem. E não há como se negar que é função precípua do Registro Imobiliário possibilitar a identificação de um imóvel por meio da leitura de sua descrição, ainda que essa seja antiga, imprecisa e lacunosa.

Não se trata, portanto, de um retorno à posição mais formal que já vigorou na Corregedoria Geral e neste Conselho Superior da Magistratura, que, ao exigir estrita observância ao princípio da especialidade objetiva, condicionava o ingresso do título que repete a descrição do registro à prévia retificação da descrição do bem. Nessa época, não se admitia que imprecisões das transcrições de origem contaminassem a nova matrícula a ser descerrada.

Aqui, tenta-se evitar apenas que descrições que não permitem sequer a localização do imóvel sejam repetidas e utilizadas para o descerramento de novas matrículas.

Outro não é o entendimento do Desembargador Francisco Eduardo Loureiro, que, em comentário ao artigo 236 da Lei nº 6.015/73, antes da mudança de entendimento deste Conselho, consignou:

"*De um lado, o maior rigor na abertura das matrículas aperfeiçoa o sistema, mas, de outro, cria embaraço às partes que adquirem imóveis fiadas aos dados já constantes do registro, ainda que imperfeitos. A necessidade de prévia retificação pode conduzir, assim, a um indesejado atraso nos registros dos títulos e consequente insegurança aos direitos dos adquirentes. Parece que o posicionamento ideal é o anterior, de rejeitar apenas as descrições com imprecisões de tal modo grave que impeçam a própria localização do imóvel, ou causem riscos concretos de sobreposição*" (Lei de registros públicos: comentada; coordenação José Manuel de Arruda Alvin Neto, Alexandre Laizo Clápis, Everaldo Augusto Cambles. – Rio de Janeiro, 2014 – grifei).

E como já adiantado pelo Oficial em sua suscitação (fls. 294/299), os julgados deste Conselho que modificaram posicionamento anterior e passaram a dispensar a prévia retificação na hipótese de descrição precária do imóvel, desde que o título repetisse essa descrição e a transação abrangesse a totalidade do bem, pressupõem que ele esteja minimamente identificado:

"*Inobstante a precariedade da transcrição e os precedentes do Conselho Superior da Magistratura mencionados pelo Oficial, o posicionamento que atualmente prevalece, manifestado em julgados recentes, é no sentido de que não ofende ao princípio da especialidade a abertura de matrícula que abranja a totalidade do imóvel e que esteja de acordo com a descrição contida no registro anterior, desde que suficiente à sua identificação*" (Apelação nº 3025524- 04.2013.8.26.0224, Rel. Des. Elliot Akel, j. em 7/10/2014 - grifei).

"*Como lembra Alyne Yumi Konno (Registro de Imóveis - Teoria e Prática, Memória Jurídica, p. 20/21), tem-se admitido a mitigação da especialidade a fim de não obstar o tráfego de transações envolvendo imóveis, permitindo-se a manutenção de descrições imprecisas, constantes de antigas transcrições, quando da abertura da matrícula, desde que haja elementos mínimos para se determinar a situação do imóvel, e que ele seja transmitido ou onerado por inteiro, ou seja, desde que a nova matriz a ser aberta o abranja por inteiro"* (Apelação nº 0015003-54.2011.8.26.0278, Rel. Des. Elliot Akel, j. em 2/9/2014 - grifei).

Correta, portanto, a decisão que jugou a dúvida procedente, sendo indispensável a prévia retificação da descrição do imóvel a que o formal de partilha se refere.

Ante o exposto, nego provimento à apelação.

MANOEL DE QUEIROZ PEREIRA CALÇAS

Corregedor Geral da Justiça e Relator (DJe de 24.07.2017 - SP)

PODER JUDICIÁRIO

TRIBUNAL DE JUSTIÇA DO ESTADO DE SÃO PAULO

CONSELHO SUPERIOR DA MAGISTRATURA

Apelação nº 0001561-55.2015.8.26.0383

Registro: 2017.0000530497

ACÓRDÃO

Vistos, relatados e discutidos estes autos do(a) **Apelação nº 0001561-55.2015.8.26.0383**, da **Comarca de Nhandeara,** em que são partes é apelante **ILDA CORDEIRO CLEMENTE DE JESUS**, é apelado **OFICIAL DE REGISTRO DE IMÓVEIS E ANEXOS DA COMARCA DE NHANDEARA**.

ACORDAM, em Conselho Superior de Magistratura do Tribunal de Justiça de São Paulo, proferir a seguinte decisão: **"Negaram provimento ao recurso. V. U."**, de conformidade com o voto do Relator, que integra este Acórdão.

O julgamento teve a participação dos Exmos. Desembargadores **PAULO DIMAS MASCARETTI (Presidente), ADEMIR BENEDITO, XAVIER DE AQUINO, JOÃO CARLOS SALETTI, RICARDO DIP (PRES. DA SEÇÃO DE DIREITO PÚBLICO) E PÉRICLES PIZA**.

São Paulo, 20 de julho de 2017.

MANOEL DE QUEIROZ PEREIRA CALÇAS

Corregedor Geral da Justiça e Relator

Apelação nº 0001561-55.2015.8.26.0383

Apelante: Ilda Cordeiro Clemente de Jesus

Apelado: Oficial de Registro de Imóveis e Anexos da Comarca de Nhandeara

VOTO N.º 29.802

Registro de Imóveis – Formal de Partilha – Desqualificação do título judicial, exigindo-se CCIR – Correta exigência – Inteligência dos arts. 176, parágrafo 1º, II, da LRP, art. 22, parágrafos 1º e 2º, da Lei 4.947/66 e item 59 do Capítulo XX do Tomo II das NSCGJ – Apelação não provida.

Trata-se de recurso de apelação interposto por Ilda Cordeiro Clemente de Jesus contra a sentença de fls. 101, que manteve a recusa ao registro de formal de partilha expedido nos autos da ação de inventário n.º 0003452- 29.2006.8.26.0383, tendo por objeto imóvel matriculado sob número 10.335, junto ao Registro de Imóveis, Títulos e Documentos e Civil de Pessoa Jurídica da Comarca de Nhandeara, a teor de que falta a apresentação de Certificado de Cadastro de Imóvel Rural CCIR, atualizado e quitado.

Sustenta o apelante que tal imóvel foi adquirido por usucapião, cuja sentença foi registrada em 9 de abril de 1996 (fls. 13). Em razão do óbito do cônjuge da apelante (José de Freitas Jesus), exigiu-se, para registro do formal de partilha, a apresentação do CCIR, emitido pelo INCRA. Ocorre que o imóvel, sendo de área inferior a 3,0 ha, não pode receber o dito certificado. Argumenta com a garantia constitucional (CF, art. 5º, XXII, e art. 170, incisos II e III) e infraconstitucional (CC, art. 1.228) do direito de propriedade.

Sobrevieram contrarrazões.

A Procuradoria de Justiça opinou pelo desprovimento do recurso.

É o relatório.

A origem judicial do título não afasta a necessidade de sua qualificação registral, com intuito de se obstar qualquer violação ao princípio da continuidade (Lei 6.015/73, art. 195).

Nesse sentido, douto parecer da lavra do então Juiz Assessor desta Corregedoria Geral de Justiça, Álvaro Luiz Valery Mirra, lançado nos autos do processo n.º 2009/85.842, que, fazendo referência a importante precedente deste Colendo Conselho Superior da Magistratura (Apelação Cível n.º 31.881-0/1), aduz o que segue:

"De início, cumpre anotar, a propósito da matéria, que tanto esta Corregedoria Geral da Justiça quanto o Colendo Conselho Superior da Magistratura têm entendido imprescindível a observância dos princípios e regras de direito registral para o

ingresso no fólio real - seja pela via de registro, seja pela via de averbação - de penhoras, arrestos e seqüestros de bens imóveis, mesmo considerando a origem judicial de referidos atos, tendo em conta a orientação tranqüila nesta esfera administrativa segundo a qual a natureza judicial do título levado a registro ou a averbação não o exime da atividade de qualificação registral realizada pelo oficial registrador, sob o estrito ângulo da regularidade formal (Ap. Cív. n. 31.881-0/1)."

Feitas essas considerações iniciais, passo à análise da exigência impugnada, qual seja, necessidade de apresentação do Certificado de Cadastro de Imóvel Rural (CCIR).

Tal exigência deve ser mantida, como já decidido nos autos da Apelação n.º 0001067-18.2015.8.26.0408, de minha relatoria, que cuidou de registro de imóvel desapropriado.

O Certificado de Cadastro de Imóvel Rural (CCIR) é o documento emitido pelo INCRA nas hipóteses de desmembramento, arrendamento, hipoteca, venda ou promessa de venda de imóveis rurais.

Essa exigência não é nova: consta do art. 22 da Lei n.º 4.947/1966 e, mais recentemente, do art. 1º do Decreto nº 4.449/2002, que regulamentou a Lei n.º 10.267/2001, diploma legal que, entre outras, promoveu alterações no art. 176 da Lei n.º 6.015/1973 para fazer constar a necessidade da identificação do imóvel rural com o código e os dados constantes do CCIR.

A obrigação da identificação do imóvel rural com os dados constantes no CCIR foi repetida pelo inciso II do item 59 do Capítulo XX das Normas de Serviço.

Decorrendo da Lei e das Normas, a exigência deve ser cumprida pelo interessado, que deve providenciar o CCIR para a gleba adquirida por sucessão. Nesse sentido, decisão deste Conselho a propósito do registro de mandado de usucapião, que é forma originária de aquisição da propriedade:

"A sentença de usucapião, porém, apenas declara essa situação de fato e, fazendo-o, concede ao possuidor o modo originário de aquisição da propriedade. A abertura da matrícula, no entanto, é condicionada a outros requisitos. Dentre eles, a apresentação do CCIR.

Nem o Oficial nem o Juiz, pela mera via administrativa, podem suprir a exigência legal. E também não podem obrigar o INCRA a emitir o documento.

Se a negativa de expedição do CCIR, pelo INCRA, é ilegal, cabe, pelas vias ordinárias contenciosas, constranger esse órgão a emiti-lo. Até lá, a abertura da matrícula não pode mesmo ser feita, pois isso feriria a legislação" (Apelação nº 0007676- 93.2013.8.26.0064, Rel. Des. Hamilton Elliot Akel, j. em 18/3/2014).

Ora, se nas hipóteses de abertura de matrícula em razão de usucapião e desapropriação formas originárias de aquisição da propriedade exige-se a apresentação do CCIR, com mais razão no caso de registro de formal de partilha, forma derivada de aquisição da propriedade, em que deverá ser observado, inclusive, o princípio da continuidade.

Em suma, a desqualificação do título fica mantida.

Ante o exposto, nego provimento à apelação.

MANOEL DE QUEIROZ PEREIRA CALÇAS

Corregedor Geral da Justiça e Relator (DJe de 04.09.2017 - SP)

PODER JUDICIÁRIO

TRIBUNAL DE JUSTIÇA DO ESTADO DE SÃO PAULO

CONSELHO SUPERIOR DA MAGISTRATURA

Apelação nº 1101560-03.2016.8.26.0100

Registro: 2017.0000659694

ACÓRDÃO

Vistos, relatados e discutidos estes autos do(a) **Apelação nº 1101560-03.2016.8.26.0100**, da Comarca de **São Paulo**, em que são partes é apelante **ANA BLANDINA DE ALMEIDA PRADO**, é apelado **13º OFICIAL DE REGISTRO DE IMÓVEIS DA CAPITAL.**

ACORDAM, em Conselho Superior de Magistratura do Tribunal de Justiça de São Paulo, proferir a seguinte decisão: **"Julgaram prejudicado o recurso, v.u. Declarará voto convergente o Desembargador Ricardo Dip."**, de conformidade com o voto do Relator, que integra este Acórdão.

O julgamento teve a participação dos Exmos. Desembargadores **PAULO DIMAS MASCARETTI (Presidente),**

ADEMIR BENEDITO, XAVIER DE AQUINO, LUIZ ANTONIO DE GODOY, RICARDO DIP (PRES. DA SEÇÃO DE DIREITO PÚBLICO) E SALLES ABREU.

São Paulo, 15 de agosto de 2017.

MANOEL DE QUEIROZ PEREIRA CALÇAS

Corregedor Geral da Justiça e Relator

Apelação nº 1101560-03.2016.8.26.0100

Apelante: ANA BLANDINA DE ALMEIDA PRADO

Apelado: 13º Oficial de Registro de Imóveis da Capital

VOTO Nº 29.778

Registro de Imóveis - Dúvida - Impugnação parcial da nota de devolução - Dúvida prejudicada - Recurso não conhecido - Registro de imóveis - Formal de Partilha Falta de dados qualificativos do titular de domínio e dos cedentes intermediários - Especialidade subjetiva - Mitigação Segurança jurídica não atingida - Compromissos de compra e venda antigos - Suficiente identificação dos últimos cedentes, de quem o imóvel foi herdado - Regra de transição prevista no art. 176, parágrafo 2º, da Lei n. 6.015/73 - Recurso não conhecido.

Trata-se de recurso de apelação interposto contra a sentença de fls. 51/54, que julgou prejudicada a dúvida suscitada pelo 13º Oficial de Registro de Imóveis de São Paulo, envolvendo imóvel objeto da inscrição n. 4.336, sob o argumento de que apenas uma das três exigências foi impugnada.

Sustenta a apelante que a recusa do Oficial viola os princípios registrais, em especial, o da continuidade e que deve ser considerada a fé pública emanada nos registros anteriores. Ademais, é a apelante quem vive no imóvel há anos e, portanto, o que consta dos registros públicos estaria dissociado da realidade.

As exigências da Lei de Registros Públicos somente podem ser aplicadas às transações praticadas durante sua vigência, em respeito ao ato jurídico perfeito, não sendo o caso da titularidade dominial do imóvel em análise, porque ocorridas entre os anos de 1957 e 1967. Por fim, alega que o registro não prejudicaria terceiros e que a recusa viola a garantia constitucional ao direito de propriedade.

A Procuradoria Geral de Justiça opinou pelo não provimento do recurso (fls. 96/99).

É o relatório.

O recurso não deve ser conhecido, na medida em que não houve impugnação em relação a duas exigências: a) apresentação do formal de partilha dos bens deixados em razão dos falecimentos de Maria Luiza de Castro Bicudo Tibiriçá e de Maria Helena Tibiriçá Gomes Guimarães; b) apresentação de requerimento subscrito pelo interessado, com firma reconhecida, em que conste qualificação e solicitação da averbação à margem da inscrição n. 4.336, acompanhado de certidões atualizadas de casamento, nascimento, óbitos e cópias de documentos pessoais das pessoas indicadas no item 2 da nota de devolução.

A concordância parcial com as exigências do Oficial prejudica o pedido, que só admite duas soluções: a determinação do registro do título protocolado e prenotado, que é analisado, em reexame da qualificação, tal como se encontrava no momento em que surgida dissensão entre a apresentante e o Oficial de Registro; ou a manutenção da recusa do Oficial. Para que se possa decidir se o título pode ser registrado ou não é preciso que todas as exigências - e não apenas parte delas - sejam reexaminadas pelo Corregedor Permanente. Nesse sentido, é pacífica a jurisprudência deste Egrégio Conselho Superior.

Contudo, muito embora prejudicada a dúvida, deve-se analisar a questão de fundo, a fim de evitar que, supridas as exigências, a interessada venha a ter que se valer, novamente, do procedimento.

Não se trata de exame de consulta, em tese, mas de análise de caso concreto. O Conselho não atua como mero órgão consultivo, mas como regulador de uma situação de fato. Uma vez resolvida a controvérsia, o tema não será mais levado à Corregedoria Permanente, dado que o Oficial já terá orientação clara sobre como proceder.

Ao contrário do exercício de função jurisdicional, cuja essência é teleológica, a função administrativa, exercida no âmbito do julgamento das dúvidas, tem caráter disciplinador. Enquanto, na função jurisdicional, visa-se ao julgamento do mérito, com posterior formação de coisa julgada e impossibilidade de rediscussão para as partes, o julgamento das dúvidas não se presta somente a decidir o caso concreto, mas a servir de orientação aos registradores para casos análogos.

Logo, por esses dois ângulos é importante a análise do mérito, ainda que prejudicada a dúvida: a) evita-se a nova suscitação; b) fixa-se orientação para casos similares.

Passa-se ao exame do caso, portanto.

A recusa do registrador funda-se no princípio da especialidade subjetiva, cuja finalidade é identificar, individualizar, aquele que está transmitindo ou adquirindo algum tipo de direito no registro de imóveis, tornando-o inconfundível com qualquer outra pessoa.

Contudo, referido princípio, assim como o registro em si, não pode ser considerado um fim em si mesmo, sob pena de negar o que pretende proteger, que é a segurança jurídica.

Por essas razões, o C. Conselho Superior da Magistratura tem admitido, em hipóteses excepcionais, a mitigação da especialidade subjetiva:

REGISTRO DE IMÓVEIS - Carta de adjudicação - Promitente vendedor falecido - CPF/MF inexistente - Exigência afastada - Impossibilidade de cumprimento pela apresentante - Princípio da segurança jurídica – Princípio da razoabilidade - Dúvida improcedente - Recurso provido. (Apelação n° 0039080-79.2011.8.26.0100, CSM, rel. Des. José Renato Nalini, 20/09/2012).

"(...) Assim, para não sacrificar a segurança jurídica e a publicidade, é de rigor flexibilizar, in concreto, a severidade do princípio da especialidade subjetiva, dispensado a informação sobre o número do CPF/MF de Henri Marie Octave Sannejouand, cujo número de inscrição do Registro Geral é, de mais a mais, conhecido e consta da matrícula do imóvel (RG n.º 75.149 - mod. 19 - fls. 07), em sintonia com a carta de arrematação (fls. 23). A especialidade subjetiva, se, na hipótese, valorada com excessivo rigor, levará, em desprestígio da razoabilidade, até porque a exigência não pode ser satisfeita pela interessada, ao enfraquecimento do princípio da segurança jurídica, o que é um contrassenso. Com a exigência, o que se perde, confrontado com o ganho, tem maior importância, de sorte a justificar a reforma da sentença: a garantia registaria é instrumento, não finalidade em si, preordenando-se a abrigar valores cuja consistência jurídica supera o formalismo (...)".

Assim, embora as qualificações das partes no título não estejam perfeitas, o registrador não afirmou não haver elementos suficientes a eliminar qualquer dúvida quanto às pessoas que figuram como titulares de domínio e cedentes.

Tanto assim é que o registrador justifica a exigência por não ter localizado, no registro da instituição e convenção do condomínio, informações que pudessem dispensar as exigências que formulou, e não porque tem dúvidas em relação às partes do negócio (fl. 4).

É preciso observar, ainda, que os sucessivos compromissos de compra e venda cujos dados estão incompletos são datados de período compreendido entre 1957 e 1966, época em que não havia o rigor legal de hoje quanto à precisão da qualificação das partes, o que explica o motivo das omissões levantadas pelo registrador. Ademais, estão completos os dados de MARIA LUIZA DE CASTRO BICUDO TIBIRIÇÁ e de MARIA HELENA TIBIRIÇÁ GOMES GUIMARÃES, de quem os últimos cedentes herdaram o imóvel que pretendem alienar à recorrente.

Ciente da falta de precisão de dados qualificativos antes da vigência da Lei de Registros Públicos, o legislador, ao editar a norma vigente, previu a regra de transição disposta no § 2º do art. 176:

§ 2º Para a matrícula e registro das escrituras e partilhas, lavradas ou homologadas na vigência do Decreto nº 4.857, de 9 de novembro de 1939, não serão observadas as exigências deste artigo, devendo tais atos obedecer ao disposto na legislação anterior.

Diante deste cenário, especialmente por não constar que haja dúvidas quanto à identidade das pessoas, o registro deve ser admitido, uma vez superada a primeira das exigências, ressalvada dúvida concreta quanto à identidade dos titulares de domínio e cedentes.

Pelo exposto, pelo meu voto, julgo prejudicado o recurso interposto.

MANOEL DE QUEIROZ PEREIRA CALÇAS

Corregedor Geral da Justiça e Relator

TRIBUNAL DE JUSTIÇA DO ESTADO DE SÃO PAULO

Conselho Superior da Magistratura
Apelação Cível 1101560-03.2016.8.26.0100
Dúvida de registro

VOTO 49.243 (com divergência):

1. Acompanho a **conclusão** do respeitável voto de Relatoria.

2. Peço reverente licença, entretanto, para não aderir à "análise de mérito" a que se lançou **após afirmar não conhecer do recurso**.

3. Ao registrador público, tendo afirmada, *per naturam legemque positam*, a **independência na qualificação jurídica** (*vide* arts. 3º e 28 da Lei n. 8.935, de 18-11-1994), não parece possam impor-se, nessa esfera de qualificação, "orientações" prévias e abstratas de caráter hierárquico.

Assim, o registrador tem o **dever** de qualificação jurídica e o **direito** de efetivá-la com independência profissional, *in suo ordine*.

4. Vem a propósito que a colenda Corregedoria Geral da Justiça paulista, em seu código de normas,enuncia:

"Os oficiais de Registro de Imóveis gozam de independência jurídica no exercício de suas funções e exercem essa prerrogativa quando interpretam disposição legal ou normativa. (...)" (item 9º do cap. XX das "Normas de Serviço da Corregedoria Geral da Justiça de São Paulo").

5. Se o que basta não bastara, calha que os órgãos dotados de *potestas* para editar **regras técnicas** relativas aos registros públicos são os **juízes competentes para o exercício da função correcional** (o que inclui a egrégia Corregedoria Geral da Justiça; cf. inc. XIV do art. 30 da Lei n. 8.935/1994). Essa função de corregedoria dos registros, em instância administrativa final no Estado de São Paulo, **não compete a este Conselho Superior da Magistratura**, Conselho que, a meu ver, não detém, ao revés do que respeitavelmente entendeu o venerando voto de relação, "poder disciplinador" sobre os registros e as notas (v., a propósito, os incs. XVII a XXXIII do art. 28 do Regimento Interno deste Tribunal).

6. Averbo, por fim, que a admitir-se a pretendida força normativa da ventilada "orientação", não só os juízes corregedores permanentes estariam jungidos a observá-la, mas também as futuras composições deste mesmo Conselho.

Deste modo, voto no sentido de que se exclua a r. "orientação para casos similares". É, *da veniam*, **meu voto de vencido**.

Des. RICARDO DIP

Presidente da Seção de Direito Público (DJe de 11.10.2017 - SP)

PODER JUDICIÁRIO

TRIBUNAL DE JUSTIÇA DO ESTADO DE SÃO PAULO

CONSELHO SUPERIOR DA MAGISTRATURA

Apelação nº 0003920-58.2015.8.26.0615

Registro: 2017.0000624643

ACÓRDÃO

Vistos, relatados e discutidos estes autos do(a) **Apelação nº 0003920-58.2015.8.26.0615**, da Comarca de **Tanabi**, em que são partes são apelantes **SEBASTIÃO FERREIRA PERES** e **DIVINA CÂNDIDA FERREIRA PERES**, é apelado **OFICIAL DE REGISTRO DE IMÓVEIS E ANEXOS DA COMARCA DE TANABI**.

ACORDAM, em Conselho Superior de Magistratura do Tribunal de Justiça de São Paulo, proferir a seguinte decisão: **"Negaram provimento à apelação, V. U. Vencido na preliminar o Desembargador Ricardo Dip, que declarará voto."**, de conformidade com o voto do Relator, que integra este Acórdão.

O julgamento teve a participação dos Exmos. Desembargadores **PAULO DIMAS MASCARETTI (Presidente), ADEMIR BENEDITO, XAVIER DE AQUINO, LUIZ ANTONIO DE GODOY, RICARDO DIP (PRES. DA SEÇÃO DE DIREITO PÚBLICO) E SALLES ABREU**.

São Paulo, 15 de agosto de 2017.

MANOEL DE QUEIROZ PEREIRA CALÇAS

Corregedor Geral da Justiça e Relator

Apelação nº 0003920-58.2015.8.26.0615

Apelantes: Sebastião Ferreira Peres e Divina Cândida Ferreira Peres

Apelado: Oficial de Registro de Imóveis e Anexos da Comarca de Tanabi

VOTO Nº 29.773

Formal de Partilha - Partilha incompatível com o instrumento particular de cessão de direitos hereditários, também homologado nos autos do inventário, porque este incluiu herdeira que, posteriormente, renunciou a seu quinhão hereditário - Homologação de cessão de direitos hereditários que previa lavratura de escritura pública para formalizar a permuta de imóveis - Partilha registrada e cessão de direitos hereditários recusada - Princípio da continuidade - Dúvida julgada procedente - Recurso não provido.

Trata-se de recurso de apelação interposto contra a sentença do MM. Juiz Corregedor Permanente do Oficial de Registro de Imóveis e Anexos da Comarca de Tanabi (fls. 73/73-verso), que julgou procedente a dúvida inversa suscitada e manteve a recusa de registro da cessão de direitos hereditários que integrou o formal de partilha dos bens deixados por Umbelina Bento da Silva, a teor de que *"A partilha já foi devidamente registrada no que tange ao bem deixado por Umbelina Bento da Silva"*.

Sustentam os apelantes que, em observância ao princípio da continuidade, não poderia ter havido registro da cessão de direitos hereditários antes do registro da partilha. Aduziram, ainda, que Andreza não figurou no instrumento de cessão de direitos hereditários como herdeira, mas apenas como representante legal dos herdeiros menores de idade, de maneira que a permuta de imóveis atenderia os requisitos de validade necessários para ser levada a registro. Acrescentaram que é assente o entendimento da Corregedoria Geral de Justiça e do Conselho Superior da Magistratura no sentido de que a permuta de imóveis homologada judicialmente dispensa a lavratura de escriturapública.

A Procuradora Geral da Justiça opinou pelo não provimento do recurso (fls. 89/91).

É o relatório.

Nos autos do inventário dos bens deixados por UMBELINA BENTO DA SILVA, figuraram como herdeiros legítimos os filhos ANDREZA BENTO DA SILVA (inventariante) e MÁRCIO BENTO DA SILVA e, como herdeiros testamentários, os netos JÉSSICA BENTO DA SILVA PEREIRA, MARCELO ESTEFANO BENTO SILVA LUBAWSKI e CAROLINE BENTO DA SILVA LADEIA.

No plano de partilha (fls. 31/33), constou renúncia translativa da herdeira ANDREZA em favor de seus três filhos, JÉSSICA, MARCELO e CAROLINE. Dessa maneira, o único bem deixado por UMBELINA (imóvel matriculado sob

n. 13.576) foi partilhado na proporção de 25% para cada um dos herdeiros remanescentes (MÁRCIO, JÉSSICA, MARCELO e CAROLINE). Na mesma ocasião da apresentação do plano de partilha, a inventariante formulou pedido de autorização de venda e permuta do imóvel herdado, consoante *"Instrumento Particular de Compromisso de Compra e Venda com Cessão de Direitos Hereditários/ Sucessórios"* previamente firmado pelos herdeiros legítimos e testamentários e por SEBASTIÃO FERREIRA PERES e DIVINA CÂNDIDA FERREIRA PERES (fls. 34/37). Constou desse último instrumento que os direitos hereditários sobre o imóvel herdado seriam transmitidos a SEBASTIÃO e DIVINA e, em contrapartida, os herdeiros cedentes receberiam o imóvel matriculado sob n. 19.606 e mais R$ 30.000,00. Seu objetivo seria excluir MÁRCIO do condomínio, mantendo apenas os herdeiros-netos na titularidade do bem imóvel recebido em pagamento.

Por r. sentença proferida nos autos da ação de inventário, homologou-se a partilha e a permuta e determinou-se a expedição de formal de partilha e de alvará (fls. 52).

O Formal de Partilha foi registrado, de maneira que a cada um dos herdeiros foi atribuído 25% dos direitos sobre o imóvel herdado e nada foi feito em relação à permuta.

Em suas informações, o Oficial Registrador ponderou que SEBASTIÃO e DIVINA não figuram nos autos de inventário como interessados, o que tornaria injustificada a expedição de um documento relativo a registro de algum direito deles sobre o imóvel inventariado. Acrescentou que a sentença homologatória da partilha e da permuta determinou a expedição de formal de partilha e alvará apenas em favor dos herdeiros, sem nenhuma menção à permuta. Por fim, sustentou que há dois negócios jurídicos distintos (partilha e permuta), sendo que a permuta dependerá de escritura pública e de recolhimento obrigatório de ITBI e expedição de alvarás aos herdeiros menores.

Razão assiste, em parte, ao Oficial Registrador, a quem incumbe analisar apenas os requisitos extrínsecos ao título judicial e sua compatibilidade com os princípios registrais (Apelação Cível n. 0000434-11.2015.8.26.0439, Apelação Cível nº 51.124.0/4-00, Apelação Cível nº 0001717-77.2013.8.26.0071, e Apelação Cível nº 1025290-06.2014.8.26.0100).

Foram homologados dois negócios jurídicos distintos e ambos integraram o formal de partilha expedido. Portanto, em tese, seria possível o registro dos dois atos em sequência: primeiramente, a partilha dos bens deixados por UMBELINA e, em seguida, a permuta de imóveis. Seriam praticados dois atos registrais decorrentes de um único título, o formal de partilha. Cada ato demandaria o recolhimento dos respectivos tributos e emolumentos e não haveria ofensa ao princípio da continuidade.

O fato de que SEBASTIÃO e DIVINA não figuram como herdeiros de UMBELINA não obstaria o registro do título, uma vez que tal questão foi analisada e solucionada com a homologação judicial, lembrando-se de que é lícito dispor de direitos hereditários (CC, art. 1793).

Da mesma forma, o crivo judicial pelo qual passou a avença particular poderia ter dispensado a lavratura de escritura pública, consoante entendimento consolidado neste Conselho Superior da Magistratura. Sobre o tema, precedente de minha relatoria, nos autos da Apelação n. 1000762-62.2014.8.26.0663:

> *Em primeiro lugar, a necessidade de escritura pública. A Oficial parece ter-se olvidado de precedentes do Conselho Superior da Magistratura, expressos em dispensá-la. Veja-se, por todos, o julgamento da apelação nº 0005719-59.2012.8.26.0319, cujas razões são claras:*
>
> *"Aduz o registrador ser necessária a escritura pública de doação porque insuficiente o formal de partilha, notadamente por conter mera promessa de doação.*

É certo que o art. 108, do Código Civil, exige escritura pública para os contratos constitutivos ou translativos de direitos reais sobre imóveis de valor superior a 30 vezes o salário mínimo, como no caso em exame.

A finalidade da norma, conforme enfatiza Carlos Roberto Gonçalves, é assegurar a autenticidade dos negócios, garantir a livre manifestação da vontade, demonstrar a seriedade do ato e facilitar a sua prova (Direito Civil Brasileiro, Saraiva, Vol. I, pág. 319).

Tais objetivos, contudo, já foram alcançados com a homologação da partilha em juízo, sendo desnecessária a lavratura de escritura pública de doação, que "representaria demasiado apego ao formalismo negar validade a negócio jurídico celebrado no bojo do processo de inventário, sob a presidência do magistrado." (CSM/SP, Ap. Cível nº 101.259- 0/8).

Nos autos da Apelação Cível nº 0150004-45. 2006.8.26.0000, decidiu este E. Tribunal de Justiça pela prescindibilidade da escritura pública no caso de doação de imóvel feita pelos pais aos filhos por ocasião do divórcio:

Ação de obrigação de fazer - Doação de imóvel que os pais fizeram aos três filhos menores, por ocasião do divórcio do casal - Desnecessidade de qualquer escritura pública, porquanto a homologação judicial do divórcio constitui documento público e supre a escritura (...) (4ª Câmara de Direito Privado, j. 30/06/2011)

O voto do eminente Des. Francisco Loureiro, Relator Designado, é elucidativo ao esclarecer os motivos pelos quais pode-se dispensar a escritura pública de doação neste caso:

Não há necessidade da lavratura de qualquer escritura pública, por simples e singela razão: a homologação judicial do divórcio constitui documento público e supre a escritura, uma vez que se ajusta à exigência do art. 108 do Código Civil. Como é cediço, as decisões judiciais homologatórias fazem as vezes de escrituras públicas e dispensam qualquer ato notarial posterior. Basta, assim, que as partes tirem carta de sentença, acompanhada da guia do imposto de transmissão, e levem-na diretamente ao Oficial do Registro de Imóveis."

Ocorre que, no caso em exame, constou expressamente do instrumento particular de cessão de direitos hereditários que haveria **outorga da escritura** para transmissão do imóvel herdado de Umbelina (fls. 35, item b). Portanto, tal formalidade se fazia necessária, por ter sido esta a vontade manifestada pelas partes contratantes.

Por outro lado, ao lado de ter sido acordado que a transmissão do domínio demandaria lavratura de escritura pública, a cessão de direitos hereditários e a doação têm conteúdo que inviabiliza o registro do instrumento particular de cessão de direitos hereditários, por contrariar o princípio da continuidade.

Isso porque o instrumento de cessão de direitos hereditários não foi elaborado levando-se em conta a doação (renúncia translativa) realizada por ANDREZA (fls. 33). ANDREZA figurou no instrumento, na qualidade de herdeira, ao lado dos demais herdeiros necessários e testamentários. Ocorre que, com a doação, ANDREZA não mais poderia dispor de seus direitos hereditários, que correspondiam a 25% do monte partível. Ademais, quando firmado o instrumento de cessão, os herdeiros-netos dispunham, cada um, de apenas 16,66% do monte-mor.

Nem se alegue que ANDREZA apenas assinou o instrumento de cessão de direitos hereditários na qualidade de representante legal de seus filhos menores, porque não é o que se depreende da singela leitura do instrumento.

Tem-se que, de um lado, ANDREZA se comprometeu a alienar sua fração ideal a SEBASTIÃO e DIVINA e, de outro, em ato posterior, renunciou a seus direitos hereditários em favor dos filhos. Tais manifestações de vontade são incompatíveis entre si, devendo prevalecer a exarada por último (doação), porque refletida na partilha homologada judicialmente, não dependendo de qualquer formalidade posterior e por ser, em última análise, a verdadeira intenção de ANDREZA: favorecer seus filhos com seu quinhão hereditário.

As frações ideais recebidas pelos herdeiros netos por meio da doação tampouco foram objeto de disposição no instrumento de cessão de direitos hereditários, uma vez que não poderiam dispor do que ainda não haviam recebido.

Portanto, embora tenha integrado o formal de partilha em razão da homologação judicial, o instrumento particular de cessão de direitos hereditários não poderia mesmo ser registrado da forma como redigido, uma vez que em desacordo com o princípio da continuidade e por indicar a necessidade de formalização por escritura pública. Caso houvesse compatibilidade entre o teor desse instrumento e a partilha e não houvesse sido acordada a lavratura de escritura pública, nada obstaria o registro da permuta após o registro da partilha. Portanto, os interessados deverão, para concretizar o negócio jurídico que pretendem celebrar, formaliza-lo por escritura pública de compra e venda que considere as frações ideais herdadas por cada um.

Por fim, cumpre ressaltar que o Conselho Superior da Magistratura tem decidido que a qualificação negativa não caracteriza desobediência ou descumprimento de decisão judicial. Pelo contrário, *"a circunstância de exibir-se a inscrição do título de origem judicial não implica isenção dos requisitos registrários, incumbindo ao registrador: a) verificar a competência (absoluta) da autoridade judiciária; b) aferir a congruência do que se ordena ao registro com o processo respectivo; c) apurar a presença das formalidades documentais; d) examinar se o título esbarra em obstáculos propriamente registrários (p.ex.: legalidade, prioridade, especialidade, consecutividade)"* (RJTJESP 137/588)

Correta, portanto, a recusa de registro do instrumento particular de cessão de direitos, embora por motivos distintos dos indicados pelo Oficial Registrador.

Isto posto, **pelo meu voto, nego provimento à apelação. MANOEL DE QUEIROZ PEREIRA CALÇAS**

Corregedor Geral da Justiça e Relator

TRIBUNAL DE JUSTIÇA DE SÃO PAULO

Conselho Superior da Magistratura

Apelação 0003920-58.2015.8.26.0615

Dúvida de registro

VOTO 48.962 (com divergência)

1. Registro, à partida, adotar o relatório lançado pelo insigne Relator da espécie.

2. Permito-me, *da veniam*, lançar um reparo.

3. Já é tempo de deixar de admitir o que se convencionou chamar **dúvida "inversa"**, ou seja, aquela levantada pelo próprio interessado, diretamente ao juízo corregedor.

A prática, com efeito, não está prevista nem autorizada em lei, o que já é razão bastante para repeli-la, por ofensa à cláusula do devido processo (inc. LIV do art. 5º da Constituição), com a qual não pode coadunar-se permissão ou tolerância (jurisprudencial, *nota)* para que os interessados disponham sobre a forma e o rito de processo administrativo, dispensando aquele previsto no estatuto de regência (Lei n. 6.015, de 31-12-1973, arts. 198 *et seqq.*).

Se o que basta não bastara, ainda há considerar que ao longo de anos a dúvida inversa tem constituído **risco para a segurança dos serviços e mesmo para as justas expectativas dos interessados.** É que, não rara vez, o instrumento vem sendo manejado sem respeito aos mais elementares preceitos de processo registral (o primeiro deles, a existência de prenotação válida e eficaz), de modo que termina sem bom sucesso, levando a delongas que o paciente respeito ao *iter* legal teriam evitado.

4. Superada a preliminar, entretanto, voto pelo improvimento do recurso, porque, inscrita que foi a partilha *causa mortis* (que pôs como donos do imóvel em questão os herdeiros Márcio, Jéssica, Marcelo e Caroline), não é possível fazer ingressar, agora, a cessão de direitos hereditários, quando menos por violação do trato consecutivo (afinal, esse negócio jurídico tem como outorgantes Márcio, Jéssica, Marcelo, Caroline ***e*** Andreza).

DO EXPOSTO, por meu voto preliminar, julgava extinto o processo, sem resolução de mérito, prejudicado o recurso de apelação interposto por Sebastião Ferreira Peres e Divina Cândida Ferreira Peres.

No mérito, nego provimento ao recurso, para o fim de que, mantido o r. *decisum* da inferior instância, não se faça o rogado registro *stricto sensu*.

É como voto.

Des. RICARDO DIP

Presidente da Seção de Direito Público (DJe de 27.10.2017 - SP)

INCORPORAÇÃO IMOBILIÁRIA

PODER JUDICIÁRIO

TRIBUNAL DE JUSTIÇA DO ESTADO DE SÃO PAULO

CONSELHO SUPERIOR DA MAGISTRATURA

Apelação nº 1009154-60.2016.8.26.0100

Registro: 2016.0000913473

ACÓRDÃO

Vistos, relatados e discutidos estes autos do(a) **Apelação nº 1009154-60.2016.8.26.0100**, da Comarca de **São Paulo**, em que são partes é apelante **PAULO EDUARDO NORI MORTARI**, é apelado **2º OFICIAL DE REGISTRO DE IMÓVEIS DA CAPITAL**.

ACORDAM, em Conselho Superior de Magistratura do Tribunal de Justiça de São Paulo, proferir a seguinte decisão: **"Negaram provimento à apelação, v.u."**, de conformidade com o voto do Relator, que integra este Acórdão.

O julgamento teve a participação dos Exmos. Desembargadores **PAULO DIMAS MASCARETTI (Presidente), ADEMIR BENEDITO, XAVIER DE AQUINO, LUIZ ANTONIO DE GODOY, RICARDO DIP E SALLES ABREU.**

São Paulo, 10 de novembro de 2016.

MANOEL DE QUEIROZ PEREIRA CALÇAS

Corregedor Geral da Justiça e Relator

Apelação nº 1009154-60.2016.8.26.0100

Apelante: Paulo Eduardo Nori Mortari

Apelado: 2º Oficial de Registro de Imóveis da Capital

VOTO Nº 29.569

Registro de Imóveis – Compromisso de cessão de direitos de unidade autônoma – Pedido de registro do instrumento – Desqualificação – Necessidade de prévio registro da incorporação – Inteligência do artigo 32 da Lei nº 4.591/64 – Precedentes deste Conselho Superior – Apelação desprovida.

Trata-se de recurso de apelação interposto contra a sentença de fls. 84/86, que manteve a recusa ao registro de instrumento particular de compromisso de cessão de direitos na matrícula nº 124.310, do 2º RI da Capital, celebrado em 12 de agosto de 2013, entre o apelante e Construtora e Incorporadora Atlântica Ltda., sob o argumento de ser necessário o prévio registro da incorporação imobiliária.

Sustenta a apelante: que não há risco ao princípio da continuidade; que o óbice ao registro favorece aquele que desrespeitou o artigo 32 da Lei nº 4.591/64; que se trata de relação de consumo e, portanto, as formalidades do sistema registrário devem ceder passo à sua defesa.

A Procuradoria de Justiça opinou pelo desprovimento do recurso. É o relatório.

Segundo consta, o apelante, por meio de instrumento particular de compromisso de cessão de direitos, adquiriu uma unidade autônoma de edifício a ser construído.

No entanto, a análise da matrícula nº 124.310, do 2º Cartório de Registro de Imóveis da Capital, revela que a incorporação imobiliária não foi objeto de registro.

Esse fato justificou, acertadamente, a qualificação negativa do título.

Não se trata, exatamente, de risco ao princípio da continuidade, como concluiu, equivocadamente, a sentença.

Trata-se, sim, de vedação legal. Preceitua o artigo 32 da Lei nº 4.591/64:

> *Art. 32. O incorporador somente poderá negociar sobre unidades autônomas após ter arquivado, no cartório competente de Registro de Imóveis, os seguintes documentos:*

Após a listagem dos vários documentos que devem ser apresentados, enunciam os §§ 1º, 3º e 7º do mesmo artigo:

> *§ 1º A documentação referida neste artigo, após o exame do Oficial de Registro de Imóveis, será arquivada em cartório, fazendo-se o competente registro. (...)*
>
> *§ 3º O número do registro referido no § 1º, bem como a indicação do cartório competente, constará, obrigatoriamente, dos anúncios, impressos, publicações, propostas, contratos, preliminares ou definitivos, referentes à incorporação, salvo dos anúncios "classificados".*
>
> *(...)*
>
> *§ 7º O Oficial de Registro de Imóveis responde, civil e criminalmente, se efetuar o arquivamento de documentação contraveniente à lei ou der certidão ... (VETADO) ... sem o arquivamento de todos os documentos exigidos.*

O *caput* e os parágrafos acima transcritos mostram com clareza que a venda ou cessão das unidades autônomas de condomínio edilício somente pode ocorrer após o registro da incorporação. Se a venda ou promessa de venda dos apartamentos depende do registro da incorporação, obviamente o registro da aquisição da unidade autônoma que é ato subsequente também não pode acontecer antes da incorporação imobiliária.

Esse é o posicionamento consolidado neste Conselho Superior:

"REGISTRO DE IMÓVEIS – Dúvida – Escritura de venda e compra de fração ideal de terreno – Incorporação imobiliária não registrada (Lei nº 4.591/64, art. 32) – Qualificação negativa do título – Recurso não provido".

"O título foi qualificado negativamente porque não registrada previamente a incorporação imobiliária, nos termos do art. 32 da Lei nº 4.591/64

> *(...)*
>
> *Portanto, houve alienação de unidade autônoma antes de registrada a incorporação imobiliária. O Conselho Superior da Magistratura já decidiu, em mais de uma oportunidade, que não há falar em unidade autônoma futura sem o prévio cumprimento do art. 32 da Lei nº 4.591/64 (Apelações*

Cíveis 59.953-0/5 e 59.954-0/0, relatadas pelo então Corregedor Geral da Justiça Des. Sérgio Augusto Nigro Conceição, julgadas em 6.12.99)" (Apelação nº 0046210- 49.2009.8.26.0114, Rel. Des. Maurício Vidigal).

No mesmo sentido, apelação nº 9000003-14.2015.8.26.06023, por mim relatada:

"Registro de Imóveis – Alienação de unidades autônomas de condomínio edilício antes da incorporação – Impossibilidade – Precedentes do Conselho Superior da Magistratura – Recurso desprovido" (j. em 8/4/2016).

Sobre as razões que justificam a exigência do prévio registro da incorporação, ensina Caio Mário da Silva
Pereira:

"No entanto, a grande inovação, diríamos mesmo, a revolução operada pela Lei n. 4.591/64, no sistema vigente, foi a fixação dos requisitos para que uma incorporação seja lançada e as unidades comprometidas ou vendidas.

Ao contrário do que antes ocorria, quando o incorporador negociava sem oferecer garantias e o adquirente realizava verdadeiro salto no escuro, sob todos os aspectos a lei nova cuidou particularmente do assunto e fez dele um capítulo, imprimindo-lhe ênfase toda especial" (Condomínio e Incorporações: 12ª ed. rev. e atual. Forense - fls. 210).

Nota-se que a Lei de 1964 objetivou justamente proteger o consumidor que, no regime anterior, adquiria unidades autônomas em situação de total insegurança, sem qualquer garantia de que o empreendimento iria efetivamente ser finalizado.

Não se pode, a pretexto de proteger o apelante, consumidor, admitir o registro de compromisso de compra e venda de unidade autônoma antes do registro da incorporação.

Decisão nesse sentido serviria de incentivo justamente para a prática que se quer evitar, qual seja, a venda de unidades autônomas antes do registro da incorporação.

A lesão sofrida pelo consumidor deve ser discutida pelas vias próprias, não se podendo resolver a questão por meio da equivocada distorção dos princípios registrários.

Ante o exposto, nego provimento à apelação.

MANOEL DE QUEIROZ PEREIRA CALÇAS

Corregedor Geral da Justiça e Relator (DJe de 27.01.2017 - SP)

INDISPONIBILIDADE

PODER JUDICIÁRIO

TRIBUNAL DE JUSTIÇA DO ESTADO DE SÃO PAULO

CONSELHO SUPERIOR DA MAGISTRATURA

Apelação nº 0019371-42.2013.8.26.0309

Registro: 2017.0000169410

ACÓRDÃO

Vistos, relatados e discutidos estes autos do(a) **Apelação nº 0019371-42.2013.8.26.0309**, da Comarca de **Jundiaí**, em que são partes é apelante **DIDIO KOZLOWSKI**, é apelado **2º OFICIAL DE REGISTRO DE IMÓVEIS, TÍTULOS E DOCUMENTOS E CIVIL DE PESSOA JURÍDICA DA COMARCA DE JUNDIAÍ**.

ACORDAM, em Conselho Superior de Magistratura do Tribunal de Justiça de São Paulo, proferir a seguinte decisão: **"Deram provimento ao recurso, v.u. Declarará voto convergente o Desembargador Ricardo Dip."**, de conformidade com o voto do Relator, que integra este Acórdão.

O julgamento teve a participação dos Exmos. Desembargadores **PAULO DIMAS MASCARETTI (Presidente sem voto), ADEMIR BENEDITO (VICE PRESIDENTE), PAULO DIMAS MASCARETTI(PRESIDENTE TRIBUNAL DE JUSTIÇA), XAVIER DE AQUINO (DECANO), LUIZ ANTONIO DE GODOY(PRES. DA SEÇÃO DE DIREITO PRIVADO), RICARDO DIP (PRES. DA SEÇÃO DE DIREITO PÚBLICO) E SALLES ABREU (PRES. SEÇÃO DE DIREITO CRIMINAL).**

São Paulo, 14 de março de 2017.

MANOEL DE QUEIROZ PEREIRA CALÇAS

Corregedor Geral da Justiça e Relator

Apelação n.º 0019371-42.2013.8.26.0309

Apelante: Didio Kozlowski

Apelado: 2º Oficial de Registro de Imóveis, Títulos e Documentos e Civil de Pessoa Jurídica da Comarca de Jundiaí

VOTO N.º 29.600

Registro de Imóveis – Averbação de indisponibilidade que não impede a alienação forçada – Ocorrida a alienação, há cancelamento indireto das penhoras, que geraram a indisponibilidade – O cancelamento direto não é condição necessária à posterior alienação voluntária – Escritura de venda e compra que,

portanto, pode ser registrada – Recurso provido.

Vistos.

Trata-se de apelação interposta em face de sentença que manteve a recusa do 2º Oficial do Registro de Imóveis de Jundiaí em registrar escritura pública de venda e compra, em face da existência de penhoras a favor da Fazenda Nacional, que traduzem indisponibilidade.

O recorrente sustenta, em síntese, que adquiriu o imóvel do arrematante. Sendo a arrematação modo originário de aquisição da propriedade, ela acarretou a extinção das penhoras e, consequentemente, nada impediria a alienação voluntária posterior. Aduz, também, entendimento sobre a possibilidade da alienação e aponta a quebra de princípios de direito registrário.

A Procuradoria Geral de Justiça manifestou-se no sentido de ser negado provimento ao recurso interposto.

É o relatório.

O recurso merece provimento.

Em primeiro lugar, o entendimento atual do Conselho Superior da Magistratura é de que a arrematação - que não é impedida pela indisponibilidade, porquanto essa obsta, somente, a alienação voluntária - não é modo originário, mas derivado, de aquisição da propriedade.

O fato de inexistir relação jurídica ou negocial entre o antigo proprietário (executado) e o adquirente (arrematante) não afasta o reconhecimento de que há aquisição derivada da propriedade.

A arrematação é negócio jurídico entre o Estado e o adquirente. O primeiro detém o poder de dispor e aceita a declaração de vontade do adquirente, não se podendo dizer, só por isso, que não houve relação causal entre a propriedade adquirida e a situação anterior da coisa.

Em outras palavras, nos casos de alienação forçada não deixa de haver vínculo entre a situação anterior da coisa e a propriedade adquirida, com a diferença que, nesses casos de transferência coativa, o ato figura mais complexo, justamente diante da participação do Estado.

Veja-se que, no momento anterior à arrematação, o executado é ainda o proprietário do bem. O que se lhe exclui é o poder de dispor. Esse passa a ser do Estado, que, sub-rogando-se na vontade do executado, aliena o bem.

Embora, a partir da alienação e do registro da carta de arrematação, o executado perca a propriedade sobre o bem, é patente a existência de um vínculo anterior, ainda que residual, entre o executado e o adquirente. Apenas a vontade daquele é que deixa de ser levada em consideração, uma vez que substituída pela vontade do Estado, que realiza um negócio jurídico, público, de direito processual. Mas o vínculo residual pode ser enxergado, até mesmo, no fato de que, se houver sobra no valor do preço pago pela arrematação, será o executado quem a levantará.

Por isso, o fato de na arrematação não haver relação negocial direta entre o anterior proprietário – cuja vontade é substituída pela do Estado – e o adquirente não torna originária a aquisição da propriedade daí decorrente.

Contudo, ainda que derivado o modo de aquisição, o fato é que a arrematação, forma coativa de alienação do bem, opera o cancelamento indireto das penhoras.

A jurisprudência administrativa do C. CSM, forte na doutrina de Afrânio de Carvalho **[1]**, sedimentou posição no sentido de que duas são as espécies de cancelamento dos registros (em sentido lato): o direto, dependente de assento negativo, efetuado mediante averbação, e o indireto, decorrente da repercussão de inscrições subsequentes (como, por exemplo, as da arrematação e adjudicação) sobre as anteriores. **[2]**

Oportuno, a respeito do tema, transcrever trechos do julgamento da Apelação Cível n.º 13.838-0/4, rel. Des. Dínio de Santis Garcia, ocorrido em 24.2.1992:

... o registro de arrematação não reclama o cancelamento direto e autônomo de registro das constrições precedentes, porque ele se afeta negativamente pela inscrição mais nova. Isso se dá porque a arrematação tem força extintiva das onerações pessoais e até mesmo das reais (cfr. Artigo 251 II, Lei n.º 6.015, de 31 de dezembro de 1973; Afrânio de Carvalho, op. cit., pág. 83), e de extinção do direito é que deriva a admissão de cancelamento do registro que lhe corresponda (RIFA SOLER, "La anotaction preventiva de embargo, 1983, págs. 510 ss.). O vínculo da penhora traslada-se para o preço da aquisição, sobre o qual concorrem os credores (LOPES DA COSTA, com apoio em DIDIMODA VEIGA e CARVALHO SANTOS, "Direito Processual Civil Brasileiro, 1947, IV, pág. 169). Observe-se, por fim, que, no cancelamento indireto, é despicienda, em regra, a elaboração de assento negativo, salvo quanto à hipoteca, em vista da necessidade de qualificar-se pelo registrador a ocorrência que não é automática – da causa extintiva segundo prescreve o artigo 251 II, Lei n.º 6.015, citada. (grifei)

A E. CGJ, nessa linha, subsidiada pelos precedentes do C. CSM, consolidou o entendimento de ser indireto o cancelamento de penhoras, arrestos e sequestros em função do registro de arrematação ou adjudicação, ou seja, o cancelamento direto não é automático, não deriva necessariamente da inscrição da arrematação, mas é prescindível, malgrado possível, se por ordem expressa do Juízo que determinou a constrição judicial. **[3]**

A resposta à consulta formulada no Protocolado CG n.º 11.394/2006, documentada no parecer n.º 238/06-E, de autoria do Juiz Assessor da Corregedoria Álvaro Luiz Valery Mirra e do hoje Des. Vicente de Abreu Amadei, aprovado, em 26.6.2006, pelo Des. Gilberto Passos de Freitas, é esclarecedora:

... no tocante ao registro da arrematação ou adjudicação o que se verifica é a sua 'ressonância' sobre o registro das constrições anteriores (penhoras, arrestos ou sequestros), para a retirada da eficácia destas em relação ao credor que arremata ou adjudica o imóvel, configurador do aludido 'cancelamento indireto'. Não há, nesses termos, 'cancelamento direto' das constrições anteriores, dependente de assento negativo, razão pela qual inviável se mostra falar em automático cancelamento do registro daquelas com base tão-só no registro da arrematação ou adjudicação, a partir de requerimento do interessado.

É certo, porém, que tal cancelamento direto das penhoras antecedentes, embora despiciendo, como visto, pode, efetivamente, ser obtido pelo interessado, a fim de evitar dificuldade na leitura e no entendimento, por parte de leigos, da informação gerada pela matrícula, como mencionado pelo Meritíssimo Juiz Corregedor Permanente (fls. 77). Mas para tanto, dever-se-á obter ordem judicial, expedida pelo juízo da execução que determinou a penhora.

Anote-se que a ordem judicial em questão se mostra imprescindível para o cancelamento direto das penhoras, já que estas foram determinadas pelo juiz da execução, no exercício regular da jurisdição, não cabendo sequer ao Juiz Corregedor Permanente ou a esta Corregedoria Geral da Justiça, no exercício de atividade meramente administrativa, deliberar a respeito. Como se sabe, no sistema jurídico-constitucional brasileiro, admite-se que os atos dos demais Poderes do Estado – legislativos e administrativos – sejam revistos pelos juízes no exercício da jurisdição, mas o contrário, ou seja, a revisão dos atos jurisdicionais dos juízes pelas autoridades legislativas ou administrativas, é absolutamente inadmissível (Cândido Rangel Dinamarco, Instituições de Direito Processual Civil. São Paulo: Malheiros, 2001, vo. I, p. 310).

...

Assim, sem expressa ordem judicial oriunda do juízo que determinou a constrição, não se pode admitir o cancelamento de penhoras, arrestos e sequestros antecedentes, como decorrência automática do registro da arrematação ou adjudicação dos bens constritos havida em execução judicial. (grifei)

Tal compreensão foi mantida pelo C. CSM e pela E. CGJ mesmo no período durante o qual subsistiu a intelecção no sentido de ser originária a natureza jurídica da aquisição de imóvel mediante arrematação judicial. **[4]**

Portanto, daí decorrem as seguintes conclusões: a) a arrematação, forma de alienação forçada do bem e de aquisição derivada da propriedade, pode ser levada a cabo e registrada não obstante a indisponibilidade (essa impede, apenas, a alienação voluntária); b) registrada a carta de arrematação, ocorre o cancelamento indireto das penhoras e, portanto, afasta-se a indisponibilidade; c) tornando-se o bem disponível, ele pode ser alienado pelo arrematante, razão pela qual a escritura de venda e compra posterior pode ser registrada; d) cabe ao proprietário, se assim o desejar, providenciar o cancelamento direto das penhoras, perante os Juízos de onde elas provieram.

Nesses termos, pelo meu voto, dá-se provimento ao recurso.

MANOEL DE QUEIROZ PEREIRA CALÇAS

Corregedor Geral da Justiça e Relator

TRIBUNAL DE JUSTIÇA DE SÃO PAULO

Conselho Superior da Magistratura

Apelação 0019371-42.2013.8.26.0309

VOTO CONVERGENTE (Voto 46.023)

1. Adoto, à partida, o resumo processual bem lançado pelo eminenteRelator, Des. MANOEL DE QUEIROZ PEREIRA CALÇAS.

2. Adiro à conclusão do voto de Relatoria, firme em recuperar boas e antigas lições da jurisprudência deste Conselho, em precedentes - que foram mencionados pelo Des. MANOEL CALÇAS (*i. e.*, AC n. 13.838, j. 24-2-1992, e AC 15.296, j. 3-8-1992, ambos da relação do saudoso Des. DÍNIO DE SANTIS GARCIA).

Desses dois julgados extrai-se que **o registro *stricto sensu* da arrematação** (e, *ex eadem decidendi ratione,* da adjudicação) **em via executória**

forçada propicia, de modo correntio, o cancelamento de inscrições de penhora concernentes ao imóvel arrematado ou adjudicado.

É que, consistindo a penhora na "expropriação de eficácia do poder de dispor" (PONTES DE MIRANDA. *Comentários ao código de processo civil.* Rio de Janeiro: Forense, 1976, tomo X, p. 160), o posterior e efetivo exercício do *ius disponendi* no ato de arrematação (ou de adjudicação) subtrai a possibilidade de reiterar o próprio Estado na alienação do bem objeto, *salva ulterior penhora.* Daí resulta que, senão todas, *muitas* das inscrições de constrangimentos processual-executórios antecedentes à arrematação (ou adjudicação) estejam supressas *ipso facto* dos registros, por meio de *cancelamento indireto* (é dizer, implícito, reflexo, mediante ricochete).

3. Ora, porque a arrematação leva, *in pluribus,* à *substituição* do objeto das outras penhoras, ela implica então cancelamento indireto de suas inscrições, e cai também, no caso (aqui versado) da norma do § 1º do art. 53 da Lei n. 8.212/1991 (de 24-7), a indisponibilidade correspondente. Com isto, depois da arrematação (ou adjudicação) em via executiva forçada, não pode mais vedar-se que se inscrevam alienações ou onerações voluntárias (a primeira, por suposto e evidentemente, a que é em prol do próprio arrematante), tal bem o concluiu o r. voto derelatoria.

4. Note-se que é nessa linha que se vieram solidando os julgados deste Conselho:

(i) entendeu-se, num dado tempo, que **a indisponibilidade advinda de penhora** (ou de arresto: AC n. 70.722, de 2000), nos termos da Lei n. 8.212, de 24-7-1991, no § 1º de seu art. 53, ***implicava* impenhorabilidade** (AC's 69.130, 71.126 e 73.757, de *2000;* 80.611, de 2001; 5-6/5, de 2003*;* 119-6/5 e 208-6/1, de 2004), **salvo o caso de a penhora ter sido inscrita *depois* da que adveio da arrematação** ou adjudicação (AC's 72.716, de 2000, e 76.567, de 2001), **ou se o crédito fosse mais graduado que o crédito de que proveniente a penhora causativa da indisponibilidade** (AC's 60.175 e 72.716, de 2000);

(ii) depois, passou a julgar-se que **a indisponibilidade resultante da constrição *não importava* em impenhorabilidade** (AC's 362-6/3, 411-6/8 e 421-6/3, de 2005);

(iii) todavia, continuou a decidir-se que **a indisponibilidade derivada da penhora não permitia que se inscrevesse a arrematação** (ou adjudicação) do processo executivo (AC's 29.886, de 1996*;* 50.589, de 1999*;* 71.126, de 2000*;* 76.562, 78.127, 78.635 e 79.730, de 2001; 91.394, de 2002*;* 7-6/4, 96.485 e 100.023, de 2003*;* 195-6/0, de 2004*;* 386-6/2, 289-6/0, 386-6/2, 427-6/0 e 429-6/0, de 2005*;* 557-6/3 e 584-6/6, de 2006*;* 643-6/6, 646-6/0, 743-6/2, 746- 6/6, 749-6/0, 805-6/6, de 2007*;* 777-6/7, 854-6/9, 911-6/6, 950-6/7, 979-6/9 e 991-6/3, de 2008*;* 1.194-6/3, de 2009*;* 1.223-6/7, 1.233-6/2, 990.10.034.303-3 e 990.10.004.965-8, de 2010*;* 0002812-30.2010, 0011783-24., 0020697-83.2010, 0011924-51.2009 e 0011644-48.2011, de 2011*;* 0007386-82.2011, de 2012);

(iv) mas, ainda esse entendimento superouse, e este Conselho Superior passou a entender que **a indisponibilidade emanada de penhora *permite* que se inscreva a arrematação** ou adjudicação **da via executória** (AC's 0004717-40.2010 e 0007969-54.2010, de 2012*;* 0013197-92 e 0018382-04.2011, de 2013*;* 3000029-33.2013, 3001116-49.2013 e 3003761-77.2013, de 2014*;* 0023897-25.2015 e 1077741-71.2015, de 2016);

(v) nada obstante, conquanto se houvesse, em algumas decisões, autorizado o registro *stricto sensu* da arrematação (ou adjudicação) em execução forçada, manteve-se o entendimento segundo o qual **posteriores alienações voluntárias *não poderiam* ser inscritas sem o cancelamento direto (direto,** *nota bene!*) **da indisponibilidade** (AC's 0054473-65.2012 e 0003288-37.2009, de 2012*;* 3003761-77.2013, de 2014*;* 0019371-42.2013 e 0004060-59.2014, de 2015). [Saliente-se que, num voto de vencido, ao julgar-se a AC 3001116-49, em 2013, o Des. JOSÉ RENATO NALINI retratou-se do que sustentara nas AC's 0054473-65.2012 e 0003288-37.2009].

5. Agora, finalmente, parece apontar-se uma *solução para o problema*, recobrando-se posição antecedente deste Conselho: a **indisponibilidade derivada de penhora, <u>no caso do § 1º do art. 53 da Lei n. 8.212/1991</u>, não impede o registro *stricto sensu* da arrematação (ou adjudicação) em execução forçada, nem, *a fortiori,* de alienações ou onerações voluntárias *posteriores*.**

A indisponibilidade amparada nessa normativa apenas visa a impedir, com efeito, a disposição voluntária **antes de,** no plexo de uma **pendente** execução civil, **operar-se ato de disposição pelo Estado.**

6. Ressalve-se, entretanto, que o caso destes autos está cifrado ao tema do § 1º do art. 53 da Lei n. 8.212, de 1991, em que **a indisponibilidade cessa porque lhe cessou a causa, *i. e.*, a penhora** (cf. fl. 5).

Outras hipóteses há em que a indisponibilidade deriva diretamente da lei (*e.g.*, art. 185 *do* Código Tributário Nacional) **ou da inscrição de um título dotado de preferente transcendência real** (ou seja, aqui já não trataria de mera providência constritiva oriunda de um processo: pense-se, por exemplo, na indisponibilidade derivada de hipoteca que garanta cédula de crédito rural, nos termos do Decreto-Lei n. 167, de 14-2-1967).

Em outros termos, a solução deste caso é uma resposta propícia ao quadro correspondente ao § 1º do art. 53 da Lei n. 8.212/1991. Pode estender-se, é verdade, a situações análogas, mas não elimina, de modo simplista, as hipóteses em que a indisponibilidade não derive de mera constrição processual.

Observe-se, em acréscimo, que não há motivo para manter-se uma inscrição de penhora, se (*i*) a execução que penda não aflija o arrematante, que não é nela parte passiva, e, bem por isto, (*ii*) a permanência da inscrição seja mostra de superveniente ofensa da consecutividade.

7. Por fim, parece recomendar-se que, em inscrição comprimida (é evidente!), caiba referir o cancelamento indireto no texto mesmo do registro da arrematação ou da adjudicação. Com isto, pensa-se clarificar o efeito desse registro em favor da dinâmica imobiliária.

É como voto, acompanhando a prudente conclusão do r. voto do digno Des. MANOEL CALÇAS.

Des. RICARDO DIP

Presidente da Seção de Direito Público Notas:

[1] Registro de Imóveis. 3.ª ed. Rio de Janeiro: Forense, 1982, p. 184.

[2] Apelação Cível n.º 13.838-0/4, rel. Des. Dínio de Santis Garcia, j. 24.2.1992; e Apelação Cível n.º 15.296- 0/4, rel. Des. Dínio de Santis Garcia, j. 3.8.1992.

[3] Parecer n.º 238/06-E, do Juiz Assessor da Corregedoria Álvaro Luiz Valery Mirra e do hoje Des. Vicente de Abreu Amadei, aprovado, pelo Des. Gilberto Passos de Freitas, em 26.6.2006; Parecer n.º 173/07-E, do Juiz Assessor da Corregedoria Álvaro Luiz Valery Mirra, aprovado, pelo Des. Gilberto Passos de Freitas, em 26.6.2007; e Parecer n.º 74/2010-E, do Juiz Assessor da Corregedoria Álvaro Luiz Valery Mirra, aprovado pelo Des. Antonio Carlos Munhoz Soares, em 30.3.2010.

[4] Apelação Cível n.º 0003288-37.2009.8.26.0358, rel. Des. Renato Nalini, j. 19.7.2012; **e parecer n.º 529/2013-E**, de autoria do Juiz Assessor da Corregedoria Luciano Gonçalves Paes Leme, aprovado, em 6.12.2013, pelo Des. Renato Nalini. (DJe de 26.05.2017 - SP)

PODER JUDICIÁRIO

TRIBUNAL DE JUSTIÇA DO ESTADO DE SÃO PAULO

CONSELHO SUPERIOR DA MAGISTRATURA

Apelação nº 1005719-26.2015.8.26.0161

Registro: 2017.0000187162

ACÓRDÃO

Vistos, relatados e discutidos estes autos do(a) **Apelação n.º 1005719-26.2015.8.26.0161**, da Comarca de **Diadema**, em que são partes é apelante **INDÚSTRIA DE MÁQUINA E FERRAMENTAS CARJAC LTDA**, é apelado **REGISTRO DE IMÓVEIS, TÍTULOS E DOCUMENTOS E CIVIL DE PESSOA JURÍDICA DE DIADEMA.**

ACORDAM, em Conselho Superior de Magistratura do Tribunal de Justiça de São Paulo, proferir a seguinte decisão: **"Negaram provimento ao recurso, v.u. Declarará voto convergente o Desembargador Ricardo Dip."**, de conformidade com o voto do Relator, que integra este Acórdão.

O julgamento teve a participação dos Exmos. Desembargadores **PAULO DIMAS MASCARETTI (Presidente sem voto), ADEMIR BENEDITO (VICE PRESIDENTE), PAULO DIMAS MASCARETTI (PRESIDENTE TRIBUNAL DE JUSTIÇA), XAVIER DE AQUINO (DECANO), LUIZ ANTONIO DE GODOY (PRES. DA SEÇÃO DE DIREITO PRIVADO), RICARDO DIP (PRES. DA SEÇÃO DE DIREITO PÚBLICO) E SALLES ABREU (PRES. SEÇÃO DE DIREITO CRIMINAL).**

São Paulo, 10 de março de 2017.

MANOEL DE QUEIROZ PEREIRA CALÇAS

Corregedor Geral da Justiça e Relator

Apelação n.º 1005719-26.2015.8.26.0161

Apelante: Indústria de Máquina e Ferramentas Carjac Ltda

Apelado: Registro de Imóveis, Títulos e Documentos e Civil de Pessoa Jurídica de Diadema

VOTO N.º 29.624

Registro de Imóveis – Instrumento particular – Transferências de direito real a *título negocial derivado* – Registro pretendido com força constitutiva, em atenção ao negócio jurídico entre vivos do qual decorrem as transmissões

idealizadas – Dispensa da exibição de CNDs (item 119.1. do Cap. XX das NSCGJ) – Imprescindibilidade do cancelamento prévio das penhoras inscritas nas matrículas, tendo em vista a indisponibilidade estabelecida pelo regra do § 1.º do art. 53 da Lei n.º 8.212/1991 – Dúvida procedente – Sentença então confirmada – Recurso desprovido.

Irresignada com a r. sentença que confirmou o juízo negativo de qualificação registral **[1]**, a suscitada interpôs apelação com vistas aos registros recusados pela Oficiala, sob alegação de que, a par da dispensabilidade das certidões negativas de débito (reconhecida pela r. decisão), as penhoras em favor da Fazenda Nacional não são, no caso, óbices às pretendidas inscrições, porquanto o título documenta negócio jurídico anterior às constrições judiciais **[2]**.

Após o recebimento do recurso **[3]**, os autos foram enviados ao **C. CSM**, onde aberta vista à Procuradoria Geral da Justiça, que propôs o desprovimento da apelação **[4]**.

É o relatório.

A MM. Juíza Corregedora Permanente, não obstante, ao sentenciar, tenha concluído pelo acolhimento parcial da dúvida, na realidade, **julgou-a procedente**, pois, é certo, confirmou, ao final, o juízo negativo de qualificação registral. **[5]**

O dissenso versa a respeito da registrabilidade do *instrumento particular de compromisso de venda e compra*, instruído com o *instrumento particular de retificação, ratificação e aditamento*, lavrados, respectivamente, nos dias 30 de junho de 1995 e 22 de abril de 2015 **[6]**.

Ao recusar os dois registros por meio dos quais a suscitada, recorrente, objetiva transferir, para seu nome, direitos reais sobre os bens descritos nas matrículas n.º 6.165 e n.º 33.393 do RI de Diadema , a Oficiala se orientou pela indisponibilidade do § 1.º do art. 53 da Lei n.º 8.212/1991 e pela indispensabilidade de certidões negativas de débito **[7]**.

No tocante a essa exigência, não se justifica, com efeito, e conforme decidido, a exibição de CNDs (certidões negativas de débitos previdenciários e tributários), seja porque sem relação alguma com o registro pretendido, seja por força da contemporânea compreensão do **C. CSM**, iluminada por diretriz estabelecida pela Corte Suprema **[8]**, a dispensá-la, pois, mantida, prestigiaria vedada sanção política **[9]**.

Em atenção ao último fundamento, a confirmação da exigência importaria, na situação em apreço, uma restrição indevida ao acesso do título à tábua registral, imposta como forma oblíqua para, desvinculada das inscrições visadas e contrária à eficiência e à segurança jurídica próprias do sistema registral, forçar, constranger o contribuinte ao pagamento de tributos. **[10]**

Caracterizaria, enfim, restrição a interesses privados em desacordo com a orientação do **E. STF**, a qual se alinhou este **C. CSM**, e, nessa trilha, incompatível com limitações inerentes ao devido processo legal, pois mascararia cobrança por quem não é a autoridade competente, longe do procedimento adequado à defesa dos direitos do contribuinte, em atividade estranha à fiscalização que lhe foi cometida, ao seu fundamento e seus fins legais, dado que as obrigações tributárias em foco não decorrem do ato registral intencionado **[11]**.

Conforme Humberto Ávila, "a cobrança de tributos é atividade vinculada procedimentalmente pelo devido processo legal, passando a importar quem pratica o ato administrativo, como e dentro de que limites o faz, mesmo que e isto é essencial não haja regra expressa ou a que seja prevista estabeleça o contrário." **[12]**

Na mesma direção, e sob a direta inspiração desses precedentes, forte no *ideal de protetividade dos direitos do contribuinte*, na eficácia e na *função bloqueadora* característicos do devido processo legal **[13]**, segue o subitem 119.1. do Cap. XX das NSCGJ, de acordo com o qual, "com exceção do recolhimento do imposto de transmissão e prova de recolhimento do laudêmio, quando devidos, nenhuma exigência relativa à quitação de débitos para com a Fazenda Pública, inclusive quitação de débitos previdenciários, fará o oficial, para o registro de títulos particulares, notariais ou judiciais."

Entretanto, por razão outra, as inscrições pleiteadas não são admissíveis, também conforme corretamente resolvido pela MM Juíza Corregedora Permanente.

Ora, de acordo com a norma do art. 53, § 1.º, da Lei n.º 8.212/1991, **os bens penhorados em execução judicial de dívida ativa da União, suas autarquias e fundações públicas "ficam desde logo indisponíveis."**

Se, de um lado, a **indisponibilidade** derivada dessas penhoras não impede a alienação, oneração e constrição **judiciais** dos imóveis atingidos pelas constrições **[14]**, de outro, não há dúvida, obsta a venda voluntária das coisas oneradas.

Em outras palavras, **a indisponibilidade legal em exame** presente na situação dos autos, diante das incontroversas, e subsistentes, penhoras averbadas nas matrículas n.º 6.165 (av. 7) e n.º 33.393 (av. 2) do RI de Diadema, deliberadas em execuções promovidas pela Fazenda Nacional , **apenas não constitui empeço** à penhora, à hasta **e ao registro de alienação forçada dos bens nelas descritos.**

Esse, aliás, o entendimento assente no C. CSM. **[15]** No mesmo sentido, há precedentes das Câmaras de Direito Privado e de Direito Público desta **E. Corte. [16]** Não bastasse, é a posição retirada de julgamentos proferidos pelo **C. STJ. [17]**

E isso porque **o destinatário do comando legal de indisponibilidade é o devedor**. A ordem, com efeito, presta-se a obstar que ele, *sponte propria*, **por alienação entre particulares**, desfaça-se de seu patrimônio, furtando-se ao pagamento da dívida.

Por fim, o *titulus adquirendi* é insuficiente, no caso, para constituição de direito de real. As transferências visadas, derivadas de *negócio jurídico entre vivos*, dependem de seu registro na serventia predial. Vale dizer, ao reverso do pontuado pelo recorrente, as inscrições não têm efeito meramente publicístico.

Assim, pouco importa, para os registros, a data da formalização do negócio jurídico. Relevante, ao contrário, no entanto, é a constatação de que, ao tempo da prenotação, as constrições judiciais, ainda que posteriores à documentação primitiva do contrato, estavam inscritas nas matrículas, obstando, em virtude da indisponibilidade delas decorrentes, o acesso do instrumento particular ao fólio real (*tempus regit actum*).

Em síntese: conquanto afastada a pertinência das exigências relativas à exibição de certidões negativas de débitos, ratifica-se o juízo negativo de qualificação, pois o título causal, enquanto não canceladas as penhoras, não admite *registro em sentido estrito.*

Isto posto, **nego provimento ao recurso**. **MANOEL DE QUEIROZ PEREIRA CALÇAS**

Corregedor Geral da Justiça e Relator

TRIBUNAL DE JUSTIÇA DE SÃO PAULO

Conselho Superior da Magistratura

Apelação 1005719-26.2015.8.26.0161

Dúvida de registro

VOTO CONVERGENTE (Voto n. 46.237)

1. Acompanho a conclusão do respeitável voto de Relatoria.

2. Sem embargo, *da veniam*, permito-me divergir de um ponto.

3. A alínea *b* do inc. I do art. 47 da Lei 8.212/1991 (de 24-7), **com efeito, está em vigor.** O art. 1º da Lei Complementar n. 147 (de 07-8-2014) e o Decreto Federal 8.302 (de 04-9-2014) só revogaram revogam a alínea *d* do inc. I do dito art. 47, o Decreto 6.106, de 30 de abril de 2007 (*in totum*), e alguns dispositivos do Decreto 3.048, de 6 de maio de 1999 (em particular, o art. 257). E, perante a lei passe o truísmo , é nenhuma e de nenhum efeito a dispensa dada pelo item 119.1 do capítulo XX do tomo II das Normas de Serviço da Corregedoria Geral da Justiça.

Há, de fato, numerosas decisões em que este Conselho chegou a reconhecer a inconstitucionalidade dessa regra: mencionem-se apenas, *brevitatis causa,* a Apel. Cív. 0018870-06.2011.8.26.0068, j. 13.12.2012 e a Apel. Cív. 0020124-97.2012.8.26.0223, j. 7.10.2014.

Contudo, cumpre divergir dessa orientação, por duas razões, uma substancial, e outra processual.

De re, a inconstitucionalidade da Lei 7.711/1988, art. 1º, I, III e IV, e §§ 1º, 2º e 3º, declarada pelo Supremo Tribunal Federal nas Ações Diretas de Inconstitucionalidade 173-6 e 394-1 **não alcança o art. 47** da vigente Lei de Organização da Seguridade Social: é que os motivos determinantes das declarações de inconstitucionalidade – essa a doutrina corrente do Pretório Excelso – não transcendem para casos símiles (Rcl 7.956-AgR, j. 19.9.2013; Rcl 11.478- AgR, j. 5.6.2012).

De ritu, este mesmo Conselho veio afirmando, *fortiter in modo,* que **nesta via administrativa não é lícito** reconhecer inconstitucionalidade de lei ou ato normativo (*breviter:* Apel. Cív. 0038442-73.2011.8.26.0576, j. 19.7.2012; Apel. Cív. 43.694-0/0, j. 27.3.1998; Apel. Cív. 18.671-0/8, j. 17.9.1993). E – acrescente-se aqui – se está em órgão fracionário do Tribunal, e a inconstitucionalidade só pode ser afirmada pelo Pleno, ou por Órgão Especial.

Bem andou, portanto, o *decisum* objeto, quando julgou procedente a dúvida e manteve a apresentação de certidões negativas de débito como exigência para o registro *stricto sensu.*

4. No mais, as penhoras inscritas em favor da Fazenda Nacional (§ 1º do art. 53 da Lei n. 8.212, de 24 de julho de 1991) realmente redundam em indisponibilidade do imóvel **por ato voluntário** (*aliter,* quando se trata de alienação coativa em execução forçada). Desta sorte, os pretendidos registros *stricto sensu* realmente não podiam ser deferidos, e andou bem a r. sentença objeto.

TERMOS EM QUE, *cum magna reverentia*, nego provimento à apelação, para manter a r. sentença de origem. É como voto.

Des. RICARDO DIP

Presidente da Seção de Direito Público

Notas:

[1] Fls. 142-144 e 162.

[2] Fls. 168-172.

[3] Fls. 174.

[4] Fls. 188-190.

[5] Fls. 142-144.

[6] Fls. 25-29 e 30-36.

[7] Fls. 1-10 e 21-24.

[8] ADI n.º 173/DF e ADI n.º 394/DF, rel. Min. Joaquim Barbosa, j. 25.9.2008.

[9] Apelação Cível n.º 0013759-77.2012.8.26.0562, rel. Des. Renato Nalini, j. 17.1.2013; Apelação Cível n.º 0021311-24.2012.8.26.0100, rel. Des. Renato Nalini, j. 17.1.2013; Apelação Cível n.º 0013693-47.2012.8.26.0320, rel. Des. Renato Nalini, j. 18.4.2013; Apelação Cível n.º 9000004-83.2011.8.26.0296, rel. Des. Renato Nalini, j. 26.9.2013; e Apelação Cível n.º 0002289-35.2013.8.26.0426, rel. Des. Hamilton Elliot Akel, j. 26.8.2014.

[10] A respeito da proscrição das sanções políticas, cf. Hugo de Brito Machado, *in Curso de Direito Tributário*. 32.ª ed. São Paulo: Malheiros, 2011, p. 509-511.

[11] Arts. 289, da Lei n.º 6.015/1973, 30, XI, da Lei n.º 8.935/1994, e 134, VI, do CTN.

[12] *Sistema constitucional tributário*. 5.ª ed. São Paulo: Saraiva, 2012, p. 173.

[13] A propósito dessa estrutura do princípio do devido processual legal, cf. Humberto Ávila, op. cit., p.173-176.

[14] Item 405 do Cap. XX das NSCGJ

[15] Apelação Cível n.º 0004717-40.2010.8.26.0411, rel. Des. Renato Nalini, j. 27.8.2012; **Apelação Cível n.º 3000029-33.2013.8.26.0296**, rel. Des. Elliot Akel, j. 5.5.2014; **e Apelação Cível n.º 1077741-71.2015.8.26.0100**, rel. Des. Manoel de Queiroz Pereira Calças, j. 16.6.2016.

[16] AI n.º 2200292-45.2015.8.26.0000, rel. Des. Jacob Valente, j. 30.11.2015; **e AI n.º 2006767-64.2016.8.26.0000**, rel. Des. Ponte Neto, j. 25.5.16.

[17] REsp. n.º 512.398/SP, rel. Min. Felix Fischer, j. 17.2.2004; **e AgRg na MC n.º 16.022/SP**, rel. Min. Nancy Andrighi, j. 27.4.2010. (DJe de 11.08.2017 - SP)

PODER JUDICIÁRIO

TRIBUNAL DE JUSTIÇA DO ESTADO DE SÃO PAULO

CONSELHO SUPERIOR DA MAGISTRATURA

Apelação nº 0006122-61.2016.8.26.0198

Registro: 2017.0000530491

ACÓRDÃO

Vistos, relatados e discutidos estes autos do(a) **Apelação nº 0006122-61.2016.8.26.0198**, da Comarca de **Franco da Rocha**, em que são partes é apelante **T. C. CONSTRUTORA E ENGENHARIA LTDA.**, é apelado **OFICIAL DE REGISTRO DE IMÓVEIS DA COMARCA DE FRANCO DA ROCHA.**

ACORDAM, em Conselho Superior de Magistratura do Tribunal de Justiça de São Paulo, proferir a seguinte decisão: **"Deram provimento ao recurso para julgar improcedente a dúvida e determinar o registro da carta de adjudicação. V. U."**, de conformidade com o voto do Relator, que integra este Acórdão.

O julgamento teve a participação dos Exmos. Desembargadores **PAULO DIMAS MASCARETTI (Presidente), ADEMIR BENEDITO, XAVIER DE AQUINO, JOÃO CARLOS SALETTI, RICARDO DIP (PRES. DA SEÇÃO DE DIREITO PÚBLICO) E PÉRICLES PIZA.**

São Paulo, 20 de julho de 2017.

MANOEL DE QUEIROZ PEREIRA CALÇAS

Corregedor Geral da Justiça e Relator

Apelação n.º 0006122-61.2016.8.26.0198

Apelante: T. C. Construtora e Engenharia Ltda.

Apelado: Oficial de Registro de Imóveis da Comarca de Franco da Rocha

VOTO N.º 29.798

Registro de imóveis – Prévia anotação de indisponibilidade de bem imóvel – Registro de carta de adjudicação – Possibilidade – Alienação forçada – Precedentes do Conselho Superior da Magistratura – Recurso provido.

Trata-se de recurso de apelação interposto por TC Construtora e Engenharia Ltda. contra a sentença de fls. 78/80, que manteve a recusa ao registro de carta de adjudicação junto à matrícula n.º 3.117 do Registro de Imóveis de Franco da Rocha.

Sustentou a apelante, em resumo, que a recusa ao registro não deve prosperar, pois a indisponibilidade não impede a alienação judicial do bem e porque a inscrição da penhora é anterior à averbação da indisponibilidade.

Procuradoria Geral da Justiça opinou pelo não provimento (fls. 103/105).

É o relatório.

Apresentada carta de adjudicação, sobreveio a recusa do Oficial, sob o argumento de que houve a decretação da indisponibilidade do imóvel objeto da carta de adjudicação e que somente com o levantamento da indisponibilidade será possível o pretendido registro. A sentença prolatada em primeiro grau ratificou o teor da exigência e manteve o óbice ao registro.

O caso é de se dar provimento à apelação.

A ordem de indisponibilidade impede atos de alienação voluntária, já que a indisponibilidade implica a inalienabilidade e impenhorabilidade do bem. Contudo, a indisponibilidade não constitui óbice à alienação forçada.

Este E. Conselho Superior da Magistratura consolidou o entendimento no sentido de que a indisponibilidade obsta a alienação voluntária, mas não a forçada, em harmonia com a jurisprudência do E. Superior Tribunal de Justiça (REsp. 512.398).

E não importa se a indisponibilidade derivou de execução fiscal ou tenha sido ordenada pelo juízo da falência.

As situações são equiparáveis e exigem solução idêntica.

Referido entendimento está em consonância com o item 405 do capítulo XX das NSCGJ:

> *"405. As indisponibilidades averbadas nos termos do Provimento CG. 13/2012, e na forma do § 1º, do art. 53, da Lei nº 8.212, de 24 de julho de 1991, não impedem a alienação, oneração e constrição judiciais do imóvel".*

Nesse sentido, precedentes deste E. Conselho Superior:

"Registro de Imóveis – Dúvida – Carta de arrematação – Imóvel gravado com registro de hipoteca – Penhora em favor do credor em execução hipotecária, penhora em execução fiscal da fazenda nacional, e averbação de indisponibilidade determinada em ação de falência – Recusa do registro sob o fundamento de necessidade de prévio cancelamento dos ônus que gravam o imóvel – Alienação forçada – Registro viável de acordo com os precedentes do Conselho Superior da Magistratura – Recurso Parcialmente provido – Dúvida Procedente. (CSMSP - Apelação Cível: 3001116-49.2013.8.26.0223 Rel. Des. Elliot Akel. j. 18/11/2014).

"Registro de Imóveis – Dúvida – Arrematação de imóvel em hasta pública – Forma originária de aquisição de propriedade – Inexistência de relação jurídica entre o arrematante e o anterior proprietário do bem Imóvel penhorado com base no art. 53, §1º, da Lei 8.212/91 – Indisponibilidade que obsta apenas a alienação voluntária – Incidência de ITBI nas arrematações judiciais por expressa determinação legal – Recurso não provido". *(CSMSP – Apelação Cível: 0007969-54.2010.8.26.0604 Rel. Des. José Renato Nalini. j. 10/05/2012).*

Note-se, ademais, que a adjudicação se concretizou antes da averbação da indisponibilidade e se relaciona com penhora averbada também anteriormente.

Em suma, a indisponibilidade não é óbice ao registro da carta de adjudicação, motivo pelo qual deve ser reformada a sentença que julgou procedente a dúvida suscitada.

Ante o exposto, dou provimento ao recurso para julgar improcedente a dúvida e determinar o registro da carta de adjudicação.

MANOEL DE QUEIROZ PEREIRA CALÇAS

Corregedor Geral da Justiça e Relator. (DJe de 05.09.2017 - SP)

PODER JUDICIÁRIO

TRIBUNAL DE JUSTIÇA DO ESTADO DE SÃO PAULO

CONSELHO SUPERIOR DA MAGISTRATURA

Apelação nº 1024004-72.2015.8.26.0224

Registro: 2017.0000802715

ACÓRDÃO

Vistos, relatados e discutidos estes autos da Apelação nº **1024004-72.2015.8.26.0224**, da Comarca de **Guarulhos**, em que são apelantes **JOSÉ JOAQUIM DOS SANTOS e ODILLA MAURÍCIA FREITAS DOS SANTOS**, é apelado **2º OFICIAL DE REGISTRO DE IMÓVEIS E ANEXOS DA COMARCA DE GUARULHOS**.

ACORDAM, em Conselho Superior de Magistratura do Tribunal de Justiça de São Paulo, proferir a seguinte decisão: **"Negaram provimento ao recurso. V. U.",** de conformidade com o voto do Relator, que integra este Acórdão.

O julgamento teve a participação dos Exmos. Desembargadores **PAULO DIMAS MASCARETTI (Presidente), ADEMIR BENEDITO, XAVIER DE AQUINO, LUIZ ANTONIO DE GODOY(PRES. DA SEÇÃO DE DIREITO PRIVADO), RICARDO DIP (PRES. DA SEÇÃO DE DIREITO PÚBLICO) E SALLES ABREU (PRES. SEÇÃO DE DIREITO CRIMINAL).**

São Paulo, 17 de outubro de 2017.

MANOEL DE QUEIROZ PEREIRA CALÇAS

Corregedor Geral da Justiça e Relator

Apelação nº 1024004-72.2015.8.26.0224

Apelantes: José Joaquim dos Santos e Odilla Maurícia Freitas dos Santos

Apelado: 2º Oficial de Registro de Imóveis e Anexos da Comarca de Guarulhos

VOTO Nº 29.824

Registro de Imóveis – Prévia anotação de indisponibilidades de bem imóvel – Registro de escritura pública de cessão – Impossibilidade – "Tempus Regit Actum" – Precedentes do Conselho Superior da Magistratura – Recurso não provido.

Trata-se de recurso de apelação interposto por José Joaquim dos Santos e Odilla Maurícia Freitas dos Santos contra a sentença de fls. 74/75 que, em dúvida inversa, manteve a recusa ao pedido de abertura de matrícula e registro de escritura pública de compra e venda e cessão.

Sustentaram os apelantes, em resumo, que a recusa ao registro não deve prosperar, pois a escritura pública foi lavrada em data anterior às ordens de indisponibilidade.

A Procuradoria Geral da Justiça opinou pelo não provimento do recurso (fls. 123/127). É o relatório.

Trata-se de dúvida inversa, suscitada em razão da negativa de abertura de matrícula e registro de escritura pública de compra e venda e cessão de imóvel do 2º Oficial de Registro de Imóveis de Guarulhos. O Oficial condicionou o deferimento do pedido ao prévio cancelamento das duas averbações de indisponibilidade dos bens da vendedora.

O caso é de se negar provimento à apelação, mantendo-se a sentença de improcedência e, por consequência, a recusa ao registro.

A ordem de indisponibilidade impede atos de alienação voluntária, já que implica a inalienabilidade e impenhorabilidade do bem. E, no caso, deve ser observado o princípio "tempus regit actum", segundo o qual não importa o momento da celebração do contrato, mas a data de sua apresentação ao Registro Imobiliário.

Ainda que a escritura pública tenha sido lavrada anos antes da averbação de indisponibilidades, ao tempo da apresentação do título, estas já se encontravam inscritas, tornando-se óbice ao registro.

Este E. Conselho Superior da Magistratura possui precedente nesse sentido, relatado pelo então Corregedor Geral de Justiça, Desembargador José Renato Nalini (Apelação Cível n. 0043598-78.2012.8.26.0100):

"(...)

Sustenta o apelante que o documento particular de promessa de venda e compra não levada a registro deixa de produzir efeito de direito real e que não teve ciência do entrave no momento em que consultou a Serventia Imobiliária para a compra do bem (fl.90).

Como bem observado pelo MM Juiz Corregedor Permanente, "O alegado pelo suscitante não procede em razão da existência da Central de Indisponibilidade (Provimento CG nº 13/2012). O nome do anuente cedente lá se encontra por ordem do juízo Federal da 10ª Vara das Execuções Fiscais da Capital e se não foi informado pelo Registrador num primeiro momento é porque ele ainda não tinha tido acesso ao documento que relacionava essa pessoa com o imóvel negociado pelo suscitante. Tanto é assim, que depois que teve conhecimento da escritura de venda, compra e cessão pôde o Oficial inserir na matrícula do imóvel a informação de indisponibilidade daquele bem." (fl. 83).

A averbação da indisponibilidade está prevista expressamente nas Normas de Serviço da Corregedoria Geral da Justiça (Capítulo XX, item 1, letra "b", n. 23 e subitens 94.1 e 102.2) e ao oficial não é lícito afastá-la sponte própria, conforme precedentes do Conselho Superior da Magistratura (entre outros, Apelação Cível nº 827-6/6, Rel. Des. Ruy Camilo, j. 27.5.08; Apelação Cível nº 870-6/1, Rel. Des. Ruy Camilo, j. 14.10.08; Apelação Cível nº 945-6/4, Rel. Des. Ruy Camilo, j. 4.11.08; Apelação Cível nº 1.062-6/1, Rel. Des. Ruy Camilo, j. 17.3.09; Apelação Cível nº 1.178-6/0, Rel. Des. Reis Kuntz, j.

20.10.09) e da Corregedoria Geral da Justiça (Processos CG 2008/81667, 2009/24745, 2008/81667 e 2009/25998).

A Central de Indisponibilidades alcança atos pretéritos, desde que ainda válida a ordem judicial de constrição.

Como bem sustentado pelo Registrador, no tocante à expedição de certidão utilizada para a lavratura da escritura, não poderia mesmo mencionar uma indisponibilidade que atinge pessoa que não consta do registro e cujo instrumento particular não veio a registro. O expediente de se utilizar a figura do cedente se dá justamente para contornar a indisponibilidade decretada (fls. 53).

Nesta esteira a manifestação do D Procurador de Justiça.

Eventual dano sofrido pelo adquirente deverá ser apurado na via judicial.

Insuperável o óbice questionado, conforme acima demonstrado, correta a negativa de ingresso do título no fólio registral."

Em suma, sem o cancelamento das averbações das indisponibilidades decretadas, era mesmo o caso de desqualificação do título.

Ante o exposto, nego provimento ao recurso interposto.

MANOEL DE QUEIROZ PEREIRA CALÇAS

Corregedor Geral da Justiça e Relator (DJe de 01.12.2017 - SP)

INVENTÁRIO E PARTILHA

PODER JUDICIÁRIO

TRIBUNAL DE JUSTIÇA DO ESTADO DE SÃO PAULO

CONSELHO SUPERIOR DA MAGISTRATURA

Apelação nº 0000063-04.2016.8.26.0539

Registro: 2017.0000217642

ACÓRDÃO

Vistos, relatados e discutidos estes autos do(a) **Apelação nº 0000063-04.2016.8.26.0539**, da Comarca de **Santa Cruz do Rio Pardo**, em que são partes são apelantes **MARIA AUGUSTA DA COSTA CINTRA, LUCIANE DA COSTA CINTRA ALVES, ANA PAULA CINTRA e JOÃO PAULO CINTRA**, é apelado **OFICIAL DE REGISTRO DE IMÓVEIS E ANEXOS DA COMARCA DE SANTA CRUZ DO RIO PARDO.**

ACORDAM, em Conselho Superior de Magistratura do Tribunal de Justiça de São Paulo, proferir a seguinte decisão: **"Negaram provimento à Apelação, com observação, v.u."**, de conformidade com o voto do Relator, que integra este Acórdão.

O julgamento teve a participação dos Exmos. Desembargadores **PAULO DIMAS MASCARETTI (Presidente), ADEMIR BENEDITO, XAVIER DE AQUINO, LUIZ ANTONIO DE GODOY, RICARDO DIP (PRES. DA SEÇÃO DE DIREITO PÚBLICO) E SALLES ABREU.**

São Paulo, 23 de março de 2017.

MANOEL DE QUEIROZ PEREIRA CALÇAS

Corregedor Geral da Justiça e Relator

Apelação nº 0000063-04.2016.8.26.0539

Apelantes: Maria Augusta da Costa Cintra, Luciane da Costa Cintra Alves, Ana Paula Cintra e João Paulo Cintra

Apelado: Oficial de Registro de Imóveis e Anexos da Comarca de Santa Cruz do Rio Pardo

VOTO Nº 29.739

Registro de Imóveis – Escritura Pública de inventário e partilha – Ofensa aos princípios da legalidade e da especialidade objetiva – CCIR com dados desatualizados, em desacordo com o resultado de retificação averbada na matrícula do bem imóvel há mais de quatro anos – Exigência de atualização pertinente – Erros pretéritos não justificam outros – Reconhecimento do desacerto das exigências ligadas ao ITR – Desnecessidade de exibição de certidões negativas de débitos relativas a tributos despegados do ato registral intencionado – Dúvida procedente – Recurso desprovido, com observação.

Ao suscitar dúvida, o Oficial de Registro justificou a necessidade da exibição de Certificado de Cadastro de Imóvel Rural - CCIR atualizado, de declaração atualizada do Imposto sobre propriedade Territorial Rural (ITR) e do comprovante de pagamento do ITR. **[1]**

As exigências, então impugnadas pelos interessados, foram confirmadas pelo MM Juiz Corregedor Permanente, que julgou a dúvida procedente**[2]**, mediante r. sentença depois questionada por meio de apelação, interposta com vistas ao registro da escritura de inventário e partilha dos bens deixados por João Cintra**[3]**.

Enviados os autos ao **C. CSM[4]**, a Procuradoria Geral da Justiça opinou pelo desprovimento do recurso**[5]**.

É o relatório.

O dissenso versa sobre a registrabilidade da escritura pública de inventário e partilha dos bens deixados por João Cintra**[6]**. Seu ingresso no fólio real foi recusado pelo Oficial, que o condicionou à atualização tanto dos dados lançados no CCIR como da declaração do ITR, bem como à comprovação do pagamento do ITR**[7]**.

A respeito da exigência atinente ao CCIR, a cada imóvel, em atenção ao princípio da unitariedade, deve corresponder uma única matrícula. E a identificação do imóvel, por força do princípio da especialidade objetiva e, especialmente, da regra do art. 176, II, 3, *a*, da Lei n.º 6.015/1973, supõe os dados constantes do CCIR.

Esse, portanto, o Certificado de Cadastro de Imóvel Rural, deve referir-se, entre outros dados do bem imóvel, e de modo a singularizá-lo, a sua área total, a sua denominação e ao número de sua matrícula na serventia predial, informações essas, entretanto, que, *in concreto*, encontram-se desatualizadas.

Em especial, **o CCIR está em descompasso com o resultado da retificação registral averbada**, há anos, no dia 3 de junho de 2011, **na mat. n.º 2.477** do RI de Santa Cruz do Rio Pardo**[8]**: além de identificar incorretamente a matrícula do bem imóvel, com alusão ao n.º 342477, denomina-o Sítio Água São Domingos ao invés de Sítio Nossa Senhora Aparecida , e indica que sua área soma 140,9 ha, enquanto, na verdade, totaliza 145,126244 ha**[9]**.

Logo, **não procede**, nesse ponto, **a irresignação dos recorrentes**. A propósito, **a exigência de exibição do CCIR expedido pelo INCRA**, previsto no Estatuto da Terra (Lei n.º 4.504/1964**[10]**), **não é nova**: consta do art. 22 da Lei n.º 4.947/1966 e do art. 1.º do Decreto n.º 4.449/2002, que regulamentou a Lei n.º 10.267/2001, diploma legal que, entre outras, promoveu alterações no art. 176 da Lei n.º 6.015/1973 para fazer constar a necessidade da identificação do imóvel rural contemplar seu código e os dados constantes do CCIR.

Ou seja, **a deficiente identificação do imóvel rural**, presa ao CCIR, **está a impedir a inscrição perseguida**, **porquanto em desconformidade com os princípios da legalidade e da especialidade objetiva[11]**, conforme, aliás, recente deliberação deste **C. CSM[12]**.

No mais, quanto aos afirmados anteriores registros de títulos realizados em contradição com a exigência sob exame**[13]**, é de rigor recordar, e reafirmar, a jurisprudência administrativa desta Corte, segundo a qual **erros pretéritos não autorizam nem legitimam outros**; não se prestam a respaldar o ato registral pretendido**[14]**.

Agora, não se justifica, por variadas e diferentes causas, **a exibição de CNDs** (certidões negativas de débitos tributários e previdenciários), seja porque sem relação com o registro pretendido, seja diante da atual compreensão do **C. CSM**, iluminada por diretriz fixada pela Corte Suprema**[15]**, a dispensá-la, pois, mantida fosse a exigência**[16]**, prestigiaria vedada sanção política**[17]**.

A confirmação dessa exigência importaria restrição indevida ao acesso de títulos à tábua registral, imposta então como forma oblíqua, instrumentalizada para, ao arrepio e distante do devido processo legal, desatrelada da inscrição visada e contrária à eficiência e segurança jurídica ínsitas ao sistema registral, forçar, constranger o contribuinte ao pagamento de tributo**[18]**.

Levaria a restrição de interesses privados em aberto desacordo com a orientação do **E. STF**, a qual se alinhou este **C. CSM**; incompatível com limitações inerentes ao devido processo legal, porque mascararia uma cobrança por quem não é a autoridade competente, longe do procedimento adequado à defesa dos direitos do contribuinte, em atividade administrativa estranha à fiscalização que lhe foi cometida, ao seu fundamento e fins legais, dado que **a obrigação tributária em foco não decorre do ato registral intencionado**.

Conforme Humberto Ávila, "a cobrança de tributos é atividade vinculada procedimentalmente pelo devido processo legal, passando a importar quem pratica o ato administrativo, como e dentro de que limites o faz, mesmo que e isto é essencial não haja regra expressa ou a que seja prevista estabeleça o contrário." **[19]**

Na mesma trilha, sob inspiração desses precedentes, escudado, assim, no *ideal de protetividade dos direitos do contribuinte*, na eficácia e na *função bloqueadora* próprios do princípio do devido processo legal**[20]**, segue o subitem

119.1. do Cap. XX das NSCGJ, *in verbis*: "com exceção do recolhimento do imposto de transmissão e prova de recolhimento do laudêmio, quando devidos, nenhuma exigência relativa à quitação de débitos para com a Fazenda Pública, inclusive quitação de débitos previdenciários, fará o oficial, para o registro de títulos particulares, notariais ou judiciais."

Com essas considerações, **suficientes para afastar toda e qualquer exigência ligada à**

comprovação de pagamento ou inexistência de débitos fiscais despegados dos registros idealizados, é de rigor concluir, particularmente no tocante ao ITR (Imposto sobre propriedade Territorial Rural), e nada obstante o comando do art. 21, *caput*, da Lei n.º 9.393/1966**[21]**, **pela desnecessidade de demonstração de seu pagamento**, a ser fiscalizado e perseguido pela União, Fazenda Pública Federal ou, então, consoante o art. 153, § 4.º, III, da CF**[22]**, pelos Municípios. **Dela (da comprovação)**, por isso, **independe o registro**.

À dispensa afirmada, ademais, conduz a intelecção do par. único do art. 21 da Lei n.º 9.393/1966**[23]**, que, ao fazer remissão à regra do art. 134 do CTN, condicionou a responsabilidade solidária (e subsidiária) dos tabeliães e registradores pelas obrigações não cumpridas pelo contribuinte à existência de um vínculo entre o tributo não pago e o ato praticado, ausente, em se tratando do ITR, cujo fato gerador, sendo a propriedade, o domínio útil ou a posse de bem imóvel rural, é alheio ao registro visado.

Nessa trilha, **o registro, inviabilizado por razão outra, independe de certidões negativas de débitos e Documento de Informação e Apuração do ITR DIAT e demonstração de quitação desse tributo**. Prescinde, ademais, é lógico, da atualização da declaração do ITR.

Em arremate, constata-se, à vista da matrícula n.º 2.477 do RI de Santa Cruz do Rio Pardo**[24]**, a ocorrência de diversas alienações de partes ideais com metragens certas, então **indicativas de parcelamento irregular do solo. Trata-se de situação que reclama apuração pelo MM Juiz Corregedor Permanente**, a quem caberá, em expediente próprio, cuja abertura deverá ser informada à **E. CGJ**, apurar a necessidade de regularização e do acautelatório bloqueio da matrícula.

Isto posto, **pelo meu voto, nego provimento à apelação, com observação. MANOEL DE QUEIROZ PEREIRA CALÇAS**

Corregedor Geral da Justiça e Relator

Notas:

[1] Fls. 67.

[2] Fls. 110-111.

[3] Fls. 119-128.

[4] Fls. 133 e 138.

[5] Fls. 142-144.

[6] Fls. 6-13.

[7] Fls. 60 e 67.

[8] Cf. av. 59, fls. 55-56.

[9] Fls. 22, 23 e 34.

[10] Cf. art. 46.

[11] Cf., ainda, itens 59, II, e 59.1, do Cap. XX das NSCGJ.

[12] Apelação n.º 9000002-83.2015.8.26.0099, de minha relatoria, j. 9.6.2016.

[13] R. 61, r. 63 e r. 64 da mat. n.º 2.477 do RI de Santa Cruz do Rio Pardo, fls. 56-57.

[14] Apelação Cível n.º 20.603-0/9, rel. Des. Antônio Carlos Alves Braga, j. 9.12.1994; Apelação Cível n.º 19.492-0/8, rel. Des. Antônio Carlos Alves Braga, j. 17.02.95; e Apelação Cível n.º 024606-0/1, rel. Des. Antônio Carlos Alves Braga, j. 30.10.1995.

[15] ADI n.º 173/DF e ADI n.º 394/DF, rel. Min. Joaquim Barbosa, j. 25.9.2008.

[16] Fls. 100, itens 3 e 2, e 101-102, itens I e II.

[17] Apelação Cível n.º 0013759-77.2012.8.26.0562, rel. Des. Renato Nalini, j. 17.1.2013; Apelação Cível n.º 0021311-24.2012.8.26.0100, rel. Des. Renato Nalini, j. 17.1.2013; Apelação Cível n.º 0013693-47.2012.8.26.0320, rel. Des. Renato Nalini, j. 18.4.2013; Apelação Cível n.º 9000004-83.2011.8.26.0296, rel. Des. Renato Nalini, j. 26.9.2013; e Apelação Cível n.º 0002289-35.2013.8.26.0426, rel. Des. Hamilton Elliot Akel, j. 26.8.2014.

[18] A respeito da proscrição das sanções políticas, cf. Hugo de Brito Machado, *in Curso de Direito Tributário*. 32.ª ed. São Paulo: Malheiros, 2011, p. 509-511.

[19] *Sistema constitucional tributário*. 5.ª ed. São Paulo: Saraiva, 2012, p. 173.

[20] A propósito dessa estrutura do princípio do devido processual legal, cf. Humberto Ávila, op. cit., p. 173-176.

[21] Art. 21. É obrigatória a comprovação do pagamento do ITR, referente aos cinco últimos exercícios, para serem praticados quaisquer dos atos previstos nos arts. 167 e 168 da Lei nº 6.015, de 31 de dezembro de 1973 (Lei dos Registros Públicos), observada a ressalva prevista no **caput** do artigo anterior, *in fine*.

[22] Art. 153. Compete à União instituir impostos sobre: VI propriedade territorial rural;

§ 4.º O imposto previsto no inciso VI do *caput*:

III – será fiscalizado e cobrado pelos Municípios que assim optarem, na forma da lei, desde que não implique redução do imposto ou qualquer outra forma de renúncia fiscal.

[23] **Art. 21.** (...)

Parágrafo único. São solidariamente responsáveis pelo imposto e pelos acréscimos legais, nos termos do art. 134 da Lei nº 5.172, de 25 de outubro de 1966 Sistema Tributário Nacional, os serventuários do registro de imóveis que descumprirem o disposto neste artigo, sem prejuízo de outras sanções legais.

[24] Fls. 43-58. (DJe de 21.06.2017 - SP)

PODER JUDICIÁRIO

TRIBUNAL DE JUSTIÇA DO ESTADO DE SÃO PAULO

CONSELHO SUPERIOR DA MAGISTRATURA

Apelação nº 1004659-02.2015.8.26.0037

Registro: 2016.0000913472

ACÓRDÃO

Vistos, relatados e discutidos estes autos do(a) **Apelação nº 1004659-02.2015.8.26.0037**, da Comarca de **Araraquara**, em que são partes é apelante **ESPÓLIO DE CLEYCE APPARECIDA PAIVA SANTOS (ESPÓLIO)**, é apelado **2º OFÍCIO DE REGISTRO DE IMÓVEIS, TÍTULOS E DOCUMENTOS E CIVIL DE PESSOA JURÍDICA DA COMARCA DE ARARAQUARA**.

ACORDAM, em Conselho Superior de Magistratura do Tribunal de Justiça de São Paulo, proferir a seguinte decisão: **"Negaram provimento ao recurso, v.u. Vencido, em sede de preliminar, o Desembargador Ricardo Dip, que declarará voto."**, de conformidade com o voto do Relator, que integra este Acórdão.

O julgamento teve a participação dos Exmos. Desembargadores **PAULO DIMAS MASCARETTI (Presidente), ADEMIR BENEDITO, XAVIER DE AQUINO, LUIZ ANTONIO DE GODOY, RICARDO DIP E SALLES ABREU**.

São Paulo, 10 de novembro de 2016.

MANOEL DE QUEIROZ PEREIRA CALÇAS

Corregedor Geral da Justiça e Relator

Apelação n.º 1004659-02.2015.8.26.0037

Apelante: Espólio de Cleyce Apparecida Paiva Santos

Apelado: 2º Ofício de Registro de Imóveis, Títulos e Documentos e Civil de Pessoa Jurídica da Comarca de Araraquara

VOTO N.º 29.536

Registro de Imóveis – Dúvida inversa – Escritura pública de inventário – Juízo negativo de qualificação registral – Indispensabilidade de prévia retificação bilateral – Erro na abertura da matrícula que compromete direitos de terceiros – Inadmissibilidade da correção de ofício – Ofensa ao princípio da continuidade registral – Dúvida procedente – Recurso desprovido.

Inconformado com a sentença que confirmou o juízo negativo de qualificação registral **[1]**, o recorrente interpôs apelação com vistas ao registro da *escritura pública de inventário dos bens deixados por Cleyce Apparecida Paiva Santos*.

Alega que o erro ocorrido por ocasião da abertura da mat. n.º 1.469 do 2º RI de Araraquara é passível de correção na via administrativa, *de ofício*. Argumenta que a omissão, na tábua registral, no tocante à propriedade pertencente à autora da herança, não exige retificação judicial. Para a inscrição requerida, acrescenta ser irrelevante o regime de bens das segundas núpcias de Oscar dos Santos. Destarte, pretende a reforma da decisão impugnada. **[2]**

Recebido o recurso **[3]**, os autos, depois da r. decisão monocrática do E. Des. Vito Guglielmi, foram enviados ao C. Conselho Superior da Magistratura, porque a discussão envolve dúvida e registro em sentido estrito **[4]**. A Procuradoria Geral da Justiça, por sua vez, em seu parecer, opinou pelo desprovimento da apelação. **[5]**

É o relatório.

O interessado, irresignado com o juízo negativo de qualificação registral, suscitou *dúvida inversa* **[6]**, criação pretoriana então historicamente admitida por este **C. CSM [7]** e regrada pelas NSCGJ **[8]**: ou seja, ao invés de requerer a suscitação de dúvida ao Oficial de Registro, dirigiu seu inconformismo diretamente ao JuizCorregedor Permanente.

A *dúvida inversa*, apesar do vocábulo empregado na sentença **[9]**, **foi julgada procedente**, e não improcedente, pois confirmou o questionado juízo de qualificação registral **[10]**. Feita essa ressalva, **a r. decisão impugnada deve ser confirmada**, desprovendo-se a apelação interposta pelo interessado.

Conforme a **mat. n.º 1.469** do 2.º RI de Araraquara, **que se filia à transcrição n.º 6.468**, de 1.º de março de 1963, **o imóvel** nela descrito, localizado na avenida D. Pedro II, sem número, na Vila Sampaio, em Araraquara, **pertence a Oscar dos**

Santos e a sua esposa Maria Lucon dos Santos. Tal situação, aliás, subsiste desde a abertura da matrícula, em 13 de abril de 1978. **[11]**

Assim, dentro desse contexto, o pretendido registro da *escritura pública de inventário e partilha do bem proveniente do espólio da Sra. Cleyce Apparecida Paiva Santos* resta desautorizado. Ora, a autora da herança, nada obstante o documentado no título e a partilha realizada **[12]**, não consta, na tábua registral, como proprietária do bem imóvel identificado na mat. n.º 1.469 do 2º RI de Araraquara.

Vale dizer: **a inscrição requerida viola o princípio da continuidade registral**. Encontra legítimo obstáculo no princípio do trato sucessivo. Logo, **o acesso da escritura pública ao registro supõe a prévia retificação da matrícula**, insuscetível de ser promovida, *de ofício*, pelo Registrador, a despeito do sustentado pelo recorrente.

Na realidade, **não houve mero erro** na transposição de dados da **transcrição n.º 6.468**, de 1.º de março de 1963, para a **mat. n.º 1.469**, ambas do 2º RI de Araraquara. E isso porque, na transcrição, **embora o adquirente Oscar dos Santos fosse casado com Cleyce Apparecida Paiva Santos [13]**, não se identificou, à época, no registro, a esposa dele; **apenas constou que era casado**, e sem menção ao regime de bens **[14]**.

Desse modo, **a prévia retificação registral exigida**, e questionada pelo recorrente, ainda, entretanto, que administrativa, mas por iniciativa dos interessados, **é indispensável**, malgrado revelado, com os documentos exibidos, o erro cometido por ocasião da **abertura** da mat. n.º 1.469 do 2º RI de Araraquara.

A retificação *de ofício*, medida excepcional, não se justifica. Mesmo a retificação unilateral a requerimento de algum dos interessados fica vedada, a despeito da documentação apresentada, tendo em vista encerrar risco de prejuízos para terceiros e, particularmente, por afetar os direitos dos herdeiros de Maria Lucon dos Santos, falecida no dia 2 de março de 2000 **[15]**, que, necessariamente, deverão intervir no procedimento de correção do erro registral.

Enfim, **a retificação bilateral** direta e que pode dar-se, **em princípio**, na esfera administrativa, então em procedimento extrajudicial ou judicial **é imprescindível para o registro visado**, ainda que evidenciado o equívoco na atribuição de propriedade a Maria Lucon dos Santos, com quem Oscar dos Santos era casado, em segundas núpcias, ao tempo do descerramento da mat. n.º 1.469 do 2º RI de Araraquara **[16]**, mas não à época da aquisição do bem imóvel por meio da transcrição n.º 6.468, de 1.º de março de 1963.

Isto posto, pelo meu voto, **nego provimento ao recurso. MANOEL DE QUEIROZ PEREIRA CALÇAS**

Corregedor Geral da Justiça e Relator

TRIBUNAL DE JUSTIÇA DO ESTADO DE SÃO PAULO

Conselho Superior da Magistratura

Apelação 1004659-02.2015.8.26.0037 -

Procedência: Araraquara

Apelante: Espólio de Cleyce Apparecida Paiva Santos

Apelado: 2º Oficial de Registro de Imóveis e Anexos da comarca

VISTO (Voto n. 44.040):

1. Na esfera preliminar, meu voto extingue o processo sem resolução de mérito.

Trata-se aqui do que se habituou designar "dúvida inversa", a que, *contra legem*, é suscitada pelo interessado, diretamente, ao juízo corregedor.

Cuida-se de prática, com efeito, que não está prevista em lei, razão bastante para não se admitir de fato, por ofensa à exigência constitucional do **devido processo** (inc. LIV do art. 5º da Constituição federal de 1988).

Não autoriza a lei uma livre eleição de forma inaugural e de rito de nenhum processo administrativo, e, na espécie, a "dúvida inversa" não se afeiçoa ao previsto expressamente na Lei n. 6.015/1973 (de 31-12, arts. 198 *et sqq.*).

Se o que basta não bastara, cabe considerar que ao longo de anos, essa "dúvida inversa" se tem configurado por um risco para a segurança dos serviços e até para as expectativas dos interessados. É que, não rara vez, o pleito não atende a tão exigíveis preceitos de processo registral (assim, o primeiro deles, a existência de prenotação válida e eficaz) que está mesmo de logo fadado a frustrar-se, levando a delongas que o humilde respeito ao *iter* imposto em lei teria evitado.

Meu voto preliminar, pois, julga extinta a dúvida, sem apreciação de seu mérito, prejudicado o exame do recurso de apelação.

2. Superada a preliminar, voto pelo provimento do recurso, porque, não sendo a *de cuius* titular inscrita do domínio sobre o imóvel objeto (*i.e.*, o da matrícula 1.469, do 2º Ofício de Registro de Imóveis de Araraquara), o registro *stricto sensu* da

correlata partilha *causa mortis* era mesmo impossível.

DO EXPOSTO, por meu voto preliminar, julgava extinto o processo, sem resolução de mérito, prejudicado o recurso de apelação do Espólio de Cleyce Apparecida Paiva Santos.

No mérito, nego provimento ao recurso, para o fim de que, mantido o r. *decisum* da inferior instância, não se proceda ao rogado registro *stricto sensu*.

É como voto.

Des. RICARDO DIP

Presidente da Seção de Direito Público Notas:

[1] Fls. 79.

[2] Fls. 82-87.

[3] Fls. 89.

[4] Fls. 98-100 e 104.

[5] Fls. 106-108.

[6] Fls. 1-5.

[7] Apelação Cível n.º 23.623-0/1, rel. Des. Antônio Carlos Alves Braga, j. 20.2.1995; Apelação Cível n.º 76.030- 0/8, rel. Des. Luís de Macedo, j. 8.3.2001; e Apelação Cível n.º 990.10.261.081-0, rel. Des. Munhoz Soares, j. 14.9.2010.

[8] Item 41.1. do Cap. XX.

[9] Fls. 79.

[10] Cf. Apelação Cível n.º 990.10.261.081-0, rel. Des. Munhoz Soares, j. 14.9.2010: "a nomenclatura utilizada pelo art. 203 da Lei de Registros Públicos não faz distinção entre a dúvida comum e a inversa, razão pela qual na verdade a dúvida foi julgada procedente, a despeito do erro material contido na sentença."

[11] Fls. 15-17.

[12] Fls. 19-25.

[13] Fls. 28-29.

[14] Fls. 13-14.

[15] Fls. 32.

[16] Fls. 15-17 e 38. (DJe de 27.01.2017 - SP)

PODER JUDICIÁRIO

TRIBUNAL DE JUSTIÇA DO ESTADO DE SÃO PAULO

CONSELHO SUPERIOR DA MAGISTRATURA

Apelação nº 1000990-04.2016.8.26.0037

Registro: 2016.0000817684

ACÓRDÃO

Vistos, relatados e discutidos estes autos do(a) **Apelação nº 1000990-04.2016.8.26.0037**, da Comarca de **Araraquara**, em que são partes são apelantes **ESPÓLIO DE JOÃO DO PRADO (REPRESENTADO PELO INVENTARIANTE ADEMIR GERSON DO PRADO)** e **ESPÓLIO DE NILCE CICARELLI DO PRADO (REPRESENTADO PELO INVERNTARIANTE ADEMIR GERSON DO PRADO)**, é apelado **2º OFICIAL DE REGISTRO DE IMÓVEIS, TÍTULOS E DOCUMENTOS E CIVIL DE PESSOA JURÍDICA DA COMARCA DE ARARAQUARA.**

ACORDAM, em Conselho Superior de Magistratura do Tribunal de Justiça de São Paulo, proferir a seguinte decisão: **"Deram provimento ao recurso, com observação, v.u. Vencido, em sede de preliminar, o Desembargador Ricardo Dip, que declarará voto."**, de conformidade com o voto do Relator, que integra este Acórdão.

O julgamento teve a participação dos Exmos. Desembargadores **PAULO DIMAS MASCARETTI (Presidente), ADEMIR BENEDITO, XAVIER DE AQUINO, LUIZ ANTONIO DE GODOY, RICARDO DIP (PRES. DA SEÇÃO DE DIREITO PÚBLICO) E SALLES ABREU.**

São Paulo, 18 de outubro de 2016.

MANOEL DE QUEIROZ PEREIRA CALÇAS

Corregedor Geral da Justiça e Relator

Apelação nº 1000990-04.2016.8.26.0037

Apelantes: Espólio de João do Prado (Representado Pelo Inventariante Ademir Gerson do Prado) e Espólio de Nilce Cicarelli do Prado (Representado Pelo Inverntariante Ademir Gerson do Prado)

Apelado: 2º Oficial de Registro de Imóveis, Títulos e Documentos e Civil de Pessoa Jurídica da Comarca de Araraquara

VOTO Nº 29.548

Registro de Imóveis - Dúvida julgada procedente, impedindo-se o registro de Escritura Pública de Inventário, sob o fundamento de que Espólio não é parte capaz - Escritura que peca pela falta de clareza - Os Espólios não são parte - Cuida-se, na verdade, de dois inventários numa só escritura, o que se verifica, inclusive, do recolhimento de dois impostos - Desnecessidade de remessa à via judicial - Recurso provido, para ingresso do título.

Trata-se de dúvida inversa suscitada em face da recusa do Oficial do 2º Cartório de Registro de

Imóveis de Araraquara em registrar escritura pública de inventário.

A negativa baseou-se no teor do parecer n. 126/2015-E, exarado no recurso administrativo n. 2015/00050558, onde se decidiu que Espólio não é agente capaz e, portanto, conforme a Lei n. 11.441/07, não poderia figurar como parte em escritura pública de inventário.

Os recorrentes afirmam que os Espólios não são parte na escritura e que não há qualquer razão para que sejam remetidos às vias judiciais. Esclarecem, na verdade, que a escritura contempla dois inventários e o interessado é o único herdeiro, filho dos falecidos João do Prado e Nilce Cicarelli do Prado.

À Douta Procuradoria Geral de Justiça foi aberta vista, mas o D. Procurador não vislumbrou interesse e legitimidade para manifestar-se.

É o relatório.

Os interessados, ao invés de requererem suscitação de dúvida, dirigiram sua irresignação, no ambiente administrativo, diretamente ao MM Juiz Corregedor Permanente, ou seja, suscitaram *dúvida inversa*, criação pretoriana historicamente admitida pelo **C. CSM [1]** e regrada pelas NSCGJ **[2]**.

A suscitação de dúvida inversa, no entanto, não altera o resultado do julgamento desse recurso. A ele deve ser dado provimento, julgando-se improcedente a dúvida. Vejamos.

Da leitura da matrícula n. 8801, do 2º Cartório de Registro de Imóveis de Araraquara, vê-se que Nilce Cicarelli do Prado e seu marido, João do Prado, eram detentores da parte ideal de 20% do imóvel. De acordo com o R.2, acresceram à sua parte ideal mais 5%, totalizando 25%.

João do Prado faleceu em 22 de abril de 2000. Não se abriu inventário e não havia testamento. Nilce Cicarelli do Prado, sua esposa, faleceu em 14 de maio de 2012, também sem testamento.

Analisando-se a escritura pública de fls. 08/12, conclui-se que, embora ela coloque o Espólio de Nilce Cicarelli do Prado como "outorgante e reciprocamente outorgado" e sinalize que o Espólio de João do Prado também é parte, o fato é que o único interessado no inventário e único herdeiro é o filho, Ademir Gerson do Prado.

Aliás, a bem dizer, também é ele o recorrente, visto que, embora inventariante, é o único herdeiro e, portanto, interessado no registro da escritura e no provimento do recurso. Seja como for, a questão processual, aqui, é de somenos importância.

Tornando à análise da escritura, de sua leitura é possível dessumir que se procederam aos inventários dos bens deixados por ambos os pais do herdeiro Ademir Gerson do Prado.

Primeiro faleceu João do Prado casado com Nilce Cicarelli do Prado pelo regime da comunhão universal de bens (regime legal antes da Lei n. 6.515/77) - e a propriedade de 25% do imóvel transmitiu-se, de acordo com o art. 1.829, I, do Código Civil, 12,5% ao descendente Ademir Gerson do Prado, restando a meeira Nilce Cicarelli do Prado com os outros 12,5%.

Depois faleceu Nilce Cicarelli do Prado, e sua meação, a parte ideal de 12,5%, transmitiu-se ao herdeiro único, Ademir Gerson do Prado.

Na verdade, o que a escritura pública faz, por meio de dois inventários, é adjudicar a parte ideal de 25% do imóvel, por inteiro, ao herdeiro único.

Prova maior de que se trata de dois inventários é o item 14 da escritura, que dá conta de que dois impostos foram pagos. Em primeiro lugar, o ITCMD (e não o ITBI, como consta, erroneamente, do item), decorrente da sucessão *causa mortis*, de João do Prado; depois, o ITCMD, decorrente da sucessão *causa mortis*, de Nilce Cicarelli do Prado.

E isso poderia ser feito malgrado a confusa redação da escritura -, nos moldes do que preceitua o artigo 1.043 do então em vigor Código de Processo Civil de 1973:

> *Art. 1.043. Falecendo o cônjuge meeiro supérstite antes da partilha dos bens do pré-morto, as duas heranças serão cumulativamente inventariadas e partilhadas, se os herdeiros de ambos forem os mesmos.*

Cuidando-se de inventário feito extrajudicialmente, nada impedia que as duas heranças fossem cumulativamente inventariadas e partilhadas, a um único herdeiro, por meio de apenas uma escritura e com o pagamento de ambos os impostos.

Por fim, ressalte-se que permanece íntegra a orientação do parecer n. 126/2015-E, exarado no recurso administrativo n. 2015/00050558. Ela, apenas, não se aplica ao presente caso.

Nesses termos, pelo meu voto, dou provimento ao recurso, para determinar o registro da escritura.

MANOEL DE QUEIROZ PEREIRA CALÇAS

Corregedor Geral da Justiça e Relator

TRIBUNAL DE JUSTIÇA DO ESTADO DE SÃO PAULO

Conselho Superior da Magistratura

Apelação 1000990-04.2016.8.26.0037 -

Procedência: Araraquara

Apelantes: Espólios de João do Prado e Nilce Cicarelli do Prado

Apelado: 2º Oficial de Registro de Imóveis da comarca

VISTO (Voto n. 42.783):

1. Na esfera preliminar, meu voto extingue o processo sem resolução de mérito.

Trata-se aqui do que se habituou designar "dúvida inversa", a que, *contra legem*, é suscitada pelo interessado, diretamente, ao juízo corregedor.

Cuida-se de prática, com efeito, que não está prevista em lei, razão bastante para não se admitir de fato, por ofensa à exigência constitucional do **devido processo** (inc. LIV do art. 5º da Constituição federal de 1988).

Não autoriza a lei uma livre eleição de forma inaugural e de rito de nenhum processo administrativo, e, na espécie, a "dúvida inversa" não se afeiçoa ao previsto expressamente na Lei n. 6.015/1973 (de 31-12, arts. 198 *et sqq.*).

Se o que basta não bastara, cabe considerar que ao longo de anos, essa "dúvida inversa" se tem configurado por um risco para a segurança dos serviços e até para as expectativas dos interessados. É que, não rara vez (e o caso destes autos é só mais um exemplo dentre tantos), o pleito não atende a tão exigíveis preceitos de processo registral (assim, o primeiro deles, a existência de prenotação válida e eficaz) que está mesmo de logo fadado a frustrar-se, levando a delongas que o humilde respeito ao *iter* imposto em lei teria evitado.

Meu voto preliminar, pois, julga extinta a dúvida, sem apreciação de seu mérito, prejudicado o exame do recurso de apelação.

3. Superada a preliminar, voto pelo provimento do recurso.

Falsa demonstratio non nocet, isto é, a expressão errada ou inadequada não pode prejudicar um direito alegado (ou, menos amplamente, "nas declarações de vontade se atenderá mais à intenção nelas consubstanciada do que ao sentido literal da linguagem" art. 112 do Código Civil). Assim, como bem salientou o voto de relação, as impropriedades da escritura pública, que narrou mal quais fossem os outorgantes e os outorgados, não constitui empeço ao pretendido registro *stricto sensu,* quando é certo que, a despeito disso, a partilha conjunta (art. 1.043 do antigo Cód. de Processo Civil) se fez corretamente e não há equívoco possível quanto ao herdeiro adjudicatário.

DO EXPOSTO, por meu voto preliminar, julgava extinto o processo, sem resolução de mérito, prejudicado o recurso de apelação dos Espólios de João do Prado e Nilce Cicarelli do Prado.

No mérito, provejo o recurso, para o fim de que se registre a aquisição objeto, como rogado. É como voto.

Des. RICARDO DIP

Presidente da Seção de Direito Público Notas:

[1] Apelação Cível n.º 23.623-0/1, rel. Des. Antônio Carlos Alves Braga, j. 20.02.1995; Apelação Cível n.º 76.030-0/8, rel. Des. Luís de Macedo, j. 08.03.2001; e Apelação Cível n.º 990.10.261.081-0, rel. Des. Munhoz Soares, j. 14.09.2010.

[2] Item 41.1. do Cap. XX. (DJe de 31.01.2017 - SP)

LOTEAMENTO E DESMEMBRAMENTO

PODER JUDICIÁRIO

TRIBUNAL DE JUSTIÇA DO ESTADO DE SÃO PAULO

CONSELHO SUPERIOR DA MAGISTRATURA

Apelação nº 9000001-69.2015.8.26.0238

Registro: 2017.0000074113

ACÓRDÃO

Vistos, relatados e discutidos estes autos do(a) **Apelação nº 9000001-69.2015.8.26.0238**, da Comarca de **Ibiúna**, em que são partes é apelante **MARIANA THAÍS DE ALMEIDA**, é apelado **OFICIAL DE REGISTRO DE IMÓVEIS E ANEXOS DA COMARCA DE IBIÚNA**.

ACORDAM, em Conselho Superior de Magistratura do Tribunal de Justiça de São Paulo, proferir a seguinte decisão: **"Negaram provimento ao recurso. V. U."**, de conformidade com o voto do Relator, que integra este Acórdão.

O julgamento teve a participação dos Exmos. Desembargadores **PAULO DIMAS MASCARETTI (Presidente), ADEMIR BENEDITO, XAVIER DE AQUINO, LUIZ ANTONIO DE GODOY, RICARDO DIP (PRES. DA SEÇÃO DE DIREITO PÚBLICO) E SALLES ABREU**.

São Paulo, 2 de fevereiro de 2017.

MANOEL DE QUEIROZ PEREIRA CALÇAS

Apelação n.º 9000001-69.2015.8.26.0238

Apelante: Mariana Thaís de Almeida

Apelado: Oficial de Registro de Imóveis e Anexos da Comarca de Ibiúna

VOTO N.º 29.633

Registro de Imóveis – Loteamento – Contrato-padrão, arquivado quando da instituição do loteamento, que estipula indivisibilidade entre o lote destinado à construção de moradia e as frações ideais de lotes destinados à área comum do loteamento – Impossibilidade de dissociação entre um e outro, para se instituir usufruto apenas sobre o primeiro – Artigos 18 e 26 da Lei n.º 6.766/79 – Dúvida procedente – Apelação desprovida.

Cuida-se de recurso de apelação tirado de r. sentença do MM. Juiz Corregedor Permanente do Oficial de Registro de Imóveis e Anexos da Comarca de Ibiúna, que julgou procedente dúvida suscitada para o fim de manter a recusa a registro de escritura pública de instituição de usufruto a título oneroso e de venda e compra de um lote destinado à construção de imóvel para moradia, e de frações ideais de outros lotes, em que situada a área de lazer do loteamento.

A apelante afirmou, em síntese, terem sido observados todos os princípios registrários quando da elaboração da escritura pública. Discorreu sobre a distinção entre loteamento e condomínio horizontal. Requereu provimento do apelo, para que se julgue improcedente a dúvida, efetivando-se o registro.

A Procuradoria Geral de Justiça opinou pelo desprovimento do recurso.

É o relatório.

Por meio da escritura pública de fls. 6/7, Larissa Caroline de Carvalho Venelli pretende alienar, a Mariana Thais de Almeida, usufruto oneroso vitalício "apenas e tão somente" sobre lote de terreno situado em loteamento da Comarca de Ibiúna. Concomitantemente, almeja vender a propriedade daquele mesmo lote, bem como de frações ideais de outros seis lotes, a Querência da Mantiqueira Negócios Agropecuários - Eireli.

As frações ideais a serem vendidas são referentes a áreas comuns do loteamento, em que situados equipamentos de lazer. Por conta disso, quando da instituição do loteamento, arquivou-se contrato-padrão, acostado a fls. 15/39, cuja cláusula 4ª, §1º, expressamente prevê a indivisibilidade dos lotes de terreno destinados à construção de moradias, daqueles em que instituída a área de lazer.

Neste passo, a cláusula 9.3.2 do mesmo contrato-padrão menciona:

> "A vendedora, conjuntamente com a promessa de venda de cada lote, também promete vender ao adquirente desse lote uma fração ideal abrangendo as citadas áreas de recreação. O preço convencionado para a alienação dessa fração ideal, como acima se constata, é puramente de natureza simbólica. Todavia, o contrato de alienação dessas frações ideais dos centros recreativos está ligado, de forma indivisível, ao contrato de alienação do lote, conforme se menciona na cláusula 4, §1º, do presente instrumento."

Em síntese, o contrato-padrão arquivado quando da aprovação do loteamento veda a dissociação entre lotes destinados à construção de imóveis residenciais e aqueles em que construídos os equipamentos de lazer. Não se pode adquirir apenas lote destinado à construção de imóveis, sem a concomitante aquisição das frações ideais dos lotes em que havidas as áreas de recreação, e vice-versa.

Tal como decidido quando da instituição do loteamento, o lote destinado à moradia necessariamente há de ser adquirido simultaneamente às frações ideais dos lotes das áreas comuns.

Frise-se que os ditames traçados quando da instituição do loteamento hão de ser observados. Aliás, precisamente por se tratar de loteamento, tal como sustentado pela apelante, e não de condomínio horizontal, é que se faz aplicável a Lei n.º 6.766/79, cujos artigos 18, VI, e 26 determinam:

> "Art. 18. Aprovado o projeto de loteamento ou de desmembramento, o loteador deverá submetê-lo ao registro imobiliário dentro de 180 (cento e oitenta) dias, sob pena de caducidade da aprovação, acompanhado dos seguintes documentos:
>
> VI - exemplar do contrato padrão de promessa de venda, ou de cessão ou de promessa de cessão, do qual constarão obrigatoriamente as indicações previstas no art. 26 desta Lei;"
>
> "Art. 26. Os compromissos de compra e venda, as cessões ou promessas de cessão poderão ser feitos por escritura pública ou por instrumento particular, de acordo com o modelo depositado na forma do inciso VI do art. 18 e conterão, pelo menos, as seguintes indicações:
>
> VII - declaração das restrições urbanísticas convencionais do loteamento, supletivas da legislação pertinente." Pertinente a sedimentada orientação do E. STJ sobre o tema:

"Por força do disposto na lei de loteamento, as restrições e obrigações constantes no contrato-padrão, depositado em cartório como condição para o registro do projeto de loteamento, incorporam-se ao registro e vinculam os posteriores adquirentes, porquanto dotadas de publicidade inerente aos registros públicos." (RESP: 1.422.859 – SP, DJ 03/11/2015, DJ: 26/11/2015, Rel. Min. Ricardo Villas Bôas Cueva)

Note-se, sobremais, ter sido averbada, na matrícula do imóvel, a existência de "restrições quanto à construção e quanto ao uso do mesmo" (Av. 01– fls. 40). Não bastasse, os registros de venda daquele lote sempre vieram com a menção de que a alienação do lote para construção de moradia faz-se de forma conjunta e indivisível com as das frações ideais dos lotes em que situadas as áreas de lazer, a obstar a viabilidade da alegação de ignorância acerca das regras que regem a questão (fls. 40/42).

Desta feita, bem postada a recusa do Sr. Oficial, nego provimento ao recurso.

MANOEL DE QUEIROZ PEREIRA CALÇAS

Corregedor Geral da Justiça e Relator. (DJe de 03.04.2017 - SP)

PODER JUDICIÁRIO

TRIBUNAL DE JUSTIÇA DO ESTADO DE SÃO PAULO

CONSELHO SUPERIOR DA MAGISTRATURA

Apelação nº 0006891-22.2015.8.26.0322

Registro: 2017.0000461330

ACÓRDÃO

Vistos, relatados e discutidos estes autos do(a) **Apelação nº 0006891-22.2015.8.26.0322**, da Comarca de **Lins**, em que são partes são apelantes **IVO RODRIGUES DO NASCIMENTO** e **MARIA APARECIDA CARVALHO DO NASCIMENTO**, é apelado **OFICIAL DE REGISTRO DE IMÓVEIS E ANEXOS DA COMARCA DE LINS**.

ACORDAM, em Conselho Superior de Magistratura do Tribunal de Justiça de São Paulo, proferir a seguinte decisão: **"Negaram provimento ao recurso. V. U."**, de conformidade com o voto do Relator, que integra este Acórdão.

O julgamento teve a participação dos Exmos. Desembargadores **PAULO DIMAS MASCARETTI (Presidente), ADEMIR BENEDITO, XAVIER DE AQUINO, LUIZ ANTONIO DE GODOY, RICARDO DIP E SALLES ABREU.**

São Paulo, 22 de junho de 2017.

MANOEL DE QUEIROZ PEREIRA CALÇAS

Corregedor Geral da Justiça e Relator

Apelação n.º 0006891-22.2015.8.26.0322

Apelantes: Ivo Rodrigues do Nascimento e Maria Aparecida Carvalho do Nascimento

Apelado: Oficial de Registro de Imóveis e Anexos da Comarca de Lins

VOTO N.º 29.803

Registro de Imóveis – Loteamento – Negativa de registro – Artigo 18, III, "c" e §2º da Lei 6.766/1979 – Existência de ação penal em curso contra o loteador por crime contra o sistema financeiro nacional (artigo 5º da Lei 7.492/1986) – Crime contra o patrimônio – Fato suficiente para obstar o registro – Dúvida procedente – Recurso improvido.

Trata-se de recurso de apelação interposto por Ivo Rodrigues do Nascimento e Maria Aparecida Carvalho do Nascimento contra a sentença de fls. 566/568vº, que julgou procedente a dúvida suscitada e manteve a recusa ao registro de loteamento junto à matrícula n.º 28.788 do Registro de Imóveis de Lins.

Sustentaram os apelantes, em resumo, que a recusa ao registro não deve prosperar, pois crime contra o sistema financeiro nacional não é crime contra o patrimônio nem contra a administração pública; que a lei não pode ser interpretada ampliativamente; que possuem higidez financeira e que somente a condenação definitiva constitui óbice ao registro.

A Procuradoria Geral da Justiça opinou pelo não provimento (fls. 599/601).

É o relatório.

Apresentado pedido de registro de loteamento, sobreveio a recusa do Oficial, sob diversos fundamentos. Superadas diversas das pendências, subsistiu a recusa em razão da existência de ação penal em trâmite pela Justiça Federal em face do loteador Ivo Rodrigues do Nascimento, como incurso nas penas do artigo 5º da Lei n.º 7.492/86.

A sentença prolatada em primeiro grau ratificou o teor da exigência e manteve o óbice ao registro. O caso é de se negar provimento à apelação.

A existência de ação penal em curso contra o loteador, como incurso no artigo 5º da Lei n.º 7.492/86, é óbice suficiente ao registro de loteamento.

O §2º do artigo 18 da Lei n.º 6.766/1979 prescreve que a existência de ações penais, referentes a crime contra o patrimônio e contra a administração, impedem o registro do loteamento.

A certidão de fls. 96/99 dá conta de que o processo criminal movido contra o loteador aguarda o julgamento de recurso de apelação. Em consulta realizada nesta data, foi possível constatar que a apelação criminal ainda não foi julgada (processo 1305882-42.1997.4.03.6108 do TRF da 3ª Região).

Ao contrário do que sustentam os recorrentes, os crimes contra o patrimônio e contra a administração pública não estão definidos somente no Código Penal, mas também em leis especiais, como é o caso da Lei n.º 7.492/86, que define os crimes contra o sistema financeiro nacional.

O crime pelo qual o loteador responde está previsto no artigo 5º da Lei n.º 7.492/86:

> "Art. 5º Apropriar-se, quaisquer das pessoas mencionadas no art. 25 desta lei, de dinheiro, título, valor ou qualquer outro bem móvel de que tem a posse, ou desviá-lo em proveito próprio ou alheio:
>
> Pena - Reclusão, de 2 (dois) a 6 (seis) anos, e multa.
>
> Parágrafo único. Incorre na mesma pena qualquer das pessoas mencionadas no art. 25 desta lei, que negociar direito, título ou qualquer outro bem móvel ou imóvel de que tem a posse, sem autorização de quem de direito".

Referido tipo penal trata de típico crime contra o patrimônio, uma modalidade de apropriação indébita especial, em função do agente do crime (pessoas relacionadas no artigo 25 da mesma Lei).

Segundo Luiz Regis Prado, no artigo 5º da Lei n.º 7.492/86, *"tutelam-se o mercado financeiro e o patrimônio dos investidores que possam ser prejudicados com a apropriação, desvio ou negociação de seus bens ou valores (delito pluriofensivo)*1".

Em suma, o crime pelo qual responde o loteador é, de fato, um crime contra o patrimônio.

E, ainda, quanto à suposta comprovação de que a mencionada ação penal não poderá prejudicar os adquirentes dos lotes, sem razão os recorrentes.

O §2º do artigo 18 da Lei n.º 6.766/1979 admite a comprovação da higidez financeira dos interessados somente na hipótese de protestos, ações pessoais ou ações penais, **exceto** as referentes à crime contra o patrimônio e contra a administração. E, no caso destes autos, o óbice ao registro decorre justamente da existência de ação penal referente a crime contra o patrimônio, movida contra o loteador. Assim, a eventual higidez financeira dos interessados é incapaz de superar o óbice ao registro.

Além disso, a Lei n.º 6.766/1979 não exige condenação ou tampouco que esta seja definitiva, mas somente a existência de ação penal. E não se pode dizer que referida exigência implica vulneração ao princípio da presunção de inocência.

A existência de ação penal constitui óbice ao registro do loteamento e não configura violação ao princípio da não culpabilidade. Essa limitação tem por objetivo proteger o sucesso do empreendimento e os próprios adquirentes das unidades imobiliárias. É uma precaução, uma garantia de que a atividade será confiada a quem não tenha qualquer pendência que possa, ainda que no futuro, comprometer a sua idoneidade.

Em suma, reconhecida a existência de óbice ao registro de loteamento, deve ser mantida a sentença que julgou procedente a dúvida suscitada.

Ante o exposto, nego provimento ao recurso.

MANOEL DE QUEIROZ PEREIRA CALÇAS

Corregedor Geral da Justiça e Relator

Nota:

[1] In Direito Penal Econômico, Editora Revista dos Tribunais, 4ª Edição, p. 167. (DJe de 23.08.2017 - SP)

PERMUTA

PODER JUDICIÁRIO

TRIBUNAL DE JUSTIÇA DO ESTADO DE SÃO PAULO

CONSELHO SUPERIOR DA MAGISTRATURA

Apelação nº 1004930-06.2015.8.26.0362

Registro: 2016.0000908167

ACÓRDÃO

Vistos, relatados e discutidos estes autos de **Apelação nº 1004930-06.2015.8.26.0362**, da Comarca de **Mogi- Guaçu**, em que é apelante **DELVO APARECIDO DINIZ**, é apelado **OFICIAL DE REGISTRO DE IMOVEIS TÍTULOS E DOCUMENTOS CIVIL DE PESSOA JURÍDICA DA COMARCA DE MOGI GUAÇU SP**.

ACORDAM, em Conselho Superior de Magistratura do Tribunal de Justiça de São Paulo, proferir a seguinte decisão: **"Deram provimento ao recurso. Por maioria de votos. Por maioria de votos, deram provimento ao recurso, nos termos do voto do Desembargador Ricardo Dip.**

Vencidos os Desembargadores Pereira Calças e Luiz Antonio de Godoy.", de conformidade com o voto do Relator, que integra este acórdão.

O julgamento teve a participação dos Exmos. Desembargadores **RICARDO DIP (PRES. DA SEÇÃO DE DIREITO PÚBLICO), vencedor, PEREIRA CALÇAS, vencido, PAULO DIMAS MASCARETTI (Presidente), ADEMIR BENEDITO, XAVIER DE AQUINO, LUIZ ANTONIO DE GODOY E SALLES ABREU**.

São Paulo, 22 de novembro de 2016

RICARDO DIP RELATOR DESIGNADO

TRIBUNAL DE JUSTIÇA DO ESTADO DE SÃO PAULO

Conselho Superior da Magistratura

Apelação 1004930-06.2015.8.26.0362 -

Procedência: Mogi Guaçu

Relator designado: Des. Ricardo Dip (Voto n. 42.784)

Apelante: Delvo Aparecido Diniz

Apelado: Oficial de Registro de Imóveis, Títulos e Documentos e Civil de Pessoa Jurídica da Comarca

Permuta – Registro – Dúvida – Imóveis situados em circunscrições diversas – Possibilidade da inscrição autônoma de uma das aquisições – Provimento do recurso.

RELATÓRIO

1. O caso é de *dúvida* do registro imobiliário, suscitada pelo Registrador da Comarca de Mogi Guaçu, Henrique Rogério Dal Molin, atendendo a pleito de Delvo Aparecido Diniz.

Houve denegação inaugural do registro perseguido - relativo a *permuta* de imóveis situados em circunscrições diversas- por entender-se, na origem, necessária a inscrição simultânea dos títulos aquisitivos conexionados, acenando- se ao disposto no art. 187 da Lei n. 6.015/1973 (de 31-12), bem como ao pacto dos adquirentes quanto à entrega recíproca dos prédios objeto da permuta.

Julgando-se procedente a dúvida pelo M. Juízo da Comarca, sobreveio apelação do suscitante, opinando a digna Procuradoria Geral de Justiça pelo provimento do recurso (parecer da eminente Procuradora Liliana Allodi Rossit).

VOTO

2. Meu voto é pelo acolhimento da impugnação recursal.

O contrato de permuta apresenta quer equivalência de obrigações dos contratantes, quer recíproca dupla função dos bens permutados: na espécie, trata-se de imóveis que, sob certo aspecto, são objeto material de uma aquisição, mas, sob outro, simples instrumento de pagamento da aquisição concorrente.

Essa característica da permuta não implica, *ipso facto*, a perda da autonomia jurídica dos títulos, e, com isto, sua consequente cindibilidade formal e material.

É que a permuta é um contrato de natureza *consensual*, de sorte que o *titulus* se aperfeiçoa sem a tradição. Esta última, quando a permuta diga respeito a bens imóveis, exige o modo registral, constitutivo, para que se atualize a transcendência real do contrato, ajuste que, no entanto, já se tem por aperfeiçoado com o só acordo de vontades, inclusivo da intenção da *traditio*.

Por mais discutível seja que a evicção e o vício redibitório importem num desfazimento obrigatório da permuta - tese que negaria, sem mais, a possibilidade de o prejudicado, em tais situações, eleger entre a (*i*) indenização e (*ii*) a recuperação do imóvel que serviu por meio pagamento (*vide*, neste sentido, a doutrina de Pelayo de la Rosa Diaz, *La permuta*: Desde Roma al derecho español actual. Madri: Montecorvo, 1976, p. 360 *et sqq.*)- , certamente não se admitirá, contudo, que o ajuste de permuta fique entregue à potestatividade de um dos contratantes, ao ponto de que, refutando - lhe o registro (isto é, frustrando-lhe a intenção da *traditio* implicada no consenso negocial), possa acarretar-lhe unilateralmente a resolução.

A própria técnica registral adotada pela Lei n. 6.015/1973 indica, reitere-se, que a necessidade de dois ou mais distintos registros *stricto sensu* reclame qualificações registrais autônomas.

No plano do direito material (*i.e.*, do direito das obrigações), a questão põe-se no plano da eficácia do negócio jurídico, em que está o adimplemento.

O figurante que haja sofrido a perda do domínio por força do registro *stricto sensu* adimpliu bem (ou seja, é válido e eficaz o registro *stricto sensu* mediante o qual esse adimplemento se perfez).

A inviabilidade de outro ou de outros registros *stricto sensu* (e, portanto, o inadimplemento da outra ou das outras prestações do negócio de troca) não conduzem, necessariamente, à invalidade ou à ineficácia do adimplemento que já se fez. Independentemente de outro registro *stricto sensu* que se houvesse de lavrar, o primeiro é válido e eficaz, até que se desfaça, desfazimento que dependerá do que, fora do registro de imóveis, ajustarem os figurantes ou decidir o juiz acerca do inadimplemento, segundo o direito material. A conclusão contrária permitiria, aliás, que o figurante de má fé impusesse ao outro todas as despesas de inscrição, ou mesmo que desfizesse unilateralmente o negócio de permuta, recusando-se a dar a registro a transmissão que o favorecesse.

É, de resto, uma recente lição passada por ADEMAR FIORANELLI:

"Já tivemos a oportunidade de manifestar pensamento favorável à cindibilidade da escritura de permuta, na impossibilidade do registro de um dos imóveis, ainda mais quando por expressa autorização dos permutantes, em artigo publicado no Jornal Novos Tempos, Associação dos Serventuários de Justiça do Estado de São Paulo, 1995, nº 9, no sentido de que 'no caso de permuta, malgrado o disposto no art. 187, da Lei nº 6.015/73, nada obsta o registro do título em relação a um dos imóveis permutados, que recebeu qualificação positiva. Não seria lógico que um dos outorgantes - permutantes, para usar de seu direito, venha a suportar as despesas com o registro de todos os imóveis, não podendo ser descartada a possibilidade de que o título, em relação aos demais imóveis, tenha problemas de ordem formal que impossibilitem seu registro, ou mesmo estarem situados em outros Municípios ou Comarcas.' [...] Pensamos que não se pode criar, ao nosso juízo, uma regra que só valha quando os imóveis objetos da permuta estejam subordinados à mesma Circunscrição Imobiliária, mas que não tenha o mesmo valor quando os imóveis estiverem situados em circunscrições ou Comarcas diversas. É possível, portanto, sustentar a cindibilidade do título, como acima fizemos, sempre respeitando fundamentos e opiniões contrários" (*A cindibilidade dos títulos. Exemplos práticos.* In: Direito Notarial e Registral. Homenagem às Varas de Registros Públicos da comarca de São Paulo. São Paulo: Quartier Latin, 2016, pp. 409-413; compartem deste mesmo entendimento Gilberto Valente da Silva, Antonio Albergaria e Josué Modesto Passos).

3. O art. 187 da Lei n. 6.015/1973 - a que acena o digno Registrador suscitante- não impõe, em caso de permuta (art. 533 do Cód.civ.), a disjuntiva de que *ou* se registrem os fatos inscritíveis todos, *ou* nenhuma inscrição se faça.

Essa regra, com efeito, trata tão-somente da técnica que se há de adotar para a inscrição no protocolo (Livro n. 1), quando em cartório se apresentar um título formal que contenha negócio jurídico de escambo de dois ou mais imóveis permutados *que se situem na mesma circunscrição imobiliária*.

Neste caso diz o art. 187 , conquanto se hajam de fazer, *ex hypothesi,* dois ou mais registros *stricto sensu* (n. 30 do inc. I do art. 167 da Lei de Registros Públicos), basta que se faça um só lançamento no Protocolo (*i.e.*, uma só prenotação).

E mais que isso o art. 187 não diz, porque, simplificando-se, com a Lei de 1973, o que antes determinava o art. 203 do Decreto n. 4.857, de 9 de novembro de 1939 (a saber: "*na permuta haverá* duas transcrições com referências recíprocas e *números de ordem seguidos no protocolo* e no livro de transcrição, sendo também distintas e com referências recíprocas as indicações no indicador real" os destaques não são do original), *não* se reproduziu no novo diploma, entretanto, o que constava no parágrafo único do art. 211 do antigo Regulamento, regra esta ela sim que permitia concluir pela obrigatoriedade de fazerem-se todos os registros (à época, transcrições) ou nenhum deles, por abrir exceção ao princípio da instância inclusive (*verbis*: "Em caso de permuta, serão, pelo menos, três os exemplares, *sendo a transcrição feita obrigatoriamente em todos os imóveis permutados, ainda que só um dos interessados promova o registo*" de novo, o realce não é do original).

Não se ignora que tradicional e prestigiosa corrente doutrinária e jurisprudencial vem dando ao mencionado art. 187 interpretação segundo a qual, tratando-se de imóveis localizados sob a atribuição de um mesmo ofício de registro, seria obrigatória a registração de todos os fatos inscritíveis (: os títulos de transmissão do domínio de todos os imóveis permutados).

Todavia, esse entendimento, de par com não seguir *ad amussim* o texto legal, tem ainda o inconveniente de, criando uma dificuldade onde ela não existe (pois, repita-se, a feitura de todos os registros não está imposta no art. 187, ainda quando os imóveis estejam todos na mesma circunscrição), deixar sem solução o caso de os bens se localizarem em circunscrições distintas (dentro da mesma comarca, ou de comarcas diversas, ou de Estados-membros diferentes, ou mesmo e ainda de vários países). Assim, não impondo a lei nenhum meio ou procedimento para controlar a lavratura dos registros que não forem, todos, da atribuição de um mesmo ofício de imóveis, não aparenta possa este Conselho ao qual não se atribuiu competência normativa, sequer diretiva- expedir uma solução técniconormativa que o próprio legislador preferiu não desfiar.

DO EXPOSTO, por meu voto dou provimento ao recurso, para que se faça o registro, tal como foi rogado. É como voto.

Des. RICARDO DIP

Relator designado Presidente da Seção de Direito Público

Voto nº 29.556

Apelação nº 1004930-06.2015.8.26.0362

Comarca: Mogi-Guaçu

Apelante: Delvo Aparecido Diniz

Apelado: OFICIAL DE REGISTRO DE IMOVEIS TÍTULOS E DOCUMENTOS CIVIL DE PESSOA JURÍDICA DA COMARCA DE MOGI GUAÇU SP

DECLARAÇÃO DE VOTO

REGISTRO DE IMÓVEIS – Escritura Pública de permuta – Imóveis em circunscrições distintas – Necessidade de registros em ambas as circunscrições – Recurso desprovido.

Trata-se de apelação interposta em face de sentença que julgou procedente dúvida, impedindo o registro de escritura pública de permuta, tendo, como permutantes, Roberto dos Santos, casado com Sueli Silva dos Santos, e Espólio de Rinaldo Rodrigues de Moraes; seguido de escritura de venda e compra, tendo, como vendedores, Roberto dos Santos, casado com Sueli Silva dos Santos, e, como comprador, Delvo Aparecido Diniz.

O entendimento do Oficial, albergado pela sentença, é no sentido de que não se pode cindir o título referente à permuta. Não é possível, para o Oficial, o registro isolado da escritura, na matrícula de apenas um imóvel, sem o simultâneo registro na outra. Cita, em adendo, o art. 187, da Lei de Registros Públicos, defendendo que, cuidando-se de imóveis em circunscrições diversas, *"os interessados prenotarão os títulos nas duas comarcas e apresentarão em ambas os protocolos de ingresso para que os Oficiais, com o referido número de protocolo, entrem em contato para saber se não existem óbices para o referido registro e assim procederem simultaneamente nas matrículas."*

O recorrente afirma que é possível cindir o título e que a permuta está perfeita e acabada. Caberia ao Oficial suscitante notificar a outra parte, para que providenciasse o registro do titulo na outra circunscrição. A negativa de registro feriria o princípio da liberdade de contratar.

A D. Procuradoria de Justiça manifestou-se pelo provimento do recurso.

É o relatório.

O recurso não merece provimento.

É o registro da permuta que está obstando o registro da posterior venda e compra, de maneira que cabe, nesse recurso, examinar esse ponto.

A permuta é um contrato pelo qual cada uma das partes se obriga a dar uma coisa para adquirir outra contrato análogo à compra e venda, como ressalta, aliás, o art. 533, do Código Civil. Na permuta, cada uma das duas coisas é, ao mesmo tempo, objeto e preço e os contratantes são, reciprocamente, comprador e vendedor. Há duas transferências simultâneas, contemporâneas e inseparáveis.

Ainda que, como na compra e venda, o contrato se aperfeiçoe mediante acordo (*consensus*) sobre a coisa (res), tendo como preço (*pretium*) o objeto permutado, a transferência do domínio dá-se com o registro. É por essa razão que a cautela se impõe. Permitir-se o registro por apenas uma das partes do negócio, sem a certeza de que a outra parte também registrou o título, poderia dar azo a eventual e futuro desfazimento, na medida em que uma das qualificações poderia ser negativa.

Cabe ao Oficial, então, acercar-se da certeza de que ambos os títulos foram registrados, como forma de garantia da segurança jurídica, inclusive no que toca a direitos de terceiros, que poderiam vir a adquirir imóvel já de propriedade de um dos permutantes.

Conforme lembra Jether Sottano, *"o título de permuta só pode ter ingresso no Registro de Imóveis desde que se registrem os dois imóveis. Os dois registros se completam, porque cada qual corresponde ao preço do outro." (A permuta no Registro de Imóveis, Boletim IRIB, 195, agosto 1993, p. 2)*

Por isso, o art. 187, da Lei n° 6.015/73, obriga os registros nas matrículas correspondentes, sob único número de ordem no Protocolo, em caso de permuta, quando os imóveis pertençam à mesma circunscrição. Mas e quando pertencerem a circunscrições distintas?

É o autor acima que destaca:

> *"Com relação ao problema de estarem situados os imóveis permutados em circunscrições diversas, diz o citado autor que sobrevém uma circunstância que impede o Oficial do Registro de efetuar a transcrição sobre os dois imóveis, porque um deles está fora da circunscrição de sua competência.*
>
> *É preciso, porém, salientar que, neste último caso, a impossibilidade da dupla transcrição ser feita pelo mesmo oficial não exime o interessado da obrigação de transcrever o contrato, em relação ao outro imóvel, no Ofício de Imóveis competente. Apenas, pelo limite da competência do Oficial,*

não pode a transcrição ser realizada abrangendo a totalidade dos imóveis objeto da permuta." (ob cit., p. 2)

E vai além, discordando da opinião de Lysippo Garcia para quem, na hipótese de estarem situados os imóveis em circunscrições diferentes, não haveria cautela possível -, defendendo:

"Entretanto, essa cautela é possível, basta que o Oficial do Registro que receber o título de permuta em primeiro lugar o prenote e, depois de examinado, considerando-o em condições de registro, devolva-o à parte com nota específica, e em seguida mande registrá-lo no Cartório da situação do outro imóvel. Uma vez lá registrado, o título retornaria ao primeiro Cartório a fim de, com o mesmo número de protocolo, ser aqui registrado, sem nenhum tropeço." (ob. cit., p. 3)

Com a devida vênia, o único reparo que se faz ao raciocínio é quanto às providências que deve adotar o Oficial do Registro de Imóveis. Parece-me que ele deva prenotar o título, qualificá-lo positivamente (quanto a todos os demais aspectos) e emitir nota de exigência, referente à comprovação do registro do título no outro Cartório. Esse outro registro será fatalmente obtido quando o segundo título for protocolado, prenotado e qualificado positivamente, dado que o segundo Oficial já estará de posse da comprovação da primeira prenotação e qualificação positiva (que só aguarda a comprovação do segundo registro).

Estabelece-se, dessa forma, que a permuta não se frustrará, por eventual impossibilidade do registro em alguma das matrículas. Garantem-se a segurança jurídica do negócio e os direitos de terceiros, que venham a adquirir algum dos imóveis. Embora não simultâneos, por impossibilidade prática da simultaneidade, resta assegurado que ambos os registros se farão. O primeiro porque, protocolado o título, prenotado e qualificado positivamente, emitir-se-á nota de exigência, apenas, quanto à necessidade do registro do título no Cartório da circunscrição distinta. O segundo porque, nessa outra circunscrição, o título já será apresentado com comprovação da prenotação e qualificação positiva anterior. Ele poderá ser registrado imediatamente. Tão logo registrado, o interessado terá condição, tempestivamente, de cumprir a exigência no Cartório de origem, registrando, dessa forma, o primeiro título.

A impossibilidade do registro de algum dos títulos, por qualificação negativa decorrente de qualquer outro aspecto impediente -, implicará a inviabilidade do registro do outro.

A sugestão do Oficial suscitante também é pertinente. Podem os interessados prenotar os títulos nas duas comarcas, apresentando em ambas os protocolos de ingresso, para que os Oficiais, com o referido número de protocolo, entrem em contato para saber se não existem óbices para o referido registro e assim procedam simultaneamente nas matrículas.

O que não se pode, porém, é registrar tão somente o título em uma das circunscrições, sem o registro na outra.

O voto vencedor, conquanto elaborado com acuidade e provindo de excelente pena, deixa de levar em consideração pontos importantes aqui aventados.

Em primeiro lugar, a interpretação a ser dada ao art. 187, da Lei de Registros Públicos, com a devida vênia, é a da obrigatoriedade de ambos os registros, na hipótese de permuta. Não se trata de mera técnica de realização de protocolo. Analise-se o teor do artigo:

Art. 187. Em caso de permuta, e pertencendo os imóveis à mesma circunscrição, serão feitos os registros nas matrículas correspondentes, sob um único número de ordem no Protocolo.

Pode-se desmembrar o artigo em duas partes: *Em caso de permuta, e pertencendo os imóveis à mesma circunscrição, serão feitos os registros nas matrículas correspondentes* (**obrigação do registro em ambas as matrículas**), *sob um único número de ordem no Protocolo* (**aí, sim, técnica pela qual se realiza o protocolo**)

Em segundo lugar, a dificuldade, apontada no voto vencedor, acerca do modo como se fariam os registros, na hipótese de imóveis localizados em circunscrições distintas, foi devidamente enfrentada no presente voto. Há, inclusive, mais de uma solução.

Em terceiro lugar, não é verdade que impor ambos os registros levaria à potestatividade de um dos contratantes, que, recusando-se a fazer o registro a seu cargo, acarretaria a resolução unilateral do negócio. Isso pela simples razão de que qualquer um dos contratantes pode levar o título a registro nas matrículas, em qualquer uma das serventias correspondentes. Mesmo que o prejudicado pela ausência de um dos registros viesse a ter que custear as despesas da inscrição que deixou de ser feita, a questão se resolveria, facilmente, em perdas e danos.

Em quarto lugar, e o mais importante, o voto vencedor ignorou um dos princípios basilares dos registros públicos: a segurança jurídica. Com efeito, permitir a cindibilidade, com o registro em apenas uma das matrículas, acarretaria o risco de transmissão do imóvel, em cuja matrícula o título não foi registrado, a terceiro. Cuidando-se de terceiro de boa-fé, as consequências seriam extremamente danosas. O sistema registrário não se compraz com tal insegurança. A situação é bastante diferente da hipótese em que uma escritura de compra e venda, por exemplo, deixa

de ser registrada. Nesse caso, o registro de imóveis considerado em seu conjunto ignora a existência do negócio jurídico. Porém, na hipótese da permuta, com o registro em uma das matrículas, o registro de imóveis novamente considerado como sistema já tem ciência do negócio e não pode, portanto, admitir a continuidade da lacuna, que deriva da ausência de um dos registros. Permitir esse estado de coisas significa descurar da segurança que se espera do sistema.

Sopesados os argumentos a favor e contra a cindibilidade, portanto, afigura-se mais correto impedi-la, determinando-se o registro de ambos os títulos.

Ante o exposto, pelo meu voto, nego provimento ao recurso.

MANOEL DE QUEIROZ PEREIRA CALÇAS

Corregedor Geral da Justiça e Relator (DJe de 27.01.2017 - SP)

PRINCÍPIO DA ESPECIALIDADE

PODER JUDICIÁRIO

TRIBUNAL DE JUSTIÇA DO ESTADO DE SÃO PAULO

CONSELHO SUPERIOR DA MAGISTRATURA

Apelação nº 1105416-72.2016.8.26.0100

Registro: 2017.0000623410

ACÓRDÃO

Vistos, relatados e discutidos estes autos do(a) **Apelação nº 1105416-72.2016.8.26.0100**, da Comarca de **São Paulo**, em que são partes é apelante **IZILDA LUCIA MATUGUMA**, é apelado **16º OFICIAL DE REGISTRO DE IMÓVEIS DE SÃO PAULO**.

ACORDAM, em Conselho Superior de Magistratura do Tribunal de Justiça de São Paulo, proferir a seguinte decisão: **"Negaram provimento à apelação, v.u."**, de conformidade com o voto do Relator, que integra este Acórdão.

O julgamento teve a participação dos Exmos. Desembargadores **PAULO DIMAS MASCARETTI (Presidente), ADEMIR BENEDITO, XAVIER DE AQUINO, JOÃO CARLOS SALETTI, RICARDO DIP (PRES. DA SEÇÃO DE DIREITO PÚBLICO) E PÉRICLES PIZA.**

São Paulo, 20 de julho de 2017.

MANOEL DE QUEIROZ PEREIRA CALÇAS

Corregedor Geral da Justiça e Relator

Apelação nº 1105416-72.2016.8.26.0100

Apelante: Izilda Lucia Matuguma

Apelado: 16º Oficial de Registro de Imóveis de São Paulo

VOTO Nº 29.770

Formal de partilha – Desqualificação – Descrição do imóvel que não corresponde à descrição contida nas transcrições do Registro de Imóveis – Ofensa ao princípio da especialidade objetiva – Dúvida julgada procedente – Recurso não provido.

Ao suscitar dúvida, o Oficial de Registro apontou a discrepância entre a descrição contida no inventário e as que constam das transcrições de origem, indicando a necessidade de prévia abertura de matrícula com unificação e descrição do imóvel resultante, ponderando que eventual alteração de medidas demandaria concordância dos confrontantes (art. 213, II, da LRP). Destacou a divergência entre a soma das áreas dos imóveis segundo o que consta das transcrições (332,50 m2) e a área que constou do formal de partilha (330,00 m2). Por fim, destacou que a descrição da transcrição nº 14.223 indica que o imóvel é irregular, o que impede que se conheça precisamente as características do imóvel a partir da descrição existente.

Após ouvida a suscitada e, sobrevindo manifestação do Ministério Público, a dúvida foi julgada procedente, motivo por que a suscitada interpôs apelação, sustentando que não haverá prejuízo aos confrontantes por ser o imóvel murado e sua posse estar consolidada há mais de sessenta anos, sem oposição. Impugnou a alegação de que haveria discrepância entre as dimensões apresentadas no formal de partilha e as presentes nas transcrições n. 12.346, 14.223 e 16.919, uma vez que constou da transcrição n. 12.346 que a medida do lote seria de um metro de frente por trinta e três metros, *"mais ou menos, da frente aos fundos"*, indicando que ficou a critério do titular do domínio definir a real medida do imóvel, o que foi feito com a construção aprovada pela Municipalidade, não sendo necessária retificação de área.

Por fim, a Procuradoria Geral da Justiça propôs o não provimento do recurso.

É o relatório.

O dissenso versa sobre a registrabilidade da escritura de inventário e partilha do espólio de Tikahisa Plínio Matuguma e Isabel Mattuci Matuguma. Seu ingresso no fólio real foi recusado pelo Oficial porque: (1) faltam dados de descrição do imóvel em cada uma das transcrições que o compõem (posição do observador, medidas laterais e dos fundos); (2) a área quantitativa do imóvel unificado (330,00 m2) não confere com a somatória das áreas dos terrenos das transcrições (332,50 m2); (3) faltam as confrontações do imóvel já unificado e *croquis* (fls. 23).

A deficiente identificação do imóvel impede a inscrição pretendida, pois em desconformidade com os princípios da legalidade e da especialidade objetiva. Dispõe o art. 225, parágrafo 2º, da Lei de Registros Públicos, que *"Consideram-se irregulares, para efeito de matrícula, os títulos nos quais a caracterização do imóvel não coincida com a que consta do registro anterior."*

No caso vertente, a descrição que consta do título não corresponde às transcrições, o que é bastante para que o Oficial desqualifique o título, recusando seu ingresso no cadastro imobiliário, em respeito ao princípio da especialidade objetiva, que impõe que cada imóvel tenha descrição precisa que viabilize sua completa identificação e localização, distinguindo-se de todos os demais (LRP, art. 176).

O tema já foi tratado em precedentes deste C. Conselho Superior da Magistratura, como no apelo n. 0010422- 67.2013.8.26.0361, de relatoria do então Corregedor Geral da Justiça, Dr. Hamilton Elliot Akel:

> *"(...)*
>
> *No que respeita ao principio da especialidade objetiva, ele apenas seria respeitado se o título descrevesse o imóvel tal como no assento e, também, se esse assento contivesse perfeita individualização do bem.*
>
> *Para Afrânio de Carvalho, o princípio da especialidade do imóvel significa a sua descrição como corpo certo, a sua representação escrita como individualidade autônoma, com o seu modo de ser físico, que o torna inconfundível e, portanto, heterogêneo em relação a qualquer outro (Registro de Imóveis: comentários ao sistema de registro em face da Lei 6.015/73, 2a ed., Rio de Janeiro, 1977, p. 219). Por isso, o imóvel deve estar perfeitamente descrito no título objeto de registro de modo a permitir sua exata localização e individualização, não se confundindo com nenhum outro.*
>
> *Narciso Orlandi Neto, ao citar Jorge de Seabra Magalhães, lembra que "as regras reunidas no princípio da especialidade impedem que sejam registrados títulos cujo objeto não seja exatamente aquele que consta do registro anterior. É preciso que a caracterização do objeto do negócio repita os elementos de descrição constantes do registro" (Narciso Orlandi Neto, Retificação do Registro de Imóveis, Juarez de Oliveira, pág. 68).*
>
> **É certo que caberia mitigação no princípio da especialidade, caso o título - formal de partilha - espelhasse a antiga transcrição. Mas nem isso ocorre no caso. Enquanto a certidão oriunda do 1º registro de Imóveis menciona dois lotes de terreno, o formal de partilha, ao tratar de deles, discrimina-os como um só imóvel, não obstante a ausência de qualquer procedimento de unificação. E, mais, como ressalta o Oficial, traz medidas laterais inéditas, que não constam do assento. (grifo nosso)**
>
> *A situação não melhora com os documentos trazidos no curso do processo, que, de mais a mais, não integram o título e, portanto, não podem ser admitidos.*
>
> *Por meu voto, à vista do exposto, nega-se provimento ao recurso."*

Os precedentes citados pela recorrente cuidam de circunstâncias em que, a despeito de haver pequenas imperfeições dos registros dos imóveis, não houve dissonância com os títulos submetidos a registro ou averbação.

No caso em exame, a descrição contida nos autos do inventário não corresponde às descrições contidas nas transcrições imobiliárias, o que obsta a individualização segura do imóvel partilhado, não se tratando de mera questão de diferença mínima de metragem.

Portanto, bem andou a Oficiala ao desqualificar o título e apontar como caminho correto a prévia abertura de matrícula com unificação das áreas e retificação, nos termos dos art.213, II, da Lei de Registros Públicos.

É necessário ressaltar que a origem judicial do título não o torna imune à qualificação registral, ainda que limitada aos requisitos formais do título e sua adequação aos princípios registrais, conforme o disposto no item 119, do Cap. XX, das NSCGJ.

O Conselho Superior da Magistratura tem decidido, inclusive, que a qualificação negativa não caracteriza desobediência ou descumprimento de decisão judicial. Pelo contrário, *"a circunstância de exibir-se a inscrição do título de origem judicial não implica isenção dos requisitos registrários, incumbindo ao registrador: a) verificar a competência (absoluta) da autoridade judiciária; b) aferir a congruência do que se ordena ao registro com o processo respectivo; c) apurar a presença das formalidades documentais; d) examinar se o título esbarra em obstáculos propriamente registrários (p.ex.: legalidade, prioridade, especialidade, consecutividade)"* (RJTJESP 137/588)

A exigência questionada, em suma, encontra respaldo nas disposições legais acima especificadas, bem como nos itens 2, 3, 24, 40, 59, I, 60, 60.2, do Cap. XX das NSCGJ.

Isto posto, **pelo meu voto, nego provimento à apelação. MANOEL DE QUEIROZ PEREIRA CALÇAS**

Corregedor Geral da Justiça e Relator (DJe de 31.08.2017 - SP)

PODER JUDICIÁRIO

TRIBUNAL DE JUSTIÇA DO ESTADO DE SÃO PAULO

CONSELHO SUPERIOR DA MAGISTRATURA

Apelação nº 0000349-39.2015.8.26.0111

Registro: 2017.0000530489

ACÓRDÃO

Vistos, relatados e discutidos estes autos da **Apelação nº 0000349-39.2015.8.26.0111**, da Comarca de **Cajuru**, em que é apelante **MAURO ASSIS GARCIA BUENO DA SILVA**, é apelado **OFICIAL DE REGISTRO DE IMÓVEIS E ANEXOS DA COMARCA DE CAJURU.**

ACORDAM, em Conselho Superior de Magistratura do Tribunal de Justiça de São Paulo, proferir a seguinte decisão: **"Negaram provimento ao recurso, com observação. V. U."**, de conformidade com o voto do Relator, que integra este Acórdão.

O julgamento teve a participação dos Exmos. Desembargadores **PAULO DIMAS MASCARETTI (Presidente), ADEMIR BENEDITO, XAVIER DE AQUINO, JOÃO CARLOS SALETTI, RICARDO DIP (PRES. DA SEÇÃO DE DIREITO PÚBLICO) E PÉRICLES PIZA.**

São Paulo, 20 de julho de 2017.

MANOEL DE QUEIROZ PEREIRA CALÇAS

Corregedor Geral da Justiça e Relator

Apelação nº 0000349-39.2015.8.26.0111

Apelante: Mauro Assis Garcia Bueno da Silva

Apelado: Oficial de Registro de Imóveis e Anexos da Comarca de Cajuru

VOTO Nº 29.791

Registro de Imóveis – Dúvida julgada procedente – Instrumento Particular de Venda e Compra de Imóvel

– Questionamento das diversas exigências formuladas pelo Registrador Pertinência dos óbices relativo à especialidade subjetiva e à apresentação de certidões reais – Exigências parcialmente mantidas – Recurso não provido.

Trata-se de recurso de apelação interposto por Mauro Assis Garcia Bueno da Silva contra a sentença de fls. 61/63, que julgou procedente a dúvida suscitada e manteve a recusa ao registro de escritura particular de compra e venda do imóvel matriculado sob o nº 12.195 no Registro de Imóveis e Anexos de Cajuru.

Sustentou o apelante, em resumo: que os requisitos de uma escritura pública e de um instrumento particular são distintos; que o título apresentado identifica claramente os contratantes e as testemunhas, inclusive o representante legal da vendedora; que a referência ao título de aquisição do imóvel pelo alienante é desnecessária; que a apresentação de certidões de propriedade e de ônus reais é dispensável; que a consulta à central de indisponibilidades deveria ter sido feita pelo registrador; e que formalidades em excesso dificultam a instrumentalização de compra e venda de imóveis por instrumento particular, o que é permitido pelo artigo 108 do CC. Pede, assim, a reforma da sentença de primeiro grau (fls. 68/85).

A Procuradoria Geral da Justiça opinou pelo não conhecimento do recurso e, subsidiariamente, pelo seu não provimento (fls. 96/99).

É o relatório.

Cabe destacar, de início, que, respeitado o entendimento da Procuradoria de Justiça, a dúvida não está prejudicada.

Com efeito, analisados o pedido de suscitação de dúvida (fls. 25/27), a impugnação (fls. 40/52) e o recurso de apelação (fls. 68/85), nota-se que todas as exigências algumas de forma mais prolixa, outras de modo mais conciso foram impugnadas.

Não há que se falar, desse modo, em irresignação parcial, que, caso verificada, tornaria o exame da dúvida prejudicado.

Passa-se à análise do mérito.

Verifica-se que a nota devolutiva decorrente do título apresentado para registro é datada de janeiro de 2015.

De acordo com referida nota, o título denominado de "escritura particular de compra e venda" não comportaria registro pelos seguintes motivos: i) ausência de documentos da vendedora, pessoa jurídica, que permitam verificar a regularidade de sua representação; ii) falta da descrição da forma e registro de aquisição do imóvel pela vendedora; iii) não apresentação da certidão negativa de débitos trabalhistas; iv) ausência de certidões exigidas pela Lei 7.433/85; e, v) falta do código HASH relativa à consulta sobre eventual indisponibilidade existente.

Duas das exigências do registrador devem prevalecer, mantida a impossibilidade de ingresso do título no fólio real. Por sua vez, as demais exigências devem ser afastadas.

Item 1 (Documentos): No primeiro item da nota devolutiva de fls. 23, exige-se a apresentação dos documentos que comprovam a regularidade da representação da alienante "LOTEAMENTO CRUZEIRO EMPRENDIMENTO IMOBILIÁRIO SPE LTDA."

A regularidade da representação da pessoa jurídica está relacionada com o princípio da especialidade subjetiva e da segurança jurídica do próprio negócio e de seu consequente registro.

Sem a apresentação de certidão atualizada do registro da pessoa jurídica e da demonstração de que o representante indicado possui poderes para o ato, mostra-se inviável o ingresso do título, motivo pelo qual deve ser atendida a exigência do item "i" da nota devolutiva.

Não basta, portanto, que o instrumento particular se refira à representação da pessoa jurídica. Considerando que o negócio não passou pelo crivo de um tabelião, imprescindível que, na serventia imobiliária, os interessados comprovem que aquele que representa a pessoa jurídica alienante tenha efetivamente poderes para fazê-lo.

Item 4 (Certidões em Geral): Neste item, o registrador tem parcial razão. Admitida a necessidade da apresentação da certidão de ações reais e pessoais reipersecutórias e de ônus reais, afasta-se a exigência relativa à certidão atualizada de matrícula do imóvel.

Tem razão o registrador ao exigir a apresentação de certidão de ações reais e pessoais reipersecutórias e de ônus reais (parte final da letra "c" do item 59 das NSCGJ). Ademais, a exigência encontra fundamento na Lei 7.433/1985.

Referida certidão não pode ser dispensada nem mesmo por ocasião da lavratura do ato notarial relativo a imóvel, pois tem como finalidade conferir segurança jurídica à transação imobiliária.

Se nem mesmo o tabelião, dotado de fé pública, pode dispensar a apresentação de certidão de ações reais e pessoais reipersecutórias e de ônus reais, com mais razão deve o registrador exigir a sua apresentação dos particulares. Já em relação à apresentação da certidão atualizada do Registro de Imóveis competente, a exigência não tem cabimento. Não se deve exigir do particular prova de fato de conhecimento do próprio registrador, já que o imóvel objeto do instrumento particular está matriculado naquele mesmo registro de imóveis.

Reconhecida a pertinência de duas das exigências, as demais não devem subsistir.

Item 2 (Descrição do Imóvel): Ao contrário do que consta da nota devolutiva, o objeto do título está perfeitamente individuado, com precisa referência ao número de matrícula e respectivo Cartório, conforme preceituam os artigos 222 e 223 da Lei 6.015/73.

E a referência à forma de aquisição da propriedade pelo vendedor não constitui requisito do instrumento particular e a ausência dessa informação não pode servir de óbice ao registro.

Item 3 (CNDT Trabalhista): Tratando-se de registro de instrumento particular, exige-se somente prova do recolhimento do imposto de transmissão.

A certidão negativa de débitos trabalhistas (CNDT) não é exigida nem mesmo por ocasião da lavratura de escritura pública.

Nos termos do item 42 do Capítulo XIV das Normas de Serviço da Corregedoria Geral da Justiça o tabelião tem somente o dever de cientificar as partes envolvidas de que é possível obter a CNDT, instituída pela Lei 12.440/2011 que criou o artigo 642-A da CLT.

Como a apresentação da CNDT não é exigida na lavratura de uma escritura pública, com menos razão é possível impor tal formalidade ao registro de instrumento particular.

Item 5 (Indisponibilidade): A ausência do código HASH não constitui óbice ao registro, pois referida providência incumbe ao registrador.

Cabe ao registrador, antes da prática de qualquer ato de alienação ou oneração, proceder à consulta à base de dados da Central de Indisponibilidade de Bens (item 404 do Capítulo XX da NSCGJ e artigo 14 do Provimento 39/2014 do CNJ).

Em suma, reconhecida a correção de duas das exigências, deve ser mantida a sentença que julgou procedente a dúvida suscitada.

Ante o exposto, nego provimento ao recurso, com as observações supra.

MANOEL DE QUEIROZ PEREIRA CALÇAS

Corregedor Geral da Justiça e Relator (DJe de 10.10.2017 - SP)

PODER JUDICIÁRIO

TRIBUNAL DE JUSTIÇA DO ESTADO DE SÃO PAULO

CONSELHO SUPERIOR DA MAGISTRATURA

Apelação nº 1004442-46.2015.8.26.0590

Registro: 2017.0000187165

ACÓRDÃO

Vistos, relatados e discutidos estes autos do(a) **Apelação nº 1004442-46.2015.8.26.0590**, da Comarca de **São Vicente**, em que são partes é apelante **CLAUDIA ROMUALDO DA SILVA**, é apelada **YARA MARIA GUEDES TOMEI.**

ACORDAM, em Conselho Superior de Magistratura do Tribunal de Justiça de São Paulo, proferir a seguinte decisão: **"Negaram provimento ao recurso, determinando-se o registro do título, v.u."**, de conformidade com o voto do Relator, que integra este Acórdão.

O julgamento teve a participação dos Exmos. Desembargadores **PAULO DIMAS MASCARETTI (Presidente sem voto), ADEMIR BENEDITO (VICE PRESIDENTE), PAULO DIMAS MASCARETTI(PRESIDENTE TRIBUNAL DE JUSTIÇA), XAVIER DE AQUINO (DECANO), LUIZ ANTONIO DE GODOY(PRES. DA SEÇÃO DE DIREITO PRIVADO), RICARDO DIP (PRES. DA SEÇÃO DE DIREITO PÚBLICO) E SALLES ABREU (PRES. SEÇÃO DE DIREITO CRIMINAL).**

São Paulo, 10 de março de 2017.

MANOEL DE QUEIROZ PEREIRA CALÇAS

Corregedor Geral da Justiça e Relator

Apelação n.º 1004442-46.2015.8.26.0590

Apelante: Claudia Romualdo da Silva

Apelado: Yara Maria Guedes Tomei

VOTO N.º 29.727

Registro de imóveis – Carta de arrematação – Ausência de quebra dos princípios da continuidade e especialidade objetiva – Recolhimento de ITBI que não se mostra flagrantemente incorreto – Constrições anteriores que não impedem o registro de alienação forçada – Dúvida improcedente – Recurso desprovido.

Cuida-se de recurso de terceira prejudicada por conta de eventual registro de carta de arrematação. O prejuízo decorre do fato de que a apelante protocolou, por seu turno, embora em momento posterior, outra carta de arrematação, que, portanto, aguarda sua vez para ser qualificada.

O título protocolado com antecedência e prenotado teve seu registro negado pelo Oficial, com base nas seguintes exigências: a) o proprietário do imóvel era Antonio dos Santos Gandarez, casado com Maria da Gloria Santos. Antonio faleceu, passando o imóvel a pertencer ao seu Espólio, que, porém, não fez parte do polo passivo da execução de onde emanada a arrematação. Daí a quebra do princípio da continuidade; b) necessidade de apresentação de certidão da Prefeitura, atentando que o lote 15, da quadra 91 imóvel arrematado equivale aos n.ºs 947 e 963 da Rua Marechal Eurico Gaspar Dutra e 137 da Rua Casper Líbero; c) necessidade de apresentação de prova do valor venal da totalidade do imóvel ou eventual recolhimento da diferença do ITBI.

A sentença, afastando todas as exigências, determinou o registro dotítulo.

A terceira prejudicada apelou, cuidando, tão somente, da questão tributária. Alegou que o recolhimento do ITBI foi feito a menor e, portanto, a carta de arrematação não poderia ter sido registrada.

A Procuradoria de Justiça manifestou-se pelo desprovimento do recurso.

É o relatório.

O recurso não comporta provimento.

Não obstante a apelante tenha se insurgido, somente, a respeito da questão tributária, cabe a análise de toda a qualificação.

A arrematação é forma derivada de aquisição da propriedade. A sentença mencionou posicionamento superado do Conselho Superior da Magistratura, que, no biênio de 2012/2013, entendeu se tratar de modo originário. Tal entendimento, contudo, restou superado no biênio seguinte e, desde então, não remanesce dúvida, no seio do Conselho, sobre a natureza derivada.

Dessa forma, caso houvesse, de fato, quebra do princípio da continuidade, a carta de arrematação não poderia ser registrada. Mas não há.

O título deriva de fase executiva de processo no qual eram réus Antonio dos Santos Gandarez e Maria da Gloria Santos, justamente os proprietários do imóvel. É certo que Antonio faleceu e, por isso, seu Espólio teria de tomar parte no processo. Contudo, como demonstra a carta de arrematação, o herdeiro Luiz Alberto Santos Gandarez, filho único do casal, foi devidamente intimado.

Não há, por isso, qualquer quebra de continuidade, pois, ainda que se entenda que a quota-parte cabente ao filho, na sucessão, restaria excluída da execução, o art. 843, do Código de Processo Civil, dispõe que ela recairá sobre o produto da alienação.

Não há necessidade, então, de que o imóvel seja partilhado entre a co-executada e o herdeiro, para posterior registro da carta, na medida em que ambos integraram a execução. Não há, repita-se, quebra de continuidade.

Também não há quebra do princípio da especialidade objetiva. A carta de arrematação repete os dados da matrícula. Não importa, para fins de registro do título, que sejam, hoje, "três imóveis", perante a Prefeitura, com lançamentos de IPTU distintos. O que importa é que não há dúvida de que o bem arrematado é o mesmo da matrícula. É isso que o princípio da especialidade objetiva visa a proteger.

Para Afrânio de Carvalho, o princípio da especialidade do imóvel significa a sua descrição como corpo certo, a sua representação escrita como individualidade autônoma, com o seu modo de ser físico, que o torna inconfundível e, portanto, heterogêneo em relação a qualquer outro (Reg. de Imóveis: comentários ao sistema de registro em face da Lei 6.015/73, 2a ed., Rio de Janeiro, 1977, p. 219). Por isso, o imóvel deve estar perfeitamente descrito no título objeto de registro de modo a permitir sua exata localização e individualização, não se confundindo com nenhum outro.

É o que ocorre aqui. A matrícula descreve o imóvel como o lote de terreno n.º 15, da quadra 91, do loteamento Cidade Náutica, na confluência das Ruas 19 e 21, com 359 metros quadrados. Na execução, de onde proveio o titulo, o imóvel é descrito como lote de terreno n.º 15, da quadra 91, do loteamento Cidade Náutica de São Vicente, situado à Rua Mal. Eurico Gaspar Dutra n.º 947 e 963 esquina com Rua Casper Líbero, n.º 137, antiga confluência das Ruas 19 e 21, s/n.º, com área total de 359 metros quadrados. Evidente que se trata do mesmo imóvel.

A questão do recolhimento do ITBI não tem o condão de impedir o registro.

O Oficial não desconhece o posicionamento do Conselho Superior da Magistratura, no sentido de que não cabe a ele conferir a exatidão do tributo recolhido, mas, somente, o efetivo recolhimento. Apenas se excepciona essa regra nas hipóteses em que existe flagrante erro no valor do recolhimento, o que não é o caso dos autos.

Na verdade, o zelo do Registrador deve-se ao fato de que apenas a dúvida julgada improcedente o isenta da responsabilidade solidária na cobrança de eventual diferença.

O entendimento pacífico do Conselho Superior da Magistratura, a respeito do tema, é o seguinte:

> *"Este Egrégio Conselho Superior da Magistratura já fixou entendimento no sentido de que a qualificação feita pelo Oficial Registrador não vai além da aferição sobre a existência ou não de recolhimento do tributo, e não sobre a integralidade de seu valor.*
>
> *Tal é o que se verifica verbi gratia do V. Acórdão proferido na Apelação Cível n.º 28.382-0/7, da Comarca da Capital, em que figurou como relator o E. Desembargador Antônio Carlos Alves Braga, cuja ementa é a seguinte:*
>
> *Registro de Imóveis – Dúvida – Formal de partilha extraído de autos de arrolamento – Verificação, pelo Oficial, de recolhimento de imposto, mas não de seu valor – Recurso provido.*
>
> *Outro não foi o entendimento adotado na Apelação Cível n.º 22.679-0/9, da Comarca da Capital, em que também figurou como relator o E. Desembargador Antônio Carlos Alves Braga, cuja ementa é a que segue:*
>
> *Registro de Imóveis – Dúvida Imobiliária – Imposto de Transmissão mortis causa – Fiscalização do pagamento pelo registrador – Dever que se limita à averiguação do recolhimento, sem que possa indagar acerca do valor devido – Recurso provido. A dúvida imobiliária não é o procedimento adequado para discutir o quantum debeatur do tributo relativo à transmissão de bens por sucessão hereditária. O dever insculpido na norma contida no*

artigo 289 da Lei de Registros Públicos não compreende a fiscalização do cálculo do imposto, mas apenas o seu recolhimento. Cumpre à Fazenda Pública, pelo meio próprio, promover a cobrança de eventual diferença que entenda devida.

O texto do julgado é categórico:

Ao registrador, para atendimento do disposto no artigo 289 da Lei de Registros Públicos, cabe limitar-se à fiscalização do recolhimento do tributo, não lhe cabendo discutir o quantum.

Do contrário, estaria sendo discutida matéria de interesse da Fazenda Pública, sem que ela do feito fosse parte integrante.

Só no meio próprio, no qual se estabelecesse a lide, e onde estivesse formada regular relação jurídico-processual, com a indispensável participação da Fazenda Pública e credora do tributo, tal questão poderia ser objeto de pronunciamento jurisdicional.

E conclui-se:

Reconhecer-se ao registrador atribuição para verificar se escorreito o cálculo do imposto, quando da qualificação do título, sempre ofenderia o princípio do contraditório, já que a Fazenda Pública, como dito, não é parte na dúvida imobiliária.

A questão avulta quando se tem em conta que, como no caso, o valor do imposto já foi objeto de apreciação nos autos do inventário.

Naquele feito seria possível à Fazenda Pública impugnar o valor recolhido, sem prejuízo do meio legal para a cobrança de eventual diferença que entenda devida (cf. artigos 1.003 a 1.013 e 1.034, § 2°, todos do Código de Processo Civil).

À evidência, se a lei reserva à Fazenda Pública os meios próprios para haver do contribuinte diferenças do imposto de transmissão causa mortis, que entenda exigíveis, não caberá ao Oficial do Cartório de Registro de Imóveis, quando da qualificação registrária, perquirir acerca dessa questão, cumprindo-lhe limitar a sua ação à verificação do recolhimento."

Dessa forma, não cabe, em procedimento de dúvida, discutir a interpretação da Lei Municipal sobre o recolhimento do tributo. Isso será feito, eventualmente, na esfera jurisdicional. Aqui, importa, somente, analisar se o título pode ser registrado, ou seja, se há óbice ao registro. E, como visto, não há. Não se trata, absolutamente, de flagrante equívoco no recolhimento do ITBI. Muito pelo contrário, ele foi recolhido com base no valor da arrematac ão, o que se mostra razoável e consentâneo ao art. 6º da Lei Municipal 2.227/89 (*A base de cálculo do imposto é o valor da transmissão dos bens ou direitos transmitidos nos respectivos instrumentos públicos ou particulares*). Cotejá-lo ao art. 7º, que dispõe sobre o valor mínimo para a base de cálculo valor venal da totalidade do imóvel não pode servir de óbice ao registro. Poderá a Prefeitura local fazê-lo, se assim entender, pelas vias apropriadas.

Por fim, ainda que não conste no rol de exigências, mas levando-se em consideração a menção feita pelo Oficial, cabe anotar que caução e penhoras averbadas na matrícula não impedem, absolutamente, o registro.

Nesses termos, pelo meu voto, nega-se provimento ao recurso, determinando-se o registro do título.

MANOEL DE QUEIROZ PEREIRA CALÇAS

Corregedor Geral da Justiça e Relator (DJe de 11.10.2017 - SP)

PODER JUDICIÁRIO

TRIBUNAL DE JUSTIÇA DO ESTADO DE SÃO PAULO

CONSELHO SUPERIOR DA MAGISTRATURA

Apelação nº 1006795-59.2016.8.26.0320

Registro: 2017.0000594697

ACÓRDÃO

Vistos, relatados e discutidos estes autos do(a) **Apelação nº 1006795-59.2016.8.26.0320**, da Comarca de **Limeira**, em que são partes é apelante **JEFFERSON ROBERTO BOTECHIA**, é apelado **2º OFICIAL DE REGISTRO DE IMÓVEIS DA COMARCA DE LIMEIRA**.

ACORDAM, em Conselho Superior de Magistratura do Tribunal de Justiça de São Paulo, proferir a seguinte decisão: **"Deram provimento ao recurso, para julgar improcedente a dúvida, registrando-se o título, V. U."**, de conformidade com o voto do Relator, que integra este Acórdão.

O julgamento teve a participação dos Exmos. Desembargadores **PEREIRA CALÇAS (Presidente), ADEMIR BENEDITO, PAULO DIMAS MASCARETTI, XAVIER DE AQUINO, LUIZ ANTONIO DE GODOY, RICARDO DIP E SALLES ABREU**.

São Paulo, 31 de julho de 2017.

MANOEL DE QUEIROZ PEREIRA CALÇAS

Corregedor Geral da Justiça e Relator

Apelação nº 1006795-59.2016.8.26.0320

Apelante: JEFFERSON ROBERTO BOTECHIA

Apelado: 2º Oficial de Registro de Imóveis da Comarca de Limeira

VOTO Nº 29.781

Registro de Imóveis – Carta de sentença – Deficiência na descrição do imóvel – Irrelevância – Imóvel urbano – O princípio da especialidade objetiva estará atendido quando o imóvel vier descrito de modo tal que possa ser individualizado – Descrição, na situação em epígrafe, que se mostra suficiente, haja vista tratar-se de casa na zona urbana, com endereço completo – A falta de menção à área total do bem não causa empecilhos ao registro de transferência de domínio – Descrição do título, ademais, que coincide com a da matrícula – Recurso Provido.

Cuida-se de recurso de apelação tirado de r. sentença do MM. Juiz Corregedor Permanente do 2º Oficial de Registro de Imóveis e Anexos da Comarca de Limeira, que julgou procedente dúvida suscitada para o fim de manter a recusa a registro de carta de sentença expedida em separação judicial, por deficiência na descrição do imóvel e ausência de cópia autenticada de documentos pessoais dos interessados.

O apelante afirma, em síntese, que a descrição havida na matrícula é suficiente para identificar o imóvel, versando sobre a impossibilidade de absoluta individualização, como pretendido pelo Oficial. Sustentou, ainda, a prescindibilidade de apresentação de cédulas de identidade e CPF de Laerte e Celia, partes no processo de separação e pais do apelante.

A Procuradoria Geral de Justiça opinou pelo provimento do recurso. É o relatório.

À luz do art. 176, II, 3, b, da Lei de Registros Públicos:

> "Art. 176 - O Livro nº 2 - Registro Geral – será destinado, à matrícula dos imóveis e ao registro ou averbação dos atos relacionados no art. 167 e não atribuídos ao Livro nº 3.
>
> II - são requisitos da matrícula:
>
> 3) a identificação do imóvel, que será feita com indicação:
>
> b - se urbano, de suas características e confrontações, localização, área, logradouro, número e de sua designação cadastral, se houver."

Na hipótese vertente, a descrição da matrícula, transcrita a fls. 2, omite a extensão dos fundos do imóvel, inviabilizando o cálculo da respectiva área. Todavia, há expressa alusão a logradouro completo, com nome e número da rua em que situado (Rua do Rosário, 104). Em se tratando de uma casa, na zona urbana, é o quanto basta para que o princípio da especialidade objetiva seja satisfeito, embora, por óbvio, seja sempre conveniente e desejável que absolutamente todos os requisitos legais estejam satisfeitos. Daí, porém, não decorre que a falta de um deles necessariamente viole a especialidade.

Importa, outrossim, que a descrição permita a identificação do imóvel, como se dá no caso em comento.

Frise-se, ademais, que a descrição havida na carta de sentença coincide com a da matrícula do imóvel (fls. 11 e 80), novo fator relevante a satisfazer a especialidade objetiva, nos moldes da orientação deste Egrégio Conselho Superior da Magistratura:

> "Conquanto seja louvável a preocupação do Oficial do Registro de Imóveis e da Juíza Corregedora Permanente, no sentido de evitar a quebra da especialidade objetiva e a possibilidade de sobreposição de áreas, por conta da descrição precária do imóvel, o fato é que a negativa de registro baseia-se em entendimento pretérito do CSM. A orientação atual é no sentido de que, havendo identidade entre a descrição do título e da matrícula - ou da transcrição -, deve-se possibilitar o registro, sem necessidade, aliás, de bloqueio da matrícula a ser criada." (Apelação nº 0015003- 54.2011.8.26.0278, Rel. Des Elliot Akel, j. 2/9/14)

Cuida-se, também, de interpretação a senso contrário do teor do art. 225, §2º, da Lei de Registros Públicos: "Consideram-se irregulares, para efeito de matrícula, os títulos nos quais a caracterização do imóvel não coincida com a que consta do registro anterior." Conforme leciona Luiz Guilherme Loureiro:

> "A descrição constante do título deve coincidir (mas não necessariamente ser idêntica) com aquela que consta do registro. O tabelião, via de regra, reproduz na escritura pública a descrição constante do registro. **Pode ocorrer de esta descrição ser imperfeita, mas, neste caso, não pode o registrador negar o registro do título sob o fundamento de que não foi observado o princípio da especialidade**." (Registro de Imóveis, ed. *Jus Podivm*, 8ª ed., p. 571, grifos não constam do original)

Nem se olvide que se trata de carta de sentença para transferência de propriedade do bem, para o quê, a omissão da medida de fundos ou da área do imóvel afiguram-se irrelevantes. Situação distinta haveria caso se almejasse desmembramento ou fusão do imóvel, com criação de outro, fazendo de rigor, para tanto, precisa descrição do imóvel originário, para viabilizar, por conseguinte, precisa descrição daqueles que se estão a formar.

De todo pertinentes os ensinamentos do Des. Francisco Eduardo Loureiro, então Assessor desta Altiva Corregedoria Geral, nos autos registrados sob nº CG nº 1241/96:

> "Não se nega, portanto, a possibilidade de ser descerrada matrícula com exata coincidência com o registro anterior, em que pese a ausência de medidas perimetrais e da área de superfície. O que não se admite é a criação de nova unidade imobiliária contendo descrição perfeita, por fusão de matrículas, quando um dos imóveis unificandos não dispõe de todas as medidas tabulares. Em termos diversos, imóvel com figura imprecisa não pode gerar, por fusão ou desmembramento, nova unidade com figura e descrição precisas. Logo, quando do descerramento de matrícula que abranja a totalidade do imóvel, vale a descrição contida no registro anterior, ainda que imperfeita, desde que suficiente para a identificação do prédio. Quando, porém, criam-se novos imóveis decorrentes de desmembramentos ou de fusões, as unidades segregadas ou unificadas devem subordinar-se aos requisitos do artigo 176 da Lei n. 6.015/73. Não há razão, em tais casos, para tolerar a imprecisão, porque o novo prédio não mais tem identidade descritiva com o registro de origem."

Por fim, não se vê qualquer amparo legal, tampouco esclarecimento de eventual razão excepcional de desconfiança, para que se exigisse apresentação de fotocópias autenticadas de cédula de identidade e CPF de Laerte e Cecília, já falecidos, de quem o recorrente é filho e herdeiro. Frise-se que, diversamente do quanto afirmado pelo Sr. Oficial, houve pronta impugnação da exigência por parte do apelante, no momento em que postulou a suscitação de dúvida (fls. 15).

Desta feita, por meu voto, dou provimento ao recurso, para julgar improcedente a dúvida, registrando-se o título.

MANOEL DE QUEIROZ PEREIRA CALÇAS

Corregedor Geral da Justiça e Relator (DJe de 07.12.2017 - SP)

PODER JUDICIÁRIO

TRIBUNAL DE JUSTIÇA DO ESTADO DE SÃO PAULO

CONSELHO SUPERIOR DA MAGISTRATURA

Apelação nº 0002374-49.2015.8.26.0103

Registro: 2017.0000074138

ACÓRDÃO

Vistos, relatados e discutidos estes autos do(a) **Apelação nº 0002374-49.2015.8.26.0103**, da Comarca de **Caconde**, em que são partes é apelante **ROBERTO DANIEL DA SILVA**, é apelado **OFICIAL DE REGISTRO DE IMÓVEIS E ANEXOS DA COMARCA DE CACONDE**.

ACORDAM, em Conselho Superior de Magistratura do Tribunal de Justiça de São Paulo, proferir a seguinte decisão: **"Negaram provimento ao recurso. V. U."**, de conformidade com o voto do Relator, que integra este Acórdão.

O julgamento teve a participação dos Exmos. Desembargadores **PAULO DIMAS MASCARETTI (Presidente), ADEMIR BENEDITO, XAVIER DE AQUINO, LUIZ ANTONIO DE GODOY, RICARDO DIP (PRES. DA SEÇÃO DE DIREITO PÚBLICO) E SALLES ABREU.**

São Paulo, 2 de fevereiro de 2017.

MANOEL DE QUEIROZ PEREIRA CALÇAS

Corregedor Geral da Justiça e Relator

Apelação nº 0002374-49.2015.8.26.0103

Apelante: Roberto Daniel da Silva

Apelado: Oficial de Registro de Imóveis e Anexos da Comarca de Caconde

VOTO Nº 29.607

Registro de imóveis – Carta de sentença em separação judicial, que expressamente ressalvou a necessidade de apresentação de escrituras comprobatórias da transferência de titularidade, como requerido pelo casal – Ausência de recolhimento do tributo devido e de indicação da modalidade de transmissão, da descrição do imóvel e da qualificação das adquirentes – Dúvida procedente – Recurso desprovido.

Cuida-se de recurso de apelação tirado de r. sentença do MM. Juiz Corregedor Permanente do Oficial de Registro de Imóveis e Anexos da Comarca de Caconde, que julgou procedente dúvida suscitada para o fim de manter a recusa a registro de carta de sentença expedida em separação consensual.

O apelante afirmou, em síntese, ser a carta de sentença título que, por si, basta ao registro. Sustentou haver decisão judicial, proferida em embargos de terceiro, considerando como doação a transferência em pauta. Requereu o provimento do apelo, para imediato registro da carta de sentença.

A Procuradoria Geral de Justiça opinou pelo desprovimento do recurso. É o relatório.

Consoante se verifica de fls. 10, a petição inicial da demanda com pedido de separação consensual, movida pelo recorrente e por Maria do Carmo de Morais Silva, mencionou: "Os bens acima referidos serão transmitidos as duas filhas do casal, portanto, os imóveis rurais descritos no item 9 e 10, serão de usufruto do conjuge varão, podendo o mesmo promover toda benfeitoria e utilizar-se das rendas" (sic). Um dos "bens acima referidos" é o imóvel rural em questão, situado no Município de Tapiratiba e registrado em Caconde (item 9 de fls. 9).

Adiante, ainda na inicial do pedido de separação, constou expresso pedido dos autores para apresentação futura de escrituras comprobatórias de transferência dos aludidos bens: "Requer a Vossa Excelência que se digne a conceder o prazo de 30 dias para comprovar junto aos autos as devidas escrituras comprovando-se as transferências dos referidos bens."

Por tal razão, explicitamente grafou-se na carta de sentença: "Deverão os requerentes apresentarem, no prazo de 30 (trinta) dias, cópias das escrituras a que se referem na inicial." (sic)

Vê-se, pois, que a carta de sentença, título cujo registro se almeja, expressamente ressalvou a necessidade de apresentação de escrituras públicas comprobatórias da transferência do imóvel. Esvaziou-se, pois, como título hábil ao registro, a menos que se fizesse acompanhada dos documentos que explicitamente indicou.

A providência seria efetivamente de rigor, já que a exordial da separação consensual não traz qualquer indicativo do modo como a transmissão dos bens, pelos autores às filhas, ocorrerá.

Note-se, neste passo, que a decisão judicial prolatada em sede de embargos de terceiro, considerando, para a situação especificamente versada naqueles autos, a ocorrência de doação do imóvel às filhas do recorrente, não opera qualquer efeito na esfera administrativa, nem tem o condão de sanar as falhas apontadas.

Imprescindível, ademais, descrição do imóvel a ser alienado, o que não se fez na carta de sentença. Nos moldes do art. 225 da lei 6015/73:

"Art. 225 - Os tabeliães, escrivães e juízes farão com que, nas escrituras e nos autos judiciais, as partes indiquem, com precisão, os característicos, as confrontações e as localizações dos imóveis, mencionando os nomes dos confrontantes e, ainda, quando se tratar só de terreno, se esse fica do lado par ou do lado ímpar do logradouro, em que quadra e a que distância métrica da edificação ou da esquina mais próxima, exigindo dos interessados certidão do registro imobiliário."

Não bastasse, como igualmente apontado a fls. 4, a carta de sentença não contém a qualificação completa das adquirentes do imóvel, tampouco o valor pelo qual o bem teria sido transferido às filhas, como exige o artigo 176, §1º, III, 2 e 5, da Lei 6015/73.

Por fim, haveria o recorrente de comprovar recolhimento correspondente a ITCMD, ou ITBI, conforme a transferência dê-se a título gratuito ou oneroso.

Desta feita, bem postada a recusa do Sr. Oficial, nego provimento ao recurso.

MANOEL DE QUEIROZ PEREIRA CALÇAS

Corregedor Geral da Justiça e Relator (DJe de 28.04.2017 - SP)

REGIME DE BENS

PODER JUDICIÁRIO

TRIBUNAL DE JUSTIÇA DO ESTADO DE SÃO PAULO

CONSELHO SUPERIOR DA MAGISTRATURA

Apelação nº 1094840-54.2015.8.26.0100

Registro: 2016.000788668

ACÓRDÃO

Vistos, relatados e discutidos estes autos do(a) **Apelação nº 1094840-54.2015.8.26.0100**, da Comarca de **São Paulo**, em que são partes é apelante **DOMINGOS FIGUEIREDO BRILHANTE**, é apelado **5º OFICIAL DE REGISTRO DE IMÓVEIS DA CAPITAL**.

ACORDAM, em Conselho Superior de Magistratura do Tribunal de Justiça de São Paulo, proferir a seguinte decisão: **"Negaram provimento ao recurso, v.u."**, de conformidade com o voto do Relator, que integra este Acórdão.

O julgamento teve a participação dos Exmos. Desembargadores **PAULO DIMAS MASCARETTI (Presidente), ADEMIR BENEDITO, XAVIER DE AQUINO, LUIZ ANTONIO DE GODOY, RICARDO DIP (PRES. DA SEÇÃO DE DIREITO PÚBLICO) E SALLES ABREU**.

São Paulo, 14 de outubro de 2016.

MANOEL DE QUEIROZ PEREIRA CALÇAS

Corregedor Geral da Justiça e Relator

Apelação nº 1094840-54.2015.8.26.0100

Apelante: Domingos Figueiredo Brilhante

Apelado: 5º Oficial de Registro de Imóveis da Capital

VOTO Nº 29.573

Registro de Imóveis - Omissão quanto ao regime de bens adotado quando do casamento da alienante - Casamento no exterior - Cônjuge falecido - Dúvida procedente - Recurso desprovido - O regime de bens há de constar expressamente da certidão de casamento - À míngua de expressa menção, não se presume a adoção do regime de reserva previsto na legislação do país em que realizado o matrimônio.

Cuida-se de recurso de apelação tirado de r. sentença da MM. Juíza Corregedora Permanente do 5º Oficial de Registro de Imóveis da Capital, que julgou procedente dúvida suscitada para o fim de manter a recusa a registro de compra e venda de imóvel, por não se saber o regime de bens do matrimônio contraído pela apelante.

A apelante afirma, em síntese, que a certidão de casamento transcrita a fls. 13 demonstra que, na Suíça, onde o matrimônio foi contraído, a regra geral é o regime de participação final nos aquestos, a menos que haja expressa pactuação entre os cônjuges, em sentido contrário. Pondera que, embora não conste da certidão matrimonial o regime de bens adotado, tampouco houve alusão a pactuação entre cônjuges, donde se extrairia a adoção do regime geral, de participação final dos aquestos.

A Procuradoria Geral de Justiça opinou pelo desprovimento do recurso. É o relatório.

À luz do artigo 7º, §4º, da LINDB, o regime de bens do matrimônio contraído pela alienante é regido pelas leis suíças. Neste passo, a certidão de fls. 13 dá conta de que a apelante contraiu matrimônio com Michel René Sandoz, em 24/4/96. Consta, ainda, o falecimento do cônjuge, em 16/1/02, o que sana a questão atinente à discrepância relativa a nome e estado civil da recorrente, tais como redigidos quando da aquisição do imóvel, e aqueles grafados na escritura pública que se quer registrar.

Todavia, remanesce óbice referente ao regime de bens adotado no matrimônio. A certidão de casamento transcrita a fls. 13 não indica às claras o regime de bens havido entre a recorrente e seu ex-marido, falecido. Apenas menciona que, pela lei suíça, à míngua de pactuação diversa, o regime de bens será o de participação final dos aquestos.

Da omissão da certidão, porém, não se extrai que, para a hipótese em berlinda, o regime de bens seja o geral. Não se há de baralhar a previsão legal de existência de regime de reserva, a prevalecer à falta de outro pactuado, com a presunção de vigência do regime de reserva, em caso de omissão cartorária. Para que se saiba, com a segurança necessária, qual o regime de bens vigente, essencial expressa indicação na certidão de casamento. Incogitável a presunção quer da existência, quer da inexistência de contratação de regime diverso entre cônjuges.

Assim é que bem posto o entrave registrário. Deveras, a alienação levada a termo como se o imóvel fosse integralmente da recorrente acarretaria considerável prejuízo a sucessores do cônjuge falecido, caso o regime adotado implique comunicação do bem, o que não pode ser afastado pelos elementos constantes dos autos.

Desta feita, nego provimento ao recurso.

MANOEL DE QUEIROZ PEREIRA CALÇAS

Corregedor Geral da Justiça e Relator (DJe de 30.01.2017 - SP)

PODER JUDICIÁRIO

TRIBUNAL DE JUSTIÇA DO ESTADO DE SÃO PAULO

CONSELHO SUPERIOR DA MAGISTRATURA

Apelação nº 1027173-17.2016.8.26.0100

Registro: 2017.0000074100

ACÓRDÃO

Vistos, relatados e discutidos estes autos do(a) **Apelação nº 1027173-17.2016.8.26.0100**, da Comarca de **São Paulo**, em que são partes são apelantes **URBANO PROCOPIO DE SOUZA MEIRELLES NETO, RENATA MEIRELLES PIRES FERREIRA** e **ANA PAULA DE SOUSA MEIRELLES**, é apelado **5º OFICIAL DE REGISTRO DE IMÓVEIS DE SÃO PAULO.**

ACORDAM, em Conselho Superior de Magistratura do Tribunal de Justiça de São Paulo, proferir a seguinte decisão: **"Negaram provimento ao recurso, v.u.",** de conformidade com o voto do Relator, que integra este Acórdão.

O julgamento teve a participação dos Exmos. Desembargadores **PAULO DIMAS MASCARETTI (Presidente), ADEMIR BENEDITO, XAVIER DE AQUINO, LUIZ ANTONIO DE GODOY, RICARDO DIP (PRES. DA SEÇÃO DE DIREITO PÚBLICO) E SALLES ABREU.**

São Paulo, 2 de fevereiro de 2017.

MANOEL DE QUEIROZ PEREIRA CALÇAS

Corregedor Geral da Justiça e Relator

Apelação nº 1027173-17.2016.8.26.0100

Apelantes: Urbano Procopio de Souza Meirelles Neto, Renata Meirelles Pires Ferreira e Ana Paula de Sousa Meirelles

Apelado: 5º Oficial de Registro de Imóveis de São Paulo

VOTO Nº 29.599

Registro de Imóveis – Proprietária casada no regime da separação obrigatória de bens – Bem adquirido na constância da união – Cônjuges falecidos – Escritura de inventário da falecida esposa por meio da qual a totalidade do imóvel é partilhada – Impossibilidade de registro – Aplicabilidade da Súmula 377 do STF – Comunhão que se presume – Necessidade de prévia inscrição do formal de partilha extraído do inventário do falecido marido, no qual sua parte no imóvel será dividida – Alegação de prescrição da ação de sonegados – Matéria estranha ao procedimento de dúvida – Apelação desprovida.

Trata-se de recurso de apelação interposto por Urbano Procópio de Sousa Meirelles Neto, Renata Meirelles Pires Ferreira, e Ana Paula de Souza Meirelles contra a sentença de fls. 120/124, que manteve a recusa ao registro na matrícula nº 20.182 do 5º Registro de Imóveis da Capital de escritura pública de inventário e partilha dos bens deixados por Olívia Casella de Sousa Meirelles.

Em preliminar, arguem os apelantes cerceamento de defesa. No mérito, sustentam: que a causa que determinou a adoção do regime da separação obrigatória de bens do casamento (art. 1.523, I, do CC) foi superada há muitos anos; que tanto os filhos do primeiro como os filhos do segundo casamento de Victor Lara de Souza Meireles consideram o bem objeto da matrícula nº 20.182 de propriedade exclusiva dos herdeiros de Olivia Casella de Souza; e que embora não tenha havido sonegação, o direito dos filhos do primeiro casamento de reaver o bem foi fulminado pela prescrição. Pedem, assim, a improcedência da dúvida (fls. 131/140).

A Procuradoria de Justiça opinou pelo não provimento do recurso (fls. 153/156). É o relatório.

Inicialmente, afasto a preliminar de cerceamento defesa.

Com efeito, a colheita do depoimento das partes é medida totalmente inócua no procedimento de dúvida, cujo único objetivo é a análise da legalidade da exigência formulada pelo Oficial para desqualificar o título que lhe foi apresentado.

No mérito, segundo consta, em 11 de julho de 1960, Victor Lara de Sousa Meirelles e Olívia Casella, que passou a se chamar de Olívia Casella de Sousa Meirelles, se casaram sob o regime da separação obrigatória de bens. De acordo com as informações trazidas pelos apelantes (fls. 36 e 134), a adoção desse regime se deu em virtude de Victor, viúvo com filhos advindos da primeira união, ao tempo de seu segundo casamento, não ter realizado o inventário dos bens do primeiro.

No ano de 1978, na constância de seu casamento com Victor, Olívia adquiriu o imóvel matriculado sob o nº

20.182 no 5º Registo de Imóveis da Capital (cf. R.1 - fls. 4).

Em 16 de julho de 1988, Victor Lara de Sousa Meirelles faleceu (fls. 17) e, segundo os apelantes (fls. 134/135), o bem acima referido não foi incluído em seu inventário, uma vez que todos os seus filhos, tanto da primeira como da segunda união, concordavam que o imóvel era de propriedade exclusiva de Olívia.

Com o falecimento de Olívia, em julho de 2015 (fls. 19), seus herdeiros lavraram escritura de inventário (fls. 7/14), no bojo da qual partilharam a integralidade do imóvel objeto da matrícula nº 20.182 (fls. 9), na proporção de um terço para cada um.

O título foi desqualificado em virtude do que dispõe a Súmula nº 377 do Supremo Tribunal Federal, segundo a qual os bens adquiridos a título oneroso na constância de casamento contraído no regime da separação legal se comunicam. Desse modo, segundo o Oficial, antes do ingresso da escritura ora em análise, necessário o registro do formal de partilha dos bens deixados por Victor Lara de Souza Meirelles, a fim de que seja partilhada entre seus herdeiros a parte que lhe cabia no imóvel (fls. 5).

O óbice foi mantido pela MM. Juíza Corregedora Permanente (fls. 120/124). O recurso não merece provimento.

Preceitua a Súmula nº 377 do Supremo Tribunal Federal:

"No regime da separação legal de bens, comunicam-se os adquiridos na constância do casamento".

Embora haja certa discussão doutrinária a respeito da aplicabilidade dessa súmula após a entrada em vigor do Código Civil de 2002, a posição deste Conselho Superior é de que ela ainda produz efeitos. Nesse sentido:

"REGISTRO DE IMÓVEIS – Dúvida. Escritura pública de venda e compra de imóvel. Aquisição da nuapropriedade pela mulher e do usufruto pelo marido. Regime de separação obrigatória de bens. Falecimento do cônjuge usufrutuário. Cancelamento do usufruto vitalício. Recusa do registro da compra e venda realizada pelo cônjuge sobrevivente sem a apresentação do formal de partilha. Comunicação dos aquestos nos termos da Súmula 377 do Supremo Tribunal Federal. Recusa do registro mantida. Recurso não provido" (Apelação nº 0000376-81.2013.8.26.0114, Rel. Des. Elliot Akel, j. em 18/3/2014).

"Registro de Imóveis. Dúvida julgada procedente. Negativa de registro de escritura pública de alienação de imóvel sem prévio inventário do cônjuge pré-morto. Regime de separação legal de bens. Imóvel adquirido na constância do casamento. Comunicação dos aquestos. Súmula 377 do Supremo Tribunal Federal. Ofensa ao princípio da continuidade. Registro inviável. Recurso não provido" (Apelação nº 0045658- 92.2010.8.26.0100, Rel. Des. Maurício Vidigal, j. em 27/10/2011).

Em função da Súmula, como o bem foi adquirido na constância de casamento celebrado sob o regime da separação obrigatória de bens, presume-se a comunicação, de modo que, em princípio, nenhum dos cônjuges pode, sozinho, transferir a integralidade do imóvel a seus herdeiros.

Note-se que a causa que determinou a incidência do regime da separação obrigatória de bens qual seja, casamento de viúvo, com filhos advindos da primeira união, sem que se tenha ultimado o inventário dos bens do casal estava prevista no Código de 1916 e foi repetida pelo Código de 2002.

De acordo com o Código Civil de 1916:

Art. 183. Não podem casar (arts. 207 e 209):

(...)

XIII. O viúvo ou a viúva que tiver filho do cônjuge falecido, enquanto não fizer inventário dos bens do casal (art. 226).

(...)

Art. 226. No casamento com infração do art. 183, nºs XI a XVI, é obrigatório o regime da separação de bens, não podendo o cônjuge infrator fazer doações ao outro. (...)

Art. 258 - Não havendo convenção, ou sendo nula, vigorará, quanto aos bens entre os cônjuges, o regime de comunhão parcial.

Parágrafo único. É, porém, obrigatório o da separação de bens no casamento:

I. Das pessoas que o celebrarem com infração do estatuto no art. 183, nºs XI a XVI (art. 216).

E preceitua o Código Civil de 2002:

Art. 1.523. Não devem casar:

I - o viúvo ou a viúva que tiver filho do cônjuge falecido, enquanto não fizer inventário dos bens do casal e der partilha aos herdeiros;

(...)

Art. 1.641. É obrigatório o regime da separação de bens no casamento:

I - das pessoas que o contraírem com inobservância das causas suspensivas da celebração do casamento;

Nem se argumente que a realização posterior do inventário da primeira esposa de Victor teria o condão de, automaticamente, cessar a incidência do regime da separação obrigatória de bens e, portanto, da Súmula 377 do STF.

Isso porque o regime de bens, mesmo que obrigatório, passa a vigorar a partir da data do casamento (artigo 1639, § 1º, do CC) e rege as relações econômicas entre os cônjuges até o fim da união. Ainda que a causa que determinou o regime obrigatório desapareça na constância do casamento, não há que se cogitar de alteração automática do regime de bens.

Ressalte-se que, por ocasião do término da sociedade conjugal, em decorrência da morte de Victor (fls. 17), vigorava o Código Civil de 1916, estatuto que, ao contrário do atual (artigo 1.639, § 2º, do CC), sequer permitia a alteração do regime de bens adotado (artigo 230 do Código Civil de 1916).

Por essas razões, antes da inscrição da escritura de inventário dos bens deixados por Olívia, necessário que se adite o formal de partilha extraído do inventário de Victor, a fim de que a porção do imóvel que cabia ao falecido seja dividida entre seus herdeiros. Se os filhos do primeiro casamento de Victor entendem que o bem não lhes pertence como alegam os apelantes, basta que renunciem aos seus quinhões em favor de seus irmãos unilaterais.

Por fim, também não se pode aceitar para o ingresso do título o argumento de que, mesmo se houvesse interesse por parte dos filhos do primeiro casamento de Victor, a pretensão de reaver o bem estaria fulminada pela prescrição.

Isso porque a ocorrência de prescrição é matéria que escapa da alçada administrativa, como já restou decidido em diversos precedentes deste Conselho:

"É sabido que prescrição é matéria inerente ao âmbito jurisdicional, o que reclama a observância do contraditório e do direito de defesa, e consequentemente impossibilita o seu reconhecimento no âmbito administrativo. O exame do título pelo Oficial é restrito aos seus aspectos formais e extrínsecos, o que inviabiliza o reconhecimento da prescrição como forma de comprovar a quitação do preço avençado no título" (Apelação nº 9000001-18.2013.8.26.0407, Rel. Des. Elliot Akel, j. em 7/10/2015).

"Registro de imóveis – Dúvida julgada improcedente – Formal de partilha – Inexistência de prova do recolhimento do imposto de transmissão causa mortis – Prescrição do imposto que não pode ser reconhecida neste procedimento de dúvida, de que não participa a Fazenda do Estado – Provas, ademais, insuficientes para reconhecer a inexistência de causa interruptiva ou suspensiva da prescrição – Recurso provido para julgar a dúvida procedente" (Apelação nº460-6/0, Rel. Des. José Mário Antônio Cardinale, j. em 15/12/2005).

Frise-se, por fim, que o suposta ausência de prejuízo aos envolvidos e a terceiros é irrelevante. A desqualificação decorre de uma análise formal do título, de modo que a existência ou não de prejudicados é matéria estranha à análise feita pelo Oficial ou pela Corregedoria, Geral ou Permanente. Não bastasse isso, a inobservância à Lei ou o desrespeito aos princípios que regem a matéria registral geram, por si só, prejuízo que se presume.

Ante o exposto, nego provimento à apelação.

MANOEL DE QUEIROZ PEREIRA CALÇAS

Corregedor Geral da Justiça e Relator (DJe de 20.03.2017 - SP)

SERVIDÃO

PODER JUDICIÁRIO

TRIBUNAL DE JUSTIÇA DO ESTADO DE SÃO PAULO

CONSELHO SUPERIOR DA MAGISTRATURA

Apelação nº 1003805-88.2015.8.26.0269

Registro: 2017.0000157965

ACÓRDÃO

Vistos, relatados e discutidos estes autos do(a) **Apelação nº 1003805-88.2015.8.26.0269**, da Comarca de **Itapetininga**, em que são partes é apelante **GAS NATURAL SÃO PAULO SUL**, é apelado **OFICIAL DE REGISTRO DE IMÓVEIS, TITÚLOS E DOCUMENTOS E CIVIL DE PESSOA JURÍDICA DE ITAPETININGA/SP.**

ACORDAM, em Conselho Superior de Magistratura do Tribunal de Justiça de São Paulo, proferir a seguinte decisão: **"Julgaram prejudicada a dúvida e não conheceram do recurso, v.u. Vencido em parte o Desembargador Ricardo Dip, que declarará voto."**, de conformidade com o voto do Relator, que integra este Acórdão.

O julgamento teve a participação dos Exmos. Desembargadores **PAULO DIMAS MASCARETTI (Presidente), ADEMIR BENEDITO, XAVIER DE AQUINO, LUIZ ANTONIO DE GODOY, RICARDO DIP E SALLES ABREU.**

São Paulo, 16 de fevereiro de 2017.

MANOEL DE QUEIROZ PEREIRA CALÇAS

Corregedor Geral da Justiça e Relator

Apelação nº 1003805-88.2015.8.26.0269

Apelante: Gas Natural São Paulo Sul

Apelado: Oficial de Registro de Imóveis, Títulos e Documentos e Civil de Pessoa Jurídica de Itapetininga/sp

VOTO Nº 29.631

Registro de Imóveis – Dúvida – Carta de adjudicação – Servidão administrativa – Princípio da especialidade – Impossibilidade de identificar a servidão dentro da área do imóvel atingido, em razão da descrição lacunosa contida na transcrição – Dúvida prejudicada, porém, em razão da não impugnação quanto a outra exigência feita.

Trata-se de dúvida suscitada pelo Oficial de Registro de Imóveis de Itapetininga, derivada da negativa de registro de servidão administrativa em favor da suscitada.

É dos autos que a suscitada obteve, por meio de adjudicação, a constituição de servidão administrativa. Porém, a descrição do imóvel, na transcrição nº 47.038, é absolutamente insuficiente, o que fere o princípio da especialidade objetiva. Além disso, também a qualificação do titular é imperfeita, pois faltam cópia autenticada da certidão de casamento, RG e CPF do casal.

Por isso, o registro foi negado, sob o fundamento de que seria necessário o procedimento de retificação da área, além da completa qualificação do proprietário.

A sentença circundou esse entendimento e julgou procedente a dúvida.

Em seu recurso, a apelante alega que a exigência não é razoável. Afirma que a descrição do imóvel é suficiente, a servidão está bem caracterizada e o princípio da segurança jurídica impõe que se registre a servidão, para ciência de terceiros.

A Procuradoria de Justiça manifestou-se pelo desprovimento do recurso.

É o relatório.

A dúvida está prejudicada. A exigência de completa qualificação do proprietário não foi questionada.

A concordância parcial com as exigências do Oficial prejudica o pedido, que só admite duas soluções: a determinação da averbação do título protocolado e prenotado, que é analisado, em reexame da qualificação, tal como se encontrava no momento em que surgida dissensão entre a apresentante e o Oficial de Registro; ou a manutenção da recusa do Oficial. Para que se possa decidir se o documento pode ser averbado ou não é preciso que todas as exigências – e não apenas parte delas – sejam reexaminadas pelo Corregedor Permanente. Nesse sentido, é pacífica a jurisprudência deste Egrégio Conselho Superior.

Contudo, muito embora prejudicada a dúvida, deve-se analisar a questão de fundo, a fim de evitar que, qualificado o proprietário, a interessada venha a ter que se valer, novamente, do procedimento.

Não se trata de exame de consulta, em tese, mas de análise de caso concreto. O Conselho não atua como mero órgão consultivo, mas como regulador de uma situação de fato. Uma vez resolvida a controvérsia, o tema não será mais levado à Corregedoria Permanente, dado que o Oficial já terá orientação clara sobre como proceder.

Ao contrário do exercício de função jurisdicional, cuja essência é teleológica, a função administrativa, exercida no âmbito do julgamento das dúvidas, tem caráter disciplinador. Enquanto, na função jurisdicional, visa-se ao julgamento do mérito, com posterior formação de coisa julgada e impossibilidade de rediscussão para as partes, o julgamento das dúvidas não se presta somente a decidir o caso concreto, mas a servir de orientação aos registradores para casos análogos.

Logo, por esses dois ângulos é importante a análise do mérito, ainda que prejudicada a dúvida: a) evita-se a nova suscitação; b) fixa-se orientação para casos similares.

Passa-se ao exame do caso, portanto.

Em primeiro lugar, ressalte-se que a origem judicial do título não torna prescindível a qualificação registrária, conforme pacífico entendimento do Conselho Superior da Magistratura:

> *Apesar de se tratar de título judicial, está ele sujeito à qualificação registrária. O fato de tratar-se o título de mandado judicial não o torna imune à qualificação registrária, sob o estrito ângulo da regularidade formal. O exame da legalidade não promove incursão sobre o mérito da decisão judicial, mas à apreciação das formalidades extrínsecas da ordem e à conexão de seus dados com o registro e a sua formalização instrumental (Ap. Cível nº 31881-0/1).*

Para o registro da servidão administrativa, é necessária a retificação do imóvel da transcrição nº 47.038. E agiu corretamente o Oficial ao verificar que o registro, à mingua de uma descrição suficiente da área e limites do imóvel, feriria o princípio da especialidade objetiva.

É certo que o Conselho Superior da Magistratura tem entendido que, não obstante a precariedade dos dados, como regra, não há razão para impedir o registro quando haja coincidência entre a descrição do título e da matrícula.

Esse entendimento tem sido prestigiado e até ampliado pelo CSM e pela Corregedoria Geral da Justiça, podendo-se citar a Apelação Cível nº 9000002-16.2011.8.26.0296, em que o CSM admitiu o registro mesmo no caso em que a descrição deficiente constava da matrícula e não de transcrição. O que importa é que a descrição do título, ainda que precária, coincida com a do registro de imóveis.

A questão, aqui, no entanto, é diferente. A servidão administrativa, uma vez registrada, constitui direito real a favor de seu titular. E não se pode admitir a constituição de um direito real sem qualquer certeza sobre a amarração da área objeto da servidão à base territorial sobre a qual está sendo implantada.

É correto o entendimento sobre a importância do principio da segurança jurídica, que decorre do registro. O Conselho Superior da Magistratura tem mitigado o princípio da especialidade objetiva, não apenas nos casos acima mencionados coincidência entre os elementos do título e da transcrição ou matrícula -, mas, também, nas hipóteses de averbação de Reserva Florestal. Nesse sentido é o voto do Recurso Administrativo

77655/2012, da lavra do então Corregedor Geral da Justiça, Desembargador José Renato Nalini.

Contudo, mesmo no corpo desse voto se pode ver que a mitigação se liga aos atos de cadastro e não de registro. Veja-se:

"Consideradas, além disso, as diferenças existentes entre cadastro e registro, destacadas por Marcelo Augusto Santana de Melo, há mais um motivo para a suavização da rigidez do princípio da especialidade, porquanto aquele, não este, registro, serve de instrumento para Administração controlar a arrecadação de tributos, o cumprimento de funções administrativas e, no que interessa particularmente a este parecer, monitorar o acatamento das obrigações ambientais..."

Embora, nas hipóteses de averbação da reserva, por se tratar de uma questão de cadastro, não haja criação de um direito real, aqui a coisa é diferente. Cria-se, com a constituição da servidão, um novo direito real. E ele não pode prescindir da especialidade, pois isso, sim, implicaria ofensa à segurança jurídica.

Ademais, não há qualquer óbice prático em que a apelante promova a retificação da área, na condição de interessada no registro da servidão. É o que se colhe do voto da apelação n. 314-6/5, da lavra do então Corregedor Geral da Justiça, Desembargador José Mário Antonio Cardinale. Aliás, a hipótese é bastante similar à presente (embora, lá, a descrição do imóvel fosse suficiente):

"A apelante pretende o registro de instrumento de constituição de servidão de passagem de linha de transmissão de energia elétrica que, segundo alega, atinge o imóvel objeto da matrícula 9.949 do Registro de Imóveis da Comarca de Santa Cruz do Rio Pardo.

Referido imóvel, apesar de ter sofrido desmembramentos, tem sua área remanescente descrita na matrícula 9.949 com indicação de marcos seguros, consistentes em linha de inundação, estacas e cotas de represa da CESP.

Esses marcos, em conjunto com a planta da represa e com os demais elementos que poderão ser obtidos a partir da identificação dos registros dos imóveis confinantes, em tese permitem identificar a correta base geodésica do imóvel.

Ocorre que esses elementos e plantas, que são necessários para identificar o imóvel indicado como serviente, não acompanharam o título de constituição da servidão, pois a apelante se limitou a apresentar memorais e plantas que somente identificam as áreas das servidões de passagem que pretende registrar (fls. 18/23 e 25/33).

No que se refere ao imóvel supostamente serviente os documentos apresentados somente repetem a descrição contida na matrícula nº 9.949 (fls. 18/19), o que não é suficiente para demonstrar que a área atingida pela servidão nele efetivamente está situada.

Desta forma, a descrição do remanescente do imóvel contida na matrícula nº 9.949 não é suficiente para permitir o registro do instrumento de servidão de passagem que, no presente caso, não está acompanhado de qualquer planta ou mapa que permita identificar a área do imóvel serviente e, dentro desta, a da servidão que se pretende registrar.

Ademais, a forma adotada para a descrição da área da servidão é diferente da utilizada na descrição do imóvel atingido e não existem, nessas descrições, elementos coincidentes que permitam localizar a área da servidão como situada dentro do imóvel supostamente serviente.

Em razão disso, e diante do princípio da especialidade, não há como admitir o registro pretendido pela apelante.

Cabe ressalvar, entretanto, que embora tenha a apelante legitimidade para promover a retificação do registro do imóvel supostamente atingido pela servidão, na forma do artigo 212 da Lei 6.015/73, com a redação dada pela Lei nº 10.931/04, poderá ser esta medida desnecessária para o registro pretendido caso o título seja reapresentado em conjunto com plantas e memoriais suficientes para demonstrar que a área da servidão de passagem está inserida no imóvel objeto da matrícula nº 9.949."

Por fim, cai a talhe o precedente que segue, no mesmo sentido do presente voto:

"REGISTRO DE IMÓVEIS – Dúvida julgada procedente – Negado registro de carta de adjudicação expedida em ação de instituição de servidão administrativa – Título que apresenta descrição precária dos imóveis em que recaiu a servidão – Ofensa ao princípio da especialidade objetiva – Recurso não provido – CSMSP – APELAÇÃO CÍVEL: 1.204- 6/0 DATA JULGAMENTO: 20/10/2009 DATA DJ: 03/12/2009 - Relator: Reis Kuntz

A questão não é nova, sendo diversos os precedentes deste Egrégio Conselho Superior da Magistratura, no sentido de que o registro da servidão administrativa se submete aos princípios informadores dos registros públicos, em especial o da especialidade, contrapondo-se, portanto, à jurisprudência mencionada pela apelante.

Nesse sentido, tendo em vista a semelhança da hipótese apreciada, vale invocar, verbi gratia, o V.

Acórdão proferido na Apelação Cível nº 745-6/1, da Comarca de São Paulo, também interposta pela Companhia de Saneamento Básico do Estado de São Paulo - SABESP, em que figurou como relator o E. Desembargador Gilberto Passos de Freitas, então Corregedor Geral da Justiça: REGISTRO DE IMÓVEIS. Dúvida procedente. Carta de adjudicação. Instituição de servidões administrativas. Falta de precisa ubiqüação do suporte geodésico em que se buscam incidir as servidões, por descrições deficientes, que não permitem a amarração necessária. Recusa registrária correta. Recurso conhecido e não provido.

(...)

'2. Pretende-se, em dúvida, o registro de carta de adjudicação expedida pelo Juízo de Direito da 4ª Vara da Fazenda Pública da Capital, referente à instituição de servidão administrativa não aparente em favor da apelante, para implantação de adutora, em duas faixas de terreno, uma de 823,50 m², outra de 3.024,39 m², gravando os imóveis das matriculas 50.825 e 72.060, respectivamente, ambas do 7º Registro de Imóveis da Capital.

Destaque-se, de saída, que a natureza judicial do título, consoante vasta orientação jurisprudencial, não inibe a qualificação registrária, inclusive em caso de carta de adjudicação referente à instituição de servidão administrativa (v.g., CSM, Apelações Cíveis nºs 79.429-0/0, 60-6/5 e 63-6/9).

Outrossim, é certo que as servidões administrativas sobre imóveis (e esse é o caso dos autos), que não se confundem com as servidões civis (disciplinadas pelo Código Civil), também são registráveis, como prevê o artigo 167, I, nº 6, da Lei de Registros Públicos (cf. José Carlos de Moraes Salles, A Desapropriação à Luz da Doutrina e da Jurisprudência, 5ª edição, Ed. RT, 2006, p. 786), mediante apresentação de título adequado ("são, geralmente, instituídas por acordo administrativo ou sentença judicial", mas "podem, constituir-se, ainda, por acessão ou pela prescrição aquisitiva [RDA 43/26]" José Carlos de Moraes Salles, ob. cit., p. 786), ainda que o registro perseguido não tenha efeito constitutivo, diante de sua finalidade "meramente publicitária, porquanto não é a inscrição a causa suficiente e necessária para a constituição do direito real" (parecer de lavra do Doutor Aroldo Mendes Viotti, Apelação Cível n. 8.194-0/2, da Comarca de Santos, relator Desembargador Milton Evaristo dos Santos).

Todavia, as servidões administrativas não têm natureza similar à da desapropriação, sequer parcial, como modo originário de aquisição de domínio, sendo, diversamente, mero direito real de gozo, de natureza pública, instituído sobre imóvel de propriedade alheia (cf. Maria Sylvia Zanella di Pietro, Direito Administrativo, 15ª ed. São Paulo: Atlas, 2003, p. 145). Logo, seus registros não fogem à observância dos princípios registrais, inclusive os de continuidade e especialidade (CSM, Apelações Cíveis nºs 122-6/9, 456-6/2, 454-6/3 e 666-6/0).

No caso, como bem pondera o registrador, as matrículas 50.825 e 72.060 revelam descrições deficientes e incompletas, carecendo de elementos que permitam a amarração das servidões, por falta de medidas perimetrais conformadoras da figura geométrica.

Não é possível, pois, identificar as servidões na base física dos domínios publicados nos fólios reais acima apontados, ou seja, nas áreas dos imóveis supostamente atingidos, em virtude das lacunas descritivas daquelas matrículas, o que inibem os registros pretendidos, sob pena de ofensa ao princípio da especialidade objetiva.

Neste sentido são os precedentes do Colendo Conselho Superior da Magistratura: Apelações Cíveis 68.468-0/2, 353-6/2, 666-6/0, entre outras.

Não se ignoram, ainda, julgados no foco da mitigação de rigor aos princípios registrários em sede de servidão administrativa (v.g. CSM, Apelação Civil 75.910-0/7); todavia, isso não afasta a necessidade de precisa ubiqüação do suporte geodésico em que se buscam incidir as servidões.

Confira, porque oportuno, parte do v. acórdão do Conselho Superior da Magistratura, referente à Apelação Cível 353-6/2-Avaré, relatado pelo Desembargador José Mário Antonio Cardinale:

"...não se dispensa, ao registro da instituição da servidão, e como se disse, ao menos a identificação da base física sobre a qual incidirá, ou seja, dos imóveis que suportarão a restrição.

A argumentação a respeito desenvolvida pela recorrente diz com a mitigação do controle da disponibilidade qualitativa, ao que serve a alegação de que a servidão se institua intra muros'.

Mas isso não significa dispensar a exata individuação da base física sobre a qual se assentará a restrição, dos imóveis, enfim, que suportarão a servidão. Como já se decidiu, a servidão administrativa pressupõe a aderência a uma base física preexistente e que deve estar matriculada. Embora os rigores dos princípios registrários sejam mitigados, no que se refere ao controle qualitativo da especialidade, exige-se, sempre, o antecedente lógico-registral do conhecimento da matrícula que deva receber a inscrição e da possibilidade de seu descerramento.' (Apelação Cível n. 30.727-0/2)".

Por consequência, inadmissível o registro do título judicial'.

De igual teor o V. Acórdão citado no julgado supra e no parecer da D. Procuradoria Geral de Justiça, proferido na Apelação Cível n° 353-6/2, da Comarca de Avaré, em que figurou como relator o E. Desembargador José Mário Antonio Cardinale, então Corregedor Geral da Justiça:

Registro de Imóveis - Dúvida - Carta de adjudicação - Servidão administrativa - Princípio da especialidade - Impossibilidade de identificar a servidão dentro da área do imóvel supostamente atingido, em razão da descrição lacunosa contida na matrícula para este aberta - Registro recusado - Recurso a que se nega provimento.

(...)

'2. Este Colendo Conselho Superior da Magistratura tem reiteradamente decidido que a origem judicial do título apresentado para registro não o torna imune à qualificação registrária. Neste sentido, entre outros, os v. acórdãos prolatados nas Apelações Cíveis nº 71.397-0/5 e nº 76.101-0/2, ambas da Comarca da Capital, e o v. acórdão prolatado na Apelação Cível nº 30.657-0/2, da Comarca de Praia Grande, relator o Desembargador Márcio Martins Bonilha, em que decidido:

Em primeiro lugar, salienta-se que o fato de ser apresentado a registro um título de origem judicial não o isenta do exame qualificativo dos requisitos registrários, cabendo ao registrador, como o firmado na Ap. Cível 15.028-0/7, da mesma Comarca de Praia Grande, apontar eventual hipótese de incompetência absoluta da autoridade judiciária, aferir a congruência do que se ordena, apurar a presença de formalidades documentais e, finalmente, analisar existência de eventuais obstáculos registrários, como é o caso.

3. A servidão administrativa, conforme a carta de adjudicação (fls. 11), foi constituída sobre o imóvel objeto da matrícula nº 4.681 do Registro de Imóveis de Avaré que, no entanto, contém descrição precária, sem medidas perimetrais, o que impede a identificação de sua área e a localização, dentro desta, da parcela afetada pela servidão (fls. 74).

Disso decorre a procedência da dúvida, pois embora a servidão administrativa tenha características próprias não está seu registro imune aos princípios orientadores dos registros públicos, em particular o da especialidade, ainda que sob a justificativa de atendimento do interesse público.

4. Por fim, a constituição de servidão administrativa não se equipara à desapropriação do domínio para o efeito de considerar-se forma originária de aquisição de propriedade imóvel, como ficou assentado no v. acórdão prolatado por este C. Conselho Superior na Apelação Cível nº 097869-0/0, da Comarca de Espírito Santo do Pinhal, relator o Desembargador Luiz Tâmbara, em que decidido:

"A propósito, é bem de ver que o Conselho Superior da Magistratura já teve oportunidade de acentuar a necessidade, mesmo em se tratando de servidão administrativa, de precisa identificação dos limites em que se contém, dada a deficiente descrição da base física sobre a qual se assenta (Apelação Cível n. 68.468-0/2)".

Na verdade, isso porquanto à aquisição dessa servidão não se pode pretender emprestar a natureza originária, a exemplo do que se dá com a desapropriação, e só porque a indenização pelo estabelecimento do ônus se faz nos termos do Decreto-lei 3.365/41 (art. 40). Também é da jurisprudência do Conselho Superior que "a instituição de servidão administrativa não tem, como afirma a recorrente, natureza similar à de uma desapropriação parcial, de forma a representar modo de aquisição originária do domínio." (Apelação Cível nº 68.719-0/9 e 68.745-0/7). Não por diverso motivo, como está nos mesmos arestos, a sua inscrição deve se fazer em face do título anterior do domínio.

Tanto quanto, por identidade de razões, não se dispensa, ao registro da instituição da servidão, e como se disse, ao menos a identificação da base física sobre a qual incidirá, ou seja, dos imóveis que suportarão a restrição. A argumentação a respeito desenvolvida pela recorrente diz com a mitigação do controle da disponibilidade qualitativa, ao que serve a alegação de que a servidão se institua "intra muros". Mas isso não significa dispensar a exata individuação da base física sobre a qual se assentará a restrição, dos imóveis, enfim, que suportarão a servidão. Como já se decidiu, a servidão administrativa "pressupõe a aderência a uma base física preexistente e que deve estar matriculada. Embora os rigores dos princípios registrários sejam mitigados, no que se refere ao controle qualitativo da especialidade, exige-se, sempre, o antecedente lógico registral do conhecimento da matrícula que deva receber a inscrição e da possibilidade de seu descerramento." (Apelação Cível n. 30.727-0/2)'.

Igual entendimento foi adotado, mais recentemente, no V. Acórdão proferido na Apelação Cível n° 943-6/5, da Comarca de São José do Rio Preto, em que figurou como relator o E. Desembargador Ruy Pereira Camilo, então Corregedor Geral da Justiça, conforme a ementa seguinte:

REGISTRO DE IMÓVEIS. Dúvida procedente. Servidão para passagem de linha de esgoto. Exigência de retificação de registro, dada a precariedade da descrição do imóvel matriculado. Ausência de medidas perimetrais e de amarração geográfica. Impossibilidade de localizá-lo com precisão e de nele situar a faixa de servidão. Princípio da especialidade. Provimento negado, com observação.

Na hipótese dos autos, como visto, os imóveis não estão perfeitamente identificados no título, o que inviabiliza a localização segura da servidão que foi instituída, mostrando-se de rigor, portanto, a manutenção da recusa de registro da carta de adjudicação em exame."

Idêntica decisão já foi albergada por este Conselho em precedentes ainda mais recentes, como as apelações n. 0001620-50.2014 e 1001809-55.2015.

Por fim, evidentemente, a completa qualificação do proprietário impõe-se, em virtude dos princípios da especialidade subjetiva e continuidade.

Nesses termos, pelo meu voto, prejudicada a dúvida, não conheço o recurso.

MANOEL DE QUEIROZ PEREIRA CALÇAS

Corregedor Geral da Justiça e Relator

TRIBUNAL DE JUSTIÇA DO ESTADO DE SÃO PAULO

Conselho Superior da Magistratura

Apelação Cível 1003805-88.2015.8.26.0269

Dúvida de registro

VOTO 45.572 (com divergência):

1. Acompanho a **conclusão** do respeitável voto de Relatoria.

2. Peço reverente licença, entretanto, para não aderir à "análise de mérito" a que se lançou **após afirmar não conhecer do recurso**.

3. Ao registrador público, tendo afirmada, *per naturam legemque positam*, a **independência na qualificação jurídica** (*vide* arts. 3º e 28 da Lei n. 8.935, de 18-11-1994), não parece possam impor-se, nessa esfera de qualificação, "orientações" prévias e abstratas de caráter hierárquico.

Assim, o registrador tem o **dever** de qualificação jurídica e o **direito** de efetivá-la com independência profissional, *in suo ordine*.

4. Vem a propósito que a colenda Corregedoria Geral da Justiça paulista, em seu código de normas, enuncia: "Os oficiais de Registro de Imóveis gozam de independência jurídica no exercício de suas funções e exercem essa prerrogativa quando interpretam disposição legal ou normativa. (...)" (item 9º do cap. XX das "Normas de Serviço da Corregedoria Geral da Justiça de São Paulo").

5. Se o que basta não bastara, calha que os órgãos dotados de *potestas* para editar **regras técnicas** relativas aos registros públicos são os **juízes competentes para o exercício da função correcional** (o que inclui a egrégia Corregedoria Geral da Justiça; cf. inc. XIV do art. 30 da Lei n. 8.935/1994). Essa função de corregedoria dos registros, em instância administrativa final no Estado de São Paulo, **não compete a este Conselho Superior da Magistratura**, Conselho que, a meu ver, não detém, ao revés do que respeitavelmente entendeu o venerando voto de relação, "poder disciplinador" sobre os registros e as notas (v., a propósito, os incs. XVII a XXXIII do art. 28 do Regimento Interno deste Tribunal).

6. Averbo, por fim, que a admitir-se a pretendida força normativa da ventilada "orientação", não só os juízes corregedores permanentes estariam jungidos a observá-la, mas também as futuras composições deste mesmo Conselho.

Deste modo, voto no sentido de que se exclua a r. "orientação para casos similares". É, *da veniam*, **meu voto de vencido.**

Des. RICARDO DIP

Presidente da Seção de Direito Público. (DJe de 07.04.2017 - SP)

PODER JUDICIÁRIO

TRIBUNAL DE JUSTIÇA DO ESTADO DE SÃO PAULO

CONSELHO SUPERIOR DA MAGISTRATURA

Apelaçao nº 1001809-55.2015.8.26.0269

Registro: 2017.0000179239

ACÓRDÃO

Vistos, relatados e discutidos estes autos do(a) **Apelação nº 1001809-55.2015.8.26.0269**, da Comarca de **Itapetininga**, em que são partes é apelante **GAS NATURAL SÃO PAULO SUL S/A**, é apelado **OFICIAL DE REGISTRO DE IMÓVEIS, TÍTULOS E DOCUMENTOS E CIVIL DE PESSOA JURÍDICA DA COMARCA DE ITAPETININGA**.

ACORDAM, em Conselho Superior de Magistratura do Tribunal de Justiça de São Paulo, proferir a seguinte decisão: **"Negaram provimento à apelação, v.u."**, de conformidade com o voto do Relator, que integra este Acórdão.

O julgamento teve a participação dos Exmos. Desembargadores **PAULO DIMAS MASCARETTI (Presidente sem voto), ADEMIR BENEDITO (VICE PRESIDENTE), PAULO DIMAS MASCARETTI(PRESIDENTE TRIBUNAL DE JUSTIÇA), XAVIER DE AQUINO (DECANO), LUIZ ANTONIO DE GODOY(PRES. DA SEÇÃO DE DIREITO PRIVADO), RICARDO DIP (PRES. DA SEÇÃO DE DIREITO PÚBLICO) E SALLES ABREU (PRES. SEÇÃO DE DIREITO CRIMINAL).**

São Paulo, 10 de março de 2017.

MANOEL DE QUEIROZ PEREIRA CALÇAS

Corregedor Geral da Justiça e Relator

Apelação n.º 1001809-55.2015.8.26.0269

Apelante: Gas Natural São Paulo Sul S/a

Apelado: Oficial de Registro de Imóveis, Títulos e Documentos e Civil de Pessoa Jurídica da Comarca de Itapetininga

VOTO Nº 29.616

Registro de Imóveis – Dúvida procedente – Servidão para passagem de tubulação de gás natural – Precariedade da descrição do imóvel matriculado – Impossibilidade de se localizar a faixa de servidão no interior do imóvel – Providência que atende aos princípios da publicidade e da segurança jurídica – Apelação a que se nega provimento.

Trata-se de recurso de apelação interposto por Gás Natural São Paulo Sul S.A. contra a sentença de fls. 190/191, que julgou procedente dúvida e recusou o registro de carta de adjudicação expedida pela 4ª Vara Cível de Itapetininga.

Sustenta, em síntese, que a servidão administrativa está perfeitamente descrita no título apresentado a registro; que a não inscrição da servidão viola o princípio da publicidade e não contribui para a segurança do Registro de Imóveis; e que não cabe à apelante retificar o registro de imóvel que não lhe pertence (fls. 198/202).

A Procuradoria de Justiça opinou pelo não provimento do recurso (fls. 220/224).

É o relatório.

Embora o Oficial do Registro de Imóveis de Itapetininga tenha afirmado que há dois óbices que impedem a inscrição da carta de adjudicação apresentada (fls. 2/3), a rigor, há apenas um óbice, qual seja, impossibilidade de se identificar a área da servidão de passagem, considerando a descrição constante na matrícula nº 45.087 (fls. 2). A outra "exigência" (necessidade de prévia retificação do imóvel serviente – fls. 3), nada mais é que o modo como esse obstáculo pode ser superado.

A questão é saber se há necessidade de prévia retificação de um imóvel, cuja descrição é imperfeita, antes da inscrição de servidão de passagem aparentemente descrita de modo adequado. Ou seja, o problema não é a descrição que consta no título, mas a que já consta no registro imobiliário.

De acordo com o Oficial:

"A descrição do imóvel, na matrícula, apresenta-se, sem definição de coordenadas geodésicas, para que ser avaliado o início da faixa de servidão instituída".

Dadas as deficiências acima apontadas, imprescindível que antes do registro da carta de adjudicação, realize- se a retificação do imóvel serviente.

Nesse sentido, diversos são os precedentes deste Conselho Superior:

> *REGISTRO DE IMÓVEIS. Dúvida procedente. Servidão para passagem de linha de esgoto. Exigência de retificação de registro, dada a precariedade da descrição do imóvel matriculado. Ausência de medidas perimetrais e de amarração geográfica. Impossibilidade de localizá-lo com precisão e de nele situar a faixa de servidão. Princípio da especialidade. Provimento negado, com observação.* (Apelação nº 943-6/5, Rel. Des. Ruy Camilo, j. em 11/11/2008).

Esclarecedor trecho do voto do Relator, Des. Ruy Camilo:

> *Como bem explanado pelo próprio registrador, observando a matrícula nº 13.472, visualiza-se que a descrição imobiliária é deficiente não contendo medidas perimetrais e muito menos amarração geográfica, elementos imprescindíveis para a caracterização da propriedade imobiliária. Logo, impossível identificar a faixa de servidão na descrição geométrica do imóvel, cuja descrição é muito precária impossibilitando conhecer o corpo físico e geométrico da propriedade, com prejuízo na verificação da faixa de servidão (fls. 03).*
>
> *Deveras, o exame da aludida matrícula revela que a descrição do imóvel é por demais precária, não propiciando os elementos mínimos para sua devida localização, nem para nele situar a referida faixa de servidão (fls. 09).*
>
> *Necessária, efetivamente, a retificação prévia do registro, para definição da figura física da área matriculada e obtenção de dados que esclareçam, de modo suficiente, sua situação geodésica. Com isto se tornará possível, também, conhecer a exata posição, dentro do imóvel, do segmento abrangido pela servidão em tela. Trata-se de corolário do princípio da especialidade.*

E mais recentemente:

> *REGISTRO DE IMÓVEIS – Falta de representação – Advogado não constituído pela apelante nos autos*

> *– Prejudicialidade – Exame em tese da pertinência da recusa – Escritura de instituição de servidão de passagem – Descrição precária do imóvel serviente – Necessidade de prévia retificação a fim de permitir a correta localização da servidão do imóvel serviente – Precedentes do Conselho Superior da Magistratura – Recurso não conhecido* (Apelação nº 0001243-53.2013.8.26.0315, Rel. Des. Hamilton Elliot Akel, j. em 18/3/2014).

Aliás, como já ressaltado pelo Oficial (fls. 3), esse último acórdão foi prolatado em processo que tratou de questão idêntica, envolvendo também a apelante.

Assim, a prévia retificação da descrição do imóvel serviente tem como objetivo identificar adequadamente o local onde a servidão de passagem opera seus efeitos, de modo a preservar não somente a publicidade da informação, mas principalmente a exatidão de seu conteúdo.

Ante o exposto nego provimento à apelação.

MANOEL DE QUEIROZ PEREIRA CALÇAS

Corregedor Geral da Justiça e Relator. (DJe de 12.04.2017 - SP)

USUCAPIÃO

PODER JUDICIÁRIO

TRIBUNAL DE JUSTIÇA DO ESTADO DE SÃO PAULO
CONSELHO SUPERIOR DA MAGISTRATURA
Apelação nº 1025597-86.2015.8.26.0564
Registro: 2016.0000845742

ACÓRDÃO

Vistos, relatados e discutidos estes autos do(a) **Apelação nº 1025597-86.2015.8.26.0564**, da Comarca de **São Bernardo do Campo**, em que são partes são apelantes **LENI DIAS DA SILVA, ANA GLÓRIA DIAS DA SILVA, VERA LUCIA DIAS DA SILVA LUKESIC** e **ENI APARECIDA DIAS DA SILVA BIANCCHI**, é apelado **1º OFICIAL DE REGISTRO DE IMÓVEIS DE SÃO BERNARDO DO CAMPO**.

ACORDAM, em Conselho Superior de Magistratura do Tribunal de Justiça de São Paulo, proferir a seguinte decisão: **"Negaram provimento à apelação, v.u. Declarará voto convergente o Desembargador Ricardo Dip."**, de conformidade com o voto do Relator, que integra este Acórdão.

O julgamento teve a participação dos Exmos. Desembargadores PAULO DIMAS MASCARETTI (Presidente), ADEMIR BENEDITO, XAVIER DE AQUINO, LUIZ ANTONIO DE GODOY, RICARDO DIP E SALLES ABREU.

São Paulo, 10 de novembro de 2016. MANOEL DE QUEIROZ PEREIRA CALÇAS

Corregedor Geral da Justiça e Relator

Apelação nº 1025597-86.2015.8.26.0564

Apelantes: Leni Dias da Silva, Ana Glória Dias da Silva, Vera Lucia Dias da Silva Lukesic e Eni Aparecida Dias da Silva Biancchi

Apelado: 1º Oficial de Registro de Imóveis de São Bernardo do Campo

VOTO Nº 29.580.

Registro de Imóveis – Dúvida registral – Carta de sentença – Usucapião – Indispensabilidade do georreferenciamento com certificação do INCRA – Pertinência da exigência de inscrição dos bens imóveis usucapidos no CAR, com localização das áreas de reserva legal florestal – Desnecessidade de anuência da Secretaria Ambiental do Estado de São Paulo, ainda que a usucapião contemple áreas de proteção de manancial – Impossibilidade de cumprimento das exigências não demonstrada – Não comprovação da alteração de destinação dos imóveis, de rurais para urbanos – Dúvida procedente – Recurso desprovido.

A r. sentença confirmou o juízo de desqualificação Registral **[1]**, motivo pelo qual as interessadas, irresignadas, interpuseram recurso de apelação, com vistas ao registro da carta de sentença extraída do processo de usucapião, sob a alegação de que as exigências feitas pelo Oficial não podem ser cumpridas, pois atualmente não mais têm a posse das áreas usucapidas, hoje integrantes de porção de terra mais extensa (situada, ademais, afirmam, em área de expansão urbana), tendo em vista a expropriação promovida pela DERSA **[2]**.

Com o recebimento do recurso **[3]**, os autos foram enviados ao **C. CSM** e, ato contínuo, a Procuradoria Geral da Justiça opinou pelo desprovimento da apelação **[4]**.

É o relatório.

As interessadas, ora recorrentes, requerem o registro da *carta de sentença* extraída dos autos do processo de usucapião n.º 0034475-61.2008.8.26.0564, expedida pela 2.ª Vara Cível da Comarca de São Bernardo do Campo, cujo correspondente Juízo reconheceu, em sentença transitada em julgado, o direito de propriedade delas sobre os bens imóveis identificados nas matrículas n.ºs 11.324 e 11.325 do 1.º RI de São Bernardo do Campo. **[5]**

O registro pretendido foi condicionado, entretanto, e conforme melhor esclarecido na suscitação de dúvida, ao cumprimento de três exigências: **a)** descrição georreferenciada dos bens imóveis, com certificação do INCRA; **b)** comprovação da inscrição dos imóveis no Sistema de Cadastro Ambiental Rural do Estado de São Paulo; **e c)** demonstração de anuência da Secretaria Ambiental do Estado de São Paulo, diante do desmembramento de áreas de proteção de mananciais (arts. 14 e 16 da Lei Estadual n.º 1.172/1976). **[6]**

Na impugnação e no inconformismo expresso em seu Recurso **[7]**, as recorrentes, em síntese, afirmam que o cumprimento das exigências é impossível. Sustentam que não se encontram mais na posse dos bens imóveis, que atualmente integram área mais extensa, atingida por desapropriação deflagrada pela DERSA. Com a inscrição, ponderam, ainda, buscam, particularmente, a regularização registral, necessária ao recebimento da indenização expropriatória. Contudo, nada obstante todo o esforço argumentativo, **não têm razão.**

A identificação dos bens usucapidos, que abrangem áreas daqueles descritos nas matrículas n.ºs 11.324 e 11.325 do 1.º RI de São Bernardo do Campo **[8]**, está em desacordo com o georreferenciamento pelo sistema geodésico brasileiro **[9]**, método descritivo introduzido pela Lei n.º 10.267/2001 (regulamentada pelo Decreto n.º 4.449/2002, depois alterado pelos Decretos n.º 5.570/2005 e n.º 7.620/2011), que aperfeiçoa o cumprimento do princípio da especialidade objetiva, devido à técnica cartográfica empregada, com potência para individuar os bens imóveis de modo a separá-los de qualquer outro na superfície terrestre.

A propósito, e de acordo com o § 3.º do art. 225 da Lei n.º 6.015/1973, "**nos autos judiciais que versem sobre imóveis rurais, a localização, os limites e as confrontações serão obtidos a partir de memorial descritivo assinado por profissional habilitado e com a devida Anotação de Responsabilidade Técnica ART, contendo as coordenadas dos vértices definidores dos limites dos imóveis rurais, geo-referenciadas ao Sistema Geodésico Brasileiro e com precisão posicional a ser fixada pelo INCRA** ...". (grifei)

Na mesma linha seguem o art. 9.º, *caput*, e seus §§ 1.º e 9.º, do Decreto n.º 4.449/2002:

> **Art. 9º. A identificação do imóvel rural**, na forma do § 3º do art. 176 e do § 3ºdo art. 225 da Lei nº 6.015, de 1973, **será obtido a partir de memorial descritivo** elaborado, executado e assinado por profissional habilitado e com a devida Anotação de Responsabilidade Técnica ART, **contendo as coordenadas dos vértices definidores dos limites dos imóveis rurais, georreferenciadas ao Sistema Geodésico Brasileiro**, e com precisão posicional a ser estabelecida em ato normativo, inclusive em manual técnico, expedido pelo INCRA. (grifei)
>
> ...
>
> **§ 1.º Caberá ao INCRA certificar que a poligonal objeto do memorial descritivo não se sobrepõe a nenhuma outra constante de seu cadastro georreferenciado e que o memorial atende às exigências técnicas**, conforme ato normativo próprio.
>
> ...
>
> **§ 9.º Em nenhuma hipótese a adequação do imóvel às exigências** do art. 176, §§ 3.º e 4.º, e **do art. 225, § 3.º**, da Lei n.º 6.015, de 1973, **poderá ser feita sem a certificação do memorial descritivo expedida pelo INCRA.**

Por sua vez, o art. 226 da Lei de Registros Públicos dispõe: "tratando-se de usucapião, os requisitos da matrícula devem constar do mandado judicial." E entre esses, encontra-se a exigência de identificação dos imóveis rurais pelo novo método descritivo, consoante norma extraída do art. 176, § 1.º, II, 3, *a*, a ser compreendida à luz dos textos de seus §§ 3.º e 5.º, da Lei n.º 6.015/1973.

Em reforço e prestígio da exigência atacada, convém sublinhar que a ação de usucapião é posterior ao início da vigência do Decreto n.º 5.570/2005 **[10]**, que, então, no inc. I de seu art. 2.º, estabelece que **a identificação do bem imóvel rural objeto de processo judicial, a ser feita nos termos do § 3.º do art. 225 da Lei n.º 6.015/1973, será exigida imediatamente**, independentemente de sua dimensão, **nas ações ajuizadas a partir da publicação deste Decreto.**

Destarte, considerada a legislação em vigor (à época, inclusive, e especialmente, do juízo de qualificação registral), é exigível o impugnado georreferenciamento, então com a certificação do INCRA, condição prestigiada pelo princípio da especialidade objetiva, para fins, assim, da inscrição perseguida. Isto é, impõe ratificar a exigência oposta pelo Oficial.

Sob outro prisma, a especialização da reserva legal no bem imóvel rural, confiada ao proprietário/possuidor, sob o controle e aprovação de órgãos ambientais estatais, é indispensável. Pouco importa, para tanto, o modo de aquisição da propriedade, irrelevante ao controle do cumprimento de sua função ecológica. Vale dizer, a localização da reserva legal florestal é exigida mesmo se adquirida, a propriedade, pela via da usucapião. É necessária, aliás, para obstar o fracionamento do espaço protegido, a destinação de área sem relevância ao meio ambiente e para aferir a observação de critérios definidos em lei. **[11]**

A regra do art. 12 da Lei n.º 12.651/2012 impõe uma obrigação real de *facere*. Uma limitação administrativa voltada à tutela do meio ambiente, em sua dupla dimensão constitucional (art. 225, *caput*), como direito intergeracional e tarefa estatal e comunitária. **[12]** Em sintonia com o art. 225, § 1.º, III, da CF **[13]**, conferindo-lhe concretude, prevê: "todo imóvel rural deve manter área com cobertura de vegetação nativa, a título de Reserva Legal", respeitando os percentuais mínimos definidos em seus dois incisos. E até aí nenhuma novidade. O art. 16 da Lei n.º 4.771/1965 também previa uma obrigação *propter rem* (por causa da coisa) referente à *reserva legal florestal*.

A reserva legal, portanto, revela-se, por força de lei, condição para a propriedade rural cumprir sua função social, sua função socioambiental. É pressuposto da legitimidade do direito de propriedade rural. Consoante o art. 186, I e II, da CF, o aproveitamento racional e adequado do imóvel rural, a utilização adequada dos recursos naturais disponíveis e a preservação do meio ambiente são requisitos, ao lado de outros, previstos nos seus incs. III e IV, para o cumprimento da função social da propriedade rural.

Dentro desse contexto, a área da reserva legal deve ser medida, demarcada e delimitada **[14]**. Esses são deveres específicos, inerentes à obrigação *propter rem* relativa à reserva legal. Pressuposto da legítima exploração do bem imóvel rural e (particularmente) da área não atingida pela limitação legal, a especialização da reserva legal florestal é necessária à tutela ambiental, à fiscalização do cumprimento da lei pelos órgãos competentes e à segurança das transações imobiliárias. Só assim é (e será) possível protegê-la, conservá-la.

De todo modo, essa especialização, no atual quadro legislativo, não deve necessariamente constar da matrícula do imóvel rural. A obrigatoriedade da averbação da reserva legal, idealizada para torná-la pública (porquanto a inscrição não é constitutiva da proteção ambiental nem necessária a sua oponibilidade a terceiros), antes prevista na legislação revogada, no § 8.º do art. 16 da Lei n.º 4.771/1965 **[15]**, e ainda atualmente estabelecida na Lei de Registros Públicos **[16]**, comporta temperamento. A isso conduz o diálogo entre fontes normativas, pois o § 4.º do art. 18 da Lei n.º 12.651/2012 ressalva que o registro da reserva legal no CAR desobriga a averbação em testilha.

A exigência dessa averbação (a predial), aliás, hoje, na realidade, porque implantado o CAR, é exceção, se considerado que, nos termos do art. 18, *caput*, da Lei n.º 12.651/2012, a área da reserva legal deve ser registrada no órgão ambiental competente por meio de inscrição no CAR, o que, à luz do § 1.º do dispositivo referido, supõe, em regra, a exibição de planta e de memorial descritivo indicando as coordenadas geográficas com pelo menos um ponto de amarração. Ou seja, a diretriz normativa aponta para a facultatividade da averbação imobiliária.

Trata-se de adequada opção legislativa, se valoradas as diferenças entre cadastro e registro **[17]**: aquele, o cadastro, e não este, é quem, precipuamente, deve servir à Administração como instrumento de monitoramento da arrecadação de tributos, cumprimento de funções administrativas e, no que aqui interessa, de controle do acatamento das obrigações ambientais. No mais, ao invés da duplicidade de inscrições, mais relevante, nessa questão, é resguardar o fluxo de informações entre um e outro.

Isso particularmente ficou claro com a promulgação da Lei n.º 12.651/2012, que, no seu artigo 29, *caput*, assentou: "é criado o Cadastro Ambiental Rural CAR, no âmbito do Sistema Nacional de Informação sobre Meio Ambiente SINIMA, registro público eletrônico de âmbito nacional, obrigatório para todos os imóveis rurais, com a finalidade de integrar as informações ambientais das propriedades e posse rurais, compondo base de dados para controle, monitoramento, planejamento ambiental e econômico e combate ao desmatamento."

Nada obstante, a desobrigação positivada no art. 18, § 4.º, da Lei n.º 12.651/2012, não se contenta com a mera inscrição do bem imóvel rural no CAR. Não basta a comprovação de sua realização; é necessário que se demonstre a especialização da reserva legal. Por isso, compete ao Oficial, ao realizar o juízo de qualificação registral, apurar se a inscrição cadastral indicou, em atenção ao inc. III do § 1.º do art. 29 da Lei n.º 12.651/2012 **[18]** ou, conforme a dimensão do imóvel, ao art. 53 do Código Florestal **[19]**, a localização da reserva legal florestal. Sua falta, consequentemente, justificará a recusa do título, orientada pelo princípio da legalidade.

Em outros termos: por ocasião do primeiro registro, da prática de atos registrais relacionados com a transmissão de domínio, desmembramento, retificação de área de bens imóveis rurais e outras inscrições modificativas da figura geodésica dos imóveis e, mormente, do registro de sentenças de usucapião, caberá ao Oficial apurar se, com a inscrição no CAR, houve registro da reserva legal, sem o qual o acesso do título ao fólio real ficará condicionado ou à regularização da situação perante o CAR, com complementação de informações e saneamento das pendências, ou à especialização da reserva legal junto à serventia predial.

Enfim, se, no CAR, inexistir informação relativa à reserva legal florestal, essa, porque limita o direito de propriedade, deve constar do registro de imóveis, em prestígio da segurança jurídica e do princípio da publicidade. E inclusive para permitir o cumprimento de obrigações ambientais decorrentes dessa limitação. Agora, a averbação da reserva legal será prescindível, bastando a do número de inscrição no CAR, se determinada, no cadastro, sua posição, seu lugar.

Em recente precedente, inteiramente aplicável ao caso dos autos, **o C. STJ reconheceu que a delimitação da reserva legal florestal, no CAR, apresenta-se como condição para o registro da sentença de usucapião**: de acordo com o resolvido, a "nova lei não pretendeu reduzir a eficácia da norma ambiental, pretendeu tão somente alterar o órgão responsável pelo 'registro' da reserva legal, que antes era o Cartório de Registro de Imóveis, e agora passou a ser o órgão ambiental responsável pelo CAR." **[20]**

Não convém, com efeito, prestigiar, aqui, o excesso de formalismo. Nessa última hipótese, consumado o registro eletrônico da reserva legal no CAR, a especialização (obrigatória) na serventia predial seria uma superfetação. E feriria o princípio da razoabilidade, seja porque efetivada pelo meio eleito por lei como o mais adequado aos fins perseguidos, seja porque, com a burocratização indesejada (expressa na exigência de duplicidade de registros), o que se ganharia em termos de (reforço de) publicidade ambiental teria menos relevo se confrontado com a perda de segurança jurídica que adviria da falta de regularização registral (proporcionalidade em sentido estrito).

Em síntese: com o registro da reserva legal florestal no CAR, não haveria mais justificativa razoável para uma obrigatória especialização desse espaço ambiental na serventia imobiliária. Uma exigência nesse sentido comprometeria a regularização da aquisição da propriedade, o controle e a transparência do tráfego imobiliário e, nessa trilha, o bom cumprimento pelo Oficial de sua missão institucional de guardião da propriedade imobiliária. Desconsideraria, de mais a mais, a instrumentalidade do registro de imóveis, a fidedignidade dos assentos registrais e o princípio fundamental do sistema registral (o da segurança jurídica).

Assim, ademais, posicionou-se, recentemente, este **C. CSM**, quando julgou, sob minha relatoria, em 2.6.2016, a **Apelação n.º 1000891-63.2015.8.26.0362**. Ocorre que, na hipótese dos autos, **as recorrentes sequer promoveram a inscrição dos imóveis usucapidos no CAR**. Correta, sob esse enfoque, portanto, a recusa do registro, que também tem fundamento no subitem 12.5. do Cap. XX das NSCGJ.

Agora, **com relação à última exigência**, o obstáculo não prevalece. O acesso da usucapião à tábua registral, porque modo originário de aquisição da propriedade, independe de apresentação de prévia anuência da Secretaria Ambiental do Estado de São Paulo, ainda que envolva áreas de proteção de manancial.

Consoante o v. acórdão proferido na **Apelação n.º 0114136-89.2009.8.26.0100**, rel. Des. Mary Grün, j. 30.1.2015, "não há razão para condicionar a eficácia do provimento da ação de usucapião ao atendimento de providências administrativas, limitações de área ou restrições impostas pelas leis de proteção de mananciais." Com idêntica compreensão, o **E. TJSP** se pronunciou no julgamento da **Apelação n.º 0004615-98.2006.8.26.0268**, rel. Des. Ana Lucia Romanhole Martucci, em 4.9.2014:

... pacífico o entendimento jurisprudencial no sentido de que estando o imóvel usucapiendo localizado em área de proteção de manancial, trata-se de circunstância que não impede o reconhecimento da prescrição aquisitiva já que é forma originária de aquisição da propriedade.

E pela mesma senda seguiu o v. acórdão prolatado na **Apelação n.º 0007211-42.2003.8.26.0177**, rel. Des. Luiz Antonio de Godoy, j. 12.7.2011, onde foi reconhecido "que o fato de o imóvel em questão estar localizado em área de proteção de manancial não constitui óbice à caracterização da usucapião."

Por fim, **cabem mais duas considerações**. Primeira: não se provou a impossibilidade absoluta de cumprimento das exigências formuladas pelo Oficial; a satisfação delas, de fato, não é inviabilizada pela desapropriação iniciada pela DERSA, que foi, é verdade, deflagrada supervenientemente à usucapião, mas cuja consumação, perfectibilização pelo pagamento da indenização, sequer foi demonstrada **[21]**, e tampouco o é pela noticiada perda da posse dos imóveis.

De resto, não consta a ocorrência de alteração de destinação dos imóveis usucapidos, de rurais para urbanos, não averbada ademais em suas matrículas; não se comprovou, aliás, o cancelamento do cadastro de imóvel rural junto ao INCRA, nem mesmo a cientificação deste. Além disso, observo a esse respeito, a documentação referida na impugnação, insuficiente, versa somente sobre o bem imóvel objeto da mat. n.º 11.325 do 1.º RI de São Bernardo do Campo **[22]**, então apenas um dos atingidos pela usucapião.

Isto posto, pelo meu voto, **nego provimento à apelação.**

MANOEL DE QUEIROZ PEREIRA CALÇAS

Corregedor Geral da Justiça e Relator

TRIBUNAL DE JUSTIÇA DE SÃO PAULO

Conselho Superior da Magistratura

Apelação Cível 1025597-86.2015.8.26.0564

Procedência: São Bernardo do Campo

Apelantes: Leni Dias da Silva, Ana Glória Dias da Silva, Vera Lúcia Dias da Silva Lukesic e Éni Aparecida Dias da Silva Bianchi

Apelado: 1º Oficial do Registro de Imóveis da comarca

VOTO CONVERGENTE (n. 42.781):

1. Peço reverente licença para, aderindo entretanto à conclusão da relatoria, negar provimento à apelação valendo-me de fundamento diverso. É que, superados (por epítrope) os entraves indicados no termo de dúvida, os rogados registros *stricto sensu* **não produzirão ressonância jurídica alguma,** uma vez que os prédios usucapidos já foram, os dois, objeto de desapropriação contenciosa (fls. 4, 7, 53-54, 117-119, 121-123 e 140-149).

Conquanto não haja dúvida de que as apelantes tenham adquirido o domínio *ex usucapione*, a desapropriação, pondo ambos os imóveis em mãos do poder público, suprimiu toda e qualquer possibilidade de que as usucapientes pudessem vir a dispor desses bens, o que torna inúteis os correlatos registros *stricto sensu* no instante mesmo em que se façam.

É contraeconômico, para logo, em todos os aspectos (economia de esforços, de tempo e de custos), efetivar-se uma inscrição registrária destituída de toda eficácia atual.

Mais agudamente, o **princípio da legalidade** impõe que apenas se efetuem inscrições **eficazes** *in actu*, de modo que o registro não se converta em local de acesso para não importa quais títulos ou mesmo se confunda com um mero arquivo de informações. Daí o aforismo: *inutilitates in tabula illicita sunt*.

Acrescente-se que a sentença proferida na usucapião, se não tem mais eficácia mandamental para o registro (cf. art. 945 do antigo Cód.Pr.Civ.), tem-na todavia declaratória em medida suficiente para fazer provar o domínio em certo tempo, o que, presentes os demais requisitos legais, satisfaz as exigências do *caput* do art. 34 do Decreto-lei n. 3.365, de 21 de junho de 1941.

TERMOS EM QUE, nego provimento ao recurso.

Des. RICARDO DIP

Presidente da Seção de Direito Público Notas:

[1] Fls. 221-224.

[2] Fls. 229-236.

[3] Fls. 239.

[4] Fls. 252-255.

[5] Fls. 6-8 e 25-139.

[6] Fls. 1-5.

[7] Fls. 159-164 e 229-236.

[8] Fls. 39-40, 41-42, 140-144 e 145-149.

[9] Fls. 43-47 e 105-129

[10] Cf. fls. 26-38, 52-62, 63 e 64-67.

[11] O art. 14, *caput*, da Lei n.º 12.651/2012, disciplina que "a localização da área de Reserva Legal no imóvel rural deverá levar em consideração os seguintes estudos e critérios: I - o plano de bacia hidrográfica; II o Zoneamento Ecológico-Econômico; III a formação de corredores ecológicos com outra Reserva Legal, com Área de Preservação Permanente, com Unidade de Conservação ou com outra área legalmente protegida; IV as áreas de maior importância para a conservação da biodiversidade; e V - as áreas de maior fragilidade ambiental", enquanto seu § 1.º define que "o órgão estadual integrante do Sisnama ou instituição por ele habilitada deverá aprovar a especialização da Reserva Legal após a inclusão do imóvel no CAR, conforme o art. 29 desta Lei."

[12] Gilmar Mendes Ferreira; Inocêncio Mártires Coelho; Paulo Gustavo Gonet Branco. *Curso de Direito Constitucional*. São Paulo: Saraiva, 2007. p. 1.304.

[13] Artigo 225. (...)

§ 1.º Para assegurar a efetividade desse direito, incumbe ao Poder Público: (...);

III definir, em todas as unidades da Federação, espaços territoriais e seus componentes a serem especialmente protegidos, sendo a alteração e a supressão permitidas somente através de lei, vedada qualquer utilização que comprometa a integridade dos atributos que justifiquem sua proteção; (...).

[14] Luís Paulo Sirvinskas. *Manual de Direito Ambiental*. 10.ª ed. São Paulo: Saraiva, 2012. p. 533.

[15] Art. 16. (...)

§ 8.º A área de reserva legal deve ser averbada à margem da inscrição de matrícula do imóvel, no registro de imóveis competente, sendo vedada a alteração de sua destinação, nos casos de transmissão, a qualquer título, de desmembramento ou de retificação da área, com as exceções previstas neste Código.

[16] Art. 167, II, 22), da Lei n.º 6.015/1973.

[17] A respeito da distinção, conferir artigo de Marcelo Augusto Santana de Melo, *O meio ambiente e o Registro de Imóveis*, *in* Registro de imóveis e meio ambiente. Francisco de Asís Palacios Criado; Marcelo Augusto Santana de Melo; Sérgio Jacomino (coord.). São Paulo: Saraiva, 2010. p. 36-38.

[18] Art. 29. (...) § 1.º A inscrição do imóvel rural no CAR deverá ser feita, preferencialmente, no órgão ambiental municipal ou estadual, que, nos termos do regulamento, exigirá do possuidor ou proprietário: (...)

III identificação do imóvel por meio de planta e memorial descritivo, contendo a indicação das coordenadas geográficas com pelo menos um ponto de amarração do perímetro do imóvel, informando a localização dos remanescentes de vegetação nativa, das Áreas de Preservação Permanente, das Áreas de Uso Restrito, das áreas consolidadas e, caso existente, também da localização da Reserva Legal.

[19] Art. 53. Para o registro no CAR da Reserva Legal, nos imóveis a que se refere o inciso V do art. 3º, o proprietário ou possuidor apresentará os dados identificando a área proposta de Reserva Legal, cabendo aos órgãos competentes integrantes do Sisnama, ou instituição por ele habilitada, realizar a captação das respectivas coordenadas geográficas.

Parágrafo único. O registro da Reserva Legal nos imóveis a que se refere o inciso V do art. 3º é gratuito, devendo o poder público prestar apoio técnico e jurídico.

[20] REsp n.º 1.356.207/SP, rel. Min. Paulo de Tarso Sanseverino, j. 28.4.2015.

[21] Cf. fls. 166-205.

[22] Fls. 145-149, av. 5, e 210. (DJe de 27.01.2017 - SP)

1.6.2 REGISTRO DE TÍTULOS E DOCUMENTOS E PESSOA JURÍDICA

FILIAL

PODER JUDICIÁRIO

TRIBUNAL DE JUSTIÇA DO ESTADO DE SÃO PAULO

CONSELHO SUPERIOR DA MAGISTRATURA

Apelação nº 1023847-89.2014.8.26.0562

Registro: 2016.0000913474

ACÓRDÃO

Vistos, relatados e discutidos estes autos do(a) **Apelação nº 1023847-89.2014.8.26.0562**, da Comarca de **Santos**, em que são partes é apelante **IGREJA APOSTÓLICA FONTE DA VIDA**, é apelado **OFICIAL DE REGISTRO DE TÍTULOS E DOCUMENTOS E CIVIL DE PESSOA JURÍDICA DE SANTOS**.

ACORDAM, em Conselho Superior de Magistratura do Tribunal de Justiça de São Paulo, proferir a seguinte decisão: **"Negaram provimento ao recurso de apelação, v.u."**, de conformidade com o voto do Relator, que integra este Acórdão.

O julgamento teve a participação dos Exmos. Desembargadores **PAULO DIMAS MASCARETTI (Presidente), ADEMIR BENEDITO, XAVIER DE AQUINO, LUIZ ANTONIO DE GODOY, RICARDO DIP E SALLES ABREU**.

São Paulo, 10 de novembro de 2016.

MANOEL DE QUEIROZ PEREIRA CALÇAS

Corregedor Geral da Justiça e Relator

Apelação nº 1023847-89.2014.8.26.0562

Apelante: IGREJA APOSTÓLICA FONTE DA VIDA

Apelado: Oficial de Registro de Títulos e Documentos e Civil de Pessoa Jurídica de Santos

VOTO Nº 29.576

Registro Civil de Pessoas Jurídicas – Constituição de filial – Expansão das atividades da recorrente para nova localidade – Necessidade de nova inscrição dos atos constitutivos, em atenção à circunstância territorial dos Oficiais de Registro – Pessoa jurídica que, ao lado de serviços religiosos, desenvolve, sem finalidade lucro, outras atividades, algumas delas de natureza econômica – Interessada que não se dedica exclusivamente ao culto religioso e à liturgia – Exclusão de sua qualificação jurídica como organização religiosa – Conformação que se ajusta à figura da associação – Estatuto lacunoso quanto ao prazo de antecedência mínima para fins de convocação de assembleia geral – Ofensa às regras dos arts. 54, V, e 60 do CC – Juízo negativo de qualificação registral confirmado – Procedência da dúvida – Recurso desprovido.

Inconformada com a r. sentença que julgou a dúvida procedente **[1]**, a recorrente, interessada, interpôs apelação, invocando a liberdade religiosa, o princípio da legalidade e precedentes do **E. STF**, com vistas à obtenção de ordem de inscrição de seus atos constitutivos **[2]**, recusada, porém, pelo Oficial de Registro, que, ao afastar sua qualidade de organização religiosa, compreendendo-a como uma associação, exigiu ajustes no seu estatuto social, que deveria dispor a respeito do prazo de antecedência mínima para convocação de assembleia geral, considerando as regras positivadas nos arts. 54, V, e 60 do CC, a serem interpretadas em conjunto **[3]**.

Uma vez recebido o recurso em seu duplo efeito **[4]**, e após parecer da Procuradoria Geral da Justiça pelo desprovimento da apelação **[5]**, os autos, por força do v. acórdão proferido pela E. 3.ª Câmara de Direito Privado deste Tribunal, que então se orientou pela questão preliminar levantada pelo Ministério Público, foram redistribuídos para este **C. CSM [6]**.

É o relatório.

A interessada, ora recorrente, apresentando-se como organização religiosa, busca o registro de seus atos constitutivos, então inscritos originariamente no *2.º Tabelionato de Protesto e Registro de Pessoas Jurídicas, Títulos e Documentos de Goiânia* **[7]**, tendo em vista a expansão de suas atividades, mediante abertura de filial na cidade de Santos, portanto, em circunscrição territorial diversa da do Registro Civil de Pessoas Jurídicas de sua sede.

Nada obstante necessária e justificável a providência perseguida em consideração às exigências de publicidade, mas porque também encontra fundamento na norma do art. 1.000, *caput*, do CC **[8]**, a ser aplicada por analogia , impõe ratificar a desqualificação registral.

As organizações religiosas, de acordo com o inc. IV do art. 44 do CC, introduzido no ordenamento jurídico pátrio pela Lei n.º 10.825, de 22 de dezembro de 2003, são, é certo, pessoas jurídicas de direito privado.

Em harmonia com as normas extraídas dos arts. 5.º, VI, e 19, I, da Carta de 1988 **[9]**, o § 1.º do art. 44 do CC, estabelece:

> Art. 44. (...)
>
> § 1º. São livres a criação, a organização, a estruturação interna e o funcionamento das organizações religiosas, sendo vedado ao poder público negar-lhes reconhecimento ou registro dos atos constitutivos e necessários ao seu funcionamento.

Gustavo Tepedino, Heloisa Helena Barboza e Maria Celina Bodin de Moraes, quando comentam, no que ora interessa, as modificações resultantes da Lei n.º 10.825/2003, assinalam:

Com a alteração, as igrejas deixaram de ser simples entidades de classe de futebol ou outras organizações não religiosas e passaram a figurar como pessoas jurídicas de direito privado. A medida protege a autonomia das organizações religiosas, pois garante a liberdade de criação, organização, estruturação interna e funcionamento, vedada a ingerência do poder público, como destaca o parágrafo primeiro. **[10]** (grifei)

Segundo lição de Francisco Amaral, as organizações religiosas abrangem "as igrejas, as ordens monásticas, as congregações religiosas, as irmandades, os centros dos variados cultos etc." **[11]** Ao delas tratar, Paulo Lôbo anota, com argúcia, suas características peculiares e regência própria:

As organizações religiosas são pessoas jurídicas, quando regularmente registradas. A lei confere inteira liberdade de constituição e organização, **significando que não necessitam ter a forma de associação civil**, nem de associados. Basta o ato de fundação ou de declaração de sua existência, com ou sem bens materiais, pois a comunidade religiosa caracteriza-se pelo fluxo constante de fiéis, que nela ingressam ou se retiram livremente, sem qualquer ato formal de associação ou retirada. **Por sua natureza, a organização religiosa não pode ter finalidade econômica**, nem ter seus haveres sob domínio, posse ou controle real de pessoas que a integrem.

...

A CF, art. 5º, VI, assegura a liberdade de exercício de cultos religiosos e garante, na forma da lei, "a proteção aos locais de culto e a suas liturgias". **Vê-se que a liberdade de organização religiosa está limitada às finalidades de culto e liturgia. Somente para esses fins pode ser considerada organização religiosa e assim registrada. Se** a comunidade religiosa **desenvolve outras atividades**, de caráter econômico, **como instituições educacionais ou empresariais, estas não se consideram incluídas no conceito de "organizações religiosas" para os fins da Constituição e do CC**, pois não destinadas diretamente para culto ou liturgia. **Essas outras atividades deverão ser organizadas sob outras formas de personalidade jurídica** (.), ainda que seus resultados econômicos sejam voltados para dar sustentação a projetos desenvolvidos pela respectiva comunidade religiosa. **[12]** (grifei)

Dentro desse contexto, convém apurar, no caso, com vistas à incidência (ou não) da regra do § 1.º do art. 44 do CC e, especialmente, à tutela da liberdade e autonomia consagradas nessa norma protetiva, se a recorrente, para os fins legais, marcadamente para efeito de inscrição de seus atos constitutivos no registro civil de pessoas jurídicas, qualifica- se como organização religiosa.

A propósito, com amparo nas considerações acima desenvolvidas, a **E. CGJ**, no parecer n.º 26/13-E, aprovado pelo Des. José Renato Nalini, em 21 de janeiro de 2013, nos autos do processo n.º 6.477/2012, sublinhou que **a autonomia e a liberdade reconhecidas às organizações religiosas não são infensas ao controle de legalidade de seu registro**; não desautorizam, por conseguinte, sindicância direcionada à fiscalização do respeito ao prescrito pela ordem jurídica.

Socorreu-se, inclusive, na ocasião, do enunciado n.º 143, aprovado na III Jornada de Direito Civil, promovida pelo Centro de Estudos Judiciários do Conselho da Justiça Federal, vazado nos termos que seguem:

143 Art. 44: A liberdade de funcionamento das organizações religiosas não afasta o controle de legalidade e legitimidade constitucional de seu registro, nem a possibilidade de reexame, pelo Judiciário, da compatibilidade de seus atos com a lei e com seus estatutos. (grifei)

Nessa linha, impõe reconhecer a descaracterização da recorrente como organização religiosa, em atenção ao conteúdo do estatuto levado a registro, ao objeto social nele especificado, ao teor de seu art. 3.º e, principalmente, das alíneas *d* e *e* e dos §§ 1.º e 2.º de seu art. 4.º **[13]**. Antes, de fato, ao também desenvolver atividades econômicas, ao dirigir-se a práticas educacionais e culturais, então sem finalidade de lucro, qualifica-se como associação.

Ao voltar-se, igualmente ainda que a pretexto de fomentar suas atividades religiosas, ao estabelecimento de escolas e faculdades não confessionais, à promoção de cursos profissionalizantes e outras iniciativas direcionadas ao incremento de políticas sociais básicas de saúde, recreação, esporte, cultura e lazer, a recorrente desnaturou-se como organização religiosa; distanciou-se da melhor compreensão a ser conferida a essa espécie de pessoa jurídica de direito privado.

A recorrente assumiu a condição de associação, ao entregar-se à prestação de serviços, **ao desenvolvimento de atividades econômicas** (malgrado sem finalidade de lucro, sem fins econômicos) estranhas às religiosas, nada obstante visando ao alcance de seus fins ideais, estatutários, precipuamente (mas não exclusivamente) religiosos, consoante seu estatuto social.

Ora, **não se dedica apenas ao culto, à liturgia**, e, assim, não se beneficia da liberdade e informalidade positivadas no § 1.º do art. 44 do CC, em suma, da desregulamentação advinda da Lei n.º 10.825/2003; não se liberta, enfim, das regras próprias das associações, das exigências que lhes são típicas, impostas pela legislação civil. E para essa conclusão, desimportante a denominação atribuída à recorrente pelo seus atos constitutivos.

Esse entendimento, é oportuno frisar, foi prestigiado recentemente pela **E. CGJ** deste Tribunal, por ocasião da aprovação do parecer n.º 15/14-E, nos autos do processo n.º 147.741/2013, pelo Des. Hamilton Elliot Akel, em 30.1.2014.

Com auxílio do escólio de Pontes de Miranda, lá se destacou: as pessoas jurídicas que, ao lado das atividades religiosas, dedicam-se, sem fins econômicos, à prestação de serviços educacionais, culturais, recreativos, esportivos, entre outros, não se encaixam, para os fins do § 1.º do art. 44 do CC, no conceito de organizações religiosas, submetendo-se, por conseguinte, ao regime jurídico das associações.

Não interfere, nesse entendimento, a compreensão larga do **E. STF** sobre a imunidade tributária dos *templos de qualquer culto*, tratada no art. 150, VI, *b*, da CF, no sentido de contemplar não somente os prédios onde desenvolvidas as atividades religiosas (igreja, convento, claustros, sinagoga, mesquita etc) e suas dependências anexas (casas paroquiais, residências de pastor, casas de rabinos, área destinada ao estacionamento de veículos dos fiéis etc), mas também o patrimônio, a renda e os serviços que guardam relação com as finalidades essenciais e o funcionamento dos cultos religiosos **[14]**.

A interpretação da Corte Suprema sobre a amplitude da limitação constitucional ao poder estatal de tributar não repercute na identificação, na conceituação da pessoa jurídica como organização religiosa ou associação. A imunidade tributária, por outro lado, não exige a qualificação da pessoa jurídica como organização religiosa.

O patrimônio, as rendas e os serviços relacionados com atividades religiosas, necessários ao seu desenvolvimento, ainda que assumido por uma associação (assim considerada porque, sem fins econômicos, sem finalidade lucrativa, dedica-se também a atividades estranhas aos serviços religiosos, destes, então, desatreladas), serão, do mesmo modo, imunes à incidência de impostos.

Vale dizer: a imunidade tributária aqui discutida, garantia constitucional em benefício da liberdade religiosa, ao proibir o exercício da competência tributária no âmbito material autorizado pela CF, definindo, em resumo, hipóteses de não tributação sobre situações previamente indicadas pela

Carta Maior, pode favorecer tanto uma organização religiosa como uma associação que, entre outras atividades sem fins econômicos, também se entrega ao culto e à liturgia religiosos.

Em outras palavras: não é privativa de organizações religiosas, a descartar qualquer associação entre a compreensão da Corte Suprema, interpretando de forma extensiva, ampla, a regra de imunidade tributária, e a conceituação daquelas. Aliás, a condição de organização religiosa sequer é suficiente à aplicação da regra imunizante, tanto que, consoante o **E. STF**, admitida a cobrança de IPTU incidente sobre bem imóvel pertencente a instituição eclesiástica, caso não relacionado com finalidade essencial aos serviços religiosos **[15]**.

Em contrapartida, as rendas auferidas por associação que tem, entre outros, fins religiosos, mediante remunerada prestação de serviços, locações de bens ou, por exemplo, aplicações financeiras, em atividades lícitas, estranhas, entretanto, aos serviços religiosos, mas preordenadas ao seu funcionamento e desenvolvimento, serão imunes a impostos, isto é, a regra imunizante favorecerá aquela pessoa jurídica, se não configurada ofensa ao princípio da livre concorrência, embora seu objeto social vá além do estreito âmbito conceitual das organizações religiosas. **[16]**

Assim sendo, reconhecida a condição de associação da apelante, justifica-se a confirmação do juízo negativo de qualificação registral. A omissão do estatuto social quanto ao prazo de antecedência mínima para convocação de assembleia geral **[17]** obsta, de fato, a inscrição requerida, por força do princípio da legalidade.

A lacuna constatada contraria a norma imperativa, democratizante e afinada com o princípio da transparência, extraída do art. 54, V, do CC, a ser compreendida em sintonia com a plasmada no art. 60, também do CC.

A primeira dessas regras dispõe que o estatuto das associações, sob pena de nulidade, conterá "o modo de constituição e de funcionamento dos órgãos deliberativos", enquanto a outra prevê que "a convocação dos órgãos deliberativos far-se-á na forma do estatuto, garantido a 1/5 (um quinto) dos associados o direito de promovê-la", tudo, *in concreto*, a prestigiar a questionada desqualificação registral, ratificada pelo MM Juiz Corregedor Permanente.

Nesse sentido se posicionou a **E. CGJ** desta Corte, no parecer n.º 125/11-E, aprovado, em 31.3.2011, pelo Des. Maurício Vidigal, nos autos do processo n.º 130.064/2010, onde restou assentado o caráter cogente da norma do art. 60, destinada a "eliminar eventual arbítrio dos dirigentes da associação a respeito da forma de convocação, impondo que sejam observadas as regras estatutárias previamente estabelecidas."

Isto posto, **pelo meu voto, nego provimento ao recurso de apelação. MANOEL DE QUEIROZ PEREIRA CALÇAS**

Corregedor Geral da Justiça e Relator

Notas:

1 Fls. 676-677 e 686.

2 Fls. 688-699.

3 Fls. 1-5.

4 Fls. 704, item 1.

5 Fls. 710-714 e 730.

6 Fls. 720-721 e 726.

7 Fls. 18-20.

8 Art. 1.000. A sociedade simples que instituir sucursal, filial ou agência na circunscrição de outro Registro Civil das Pessoas Jurídicas, neste deverá também inscrevê-la, com prova da inscrição originária.

9Art. 5.º. (...): **VI** é inviolável a liberdade de consciência e de crença, sendo assegurado o livre exercício dos cultos religiosos e garantida, na forma da lei, a proteção aos locais de culto e a suas liturgias.

Art. 19. É vedado à União, aos Estados, ao Distrito Federal e aos Municípios: **I** estabelecer cultos religiosos ou igrejas, subvencioná-los, embaraçar-lhes o funcionamento ou manter com eles ou seus representantes relações de dependência ou aliança, ressalvada, na forma da lei, a colaboração de interesse público; (...).

10 *Código Civil interpretado e conforme a Constituição da República: parte geral e obrigações*. Rio de Janeiro: Renovar, 2004, p. 118. v. I.

11 *Direito Civil: introdução*. 6.ª ed. Rio de Janeiro: Renovar, 2006, p. 295 **12** *Direito Civil: parte geral*. 3.ª ed. São Paulo: Saraiva, 2012, p. 186-187. **13** Fls. 49-51 e 185-187.

14 RE n.º 325.822-2/SP, rel. para o acórdão Min. Gilmar Mendes, j. 18.2.2002; RE n.º 578.562-9/BA, rel. Min. Eros Grau, j. 21.5.2008; Ag. Reg. no AI n.º 690.712-8/RJ, rel. Min. Ricardo Lewandowski, j. 23.6.2009.

15 Ag. Reg. no RE n.º 604.390/SP, rel. Min. Dias Toffoli, j. 7.2.2012.

16 Sobre o tema, cf. Roque Antonio Carrazza, *in Curso de Direito Constitucional Tributário*, 29.ª ed. São Paulo: Malheiros, 2013, p. 861-866.

17 Fls. 59-61 e 195-197. (DJe de 31.01.2017 - SP)

SINDICATO

PODER JUDICIÁRIO

TRIBUNAL DE JUSTIÇA DO ESTADO DE SÃO PAULO

CONSELHO SUPERIOR DA MAGISTRATURA

Apelação nº 0002839-82.2015.8.26.0095

Registro: 2017.0000221990

ACÓRDÃO

Vistos, relatados e discutidos estes autos do(a) **Apelação nº 0002839-82.2015.8.26.0095**, da Comarca de **Brotas**, em que são partes é apelante **SINDICATO DOS SERVIDORES PÚBLICOS MUNICIPAIS DE TORRINHA**, é apelado **OFICIAL DE REGISTRO DE IMÓVEIS E ANEXOS DA COMARCA DE BROTAS.**

ACORDAM, em Conselho Superior de Magistratura do Tribunal de Justiça de São Paulo, proferir a seguinte decisão: **"Não conheceram da apelação, v.u. Vencido em parte o Desembargador Ricardo Dip, que declarará voto."**, de conformidade com o voto do Relator, que integra este Acórdão.

O julgamento teve a participação dos Exmos. Desembargadores **PAULO DIMAS MASCARETTI (Presidente), ADEMIR BENEDITO, XAVIER DE AQUINO, LUIZ ANTONIO DE GODOY, RICARDO DIP (PRES. DA SEÇÃO DE DIREITO PÚBLICO) E SALLES ABREU.**

São Paulo, 23 de março de 2017.

MANOEL DE QUEIROZ PEREIRA CALÇAS

Corregedor Geral da Justiça e Relator

Apelação nº 0002839-82.2015.8.26.0095

Apelante: Sindicato dos Servidores Públicos Municipais de Torrinha

Apelado: Oficial de Registro de Imóveis e Anexos da Comarca de Brotas

VOTO Nº 29.735

Registro Civil de Pessoas Jurídicas – Recorrente desprovido de personalidade jurídica – Ausência de capacidade processual configurada – Falta de legitimidade recursal revelada – Controle do princípio da unicidade sindical – Função estranha ao Oficial de Registro – Exigência questionada que ultrapassa as fronteiras do juízo de qualificação registral – Exame realizado a título de orientação, com vistas a eventual qualificação futura – Recurso não conhecido.

Irresignado com a r. sentença que, forte no princípio da unicidade sindical, confirmou o juízo de desqualificação registral **[1]**, o Sindicato dos Servidores Públicos Municipais de Torrinha interpôs recurso de apelação com vistas ao registro de seus atos constitutivos, recusado, então indevidamente, porque, pondera, não cabe ao Oficial zelar pelo princípio invocado, de todo modo, acrescenta, não violado na hipótese vertente **[2]**.

Após o recebimento do recurso **[3]**, o Oficial ofereceu contrarrazões **[4]**, os autos foram enviados ao **C. CSM** e a Procuradoria Geral da Justiça propôs o desprovimento da apelação **[5]**.

É o relatório.

O dissenso versa sobre a registrabilidade dos atos constitutivos do apelante **[6]**, que, entretanto, e até por isso, é desprovido de legitimidade recursal, pois sequer tem personalidade jurídica. Enfim, **não tem capacidade processual**.

Ora, com efeito, a existência do idealizado sindicato, cuja natureza jurídica é de *associação de direito privado*, pressupõe a inscrição de seus atos constitutivos, justamente o registro controvertido, à luz do estabelecido no art. 45 do CC.

Em resumo, **o pretenso sindicato recorre em nome próprio, porém ainda não adquiriu personalidade jurídica**, motivo por que **a apelação não comporta conhecimento**, conforme precedente deste **C. CSM**, expresso na **Apelação Cível n.º 391-6/5**, rel. Des. José Mário Antonio Cardinale, j. 8.9.2005.

Aliás, **em relação ao ente sindical**, exige-se o duplo registro do estatuto social, a ser realizado no Registro Civil das Pessoas Jurídicas, para fins de atribuição de personalidade civil, e no Ministério do Trabalho, **com vistas à obtenção de personalidade sindical**.

Destarte, **malgrado inadmitido o recurso**, e, agora, **apenas a título de orientação**, para fins de qualificação registral futura, **a exigência impugnada não se justifica**.

Não se trata de exame de consulta. Ao contrário do exercício da função jurisdicional, cuja essência é teleológica, a função administrativa, no âmbito do processo de dúvida registral, tem caráter disciplinador.

Enquanto, na função jurisdicional, visa-se à análise do mérito, com posterior formação de coisa julgada e impossibilidade de rediscussão para as partes, o exame das dúvidas não se presta somente a decidir o caso concreto, mas também serve de bússola aos Oficiais.

Dentro desse contexto, convém apreciar a exigência, para então sublinhar sua impertinência, em atenção, inclusive, a diversos precedentes deste **C. CSM**, que afirmam não competir aos Registradores **o controle do princípio da unicidade sindical**.

Assim se decidiu, por exemplo, na **Apelação Cível n.º 028328-0/1**, rel. Des. Antônio Carlos Alves Braga, j. 30.10.1995; **Apelação Cível n.º 31.007-0/4**, rel. Des. Márcio Martins Bonilha, j. 15.3.1996; e **Apelação Cível n.º 0014630-42.2009.8.26.0068**, rel. Des. Maurício Vidigal, j. 6.10.2011.

Também esse é o antigo entendimento da **E. CGJ**, de acordo com os pareceres (aprovados) dos hoje Desembargadores Márcio Martins Bonilha Filho e Marcelo Martins Berthe, apresentados, respectivamente, **nos autos dos processos CG n.º 605/1995** e **CG n.º 31.791/1995**, em 27 de março e 6 de dezembro de 1995.

Há tempos, o **E. STF** firmou posição no sentido da indispensabilidade do registro das entidades sindicais no Ministério do Trabalho, a quem cabe verificar a observância do princípio da unidade sindical. Convém lembrar, sob esse prisma, o v. acórdão proferido no **MI n.º 144-8/SP**, rel. Min. Sepúlveda Pertence, j. 3.8.1992:

Proibida a criação (de sindicato ou organização sindical de uma mesma categoria com base territorial idêntica), **o registro** dado que, atributivo da personalidade jurídica, é o ato culminante do processo de constituição da entidade , **há de ser**, por imperativo lógico, **o momento adequado à verificação desse pressuposto negativo da aquisição mesma da personalidade jurídica da entidade sindical. Essa função de garantia da unicidade sindical que**, a meu ver, **inere à competência para o registro da constituição das entidades sindicais, é que induz a sediar essa última,** ***si et in quantum*****, no Ministério do Trabalho** e não, no Registro Civil comum.

É patente, com efeito, que a incumbência de garante da unicidade sindical supera, prática e juridicamente, as forças do ofício do registro civil de pessoas jurídicas: se a lei futura decidir cometer-lhe a tarefa, a fim de exorcizar a lembrança dos tempos de manipulação do movimento sindical pelo Ministério do Trabalho, não bastará transferir-lhe nominalmente a competência, mas será necessário dotálo, não apenas de instrumental de informações sobre o quadro sindical preexistente, mas também de poderes para solver, em sede administrativa, eventuais conflitos, dos quais, hoje, não o municia a Lei de Registros Públicos.

Daí se extrai a meu ver a opção, nos quadros da ordem pré-constitucional, pela recepção, sob a Constituição nova, da competência legal do Ministério do Trabalho para o registro de entidades sindicais.

Detentor do cadastro geral das organizações sindicais já constituídas, o Ministério do Trabalho dispõe, assim, do instrumental de informações imprescindível ao registro, que pressupõe, como visto, a salvaguarda do princípio da unicidade. (grifei)

Com o mesmo entendimento, é oportuno mencionar o v. acórdão exarado na **ADI n.º 1121-9/RS**, rel. Min. Celso de Mello, j. 6.9.1995, de cuja ementa retiro o seguinte trecho:

O registro sindical qualifica-se como ato administrativo essencialmente vinculado, **devendo ser praticado pelo Ministro do Trabalho**, mediante resolução fundamentada, sempre que, **respeitado o postulado da unicidade sindical** e observada a exigência de regularidade, autenticidade e representação, a entidade sindical interessada preencher, integralmente, os requisitos fixados pelo ordenamento positivo e por este considerados como necessários à formação dos organismos sindicais. (grifei)

Na mesma linha, no julgamento do **Ag. Reg. no RE n.º222.285/SP**, rel. Carlos Velloso, ocorrido no dia 26 de fevereiro de 2002, o **E. STF** assentou: "**certo é que a regra da unicidade sindical**, *'a mais importante das limitações constitucionais ao princípio da liberdade sindical'*, **é preservada justamente mediante o registro no Ministério do Trabalho**, já que este é detentor das informações que propiciam verificar se a unicidade sindical estaria sendo violada ou não."

Trata-se de posição sumulada pela **Excelsa Corte**, em sessão plenária ocorrida em 24 de setembro de 2003:

Súmula 677. Até que lei venha a dispor a respeito, **incumbe ao Ministério do Trabalho proceder ao registro das entidades sindicais e zelar pela observância do princípio da unicidade**. (grifei)

Essa compreensão foi prestigiada em julgamentos recentes do **E. STF**, no **Ag. Reg. no AI n.º 789.108/BA**, rel. Min. Ellen Gracie, j. 5.10.2010, e no **Ag. Reg. no RE com Agravo n.º 722.245/DF**, rel. Min. Luiz Fux, j. 26.8.2014.

Por fim, em reforço, realço que no **C. STJ**, embora não se ignore a existência de julgados afirmando a suficiência do registro civil **[7]**, consolidou--se intelecção na mesma direção, revelada em acórdãos de sua **C. Corte Especial**, nos **Embargos de Divergência em RESP n.º 510.323/BA**, rel. Min. Felix Fischer, j. 19.12.2005, e no **AgRg nos Embargos de Divergência em RESP n.º 509.727/DF**, Min. José Delgado, j. 29.6.2007 **[8]**.

A esse respeito, o e. Min. Luiz Fux, quando ainda no **C. STJ**, sublinhou, no **REsp n.º 711.624/MG**, julgado em 15 de abril de 2008, que "o registro da entidade sindical no Ministério do Trabalho e Emprego é ato vinculado que complementa **e aperfeiçoa sua existência legal**." (grifei)

Além disso, há pouco tempo, no **AgRg no REsp n.º 1.147.828/RO**, rel. Min. Rogerio Schietti Cruz, j. 9.6.2015, destacou-se que o "Superior Tribunal de Justiça possui entendimento no sentido de que é indispensável o registro dos sindicatos no Ministério do Trabalho para defesa em juízo dos direitos dos seus filiados, pois **é o meio eficaz para a preservação do princípio da unicidade sindical.**"

Em suma: a exigência questionada ultrapassou as fronteiras do juízo de qualificação registral, ao sindicar o cumprimento do princípio da unicidade sindical.

De todo modo, à vista das considerações iniciais, **não conheço da apelação. MANOEL DE QUEIROZ PEREIRA CALÇAS**

Corregedor Geral da Justiça e Relator

TRIBUNAL DE JUSTIÇA DO ESTADO DE SÃO PAULO

Conselho Superior da Magistratura

Apelação Cível 0002839-82.2015.8.26.0095 SEMA

Dúvida de registro

VOTO 46.266 (com divergência):

1. Acompanho a **conclusão** do respeitável voto de Relatoria.

2. Peço reverente licença, entretanto, para não aderir à "análise de mérito" a que se lançou **após afirmar não conhecer do recurso.**

3. Ao registrador público, tendo afirmada, *per naturam legemque positam*, a **independência na qualificação jurídica** (*vide* arts. 3º e 28 da Lei n. 8.935, de 18-11-1994), não parece possam impor-se, nessa esfera de qualificação, "orientações" prévias e abstratas de caráter hierárquico.

Assim, o registrador tem o **dever** de qualificação jurídica e o **direito** de efetivá-la com independência profissional, *in suo ordine*.

4. Vem a propósito que a colenda Corregedoria Geral da Justiça paulista, em seu código de normas, enuncia: "Os oficiais de Registro de Imóveis gozam de independência jurídica no exercício de suas funções e exercem essa prerrogativa quando interpretam disposição legal ou normativa. (...)" (item 9º do cap. XX das "Normas de Serviço da Corregedoria Geral da Justiça de São Paulo").

5. Se o que basta não bastara, calha que os órgãos dotados de *potestas* para editar **regras técnicas** relativas aos registros públicos são os **juízes competentes para o exercício da função correcional** (o que inclui a egrégia Corregedoria Geral da Justiça; cf. inc. XIV do art. 30 da Lei n. 8.935/1994). Essa função de corregedoria dos registros, em instância administrativa final no Estado de São Paulo, **não compete a este Conselho Superior da Magistratura**, Conselho que, a meu ver, não detém, ao revés do que respeitavelmente entendeu o venerando voto de relação, "poder disciplinador" sobre os registros e as notas (v., a propósito, os incs. XVII a XXXIII do art. 28 do Regimento Interno deste Tribunal).

6. Averbo, por fim, que a admitir-se a pretendida força normativa da ventilada "orientação", não só os juízes corregedores permanentes estariam jungidos a observá-la, mas também as futuras composições deste mesmo Conselho.

Deste modo, voto no sentido de que se exclua a r. "orientação para casos similares". É, *da veniam*, **meu voto de vencido.**

Des. RICARDO DIP

Presidente da Seção de Direito Público

Notas:

[1] Fls. 44.

[2] Fls. 48-55.

[3] Fls. 59. **[4]** Fls. 61-63. **[5]** Fls. 74-76.

[6] Fls. 2-3, 4 e 6.

[7] REsp n.º 537.672, rel. Min. Humberto Martins, j. 24.10.2006; e **REsp n.º 1.314.602/MS**, rel. Min. Mauro Campbell Marques, j. 15.5.2012.

[8] Cf., ainda, **AgRg no Agravo de Instrumento n.º 1.175.547/PR**, rel. Min. Herman Benjamin, j. 1.º.10.2009; e **RMS nº 41.881/MS**, rel. Min. Castro Meira, j. 18.6.2013. (DJe de 28.04.2017 - SP)

PARTE 2

DECISÕES E PARECERES DA **CORREGEDORIA GERAL DA JUSTIÇA** DO ESTADO DE SÃO PAULO

2.1 DECISÕES E PARECERES DA CORREGEDORIA GERAL DA JUSTIÇA DO ESTADO DE SÃO PAULO – **ANO 2021 E 2022**

2.1.1 DECISÕES GERAIS E PERTINENTES A TODAS AS ESPECIALIDADES

EMOLUMENTOS

PROCESSO Nº 1001073-03.2020.8.26.0547 - SÃO PAULO - CORREGEDORIA GERAL DA JUSTIÇA (Parecer nº 46/2022-E)

Registro de Imóveis – Emolumentos – Consulta formulada pelo Oficial de Registro de Imóveis – Parcelamento do solo – Cancelamento de hipotecas que recaíram sobre parte dos lotes que integram o empreendimento – Art. 237- A da Lei n° 6.015/73 – Hipotecas constituídas antes da expedição do Termo de Verificação de Obras – TVO, visando garantir a execução das obras de infraestrutura do próprio loteamento – determinação de cobrança de emolumentos, para os cancelamentos, como ato único – Recurso não provido.

PROCESSO Nº 2021/20723- SÃO PAULO - CORREGEDORIA GERAL DA JUSTIÇA DO ESTADO DE SÃO PAULO. (Parecer nº 158/2021-E)

Registro de Imóveis – Emolumentos – Consulta (Lei Estadual n° 11.331, de 26 de dezembro de 2002, art. 29, §§ 1°-3°) – Constituição de direitos reais de garantia mobiliária ou imobiliária destinados ao crédito rural – Alterações introduzidas pelo art. 56 da Lei n° 13.986, de 7 de abril de 2020 ("Lei do Agro"), nos §§ 1° e 2° do art. 2° e do inc. VI do art. 3° da Lei 10.169/2000 – Novas regras que não são de inconstitucionalidade que, se houver, não pode ser declarada na via administrativa – Regras novas que têm aplicabilidade imediata, com o afastamento dos itens 8 e 9 das notas explicativas anexas à Lei Estadual n° 11.331/2002, e cômputo da taxa de fiscalização judicial segundo a alínea ***e*** do inciso I do art. 19 desse mesmo diploma – Comunicação à Secretaria da Fazenda do Estado de São Paulo e à D. Procuradoria Geral de Justiça. (DJe de 09.06.2021 – SP)

Ementa: Aprovação do parecer do MM Juiz Auxiliar da CGJ/SP – Registro de Imóveis – Emolumentos – Consulta (Lei Estadual nº 11 331, de 26 de dezembro de 2002, art. 29, §§ 1º-3) – Constituição de direitos reais de garantia mobiliária ou imobiliária destinados ao crédito rural – Alterações introduzidas pelo art. 56 da Lei nº 13 986, de 7 de abril de 2020 ("Lei do Agro"), nos §§ 1º e 2º do art. 2º e do inc. VI do art. 3º da Lei nº 10 169/2000 – Novas regras que não são de inconstitucionalidade patente e manifesta – Inconstitucionalidade que, se houver, não pode ser declarada na via administrativa – Regras novas que têm aplicabilidade imediata, com o afastamento dos itens 8 e 9 das notas explicativas anexas à Lei Estadual nº 11 331/2002, e cômputo da taxa de fiscalização judicial segundo a alínea "e" do inciso I do art 19 desse mesmo diploma – Comunicação à Secretaria da Fazenda do Estado de São Paulo e à D Procuradoria Geral de Justiça

PROCESSO Nº 2020/100392 - SÃO PAULO - CORREGEDORIA GERAL DA JUSTIÇA DO ESTADO DE SÃO PAULO (Parecer nº 156/2021-E)

Registro de Imóveis – Emolumentos – Consulta (Lei Estadual n° 11.331, de 26 de dezembro de 2002, art. 29, §§ 1°-3°) – Constituição de direitos reais de garantia mobiliária ou imobiliária destinados ao crédito rural – Alterações introduzidas pelo art. 56 da Lei n° 13.986, de 7 de abril de 2020 ("Lei do Agro"), nos §§ 1° e 2° do art. 2° e do inc. VI do art. 3° da Lei 10.169/2000 – Novas regras que não são de inconstitucionalidade que, se houver, não pode ser declarada na via administrativa – Regras novas que têm aplicabilidade imediata, com o afastamento dos itens 8 e 9 das notas explicativas anexas à Lei Estadual n° 11.331/2002, e cômputo da taxa de fiscalização judicial segundo a alínea ***e*** do inciso I do art. 19 desse mesmo diploma – Comunicação à Secretaria da Fazenda do

Estado de São Paulo e à D. Procuradoria Geral de Justiça.

ORDEM DE SERVIÇO

PROCESSO DIGITAL Nº 1996/121 – SÃO PAULO/SP – CORREGEDORIA GERAL DA JUSTIÇA (Parecer nº 123/2021-E)

Ementa: SERVIÇOS EXTRAJUDICIAIS DE NOTAS E DE REGISTRO – Serviços públicos essenciais – Regulamentação das datas e dos horários de funcionamento e de atendimento ao público – Atribuição do Poder Judiciário – Restrições decorrentes da definição como pandemia da COVID-19 – Decreto municipal que veda o atendimento ao público – Inconstitucionalidade – Proposta de representação à Excelentíssima Senhora Procuradora Geral do Estado.

Excelentíssimo Senhor Corregedor Geral da Justiça:

1. Trata-se de procedimento que foi originalmente instaurado para a regulamentação do funcionamento das unidades dos serviços extrajudiciais de notas e de registro nas datas em que ocorrerem feriados e pontos facultativos forenses. Juntou-se aos autos cópia do Provimento CG nº 14/2021, editado por Vossa Excelência para regulamentar o funcionamento das unidades dos serviços extrajudiciais nos municípios em que foram antecipados, para os dias 26, 29, 30 e 31 de março e 1º de abril de 2021, os feriados de *Corpus Christi* e Dia da Consciência Negra do ano de 2021 e os feriados de aniversário municipal, *Corpus Christi* e Dia da Consciência Negra do ano de 2022 (fl. 477/479). Foi comunicado que o Excelentíssimo Senhor Prefeito do Município de Cajuru editou o Decreto nº 10.194, de 23 de abril de 2021, que em seus arts. 3º e 6º, *caput,* antecipam para os dias 26, 27 e 28 de abril os feriados previstos para os dias 13 de maio, 09 de julho e 18 de agosto de 2021, e proíbem o funcionamento de todas as atividades comerciais e de prestação de serviços, ressalvando no inciso IX do § 1º do art. 6º que: *"O Cartório de Registro Civil de pessoas naturais poderá funcionar excepcionalmente, para procedimentos de urgência"* (fl. 659).

É o relatório.

Opino.

2. O art. 236 da Constituição Federal dispõe que os serviços notariais e de registro são exercidos por particulares, mediante delegação do Poder Público, e submetidos à fiscalização dos seus atos pelo Poder Judiciário:

> *"Art. 236. Os serviços notariais e de registro são exercidos em caráter privado, por delegação do Poder Público.*
>
> *§ 1º - Lei regulará as atividades, disciplinará a responsabilidade civil e criminal dos notários, dos oficiais de registro e de seus prepostos, e definirá a fiscalização de seus atos pelo Poder Judiciário (...)".*

A atribuição de normatizar é indissociável dos poderes para outorgar e fiscalizar, como esclarecido por Luis Paulo Aliende Ribeiro em conceituada obra:

> *"O Estado, exonerado da execução direta ou exclusiva do serviço público, assume o dever de concomitante intervenção e de garantia de que os notários e registradores, atores privados para os quais entregou o exercício da função, cumpram de modo adequado suas incumbências para alcançar o resultado pretendido que é a satisfação do interesse público e das necessidades da coletividade. Essa atuação de garantia se efetiva por meio da regulação"* (*Regulação da Função Pública Notarial e de Registro*, São Paulo: Saraiva, 2009, p. 135/136).

A delegação pelo Poder Público é forma peculiar de prestação do serviço público por particular que, portanto, está sujeita a regras próprias.

Na delegação dos serviços extrajudiciais está o responsável por sua prestação subordinado ao **poder hierárquico** da Administração Pública que o exerce por meio do **Poder Judiciário** através da Corregedoria Geral da Justiça, conforme definido no Regimento Interno do Tribunal de Justiça do Estado de São Paulo:

> *"Art. 28. Compete ao Corregedor Geral da Justiça:*
>
> *(...)*
>
> *XXXI - estabelecer as normas de serviço das delegações notariais e de registro;".*

A atribuição para a expedição de normas pelo Poder Judiciário decorre, igualmente, do inciso I do art. 31 da Lei nº 8.935/94 que tipifica a inobservância, por notário ou registrador, como infração disciplinar:

> *"Art. 31. São infrações disciplinares que sujeitam os notários e os oficiais de registro às penalidades previstas nesta lei:*
>
> *I - a inobservância das prescrições legais ou normativas".*

O Egrégio Superior Tribunal de Justiça, no RMS 7730/RS, de que foi relator o e. Ministro JOSÉ DELGADO, indicou, de forma clara, os fundamentos para os poderes normativo e de fiscalização, constando na ementa do v. acórdão:

"CONSTITUCIONAL. INTERPRETAÇÃO DO ART. 236, § 1º, DA CF, E DA LEI 8.935, DE 18.11.1994, ARTS. 22, 28 E 37.

1. O novo sistema nacional de serviços notariais e de registro imposto pela Lei 8.935, de 18 de novembro de 1994, com base no art. 236, § 1º, da CF, não outorgou pela autonomia aos servidores dos chamados ofícios extrajudiciais em relação ao Poder Judiciário, pelo que continuam submetidos à ampla fiscalização e controle dos seus serviços pelo referido Poder.

2. Os procedimentos notariais e de registro continuam a ser serviços públicos delegados, com fiscalização em todos os aspectos pelo Poder Judiciário.

3. O texto da Carta Maior impõe que os serviços notariais e de registro sejam executados em regime de caráter privado, porém, por delegação do Poder Público, sem que tenha implicado na ampla transformação pretendida pelos impetrantes, isto é, de terem se transmudados em serviços públicos concedidos pela União Federal, a serem prestados por agentes puramente privados, sem subordinação a controles de fiscalização e responsabilidade perante o Poder Judiciário

4. A razão desse entendimento está sustentada nos argumentos seguintes:

a) Vinculo-me à corrente doutrinária que defende a necessidade de se interpretar qualquer dispositivo constitucional de forma sistemática, a fim de se evitar a valorização isolada da norma em destaque e, consequentemente, a sua possível incompatibilidade com os princípios regedores do ordenamento jurídico construído sob o comando da Carta Maior para a entidade ou entidades jurídicas reguladas.

(...)

d) Por a autoridade delegante ter a competência originária, exclusiva ou concorrente, do exercício das atribuições fixadas por lei, no momento em que delega, por para tanto estar autorizado, também, por norma jurídica positiva, estabelece-se uma subordinação entre as pessoas envolvidas no sistema hierárquico entre o transferidor da execução do serviço e quem o vai executar, em outras palavras, o delegante e o delegado.

(...)

j) ***A natureza pública dos serviços notariais e de registro não sofreu qualquer desconfiguração com a CF/88. Em razão de tais serviços estarem situados em tal patamar, isto é, como públicos, a eles são aplicados o entendimento de que cabe ao Estado o poder indeclinável de regulamentá-los e controlá-los, exigindo sempre o exato cumprimento das condições impostas para a sua prestação ao Público.***

5. Nego provimento ao recurso" (RMS 7.730/RS, Rel. Ministro JOSÉ DELGADO, PRIMEIRA TURMA, julgado em 01/09/1997, DJ 27/10/1997, p. 54720 - grifei).

As atribuições de fiscalizar e normatizar os serviços notariais e de registro é exercida pelo Colendo Conselho Nacional de Justiça que também o faz com fundamento no inciso III do § 4º do art. 103-B da Constituição Federal:

"III - receber e conhecer das reclamações contra membros ou órgãos do Poder Judiciário, inclusive contra seus serviços auxiliares, serventias e órgãos prestadores de serviços notariais e de registro que atuem por delegação do poder público ou oficializados, sem prejuízo da competência disciplinar e correicional dos tribunais, podendo avocar processos disciplinares em curso, determinar a remoção ou a disponibilidade e aplicar outras sanções administrativas, assegurada ampla defesa;".

O poder normativo é exercido pelo Egrégio Conselho Nacional de Justiça por meio de resoluções e enunciados, com força vinculante (art. 104 do seu Regimento Interno), e pelo Corregedor Nacional de Justiça que, ainda conforme o Regimento Interno do Conselho Nacional de Justiça, tem, de forma específica, atribuição para expedir provimentos, recomendações, instruções, orientações e outros atos normativos destinados aos serviços notariais e de registro:

"Art. 8º - Compete ao Corregedor Nacional de Justiça, além de outras atribuições que lhe forem conferidas pelo Estatuto da Magistratura:

(...)

X - expedir Recomendações, Provimentos, Instruções, Orientações e outros atos normativos destinados ao aperfeiçoamento das atividades dos órgãos do Poder Judiciário e de seus serviços auxiliares e dos serviços notariais e de registro, bem como dos demais órgãos correicionais, sobre matéria relacionada com a competência da Corregedoria Nacional de Justiça;".

Desse modo, cabe ao Poder Judiciário normatizar a forma de prestação dos serviços notariais e de registro.

3. Por força da atribuição, constitucional e legal, conferida ao Poder Judiciário para regular a prestação dos serviços extrajudiciais de notas e de registro, **o art. 4º da Lei nº 8.935/1994 prevê que os dias e horários de funcionamento**

dos serviços notariais e de registro são estabelecidos pelo juízo competente, ou seja, pelo Poder Judiciário, respeitada a obrigatoriedade de manutenção de sistema de plantão, nos sábados, domingos e feriados, pelos Oficiais de Registro Civil das Pessoas Naturais:

*"Art. 4º **Os serviços notariais e de registro serão prestados, de modo eficiente e adequado, em dias e horários estabelecidos pelo juízo competente**, atendidas as peculiaridades locais, em local de fácil acesso ao público e que ofereça segurança para o arquivamento de livros e documentos.*

§ 1º O serviço de registro civil das pessoas naturais será prestado, também, nos sábados, domingos e feriados pelo sistema de plantão.

§ 2º O atendimento ao público será, no mínimo, de seis horas diárias" (grifei).

No Estado de São Paulo, os dias de expediente e os horários de funcionamento, interno e de atendimento ao público, são os previstos nos itens 76 e seguintes do Capítulo XIII do Tomo II das Normas de Serviço da Corregedoria Geral da Justiça, que dispõem:

"76. O atendimento ao público será, no mínimo, de seis horas diárias, em dias e horários estabelecidos pelo Juiz Corregedor Permanente, observadas as peculiaridades locais, sem prejuízo do poder normativo da Corregedoria Geral da Justiça.

76.1. O atendimento ao público nas unidades de registro de imóveis do Estado obedecerá ao horário ininterrupto das 9 às 16h, sem prejuízo da jornada de trabalho estipulada pelo Oficial. Quando a Serventia de Imóveis acumular a atribuição de protesto de letras e títulos, o horário de atendimento ao público desta especialidade será o mesmo fixado para o Tabelião de Notas da mesma Comarca.

77. As portarias editadas fixando a jornada de trabalho dos serviços notariais e de registro serão encaminhadas à Corregedoria Geral da Justiça.

78. A jornada de trabalho para atendimento ao público deverá ser de horário ininterrupto nas unidades dos serviços de notas e de registro que contem com, no mínimo, 03 escreventes.

78.1. O Juízo Corregedor Permanente respectivo, "ad referendum" da Corregedoria Geral da Justiça e por meio de decisão fundamentada, poderá dispensar determinada unidade extrajudicial de cumprir o horário ininterrupto tratado no subitem anterior.

78.2. As decisões do Juízo Corregedor Permanente que dispensarem o horário ininterrupto, só entrarão em vigor depois de referendadas pela Corregedoria Geral da Justiça.

79. Os serviços notariais e de registro serão prestados, de modo eficiente e adequado, em dias e horários estabelecidos pelo juízo competente, atendidas as peculiaridades locais, em local de fácil acesso ao público e que ofereça segurança para o arquivamento de livros e documentos.

79.1. As unidades dos serviços notariais e de registro de todas as Comarcas do Estado de São Paulo não funcionarão nos feriados nacionais, estaduais e municipais.

79.2. Nos dias úteis em que a atividade judicial sofrer paralisação em razão de deliberação da Egrégia Presidência do Tribunal de Justiça do Estado de São Paulo, a abertura das Unidades Extrajudiciais é facultativa, observada a obrigatoriedade do regime de plantão para o serviço de registro civil das pessoas naturais.

79.3. Nos pontos facultativos forenses dos dias 28 de outubro e 08 de dezembro, bem como durante o recesso forense de fim de ano fixado pelo Tribunal de Justiça, as serventias funcionarão normalmente, facultando-se, a critério do titular, a abertura nos dias 24 e 31 de dezembro".

4. Em atendimento ao previsto no art. 4º da Lei nº 8.935/1994, e **porque são serviços auxiliares do Poder Judiciário**, como definido no inciso III do § 4º do art. 103-B da Constituição Federal, a Corregedoria Geral da Justiça, pelo Provimento CG nº 14, de 24 de março de 2021, previu o funcionamento dos serviços extrajudiciais de notas e de registro das Comarcas do Estado de São Paulo nos dias 26, 29, 30 e 31 de março e 1º de abril de 2021 que não foram considerados, para essa finalidade, como feriados nos diversos municípios do Estado de São Paulo que promoveram a antecipação de feriados municipais e, em alguns casos, feriados estaduais e nacionais. Previu o referido Provimento:

*"**Art. 1º.** As unidades dos serviços extrajudiciais de notas e de registro das Comarcas do Estado de São Paulo funcionarão nos dias 26, 29, 30 e 31 de março e 1º de abril de 2021 que não serão considerados, para essa finalidade, como feriados antecipados, observado o Provimento CG nº 16/2020.*

***Parágrafo único**: O disposto no caput deste artigo não se aplica aos feriados relativos aos aniversários municipais, previstos em legislações próprias, que recaírem entre os dias 26 de março de 2021 e 1º de abril de 2021 e que não forem objeto de antecipação.*

***Art. 2º.** Será facultativo o expediente das unidades dos serviços extrajudiciais de notas e de registro* *nas datas previstas no art. 2º do Provimento CSM nº 2603/2021 como de suspensão do expediente forense, por força de feriados, observada a obrigatoriedade do regime de plantão para o serviço de registro civil das pessoas naturais".*

Essa norma guardou consonância com o Provimento nº 94/2020, da Colenda Corregedoria Nacional de Justiça, que veda o fechamento das unidades dos serviços notariais e de registro nas localidades em que decretadas medidas de quarentena pelas autoridades sanitárias, mantido o atendimento em regime de plantão:

*"**Art. 1º.** Nas localidades em que tenham sido decretadas medidas de quarentena por autoridades sanitárias, consistente em restrição de atividades, com suspensão de atendimento presencial ao público em estabelecimentos prestadores de serviços, ou limitação da circulação de pessoas, o atendimento aos usuários do serviço delegado de notas e registro, em todas as especialidades previstas na Lei 8.985/1995, serão prestados em todos os dias úteis, preferencialmente por regime de plantão a distância, cabendo às Corregedorias dos Estados e do Distrito Federal regulamentar o seu funcionamento, ou adequando os atos que já tenham sido editados se necessário, cumprindo que sejam padronizados os serviços nos locais onde houver mais de uma unidade.*

***§ 1º.** Os serviços públicos de notas e registros devem manter a continuidade e o seu funcionamento é obrigatório. Nos locais onde não for possível a imediata implantação do atendimento à distância, e até que isso se efetive, excepcionalmente, deverá ser adotado atendimento presencial, cumprindo que sejam observados, nesse caso, todos os cuidados determinados pelas autoridades sanitárias para os serviços essenciais, bem como as administrativas que sejam determinadas pela Corregedoria Geral dos Estados ou do Distrito Federal respectiva, ou pelo Juízo competente".*

5. A manutenção do funcionamento dos serviços extrajudiciais de notas e de registro nos feriados municipais antecipados, autorizada a suspensão do expediente das datas originais desses feriados, também decorreu da **natureza de serviços públicos essenciais**, o que foi esclarecido no Comunicado CG nº 254, publicado em 26 de março de 2020:

*"**COMUNICADO CG Nº 254/2020***

A Corregedoria Geral da Justiça do Estado de São Paulo comunica, para conhecimento em geral, que os serviços extrajudiciais de notas e de registro são serviços públicos e se destinam a assegurar segurança jurídica e permitir o exercício de direitos que são essenciais, como ocorre com os relacionados aos registros de nascimento, óbito e casamento. Por essa razão, não se enquadram na categoria de atividade comercial ou empresarial, mas são regulamentados por legislação especial e por normas do Conselho Nacional de Justiça e da Corregedoria Geral da Justiça, em conformidade com o art. 236 da Constituição Federal".

6. O Provimento CG nº 14/2021 de forma alguma contrariou as **regras sanitárias** impostas por Prefeitos Municipais porque foi ressalvada, como se verifica no seu art. 1º, **a possibilidade de prestação dos serviços, ou seja, de atendimento ao público, em sistema de plantão remoto**, como previsto nos arts. 1º e seguintes do Provimento CG nº 16/2020:

*"**Art. 1º.** Autorizar o atendimento ao público em regime de plantão nas unidades dos Serviços Extrajudiciais de Notas e de Registro do Estado de São Paulo situadas nos municípios abrangidos na Fase 1 do Plano São Paulo, instituído pelo Decreto Estadual nº 64.994/2020.*

***Parágrafo único.** O atendimento remoto será compulsório nas unidades em que o responsável e os seus prepostos, ou colaboradores, estiverem infectados pelo vírus COVID-19 (soropositivo).*

***Art. 2º.** Autorizar a suspensão do atendimento nas Unidades Interligadas situadas nos estabelecimentos de saúde que realizam partos, nos municípios abrangidos nas Fases 1, 2 e 3 do Plano São Paulo, instituído pelo Decreto Estadual nº 64.994/2020, mediante comunicação, pelo Oficial de Registro Civil das Pessoas Naturais, ao Juiz Corregedor Permanente e à Corregedoria Geral da Justiça pelo endereço eletrônico dicoge@tjsp.jus.br.*

***Art. 3º.** Autorizar a redução do horário de atendimento presencial nas unidades dos Serviços Extrajudiciais de Notas e de Registro do Estado de São Paulo, para o mínimo diário de quatro horas, nos municípios abrangidos na Fase 2 do Plano São Paulo, instituído pelo Decreto Estadual nº 64.994/2020.*

***Art. 4º.** O plantão previsto no art. 1º deste Provimento poderá ser:*

***I** – presencial;*

***II** – presencial e remoto;*

***III** – remoto.*

***§ 1º.** O plantão presencial terá duração mínima de duas horas. O plantão remoto terá duração mínima de quatro horas diárias.*

***§ 2º.** Todos os meios de comunicação que forem adotados para o atendimento remoto, incluídos o* *e-mail, os números de telefones fixo e celular, o número de telefone vinculado ao aplicativo WhatsApp, a identificação utilizada no aplicativo Skype, e outros que estiverem disponíveis para atendimento ao público serão divulgados em cartaz a ser afixado na porta da unidade de forma a facilitar a visualização, na página da internet da unidade e, quando possível, nas Centrais Eletrônicas das respectivas especialidades dos serviços.*

***§ 3º.** O atendimento ao público durante o plantão remoto será realizado por meio telefônico e por e-mail, sem prejuízo dos demais modos que forem adotados para a recepção de títulos, o fornecimento de certidões e a prática dos demais atos inerentes à especialidade do serviço".*

O atendimento em sistema de plantão abrange a recepção de títulos, no período da pandemia, em formato eletrônico, ou com uso de correio ou outra forma autorizada pelo Provimento CG nº 08/2020 e pelos Provimentos nos 91/2020, 93/2020, 94/2020, 95/2020, 97/2020 e 98/2020, todos da Colenda Corregedoria Nacional de Justiça, que tiveram a vigência prorrogada para 30 de junho de 2021 conforme o Provimento CNJ nº 114/2021.

7. Portanto, compete ao Poder Judiciário regulamentar as datas e os horários de funcionamento das unidades dos serviços notariais e de registro, em conformidade com os arts. 103-B e 236 da Constituição Federal e o art. 4º da Lei nº 8.935/1994, e ao Corregedor Geral da Justiça fixar esses horários conforme previsto no art. 28, inciso XXXI, do Regimento Interno do Tribunal de Justiça do Estado de São Paulo.

8. Por fim, importa observar que o feriado de 09 de julho de 2021 é previsto na Lei Estadual nº 9.497/1997, do que decorre a impossibilidade de antecipação por decreto municipal.

9. Ante o exposto, o parecer que submeto ao elevado critério de Vossa Excelência é no sentido de oficiar à Excelentíssima Senhora Procuradora Geral do Estado comunicando a edição do Decreto nº 10.194, de 23 de abril de 2021, do Excelentíssimo Senhor Prefeito do Município de Cajuru, que vedou o funcionamento das unidades dos serviços extrajudiciais de notas e de registro em datas de feriados antecipados, ressalvado o atendimento pelo Oficial de Registro Civil das Pessoas Naturais em "casos de urgência", para as medidas que se mostrarem cabíveis para o ajuizamento de ação declaratória de inconstitucionalidade.

Sub censura.

São Paulo, 28 de abril de 2021.

(a) JOSÉ MARCELO TOSSI SILVA, Juiz Assessor da Corregedoria (Assinatura Digital)

DECISÃO: Vistos. Aprovo o parecer do MM. Juiz Assessor da Corregedoria, por seus fundamentos que adoto. Oficie-se à Excelentíssima Senhora Procuradora Geral do Estado, com cópias do parecer, desta decisão, e do Decreto nº 10.194, de 23 de abril de 2021, do Excelentíssimo Senhor Prefeito de Cajuru, que vedou o funcionamento das unidades dos serviços extrajudiciais de notas e de registro, ressalvados os "casos de urgência" apresentados ao Oficial de Registro Civil das Pessoas Naturais, para as medidas que se mostrarem cabíveis para o ajuizamento de ação declaratória de inconstitucionalidade. São Paulo, 28 de abril de 2021. – (a) **RICARDO ANAFE – Corregedor Geral da Justiça** (Assinatura Digital) (DJe de 06.05.2021 – SP)

2.2 DECISÕES E PARECERES DA CORREGEDORIA GERAL DA JUSTIÇA DO ESTADO DE SÃO PAULO – **ANO 2020**

2.2.1 DECISÕES GERAIS E PERTINENTES A TODAS AS ESPECIALIDADES

EMOLUMENTOS

PROCESSO Nº 2020/105195 - SÃO PAULO - CORREGEDORIA GERAL DA JUSTIÇA DO ESTADO DE SÃO PAULO. (154/2021-E)

Registro de Imóveis – Emolumentos – Consulta (Lei Estadual nº 11.331, de 26 de dezembro de 2002, art. 29, §§ 1º-3º) – Constituição de direitos reais de garantia mobiliária ou imobiliária destinados ao crédito rural – Alterações introduzidas pelo art. 56 da Lei nº 13.986, de 7 de abril de 2020 ("Lei do Agro"), nos §§ 1º e 2º do art. 2º e do inc. VI do art. 3º da Lei 10.169/2000 – Novas regras que não são de inconstitucionalidade que, se houver, não pode ser declarada na via administrativa – Regras novas que têm aplicabilidade imediata, com o afastamento dos itens 8 e 9 das notas explicativas anexas à Lei Estadual nº 11.331/2002, e cômputo da taxa de fiscalização judicial segundo a alínea e do inciso I do art. 19 desse mesmo diploma – Comunicação à Secretaria da Fazenda do Estado de São Paulo e à D. Procuradoria Geral de Justiça.

PROTEÇÃO DE DADOS

PROCESSOS N°S 2018/00172013 e 2018/179813 - SÃO PAULO -CORREGEDORIA GERAL DA JUSTIÇA. (Parecer 176/2020)

Emolumentos – Cobrança por boleto bancário e cartões de crédito e de débito – Autorização pelo Provimento nº 98, de 27 de abril de 2020, da Egrégia Corregedoria Nacional de Justiça, com vigência até 15 de maio de 2020, vedado o repasse das taxas e demais custos administrativos aos usuários dos serviços públicos delegados, ressalvado o disposto no §2º do art. 1º do referido Provimento. (DJe de 08.05.2020 – SP)

PROCESSO Nº 2020/53702 (*Processo Digital*) - SÃO PAULO - CORREGEDORIA GERAL DA JUSTIÇA. (Parecer 458/2020-E)

Registro de Imóveis – Representação do 2º Oficial de Registro de Imóveis, Títulos e Documentos e Civil da Pessoa Jurídica – Informações enviadas para fins de estatística à central de serviços eletrônicos compartilhados (Central Registradores de Imóveis) a partir da Declaração de Operações Imobiliárias (DOI) – Os Oficiais de Registro de Imóveis só podem tratar os dados pessoais sob a sua guarda e conservação para o atendimento de sua finalidade pública, na persecução do interesse público, com o objetivo de executar as competências legais ou cumprir as atribuições legais do serviço público – Enquanto controladores, os Oficiais são os responsáveis pelas decisões referentes ao tratamento de dados e à sua anonimização – Sigilo fiscal – Tráfego de dados para fins de estatísticas que tem de reduzir-se ao mínimo necessário – Transmissão restrita ao tipo de transação, data da transação, forma de alienação, valor base do imposto de transmissão, tipo de imóvel e localização (bairro, CEP, cidade e unidade federativa) – Interpretação das NSCGJ, Cap. XIII, itens 9, 36, 128, 129, 140, 149.1 e 150, e Cap. XX, itens 397, 414 e 415. (DJe de 05.11.2020 – SP)

PROCESSO N.º 2019/109323 - SÃO PAULO - CORREGEDORIA GERAL DA JUSTIÇA. (Parecer n.º 377/2020-E)

SERVIÇOS EXTRAJUDICAIS DE NOTAS E DE REGISTRO – LEI Nº 13.709, DE 14 DE AGOSTO DE 2018 (LEI GERAL DE PROTEÇÃO DE DADOS PESSOAIS – LGPD) – Edição de Provimento regulamentando a atuação dos responsáveis pelas delegações dos serviços extrajudiciais de notas e de registro do Estado de São Paulo.

Excelentíssimo Senhor Corregedor Geral da Justiça:

1. Trata-se de procedimento instaurado para o acompanhamento das medidas promovidas pelo Grupo de Estudos constituído pela Corregedoria Geral da Justiça e pela Escola Paulista da Magistratura em razão da edição da Lei nº 13.709, de 14 de agosto de 2018 (Lei Geral de Proteção de Dados Pessoais – LGPD).

Foram solicitadas as manifestações do Instituto de Estudos de Protesto de Títulos do Brasil – Seção São Paulo, da Associação dos Registradores Imobiliários de São Paulo – ARISP, do Instituto de Registro de Imóveis do Brasil – IRIB, da Associação dos Notários e Registradores do Estado de São Paulo – ANOREG/SP, da Associação dos Registradores de Pessoas Naturais do Estado de São Paulo – ARPEN/SP, e do Colégio Notarial do Brasil – Seção São Paulo.

Opino.

2. Com a edição da Lei nº 13.709, de 14 de agosto de 2018 (Lei Geral de Proteção de Dados Pessoais – LGPD), foi constituído pelos Excelentíssimos Desembargadores Corregedor Geral da Justiça e Diretor da Escola Paulista da Magistratura grupo conjunto de estudos, integrado por magistrados e servidores, visando a oportuna apresentação de sugestões para a regulamentação da matéria em seus diversos campos de aplicação.

Os trabalhos desenvolvidos pelo grupo conjunto de estudos abrangeram a realização de reuniões em que foram analisados aspectos teóricos da Lei Geral de Proteção de Dados Pessoais – LGPD e da sua aplicação nas atividades da Corregedoria Geral da Justiça e do Tribunal de Justiça.

Posteriormente, pela Portaria nº 9.885/2020, a Egrégia Presidência constituiu Comitê Gestor de Proteção de Dados – CGPD, também integrado por magistrados e servidores, dedicado à elaboração e proposição de medidas para que as atividades do Tribunal de Justiça do Estado de São Paulo sejam desenvolvidas em consonância com a Lei Geral de Proteção de Dados Pessoais – LGPD.

A par dessas atividades, os magistrados e servidores que representam a Corregedoria Geral da Justiça no Comitê Gestor de Proteção de Dados – CGPD, nomeados por indicação de Vossa Excelência, promoveram estudos e atividades específicas para a apresentação de propostas visando a aplicação da Lei Geral de Proteção de Dados Pessoais – LGPD nas atividades da Corregedoria Geral da Justiça.

O referido Comitê é integrado, por indicação do Corregedor Geral da Justiça, pelo Excelentíssimo Desembargador Rubens Rihl Pires Correa que atuou de forma a organizar e orientar as atividades desenvolvidas pelos Senhores Servidores e pelos Juízes Assessores da Corregedoria, transmitindo valorosos ensinamentos teóricos decorrentes de seus estudos sobre a Lei Geral de Proteção de Dados Pessoais – LGPD e à adoção de medidas concretas para a aplicação da Lei que terá vigência próxima.

Por sua vez, a Associação dos Registradores Imobiliários de São Paulo – ARISP (fl. 166/169), o Instituto de Registro de Imóveis do Brasil – IRIB (fl. 203/280), a Associação dos Registradores de Pessoas Naturais do Estado de São Paulo – ARPEN/SP (fl. 195/197) e o Colégio Notarial do Brasil – Seção São Paulo (fls. 175/189), que são entidades representativas dos senhores notários e registradores do Estado de São Paulo, apresentaram manifestações que foram instruídas com aprofundados estudos teóricos e propostas de normatização.

Essas atividades e manifestações subsidiaram a elaboração de Provimento, ora submetido à elevada análise de Vossa Excelência, para regulamentar as atividades dos responsáveis pelas unidades de notas e de registro do Estado de São Paulo na prestação do serviço público delegado.

3. A minuta de provimento que acompanha este parecer contém normas gerais que se destinam a orientar a atuação dos responsáveis pelas delegações de notas e de registro na aplicação da Lei Geral de Proteção de Dados Pessoais.

Para essa finalidade, foi adotada, sempre que possível, a estrutura da Lei Geral de Proteção de Dados Pessoais – LGPD.

Além disso, optou-se por reproduzir parte dos dispositivos da Lei Geral de Proteção de Dados Pessoais – LGPD, com acréscimos de normas sobre a as medidas concretas que deverão ser adotadas pelos senhores responsáveis pela prestação dos serviços extrajudiciais de notas e de registro.

Desse modo, o provimento inicia dispondo que os responsáveis pelas delegações dos serviços extrajudiciais de notas e de registro deverão observar, no tratamento dos dados pessoais, os objetivos, fundamentos e princípios previstos nos arts. 1º, 2º e 6º da Lei nº 13.709/2018, em todas as operações de tratamento que realizarem (itens 127 e 128).

A seguir, o provimento esclarece que os responsáveis pelas delegações dos serviços extrajudiciais, na qualidade de titulares, interventores ou interinos, são considerados controladores e, portanto, responsáveis pelas decisões referentes ao tratamento dos dados pessoais.

Além disso, o provimento define as diferentes formas de tratamento que serão dadas aos atos inerentes ao exercício dos ofícios extrajudiciais de notas e de registro e aos atos decorrentes do gerenciamento administrativo e financeiro das delegações exercidas por particulares mediante outorga pelo Poder Público.

Essa distinção foi adotada porque os serviços extrajudiciais de notas e de registro, embora exercidos em caráter privado, recebem o tratamento dispensado às pessoas jurídicas de direito público pela Lei Geral de Proteção de Dados Pessoais – LGPD, mas o gerenciamento administrativo e financeiro é responsabilidade, inclusive quanto ao custeio, dos titulares das delegações.

E a equiparação às pessoas jurídicas de direito público, quanto aos atos inerentes ao exercício dos ofícios extrajudiciais de notas e de registro, produz efeitos específicos, como a dispensa do consentimento do titular dos dados pessoais para as práticas dos atos típicos de notas e de registro.

Além disso, foi considerado que para a prestação do serviço público delegado os notários e registradores contam com prepostos, membros dos seus quadros de funcionários, e com prestadores de serviços terceirizados que podem atuar em funções de tratamento de dados, em especial no que se refere aos prestadores dos serviços de informática.

Foram previstos, ainda, requisitos mínimos a serem observados no controle do fluxo de dados pessoais, desde a sua coleta até o eventual compartilhamento, com previsão para que sejam adotadas medidas de segurança, técnicas e administrativas, que permitam a proteção dos dados contra acessos não autorizados, situações acidentais ou ilícitas de destruição, perda, alteração, comunicação ou qualquer forma de tratamento inadequado ou ilícito.

A observação desses requisitos de controle, ademais, contribuirá para a elaboração de relatórios de impacto e para a minoração de eventuais danos decorrentes de acessos ou comunicações não autorizadas.

Por seu turno, em razão dos diferentes rendimentos e estruturas das unidades dos serviços extrajudiciais, foi prevista a possibilidade de nomeação de encarregado não integrante do quadro de prepostos da serventia, com remuneração promovida, ou subsidiada, pelas entidades representativas de classe, podendo o encarregado atuar em mais de uma delegação.

O fornecimento de informações e a expedição de certidões foram tratados em conformidade com o fundamento legal utilizado pelo autor da solicitação, com esclarecimento sobre os efeitos das informações prestadas aos titulares dos dados com fundamento na Lei Geral de Proteção de Dados Pessoais – LGPD.

Também foram diferenciados os procedimentos de correção dos dados pessoais solicitados por força da Lei Geral de Proteção de Dados Pessoais – LGDP dos procedimentos de retificação de registros e atos notariais regulamentados em legislação específica.

Foi prevista, em complementação, a obrigação dos responsáveis pelas delegações dos serviços extrajudiciais e de registro comunicarem ao Juiz Corregedor Permanente e à Corregedoria Geral da Justiça os incidentes envolvendo dados pessoais e as medidas adotadas para a apuração das suas causas, a minoração dos seus efeitos e o controle de novos acessos.

Cuidou-se, mais, de autorizar o atendimento de requisitos destinados a conferir maior segurança para as informações e certidões solicitadas por meio eletrônico, das restritas aos conteúdos de índices e indicadores formados com dados pessoais, e das solicitadas em bloco, para reduzir o risco de uso contrário aos objetivos e princípios da Lei Geral de Proteção de Dados Pessoais – LGPD.

Foram regulamentados aspectos do compartilhamento de dados com as Centrais de Serviços Eletrônicos Compartilhados que, apesar de previsões legais e normativas que possibilitam, em hipóteses específicas, o acesso a dados pessoais mediante compartilhamento, não são equiparadas a pessoas jurídicas de direito público para efeito de sujeição à Lei Geral de Dados Pessoais – LGPD.

Contudo, diante dos compartilhamentos previstos em normas específicas, como a legislação sobre o SREI e a ONR, os decretos regulamentadores do SIRC e do SINTER, e as normas da Corregedoria Nacional de Justiça e da Corregedoria Geral da Justiça, foi previsto que as Centrais de Serviços Eletrônicos Compartilhados deverão comunicar os incidentes de segurança com dados pessoais, em 24 horas contados do seu conhecimento, aos responsáveis pelas delegações de notas e de registro de que os receberam e à Corregedoria Geral da Justiça, com esclarecimento quanto aos planos de resposta.

4. Por fim, esclarecemos que as normas relativas à Lei Geral de Proteção de Dados Pessoais – LGPD serão objeto de constante atualização e aperfeiçoamento, para adequação às novas diretrizes definidas pela Autoridade Nacional de Proteção de Dados – ANPD e às demais interpretações que prevalecerem para a sua aplicação.

Desse modo, e por não ser possível estabelecer de forma taxativa as hipóteses em que a Lei Geral de Proteção de Dados Pessoais – LGPD repercutirá na atuação dos senhores notários e registradores, a edição de eventuais normas direcionadas às diferentes especialidades dos serviços extrajudiciais será objeto de estudos a serem oportunamente realizados.

5. Com essas considerações, apresentamos à elevada consideração de Vossa Excelência a anexa minuta de Provimento.

Sub censura.

São Paulo, 2 de setembro de 2020.

José Marcelo Tossi Silva

Juiz Assessor da Corregedoria

Assinado Digitalmente

Josué Modesto Passos

Juízes Assessores da Corregedoria

Assinado Digitalmente

CONCLUSÃO

Em 3 de setembro de 2020, conclusos ao Excelentíssimo Senhor Desembargador

RICARDO ANAFE, DD. Corregedor Geral da Justiça do Estado de São Paulo.

Vistos.

Aprovo o parecer dos MM. Juízes Assessores da Corregedoria, por seus fundamentos que adoto, e edito o anexo Provimento que deverá ser publicado no DJe em três dias alternados, junto com o parecer e esta decisão.

Expeça-se comunicado no Portal do Extrajudicial.

Oficie-se às entidades representativas de classe dos senhores notários e registradores, com cópia do provimento e com agradecimento pelas manifestações apresentadas durante os estudos para a elaboração da norma.

Por fim, oficie-se ao Excelentíssimo Desembargador Rubens Rihl Pires Correa, que integra o Comitê Gestor de Proteção de Dados – CGPD, com agradecimento pela importante contribuição nos estudos voltados à adoção de medidas, pela Corregedoria Geral da Justiça, para a atuação em conformidade com a Lei Geral de Proteção de Dados Pessoais – LGPD.

São Paulo, 3 de setembro de 2020.

RICARDO ANAFE

Corregedor Geral da Justiça

Assinado Digitalmente (DJe de 10.09.2020 – SP)

2.2.2 REGISTRO DE IMÓVEIS

AVERBAÇÃO DA CONSTRUÇÃO

PROCESSO Nº 2019/185439 - SÃO PAULO - CORREGEDORIA GERAL DA JUSTIÇA. (Parecer 125/2020-E)

Registro de Imóveis – Averbação de construção – Pedido fundado no art. 247-A da Lei nº 6.015/1973 – Ausência de condicionante legal da averbação a emissão de certidão ou documento pela prefeitura municipal – Averbação fundada em auto declaração do proprietário de que a construção é de um pavimento e monofamiliar, concluída há mais de 5 anos, em área ocupada predominantemente por população de baixa renda – Necessidade de apontamento na averbação de que esta se dá sem habite-se ou atestado de conclusão de obra pela prefeitura, garantindo-se os interesses de terceiros de boa-fé – Fixação da obrigação do registrador comunicar ao município a averbação realizada nos termos do art. 247-A da Lei nº 6.015/1973, para fins de abertura ou regularização do cadastro fiscal e eventual providência de risco ou irregularidade na ocupação, considerando normas cogentes de direito ambiental e urbanístico – Alteração das normas de serviço nos termos da anexa minuta de Provimento. (DJe de 25.08.2020 – SP)

2.2.3 TABELIONATO DE PROTESTO

PROTESTO DE MULTA PENAL

PROCESSO Nº 2020/113462 - SÃO PAULO - CORREGEDORIA GERAL DA JUSTIÇA. (Parecer nº 474/2020-E)

MULTA PENAL – PROTESTO EXTRAJUDICIAL. Possibilidade. Previsão da sentença criminal como título executivo judicial passível de protesto. Regramento com relação à forma de apresentação, repasse do valor pago e cancelamento do protesto. Necessidade de atualização dos Tomos I e II das Normas de Serviço. Sugestão de Provimento.

Excelentíssimo Senhor Corregedor Geral da Justiça,

Trata-se de expediente instaurado para estudos sobre o protesto da pena de multa imposta por sentença penal condenatória.

O E. Supremo Tribunal Federal, ao julgar a ADI 3.150/DF, aos 13/12/2018, reconheceu que, embora a Lei nº 9.268/1996 tenha considerado a multa penal *dívida de valor*, ela possui caráter de sanção criminal, decorrendo daí a legitimidade ativa prioritária do Ministério Público para promover-lhe a execução. Eis a ementa do acórdão que foi publicado aos 06/08/2019:

"EMENTA: EXECUÇÃO PENAL. CONSTITUCIONAL. AÇÃO DIRETA DE INCONSTITUCIONALIDADE. PENA DE MULTA. LEGITIMIDADE PRIORITÁRIA DO MINISTÉRIO PÚBLICO. NECESSIDADE DE INTERPRETAÇÃO CONFORME. PROCEDÊNCIA PARCIAL DO PEDIDO.

*1. **A Lei nº 9.268/1996, ao considerar a multa penal como dívida de valor,** não retirou dela o caráter de sanção criminal, que lhe é inerente por força do art. 5º, XLVI, c, da Constituição Federal.*

*2. Como consequência, **a legitimação prioritária para a execução da multa penal é do Ministério Público perante a Vara de Execuções Penais.***

3. Por ser também dívida de valor em face do Poder Público, a multa pode ser subsidiariamente cobrada pela Fazenda Pública, na Vara de Execução Fiscal, se o Ministério Público não houver atuado em prazo razoável (90 dias).

4. Ação direta de inconstitucionalidade cujo pedido se julga parcialmente procedente para, conferindo interpretação conforme à Constituição ao art. 51 do Código Penal, explicitar que a expressão "aplicando-se-lhes as normas da legislação relativa à dívida ativa da Fazenda Pública, inclusive no que concerne às causas interruptivas e suspensivas da prescrição", não exclui a legitimação prioritária do Ministério Público para a cobrança da multa na Vara de Execução Penal. Fixação das seguintes teses:

(i) O Ministério Público é o órgão legitimado para promover a execução da pena de multa, perante a Vara de Execução Criminal, observado o procedimento descrito pelos artigos 164 e seguintes da Lei de Execução Penal; (ii) Caso o titular da ação penal, devidamente intimado, não proponha a execução da multa no prazo de 90 (noventa) dias, o Juiz da execução criminal dará ciência do feito ao órgão competente da Fazenda Pública (Federal ou Estadual, conforme o caso) para a respectiva cobrança na própria Vara de Execução Fiscal, com a observância do rito da Lei 6.830/1980." Sem grifo no original.

Cumpre salientar, igualmente, que o Excelso Pretório acolheu, aos 17/04/2020, os Embargos de Declaração opostos pela Advocacia-Geral da União – AGU, modulando ***"temporalmente os efeitos da decisão, de modo a estabelecer a competência concorrente da Procuradoria da Fazenda Pública quanto às execuções findas ou iniciadas até a data do trânsito em julgado da presente ação direta de inconstitucionalidade."*** (ADI 3.150/DF). O trânsito em julgado ocorreu aos 02/06/2020.

Tem-se, ainda, que a Lei nº 13.964/2019, apesar de alterar a redação do artigo 51 do Código Penal, acrescentando disposição expressa quanto à competência do Juízo das Execuções Criminais, manteve a previsão da multa penal como dívida de valor, com aplicação subsidiária das normas relativas à dívida ativa. Essa a redação atual do artigo:

"Art. 51. Transitada em julgado a sentença condenatória, a multa será executada perante o juiz da execução penal e será considerada dívida de valor, aplicáveis as normas relativas à dívida ativa da Fazenda Pública, inclusive no que concerne às causas interruptivas e suspensivas da prescrição." Destacamos.

Note-se que, além de reconhecida sua natureza de sanção penal, a declarada vigência dos artigos 164 a 170 da Lei de Execução Penal confere expressa titularidade ao *parquet*, conforme decidido pela Suprema Corte.

Logo, inconteste a legitimidade ativa prioritária do Ministério Público para a execução da multa penal, consistente em *dívida de valor*, isto é, ***"passa a ser um título executivo judicial a ser cobrado do condenado".***

Esse novo panorama jurídico já acarretou a edição do Provimento CG nº 04/2020 por esta Corregedoria Geral. Contudo, agora, o que se afigura, é a possibilidade do protesto extrajudicial da pena de multa, como forma de cobrança pelo Ministério Público.

Note-se que o art. 1º da Lei nº 9.492/97 dispõe que o ***"protesto é o ato formal e solene pelo qual se prova a inadimplência e o descumprimento de obrigação originada em títulos e outros documentos de dívida".***

O item 20 do Capítulo XV das NSCGJ/SP, por sua vez, prevê que: ***"podem ser protestados os títulos de crédito, bem como os documentos de***

dívida qualificados como títulos executivos, judiciais ou extrajudiciais". E o artigo 515 do Código de Processo Civil elenca a sentença penal condenatória como espécie de título executivo judicial.

Ressaltamos, ainda, ser indevida a limitação do protesto da sentença penal à obrigação de reparar o dano ou à prestação pecuniária. Como se demonstrou acima, além de não existir restrição no dispositivo legal, a pena de multa possui natureza jurídica de dívida de valor.

Portanto, pelo atual cenário legislativo, mostra possível o protesto da multa imposta em sentença penal condenatória.

Visando facilitar as rotinas cartorárias, e até mesmo os atos a serem praticados pelo Ministério Público, entende-se que para a realização do procedimento de protesto é suficiente a apresentação da certidão de sentença referida no art. 538-A, §1º, do Tomo I das NSCGJ/SP. Esta somente é expedida após o decurso do prazo de 10 dias para pagamento voluntário perante o juízo de conhecimento e contém todos os dados necessários para o apontamento, especialmente, nome e CPF do devedor.

Deverá ser adotada, como data de emissão e vencimento do título, a data do trânsito em julgado para partes, por representar a data de constituição do título executivo judicial. Porém, é comum no processo penal que a data do trânsito em julgado seja diferente para acusação e para a defesa. Nesses casos, a última data deverá ser adotada, porquanto, só então, estará o título definitivamente constituído.

De seu turno, o pagamento dentro do tríduo legal deverá ser realizado diretamente ao Tabelião de Protesto, pelos meios já previstos nas NSCGJ/SP. Em seguida, no primeiro dia útil subsequente ao da confirmação do pagamento, aquele deverá realizar o recolhimento na forma do art. 481 do Tomo I das NSCGJ/SP.

Contudo, nas hipóteses em que o beneficiário da multa for o Fundo Penitenciário Nacional – FUNPEN, tem-se que o recolhimento deverá ocorrer por Guia de Recolhimento da União – GRU. Por essa razão, nesses casos, entende-se salutar se prever que, no momento da apresentação da certidão de sentença criminal, deverá ser entregue, também, a mencionada guia, com prazo de vencimento igual ou superior a 20 dias úteis. A adoção desse prazo faz-se necessária porque, além do tríduo legal, o item 47.1, do Capítulo XV, das NSCGJ/SP exige a renovação da intimação depois de ***"dez dias úteis, contados da remessa da primeira intimação, se dirigida essa para Comarca estranha à circunscrição territorial do Tabelionato competente"***, e o item 53, do mesmo Capítulo, a considera infrutífera, somente após o ***"prazo de quinze dias úteis, contado da remessa da primeira intimação"***.

Efetuados os devidos repasses, o Tabelião de Protesto deixará à disposição do devedor a guia original e o respectivo comprovante, colhendo recibo no momento da entrega.

Nas hipóteses em que o protesto for lavrado, seu cancelamento deverá ser promovido, pelo devedor, nos termos da Lei nº 9.492/97, mediante a apresentação do respectivo mandado.

Por fim, atentos ao desiderato de evitar a prática de atos necessários pelos Ofícios Judiciais – já abarrotados de serviço – entende-se salutar que a expedição do mandado de cancelamento seja realizada apenas mediante requerimento de quaisquer das partes. Assim, presente uma causa extintiva da punibilidade, basta que as partes informem a existência do protesto, solicitando a expedição da certidão.

Feitas essas ponderações, o parecer que, respeitosamente, submetemos a Vossa Excelência é no sentido de que, sendo aprovado este, seja aprovada também a minuta de provimento anexa, para atualização das Normas de Serviço.

Sub censura.

São Paulo, 09 de novembro de 2020.

Alberto Gentil de Almeida Pedroso

Juiz Assessor da Corregedoria – Equipe Extrajudicial

Felipe Esmanhoto Mateo

Juiz Assessor da Corregedoria – Equipe Judicial (criminal)

José Marcelo Tossi Silva

Juiz Assessor da Corregedoria – Equipe Extrajudicial

Jovanessa Ribeiro Silva Azevedo Pinto

Juíza Assessora da Corregedoria Geral – Equipe Judicial (criminal) (DJe de 23.11.2020 – SP)

2.3 DECISÕES E PARECERES DA CORREGEDORIA GERAL DA JUSTIÇA DO ESTADO DE SÃO PAULO – **ANO 2019**

2.3.1 DECISÕES GERAIS E PERTINENTES A TODAS AS ESPECIALIDADES

DAS INFRAÇÕES DISCIPLINARES E PENALIDADES

PROCEDIMENTO ADMINISTRATIVO DISCIPLINAR - Oficial do Registro de Imóveis - Locação de móveis e equipamentos de empresa de que são sócios os filhos da titular da delegação que, por sua vez, é usufrutuária de parte das cotas sociais - Imputação da existência de confusão patrimonial que poderia redundar na obtenção de benefício fiscal indevido e na caracterização de conduta atentatória às instituições notariais e de registro, o que ensejou a aplicação da pena de multa - Doação dos móveis para a locadora atingida pela prescrição – Valor da locação que não se comprovou superar o preço de mercado - Precedente da Corregedoria Permanente em que reconhecida a regularidade da locação de bens pertencentes a parente do titular da delegação - Inexistência de dolo ou culpa - Recurso provido, com observações sobre a locação de bens destinados à prestação do serviço público e sobre a competência da Corregedoria Geral da Justiça e das Corregedorias Permanentes para a fiscalização que inclui a regularidade do cumprimento das obrigações fiscais pelos responsáveis pelas delegações - Proposta de edição de orientação, com natureza normativa, relativa ao lançamento da locação de mobiliários e equipamentos no Livro Diário da Receita e da Despesa.

Excelentíssimo Senhor Corregedor Geral da Justiça:

1) Trata-se de recurso interposto pela Sra. Oficial do Registro de Imóveis contra r. decisão que, com fundamento no art. 31, incisos I, II e V, da Lei nº 8.935/94 aplicou-lhe a pena de multa de R$ 30.000,00, em razão da doação dos bens móveis utilizados na prestação do serviço público delegado para empresa de que são sócios os seus filhos e da qual é usufrutuária de parte das cotas sociais, com pagamento de aluguéis visando a obtenção de benefício fiscal, o que não se coaduna com a moralidade da Administração Pública e caracteriza conduta atentatória às instituições notariais e de registro.

A recorrente alegou, em suma, que a perícia demonstrou que a locação dos bens móveis teve início no ano de 2013, ao custo de R$ 200.000,00, e no ano de 2017 teve o valor de R$ 324.562,08, quantia que é muito inferior à indicada na Portaria inicial e que correspondente a 2% das despesas da serventia. Afirmou que o contrato de locação foi celebrado em conformidade com a vontade das partes e em consonância com as normas de direito privado. Esclareceu que a locação abrange os bens inicialmente contratados e outros que foram adquiridos pela locadora ao longo do tempo, permanecendo os móveis que foram substituídos na serventia para servir como estoque destinado à reposição em caso de necessidade. Por essas razões, não houve redução do valor da locação decorrente de depreciação, mas somente reajuste dos aluguéis que observaram o IGP-M. Comentou a atuação da perita que teria examinado documentos e promovido análises que extrapolaram os limites fixados para o exame pericial, pois a Portaria não se referiu a fatos relacionados com recolhimento de emolumentos e de imposto de renda de pessoa física, o que fez ressalvando que a perícia não apurou irregularidades. Ademais, não cabia à perita substituir a atuação da Receita Federal que realiza fiscalização em curso e que tem entendimentos específicos sobre determinadas deduções, como, por exemplo, com o custeio da participação de prepostos em cursos e palestras destinados ao aprimoramento técnico. Por sua vez, o laudo demonstra que a Receita Federal não proíbe a locação de equipamentos e serviços. Informou que os bens locados são substituídos e complementados periodicamente, com inclusão de equipamentos novos, e que os móveis e equipamentos em uso são novos, ou com idade não superior a três anos. Asseverou que apresentou avaliações que demonstram que o valor da locação é inferior ao de mercado, o que não foi contrariado pela perícia. Sustentou que a delegação é antiga, a serventia ocupa as atuais instalações desde o ano de 2007, e que para a modernização e informatização dos serviços contou com o auxílio de seu filho que é preposto da delegação. Também para a modernização dos equipamentos promoveu a doação dos móveis antigos para a empresa locadora que, depois, os substituiu ao longo do tempo, o que fez em consonância com a liberdade gerencial e administrativa prevista no art. 21 da Lei nº 8.935/94, e para o que deu preferência à contratação da empresa de propriedade de seus filhos como forma de melhor promover o planejamento familiar e sucessório. Esses fatos ocorreram no ano de 2009 e foram de conhecimento dos Juízes Corregedores Permanentes que não fizeram recomendações ou determinações a respeito. Diante disso, e da inexistência de orientação da Corregedoria Geral da Justiça sobre o tema, acreditou não haver irregularidade na locação dos móveis que não decorreu de má-fé e não caracteriza simulação, ou imoralidade na prestação do serviço. Ademais, observou a disciplina prevista no art. 8º do Provimento CNJ nº 45/2015 e não praticou conduta considerada irregular pela Receita Federal. Disse que deve ser feita distinção entre evasão fiscal e elisão fiscal que não caracteriza ilícito, pois decorre de planejamento tributário não vedado por lei. Reiterou que agiu em conformidade com a autonomia gerencial e administrativa assegurada por lei e que não pode ser punida por fato antigo e ultrapassado. Requereu a reforma da r. decisão para que o procedimento seja julgado improcedente (fls. 985/1008).

Opino.

2) A Portaria nº 07/2018, da MM. Juíza Corregedora Permanente, imputou à recorrente a existência de responsabilidade disciplinar porque:

I) teve elevado custo financeiro com postagens, intimações e publicação de editais, com valores que destoaram dos balanços das demais delegações de igual especialidade;

II) em 02 de março de 2009 e 02 de abril de 2010 celebrou com a empresa CBX Rent Products & Participações Ltda, constituída em 02 de fevereiro de 2009 e de que os seus filhos são sócios, contratos de locação de bens móveis que configuram a existência de confusão patrimonial e a ocorrência de fraude fiscal em razão de indícios de que era proprietária dos bens locados que já estavam em uso na serventia, além de passar a figurar como usufrutuária de parte das cotas sociais da locadora que tem sede no endereço residencial de seu filho;

III) a locação de mobiliário teve custo elevado, superando R$ 500.000,00 anuais, valor que discrepa dos despendidos pelas demais serventias.

Conforme a Portaria, os fatos foram constatados em Correição realizada em 14 de setembro de 2017, com prosseguimento da apuração determinado pela Corregedoria Geral da Justiça no Pedido de Providencias nº 0004237- 44.2018.8.26.0100.

O procedimento foi julgado improcedente em relação ao custo financeiro com postagens, intimações e publicação de editais, porque demonstrado pela perícia contábil que correspondeu às despesas realizadas para as notificações visando à constituição em mora dos devedores de contratos garantidos por alienação fiduciária (fls. 967).

A r. decisão recorrida, além disso, considerou não haver irregularidade no lançamento das despesas com locação de móveis no Livro Registro Diário da Receita e da Despesa e no livro contábil escriturado para efeitos fiscais, por ser permitida pelo item 57, "a", do Capítulo XIII do Tomo II das Normas de Serviço da Corregedoria Geral da Justiça e não contrariar norma tributária, apesar de acarretar a redução da receita bruta e repercutir no valor devido a título de imposto de renda (fls. 967/968).

Ainda em razão da locação de móveis, foi aplicada a pena de multa de R$ 30.000,00 porque, conforme a r. decisão recorrida:

I) foi contratada com empresa de que são sócios os filhos da titular da delegação que, por sua vez, é usufrutuária de parte das cotas sociais; II) o aluguel mensal é de alto valor; III) os móveis inicialmente locados eram de propriedade da recorrente que os doou à locadora sob a justificativa de preservar o patrimônio familiar; IV) a doação e a locação visaram reduzir a renda líquida da delegação e o imposto de renda devido.

Esses fatos foram considerados como caracterizadores de atitude atentatória às instituições notariais e de registro e violadores do princípio da moralidade que norteia a prestação do serviço público.

A r. decisão recorrida reconheceu a prescrição em relação à doação dos móveis à empresa locadora, porque foi realizada no ano de 2009, ressalvando que a locação perdurou no tempo e por essa razão não foi abrangida pela prescrição (fls. 969).

Por fim, a r. decisão recorrida fez referência à precedente em que reconhecida a inexistência de infração disciplinar na locação de bens e serviços de empresa de que são sócios parentes de titulares da delegação (fls. 969/971), afastou a aplicação de pena de perda da delegação "...*diante da novidade interpretativa*" (fls. 972), e determinou que para a manutenção da locação a recorrente deverá renunciar ao usufruto das cotas sociais da locadora, considerar a depreciação do valor dos bens locados e excluir os bens que forem substituídos por outros (fls.972).

3) Assim descritos os fatos, cabe, inicialmente, apresentar alguns esclarecimentos sobre precedente da Corregedoria Geral da Justiça citado na r. decisão da MM. Juíza Corregedora Permanente e nas razões derecurso.

O parecer que apresentei no Processo CG nº 00151965/2017 e a r. decisão então prolatada por Vossa Excelência disseram respeito à solicitação de esclarecimentos, pelo dd. Procurador Geral da Justiça, sobre a atuação do Tribunal de Justiça na cobrança de parcelas de emolumentos que não foram integralmente repassadas por Tabelião de Notas aos credores previstos na Lei Estadual nº 11.331/2002.

Naquela ocasião, foi esclarecido que a fiscalização da prestação do serviço delegado extrajudicial atribuída ao Poder Judiciário não afasta a fiscalização direta, pelo Poder Executivo e pelo Ministério Público, do pagamento das parcelas dos emolumentos que devem receber em consonância com a legislação estadual.

Foi, ainda, informado que o Ministério Público e o Poder Executivo têm competência para fiscalizar a declaração e o recolhimento das parcelas dos emolumentos que, em razão da Lei Estadual nº 11.331/2002, devem ser depositadas diretamente aos seus cofres, pois autorizados pela legislação estadual e, mais, legitimados em decorrência da natureza tributária dos seus créditos.

Ressalvou-se, mais, que não cabe à Corregedoria Permanente e à Corregedoria Geral da Justiça acompanhar diretamente, mês a mês, se os responsáveis pelas delegações de notas e de registro preencheram as guias de recolhimento e promoveram os depósitos em favor da Fazenda do Estado e o Ministério Público, nem mover ações para a cobrança das parcelas não repassadas.

Assim porque as parcelas dos emolumentos devidos ao Poder Executivo e ao Ministério Público são recolhidas aos respectivos credores, não recebendo a Corregedoria Geral da Justiça e as Corregedorias Permanentes informações sobre os valores que efetivamente ingressaram em contas não mantidas ou controladas pelo Tribunal de Justiça.

Contudo, e em consonância com o art. 236 da Constituição Federal, com a Lei nº 8.935/94 e com a legislação sobre emolumentos, a Corregedoria Geral da Justiça e as Corregedorias Permanentes são incumbidas de fiscalizar o integral cumprimento dos deveres dos responsáveis pelas delegações dos serviços extrajudiciais de notas e de registro, em que também se inserem o recolhimento e repasse de parcelas de emolumentos e o cumprimento das obrigações fiscais.

Isso não implica em substituição do Poder Executivo e do Ministério Público para a cobrança das parcelas dos emolumentos de que são credores, incluindo o ajuizamento das ações judiciais que forem necessárias, e em substituição da Receita Federal na fiscalização do cumprimento das obrigações fiscais e na edição de normas sobre a escrituração dos livros fiscais e a declaração e o recolhimento de imposto de renda.

De forma mais ampla, a atuação fiscalizatória das Corregedorias diz respeito à regularidade da prestação do serviço público delegado em todos os seus aspectos, com comunicação de eventuais irregularidades aos entes públicos competentes para a adoção das medidas que, por sua natureza, não estiverem abrangidas nas atividades regulatória e disciplinar do Poder Judiciário.

Quanto ao aspecto regulatório e disciplinar, entretanto, nenhuma subtração pode ser feita em relação às atribuições do Poder Judiciário que, como afirmado, deve exercê-las em sua totalidade.

4) O art. 30, incisos V e XIV, da Lei nº 8.935/94 dispõe que são deveres dos notários e registradores:

> "*V - proceder de forma a dignificar a função exercida, tanto nas atividades profissionais como na vida privada;*
>
> (...)
>
> *XIV - observar as normas técnicas estabelecidas pelo juízo competente.*"

O descumprimento dos deveres anteriormente citados, a inobservância das prescrições legais ou normativas e a conduta atentatória às instituições notariais e de registro caracterizam infrações disciplinares e ensejam a aplicação das penas previstas na Lei nº 8.935/94, como decorre de seu art. 31:

"Art. 31. São infrações disciplinares que sujeitam os notários e os oficiais de registro às penalidades previstas nesta lei:

I - a inobservância das prescrições legais ou normativas;

II - a conduta atentatória às instituições notariais e de registro;

III - a cobrança indevida ou excessiva de emolumentos, ainda que sob a alegação de urgência; IV - a violação do sigilo profissional;

V - o descumprimento de quaisquer dos deveres descritos no art. 30."

As prescrições legais e normativas e os deveres inerentes à dignidade do exercício da função, tanto nas atividades profissionais como na vida privada, abarcam a regularidade de comportamento em relação às obrigações de cobrança e repasse de emolumentos, de lançamento no livro normativo sobre as receitas e despesas, e de cumprimento das obrigações fiscais.

Assim, por exemplo, não se autoriza a cobrança de emolumentos acima ou abaixo dos valores previstos na legislação, ou o descumprimento da obrigação de repassar aos diferentes credores, pontualmente, as parcelas dos emolumentos previstas na Lei Estadual nº 11.331/2002, ou a adoção de conduta destinada a fraudar as obrigações fiscais e tributárias como o lançamento de despesas fictícias, demonstradas por documentos fraudulentos e que não observaram os requisitos fiscais em sua emissão, ou de despesas não relacionadas com a prestação do serviço público delegado.

Irregularidades dessa natureza são sujeitas à fiscalização pelo Poder Judiciário e acarretam a imposição da sanção disciplinar cabível, sem prejuízo da comunicação do ocorrido aos entes públicos que forem competentes para as demais providências de natureza administrativa, civil e criminal adequadas.

5) Por outro lado, é importante enfatizar que a função administrativa disciplinar busca preservar os valores inerentes ao bom funcionamento da Administração Pública e das Instituições Públicas, razão pela qual os deveres são fixados em conformidade com a conduta esperada do agente, ou do prestador do serviço público delegado.

Fábio Medina Osório, sobre o tema, afirma que:

"(...) *Ao contrário, a função disciplinar é clássica função administrativa sancionatória, envolvida na preservação de valores imanentes ao bom funcionamento da Administração Pública ou das Instituições Públicas. Ocorre, por evidente, que nas infrações disciplinares o Direito Administrativo possui uma maior flexibilidade típica, o erro é tratado com maior rigor (pro societate), os princípios sofrem algumas pequenas ou grandes mudanças em seus conteúdos, todas reconduzíveis ao critério da maior elasticidade das normas punitivas e da redução dos direitos dos acusados em geral"* (Direito Administrativo Sancionador, 3ª ed., São Paulo: RT, 2009, p. 227).

Além disso, e além da responsabilidade pelo ilícito doloso, anoto que o prestador do serviço público delegado não se afasta da obrigação de adotar a conduta que dele é esperada pela Administração Pública diante da natureza da atividade que exerce, sendo inteiramente aplicável, também nesse ponto, a doutrina de Fábio Medina Osório em relação à caracterização do ilícito culposo:

"Lembre-se que a culpa tem especial importância no Direito Administrativo Sancionador, porque é possível uma ampla utilização das figuras culposas. O ilícito culposo tem larga utilização prática. Não vigora o princípio da excepcionalidade do ilícito culposo. Depende de uma deliberação legislativa ou da própria redação do tipo sancionador a constatação se há, ou não, a exigência de uma subjetividade dolosa ou culposa. O silêncio legislativo há de ser interpretado em seu devido contexto, podendo haver, inclusive, uma admissão implícita de uma modalidade culposa de ilícito.

Consiste a culpa, basicamente, na violação de deveres objetivos de cuidado, sendo normalmente identificada nas modalidades da imperícia, negligência ou imprudência. O agente não tem a intenção, nem a vontade de praticar o fato ilícito e proibido, mas acaba cometendo o ato reprovado por uma atitude culposa, equivocada, por uma falta de cuidado ou de atenção.

Fora de dúvida que o agente público 'negligente' agride o princípio constitucional da 'eficiência' (art. 37, 'caput', da CF/88), podendo revelar-se inepto ao exercício de suas atribuições, mormente quando, com suas ações ou omissões, produz danos e prejuízos ao erário" ("Direito Administrativo Sancionador", cit., págs. 367/368).

Porém, o dever de fiscalizar e o poder disciplinar não dispensam a análise dos fatos e das normas aplicáveis diante das peculiaridades de cada caso concreto.

6) A manutenção e a escrituração do Livro Registro Diário da Receita e da Despesa, que não se confunde com o livro fiscal, é prevista no Provimento CNJ nº 45/2015 e nas Normas de Serviço da Corregedoria Geral da Justiça que autorizam o lançamento de despesas contraídas com a efetiva prestação do serviço público.

Essa regulamentação não é incompatível com o sistema de outorga das delegações de notas e de registro a particulares, profissionais do direito aprovados em concurso público de provas e títulos, pois o serviço que prestam é público e, portanto, permanecem sujeitos à normas de Direito Público que forem aplicáveis e à fiscalização e normatização pela Administração Pública.

O e. Desembargador Luis Paulo Aliende Ribeiro, em aprofundado estudo, bem caracteriza o regime vigente:

> *"A imposição do regime privado de execução, vedada expressamente a atuação estatal direta, caracteriza o exercício privado de função pública e acrescenta um dado a mais para a demonstração de que a atividade notarial e de registros apresenta peculiaridades que a diferenciam de quaisquer outras, singularidade que emerge do estudo mais detalhado dessas profissões oficiais ou profissões públicas independentes.*
>
> *O exercício necessariamente privado ocorre no campo destinado à gestão privada, ou seja, na atuação jurídica dos notários e registradores, o que, quanto à organização geral dos serviços e à relação de sujeição especial que liga os delegados ao Poder Público outorgante, não afasta o regime jurídico de direito público e a natureza estatal desta singular atividade de atribuição da fé pública e da publicidade oficial a atos, contratos e direitos de terceiros.*
>
> *A gestão privada, isoladamente considerada, não permite, por este motivo, a caracterização da atividade notarial e de registros como atividade econômica em sentido estrito, permanecendo, em face do parcial regime jurídico de direito público, sua natureza de serviço público.*
>
> *Mas os notários e registradores, embora exercentes da função pública, não são funcionários públicos, nem ocupam cargos públicos efetivos, tampouco se confundem com os servidores e funcionários públicos integrantes da estrutura administrativa estatal. Por desempenharem função que somente se justifica a partir da presença do Estado - o que afasta a idéia de atividade exclusivamente privada -, inserem-se na ampla categoria de agentes públicos, nos termos acolhidos de forma pacífica pela doutrina brasileira de direito administrativo"* (*Regulação da função pública notarial e de registro*, São Paulo: Saraiva, 2008, p. 53/54).

O referido autor esclarece:

> *"O Estado, exonerado da execução direta ou exclusiva do serviço público, assume o dever de concomitante intervenção e de garantia de que os notários e registradores, atores privados para os quais entregou o exercício da função, cumpram de modo adequado suas incumbências para alcançar o resultado pretendido que é a satisfação do interesse público e das necessidades da coletividade. Essa atuação de garantia se efetiva por meio da regulação"* (*Regulação da Função Pública Notarial e de Registro*, cit., p. 135/136)

No julgamento do RMS 7730/RS, de que foi relator o e. Ministro José Delgado, o Eg. Superior Tribunal de Justiça relacionou, de forma clara, os fundamentos dos poderes de normatizar e fiscalizar, podendo ser extraídas do v. acórdão as seguintes conclusões:

> *I)* os serviços notariais e de registro são serviços públicos, prestados por meio de delegação que é forma de transferência pelo Estado, para prestação por outras pessoas, de atribuições que originariamente lhes competem por determinação legal;
>
> *II)* a Constituição Federal não afastou a *subordinação hierárquica* entre o Poder delegante e os delegatórios, pois sendo o serviço público *"...cabe ao estado o poder indeclinável de regulamentá-los e controlá-los exigindo sempre sua atualização e eficiência, de par com o exato cumprimento das condições impostas para sua prestação ao público"*;
>
> *III)* não há autonomia dos notários e registradores em relação à fiscalização e normatização pelo Poder Judiciário. Consta na ementa do referido v. acórdão:
>
> *"CONSTITUCIONAL. INTERPRETAÇÃO DO ART. 236, PAR. 1º, DA CF, E DA LEI 8.935, DE 18.11.1994, ARTS. 22, 28 E 37.*
>
> **1.** *O novo sistema nacional de serviços notariais e registrais imposto pela Lei 8.935, de 18.11.1994, com base no art. 236, par. 1º, da CF, não outorgou plena autonomia aos servidores dos chamados ofícios extrajudiciais em relação ao Poder Judiciário, pelo que continuam submetidos a ampla fiscalização e controle dos seus serviços pelo referido Poder.*
>
> **2.** *Os procedimentos notariais e registrais continuam a ser serviços públicos delegados, com fiscalização em todos os aspectos pelo Poder Judiciário.*
>
> **3.** *O texto da carta maior impõe que os serviços notariais e de registro sejam executados em regime de caráter privado, porém, por delegação do Poder Público, sem que tenha implicado na ampla transformação pretendida pelos impetrantes, isto e, de terem se transmudados em serviços públicos concedidos pela União Federal, a serem prestados por*

agentes puramente privados, sem subordinação a controles de fiscalização e responsabilidades perante o Poder Judiciário.

4. *A razão desse entendimento está sustentada nos argumentos seguintes:*

a) Vinculo-me a corrente doutrinária que defende a necessidade de se interpretar qualquer dispositivo constitucional de forma sistêmica, a fim de se evitar a valorização isolada da norma em destaque e, consequentemente, a sua possível incompatibilidade com os princípios regedores do ordenamento jurídico construído sob o comando da carta maior para a entidade ou entidades jurídicas reguladas.

b) Influenciado por tais posições, o meu primeiro posicionamento é o de fixar o conceito técnico-jurídico da expressão "delegação do poder público", que constitui o tema central do debate, haja vista que é o modo institucional como os serviços notariais e de registro são, hoje, exercidos no país.

c) O conceito de delegação de serviço público, após algumas variações, está hoje pacificado como sendo a possibilidade do Poder Público conferir a outra pessoa, quer pública ou privada, atribuições que originariamente lhe competem por determinação legal.

d) Por a autoridade delegante ter a competência originária, exclusiva ou concorrente, do exercício das atribuições fixadas por lei, no momento em que delega, por para tanto estar autorizado, também, por norma jurídica positiva, estabelece-se uma subordinação entre as pessoas envolvidas no sistema hierárquico entre o transferidor da execução do serviço e quem o vai executar, em outras palavras, entre o delegante e o delegado.

e) O dispositivo constitucional em comento, no caso o art. 236, da CF, ao determinar que os serviços notariais e de registro são exercidos em caráter privado, porém, por delegação do Poder Público, não descaracterizou a natureza publica de tais serviços, nem restringiu a forma de sua fiscalização, notadamente porque no par. 1º, de forma expressa, está dito que "lei regulara as atividades, disciplinara a responsabilidade civil e criminal dos notários, dos oficiais de registro e de seus prepostos, e definira a fiscalização de seus atos pelo poder judiciário.

f) A seguir, o legislador constituinte, numa demonstração inequívoca de que não se afastou do conceito tradicional de delegação de serviço público, portanto, respeitando, em toda a sua plenitude, o princípio da subordinação hierárquica a existir entre delegante e delegado, dispôs, ainda, que "a lei federal estabelecera normas gerais para fixação de emolumentos relativos aos atos praticados pelos serviços notariais e do registro", bem como que "o ingresso na atividade notarial e de registro depende de concurso público de provas e títulos, não se permitindo que qualquer serventia fique vaga, sem abertura de concurso de provimento ou de remoção por mais de seis meses".

g) É evidente que a prestação de serviços notariais e de registro público no Brasil, após a CF/1988, não tomou as características preconizadas pelos impetrantes, isto e, de que passaram a se submeter ao regime de concessão de serviço público, onde o poder fiscalizador e limitado, apenas, aos atos notariais, jamais a gestão interna da entidade que a exerce em regime absolutamente privado, por ter deixado de ser uma serventia publica da justiça.

h) Não importa, com as minhas homenagens ao patrono dos impetrantes, em face do profundo trabalho jurídico desenvolvido, não só na petição inicial, como na do recurso, a interpretação que os impetrantes assentaram a respeito do texto constitucional em discussão.

i) O fato, por si só de no art. 236, "caput", da CF, estar inserida a expressão de que os serviços notariais e de registro são exercidos em caráter privado, não conduz ao entendimento posto no recurso, pois, logo a seguir, está a determinação nuclear de que tais serviços, por continuarem a ser públicos, necessitam de delegação do poder público para quem vai exerce-los, pelo que deverão executa-los de acordo como a lei determinar e só poderão receber tal delegação os que forem, pelo próprio poder público, julgados aptos pela via do concurso público.

j) A natureza publica dos serviços notariais e de registro não sofreu qualquer desconfiguração com a CF/1988. Em razão de tais serviços estarem situados em tal patamar, isto é, como públicos, a eles são aplicados o entendimento de que cabe ao estado o poder indeclinável de regulamenta-los e controla-los exigindo sempre sua atualização e eficiência, de par com o exato cumprimento das condições impostas para sua prestação ao público.

5. *Nego provimento ao recurso"* (RMS nº 7730/RS, Relator Ministro José Delgado, in DJ 27/10/1997).

Disso decorre a inexistência de conflito entre a autonomia para o gerenciamento administrativo e financeiro de que os titulares das delegações de notas e de registro são dotados (art. 21 da Lei nº 8.935/94) e a subordinação ao exercício dessa autonomia dentro dos limites legais e normativos que se destinam a preservar a correta e eficiente prestação do serviço público e o exercício da atividade em consonância com os deveres de dignificar a função e de não atentar contra as instituições notariais e de registro (arts. 30, inciso V, e 31, inciso II, ambos da Lei nº8.935/94).

7) O item 57 do Capítulo XIII do Tomo II das Normas de Serviço da Corregedoria Geral da Justiça, em rol aberto, autoriza o lançamento das despesas com aquisição, ou com locação, de mobiliário e equipamentos, quando contraídas para a prestação do serviço:

"*57. As despesas serão lançadas no dia em que se efetivarem e sempre deverão resultar da prestação do serviço delegado, sendo passíveis de lançamento no Livro Registro Diário da Receita e da Despesa todas as relativas investimentos, custeio e pessoal, promovidas a critério do delegatário, dentre outras: locação de bens móveis e imóveis utilizados para a prestação do serviço, incluídos os destinados à guarda de livros, equipamentos e restante do acervo da serventia;*

(...)

d) *aquisição de móveis, utensílios, eletrodomésticos e equipamentos mantidos no local da prestação do serviço delegado, incluídos os destinados ao entretenimento dos usuários que aguardem a prestação do serviço e os de manutenção de refeitório;*

e) *aquisição ou locação de equipamentos (hardware), de programas (software) e de serviços de informática, incluídos os de manutenção prestados de forma terceirizada;*

f) *formação e manutenção de arquivo de segurança;*

g) *aquisição de materiais utilizados na prestação do serviço, incluídos os utilizados para a manutenção das instalações da serventia;* (...)".

Destarte, o mero lançamento de despesa com locação de móveis e equipamentos não constitui irregularidade.

Também não há vedação para que a locação seja contratada com empresa que tiver em seu quadro social parentes do titular da delegação.

Nesse sentido é o precedente da Vara da Corregedoria Permanente, reproduzido na r. decisão recorrida (fls. 970/971), que tem fundamento na liberdade gerencial e financeira prevista no art. 21 da Lei nº 8.935/94.

Isso porque, ainda que a liberdade gerencial não seja ilimitada em razão dos deveres e obrigações de distintas naturezas que recaem sobre os responsáveis pelos serviços extrajudiciais, toda a renda de emolumentos não destinada aos repasses previstos em lei pertence ao titular da delegação que nela tem a sua remuneração.

Por essa razão, pagas as despesas com a manutenção da prestação do serviço e os impostos incidentes, tem o titular da delegação autonomia para dar ao seu patrimônio o destino que lhe convier, desde que não contrário à lei.

Assim, compete ao titular da delegação decidir se manterá a serventia em imóvel próprio, locado, ou que receber em comodato ou por outro modo.

Igual se dá com o mobiliário e equipamentos que não se confundirem com o acervo público e que, portanto, podem ser próprios, ou locados.

Mais que isso, sendo faculdade do titular da delegação adquirir, ou não, o imóvel, mobiliários e equipamentos utilizados na prestação do serviço, não se veda que promova a locação de empresa de que parentes foram sócios, porque são todos particulares que não estão subordinados às normas para a aquisição ou locação de bens pelo Poder Público, nessas incluídas as vedações ao nepotismo.

Por ser o titular da delegação livre para dispor da renda dos emolumentos que constituir a sua remuneração, não há impedimento ao uso dessa renda para a aquisição de patrimônio em favor próprio ou de seus parentes, nem para locar os móveis e equipamentos de terceiros, ressalvada quanto à doação a necessidade de declaração e recolhimento do imposto que for devido.

O que é vedado, por ser contrário à regular escrituração do Livro Registro Diário da Receita e da Despesa, aos deveres fiscais e à dignidade das atividades exercidas, é o lançamento das despesas com a aquisição dos mobiliários e equipamentos como decorrente da prestação do serviço e a posterior doação dos mesmos mobiliários e equipamentos para pessoa física ou jurídica com que contratada a locação.

In casu, porém, não há notícia ou prova de que assim ocorreu, não sendo esse fato descrito na Portaria inicial.

Sobre eventual irregularidade na doação dos móveis e equipamentos, ademais, a r. decisão recorrida reconheceu que houve prescrição no que se refere ao aspecto disciplinar.

A locação dos móveis foi contratada em 02 de março de 2009, por escrito (fls.65/70), fato que não é objeto de controvérsia.

Ocorrida a contratação em 02 de março de 2009, e passando o valor da locação a ser lançado no

Livro Registro Diário da Receita e da Despesa conforme se depreende da Correição que originou este procedimento, não se pode imputar à recorrente má-fé pela conduta que não violou norma específica e que não era vedada por precedente da Corregedoria Permanente ou da Corregedoria Geral.

Afastada a existência de dolo, também não se pode reconhecer que a recorrente agiu com culpa nas modalidades de imperícia, imprudência ou negligência porque não era exigível que previsse que a locação de mobiliário efetivamente destinado ao uso na prestação do serviço público, que não é vedada por normas administrativas e fiscais, viria a ser considerada irregular pelo fato da empresa locadora ter seus filhos como sócios, com alteração de precedente da Corregedoria Permanente.

Não foi comprovado, além disso, que o mobiliário e equipamentos que são destinados à efetiva prestação do serviço público são locados por valor superior ao de mercado, de forma a permitir a obtenção de indevido benefício de natureza fiscal.

Portanto, **neste caso concreto**, a conduta imputada à recorrente não autoriza a imposição de sanção disciplinar.

8) A r. decisão recorrida impôs limites à manutenção da locação de móveis e equipamentos pela recorrente, consistentes em:

I) observar o valor de mercado para a locação, com adoção das normas e costumes relativos à depreciação dos bens locados;

II) não manter a locação em relação aos bens substituídos em razão do tempo do uso, deterioração, ou outro motivo;

III) não participar como sócia ou usufrutuária das cotas sociais da locadora (fls. 972).

Essas restrições são compatíveis com os deveres legais e normativos e devem ser mantidas.

9) Por fim, é conveniente fixar parâmetros de atuação que servirão para afastar dúvidas e responder indagações que são recorrentes em relação à locação de bens móveis.

Os parâmetros a seguir propostos, entretanto, não esgotam as hipóteses relativas à locação de bens móveis e são destinados exclusivamente à escrituração do Livro Registro Diário da Receita e da Despesa que é normativo e que tem requisitos distintos dos livros fiscais.

Portanto, e **sem prejuízo do respeito às normas que deverão ser observadas para a escrituração dos livros fiscais**, proponho que em relação à escrituração do Livro Registro Diário da Receita e da Despesa:

I) seja autorizada a locação de mobiliários e equipamentos, contratada com pessoas físicas ou jurídicas, desde que o responsável pela prestação dos serviços extrajudiciais de notas e de registro não participe como sócio, ou como destinatário da renda da locação mediante usufruto de cotas sociais, ou por outro meio;

II) os bens locados sejam destinados à prestação do serviço público delegado e compatíveis com essa finalidade, incluídos os destinados ao conforto e comodidade dos usuários do serviço como, por exemplo, filtros de água, aparelhos de preparo de café e chá, televisão, ar condicionado e outros equivalentes;

III) a locação observe o preço de mercado e as regras e costumes aplicáveis, com alteração do valor pela depreciação dos bens locados em razão de tempo e deterioração pelo uso;

IV) sejam exigidos os recibos e comprovantes fiscais emitidos pelo locador, observadas as regras incidentes, com seu arquivamento em conformidade com as Normas de Serviço da Corregedoria Geral da Justiça;

V) sejam declarados e arquivados, em classificador próprio, os comprovantes de lançamento e recolhimento do ITCMD - Imposto sobre Transmissão Causa Mortis e Doação de Quaisquer Bens ou Direitos nas hipóteses em que incidir em razão de prévia doação a terceiro, pelo responsável pela prestação do serviço público, dos bens que posteriormente locar. Ressalvo que os responsáveis interinamente pelas unidades vagas dos serviços extrajudiciais e de registro permanecem sujeitos às normas específicas que vedam a contratação de despesas que possam onerar a renda da delegação, salvo autorização do Juiz Corregedor Permanente, sendo proibida, em qualquer hipótese, a locação de bens de quaisquer natureza que sejam de sua propriedade, ou de propriedade de seus cônjuges, companheiros e parentes até o terceiro grau, ou de empresas de que esses sejam sócios.

Reitero, porque relevante, que o Livro Registro Diário Auxiliar da Receita e da Despesa tem finalidade e requisitos de escrituração distintos dos livros fiscais.

Por esse motivo, se pretender utilizar livro único deverá o responsável para a delegação atentar que para efeito de imposto de renda a Receita Federal não autoriza deduções com a amplitude prevista no item 57 do Capítulo XIII do Tomo II das Normas de Serviço da Corregedoria Geral da Justiça, e que nessa hipótese deverão ser observadas as regras incidentes para a escrituração de livro fiscal, observado o subitem 61.1 do Capítulo XIII do Tomo II das Normas de Serviço da Corregedoria Geral da Justiça:

"61.1. É facultativa a utilização do Livro Registro Diário da Receita e da Despesa também para fins de recolhimento do Imposto de Renda (IR), ressalvada nesta hipótese a obrigação de o delegatário indicar quais as despesas não dedutíveis para essa última finalidade e também o saldo mensal específico para fins de imposto de renda."

10) Ante o exposto, o parecer que submeto ao elevado critério de Vossa Excelência é no sentido de dar provimento ao recurso para julgar o presente procedimento disciplinar improcedente, ficando, porém, mantidas as determinações feitas na r. decisão recorrida sobre a locação de móveis e equipamentos e de comunicação do ocorrido às Receitas Federal e Estadual.

Sugiro a edição de orientação, com força normativa, dos parâmetros propostos, em rol não taxativo, para a locação de bens móveis.

Ressalvo, por fim, que os responsáveis interinamente pelas unidades vagas dos serviços extrajudiciais e de registro permanecem sujeitos às demais normas que vedam a contratação de despesas que possam onerar a renda da delegação, salvo se necessárias e mediante prévia autorização do Juiz Corregedor Permanente, sendo proibida a locação de bens de quaisquer natureza que sejam de sua propriedade, ou de propriedade de seus cônjuges, companheiros e parentes até o terceiro grau, ou de empresas de que esses sejam sócios.

Sub censura.

São Paulo, 07 de junho de 2019.

(a) **José Marcelo Tossi Silva**

Juiz Assessor da Corregedoria

DECISÃO: Aprovo o parecer do MM. Juiz Assessor da Corregedoria, por seus fundamentos que adoto, e dou provimento ao recurso para julgar o procedimento disciplinar improcedente, o que faço mantendo as determinações feitas na r. decisão recorrida sobre a locação de mobiliários e equipamentos e de comunicações às Receitas Federal e Estadual. Determino, com força normativa e vinculante para os titulares de delegações dos Serviços Extrajudiciais de Notas e de Registro do Estado de São Paulo, que para efeito de escrituração do **Livro Registro Diário da Receita e da Despesa**:

I) é autorizada a locação de mobiliários e equipamentos, contratada com pessoas físicas e jurídicas, vedada a participação do responsável pela prestação dos serviços extrajudiciais de notas e de registro como sócio da pessoa jurídica, ou como destinatário da renda da locação mediante usufruto de cotas sociais, ou por outro meio;

II) os bens locados devem ser destinados à prestação do serviço público delegado e compatíveis com essa finalidade, podendo incluir os destinados ao conforto e comodidade dos usuários do serviço como, por exemplo, aparelhos para filtro e refrigeração de água e preparo de café e chá, televisão e outros equivalentes;

III) a locação deverá observar o preço de mercado e as regras e costumes aplicáveis, com alteração periódica do valor pela depreciação dos bens locados em razão de tempo e deterioração pelo uso;

IV) devem ser exigidos e arquivados os recibos e comprovantes fiscais emitidos pelo locador, observada a regularidade desses comprovantes em todos os seus aspectos;

V) devem ser declarados e arquivados, em classificador próprio, os comprovantes de lançamento e recolhimento do ITCMD - Imposto sobre Transmissão Causa Mortis e Doação de Quaisquer Bens ou Direitos nas hipóteses em que incidir em razão de prévia doação a terceiro, pelo responsável pela prestação do serviço público, dos bens que posteriormente locar.

Os **responsáveis interinamente pelas unidades vagas** dos serviços extrajudiciais e de registro permanecem sujeitos às demais normas que **vedam** a contratação de despesas que possam onerar a renda da delegação, salvo se necessárias e previamente autorizadas pelo Juiz Corregedor Permanente, sendo **proibida**, em qualquer hipótese, a locação de bens de quaisquer natureza que sejam de sua propriedade, ou de propriedade de seus cônjuges, companheiros e parentes até o terceiro grau, ou de empresas de que esses sejam sócios.

Alerto que se pretender utilizar livro único deverá o responsável para a delegação atentar que para efeito de imposto de renda a Receita Federal não autoriza deduções com a amplitude prevista no item 57 do Capítulo XIII do Tomo II das Normas de Serviço da Corregedoria Geral da Justiça, e que nessa hipótese deverão ser observadas as regras incidentes para a escrituração de livro fiscal, observado o subitem 61.1 do Capítulo XIII do Tomo II das Normas de Serviço da Corregedoria Geral da Justiça:

"61.1. É facultativa a utilização do Livro Registro Diário da Receita e da Despesa também para fins de recolhimento do Imposto de Renda (IR), ressalvada nesta hipótese a obrigação de o delegatário indicar quais as despesas não dedutíveis para essa última finalidade e também o saldo mensal específico para fins de imposto de renda."

Intime-se e publique-se no DJe, com o parecer, para ciência e observação. São Paulo, 10 de junho de 2019.

(a) **GERALDO FRANCISCO PINHEIRO FRANCO**
Corregedor Geral da Justiça

Advogados: NARCISO ORLANDI NETO, OAB/SP 191.338, HELIO LOBO JUNIOR, OAB/SP 25.120 e ANA PAULA MUSCARI LOBO, OAB/SP 182.368. (DJe de 13.06.2019 - SP)

DA EXTINÇÃO DA DELEGAÇÃO

PROCESSO Nº 2018/200002 - SÃO PAULO - CORREGEDORIA GERAL DA JUSTIÇA DO ESTADO DE SÃO PAULO.

Trata-se de expediente encaminhado pela Dr.ª Letícia Fraga Benitez, MM.ª Juíza Corregedora Permanente do 8º Tabelião de Notas da Comarca da Capital, comunicando a extinção da delegação em razão do deferimento de pedido de aposentadoria, publicado na p. 39 do Diário Oficial Poder Executivo – seção I, de 30.03.2019, pugnando pelo recolhimento do acervo e fechamento da unidade enquanto permanecer vaga, em virtude da inviabilidade econômica da manutenção da prestação do serviço.

É o breve relatório. Decido.

Havendo a extinção da delegação do serviço extrajudicial de notas e de registro, compete ao Corregedor Geral da Justiça a declaração de vacância, a determinação de sua inclusão em lista para concurso público de outorga e, em regra, a designação de interino para responder pela unidade vaga.

No período de vacância a delegação retorna ao Estado, para nova outorga. Assim porque o art. 236 da Constituição Federal dispõe que os serviços extrajudiciais de notas e de registro são exercidos por particulares mediante delegação pelo Poder Público, competindo ao Poder Judiciário a outorga mediante concurso de provas e títulos, a fiscalização e, em consequência, a normatização dos serviços:

"Art. 236. Os serviços notariais e de registro são exercidos em caráter privado, por delegação do Poder Público.

§ 1º Lei regulará as atividades, disciplinará a responsabilidade civil e criminal dos notários, dos oficiais de registro e de seus prepostos, e definirá a fiscalização de seus atos pelo Poder Judiciário.

§ 2º Lei federal estabelecerá normas gerais para fixação de emolumentos relativos aos atos praticados pelos serviços notariais e de registro.

§ 3º O ingresso na atividade notarial e de registro depende de concurso público de provas e títulos, não se permitindo que qualquer serventia fique vaga, sem abertura de concurso de provimento ou de remoção, por mais de seis meses".

Ocorrida a vacância por aposentadoria, ou por outra causa prevista no art. 39 da Lei nº 8.935/94, compete ao Estado, ou especificamente ao Poder Judiciário, adotar as providências cabíveis para nova oferta e posterior outorga a particular que for aprovado em concurso público de provas e títulos e, mais, zelar pela prestação do serviço até o início do exercício pelo novo titular.

Porém, durante a vacância a gestão administrativa e financeira da unidade se submete a normas próprias, pois os responsáveis interinamente pelas unidades vagas não são dotados de autonomia para o gerenciamento administrativo e financeiro com a amplitude prevista no art. 21 da Lei nº 8.935/94.

Como exemplo, aos interinos é vedada a contratação de despesas que possam onerar em demasia e acarretar a inviabilidade econômica da prestação do serviço, salvo se a nova despesa for imprescindível e se houver autorização do Juiz Corregedor Permanente como previsto no § 4º do art. 3º da Resolução nº 80/2009 do Col. Conselho Nacional de Justiça:

> *"§ 4º Aos responsáveis pelo serviço, que tenham sido designados interinamente, na forma deste artigo, é defeso contratar novos prepostos, aumentar salários dos prepostos já existentes na unidade, ou contratar novas locações de bens móveis ou imóveis, de equipamentos ou de serviços, que possam onerar a renda da unidade vaga de modo continuado, sem a prévia autorização do respectivo tribunal a que estiver afeta a unidade do serviço. Todos os investimentos que comprometam a renda da unidade vaga no futuro deverão ser objeto de projeto a ser encaminhado para a aprovação do respectivo tribunal de justiça;*
>
> *(...)".*

Além de restringir a autonomia para a gestão da unidade, a r. decisão prolatada pelo Exmo. Ministro Gilson Dipp, então Corregedor Nacional de Justiça, nos autos do PP/CNJ nº 000384-41.2010.2.00.0000 (Evento 4289), em 12/07/2010, publicada no Diário da Justiça nº 124, determina que a renda máxima a ser obtida pelos responsáveis interinamente por delegações vagas é limitada ao valor dos subsídios dos Exmos. Senhores Desembargadores do Tribunal de Justiça, com obrigação de depositar o excedente da arrecadação em favor do Fundo Especial de Despesa do respectivo Tribunal de Justiça (ou equivalente).

O conteúdo dessa decisão foi reproduzido no art. 6º do Provimento nº 77, de 07 de novembro de 2018, do Exmo. Ministro Corregedor Nacional de Justiça, cabendo anotar que o Eg. Supremo Tribunal Federal, ao apreciar a matéria, reconheceu a constitucionalidade do teto remuneratório dos interinos.

Essas restrições têm como fundamento o retorno ao Estado da prestação do serviço público, até que se promova nova delegação, como se verifica em v. acórdão, prolatado pelo Eg. Supremo Tribunal Federal, que teve a seguinte ementa:

"*EMENTA: Direito Constitucional. Serventia extrajudicial. Provimento originário sem prévia aprovação em concurso público.*

> *Submissão da remuneração do responsável interino pela serventia extrajudicial ao teto constitucional. Ordem denegada.*
>
> *1. Autoaplicabilidade do art. 236, § 3º, da CF/88.*
>
> *2. Após a promulgação da Constituição Federal de 1988, é inconstitucional o acesso aos serviços notarial e de registro sem prévia aprovação em concurso público.*
>
> *3. O titular interino não atua como delegado do serviço notarial e de registro porque não preenche os requisitos para tanto.*

Age, em verdade, como preposto do Poder Público e, nessa condição, deve submeter-se aos limites remuneratórios previstos para os agentes estatais*, não se lhe aplicando o regime remuneratório previsto para os delegados do serviço público extrajudicial (art. 28 da Lei nº 8.935/94).*

> *4. Ordem denegada*"(MS 29192, Relator(a): Min. DIAS TOFFOLI, Primeira Turma, julgado em 19/08/2014, PROCESSO ELETRÔNICO DJe-198 DIVULG 09-10-2014 PUBLIC 10-10-2014).

Portanto, a vacância da delegação impõe ao Poder Público cautelas adicionais para que a prestação do serviço não seja causa de risco aos seus usuários e danos ao Estado, direta ou indiretamente, mediante responsabilidade pelas despesas com a manutenção em funcionamento de unidade economicamente inviável.

E como foi destacado pela MM.ª Juíza Corregedora Permanente, na presente situação há particularidades que devem ser consideradas.

Em novembro de 2018 houve a instauração de Processo Administrativo Disciplinar, com afastamento do então Titular, em razão do não recolhimento e do atraso em recolhimento de emolumentos devidos ao Estado, ao Fundo Especial de Despesa do Tribunal de Justiça, ao Fundo de Compensação dos Atos Gratuitos do Registro Civil das Pessoas Naturais e de Complementação da Receita Mínima das Serventias Deficitárias, à Carteira de Previdência das Serventias não Oficializadas da Justiça do Estado sob a administração do Instituto de Pagamento Especiais de São Paulo, do Imposto de Renda e de Contribuições Previdenciárias, conforme os valores previstos na Lei Estadual nº 11.331/2002.

No referido processo administrativo, o Sr. Tabelião admitiu que os débitos superavam o montante de R$ 25.000.000,00 (vinte e cinco milhões de reais).

Cumpre ressaltar que o processo administrativo disciplinar foi julgado procedente, com a aplicação da pena de perda de delegação em face do Sr. Tabelião, estando no aguardo do transcurso do prazo legal para eventual interposição de recurso.

Além disso, com a instauração do processo administrativo disciplinar, foram comunicados os órgãos competentes para as providências concernentes à cobrança do débito e de apuração criminal. A propósito, constou da Portaria:

> *Em decorrência dos débitos existentes e dos indícios de prática de ilícito penal, determino a remessa de cópia desta Portaria e dos documentos que a acompanham ao Ministério Público Federal, à Central de Inquéritos Policiais e Processos para as providências do Ministério Público do Estado de São Paulo, à Secretaria da Receita Federal, ao Instituto Nacional do Seguro Social e à Secretaria de Estado da Fazenda do Governo do Estado de São Paulo.*

Os interventores inicialmente nomeados referiram a inviabilidade econômica da unidade, eis que apresentava saldo negativo da ordem de R$ 822.673,32 (oitocentos e vinte e dois mil, seiscentos e setenta e três reais e trinta e dois centavos) ao tempo do início da intervenção, bem como a existência de débitos de parte das contribuições previdenciárias dos funcionários e das parcelas do FGTS.

Referiram, ainda, a possibilidade da paralisação dos serviços em razão do desequilíbrio econômico e, então, renunciaram à nomeação.

Houve a nomeação do substituto da unidade como interventor.

Não obstante, como destacado pela MM.ª Juíza Corregedora Permanente, em janeiro de 2019 a unidade apresentou saldo negativo de R$ 320.398,01 (trezentos e vinte mil, trezentos e noventa e oito reais e um centavo) e, em fevereiro de 2019, novo saldo negativo de R$ 61.804,53 (sessenta e um mil, oitocentos e quatro reais e cinquenta e três centavos). Ainda, foi mencionado o não pagamento de GPS (previdência social dos funcionários) no valor de R$ 115.000,00 (cento e quinze mil reais), vencida em março e não quitada por falta de recursos.

Desse modo, aclara-se a insustentabilidade econômica da unidade, cujos débitos aumentam mês a mês sem uma perspectiva de melhora futura.

Até a extinção da delegação, a par da necessária intervenção em decorrência do não pagamento de emolumentos, contribuições e obrigações trabalhistas, a responsabilidade dos débitos é do então Titular. Após, do Estado.

A continuidade dos serviços extrajudiciais, com o retorno da delegação ao Estado, implicaria diversos débitos, porquanto o resultado da unidade é negativo, com significativo passivo mês a mês.

Como é sabido, o Estado segue a estrutura funcional anteriormente existente, mormente quanto ao pagamento de salários e, eventualmente, em relação aos débitos trabalhistas do antigo Titular da Delegação.

Destarte, a manutenção da prestação do serviço com a sua atual estrutura, que abrange os prepostos livremente contratados pelo Sr. Tabelião de Notas, com os salários por esse fixados, ocasionaria gradativo aumento do *déficit*, com responsabilidade do Estado pelas despesas que fossem contraídas e não pagas após a data da aposentaria.

Aos débitos ordinários, já superiores à renda bruta, também competiria acrescer os valores relativos ao aluguel do prédio, dos móveis e equipamentos de informática, todos da titularidade patrimonial do antigo Sr. Tabelião.

Nessa linha, a continuidade dos serviços delegados ensejará severos prejuízos ao Estado em razão da inviabilidade do pagamento dos débitos mensais ante a insuficiência do ingresso de recursos.

Esses prejuízos, na continuidade da situação existente, repercutiriam nos funcionários da delegação pela falta de recursos para suprir todas as despesas trabalhistas, e nos usuários pela insegurança decorrente da prestação de serviços não viáveis economicamente.

Mas não é só.

Sabidamente, o serviço público delegado não pode faltar à comunidade ante sua essencialidade, competindo sua prestação mesmo diante de prejuízo econômico.

Entretanto, no caso concreto isso não ocorrerá, porquanto a Comarca da Capital dispõe de outras quarenta e três unidades de Tabelião de Notas, muitas delas situadas nas vizinhanças do local onde hoje instalado o 8º Tabelião de Notas.

Nessa ordem de ideias, excepcionalmente, é o caso da suspensão das atividades do 8º Tabelião de Notas da Comarca da Capital, com sua inclusão na lista de unidades vagas para concurso e, até a nova outorga, com a anexação do acervo pelo 9º Tabelião de Notas da Comarca da Capital, por critérios de estrutura e proximidade física.

Não se cuida, pois, de reorganização do serviço mediante extinção ou anexação de delegações, nem de suspensão a perdurar por tempo indefinido.

Ao contrário, a suspensão da prestação do serviço e o recolhimento do acervo composto por livros, documentos, papéis, arquivos e programas de informática, assim como outros itens que pertencem ao Poder Público porque inerentes à prestação do serviço público delegado, **é medida temporária**.

Neste caso concreto, **o recolhimento somente será mantido até a outorga do 8º Tabelião de Notas da Comarca da Capital a novo candidato que for aprovado em concurso, com determinação para que a referida unidade seja incluída no 12º Concurso Público de Provas e Títulos para a Outorga de Delegações de Notas e de Registro do Estado de São Paulo, cuja abertura foi autorizada pelo Colendo Conselho Superior da Magistratura do Estado de São Paulo**.

Com a outorga da delegação em concurso público, será o 8º Tabelião de Notas da Comarca da Capital **reinstalado** por seu novo titular que, para tanto, receberá todo o acervo que foi provisoriamente recolhido ao titular de delegação com igual especialidade.

Observo, quanto à **suspensão temporária da prestação do serviço e ao recolhimento do acervo**, que **não se cuida de medida inovadora, nem pouco usual**, porque é prevista no art. 7º, alínea "f", da Resolução nº 80/2009 do Colendo Conselho Nacional de Justiça para delegações de Registro Civil das Pessoas Naturais de Municípios e Distritos que, no Estado de São Paulo, prestam cumulativamente o serviço correspondente à especialidade de Tabelião de Notas: *"f) a fim de garantir o fácil acesso da população ao serviço de registro civil das pessoas naturais, as unidades vagas existentes nos municípios devem ser mantidas e levadas a concurso público de provas e títulos. No caso de não existir candidato, e for inconveniente para o interesse público a sua extinção, será designado para responder pela unidade do serviço vaga o titular da unidade de registro mais próxima,* ***podendo ser determinado o recolhimento do acervo para a sua sede e atendendo-se a comunidade interessada mediante serviço itinerante periódico, até que se viabilize o provimento da unidade vaga;***" (grifei).

Para a segurança jurídica não serão praticados novos atos de notas nos livros que forem recolhidos, nem reconhecidas firmas com base nas fichas abertas, salvo em casos excepcionais e mediante autorização da MM.ª Juíza Corregedora Permanente.

Por iguais razões, não serão autenticadas cópias com uso de selos e carimbos do 8º Tabelião de Notas.

Contudo, competirá ao responsável pelo acervo recolhido promover as anotações que forem cabíveis nos livros de notas, que deverão ser imediatamente encerrados, bem como emitir as certidões das escrituras públicas e as demais que forem pertinentes.

Outras questões específicas do recolhimento do acervo e do cumprimento de eventuais obrigações deixadas pendentes pelo anterior Titular da Delegação serão apreciadas pela MM.ª Juíza Corregedora Permanente, conforme forem identificadas, sendo cabível recurso à Corregedoria Geral da Justiça das decisões prolatadas.

Acrescente-se que ao responsável pelo acervo recolhido caberá expedir certidão de tempo de serviço em favor dos funcionários do antigo Tabelião. Interessante repisar, a propósito, a higidez de todas as obrigações existentes em face do Titular, especialmente aquelas decorrentes dos contratos de trabalho por ele firmados, certo que não haverá recepção de serventuários da unidade pelo Estado, conforme precedentes da Justiça do Trabalho transcritos na r. decisão proferida pela MM.ª Juíza Corregedora Permanente.

Por fim, não haverá remuneração específica ao responsável pelo acervo recolhido, exceto pelos emolumentos que forem devidos pela expedição de certidões e, nos casos em que autorizados, pelos reconhecimentos defirma.

Ante ao exposto: (i) determino o encerramento das atividades notariais da Delegação correspondente ao 8º Tabelião de Notas da Comarca da Capital, bem como o recolhimento do acervo da unidade ao 9º Tabelião de Notas da Comarca da Capital, lavrando-se inventário, com atribuição única de expedição de certidão dos atos notariais e de informações administrativas dos serventuários, mantida a colaboração dos auxiliares designados pela MM.ª Juíza Corregedora Permanente até a finalização do recolhimento; (ii) declaro a vacância da delegação correspondente ao 8º Tabelião de Notas da Comarca da Capital, a partir de 30.03.2019, em razão da aposentadoria do Sr. Tabelião ; (iii) determino a inclusão da delegação correspondente ao 8º Tabelião de Notas da Comarca da Capital na lista das unidades vagas sob o nº 2068, pelo critério de Provimento.

Providencie a DICOGE as necessárias anotações e comunicações perante o sistema "Justiça Aberta", gerenciado pela Eg. Corregedoria Nacional de Justiça.

Comunique-se a MM.ª Juíza Corregedora Permanente para que adote as medidas pertinentes ao cumprimento da presente decisão na esfera de suas atribuições, devendo informar a esta Corregedoria Geral da Justiça a finalização do recolhimento do acervo, fixado o prazo máximo de dez dias para tanto. Servirá a presente decisão como ofício.

São Paulo, 03 de abril de 2019.

(a) **GERALDO FRANCISCO PINHEIRO FRANCO**

Corregedor Geral da Justiça (DJe de 04.04.2019 - SP)

DOS PREPOSTOS

PARECER (526/2018-E)

PROCESSO Nº 2018/133318 - CNJ

SERVIÇOS EXTRAJUDICIAIS DE NOTAS E DE REGISTRO – PROVIMENTO Nº 77, DE 07 DE NOVEMBRO DE 2018, DA CORREGEDORIA NACIONAL DE JUSTIÇA – NORMAS A SEREM OBSERVADAS NAS NOMEAÇÕES DE INTERINOS PARA RESPONDER PELAS DELEGAÇÕES VAGAS DE NOTAS E DE REGISTRO.

Excelentíssimo Senhor Corregedor Geral da Justiça:

Trata-se de procedimento instaurado em razão de consulta, pela Eg. Corregedoria Nacional de Justiça, sobre as normas adotadas pela Corregedoria Geral da Justiça do Estado para a designação de responsáveis interinamente pelas delegações vagas de notas e de registro.

Opino.

As informações originalmente solicitadas foram prestadas à Eg. Corregedoria Nacional de Justiça conforme se verifica às fls. 19/28.

Posteriormente, no Processo CG nº 2017/00253496, foram adotadas medidas para a revisão do Tomo II das Normas de Serviço da Corregedoria Geral da Justiça, com inclusão da vedação ao nepotismo decorrente da existência de parentesco, casamento ou união estável entre o preposto substituto e o anterior titular da delegação, o que foi feito em conformidade com o v. acórdão prolatado pelo Plenário do Col. Conselho Nacional de Justiça nos autos da Consulta nº 0001005-57.2018.2.00.0000, de que foi relator o e. Conselheiro Valtércio de Oliveira, ao qual foi conferido caráter normativo geral e vinculante.

Em decorrência, os itens 11.1 a 12 do Capítulo XXI do Tomo II das Normas de Serviço de Serviço da Corregedoria Geral da Justiça passaram a ter o seguinte teor:

"11.1. Não pode ser interino:

a) o preposto auxiliar de serventia extrajudicial;

b) quem não era escrevente de algum serviço notarial ou de registro na data da vacância;

c) o parente até o terceiro grau, por consanguinidade ou afinidade, de magistrado que esteja incumbido da fiscalização dos serviços notariais e registrais ou de Desembargador deste Tribunal de Justiça;

d) o titular de delegação, salvo na hipótese de anexação de acervo;

e) quem já estiver designado como interino de outra serventia, salvo quando esgotadas as tentativas de se encontrar outra pessoa apta ou em caso de comprovado interesse público;

f) o cônjuge, companheiro ou parente até o terceiro grau, por consanguinidade ou por afinidade, do último titular da mesma delegação.

11.2 Não se deferirá a interinidade em qualquer hipótese de nepotismo ou de favorecimento de pessoas estranhas ao serviço notarial ou registral ou, ainda, quando houver ofensa à moralidade administrativa.

11.3. O indicado para responder interinamente por delegação vaga do serviço extrajudicial de notas e de registro deverá declarar, sob pena de responsabilidade, que não se insere nas hipóteses de vedação ao nepotismo, fazendo-o mediante modelo de "Termo de Declaração" elaborado pela Corregedoria Geral da Justiça.

12. O interino tem, salvo disposição legal ou normativa em contrário e, no que couber, os mesmos direitos e deveres do titular da delegação, e exerce função legitimada na confiança que, abalada, resultará, mediante decisão fundamentada, na designação de outro".

No subitem 11.1, alínea "b", acima transcrito, foi observado o disposto no § 2º do art. 3º da Resolução nº 81/2009 do Col. Conselho Nacional de Justiça:

"§ 2º Não se deferirá a interinidade a quem não seja preposto do serviço notarial ou de registro na data da vacância, preferindo- se os prepostos da mesma unidade ao de outra, vedada a designação de parentes até o terceiro grau, por consanguinidade ou afinidade, de magistrados que estejam incumbidos da fiscalização dos serviços notariais e registrais, de Desembargador integrante do Tribunal de Justiça da unidade da federação que desempenha o respectivo serviço notarial ou de registro, ou em qualquer outra hipótese em que ficar constatado o nepotismo, ou o favorecimento de pessoas estranhas ao serviço notarial ou registral, ou designação ofensiva à moralidade administrativa;".

A expressão "preposto do serviço notarial ou de registro" contida no § 2º do art. 81 da Resolução CNJ nº 81/2009 diz respeito ao funcionário do tabelião e do registrador que atua como escrevente ou como auxiliar, pois assim decorre dos arts. 20 e 21 da Lei nº 8.935/94:

"CAPÍTULO II

Dos Prepostos

Art. 20. Os notários e os oficiais de registro poderão, para o desempenho de suas funções, contratar escreventes, dentre eles escolhendo os substitutos, e auxiliares como empregados, com remuneração livremente ajustada e sob o regime da legislação do trabalho.

§ 1º Em cada serviço notarial ou de registro haverá tantos substitutos, escreventes e auxiliares quantos forem necessários, a critério de cada notário ou oficial de registro.

§ 2º Os notários e os oficiais de registro encaminharão ao juízo competente os nomes dos substitutos.

§ 3º Os escreventes poderão praticar somente os atos que o notário ou o oficial de registro autorizar.

§ 4º Os substitutos poderão, simultaneamente com o notário ou o oficial de registro, praticar todos os atos que lhe sejam próprios exceto, nos tabelionatos de notas, lavrar testamentos.

§ 5º Dentre os substitutos, um deles será designado pelo notário ou oficial de registro para responder pelo respectivo serviço nas ausências e nos impedimentos do titular.

Art. 21. O gerenciamento administrativo e financeiro dos serviços notariais e de registro é da responsabilidade exclusiva do respectivo titular, inclusive no que diz respeito às despesas de custeio, investimento e pessoal, cabendo-lhe estabelecer normas, condições e obrigações relativas à atribuição de funções e de remuneração de seus prepostos de modo a obter a melhor qualidade na prestação dos serviços".

Contudo, os requisitos para a nomeação de responsável interinamente por delegação vaga dos serviços notariais e de registro foram alterados pelo Provimento nº 77, de 7 de novembro de 2018, da Eg. Corregedoria Nacional de Justiça (fls. 299/302), que dispõe:

"Art. 2º Declarada a vacância de serventia extrajudicial, as corregedorias de justiça dos Estados e do Distrito Federal designarão o substituto mais antigo para responder interinamente pelo expediente.

§ 1º A designação deverá recair no substituto mais antigo que exerça a substituição no momento da declaração da vacância.

§ 2º A designação de substituto para responder interinamente pelo expediente não poderá recair sobre cônjuge, companheiro ou parente em linha reta, colateral ou por afinidade, até o terceiro grau do antigo delegatário ou de magistrados do tribunal local.

Art. 3º A designação de substituto para responder interinamente pelo expediente não poderá recair sobre pessoa condenada em decisão com trânsito em julgado ou proferida por órgão jurisdicional colegiado, nas seguintes hipóteses:

I - atos de improbidade administrativa; II crimes:

a) contra a administração pública;

b) contra a incolumidade pública;

c) contra a fé pública;

d) hediondos;

e) praticados por organização criminosa, quadrilha ou bando;

f) de redução de pessoa à condição análoga à de escravo;

g) eleitorais, para os quais a lei comine pena privativa de liberdade;

h) de lavagem ou ocultação de bens, direitos e valores.

§ 1º Na mesma proibição dos incisos I e II deste artigo, incide aquele que:

a) praticou ato que acarretou a perda do cargo ou emprego público;

b) foi excluído do exercício da profissão por decisão judicial ou administrativa do órgão profissional competente;

c) teve suas contas relativas ao exercício de cargos ou funções públicas rejeitadas por irregularidade insanável que configure ato doloso de improbidade administrativa, por decisão irrecorrível do órgão competente.

e) perdeu a delegação por decisão judicial ou administrativa.

Art. 4º Não se aplicam as vedações do art. 3º, inciso II, ao crime culposo ou considerado de menor potencial ofensivo.

Art. 5º Não havendo substituto que atenda aos requisitos do § 2º do art. 2º e do art. 3º, a corregedoria de justiça designará interinamente, como responsável pelo expediente, delegatário em exercício no mesmo município ou no município contíguo que detenha uma das atribuições do serviço vago.

§ 1º Não havendo delegatário no mesmo município ou no município contíguo que detenha uma das atribuições do serviço vago, a corregedoria de justiça designará interinamente, como responsável pelo expediente, substituto de outra serventia bacharel em direito com no mínimo 10 (dez) anos de exercício em serviço notarial ou registral.

§ 2º A designação de substituto para responder interinamente pelo expediente será precedida de consulta ao juiz corregedor permanente competente pela fiscalização da serventia extrajudicial vaga" (grifei).

Portanto, a nova norma prevê que a nomeação de interino deverá recair, sucessivamente: I) no preposto substituto da delegação vaga; II) no titular de outra delegação de notas ou de registro da mesma comarca que exerça ao menos uma das especialidades do serviço vago; III) no titular de delegação de comarca contígua que exerça ao menos uma das especialidades do serviço vago; IV) no substituto de outra delegação que seja bacharel em direito com no mínimo 10 (dez) anos de exercício em serviço notarial ou registral.

Disso decorre a necessidade de nova alteração das Normas de Serviço da Corregedoria Geral da Justiça para adequação ao Provimento nº 77/2018 da Corregedoria Nacional de Justiça que, anoto, é vinculante.

Ademais, deverá ser promovido novo levantamento das nomeações de interinos vigentes, para a revisão determinada no art. 8º do Provimento nº 77/2018 da Corregedoria Nacional de Justiça:

> "Art. 8º Os tribunais deverão adequar as designações dos atuais interinos às regras deste provimento em até 90 dias".

Para o cumprimento da nova norma será necessário o levantamento das delegações vagas do Estado de São Paulo, oficiando- se, após, aos MM. Juízes Corregedores Permanentes para que, em até 15 dias, obtenham dos responsáveis interinamente pelas delegações vagas declarações de que não se inserem nas hipóteses de vedação contidas no art. 3º do Provimento nº 77/2018 da Corregedoria Nacional de Justiça e para que informem se exerciam a função de preposto substituto da unidade na data em que se vagou.

Caso a nomeação não observe a ordem prevista no Provimento nº 77/2018 da Corregedoria Nacional de Justiça, deverá ser proposta à Corregedoria Geral da Justiça a substituição do responsável interinamente pela delegação vaga, também em até 15 dias, com indicação de novo responsável que deverá ser realizada em conformidade com as normas que vedam o nepotismo.

Para fiscalização da aplicação da r. decisão do Eg. Conselho Nacional de Justiça deverá o interino já designado, sob pena de responsabilidade, apresentar declaração no sentido de que não se insere nas hipóteses previstas no art. 3º do Provimento nº 77/2018, mediante uso de formulário padrão elaborado pela Corregedoria Geral da Justiça.

Por sua vez, o interino que for nomeado em substituição deverá apresentar a declaração de que não se insere nas hipóteses previstas no art. 3º do Provimento nº 77/2018 da Corregedoria Nacional de Justiça e nas de vedação ao nepotismo.

Essa medida, embora consista em declaração unilateral, permitirá identificar eventuais situações de vedação de nomeação que não seriam conhecidos por outro modo.

A cópia do "Termo de Declaração" deverá instruir a proposta de substituição do interino a ser encaminhada pelo MM. Juiz Corregedor Permanente à Corregedoria Geral da Justiça, para juntada no procedimento próprio.

De igual modo, os termos deverão ser elaborados e assinados também pelos interinos que não se inserirem nas hipóteses em que vedada a designação, com encaminhamento à Corregedoria Geral da Justiça no prazo de 30 dias, para juntada nos procedimentos específicos de cada unidade.

Por fim, mostra-se necessária a adequação dos subitens 11.1 e 11.3 do Capítulo XXI do Tomo II das Normas de Serviço da Corregedoria Geral da Justiça do Estado de São Paulo para que passem a contemplar os critérios previstos no Provimento nº 77/2018 da Eg. Corregedoria Nacional de Justiça.

Ante o exposto, o parecer que submeto à elevada apreciação de Vossa Excelência é no sentido de que;

I) promova a DICOGE o levantamento de todas as unidades dos Serviços Extrajudiciais do Estado de São Paulo que se encontram vagas, com juntada da relação nestes autos;

II) seja, após, oficiado aos MM. Juízes Corregedores Permanentes para que, em até 15 dias, verifiquem se a nomeação do responsável interinamente pela delegação vaga observou a ordem e a não incidência das vedações contidas no Provimento nº 77/2018 da Corregedoria Nacional de Justiça, propondo em caso negativo, no prazo subsequente de 15 dias, a substituição mediante indicação de novo responsável que deverá ser realizada em conformidade com as normas aplicáveis;

III) pelo mesmo ofício, solicite-se aos MM. Juízes Corregedores Permanentes que as novas pessoas indicadas para responder interinamente por unidades vagas do Serviço Extrajudicial de Notas e de Registro prestem, sob pena de responsabilidade, declaração de que não são cônjuge, companheiro ou parente até o terceiro grau, por consanguinidade ou afinidade, de magistrado que esteja incumbido da fiscalização dos serviços notariais e registrais ou de Desembargador do Tribunal de Justiça de São Paulo, de que não são cônjuge, companheiro, ou parente, por consanguinidade ou por afinidade, do último titular da delegação, e de que não foram condenados, por decisão transitada em julgado ou prolatada por órgão colegiado, nas ações e procedimentos relacionados no art. 3º do Provimento nº 77/2018, utilizando, para tanto, modelo de termo de declaração adotado pela Corregedoria Geral da Justiça, do qual apresento a minuta anexa a este parecer;

VI) os interinos que não se inserirem nas hipóteses em que vedada a designação deverão apresentar declaração de que não foram condenados, por decisão transitada em julgada ou prolatada por órgão colegiado, nas ações e procedimentos relacionados no art. 3º do Provimento nº 77/2018. Cópia da declaração deverá ser enviada à Corregedoria Geral da Justiça em conjunto com a proposta de designação de novo interino, ou em até 30 dias se não estiver presente a hipótese de substituição.

Sugiro, por fim, a alteração dos itens 11.1 e 11.3 do Capítulo XX do Tomo II das Normas de Serviço da Corregedoria Geral da Justiça do Estado de São Paulo para que passem a ter a seguinte redação:

"11.1. Não pode ser interino:

a) o preposto auxiliar de serventia extrajudicial;

b) quem não era escrevente ou titular de algum serviço notarial ou de registro na data da vacância;

c) o parente até o terceiro grau, por consanguinidade ou afinidade, de magistrado que esteja incumbido da fiscalização dos serviços notariais e registrais ou de Desembargador deste Tribunal de Justiça;

d) quem já estiver designado como interino de outra serventia, salvo quando esgotadas as tentativas de se encontrar outra pessoa apta ou em caso de comprovado interesse público.

e) o cônjuge, companheiro ou parente, em linha reta, colateral, ou por afinidade, do último titular da delegação.

f) pessoa condenada em decisão com trânsito em julgado ou proferida por órgão jurisdicional colegiado, nas seguintes hipóteses:

I. atos de improbidade administrativa;

II. crimes:

1) contra a administração pública;

2) contra a incolumidade pública;

3) contra a fé pública;

4) hediondos;

5) praticados por organização criminosa, quadrilha ou bando;

6) de redução de pessoa à condição análoga à de escravo;

7) eleitorais, para os quais a lei comine pena privativa de liberdade;

8) de lavagem ou ocultação de bens, direitos e valores.

g) Na mesma proibição dos nºs 1 a 8 da alínea "f" deste subitem incide aquele que:

1) praticou ato que acarretou a perda do cargo ou emprego público;

2) foi excluído do exercício da profissão por decisão judicial ou administrativa do órgão profissional competente;

3) teve suas contas relativas ao exercício de cargos ou funções públicas rejeitadas por irregularidade insanável que configure ato doloso de improbidade administrativa, por decisão irrecorrível do órgão competente.

4) perdeu a delegação por decisão judicial ou administrativa (...)

11.3. O indicado para responder interinamente por delegação vaga do serviço extrajudicial de notas e de registro deverá declarar, sob pena de responsabilidade, que não se insere nas hipóteses de vedação ao nepotismo e de que sua nomeação observa a ordem prevista e não contraria o disposto no Provimento nº 77/2018 da Corregedoria Nacional de Justiça, fazendo-o mediante modelo de 'Termo de Declaração' elaborado pela Corregedoria Geral da Justiça".

Sub censura.

São Paulo, 7 de novembro de 2018. José Marcelo Tossi Silva

Juiz Assessor da Corregedoria

PROCESSO Nº 2018/133318

DECISÃO: Aprovo o parecer do MM. Juiz Assessor da Corregedoria, por seus fundamentos que adoto. Promova-se a publicação no DJe, em três dias alternados, do parecer, desta decisão e do modelo de "Termo de Declaração" que acompanhou o parecer. Edito o Provimento anexo, também como proposto no parecer. No mais, proceda-se na forma do parecer. Publique-se. São Paulo, 10 de dezembro de 2018 (a) **GERALDO FRANCISCO PINHEIRO FRANCO -** Corregedor Geral da Justiça.

"TERMO DE DECLARAÇÃO"

____(NOME DO INDICADO), filho de__(NOME DO PAI) e de__(NOME DA MÃE), residente na (ENDEREÇO COMPLETO), portador do RG nº___ e do CPF nº____, indicado para responder como interventor ou para responder interinamente pela delegação correspondente ao_(DENOMINAÇÃO DA UNIDADE), neste Estado, **declaro: não ser parente até o terceiro grau, por consanguinidade ou afinidade, de magistrado que esteja incumbido da fiscalização dos serviços notariais e registrais ou de Desembargador do Tribunal de Justiça de São Paulo; não ser cônjuge, companheiro(a) ou parente até o terceiro grau, por consanguinidade ou por afinidade, do(a) último(a) titular da delegação para qual promovida a nomeação; não ter sido condenado, por decisão transitada em julgada ou prolatada por órgão colegiado, nas ações e procedimentos relacionados no art. 3º do Provimento nº 77/2018 da Corregedoria Nacional de Justiça**, o que faço, **sob pena de responsabilidade civil e criminal**, para efeito de controle da vedação ao nepotismo prevista no art. 3º, § 2º, da Resolução nº 80/2009 e no v. acórdão prolatado nos autos da Consulta nº 0001005-57.2018.2.00.0000, ambos do Conselho Nacional de Justiça, no Provimento nº 77/2018 da Corregedoria Nacional de Justiça, e nos subitens 11.1 e 11.3 todos do Capítulo XXI do Tomo II das Normas de Serviço da Corregedoria Geral da Justiça (Normas Extrajudiciais). Local e data__.

PARECER (92/2019-E)

PROCESSO Nº 2018/133318 - CNJ

SERVIÇOS EXTRAJUDICIAIS DE NOTAS E DE REGISTRO – PROVIMENTO Nº 77, DE 7 DE NOVEMBRO DE 2018, DA CORREGEDORIA NACIONAL DE JUSTIÇA – NORMAS A SEREM OBSERVADAS NAS NOMEAÇÕES DE INTERINOS PARA RESPONDER PELAS DELEGAÇÕES VAGAS DE NOTAS E DE REGISTRO

Excelentíssimo Senhor Corregedor Geral da Justiça:

Trata-se de procedimento instaurado em razão de consulta, pela Eg. Corregedoria Nacional de Justiça, sobre as normas adotadas pela Corregedoria Geral da Justiça para a designação de responsáveis interinamente pelas delegações vagas de notas e de registro.

Opino.

Para o efetivo cumprimento do Provimento nº 77, de 7 de novembro de 2018, da Eg. Corregedoria Nacional de Justiça (fls. 299/302) foi promovida por Vossa Excelência a atualização dos subitens 11.1 e 11.3 do Capítulo XXI do Tomo II das Normas de Serviço da Corregedoria Geral da Justiça mediante edição do Provimento CG n.º 46/2018 (fls. 318/320) e foi instituído novo modelo de "Termo de Declaração" a ser apresentado pelos indicados para responder interinamente pelas delegações vagas de notas e de registro (fls. 315).

Contudo, visando o aprimoramento das Normas de Serviço, mostra-se conveniente a atualização dos subitens 10.2 e 11.3 para que o primeiro se torne compatível com as regras fixadas pela E. Corregedoria Nacional de Justiça e para afastar dúvidas de interpretação.

Ante o exposto, o parecer que submeto à elevada apreciação de Vossa Excelência é no sentido de que os subitens 10.2 e 11.3 do Capítulo XX do Tomo II das Normas de Serviço da Corregedoria Geral da Justiça do Estado de São Paulo passem a ter a seguinte redação:

"10.2. A indicação que não recair sobre o substituto mais antigo observará o disposto no art. 5º, caput, e em seu § 1º, do Provimento nº 77/2018 da Corregedoria Nacional de Justiça.

(...)

11.3. O indicado para responder interinamente por delegação vaga do serviço extrajudicial de notas e de registro deverá declarar, sob pena de responsabilidade, que não se insere nas hipóteses de vedação ao nepotismo e que não sofreu condenação nas hipóteses previstas nas alíneas "f" e "g" do subitem 11.1 deste Capítulo e no art. 3º, caput, e seu parágrafo 1º, do Provimento nº 77/2018 da Corregedoria Nacional de Justiça, fazendo-o mediante modelo de 'Termo de Declaração' elaborado pela Corregedoria Geral da Justiça".

Sub censura.

São Paulo, 15 de fevereiro de 2019.

José Marcelo Tossi Silva

Juiz Assessor da Corregedoria

PROCESSO Nº 2018/133318

DECISÃO: Aprovo o parecer do MM. Juiz Assessor da Corregedoria, por seus fundamentos que adoto. Edito o Provimento anexo, como proposto no parecer. Publique-se. São Paulo, 15 de fevereiro de 2019 (a) **GERALDO FRANCISCO PINHEIRO FRANCO** - Corregedor Geral da Justiça. (DJe de 20.02.2019 - SP)

SEGURANÇA TECNOLÓGICA

PROCESSO Nº 2018/129740 – SÃO PAULO – CORREGEDORIA GERAL DA JUSTIÇA (353/2019-E)

CONSELHO NACIONAL DE JUSTIÇA. Provimento nº 74, de 31 de julho de 2018. Regras mínimas para garantir a segurança tecnológica do serviço extrajudicial. Determinação, pela C. Corregedoria Nacional de Justiça, de cumprimento imediato do Provimento quanto às Classes 2 e 3 de Serventias Extrajudiciais, com observação quanto àquelas da Classe 1, em especial, as deficitárias.

Excelentíssimo Senhor Corregedor Geral da Justiça,

Trata-se de expediente instaurado por determinação da C. Corregedoria Nacional de Justiça-CNJ, nos autos do Pedido de Providências nº 0011283-20.2018.2.00.0000, com objetivo de estabelecer regras mínimas para garantir a segurança tecnológica do serviço extrajudicial em todo país, nos termos do Provimento nº 74, de 31 de julho de 2018.

Opino.

Como acima referido, com a edição do Provimento nº 74, de 31 de julho de 2018, foram estabelecidas pela C. Corregedoria Nacional de Justiça regras mínimas para garantia da segurança tecnológica do serviço extrajudicial em todo país.

O art. 8º do Provimento nº 74/2018 criou o Comitê de Gestão da Tecnologia da Informação dos Serviços Extrajudicias- COGETISE, integrado por representantes das Corregedorias dos Tribunais dos Estados e do Distrito Federal, além de membros das associações dos serviços extrajudiciais em todo país.

Em parecer da lavra do MM. Juiz Assessor JOSÉ MARCELO TOSSI SILVA, aprovado por Vossa Excelência (fls. 163/166), foi autorizada a adoção do cronograma previsto no Provimento, para implantação dos padrões mínimos de tecnologia da informação determinados pelo C. CNJ, a serem atendidos no prazo ali fixado.

Por decisão de fls. 577/578, o Exmo. Sr. Corregedor Nacional de Justiça, Ministro HUMBERTO MARTINS, suspendeu os efeitos do Provimento nº74/2018, pelo prazo de 90 dias, até a instalação do COGETISE, com decisão de Vossa Excelência para ciência em âmbito estadual (fls. 595/596).

Em reunião realizada no dia 6 de fevereiro de 2019, na sede do Conselho Nacional de Justiça (ata às fls. 639/651), compareceram os membros do COGETISE, dentre eles, esse Juiz Assessor que subscreve o presente parecer, indicado por Vossa Excelência nestes autos (fl. 601), com posterior encaminhamento de sugestões em nome desta Eg. Corregedoria Geral (fls. 609/613).

Esgotados os trabalhos e colhidas as manifestações dos Tribunais de Justiça e representantes da ANOREG/BR, CNB/CF, ARPEN/BR, IRIB, IEPTB/BR e do IRTDPJ/BR, identificou-se dificuldades de implantação integral do Provimento nº 74/2018 em relação, especialmente, à Classe 1 das serventias previstas na normativa, que são aquelas que arrecadam até R$ 100.000,00 por semestre e representam 30,1% do total de serventias existentes no país.

Quanto às demais serventias (Classe 2 e 3), a C. Corregedoria Nacional de Justiça determinou o cumprimento integral e imediato do Provimento nº74/2018 (fls. 764/765).

Ante o exposto, tendo em vista que o Provimento nº 74/2018 do Conselho Nacional de Justiça-CNJ se encontra em plena vigência, o parecer que submeto, respeitosamente, à Vossa Excelência é no sentido de que seja determinado a cada uma das Corregedorias Permanentes do Estado, que fiscalize o cumprimento das exigências estabelecidas nas Classes 2 e 3 de Serventias, conforme o referido Provimento, instaurando as medidas administrativas que entenderem necessárias para a sua fiel observância.

Quanto às serventias integrantes da Classe 1, deverão ser identificados e monitorados os reais motivos que eventualmente possam dificultar o seu cumprimento e, exclusivamente quanto às deficitárias, os motivos em caso de absoluta impossibilidade de efetivação deverão ser comunicados ao respectivo Juiz Corregedor Permanente e a esta Eg. Corregedoria Geral da Justiça, para encaminhamento à C. Corregedoria Nacional de Justiça.

Proponho que, caso aprovado este parecer, seja ele disponibilizado no Diário da Justiça Eletrônico, por 3 dias alternados, para conhecimento de todos os MM. Juízes Corregedores Permanentes de Unidades Extrajudiciais do Estado.

Sub censura.

São Paulo, 10 de julho de 2019.

(a) Paulo Cesar Batista dos Santos Juiz Assessor da Corregedoria

DECISÃO: Aprovo o parecer do MM. Juiz Assessor da Corregedoria, por seus fundamentos, que adoto, e determino a sua publicação no DJE, por três vezes, em dias alternados, para conhecimento geral. São Paulo, 12 de julho de 2019. (a) **GERALDO FRANCISCO PINHEIRO FRANCO**, Corregedor Geral da Justiça (DJe de 26.07.2019 - SP)

2.3.2 REGISTRO CIVIL DAS PESSOAS NATURAIS

CRC

PROCESSO Nº 2017/209345 - SÃO PAULO - CORREGEDORIA GERAL DA JUSTIÇA DO ESTADO DE SÃO PAULO.

DECISÃO: CENTRAL DE INFORMAÇÕES DE REGISTRO CIVIL DAS PESSOAS NATURAIS - CRC. REEMBOLSO DOS ENCARGOS ADMINISTRATIVOS PELO SOLICITANTE. PROVIMENTOS CNJ 38/2014 E CNJ 46/2015. FIXAÇÃO DO MONTANTE EM R$ 4,00 E R$ 5,00 EM REGULARIZAÇÃO E INDEFERIMENTO DO AUMENTO PARA R$ 6,00.

Trata-se de expediente instaurado para análise das despesas administrativas pagas pelos usuários do serviço delegado prestado por meio da Central de Informações do Registro Civil (CRC) gerida pela Associação dos Registradores de Pessoas Naturais do Estado de São Paulo em âmbito estadual.

A ARPEN-SP prestou esclarecimentos acerca do custo de manutenção da CRC, inclusive por meio de consultoria técnica, e requereu o aumento da taxa atual da ordem de R$ 5,00 (cinco reais) para R$ 6,00 (seis reais).

É o breve relatório.

O Provimento n. 19/2012, expedido em 25.07.2012 pelo Desembargador José Renato Nalini, Corregedor Geral da Justiça à época, institui no Estado de São Paulo a Central de Informações do Registro Civil (CRC) sem a previsão do reembolso dos encargos administrativos pelo solicitante da certidão.

Em 25 de julho de 2014, a Corregedoria Nacional de Justiça, editou o Provimento n. 38/2014, criando a Central de Informações do Registro Civil das Pessoas Naturais - CRC em âmbito nacional, abarcando a central eletrônica do Estado de São Paulo.

O artigo 2º do Provimento n. 38/2014 fixou a organização da CRC pela Associação Nacional dos Registradores das Pessoas Naturais - ARPEN Brasil, bem como, excluídos os casos de gratuidade, estabeleceu o reembolso dos encargos administrativos pelo solicitante.

Nessa perspectiva, o artigo 11, parágrafo 4º, do Provimento n. 38/2014, da Corregedoria Nacional de Justiça, prescreveu:

> *§ 4º. Ressalvados os casos de gratuidade prevista em lei, os encargos administrativos referidos no caput deste artigo serão reembolsados pelo solicitante da certidão na forma e conforme os valores que forem fixados em norma de cada Corregedoria Geral da Justiça. Serão compreendidas como encargos administrativos as despesas com compensação de boleto bancário, operação de cartão de crédito, transferências bancárias, certificação digital (SDK, framework, certificado de atributo e de carimbo de tempo), e outras que forem previstas em normas estaduais, desde que indispensáveis para a prestação do serviço solicitado por meio da central informatizada.*

O Provimento n. 38/2014 foi revogado pelo Provimento n. 46, de 16 de junho de 2015, o qual prosseguiu com as normas administrativas referentes à Central de Informações de Registro Civil das Pessoas Naturais - CRC.

A previsão acerca do reembolso de encargos administrativos não sofreu alteração, como se observa do artigo 11, parágrafo 5º, do Provimento n. 46/2015, da Corregedoria Nacional de Justiça:

> *5º. Ressalvados os casos de gratuidade prevista em lei, os encargos administrativos referidos no caput deste artigo serão reembolsados pelo solicitante da certidão na forma e conforme os valores que forem fixados em norma de cada Corregedoria Geral da Justiça. Serão compreendidas como encargos administrativos as despesas com compensação de boleto bancário, operação de cartão de crédito, transferências bancárias, certificação digital (SDK, framework, certificado de atributo e de carimbo de tempo), e outras que forem previstas em normas estaduais, desde que indispensáveis para a prestação do serviço solicitado por meio da central informatizada.*

Ao tempo do Provimento CG n. 19/2012 as despesas de administração para manutenção da CRC foram fixadas em R$ 4,00 (quatro reais).

A partir da edição Provimento CNJ 38/2014, conforme interpretação da ARPEN-SP, esse valor passou a ser cobrado do solicitante e, cinco anos após, já na vigência do Provimento CNJ 46/2015, foi elevado para R$ 5,00 (cinco reais) – montante atual.

Em consideração às disposições contidas nos Provimentos CNJ 38/2014 e 46/2015 e, sobretudo, pelo fato da documentação juntada aos autos demonstrar os custos de manutenção da CRC a cargo da ARPEN-SP serem compatíveis com o reembolso cobrado a partir do Provimento CNJ 38/2014; em regularização, é o caso homologar esses montantes nos termos dos atos normativos administrativos da Corregedoria Nacional de Justiça.

Não obstante aos custos indicados a partir de documentos apresentados da central informatizada, em razão do valor frente ao usuário e também do volume de atos praticados no Estado de São Paulo, indefiro o pedido de aumento do reembolso ao solicitante para o montante de R$ 6,00 (seis reais), no momento.

Ante ao exposto, ficam regularizadas os reembolsos efetuados e mantida a taxa de administração pela expedição de certidão pelo sistema CRC em R$ 5,00 (cinco reais) a ser observada por todos as unidades extrajudiciais de Registro Civil do Estado de São Paulo.

Encaminhe-se cópia desta decisão a E. Corregedoria Nacional de Justiça e a Associação dos Registradores de Pessoas Naturais do Estado de São Paulo, servindo a presente como ofício.

São Paulo, 24 de maio de 2019.

(a) **GERALDO FRANCISCO PINHEIRO FRANCO**

Corregedor Geral da Justiça. (DJe de 10.06.2019 - SP)

RECONHECIMENTO DE PATERNIDADE

PROCESSO Nº 2019/45162 - SÃO PAULO – CORREGEDORIA GERAL DA JUSTIÇA DO ESTADO DE SÃO PAULO. (254/2019-E)

Reconhecimento de paternidade de criança cuja mãe é falecida - Impossibilidade de colheita de anuência da genitora - Item 42.5 do Capítulo XVII, Tomo II, das NSCGJ que obsta reconhecimento extrajudicial, autorizado, porém, pela E. Corregedoria Nacional de Justiça, por seus provimentos 16/2012 e 63/2017 - Necessidade de adequação das NSCGJ aos Provimentos da E. CNJ - Parecer pela alteração da redação do item 42.5 do Capítulo XVII, Tomo II, das NSCGJ.

Excelentíssimo Senhor Corregedor Geral da Justiça,

Cuida-se de consulta formulada pela MM. Juíza Auxiliar da Vara da Infância e da Juventude de Santo Amaro, acerca da interpretação a ser dada aos arts. 4º e 7º, §2º, do Provimento 16/2012 da E. CNJ, em cotejo com os arts. 98 e 148, par. único, do ECA. Sustenta ser competência da Vara de Registros Públicos da Capital analisar a possibilidade de reconhecimento extrajudicial de paternidade de criança cuja mãe não tenha meios de externar consentimento.

É o relatório.

Inicialmente, cumpre frisar que, nos moldes do entendimento amplamente dominante na doutrina dos direitos de crianças e adolescentes, ausência de regularização jurídica da guarda do infante não caracteriza, per si, situação de risco a transferir a competência para Vara da Infância e da Juventude.

Não cabe a esta E. CGJ, porém, imiscuir-se na seara jurisdicional, para tecer juízo de valor acerca do livre convencimento de Magistradas e Magistrados, quanto à interpretação a ser dada aos dispositivos legais e normativos aludidos.

De qualquer modo, o item 42.5 do Capítulo XVII, Tomo II, das NSCGJ veda, ainda que por motivo diverso do alegado a fls. 12, v, reconhecimento de filho perante o Registro Civil, no caso vertente:

"Se o genitor ou a genitora não puder exprimir a vontade, qualquer que seja a causa, não poderá ser lavrado o reconhecimento de filho perante o serviço de registro civil, nem mesmo se de acordo estiver o curador ou apoiador."

O regramento local, todavia, está em descompasso com o quanto disciplinado pela E. Corregedoria Nacional de Justiça, para reconhecimento espontâneo de paternidade.

Deveras, o Provimento 16/2012 daquele Altivo Órgão, ao regrar o reconhecimento espontâneo de paternidade biológica, prevê:

> **Art. 7º.** A averbação do reconhecimento de filho realizado sob a égide do presente Provimento será concretizada diretamente pelo Oficial da serventia em que lavrado o assento de nascimento, independentemente de manifestação do Ministério Público ou decisão judicial, mas dependerá de anuência escrita do filho maior, ou, se menor, da mãe.

(...)

> **§ 2º. Na falta da mãe do menor, ou impossibilidade de manifestação válida desta ou do filho maior, o caso será apresentado ao Juiz competente (art. 4º).**

O art. 4º referido na parte final do dispositivo faz expressa alusão ao Juiz Corregedor Permanente dos Registros Públicos.

Será ele, pois, o competente para apreciar o caso. A "falta da mãe do menor, ou impossibilidade de manifestação válida desta", portanto, não é impedimento absoluto ao reconhecimento extrajudicial de paternidade biológica.

Idêntica orientação norteia o art. 10, §6º, do Provimento 63/2017 da E. CNJ:

"Art. 10. O reconhecimento voluntário da paternidade ou da maternidade socioafetiva de pessoa de qualquer idade será autorizado perante os oficiais de registro civil das pessoas naturais.

(...)

§ 6º Na falta da mãe ou do pai do menor, na impossibilidade de manifestação válida destes ou do filho, quando exigido, o caso será apresentado ao juiz competente nos termos da legislação local."

De rigor, então, adequar as NSCGJ à normativa da E. CNJ para a matéria.

Por todo o exposto, o parecer que, respeitosamente, submetemos à elevada apreciação de V. Exa. é pela alteração do item 42.5 do Capítulo XVII, Tomo II, das NSCGJ, conforme minuta em anexo.

Sub censura.

São Paulo, 15 de maio de 2019.

(a) José Marcelo Tossi Silva

Juiz Assessor da Corregedoria

(a) Iberê de Castro Dias

Juiz Assessor da Corregedoria

DECISÃO: Aprovo o parecer retro para, por seus fundamentos, alterar o item 42.5 do Capítulo XVII, Tomo II, das NSCGJ, nos moldes propostos na minuta em anexo. Publique-se na íntegra. São Paulo, 16 de maio de 2019. (a) **GERALDO FRANCISCO PINHEIRO FRANCO,** Corregedor Geral da Justiça. (DJe de 10.06.2019 - SP)

ÓBITO

PROCESSO Nº 1045782-43.2019.8.26.0100 (Processo Digital) - SÃO PAULO. (549/2019-E)

REGISTRO CIVIL DE PESSOAS NATURAIS - Retificação administrativa de assento de óbito lavrado na forma da Lei nº 9.140/95 - Declaração, pela Comissão Especial sobre Mortos e Desaparecidos Políticos, de que o falecimento decorreu de morte causada pelo Estado brasileiro - Anterior submissão da matéria à Eg. Corregedoria Nacional de Justiça que reconheceu a regularidade das retificações promovidas com base em atestado emitido na forma da Resolução nº 02/2017 da referida Comissão - Recurso provido.

Excelentíssimo Senhor Corregedor Geral da Justiça:

Trata-se de recurso interposto por ****** e pela Comissão Especial sobre Mortos e Desaparecidos Políticos - CEMDP contra r. decisão que manteve a recusa, pela Sra. Oficial ******, em promover a retificação administrativa do assento de óbito para constar que o ****** *"...faleceu em ****** em São Paulo (SP),* ***em razão de morte não natural****, violenta, causada pelo Estado brasileiro, no contexto da perseguição sistemática e generalizada à população identificada como opositora política ao regime ditatorial de 1964 a 1985"* (fls. 13).

Alegaram, em suma, que a retificação do assento de óbito em procedimento administrativo tem base legal suficiente e amparo em precedente da Corregedoria Permanente e da Corregedoria Geral da Justiça. Afirmaram que o art. 1º da Lei nº 9.140/95 reconheceu a morte, para todos os efeitos legais, das pessoas que foram detidas em razão da participação em atividades políticas e estão desaparecidas. Asseveraram que a Comissão Especial sobre Mortos e Desaparecidos Políticos – CEMDP tem atribuição legal para apurar as circunstâncias das mortes e desaparecimentos e reconhecer, oficialmente, que ocorreram por causas não naturais, em dependências e diligências policiais, ao passo que os titulares dos pedidos de reconhecimento das mortes têm legitimidade para requerer a lavratura do assento de óbito. Em razão disso, o reconhecimento das mortes e de suas causas não dependem de outras diligências, ao passo que a Lei nº 9.140/95 é especial e prevalece em relação à Lei de Registros Públicos. Aduziram que, neste caso concreto, o assento de óbito não indica a causa da morte e pode ser retificado na esfera administrativa porque a comprovação do erro não exige qualquer indagação ou constatação, na forma do art. 110, inciso I, da Lei nº 6.015/73. Por essa razão, não é necessário o recurso à esfera jurisdicional para a retificação. Citou, em amparo, o posicionamento adotado pelo Ministério Público em procedimento semelhante e a existência de norma editada pela Corregedoria Geral da Justiça do Estado da Bahia. Ademais, a retificação tem fundamento na Recomendação nº 07 da Comissão Especial sobre Mortos e

Desaparecidos Políticos - CEMDP e somente diz respeito à causa da morte, sem imputar a autoria à pessoa determinada. Requereram a reforma da r. decisão para que a retificação seja promovida com fundamento no art. 110 da Lei nº 6.015/73.

A douta Procuradoria Geral da Justiça manifestou-se pelo provimento do recurso (fls. 112/115).

Opino.

A Lei nº 9.140/95 reconheceu a morte, para todos os efeitos legais, das pessoas que foram detidas por agentes públicos e desapareceram em razão de participação, ou de acusação de participação, em atividades políticas no período de 2 de setembro de 1961 a 5 de outubro de 1988.

A referida Lei criou Comissão Especial com atribuições para promover o reconhecimento de pessoas desaparecidas: em razão de participação, ou acusação de participação, em atividades políticas e que faleceram de causas não-naturais, em dependências policiais ou assemelhadas; em virtude de repressão policial sofrida em manifestações públicas, ou em conflitos armados com agentes públicos; ou por suicídio praticado na iminência de prisão ou em decorrência de sequelas psicológicas resultantes de tortura por agentes do poder público:

"**Art. 1º São reconhecidos como mortas, para todos os efeitos legais, as pessoas que tenham participado, ou tenham sido acusadas de participação, em atividades políticas, no período de 2 de setembro de 1961 a 5 de outubro de 1988, e que, por este motivo, tenham sido detidas por agentes públicos, achando-se, deste então, desaparecidas, sem que delas haja notícias.**

Art. 2º A aplicação das disposições desta Lei e todos os seus efeitos orientar-se-ão pelo princípio de reconciliação e de pacificação nacional, expresso na Lei nº 6.683, de 28 de agosto de 1979 - Lei de Anistia.

Art. 3º O cônjuge, o companheiro ou a companheira, descendente, ascendente, ou colateral até quarto grau, das pessoas nominadas na lista referida no art. 1º, comprovando essa condição, poderão requerer a oficial de registro civil das pessoas naturais de seu domicílio a lavratura do assento de óbito, instruindo o pedido com original ou cópia da publicação desta Lei e de seus anexos.

Parágrafo único. Em caso de dúvida, será admitida justificação judicial.

Art. 4º Fica criada Comissão Especial que, face às circunstâncias descritas no art. 1º desta Lei, assim como diante da situação política nacional compreendida no período de 2 de setembro de 1961 a 5 de outubro de 1988, tem as seguintes atribuições:

I - proceder ao reconhecimento de pessoas:

a) desaparecidas, não relacionadas no Anexo I desta Lei;

b) que, por terem participado, ou por terem sido acusadas de participação, em atividades políticas, tenham falecido por causas não-naturais, em dependências policiais ou assemelhadas;

c) que tenham falecido em virtude de repressão policial sofrida em manifestações públicas ou em conflitos armados com agentes do poder público;

d) que tenham falecido em decorrência de suicídio praticado na iminência de serem presas ou em decorrência de sequelas psicológicas resultantes de atos de tortura praticados por agentes do poderpúblico;

II - envidar esforços para a localização dos corpos de pessoas desaparecidas no caso de existência de indícios quanto ao local em que possam estar depositados;

III - emitir parecer sobre os requerimentos relativos a indenização que venham a ser formulados pelas pessoas mencionadas no art. 10 desta Lei".

Além disso, o art. 7º da Lei nº 9.140/95 conferiu à Comissão Especial sobre Mortos e Desaparecidos Políticos – CEMDP competência para receber e decidir requerimentos visando o reconhecimento de pessoas desaparecidas nas circunstâncias previstas em seu art. 4º, inciso I:

"**Art. 7º Para fins de reconhecimento de pessoas desaparecidas não relacionadas no Anexo I desta Lei, os requerimentos, por qualquer das pessoas mencionadas no art. 3º, serão apresentados perante a Comissão Especial, no prazo de cento e vinte dias, contado a partir da data da publicação desta Lei, e serão instruídos com informações e documentos que possam comprovar a pretensão.**

§ 1º Idêntico procedimento deverá ser observado nos casos baseados na alínea b do inciso I do art. 4º.

§ 2º Os deferimentos, pela Comissão Especial, dos pedidos de reconhecimento de pessoas não mencionadas no Anexo I desta Lei instruirão os pedidos de assento de óbito de que trata o art. 3º, contado o prazo de cento

e vinte dias, a partir da ciência da decisão deferitória".

A par dessas atribuições, a Comissão Especial sobre Mortos e Desaparecidos Políticos - CEMDP, constituída em conformidade com a Lei nº 9.140/95, editou resolução e recomendação para a retificação da causa da morte no assento de óbito de pessoa falecida em razão de violações de direitos humanos (Resolução nº 02/2017 e Recomendação nº 07).

Neste caso concreto, o assento de óbito foi lavrado em ******, às fls. *** do Livro ***, Termo nº ***, com anotação de que a morte foi reconhecida com fundamento no art. 3º da Lei nº 9.140/95 por estar o ******. desaparecido desde o ano de ***, com último domicílio em ******, Estado de São Paulo (fls. 11).

Não se diverge quanto à possibilidade de lavratura de assento de óbito mediante reconhecimento de que se cuida de pessoa desaparecida nas circunstâncias previstas na Lei nº 9.140/95, nem sobre a anotação de que o falecimento ocorreu por causas não naturais em razão das circunstâncias relacionadas nas alíneas "a" a "d" do inciso III de seu art. 4º.

A questão a ser apreciada, *in casu*, consiste em verificar se para a retificação do assento, visando constar que o óbito ocorreu: "*... **em razão de morte não natural**, violenta, causada pelo Estado brasileiro, no contexto da perseguição sistemática e generalizada à população identificada como opositora política ao regime ditatorial de 1964 a 1985*" conforme consignado em atestado de óbito" expedido pela Comissão Especial sobre Mortos e Desaparecidos Políticos -

CEMDP (fls. 13), é necessário o recurso ao procedimento previsto no art. 109 da Lei nº 6.015/73, de jurisdição voluntária, ou se pode ser promovida na forma do art. 110 da referida Lei, diretamente na esfera administrativa.

Essa matéria foi objeto de análise pela Eg. Corregedoria Nacional de Justiça no Pedido de Providências nº 0005326- 38.2018.2.00.0000, que foi arquivado porque se considerou que as Corregedorias Gerais e Permanentes observam a Resolução nº 02/2017 da Comissão Especial sobre Mortos e Desaparecidos Políticos - CEMDP. Nesse sentido, consta na r. decisão prolatada pelo Exmo. Ministro Corregedor Nacional de Justiça:

"Diante da informação de que as Corregedorias locais estão observando a Resolução 02/2017 para correção das certidões de óbito, nada mais a prover nos presentes autos".

A r. decisão da Eg. Corregedoria Nacional de Justiça, ao determinar o arquivamento do Pedido de Providências, abrangeu o reconhecimento de que os atestados emitidos pela Comissão Especial sobre Mortos e Desaparecidos Políticos - CEMDP são títulos hábeis para a retificação administrativa dos assentos de óbito que se referem os arts. 5º e 6º de sua Resolução nº 2/2017, assim redigidos:

"Art. 5º Cada pedido de retificação será autuado como procedimento administrativo no sistema SEI do Ministério dos Direitos Humanos (MDH) no âmbito do qual será emitida uma minuta de atestado, que, por sua vez, será submetida ao(s) familiar(es) interessado(s), em resposta pelo mesmo endereço eletrônico.

§1º Os atestados emitidos para fins de retificação de assentos de óbito devem indicar as circunstâncias da morte ou desaparecimento de mortos ou desaparecidos políticos, com base nos procedimentos administrativos da CEMDP e no Volume III do Relatório da CNV.

§2º Em caso de versões conflitantes entre as fontes acima citadas, prevalecerá a constante do Relatório da CNV, a menos que as circunstâncias apontadas pela CEMDP constituam fato novo apurado após o encerramento dos trabalhos da CNV, em dezembro de 2014.

§3º O atestado será assinado pela presidência da CEMDP e conterá, nos termos do art. 81, da Lei nº 6.015, de 1973 (LRP), com a maior especificidade possível, as circunstâncias da morte, tais como hora, data, local, e que a morte não foi natural, mas violenta, causada pelo Estado brasileiro, no contexto da perseguição sistemática à população identificada como dissidente política do regime ditatorial de 1964 a 1985.

§4º Como nome dos atestantes, conforme exigido pelo mesmo artigo da Lei nº 6.015, de 1973 (LRP), deverá constar dos assentos respectivos: "Comissão Especial sobre Mortos e Desaparecidos Políticos", com a indicação das páginas do Relatório da CNV ou do procedimento administrativo da CEMDP, de onde as afirmações foram extraídas.

Art. 6º Após a definição do texto final de cada atestado em conjunto com o(s) familiar(es) respectivo(s), este(s) deverá(ão) assinar a petição de que trata o art. 111, da Lei nº 6.015, de 1973 (LRP), e a CEMDP providenciará a retificação administrativa junto ao

cartório e juízo de registros públicos onde a certidão original tiver sido emitida".

Uma vez que já lavrado o assento de óbito com anotação de que a morte foi reconhecida com fundamento no art. 3º da Lei nº 9.140/95, e diante do que foi decidido pela Eg. Corregedoria Nacional de Justiça no Pedido de Providências nº 0005326- 38.2018.2.00.0000, deve o recurso ser provido.

Ante o exposto, o parecer que submeto ao elevado critério de Vossa Excelência é no sentido de que seja dado provimento ao recurso para afastar a recusa da retificação administrativa do assento de óbito, a ser promovida conforme o ****** de fls. ***.

Sub censura.

São Paulo, 03 de outubro de 2019.

José Marcelo Tossi Silva

Juiz Assessor da Corregedoria

DECISÃO: Aprovo o parecer do MM. Juiz Assessor da Corregedoria, por seus fundamentos que adoto, e dou provimento ao recurso para afastar a recusa da retificação administrativa do assento de óbito, a ser promovida conforme ****** de fls. ***. Oportunamente, restituam-se os autos à Vara de origem. Intimem-se. São Paulo, 08 de outubro de 2019.

(a) **GERALDO FRANCISCO PINHEIRO FRANCO**, Corregedor Geral da Justiça. (DJe de 28.11.2019 - SP)

2.3.3 REGISTRO DE TÍTULOS E DOCUMENTOS E PESSOA JURÍDICA

CENTRAL ESTADUAL DE SERVIÇOS ELETRÔNICOS COMPARTILHADOS DE TÍTULOS E DOCUMENTOS E CIVIL DAS PESSOAS JURÍDICAS

PROCESSO Nº 2017/32403 – SÃO PAULO – CORREGEDORIA GERAL DA JUSTIÇA DO ESTADO DE SÃO PAULO

Trata-se de expediente de iniciativa do Instituto de Registro de Títulos e Documentos e Civil das Pessoas Jurídicas – IRTDPJ-SP, com posteriores manifestações dos Oficiais do interior do Estado, requerendo a criação, regulamentação e autorização de funcionamento da Central Estadual de Serviços Eletrônicos Compartilhados de Títulos e Documentos e Civil das Pessoas Jurídicas.

O Instituto de Registro de Títulos e Documentos e Civil das Pessoas Jurídicas-IRTDPJ-SP, assim como os demais Oficiais de delegações do interior do Estado, apresentaram suas propostas, com algumas divergências em determinados pontos, e que agora serão consideradas.

É o breve relatório.

DECIDO.

A instalação das centrais eletrônicas de registros públicos representa indispensável instrumento facilitador do acesso, circulação de informações e de prestação de serviços ao usuário, em qualquer das suas especialidades.

No caso do Registro de Títulos e Documentos e Civil das Pessoas Jurídicas, ou simplesmente RTDPJ, o Provimento n° 48/2016 do C. Conselho Nacional de Justiça-CNJ estabeleceu diretrizes gerais para o funcionamento da sua Central, face à necessidade de facilitar o intercâmbio de informações entre as serventias, o Poder Público e os usuários em geral.

Em seguida, o Provimento CNJ n° 59/2017 ampliou os serviços da Central e possibilitou o envio eletrônico, em formato digital, de títulos físicos apresentados a uma serventia receptora, com o respectivo envio àquela com atribuição para efetuar o registro.

O funcionamento da Central de Serviços Eletrônicos Compartilhados envolve a observância de diversos diplomas legais, na forma do art. 1° do Provimento CNJ n° 48/2016, além das regras constitucionais e legais desse serviço registral, para que se promova o acesso à informação, a prestação de serviços e a construção segura e inviolável de seu acervo.

Para especificar a documentação técnica necessária para a implantação dos sistemas de registros eletronicos, o

C. CNJ contratou o LSITEC - Laboratório de Sistemas Integráveis Tecnológicos (POLI-USP), que resultou na edição da Recomendação nº 14/2014, que trouxe parâmetros e requisitos a serem observados, dispondo em seu art. 1º:

> Art. 1°. Recomendar às Corregedorias Gerais da Justiça que na regulamentação ou na autorização de adoção de sistema de registro eletrônico por responsável por delegação de Registro de Imóveis, inclusive quando prestados com uso de centrais eletrônicas, sejam adotados os parâmetros e requisitos constantes do modelo de sistema digital para implantação de Sistemas de Registro de Imóveis Eletrônico-S-REI elaborado pela Associação do Laboratório de Sistemas

Integráveis Tecnológicos – LSITEC em cumprimento ao contrato CNJ nº 01/2011.

O art. 7º, parágrafo único, inciso I, do Provimento CNJ nº 48/2016 também determina sejam seguidas as referidas recomendações:

> Art. 7º. Os repositórios registrais eletrônicos receberão os dados relativos a todos os atos de registro e os títulos e documentos que lhes serviram de base.

Parágrafo único: Para a criação, atualização, manutenção e guarda permanente dos repositórios registrais eletrônicos deverão ser observados:

I-A especificação técnica do modelo de sistema digital de implantação de sistemas de registro de títulos e documentos e civil de pessoas jurídicas eletrônico, **segundo Recomendações da Corregedoria Nacional da Justiça.** (g.n)

Forte nessas recomendações, e conforme o art. 38, parágrafo único, da Lei nº 11.977/2009, a Central de Serviços Eletrônicos Compartilhados do RTDPJ prestará os seguintes serviços (art. 2º do Provimento CNJ nº 48/2016, com a redação do Provimento CNJ nº 59/2017):

a) recepção e envio de títulos em formato eletrônico;

b) formação dos repositórios registrais eletrônicos para o acolhimento de dados e o armazenamento de documentos eletrônicos;

c) expedição de certidões e a prestação de informações em formato eletrônico;

d) recepção de títulos em formato físico (papel), para seu lançamento no livro protocolo, digitalização, inserção no sistema e envio e prática do ato em outra serventia, por meio magnético, com utilização de assinatura eletrônica.

Todos os documentos eletrônicos apresentados à Central de Serviços Eletrônicos, e por ela expedidos, deverão atender aos requisitos da Infraestrutura de Chaves Públicas Brasileira - ICP e à arquitetura *E-PING* (Padrões de Interoperabilidade de Governo Eletrônico), conforme § 7º do art. 3º do Provimento CNJ nº 48/2016.

Qualquer solicitante, utilizando um navegador *web*, e acessando um único portal, terá acesso ao sistema, comunicando-se com os Oficiais de Registro diretamente nas localidades, ou com as Centrais de Distribuição, caso existentes nas Comarcas, como é o caso da capital do Estado, onde existe o Centro de Estudos e Distribuição de Títulos e Documentos-CDT.

Conforme art. 9º, parágrafo único, do Provimento CNJ nº 48/2016, os títulos assinados com certificado digital também poderão ser recepcionados diretamente na serventia, caso o usuário assim requeira e compareça pessoalmente portando a mídia eletrônica. O Oficial, no dia em que praticar o ato, deverá remeter esses títulos e documentos à Central de Serviços Eletrônicos Compartilhados, para armazenamento de indicadores referidos no art. 3º §4º, do Provimento CNJ nº 48/2016.

A Central será integrada, obrigatoriamente, por todos os Oficiais de RTDPJ do Estado (art. 2º do Prov. CNJ nº 48/2016), mantida e operada, de forma perpétua, pelo Instituto de Registro de Títulos e Documentos e Civil das Pessoas Jurídicas- IRTDPJ-SP, e funcionará, como dito, em um único endereço eletrônico disponibilizado na internet, coordenado para universalização do tráfego eletrônico com outras Centrais que prestem o mesmo serviço em todo país.

Embora mantida e operada pelo IRTDPJ-SP, para maior compatibilização do interesse público e dos Oficiais, deverá ser criado, no prazo de até 30 dias da publicação desse Provimento, no âmbito do IRTDPJ-SP, um Comitê Gestor da Central, formado por, no mínimo, 50% de Oficiais do interior, associados ou não, para definição de diretrizes administrativas e padrões técnicos que possibilitem a eficiente prestação do serviço e a interoperabilidade entre as serventias.

Tal prazo de 30 dias fica prejudicado, caso já exista o Comitê Gestor com essa configuração.

O banco de dados da Central será alimentado também por todas as serventias de RTDPJ do Estado, e concentrará informações dos atos registrais por elas praticados e documentos arquivados, preservadas eventuais informações sigilosas, nos termos da lei, facultada a expedição de certidões em meio digital ou materializáveis em qualquer serventia dessa especialidade no Estado.

No caso de materialização da certidão digital em papel de segurança, além dos emolumentos devidos pela expedição eletrônica, também serão devidos emolumentos à serventia na qual for materializado o ato.

Os Oficiais de RTDPJ deverão efetuar a carga de seus atos de registro em até 10 dias, contados da data da sua lavratura, assim como dos registros alterados, sob pena do IRTDPJ-SP comunicar tal fato ao Juiz Corregedor Permanente, no prazo de 15 dias.

Para viabilizar a instalação da Central sem comprometer o regular funcionamento das serventias, a carga das informações dos registros de títulos e documentos, já lavrados, será realizada regressivamente até o dia 01/01/2014, conforme os seguintes prazos: a) até 90 dias da entrada em vigor deste Provimento para atos lavrados desde 01/01/2019; b) até 31/12/2019 para os atos lavrados desde a data de 01/01/2014.

A carga das informações relativas ao Registro Civil das Pessoas Jurídicas deverá ser enviada, por cada serventia, até o prazo de 31/12/2019, contendo listagem com o respectivo o nome e, se houver, o CNPJ, de todas as pessoas jurídicas cujo ato constitutivo tenha sido registrado na serventia, excluídos os registros cancelados ou transferidos para outra localidade.

Para propiciar a correta fiscalização pela Eg. Corregedoria Geral da Justiça, a Central deverá dispor de módulo de acompanhamento *on line*, que faculte acesso irrestrito ao sistema e a todos os relatórios, possibilitando correições e aferimento de sua segurança, eficiência, celeridade e observância à lei e às normas.

O controle dos dados examinados na Central, e de quem os acessou, deverá ser feito mediante prévia identificação do responsável, por meio de certificado digital, emitido conforme Infraestrutura de Chaves Públicas Brasileira (ICP-Brasil), como determinado pelo art. 17, parágrafo único, da Lei nº 6.015/73.

No que toca à prévia e obrigatória distribuição, equitativa e igualitária, respeitados entendimentos divergentes, ela não se mostra cabível, não podendo existir, como regra geral, vedação a ato de registro que não tenha sido previamente distribuído.

A rigor, não se pode impor a uma especialidade, em caráter coercitivo, aquilo que a lei não impõe; e inexiste legislação prevendo centrais de distribuição prévia e obrigatória de títulos e documentos.

Quando o legislador desejou impor a distribuição, ele assim o fez, como ocorreu no Protesto de Letras e Títulos (art. 7° e 8° da Lei n° 9.492/1997).

Para o RTDPJ, contudo, não há previsão legal de obrigatoriedade de existência de uma central distribuidora, que atue quantitativa e qualitativamente, razão pela qual não se pode, por ato administrativo, impor-se a referida obrigatoriedade em âmbito estadual.

Aliás, o Provimento CNJ n° 48/2016 não contempla a prévia, obrigatória e equitativa distribuição; ao contrário, estipula que todas as solicitações sejam enviadas diretamente ao Ofício de Registro (e não que serão distribuídas):

> Art. 4° Todas as solicitações feitas por meio das centrais de serviços eletrônicos compartilhados **serão enviados ao ofício de registro** de títulos e documentos e civil de pessoas jurídicos competente, **que será o único responsável pelo processamento e atendimento.** (g.n)

A Lei n° 6.015/1973 não fugiu a essa regra ao dispor sobre o RTDPJ:

> Art. 131. Os registros referidos nos artigos anteriores **serão feitos independentemente de prévia distribuição**.

Caminhando na mesma direção, o art. 12 da Lei n° 8.935/1994:

> Art. 12. Aos oficiais de registro de imóveis, de títulos e documentos e civis das pessoas jurídicas, civis das pessoas naturais e de interdições e tutelas compete a prática dos atos relacionados na legislação pertinente aos registros públicos, de que são incumbidos, **independentemente de prévia distribuição,** mas sujeitos os oficiais de registro de imóveis e civis das pessoas naturais às normas que definirem as circunscrições geográficas. (g.n).

Não fosse o bastante, a proposta de Normativa Mínima do RTDPJ, em âmbito nacional, editada pelo C. CNJ (1), expressamente afasta a distribuição prévia, obrigatória e equitativa de títulos:

> Art. 13 Os registros de títulos e documentos serão feitos **independentemente de prévia distribuição**, salvo quando os titulares de sua delegação, em consenso unânime e mediante autorização do juízo competente, estabelecerem central de atendimento e distribuição, mantida direta e pessoalmente pelos registradores da comarca, **sendo vedada a compensação de títulos ou de emolumentos.**
>
> § 1º O usuário pode, **por seu exclusivo critério**, apresentar o título diretamente ao registrador de sua preferência ou na central de atendimento e distribuição.
>
> § 2º **É facultado ao usuário escolher o registrador quando apresentar o título na central de atendimento e distribuição**. (g.n).

Nesse quadro, a Central, embora num único endereço eletrônico, não poderá impor a distribuição prévia e obrigatória de títulos e documentos eletrônicos em âmbito estadual, nem proibir a recepção e protocolo de títulos e documentos eletrônicos diretamente na serventia de livre escolha do usuário, obrigando que se faça isso por redirecionamento pela Central.

Tampouco poderá haver previsão de sistema obrigatório de compensação (distribuição equitativa e igualitária) entre os Oficiais, caso o usuário opte pela escolha da serventia, desvirtuando a natureza concorrencial do Registro de Títulos e Documentos.

O Eg. Supremo Tribunal Federal-STF já se posicionou nesse sentido, em liminar deferida pelo Exmo. Sr. Ministro Ricardo Lewandowski, nos autos do MS nº 31.402-DF, atualmente de relatoria do Exmo. Sr. Ministro Edson Fachin, ainda em tramitação.

O referido *mandamus* fora impetrado contra decisão do C. CNJ, nos autos do PCA nº 0005108-54.2011.2.00.0000, quando se determinou a essa Eg. Corregedoria Geral de Justiça modificasse do Provimento CG nº 19/2011 (editado pelo então Corregedor Geral da Justiça Desembargador Maurício Vidigal), que havia desobrigado o usuário a passar pela Central de Distribuição de Títulos e Documentos nesta capital.

O Provimento CG nº 19/2011 preservou expressamente a faculdade de escolha, pelo usuário, do registrador de sua preferência, mas fora modificado parcialmente pelo C. CNJ, nos autos do referido PCA, para possibilitar a compensação entre Oficiais, caso houvesse essa escolha.

A decisão do *writ*, ainda que em caráter provisório, sacramentou o entendimento de que o usuário não pode ser obrigado à prévia distribuição de seus títulos e documentos, tampouco cabível a compensação entre Oficiais.

Dessa forma, no *site* da Central Eletrônica do RTDPJ, a escolha pelo usuário deverá ser viabilizada por portas eletrônicas compartilhadas por todos os Oficiais, e as exclusivas de cada um dos delegatários, ou exclusivas da Central de Distribuição instalada na Comarca, se houver, dando ao usuário o direito de apresentar seu título eletrônico diretamente a um Registrador no interior, ou à Central de Distribuição de Títulos-CDT, caso exista, como é o caso da capital, ou ainda à Central Eletrônica Estadual, por sua porta compartilhada, se o usuário não desejar optar por qualquer serventia específica, sempre observadas as regras de competência.

No que diz respeito às Comarcas do Estado, assim como já ocorre, naquelas onde houver mais de um Oficial de Registro de Títulos e Documentos, e desde que haja unânime consenso entre eles, com aprovação do Juiz Corregedor Permanente, poderá haver distribuição prévia de todos os títulos e documentos, tanto em meio eletrônico, quanto em papel ou quaisquer outros meios tecnológicos, e, nesse caso, observados os critérios quantitativo e qualitativo.

Aprovada pelo Corregedor Permanente a instalação da distribuição em determinada Comarca, a sua desconstituição dependerá de nova decisão do respectivo Corregedor, mediante pedido formulado pela maioria dos Oficiais de Registro daquela localidade, salvo se outro quórum tiver sido estabelecido no momento da aprovação da sua instalação. Se houver apenas dois Oficiais na localidade, a desconstituição do distribuidor dependerá da manifestação de pelo menos um deles.

Será vedado aos Oficiais recepcionar ou expedir documentos eletrônicos por *e-mail* ou serviços postais ou de entrega, postar ou baixar documentos eletrônicos e informações em *sites* que não sejam da Central, e prestar os serviços eletrônicos aqui referidos, diretamente ou por terceiros, em concorrência com a Central ou fora dela.

No que diz respeito à territorialidade no serviço de Registro de Títulos e Documentos, destaca-se que, além dos atos previstos no art. 127 *caput*, e art. 129, e das notificações previstas no art. 160, todos da Lei nº 6.015/73, os Oficiais podem ainda praticar atos que não sejam atribuídos expressamente a outras especialidades (competência residual).

No caso do registro facultativo, para mera guarda e conservação dos originais (art. 127, VII da Lei nº 6.015/73), que apenas interessam às partes e não produzem efeitos na esfera jurídica de terceiros, assim como nas notificações extrajudiciais, inexiste territorialidade.

Esse tema já está decidido pelo C. Superior Tribunal de Justiça-STJ, conforme se vê no do Resp. 1.237.699/SC, Rel. Min. Luis Felipe Salomão:

RECURSO ESPECIAL. AÇÃO DE BUSCA E APREENSÃO. CONTRATO DE FINANCIAMENTO DE AUTOMÓVEL COM GARANTIA DE ALIENAÇÃO FIDUCIÁRIA. NOTIFICAÇÃO EXTRAJUDICIAL REALIZADA POR CARTÓRIO DE TÍTULOS E DOCUMENTOS LOCALIZADO EM COMARCA DIVERSA DA DO DOMICÍLIO DO DEVEDOR. 1. A notificação extrajudicial realizada e entregue no endereço do devedor, por via postal e com aviso de recebimento, é válida quando realizada por Cartório de Títulos e Documentos de outra Comarca, mesmo que não seja aquele do domicílio do devedor. 2. De fato, **inexiste norma no âmbito federal relativa ao limite territorial para a prática de atos registrais, especialmente no tocante aos Ofícios de Títulos e Documentos, razão pela qual**

é possível a realização de notificações, como a efetivada no caso em apreço, mediante o requerimento do apresentante do título, a quem é dada liberdade de escolha nesses casos. 3. **A notificação extrajudicial, seja porque não está incluída nos atos enumerados no art. 129, seja porque não se trata de ato tendente a dar conhecimento a terceiros acerca de sua existência, não está submetido ao disposto no art. 130 da Lei 6.015/73.** 4. Recurso especial conhecido em parte e, nesta parte, provido. (REsp 1237699/SC, Rel. Ministro LUIS FELIPE SALOMÃO, QUARTA TURMA, julgado em 22/03/2011, DJe 18/05/2011). (g.n).

Pelo sistema de recursos repetitivos, mais recentemente, a Corte Infraconstitucional sacramentou esse entendimento (Resp Repetitivo n° 1.184.570/MG), Min. Maria Isabel Gallotti:

RECURSO ESPECIAL. AÇÃO DE BUSCA E APREENSÃO. CONTRATO DE FINANCIAMENTO DE AUTOMÓVEL COM GARANTIA DE ALIENAÇÃO FIDUCIÁRIA. NOTIFICAÇÃO EXTRAJUDICIAL REALIZADA POR CARTÓRIO DE TÍTULOS E DOCUMENTOS SITUADO EM COMARCA DIVERSA DA DO DOMICÍLIO DO DEVEDOR. VALIDADE. 1. **A notificação extrajudicial realizada e entregue no endereço do devedor, por via postal e com aviso de recebimento, é válida quando realizada por Cartório de Títulos e Documentos de outra Comarca, mesmo que não seja aquele do domicílio do devedor.** Precedentes. 2. Julgamento afetado à Segunda Seção com base no procedimento estabelecido pela Lei nº 11.672/2008 (Lei dos Recursos Repetitivos) e pela Resolução STJ nº 8/2008. 3. Recurso especial conhecido e parcialmente provido. (g.n).

A discussão quanto à territorialidade não se restringiu ao C. Superior Tribunal de Justiça; o Eg. Supremo Tribunal Federal também se manifestou nesse sentido, em decisão proferida pelo Exmo. Min. Dias Toffoli, nos autos da Ação Originária (AO) n° 1892, reiterando outra liminar deferida no MS nº 28.772/DF, suspendendo decisão do CNJ no PCA n° 0001261-78.2012.2.00.0000, que determinava a observância do princípio da territorialidade na realização de notificações por via postal para qualquer lugar do país.

Em decisão proferida em 13 de junho de 2018, o E. Ministro Relator Dias Toffoli determinou a remessa dos autos à primeira instância da Justiça Federal, mas manteve vigente a liminar deferida (2).

Ainda na mesma linha de entendimento, também a proposta de Normativa Mínima do RTDPJ do C. Conselho Nacional de Justiça expressamente afasta a territorialidade ao registro facultativo:

> Art. 8º No caso de registro facultativo para mera guarda e conservação de originais (art. 142 da Lei n. 6.015/1973), em suporte papel ou eletrônico, realizado no interesse do apresentante, sem qualquer eficácia contra terceiros, **o oficial de escolha livre do requerente** fará constar no texto do registro de cada página do documento, de forma clara e visível, a seguinte declaração:

"Registro efetuado, nos termos do art. 127, VII, da Lei dos Registros Públicos, apenas para fins de conservação; prova apenas a existência, a data e o conteúdo do documento, não gerando publicidade e efeitos em relação a terceiros". (g.n).

Ainda quanto ao pedido feito pelo IRTDPJ-SP para sigilo parcial do registro facultativo para mera guarda e conservação dos originais, embora respeitáveis as suas alegações ao requerer a repristinação dos itens 4, 4.1, 4.2 e 4.3 do Capítulo XIX das NSCGJ, com a redação inserida pelo Provimento n° 21/2017, não existe previsão legal para o estabelecimento dessas restrições ao seu acesso, não sendo cabível seu estabelecimento por intermédio de norma administrativa.

Passando agora aos títulos que necessitam de registro obrigatório para gerar eficácia contra terceiros, eles devem sempre ser registrados no domicílio de todas as partes nele mencionadas, como também estipulado na proposta do C. Conselho Nacional de Justiça:

> Art. 4º **Compete privativamente aos oficiais de Registro de Títulos e Documentos do domicílio das partes mencionadas no título (pessoa física ou jurídica) o registro obrigatório,** para eficácia contra terceiros, de documentos originais, cujo suporte seja papel, microfilme e mídias ópticas, analógicas, eletrônicas ou digitais, bem como de documentos elaborados sob qualquer outra forma tecnológica. (g.n).

(...)

> Art. 7º Os títulos e documentos previstos no art. 4º deverão ser registrados em até 20 (vinte) dias da data de sua assinatura, **no domicílio das partes contratantes, e, caso residam em circunscrições territoriais diversas, o registro será feito em todas elas.** (g.n)

Assim pontuadas todas as questões, soma-se a isso a necessidade de que tudo se faça com o menor custo possível, face à imperatividade de modicidade de valores pagos pelos usuários, que é o fim que sempre deverá ser buscado.

Não se pode negar, contudo, que o serviço prestado pelo delegatário, que é aquele a quem se outorgou a delegação e que efetivamente praticará o ato registral, recebendo emolumentos, embora em simbiose, não se confunde com o serviço proporcionado pela Central.

O desenvolvimento tecnológico, a segurança, a manutenção da base de dados e de todas as funcionalidades da Central exige investimento em recursos materiais e humanos, quadro abrangente de colaboradores, profissionais em tecnologia da informação e o funcionamento de uma complexa plataforma eletrônica a comportar um altíssimo fluxo de tráfego dos mais diversos documentos eletrônicos.

Além disso, apesar da Central ser administrada pelo IRTDPJ (por intermédio de seu Comitê Gestor), ela não se confunde com a própria associação, de modo que não se pode dizer que a contribuição paga pelos associados já seria o bastante para a manutenção da Central.

Aliás, nem todos os Oficiais são associados; aqueles que o são pagariam, sozinhos, pela manutenção de toda a Central.

É bem verdade que parte desse custo será absorvido pela própria Central, que deverá negociar com seus fornecedores de tecnologia, deliberar sobre o valor dos contratos e submeter as condições de viabilidade econômica ao Comitê Gestor.

A possibilidade de cobrança de ao menos parte dessas despesas da Central possui expressa autorização legal, nos termos do art. 10 da Lei Estadual nº 11.331/2002:

> Art. 10. Na falta de previsão nas notas explicativas e respectivas tabelas, somente poderão ser cobradas as despesas pertinentes ao ato praticado, quando autorizadas pela Corregedoria Geral da Justiça.

Afora a regra legal, também existe previsão normativa, por parte do C. Conselho Nacional de Justiça, autorizando expressamente a cobrança de encargos administrativos, conforme art.11 do Provimento CNJ nº 46/2016:

> Art. 11. Caso seja encontrado o registro pesquisado, poderá o consulente, no mesmo ato, solicitar a expedição da respectiva certidão que, pagos os emolumentos, custas e encargos administrativos devidos, será disponibilizada na Central de Informações de Registro Civil das Pessoas Naturais-CRC, em formato eletrônico, em prazo não superior a 5 dias úteis.
>
> (...)
>
> §5º Ressalvados os casos de gratuidade previstos em lei, os encargos administrativos referidos no *caput* deste artigo serão reembolsados pelo solicitante da certidão na forma e conforme os valores que forem fixados em norma de cada Corregedoria Geral da Justiça. Serão compreendidos como encargos administrativos as despesas com compensação de boleto bancário, operação de cartão de crédito, transferências bancárias, certificação digital (SDK, framework, certificado de atributo e carimbo de tempo), e outras que foram previstas em normas estaduais, desde que indispensáveis para a prestação do serviço solicitado por meio da central informatizada.

Do texto expresso do Provimento CNJ nº 46/2016 é possível extrair duas conclusões: a) os encargos administrativos referidos no *caput* do art. 11 serão reembolsados pelo solicitante, na forma e conforme os valores que forem fixados em norma de cada Corregedoria Geral da Justiça; b) além dos encargos administrativos, também estão compreendidos como reembolso, pelo usuário, as despesas com compensação de boleto bancário, operação de cartão de crédito, transferências bancárias, certificação digital (SDK, framework, certificado de atributo e carimbo de tempo), e outras que foram previstas em normas estaduais, desde que indispensáveis para a prestação do serviço solicitado por meio da central informatizada.

Não se pode incluir, automaticamente, as despesas com compensação de boleto bancário, operação de cartão de crédito, dentre outras, em toda e qualquer taxa administrativa cobrada do usuário, pois, nesse cenário, faríamos com que todos pagassem por elas, ainda que não utilizado o serviço específico. Apenas como exemplo, quem não solicitou serviço de postagem não pode ser obrigado a pagar uma taxa administrativa que já inclua despesas de postagem.

Por outro lado, não é possível acolhimento da proposta do IRTDPJ-SP, formulada no Processo CG nº 2017/00209347 (em acompanhamento), que indicou valores de taxas administrativas com base na tabela de emolumentos.

Isso porque não existe esse paralelismo entre o custo administrativo da Central e o valor de emolumentos. Suas naturezas jurídicas são totalmente diversas e um valor não pode servir de referência para outro.

Aliás, seus destinatários são diferentes: a taxa administrativa se destina à Central; os emolumentos ao Oficial.

Em parecer de autoria da MMª Juíza Assessora da Corregedoria Geral da Justiça Tatiana Magosso, Processo CG nº 195.461/2016, aprovado pelo Exmo. Sr. Desembargador Pereira Calças, relativo à Central da ARISP, já se firmou o entendimento de que:

Não há qualquer confusão entre a atividade desenvolvida pela ARISP e as atribuições das unidades, uma vez que a ARISP recompõe o custo do serviço de organização e manutenção do banco de dados mediante percepção da taxa administrativa. O serviço prestado pelos registros de imóveis é remunerado pelos emolumentos. No caso específico da pesquisa eletrônica, os dados já estão disponíveis no repositório administrativo pela ARISP, não havendo efetivo trabalho de cada unidade pesquisada em cada pesquisa realizada. Por isso, a cobrança una e a forma de distribuição dos emolumentos sugerida e aprovada por Vossa Excelência.

Nos mesmos autos do Processo CG nº 195.461/2016, parecer nº 380/2017-E, decidiu-se pelo valor de R$ 8,50, a ser cobrado uma única vez, a cada pesquisa realizada, independentemente do número de serventias a serem atendidas pela busca, a título exclusivo de taxa administrativa, sem incluir, naturalmente, o valor correspondente aos emolumentos.

Levando em consideração que, ao menos até o momento, não há qualquer elemento concreto a justificar a fixação de outro valor à Central do IRTDPJ, e ainda considerando que, na esmagadora maioria dos casos, o serviço de RTDPJ é prestado por Registradores de Imóveis (ressalvada a capital e poucas cidades do interior), a taxa administrativa a ser cobrada pela Central de Serviços Eletrônicos Compartilhados do RTDPJ será a mesma atualmente cobrada pela Central da ARISP, ou seja, R$ 8,50 para cada pedido de busca realizado.

Superados todos os pontos relevantes à implantação da Central, quanto ao pedido de regulamentação do chamado *aviso registral*, o tema já fora objeto de decisões anteriores dessa Eg. Corregedoria Geral da Justiça (fl. 103/107), sempre no sentido de seu descabimento (Processo CG nº 2008/00044579 e Prov. CG 22/2017), situação que ainda permanece.

Diante da amplitude do tema aqui tratado, todas as demais propostas de regulamentação trazidas pelo IRTDPJ- SP, assim como pelos Srs. Oficiais do interior, inclusive quanto à possibilidade de cingibilidade de títulos, não serão objeto desse Provimento, já que não são, ao menos nesse momento, requisitos indispensáveis ao funcionamento da Central de Serviços Eletrônicos Compartilhados do RTDPJ.

Ante o exposto, fica implantada a Central Estadual de Serviços Eletrônicos Compartilhados do Registro de Títulos e Documentos e Civil das Pessoas Jurídicas, na forma dessa decisão e do seu respectivo Provimento, com publicação de ambos, na íntegra, para conhecimento geral, por três dias alternados.

Traslade-se cópia dessa decisão aos autos do processo em acompanhamento nº 2017/00209347, tornando conclusos ao MM. Juiz Assessor responsável, para futuras deliberações. São Paulo, 10 de abril de 2019.

(a) GERALDO FRANCISCO PINHEIRO FRANCO
Corregedor Geral da Justiça

Notas de rodapé

http://www.cnj.jus.br/files/conteudo/arquivo/2015/08/47eddf092a5de0ffa6b0cc42b584b3d0.pdf.

http://portal.stf.jus.br/processos/downloadPeca.asp?id=314609929&ext=.pdf. (DJe de 22.04.2019 - SP)

2.3.4 REGISTRO DE IMÓVEIS

EDITAIS ELETRÔNICOS

PROCESSO Nº 2018/41053 - SÃO PAULO - CORREGEDORIA GERAL DA JUSTIÇA DO ESTADO DE SÃO PAULO

(210/2019-E)

REGISTRO DE IMÓVEIS. Normas de Serviço da Corregedoria Geral da Justiça. Editais eletrônicos. Modificação da Seção XII, do Capítulo XX. Provimento CGJ nº 32/2018. Outros procedimentos que tramitam perante o Registro de Imóveis, que também possuem previsão de publicação de editais. Necessidade de compatibilizar tais procedimentos com a legislação atual, em especial às Leis nº 11.419/2006 e 11.977/2009, que tratam de procedimentos eletrônicos no âmbito do serviço judicial e extrajudicial. Apresentação de minuta de Provimento.

Excelentíssimo Senhor Corregedor Geral da Justiça:

O INSTITUTO DE REGISTRO IMOBILIÁRIO DO BRASIL-IRIB solicita regulamentação, por essa Eg. Corregedoria Geral da Justiça, da expansão das possibilidades de publicação de editais eletrônicos para outros procedimentos que tramitam no âmbito das serventias imobiliárias, além daquelas definidas para usucapião extrajudicial, conforme Parecer nº 384/2018-E, fl. 40/46, aprovado por Vossa Excelência à fl. 50, o que redundou na edição do Provimento CGJ nº 32/2018.

Às fl. 71/73, a MMª Juíza da 1ª Vara de Registros Públicos da Capital, *Tania Mara Ahualli*, formaliza consulta.

O IRIB volta a se manifestar às fl. 88/93, assim como a ASSOCIAÇÃO DOS REGISTRADORES IMOBILIÁRIOS DE SÃO PAULO-ARISP (fl. 96/99 e fl. 104).

Opino.

Os editais, em procedimentos de usucapião extrajudiciais, como decidido por Vossa Excelência nos autos desse expediente, poderão ocorrer em jornal de grande circulação ou, alternativamente, em meio eletrônico, sempre a critério da parte interessada.

Há, contudo, outros procedimentos que tramitam perante o Registro de Imóveis, e que também possuem previsão de publicação de editais, sendo necessário, portanto, compatibilizar tais procedimentos com a legislação atual, em especial a Lei nº 11.977/2009, que instituiu o registro eletrônico no âmbito do serviço extrajudicial, e a Lei nº 11.419/2006, que trata da matéria em processos judiciais.

Nos processos judicias, a prática de atos de cientificação das partes e de terceiros por meio eletrônico se tornou regra no Código de Processo Civil, como se verifica no art. 246, V e no art. 270, dando prevalência, sempre que possível, às intimações por meio eletrônico.

O intuito da norma é simplificar o serviço e baratear o custo ao usuário, e, ao mesmo tempo, proporcionar, como tem proporcionado, maior celeridade e simplicidade pelo uso da via eletrônica para a confecção de tais atos de cientificação pela rede mundial de computadores.

Exatamente por isso que, como bem destacado pela MMª Juíza da 1ª Vara de Registros Públicos da Capital, *Tania Mara Ahualli*, em sua manifestação de fl. 71/73, não obstante o DJE (Imprensa Oficial) seja um meio de publicação, sua destinação prioritária está voltada às publicações dos atos judiciais, e não a procedimentos oriundos das serventias extrajudiciais.

Como destacado às fl. 71 e 98, apenas se comparadas à Imprensa Oficial, as publicação de editais em publicações eletrônicas são muito menos onerosas aos usuários, como no exemplo, num edital de usucapião extrajudicial, contendo 3.300 caracteres, que é um número médio para um imóvel de dimensões e confrontantes comuns, quando o valor seria **R$ 660,00** por publicação (R$ 0,20 por caractere). Nesse mesmo exemplo, o edital eletrônico, na forma autorizada por Vossa Excelência ao editar o Provimento nº 32/2018, custaria **R$ 50,00** por publicação, independentemente do número de caracteres.

Por esse motivo, não há razão de ser para que os Oficiais de Registro Imobiliário deem, necessariamente, preferência à publicação oficial, em franca oposição ao espírito de desjudicialização operado por diversos diplomas legislativos mais recentes.

Não há outra conclusão a ser tomada senão a de que os Oficiais de Registro Imobiliário deverão se atentar a outros veículos eletrônicos de publicação, na forma estabelecida na proposta de Provimento, deixando de sobrecarregar o Ofício Judicial da 1ª Vara de Registros Públicos da Capital com pedidos de publicação de editais eletrônicos pela Imprensa Oficial.

A ampliação das possibilidades de publicação em meio eletrônico, portanto, vai na mesma direção da perspectiva legislativa, no sentido de verdadeira substituição do meio físico (jornais de grande circulação) pelo meio eletrônico, a critério da parte interessada, como ocorreu na Lei nº 13.465/2017, ao acrescer o § 14 ao art. 216-A da Lei 6.015/77:

> *§14. Regulamento do órgão jurisdicional competente para a correição das serventias poderá autorizar a publicação do edital em meio eletrônico,* ***caso em que ficará dispensada a publicação em jornais de grande circulação.*** (g.n)

Dessa forma, é possível a publicação de editais eletrônicos, além de usucapião extrajudicial, também nos demais procedimentos regulamentados no Capítulo XX, Tomo II, das Normas de Serviço Extrajudicial da Corregedoria Geral de Justiça, como, por exemplo, nas notificações por edital em execução de contratos de alienação fiduciária, retificação de registro de imóveis, registro de loteamentos e desmembramentos e bens de família.

Qualquer plataforma de veículo de comunicação eletrônica, juridicamente organizada e em conformidade com a legislação pátria, com *data center* localizado em território nacional, devidamente registrada como ente de publicação periódica junto ao Registro Civil das Pessoas Jurídicas, e atendendo a todos os requisitos tecnológicos, poderá oferecer o serviço de editais eletrônicos, dentro das regras da livre concorrência.

A publicação deverá ser assinada com Certificado Digital ICP-Brasil e deverá receber carimbo do tempo emitido por uma Autoridade de Carimbo do Tempo (ACT), credenciada pelo Instituto de Tecnologia da Informação-ITI, podendo ser consultada por qualquer pessoa, sem custo e independentemente de requisição de qualquer tipo, ou de cadastramento prévio.

Utilizando como critério aquele adotado para processos judiciais eletrônicos, nos termos do art. 11.419/2006, art. 4°, §§ 3° e 4°, será considerada como data da publicação o primeiro dia útil seguinte ao da disponibilização da informação no meio eletrônico, e os prazos terão início no primeiro dia útil seguinte ao considerado como data da publicação.

Ante ao exposto, o parecer que, respeitosamente, submeto ao elevado critério de Vossa Excelência propõe a edição de Provimento, conforme minuta anexa, para modificação da Seção XII, do Capítulo XX, das Normas de Serviço da Corregedoria Geral da Justiça, com os acréscimos ao seu Item 428.

Caso este parecer seja aprovado, sugiro sua publicação, acompanhado do Provimento, no Diário da Justiça Eletrônico, por três dias alternados.

Sub censura.

São Paulo, 15 de abril de 2019.

(a) Paulo Cesar Batista dos Santos

Juiz Assessor da Corregedoria

DECISÃO: Aprovo o parecer do MM. Juiz Assessor da Corregedoria, por seus fundamentos que adoto, para modificação da Seção XII, do Capítulo XX, das Normas de Serviço da Corregedoria Geral da Justiça, com os acréscimos ao Item 428, na forma supra. Publique-se o parecer, acompanhado do Provimento, no Diário da Justiça Eletrônico, por três dias alternados. Trasladem-se cópias do parecer e dessa decisão aos expedientes 2018/00069181 e 2018/00094586, em acompanhamento, para ulteriores deliberações naqueles autos. São Paulo, 23 de abril de 2019. **(a) GERALDO FRANCISCO PINHEIRO FRANCO.** Corregedor Geral da Justiça (DJe de 29.04.2019 - SP)

2.3.5 TABELIONATO DE NOTAS

CARTA DE SENTENÇA NOTARIAL

PROCESSO Nº 2013/39867 - SÃO PAULO - CORREGEDORIA GERAL DA JUSTIÇA (375/2019-E)

CARTA DE SENTENÇA NOTARIAL. NATUREZA JURÍDICA DE ATA NOTARIAL. AUSÊNCIA DE COMPETÊNCIA LEGAL PARA SUA EXPEDIÇÃO PELO OFICIAL DE REGISTRO CIVIL DAS PESSOAS NATURAIS.

Trata-se de solicitação da Associação dos Registradores de Pessoas Naturais do Estado de São Paulo - ARPEN/SP no sentido da confirmação da competência legal dos Oficiais de Registro Civil das Pessoas Naturais do Estado de São Paulo para expedição de Carta de Sentença Notarial (a fls. 94/106 e 129/132).

O Colégio Notarial do Brasil - Seção São Paulo apresentou manifestação contrária à compreensão da associação requerente (a fls. 114/123).

É o breve relatório.

No Estado de São Paulo, os Srs. Oficiais de Registro Civil das Pessoas Naturais têm atribuições notariais nos termos do artigo 6º, da Lei Estadual n. 8.406/64 (com redação alterada pelo artigo 1º, da Lei Estadual n. 4.225/84), combinado com o artigo 52 da Lei Federal n. 8.935/94. Lei Estadual n. 8.406/64, artigo 6º:

> *Artigo 6.° - Os Oficiais de Registro Civil das Pessoas Naturais têm competência para reconhecer firmas, lavrar procurações e autenticar documentos públicos e particulares.* Lei Federal n. 8.935/94, artigo 52:
>
> *Art. 52. Nas unidades federativas onde já existia lei estadual específica, em vigor na data de publicação desta lei, são competentes para a lavratura de instrumentos traslatícios de direitos reais, procurações, reconhecimento de firmas e autenticação de cópia reprográfica os serviços de Registro Civil das Pessoas Naturais.*

A Carta de Sentença Notarial está prevista no item 213, do capítulo XIV, das Normas de Serviço da Corregedoria Geral, nos seguintes termos:

213. *O Tabelião de Notas poderá, a pedido da parte interessada, formar cartas de sentença das decisões judiciais, dentre as quais, os formais de partilha, as cartas de adjudicação e de arrematação, os mandados de registro, de averbação e de retificação, nos moldes da regulamentação do correspondente serviço judicial.*

213.1. As peças instrutórias das cartas de sentença deverão ser extraídas dos autos judiciais originais, ou do processo judicial eletrônico, conforme o caso.

213.2. As cópias deverão ser autenticadas e autuadas, com termo de abertura e termo de encerramento, numeradas e rubricadas, de modo a assegurar ao executor da ordem ou ao destinatário do título não ter havido acréscimo, subtração ou substituição de peças.

213.3. O termo de abertura deverá conter a relação dos documentos autuados, e o termo de encerramento informará o número de páginas da carta de sentença. Ambos serão considerados como uma única certidão para fins de cobrança de emolumentos.

213.4. O tabelião fará a autenticação de cada cópia extraída dos autos do processo judicial, atendidos os requisitos referentes à prática desse ato, incluídas a aposição de selo de autenticidade e cobrança dos emolumentos.

213.5. A carta de sentença deverá ser formalizada no prazo máximo de 5 (cinco) dias, contados da solicitação do interessado e da entrega dos autos originais do processo judicial, ou do acesso ao processo judicial eletrônico.

As atribuições notariais dos Srs. Oficiais de Registro Civil no Estado de São Paulo contam com expresso limite legal para *"reconhecer firmas, lavrar procurações e autenticar documentos públicos e particulares"*.

Portanto, são titulares da competência legal para autenticação de documentos, mas não para lavraturas de atas notariais (v. artigos 7º, inciso V, e artigo 6º, inciso III, da Lei n. 8.935/94).

A solução da questão posta, conforme tratado pelos cultos representantes da Associação dos Registradores de Pessoas Naturais do Estado de São Paulo e do Colégio Notarial do Brasil - Seção São Paulo, passa pela natureza jurídica dos atos notariais realizados para expedição da Carta de Sentença Notarial.

Vitor Frederico Kümpel e Carla Modina Ferrari (*Tratado de direito notarial e registral*. São Paulo: VFK, 2017, p. 1.115) ao tratarem da autenticação de cópias de documentos, referem:

De outro modo, a autenticação de cópias consiste em espécie de ato notarial que tem por finalidade precípua declarar que a cópia de um determinado documento é fiel e, portanto, corresponde com exatidão ao documento original.

(...)

A atuação do notário, nesse caso, é afirmar como verdadeira a cópia de um documento original, tornando-a perfeita e autêntica.

Paulo Roberto Gaiger Ferreira e Felipe Leonardo Rodrigues (*Tabelionato de notas II*. São Paulo: Saraiva, 2016, p. 52) expõem a noção da ata notarial nos seguintes termos:

Ata notarial é o instrumento público pelo qual o tabelião, ou preposto autorizado, a pedido da parte interessada, constatada fielmente fatos, coisas, pessoas ou situações para comprovar a sua existência ou o seu estado.

(...)

Na ata notarial, o tabelião escreve a narrativa dos fatos ou materializa em forma narrativa tudo o que presencia ou presenciou, vendo e ouvindo com seus próprios sentidos. A partir disso, lavra um instrumento qualificado com a fé legal e mesma força probante da escritura pública.

Na autenticação de cópias, a atividade notarial é limitada ao conhecimento do documento e a declaração de conformidade da cópia frente ao original.

A expedição da Carta de Sentença Notarial vai além, porquanto a atividade notarial exercida envolve o exame do processo em sua totalidade enquanto fato, daí a necessidade da lavratura dos termos de abertura e enceramento *"de modo a assegurar ao executor da ordem ou ao destinatário do título não ter havido acréscimo, subtração ou substituição de peças"*, consoante estabelecido pelos itens 213.2 e 213.3, do capítulo XIV, das Normas de Serviço da Corregedoria Geral.

A realização de cópia integral do processo e a certificação de sua autenticidade frente ao original, no âmbito da autenticação de cópia de documento, não é uma Carta de Sentença Notarial.

A Carta de Sentença Notarial depende da certificação com fé pública do exame do processo judicial e da constatação a partir do exame dos fatos jurídicos documentados do cabimento da expedição daquela.

Não fosse assim, o mero conjunto de cópias autenticadas no exercício da função notarial, independentemente de qualquer termo ou constatação, seria passível de qualificação jurídica como Carta de Sentença Notarial, o que não acontece.

Nessa perspectiva, ainda que na Carta de Sentença Notarial haja *"a autenticação de cada cópia extraída dos autos do processo judicial"* a atuação notarial não se exaure nisso, por depender da constatação do processo judicial desde a análise de seu conteúdo, enquanto fato, com a lavratura de termos, cuja natureza jurídica é de ata notarial.

Os termos de abertura e encerramento da Carta de Sentença Notarial não têm pertinência com a autenticação das cópias das peças processuais e sim com a constatação de circunstâncias presenciadas pelo notário por meio da percepção do conteúdo do conjunto dos autos do processo judicial.

A esta altura é possível afirmar que a Carta de Sentença Notarial tem natureza jurídica de ata notarial e de certificação da conformidade das cópias juntadas aos documentos originais.

Desse modo, não há competência legal para expedição de Carta de Sentença Notarial pelos Srs. Oficiais de Registro Civil das Pessoas Naturais.

Essa compreensão foi objeto de decisão unânime do C. Conselho Superior da Magistratura em sua composição atual, como constou do voto de Vossa Excelência na Apelação Cível n. 1008152-15.2016.8.26.0566, j. 25.10.2018, como segue:

E não se acolhe a alegação recursal, no sentido de que, tanto o Registrador Civil de Pessoas Naturais, como o Tabelião de Notas têm competência para autenticação de documentos. A formação de carta de sentença não se confunde com autenticação de documentos.

A autenticação consiste em atribuição na qual o Tabelião de Notas confere a uma cópia a validade do documento original reproduzido, para determinadas finalidades, dando fé pública de que se trata de cópia fiel e idêntica ao documento original.

Já a formação de carta de sentença abrange competência mais ampla, quando o Tabelião não apenas dá fé pública quanto à fidelidade das cópias em relação aos originais, mas também de que aqueles documentos foram extraídos de autos que tramitaram perante o Poder Judiciário, assim como de que as respectivas decisões também foram prolatadas pela autoridade judicial indicada nos documentos.

Por essas razões, diante da expressa previsão legal e normativa, agiu corretamente o Oficial Imobiliário ao negar ingresso do título protocolado.

Ante ao exposto, o parecer que respeitosamente submetemos ao elevado critério de Vossa Excelência é no sentido da ausência de atribuição para expedição de Carta de Sentença Notarial pelos Srs. Oficiais de Registro Civil das Pessoas Naturais.

Sub Censura.

São Paulo, 24 de julho de 2019.

(a) Marcelo Benacchio

Juiz Assessor da Corregedoria

(a) José Marcelo Tossi Silva

Juiz Assessor da Corregedoria

(a) Paulo Cesar Batista dos Santos

Juiz Assessor da Corregedoria

(a) Stefânia Costa Amorim Requena

Juíza Assessora da Corregedoria

DECISÃO: Aprovo o parecer dos MM Juízes Assessores da Corregedoria e, por seus fundamentos, que adoto, decido, com força normativa, pela ausência de atribuição dos Srs. Oficiais de Registro Civil das Pessoas Naturais do Estado de São Paulo para a expedição de Carta de Sentença Notarial. Encaminhe-se cópia do parecer aos Dignos Senhores Presidentes da Associação dos Registradores de Pessoas Naturais do Estado de São Paulo - ARPEN/SP e do Colégio Notarial do Brasil - Seção São Paulo. Publique-se o parecer e esta decisão no DJE em três dias alternados. São Paulo, 24 de julho de 2019. (a) **GERALDO FRANCISCO PINHEIRO FRANCO**, Corregedor Geral da Justiça. (DJe de 30.07.2019 - SP)

2.3.6 TABELIONATO DE PROTESTO

MANDADO MONITÓRIO

PROCESSO Nº 2019/34762

(Parecer n.º 230/2019-J)

ALTERAÇÃO DAS NORMAS DE SERVIÇO DA CORREGEDORIA GERAL DA JUSTIÇA – Adequação do artigo 104-A das NSCGJ à redação do artigo 517 do CPC. Acréscimo do § 5º ao artigo 104-A e do item 20.3.1 do

Capítulo XV nas NSCGJ do Extrajudicial, dispondo quanto ao protesto do mandado monitório convertido em título executivo judicial.

Excelentíssimo Senhor Corregedor Geral da Justiça,

Trata-se de consulta formulada pelo Dr. Paulo Sérgio Romero Vicente Rodrigues, Juiz da 4ª Vara Cível da Comarca de São José do Rio Preto, quanto à viabilidade de emissão de certidão para protesto, prevista no artigo 517 do CPC, no caso das ações monitórias após a conversão em título executivo judicial, nos termos do artigo 701, § 2º do CPC.

Alega que o artigo 104-A das Normas de Serviço da Corregedoria Geral da Justiça prevê apenas o protesto de sentença transitada em julgado, não abrangendo, portanto, a situação das ações monitórias em que não foi realizado o pagamento e não houve apresentação de embargos no prazo legal.

De acordo com o artigo 701, § 2º do CPC, nesse caso, o título executivo judicial constitui-se de pleno direito, independentemente de qualquer formalidade, ou seja, independentemente de intimação, decisão ou sentença.

É o relatório. Passamos a opinar.

Após a análise das questões legais envolvendo a consulta formulada, entendemos ser o caso de modificação do artigo 104-A das Normas de Serviço da Corregedoria Geral da Justiça para abranger outras hipóteses de protesto do título judicial, uma vez que o artigo 517 do Código de Processo Civil não se limita à hipótese de sentença cível transitada em julgado.

Com efeito, o artigo 104-A das Normas de Serviço da Corregedoria Geral da Justiça prevê a expedição de certidão de protesto apenas em caso de **sentença cível** transitada em julgado, consoante o que segue:

> Art. 104-A. A requerimento escrito do credor, tratando-se de **sentença cível**, transitada em julgado, que reconheça a existência de obrigação de pagar quantia ou alimentos, expedir-se-á certidão de teor da decisão para fins de protesto extrajudicial, a qual deverá indicar:

(...)

Todavia, nos termos do artigo 517 do CPC, não apenas a sentença transitada em julgado pode ser levada a protesto, mas também a decisão contendo obrigação de pagar quantia ou alimentos, como é o caso de decisões proferidas em tutela de urgência ou decisões parciais de mérito, desde que contenham obrigação de pagar quantia líquida.

Assim dispõe a norma processual civil:

> Art. 517. A decisão judicial transitada em julgado poderá ser levada a protesto, nos termos da lei, depois de transcorrido o prazo para pagamento voluntário previsto no art. 523.
>
> § 1º Para efetivar o protesto, incumbe ao exequente apresentar certidão de teor da decisão.
>
> (...)

Nos comentários à referida norma, Dorival Renato Pavan esclarece que "é de se atentar para o fato de que o Código não estabelece que *a sentença judicial* transitada em julgado estará sujeita a protesto. O dispositivo estabelece que a *decisão judicial* transitada em julgado poderá ser protestada depois de decorrido o prazo para pagamento voluntário, tal como previsto no art. 523 do CPC".**[1]** E prossegue afirmando que "decisão judicial tem conteúdo mais abrangente que sentença judicial. Decisão é gênero, de que são espécies a sentença e a decisão interlocutória".

Ressaltamos que o item 20.3 do Capítulo XV das Normas de Serviço da Corregedoria Geral da Justiça das Serventias Extrajudiciais é mais amplo do que o artigo 104-A das Normas Judiciais, prevendo que "a decisão judicial transitada em julgado poderá ser levada a protesto, nos termos da lei, depois de transcorrido o prazo para pagamento voluntário previsto no art. 523." (do CPC).

Por outro lado, não se justifica limitar a decisão ao âmbito cível, já que a sentença penal pode conter obrigação de reparar o dano, nos termos do artigo 387, inciso IV, do Código de Processo Penal.

Diante disso, necessária a alteração do *caput* do artigo 104-A das Normas de Serviço da Corregedoria Geral da Justiça, para substituir a expressão "sentença cível" por "decisão judicial", que é mais ampla e abrange tanto a sentença quanto a decisão interlocutória.

O dispositivo passará a ter a seguinte redação:

> Art. 104-A. A requerimento escrito do credor, tratando-se de **decisão judicial**, transitada em julgado, que reconheça a existência de obrigação de pagar quantia **certa** ou alimentos, expedir-se-á certidão de teor da decisão para fins de protesto extrajudicial, a qual deverá indicar:

(...)

Quanto às ações monitórias, surge a dúvida quanto à possibilidade de expedição da certidão para fins de protesto, tendo em vista que o artigo 701, §2º do CPC dispõe que "constituir-se-á de pleno direito o título executivo judicial, independentemente de qualquer formalidade, se não realizado o pagamento e não apresentados os embargos previstos no art. 702, observando-se, no que couber, o Título II do Livro I da Parte Especial.".

De fato, a lei dispensa qualquer formalidade para a constituição do título executivo judicial. Dessa forma, seria desnecessária decisão judicial convertendo o mandado monitório em título executivo judicial, muito embora esta seja a *praxe* da maior parte dos magistrados.

No entanto, a dispensa de formalidades não pode significar a dispensa da certidão de decurso do prazo para oposição dos embargos, caso não seja proferida a decisão de conversão, até mesmo porque tal fato processual deve estar documentado para possibilitar a formação do título executivo.

Fato é que o mandado monitório converte-se, automaticamente, em título executivo judicial, sendo desnecessária a decisão de conversão.

Todavia, não pode ser dispensada a prova do decurso do prazo para oposição de embargos, sem que tenha ocorrido o pagamento, já que se trata de ato processual complexo, que surge da conjugação de dois fatos processuais, tal como leciona José Miguel Garcia Medina:

Caso o réu não cumpra o mandado (art. 701, *caput*) e não apresente defesa (art. 702), "constituir-se-á de pleno direito o título executivo judicial, independentemente de qualquer formalidade" (art. 701, §2º do CPC/2015). Note-se, como diz a lei, que o título executivo forma-se *ope legis*, sendo desnecessária qualquer formalidade adicional. Não há, pois, sentença que julga procedente o pedido, após a inércia do réu. O título, no caso, nasce da conjugação de dois fatos processuais: (a) a decisão do juiz, fundada em cognição sumária, que defere o mandado; e (b) a inércia do réu. Trata-se, pois, de **título executivo complexo**, seguindo-se seu cumprimento de acordo com o que dispõem os arts. 513 ss. do CPC/2015.**[2]**

No mesmo sentido é o ensinamento de Nelson Neri Junior, para quem, "não havendo embargos, o mandado monitório transforma-se em mandado executivo" e "isso faz com que a decisão que determinou sua expedição (do mandado monitório) tenha **conteúdo e eficácia de *sentença condenatória***, acobertada pela coisa julgada material, sendo considerada *ex vi legis* como título executivo judicial"**[3]**.

Não restam dúvidas, portanto, que a decisão que deferiu o mandado monitório, somada à certidão de decurso do prazo para oposição dos embargos ou à decisão que declara a conversão, é título executivo judicial apto a ser protestado.

Todavia, para que seja possível o protesto, o artigo 517 do CPC exige **o decurso do prazo para pagamento voluntário previsto no art. 523.** Nesse diapasão, como já visto acima, é o item 20.3 do Capítulo XV das Normas de Serviço da Corregedoria Geral da Justiça das Delegações Extrajudiciais.

Ou seja, após o decurso do prazo para oposição dos embargos, e da consequente formação do título executivo judicial, deve ser iniciada a fase de cumprimento de sentença, nos termos do artigo 513 e seguintes do CPC. E, uma vez decorrido o prazo para o pagamento voluntário (artigo 523 do CPC), o protesto poderá ser levado a efeito.

O procedimento utilizado pelo magistrado para iniciar a fase de cumprimento de sentença, bem como a forma de intimação do devedor, são matérias de ordem jurisdicional, existindo diversos entendimentos quanto à validade da intimação em caso de revelia.

Não se deve dispensar, contudo, o início da fase de cumprimento de sentença e o decurso do prazo para pagamento voluntário para permitir o protesto, pena de violação do artigo 517 do CPC.

Dessa forma, sugerimos a inclusão de um parágrafo no artigo 104-A das Normas de Serviço da Corregedoria Geral da Justiça, esclarecendo quanto ao procedimento para expedição da certidão para fins de protesto no caso do mandado monitório convertido automaticamente em título executivo judicial, devendo constar da certidão: (a) o conteúdo do mandado monitório, com a obrigação de pagar quantia certa, sob as penas da lei; (b) a data do trânsito em julgado da decisão, que deverá ser considerada a data do decurso do prazo para oposição dos embargos sem pagamento; e (c) a data do decurso do prazo para pagamento voluntário, nos termos do artigo 523 do CPC. Sugerimos, pois, a seguinte redação para o § 5º do artigo 104-A das NSCGJ:

> § 5º Nas ações monitórias, havendo conversão do mandado monitório em título executivo judicial, na forma do artigo 701, §2º do CPC, a certidão para fins de protesto deverá conter:
>
> *a)* o conteúdo do mandado monitório, com a obrigação de pagar quantia certa, sob as penas da lei;
>
> *b)* a data do trânsito em julgado da decisão, que deverá ser considerada a data do decurso do prazo para oposição dos embargos sem pagamento; e
>
> *c)* a data do decurso do prazo para pagamento voluntário, nos termos do artigo 523 do CPC.

Sugerimos, ainda, que seja incluído o item 20.3.1 do Capítulo XV nas Normas de Serviço

Extrajudiciais, com o seguinte esclarecimento quanto às ações monitórias:

20.3.1. Nas ações monitórias, havendo conversão do mandado monitório em título executivo judicial, na forma do artigo 701, §2º do CPC, a decisão que deferiu o mandado monitório, somada à certificação do decurso do prazo sem a oposição dos embargos e pagamento, poderá ser levada a protesto, depois de transcorrido o prazo para pagamento voluntário previsto no artigo 523 do CPC.

Em face ao exposto, o parecer que apresentamos à elevada consideração de Vossa Excelência é pela aprovação da minuta de provimento anexa, para alteração do *caput* do art. 104-A das NSCGJ e inclusão do § 5º no referido artigo, conforme sugerido, bem como inclusão do item 20.3.1 do Capítulo XV nas Normas dos Serviços Extrajudiciais.

São Paulo, 28 de maio de 2019.

(a) **CINARA PALHARES**

Juíza Assessora da Corregedoria

(a) **RODRIGO NOGUEIRA**

Juiz Assessor da Corregedoria

(a) **JOSÉ MARCELO TOSSI SILVA**

Juiz Assessor da Corregedoria

DECISÃO: Vistos, Aprovo o parecer dos MM. Juízes Assessores da Corregedoria, por seus próprios fundamentos, bem como a Minuta de Provimento anexa.

São Paulo, 31 de maio de 2019.

(a) GERALDO FRANCISCO PINHEIRO FRANCO

Corregedor Geral da Justiça

Notas:

[1] PAVAN, Dorival Renato. Comentário ao artigo 517 do CPC em BUENO, Cássio Scarpinella (Coord.), *Comentários ao Código de Processo Civil – Volume 2*. São Paulo: Saraiva, 2017, página 638.

[2] MEDINA, José Miguel Garcia. *Novo Código de Processo Civil* Comentado. 4ª edição, São Paulo: Revista dos Tribunais, 2016, pág. 1013.

[3] NERY JUNIOR, Nelson; NERY, Rosa Maria de Andrade. *Comentários ao Código de Processo Civil – Novo CPC*. São Paulo: Revista dos Tribunais, 2015, página 1525. (DJe de 18.06.2019 - SP)

2.4 DECISÕES E PARECERES DA CORREGEDORIA GERAL DA JUSTIÇA DO ESTADO DE SÃO PAULO – **ANO 2018**

2.4.1 DECISÕES GERAIS E PERTINENTES A TODAS AS ESPECIALIDADES

APOSTILAMENTO

PROCESSO Nº 2018/17542 - SÃO PAULO - CORREGEDORIA GERAL DA JUSTIÇA DO ESTADO DE SÃO PAULO (450/2018-E)

Excelentíssimo Senhor Corregedor Geral da Justiça:

Trata-se de consulta formulada pelo Sr. Oficial de Registro Civil das Pessoas Naturais e de Interdições e Tutelas da Comarca de Rio Claro sobre a interpretação a ser dada ao art. 4º do Provimento nº 62/2017 da Eg. Corregedoria Nacional de Justiça que, ao regulamentar a Resolução nº 228/2016 do Col. Conselho Nacional de Justiça, fixou norma de competência para a realização de apostilamento pelas unidades dos serviços extrajudiciais de notas e de registro.

Aduz, em suma, que o Colégio Notarial publicou aviso circular, de nº 2890/2017, no sentido de que os Tabeliães de Notas têm competência ampla para apostilar documentos (fls. 06).

Foram solicitadas manifestações do Colégio Notarial do Brasil - Seção São Paulo (CNB/SP) que sustentou a competência ampla dos Srs. Tabeliães de Notas para o apostilamento de documentos (fls. 21/29) e da Associação dos Registradores de Pessoas Naturais do Estado de São Paulo - ARPEN/SP que se posicionou pela competência restrita à cada especialidade do serviço extrajudicial de notas e de registro (fls. 15/18).

Opino.

A matéria foi tratada, no âmbito da Corregedoria Geral da Justiça, em procedimento instaurado para a prestação de informações em razão de consulta que o Colégio Notarial do Brasil - Seção Espírito Santo formulou à Eg. Corregedoria Nacional de Justiça.

Na referida consulta o Colégio Notarial do Brasil - Seção Espírito Santo, asseverou a competência ampla dos Srs. Tabeliães de Notas para o apostilamento porque: I) somente as delegações de Notas têm competência para aferir a autenticidade de fatos, documentos e assinaturas; II) o apostilamento é uma espécie aperfeiçoada de autenticação de documentos e tem o reconhecimento de firma como ato inerente à sua realização. Iguais fundamentos foram adotados pelo Colégio Notarial do Brasil - Seção São Paulo na manifestação de fls. 21/29.

Por questão de coerência, cabe reiterar o posicionamento que foi adotado na resposta encaminhada à Eg. Corregedoria Nacional de Justiça e que observou o parecer e a r. decisão reproduzidos às fls. 32/40, ambos do Processo CG nº 2018/00116581.

Como consta no parecer reproduzido às fls. 32/39, o *site* do Col. Conselho Nacional de Justiça apresenta o seguinte conceito para a Apostila:

"A Apostila é um certificado de autenticidade emitido por países signatários da Convenção da Haia, que é colocado em um documento público para atestar sua origem (assinatura, cargo de agente público, selo ou carimbo de instituição). Esse documento público apostilado será apresentado em outro país, também signatário da Convenção da Haia, uma vez que a Apostila só é válida entre países signatários" (http://www.cnj.jus.br/poder-judiciario/relacoes- internacionais/convencao-daapostila-da-haia/perguntas-frequentes, consulta em 1º/11/2018).

Ainda segundo o referido site:

"A Apostila certifica apenas a origem do documento público, e não o próprio documento. Em outras palavras, ela certifica a autenticidade da assinatura (reconhecimento de firma) da pessoa, da função ou do cargo exercido pelo signatário do documento e, quando cabível, a autenticidade do selo ou do carimbo nele aposto. A Apostila não certifica o conteúdo do documento, nem deve ser utilizada para reconhecimento dentro do país em que foi emitida"

(http://www.cnj.jus.br/poder-judiciario/relacoesinternacionais/convencao-da-apostila-da-haia/perguntas-frequentes, consulta em 1º/11/2018).

Esses esclarecimentos têm como fonte o art. 2º da Convenção do Apostilamento que foi promulgada pelo Decreto nº 8.660/2016:

"Artigo 2º

Cada Estado Contratante dispensará a legalização dos documentos aos quais se aplica a presente Convenção e que devam produzir efeitos em seu território. No âmbito da presente Convenção, legalização significa apenas a formalidade pela qual os agentes diplomáticos ou consulares do país no qual o documento deve produzir efeitos atestam a autenticidade da assinatura, a função ou o cargo exercidos pelo signatário do documento e, quando cabível, a autenticidade do selo ou carimbo aposto no documento".

Portanto, o apostilamento supre a legalização que consiste em confirmar a identidade e a função exercida pela autoridade que expediu o documento.

Dessa forma, o apostilamento de documento é mais amplo que os atos de reconhecimento de firma e de autenticação de cópia extraída do original que são de atribuição dos Tabeliães de Notas.

Essa conclusão fica evidente pelo fato de que para ter validade nos países signatários da Convenção de Apostilamento não basta a apresentação do documento original com firma reconhecida, ou de cópia autenticada.

É, ao contrário, necessário o Apostilamento na forma da Convenção promulgada pelo Decreto nº 8.660/2016 que faz presumir que a Apostila reproduz documento que foi expedido por autoridade competente e por ela assinado e, quando cabível, que o selo ou carimbo aposto no original é autêntico.

Diante da finalidade e dos efeitos da Apostila, a Resolução nº 228/2016 previu no inciso II do art. 6º que são competentes para o ato:

> "II - os titulares dos cartórios extrajudiciais, no limite das suas atribuições" (grifei).

Além disso, o parágrafo 1º do art. 6º da Resolução nº 228/2016 atribuiu à Corregedoria Nacional de Justiça a concessão de autorização específica e individualizada para o exercício da competência para a emissão de apostila:

> "§ 1º O exercício da competência para emissão de apostilas, observado o art. 17 desta Resolução, pressupõe autorização específica e individualizada da Corregedoria Nacional de Justiça.
>
> § 2º O CNJ manterá, em sua página eletrônica, para fins de divulgação ao público, lista atualizada das autoridades brasileiras habilitadas a emitir a apostila, bem como relação de países para os quais será possível a emissão do documento".

Já o art. 17 da Resolução nº 228/2016 prevê:

> "Art. 17. A Corregedoria Nacional de Justiça editará provimentos para a regulamentação da atuação das autoridades apostilantes, especialmente sobre o controle das atividades regidas por esta Resolução".

Assim, a Resolução nº 228/2016 do Col. Conselho Nacional de Justiça restringe a competência dos titulares dos cartórios extrajudiciais à prática de atos de apostilamento dentro dos limites de suas atribuições, do que não se afastou o art. 4º do Provimento nº 62/2017 da Eg. Corregedoria Nacional de Justiça:

> "Art. 4º Os titulares do serviço notarial e de registro são autoridades apostilantes para o ato de aposição de apostila nos limites de suas atribuições, sendo-lhes vedado apostilar documentos estranhos a sua competência.
>
> § 1º O ato de apostilamento de documentos públicos produzidos no território nacional obedecerá estritamente às regras de especialização de cada serviço notarial e de registro, nos termos da Lei n. 8.935, de 18 de novembro de 1994.
>
> § 2º O serviço de notas e de registro poderão apostilar documentos estranhos a sua atribuição caso não exista na localidade serviço autorizado para o ato de apostilamento.
>
> § 3º O registrador civil de pessoa natural, ao apostilar documento emitido por registrador sediado em ente da Federação diverso, deverá verificar a autenticidade da assinatura mediante consulta à Central de Informações do Registro Civil (CRC Nacional).
>
> § 4º O notário, ao apostilar documentos emitidos por serviço notarial sediado em ente da Federação diverso, deverá verificar a autenticidade da assinatura mediante consulta à Central Notarial de Serviços Eletrônicos Compartilhados (CENSEC).
>
> § 5º O registrador de títulos e documentos e pessoas jurídicas, ao apostilar documentos

emitidos por serviço sediado em ente da Federação diverso, deverá verificar a autenticidade da assinatura mediante consulta à Central de Registro de Títulos e Documentos e Pessoa Jurídica (RTDPJBR).

§ 6º O registrador de imóveis, ao apostilar documento emitido por registrador sediado em ente da Federação diverso, deverá verificar a autenticidade da assinatura mediante consulta ao Operador Nacional do Registro de Imóveis (ONR).

§ 7º Os notários e registradores também poderão, nos limites de suas atribuições, verificar a autenticidade da assinatura mediante consulta à Central Notarial de Sinal Público (CNSIP)".

Como previsto no § 1º do art. 4º do Provimento CNJ nº 62/2017, os limites da competência devem ser buscados na Lei nº 8.935/94 que relaciona as diferentes especialidades dos serviços extrajudiciais de notas e de registro (tabeliães de notas; tabeliães e oficiais de registro de contratos marítimos; tabeliães de protesto de títulos; oficiais de registro de imóveis; oficiais de registro de títulos e documentos e civis das pessoas jurídicas; oficiais de registro civil das pessoas naturais e de interdições e tutelas) e na legislação em que fixada a competência de cada uma dessas especialidades.

Portanto, o Col. Conselho Nacional de Justiça designou os responsáveis pelas delegações dos serviços extrajudiciais de notas e de registro como autoridades competentes para emitir Apostilas, o que fez com fundamento no art. 6º da Convenção da Apostila, e atribuiu à Corregedoria Nacional de Justiça a regulamentação dessa competência:

"Artigo 6º

Cada Estado Contratante designará as autoridades às quais, em razão do cargo ou função que exercem, será atribuída a competência para emitir a apostila prevista no primeiro parágrafo do Artigo 3º.

Esta designação deverá ser notificada pelo Estado Contratante ao Ministério das Relações Exteriores dos Países Baixos, no momento do depósito do respectivo instrumento de ratificação, adesão ou da respectiva declaração de extensão. Todas as modificações que ocorrerem na designação daquelas autoridades também deverão ser notificadas ao referido Ministério".

No exercício dessa atribuição a Corregedoria Nacional de Justiça editou o Provimento nº 62/2017 que não extrapolou os limites da delegação que lhe foi outorgada e que impõe interpretação restritiva quanto à competência para o apostilamento.

E a sua aplicação não apresenta maior dificuldade no que tange aos serviços de Registro Civil das Pessoas Naturais e de Interdições e Tutelas, Registro Civil de Pessoa Jurídica, Registro de Imóveis e Tabelionato de Protesto, pois a competência é facilmente delimitável e, como regra geral, abrange os atos praticados nos livros inerentes ao exercício das suas atribuições.

Igual não ocorre com o Registro de Títulos e Documentos que tem competência residual e com o Tabelionato de Notas que tem competência ampla para o reconhecimento de firmas e autenticação de cópias, assim como para lavrar escrituras públicas relativas a atos e negócios jurídicos passíveis de registro em outras especialidades dos serviços extrajudiciais, como as relativas aos negócios jurídicos sobre imóveis e ao divórcio extrajudicial.

Contudo, e de forma exemplificativa, cabe lembrar que a escritura de compra e venda de imóvel não se confunde com o respectivo registro que é condição para a transmissão do domínio ou a constituição de outro direito real por ato *"inter vivos"*, assim como a escritura pública de divórcio não supre a necessidade de sua averbação no Registro Civil das Pessoas Naturais para produzir todos os efeitos legais.

Desse modo, interpretação sistemática das normas aplicáveis ao apostilamento, em especial a Resolução nº 228/2016 e o Provimento nº 62/2017, induz à conclusão de que os responsáveis pelas delegações dos serviços extrajudiciais de notas e de registro têm competência para apostilar os atos que são praticados nos livros atribuídos ao seu ofício, observada a competência residual do Registro de Títulos e Documentos quanto aos documentos com registro não atribuído à outra especialidade do serviço, e a competência dos Tabeliães de Notas quanto aos atos que não ingressam em livros, como ocorre com os documentos em geral que são passíveis de autenticação de cópia e reconhecimento de firma.

Por fim, em tese, não há impedimento para a revisão das normas sobre o apostilamento ou para a adoção de interpretação que amplie a competência dos Tabeliães de Notas.

Entretanto, as competências para o apostilamento foram fixadas pelo Conselho Nacional de Justiça e pela Corregedoria Nacional de Justiça que têm atribuição para orientar sobre a interpretação a ser dada às normas que editaram, ou para promover as alterações normativas que considerarem cabíveis.

Ante o exposto, o parecer que submeto à elevada apreciação de Vossa Excelência é no sentido de conferir ao art. 4º, e seu

§ 1º, do Provimento nº 62/2017 interpretação no sentido de que os responsáveis pelas delegações dos serviços extrajudiciais de notas e de registro têm competência para apostilar os atos que são praticados nos livros atribuídos ao seu ofício, observada a competência residual do Registro de Títulos e Documentos quanto aos documentos com registro não atribuído à outra especialidade do serviço, e a competência dos Tabeliães de Notas quanto aos atos que não ingressam em livros como ocorre com os documentos em geral que são passíveis de autenticação de cópia e reconhecimento de firma, com ressalva da competência supletiva prevista no § 2º do art. 4º do referido Provimento.

Sugiro, se aprovado, a publicação deste parecer e da r. decisão de Vossa Excelência no DJe, por três dias alternados, para ciência e observação.

Sub censura.

São Paulo, 1º de novembro de 2018.

José Marcelo Tossi Silva

(a) Juiz Assessor da Corregedoria

DECISÃO: Aprovo o parecer do MM. Juiz Assessor da Corregedoria, por seus fundamentos que adoto. Promova-se a publicação do parecer e desta decisão no DJe, por três dias alternados, para ciência e observação. São Paulo, 05 de novembro de 2018. (a) **GERALDO FRANCISCO PINHEIRO FRANCO,** Corregedor Geral da Justiça. (DJe de 08.11.2018 - SP)

DA EXTINÇÃO DA DELEGAÇÃO

PROCESSO Nº 2018/10412 – CRUZEIRO/SP – JUÍZO DE DIREITO DA 2ª VARA CÍVEL (PARECER Nº 58_2018-J)

2º TABELIÃO DE NOTAS E DE PROTESTOS DE TÍTULOS E DOCUMENTOS DE CRUZEIRO – Vacância da delegação por morte – Consulta sobre aplicação do Provimento n.º 747/2000 – Modulação dos seus efeitos até o término do 7º Concurso Público de Provas e Títulos para Outorga de Delegações – Não extinção da unidade.

Excelentíssimo Senhor Corregedor Geral da Justiça,

Trata-se de expediente iniciado com a notícia do óbito do Sr. Titular do 2º Tabelionato de Notas e Protestos de Títulos e Documentos da Comarca de Cruzeiro, João Euclides Cabete, ocorrido em 22 de dezembro de 2017.

Consta à fl. 6 indicação do nome da Sra. Cristiane Ferreira Guimarães, escrevente do Oficial de Registro Civil de Pessoas Naturais e Tabelião de Notas do Município de Lavrinhas, Comarca de Cruzeiro, para assumir as funções de interina na unidade vaga, com sua indicação encaminhada nos autos do expediente CGJ n.º 2018/9.465.

É o breve relatório. Opino.

No Estado de São Paulo houve edição do Provimento n.º 747/2000, complementado pelo Provimento n.º 750/2001, ambos do Egrégio Conselho Superior da Magistratura, que promoveram a reestruturação das delegações dos serviços notariais e de registro no interior do estado.

O Provimento n.º 747/2000 dispunha que, quando da primeira vacância de um dos Tabelionatos de Notas da Comarca de Cruzeiro, haveria extinção do serviço notarial vago. Consequentemente, seria concentrada na unidade extrajudicial remanescente, o 1º Tabelião de Notas e Protestos de Letras e Títulos, com exclusividade, a prestação dos serviços de notas e de protestos de títulos, passando a denominar-se, simplesmente, Tabelião de Notas e de Protesto de Letras e Títulos de Cruzeiro.

Sucede que, à época, foi proposta ação declaratória de inconstitucionalidade perante o Supremo Tribunal Federal (ADI n.º 2.415/2001), de autoria da Associação dos Notários e Registradores do Brasil – ANOREG, na qual se questionava a referida reorganização das unidades extrajudiciais levada a cabo pelos provimentos.

Negada a liminar, ao final, o pedido formulado na ação declaratória foi julgado improcedente, dando-se, consequentemente, declaração de constitucionalidade aos provimentos impugnados.

No v. acórdão, o Supremo Tribunal Federal decidiu que, como transcorridos sete anos do indeferimento da liminar na ADI, mais de setecentas pessoas foram aprovadas em concurso público e receberam, de boa-fé, as delegações do serviço extrajudicial.

A desconstituição dos efeitos concretos emanados dos Provimentos n.º 747/2000 e 750/2001 causaria desmesurados prejuízos ao interesse social.

No mesmo julgado, a Eg. Corte decidiu pela preservação da validade e eficácia dos atos notariais e registrais praticados, à luz dos provimentos impugnados, e preservação das outorgas regularmente concedidas a delegatários concursados, assim como do curso normal do processo seletivo para o recrutamento de novos delegatários.

Para que isso fosse aplicável, o Supremo Tribunal Federal estendeu a eficácia dos provimentos até o término do 7º Concurso Público de Provas e Títulos para Outorga de Delegações de Notas e Registro, deixando claro, contudo, que, a partir de então, a reestruturação dos serviços extrajudiciais somente poderia ser feita por lei ordinária de iniciativa do Poder Judiciário local.

Assim, nos termos do art. 27 da Lei n.º 9.868/1999[1], houve modulação aos efeitos da declaração de constitucionalidade dos provimentos impugnados, em razão da adoção a tese da norma jurídica *"ainda constitucional"* (vide ementa), limitando sua eficácia, como dito, até o encerramento do 7º Concurso de Provas e Títulos para Outorga de Delegações de Notas e de Registro do Estado de São Paulo, com a conclusão das investiduras dos candidatos em suas delegações, que ocorreu em **27 de setembro de 2011.**

A vacância do 2º Tabelionato de Notas e Protestos de Cruzeiro, que seria o fato gerador da eventual extinção da delegação, ocorreu recentemente, em **22 de dezembro de 2017**, ou seja, praticamente seis anos após o termo *ad quem* fixado pelo

Supremo Tribunal Federal para exaurimento dos efeitos dos mencionados provimentos, naquilo que diz respeito à extinção da referida unidade.

Noutros termos, o fato jurídico que levou à vacância da delegação ocorreu quando o Provimento CSM n.º 747/2000, no que toca exclusivamente a este caso, já estava com sua eficácia exaurida, não sendo possível sua ultratividade, para alcançar fatos ocorridos posteriormente[2].

Por outro lado, os provimentos ainda continuam perfeitamente válidos e eficazes naquilo em que sua vigência não se exauriu, como nas diversas restruturações de serventias extrajudiciais existentes no interior do estado.

É verdade que há precedentes desta Eg. Corregedoria Geral pela cessação de atribuições de serviços que foram adquiridos por opção pessoal (art. 29, inciso I, da Lei n.º 8.935/94), quando declarada a primeira vacância da delegação, em razão das previsões contidas no Provimento n.º 747/2000.

Essa situação ocorreu, por exemplo, em Santa Rita de Viterbo, quando da aposentadoria do 1º Tabelião de Notas e Protestos da Comarca, autorizando-se a aplicação das regras do provimento, para a retirada da opção pelo serviço da referida unidade, ocasião em que se deu o recolhimento do acervo ao então titular da unidade remanescente[3].

Nessa hipótese, mantidas as atribuições por direito pessoal, com a primeira vacância, estava extinta a atribuição dos serviços, que deveria apenas ser declarada. A primeira vacância era apenas condição para a implementação de restruturação de serviços atribuídos por direito pessoal, já ocorrida quando da edição dos provimentos.

Por esse raciocínio, a restruturação já ocorrera antes do julgamento da ADI, e antes do encerramento do 7º concurso de outorga de delegações, sem que se falasse em desrespeito à decisão do Supremo Tribunal Federal **4**.

Mas a hipótese nesse caso é diversa.

Aqui não se trata de extinção de serviço cuja opção foi exercida ao tempo de sua criação, mas sim de eventual extinção da unidade prevista nos provimentos em que se reconheceu a sua constitucionalidade, mas cuja eficácia teve modulação de seus efeitos perfeitamente definida no tempo.

A primeira vacância, necessariamente, teria que ocorrer dentro da modulação temporal definida pelo Supremo Tribunal Federal. Não sendo o caso, a reorganização das serventias extrajudiciais dependerá de futura lei. Por essas razões, nada obstante a declaração de vacância do 2º Tabelionato de Notas e Protestos de Títulos e Documentos da Comarca de Cruzeiro, já ocorrida em expediente próprio, a unidade deverá permanecer existindo, até que haja extinção, se for o caso, imposta por lei em sentido formal.

Ante ao exposto, o parecer que respeitosamente submeto ao elevado critério de Vossa Excelência é no sentido de não reconhecimento da extinção da delegação afeta ao 2º Tabelionato de Notas e Protestos de Títulos e Documentos da Comarca de Cruzeiro.

Sub Censura.

São Paulo, 7 de fevereiro de 2018.

(a) **Paulo César Batista dos Santos** - Juiz Assessor da Corregedoria

DECISÃO: Aprovo o parecer do Juiz Assessor da Corregedoria e, por seus fundamentos, que adoto, não se reconhece a extinção do serviço afeto ao 2º Tabelionato de Notas e Protestos de Títulos e Documentos da Comarca de Cruzeiro. Dê-se ciência ao D. Corregedor Permanente do 2º Tabelionato de Notas e Protestos de Títulos e Documentos da Comarca de Cruzeiro.

Publique-se, para conhecimento geral, inclusive o parecer. São Paulo, 8 de fevereiro de 2018 – (a)

GERALDO FRANCISCO PINHEIRO FRANCO – Corregedor Geral da Justiça.

Rodapé:

1. Art. 27. Ao declarar a inconstitucionalidade de lei ou ato normativo, e tendo em vista razões de segurança jurídica ou de excepcional interesse social, poderá o Supremo Tribunal Federal, por maioria de dois terços de seus membros, restringir os efeitos daquela declaração ou decidir que ela só tenha eficácia a partir de seu trânsito em julgado ou de outro momento que venha a ser fixado.

2. Ver parecer CGJ n.º 33/12-E, Processo n.º 2012/1646, Juiz Assessor Luciano Gonçalves Paes Leme, aprovado pelo D. Corregedor Geral de Justiça JOSÉ RENATO NALINI.

3. Processo n.º 2011/00056694, parecer da lavra do MM. Juiz Marcus Vinicius Rios Gonçalves, aprovado pelo

E. Corregedor Geral da Justiça MAURÍCIO VIDIGAL.

4. Ver Processo CGJ n.º 2016/165.043, parecer da lavra do MM. Juiz Assessor Swarai Cervone de Oliveira, aprovado pelo Corregedor Geral de Justiça MANOEL PEREIRA CALÇAS, citando situação ocorrida quando da instalação da comarca de Santana de Parnaíba. (DJe de 21.02.2018 - SP).

EMOLUMENTOS

PROCESSO Nº 2018/1694 - SÃO PAULO - CORREGEDORIA GERAL DA JUSTIÇA DO ESTADO DE SÃO

Parecer 02/2018-E

EMOLUMENTOS – RECEBIMENTO EM MOEDA VIRTUAL – SERVIÇOS EXTRAJUDICIAIS DE NOTAS E DE REGISTRO –- IMPOSSIBILIDADE EM RAZÃO DA INEXISTÊNCIA DE PREVISÃO NORMATIVA.

Excelentíssimo Senhor Corregedor Geral da Justiça:

Trata-se de procedimento instaurado em razão da notícia, veiculada pela Internet tendo como base notícia publicada no Diário da Região de São José do Rio Preto, de que Tabelião de Notas da Comarca de Rio Preto passou a aceitar o recebimento de emolumentos em moeda virtual, contendo a notícia referência ao uso de "Bitcoin".

Opino.

O exercício em caráter privado não altera a natureza pública dos serviços extrajudiciais de notas e de registro que são prestados mediante outorga de delegação na forma prevista no art. 236 da Constituição Federal.

Em consequência, as atividades dos responsáveis pela prestação desses serviços são reguladas por legislação própria (art. 236, § 1º, da Constituição Federal e Lei nº 8.935/94) e, ainda, sujeitam-se às demais normas que incidirem em casos específicos.

No que se refere aos emolumentos, aplicam-se as normas gerais contidas na Lei nº 10.169/2000 que no inciso I de seu art. 2º prevê a edição de tabelas com valores dos emolumentos "expressos em moeda corrente do País".

Essa norma mantém consonância com o art. 318 do Código Civil, com o Decreto-lei nº 857/69, com a Lei nº 8.880/94 e com a Lei nº 10.192/2011 que dispõe:

"Art. 1º As estipulações de pagamento de obrigações pecuniárias exeqüíveis no território nacional deverão ser feitas em Real, pelo seu valor nominal.

Parágrafo único. São vedadas, sob pena de nulidade, quaisquer estipulações de:

I - pagamento expressas em, ou vinculadas a ouro ou moeda estrangeira, ressalvado o disposto nos arts. 2º e 3º do Decreto - Lei no 857, de 11 de setembro de 1969, e na parte final do art. 6º da Lei no 8.880, de 27 de maio de 1994;"

Não se ignora a tendência jurisprudencial em autorizar a celebração de contratos, por particulares, com previsão de pagamento de preço em valor vinculado à cotação de moeda estrangeira, desde que convertido em reais na data do cumprimento da obrigação.

Contudo, no caso concreto trata-se de remuneração devida pela prestação de serviço público delegado, a ser feita mediante pagamento de emolumentos que têm caráter tributário de taxa segundo foi decidido pelo Egrégio Supremo Tribunal Federal (ADI 3694, Relator: Min. SEPÚLVEDA PERTENCE, Tribunal Pleno, julgado em 20/09/2006, DJ 06-11- 2006 PP-00030 EMENT VOL- 02254-01 PP-00182 RTJ VOL-00201-03 PP-00942 RDDT n. 136, 2007, p. 221).

Desse modo, não se verifica a possibilidade de cobrança e também de recebimento de emolumentos em moeda estrangeira ou em moeda virtual, ao menos até que assim seja autorizado por norma que regulamente a matéria.

Ante o exposto, o parecer que, respeitosamente, submeto à elevada apreciação de Vossa

Excelência é no sentido de emitir comunicado, com a anexa sugestão de redação, alertando os responsáveis pelas unidades do Serviço Extrajudicial e Notas e de Registro sobre a atual impossibilidade de cobrança e de recebimento de emolumentos em moeda estrangeira ou em moeda virtual.

Sub censura.

São Paulo, 09 de janeiro de 2018.

(a) **José Marcelo Tossi Silva**

Juiz Assessor da Corregedoria

Decisão: Aprovo, pelas razões expostas no parecer, a edição do Comunicado sugerido, conforme minuta apresentada, a ser publicado no DJE e disponibilizado no Portal do Extrajudicial. Publique-se. São Paulo, 09 de janeiro de 2018. (a) **GERALDO FRANCISCO PINHEIRO FRANCO,** Corregedor Geral da Justiça. (DJe de 12.01.2018 - SP)

Juiz Assessor da Corregedoria.

PROCESSO Nº 2017/106303 - SÃO PAULO - CORREGEDORIA GERAL DA JUSTIÇA DO ESTADO DE SÃO PAULO.
(194/2018-E)

Incidência do desconto previsto no item 1.6. (especialidade de Notas), da Lei de Emolumentos, a toda escritura pública de compra e venda que tenha por objeto lote enquadrado no parágrafo 6º, da Lei n. 6.766/79. Manutenção do entendimento da Corregedoria Geral da Justiça. Não revogação do artigo 26, parágrafo 6º, da Lei n. 6.766/79 pelo artigo 167, inciso II, 32., da Lei de Registros Públicos, com a redação dada pela Lei n. 13.465/17 - Requerimento indeferido.

Trata-se de requerimento dos D. Colégio Notarial do Brasil - Seção São Paulo e Associação dos Registradores Imobiliários de São Paulo referindo a revogação do disposto no artigo 26, parágrafo 6º, da Lei n. 6.766/79 ou, sucessivamente, a modificação do precedente desta Corregedoria Geral da Justiça de molde a não caber concessão de desconto de emolumentos para as escrituras públicas lavradas em cumprimento a contrato de compromisso de compra e venda (a fls. 47/66).

O Instituto de Registro Imobiliário do Brasil mencionou a excepcionalidade do compromisso de compra e venda servir de causa à transmissão da propriedade ao lado da regra geral do contrato de compra e venda constante do artigo 108 do Código Civil (a fls. 83/89).

É o breve relatório.

No presente processo administrativo foi fixado precedente administrativo no sentido de que o "desconto previsto no item 1.6. (especialidade de Notas), da Lei de Emolumentos, aplica-se a toda escritura pública de compra e venda que tenha por objeto lote enquadrado no parágrafo 6º, da Lei n. 6.766/79"; conforme publicação no DJE (a fls. 24/31 e 35/44).

Passamos ao exame das alegações dos Doutos CNB - Seção São Paulo e ARISP por meio das quais é pretendida a modificação da referida orientação.

O primeiro argumento a ser analisado envolve a eventual revogação tácita do art. 26, parágrafo 6º, da Lei n.

6.766/79 pelo artigo 167, inciso II, 32., da Lei de Registros Públicos, com a redação dada pela Lei n. 13.465/17.

O artigo 26, parágrafo 6º, da Lei n. 6.766/79, estabelece:

> *§ 6º Os compromissos de compra e venda, as cessões e as promessas de cessão valerão como título para o registro da propriedade do lote adquirido, quando acompanhados da respectiva prova de quitação.*

De outra parte, o artigo 167, inciso II, 32., da Lei de Registros Públicos, prescreve:

> *II - a averbação:*
>
> *32. do termo de quitação de contrato de compromisso de compra e venda registrado e do termo de quitação dos instrumentos públicos ou privados oriundos da implantação de empreendimentos ou de processo de regularização fundiária, firmado pelo empreendedor proprietário de imóvel ou pelo promotor do empreendimento ou da regularização fundiária objeto de loteamento, desmembramento, condominio de qualquer modalidade ou de regularização fundiária, exclusivamente para fins de exoneração da sua responsabilidade sobre tributos municipais incidentes sobre o imóvel perante o Município, não implicando transferência de domínio ao compromissário comprador ou ao beneficiário da regularização.*

Não obstante a respeitável compreensão exposta, as hipóteses tratadas nos diplomas legislativos indicados são diversas.

A previsão contida no artigo 167, inciso II, 32., da Lei de Registros Públicos é uma norma específica para fins de exoneração de responsabilidade tributária pelo promitente vendedor; como consta do início de seu quarto final "exclusivamente para fins de exoneração da sua responsabilidade sobre tributos municipais incidentes sobre o imóvel perante o Município" (grifos meus).

Aliás, a parte final, ao estabelecer "não implicando transferência de domínio ao compromissário comprador ou ao beneficiário da regularização", aclara a situação do aspecto tributário, do contrário, competiria ao promitente vendedor responsabilidade pela comprovação do recolhimento do imposto de transmissão para realização da averbação.

A averbação do termo de quitação do compromisso de compra e venda registrado, no aspecto em comento, tem um fim exclusivo - exoneração de responsabilidade tributária.

De outra parte, a previsão contida no artigo 26, parágrafo 6º, da Lei n. 6.766/79, regula fenômeno jurídico diverso, qual seja, a transmissão da propriedade imobiliária pelo registro do título, situação jurídica absolutamente diferente da exclusão da responsabilidade sobre tributos municipais.

Mas não é só.

A adoção da interpretação sugerida implicaria na exclusão do disposto no artigo 26, parágrafo 6º, da Lei n. 6.766/79 do sistema jurídico.

Nesse momento, de ausência de precedentes jurisdicionais e administrativos a respeito, a interpretação merece ser realizada com utilização da prudência e do comedimento, sobretudo na via administrativa.

A prudência (sensatez), objeto das considerações de Aristóteles (*Ética a nicômaco. São Paulo: Atlas, 2009, p. 140*), calham no presente:

> *Se, por conseguinte, deliberar bem é próprio dos sensatos, a boa deliberação será a correção de deliberação a respeito do que é conveniente como meio para o fim, do qual a sensatez tem uma concepção verdadeira.*

A Lei de Introdução às Normas do Direito Brasileiro (Decreto-Lei n. 4.657/42) concede foros normativos ao juízo prudencial no âmbito administrativo, em consideração de suas consequências, como consta de seu artigo 20, caput:

> *Art. 20. Nas esferas administrativa, controladora e judicial, não se decidirá com base em valores jurídicos abstratos sem que sejam consideradas as consequências práticas da decisão.*

Ainda que a interpretação se volte ao Direito e a aplicação se volte ao fato da vida, não é possível separação absoluta entre esses momentos ante a ínsita comunicação existente entre eles (Zagrebelsky, Gustavo. La legge e la sua giustizia. Bologna: Il Mulino, 2008, p. 163).

Nessa ordem de ideias, qualquer que seja o raciocínio eleito, respeitosamente, não há elementos seguros para conclusão da revogação tácita defendida.

Passamos ao exame do segundo argumento - a submissão do compromisso de compra e venda à regra de forma prevista no artigo 108 do Código Civil e, também, violação às regras de direito tributário incidentes.

A compreensão da interpretação e aplicação do disposto no artigo 26, parágrafo 6º, da Lei n. 6.766/79, a qualquer loteamento regular é assente no C. Conselho Superior da Magistratura desde o julgamento da Apelação Cível

n. 0012161- 30.2010.8.26.0604, em 06.10.2011; o que vem sendo seguido pela Corregedoria Geral da Justiça a exemplo do decidido no Processo n. 35.956/2014, em 22.04.2014; consolidado na esfera deste processo administrativo.

O artigo 108 do Código Civil dispõe:

> *Art. 108. Não dispondo a lei em contrário, a escritura pública é essencial à validade dos negócios jurídicos que visem à constituição, transferência, modificação ou renúncia de direitos reais sobre imóveis de valor superior a trinta vezes o maior salário mínimo vigente no País.* (grifos nossos)

O artigo em exame, no aspecto dos imóveis com valor superior a trinta salários mínimo, à partida, fixa a possibilidade legislativa de disposição legal diversa, destarte, há previsão de regramento excepcional, ou seja, a utilização de instrumento particular.

São hipóteses de exceção à regra geral, a constituição do direito de real de aquisição na forma do artigo 1.417 do Código Civil e as transmissões da propriedade imobiliária previstas no artigo 61, parágrafo 5º, da Lei n. 4.380/64, artigo 38 da Lei n. 9.514/94 e artigos 53 e 64 da Lei n. 8.934/94.

Assim, o artigo 108 do Código Civil não obriga a forma pública em todas as transmissões imobiliárias ante a possibilidade de prescrições legais específicas, fora da regra geral.

No sistema brasileiro de aquisição de direitos reais imobiliários, o registro é constitutivo nos termos do artigo 1.245 do Código Civil.

O Brasil adota o sistema do título e modo, o qual, conforme Mónica Jardim (Efeitos substantivos do registro predial. Almedina: Coimbra, 2013, p. 51):

> *No sistema de título e modo a aquisição, modificação ou extinção dos direitos reais dependem de um título – fundamento jurídico ou causa que justifica a mutação jurídico-real - e de um modo:*

acto pelo qual se realiza efectivamente a aquisição, modificação ou extinção do direito real, acto através do qual se executa o prévio acordo de vontades.

A esta altura compete verificar a adequação do previsto no artigo 26, parágrafo 6º, da Lei n. 6.766/79, ao sistema do título e modo.

O compromisso de compra e venda de bem imóvel no Brasil é um relevante instrumento jurídico voltado às transferências imobiliárias com total aceitação social.

Apesar do absoluto respeito pela culta posição doutrinária acatada no r. parecer de fls. 24/31, humildemente, pensamos de forma diversa, pois, o compromisso de compra e venda, ainda que impróprio, não encerra uma espécie do contrato de compra e venda.

O compromisso de compra e venda utilizado de forma atípica (impróprio), com antecipação dos efeitos de direito material do contrato de compra e venda ou com finalidade de garantia para o recebimento do preço, não prescinde da celebração do contrato de compra e venda (contrato definitivo).

Francisco Eduardo Loureiro (*Responsabilidade civil no compromisso de compra e venda*. In: Tavares da Silva, Regina Beatriz. *Responsabilidade civil*. São Paulo: Saraiva, 2008, p. 168 e 169), tratando desses pontos, assevera pela necessidade da celebração do contrato definitivo, ainda como obrigação não principal, nos seguintes termos:

Uma nova e relevante função atípica a um contrato preliminar, via de regra não cogitada pela doutrina, é a de servir de instrumento de garantia ao recebimento do preço.

(...)

Situação diametralmente diversa é a dos contratos preliminares que têm por função apenas a garantia do preço parcelado, ou a obtenção de vantagens fiscais. Em tais funções, o contrato preliminar produz desde logo efeitos substanciais, e a celebração do contrato definitivo é apenas mais uma das obrigações - nem sempre a principal - assumida pelas partes.

Luiz Díez-Picazo e Antonio Gullón (Sistema de derecho civil. v. II. Madrid: Tecnos, 2001, p. 46), ao tratarem da causa do contrato afirmam:

En tal sentido, la causa puede ser definida como el propósito de alcanzar un determinado resultado empírico con el negocio.

Ahora bien, la dificultad radica en destacar cuál de los propósitos que se dan en el seno del querer interno de las partes va a poseer aquella cualidad.

Para que tenga relevancia el propósito há de ser común a las partes del negocio o, por lo menos, si una de ellas lo ha tenido, ha sido reconocido y no rechazado por la outra, que consiente en la celebración del negocio para alcanzarlo. Cuando no exista un propósito específico, la causa se encuentra simplemente en el propósito de alcanzar la finalidade genérica del negocio, o, si se quiere decir de otra manera, la finalidad práctico-social del mismo. Así, en la compraventa será el intercambio de cosa por precio; en el arrendamiento, el intercambio del goce de cosa ajena a cambio de una merced; en la donación, el de enriquecer al donatario, etc. Esas finalidades han sido reconocidas previamente por el Derecho como merecedoras de protección, al tipificarse y regularse los negocios (compraventa, arrendamiento, donación, etc.).

Ainda que a causa do contrato não seja tratada de forma expressa no Código Civil é da estrutura da lei substantiva civil sua presença. A respeito afirma Rosa Maria Nery (*É possível a convivência do princípio da autonomia privada com o da lealdade, dito da boa-fé objetiva?* Revista de Direito Privado, São Paulo, vol. 73/2017, p. 20, Jan / 2017):

A formalidade da declaração de vontade, como mecanismo de segurança jurídica, nunca foi suficiente - desde os primórdios do direito privado - para deixar claro que, para além das formalidades alusivas à declaração de vontade, o direito privado não dispensava outro elemento para justificar as atribuições patrimoniais acrescidas ao patrimônio dos celebrantes de uma avença, e que esse elemento era a causa.

Causa é um elemento do negócio jurídico que não aparece tão claramente na sua estrutura tradicional, como a vemos concebida no CC 104 e artigos seguintes, mas que está absolutamente imbricada com a funcionalidade do contrato e com a justificabilidade das atribuições patrimoniais devidas aos celebrantes, por decorrência do negócio jurídico de que participaram.

A causa do compromisso de compra e venda é a celebração do contrato de compra e venda, em conformidade ao disposto no artigo 463 do Código Civil, portanto, acaso fosse modalidade de compra e venda desnecessário seria a celebração do contrato definitivo (compra e venda).

Nessa linha, como mencionado pelo Dr. Ivan Jacopetti do Lago, na manifestação do IRIB (a fls. 85/88), a possibilidade da consideração do compromisso de compra e venda enquanto espécie do gênero contrato de compra e venda teria melhor pertinência em sistemas com transmissão de propriedade pelo título, a exemplo dos sistemas francês e italiano.

O artigo 26, parágrafo 6º, da Lei n. 6.766/79, por incidência do princípio da heteronomia da vontade, fixa efeito substancial legal ao compromisso de compra e venda, como contrato definitivo fosse, mediante apresentação da prova da quitação do contrato.

Diante disso, a lei concede ao compromisso de compra e venda acrescido da quitação força de título translativo do direito real de propriedade, equiparando-o, no plano dos efeitos, ao contrato de compra e venda.

Nessa ordem de ideias, o compromisso de compra e venda realizado por instrumento particular, forma mais comum na realidade econômica, social e jurídica, mediante apresentação da quitação, ocorrerá outra hipótese de exceção ao fixado no artigo 108 do Código Civil, dada a natureza particular do título apresentado.

Acaso os compromissários optem pela realização do contrato mediante forma pública, ocorrendo exatamente a situação jurídica contida no artigo 26, parágrafo 6º, da Lei n. 6.766/79, incide o desconto previsto no item 1.6 das Notas Explicativas da Especialidade de Notas; porquanto o negócio jurídico admite forma particular.

Essa compreensão não flexibiliza ou expande a aplicação da disposição legal, pelo contrário, é limitada *às escrituras públicas de venda e compra que tenha por objeto lote enquadrado no parágrafo 6º, do art. 26, da Lei n. 6.766/79* (a fls. 28).

Ante o exposto, respeitada a culta compreensão exposta pelas Doutas Associações, o parecer que, respeitosamente, submetemos à elevada apreciação de Vossa Excelência é no sentido da manutenção dos precedentes desta Corregedoria Geral da Justiça.

Sub Censura.

São Paulo, 09 de maio de 2018.

(a) **Marcelo Benacchio**

Juiz Assessor da Corregedoria

(a) **José Marcelo Tossi Silva**

Juiz Assessor da Corregedoria

(a) **Paulo Cesar Batista dos Santos**

Juiz Assessor da Corregedoria

(a) **Stefânia Costa Amorim Requena**

Juíza Assessora da Corregedoria

DECISÃO: Aprovo o parecer dos MM. Juízes Assessores da Corregedoria e, por seus fundamentos, que adoto, mantenho o entendimento desta Corregedoria Geral da Justiça acerca da incidência do desconto previsto no item 1.6. (especialidade de Notas), da Lei de Emolumentos, a toda escritura pública de compra e venda que tenha por objeto lote enquadrado no parágrafo 6º, da Lei n. 6.766/79. Encaminhe-se cópia do parecer e desta decisão aos D. Colégio Notarial do Brasil - Seção São Paulo, Associação dos Registradores Imobiliários de São Paulo e Instituto de Registro Imobiliário do Brasil. Publique-se o parecer e esta decisão no DJE. São Paulo, 11 de maio de 2018. (a) **GERALDO FRANCISCO PINHEIRO FRANCO,** Corregedor Geral da Justiça. (DJe de 22.05.2018 - SP)

INTERVENÇÃO

PARECER (378/2018-E)

PROCESSO Nº 2017/233758

INTERVENÇÃO. REGISTRO DE IMÓVEIS, TÍTULOS E DOCUMENTOS E CIVIL DE PESSOA JURÍDICA. VACÂNCIA DA DELEGAÇÃO. REMUNERAÇÃO DA INTERVENTORA. LIMITAÇÃO AO TETO CONSTITUCIONAL. §§ 2° E 3° DO ART. 36 DA LEI N° 8.935/94. ITENS 30 E 31 DO CAPÍTULO XXI DO TOMO II DAS NORMAS DE SERVIÇO DA CORREGEDORIA GERAL DA JUSTIÇA, QUE DEVEM SER INTERPRETADOS CONJUNTAMENTE E EM CONSONÂNCIA COM OS ITENS 13 e 13.1 DO CAPÍTULO XXI DAS REFERIDAS NORMAS.

Excelentíssimo Senhor Corregedor Geral da Justiça:

Trata-se de expediente de acompanhamento de contratação, elevação salarial e nomeação de § 5° do art. 20 da Lei n° 8.935/94, relativo ao Oficial de Registro de Imóveis, Títulos e Documentos e Civil de pessoa Jurídica.

O MM. Juiz Corregedor Permanente da referida serventia comunica que, no curso da intervenção sofrida por aquela unidade extrajudicial, foi inicialmente fixada remuneração aos dois interventores no valor de R$ 25.000,00 mensais. Todavia, face à determinação dessa Eg. Corregedoria Geral da Justiça, a referida remuneração passou a corresponder a 90,25% dos subsídios do Ministro do Supremo Tribunal Federal, com compensações das parcelas recebidas anteriormente (fl. 542/543).

Ainda à fl. 542, o MM. Juiz Corregedor Permanente informa que, quanto ao depósito de 50% da renda líquida da Serventia no curso da intervenção, e findo o procedimento disciplinar, nos termos do § 2° do art. 36 da lei n° 8.935/94, haveria apenas duas hipóteses: a liberação do valor ao Oficial ou aos Interventores, a depender do resultado do expediente disciplinar.

Opino.

Foi instaurado processo administrativo disciplinar contra o então Oficial do Registro de Imóveis e Anexos, autos n° 02/2017, que tramitam em acompanhamento em autos apartados.

Às fl. 145/189 foram apresentados documentos referentes à prestação de contas final do período em que a serventia esteve sob intervenção. A partir das fl. 149, são apresentados vários quadros demonstrativos de cálculo, para os quais o MM. Juiz Corregedor Permanente determina procedimentos de correção/esclarecimentos (fl. 167v).

Às fl. 162/163 consta pedido do Sr. interventor auxiliar para a liberação, aos interventores, dos valores previstos no §3° do art. 36 da Lei n° 8.935/94. Às fl. 164, o contador apresenta demonstrativo do resultado líquido, que aponta a importância de R$ 544.583,74, que estariam aguardando a liberação em favor dos interventores.

A r. sentença que encerrou o procedimento administrativo disciplinar n° 02/17 (fl. 250/253) determinou o levantamento da quantia depositada na conta bancária especial, em favor dos interventores, como se verifica à fl. 252v, *in fine,* item *c,*.

Solicitadas informações por esta Eg. Corregedoria Geral da Justiça (fl. 462/463,) à fl. 542, o MM. Juiz Corregedor Permanente informa que ainda não foi autorizado o levantamento aos interventores, pois se aguarda o trânsito em julgado do procedimento disciplinar n° 2/17, estando atualmente na fase de intimação pessoal dos herdeiros, ante o falecimento do Oficial Titular (informação complementar que se encontra às fl. 469).

Verifica-se, portanto, que, com a instauração do procedimento administrativo disciplinar, foi promovido o afastamento do Sr. Oficial de Registro de Imóveis, Títulos e Documentos e Civil de Pessoa Jurídica, com nomeação de interventores para responder pela delegação.

Também com a suspensão preventiva do então titular da delegação, foi determinado o depósito da metade da renda líquida da serventia em conta bancária específica, visando a posterior deliberação sobre o destino desse valor conforme previsto no art. 36 da Lei nº 8.935/94:

Art. 36. Quando, para a apuração de faltas imputadas a notários ou a oficiais de registro, for necessário o afastamento do titular do serviço, poderá ele ser suspenso, preventivamente, pelo prazo de noventa dias, prorrogável por mais trinta.

§ 1º Na hipótese do caput, o juízo competente designará interventor para responder pela serventia, quando o substituto também for acusado das faltas ou quando a medida se revelar conveniente para os serviços.

§ 2º Durante o período de afastamento, o titular perceberá metade da renda líquida da serventia; outra metade será depositada em conta bancária especial, com correção monetária.

§ 3º Absolvido o titular, receberá ele o montante dessa conta; condenado, caberá esse montante ao interventor.

Desse modo, durante o período de intervenção, o então Titular da Delegação recebeu metade da renda líquida da unidade, sendo a metade remanescente depositada em conta bancária, para posterior levantamento pelo referido Titular, em caso de absolvição, ou, a princípio, pelos interventores, em caso de condenação.

E é natural que os interventores não podiam ser constrangidos a trabalhar, de forma árdua como foi o caso, sem justa remuneração.

Por essa razão, como dito acima, no procedimento administrativo disciplinar, foi fixada em favor dos interventores remuneração em quantia mensal equivalente a 90,25% dos vencimentos dos eminentes Ministros do Supremo Tribunal Federal, o que se fez em conformidade com o item 31 do Capítulo XXI do Tomo II das Normas de Serviço da Corregedoria Geral da Justiça do Estado de São Paulo.

E tal posicionamento também se verifica em precedentes desta Eg. Corregedoria Geral da Justiça, como se pode ver do r. parecer da lavra do então Juiz Auxiliar da Corregedoria, o hoje Desembargador *Luis Paulo Aliende Ribeiro*, que foi apresentado no Processo CGJ 938/96:

Determinada a intervenção, ao interventor caberá uma remuneração compatível com a natureza do trabalho e com as possibilidades do serviço posto sob sua responsabilidade, sem prejuízo daquela outra importância, correspondente à parcela da renda líquida que deverá ser objeto de depósito, que por certo, com a contraprestação pelo trabalho não se confunde. Como é sabido, este valor, ao depois, conforme for o caso, reverterá em favor do titular afastado, ou para o interventor, tudo nos termos da Lei nº 8.935/94. Na primeira hipótese, revertendo no final a importância depositada para o titular afastado, o interventor já terá sido remunerado, de forma adequada, pelos trabalhos de que foi incumbido. Por outro lado, no caso de ser punido o titular da serventia, e assim revertendo para o interventor o aludido depósito, conforme é a previsão legal, os valores percebidos a título de remuneração, como aqui proposto, serão devidamente compensados. Daí porque se entende que a remuneração do interventor deverá ser arbitrada com base nos parâmetros acima, cabendo a ele remunerar o auxiliar designado a seu pedido na forma do artigo 20 da Lei Federal nº 8.935/94.

Entretanto, como consignado no despacho de fl. 526, a remuneração dos interventores não deverá superar 90,25% dos vencimentos dos Excelentíssimos Ministros do Supremo Tribunal Federal.

E, uma vez extinto o procedimento por morte do Oficial, mas ao mesmo tempo reconhecidas as faltas funcionais, o MM Juiz indeferiu o recebimento da quantia depositada pelos seus herdeiros, sendo autorizado levantamento do valor da metade da renda líquida da delegação em favor dos interventores, também obtida durante o

período da intervenção, na forma do art. 36 da Lei nº 8.935/94 e do Item 30 do Capítulo XXI do Tomo II das Normas de Serviço da Corregedoria Geral da Justiça.

Contudo, ressalvado melhor entendimento de Vossa Excelência, e respeitados judiciosos entendimentos divergentes, os Itens 30 e 31 do Capítulo XXI do Tomo II das Normas de Serviço da Corregedoria Geral da Justiça devem ser interpretados conjuntamente e em consonância com os Itens 13 e 13.1 do Capítulo XXI das referidas Normas:

1.2. Os responsáveis interinamente por delegações vagas de notas e de registro lançarão no Livro Registro Diário da Receita e da Despesa o valor da renda líquida excedente a 90,25% dos subsídios de Ministro do Supremo Tribunal Federal que depositarem à disposição deste Tribunal de Justiça, indicando a data do depósito e a conta em que realizado, nos termos da regulamentação específica desta Corregedoria.

1.3. Para apuração do valor excedente a 90,25% dos subsídios de Ministro do Supremo Tribunal Federal, serão abatidas, como despesas do responsável interinamente pela unidade vaga, as previstas no item 57, do Capítulo XIII.

(...)

30. Absolvido o titular, receberá ele o montante dessa conta; condenado, caberá esse montante aointerventor.

31. Aplicam-se ao interventor as mesmas regras do interino, especialmente as que dispõem sobre remuneração, despesas da delegação e precariedade da designação.

Vale lembrar, como já mencionado às fl. 527, a decisão lançada nos autos do Procedimento de Controle Administrativo - 0000391-91.2014.2.00.0000, CNJ, que assim regrou a matéria:

No presente caso, além da intervenção recair sobre pessoa estranha ao serviço extrajudicial, foi fixado em favor do interventor remuneração de 60% (sessenta por cento) da renda bruta da unidade (DOC73) que, conforme informado no sistema Justiça

Aberta, foi de R$ 7.866.190,33 no primeiro semestre do ano de 2012. **Não é lógico, nem razoável, que a interina afastada cautelarmente esteja sujeita ao teto remuneratório de 90,25% da renda líquida da delegação vaga, mas o interventor nomeado para responder temporariamente pela delegação vaga tenha remuneração mensal aproximada de R$ 786.000,00 (considerada a renda no primeiro semestre de 2013).Essa renumeração, ademais, seria excessiva mesmo que não se tratasse de delegação vaga, podendo, inclusive, por em risco a viabilidade da realização das despesas necessárias para a regularização da prestação do serviço extrajudicial.** Por fim, a Corregedoria-Geral da Justiça deverá velar para que o responsável pela delegação vaga promova a correta escrituração do Livro Diário Auxiliar previsto nos Provimentos nºs 34 e 35 da Corregedoria Nacional de Justiça, com controle dos depósitos mensais da renda líquida excedente ao teto remuneratório em favor do Tribunal de Justiça do Estado do Maranhão. (g.n).

Desse modo, a remuneração total dos interventores não deverá superar quantia mensal equivalente a 90,25% dos vencimentos dos E. Ministros do Supremo Tribunal Federal, ainda que a delegação tivesse renda superior.

Tendo a delegação renda líquida mensal superior a essa quantia, a metade da renda líquida pertencia ao então Titular da Delegação, e a metade remanescente, uma vez aplicada reconhecida as infrações e declarada a vacância da unidade, deveria ser depositada em favor do Tribunal de Justiça do Estado de São Paulo, na forma do Item

13.2 do Capítulo XXI do Tomo II das Normas de Serviço da Corregedoria Geral da Justiça.

Em suma, se no período da intervenção, o interventor recebeu quantia mensal inferior a 90,25% dos vencimentos dos E. Ministros do Supremo Tribunal Federal, ele terá direito a levantar, dentre o montante correspondente à metade da renda líquida produzida, a diferença faltante ao limite constitucional. Por outro lado, se no período da intervenção, o interventor já recebeu quantia mensal equivalente a 90,25% dos vencimentos dos E. Ministros do Supremo Tribunal Federal, nada terá a levantar, devendo ser revertido em favor do Tribunal de Justiça do Estado de São Paulo a integralidade da quantia prevista nos §§ 2° e 3° do art. 36 da lei n° 8.935/94, nos termos do Item 13.2 do Capítulo XXI do Tomo II das Normas de Serviço da Corregedoria Geral da Justiça.

Ante o exposto, o parecer que submeto à elevada apreciação de Vossa Excelência e no sentido de que a remuneração dos interventores não deverá superar quantia mensal equivalente a 90,25% dos vencimentos dos E. Ministros do Supremo Tribunal Federal, devendo ser depositado em favor do Tribunal de Justiça do Estado de São Paulo qualquer valor que supere o teto, inclusive aquele correspondente à metade da renda líquida produzida pela unidade durante o período de intervenção (§§ 2° e 3° do art. 36 da lei n° 8.935/94).

Tendo em vista a necessidade de ampla divulgação em âmbito estadual, proponho, ainda, que se publique comunicado com o seguinte teor:

COMUNICADO CG Nº 1862/2018

(Processo 2017/233758)

A CORREGEDORIA GERAL DA JUSTIÇA ALERTA AOS MM. JUÍZES CORREGEDORES PERMANENTES DAS UNIDADES EXTRAJUDICIAIS DO ESTADO DE SÃO PAULO QUE A REMUNERAÇÃO DOS INTERVENTORES NÃO DEVERÁ SUPERAR QUANTIA MENSAL EQUIVALENTE A 90,25% DOS VENCIMENTOS DOS E. MINISTROS DO SUPREMO TRIBUNAL FEDERAL, DEVENDO SER DEPOSITADO EM FAVOR DO TRIBUNAL DE JUSTIÇA DO ESTADO DE SÃO PAULO QUALQUER VALOR QUE SUPERE O TETO, INCLUSIVE AQUELE CORRESPONDENTE À METADE DA RENDA LÍQUIDA PRODUZIDA PELA UNIDADE DURANTE O PERÍODO DE INTERVENÇÃO (§§ 2° e 3° DO ART. 36 DA LEI N° 8.935/94).

Caso este parecer seja aprovado, sugiro sua publicação, acompanhado do comunicado, no Diário da Justiça Eletrônico, por três dias alternados.

Sub censura.

São Paulo, 14 de setembro de 2018.

Paulo Cesar Batista dos Santos

CORREGEDOR GERAL DA JUSTIÇA. (DJe de 21.09.2018 - SP)

NEPOTISMO

PARECER (298/2018-E)

PROCESSO Nº 2017/253496 - CNJ

SERVIÇOS EXTRAJUDICIAIS DE NOTAS E DE REGISTRO – NEPOTISMO – ALCANCE DA META 15 DA CORREGEDORIA NACIONAL DE JUSTIÇA – VEDAÇÃO À NOMEAÇÃO DE INTERINO QUE TENHA VÍNCULO DE PARENTESCO COM O ANTERIOR TITULAR DA DELEGAÇÃO – DETERMINAÇÃO DE REVOGAÇÃO DAS NOMEAÇÕES JÁ REALIZADAS EM ATENDIMENTO AO QUE FOI DECIDIDO, COM CARÁTER NORMATIVO GERAL E VINCULANTE, PELO COL. CONSELHO NACIONAL DE JUSTIÇA NOS AUTOS DA CONSULTA Nº 0001005- 57.2018.2.00.0000.

Excelentíssimo Senhor Corregedor Geral da Justiça:

Trata-se de procedimento instaurado para o acompanhamento de solicitação, pela Eg. Corregedoria Nacional de Justiça, sobre o cumprimento da Meta 15 adotada no "I Encontro de Corregedores do Serviço Extrajudicial", realizado em 07 de dezembro de 2017, com o seguinte teor:

> **"15 – Realizar levantamento detalhado sobre a existência de nepotismo na nomeação de interinos no serviço extrajudicial revogando os atos de nomeação em afronta ao princípio da moralidade"**.

Opinamos.

As informações originalmente solicitadas foram prestadas à Eg. Corregedoria Nacional de Justiça conforme se verifica às fls. 22/29.

Cuidou-se, na ocasião, das situações de nepotismo previstas no § 2º do art. 3º Resolução nº 80/2009, do Conselho Nacional de Justiça:

> *"§ 2º Não se deferirá a interinidade a quem não seja preposto do serviço notarial ou de registro na data da vacância, preferindo-se os prepostos da mesma unidade ao de outra, vedada a designação de parentes até o terceiro grau, por consanguinidade ou afinidade, de magistrados que estejam incumbidos da fiscalização dos serviços notariais e registrais, de Desembargador integrante do Tribunal de Justiça da unidade da federação que desempenha o respectivo serviço notarial ou de registro, ou em qualquer outra hipótese em que ficar constatado o nepotismo, ou o favorecimento*

de pessoas estranhas ao serviço notarial ou registral, ou designação ofensiva à moralidade administrativa;".

A vedação ao nepotismo também é tratada no Capítulo XXI do Tomo II das Normas de Serviço da Corregedoria Geral da Justiça do Estado de São Paulo, dispondo os subitens 11.1 e 11.2:

"11.1. Não pode ser interino:

a) o preposto auxiliar de serventia extrajudicial;

b) quem não era escrevente de algum serviço notarial ou de registro na data da vacância;

c) o parente até o terceiro grau, por consanguinidade ou afinidade, de magistrado que esteja incumbido da fiscalização dos serviços notariais e registrais ou de Desembargador deste Tribunal de Justiça;

d) o titular de delegação, salvo na hipótese de anexação de acervo;

e) quem já estiver designado como interino de outra serventia, salvo quando esgotadas as tentativas de se encontrar outra pessoa apta ou em caso de comprovado interesse público.

11.2. Não se deferirá a interinidade em qualquer hipótese de nepotismo ou de favorecimento de pessoas estranhas ao serviço notarial ou registral ou, ainda, quando houver ofensa à moralidade administrativa".

As Normas de Serviço da Corregedoria Geral da Justiça atendem ao disposto na Resolução nº 80/2009 e, mais, especificam outras situações em que não se deferirá a interinidade, exceto em casos excepcionais e em prol da prestação do serviço público, como ocorre com a vedação de acumulação de interinidades e de designação de titulares de delegações para que atuem como interinos, exceto se inexistentes outras pessoas aptas a responder pela prestação do serviço.

O Plenário do Col. Conselho Nacional de Justiça, avançando na normatização existente, decidiu nos autos da Consulta nº 0001005-57.2018.2.00.0000, de que foi relator o e. Conselheiro Valtércio de Oliveira, que na nomeação de responsáveis interinamente por delegações vagas aplica-se o disposto na Súmula Vinculante nº 13 do Eg. Supremo Tribunal Federal, sendo vedada a designação do cônjuge, companheiro ou parente em linha reta, colateral ou por afinidade, que tiver sido nomeado substituto pelo anterior titular da delegação.

Além disso, embora sua fundamentação contenha menção à Súmula Vinculante nº 13 do Eg. Supremo Tribunal Federal, na resposta à Consulta o Plenário do Eg. Conselho Nacional de Justiça, de modo amplo, reconheceu a existência de nepostimo: "... **no caso de assunção à interinidade do substituto mais antigo, nos termos do art. 39, § 2º da Lei nº 8.935/94, que possua algum parentesco com o anterior delegatário...**" (fls. 79).

Prosseguindo na análise da matéria, e nos termos do voto do e. Conselheiro Relator, o Plenário do Eg. Conselho Nacional de Justiça **determinou em caráter normativo geral e vinculante** que todos os Tribunais de Justiça **promovam a revogação das nomeações** dos substitutos mais antigos que mantiverem vínculo de parentesco com o ex-titular, ainda que extinta a delegação em razão de morte. Consta no v. acórdão:

"Nessa perspectiva, ao segundo questionamento apresentado "se o entendimento é extensivo ao caso de interinidades que decorreram de falecimento do titular, em que o substituto mais antigo então designado na serventia tem relação de parentesco até o 3º grau com o delegatário falecido", a resposta é afirmativa, já que o definido para a primeira indagação não deve distanciar-se no preconizado no outro caso, pois em ambos os postulados constitucionais devem ser observados.

Portanto, as nomeações dos interinos, mesmo que se tratem dos substitutos mais antigos e nomeados nos termos do art. 39, § 2º, da Lei nº 8.935/94, devem ser revogadas quando mantiverem vínculo de parentesco com o ex-titular, mesmo que a delegação tenha sido extinta pela morte do titular dos serviços" (fls. 82).

Por fim, dispôs o v. acórdão:

"Havendo aprovação da presente decisão pela maioria absoluta do Plenário do CNJ, deve ser conferido à resposta caráter de normativo geral e vinculante, dando-se, então, ciência a todos os Tribunais de Justiça, nos termos do § 2º do art. 89 do CINJ" (fls. 82).

Em suma, no julgamento da Consulta nº 0001005-57.2018.2.00.0000, ocorrido em 26 de junho de 2018, na 48º Sessão Extraordinária (fls. 72), o Eg. Conselho Nacional de Justiça vedou, em caráter normativo e vinculante, a manutenção de responsáveis interinamente por delegações vagas dos Serviços Extrajudiciais de Notas e de Registro que foram nomeados na forma do art. 39, § 2º, da Lei nº 8.935/94:

"§ 2º Extinta a delegação a notário ou a oficial de registro, a autoridade competente declarará vago o respectivo serviço, designará o substituto mais antigo para responder pelo expediente e abrirá concurso".

Para o cumprimento da r. decisão normativa e vinculante deverá ser promovido o levantamento das delegações vagas do Estado de São Paulo, oficiando-se, após, ao MM. Juízes Corregedores Permanentes para que, em até 15 dias, verifiquem se o responsável interinamente pela delegação vaga exercia a função de preposto na mesma unidade e era cônjuge, companheiro ou parente da última pessoa que foi titular da delegação, em linha reta, colateral ou por afinidade.

Em caso positivo, deverá ser proposta à Corregedoria Geral da Justiça a substituição do responsável interinamente pela delegação vaga, também em até 15 dias, com indicação de novo responsável que deverá ser realizada em conformidade com as demais normas aplicáveis, todas anteriormente citadas.

Para fiscalização da aplicação da r. decisão do Eg. Conselho Nacional de Justiça o interino já designado, ou o que for eventualmente indicado em substituição, deverá, sob pena de responsabilidade, apresentar declaração no sentido de que não se insere nas hipóteses de nepotismo.

Essa medida, embora consista em declaração unilateral, permitirá conhecer eventuais situações de nepotismo que seriam ignoradas de outro modo.

A cópia do "Termo de Declaração" deverá instruir a proposta de substituição do interino a ser encaminhada pelo MM. Juiz Corregedor Permanente à Corregedoria Geral da Justiça, para juntada no procedimento próprio.

De igual modo, os termos deverão ser elaborados e assinados também pelos interinos que não se inserirem nas hipóteses de nepotismo, com encaminhamento à Corregedoria Geral da Justiça no prazo de 30 dias, para juntada nos procedimentos em que promovidas as nomeações.

Por fim, mostra-se necessária a adequação dos subitens 11.1 e 11.2 do Capítulo XX do Tomo II das Normas de Serviço da Corregedoria Geral da Justiça do Estado de São Paulo para que passem a contemplar a hipótese de nepotismo tratada neste parecer, bem como a assinatura da declaração ora proposta.

Ante o exposto, o parecer que, respeitosamente, submetemos à elevada apreciação de Vossa Excelência é no sentido de que;

I) promova a DICOGE o levantamento de todas as unidades dos Serviços Extrajudiciais do Estado de São Paulo que se encontram vagas, com juntada da relação nestes autos;

II) oficie-se, após, aos MM. Juízes Corregedores Permanentes para que, em até 15 dias, verifiquem se o responsável interinamente pela delegação vaga exercia a função de preposto na mesma unidade e era cônjuge, companheiro ou parente do último titular da delegação, em linha reta, colateral ou por afinidade, propondo em caso positivo, no prazo subsequente de 15 dias, a substituição mediante indicação de novo responsável que deverá ser realizada em conformidade com as demais normas aplicáveis, todas citadas neste parecer;

III) pelo mesmo ofício, solicite-se aos MM. Juízes Corregedores Permanentes que as novas pessoas indicadas para responder interinamente por unidades vagas do Serviço Extrajudicial de Notas e de Registro, ou aquelas já designadas que não estiverem incluídas nas hipóteses de nepotismo, prestem, sob pena de responsabilidade, declaração de que não são cônjuge, companheiro ou parente até o terceiro grau, por consanguinidade ou afinidade, de magistrado que esteja incumbido da fiscalização dos serviços notariais e registrais ou de Desembargador do Tribunal de Justiça de São Paulo, e de que não são cônjuge, companheiro, ou parente, por consanguinidade ou por afinidade, do último titular da delegação, utilizando, para tanto, modelo de termo de declaração elaborado pela Corregedoria Geral da Justiça.

Cópia da declaração deverá ser enviada à Corregedoria Geral da Justiça em conjunto com a proposta de designação de novo interino, ou em até 30 dias se não estiver presente a hipótese de substituição em razão de nepotismo.

Sugerimos, por fim, a inclusão do subitem 11.3 e atualização do subitem 11.1 do Capítulo XX do Tomo II das Normas de Serviço da Corregedoria Geral da Justiça do Estado de São Paulo para a inclusão da alínea "f", passando os referidos subitens a ter o seguinte teor:

"11.1. Não pode ser interino:

a) o preposto auxiliar de serventia extrajudicial;

b) quem não era escrevente de algum serviço notarial ou de registro na data da vacância;

c) o parente até o terceiro grau, por consanguinidade ou afinidade, de magistrado que esteja incumbido da fiscalização dos serviços notariais e registrais ou de Desembargador deste Tribunal de Justiça;

d) o titular de delegação, salvo na hipótese de anexação de acervo;

e) quem já estiver designado como interino de outra serventia, salvo quando esgotadas as tentativas de se encontrar outra pessoa apta ou em caso de comprovado interesse público.

f) o cônjuge, companheiro ou parente, em linha reta, colateral, ou por afinidade, do último titular da delegação.

1.2. Não se deferirá a interinidade em qualquer hipótese de nepotismo ou de favorecimento de pessoas estranhas ao serviço notarial ou registral ou, ainda, quando houver ofensa à moralidade administrativa.

1.3. O indicado para responder interinamente por delegação vaga do serviço extrajudicial de notas e de registro deverá declarar, sob pena de responsabilidade, que não se insere nas hipóteses de vedação ao nepotismo, fazendo-o mediante modelo de 'Termo de Declaração' elaborado pela Corregedoria Geral da Justiça." (grifei).

Sub censura.

São Paulo, 27 de julho de 2018.

José Marcelo Tossi Silva Marcelo Benacchio

Paulo César Batista dos Santos

Stefânia Costa Amorim Requena

Juízes Assessores da Corregedoria

DECISÃO: Aprovo o parecer por seus fundamentos que adoto. Promova-se a publicação no Dje, em três dias alternados, do parecer, desta decisão e do modelo de "Termo de Declaração" que acompanhou o parecer. Edito o Provimento anexo, também como proposto no parecer. No mais, proceda-se na forma do parecer. Publique-se. São Paulo, 30 de julho de 2018 (a) **GERALDO FRANCISCO PINHEIRO FRANCO** - Corregedor Geral da Justiça.

"TERMO DE DECLARAÇÃO

(Processo 2017/253496)

______(NOME DO INDICADO), filho de_(NOME DO PAI) e de_(NOME DA MÃE), residente na (ENDEREÇO COMPLETO), portador do RG nº__ e do CPF nº___, indicado para responder interinamente pela delegação vaga correspondente ao _______(DENOMINAÇÃO DA UNIDADE), neste Estado, **declaro não ser parente até o terceiro grau, por consanguinidade ou afinidade, de magistrado que esteja incumbido da fiscalização dos serviços notariais e registrais ou de Desembargador do Tribunal de Justiça de São Paulo**, e **não ser cônjuge, companheiro(a) ou parente, por consanguinidade ou por afinidade, do(a) último(a) titular da delegação para qual promovida a nomeação**, o que faço, **sob pena de responsabilidade civil e criminal**, para efeito de controle da vedação ao nepotismo prevista no art. 3º, § 2º, da Resolução nº 80/2009 e no v. acórdão prolatado nos autos da Consulta nº 0001005-57.2018.2.00.0000, ambos do Conselho Nacional de Justiça, e no subitem 11.1, alíneas "c" e "f", do Capítulo XXI do Tomo II das Normas de Serviço da Corregedoria Geral da Justiça (Normas Extrajudiciais).

Local e data_.

__(ASSINATURA) (NOME DO INDICADO)" (DJe de 08.08.2018 - SP)

PARECER (445/2018-E)

PROCESSO Nº 2017/253496 - CNJ

SERVIÇOS EXTRAJUDICIAIS DE NOTAS E DE REGISTRO – NEPOTISMO – ALCANCE DA META 15 DA CORREGEDORIA NACIONAL DE JUSTIÇA – VEDAÇÃO À NOMEAÇÃO DE INTERINO QUE TENHA VÍNCULO DE PARENTESCO COM O ANTERIOR TITULAR DA DELEGAÇÃO – ESCLARECIMENTOS, PELA EG. CORREGEDORIA NACIONAL DE JUSTIÇA, SOBRE A INTERPRETAÇÃO DAS NORMAS EDITADAS PELO COL. CONSELHO NACIONAL DE JUSTIÇA.

Excelentíssimo Senhor Corregedor Geral da Justiça:

Trata-se de procedimento originalmente instaurado para a prestação de informações sobre o cumprimento da Meta 15 adotada no "I Encontro de Corregedores do Serviço Extrajudicial", realizado em 07 de dezembro de 2017, com o seguinte teor:

"15 – Realizar levantamento detalhado sobre a existência de nepotismo na nomeação de interinos no serviço extrajudicial revogando os atos de nomeação em afronta ao princípio da moralidade".

Opino.

As informações originalmente solicitadas foram prestadas à Eg. Corregedoria Nacional de Justiça conforme se verifica às fls. 22/29.

Posteriormente, o Plenário do Col. Conselho Nacional de Justiça, avançando na normatização existente, decidiu nos autos da Consulta nº 0001005-57.2018.2.00.0000, de que foi relator o e. Conselheiro Valtércio de Oliveira, que na nomeação de responsáveis interinamente por delegações vagas aplica-se o disposto na Súmula Vinculante nº 13 do Eg. Supremo Tribunal Federal, sendo vedada a designação do cônjuge, companheiro ou parente em linha reta, colateral ou por afinidade, que tiver sido nomeado substituto pelo anterior titular da delegação.

Como consignado no parecer de fls. 94/101, embora a sua fundamentação contenha menção à Súmula Vinculante nº 13 do Eg. Supremo Tribunal Federal, na resposta à Consulta o Plenário do Eg. Conselho Nacional de Justiça, de modo amplo, reconheceu a existência de nepostimo: "...**no caso de assunção à interinidade do substituto mais antigo, nos termos do art. 39, § 2º da Lei nº 8.935/94, que possua algum parentesco com o anterior delegatário**..." (fls. 79).

Prosseguindo na análise da matéria, e nos termos do voto do e. Conselheiro Relator, o Plenário do Eg. Conselho Nacional de Justiça **determinou em caráter normativo geral e vinculante** que todos os Tribunais de Justiça **promovam a revogação das nomeações** dos substitutos mais antigos que mantiverem vínculo de parentesco com o ex-titular, ainda que extinta a delegação em razão de morte. Consta no v. acórdão:

"Nessa perspectiva, ao segundo questionamento apresentado "se o entendimento é extensivo ao caso de interinidades que decorreram de falecimento do titular, em que o substituto mais antigo então designado na serventia tem relação de parentesco até o 3º grau com o delegatário falecido", a resposta é afirmativa, já que o definido para a primeira indagação não deve distanciar-se no preconizado no outro caso, pois em ambos os postulados constitucionais devem ser observados.

Portanto, as nomeações dos interinos, mesmo que se tratem dos substitutos mais antigos e nomeados nos termos do art. 39, § 2º, da Lei nº 8.935/94, devem ser revogadas quando mantiverem vínculo de parentesco com o ex-titular, mesmo que a delegação tenha sido extinta pela morte do titular dos serviços" (fls. 82).

Por fim, dispôs o v. acórdão:

"Havendo aprovação da presente decisão pela maioria absoluta do Plenário do CNJ, deve ser conferido à resposta caráter de normativo geral e vinculante, dando-se, então, ciência a todos os Tribunais de Justiça, nos termos do

§ 2º do art. 89 do RICNJ" (fls. 82).

Em suma, no julgamento da Consulta nº 0001005-57.2018.2.00.0000, ocorrido em 26 de junho de 2018, na 48ª Sessão Extraordinária (fls. 72), o Eg. Conselho Nacional de Justiça vedou, em caráter normativo e vinculante, a manutenção de responsável interinamente por delegação vaga do Serviço Extrajudicial de Notas e de Registro que foi nomeado na forma do art. 39, § 2º, da Lei nº 8.935/94 quando existente situação caracterizadora de nepotismo com o anterior titular da delegação.

Em razão disso, foi promovida por Vossa Excelência a adequação dos subitens 11.1 e 11.2 do Capítulo XX do Tomo II das Normas de Serviço da Corregedoria Geral da Justiça do Estado de São Paulo para que contemplem a hipótese de nepotismo tratada neste parecer, bem como para determinar que os designados para responder interinamente por delegações vagas apresentem declaração, sob as penas da lei, no sentido de que inexistente situação de nepotismo vedada pelo Eg. Conselho Nacional de Justiça (fls. 102/105 e 112/113).

Contudo, diante de consultas formuladas (fls. 672/676), a Eg. Corregedoria Nacional de Justiça encaminhou às Corregedorias Gerais da Justiça recomendação, a que se deve conferir caráter vinculante, sobre a interpretação a ser conferida às normas que vedam o nepotismo (fls. 677 e verso).

Como decidido pela Eg. Corregedoria Nacional de Justiça:

"a) não se deferirá a interinidade a quem não seja preposto do serviço notarial ou de registro na data da vacância, preferindo-se os prepostos da mesma unidade ao de outra;

***b)** não caracteriza nepotismo o parentesco identificado entre oficial interino e oficial titular, atuantes em serventias diversas, caso o interino não tenha sido substituto do parente titular;*

***c)** é vedada a designação de parentes até o terceiro grau, por consanguinidade ou afinidade, de magistrados que estejam incumbidos da fiscalização dos serviços notariais e registrais e de Desembargador integrante do Tribunal de Justiça da unidade da federação que desempenha o respectivo serviço notarial ou de registro para ocupar interinidade de serventia extrajudicial;*

***d)** configura nepotismo apenas o parentesco entre oficial interino e magistrados que estejam incumbidos da fiscalização dos serviços notariais e registrais;*

***e)** não configura nepotismo o parentesco entre oficial interino e magistrado ou desembargador morto, se o interino foi nomeado após a morte do magistrado ou desembargador;*

***f)** não caracteriza nepotismo o parentesco entre oficiais interinos de serventias diversas;*

***g)** caracteriza falta de moralidade a designação do substituto mais antigo cônjuge/companheiro ou parente até o terceiro grau do agente delegado em caso de intervenção (art. 36, § 1º, da lei n. 8.935/94)* *ou extinção da delegação do serviço extrajudicial (art. 39, da Lei n. 8.935/94);*

h) *é vedada a designação de interino em qualquer outra hipótese em que ficar constatado o nepotismo, ou o favorecimento de pessoas estranhas ao serviço notarial ou registral, ou designação ofensiva à moralidade administrativa"* (fls. 677-verso).

Diante desses esclarecimentos, é necessária nova adequação das Normas de Serviço da Corregedoria Geral da Justiça e do modelo da declaração aprovado (fls. 104) para delimitar a vedação à designação de interventor e de interino de unidade do serviço extrajudicial de notas e de registro quando existente parentesco por consanguinidade ou afinidade, até o terceiro grau, com o anterior titular da delegação, mantida a vedação de designação de cônjuge ou companheiro.

Reitero que nas designações de interinos e interventores deverão ser observadas as demais normas de interpretação fixadas pela Eg. Corregedoria Nacional de Justiça (fls. 677-verso), a serem adotadas em conjunto com as decisões sobre a matéria emanadas do Col. Conselho Nacional de Justiça e as Normas de Serviço da Corregedoria Geral da Justiça.

Ademais, diante da interpretação fixada pela Eg. Corregedoria Nacional de Justiça, também os interventores já nomeados na forma do art. 36, § 1º, da Lei nº 8.935/94 deverão apresentar o termo de declaração no sentido de inexistência de situação caracterizadora de nepotismo, conforme modelo que for aprovado por Vossa Excelência.

Por seu lado, em razão do informado às fls. 678/682, proponho a expedição de ofício aos MM. Juízes Corregedores Permanentes das unidades indicadas para que em 5 dias cumpram o determinado na r. decisão de fls. 105, observando, porém, que a vedação ao nepotismo se estende aos cônjuges, companheiros e parentes até o terceiro grau.

Por fim, sugiro a expedição de ofício, ou e-mail, aos MM. Juízes Corregedores Permanentes das unidades sob intervenção para que os interventores encaminhem, em 15 dias, as declarações da inexistência de parentesco que caracterize nepotismo.

Este é o parecer que submeto à elevada apreciação de Vossa Excelência, com apresentação dos anexos termo de declaração e minuta de provimento.

Sub censura.

São Paulo, 26 de outubro de 2018.

José Marcelo Tossi Silva

Juiz Assessor da Corregedoria

PROCESSO Nº 2017/253496

DECISÃO: Aprovo o parecer do MM. Juiz Assessor da Corregedoria, por seus fundamentos que adoto. Promova-se a publicação no DJe, em três dias alternados, do parecer, desta decisão e do modelo de "Termo de Declaração" que acompanhou o parecer. Edito o Provimento anexo, também como proposto no parecer. No mais, proceda-se na forma do parecer, oficiando-se aos MM. Juízes Corregedores Permanentes das unidades indicadas na relação de fls. 678/682, e comunicando-se aos MM. Juízes Corregedores Permanentes das unidades sob intervenção, por ofício ou e-mail, para que os interventores encaminhem, em 15 dias, as declarações da inexistência de parentesco que caracterize nepotismo. Publique-se. São Paulo, 29 de outubro de 2018 (a) **GERALDO FRANCISCO PINHEIRO FRANCO** - Corregedor Geral da Justiça.

"TERMO DE DECLARAÇÃO"

___(NOME DO INDICADO), filho de ___(NOME DO PAI) e de ___(NOME DA MÃE), residente na (ENDEREÇO COMPLETO), portador do RG nº___e do CPF nº___, indicado para responder como interventor ou para responder interinamente pela delegação correspondente ao_(DENOMINAÇÃO DA UNIDADE), neste Estado, **declaro não ser parente até o terceiro grau, por consanguinidade ou afinidade, de magistrado que esteja incumbido da fiscalização dos serviços notariais e registrais ou de Desembargador do Tribunal de Justiça de São Paulo**, e **não ser cônjuge, companheiro(a) ou parente até o terceiro grau, por consanguinidade ou por afinidade, do(a) último(a) titular da delegação para qual promovida a nomeação**, o que faço, **sob pena de responsabilidade civil e criminal**, para efeito de controle da vedação ao nepotismo prevista no art. 3º, § 2º, da Resolução nº 80/2009 e no v. acórdão prolatado nos autos da Consulta nº 0001005-57.2018.2.00.0000, ambos do Conselho Nacional de Justiça, e nos subitens 11.1, alíneas "c" e "f", 31.1 e 31.2, todos do Capítulo XXI do Tomo II das Normas de Serviço da Corregedoria Geral da Justiça (Normas Extrajudiciais).

Local e data.

(ASSINATURA) (NOME DO INDICADO)" (DJe de 01.11.2018 - SP)

2.4.2 REGISTRO CIVIL DAS PESSOAS NATURAIS

DECLARAÇÃO DE NASCIDO VIVO

PROCESSO Nº 2018/152490

Parecer nº 617/2018-J

DECLARAÇÃO DE NASCIDO VIVO – Emissão pelo Oficial Registrador – Obrigatoriedade, nas hipóteses de parto sem assistência médica ou de parteira tradicional – Criança encontrada na via pública, em situação de abandono – Medida relevante para estatísticas que pautam políticas públicas.

Excelentíssimo Senhor Corregedor Geral da Justiça,

Trata-se de pedido de providência dirigido ao E. CNJ, solicitando determinação de inclusão de número de Declaração de Nascido Vivo em assento de nascimento do filho do solicitante.

A criança, encontrada em situação de abandono na via pública, foi registrada por determinação do MM. Juízo da Infância e da Juventude de Santana, por ocasião da adoção do infante. De seu assento, contudo, não constou número de DNV. O solicitante discorreu sobre constrangimento causado ao filho, pela omissão do dado no registro de nascimento.

É o relatório.

À luz do art. 3º da Lei 12.662/12, qualquer nascimento com vida ocorrido em território nacio nal gera emissão de Declaração de Nascido Vivo:

> Art. 3º A Declaração de Nascido Vivo será emitida para todos os nascimentos com vida ocorridos no País e será válida exclusivamente para fins de elaboração de políticas públicas e lavratura do assento de nascimento.

Já o art. 54, §3º, da Lei 6015/73 prevê que a emissão de Declaração de Nascido Vivo será feita por Oficiais de Registro Civil sempre que o nascimento tenha se dado sem assistência de profissionais de saúde ou parteiras tradicionais:

> § 3º Nos nascimentos frutos de partos sem assistência de profissionais da saúde ou parteiras tradicionais, a Declaração de Nascido Vivo será emitida pelos Oficiais de Registro Civil que lavrarem o registro de nascimento, sempre que haja demanda das Secretarias Estaduais ou Municipais de Saúde para que realizem tais emissões.

Na hipótese vertente, a criança foi encontrada em situação de abandono na via pública. Não se pode afirmar, pois, com a segurança necessária, como se deu seu parto. Todavia, a Declaração de Nascido Vivo é de rigor, nos moldes do art. 3º da Lei 12.662/12.

Frise-se que a razão da obrigatoriedade de emissão não está, como quer fazer crer o peticionário, em eventual constrangimento da criança registrada. Ausência de número de DNV não parecer ser bastante a tanto, mormente em documento de rara visualização por terceiros. Não se trata, ademais, de dado a que terceiros se atentem.

O motivo da obrigatoriedade está nos fins estatísticos que conduzem à elaboração de políticas públicas, como explicitado na regra retromencionada. A presença do dado no assento de nascimento é, bem se veja, compulsória, nos termos do item 37, h, do Capítulo XVII, Tomo II, das NSCGJ.

Pouco importa que, eventualmente, o parto tenha se dado em instituição hospitalar, como emissão de DNV. Primeiro, porque impossível afirmar, pelos elementos disponíveis, que a situação se tenha verificado.

Segundo, porque, se é que assim se deu, a DNV é de inviável localização, já que não se sabe o local do parto, tampouco quem seja genitora biológica da criança.

Assim é que a emissão há de se dar pelo Registrador Civil, como disciplina o art. 54, §4º, da Lei 6015/73. Para o mesmo Norte aponta o item 26 do Capítulo XVII, Tomo II, das NSCGJ:

26. Os Oficiais do Registro Civis das Pessoas Naturais fornecerão à Secretaria Municipal de Saúde a primeira via das Declarações de Nascido Vivo (DN) e de Óbito (DO), nos casos de parto ou morte natural sem assistência médica, observando no que for possível, as edições do Ministério da Saúde relativas ao Manual de Preenchimento das Declarações de Nascido Vivo e de Óbito.

Neste passo, a Portaria 116/09 do Ministério da Saúde, por seu art. 28, dispõe:

> Art. 28. Para partos domiciliares sem assistência de profissionais de saúde ou parteiras tradicionais, a DN deverá ser emitida pelo Cartório de Registro Civil, mediante autorização dada em provimento da Corregedoria de Justiça do Estado.

Como se viu, a previsão normativa desta E. CGJ para emissão de DNV em casos tais está no item 26 supra-aludido.

Por todo o exposto, o parecer que, respeitosamente, submeto à elevada apreciação de V. Exa. é pela determinação, ao Senhor Oficial do 23º Cartório de Registro Civil das Pessoas Naturais, de emissão de Declaração de Nascido Vivo da criança em pauta, cujo número há de constar do respectivo assento de nascimento.

Sub censura.

São Paulo, 24 de outubro de 2018.

(a) Iberê de Castro Dias

Juiz Assessor da Corregedoria

DECISÃO: Aprovo o parecer retro para, por seus fundamentos, determinar, ao Senhor Oficial do 23º Cartório de Registro Civil das Pessoas Naturais, a emissão de Declaração de Nascido Vivo da criança em pauta, cujo número há de constar do respectivo assento de nascimento.

Publique-se na íntegra. Transmita-se cópia do parecer e desta decisão à E. Corregedoria Nacional de Justiça.

Após, arquive-se.

São Paulo, 25 de outubro de 2018.

(a) GERALDO FRANCISCO PINHEIRO FRANCO

Corregedor Geral da Justiça (DJe de 31.10.2018 - SP)

PUBLICAÇÃO ELETRÔNICA DE PROCLAMAS DE CASAMENTO

PROCESSO Nº 2016/222293 - SÃO PAULO - CORREGEDORIA GERAL DA JUSTIÇA DO ESTADO DE SÃO PAULO.

(23/2018-E)

NORMAS DE SERVIÇO DA CORREGEDORIA GERAL DA JUSTIÇA – Publicação eletrônica de proclamas de casamento – Sociedade da informação – Possibilidade – Publicação por qualquer órgão com qualificação jurídica de imprensa local – Alteração da redação do item 59.2 do Capítulo XVII, do Tomo II, das NSCGJ.

Excelentíssimo Senhor Corregedor Geral da Justiça,

Este expediente trata da determinação da Excelentíssima Conselheira Maria Tereza Uille Gomes do pronunciamento desta Corregedoria Geral da Justiça acerca da manifestação do Excelentíssimo Ministro Corregedor Nacional de Justiça, no PCA n. 0006985-53.2016.2.00.0000, promovido pelo Sindicato das Empresas Proprietárias de Jornais e Revistas de São Paulo voltado à revogação do Provimento CGJ n. 46/2016 que dispôs sobre a publicação dos proclamas de casamento por jornal eletrônico divulgado e mantido pela ARPEN-SP.

É o breve relatório.

A revolução tecnológica determinou profundas mudanças na sociedade no aspecto econômico, social e jurídico.

Diante disso, não é possível aplicar à sociedade da informação os conceitos de localização por coordenadas geográficas, pois, os meios eletrônicos possuem dimensão diversa. Indubitavelmente, o espaço virtual permite publicidade dos proclamas de casamento com maior efetividade, redução de custos e com reduzida agressão ao meio ambiente.

Antonio Enrique Pérez Luño (*Los derechos humanos ante las nuevas tecnologias*, In: Nuevas tecnologias y derechos humanos, PÉREZ LUÑO, Antonio Enrique, Tirant lo Blanch: Valencia, 2014, p. 16), comenta as dificuldades gerada pelas novas tecnologias da informação frente ao Direito da seguinte forma:

> *El pensamiento jurídico, desde finales del pasado siglo, no fue insensible a la urgencia de tomar en serio la tarea de construir una teoría del Derecho y de los derechos abierta, y responsablemente comprometida con la respuesta a las nuevas necessidades y exigencias de los hombres que viven en la era de la informática. Esa nueva coyuntura reclama de los juristas, los filósofos y los teóricos del derecho una "consciencia tecnológica", término acuñado por Vittorio Frosini (Frosini, 1986:34) para apelar a uma actitud reflexiva, crítica y responsable ante los nuevos problemas que, en las diversas esferas del acontecer social, suscita la tecnología, y ante los que ni el direcho, ni quienes lo aplican o lo estudian pueden permanecer insensibles. Esa exigencia complica sobremaneira la labor de los operadores jurídicos y los teóricos del derecho, porque les obliga a ampliar el angosto horizonte de las autorreferencias normativas, con la apertura hacia los estímulos de la ciencia y la tecnología.*

Nessa linha, compete destacar o judicioso parecer, aprovado pelo Excelentíssimo Corregedor Geral da Justiça, da lavra dos Doutos Magistrados integrantes da Equipe Extrajudicial e que originou o Provimento CGJ n. 46/2016, no qual constou:

> *Os evidentes avanços tecnológicos havidos nos meios de comunicação tornam paulatinamente obsoletas as vias físicas de divulgação de informações. Jornais impressos experimentam sensíveis*

reduções nas tiragens e despertam diminuto interesse.

Por conseguinte, as notícias lá narradas chegam a número cada vez menor de pessoas.

De outro bordo, as mídias eletrônicas disseminam-se com invulgar rapidez. Com o implemento da inclusão digital, o acesso à internet espraia-se por todas as faixas de idade e renda, indiscriminadamente. Assim é que a utilização de meios digitais possibilitará que os proclamas cheguem ao conhecimento de número incomparavelmente superior de pessoas, escopo primeiro da publicação prevista no item 59.1, do Capítulo XVII, Tomo II, das NSCGJ, em observância, ademais, ao princípio da publicidade.

Nem se olvide que a redução do uso de papel é providência ecologicamente saudável.

Por tais razões, aliás, este Egrégio Tribunal de Justiça empreendeu esforços para que o Diário Oficial passasse a circular exclusivamente pela via eletrônica.

Igualmente convergente, é a manifestação do Excelentíssimo Ministro João Otávio de Noronha, Corregedor Nacional de Justiça, no PCA n. 0006985-53.2016.2.00.0000:

Assim, com o advento do desenvolvimento tecnológico, a implementação de meios que ampliem a efetivação de direitos, como a publicidade eletrônica, deve ser permitida como forma de alargamento do alcance normativo, sem que haja a necessidade de constantes mudanças da lei em vigor.

Nesse sentido, a publicação dos proclamas de casamento em meio eletrônico deve ser permitida e fomentada pelas Corregedorias Gerais de Justiça que regulamentam a matéria.

Noutra quadra, Sua Excelência, O Corregedor Nacional de Justiça, prossegue com ressalva à limitação da publicação a uma única instituição, nos seguintes termos:

A divulgação e manutenção de jornal eletrônico atribuído de forma exclusiva à Associação dos Registradores de Pessoas Naturais do Estado de São Paulo (ARPEN-SP), pode acarretar a violação de outros direitos fundamentais, como a liberdade de imprensa e a livre concorrência, uma vez que o direito deve ser estendido a todo e qualquer órgão que faça as vezes de imprensa local, ou se equipare a ela.

A restrição a um único órgão associativo, sem fins lucrativos, pode gerar dubiedade do ato normativo, bem como criar restrição que não decorre do texto legal, portanto, extrapolando para limites formais.

Desde o trabalho contínuo de várias gestões esta Corregedoria Geral de Justiça sempre buscou a melhora da prestação do serviço extrajudicial a partir dos implementos tecnológicos oriundo das tecnologias da informação, resultando na criação de centrais digitais que, desde então, vem sendo aperfeiçoadas e expandidas; com a imprescindível contribuição das entidades de Tabeliães, Notários e Registradores.

Essa opção estratégica, em razão da mudança de paradigma provocado pela pós-modernidade, notadamente, a crise da razão, ocasionou riscos no regramento de situações ligadas às novas tecnologias, ante sua absoluta novidade; porquanto impossível aplicação do clássico arquétipo de solução (do culturalismo) no sentido de que o futuro, em certa medida, está no passado.

Seja como for, os inevitáveis riscos, e os erros decorrentes, são pressupostos para que se possa avançar.

Essa situação, fica bem retratada pela conhecida passagem do Mar Portuguez, de Fernando Pessoa:

Quem quer passar além do Bojador Tem que passar além da dor.

Deus ao mar o perigo e o abismo deu, Mas nele é que espelhou o céu.

Considerada a importância da contribuição da totalidade dos atores sociais para o aperfeiçoamento do regramento dos serviços extrajudiciais e o conteúdo da manifestação do órgão administrativo superior; salvo melhor juízo de Vossa Excelência, penso competir adaptação da norma administrativa em questão para fins de possibilitar a publicaçao dos proclamas em forma eletrônica por qualquer órgão com qualificação jurídica de imprensa local.

Nessa ordem de ideias, em adequação à manifestação do Excelentíssimo Ministro Corregedor Nacional de Justiça, sugiro modificação do item 59.2 do Capítulo XVII das Normas de Serviço da Corregedoria Geral da Justiça (introduzido pelo Provimento CGJ n. 46/2016), por meio da supressão de sua parte final, para o seguinte:

A publicação mencionada no subitem 59.1 poderá, a critério dos nubentes, ser realizada em jornal eletrônico, de livre e amplo acesso ao público.

Ante ao exposto, o parecer que respeitosamente submeto ao elevado critério de Vossa Excelência é no sentido da modificação, na forma supra, do item 59.2 do Capítulo XVII, das Normas de Serviço da Corregedoria Geral da Justiça.

Sub Censura.

São Paulo, 16 de janeiro de 2018.

(a) Marcelo Benacchio

Juiz Assessor da Corregedoria

DECISÃO: Aprovo o parecer do Juiz Assessor da Corregedoria e, por seus fundamentos, que adoto, **determino a edição do Provimento sugerido**, conforme minuta apresentada, com a publicação inclusive do parecer, no DJE. Dê-se ciência à Associação dos Registradores de Pessoas Naturais do Estado de São Paulo (ARPEN-SP) a respeito do parecer aprovado e do Provimento editado. Remeta-se cópia do parecer aprovado e desta decisão a Excelentíssima Conselheira Maria Tereza Uille Gomes, para fins de manifestação no Procedimento de Controle Administrativo n. 0006985-53.2016.2.00.0000; bem como ao Excelentíssimo Ministro João Otávio Noronha, Corregedor Nacional de Justiça. **Publique-se.** São Paulo, 17 de janeiro de 2018.

(a) GERALDO FRANCISCO PINHEIRO FRANCO, Corregedor Geral da Justiça. (DJe de 29.01.2018 - SP)

2.4.3 REGISTRO DE TÍTULOS E DOCUMENTOS E PESSOA JURÍDICA

ANIMAIS DE ESTIMAÇÃO

PROCESSO Nº 2017/156028 - SÃO PAULO - CORREGEDORIA GERAL DA JUSTIÇA DO ESTADO DE SÃO PAULO.

(187/2018-E)

REGISTRO DE TÍTULOS E DOCUMENTOS - Sistema específico de registro de animais de estimação, visando padronizar os dados que serão informados pelos usuários, a fim de constituir uma base integrada de informações - Atribuições não previstas em lei - Art. 1°, § 1°, inciso II e art. 127, I a VII, da Lei n° 6.015/73 e inciso V do art. 5°, da Lei n° 8.935/94 e Item 1, do Capítulo XIX, das Normas de Serviço da Corregedoria Geral da Justiça

- Sugestão de publicação de comunicado.

Excelentíssimo Senhor Corregedor Geral da Justiça:

Por iniciativa do Exmo. Sr. Vereador de Praia Grande, CADU BARBOSA, foi instaurado expediente perante esta Eg. Corregedoria Geral da Justiça, solicitando *"estudo da criação da Certidão de Registro e Guarda de Animais Domésticos"* em Ofícios de Registro de Títulos e Documentos naquela Comarca.

O Exmo. Sr. Deputado Estadual CAMPOS MACHADO, também neste expediente, formula pedido para a regulamentação do chamado *Identipet*, que seria o registro de declaração de guarda e conservação para elaboração de documento que comprove a identidade do respectivo animal, o que já estaria disponível em outras unidades da federação (fls. 13/14).

Foram juntados documentos (fls. 17/30), assim como ofício encaminhado pelo Exmo. Presidente da Câmara de Vereadores de Praia Grande, EDNALDO DOS SANTOS PASSOS, com requerimentos formulados sobre a proposta de regulamentação do *Identipet* (fls. 32/35).

O Instituto de Registro de Títulos e Documentos e Civil de Pessoas Jurídicas do Estado de São Paulo--IRTDPJ- SP se manifestou (fls. 44/46).

Disse que animais de estimação são considerados bens móveis, ressalvadas novas correntes doutrinárias, recaindo a competência do Registro de Títulos e Documentos, nos termos do art. 127 da Lei n° 6.015/73, sendo possível o registro de qualquer tipo de documentos relativos a animais de estimação, cuja cobrança será feita em observância aos critérios da Tabela de Emolumentos.

O IRTDPJ-SP também destacou a relevância do referido serviço em âmbito nacional, assim como apresentou complementação de suas informações às fls. 50/51 e 56/58, solicitando prazo para melhor desenvolvimento dessa ferramenta pela Central Nacional Eletrônica de Registro de Títulos e Documentos.

Opino.

Busca-se a regulamentação, por esta Eg. Corregedoria Geral da Justiça, de um *"sistema específico de registro de animais de estimação, visando padronizar nacionalmente os dados que serão informados pelos usuários, a fim de constituir uma base integrada de informações"*, conforme manifestação do IRTDPJ-SP à fl. 45.

São serviços sugeridos: a) a emissão de Certidão de Registro e Guarda de Animal (fls. 2, 5, 19, 23, 25 e 28); b) a criação de cadastro de animais de estimação, mediante preenchimento de formulários fornecidos pelo Serviço de Registro de Títulos e Documentos (fls. 4 e 6, com amplitude nacional);

c) a utilização do mencionado cadastro para a comprovação da *"identidade"* do animal e para facilitar sua localização (fl. 9); d) atender ao anseio social e das entidades protetoras de animais (fl. 14).

Respeitosamente, nada obstante as nobres razões que levaram à formulação da proposta trazida neste expediente, à exceção do registro facultativo de documentos que digam respeito a um animal de estimação, todas as demais propostas não resistem a uma análise mais aprofundada de competência do Serviço de Registro de Títulos e Documentos.

A função do Registro de Títulos e Documentos é registrar e conferir a determinado instrumento particular relativo a obrigações e estipulações referentes a bens móveis a prova de sua existência, sua publicidade e conservação (art. 1°,

§ 1°, inciso II e art. 127, I a VII, da Lei n° 6.015/73 e inciso V do art. 5°, da Lei n° 8.935/94).

Quanto às suas atribuições, diz a Lei de Registros Públicos:

"Art. 127. No Registro de Títulos e Documentos será feita a transcrição:

I - dos instrumentos particulares, para a prova das obrigações convencionais de qualquer valor; II - do penhor comum sobre coisas móveis;

III - da caução de títulos de crédito pessoal e da dívida pública federal, estadual ou municipal, ou de Bolsa ao portador;

IV - do contrato de penhor de animais, não compreendido nas disposições do art. 10 da Lei n° 492, de 30-8- 1934;

V- do contrato de parceria agrícola ou pecuária;

VI - do mandado judicial de renovação do contrato de arrendamento para sua vigência, quer entre as partes contratantes, quer em face de terceiros

VII - facultativo, de quaisquer documentos, para sua conservação." (g.n)

Existe ainda previsão expressa para a competência residual do Registro de Títulos e Documentos, com previsão no parágrafo único do mencionado artigo:

"Parágrafo único. Caberá ao Registro de Títulos e Documentos a realização de quaisquer registros não atribuídos expressamente a outro ofício."

Aliás, tais atribuições também estão no Item 1 do Capítulo XIX, das Normas de Serviço da Corregedoria Geral da Justiça:

"1. O registro de títulos e documentos, no âmbito de suas atribuições, é o serviço de organização técnica e administrativa que tem por finalidade assegurar a autenticidade, segurança, publicidade e eficácia dos atos e negócios jurídicos, constituindo ou declarando direitos e obrigações, para prova de sua existência e data, além da conservação perpétua de seu conteúdo."

Não há, a rigor, qualquer óbice ao registro de documentos particulares que digam respeito a animais de estimação, sejam notas fiscais, declarações particulares ou até mesmo fotografias. Todos esses documentos estariam incluídos na competência prevista no inciso VII do art. 127, da Lei n° 6.015/73, e também abrangidos pela natureza residual da competência do Serviço de Registro de Títulos e Documentos.

Mas, é preciso distinguir o registro de documentos relativos ao animal de estimação do registro que diga respeito ao próprio animal de estimação.

Também, é preciso distinguir o caráter residual da competência para registro de documentos do caráter residual que se busca dar aos efeitos decorrentes do registro desses documentos.

Em obediência ao Princípio da Eficácia Predeterminada, somente a lei em sentido formal pode estabelecer a carga de eficácia que cada registro vai outorgar:

"**Dessa forma, pode-se levar ao Registro de Títulos e Documentos qualquer espécie documental, mas o registro lhe conferirá efeitos específicos. Assim, exitoso o registro pleiteado, saberá, previamente, o interessado, os efeitos por ele conferidos ao seu direito**"1.

E, ao registro de documentos inseridos na competência residual, a carga de eficácia está, por lei, limitada à conservação permanente de seu conteúdo e à publicidade.

Qualquer eficácia que se queira dar ao registro de documentos, que extrapole a função de guarda, conservação e publicidade, somente será viável por intermédio de lei federal, observada a competência legislativa privativa da União para legislar sobre registros públicos, nos termos do art. 22, inciso XXV, assim como do §1° do art. 236, ambos da Constituição Federal, regulamentado pela Lei Federal n° 8.935/94.

Enquanto não houver lei que disponha de forma contrária, qualquer documento que diga respeito a animais domésticos terá ingresso no Registro de Títulos e Documentos somente com natureza facultativa e com finalidade exclusiva de conservação e publicidade daquilo que foi registrado.

Não se concebe, assim, por absoluta ausência de previsão legal, a criação de um serviço de identificação ou sistema específico de registro de animais de estimação, visando padronizar esses dados, já que a elaboração de cadastros contendo dados e características desses animais, para geração de uma suposta *identidade*, escapa às competências acima referidas.

Por isso mesmo, não há espaço para o preenchimento de formulários, com dados dos mais diversos sobre as características do animal, com a finalidade constitutiva de eventuais direitos. Nada obsta o registro do próprio formulário, para conservação e publicidade, mas sem qualquer efeito constitutivo.

Nos termos da legislação civil pátria, e ressalvadas novas correntes doutrinárias que têm surgido a esse respeito2, os animais são considerados bens móveis (art. 82, do Código Civil); e, como se sabe, a transferência de propriedade dos bens móveis se dá pela tradição (art. 1.267, do Código Civil).

Ocorre que a proposta de registro e identidade de animais de estimação tem o risco de levar à ideia de que o referido registro significaria a formalização da propriedade entre o usuário e seu animal, o que poderia, inclusive, redundar em confusão dos destinatários do serviço quanto à efetiva transferência de propriedade desses animais.

Não se desconhece a previsão normativa do Item 2, do Capítulo XIX, das Normas de Serviço da Corregedoria Geral da Justiça, que prevê a possibilidade de registro de quaisquer títulos e documentos, cuja competência para registro não esteja expressamente atribuída a outra serventia em razão da especialidade ou territorialidade, a fim de assegurar autenticidade, publicidade ou eficácia contra terceiros, além de sua conservação.

Contudo, isso não significa autorização para criar, alimentar e administrar cadastros, sejam de âmbito estadual, sejam de âmbito nacional, face à mencionada necessidade de reserva legal para criação de atribuições.

O registro facultativo, deveras, possui a finalidade de mera conservação, com o seu arquivamento, autenticação da data, da existência e do conteúdo do documento ou do conjunto de documentos, nos termos do Item 3, do Capítulo XIX, das Normas.

O referido Item também é expresso ao determinar que essas circunstâncias devam ser previamente esclarecidas ao interessado, sendo vedada qualquer indicação que possa ensejar dúvida sobre a natureza do registro, ou confusão com a eficácia decorrente do registro.

E, pelas mesmas razões, não se pode admitir a utilização de qualquer modelo de certidão como aquelas apresentadas às fls. 2, 5, 19, 23, 25 e 28, certidões essas que, inclusive, possuem características semelhantes às certidões de nascimento do Serviço de Registro Civil de Pessoas Naturais.

A expedição de certidões com essas características, ao invés de trazer segurança jurídica ao usuário, pode causar confusão, ao gerar a incorreta expectativa de criação de uma *identidade* ao animal, e não a mera conservação dos documentos relativos a ele.

Como já afirmado, é perfeitamente possível ao interessado registrar documentos relativos a animais de estimação, até mesmo algum documento particular semelhante a uma certidão de nascimento, confeccionado ou produzido pelo próprio usuário, a respeito do qual será emitida a devida certidão.

O que não se admite, ao menos até que haja lei prevendo tal possibilidade, é que o Registro de Títulos e Documentos preste serviço de registro de animais de estimação, gerando a falsa impressão de que tal cadastro seja constitutivo de direitos.

Forte nestas razões, e guardando o devido respeito à proposta apresentada, não há espaço para qualquer regulamentação administrativa de um serviço que não possui previsão legal e, consequentemente, não pode ser prestado pelo Registro de Títulos e Documentos.

Ante o exposto, o parecer que submeto à elevada apreciação de Vossa Excelência é no sentido de que não cabe à Corregedoria Geral da Justiça qualquer regulamentação que diga respeito a sistema específico de registro de animais de estimação, ou constituição de base integrada de informações, a ser prestado pelo Serviço de Registro de Títulos e Documentos no âmbito estadual, por se tratar de atribuição não prevista em lei, ressalvada, naturalmente, a possibilidade de registro facultativo de documentos, para fins de conservação.

Sugiro seja encaminhada cópia deste parecer, e da r. decisão que eventualmente o aprovar, ao Exmo. Sr. Vereador de Praia Grande, CADU BARBOSA, ao Exmo. Sr. Deputado Estadual CAMPOS MACHADO e à D. Presidência da Câmara de Vereadores de Praia Grande.

Proponho, ainda, que se publique comunicado com o seguinte teor:

COMUNICADO CG Nº_/2018

A CORREGEDORIA GERAL DA JUSTIÇA ALERTA AOS RESPONSÁVEIS PELAS UNIDADES DO SERVIÇO EXTRAJUDICIAL DO ESTADO DE SÃO PAULO QUE TENHAM ATRIBUIÇÃO PARA O REGISTRO DE TÍTULOS E DOCUMENTOS QUE É VEDADA A PRÁTICA DE QUALQUER ATO DO OFÍCIO QUE DIGA RESPEITO À CRIAÇÃO E ADMINISTRAÇÃO DE SISTEMA ESPECÍFICO DE REGISTRO DE ANIMAIS DE ESTIMAÇÃO, OU CONSTITUIÇÃO DE BASE INTEGRADA DE INFORMAÇÕES, RESSALVADO O REGISTRO FACULTATIVO DE DOCUMENTOS EXCLUSIVAMENTE PARA FINS DE MERA CONSERVAÇÃO E PROVA DE EXISTÊNCIA, DATA E SEU CONTEÚDO.

Sub censura.

São Paulo, 7 de maio de 2018.

(a) Paulo Cesar Batista dos Santos

Juiz Assessor da Corregedoria

NOTAS DE RODAPÉ

1.PAIVA, João Pedro Lamana e ALVARES, Pércio Brasi,, Registro de Títulos e Documentos, 2ª Ed, São Paulo, Saraiva, 2016, p. 30.

2 Ver AZEVEDO, Antonio Junqueira de, *Caracterização Jurídica da Dignidade da Pessoa Humana*, Revista dos Tribunais, vol. 797/2002, p. 11-26, mar / 2002, DTR\2002\133.

DECISÃO: Aprovo o parecer do MM. Juiz Assessor da Corregedoria, por seus fundamentos. Expeça-se o comunicado, que deverá ser publicado no DJe, em conjunto com o parecer, por três vezes em dias alternados. Oficie-se

ASSOCIAÇÃO

PROCESSO Nº 2017/1704

(299/2018-E)

REGISTRO CIVIL DAS PESSOAS JURÍDICAS. Ordem dos Advogados do Brasil - OAB, Seção São Paulo.

Requerimento de vedação do uso de qualquer expressão sinônima à prestação de serviços jurídicos por parte de Associações. Dever do Registrador Civil das Pessoas Jurídicas de rigorosa qualificação registral e exame minucioso quanto ao atendimento dos princípios registrais pertinentes. Uso de medidas judiciais para questionamento de registros já efetivados. Sugestão de publicação de comunicado.

Excelentíssimo Senhor Corregedor Geral da Justiça:

A ORDEM DOS ADVOGADOS DO BRASIL-OAB-SP requer investigação e providências quanto a Associações, no âmbito do Registro Civil de Pessoas Jurídicas, cujos atos constitutivos seriam ilegais, por conterem previsão de oferta de serviços jurídicos.

Solicita, assim, que seja determinado que associações e demais pessoas jurídicas não incluam em seu objeto social a expressão *"prestação de serviços jurídicos"*, além de requerer seja instaurada investigação contra as entidades já registradas, dando-se ciência à OAB quanto a elas, para providências cabíveis.

Colhida fundamentada manifestação do Instituto de Registro de Títulos e Documentos e Civil de Pessoas Jurídicas do Estado de São Paulo-IRTDPJ-SP, com nova oportunidade de apontamentos pela OAB-SP.

Opino.

A postulação é no sentido de que seja coibido, pelo Registro Civil das Pessoas Jurídicas, que associações ultrapassem suas competências constitucionais, e que possam lesar a classe de advogados e a sociedade, oferecendo serviços jurídicos de natureza individual a cada associado por pessoas não habilitadas.

Tais pessoas jurídicas, disfarçadas de Associações, estariam usurpando atividade privativa de advogados, pois funcionariam como captadoras de clientela, deixando de lado o caráter assistencial e passando a atuar como sociedades mercantis com fins ilícitos.

A preocupação da OAB-SP procede, diante dos abusos que têm sido constatados por parte de Associações que supostamente, em defesa de seus associados, prestam assessoria jurídica de forma camuflada, buscando captação de clientes, propondo centenas de ações temerárias e vinculando financeiramente seus associados, atuando à margem da lei.

São inúmeras as decisões judiciais determinando que tais Associações cessem tal prática, como bem informado pela OABSP em suas manifestações, o que também é amplamente divulgado pela mídia.

Nos limites desse expediente, entretanto, deve ser lembrado que o poder fiscalizatório dessa Eg. Corregedoria Geral da Justiça se limita ao serviço extrajudicial outorgado pela normativa constitucional (art. 236 da Constituição Federal), não havendo competência correcional, por esse órgão, sobre associações ou entidades privadas.

Por esse motivo, não há espaço para que a Corregedoria Geral da Justiça emita determinações a Associações, para controle e fiscalização de suas atividades ou seus estatutos. Fica limitado o exame do pedido formulado pela OAB- SP ao serviço de Registro Civil das Pessoas Jurídicas.

E todos sabem que é dever do Registrador Civil das Pessoas Jurídicas a rigorosa qualificação registral e o exame minucioso quanto ao atendimento dos princípios registrais pertinentes ao caso.

Aliás, a qualificação registral é atribuição fundamental e indissociável da atividade do Oficial de Registros, com natureza obrigatória, inafastável e vinculada aos princípios que regem essa atividade.

O advogado é indispensável à administração da Justiça (art. 133 da Constituição Federal), e os art. 1° e 3° da Lei n° 8.906/1994, inciso II, estipula que são atividades privativas da advocacia aquelas de consultoria, assessoria e direção jurídica.

Há outros profissionais que também exercem atividade de orientação jurídica, naturalmente, mas o exercício de advocacia é exclusivo daqueles habilitados pela Ordem dos Advogados do Brasil.

E não há dúvidas de que nenhuma Associação possa oferecer serviços de advocacia ou de defesa jurídica a seus associados por quem não tenha essa atribuição e não esteja advogando, ou com a finalidade de captação de clientela, por se tratar de prática manifestamente ilegal e incompatível com a atividade associativa, ressalvadas, naturalmente, as hipóteses de substituição processual (inciso XXI do art. 5° da Constituição Federal e art. 5°, inciso V, da Lei n° 7.347/85).

Quanto à conduta praticada por advogados que prestem serviços para tais associações, caberá à própria OAB- SP a punição desses profissionais, caso constatada alguma conduta antiética, indisciplinada ou ilegal. Já a atuação ilegal de defesa jurídica por quem não seja advogado, seguramente fará despontar a responsabilidade civil e penal desses indivíduos, em ações jurisdicionais, dentro do devido processo legal.

Respeitado o entendimento da OAB-SP, contudo, a determinação prévia para que sejam rejeitados todos os atos constitutivos e suas alterações que contenham a expressão *"serviços jurídicos"*, por sua generalidade e amplitude, não tem espaço.

A Constituição Federal elevou à categoria de cláusula pétrea o direito à livre associação para fins lícitos, como forma d acesso do indivíduo e de grupos sociais ao pleno exercício da cidadania, como se vê nos incisos XVII a XXI do art. 5°, com destaque para os incisos XVII e XVIII:

> *XVII* - é plena a liberdade de associação para fins lícitos, vedada a de caráter paramilitar;
>
> *XVIII* - a criação de associações e, na forma da lei, a de cooperativas independem de autorização, sendo vedada a interferência estatal em seu funcionamento;

Não se concebe, por se tratar de termo muito aberto, haja vedação prévia ao uso da expressão *"prestação de serviços jurídicos"*, ou qualquer outra semelhante, em atos constitutivos das associações, até porque, nos limites da legalidade, inúmeras delas contratam advogados, nos termos da lei, que regularmente atuam na defesa dos direitos de seus associados.

A referida liberdade associativa não é absoluta, e seu funcionamento não afasta o controle de legalidade e legitimidade de seu registro, como dito, nem a possibilidade de reexame pelo Poder Judiciário da compatibilidade de seus atos com a lei e com seus estatutos.

Mas a determinação, pela Corregedoria Geral da Justiça, de proibição do uso da referida expressão, num segundo momento, traria indagações quanto à utilização de locuções semelhantes, tais como *auxílio jurídico, apoio, assessoria, serviço* e outras tantas. Ao invés de solucionar o problema, haveria lacunas interpretativas por parte dos registradores, causando insegurança e instabilidade no âmbito dos registros, o que não se deseja.

E como bem destacado pelo IRTDPJ-SP, também não haveria medida administrativa que alcançasse os registros já efetivados, pois tal providência demandaria exame individual, depois de devido procedimento, assegurado o contraditório, para o seu eventual cancelamento.

Quanto à publicidade desses registros já efetivados, ela vai ocorrer por intermédio de certidão, que pode ser requerida por qualquer interessado, inclusive por representantes da OAB. Entretanto, por se tratar de tributo, na espécie taxa1, a imunidade ou isenção de emolumentos somente é cabível por intermédio de norma constitucional ou lei em sentido formal.

Seguramente, o exame de eventual ocorrência de abuso, ilegalidade e finalidade ilícita no uso de tais expressões somente poderá ser feito *a posteriori*, no campo da qualificação registral, sem imposição de vedação prévia, geral e abstrata na sua utilização.

Por essas razões, salvo melhor entendimento de Vossa Excelência, os pedidos devem ser parcialmente acolhidos, para que essa Eg. Corregedoria Geral da Justiça determine aos Oficiais do Registro Civil das Pessoas Jurídicas que tenha especial atenção na qualificação de atos relacionados a associações, ou demais pessoas jurídicas, que contenham, dentre suas finalidades, a prestação de serviços jurídicos, zelando pela legalidade desses atos, a fim de impedir o exercício de atividade advocatícia por pessoas não regularmente habilitadas.

Proponho, ainda, que se publique comunicado com o seguinte teor:

COMUNICADO CG Nº /2018

A CORREGEDORIA GERAL DA JUSTIÇA ALERTA AOS RESPONSÁVEIS PELAS UNIDADES EXTRAJUDICIAIS DO ESTADO DE SÃO PAULO, COM ATRIBUIÇÃO PARA O REGISTRO CIVIL DAS PESSOAS JURÍDICAS, QUE TENHAM ESPECIAL ATENÇÃO NA QUALIFICAÇÃO DE ATOS RELACIONADOS A ASSOCIAÇÕES, OU DEMAIS PESSOAS JURÍDICAS, QUE CONTENHAM, DENTRE SUAS FINALIDADES, A PRESTAÇÃO DE SERVIÇOS JURÍDICOS, ZELANDO PELA LEGALIDADE DESSES ATOS, A FIM DE IMPEDIR O EXERCÍCIO DE ATIVIDADE ADVOCATÍCIA POR PESSOAS NÃO REGULARMENTE HABILITADAS.

Caso este parecer seja aprovado, sugiro sua publicação, acompanhado do comunicado, no Diário da Justiça Eletrônico, por três dias alternados.

Sub censura.

São Paulo, 24 de julho de 2018.

Paulo Cesar Batista dos Santos

Juiz Assessor da Corregedoria-1

Precedentes do STF: ADI 1.145, Rel. Min. Carlos Velloso, j. 3-10-2002, P, DJ de 8-11-2002, MS 28.141, Rel. Min. Ricardo Lewandowski, j. 10-2-2011, P, DJE de 1º-7-2011; RE 233.843, Rel. Min. Joaquim Barbosa, j. 1º-12-2009, 2ª T, DJE de 18-12- 2009 -

DECISÃO: Aprovo o parecer do MM. Juiz Assessor da Corregedoria, por seus fundamentos. Expeça-se o comunicado, que deverá ser publicado no DJe, em conjunto com o parecer, por três vezes em dias alternados. São Paulo, 31 de julho de 2018. (a) **GERALDO FRANCISCO PINHEIRO FRANCO,** Corregedor Geral da Justiça. (DJe de 08.08.2018 - SP)

2.4.4 REGISTRO DE IMÓVEIS

PRAZOS DE QUALIFICAÇÃO

PROCESSO Nº 2017/49880 – SÃO PAULO – CORREGEDORIA GERAL DA JUSTIÇA DO ESTADO DE SÃO PAULO

Parecer 51/2018-E

NORMAS DE SERVIÇO DA CORREGEDORIA GERAL DA JUSTIÇA – Registro de Imóveis- Prazo de qualificação dos títulos- Princípio da eficiência do serviço extrajudicial- Necessidade de observância da proporcionalidade e razoabilidade para definição do prazo de qualificação- Alteração da redação dos Itens 43 e 43.1 do Capítulo XX, do Tomo II, das Normas de Serviço da Corregedoria Geral da Justiça.

Excelentíssimo Senhor Corregedor Geral da Justiça,

Este expediente tratou, inicialmente, de requerimento da Associação dos Registradores Imobiliários de São Paulo (ARISP), solicitando pronunciamento e normatização desta Corregedoria Geral da Justiça acerca da aplicação do art. 219 do Código de Processo Civil aos prazos previstos para a prática de diversos atos no Registro de Imóveis. Às fl. 05/09, há Parecer da lavra dos MMº Juízes Assessores da Corregedoria Geral de Justiça, aprovado pelo E. Corregedor Geral da Justiça MANOEL DE QUEIROZ PEREIRA CALÇAS, explicitando que devem ser computados em dias corridos todos os prazos relativos à prática de atos registrários e notariais, quer de direito material, quer de direito processual, aí incluídas as retificações em geral, a intimação de devedores fiduciantes, o registro de bem de família, a usucapião extrajudicial, as dúvidas e os procedimentos verificatórios.

Houve inclusão, assim, do subitem 19.1 do Capítulo XIII, do Tomo II, das NSCGJ.

A ARISP solicitou reconsideração do estabelecido, alegando a exiguidade do prazo para algumas situações cotidianas das serventias extrajudiciais de imóveis, descrevendo alguns exemplos (31/36).

Novo Parecer, da lavra do MMº Juiz Assessor Iberê de Castro Dias, aprovado pelo E. Corregedor Geral da Justiça MANOEL DE QUEIROZ PEREIRA CALÇAS, mantendo a redação do subitem 19.1 do Capítulo XIII, do Tomo II, das NSCGJ (fl. 38/41).

À fl. 48, a ARISP solicitou ampliação de prazos específicos, relativos aos itens 43 e 43.1 do Capítulo

XX das Normas de Serviço, tendo em vista que a contagem em dias corridos, especialmente nos meses em que ocorrem feriados prolongados, dificultaria sobremaneira a qualificação de títulos protocolados.

O Instituto de Registro Imobiliário do Brasil-IRIB manifestou concordância com o requerimento. É o breve relatório.

Opino.

O presente expediente retorna a esta E. Corregedoria de Justiça em razão de dois prazos específicos previstos nas Normas de Serviço, relativos à qualificação dos títulos pelo serviço de registro de imóveis, itens 43 e 43.1 do Capítulo XX, aqui reproduzidos:

43. O prazo para exame, qualificação e devolução do título, com exigências ou registro, será de 10 (dez) dias, contados da data em que ingressou na serventia.

43.1. O prazo acima ficará reduzido a 5 (cinco) dias, se o título for apresentado em documento eletrônico estruturado em XML (Extensible Markup Language), com especificações definidas por portaria da Corregedoria Geral da Justiça.

Não se cuida, diga-se, de revisão dos pareceres anteriores, aprovados pelo E. Corregedor Geral da Justiça, tampouco reexame quanto à inclusão do subitem 19.1 Capítulo XIII, do Tomo II, das NSCGJ.

Tais deliberações estão calcadas em sólidos e respeitáveis argumentos jurídicos e, a somar, são ainda muito recentes e sequer exauriram seu real alcance na atividade extrajudicial das notas e dos registros.

Qualquer deliberação, neste momento, que fosse tendente a modificá-las, apenas contribuiria para a instabilidade jurídica, podendo gerar indesejada perplexidade ao usuário do serviço extrajudicial.

O tema em exame, portanto, fica circunscrito ao prazo para a qualificação registral imobiliária.

Neste campo, todos sabem que a qualificação registral é considerada atribuição fundamental e indissociável da atividade do Oficial Imobiliário, com natureza obrigatória, inafastável e vinculada ao princípio da legalidade. Traduz o controle dos requisitos legais e normativos do título, num verdadeiro "juízo prudencial, positivo ou negativo, de potência de um título em ordem a sua inscrição predial, importando no império de seu registro ou de suairregistração."**1**

Por sua relevância, a qualificação registral não pode ser entendida como apenas mais uma das atribuições do serviço de registro de imóveis, mas sim como o seu cerne, a própria razão de ser de tão relevante função que confere publicidade e segurança jurídica aos atos que, vencida a qualificação, ingressaram do registro imobiliário.

Naturalmente, a qualificação registral deve seguir os princípios aplicáveis a toda a atividade extrajudicial, seja nas notas, seja nos registros, na forma prevista no art. 4° da Lei n° 8.935/94, que dispõe:

> Art. 4°. Os serviços notariais e de registro serão prestados, **de modo eficiente e adequado**, em dias e horários estabelecidos pelo juízo competente, atendidas as peculiaridades locais, em local de fácil acesso ao público e que ofereça segurança para o arquivamento de livros e documentos. (g.n).

Também o art. 30 da referida lei regente, ao tratar dos deveres dos notários e oficiais de registro, determina que a atividade registral deve ser desenvolvida com eficiência, além de presteza e urbanidade:

> Art. 30. São deveres dos notários e dos oficiais de registro:
>
> (...)
>
> II - atender as partes com **eficiência**, urbanidade e presteza**;** (g.n)

Não há dúvida de que a atividade extrajudicial deva ser permeada pela eficiência. E a eficiência consiste na busca incessante do equilíbrio entre a boa técnica e a rapidez na prestação do serviço ao usuário.

Por outro vértice, também não se concebe o Registrador que apenas cadastre, e não qualifique, os títulos a ele submetidos, preocupado muito mais com a velocidade de sua qualificação, no afã de entregar o serviço rapidamente ao usuário, mas sem a necessária técnica que dele se espera.

Em suma, é preciso associar a qualidade à produtividade.

Não por outro motivo, a própria redação do Item 40 do Capítulo XX das Normas afirma que é dever do Registrador proceder ao exame exaustivo do título apresentado. A questão é que às vezes será difícil fazê-lo de forma exaustiva, embora com muito esforço se faça, em prazo tão diminuto.

Sem a pretensão de discutir o difícil enquadramento da atividade de registros dentro da Administração Pública, fato é que o princípio da eficiência se aplica, sem qualquer sombra de dúvida, à atividade extrajudicial, valendo a lição de administrativistas sobre o tema, como, por exemplo, da Professora Maria Sylvia Zanella Di Pietro, ao lecionar que:

"O princípio apresenta-se sob dois aspectos, podendo tanto ser considerado em relação à forma de atuação do agente público, do qual se espera o melhor desempenho possível de suas atuações e atribuições, para lograr os melhores resultados, como também em relação ao modo racional de se organizar, estruturar, disciplinar a administração pública, e também com o intuito de alcance de resultados na prestação do serviço público. (...) A eficiência é um princípio que se soma aos demais princípios impostos à administração, não podendo sobrepôr-se a nenhum deles, especialmente ao da legalidade, sob pena de sérios riscos à segurança jurídica e ao próprio Estado de direito.**2**"

E não há como se negar que certas situações, como aquelas postas em exame, podem colocar em risco a qualidade, segurança e eficiência da qualificação registral, notadamente diante da quantidade e complexidade de certos títulos que ingressam diuturnamente nas serventias imobiliárias, tais como matérias envolvendo loteamentos urbanos, retificações de registros imobiliários, incorporações, instituições de condomínios edilícios, usucapião extrajudicial, alienação fiduciária e tantos outros.

Apenas utilizando como referência o exemplo trazido às fl. 48, para os títulos eletrônicos protocolados no dia 1º de novembro de 2017, quarta-feira, véspera do feriado de finados, as serventias imobiliárias tiveram apenas o dia 3 de novembro (sexta-feira) para qualificá-los, já que o prazo se encerrou na segunda-feira, dia 6.

E tais situações, não raramente, repetem-se, como seria verificado já no próximo feriado de carnaval, por exemplo, para títulos eletrônicos protocolados na sexta-feira, dia 9 de fevereiro.

A conclusão e de que o prazo exíguo para qualificação não entrega ao usuário a segurança e a eficiência que se espera do serviço extrajudicial imobiliário, de modo que a prorrogação dos prazos previstos nos Itens 43 e 43.1 do Capítulo XX, aumentando-se em 5 dias, são compatíveis com a razoabilidade e proporcionalidade.

O acréscimo dos referidos prazos não significará morosidade na prestação do serviço. Muito ao contrário, com essa pequena dilação que se propõe, o Oficial de Imóveis terá serenidade, prudência e capacidade de prestar seu tão relevante mister com segurança e eficiência, sem que se perca a presteza necessária.

Forte nessas razões, sugiro a modificação dos Itens 43 e 43.1 do Capítulo XX, do Tomo II, das Normas de Serviço da Corregedoria Geral da Justiça, com acréscimo de 5 dias em ambos os prazos ali previstos, passando eles a conter a seguinte redação:

43. O prazo para exame, qualificação e devolução do título, com exigências ou registro, será de 15 (quinze) dias, contados da data em que ingressou na serventia.

43.1. O prazo acima ficará reduzido a 10 (dez) dias, se o título for apresentado em documento eletrônico estruturado em XML (Extensible Markup Language), com especificações definidas por portaria da Corregedoria Geral da Justiça.

Ante ao exposto, o parecer que respeitosamente submeto ao elevado critério de Vossa Excelência é no sentido da modificação, na forma supra, dos Itens 43 e 43.1 do Capítulo XX, Tomo II, das Normas de Serviço da Corregedoria Geral da Justiça.

Sub Censura.

São Paulo, 2 de fevereiro de 2018.

(a) Paulo Cesar Batista dos Santos

Juiz Assessor da Corregedoria

(a) José Marcelo Tossi Silva

Juiz Assessor da Corregedoria

(a) Marcelo Benacchio

Juiz Assessor da Corregedoria

(a) Stefânia Costa Amorim Requena

Juíza Assessora da Corregedoria

Notas de rodapé

1 DIP, Ricardo. Registro de Imóveis: vários estudos. Porto Alegre: IRIB: Sergio Antonio Fabris Ed., 2005. p. 168.

2 DI PIETRO, Maria Sylvia Zanella. Direito Administrativo. 30ª Edição, Rio de Janeiro: Forense, 2017, p. 114.

DECISÃO: Aprovo o parecer dos Juízes Assessores da Corregedoria e, por seus fundamentos, que adoto, **determino a edição do Provimento sugerido**, conforme minuta apresentada, com a publicação inclusive do parecer, por três vezes, em dias alternados, no DJE. Dê-se ciência à Associação Dos Registradores Imobiliários De São Paulo (ARISP) a respeito do parecer aprovado e do Provimento editado. **Publique-se.** São Paulo, 05 de fevereiro de 2018. (a) **GERALDO FRANCISCO**

PINHEIRO FRANCO, Corregedor Geral da Justiça. (DJe de 08.02.2018 - SP)

USUCAPIÃO EXTRAJUDICIAL

PROCESSO Nº 2018/41053 - SÃO PAULO - CORREGEDORIA GERAL DA JUSTIÇA DO ESTADO DE SÃO PAULO.

(Parecer n.º 384/2018-E)

REGISTRO DE IMÓVEIS. Normas de Serviço da Corregedoria Geral da Justiça. Usucapião Extrajudicial.

Modificação da Seção XII, do Capítulo XX. Edital Eletrônico. Art. 216-A da Lei nº 6.015/73. Art. 11, parágrafo único, do Provimento nº 65/2017, da Corregedoria Nacional de Justiça/CNJ, e Itens 427.3 e 428 do Capítulo XX, Tomo II, das Normas de Serviço da Corregedoria Geral da Justiça. Apresentação de minuta de Provimento.

Excelentíssimo Senhor Corregedor Geral da Justiça:

O presente expediente versa sobre a solicitação de regulamentação, por essa Eg. Corregedoria Geral da Justiça, de publicação de edital eletrônico no procedimento de usucapião extrajudicial, formulado por LUIZ GUSTAVO MONTEMOR, Oficial de Registro de Imóveis e anexos da Sede da Comarca de Mongaguá. Colhidas manifestações da Associação dos Registradores Imobiliários de São Paulo-ARISP (fl. 15/16; fl. 31/32) e do Instituto de Registro Imobiliário do Brasil-IRIB (fl. 20/25 e fl. 38).

Em acompanhamento, estão os expedientes 2018/00069181 e 2018/00094586, este último, que trata de revisão geral da Seção XII do Capítulo XX do Tomo II das Normas de Serviço da Corregedoria Geral da Justiça.

Opino.

É consabida a existência de expediente específico, perante essa Eg. Corregedoria Geral da Justiça, para completa revisão do Capítulo XX das Normas de Serviço Extrajudiciais, por grupo de trabalho criado por Vossa Excelência, envolvendo todas as entidades interessadas e notáveis na área de registros.

Contudo, tendo em vista a premência do regramento dos editais eletrônicos nos procedimentos de usucapião extrajudicial, a critério de Vossa Excelência, o tema merece tratamento imediato, sem prejuízo de futuras e eventuais adequações, quando concluídos os trabalhos de revisão geral das Normas.

E quanto ao tema objeto desse expediente, o art. 216-A da Lei nº 6.015/73, e seus parágrafos, dispõem que:

Art. 216-A. Sem prejuízo da via jurisdicional, é admitido o pedido de reconhecimento extrajudicial de usucapião, que será processado diretamente perante o cartório do registro de imóveis da comarca em que estiver situado o imóvel usucapiendo, a requerimento do interessado, representado por advogado, instruído com: (...)

§ 2º Se a planta não contiver a assinatura de qualquer um dos titulares de direitos registrados ou averbados na matrícula do imóvel usucapiendo ou na matrícula dos imóveis confinantes, o titular será notificado pelo registrador competente, pessoalmente ou pelo correio com aviso de recebimento, para manifestar consentimento expresso em quinze dias, interpretado o silêncio como concordância.

(...)

§ 4º O oficial de registro de imóveis promoverá a publicação de edital em jornal de grande circulação, onde houver, para a ciência de terceiros eventualmente interessados, que poderão se manifestar em 15 (quinze) dias.

(...)

§ 13. Para efeito do § 2º deste artigo, caso não seja encontrado o notificando ou caso ele esteja em lugar incerto ou não sabido, tal fato será certificado pelo registrador, que deverá promover a sua notificação por edital mediante publicação, por duas vezes, em jornal local de grande circulação, pelo prazo de quinze dias cada um, interpretado o silêncio do notificando como concordância.

§ 14. Regulamento do órgão jurisdicional competente para a correição das serventias poderá autorizar a publicação do edital em meio eletrônico, caso em que ficará dispensada a publicação em jornais de grande circulação.

Tais dispositivos legais foram regulamentados no art. 11, parágrafo único, do Provimento nº 65/2017, da Corregedoria Nacional de Justiça/CNJ, assim como nos Itens 427.3 e 428 do Capítulo XX, Tomo II, das Normas de Serviço da Corregedoria Geral da Justiça.

Ainda conforme o referido Provimento/CNJ nº 65/2017, compete ao órgão jurisdicional de fiscalização, no caso, essa Eg. Corregedoria Geral da Justiça, a regulamentação dos editais eletrônicos (art. 16, § 4º).

Deveras, o edital tem dupla finalidade: a) ciência ficta daqueles titulares de direitos, certos e determinados, mas não localizados para a sua notificação pessoal; b) ciência ficta de eventuais terceiros interessados desconhecidos.

E a ciência ficta de eventuais terceiros interessados desconhecidos se impõe porque a propositura da ação de usucapião tem caráter *erga omnes*, de modo que qualquer interessado, certo ou incerto, habilita-se como parte passiva na ação real, podendo contestar o pedido.

A evolução tecnológica dos meios eletrônicos foi bem destacada em parecer aprovado por Vossa Excelência, da lavra do MM. Juiz Assessor Marcelo Benacchio (processo CG n° 2016/00222293):

> *A revolução tecnológica determinou profundas mudanças na sociedade no aspecto econômico, social e jurídico. Diante disso, não é possível aplicar à sociedade da informação os conceitos de localização por coordenadas geográficas, pois, os meios eletrônicos possuem dimensão diversa.*

Sendo assim, o primeiro ponto a ser regrado diz respeito ao procedimento e o meio pelo qual serão publicados os editais. Superado esse passo, é preciso regulamentar a quantidade de publicações que devem ocorrer, considerando a amplitude e publicidade da cientificação ficta daqueles que devem ter ciência do pedido da usucapião.

E conforme se infere dos textos legais, existe previsão expressa de publicação de edital por duas vezes em jornal de grande circulação, ou em meio eletrônico, para notificandos determinados que estejam em local incerto, não sabido ou inacessível. No que se refere a terceiros interessados, contudo, a norma é omissa a esse respeito.

Soma-se a isso a necessidade de que tudo se faça com o menor custo possível, face à necessidade de modicidade de valores pagos pelos usuários, que é o fim que sempre deverá ser buscado.

O Código de Processo Civil manteve a tradição nas ações de usucapião, conforme assim já ocorria nas codificações de 1939 (art. 455, § 1°) e 1973 (art. 942), prevendo a citação por edital obrigatória de eventuais terceiros interessados incertos em todas as hipóteses (art. 259, I, do CPC).

E a mesma sistemática, naturalmente, deve ser aplicada à usucapião extrajudicial, até porque, no aspecto material, ambas possuem exatamente a mesma natureza substancial. A única diferença é a forma pela qual a aquisição de propriedade será declarada, caso procedente o pedido.

Sendo assim, seja para terceiros interessados desconhecidos, seja para notificandos conhecidos, mas não localizados para a cientificação pessoal, de rigor haja publicação dos editais, que ocorrerá por duas vezes, ambas por meio eletrônico, ou em jornal local de grande circulação, a critério do interessado.

A entrega da minuta do edital, pelo Ofício Imobiliário, poderá ser feita a advogado ou estagiário com procuração nos autos, mediante recibo.

Como sempre, o prazo de 15 dias fluirá da primeira publicação e, esgotado o prazo, passará a fluir o prazo de mais 15 dias, para eventuais impugnações.

Por outro lado, respeitado o entendimento do Instituto de Registro Imobiliário do Brasil-IRIB, em sua valorosa contribuição intelectual de fl. 20/25, não é possível se limitar a um meio apenas a possibilidade de publicação dos editais eletrônicos para as ações de usucapião.

Tal posição convergente já fora explicitada pelo Excelentíssimo Sr. Ministro JOÃO OTÁVIO DE NORONHA, Corregedor Nacional de Justiça, ao tratar de editais de proclamas, no PCA n.° 0006985-53.2016.2.00.0000, com a ressalva de impossibilidade de limitação da publicação a uma única instituição, nos seguintes termos:

> *A divulgação e manutenção de jornal eletrônico atribuído de forma exclusiva à Associação dos Registradores de Pessoas Naturais do Estado de São Paulo (ARPEN-SP) pode acarretar a violação de outros direitos fundamentais, como a liberdade de imprensa e a livre concorrência, uma vez que o direito deve ser estendido a todo e qualquer órgão que faça as vezes de imprensa local, ou se equipare a ela.* ***A restrição a um único órgão associativo, sem fins lucrativos, pode gerar dubiedade do ato normativo, bem como criar restrição que não decorre do texto legal, portanto, extrapolando para limites formais.*** *(g.n).*

E graças ao trabalho contínuo de várias gestões dessa Eg. Corregedoria Geral de Justiça, o objetivo sempre se concentrou na melhora da prestação do serviço extrajudicial, com observância aos implementos tecnológicos, sempre com a imprescindível contribuição das entidades de Tabeliães e Registradores.

Nesse panorama, deve haver atuação dessa Eg. Corregedoria Geral da Justiça, para regulamentar a publicação dos editais eletrônicos nas ações de usucapião administrativa, por qualquer entidade com qualificação jurídica de imprensa local.

Sugiro que a regulamentação ocorra com os seguintes acréscimos ao Item 428, da Seção XII, do Capítulo XX, das Normas de Serviço da Corregedoria Geral da Justiça:

1.1. *Esgotados os prazos das notificações previstas no caput, ou na hipótese do Item 427.3, Oficial de Registro de Imóveis expedirá edital, pelo prazo de 15 dias, que deverá ser publicado pelo requerente, e às suas expensas, para notificação dos titulares de direitos registrados ou averbados na matrícula do imóvel usucapiendo, ou na matrícula dos imóveis confinante, não encontrados para notificação pessoal, assim como para ciência de eventuais terceiros interessados, que poderão se manifestar no prazo de 15 dias, contados do decurso do prazo do edital, interpretando-se o silêncio como concordância.*

1.1.1. O edital será publicado por duas vezes, pelo prazo de 15 dias cada um, em jornal local de grande circulação, ou por meio eletrônico, a critério do interessado, com adiantamento das despesas necessárias para a realização do ato.

1.1.2. Se o interessado optar pela publicação do edital por meio eletrônico, estará dispensada a publicação em jornal de grande circulação, considerando-se a data da publicação o primeiro dia útil seguinte à disponibilização do edital no ambiente eletrônico, salvo disposição em contrário.

1.1.3. As publicações do edital eletrônico se comprovam mediante certidão, independentemente da juntada de exemplar impresso.

1.1.4. As publicações de edital em jornal de grande circulação local serão providenciadas pela parte ou por agência de sua escolha, e se comprovam mediante juntada do exemplar original.

Ante ao exposto, o parecer que, respeitosamente, submeto ao elevado critério de Vossa Excelência propõe a edição de Provimento, conforme minuta anexa, para modificação da Seção XII, do Capítulo XX, das Normas de Serviço da Corregedoria Geral da Justiça, com os acréscimos ao Item 428, na forma supra.

Caso este parecer seja aprovado, sugiro sua publicação, acompanhado do Provimento, no Diário da Justiça Eletrônico, por três dias alternados.

Sugiro, por fim, sejam trasladadas cópias desse parecer, e da r. decisão que eventualmente o aprovar, aos expedientes 2018/00069181 e 2018/00094586, em acompanhamento, para ulteriores deliberações naqueles autos.

Sub censura.

São Paulo, 12 de setembro de 2018.

(a) Paulo Cesar Batista dos Santos

Juiz Assessor da Corregedoria

DECISÃO: Aprovo o parecer do MM. Juiz Assessor da Corregedoria, por seus fundamentos que adoto, para modificação da Seção XII, do Capítulo XX, das Normas de Serviço da Corregedoria Geral da Justiça, com os acréscimos ao Item 428, na forma supra. Publique-se o parecer, acompanhado do Provimento, no Diário da Justiça Eletrônico, por três dias alternados.

Trasladem-se cópias do parecer e dessa decisão aos expedientes 2018/00069181 e 2018/00094586, em acompanhamento, para ulteriores deliberações naqueles autos.

São Paulo, 14 de setembro de 2018.

(a) **GERALDO FRANCISCO PINHEIRO FRANCO,** Corregedor Geral da Justiça. (DJe de 26.09.2018 - SP)

2.4.5 TABELIONATO DE NOTAS

ATOS NOTARIAIS FORA DO MUNICÍPIO

PROCESSO Nº 2018/59304 - SÃO PAULO - CORREGEDORIA GERAL DA JUSTIÇA DO ESTADO DE SÃO PAULO

(169/2018-E)

TABELIÃO DE NOTAS - Oferta, em *site* veiculado pela Internet, de serviços para a lavratura de escritura pública mediante busca do menor valor de emolumentos para o ato pretendido, conforme as tabelas adotadas nos diferentes Estados da Federação, com notícia de que a escritura pública será assinada pelo usuário no local de seu domicílio e de que os emolumentos são pagos em parcelas - Art. 9º da Lei nº 8.935/94 que veda ao Tabelião de Notas praticar atos fora do município para o qual recebeu a delegação - Providências na esfera administrativa.

Excelentíssimo Senhor Corregedor Geral da Justiça:

Trata-se de procedimento instaurado em razão da notícia veiculada no *site* de Internet mantido por entidade denominada "Escritura Fácil" (https://www.escriturafacil.com.br/, com consulta em 18 de abril de 2018), da oferta de serviço consistente em busca do menor valor de emolumentos para escritura pública, conforme as legislações vigentes nos diferentes Estados da Federação, com *link* a vídeo mantido no "YouTube" em que noticiado que a escritura pública, uma vez lavrada, poderá ser assinada no local em que se encontrar o outorgante do ato ou negócio jurídico e de que os emolumentos serão parcelados.

Opino.

Conforme previsto nos arts. 8º e 9º da Lei nº 8.935/94, as partes são livres para escolher o tabelião de notas, qualquer que seja seu domicílio ou o local da situação dos bens objeto do ato ou do negócio jurídico, mas não pode o Tabelião praticar atos de seu ofício fora do Município de sua delegação:

> "**Art. 8º É livre a escolha do tabelião de notas, qualquer que seja o domicílio das partes ou o lugar de situação dos bens objeto do ato ou negócio.**
>
> **Art. 9º O tabelião de notas não poderá praticar atos de seu ofício fora do Município para o qual recebeu delegação**".

Diante disso, não haveria providência a ser adotada no âmbito desta Eg. Corregedoria Geral da Justiça pelo simples oferecimento de sistema de busca de valor de emolumentos em *site* mantido na Internet por pessoas estranhas ao serviço extrajudicial de notas e de registro.

Contudo, o referido *site* contém *link* de acesso a vídeo hospedado no "YouTube" em que noticiado que a escritura pública poderá ser assinada no local em que se encontrarem as partes do negócio jurídico, ou seja, em qualquer município do Brasil, independentemente daquele a corresponder a delegação do Tabelião de Notas, e de que os emolumentos serão parcelados.

A possibilidade de livre escolha do Tabelião de Notas importa em concorrência que, porém, deve ser realizada dentro dos limites compatíveis com a prestação do serviço público delegado.

Por essa razão, fora das hipóteses taxativamente previstas em lei não se admite a oferta de desconto no valor dos emolumentos, para captação de clientes ou qualquer outro objetivo, prevendo o Provimento nº 45/2015 que:

> "**Art.7º É vedada a prática de cobrança parcial ou de não cobrança de emolumentos, ressalvadas as hipóteses de isenção, não incidência ou diferimento previstas na legislação específica**".

Igualmente, a delimitação legal da área de atuação do Tabelião de Notas ao município para o qual recebeu a delegação implica em fixação de competência territorial que não pode ser ampliada e constitui limitação ao exercício da concorrência, impedindo que seja realizada fora dos parâmetros impostos pelos princípios que regem a Administração Pública. Bem por isso, ainda que os valores dos emolumentos sejam distintos porque fixados por legislações estaduais, deve o Tabelião de Notas, sempre, exigir o pagamento integral e limitar sua área de atuação ao município a que corresponder a sua delegação, abstendo-se de praticar ato em circunscrição diversa.

E ao se referir a "**atos de seu ofício**" o art. 9º da Lei nº 8.935/94 se aplica a todos os requisitos previstos no art. 215 do Código Civil e, em especial para o presente caso, aos seus incisos II e VII e parágrafo 2º.

Portanto, as partes do negócio jurídico, a pessoa que assinar a rogo de uma das partes, eventual interveniente e as testemunhas devem ser identificadas e qualificadas pelo Tabelião de Notas, ou preposto autorizado, dentro dos limites territoriais do município a que corresponder a delegação, sendo vedado ao Tabelião ou ao seu preposto fazê-lo em local diverso.

Igual ocorre com as assinaturas de todas as partes, da pessoa que assinar a rogo, de intervenientes e do Tabelião de Notas, ou seu escrevente autorizado, que devem ser lançadas dentro do território do município a que corresponder a delegação e na presença do Tabelião ou seu escrevente.

Assim porque, reitero, é vedada a prática de qualquer um dos atos do ofício de Tabelião fora do município a que corresponder sua delegação.

Essa limitação também se aplica, integralmente, ao preposto autorizado pelo Tabelião de Notas, sendo importante observar que somente o Tabelião de Notas e seu preposto que autorizar podem praticar os atos notariais, nos limites da delegação outorgada pelo Poder Público.

Não se olvida, por seu lado, da possibilidade de escrituração dos atos notariais por meio eletrônico, mas, na ausência de lei autorizadora expressa, mesmo nessa hipótese, se for normatizada administrativamente, deverá a parte do negócio jurídico e todos que intervierem na escritura pública lançar suas assinaturas dentro dos limites do município em que o Tabelião de Notas exercer a delegação.

Em outros termos, a possibilidade de prática dos atos notariais por meio eletrônico e a adoção de novas tecnologias não alteram a vedação da prática de qualquer "ato de seu ofício" fora do limite territorial em que a delegação deva ser exercida pelo Tabelião de Notas.

A escritura pública é documento dotado de fé pública e faz prova de que as partes compareceram perante o Tabelião de Notas, foram identificadas, manifestaram livremente suas respectivas vontades e anuíram com a celebração do negócio jurídico ao final consubstanciado mediante a orientação do Tabelião ou seu preposto (art. 225 do Código Civil).

Para que a finalidade probatória da escritura pública possa ser plenamente atingida devem estar presentes os requisitos previstos no art. 215 do Código Civil que abrangem: a) o *"reconhecimento da identidade e capacidade das partes e de quantos hajam comparecido ao ato, por si, como representantes, intervenientes ou testemunhas;"* (inciso II);

b) a *"manifestação clara da vontade das partes e dos intervenientes;"* (inciso IV); c) a *"declaração de ter sido lida na presença das partes e demais comparecentes, ou de que todos a leram;"* (inciso VI); d) a *"assinatura das partes e dos demais comparecentes..."* (inciso VII).

Além disso, quando alguma das partes ou comparecentes não puder ou não souber escrever deverá outra pessoa capaz assinar por ela, a seu rogo (art. 215, § 2º, do Código Civil).

A falta de observação dos requisitos legais pode impedir que a escritura pública constitua meio pleno de prova, fundada na fé pública atribuída tanto ao documento como às certidões expedidas pelo Tabelião de Notas, e que não atinja a finalidade da função notarial consistente em prevenir litígios e conferir segurança jurídica nas relações sociais.

Por fim, sendo o serviço oferecido pelo *site* de Internet de âmbito nacional, é recomendável a comunicação de sua existência à Eg. Corregedoria Nacional de Justiça.

Assim porque, repito, não há providência a ser adotada em relação ao particular que oferecer o serviço de busca de valores de emolumentos, mas não pode Tabelião de Notas oferecer descontos de emolumentos e praticar atos de seu ofício fora dos limites territoriais da delegação que lhe foi outorgada.

Ante o exposto, o parecer que submeto à elevada apreciação de Vossa Excelência é no sentido de que comunicar o ocorrido ao Colégio Notarial, Seção de São Paulo, à Eg. Corregedoria Nacional de Justiça e ao Ministério Público do Estado de São Paulo por se tratar de serviço público delegado.

Proponho, ainda, que se publique comunicado com o seguinte teor:

"COMUNICADO CG Nº -/2018

A CORREGEDORIA GERAL DA JUSTIÇA ALERTA OS RESPONSÁVEIS PELAS UNIDADES DO SERVIÇO EXTRAJUDICIAL DO ESTADO DE SÃO PAULO QUE TENHAM ATRIBUIÇÃO PARA A LAVRATURA DE ESCRITURA PÚBLICA QUE É VEDADA A PRÁTICA DE QUALQUER ATO DO OFÍCIO FORA DO TERRITÓRIO DO MUNICÍPIO PARA O QUAL FOI OUTORGADA A DELEGAÇÃO E QUE, RESSALVADAS AS HIPÓTESES EXPRESSAMENTE PREVISTAS EM LEI, SÃO VEDADAS A OFERTA E A CONCESSÃO DE DESCONTO NO VALOR DOS EMOLUMENTOS".

Sub censura.

São Paulo, 19 de abril de 2018. José Marcelo Tossi Silva

Juiz Assessor da Corregedoria

DECISÃO: Aprovo o parecer do MM. Juiz Assessor da Corregedoria, por seus fundamentos. Oficie-se como proposto no parecer e expeça-se o Comunicado que deverá ser publicado no DJe, em conjunto com o parecer, por três vezes em dias alternados. São Paulo, 20 de abril de 2018. (a) **GERALDO FRANCISCO PINHEIRO FRANCO,** Corregedor Geral da Justiça. (DJe de 27.04.2018 - SP)

2.4.6 TABELIONATO DE PROTESTO

CHEQUE PRESCRITO

PODER JUDICIÁRIO

TRIBUNAL DE JUSTIÇA DO ESTADO DE SÃO PAULO CORREGEDORIA GERAL DA JUSTIÇA

Processo nº 2018/00051452 (519/2018-E)

TABELIONATO DE PROTESTO – Cheque – Apontamento a protesto após transcorrido o prazo prescricional previsto para ajuizamento da ação de execução – Tema 945 do STJ – Adequação das Normas da Corregedor Geral da Justiça à nova orientação jurisprudencial – Qualificação do título pelo Tabelião de Protesto.

(DJe de 12.12.2018 - SP)

2.5 DECISÕES E PARECERES DA CORREGEDORIA GERAL DA JUSTIÇA DO ESTADO DE SÃO PAULO – **ANO 2017**

2.5.1 REGISTRO CIVIL DAS PESSOAS NATURAIS

ATO DE ANOTAÇÃO

PROCESSO Nº 2017/12582 - SÃO PAULO - CORREGEDORIA GERAL DA JUSTIÇA DO ESTADO DE SÃO PAULO.

(43/2017-E)

Registro Civil das Pessoas Naturais - Anotações previstas nos artigos 106 a 108 da Lei nº 6.015/73 e nos itens 135 a 138 do Capítulo XVII das NSCGJ - Sugestão de alteração das Normas - Consulta obrigatória à CRC, a ser feita pelo registrador, com o objetivo de possibilitar a anotação nos registos primitivos, na hipótese de a declaração de óbito omitir dados relativos ao registro de nascimento do falecido - Manifestação favorável da ARPEN - Proposta que melhorará a eficiência do sistema de comunicações e anotações, integrando os dados que o Registro Civil coleta - Acervo da CRC que, por conta do Provimento nº 67/2016 desta Corregedorla Geral, paulatinamente, abrangerá todos os dados do Registro Civil - Iniciativa que não deve se restringir à declaração de óbito incompleta - Consulta à CRC, que deve ser obrigatória, toda vez que não houver informação a respeito da serventia onde se encontra o registro de nascimento ou casamento a ser anotado - Proposta de inclusão do item 138-A ao Capítulo XVII das NSCGJ.

Vistos.

Trata-se de sugestão formulada pela Dra. Elaine Maria Barreira Garcia, 1ª Promotora de Registros Públicos da Capital, no bojo de expediente administrativo que tramitou perante a 2ª Vara de Registros Públicos da Capital. Esse expediente foi instaurado por provocação do Juiz da 2ª Vara de Família e Sucessões do Foro Regional de Vila Prudente, que, tendo em mãos as certidões de nascimento e de óbito de Márcio Martinho Silva, percebeu que a anotação de sua morte não havia sido feita em seu assento de nascimento.

Embora não tenha havido falha por parte do registrador que lavrou o assento de óbito, o que motivou o arquivamento do expediente (fls. 19/21), a Promotora de Justiça que se manifestou no feito sugeriu a introdução de *"norma para determinar aos registradores que realizem consulta ao CRC nos casos de lavratura de assento de óbito a fim de identificar o local do assento de nascimento do morto, para viabilizar a respectiva comunicação da morte"* (fls. 18).

Instada a se manifestar (fls. 33), a Associação dos Registradores de Pessoas Naturais do Estado de São Paulo

- ARPEN-SP concordou com a sugestão, apresentando, inclusive, proposta de redação para item específico a ser inserido no Capítulo XVII das NSCGJ (fls. 25/28).

É o relatório.

Salvo melhor juízo de Vossa Excelência, a sugestão da ilustre Promotora de Justiça, que contou com o apoio da ARPEN, deve ser acolhida.

As anotações, cuja regulamentação se encontra nos artigos 106 a 108 da Lei nº 6.015/73 e nos itens 135 a 138 do Capítulo XVII das NSCGJ, têm por objetivo interligar, por meio de remissões recíprocas, as informações essenciais da vida civil de uma pessoa.

Desse modo, quando duas pessoas se casam, essa ocorrência será anotada em seus assentos de nascimento; se alguém morre, esse fato será anotado em seu assento de casamento - se casado for - e em seu assento de nascimento. E isso não se dá apenas nessas hipóteses. Apenas para ficar em alguns exemplos, a emancipação, a interdição e a ausência serão anotadas, com remissões recíprocas, nos assentos de nascimento e casamento do emancipado, do interdito e do ausente.

Anotado o assento, a certidão a ser dele extraída estará atualizada. Ou seja, na certidão de nascimento de determinada pessoa, constará informação, por exemplo, sobre seu casamento e sua morte.

E embora a anotação, muitas vezes, não substitua a certidão do assento principal, não há como se negar que um sistema eficiente de comunicações e anotações, além de facilitar a busca dos assentos, promove a integração dos dados que o Registro Civil coleta.

Como o caso que tramitava perante a 2ª Vara de Registros Públicos tratava de declaração de óbito sem indicação dos dados relativos ao registro de nascimento do falecido, sugeriu a Promotora de Justiça, nessa hipótese, que fosse determinada aos registradores a realização de consulta à CRC, a fim de possibilitar a comunicação ao cartório onde está o assento de nascimento e a anotação do falecimento (fls. 18).

A ARPEN, destacando a ampliação do acervo da Central de Informações do Registro Civil (CRC), manifestou-se pela alteração das Normas de Serviço, com a inserção de dispositivo que obrigue o registrador a consultar a CRC, no caso em que a declaração de óbito for omissa em relação ao cartório em que se acha registrado o nascimento e/ou o casamento do falecido.

Sugeriu a criação de subitem com a seguinte redação:

> *136.1. Quando a declaração de óbito, feita pelo Serviço Funerário ou diretamente nas serventias, for omissa em relação ao cartório em que se acha registrado o nascimento e/ou o casamento da pessoa falecida, deverá o Oficial proceder consulta à Central de Informações do Registro Civil - CRC, como recurso de localização, de sorte a, caso positivas as buscas, permitir as comunicações e anotações respectivas.*

A alteração proposta é útil, pois aumentará o número de anotações realizadas em assentos já lavrados, e de fácil implementação, já que usará base de dados alimentada pelos próprios registradores.

Conforme já destacado pela ARPEN, ainda que o acervo da CRC, por enquanto, abranja apenas os registros lavrados a partir de 1976, isso já está sendo modificado. O Provimento nº 67/2016 desta Corregedoria Geral, recentemente publicado, estabeleceu o prazo e a forma pela qual as informações dos registros lavrados antes de 1º de janeiro de 1976 passarão a fazer parte do acervo da CRC.

Isso significa que, em futuro não muito distante, todas as informações relativas aos registros civis do Estado de São Paulo constarão na base de dados da CRC.

Desse modo, embora no presente momento a CRC não disponha de acervo completo, com o tempo, o número de consultas que retornará com resultado negativo - impedindo a realização da anotação - será cada vez menor.

Finalmente, parece-nos, salvo melhor juízo de Vossa Excelência, que a consulta obrigatória à CRC não deve ficar restrita ao caso de declaração de óbito incompleta.

Com efeito, não obstante esse seja o tipo de documento em que a falta informações a respeito de registros anteriores normalmente se verifica, não se pode descartar que isso ocorra em outras hipóteses. A título de exemplo, pode-se citar a interdição, ato de anotação obrigatória e que pode ser decretado sem que se tenha notícia de onde o registro de nascimento do interdito foi feito.

Conveniente, assim, que dê uma redação mais abrangente ao item a ser será inserido no Capítulo XVII das

NSCGJ:

> *138-A. Toda vez que, por qualquer razão, não houver informação a respeito da serventia onde se encontra o registro de nascimento ou casamento objeto de futura anotação, deverá o Oficial consultar a Central de Informações do Registro Civil - CRC, como recurso de localização, de modo a, caso positiva a busca, permitir a comunicação e anotação respectivas.*

Ante o exposto, o parecer que, respeitosamente, submetemos à elevada apreciação de Vossa Excelência propõe a edição de Provimento, conforme minuta anexa, com a inclusão do item 138-A ao Capítulo XVII das NSCGJ.

Caso este parecer seja aprovado e devido à relevância da matéria, sugerimos sua publicação, na íntegra, no Diário da Justiça Eletrônico, por três dias alternados.

Sub censura.

São Paulo, 1º de março de 2017.

Carlos Henrique André Lisboa

Juiz Assessor da Corregedoria

Iberê de Castro Dias

Juiz Assessor da Corregedoria

DECISÃO: Aprovo, pelas razões expostas no parecer, a edição do Provimento sugerido, conforme minuta apresentada, a ser publicado, juntamente com o parecer, no DJE. Enviem-se cópias do parecer, desta decisão e do Provimento à 2ª Vara de Registros Públicos da Capital, à 2ª Vara de Família e Sucessões do Foro Regional de Vila Prudente e à 1ª Promotora de Registros Públicos da Capital. Publique-se. São Paulo, 06 de março de 2017. **MANOEL DE QUEIROZ PEREIRA CALÇAS.** Corregedor Geral da Justiça. (DJe de 17.03.2017 - SP)

AVERBAÇÃO DE SENTENÇA ESTRANGEIRA

PROCESSO Nº 2017/12685 - SÃO PAULO - CORREGEDORIA GERAL DA JUSTIÇA DO ESTADO DE SÃO PAULO.

Parecer (41/2017-E)

NORMAS DE SERVIÇO DA CORREGEDORIA GERAL DA JUSTIÇA - Averbação de sentença estrangeira de divórcio - Necessidade de homologação judicial quando houver disposição acerca de guarda de filhos, alimentos ou partilha de bens - Provimento 53/2016 do E. CNJ - Razoável a dispensa da homologação judicial, nos casos em que os filhos, embora menores ao tempo do divórcio, sejam capazes quando do pedido de averbação em território nacional e não haja obrigação alimentar pendente - Necessidade de normatização - Inclusão do subitem 131.2.4. ao Capítulo XVII, Tomo II, das NSCGJ.

Excelentíssimo Senhor Corregedor Geral da Justiça,

Cuida-se de analisar a necessidade de homologação judicial como condição para averbação, em território nacional, de sentença estrangeira de divórcio, para os casos em que os filhos do casal, embora menores ao tempo do divórcio, já sejam capazes ao tempo da averbação.

A ARPEN-SP manifestou-se pela prescindibilidade da homologação, a ser regulamentada nas NSCGJ. É o breve relato. Passamos a opinar.

Por meio do Provimento 53/2016, o E. CNJ regulamentou a averbação direta de sentença estrangeira de divórcio consensual, tornando prescindível prévia homologação do C. STJ, para as hipóteses em que não tenha havido fixação de alimentos, partilha de bens e guarda de filhos. Um dos intuitos parece ter sido o de colocar a salvo, e sob crivo judicial, eventuais direitos de filhos menores, notadamente quanto a convívio parental e custeio das necessidades. Outro, o de analisar a consonância entre as disposições de partilha, guarda e alimentos, com o direito pátrio.

Não obstante, pode ocorrer, como na situação que deu origem a estes autos, de os filhos serem menores ao tempo do divórcio no exterior, mas já terem completado a maioridade quando da pretensão de averbação da sentença no Brasil. Será, então, preciso distinguir entre a hipótese em que os alimentos seguem devidos para além da maioridade, daquela em que os alimentos eram devidos aos filhos apenas até a maioridade. No primeiro caso, permanece a necessidade de preservar a harmonia entre a legislação nacional e as obrigações que, estipuladas na sentença, ainda não foram de todo satisfeitas.

No segundo caso, porém, em que os filhos já são maiores e não resta qualquer obrigação alimentar pendente, afigura-se dispensável a homologação judicial, em absoluta paridade com a hipótese em que já fossem os filhos maiores quando do próprio divórcio. Deveras, terá desaparecido o motivo que levou o E. CNJ a impor maiores cautelas para averbação da sentença estrangeira de divórcio, não mais subsistindo a razão da exigência de homologação judicial.

De resto, foi este o entendimento esposado pelo ilustre parecer ministerial copiado a fls. 33/34, pela r. sentença de fls. 35/37 e pela sólida manifestação da ARPEN-SP, a fls. 41/45.

O silêncio das NSCGJ sobre o tema tem dado margem a dúvidas interpretativas e criado entraves a casais que pretendam averbação da sentença estrangeira de divórcio, quando caracterizada a segunda das situações aventadas.

Propomos, desta feita, a inclusão do subitem 131.2.4, ao Capítulo XVII, Tomo II, das NSCGJ, conforme minuta que segue.

Sub censura.

São Paulo, 23 de fevereiro de 2017.

(a) **Carlos Henrique André Lisboa**

Juiz Assessor da Corregedoria

(a) **Iberê de Castro Dias**

Juiz Assessor da Corregedoria

(a) **Swarai Cervone de Oliveira**

Juiz Assessor da Corregedoria

(a) **Tatiana Magosso**

Juíza Assessora da Corregedoria

DECISÃO: Aprovo, pelas razões expostas, a edição do Provimento sugerido, conforme minuta apresentada, a ser publicado, juntamente com o parecer, por três vezes, em dias alternados, no DJE. Publique-se. São Paulo, 03 de março de 2017.

(a) **MANOEL DE QUEIROZ PEREIRA CALÇAS,** Corregedor Geral da Justiça. (DJe de 13.03.2017 - SP)

HABILITAÇÃO PARA CASAMENTO REQUERIDA POR ESTRANGEIRO

PROCESSO Nº 2017/21610 - SÃO PAULO - CORREGEDORIA GERAL DA JUSTIÇA DO ESTADO DE SÃO PAULO.

(55/2017-E)

Registro Civil das Pessoas Naturais - Habilitação para casamento requerida por estrangeiro –

Questionamento acerca dos documentos que devem ser apresentados por estrangeiros refugiados - Item 56 do Capítulo XVII das NSCGJ - Dispositivo que estabelece róis de ordem alternativa para a prova de idade, estado civil e filiação - Proposta de publicação de parecer a fim de orientar os Registradores.

Vistos.

Trata-se de expediente iniciado por ofício enviado pela Defensoria Pública da União, que questiona esta Corregedoria Geral se, na hipótese de requerimento de habilitação de casamento por estrangeiro refugiado, a apresentação de cédula especial de identidade ou passaporte é cumulativa ou alternativa à exibição de certidão de nascimento ou atestado consular.

Instada a se manifestar (fls. 4), a Associação dos Registradores de Pessoas Naturais do Estado de São Paulo - ARPEN-SP se manifestou a fls. 7/12.

É o relatório.

A Defensoria Pública da União questiona esta Corregedoria Geral a respeito dos documentos necessários para a habilitação de casamento de estrangeiros refugiados no Brasil.

Afirma que a questão é especialmente sensível para refugiados e solicitantes de refúgio, uma vez que eles, por terem fugido de seus países de origem, não podem contar com a assistência consular.

Preceitua o artigo 1.525 do Código Civil:

> *Art. 1.525. O requerimento de habilitação para o casamento será firmado por ambos os nubentes, de próprio punho, ou, a seu pedido, por procurador, e deve ser instruído com os seguintes documentos:*
>
> *I - certidão de nascimento ou documento equivalente;*
>
> *II - autorização por escrito das pessoas sob cuja dependência legal estiverem, ou ato judicial que a supra;*
>
> *III - declaração de duas testemunhas maiores, parentes ou não, que atestem conhecê-los e afirmem não existir impedimento que os iniba de casar;*
>
> *IV - declaração do estado civil, do domicílio e da residência atual dos contraentes e de seus pais, se forem conhecidos;*
>
> *V - certidão de óbito do cônjuge falecido, de sentença declaratória de nulidade ou de anulação de casamento, transitada em julgado, ou do registro da sentença de divórcio.*

Nota-se que o inciso I do dispositivo acima transcrito permite que a certidão de nascimento seja substituída por documento equivalente. Ou seja, pela lei civil, a apresentação da certidão de nascimento não é obrigatória.

E com base nessa diretriz é que o item 56 do Capítulo XVII das NSCGJ deve ser interpretado. Preceitua o dispositivo das Normas:

> *56. Os estrangeiros poderão fazer a prova da idade, estado civil e filiação por cédula especial de identidade ou passaporte que deve estar com o prazo do visto não expirado, atestado consular ou certidão de nascimento traduzida e registrada por Oficial de Registro de Títulos e Documentos, e prova de estado civil e filiação por declaração de testemunhas ou atestado consular.*

Considerando a situação específica do estrangeiro que pretende se casar - o qual nem sempre conhecerá pessoas que possam declarar a inexistência de impedimentos (artigo 1.525, III, do CC) - as Normas de Serviço criaram alternativa para dispensar as declarações mencionadas no artigo 1.525, III, do Código Civil. Além disso, as Normas estabeleceram os documentos que podem ser aceitos para provar a idade, estado civil e filiação do estrangeiro que postula a habilitação.

De acordo com o item 56, a prova da idade, estado civil e filiação do estrangeiro pode ser feita por meio da apresentação de:

a) cédula especial de identidade;

b) passaporte com o prazo do visto não expirado;

c) atestado consular;

d) certidão de nascimento traduzida e registrada por Oficial de Registro de Títulos e Documentos

E, para a prova de estado civil e filiação, o interessado deverá apresentar:

a) declaração de testemunhas;

b) atestado consular.

Em ambos os casos, considerando as redações do inciso I do artigo 1.525 do Código Civil e do próprio item 56 do Capítulo XVII das NSCGJ, a apresentação dos documentos é alternativa, e não cumulativa.

Isso significa que um estrangeiro refugiado em nosso país, que disponha, por exemplo, de cédula especial de identidade para comprovar sua idade, estado civil e filiação e de testemunhas para atestar seu estado civil e filiação, poderá se casar.

Em outros termos, nem a certidão de nascimento traduzida nem o atestado consular são necessários para a habilitação do casamento de um estrangeiro.

E o caráter alternativo dos documentos necessários para a habilitação de casamento faz mais sentido ainda para os estrangeiros refugiados, pessoas que não podem contar com apoio consular para obtê-los.

Embora a alternatividade dos documentos listados no item 56 do Capítulo XVII das NSCGJ pareça clara, considerando o questionamento da Defensoria Pública da União e as ponderações feitas pela ARPEN-SP, conveniente que os registradores sejam orientados sobre o tema.

Ante o exposto, o parecer sugere, com o objetivo de uniformizar o entendimento administrativo, orientar os Registradores de Pessoas Naturais do Estado de São Paulo que, na habilitação para casamento requerida por estrangeiro:

a) a prova de idade, estado civil e filiação pode ser feita por meio da apresentação de cédula especial de identidade **ou** passaporte com o prazo do visto não expirado **ou** atestado consular **ou** certidão de nascimento traduzida e registrada por Oficial de Registro de Títulos e Documentos;

b) a prova de estado civil e filiação pode ser realizada por declaração de testemunhas **ou** atestado consular.

Caso este parecer seja aprovado e devido à relevância da matéria, sugiro sua publicação na íntegra no Diário da Justiça Eletrônico por dois dias.

Sub censura.

São Paulo, 10 de março de 2017.

(a) Carlos Henrique André Lisboa

Juiz Assessor da Corregedoria

DECISÃO: Aprovo o parecer do MM. Juiz Assessor da Corregedoria e, por seus fundamentos, que adoto, a fim de uniformizar o entendimento administrativo, oriento os Registradores de Pessoas Naturais do Estado de São Paulo que, na habilitação para casamento requerida por estrangeiro: a) a prova de idade, estado civil e filiação pode ser feita por meio da apresentação de cédula especial de identidade **ou** passaporte com o prazo do visto não expirado **ou** atestado consular **ou** certidão de nascimento traduzida e registrada por Oficial de Registro de Títulos e Documentos; b) a prova de estado civil e filiação pode ser realizada por declaração de testemunhas **ou** atestado consular. Publique-se duas vezes no DJE, dada a relevância da matéria. Enviem-se cópias do parecer e desta decisão à Defensoria Pública da União. Publique-se.

São Paulo, 14 de março de 2017.

MANOEL DE QUEIROZ PEREIRA CALÇAS.

Corregedor Geral da Justiça. (DJe de 20.03.2017 - SP)

PROCESSO Nº 2016/217809 - SÃO PAULO - CORREGEDORIA GERAL DA JUSTIÇA.

Parecer 147/2017-E

Registro Civil das Pessoas Naturais - Habilitação para casamento requerida por procurador constituído por instrumento particular - Reconhecimento de firma do outorgante da procuração exigido pelos itens 57 e 20.1 do Capítulo XVII das NSCGJ - Expediente aberto com o objetivo de analisar a conveniência de se dispensar o reconhecimento de firma - § 2º do artigo 654 do Código Civil que possibilita àquele que recebe a procuração exigir que o documento ostente reconhecimento de firma - Apostilamento que, no mais das vezes, resolve a questão para pessoas que estão no exterior - Proposta de manutenção da redação atual do item 57 do Capítulo XVII das NSCGJ, com a observação de que a decisão prolatada por Vossa Excelência no expediente nº 2016/00217240 passa a servir como precedente para casos análogos futuros, desde que haja autorização fundamentada do Juiz Corregedor Permanente da unidade para a dispensa do reconhecimento de firma.

Vistos.

Trata-se de expediente iniciado por ordem de Vossa Excelência, para análise da pertinência da manutenção da redação do item 57 do Capítulo

XVII das NSCGJ. Nesse item, exige-se, no instrumento particular de procuração outorgado para o requerimento de habilitação de casamento, o reconhecimento de firma do(s) nubente(s) representado(s).

Tanto a Associação dos Registradores de Pessoas Naturais do Estado de São Paulo (ARPEN/SP) como o Colégio Notarial do Brasil - Seção São Paulo (CNB/SP) manifestaram-se pela manutenção da exigência do reconhecimento de firma (fls. 17/21 e 26/28).

É o relatório.

O presente expediente teve origem em um caso concreto.

O Oficial de Registro Civil das Pessoas Naturais do 34º Subdistrito da Capital recebeu pedido de habilitação de casamento formulado por procurador constituído por instrumento particular. O outorgante - que é italiano, reside no Reino Unido e chegaria ao Brasil apenas três dias antes da cerimônia - alegava não ter condições de realizar o reconhecimento de firma no instrumento particular, requisito exigido pelo item 57 do Capítulo XVII das NSCGJ.

Diante da situação de urgência, Vossa Excelência autorizou a habilitação do casamento, mesmo sem o reconhecimento de firma, ficando o outorgante, quando da cerimônia, obrigado a ratificar sua assinatura no instrumento particular.

Na mesma oportunidade, determinou a abertura de expediente para analisar a pertinência de se manter a exigência do reconhecimento de firma, uma vez que tal requisito não é repetido pelo artigo 1.525 do Código Civil1.

Preceitua o item 57 do Capítulo XVII das NSCGJ:

> *57. A petição, pela qual os interessados requerem a habilitação, pode ser assinada por procurador representado por instrumento público ou particular com firma reconhecida, ou a rogo com 2 (duas) testemunhas, caso analfabetos os contraentes.* (grifei)

Trata-se de regra especial, advinda da regra geral constante no item 20.1 do mesmo Capítulo XVII:

> *20.1. Somente poderão ser aceitas procurações por traslados, certidões e no original do documento particular, com firma reconhecida.*

Segundo o entendimento da ARPEN/SP e do CNB/SP, o item 57 deve permanecer com sua redação atual por dois motivos: a) o § 2º do artigo 654 do Código Civil faculta o destinatário da procuração a exigir o reconhecimento de firma; e b) o reconhecimento de firma poderia ter sido feito no país de origem do nubente e apostilado para que produzisse efeitos em nosso país.

E salvo melhor juízo de Vossa Excelência, as associações de classe tem razão.

Muito embora o artigo 1.525 não exija o reconhecimento de firma do outorgante na procuração particular, o artigo 654, § 2º, do Código Civil, inserido nas disposições gerais do contrato de mandato, prescreve que *"o terceiro com quem o mandatário tratar poderá exigir que a procuração traga a firma reconhecida"*. Como a habilitação de casamento é apresentada ao Oficial de Registro Civil, não se pode negar que ele se enquadra no conceito de "terceiro com quem o mandatário tratar". Assim, nessa condição, pode o registrador, por força da lei, exigir o reconhecimento de firma no instrumento.

A alteração do item 57 do Capítulo XVII das NSCGJ, portanto, geraria disparidade de critérios entre as unidades

- o que nunca é desejável -, pois parte delas passaria a dispensar o reconhecimento de firma do outorgante e parte, por razões de segurança e com base no Código Civil, continuaria a exigi-lo.

Além disso, não parece justificável que se altere o item 57 do Capítulo XVII - que trata da necessidade de reconhecimento de firma do outorgante em hipótese específica (habilitação de casamento) - e mantenha-se a redação do item 20.1 do mesmo Capítulo - que versa sobre a obrigatoriedade de reconhecimento de firma em toda procuração particular apresentada no Registro Civil das Pessoas Naturais.

Finalmente, a apostila de documentos estabelecida pela Convenção de Haia, acordo internacional que conta com mais de 110 países signatários, pode ser providenciada na maioria dos casos em que o outorgante está no exterior e somente chegará ao Brasil às vésperas do casamento.

De todo modo, não obstante o parecer seja no sentido de manter a redação do item 57 do Capítulo XVII, fica a decisão proferida por Vossa Excelência como precedente importante para, em situações específicas, a serem submetidas à apreciação do Juiz Corregedor Permanente, viabilizar a substituição do reconhecimento de firma do outorgante pela ratificação de sua assinatura no momento da celebração do matrimônio.

Ante o exposto, o parecer sugere a manutenção da redação do item 57 do Capítulo XVII das NSCGJ com a observação de que a decisão prolatada por Vossa Excelência no expediente nº 2016/00217240 passa a servir como precedente para casos análogos futuros, desde que haja autorização fundamentada do Juiz Corregedor Permanente da unidade para a dispensa do reconhecimento de firma do outorgante.

Sub censura.

São Paulo, 10 de abril de 2017.

(a) Carlos Henrique André Lisboa

Juiz Assessor da Corregedoria

Art. 1.525. O requerimento de habilitação para o casamento será firmado por ambos os nubentes, de próprio punho, ou, a seu pedido, por procurador, e deve ser instruído com os seguintes documentos:

DECISÃO: Aprovo o parecer do MM. Juiz Assessor da Corregedoria e, por seus fundamentos, que adoto, mantenho a redação do item 57 do Capítulo XVII das NSCGJ.

Publiquem-se no DJE o parecer, esta decisão e a decisão proferida nos autos nº 2016/00217240, a qual poderá, analisado o caso concreto pelo Juiz Corregedor Permanente, servir de fundamento para a dispensa do reconhecimento de firma tratado no item 57 do Capítulo XVII das NSCGJ. São Paulo, 11 de abril de 2017. **(a) MANOEL DE QUEIROZ PEREIRA CALÇAS**, Corregedor Geral da Justiça. (DJe de 20.04.2017 – SP)

PROCESSO Nº 0000765-79.2017.8.26.0129 (*Processo Digital*) - CASA BRANCA - MARCOS VINICIUS PALOMO PESSIN.

(358/2017-E)

REGISTRO CIVIL - Habilitação de Casamento - Pedido de extração de cópia da íntegra do procedimento referente aos bisavós do requerente, para fins de pesquisa de árvore genealógica familiar - Possibilidade - Inteligência do item 47.4, Capítulo XVII, das NSCGJ - Pedido de providências acolhido.

Vistos.

Marcos Vinicius Palomo Pessim formulou pedido de providências em face do Registro Civil de Pessoas Naturais da Comarca de Itobi, questionando o rigorismo com que foi tratado seu pedido de extração de cópias de procedimento de habilitação de casamento de seus bisavós (requerimento "autenticado", certidões de óbito dos nubentes autenticadas, comprovação do parentesco mediante documentos autenticados). Sustenta que tem intuito de pesquisar a genealogia de sua família e que os demais cartórios contatados não formularam tais exigências.

Manifestou-se a Oficiala no sentido de que as cópias somente poderiam ser fornecidas em forma autenticada e que o procedimento seria o mesmo adotado para expedição de certidão de inteiro teor. Argumenta com o dever de sigilo sobre documentos e assuntos de natureza reservada a que notários e registradores tenham acesso no exercício de sua atividade (Lei 8.935/94).

A ARPEN foi ouvida.

É o relatório. Opino

Dispõe o item 36, do Capítulo XII, das Normas de Serviço da Corregedoria Geral da Justiça, que os notários e registradores lavrarão certidões do que lhes for requerido e fornecerão às partes as informações solicitadas, salvo disposição legal ou normativa expressa em sentido contrário.

Depreende-se dessa norma que o meio pelo qual notários e registradores devem prestar informações sobre os registros e documentos que mantem em suas unidades é por meio de certidão.

O acesso de terceiros a certidões, inclusive as de inteiro teor, está previsto no item 47.4, do Capítulo XVII, das

NSCGJ:

47.4. As certidões de registro civil ***em geral****, requeridas por* ***terceiros****, ressalvados os dispostos nos artigos 45,*

57, § 7º e 95 da Lei nº 6.015/73 e 6º da Lei nº 8560/92, serão expedidas independentemente de autorização do Juiz Corregedor Permanente.

Nos casos do art. 6º da Lei nº 8560/92, prescindível autorização judicial sempre que o registro de nascimento for de pessoa já falecida e o pedido tiver sido formulado por um seu parente em linha reta. (grifei)

A expressão *"certidões de registro civil* ***em geral****"* abrange todo e qualquer tipo de certidão, ou seja, as de breve relato e as de inteiro teor. Prova disso é que, no item 47.2, a referência às certidões de inteiro teor vem precedida da expressão *"inclusive"*, que tem o escopo de explicitar que as certidões de inteiro teor são abrangidas pelo conceito de "certidões de registro civil em geral".

Houve o cuidado de serem preservadas circunstâncias específicas que pudessem violar a intimidade e a dignidade das pessoas que figurarem dos registros (artigos 45, 57, § 7º e 95 da Lei nº 6.015/73 e 6º da Lei nº 8560/92) quando as certidões (inclusive de inteiro teor) são solicitadas por terceiros. Por outro lado, quando são os próprios interessados que solicitam a certidão, as restrições normativas são menores, como se depreende da leitura do item 47.2.

> *47.2. Nas certidões de registro civil em geral,* ***inclusive*** *as de inteiro teor, requeridas pelos* ***próprios interessados****, seus representantes legais e mandatários com poderes especiais,* ***ressalvado o caso de proteção à testemunha****, serão expedidas independentemente de autorização do Juiz Corregedor Permanente.* (grifei)

Respeitado o entendimento da zelosa Registradora, não se afigura adequada a aplicação do item 47.2 por analogia e, em razão disso, não pode ser considerada legítima a exigência de prova de interesse do solicitante que pretende obter cópias da habilitação de casamento de seus bisavós. Com efeito, o item 47.4, aplicável ao caso em análise, faz mera referência a "terceiros", sem uso da expressão "interessados". Portanto, não se vislumbra razão para que seja demonstrada prova do parentesco dos nubentes.

Não se pode olvidar da natureza eminentemente pública do procedimento de habilitação de casamento, em que há a necessária publicação de editais de proclamas, com o escopo de conclamar a todo e qualquer cidadão a participar de verdadeiro controle de legalidade do ato. Portanto, não há, em regra, razão para imposição de dificuldades ao acesso ao conteúdo dessa espécie de procedimento.

Ressalva deve ser feita a qualquer conteúdo cuja exposição possa violar a intimidade dos envolvidos, do que não parece se cuidar o caso em análise, uma vez que a Registradora não apontou haver, no procedimento, documentos que não aqueles elencados no item 54, Capítulo XVII, das NSCGJ, os quais não guardam, por si mesmos, qualquer peculiaridade que obste sua divulgação.

Não se sustentam, dessa forma, as exigências de pedido formalizado com demonstração de grau de parentesco e de óbito dos nubentes. Note-se que apenas se exige prova do óbito dos nubentes quando se cuidar de hipótese do art. 6º, da Lei n. 8.560/92 (concepção extraconjugal), como consta expressamente do item 47.4.

No tocante aos emolumentos, também não se justifica a emissão e cobrança por cópias autenticadas, quando o interessado apenas solicitou cópias simples. Compete à Registradora prestar as informações por meio de certidão de inteiro teor, a qual deve ser cobrada nos moldes do item 10 da tabela específica. Nada obsta que sejam agregadas cópias simples do procedimento, caso seja esse o desejo do requerente. Nesse caso, impõe-se a aplicação do art. 10, da Lei Estadual de Emolumentos, que reza:

> *Artigo 10 - Na falta de previsão nas notas explicativas e respectivas tabelas, somente poderão ser cobradas as despesas pertinentes ao ato praticado, quando autorizadas pela Corregedoria Geral da Justiça.*

Em sendo solicitadas cópias simples, as despesas correspondentes podem ser cobradas e, nessa hipótese, deve ser aplicada, por analogia, a nota explicativa 10.3 referente à especialidade de notas (*"Quando a cópia reprográfica for extraída em máquina própria da serventia, o Notário repassará o custo operacional à parte, até o máximo de 0,026 UFESPS.(...)"*)

Pelas razões expostas, o parecer que, respeitosamente, submeto à elevada apreciação de Vossa Excelência, é no sentido de acolher o pedido de providências para os fins de: 1) recomendar a observância do item 47.4, do Capítulo XVII, das NSCGJ, para expedição de inteiro teor da habilitação de casamento; 2) determinar que a Registradora se abstenha de exigir prova de interesse, grau de parentesco e de óbito dos nubentes para a emissão da certidão, ressalvada hipótese específica em que possa haver violação da intimidade e dignidade dos interessados; 3) determinar que os emolumentos sejam cobrados com base no item 10 da Tabela referente à especialidade de Registro Civil, da Lei Estadual de Emolumentos e, caso requeridas cópias simples, que seja aplicada, por analogia, a nota explicativa 10.3, da especialidade de Notas, da mesma Lei.

Sugiro, outrossim, publicação da íntegra do parecer para uniformização dos procedimentos a serem adotados pelas unidades de registro civil de pessoas naturais.

Sub censura.

São Paulo, 16 de outubro de 2017.

(a) Tatiana Magosso

Juíza Assessora da Corregedoria

DECISÃO: Aprovo, pelas razões expostas, o parecer da MM. Juíza Assessora, acolhendo o pedido de providências para os fins de: 1) recomendar a observância do item 47.4, do Capítulo XVII, das NSCGJ, para expedição de inteiro teor da habilitação de casamento; 2) determinar que a Registradora se abstenha de exigir prova de interesse, grau de parentesco e de óbito dos nubentes para a emissão da certidão, ressalvada hipótese específica em que possa haver violação da intimidade e dignidade dos interessados; 3) determinar que os emolumentos sejam cobrados com base no item 10 da Tabela referente à especialidade de Registro Civil, da Lei Estadual de Emolumentos e, caso requeridas cópias simples, que seja aplicada, por analogia, a nota explicativa 10.3, da especialidade de Notas, da mesma Lei. Publique-se a íntegra do parecer para uniformização dos procedimentos a serem adotados pelas unidades de registro civil de pessoas naturais. Publique-se. São Paulo, 17 de outubro de 2017. **(a) MANOEL DE QUEIROZ PEREIRA CALÇAS,** Corregedor Geral da Justiça. (DJe de 14.11.2017 - SP)

NOME – PROTEÇÃO DE TESTEMUNHA

PROCESSO Nº 2017/210087 - SÃO PAULO - CORREGEDORIA GERAL DA JUSTIÇA DO ESTADO DE SÃO PAULO (373/2017-E)

Registro Civil das Pessoas Naturais - Requerimento de alteração de nome completo formulado com fundamento no artigo 9º da Lei nº 9.807/99 - Atribuição que já vem sendo exercida de forma exclusiva pela 2ª Vara de Registros Públicos da Capital - Concentração desse tipo de requerimento em um único juízo que se mostra conveniente, diante de suas peculiaridades - Sugestão de edição de Provimento da Corregedoria Geral para regramento do tema. Excelentíssimo Senhor Corregedor Geral da Justiça,

Trata-se de ofício enviado pelo MM. Juiz de Direito da 2ª Vara de Registros Públicos da Capital, por meio do qual: a) informa que os expedientes de interesse do Conselho Deliberativo do Programa de Proteção às Vítimas e Testemunhas – PROVITASP de todo o Estado vêm sendo processados naquela Vara; b) consulta acerca da correção deste procedimento; e c) pede autorização para continuar esse trabalho, considerando o caráter sensível e sigiloso do tema.

Opino.

Em data recente, representantes do Conselho Deliberativo do Programa de Proteção às Vítimas e Testemunhas – PROVITASP e o Dr. Marcelo Benacchio, MM. Juiz da 2ª Vara de Registros Públicos da Capital, estiveram nesta Corregedoria Geral visando a aprimorar os procedimentos traçados no artigo 9º da Lei nº 9.807/99.

Nessa ocasião, os participantes da reunião expuseram que todos os requerimentos para alteração do nome completo da pessoa protegida feitos no Estado de São Paulo, na forma do artigo 9º da Lei nº 9.807/99, são processados na 2ª Vara de Registros Públicos da Capital, independentemente da localização do Cartório de Registro Civil que será responsável pela realização da averbação do assento de nascimento.

O MM. Juiz da 2ª Vara de Registros Públicos da Capital explicou que poucos são os requerimentos (não passam de vinte) e que eles são processados de modo uniforme, por um mesmo escrevente, com o intuito de preservar o sigilo das informações que lá constam. Aliás, o contínuo aperfeiçoamento deste procedimento interno é comprovado pela Portaria nº 1/2017, acostada a fls. 3.

Feito esse breve introito e considerando o pleito formulado no item "c" supra, conveniente a regulamentação do tema.

Embora a 2ª Vara de Registros Públicos da Capital somente exerça a Corregedoria Permanente dos Registros Civis de Pessoas Naturais da Capital, não se vê razão para que esse pleito (averbação de modificação de nome completo com base na Lei nº 9.807/9) passe a tramitar perante todos os juízos Corregedores Permanente doEstado.

O requerimento de modificação de nome completo da testemunha/vítima protegida é incomum e seu processamento exige cautela redobrada, diante de seu caráter extremamente sigiloso. Essas características, por si sós, justificam a concentração que já ocorre na prática. É recomendável que um único juízo, já acostumado com as peculiaridades desse requerimento, processe-o de forma confidencial e, ao final, avalie a sua pertinência.

E mesmo a determinação final de averbação do assento de nascimento da testemunha/vítima protegida advir de juízo que não exerce a Corregedoria Permanente não é novidade. Com efeito, diariamente, os Cartórios de Registro Civil recebem diversas ordens judiciais provenientes de juízos que não são seus Corregedores Permanentes.

Conveniente, por tudo isso, a edição de Provimento por esta Corregedoria Geral, na forma do artigo 271, III e § 3º, do Regimento Interno do Tribunal de Justiça do Estado de São Paulo, para que não pairem duvidas acerca da atribuição exclusiva da 2ª Vara de Registros Públicos da Capital para o processamento deste tipo de solicitação.

Ante o exposto, o parecer que, respeitosamente, submeto à elevada apreciação de Vossa Excelência propõe a edição de Provimento, conforme minuta anexa.

Caso este parecer seja aprovado e devido à relevância da matéria, sugiro sua publicação na íntegra no Diário da Justiça Eletrônico.

Sub censura.

São Paulo, 06 de novembro de 2017.

(a) Carlos Henrique André Lisboa

Juiz Assessor da Corregedoria.

DECISÃO: Aprovo, pelas razões expostas, a edição do Provimento sugerido, conforme minuta apresentada, a ser publicado, juntamente com o parecer, no DJE. Publique-se. São Paulo, 06 de novembro de 2017. **(a) MANOEL DE QUEIROZ PEREIRA CALÇAS,** Corregedor Geral da Justiça. (DJe de 14.11.2017 - SP)

RECONHECIMENTO DE PATERNIDADE

PROCESSO Nº 2017/210087 - SÃO PAULO - CORREGEDORIA GERAL DA JUSTIÇA DO ESTADO DE SÃO PAULO (373/2017-E)

Registro Civil das Pessoas Naturais - Requerimento de alteração de nome completo formulado com fundamento no artigo 9º da Lei nº 9.807/99 - Atribuição que já vem sendo exercida de forma exclusiva pela 2ª Vara de Registros Públicos da Capital - Concentração desse tipo de requerimento em um único juízo que se mostra conveniente, diante de suas peculiaridades - Sugestão de edição de Provimento da Corregedoria Geral para regramento do tema. Excelentíssimo Senhor Corregedor Geral da Justiça,

Trata-se de ofício enviado pelo MM. Juiz de Direito da 2ª Vara de Registros Públicos da Capital, por meio do qual: a) informa que os expedientes de interesse do Conselho Deliberativo do Programa de Proteção às Vítimas e Testemunhas – PROVITASP de todo o Estado vêm sendo processados naquela Vara; b) consulta acerca da correção deste procedimento; e c) pede autorização para continuar esse trabalho, considerando o caráter sensível e sigiloso do tema.

Opino.

Em data recente, representantes do Conselho Deliberativo do Programa de Proteção às Vítimas e Testemunhas – PROVITASP e o Dr. Marcelo Benacchio, MM. Juiz da 2ª Vara de Registros Públicos da Capital, estiveram nesta Corregedoria Geral visando a aprimorar os procedimentos traçados no artigo 9º da Lei nº 9.807/99.

Nessa ocasião, os participantes da reunião expuseram que todos os requerimentos para alteração do nome completo da pessoa protegida feitos no Estado de São Paulo, na forma do artigo 9º da Lei nº 9.807/99, são processados na 2ª Vara de Registros Públicos da Capital, independentemente da localização do Cartório de Registro Civil que será responsável pela realização da averbação do assento de nascimento.

O MM. Juiz da 2ª Vara de Registros Públicos da Capital explicou que poucos são os requerimentos (não passam de vinte) e que eles são processados de modo uniforme, por um mesmo escrevente, com o intuito de preservar o sigilo das informações que lá constam. Aliás, o contínuo aperfeiçoamento deste procedimento interno é comprovado pela Portaria nº 1/2017, acostada a fls. 3.

Feito esse breve introito e considerando o pleito formulado no item "c" supra, conveniente a regulamentação do tema.

Embora a 2ª Vara de Registros Públicos da Capital somente exerça a Corregedoria Permanente dos Registros Civis de Pessoas Naturais da Capital, não se vê razão para que esse pleito (averbação de modificação de nome completo com base na Lei nº 9.807/9) passe a tramitar perante todos os juízos Corregedores Permanente doEstado.

O requerimento de modificação de nome completo da testemunha/vítima protegida é incomum e seu processamento exige cautela redobrada, diante de seu caráter extremamente sigiloso. Essas características, por si sós, justificam a concentração que já ocorre na prática. É recomendável que um único juízo, já acostumado com as peculiaridades desse requerimento, processe-o de forma confidencial e, ao final, avalie a sua pertinência.

E mesmo a determinação final de averbação do assento de nascimento da testemunha/vítima protegida advir de juízo que não exerce a Corregedoria Permanente não é novidade. Com efeito, diariamente, os Cartórios de Registro Civil recebem diversas ordens judiciais provenientes de juízos que não são seus Corregedores Permanentes.

Conveniente, por tudo isso, a edição de Provimento por esta Corregedoria Geral, na forma do artigo 271, III e § 3º, do Regimento Interno do Tribunal de Justiça do Estado de São Paulo, para que não pairem duvidas acerca da atribuição exclusiva da 2ª Vara de Registros Públicos da Capital para o processamento deste tipo de solicitação.

Ante o exposto, o parecer que, respeitosamente, submeto à elevada apreciação de Vossa

Excelência propõe a edição de Provimento, conforme minuta anexa.

Caso este parecer seja aprovado e devido à relevância da matéria, sugiro sua publicação na íntegra no Diário da Justiça Eletrônico.

Sub censura.

São Paulo, 06 de novembro de 2017.

(a) Carlos Henrique André Lisboa

Juiz Assessor da Corregedoria.

DECISÃO: Aprovo, pelas razões expostas, a edição do Provimento sugerido, conforme minuta apresentada, a ser publicado, juntamente com o parecer, no DJE. Publique-se. São Paulo, 06 de novembro de 2017. **(a) MANOEL DE QUEIROZ PEREIRA CALÇAS,** Corregedor Geral da Justiça. (DJe de 14.11.2017 - SP)

REPRODUÇÃO ASSISTIDA

PROCESSO Nº 1010250-76.2017.8.26.0100 (*Processo Digital*) - SÃO PAULO - P. A. S. (353/2017-E)

Registro Civil das Pessoas Naturais - Reprodução assistida requerida por casal que vive em união homoafetiva - Utilização do material genético de um dos futuros pais, de óvulo doado e de útero cedido - Pedido do homem que não forneceu o material genético para não figurar como pai da criança - Anuência do pai biológico em relação a esse pedido - Impossibilidade - Manifestação de vontade anterior, ratificada durante todo o procedimento de reprodução assistida, que não pode ser revogada - Aplicação dos artigos 1.593 e 1.597, V, ambos do Código Civil e dos itens 42-A.1 e 42-B.2 do Capítulo XVII das NSCGJ - Estado de filiação que se caracteriza como direito personalíssimo da criança - Assento de nascimento que deve ser lavrado com o nome dos dois pais - Parecer pelo não provimento do recurso.

Trata-se de recurso administrativo interposto por P. A. S. contra a sentença de fls. 52/55, que determinou a lavratura do assento de nascimento do menor J. A. de O., constando como genitores tanto o recorrente, como C. A. C. B., com quem o primeiro conviveu em união estável homoafetiva.

Sustenta o recorrente, em síntese que: na época da concepção da criança, ele, doador de material genético, e seu excompanheiro já estavam separados de fato, mas a clínica responsável informou que a continuidade do processo de reprodução assistida dependia da participação dos requerentes originais; não sabiam que a anuência dada por C. A.

implicaria paternidade deste último; não há vínculo genético, afetivo ou fático entre a criança e C. A.; não interessa ao menor o estabelecimento de um vínculo de paternidade com quem não tem interesse em exercê-la; suportou sozinho os custos relativos ao procedimento de inseminação; um mês antes do nascimento, todos os interessados firmaram documento por meio do qual C. renunciou à paternidade da criança; e a dupla paternidade pode gerar futuro constrangimento ao menor (fls. 65/80).

A Procuradoria de Justiça opinou pelo não provimento do recurso (fls. 91/93). É o relatório.

Opino.

Segundo consta, a criança J. A. de O. foi gerada por reprodução assistida, procedimento solicitado por P. A. S., ora recorrente, e por C. A. C. B.. Para a concepção, foram utilizados o material genético do recorrente e óvulo doado anonimamente.

A gestação, por sua vez, foi feita por meio de cessão temporária de útero.

Por ocasião do registro de nascimento, o recorrente, pai biológico da criança, apresentou declaração firmada por ele, por seu companheiro homoafetivo, pela doadora temporária de útero e pelo médico responsável pelo procedimento, no sentido de que C. A. C. B. renunciava figurar no registro de nascimento da criança (fls.23).

A questão foi submetida ao MM. Juiz Corregedor Permanente do Registro Civil das Pessoas Naturais do 9º Subdistrito da Capital, que determinou que o assento de nascimento da criança fosse lavrado com o nome dos dois pais (fls. 52/54).

Recorre o pai biológico, pretendendo a reforma da decisão de primeiro grau, para que ele figure no assento de nascimento como único pai da criança.

Sem razão, contudo.

Conforme documentos acostados aos autos, P. A. S., ora recorrente, e C. A. C. B. procuraram clínica de reprodução humana para, juntos, terem um filho. Foi então providenciado óvulo proveniente de doadora anônima e obtida autorização, advinda do Conselho Regional de Medicina, de cessão temporária de útero. Para obter essa autorização, os futuros pais da criança declararam viver um relacionamento homoafetivo estável, com duração superior a onze anos (fls. 7).

Cabe observar que, no início do procedimento, o fornecedor do material genético masculino seria

C. A. (fls. 8), panorama que só foi alterado alguns meses depois (fls. 5). Esse fato, por si só, demonstra o entrosamento que existia entre o casal, cujo objetivo aparente era criar uma criança, independentemente de ser filho biológica de um ou de outro.

A documentação de fls. 5/22 deixa claro que os futuros pais da criança foram devidamente informados sobre todas as etapas do procedimento e, principalmente, a respeito da seriedade daquilo que pleiteavam, ou seja, o auxílio médico para que pudessem, juntos, ter um filho, ainda que geneticamente apenas de um deles.

A separação do casal, seja durante a gestação da doadora de útero, seja em data anterior, como alega o recorrente, não é razão suficiente para alterar tudo que já havia sido acordado. Ambos conheciam a relevância do procedimento médico que tinham, por conta própria, escolhido e as consequências que daí adviriam. Aliás, se o casal se separou antes mesmo da concepção da criança e já tinha a intenção de registrá-la apenas em nome do pai biológico, a situação é mais grave. Com efeito, nesse caso, o casal tinha a obrigação de comunicar os envolvidos no procedimento da reprodução assistida (médico e doadora de útero, em especial) acerca da nova situação e não continuar o procedimento como se nada tivesse acontecido.

Por essa razão, a declaração de fls. 23, por meio da qual C. A. - com a anuência de seu ex-companheiro, da doadora de útero e do médico responsável pelo procedimento de reprodução assistida - renuncia à paternidade da criança, não tem o condão de revogar a anuência dada anteriormente. C. A., pelo menos dois anos antes do nascimento de J. A. (fls. 4), por sucessivas vezes, declarou a sua vontade de ser pai da criança. Não poderia, depois, um mês antes do nascimento, mudar de ideia e declarar que não quer sequer figurar no registro de nascimento.

Aplicável ao caso o artigo 1.593 do Código Civil, que assim dispõe:

*"Art. 1.593. O parentesco é natural ou civil, conforme resulte de consangüinidade **ou outra origem**"* (grifei).

O parentesco aqui decorre dessa outra origem. Origina-se, na hipótese, do consentimento prévio dado por C. A., no sentido de que seria pai da criança concebida com a utilização de material genético de seu então companheiro e de óvulo doado, e gerada em útero cedido.

Nesse sentido, aliás, o artigo 1.597, V, do Código Civil:

Art. 1.597. Presumem-se concebidos na constância do casamento os filhos:

(...)

I - *havidos por inseminação artificial heteróloga, desde que tenha prévia autorização do marido.*

Ainda que aqui se esteja diante de uma união estável - para a qual as Normas de Serviço estenderam a presunção de paternidade1 - e homoafetiva - cuja natureza de entidade familiar já foi reconhecida pelo Supremo Tribunal Federal -, a autorização prévia dada por C. A. cria a presunção de paternidade.

Sobre o tema, importante também que se mencione os itens 42-A.1 e 42.B.2 do Capítulo XVII das Normas de Serviços, ambos provenientes do recente Provimento CG nº 52/2016.

O primeiro estabelece a possibilidade de que dois homens ou duas mulheres figurem no assento de nascimento de uma criança gerada por reprodução assistida:

42-A.1. Nas hipóteses de filhos de casais homoafetivos, o assento de nascimento deverá ser adequado para que constem os nomes dos ascendentes, sem haver qualquer distinção quanto à ascendência paterna ou materna.

O segundo trata da necessidade do consentimento da pessoa que não forneceu material genético, mas que, ainda assim, constará no assento como pai ou mãe da criança. Note-se que o item normativo não faz qualquer alusão à possibilidade de arrependimento posterior daquele que consentiu com a realização do procedimento médico:

42-B.2. Nas hipóteses de doação voluntária de gametas ou embriões ou de gestação por substituição, deverá ser apresentado termo de consentimento, por instrumento público ou por escrito particular com firma reconhecida, do cônjuge ou do companheiro da receptora ou beneficiária da reprodução assistida, autorizando expressamente a realização do procedimento.

E embora se trate de esfera administrativa, não se pode perder de vista o interesse da criança, que tem o direito personalíssimo, indisponível e imprescritível de ostentar em seu assento de nascimento seu estado de filiação2, mesmo que esse parentesco tenha resultado de "outra origem".

Por tudo isso, nota-se que a vontade dos pais, neste momento, é irrelevante. A vontade deles foi de suma importância na ocasião em que decidiram livremente ter um filho juntos. O arrependimento posterior não pode, em detrimento da criança, alterar a manifestação de vontade anteriormente declarada e ratificada durante todo o procedimento de reprodução assistida.

Anoto, por fim, que a alegação de que a dupla paternidade pode gerar futuro constrangimento ao menor, além de não poder ser acolhida, surpreende por ter sido levantada pelo recorrente. Ora, parece descabido que um homem que procurou clínica de reprodução humana para ter um filho com seu companheiro tenha esse tipo de preocupação. E se ele considera que o filho de dois pais pode passar por situações incômodas, não parece crível que acredite que o filho de apenas um pai - sem mãe – esteja a salvo de vivenciar momentos embaraçosos. Além disso, não faz sentido subtrair um direito da criança, para defendê-la de futuros e eventuais constrangimentos.

Nesses termos, o parecer que respeitosamente submeto à elevada apreciação de Vossa Excelência é no sentido de se negar provimento ao recurso administrativo.

Sub censura.

São Paulo, 6 de outubro de 2017.

(a) Carlos Henrique André Lisboa

Juiz Assessor da Corregedoria

NOTAS DE RODAPÉ

Item 41 do Capítulo XVII das NSCGJ - Para o registro de filho havido na constância do casamento ou da união estável, basta o comparecimento de um dos genitores.

2 *Art. 27 da Lei nº 8.069/90 - O reconhecimento do estado de filiação é direito personalíssimo, indisponível e imprescritível, podendo ser exercitado contra os pais ou seus herdeiros, sem qualquer restrição, observado o segredo de Justiça.*

DECISÃO: Aprovo o parecer do MM. Juiz Assessor da Corregedoria e, por seus fundamentos, que adoto, nego provimento ao recurso administrativo. Diante da relevância da matéria, determino a publicação do parecer e desta decisão no DJE, por três dias alternados, preservando-se a identidade dos envolvidos. Publique-se. São Paulo, 09 de outubro de 2017. **(a) MANOEL DE QUEIROZ PEREIRA CALÇAS,** Corregedor Geral da Justiça - **Advogado:** MARCUS VINICIUS RIBEIRO CRESPO, OAB/SP 138.767. (DJe de 10.11.2017 - SP)

2.5.2 REGISTRO DE IMÓVEIS

INSTRUMENTOS PARTICULARES EM MEIO ELETRÔNICO

PROCESSO Nº 2017/73358 - SÃO PAULO - CORREGEDORIA GERAL DA JUSTIÇA DO ESTADO DE SÃO PAULO.

Parecer (314/2017-E)

Vistos.

Trata-se de proposta apresentada pela Associação dos Registradores Imobiliários de São Paulo (ARISP).

Segundo o requerimento apresentado, a utilização dos instrumentos particulares com força de escritura pública, em meio eletrônico, ainda se mostra incipiente. Como o intuito de colaborar com o desenvolvimento do registro eletrônico de imóveis, entende a ARISP que seria o caso de modificar o item 355.7 do Capítulo XX das NSCGJ, aplicando aos instrumentos particulares celebrados por entidades vinculadas ao Sistema Financeiro da Habitação regramento similar ao dispensado aos Tabeliães de Notas.

O Colégio Notarial do Brasil manifestou-se frontalmente contrário à proposta da ARISP (fls. 19/25).

Aos autos foram anexados os pareceres que fundamentaram a criação do Extrato de Instrumento Particular com efeitos de escritura pública (item 113 do Capítulo XX das NSCGJ) e do texto do item 355.7 do Capítulo XX das NSCGJ (fls. 28/71).

Realizada reunião com a Associação Brasileira das Entidades de Crédito Imobiliário e Poupança (ABECIP), sobreveio a manifestação de fls. 79/86.

Novas manifestações da ARISP e do Colégio Notarial do Brasil (fls. 108/112 e 91/106). É o relatório.

Opino.

Preceitua o item 355.7 do Capítulo XX das NSCGJ:

> *"355.7. A recepção de instrumentos particulares com efeito de escritura pública, em meio eletrônico, só poderá ocorrer quando se tratar de documento digital nativo (não decorrente de digitalização), que contenha os certificados digitais de todos os contratantes."*

Por sua vez, os itens 113 a 119 do Capítulo XX das NSCGJ tratam do processo de registro eletrônico de instrumentos particulares vinculados ao Sistema Financeiro de Habitação (SFH) e Sistema de Financiamento Imobiliário (SFI).

Foi a partir do Provimento CG 11/2013 que as Normas de Serviço passaram a permitir a recepção pelos Oficiais de Registro de Imóveis de Extrato de Instrumento Particular com Efeitos de Escritura Pública, desde que apresentado sob a forma de documento eletrônico nativo estruturado em XML (*Extensive Markup Language).*

Pelas Normas de Serviço, o uso do Extrato de Instrumento Particular com Efeitos de Escritura Pública está adstrito aos agentes financeiros autorizados pelo Banco Central do Brasil a funcionar no âmbito do Sistema Financeiro de Habitação (SFH) e do Sistema Financeiro Imobiliário (SFI) e das companhias de habitação integrantes da administração pública.

Como se vê, as Normas de Serviço já contam com itens específicos que tratam dos agentes financeiros autorizados pelo Banco Central do Brasil a funcionar no âmbito do Sistema Financeiro de Habitação (SFH) e do Sistema Financeiro Imobiliário (SFI) e das companhias de habitação integrantes da administração pública.

Em verdade, a pretendida modificação do texto do item 355.7 significaria a alteração da regra geral relativa aos instrumentos particulares com efeito de escritura pública. E, analisadas as manifestações apresentadas neste expediente, parece mesmo inexistir razão para a pretendida modificação.

De um lado, as regras já existentes (itens 113 a 119 do Capítulo XX das NSCGJ) são claras e objetivas e expõem os detalhes do processo de registro eletrônico de instrumentos particulares vinculados ao Sistema Financeiro da Habitação - SFH e ao Sistema de Financiamento Imobiliário - SFI e sua apresentação mediante extrato sob a forma de documento eletrônico nativo estruturado em XML. São regras específicas e vinculadas às operações de financiamento compreendidas no SFH e SFI.

De outro, tem-se a regra do item 355.7, que é regra geral, aplicável a todos os demais instrumentos particulares em meio eletrônico, em relação aos quais se exige que seja um documento digital nativo (não decorrente de digitalização) e que contenha os certificados digitais de todos os contratantes. E razão não há para que se substitua o processo de registro eletrônico adotado nos itens específicos das Normas de Serviço, como sugere a ARISP.

Em outros termos, em relação aos instrumentos particulares vinculados ao SFH e SFI aplicam-se as regras especiais (itens 113 a 119 do Capítulo XX das NSCGJ), não se exigindo que o extrato sob a forma de documento eletrônico nativo estruturado em XML contenha os certificados digitais de todos os contratantes, mas somente a assinatura do representante legal do emissor.

E, nesse particular, é importante notar que inexiste óbice para que se admita o acesso ao SREI por sistemas operados por entidades de infraestrutura de Mercado Financeiro, que atuariam como prepostas das instituições financeiras.

Como bem demonstrou a Associação Brasileira das Entidades de Crédito Imobiliário e Poupança - ABECIP, nada está a obstaculizar o uso do processo de registro eletrônico de instrumentos particulares vinculados ao Sistema Financeiro da Habitação - SFH e ao Sistema de Financiamento Imobiliário - SFI.

Ao menos por ora, não há fundamento legal ou razão de natureza lógica para que a regra geral seja relativizada, como quer a ARISP, e menos ainda para que a regra especial seja revogada, como quer o Colégio Notarial do Brasil.

Eventual óbice, se é que há, resolve-se com a publicação deste parecer, com os seguintes esclarecimentos: i) ao processo de registro eletrônico de instrumentos vinculados ao SFH e SFI aplica-se o disposto nos itens 113 a 119 do Capítulo XX das NSCGJ; ii) o item 355.7 do Capítulo XX das NSCGJ é regra geral em relação aos itens 113 a 119 do mesmo capítulo e aplica-se ao registro eletrônico dos instrumentos particulares em geral; iii) o acesso ao SREI pode ocorrer, também, através de sistemas operados por entidades de Infraestrutura de Mercado Financeiro, que atuem como prepostas das instituições financeiras.

Por fim, reafirma-se a obrigatoriedade de que os modelos oficiais para fins de registro eletrônico estejam disponíveis no site www.registradores.org.br.

Pelas razões expostas, o parecer que submeto a Vossa Excelência é no sentido da rejeição das propostas de alteração das Normas de Serviço da Corregedoria Geral da Justiça, mantido o texto atual dos itens que tratam do registro eletrônico de instrumentos particulares.

Sub censura.

São Paulo, 28 de agosto de 2017.

(a) Paula Lopes Gomes

Juíza Assessora da Corregedoria

DECISÃO: Aprovo, pelas razões expostas, o parecer elaborado pela MMª Juíza Assessora da

Corregedoria e mantenho as normas que tratam do registro eletrônico de instrumentos particulares.

Publique-se. São Paulo, 30 de agosto de 2017.

(a) MANOEL DE QUEIROZ PEREIRA CALÇAS, Corregedor Geral da Justiça. (DJe de 18.09.2017 - SP)

PUBLICIDADE

PROCESSO Nº 2016/195461 - SÃO PAULO - CORREGEDORIA GERAL DA JUSTIÇA DO ESTADO DE SÃO PAULO.

Parecer nº 175/2017-E

Registro de imóveis – Pedido de Providências – Sugestão de sistema de busca gratuita ao banco de dados do fólio pessoal dos registros de imóveis por meio eletrônico – Impossibilidade – Previsão legal de cobrança pela busca, mesmo quando dispensada certidão – Inteligência do art. 14, parágrafo único, da Lei 6.015/73 c.c. item 13 da Tabela do Registro de Imóveis, da Lei 11.331/02 – Pedido de providências, nesse ponto, rejeitado.

REGISTRO DE IMÓVEIS - Pesquisa eletrônica de bens via Central Registradores de Imóveis - Custo do serviço - Interpretação dos dispositivos legais aplicáveis em consonância com os princípios da qualidade, atualidade, modicidade e eficiência - Sistema de Registro Eletrônico, que permite acesso aos bancos de dados das diversas serventias imobiliárias em única pesquisa (Banco de Dados Light e Web Services a ele interligadas), com relação a imóveis negociados a partir de 1º de janeiro de 1976, sem efetiva atuação das serventias pesquisadas - Cobrança de emolumentos e de taxa administrativa que deve ser considerada única para cada CPF/CNPJ pesquisado por determinado usuário, independentemente do número de unidades pesquisadas dentro do Estado de São Paulo e do resultado obtido - Universalização do acesso à informação – Possibilidade de revisão e justificação da taxa administrativa, a ser submetida a análise da Corregedoria Geral da Justiça - Necessidade, ainda, de incremento da segurança do serviço eletrônico, a fim de coibir o uso desvirtuado das informações obtidas - Pedido de providências acolhido, nessa parte.

REGISTRO DE IMÓVEIS - Necessidade de exatidão absoluta das informações que alimentam o Banco de Dados Light e Web Services a ele interligados, no tocante à qualificação das pessoas que figuram nos registros imobiliários - Regularização que se faz necessária, permitindo-se a pronta distinção de titulares de domínio, credores e devedores, de maneira a se obter resultado automático e preciso pelo mecanismo de Pesquisa *on line* - Necessidade, outrossim, de aprimoramento das ferramentas disponíveis no sistema de Pesquisa de Bens *on line* - Disponibilização de mecanismo de visualização de matrícula (Matrícula *on line*), dentro do sistema de Pesquisa de Bens, ao lado da ferramenta de pedido de certidão - Pedido de providências acolhido, em parte.

Vistos.

Jeferson Luciano Canova, Oficial de Registro de Imóveis, Títulos e Documentos e Civil de Pessoa Jurídica da Comarca de Mirandópolis, formulou pedido de providências sugerindo a normatização de busca gratuita de ocorrências na base de dados do indicador pessoal dos registros de imóveis paulistas. Sustenta que o atual mecanismo de busca não atenderia o princípio da modicidade e tampouco fomentaria o princípio da concentração almejado pela Lei n. 13.097/2015, uma vez que demanda pagamento de custas e emolumentos que superam R$ 1.300,00 por CPF/CNPJ consultado eletronicamente. Nessa linha de argumentação, aduz que, sendo uno o sistema de registro de imóveis paulista, seria de rigor a implementação de sistema de busca de ocorrências na base de dados do indicador pessoal de forma gratuita, com acesso a indicação de número de matrículas relacionados com o CPF/CNPJ pesquisado e cartório correspondente. Tendo interesse, o usuário se dirigiria ao registro de imóveis correspondente, ou via ARISP, recolhendo custas e emolumentos para obtenção da matrícula atualizada. Menciona que tal possibilidade de busca gratuita implantou-se com relação à especialidade de protesto de títulos, via CENPROT.

Manifestou-se a ARISP contrariamente à sugestão acima indicada, a teor de que demandaria alteração da Lei n. 11.331/02 e, ademais, pontuou que a gratuidade não interessaria às serventias registrais, diante do alto custo da prestação de seus serviços, que envolvem, ainda, custoso investimento para serem operacionalizados de forma segura e transparente. Por fim, alertou para o risco de que pessoas mal intencionadas formem arquivo privado com todo cadastro registral, colocando-o à disposição do público sem a devida segurança.

Ouvido, novamente, o proponente argumentou que: a) o elevado custo da pesquisa prejudica credores e compradores de imóveis; b) não haveria necessidade de alteração da Lei n. 11.331/02, como não foi necessário ser alterada quando implantado o mecanismo de consulta gratuita de protestos, podendo ser aplicada interpretação evolutiva ao item 13 da tabela de emolumentos; c) o mecanismo gratuito fomentaria buscas específicas remuneradas e o tráfego imobiliário nas unidades prediais; d) o uso de *captchas* obstaria buscas por softwares automatizados que teriam escopo de formar arquivo privado de todo cadastro imobiliário; e) poderiam ser cobrados emolumentos no valor de R$ 4,55, visto que o sistema de registro de imóveis é uno, havendo uma única busca.

Por fim, a ARISP reiterou seus pontos, acrescentando que qualquer proveito inovador dependerá da forma como se implantará o sistema de operação nacional (ONR) criado pela Medida Provisória n. 759/2016, que depende de regulamentação do CNJ.

É o relatório. Opinamos

Da busca gratuita

Em que pese o intuito do proponente de incrementar e aprimorar a prestação de serviços dos registros imobiliários do Estado, o fato é que não se vislumbra, ao menos por ora, razoabilidade na implantação do sistema de buscas gratuito na base de dados do indicador pessoal.

Deveras, consoante já exposto em douto parecer da lavra do Juiz Assessor Carlos Henrique André Lisboa, nos autos n. 2016/00069457, que tratou da busca de informações junto ao Cadastro de Registro Civil (CRC), a Lei n. 6.015/73 prevê, em seu art. 14, *caput* e parágrafo único, a cobrança de valores decorrentes de **buscas** realizadas pelos Oficiais de Registro. Ademais, a Lei Estadual n. 11.331/02, no item 13 da Tabela do Registro de Imóveis trata precisamente de cobrança de emolumentos por *"informação prestada por qualquer forma ou meio quando o interessado dispensar a certidão,(...)"*, não parecendo que tal hipótese apenas se refira à pesquisa solicitada pessoalmente em determinada unidade.

Não há dúvida, portanto, de que as buscas realizadas pelo serviço de registro de imóveis, por qualquer forma ou meio, ou seja, inclusive por meio eletrônico, assim como ocorre com o registro civil, são passíveis de cobrança de emolumentos, ainda que não haja pedido de expedição de certidão.

Em que pesem os respeitáveis argumentos do proponente, sugerindo aplicação do mesmo expediente dispensado à pesquisa gratuita de protestos (CIP), é certo que, no caso da especialidade de protestos, a Lei de Emolumentos, na Nota Explicativa n. 10 da Tabela respectiva, veda expressamente a cobrança prevista no item 08, em caso de *"informações meramente indicativas da existência ou não de protesto e respectivos tabelionatos, prestadas pelo serviço centralizado dos tabelionatos de protesto, via sistema eletrônico de comunicação, telecomunicação ou de processamento de dados "internet", ainda que sob gestão de entidade representativas dos titulares dessas serventias, caso em que tais entidades não estão sujeitas ao pagamento de qualquer valor pelos dados fornecidos"* (grifei). Tal disposição legal justificou a autorização, pela Corregedoria Geral da Justiça, da prestação de serviços de busca gratuita de dados referentes a protesto (Proc. CG n. 2.529/2001).

No tocante ao Registro Civil, assim como na especialidade de Registro de Imóveis, não há nota explicativa semelhante à acima citada. Há, ainda, previsões expressas para a prestação de informações, sem emissão de certidão, por qualquer meio.

Portanto, como dito, o serviço de buscas em questão deve ser remunerado, nos termos da legislação aplicável.

Da cobrança pela pesquisa eletrônica de bens

A atual interpretação que vem sendo dada para cobrança de Pesquisa de Bens realizada por meio eletrônico, junto ao sítio da Central Registradores de Imóveis (*registradores.org.br*), não está em consonância com os princípios da qualidade, atualidade, eficiência e modicidade, que regem os registros de imóveis.

Com a implantação do Serviço de Registro Eletrônico de Imóveis (SREI), administrado pela ARISP, viabilizou-se a criação de repositório que reúne bancos de dados de todas as unidades imobiliárias do Estado de São Paulo (Banco de Dados Light e Web Services a ele interligadas), abrangendo a totalidade dos imóveis negociados a partir de 1º de janeiro de 1976. Tal relevante inovação tecnológica simplificou de forma considerável a pesquisa de bens imóveis neste Estado, poupando árduo trabalho dos Registradores no atendimento de singelos pedidos de informações.

A Corregedoria Geral de Justiça iniciou, de forma cautelosa e prudente, restringindo o âmbito de pesquisa de imóveis à Comarca da Capital (Prov. CG n. 32/2007).

Superado período em que se pode constatar o êxito da iniciativa na Capital, o então Corregedor Geral da Justiça, Desembargador Carlos Eduardo de Carvalho, aprovou parecer da lavra do então Juiz Auxiliar da Corregedoria, hoje

Desembargador, Walter Rocha Barone, estendendo o âmbito da pesquisa de imóveis a todo Estado de São Paulo (Proc CG n. 2007/10936).

Constatou-se, na ocasião, ser esse o caminho natural a ser seguido a partir da criação do sistema de Penhora *On Line* (Prov. CG n. 06/2009), que implicou a interligação das bases de dados de todos os Registros de Imóveis do Estado por intermédio da Central de Serviços Eletrônicos Compartilhados dos Registradores de Imóveis, mantida pela ARISP (Processo CG n. 2007/10936).

Definiu-se, na mesma oportunidade, que a forma de cobrança pela busca de bens imóveis pela via eletrônica, quando requerida por particulares, seria remunerada na forma do item 13 da Tabela de Registro de Imóveis da Lei Estadual de

Emolumentos (Lei n. 11.331/2002).

Inegáveis os benefícios decorrentes da ampliação do sistema eletrônico de buscas de imóveis, indo ao encontro das tendências mundiais de acesso à informação e criando ferramenta que viabilizou maior efetividade nas execuções judiciais e conferiu maior transparência e agilidade aos negócios imobiliários.

A interligação do Banco de Dados Light com as bases de dados (Web Services) das unidades que não optaram por alimentar referido banco comum é realidade consolidada e bem sucedida no Estado de São Paulo, de maneira que a regulamentação da forma de acesso a esses dados, respeitado o douto entendimento esposado pela ARISP, independe da efetiva implementação da ONR, criada pela Medida Provisória n. 759/2016 e de regulamentação do Colendo Conselho Nacional de Justiça.

Da mesma forma, desnecessária qualquer alteração da Lei 11.331/02, considerando que já contem previsão quanto à forma de cobrança pelos serviços prestados pelas serventias, bastando que se adote interpretação atualizada de seus dispositivos.

Com efeito, é chegada a hora de se reavaliarem os parâmetros de cobrança pelo serviço de busca eletrônica de bens imóveis, considerando que o Estado de São Paulo conta com 324 unidades de registro de imóveis e que o valor cobrado, atualmente, pela busca eletrônica em cada uma dessas unidades (independentemente do pedido de certidão) soma R$ 5,75, sendo composto pelos emolumentos e ISS (R$ 4,99) e pela taxa administrativa cobrada pela Central de Registradores de Imóveis por cada unidade pesquisada (R$ 0,76). Dessa forma, quando se pretende a realização de busca de bens imóveis em todas as unidades de registro imobiliários de São Paulo, deve-se despender nada menos que R$ 1.863,00.

A realidade do alto valor cobrado pelo serviço em questão é incompatível com o trabalho despendido pelas unidades pesquisadas e está na contramão do escopo de modernização, eficiência, simplificação e universalização do acesso à informação.

Nos termos do item 327, do Capítulo XX, das NSCGJ, as unidades de registro de imóveis paulistas podem manter solução de comunicação sincronizada (Webservice), ou optar por alimentar diariamente o Banco de Dados Light (BDL) e o banco de imagens do ambiente compartilhado da Central Registradores de Imóveis. Dessa maneira, toda base de dados das serventias de imóveis de nosso Estado pode ser acessada automaticamente, com disponibilização das seguintes informações: 1) código da serventia; 2) CPF ou CNPJ; 3) nome; 4) número de matrícula (item 317.1). Ao lado dessas informações, é automática a obtenção de dado sobre ser o pesquisado titular ou não do imóvel localizado na busca e, ainda, é possível obter a visualização de matrícula, considerando que as bases de dados em questão também são integradas por banco de imagens.

Os bancos de dados acima mencionados abrangem informações referentes a todos os imóveis adquiridos ou transmitidos a partir de 1º de janeiro de 1976, não demandando qualquer atuação efetiva das unidades pesquisadas, seja para respostas positivas, seja para respostas negativas.

Nem se alegue que, no caso de respostas positivas, haverá complementação das informações pelas respectivas unidades, uma vez que quaisquer informações além das acima mencionadas, que são obtidas automaticamente, poderão ser alcançadas mediante obtenção de certidão, a ser requerida eletronicamente, ou mediante visualização de matrícula *on line*.

Considerada a realidade acima delineada, não se justifica a cobrança de uma pesquisa por cada unidade pesquisada.

O valor atualmente cobrado está na contramão do escopo de modernização, eficiência, simplificação e universalização do acesso à informação e não se afigura proporcional ao custo efetivo do serviço automatizado em questão. É certo que há custo de manutenção do serviço de pesquisa *on line*. Entretanto, ainda assim, nas informações prestadas pela ARISP não se encontram dados específicos sobre a extensão desses custos e tampouco justificativas para cobrança de valor final tão elevado para a busca automatizada.

Não se ignora o fato de que as unidades registrais injetam vultosos investimentos para manterem adequada a prestação de seus serviços. Entretanto, a Lei de Emolumentos já contem previsão suficiente não apenas sobre a reposição de suas despesas, como também para remuneração das serventias. Ademais é notório o fato de que a automatização de serviços implica inegável redução de custos.

De qualquer forma, basta confrontar a realidade da Pesquisa de Bens via Central Registradores Imobiliários com a da busca de registros civis via Central de Registro Civil (CRC), gerida pela ARPEN/SP, para se constatar a absoluta disparidade de valores cobrados por serviços bastante semelhantes e cujas peculiaridades que os distinguem não justificam desigualdade tão abissal.

Com o pagamento do valor correspondente a uma única busca, que não atinge, atualmente, R$ 20,00 (incluindo-se taxa administrativa, emolumentos e ISS), é possível obter, junto à CRC, acesso à totalidade de bancos de dados das unidades de registro civil de pessoas naturais de nosso Estado no intuito de se localizar um determinado assento. Atendido, portanto, o princípio da modicidade.

Impossível deixar de mencionar que as unidades delegadas da especialidade de registro civil, em sua grande maioria, e a despeito da relevância e essencialidade inegáveis dos serviços que prestam, proporcionam aos respectivos delegatários ganhos líquidos bastante inferiores aos obtidos na especialidade de registro de imóveis. Nem por isso, o acesso a informações via CRC implica cobrança de valor elevado ao usuário, levando a concluir que tal modalidade de prestação de serviço (pesquisa eletrônica) não tem custo tão elevado que justifique os valores atualmente cobrados na especialidade de registro de imóveis.

Por outro lado, o valor cobrado, atualmente, para Pesquisa de Bens via Central Registradores de Imóveis, salvo hipóteses de solicitação pelo Poder Judiciário (gratuidade da Justiça), praticamente inviabiliza que desfrutem dos serviços de uma busca abrangente pessoas menos abastadas, restringindo o amplo acesso ao banco de dados dos registros imobiliários a seleto grupo social.

Esse estado de coisas não é compatível com a era moderna, em que o acesso universal às mais diversas informações vem sendo viabilizado a custos e em tempo cada vez mais reduzidos.

Feitas essas considerações, tem-se que a interpretação da legislação pertinente ao custeio do serviço de busca em análise deve ser condizente com a irreversível tendência de universalização de acesso às informações, dando-se maior efetividade aos princípios da publicidade, transparência, modicidade e eficiência sem se desprestigiar, em qualquer medida, a segurança e a excelência dos relevantes serviços registrais.

Ainda, deve-se ter em conta o fato de que o repositório digitalizado permite que a Pesquisa de Bens seja atendida sem depender de atuação direta de cada unidade pesquisada, uma vez que está completamente automatizada. Nessa linha de argumentação, e tendo em mente o fato de que a busca de bens via Central Registradores de Imóveis, embora permita acessar dados de diversas unidades, é una em relação a cada CPF ou CNPJ pesquisado, não

se justifica a cobrança de uma busca por cada unidade pesquisada.

Pelo contrário, o acesso ao repositório do Banco de Dados Light e Webservices a ele interligados para obtenção de relações de imóveis referentes a determinado CPF/CNPJ justifica a cobrança de pesquisa única, seja no tocante a emolumentos e iss, seja no tocante a taxa de administração, uma vez que é apenas um o serviço prestado para cada CPF/CNPJ pesquisado.

A cobrança por pesquisa única por CPF/CNPJ não pode depender do número de unidades pesquisadas e do resultado da busca.

Da distribuição dos emolumentos

Com relação ao destino dos emolumentos obtidos com cada pesquisa, a exemplo do que já ocorre com o CRC, deverá ser direcionado de maneira alternada a cada uma das 324 unidades de registro de imóveis do Estado de São Paulo, independentemente de terem sido ou não efetivamente pesquisados cada um desses bancos de dados. Dessa forma, os emolumentos obtidos com o resultado de cada busca (negativo ou positivo) serão distribuídos equanimemente entre todas as unidades integrantes da especialidade de registro de imóveis. Tal procedimento se viabiliza na medida em que todas as unidades contribuem com a alimentação do repositório. Ademais, não seria viável cogitar de se repartirem os emolumentos de uma pesquisa única entre todas as unidades do Estado. A organização da fila de recebimento dos emolumentos deverá ser feita pela ARISP, de forma pública e transparente, tal como já vem ocorrendo com a CRC.

Sugere-se que o serviço de Pesquisa de Bens com a nova forma de cobrança acima delineada seja disponibilizado via Central Registradores de Imóveis dentro de **trinta dias**.

Da taxa administrativa

A taxa administrativa cobrada pela Central de Registradores de Imóveis, em consonância com o art. 10, da Lei de Emolumentos, repete-se, deverá ser cobrada uma única vez, independentemente do resultado da pesquisa e do

número de unidades pesquisadas por CPF/CNPJ, porque, evidentemente, o serviço prestado pela Central Registradores de Imóveis para a busca referente a um único CPF/CNPJ é uno. O resultado e o número de unidades pesquisadas não o tornará mais ou menos dispendioso.

De outro lado, considerada a interpretação ora dada à Lei de Emolumentos; considerado o disposto no art. 10º, da Lei Estadual de Emolumentos; considerado o teor dos itens 321 e 353.1, do Capítulo XX, das NSCGJ, que fazem menção à "satisfação de despesas", a ARISP deverá, dentro de 15 dias, apresentar estudo e respectiva proposta de eventual revisão da taxa que vem sendo hoje cobrada, para análise da Corregedoria Geral da Justiça, lembrando que ela, necessariamente, deverá sempre refletir o efetivo custo do serviço prestado e prestigiar o princípio da modicidade, devendo ser bem justificada sua cobrança.

Da segurança dos dados

Outro ponto que merece especial atenção diz respeito ao argumento de que a facilitação do acesso aos bancos de dados dos registros de imóveis seria temerário, por possibilitar violação à privacidade e facilitar o mau uso de dados que poderão ser obtidos em larga escala, a baixo custo.

Tais argumentos, entretanto, não prosperam.

Com efeito, atualmente, aquele que pretender ter acesso ao repositório da Central Registradores de Imóveis deverá fazer uso de certificado digital, o que permite identificação inequívoca do usuário; ou realizar cadastro com informação de seus dados pessoais.

De qualquer modo, para que seja incrementada a segurança na identificação dos usuários, sugere-se que a Central Registradores de Imóveis adote as seguintes medidas: 1) aprimorar o sistema de acesso quando não for feito uso do certificado digital, realizando conferência do número de CPF/CNPJ em relação ao nome cadastrado; 2) exigir cadastramento de número de telefone móvel do usuário, com envio de código de confirmação para acesso a cada busca solicitada; 3) manter em sua base de dados o registro das pesquisas realizadas por cada usuário.

Tais mecanismos, embora não obstem qualquer possibilidade de fraude, certamente inibirão o uso desvirtuado das informações obtidas, já que eventual malfeitor poderá ser identificado para a devida responsabilização civil e/ou criminal.

Sugere-se que tais providências sejam adotadas dentro de até trinta dias.

Da precisão das informações

Merece abordagem a necessidade de precisão absoluta das informações que alimentam o Banco de Dados Light e Web Services a ele interligados. Com efeito, é imprescindível que o fólio pessoal contenha informações precisas sobre a qualidade das pessoas físicas e jurídicas que constem de cada registro. Deverão ser corretamente discernidos nesses bancos de dados os titulares de domínio (presentes e pretéritos) daqueles que figurarem como credores e devedores para fins de escrituração (art. 220, da Lei de Registros Públicos).

Com tal providência, a busca eletrônica com resultado imediato não conterá falsos positivos, ou seja, não apontará como titulares dominiais pessoas que figurem, por exemplo, como credores hipotecários ou locatários.

Para os fins acima, visando ao aprimoramento das bases de dados do Banco de Dados Light e Web Services a ele interligados, sugere-se que as serventias de registro de imóveis devam, no prazo de um ano a contar da publicação do presente, rever todos os dados do fólio pessoal, de maneira a refletirem com precisão a realidade da qualificação das pessoas mencionadas em cada registro imobiliário, distinguindo com exatidão titulares de domínio das demais pessoas que figurem nas matrículas de imóveis.

Da matrícula *on line*

A Lei Estadual n. 13.290, de 22 de dezembro de 2008, introduzindo o item 15 na Tabela referente ao Registro de Imóveis, previu a possibilidade de cobrança de emolumentos para a visualização de fichas de matrícula, sem valor de certidão, mediante cobrança de valor correspondente a 30% do valor da certidão. Tal serviço já está disponibilizado pela Central Registradores de Imóveis.

Entretanto, sugere-se que seja franqueado acesso a essa modalidade de informação diretamente no âmbito de Pesquisa de Bens. Essa medida implicará incremento do acesso às informações arquivadas junto aos registros de imóveis e não obstará que o usuário, caso considere necessário, solicite a certidão correspondente.

O usuário, após acessar a Pesquisa de Bens relativos a determinado CPF/CNPJ, pagando uma vez a taxa administrativa e os emolumentos, poderá, ao se deparar com resultados positivos, optar pela pronta visualização das matrículas que lhe forem de interesse (emolumentos correspondentes ao item 15 da Tabela de Registro de Imóveis, da Lei de Emolumentos), ou pela obtenção de certidão (item 11, da Tabela de Registro de Imóveis). Nesse caso, o usuário pagará tantas vezes os emolumentos quantas forem as matrículas visualizadas ou certidões solicitadas.

Sugere-se que tais alterações devam estar disponíveis dentro de trinta dias.

Todos os mecanismos de aprimoramento aqui sugeridos (revisão da forma de remuneração, exatidão das informações, visualização da matrícula) trarão evidentes benefícios não apenas aos usuários, como também aos próprios Registradores de Imóveis. Se, de um lado, haverá redução do ganho por pesquisa realizada, por outro, haverá estímulo à realização de número bastante superior de pesquisas, diante do acesso franqueado, por quantia módica, a qualquer cidadão, ainda que menos abastado. Haverá, ainda, provável incremento da demanda por certidões eletrônicas e matrículas *on line*, diante do maior fluxo de usuários que passarão a fazer uso do sítio eletrônico Central Registradores de Imóveis. Embora não se cuide de fator determinante para as alterações aqui sugeridas, não é demais lembrar que a especialidade ganhará em volume de pesquisas, o que certamente viabilizará ampliação dos negócios imobiliários com maior margem de segurança.

Pelas razões expostas, o parecer que, respeitosamente, submetemos à elevada apreciação de Vossa Excelência, é no sentido de se acolher, em parte, o pedido de providências, para: **1**) interpretar, da forma acima exposta, o critério de cobrança de emolumentos e taxa administrativa para a pesquisa eletrônica de bens imóveis via *site* registradores.org, de maneira que cada busca de imóveis referente a um único CPF ou CNPJ implique cobrança única de emolumentos, taxa administrativa e ISS, devendo os emolumentos ser distribuídos de forma alternada entre a totalidade das unidades de registro de imóveis do Estado de São Paulo, em fila a ser mantida de forma transparente pela ARISP, o que deverá ser implementado dentro de trinta dias;

2) conceder à ARISP o prazo de quinze dias para apresentar estudo para justificar a cobrança e, eventualmente, rever o valor da taxa administrativa a ser cobrada pela Pesquisa de Bens via Central Registradores de Imóveis, observando o princípio da modicidade e o efetivo custo do serviço; **3**) conceder a todas as unidades de registro de imóveis do Estado de São Paulo o prazo de 01 ano para regularização das informações encaminhadas ao Banco de Dados Light e Web Services a ele Interligados, de maneira a refletir com precisão absoluta a qualidade de cada pessoa que figure no fólio pessoal (se titular de domínio, ou se credor ou devedor); **4**) conceder o prazo de trinta dias para a implementação das medidas de segurança sugeridas na parecer (verificação do número de CPF/CNPJ quando do cadastramento do usuário; verificação de código de segurança a ser obtido via telefone, a cada busca realizada; guarda das informações referentes às buscas realizadas), visando obtenção de maior margem de certeza quanto à identificação do usuário que formula pedido de busca; **5**) determinar que seja disponibilizada opção, dentro do âmbito da Pesquisa de Bens via Central Registradores de Imóveis, de ferramenta de visualização eletrônica de matrícula (Matrícula *on line*), ao lado da opção pela obtenção de certidão, dentro de trinta dias.

Sub censura.

São Paulo, 05 de julho de 2017.

(a) Carlos Henrique André Lisboa

Juiz Assessor da Corregedoria

(a) Iberê de Castro Dias

Juiz Assessor da Corregedoria

(a) Paula Lopes Gomes

Juíza Assessora da Corregedoria

(a) Tatiana Magosso

Juíza Assessora da Corregedoria

DECISÃO: Aprovo, pelas razões expostas, o parecer dos MM. Juízes Assessores, para o fim de acolher, em parte, o pedido de providências, para os fins de: **1**) determinar que a cobrança pelo serviço de Pesquisa de Bens via Central Registradores de Imóveis (*registradores.org.br*) passe a ser efetuada como busca única por cada CPF/CNPJ pesquisado, no que se refere aos emolumentos (item 13, da Tabela de Registro de Imóveis da Lei Estadual de Emolumentos), ao ISS e à taxa administrativa, independentemente do número de unidades de registro de imóveis consultadas e do resultado obtido, cabendo à ARISP cuidar da distribuição equânime dos emolumentos obtidos pelas pesquisas realizadas, na forma como sugerido no parecer. Tal providência deverá ser implementada dentro de trinta dias; **2**) conceder à ARISP o prazo de quinze dias para apresentar estudo que justifique a cobrança e, eventualmente, reveja o valor da taxa administrativa a ser cobrada pela Pesquisa de Bens via Central Registradores de Imóveis, observando o princípio da modicidade e o efetivo custo do serviço; **3**) conceder a todas as unidades de registro de imóveis do Estado de São Paulo o prazo de 01 ano para regularização das informações encaminhadas ao Banco de Dados Light e Web Services a ele Interligados, de maneira a refletir com precisão absoluta a qualidade de cada pessoa que figure no fólio pessoal (se titular de domínio, ou se credor ou devedor); **4**) conceder o prazo de trinta dias para a implementação das medidas de segurança sugeridas no parecer (verificação do número de CPF/CNPJ quando do cadastramento do usuário; verificação de código de segurança a ser obtido via telefone, a cada busca realizada; guarda das informações referentes às buscas realizadas). **5)** determinar que seja disponibilizada opção, dentro do âmbito da Pesquisa de Bens via Central Registradores de Imóveis, de ferramenta de visualização eletrônica de matrícula (Matrícula *on line* - item 15, da Tabela de Registro de Imóveis, da Lei Estadual de Emolumentos), ao lado da opção pela obtenção de certidão, dentro de trinta dias. **6)** Divulgação, por 60 dias, da mudança da forma de cobrança pela pesquisa de bens no *site* da Central Registradores de Imóveis. Determino a publicação do parecer e dessa decisão no DJE por três dias alternados. São Paulo, 05 de julho de 2017. (a) **MANOEL DE QUEIROZ PEREIRA CALÇAS,** Corregedor Geral da Justiça.

2.5.3 TABELIONATO DE NOTAS

EMOLUMENTOS

PROCESSO Nº 2016/204317 - SÃO PAULO - CORREGEDORIA GERAL DA JUSTIÇA DO ESTADO DE SÃO PAULO.

Parecer nº 35/2017

Tabelionato de Notas - Consulta formulada por tabelião acerca do alcance da nota explicativa 3.1.1 da tabela dos Cartórios de Notas instituída pela Lei Estadual nº 11.331/02 - Nota explicativa que, em relação à escritura de partilha, aplica-se apenas àquela lavrada nos termos do artigo 2.015 do Código Civil - Aplicação do item 78.2 do Capítulo XIV das NSCGJ para o cálculo dos emolumentos concernentes às escrituras de separação e divórcio seguidos de partilha e do item 78.3 do Capítulo XIV das NSCGJ para o cálculo dos emolumentos relativos às escrituras de inventário e partilha (Lei nº 11.441/07) - Uniformização do entendimento administrativo, na forma do artigo 29, § 2º, da Lei Estadual nº 11.331/02 - Regramento em caráter geral e normativo. Pleito formulado pelo Colégio Notarial do Brasil - Seção São Paulo, no sentido de incluir o valor da meação do cônjuge sobrevivente na base de cálculo dos emolumentos relativos à lavratura de escritura de inventário e partilha - Meação devida ao cônjuge supérstite, que não caracteriza transmissão de bens, mas mera atribuição daquilo que já lhe pertencia - Ausência de partilha - Emolumentos que, além disso, são cobrados com a exclusão do valor da meação há uma década sem indício de prejuízo aos tabeliães - Parecer pelo indeferimento do pedido.

Vistos.

Trata-se de consulta formulada pelo Tabelião de Notas e Oficial de Registro de Imóveis de Presidente Epitácio ao Juiz Corregedor Permanente daquela serventia, a respeito dos emolumentos a serem cobrados pela lavratura de escrituras de permuta, de divisão de imóvel e de partilha. Questionou o delegatário, considerando a Nota Explicativa 3.1.11 da tabela dos Cartórios de Notas instituída pela Lei Estadual nº 11.331/02, se o cálculo dos emolumentos relativos a esses atos deve levar em conta o total do patrimônio partilhado ou o valor de cada um dos pagamentos realizados aos interessados (fls. 11/13).

O MM. Juiz Corregedor Permanente do Tabelião de Notas e Oficial de Registro de Imóveis de Presidente Epitácio, por meio da decisão copiada a fls. 15/16, decidiu que a cobrança dos emolumentos deveria ocorrer por pagamento realizado.

Posteriormente, após a manifestação da Tabeliã de Notas e de Protesto de Letras e Títulos de Presidente Epitácio (fls. 22/25), o MM Juiz Corregedor Permanente esclareceu que a decisão anteriormente prolatada *"não se aplica aos inventários e divórcios extrajudiciais"*, devendo ser observada, nessas hipóteses, *"a regulamentação do item 78.2 das Normas de Serviço dos Cartórios Extrajudiciais"* (fls. 26).

Na forma do artigo 29, § 2º, da Lei Estadual nº 11.331/022, as decisões proferidas pelo MM. Juiz Corregedor Permanente foram encaminhadas a esta Corregedoria Geral.

Instado a se manifestar (fls. 33), o Colégio Notarial do Brasil – Seção São Paulo apresentou suas ponderações sobre o tema (fls. 36/42). Em relação aos emolumentos concernentes à lavratura de escritura de inventário e partilha, o Colégio sustentou que o dispositivo aplicável é o item 78.33 do Capítulo XIV das NSCGJ. Aproveitou o ensejo para postular a revisão de parte do que dispõe esse item das Normas. Argumentando que o trabalho de formalização de vontades feito pelo notário também inclui a vontade do meeiro, requer, nas escrituras de inventário e partilha, a inclusão do valor da meação do cônjuge sobrevivente na base de cálculo dos emolumentos.

É o relatório.

Preceitua o item 3.1.1 das Notas Explicativas da Tabela dos Tabelionatos de Notas instituída pela Lei Estadual nº 11.331/02:

> *3.1.1. - Nas escrituras de permuta, ou de divisão de imóvel, ou de partilha, o cálculo deverá ser feito por pagamento, obedecendo os critérios dispostos nesta lei, quando ao interessado for atribuído mais de um bem ou direito, salvo disposição em contrário aqui prevista.*

Com base nessa nota, cuja redação permanece inalterada desde a entrada em vigor da Lei Estadual nº 11.331/02, o Tabelião de Notas e Oficial de Registro de Imóveis de Presidente Epitácio questionou seu Corregedor Permanente acerca da forma de cobrança dos emolumentos nessas hipóteses.

No que tange às escrituras de permuta e divisão de imóvel, parece não haver dúvida sobre a aplicabilidade dessa nota explicativa. Ou seja, nesses casos, salvo disposição em contrário e desde que ao interessado seja atribuído mais de um bem ou direito, o cálculo dos emolumentos será feito por pagamento.

Já em relação às escrituras de inventário, divórcio e separação, houve certa dúvida acerca dos emolumentos incidentes.

No entanto, como bem ponderado pela Tabeliã de Notas e de Protesto de Letras e Títulos de Presidente Epitácio (fls. 22/25), manifestação endossada pelo Colégio Notarial do Brasil (fls. 36/42), em relação a essas escrituras, aplicáveis os itens 78.2 e 78.3 do Capítulo XIV das NSCGJ:

> **1.2.** *Enquanto inexistir previsão específica dos novos atos notariais na tabela própria anexa à Lei Estadual nº 11.331, de 26 de novembro de 2002, a definição do valor dos emolumentos dar-se-á por meio da classificação dos atos nas atuais categorias gerais da tabela, pelo critério escritura com valor declarado, quando houver partilha de bens, considerado o valor total do acervo, e pelo critério escritura sem valor declarado, quando não houver partilha de bens.*
>
> **1.3.** *Se houver partilha, prevalecerá como base para o cálculo dos emolumentos, o maior valor dentre aquele atribuído pelas partes e o venal. Nesse caso, em inventário e partilha, excluir-se-á da base de cálculo o valor da meação do cônjuge sobrevivente.*

Desse modo, para separação e divórcio seguidos de partilha, utiliza-se o item 78.2 do Capítulo XIV das Normas: ou seja, cobra-se pelo ato como escritura com valor declarado, considerado, para fins de cálculo de emolumentos, o valor total do acervo a ser partilhado entre os cônjuges.

No caso de escritura de inventário e partilha, aplica-se o item 78.3, que é específico: calculam-se os emolumentos como escritura com valor declarado, considerado o valor total do acervo a ser partilhado entre os herdeiros, excluída a meação do cônjuge sobrevivente.

E em que hipótese aplicar-se-ia o item 3.1.1 à escritura de partilha?

Conforme explicação dada pela Tabeliã de Presidente Epitácio e pelo Colégio Notarial do Brasil, o item 3.1.1 tem aplicabilidade para a hipótese de partilha de bens entre os herdeiros, por escritura pública, com posterior homologação judicial. Nesse sentido, o artigo 2.015 do Código Civil:

> *Art. 2.015. Se os herdeiros forem capazes, poderão fazer partilha amigável, por escritura pública, termo nos autos do inventário, ou escrito particular, homologado pelo juiz.*

A explicação para essa aplicação limitada é de ordem cronológica.

Com efeito, por ocasião da entrada em vigor da Lei nº 11.331/02 e, por consequência, da nota explicativa 3.1.1 da tabela dos Cartórios de Notas, não existia dispositivo legal que permitisse a realização inventário, separação ou divórcio extrajudicial. Isso só se tornou possível com a Lei nº 11.441/07, que entrou em vigor cinco anos depois da Lei Estadual de custas.

Assim, às escrituras de inventário, separação e divórcio, aplicam-se os itens 78.2 e 78.3, que são específicos e cuja redação atual é posterior à Lei nº 11.441/07.

Resolvida a questão da aplicabilidade da nota explicativa 3.1.1, passa-se à análise do pleito do Colégio Notarial do Brasil.

Requer a associação a alteração das Normas de Serviço, mais especificamente do item 78.3 do Capítulo XIV, com a fixação de nova base de cálculo para os emolumentos nas escrituras de inventário e partilha. De acordo com seu pleito, todo o acervo, inclusive a meação do cônjuge sobrevivente, passaria a ser considerado para fins de cálculo dos emolumentos.

Salvo melhor juízo de Vossa Excelência, o pedido não pode ser deferido.

Cabe destacar, de início, que o Desembargador Gilberto Passos de Freitas, então Corregedor Geral da Justiça, por meio da Portaria nº 1/2007, instituiu Grupo de Estudos para o exame e aplicação prática das novidades trazidas pela Lei Federal nº 11.441/2007.

Desse grupo de notáveis, fizeram parte os Desembargadores José Roberto Bedran e José Renato Nalini; os então Juízes das Varas de Registros Públicos da Capital e hoje Desembargadores Marcelo Martins Berthe e Márcio Martins Bonilha Filho; o então Juiz Auxiliar da Corregedoria e hoje Desembargador Vicente de Abreu Amadei; o Defensor Público Vitore André Zilio Maximiano; a Advogada Márcia Regina Machado Melaré; e o Tabelião Paulo Tupinambá Vampré.

Desses todos, apenas o Tabelião Paulo Tupinambá Vampré discordou da redação dada à conclusão 2.5, que deu origem ao atual item 78.3 do Capítulo XIV das NSCGJ:

> *2.5. Havendo partilha, prevalecerá como base para o cálculo dos emolumentos, o maior valor dentre aquele atribuído pelas partes e o venal. Nesse caso, em inventário e partilha, excluir-se-á da base de cálculo o valor da meação do cônjuge sobrevivente (APROVADA POR MAIORIA DE VOTOS, VENCIDO O TABELIÃO DE NOTAS PAULO TUPINAMBÁ VAMPRÉ).*

Ou seja, com exceção do Tabelião que fazia parte do Grupo de Estudos, todos os outros componentes concluíram que a meação do cônjuge supérstite não poderia integrar a base de cálculo dos emolumentos.

E há motivos técnicos que embasam esse entendimento.

Meação decorre do regime de bens e preexiste à morte do cônjuge. Ela é devida ao cônjuge viúvo, mas não se trata de transmissão. Trata-se de simples atribuição de parcela do patrimônio comum ao cônjuge sobrevivente, em virtude do falecimento do outro.

Desse modo, como não há partilha dos bens que serão atribuídos ao meeiro, não se justifica que o valor desses bens seja utilizado para o cálculo dos emolumentos devidos pela lavratura da escritura.

Pelo mesmo motivo – ausência de efetiva transmissão –, o ITCMD não incide sobre o valor da meação. Nesse sentido:

> *"O imposto não incide sobre a totalidade do patrimônio inventariado, ou seja, o monte-mor, mas apenas sobre a herança transmitida aos herdeiros e legatários. Assim, havendo cônjuge meeiro sobrevivo (com direito à comunhão de bens), será apartado o valor da meação, a qual não decorre de transmissão de bens e sim do regime de comunhão no casamento. A outra metade deixada pelo inventariado é que fica sujeita ao tributo, já que transmitida aos herdeiros"* (Euclides de Oliveira e Sebastião Amorim, "Inventários e Partilhas – Direito das Sucessões – Teoria e Prática", 23ª edição, 2013, p. 366).

Aos argumentos de ordem técnica, soma-se argumento de ordem prática.

Conforme manifestação do Colégio Notarial do Brasil, *"segundo estatísticas da Central Notarial de Serviços Eletrônicos Compartilhados – CENSEC, administrada pelo Colégio Notarial do Brasil – Conselho Federal, mais de 1,5 milhão de atos de divórcios, separações e inventários já foram realizados nos cartórios extrajudiciais brasileiros após o advento da Lei 11.441/07, contribuindo para desafogar o Poder Judiciário"* (fls. 41).

Ou seja, faz uma década que os cartórios de notas passaram a prestar esse novo serviço, sem indício de que a exclusão do valor da meação no cálculo dos emolumentos da escritura de inventário e partilha inviabilizasse financeiramente o serviço.

Se tecnicamente a exclusão da meação fosse o caminho mais acertado, mas, na prática, isso acarretasse prejuízo aos notários, talvez o tema realmente devesse ser revisto.

No entanto, além de ser a posição tecnicamente mais acertada, a experiência desses dez anos mostrou que o cálculo dos emolumentos na forma do item 78.3 do Capítulo XIV das NSCGJ é financeiramente viável para os tabelionatos.

E não se pode afastar a ideia de que parte do sucesso na lavratura de inventários e partilhas extrajudiciais seja decorrente da razoabilidade do valor cobrado pelo serviço. Com a inclusão do valor da meação, os emolumentos, em alguns casos, praticamente dobrariam. Isso, provavelmente, faria com que parte dos usuários optasse pela via judicial, ou mesmo que deixasse a realização do inventário e da partilha para momento posterior.

Ante o exposto, o parecer sugere:

a) que a nota explicativa 3.1.1 da tabela dos Tabelionatos de Notas instituída pela Lei Estadual nº 11.331/02, ao mencionar "escritura de partilha", refere-se tão-somente às escrituras desse tipo lavradas na forma do art. 2.015 do Código Civil (partilha amigável a ser homologado pelo juiz);

b) que para o cálculo dos emolumentos das escrituras de separação e divórcio seguidos de partilha, aplica-se o item 78.2 do Capítulo XIV das NSCGJ;

c) que para o cálculo dos emolumentos das escrituras de inventário e partilha (Lei nº 11.441/07), aplica-se o item 78.3 do Capítulo XIV das NSCGJ;

d) o indeferimento do pleito formulado pelo Colégio Notarial do Brasil – Seção São Paulo, com a manutenção da redação do item 78.3 do Capítulo XIV das NSCGJ, excluindo-se o valor da meação do cônjuge sobrevivente do cálculo dos emolumentos relativos à lavratura de escritura de inventário e partilha.

Caso este parecer seja aprovado e devido à relevância da matéria, sugiro sua publicação na íntegra no Diário da Justiça Eletrônico, por três dias alternados.

Sub censura.

São Paulo, 21 de fevereiro de 2017.

(a) Carlos Henrique André Lisboa

Juiz Assessor da Corregedoria

3.1.1. - Nas escrituras de permuta, ou de divisão de imóvel, ou de partilha, o cálculo deverá ser feito por pagamento, obedecendo os critérios dispostos nesta lei, quando ao interessado for atribuído mais de um bem ou direito, salvo disposição em contrário aqui prevista.

2 *§ 2º - As dúvidas formuladas por escrito e suas respectivas decisões serão encaminhadas pelo Juiz Corregedor Permanente à Corregedoria Geral da Justiça, para uniformização do entendimento administrativo a ser adotado no Estado.*

3 *78.3. Se houver partilha, prevalecerá como base para o cálculo dos emolumentos, o maior valor dentre aquele atribuído pelas partes e o venal. Nesse caso, em inventário e partilha, excluir-se-á da base de cálculo o valor da meação do cônjuge sobrevivente.*

DECISÃO: Aprovo o parecer do MM. Juiz Assessor da Corregedoria e, por seus fundamentos, que acolho, a fim de uniformizar o entendimento administrativo a ser adotado no Estado (artigo 29, § 2º, da Lei Estadual nº 11.331/02) esclareço: a) que a nota explicativa 3.1.1 da tabela dos Tabelionatos de Notas instituída pela Lei Estadual nº 11.331/02, ao mencionar "escritura de partilha", refere-se tão-somente às escrituras desse tipo lavradas na forma do art. 2.015 do Código Civil (partilha amigável a ser homologado pelo juiz); b) que para o cálculo dos emolumentos das escrituras de separação e divórcio, aplica-se o item 78.2 do Capítulo XIV das NSCGJ; c) que para o cálculo dos emolumentos das escrituras de inventário e partilha (Lei nº 11.441/07), aplica-se o item 78.3 do Capítulo XIV das NSCGJ. Sem prejuízo, em que pese o pleito do Colégio Notarial do Brasil – Seção São Paulo, mantenho inalterada a redação do item 78.3 do Capítulo XIV das NSCGJ. Dada a relevância da matéria, publique-se no DJE esta decisão e o parecer ora aprovado em três dias alternados. Na forma do artigo 29, § 3º, da Lei Estadual nº 11.331/12, encaminhem-se cópias desta decisão e do parecer ora aprovado à Secretaria da Justiça e da Defesa da Cidadania, para acompanhamento e aprimoramento da legislação relativa aos emolumentos. São Paulo, 22 de fevereiro de 2017. **(a) MANOEL DE QUEIROZ PEREIRA CALÇAS,** Corregedor Geral da Justiça. (DJe de 06.03.2017 - SP)

2.5.4 TABELIONATO DE PROTESTO

INTIMAÇÃO

PROCESSO Nº 2017/27006 – SÃO PAULO/SP – CORREGEDORIA GERAL DA JUSTIÇA DE SÃO PAULO PARECER Nº 95/2017-E

Tabelionato de Protesto - Expediente instaurado visando à uniformização do valor das despesas de intimação do protesto - Item 49 e subitem 49.2 do Capítulo XV das NSCGJ, que atribuem ao Juiz Corregedor Permanente de cada serventia a fixação do valor das despesas nas hipóteses de (a) intimação realizada por funcionário do tabelionato localizado em município que não conta com linha de transporte regular e (b) intimação realizada por funcionário do tabelionato em que o percurso extrapole o perímetro urbano do município - Disparidade de valores verificada – Quantia que deve se limitar a ressarcir despesas - Parecer para que se adote critério de distância percorrida, estabelecidas faixas de dez quilômetros para a facilitação dos cálculos, com a conversão do valor em Ufesps - Proposta de alteração do item 49 e subitem 49.2 do Capítulo XV das Normas de Serviço da Corregedoria Geral da Justiça.

Excelentíssimo Senhor Corregedor Geral da Justiça,

Trata-se de expediente iniciado por esta Corregedoria Geral, com o escopo de tentar uniformizar o valor cobrado pelas despesas de condução das intimações do protesto, em especial nos locais onde não há transporte coletivo regular.

O Instituto de Estudos de Protesto de Títulos do Brasil – Seção São Paulo (IEPTB-SP) manifestou-se a fls. 9/15, sugerindo a fixação do valor em fração de UFESP, por quilômetro rodado. É o relatório. Opino:

Preceituam as notas explicativas nº 3 e 4 da Tabela do Serviço de Protesto, a qual faz parte da Lei Estadual nº 11.331/02:

3. A despesa de condução a ser cobrada pela entrega da intimação procedida diretamente pelo tabelionato, será a equivalente ao valor da tarifa de ônibus ou qualquer outro meio de transporte coletivo utilizado e existente dentro do Município, em número certo, necessário ao cumprimento do percurso de ida e volta do tabelionato ao destinatário.

Parágrafo único. Quando não houver linha de transporte coletivo regular ou o percurso a ser cumprido extrapolar o perímetro urbano do Município, em cumprimento à intimação em localidade diferente ou em observância às determinações referentes às Comarcas agrupadas, o valor a ser cobrado será o equivalente ao do meio de transporte alternativo utilizado, ainda que em veículo automotor de caráter particular, desde que não ultrapasse ao valor igual ao da condução dos Oficiais de Justiça do Foro Judicial.

4. O valor da despesa com remessa postal da intimação a ser cobrado, será o equivalente ao estabelecido no contrato firmado pelo tabelionato com a E.B.C.T. – Empresa Brasileira de Correios e Telégrafos ou com empresa especializada contratada para prestação desse serviço.

Já as Normas de Serviço, em seu Capítulo XV, tratam assim o tema das despesas de intimação do protesto:

49. *A despesa de condução a ser cobrada pelas intimações procedidas diretamente pelo Tabelionato devem ser fixadas pelo Juiz Corregedor Permanente, em atenção às peculiaridades da Comarca, e incumbirá ao Tabelião provocar essa providência.*

49.1. *A despesa de condução será equivalente ao valor da tarifa de ônibus ou qualquer outro meio de transporte coletivo utilizado e existente dentro do Município, em número certo, necessário ao cumprimento do percurso de ida e volta do Tabelionato ao destinatário.*

49.2. *Quando não houver linha de transporte coletivo regular ou o percurso a ser cumprido extrapolar o perímetro urbano do Município, em cumprimento à intimação em localidade diferente ou em observância às determinações referentes às Comarcas agrupadas, o valor a ser cobrado será o equivalente ao do meio de transporte alternativo utilizado, ainda que em veículo automotor de caráter particular, desde que não ultrapasse valor igual ao da condução dos Oficiais de Justiça.*

50. *Nas intimações pelo correio será cobrado o valor da despesa com remessa postal equivalente ao estabelecido no contrato firmado pelo Tabelião de Protesto de Títulos com a Empresa Brasileira de Correios e Telégrafos (EBCT) ou, não ultrapassado o preço praticado pela EBCT, com outra pessoa jurídica especializada na prestação desse serviço.*

50.1. *Não havendo contrato, o valor corresponderá aos preços praticados pela EBCT.*

As hipóteses tratadas nas Notas Explicativas da tabela, e mais bem detalhadas no capítulo XV das Normas, podem assim ser resumidas:

a) Intimação realizada pelo Correio – valor cobrado pela Empresa Brasileira de Correio e Telégrafos para a remessa postal (nota explicativa nº 4 da Tabela do Protesto, item 50 e subitem 50.1 do Capítulo XV);

b) Intimação por empresa contratada – cobrança de, no máximo, o valor exigido pela Empresa Brasileira de Correios e Telégrafos para a remessa postal (nota explicativa nº 4 da Tabela do Protesto, item 50 e subitem 50.1 do Capítulo XV);

c) Intimação realizada por funcionário do tabelionato dentro do Município – fixação pelo Juiz Corregedor Permanente, devendo ser equivalente ao valor da tarifa de ônibus, em número certo, necessário ao cumprimento do percurso de ida e volta do Tabelionato ao destinatário (nota explicativa nº 4 da Tabela do Protesto item 49 e subitem 49.1 do Capítulo XV);

d) Intimação realizada por funcionário do tabelionato localizado em município que não conta com linha de transporte regular – fixação pelo Juiz Corregedor Permanente, devendo o valor ser equivalente ao do meio de transporte alternativo utilizado, ainda que em veículo automotor particular, desde que não ultrapasse o valor destinado à condução dos Oficiais de Justiça (item 49 e subitem 49.2);

e) Intimação realizada por funcionário do tabelionato em que o percurso extrapole o perímetro urbano do município – fixação pelo Juiz Corregedor Permanente, devendo o valor ser equivalente ao do meio de transporte alternativo utilizado, ainda que em veículo automotor particular, desde que não ultrapasse o valor destinado à condução dos Oficias de justiça (item 49 e subitem 49.2).

Percebe-se que nos itens "a", "b" e "c" as Normas de Serviço repetem diretrizes objetivas trazidas pela Lei Estadual de Custas. Nos dois primeiros casos (itens "a" e "b"), o teto é o valor exigido pela Empresa Brasileira de Correios e Telégrafos para a remessa postal; e, no último (item "c"), o valor das tarifas de ônibus do percurso de ida e volta do tabelionato ao destinatário.

O problema surge nas hipóteses "d" e "e", quais sejam, (d) intimação realizada por funcionário do tabelionato em Município onde não há linha de transporte regular e (e) intimação em que o percurso extrapola o perímetro urbano do município.

Nessas hipóteses, a Lei Estadual não traz critério objetivo para a fixação do valor das despesas e as normas de Serviço, ao regulamentarem o tema, atribuíram aos Juízes Corregedores Permanentes de cada cartório essa função.

Todavia, o atual sistema cria uma variação muito grande desses valores, os quais, a rigor, deveriam ser semelhantes. Em alguns casos, valores muito diferentes relativos às despesas de intimação de protesto são estabelecidos em comarcas próximas.

Em outros, sob o título de despesa, paga-se ao tabelião valor muito superior ao efetivamente gasto para a intimação.

Nesse ponto, cabe enfatizar: as despesas de intimação do protesto devem apenas ressarcir o tabelião por algo que foi efetivamente gasto. Isso fica bastante claro pela leitura dos artigos 16[1] e 19[2] da Lei nº 9.492/97 e pelo já transcrito item 49 do Capítulo XV das NSCGJ. Como é sabido, a remuneração do tabelião se dá exclusivamente com a parcela dos emolumentos que lhe cabe.

Assim, salvo melhor juízo de Vossa Excelência, conveniente que esse valor, ao contrário do que ocorre hoje, seja estabelecido com base em critério justo e uniforme, observadas as despesas do tabelião com o ato, obstada, porém, a ocorrência de enriquecimento sem causa.

O IEPTB-SP sugeriu que as despesas com a intimação do protesto nas hipóteses "d" e "e" fossem calculadas por quilômetro rodado. Baseado em estudo realizado, em junho 2016, pelo engenheiro Leonardo Gazolli (http://blog.contelege.com.br/ reembolso-por-km-rodado), que levou em conta todas as despesas advindas do uso de automóvel (combustível, IPVA, seguro obrigatório, licenciamento, manutenção, depreciação do veículo, limpeza e seguro), propôs a fixação do valor de R$ 0,63 por quilômetro rodado para reembolso das despesas. Por fim, para evitar que o valor tenha que ser constantemente alterado, sugeriu sua conversão em Ufesps, o que resultaria em 0,026 Ufesp por quilômetro rodado.

Em relação à primeira parte da proposta apresentada pelo instituto, o caso é de parcial acolhimento.

O critério de quilômetro rodado para o ressarcimento das despesas com a intimação do protesto é justo, pois repassa ao devedor o pagamento de quantia próxima àquela que foi gasta pelo tabelião. Ou seja, o devedor que mora perto do cartório e, portanto, que pôde ser intimado depois de o funcionário da serventia percorrer curto trajeto, pagará valor baixo. Ao reverso, o devedor que mora em local distante, tornando necessário que o funcionário do cartório se desloque por longo percurso para intimá-lo, pagará valor maior.

Por outro lado, embora a cobrança baseada em cada quilômetro rodado seja o critério mais justo, o estabelecimento de faixas de quilometragem tornará mais simples o cálculo das despesas – uma vez que o valor não variará a cada quilômetro a mais que for percorrido -, sem onerar em demasia o devedor que não exigiu grande deslocamento do funcionário que o intimou – pois, embora com menor precisão, permanece preservada a lógica segundo a qual quem usa mais, paga mais.

Desse modo, proponho o estabelecimento de faixas de dez quilômetros. Pelas intimações em que o percurso de ida e volta do tabelionato ao destinatário não ultrapasse dez quilômetros, será cobrado pelas despesas o valor mínimo; se o percurso superar os dez quilômetros, mas não ultrapassar os vinte, o valor das despesas corresponderá ao dobro do mínimo; e assim sucessivamente. Fica mantido, porém, o teto do valor da condução dos Oficiais de Justiça, já que esse limite é trazido pela Lei Estadual de custas (cf. parágrafo único da nota explicativa nº 3 da Tabela do Serviço de Protesto da Lei Estadual nº 11.331/02).

O valor do quilômetro rodado sugerido pelo IEPTB-SP (R$0,63) – tendo em vista que se trata de parâmetro baseado em estudo realizado por especialista, que levou em conta todas as despesas advindas do deslocamento – deve ser adotado.

E mesmo que o Estudo tenha calculado o valor baseado na utilização de um carro bastante econômico (Gol 1.000) – e que nem sempre as intimações serão realizadas com esse tipo de veículo -, não se pode esquecer que as faixas de quilometragem remunerarão pequenos deslocamentos com um valor mínimo que equivale às despesas relativas a dez quilômetros.

Assim, o rigorismo do cálculo apresentado fica compensado pelo critério de faixa de quilometragem adotado.

Finalmente, a conversão da quantia em Ufesps, com a inserção dessa referência nas Normas, é providência que evitará a corrosão do valor ora estabelecido, sem a necessidade de sua constante revisão.

Entretanto, tendo em vista que a divisão do quilômetro rodado calculado em 2016 (R$0,63), pelo valor da Ufesp de 2016 (R$23,55), resulta em um longo número decimal (0,026751592356689), conveniente, pelo rigorismo do cálculo das despesas já citado, que o arredondamento se dê para cima (0,027 por quilômetro).

Ante o exposto, o parecer que respeitosamente submeto à apreciação de Vossa Excelência propõe a edição de Provimento, conforme minuta anexa, com o objetivo de aprimorar o Capítulo XV das NSCGJ, de modo a uniformizar o valor das despesas de intimação do protesto.

Caso este parecer seja aprovado e devido à relevância da matéria, sugiro sua publicação, acompanhado do Provimento, no Diário da Justiça Eletrônico, por três dias alternados.

Sub censura.

São Paulo, 21 de março de 2017.

(a) **Carlos Henrique André Lisbôa** - Juiz Assessor da Corregedoria

NOTA DE RODAPÉ

1 - Art. 16. Antes da lavratura do protesto, poderá o apresentante retirar o título ou documento de dívida, pagos os emolumentos e demais despesas.

2 - Art. 19. O pagamento do título ou do documento de dívida apresentado para protesto será feito diretamente no Tabelionato competente, no valor igual ao declarado pelo apresentante, acrescido dos emolumentos e demais despesas.

DECISÃO: Com o objetivo de aprimorar o Capítulo XV das NSCGJ, de modo a uniformizar o valor das despesas de intimação do protesto, aprovo o parecer do MM. Juiz Assessor da Corregedoria. Dada a relevância da matéria, publique-se no DJE esta decisão, o Provimento e o parecer ora aprovado em três dias alternados. São Paulo, 23 de março de 2017 - (a) **MANOEL DE QUEIROZ PEREIRA CALÇAS** - Corregedor-Geral da Justiça. (DJe de 12.04.2017 - SP)

PROCESSO Nº 2004/2069 - SÃO PAULO - CORREGEDORIA GERAL DA JUSTIÇA DO ESTADO DE SÃO PAULO.

(235/2017-E)

NORMAS DE SERVIÇO DA CORREGEDORIA GERAL DA JUSTIÇA - Fraudes perpetradas a partir de dados constantes de editais eletrônicos de protesto de títulos e documentos - Necessidade de restrição ao acesso do teor dos editais, como forma de dificultar a ação dos criminosos - Exclusão da publicação da faixa de valor do título levado a protesto - Acesso ao teor dos editais que se dará exclusivamente pela ferramenta de busca disponibilizada no jornal eletrônico - Alteração dos itens 55.2.d e 55.4.1, ambos do Capítulo XV, Tomo II, das NSCGJ.

Excelentíssimo Corregedor Geral da Justiça,

Trata-se de sugestão do IEPTB-SP, para alteração da redação dos itens 55.2.d e 55.4.1, ambos do Capítulo XV, Tomo II, das NSCGJ, como forma de dificultar a ação de criminosos que, valendo-se de dados dos títulos levados a protestos, obtidos a partir dos editais de intimação, iludem os respectivos devedores, induzindo-os a efetuar depósitos em contas bancárias dos meliantes, ao argumento de que a providência quitaria a obrigação e impediria que o protesto fosse lavrado.

É o breve relato.

As notícias trazidas à baila pelos Srs. Tabeliães, dando conta de aumento do número de embustes perpetrados a partir de dados pessoais constantes dos editais de intimação de protesto, impõem pronta atuação desta E. Corregedoria Geral.

E as sugestões apresentadas afiguram-se adequadas a coibir a atuação dos criminosos.

Com efeito, ocupa-se o fraudador, de início, de verificar, a partir das publicações editalícias, a faixa do valor do título levado a protesto. É que não lhe interessam os de pouca monta, pelos baixos ganhos que adviriam do golpe, tampouco os de valor exacerbado, em que reduzidas as chances de o devedor ter disponível, de pronto, a quantia total, para depósito na conta indicada. Daí a constatação de que a maioria das fraudes está relacionada a títulos de valores que oscilam entre R$ 1.000,00 e R$ 20.000,00.

Neste passo, a menção à letra indicativa da faixa de valor da obrigação não se mostra imprescindível ao objetivo do édito, de levar ao devedor conhecimento de que título de crédito em seu desfavor está na iminência de ser protestado. Bastará ao interessado buscar a informação perante o Tabelionato de Protesto, o que, dadas as condições atuais dos meios de comunicação, pode ser feito imediata e remotamente, sem maiores percalços. Frise-se, de qualquer modo, que sequer o método vigente, em que publicada apenas a faixa de valor do título levado a protesto, elimina a necessidade de diligência de parte do devedor, caso queira saber, com precisão, a quantia mencionada no documento.

De outro bordo, cumpre notar que, para engendrar o artifício, os criminosos valem-se de dados pessoais do devedor, como o número de inscrição perante o Cadastro de Pessoas Físicas, extraídos do teor do edital, acessível ao público a partir da rede mundial de computadores.

Não obstante, a publicação é direcionada exclusivamente ao devedor, destinatário único da intimação. Inexiste interesse coletivo em que tais dados sejam franqueados indiscriminadamente, a qualquer do povo. Tanto assim, que, de ordinário, a intimação faz-se pessoalmente. A via pessoal é a desejável, reconhecida pelo próprio ordenamento como aquela a que se há de dar preferência. E, sempre que bem sucedida, a intimação pessoal, repita-se, regra geral, limita ao devedor do título o conhecimento da intenção de protesto, a reforçar não haver qualquer ilegalidade na restrição à publicidade do édito.

A proposta em berlinda culmina com a necessidade de inserção de número de CPF ou CNPJ, na página eletrônica do jornal de editais, para efetuar pesquisa de eventual publicação referente ao titular daquela inscrição. A medida propicia que qualquer interessado pesquise a existência de edital de protesto em que figure como devedor, valendo-se de seu próprio número de documento. E cria obstáculos a fraudadores que queiram informar-se sobre protestos em geral, aleatoriamente. Para tanto, precisarão ter prévio conhecimento dos dados pessoais daqueles a quem pretendam ludibriar. Estarão os criminosos impossibilitados de os obter a partir do próprio edital.

Será, em síntese, salutar atualização do campo normativo desta Egrégia Corregedoria Geral a aprovação das modificações sugeridas pelo IEPTB-SP.

Propomos, desta feita, a alteração dos itens 55.2.d e 55.4.1, ambos do Capítulo XV, Tomo II, das NSCGJ, conforme minuta que segue.

Sub censura.

São Paulo, 19 de junho de 2017.

(a) Carlos Henrique André Lisboa

Juiz Assessor da Corregedoria

(a) Iberê de Castro Dias

Juiz Assessor da Corregedoria

(a) Paula Lopes Gomes

Juíza Assessora da Corregedoria

(a) Tatiana Magosso

Juíza Assessora da Corregedoria

DECISÃO: Aprovo, pelas razões expostas, a edição do Provimento sugerido, conforme minuta apresentada, a ser publicado, juntamente com o parecer, por três vezes, em dias alternados, no DJE. Publique-se. São Paulo, 20 de junho de 2017. **(a) MANOEL DE QUEIROZ PEREIRA CALÇAS**, Corregedor Geral da Justiça. (DJe de 28.06.2017 - SP)

PROTESTO – HONORÁRIOS ADVOCATÍCIOS

PROCESSO Nº 2017/171359 - SÃO PAULO. (345/2017-E)

PROTESTO - CONTRATO DE HONORÁRIOS ADVOCATÍCIOS - Nova redação do art. 52 do Código de Ética e Disciplina da Ordem dos Advogados do Brasil - Art. 24 da lei 8.906/94 - Admissibilidade do protesto, desde que o contrato esteja acompanhado de declaração firmada pelo advogado, sob sua responsabilidade, de que tentou receber amigavelmente a quantia de que se diz credor.

Excelentíssimo Corregedor Geral da Justiça,

Trata-se de pedido formulado por Rodrigo Eduardo Mariano, advogado, para que esta E. CGJ determine aos Tabelionatos competentes que levem a protesto os contratos de honorários advocatícios apresentados a tanto. Tratou da entrada em vigor do novo Código de Ética e Disciplina da OAB, cujos termos imporiam mudança do entendimento desta

E. CGJ.

Manifestou-se o IEPTB-SP pela possibilidade do protesto de contrato de honorários advocatícios. É o breve relato.

À luz do art. 52 do Código de Ética e Disciplina da Ordem dos Advogados do Brasil:

> "Art. 52. O crédito por honorários advocatícios, seja do advogado autônomo, seja de sociedade de advogados, não autoriza o saque de duplicatas ou qualquer outro título de crédito de natureza mercantil, podendo, apenas, ser emitida fatura, quando o cliente assim pretender, com fundamento no contrato de prestação de serviços, a qual, porém, não poderá ser levada a protesto.
>
> Parágrafo único. Pode, todavia, ser levado a protesto o cheque ou a nota promissória emitido pelo cliente em favor do advogado, depois de frustrada a tentativa de recebimento amigável."

A norma em comento, que passou a vigorar em 1º/9/16, prevê, às expressas, a possibilidade de protesto de cheque ou nota promissória emitidos pelo cliente do advogado. Inovou, pois, em relação ao artigo 42 do Código de Ética que vigia até então, cujos termos eram os seguintes:

Art. 42. O crédito por honorários advocatícios, seja do advogado autônomo, seja de sociedade de advogados, não autoriza o saque de duplicatas ou qualquer outro título de crédito de natureza mercantil, exceto a emissão de fatura, desde que constitua exigência do constituinte ou assistido, decorrente de contrato escrito, **vedada a tiragem de protesto**.

Notória a alteração de concepção trazida pelo novo regramento. O revogado artigo 42 vedava a tiragem de protesto, quer do contrato escrito de honorários, quer da fatura eventualmente emitida pelo advogado. A atual disciplina, ao revés, explicitamente admite o protesto de cheque e nota promissória expedidos pelo cliente do patrono, embora vede o protesto da fatura, porque unilateralmente emitida pelo advogado.

Seguindo similar inteligência, afigura-se razoável admitir o protesto do próprio contrato de honorários advocatícios, documento bilateral, igualmente firmado pelo devedor, amoldado ao conceito de "outros documentos de dívida" passíveis de protesto, nos termos do art. 1º da Lei 9492/97.

Note-se, neste passo, e a reforçar a viabilidade do protesto, que o contrato de honorários advocatícios é, *per si*, título executivo extrajudicial, nos moldes do art. 24 da Lei 8906/94:

> Art. 24. A decisão judicial que fixar ou arbitrar **honorários e o contrato escrito que os estipular são títulos executivos** e constituem crédito privilegiado na falência, concordata, concurso de credores, insolvência civil e liquidação extrajudicial.

A jurisprudência pátria, aliás, firmou-se no sentido de que a executividade do contrato de honorários advocatícios prescinde da assinatura de duas testemunhas, requisito não versado no art. 24retromencionado.

Não se olvida o pretérito posicionamento desta E. Corregedoria Geral da Justiça, pela inadmissibilidade do protesto de contrato de honorários advocatícios (e.g., Autos 1022561-32.2016.8.26.0554 e 0000005-33.2016.8.26.0981), que, todavia, justificava-se, à vista da redação do art. 42 do Código de Ética e Disciplina da OAB, hoje revogado.

Apenas há que se ressalvar, em atendimento à parte final do parágrafo único do art. 52 do CEDOAB vigente, a necessidade de que o advogado tenha tentado receber amigavelmente a quantia que alega ser-lhe devida por conta do contrato levado a protesto. Para tanto, será de rigor que o contrato faça-se acompanhar de declaração firmada pelo advogado, sob sua exclusiva responsabilidade, de que tentou receber amigavelmente a quantia que alega inadimplida.

Desta feita, o parecer que, respeitosamente, apresento à consideração de V. Exa. é pela expedição de comunicado, a ser publicado por três vezes no Diário Oficial, autorizando a recepção a protesto de contrato de honorários advocatícios, desde que acompanhado de declaração firmada pelo advogado apresentante, sob sua exclusiva responsabilidade, de que tentou, sem sucesso, receber amigavelmente a quantia que alega inadimplida.

Sub censura.

São Paulo, 2 de outubro de 2017.

(a) Iberê de Castro Dias

Juiz Assessor da Corregedoria

DECISÃO: Aprovo o parecer do MM. Juiz Assessor da Corregedoria, para determinar a expedição de Comunicado, a ser publicado por três vezes no Diário Oficial, com o seguinte teor: "Nos termos do parecer supra, fica autorizada a recepção a protesto de contrato de honorários advocatícios, desde que acompanhado de declaração firmada pelo advogado apresentante, sob sua exclusiva responsabilidade, de que tentou, sem sucesso, receber amigavelmente a quantia que alega inadimplida". São Paulo, 04 de outubro de 2017. **(a) MANOEL DE QUEIROZ PEREIRA CALÇAS,** Corregedor Geral da Justiça - **Advogado:** RODRIGO EDUARDO MARIANO, OAB/SP 360.449 (*em causa própria*). (DJe de 26.10.2017 - SP)

TÍTULOS E DOCUMENTOS – ASSINATURA SOB A FORMA ELETRÔNICA

PROCESSO Nº 2017/3138 - SÃO PAULO - CORREGEDORIA GERAL DA JUSTIÇA. PARECER: 146/2017-E

Normas de Serviço da Corregedoria Geral da Justiça – Protesto de títulos e documentos assinados sob forma eletrônica – Ampliação das hipóteses admitidas, assim como dos programas a serem utilizados para conferência das assinaturas digitais – Alteração do item 26 e inclusão dos subitens 26.1 e 26.2, todos do Capítulo XV, do Tomo II, das NSCGJ.

Excelentíssimo Senhor Corregedor Geral da Justiça,

Trata-se de sugestão do IEPTB-SP, para alteração da redação do item 26 do Capítulo XV, Tomo II, das NSCGJ, ampliando-se o elenco de títulos e documentos que, firmados eletronicamente, são passíveis de protesto. Pleiteiam, igualmente, a liberação da escolha de qualquer programa que atenda aos requisitos legais, para conferência de assinaturas digitais. Requerem, ainda, autorização para recepção de documentos por extrato, na forma do art. 425, V, do CPC, referentes a interesses de entidades integrantes do Sistema Financeiro.

É o breve relato.

À luz do item 26 do Capítulo XV, Tomo II, das NSCGJ:

> "Os contratos de câmbio podem ser recepcionados por meio eletrônico, se realizada, em qualificação, conferência das assinaturas digitais com emprego do programa específico disponibilizado pelo Banco Central do Brasil, observadas as respectivas instruções de uso."

Postula o IEPTB-SP alteração da regra aludida em dois aspectos: a) ampliação dos documentos passíveis de protesto por meio eletrônico; b) possibilidade, para conferência de assinaturas digitais, do emprego de qualquer programa que atenda à legislação brasileira, ficando a escolha sob responsabilidade dos Tabeliães.

De início, afigura-se injustificável a limitação do meio eletrônico de protesto a contratos de câmbio. Com efeito, os avanços tecnológicos experimentados cotidianamente tornaram praxe a elaboração de títulos de crédito e contratos assinados por meios digitais. Tende-se, ademais, para a ampliação da quantidade de documentos assim firmados. Alargar a gama de documentos eletrônicos passíveis de protesto virá *pari passu* com o atual momento histórico, além de favorecer o desenvolvimento das relações sociais.

Deveras, não parece haver razão de discrímen entre contrato de câmbio e qualquer dos títulos de crédito ou documentos de dívida. Desta feita, razoável a autorização irrestrita de protesto de títulos e documentos assinados por meio eletrônico. O que comportar protesto pelas vias físicas há, igualmente, de comportar protesto por meio eletrônico, quando assinado digitalmente.

De outro bordo, o "programa específico disponibilizado pelo Banco Central do Brasil", a que a atual redação do item 26 retromencionado faz referência, denominado CADIC, sequer está em uso, como se colhe da informação prestada pela FEBRABAN, a fls. 9.

De rigor, pois, a modificação normativa também nesta seara. Dada a variedade de programas elaborados para tais fins, assemelha-se adequada a sugestão apresentada pelo IEPTB-SP, de possibilitar o uso de qualquer deles, desde que atendidos os requisitos legais para tal mister, esclarecendo-se que a respectiva escolha será de exclusiva responsabilidade do Sr. Tabelião.

Note-se, aliás, que a Circular 3.829/17 do BACEN, recentemente expedida, atenta aos meandros da elaboração hodierna de documentos, autoriza o uso de qualquer meio de assinatura eletrônica dos contratos de câmbio, ainda que mediante emprego de certificados que não tenham sido emitidos no âmbito da Infraestrutura de Chaves Públicas (ICP - Brasil).

Por fim, em consonância com o art. 425, V, do Código de Processo Civil, pertinente a permissão para recepção, sob a forma de extratos digitais, de títulos e documentos de entidades integrantes do Sistema Financeiro Nacional, cujas atividades estão sujeitas à fiscalização de órgãos outros, como BACEN, CVM e SUSEP.

Será, em síntese, salutar atualização do campo normativo desta Egrégia Corregedoria Geral a aprovação das modificações sugeridas pelo IEPTB-SP. Apenas há que se ressalvar a aparente prescindibilidade de especificação do padrão de formato a ser utilizado para emissão de extratos digitais, para que viabilizem protesto, haja vista a já explicitada rapidez com que evoluem os sistemas eletrônicos, a demandar constante - e contraproducente - atualização das NSCGJ.

Propomos, desta feita, a alteração do item 26 e a inclusão dos subitens 26.1 e 26.2, todos do Capítulo XV, Tomo II, das NSCGJ, conforme minuta que segue.

Sub censura.

São Paulo, 5 de abril de 2017.

(a) Carlos Henrique André Lisboa

Juiz Assessor da Corregedoria

(a) Iberê de Castro Dias

Juiz Assessor da Corregedoria

(a) Tatiana Magosso

Juíza Assessora da Corregedoria

DECISÃO: Aprovo, pelas razões expostas, a edição do Provimento sugerido, conforme minuta apresentada, a ser publicado, juntamente com o parecer, por três vezes, em dias alternados, no DJE. Publique-se. São Paulo, 10 de abril de 2017.

(a) MANOEL DE QUEIROZ PEREIRA CALÇAS, Corregedor Geral da Justiça. (DJe de 27.04.2017 - SP)

PARTE 3

DECISÕES DO **TRIBUNAL DE JUSTIÇA** DO ESTADO DE SÃO PAULO ATINENTES À ATIVIDADE NOTARIAL E REGISTRAL – EMENTAS

3.1 DECISÕES DO TRIBUNAL DE JUSTIÇA DO ESTADO DE SÃO PAULO – ANO 2021 E 2022

3.1.1 DECISÕES GERAIS E PERTINENTES A TODAS AS ESPECIALIDADES

DIREITO PREVIDENCIÁRIO E DO TRABALHO APLICADOS

Ementa: Apelação – Ex-funcionária de serventia extrajudicial aposentada – Pedidos de quinquênio, licença-prêmio e demais indenizações – Competência absoluta da Justiça Estadual em razão de regime híbrido a que era submetido a apelante – Possibilidade, em tese, de que os funcionários de serventias extrajudiciais, submetidos ao regime especial ou híbrido, pleiteiem indenização referente aos quinquênios e blocos de licença-prêmio com fulcro no Provimento CGJ 14/1991, plenamente eficaz em relação àqueles que não tenham optado pelo regime celetista, nos termos do § 2º do art. 48 da Lei 8.935/1994 – Hipótese *"sub judice"*, contudo, em que a autora não demonstrou os fatos constitutivos de seu direito – Inteligência do art. 373, I, do CPC/15 – Assédio moral, ademais, não demonstrado – Demissão a pedido sem demonstração de ter sido decorrente de sofrimento gerado por assédio moral – Inexistência de dispensa imotivada o que torna indevido o pagamento das verbas previstas pelos itens 49 e 49.1 do Capítulo I, do Provimento nº 14/91 da Corregedoria Geral de Justiça do E. TJSP – Indevido o pagamento de indenização por danos morais – Precedentes – Sentença mantida – Recurso desprovido. (TJSP – Apelação Cível nº 0009459-95.2015.8.26.0100 – São Paulo – 1ª Câmara de Direito Público – Rel. Des. Marcos Pimentel Tamassia – DJ 15.12.2021)

Ementa: Ação de procedimento comum – Auxiliar e, posteriormente, escrevente de serventia extrajudicial – Admissão posterior à Constituição Federal de 1988 e anterior à entrada em vigor da Lei Federal nº 8.935/1994 (Lei dos Cartórios) – Regime especial ou híbrido – Não optante pelo regime celetista – Pleito de pagamento de indenização, aviso prévio e 13º salário proporcional, bem como de pagamento de licença-prêmio – R. sentença de improcedência dos pedidos – Apelo do autor – Rejeição da alegação de ilegitimidade passiva e da alegação de prescrição trienal alegadas pela Ré em contrarrazões – Legitimidade passiva do titular atual da delegação (pessoa física) e aplicação, no caso, da Súmula nº 85 do E. STJ (prescrição quinquenal) – Aplicação das regras do regime especial ou híbrido, disciplinado por normas internas deste Tribunal de Justiça, os Provimentos da E. Corregedoria Geral da Justiça, bem como dos Provimentos nº 18/1984 e 14/1991 vigentes na época de sua admissão e dispensa – Indenização – Aviso prévio e 13º salário proporcional – Descabimento – Autor que não comprovou um dos requisitos do Capítulo I, Subseção IV, art. 49 a 49.4 do Provimento nº 14/91 da E. Corregedoria Geral da Justiça, qual seja: sensível diminuição da renda – Manutenção da improcedência, ainda que por fundamento diverso – Licença-prêmio – Autor que faz jus à licença-prêmio, nos termos do Capítulo V, Subseção VIII, art. 48 ao 52 do Provimento nº 14/91 da E. Corregedoria Geral da Justiça, desde que comprovado que não gozou da licença quando em atividade e desde que comprovada a inexistência de faltas injustificadas que interrompam o exercício para fins da referida licença – Precedentes deste E. Tribunal de Justiça – Reforma da r. sentença neste tocante – Ônus de sucumbência – Inversão – Condenação da Ré ao pagamento das custas, despesas processuais e honorários advocatícios sucumbenciais – Recurso de apelação do autor parcialmente provido. (TJSP – Apelação Cível nº 1063898-44.2019.8.26.0053 – São Paulo – 13ª Câmara de Direito Público – Rel. Des. Flora Maria Nesi Tossi Silva – DJ 07.12.2021)

Ementa: Apelação – Serventuário inativo de Cartório Extrajudicial – Pretensão de recebimento de quinquênios e da indenização correspondente a períodos de licenças prêmio não gozadas – Contratação anterior à Constituição Federal de 1988

– Regime jurídico especial ou híbrido, disciplinado por normas internas deste Tribunal de Justiça – Provimentos da E. Corregedoria Geral da Justiça (artigo 48, da Lei nº 8.935/1994) – I. Competência da justiça comum – II. Legitimidade do titular atual da delegação para figurar no polo passivo da ação – III. Licença-prêmio. Preenchimento dos requisitos, consoante disposto nos itens 48 a 50 do Capítulo IV, Subseção VIII, do Provimento CGJ 14/1991. Provimento CGJ 05/96 que não revogou expressamente o Prov. CGJ 14/1991 – IV. Base de cálculo das licenças-prêmio. Vencimentos integrais. Salário base acrescido dos adicionais, excluídas as vantagens eventuais ou transitórias. Precedentes do TJSP – V. Prescrição quinquenal para cobrança da diferença do adicional por tempo de serviço. Súmula 85 do STJ – VI. Atualização dos valores da condenação. Temas 810/STF e 905/STJ. Aplicabilidade – VII. Sentença mantida. Recurso não provido. (TJSP – Apelação Cível nº 1000042-83.2018.8.26.0363 – Mogi Mirim – 3ª Câmara de Direito Público – Rel. Des. Paola Lorena – DJ 11.11.2021)

Ementa: Apelação Cível – Ação revisional – Carteira de Previdência das Serventias Notariais e de Registro do Estado de São Paulo – Pretensão de declaração de que o regime previdenciário aplicável é o da Lei nº 10.393/70 – Sentença de improcedência – Reforma – Necessidade – Ação Direta de Inconstitucionalidade nº 4.420/SP – Regramento da Lei Estadual nº 14.016/2010 não se aplica a quem, na data da publicação da r. Lei, já estava em gozo do benefício ou havia cumprido os requisitos necessários à sua concessão – Recurso provido. (TJSP – Apelação Cível nº 1048800-82.2020.8.26.0053 – São Paulo – 3ª Câmara de Direito Público – Rel. Des. Marrey Uint – DJ 14.10.2021)

Ementa: Apelação Cível – Plano de saúde coletivo contratado por Tabelião de Notas – Beneficiário aposentado – Manutenção do contrato – Sentença de procedência – Insurgência da ré – Recurso não provido no primeiro julgamento – Interposto Recurso Especial – Determinada a suspensão dos autos e retorno à origem para novo julgamento após solução do Tema 1034, do STJ – Tema julgado, com fixação de tese – Mérito – Alegação de que apenas ex-empregados com vínculo CLT e aposentados pelo INSS tem direito à manutenção do contrato – Não acolhimento – Interpretação do art. 31, da Lei 9.656/98 – Trabalhador com vínculo estatutário também tem direito à manutenção do plano de saúde – Do contrário, haveria tratamento diferente para situações iguais, colocando em desvantagem o consumidor hipossuficiente – Relação de consumo – Contrato que deve ser interpretado em favor do consumidor – Natureza do vínculo de trabalho não tem qualquer interferência na relação contratual com a ré – Vulnerabilidade do consumidor é a mesma – ANS classifica plano empresarial como aquele firmado em benefício de pessoas ligadas a pessoa jurídica por vínculo de emprego ou estatutário – Interpretação da norma deve estar guiada pela isonomia – Sentença em consonância com o julgamento realizado pelo STJ – Manutenção – Apelação não provida. (TJSP – Apelação Cível nº 1121865-37.2018.8.26.0100 – São Paulo – 9ª Câmara de Direito Privado – Rel. Des. Edson Luiz de Queiroz – DJ 27.09.2021)

Ementa: Obrigação de fazer – Carteira de Previdência das Serventias Notariais e de Registro – Pedido de reinclusão do interessado na Carteira, a fim de possibilitar o recolhimento das parcelas em atraso e gozo dos benefícios de renda continuada e concessão de pensão aos dependentes – Sentença de procedência – Recurso da Fazenda, alegando que a reinclusão anteriormente realizada foi feita de forma irregular, que não poderia ser convalidada e que há poder de autotutela da Administração, de acordo com a Súmula nº 473 do STF – Prazo decadencial transcorrido – Aplicação do art. 10, I, da Lei Estadual nº 10.177/98 – Decisum de primeiro grau que fica mantido, por seus próprios fundamentos – Recurso da Fazenda não provido. (TJSP – Apelação Cível nº 1032281-95.2021.8.26.0053 – São Paulo – 10ª Câmara de Direito Público – Rel. Des. Antonio Celso Aguilar Cortez – DJ 22.09.2021)

Ementa: Recurso voluntário do IPESP/FESP – Ação de cobrança – Alegação do autor de ser ex-funcionário de serventia extrajudicial do Estado de São Paulo, sendo que, em setembro de 2015, passou a perceber pensão pela Carteira de Previdência das Serventias Não Oficializadas do Estado de São Paulo e, que, em 2016, o reajuste dos inativos foi congelado até o restabelecimento do equilíbrio atuarial da Carteira de Previdência das Serventias Notariais e de Registro, bem como houve a elevação das contribuições do percentual de 5,5% para 11% sobre os benefícios – Com a edição da Lei Estadual nº 16.346/16, foi majorado o repasse dos emolumentos para a Carteira, de 9,15% para 12,15%, de modo a reequilibrar a situação financeira – Alegou que o IPESP retornou as contribuições dos beneficiários à alíquota anterior de 5,5%, sem, no entanto, recompor aos benefícios o valor do reajuste legal retido em 2016, o qual seria 11,08% referente ao IPC-FIPE acumulado de 2015 – Assevera que perfez unicamente no ano de 2017 o reajuste com base no IPCFIPE acumulado de 2016, no patamar de 6,55%, sobre os valores congelados (valores de 2015), e em 2018, o acumulado de 2017, de 2,28% – Pretensão da total procedência da ação, para condenar a Autarquia requerida à realizar a recomposição dos reajustes legais, aplicando-se o índice de 11,08% sobre o valor congelado a partir de janeiro 2016, bem como as diferenças que incidiram mês a mês, até a efetiva recomposição do benefício, tudo devidamente atualizado, com juros e correção monetária – Sentença de procedência – Inconformismo do IPESP/FESP – Carteira de Previdência das Serventias Não Oficializadas – Pleito de reajuste dos proventos de 11,08% a partir de janeiro de 2016 – O reajuste previsto no art. 12, da Lei paulista nº 10.393/1970 com a redação dada pela Lei bandeirante nº 14.016/2010 está condicionado à manutenção do equilíbrio atuarial do regime previdenciário – Congelamento do valor do benefício no ano de 2016 em virtude da redução do percentual de repasse previsto na Lei Estadual 15.855/2015 – A Lei estadual nº 16.346/2016 aumentou o repasse de 9,5% para 12,5% sobre as custas dos serviços notariais e registrais em favor da Carteira de previdência das serventias não oficializadas, restabelecendo o equilíbrio financeiro – O mencionado dispositivo legal restabeleceu o equilíbrio financeiro e atuarial, devendo ser concedido o reajuste pleiteado do ano de 2016 – Nesta fase do procedimento incide também o artigo 85, § 11, do Código de Processo Civil, razão pela qual majoram-se os honorários advocatícios devidos pelos apelantes IPESP/FESP, equitativamente, em R$ 1.000,00 (um mil reais), cada um, devendo ser somados, com os critérios já fixados na r. sentença monocrática ("*Face à sucumbência, o pagamento das custas e despesas processuais será suportado pelas rés, assim como os honorários advocatícios, que fixo no mínimo legal, conforme aplicação dos incisos do art. 85, §3º, do Código de Processo Civil.*") – Precedentes desta Egrégia 11ª Câmara de Direito Público e deste Egrégio Tribunal de Justiça de São Paulo – Sentença que julgou procedentes os pedidos para condenar os réus no pagamento da recomposição dos proventos recebidos pela autora, após a vigência da Lei Estadual nº 14.016/2010, aplicando-se, para o ano de 2016, o índice de 11,08%, com os reflexos nas parcelas posteriores, até efetiva implantação em folha de pagamento, sendo o valor devido apurado em fase de cumprimento de sentença – Juros e correção monetária deverão seguir o quanto determinado pelo C. STF no julgamento do RE nº 870.947/SE (Tema 810) e segundo o entendimento do E. STJ expresso no julgamento do REsp nº 1495146/MG (Tema 905) – Face à sucumbência, o pagamento das despesas processuais será suportado pelos réus, assim como os honorários advocatícios, fixados no mínimo legal, conforme aplicação dos incisos do art. 85, § 3º, do Código de Processo Civil, mantida – Recurso voluntário do IPESP/FESP, improvido. (TJSP – Apelação Cível nº 1056386-73.2020.8.26.0053 – São Paulo – 11ª Câmara de Direito Público – Rel. Des. Marcelo L Theodósio – DJ 21.09.2021)

Ementa: Apelação – Carteira de Previdência das Serventias Notariais e de Registro – Manutenção de benefício previdenciário nos termos da Lei Estadual nº 10.394/70 – Pretensão de revogação do novo índice de contribuição, de restituição de valor pagos indevidamente e de reajuste anual com base no salário mínimo regional – A postulação não encontra amparo no decidido na ADI nº 4.420/SP – Entendimento firmado pelo C. STF no sentido de que o decidido na ADI nº 4.420/SP não garantiu aos servidores aposentados sob o regime da Lei Paulista nº 10.393/70 o direito à manutenção da indexação de seus benefícios ao salário mínimo e da alíquota de suas contribuições previdenciárias (Rcl nº 41.759/SP) – Recurso não provido. (TJSP – Apelação Cível nº 1043702-19.2020.8.26.0053 – São Paulo – 1ª Câmara de Direito Público – Rel. Des. Aliende Ribeiro – DJ 14.09.2021)

Ementa: Processual Civil – Sentença ilíquida proferida contra a Fazenda Pública – Reexame Necessário – Obrigatoriedade – Leitura do artigo 496, inciso II e § 2º, do CPC, à luz do entendimento assentado na Súmula 490 do STJ e na Súmula 423 do STF – Carteira de Previdência das Serventias não Oficializadas – Pretensão ao pagamento do reajuste de 11,08%, não concedido em janeiro de 2016, para fins de recomposição do benefício de aposentadoria – Possibilidade – A concessão do reajuste previsto na regra do art. 12 da Lei Estadual nº 10.393/70 (com a redação dada pela Lei Estadual nº 14.016/10) está condicionada à manutenção do equilíbrio atuarial do sistema previdenciário – Situação de desequilíbrio superada, notadamente, com a edição da Lei Estadual nº 16.346/16, que aumentou o repasse sobre as custas dos serviços notariais e registrais em favor da Carteira de Previdência das Serventias não Oficializadas – Precedente deste E. Tribunal – Sentença de procedência mantida – Confere-se parcial provimento ao recursos oficial e nega-se provimento ao voluntário da FESP. (TJSP – Apelação Cível nº 1063274-58.2020.8.26.0053 – São Paulo – 11ª Câmara de Direito Público – Rel. Des. Afonso Faro Jr. – DJ 03.09.2021)

Ementa: Agravo de Instrumento – Serventia extrajudicial – Demissão – Competência – Legitimidade passiva – Cerceamento de defesa – 27º Tabelionato de Notas da Comarca de São Paulo/SP – Ex-funcionária demitida quando da nova titularidade do Tabelionato – Pretensão de pagamento de verbas salariais e danos morais em razão de desligamento vexatório, dirigida ao novo Tabelião – Decisão saneadora por meio da qual o Juízo de origem afastou as preliminares de incompetência absoluta, de inépcia da inicial e de ilegitimidade passiva; indeferiu o chamamento ao processo dos tabeliães; dos interinos anteriores e do Estado de São Paulo; listou as controvérsias a serem dirimidas – Insurgência do réu – Acolhimento em parte – Competência da Justiça comum (Varas da Fazenda Pública) – Sujeição às regras de direito público – Ex-funcionária que não optou pelo regime celetista, nos termos do art. 48, § 2º, da Lei nº 8.935/94 – Legitimidade passiva do novo titular da delegação apenas no que tange aos danos morais – Novo delegatário assume o serviço de forma originária e personalíssima – Inteligência da Lei nº 8.935/94 – Inocorrência de sucessão trabalhista – Incontroversa solução de continuidade dos serviços prestados pela ex-funcionária no dia da assunção da delegação – Eventuais verbas rescisórias devidas pelo Estado de São Paulo – Período anterior à nova delegação ocupado por tabeliães interinos, prepostos do Poder Público Estado de São Paulo, ao menos nesse período transitório, foi beneficiado pela renda decorrente da atividade cartorária – Consequente responsabilidade fazendária pelas obrigações não cumpridas durante o período de interinidade, como, em tese, aquelas apontadas pela agravada – Precedentes – Ausência de cerceamento de defesa – Decisão parcialmente reformada tão somente para que seja determinada a integração da Fazenda Pública do Estado de São Paulo no polo passivo do feito – Recurso provido em parte. (TJSP – Agravo de Instrumento nº 2064875-13.2021.8.26.0000 – São Paulo – 1ª Câmara de Direito Público – Rel. Des. Rubens Rihl – DJ 02.08.2021)

Ementa: Serventia extrajudicial – Pretensão à reintegração do cargo e indenização após dispensa imotivada – Admissão anterior à CF 1988 – Escrevente não optante pelo regime celetista nos termos da Lei nº 8.935/94 – Continuidade do regime funcional estatutário – Dispensa – Ação julgada procedente para determinar a reintegração da Servidora ao cargo e condenar ao pagamento dos atrasados e à indenização por danos morais – Prescrição – Inocorrência – Direito decorrente de vínculo de trabalho que se renova em prestações sucessivas e continuadas – Pretensão indenizatória que se submete à prescrição quinquenal em razão da natureza pública do serviço notarial, a contar do início da atividade de novo Notário – Ação interposta antes do escoamento do prazo prescricional, a considerar a regra do art. 240, § 1º, do CPC – Nulidades inexistentes – Não padece de vício a sentença que é proferida durante o recesso forense – Decisão fundamentada com abordagem aos temas suscitados, à luz de seu convencimento – Cerceamento de defesa não caracterizado – Recorrente que sequer indicou a prova que teria sido impedido de produzir e em que consistiria o prejuízo alegado – Denunciação da lide – Descabimento – Pretensão voltada contra conduta atribuída exclusivamente ao atual Oficial de Registro, por ato supostamente ocorrido em período posterior à sua Delegação – Regime estatutário não descaracterizado – Ingresso com ação na Justiça do Trabalho que não desvincula a natureza do vínculo estatutário, decorrente de lei – Mérito – Ausência de prova da alegada dispensa imotivada ou exoneração, da ex-Serventuária que se fez ausente após a transição de Delegação e não prestou serviços ao novo Notário desde o início do seu exercício na Serventia – Atestados médicos apresentados apenas após três meses de ausência, quando já configurado o rompimento do contrato por culpa da funcionária – Reintegração ao cargo indevida Inexistência do suscitado direito à estabilidade – Agentes públicos delegados que não se confundem com agentes administrativos e não possuem a estabilidade dos servidores públicos concursados – Assunção de Delegação de caráter originário, com vínculo próprio e independente, respeitando-se a autonomia de gestão administrativa – Danos morais indevidos – Não vislumbrado comportamento constrangedor ou ofensivo a justificar a indenização – Sentença reformada para julgar improcedente a demanda, invertidos os ônus sucumbenciais – Preliminares rejeitadas – Recurso provido. (TJSP – Apelação Cível nº 1036710-53.2016.8.26.0224 – Guarulhos – 8ª Câmara de Direito Público – Rel. Des. José Percival Albano Nogueira Júnior – DJ 10.05.2021)

Ementa: Apelação – Ação Ordinária – Carteira da Previdência das Serventias não Oficializadas do Estado de São Paulo – Pretensão de recomposição de proventos congelados a partir de janeiro/2016, no índice de 11,08%, com pagamento das diferenças – Sentença de procedência – Mérito – Recomposição de proventos congelados a partir de janeiro/2016, no índice de 11,08%, com pagamento das diferenças – Possibilidade – Lei Estadual nº 14.016/2010 que alterou a Lei Estadual nº 10.393/1970, que reorganizava a Carteira de Previdência das Serventias não Oficializadas da Justiça do Estado, passando a prever o reajuste anual de acordo com o IPC-FIPE, desde que verificado o equilíbrio atuarial – Carteira de Previdência que tem como uma das fontes o repasse de porcentagem do valor de emolumentos relativos aos custos dos serviços notariais e de registro – Lei Estadual nº 15.855/2015 que reduziu o percentual de repasse, gerando aumento do percentual das contribuições previdenciárias sobre os benefícios e o congelamento do reajuste dos benefícios em relação ao ano de 2016 – Lei Estadual nº 16.346/2016 que estabeleceu aumento do repasse de valores à Carteira de Previdência das Serventias Notarias e de Registro, com o intuito de garantir o seu equilíbrio financeiro – Restabelecido o equilíbrio financeiro e atuarial da carteira de previdência, é devida a recomposição dos proventos em 2016 Precedentes deste E. Tribunal – Sentença mantida – Reexame necessário desprovido. (TJSP – Remessa Necessária Cível nº 1048114-90.2020.8.26.0053 – São Paulo – 8ª Câmara de Direito Público – Rel. Des. Leonel Costa – DJ 16.07.2021)

Ementa: Apelação – Ação revisional – Improcedência do pedido mediato – Inativos de serventias não oficializadas do Estado – Ausência de revisão geral anual dos proventos de aposentadoria – O direito ao reajuste a que se referem os artigos 12 e 13 da Lei Estadual 10.393/1970 está condicionado pela necessária preservação do equilíbrio atuarial do regime previdenciário, nos termos do parágrafo único do art. 12 da lei referida, o qual não viola a Constituição Federal – Pretensão de recomposição de proventos congelados a partir de janeiro/2016, no índice de 11,08%, com pagamento das diferenças – Possibilidade – Lei Estadual nº 14.016/2010 que alterou a Lei Estadual nº 10.393/1970, que reorganizava a Carteira de Previdência das Serventias não Oficializadas da Justiça do Estado, passando a prever o reajuste anual de acordo com o IPC-FIPE, desde que verificado o equilíbrio atuarial – Carteira de Previdência com fonte de receita decorrente do repasse de porcentagem do valor de emolumentos relativos aos custos dos serviços notariais e de registro – Redução do repasse em razão da Lei Estadual nº 15.855/2015, gerando aumento do percentual das contribuições previdenciárias sobre os benefícios e o congelamento do reajuste dos benefícios em relação ao ano de 2016 – Superveniência da Lei Estadual nº 16.346/2016 que estabeleceu aumento do repasse de valores à Carteira de Previdência das Serventias Notarias e de Registro, com o intuito de garantir o seu equilíbrio financeiro – Restabelecimento do equilíbrio financeiro e atuarial da carteira de previdência – Dever de recomposição dos proventos em 2016 – Sentença reformada – Critério de incidência dos consectários legais – Reconhecimento da inconstitucionalidade do artigo 5º da Lei nº 11.960/09 – Incidência de correção monetária e juros de mora de acordo com a Tese nº 810 da repercussão geral – Correção monetária pelo IPCA-E e juros de mora da caderneta de poupança – Recurso provido. (TJSP – Apelação Cível nº 1062862-30.2020.8.26.0053 – São Paulo – 8ª Câmara de Direito Público – Rel. Des. José Maria Câmara Junior – DJ 08.07.2021)

Ementa: Processual Civil e Previdenciário – Procedimento comum – Declaração de inexistência de relação jurídica – Contribuições previdenciárias – Carteira de Previdência das Serventias Não Oficializadas – Desligamento de preposto de serviço notarial – Ausência de prova – Contribuições devidas – Protesto de CDA – Legalidade – Inexistência de ato ilícito – Danos morais – Dever de indenizar inexistente – 1. Pretensão à declaração de inexistência de relação jurídica de crédito e débito fundada em contribuições previdenciárias. Alegação de desligamento de preposto de Serviço Notarial. Ausência de prova de comunicação à Carteira de Previdência das Serventias Não Oficializadas. Contribuição previdenciária de natureza tributária cujo fato gerador se renova mensalmente enquanto não demonstrado oficialmente a comunicação do desligamento do preposto. Contribuições devidas – 2. A Fazenda Pública possui interesse e pode efetivar o protesto de CDA, documento de dívida, na forma do art. 1º, parágrafo único, da Lei nº 9.492/97, com a redação da Lei nº 12.767/12. Questão decidida no julgamento do Tema nº 777 do STJ, em consonância com o entendimento firmado pelo STF no julgamento da ADI nº 5.135-DF. Inexistência de ato ilícito. Dever de indenizar inexistente. Pedido improcedente. Sentença mantida. Recurso desprovido. (TJSP – Apelação Cível nº 1047144-27.2019.8.26.0053 – São Paulo – 9ª Câmara de Direito Público – Rel. Des. Décio Notarangeli – DJ 08.07.2021)

Ementa: Apelação – Ação ordinária – Carteira da Previdência das Serventias Não Oficializadas do Estado de São Paulo – Pretensão de recomposição de proventos congelados a partir de janeiro/2016, no índice de 11,08%, com pagamento das diferenças – Sentença de procedência – Preliminar – Prescrição do fundo de direito – Inocorrência – Relação de trato sucessivo – Prescrição que atinge apenas as prestações que se venceram cinco anos antes da propositura da ação, não alcançando o fundo de direito – Inteligência da Súmula nº 85 do STJ – Mérito – Recomposição de proventos congelados a partir de janeiro/2016, no índice de

11,08%, com pagamento das diferenças – Possibilidade – Lei Estadual nº 14.016/2010 que alterou a Lei Estadual nº 10.393/1970, que reorganizava a Carteira de Previdência das Serventias não Oficializadas da Justiça do Estado, passando a prever o reajuste anual de acordo com o IPC-FIPE, desde que verificado o equilíbrio atuarial – Carteira de Previdência que tem como uma das fontes o repasse de porcentagem do valor de emolumentos relativos aos custos dos serviços notariais e de registro – Lei Estadual nº 15.855/2015 que reduziu o percentual de repasse, gerando aumento do percentual das contribuições previdenciárias sobre os benefícios e o congelamento do reajuste dos benefícios em relação ao ano de 2016 – Lei Estadual nº 16.346/2016 que estabeleceu aumento do repasse de valores à Carteira de Previdência das Serventias Notarias e de Registro, com o intuito de garantir o seu equilíbrio financeiro – Restabelecido o equilíbrio financeiro e atuarial da carteira de previdência, é devida a recomposição dos proventos em 2016 – Precedentes deste E. Tribunal – Sentença mantida – Recurso voluntário e reexame necessário desprovidos. (TJSP – Apelação Cível nº 1048132-14.2020.8.26.0053 – São Paulo – 8ª Câmara de Direito Público – Rel. Des. Leonel Costa – DJ 28.05.2021)

Ementa: Serventia extrajudicial – Escrevente – Admissão antes da Lei 8935/94 – Não optante pelo regime trabalhista – Sujeição às normas disciplinares estatutárias e provimentos da E. Corregedoria Geral de Justiça – Demissão por abandono do cargo – Pretensão à indenização por danos materiais e morais – Alegação de que, quando da demissão, estava afastado para tratamento de saúde em razão de depressão grave – Autor que não retornou às funções após o término de licença para tratar de assuntos particulares que lhe fora concedida pelo prazo de dois anos – Ausência de requerimento de licença saúde – Inexistência de prova de que estivesse afastado a qualquer título quando da demissão – Necessidade do requerimento de licença saúde prevista no Estatuto dos Funcionários Públicos do Estado de São Paulo – Inexistência de ilegalidade na conduta da apelada – Alegação de nulidade do ato de demissão por inobservância de normas administrativas – Inovação em sede recursal – Inadmissibilidade – Sentença de improcedência – Recurso não provido. (TJSP – Apelação Cível nº 0011413-36.2019.8.26.0554 – Santo André – 10ª Câmara de Direito Público – Rel. Des. Antonio Carlos Villen – DJ 09.03.2021)

EMOLUMENTOS

Ementa: Reexame Necessário – Mandado de segurança – Emolumentos extrajudiciais para lavratura de escritura pública de inventário e partilha de imóvel rural – Base de cálculo – Valor declarado para fins do Imposto sobre Propriedade Territorial Rural (ITR) definido judicialmente como adequado para o recolhimento do ITCMD, afastando-se o valor apurado pelo IEA – Cálculo dos emolumentos pelo mesmo critério – Art. 7º, II e III, da Lei Estadual 11.331/02 – Sentença confirmada – Reexame necessário desprovido (TJSP – Remessa Necessária Cível nº 1003130-43.2021.8.26.0099 – Bragança Paulista – 1ª Câmara de Direito Público – Rel. Des. Vicente de Abreu Amadei – DJ 09.12.2021)

Ementa: Apelação – Mandado de Segurança – Pretensão de afastamento da exigência do 1º Oficial de Registro de Imóveis de Jundiaí no pagamento de emolumentos para o registro do imóvel objeto da partilha homologada em ação de inventário – Indeferimento liminar com fundamento no artigo 10, da Lei nº 12.016/09 combinado com o artigo 485, inciso VI, do Código de Processo Civil – Inconformismo do impetrante, alegando que, restando comprovado que lhe foi concedido o benefício da gratuidade da justiça nos autos do inventário nª 1011218-32.2015.8.26.0309, que tramitou perante a 1ª Vara de Família e Sucessões de Jundiaí, revelasse injustificada a recusa do 1º Oficial de Registro de Imóveis de Jundiaí em exigir o pagamento de emolumentos para o registro do imóvel objeto da partilha, que não há se falar em inadequação da via eleita, visto que o ato impugnado tem natureza omissiva, que não há se falar em decadência por se tratar de mandado de segurança contra omissão – Decadência do direito do impetrante reconhecida – *"Mandamus"* impetrado após o decurso do prazo decadencial de 120 dias previsto no art. 23 da Lei nº 12.016/09 – Mandado de Segurança julgado extinto de ofício, com fundamento no artigo 487, inciso II, do Código de Processo Civil, combinado com o artigo 23 da Lei nº 12.016/09, prejudicado o apelo (TJSP – Apelação Cível nº 1018894-89.2019.8.26.0309 – Jundiaí – 9ª Câmara de Direito Privado – Rel. Des. José Aparício Coelho Prado Neto – DJ 08.11.2021)

Ementa: Apelação – Alegação de cobrança indevida de emolumentos e conduta ilícita do tabelião – Inadmissibilidade – Cartório de Registro de Imóveis competente para cobrança de financiamento em mora – Inteligência do art. 26, § 1º, da Lei nº 9514/97 e das Normas de Serviços da Corregedoria

Geral da Justiça – Ausência de provas de conduta irregular e/ou de cobranças indevidas – Aplicabilidade do Tema 777 do STF – Preliminares que se confundem com o mérito – Rejeitadas – Verba honorária majorada consoante artigo 85, parágrafo 11º do CPC – Sentença mantida – Adoção do art. 252 do RITJ – Recurso desprovido. (TJSP – Apelação Cível nº 1014825-77.2019.8.26.0482 – Presidente Prudente – 10ª Câmara de Direito Privado – Rel. Des. Jair de Souza – DJ 08.09.2021)

Ementa: Gratuidade Judiciária – Benesse concedida apenas para dispensar a parte do recolhimento do preparo recursal, nos termos do art. 98, § 5º, do CPC, considerando o elevado valor do preparo, que representaria quantia equivalente a mais de três vezes a renda mensal do recorrente, sendo que não há evidências de que ele poderia dispor de tal importância sem prejuízo de sua própria mantença – Prejudiciais de mérito – Preliminar de indeferimento da inicial por falta de pressupostos de constituição e de desenvolvimento válido e regular do processo não merece acolhida, pois, ainda que tenha juntado os comprovantes de pagamento das guias iniciais posteriormente, a apelada demonstrou ter quitado referidas guias antes mesmo do protocolo da petição em que foram juntadas – Se o pagamento ocorreu dentro da data correta, seria uma ofensa à economia processual extinguir o feito sem resolução do mérito sob tal justificativa – Não configurada inépcia da inicial – A juntada do pacto antenupcial não era fundamental para julgamento da lide, até porque não existe qualquer controvérsia a respeito do regime de bens eleito pelas partes – Descabida, ainda, a alegação de que a autora sequer pleiteou o divórcio, sendo certo que o art. 322, § 2º, do CPC, preconiza que o pedido deve ser interpretado considerando o conjunto da postulação e com observância do princípio da boa-fé – Além disso, sendo ou não sendo despropositadas e inverídicas as acusações lançadas pela apelada contra o apelante, fato é que não há mais cabimento qualquer discussão sobre as razões que levaram as partes a manifestarem o desejo de não mais permanecerem casadas – Sobre o valor da causa, este deve corresponder à soma dos bens partilháveis – Na espécie, considerando que alguns dos bens arrolados pela autora para partilha eram ilíquidos ou dotados de expressão econômica ainda não conhecida, como, por exemplo, as empresas e os saldos das contas bancárias, o valor da causa foi atribuído com base em mera estimativa, inexistindo qualquer desacerto – Se os bens arrolados seriam ou não partilháveis, a questão seria resolvida com a decisão definitiva da ação – Mérito – Discussão sobre partilha da *"Associação Brasileira de Desenvolvimento de Projetos Culturais"* – Ausência de controvérsia sobre o fato de ser o apelante integrante da associação, constituída na vigência do casamento das partes – Porém, as associações são pessoas jurídicas de direito privado de fins não econômicos, não se confundindo com entidades societárias – Não há falar em partilha, porque a Associação não representa patrimônio comunicável – Patrimônio da pessoa jurídica não se confunde com o patrimônio de seus associados – O veículo adquirido em nome da Associação só poderia ser partilhado se a apelada, que arrolou este bem como patrimônio comunicável, comprovasse que o contrato ou recibo de compra e venda tivesse sido firmado em nome das partes, ou mesmo que foram utilizados recursos comunicáveis para quitação do preço desse bem ou para pagamento de tributos sobre ele incidentes, ônus do qual não se desvencilhou – De rigor afastar o decreto de partilha sobre a *"Associação Brasileira de Desenvolvimento de Projetos Culturais"* e sobre o automóvel *Fiat Weekend Attractive*, placas PUT-4141, adquirido em nome da pessoa jurídica, ficando ressalvada a possibilidade de se exigir eventual indenização da pessoa jurídica proprietária do bem, por meio da ação própria e perante o juízo competente – Quanto aos pedidos reconvencionais, o apelante pretendeu a condenação da apelada no pagamento de indenização por danos materiais, pois despendeu recursos financeiros próprios para regularizar a situação registral de um imóvel do casal, e danos morais, porque a apelada o teria injuriado e caluniado – Acertado o entendimento do d. magistrado a quo de que a discussão sobre eventuais danos extrapatrimoniais incutidos ao apelante em razão de alegada ofensa à honra deveriam ser objeto de ação autônoma – A despeito da regra de independência entre as esferas cível e criminal, prevista no art. 935, do Código Civil, pelo entendimento do art. 327, § 1º, do CPC, conclui-se que não seria possível a cumulação do pedido indenizatório nos autos da ação de divórcio, considerando que a discussão sobre a suposta ofensa à honra demanda instrução própria, os pedidos não são compatíveis entre si e o Juízo da Família e das Sucessões não seria competente para análise e julgamento – Descabido cogitar da remessa dos autos para o juízo competente, já que o pedido em comento foi deduzido em reconvenção, processada junto com o pedido principal segundo as novas regras do CPC vigente – Alegados danos materiais diretamente relacionados a bem objeto de partilha, sendo possível a análise e julgamento do pedido indenizatório – Cabível a condenação da apelada no pagamento de metade dos valores gastos pelo apelante para regularização de imóvel comum, com correção monetária pelos índices da tabela prática do TJSP e juros moratórios de 1% ao mês a partir do desembolso (Súmulas 43 e 54, do STJ) – Recurso parcialmente provido. (TJSP – Apelação Cível nº 1000015-49.2020.8.26.0228 – São Paulo – 5ª Câmara de Direito Privado – Rel. Des. Rodolfo Pellizari – DJ 27.05.2021)

ISS

Ementa: Apelação Cível e Recurso *Ex Officio* – Mandado de Segurança Preventivo – Município de Taubaté – ISSQN – Decreto Municipal nº 14.806/20 que prevê a tributação do repasse realizado pelo SINOREG aos Oficias de Registro Civil de Pessoas Naturais, Interdições e Tutelas, para ressarcimento de atos gratuitos por eles praticados – Entendimento jurisprudencial assente de que a verba repassada aos Oficiais de Registro Civil do Estado de São Paulo, nos termos da Lei Estadual nº 11.331/02, tem natureza indenizatória, e não remuneratória, razão pela qual não há que se falar em incidência do ISSQN – Precedentes desta C. Câmara – Decreto Municipal que foi além dos limites estabelecidos pela lei de regência do imposto, havendo clara ilegalidade da disposição – Sentença mantida – Recursos voluntário e necessário desprovidos. (TJSP – Apelação / Remessa Necessária nº 1014388-58.2020.8.26.0625 – Taubaté – 15ª Câmara de Direito Público – Rel. Des. Tania Mara Ahualli – DJ 15.09.2021)

Ementa: Apelação – Ação declaratória de inexistência de relação jurídico-tributária – Imposto sobre serviços de qualquer natureza – Serviços notariais – Base de cálculo do imposto – Percentual dos emolumentos destinado à remuneração do notário, descabido o desconto de outras quantias – Inteligência do artigo 19 da Lei Estadual 11.331/02 – Precedentes da corte – Legalidade da legislação municipal – Recurso provido. (TJSP – Apelação Cível nº 1017877-06.2020.8.26.0625 – Taubaté – 14ª Câmara de Direito Público – Rel. Des. Geraldo Xavier – DJ 03.12.2021)

Ementa: Apelação – Embargos à Execução Fiscal – ISS do exercício de 2006 – Serviços notariais e registrais – Sentença que julgou improcedente o pedido – Pretensão à reforma – Acolhimento – Existência de acórdão transitado em julgado em 29.09.2011, no qual restou reconhecida a inexigibilidade do ISS sobre as atividades notariais e registrais desempenhadas pelo autor, em controle difuso e constitucionalidade – Constitucionalidade da exigência do ISS sobre serviços notariais e registrais reconhecida pelo STF no julgamento da ADI 3.089-2/DF em 13.02.2008 (controle concentrado) – Lançamento retroativo formalizado pelo Fisco após concessão de liminar em Ação Rescisória ajuizada para desconstituir o acórdão que havia reconhecido a inconstitucionalidade da exigência de ISS sobre as atividades em questão – Impossibilidade – Relação jurídica de caráter continuativo – Declaração de constitucionalidade que não pode atingir fatos pretéritos acobertados pelo manto da coisa julgada material nem acarreta automática extinção da sua eficácia – Observância dos princípios da segurança jurídica e da proteção da confiança – Acórdão da Ação Rescisória que, ademais, expressamente ressalvou as obrigações vencidas até a superveniência do julgamento da ADIN 3.089/DF – Sentença reformada – Execução fiscal extinta – Recurso provido, com inversão dos ônus sucumbenciais. (TJSP – Apelação Cível nº 0013165-92.2014.8.26.0562 – Santos – 18ª Câmara de Direito Público – Rel. Des. Ricardo Chimenti – DJ 04.10.2021)

Ementa: Apelação – Ação Anulatória de Débito Fiscal – ISSQN – Exercícios de 2005 e 2006 – Serviços cartorários de Registro Civil e Notariais – Sentença de parcial procedência – ISSQN – Legalidade da cobrança em consonância com a LC 116/03, declarada constitucional pelo Supremo Tribunal Federal na ADIn. nº 3089 – Base de cálculo do imposto – Preço do serviço, nos termos do artigo 9º, caput, do Decreto-Lei nº 406/1968, atual artigo 7º, *caput*, da LC nº 116/2003, limitado apenas aos emolumentos propriamente ditos, sem compreender as verbas que expressamente não integram a suas receitas – Sentença mantida – Majoração da verba honorária em grau recursal (CPC, art. 85, § 3º, III) – Recurso não provido. (TJSP – Apelação Cível nº 1003831-79.2020.8.26.0053 – São Paulo – 14ª Câmara de Direito Público – Rel. Des. Octavio Machado de Barros – DJ 01.07.2021)

PREPOSTOS

Ementa: Mandado de Segurança – Ato de autoridade impugnado – Nomeação de interino na vacância de titular do serviço notarial e de registro – Oficial interino de Cartório de Registro de Títulos e Documentos e Civis das Pessoas Jurídicas de Birigui – A impetração gravita em torno da designação do substituto para assumir o serviço notarial e de registro – Vacância da delegação por falecimento da oficiala titular – Impetrante alega violação de seu direito líquido e certo por não ter sido indicado como oficial interino – Ilegalidade não configurada – O critério empregado pela autoridade judiciária para a designação após a extinção da delegação atende ao interesse público, eficiência do serviço e conveniência administrativa – Inteligência da Lei nº 8.935/94 e das Normas da Corregedoria Geral de Justiça do Estado de São Paulo – Improcedência do pedido – Segurança denegada. (TJSP – Mandado de Segurança Cível nº 2145850-22.2021.8.26.0000 – São Paulo – 8ª Câmara de Direito Público – Rel. Des. José Maria Câmara Junior – DJ 21.10.2021)

RESPONSABILIDADE

Ementa: Apelação – Responsabilidade Civil do Estado – Ação indenizatória – Danos materiais e morais – Ato praticado por delegatário – Pleito do autor de condenação ao pagamento de indenização por danos materiais e morais em virtude de autuação, inscrição do nome no CADIN e execução fiscal referente à ITBI do qual realizou o repasse a serventuário extrajudicial e recebeu guia de recolhimento com autenticação falsificada – Pagamento do tributo que não foi localizado – R. sentença de parcial procedência para condenação apenas da FESP – Apelo da FESP – Descabimento da pretensão recursal – Ilegitimidade passiva – Não cabimento – Tema nº 777 do E. STF que fixou a tese de que *"O Estado responde, objetivamente, pelos atos dos tabeliães e registradores oficiais que, no exercício de suas funções, causem dano a terceiros, assentado o dever de regresso contra o responsável, nos casos de dolo ou culpa, sob pena de improbidade administrativa"* – Responsabilidade objetiva do Estado – Não acolhimento do argumento da FESP de que a responsabilidade, no caso, é subjetiva – Comprovação nos autos do dano e do nexo causal – Dano moral – Condenação da FESP à indenização por danos morais – Cabimento – Comprovação da ocorrência do dano moral e do nexo causal entre a conduta praticada pelo delegatário e serventuário extrajudicial e o dano sofrido, no caso em tela – *"Quantum"* fixado a título de danos morais (R$ 20.000,00) que observa os princípios da razoabilidade e proporcionalidade – R. sentença mantida – Reexame Necessário – Inexistência do recurso oficial, proveito econômico inferior a 500 salários mínimos – Inteligência do art. 496, §3º, II, do CPC/2015 – Consectários legais – De rigor a observância do decidido em sede do Recurso Extraordinário nº 870.947/SE (Tema de Repercussão Geral nº 810) – Honorários advocatícios – Majoração, em grau recursal, nos termos do art. 85, §§ 1º e 11, do CPC/2015 – Observação nesse sentido – Recurso de apelação da FESP desprovido. (TJSP – Apelação Cível nº 1048664-61.2015.8.26.0053 – São Paulo – 13ª Câmara de Direito Público – Rel. Des. Flora Maria Nesi Tossi Silva – DJ 14.12.2021)

Ementa: Responsabilidade civil – Ação de reparação de danos – Sentença de improcedência – Insurgência da autora – Erro na certidão de óbito nos dados referentes ao nº de CPF e RG do falecido – Prazo prescricional trienal para a reparação civil do registrador – Art. 22, parágrafo único da Lei nº 8.935/94 – Anterior ação de retificação do assento c/c indenização – Causa interruptiva da prescrição – Art. 202, parágrafo único do CC – Prescrição afastada – Mérito – CPF da autora que constou como sendo o CPF do falecido na certidão de óbito – Autora foi a declarante da certidão de óbito – Assento realizado de acordo com as informações fornecidas pelo declarante – Responsabilidade do declarante pelo seu conteúdo – Art. 82 da LRP – Lei não obriga o Registrador a confirmar documentalmente todos os dados fornecidos pela comunicação do declarante – Pedido improcedente – Sentença mantida – Recurso desprovido. (TJSP – Apelação Cível nº 1005063-48.2020.8.26.0079 – Botucatu – 7ª Câmara de Direito Privado – Rel. Des. Maria de Lourdes Lopez Gil – DJ 09.12.2021)

Ementa: Indenização – Responsabilidade civil – Danos materiais e morais – Inocorrência – Suposto erro praticado por tabelião quando do reconhecimento de firma aposta sobre autorização de viagem internacional de menor desacompanhado, que acabou por impedi-lo de embarcar na data planejada – Ausência de caracterização do propalado ilícito civil, por culpa do titular da delegação – Ausência de prova, que incumbia ao demandante, de que o reconhecimento de firma, regularmente efetuado, teve por alvo assinatura diversa daquela pretendida – Exame do documento pelo tabelião, outrossim, que se limita à aferição da presença de data e da ausência de espaços incompletos ou em branco – Inteligência do art. 190 do Tomo II (Extrajudicial) das Normas de Serviço da E. Corregedoria Geral de Justiça – Reconhecimento de firma que consiste em mera declaração pela qual o tabelião confirma a autenticidade ou semelhança de determinada assinatura – Ato que nem de longe importa chancela sobre o teor do documento, e muito menos sobre sua aptidão de gerar os efeitos que lhe pretendem atribuir os interessados – Demanda improcedente – Sentença reformada – Recurso do requerido provido, improvido o recurso do autor. (TJSP – Apelação Cível nº 1007709-76.2017.8.26.0001 – São Paulo – 6ª Câmara de Direito Privado – Rel. Des. Vito Guglielmi – DJ 07.12.2021)

Ementa: Ação de indenização – Escritura pública – Fraude de procuração – Sentença reconheceu a culpa concorrente dos compradores com o escrevente e o tabelião interino – Escritura pública lavrada antes da vigência da Lei 13.286/2016, que modificou a redação do art. 22 da Lei 8.935/94 para consagrar a responsabilidade subjetiva dos notários e registradores em relação aos danos decorrentes de atos praticados no exercício de suas funções – Os elementos de prova aos autos coligidos não vislumbraram a negligência dos réus – Procuração pública atualizada e inexistência de matrícula aberta ao tempo dos fatos – Compradores assessorados por corretor de imóveis e advogado dispensaram as certidões não obrigatórias – Danos materiais e morais indevidos – Sentença modificada – Recurso dos autores desprovido e provido o recurso dos réus. (TJSP – Apelação Cível nº 0083126-19.2008.8.26.0114 – Campinas – 8ª Câmara de Direito Privado – Rel. Des. Theodureto Camargo – DJ 29.11.2021)

Ementa: Responsabilidade Civil – Tabelionato – Ação movida em face do cartório – Inexistência de personalidade jurídica – Precedentes do S.T.J. – Extinção mantida – Escrituras públicas de procuração e doação – Colheita da manifestação de vontade por parte do tabelião em município diverso de sua atribuição – Invalidade – Violação do disposto no art. 9º da Lei nº 8935/94 e art. 215 do C.C. – Invalidade decretada – Dano moral não reconhecido – Recurso parcialmente provido. (TJSP – Apelação Cível nº 0004731-30.2015.8.26.0417 – Paraguaçu Paulista – 10ª Câmara de Direito Privado – Rel. Des. Ronnie Herbert Barros Soares – DJ 29.11.2021)

Ementa: Apelação Cível – Ação de obrigação de fazer ajuizada contra cartório extrajudicial – Ilegitimidade passiva – Reconhecimento – Falta de personalidade jurídica – Entendimento prevalente tanto na doutrina quanto no Superior Tribunal de Justiça – Precedentes, ainda, desta Corte no mesmo sentido – Inadequação da via eleita – Carência da ação – Alteração do resultado – Extinção do processo sem resolução de mérito – Art. 485, inc. VI, do CPC – 1. O entendimento dominante, seja na doutrina seja na jurisprudência do Superior Tribunal de Justiça, é no sentido de que os cartórios extrajudiciais não têm legitimidade passiva para responder aos termos de ação em que se impugna a regularidade de serviços notariais, com pretensão de cominação de obrigação de fazer – 2. A parte é carecedora de interesse processual quando não há adequação entre a situação lamentada por ela e o provimento jurisdicional concretamente solicitado. (TJSP – Apelação Cível nº 1020735-27.2016.8.26.0309 – Várzea Paulista – 6ª Câmara de Direito Privado – Rel. Des. Maria do Carmo Honório – DJ 24.11.2021)

Ementa: Apelação Cível – Ação de regresso – Ressarcimento do que foi pago por Tabelião que respondeu por créditos trabalhistas de funcionário do Cartório e referentes a período anterior à sua nomeação – Possibilidade – Encargo que não pode ser repassado ao novo delegatário da função – Incidência do artigo 21 da Lei nº 8.935/94 – Princípios da reparação integral do dano e da causalidade – Restituição devida – Sentença mantida – Recurso desprovido. (TJSP – Apelação Cível nº 1010714-30.2017.8.26.0576 – São José do Rio Preto – 10ª Câmara de Direito Privado – Rel. Des. Márcio Boscaro – DJ 25.10.2021)

Ementa: Apelação – Responsabilidade do Estado – Fato do serviço – Sentença de improcedência do pedido mediato – Serviços notariais – Fato do serviço – Fraude para lavrar instrumento público que foi empregado para a alienação de imóvel por fraudador que se passava por procurador da proprietária – Vítimas que pagaram o preço da compra, sem adquirir a propriedade do imóvel – Configuração da corresponsabilidade do Estado e do Oficial de Registro – As procurações foram lavradas fora da sede do Oficial (*"em diligência"*), em endereços que na realidade não existem, e situados em circunscrição estranha à do Cartório, além de terem sido formalizadas mesmo após comunicado da Corregedoria Geral de Justiça alardeando os propósitos falsários (Comunicado CG 1132/2015) – Aplicabilidade do entendimento firmado no julgamento do Tema 777 da Repercussão Geral – Sentença reformada – Dano moral – Cabimento – Indenização arbitrada em R$ 35.000,00 para cada um dos dois autores – A fixação do valor considera os precedentes deste Tribunal de Justiça – Danos materiais – Ressarcimento do preço pago pelos imóveis, acrescido dos gastos com custas, emolumentos e tributos – Exclusão do valor contratado a título de honorários advocatícios por ausência de prova do desembolso – Não reconhecimento do dano considera indispensável demonstrar a razoabilidade do valor que foi supostamente assumido pelos autores – Lucro cessante – Os autores não fazem jus a indenização no importe mensal de 0,5% sobre o valor dos imóveis – O ilícito praticado pelos réus não acarretou a efetiva perda dos imóveis, mas, ao contrário, fabricou disponibilidade de imóvel que, na realidade, não estava no mercado para alienação – Não é lícito concluir, nesse contexto, que os autores efetivamente deixaram de ganhar com os bens imóveis por culpa dos réus – O prejuízo a ser reparado consiste no restabelecimento do *status quo ante* – Recurso parcialmente provido. (TJSP – Apelação Cível nº 1063082-96.2018.8.26.0053 – São Paulo – 84ª Câmara de Direito Público – Rel. Des. José Maria Câmara Junior – DJ 14.10.2021)

Ementa: Recurso de Apelação do autor – Ação indenizatória por dano moral – Alegação que adquiriu 21 lotes de terrenos, contíguos, nesta cidade e que constatou dois registros fraudulentos de escrituras públicas de venda e compra nas matrículas dos respectivos terenos – Constou dos registros suposta venda em 29.07.2002 à Idalino Duca Custódio que, em 30.09.2008, teria vendido à Débora Pimentel da Silva – As escrituras foram lavradas pelo Cartório de Taquarivaí, e registradas conjunta e simultaneamente em 30.12.2008, no 1º Cartório de Registro de Imóveis de Guarulhos – O laudo pericial documentoscópico (fls. 271/345), concluiu que: houve falsificação por imitação da assinatura; assinatura falsa; aproveitamento de assinaturas através de processos copiativos etc – Responsabilidade da pessoa física do tabelião/notário (revel) e da Fazenda do Estado de São Paulo – Em se tratando de atividade cartorária exercida à luz do artigo 236 da Constituição Federal, a responsabilidade objetiva é do notário, no que assume posição semelhante à das pessoas jurídicas de direito privado prestadoras de serviços públicos – Exegese do parágrafo 6º do artigo 37 também da Carta da República – Comprovação do nexo causal entre o evento danoso e a conduta – Indenização que se impõe – Danos morais fixados em R$ 10.000,00 (dez mil reais) – Valor que atende os requisitos legais – Exegese do artigo 22 da Lei nº 8.935 de 18 de novembro de 1994 – Sucumbência devida pelos requeridos – Precedentes deste Egrégio Tribunal de Justiça de São Paulo, do E. STJ e do C. STF – Sentença que julgou improcedente a ação, reformada – Recurso de apelação do autor, provido – O V. Acórdão (fls. 557/574) deu provimento ao recurso de apelação do autor – Recurso especial, sobrestado – Retorno dos autos nos termos do art. 1.040, II, do CPC/15 (art. 543-B, § 3º, do CPC/73), para eventual adequação ou manutenção do v. Acórdão, tendo em vista o julgamento, em sede de Repercussão Geral, do RE nº 870.947/SE (STF) – Tema nº 810 e REsp nº 1.495.146 (STJ) e REsp nº 1.492.221/PR (STJ) – Tema nº 905, por estarem em conformidade com o entendimento do C. STF no Tema nº 810 – Juízo de retratação exercido, ante o posicionamento consolidado pelo C. STF sobre a matéria (Tema nº 810 – STF) e pelo E. STJ (Tema nº 905 – STJ) – Admissibilidade – V. Acórdão mantido (mérito), aplicando-se os Temas nº 810 e nº 905 – Adequação do julgado, nos termos do artigo 1.040, II, do Código de Processo Civil (aplicação dos Temas nº 810 e nº 905) – Mantido o provimento do recurso de apelação do autor (mérito), aplicando-se os Temas nº 810 e nº 905. (TJSP – Apelação Cível nº 0055641-97.2011.8.26.0224 – Guarulhos – 11ª Câmara de Direito Público – Rel. Des. Marcelo L Theodósio – DJ 01.10.2021)

Ementa: Apelação Cível – Indenizatória – Responsabilidade civil do Estado – Responsabilidade civil do Estado em decorrência de danos causados a terceiros por tabeliães e oficiais de registro no exercício de suas funções – Responsabilidade objetiva do Estado, assentado o dever de o Estado ingressar com ação regressa contra o responsável pela serventia nos casos em que houver dolo ou culpa do titular, sob pena de improbidade administrativa – Tema 777, C. STF – Indenização por danos materiais e morais em virtude de celebração com falsários de escritura pública de venda e compra de terreno, lavrada perante o tabelião de notas – Autores vítimas de crime de estelionato – Responsabilidade do tabelião que foi submetida à Corregedoria, a qual concluiu pela ausência de infração – Documentos de identidade falsos produzidos em material idôneo, com dados condizentes com os da matrícula do imóvel – Erro na grafia do nome que não pode ser considerado, no caso, erro grosseiro – Ausência de informação nos autos quanto à comunicação pelos reais proprietários de extravio, roubo ou furto dos documentos de identidade – Juízo sobre a aparência etária dos falsários que é subjetivo, não cabendo ao tabelião – Ausência de nexo causal capaz de ensejar o dever de indenizar pelo Estado – Sentença reformada – Recurso da Fazenda Pública provido – Recurso dos autores prejudicado. (TJSP – Apelação Cível nº 0007409-39.2013.8.26.0659 – Vinhedo – 5ª Câmara de Direito Público – Rel. Des. Maria Laura Tavares – DJ 28.09.2021)

Ementa: Processual – Responsabilidade civil extracontratual – Prescrição – Matéria preclusa, não tendo sido decidida na r. sentença, mas no saneador, com confirmação em grau recursal – Ausência de interesse recursal – Apelação do réu não conhecida nessa parte – Responsabilidade civil extracontratual – Estelionato – Réu que, como funcionário de Tabelionato de Notas, atendeu à autora, interessada na lavratura de escritura definitiva de compra e venda quanto a lote adquirido, além do correspondente registro – Exigência de depósito em sua conta pessoal, para a execução dos atos necessários, com apropriação após isso dos recursos e não entrega à autora de qualquer dos atos prometidos, a despeito do recebimento, das mãos daquela, de toda a documentação necessária – Conjunto probatório que permite concluir não ter a autora ciência de que o réu, logo após o primeiro contato entre as partes, teria deixado de trabalhar como escrevente na serventia extrajudicial – Restituição dos valores apropriados de rigor – Dano moral caracterizado – Conduta do réu que configura em si ofensa à dignidade da pessoa humana e justifica compensação em si mesma – Sofrimento e aflição de todo modo presumíveis ao constatar a divergência entre as versões apresentadas pelo réu e a demora na concretização da transferência da propriedade, com a retenção indevida dos documentos e dos valores entregues – Montante arbitrado a esse título, R$ 10.000,00, que se tem por adequado às circunstâncias do caso – Sentença de procedência confirmada – Apelação do réu desprovida, na parte conhecida. (TJSP – Apelação Cível nº 1000218-48.2018.8.26.0400 – Olímpia – 29ª Câmara de Direito Privado – Rel. Des. Fabio Tabosa – DJ 23.09.2021)

Ementa: Apelação – Ação Civil Pública – Improbidade administrativa – Não recolhimento proposital de débitos tributários devidos pelo réu, Oficial de Registro Civil e Tabelião de Notas, entre 2015 e 2018 em face do Estado, do IPESP, do Fundo do Tribunal de Justiça do Estado de São Paulo, do INSS e ao FGTS, além do não recolhimento de IRPF na fonte (sobre seus funcionários) e de ISSQN, com apropriação de tais valores para fins privados – Apropriação indevida de recursos públicos para a concretização de interesses particulares, já reconhecida pela Corregedoria Geral de Justiça nos autos do Processo Administrativo Disciplinar nº 11/2018, que também configura prática de ato de improbidade administrativa – Recurso não provido. (TJSP – Apelação Cível nº 1011113-85.2019.8.26.0577 – São José dos Campos – 1ª Câmara de Direito Público – Rel. Des. Aliende Ribeiro – DJ 13.09.2021)

Ementa: Ação declaratória e indenizatória – Lavratura de escritura pública de compra e venda de imóvel envolvendo terceira que se passou pela autora, inclusive mediante falsificação de assinatura, com intermediação de outrem, alegadamente seu sobrinho – Nulidade da escritura e do respectivo registro declaradas na origem, do que não se recorreu – Responsabilidade da Tabeliã, no caso, que é objetiva – Modificação do art. 22 da Lei 8.935/94, promovida pela Lei 13.286/16, que não se aplica ao caso presente, uma vez que os atos impugnados são anteriores à vigência da nova lei – Precedentes da Corte Superior e deste Tribunal, reafirmando a responsabilidade objetiva do Notário – Dano moral bem arbitrado, em R$ 20.000,00 – Honorários majorados, uma vez que não podem desconsiderar o acolhimento dos pleitos declaratórios, mas não ao patamar requerido pela autora, sob pena de se resultar em verba excessiva – Sentença em parte revista – Recurso da autora parcialmente provido – Recurso da ré desprovido. (TJSP – Apelação Cível nº 1005423-41.2016.8.26.0008 – São Paulo – 1ª Câmara de Direito Privado – Rel. Des. Claudio Godoy – DJ 08.09.2021)

Ementa: Ilegitimidade passiva – Fazenda deve responder por danos causados a terceiros por ato de notário – Atividade pública delegada e que deve submeter-se ao regime jurídico de direito público – Sentença reformada neste aspecto – Responsabilidade civil do estado – Emissão de certidão de registro de imóveis em favor do autor para o fim de amparar pedido de penhora em outra demanda – Adjudicação do bem que restou inviabilizada por erro decorrente dos serviços notariais – Duplicidade de matrícula sobre o mesmo imóvel – Dever de reparação – Danos materiais – Prejuízo sofrido não corresponde àquilo que se deixou de ganhar diante do insucesso da adjudicação – Valor bem definido pelo juízo *"a quo"* – Prejuízos morais – Redução – Sentença parcialmente alterada – Dá-se parcial provimento aos recursos.(TJSP – Apelação Cível nº 0056543-14.2010.8.26.0506 – Ribeirão Preto – 6ª Câmara de Direito Público – Rel. Des. Leme de Campos – DJ 04.08.2021)

Ementa: Ação de indenização por danos morais – União estável convolada em casamento perante o Cartório de Registro Civil, posteriormente anulado por sentença judicial em virtude de bigamia por ser o varão casado ao tempo da conversão – Pedido de responsabilização objetiva do Estado por omissão do Cartório na verificação da documentação apresentada pelo nubente, com fulcro no art. 37, § 6º, da CF – Possibilidade – Tese fixada pelo Supremo Tribunal Federal no julgamento do RE 842846 (Tema 777 de repercussão geral) – Embora o art. 1525, I, do CC não disponha sobre a exibição de certidão de nascimento atualizada, a dispensa implica risco administrativo, até porque na habilitação para o casamento é praxe essa exigência na atividade cartorária – Dispensa que acarretou dano moral à autora por não permitir a aferição do real estado civil do nubente, induzindo-a a erro por anos, até o óbito do companheiro e subsequente anulação judicial do casamento – Indenização de dano moral arbitrada em R$ 20.000,00 (vinte mil reais), com correção monetária e juros de mora – Sentença de improcedência reformada – Recurso provido (TJSP – Apelação Cível nº 1003392-69.2019.8.26.0161 – Diadema – 10ª Câmara de Direito Público – Rel. Des. Antonio Celso Aguilar Cortez – DJ 12.04.2021)

Ementa: Responsabilidade Civil – Ação de indenização – Protesto indevido – Sentença de parcial procedência – Insurgência do réu – Preliminar de ilegitimidade passiva afastada – Tema 777, de repercussão geral, no julgamento do RE 842.846 STF, entendendo pela responsabilidade objetiva do Estado, pelos atos dos Tabeliães e Registradores Oficiais que, no exercício de suas funções, causem dano a Terceiros, não gera óbice ao ajuizamento em face do Tabelião – Possibilidade de o Tabelião constar no polo passivo da demanda, ante a falha na prestação dos serviços que causou danos a terceiro – Artigos 22 da Lei 8935/94 e 38 da Lei 9492/97 – Dano moral evidenciado – Inaplicabilidade da Súmula 385 do STJ – Valor fixado de R$ 10.000,00, pautado pela moderação – Sentença mantida – Recurso não provido. (TJSP – Apelação Cível nº 1003947-63.2018.8.26.0568 – São João da Boa Vista – 23ª Câmara de Direito Privado – Rel. Des. Benedito Antonio Okuno – DJ 23.03.2021)

3.1.2 REGISTRO CIVIL DAS PESSOAS NATURAIS

CASAMENTO

Ementa: Apelação Cível – Registro tardio de casamento – Autor pretende o registro civil do casamento dos bisavós para fins de obtenção de cidadania italiana – Recurso interposto contra sentença de improcedência – Não acolhimento – Ausência de registro público de casamento civil comprovada pela certidão negativa emitida por Oficial de Registro Civil – Inexistência até mesmo de prova de celebração de casamento religioso – Existência de prole e menção a status de casados nas certidões de nascimento dos filhos que não é prova suficiente de casamento – Caso em que o casamento teria sido celebrado já na vigência do Decreto-Lei nº 181, de 24/01/1890, que instituiu o reconhecimento do casamento no Brasil como exclusivamente civil, deixando de atribuir qualquer efeito ao casamento celebrado exclusivamente no âmbito religioso – Não se trata de registro tardio de casamento, mas de inexistência de casamento civil, o que inviabiliza o registro pretendido – Impossibilidade de se registrar ato que nunca existiu – Precedentes deste e. Tribunal – Sentença mantida – Recurso desprovido. (TJSP – Apelação Cível nº 1010992-37.2020.8.26.0152 – Cotia – 5ª Câmara de Direito Privado – Rel. Des. Rodolfo Pellizari – DJ 08.07.2021)

Ementa: Ação declaratória de reconhecimento cc. retificação de registro civil – Casamento celebrado na Bolívia, em 1993 – Pedido para que o casamento seja registrado no país, após o falecimento de um dos cônjuges – O *de cujus* à época da celebração do casamento no exterior era apenas separado judicialmente, sem que tenha havido a conversão em divórcio – Sentença de improcedência – Apela a autora para pugnar pelo reconhecimento e retificação do registro civil de casamento do *de cujus* considerando que o divórcio direto hoje é possível – Descabimento – Apesar de hoje ser possível a decretação do divórcio direto, à época da celebração do casamento na Bolívia estava ainda vigente o CC/1916 – Segundo o ordenamento então vigente, o casamento para pessoas separadas judicialmente, ainda não divorciadas, não era possível no Brasil, em 1993 – Hodiernamente, é possível reconhecer a quem contraiu matrimônio, nessas circunstâncias, situação equiparada a de convivente em união estável, cuja disciplina patrimonial é análoga ao casamento – A certidão de casamento não pode ser retificada, pois o ato seria incompatível com o ordenamento vigente à época da celebração do casamento no exterior – A equiparação à união estável, entretanto, protege a autora patrimonialmente não acarretando a ela qualquer prejuízo pela impossibilidade de retificação – Recurso improvido. (TJSP – Apelação Cível nº 1000671-23.2021.8.26.0405 – Osasco – 5ª Câmara de Direito Privado – Rel. Des. James Siano – DJ 27.05.2021)

NOME

Ementa: Registro Civil – Alteração de nome em virtude de conversão ao judaísmo – Possibilidade – Situação autorizadora de modificação do registro civil – Princípio da imutabilidade do nome civil que não é absoluto – Ausência de prejuízo a terceiros – Sentença reformada – Recurso provido. (TJSP – Apelação Cível nº 1012168-76.2021.8.26.0100 – São Paulo – 2ª Câmara de Direito Privado – Rel. Des. Alvaro Passos – DJ 05.10.2021)

Ementa: Retificação de registro civil – Agênero – Alteração de nome e gênero – Insurgência contra sentença de extinção sem resolução de mérito – Sentença reformada – Carência da ação – Não verificação – Pretensão de apelante não se resume a alteração de nome e inversão de gênero, justificando judicialização – Interesse de agir presente – Mérito – Alteração de nome e inclusão de informação de *"gênero não especificado/agênero"* – Possibilidade – Informação sobre gênero deve corresponder à realidade da pessoa transgênero, não se justificando distinção entre binários e não-binários – Precedente do STF a respaldar essa possibilidade – Recurso provido. (TJSP – Apelação Cível nº 1001973-14.2021.8.26.0009 – São Paulo – 3ª Câmara de Direito Privado – Rel. Des. Carlos Alberto de Salles – DJ 01.10.2021)

ÓBITO

Ementa: Retificação em registro civil – Pretensão à retificação de registro de óbito, para afastar declaração de existência de união estável – Discussão sobre existência ou não de união estável que deve ser manejada em ação própria, contenciosa, a ser proposta perante o Juízo de Família – Registro de óbito que não se presta à comprovação de existência de união estável – Jurisprudência deste E. Tribunal – Sentença mantida – Recurso desprovido. (TJSP – Apelação Cível nº 1000762-09.2020.8.26.0257 – Ipuã – 6ª Câmara de Direito Privado – Rel. Des. Marcus Vinicius Rios Gonçalves – DJ 19.10.2021)

Ementa: Registro Civil – Pleito por declaração de óbito – Inviabilidade – Elementos insuficientes para acolhimento – Sentença confirmada – Recurso não provido. (TJSP – Apelação Cível nº 1007122-46.2020.8.26.0196 – Franca – 2ª Câmara de Direito Privado – Rel. Des. L. B. Giffoni Ferreira – DJ 09.09.2021)

Ementa: Responsabilidade civil – Cancelamento de assento de óbito, por se encontra vivo o requerente – Sentença que acolheu tão somente o pedido de cancelamento do registro, mas não o pedido indenizatório, por não vislumbrar responsabilidade do Oficial de Registro de Pessoas Naturais – Assento lavrado à vista de declaração de óbito passada por médico e atestada pelo serviço funerário de Osasco, instruída com documentos pessoais do suposto falecido – Ausência de culpa ou dolo do Oficial Delegado, como exige o RE 842846, Relator o Min. Luiz Fux, Tribunal Pleno, julgado em 27/02/2019, em sede de repercussão geral – Encargos de sucumbência impostos ao oficial delegado réu – Incorreção – Pedido de cancelamento de assento de óbito possui natureza de processo necessário – Rejeição do pedido indenizatório, que leva à sucumbência do autor, subordinada a exigibilidade à cessação da gratuidade processual – Recurso provido. (TJSP – Apelação Cível nº 0004835-82.2020.8.26.0405 – Osasco – 1ª Câmara de Direito Privado – Rel. Des. Francisco Loureiro – DJ 30.04.2021)

3.1.3 REGISTRO DE IMÓVEIS E TABELIONATO DE NOTAS

ALIENAÇÃO FIDUCIÁRIA

Ementa: Agravo de Instrumento – Busca e apreensão – Alienação Fiduciária – Comando de emenda à inicial – Comprovação da notificação em constituição em mora – Notificação extrajudicial enviada por Oficial do Serviço Notarial e Registral – Devolução com a informação não existe o número – Inexistência de notificação positiva – Para comprovação e formalização da mora não se exige que a notificação seja recebida e assinada pelo próprio devedor, bastando que o Cartório de Títulos e Documentos ou Serviço Notarial e Registral junte certidão de entrega positiva ou de Protesto devidamente lavrado com intimação por edital, não podendo a ausência ser suprida – Decisão mantida – Recurso desprovido. (TJSP – Agravo de Instrumento nº 2226158-45.2021.8.26.0000 – Embu das Artes – 25ª Câmara de Direito Privado – Rel. Des. Claudio Hamilton – DJ 10.12.2021)

Ementa: Alienação fiduciária de imóvel – Ação anulatória – A autora e seu marido foram pessoalmente intimados pelo Cartório de Registro de Imóveis, nos termos do art. 26, § 1º, da Lei 9.514/97, bem assim acerca dos leilões extrajudiciais, a teor do que dispõe o art. 27, § 2º-A, do mesmo diploma – O recebimento desta última intimação por terceiro não invalida o ato, pois, para que atinja a sua finalidade, basta que a correspondência seja remetida ao endereço do devedor, sendo irrelevante quem a recebe no local – O E. Superior Tribunal de Justiça já expressou o entendimento de que a inobservância do prazo de trinta dias para promoção do leilão extrajudicial, previsto no art. 27, *caput*, da Lei 9.514/97, não implica sua nulidade – Conforme orientação sedimentada no âmbito do Col. STJ e desta E. Corte, nos contratos celebrados antes da vigência da Lei 13.495/17 a consolidação da propriedade pelo credor fiduciário não impede a purgação da mora pelo devedor fiduciante, providência que pode ser adotada até a data de assinatura do auto de arrematação do imóvel – Exegese do art. 39, II, da Lei 9.514/97 e art.

34 do Decreto-Lei 70/66 – À míngua de impugnação específica do réu a respeito do depósito judicial realizado pela autora, impõe-se reconhecer a suficiência do valor para quitação do débito e purgação da mora, com o consequente cancelamento do procedimento extrajudicial e manutenção do contrato de financiamento, até seus ulteriores termos – Recurso provido. (TJSP – Apelação Cível nº 1003105-07.2019.8.26.0097 – Buritama – 34ª Câmara de Direito Privado – Rel. Des. Gomes Varjão – DJ 10.09.2021)

Ementa: Alienação fidicuária – Imóvel – Recurso de apelação interposto para impugnar a sentença que julgou improcedentes o pedido declaratório de nulidade de ato jurídico e o pedido consignatório – A propriedade do imóvel restou consolidada na Averbação nº 4, da Matrícula nº 145.314, do 8º Oficial de Registro de Imóveis de São Paulo – Não existe nenhuma ilegalidade no procedimento extrajudicial – Mora corretamente comprovada – Intimação para purgar a mora regular – A partir da entrada em vigor da Lei nº 13.465/2017, nas situações em que consolidada a propriedade, mas não purgada a mora, é assegurado ao devedor fiduciante tão somente o exercício do direito de preferência previsto no § 2º-B do art. 27 da Lei nº 9.514/1997 – Sentença correta – Recurso não provido. (TJSP – Apelação Cível nº 1004409-15.2018.8.26.0020 – São Paulo – 35ª Câmara de Direito Privado – Rel. Des. Gilson Delgado Miranda – DJ 20.08.2021)

Ementa: Alienação fiduciária de imóvel – Mora dos fiduciantes e instauração de procedimento previsto no art. 26 da Lei 9.514/97 – Não purgação da mora na primeira fase do procedimento e consolidação da propriedade em nome do credor fiduciário – Ação declaratória c/c anulação de leilão extrajudicial – Sentença de procedência – Notificação dos fiduciantes realizada na pessoa da devedora fiduciante – Validade – Precedentes jurisprudenciais desta Corte – Alegação de necessidade de intimação pessoal acerca do leilão extrajudicial – Ciência inequívoca dos devedores quanto ao ato – Presunção de regularidade do procedimento extrajudicial – Formalidades legais observadas – Inversão do julgado – Recurso provido – Com o devido respeito ao convencimento externado, não se vislumbra, na hipótese, causa de nulidade do procedimento extrajudicial – Segundo consta, o fiduciante Ygor Nicholas Meirelles Faustino foi intimado em 20/03/2019 para efetuar o pagamento das prestações em atraso, por intermédio de sua procuradora Natiele Baraúna de Morais, conforme certificado pelo 2º Oficial de Registro de Imóveis de Ribeirão Preto – No entanto, deixaram os autores escoar *"in albis"* o prazo para emenda da mora – Não existe, na execução extrajudicial do imóvel levada a efeito, qualquer afronta às normas constitucionais que garantem o direito de ação, bem como o devido processo legal e o direito de ampla defesa – Diante da inadimplência dos autores, a instituição financeira intimou os devedores para que purgassem a mora, não havendo dúvida acerca da regularidade do procedimento extrajudicial – Também não se ignora entendimento jurisprudencial que estabelece necessidade de intimação pessoal acerca do leilão, aplicável aos contratos regidos pela Lei 9.514/97 – Contudo, compulsando os autos, é possível verificar que todas as formalidades legais foram observadas – Ademais, conforme narrado na inicial, ajuizada a demanda em 17 de julho de 2020, os próprios autores noticiam a designação do dia 22 de julho 2020 para a realização das praças, revelando ciência inequívoca quanto ao leilão extrajudicial – Com tais ingredientes, merece reforma a r. sentença, para que seja julgada improcedente a ação, com inversão dos ônus sucumbenciais, observada a gratuidade processual. (TJSP – Apelação Cível nº 1022012-30.2020.8.26.0506 – Ribeirão Preto – 32ª Câmara de Direito Privado – Rel. Des. Kioitsi Chicuta – DJ 07.06.2021)

ARROLAMENTO DE BENS

Ementa: Arrolamento de bens – Decisão agravada que reconheceu a necessidade de elaboração de escritura pública para efetivar a renúncia à meação em favor dos herdeiros e determinou a comprovação do recolhimento do ITCMD – Decisão reformada – Meação que somente se especializa com a extinção do vínculo sendo possível atribuir aos herdeiros, maiores e capazes, a nua propriedade e o usufruto ao viúvo, por termo nos autos e sem recolhimento de imposto por suposta doação, que inexiste – Recurso provido. (TJSP – Agravo de Instrumento nº 2134724-09.2020.8.26.0000 – São Paulo – 7ª Câmara de Direito Privado – Rel. Des. Luís Mário Galbetti – DJ 08.03.2021)

CARTA DE ARREMATAÇÃO

Ementa: Registro de Imóveis – Carta de arrematação de direitos sobre bem imóvel não registrada – Devolução pelo cartório imobiliário porque os direitos foram adquiridos de quem não é proprietário registral – Pretensão do autor de impor a este a lavratura de escritura pública de compra e venda transferindo-lhe diretamente a propriedade

– Negócio não realizado – Obrigação ilegal – Pedido inadequado – Hipótese, ademais, em que o autor possui a documentação exigida em lei para o registro da arrematação realizada – Existência de escritura de compra e venda transferindo o imóvel do titular registral à executada antes da arrematação – Título conhecido pelo autor, que exibiu nos autos uma cópia – Inexistência de impedimento para que se proceda a transferência da propriedade – Falta de interesse processual do autor – Extinção do processo sem resolução do mérito – Sentença mantida – Recurso provido. (TJSP – Apelação Cível nº 1002378-70.2017.8.26.0565 – São Caetano do Sul – 1ª Câmara de Direito Privado – Rel. Des. Rui Cascaldi – DJ 23.11.2021)

Ementa: Agravo de Instrumento – Cumprimento de sentença – Carta de Arrematação levada a registro – Nota de devolução do 13º Cartório de Registro de Imóveis de São Paulo – Exigências pendentes no título – Determinação de expedição de ofício ao Cartório de Registro de Imóveis para que proceda ao registro da Carta de Arrematação – Não cabimento – Não compete ao i. Juízo '*a quo*' decidir sobre a legitimidade ou não das exigências feitas pelo 13º Oficial – Não concordando o apresentante do título com as exigências indicadas pelo Oficial deverá suscitar dúvida à Corregedoria do Ofício de Registro de Imóveis respectivo – Inteligência do art. 198, da Lei nº 6.015/1973 – Recurso não provido. (TJSP – Agravo de Instrumento nº 2026273-50.2021.8.26.0000 – São Paulo – 32ª Câmara de Direito Privado – Rel. Des. Luis Fernando Nishi – DJ 15.03.2021)

CÉDULA DE CRÉDITO BANCÁRIO

Ementa: Apelação – Ação declaratória de nulidade de consolidação de propriedade e leilão extrajudicial com pedido de tutela antecipada – Cédula de crédito bancário garantida por alienação fiduciária – Consolidação da propriedade ao credor fiduciário – Alegação de ausência de notificação pessoal da fiduciante para permitir a purgação da mora – Procedimento formal previsto no art. 26, §§ 1º e 3º, da Lei 9.514/97 – Certidão do Oficial de Registro de Títulos e Documentos que não foi assinada pela autora para o fim de comprovar a efetiva intimação pessoal – Procedência da ação que merece ser mantida – Reconhecimento da deserção do recurso interposto pela autora – Recurso da autora não conhecido e improvido o recurso do banco réu. (TJSP – Apelação Cível nº 0002621-74.2015.8.26.0541 – Santa Fé do Sul – 14ª Câmara de Direito Privado – Rel. Des. Thiago de Siqueira – DJ 25.02.2021)

CND – CERTIDÃO NEGATIVA DE DÉBITOS FEDERAIS

Ementa: Apelação – Ação declaratória de nulidade de consolidação de propriedade e leilão extrajudicial com pedido de tutela antecipada – Cédula de crédito bancário garantida por alienação fiduciária – Consolidação da propriedade ao credor fiduciário – Alegação de ausência de notificação pessoal da fiduciante para permitir a purgação da mora – Procedimento formal previsto no art. 26, §§ 1º e 3º, da Lei 9.514/97 – Certidão do Oficial de Registro de Títulos e Documentos que não foi assinada pela autora para o fim de comprovar a efetiva intimação pessoal – Procedência da ação que merece ser mantida – Reconhecimento da deserção do recurso interposto pela autora – Recurso da autora não conhecido e improvido o recurso do banco réu. (TJSP – Apelação Cível nº 0002621-74.2015.8.26.0541 – Santa Fé do Sul – 14ª Câmara de Direito Privado – Rel. Des. Thiago de Siqueira – DJ 25.02.2021)

COMPRA E VENDA E COMPROMISSO

Ementa: Mandado de Segurança – Reexame Necessário – Lavratura de escrituras públicas de venda e compra – Nota de recusa – Condicionamento de lavratura à apresentação de Certidão Negativa de Débitos – Inadmissibilidade – É vedada a criação de óbices, como medida coercitiva para pagamento de tributos – C. Órgão Especial deste Eg. Tribunal de Justiça, ademais, que, no julgamento da Arguição de Inconstitucionalidade nº 0139256-75.2011.8.26.0000 reconheceu a inconstitucionalidade da exigência de CND para registro de imóveis – Presença de direito líquido e certo – Precedentes – Sentença mantida – Reexame necessário não provido. (TJSP – Remessa Necessária Cível nº 1054844-20.2020.8.26.0053 – São Paulo – 13ª Câmara de Direito Público – Rel. Des. Spoladore Dominguez – DJ 03.08.2021

Ementa: Nulidade de escritura pública c.c. cancelamento de registro imobiliário – Sentença procedente em mínima parte – Condenação da corré Eglina ao pagamento de todas as custas por certidões pagas pela autora e comprovadas nos autos – Inconformismo da autora – Cabimento parcial – Declaração emitida pelo Serviço Distrital de Jesuítas/PR – Registro Civil e Notas – Não reconhecendo a autenticidade da Escritura, que originou as demais transferências do imóvel – Referido documento corrobora as informações constantes na certidão do Cartório de Notas do Estado do Paraná – Título inicial, que originou as demais transferências, é eivado de falsidade e, portanto, é ineficaz – Reconhecida a falsidade da escritura outorgada à corré Eglina, todos os demais atos praticados posteriormente são ineficazes, não surtindo qualquer efeito perante os legítimos proprietários – O negócio efetuado desta forma é nulo, e, por conseguinte, ineficaz, ressaltando-se que o terceiro, ainda que de boa-fé, não se beneficia de negócio nulo – Danos morais inexistentes – Sentença reformada para declarar a nulidade da escritura de compra e venda do imóvel, descrito na inicial, lavrada por instrumento falso, bem como dos atos subsequentes, devendo ser restabelecido o registro anterior – Recurso parcialmente provido. (TJSP – Apelação Cível nº 1006665-20.2015.8.26.0477 – Praia Grande – 8ª Câmara de Direito Privado – Rel. Des. Salles Rossi – DJ 28.05.2021)

Ementa: Compra e venda de imóvel – Cláusula de pacto comissório – Cancelamento da averbação contida no registro de imóveis – Devedor que reconhece haver pendência judicial sobre o pagamento do preço, ainda que por discussão travada em outro processo (embargos à execução) – Impossibilidade do devedor (comprador) solicitar e obter o cancelamento da averbação do Registro de Imóveis sobre a dívida reconhecida em favor do credor (vendedor) – Não se cuida de decidir sobre ineficácia (futura) ou renúncia ao pacto comissório em favor do credor – A solução do recurso passa pela aplicação do princípio da boa-fé também em relação ao devedor (comprador) – Não pode ele obter uma providência que, em tese, exige pagamento do preço – A averbação implementada no registro público tinha como objetos o reconhecimento da dívida e o pacto comissório – Se não houve demonstração de fato extintivo (quitação) do crédito, ou mesmo qualquer outro fato impeditivo, modificativo e suspensivo, não se pode admitir, no campo dos registros públicos, cancelamento da averbação – Ela (averbação do contrato) também se destina ao conhecimento por terceiros da existência da dívida – Ação improcedente – Sentença reformada – Recurso provido. (TJSP – Apelação Cível nº 1009846-22.2018.8.26.0510 – Rio Claro – 12ª Câmara de Direito Privado – Rel. Des. Alexandre David Malfatti – DJ 14.06.2021)

Ementa: Apelação/Remessa Necessária – Mandado de segurança – Pedido de registro de escritura de compra e venda junto a Oficial de Registro de Imóveis – Exigência de certidão negativa de débitos tributários federais – Sentença de concessão da segurança – Irresignação da FESP – A jurisprudência do STF é pacífica em declarar inconstitucionais normas que impõem sanções políticas a coagir contribuintes ao pagamento de tributos por vias oblíquas – Condicionante prevista no art. 47, I, "b" e no art. 48 da Lei nº 8.212/91 que não se sustenta, sob pena de violação do direito ao livre exercício da atividade econômica e da livre concorrência – Exigência não prevista nas Normas de Serviço da Corregedoria Geral de Justiça, em seu Tomo II, Capítulo XX, Seção II, Subitem 119.1 – Precedentes desta Corte de Justiça em casos semelhantes – Manutenção da sentença de concessão da segurança – Desprovimento do recurso voluntário e da remessa necessária. (TJSP – Apelação / Remessa Necessária nº 1012455-20.2020.8.26.0053 – São Paulo – 1ª Câmara de Direito Público – Rel. Des. Marcos Pimentel Tamassia – DJ 18.02.2021)

CONDOMÍNIO

Ementa: Coisa comum – Ação de extinção de condomínio – 1. Extinção de condomínio. Ausência de registro da propriedade no Cartório de Registro de Imóveis. Circunstância que, por si, não impede o acolhimento da pretensão da autora. Possibilidade, na espécie, de alienação judicial dos direitos sobre o bem imóvel em tela, com subrogaçãodos arrematantes na posição jurídica das partes alienantes. Entendimento adotado pela Câmara (Apelação Cível n. 994.09.275508-4, desta Relatoria) – 2. Arbitramento de aluguel. Presumida ocupação do imóvel, sem contraprestação à autora, decorrente da revelia. Valor mensal sugerido em R$ 800,00, outrossim, que não se apresenta excessivo. Verba, porém, devida a contar da citação. Precedentes – Apelo parcialmente provido. (TJSP – Apelação Cível nº 1007996-03.2019.8.26.0152 – Cotia – 3ª Câmara de Direito Privado – Rel. Des. Donegá Morandini – DJ 27.07.2021)

Ementa: Extinção de condomínio – Área rural – Procedência – Inexistência de cerceamento de defesa – Ofício expedido pelo Registro de Imóveis no sentido da possibilidade de registro de divisão da área, desde que observado o mapa e memorial descritivo (hipótese dos autos) – Condomínio que decorre de partilha homologada em autos de inventário – Inexistência de impedimento para o decreto de extinção do condomínio e a alienação judicial do imóvel comum – Inteligência do artigo 1.322 do Código Civil – Área ocupada pelos autores que corresponde à fração herdada – Conjunto probatório indicativo de que cada herdeiro ocupa parte determinada da propriedade rural – Estado de indivisão que não interessa aos autores, o que reforça o cabimento da extinção do condomínio por eles pleiteada – Sentença mantida – Recurso improvido. (TJSP – Apelação Cível nº 1000678-26.2016.8.26.0458 – Piratininga – 8ª Câmara de Direito Privado – Rel. Des. Salles Rossi – DJ 07.04.2021)

DAÇÃO EM PAGAMENTO

Ementa: Registro de Imóveis – Ação de obrigação de fazer – Demanda ajuizada em face do Oficial de Registro de Imóveis, buscando a condenação em obrigação de fazer consistente no registro da escritura de dação das matrículas indicadas na inicial – Improcedência decretada – Inconformismo da autora – Não acolhimento – Questão registrária que deve ser esgotada mediante suscitação de dúvida perante o Corregedor Permanente no Cartório de Registro de Imóveis – Arts. 198 da Lei 6.015/73 e itens 40, 41 e 41.3. do Cap. XX, II, das Normas de Serviço da Corregedoria Geral de Justiça – Autora que, ademais, já manejou o incidente de suscitação de dúvida que, no entanto, ainda se encontra sob exame em grau recursal – Precedentes, inclusive desta Câmara – Via eleita inadequada que implica no decreto de carência da ação (ao invés de sua improcedência) – Recurso improvido, com observação. (TJSP – Apelação Cível nº 1024311-50.2020.8.26.0224 – Guarulhos – 8ª Câmara de Direito Privado – Rel. Des. Salles Rossi – DJ 22.07.2021)

Ementa: Registro de Imóveis – Ação de obrigação de fazer – Demanda ajuizada em face do Oficial de Registro de Imóveis, buscando a condenação em obrigação de fazer consistente no registro da escritura de dação das matrículas indicadas na inicial – Improcedência decretada – Inconformismo da autora – Não acolhimento – Questão registrária que deve ser esgotada mediante suscitação de dúvida perante o Corregedor Permanente no Cartório de Registro de Imóveis – Arts. 198 da Lei 6.015/73 e itens 40, 41 e 41.3. do Cap. XX, II, das Normas de Serviço da Corregedoria Geral de Justiça – Autora que, ademais, já manejou o incidente de suscitação de dúvida que, no entanto, ainda se encontra sob exame em grau recursal – Precedentes, inclusive desta Câmara – Via eleita inadequada que implica no decreto de carência da ação (ao invés de sua improcedência) – Recurso improvido, com observação. (TJSP – Apelação Cível nº 1024311-50.2020.8.26.0224 – Guarulhos – 8ª Câmara de Direito Privado – Rel. Des. Salles Rossi – DJ 05.07.2021)

DOAÇÃO

Ementa: Apelação – Ação declaratória de nulidade de doação – Alegação de doação universal e inoficiosa – Dois imóveis adquiridos durante união estável – Doação de um imóvel, ainda durante a união estável, para a enteada e o marido, com reserva de usufruto aos doadores – Após a morte da primeira companheira, o autor ficou com 66,66% do segundo imóvel e doou 33,33% para nova companheira – Pedido de declaração de nulidade das duas doações – Desacolhimento – Doações realizadas por escritura pública, na presença de tabelião, existindo menção de que os doadores possuíam outros bens e rendas suficientes para prover sua própria subsistência e que a doação era extraída da parte disponível de seus bens – Ausência de prova de incapacidade do doador – Não caracterização de doação universal – Caráter inoficioso das doações não demonstrado – Sentença mantida – Recurso desprovido. (TJSP – Apelação Cível nº 1001432-64.2018.8.26.0274 – Itápolis – 6ª Câmara de Direito Privado – Rel. Des. Enéas Costa Garcia – DJ 11.11.2021)

Ementa: Apelação – Ação anulatória – ITCMD – Doação – Fato gerador – Valores recebidos de terceira pessoa para fins exclusivos de gestão – Inocorrência de transmissão inter vivos e gratuita de bens – Pretensão inicial do autor voltada à anulação de crédito de ITCMD constituído pela administração tributária com base em suposta doação de bens apurada em análise de sua declaração anual do IRPF – Decadência – Sentença proferida pelo Juízo singular que acolheu a tese de decadência do direito da Fazenda Pública de constituir o crédito tributário de ITCMD, observado que entre o primeiro dia do exercício financeiro em que a FESP poderia ter realizado o lançamento do imposto e a data de lavratura do AIIM já havia transcorrido mais de 5 anos (art. 173, inciso I, do CPC/2015) – Desacerto – o ITCMD corresponde a tributo sujeito a lançamento por homologação, de modo que, inexistindo declaração quanto à ocorrência do fato gerador pelo contribuinte, exsurge o direito da autoridade fazendária de proceder ao lançamento de ofício, considerando-se como termo inicial o primeiro dia do exercício seguinte àquele em que o lançamento poderia ter sido efetuado (art. 173, inciso I, do CTN) – Suposta transmissão gratuita de bens ocorrida aos 08.01.2013, de modo que o termo *"a quo"* para início do prazo decadencial corresponde a 1º.01.2014, com termo final em 1º.01.2019 – Constituição do ITCMD ainda em 27.11.2018 – Não perfazimento da decadência – Questão de fundo

– Presunção adotada pelo Fisco no sentido de que os valores declarados a título de *"transferência patrimonial"* caracterizariam verdadeira doação – Inadmissibilidade – Valores que têm origem em indenização de contrato de seguro paga em favor de seu irmão, pessoa relativamente incapaz, e gerido pela genitora de ambos – Transferência bancária operada em favor do aqui autor para fins exclusivos de boa gestão patrimonial, sem a intenção de aperfeiçoar a transmissão gratuita de bens – Inexistência de elementos de informação que permitam a conclusão em sentido contrário – Ônus probatório do Fisco – Possível equívoco na forma de preenchimento da declaração do IRPF que não pode servir legítimo fato gerador do ITCMD, ao menos enquanto não demonstrada a fraude ou a simulação por parte do contribuinte – Ausência de *causae debendi* válida para a lavratura do AIIM nº 4.118.029-0 – Sentença de procedência da demanda mantida, por fundamento diverso – Recurso da FESP desprovido. (TJSP – Apelação Cível nº 1056022-04.2020.8.26.0053 – São Paulo – 4ª Câmara de Direito Público – Rel. Des. Paulo Barcellos Gatti – DJ 16.07.2021)

Ementa: Apelação Cível – Ação de Anulação de Negócio Jurídico – Sentença de Improcedência – Insurgência que não prospera – Contrato de Doação realizado pelo genitor da Autora à sua esposa – Inexistência de direitos sucessórios da Donatária – Irrelevância, tendo em vista o teor contratual do ato de disposição – Doação integral do patrimônio sem reserva para o Doador – Inocorrência – Doador que possuía outro Imóvel no momento da disposição, bem como, reservou o usufruto do bem para si – Infração ao artigo 548 do CCB não configurada – Contrato firmado por Doador em estágio terminal – Irrelevância – Doença grave que, por si só, não indica a incapacidade da pessoa – Escritura lavrada por Tabelião em diligência à casa do Doador – Presunção *"juris tantum"* de legalidade – Autora que não logra êxito em comprovar a ausência de discernimento do Doador no ato – Requerente que não cumpre com seu ônus processual estabelecido no artigo 373, *"I"*, do CPC – Sentença mantida – Ratificação, nos termos do artigo 252, do Regimento Interno – Recurso não provido. (TJSP – Apelação Cível nº 1015661-76.2019.8.26.0344 – Marília – 2ª Câmara de Direito Privado – Rel. Des. Penna Machado – DJ 20.01.2021)

INTEGRALIZAÇÃO

Ementa: Agravo de Instrumento – Ação ordinária – ITBI – Integralização de imóveis no capital social da empresa – Imunidade tributária – Como a incorporação dos imóveis no capital social ocorreu no mesmo ato de alteração do objeto social da pessoa jurídica (em 08/03/2021), sendo que não somente exerce atividade relacionada a imóveis, o afastamento da imunidade prevista no art. 156, § 2º, I, da CF/88 está condicionada à prova do efetivo exercício de atividade imobiliária preponderante nos três anos subsequentes à integralização do imóvel – Aplicação do art. 37, § 2º, do CTN – Precedentes desta Câmara – Decisão reformada – Recurso provido. (TJSP – Agravo de Instrumento nº 2205381-39.2021.8.26.0000 – Peruíbe – 14ª Câmara de Direito Público – Rel. Des. Maurício Fiorito – DJ 18.11.2021)

Ementa: Reexame Necessário – Mandado de Segurança – Pretensão de compelir a autoridade impetrada (Oficial de Cartório de Registro de Imóveis) a registrar a transferência de imóvel para a pessoa jurídica – Integralização do capital social – Autoridade impetrada que exige que o Laudo de Avaliação seja assinado pelos subscritores dos atos constitutivos da companhia – Desnecessidade – No caso, Laudo de Avaliação é parte indissociável da Ata da Assembleia Geral de Constituição e Aprovação do Estatuto Social, por ter sido aprovado no mesmo ato – Menção expressa no documento que constituiu a companhia – Atendimento do requisito constante do artigo 98 da Lei nº 6.404/76 e artigo 225, § 1º, da Lei nº 6.015/73 – Concessão da segurança – Sentença mantida – Reexame necessário improvido. (TJSP – Remessa Necessária Cível nº 1000214-13.2020.8.26.0118 – Cananéia – 5ª Câmara de Direito Público – Rel. Des. Maria Laura de Assis Moura Tavares – DJ 20.09.2021)

INVENTÁRIO

Ementa: Inventário – Ordem de retificação do valor da causa com base no valor total dos bens integrantes do monte-mor, incluída a meação do cônjuge sobrevivente – Irresignação – Acolhimento – Bens que compõem a meação do cônjuge sobrevivente que lhe pertencem em razão do regime de bens adotado no casamento, não em razão do direito sucessório – Meação do cônjuge sobrevivente que não integra, para quaisquer efeitos, o monte-mor – Justiça Gratuita – Revogação – Manutenção – Monte mor de elevado valor e composto por imóveis que geram renda – Liquidez do espólio para o custeio da demanda evidenciada – Recurso provido em parte. (TJSP – Agravo de Instrumento nº 2164499-35.2021.8.26.0000 – Osasco

– 9ª Câmara de Direito Privado – Rel. Des. Galdino Toledo Júnior – DJ 12.11.2021)

Ementa: Agravo de Instrumento – Inventário – Decisão que considerou apenas o patrimônio transmitido à herdeira para fins de recolhimento de ITCMD, desconsiderando as dívidas – Pretensão da Fazenda para que o ITCMD recaia também sobre as dívidas do espólio – Não cabimento – Incidência do imposto sobre o acréscimo patrimonial, e não sobre as dívidas do espólio – Precedentes deste Tribunal – Decisão mantida – Negado provimento ao recurso. (TJSP – Agravo de Instrumento nº 3005755-22.2021.8.26.0000 – São José do Rio Preto – 8ª Câmara de Direito Privado – Rel. Des. Silvério da Silva – DJ 22.10.2021)

Ementa: Inventário – Pretensão do inventariante para utilização do valor venal do imóvel com fundamento no art. 9º, § 1º da Lei Estadual nº 10.705/2000 – O valor venal do imóvel deve ser utilizado para fins fiscais – Diploma legal que regulamenta a incidência do ITCMD – O valor venal pode não coincidir com o valor de mercado – Na partilha, em que se busca o estabelecimento da igualdade dos quinhões dos herdeiros, deve ser utilizado o valor de mercado do bem – Precedentes deste E. TJSP – Decisão mantida – Agravo desprovido. (TJSP – Agravo de Instrumento nº 2180225-49.2021.8.26.0000 – São Paulo – 8ª Câmara de Direito Privado – Rel. Des. Theodureto Camargo – DJ 22.10.2021)

Ementa: Inventário – Recolhimento do ITCMD – Base de cálculo – Monte partível excluídas as dívidas do espólio – Inteligência do artigo 1.997 do Código Civil – Decisão mantida – Recurso desprovido. (TJSP – Agravo de Instrumento nº 2163424-58.2021.8.26.0000 – São José dos Campos – 2ª Câmara de Direito Privado – Rel. Des. L. B. Giffoni Ferreira – DJ 19.10.2021)

Ementa: Agravo de Instrumento – Inventário – Partilha homologada por sentença transitada em julgado – Expedição do formal de partilha – Nota devolutiva do Cartório de Registro de Imóveis competente determinando o recolhimento da diferença de valores relacionados ao ITCMD – Trânsito em julgado não impede a expedição formal de partilha à prévia comprovação de recolhimento dos impostos (art. 659, §2, CPC), mas seu registro na matrícula do imóvel no Cartório competente, só será realizado mediante comprovação do pagamento do ITCMD – Inteligência dos arts. 143 e 289 da Lei 6025/73 e art. 30, XI, Lei 8935/95 – Não provimento. (TJSP – Agravo de Instrumento nº 2224534-58.2021.8.26.0000 – São José dos Campos – 4ª Câmara de Direito Privado – Rel. Des. Enio Zuliani – DJ 08.10.2021)

Ementa: Inventário – Autora da herança que não deixa descendentes e sim apenas cônjuge e dois ascendentes (genitores), ambos vivos no momento de abertura da sucessão – Incidência da regra do art. 1.829, II, do Código Civil – Concorrência que não possui restrição em relação ao regime de bens do relacionamento, tornando irrelevante existir ou não bem particular da *"de cujus"*, não se confundindo com a hipótese do inciso I do art. 1.829 do CC, que versa sobre cônjuge/companheiro e descendentes – Cônjuge supérstite que faz jus à meação e à parte do acervo hereditário – Recurso provido. (TJSP – Agravo de Instrumento nº 2157918-04.2021.8.26.0000 – Jundiaí – 2ª Câmara de Direito Privado – Rel. Des. Alvaro Passos – DJ 05.10.2021)

Ementa: Agravo de Instrumento – Incidente processual em inventário – Pedido de alvará – Decisão de extinção sem apreciação do mérito – Inconformismo dos demandantes, herdeiros do *de cujus* cujo patrimônio é objeto do processo sucessório – Alegação de que ante o recrudescimento das medidas restritivas decorrentes da piora do quadro pandêmico, estão impossibilitados de ver apreciado pedido de desistência/suspensão do inventário judicial, que entendem necessário para viabilizar o perfazimento de inventário judicial conjunto do '*de cujus*' (genitor dos demandantes) e de sua esposa (genitora), falecida ulteriormente – Não acolhimento – Com a retomada do sistema escalonado de retorno ao serviço presencial em todo o estado de São Paulo, por força do Provimento CSM nº 2618/2021, foram parcialmente retomadas as atividades cartorárias, havendo informação de que o inventário judicial já foi desarquivado e recentemente juntada petição para análise do magistrado – De qualquer forma, entende-se plenamente possível a lavratura da escritura pública de partilha mesmo na pendência de inventário judicial, desde que atendidos os requisitos legais (herdeiros todos capazes, concordes, patrocinados por advogado, quitados débitos fiscais e recolhido o ITCMD) – Não demonstrado eventual óbice perante o tabelião, na forma do art. 32 da Resolução CNJ 35/07 – Decisão mantida – Recurso não provido. (TJSP – Agravo de Instrumento nº 2102825-56.2021.8.26.0000 – Santos – 7ª Câmara de Direito Privado – Rel. Des. Maria de Lourdes Lopez Gil – DJ 30.09.2021)

Ementa: Inventário – Sucessão hereditária – Tempo da abertura a fixar a legislação aplicável – No caso, o atual Código Civil de 2002 – Regime de bens adotado por ocasião do casamento que não interfere na linha de vocação – Ausentes descendentes ou ascendentes, a sucessão será atribuída por inteiro ao cônjuge sobrevivente – Aplicação dos dispostos pelos artigos 1.845, 1.829, III e 1.838 do atual Código Civil – Colaterais que sucedem somente se já dissolvida a sociedade conjugal – Sociedade vigente na data do falecimento, a afastar os irmãos ao direito à herança – Sentença confirmada – Recurso não provido. (TJSP – Apelação Cível nº 1011837-28.2020.8.26.0004 – São Paulo – 10ª Câmara de Direito Privado – Rel. Des. Elcio Trujillo – DJ 28.09.2021)

Ementa: Agravo de Instrumento – Inventário – Decisão que rejeita a impugnação ao plano de partilha, definindo a quota-parte de cada herdeiro – Irresignação – Acolhimento – Necessidade de retificação para a aplicação do art. 1.829, I, do Código Civil (ordem de vocação hereditária na sucessão legítima) – Declaração de inconstitucionalidade do art. 1.790 do Código Civil pelo E. Supremo Tribunal Federal – Equiparação da condição da companheira e do cônjuge para fins sucessórios – Concorrência que independe do regime de bens do casamento/união – Julgamento sob o rito da repercussão geral – Eficácia vinculante – Descendentes e companheira, contudo, que pertencem a classes distintas – Concorrência excepcional e que deve ser interpretada restritivamente – Convivente que já tem a meação dos bens comuns e, portanto, não poderá avançar sobre a outra metade do patrimônio, em detrimento das descendentes (herdeiras necessárias) – Meeira que não deve ser herdeira – Decisão reformada – Agravo provido. (TJSP – Agravo de Instrumento nº 2049173-27.2021.8.26.0000 – Bebedouro – 7ª Câmara de Direito Privado – Rel. Des. Rômolo Russo – DJ 12.07.2021)

Ementa: Apelação – Ação de inventário e partilha – Sentença que decretou a partilha de fls. 125/128 para atribuir a cada um dos herdeiros o seu respectivo quinhão – Insurgência contra o indeferimento do pedido de isenção em relação às custas para realização da regularização do imóvel junto ao Cartório de Registro de Imóveis, à autora, que é beneficiária da gratuidade da justiça – Cabimento – Benefício que se estende aos emolumentos devidos em razão de registro ou averbação de ato notarial necessário à efetivação de decisão judicial (art. 98, § 1º, IX, do CPC) – Gratuidade, todavia, que não alcança os impostos – Precedentes deste E. Tribunal – Decisão reformada – Recurso provido com observação. (TJSP – Apelação Cível nº 1000951-23.2018.8.26.0397 – Nuporanga – 2ª Câmara de Direito Privado – Rel. Des. Hertha Helena de Oliveira – DJ 23.06.2021)

Ementa: Inventário – Decisão que determinou a retificação do plano de partilha para incluir o cônjuge sobrevivente como herdeiro – Admissibilidade – Falecida sem descendentes nem ascendentes – *De cujus* que lavrou testamento beneficiando a agravante, sua sobrinha, com a totalidade dos bens – Irrelevância – Lei vigente ao tempo da abertura da sucessão – Metade do patrimônio da falecida deve ser transmitido ao cônjuge sobrevivente – Herdeiro necessário – Herança que não se confunde com a meação – Inteligência dos artigos 1.787 e 1.829, ambos do Código Civil – Ordem de recolhimento da taxa judiciária com base no valor total dos bens integrantes do montemor, incluída a meação do cônjuge sobrevivente – Irresignação – Acolhimento – Meação do cônjuge sobrevivente que não integra, para quaisquer efeitos, o montemor – Parcela que não está abrangida pelo serviço público a justificar a incidência do tributo – Agravo provido em parte. (TJSP – Agravo de Instrumento nº 2142119-86.2019.8.26.0000 – São José do Rio Preto – 9ª Câmara de Direito Privado – Rel. Des. Galdino Toledo Júnior – DJ 02.03.2021)

Ementa: Agravo de Instrumento – Inventário e Partilha – Imóveis adquiridos pelo falecido antes da união estável – Bem particular que não se comunica – Tratando-se de propriedade em condomínio com os filhos anterior ao falecimento de Rodolfo (decorrente do falecimento de sua primeira esposa), o direito real de habitação não pode prevalecer, pois os coproprietários não são obrigados a suportar limitações em sua propriedade – Indício da incapacidade da legatária para cuidar e manter os imóveis dos quais obteve o usufruto vitalício de quota parte – Interesse de agir dos agravantes em declarar o período de união estável, objeto de escritura pública declaratória anterior dos conviventes – Recurso a que se dá provimento. (TJSP – Agravo de Instrumento nº 2211867-11.2019.8.26.0000 – São Paulo – 7ª Câmara de Direito Privado – Rel. Des. Luís Mário Galbetti – DJ 16.02.2021)

Ementa: Agravo de Instrumento – Inventário – Decisão determinou recolhimento complementar de ITCMD e custas processuais – Base de cálculo do tributo – Aplicação da legislação vigente à época do falecimento – Óbito ocorrido em 1997 – Aplicável ao caso, a Lei 9.591/66 – Considera-se caracterizado o fato gerador com a ocorrência do óbito, que se reputa como o momento da abertura da sucessão – Observância da Súmula 112, do STF: "*O imposto de transmissão 'causa mortis' é devido pela* *alíquota vigente ao tempo da abertura da sucessão*" – Decisão parcialmente reformada – Recurso parcialmente provido. (TJSP – Agravo de Instrumento nº 2240446-32.2020.8.26.0000 – São Paulo – 9ª Câmara de Direito Privado – Rel. Des. Edson Luiz de Queiroz – DJ 16.02.2021)

ITBI

Ementa: Ação Anulatória – ITBI – Pretensão à imunidade tributária na transmissão dos imóveis em razão de extinção da pessoa jurídica, nos termos do artigo 156, § 2º, I, da CF – Sentença que julgou improcedente a ação – Pretensão à reforma – Desacolhimento – Imunidade prevista pelo artigo 156, § 2º, inciso I, da CF e regulamentada pelo artigo 36, parágrafo único, do CTN, que somente incide na devolução do bem ao patrimônio do sócio que anteriormente o entregou para integrar o capital social, na forma do inciso I do mesmo artigo – Sentença mantida – Recurso não provido. (TJSP – Apelação Cível nº 1008476-45.2019.8.26.0066 – Barretos – 18ª Câmara de Direito Público – Rel. Des. Ricardo Chimenti – DJ 10.12.2021)

Ementa: Mandado de Segurança – ITBI – Município de São Sebastião – Lei Municipal exigindo do tabelião de notas que verifique, previamente, à lavratura do ato, a prova do recolhimento de ITBI quando de atos/negócios jurídicos de seu ofício, que envolvam direitos sobre bens imóveis – Descabimento – Município que não pode legislar sobre direito notarial – Artigos 24 e 30 da Constituição Federal – Art. 30-XI da Lei 8935/94 inaplicável à espécie – Fato gerador do ITBI que ocorre apenas após o registro do título translativo, nos termos do artigo 1245 do CC – Impossibilidade de incidência de pena pecuniária na hipótese de descumprimento da Lei municipal – Segurança formalmente concedida em primeiro grau – Inconstitucionalidade da obrigação, já reconhecida nesta C. Corte – Sentença concessiva da segurança, que deferiu pedido estranho ao processo – Decisão "*extra petita*" – Violação ao art. 492 do CPC – Nulidade decretada – Segurança concedida, de ofício, neste grau recursal, a teor do art. 1013 § 3º – II do CPC – Recursos oficial, considerado interposto e voluntário do impetrante providos, para tais fins. (TJSP – Apelação Cível nº 1000534-77.2021.8.26.0587 – São Sebastião – 15ª Câmara de Direito Público – Rel. Des. Silva Russo – DJ 29.11.2021)

Ementa: Apelação – Mandado de Segurança – ITBI – Imóvel transferido para integralização de capital – Pessoa jurídica criada há menos de dois anos – Hipótese que impede, antes de decorrido o prazo legal, aferição da atividade preponderante para autorizar eventual incidência – Possibilidade de futuro lançamento, caso comprovada pela Municipalidade que a "*atividade preponderante da empresa é a venda, locação e arrendamento mercantil de imóveis.*" – Inteligência do art. 37, §3º do CTN – Recurso não provido. (TJSP – Apelação / Remessa Necessária nº 1000997-88.2020.8.26.0058 – Agudos – 14ª Câmara de Direito Público – Rel. Des. João Alberto Pezarini – DJ 13.10.2021)

Ementa: Tributário – ITBI – Base de cálculo – Apartamento e respectivas vagas de garagem arrematados em leilão extrajudicial – Sentença que concede a segurança, afasta o valor venal de referência e determina a adoção do valor atualizado da arrematação – Pronunciamento escorreito – Apelação do Município improvida – Sentença mantida em reexame necessário, com observação quanto ao índice de correção a ser empregado – Em se tratando de bens arrematados em certame expropriatório extrajudicial, base de cálculo do ITBI é o valor da arrematação, corrigido até a data do registro na Serventia Predial. (TJSP – Apelação / Remessa Necessária nº 1013676-04.2021.8.26.0053 – São Paulo – 18ª Câmara de Direito Público – Rel. Des. Botto Muscari – DJ 29.09.2021)

Ementa: Reexame Necessário – Mandado de Segurança – ITBI incidente em registro de imóvel adquirido mediante usucapião – Prolação de sentença concessiva que afastou referida exigência tributária – Manutenção de rigor – Na usucapião não há transmissão imobiliária, pois referido instituto trata de forma originária de aquisição de propriedade – Assim, ante a ausência de transmissão imobiliária, inexiste fato gerador do ITBI – A concessão da segurança era a medida de rigor, não havendo reparo a ser feito em sede de reexame necessário – Mantém-se a sentença reexaminada. (TJSP – Remessa Necessária Cível nº 1003629-84.2021.8.26.0565 – São Caetano do Sul – 18ª Câmara de Direito Público – Rel. Des. Beatriz Braga – DJ 24.09.2021)

Ementa: Apelação – Mandado de segurança – ITBI – Requerimento administrativo de desconto de 50% da multa, previsto no artigo 23 da Lei Municipal 11.157/1991 – Dificuldade de agendamento no site da Prefeitura para emissão das guias de pagamento – Configurada arbitrariedade – Impossível agendamento em data anterior ao vencimento – Sentença mantida por seus próprios fundamentos – Recurso não provido. (TJSP – Apelação Cível nº

1016757-63.2018.8.26.0053 – São Paulo – 14ª Câmara de Direito Público – Rel. Des. João Alberto Pezarini – DJ 23.09.2021)

Ementa: Tributário – ITBI – Base de cálculo – Compra e venda de loteamento inconcluso – Adoção, pelo município, do somatório dos valores dos lotes – Desconsideração do preço ajustado na escritura de compra e venda e também do valor de mercado divulgado no sítio eletrônico da prefeitura – Inobservância de lei municipal e do art. 148 do Código Tributário Nacional – Ação procedente para que sejam revista a base de cálculo e repetido o indébito – Negociado loteamento inconcluso, se o Município deseja empregar base de cálculo de ITBI diversa do preço ajustado na escritura pública e do valor de mercado constante em seu próprio sítio na rede mundial de computadores (somatório dos valores de todos os lotes), deve antes submeter o tema à Comissão mista estabelecida no Código Tributário local e observar as balizas do art. 148 do CTN. (TJSP – Apelação Cível nº 1002314-84.2020.8.26.0038 – Araras – 18ª Câmara de Direito Público – Rel. Des. Botto Muscari – DJ 20.05.2021)

Ementa: Apelação – Mandado de Segurança – ITBI – Cessão de direitos – Compromisso de compra e venda – Pretensão da impetrante de se tornar cessionária de direito relacionado a compromisso de compra e venda de imóvel sem o pagamento do ITBI – Admissibilidade – Não subsunção da operação ao fato gerador do ITBI, por não se tratar, *in casu*, de transmissão de propriedade de imóvel e inexistir registro da transferência efetiva do bem – Precedentes do STF e STJ – Sentença mantida – Reexame necessário e recurso de apelação improvidos. (TJSP – Apelação / Remessa Necessária nº 1017039-44.2020.8.26.0405 – Osasco – 14ª Câmara de Direito Público – Rel. Des. Maurício Fiorito – DJ 22.04.2021)

Ementa: Apelação – Mandado de segurança – ITBI – Integralização de capital social – Alegada não incidência do imposto, com base nos arts. 156, § 2º, I, da Constituição Federal e 36, I, do CTN – Circunstâncias fáticas, porém, que permitem concluir que a integralização de capital social está sendo utilizada para dissimular a compra e venda dos imóveis vertidos ao patrimônio da apelante – Art. 116, parágrafo único, do CTN – Recurso desprovido. (TJSP – Apelação Cível nº 1000052-93.2017.8.26.0030 – Apiaí – 18ª Câmara de Direito Público – Rel. Des. Henrique Harris Júnior – DJ 08.04.2021)

ITCMD

Ementa: Mandado de Segurança – ITCMD – Inventário e partilha – Transmissão de apenas 50% de imóvel aos herdeiros – Impetração para o fim de obtenção de direito à isenção tributária prevista no art. 6º, inciso I, alínea b da Lei Estadual nº 10.705/2000 – Hipótese normativa de incidência que se refere à fração transmitida, cujo valor apresenta-se abaixo das 2.500 UFESPs – Recursos não provido. (TJSP – Apelação Cível nº 1018476-49.2021.8.26.0482 – Presidente Prudente – 7ª Câmara de Direito Público – Rel. Des. Coimbra Schmidt – DJ 21.01.2022)

Ementa: Tributário – 1. ITCMD sobre valores depositados em conta Escrow. Sucessão hereditária. Alegada ausência de expressão econômica quando o fato gerador ocorreu, no momento do óbito. Pretensão à averbação da sobrepartilha extrajudicial sem o seu recolhimento. Impossibilidade. Implemento da condição. Intelecção dos arts. 116, II e 117, I do CTN – 2. Cobrança de multa e juros. Inadmissibilidade. Inexistência de atraso na abertura do inventário. Interpretação extensiva do art. 21, I, da Lei Estadual nº 10.705/00. Precedentes – 3. Recurso parcialmente provido. (TJSP – Apelação Cível nº 1037847-59.2020.8.26.0053 – São Paulo – 7ª Câmara de Direito Público – Rel. Des. Coimbra Schmidt – DJ 16.12.2021)

Ementa: Apelação – Ação anulatória – ITCMD – Doação – Fato gerador – Cessão gratuita de quotas sociais – Adoção do valor patrimonial contábil para cálculo do imposto – Discordância da autoridade fazendária – Laçamento da diferença por arbitramento – Pretensão inicial do autor voltada à anulação de crédito de ITCMD constituído pela administração tributária em operação de cessão gratuita de quota sociais – Suposta diferença apurada pelo Fisco entre o valor da base de cálculo adotada pelo contribuinte (valor patrimonial contábil) e aquele considerado como correto (valor patrimonial real) para fins de recolhimento do ITCMD – Inadmissibilidade – Inteligência do art. 14, §3º, da LE nº 10.705/2000 e do art. 17, §3º, do Decreto Estadual nº 46.655/2002 – Legislação de regência do ITCMD que prevê o *"valor patrimonial"* como válida base de cálculo nas operações envolvendo a transmissão gratuita de quotas sociais que não tenham sido objeto de negociação nos últimos 180 dias – Legalidade da adoção do *"valor patrimonial contábil"* em detrimento do *"valor patrimonial real"* – Ausência de *causae debendi* válida para a lavratura do AIIM nº 4.136.273-1 – Sentença de procedência da demanda mantida – Recurso voluntário da FESP e remessa oficial desprovidos. (TJSP – Apelação Cível nº 1023900-09.2020.8.26.0482 – Presidente Prudente – 4ª Câmara de Direito Público – Rel. Des. Paulo Barcellos Gatti – DJ 09.11.2021)

Ementa: Tributário – ITCMD – Declaração retificadora – Desconto de 5% previsto no art. 31, § 2º, do Decreto nº 46.655/02 – Retificação de equívoco na declaração anteriormente apresentada – Revogação integral do benefício que não se mostra razoável – Precedentes deste E. Tribunal de Justiça – Sentença mantida – Processual civil – Prequestionamento – Desnecessidade de menção aos dispositivos legais referidos pela parte em suas razões de recurso – Nega-se provimento ao apelo e à remessa necessária. (TJSP – Apelação / Remessa Necessária nº 1045659-21.2021.8.26.0053 – São Paulo – 11ª Câmara de Direito Público – Rel. Des. Afonso Faro Jr. – DJ 30.11.2021)

Ementa: Apelação e Reexame Necessário – Mandado de segurança preventivo – ITCMD – Sucessão hereditária – Definição da base de cálculo do tributo, bem como de sua homologação – Incidência sobre o valor do patrimônio líquido dos bens, e não a integralidade do monte-mor, deduzindo-se o passivo declinado nos autos do inventário – Possibilidade, nos termos dos arts. 38 do Código Tributário Nacional, arts. 1.792 e 1.997 do Código Civil, bem como art. 796 do Código de Processo Civil – Art. 12 da Lei Estadual nº 12.705/00, que desconsidera o abatimento das dívidas que onerem o bem transmitido ou o espólio, que restou derrogado – Inteligência do art. 2.º, § 1.º, da Lei de Introdução às Normas do Direito Brasileiro e art. 24, § 4.º, da Constituição Federal – Precedentes – Concessão da ordem mantida – Recursos desprovidos. (TJSP – Apelação / Remessa Necessária nº 1035376-06.2019.8.26.0506 – Ribeirão Preto – 2ª Câmara de Direito Público – Rel. Des. Renato Delbianco – DJ 17.11.2021)

Ementa: Apelação – Anulatória de débito fiscal – ITCMD – Doação de quotas de capital social – Base de cálculo – Discordância do fisco em relação aos valores atribuídos às quotas de capital social doadas – Integralização feita com imóveis – Cálculo que deve recair sobre o valor patrimonial das quotas e não sobre o valor de mercado – Exegese do art. 14, § 3º, da Lei 10.705/00 – Ilegalidade configurada – Honorários advocatícios – Pretensão à aplicação dos percentuais sobre o proveito econômico, conforme disposições do art. 85 do CPC – Possibilidade – Aplicação do princípio da causalidade – Inteligência do art. 85, § 3º do CPC – Precedentes – Recurso da FESP desprovido – Recurso do patrono da autora provido. (TJSP – Apelação Cível nº 1025501-50.2020.8.26.0482 – Presidente Prudente – 6ª Câmara de Direito Público – Rel. Des. Alves Braga Junior – DJ 05.11.2021)

Ementa: Ação anulatória de débito fiscal – ITCMD – Alegação de que o valor sobre o qual incidiu a autuação não se refere à doação, mas sim a empréstimo realizado por seu genitor – Declaração retificadora de Imposto de Renda que por si só não é suficiente para desconstituir a autuação fiscal – Pretensão de recolhimento do ITCMD sobre o montante que exceder a 2.500 UFESPs – Impossibilidade – Ausência de permissivo legal para tal pretensão – Multa punitiva aplicada de acordo com a legislação pertinente e em patamar não superior ao valor do tributo exigido – Provimento parcial do recurso da FESP e não provimento do apelo do autor. (TJSP – Apelação Cível nº 1006832-88.2020.8.26.0565 – São Caetano do Sul – 4ª Câmara de Direito Público – Rel. Des. Osvaldo Magalhães – DJ 26.10.2021)

Ementa: Remessa Necessária – Mandado de Segurança – ITCMD – Inventário extrajudicial – Multa aplicada por abertura do inventário fora do prazo previsto – Artigo 21, inciso I, da Lei nº 10.705 de 28 de dezembro de 2000 – Hipótese em que o óbito ocorreu em 25 de março de 2021 e a nomeação do inventariante ocorreu em março de 2021, dentro do prazo de 60 dias – Segurança concedida – Sentença mantida – Reexame necessário não provido. (TJSP – Remessa Necessária Cível nº 1026954-72.2021.8.26.0053 – São Paulo – 3ª Câmara de Direito Público – Rel. Des. Camargo Pereira – DJ 21.10.2021)

Ementa: Mandado de Segurança – ITCMD – Inventário e partilha – Transmissão de apenas 50% de imóvel aos herdeiros – Impetração para o fim de obtenção de direito à isenção tributária prevista no art. 6º, inciso I, alínea b da Lei Estadual nº 10.705/2000 – Hipótese normativa de incidência que se refere à fração transmitida, cujo valor apresenta-se abaixo das 2.500 UFESPs – Recursos não provido. (TJSP – Apelação Cível nº 1018476-49.2021.8.26.0482 – Presidente Prudente – 7ª Câmara de Direito Público – Rel. Des. Coimbra Schmidt – DJ 21.01.2022)

Ementa: Tributário – 1. ITCMD sobre valores depositados em conta Escrow. Sucessão hereditária. Alegada ausência de expressão econômica quando o fato gerador ocorreu, no momento do óbito. Pretensão à averbação da sobrepartilha extrajudicial sem o seu recolhimento. Impossibilidade. Implemento da condição. Intelecção dos arts. 116, II e 117, I do CTN – 2. Cobrança de multa e juros. Inadmissibilidade. Inexistência de atraso na abertura do inventário. Interpretação extensiva do art. 21, I, da Lei Estadual nº 10.705/00. Precedentes – 3. Recurso parcialmente provido. (TJSP – Apelação Cível nº 1037847-59.2020.8.26.0053 – São Paulo – 7ª Câmara de Direito Público – Rel. Des. Coimbra Schmidt – DJ 16.12.2021)

Ementa: Inventário – Recolhimento do ITCMD – Base de cálculo – Monte partível excluídas as dívidas do espólio – Inteligência do artigo 1.997 do Código Civil – Decisão mantida – Recurso desprovido. (TJSP – Agravo de Instrumento nº 2163424-58.2021.8.26.0000 – São José dos Campos – 2ª Câmara de Direito Privado – Rel. Des. L. B. Giffoni Ferreira – DJ 19.10.2021)

Ementa: Recursos Oficial e de Apelação – ITCMD – Bens móveis – Declaratória inexistência de relação jurídico-tributária – Critério espacial do tributo – Pretensão à declaração de inexistência de relação jurídico-tributária relativamente a ITCMD referente à sucessão de quotas societárias – Processamento da partilha que se deu em outro Estado-Membro da Federação – Ausência de regras que impeçam a escolha pelo contribuinte do domicílio fiscal em que pretende fazer os atos sucessórios e, por conseguinte, transmitir as cotas societárias, em que pese tenham sido integralizadas por bens imóveis – Imposto a ser recolhido no Estado-Membro em que for lavrada a escritura, que necessariamente não precisa ser o local do domicílio do *"de cujus"* – Critério espacial definido pelo art. 3º e seguintes da Lei Estadual nº 10.705/2000 – Sentença de procedência do pedido mantida – Majoração da verba honorária, nos termos do disposto no art. 85, § 11, do CPC/15 – Recursos não providos. (TJSP – Apelação Cível nº 1002458-81.2020.8.26.0483 – Presidente Venceslau – 13ª Câmara de Direito Público – Rel. Des. Djalma Lofrano Filho – DJ 24.09.2021)

Ementa: Ação anulatória de débito fiscal – ITCMD – Lançamento de tributo sobre bens recebidos por entidade de beneficência e assistência social sob a rubrica de doação graciosa – Imunidade tributária garantida pelo artigo 150, VI, "c", da Constituição Federal – Suporte probatório produzido nos autos evidencia que a renda advinda do indigitado patrimônio imobiliário é integralmente revertida para a consecução dos objetivos institucionais da fundação, sem prejuízo de integral cumprimento ao art. 14 CTN – Bens imóveis que visam atender aos precípuos fins da entidade e sem o intuito de comercialização – Sentença de procedência mantida – Recurso desprovido. (TJSP – Apelação / Remessa Necessária nº 1026717-09.2019.8.26.0053 – São Paulo – 13ª Câmara de Direito Público – Rel. Des. Ferraz de Arruda – DJ 10.09.2021)

Ementa: Apelação – Ação anulatória – ITCMD – Doação – Fato gerador – Cessão onerosa de quotas sociais por valor inferior ao de mercado – Inocorrência de transmissão inter vivos e gratuita de bens – Pretensão inicial dos autores voltada à anulação de crédito de ITCMD constituído pela administração tributária com base em suposta doação de bens apurada em procedimento de cessão onerosa de quotas sociais de empresa – Admissibilidade – Presunção adotada pelo FISCO no sentido de que a diferença entre o valor de venda e o valor patrimonial das quotas sociais caracterizaria doação dissimulada por cessão onerosa de direitos – Ausência, no entanto, de elementos de informação capazes de comprovar a simulação – Composição do preço das quotas sociais que se insere no âmbito da liberdade de contratar – Fato imponível do ITCMD que pressupõe a efetiva realização de negócio jurídico de transmissão gratuita de bens – Divergência entre o valor da operação e o de mercado das quotas sociais que, per se, não autoriza a verificação do fato gerador – Valor de mercado das quotas que está associado apenas ao aspecto quantitativo da regra matriz, sem ter o condão de alterar a própria definição dos elementos materiais da regra de incidência – Ausência de *causae debendi* válida para a lavratura do AIIM nº 4.116.553-6 – Sentença de procedência da demanda mantida – Recurso voluntário da FESP e remessa oficial desprovidos. (TJSP – Apelação Cível nº 1010768-79.2020.8.26.0482 – Presidente Prudente – 4ª Câmara de Direito Público – Rel. Des. Paulo Barcellos Gatti – DJ 23.08.2021)

Ementa: Agravo de Instrumento – Inventário – ITCMD – Plano de partilha que excluiu da base de cálculo as dívidas transmitidas aos herdeiros – Decisão que determinou a retificação do plano para incluí-las – Insurgência do inventariante – Alegação de que a medida contrariaria os arts. 1.792. e 1.997 do Código Civil – Descabimento – Imposto que é de competência do Estado ou do Distrito Federal, sendo deles a competência legislativa – Lei Estadual nº 10.705/2000 que é norma especial em relação ao Código Civil e que prevê que o imposto incide sobre o total do patrimônio transmitido, sem exclusões de quaisquer natureza – Inteligência do art. 12 da Lei Estadual 10.705/2000 – Inaplicabilidade dos arts. 1.792 e 1.997 do Código Civil – Alegação de que o caso se enquadraria na isenção do ITCMD sobre o imóvel a que alude o art. 6º, inciso I, da Lei Estadual em questão – Descabimento – Isenção que deve considerar o valor do imóvel em sua totalidade, não o valor do quinhão transmitido ao herdeiro – Decisão mantida – Agravo desprovido. (TJSP – Agravo de Instrumento nº 2085169-86.2021.8.26.0000 – Jaú – 7ª Câmara de Direito Privado – Rel. Des. Miguel Brandi – DJ 23.08.2021)

Ementa: Constitucional e tributário – Mandado de Segurança – ITCMD – Doação de quotas de capital social – Base de cálculo – Valor de mercado dos imóveis que integralizam o capital social da empresa – Ofensa a direito líquido e certo – Ilegalidade – Base de cálculo do ITCMD em caso de doação de quotas de capital social – Aplicação do art. 14, § 3º, da Lei Estadual nº 10.705/2000, que estabelece como base de cálculo do ITCMD, na hipótese de transmissão de cota do capital social que não tenha sido negociada nos últimos 180 dias, o valor patrimonial da cota – Impossibilidade de utilização do valor nominal, diante da ausência de previsão legal – Precedentes – Segurança concedida – Sentença mantida – Reexame necessário desacolhido, recurso desprovido. (TJSP – Apelação / Remessa Necessária nº 1026186-57.2020.8.26.0482 – Presidente Prudente – 9ª Câmara de Direito Público – Rel. Des. Décio Notarangeli – DJ 01.09.2021)

Ementa: Agravo de Instrumento – Inventário – Decisão que determinou o recolhimento do ITCMD, indeferindo a isenção pleiteada – Alegação de que a isenção deve considerar a fração de 50% do imóvel pertencente aos falecidos – Descabimento – Partilha da integralidade do bem deixado pelos falecidos, isenção que não observa o disposto no art. 6º, inciso I, da Lei 10.705/2000 – Valor venal do bem superior ao limite da isenção de 5000 UFESPS – Recurso desprovido. (TJSP – Agravo de Instrumento nº 2258748-12.2020.8.26.0000 – São Roque – 9ª Câmara de Direito Privado – Rel. Des. José Aparício Coelho Prado Neto – DJ 19.07.2021)

Ementa: Apelação – Mandado de Segurança – ITCMD – Sobrepartilha – Anulação de desconto de 5% previsto no artigo 17, § 2º, da Lei Estadual nº 10.705/00 sobre o ITCMD devido pelos impetrantes – Comprovado o efetivo recolhimento do ITCMD e não demonstrada a má-fé dos requerentes quanto ao bem posteriormente indicado, não há fundamento jurídico à revogação do desconto em razão de sobrepartilha realizada dentro do prazo estabelecido para tanto pela Lei Estadual nº 14.010/20 – Reexame necessário não provido.

Ementa: Apelação – Remessa necessária – Mandado de Segurança – ITCMD – Bem sobrepartilhado – Cobrança de correção monetária, juros de mora e multas sobre o conjunto de bens, além da perda do desconto concedido anteriormente – Impossibilidade – Declaração retificadora que não afasta o direito ao desconto previsto no art. 31, § 1º, do Decreto Estadual nº 31.655/2002 – Ausência de indícios de má-fé – Sentença concessiva da segurança mantida por seus próprios fundamentos – Art. 252 RITJSP – Apelação e Remessa Necessária desprovidas. (TJSP – Apelação / Remessa Necessária nº 1064607-45.2020.8.26.0053 – São Paulo – 4ª Câmara de Direito Público – Rel. Des. Ana Liarte – DJ 22.06.2021)

Ementa: ITCMD – Desconto de 5%, previsto no artigo 17, § 2º, da Lei 10.705/2000, com regulamentação pelo art. 31, § 1º, "2", do Decreto Estadual nº 46.655/02, que foi revertido em razão da realização de sobrepartilha – Inadmissibilidade – A sobrepartilha é legalmente admitida nas hipóteses de sonegação ou de desconhecimento da existência dos bens sobrepartilhados por ocasião da partilha, nos termos do art. 2.022 do Código Civil – Se foram preenchidos os requisitos legais para a incidência do desconto de 5% à época da partilha, descabido, por ocasião da sobrepartilha, revogar tal benefício – Comprovação de boa-fé por parte dos impetrantes – Precedentes da Eg. Seção de Direito Público – Sentença mantida – Mantido o julgado. (TJSP – Remessa Necessária Cível nº 1057189-56.2020.8.26.0053 – São Paulo – 6ª Câmara de Direito Público – Rel. Des. Evaristo dos Santos – DJ 11.06.2021)

Ementa: Apelação – Ação declaratória – ITCMD – Divórcio – Meação – Notificação pelo Fisco – Discussão sobre a base de cálculo – Cotas sociais – A base de cálculo do tributo deve ser o valor patrimonial das cotas percebidas e não o valor de mercado dos bens utilizados para integralização do capital social da empresa – Inteligência do art. 14, §3º da Lei nº 10.705/2000 – Precedentes desta C. Corte – Bem imóvel – Base de cálculo – Valor venal de referência – Nova base de cálculo por simples decreto – Ilegalidade (arts. 150, I da CF e 97, II e IV c.c §1º do CTN) – Precedentes desta C. Corte – Bem móvel – Veículo – Autores que utilizaram como base de cálculo o valor indicado na tabela FIPE de junho/2019 (mês de referência) – Ação de divórcio que foi ajuizada em 01.07.2019 e que teve a partilha homologada em 15.08.2019 – Base de cálculo que deve ser mantida – Reexame necessário – Inexistência do recurso oficial, proveito econômico inferior a 500 salários mínimos – Inteligência do art. 496, §3º, II, do CPC/2015 – Recurso de apelação da FESP desprovido. (TJSP – Apelação Cível nº 1006376-96.2020.8.26.0482 – Presidente Prudente – 13ª Câmara de Direito Público – Rel. Des. Flora Maria Nesi Tossi Silva – DJ 15.06.2021)

Ementa: Mandado de Segurança – Tributário – ITCMD – Incidência do imposto sobre a totalidade da herança, sem abatimento das dívidas do falecido – Artigo 12 da Lei Estadual nº 10.705/2000 que contraria o disposto nos artigos 1.792 e 1.997 do Código Civil – A base de cálculo do imposto deve corresponder ao acervo patrimonial transmitido, sem inclusão das dívidas do de cujus – Artigo 12 da Lei Estadual nº 10.705/2000 tacitamente revogado pelos artigos 1792 e 1997 do Código Civil, normas federais posteriores e incompatíveis com a primeira – Aplicação do critério temporal previsto no artigo 2º, §1º, da LINDB – Precedentes desta E. Corte – Sentença mantida – recurso e reexame desprovidos. (TJSP – Apelação Cível nº 1054541-06.2020.8.26.0053 – São Paulo – 12ª Câmara de Direito Público – Rel. Des. Souza Meirelles – DJ 18.03.2021)

ITR

Ementa: Agravo de Instrumento – Mandado de segurança – Pleito de que a base de cálculo das custas e dos emolumentos cartorários para a lavratura das escrituras de divisão e registro de imóveis seja o valor declarado para fins do Imposto sobre Propriedade Territorial Rural (ITR) – Decisão agravada que indeferiu o pedido de tutela antecipada de urgência – Irresignação das impetrantes – O artigo 7º, inciso II, parte final, da Lei Estadual nº 11.331/02 estabelece como base de cálculo das custas e dos emolumentos cartorários o *"valor da avaliação do imóvel rural aceito pelo órgão federal competente"* – Correta, portanto, a exigência cartorária de utilização, para tal finalidade, do valor apurado pelo Instituto de Economia Agrícola (IEA) – Situação que não se confunde com a impossibilidade relacionada ao ITBI, diante da existência de lei de regência própria – Entender de outro modo implicaria em violação ao princípio da legalidade – Presunção de legitimidade dos atos administrativos que deve prevalecer – Manutenção da decisão agravada – Desprovimento do recurso. (TJSP – Agravo de Instrumento nº 2072674-10.2021.8.26.0000 – São Paulo – 1ª Câmara de Direito Público – Rel. Des. Marcos Pimentel Tamassia – DJ 21.07.2021)

PENHORA

Ementa: Agravo de Instrumento – Mandado de segurança – Pleito de que a base de cálculo das custas e dos emolumentos cartorários para a lavratura das escrituras de divisão e registro de imóveis seja o valor declarado para fins do Imposto sobre Propriedade Territorial Rural (ITR) – Decisão agravada que indeferiu o pedido de tutela antecipada de urgência – Irresignação das impetrantes – O artigo 7º, inciso II, parte final, da Lei Estadual nº 11.331/02 estabelece como base de cálculo das custas e dos emolumentos cartorários o *"valor da avaliação do imóvel rural aceito pelo órgão federal competente"* – Correta, portanto, a exigência cartorária de utilização, para tal finalidade, do valor apurado pelo Instituto de Economia Agrícola (IEA) – Situação que não se confunde com a impossibilidade relacionada ao ITBI, diante da existência de lei de regência própria – Entender de outro modo implicaria em violação ao princípio da legalidade – Presunção de legitimidade dos atos administrativos que deve prevalecer – Manutenção da decisão agravada – Desprovimento do recurso. (TJSP – Agravo de Instrumento nº 2072674-10.2021.8.26.0000 – São Paulo – 1ª Câmara de Direito Público – Rel. Des. Marcos Pimentel Tamassia – DJ 21.07.2021)

PRENOTAÇÃO

Ementa: Agravo de Instrumento – Indeferimento do pedido para ser cancelada a averbação no Cartório de Registro de Imóveis em favor do banco – Efeito concedido – Contrarrazões do banco e informações judicial apresentadas em seguida – Recorrente que adquiriu imóvel e não o registrou – Procuração outorgada pelos vendedores não utilizada a tempo para ser feita a transferência da coisa para o nome do adquirente, ora embargante – Averbação da execução feita pelo banco na matrícula do imóvel – Prenotação – Agravante que ficou impedido de averbar a aquisição imóvel por realizar o ato em 2018 – Averbação do banco que ocorreu em 2017 – Impossibilidade de cancelamento de ato hígido – Decisão mantida – Recurso desprovido. (TJSP – Agravo de Instrumento nº 2104969-03.2021.8.26.0000 – São Paulo – 23ª Câmara de Direito Privado – Rel. Des. Virgilio de Oliveira Junior – DJ 20.07.2021)

PROCEDIMENTO DE DÚVIDA

Ementa: Agravo de Instrumento – Obrigação de fazer – Cumprimento de Sentença – Exigências efetuadas pelo cartório de registro de imóveis – Decisão que acenou que a matéria deverá ser suscitada perante o Juiz Corregedor do Cartório de Registro de Imóveis – Insurgência – Inadmissibilidade – Inteligência do artigo 198, *caput*, da Lei nº 6.015/73 – Competência do Juiz Corregedor Permanente do Cartório de Registro de Imóveis, tendo em vista a natureza registrária do pedido – Decisão mantida – Recurso desprovido. (TJSP – Agravo de Instrumento nº 2052677-41.2021.8.26.0000 – Santos – 4ª Câmara de Direito Privado – Rel. Des. Fábio Quadros – DJ 09.09.2021)

REGIME DE BENS

Ementa: Apelação – Ação de Retificação de Registro Público – Alteração de Regime de Bens – Pretensão de alteração do regime de comunhão parcial de bens para o de separação total – Sentença de improcedência – Inconformismo dos autores, alegando que a alteração do regime de bens é de vontade do casal e a legislação permite a mudança, sem a necessidade de detalhamento de razões para tanto, devendo haver a alteração do regime de comunhão parcial para o regime de separação de bens – Descabimento – Apresentação de impugnação por terceiros interessados – Demonstração de diversas ações judiciais, inclusive em fase de Cumprimento de Sentença, movidas contra o autor Rogério, nas quais os credores perseguem o recebimento de créditos expressivos – Inviabilidade da alteração do regime de bens pretendido, ante a possibilidade de acarretar prejuízos a terceiros credores – Precedentes – Recurso desprovido. (TJSP – Apelação Cível nº 1010132-03.2016.8.26.0079 – Botucatu – 9ª Câmara de Direito Privado – Rel. Des. José Aparício Coelho Prado Neto – DJ 08.10.2021)

RETIFICAÇÃO DE ÁREA

Ementa: Registros públicos – Ação de retificação de área. Insurgência dos autores contra sentença que extinguiu o feito por falta de interesse de agir – Inteligência do art. 212 da Lei de Registros Públicos – Faculdade legalmente conferida ao interessado para a pretensão em comento, podendo ele optar pela via administrativa ou judicial – Desnecessidade de prévia instauração de procedimento administrativo para a propositura da ação – Precedentes deste E. Tribunal de Justiça – Sentença terminativa anulada – Intervenção do Ministério Público que poderá ocorrer após o feito retomar seu trâmite regular – Desnecessidade de remessa dos autos à Corregedoria Geral de Justiça, já que os recorrentes optaram diretamente pela seara judicial – Recurso provido. (TJSP – Apelação Cível nº 1000344-71.2021.8.26.0666 – Artur Nogueira – 3ª Câmara de Direito Privado – Rel. Des. Beretta da Silveira – DJ 07.12.2021)

Ementa: Apelações – Ação de retificação de registro com pedido indenizatório – Responsabilidade do Oficial de Registro – Culpa verificada – Equívoco que se deu quando do registro, com a inversão das descrições dos pedidos de registro entre os imóveis lindeiros – Denunciação da seguradora – Improcedência bem declarada – Apólice de seguro que exclui fatos ocorridos antes da contratação – Indenização pela perda de área – Improcedente – Perda na matrícula que se corrigirá com a retificação da mesma – Autora que possui imóvel na metragem adquirida – Honorários contratuais – Impossibilidade de condenação extracontratual – Danos morais indevidos – Mero aborrecimento – Bradesco que não tinha incumbência de verificar correção da matrícula do imóvel – Sentença mantida – Recursos desprovidos. (TJSP – Apelação Cível nº 1001485-72.2018.8.26.0071 – Bauru – 6ª Câmara de Direito Privado – Rel. Des. José Carlos Costa Netto – DJ 08.10.2021)

Ementa: Apelação – Retificação de Registro Imobiliário – Recurso interposto pela empresa loteadora contra sentença que julgou improcedente o pedido para que fosse excluída da Matrícula 79.377, do Oficial de Registro de Imóveis da Comarca de Bragança Paulista a qualificação de que se trata de "*área reservada para caixa d'água*" – Alegação principal de que, apesar da anotação da destinação, o bem não se trata de área pública – Questão superada – Inexistência de litígio quanto à natureza privada do imóvel, tendo em vista que o próprio Município reconhece a titularidade dominial da autora/apelante e determinou a correção do cadastro imobiliário municipal – Inexistência de disputa dominial, contudo, que não conduz ao acolhimento do pedido – Questão que deve ser analisada sob o prisma da constituição da questionada "*restrição*" – Apontamento de destinação que não se trata de gravame imobiliário, mas de mero identificador do lote – Loteador que, podendo atribuir numeração sequencial ao lote (por exemplo, Lote 100, da Quadra X), optou por identificá-lo de forma diversa – Apelante, portanto, que deve buscar, se assim o pretender, pelas vias próprias, assim como já o fez em outra ocasião, a adequação administrativa do loteamento, alterando a identificação tabular do lote – Apelante, aliás, que deixou de esclarecer duas questões essenciais: primeiro, se houve qualquer impedimento administrativo à alteração pretendida (tendo em vista que o Oficial declarou "*em nada afrontar ao que deseja a autora e o Município reconheceu expressamente a natureza privada do imóvel*") e, segundo, por qual razão, tendo já realizado alteração no projeto do loteamento, com alteração de outros lotes e do próprio nome do loteamento, deixou de promover a alteração na qualificação identificadora do lote – Em resumo, além da ausência de oposição, as questões discutidas são tangenciais e não enfrentam o essencial, isto é, que a apelante pretende alterar a qualificação tabular do imóvel, sem promover a adequação na origem, qual seja, o projeto de loteamento em que o lote foi assim qualificado, ainda mais que a exclusão pretendida invalidará a própria qualificação tabular – Alteração da qualificação tabular que deve partir da especificação do loteamento para o Oficial de Registro e não o contrário – Sentença, portanto, que, ainda que por motivos diversos, deve ser mantida – Recurso não provido. (TJSP – Apelação / Remessa Necessária nº 1064607-45.2020.8.26.0053 – São Paulo – 4ª Câmara de Direito Público – Rel. Des. Ana Liarte – DJ 22.06.2021

SERVIDÃO

Ementa: Agravo de Instrumento – Servidão administrativa – Cumprimento de sentença – Oficial de registro de imóveis que recusou o registro da servidão, ante a impossibilidade de determinar que a faixa de servidão esteja localizada no imóvel e em que espaço dele – Juízo que rejeitou pedido posterior, no sentido de que fosse determinado ao Oficial o registro da citação, nos termos do artigo 167, inciso I, item 21, da Lei nº 6.015/1973 e do artigo 54 da Lei nº 13.097/2015 – Decisão escorreita – Título judicial que não está dispensado de atender aos requisitos formais e princípios registrais para ser levado a registro – Registro da citação, a pretexto de evidenciar a litigiosidade existente sobre o bem, para que terceiros não aleguem desconhecimento da servidão, que é absolutamente impróprio, dado o encerramento do processo há mais de dez anos – Pretensão do agravante que constitui evidente tentativa de atalhar a necessária retificação da matrícula – Agravante que é legitimada, na condição de interessada, para promover a retificação do registro, de maneira que a descrição do imóvel fique coerente com a descrição da faixa de servidão a ser futuramente registrada – Recurso desprovido. (TJSP – Agravo de Instrumento nº 2183980-81.2021.8.26.0000 – Itapetininga – 2ª Câmara de Direito Público – Rel. Des. Luciana Bresciani – DJ 07.10.2021)

TESTAMENTO

Ementa: Testamento – Particular – Confirmação em juízo que não se mostra possível ante a ausência de seus pressupostos legais – Não obstante seja viável a flexibilização das formalidades com pretensão de considerar a vontade do testador colocada no documento, a hipótese vertente contém impeditivos referentes às testemunhas que firmaram o testamento, com viabilidade de ligação de interesses entre envolvidos – Improcedência que não se dá pela qualidade das beneficiárias, tendo em vista que, apesar do parentesco com aquele que elaborou o documento e que também figura como testemunha, não se enquadram em nenhum dos impedimentos do art. 1.801 do CC – Aplicação do parágrafo único do art. 1.878 do CC – Inadmissibilidade – Previsão legal que autoriza a confirmação do testamento particular se apenas uma das três testemunhas o reconhecer na condição de faltarem as outras duas por morte ou ausência, o que não se trata do caso deste processo – Observância do art. 228, V, do Código Civil, também aplicável a testemunhas instrumentárias e não apenas a testemunhas judiciárias, tendo em vista que uma delas é primo da testadora e a outra é prima de duas das beneficiárias e irmã da outra – Recurso improvido. (TJSP – Apelação Cível nº 1000566-20.2016.8.26.0341 – Maracaí – 2ª Câmara de Direito Privado – Rel. Des. Alvaro Passos – DJ 26.10.2021)

Ementa: Testamento particular – Ação visando dar validade à apontada declaração de vontade da *"de cujus"*, oriunda de mensagem encaminhada pelo aplicativo *"Whatsapp"* ao então advogado da *"de cujus"* – Mensagem que indica o autor (sobrinho da *"de cujus"*) como legatário de bem imóvel – Documento que não possui as formalidades essenciais exigidas no art. 1.876 do Código Civil – Circunstâncias do caso que tampouco permitem a aplicação, de forma analógica, da exceção prevista no art. 1.879 do Código Civil – Motivação da sentença é adotada como razão de decidir em Segundo Grau – Aplicação do art. 252, do Novo Regimento Interno do Tribunal de Justiça – Preliminar afastada – Recurso improvido. (TJSP – Apelação Cível nº 1012100-34.2018.8.26.0100 – São Paulo – 4ª Câmara de Direito Privado – Rel. Des. Fábio Quadros – DJ 12.03.2021)

USUCAPIÃO

Ementa: Agravo de Instrumento – Ação de usucapião – Imóvel rural – Recurso contra a decisão que determinou aos agravantes o cumprimento das exigências do Cartório de Registro de Imóveis – Área usucapienda que é menor do que a fração mínima de parcelamento da região – Irrelevância – Dispensa da apresentação das matrículas de todos os imóveis confinantes – Exigência de apresentação de planta georreferenciada confirmada – Inteligência do art. 225, § 3º, da Lei nº 6.015/73 – Benefício da justiça gratuita concedido aos agravantes que, entretanto, implica na realização de perícia para a elaboração do georreferenciamento, custeada pelo Estado – Precedentes do STJ e desta Corte – Decisão reformada, em parte – Recurso parcialmente provido. (TJSP – Agravo de Instrumento nº 2247612-81.2021.8.26.0000 – Itapetininga – 1ª Câmara de Direito Privado – Rel. Des. Alexandre Marcondes – DJ 30.11.2021)

Ementa: Propriedade – Usucapião extraordinária – Área comum de condomínio edilício – Fato comprovado nos autos através de informação do Oficial Registrador, Convenção de Condomínio e perícia – Impossibilidade – *Decisum* mantido por seus próprios e jurídicos fundamentos, nos termos do art. 252 do Regimento Interno do TJSP – Honorários advocatícios sucumbenciais – Valor fixado com base no valor da causa – Caso em que este seria desarrazoado e desproporcional com o trabalho desenvolvido pelos patronos da parte vencedora – Arbitramento por equidade autorizado – Redução, já considerada a fase recursal – Apelo provido em parte, apenas para esse fim. (TJSP – Apelação Cível nº 0019530-64.2012.8.26.0100 – São Paulo – 1ª Câmara de Direito Privado – Rel. Des. Rui Cascaldi – DJ 23.08.2021)

Ementa: Usucapião – Decisão que determinou a emenda da petição inicial para que os autores apresentassem os documentos indicados pelo Oficial do Cartório de Registro de Imóveis, sob pena de indeferimento da petição inicial – Irresignação – Desnecessidade de apresentação de memorial descritivo da Área de Preservação Permanente, de cadastro do bem junto ao CAR ou do número de inscrição imóvel no INCRA, através do CCIR – Documentos que são necessários apenas para a realização do registro – Imprescindível, contudo, a exata delimitação do imóvel, sendo necessária a apresentação de descrição georreferenciada – Inteligência do art. 225, § 3º, da Lei de Registros Públicos – Recurso provido em parte. (TJSP – Agravo de Instrumento nº 2134003-57.2020.8.26.0000 – Mogi-Guaçu – 1ª Câmara de Direito Privado – Rel. Des. Luiz Antonio de Godoy – DJ 27.07.2021)

Ementa: Apelação – Ação de usucapião extraordinária – Sentença de improcedência – Inconformismo dos autores – Comprovado o exercício da posse sobre a área, sem oposição e com *animus domini*, durante mais de quinze anos ininterruptos – Cuidando-se a usucapião de aquisição da propriedade pelo modo originário, não há falar em prevalência da hipoteca e o fato do titular do domínio registral do imóvel encontrar-se em liquidação extrajudicial não suspende o prazo prescricional aquisitivo, pois não afeta de maneira alguma a natureza jurídica de direito privado de seus bens – Precedentes desta Corte – Presentes os requisitos ensejadores da medida aquisitiva, nos termos do artigo 1.238 do Código Civil: *"Aquele que, por quinze anos sem interrupção, nem oposição possuir como seu um imóvel, adquire-lhe a propriedade, independente de justo título e boa-fé, podendo requerer ao juiz que assim o declare por sentença, a qual servirá de título para registro no Cartório de Registro de Imóveis"* – Sentença reformada – Recurso a que se dá provimento. (TJSP – Apelação Cível nº 1002838-54.2014.8.26.0309 – Jundiaí – 7ª Câmara de Direito Privado – Rel. Des. José Rubens Queiroz Gomes – DJ 12.07.2021)

Ementa: Usucapião – Imóvel pertencente ao Município de Tatuí, o que inclusive fora comprovado por documentação originária do Oficial de Registro de Imóveis competente – Inadmissibilidade de usucapir bem público artigo 102 do CC e Súmula 340 do STF – Aspectos sociais e outros correlatos são insuficientes para a pretensão do apelante – Improcedência da ação apta a sobressair – Apelo desprovido. (TJSP – Apelação Cível nº 1000052-93.2017.8.26.0030 – Apiaí – 18ª Câmara de Direito Público – Rel. Des. Henrique Harris Júnior – DJ 14.04.2021)

Ementa: Agravo de instrumento – Usucapião – Oficial de Registro que formulou exigências para o registro de bem imóvel – No Estado de São Paulo, os atos de registro (registro em sentido estrito) e os atos de averbação (registro em sentido lato) são examinados pelo Juiz Corregedor Permanente em sede de revisão administrativa dos atos praticados pelo Oficial de Registro de Imóveis – Recurso não provido. (TJSP – Agravo de Instrumento nº 2250075-30.2020.8.26.0000 – Santa Fé do Sul – 7ª Câmara de Direito Privado – Rel. Des. Luis Mario Galbetti – DJ 03.03.2021)

USUFRUTO

Ementa: Apelação Cível – Alvará judicial – Registro de aquisição de bem imóvel quitado em nome dos filhos menores, com reserva de usufruto à genitora – Extinção do processo, sem resolução de mérito, por indeferimento da inicial – Inadequação – A necessidade de autorização judicial para a aquisição de bens por menores incapazes, nos termos do Item 41, Alínea "e", do Capítulo XIV das NSCGJ e do Artigo 1.691 do Código Civil, configura o interesse de agir da parte autora – Inexistência de subsunção do caso às hipóteses de inépcia da inicial previstas no § 1º, do Art. 330, do CPC – Causa madura – Presença de petição apresentada pela genitora dos menores, indicando a concordância com o pedido – Citação dos interessados suprida – Ausência de prejuízo aos menores, visto que o imóvel foi adquirido com recursos próprios do genitor – Alvará concedido – Sentença reformada – Recurso provido. (TJSP – Apelação Cível nº 1002565-82.2020.8.26.0659 – Vinhedo – 5ª Câmara de Direito Privado – Rel. Des. Rodolfo Pellizari – DJ 05.10.2021)

Ementa: Civil – Usufruto – Extinção pela morte do usufrutuário – União estável posterior à constituição do direito real – Companheira do falecido que passou ter a posse parcial do imóvel consentida pelos então nús-proprietários – Ação de manutenção de posse improcedente – Pedido contraposto – Procedente – 1. Não se ignora o entendimento expressado no enunciado nº 117, da 1ª Jornada de Direito Civil do Conselho de Justiça Federal, segundo o qual *"o direito real de habitação deve ser estendido ao companheiro, seja por não ter sido revogada a previsão da Lei n. 9.278/96, seja em razão da interpretação analógica do art. 1.831, informado pelo art. 6º, caput, da CF/88"* – 2. Ocorre que o direito real de habitação pressupõe imóvel do cônjuge supérstite passível de inventariança, o que não ocorre na espécie – 3. Forçoso concluir que, em razão de sua natureza personalíssima (art. 1.393, CC), com a extinção do usufruto, a permanência da companheira do falecido usufrutuário passou a depender da aquiescência dos então nus-proprietários, filhos do primeiro casamento do usufrutuário, não lhe restando qualquer direito exercitável em nome próprio – 4. Recurso improvido. (TJSP – Apelação Cível nº 1013223-26.2019.8.26.0361 – Mogi das Cruzes – 16ª Câmara de Direito Privado – Rel. Des. Ademir Modesto de Souza – DJ 02.08.2021)

VAGA DE GARAGEM

Ementa: Retificação de registro imobiliário – Box de garagem – Ofício de Oficial Registrador – Apartamento do autor relacionado a dois box diversos do reclamado – Improcedência mantida – Recurso não provido – Retificação de registro imobiliário – Box de garagem registrado na matrícula de dois imóveis distintos – Pedido de correção – Ofício do Registrador informando que o apartamento do autor está relacionado a dois box de garagem diversos – Improcedência do pedido mantida – Recurso não provido. (TJSP – Apelação Cível nº 1026771-49.2020.8.26.0114 – Campinas – 10ª Câmara de Direito Privado – Rel. Des. J. B. Paula Lima – DJ 30.09.2021)

3.1.4 TABELIONATO DE PROTESTO

CDA

Ementa: Apelação – Execução fiscal – ISS – Serviço notarial – CDA da qual consta como sujeito passivo da dívida tributária o Tabelionato de Notas – O Tabelionato não possui personalidade jurídica, devendo a CDA indicar o nome do titular do cartório (delegatário) na época dos fatos – Nulidade configurada – Impossibilidade de substituição do polo passivo – Aplicação da Súmula 392 do C. STJ – Sentença mantida em sede de reexame necessário. (TJSP – Remessa Necessária Cível nº 1500168-53.2020.8.26.0445 – Pindamonhangaba – 18ª Câmara de Direito Público – Rel. Des. Roberto Martins de Souza – DJ 13.09.2021)

INTIMAÇÃO

Ementa: Agravo Interno em Recurso Especial – Alienação fiduciária – Protesto – O tabelião, antes de intimar o devedor por edital, deve esgotar os meios de localização, notadamente por meio do envio de intimação por via postal, no endereço fornecido pelo credor (tema 921) – Ausência de demonstração do desacerto da aplicação do entendimento estabelecido no E. STJ em julgamento repetitivo – Decisão mantida – Recurso desprovido. (TJSP – Agravo Interno Cível nº 1000872-61.2019.8.26.0283/50001 – Itirapina – Câmara Especial de Presidentes do Tribunal de Justiça de São Paulo – Rel. Des. Dimas Rubens Fonseca (Pres. da Seção de Direito Privado) – DJ 15.12.2021)

PROTESTO DO CONTRATO DE LOCAÇÃO

Ementa: Apelação – Obrigação de fazer c.c. indenização por danos morais – Sentença de improcedência – Recusa do Tabelião na realização do protesto de contrato de locação assinado digitalmente pelas partes e testemunhas, por não estar presente o arquivo digital necessário à verificação da autenticidade das assinaturas – Inconformismo da parte autora argumentando que a Medida Provisória 2.200-2/01 possibilita a utilização de outro meio de comprovação da autoria e integridade de documentos em forma eletrônica, ainda que não emitidos pela ICP-Brasil, razão pela qual a recusa foi indevida – Item 26 do Capítulo XV, Tomo II, das NSCGJ que prevê a possibilidade de protesto somente de títulos e documentos de dívida assinados mediante utilização de certificados digitais emitidos no âmbito da ICP-Brasil – Caso em concreto em que não foram fornecidas informações ao Tabelião a possibilitar a verificação da autenticidade das assinaturas – Recusa cabível – Danos morais – Inocorrência – Ausência de protesto que não gerou danos ou prejuízos as requerentes – Sentença mantida – Recurso desprovido. (TJSP – Apelação Cível nº 1028116-53.2019.8.26.0577 – São José dos Campos – 2ª Câmara de Direito Privado – Rel. Des. Hertha Helena de Oliveira – DJ 12.03.2021)

PRESCRIÇÃO - PROTESTO INTERRUPTIVO

Ementa: Protesto interruptivo de prescrição – Sentença que julgara procedente o pedido em relação aos corréus Alexandre e Hamilton – Ausência de recurso específico e de temática de ordem pública – Coisa julgada formal e material (arts. 505 e 1.013, caput, do CPC) – Protesto interruptivo de prescrição – Sentença que extinguira o processo sem resolução do mérito, nos moldes do art. 485, VI, do CPC, em relação ao Tabelionato corréu – Ilegitimidade do Tabelionato de Notas e Protesto – Inexistência da criação de personalidade jurídica própria e autônoma concernente ao conjunto de bens e pessoas que compõe o Cartório, mas sim de mera estrutura à serviço e sob o domínio do titular da atribuição, o qual a exerce em sua própria pessoa física – Exegese dos arts. 22 e 24 da Lei n. 8.935/94 – Atribuições delegadas do Poder Público que são exercidas pessoalmente pelo Tabelião – Extinção mantida – Recurso desprovido. (TJSP – Apelação Cível nº 1121407-54.2017.8.26.0100 – São Paulo – 7ª Câmara de Direito Privado – Rel. Des. Rômolo Russo – DJ 09.08.2021)

3.2 DECISÕES DO TRIBUNAL DE JUSTIÇA DO ESTADO DE SÃO PAULO – ANO 2020

3.2.1 DECISÕES GERAIS E PERTINENTES A TODAS AS ESPECIALIDADES

DIREITO PREVIDENCIÁRIO E DO TRABALHO APLICADOS

Ementa: Previdenciário – Reconhecimento de tempo de serviço prestado perante Cartório de Registro Civil de Pessoas Naturais – Período anterior à vigência da Constituição da República de 1988 que se equipara a tempo de serviço público para todos os efeitos – Inteligência do art. 1º da Lei Estadual nº 2.888/54 – Irretroatividade do regramento constitucional vigente, que considera de caráter privado os serviços desempenhados pelas serventias extrajudiciais, por delegação do poder público – Precedentes – Prestação laboral no período reclamado efetivamente demonstrada – Conteúdo meramente declaratório da sentença – Procedência dos pedidos ratificada – Apelo fazendário desprovido. (TJSP – Apelação Cível nº 1000019-36.2019.8.26.0547 – Santa Rita do Passa Quatro – 7ª Câmara de Direito Público – Rel. Des. Souza Meirelles – DJ 21.10.2020)

Ementa: Apelação Cível – Cartório extrajudicial – Serventuário admitido antes da Constituição Federal de 1988 e não optante pelo regime celetista quando da vigência da Lei nº 8.935/1994 – Não recepção pelo novo titular da delegação – Inexistência do direito à estabilidade – Reintegração no cargo indevida – Delegação do serviço notarial ou registral originária e personalíssima, mediante concurso público, sem qualquer vínculo com o anterior responsável – Ausência de sucessão da responsabilidade fiscal e trabalhista pelo novo titular de serventia extrajudicial – Sentença de improcedência mantida – Recurso desprovido. (TJSP – Apelação Cível nº 1026635-86.2015.8.26.0224 – Guarulhos – 9ª Câmara de Direito Público – Rel. Des. Jeferson Moreira de Carvalho – DJ 17.09.2020)

Ementa: Recursos de apelação e *ex officio* em ação ordinária – Administrativo – Constitucional – Manutenção do salário mínimo como base de cálculo para reajuste de benefício de aposentadoria – Carteira de Previdência das Serventias Notariais e de Registro do Estado de São Paulo – 1. Impossibilidade de manutenção da adoção de salário mínimo como base de cálculo para reajuste de aposentadoria, nos termos do art. 45, §1º, da Lei Estadual n° 10.393/70, vigente a época da concessão da aposentadoria. Vedação expressa no art. 7º, inciso I, da Constituição Federal e entendimento do Supremo Tribunal Federal nos termos da Súmula Vinculante n° 4. Inexistência de direito adquirido a forma de reajuste de remuneração, incluindo-se os proventos de aposentadoria – 2. Reajuste de benefício que deve adotar índice, ainda que declarado inconstitucional, até que sobrevenha alteração legislativa, diante da impossibilidade de determinação pelo poder judiciário de índice diverso. Entendimento do E. Supremo Tribunal Federal, no julgamento do RE n° 565.714/SP. Devido o pagamento de diferença nos proventos de aposentadoria, durante o período em houve suspensão administrativa de reajuste até a edição da Lei Estadual n° 14.016/10, que expressamente adotou índice diverso para reajuste da aposentadoria, IPCA-FIPE, observando-se a prescrição quinquenal das parcelas vencidas, nos termos do Decreto n° 20.910/32 – 3. Correção monetária. No julgamento das ADI 4.357 e 4.425 foi declarada a inconstitucionalidade da expressão "índice oficial de remuneração básica da caderneta de poupança" entendendo o STF que, por arrastamento, o art. 1º-F da Lei 9.494/97, com redação dada pelo art. 5º da Lei 11.960/09 também é, em parte, inconstitucional. Aplicação do índice IPCA/IBGE que reflete a correção monetária – 4. Juros moratórios. Índice que deve ter os mesmos critérios de fixação de juros moratórios entre devedores públicos e privados, não podendo ser inferior àquele pelo qual a Fazenda Pública recebe seus créditos. Princípio da isonomia – 5. Modulação dos efeitos. A modulação dos efeitos da declaração de inconstitucionalidade feita pelo E. Supremo Tribunal Federal aplica-se somente aos precatórios expedidos até o dia 25.03.2015, não tendo qualquer reflexo nas condenações atuais que deverão observar a inconstitucionalidade – 6. Sentença reformada. Recursos parcialmente providos, com observação. (TJSP – Apelação Cível nº 1030334-50.2014.8.26.0053 – São Paulo – 5ª Câmara de Direito Público – Rel. Des. Marcelo Berthe – DJ 19.02.2016)

EMOLUMENTOS

Ementa: Justiça gratuita – Condomínio – Deferimento – Benefício que compreende os emolumentos devidos ao cartório de registro de imóveis para obtenção da certidão de matrícula da unidade condominial geradora da dívida objeto da ação de cobrança, cuja juntada foi determinada pelo D. Juízo *"a quo"* – Artigo 98, parágrafo 1º, inciso IX, do Código de Processo Civil – Agravo de instrumento provido. (TJSP – Agravo de Instrumento nº 2255190-66.2019.8.26.0000 – Hortolândia – 33ª Câmara de Direito Privado – Rel. Des. Sá Duarte – DJ 21.01.2020)

Ementa: Apelação – Repetição do indébito – Serviços notariais e de registro – Não se acolhe alegação de ilegitimidade ativa porque diz respeito ao mérito aferir se a lei questionada causou prejuízo ao notário – Remuneração dos serviços com natureza jurídica de taxa – Supremo Tribunal Federal, ADI 1444 e 1378 – Alteração dos artigos 12 e 19 da Lei 11331/2002, artigo 3º da Lei 15855/2015, para destinar 3% dos valores cobrados pelos serviços notariais e de registro para o Fundo de Despesa do Ministério Público, que não alterou a parte de 62,5% destinada aos notários e registradores, tampouco aumentou o valor que os usuários pagam por esses serviços, modificando somente os percentuais de destinação do restante, por isso sem violação ao princípio da anterioridade tributária – Recurso provido, para julgar improcedente a demanda, com inversão dos ônus da sucumbência e fixação de honorários advocatícios, também pelo trabalho e sucumbência em grau de recurso, em quinze por cento do valor atualizado da causa, histórico de R$ 30.253,95. (TJSP – Apelação / Remessa Necessária nº 1043870-37.2017.8.26.0114 – Campinas – 12ª Câmara de Direito Público – Rel. Des. Edson Ferreira da Silva – DJ 10.09.2020)

PENHORA DE FATURAMENTO

Ementa: Contrato bancário – Cédula de crédito bancário – Execução contra Tabelião de Notas – Equiparação a empresa para fins de penhora do faturamento nos termos do art. 866 do CPC – Ausência de outras tentativas de excussão patrimonial na ordem de vocação executória do artigo 835 do CPC – Pedido de penhora do faturamento do Tabelionato de Notas – Inadmissibilidade, por ora – Medida que se encontra afetada ao Tema nº 769 do RR no REsp nº 1.666.542-SP, Min. Rel. Herman Benjamin; DJe 05.02.2020 – Suspensão da penhora do faturamento – Observância – Recurso provido para esse fim – A delimitação da tese no Tema nº 769 dos Recursos Repetitivos definiu como objeto de julgamento: i) a necessidade de esgotamento das diligências como pré-requisito para a penhora do faturamento; ii) a equiparação da penhora de faturamento à constrição preferencial sobre dinheiro, constituindo ou não medida excepcional no âmbito dos processos regidos pela Lei nº 6.830/1980; e iii) a caracterização da penhora do faturamento como medida que implica violação do princípio da menor onerosidade. (TJSP – Agravo de Instrumento nº 2107973-82.2020.8.26.0000 – São Paulo – 11ª Câmara de Direito Privado – Rel. Des. Gilberto dos Santos – DJ 22.07.2020)

3.2.2 REGISTRO CIVIL DAS PESSOAS NATURAIS

CASAMENTO

Ementa: Registro civil – Casamento religioso – Pretensão ao registro tardio de casamento de ascendentes falecidos com o objetivo de instruir pedido de obtenção de cidadania italiana – Prova suficiente da celebração do casamento na esfera religiosa antes da entrada em vigor do Decreto 181 de 1890 e da Constituição da República de 1891 – Época em que o registro dos casamentos era realizado pela Igreja Católica – Admissibilidade da retificação pretendida – Sentença mantida – Recurso improvido. (TJSP – Apelação Cível nº 1049455-44.2019.8.26.0100 – São Paulo – 1ª Câmara de Direito Privado – Rel. Des. Augusto Rezende – DJ 02.04.2020)

NOME

Ementa: Apelação Cível – Ação de Retificação de registro civil – Sentença de Improcedência – Inconformismo da Autora – Acolhimento – Competência do Juízo para retificação do registro de documento brasileiro – Inclusão de prenome adquirido em razão de matrimônio – Possibilidade – Inteligência do art. 57, *caput* da Lei de Registros Públicos – Ausência de prejuízo – Sentença reformada – Recurso provido, julgando-se procedente o pedido para a retificação da Certidão de Naturalização da Requerente para fins de regularizar todos os documentos, inclusive o passaporte brasileiro, a fim de que conste o mesmo nome em todos os documentos, com a finalidade de evitar-se qualquer equívoco, passando a constar no mencionado registro seu nome completo, Claire Mei Yin Chen Ledoit. (TJSP – Apelação Cível nº 1005399-86.2020.8.26.0100 – São Paulo – 2ª Câmara de Direito Privado – Rel. Des. Penna Machado – DJ 11.06.2020)

Ementa: Registro Civil – Pretensão à retificação de determinados documentos de registro civil para retirar o acréscimo de sobrenome de casada e alterar a condição de casada para solteira da genitora e avó dos requerentes – Admissibilidade – Documentação que prova a impossibilidade de prejuízo a terceiros – Ausência de comprovação, nos termos do art. 1543 do Código Civil, da celebração de matrimônio da genitora/avó dos autores com aquele que consta nas certidões, o qual, inclusive, tem registrado matrimônio civil com terceira – Recurso provido. (TJSP – Apelação Cível nº 1024427-90.2019.8.26.0224 – Guarulhos – 2ª Câmara de Direito Privado – Rel. Des. Alvaro Passos – DJ 15.04.2020)

Ementa: Apelação – Retificação de assento de registro civil – Exclusão do patronímico marital e inclusão de patronímico avoengo – Possibilidade – Sentença de improcedência – Inconformismo – Acolhimento – Ausência de violação à cadeia registral e de prejuízo a terceiros pelo acréscimo do sobrenome oriundo da linha familiar da avó paterna da autora e que melhor identifica a parte no seu meio social – Faculdade da autora em renunciar o patronímico marital com anuência expressa do cônjuge – Sentença reformada – Deram provimento ao recurso. (TJSP – Apelação Cível nº 1070862-09.2019.8.26.0100 – São Paulo – 8ª Câmara de Direito Privado – Rel. Des. Alexandre Coelho – DJ 13.03.2020)

Ementa: Apelação cível – Ação de retificação de assento de registro civil – Sentença de improcedência – Inconformismo do autor – Pretensão de correção de grafia em patronímico de origem japonesa – Presente justo motivo a autorizar a medida pretendida: a par de personalíssimo o direito ao nome, não se pode negar ao autor o direito à retificação pretendida, eis que os registros públicos, em favor ao princípio da veracidade, devem refletir fielmente os dados reais – Comprovada a ausência de prejuízo a terceiros – Havendo patente erro de grafia no patronímico do autor, de seu genitor e de seu avô, não há necessidade de que todos os ascendentes componham o polo ativo da ação de retificação (precedentes) – Recurso provido. (TJSP – Apelação Cível nº 1016102-76.2019.8.26.0564 – São Bernardo do Campo – 9ª Câmara de Direito Privado – Rel. Des. Piva Rodrigues – DJ 13.02.2020)

Ementa: Registro civil – Retificação de assento – Sentença de improcedência – Irresignação – Autores que pretendem suprimir o patronímico *"Silva"*, substituindo-o por *"Salviato"* – Pretensão fundada no abandono afetivo sofrido na infância pelo patrono da família – Inadmissibilidade – Fatos narrados ocorridos há mais de 4 décadas – Patronímico absolutamente comum, transferido sem ressalvas à esposa, filhos (maiores e capazes) e nora do coautor – Aleatoriedade da escolha do novo patronímico, de origem estrangeira, que gera questionamentos sobre o verdadeiro propósito da ação – Sentença mantida – Recurso desprovido. (TJSP – Apelação Cível nº 1014917-54.2017.8.26.0602 – Sorocaba – 3ª Câmara de Direito Privado – Rel. Des. Alexandre Marcondes – DJ 27.01.2020)

ÓBITO

Ementa: Retificação de assento de óbito – Pedido de alteração para excluir do assento de óbito do pai falecido a informação de que este conviveu em união estável com *"Edigilvanda de Jesus Nobre"* – Sentença de extinção do feito sem julgamento do mérito, nos termos do artigo 485, I, do Código de Processo Civil – Cabimento – Regularidade da declaração prestada ao Oficial de Registro Civil, na forma orientada pelo artigo 80 da Lei 6.015/73 – Ausência de qualquer outra prova capaz de elidir essa afirmação (Artigo 109 do mesmo codex) – Pretensão de declaração de uma situação de fato que demanda dilação probatória em via jurisdicional própria – Recurso desprovido. (TJSP – Apelação Cível nº 1029180-74.2019.8.26.0100 – São Paulo – 9ª Câmara de Direito Privado – Rel. Des. Galdino Toledo Júnior – DJ 01.04.2020)

3.2.3 REGISTRO DE IMÓVEIS E TABELIONATO DE NOTAS

ARROLAMENTO

Ementa: Apelação Cível – Arrolamento sumário – Cessão de direitos hereditários a terceiro não herdeiro – Outorga de escritura pública pelos herdeiros – Quitação do ITBI – Possibilidade de alienação – Art. 1793 do CC – Questões relativas ao ITCMD que não serão conhecidas ou apreciadas no arrolamento – Art. 662 do CPC – Inexistência de óbice – Autorização da adjudicação do imóvel ao cessionário – Recurso provido – Diante da concordância de todos os herdeiros, é possível a adjudicação do único imóvel da herança ao terceiro não herdeiro, cessionário dos direitos hereditários, nos termos do artigo 1.793 do Código Civil. (TJSP – Apelação Cível nº 1007448-62.2014.8.26.0019 – Americana – 3ª Câmara de Direito Privado – Rel. Des. Maria do Carmo Honório – DJ 04.09.2020)

Ementa: Arrolamento – Decisão que, no bojo do arrolamento dos bens deixados pelo falecimento de V. L. S. T., indeferiu fossem suas irmãs, B. G. S. e A. M. S. B., habilitadas como herdeiras da *"de cujus"* – Pela ordem de vocação hereditária, o chamamento do cônjuge (independentemente do regime de bens adotado no casamento) antecede o chamamento do parente colateral (irmãos) – Inteligência dos arts. 1.829 e 1.839, ambos do CC – Precedentes – Decisão mantida – Agravo de instrumento parcialmente provido para deferir as benesses da Lei nº 1.060/50, no âmbito deste recurso. (TJSP – Agravo de Instrumento nº 2127691-65.2020.8.26.0000 – São Paulo – 8ª Câmara de Direito Privado – Rel. Des. Theodureto Camargo – DJ 05.08.2020)

CONDOMÍNIO

Ementa: Condomínio – Extinção – Alienação judicial – Direito potestativo do condômino – Ausência de cancelamento do usufruto e de registro da escritura pública de inventário e partilha que não configuram óbice à alienação – Insurgência quanto ao procedimento de alienação judicial por hasta pública que não prospera, nos termos do art. 730 do CPC – Sentença mantida – Recurso desprovido. (TJSP – Apelação Cível nº 1011807-64.2018.8.26.0003 – São Paulo – 1ª Câmara de Direito Privado – Rel. Des. Claudio Godoy – DJ 02.04.2020)

DOAÇÃO

Ementa: Apelação – Ação anulatória – ITCMD – Doação de imóvel com reserva de usufruto – Posterior extinção do usufruto – Autuação lavrada pelo Fisco sob o argumento de que a extinção do usufruto configura hipótese de incidência do ITCMD – Pretensão da autora à anulação da autuação – Cabimento da pretensão – Extinção ou cancelamento do usufruto que não é prevista como hipótese de incidência do ICTMD, mas sim como causa de isenção ao recolhimento do tributo – Inteligência do art. 6º, I, "f", da Lei Estadual nº 10.705/2000 – Extinção ou cancelamento do usufruto que não se equipara à transmissão de bem *"causa mortis"* ou de doação, tratando-se, em verdade, de consolidação da propriedade plena na pessoa do nu-proprietário – Imposto já recolhido no momento da doação do bem – De rigor a extinção do crédito tributário fazendário, com a consequente anulação da autuação – Precedentes desta – C. Corte – R. sentença de procedência integralmente mantida – Honorários advocatícios – Majoração, em grau recursal, nos termos do art. 85, §§ 1º e 11, do CPC/2015 – Recurso de apelação da FESP desprovido. (TJSP – Apelação Cível nº 1046966-50.2019.8.26.0224 – Guarulhos – 13ª Câmara de Direito Público – Rel. Des. Flora Maria Nesi Tossi Silva – DJ 26.11.2020)

INVENTÁRIO

Ementa: Inventário – Decisão que reconheceu o companheiro sobrevivente como herdeiro da *de cujus* – Recurso desprovido – Inventário – Insurgência contra a decisão que reconheceu a participação do companheiro supérstite na herança – Efeito ativo indeferido – Dissolvida a união estável pela morte, não há mais falar em regime de bens, incidentes as regras do direito sucessório – O companheiro supérstite integra a ordem de vocação hereditária na forma do art. 1829, I, do CC, concorrendo com os descendentes à herança – Equiparação dos regimes sucessórios dos cônjuges e companheiros, conforme tese firmada pelo STF em sede de repercussão geral – Tratando-se de bem particular da falecida, o convivente participa da divisão na qualidade de herdeiro – Decisão mantida – Recurso desprovido. (TJSP – Agravo de Instrumento nº 2138464-72.2020.8.26.0000 – Ourinhos – 10ª Câmara de Direito Privado – Rel. Des. J. B. Paula Lima – DJ 10.07.2020)

Ementa: Inventário – Decisão que deixa de determinar a colação de metade do único imóvel doado pelo *"de cujus"* a uma de suas filhas – Desacerto – Possível colacionar metade do imóvel doado pelo autor da herança a uma de suas filhas, independentemente do ajuizamento de ação autônoma para reconhecer que se tratou de doação inoficiosa – Doação abrangeu todo o patrimônio do casal, que se resumia a um único bem imóvel – Inoficiosa a doação feita pelo *"de cujus"* e seu cônjuge supérstite – Não se cogita de doação universal, uma vez que os doadores reservaram para si o usufruto vitalício do prédio – Não é necessário que a nulidade da doação seja declarada em ação autônoma, pois a donatária (ora agravada) anuiu ao esboço de partilha que busca igualar os quinhões da tia e das sobrinhas, concordando expressamente com a colação – No caso, o bem inteiro deve ser objeto de colação para fins de partilha, já que a doação de ascendente a descendente (na parte que ultrapassa a parte disponível) importa mero adiantamento de herança, a teor do artigo 544 do CC – Deve ser colacionada metade do imóvel doado pelo autor da herança à filha CECÍLIA (ora agravada), independentemente do ajuizamento de ação autônoma para declarar a nulidade da doação inoficiosa – Recurso provido. (TJSP – Agravo de Instrumento nº 2023509-28.2020.8.26.0000 – Campo Limpo Paulista – 1ª Câmara de Direito Privado – Rel. Des. Francisco Loureiro – DJ 02.04.2020)

ITBI

Ementa: Apelação e Remessa Necessária – Mandado de segurança – ITBI – Divórcio consensual – Excesso de meação na partilha – Fato gerador não configurado – Transmissão sem onerosidade – Doação caracterizada – Incidência do ITCMD, de competência estadual, não do ITBI – Recurso e remessa necessária desprovidos. (TJSP – Apelação / Remessa Necessária nº 1031720-42.2019.8.26.0053 – São Paulo – 18ª Câmara de Direito Público – Rel. Des. Henrique Harris Júnior – DJ 16.10.2020)

Ementa: Apelação Cível – Ação Declaratória de Inexigibilidade de Débito c.c. Tutela de Evidência – ITBI – Instrumento Particular de Cessão de Direitos Possessórios – Inexigibilidade da cobrança – Não configurada a ocorrência do fato gerador do ITBI – Posse não é um direito real – Sentença mantida – Sucumbência recursal – Recurso da Municipalidade não provido. (TJSP – Apelação Cível nº 1002262-27.2019.8.26.0587 – São Sebastião – 14ª Câmara de Direito Público – Rel. Des. Silvana Malandrino Mollo – DJ 30.06.2020)

ITCMD

Ementa: Apelação Cível – Mandado de segurança – ITCMD – Inventário Extrajudicial – Exigência da juros e multa prevista no art. 21, I, da Lei Estadual nº 10.705/2000 – Inadmissibilidade – Formalização em ato notorial, com unicidade de audiência, e não propriamente por processo ou procedimento (sequência de atos tendentes a um fim) – Inexistência de extrapolação do prazo legal a ensejar a incidência da multa de protocolização, observando-se que, no inventário extrajudicial, nos termos do Provimento nº 55/2016 da Corregedoria Geral de Justiça do Estado de São Paulo, a nomeação do inventariante deverá ser considerada como o termo inicial do prazo – Precedentes desta Corte de Justiça – Segurança concedida em primeiro grau – Sentença mantida – Recurso não provido. (TJSP – Apelação Cível nº 1003281-21.2019.8.26.0053 – São Paulo – 13ª Câmara de Direito Público – Rel. Des. Djalma Lofrano Filho – DJ 14.09.2020)

Ementa: Apelação – Mandado de Segurança – ITCMD – Recolhimento efetuado em 90 dias a contar da abertura da sucessão, com aplicação do desconto previsto no Art. 31, § 1º, item 2 do Decreto nº 46.665/2002 – Posterior revogação do desconto, em razão do protocolo de declaração retificadora, efetuada além do prazo legal estabelecido para a concessão da benesse – Revogação integral do benefício, desconsiderando o recolhimento correto e tempestivo do ITCMD sobre os demais bens transmitidos, que não se mostra razoável – Afastamento da multa sobre o ITCMD inicialmente quitado e determinação de aplicação do desconto de 5% sobre o valor apurado relativo à declaração original – Sentença mantida – Recurso não provido. (TJSP – Apelação / Remessa Necessária nº 1048413-04.2019.8.26.0053 – São Paulo – 5ª Câmara de Direito Público – Rel. Des. Heloísa Martins Mimessi – DJ 05.08.2020)

Ementa: Tributário – ITCMD – Imposto sobre Transmissão Causa Mortis e Doação de Quaisquer Bens ou Direitos – Base de cálculo – Decreto Paulista 55.002/2009 – Vulnera o § 1º do inciso II do art. 97 do Código tributário nacional que, por meio de decreto regulamentar, haja alteração da base de cálculo de tributo – Dispõe o § 3º do art. 14 da Lei paulista 10.705/2000 (de 28-12): *"Nos casos em que a ação, quota, participação ou qualquer título representativo do capital social não for objeto de negociação ou não tiver sido negociado nos últimos 180 (cento e oitenta) dias, admitir-se-á o respectivo valor patrimonial"* (a ênfase gráfica não é do original) – Esse referido *"valor patrimonial"*, segundo conceito adotado pelo Banco Central do Brasil, corresponde à divisão do patrimônio líquido pela quantidade de ações ou quotas representativas do capital social integralizado da empresa – A Portaria CAT 15/2003 (de 6-2), ao fixar novo critério para o cálculo do ITCMD, revestiu-se de ilegalidade, uma vez que superou o diploma normativo objeto da regulamentação – Não provimento da remessa obrigatória e acolhida da apelação do requerente. (TJSP – Apelação / Remessa Necessária nº 1021721-65.2019.8.26.0053 – São Paulo – 11ª Câmara de Direito Público – Rel. Des. Ricardo Dip – DJ 27.04.2020)

Ementa: ITCMD – Organização religiosa – Imunidade de tributo sobre imóvel recebido para construção do templo – Não se pode admitir que um procedimento administrativo não tenha um previsto e econômico termo final, equivale a dizer, que as repartições públicas não tenham prazos a observar para a prática dos atos de sua competência, perseverando se se quiser, perpetuando ao largo de tempo indeterminado, sob a etiqueta da observância de normas internas, a expectativa de exercício de um direito do súdito – *"A jurisprudência do Supremo Tribunal Federal entende que não cabe à entidade demonstrar que utiliza seus bens ou rendas de acordo com suas finalidades institucionais. Ao contrário, compete à Administração tributária demonstrar a eventual tredestinação do bem ou atividade gravados pela imunidade"* (AgR no RE com Ag 1.010.350, j. 30-6.2017) – Não acolhimento da apelação fazendária e da remessa obrigatória, que se tem por interposta. (TJSP – Apelação Cível nº 1010083-35.2019.8.26.0053 – São Paulo – 11ª Câmara de Direito Público – Rel. Des. Ricardo Dip – DJ 13.03.2020)

TESTAMENTO

Ementa: Apelação – Testamento público – Testemunhas instrumentárias – Testamento público em que o testador declara ter três filhos como herdeiros legítimos e sua vontade de deixar metade de seus bens a um destes filhos – Testemunhas instrumentárias que eram irmãos do testador e tios da herdeira beneficiária – Impugnação fundada no parentesco das testemunhas com a beneficiária do testamento – Sentença que convalida o ato Inconformismo do herdeiro impugnante – Rejeição – Natureza instrumentária das testemunhas – Parentesco das testemunhas com o herdeiro beneficiário que é o mesmo parentesco com os demais herdeiros necessários, prejudicados com a disposição testamentária – Circunstância que afasta a imparcialidade das testemunhas – Impugnação fundada exclusivamente em aspecto formal do testamento – Entendimento jurisprudencial e doutrinário segundo o qual deve ser buscada a convalidação da última vontade do testador quando não houver comprometimento da substância do negócio jurídico – Sentença mantida – Negaram provimento ao recurso. (TJSP – Apelação Cível nº 1000482-37.2019.8.26.0204 – General Salgado – 8ª Câmara de Direito Privado – Rel. Des. Alexandre Coelho – DJ 09.03.2020)

USUCAPIÃO

Ementa: Apelação Cível – Usucapião de servidão de passagem – Procedência – Irresignação dos confrontantes – Descabimento – Imóvel dos autores que, pela simples análise das fotos juntadas aos autos, permite concluir que somente têm acesso por meio da servidão de passagem instituída desde 1976 – Irrelevância de existência de via pública na lateral do imóvel que, em decorrência da condição geográfica, passa quase no nível do telhado do imóvel dos requerentes, o que obstaria o acesso por tal rua, seja a pé ou de carro – Servidão de passagem que não tem como requisito o encravamento do imóvel, que se limita ao instituto da passagem forçada prevista no Art. 1.285 do CC – Preenchimento dos requisitos legais para a declaração do usucapião – Artigo 698 do Código Civil de 1916, previsão mantida no Artigo 1.379 do Código Civil de 2002, com redução do prazo da modalidade extraordinária, de 30 para 20 anos – Exercício incontestado e contínuo da servidão aparente, por mais de 30 anos, de acordo com a regra de transição do Art. 2.028, CC/2002, que autoriza o interessado a registrá-la em seu nome no Registro de Imóveis, valendo-lhe como título a sentença que julgar consumado o usucapião – Contestantes que, ao adquirir o imóvel confrontante, já detinham ciência inequívoca da servidão, havendo inclusive muro delimitando-a – Conduta que representa má-fé, pretensão de locupletamento ilícito e *venire contra factum proprium* – Sentença mantida

– Apelo desprovido. /(TJSP – Apelação Cível nº 1000806-84.2015.8.26.0198 – Franco da Rocha – 5ª Câmara de Direito Privado – Rel. Des. Rodolfo Pellizari – DJ 24.11.2020)

USUFRUTO

Ementa: Registro imobiliário – Usufruto – Retificação de proprietário para nu proprietário – Desnecessidade – Situação jurídica que decorre da lei – Recurso não provido – Registro imobiliário – Usufruto averbado – Pedido de retificação para constar que os proprietários são, na realidade, nus proprietários – Desnecessidade – Situação jurídica transitória que decorre da lei – Recurso não provido. (TJSP – Apelação Cível nº 1001980-26.2018.8.26.0198 – Franco da Rocha – 10ª Câmara de Direito Privado – Rel. Des. J. B. Paula Lima – DJ 19.06.2020)

Ementa: Apelação – Pedido de alvará – Imóvel pertencente ao casal – Mancomunhão – Pretensão de o marido doar sua parte ideal de 50% à filha, com reserva de usufruto vitalício – Inadmissibilidade – Alienação de bem imóvel que integra o patrimônio comum do casal, em plena sociedade conjugal – Bem imóvel que se encontra em estado de mancomunhão e não de condomínio – Licitude do negócio se houver outorga conjugal – Caso em que tal outorga inexiste e, pior, é vedada por lei, por se tratar o cônjuge de pessoa incapaz colocada sob curatela da filha donatária do imóvel – Artigos 1.647, I, e 1.749, I, ambos do Código Civil – Sentença mantida – Negaram provimento ao recurso. (TJSP – Apelação Cível nº 1001491-27.2019.8.26.0368 – Monte Alto – 8ª Câmara de Direito Privado – Rel. Des. Alexandre Coelho – DJ 15.05.2020)

3.2.4 TABELIONATO DE PROTESTO

CDA

Ementa: Apelação – Mandado de Segurança – Protesto de CDA – Admissibilidade – Lei 9.492/97, art. 1º, parágrafo único, com nova redação dada pela Lei 12.767/12 – Validade dos protestos e da intimação por edital – Observância dos requisitos dos artigos 14, § 2º e 15, da Lei 9.492/97 – Inexistência de direito líquido e certo – Tentativas infrutíferas de notificação, no endereço do devedor, que autorizam a intimação ficta – Recurso desprovido. (TJSP – Apelação Cível nº 1031368-57.2017.8.26.0602 – Sorocaba – 14ª Câmara de Direito Público – Rel. Des. Octavio Machado de Barros – DJ 16.10.2020)

INSTRUMENTO PARTICULAR DE CONFISSÃO DE DÍVIDA

Ementa: Execução de título executivo extrajudicial – Instrumento particular de confissão de dívida – Apresentação do original em cartório para cumprir determinação contida nos artigos 1.259 e 1.260 das Normas de Serviço da Corregedoria Geral de Justiça – Cuidando-se de título registrado eletronicamente no Tabelionato de Registro de Títulos e Documentos, é desnecessária a apresentação da via original do documento para anotação de sua vinculação ao processo digital, principalmente porque somente se admite sua transmissão por endosso em preto, nos termos do § 1º do artigo 29, da Lei nº 10.931/04 – Recurso provido. (TJSP – Agravo de Instrumento nº 2085656-90.2020.8.26.0000 – Catanduva – 21ª Câmara de Direito Privado – Rel. Des. Itamar Gaino – DJ 17.06.2020)

3.3. DECISÕES DO TRIBUNAL DE JUSTIÇA DO ESTADO DE SÃO PAULO – ANO 2019

3.3.1 DECISÕES GERAIS E PERTINENTES A TODAS AS ESPECIALIDADES

DAS INFRAÇÕES E DAS PENALIDADES

EMENTA: Mandado de Segurança – Tabelião de Notas – Perda da delegação por decisão do nº Corregedor-Geral de Justiça – (1) Violação ao devido processo legal: Inocorrência. Disciplina normativa atinente aos Cartórios Extrajudiciais que não demanda a constituição de Comissão Processante. Rito adotado na hipótese vertente que cumpriu as regras estilares (art. 37, L. 8.935/94; art. 51, Código Judiciário/SP; itens 20 a 24 das Normas Extrajudiciais da CGJ) – (2) Falta de tipicidade: Descabimento da tese. Penalidade de *"perda da delegação"* que se encontra expressamente prevista na lei (art. 32, IV, L. 8.935/94), para fatos graves e cuja imposição pode acontecer em decisão decorrente de processo administrativo instaurado pelo juízo competente, desde que assegurada ampla defesa. Situação dos autos que observou o rito legal – (3) Desprezo aos princípios da razoabilidade e proporcionalidade: Não verificado. Explicitação, ao tempo do parecer da Juíza Assessora da CGJ e da decisão do nº Corregedor-Geral de Justiça, acerca da gravidade dos fatos versados, a ensejar a aplicação da sanção mais gravosa. Observância do art. 34 da L. 8.935/94 – (4) Da desconsideração da plena sanação das irregularidades apontadas na correição: Rejeição. Além de não terem sido resolvidas todas as irregularidades, tal atuação tardia do impetrante não se presta à almejada exoneração de responsabilidade, muito menos infirma o raciocínio indicado no item anterior. Inexistência de direito líquido e certo. Doutrina e jurisprudência – Segurança denegada (TJSP – Mandado de Segurança Cível nº 2186530-20.2019.8.26.0000 – São Paulo – Órgão Especial – Rel. Des. Beretta da Silveira – DJ 22.11.2019)

EMENTA: Agravo de Instrumento – Ação Civil Pública por Ato de Improbidade Administrativa movida pelo Ministério Público contra o Oficial do 2º Cartório de Registro de Imóveis, afastado de sua função pelo Juiz Corregedor – Decisão agravada que recebeu a petição inicial e determinou o prosseguimento do feito, ao tempo em que indeferiu pedido de revogação da decisão que obstou o recebimento da metade líquida dos rendimentos da Serventia durante o período de afastamento, nos termos do artigo 36, § 2º, da Lei nº 8.935/94 – Superveniência de sentença de procedência – Recurso prejudicado naquilo em que se voltava contra o recebimento da inicial – Na parte conhecida, o agravo é provido para determinar que o agravante tem direito ao recebimento da metade da renda líquida da serventia durante o período em que esteve afastado preventivamente da função, nos termos do artigo 36, § 2º, da Lei nº 8.935/94 (TJSP – Agravo de Instrumento nº 2114410-47.2017.8.26.0000 – Santos – 11ª Câmara de Direito Público – Rel. Des. Aroldo Viotti – DJ 13.11.2019)

EMENTA: Anulatória – Procedimento administrativo – Alegação de suspeição em relação ao Interventor – Delegado notarial – Perda da delegação – Inexistência de provas de que o interventor tenha agido com o intuito de prejudicar o apelante – Sentença da Corregedoria, que ademais, levou em conta os documentos juntados aos autos e as testemunhas ouvidas – Decisão confirmada pelo Corregedor Geral – Sentença de improcedência mantida – Recurso não provido. (TJSP – Apelação Cível nº 1001421-23.2016.8.26.0042 – Altinópolis – 3ª Câmara de Direito Público – Rel. Des. Marrey Uint – DJ 16.10.2019)

DELEGAÇÃO

EMENTA: Serventia extrajudicial – Ofício de Registro de Imóveis, Títulos e Documentos e Civil de Pessoa Jurídica da Comarca de Lorena – Pretensão à reintegração, percepção de indenização, verbas salariais e danos morais em razão de não-recepção pelo novo titular delegatário – Ausência de direito à estabilidade – Delegação do serviço notarial ou registral que se dá de forma originária e personalíssima, mediante concurso público, sem qualquer vínculo com o anterior responsável – Novo delegatário que não possui dever de assumir os antigos empregados da serventia, sendo lícito o desligamento/dispensa de forma imotivada – Precedentes – Sentença de improcedência mantida – Recurso não provido. (TJSP – Apelação Cível nº 1000570-77.2017.8.26.0323 – Lorena – 12ª Câmara de Direito Público – Rel. Des. Souza Meirelles – DJ 16.07.2019)

DIREITO PREVIDENCIÁRIO E DO TRABALHO APLICADO

EMENTA: PREVIDENCIÁRIO: Cartório de Registro de Imóveis – Auxiliar contratado – Serventia extrajudicial – Tempo de serviço – Contagem – Prova documental – Possibilidade: – *A prova do tempo de serviço na serventia extrajudicial não se sujeita às exigências das normas constitucionais e legais que surgiram posteriormente à sua prestação* (TJSP – Apelação Cível nº 1000298-93.2015.8.26.0407 – Osvaldo Cruz – 10ª Câmara de Direito Público – Rel. Des. Teresa Ramos Marques – DJ 09.12.2019)

EMENTA: Apelação Cível – Ação declaratória – Pretensão voltada ao reconhecimento do tempo de serviço prestado junto ao 1º Cartório de Registro de Imóveis e Anexos de Presidente Prudente, no período de janeiro de 1983 a outubro de 1984, na função de auxiliar de cartório, por intermédio da instituição Guarda Mirim, atual Fundação Mirim para que seja computado para a sua aposentadoria – Inadmissibilidade – Ausência de vínculo empregatício, contraprestação pecuniária ou de recolhimento de contribuição previdenciária – Ratificação dos fundamentos da r. sentença, cujos elementos de convicção não foram infirmados (art. 252 do RITJSP/2009) – Precedentes – Sentença de improcedência mantida – Honorários recursais arbitrados – Recurso não provido. (TJSP – Apelação Cível nº 1020504-63.2016.8.26.0482 – Presidente Prudente – 8ª Câmara de Direito Público – Rel. Des. Ponte Neto – DJ 22.11.2019)

EMENTA: Ação movida contra o IPESP – Instituto de Pagamentos Especiais de São Paulo – Ex-funcionário do 2º Tabelião de Notas e Protesto de Letras e Títulos da Comarca de Lorena objetiva a condenação da autarquia a implementar o benefício da aposentadoria por tempo de contribuição, uma vez que, segundo afirma, já completou o tempo necessário para a concessão do benefício, pleiteando o pagamentoa de parcelas em atraso, desde o requerimento administrativo, e a devolução de todas as parcelas de contribuição mensal recolhidas indevidamente – Concessão da aposentadoria na esfera administrativa – Extinção do processo sem resolução do mérito (artigo 485, VI, do CPC) quanto ao ponto – Sentença de improcedência em relação ao pedido remanescente – Recurso do autor buscando a inversão do julgado na parte que sucumbiu – Inviabilidade – Na verdade, não há comprovação de que o autor preenchesse os requisitos legais para a aposentadoria por tempo de contribuição ao tempo em que formulado o requerimento administrativo – Recurso improvido (TJSP – Apelação Cível nº 1000813-89.2015.8.26.0323 – Lorena – 11ª Câmara de Direito Público – Rel. Des. Aroldo Viotti – DJ 04.09.2019)

EMENTA: Apelação – Ação anulatória c.c indenizatória – Ex-funcionário de Serventia Extrajudicial, não optante pelo regime celetista, que foi contratado em 1.985, sendo dispensado de seus serviços, sem qualquer formalização de dispensa, pelo atual titular da Serventia, o qual declarou que não recepcionaria alguns funcionários do antigo titular – Pretensão de declaração de nulidade de sua não recepção, com a recondução ao posto de trabalho que atuava como escrevente, com todas as vantagens inerentes ao cargo, ou, alternativamente, a formalização de sua rescisão e pagamento de indenização por dano material no montante de um salário por ano trabalhado, tomando por base o último percebido, ou, subsidiariamente, a média das últimas doze remunerações ou, ainda, na hipótese de não se entender pela responsabilidade do primeiro réu, a condenação da Fazenda do Estado de São Paulo ao pagamento dos valores perseguidos – No caso de acolhimento de quaisquer dos pedidos, pediu a condenação ao pagamento de danos morais no montante de R$ 30.000,00 (trinta mil reais) – Sentença de improcedência – Reforma parcial que se impõe – Autor que é sujeito ao regime jurídico estatutário especial, ou seja, sujeita-se às regras baixadas pela Corregedoria do TJSP – Não há direito à reintegração no cargo, no entanto, faz jus à indenização correspondente ao aviso prévio, décimo terceiro salário proporcional e a um mês de salário por ano de serviço, além de eventual saldo salarial – Inteligência do Provimento nº 14/91, do Eg. TJSP – Jurisprudência pacífica desta Egrégia Corte – Dano moral – Constrangimento sofrido pela sua exoneração – Mero aborrecimento – Dano moral não caracterizado – Recurso parcialmente provido, para o fim de se julgar parcialmente procedente a ação (TJSP – Apelação Cível nº 1000595-90.2017.8.26.0323 – Lorena – 6ª Câmara de Direito Público – Rel. Des. Silvia Meirelles – DJ 09.08.2019)

EMENTA: Apelação Cível – Verbas rescisórias não adimplidas a funcionário de serventia extrajudicial por ocasião de sua aposentadoria por invalidez – 1. Prescrição – Inocorrência, uma vez que o prazo foi interrompido com a propositura anterior de ação perante a Justiça do Trabalho – 2. Coisa julgada – O pedido inicial foi julgado improcedente na Justiça do Trabalho, mas sob o fundamento de que não havia vínculo empregatício entre as partes, uma vez que o funcionário não era regido pela CLT – Não houve, naquela esfera, análise da pertinência ou não das verbas postuladas pelo reclamante – 3. Ilegitimidade passiva *ad causam* do atual Oficial de Registro de Imóveis, Títulos e Documentos e Civil de Pessoa Jurídica da Comarca de Itapecerica da Serra – O apelante assumiu a delegação após a aposentadoria do apelado, de modo que não deve responder pelo passivo existente, mormente porque não teve nenhum vínculo com o funcionário – Pedido inicial julgado procedente – Reforma da sentença, a fim de se extinguir o processo, sem resolução de mérito, em virtude da ilegitimidade passiva – Recurso provido. (TJSP – Apelação Cível nº 0010211-82.2014.8.26.0268 – Itapecerica da Serra – 12ª Câmara de Direito Público – Rel. Des. Osvaldo de Oliveira – DJ 16.08.2019)

EMENTA: Apelação – Ato Administrativo – Serventia extrajudicial – Contagem de tempo de serviço prestado em Cartório Extrajudicial em período anterior à CF/88 – Réu preposto designado, não responde em nome próprio pelos atos da serventia extrajudicial – Contagem de tempo de serviço – Pretensão cujos efeitos primários são produzidos no âmbito da Corregedoria Geral da Justiça, devendo o Estado, detentor de personalidade jurídica, figurar no polo passivo da demanda – Extinção da ação sem julgamento do mérito, na forma do art. 485, VI do CPC – Ilegitimidade Passiva – Irresignação – Manutenção da sentença – Recurso negado. (TJSP – Apelação Cível nº 1000202-24.2018.8.26.0100 – São Paulo – 1ª Câmara de Direito Público – Rel. Des. Danilo Panizza – DJ 31.07.2019)

EMENTA: Responsabilidade civil do Estado – Indenização por danos materiais e morais – Aposentadoria compulsória de Tabelião – Posterior anulação de ato administrativo que aposentou compulsoriamente o Tabelião, por decisão judicial – Pedido de indenização por danos morais e de pagamento dos vencimentos relativos ao período compreendido entre a aposentadoria e a reintegração – Inadmissibilidade – À época da edição do ato administrativo que declarou o autor aposentado compulsoriamente, havia divergência jurisprudencial sobre a questão da regulação jurídica dos notários – Matéria pacificada no Colendo Supremo Tribunal Federal posteriormente – Administração que cumpriu sua obrigação funcional, agindo de forma lícita ao aposentar o autor, não podendo a alteração de entendimento jurisprudencial ser causa de indenização – Recurso improvido. (TJSP – Apelação Cível nº 0016145-22.2009.8.26.0292 – Jacareí – 7ª Câmara de Direito Público – Rel. Des. Moacir Peres – DJ 10.06.2019)

EMENTA: Direito público – Preposto auxiliar junto a tabelionato de notas – Pretensão à retificação de Certidão de Tempo de Contribuição (C.T.C.) – Sentença de improcedência – Apelação do autor – Desprovimento – Inexistência de erro material na certidão da E. Corregedoria Geral de Justiça – Documento que espelha a realidade – Cômputo do período de contribuição obrigatória no campo próprio e informação acerca das contribuições recolhidas na qualidade de facultativo – Questão de contagem recíproca de tempo perante o I.N.S.S. que não é objeto desta ação – Eventual direito de averbação desse tempo a ser reclamado na Justiça Federal, em face da autarquia federal – Descabimento de restituição das contribuições vertidas – Vedação legal diante da inexistência de erro – Sentença de improcedência mantida – Recurso desprovido. (TJSP – Apelação Cível nº 1036603-37.2016.8.26.0053 – São Paulo – 13ª Câmara de Direito Público – Rel. Des. Antonio Tadeu Ottoni – DJ 02.05.2019)

EMENTA: Recurso de Apelação – Ação de procedimento comum – Direito administrativo – Ex-preposto de serventia extrajudicial – Pretensão ao reconhecimento e recebimento dos benefícios da licença-prêmio e adicional por tempo de serviço (quinquênio) – Impossibilidade – 1. Inicialmente: a) matéria preliminar, arguida nas razões recursais, relacionada à denunciação à lide, rejeitada; b) a questão preliminar, relacionada à ilegitimidade passiva, confunde-se com o mérito da lide e será apreciada juntamente com a matéria de fundo – 2. No mérito, é induvidoso que o titular da Serventia Extrajudicial não pode ser responsabilizado por eventual passivo de natureza trabalhista, formado pelo antecessor – 3. A atividade notarial e registral, delegada ao particular, pelo Poder Público, nos termos do artigo 236 da CF, é derivada do Estado e, consequentemente, originária – 4. Não há obrigação legal impondo, ao titular, a preservação dos contratos de trabalho celebrados pelo antigo delegatário – 5. Inexistência de qualquer relação jurídica entre as partes litigantes – 6. Ação de procedimento comum, julgada procedente, em Primeiro Grau – 7. Sentença, reformada – 8. Ação, julgada improcedente, invertido o resultado inicial da lide e fixados os ônus decorrentes da sucumbência – 9. Recurso de apelação, apresentado pela parte ré, provido. (TJSP – Apelação Cível nº 1000974-20.2017.8.26.0553 – Santo Anastácio – 5ª Câmara de Direito Público – Rel. Des. Francisco Bianco – DJ 01.04.2019)

EMENTA: Serviço notarial e de registro – Ofício de Registro de imóveis, Títulos e Documentos e Civil de Pessoa Jurídica da Comarca de Lorena – Ex-escrevente – Pedido de pagamento de indenização, verbas salariais e danos morais em razão de desligamento ocorrido em 09/02/2017 – Título de delegação outorgado em 18/01/2017 – Réu que entrou em exercício em 10/02/2017 – Autor que não tem direito à estabilidade – Sucessão trabalhista não configurada – Requerido que não é obrigado a assumir os antigos empregados da serventia, sendo lícito o desligamento/dispensa de forma imotivada – Precedentes – Artigos 20 e 21 da Lei nº 8.935/94 – Novo delegatário que assume o serviço de forma originária e personalíssima, tendo autonomia e independência para contratar substitutos, escreventes e auxiliares – Sentença de improcedência mantida – Recurso não provido. (TJSP – Apelação Cível nº 1000801-07.2017.8.26.0323 – Lorena – 1ª Câmara de Direito Público – Rel. Des. Luís Francisco Aguilar Cortez – DJ 19.03.2019)

EMENTA: Direito administrativo – Escrevente de serventia extrajudicial aposentado – Regime administrativo do Prov. CGJ nº 14/1991 – Competência da Justiça Estadual – Relação de sucessão entre os diversos delegados do serviço – Solidariedade também existente – Legitimidade passiva evidenciada – Matéria suscetível de comprovação por meio do exame de certidão funcional e recibos – Inexistência de cerceamento de defesa – Quinquênios, indenização decorrente do não usufruto de períodos de licença-prêmio, férias e 13º proporcional – Vantagens não averbadas – Verbas não adimplidas – Sentença de parcial procedência mantida – Recursos improvidos. (TJSP – Apelação Cível nº 0003596-70.2014.8.26.0270 – Itapeva – 4ª Câmara de Direito Público – Rel. Des. Luis Fernando Camargo de Barros Vidal – DJ 28.02.2019)

RESPONSABILIDADE

EMENTA: Responsabilidade civil – Preliminar de mérito – Cerceamento de defesa – Prova oral despicienda – Nulidade do julgado que requer a identificação em concretude de prejuízo processual – Aplicação do *adágio pas de nullité sans grief* – Prejuízo não demonstrado – Cerceamento de defesa inocorrente – Preliminar rejeitada – Danos materiais – Delegatária do 22º Tabelionato de Notas desta Capital que busca ser ressarcida por despesas pertinentes ao cartório extrajudicial, as quais afirma serem de responsabilidade do anterior delegatário que exercia o cargo na qualidade de interino – Atividade notarial é delegação de serviço público exercida em caráter pessoal e privado – Despesas quitadas pela autora, vencidas quando o réu era delegatário – Ressarcimento devido – Sentença mantida – Recurso desprovido (TJSP – Apelação Cível nº 1098086-92.2014.8.26.0100 – Ilhabela – 7ª Câmara de Direito Privado – Rel. Des. Rômolo Russo – DJ 26.11.2019).

EMENTA: Responsabilidade civil – Prestação de serviços notariais – Indenização por danos morais – Inadmissibilidade – Venda de veículo automotor – Cartório de Notas que comunicou a venda de veículo automotor à Secretaria da Fazenda, conforme estabelecido pelo Decreto nº 60.489/2014 – A responsabilidade pela comunicação da venda de veículo ao Detran é da Secretaria da Fazenda e não do Cartório de Notas – Não configuração de ato omissivo – Inexistência do dever de indenizar – Recurso improvido (TJSP – Apelação Cível nº 1004504-83.2018.8.26.0072 – Bebedouro – 7ª Câmara de Direito Público – Rel. Des. Moacir Peres – DJ 14.11.2019)

EMENTA: Responsabilidade civil – Dano moral – Demissão de Tabelião Designado – O autor deixou o cargo de Tabelião Substituto para assumir o cargo de Tabelião Designado/Interno após a morte de seu genitor, então Tabelião Oficial – Ingresso, a partir de concurso público, de nova Delegada Notarial – Demissão do autor – A partir do dia em que assumiu o cargo de Tabelião Interno, o autor passou a receber emolumentos, não salário – Não sendo funcionário da ré, não há falar em verbas rescisórias – Não configuração de ato ilícito – O procedimento de demissão foi procedido corretamente, por profissional especializado – Desnecessidade de manutenção da equipe anterior à posse – Possibilidade de reconfiguração da equipe – Ausência de qualquer dispositivo que impeça, a partir da posse, a formação de nova equipe – Troca de fechaduras e contratação de seguranças particulares como medida de segurança – Não caracterização de danos morais – Sentença mantida – Recurso desprovido (TJSP – Apelação Cível nº 1097598-40.2014.8.26.0100 – São Paulo – 3ª Câmara de Direito Privado – Rel. Des. Maria Salete Corrêa Dias – DJ 30.09.2019)

EMENTA: Apelação – Compra e venda – Veículo usado – Negócio jurídico firmado entre empresa e falsário – Tabelião de notas que reconhece a firma do falsário, que comparece com documento falso para *"abrir firma"* – Pagamento efetuado pela empresa – Sentença de parcial procedência – Ausência de ato ilícito, culpa ou dolo pelo Tabelionato – Fato ocorrido durante a vigência da redação do art. 22 da Lei 8.935/94, dada pela Lei nº 13.137/2015, que estabelecia a responsabilidade objetiva dos notários – Nova redação do referido artigo que estabelece a responsabilidade subjetiva, que não se aplica ao caso – Precedentes do STJ – Dever de indenizar da notaria bem reconhecido, no valor pago pelo veículo – Ausência de culpa ou dolo do escrevente extrajudicial que afasta a sua condenação e eventual ação de regresso – Danos morais não configurados – Sucumbência corretamente fixada – Sentença mantida – Honorários majorados – Recursos desprovidos. (TJSP – Apelação Cível nº 1029151-88.2017.8.26.0554 – Santo André – 34ª Câmara de Direito Privado – Rel. Des. L. G. Costa Wagner – DJ 02.08.2019)

EMENTA: Apelações – Responsabilidade civil por ato de tabelião – Preliminares – 1. Ilegitimidade passiva dos demandados tabeliães – Aplicação da teoria da asserção – Corréus que ostentam pertinência subjetiva para figurar no polo passivo da relação jurídica processual – Discussão tocante à responsabilidade pela lavratura dos instrumentos públicos que é questão pertinente ao mérito, a ser analisada nesta sede – 2. Ausência de pressuposto de constituição e desenvolvimento válido e regular do processo, sob o fundamento de que o autor não incluiu no polo passivo os responsáveis pela alienação fraudulenta, supostos litisconsortes passivos necessários, deve ser arredada – Inexistindo disposição legal a impor o litisconsórcio entre os demandados e os responsáveis pela alienação fraudulenta, e não sendo incindível o direito material controvertido (responsabilidade civil ou obrigação de indenizar os danos causados), não se vislumbra hipótese de litisconsórcio passivo necessário, mostrando-se hígida a constituição e o desenvolvimento da relação jurídica processual – Preliminares afastadas – Prejudicial de mérito da prescrição pretensão condenatória – Inocorrência – Prescrição que remonta ao trânsito em julgado do v. acórdão que decidiu, em sede definitiva, pela nulidade do negócio jurídico de compra e venda, datado de 10.06.2016, momento em que o demandante tomou conhecimento inequívoco dos danos sofridos, nascendo para ele a pretensão condenatória correlata, à luz da teoria da actio nata subjetiva, ora encampada pelo Colendo Superior Tribunal de Justiça – Dado que a presente ação indenizatória foi proposta em 06.10.2016, arredasse a alegação de prescrição – Mérito – Alegação de falta de diligência dos tabeliães corréus José Porcelli Júnior e Elisabete Josina Vicentin Vale Gaetti na lavratura de procuração pública e de substabelecimento, respectivamente, que possibilitou a celebração de contrato de compra e venda do imóvel descrito na inicial, posteriormente declarado nulo em sede judicial, redundando na privação da propriedade sobre o bem, o que configura suposta falha na prestação de serviço público delegado pelo Estado de São Paulo, o autor pretende a responsabilização solidária deste e daqueles ao pagamento de indenização por danos materiais e morais – No panorama fático traçado nos autos, impõe-se a responsabilização solidária do demandado José Porcelli Júnior e da Fazenda Pública do Estado de São Paulo, exonerando-se a corré Elisabete Josina Vicentin Vale Gaetti da obrigação de indenizar os danos causados ao autor – Assentada a responsabilidade objetiva dos titulares do Serviço Registral e Notarial à época dos atos notariais praticados, é irrelevante a perquirição do elemento subjetivo (dolo ou culpa) quando da lavratura dos documentos públicos, bastando para o reconhecimento da obrigação de indenizar a demonstração do nexo de causalidade entre o ato (ou omissão) cartorário e o dano sofrido pelo demandante – Tabelião José que não agiu com a diligência necessária para evitar vícios e fraudes quando da lavratura da procuração pública – Nexo de causalidade entre o ato notarial e os danos ressentidos pelo autor é evidente, na medida em que a procuração constituiu meio imprescindível à venda do imóvel: sem o instrumento de mandato, a fraude jamais se concretizaria – Concedendo-se embora que o fato foi praticado por estelionatários, não há como exonerar o corréu José de sua responsabilidade frente à procuração falsa que deu ensejo à celebração do contrato de compra e venda, dado que responde objetivamente pelo risco de sua atividade, segundo a norma de regência vigente ao tempo dos fatos (artigo 22 da Lei nº 8.935/1994, em sua redação original), o qual não pode ser repassada ao usuário do serviço público – Aplicando-se ao caso em tela a tese firmada pelo STF no supracitado RE 842.846, em sede de repercussão geral, é de se responsabilizar solidária e objetivamente o Estado de São Paulo por falha na prestação do serviço público delegado ao tabelião – Em contrapartida, não é o caso de imputar a corresponsabilidade pelo evento danoso à demandada Elisabete Josina Vicentin Vale Gaetti, tabeliã designada do Registro Civil das Pessoas Naturais e Tabelião de Notas do Município de Hortolândia, que lavrou o instrumento de substabelecimento dos poderes pretensamente outorgados pela então proprietária a José Augusto Barros de Almeida a Sebastião Gimenes Fernandes – Ausência de violação às regras legais e às normas de serviço estatuídas pela Corregedoria Geral da Justiça – Traslado da procuração por instrumento público que estava com firma do tabelião reconhecida, formalmente em ordem, apta a permitir a lavratura do substabelecimento, com a adoção das cautelas preconizadas pelas normas de serviço para conferência, incluindo a verificação prévia do sinal público do tabelião – Se havia algum vício na procuração, deve-se tê-lo como intrínseco ao documento, insuscetível de ser detectado pelo tabelião que lavrou o substabelecimento, e não formal, extrínseco, passível de pronta verificação – A falsidade originária, da lavratura da procuração pública, diz respeito ao mandante, e não ao mandatário, e a apelante não subscreveu tal documento público – Adoção de todas as cautelas exigidas – Inocorrência de falha do serviço público de notas exercido em delegação pela recorrente – Preponderância causal manifesta e provada da lavratura da procuração falsa na deflagração do evento, que deve ser erigida à causa adequada, direta e imediatamente produtora do resultado lesivo – Extensão dos danos – Dano material devidamente comprovado – Autor que *"efetivamente perdeu"* o bem por força de decisão judicial ora transitada em julgado, sofrendo uma redução patrimonial (dano emergente) correspondente ao valor venal daquele (R$ 280.000,00) – Dano moral – Ocorrência – A dor e a natural angústia advindas da descoberta de uma fraude perpetrada na alienação de imóvel adquirido há anos, na confiança da veracidade de documento público lavrado por serviço público delegado pelo Estado, culminando com a perda do bem, após enfrentar prolongado e desgastante embate judicial, caracterizam quadro que refoge do dissabor cotidiano a que todos estão sujeitos Indenização razoável e proporcional fixada pelo juízo de origem em R$ 15.000,00, que ora se mantém – Recursos do autor e da demandada Elisabete Josina Vicentin Vale Gaetti providos – Apelo do corréu José Porcelli Júnior desprovido – Observações de que: (i) a correção monetária e os juros moratórios incidentes sobre a indenização por dano material devem remontar à data do evento danoso (perda do imóvel), a teor das Súmulas nºs 43 e 54 do STJ; (ii) os juros moratórios incidentes sobre a indenização por danos morais fluirão da data do evento danoso (perda da propriedade sobre o imóvel), em conformidade com o entendimento sumulado pelo Superior Tribunal de Justiça no Enunciado de nº 54; e (iii) no que toca à condenação do Estado de São Paulo, os índices da correção monetária e dos juros de mora seguirão o determinado pelo Supremo Tribunal Federal para as condenações apoiadas em relação jurídica não tributária (RE 870947/SE, Plenário, Rel. Min. Luiz Fux, j. 20.09.17), ao passo que, em relação ao corréu José Porcelli Júnior, a atualização monetária se fará pela tabela prática deste Tribunal de Justiça, e os juros moratórios legais fluirão ao percentual de 1% ao mês (artigos 406 do CC e 161, § 1º, do CTN). (TJSP – Apelação Cível nº 1008794-68.2016.8.26.0604 – Sumaré – 1ª Câmara de Direito Público – Rel. Des. Marcos Pimentel Tamassia – DJ 24.07.2019)

EMENTA: Ação de indenização por danos materiais e morais – Responsabilidade civil do Oficial e Escrevente de Cartório de Registro de Imóveis – Alegada emissão fraudulenta contida em Certidão expedida pelo 1º Cartório de Registro de Imóveis de Sorocaba, que acarretou prejuízos quando da aquisição de imóvel – Autores que deram causa ao seu próprio dano, pois não adotaram medidas de cautela mínima para aquisição de imóvel gravado por indisponibilidade decorrente de ação criminal promovida contra A vendedora – Culpa exclusiva da vítima que rompe o nexo de causalidade, e com isso o dever de indenizar – Precedentes deste E. Tribunal de Justiça e desta C. 9ª Câmara de Direito Público – Observância do Tema 517, do C.STJ – Improcedência da ação mantida – Recurso não provido. (TJSP – Apelação Cível nº 0002476-97.2013.8.26.0602 – Sorocaba – 9ª Câmara de Direito Público – Rel. Des. Rebouças de Carvalho – DJ 06.06.2019)

EMENTA: Responsabilidade civil - Indenização por danos morais e materiais - Pretensão fundada em erro na lavratura de escritura de inventário e partilha - Ação ajuizada em face do Tabelião - Ato notarial praticado em 02/02/2009, na vigência do art. 22 da Lei nº 8.935/94, na redação anterior à conferida pela Lei nº 13.286/2016 - Responsabilidade objetiva dos notários e registradores - Inexistência de responsabilidade do Tabelião no caso concreto - Adiamento da lavratura da escritura por estar vencida uma certidão apresentada pelas autoras - Fornecimento de documentos e certidões que compete à parte interessada na prática do ato notarial - Conduta correta do Tabelião ao adiar a lavratura da escritura - Escritura lavrada com erro na identificação de um lote a ser partilhado e que já havia sido alienado pelo *"de cujus"* - Erro resultante de equívoco contido em certidão apresentada pelas autoras - Inexistência, de todo modo, de dano a ser reparado - Dano que não pode ser hipotético ou eventual - Ausência de ofensa a atributo da personalidade, não caracterizado o alegado dano moral - Improcedência da ação mantida - Recurso desprovido. (TJSP - Apelação Cível nº 4000762-22.2012.8.26.0100 - São Paulo - 3ª Câmara de Direito Privado - Rel. Des. Alexandre Marcondes - DJ 30.04.2019)

EMENTA: Recurso de Apelação - Ação de procedimento comum - Responsabilidade civil - Ato ilícito - Serventia extrajudicial - Valor adimplido em favor do preposto notarial para a regularização da documentação do bem imóvel - Inexecução contratual - Pretensão recursal ao reconhecimento da legitimidade passiva da serventia extrajudicial - Impossibilidade - Pretensão ao recebimento de indenização a título de danos morais - Impossibilidade - 1. Matéria preliminar, relacionada à nulidade da r. sentença de Primeiro Grau, por suposta ofensa aos artigos 338 e 339 do CPC/15, rejeitada - 2. No mérito, é induvidoso que a Serventia Extrajudicial não ostenta personalidade jurídica para participar do polo passivo da lide - 3. Delegação da atividade notarial e registral outorgada pelo Estado ao particular, por meio de regular Concurso Público de Provas e Títulos, cujo candidato aprovado responderá, direta e pessoalmente, pelos prejuízos causados a terceiros, nos termos do artigo 22 da Lei Federal nº 8.935/94 - 4. Precedentes da jurisprudência do C. STJ - 5. Arbitramento dos honorários advocatícios recursais, a título de observação, em favor dos corréus, com fundamento no artigo 85, § 11, do CPC/15 - 6. Ação de procedimento comum, julgada parcialmente procedente, com relação à parte ré remanescente, Jorge Azziz Behanduni - 7. Sentença, ratificada - 8. Recurso de apelação, apresentado pela parte autora, desprovido, com observação. (TJSP - Apelação Cível nº 1027869-22.2017.8.26.0196 - Franca - 5ª Câmara de Direito Público - Rel. Des. Francisco Bianco - DJ 22.04.2019)

VACÂNCIA

EMENTA: Cumprimento de sentença - Rejeição de impugnação - Insurgência cabível - Vacância da Serventia Extrajudicial - Reversão do serviço ao Estado - Titular interino que atua como preposto do Poder Público, a impedir se o considere sucessor e responda por obrigações inerentes à delegação - Excesso de execução que se consigna - Recurso provido 9 TJSP - Agravo de Instrumento nº 2152802-85.2019.8.26.0000 - São Vicente - 13ª Câmara de Direito Público - Rel. Des. Borelli Thomaz - DJ 09.09.2019)

3.3.2 REGISTRO CIVIL DAS PESSOAS NATURAIS

CASAMENTO

EMENTA: Apelação cível - Casamento - Registro tardio - Ação movida por descendente para registro de antepassado (imigrante italiano ingresso no Brasil no ano de 1887) - Pretensão concessão cidadania italiana - Sentença de improcedência - Mérito - Ausência de registro público de casamento dos bisavós do autor - Certidão negativa emitida por Oficial de Registro Civil apontando não localização de união civil - Inexistência de qualquer certidão do alvitrado casamento - Mera alegação transcrita em registro de nascimento de descendente do imigrante não é apta para aceitar como prova de casamento - Considerando-se a época dos fatos (século XIX), presume-se pela referência ao casamento religioso, também sem provas de sua efetiva ocorrência - Pretensão de emissão de certidão de casamento que viola segurança jurídica - Sentença mantida integralmente - Motivação do decisório adotado como julgamento em segundo grau - Inteligência do art. 252 do RITJ - Resultado - Recurso não provido (TJSP - Apelação Cível nº 1007525-94.2018.8.26.0451 - Jacareí - 9ª Câmara de Direito Privado - Rel. Des. Edson Luiz De Queiroz - DJ 02.12.2019)

EMENTA: Registro - Retificação - Prova dos autos que aponta para a celebração do casamento na esfera religiosa antes da entrada em vigor da Constituição da República de 1891 e do Decreto 181 de 1890 – Documentos posteriores do registro civil que corroboram a ocorrência do casamento – Decreto nº 9.886 de 07 de março de 1888 que apenas estruturou sistema de registros para dar cumprimento ao art. 2º da Lei 1.829/1870, sem comprometer a validade dos casamentos religiosos – Cabível a retificação pretendida – Precedentes deste Tribunal – Sentença revista – Recurso provido (TJSP – Apelação Cível nº 1084867-70.2018.8.26.0100 – São Paulo – 1ª Câmara de Direito Privado – Rel. Des. Claudio Godoy – DJ 29.10.2019)

EMENTA: Retificação de registro civil – Pleito de averbação no assento de casamento a existência de escritura pública de união estável lavrada em cartório pelo casal – Possibilidade – Ausência de qualquer óbice em fazer constar a existência da referida escritura pública no assento de casamento, escritura pública justamente referente à união estável – Sentença reformada – Recurso provido, julgando-se procedente o pedido (TJSP – Apelação Cível nº 1123739-57.2018.8.26.0100 – São Paulo – 2ª Câmara de Direito Privado – Rel. Des. Alvaro Passos – DJ 29.07.2019)

EMENTA: Registro Civil – Pretensão ao registro tardio de casamento de ascendentes falecidos, com o único objetivo de instruir pedido de obtenção de cidadania italiana – Sentença de improcedência – Inconformismo – Acolhimento – Faculta-se aos descendentes requerer o registro tardio de antepassado, em face da inexistência de registro público à época – Comprovação do casamento religioso celebrado em 1899, com a formação de prole – Época de transição entre os registros paroquiais e a exigência de registro civil perante o cartório – Pretensão que não viola direito público, nem causará prejuízos a terceiros ou lesão a interesse alheio – Sentença reformada – Recurso provido. (TJSP – Apelação Cível nº 1073406-04.2018.8.26.0100 – São Paulo – 7ª Câmara de Direito Privado – Rel. Des. Rômolo Russo – DJ 25.02.2019).

NATURALIDADE E NACIONALIDADE

EMENTA: Ação de cancelamento e retificação de registros civis – Ascendente nascido em Portugal – Procedência parcial do pedido – Afastamento da naturalidade brasileira e assunção da naturalidade portuguesa – Determinação para retificar a naturalidade de Albertina Dias Rosa no seu assento civil de nascimento, casamento e óbito, assim como, nos assentos civis de seus descendentes – Cancelamento do registro civil brasileiro tendo por base registro português de batismo/nascimento efetuado em 1901 – Impossibilidade – Inaplicabilidade da lei portuguesa de separação da igreja do estado – Norma que não confere oficialidade ao registro religioso – Certidão de batismo/nascimento portuguesa que permite a correção da naturalidade e não altera a nacionalidade brasileira da ascendente – Inteligência do art. 112, da Lei de Registros Públicos – Inexistência de prova da manutenção da nacionalidade portuguesa – Aplicação do Decreto nº 70.391/72 – Impossibilidade – Norma revogada pelo *"Tratado de Amizade e Cooperação e Consulta"* firmado em 22/04/2000 por Portugal e Brasil – Sentença mantida – Apelo desprovido. (TJSP – Apelação Cível nº 1055748-56.2017.8.26.0114 – Campinas – 2ª Câmara de Direito Privado – Rel. Des. Hertha Helena de Oliveira – DJ 22.04.2019)

NOME

EMENTA: Apelação – Retificação de registro civil – Transexualidade – Requerente que se apresenta socialmente com nome feminino – Alteração do prenome masculino para prenome feminino no assento civil – Cabimento – Alteração de sexo antes da realização da cirurgia de transgenitalização – Cabimento – Transexualidade é patologia psicológica, de modo que a alteração física é mera externalização do quadro clínico – Desnecessidade de prévia cirurgia – Jurisprudência pacífica deste Tribunal e do C. STF – Sentença reformada – Recurso provido (TJSP – Apelação Cível nº 1026530-75.2016.8.26.0224 – Guarulhos – 5ª Câmara de Direito Privado – Rel. Des. Jair de Souza – DJ 24.10.2019)

EMENTA: Retificação de Registro Civil – Prenome – Hipocorístico – Pretensão de alteração de Terezinha para Tereza – Alegação de que lhe causa constrangimento e que sempre foi conhecida como Tereza – Admissibilidade – Direito da personalidade – Não se vislumbra que a alteração possa importar em riscos à identidade da autora e à segurança pública ou jurídica – Na atualidade o prenome perdeu sobremaneira sua importância legal, pela insuficiência para identificação das pessoas, em detrimento de cadastros oficiais, como o CPF, que passou a partir do Provimento nº 63/2017 do Corregedor Nacional de Justiça, a identificar a pessoa natural desde o seu assento de nascimento, ou de *"usernames"* nas redes sociais – O prenome na vida cotidiana tem por fim precípuo conferir à pessoa satisfação consigo mesmo – Recurso provido (TJSP

– Apelação Cível nº 1006401-36.2018.8.26.0529 – Santana de Parnaíba – 4ª Câmara de Direito Privado – Rel. Des. Alcides Leopoldo – DJ 11.10.2019)

EMENTA: Registros públicos – Retificação de registro civil – Ação ajuizada com o intuito de alteração do sobrenome – Sentença de improcedência – Apelo dos autores – Alteração do prenome ou sobrenome que deve observar o disposto nos arts. 56 a 58 da Lei nº 6.015/73 – Hipótese em que não comprovada a alegação de erro de tradução no nome de família – Inexistência de qualquer documento que comprove a ascendência russa do patronímico pretendido – Sentença mantida – Recurso desprovido (TJSP – Apelação Cível nº 1077170-32.2017.8.26.0100 – São Paulo – 7ª Câmara de Direito Privado – Rel. Des. Mary Grün – DJ 03.10.2019)

EMENTA: Retificação de registro civil – Autor que tem seu sobrenome Lustosa grafado em todos os documentos com a letra "S", em decorrência do quanto constou na primeira certidão de nascimento – Pedido de segunda via da certidão que trouxe a grafia do nome com a letra "Z" (LustoZa) – Pedido de retificação – Possibilidade – Ausência de prejuízos a terceiro – Demandante com mais de sessenta anos de idade e que sempre teve a mesma grafia – Equívoco do traslado cartorário efetuado há décadas que não pode prejudicar agora o autor – Precedentes desta Corte – Recurso Provido. (TJSP – Apelação Cível nº 1013039-31.2016.8.26.0020 – São Paulo – 5ª Câmara de Direito Privado – Rel. Des. A. C. Mathias Coltro – DJ 18.09.2019)

EMENTA: Agravo de Instrumento – Retificação de registro civil – Decisão que determinou emenda à inicial, para inclusão do sobrenome do marido no assento de casamento da avó/genitora dos autores e para que os pedidos viessem acompanhados das expressões *"onde consta"* e *"deve constar"* – Insurgência dos autores – Petição inicial redigida com as expressões determinadas pelo juízo – Desnecessária emenda nesse aspecto – Em relação ao sobrenome da falecida ancestral, alegam que não deve haver inclusão do patronímico do marido, pois assim é o costume espanhol e o atual Código Civil não obriga a adoção do sobrenome do cônjuge – Improcedência dos fundamentos recursais – Embora os contraentes fossem espanhóis, o casamento foi realizado no Brasil, perante autoridades brasileiras – Assento deve ser retificado, de acordo com as normas brasileiras vigentes à data de sua lavratura – Código Civil de 1916 e Decreto 18.542/1928 impunham a adoção do sobrenome do marido – Normas cogentes, válidas em todo o território nacional – Sobrenome a acrescer deve ser aquele oriundo do tronco paterno do marido: Rodriguez – Agravo parcialmente provido (TJSP – Agravo de Instrumento nº 2083641-85.2019.8.26.0000 – São Paulo – 9ª Câmara de Direito Privado – Rel. Des. Edson Luiz de Queiroz – DJ 09.09.2019)

EMENTA: Ação de retificação de registro civil – Mudança de nome, com adoção do nome húngaro – Agravante que pretende a expedição de alvará para obtenção de nova via de sua Carteira Nacional de Habilitação, sobre o fundamento de que o processo tramitou sob o palio da Justiça Gratuita, que se estenderia à realização de atos extrajudiciais – Descabimento – Pretensão que não encontra amparo no título executivo transitado em julgado, que nenhuma menção fez a respeito da requerida concessão de alvarás para alteração de documentos perante quaisquer órgãos e empresas nacionais – Art. 98, §1º, IX do CPC que diz respeito a atos notariais necessários à concretização da pretensão, conceito no qual não se insere a expedição de nova CNH – Decisão mantida – Recurso desprovido. (TJSP – Agravo de Instrumento nº 2011313-94.2018.8.26.0000 – Jundiaí – 9ª Câmara de Direito Privado – Rel. Des. Angela Lopes – DJ 05.08.2019)

EMENTA: Apelação Cível – Retificação de nome – Sentença de improcedência – Inconformismo – Recurso interposto pelo autor – Pretensão de inclusão de apelido notório, retificando o registro civil – Autor de nome Carlos Eduardo da Costa, que pretende incluir o apelido *'Kadu Giacomini'*, alegando ser notoriamente conhecido dessa forma – Impossibilidade de alteração do nome nos termos propostos – Não comprovação da notoriedade alegada – Inserção de apelido que se confunde com sobrenome italiano, sugerindo ascendência inexistente, em prejuízo ao apelido de família do requerente, o que não admite a lei – Sentença ratificada, nos termos do art. 252 do RITJSP – Negado provimento ao recurso – (v.30754). (TJSP – Apelação Cível nº 1094560-49.2016.8.26.0100 – São Paulo – 3ª Câmara de Direito Privado – Rel. Des. Viviani Nicolau – DJ 01.07.2019)

EMENTA: Registro Civil – Retificação – Acréscimo de prenome – Indeferimento do pedido – Recurso do requerente – Acolhimento – Possibilidade de acréscimo de prenome pelo qual o apelante é conhecido no meio social – Inteligência do art. 57 Lei nº 6.015/1973 – Sentença reformada – Recurso provido. (TJSP – Apelação Cível nº 1008373-33.2019.8.26.0100 – São Paulo – 5ª Câmara de

Direito Privado – Rel. Des. J. L. Mônaco da Silva – DJ 12.06.2019)

EMENTA: Retificação de registro civil – Exclusão de prenome e inclusão do sobrenome da mãe – Autor que possui antecedentes criminais – Ausência de justificativa – Insurgência dos apelantes em face da sentença de procedência parcial – Decisão de origem pela inclusão do sobrenome materno apenas do autor Bruno, afastando-se a modificação em favor do irmão Sandro – Lei de Registros Públicos que lei dispõe sobre a imutabilidade relativa do nome, que pode ser modificado posteriormente de maneira excepcional e dependente de justificação – Ausência de justificativa acerca da exclusão do prenome *"Luiz"*, advindo do pai Sandro Luiz – Inclusão do sobrenome materno que também não se justifica – Doença do autor que não é suficiente para tanto – Existência de recente condenação por roubo em desfavor de Sandro – Pedido que não pode ser acatado, por ser prejudicial à sociedade, podendo influenciar na sua identificação – Sentença mantida – Recurso desprovido. (TJSP – Apelação Cível nº 1046292-27.2017.8.26.0100 – São Paulo – 3ª Câmara de Direito Privado – Rel. Des. Carlos Alberto de Salles – DJ 14.05.2019)

EMENTA: Registro Civil – Supressão de sobrenome – Desnecessidade de produção de provas, inexistindo cerceamento de defesa, ou de autorização do pai registral – Alteração que poderia ter ocorrido quando do casamento da autora – Justificativa plausível – Direito da personalidade – Direito reconhecido pelo STF de a pessoa estar bem consigo mesma – Não se vislumbra que a alteração possa importar em riscos à identidade da autora e à segurança pública ou jurídica – Recurso provido. (TJSP – Apelação Cível nº 1077547-03.2017.8.26.0100 – São Paulo – 4ª Câmara de Direito Privado – Rel. Des. Alcides Leopoldo – DJ 12.03.2019).

RESTAURAÇÃO DE REGISTRO

EMENTA: Apelação – Registro Civil – Impossibilidade de restauração de assento de nascimento, por ausência de prova de sua lavratura no Livro indicado ou em qualquer outro das Serventias possíveis – Hipótese de registro tardio – Sentença mantida – Recurso a que se nega provimento. (TJSP – Apelação Cível nº 1008171-14.2014.8.26.0009 – São Paulo – 7ª Câmara de Direito Privado – Rel. Des. Luis Mario Galbetti – DJ 17.01.2019)

3.3.3 REGISTRO DE TÍTULOS E DOCUMENTOS E PESSOA JURÍDICA

DIREITO AUTORAL

EMENTA: Apelação – Responsabilidade Civil – Direito autoral – Ação de obrigação de fazer cumulada com reparação por danos materiais e morais. Sentença de improcedência – Inconformismo do autor – Descabimento – Fotografia encontrada pela ré na internet e utilizada em seu site para divulgação de pacotes turísticos – Violação não verificada – Inexistência de qualquer elemento distintivo, marcação ou indicação na própria fotografia da autoria – Antes do registro na Biblioteca Nacional, o autor fez o registro da fotografia no Tabelião de Registro de Títulos e Documentos; porém, aquele tabelião não é órgão competente para o registro de obras intelectuais para a proteção de seus direitos autorais – Ausência, ademais, de informação sobre a data exata de veiculação das fotografias referidas na inicial – Ato ilícito não verificado – Precedentes envolvendo a mesma parte – Sentença mantida por seus próprios fundamentos – Recurso desprovido. (TJSP – Apelação Cível nº 1024719-73.2017.8.26.0506 – Ribeirão Preto – 8ª Câmara de Direito Privado – Rel. Des. Pedro de Alcântara da Silva Leme Filho – DJ 05.11.2019)

3.3.4 REGISTRO DE IMÓVEIS E TABELIONATO DE NOTAS

EMENTA: Apelação – Alienação fiduciária – Bem imóvel – Registro de imóveis – Devedores fiduciários intimados para realizarem a purga da mora – Prazo que transcorreu em branco – Consolidação da propriedade em nome do credor ficudiário – Posterior purgação da mora – Pretensão do credor fiduciário de que a averbação seja cancelada administrativamente pelo oficial – Impossibilidade – Inocorrência de vício – Recurso improvido – É incontroverso que não existe vício na averbação da consolidação da propriedade que autorize a incidência do disposto nos art. 248 e 250, da LRP – Os devedores, a pedido do credor fiduciário, foram intimados para pagamento das prestações vencidas – Decorrido o prazo, houve consolidação da propriedade do imóvel em favor do credor fiduciário – A purgação da mora é plenamente possível após a consolidação da propriedade plena em mãos do credor fiduciário – Todavia, torna necessário o registro de uma nova transferência imobiliária, sob pena de ofensa ao princípio da continuidade (TJSP – Apelação Cível nº 1018608-59.2019.8.26.0100 – São Paulo – 31ª Câmara de Direito Privado – Rel. Des. Adilson de Araujo – DJ 12.11.2019)

EMENTA: Apelação Cível – Alienação Fiduciária – A certidão do Tabelião possui fé pública, não tendo vindo aos autos nenhuma prova suficiente para desacreditá-la – Com o advento da Lei nº 13.465, de 11 de julho de 2017, não é mais necessária a intimação pessoal do devedor quanto às datas dos leilões do imóvel – Recurso desprovido. (TJSP – Apelação Cível nº 1050536-54.2017.8.26.0114 – Campinas – 30ª Câmara de Direito Privado – Rel. Des. Lino Machado – DJ 14.05.2019)

ARROLAMENTO

EMENTA: Agravo de Instrumento – Arrolamento sumário – Direito de meação do cônjuge supérstite que corresponde ao usufruto vitalício sobre os imóveis integrantes do espólio – Anuência expressa da meeira – Ausência de óbice jurídico – O usufruto é direito real imobiliário dotado de valor econômico, passível de transação – Partes capazes – Precedentes desta E. Corte – ITCMD – Nos termos do art. 662, caput e § 2º do CPC/15, não serão conhecidas ou apreciadas questões relativas ao lançamento, ao pagamento ou à quitação dos tributos incidentes sobre a transmissão da propriedade dos bens do espólio, sendo certo, também, que as autoridades fazendárias não ficam adstritas aos valores dos bens do espólio atribuídos pelos herdeiros – Incidência tributária que deve ser discutida em momento oportuno – Recurso parcialmente provido (TJSP – Agravo de Instrumento nº 2044085-76.2019.8.26.0000 – São Paulo – 2ª Câmara de Direito Privado – Rel. Des. Rosangela Telles – DJ 30.08.2019)

EMENTA: Arrolamento – Decisão agravada que isentou a inventariante do recolhimento do ITCMD – Insurgência da Fazenda Pública do Estado de São Paulo, que sustenta a tese de que a questão deve ser resolvida na esfera administrativa – Questão já apreciada na esfera administrativa, cabendo ao magistrado apreciar se a negativa de isenção é ou não legítima – Cabimento da isenção, pois a interessada exerce a posse direta do bem e preencheu os requisitos da alínea "a", inciso I, artigo 6º da Lei Estadual nº 10.705/2000 – Decisão mantida – Recurso improvido (TJSP – Agravo de Instrumento nº 3000704-98.2019.8.26.0000 – Taubaté – 7ª Câmara de Direito Privado – Rel. Des. Luis Mario Galbetti – DJ 31.07.2019)

EMENTA: Arrolamento de bens – I. Inépcia recursal. Não configuração. Razões que atacam os fundamentos da r. sentença. Cumprimento da exigência do artigo 1.010, incisos II e III, do Código de Processo Civil. Apelo conhecido – II. Plano de partilha. Homologação, com exclusão da participação sucessória da consorte supérstite. Irresignação da interessada. Acolhida imperativa, ainda que parcial – III. Cônjuges que se casaram sob o regime de separação obrigatória de bens, na forma do artigo 1.641, inciso II, do Código Civil. Reconhecimento de que a consorte do falecido por direito próprio decorrente do regime de bens tem direito à metade dos aquestos durante o período da sociedade conjugal. Inteligência da Súmula 377 do E. Supremo Tribunal Federal. Presunção de colaboração. Magistério doutrinário. Precedentes deste E. Tribunal – IV. Reconhecimento da meação da virago, atribuindo-lhe 50% (cinquenta por cento) do direito sobre o bem imóvel que compõe a sucessão, sem prejuízo da herança das descendentes ostentadas sobre a fração ideal restante, em metades iguais de 25% (vinte e cinco por cento). Retificação imperativa do plano de partilha apresentado, nesses termos – Sentença anulada – Apelo conhecido e parcialmente provido. (TJSP – Apelação Cível nº 1004621-24.2018.8.26.0218 – Guararapes – 3ª Câmara de Direito Privado – Rel. Des. Donegá Morandini – DJ 23.07.2019)

EMENTA: Agravo de Instrumento – Arrolamento de Bens – *"De cujus"* que não deixou descendentes ou ascendentes – Sucessão deferida por inteiro ao cônjuge sobrevivente, independentemente do regime de bens do casamento – Somente na ausência de cônjuge herdeiro (art. 1.830 do Código Civil), é que sucederiam os colaterais do morto até o quarto grau – Advindo a morte da viúva no curso do inventário, por força do art. 1.784 do Código Civil, transmitem-se aos seus herdeiros os bens que lhe haviam sido transmitidos pela morte do cônjuge – Recurso desprovido. (TJSP – Agravo de Instrumento nº 2267049-16.2018.8.26.0000 – São José do Rio Preto – 4ª Câmara de Direito Privado – Rel. Des. Alcides Leopoldo – DJ 01.02.2019).

CARTA DE ARREMATAÇÃO

EMENTA: Registro de Imóveis – Pretensão de registro de carta de arrematação – Título judicial não imune à qualificação registral – Dúvida inversamente suscitada – Improcedente – Imóvel arretado por dívida apenas do ex-marido – Ausência do registro da partilha do bem – Subsistência do estado da mancomunhão – Impossibilidade do registro da carta de arrematação por ofensa ao princípio da continuidade registraria – Decisão que não comporta reparos – Sentença mantida – Recurso desprovido (TJSP – Apelação Cível nº 1003943-88.2018.8.26.0224 – Guarulhos – 10ª Câmara de Direito Privado – Rel. Des. Coelho Mendes – DJ 07.10.2019)

EMENTA: Cessão onerosa de direitos hereditários – Responsabilidade pelo recolhimento do ITCMD – Responsabilidade do cessionário – Aplicação analógica do art. 10, IV, Decreto Estadual n. 46.665/02 – Escritura de cessão de direitos expressa no sentido de que a responsabilidade é da cessionária – Legitimidade, ademais, de o cessionário atuar no inventário para regularização do imóvel adquirido (art. 616, V, CPC) – Dificuldades de regularização do imóvel que foram riscos assumidos pela cessionária, nada havendo a ser indenizado a título de dano moral – Ação improcedente – Sentença ratificada (art. 252, TITJSP/09) – Recurso improvido. (TJSP – Apelação Cível nº 1018867-17.2016.8.26.0405 – Osasco – 1ª Câmara de Direito Privado – Rel. Des. Luiz Antonio de Godoy – DJ 26.08.2019)

EMENTA: Agravo de Instrumento – Fraude à execução – Indeferimento – Cessão de direitos hereditários sobre bem imóvel – Registro perante o cartório de registro civil e tabelionato de notas – Dispensa, pelo cessionário, de apresentação de certidões em nome do executado/agravado que, por si só, não caracteriza conluio com o intuito de fraudar a execução – Hipótese, ademais, em que, tratando-se de imóvel rural, exige-se a apresentação de certidões que se refiram ao imóvel e não à pessoa a ele vinculada – Inteligência do artigo 1º, item III, letra "b", do Decreto Lei nº 93.240/86, que 'dispõe sobre os requisitos para a lavratura de escrituras públicas, e dá outras providências' – Decisão mantida – Recurso não provido. (TJSP – Agravo de Instrumento nº 2036157-74.2019.8.26.0000 – Espírito Santo do Pinhal – 21ª Câmara de Direito Privado – Rel. Des. Silveira Paulilo – DJ 16.04.2019)

CND

EMENTA: Agravo de Instrumento – Alvará judicial – Exigência de apresentação de *"certidão de (in) existência de dependentes do finado habilitados perante o órgão previdenciário ao qual era vinculado e certidão negativa de testamentos (expedida pelo Colégio Notarial do Brasil)"* – Agravantes beneficiários da justiça gratuita – Benefício que compreende emolumentos devidos a notários ou registradores em decorrência da prática de registro, averbação ou qualquer outro ato notarial necessário à efetivação de decisão judicial ou à continuidade de processo judicial no qual o benefício tenha sido concedido (art.98, §1º, IX do CPC) – Entendimento extensível à *"certidão de (in)existência de dependentes"* – Precedentes – Certidões que devem ser requisitados pelo Juízo *a quo* – Decisão reformada – Agravo provido. (TJSP – Agravo de Instrumento nº 2108826-28.2019.8.26.0000 – Taubaté – 3ª Câmara de Direito Privado – Rel. Des. Alexandre Marcondes – DJ 11.06.2019)

COMPRA E VENDA E COMPROMISSO

EMENTA: Compromisso de compra e venda – ITBI – Isenção pelo programa Minha Casa Minha Vida – A concessão da isenção do tributo não é automática, mas deve ser pleiteada administrativamente – Tributo que tem por fato gerador o Instrumento Particular com Efeito de Escritura Pública de Venda e Compra de Imóvel na Planta Mediante Financiamento Garantido por Alienação Fiduciária no Âmbito do Programa Minha Casa Minha Vida, em que figuram como vendedor a MRV, credor fiduciário o Banco do Brasil S/A, a quem foi transmitida a propriedade geradora do tributo, e comprador/devedor fiduciante o apelante, responsável pelo seu pagamento, conforme disposição contratual – Recurso desprovido (TJSP – Apelação Cível nº 1012874-91.2018.8.26.0576 – São José do Rio Preto – 4ª Câmara de Direito Privado – Rel. Des. Alcides Leopoldo – DJ 05.07.2019)

EMENTA: Apelação – Compromisso de compra e venda – Loteamento – Cláusula de alienação fiduciária – Ausência de registro – Rescisão por incapacidade financeira – Restituição de 85% das parcelas pagas – Nos termos do art. 23 da Lei nº 9.514/97, que disciplina a alienação fiduciária em bem imóvel, *"constitui-se a propriedade fiduciária de coisa imóvel mediante registro, no competente Registro de Imóveis, do contrato que lhe serve de título"* – Compromisso de compra e venda não foi levado à registo – Sem registro, o negócio se mantém na esfera obrigacional, sem conversão em direito real, de modo que é permitida a resolução do contrato por impossibilidade financeira superveniente do adquirente, mediante a restituição de parte do valor pago Súmula 1 do TJSP, precedentes – Retenção de acordo com a jurisprudência do Superior Tribunal de Justiça (entre 10% a 25%) – Recurso provido. (TJSP – Apelação Cível nº

1006385-16.2018.8.26.0066 – Barretos – 30ª Câmara de Direito Privado – Rel. Des. Maria Lúcia Pizzotti – DJ 24.05.2019)

EMENTA: Ação anulatória de ato jurídico – Imóvel fraudulentamente alienado, com registro na matrícula de contrato de compra e venda com assinaturas falsas dos vendedores e reconhecimento falso de assinaturas, seguido de alienações sucessivas – Denunciação da lide ao Oficial do 3º CRI de Campinas – Procedência da lide principal e da lide secundária – Responsabilidade objetiva do registrador que atua por delegação do poder público, à luz dos arts. 37, § 6º e 236 da CF – Inteligência do art. 22 da Lei nº 8.935/1994, na redação anterior à Lei nº 13.286/2016 – Dever de indenizar reconhecido – Precedentes – Sentença mantida – Recurso desprovido (TJSP – Apelação Cível nº 0004431-20.2003.8.26.0084 – Campinas – 3ª Câmara de Direito Privado – Rel. Des. Alexandre Marcondes – DJ 06.03.2019)

EMENTA: Ação de indenização por danos materiais e morais – Registro em matrícula envolvendo compra e venda de imóvel tinha por base escritura pública – Posteriormente, o registrador tivera ciência da irregularidade da alienação, comunicando ao tabelionato de notas, bem como à Juíza Corregedora Permanente sobre o ocorrido – Escritura pública que apresentava, em análise perfunctória, as formalidades correspondentes – Ausência de dolo ou culpa do oficial – Pretensão de indenização sem suporte – Escritura que sequer fora anulada, portanto, apesar da irregularidade, contém validade e eficácia do ato – Improcedência da ação se apresenta adequada – Apelo desprovido. (TJSP – Apelação Cível nº 1118231-67.2017.8.26.0100 – São Paulo – 4ª Câmara de Direito Privado – Rel. Des. Natan Zelinschi de Arruda – DJ 01.02.2019)

DOAÇÃO

EMENTA: Doação – Descumprimento de encargo – Terreno público doado pela Prefeitura de Votuporanga – Hipótese em que o não cumprimento do encargo pela beneficiada torna sem efeito a doação, revertendo-se, automaticamente, o imóvel doado para a Municipalidade, inclusive, com as benfeitorias eventualmente edificadas – Pedido de indenização pelo uso indevido da área afastado – Procedência da ação mantida – Recurso não provido. (TJSP – Apelação Cível nº 1010130-24.2016.8.26.0664 – Votuporanga – 8ª Câmara de Direito Público – Rel. Des. Bandeira Lins – DJ 22.10.2019)

EMENTA: Doação – Cancelamento de cláusulas restritivas da propriedade – Insurgência dos autores em face da sentença de improcedência – Imóvel doado aos filhos em 1978, com reserva de usufruto aos doadores genitores – Existência de cláusulas de inalienabilidade, incomunicabilidade e impenhorabilidade – Falecimento dos doadores em 1997 e 2012 – Inexistência de justa causa para justificar a manutenção dessas restrições, contrárias à função social da propriedade – Imóvel, ainda, que gera despesas aos apelantes – Pedido inicial procedente – Recurso provido (TJSP – Apelação Cível nº 1003837-93.2017.8.26.0602 – Sorocaba – 3ª Câmara de Direito Privado – Rel. Des. Carlos Alberto de Salles – DJ 09.10.2019)

INVENTÁRIO

EMENTA: Inventário – Direito internacional privado – Decisão que determinou a juntada de legislação civil estrangeira e outras providências – Recurso provido – Inventário – Direito Internacional Privado – Insurgência contra decisão que determinou a juntada de legislação civil estrangeira e outras providências – Efeito suspensivo indeferido – Falecido estrangeiro, com bens situados no Brasil – Art. 23, inciso II, do CPC – Impossibilidade, em tese, de aplicação da lei civil helvética, a qual não poderá ser mais favorável à cônjuge brasileira, nos termos do art. 5º, XXXI, da CR e do art. 10, § 1º da LINDB – As providências determinadas pelo juízo do inventário mostram-se desnecessárias – Legislação brasileira é mais benéfica à agravante, conforme art. 1.829, inciso III, do CC, porque faz desta única herdeira – Ausentes descendentes ou ascendentes, a cônjuge herda a totalidade dos bens do falecido, independentemente do regime de bens – Suposto testamento aberto na Suíça, aludido pela sobrinha do de cujus, não apresentado nas três oportunidades conferidas para tanto – O falecimento dos pais do autor da herança é presumível, diante dos dados demográficos daquele país – Evidência de que o falecido consta como proprietário dos bens inventariados, independentemente da grafia do nome – Decisão revogada, determinando-se o regular andamento do feito – Recurso provido (TJSP – Agravo de Instrumento nº 2146694-40.2019.8.26.0000 – Santos – 10ª Câmara de Direito Privado – Rel. Des. J. B. Paula Lima – DJ 10.09.2019)

EMENTA: Agravo de Instrumento – Inventário – Regime de bens vigente na constância da união matrimonial entre a inventariante e o *'de cujus'* era o da separação obrigatória de bens, previsto no inciso I do artigo 1641 do Código Civil – Elementos existentes nos autos que sinalizam a não concorrência do cônjuge com os descendentes em relação à herança do falecido – Ordem de apresentação de um novo plano de partilha que, *'a priori'*, está em consonância com o disposto no artigo 1829, inciso I, do Estatuto Substantivo – Decisão mantida – Recurso desprovido (TJSP – Agravo de Instrumento nº 2171540-24.2019.8.26.0000 – São José dos Campos – 6ª Câmara de Direito Privado – Rel. Des. Paulo Alcides Amaral Salle – DJ 16.08.2019).

EMENTA: Inventário – Doação da meação pelo viúvo em favor dos filhos, com cláusulas restritivas, reservando para si o usufruto – Desnecessidade de formalização por meio de escritura pública – Ato translativo que pode ser tomado por termo nos autos, diante do caráter público que ostenta – Inteligência do artigo 1.806 do Código Civil – Agravo provido. (TJSP – Agravo de Instrumento nº 2139440-16.2019.8.26.0000 – Ribeirão Preto – 4ª Câmara de Direito Privado – Rel. Des. Natan Zelinschi de Arruda – DJ 07.08.2019)

EMENTA: Agravo de Instrumento – Irresignação em face da decisão que em ação de inventário deferiu o requerimento formulado pela companheira do de cujus, determinando a reserva de bens suficientes para garantia de seus direitos sucessórios a serem definidos – Descabimento – O *de cujus* possuía idade superior a 70 anos quando do início da união estável, de modo que, por equivalência ao disposto na legislação pátria em relação ao matrimônio, aplica-se o mesmo regramento ao instituto em questão – Sendo o falecido septuagenário quando do início da união estável, o regime de bens vigente é o da separação obrigatória, o qual não permite a concorrência do cônjuge com os descendentes na sucessão legítima – Inteligência do art. 1.829, I, CC – Recurso provido. (TJSP – Agravo de Instrumento nº 2230760-84.2018.8.26.0000 – Atibaia – 5ª Câmara de Direito Privado – Rel. Des. James Siano – DJ 14.02.2019)

ITBI

EMENTA: Apelação – Embargos à Execução Fiscal – ITBI – Multas aplicadas por lavratura de escritura pública sem a prova do pagamento do ITBI – Sentença de procedência – Pretensão à reforma – Desacolhimento – Artigos 19 e 21 da redação originária da Lei nº 11.154/91, que impunham inclusive aos tabeliães de notas a obrigação de não efetuar nenhum ato sem a prova do pagamento do imposto ou do reconhecimento administrativo da não incidência, da imunidade ou da concessão de isenção – Órgão Especial deste Tribunal que, em situação análoga, envolvendo a própria Municipalidade de São Paulo, já se pronunciou sobre a questão da inconstitucionalidade da imposição de deveres aos tabeliães por lei municipal – Precedentes de que o ITBI tem por fato gerador a transmissão do imóvel ou dos direitos a ele relativos junto ao Cartório Imobiliário – Sentença mantida – Majoração dos honorários sucumbenciais nos termos do art. 85, §11, do CPC/2015 e do Enunciado administrativo nº 7 do C. STJ – Recurso ao qual se nega provimento. (TJSP – Apelação Cível nº 9000530-96.2005.8.26.0090 – São Paulo – 18ª Câmara de Direito Público – Rel. Des. Ricardo Chimenti – DJ 08.04.2019).

EMENTA: Mandado de Segurança – ITBI – Formalização de escritura de cessão de direitos hereditários – Prévia exigência do ITBI – Descabimento – Momento do fato gerador – Registro no Cartório de Imóveis – Antes do registro ainda não existe o fato gerador do ITBI, tampouco sua atinente obrigação, certo que nem promessa ou contrato de compra e venda, nem cessão de direito e nem mesmo escritura de compra e venda, apesar de quitados, irretratáveis e irrevogáveis, autorizam por si sós, a exação em debate – Precedentes dos C. STF e STJ – Violação de direito líquido e certo demonstrada – Sentença reformada – Apelo dos contribuintes provido. (TJSP – Apelação Cível nº 1009190-15.2017.8.26.0053 – São Paulo – 15ª Câmara de Direito Público – Rel. Des. Silva Russo – DJ 22.03.2019).

ITCMD

EMENTA: Anulatória de crédito tributário – Pretensão de afastar a exigibilidade de recolhimento do ITCMD nos termos do Decreto Estadual nº 55.002/2009 – Sentença de procedência mantida – Lei Estadual nº 10.705/2000, que é clara acerca da base de cálculo a ser utilizada pelo contribuinte – Impossibilidade de inovação legislativa pela Administração para modificar base de cálculo do referido tributo – Afronta aos artigos 150, inciso I, da Constituição Federal, e 97, inciso II, § 1º, do Código Tributário Nacional – Precedente jurisprudencial – Taxa SELIC – Aplicação da Lei Estadual nº 13.918/2009, limitando os juros à Selic – Queixa de vício no crédito tributário – A Taxa Selic substitui correção monetária e juros na cobrança de tributos – Enunciado nº 02 da Seção de Direito Público do TJSP – Declaração de inconstitucionalidade da Lei nº 13.918/2009 – Apelação não provida (TJSP – Apelação Cível nº 1011040-80.2018.8.26.0664 – Votuporanga – 5ª Câmara de Direito Público – Rel. Des. Fermino Magnani Filho – DJ 29.07.2019)

EMENTA: Tributo – ITCMD – Doação – Casal donatário – Falecimento de um dos cônjuges – Totalidade da doação para o cônjuge sobrevivo – ITCMD – Impossibilidade – Lançamento do tributo provocado por erro e omissão do contribuinte – Ônus da sucumbência – Princípio da causalidade – Possibilidade – Doado o bem em favor do casal, a subsistência da doação na totalidade para o cônjuge supérstite não caracteriza fato gerador do ITCMD – Pelo princípio da causalidade a parte que deu causa à instauração do processo arca com o pagamento dos ônus da sucumbência. (TJSP – Apelação Cível nº 1042941-27.2016.8.26.0053 – São Paulo – 10ª Câmara de Direito Público – Rel. Des. Teresa Ramos Marques – DJ 14.06.2019)

EMENTA: Apelação – Entidade beneficente – Recebimento de doações – Imposto de Transmissão *Causa Mortis* ou Doação – ITCMD – Cobrança – Impossibilidade – Pretensão voltada à desconstituição do ato administrativo consistente na cobrança de ITCMD incidente sobre doações nacionais e advindas do exterior – Admissibilidade – Concessão de isenção pelo próprio ente tributante que enseja o reconhecimento da condição de beneficente e, portanto, imune ao ITCMD sobre doações, nos termos do art. 150, VI, "c", da Constituição Federal – No que tange às doações internacionais, a despeito da edição da Lei Estadual nº 10.705/2000, alterada pela Lei Estadual n° 10.992/2001, a inexistência de Lei Complementar Federal inviabiliza a cobrança do tributo – Além da natureza de norma geral em matéria tributária, e Lei Complementar Federal teria o condão de fixar a competência nacional entre os Estados – A Constituição Federal não definiu a competência para a exação tributária – Inconstitucionalidade da cobrança já reconhecida pelo Órgão Especial deste E. Tribunal de Justiça, na Arguição de Inconstitucionalidade nº 0004604-24.2011.8.26.0000 – Majoração da verba honorária, nos termos do disposto no art. 85, § 11, do CPC/15 – Sentença mantida – Recurso não provido. (TJSP – Apelação Cível nº 1029325-82.2016.8.26.0053 – São Paulo – 13ª Câmara de Direito Público – Rel. Des. Djalma Lofrano Filho – DJ 22.05.2019)

RETIFICAÇÃO IMOBILIÁRIA

EMENTA: Agravo de Instrumento – Ação de retificação de área no Registro de Imóveis – Insurgência contra a decisão que indeferiu o pedido de retificação, sob o argumento de que somente o confrontante/confinante teria legitimidade – Afastamento – Artigos 212 e 213, inciso II, da Lei dos Registros Públicos – Terceiro também tem legitimidade para pleitear a retificação, desde que comprovado o interesse, bem como provada a divergência merecedora da correção – Título aquisitivo, planta e memorial descritivo que demonstram possível divergência das medidas adquiridas com a que hoje é retratada – Decisão reformada – Recurso a que se dá provimento, para o regular prosseguimento da retificação (TJSP – Agravo de Instrumento nº 2146034-46.2019.8.26.0000 – Piracaia – 7ª Câmara de Direito Privado – Rel. Des. José Rubens Queiroz Gomes – DJ 23.09.2019)

PENHORA

EMENTA: Execução – Penhora de direitos hereditários – Pretensão do credor em averbar no registro de imóveis a constrição – Impossibilidade – Imóveis sujeitos a absoluta indivisibilidade de domínio até ultimada a partilha – Inexistência de título necessário – Aplicação do previsto pelo art. 167, I, alíneas 24 e 25, e art. 172, ambos da Lei 6.015/73 – Recurso não provido. (TJSP – Agravo de Instrumento nº 2039538-90.2019.8.26.0000 – São Paulo – 17ª Câmara de Direito Privado – Rel. Des. Paulo Pastore Filho – DJ 03.06.2019)

EMENTA: Agravo de instrumento – Cumprimento de sentença – Insurgência em face de decisão que deferiu a penhora de 20% (vinte por cento) do faturamento bruto mensal do tabelionato do qual é titular a executada, ora agravante – Improcedência do inconformismo – Circunstância regularmente prevista no artigo 866, do CPC – Inexistentes outros bens para satisfazer o crédito, é possível a penhora sobre o faturamento do Tabelionato de Notas e de Protestos de Letras e Títulos da Comarca de Taquarituba – Percentual deferido que não parece prejudicar a sobrevivência da unidade cartorária – Decisão atacada mantida íntegra – Recurso desprovido (TJSP – Agravo de Instrumento nº 2057376-46.2019.8.26.0000 – São Paulo – 12ª Câmara de Direito Privado – Rel. Des. Jacob Valente – DJ 29.05.2019)

SOBREPARTILHA

EMENTA: Sobrepartilha – Valores relativos à previdência privada (VGBL e PGBL) – Autores sobrinhos do falecido (herdeiros colaterais), que não deixou herdeiros necessários – Beneficiária é irmã do falecido – Demais bens objeto de escritura pública de inventário e partilha – Indeferimento da tutela de urgência – Sentença de improcedência – Apelam os autores, alegando que na época de adesão aos planos, o falecido contava com mais de 80 anos de idade e recebia uma excelente aposentadoria, o que afasta a necessidade de previdência privada; pela proposta, o falecido seria indenizado somente aos 99 anos de idade; os planos, na verdade, representaram investimento financeiro, e não contribuição previdenciária, justificando sua inclusão no acervo hereditário; a sentença viola o art. 1.829, IV, CC; a proposta de contratação de previdência privada não pode ser equiparada a testamento; necessidade de redução dos honorários de sucumbência – Cabimento em parte – Sobrepartilha – Inviabilidade – Reconhecimento de que previdência privada deve ser equiparada a seguro de vida, até em função da ausência de risco, e não a investimento financeiro – Valores que não devem integrar a herança – Inteligência do art. 794, CC – Os autores são herdeiros colaterais, bastando ao falecido livremente dispor de seu patrimônio, como o fez, para excluí-lo da partilha, nos termos do art. 1.850, CC – Honorários advocatícios sucumbenciais – Reconhecimento de que a fixação de honorários contida na sentença se mostrou excessiva – Demanda proposta em dezembro/18 e sentenciada em junho/19, que não demandou dilação probatória tampouco providência apta a justificar honorários advocatícios tão elevados – Pertinência da fixação dos honorários com base na analogia e por apreciação equitativa em R$ 10.000,00 – Inteligência do art. 85, § 8º, CPC – Recurso parcialmente provido, apenas para adequar os honorários advocatícios sucumbenciais (TJSP – Apelação Cível nº 1027192-42.2018.8.26.0071 – Bauru – 5ª Câmara de Direito Privado – Rel. Des. James Siano – DJ 25.09.2019)

UNIÃO ESTÁVEL

EMENTA: União estável – Regime sucessório – União estável com termo inicial no mês de dezembro de 2.001, quando a companheira já contava com mais de sessenta anos, na vigência do Código Civil de 1.916 – União estável que se desenvolveu sob o regime da separação obrigatória de bens – Alteração superveniente da idade limite para setenta anos, em 2.010, que não altera automaticamente o regime de bens de casamentos e uniões estáveis iniciados sob separação obrigatória em data anterior – Óbito da companheira ocorrido no ano de 2.016 – Regime sucessório do companheiro viúvo que se equipara ao do cônjuge viúvo, por força de decisão do STF – Companheiro viúvo que não concorre com descendentes em relação aos bens próprios da falecida, por força do que dispõe o art. 1.829, I do Código Civil – Súmula 377 do STF – Imóveis adquiridos a título oneroso na constância da união estável somente em nome da companheira falecida – Companheira, senhora aposentada, que vendera menos de um ano antes da aquisição imóvel rural, presumindo-se que inverteu o produto da alienação na aquisição de dois imóveis urbanos – Companheiro supérstite bem mais jovem, ex-empegado da companheira falecida, sem prova razoável no sentido de que tenha contribuído efetivamente para a aquisição dos dois imóveis urbanos – Interpretação da Súmula 377 do STF à luz da mais recente jurisprudência do Superior Tribunal de Justiça – Imóveis próprios da falecida, adquiridos em nome exclusivamente dela por sub-rogação de bem particular – Direito real de habitação do companheiro viúvo – Reconhecimento do direito real de habitação em proveito do companheiro viúvo, tendo por objeto o imóvel em que residia com a companheira falecida, independentemente do regime da separação obrigatória de bens – Direito real, contudo, de natureza vidual, e não vitalícia, levando em conta a função e interpretação teleológica do art. 1.831 do Código Civil – Recurso provido (TJSP – Apelação Cível nº 1001253-04.2016.8.26.0274 – Itápolis – 1ª Câmara de Direito Privado – Rel. Des. Francisco Loureiro – DJ 24.05.2019).

USUCAPIÃO

EMENTA: Usucapião – Imóvel localizado dentro do 2º Perímetro da Comarca de São Sebastião – Sentença de improcedência, fundamentada na natureza pública da área usucapienda – Necessidade de reforma – Acervo documental que comprova a posse longeva dos autores, somada à dos antecessores – Ação discriminatória ajuizada pela fazenda Pública Estadual envolvendo toda a área, com sentença transitada em julgado – Irrelevância – Ausência de registro da Carta de Sentença no Oficial de Registro de Imóveis – Nota de Devolução que aponta a sobreposição do registro pretendido pelo Poder Público, com outros já existentes, oriundos de ações de usucapião – Ademais, o

Poder Público nunca deu qualquer destinação social ao imóvel – Ao contrário, a Prefeitura Municipal realizou o cadastro, lançando número de contribuinte e recebeu ao longo de décadas o IPTU, sem qualquer ressalva – Circunstâncias que sinalizam comportamento contraditório inadmissível do Poder Público Municipal (*venire contra factum proprio*) e revelam, inequivocamente, a natureza particular do bem – Imóvel passível de usucapião – Inúmeros precedentes deste Tribunal no mesmo sentido, envolvendo a mesma área – Sentença reformada – Recurso provido (TJSP – Apelação Cível nº 1001221-64.2015.8.26.0587 – São Sebastião – 9ª Câmara de Direito Privado – Rel. Des. Angela Lopes – DJ 02.09.2019)

EMENTA: Usucapião – Oposição do Município – Alegação de que a área se trata de um bem público, pois destinada pelo loteador à ampliação de uma das ruas do local – Ocorre que o Oficial do Cartório de Registro de Imóveis certificou que se trata de *"loteamento irregular"* e, portanto, não sujeito às regras que regem o empreendimento regular – Assim, o imóvel permanece em nome dos proprietários particulares, sendo suscetível de usucapião – No mais, preenchidos os requisitos necessários ao reconhecimento do direito – Sentença mantida – Condenada a Municipalidade a arcar com às custas e honorários advocatícios – Apelação desprovida e recurso adesivo provido. (TJSP – Apelação Cível nº 1002001-29.2016.8.26.0438 – Penápolis – 6ª Câmara de Direito Privado – Rel. Des. Paulo Alcides Amaral Salles – DJ 27.06.2019)

EMENTA: Usucapião – Presença dos requisitos necessários para a caracterização – Reconhecimento – Demonstração, pelo conjunto probatório integral, dos requisitos legais de posse pelo lapso temporal legal de forma mansa e pacífica – Ausência de alegação e comprovação de oposição à ocorrência da posse ao longo do tempo – Formação do período de mais de quinze anos da posse do autor em conjunto com a do antecessor – Argumentação de falta de *"animus domini"* em razão da alegada posse precária do antecessor decorrente de contrato de compra e venda firmado com os ditos proprietários e falta de juntada de comprovante da respectiva quitação – Inadmissibilidade – Forma de aquisição que independe de apresentação de justo título – Certificação da municipalidade e comprovantes de despesas do imóvel que mostram que os proprietários que constam na matrícula não se encontram na posse do imóvel há mais de duas décadas – Declaração do antecessor indicando o repasse dos direitos sobre o imóvel ao demandante em tempo suficiente – Partilha de bens após o falecimento dos proprietários originários, cujos nomes estão na matrícula do imóvel, que não contém o bem descrito nos autos, o qual tampouco se encontra mencionado no testamento que, dentre outros aspectos, deixou bens à Fundação recorrente – Condenação da apelante nas verbas de sucumbência – Cabimento – Resistência à pretensão do demandante e ausência de notícia de pedido e concessão de benefício de gratuidade no processo – Pessoa jurídica, ainda que sem fins lucrativos, que deve comprovar a sua impossibilidade de arcar com as custas e despesas processuais – Recurso improvido. (TJSP – Apelação Cível nº 1000201-69.2017.8.26.0457 – Pirassununga – 2ª Câmara de Direito Privado – Rel. Des. Alvaro Passos – DJ 20.05.2019)

3.3.5 TABELIONATO DE PROTESTO

ALIENAÇÃO FIDUCIÁRIA

EMENTA: Alienação fiduciária – Ação de busca e apreensão – Constituição em mora – Protesto – Frustrada a notificação pessoal do devedor fiduciante, mostra-se possível a prova da constituição em mora por protesto, ainda que lavrado por edital, desde que o ato seja realizado no domicílio contratual ou na praça de pagamento eleita pelas partes – Ato do tabelionato que goza de presunção de legalidade – Cumprimento dos requisitos legais – Prosseguimento da demanda, na origem, a fim de que seja apreciado o pedido de liminar – Recurso provido. (TJSP – Apelação Cível nº 1042360-94.2018.8.26.0100 – São Paulo – 26ª Câmara de Direito Privado – Rel. Des. Antonio Nascimento – DJ 29.04.2019)

PRESCRIÇÃO

EMENTA: Apelação Cível – *"Ação de Cancelamento de Título e Restrição Cumulada com Indenização por Danos Morais"* – Alegação de que o Tabelião demandado, ao proceder ao protesto de cheque prescrito, incidiu em ato ilícito, causando danos morais – Sentença de Improcedência – Insurgência da autora – Não acolhimento – Tabeliães de protesto que estão dispensados de verificar prescrição ou decadência dos títulos apresentados para protesto, sob pena de inviabilizar-se sua atividade – Art. 9° da Lei nº 9.492/97 expresso nesse sentido – Ato ilícito não configurado – Precedentes – Princípio da territorialidade que não se aplica aos Tabeliães de Protesto – Sentença mantida – Recurso desprovido. (TJSP – Apelação Cível nº 1004743-33.2017.8.26.0554 – Santo André – 6ª Câmara de Direito Privado – Rel. Des. Rodolfo Pellizari – DJ 22.05.2019)

PROTESTO DO CONTRATO DE LOCAÇÃO

EMENTA: Ação declaratória de inexistência de débito c.c. indenização por danos morais – Protesto de títulos emitidos com base em contrato de locação impugnado pelo autor – Competência territorial da sede da pessoa jurídica requerida, corroborada pelo local da sede da serventia notarial que praticou o ato – Acolhida a preliminar suscitada em contestação – Recurso provido. (TJSP – Agravo de Instrumento nº 2016314-26.2019.8.26.0000 – Praia Grande – 34ª Câmara de Direito Privado – Rel. Des. Gomes Varjão – DJ 13.03.2019)

PROTESTO DE DUPLICATA

EMENTA: Apelação – Protesto de duplicata mercantil por indicação referente a conta de energia elétrica em atraso – Pagamento antes da efetivação do protesto – Tentativas do Tabelião de intimação do requerente em endereço diverso daquele que consta na conta – Publicação de editais sem observância dos requisitos legais – Reprodução da informação desabonadora do protesto pela Serasa – Relação de consumo – Defeito na prestação dos serviços prestados pelos requeridos – Dano moral – Valor da indenização fixado em R$15.000,00 para cada requerido – Recurso provido. (TJSP – Apelação Cível nº 1019617-23.2017.8.26.0554 – Santo André – 22ª Câmara de Direito Privado – Rel. Des. Roberto Mac Cracken – DJ 26.04.2019)

EMENTA: Apelação e recurso adesivo – Duplicatas – Protesto indevido – Ação indenizatória com denunciações da lide – Sentença de acolhimento da demanda principal e da denunciação da lide manifestada em face do banco denunciado, e de rejeição da denunciação da lide deduzida contra a seguradora – Reforma ligeira, apenas para pronunciar a extinção da denunciação da lide contra a seguradora, sem resolução do mérito, e cancelar a condenação do réu/denunciante ao pagamento de verbas da sucumbência em favor da denunciada – 1. Responsabilidade civil. Empresa sacada que, notificada pelo tabelião de protesto, procedeu ao pagamento dos títulos, com o acréscimo de custas e emolumentos, nos termos do art. 19 da Lei 9.492/97, na data a tanto apontada no boleto emitido em nome do tabelião, em instituição financeira credenciada para o recebimento. Protesto, no entanto, lavrado, por falta de comunicação do pagamento, pelo banco credenciado ao tabelião. Existência de relação de tácita de mandato entre tais personagens. Inequívoca a responsabilidade do mandante, nos termos dos arts. 679 e 932, III, do CC – 2. Dano moral. Protesto indevido caracterizando dano moral presumido, em termos de abalo ao crédito. Indenização arbitrada em primeiro grau, na quantia de R$ 5.000,00, não comportando redução, principalmente a se considerar que o crédito é algo fundamental para qualquer sociedade empresária – 3. Carência superveniente. Circunstância de a indenização por dano moral ter sido arbitrada em quantia inferior à inicialmente pretendida pelo autor e abaixo do valor da franquia correspondente ao seguro que não ensejava, no plano lógico-jurídico, a proclamação da improcedência da denunciação da lide manifestada em desfavor da seguradora. Situação retratando, sim, o desaparecimento superveniente do interesse processual, em termos da utilidade da pretensão deduzida na ação acessória. Denunciante que não deu causa, em absoluto, à situação de carência superveniente e que, sem sombra de dúvida, dispunha do afirmado direito de regresso. Desacertada, portanto, a proclamação da improcedência da denunciação da lide e a consequente condenação do denunciante ao pagamento de verbas da sucumbência em proveito da seguradora denunciada. Sentença reformada em tal passagem, para extinguir a denunciação da lide sem resolução do mérito e para cancelar a condenação do denunciante ao pagamento de verbas da sucumbência – 4. Recurso adesivo. Hipótese em que o recurso principal não ataca a solução atribuída à denunciação da lide manifestada em desfavor do recorrente adesivo, apenas se voltando contra o julgamento da ação principal. Ausência, ademais, de contrariedade entre os recursos em confronto. Inadmissibilidade do adesivo na situação. Exegese do art. 997 do CPC. Precedentes – Dispositivo: Deram parcial provimento à apelação e não conheceram do adesivo. (TJSP – Apelação Cível nº 1006221-79.2017.8.26.0068 – Barueri – 19ª Câmara de Direito Privado – Rel. Des. Ricardo Pessoa de Mello Belli – DJ 13.03.2019)

3.4 DECISÕES DO TRIBUNAL DE JUSTIÇA DO ESTADO DE SÃO PAULO – ANO 2018

3.4.1 DECISÕES GERAIS E PERTINENTES A TODAS AS ESPECIALIDADES

DAS INFRAÇÕES E DAS PENALIDADES

EMENTA: Recurso administrativo – Procedimento instaurado para apuração de infração disciplinar praticada por tabelião – Aplicação de multa no valor de R$ 50.000,00, pela Juíza Corregedora Permanente, em razão da inobservância das Normas da Corregedoria Geral da Justiça e dos ditames da Lei nº 8.935/94 – Revisão do julgado pelo Corregedor Geral da Justiça anulando a portaria inaugural e o procedimento administrativo disciplinar, afastando, no entanto, a preliminar de prescrição bienal – Prescrição – Início da contagem do prazo na data em que o fato se tornou conhecido pela autoridade administrativa – Inteligência do artigo 261, § 1º, da Lei Estadual nº 10.261/68 e artigo 142, § 1º, da Lei Federal nº 8.112/90, aplicada por analogia – Ato notarial supostamente irregular praticado no ano de 1999, ou seja, antes do Estatuto dos Funcionários Públicos do Estado de São Paulo sofrer alteração pela Lei Complementar Estadual nº 942/03 – Não incidência da modificação do termo inicial do prazo prescricional – Recurso ao qual se nega provimento. (TJSP – Recurso Administrativo nº 0002268-63.2016.8.26.0132 – São Paulo – Câmara Especial – Rel. Des. Issa Ahmed – DJ 28.03.2018)

DIREITO PREVIDENCIÁRIO E DO TRABALHO APLICADOS

EMENTA: Serventia extrajudicial – Escrevente demitido sem motivo com pretensão de receber sete quinquênios (adicional por tempo de serviço) calculados sobre os vencimentos integrais e não apenas sobre o salário base, bem como de sete licenças-prêmios não usufruídas – Sentença de parcial procedência – Ilegitimidade *ad causam* passiva – Inocorrência – O novo delegatário dos serviços notariais e de registro é sucessor do passivo trabalhista – Funcionário não optante – Se foi contratado antes da promulgação da Constituição Federal de 1988 e antes da entrada em vigor da Lei 8.935/94, faz jus aos direitos previstos para os "servidores estatutários típicos" – Provimento CGJ 14/91 – Não revogação pelo Provimento CGJ 05/96 – Preenchimento dos requisitos para o usufruto de seis blocos de licença-prêmio – Ocorrência – Existência de período que não conta como de efetivo exercício – Parcial procedência em relação à Licença-Prêmio mantida – Pedido relativo ao pagamento e recálculo de quinquênios julgado improcedente em primeiro grau – Ausência de recurso do autor em relação a tal ponto – Sucumbência recíproca configurada – Sentença reformada apenas para reduzir os honorários advocatícios e decretar a sucumbência recíproca – Recurso do réu parcialmente provido. (TJSP – Apelação Cível nº 1033083-31.2015.8.26.0562 – Santos – 10ª Câmara de Direito Público – Rel. Des. Paulo Galizia – DJ 03.12.2018)

EMENTA: Apelação – Ação indenizatória – Serventia extrajudicial – Auxiliar/escrevente em regime especial – Pedido de conversão em pecúnia de 360 dias relativos a blocos de licenças-prêmio não gozados – Serventuário admitido antes da CF/88 e não optante pelo regime celetista quando da vigência da Lei nº 8.935/1994, que busca receber indenização do atual titular da delegação – Inadmissibilidade – Delegação do serviço notarial ou registral originária e personalíssima, mediante concurso público, sem qualquer vínculo com o anterior responsável – Inexistência do dever de assumir as obrigações trabalhistas do antigo titular – Doutrina firme no sentido da ausência de sucessão da responsabilidade fiscal e trabalhista pelo novo titular de serventia extrajudicial – Precedentes – Recurso não provido. (TJSP – Apelação Cível nº 1047340-71.2016.8.26.0224 – Guarulhos – 2ª Câmara de Direito Público – Rel. Des. Alves Braga Junior – DJ 16.10.2018)

EMENTA: Apelação Cível – Direito administrativo e processual civil – Serventia extrajudicial – Escrevente submetido ao regime administrativo especial dispensado sem regular processo administrativo disciplinar – Pretensão voltada ao reconhecimento de vínculo empregatício desde 20.09.1971, bem como ao recebimento de diferenças salariais, licença-prêmio, indenização na forma do Provimento 14/91 da CGJESP e indenização por danos morais e materiais – Razões recursais que vertem tão somente à licença-prêmio e à indenização prevista no Provimento 14/91, da CGJESP – Incidência do princípio geral dos recursos *tantum devolutum quantum appellatum* – Indenização – Capítulo I, artigo 49, do Provimento nº 14/91 da Corregedoria Geral da Justiça do Estado de São Paulo, que assegura indenização correspondente a um mês de salário para cada ano de serviço – Licença-prêmio – Art. 209 da L. 10.261/68 – Benefício concedido a cada cinco anos de exercício ininterrupto sem nenhuma penalidade administrativa – Faltas injustificadas nos anos de 1973, 1974, 1975, 1976, 1977, 1978, 1980, 1981 e 1982 – Períodos aquisitivos interrompidos – Inviabilidade de concessão do premio de assiduidade – Honorários advocatícios – Pedido julgado improcedente, com honorários fixados em R$ 2.5000,00 – Razões recursais voltadas à majoração da verba honorária – Acolhimento parcial do apelo do requerente que implica em modificação da sucumbência – Recurso prejudicado – Dá-se parcial provimento ao recurso do requerente, prejudicado o recurso do requerido. (TJSP – Apelação Cível nº 0035653-35.2015.8.26.0100 – São Paulo – 13ª Câmara de Direito Público – Rel. Des. Ricardo Anafe – DJ 06.06.2018)

EMENTA: Processual civil e administrativo – Cartório extrajudicial – Servidor – Admissão anteriormente à Constituição de 1988 – Nomeação para responder interinamente pela serventia – Pretendida reintegração na função de escrevente – Indenização por danos morais ou em dobro – Inadmissibilidade – 1. Serventia extrajudicial. Escrevente. Reintegração. Descabimento. Serventuário sujeito ao regime especial ou híbrido. Estabilidade inexistente. Possibilidade de dispensa ou não recepção imotivada. Delegação do serviço notarial ou registral é feita de forma originária e personalíssima, mediante concurso público, sem qualquer vínculo com o anterior responsável. Inexistência de vínculo laboral com a nova titular. Solução de continuidade verificada. Serventuário nomeado para responder interinamente pela serventia. Precariedade da investidura no período anterior à nova titular. Inteligência dos arts. 37 e 236 da CF e 19 do ADCT – 2. Indenização. Descabimento. Provimento nº 14/91 que, além de superada pela posterior edição da Lei Federal nº 8.935/94 e outras normas internas do Tribunal editadas sobre a matéria, extrapolou o âmbito de atuação da Corregedoria Geral de Justiça, a quem não compete fixar indenização por rompimento de vínculo entre serventuário e serventia extrajudicial. Inteligência do Parecer da Corregedoria no Processo nº 2012/41.723, de 02/07/2012. Precedentes – 3. Danos morais. Inocorrência. Redução dos honorários advocatícios. Admissibilidade. Recurso provido, em parte. (TJSP – Apelação Cível nº 0016792-43.2011.8.26.0196 – Franca – 9ª Câmara de Direito Público – Rel. Des. Décio Notarangeli – DJ 06.04.2018)

EMOLUMENTOS

EMENTA: Agravo de Instrumento – Cumprimento de Sentença – Acordo homologado relativo à transferência de titularidade de imóvel – Juízo determinou à autora, beneficiária da justiça gratuita, o recolhimento de emolumentos devidos a serventias extrajudiciais para efetivação do direito da requerente agravante – Não cabimento – Benefício que é integral e abrange não apenas as taxas e custas judiciais, mas também emolumentos devidos a registradores relativos a ato notarial e registral necessário à efetivação de decisão judicial – Ofensa ao disposto no art. 98, inciso IX, do CPC e da Lei 11.331/02 – Decisão interlocutória reformada – Recurso provido. (TJSP – Agravo de Instrumento nº 2025317-39.2018.8.26.0000 – Bauru – 8ª Câmara de Direito Privado – Rel. Des. Clara Maria Araújo Xavier – DJ 25.07.2018)

RESPONSABILIDADE

EMENTA: Agravo de Instrumento – Denunciação da lide ao tabelionato de notas – Inadmissibilidade – Entendimento do STJ de que os serviços de registros públicos, cartorários e notariais não detêm personalidade jurídica, de modo que quem responde pelos atos decorrentes dos serviços notariais é o titular do cartório – Recurso desprovido. (TJSP – Agravo de Instrumento nº 2057387-12.2018.8.26.0000 – Diadema – 4ª Câmara de Direito Privado – Rel. Des. Alcides Leopoldo – DJ 08.08.2018)

EMENTA: Agravo de Instrumento – Tutela provisória de urgência em caráter antecedente – Insurgência contra a decisão que acolheu a preliminar de ilegitimidade passiva deduzida pela serventia extrajudicial – Manutenção do entendimento adotado em Primeiro Grau – Os cartórios extrajudiciais, incluindo o de registro de imóveis, são instituições administrativas, ou seja, entes sem personalidade, desprovidos de patrimônio próprio, razão pela qual, bem de ver, não possuem personalidade jurídica e não se caracterizam como empresa ou entidade, afastando-se, dessa forma, sua legitimidade *"ad causam"* para figurar no polo passivo da presente ação – Inteligência do art. 22 da Lei nº 8.935/94 e do art. 28 da Lei nº 6.015/73 – Precedentes desta Corte – Honorários advocatícios majorados, nos termos do art. 85, § 11, do Código de Processo Civil – Negado provimento. (TJSP – Agravo de Instrumento nº 2133784-15.2018.8.26.0000 – São Paulo – 25ª Câmara de Direito Privado – Rel. Des. Hugo Crepaldi – DJ 23.07.2018)

EMENTA: Apelação – Compra e venda – Proprietário do veículo que foi desapossado de seu bem por estelionatário – Falsário que, portando documento falso, identificou-se como proprietário e o alienou a terceiro, realizando a respectiva transferência do bem – Ação de indenização por dano moral – Alegação de deficiência na prestação de serviço da seguradora e do tabelionato de registro de títulos e documentos – Ausência de demonstração – Recurso improvido – 1. Todos os envolvidos nos eventos descritos nos autos foram enganados por estelionatário – 2. O autor entregou o veículo para o comprador, retendo o documento de transferência, por considerar que esta atitude o protegeria em caso de não pagamento do preço. Todavia, o estelionatário, portando documento falso, identificou-se como proprietário do veículo e o vendeu a terceiro. Realizou o reconhecimento de firma por autenticidade junto ao 1º Tabelionato de Notas de Protestos de Garuva. É certo que a assinatura reconhecida no documento de transferência do veículo era diversa da do verdadeiro proprietário – 3. Todavia, não havia como o notário constatar tal fato, pois o meliante apresentou documento de identidade que se assemelhava com o oficial. Não se pode exigir que o notário seja perito grafotécnico ou documentoscópico. Laudo documentoscópico juntado aos autos constatou que o documento questionado apresentava espelho (papel suporte) autêntico, porém, com divergência no tipo de impressão do número de série, com características de tratar-se de furto de espelho em branco, e posterior impressão do número de série e demais dados – 4. Também inexiste nos autos prova de que a seguradora permitiu acesso ao comprador do veículo, bem como ao respectivo patrono, a informações do autor. Tudo evidencia que o patrono do comprador do veículo teve acesso a número do sinistro e ao CPF do autor em razão da ação ajuizada pelo próprio, onde tais dados foram informados. De posse de tais informações, obteve acesso a documentos que foram utilizados contra o autor em ação judicial. Além disso, ao contrário do que sustenta o autor, a seguradora não aconselhou que o comprador lavrasse boletim de ocorrência imputando a ele fato criminoso, mas apenas que procurasse a Delegacia de Polícia para obter orientação. Nesse passo, não houve qualquer atitude da seguradora que tenha causado ao autor ofensa à sua esfera imaterial. (TJSP – Apelação Cível nº 1026494-46.2017.8.26.0564 – São Bernardo do Campo – 31ª Câmara de Direito Privado – Rel. Des. Adilson de Araujo – DJ 02.07.2018)

EMENTA: Apelação – Responsabilidade civil por ato de serviço notarial – Matrícula duplicada – Ausência de prova de propriedade do imóvel arrematado – Erro no registro público – Responsabilidade objetiva do Estado – Danos materiais – Pretensão do autor de condenar os requeridos ao pagamento de indenização por danos materiais, em razão de erro no registro de matrícula de imóvel arrematado judicialmente – sentença de primeiro grau que, após reconhecer a ilegitimidade passiva do cartório de registro de imóveis em despacho saneador, julgou procedente a ação para condenar a FESP ao pagamento de indenização por danos materiais no valor atualizado pago pelo imóvel – Possibilidade o Egrégio Supremo Tribunal Federal já assentou o entendimento de que o Estado responde objetivamente pelos danos causados a terceiros em decorrência da atividade notarial, cabendo direito de regresso contra o causador do dano em caso de dolo ou culpa, nos termos do art. 37, §6º, da CF/88 – Sentença mantida – Recursos de agravo retido e de apelação desprovidos. (TJSP – Apelação Cível nº 0017741-04.2010.8.26.0099 – Bragança Paulista – Órgão Julgador Não informado – Rel. Des. Paulo Barcellos Gatti – DJ 14.05.2018)

EMENTA: Apelação – Ação indenizatória – Tabelião de notas – Pagamento do serviço comprovado por recibo – Ausência de prestação – Inércia em efetuar a lavratura da escritura pública – Responsabilização objetiva do Estado pelos atos dos tabeliães – Possibilidade – Constituição que inclui os notários, registradores e tabeliães dentre os agentes públicos do Estado – Matéria pacificada – Responsabilidade pessoal do tabelião por atos da época em que exercia tal função – Indenização por danos morais devida – Aplicabilidade da Lei nº 11.960/09 apenas aos juros de mora, devidos desde o evento – Súmula 54/STJ – Correção monetária a ser calculada de acordo com Tabela Prática de Cálculos de débitos judiciais e desde o arbitramento do valor a ser indenizado – Súmula 362/STJ – Jurisprudência do Superior Tribunal de Justiça ao julgar o Recurso Especial nº 1.270.439-PR, sob o regime do art. 543-C do CPC – Precedentes desta Câmara de Justiça – Sentença mantida – Recurso de apelação e reexame necessário desprovidos – Recurso extraordinário – Devolução dos autos à Turma julgadora – Artigo 1.040, II, CPC – Adequação do v. acórdão, para, em consonância com o entendimento exarado pelo C. STF, no RE nº 870.947/SE, em sede de repercussão geral (Tema nº 810), determinar que a correção monetária deva observar a Tabela Prática deste E. Tribunal, denominada *"Tabela Lei Federal nº 11.960/09 – Modulada"*, aplicável nos cálculos judiciais relativos às Fazendas Públicas, de acordo com o julgamento do STF da modulação dos efeitos na ADI 4.357 – Quanto aos juros de mora, mantido o v. acórdão que consignou ser devida a aplicação da previsão contida no artigo 1º-F da Lei nº 9.494/97, com a redação dada pela Lei nº 11.960/09. (TJSP – Apelação Cível nº 0964384-64.2012.8.26.0506 – Ribeirão Preto – 10ª Câmara de

EMENTA: Recurso voluntário do Ministério Público do Estado de São Paulo – Ação civil pública por ato de improbidade administrativa – Alegação do *"Parquet"* de que o requerido, na qualidade de delegatário do Oficial de Registro de Imóveis, retardou e deixou de praticar, indevidamente, ato de ofício, eis que, a despeito de ter recebido ordem judicial para averbar indisponibilidade dos imóveis pertencentes ao ex-prefeito José Milanez Júnior, o requerido retardou, por mais de 130 (cento e trinta) dias, intencionalmente, o cumprimento da ordem judicial e, nesse ínterim, José Milanez efetuou a venda de um imóvel, dando ensejo à propositura de embargos de terceiro pelo então adquirente – Ocorreu *"in casu"* lapso humano no cumprimento da ordem judicial que não pode ser imputado ao requerido como um ato de improbidade, uma vez ausente o dolo – Demais disso, a averbação de indisponibilidade não foi realizada por nova determinação judicial ou indicação de outro cartório de registro de imóveis, pois, tão logo a serventia constatou a falha, procedeu-se à necessária anotação na matrícula do imóvel – Tais averbações ocorreram, inclusive, em data anterior à propositura da presente demanda e até mesmo da instauração do inquérito civil para apuração desses fatos e, consequentemente, antes da citação do réu (fls. 286/289) – Improbidade administrativa que exige para a sua caracterização o elemento subjetivo – Ausência de dolo, culpa, má-fé ou desonestidade do agente público – Inexistência de prova de enriquecimento ilícito e prejuízo ao erário – Ato ímprobo não configurado – Precedentes deste Egrégio Tribunal de Justiça de São Paulo, do E. STJ e do C. STF – Sentença que julgou improcedente a ação, mantida – Recurso voluntário do Ministério Público do Estado de São Paulo, improvido. (TJSP – Apelação Cível nº 1000746-39.2015.8.26.0416 – Panorama – 11ª Câmara de Direito Público – Rel. Des. Marcelo L Theodósio – DJ 22.01.2018)

3.4.2 REGISTRO CIVIL DAS PESSOAS NATURAIS

DESIGNAÇÕES DISCRIMINATÓRIAS

EMENTA: Retificação de registro civil – Pretensão para retirar a expressão *"filha ilegítima"* do registro de nascimento – Sentença de improcedência – A Constituição Federal, em seu artigo 227, § 6º, veda *"quaisquer designações discriminatórias relativas à filiação"*, no que, certamente, se inclui a expressão *"filha ilegítima"* – Ao regulamentar a investigação de paternidade, a Lei nº 8.506/92, em seu artigo 5º, estabelece que *"no registro de nascimento não se fará qualquer referência à natureza da filiação"* – Princípio do *tempus regit actum* deve ser ponderado de acordo com os outros princípios, principalmente o princípio máximo constitucional da dignidade humana – Recurso provido. (TJSP – Apelação Cível nº 1055629-74.2016.8.26.0100 – São Paulo – 6ª Câmara de Direito Privado – Rel. Des. Maria Salete Corrêa Dias – DJ 30.08.2018)

NOME

EMENTA: Retificação de registro civil – Autores menores impúberes, filhos de imigrantes bolivianos – Pretensão de alteração da ordem de seu sobrenome – Relevante motivo social demonstrado – Ausência de prejuízo a terceiros – Recurso provido para julgar procedente a ação. (TJSP – Apelação Cível nº 1001456-72.2017.8.26.0001 – São Paulo – 6ª Câmara de Direito Privado – Rel. Des. Eduardo Sá Pinto Sandeville – DJ 14.11.2018)

EMENTA: Registro civil – Assento de nascimento – Ascendente dos autores – Nome estrangeiro "abrasileirado" – Pretensão à cidadania italiana – Cotejo entre os dados do registro italiano e os do registro brasileiro que revelam coincidências que autorizam o reconhecimento do equívoco quanto ao nome do avô e dos bisavós dos autores – Ausência de prejuízo a terceiros – Pedido procedente – Recurso provido. (TJSP – Apelação Cível nº 1003067-73.2016.8.26.0590 – São Vicente – 1ª

Câmara de Direito Privado – Rel. Des. Augusto Rezende – DJ 27.09.2018)

EMENTA: Retificação de registro civil – Pretensão para incluir o sobrenome de solteira da avó materna – Sentença de procedência – Inconformismo do Ministério Público – Princípio da imutabilidade do nome comporta exceções – De acordo com o art. 57 da Lei de Registros Públicos, a alteração de nome é possível de forma motivada – Situação que prestigia da identificação da pessoa com seu nome e sua ascendência – Ausente a possibilidade de prejuízo a terceiros – Sentença mantida – Recurso desprovido. (TJSP – Apelação Cível nº 1021723-46.2015.8.26.0224 – Guarulhos – 6ª Câmara de Direito Privado – Rel. Des. Maria Salete Corrêa Dias – DJ 16.08.2018)

EMENTA: Registro civil – Pretendida supressão de patronímico adotado pelo autor em razão de seu matrimônio - Inadmissibilidade – Acréscimo levado a efeito por ato voluntário – Inviabilidade da alteração fora dos casos legais e no curso da sociedade conjugal – Ausência de justificativa plausível de seu requerimento – Alegação genérica de dificuldade na sua atuação empresarial que não pode ser acolhida, sobretudo quando arguida após 13 anos da adoção do patronímico – Admissão como sócio na empresa ocorrida após o matrimônio – Erro ao fazer constar no contrato social seu nome de solteiro – Decisão mantida – Recurso não provido. (TJSP – Apelação Cível nº 1056590-78.2017.8.26.0100 – São Paulo – 6ª Câmara de Direito Privado – Rel. Des. Ana Maria Baldy – DJ 16.08.2018)

EMENTA: Apelação – Retificação de registro – Pedido de exclusão de patronímico paterno, incluído em sua certidão de nascimento após julgamento de ação de reconhecimento de paternidade – Sentença de improcedência – Insurgência do autor – Acolhimento – Alteração possível – Ordenamento jurídico brasileiro que, embora possua como regra a imutabilidade do registro civil, o que decorre do fato de que o nome é elemento da personalidade e permite a identificação social do ser humano em relação ao grupo que pertence, contempla, em caráter excepcional, sua relativização diante de justo motivo e ausência de prejuízo a terceiros – Caso concreto – Autor que, já em idade adulta, teve reconhecimento de paternidade *"post mortem"*, o que determinou, sem pedido, a inclusão do patronímico paterno em sua certidão de nascimento – Evento ocorrido em momento em que a identidade social do autor com o nome antecedente já estava consolidada, em seu ambiente pessoal e profissional, de maneira que a alteração poderá lhe acarretar prejuízos, assim como à sua prole – Art. 54 da Lei de Registro que não contempla o caráter obrigatório da inclusão do patronímico paterno no assento de nascimento, tratando-se, portanto, de direito ao reconhecimento social e de preservação da ancestralidade, e não imposição legal – Ausência de impedimento legal, aliada á presença de justo motivo e ausência de prejuízo a terceiros que autoriza a pretensão de manutenção do nome do autor, sem a inclusão do patronímico paterno – Sentença reformada – Recurso provido. (TJSP – Apelação Cível nº 1082392-49.2015.8.26.0100 – São Paulo – 9ª Câmara de Direito Privado – Rel. Des. Mariella Ferraz de Arruda Pollice Nogueira – DJ 11.06.2018)

EMENTA: Retificação de assento no registro civil – Pretensão de alteração do nome e prenome – Pedido de substituição do nome de família pelo nome do padrasto – Inteligência do art. 57, par. 8º, da Lei dos Registros Públicos – Inclusão que só pode ser feita com expressa concordância do padrasto, e sem prejuízo dos apelidos da família – Concordância não comprovada – Ausência de comprovação do nome do padrasto – Alteração do prenome – Autor que se diz infeliz com o prenome atual, alegando que o expõe ao ridículo, e lhe traz constrangimento – Hipótese em que não há exposição ao ridículo – Situação que, no entanto, se reveste de intensa subjetividade – Alteração do prenome que não traz prejuízos a terceiros, e que traz conforto e melhora a autoestima do autor – Possibilidade de alteração – Precedentes desta E. Câmara – Recurso parcialmente provido. (TJSP – Apelação Cível nº 0055878-97.2012.8.26.0224 – Guarulhos – 2ª Câmara de Direito Privado – Rel. Des. Marcus Vinicius Rios Gonçalves – DJ 29.05.2018)

EMENTA: Apelação – Retificação de registro civil – Supressão do sobrenome do marido na constância do vínculo conjugal – Possibilidade – Princípio da imutabilidade do nome que não é absoluto – Previsão expressa da Lei nº 6.015/73 quanto à possibilidade de alteração do nome em circunstâncias excepcionais e justificadas (LRP, art. 57) – Dispositivo que deve ser interpretado à luz do princípio constitucional de promoção da dignidade da pessoa humana – Dimensão personalística do nome que não implica na impossibilidade de autolimitação voluntária, desde que não prejudique a identificação social da pessoa e nem direitos de terceiros – Dispensa de motivação para a supressão do patronímico do cônjuge que, ademais, melhor se coaduna com o regramento especial dos arts. 1.565, §1º e 1.578, §2º, do CC – Interpretação que acompanha a tendência da jurisprudência de ampliação do espaço de autodeterminação no tocante ao nome – Motivação suficiente que deve ser exigida apenas para a rejeição do pedido de exclusão do sobrenome de casada, e não ao seu acolhimento – Sentença reformada – Recurso provido. (TJSP – Apelação Cível nº 1037055-03.2016.8.26.0100 – São Paulo – 4ª Câmara de Direito Privado – Rel. Des. Hamid Bdine – DJ 07.05.2018)

3.4.3 REGISTRO DE IMÓVEIS E TABELIONATO DE NOTAS

ARROLAMENTO

EMENTA: Arrolamento – Formal de partilha – Impossibilidade de registro imobiliário – Expedição do formal de partilha que deveria observar o art. 1.031, § 2º, do CPC/73 – Inexistência de concordância da fazenda estadual com o ITCMD recolhido pelo inventariante – Inteligência do art. 289 da Lei nº 6.015/73 – Precedente do STJ – Recurso Especial Repetitivo nº 1.150.356 – Sentença mantida – Apelo desprovido. (TJSP – Apelação Cível nº 0000766-09.2010.8.26.0356 – Mirandópolis – 2ª Câmara de Direito Privado – Rel. Des. Hertha Helena de Oliveira – DJ 27.02.2018)

DOAÇÃO

EMENTA: Apelação – Ação indenizatória por danos materiais – Sociedade beneficente que recebeu dois imóveis em doação, com escritura lavrada em cartório – Tabelião que deixou de registrar a doação de um dos imóveis perante o registro de imóveis competente, sendo o bem transferido a terceiros – Pretensão da autora em ser indenizada pelos prejuízos materiais suportados – Ação julgada extinta por ilegitimidade passiva – Insurgência pela autora – Legitimidade passiva – O tabelião que foi contratado para promover o depósito da escritura de doção a registro junto ao CRI competente, com remuneração correspondente, e não o faz, é parte legítima pata figurar no polo passivo da ação indenizatória decorrente dos danos causados pela omissão – Art. 22 da Lei 8.935/94 – Extinção afastada – Causa madura, possível o julgamento em segundo grau pelo mérito (art. 1.013, §3º, I do CPC/2015) – Prescrição – Demanda que visa reparação civil, cujo prazo prescricional é trienal, nos termos do art. 206, § 3º, V, do Código Civil – Violação que ocorre no momento em que a parte tem ciência da transferência do imóvel a terceiro, pela nota de devolução emitida pelo cartório competente – Propositura dentro do triênio legal – Mérito – Ausência de apresentação da escritura a registro pelo réu que é incontroversa – Justificativas invocadas que não são hábeis a eximir sua responsabilidade – Ausência de comprovação quanto às alegações de comunicação de vício na operação pelo doador e sua subsequente comunicação ao donatário, e tampouco da adoção de providências administrativas que o legitimassem a obstar o ato que deveria realizar, na medida em que apenas ao Judiciário é possível o reconhecimento de nulidade/anulabilidade da escritura de doação lavrada – Dever de comunicação ao juízo competente previsto no artigo 30, da Lei nº 8.935/94 não comprovado – Omissão que permitiu que o mesmo imóvel fosse, em momento subsequente, objeto de nova disposição a terceiro, em prejuízo do direito da autora – Nexo causal evidenciado, pois ainda que tenha havido possível comportamento ilícito do próprio doador, o ato não seria realizado se a doação estivesse registrada no cartório competente – Dano material configurado pelo decréscimo patrimonial suportado pela autora, devendo corresponder ao valor da nua-propriedade recebida em doação, conforme detalhada na própria escritura – Sentença reformada, com inversão dos ônus sucumbenciais – Recurso provido. (TJSP – Apelação Cível nº 1015942-96.2015.8.26.0562 – Santos – 9ª Câmara de Direito Privado – Rel. Des. Mariella Ferraz de Arruda Pollice Nogueira – DJ 03.12.2018).

EMENTA: Ação de nulidade de ato jurídico c.c. indenização – Doação do imóvel com reserva de usufruto aos doadores – Donatários, por seu turno, casados – Falecimento de um dos beneficiários – Quota-parte do *"de cujos"* reivindicada pela descendente, autora da ação – Impossibilidade – Óbito de um dos donatários, quando casados, que implica na transferência da totalidade da doação ao cônjuge sobrevivente – Observância do disposto no art. 1.178, par. único, do CC-1916 (art. 551 do CC-02) – Cognição da matéria, outrossim, que não dependia de expresso requerimento judicial – Questão jurídica de pronto conhecimento do julgador: *mihi factum dabo tibi ius* e *iura novit curia* (STJ, REsp 1605466/SP, Min. Ricardo Villas Bôas Cueva) – Transferência da quota-parte ao cônjuge sobrevivente que não implicou em ilicitude, hipótese em que indevida a reparação pretendida pela parte – Apelo desprovido. (TJSP – Apelação Cível nº 1014836-59.2017.8.26.0100 – São Paulo – 3ª Câmara de Direito Privado – Rel. Des. Donegá Morandini – DJ 03.10.2018)

EMOLUMENTOS

EMENTA: Mandado de Segurança – Tributário – Taxas – Emolumentos relativos aos serviços notariais e de registro – Pretensão objetivando o recolhimento de emolumentos de lavratura de escritura de doação tomando-se como base de cálculo a mesma utilizada para recolhimento do IPTU, e não o valor de referência utilizado para o ITBI – Base de cálculo do ITBI – Valor de referência – Constitucionalidade do artigo 7° da Lei Municipal de São Paulo nº 11.154/91, reconhecida pelo Órgão Especial deste Tribunal na Arguição de Inconstitucionalidade nº 0056693-19.2014.8.26.0000 – No julgamento do referido incidente, foi pronunciada a inconstitucionalidade somente dos artigos 7°-A, 7°-B e 12, da Lei nº 11.154/91 – Ilegalidade da apuração do valor venal como previsto no Decreto Municipal 51.627/2012 – Ofensa ao principio da legalidade tributária, artigo 150, inciso I, da CF – Precedentes – Custas e emolumentos que devem ser calculados na forma da Lei 13.290/08, afastando a aplicação do "valor de referência" – Sentença mantida – Reexame necessário e recurso voluntário não providos. (TJSP – Apelação / Reexame Necessário nº 1037014-80.2016.8.26.0053 – São Paulo – 8ª Câmara de Direito Público – Rel. Des. Leonel Costa – DJ 09.04.2018)

INVENTÁRIO

EMENTA: Inventário permissão – Administrativa para concessão de exploração de ponto de táxi – Pretensão de transferência á viúva – Permissão que não constitui direito – Desnecessidade de inclusão no inventário – Desnecessidade de pagamento do ITCMD – Precedentes – Renúncia translativa – Inocorrência – Autorização dos herdeiros filhos para que a transferência da permissão administrativa e o recebimento de indenização securitária do veículo sinistrado sejam formalizados em nome da viúva – Ato jurídico a exigir escritura pública ou termo nos autos (cc, art. 1.806) – Descabimento da renúncia parcial à herança (cc, art. 1.806) – Recurso provido. (TJSP – Agravo de Instrumento nº 2166811-23.2017.8.26.0000 – Santos – 8ª Câmara de Direito Privado – Rel. Des. Theodureto Camargo – DJ 22.01.2018)

ITBI

EMENTA: Apelação e Remessa Necessária – Mandado de segurança – São Bernardo do Campo – ITBI – Contrato de promessa de compra e venda de imóvel "na planta" com financiamento mediante a constituição de propriedade fiduciária – Controvérsia acerca da extensão da base de cálculo do imposto: valor da compra e venda ou valor global do contrato (incluindo, portanto, o valor do financiamento) – Art. 8º, §§ 2º, 3º e 4º, da Lei Municipal nº 3.117/89 – Solução da controvérsia que passa por definir precisamente o objeto da promessa de compra e venda – Apelados que mencionam a fração ideal do terreno não edificado – Contrato que se refere à unidade autônoma futura (apartamento) de empreendimento imobiliário – Encargos financeiros do financiamento (juros) assumidos pelos apelados que não pode ser confundido com a assunção do empreendimento por parte dos adquirentes das futuras unidades autônomas – Base de cálculo que deve ser o valor venal da unidade autônoma – Impossibilidade, todavia, da incidência do ITBI sobre a mera promessa de compra e venda de imóvel futuro – Necessidade de se aguardar a conclusão das obras, com o desmembramento da certidão de matrícula "mãe" do terreno entre as diversas matrículas das unidades autônomas individualizadas – Recurso desprovido – Remessa necessária provida, com determinação para o cancelamento do registro deferido em liminar. (TJSP – Apelação Cível nº 1006803-46.2017.8.26.0564 – São Bernardo do Campo – 14ª Câmara de Direito Público – Rel. Des. Henrique Harris Júnior – DJ 08.10.2018)

ITCMD

EMENTA: Apelação e Reexame Necessário – Mandado de Segurança – ITCMD – Doação de quotas de capital social – Base de cálculo do tributo – Cálculo que deve recair sobre o valor patrimonial das ações e não o ativo que integra o patrimônio da empresa – Exegese do art. 14, parágrafo 3º, da Lei 10.705/2000 – Complementação do recolhimento do referido tributo – Inadmissibilidade – Observância ao princípio da legalidade – Presença do direito líquido e certo – Precedente deste Egrégio Tribunal de Justiça – Sentença de concessão da ordem mantida – Recursos oficial e voluntário improvidos. (TJSP – Apelação Cível nº 1005873-09.2016.8.26.0032 – Araçatuba – 11ª Câmara de Direito Público – Rel. Des. Marcelo L Theodósio – DJ 05.07.2018)

EMENTA: Ação anulatória – Mogi das Cruzes – ITCMD – Prévio pagamento de ITBI *causa mortis* – A sucessão foi aberta em 23-1-1992; a autora comprovou pagamento em 1999 do ITBI causa mortis nos termos da LE nº 9.591/66 – O termo de partilha aponta a transmissão de 50% do imóvel à autora – O aditamento ao formal de partilha foi averbado em 25-5-2009 – A autora apresentou declaração de ajuste anual de imposto de renda do exercício 2010, ano-calendário 2009 em que aponta a venda do imóvel de Campos do Jordão por R$-700.000,00, cabendo à declarante R$-350.000,00 e como custo de aquisição R$-340.000,00 – A LE nº 10.705/00 revogou a LE nº 9.591/66 que versava sobre o ITBI *causa mortis* – A CDA demonstra que o valor cobrado se refere ao imposto em si e não à sanção por descumprimento de obrigação acessória prevista no Art. 38, 'c', do DE nº 46.655/02 – Tampouco prospera a tese de que o valor cobrado se refere à diferença a ser recolhida; o título executivo estadual demonstra que a alíquota de 4% incidiu sobre o valor total do bem a ser transferido, e não sobre eventual valor remanescente – O Estado não se desincumbiu do ônus de demonstrar a ocorrência de novo fato gerador, a diferença entre o valor devido e o valor pago, com adequada memória de cálculo; oscilou entre teses incompatíveis entre si, dificultando a real compreensão do panorama em que se insere a demanda – Procedência – Recurso do Estado desprovido. (TJSP – Apelação Cível nº 1015385-96.2016.8.26.0361 – Mogi das Cruzes – 10ª Câmara de Direito Público – Rel. Des. Torres de Carvalho – DJ 29.01.2018)

EMENTA: Apelação Cível – Tributário – ITCMD cobrado sobre suposta doação recebida pela autora do ex-marido e constante em sua declaração de imposto de renda – Ação visando à anulação do auto de infração e declaração de inexigibilidade do crédito – Sentença de procedência – Recurso voluntário da FESP – Desprovimento de rigor – Tendo sido mantido condomínio sobre o patrimônio dos cônjuges quando da separação, entende-se que todos os bens constantes em suas declarações são de propriedade de ambos, não havendo como interpretar a transferência do valor anotado como transmissão do bem, tratando-se, na verdade, de mera transferência de fruto do condomínio – A ausência de espontaneidade para correção do equívoco não tem o condão de atribuir legitimidade à exação levada a efeito pela FESP, já que a realidade fático-comprobatória demonstrou que o evento ensejador do tributo não ocorreu concretamente – Precedentes desta Corte – R. sentença mantida – Recurso desprovido. (TJSP – Apelação Cível nº 1049107-46.2014.8.26.0053 – São Paulo – 6ª Câmara de Direito Público – Rel. Des. Sidney Romano dos Reis – DJ 23.01.2018)

LOTEAMENTO E DESMEMBRAMENTO

EMENTA: Há decisão liminar proibindo que loteadora comercialize lotes enquanto não regularizado o empreendimento, ressalvada a lavratura de escrituras de contratos anteriores – O pedido formulado por um cessionário é o de obter autorização judicial que permita aos notários lavrarem a escritura, tendo em vista que a aquisição é anterior – Discussão sobre a utilidade do provimento, porque, em tese, não estariam os cartórios proibidos da prática do ato que possibilita o domínio – Os Cartórios, por precaução, não lavram escrituras que possam revelar desafios as ordens judiciais – A autora preenche os requisitos para obter a escritura, desde que a vendedora confirme a regularidade das cessões – Não há outra solução racional para solução do impasse – Provimento para que se lavre a escritura. (TJSP – Apelação Cível nº 1000291-09.2015.8.26.0470 – Porangaba – 30ª Câmara Extraordinária de Direito Privado – Rel. Des. Enio Zuliani – DJ 22.10.2018)

EMENTA: Ação civil pública – Loteamento irregular – Ilicitude dos loteamentos informais implantados pelos réus nos imóveis rurais regulados pelas matrículas nºs 11.017 e 11.096 do Registro de Imóveis da Comarca de Santa Rosa de Viterbo (Recanto Boa Esperança e Sítio Nossa Senhora Aparecida) – Lotes físicos que não respeitam a dimensão mínima exigida para fracionamento da terra rural – Ilicitude do ato que dá ensejo à responsabilidade objetiva – Legitimidade passiva dos recorrentes tendo em vista a participação na cadeia de transmissão dos lotes oriundos do parcelamento irregular do imóvel rural – Responsabilidade configurada – Sentença mantida – Recurso conhecido e não provido. (TJSP – Apelação Cível nº 1001177-28.2016.8.26.0549 – São Paulo – 2ª Câmara de Direito Público – Rel. Des. Vera Angrisani – DJ 09.08.2018)

PENHORA

EMENTA: Responsabilidade civil – Oficial de registro de imóveis – Duplicidade de matrícula – Erro a que se seguiu penhora do imóvel de propriedade dos autores em reclamação trabalhista – Ajuizamento de embargos de terceiro para anular o ato de execução – Dano moral caracterizado – Responsabilidade pessoal do notário – Art. 22 da Lei 8.935/1994 – Desnecessidade da prova da conduta culposa ou dolosa – Indenização bem fixada – Recurso improvido. (TJSP

– Apelação Cível nº 1030457-88.2016.8.26.0114 – Campinas – 1ª Câmara de Direito Privado – Rel. Des. Augusto Rezende – DJ 10.10.2018)

EMENTA: Execução – Penhora – Ação de apuração de responsabilidade – Decisão judicial que indeferiu o pedido de anotação de arresto na matrícula por meio do site da ARISp – Alegação pautada nos princípios de boa-fé, de vedação ao enriquecimento ilícito, da legalidade e da efetividade da tutela jurisdicional para entregar o bem da vida aos jurisidicionados, e que o princípio da continuidade previsto no art. 237 da Lei nº 6.015/73, que impõe uma cadeia de titularidade no fólio real para registro notarial deve ser permeado pela observância ao poder geral de cautela – Desccabimento – Análise do acordo em que se funda a agravante para buscar o imóvel discutido – Inexistência de bens da empresa co-executada Dubuit Brasil Serigrafia Indústria e Comércio Ltda. – Sr. Philippe Jean François Ayala não participa desse acordo – Inexistência de reconhecimento da existência do grupo econômico na demanda executória – Hipótese em que não verifica prejuízo ou direito ao Sr. Philippe, nem prejuízo patrimonial à Dubuit Brasil Serigrafia Indústria e Comércio Ltda. – Discussão inócua acerca do arresto do imóvel – Dever de observar o princípio da continuidade registrária – Decisão mantida por fundamentos diversos – Agravo de instrumento não provido – Dispositivo: Negam provimento ao recurso. (TJSP – Agravo de Instrumento nº 2202605-08.2017.8.26.0000 – São Paulo – 2ª Câmara Reservada de Direito Empresarial – Rel. Des. Ricardo Negrão – DJ 17.09.2018)

RETIFICAÇÃO DE ESCRITURA PÚBLICA

EMENTA: Retificação de escritura pública – Pedido de retificação de escritura pública de compra e venda para inclusão de informação quanto à qualificação do imóvel alienado – Requerimento formulado com fundamento nos arts. 212 e 213, I, "a" da Lei de Registros Públicos – Impossibilidade jurídica do pedido – Escritura de compra e venda que, embora pública, não possui natureza de registro imobiliário – Retificação que deve ser feita mediante nova declaração de vontade das partes contratantes, nos termos das Normas de Serviço da Corregedoria Geral da Justiça – Demanda que, todavia, deve ser extinta sem resolução do mérito, nos termos do art. 267, VI do CPC/1973 (vigente à época da sentença) e não julgada improcedente – Precedentes – Sentença mantida – Recurso desprovido, com observação. (TJSP – Apelação Cível nº 1000934-54.2015.8.26.0053 – São Paulo – 2ª Câmara de Direito Público – Rel. Des. Claudio Augusto Pedrassi – DJ 28.09.2018)

TESTAMENTO

EMENTA: Pedido de abertura, registro e cumprimento de testamento particular – Testamento feito de forma particular por pessoa analfabeta – Assinatura por meio de aposição de impressão digital – Inobservância dos artigos 1.865 e 1.876, do Código Civil – Sentença mantida – Recurso desprovido. (TJSP – Apelação Cível nº 1001593-33.2014.8.26.0624 – Tatuí – 6ª Câmara de Direito Privado – Rel. Des. Maria Salete Corrêa Dias – DJ 06.11.2018)

USUCAPIÃO

EMENTA: Usucapião de imóvel localizado em ilha costeira – Impossibilidade de usucapir imóveis não registrados no cartório de registro de imóveis e localizados em ilhas costeiras e litorâneas após a promulgação da Constituição de 1988 (art. 20, IV, c/c art. 26, II) – Redação do inciso IV do art. 20 da CF/88 dada pela Emenda Constitucional nº 45/2005 não foi capaz de alterar o domínio público sobre tais bens, o que impossibilita a usucapião (Súmula 340 do E. STF e art. 102 do CC/2002) – Possibilidade de usucapir bens localizados em ilhas costeiras e litorâneas se preenchidos os requisitos da usucapião antes da promulgação da Constituição de 1988 – Precedentes – Constituição de 1967 que não colocava como bens públicos as áreas situadas em ilhas litorâneas e costeiras – Entendimento STF – *In casu*, presente a comprovação de posse mansa e pacífica pelos autores, por si ou seus antecessores, por menos por 20 anos (arts. 550 e 551 do CC/1916) antes da entrada em vigor da Constituição de 1988 – Aquisição por usucapião declarada – Recurso provido. (TJSP – Apelação Cível nº 0000443-45.2007.8.26.0247 – Ilhabela – 7ª Câmara de Direito Privado – Rel. Des. Mary Grün – DJ 20.08.2018)

3.4.4 TABELIONATO DE PROTESTO

PROTESTO DE CDA

EMENTA: Recurso de Apelação em ação de procedimento comum – Administrativo – Possibilidade de protesto de CDA – Regularidade de protesto da CDA em tabelionato de protesto, nos termos da Lei Estadual nº 12.767/2012 – Constitucionalidade do diploma legal reconhecida pelo C. Órgão Especial deste E. Tribunal de Justiça – Arguição de Constitucionalidade nº 0007169-19.2015.8.26.0000 – Sentença de improcedência mantida – Recurso desprovido. (TJSP – Apelação Cível nº 1001234-95.2016.8.26.0080 – Cabreúva – 5ª Câmara de Direito Público – Rel. Des. Marcelo Martins Berthe – DJ 26.07.2018)

PROTESTO DE LETRA DE CÂMBIO

EMENTA: Cambial – Letra de câmbio – Protesto de letra de câmbio por falta de aceite – Caso em que o protesto por falta de aceite tem por finalidade assegurar o direito de regresso do portador em relação aos outros coobrigados – Inexistência de indícios da existência de avalistas ou outros coobrigados a justificar a necessidade do protesto – Protesto do título sacado em tais condições que é inútil e apenas serviria para constranger o autor e para ocasionar eventual dano à sua imagem – Dano moral – Protesto indevido – Protesto indevido da letra de câmbio que propicia reparação por dano moral, independentemente da prova objetiva do abalo à honra e à reputação do autor – Corré *"Alri Organização e Cobrança Ltda."*, a qual figura como sacadora ou portadora do título, que deve responder pelos danos morais ocasionados ao autor – Dano moral – *"Quantum"* – Valor do ressarcimento que deve ser estabelecido com base em critério de prudência e razoabilidade, levando-se em conta a sua natureza penal e compensatória, assim como as peculiaridades do caso concreto – Indenização no valor de R$ 5.000,00, correspondente a, aproximadamente, cinco salários mínimos atuais, que se afigura justa – Ação parcialmente procedente – Apelo do autor provido em parte – Cambial – Letra de câmbio – Condenação que deve recair somente sobre a corré *"Alri Organização e Cobrança Ltda."* – Caso em que o procedimento adotado pelo corréu cartório mostrou-se legítimo – Mantido o decreto de improcedência da ação em relação ao corréu cartório – Litigância de má-fé – Caracterização – Aplicação de pena por litigância de má-fé que só é possível se ficar evidenciado o dolo processual da parte – Não atestado o intuito malicioso por parte do autor – Condutas tipificadas nos incisos I a VII do art. 80 do atual CPC que devem ser interpretadas com cautela, para não se inviabilizar o acesso à justiça – Pedido de condenação do autor às penas por litigância de má-fé, formulado pelo corréu cartório nas contrarrazões, que deve ser rejeitado. (TJSP – Apelação Cível nº 0001553-70.2010.8.26.0604 – Sumaré – 23ª Câmara de Direito Privado – Rel. Des. José Marcos Marrone – DJ 27.08.2018)

PROTESTO DE TÍTULO JUDICIAL

EMENTA: Apelação – Ação indenizatória por danos morais – Protesto de título judicial – Pretensão indenizatória formulada em face do titular do tabelionato – Sentença que indeferiu a inicial por ilegitimidade passiva – Inconformismo da autora – Cabimento – Imputação ao réu de responsabilidade por danos morais sofridos pela autora, em função de protesto por tempo superior a cinco anos, tendo como termo inicial a constituição do débito junto à Justiça do Trabalho – Invocação de parâmetro constante na Súmula 323 STJ – Pertinência subjetiva da demanda em face do artigo 38 da Lei 9.492/97, suficiente a determinar o afastamento da extinção por ilegitimidade passiva – Ademais, fundamentos invocados para a extinção que dizem respeito à responsabilidade do tabelião, matéria de mérito, e fundada em aspectos diversos dos trazidos na inicial – Sentença anulada para regular desenvolvimento do processo, com a citação do réu e formação da relação processual – Recurso provido, com determinação. (TJSP – Apelação Cível nº 1091907-45.2014.8.26.0100 – São Paulo – 9ª Câmara de Direito Privado – Rel. Des. Mariella Ferraz de Arruda Pollice Nogueira – DJ 03.12.2018).

EMENTA: Ação declaratória de inexistência de dívida – Cumprimento de sentença – Cancelamento de protesto – Decisão que determinou à autora o pagamento das custas e emolumentos relativos ao cancelamento definitivo do protesto – Insurgência da requerente – Pretensão de impor à ré o ônus de arcar com os custos decorrentes do cancelamento do protesto – Cabimento – O item 63.1 do capítulo XV das Normas de Serviço dos Cartórios Extrajudiciais da Corregedoria Geral da Justiça desta E. Corte prevê a possibilidade de que o cancelamento seja efetivado independentemente do recolhimento de custas, desde que tal determinação conste do mandado – Hipótese em que não é justo impor à autora o custeio do cancelamento de protesto declarado indevido em sentença judicial transitada em julgado – Necessidade de envio de novo ofício ao Tabelião de Protesto de Letras e Títulos de Osasco, constando determinação de que o cancelamento do protesto deverá ocorrer independentemente do recolhimento das custas e emolumentos, sem prejuízo de o Tabelião buscar o recebimento em face da ré – Recurso provido. (TJSP – Agravo de Instrumento nº 2147093-06.2018.8.26.0000 – Osasco – 11ª Câmara de Direito Privado – Rel. Des. Renato Rangel Desinano – DJ 08.11.2018)

SUSTAÇÃO DE PROTESTO

EMENTA: Apelação – Ação cautelar de sustação de protesto – Aplicação do art. 48 da Lei 7.357/85 – Alegação de impossibilidade de protesto de cheque prescrito – Inteligência do art. 9º da Lei 9.492/97 – Impedimento do registro do protesto que não pode ser realizado pelo Tabelião em decorrência de prescrição ou caducidade, somente por conta de irregularidade formal – Incidência da Súmula nº 17 deste E. Tribunal – É possível o protesto de título prescrito enquanto disponível a cobrança por outros meios – Apelado que realizou os protestos antes da decorrência do prazo para ajuizamento da ação monitória – Disposição do art. 47, §1º da Lei 7.357/85 – Mandamento não proibitório – Indicação de prescindibilidade de protesto – Protesto realizado regularmente – Recurso improvido. (TJSP – Apelação Cível nº 0000032-02.2016.8.26.0630 – Americana – 16ª Câmara de Direito Privado – Rel. Des. Mauro Conti Machado – DJ 10.12.2018)

3.5 DECISÕES DO TRIBUNAL DE JUSTIÇA DO ESTADO DE SÃO PAULO – **ANO 2017**

3.5.1 DECISÕES GERAIS E PERTINENTES A TODAS AS ESPECIALIDADES

DAS INFRAÇÕES E DAS PENALIDADES

EMENTA: Escrevente de serventia extrajudicial – Admissão antes da Lei 8.935/94 – Instauração de procedimento administrativo disciplinar por ato da responsável pelo tabelionato – Admissibilidade – Poder censório-disciplinar das Corregedorias Permanentes reservadas aos titulares da delegação – Pretensão anulatória cumulada com indenização por danos morais rejeitada – Sentença confirmada. (TJSP – Apelação Cível nº 0006534-40.2011.8.26.0271 – Itapevi – 4ª Câmara de Direito Público – Rel. Des. Ricardo Feitosa – DJ 15.03.2017)

EMENTA: Recurso administrativo – Insurgência do registrador contra decisão do Corregedor Geral da Justiça que, modificando sentença da Juíza Corregedora Permanente, reconheceu a prática de infração administrativa, aplicando pena de multa – Descabimento das teses alegadas – 1. Prazo prescricional. Omissão da Lei que dispõe sobre serviços notariais e de registro. Aplicação subsidiária do Estatuto do Servidor Público Estadual, conforme orientação do STJ. Artigo 261, I e § 1º da Lei Estadual nº 10.261 de 1968 estabelecendo prazo bienal para infrações sujeitas à pena de multa. Não ocorrência de prescrição – 2. Função de revisar as sentenças da Corregedoria Permanente pelo Corregedor Geral que decorre de Lei (artigo 28, inciso XXVII do RITJSP e item 23.1, do Capítulo XXI das NSCGJ), não havendo que se falar em violação à coisa julgada ou nulidade da decisão – 3. Negativa de isenção dos emolumentos cartorários para averbação de formal de partilha caracteriza infração administrativa, já que o espólio era beneficiário da assistência judiciária gratuita e a informação foi levada ao conhecimento do registrador. Ofensa ao artigo 9º, II da Lei Estadual nº 11.331 de 2002 e posição firme da Corregedoria sobre a desnecessidade de mandado determinando a realização do ato gratuitamente. Tese de desconhecimento dessas normas e orientações inaceitável, até porque arguida por quem atua no ramo. Pena de multa aplicada em valor que atende aos critérios da proporcionalidade e da razoabilidade – 4. Recurso desprovido. (TJSP – Recurso Administrativo nº 9000004-81.2015.8.26.0995 – São Paulo – Câmara Especial – Rel. Des. Ana Lucia Romanhole Martucci – DJ 07.03.2017).

DIREITO PREVIDENCIÁRIO E DO TRABALHO APLICADO

EMENTA: Apelação – Ação declaratória – Pretensão ao reconhecimento de tempo de serviço prestado na qualidade de aprendiz ao então Cartório de Registro Civil do 1º Subdistrito de Barretos-SP, no período de 02/03/1978 a 30/11/1978 – Sentença de procedência pronunciada em primeiro grau – Ilegitimidade *ad causam* – Ao receber a delegação do Estado, o titular passa ser agente público, equiparando-se aos servidores públicos, aplicando-se, assim, o disposto no artigo 37, § 6º, da Constituição Federal – Legitimidade reconhecida – Prescrição quinquenal afastada – As ações que visam à obtenção de declaração de tempo de serviço, ou seja, que buscam o reconhecimento da existência de uma relação jurídica constituem em ações declaratórios puras, sendo, portanto, imprescritível – Reconhecimento do tempo de serviço prestado em serventia não oficializada – Aprendiz que exerceu a função de auxiliar de cartório de registro civil – Contagem de tempo de serviço prestado antes do advento da CF/88 e CE/89 – Admissibilidade – Tempo de serviço contado para todos os fins, de acordo com o artigo 1º da Lei nº 2.888/54, alterada pela Lei nº 7.487/62 – Ausência de documento indispensável – O controle de frequência do requerente ficava a cargo do órgão responsável pela guarda-mirim – Folha de pagamento de responsabilidade do titular do cartório ou o órgão ao qual vinculado – Ônus da prova que incumbe à requerida, nos termos do artigo 373, inciso II do CPC/15 – Súmula 149 do STJ – Inaplicável – Prova documental e também testemunhal a respeito da efetiva prestação do serviço – Contribuição previdênciária – Responsabilidade pela arrecadação e recolhimento das contribuições devidas é do titular da serventia não oficializada ou órgão no qual vinculado – Autor não pode se prejudicar pela falta de fiscalização da requerida – Sentença mantida – Reexame necessário, considerado interposto, e recurso da FESP improvidos. (TJSP – Apelação Cível nº 1000371-74.2015.8.26.0210 – Guaíra – 3ª Câmara de Direito Público – Rel. Des. Maurício Fiorito – DJ 17.03.2017)

EMENTA: Conflito negativo de competência – Ação de reclamação trabalhista – Autor que trabalhou em serventia extrajudicial, sob o regime estatutário – Ação movida em face do Oficial de Registro Civil das Pessoas Naturais do 16º Subdistrito da Mooca – Serviço público delegado que se enquadra na competência da Vara Especializada – Competência da Vara da Fazenda Pública – Conflito julgado procedente, para declarar a competência do MM. Juízo suscitante (10ª Vara da Fazenda Pública da Capital). (TJSP – Conflito de Competência nº 0047319-08.2016.8.26.0000 – São Paulo – Câmara Especial – Rel. Des. Renato Genzani Filho – DJ 07.03.2017).

ISS

EMENTA: ISS – Serviços de registros públicos, cartorários e notariais – Município de Cordeirópolis – Ação anulatória julgada procedente em parte – Hipótese de serviço extrajudicial não provido por concurso – Condição de preposta do Estado da interina responsável, cuja remuneração está limitada ao equivalente a 90,25% dos subsídios dos Ministros do STF, conforme Resolução nº 80 do CNJ – Recolhimento aos cofres do Estado da diferença entre as receitas e despesas do Cartório – Não sujeição dos valores respectivos ao ISSQN, no período questionado, por força do que dispõe o art. 150, VI, "a" da Constituição – Recursos oficial e voluntário, da Municipalidade, não providos. (TJSP – Apelação Cível nº 0001294-23.2012.8.26.0146 – Cordeirópolis – 15ª Câmara de Direito Público – Rel. Des. Erbetta Filho – DJ 06.04.2017)

3.5.2 REGISTRO CIVIL DAS PESSOAS NATURAIS

NASCIMENTO

EMENTA: Registro civil – Pedido de retificação – Requerente que pretende a retificação da cor atribuída à sua pele, de "branca" para "parda", em seu registro de nascimento, ou, subsidiariamente, a supressão de tal informação, para fins de obtenção dos benefícios das chamadas *"cotas raciais"* em concursos públicos – Sentença que indeferiu a petição inicial e julgou extinto o processo sem análise de mérito, em razão de falta de interesse de agir – Ausência, de fato, de qualquer indício de que tenha havido erro ao se proceder o registro – Fotografias juntadas pela autora que não permitem aferir, com segurança, tratar-se de pessoa "parda", e não "branca", vez que inexistem critérios lógicos e objetivos para tanto, tratando-se de constatação opinativa – Outrossim, a lei que criou o benefício das cotas para negros em concursos públicos disciplina que a concorrência, como cotista, depende da auto declaração, não havendo qualquer condicionamento à apresentação de certidão de nascimento contendo tal informação – Mesmo a apresentação da certidão de nascimento retificada não lhe garantiria sucesso no enquadramento nas cotas raciais, vez que a orientação normativa nº 3, do Ministério do Planejamento, Desenvolvimento e Gestão condicionou a comprovação da afrodescendência à verificação pessoal do candidato, com consideração tão somente dos aspectos fenotípicos deste – Pedido subsidiário, contudo, que comporta acolhimento – Supressão da informação a respeito da cor que é direito potestativo da apelante e que decorre da atual redação do art. 54 da Lei 6.015/1973, modificada pela Lei nº 6.216/75 – Requerida que não está obrigada a carregar, em sua documentação, informação que sequer deveria ter sido anotada, cabendo observar que o legislador, não sem razão, excluiu a determinação de anotação de "cor" do nascido como requisitos necessários ao registro – Recurso provido. (TJSP – Apelação Cível nº 1087304-55.2016.8.26.0100 – São Paulo – 9ª Câmara de Direito Privado – Rel. Des. Angela Lopes – DJ 09.11.2017)

NOME

EMENTA: Registro civil – Nome – Inclusão de apelido notório – Comprovação da notoriedade – Existência de duas ações cíveis contra o autor – Circunstância que, na espécie, não gera risco concreto a terceiros – Demandas que, embora não extintas, se encontram arquivadas há anos, subsistindo a possibilidade de perfeita identificação da parte – Cabimento, ademais, de comunicação aos juízos em que tramitam os feitos – Recurso provido. (TJSP – Apelação Cível nº 1127675-32.2014.8.26.0100 – São Paulo – 1ª Câmara de Direito Privado – Rel. Des. Augusto Rezende – DJ 30.10.2017)

EMENTA: Retificação de registro civil – Supressão do sobrenome do marido, com permanência do vínculo conjugal – 1. Preliminar de cerceamento de defesa afastada. Questão de direito, não havendo necessidade de produção de prova oral em audiência – 2. Alteração de nome deve ser excepcional e motivada. Art. 57, *caput*, da lei 6.015/73. Exceção no tocante à inclusão ou supressão de sobrenome do cônjuge por ocasião da celebração do casamento ou da dissolução do vínculo conjugal. Art. 1.565, § 1º, do CC. Somente se exige motivação no caso de manutenção do sobrenome do cônjuge inocente pelo cônjuge culpado. Art. 1.578 do CC. Possibilidade de exercício da opção pela inclusão do sobrenome do cônjuge a qualquer momento, enquanto perdure o vínculo conjugal. Precedente do STJ. Possibilidade de supressão do sobrenome do cônjuge após a celebração do casamento, mesmo com a subsistência do vínculo conjugal, por analogia. A lei autoriza expressamente a supressão do sobrenome do companheiro, exigindo apenas o requerimento da parte interessada, ouvida a outra. Art. 57, §§ 1º a 5º, da lei 6.015/73. Concordância do marido da autora. Acolhimento do pedido – 3. Recurso provido. (TJSP – Apelação Cível nº 1080312-15.2015.8.26.0100 – São Paulo – 7ª Câmara de Direito Privado – Rel. Des. Mary Grün – DJ 24.10.2017)

EMENTA: Retificação de registro civil – Abreviação de prenomes e supressão de agnome – Sentença de improcedência – Manutenção – Medida de caráter excepcional – Caso concreto que não se enquadra nas hipóteses previstas na Lei nº 6.015/73 – Apelação do requerente não provida. (TJSP – Apelação Cível nº 1020906-32.2016.8.26.0002 – São Paulo – 9ª Câmara de Direito Privado – Rel. Des. Alexandre Lazzarini – DJ 23.03.2017)

EMENTA: Retificação de registro civil – Assento de casamento – Pretensão de inclusão do patronímico do marido morto em 1984 – Não acolhimento – Princípio da imutabilidade do nome, salvo motivo relevante excepcional – Arts. 57 e 58 da Lei de Registros Públicos – Caso que não se enquadra nas exceções legais – Inexistência de erro no ato registrário – Sentença de improcedência mantida – Recurso não provido. (TJSP – Apelação Cível nº 0002796-91.2013.8.26.0459 – Pitangueiras – 5ª Câmara de Direito Privado – Rel. Des. Fernanda Gomes Camacho – DJ 09.03.2017).

EMENTA: Registro civil – Retificação – Pretendida reinserção de patronímico adotado pela requerente em razão de seu matrimônio e suprimido por ocasião do divórcio – Inadmissibilidade – Hipótese desenquadrada das exceções previstas na Lei de Registros Públicos – Caso, ademais, em que as alegações da autora de que desconhecia aludida alteração e de que haveria distinção entre seu sobrenome e os dos filhos não pode ser acolhida – Autora que é advogada e estava na posse da certidão de casamento – Filhos já maiores e supressão de patronínimo que ocorreu há quase vinte anos, sem ter a requerente indicado qualquer situação específica e concreta a justificar seu requerimento – Decisão mantida – Recurso de apelação improvido. (TJSP – Apelação Cível nº 1014295-60.2016.8.26.0100 – São Paulo – 6ª Câmara de Direito Privado – Rel. Des. Vito Guglielmi – DJ 03.03.2017).

EMENTA: Registro civil – Retificação – Supressão do patronímico do cônjuge para reassunção do nome de solteira – Possibilidade – Concordância expressa do marido e ausência de prejuízo a terceiros – Ação julgada procedente – Recurso provido. (TJSP – Apelação Cível nº 1019040-16.2015.8.26.0554 – Santo André – 1ª Câmara de Direito Privado – Rel. Des. Augusto Rezende – DJ 13.02.2017).

RESTAURAÇÃO DE REGISTRO

EMENTA: Registro civil – Restauração de assento de nascimento (registro tardio) – Decisão que determinou a juntada de certidão de batismo da autora, certidão de nascimento dos irmãos, certidão do Distribuidor Cível Estadual e Federal dos Estados de São Paulo e Bahia, bem como cartórios de protesto de ambos os Estados, das Justiças Eleitoral e do Trabalho e documento médico que ateste seu nascimento – Descabimento inicial que veio instruída com os documentos pessoais da autora, bem como informações do cartório do registro civil de origem (demonstrando o local e data de nascimento da autora) – Desnecessidade de juntada das demais certidões – Demanda que busca, na verdade, registro tardio de nascimento da autora, tendo em vista escritura de reconhecimento de filiação firmada por escritura pública pelo respectivo genitor – Autora que é pessoa idosa e assistida pela Defensoria Pública – Necessidade, no entanto, de juntada de cópias legíveis dos documentos que instruem a inicial, conforme indicado pela d. Procuradoria Geral de Justiça – Decisão reformada – Recurso parcialmente provido. (TJSP – Agravo de Instrumento nº 2231047-18.2016.8.26.0000 – São Paulo – 8ª Câmara de Direito Privado – Rel. Des. Salles Rossi – DJ 17.03.2017)

TRASLADO

EMENTA: Apelação Cível – Retificação de registro civil – Casamento realizado na Suíça – Assento regularmente trasladado – Simples transcrição – Pedido de retificação para que conste o regime da comunhão parcial de bens – Impossibilidade sem a correspondente alteração no assento estrangeiro – Inteligência do art. 32 da Lei nº 6.015/73 e do art. 7º, § 4º da LICC – Recurso desprovido. (TJSP – Apelação Cível nº 1066593-56.2016.8.26.0576 – São José do Rio Preto – 6ª Câmara de Direito Privado – Rel. Des. Rodolfo Pellizari – DJ 20.10.2017)

3.5.3 REGISTRO DE TÍTULOS E DOCUMENTOS E PESSOA JURÍDICA

ASSOCIAÇÃO

EMENTA: Associação – Ação de nomeação de administrador provisório – Sentença que julgou extinto o processo, sem resolução do mérito, por falta de interesse processual – Interposição de apelação pelo autor – Associação que se encontra sem administração regular desde o dia 31.12.2010, quando terminaram os mandados dos membros da Diretoria Executiva eleita na Assembleia Geral Extraordinária realizada no dia 26.12.2008 – Realização de Assembleia Geral Extraordinária no dia 13.11.2015, na qual os associados elegeram nova Diretoria Executiva – Cartório de registro civil de pessoas jurídicas competente que não procedeu ao registro da ata da eleição realizada no dia 13.11.2015, por não ter sido respeitado o princípio da continuidade registral – Procedimento de jurisdição voluntária – Desnecessidade de formalismos exagerados – Nomeação de administrador provisório tem a finalidade de dar continuidade à gestão da pessoa jurídica em todos os seus aspectos, conforme o artigo 49 do Código Civil, e não apenas organizar a realização de eleições da nova diretoria – O simples fato de a eleição da nova diretoria ter sido, precipitadamente, realizada antes da nomeação de administrador provisório, por si só, não inviabiliza a regularização da associação – Relativização do princípio da continuidade registral – Nomeação do autor como administrador provisório da associação, com efeito retroativo, convalidando a eleição da nova diretoria realizada na Assembleia Geral Extraordinária ocorrida no dia 13.11.2015, determinando-se ao cartório competente o registro da ata da respectiva eleição, observadas as demais formalidades legais e normativas – Reforma da r. sentença – Apelação provida. (TJSP – Apelação Cível nº 1003743-21.2016.8.26.0008 – São Paulo – 30ª Câmara Extraordinária de Direito Privado – Rel. Des. Carlos Dias Motta – DJ 20.10.2017)

SOCIEDADE

EMENTA: Alvará – Pretensão de herdeiros dos sócios falecidos de sociedade limitada, objetivando obter autorização para representar a empresa – Decreto extintivo por inadequação, sob o fundamento de existir inventário em processamento – Apelam os autores sustentando serem sucessores dos sócios falecidos e o objeto do pedido é possibilitar a venda do patrimônio da empresa; em razão da nota de devolução do oficial de registro civil das pessoas jurídicas, veio a pleitear o alvará; nos inventários já foi realizada a partilha, referente à cota social da empresa; patrimônio necessita ser regularizado e transferido aos herdeiros posteriormente aos adquirentes dos lotes compromissados pela empresa – Descabimento – Empresa formada por dois sócios falecidos, com inventários já finalizados – Sucessores pleiteiam alvará para que um dos herdeiros represente a sociedade de forma genérica e por prazo indeterminado – Inadmissibilidade – Hipótese de dissolução e liquidação dos haveres, ou habilitação nos autos de inventário, com partilha das cotas sociais – Inteligência dos art. 1.028, 1.034, II, e 1.102 do CC – Nota de devolução do oficial de registro de pessoas jurídicas não pode ser superada através de pedido de alvará – Recurso improvido. (TJSP – Apelação Cível nº 1001435-32.2016.8.26.0648 – Urupês – 5ª Câmara de Direito Privado – Rel. Des. James Siano – DJ 22.03.2017)

3.5.4 REGISTRO DE IMÓVEIS E TABELIONATO DE NOTAS

ALIENAÇÃO FIDUCIÁRIA

EMENTA: Alienação fiduciária de imóvel – Anulatória de atos jurídicos – Consolidação da propriedade em nome do credor fiduciário, após a regular constituição em mora dos devedores fiduciantes – Autores que foram intimados pelo 14º Cartório de Registro de Imóveis, acerca de sua mora, nos exatos termos do artigo 26 da Lei 9514/97 – Autores que pleiteiam leilão extrajudicial que se encontra suspenso em razão da antecipação de tutela concedida neste processo e mantida por este relator – Quando determinada nova data, os autores deverão ser intimados da nova data – Exegese do artigo 36, *caput* e parágrafo único, do Decreto-Lei nº 70/66, aplicável ao caso por força do disposto no artigo 39, inciso II, da Lei nº 9.514/97 – Entendimento consolidado no Egrégio Superior Tribunal de Justiça – Improcedência da ação, que fica mantida – Recurso improvido. (TJSP – Apelação Cível nº 1008846-24.2016.8.26.0003 – São Paulo – 32ª Câmara de Direito Privado – Rel. Des. Ruy Coppola – DJ 15.03.2017)

EMENTA: Agravo de instrumento – Ação anulatória de consolidação da propriedade c.c. pedido alternativo de purgação da mora – Alienação fiduciária de imóvel – Decisão que negou tutela de urgência para suspensão de leilão extrajudicial e manutenção na posse do bem – Alegação de ausência de notificação prévia (art. 26, Lei 9.514/97) – Consolidação da propriedade já efetivada – Atos praticados pelo oficial de registro gozam de fé pública – Agravantes não negam inadimplência e não demonstram interesse no oferecimento de caução ou pagamento do débito – Razoável aguardar o contraditório – Ausência de probabilidade do direito invocado – Agravo não provido. (TJSP – Agravo de Instrumento nº 2014862-49.2017.8.26.0000 – São José do Rio Pardo – 18ª Câmara de Direito Privado – Rel. Des. Edson Luiz de Queiroz – DJ 13.03.2017).

EMENTA: Agravo de instrumento – Alienação fiduciária de imóvel – Ação anulatória c.c. consignação em pagamento – Nulidade da consolidação da propriedade e da consequente arrematação do imóvel – Alegação de falsa assinatura dos devedores, no recebimento da intimação para purgar a mora – Denunciação da lide ao oficial de registro de imóveis – Inadmissibilidade – Ausência de previsão legal para o direito de regresso contra o cartório, nos termos do art. 125, II, do CPC – Recurso não provido. (TJSP – Agravo de Instrumento nº 2133773-54.2016.8.26.0000 – Suzano – 26ª Câmara de Direito Privado – Rel. Min. Bonilha Filho – DJ 21.02.2017).

EMENTA: Busca e apreensão – Alienação fiduciária – Prejudicialidade externa por conta de ação revisional inocorrente – A simples propositura da ação de revisão de contrato não inibe a caracterização da mora (Súmula 380 do STJ) – Regular constituição do devedor em mora – Notificação extrajudicial por meio de cartório de registro de títulos e documentos de comarca diversa da do domicílio do réu – Validade – Ato praticado por oficial de registro que não está sujeito às normas que definem as circunscrições geográficas – Purgação parcial da mora – Impossibilidade – Pagamento que deve abranger a integralidade da dívida remanescente, incluindo-se as parcelas vencidas e vincendas – Inteligência do artigo 3º, §2º do Decreto-lei 911/69, na redação dada pela Lei 10.931, de 2004 – Matéria decidida em sede de recurso repetitivo no REsp 1.418.593/MS – Recurso desprovido. (TJSP – Apelação Cível nº 0002280-61.2013.8.26.0042 – Ribeirão Preto – 36ª Câmara de Direito Privado – Rel. Des. Milton Paulo de Carvalho Filho – DJ 10.02.2017).

ARRENDAMENTO MERCANTIL

EMENTA: Alienação fiduciária de imóvel – Anulatória de atos jurídicos – Consolidação da propriedade em nome do credor fiduciário, após a regular constituição em mora dos devedores fiduciantes – Autores que foram intimados pelo 14º Cartório de Registro de Imóveis, acerca de sua mora, nos exatos termos do artigo 26 da Lei 9514/97 – Autores que pleiteiam leilão extrajudicial que se encontra suspenso em razão da antecipação de tutela concedida neste processo e mantida por este relator – Quando determinada nova data, os autores deverão ser intimados da nova data – Exegese do artigo 36, *caput* e parágrafo único, do Decreto-Lei nº 70/66, aplicável ao caso por força do disposto no artigo 39, inciso II, da Lei nº 9.514/97 – Entendimento consolidado no Egrégio Superior Tribunal de Justiça – Improcedência da ação, que fica mantida – Recurso improvido. (TJSP – Apelação Cível nº 1008846-24.2016.8.26.0003 – São Paulo – 32ª Câmara de Direito Privado – Rel. Des. Ruy Coppola – DJ 15.03.2017)

EMENTA: Agravo de instrumento – Ação anulatória de consolidação da propriedade c.c. pedido alternativo de purgação da mora – Alienação fiduciária de imóvel – Decisão que negou tutela de urgência para suspensão de leilão extrajudicial e manutenção na posse do bem – Alegação de ausência de notificação prévia (art. 26, Lei 9.514/97) – Consolidação da propriedade já efetivada – Atos praticados pelo oficial de registro gozam de fé pública – Agravantes não negam inadimplência e não demonstram interesse no oferecimento de caução ou pagamento do débito – Razoável aguardar o contraditório – Ausência de probabilidade do direito invocado – Agravo não provido. (TJSP – Agravo de Instrumento nº 2014862-49.2017.8.26.0000 – São José do Rio Pardo – 18ª Câmara de Direito Privado – Rel. Des. Edson Luiz de Queiroz – DJ 13.03.2017).

EMENTA: Agravo de instrumento – Alienação fiduciária de imóvel – Ação anulatória c.c. consignação em pagamento – Nulidade da consolidação da propriedade e da consequente arrematação do imóvel – Alegação de falsa assinatura dos devedores, no recebimento da intimação para purgar a mora – Denunciação da lide ao oficial de registro de imóveis – Inadmissibilidade – Ausência de previsão legal para o direito de regresso contra o cartório, nos termos do art. 125, II, do CPC – Recurso não provido. (TJSP – Agravo de Instrumento nº 2133773-54.2016.8.26.0000 – Suzano – 26ª Câmara de Direito Privado – Rel. Min. Bonilha Filho – DJ 21.02.2017).

EMENTA: Busca e apreensão – Alienação fiduciária – Prejudicialidade externa por conta de ação revisional inocorrente – A simples propositura da ação de revisão de contrato não inibe a caracterização da mora (Súmula 380 do STJ) – Regular constituição do devedor em mora – Notificação extrajudicial por meio de cartório de registro de títulos e documentos de comarca diversa da do domicílio do réu – Validade – Ato praticado por oficial de registro que não está sujeito às normas que definem as circunscrições geográficas – Purgação parcial da mora – Impossibilidade – Pagamento que deve abranger a integralidade da dívida remanescente, incluindo-se as parcelas vencidas e vincendas – Inteligência do artigo 3º, §2º do Decreto-lei 911/69, na redação dada pela Lei 10.931, de 2004 – Matéria decidida em sede de recurso repetitivo no REsp 1.418.593/MS – Recurso desprovido. (TJSP – Apelação Cível nº 0002280-61.2013.8.26.0042 – Ribeirão Preto – 36ª Câmara de Direito Privado – Rel. Des. Milton Paulo de Carvalho Filho – DJ 10.02.2017).

BLOQUEIO DE MATRÍCULA

EMENTA: Agravo de instrumento – Ação anulatória de procedimento de retificação de registro imobiliário – Bloqueio de matrícula de imóvel – Presença dos requisitos do art. 273 do CPC/1973 – Recurso não provido – 1. Decisão que, nos autos da "ação anulatória de procedimento de retificação de registro imobiliário" movida pelo ora agravado, deferiu antecipação de tutela para determinar o bloqueio da matrícula nº 40.400, do Cartório de Registro de Imóveis, Títulos e Documentos e Civil de Pessoas Jurídicas dos Municípios de Arujá, Igaratá e Santa Isabel – 2. Preenchidos os requisitos exigidos pelo artigo 273 do Código de Processo Civil/1973. Decisão mantida – 3. Agravo de instrumento não provido (TJSP – Agravo de Instrumento nº 2173080-49.2015.8.26.0000 – Santa Isabel – 9ª Câmara de Direito Privado – Rel. Des. Alexandre Lazzarini – DJ 23.03.2017)

EMENTA: Agravo de instrumento – Tutela de urgência – Bloqueio da matrícula de imóvel pertencente à agravante – Não configuração do pressuposto da verossimilhança das alegações – Agravante que é titular do domínio de imóvel objeto da matrícula de n° 84.031 do 1° Cartório de Registro de Imóveis de Guarulhos – Agravado que afirma que o título seria inidôneo à comprovação da propriedade, observando-se os termos de sentença proferida em ação de reintegração de posse na qual discutida a validade da transcrição de n° 46.610 do 12° Cartório de Registro de Imóveis da Capital que deu origem à Matrícula n° 84.031 do 1° Cartório de Registro de Imóveis de Guarulhos – Indícios de serem distintas as áreas de titularidade dominial da agravante e aquela que alegam os agravados de sua titularidade – Questão acerca da validade da transcrição n° 46.610 do 12° Cartório de Registro de Imóveis da Capital que foi tratada na fundamentação da sentença proferida na ação de reintegração de posse e não em sua parte dispositiva, o que faria coisa julgada – Anulação da transcrição n° 46.610 que, em sede de cognição sumária, não restou demonstrada – Reforma da decisão agravada – Dá-se provimento ao recurso. (TJSP – Agravo de Instrumento nº 2191948-41.2016.8.26.0000 – Guarulhos – 1ª Câmara de Direito Privado – Rel. Des. Christine Santini – DJ 17.02.2017).

CONDOMÍNIO

EMENTA: Ação de extinção de condomínio cumulada com pedido de alienação de imóvel – Ação improcedente – Partes que não são proprietárias do bem em litígio – Registro do formal de partilha no registro de imóveis – Necessidade – Inteligência do art. 1245 do Código Civil – Sentença mantida – Recurso não provido. (TJSP – Apelação Cível nº 1003840-08.2014.8.26.0132 – Catanduva – 6ª Câmara de Direito Privado – Rel. Des. Ana Maria Baldy – DJ 22.03.2017)

INVENTÁRIO

EMENTA: Inventário – Indeferimento do pedido de redução da base de cálculo do ITCMD – Inadequação – Não obstante o disposto no artigo 12 da Lei Estadual nº 10.705/00, os herdeiros respondem pelas dívidas deixadas pelo falecido, nos limites da herança, consoante os artigos 1.792 e 1.997 do Código Civil – Razoabilidade de que, da base de cálculo do ITCMD, sejam excluídas as dívidas do espólio – Precedentes deste Tribunal – Recurso provido (TJSP – Agravo de Instrumento nº 2204322-89.2016.8.26.0000 – Marília – 7ª Câmara de Direito Privado – Rel. Des. Luis Mario Galbetti – DJ 27.03.2017)

EMENTA: Inventário de bens – Atribuição à viúva meeira de parcela da nua-propriedade e do usufruto vitalício sobre a totalidade dos bens – Inexistência de óbice à manutenção do usufruto como parte da meação da viúva, com atribuição de parte da nua propriedade aos filhos – Diferenciação entre condomínio civil e aquisição conjunta – Nesta última, que decorre do regime de bens ou convivência, a especialização da meação só ocorre na ruptura do vínculo: morte, divórcio, separação – Não há óbice para que esta especialização se faça de forma a recair o usufruto sobre a totalidade de bens, com atribuição aos herdeiros, concordes, da nua-propriedade – Recurso, por meu voto, provido (TJSP – Agravo de Instrumento nº 2231994-72.2016.8.26.0000 – São Paulo – 7ª Câmara de Direito Privado – Rel. Des. Luís Mário Galbetti – DJ 21.03.2017)

ITBI

EMENTA: Apelação cível/reexame necessário – Mandado de segurança – ITBI – Cobrança do tributo com base no valor "venal de referência" instituído pela Lei Municipal nº 14.256/2006 – Impossibilidade – 1) Preliminar de inadequação da via eleita afastada – 2) ITBI – Lei Municipal nº 14.256/06 – Declaração de inconstitucionalidade dos artigos 7º-A, 7º-B e 12, da Lei nº 11.154/91, do Município de São Paulo, pelo Órgão Especial do Tribunal de Justiça – Pode o Município, no entanto, valer-se do art. 148 do CTN quando entender que o valor declarado pelas partes esteja em desacordo com o mercado imobiliário, podendo nesta hipótese arbitrar a base de cálculo para efeito de pagamento de ITBI mediante o devido processo, atendido o princípio do contraditório – Sentença mantida – Recursos improvidos. (TJSP – Apelação / Reexame Necessário nº 1002152-83.2016.8.26.0053 – São Paulo – 15ª Câmara de Direito Privado – Rel. Des. Eutálio Porto – DJ 20.03.2017)

EMENTA: Apelação cível – Ação de repetição de indébito – ITBI – Escritura de divórcio – Exação, no caso, indevida – Partilha patrimonial equânime – Idênticos os quinhões de ambos os cônjuges – Inocorrência de transmissão onerosa – Casamento sob o regime da comunhão universal – Aspectos que afastam a juridicidade da exação perpetrada pelo fisco municipal – Devolução das somas pagas a título de ITBI – Sentença de improcedência reformada – Dá-se provimento ao recurso dos autores. (TJSP – Apelação Cível nº 0000918-90.2015.8.26.0062 – Bariri – 18ª Câmara de Direito Público – Rel. Des. Beatriz Braga – DJ 16.03.2017)

EMENTA: Apelação – Mandado de segurança – ITBI – Município de São Paulo – Pretendida isenção do tributo por sócio retirante quanto à imóvel dado como pagamento dos haveres correspondentes a sua cota social – Inocorrência de extinção da pessoa jurídica – Imposto devido – Inteligência do artigo 156, § 2º, inciso I da Constituição Federal – Fato gerador que somente ocorre no momento do registro do título translativo no registro de imóveis – Recurso provido em parte. (TJSP – Apelação Cível nº 1002620-47.2016.8.26.0053 – São Paulo – 15ª Câmara de Direito Público – Rel. Des. Rezende Silveira – DJ 16.03.2017)

EMENTA: Apelação cível – Ação de repetição de indébito – ITBI – Pretendido reconhecimento de isenção, nos termos do art. 3º da Lei Municipal nº 10.086/89 – Isenção de ITBI para unidades habitacionais de até 70 m2, vinculadas a programas oficiais de habitação – Imóvel inserido no Programa Minha Casa, Minha Vida – Metragem que se refere apenas à área útil da unidade habitacional, desconsiderando as áreas externas ou comuns – Inteligência do art. 111 do CTN – Precedentes do TJSP – Sentença mantida – Recurso improvido. (TJSP – Apelação Cível nº 1005465-02.2015.8.26.0566 – São Carlos – 15ª Câmara de Direito Público – Rel. Des. Eutálio Porto – DJ 15.03.2017)

ITCMD

EMENTA: Decisão que determinou aos herdeiros que procedam à declaração de ITCMD junto à Secretaria da Fazenda Estadual para que seja possível a transferência do bem – Descabimento – Prévia abertura de procedimento administrativo visando à homologação do cálculo ou de isenção tributária pela FESP foi dispensada – Inteligência do art. 659, §2º, do CPC2015 – Fica, para momento posterior à expedição do alvará, a intimação do fisco para o lançamento administrativo do imposto de transmissão eventualmente incidente – Decisão reformada – Agravo provido (TJSP – Agravo de Instrumento nº 2013407-49.2017.8.26.0000 – Indaiatuba – 8ª Câmara de Direito Privado – Rel. Des. Theodureto Camargo – DJ 23.03.2017)

EMENTA: ITCMD – Doação em dinheiro realizada por pessoa residente no exterior – Incidência de Imposto sobre doação de bens (ITCMD) – Impossibilidade – Artigo 155, § 1º, inciso III, alínea "a", da CF – Cobrança do tributo que depende da edição de lei complementar federal, conforme decidido pelo Órgão Especial em incidente de inconstitucionalidade – Segurança concedida – Recurso voluntário e reexame necessário a que se nega seguimento – Aplicação do art. 557 do CPC. (TJSP – Agravo de Instrumento nº 1029889-32.2014.8.26.0053 – São Paulo – 10ª Câmara de Direito Público – Rel. Des. Torres de Carvalho – DJ 22.01.2017)

EMENTA: Apelação – Ação anulatória – ITCMD – Erro no preenchimento da declaração do IRPF – Pretensão inicial do autor voltada à anulação de crédito de ITCMD lançado pela administração tributária em razão de suposta doação de bens omitida pelo contribuinte e apurada em análise de sua declaração anual do IRPF – Admissibilidade – Preenchimento equivocado da declaração do imposto de renda pelo contribuinte que confere presunção relativa de legitimidade do lançamento do ITCMD – Presunção, contudo, afastada em confronto com os elementos de informação coligidos aos autos – Comprovação do equívoco por parte do contribuinte, demonstrando-se a inexistência de doação que pudesse servir de hipótese legítima para a incidência do ITCMD – Sentença de procedência da ação mantida – Recurso da Fazenda Estadual desprovido. (TJSP – Apelação Cível nº 1001228-87.2015.8.26.0318 – Leme – 4ª Câmara de Direito Público – Rel. Des. Paulo Barcellos Gatti – DJ 15.03.2017)

EMENTA: Mandado de segurança – ITCMD – Base de cálculo – Pretensão destinada a afastar a exigibilidade de recolhimento do ITCMD nos termos do Decreto Estadual nº 55.002/2009 – Concessão da segurança – Manutenção – Recolhimento do ITCMD que deve ser efetuado adotando-se como valor venal o da base de cálculo do ITR, nos termos do disposto no artigo 13, inciso II, da Lei nº 10.705/00 – Inadmissibilidade de alteração da base de cálculo por decreto – Princípio da Reserva Legal – Ofensa ao artigo 150, inciso I, da Constituição Federal, e ao artigo 97, inciso II, §1º, do Código Tributário Nacional – Precedentes – Reexame necessário não acolhido e recurso voluntário não provido. (TJSP – Apelação Cível nº 0001462-21.2015.8.26.0372 – Piracicaba – 11ª Câmara de Direito Público – Rel. Des. José Jarbas de Aguiar Gomes – DJ 15.03.2017)

EMENTA: Execução fiscal – ITCMD – Imposto incidente sobre doação – Prova do pagamento – Guia de arrecadação preenchida com incorreção – Utilização de número de CPF de contribuinte diverso – Contudo, desnecessidade de suspensão do processo para apuração administrativa do pagamento – Sentença de extinção mantida – Recurso improvido. (TJSP – Apelação Cível nº 1540765-09.2014.8.26.0014 – São Paulo – 4ª Câmara de Direito Público – Rel. Des. Luis Fernando Camargo de Barros Vidal – DJ 13.03.2017).

EMENTA: Apelação e reexame necessário – Mandado de segurança – Exigência fiscal, relativa à base de cálculo do ITCMD, para que corresponda ao valor de mercado do imóvel – Pretensão de que a base de cálculo corresponda ao valor venal apurado para fins de IPTU – Concessão da segurança – Pretensão de reforma – Impossibilidade – Base de cálculo do ITCMD que deve ser calculada pelo valor venal do imóvel, nos termos da Lei Estadual nº 10.705/2000 – Impossibilidade de conviverem dois valores venais distintos, sob pena de ofensa ao princípio da segurança jurídica – Jurisprudência deste E. Tribunal de Justiça e desta Col. Câmara – Recurso não provido, com solução extensiva ao reexame necessário. (TJSP – Apelação / Reexame Necessário nº 1036219-74.2016.8.26.0053 – São Paulo – 6ª Câmara de Direito Público – Rel. Des. Maria Olívia Alves – DJ 13.03.2017)

EMENTA: Mandado de segurança – ITCMD – Bens do exterior, herdados por falecimento da avó, que residia na Alemanha – Inexigibilidade – Inconstitucionalidade do artigo 4º da Lei Estadual 10705/2000, em face do artigo 155, § 1º, III, da Constituição Federal – Precedente do Órgão Especial desta Corte – Segurança concedida – Recurso não provido. (TJSP – Apelação / Reexame Necessário nº 1000401-80.2016.8.26.0564 – São Bernardo do

Campo – 12ª Câmara de Direito Público – Rel. Des. Edson Ferreira – DJ 09.03.2017)

EMENTA: Inventário - ITCMD - Pedido de isenção - Possibilidade de decisão nos autos de inventário - Recurso Especial Repetitivo nº 1.150.356/SP - Transmissão de 1/3 do bem imóvel - Tributo que deve incidir sobre o percentual transmitido, e não sobre o valor venal total - Arts. 38, CTN, e 9º, Lei nº 10.705/00 - Herdeiros que fazem jus à isenção - Art. 6º, I, b, Lei nº 10.705/00 - Decisão reformada - Recurso provido. (TJSP - Agravo de Instrumento nº 2192785-96.2016.8.26.0000 - São João da Boa Vista - 5ª Câmara de Direito Privado - Rel. Des. Fernanda Gomes Camacho - DJ 03.03.2017).

EMENTA: Mandado de segurança - ITCMD - Imóvel urbano - Base de cálculo - Fixação do valor venal correspondente ao valor de referência para fins de cálculo do ITBI, conforme o Decreto nº 55.002/09 que viola a legalidade tributária - Art. 9º e art. 13 da Lei nº 10.705/00 - Multa sobre o imposto diante do atraso na abertura do inventário - Regra aplicável também aos inventários extrajudiciais - Sentença que concedeu parcialmente a segurança mantida - Recursos improvidos. (TJSP - Apelação Cível nº 1049577-43.2015.8.26.0053 - São Paulo - 4ª Câmara de Direito Público - Rel. Des. Luis Fernando Camargo de Barros Vidal - DJ 01.03.2017).

EMENTA: Obrigação de fazer - Ação julgada procedente para determinar que o réu outorgue a escritura pública e registro da doação, sob suas expensas - Acordo que silencia a respeito - ITBI que é de responsabilidade do donatário (art. 8º, III, da Lei nº 10.705/2000) - Escritura pública dispensável, eis que há sentença homologatória de acordo em separação judicial tem a mesma eficácia - Aplicação, por analogia, do artigo 490 do Código Civil quanto às despesas de registro aos donatários - Sucumbência mínima - Pedido dos autores substancialmente atendidos - Imposição das custas e honorários de advogado integralmente ao réu (art. 21 do CPC/1973) - Recurso parcialmente provido. (TJSP - Apelação Cível nº 0001522-65.2015.8.26.0025 - Angatuba - 10ª Câmara de Direito Privado - Rel. Des. José Araldo da Costa Telles - DJ 23.02.2017)

EMENTA: Apelação e recurso ex officio - Mandado de segurança - ITBI - Município de Santo Antonio do Jardim - Base de cálculo que é o valor venal dos bens ou direitos transmitidos - Artigo 38 do CTN - Imposto cujo lançamento ocorre por homologação - Fisco que, no entanto, poderá arbitrar o valor caso verifique, através de regular processo administrativo, que o valor informado pelo contribuinte é irregular - Inteligência do artigo 148 do CTN - Fisco que, entretanto, procedeu a avaliação sem abertura de procedimento administrativo e possibilidade de contraditório - Sentença mantida - Recursos improvidos. (TJSP - Apelação Cível nº 1001251-59.2015.8.26.0180 - Espírito Santo do Pinhal - 15ª Câmara de Direito Público - Rel. Des. Rezende Silveira - DJ 01.02.2017).

EMENTA: Embargos de declaração - Mandado de segurança - Apelação - Base de cálculo do ITCMD - Valor venal do imóvel, constante do ITR - Incidência do artigo 38 do CTN e artigos 9º, § 1º e 13, inciso I, da Lei Estadual nº 10.750/02 - Dispensa da avaliação administrativa ou judicial dos bens, a menos que haja exigência legal - Inocorrência - Precedentes deste Tribunal de Justiça - Segurança concedida - Recurso não provido - Embargos de declaração rejeitados. (TJSP - Embargos de Declaração nº 1000062-54.2016.8.26.0554/50000 - Santo André - 10ª Câmara de Direito Público - Rel. Des. Antonio Celso Aguilar Cortez - DJ 30.01.2017).

EMENTA: Recursos de apelação e *ex officio* em mandado de segurança - Tributário - ITCMD - Bem imóvel - Determinação de valor venal de imóvel para cobrança de Imposto sobre Transmissão Causa Mortis e Doação de Quaisquer Bens ou Direitos - ITCMD, com adoção de base de cálculo de ITBI, nos termos do que dispõe o Decreto Estadual n° 55.002/09 - Alteração de base de cálculo e subsequente majoração de tributo que só pode ser realizada por meio de lei - Ofensa ao princípio da Legalidade, violação ao art. 150, inciso I, da Constituição Federal e art. 97, inciso II, §1º, do Código Tributário Nacional - Sentença concessiva da segurança mantida - Recursos desprovidos. (TJSP - Apelação Cível nº 1007185-13.2016.8.26.0099 - Bragança Paulista - 5ª Câmara de Direito Público - Rel. Des. Marcelo Berthe - DJ 30.01.2017)

EMENTA: Apelação - Ação anulatória de débito fiscal - ITCMD - Base de cálculo - Quotas de sociedade limitada - Valor patrimonial - Lei Estadual nº 10.705/00, com alterações da Lei nº 10.992/2001, que não determina o valor patrimonial da quota a ser utilizado como base de cálculo do imposto - Inexistência de proibição legal à utilização do valor patrimonial contábil utilizado pela autora - Precedentes - Sentença de improcedência reformada - Recurso provido. (TJSP - Apelação Cível nº 1019573-57.2014.8.26.0053 - São Paulo - 5ª Câmara de Direito Público - Rel. Des. Heloísa Martins Mimessi - DJ 30.01.2017).

REGIME DE BENS

EMENTA: Casamento – Regime de bens – Pedido de alteração – Regra instituída pelo art. 1.639, § 2º, do Código Civil vigente – Hipótese, porém, em que um dos cônjuges é interditado por incapacidade decorrente de acidente automobilístico – Impossibilidade do consenso exigido pela legislação civil – Justificativas apresentadas pela autora, porém, que autorizam a excepcional aplicação da regra ao caso dos autos – Modificação autorizada, a partir da data do acórdão – Ação julgada procedente em parte – Recurso da autora parcialmente provido. (TJSP – Apelação Cível nº 1029960-14.2014.8.26.0577 – São José dos Campos – 1ª Câmara de Direito Privado – Rel. Des. Augusto Rezende – DJ 13.03.2017).

RESERVA LEGAL

EMENTA: Ação ambiental – Presidente Venceslau – Fazenda São José (ou Fazenda Traituba) – Recomposição das áreas de preservação permanente – Instituição, averbação e recomposição da área de reserva legal – 1. LF nº 12.651/12. A 1ª Câmara Ambiental não tem entrevisto a inconstitucionalidade mencionada pelo Ministério Público e por isso tem mandado aplicar a LF nº 12.651/12. Poder-se-ia afastar a aplicação da lei nova no caso concreto, caso demonstrado o prejuízo aos processos ecológicos essenciais; mas não em uma impugnação à lei em tese, com pedido de inconstitucionalidade 'principaliter' e não incidental, enfocando diversos dispositivos da lei sem que se saiba de que modo cada um deles se amolda à propriedade rural objeto da lide – 2. Reserva legal. Área de preservação permanente. Não há inconstitucionalidade no art. 15 da LF nº 12.651/12 nem se vê nele ofensa ao princípio do não retrocesso ambiental, que não se refere à lei em tese, mas à sua aplicação no caso concreto. A área de preservação permanente, se florestada, pode ser incluída no cômputo da reserva legal. Previsão no Código Florestal revogado (art. 16, § 6º), mantida no novo Código (art. 17). Possibilidade reconhecida, mas sua efetivação e requisitos deverão ser analisados pelo órgão ambiental – 3. Reserva legal. Averbação. Inscrição no CAR. O art. 29, § 3º da LF nº 12.651/12 prevê que a inscrição no CAR será obrigatória para todas as propriedades e posses rurais, devendo ser requerida no prazo de um ano contado da sua implantação, prorrogável, uma única vez, por igual período por ato do Chefe do Poder Executivo; a Instrução Normativa nº 2/2014 do Ministério do Meio Ambiente foi publicada em 6-5-2014, a partir de quando se considera definitivamente implantado o CAR. Corréus que demonstraram a inscrição do imóvel no CAR e a delimitação da área protegida, a dispensar a averbação da reserva legal no cartório de registro de imóveis – 4. Área consolidada. Dispensa da recomposição. O art. 68 da LF nº 12.651/12, claro retrocesso ambiental, não tem a aplicação singela proposta pela ré; exige a demonstração da época em que a vegetação foi suprimida e da legislação então vigente, que remonta ao tempo do Império ou da República. Análise de aplicação do dispositivo que ficará a cargo do órgão ambiental. Solução encontrada pelo juízo 'a quo' que se mostra apropriada e fica mantida – 5. Recomposição. Apresentação de projeto de restauração das áreas de preservação permanente ao órgão ambiental anteriormente ao ajuizamento da ação. Sentença que impõe obrigações mais amplas, sobretudo no que concerne á recomposição da reserva legal. Necessidade de apresentação de novo projeto que abarque a obrigação de recomposição da reserva legal ou de complementação do projeto já submetido ao Órgão Ambiental, caso seja tecnicamente possível. Determinação que não se limita à apresentação do projeto, mas também à efetiva recuperação da área – 6. LE nº 9.989/98. Revogação. A recomposição das APP e da reserva legal deverá obedecer ao projeto aprovado pelo órgão ambiental, no prazo estabelecido no novo Código Florestal ou outro justificado pelo órgão, de acordo com a lei vigente. Procedência parcial. Recurso do Ministério Público e dos réus desprovidos – 7. Multa. A multa arbitrada na sentença foge à periodicidade que a Câmara Ambiental tem usualmente estabelecido; fixo-a em R$-1.000,00 por semana ou fração, podendo ser modificada para mais ou para menos conforme as circunstâncias exigirem – Procedência parcial – Recurso do autor desprovido – Recurso dos réus parcialmente provido. (TJSP – Apelação Cível nº 0002637-31.2015.8.26.0346 – Martinópolis – 1ª Câmara Reservada ao Meio Ambiente – Rel. Des. Torres de Carvalho – DJ 20.03.2017)

EMENTA: Ação civil pública – Matão – Fazenda São José do Matãozinho – Incêndio em área de preservação permanente – Degradação – Instituição, demarcação, recuperação e averbação de reserva legal – Indenização – (...) – 3. Reserva legal. Área de preservação permanente. A área de preservação permanente, se florestada, pode ser incluída no cômputo da reserva legal. Previsão no Código Florestal revogado (art. 16, § 6º), mantida no novo Código (art. 17). Possibilidade reconhecida, mas sua efetivação e requisitos deverão ser analisados pelo órgão ambiental. 4. Reserva legal. Averbação. Inscrição no CAR. O art. 29, § 3º da LF nº 12.651/12 prevê que a inscrição no CAR será obrigatória para todas as propriedades e posses rurais, devendo ser requerida no prazo de um ano contado da sua implantação, prorrogável, uma única vez, por igual período por ato do Chefe do Poder Executivo; a Instrução Normativa nº 2/2014 do Ministério do Meio Ambiente foi publicada em 6-5-2014, a partir de quando se considera definitivamente implantado o CAR. Demonstrada a efetiva inscrição e localização da reserva legal do imóvel no CAR, fica dispensada a averbação da reserva legal no Cartório de Registro de Imóveis. O dever de instituição e recomposição da reserva legal, contudo, independem da inscrição do imóvel no CAR. (...). (TJSP – Apelação Cível nº 0003841-49.2011.8.26.0347 – Matão – 1ª Câmara Reservada ao Meio Ambiente – Rel. Des. Torres de Carvalho – DJ 06.03.2017).

EMENTA: Ação civil pública ambiental – Tutela antecipada – Instituição de reserva legal – Regras autoaplicáveis – Possibilidade de cômputo da área de preservação permanente na reserva legal (art. 15 do Código Florestal vigente) – Instituição e regulamentação do Cadastro Ambiental Rural previsto no Novo Código Florestal (Lei nº 12.651/2012), por meio do Decreto nº 8.235, de 5.05.2014, e da Instrução Normativa nº 2/MMA, de 6.05.2014 – Averbação da área – Desnecessidade – Determinação para que se abstenha a ré, todavia, de explorar as áreas de preservação permanente e também as destinadas à reserva legal, salvo em caso de manejo sustentável e com o devido licenciamento – Recurso parcialmente provido para tal fim – I- A instituição de 20% de área de reserva legal, exigência da então Lei n° 4.771/65, também é feita pela Lei n° 12.651/2012 que a revogou, mas agora com a instituição de novas regras, sendo, portanto, plenamente autorizado o cômputo da área de APP na reserva legal, desde que preenchidos os requisitos do art. 15 da aludida lei. Ademais, a área de reserva legal pode ser utilizada sob regime de manejo florestal sustentável, conforme preceitua o art. 20 da atual lei, sendo que sua localização deve ser aprovada pelo órgão ambiental competente e, quanto à regularização, esta poderá se dar na forma de recomposição, permissão de regeneração natural ou compensação (art. 66), atentando-se para os novos prazos concedidos para a recuperação e realização da reserva legal (arts. 29 e seguintes do Novo Código Florestal) – II- Dispõe expressamente o Código Florestal (Lei nº 12.651/2012, com redação dada pela Lei nº 12.727/2012) que a reserva legal deve ser registrada tão-somente no CAR (Cadastro Ambiental Rural) e que tal registro desobriga a averbação no Cartório de Registro de Imóveis. Assim, deve tal procedimento ser executado em conformidade com as recentes publicações do Decreto nº 8.235, de 5 de maio de 2014, e da Instrução Normativa nº 2/MMA, de 6 de maio de 2014, que estabelecem procedimentos a ser adotados para a inscrição, registro, análise e demonstração das informações ambientais sobre os imóveis rurais no Cadastro Ambiental Rural – CAR, bem como para a disponibilização e integração dos dados no Sistema de Cadastro Ambiental Rural – SICAR, registro público eletrônico de âmbito nacional, de forma a instrumentalizar as normas contidas na Lei nº 12.651/12 – III- Considerando a comprovação, ao menos neste momento de cognição sumária, de que não se encontram preservadas as áreas de preservação permanente e de reserva legal, de rigor a determinação para que se abstenha a ré de explorar tais áreas, salvo em casos de manejo sustentável e mediante prévio licenciamento ambiental. (TJSP – Agravo de Instrumento nº 2176223-12.2016.8.26.0000 – Itatiba – 2ª Câmara Reservada ao Meio Ambiente – Rel. Des. Paulo Celso Ayrosa M. Andrade – DJ 21.02.2017).

EMENTA: Ação civil pública ambiental – Objetivo de impor ao réu a obrigação de recompor as áreas de preservação permanente e instituir as de reserva legal de imóvel rural – Dever a ser cumprido nos termos do Novo Código Florestal (Lei n° 12651/2012), norma de ordem pública e de aplicabilidade imediata – Inconstitucionalidade de dispositivos do citado diploma afastada – Prescindibilidade da averbação da área de reserva legal no cartório de registro de imóveis, desde que haja o respectivo registo no CAR (órgão já implantado, segundo a Instrução Normativa n° 2 do Ministério do Meio Ambiente) – Prova documental inapta a demonstrar que a propriedade perfaz área rural consolidada, nos termos do artigo 68 da Lei n° 12.651/2012 – Sentença mantida – Recurso desprovido. (TJSP – Apelação Cível nº 0003053-58.2011.8.26.0210 – Guaíra – 2ª Câmara

Reservada ao Meio Ambiente – Rel. Des. Paulo Alcides Amaral Salles – DJ 20.02.2017).

3.5.5 TABELIONATO DE PROTESTO

CANCELAMENTO

EMENTA: Cancelamento de protestos – Custas e emolumentos – Determinado, por sentença transitada em julgado, o cancelamento definitivo do protesto das duplicatas – Informado pelo tabelião que o cancelamento dos protestos será efetivado após o recolhimento das custas e emolumentos devidos pela prática de tal ato – Pretendido pela agravante o cancelamento dos protestos independentemente do prévio pagamento dos emolumentos – Descabimento – Arts. 26, § 3º, e 37 da Lei 9.492/1997 – Impossibilidade de se transferir ao tabelião o ônus de cobrar, posteriormente, os emolumentos da agravada, como sugerido pela agravante – Cancelamento de protestos – Custas e emolumentos – Protestos indevidos – Agravante que não deu causa aos protestos – Responsabilidade da agravada, apresentante dos títulos, pelo cancelamento dos protestos, devendo ser imputado a ela o pagamento das custas e emolumentos – Facultado ao agravante o recolhimento de tal verba, caso a agravada assim não proceda, com a inclusão dessa despesa no montante da condenação – Afastada a exigência do recolhimento, pela agravante, das custas e emolumentos – Agravo provido em parte – Agravo interno – Pretendido pela agravante que seja outorgado efeito ativo ao agravo de instrumento – Caso em que será apreciado o mérito deste recurso – Reexame da medida liminar superado – Agravo interno prejudicado. (TJSP – Agravo de Instrumento nº 2155909-11.2017.8.26.0000 – São Paulo – 23ª Câmara de Direito Privado – Rel. Des. José Marcos Marrone – DJ 08.11.2017)

PROTESTO E CDA

EMENTA: Agravo de instrumento – Ação anulatória de débito fiscal – ITCMD – Protesto de CDA – Decisão que indeferiu a tutela antecipada para a sustação do protesto da Certidão da Dívida Ativa nº 1.183.726.063 – Pleito de reforma da decisão – Não cabimento – Protesto de CDA – Legalidade e constitucionalidade reconhecidas – CDA que possui presunção de certeza e liquidez – Alegação da agravante de que a doação de cotas da empresa Casa Rocha Agropecuária Ltda. Nunca se concretizou e que a doação de cotas da empresa BER – Brasil Energia Renovável Participações Ltda. foi efetivada em quantidade e valores menores do que constam da Declaração de Imposto de Renda – Necessidade de instauração do contraditório para o esclarecimento dos fatos – Decisão mantida – Recurso não provido. (TJSP – Agravo de Instrumento nº 2211414-21.2016.8.26.0000 – São Paulo – 3ª Câmara de Direito Público – Rel. Des. Kleber Leyser de Aquino – DJ 27.03.2017)

PROTESTO DE DUPLICATA

EMENTA: Duplicata – Nula e inexigível a duplicata, por indicação, protestada, identificada respectivo instrumento emitido pelo tabelionato de protesto, com nº 053470101, no valor de R$ 2.800,00, nos termos da LF 5.474/68 (arts. 1º, 2º, 15 e 20, § 3º), visto que não exibidos pela sacadora fatura ou nota fiscal fatura correspondente à cártula em questão – Válida e exigível a duplicata, por indicação, protestada, identificada respectivo instrumento emitido pelo tabelionato de protesto, com nº 054590101, no valor de R$ 1.120,00, porque ela não padece de nulidade, porquanto, como título de crédito, é hígida, tem causa e nada há que implique em inexigibilidade, nem que autorize a declaração de inexistência do débito, visto que caracterizado o "aceite por presunção", porquanto: (i) a parte ré sacadora comprovou o vínculo contratual que autoriza a cobrança dos serviços prestados e a efetiva prestação dos serviços, exibiu a nota fiscal fatura correspondente, o que satisfaz os requisitos previstos no art. 1º, 2º, 15, !!, e 20, §§ 1º a 3º, da LF 5.454/68, para a emissão de duplicatas de prestação de serviços; e (ii) não configurada hipótese de recusa de aceite, por qualquer uma das razões do art. 21, da LF 5.454/68 – Como foi comprovada a satisfação dos requisitos legais previstos na LF 5.454/68, para o reconhecimento da licitude do saque, do "aceite por presunção" e do protesto de duplicata de prestação de serviços, por indicação, apontada para protesto, é incabível o reconhecimento da nulidade da cártula supra identificada no respectivo instrumento de protesto emitido pelo tabelionato de protesto de fls. 51, com nº 054590101, no valor de R$ 1.120,00, pelo simples fato de constar do tabelionato de protesto, a expressão "Dupl. Mercantil Por Indicação" – Em consequência: (a) mantida a r. sentença, quanto ao julgamento de procedência dos embargos do devedor, para extinguir a execução da duplicata, por indicação, protestada, identificada respectivo instrumento emitido pelo tabelionato de protesto, com nº 053470101, no valor de R$ 2.800,00, nos termos da LF 5.474/68 (arts. 1º, 2º, 15 e 20, § 3º), porque execução promovida com base em título que não apresenta os atributos previstos no art. 783, do CPC/2015, correspondente ao art. 586, do CPC/1973, para o título executivo extrajudicial, como acontece na espécie, com relação às cártula em questão deve ser extinta, por ser nula (CPC/2015, art. 803, I, correspondente ao CPC/1973, art. 618, I); e (ii) reformada a r. sentença, para julgar procedentes, em parte, os embargos do devedor, para determinar o prosseguimento da execução da duplicata, por indicação, protestada, identificada respectivo instrumento emitido pelo tabelionato de protesto, com nº 054590101, no valor de R$ 1.120,00, porque, afastadas as alegações deduzidas pela apelada e não demonstrada a inexistência, nem a iliquidez, nem a inexigibilidade da cártula em questão, de rigor, o reconhecimento de que ela constitui título executivo líquido, certo e exigível, como estabelecido no art. 585, I, do CPC, e legítima a sua execução, cabendo à parte devedora realizar o pagamento do títulos ao credor – Recurso provido, em parte. (TJSP – Apelação Cível nº 0011894-67.2013.8.26.0664 – Votuporanga – 20ª Câmara de Direito Privado – Rel. Des. Manoel Ricardo Rebello Pinho – DJ 08.03.2017)

EMENTA: Protesto – Duplicata – Prazo – Hipótese em que não é atribuição do tabelião verificar a prescrição ou caducidade do título – Recurso improvido – Protesto – Intimação por edital – Regularidade que se presume em virtude da fé pública do tabelião – Recurso improvido. (TJSP – Apelação Cível nº 1015523-23.2015.8.26.0224 – Guarulhos – 23ª Câmara de Direito Privado – Rel. Des. J. B. Franco de Godoi – DJ 14.03.2017)

PROTESTO DE NOTA PROMISSÓRIA

EMENTA: Nota promissória – Devedor residente fora da competência territorial do tabelionato – Intimação por edital nos termos do artigo 15 da Lei nº 9492/97 – Improcedência do pedido em primeiro grau – Manutenção do julgado no tribunal – Interposição de Recurso Especial – Submissão dos autos a novo julgamento pela Câmara por força do art. 543-C do CPC/1973, correlato ao art. 1.040, II, CPC/2015 – Retratação do anterior acórdão para conciliar com o novo entendimento da Corte Superior – Inadmissibilidade – Protestado que reside noutro município – Tabelião que ao determinar a intimação do protesto por edital, não vislumbrou afronta ao entendimento da Corte Superior – Nova orientação do C. STJ sobre o tema que, a despeito da dicção do artigo 15 da Lei nº 9492/97, vislumbra a necessidade de esgotar a via postal de intimação mesmo para o caso de devedor residente noutro município – Improcedência da ação indenizatória mantida – Recurso não provido – Não é possível retroagir entendimento novo e com ele prejudicar quem praticou ato com base em precedente ou em jurisprudência pacífica, pois isso consistiria verdadeiro despropósito, por afrontar a confiança justificada e a segurança jurídica – Se nem a própria lei pode retroagir para atingir situações processuais já consolidadas (art. 14, CPC/2015), muito menos pode a simples orientação jurisprudencial. (TJSP – Apelação Cível nº 0039766-93.2014.8.26.0576 – São José do Rio Preto – 11ª Câmara de Direito Privado – Rel. Des. Gilberto dos Santos – DJ 17.03.2017)

EDITORA JusPODIVM
www.editorajuspodivm.com.br

Impressão e acabamento:

impress
gráfica e editora

CARTÓRIOS SÃO PAULO

Preparação para 2ª fase

Martha El Debs

CARTÓRIOS SÃO PAULO

Preparação para 2ª fase

TOMO 2

• Decisões • Enunciados • Questões
(dissertação, peças práticas e discursivas)

4ª edição
Revista, ampliada
e atualizada

2022

EDITORA JusPODIVM
www.editorajuspodivm.com.br

EDITORA *Jus*PODIVM
www.editorajuspodivm.com.br

Rua Canuto Saraiva, 131 – Mooca – CEP: 03113-010 – São Paulo – São Paulo
Tel: (11) 3582.5757
• Contato: https://www.editorajuspodivm.com.br/sac

Capa e diagramação: Maitê Coelho e Cendi Coelho *(cendicoelho@gmail.com)*

El Debs, Martha..

E37c Cartórios São Paulo – Preparação para 2ª Fase: Decisões, Enunciados e Questões (Dissertação, Peças Práticas e Discursivas) / Martha El Debs – 4. ed. rev., ampl. e atual. – São Paulo: Editora JusPodivm, 2022.

3104 p.

ISBN 978-85-442-3737-3

1. Provas de Seleção. 2. Direito Notarial. 3. Cartórios I. El Debs, Martha. II. Título.

CDD 341.33312

NOTA DA AUTORA À 4ª EDIÇÃO

O presente trabalho foi idealizado para auxiliar o candidato a alcançar o seu grande objetivo: lograr êxito no concurso de cartório (Outorga de Delegação de Notas e de Registros) do Estado de São Paulo, bem como ser útil no dia a dia da atividade. Tomou-se em conta a consabida necessidade de agregação de material singular, normativo de índole estadual, dada sua relevância e valia por ser muito cobrado neste concurso, destacada a carência de obras neste segmento.

Compilou-se material de extensão inédita no mercado, com o escopo de propiciar um estudo profundo e específico aos candidatos ao concurso público de Outorga de Delegações do Estado de São Paulo, bem como auxiliar nas pesquisas daqueles que militam na área notarial e registral deste Estado – tabeliães, registradores, escreventes, advogados, promotores de justiça, juízes, despachantes, corretores etc.

Nessa ordem de ideias, esta coletânea contém as decisões na íntegra do Conselho Superior da Magistratura e da Corregedoria Geral da Justiça do Estado Bandeirante, ementas do Tribunal de Justiça Paulista atinentes à atividade notarial e de registros públicos, decisões das Varas de Registros Públicos de São Paulo, enunciados da Arpen-SP e do Colégio Notarial do Brasil, Seção São Paulo (CNB/SP).

Como diferencial desta edição, os julgados estão divididos por temas e especialidades de serventias: Registro Civil das Pessoas Naturais, Registro de Imóveis, Registro de Títulos e Documentos e Pessoa Jurídica, Tabelionato de Notas, Tabelionato de Protesto e decisões gerais e pertinentes a todas as especialidades, com o escopo de propiciar um estudo organizado, intuitivo, profundo, específico e atual do que tem sido interpretado, nos últimos anos no que tange à matéria notarial e registral.

Dado o peso que a jurisprudência assume no estudo do Direito Notarial e Registral, é fundamental que o candidato cumpra esta etapa necessária de preparação, indispensável para a sua aprovação e o operador do direito mantenha-se constantemente atualizado para o melhor desempenho do seu labor, garantindo-se assim, maior segurança jurídica e eficiência aos atos.

Com o escopo de preparação e treinamento, a obra conta ainda com as provas do 1º ao 11º Concurso para Outorga de Delegação de Notas e de Registros do Estado de São Paulo.

O material foi dividido em dois tomos, com o propósito de agregar ainda mais conteúdo, porém facilitando o manuseio e a portabilidade. Dessa forma, mantenho o compromisso de constante melhoria de meus livros.

Almeja-se que a presente obra auxilie de modo eficiente e adequado o candidato nas diversas etapas deste concurso, bem como a pesquisa dos operadores do direito que militam de forma direta ou indireta na atividade extrajudicial.

Inspiração

São Paulo! Comoção de minha vida...
Os meus amores são flores feitas de original...
Arlequinal!... Traje de losangos... Cinza e ouro...
Luz e bruma... Forno e Inverno morno...
Elegâncias sutis sem escândalos, sem ciúmes...
Perfumes de Paris... Arys!
Bofetadas líricas no Trianon... Algodoal!...
São Paulo! Comoção de minha vida...
Galicismo a berrar nos desertos da América!

Mário de Andrade
(Pauliceia Desvairada, 1922)

SUMÁRIO

PARTE 4

DECISÕES DAS 1ª E 2ª VARAS DE REGISTROS PÚBLICOS DE SÃO PAULO

4.1 DECISÕES DO ANO DE 2022

4.1.1 DECISÕES GERAIS E PERTINENTES A TODAS AS ESPECIALIDADES

DIREITO PREVIDENCIÁRIO E DO TRABALHO APLICADO

Ementa: Sentença – Pedido de Providências – Averiguação de existência de pendências financeiras – Alegação pelo Oficial de que os novos débitos foram contraídos durante o período de Pandemia – Extinção da Delegação Extrajudicial em decorrência da aposentadoria do Titular – Incompetência do presente juízo em relação ao antigo Oficial – Perda do objeto – Arquivamento do feito – Ciência à Interina

Processo 0008457-80.2021.8.26.0100

Pedido de Providências - REGISTROS PÚBLICOS - J.V.R.P. - M.M.S. e outro - Juiz(a) de Direito: Dr(a). Marcelo Benacchio VISTOS, Trata-se de pedido de providências instaurado por esta Corregedoria Permanente a partir de constatações efetuadas durante a Correição Ordinária do ano de 2020, efetuada na modalidade remota, nos termos do Parecer da Egrégia Corregedoria Geral da Justiça n. 462/2020-E processo CG 2011/116308, junto da serventia afeta ao Senhor Oficial do Registro Civil das Pessoas Naturais do 25º Subdistrito Pari, Capital, no que tange à regularidade do recolhimento de emolumentos. A declaração de débitos, que acompanhou a Ata Correicional de 2020 encontra-se acostada às fls. 04/05. Houve manifestação do Senhor Oficial, confirmando a existência de novos débitos e apontando como planejava realizar os pagamentos (fls. 09/10). Posteriormente, o Senhor Titular tornou aos autos para detalhar os débitos e o planejamento financeiro da serventia para a quitação das pendências (fls. 34/82 e 93/110). Sobreveio a aposentadoria do Senhor Registrador, aos 01.10.2021, conforme informação de fls. 123/124. O Ministério Público acompanhou o expediente e destacou que a iniciativa do pagamento das dívidas compete ao ex-Titular junto dos órgãos interessados (fls. 133). É o breve relatório. Decido. O presente expediente foi instaurado para averiguar a existência de pendências financeiras para além daquelas já constatadas no bojo do Processo Administrativo de nº 00799-88.2018.8.26.0100. O Senhor Oficial confirmou a existência dos novos débitos, que alegou ter contraído durante o período de pandemia. Ademais, referiu dificuldades financeiras para a imediata quitação das dívidas. Entrementes ocorreu a extinção da Delegação Extrajudicial em decorrência da aposentadoria do Senhor Titular, inclusive já tendo havido a nomeação de interino. Destaco que com a extinção da delegação não remanescem poderes desta Corregedoria Permanente em relação ao antigo Oficial. Dessa forma, conforme bem pontuado pela i. Promotora de Justiça, os poderes administrativos desta Corregedoria Permanente não permitem qualquer ato de constrangimento patrimonial em relação ao suposto devedor, que deve agora se relacionar diretamente com os entes credores. Portanto, o presente expediente, que tinha por finalidade acompanhar a regularização dos lançamentos e apurar eventual infração disciplinar do então Oficial, perdeu seu objeto, competindo seu arquivamento. De outra parte, ante a complexidade da documentação e a permanência dos débitos, compete oficiar à Secretaria de Estado da Fazenda e do Planejamento (quanto aos débitos junto ao ESTADO, IPESP e Santa Casa); à Secretaria da Receita Federal; ao INSS e à Prefeitura do Município de São Paulo (em relação ao INSS), para conhecimento das pendências, adotando as providências que tenham por pertinentes. Ante ao exposto, determino o arquivamento deste processo administrativo. Oficie-se à Secretaria de Estado da Fazenda e do Planejamento, Secretaria da Receita Federal, INSS e Prefeitura do Município de São Paulo, com cópia das principais peças dos autos (conforme relatório), servindo a presente como ofício.

Encaminhe-se cópia de fls. 123/129, 133 e desta decisão à Egrégia Corregedoria Geral da Justiça, por e-mail, servindo a presente como ofício. Ciência à Senhora Interina da unidade e ao Ministério Público. P.I.C. - ADV: DIRLENE DE FATIMA RAMOS (OAB 152195/SP) (DJe de 09.02.2022 – SP)

Ementa: Sentença – Pedido de Providências – Instauração do expediente com a finalidade de acompanhar o recolhimento de emolumentos devidos pelo Titular – Perita que atestou a regularização administrativa – Ocorrência da extinção da Delegação Extrajudicial em decorrência da aposentadoria do Titular – Perda do objeto – Arquivamento do feito – Ciência à Interina

Processo 0040000-38.2020.8.26.0100

Pedido de Providências - REGISTROS PÚBLICOS - J.D.V.R.P.C. - R.C.P.N.S.P. - Vistos, Cuida-se de pedido de providências instaurado por esta Corregedoria Permanente para acompanhar o recolhimento de emolumentos devido pelo Sr. Titular da Delegação correspondente ao Oficial de Registro Civil das Pessoas Naturais do 25º Subdistrito do Pari da Comarca da Capital (a fls. 01/386). Houve manifestação do Sr. Oficial (a fls. 390/633, 654/655, 666/1103, 1128/1173) e manifestação da Sra. Perita Contábil (a fls. 1106/1114 e 1185). O Ministério Público acompanhou o expediente, efetuando diversas manifestações (a fls. 637, 648, 659/660, 1117 e 1189). É o breve relatório. Decido. O presente expediente foi instaurado para acompanhar a regularização dos lançamentos nos livros na unidade e pagamento de impostos e emolumentos pelo Sr. Titular da Delegação. Após várias manifestações do então Sr. Titular, a Sra. Perita referiu a regularização dos lançamentos nos livros da unidade (a fls. 1185). Entrementes ocorreu a extinção da Delegação Extrajudicial em decorrência da aposentadoria do Sr. Titular, inclusive já houve a nomeação de interino. Os poderes administrativos desta Corregedoria Permanente não permitem qualquer ato de constrangimento patrimonial em relação ao suposto devedor, assim, o presente expediente tinha por finalidade acompanhar a regularização dos lançamentos e apurar eventual infração disciplinar do então Sr. Oficial; informando os entes públicos credores. Como mencionado, a Sra. Perita atestou a regularização administrativa. De outra parte, com a extinção da delegação não remanescem poderes desta Corregedoria Permanente em relação ao Sr. Antigo Oficial. Nessa perspectiva, houve a perda do objeto deste expediente competindo seu arquivamento. De outra parte, ante a complexidade da documentação e a permanência do pagamento dos débitos, compete oficiar à Secretaria de Estado da Fazenda e do Planejamento, Secretaria da Receita Federal e Prefeitura do Município de São Paulo para conhecimento da regularização em curso, bem como, apurar eventual saldo devedor ainda em aberto, adotando as providências que tenham por pertinentes. Ante ao exposto, determino o arquivamento deste processo administrativo. Oficie-se à Secretaria de Estado da Fazenda e do Planejamento, Secretaria da Receita Federal e Prefeitura do Município de São Paulo com cópia de fls. 390/633, 654/655, 666/1103, 1128/1173, 1106/1114 e 1185. Ciência à Sra. Interina da unidade e ao Ministério Público. Encaminhe-se cópia de fls. 1185 e desta decisão à Egrégia Corregedoria Geral da Justiça, por e-mail, servindo a presente decisão como ofício. P.I. - ADV: DIRLENE DE FATIMA RAMOS (OAB 152195/SP), MAURICIO PEREIRA MUNIZ (OAB 170815/SP) (DJe de 31.01.2022 – SP)

EMOLUMENTOS

Ementa: Sentença – Pedido de Providências – Pedido de expedição de certidão do imóvel sem recolhimento de custas – Alegação pelo Requerente de impossibilidade financeira – Descabimento – Eventual isenção somente pode ser estabelecida por lei específica – Art. 150, §6º, da CF – Ausência de comprovação de existência de decisão judicial específica determinando a gratuidade do ato – Art. 9º da Lei Estadual nº 11.331/02 – Manutenção da exigência – Improcedência

Processo 1135463-53.2021.8.26.0100

Pedido de Providências - Petição intermediária - Denilza Vasconcelos Pereira Félix, - Diante do exposto, JULGO IMPROCEDENTE o pedido, determinando que se dê ciência à parte interessada sobre a disponibilização da certidão pelo Oficial (fls. 22/27). Deste procedimento não decorrem custas, despesas processuais ou honorários advocatícios. Oportunamente, ao arquivo. P.R.I.C. - ADV: ANDRÉ FERREIRA (OAB 346619/SP)

Íntegra da decisão:

SENTENÇA

Processo Digital nº: **1135463-53.2021.8.26.0100**

Classe - Assunto **Pedido de Providências - Petição intermediária**

Requerente: **Denilza Vasconcelos Pereira Félix,**

Requerido: **18º Oficial de Registro de Imóveis da Capital**

Juiz(a) de Direito: Dr(a). **Luciana Carone Nucci Eugênio Mahuad**

Vistos.

Trata-se de pedido de providências formulado por **Denilza Vasconcelos Pereira Félix** em face do **Oficial do 18º Registro de Imóveis da Capital**, pretendendo expedição de certidão do imóvel matriculado sob n. 89.705 daquela serventia sem recolhimento de custas, em razão de impossibilidade financeira e da necessidade do documento para promover ação de usucapião. Juntou documentos às fls. 06/11.

O Registrador, por sua vez, manifestou-se às fls. 18/21, esclarecendo que, segundo o artigo 150, § 6º, da Constituição Federal, eventual isenção de emolumentos notariais e registrais somente pode ser estabelecida por lei específica, sendo que, de acordo com a jurisprudência, a expedição sem custos apenas é possível mediante ordem judicial. A certidão, ainda, assim, foi disponibilizada (fls. 22/27).

Documentos vieram às fls. 22/27.

O Ministério Público opinou pela improcedência (fls. 31/32).

É o relatório.

Fundamento e decido.

No mérito, o pedido é improcedente. Vejamos os motivos.

Os serviços prestados pelas serventias extrajudiciais são remunerados pelos usuários por meio do pagamento de emolumentos, cuja individualização e cobrança, na forma do previsto pelo artigo 236, § 2º, da Constituição da República, foram reguladas pela Lei n. 10.169/2000.

A melhor doutrina ensina que os emolumentos notariais e registrais possuem natureza jurídica de taxa (artigo 145, inciso II, da Constituição Federal):

> *"(...) perante a realidade instituída pelo direito positivo atual, parece-me indiscutível a tese segundo a qual a remuneração dos serviços notariais e de registro, também denominada emolumentos, apresenta natureza específica de taxa. O presente tributo se caracteriza por apresentar, na hipótese da norma, a descrição de um fato revelador de atividade estatal (prestação de serviços notariais e de registros públicos), direta e especificamente dirigida ao contribuinte; além disso, a análise de sua base de cálculo exibe a medida da intensidade da participação do Estado, confirmando tratar-se da espécie taxa..."* (Carvalho, Paulo de Barros. Natureza jurídica e constitucionalidade dos valores exigidos a título de remuneração dos serviços notariais e de registro. Parecer exarado na data de 05.06.2007, a pedido do Sindicato dos Notários e Registradores do Estado de São Paulo - SINOREG).

Outro não é o entendimento jurisprudencial a respeito:

> *"Direito constitucional e tributário. Custas e emolumentos: Serventias Judiciais e Extrajudiciais. Ação direta de inconstitucionalidade da Resolução nº 7, de 30 de junho de 1995, do Tribunal de Justiça do Estado do Paraná: Ato Normativo. (...) 4. O art.145 admite a cobrança de taxas, em razão do exercício do poder de polícia ou pela utilização, efetiva ou potencial, de serviços públicos específicos e divisíveis, prestados ao contribuinte ou postos a sua disposição. Tal conceito abrange não só as custas judiciais, mas também, as extrajudiciais (emolumentos), pois estas resultam, igualmente, se serviço público, ainda qu prestado em caráter particular (art.236). Mas sempre fixadas por lei. No caso presente, a majoração de custas judiciais e extrajudiciais resultou de Resolução do Tribunal de Justiça e não de Lei formal, como o exigido pela Constituição Federal..."* (ADI 1444 PR, Rel. Min. Sydney Sanches, Tribunal Pleno, julgamento em 12/02/2003, D.J. 11/04/2003).

Diante de tal natureza jurídica, certo é que eventual isenção somente poderá ser veiculada por lei específica, conforme dispõe expressamente o artigo 150, § 6º, da Constituição Federal, o que não existe para o caso concreto.

Verifica-se, ademais, que não se comprovou a existência de decisão judicial específica determinando a gratuidade do ato.

A Lei Estadual n. 11.331/02, ao tratar sobre a gratuidade de emolumentos relativos aos serviços notariais e de registro, trouxe limitação neste sentido:

> *"Art. 9º. São gratuitos:*
>
> *I os atos previstos em lei;*
>
> *II - os atos praticados em cumprimento de mandados judiciais expedidos em favor da parte beneficiária da justiça gratuita, sempre que assim for expressamente determinado pelo Juízo"* (grifo nosso).

Neste contexto, plenamente justificada a exigência feita pelo Oficial para expedição do documento (fl. 08).

Note-se que, por ser a certidão da matrícula indispensável para instrução da ação que a parte, hipossuficiente economicamente (fls. 06/07), deseja promover (usucapião), o caminho correto estava em sua propositura, com requerimento, ao juízo competente, de gratuidade processual.

A E. Corregedoria Geral da Justiça, por sinal, já esclareceu que o benefício da assistência judiciária gratuita abrange os emolumentos cobrados pelas serventias extrajudiciais, bastando expressa menção no mandado ou título judicial:

> *"EMOLUMENTOS - ASSISTÊNCIA JUDICIÁRIA GRATUITA - BENEFÍCIO QUE ABRANGE AS CUSTAS E EMOLUMENTOS COBRADOS PELAS SERVENTIAS EXTRAJUDICIAIS - SUFICIÊNCIA DA EXPRESSA MENÇÃO, NO MANDADO OU NO TÍTULO JUDICIAL, DE QUE A PARTE*

É BENEFICIÁRIA DA JUSTIÇA GRATUITA - PRECEDENTES - RECURSO PROVIDO" (CG 2013/134728, Parecer do MM. Juiz Assessor da Corregedoria Dr. Gustavo Henrique Bretas Marzagão, aprovado pelo então Corregedor Geral da Justiça, Desembargador José Renato Nalini).

Confira-se, no corpo do v. acórdão, a solução apontada acima:

"... o Oficial agiu corretamente, nos estritos termos da lei, e, se a certidão é indispensável para instruir a ação de usucapião e não há condição de pagar os emolumentos devidos ao registrador, o recorrente deverá requerer ao juiz da ação de usucapião que oficie ao registrador para tal finalidade".

Vale observar que, ainda assim e por mera liberalidade, o Oficial apresentou a certidão requerida com o devido recolhimento de custas e emolumentos (fls. 22/27), o que confirma a correção de sua atuação e a intenção de colaborar, o que merece reconhecimento.

Diante do exposto, **JULGO IMPROCEDENTE** o pedido, determinando que se dê ciência à parte interessada sobre a disponibilização da certidão pelo Oficial (fls. 22/27).

Deste procedimento não decorrem custas, despesas processuais ou honorários advocatícios.

Oportunamente, ao arquivo.

P.R.I.C.

São Paulo, 19 de janeiro de 2022.

Luciana Carone Nucci Eugênio Mahuad

Juíza de Direito (DJe de 21.01.2022 – SP)

Ementa: Sentença – Pedido de Providências – Alegação de cobrança incorreta – Requerimento de devolução dos valores pagos a maior – Parecer favorável da ARPEN-SP em relação a cobrança efetuada – Alegação pelo Requerente de que a alteração de nome e gênero deveria ser realizada como averbação e não como um procedimento de retificação – Esclarecimento pela titular de que houve a realização de diversos atos internos – Inexistência de cobrança para atos preparatórios – Irregularidade da cobrança em duplicidade – Registradora que seguiu os instrumentos técnicos da CRC – Ausência de má-fé – Determinação para que a Oficial efetue a devolução do valor do procedimento cobrado em excesso – Deferimento do pedido – Ciência à Titular e à ARPEN-SP – Procedência

Processo 1099048-71.2021.8.26.0100

Pedido de Providências - Registro Civil das Pessoas Naturais - I.G.G.S., registrado civilmente como M.A. G.S. - Juiz(a) de Direito: Dr(a). Marcelo Benacchio VISTOS, Trata-se de representação instaurada a partir de comunicação encaminhada pela E. Corregedoria Geral da Justiça, no interesse de I. G. G. S., em face da Senhora Oficial do Registro Civil das Pessoas Naturais do (...)º Subdistrito Saúde, desta Capital, insurgindo-se contra cobrança que entende incorreta e requerendo a devolução dos valores pagos a maior. Os autos foram instruídos com os documentos de fls. 07/28. A Senhora Titular prestou esclarecimentos, às fls. 32/55, e juntou documentos, às fls. 56/239. O Senhor Representante tornou aos autos para reiterar os termos de seu protesto inicial (fls. 242/252, 272/273 e 287/290). Acostou-se parecer da ARPEN-SP, apontando a regularidade da metodologia aplicada à cobrança realizada (fls. 264/266 e 279/283). O Ministério Público apresentou parecer no entendimento de que a cobrança se deu de maneira correta e, assim, opinou pelo arquivamento dos autos (fls. 269). É o relatório. DECIDO. Cuida-se de representação formulada por I. G. G. S., em face da Senhora Oficial do Registro Civil das Pessoas Naturais do (...)º Subdistrito Saúde, desta Capital, insurgindo-se contra cobrança que entende incorreta e requerendo a devolução dos valores pagos a maior. Primeiramente, consigno que a matéria posta em controvérsia no bojo dos presentes autos será apreciada no limitado campo de atribuição desta Corregedoria Permanente, que desempenha, dentre outras atividades, a verificação do cumprimento dos deveres e obrigações dos titulares de delegações afetas a esta 2ª Vara de Registros Públicos da Capital. Bem assim, delimitado o alcance do procedimento, passo à análise da eventual responsabilidade funcional da Senhora Titular. Em suma, consta dos autos que o Senhor Reclamante deu entrada em pedido de retificação de registro junto da Serventia de Registro Civil desta Capital, para que a unidade encaminhasse o feito, via e-protocolo da Central do Registro Civil, ao Ofício de Registro Civil das Pessoas Naturais da Comarca de Várzea Alegre, Ceará. Protesta o Senhor Representante contra alegada cobrança indevida e requer a devolução dos valores pagos a maior, na compreensão de que o trabalho solicitado, a alteração de nome e gênero no registro civil, de acordo com o Provimento CNJ 73/2018, deveria ser feita como uma averbação e não, ao revés, como um procedimento de retificação. A seu turno, a Senhora Titular defendeu a regularidade da cobrança, no sentido de que os emolumentos são devidos a título de procedimento de retificação, regularmente previsto na Tabela de Custas do Estado de São Paulo. Declara, também, que houve a realização de diversos atos internos quando do atendimento ao usuário: com colheita de requerimento e documentos; formação do processo de retificação e análise do mérito da questão, sendo que, nesse caso, também houve o dispêndio relativo à remessa via CRC. Referiu, assim, que a cobrança se dá com base no que se considera procedimento retificatório. A ARPEN-SP, igualmente, apresenta parecer no sentido de que a alteração de nome e gênero no registro civil se cuida de procedimento de retificação, pois envolve análise de documentos e atos de qualificação, a fim de formar o convencimento do Registrador quanto ao pedido. Por fim, o Ministério Público pugnou pelo arquivamento do expediente, no entendimento que não houve falha na prestação do serviço. Pois bem. Há dois pontos diversos a serem enfrentados, pese embora a reclamação aposta incida apenas sobre uma questão: (i) a análise da cobrança do procedimento como retificação ao revés de averbação e (ii) a dupla cobrança realizada por meio da Central do Registro Civil. Primeiramente, no que tange à correção da cobrança do procedimento como retificação ao invés de averbação, como pretende a parte interessada, consigno que tal matéria já restou decidida anteriormente no bojo dos autos de nº 0023476-29.2021.8.26.0100, em favor do acerto do procedimento ora adotado pela Senhora Titular. Num segundo turno, a problemática também já enfrentada outrora por esta Corregedoria Permanente no bojo dos autos de nº 0014035-24.2021.8.26.0100, acerca da dupla cobrança realizada por meio da Central do Registro Civil, entendida por irregular por este Juízo, aguarda ratificação ou alteração pela E. CGJ, naquele feito. Ademais, a questão inicial trazida à baila pelo Senhor Representante (a conformidade da alteração de nome e gênero em ato de averbação ou em procedimento de retificação) perde seu objeto no caso de a CGJSP ratificar o entendimento deste Juízo pela impossibilidade da serventia emissora dos documentos (RCPN da Saúde, Capital) realizar qualquer cobrança para o encaminhamento do procedimento via e-protocolo, uma vez que o valor recolhido à unidade desta Capital terá de ser devolvido ao usuário. Contudo, passo agora a analisar tal controvérsia inicial, por pertinente a matéria e haja vista que a cobrança tal qual efetuada (duplamente) poderá vir a ser autorizada pela E. CGJ, interferindo assim no resultado útil do processo. Nessa perspectiva, cabe breve digressão a respeito dos atos do registro civil. Os atos e fatos registráveis, praticados pelo Registrador Civil, dentro de sua função típica, tomam três formas: registros, averbações e anotações (ver: Kümpfel, Vítor Frederico et. al. Tratado Notarial e Registral vol. II. 1ª ed. São Paulo: YK Editora, 2017. Cap. 2, itens 2.8.2 e 2.8.3, P. 397/409). De nosso interesse a inspeção do que se cuida ser a averbação. A averbação "é a alteração de um elemento do assento. Qualquer situação posterior que diga respeito à pessoa natural e que modifique seu registro, deve ser nele consignada por meio de averbação." [Boselli, K.; Ribeiro, I. A., Mroz, D.. In: Registros Públicos. Alberto Gentil. 2. ed. Rio de Janeiro: Forense; Método, 2021. P. 189]. As averbações podem ter duas origens: um título prévio, já constituído, ou um título a ser formado, conforme se depreende da intelecção dos artigos 97 e 99 da Lei 6.015/1973, os quais transcrevo: Art. 97. A averbação será feita pelo oficial do cartório em que constar o assento à vista da carta de sentença, de mandado ou de petição acompanhada de certidão ou documento legal e autêntico. (...) Art. 99. A averbação será feita mediante a indicação minuciosa da sentença ou ato que a determinar. Nessa perspectiva veja que ambos os artigos referem, para possibilitar a averbação, a existência de um título pré-constituído ou um requerimento com apresentação de documentos, a dar ensejo à qualificação registral pelo Delegatário e consequente possibilidade de ingresso. São exemplos de títulos pré-constituídos, no caso de interesse, a sentença e/ou mandado de adoção, guarda ou interdição, bem como a Escritura Pública de Divórcio, todos resultando em averbações à margem do assento. Noutro turno, há averbações que resultam de procedimento interno à serventia, por falta de um título já formado. Nessa esteira, temos, por exemplo, o reconhecimento extrajudicial de filiação socioafetiva e as retificações pelo artigo 110 da Lei de Registros Público. Esses casos são diversos da apresentação de uma sentença, mandado ou escritura de divórcio. Nessas situações o objetivo também é se realizar a averbação do registro. Todavia, à ausência de título formal, o Registrador junta requerimento e documentos para permitir a análise dos fatos e a formação de seu convencimento, qualificando positiva ou negativamente o pedido e realizando, se o caso, a averbação, à margem do assento. Ressalto que nesses casos é formado um procedimento por meio do qual se visa amealhar fatos e documentos, bem como colher a qualificação dos interessados e suas declarações de vontade, com o fulcro de permitir que o Registrador, dentro de seu âmbito de atuação, forme seu convencimento e autorize às vezes por conta própria, às vezes após manifestação do Ministério Público, a depender da situação a averbação sobre o registro correlato. O Provimento 73, a sua espécie, elenca uma série de atos sequenciais que devem ser cumpridos pelo interessado e pelo Registrador, com vistas a formar o convencimento deste de que a declaração de vontade daquele se subsume à realidade fática vivida. Não cabe a argumentação de que a alteração de nome e gênero deve ser enquadrada e cobrada como ato de averbação porque se o fez constar, nas NSCGJ, na seção de averbações do registro civil. Assim o é exatamente porque se cuida de uma averbação. Todavia, a mesma somente ocorre após o trâmite de procedimento interno e a formação da qualificação positiva pelo Registrador. É bem por isso que os emolumentos devidos pelo procedimento são enquadrados sob o item 15 da Tabela de Custas e Emolumentos do Registro Civil das Pessoas Naturais. Com efeito, pese embora não haja um item na Tabela de Custas e Emolumentos que indique especificamente um "procedimento de alteração de nome e gênero", a interpretação adequada, com a pertinente qualificação jurídica dos fatos ora expostos e argumentados, aponta a um procedimento como aqueles indicados pelo item 15 da Tabela e, portanto, os emolumentos são devidos com base nessas custas. Destaco novamente que o entendimento deste Juízo é no sentido de que a serventia que recepciona e forma o procedimento para envio pelo e-protocolo não realiza qualificação. Todavia, havendo resposta positiva pela E. CGJ quanto à dupla cobrança efetuada, não há que se falar, nesse aspecto, que houve indevido margeamento pela serventia extrajudicial paulistana, que enquadrou corretamente o procedimento realizado, de modo que fica afastada qualquer falha ou ilícito funcional pela Senhora Delegatária. Noutro turno, no segundo ponto que passo agora a analisar, verifica-se que os valores amealhados para o procedimento referem uma dupla cobrança, por conta dos trâmites operados via e-protocolo, da CRC. No que tange ao recibo, verifica-se que foi cobrado o valor dos serviços prestados por esta serventia paulistana, bem como serviços realizados pela unidade extrajudicial do Ceará, de acordo com a tabela de custas daquele Estado. Relativamente à cobrança efetuada pela Serventia do Ceará, nada tenho a dizer, uma vez que sua tutela refoge do poder correicional deste Juízo e mesmo da E. CGJ do TJSP. No que se refere à parcela dos emolumentos requeridos pela serventia paulistana, a qual não detém o assento a ser modificado, a cobrança já foi tida por irregular no bojo dos autos de nº 0014035-24.2021.8.26.0100, cuja solução definitiva aguarda manifestação pela E. CGJ. Destaco que não há previsão legal de remuneração de tal serviço, consistente em "conferir a identidade de quem assina o requerimento, bem como a autenticidade e aptidão da documentação apresentada", nos termos das NSCGJ. Não se nega que há trabalho efetivamente realizado pela serventia remetente dos documentos. Conforme extensamente exposto pela d. Delegatária, diversas tarefas foram realizadas pela Titular e seus prepostos para permitir o bom andamento do procedimento. De fato, houve a recepção ao requerente, sua identificação, coleta da documentação, formação do expediente e remessa, via e-protocolo, à unidade detentora do assento a ser modificado. Refere a Registradora que entrou em contato com a serventia detentora do assento por diversas vezes e sempre se fez disponível ao interessado, durante todo o trâmite documental. Contudo, não se pode falar na existência de dois procedimentos registrários ou em dupla qualificação registrária: a um, porque a recepção de documentos e formação do expediente não se enquadra no conceito jurídico de qualificar não há qualquer análise que enseje, por exemplo, a emissão de nota devolutiva, como o fez a serventia da guarda do registro. A dois, porque a serventia remetente sequer tem competência para a qualificação do pedido, pois não detém o assento, não tem (em tese e no geral) acesso a ele e não pode, portanto, emitir qualquer opinião de efeito qualificatório. Nesse sentido, referem Boselli, Ribeiro e Mroz (in: Gentil, Alberto. Registros Públicos 2ª ed. Rio de Janeiro: Forense; MÉTODO, 2021. P. 133), que a qualificação registrária reside no "exame prévio de legalidade, com o que se constata a aptidão ou não do título para ingressar nos livros de registro". Ademais, leciona Araújo dos Santos (apud Boselli, Ribeiro e Mroz (idem): Esse controle de legalidade exercido pelo Registrador é realizado pelo procedimento da qualificação registral e implica na efetiva constatação se determinada situação jurígena reúne ou não as qualidades necessárias para gerar o direito que pretende, pronunciando sua legalidade mediante a admissibilidade do título ou, se for o caso, a ausência circunstancial ou definitiva desse atributo, por meio da respectiva Nota de Exigência ou Devolução. Nessa esteira, a despeito do que referem as NSCGJ, pelos seus itens 146 e 146.1, do Cap. XVII, que apontam para os passos do procedimento que deve ser realizado no trâmite via CRC pelo Registrador que coleta o requerimento, tal trabalho não se enquadra na qualificação registrária. De qualquer modo, é sabido que uma norma administrativa não tem o condão de se sobrepor à lei de fato e, assim, mesmo que o regramento administrativo referisse a existência de qualificação (o que não o faz), a norma, tal como posta, não tem força para dobrar a lei. Mesmo com a inserção do artigo 42-A na Lei 8.935/94, que refere os serviços de intermediação prestados pela Central do Registro Civil, eventual cobrança poderia se dar sobre "serviços de natureza complementar"; o que não parece ser a natureza do caso concreto. Seja como for, a norma em questão foi revogada pela Medida Provisória 1.085/2021. Ademais, impera no Direito Tributário o Princípio da Legalidade Estrita, que aduz que somente é possível exigir ou majorar tributo mediante lei, de acordo com o artigo 150, I, da Constituição Federal. Nesse sentido, leciona Paulo de Barros Carvalho: Sabemos da existência genérica do princípio da legalidade, acolhido no mandamento do art. 5º, II, da Constituição. Para o direito tributário, contudo, aquele imperativo ganha feição de maior severidade, como se nota da redação do art. 150, I: Sem prejuízo de outras garantias asseguradas ao contribuinte, é vedado à União, aos Estados, ao Distrito Federal e aos Municípios: I exigir ou aumentar tributo sem lei que o estabeleça. Em outras palavras, qualquer das pessoas políticas de direito constitucional interno somente poderá instituir tributos, isto é, descrever a regra-matriz de incidência, ou aumentar os existentes, majorando a base de cálculo ou a alíquota, mediante a expedição de lei. [in: Curso de direito tributário 30. ed. São Paulo: Saraiva Educação, 2019. P. 217] Igualmente, não pode prosperar eventual alegação de que o fato gerador do tributo é o trabalho prestado. Tal afirmação seria um alargamento deveras excessivo do artigo 1º da Lei Estadual nº 11.331/2002, cuja redação é a seguinte: Artigo 1º - Os emolumentos relativos aos serviços notariais e de registro têm por fato gerador a prestação de serviços públicos notariais e de registro previstos no artigo 236 da Constituição Federal e serão cobrados e recolhidos de acordo com a presente lei e as tabelas anexas. Veja senão que o fato gerador é a prestação do serviço e o tributo é cobrado de acordo com a lei e com suas tabelas anexas, neste caso, a Tabela V inserta naquele estatuto. É essa tábua que elenca os serviços prestados pelas unidades de registro civil, sendo atualizada ano a ano, nos termos de seu artigo 6º, e contendo 16 (dezesseis) categorias de serviços prestados (exclusivamente) pelas unidades dessa modalidade. Ao revés do que se da com o casamento, por exemplo, que tem um valor a maior a ser recolhido quando se realiza fora da sede da serventia, nada é falado em relação ao procedimento de retificação realizado em uma serventia, por intermediação de outra unidade. A contrariedade que se verifica é que a tabela de custas não especifica um valor a ser cobrado por este procedimento "de conferir a identidade de quem assina o requerimento, bem como a autenticidade e aptidão da documentação apresentada". Dessa forma, não se pode simplesmente inferir que se cuida, igualmente, de uma retificação, no sentido de que cada uma das unidades realiza um procedimento próprio e independente de retificação do assento (haja vista, por óbvio, que somente uma das unidades possui o assento a ser retificado). Nesse tocante, a analogia não se sustenta, posto que não há coincidência de fatos e atos entre as prestações. No máximo, poder-se-ia inferir que cada unidade realiza parte de um procedimento. Imperioso destacar que não se pode realizar a cobrança de tributo por meio de analogia, por expressa vedação legal, pelo parágrafo primeiro do artigo 108 do Código Tributário Nacional, que deduz que o "emprego da analogia não poderá resultar na exigência de tributo não previsto em lei". Sobre esse ponto, refere Sacha Calmon (in: Curso de direito tributário brasileiro 17. ed. Rio de Janeiro: Forense, 2020. Pp. 233 e 236): A quarta conotação que se integra no princípio da legalidade da tributação é a de que a lei fiscal deve conter norma clara (especificação). A lei fiscal deve conter todos os elementos estruturais do tributo: o fato jurígeno sob o ponto de vista material, espacial, temporal e pessoal (hipótese de incidência) e a consequência jurídica imputada à realização do fato jurígeno (dever jurídico). Equivale dizer que a norma jurídico tributária não pode ser tirada do ordo juris nem sacada por analogia; deve estar pronta na lei, de forma inequívoca, obrigando o legislador a tipificar os fatos geradores e deveres fiscais. (...) se a lei for omissa, ou obscura, ou antitética em quaisquer desses pontos, descabe ao administrador (que aplica a lei de ofício) e ao juiz (que aplica a lei contenciosamente) integrarem a lei, suprindo a lacuna por analogia. É dizer, em Direito Tributário, a tipicidade é cerrada, oferecendo resistência ao princípio de que o juiz não se furta a dizer o direito ao argumento de obscuridade na lei ou de dificuldades na sua intelecção. Na área tributária, o juiz deve sentenciar, é certo, mas para decretar a inaplicabilidade da lei por insuficiência normativa somente suprível através de ato formal e materialmente legislativo. Na mesma senda, já decidiu a E. Corregedoria Geral da Justiça, em situação relacionada à cobrança de emolumentos, pela inviabilidade de isenção de pagamento em situação na qual não há expressa previsão legal, não se podendo operar o "desconto" com fulcro em analogia a outras situações jurídicas: REGISTRO CIVIL DE PESSOAS NATURAIS. Retificação extrajudicial do assento de nascimento, para alteração de prenome e gênero. Pedido de isenção de emolumentos para a prática do ato. STF, ADI nº 4.275/DF. Provimento CG nº 16/2018. Provimento CNJ nº 73/2018. Natureza de taxa dos emolumentos. Isenção tributária. Art. 176 do CTN.

Art. 9º da Lei Estadual nº 11.331/2002. Art. 110, § 5º, da Lei nº 6.015/73. Concessão de isenção que depende de expressa previsão em lei, ou em decorrência de atos praticados em cumprimento de mandados judiciais expedidos em favor da parte beneficiária da justiça gratuita. Retificação administrativa. Hipótese que se restringe a erro imputável ao Oficial ou a seus prepostos. Limites no exercício de atividade administrativa da Eg. Corregedoria Geral da Justiça. Recursos desprovidos. [CGJSP - Recurso Administrativo: 1099884-49.2018.8.26.0100. Localidade: São Paulo. J: 26/07/2019 DJE: 01/08/2019. Relator: Geraldo Francisco Pinheiro Franco.] Assim, não se pode assumir que há um fato gerador nos termos do artigo 1º da Lei de Custas Extrajudiciais, uma vez que o item é especifico ao vincular o serviço prestado e as tabelas anexas à lei. E nas custas do registro civil não existe uma cobrança para "atos preparatórios"; "recepção e análise de documentos" ou, ainda, "conferência de documentos", de modo que se pode perceber a irregularidade da cobrança tal qual efetuada. Finalmente, não se pode imputar a cobrança irregular ao sistema do e-protocolo, no sentido de que os Registradores nada podem fazer quanto a esse fato, uma vez que o software é alimentado com dados fornecidos pelos seus criadores, isto é, não foi o algoritmo que deduziu, por conta própria, que a cobrança deveria ser efetuada dessa maneira; ao revés: assim como o utilitário foi programado para efetuar o recolhimento desse modo indevido, ele pode ser reprogramado para realizar o pagamento de outra forma qualquer. Bem assim, diante do todo narrado, no que tange à cobrança de dois procedimentos para os casos de intermediação por meio do e-protocolo da CRC, ressalvada compreensão diversa do órgão censor superior, reputo-a irregular, posto que não fundamentada em lei, de modo que os valores a maior arrecadados pela serventia remetente dos documentos, a paulistana, deverão ser oportunamente devolvidos, por falta de expressa previsão legal para sua cobrança. Contudo, é prudente que se aguarde a decisão a ser proferida no bojo dos autos de nº 0014035- 24.2021. 8.26.0100, para que então se ratifique a presente decisão, fazendo-se a devida devolução do valor a maior ou, noutro turno, se assente a cobrança já efetuada, em conformidade ao entendimento esposado em favor do procedimento de retificação. Acaso haja a ratificação, pela E. CGJ, da posição deste Juízo quanto à irregularidade da cobrança em duplicidade, a i. Oficial deverá providenciar no prazo de 05 (cinco) dias a devolução do valor do procedimento cobrado em excesso, referente a sua unidade, à parte requerente (conforme recibo de fls. 57), comprovando-se nos autos o cumprimento da prestação. Observo, de qualquer forma, ser incabível a devolução com a pena do décuplo em razão da absoluta ausência de má-fé da parte da Sra. Registradora que tão seguiu os instrumentos técnicos da CRC; bem como sua compreensão no exercício de sua independência funcional, como reitera-se infra. Em relação à eventual incidência de falha na prestação do serviço ou ilícito funcional por parte da Senhora Registradora, nesse tocante, visualizo que seus fundamentos para a cobrança, pese embora a presente compreensão diversa, restam bem assentados em seu entendimento da matéria, não revelando indícios de atuação irregular ou má-fé, de modo que não há que se falar em providência censório-disciplinar em face da Delegatária. Encaminhe-se cópia integral dos autos à E. Corregedoria Geral da Justiça, para ciência, por e-mail, servindo a presente decisão como ofício. Ciência à Senhora Titular, ao Ministério Público e à D. ARPEN-SP, esta última, por e-mail. P.I.C. - ADV: TAUÃ MESSERSCHMIDT COELHO (OAB 433521/SP) (DJe de 18.01.2022 – SP)

Ementa: Sentença – Pedido de Providências – Alegação de cobrança indevida, bem como de exigências documentais descabidas – Pedido de devolução dos valores pagos a maior – Esclarecimento pelo Interino de que a cobrança pelo procedimento de alteração de nome e gênero era cobrado pelo valor da retificação até a data de falecimento do antigo Titular – Realização de cobrança pelo valor do ato de averbação – Ausência de ilícito funcional – Inexistência de previsão legal de concessão do benefício da gratuidade nos procedimentos de alteração de nome e gênero na via extrajudicial – Necessidade de que o Interino proceda a regularização com as cobranças devidas, bem como realize os recolhimentos devidos – Arquivamento do feito – Ciência ao Designado

Processo 0023476-29.2021.8.26.0100

Pedido de Providências - REGISTROS PÚBLICOS - T.M.C. - Juiz(a) de Direito: Dr(a). Marcelo Benacchio VISTOS, 1. Os documentos de fls. 93 a 117 não devem permanecer nos autos, à mostra de terceiros não interessados nos específicos procedimentos. Os documentos demonstram muito mais do que a simples maneira como a cobrança era realizada pela unidade o que já restou comprovado, expondo indevidamente a privacidade e intimidade dos usuários. Para comprovar o requerido pelo i. Promotor de Justiça, bastaria a juntada de recibos. Assim, à z. Serventia Judicial para o desentranhamento dos documentos e arquivamento dos mesmos em pasta própria, identificada e lacrada, cuja consulta somente poderá ser feita com autorização deste Juízo. Cumpra-se com urgência, certificando-se. 2. Trata-se de representação formulada no interesse de J. A. F. S., em face de Registro Civil das Pessoas Naturais e Tabelionato de Notas de Distrito desta Capital, insurgindo-se contra alegada cobrança indevida e requerendo a devolução dos valores pagos a maior, bem como protestando contra supostas exigências documentais que considerou descabidas e a falta de concessão do benefício da gratuidade. O Senhor Interino prestou esclarecimentos, apontando que de fato houve a exigência de documentos, conforme prática estabelecida pelo antigo Titular. Noutro turno, destacou que não houve cobrança a maior, sendo o interessado taxado apenas pela valor de um ato de averbação (fls. 06/07). O Senhor Representante habilitou-se nos autos e reiterou os termos de sua manifestação inicial, em especial deduzindo que a cobrança somente fora realizada corretamente, segundo seu entender, por conta da instauração do presente expediente (fls. 08/11 e 18/19). O Senhor Interino tornou aos autos para explicar que a cobrança pelo procedimento de alteração de nome e gênero no registro civil era cobrado pelo valor da retificação, até a data de falecimento do antigo Titular. Após a vacância, passou-se a cobrar como ato de averbação (fls. 28/29 e 91/92). Adicionalmente, o Senhor Interino noticiou o atendimento da pretensão inicial do Senhor Interessado, com a efetivação da alteração de seu nome e gênero no assento de nascimento (fls. 43). Manifestou-se a ARPEN-SP, apontando que a alteração de nome e gênero no registro civil se cuida de procedimento de retificação e assim deve ser cobrado pelas serventias extrajudiciais (fls. 129/133). O Ministério Público acompanhou o feito e ofertou parecer opinando pelo arquivamento dos autos, ante a inexistência de indícios de falha na prestação do serviço ou ilícito funcional por parte do Senhor Substituto (fls. 136/137). Tornou aos autos o Senhor Representante, para manifestar-se contrariamente ao posicionamento pelo Associação, reiterando sua insurgência inicial (fls. 140/142). É o relatório. DECIDO. Cuida-se de representação do interesse de J. A. F. S., em face de Registro Civil das Pessoas Naturais e Tabelionato de Notas de Distrito desta Capital. Protesta o Senhor Representante contra alegada cobrança indevida e requer a devolução dos valores pagos a maior. Em adição, insurge-se contra supostas exigências documentais que considerou descabidas, falta de concessão de gratuidade e atendimento rude e descortês. Em suma, compreende o Senhor Representante que a alteração de nome e gênero no registro civil, de acordo com o Provimento CNJ 73/2018, deveria ser feita como uma averbação e não, ao revés, como um procedimento de retificação. Destaca que no seu entender o Provimento e as Normas de Serviço da E. Corregedoria Geral da Justiça (NSCGJ) referem que é matéria de averbação e não retificação. Adicionalmente, insurge-se porque o valor da taxa imposta ao procedimento de retificação é muito maior que àquela concernente ao ato de averbação. Noutro ponto relevante, insurge-se o Representante alegando que lhe não foram concedidos os benefícios da gratuidade, pese embora sua hipossuficiência econômica. Por fim, a parte interessada protesta contra exigências que entende descabidas referente a apresentação de documentos, bem como tratamento considerado insatisfatório prestado pelos colaboradores da unidade. A seu turno, o Senhor Interino, responsável pela delegação que resta vacante desde maio do corrente, defendeu a regularidade do atendimento prestado, bem como a exigência documental. De outra banda, apontou que a cobrança referente à alteração de nome e gênero era cobrada como procedimento de retificação pelo antigo Titular. Todavia, após o falecimento do Delegatário, passou-se a cobrar apenas a taxa concernente a ato de averbação. Com efeito, apontou o Senhor Designado que a averbação de nome e gênero da parte interessada foi realizada a contento, cobrando-se tão somente pelo ato averbatório. A ARPEN-SP respondeu ao questionamento deste Juízo deduzindo que a alteração de nome e gênero no registro civil se cuida de procedimento de retificação, pois envolve análise de documentos e atos de qualificação, a fim de formar o convencimento do Registrador quanto ao pedido. Por fim, o Ministério Público pugnou pelo arquivamento do expediente, no entendimento que não houve falha na prestação do serviço. Pois bem. Há quatro pontos a serem enfrentados: (i) o atendimento inadequado; (ii) supostas exigências documentais descabidas; (iii) falta de concessão de gratuidade e (iv) a alegada cobrança indevida. Passo a análise de cada um dos pontos, na ordem, para claridade da argumentação. Primeiramente, não há elementos aptos a permitir a formação de convencimento judicial no sentido de que o atendimento prestado foi indevido. Pese embora o Senhor Representante tenha noticiado que houve tratamento descortês, não há indícios concretos que permitam a apuração da situação, uma vez que o Senhor Interino esclareceu os fatos com o preposto responsável pelo atendimento, que inclusive concordara com o registrado quanto à maneira da cobrança a ser efetuada. Desse modo, quanto a esta primeira questão atendimento sem polidez, entendo que os esclarecimentos prestados pelo Senhor Interino foram suficientes, hábeis a afastar indícios de falha na prestação do serviço ou ilícito funcional pelo Designado. Contudo, cabe a observação para que o Preposto Designado se mantenha atento e zeloso na orientação e fiscalização dos funcionários sob sua responsabilidade, de modo a garantir a excelência do atendimento aos usuários e evitar a repetição de insatisfação assemelhada. No que tange ao segundo ponto debatido, a insurgência a respeito de exigências documentais excessivas, verifico que o pleito também não pode prosperar. Nesse sentido, protesta o Senhor Representante pelo fato de que a unidade lhe exigira a apresentação de certidão da Justiça Militar, compreendendo que tal providência, requisito estampado por meio do inciso XVII, do §6º, do artigo 4º, do Provimento em espeque, somente seria necessária a pessoas do sexo masculino que estivessem alterando seu gênero para feminino. Todavia, a situação do usuário era oposta: nascera do sexo feminino e requeria a adequação para o gênero masculino. Não obstante, vejo que não há qualquer impedimento para a expedição de certidão da Justiça Militar a qualquer dos sexos, de fato não se fazendo distinção quanto à identidade do indivíduo. Conforme bem pautado pelo i. Representante do Ministério Público, "não há que se falar em relação entre o serviço militar obrigatório e a certidão de distribuição negativa militar, de forma que esta não é restrita às pessoas do sexo masculino" (fls. 122). Ademais, a certidão negativa pode ser obtida por meio da internet, sem qualquer custo ao interessado, de modo que não impacta negativamente os trâmites do procedimento. Por conseguinte, neste quesito específico, também não reputo fundamentada a insurgência apresentada pelo i. Patrono da parte Representante, de modo que não verifico a incidência de falha na atuação da serventia extrajudicial. O terceiro ponto discutido a concessão do benefício da gratuidade ao Senhor Representante, apesar de elevados os argumentos apresentados, não pode ser acolhido, ao menos não diretamente pela serventia extrajudicial ou perante esta estreita via administrativa. De fato, não há previsão legal de concessão do benefício da gratuidade nos procedimentos de alteração de nome e gênero na via extrajudicial. Nessa perspectiva, o parágrafo único do artigo 9º do Provimento assevera que deverão ser observadas as normas legais referentes à gratuidade dos atos. Entretanto, as normas legais apenas referem a gratuidade para a emissão de certidões, quando há declaração de hipossuficiência ou, noutro turno, cumprimento de mandado judicial, expedido em favor de parte beneficiária da justiça gratuita, não recaindo sobre o procedimento como um todo. Com efeito, em razão da natureza jurídica tributária das custas e emolumentos cobrados pelas serventias extrajudiciais, eventual isenção somente poderia ser veiculada através de lei específica, conforme disposição expressa do art. 150, §6º, da Constituição Federal: Qualquer subsídio ou isenção, redução de base de cálculo, concessão de crédito presumido, anistia ou remissão, relativos a impostos, taxas ou contribuições, só poderá ser concedido mediante lei específica, federal, estadual ou municipal, que regule exclusivamente as matérias acima enumeradas ou o correspondente tributo ou contribuição, sem prejuízo do disposto no art. 155, § 2.º, XII, g. No mesmo sentido já decidiu a E. Corregedoria Geral da Justiça em sede de recurso administrativo nos autos do Pedido de Providências de nº 1099884-49.2018.8.26.0100, que tramitou perante esta Corregedoria Permanente: REGISTRO CIVIL DE PESSOAS NATURAIS. Retificação extrajudicial do assento de nascimento, para alteração de prenome e gênero. Pedido de isenção de emolumentos para a prática do ato. STF, ADI nº 4.275/DF. Provimento CG nº 16/2018. Provimento CNJ nº 73/2018. Natureza de taxa dos emolumentos. Isenção tributária. Art. 176 do CTN. Art. 9º da Lei Estadual nº 11.331/2002. Art. 110, § 5º, da Lei nº 6.015/73. Concessão de isenção que depende de expressa previsão em lei, ou em decorrência de atos praticados em cumprimento de mandados judiciais expedidos em favor da parte beneficiária da justiça gratuita. Retificação administrativa. Hipótese que se restringe a erro imputável ao Oficial ou a seus prepostos. Limites no exercício de atividade administrativa da Eg. Corregedoria Geral da Justiça. Recursos desprovidos. [Parecer nº 369/2019-E da lavra do Dr. Paulo César Batista dos Santos, j. 26.07.2019, Exmo. CGJ Dr. Geraldo Francisco Pinheiro Franco] Bem assim, verifica-se que não há previsão legal para a concessão de gratuidade no procedimento requerido, sendo certo que eventual isenção se amoldaria em ilícito funcional por parte do Senhor Interino. Portanto, aqui também fica afastada qualquer margem para imputar falha à serventia correicionada. Por fim, o último ponto controverso que demanda atenção: a conformidade da alteração de nome e gênero em ato de averbação e sua consequente cobrança correspondente ou em procedimento de retificação pela qual emolumentos mais elevados são devidos. Nessa perspectiva, cabe breve digressão a respeito dos atos do registro civil. Os atos e fatos registráveis, praticados pelo Registrador Civil, dentro de sua função típica, tomam três formas: registros, averbações e anotações (ver: Kümpfel, Vítor Frederico et. al. Tratado Notarial e Registral vol. II. 1ª ed. São Paulo: YK Editora, 2017. Cap. 2, itens 2.8.2 e 2.8.3, P. 397/409). De nosso interesse a inspeção do que se cuida ser a averbação. A averbação "é a alteração de um elemento do assento. Qualquer situação posterior que diga respeito à pessoa natural e que modifique seu registro, deve ser nele consignada por meio de averbação." [Boselli, K.; Ribeiro, I. A., Mroz, D.. In: Registros Públicos. Alberto Gentil. 2. ed. Rio de Janeiro: Forense; Método, 2021. P. 189]. As averbações podem ter duas origens: um título prévio, já constituído, ou um título a ser formado, conforme se depreende da intelecção dos artigos 97 e 99 da Lei 6.015/1973, os quais transcrevo: Art. 97. A averbação será feita pelo oficial do cartório em que constar o assento à vista da carta de sentença, de mandado ou de petição acompanhada de certidão ou documento legal e autêntico. (...) Art. 99. A averbação será feita mediante a indicação minuciosa da sentença ou ato que a determinar. Nessa perspectiva veja que ambos os artigos referem, para possibilitar a averbação, a existência de um título préconstituído ou um requerimento com apresentação de documentos, a dar ensejo à qualificação registral pelo Delegatário e consequente possibilidade de ingresso. São exemplos de títulos pré-constituídos, no caso de interesse, a sentença e/ou mandado de adoção, guarda ou interdição, bem como a Escritura Pública de Divórcio, todos resultando em averbações à margem do assento. Noutro turno, há averbações que resultam de procedimento interno à serventia, por falta de um título já formado. Nessa esteira, temos, por exemplo, o reconhecimento extrajudicial de filiação socioafetiva e as retificações pelo artigo 110 da Lei de Registros Público. Esses casos são diversos da apresentação de uma sentença, mandado ou escritura de divórcio. Nessas situações o objetivo também é se realizar a averbação do registro. Todavia, à ausência de título formal, o Registrador junta requerimento e documentos para permitir a análise dos fatos e a formação de seu convencimento, qualificando positiva ou negativamente o pedido e realizando, se o caso, a averbação, à margem do assento. Ressalto que nesses casos, como bem estampado no parecer da ARPEN-SP, é formado um procedimento por meio do qual se visa amealhar fatos e documentos, bem como colher a qualificação dos interessados e suas declarações de vontade, com o fulcro de permitir que o Registrador, dentro de seu âmbito de atuação, forme seu convencimento e autorize às vezes por conta própria, às vezes após manifestação do Ministério Público, a depender da situação a averbação sobre o registro correlato. O Provimento 73, a sua espécie, elenca uma série de atos sequenciais que devem ser cumpridos pelo interessado e pelo Registrador, com vistas a formar o convencimento deste de que a declaração de vontade daquele se subsume à realidade fática vivida. Não cabe a argumentação de que a alteração de nome e gênero deve ser enquadrado e cobrado como ato de averbação porque se o fez constar, nas NSCGJ, na seção de averbações do registro civil. Assim o é exatamente porque se cuida de uma averbação. Todavia, a mesma somente ocorre após o trâmite de procedimento interno e a formação da qualificação positiva pelo Registrador. É bem por isso que os emolumentos devido pelo procedimento são enquadrados sob o item 15 da Tabela de Custas e Emolumentos do Registro Civil das Pessoas Naturais. Com efeito, pese embora não haja um item na Tabela de Custas e Emolumentos que indique especificamente um "procedimento de alteração de nome e gênero", a interpretação adequada, com a pertinente qualificação jurídica dos fatos ora expostos e argumentado, aponta a um procedimento como aqueles indicados pelo item 15 da Tabela e, portanto, os emolumentos são devidos com base nessas custas. Já destaco, inclusive, que pese embora haja garantia de gratuidade de expedição de certidão ao declaradamente pobre na acepção jurídica do termo, o valor da emissão do certificado, nos casos de procedimento de retificação e correlatos, já se encontra recoberta pelos custos totais do ato, não havendo valores a maior a serem acrescentados por sua impressão, razão pela qual não há que se falar em aplicação do benefício nesses casos. Finalmente, não se pode imputar falha ou ilícito funcional ao Senhor Designado, na realização da cobrança pelo valor do ato de averbação, uma vez que seus fundamentos para o margeamento, pese embora incorretos, restam bem assentados em seu entendimento da matéria, não revelando indícios de atuação irregular ou má-fé, de modo que não há que se falar em providência censório-disciplinar em face do Designado. Por isso que resta afastada qualquer medida administrativa em face do Interino, neste quesito, não obstante, em razão da natureza tributária e indisponível dos emolumentos, deverá o Sr. Interino regularizar a situação, no prazo de trinta dias, procedendo à regularização com o cobranças devidas e realizando os recolhimentos devidos, arcando com os custos de mora nos recolhimentos já devidos a equívoco sua parte. Doravante, advirto o Senhor Designado para que se atente à devida cobrança dos atos da serventia, em especial nos casos relacionados à matéria ora discutida. Nessas condições, explicados e esclarecidos todos os pontos controversos e afastada a aplicação de medida censória ao Senhor Interino, verifico que não há outras providências de cunho administrativo a serem adotadas, razão pela qual determino o arquivamento dos autos. Ciência ao Senhor Designado, que deverá orientar os prepostos sobre a correta cobrança a ser efetuada, bem como, em trinta dias informar nestes autos a regularização dos recolhimentos na forma acima referida. Ciência ao Ministério Público. Encaminhe-se cópia da presente decisão a D. ARPEN-SP, bem como a Egrégia Corregedoria Geral da Justiça, por e-mail, servindo a presente decisão como ofício. P.I.C. - ADV: TAUÃ MESSERSCHMIDT COELHO (OAB 433521/ SP) (DJe de 13.01.2022 – SP)

Ementa: Sentença – Pedido de Providências – Alegação de ocorrência de protesto sem intimação e de cobrança de emolumentos e custas sem prestação de serviço – Esclarecimento pelo Tabelião de que o título foi remetido a protesto pela PGE, bem como de que a intimação e o boleto enviados foram recusados pelo porteiro do edifício por duas vezes – Intimação que foi realizada por edital – Título devidamente quitado e à disposição da parte interessada – Cobrança efetuada em conformidade com a legislação – Art 19 da Lei Estadual nº 11331/02 – Ausência de ilícito funcional – Improcedência

Processo 0043692-11.2021.8.26.0100

Pedido de Providências - REGISTROS PÚBLICOS - Diogo Gonçalves Ramos - Diante do exposto, JULGO IMPROCEDENTE o pedido. Comunique-se o resultado à E. CGJ com cópia das peças referidas, servindo a presente decisão como ofício. Deste procedimento não decorrem custas, despesas processuais e honorários advocatícios. Oportunamente, ao arquivo. P.R.I.C. - ADV: DIOGO GONÇALVES RAMOS (OAB 382719/SP)

Íntegra da decisão:

SENTENÇA

Processo Digital nº: **0043692-11.2021.8.26.0100**

Classe - Assunto **Pedido de Providências - REGISTROS PÚBLICOS**

Requerente: **Diogo Gonçalves Ramos**

Requerido: **9º Tabelião de Protesto de Letras e Títulos da Capital**

Juiz(a) de Direito: Dr(a). **Luciana Carone Nucci Eugênio Mahuad**

Vistos.

Trata-se de pedido de providências instaurado por comunicação da E. Corregedoria Geral da Justiça após requerimento encaminhado por **Diogo Gonçalves Ramos** em face do **9º Tabelião de Protesto de Letras e Títulos da Capital,** alegando que **Autoparts Rastreadores Comércio e Serviços Eirelli EPP** sofreu protesto pela segunda vez sem ter sido intimada, sobre o que tomou conhecimento por terceiros, muito embora esteja instalada em edifício comercial, com portaria 24 horas, desde 2016. Além disso, a serventia não atende ao telefone, não responde adequadamente por *e-mail* e cobra emolumentos e custas sem prestação de serviço (fls. 06/10).

O Tabelião manifestou-se às fls. 15/20, sustentando que o título foi remetido a protesto pela Procuradoria Geral do Estado por meio magnético, com protocolo sob n. 2021.10.14-0706-2 em 13/10/2021, seguindo para registro do boleto para pagamento perante instituição financeira na mesma data; que remeteu a intimação, com o respectivo boleto, ao endereço informado pela portadora, PGE, no dia 14/10/2021 (avenida Nossa Senhora do Ó, n. 865), a qual foi recusada pelo porteiro, Maycon, diante da ausência de indicação da sala do responsável pela empresa.

Após pesquisa acerca de novo endereço, novo aviso e novo boleto foram reenviados no dia 15/10/2021 à avenida Nossa Senhora do Ó, n. 865, cj. 409; que diante de nova recusa pelo mesmo porteiro, sob a alegação de não estar autorizado ao recebimento, procedeu conforme possibilita o artigo 15 da Lei n. 9.492/94; que houve pagamento no dia 20/10/2021, pelo que não efetivado o protesto.

Esclareceu, ainda, que os boletos são registrados no banco Bradesco, possibilitando que as empresas que mantêm contrato bancário recebam comunicação do boleto emitido, o que facilita o pagamento pela rede bancária, sem gerar qualquer obrigação; que o expediente ao público é das 10 às 17h, pelo que supõe que, pelo horário do primeiro *e-mail* recebido (18/10/2021, às 19h21min), o expediente já havia se encerrado, sendo que, conforme consta à fl. 07, as informações e o boleto foram transmitidos por *e-mail*, em que se mencionou a intimação efetivada por edital.

Vieram documentos às fls. 21/23.

A parte requerente, às fls. 26/31, sustentou que as custas cobradas não são devidas diante da ausência de serviço prestado; que, pela falta de notificação, o título deveria ter sido devolvido à parte credora; que não houve adequada identificação do porteiro; que a recusa não se justifica, haja vista que há painel com identificação das salas ocupadas; que não recebeu comprovante do pagamento efetivado no valor de R$4.915,56; que devida indenização, pelo que emenda à inicial foi produzida.

O pedido indenizatório foi afastado pela decisão de fl. 37.

Conforme pleiteado pelo MP, seguiu-se nova manifestação do Tabelião que, às fls. 44/45, indica que o título está quitado e permanece à disposição da parte pelo prazo de seis meses, bastando que compareça à serventia a fim de receber a prova do pagamento e o título apontado ou certidão do apontamento, demonstrando o pagamento sem lavratura do protesto.

Documentos vieram às fls. 46/48.

O Ministério Público opinou pelo arquivamento (fls. 52/53).

É o relatório.

Fundamento e DECIDO.

No mérito, o pedido não merece ser acolhido.

Com efeito, tendo em vista as informações do Oficial e os documentos que as acompanham, verifica-se que não houve falta funcional passível de sanção disciplinar.

De fato, o que vemos no caso é a indicação de título a protesto, com tentativa regular de notificação pessoal da parte devedora por duas vezes (fls. 21/23 e 48).

À vista da recusa injustificada pelo porteiro do edifício em que localizada (por primeiro, em razão da falta de indicação da sala, e, a seguir, diante da ausência de autorização para recebimento), seguiu-se intimação por edital.

Assim, agiu adequadamente o Tabelião, conforme autoriza o artigo 15 da Lei n. 9.492/97, nos seguintes termos:

> *"A intimação será feita por edital se a pessoa indicada para aceitar ou pagar for desconhecida, sua localização incerta ou ignorada, for residente ou domiciliada fora da competência territorial do Tabelionato, ou, ainda, ninguém se dispuser a receber a intimação no endereço fornecido pelo apresentante".*

Constata-se, ainda, que os valores cobrados guardam consonância com a legislação que rege os emolumentos (artigo 19 da Lei Estadual n. 11.331/02), os quais estão devidamente identificados na nota fiscal emitida no dia 25/10/2021 (fl. 46).

Outrossim, conforme indicado pelo delegatário, o título quitado e o comprovante de pagamento permanecem na serventia à disposição da parte interessada pelo prazo normativo (item 67, do Cap. XV, das NSCGJ).

Não se comprovou, por fim, envio de *e-mail* à serventia sem resposta adequada nem restaram claras as circunstâncias da suposta tentativa de contato por telefone sem êxito.

Em verdade, as mensagens copiadas às fls. 07/08 e 29/30 noticiam que houve informação adequada aos questionamentos da parte: notificações referentes a um só título; tentativa de entrega da notificação pessoal por duas vezes; intimação por edital; esclarecimento da forma sobre como proceder para verificação da veracidade da informação, o que possibilitou, assim, pleno conhecimento acerca do título levado a protesto.

Diante do exposto, **JULGO IMPROCEDENTE** o pedido. **Comunique-se o resultado à E. CGJ com cópia das peças referidas**, servindo a presente decisão como ofício.

Deste procedimento não decorrem custas, despesas processuais e honorários advocatícios.

Oportunamente, ao arquivo.

P.R.I.C.

São Paulo, 15 de dezembro de 2021.

Luciana Carone Nucci Eugênio Mahuad

Juíza de Direito (DJe de 17.12.2021 – SP)

4.1.2 REGISTRO CIVIL DAS PESSOAS NATURAIS

CASAMENTO

Ementa: Sentença – Pedido de Providências – Pedido de transcrição de casamento estrangeiro, bem como da retificação do regime de bens – Impossibilidade – Ausência de preenchimento dos requisitos impostos pelas NSCGJ – Necessidade de apresentação de documentação hábil que comprove o acordo patrimonial adotado ou de ordem judicial – Acolhimento do óbice – Indeferimento do pedido – Ciência à Oficial – Improcedência

Processo 1140350-80.2021.8.26.0100

Pedido de Providências - Petição intermediária - G.A.R. – C.Y.R. - Juiz(a) de Direito: Dr(a). Marcelo Benacchio VISTOS, Trata-se de pedido de providências formulado por G. A. R. e C. Y. R., que requerem a transcrição de seu casamento estrangeiro, bem como a retificação do regime de bens, perante o Registro Civil das Pessoas Naturais e de Interdições e Tutelas do Primeiro Subdistrito Sé, Capital. Os autos foram instruídos com a documentação de fls. 07/24. A Senhora Titular qualificou negativamente o pedido de retificação do regime de bens, haja vista a falta de prova documental (fls. 35). Nota Devolutiva às fls. 23/24. A parte requerente tornou aos autos para reiterar os temos de seu pedido inicial (fls. 39/41). O Ministério Público ofertou parecer, opinando pela manutenção do óbice imposto pela Senhora Oficial no que concerne ao regime de bens do casamento (fls. 44/46). É o relatório. Decido. Cuida-se de pedido de providências formulado por G. A. R. e C. Y. R.. Requerem os Senhores Interessados que a i. Oficial do Registro Civil das Pessoas Naturais e de Interdições e Tutelas do Primeiro Subdistrito Sé, Capital, proceda à transcrição de seu casamento estrangeiro, bem como à retificação do regime de bens, que não consta da certidão original. Verifica-se dos autos, conforme nota devolutiva pela Senhora Registradora, às fls. 23/24, que não foi levantado óbice à transcrição do casamento, razão pela qual deixo de me manifestar nesse aspecto. Noutro turno, no que tange à retificação do regime de bens, deduz a Senhora Oficial que os requisitos impostos pelas Normas de Serviço da E. Corregedoria Geral da Justiça não foram preenchidos, uma vez que não foi apresentada documentação hábil a comprovar o acordo patrimonial adotado entre as partes ou ordem judicial nesse sentido. Em especial, faço ver que o documento de fls. 17/20 não é instrumento hábil a fundamentar a convicção deste Juízo em favor do deferimento do pedido, uma vez que não se trata de declaração judicial. Igualmente, não houve a comprovação de legislação estrangeira. Dessa forma, a impugnação ao óbice imposto pela Senhora Titular, no que tange à retificação do regime de bens, não merece acolhida. As NSCGJ são claras ao consignar que para a retificação do regime de bens em transcrição de certidão de casamento, deverá ser apresentada a pertinente documentação comprobatória, em conformidade ao item 164.3, do Cap. XVII, das NSCGJ. Destaco que as exigências não são extraordinárias e não pretendem ignorar as diferenças de ordenamentos jurídicos entre o país estrangeiro e a terra pátria, não se esperando uma equiparação absoluta dos institutos judiciais lá e cá. Entretanto, a documentação apresentada deve permitir a avaliação da situação fático-jurídica, o que não foi possível fazer no presente caso. Isto posto e por tudo mais que consta nos autos, nos termos do parecer do Ministério Público, acolho o óbice imposto pela Senhora Oficial e indefiro o pedido de retificação do regime de bens em transcrição de casamento, haja vista que não preenchidos os requisitos autorizadores do ato. Regularizada a situação pela parte requerente, com a apresentação da documentação comprobatória, poderá novo pedido ser deduzido diretamente perante o Registro Civil. Ciência à Senhora Oficial e ao Ministério Público. Oportunamente, arquivem-se os autos, com as cautelas de praxe. P.I.C. - ADV: KAREN SCHWACH (OAB 265768/SP) (DJe de 02.03.2022 – SP)

NASCIMENTO

Ementa: Sentença – Pedido de Providências – Alegação de lavratura em duplicidade de Assentos de Nascimento – Pedido de cancelamento do Assento lavrado em segundo lugar – Constatação de divergências entre ambos os Assentos – Impossibilidade de concluir que os Registrados são a mesma pessoa – Incompetência do juízo administrativo – Matéria reservada à esfera jurisdicional – Indeferimento do pedido – Determinação do bloqueio de ambos os Assentos de Nascimento – Arquivamento do feito – Ciência aos Titulares

Processo 1009922-73.2022.8.26.0100

Pedido de Providências - 18º RCPN Ipiranga - Vistos, 1. Fls. 43/46: indefiro o ingresso nos autos, posto que não comprovado o parentesco, nos termos do já decidido às fls. 37. Fls. 46: à Senhora Oficial para as anotações pertinentes no assento de nascimento de V. Amabile, se o caso, em face de qualificação registrária positiva. 2. Trata-se de pedido de providências encaminhado pela Senhora Oficial do Registro Civil das Pessoas Naturais do 18º Subdistrito - Ipiranga, Capital, em face de pedido de cancelamento de registro de nascimento em razão de duplicidade, deduzido por W. A.. O procedimento foi instruído pelos documentos de fls. 02/30. O Ministério Público manifestou-se pelo indeferimento do pedido inicial (fls. 42). É o breve relatório. DECIDO. Cuida-se de expediente formulado pela Senhora Oficial do Registro Civil das Pessoas Naturais do 18º Subdistrito - Ipiranga, Capital. A parte requerente afirma que V. de Almeida e V. Amabile são a mesma pessoa. Dessa forma, solicitou à Senhora Oficial que se procedesse ao cancelamento do registro lavrado em segundo lugar, perante sua serventia. Verifica-se dos documentos acostados aos autos que (i) V. De Almeida foi registrado aos 19.05.1951 perante o Registro Civil das Pessoas Naturais do 10º Subdistrito - Belenzinho, Capital. Sua data de nascimento figura como 06.05.1951, sendo filho de O. De Almeida, que declarou o nascimento, e L. G. De Almeida. Os avós paternos são B. De Almeida e M. R. e os avós maternos são P. G. e M. P.. Noutro turno, consta que (ii) V. Amabile é nascido em 06.01.1951 e foi registrado, perante a serventia do Ipiranga, em 01.08.1968. Seria filho de F. Amabile, que requereu o registro tardio do então menor, e L. Amabile. Os avós paternos são N. A. e L. Amabile e maternos P. G. e M. P.. Desse modo, constatam-se as substanciais divergências entre ambos os assentos, não sendo possível, como bem destacado pelo Ministério Público, nesta via de cognição sumária, de âmbito administrativo, concluir com suficiente grau de certeza que V. de Almeida e V. Amabile são a mesma pessoa. Bem por isso, a apreciação do presente pedido de cancelamento do registro de nascimento refoge do âmbito de atribuições do exercício da Corregedoria Permanente, que se desenvolve na esfera administrativa nesta 2ª Vara de Registros Públicos, em razão da já indicada discrepância de filiação, data de nascimento e nome civil. Situação similar já foi objeto de apreciação na esfera administrativa máxima, como se observa do seguinte extrato do parecer da E. Corregedoria Geral da Justiça, exarado no processo n. CG 2014/96665, aprovado pelo Excelentíssimo Desembargador Corregedor Geral da Justiça: (...) embora o assento de nascimento lavrado em segundo lugar deva ser cancelado, em observância ao princípio da anterioridade, é preciso considerar, não obstante ao fato de ambos se referirem à mesma pessoa, que há significativas divergências entre um e outro registro, que não são de menor importância, ao contrário, a principal delas diz respeito à paternidade, de modo que o cancelamento na esfera administrativa, dada à peculiaridade do caso, não autoriza que assim se proceda. Logo, a invalidação do registro público, aperfeiçoado, não poderá ser proclamada por esta Corregedoria Permanente, sendo atribuição de natureza jurisdicional. Ante ao exposto, indefiro o cancelamento do registro nesta via administrativa, devendo o interessado utilizar a via jurisdicional. Não obstante, ante o que consta dos autos, por cautela nesta esfera administrativo, determino o bloqueio de ambos os assentos de nascimento indicados em "i" e "ii" acima, ficando proibida a expedição de certidões ou extração de cópias sem prévia autorização desta Corregedoria Permanente, salvo expressa requisição judicial. O eventual desbloqueio dependerá de decisão judicial definitiva no sentido de cancelamento de um dos assentos ou declaração da distinção de identidades. Oportunamente, arquive-se. Ciência aos Senhores Titulares, que deverão comprovar o bloqueio, e ao Ministério Público. Publique-se a presente decisão à parte requerente, conforme advogados indicados às fls. 36, sem, contudo, permitir o acesso aos autos, ante o sigilo dos documentos acostados. P.I.C. Int.. ADV: JOÃO DE CAMPOS (OAB 67312/SP) (DJe de 04.03.2022 – SP)

Ementa: Sentença – Pedido de Providências – Pedido de lavratura de Assento de Nascimento na modalidade tardia – Informação pelo Registrando de que a Serventia que foi efetuado o registro não mais existe – Distribuição do Acervo para outras Unidades – Certidões Negativas dos RCPN – Expedição de ofício à E.CGJ da Bahia para a realização de buscas mais amplas – Diligências que restaram infrutíferas – Manifestação favorável do MP – Autorização da lavratura do Assento – Ciência à Oficial – Procedência

Processo 1030069-57.2021.8.26.0100

Pedido de Providências - Registro de nascimento após prazo legal - R.S.L. - E.C.M. e outros - Juiz(a) de Direito: Dr(a). Marcelo Benacchio VISTOS, Trata-se de Pedido de Providências encaminhado pelo Registro Civil das Pessoas Naturais do 14º Subdistrito - Lapa, Capital, de interesse de Ednaldo C.M., pugnando pela lavratura de seu assento de nascimento na modalidade tardia. Com a inicial vieram os documentos de 09/108. O nobre representante do Ministério Público manifestou-se favoravelmente às fls. 171/172. É o relatório. Decido. Cuida-se de Pedido de Providências encaminhado pelo Registro Civil das Pessoas Naturais do 14º Subdistrito - Lapa, Capital, objetivando a lavratura do assento de nascimento, na modalidade tardia, de Ednaldo C.M.. Constam dos autos informações prestadas pelo registrando que o mesmo nasceu em 11/01/1956 em Lagoa de Águas, no Município de Anagés/BA, alegando, contudo, que somente efetuara o registro no respectivo RCPN somente em 15/02/1974, quando já contava com 18 anos de idade. Aduz que em diligências obteve informação que a Serventia indicada não mais existe, tendo o acervo sido distribuído para as Unidades de Anagé/BA e Coquinhos/BA, ambos na Comarca de Vitória da Conquista/BA. Após entrevistas, foram efetuadas buscas pela Sra. Registradora em nome de Ednaldo, bem como em nome de Edivaldo e Agnaldo, haja vista a menção destes nas diligências, certo que Edinaldo possui filiação, data de nascimento, local de nascimento e CPF discrepantes do indicado pelo registrando Ednaldo, o qual sequer possui documentos de identidade. Nesta toada, impende destacar que restaram acostadas as certidões negativas dos Registros Civis das Pessoas Naturais, inclusive daqueles que receberam o acervo da Unidade donde indicado o registro (fls. 25/74) e buscas junto ao CRC em nome de Ednaldo, Edinaldo, Agnaldo e com base no CPF de Edinaldo, restando todas negativas (fls. 75/79). A par do contido nos autos, em atenção aos requerimentos ministeriais foi expedido ofício à Eg. Corregedoria Geral da Bahia para buscas mais amplas naquele Estado em nome de Ednaldo, Edinaldo e Agnaldo, com base na data de nascimento - 11/01/1956 e no indicado ano de registro - 1974, as quais restaram negativas (fls. 138/141). Em legitimação datiloscópica junto ao

IIRGD e junto ao Instituto de Identificação da Bahia em nome de Ednaldo, nome este indicado como correto pelo registrando, advieram os resultados infrutíferos (fls. 152/155 e 165/167, respectivamente). No decorrer dos trâmites processuais, houve a habilitação da patrona do registrando Ednaldo C.M. (fls. 158/160). Nesta senda, à vista dos elementos probatórios coligidos nos autos, com destaque para a manifestação favorável do representante do Ministério Público, autorizo a lavratura do assento de nascimento de Ednaldo C.M., na modalidade tardia, acolhida, na íntegra, a cota ministerial retro. À Sra. Oficial do Registro Civil das Pessoas Naturais do 14º Subdistrito - Lapa, Capital, para lavratura do ato. No mais, considerando que o registrando efetuou seu registro em Lagoa de Águas, no Município de Anagés/BA (local de nascimento), tendo o acervo sido distribuído para as Unidades de Anagé/BA e Coquinhos/BA, ambos na Comarca de Vitória da Conquista/BA, as quais não localizaram o respectivo registro, para fins de conhecimento, com cópia integral dos autos, oficie-se ao Juiz Corregedor Permanente desta localidade, servindo a presente como ofício. Ciência ao Ministério Público e à Sra. Oficial. Oportunamente, arquivem-se os autos, com as cautelas de praxe. P.I.C. - ADV: PAULA BEATRIZ DE FREITAS SILVA (OAB 436131/SP) (DJe de 17.02.2022 – SP)

Ementa: Sentença – Pedido de Providências – Lavratura em duplicidade de Assentos de Nascimentos – Pedido de cancelamento do segundo Assento – Possibilidade – Prevalecimento do Assento primitivo – Princípio da Anterioridade – Determinação do cancelamento do segundo Assento de Nascimento – Inexistência de ilícito funcional – Fatos que ocorreram em período que antecedeu à investidura do atual Delegatário – Remessa da cópia integral do feito à CIPP – Art. 40, do CPP – Ciência aos Titulares – Arquivamento do feito – Procedência

Processo 1020152-02.2021.8.26.0007

Pedido de Providências - Nulidade / Anulação - D.B.S. - VISTOS, Trata-se de pedido de providências formulado pelo Senhor D. B. S., que noticia a lavratura em duplicidade de assentos de nascimento em seu nome e requer o cancelamento daquele lavrado em segundo lugar. Os autos foram instruídos com os documentos de fls. 06/13. O Senhor Oficial do Registro Civil das Pessoas Naturais do 46º Subdistrito - Vila Formosa, Capital, prestou esclarecimentos quanto ao primeiro assento lavrado (fls. 24/26). O Senhor Titular do Registro Civil das Pessoas Naturais e Tabelião de Notas do Distrito de Itaquera, Capital, manifestou-se quanto ao segundo assento lavrado (fls. 27/29). Carreou-se aos autos as certidões de distribuição e certidões dos cartórios de protesto da Capital (fls. 58/90). O Ministério Público acompanhou o feito e ofertou parecer final pelo cancelamento do registro lavrado em segundo lugar, às fls. 94. É o breve relatório. DECIDO. Cuida-se de pedido de providências formulado pelo Senhor D. B. S., requerendo o cancelamento do assento de nascimento em seu nome lavrado duplicidade. Noticia o interessado que foi realizada a lavratura em duplicidade de assentos de nascimento em seu nome. O primeiro registro foi declarado por seu genitor, logo após o nascimento, aos 09.03.1988, perante o Registro Civil das Pessoas Naturais do 46º Subdistrito - Vila Formosa, Capital, sob o Livro A-085, fls. 235, termo 52.097. Neste registro, o interessado ostenta o patronímico paterno, "F.", chamando-se D. B. F. e sua data de nascimento é 11.02.1988. Noutro turno, o segundo assento foi registrado somente por sua mãe, sem fazer constar o nome do pai, aos 14.02.1995, perante o Registro Civil das Pessoas Naturais e Tabelião de Notas do Distrito de Itaquera, Capital, sob o Livro A-219, fls. 82-F, termo 185.237. No registro seu nome ostenta somente o sobrenome familiar materno, chamando-se assim D. B. S.. Consta como data de nascimento 12.02.1988. Destaque-se que o Senhor Registrado utilizou-se deste segundo assento para expedir seus documentos e para realizar os atos de sua vida civil. À vista da duplicidade de assentos de nascimento, deve ser cancelado aquele lavrado em segundo lugar, em respeito ao aventado princípio da anterioridade, de modo a prevalecer o assento primitivo. Conforme já se decidiu: ocorrendo a duplicidade de registros de nascimento, prevalece o primeiro, dada a nulidade do segundo (RT 551/230). Diante do exposto, com a ciência do interessado, determino o cancelamento do assento de nascimento de D. B. S. lavrado perante o Registro Civil das Pessoas Naturais e Tabelião de Notas do Distrito de Itaquera, Capital, sob o Livro A-219, fls. 82-F, termo 185.237. Noutro turno, verifico que o registro em duplicidade foi realizado há muitos anos, em momento anterior à investidura do atual Delegatário à titularidade da serventia, não havendo que se falar em responsabilidade funcional a ser investigada. Outrossim, com cópia desta r. Sentença e da a certidão de nascimento atualizada a ser juntada pelo Senhor Oficial do Subdistrito de Vila Formosa, Capital, tendo em vista a repercussão registrária da alteração da filiação e patronímico, determino à z. Serventia Judicial que oficie ao IIRGD, Receita Federal, TRE-SP, DETRAN-SP, à SRTE (Superintendência Regional do Trabalho e Emprego) e ao INSS, para ciência e providências necessárias. Igualmente, com cópia desta r. Sentença e da a certidão de nascimento atualizada a ser juntada pelo Senhor Oficial do Subdistrito de Vila Formosa, Capital, determino à z. Serventia Judicial que oficie à Vara do Juizado Especial Criminal do Foro Regional de Itaquera, Capital, em relação aos autos 0004067-12.2008.8.26.0007 (fls. 66), para ciência quanto à alteração de nome do réu. Em razão ao segundo registro, nos termos do artigo 40 do Código de Processo Penal e artigo 111, inc. IV, do Código Penal, remeta-se cópia integral dos autos à Central de Inquéritos Policiais e Processos para consideração que possa merecer. Oportunamente, arquivem-se os autos. Ciência aos Senhores Titulares e ao Ministério Público. P.I.C. - ADV: SIMONE PINHEIRO DOS REIS PEREIRA (OAB 250295/SP) (DJe de 04.02.2022 - SP)

ÓBITO

Ementa: Sentença – Pedido de Providências – Alegação de erro na lavratura de certidão de óbito – Informação de que constou pessoa estranha como esposa do extinto – Esclarecimento pela Oficial de que o óbito foi lavrado à luz da Declaração do Serviço Funerário prestada por sobrinha do falecido – Inexistência de qualquer protocolo de pedido de retificação nos registros da Unidade Extrajudicial – Ausência de apresentação de ofício judicial ou mandado determinando a retificação do óbito –Afastamento da imputação de erro à atuação da Serventia – Indeferimento do pedido – Matéria reservada à esfera jurisdicional – Arquivamento do feito – Ciência à Oficial – Improcedência

Processo 1138905-27.2021.8.26.0100

Pedido de Providências - Registro Civil das Pessoas Naturais - J.A.L. – M.F.L., registrado civilmente como M.F.L. - M.M.D.L. - Juiz(a) de Direito: Dr(a). Marcelo Benacchio VISTOS, Trata-se de representação formulada pela Senhora M. M. D. L., representada por seus curadores provisórios, em face do Registro Civil das Pessoas Naturais do Distrito de São Mateus, Capital, noticiando erro por parte da serventia na lavratura de certidão de óbito, bem como descortesia no atendimento prestado. Os autos foram instruídos com os documentos de fls. 04/13. A Senhora Oficial prestou esclarecimentos às fls. 18/28, juntando pertinente documentação. A Senhora Representante, devidamente intimada por meio de seu patrono para manifestação, quedou-se inerte (fls. 32). O Ministério Público pugnou pelo arquivamento do expediente, ante a inexistência de indícios de descumprimento do dever funcional por parte da Senhora Titular (fls. 36/37). É o breve relatório. Decido. Cuidam os autos de representação formulada pela Senhora M. M. D. L. em face do Registro Civil das Pessoas Naturais do Distrito de São Mateus, Capital. Alega a Senhora Representante que a serventia extrajudicial teria cometido equívoco na lavratura da certidão de óbito de seu cônjuge, R. A. da R. L., por fazer constar pessoa estranha como esposa do extinto. Ademais, refere que a unidade negou-se a prestar esclarecimentos e informações quanto ao ocorrido, bem como providenciar a retificação do documento, mesmo à vista de suposta decisão judicial, não juntada a estes autos. A seu turno, a Senhora Oficial veio aos autos para esclarecer que o óbito foi lavrado à luz da Declaração do Serviço Funerário, prestada por sobrinha do falecido. No mais, deduziu que não há qualquer protocolo de pedido de retificação nos registros da serventia e os prepostos não se recordam de eventual atendimento. Contudo, apontou a d. Titular que em casos assemelhados, em que se requer a retificação de informações anteriormente declaradas e que exijam instrução probatória, os interessados costumam ser direcionados à via judicial. Por fim, afirmou que não recebera nenhum ofício judicial ou mandado determinando a retificação do óbito. Noutro turno, a Senhora Representante, devidamente intimada, quedou-se inerte. Destaco que o suposto ofício determinando a retificação do óbito não consta entre os documentos apresentados junto da inicial. Bem assim, à luz de todo o narrado, verifico que o assento de óbito de R. A. da R. L. foi devidamente lavrado à luz da Declaração de Óbito do Serviço Funerário do Município, ficando afastada a imputação de erro à atuação da serventia, nesse quesito. Ainda, considerando-se a extensão do pedido, com destaque para a repercussão registrária e a afetação de terceiros, certo é que o requerimento de retificação deduzido no item III dos pedidos iniciais reclama instrução e comprovação e, portanto, a observância de procedimento judicial, não podendo ser realizada nesta estreita via administrativa. Nesses termos, vale dizer que a pretensão retificatória não comporta acolhimento na via processual eleita, impondo-se a adoção de procedimento judicial para a finalidade almejada, razão pela qual indefiro o requerimento. Por fim, no que tange às alegações de falha no atendimento, com referência à recusa ao préstimo de informações e não-atendimento de ordem judicial, as quais não comprovadas, reputo satisfatórias as explicações apresentadas pela ilustre Registradora, e, portanto, não vislumbro responsabilidade funcional apta a ensejar a instauração de procedimento administrativo, no âmbito disciplinar. Nestes termos, determino o arquivamento da representação. Encaminhe-se cópia integral destes autos à Egrégia Corregedoria Geral da Justiça, por e-mail, servindo a presente como ofício. Oportunamente, arquivem-se os autos. Ciência à Senhora Oficial e ao Ministério Público P.I.C. - ADV: PEDRO SOARES FILHO (OAB 61773/SP) (DJe de 24.02.2022 – SP)

4.1.3 REGISTRO DE TÍTULOS E DOCUMENTOS E PESSOA JURÍDICA

ALTERAÇÃO DO CONTRATO SOCIAL

Ementa: Sentença – Dúvida – Pedido de registro de Instrumento Particular de Alteração de Contrato Social, com Cisão Parcial e Incorporação dos imóveis – Prosseguimento como Pedido de Providências – Negativa em razão da necessidade da lavratura de Escritura Pública – Associação Civil sem finalidade econômica – Entendimento pela E. CGJSP de desnecessidade de escritura pública na hipótese de incorporação entre organizações religiosas – Afastamento do óbice – Deferimento do pedido – Procedência

Processo 1135873-14.2021.8.26.0100

Dúvida - Registro de Imóveis - Instituto Irmãs Missionarias de Nossa Senhora Consoladora - Diante do exposto, JULGO PROCEDENTE o pedido para autorizar a averbação dos títulos, os quais informam que, após cisão da proprietária tabular, os imóveis das matrículas n. 40.746, n. 118.241 e n. 119.468 daquela serventia foram incorporados ao patrimônio da Associação Padre José Allamano. Providencie a serventia a necessária regularização do cadastro do feito (pedido de providências), inclusive para trâmite perante o subfluxo da Corregedoria Permanente, acionando o Distribuidor, se necessário. Deste procedimento não decorrem custas, despesas processuais ou honorários advocatícios. Oportunamente, ao arquivo com as cautelas de praxe. P.R.I.C. - ADV: LUCAS FURTADO DE VASCONCELOS MAIA (OAB 35229/DF)

Íntegra da decisão:

SENTENÇA

Processo Digital nº: **1135873-14.2021.8.26.0100**

Classe - Assunto **Dúvida - Registro de Imóveis**

Suscitante: **3º Oficial de Registro de Imóveis da Capital**

Suscitado: **Instituto Irmãs Missionarias de Nossa Senhora Consoladora**

Juiz(a) de Direito: Dr(a). **Luciana Carone Nucci Eugênio Mahuad**

Vistos.

Trata-se de dúvida suscitada pelo **Oficial do 3º Registro de Imóveis da Capital** a requerimento do **Instituto Irmãs Missionárias de Nossa Senhora Consoladora**, tendo em vista negativa em se autorizar registro de instrumento particular de alteração de contrato social da parte suscitada, com cisão parcial e incorporação dos imóveis das matrículas n. 40.746, n. 118.241 e n. 119.468 daquela serventia para a Associação Padre José Allamano (atas de assembleia geral registradas no Registro Civil de Pessoas Jurídicas, nas quais se resolveu pela cisão parcial da primeira entidade, com incorporação do patrimônio cindido pela segunda, incluindo referidos imóveis).

O Oficial alega que há necessidade da lavratura de escritura pública, uma vez que, no regime dos registros públicos, impera o princípio da legalidade estrita, não se podendo aplicar, por analogia, o artigo 2.364 da Lei das Sociedades Anônimas nem o artigo 64 da Lei n. 8.934/94, os quais excepcionam a regra do artigo 108 do Código Civil, a qual deve prevalecer.

A parte suscitada apresentou impugnação às fls. 99/105, defendendo o registro do título apresentado, pois a cisão e a incorporação não configuram ato de alienação típica de bens, mas modalidade de reorganização regida pelos institutos das sociedades empresárias (artigo 2.033 do Código Civil), a qual dispensa a lavratura de escritura, notadamente por se tratar de associação civil sem finalidade de lucro e porque não haverá prejuízo à necessária publicidade.

O Ministério Público opinou pelo afastamento do óbice (fls. 108/109).

É o relatório.

Fundamento e decido.

Primeiramente, é importante ressaltar que este caso não envolve efetiva transmissão de propriedade (registro), mas sucessão subjetiva por cisão e incorporação, o que implica averbação, nos moldes do item 9, b.16, Cap.XX, das NSCGJ.

O procedimento de dúvida registral, portanto, é inadequado, devendo o feito prosseguir como pedido de providências.

No mérito, o pedido é improcedente. Vejamos os motivos.

Como consta na ata da AGE realizada no dia 27 de março de 2021, com cópia às fls. 12/13, houve deliberação e aprovação da cisão parcial da entidade suscitada, visando segregar suas atividades sociais, as quais são objeto de políticas públicas disciplinadas por normas específicas.

Assim, resolveu-se pela extinção das filiais envolvidas no desenvolvimento dessas atividades (CNPJ n. 60.790.631/0003-45 e n. 60.790.631/0011-55), com transferência do respectivo patrimônio para a Associação Pe. José Allamano, entidade congênere que as sucedeu em todos os direitos e obrigações, inclusive em relação aos imóveis objeto das matrículas n. 40.746, n. 118.241 e n. 119.468 do 3ºRI da Capital, que integravam o ativo imobilizado da parcela cindida (fl. 23).

Conforme ata da AGE da Associação Padre José Allamano realizada naquele mesmo dia, a incorporação foi deliberada e aprovada nos mesmos termos (fls. 29/30).

Observe-se que as organizações religiosas são pessoas jurídicas de direito privado que, por sua natureza, não têm finalidade econômica e gozam de autonomia quanto à sua criação, organização, estruturação interna e funcionamento, nos termos do artigo 44, §1º, do Código Civil.

A incorporação de uma entidade religiosa por outra tem expresso respaldo no Código Civil (artigo 2.033), sendo que essa operação de reestruturação deve se orientar, no que couber, pelas regras dos artigos 1.116 a 1.118 do referido diploma legal, que tratam da incorporação das sociedades em geral.

Nesse sentido, o Parecer n. 26/2013-E, aprovado pela E. CGJSP no processo de autos n. 6.477/2012, com a seguinte ementa (destaque nosso):

> *"REGISTRO CIVIL DE PESSOA JURÍDICA - **Incorporação de uma organização religiosa por outra - Possibilidade em tese (artigo 2.033 do CC) - Válido aperfeiçoamento dependente da observação, no que couber, das regras previstas nos artigos 1.116/1.118 do CC** - O controle da legalidade não compromete a liberdade religiosa nem a de organização e a de funcionamento das organizações religiosas (Enunciado 143 do III Jornada de Direito Civil) - Ausente documento comprovando a concordância da incorporadora (artigo 1.116 do CC) - Averbação da extinção requerida impropriamente pela incorporada (artigo 1.118 do CC) - Recurso desprovido".*

Outrossim, a cisão e a correspondente incorporação devem ser consideradas hipóteses de sucessão, com transferência de patrimônios líquidos por mutação subjetiva das entidades envolvidas, de modo que a propriedade imobiliária só é afetada por via oblíqua.

Em consideração à natureza dos institutos, além da circunstância de se dispensar, nessas operações, o recolhimento do imposto de transmissão (artigo 156, §2º, I, da CF), a CGJSP entendeu desnecessária escritura pública no caso de cisão de sociedades por cotas no julgamento do processo de autos n. 1.779/95, ocorrido em setembro de 1995, pelo qual restou superada a exigência do artigo 134, II, do CC/1916 então vigente (correspondente ao artigo 108 do Código Civil atual):

> *"REGISTRO DE IMÓVEIS - Averbação - Cisão de sociedade por cotas - móvel - Exigência de escritura pública - Desnecessidade - Averbação determinada - Recurso provido".*

Mesma linha de raciocínio havia sido adotada anteriormente, em dezembro de 1993, no julgamento do processo de autos n. 254/93:

> *"AVERBAÇÃO - Incorporação - Inexistência de escritura pública para o ato - Extensão supletiva do disposto no art.234 da Lei 6.404/76 - Aplicação às sociedades de responsabilidade limitada das disposições da Lei de Sociedades Anônimas - Recurso provido".*

Mais recentemente, no julgamento do processo de autos n. 134.378/2014, ocorrido em dezembro de 2014, a E. CGJSP aplicou referido entendimento para dispensar a escritura pública na hipótese de incorporação entre organizações religiosas, conforme apontado pelo Ministério Público:

> *"REGISTRO DE IMÓVEIS - Incorporação entre organizações religiosas, com reversão do patrimônio imóvel à incorporadora - Possibilidade de averbação à margem das matrículas, ante a comprovada incorporação - Desnecessidade de escritura pública para a transferência do domínio dos imóveis - Exigência, aliás, impossível de ser cumprida, diante da extinção das incorporadas - Recurso provido".*

O óbice, portanto, não se sustenta.

Diante do exposto, **JULGO PROCEDENTE** o pedido para autorizar a averbação dos títulos, os quais informam que, após cisão da proprietária tabular, os imóveis das matrículas n. 40.746, n. 118.241 e n. 119.468 daquela serventia foram incorporados ao patrimônio da Associação Padre José Allamano. **Providencie a serventia a necessária regularização do cadastro do feito (pedido de providências), inclusive para trâmite perante o subfluxo da Corregedoria Permanente, acionando o Distribuidor, se necessário.**

Deste procedimento não decorrem custas, despesas processuais ou honorários advocatícios.

Oportunamente, ao arquivo com as cautelas de praxe.

P.R.I.C.

São Paulo, 14 de janeiro de 2022.

Luciana Carone Nucci Eugênio Mahuad

Juíza de Direito (DJe de 19.01.2022 – SP)

Ementa: Sentença – Pedido de Providências – Pedido de averbação de alteração e dissolução da pessoa jurídica – Negativa em razão da necessidade de restabelecimento da continuidade registrária com a regularização dos atos de administração da PJ – Impossibilidade de alteração do endereço da sede social – Descumprimento de formalidades para convocação da AGE e do quórum para instalação e deliberação – Imprescindibilidade de eleição e posse de nova diretoria – Inadmissibilidade da extensão dos mandatos por prazo indeterminado – Afastamento da exigência relativa à nomeação do liquidante – Manutenção dos demais óbices – Procedência Parcial

Processo 1108601-45.2021.8.26.0100

Pedido de Providências - Notas - Associação Brasileira de Laboratório de Anatomia Patológica - ABRALAPAC - Diante do exposto, JULGO PARCIALMENTE PROCEDENTE o pedido de providências, mantendo os óbices apontados na nota de devolução relativa à prenotação n. 559.496, com exceção daquele mencionado em seu item 3.2. Deste procedimento não decorrem custas, despesas processuais ou honorários advocatícios. Oportunamente, remetam-se os autos ao arquivo. P.R.I.C. - ADV: ARNALDO TEBECHERANE HADDAD FILHO (OAB 283325/SP), ARNALDO TEBECHERANE HADDAD (OAB 207911/SP)

Íntegra da decisão:

SENTENÇA

Processo Digital nº: **1108601-45.2021.8.26.0100**

Classe - Assunto **Pedido de Providências - Notas**

Suscitante: **Associação Brasileira de Laboratório de Anatomia Patológica - ABRALAPAC**

Suscitado: **1º Oficial de Registro de Títulos e Documentos e Civil de Pessoa Jurídica da Capital**

Juiz(a) de Direito: Dr(a). **Luciana Carone Nucci Eugênio Mahuad**

Vistos.

Trata-se de dúvida inversa formulada por **Associação Brasileira de Laboratório de Anatomia Patológica - ABRALAPAC** em face do **Oficial do 1º Registro de Títulos e Documentos e Civil de Pessoas Jurídicas** da Capital, diante de recusa na averbação de alteração e dissolução da pessoa jurídica.

A decisão de fl. 43 recebeu a inicial como pedido de providências.

A parte alega que reapresentou o título com atendimento às exigências inicialmente formuladas, as quais foram indevidamente reiteradas, já que houve prorrogação do mandato de sua diretoria executiva para a devida liquidação, conforme disposto em seu estatuto.

Juntou documentos às fls. 08/42.

O Oficial manifestou-se às fls. 47/56, reafirmando a necessidade de restabelecimento da continuidade registrária com a regularização dos atos de administração da pessoa jurídica após o término do mandato da última diretoria eleita, além da impossibilidade de alteração do endereço da sede social pelo descumprimento de formalidades para convocação da AGE e do quórum para instalação e deliberação. Vieram documentos às fls. 57/101.

O Ministério Público opinou pela improcedência do pedido (fls. 105/107).

Constatada a inexistência de prenotação válida, foi determinada a reapresentação do título à serventia extrajudicial (fl. 108).

A parte interessada opôs embargos de declaração, sustentando a observância do trintídio legal de validade da prenotação quando do protocolo do presente expediente (fls. 114/118).

O Oficial informou que o título não foi reapresentado (fl. 119).

É o relatório.

Fundamento e decido.

De início, é necessário reconhecer a prorrogação do prazo de validade da última prenotação, de n. 559.496, que permanece válida em virtude da tempestiva distribuição deste feito.

De fato, como se vê da nota de devolução copiada às fls. 61/63, referente à prenotação n. 559/496, o título foi protocolado em 10 de setembro de 2021, com vencimento da prenotação previsto, portanto, para 10 outubro de 2021.

A primeira nota de devolução com as exigências foi expedida no dia 14 de setembro, mas, naquele mesmo dia, a parte interessada reapresentou a ata de fls. 35/38, sendo o título devolvido pela segunda vez, com nova qualificação negativa conforme nota de devolução de fls. 64/67, expedida no dia 07 de outubro de 2021.

A petição inicial deste procedimento foi distribuída no dia 07 de outubro, exatamente na data de expedição da segunda nota de devolução, o que afasta qualquer questionamento sobre a validade da prenotação, que se estenderia até o dia 10.

Note-se que a conduta precipitada da parte foi potencialmente prejudicial, na medida em que promoveu este incidente manifestando seu inconformismo contra as exigências formuladas no dia 14 de setembro, sendo que o título foi submetido a uma nova qualificação negativa posteriormente.

Ainda assim, como estamos na via administrativa e considerando que as exigências foram integralmente mantidas (fls. 61/63 e 64/67), entendo possível análise.

No mérito, o pedido é improcedente, ao menos em parte.

Vejamos os motivos.

Primeiramente, é necessária a regularização da situação jurídicoadministrativa da entidade com eleição e posse de nova diretoria, não podendo ser admitida a extensão dos mandatos por prazo indeterminado.

Embora o artigo 16 do estatuto em vigor preveja um mandato para a Diretoria Executiva por *"um período de dois anos ou pelo período compreendido entre duas Assembleias Ordinárias consecutivas"* (fl. 87), a simples inércia na convocação de uma nova AGO não pode justificar uma prorrogação de mandato por prazo indeterminado.

Ademais, o artigo 14 do estatuto prevê que a Assembleia Geral se reunirá a cada dois anos para eleição e deliberação sobre os relatórios administrativos da gestão que se encerra.

Também é obrigação expressa da Diretoria Executiva a elaboração de relatórios bianuais das atividades, tal como incumbe ao Tesoureiro Geral a apresentação de balanços anuais que serão submetidos à aprovação da Assembleia Geral (artigo 23, "k", e 27, "f" – fls. 88/89).

Portanto, a melhor interpretação é no sentido de somente se admitir excepcional prorrogação do mandato da Diretoria Executiva enquanto perdurar eventual dificuldade que justifique a postergação na convocação da AGO. Contudo, superados os entraves, tornam-se urgentes e prioritárias eleição e apreciação das contas do período encerrado.

Como constou na ata da Assembleia Geral realizada em 1º de dezembro de 2018, a Diretoria Executiva e os Conselhos Consultivo e Fiscal foram eleitos para um mandato compreendido entre 11 de dezembro de 2018 e 31 de dezembro de 2020 (fls. 68/74), de modo que a Assembleia Geral para novas eleições deveria ter sido convocada antes do término desse período.

É certo que o cenário de pandemia vivido recentemente configurou circunstância excepcional suficiente para justificar a postergação das eleições.

Entretanto, superada a fase crítica da crise sanitária, tornou-se imperativa a convocação de Assembleia para eleição e deliberação sobre relatórios contábeis e de gestão.

Não se verifica qualquer vedação, vale notar, a uma pauta cumulativa, de modo que esses itens poderiam e deveriam ter sido incluídos na pauta da assembleia realizada em 2021, com observância das formalidades estatutárias, notadamente o prazo para candidatura de chapas, cuja inexistência também não impede a convocação da assembleia para escolha da nova diretoria (artigo 16, parágrafos 3º e 4º - fl. 87).

Conforme salientado pelo Oficial, as atas que versem sobre eleições também devem atender requisitos formais mais rigorosos, elencados no item 2 da nota de devolução (fls. 64/67).

Como se vê, a complexidade e os custos para a realização da eleição são pequenos para se autorizar a superação da formalidade em detrimento da continuidade registraria da gestão associativa, que deve obedecer a mandatos com prazos certos para se garantir a segurança jurídica da informação registrada.

Eventual lacuna, que, no caso concreto, é pequena, pode ser facilmente superada mediante ratificação dos atos praticados, com declaração da maioria dos membros da diretoria assumindo responsabilidades, conforme sugerido pelo Oficial em sua manifestação (fl. 53).

Destaque-se, ainda, que a aprovação dos relatórios contábeis e de gestão é de interesse dos próprios membros da administração e do conselho fiscal, pois necessária à exoneração de sua responsabilidade, com inauguração do prazo decadencial para eventual questionamento.

Porém, consta na ata da AGE realizada em 17 de abril de 2021 que houve apenas a aprovação de alteração do artigo 3º do estatuto, com a indicação de nova sede, além de aprovação da dissolução da associação, com rápidas referências às contas da entidade e à evolução associativa, destacando-se a queda na arrecadação. Dessa Assembleia, participaram apenas três associados representados pelos atuais presidente, tesoureiro e secretário geral (fls. 35/37).

Nesse contexto, resta evidente a quebra na continuidade, que deve ser regularizada pela convocação prévia de novas eleições com ratificação dos atos ou em sede jurisdicional, com a nomeação de administrador provisório, nos termos do artigo 49 do Código Civil, o que impede a averbação da ata da assembleia realizada em 17 de abril de 2021.

Também quanto à alteração do estatuto e da nomeação de liquidante, tem razão o Oficial Registrador.

A deliberação quanto às modificações estatutárias é prerrogativa da Assembleia Geral, que deveria ser convocada a cada dois anos, na forma do artigo 14, "e", do estatuto, cujo parágrafo primeiro assim dispõe (fl. 87):

> *"§1 – Para as deliberações a que se referem os itens 'b' e 'e' é exigido o voto concordante de dois terços dos*

presentes à Assembleia especialmente convocada para esse fim, não podendo ela deliberar, em primeira convocação, sem maioria absoluta, ou com pelo menos um terço das convocações subsequentes".

Considerando que, na data da assembleia, a entidade contava com 89 associados, o que é informado na própria ata, a alteração não poderia ter sido objeto de deliberação pelos três associados representados naquele ato, problema este que já havia ocorrido anteriormente na assembleia realizada em dezembro de 2018 (fl. 74).

Apenas o óbice apontado no item 3.2 da nota de devolução, relativo à nomeação do liquidante, deve ser afastado.

Constata-se à fl. 37 que o presidente da entidade, definido como liquidante, foi devidamente qualificado, com todas as informações necessárias, incluindo a indicação do endereço do local da guarda dos livros e documentos. Apenas não constaram expressamente na ata todos os encargos legais do liquidante elencados nos incisos do artigo 1.103, do Código Civil, mas deve ser considerada suficiente a indicação abreviada do dispositivo legal no parágrafo imediatamente anterior à qualificação (fl. 36).

Diante do exposto, **JULGO PARCIALMENTE PROCEDENTE** o pedido de providências, mantendo os óbices apontados na nota de devolução relativa à prenotação n. 559.496, com exceção daquele mencionado em seu item 3.2.

Deste procedimento não decorrem custas, despesas processuais ou honorários advocatícios.

Oportunamente, remetam-se os autos ao arquivo.

P.R.I.C.

São Paulo, 17 de dezembro de 2021.

Luciana Carone Nucci Eugênio Mahuad

Juíza de Direito (DJe de 13.01.2022 – SP)

Ementa: Sentença – Pedido de Providências – Requerimento de alteração contratual – Negativa por ausência de publicação dos editais de convocação para a Assembleia em que foi aprovado o aumento de capital social – Art. 1.152, §3º, do CC – Documentos apresentados que não autorizam a dispensabilidade da publicação dos editais de convocação – Reunião realizada em ambiente virtual – Convocação do sócio por via postal, bem como por e-mail – Impossibilidade de se presumir ciência inequívoca do referido sócio – Indeferimento do pedido – Improcedência

Processo 1135501-65.2021.8.26.0100

Pedido de Providências - Registro civil de Pessoas Jurídicas – Prontoftalmo Assistência Oftalmológica Ltda. - Diante do exposto, JULGO IMPROCEDENTE o pedido. Deste procedimento não decorrem custas, despesas processuais ou honorários advocatícios. Oportunamente, remetam-se os autos ao arquivo. P.R.I.C. - ADV: MARCELLA CALIANI (OAB 427286/SP), DANILO COLLAVINI COELHO (OAB 267102/SP)

Íntegra da decisão:

SENTENÇA

Processo Digital nº: **1135501-65.2021.8.26.0100**

Classe - Assunto **Pedido de Providências - Registro civil de Pessoas Jurídicas**

Requerente: **Prontoftalmo Assistência Oftalmológica Ltda.**

Requerido: **3º Oficial de Registro de Titulos e Documentos e Civil de Pessoa Juridica da Capital**

Juiz(a) de Direito: Dr(a). **Luciana Carone Nucci Eugênio Mahuad**

Vistos.

Trata-se de pedido de providências formulado por **Prontoftalmo Assistência Oftalmológica Ltda.** em face do **Oficial do 3º Registro de Títulos e Documentos e Civil de Pessoas Jurídicas** da Capital, diante de recusa na averbação de alteração contratual por ausência de publicação dos editais de convocação para a assembleia em que aprovado, por maioria, aumento de capital social.

A parte interessada alega ciência inequívoca do sócio Guerino, o que torna dispensável a publicação de editais, nos termos do artigo 1.072, §2º, do Código Civil. Juntou documentos às fls. 11/195.

Identificado o decurso do trintídio legal da última prenotação, foi determinada a reapresentação do título à Serventia Extrajudicial (fl. 196).

Com o atendimento, o Oficial se manifestou às fls. 201/203, sustentando que os documentos não demonstram a alegada ciência inequívoca do sócio Guerino Antônio Nicoletti Filho acerca das modificações que reduziram substancialmente sua participação no capital social da empresa.

O Ministério Público opinou pela improcedência, com manutenção do óbice (fls. 206/208).

É o relatório.

Fundamento e decido.

No mérito, o pedido é improcedente. Vejamos os motivos.

Para efetuar o registro de assembleias das sociedades simples que adotam um dos tipos de sociedade empresária, o Oficial de Registro deve verificar a regularidade das publicações do anúncio de convocação, observando o artigo 1152, §3º, do Código Civil.

Por outro lado, o artigo 1072 do mesmo diploma legal traz hipótese expressa de dispensa das referidas formalidades *"quando todos os sócios comparecerem ou se declararem, por escrito, cientes do local, data e ordem do dia"*.

Entretanto, na espécie, os documentos apresentados não autorizam dispensar a publicação dos editais de convocação, pois não consubstanciam a prova escrita que a lei exige.

A reunião foi realizada em ambiente virtual no dia 12 de maio de 2021, iniciando-se às 10h30min em segunda convocação.

A ordem do dia foi (fl. 12):

> *"Deliberar sobre: (i) Balanço Patrimonial e Demonstração do Resultado do Exercício do ano-calendário de 2020 da Prontoftalmo Assistência Oftalmológica Ltda. ('Prontoftalmo' ou 'Sociedade') e a realização de (ii) aumento de capital social da Sociedade, por meio da capitalização de crédito da sócia U.S.O. Unidade Santana de Oftalmologia Ltda ('USO') reconhecido nos autos da Ação Cautelar nº 1107628-37.2014.8.26.0100".*

Compareceu apenas a sócia USO, representada por procuradores.

Ausente o sócio Guerino, houve menção de sua notificação no item 4 da ata (fl. 13).

Observe-se que anotado no item 5 da ata, fl. 13, que o *link* de acesso à reunião virtual somente foi enviado por *e-mail* para o sócio Guerino minutos antes do início da reunião (no dia 12 de maio de 2021, às 9h18min – fl. 28). No mesmo parágrafo, também há informação de que foi enviado o *link* para o *WhatsApp* do Dr. Antônio de Pádua, que seria advogado do sócio Guerino, mensagem que só foi recebida às 10h36min, após o início da assembleia.

Na verdade, o documento de fl. 32 revela que o *link* foi enviado para o Dr. Antônio Pádua Nogueira às 10h01min, quando já inaugurada a primeira convocação para a assembleia, seguindo-se resposta do destinatário de que o *link* deveria ser enviado diretamente ao sócio, deixando claro que não o representaria.

A parte informa que enviou a convocação do sócio Guerino por via postal e por *e-mail*, mas não consta no documento de fls. 17/19 ciência, sendo a correspondência recebida por terceiro (Cleide Ferreira – fl. 20). Também não há confirmação de recebimento e leitura do *e-mail* enviado (fl. 24): note-se que a linguagem técnica do documento de fl. 25 não é compreensível e não se conhece a sua origem, havendo apenas a demonstração de envio de uma mensagem, sem nenhuma manifestação do destinatário que possa ser interpretada como declaração escrita de ciência do sócio.

Da mesma forma, a mensagem de fls. 26/27, enviada pelo Dr. Antônio de Pádua informando acerca de tentativa frustrada de contato para tratar *"dos processos envolvendo o dr. Guerino"*, não supre a exigência legal, pois não manifesta ciência do sócio acerca da reunião e dos assuntos que seriam tratados, além de ser desconhecida a extensão dos poderes de representação outorgados ao remetente, sabendo-se apenas que o Dr. Antônio atua na defesa do sócio Guerino, em ação proposta pela sócia USO visando dissolução judicial da sociedade (fls. 182/192).

Vale destacar que procuração específica foi outorgada, mas para representação apenas em outra reunião, realizada no ano de 2015.

Nesse contexto, não há como se presumir ciência inequívoca do sócio para suprir o rigoroso requisito formal exigido por lei, o qual deveria ter sido observado pela parte interessada, notadamente diante da deliberação acerca de redução acentuada da participação do sócio preterido no capital da empresa e por já haver litígio entre as partes.

Diante do exposto, **JULGO IMPROCEDENTE** o pedido.

Deste procedimento não decorrem custas, despesas processuais ou honorários advocatícios.

Oportunamente, remetam-se os autos ao arquivo.

P.R.I.C.

São Paulo, 18 de janeiro de 2022.

Luciana Carone Nucci Eugênio Mahuad

Juíza de Direito (DJe de 20.01.2022 – SP)

Ementa: Sentença – Dúvida – Requerimento de abertura de matrícula e de averbação de alteração da denominação da titular de domínio – Tramitação como Pedido de Providências – Escritura de Transformação de Sociedade – Negativa por necessidade de comprovação da continuidade dos atos da proprietária do imóvel – Arquivamento do título perante a Junta Comercial – Transformação que ocorreu ao tempo em que constituída a nova sociedade – Inexistência de irregularidade – Deferimento do pedido – Procedência

Processo 1121123-07.2021.8.26.0100

Dúvida - Registro de Imóveis - Moska Imóveis e Participações S/A - Diante do exposto, JULGO PROCEDENTE o pedido para determinar a abertura de matrícula para o imóvel transcrito sob n. 42190 perante o 15º CRI, com posterior averbação da alteração da denominação da titular do domínio e de seu tipo societário (Dispral S/A - Distribuidora de Produtos Alimentícios). Providencie-se o necessário à regularização da classe e da competência (pedido de providências). Deste procedimento não decorrem custas, despesas processuais ou honorários advocatícios. Oportunamente, remetam-se os autos ao arquivo. P.R.I.C. - ADV: THIAGO DE OLIVEIRA COUTO HATAB (OAB 172716/RJ), PEDRO AFONSO GUTIERREZ AVVAD (OAB 95512/RJ)

Íntegra da decisão:

SENTENÇA

Processo Digital nº: **1121123-07.2021.8.26.0100**

Classe - Assunto **Dúvida - Registro de Imóveis**

Suscitante: **17º Oficial de Registro de Imóveis da Capital**

Suscitado: **Moska Imóveis e Participações S/A**

Juiz(a) de Direito: Dr(a). **Luciana Carone Nucci Eugênio Mahuad**

Vistos.

Trata-se de pedido de providências formulado pelo **Oficial do 17º Registro de Imóveis da Capital** a requerimento de **Moska Imóveis e Participações S.A.,** após negativa de abertura de matrícula para o imóvel transcrito sob n. 42.190 perante o 15º CRI e de averbação de alteração da denominação da titular do domínio e de seu tipo societário.

Relata que o título se trata de escritura de transformação de sociedade lavrada em 12 de novembro de 1964 pelo Tabelião do 1º Ofício da Comarca Nilópolis, Estado do Rio de Janeiro (livro 14-B, fl. 189), a qual foi apresentada sob a forma de certidão expedida pela Junta Comercial do referido Estado (registro na Junta apenas em 30 de janeiro de 2020). Por meio de tal escritura, os sócios da empresa Distribuidora de Produtos Piraquê Moinho de Ouro Ltda. Alteraram sua denominação para Dispral S.A. - Distribuidora de Produtos Alimentícios, bem como a transformaram em sociedade anônima.

Esclarece que o título foi devolvido para que se apresentasse certidão atualizada da transcrição (item 54 do Cap. XX das Normas de Serviço) e se comprovasse a continuidade dos atos/registros da proprietária do imóvel, notadamente o ingresso da referida escritura em data contemporânea ao início de suas atividades, já que somente em 30/01/2020 houve registro da escritura de transformação perante a JUCESP (princípio da continuidade).

Esclarece, ainda, que o ato arquivado em 19/06/1967, sob o protocolo n. 001967/116663-8, trata-se de estatuto consolidado da Dispral, datado de 30/10/1966, onde consta a constituição da empresa Dispral em razão da transformação da empresa Distribuidora de Produtos Piraquê Moinhos de Ouro Ltda, não tendo sido localizado o ato específico desta alteração aprovando sua transformação, tal como consta na escritura; que seguiu-se o arquivamento na Junta Comercial da certidão da Ata da Assembleia de 06/12/1982 e dos demais documentos relativos à transmissão do imóvel ao patrimônio da Indústria de Produtos Alimentícios Piraquê S/A em razão da incorporação da Dispral S/A Distribuidora de Produtos Alimentícios; que, após, sobreveio o arquivamento da certidão da Ata da Assembleia Geral Extraordinária realizada em 30/04/2018, relativa à transmissão do imóvel ao patrimônio da requerente (Moska Imóveis e Participações S.A.), em razão da cisão parcial da indústria de Produtos Alimentícios Piraquê S/A.

O título foi reapresentado com certidão atualizada da transcrição, mas com informação sobre impossibilidade de suprimento da segunda exigência.

Documentos vieram às fls. 08/56.

A parte requerente, às fls. 62/66, sustenta que, em 12/11/1964, a empresa Moinho de Ouro foi transformada em sociedade anônima e rebatizada como Dispral S.A. Distribuidora de Produtos Alimentícios, conforme escritura de transformação apresentada; que, à época, os atos de sociedades anônimas deveriam ser inscritos no Registro de Comércio, com publicidade pelo Tribunal; que, após consulta, a Junta Comercial do Rio de Janeiro informou que não localizou o arquivamento da escritura de transformação; que o registro do comércio existente em 1964 era feito perante a Junta Comercial do Estado da Guanabara – JUCEG, sucedida em 1975 pela Junta Comercial do Estado do Rio de Janeiro; que a autarquia atualmente existente – JUCERJA – somente foi criada em abril de 1988; que a não localização do arquivamento não significa que ele não ocorreu, notadamente diante da possibilidade de extravio; que a JUCERJA localizou o arquivamento dos atos constitutivos da empresa Dispral, com registro em 19/06/1967 sob o protocolo n. 00-1967/116663-8, o que comprova que ela foi constituída por meio de transformação da sociedade Moinho de Ouro e assumiu inteira responsabilidade sobre seu ativo e passivo; que reapresentou a escritura de transformação, a qual foi aceita e arquivada pela Junta Comercial.

Documentos vieram às fls. 67/192.

O Ministério Público opinou pela procedência (fls. 196/198).

É o relatório.

Fundamento e Decido.

Por primeiro, tendo em vista o objeto (abertura de matrícula e averbação de alterações societárias), o que não envolve registro em sentido estrito, o feito deve tramitar como pedido de providência.

No mérito, o pedido é procedente. Vejamos o motivo.

A parte interessada, como já dito, pretende abertura de matrícula para o imóvel transcrito sob n. 42190 perante o 15º RI, com posterior averbação da alteração da denominação social e do tipo societário da proprietária, Distribuidora de Produtos Piraquê Moinho de Ouro Ltda, a qual passou a denominar-se Dispral S.A. – Distribuidora de Produtos Alimentícios (fls. 52/54).

Para tanto, é imprescindível que os atos constitutivos estejam prévia e regularmente arquivados perante a Junta Comercial, de forma a permitir respeito ao princípio da continuidade.

No caso, porém, verifica-se que a escritura de transformação de sociedade, lavrada em 1964 pelo Tabelião do 1º Ofício da Comarca de Nilópolis, Estado do Rio de Janeiro, por meio da qual as alterações em questão se operaram, somente foi arquivada perante a Junta Comercial em 30/01/2020, sob n. 00003843057 (autenticação lançada no rodapé de fls. 20/31 e 118/129).

Não haveria, portanto, contemporaneidade entre a transformação da sociedade e a regularização de seus atos perante a Junta Comercial.

Por outro lado, do estatuto consolidado da empresa Dispral S/A - Distribuidora de Produtos Alimentícios, o qual foi arquivado perante a JUCERJA em 19/06/1967, sob n. 00000013628, consta sua constituição por transformação da sociedade Distribuidora de Produtos Piraquê Moinho de Ouro Ltda, com notícia de que, enquanto sucessora, assumiu inteira responsabilidade do ativo e do passivo da sociedade transformada (artigos 1º e 4º do estatuto fls. 39 e 94).

Note-se que o arquivamento perante a Junta Comercial se deu sob o mesmo NIRE em que arquivada a escritura de transformação (333.0007927-1).

Assim, muito embora a escritura de transformação somente tenha sido arquivada perante a Junta Comercial do Estado do Rio de Janeiro em janeiro de 2020, forçoso reconhecer que tal transformação ocorreu, de fato, ao tempo em que constituída a nova sociedade.

Esta conclusão se reforça pelo registro de seus atos constitutivos, sem qualquer ressalva pelo órgão competente.

Outrossim, diante da possibilidade de extravio do registro efetivado à época e da alteração das atribuições a que se submeteu o registro empresarial, conforme indicado pela parte interessada, o próprio arquivamento da escritura de transformação ocorrido em 2020 perante a

Junta Comercial convalidou as mudanças em questão, afastando qualquer irregularidade.

Neste contexto, não obstáculo à abertura da matrícula, com posterior averbação das transformações.

Diante do exposto, **JULGO PROCEDENTE** o pedido para determinar a abertura de matrícula para o imóvel transcrito sob n. 42190 perante o 15º CRI, com posterior averbação da alteração da denominação da titular do domínio e de seu tipo societário (Dispral S/A - Distribuidora de Produtos Alimentícios). Providencie-se o necessário à regularização da classe e da competência (pedido de providências).

Deste procedimento não decorrem custas, despesas processuais ou honorários advocatícios.

Oportunamente, remetam-se os autos ao arquivo.

P.R.I.C.

São Paulo, 17 de janeiro de 2022.

Luciana Carone Nucci Eugênio Mahuad

Juiz de Direito(DJe de 19.01.2022 – SP)

Ementa: Sentença – Dúvida – Recusa de pedido de averbação de Ata de Eleição da nova diretoria – Prosseguimento como Pedido de Providências – Necessidade da apresentação das atas de eleição e posse do período anterior – Imprescindibilidade de adaptação dos estatutos ao Código Civil vigente – Inadmissibilidade de extensão do mandato da última diretoria por prazo indeterminado – Impossibilidade de averbação da ata apresentada por violação da continuidade registral – Manutenção do óbice – Improcedência

Processo 1123815-76.2021.8.26.0100

Dúvida - Registro de Imóveis - Augusta e Respeitável Loja Simbólica Adolpho Markenzon Nº 203 - Diante do exposto, JULGO IMPROCEDENTE o pedido. Providencie a serventia a necessária regularização do cadastro do feito (pedido de providências), inclusive para trâmite perante o subfluxo da Corregedoria Permanente, acionando o Distribuidor, se necessário. Deste procedimento não decorrem custas, despesas processuais ou honorários advocatícios. Oportunamente, remetam-se os autos ao arquivo. P.R.I.C. - ADV: AGUINALDO RANIERI DE ALMEIDA (OAB 35220/SP)

Íntegra da decisão:

SENTENÇA

Processo Digital nº: **1123815-76.2021.8.26.0100**

Classe - Assunto **Dúvida - Registro de Imóveis**

Requerente: **Augusta e Respeitável Loja Simbólica Adolpho Markenzon Nº 203**

Requerido: **4º Oficial de Registro de Títulos e Documentos e Civil de Pessoa Jurídica da Capital**

Juiz(a) de Direito: Dr(a). **Luciana Carone Nucci Eugênio Mahuad**

Vistos.

Trata-se de dúvida inversa apresentada por **Augusta e Respeitável Loja Simbólica Adolpho Markenzon Nº 203** em face do **Oficial do 4º Registro de Títulos e Documentos e Civil de Pessoas Jurídicas** da Capital, diante de recusa na averbação de ata de eleição da nova diretoria.

A parte alega, primeiramente, afronta ao princípio da concentração das exigências, defendendo a inaplicabilidade do artigo 49 do Código Civil, por refletir providência desnecessária ante a existência de administração atuante e regularmente eleita, a qual não pode ser responsabilizada pelos atos não praticados no momento oportuno. Assim, entende razoável que se desconsidere o período compreendido entre o registro da última ata, ocorrido em 2004, e a eleição da nova diretoria, de 2021, malgrado o princípio da continuidade, sob pena de se inviabilizar a existência da associação. Juntou documentos às fls. 08/22.

Identificado o decurso do trintídio legal da última prenotação, foi determinada a reapresentação do título à Serventia Extrajudicial (fl. 23).

Com o atendimento, o Oficial se manifestou às fls. 29/32, informando que foram apresentadas duas atas, as quais foram submetidas a protocolos distintos (n.409.407 e 409.408): uma relativa à eleição de diretoria ocorrida em 08/06/2021 e outra relativa à posse conferida em 31/07/2021.

Quanto à eleição da diretoria, foi reafirmada a necessidade de apresentação das atas de eleição e posse do período de 2004 a 2020, acompanhadas dos requisitos formais, sendo exigidas, ainda, adaptação dos estatutos ao Código Civil vigente e regularização do endereço da sede social. Já para averbação da posse, além do atendimento às exigências formuladas na prenotação anterior (n.409.407), foi solicitado termo de posse devidamente assinado.

O Oficial contestou a alegada afronta ao princípio da concentração, ressaltando que a parte não apresentou justificativa para o descumprimento das exigências, que foram formuladas em cumprimento das formalidades registrais obrigatórias, notadamente em respeito ao princípio da continuidade, que exige apresentação das atas de eleição de todas as diretorias do período anterior ou nomeação judicial de administrador provisório.

O Ministério Público opinou pelo recebimento do feito como pedido de providências e pelo indeferimento, com manutenção dos óbices (fls. 40/42).

É o relatório.

Fundamento e decido.

Primeiramente, como as alterações supervenientes ao ato constitutivo das pessoas jurídicas e as atas de reunião são objeto de averbação (item 28, Cap.XVIII, das NSCGJ), o feito deve prosseguir como pedido de providências.

Vale registrar, ainda, que, no âmbito administrativo, não há espaço para tutela provisória, já que incompatível com o princípio da segurança jurídica que rege os serviços de registro.

No mérito, o pedido é improcedente. Vejamos os motivos.

O objetivo da parte interessada é averbação da ata de eleição administrativa para o período 2021/2022, que ocorreu em ambiente virtual no dia 08 de junho de 2021 (fls. 09/11).

As notas de devolução apresentadas às fls. 20/21, relativas às prenotações n. 387.582 e 387.600, foram expedidas no ano de 2019, sendo inquestionável que trataram de documento distinto. Consequentemente, como diverso o objeto da qualificação, foram formuladas exigências distintas, o que afasta a alegação de violação ao princípio da concentração.

Quanto ao ponto em debate, embora o estatuto da entidade não tenha vindo aos autos, não há controvérsia sobre o vencimento do mandato da última diretoria que teve eleição registrada, sendo inadmissível sua extensão por prazo indeterminado.

De fato, conforme previsto em lei (artigos 40 e seguintes do Código Civil; artigos 114 e seguintes da Lei de Registros Públicos), a gestão associativa se exerce por mandatos com prazo certo, sendo devida a averbação das eleições de cada diretoria para garantia de publicidade e de segurança jurídica.

Destaque-se, ainda, que, ordinariamente, as eleições são precedidas de deliberação e aprovação de relatórios contábeis da gestão que se encerra, pois necessárias à exoneração de responsabilidade, com inauguração do prazo decadencial para eventual questionamento.

A parte interessada, por sua vez, reconhece que o último ato registral foi efetivado em novembro de 2003 e que não existem, em seus prontuários, documentos relativos às eleições ocorridas no período de 2004 a 2020, sendo impossível atender à exigência de regularização seja pela morte de diretores, seja pelo desligamento de associados signatários.

Nesse contexto, resta evidente a impossibilidade de averbação da ata ora apresentada por importar quebra na continuidade registral, o que deve ser regularizado em sede jurisdicional, nos termos do artigo 49 do Código Civil, com nomeação de administrador provisório, a quem incumbirá a necessária regularização da situação jurídico-administrativa da entidade, com convocação de eleição e empossamento da nova diretoria.

Para a devida harmonização da jurisprudência indicada pela parte na inicial (fl. 05), deve-se atentar que referidos casos envolvem o cancelamento judicial de eleições averbadas, o que levou a corte superior a considerar o período em questão, como se constata na íntegra da ementa do primeiro caso citado (destaque nosso):

> *"MANDADO DE SEGURANÇA REGISTRO DE ATA DE ASSEMBLEIA CONTINUIDADE ADMINISTRATIVA OCORRÊNCIA. I - Presidente de Associação que questiona ato de Oficial que negou registro de ata de assembleia em razão de ausência de continuidade administrativa. II -* ***Eleição de 2004 declarada nula por meio de decisão judicial que transitou em julgado somente em 2007****. Período que a autoridade impetrada considera como sem administradores eleitos, impedindo assim que o registro das atas de eleições posteriores. III - A rigor realmente não poderia haver os registros, de vez que nulo ab initio o processo eleitoral;* ***Porém, devemos nos lembrar que a decisão definitiva somente saiu em 2007, ou seja, a diretoria somente passou a ser considerada definitivamente ilegal no ano em questão Impossibilidade de se desconsiderar o período em questão, notadamente para fins de possibilitar o registro das atas de assembleias posteriores*** *- Medida que, se não deferida, condenará a associação a viver na ilegalidade ou, pior, levará extinção em razão da impossibilidade de regularizar sua situação registral. Sentença reformada. Recurso provido"* **(TJSP; Apelação Cível 0205551-31.2010.8.26.0000; Relator (a): Nogueira Diefenthaler; Órgão Julgador: 5ª Câmara de Direito Público; Foro de Guarulhos - 3ª. Vara Cível; Data do Julgamento: 21/11/2011; Data de Registro: 23/11/2011).**

O segundo aresto também menciona expressamente a anulação judicial da última eleição:

> *"APELAÇÃO. REGISTROS PÚBLICOS. PESSOA JURÍDICA. ASSOCIAÇÃO. ATA DE ASSEMBLEIA. ELEIÇÃO DE DIRETORIA. PRINCÍPIO DA CONTINUIDADE. Os atos registrais submetem-se ao princípio da continuidade. O registro de atas de eleição de nova Diretoria de Associação deve estar em conformidade com os atos anteriores. No caso, a Associação está há tempos sem Diretoria constituída,* ***por anulação judicial da última eleição****. Documentos referentes ao período sem Diretoria não podem ser apresentados ao Oficial de Registro, porque inexistentes. Exigência desproporcional.*

Necessidade de registro da ata de eleição de nova Diretoria para permitir a continuação da existência da Associação. Apelação desprovida" **(TJSP; Apelação Cível 0004176-72.2014.8.26.0344; Relator (a): Ana Liarte; Órgão Julgador: 4ª Câmara de Direito Público; Foro de Marília - Vara da Fazenda Pública; Data do Julgamento: 24/04/2017; Data de Registro: 27/04/2017).**

Este caso não se assemelha ao dos julgados.

O óbice, portanto, subsiste.

Diante do exposto, **JULGO IMPROCEDENTE** o pedido. **Providencie a serventia a necessária regularização do cadastro do feito (pedido de providências), inclusive para trâmite perante o subfluxo da Corregedoria Permanente, acionando o Distribuidor, se necessário.**

Deste procedimento não decorrem custas, despesas processuais ou honorários advocatícios.

Oportunamente, remetam-se os autos ao arquivo.

P.R.I.C.

São Paulo, 17 de janeiro de 2022.

Luciana Carone Nucci Eugênio Mahuad

Juíza de Direito (DJe de 19.01.2022 – SP)

4.1.4 REGISTRO DE IMÓVEIS

ADJUDICAÇÃO

Ementa

Sentença – Dúvida – Negativa de registro de Carta de Adjudicação – Informação pelo Oficial de que há incorreção na declaração de isenção do ITBI apresentada – Títulos Judiciais não estão isentos de qualificação registraria – Ausência de vício formal no título – Delimitação da fiscalização do Oficial à verificação da existência ou não do recolhimento do tributo – Eventual irregularidade na declaração deverá ser apurada pelo ente tributante e discutida na via adequada – Afastamento o óbice – Determinação do registro do título – Improcedência

Processo 1004111-35.2022.8.26.0100

Dúvida - Registro de Imóveis - Wilton Ferreira do Nascimento - Diante do exposto, JULGO IMPROCEDENTE a dúvida suscitada para afastar os óbices registrários e, em consequência, determinar o registro do título. Deste procedimento não decorrem custas, despesas processuais ou honorários advocatícios. Oportunamente, remetam-se os autos ao arquivo. P.R.I.C. - ADV: WILTON FERREIRA DO NASCIMENTO (OAB 237416/SP)

Íntegra da decisão:

SENTENÇA

Processo nº: **1004111-35.2022.8.26.0100**

Classe - Assunto **Dúvida - Registro de Imóveis**

Suscitante: **12º Oficial de Registro de Imoveis**

Suscitado: **Wilton Ferreira do Nascimento**

Juiz(a) de Direito: Dr(a). **Luciana Carone Nucci Eugênio Mahuad**

Vistos.

Trata-se de dúvida apresentada pelo **Oficial do 12º Registro de Imóveis da Capital** a requerimento de **Wilton Ferreira do Nascimento** após negativa de registro de carta de adjudicação extraída do processo de autos n. 1018355-07.2015.8.26.0005, relativa ao imóvel objeto da transcrição n. 41.143 do 3º Registro de Imóveis da Capital.

Informa o Oficial que o óbice registrário diz respeito à incorreção da declaração de isenção do ITBI apresentada, na qual foi informado valor inferior ao atribuído para a ação que deu origem ao título e, também, inferior ao valor venal de referência, pelo que exigido o recolhimento do imposto, ao lado de certidões atualizadas da origem do imóvel (3º RI) e das circunscrições intermediárias (7º e 9º RI).

Vieram documentos às fls. 04/51.

A parte suscitada se manifestou às fls. 52/53, reiterando as razões apresentadas ao Oficial (fls. 04/14), nas quais defendeu a regularidade de sua declaração de isenção, em que informado o valor venal para lançamento do IPTU, sendo inaplicável o valor venal de referência conforme orientação jurisprudencial. Afirma, ainda, que todas as certidões exigidas foram apresentadas.

O Ministério Público opinou pela improcedência (fls. 57/60).

É o relatório.

Fundamento e Decido.

No mérito, a dúvida é improcedente. Vejamos os motivos.

De início, vale destacar que os títulos judiciais não estão isentos de qualificação, positiva ou negativa, para ingresso no fólio real.

O Egrégio Conselho Superior da Magistratura já decidiu que a qualificação negativa de título judicial não caracteriza desobediência ou descumprimento de decisão judicial (Apelação Cível n. 413-6/7).

Neste sentido, também a Ap. Cível nº 464-6/9, de São José do Rio Preto:

> *"Apesar de se tratar de título judicial, está ele sujeito à qualificação registrária. O fato de tratar-se o título de mandado judicial não o torna imune à qualificação registrária, sob o estrito ângulo da regularidade formal. O exame da legalidade não promove incursão sobre o mérito da decisão judicial, mas à apreciação das formalidades extrínsecas da ordem e à conexão de seus dados com o registro e a sua formalização instrumental".*

E, ainda:

> *"REGISTRO PÚBLICO - ATUAÇÃO DO TITULAR - CARTA DE ADJUDICAÇÃO - DÚVIDA LEVANTADA - CRIME DE DESOBEDIÊNCIA - IMPROPRIEDADE MANIFESTA. O cumprimento do dever imposto pela Lei de Registros Públicos, cogitando-se de deficiência de carta de adjudicação e levantando-se dúvida perante o juízo de direito da vara competente, longe fica de configurar ato passível de enquadramento no artigo 330 do Código Penal - crime de desobediência - pouco importando o acolhimento, sob o ângulo judicial, do que suscitado"* **(STF, HC 85911 / MG - MINAS GERAIS, Relator: Min. MARCO AURÉLIO, j. 25/10/2005, Primeira Turma).**

Sendo assim, não há dúvidas de que a origem judicial não basta para garantir ingresso automático dos títulos no fólio real, cabendo ao oficial qualificá-los conforme as normas e os princípios que regem a atividade registral.

Deve-se ter em vista, ainda, que vigora para os registradores ordem de controle rigoroso do recolhimento do imposto por ocasião do registro do título, sob pena de responsabilidade pessoal (art. 289 da Lei n. 6.015/73; art.134, VI, do CTN e art. 30, XI, da Lei 8.935/1994).

Entretanto, no caso concreto, em que pese a cautela do Oficial, o título apresentado foi instruído com declaração de isenção do ITBI-IV e não possui vício formal que obste registro.

Acerca dessa matéria, o Egrégio Conselho Superior da Magistratura já fixou entendimento no sentido de que a fiscalização devida não vai além da aferição sobre a existência ou não do recolhimento do tributo (e não se houve correto recolhimento do valor, sendo tal atribuição exclusiva do ente fiscal, a não ser na hipótese de flagrante irregularidade ou irrazoabilidade do cálculo).

Nesse sentido, os seguintes julgados do E. Conselho Superior da Magistratura:

> *"Ao oficial de registro incumbe a verificação de recolhimento de tributos relativos aos atos praticados, não a sua exatidão"* (Apelação Cível 20522-0/9- CSMSP - J.19.04.1995 - Rel. Antônio Carlos Alves Braga).
>
> *"Todavia, este Egrégio Conselho Superior da Magistratura já fixou entendimento no sentido de que a qualificação feita pelo Oficial Registrador não vai além da aferição sobre a existência ou não de recolhimento do tributo, e não sobre a integralidade de seu valor"* (Apelação Cível 996-6/6 CSMSP, j. 09.12.2008 - Rel. Ruy Camilo).
>
> *"Este Egrégio Conselho Superior da Magistratura já fixou entendimento no sentido de que a qualificação feita pelo Oficial Registrador não vai além da aferição sobre a existência ou não de recolhimento do tributo, e não sobre a integralidade de seu valor"* (Apelação Cível 0009480- 97.2013.8.26.0114 - Campinas - j. 02.09.2014 - Rel. des. Elliot Akel).

Nessa mesma linha, este juízo já decidiu em casos análogos que também versavam sobre a exigência do correto recolhimento de ITBI (autos de número 1115167-78.2019.8.26.0100, 1116491-06.2019.8.26.0100 e 1059178-53.2020.8.26.0100).

Ademais, o preenchimento da declaração de isenção do ITBI tomando por base o valor venal do imóvel utilizado para o lançamento do IPTU não se mostra flagrantemente incorreto, notadamente diante da tese firmada no IRDR n. 2243516-62.2017.8.26.0000 (tema 19 fls. 33/41), a qual afastou a aplicação do valor venal de referência como base de cálculo do ITBI.

Note-se que, em consulta ao processo de origem, cujas cópias integram o título, verifica-se que, inicialmente, foi atribuído à causa o valor singelo de R$1.000,00, com correção, em seguida, por emenda que atribuiu o valor de R$180.770,00, o qual correspondia ao valor venal de referência pesquisado no dia 19/10/2015.

Nesse contexto, eventual irregularidade na declaração de isenção deve ser apurada pelo ente tributante e discutida na via adequada, não podendo o Registrador desqualificar o título apresentado para exigir recolhimento do imposto.

Por fim, constata-se que as certidões do 3º e do 9º Registros de Imóveis foram expedidas respectivamente nos dias 18 e 15 de outubro de 2021 (fls. 45/48) e estavam dentro do prazo de validade quando o título foi prenotado, o que ocorreu em 04/11/2021, conforme a nota de devolução de fls. 18/19.

A certidão do 7º Registro de Imóveis, por sua vez, embora expedida no dia 27/08/2021, informa que não consta em sua base registro relativo ao imóvel no período em que de responsabilidade daquela serventia, o que não pode ser alterado (fl. 51).

Diante do exposto, **JULGO IMPROCEDENTE** a dúvida suscitada para afastar os óbices registrários e, em consequência, determinar o registro do título.

Deste procedimento não decorrem custas, despesas processuais ou honorários advocatícios.

Oportunamente, remetam-se os autos ao arquivo.

P.R.I.C.

São Paulo, 22 de fevereiro de 2022.

Luciana Carone Nucci Eugênio Mahuad

Juiz de Direito (DJe de 24.02.2022 – SP)

Ementa

Sentença – Dúvida – Pedido de registro de Carta de Adjudicação – Impossibilidade – Negativa por existência de ordens de indisponibilidades de bens – Títulos Judiciais não estão isentos de qualificação registraria – Ausência dos requisitos autorizadores do registro da alienação – Incompetência do juízo administrativo para revisão de decisões proferidas em sede judicial – Manutenção do óbice – Procedência

Processo 1006029-74.2022.8.26.0100

Dúvida - Registro de Imóveis - Edson Pinto Pereira - Diante do exposto, JULGO PROCEDENTE a dúvida suscitada e mantenho o óbice. Deste procedimento não decorrem custas, despesas processuais ou honorários advocatícios. Oportunamente, ao arquivo com as cautelas de praxe. P.R.I.C. - ADV: ANTONIO RENATO DE LIMA E SILVA FILHO (OAB 96945/SP), OSVALDO ESTRELA VIEGAZ (OAB 357678/SP)

Íntegra da decisão:

SENTENÇA

Processo Digital nº: **1006029-74.2022.8.26.0100**

Classe - Assunto **Dúvida - Registro de Imóveis**

Suscitante: **5º Oficial de Registro de Imóveis da Capital**

Suscitado: **Edson Pinto Pereira**

Juiz(a) de Direito: Dr(a). **Luciana Carone Nucci Eugênio Mahuad**

Vistos.

Trata-se de dúvida suscitada pelo **Oficial do 5º Registro de Imóveis da Capital** a requerimento de Edson Pinto Pereira, tendo em vista negativa em se proceder ao registro de carta de adjudicação extraída da execução de título extrajudicial de autos n. 0802498-09.1995.8.26.0100, relativa aos imóveis das matrículas n. 935, 936, 937, 938, 939, 940 e 941 daquela serventia.

O Oficial esclarece que o banco exequente adjudicou os imóveis nos autos da execução, sendo os respectivos direitos cedidos, por instrumento particular, para Violeta Cury Chammas. Posteriormente, houve informação de que os direitos relativos aos imóveis foram adquiridos por Violeta em cumprimento a contrato de mandato firmado com a empresa North Pacific Companhia Securitizadora de Créditos Financeiros, mandato ao qual Violeta renunciou, passando a empresa mandatária à condição de cessionária dos direitos de adjudicação. Nesse contexto, a carta de adjudicação foi aditada para que os bens sejam registrados em nome da única beneficiária, North Pacific, bem como para averbação do cancelamento de todas as indisponibilidades relativas às cédulas de crédito industrial de n. 112/02-A, 112/02-B e 112/02-C nas matrículas 935 e 941.

A devolução do título foi motivada pela existência de ordens de indisponibilidade dos bens de Violeta Cury Chammas, as quais impedem o registro enquanto não forem canceladas. O Oficial sustenta que o óbice se aplica mesmo que a constrição seja posterior à expedição do título, o qual se submete às condições vigentes ao tempo de sua apresentação a registro (*tempus regit actum*), e mesmo que a pessoa afetada tenha participado apenas de ato intermediário, o qual não será registrado.

Documentos vieram às fls. 06/691.

A parte suscitada manifestou-se às fls. 692/698, aduzindo que a participação de Violeta nos trâmites da execução foi indireta e não envolveu transmissão de bens, pelo que defende a possibilidade do registro, que não pode ser obstado por indisponibilidade lançada posteriormente sobre mero anuente. Ressalta que se trata de ordem judicial que instrumentaliza ato expropriatório, constituindo documento público expedido sob o manto da fé pública, e que não foram observadas as diretrizes do Provimento CNJ n. 39/2014.

O Ministério Público opinou pela manutenção do óbice (fls. 703/705).

É o relatório.

Fundamento e decido.

No mérito, a dúvida é procedente. Vejamos os motivos.

De início, vale destacar que os títulos judiciais não estão isentos de qualificação, positiva ou negativa, para ingresso no fólio real.

O Egrégio Conselho Superior da Magistratura já decidiu que a qualificação negativa de título judicial não caracteriza desobediência ou descumprimento de decisão judicial (Apelação Cível n. 413-6/7).

Neste sentido, também a Ap. Cível nº 464-6/9, de São José do Rio Preto:

"Apesar de se tratar de título judicial, está ele sujeito à qualificação registrária. O fato de tratar-se o título de mandado judicial não o torna imune à qualificação registrária, sob o estrito ângulo da regularidade formal. O exame da legalidade não promove incursão sobre o mérito da decisão judicial, mas à apreciação das formalidades extrínsecas da ordem e à conexão de seus dados com o registro e a sua formalização instrumental".

E, ainda:

"REGISTRO PÚBLICO - ATUAÇÃO DO TITULAR - CARTA DE ADJUDICAÇÃO - DÚVIDA LEVANTADA - CRIME DE DESOBEDIÊNCIA - IMPROPRIEDADE MANIFESTA. O cumprimento do dever imposto pela Lei de Registros Públicos, cogitando-se de deficiência de carta de adjudicação e levantando-se dúvida perante o juízo de direito da vara competente, longe fica de configurar ato passível de enquadramento no artigo 330 do Código Penal - crime de desobediência - pouco importando o acolhimento, sob o ângulo judicial, do que suscitado" **(STF, HC 85911 / MG - MINAS GERAIS, Relator: Min. MARCO AURÉLIO, j. 25/10/2005, Primeira Turma).**

Sendo assim, não há dúvidas de que a origem judicial não basta para garantir ingresso automático dos títulos no fólio real, cabendo ao oficial qualificá-los conforme as normas e os princípios que regem a atividade registral.

No que diz respeito às regras a serem respeitadas quando da qualificação, são aquelas vigentes no momento de apresentação do título a registro em atenção ao princípio *tempus regis actum*.

Neste sentido, tem decidido reiteradamente o Conselho Superior da Magistratura, como na Apelação n. 0015089-03.2012.8.26.0565, relatada pelo Corregedor Geral da Justiça à época, Des. Renato Nalini:

"REGISTRO DE IMÓVEIS – Escritura de Compra e Venda lavrada antes da averbação da indisponibilidade, mas apresentado a registro depois dela – Impossibilidade de registro até que a indisponibilidade seja cancelada por quem a decretou – 'Tempus regit actum' – Precedentes do CSM – Recurso não provido".

Quanto aos fatos em debate, verifica-se que, por petição despachada no dia 29 de janeiro de 2008, o banco exequente e os executados manifestaram concordância com laudo de avaliação dos imóveis apresentado por perito, requerendo a adjudicação dos bens por conta e parte do crédito exequendo, o que foi deferido pelo juízo por decisão datada de 15 de fevereiro de 2008, com determinação de lavratura do auto de adjudicação (fls. 86/90 e 102). No mesmo dia 29 de janeiro, quando a petição foi apresentada àquele juízo, o banco exequente e a senhora Violeta firmaram "Instrumento particular de cessão de direitos e outras avenças", por meio do qual Violeta, na condição de cessionária, adquiriu os direitos sobre a adjudicação pleiteada (fls. 130/139).

Note-se que a empresa North Pacific não participou da avença e sequer é mencionada no contrato.

O título, então, foi aditado e sucederam-se diversas prenotações para registro da carta de adjudicação (n.211.706, 212.952, 213.794, 214.200, 215.043, 216.524 e 217.466, todas distribuídas ao longo do ano de 2008).

Ocorre que, em 24 de outubro de 2013, a senhora Violeta e a empresa North Pacific apresentaram ao juízo da execução petição conjunta, informando que haviam firmado contrato de mandato oneroso. Assim, conforme petição copiada às fls. 182/186, requereram novo aditamento do título para constar como favorecida a empresa North Pacific, alegando o seguinte:

> *"(...) que a então cessionária, senhora Violeta, somente pode se beneficiar com a referida cessão de direitos, inclusive no âmbito financeiro, em virtude de estar cumprindo com compromisso assumido*
>
> *(...)"*

e

> *"que, em 19.09.2013, a senhora Violeta renunciou ao mencionado instrumento de mandato outorgado em 07 de janeiro de 2008 – documento nº 2, uma vez que não tem mais condições de suportar os encargos decorrentes da obrigação assumida, recebendo a contra prestação pretendida e dando a total e irrevogável quitação a mandante, o que foi anuído com o Banco Exequente".*

Observe-se que, nos termos do "Instrumento de contrato de mandato e outras avenças" firmado entre a empresa North Pacific Companhia Securitizadora de Créditos Financeiros e Violeta Cury Chammas (fls. 240/245), as partes assim estipularam (destaques nossos):

> *"CLAUSULA 2 – a cessão de direitos que se refere a CLAUSULA 1 é para, da sua forma mais ampla, conferir poderes à MANDATÁRIA, a fim de negociar e efetuar o pagamento de até R$2.200.000,00 (dois milhões e duzentos mil reais) ao BANCO SANTANDER BANESPA S/A e dessa forma se sub-rogar na cessão de direitos oriundos do pedido de Adjudicação e respectiva Carta de Arrematação a ser formulado pelo BANESPA dos imóveis registrados sob as matrículas nºs 935, 936, 937, 938, 939, 940 e 941, no 5º Cartório de Registro de Imóveis de São Paulo/SP, (...).*
>
> *CLAUSULA 5 – a MANDATÁRIA poderá agir em seu próprio nome, ficando TOTALMENTE ISENTA de toda e qualquer responsabilidade civil, criminal e tributária que possa advir a presente outorga;*
>
> *CLAUSULA 6 – efetivado o negócio aqui descrito, a MANDATÁRIA estará obrigada de forma irrevogável e irretratável a entregar incontinente a coisa cedida/comprada ao MANDANTE, não podendo se opor a entrega nem transferir a terceiros, salvo com expressa anuência deste, obrigação esta que se estende aos seus herdeiros e sucessores".*

Como se vê, a participação de Violeta na aquisição do direito à adjudicação dos imóveis não foi indireta, como simples representante da empresa North Pacific, a qual, repita-se, sequer foi mencionada no contrato de cessão.

A contratação ocorreu em nome próprio, tendo a cessionária intermediado o negócio que se realizou por transferências sucessivas, as quais integram o título, que foi seguidamente aditado.

Os direitos pessoais à adjudicação que a cessionária recebeu e que deveria transferir para a empresa com a qual contratou o mandato oneroso integram o patrimônio afetado pelas ordens de indisponibilidade, as quais impedem o registro do título, conforme orientação do Conselho Superior da Magistratura:

> *"REGISTRO DE IMÓVEIS – Escritura de compra e venda – Outorga pela titular de domínio diretamente ao último cessionário – Menção aos cedentes intermediários – Indisponibilidade de bens decretada em relação a um dos cedentes – Óbice ao registro da escritura – Dúvida procedente – Recurso não provido"* (TJSP; Apelação Cível 1121211-55.2015.8.26.0100; Relator (a): Pereira Calças; Órgão Julgador: Conselho Superior de Magistratura; Julgamento: 28/11/2017).

Conforme consta na nota de fl. 166, relativa à prenotação n. 214.200, de 12/08/2008, o motivo da devolução, inicialmente, era a indisponibilidade pelo registro de penhoras em favor da Fazenda Nacional. Entretanto, posteriormente, identificou-se a decretação de indisponibilidade dos bens de Violeta pelos juízos da 20ª Vara Cível da Capital, da Vara do

Trabalho de Ituverava e da Vara do Trabalho de Tanabi (fls. 268/269).

Em relação à matéria, o item 413 do Cap. XX das Normas de Serviço da Corregedoria Geral da Justiça assim dispõe (com destaques nossos):

"As indisponibilidades averbadas nos termos do Provimento CG. 13/2012 e CNJ nº 39/2014 e na forma do § 1º, do art. 53, da Lei nº 8.212, de 24 de julho de 1991, não impedem a inscrição de constrições judiciais, assim como ***não impedem o registro da alienação judicial*** *do imóvel desde que a* ***alienação seja oriunda do juízo que determinou a indisponibilidade, ou a que distribuído o inquérito civil público e a posterior ação desse decorrente, ou que consignado no título judicial a prevalência da alienação judicial em relação à restrição oriunda de outro juízo ou autoridade administrativa*** *a que foi dada ciência da execução".*

Neste caso, portanto, não estão presentes os requisitos autorizadores do registro da alienação, já que a ordem de indisponibilidade é proveniente de juízos diversos, **sem consignação sobre a prevalência da alienação judicial** em relação às restrições.

Existindo ordem judicial de indisponibilidade de bens e direitos, a adjudicação não pode ser levada a registro, não cabendo, neste âmbito, qualquer juízo de valor sobre a medida restritiva, a qual deve ser debatida nos autos em que determinada.

A via administrativa, como se sabe, não se presta a rever decisões proferidas em sede judicial.

Também neste ponto, o questionamento não é novo e já foi objeto de análise tanto pela E. Corregedoria Geral de Justiça quanto pelo E. Conselho Superior da Magistratura (também com nossos destaques):

"Registro de imóveis. Decisões da Justiça Federal que decretaram a indisponibilidade e a penhora parcial de bens imóveis. Pedido de cancelamento/retificação formulado por credor fiduciário objetivando resguardar seus direitos. Indeferimento. ***Via administrativa que não se presta a rever decisões de cunho jurisdicional. Pedido que deve ser analisado pelo juízo que proferiu as ordens recurso não provido"*** (CGJ - recurso administrativo nº 1012434-82.2015.8.26.0037, Parecer n. 119/2016-E, Rel. Carlos Henrique André Lisboa - Juiz Assessor da Corregedoria, j. 02.06.2016).

"REGISTRO DE IMÓVEIS - Dúvida inversa julgada improcedente - Escritura de Venda e Compra e Cessão - Questionamento parcial das exigências formuladas pelo Registrador - Circunstância que torna prejudicado o julgamento da dúvida - Pertinência do óbice apresentado - ***Impossibilidade de ingresso do título em razão de indisponibilidade determinada por Juiz Federal - Recurso não conhecido"*** (CSM-SP, Apelação Cível 0043598-78.2012.8.26.0100, Rel. José Renato Nalini, j. 26/09/13).

Não há reparo, portanto, a ser feito na qualificação negativa operada pelo Oficial.

Diante do exposto, **JULGO PROCEDENTE** a dúvida suscitada e mantenho o óbice.

Deste procedimento não decorrem custas, despesas processuais ou honorários advocatícios.

Oportunamente, ao arquivo com as cautelas de praxe.

P.R.I.C.

São Paulo, 22 de fevereiro de 2022.

Luciana Carone Nucci Eugênio Mahuad

Juiz de Direito (DJe de 24.02.2022 – SP)

Ementa: Sentença – Dúvida – Pedido de registro de carta de sentença extraída da ação de adjudicação compulsória – Impossibilidade – Negativa por figurar somente a coproprietária como requerida na referida ação judicial – Princípio da Continuidade – Arts. 195 e 237 da LRP – Título de aquisição que constou que a coproprietária era casada pelo regime da comunhão de bens – Títulos Judiciais não estão isentos de qualificação registraria – Proprietária que firmou Compromisso de Venda e Compra do imóvel antes da averbação da partilha do divórcio – Indeferimento do pedido – Manutenção do óbice – Procedência

Processo 1131020-59.2021.8.26.0100

Dúvida - Registro de Imóveis - Mercedes Venâncio - Diante do exposto, JULGO PROCEDENTE a dúvida e mantenho o óbice registrário. Deste procedimento não decorrem custas, despesas processuais ou honorários advocatícios. Oportunamente remetam-se os autos ao arquivo. P.R.I.C. - ADV: NADIA VOLCOV (OAB 100749/SP)

Íntegra da decisão:

SENTENÇA

Processo Digital nº: **1131020-59.2021.8.26.0100**

Classe - Assunto **Dúvida - Registro de imóveis**

Suscitante: **6º Oficial de Registro de Imóveis da Comarca da Capital - Sp**

Suscitado: **Mercedes Venâncio**

Juiz(a) de Direito: Dr(a). **Luciana Carone Nucci Eugênio Mahuad**

Vistos.

Trata-se de dúvida suscitada pelo **Oficial do 6º Registro de Imóveis da Capital** a requerimento de **Mercedes Venâncio**, diante da negativa em se proceder ao registro de carta de sentença extraída da ação de adjudicação compulsória de autos n. 663/99, que tramitou perante a 3ª Vara Cível do Foro Regional IX – Vila Prudente, referente ao imóvel objeto da transcrição n. 100.578 daquela serventia.

A negativa se deu por violação ao princípio da continuidade, na medida em que somente a coproprietária Julieta Siqueira Oliveira figurou como requerida na referida ação e como promitente vendedora no compromisso de venda e compra, muito embora conste seu estado civil no registro como casada; que, no título de aquisição, escritura de venda e compra lavrada em 20/12/1968 pelo 20º Tabelião de Notas da Capital (livro 334, fl. 80), constou que Julieta era casada pelo regime da comunhão de bens, sem qualificação do marido; que Julieta contraiu matrimônio com Sebastião no dia 13/12/1954: na certidão de casamento, há averbação de divórcio em virtude de sentença transitada em julgado apenas em 05/06/1984; que a sentença proferida na ação de divórcio indica que houve partilha do único bem do casal; que não há elementos que indiquem que a vendedora estivesse separada de fato na data da aquisição do imóvel ou que o bem não teria se comunicado com o patrimônio do ex-marido, Sebastião Izidoro Santana (prenotação n. 757219).

Vieram documentos às fls. 05/71.

Em manifestação dirigida ao Oficial, a parte suscitada aduz que a vendedora Julieta estava separada há mais de cinco anos, anteriormente a 1970, quando adquiriu o imóvel (1972); que o negócio tem quarenta e oito anos, pelo que nada há a ser reclamado; que a decisão judicial deve ser cumprida. Não houve, porém, impugnação nestes autos (fl. 72).

O Ministério Público opinou pela procedência (fls. 76/78).

É o relatório.

Fundamento e decido.

No mérito, a dúvida procede. Vejamos os motivos.

De início, vale destacar que os títulos judiciais não estão isentos de qualificação, positiva ou negativa, para ingresso no fólio real.

O Egrégio Conselho Superior da Magistratura já decidiu que a qualificação negativa de título judicial não caracteriza desobediência ou descumprimento de decisão judicial (Apelação Cível n. 413-6/7).

Neste sentido, também a Apelação Cível nº 464-6/9, de São José do Rio Preto:

> *"Apesar de se tratar de título judicial, está ele sujeito à qualificação registrária. O fato de tratar-se o título de mandado judicial não o torna imune à qualificação registrária, sob o estrito ângulo da regularidade formal. O exame da legalidade não promove incursão sobre o mérito da decisão judicial, mas à apreciação das formalidades extrínsecas da ordem e à conexão de seus dados com o registro e a sua formalização instrumental".*

E, ainda:

> *"REGISTRO PÚBLICO - ATUAÇÃO DO TITULAR - CARTA DE ADJUDICAÇÃO - DÚVIDA LEVANTADA - CRIME DE DESOBEDIÊNCIA - IMPROPRIEDADE MANIFESTA. O cumprimento do dever imposto pela Lei de Registros Públicos, cogitando-se de deficiência de carta de adjudicação e levantando-se dúvida perante o juízo de direito da vara competente, longe fica de configurar ato passível de enquadramento no artigo 330 do Código Penal - crime de desobediência -, pouco importando o acolhimento, sob o ângulo judicial, do que suscitado"* (STF, HC 85911 / MG - MINAS GERAIS, Relator: Min. MARCO AURÉLIO, j. 25/10/2005, Primeira Turma).

Sendo assim, não há dúvidas de que a mera existência de título proveniente de órgão jurisdicional não basta para autorizar automaticamente seu ingresso no fólio real, cabendo ao oficial qualificá-lo conforme as normas e os princípios que regem a atividade registral.

No que diz respeito ao registro de título, imprescindível que se observe o princípio da continuidade:

> *"O princípio da continuidade, que se apoia no de especialidade, quer dizer que, em relação a cada imóvel, adequadamente individuado, deve existir uma cadeia, de titularidade à vista da qual só se fará a inscrição de um direito se o outorgante dele aparecer no registro como seu titular. Assim, as sucessivas transmissões, que derivam umas das outras, asseguram a preexistência do imóvel no patrimônio do transferente"* (Afrânio de Carvalho, Registro de Imóveis, Editora Forense, 4ª edição, p. 254).

Ou seja, o título deve estar em conformidade com o inscrito no registro.

No caso concreto, verifica-se que Julieta Siqueira Santana (usando o nome adotado ao casar), casada, adquiriu o imóvel descrito na transcrição n. 100.578 conforme escritura lavrada em 20/12/1968 pelo 20º Tabelião de Notas da Capital (fls. 22 e 37). Assim também foi qualificada no instrumento particular, datado de 22/11/1967 (fl. 31).

A transcrição n. 100.578 foi feita em 16 de dezembro de 1974, retratando fielmente o título que a originou: aquisição do imóvel por Julieta Siqueira Santana, casada.

Julieta havia contraído matrimônio sob o regime de comunhão de bens com Sebastião Izidoro Santana em 13/12/1954. O divórcio do casal foi averbado posteriormente, conforme sentença transitada em julgado em 05/06/1984, oportunidade em que houve partilha do único bem comum, o qual estaria sob a posse do varão (fls. 53 e 59/60).

Então divorciada e usando o nome de solteira, Julieta Siqueira Oliveira firmou contrato de venda e compra com a parte suscitada na data de 28/06/1993 (fl. 17).

Há que se reconhecer, desta forma, que o imóvel foi adquirido pela alienante quando ainda era casada com Sebastião, o qual foi partilhado entre ambos por ocasião do divórcio. Ainda assim e antes de averbação da partilha no fólio real, Julieta comprometeu-se a alienar a integralidade do imóvel à parte suscitada.

O coproprietário Sebastião, porém, não participou da ação de adjudicação compulsória de autos n. 633/99, que tramitou perante a 3ª Vara Cível do Foro Regional IX – Vila Prudente (fls. 41/43).

A ausência de identificação integral do título apresentado, carta de sentença (adjudicação compulsória), com o conteúdo do registro demonstra o acerto da qualificação negativa, tudo em respeito ao princípio da continuidade registrária, regulado pelos artigos 195 e 237 da Lei n. 6.015/73:

> *"Art. 195 - Se o imóvel não estiver matriculado ou registrado em nome do outorgante, o oficial exigirá a prévia matrícula e o registro do título anterior, qualquer que seja a sua natureza, para manter a continuidade do registro."*

> *"Art. 237 - Ainda que o imóvel esteja matriculado, não se fará registro que dependa da apresentação de título anterior, a fim de que se preserve a continuidade do registro".*

No mesmo sentido, o item 47 do Cap. XX das NSCGJ:

> *"Se o imóvel não estiver matriculado ou registrado em nome do outorgante, o oficial exigirá a prévia matrícula e o registro do título anterior, qualquer que seja a sua natureza, para manter a continuidade do registro, observando-se as exceções legais no que se refere às regularizações fundiárias".*

Ao decidir caso semelhante, o C. Conselho Superior da Magistratura bem elucidou a necessidade de qualificação de título judicial e de registro prévio da partilha para que se conheça o destino da meação:

> *"REGISTRO DE IMÓVEIS – Carta de adjudicação expedida nos autos de Ação de Execução – Título não imune à qualificação registral – Devedor que consta como casado em regime da comunhão universal na matrícula, mas que se divorciou – Necessidade do prévio registro da partilha para que se conheça o destino da meação da ex-cônjuge – Continuidade não observada – Dúvida Procedente - Recurso não provido* (Apelação n. 0003968-52.2014.8.26.0453, relator Des. Manoel Pereira Calças)".

Note-se que o decurso do tempo não dispensa respeito ao princípio em questão, notadamente porque a adjudicação é forma derivada de aquisição da propriedade:

> *"Registro de Imóveis – Carta de adjudicação – Forma derivada de aquisição da propriedade – Executado que não figura como proprietário do imóvel na respectiva matrícula – Afronta ao princípio da continuidade – Recurso desprovido* (Apelação n. 1020107-44.2015.8.26.0577, relator Des. Manoel Pereira Calças)"

Incabível aferir, ainda, nesta via administrativa, sobre eventual separação de fato da alienante ao tempo da aquisição do imóvel ou não comunicação do bem, notadamente à vista dos documentos analisados (fls. 22, 31, 37, 41/43, 53 e 59/60).

Diante do exposto, **JULGO PROCEDENTE** a dúvida e mantenho o óbice registrário.

Deste procedimento não decorrem custas, despesas processuais ou honorários advocatícios.

Oportunamente remetam-se os autos ao arquivo.

P.R.I.C.

São Paulo, 04 de fevereiro de 2022.

Luciana Carone Nucci Eugênio Mahuad

Juíza de Direito (DJe de 08.02.2022 – SP)

Ementa: Sentença – Dúvida – Pedido de registro de Carta de Adjudicação – Ausência de recolhimento do ITBI – Títulos Judiciais não estão isentos de qualificação registrária – Responsabilidade solidária do Oficial no que tange a fiscalização do pagamento do imposto devido – Art. 289, da LRP – Debate em relação a matéria que deverá se dar perante o ente tributante ou pela via jurisdicional adequada – Manutenção do óbice – Procedência

Processo 1125484-67.2021.8.26.0100

Dúvida - Registro de Imóveis - Luiz Fernando Carneiro Gomide - Diante do exposto, JULGO PROCEDENTE a dúvida suscitada para manter o óbice registrário. Deste procedimento não decorrem custas, despesas processuais ou honorários advocatícios. Oportunamente, remetam-se os autos ao arquivo. P.R.I.C. - ADV: LUIZ FERNANDO CARNEIRO GOMIDE (OAB 167311/SP)

Íntegra da decisão:

SENTENÇA

Processo Digital nº: **1125484-67.2021.8.26.0100**

Classe - Assunto **Dúvida - Registro de Imóveis**

Suscitante: **13º Oficial de Registro de Imóveis da Capital**

Suscitado: **Luiz Fernando Carneiro Gomide**

Juiz(a) de Direito: Dr(a). **Luciana Carone Nucci Eugênio Mahuad**

Vistos.

Trata-se de dúvida suscitada pelo **Oficial do 13º Registro de Imóveis da Capital** a requerimento de **Luiz Fernando Carneiro Gomide,** tendo em vista negativa em se proceder ao registro de carta de adjudicação extraída de ação que tramitou perante a 2ª Vara Cível Central (autos n. 0530210-28.1987.8.26.0100), tendo por objeto o apartamento n. 32 e as vagas de garagem n. 07 e 08 do Edifício Casa Grande, situado na alameda Casa Branca, n. 698, conforme incorporação imobiliária inscrita sob n. 1523, livro 8-F, referida na averbação n. 3, de 06/04/1984, da matrícula n. 42812 daquela serventia, uma vez que não comprovado o recolhimento do imposto de transmissão entre vivos (prenotação n. 356861).

Documentos vieram às fls. 10/469.

Em manifestação dirigida ao Oficial (fls. 10/12), a parte suscitada defendeu que, diante do recolhimento do imposto de transmissão quando do ingresso da cessão de e transferência (escritura pública de cessão e transferência de direitos lavrada perante o 20º Tabelião de Notas – livro 1288 – páginas n. 79/83), não seria devido pagamento quando do registro da adjudicação, sob pena de *bis in idem*. Nestes autos, porém, não houve impugnação (fl. 470).

O Ministério Público opinou pela manutenção do óbice (fls. 485/486).

É o relatório.

Fundamento e decido.

No mérito, a dúvida é procedente. Vejamos os motivos.

De início, vale destacar que os títulos judiciais não estão isentos de qualificação, positiva ou negativa, para ingresso no fólio real.

O Egrégio Conselho Superior da Magistratura já decidiu que a qualificação negativa de título judicial não caracteriza desobediência ou descumprimento de decisão judicial (Apelação Cível n. 413-6/7).

Neste sentido, também a Apelação Cível n. 464-6/9, de São José do Rio Preto:

> *"Apesar de se tratar de título judicial, está ele sujeito à qualificação registrária. O fato de tratar-se o título de mandado judicial não o torna imune à qualificação registrária, sob o estrito ângulo da regularidade formal. O exame da legalidade não promove incursão sobre o mérito da decisão judicial, mas à apreciação das formalidades extrínsecas da ordem e à conexão de seus dados com o registro e a sua formalização instrumental".*

E, ainda:

> *"REGISTRO PÚBLICO - ATUAÇÃO DO TITULAR - CARTA DE ADJUDICAÇÃO - DÚVIDA LEVANTADA - CRIME DE DESOBEDIÊNCIA - IMPROPRIEDADE MANIFESTA. O cumprimento do dever imposto pela Lei de Registros Públicos, cogitando-se de deficiência de carta de adjudicação e levantando-se dúvida perante o juízo de direito da vara competente, longe fica de configurar ato passível de enquadramento no artigo 330 do Código Penal - crime de desobediência -, pouco importando o acolhimento, sob o ângulo judicial, do que suscitado"* **(STF, HC 85911 / MG - MINAS GERAIS, Relator: Min. MARCO AURÉLIO, j. 25/10/2005, Primeira Turma)**.

Sendo assim, não há dúvidas de que a mera existência de título proveniente de órgão jurisdicional não basta para autorizar automaticamente seu ingresso no fólio real, cabendo ao oficial qualificá-lo conforme as normas e os princípios que regem a atividade registral, sendo que, para o exercício de tal mister, ele conta com ampla autonomia (artigo 28 da Lei n. 8.935/94).

Nos termos dos artigos 1º, II, e 2º, V, IX e X, do Decreto Municipal n. 51.627/2010, que regulamentou a Lei Estadual n. 11.154/1991, há incidência do imposto sobre transmissão onerosa *inter vivos* de direitos imobiliários, ITBI, em casos de *adjudicação*, de *cessão de direitos decorrentes de compromisso de compra e venda* (assim entendida a cessão de direitos de meação) e de *cessão de direitos à sucessão.*

O Decreto n. 55.196, de 11 de junho de 2014, repetiu as mesmas disposições:

> *"Art. 1º O Imposto sobre Transmissão "Inter Vivos", a qualquer título, por ato oneroso, de bens imóveis, por natureza ou acessão física, e de direitos reais sobre imóveis, exceto os de garantia, bem como cessão de direitos à sua aquisição ITBI-IV tem como fato gerador: (...)*
>
> *II – a cessão, por ato oneroso, de direitos relativos à aquisição de bens imóveis (...).*
>
> *Art. 2º: Estão compreendidos na incidência do Imposto (...):*
>
> *V – a arrematação, a adjudicação e a remissão; (...)*
>
> *IX – a cessão de direitos decorrente de compromisso de compra e venda;*
>
> *X – a cessão de direitos à sucessão".*

Em consequência, muito embora a parte suscitada relate o recolhimento de imposto de transmissão *inter vivos* à época em que registrada a cessão de direitos, fato este incontroverso e que não foi objeto da nota devolutiva (fls. 10, 263/265 - R.282-42812, R.283-42812 e R.284-42812 - e fls. 460/467), estamos diante de fato gerador diverso, de modo que o ingresso do título no fólio real, carta de adjudicação alcançada perante a 2ª Vara Cível do Foro Central desta Capital (processo de autos n. 0530210-28.1987.8.26.0100), exige novo recolhimento.

Vale acrescentar que, para os registradores, vigora ordem de controle rigoroso do pagamento de imposto por ocasião do registro do título, sob pena de responsabilidade pessoal (art.289 da Lei n. 6.015/73, art.134, VI, do CTN e art.30, XI, da Lei n. 8.935/1994).

Assim e em havendo previsão legal de exação para a hipótese aqui tratada, não cabe ao Oficial de Registro nem a este juízo administrativo entender pela não tributação.

Debate sobre a matéria deverá se dar perante o ente tributante ou pela via jurisdicional adequada, com amplo contraditório.

Neste sentido decidiu o E. Conselho Superior da Magistratura na Apelação n. 0019186-49.2013.8.26.0100, de relatoria do então Corregedor Geral da Justiça, Des. Elliot Akel (destaque nosso):

> *"Registro de imóveis – Dúvida –* ***Registro de carta de adjudicação – Ausência de recolhimento de imposto ITBI que é devido pela cessão e pela adjudicação – Impossibilidade de reconhecimento de decadência ou prescrição pela via administrativa*** *– Impedimento do registro mantido – Recurso Desprovido".*

Diante do exposto, **JULGO PROCEDENTE** a dúvida suscitada para manter o óbice registrário.

Deste procedimento não decorrem custas, despesas processuais ou honorários advocatícios.

Oportunamente, remetam-se os autos ao arquivo.

P.R.I.C.

São Paulo, 17 de janeiro de 2022.

Luciana Carone Nucci Eugênio Mahuad
Juíza de Direito(DJe de 19.01.2022 – SP)

Ementa: Sentença – Dúvida – Pedido de registro de carta de adjudicação – Ausência de comprovação do recolhimento do ITBI – Títulos Judiciais não estão isentos de qualificação registraria – Responsabilidade solidária do Oficial no que tange a fiscalização do pagamento do imposto devido – Art. 289, da LRP – Debate em relação a matéria que deverá se dar perante o ente tributante ou pela via jurisdicional adequada – Manutenção do óbice – Procedência

Processo 1125442-18.2021.8.26.0100

Dúvida - Registro de Imóveis - Luiz Fernando Carneiro Gomide - Diante do exposto, JULGO PROCEDENTE a dúvida suscitada para manter o óbice registrário. Deste procedimento não decorrem custas, despesas processuais ou honorários advocatícios. Oportunamente, remetam-se os autos ao arquivo. P.R.I.C. - ADV: LUIZ FERNANDO CARNEIRO GOMIDE (OAB 167311/SP)

Íntegra da decisão:

SENTENÇA

Processo Digital nº: **1125442-18.2021.8.26.0100**
Classe - Assunto **Dúvida - Registro de Imóveis**
Suscitante: **13º Oficial de Registro de Imóveis da Capital**
Suscitado: **Luiz Fernando Carneiro Gomide**
Juiz(a) de Direito: Dr(a). **Luciana Carone Nucci Eugênio Mahuad**

Vistos.

Trata-se de dúvida suscitada pelo **Oficial do 13º Registro de Imóveis da Capital** a requerimento de **Luiz Fernando Carneiro Gomide,** tendo em vista negativa em se proceder ao registro de carta de adjudicação extraída de ação que tramitou perante a 2ª Vara Cível do Fórum Dr. João Mendes Jr. (autos nº 0530210-28.1987.8.26.0100), tendo por objeto o apartamento nº 52 e as vagas de garagem nº 19 e 20 do Edifício Casa Grande, situado na alameda Casa Branca nº 698, conforme incorporação imobiliária inscrita sob nº 1523, livro 8-F, referida na averbação nº 3, promovida, em 06/04/1984, na matrícula nº 42812 (prenotação nº 356860), uma vez que não comprovado o recolhimento do imposto de transmissão entre vivos.

Documentos vieram às fls. 10/432.

Em manifestação dirigida ao Oficial (fls. 10/12), a parte suscitada defendeu que, diante do recolhimento do imposto de transmissão quando do ingresso da cessão de e transferência (escritura pública de cessão e transferência de direitos lavrada perante o 9º Tabelião de Notas livro 3965 página nº 179), não seria devido pagamento quando do registro da adjudicação, sob pena de *bis in idem*. Nestes autos, porém, não houve impugnação (fl. 433).

O Ministério Público opinou pela manutenção do óbice (fls. 437/438).

É o relatório.

Fundamento e decido.

No mérito, a dúvida é procedente. Vejamos os motivos.

De início, vale destacar que os títulos judiciais não estão isentos de qualificação, positiva ou negativa, para ingresso no fólio real.

O Egrégio Conselho Superior da Magistratura já decidiu que a qualificação negativa de título judicial não caracteriza desobediência ou descumprimento de decisão judicial (Apelação Cível n. 413-6/7).

Neste sentido, também a Apelação Cível nº 464-6/9, de São José do Rio Preto:

"Apesar de se tratar de título judicial, está ele sujeito à qualificação registrária. O fato de tratar-se o título de mandado judicial não o torna imune à qualificação registrária, sob o estrito ângulo da regularidade formal. O exame da legalidade não promove incursão sobre o mérito da decisão judicial, mas à apreciação das formalidades extrínsecas da ordem e à conexão de seus dados com o registro e a sua formalização instrumental".

E, ainda:

"REGISTRO PÚBLICO - ATUAÇÃO DO TITULAR - CARTA DE ADJUDICAÇÃO - DÚVIDA LEVANTADA - CRIME DE DESOBEDIÊNCIA - IMPROPRIEDADE MANIFESTA. O cumprimento do dever imposto pela Lei de Registros Públicos, cogitando-se de deficiência de carta de adjudicação e levantando-se dúvida perante o juízo de direito da vara competente, longe fica de configurar ato passível de enquadramento no artigo 330 do Código Penal - crime de desobediência -, pouco importando o acolhimento, sob o ângulo judicial, do que suscitado" **(STF, HC 85911 / MG - MINAS GERAIS, Relator: Min. MARCO AURÉLIO, j. 25/10/2005, Primeira Turma).**

Sendo assim, não há dúvidas de que a mera existência de título proveniente de órgão jurisdicional não basta para autorizar automaticamente seu ingresso no fólio real, cabendo ao oficial qualificá-lo conforme as normas e os princípios que regem a atividade registral, sendo que, para o exercício de tal mister, ele conta com ampla autonomia (artigo 28 da Lei n. 8.935/94).

Nos termos dos artigos 1º, II, e 2º, V, IX e X, do Decreto Municipal nº 51.627/2010, que regulamentou a Lei Estadual nº 11.154/1991, há incidência do imposto sobre transmissão onerosa *inter vivos* de direitos imobiliários, ITBI, em casos de *adjudicação*, de *cessão de direitos decorrentes de compromisso de compra e venda* (assim entendida a cessão de direitos de meação) e de *cessão de direitos à sucessão*.

O Decreto n. 55.196, de 11 de junho de 2014, repetiu as mesmas disposições:

"Art. 1º O Imposto sobre Transmissão "Inter Vivos", a qualquer título, por ato oneroso, de bens imóveis, por natureza ou acessão física, e de direitos reais sobre imóveis, exceto os de garantia, bem como cessão de direitos à sua aquisição ITBI-IV tem como fato gerador: (...)

II - a cessão, por ato oneroso, de direitos relativos à aquisição de bens imóveis (...).

Art. 2º: Estão compreendidos na incidência do Imposto (...):

V - a arrematação, a adjudicação e a remissão; (...)

IX - a cessão de direitos decorrente de compromisso de compra e venda;

X - a cessão de direitos à sucessão".

Em consequência, muito embora a parte suscitada relate o recolhimento de imposto de transmissão *inter vivos* à época em que registrada a cessão de direitos, fato este incontroverso e que não foi objeto da nota devolutiva (fls. 10, 167/168 - R.161-42812, R.162-42812 e R.163-42812 - e 424/425), estamos diante de fato gerador diverso, de modo que o ingresso do título no fólio real (carta de adjudicação do imóvel e vagas de garagens alcançada perante a 2ª Vara Cível do Foro Central desta Capital – processo de autos nº 0530210-28.1987.8.26.0100) exige novo recolhimento.

Vale acrescentar que, para os registradores, vigora ordem de controle rigoroso do pagamento de imposto por ocasião do registro do título, sob pena de responsabilidade pessoal (art. 289 da Lei n. 6.015/73, art.134, VI, do CTN e art. 30, XI, da Lei 8.935/1994).

Assim e em havendo previsão legal de exação para a hipótese aqui tratada, não cabe ao Oficial de Registro nem a este juízo administrativo entender pela não tributação.

Debate sobre a matéria deverá se dar perante o ente tributante ou pela via jurisdicional adequada, com amplo contraditório.

Neste sentido decidiu o E. Conselho Superior da Magistratura na Apelação nº 0019186-49.2013.8.26.0100, de relatoria do então Corregedor Geral da Justiça, Des. Elliot Akel (destaque nosso):

"Registro de imóveis – Dúvida – Registro de carta de adjudicação – Ausência de recolhimento de imposto ITBI que é devido pela cessão e pela adjudicação – Impossibilidade de reconhecimento de decadência ou prescrição pela via administrativa – Impedimento do registro mantido – Recurso Desprovido".

Diante do exposto, **JULGO PROCEDENTE** a dúvida suscitada para manter o óbice registrário.

Deste procedimento não decorrem custas, despesas processuais ou honorários advocatícios.

Oportunamente, remetam-se os autos ao arquivo.

P.R.I.C.

São Paulo, 10 de janeiro de 2022.

Luciana Carone Nucci Eugênio Mahuad

Juíza de Direito (DJe de 13.01.2022 – SP)

Ementa: Sentença – Dúvida – Pedido de registro de Carta de Adjudicação – Informação pelo Oficial de que o imóvel adjudicado está situado na região de competência de outra Serventia Extrajudicial – Necessidade de apuração do remanescente das transcrições afetadas – Imprescindibilidade de retificação do registro mediante requerimento adequado – Manutenção do óbice – Procedência

Processo 1109991-50.2021.8.26.0100

Dúvida - Registro de Imóveis - Maria Célia Tardin da Silva - Diante do exposto, JULGO PROCEDENTE a dúvida inversamente suscitada, mantendo o óbice. Deste procedimento, não decorrem custas, despesas processuais ou honorários advocatícios. Oportunamente, ao arquivo com as cautelas de praxe. P.R.I.C. - ADV: EDIMARA LOURDES BERGAMASCO (OAB 106762/SP)

Íntegra da decisão:

SENTENÇA

Processo Digital nº: **1109991-50.2021.8.26.0100**

Classe - Assunto **Dúvida - Registro de Imóveis**

Requerente: **Maria Célia Tardin da Silva**

Requerido: **12º Oficial de Registro de Imóveis da Capital**

Prioridade Idoso

Juiz(a) de Direito: Dr(a). **Luciana Carone Nucci Eugênio Mahuad**

Vistos.

Trata-se de **dúvida inversa** suscitada por **Maria Célia Tardin da Silva** em face do Oficial do 12º Registro de Imóveis da Capital à vista de negativa de registro de carta de adjudicação extraída do processo de autos n. 0009849-32.2010.8.26.0006, referente a imóvel pertencente às transcrições n. 65.413 e 124.289 daquela serventia.

A parte suscitante informa que o imóvel hoje pertence à circunscrição do 17º Registro de Imóveis, o qual exigiu apuração prévia do remanescente das transcrições n. 65.246 e 124.289, ambas do 12º Registro de Imóveis. Porém, reclama que já apresentou diversos requerimentos ao Oficial do 12º RI, o qual formula exigências que a parte considera infundadas e que são frequentemente modificadas, o que inviabiliza o registro do título. Juntou documentos às fls. 09/99.

Constatado o decurso do trintídio legal da última prenotação, foi determinada a reapresentação do título à Serventia Extrajudicial (fl. 100).

Com o atendimento, o Oficial suscitado se manifestou às fls. 105/106, confirmando que o imóvel adjudicado está situado na região de competência do 17º Registro de Imóveis, de modo que a carta de adjudicação não está sujeita à sua análise, havendo necessidade de apuração do remanescente das transcrições afetadas.

A pedido do Ministério Público, a parte interessada esclareceu que busca a retificação das transcrições para posterior registro de carta de adjudicação, com abertura das respectivas matrículas (fls. 357 e 362/364).

O Oficial manifestou-se novamente à fl. 366, ressaltando que, apesar de o protocolo n. 590.211 indicar apresentação de título destinado a retificação, houve apresentação apenas da carta de adjudicação.

O Ministério Público manifestou-se à fl. 370, opinando pelo recebimento deste expediente como ação de retificação de registro imobiliário, com realização de perícia, se necessária.

É o relatório.

Fundamento e decido.

Diante do contexto fático apresentado, verifica-se que o procedimento da dúvida registral é inadequado ao caso concreto.

O recebimento do feito como ação de retificação, como sugerido pelo Ministério Público, também não é adequado, uma vez que a provocação da jurisdição para o exercício de pretensão é prerrogativa personalíssima da parte interessada e não pode ser determinada de ofício, notadamente porque a providência postulada na inicial é claramente administrativa. Optando pela via judicial, a parte deve promover peticionamento adequado.

No mérito, a dúvida deve ser julgada procedente, pois não é possível o registro da carta de adjudicação objeto do protocolo n. 590.211 (fls. 102/103 e 366).

Embora o objetivo final da parte seja o registro do título junto ao 17º Registro de Imóveis, não há controvérsia quanto à necessidade de prévia abertura de matrícula para as transcrições nº 65.413 e 124.289 do 12º Registro de Imóveis, após apuração da área remanescente diante da alteração da descrição original dos imóveis ali descritos em razão de desfalque parcial.

O primeiro passo, portanto, é a retificação do registro mediante requerimento adequado, acompanhado dos documentos próprios, seguindo-se o procedimento previsto no artigo 213, II, da LRP, conforme dispõe o item 57.4, Cap. XX, das NSCGJ.

Note-se que o procedimento da dúvida deve se ater ao inconformismo do apresentante contra as exigências formuladas pelo oficial para registro do título apresentado, limitando-se o debate à qualificação negativa de prenotação específica (artigo 198 da LRP).

Não é possível a análise de exigências relativas a prenotações diversas, canceladas pelo decurso do trintídio legal.

A título de orientação, vale consignar que o procedimento administrativo para a retificação necessária vem disciplinado no Capítulo XX, Seção IV, Subseção IV, das NSCGJ (itens 135 e 136).

A parte deverá requerer a retificação nos termos do artigo 225 da LRP, indicando, com precisão, os característicos, as confrontações e as localizações de cada uma das transcrições cujo remanescente se busca apurar, mencionando os nomes dos confrontantes, se ficam do lado par ou do lado ímpar do logradouro, em que quadra e a que distância métrica da esquina mais próxima, instruindo com as certidões dos registros imobiliários, **inclusive da nova circunscrição a que pertencem os imóveis (17º Registro de Imóveis)**, e demonstrando a inexistência de matrícula para o imóvel retificando, bem como apresentando as relativas aos imóveis confrontantes (item 136.27, Cap.XX, das NSCGJ).

Observe-se a necessidade de dois requerimentos independentes, um para cada transcrição a ser retificada, em respeito à especialidade objetiva de cada registro.

A petição também deverá ser instruída com planta e memorial descritivo, nos termos do artigo 213, II, da LRP, e item 136, Cap.XX, das NSCGJ.

Sendo possível, a planta deverá conter assinatura dos confrontantes. Os confrontantes que não assinarem deverão ser notificados para se manifestarem (artigo 213, §2º, da LRP).

Ressalte-se que, nos termos dos parágrafos 7º e 10, do artigo 213, da LRP, serão considerados confrontantes tão-somente os confinantes das áreas remanescentes, entendendo-se como tais não só os proprietários dos imóveis contíguos, mas também seus eventuais ocupantes. Sendo os proprietários ou ocupantes dos imóveis contíguos casados entre si e incidindo sobre o imóvel comunhão ou composse bastará a manifestação de anuência ou a notificação de um dos cônjuges (item 136.9.c, das NSCGJ). No caso de espólio, a anuência deverá ser manifestada pelo inventariante (item 136.9.f, das NSCGJ).

Havendo, no curso desse procedimento, exigência com a qual a parte não concorde, poderá requerer providências a esta Corregedoria Permanente (pedido de providências), por intermédio do próprio Oficial, e desde que respeitada a validade da respectiva prenotação.

Diante do exposto, **JULGO PROCEDENTE** a dúvida inversamente suscitada, mantendo o óbice.

Deste procedimento, não decorrem custas, despesas processuais ou honorários advocatícios.

Oportunamente, ao arquivo com as cautelas de praxe.

P.R.I.C.

São Paulo, 17 de dezembro de 2021. (DJe de 13.01.2022 – SP)

ALIENAÇÃO FIDUCIÁRIA

Ementa: Sentença – Pedido de Providências – Pedido de averbação de cancelamento da alienação fiduciária – Exigência de formalização de negócio por Escritura Pública, com recolhimento de ITBI – Títulos Judiciais não estão isentos de qualificação registraria – Existência de averbação de consolidação da propriedade em nome do credor fiduciário – Quitação posterior do débito que configura recompra do bem – Imprescindibilidade de Escritura Pública para a validade do novo negócio realizado – Art. 108 do CC – Manutenção do óbice – Improcedência

Processo 1127798-83.2021.8.26.0100

Pedido de Providências - Registro de Imóveis - Yoshiaki Hara - Diante do exposto, JULGO IMPROCEDENTE o pedido. Deste procedimento não decorrem custas, despesas processuais ou honorários advocatícios. Oportunamente, remetam-se os autos ao arquivo. P.R.I.C. - ADV: THIAGO GEBAILI DE ANDRADE (OAB 262310/SP)

Íntegra da decisão:

SENTENÇA

Processo Digital nº: **1127798-83.2021.8.26.0100**

Classe - Assunto **Pedido de Providências - Registro de Imóveis**

Requerente: **Yoshiaki Hara e outro**

Requerido: **16º Oficial de Registro de Imóveis da Capital**

Juiz(a) de Direito: Dr(a). **Luciana Carone Nucci Eugênio Mahuad**

Vistos.

Trata-se de **pedido de providências** formulado por **Yoshiaki Hara e Tamie Ueda Hara** em face da **Oficial do 16º Registro de Imóveis da Capital**, diante da negativa em se averbar cancelamento de alienação fiduciária gravada na matrícula n. 44.488 daquela serventia, mediante apresentação de termo de quitação da dívida, para o que foi exigida formalização de negócio por escritura pública, com recolhimento de ITBI.

A parte interessada alega que a quitação de acordo homologado em juízo apenas extingue o direito de garantia, não caracterizando transmissão de propriedade a ensejar a incidência do ITBI exigido, sendo que a lei admite a purgação da mora do devedor até o momento da assinatura do auto de arrematação em leilão judicial (artigo 34 do Decreto Lei n. 70/1966).

O Oficial manifestou-se às fls. 42/43, sustentando que a averbação da consolidação da propriedade em nome do credor fiduciário o tornou proprietário incondicional do imóvel, de modo que a quitação posterior do débito configura recompra do bem e torna necessária formalização por escritura pública, com recolhimento do ITBI.

Após a apresentação da matrícula atualizada do imóvel, que veio às fls. 57/63, o Ministério Público se manifestou às fls. 66/70, opinando pelo indeferimento.

É o relatório.

Fundamento e decido.

No mérito, o pedido é improcedente. Vejamos os motivos.

De início, vale destacar que os títulos judiciais não estão isentos de qualificação, positiva ou negativa, para ingresso no fólio real.

O Egrégio Conselho Superior da Magistratura já decidiu que a qualificação negativa de título judicial não caracteriza desobediência ou descumprimento de decisão judicial (Apelação Cível n. 413-6/7). Neste sentido, também a Apelação Cível nº 464-6/9, de São José do Rio Preto:

"Apesar de se tratar de título judicial, está ele sujeito à qualificação registrária. O fato de tratar-se o título de mandado judicial não o torna imune à qualificação registrária, sob o estrito ângulo da regularidade formal. O exame da legalidade não promove incursão sobre o mérito da decisão judicial, mas à apreciação das formalidades extrínsecas da ordem e à conexão de seus dados com o registro e a sua formalização instrumental".

E, ainda:

"REGISTRO PÚBLICO - ATUAÇÃO DO TITULAR - CARTA DE ADJUDICAÇÃO - DÚVIDA LEVANTADA - CRIME DE DESOBEDIÊNCIA - IMPROPRIEDADE MANIFESTA. O cumprimento do dever imposto pela Lei de Registros Públicos, cogitando-se de deficiência de carta de adjudicação e levantando-se dúvida perante o juízo de direito da vara competente, longe fica de configurar ato passível de enquadramento no artigo 330 do Código Penal - crime de desobediência -, pouco importando o acolhimento, sob o ângulo judicial, do que suscitado" **(STF, HC 85911 / MG - MINAS GERAIS, Relator: Min. MARCO AURÉLIO, j. 25/10/2005, Primeira Turma).**

Sendo assim, não há dúvidas de que o termo de quitação da dívida, mesmo proveniente de acordo homologado por órgão jurisdicional, não basta para autorizar automaticamente seu ingresso no registro tabular.

No caso em debate, não há controvérsia acerca da mora da parte interessada em relação à dívida garantida por alienação fiduciária do imóvel indicado na inicial, débito sobre o qual as partes contratantes se compuseram e levaram os termos do acordo para homologação pelo juízo da 2ª Vara Cível do Foro Regional IV - Lapa, perante o qual tramitava ação de reintegração de posse (autos n. 1008164-30.2020.8.26.0003 - fls. 15/18).

Contudo, o pagamento para quitação da dívida somente ocorreu no dia 30 de setembro de 2020 (item 2 de fl. 16 e boleto de fl. 19), após a consolidação da propriedade fiduciária em favor do credor, a qual foi objeto da averbação n. 13/44.488, em 23 de março de 2020 (fl. 63).

Na forma da lei competente, uma vez constituído em mora o fiduciante, ele dispõe do prazo de quinze dias, após ser intimado, para purgação diretamente perante o Registro de Imóveis, de modo a fazer convalescer o contrato de alienação fiduciária (artigo 26 da Lei n. 9.514/97).

Decorrido o prazo sem purgação da mora, a propriedade do imóvel, que até então era resolúvel, se consolida de forma plena em nome do credor.

Assim, a averbação da consolidação da propriedade formaliza a transferência integral da propriedade do imóvel para o credor, o que se sujeita, inclusive, à incidência do ITBI (artigo 26, §7º, da Lei n. 9.514/97), o qual foi recolhido pelo Paraná Banco S/A.

Após a consolidação da propriedade em seu nome, o credor deve promover leilão, nos termos do artigo 27 da mesma lei, para alienação do imóvel, com liquidação de seu crédito e entrega, ao devedor, da importância que sobejar.

Nesta fase derradeira, o que se assegura ao devedor é o direito de preferência para adquirir o imóvel pelo preço correspondente ao valor da dívida, somado a encargos e despesas, o que caracteriza negócio novo, como consta expressamente no §2º-B da lei, e impõe ao devedor fiduciante *"o pagamento dos encargos tributários e despesas exigíveis para a nova aquisição do imóvel, de que trata este parágrafo, inclusive custas e emolumentos".*

Nesse contexto e não dispondo a lei em contrário, a escritura pública é essencial para a validade do novo negócio realizado entre as partes, pelo qual avençaram a recompra do imóvel em troca da liquidação da dívida (artigo 108 do Código Civil), sobre o que incide ITBI na forma da legislação tributária competente.

Neste sentido:

"REGISTRO DE IMÓVEIS - Pedido de providências – Alienação fiduciária de imóvel - Recursos Administrativos - Apresentante que requer o cancelamento de consolidação da propriedade averbada na matrícula

- Impossibilidade - Purgação da mora que deveria ocorrer junto ao Registro de Imóveis, na forma prevista na Lei nº 9.514/97 - Procedimento hígido sob o prisma registral - Desistência formulada por uma das recorrentes - Homologação - No mérito, nega-se provimento ao recurso interposto pela outra recorrente" (CGJSP - RECURSO ADMINISTRATIVO n. 1114713-98.2019.8.26.0100, São Paulo, data de julgamento: 16/08/2021, DJ: 20/08/2021, RELATOR: Desembargador Ricardo Mair Anafe).

Diante do exposto, **JULGO IMPROCEDENTE** o pedido.

Deste procedimento não decorrem custas, despesas processuais ou honorários advocatícios.

Oportunamente, remetam-se os autos ao arquivo.

P.R.I.C.

São Paulo, 20 de janeiro de 2022.

Luciana Carone Nucci Eugênio Mahuad

Juíza de Direito (DJe de 26.01.2022 – SP)

Ementa: Sentença – Pedido de Providências – Pedido de cancelamento de registros de Contrato de Locação – Negativa por ausência de título que mobilize a prática do ato – Alegação pelo Oficial de que é necessária a atuação do judiciário – Negócios celebrados há muitos anos – Imóvel que já se encontra locado para outra empresa – Locações inscritas que não mais produzem efeitos materiais – Deferimento do pedido – Determinação do cancelamento dos registros – Procedência

Processo 1125280-23.2021.8.26.0100

Pedido de Providências - Registro de Imóveis - Odette Darcy Gomes – Anna Paola Batista Gomes – Renata Cristina Batista Gomes – Claudia Regina Batista Gomes Ferreira - Diante do exposto, JULGO PROCEDENTE o pedido de providências para determinar o cancelamento dos registros de locação, R.4, R.5 e R.6, que gravam a matrícula n. 21.548 (fls. 71/73). Deste procedimento não decorrem custas, despesas processuais ou honorários advocatícios. Oportunamente, ao arquivo com as cautelas de praxe. P.R.I.C. - ADV: ISRAEL REMZETTI REGIS REIS (OAB 18923/SC)

Íntegra da decisão:

SENTENÇA

Processo nº: **1125280-23.2021.8.26.0100**

Classe - Assunto **Pedido de Providências - Registro de Imóveis**

Requerente: **Odette Darcy Gomes e outros**

Requerido: **18º Oficial de Registro de Imóveis da Capital**

Prioridade Idoso

Juiz(a) de Direito: Dr(a). **Luciana Carone Nucci Eugênio Mahuad**

Vistos.

Trata-se de pedido de providências formulado por **ESPÓLIO DE ANTONIO SÉRGIO BARTOLOMEU VANINO GOMES** e **ODETTE DARCY GOMES** em face do **Oficial do 18º Registro de Imóveis da Capital,** para cancelamento de registros de contrato de locação que gravam a matrícula n. 21.548 daquela serventia.

A parte aduz que os negócios foram celebrados há muitos anos e já foram encerrados (1998), com locação para outra empresa em 2014, Danceteria Central de Pinheiros Ltda ME, a qual é ré em ação de despejo em curso. Juntou documentos às fls. 09/49.

O Oficial manifestou-se às fls. 56/58, sustentando que a devolução do título fundamentou-se nos artigos 248, 250 e 253 da LRP; que, como regra, não deve agir sem título que mobilize a prática do ato; que a atuação do Judiciário se faz necessária no caso de produção de provas; que não vê óbice ao cancelamento.

Após a vinda de novos documentos (fls. 67 e 70/90), o Ministério Público manifestou-se pela procedência (fls. 95/96).

É o relatório.

Fundamento e decido.

No mérito, o pedido é procedente.

Com efeito, além de se tratar de contratos antigos (fls. 71/75), a prova documental produzida atesta que a empresa Tropeiro Churrascaria Ltda desocupou o imóvel em 1998 (fl. 04), sendo que nova locação foi celebrada com a empresa Danceteria Central de Pinheiros Ltda ME em 2014 (fls. 79/87), com re-ratificação em 2016 (fls. 88/90).

A nova locatária, ademais, é ré em ação de despejo e já foi forçada a desocupar o imóvel (fls. 69 e 96).

Nesse contexto e em consonância com os precedentes deste juízo corregedor (a título de exemplo, os feitos de autos n. 1114314-35.2020.8.26.0100, 1003674-62.2020.8.26.0100, 1109971-30.2019.8.26.0100 e 1042854-51.2021.8.26.0100), verifica-se que as locações inscritas não mais produzem efeitos materiais, de modo que a averbação de cancelamento se mostra importante por refletir a veracidade que se espera do registro.

Diante do exposto, **JULGO PROCEDENTE** o pedido de providências para determinar o cancelamento dos registros de locação, R.4, R.5 e R.6, que gravam a matrícula n. 21.548 (fls. 71/73).

Deste procedimento não decorrem custas, despesas processuais ou honorários advocatícios.

Oportunamente, ao arquivo com as cautelas de praxe.

P.R.I.C.

São Paulo, 12 de janeiro de 2022. (DJe de 14.01.2022 – SP)

ARRECADAÇÃO DE IMÓVEL

Ementa: Sentença – Pedido de Providências – Pedido de averbação de arrecadação do imóvel – Impossibilidade – Requerimento que deve ser formulado perante o Registro Imobiliário do local do imóvel – Imprescindibilidade de abertura de matrícula – Extinção do feito

Processo 1136280-20.2021.8.26.0100

Pedido de Providências - Registro de Imóveis - PREFEITURA MUNICIPAL DE SÃO BERNARDO DO CAMPO - Diante do exposto, JULGO EXTINTO o presente feito. Sem custas, despesas ou honorários advocatícios. Ao arquivo. P.R.I.C. - ADV: ANTONIO ARTUR DE LIMA (OAB 138850/SP)

Íntegra da decisão:

SENTENÇA

Processo Digital nº: **1136280-20.2021.8.26.0100**

Classe - Assunto **Pedido de Providências - Registro de Imóveis**

Requerente: **PREFEITURA MUNICIPAL DE SÃO BERNARDO DO CAMPO**

Requerido: **14º Oficial de Registro de Imoveis da Capital**

Juiz(a) de Direito: Dr(a). **Luciana Carone Nucci Eugênio Mahuad**

Vistos.

Trata-se de pedido de providências formulado pela **Prefeitura Municipal de São Bernardo do Campo** em face do Oficial do **14º Registro de Imóveis**, para averbação de arrecadação do imóvel da transcrição n. 41.601, a qual foi autorizada por lei municipal.

Em virtude do decurso do trintídio legal, determinou-se a reapresentação do título perante a serventia extrajudicial para prenotação, sob pena de extinção e arquivamento (fl. 42), o que não foi atendido (fls. 45 e seguintes).

O Oficial defendeu a manutenção do óbice à vista da ausência de base legal para o requerimento, bem como porque, em se tratando de herança jacente, a parte interessada deve se valer da via judicial para obtenção da tutela adequada, na forma dos artigos 1819 a 1823 do CC (fls. 45/46).

O Ministério Público opinou pela apresentação do título perante o Registro Imobiliário do local do imóvel (Comarca de Santo André), incumbindo ao Juízo Corregedor competente a análise de eventual negativa e inconformismo (fls. 81/82).

É o relatório.

Fundamento e decido.

O feito merece extinção, na medida em que não comprovada prenotação válida, a qual é pressuposto necessário para análise do mérito (E. Corregedoria Geral da Justiça, Recurso Administrativo nº 1000098-60.2020.8.26.0068).

Ainda que assim não fosse, verifica-se que o imóvel, embora descrito e caracterizado na transcrição n. 41.601 do 14º RI, está situado na Comarca de Santo André (fls. 29/30), de modo que o requerimento deve ser formulado perante o Oficial Registrador daquela localidade.

De fato, diante da alteração introduzida pela Medida Provisória n. 1.085/2021 à Lei n. 6.015/73, pela qual não se mostra mais adequada a realização de atos de averbação nas transcrições, torna-se imprescindível a abertura de matrícula perante o Cartório de Registro de Imóveis da circunscrição em que situado o bem:

> "Art. 176 - *O Livro nº 2 - Registro Geral - será destinado, à matrícula dos imóveis e ao registro ou averbação dos atos relacionados no art. 167 e não atribuídos ao Livro nº 3. (Renumerado do art. 173 com nova redação pela Lei nº 6.216, de 1975)*
>
> *§ 1º A escrituração do Livro nº 2 obedecerá às seguintes normas:*
>
> *I - cada imóvel terá matrícula própria, que será aberta por ocasião do primeiro ato de registro ou de averbação (Redação dada pela Medida Provisória nº 1.085, de 2021)*".

Neste sentido, ainda, a revogação do inciso I, do artigo 169, da Lei de Registros Públicos, o qual possibilitava averbação à margem do registro, mesmo que o imóvel passasse a pertencer a circunscrição diversa. Seu texto assim ditava:

> *"Todos os atos enumerados no art. 167 são obrigatórios e efetuar-se-ão no Cartório da situação do imóvel, salvo:*
>
> *I – as averbações, que serão efetuadas na matrícula ou à margem do registro a que se referirem, ainda que o imóvel tenha passado a pertencer a outra circunscrição".*

Não resta dúvida, portanto, de que a extinção é medida que se impõe.

Diante do exposto, **JULGO EXTINTO** o presente feito.

Sem custas, despesas ou honorários advocatícios.

Ao arquivo.

P.R.I.C.

São Paulo, 02 de fevereiro de 2022.
Luciana Carone Nucci Eugênio Mahuad
Juiz de Direito (DJe de 04.02.2022 – SP)

ASSINATURA

Ementa: Sentença – Pedido de Providências – Solicitação de bloqueio de cartão de assinaturas depositado na Unidade Extrajudicial – Alegação pela genitora do subscritor de que o referido é portador de doença mental e sofre com diversas limitações – Inexistência de declaração judicial referente a incapacidade civil do Subscritor – Apresentação de relatórios médicos que apontam a deficiência do Interessado – Titular que constatou indícios de falta de autonomia para a manifestação da própria vontade – Manutenção do bloqueio cautelar até posterior solução judicial – Encaminhamento de cópia do expediente à DPE competente – Ausência de ilícito administrativo – Arquivamento do feito – Ciência à Titular

Processo 1108450-79.2021.8.26.0100

Pedido de Providências - Tabelionato de Notas - R.T.D.S.M.P. - Juiz(a) de Direito: Dr(a). Marcelo Benacchio VISTOS, Trata-se de pedido de providências formulado pela Senhora Oficial do Registro Civil das Pessoas Naturais e Tabeliã de Notas do Distrito de São Miguel Paulista, desta Capital, do interesse do Senhor Ivanildo Alexandre Fernandes da Silva, auxiliado por sua genitora Mércia Fernandes de Morais, que solicita o bloqueio de cartão de assinaturas em nome daquele, depositado na unidade extrajudicial. Determinou-se o bloqueio cautelar da ficha de firma aberta em nome do interessado (fls. 04). A Senhora Titular veio aos autos para prestar esclarecimentos sobre a situação médica do subscritor, inclusive juntando documentos encaminhados pela genitora do interessado (fls. 10/115). Posteriormente, a Senhora Titular juntou aos autos cópia da sindicância interna que apurou as condições de realização do ato, haja vista a notícia de que o signatário sofreria de comprometimento intelectual (fls. 139/155). O Ministério Público pugnou pela manutenção do bloqueio já efetuado, bem como recomendou a orientação de que a genitora e o interessado sejam dirigidos à Defensoria Pública, para eventual interposição de ação de interdição (fls. 159/160). É o relatório. Decido. Cuidam os autos de pedido de providências formulado pela Senhora Oficial do Registro Civil das Pessoas Naturais e Tabeliã de Notas do Distrito de São Miguel Paulista, desta Capital. Narra a Senhora Delegatária que compareceu perante sua serventia a Senhora Mércia Fernandes de Morais, que se identificou como genitora e responsável pelo Senhor Ivanildo Alexandre Fernandes da Silva, referindo ser este deficiente e solicitando o bloqueio de cartão de assinaturas em nome do filho, alegando que a firma fora depositada perante a unidade mediante fraude cometida pelo irmão do subscritor. Foi noticiado pela genitora que o Senhor Ivanildo é portador de doença mental e sofre com diversas limitações. Para comprovar o alegado, entregou a unidade relatórios médicos de acompanhamento do filho junto de instituição de saúde pública, que referem a deficiência do interessado. No mais, verificou-se que o subscritor, pese embora as limitações apontadas, não é interditado. A Senhora Titular procedeu à entrevista com o interessado e apontou que, de fato, há indícios de falta de autonomia para a manifestação da própria vontade. Na mesma senda, instaurou sindicância interna com vistas a apurar os fatos que levaram ao reconhecimento da firma do interessado. No âmbito do procedimento, verificou que, aparentemente, o signatário sofre de transtorno mental que afeta sua capacidade decisória de modo transitório. Dessa forma, a preposta que realizou o ato confirmou que todas as normas legais foram observadas e cautelas de praxe adotadas, de modo que não notou qualquer dificuldade pelo interessado para a realização do ato. A declaração do chefe do setor confirmou os fatos narrados pela colaboradora. O Ministério Público manifestou-se pelo bloqueio da ficha de firma. Pois bem. Com efeito, em que pese a relevância do argumento trazido pela Senhora Interessada, genitora do signatário, a medida não comporta acolhimento, no sentido de se fazer o cancelamento ou bloqueio definitivo do cartão, tendo em vista a inexistência de amparo legal ou normativo para se cancelar ou bloquear cartão de assinaturas regularmente preenchido. Nesse ponto, destaco que o Senhor Subscritor é maior e não há declaração judicial de sua incapacidade para os atos da vida civil. O reconhecimento de firma e o zelo pelo cartão de assinaturas é típico exemplo da atividade certificadora do notário, sendo inserto na gama mais ampla de atribuições notariais relativas à conferência de segurança jurídica às partes e a terceiros. Não é outro o entendimento da E. Corregedoria Geral da Justiça: "E, de fato, para os atos civis em geral, o reconhecimento de firma por semelhança é o previsto em lei e mais utilizado, feito por comparação entre a assinatura constante no documento e as assinaturas da ficha de firma do interessado. Como estamos no campo administrativo, ligado à legalidade estrita, não há como se impor que todo e qualquer reconhecimento de firma do recorrente possua a certificação de que ele compareceu à serventia, foi identificado, e assinou o documento e o Livro de Termo de Comparecimento na presença do Tabelião ou escrevente. Por ausência de previsão legal, não é possível determinar ao Tabelião o cancelamento de cartões de firma, ou então que se abstenha de realizar o reconhecimento por semelhança em toda e qualquer hipótese." (Recurso Administrativo nº 1078855-40.2018.8.26.0100, j. 15/07/2019) Além de inexistir previsão legal ou normativa, que por si só já inviabilizaria o acolhimento do pleito nesta via administrativa, tem-se, ainda, a possibilidade concreta da ocorrência de prejuízo a terceiros, pois o interesse na prática do ato não pertence apenas a quem terá a assinatura reconhecida, mas resta a todos com os quais a interessada negociou e que possuem instrumentos regularmente firmados. Todavia, considerando-se as alegações da Senhora Genitora, que parecem corroboradas, num primeiro momento, pelos documentos médicos exibidos, com o fundado receio de fraudes praticadas, reputo por bem manter-se o bloqueio cautelar sobre o referido cartão de autógrafos, até posterior solução judicial da questão, se o caso. Não menos, encaminhe-se cópia integral dos autos à DPE competente para atuação em favor do interessado para, se o caso, propor a pertinente ação de interdição e tomada das demais medidas que entenderem cabíveis. Noutro turno, não extraio que houve falha na prestação do serviço ou ilícito funcional pela Senhora Delegatária, que logrou êxito em comprovar que todas as medidas legais e acautelatórias foram devidamente adotadas. Oportunamente, à míngua de providência censório disciplinar a ser adotada, determino o arquivamento dos autos. Encaminhe-se cópia desta decisão, bem como das principais peças do processo, à Egrégia Corregedoria Geral da Justiça, por e-mail, servindo a presente sentença como ofício. Ciência à Senhora Titular e ao Ministério Público. I.C. - ADV: EVERALDO DE MELO COLOMBI JUNIOR (OAB 197698/SP) (DJe de 03.02.2022 – SP)

ATA NOTARIAL

Ementa: Sentença – Pedido de Providências – Eventuais irregularidades em Atas Notariais – Lavraturas de atas de abertura de cofre de propriedade da Massa Falida – Atas que foram lavradas em conformidade com as NSCGJ – Itens 139 e 140, do Capítulo XVI, das NSCGJ – Fatos narrados por escreventes distintos – Ausência de divergência viciosa, fraudulenta ou errônea entre os termos – Inexistência de condutas irregulares – Arquivamento do feito – Ciência aos Titulares – Improcedência

Processo 0043369-06.2021.8.26.0100

Pedido de Providências - REGISTROS PÚBLICOS - J.D.V.F.R.J. - L.C.R.O.N.S.L.O. e outros - Juiz(a) de Direito: Dr(a). Marcelo Benacchio VISTOS, Cuida-se de pedido de providências instaurado a partir de comunicação encaminhada pelo MM. Juízo da 1ª Vara de Falências e Recuperações Judiciais da Comarca da Capital, no bojo dos autos de nº 0195566-97.2008.8.26.0100, solicitando as medidas cabíveis por parte desta Corregedoria Permanente em relação a eventuais irregularidades em Atas Notarias lavradas pelos Senhores 9º, 14º e 22º Tabeliães de Notas desta Capital, todas narrando os mesmos fatos. Os autos foram instruídos com os documentos de fls. 02/23 e 33/61. Os Senhores Titulares manifestaram-se informando a regularidade dos atos lavrados (fls. 26, 66 e 67). Sobrevieram esclarecimentos pela Administradora Judicial da Massa Falida (fls. 106/112). O Ministério Público acompanhou o feito e pugnou, ao final, pelo arquivamentos dos autos (fls. 116/117). É o relatório. Decido. Trata-se de pedido de providências instaurado a partir de comunicação encaminhada pelo MM. Juízo da 1ª Vara de Falências e Recuperações Judiciais da Comarca da Capital. Consta dos autos que no bojo da ação falimentar da Construtora Beter S/A, processo nº 0195566-97.2008.8.26.0100, aquele n. Juízo solicitou medidas por parte desta Corregedoria Permanente em relação a supostas discrepâncias verificadas em Atas Notarias lavradas pelos Senhores 9º, 14º e 22º Tabeliães de Notas desta Capital. As atas foram lavradas, em breve síntese, em decorrência da determinação judicial de abertura de cofre de propriedade da Falida. A decisão do Juízo da Falência apontou que se fizesse Ata Notarial narrando o evento. Assim, a então Administradora da Massa Falida solicitou a realização do instrumento público à Senhora 22ª Tabeliã de Notas desta Capital. Outras partes litigantes, presentes à ocorrência, também solicitaram a seus Notários de confiança a lavratura de Atas, comparecendo escreventes autorizados do 9º e do 14º Tabelionatos de Notas desta Capital. As Atas Notarias restam acostadas às fls. 02/19, 34/45 e 46/61. Os Senhores Delegatários vieram aos autos para informar que as Atas Notarias foram lavradas de acordo com os ditames legais e, em especial, à luz das NSCGJ. Nessa perspectiva, o Ministério Público opinou pelo arquivamentos dos autos, ante a inexistência de indícios de falha na prestação do serviço ou ilícito funcional pelas serventias correicionadas. Com efeito, da leitura das atas, verifico que todas discorrem sobre a mesma circunstância, mas cada qual se utilizando de recursos narrativos diversos, com detalhamentos e focos distintos.

Não obstante, todas as Atas narram o mesmo fato: a abertura do cofre, contendo trechos transcritos ou narração de diálogos, fotos e percepções sensoriais pelos escreventes. Nesse sentido, não há que se falar em divergência viciosa, fraudulenta ou mesmo errônea entre os termos, uma vez que não se pode esperar a igualdade das notas quando os fatos foram narrados por pessoas diversas (três escreventes distintos), sobre perspectivas diferentes (solicitada por partes litigantes discordantes). Dessa forma, o que se constata é que todos os requisitos normativos foram observados na lavratura dos instrumentos públicos, em estrita conformidade com os itens 139 e 140, do Cap. XVI, das NSCGJ. Destarte, diante desse painel, destacando-se a inexistência de qualquer ato irregular, não vislumbro medidas correicionais ou administrativas a serem adotadas, ficando afastada a responsabilidade funcional pelos Senhores Notários, no âmbito disciplinar. Nessas condições, à míngua de providência censório-disciplinar a ser adotada, determino o arquivamento dos autos. Outrossim, encaminhe-se cópia desta r. Sentença, que servirá de ofício, ao MM. Juízo da 1ª Vara de Falências e Recuperações Judiciais da Comarca da Capital, por e-mail, para ciência. Encaminhe-se cópia das principais peças dos autos à Egrégia Corregedoria Geral da Justiça, por e-mail, servindo a presente como ofício. Ciência aos Senhores Titulares e ao Ministério Público. P.I.C. - ADV: ORESTE NESTOR DE SOUZA LASPRO (OAB 98628/SP) (DJe de 14.01.2022 – SP)

CARTA DE ARREMATAÇÃO

Ementa: Sentença – Dúvida – Pedido de registro de Carta de Arrematação – Impossibilidade – Divergência entre os titulares de domínio que figuram no registro e os integrantes do polo passivo da ação em que ocorreu a arrematação – Títulos Judiciais não estão isentos de qualificação registraria – Imprescindibilidade de que o título esteja em conformidade com inscrito na matrícula – Princípio da Continuidade – Existência de mancomunhão – Necessidade de apresentação da carta de sentença da partilha – Manutenção do óbice – Procedência

Processo 1001375-44.2022.8.26.0100

Dúvida - Defeito, nulidade ou anulação - Marineide Cardoso do Vale - Diante do exposto, JULGO PROCEDENTE a dúvida inversa suscitada por Marineide Cardoso do Vale em face do Oficial do 13º Registro de Imóveis da Capital, e, consequentemente, mantenho o óbice. Deste procedimento não decorrem custas, despesas processuais ou honorários advocatícios. Oportunamente, remetam-se os autos ao arquivo. P.R.I.C. - ADV: JARI FERNANDES (OAB 152694/ SP)

Íntegra da decisão:

SENTENÇA

Processo Digital nº: **1001375-44.2022.8.26.0100**

Classe - Assunto **Dúvida - Defeito, nulidade ou anulação**

Requerente: **Marineide Cardoso do Vale**

Requerido: **13° Cartório de Imóveis da Capital**

Juiz(a) de Direito: Dr(a). **Luciana Carone Nucci Eugênio Mahuad**

Vistos.

Trata-se de **dúvida inversa** suscitada por **Marineide Cardoso do Vale** em face do **Oficial do 13º Registro de Imóveis da Capital**, diante da negativa em se proceder ao registro da carta de arrematação expedida pelo juízo da 12ª Vara Cível do Foro Central da Capital no processo de autos n. 0085471-15.1999.8.26.0100 (execução de título extrajudicial movida pelo espólio de Hercília Bragagnolo contra Yvette El Bath Wassef, Jorge Essa Wassef e Aviamentos Bath Ltda), a qual se refere a 66,66% do imóvel objeto da matrícula n. 35.455 daquela serventia.

O óbice registrário decorre da divergência entre os titulares de domínio que figuram no registro e os integrantes do polo passivo da execução em que ocorreu a arrematação, o que caracteriza violação ao princípio da continuidade. A parte alega que o processo de inventário dos bens do espólio de Issa Abdallah Wassef não se encerrou e está arquivado por negligência dos herdeiros. Documentos vieram às fls. 07/38.

Constatado o decurso do trintídio legal da prenotação, determinou-se a reapresentação do título (fl. 42).

Com o atendimento, o Oficial se manifestou às fls. 48/50, alegando que a matrícula do imóvel informa que o bem foi adquirido por Yvette El Bath Wassef enquanto casada sob o regime da comunhão universal de bens com Issa Wassef, pelo que exigiu apresentação e registro prévio do formal de partilha dos bens deixados pelo cônjuge falecido.

O Ministério Público opinou pela procedência (fls. 58/60).

É o relatório.

Fundamento e decido.

No mérito, a dúvida é procedente. Vejamos os motivos.

De início, vale destacar que os títulos judiciais não estão isentos de qualificação, positiva ou negativa, para ingresso no fólio real.

O Egrégio Conselho Superior da Magistratura já decidiu que a qualificação negativa de título judicial não caracteriza desobediência ou descumprimento de decisão judicial (Apelação Cível n. 413-6/7).

Neste sentido, também a Apelação Cível nº 464-6/9, de São José do Rio Preto:

"Apesar de se tratar de título judicial, está ele sujeito à qualificação registrária. O fato de tratar-se o título de mandado judicial não o torna imune à qualificação registrária, sob o estrito ângulo da regularidade formal. O exame da legalidade não promove incursão sobre o mérito da decisão judicial, mas à apreciação das formalidades extrínsecas da ordem e à conexão de seus dados com o registro e a sua formalização instrumental".

E, ainda:

"REGISTRO PÚBLICO - ATUAÇÃO DO TITULAR - CARTA DE ADJUDICAÇÃO - DÚVIDA LEVANTADA - CRIME DE DESOBEDIÊNCIA - IMPROPRIEDADE MANIFESTA. O cumprimento do dever imposto pela Lei de Registros Públicos, cogitando-se de deficiência de carta de adjudicação e levantando-se dúvida perante o juízo de direito da vara competente, longe fica de configurar ato passível de enquadramento no artigo 330 do Código Penal - crime de desobediência -, pouco importando o acolhimento, sob o ângulo judicial, do que suscitado" **(STF, HC 85911 / MG - MINAS GERAIS, Relator: Min. MARCO AURÉLIO, j. 25/10/2005, Primeira Turma).**

Sendo assim, não há dúvidas de que a mera existência de título proveniente de órgão jurisdicional não basta para autorizar automaticamente seu ingresso no fólio real.

Para registro, imprescindível, ainda, que se observe o princípio da continuidade:

"O princípio da continuidade, que se apoia no de especialidade, quer dizer que, em relação a cada imóvel, adequadamente individuado, deve existir uma cadeia, de titularidade à vista da qual só se fará a inscrição de um direito se o outorgante dele aparecer no registro como seu titular.

Assim, as sucessivas transmissões, que derivam umas das outras, asseguram a preexistência do imóvel no patrimônio do transferente" (Afrânio de Carvalho, Registro de Imóveis, Editora Forense, 4ª edição, página 254).

Ou seja, o título deve estar em conformidade com o inscrito na matrícula.

Ademais, é pacífico o entendimento atual de que a arrematação é modo derivado de aquisição da propriedade:

"REGISTRO DE IMÓVEIS - Carta de Arrematação – Título judicial sujeito à qualificação registral – Forma derivada de aquisição de propriedade - Desqualificação por ofensa ao princípio da continuidade - Dúvida julgada procedente – Recurso não provido, com determinação" **(TJSP; Apelação Cível 0005176-34.2019.8.26.0344; Relator (a): Pinheiro Franco (Corregedor Geral); Órgão Julgador: Conselho Superior de Magistratura; Data do Julgamento: 10/12/2019; Data de Registro: 12/12/2019).**

"REGISTRO DE IMÓVEIS - Carta de Arrematação – Executado que é titular de direitos sobre o imóvel – Forma derivada de aquisição de direitos – Arrematação que não pode ir além dos direitos do executado – Princípio da continuidade - Dúvida procedente – Apelação não provida" **(TJSP; Apelação Cível 1125920-02.2016.8.26.0100; Relator (a): Pereira Calças (Corregedor Geral); Órgão Julgador: Conselho Superior de Magistratura; Data do Julgamento: 02/12/2017; DJe: 15/03/2018).**

Nesse mesmo sentido, o C. Conselho Superior da Magistratura decidiu nas Apelações nº 1001015-36.2019.8.26.0223, nº 1061979-44.2017.8.26.0100, nº 0018338-33.2011.8.26.0100 e nº 0035805-59.2010.8.26.0100, dentre outras.

Esclarecidos tais pontos, verifica-se que, conforme Registro n. 1 da matrícula n. 35.455 (fls. 51/52), o imóvel foi adquirido, em janeiro de 1982, por Yvette El Bath Wassef, casada com Issa Wassef pelo regime da comunhão de bens anteriormente à Lei n. 6.515/77.

Tal patrimônio, portanto, constitui um todo unitário (universalidade de direito), em estado que a doutrina e a jurisprudência denominam mancomunhão.

Nessa circunstância, não se está diante de partes ideais, mas de verdadeira unidade patrimonial fechada, onde os proprietários figuram como donos do todo e não de parte específica dos bens que a compõem.

Ocorre que, dissolvida a sociedade conjugal, mesmo que em razão do falecimento de um dos coproprietários, como na espécie, o bem continua em estado de mancomunhão, que somente cessa com a partilha quando há especificação do patrimônio comum.

É certo que Issa Abdallah Wassef faleceu em 14 de fevereiro de 1985, deixando a viúva Yvette El Bath Wassef e os filhos Jorge, Amale e Elias, como informa a certidão de fls. 33/34. Também há informação sobre o falecimento posterior do herdeiro Jorge, cujo arrolamento se processa nos mesmos autos do inventário do pai, no qual o imóvel descrito na matrícula n. 35.455 é declarado como único bem deixado.

Contudo, enquanto não operada a partilha por sentença, inviável se mostra o registro da arrematação sobre fração do imóvel, tal como pretendido, já que em dissonância com o princípio da continuidade.

Neste sentido decidiu o Exmo. Corregedor Geral da Justiça à época, Des. Hamilton Elliot Akel, no processo de autos n. 2104/117758, ao aprovar o Parecer n. 311/2014-E, da lavra do MM. Juiz Assessor da Corregedoria Swarai Cervone de Oliveira (destaque nosso):

> *"Registro de imóveis -* ***Arrematação de 50% do imóvel, em execução ajuizada contra cônjuge varão – Restantes 50% que permanecem em estado de mancomunhão, à falta de registro da partilha do bem –*** *Averbação da certidão de casamento, onde consta a separação, que não se presta a servir de partilha –* ***Necessidade de apresentação de carta de sentença, com partilha, para colocar fim ao estado de indivisão –*** *Recurso desprovido".*

Em suma, tendo em vista que os registros necessitam observar um encadeamento subjetivo, ainda não há como se admitir o ingresso da carta de arrematação no fólio real, que não é título originário de aquisição de propriedade.

Diante do exposto, **JULGO PROCEDENTE** a dúvida inversa suscitada por **Marineide Cardoso do Vale** em face do **Oficial do 13º Registro de Imóveis da Capital**, e, consequentemente, mantenho o óbice.

Deste procedimento não decorrem custas, despesas processuais ou honorários advocatícios.

Oportunamente, remetam-se os autos ao arquivo.

P.R.I.C.

São Paulo, 07 de fevereiro de 2022.

Luciana Carone Nucci Eugênio Mahuad

Juiz de Direito (DJe de 10.02.2022 – SP)

Ementa: Sentença – Dúvida – Pedido de registro da Carta de Arrematação – Negativa em razão da necessidade de prévia retificação da matrícula referente à qualificação pessoal dos proprietários e de seus cônjuges – Títulos Judiciais não estão isentos de qualificação registraria – Matrícula que foi aberta de ofício mediante transposição direta dos dados que constavam no registro anterior – Desnecessidade de apresentação de documentos complementares – Mitigação do rigor formal – Título expedido em ação judicial de cobrança de condomínio – Possibilidade de inferir com segurança de que se trata das mesmas pessoas indicadas no registro – Item 62.2, do Capítulo XX, das NSCGJ – Afastamento do óbice – Deferimento do pedido – Improcedência

Processo 1137363-71.2021.8.26.0100

Dúvida - Registro de Imóveis - Carlos Alberto de Carvalho - Diante do exposto, JULGO IMPROCEDENTE a dúvida inversamente suscitada para autorizar o registro da carta de arrematação. Deste procedimento não decorrem custas, despesas processuais ou honorários advocatícios. Oportunamente remetam-se os autos ao arquivo. P.R.I.C. - ADV: ALEXANDRE NOGUEIRA DOS SANTOS (OAB 242259/SP)

Íntegra da decisão:

SENTENÇA

Processo Digital nº: **1137363-71.2021.8.26.0100**

Classe - Assunto **Dúvida - Registro de Imóveis**

Requerente: **Carlos Alberto de Carvalho**

Requerido: **4º Oficial de Registro de Imóveis da Capital**

Juiz(a) de Direito: Dr(a). **Luciana Carone Nucci Eugênio Mahuad**

Vistos.

Trata-se de pedido de providências interposto por **Carlos Alberto de Carvalho** em face do **Oficial do 4º Registro de Imóveis da Capital**, diante da negativa em se proceder ao registro da carta de arrematação relativa ao imóvel da matrícula n. 163.415 daquela serventia.

O óbice registrário refere-se à necessidade de prévia retificação da matrícula para inserção de informações relativas à qualificação pessoal dos proprietários tabulares e de seus cônjuges, cuja deficiência é oriunda da antiguidade do registro.

A parte interessada informa que arrematou o imóvel em leilão judicial realizado no processo de autos n. 0186570-08.2011.8.26.0100, o qual tratou de cobrança de débitos condominiais. Os proprietários tabulares, não localizados, foram citados por edital e representados por curador especial; que, ao longo da referida ação, restou frustrada a tentativa de localização do CPF dos proprietários, como também não foi localizada, pelo Tabelionato de Notas, a escritura que deu origem à transcrição n. 54.145, considerada deficiente; que o Oficial do 4º RI se recusa a fornecer a documentação relativa à matrícula do imóvel, a qual deveria estar em sua posse; que devido o afastamento do óbice dada a natureza originária da aquisição por arrematação conforme entendimento jurisprudencial. Documentos vieram às fls. 11/28.

O feito foi recebido como dúvida inversa e, identificado o decurso do trintídio legal da prenotação, determinou-se a reapresentação do título (fls. 29/30).

Com o atendimento, o Oficial se manifestou às fls. 39/41, reiterando a exigência de prévia retificação da matrícula mediante apresentação de documentos complementares, notadamente porque a escritura que originou a transcrição não foi arquivada por se tratar de instrumento público. Juntou documentos às fls. 42/187.

O Ministério Público opinou pela manutenção do óbice (fls. 191/193).

É o relatório.

Fundamento e decido.

No mérito, a dúvida é improcedente. Vejamos os motivos.

De início, vale destacar que os títulos judiciais não estão isentos de qualificação, positiva ou negativa, para ingresso no fólio real.

O Egrégio Conselho Superior da Magistratura já decidiu que a qualificação negativa de título judicial não caracteriza desobediência ou descumprimento de decisão judicial (Apelação Cível n. 413-6/7).

Neste sentido, também a Apelação Cível nº 464-6/9, de São José do Rio Preto:

> *"Apesar de se tratar de título judicial, está ele sujeito à qualificação registrária. O fato de tratar-se o título de mandado judicial não o torna imune à qualificação registrária, sob o estrito ângulo da regularidade formal. O exame da legalidade não promove incursão sobre o mérito da decisão judicial, mas à apreciação das formalidades extrínsecas da ordem e à conexão de seus dados com o registro e a sua formalização instrumental".*

E, ainda:

> *"REGISTRO PÚBLICO - ATUAÇÃO DO TITULAR - CARTA DE ADJUDICAÇÃO - DÚVIDA LEVANTADA - CRIME DE DESOBEDIÊNCIA - IMPROPRIEDADE MANIFESTA. O cumprimento do dever imposto pela Lei de Registros Públicos, cogitando-se de deficiência de carta de adjudicação e levantando-se dúvida perante o juízo de direito da vara competente, longe fica de configurar ato passível de enquadramento no artigo 330 do Código Penal - crime de desobediência -, pouco importando o acolhimento, sob o ângulo judicial, do que suscitado"* **(STF, HC 85911 / MG - MINAS GERAIS, Relator: Min. MARCO AURÉLIO, j. 25/10/2005, Primeira Turma).**

Sendo assim, não há dúvidas de que a mera existência de título proveniente de órgão jurisdicional não basta para autorizar automaticamente seu ingresso no registro tabular.

Quanto ao registro pretendido, observância ao princípio da continuidade é imprescindível:

> *"O princípio da continuidade, que se apoia no de especialidade, quer dizer que, em relação a cada imóvel, adequadamente individuado, deve existir uma cadeia, de titularidade à vista da qual só se fará a inscrição de um direito se o outorgante dele aparecer no registro como seu titular.*
>
> *Assim, as sucessivas transmissões, que derivam umas das outras, asseguram a preexistência do imóvel no patrimônio do transferente"* (Afrânio de Carvalho, Registro de Imóveis, Editora Forense, 4ª edição, p. 254).

Ou seja, o título deve estar em conformidade com o inscrito na matrícula.

Pacífico o entendimento, ademais, de que a arrematação é modo derivado de aquisição da propriedade:

> *"REGISTRO DE IMÓVEIS - Carta de Arrematação – Título judicial sujeito à qualificação registral – Forma derivada de aquisição de propriedade - Desqualificação por ofensa ao princípio da continuidade - Dúvida julgada procedente – Recurso não provido, com determinação"* **(TJSP; Apelação Cível 0005176-34.2019.8.26.0344; Relator (a): Pinheiro Franco (Corregedor Geral); Órgão Julgador: Conselho Superior de Magistratura; Data do Julgamento: 10/12/2019; Data de Registro: 12/12/2019).**
>
> *"REGISTRO DE IMÓVEIS - Carta de Arrematação – Executado que é titular de direitos sobre o imóvel – Forma derivada de aquisição de direitos – Arrematação que não pode ir além dos direitos do executado – Princípio da continuidade - Dúvida procedente – Apelação não provida"* **(TJSP; Apelação Cível 1125920-02.2016.8.26.0100; Relator (a): Pereira Calças (Corregedor Geral); Órgão Julgador: Conselho Superior de Magistratura; Data do Julgamento: 02/12/2017; DJe: 15/03/2018).**

Nesse mesmo sentido, o C. Conselho Superior da Magistratura decidiu nas Apelações nº 1001015-36.2019.8.26.0223, nº 1061979-44.2017.8.26.0100, nº 0018338-33.2011.8.26.0100 e nº 0035805-59.2010.8.26.0100, dentre outras.

Com a entrada em vigor da Lei n. 6.015/1973, que adotou a técnica do fólio real para a publicidade jurídica dos direitos reais imobiliários, os elementos de qualificação do proprietário foram expressamente detalhados no artigo 227, §4º, da redação original, dispositivo posteriormente renumerado para o artigo 176, §1º, III, item 2, alínea "a", com a redação aperfeiçoada pela Lei n. 6.216/1975.

E referido dispositivo deve ser observado em atenção ao princípio do *tempus regit actum:* o título sujeita-se à lei vigente e/ou à situação do imóvel ao tempo de sua apresentação (Apelação Cível nº,

115-6/7, rel. José Mário Antonio Cardinale, nº 777-6/7, rel. Ruy Camilo, nº 530-6/0, rel. Gilberto Passos de Freitas, e, o de nº 0004535-52.2011.8.26.0562).

Quando constatada a deficiência do registro à vista da apresentação de título, as Normas de Serviço da Corregedoria Geral da Justiça, Tomo II, Capítulo XX, exigem retificação em garantia dos princípios da continuidade e da especialidade:

"62.2. Não constando do registro anterior os elementos indispensáveis à identificação das partes, e não tendo o tabelião, nas escrituras públicas, atestado a identidade por conhecimento pessoal e afirmado por fé pública tratar-se da mesma pessoa constante do registro, ou promovida a identificação na forma do §5º do art.215 do Código Civil, podem os interessados completá-los exclusivamente com documentos oficiais.

Havendo necessidade de produção de provas, a inserção dos elementos identificadores somente será feita mediante retificação do título que deu origem ao registro, ou por retificação do registro.

(...)

135.1 O oficial retificará o registro ou a averbação, de ofício ou a requerimento do interessado, quando se tratar de erro evidente e nos casos de:

G) inserção ou modificação dos dados de qualificação pessoal das partes, comprovada por documentos oficiais, exigido despacho judicial quando houver necessidade de produção de outras provas".

A recusa oposta pelo Oficial, portanto, resta totalmente justificada.

Verifica-se, porém, que a matrícula n. 163.415 do 4º Registro de Imóveis foi aberta de ofício, mediante transposição direta dos dados que constavam no registro anterior, que é a transcrição n. 54.145, datada de 05 de agosto de 1963 (fls. 13/16).

Os proprietários são Joaquim Ricardo e Antônio Ruiz Duarte, qualificados apenas como *"casados, brasileiros, proprietários, domiciliados nesta Capital, com escritório na Rua Sete de Abril nº 277, 14º andar, conj.B".*

É certo que a legislação da época não exigia maior rigor na qualificação subjetiva nem o arquivamento do documento público que deu origem à respectiva transcrição, não se vislumbrando, portanto, qualquer falha no serviço prestado pelo Oficial registrador.

Contudo, a antiguidade do registro e a natureza judicial do título são determinantes para que se autorize o ingresso, com mitigação do rigor formal.

De fato, em tendo sido o título expedido em ação judicial de cobrança de condomínio na qual já se buscaram exaustivamente a identificação e a localização dos proprietários tabulares para a devida alienação do imóvel (carta de arrematação), encontramos segurança e certeza suficientes de que se trata das mesmas pessoas indicadas no registro, como exigido pelo item 62.2 do Capítulo XX das Normas, o que torna desnecessária completação com os elementos originalmente omitidos.

Outrossim, o princípio da economia processual também permite que se conclua pela dispensa da instauração de novo processo para realização das mesmas pesquisas já feitas nos autos da ação de cobrança, as quais restaram frustradas e autorizaram citação por edital.

Diante do exposto, **JULGO IMPROCEDENTE** a dúvida inversamente suscitada para autorizar o registro da carta de arrematação.

Deste procedimento não decorrem custas, despesas processuais ou honorários advocatícios.

Oportunamente remetam-se os autos ao arquivo.

P.R.I.C.

São Paulo, 31 de janeiro de 2022.

Luciana Carone Nucci Eugênio Mahuad

Juiz de Direito (DJe de 03.02.2022 – SP)

Ementa: Sentença – Pedido de Providências – Requerimento de retificação da matrícula – Alegação de que a arrematação do bem imóvel incidiu apenas sobre fração ideal do terreno – Incompetência do juízo administrativo – Inexistência de vício extrínseco – Delimitação da análise do Oficial aos aspectos formais do título apresentado – Registro quer retrata fielmente o título que o originou – Matéria reservada à esfera jurisdicional – Inviabilidade da retificação pretendida – Indeferimento – Extinção do feito

Processo 1005633-97.2022.8.26.0100

Pedido de Providências - Registro de Imóveis - N. Vorzug Auto Technnik Ltda Epp – Ortega Holdings Ltda e outros - Assim, indefiro a inicial e JULGO EXTINTO o feito. Deste procedimento não decorrem custas, despesas processuais ou honorários advocatícios. Oportunamente, ao arquivo. P.R.I.C. - ADV: ELI COHEN (OAB 416017/SP), LUIZ GUSTAVO DA LUZ (OAB 105523/MG)

Íntegra da decisão:

SENTENÇA

Processo Digital nº: **1005633-97.2022.8.26.0100**

Classe - Assunto **Pedido de Providências - Registro de Imóveis**

Requerente: **N. Vorzug Auto Technnik Ltda Epp e outros**

Requerido: **4º Oficial de Registro de Imóveis de São Paulo**

Juiz(a) de Direito: Dr(a). **Luciana Carone Nucci Eugênio Mahuad**

Vistos.

Trata-se de pedido de providências formulado por N. **Vorzug Auto Technnik Ltda, Ortega Holding Ltda, Rogério Aguiar Ortega e Valéria Cristina Xavier Ortega**, visando retificação do Registro n. 31 da matrícula n. 38.164 do 4º Registro de Imóveis da Capital, para fazer constar que a arrematação do bem incidiu apenas sobre a fração ideal de 6/7 do respectivo terreno e não sobre o prédio ali existente.

É o relatório.

Fundamento e decido.

Esta via administrativa se mostra claramente inadequada para a pretensão formulada, pelo que o indeferimento da inicial se impõe nos termos do artigo 330, III, do CPC.

Observe-se que a competência deste juízo se restringe à retificação de erro na transposição do título ao fólio real pelo Oficial registrador, ou seja, limita-se à correção de falha evidente, extrínseca ao título, cuja verificação não exija exame de outros documentos ou fatos.

A parte interessada, porém, sustenta a existência de vício intrínseco ao título, ocorrido quando de sua lavratura, já que possibilita interpretação no sentido de que houve arrematação *"da maior parte do prédio além do terreno e não apenas de parte do lote"* (fl. 13).

O equívoco foi atribuído ao juízo da execução que, induzido em erro, não se atentou ao limite da garantia contratada anteriormente à construção do prédio e autorizou a penhora e arrematação de 6/7 de todo o objeto da matrícula n. 38.164.

Apesar da juntada dos documentos em completa desordem (fls. 30/48), o que muito dificulta sua análise, é possível constatar na matrícula o registro de transmissão da propriedade da parte ideal de 6/7 do imóvel feita por Rogério Aguiar Ortega e Valéria Cristina Xavier Ortega para aumento de capital social da empresa Ortega Holdings Ltda, fração esta que foi imediatamente dada em hipoteca à credora Mottarone Serviços de Supervisão, Montagens e Comércio Ltda – EPP, para garantir obrigações assumidas pela empresa N. Vorzug Auto Technnik Ltda – EPP (R.26 e R.27 – fls. 31/32).

Em julho de 2015, à vista de certidão expedida pelo juízo da 5ª Vara Cível do Foro Central da Capital (processo de autos n. 1119127-18.2014.8.26.0100), foi averbada a penhora dessa parte ideal de 6/7 do imóvel, a qual foi arrematada naqueles mesmos autos, conforme carta de arrematação expedida em maio de 2021, de modo que cancelada a hipoteca contratada nos idos de 2012 (Av.28, R. 31 e Av.32 - fls. 30/33).

Resta evidente, portanto, que eventual decisão do juízo da execução, seja em relação à penhora, seja em relação à arrematação do imóvel, não pode ser revista por esta Corregedoria Permanente.

Tampouco caberia ao Oficial registrador analisar o mérito da ordem judicial, na medida em que a qualificação feita por ele se restringe, na forma da lei, aos aspectos formais do título apresentado. E, neste ponto, não se constata qualquer vício: como a carta de arrematação não trouxe limitação à área alienada judicialmente (6/7 do imóvel da matrícula), não caberia qualquer ressalva quando do seu ingresso no Registro de Imóveis.

Justamente pela ausência de vício ou de falha na transposição do título, descabida também retificação do registro.

Em outros termos, neste âmbito administrativo, justamente em virtude do princípio da legitimação (eficácia do registro), não há espaço para instrução ou avaliação de supostos vícios intrínsecos do título registrado nem para retificação de registro que não conte com mácula própria, notadamente quando ele retrata fielmente o título que o originou.

Nesse sentido, a jurisprudência da E. Corregedoria Geral da Justiça:

> *"NULIDADE DO REGISTRO. Artigo 214 da Lei de Registros Públicos. Nulidade do Registro (modo) e não do título. Somente é cabível na via administrativa o conhecimento de vício atinente à nulidade direta do registro e não do título (vício intrínseco). Nulidade do título somente é passível de conhecimento na via jurisdicional - Recurso não provido"* (CGJ, proc. n. 1050759-49.2017.8.26.0100, DJ 13.03.2018).
>
> *"REGISTRO DE IMÓVEIS - registro de alienação fiduciária – eventuais vícios do título que só podem prejudicar o registro, por via oblíqua, mediante atuação da jurisdição - via administrativa inapropriada - art. 214, da Lei nº 6.015/73, inaplicável - Recurso desprovido"* (CGJ, proc. n. 0006400-50.2013.8.26.0236, DJ 11/10/16).
>
> *"REGISTRO DE IMÓVEIS. Pedido de Providências que visa cancelar ou retificar o registro Inexistência de nulidade formal e extrínseca, relacionada exclusivamente ao registro - Inaplicabilidade do artigo 214 da Lei de Registros Públicos - Vício exclusivo do título, de natureza intrínseca. Hipótese que se enquadra no artigo 216 da Lei de Registros Públicos Recurso não provido"* (CGJ, parecer n. 2015/76433, DJ 07/07/15).

Não bastasse todo o exposto, nos termos do artigo 79 do Código Civil, tudo que se incorporar artificialmente ao solo passa a integrar o imóvel, sobretudo as edificações que não podem ser removidas sem destruição, revelando que o pedido de restrição administrativa da arrematação apenas ao terreno é claramente inviável, devendo ser resolvida em contencioso cível. Isso se a questão já não foi veiculada na ação proposta para anulação do respectivo leilão (processo de autos n. 1074255-68.2021.8.26.0100 – fl. 14).

Assim, indefiro a inicial e **JULGO EXTINTO** o feito.

Deste procedimento não decorrem custas, despesas processuais ou honorários advocatícios.

Oportunamente, ao arquivo.

P.R.I.C.

São Paulo, 27 de janeiro de 2022.

Luciana Carone Nucci Eugênio Mahuad

Juiz de Direito (DJe de 31.01.2022 – SP)

CND

Ementa: Sentença – Pedido de Providências – Pedido de averbação de regularização de construção – Impossibilidade – Negativa por ausência de CND do INSS – Entendimento da CGJ do Estado de SP de exigibilidade da referida certidão – Item 120.3, do Capítulo XX, das NSCGJ – Caso que não se enquadra como hipótese excepcional de dispensa do documento – Manutenção do óbice – Improcedência

Processo 1005568-05.2022.8.26.0100

Pedido de Providências - Registro de Imóveis - Sergio Aparecido Jorge - Diante do exposto, JULGO IMPROCEDENTE o pedido, mantendo o óbice. Deste procedimento não decorrem custas, despesas processuais ou honorários advocatícios. Oportunamente, ao arquivo com as cautelas de praxe. P.R.I.C. - ADV: NANDO MACHADO MONTEIRO DOS SANTOS (OAB 373809/SP)

Íntegra da decisão:

SENTENÇA

Processo nº: **1005568-05.2022.8.26.0100**

Classe - Assunto **Pedido de Providências - Registro de Imóveis**

Requerente: **Sergio Aparecido Jorge**

Requerido: **14º Oficial de Registro de Imoveis da Capital**

Juiz(a) de Direito: Dr(a). **Luciana Carone Nucci Eugênio Mahuad**

Vistos.

Trata-se de pedido de providências formulado por **Sergio Aparecido Jorge** em face do **Oficial do 14º Registro de Imóveis da Capital,** diante da negativa de averbação de regularização de construção na transcrição n. 78.314 daquela serventia, por ausência de CND do INSS.

A parte requerente sustenta como inexigíveis certidões negativas de débito para atos registrais com base em precedentes jurisprudenciais.

Documentos vieram às fls. 07/42.

Após reapresentação do requerimento para prenotação válida (fls. 43 e 47/49), o Oficial se manifestou às fls. 51/53, reiterando, a despeito da jurisprudência apresentada, a exigibilidade da CND nos termos do Decreto-Lei n. 66/66 e do item 120.3 do Provimento CGJ n. 58/89.

O Ministério Público opinou pelo indeferimento do pedido (fls. 137/138).

É o relatório.

Fundamento e decido.

No mérito, o óbice deve ser mantido. Vejamos os motivos.

O item 120.3, Cap. XX, das NSCGJSP, assim dispõe acerca dos requisitos necessários à averbação de construções, reformas e demolições (destaque nosso):

> *"As construções, ampliações, reformas e demolições serão averbadas quando comprovadas por habite-se, certificado de conclusão de obra ou documento equivalente expedido pela prefeitura,* ***acompanhado da certidão negativa de débitos de contribuições previdenciárias relativas a obra de construção civil expedida pela Receita Federal do Brasil,*** *ressalvado o disposto na Lei nº 13.865, de 08 de agosto de 2019".*

Referido dispositivo apenas ressoa a exigência do artigo 47, inciso II, da Lei n. 8.212/91, que traz, como única exceção, o caso da construção residencial unifamiliar, destinada ao uso próprio, de tipo econômico, e executada sem mão-de-obra assalariada, conforme regulamentação própria.

Diante do julgamento da ADI 394, no qual o STF declarou a inconstitucionalidade de dispositivo que exigia prova de regularidade fiscal para ingresso de título em Cartório de Registro de Imóveis (artigo 1º, IV, "b", da Lei n. 7.711/88), as Corregedorias

Estaduais passaram a divergir quanto à exigibilidade da certidão negativa de débitos previdenciários.

Tal divergência ensejou a propositura de alguns pedidos de providências ao Conselho Nacional de Justiça para apuração de eventual afronta à decisão do Supremo Tribunal Federal.

Enquanto os Pedidos de Providências de autos n. 0001230-82.2015.2.00.0000 e 0003121-02.2019.2.00.0000 trataram da manutenção do entendimento local, no Pedido de Providências de autos n. 0002641-87.2020.2.00.0000, foi analisada a possibilidade de uniformização do entendimento.

Neste último, após estudos, a Corregedora Nacional de Justiça, Ministra Maria Thereza de Assis Moura, concluiu que o pedido não poderia ser acolhido, pois a generalização do entendimento para todos os Estados passaria pela negativa, em caráter geral, da eficácia do artigo 47 da Lei n. 8.212/91 e de outras leis que exijam a certidão de regularidade fiscal, o que depende de **decisão específica do STF** ou da edição de ato normativo em sentido contrário. Assim, por decisão datada de 14 de junho de 2021, rejeitou o pedido e determinou seu arquivamento.

No âmbito da Corregedoria Geral da Justiça do Estado de São Paulo, o entendimento é pela exigibilidade da certidão, nos termos do item 120.3, Cap. XX, das NSCGJ.

Nesse sentido é o parecer elaborado pela MMa. Juíza Assessora Dra. Caren Cristina Fernandes de Oliveira no Processo Administrativo de autos n. 1013889- 96.2020.8.26.0068, aprovado, em 02 de julho de 2021, pelo Exmo. Corregedor Geral, com a seguinte ementa:

"REGISTRO DE IMÓVEIS – Pedido de providências – Averbação de construção – Exigência de apresentação da certidão negativa de débitos de contribuições previdenciárias CND – Inteligência do art. 47, II, da Lei n.º 8.212/91 – Dever do Oficial de velar pelo recolhimento do tributo – Óbice mantido – Recurso não provido".

Obrigatória, portanto, a apresentação da certidão exigida pelo Oficial por não se identificar hipótese excepcional de dispensa.

Vale registrar, por fim, que não é possível, nesta via administrativa, apenas em virtude do lapso transcorrido, presumir quitação, prescrição ou decadência de direito, o que deve ser devidamente apurado em procedimento contencioso, com garantia de contraditório.

Assim já se decidiu em caso análogo, como bem indicado pelo Ministério Público:

"REGISTRO DE IMÓVEIS – Recurso de apelação recebido como recurso administrativo – Pedido de providências – Pleito unilateral de cancelamento de averbação de pacto comissório – Ausência de demonstração do cumprimento da obrigação – Alegada prescrição que não pode ser reconhecida na esfera administrativa – Recurso desprovido" (CGJSP - Recurso Administrativo: 1035361-15.2020.8.26.0114; Data de Julgamento: 07/10/2021; Relator: Ricardo Mair Anafe).

Diante do exposto, **JULGO IMPROCEDENTE** o pedido, mantendo o óbice.

Deste procedimento não decorrem custas, despesas processuais ou honorários advocatícios.

Oportunamente, ao arquivo com as cautelas de praxe.

P.R.I.C.

São Paulo, 18 de fevereiro de 2022. (DJe de 24.02.2022 – SP)

Ementa: Sentença – Pedido de Providências – Pedido de averbação de Carta de Sentença – Negativa por necessidade de aditamento para constar o valor atribuído ao imóvel – Títulos Judiciais não estão isentos de qualificação registraria – Ausência da descrição do valor do bem na partilha ocorrida no divórcio – Imprescindibilidade do aditamento do título – Art. 176, §1º, III, 5, da LRP – Afastamento das exigências relativas a apresentação das CND federais e da imediata regularização da construção – Procedência Parcial

Processo 1134458-93.2021.8.26.0100

Pedido de Providências - Registro de Imóveis - Sandro Santos de Lima - Diante do exposto, JULGO PARCIALMENTE PROCEDENTE o pedido de providências para, somente em relação à averbação da partilha do divórcio, afastar as exigências de imediata regularização da construção junto à municipalidade e de apresentação das certidões negativas de débitos federais, que somente condicionarão a averbação da construção quando oportunamente requeridas pelo interessado, nos termos do item 120, Cap. XX, das NSCGJ. Ficam mantidas as demais exigências. Deste procedimento não decorrem custas, despesas processuais ou honorários advocatícios. Oportunamente, remetam-se os autos ao arquivo. P.R.I.C. - ADV: HELIANDRO SANTOS DE LIMA (OAB 272450/SP), FÁBIO DE ASSIS SILVA BOTELHO (OAB 287470/SP)

Íntegra da decisão:

SENTENÇA

Processo Digital nº: **1134458-93.2021.8.26.0100**

Classe - Assunto **Pedido de Providências - Registro de Imóveis**

Suscitante: **Sandro Santos de Lima**

Suscitado: **12º Oficial de Registro de Imóveis da Capital**

Juiz(a) de Direito: Dr(a). **Luciana Carone Nucci Eugênio Mahuad**

Vistos.

Trata-se de pedido de providências formulado por **Sandro Santos de Lima** em face do **Oficial do 12º Registro de Imóveis da Capital,** diante da negativa em se averbar carta de sentença relativa à partilha do imóvel da matrícula n. 44.337 daquela serventia, realizada no processo de autos n. 583.05.2002.034822-5, o qual tratou do divórcio consensual dos coproprietários Quitéria da Silva Santos e Gaspar Lopes de Lima.

A parte alega ser desnecessário o aditamento da carta de sentença do divórcio para constar o valor atribuído ao imóvel, uma vez que devidamente lançado nos autos do inventário do espólio de Gaspar, que faleceu em julho de 2020; que houve erro na informação fornecida nos autos do divórcio acerca da existência de duas casas construídas naquele terreno, erro de fato também corrigido nos autos do inventário; que apresentou planta para atender à exigência de regularização da construção, a qual não foi apreciada pelo Oficial, e que é desnecessária apresentação de certidão negativa de débitos previdenciários, pois consta na matrícula que a construção erigida é isenta de tais contribuições. Juntou documentos às fls. 10/177.

Determinou-se a regularização do feito como pedido de providências, com reapresentação do título em virtude do decurso do trintídio legal da última prenotação (fl. 178).

Com o atendimento, o Oficial se manifestou às fls. 191/192, informando que foram apresentados para registro dois títulos: carta de sentença extraída da ação de divórcio consensual e formal de partilha extrajudicial, prenotados, respectivamente, sob n. 594.887 e 594.886.

Quanto à carta de sentença, reiterou as exigências para fazer constar o valor atribuído ao imóvel, para retificação da porção ideal partilhada e para regularização da construção junto à municipalidade, com apresentação de CND relativa aos tributos federais.

Quanto ao formal de partilha, esclareceu que apenas aguarda o registro do título anterior, em atendimento ao princípio da continuidade. Apresentou documentos de fls. 193/359.

O Ministério Público opinou pela manutenção do óbice registral (fls. 363/364).

É o relatório.

Fundamento e decido.

Primeiramente, é importante reiterar que se trata de pedido de providências, de modo que o formal de partilha dos bens deixados pelo falecimento de Gaspar, título de fls. 104/141, não é objeto deste feito, sobretudo por importar registro no sentido estrito, o que enseja dúvida para manifestação de inconformismo por eventual recusa.

Ademais, embora a parte interessada informe a apresentação conjunta do referido formal, que foi objeto da prenotação n. 589.085, os fatos narrados e as razões jurídicas apresentadas na inicial tratam apenas das exigências veiculadas na nota de devolução da prenotação n. 589.087 (fls. 11/12), relativa à carta de sentença do divórcio.

Note-se, ainda, que o Oficial não apresentou exigências específicas em relação ao formal, já que o seu registro aguarda apenas a averbação da partilha feita com o divórcio.

No mérito, o pedido é procedente, ao menos em parte. Vejamos os motivos.

De início, vale destacar que os títulos judiciais não estão isentos de qualificação, positiva ou negativa, para ingresso no fólio real.

O Egrégio Conselho Superior da Magistratura já decidiu que a qualificação negativa de título judicial não caracteriza desobediência ou descumprimento de decisão judicial (Apelação Cível n. 413-6/7).

Neste sentido, também a Apelação Cível nº 464-6/9, de São José do Rio Preto:

> *"Apesar de se tratar de título judicial, está ele sujeito à qualificação registrária. O fato de tratar-se o título de mandado judicial não o torna imune à qualificação registrária, sob o estrito ângulo da regularidade formal. O exame da legalidade não promove incursão sobre o mérito da decisão judicial, mas à apreciação das formalidades extrínsecas da ordem e à conexão de seus dados com o registro e a sua formalização instrumental".*

E, ainda:

> *"REGISTRO PÚBLICO - ATUAÇÃO DO TITULAR - CARTA DE ADJUDICAÇÃO - DÚVIDA LEVANTADA - CRIME DE DESOBEDIÊNCIA - IMPROPRIEDADE MANIFESTA. O cumprimento do dever imposto pela Lei de Registros Públicos, cogitando-se de deficiência de carta de adjudicação e levantando-se dúvida perante o juízo de direito da vara competente, longe fica de configurar ato passível de enquadramento no artigo 330 do Código Penal - crime de desobediência -, pouco importando o acolhimento, sob o ângulo judicial, do que suscitado"* **(STF, HC 85911 / MG - MINAS GERAIS, Relator: Min. MARCO AURÉLIO, j. 25/10/2005, Primeira Turma).**

Sendo assim, não há dúvidas de que a homologação judicial da partilha definida no divórcio não basta para autorizar automaticamente seu ingresso no registro tabular.

Caberá ao Oficial, ao proceder a qualificação, analisar a regularidade formal do título apresentado independentemente de elementos externos.

Sendo assim, um título posterior de outra natureza não pode servir para suprir vício formal de documento anteriormente levado a registro, sendo imprescindível aditamento para que atenda aos requisitos legais.

No caso concreto, foram apresentados dois títulos distintos, cada um protocolado sob prenotação própria (589.095 e 589.097, posteriormente reapresentados, originando as prenotações 594.887 e 594.886), e que, em atendimento ao princípio da continuidade, somente podem ingressar no fólio real na ordem cronológica exata dos fatos que retratam, ou seja, primeiramente a averbação do divórcio entre Quitéria e Gaspar, para, em seguida, ser registrada a sucessão pelo falecimento de Gaspar.

Como a própria parte admite, não há descrição do valor do bem na partilha ocorrida no divórcio, falha esta que não pode ser corrigida pela indicação do valor na carta de sentença derivada do inventário de Gaspar, de modo que indispensável o aditamento da carta de sentença do divórcio para que nela conste o valor do imóvel partilhado, como exige o artigo 176, §1º, III, 5, da LRP.

Portanto, a primeira exigência deve mesmo ser mantida.

Também é necessária a retificação da descrição do imóvel partilhado, sobretudo em relação à fração ideal que coube a cada um dos cônjuges: como bem esclarecido pelo Oficial, o Registro n. 3 da Matrícula n. 44.337 indica que Quitéria e Gaspar adquiriram somente a metade ideal do imóvel (fl. 194) e não a sua totalidade, como sugere a descrição do bem arrolado na petição de divórcio, segundo a qual caberia *"50% (cinquenta por cento) para cada um dos Requerentes"* (fl. 146).

Sendo proprietários apenas da metade ideal e tendo resolvido por partilha igualitária do imóvel, caberá vinte e cinco por cento do bem para cada um. A retificação, como já explanado acima, deve ocorrer nos autos do divórcio, sendo insuficiente a providência adotada no inventário de Gaspar.

Note-se que a descrição deve corresponder àquela que consta na matrícula do imóvel, a fim de se atender ao princípio da especialidade objetiva, evitando-se dúvidas quanto ao bem que está sendo partilhado.

Havendo certeza quanto à identificação do imóvel, a averbação da partilha é possível e não deve ser obstada pelas providências relativas à regularização de eventual construção na matrícula, o que será objeto de averbação própria e poderá ser oportunamente requerida pela parte interessada. Só então serão exigidos habite-se, certificado de conclusão de obra e certidões negativas de débitos federais, como dispõe o item 120.3, Cap. XX, das NSCGJ.

Note-se que o divórcio do casal Quitéria e Gaspar já foi lançado na matrícula (Av.07/M.44.337 – fls. 195/196), sendo recomendável a averbação da partilha independentemente da averbação relativa à construção, aproximando-se as informações registrais da realidade fática e reduzindo-se a informalidade das relações sociais, de modo que o registro não se torne um obstáculo à vida negocial dos proprietários.

Por conseguinte, atendidas as exigências pelo aditamento da carta de sentença para indicação do valor do imóvel e da correta descrição do bem partilhado, a partilha homologada no divórcio deve ser averbada independentemente da averbação imediata das construções existentes.

Diante do exposto, **JULGO PARCIALMENTE PROCEDENTE** o pedido de providências para, **somente em relação à averbação da partilha do divórcio,** afastar as exigências de imediata regularização da construção junto à municipalidade e de apresentação das certidões negativas de débitos federais, que somente condicionarão a averbação da construção quando oportunamente requeridas pelo interessado, nos termos do item 120, Cap. XX, das NSCGJ.

Ficam mantidas as demais exigências.

Deste procedimento não decorrem custas, despesas processuais ou honorários advocatícios.

Oportunamente, remetam-se os autos ao arquivo.

P.R.I.C.

São Paulo, 27 de janeiro de 2022.

Luciana Carone Nucci Eugênio Mahuad

Juiz de Direito (DJe de 31.01.2022 – SP)

Ementa: Sentença – Pedido de Providências – Pedido de averbação de regularização de construção – Negativa por ausência de CND do INSS – Entendimento da CGJ do Estado de SP de exigibilidade da referida certidão – Item 120.3, do Capítulo XX, das NSCGJ – Caso que não se enquadra como hipótese excepcional de dispensa do documento – Manutenção do óbice – Improcedência

Processo 1129977-87.2021.8.26.0100

Pedido de Providências - Registro de Imóveis - José Diógenes de Castro - Diante do exposto, JULGO IMPROCEDENTE o pedido de providências, mantendo o óbice. Deste procedimento não decorrem custas, despesas processuais ou honorários advocatícios. Oportunamente, ao arquivo com as cautelas de praxe. P.R.I.C. - ADV: ANDRÉ LUIS GARCEZ (OAB 413364/SP)

Íntegra da decisão:

SENTENÇA

Processo Digital nº: **1129977-87.2021.8.26.0100**

Classe - Assunto **Pedido de Providências - Registro de Imóveis**

Requerente: **José Diógenes de Castro e outro**

Requerido: **18º Oficial de Registro de Imóveis da Capital**

Juiz(a) de Direito: Dr(a). **Luciana Carone Nucci Eugênio Mahuad**

Vistos.

Trata-se de pedido de providências formulado por **José Diógenes de Castro e Rosilene Pulga de Castro** em face do **Oficial do 18º Registro de Imóveis da Capital,** diante da negativa de averbação de regularização de construção na matrícula n. 214.532 daquela serventia, por ausência de CND do INSS.

A parte requerente sustenta como inexigíveis certidões negativas de débito para atos registrais com base em precedentes jurisprudenciais.

Vieram documentos às fls. 10/50.

A decisão de fl. 51 indeferiu a gratuidade solicitada pela parte requerente.

O Oficial se manifestou às fls. 56/58, reiterando, a despeito da jurisprudência apresentada, a exigibilidade da CND nos termos do inciso II, do artigo 47, da Lei n. 8.212/91, notadamente porque dispensa ocasiona sua responsabilidade solidária, e destacando, nesse sentido, decisão recente do atual Corregedor Geral da Justiça no processo de autos n. 1013889- 96.2020.8.26.0068.

O Ministério Público opinou pelo indeferimento do pedido (fls. 62/63).

É o relatório.

Fundamento e decido.

No mérito, o óbice deve ser mantido. Vejamos os motivos.

O item 120.3, Cap. XX, das NSCGJSP, assim dispõe acerca dos requisitos necessários à averbação de construções, reformas e demolições (destaque nosso):

> *"As construções, ampliações, reformas e demolições serao averbadas quando comprovadas por habite--se, certificado de conclusão de obra ou documento equivalente expedido pela prefeitura,* ***acompanhado da certidão negativa de débitos de contribuições previdenciárias relativas a obra de construção civil expedida pela Receita Federal do Brasil,*** *ressalvado o disposto na Lei nº 13.865, de 08 de agosto de 2019".*

Referido dispositivo apenas ressoa a exigência do artigo 47, inciso II, da Lei n. 8.212/91, que traz, como única exceção, o caso da construção residencial unifamiliar, destinada ao uso próprio, de tipo econômico, e executada sem mão-de-obra assalariada, conforme regulamentação própria.

Diante do julgamento da ADI 394, no qual o STF declarou a inconstitucionalidade de dispositivo que exigia prova de regularidade fiscal para ingresso de título em Cartório de Registro de Imóveis (artigo 1º, IV, "b", da Lei n. 7.711/88), as Corregedorias Estaduais passaram a divergir quanto à exigibilidade da certidão negativa de débitos previdenciários.

Tal divergência ensejou a propositura de alguns pedidos de providências ao Conselho Nacional de Justiça para apuração de eventual afronta à decisão do Supremo Tribunal Federal.

Enquanto os Pedidos de Providências de autos n. 0001230-82.2015.2.00.0000 e 0003121-02.2019.2.00.0000 trataram da manutenção do entendimento local, no Pedido de Providências de autos n. 0002641-87.2020.2.00.0000, foi analisada a possibilidade de uniformização do entendimento.

Neste último, após estudos, a Corregedora Nacional de Justiça, Ministra Maria Thereza de Assis Moura, concluiu que o pedido não poderia ser acolhido, pois a generalização do entendimento para todos os Estados passaria pela negativa, em caráter geral, da eficácia do artigo 47 da Lei n. 8.212/91 e de outras leis que exijam a certidão de regularidade fiscal, o que depende de **decisão específica do STF** ou da edição de ato normativo em sentido contrário. Assim, por decisão datada de 14 de junho de 2021, rejeitou o pedido e determinou seu arquivamento.

No âmbito da Corregedoria Geral da Justiça do Estado de São Paulo, o entendimento é pela exigibilidade da certidão, nos termos do item 120.3, Cap. XX, das NSCGJ.

Nesse sentido é o parecer elaborado pela MMa. Juíza Assessora Dra. Caren Cristina Fernandes de Oliveira no Processo Administrativo de autos n. 1013889- 96.2020.8.26.0068, aprovado, em 02 de julho de 2021, pelo Exmo. Corregedor Geral, com a seguinte ementa:

"REGISTRO DE IMÓVEIS – Pedido de providências – Averbaçao de construção – Exigência de apresentação da certidão negativa de débitos de contribuições previdenciárias – CND Inteligência do art. 47, II, da Lei n.º 8.212/91 – Dever do Oficial de velar pelo recolhimento do tributo – Óbice mantido – Recurso não provido".

Obrigatória, portanto, a apresentação da certidão exigida pelo Oficial por não se identificar hipótese excepcional de dispensa.

Diante do exposto, **JULGO IMPROCEDENTE** o pedido de providências, mantendo o óbice.

Deste procedimento não decorrem custas, despesas processuais ou honorários advocatícios.

Oportunamente, ao arquivo com as cautelas de praxe.

P.R.I.C.

São Paulo, 16 de dezembro de 2021.
Luciana Carone Nucci Eugênio Mahuad
Juíza de Direito (DJe de 13.01.2022 – SP)

COAF

Ementa: Sentença – Pedido de Providências – Instauração do expediente a partir do relatório do COAF – Apuração da regularidade das movimentações financeiras – Perita que concluiu pela inexistência de indícios explícitos de irregularidades nas transações financeiras da Unidade – Serventia que realizou milhões de atos no período inspecionado – Esclarecimento pelo Delegatário de que não consegue relacionar todos os serviços efetuados aos usuários, bem como de que o pagamento de atos pode ser feito por terceiros – Ausência de ilícito administrativo – Concessão de prazo para que o Titular implemente as mudanças determinadas – Arquivamento do feito – Ciência ao Tabelião

Processo 0027777-19.2021.8.26.0100

Pedido de Providências - REGISTROS PÚBLICOS - T.N.C. - Juiz(a) de Direito: Dr(a). Marcelo Benacchio VISTOS, Trata-se de pedido de providências instaurado a partir de comunicação encaminhada pela E. Corregedoria Geral da Justiça, do interesse do Ministério Público, que remeteu relatório do Conselho de Controle de Atividades Financeiras COAF, para apurar a regularidade das movimentações financeiras efetuadas no âmbito da delegação correspondente ao 15º Tabelionato de Notas desta Capital. Os autos foram instruídos com os documentos de fls. 02/89. Determinou-se a realização de perícia contábil junto da unidade, relativa ao período correspondente a 01.01.2028 a 31.12.2020, para a verificação da pertinência dos registros financeiros da serventia e do lastro da receita aos serviços prestados pelo Ofício Extrajudicial (fls. 90/91). O laudo pericial resta acostado nos autos às fls. 149/174. O Senhor 15º Tabelião de Notas desta Capital manifestou-se quanto às conclusões periciais às fls. 189. O Ministério Público acompanhou o feito e, ao final, pugnou pelo arquivamento do expediente, ante a regularidade da unidade extrajudicial (fls. 192/193). É o breve relatório. DECIDO. Cuidam os autos de expediente instaurado a partir de relatório do COAF, encaminhado a este Juízo pela E. Corregedoria Geral da Justiça. Objetivou o feito a apuração da regularidade das movimentações financeiras efetuadas no âmbito da delegação correspondente ao 15º Tabelionato de Notas desta Capital. A Senhora Expert requereu documentos e realizou diligências junto da unidade e concluiu, ao final de sua análise técnica, pela inexistência de indícios explicitos de irregularidades nas transações financeiras da unidade. Contudo, destacou a i. Perita que a unidade não é capaz de lastrear as informações dos depositários aos atos notariais praticados. Nesse sentido, o Senhor Delegatário explicou à Perita Judicial que no período inspecionado a unidade realizou mais de 8 milhões de atos e, como está legalmente dispensado de emitir nota fiscal, não consegue relacionar todos os serviços efetuados aos usuários, especialmente porque somente Escrituras e Procurações vinculam as partes aos instrumentos jurídicos. Especificamente, ressaltou o Delegatário que o pagamento de atos pode ser feito por terceiros, de modo que os CPFs constantes dos relatórios do COAF não estariam necessariamente vinculados a atos existentes. Ademais, destacou o Senhor Notário que 99,5% das movimentações financeiras são feitas por meios eletrônicos, nunca havendo o recebimento de grandes valores em espécie. Por fim, a Expert deduziu que, com base em sua análise técnica, a "somatória da receita sobre os atos praticados dos períodos de 2018, 2019 e 2020, representam o valor de R$113.768.354,11 (...) representando assim compatibilidade com a movimentação financeira representada no relatório do COAF" (fls. 172). Pois bem. À luz das conclusões periciais e da manifestação do Ministério Público, verifico que não foram apuradas irregularidades no laudo pericial que tragam indícios de ilícito administrativo pelo Senhor Tabelião. Nessa ordem de ideias, diante do quadro que se estabelece, não verifico providências de cunho censório-disciplinar a serem adotadas em face do Notário, em especial diante da compatibilidade das movimentações financeiras e os atos praticados. Não obstante, em conformidade com o apurado das contas da unidade e seus relatórios financeiros, determino ao Senhor Titular, com o objetivo de facilitar análises posteriores e a correição extrajudicial, bem como evitar questionamentos futuros, que, a partir de agora: (i) todos os depósitos sejam identificados e feitos pelo requerente do ato notarial; (ii) todos os pagamentos realizados em dinheiro sejam anotados e vinculados ao depositário e ao ato realizado e (iii) as contas da unidade extrajudicial deixem de ser utilizadas para pagamentos, recebimentos e movimentações fora da atividade notarial, devendo o Senhor Tabelião utilizar uma conta pessoal para tais transações. Consigo ao Senhor Delegatário que as determinações ora efetuadas não afrontam o disposto no artigo 17, caput, da Lei de Registros Públicos, pois não se está a determinar o condicionamento dos pedidos, mas apenas o registro contábil da solicitação e pagamento. Concedo o prazo de 15 (quinze) dias para o Senhor Tabelião implemente as mudanças e as informe e as comprove nos presentes autos. Encaminhe-se cópia integral destes autos à E. Corregedoria Geral da Justiça (observado o modo de encaminhamento a MM Juíza Assessora), por e-mail, servindo a presente como ofício, para exame do decidido, em face do poder hierárquico a que está subordinada esta Corregedoria Permanente. À míngua de outras providências censório-disciplinar, com a concordância do Ministério Público, determino o oportuno arquivamento do expediente. Ciência ao Senhor Tabelião e ao Ministério Público. I.C. - ADV: SERGIO RICARDO FERRARI (OAB 76181/SP), WENIO DOS SANTOS TEIXEIRA (OAB 377921/SP) (DJe de 03.02.2022 – SP)

COMPRA E VENDA E COMPROMISSO

Ementa: Sentença – Dúvida – Pedido de registro de Instrumento Particular de Venda e Compra – Negativa por necessidade de apresentação de quitação ou autorização dos vendedores anteriores, bem como de adequação do contrato – Inconformismo voltado apenas à uma das exigências impostas – Cancelamento prévio do pacto comissório que exige demonstração de quitação da dívida ou autorização expressa do credor – Caracterização do imóvel descrita no título que não coincide com a constante do registro – Imprescindibilidade de que o contrato seja adequado – Princípio da Especialidade Objetiva – Óbices que foram formulados corretamente – Dúvida Prejudicada

Processo 1123903-17.2021.8.26.0100

Dúvida - Registro de Imóveis - Pedro Tomijero Cano – Irene Aparecida Prado Cano - Diante do exposto, JULGO PREJUDICADA a dúvida inversa suscitada por Pedro Tomijero Cano e Irene Aparecida Prado Cano, observando como corretas as exigências formuladas pelo Oficial (fls. 15/16). Deste procedimento não decorrem custas, despesas processuais ou honorários advocatícios. Oportunamente remetam-se os autos ao arquivo. P.R.I.C. - ADV: RUY PAULO DE OLIVEIRA MAZZEI JUNIOR (OAB 327449/SP), BRUNO BELMONTE AGRELLA (OAB 419213/SP)

Íntegra da decisão:

SENTENÇA

Processo Digital nº: **1123903-17.2021.8.26.0100**

Classe - Assunto **Dúvida - Registro de Imóveis**

Requerente: **Pedro Tomijero Cano e outro**

Requerido: **11º Oficial de Registro de Imóveis da captal**

Juiz(a) de Direito: Dr(a). **Luciana Carone Nucci Eugênio Mahuad**

Vistos.

Trata-se de ação de obrigação de fazer recebida como dúvida inversa, a qual foi apresentada por **Pedro Tomijero Cano e Irene Aparecida Prado Cano** em face do **Oficial do 11º Registro de Imóveis da Capital**, diante da negativa em se proceder ao registro de instrumento particular de venda e compra do imóvel objeto da matrícula n. 111.929 daquela serventia.

A parte interessada relata que adquiriu o imóvel no ano de 1981 e o vendeu em 2006, mas não conseguiu transferir a propriedade para o novo adquirente porque o Registrador exigiu comprovação da quitação do negócio anterior. Alega ser impossível cumprir a exigência porque a compra ocorreu há mais de trinta e oito anos e não conhece o paradeiro do proprietário anterior. Sustenta, ainda, que a exigência é desnecessária pela evidência de prescrição ou decadência em função do lapso de mais de três décadas. Vieram documentos às fls. 06/11.

Determinou-se a comprovação de existência de prenotação válida ou a reapresentação do título (fl. 12).

Com o atendimento, o Oficial se manifestou às fls. 15/18, informando que o título foi prenotado sob n. 1.386.217 na data de 06 de dezembro de 2021, mas acabou devolvido com as seguintes exigências: a) apresentar quitação ou autorização dos vendedores anteriores para cancelamento de pacto comissório lançado na matrícula; b) titular o contrato apresentado como "instrumento particular de compromisso de venda e compra", uma vez que foi ajustado o pagamento do preço a prazo; c) fazer constar no contrato o número da matrícula do imóvel negociado e sua descrição completa; d) fazer constar no contrato o número completo do CPF da vendedora; e) fazer constar no contrato o regime de bens e a data do casamento dos vendedores; f) fazer constar o regime de bens e a data do casamento dos compradores; g) apresentar os documentos relativos à regularização do prédio construído, para averbação da construção e h) reconhecer a firma dos vendedores. Destaca que a parte somente se opôs à primeira exigência, deixando de cumprir ou de impugnar as demais, e defende a eficácia jurídica do pacto comissório averbado na matrícula, o qual constitui condição resolutiva expressa, que opera de pleno direito e cujo cancelamento depende da comprovação de quitação da dívida ou de autorização expressa do credor.

O Ministério Público opinou pela prejudicialidade e, no mérito, pela procedência (fls. 25/29).

É o relatório.

Fundamento e decido.

Por primeiro, verifica-se que inconformismo efetivo foi voltado apenas à primeira das exigências apresentadas pelo Oficial, de modo que a dúvida resta prejudicada.

Por outro lado, resposta ao caso concreto se mostra possível a fim de evitar reapresentação futura do tema, notadamente diante da natureza administrativa do procedimento, o que é possível segundo entendimento do E. Conselho Superior da Magistratura:

"REGISTRO DE IMÓVEIS – Recusa de ingresso de título – Resignação parcial – Dúvida prejudicada – Recurso não conhecido – Análise das exigências a fim de orientar futura prenotação. Correta descrição dos imóveis envolvidos em operações de desdobro e fusão - Princípio da especialidade objetiva - Manutenção das exigências. Exibição de certidões negativas de débitos federais, previdenciários e tributários municipais - Inteligência do item 119.1. do Cap. XX das NSCGJ - Precedentes deste Conselho - Afastamento das exigências. Exibição de certidões de ações reais, pessoais reipersecutórias e de ônus reais -

Exigência que encontra amparo na letra "c" do item 59 do Capítulo XIV das NSCGJ e na Lei nº 7.433/1985 - Manutenção das exigências" (Apelação n. 1000786-69.2017.8.26.0539 – Relator Des. Pereira Calças).

No mérito, as exigências devem ser mantidas. Vejamos os motivos.

De início, verifica-se da matrícula copiada às fls. 19/20 que, quando a parte interessada adquiriu o imóvel, por escritura lavrada em dezembro de 1981, fez constar do mesmo título o pacto comissório objeto da Averbação n. 3/111.929.

Considerando a possibilidade de reversão da propriedade, enquanto pendente condição resolutiva anterior, não é permitido o acesso ao fólio real de título que materialize, em caráter definitivo, a transmissão da propriedade do imóvel a terceiro.

Por sua vez, o cancelamento prévio do pacto comissório exige demonstração de quitação da dívida ou autorização expressa do credor, sendo imprescindível a materialização documental dos fatos que dão causa aos atos registrários, com vistas à preservação da segurança que se exige dos Registros Públicos.

Assim, não é possível, nesta via administrativa, apenas em virtude do lapso transcorrido, presumir quitação, prescrição ou decadência de direito, o que deve ser devidamente apurado em procedimento contencioso, com garantia de contraditório. Nesse sentido:

"REGISTRO DE IMÓVEIS - Recurso de apelação recebido como recurso administrativo - Pedido de providências - Pleito unilateral de cancelamento de averbação de pacto comissório - Ausência de demonstração do cumprimento da obrigação - Alegada prescrição que não pode ser reconhecida na esfera administrativa – Recurso desprovido" (CGJSP - Recurso Administrativo: 1035361-15.2020.8.26.0114; Data de Julgamento: 07/10/2021; Relator: Ricardo Mair Anafe).

"REGISTRO DE IMÓVEIS - Negado o cancelamento de pacto comissório sem prova de quitação - Inviável presumi-la – Condição resolutiva que, enquanto pendente, impede o registro de nova escritura de venda e compra dado seu caráter definitivo - Irrelevância de ter sido admitido o registro de compromisso de venda e compra - Natureza de contrato preliminar - Prescrição - Inviabilidade de apreciação em procedimento administrativo - Recurso não provido" (CGJSP – Parecer 276/2009-E - Processo CG 2009/73961; Julgamento: 03/09/2009; Relator: LUIZ ELIAS TÂMBARA).

"Registro de Imóveis - Pacto comissório - Averbação de cancelamento - Requerimento fundado na norma do art. 250, III, da LRP - Inadmissibilidade, no caso - Ausência de documento hábil a comprovar o pagamento do saldo devedor declarado no título inscrito – Necessidade de recurso à via jurisdicional - Recusa do cancelamento da averbação acertada - Recurso não provido" (CGJSP - Parecer 316/2009-E - Processo CG 2009/67028; Data de Julgamento: 01/10/2009; Relator: Álvaro Luiz Valery Mirra).

Houve acerto, portanto, na exigência de cancelamento prévio da Averbação n. 3/111.929.

A escritura pública, como se sabe, é essencial à validade dos negócios jurídicos que visem transferência de direitos reais sobre imóveis (artigo 108, do CC).

O artigo 1.417 do Código Civil permite, excepcionalmente, o registro de promessa de compra e venda celebrada por instrumento particular, de modo que o documento apresentado deve ser adequadamente intitulado.

Outrossim, a descrição do imóvel lançada no instrumento, com simples indicação do endereço (cláusula 1ª - fl. 09), é insuficiente como dispõe o artigo 225 da LRP, pelo qual se considera irregular o título no qual a caracterização do imóvel não coincida com a que consta do registro anterior.

O parágrafo 1º do referido dispositivo ressalta que *"as mesmas minúcias, com relação à caracterização do imóvel, devem constar dos instrumentos particulares apresentados em cartório para registro"*.

Neste ponto, o item 58, Cap.XX, das NSCGJ, orienta que, por "caracterização do imóvel", entendem-se apenas as medidas e a área, não devendo ser considerados irregulares títulos que corrijam omissões.

Assim, é necessária adequação do contrato, garantindo-se atendimento ao princípio da especialidade objetiva.

Também no aspecto subjetivo, as exigências do Registrador encontram amparo na regra do artigo 176, §1º, III, item 2, alínea "a", da LRP, que deve ser detalhadamente observada pelos contratantes.

Anoto que a regularização da construção não é requisito para o registro do instrumento apresentado e não pode obstar seu acesso ao fólio real, mas a exibição da documentação indicada pelo Oficial é necessária para averbação posterior da construção existente no imóvel.

Por fim, nos termos do item 108, "b", Cap.XX, das NSCGJ, somente são admitidos a registro escritos particulares autorizados em lei, assinados pelas partes e com firmas reconhecidas, visando segurança na identificação das partes, sendo que o caso concreto não caracteriza hipótese de dispensa desse reconhecimento.

Diante do exposto, **JULGO PREJUDICADA** a dúvida inversa suscitada por **Pedro Tomijero Cano e Irene Aparecida Prado Cano,** observando como corretas as exigências formuladas pelo Oficial (fls. 15/16).

Deste procedimento não decorrem custas, despesas processuais ou honorários advocatícios.

Oportunamente remetam-se os autos ao arquivo.

P.R.I.C.

São Paulo, 18 de fevereiro de 2022. (DJe de 24.02.2022 – SP)

Ementa: Sentença – Pedido de Providências – Pedido de retificação da Escritura Pública de Venda e Compra – Negativa em razão da necessidade da presença das partes originais – Ato notarial que já está aperfeiçoado e consumado – Inexistência de erro, inexatidão ou irregularidade – Imprescindibilidade de que todas as partes do ato compareçam para a lavratura de Escritura de Retificação e Ratificação – Item 55, do Capítulo XVI, das NSCGJ – Inviabilidade da retificação pretendida – Indeferimento do pedido – Arquivamento do feito – Ciência ao Tabelião – Improcedência

Processo 1140243-36.2021.8.26.0100

Pedido de Providências - Registro de Imóveis - F.L.S. – A.L.S.P. – R.L.S. - T.N. - Juiz(a) de Direito: Dr(a). Marcelo Benacchio VISTOS, Trata-se de ação de retificação de registro público, recebida perante esta Corregedoria Permanente como pedido de providências, formulada por F. L. S. e outros, solicitando a retificação da Escritura Pública de Venda e Compra, lavrada aos 22 de agosto de 2.000, inserta no livro 2.894, páginas 299 e ss., perante a serventia afeta ao Senhor 6º Tabelião de Notas da Capital. Os autos foram instruídos com os documentos de fls. 08/247. Em especial, a cópia da debatida escritura pública encontra-se juntada às fls. 240/243. O Senhor 6º Tabelião de Notas desta Capital manifestou-se às fls. 256/266, informando a impossibilidade administrativa de alteração do ato tal como requerido pelos autores. Os Senhores Representantes vieram aos autos para reiterarem os termos de seu pedido original (fls. 271/277). O Ministério Público manifestou-se às fls. 281/283, opinando pela improcedência do pedido inicial. É o breve relatório. DECIDO. Cuida-se de pedido formulado por F. L. S. e outros, solicitando a retificação da Escritura Pública de Venda e Compra lavrada perante o Senhor 6º Tabelião de Notas da Capital. Primeiramente, consigno à parte requerente que a matéria posta em controvérsia no bojo dos presentes autos, conforme já deduzido às fls. 252, é objeto de apreciação, como pedido de providências, no limitado campo de atribuição desta Corregedoria Permanente, que desempenha, dentre outras atividades, a verificação dos cumprimentos dos deveres e obrigações dos titulares de delegações afeta à Corregedoria Permanente desta 2ª Vara de Registros Públicos da Capital. Neste âmbito administrativo, desta Corregedoria Permanente, não há que se falar em gratuidade processual (item 1, fls. 06) ou condenação em custas e honorários (item 5, fls. 06/07). Bem assim, delimitado o alcance do procedimento, passo à análise do mérito administrativo da questão. Verifica-se dos autos que a Escritura Pública de Venda e Compra, lavrada aos 22 de agosto de 2.000, inserta no livro 2.894, páginas 299 e ss., perante a serventia afeta ao Senhor 6º Tabelião de Notas da Capital, teve seu ingresso registrário negado pelo 9º Registrador de Imóveis desta Capital. Em suma, narram os interessados que o óbice levantado pelo Registrador Imobiliária recai sobre a informação de que à outorgada foi atribuída a integralidade do bem, quando de fato, deveria ter constado que sua propriedade se restringia a 50% do imóvel, cuja outra parte teria pertencido ao seu cônjuge pré-morto. Portanto, entendem os Senhores Representantes que a Escritura Pública deve ser retificada, para que se façam as devidas correções a possibilitar o ingresso registrário. Destacam que a outorgante já é falecida. Todavia, as correções necessárias ao ingresso no fólio real foram negadas pelo Senhor Tabelião, que assevera que não é possível se retificar, por meio de ata, sem a presença das partes originais, o instrumento público da Compra e Venda. Pois bem. Assiste razão ao Senhor Tabelião na negativa efetuada. Pese embora a argumentação deduzida nos autos pela parte Representante, bem como a extensa documentação juntada, forçoso convir, na espécie, que o ato notarial que se pretende retificar já está aperfeiçoado e consumado, inexistindo possibilidade jurídica, no âmbito administrativo, para a alteração pretendida, ante ao conteúdo das declarações de vontade. Verifico que a retificação pretendida não se cuida de mera correção de erros, inexatidões materiais e equívocos, a ser realizada de ofício pela unidade extrajudicial ou mediante mero requerimento das partes, cujo ato será subscrito apenas pelo Notário ou seu substituto legal, em conformidade com o item 54, Capítulo XVI, das Normas de Serviço da E. Corregedoria Geral da Justiça. Com efeito, não se vislumbra que haja erro, inexatidão ou irregularidade no referido ato notarial, certo que sua lavratura se deu em conformidade ao requerido pelas partes, à época do ato, de modo que não há provas, passíveis de serem colhidas nesta estreita via administrativa, quanto ao efetivo negócio jurídico aventado há mais de 40 anos, por meio de instrumento particular. Portanto, é exigível, para a retificação administrativa, se o caso, a presença das partes originais do ato, para a lavratura de escritura de retificação e ratificação, nos termos do item 55, Capítulo XVI, das Normas de Serviço da E. Corregedoria Geral da Justiça, uma vez que a alteração pretendida afeta parte essencial do negócio jurídico pactuado: seu objeto. Não se deve perder de vista que escritura pública é ato notarial que formaliza juridicamente a vontade das partes, observados os parâmetros fixados pela Lei e pelas Normas de Serviço da Corregedoria Geral da Justiça, reproduzindo, portanto, exatamente aquilo que outorgantes e outorgados manifestaram ao preposto da serventia. Bem assim, qualquer falha em escritura pública, não concernente em mera correção de erros, inexatidões materiais e equívocos, só pode ser emendada com a participação das mesmas partes, mediante a lavratura de novo ato. Nesse sentido, o tema é fortemente assentado perante esta Corregedoria Permanente, bem como perante a E. Corregedoria Geral da Justiça, que em recente julgado, decidiu: Retificação de escritura pública de compra e venda de imóvel - Título que atribui aos interessados imóvel diverso daquele referido no contrato celebrado e efetivamente ocupado - Situação que extrapola as específicas hipóteses de retificação previstas nos itens 53 e 54 do Capítulo XIV das NSCGJ por implicar modificação da declaração de vontade das partes e da substância do negócio jurídico realizado - Recurso não provido. (Corregedoria Geral da Justiça de São Paulo Pedido de Providências: 1073694-83.2017.8.26.0100. Data de Julgamento: 13.03.2018. Publicação: 21.03.2018. Relator: Dr. Geraldo Francisco Pinheiro Franco). Por conseguinte, diante de todo o exposto, é inviável a retificação tal qual pretendida, perante esta estreita via administrativa, razão pela qual indefiro o pedido inicial. Oportunamente, arquivem-se os autos. Ciência ao Senhor Tabelião e ao Ministério Público. P.I.C. - ADV: EGISTO FRANCESCHI NETO (OAB 229432/SP), THIAGO RODRIGUES DEL PINO (OAB 223019/SP) (DJe de 04.03.2022 – SP)

Ementa: Sentença – Dúvida – Pedido de registro de Escritura de Compra e Venda relativa à parte do imóvel – Impossibilidade – Exigência de apresentação do levantamento topográfico de toda a área – Caracterização do imóvel no título que não coincide com a que consta do registro – Art. 225, §2º, da LRP – Imprescindibilidade de prévia apuração do remanescente mediante procedimento retificatório – Item 57.4, do Capítulo XX, das NSCGJ – Manutenção do óbice – Indeferimento do pedido – Procedência

Processo 1002297-85.2022.8.26.0100

Dúvida - Registro de Imóveis - Silvio Valdemar Tamelini - Diante do exposto, JULGO PROCEDENTE a dúvida suscitada pelo Oficial do 16º Registro de Imóveis da Capital para manter o óbice registrário. Deste procedimento não decorrem custas, despesas processuais ou honorários advocatícios. Oportunamente, remetam-se os autos ao arquivo. P.R.I.C. - ADV: ROBSON FERNANDES DA SILVA (OAB 225857/SP)

Íntegra da decisão:

SENTENÇA

Processo Digital nº: **1002297-85.2022.8.26.0100**

Classe - Assunto **Dúvida - Registro de Imóveis**

Suscitante: **16º Oficial de Registro de Imóveis da Capital**

Suscitado: **Silvio Valdemar Tamelini**

Juiz(a) de Direito: Dr(a). **Luciana Carone Nucci Eugênio Mahuad**

Vistos.

Trata-se de **dúvida** suscitada pelo **Oficial do 16º Registro de Imóveis da Capital** a requerimento de **Sílvio Waldemar Tambelini**, diante da negativa em se proceder ao registro de escritura de compra e venda relativa à parte do imóvel da matrícula n. 73.306.

O Oficial alega que a descrição do imóvel no título viola a continuidade objetiva, sendo necessária prévia apuração do remanescente de área. Sustenta, ainda, que o registro não é possível porque o vendedor adquiriu parte ideal de uma área maior, estabelecendo-se condomínio voluntário, de modo que a área não pode ser desmembrada sem a concordância de todos os condôminos. Juntou documentos às fls. 03/59.

Em manifestação dirigida ao Oficial (fls. 09/16), a parte interessada esclareceu que providenciou o levantamento topográfico da área, identificando divergência com a escritura original, a qual foi retificada. O novo título foi apresentado para registro, recebendo qualificação negativa com exigência para apresentação do levantamento topográfico de toda a área, o que é impossível diante do alto custo. Não concorda com a exigência já que não deu causa à mudança de metragem do imóvel e seus vizinhos de muro tiveram seus imóveis devidamente registrados. Não houve, porém, impugnação nestes autos (fl. 60).

O Ministério Público opinou pela manutenção do óbice (fls. 63/65).

É o relatório.

Fundamento e decido.

No mérito, a dúvida é procedente. Vejamos os motivos.

Conforme se vê da matrícula n. 73.306, copiada às fls. 57/59, o imóvel, que é de propriedade da Imobiliária Guatapará S/A e do espólio de Antônio Moreira Pires, está descrito como uma gleba de terras com área de 220.988,48m².

As averbações n. 1 e n. 2, ambas lançadas em 30 de junho de 1988, informam que dessa área maior foram destacados dois terrenos, o primeiro com área de 23.660,00m², que deu origem à matrícula n. 38.678, e o segundo com área de 14.862,30m², que deu origem à matrícula n. 39.104.

Por fim, o registro n. 3, relativo a uma carta de adjudicação, informa que *"uma parte ideal correspondente a 78.843,25 m² do imóvel objeto desta matrícula"* foi adjudicada a favor de Cláudio de Souza Novaes, casado no regime da separação de bens com Maria Aparecida Faria Novaes.

Nota-se que este registro, diferentemente das averbações anteriores, não descreve uma área específica, perfeitamente delimitada, mas apenas faz referência a uma parte ideal da área maior que é objeto da matrícula.

Assim, por meio de escritura de venda e compra lavrada em 13 de dezembro de 1988, a qual vem copiada às fls. 21/24, o adjudicatário Cláudio, assistido por sua mulher Maria Aparecida, vendeu para Silvio Valdemar Tamelini uma parte específica do terreno que possuía, com área de 7.080,00 m², perfeitamente descrita e delimitada.

Posteriormente, como informou o adquirente, ora suscitado, verificou-se, por levantamento topográfico (fls. 46/51), que o lote descrito na escritura fecha um polígono com área de 6.370,00 m², pelo que foi lavrada, em 03 de agosto de 2021, escritura de retificação do terreno descrito na escritura anterior, ratificando-se as demais cláusulas (fls. 52/55).

Ocorre que a adjudicação que favoreceu Cláudio se deu sobre parte ideal do imóvel, sem delimitação de área específica, de modo que a escritura se mostra irregular para efeito de matrícula, nos termos do artigo 225, §2º, da LRP: a caracterização do imóvel no título não coincide com a que consta do registro.

Em consequência, acesso imediato ao fólio real não é possível, sendo imprescindível prévia apuração do remanescente mediante procedimento retificatório que permita adequar a descrição tabular com lastro geográfico para efetiva identificação da área real dos imóveis, afastando-se riscos de sobreposição.

É o que impõe o item 57.4, do Capítulo XX, das Normas de Serviço da Corregedoria Geral da Justiça do Tribunal de Justiça de São Paulo (destaque nosso):

> *"O procedimento previsto no art. 213, inciso II, da Lei nº 6.015/73 será adotado **quando a descrição original do imóvel sofreu alteração em razão de desfalque parcial, sem que tenha ocorrido a apuração do remanescente**".*

A anuência ou notificação de todos os titulares do domínio será exigida, conforme determina o item 136.8, Cap.XX, das NSCGJ.

O desmembramento, por sua vez, depende de prévia aprovação da prefeitura municipal (item 120.2, cap. XX, das NSCGJ).

Na sequência, o registro oportuno da escritura apresentada será possível, desde que atendidos os requisitos do artigo 213, §13, da LRP, que assim dispõe:

"Art. 213. O oficial retificará o registro ou averbação:

> *II - a requerimento do interessado, no caso de inserção ou alteração de medida perimetral de que resulte, ou não, alteração de área, instruído com planta e memorial descritivo assinado por profissional legalmente habilitado, com prova de anotação de responsabilidade técnica no competente Conselho Regional de Engenharia e Arquitetura - CREA, bem assim pelos confrontantes. (...)*
>
> *§13. Não havendo dúvida quanto à identificação do imóvel, o título anterior à retificação poderá ser levado a registro desde que requerido pelo adquirente, promovendo-se o registro em conformidade com a nova descrição".*

Em outros termos, somente após retificada a descrição tabular e desmembrada a área específica é que será viável o registro do título translativo, inclusive com regularização de eventual construção.

Diante do exposto, **JULGO PROCEDENTE** a dúvida suscitada pelo **Oficial do 16º Registro de Imóveis da Capital** para manter o óbice registrário.

Deste procedimento não decorrem custas, despesas processuais ou honorários advocatícios.

Oportunamente, remetam-se os autos ao arquivo.

P.R.I.C.

São Paulo, 24 de fevereiro de 2022. (DJe de 03.03.2022 – SP)

Ementa: Sentença – Dúvida – Pedido de registro de Escritura de Compra e Venda – Negativa por ausência de CND referente à vendedora perante a Receita Federal – Exigência que não pode ser realizada pelo Oficial – Item 117.1, do Capítulo XX, das NSCGJ – Entendimento pacífico dos Tribunais Superiores, CNJ e da Corregedoria Geral da Justiça – Afastamento do óbice – Determinação do registro do título – Improcedência

Processo 1010496-96.2022.8.26.0100

Dúvida - Registro de Imóveis - UOL Empreendimentos Imobiliários LTDA. - Diante do exposto, JULGO IMPROCEDENTE a dúvida suscitada pelo Oficial do 10º Registro de Imóveis da Capital para afastar o óbice registrário (prova de regularidade fiscal perante a União) e, em consequência, determinar o registro do título. Deste procedimento não decorrem custas, despesas processuais ou honorários advocatícios. Oportunamente, ao arquivo com as cautelas de praxe. P.R.I.C. - ADV: PEDRO PAULO DE SIQUEIRA VARGAS (OAB 296894/SP), GEORGES LOUIS MARTENS FILHO (OAB 247087/SP)

Íntegra da decisão:

SENTENÇA

Processo nº: **1010496-96.2022.8.26.0100**

Classe - Assunto **Dúvida - Registro de Imóveis**

Suscitante: **10º Oficial de Registro de Imóveis da Capital**

Suscitado: **UOL Empreendimentos Imobiliários LTDA.**

Juiz(a) de Direito: Dr(a). **Luciana Carone Nucci Eugênio Mahuad**

Vistos.

Trata-se de dúvida suscitada pelo **Oficial do 10º Registro de Imóveis da Capital** a requerimento de **UOL Empreendimentos Imobiliários Ltda,** tendo em vista negativa em se proceder ao registro de escritura de compra e venda, que tem como objeto o imóvel das matrículas n. 19.451 e 19.452 daquela serventia.

Informa o Oficial que a negativa foi motivada pela ausência de certidão negativa conjunta de débitos referente à vendedora perante a Receita Federal; que não desconhece a atual jurisprudência do tribunais superiores e desta corregedoria permanente no tocante à inexigibilidade da apresentação de tais certidões em casos específicos, porém não possui competência para dispensar certidões exigidas por lei (a alínea "b", inciso I, do artigo 47, da Lei Federal nº 8.212/91, estaria em vigor, por não ter sido expressamente declarada inconstitucional).

Documentos vieram às fls. 04/69.

A parte sustenta como incabível a exigência nos moldes da melhor jurisprudência (fls. 70/75).

O Ministério Público opinou pela improcedência (fls. 79/81).

É o relatório.

Fundamento e decido.

No mérito, a dúvida é improcedente. Vejamos os motivos.

A questão em debate já foi apreciada inúmeras vezes tanto pelo E. Conselho Superior da Magistratura quanto pela E. Corregedoria Geral de Justiça, sendo que tais órgãos superiores firmaram entendimento acerca da dispensa das certidões negativas de dívidas tributárias e previdenciárias federais no que toca ao *munus* do registro imobiliário.

Destaca-se o julgamento proferido pelo E. CSM em análise recursal de procedimento que tramitou perante este juizo (autos n. 1124381-98.2016.8.26.0100), com relatoria do eminente Desembargador Manoel de Queiroz Pereira Calças, de cujo teor se extrai:

*"Item 3 (Certidão negativa de tributos federais e da dívida ativa da União): Essa exigência é a única a ser afastada. Este Conselho Superior da Magistratura já se posicionou, por diversas vezes, no sentido de que **são dispensáveis as certidões de dívidas ativas tributárias e previdenciárias federais**.*

*Inspirado em precedentes do Supremo Tribunal Federal que inadmitiram a imposição de sanções políticas pelos entes tributários para, por vias oblíquas, constranger o contribuinte a quitar débitos tributários, o Conselho Superior da Magistratura reconheceu **inexistir justificativa "para condicionar o registro de títulos nas serventias prediais à prévia comprovação da quitação de créditos tributários, contribuições sociais e de outras imposições pecuniárias compulsórias**"* (Apelações Cíveis n. 0018870-06.2011.8.26.0068, 0013479-23.2011.8.26.0019 e 9000002-22.2009.8.26.0441, todas sob a relatoria do Desembargador José Renato Nalini, destaques nossos)".

Nesse mesmo sentido, confiram-se: *(a)* para a CGJ: Processos de autos n. 62.779/2013 (j. 30/07/2013) e 100.270/2012, (j. 14/01/2013); *(b)* para o CSM: as Apelações Cíveis dos autos n. 0015705-56.2012.8.26.0248 (j. 06.11.2013); 9000004-83.2011.8.26.0296(j.26.09.2013);0006907-12.2012.8.26.0344 (j. 23.05.2013); 0013693-47.2012.8.26.0320 (j18.04.2013); 0019260-3.2011.8.26.0223 (j. 18.04.2013); 0021311-24.2012.8.26.0100 (j. 17.01.2013); 0013759-77.2012.8.26.0562 (j. 17.01.2013); 0018870-06.2011.8.26.0068 (j. 13.12.2012); 9000003-22.2009.8.26.0441 (j. 13.12.2012);0003611-12.2012.8.26.0625 (j. 13.12.2012) e 0013479-23.2011.8.26.0019 (j. 13.12.2012).

Note-se, ainda, o disposto no item 117.1, do Capítulo XX, das Normas de Serviço dos Cartórios Extrajudiciais:

"117.1. Com exceção do recolhimento do imposto de transmissão e prova de recolhimento do laudêmio, quando devidos, ***nenhuma exigência relativa à quitação de débitos para com a Fazenda Pública, inclusive quitação de débitos previdenciários, fará o oficial, para o registro de títulos particulares****, notariais ou judiciais".*

Por fim, vale registrar que tal entendimento também é compartilhado pelo Conselho Nacional de Justiça:

"RECURSO ADMINISTRATIVO EM PEDIDO DE PROVIDÊNCIAS. IMPUGNAÇÃO DE PROVIMENTO EDITADO POR CORREGEDORIA LOCAL DETERMINANDO AOS CARTÓRIOS DE REGISTRO DE IMÓVEIS QUE SE ABSTENHAM DE EXIGIR CERTIDÃO NEGATIVA DE DÉBITO PREVIDENCIÁRIO NAS OPERAÇÕES NOTARIAIS. ALEGAÇÃO DE OFENSA AO DISPOSTO NOS ARTIGOS 47 E 48 DA LEI N. 8.2012/91. INEXISTÊNCIA DE ILEGALIDADE.

1. Reconhecida a inconstitucionalidade do art. 1º, inciso IV da Lei nº 7.711/88 (ADI 394), não há mais que se falar em comprovação da quitação de créditos tributários, de contribuições federais e de outras imposições pecuniárias compulsórias para o ingresso de qualquer operação financeira no registro de imóveis, por representar forma oblíqua de cobrança do Estado, subtraindo do contribuinte os direitos fundamentais de livre acesso ao Poder Judiciário e ao devido processo legal (art. 5º, XXXV e LIV, da CF).

2. Tendo sido extirpado do ordenamento jurídico norma mais abrangente, que impõe a comprovação da quitação de qualquer tipo de débito tributário, contribuição federal e outras imposições pecuniárias compulsórias, não há sentido em se fazer tal exigência com base em normas de menor abrangência, como a prevista no art. 47, I, "b", da Lei 8.212/91.

3. Ato normativo impugnado que não configura qualquer ofensa a legislação pátria, mas apenas legítimo exercício da competência conferida ao Órgão Censor Estadual para regulamentar as atividades de serventias extrajudiciais vinculadas ao Tribunal de Justiça local.

RECURSO IMPROVIDO" **(CNJ - Pedido de Providências - Corregedoria - 0001230-82.2015.2.00.0000 - Rel. JOÃO OTÁVIO DE NORONHA 28ª Sessão Virtual. Julgado em 11.10.2017).**

Diante do exposto, **JULGO IMPROCEDENTE** a dúvida suscitada pelo Oficial do 10º Registro de Imóveis da Capital para afastar o óbice registrário (prova de regularidade fiscal perante a União) e, em consequência, determinar o registro do título.

Deste procedimento não decorrem custas, despesas processuais ou honorários advocatícios.

Oportunamente, ao arquivo com as cautelas de praxe.

P.R.I.C.

São Paulo, 23 de fevereiro de 2022. (DJe de 02.03.2022 – SP)

Ementa: Sentença – Processo Administrativo – Alegação de falsidade em Escritura Pública de Compra e Venda – Esclarecimento pelo Tabelião de que o papel de segurança é verdadeiro e teria sido subtraído ao tempo que a Unidade sofreu roubo – Fatos que demonstram falta de diligência na administração da Unidade Extrajudicial – Tabelião que não verificou adequadamente os papéis de segurança roubados ao tempo do crime – Constatação de irregularidades – Existência de indícios de ilícito disciplinar – Determinação ao Tabelião para cumprimento das providências estabelecidas – Instauração de processo administrativo disciplinar – Ciência ao Tabelião

Processo 1052489-90.2020.8.26.0100

Processo Administrativo - REGISTROS PÚBLICOS - Roberto Carlos Dick Antunes – - Wanderley Scarpino – Ana Lúcia Simões e outro - O.C. e outros - Juiz(a) de Direito: Dr(a). Marcelo Benacchio VISTOS, Trata-se de representação R. C. D. A., W. S. e A. L. S., noticiando falsidade em Escritura Pública de Compra e Venda, cuja lavratura é imputada ao Senhor Tabelião de Notas da Capital. Após o trâmite do expediente houve seu arquivamento consoante afirmações do Sr. Tabelião acerca da falsidade da lavratura e do papel de segurança utilizado (a fls. 02/151). Os Srs. Representantes retornaram aos autos referindo a autenticidade do papel de segurança utilizado (a fls. 188/196 e 218/230). O Sr. Tabelião retificou suas manifestações anteriores para, agora, afirmar que o papel de segurança é verdadeiro e teria sido subtraído ao tempo que a unidade sofreu roubo (a fls. 207/214 e 239/240). O parecer do Ministério Público foi no sentido da instauração de processo administrativo disciplinar (a fls. 242/245). É o breve relatório. DECIDO. Permanece a falsificação da escritura pública, a qual não foi lavrada na delegação de titularidade do Sr. Tabelião, como se infere das provas existentes nos autos e do conteúdo da própria representação. Não obstante, há elemento novo a ser analisado, ou seja, o papel de segurança utilizado no referido ato notarial é verdadeiro, tendo sido subtraído da serventia extrajudicial por roubadores em 2016. O conhecimento desse fato somente foi possível em razão das diligentes providências dos Srs. Representantes ao trazerem novos elementos ao feito, que culminaram com a retratação das anteriores afirmações pelo Sr. Tabelião (que fundaram o arquivamento inicial), agora mencionando cuidar-se de papel de segurança verdadeiro e ter havido erro acerca da constatação dessa situação ao tempo do roubo. Há equívocos de duas ordens do Sr. Tabelião: (i) não verificar adequadamente os papeis de segurança roubados ao tempo do crime e, (ii) não ter sido diligente neste expediente administrativo com relação ao papel de segurança e sua numeração, de modo a corrigir o equívoco anterior e prestar a informação correta à Corregedoria Permanente e Srs. Representantes. Esses fatos revelam descontrole pontual dos registros dos papéis de segurança e falta de diligência na administração da unidade extrajudicial. Como destacado pelo Ministério Público, as irregularidades constatadas encerram indícios de ilícito disciplinar da parte do Sr. Tabelião em razão da eventual violação de seus deveres de controle dos papéis de segurança da serventia extrajudicial. Nestes termos, compete a instauração de processo administrativo disciplinar. Além disso, em razão do apurado nos autos, determino ao Sr. Tabelião as seguintes providências: a. Instauração de apuração administrativa interna para pesquisar eventual irregularidade na procuração pública lavrada na unidade mencionada pelos Srs. Representantes (a fls. 193), pois, relacionada com o ato fraudado; a ser apresenta a esta Corregedoria Permanente, em cópia integral, no prazo de trinta dias, e b. Verificação da subtração de outros elementos da segurança na unidade ao tempo do roubo, procedendo a devida comunicação, inclusive do papel de segurança acima referido; a ser realizado no prazo de dez dias. Ante ao exposto determino o cumprimento das determinações acima ao Sr. Tabelião e procedo à instauração de processo administrativo disciplinar em face do Sr. Tabelião de Notas da Comarca da Capital. Proceda a serventia judicial à nova distribuição de expediente com cópia integral desses autos para examinar o cumprimento do supra determinado pelo Sr. Tabelião, cadastrando os Drs. Advogados e intimando o Sr. Tabelião nos prazos acima referidos. Encaminhe-se cópia desta decisão, bem como de fls. 239/240 e 243/245, à E. Corregedoria Geral da Justiça, por e-mail, servindo a presente decisão como ofício. Ciência ao Ministério Público e ao Sr. Tabelião. No mais cumpra-se o determinado na Portaria. P.I.C - ADV: FERNANDO GIORGINI DE CASTRO (OAB 274306/SP), SERGIO RICARDO FERRARI (OAB 76181/SP) (DJe de 15.02.2022 – SP)

Ementa: Sentença – Dúvida – Pedido de registro de Instrumento Particular de Compra e Venda com garantia de alienação fiduciária – Recusa em razão da necessidade de reconhecimento de firma de todas as partes envolvidas e de depósito integral dos emolumentos – Informação pelo Oficial de que o negócio que foi celebrado na esfera do SFI, bem como de que deve prevalecer o valor do negócio – Descabimento – Imprescindibilidade de que seja considerado o valor da avaliação do imóvel – Art. 13, I, da Resolução CMN nº 4.676/2018 do BCB – Valor global da venda que não reflete o valor pago pelo imóvel – Possibilidade do enquadramento do financiamento no âmbito do SFH – Afastamento das exigências – Improcedência

Processo 1004966-14.2022.8.26.0100

Dúvida - Registro de Imóveis - Felipe Faria da Silva - Diante do exposto, JULGO IMPROCEDENTE a dúvida suscitada para afastar os óbices registrários. Deste procedimento não decorrem custas, despesas processuais ou honorários advocatícios. Oportunamente, remetam-se os autos ao arquivo. P.R.I.C. - ADV: FELIPE FARIA DA SILVA (OAB 330907/SP)

Íntegra da decisão:

SENTENÇA

Processo Digital nº: **1004966-14.2022.8.26.0100**
Classe - Assunto **Dúvida - Registro de Imóveis**
Suscitante: **16º Oficial de Registro de Imóveis da Capital**
Requerido: **Felipe Faria da Silva e outro**
Juiz(a) de Direito: Dr(a). **Luciana Carone Nucci Eugênio Mahuad**

Vistos.

Trata-se de dúvida suscitada pelo **Oficial do 16º Registro de Imóveis da Capital** a requerimento de **Felipe Faria da Silva e de sua esposa, Michele Nadur Brum,** tendo em vista negativa em se proceder ao registro de instrumento particular de compra e venda com garantia de alienação fiduciária envolvendo o imóvel descrito na matrícula n. 89.253 daquela serventia (prenotação n. 592047).

O Oficial esclareceu que a recusa foi motivada pela necessidade de reconhecimento da firma de todas as partes envolvidas e de depósito integral dos emolumentos, uma vez que o negócio foi celebrado no âmbito do Sistema de Financiamento Imobiliário – SFI (os recursos utilizados para o financiamento são oriundos do Sistema Brasileiro de Poupança e Empréstimo-SBPE); que o banco interveniente só atua como agente do Sistema Financeiro da Habitação; que deve prevalecer o valor do negócio, pelo que ultrapassado o limite de avaliação do imóvel no âmbito do SFH (R$1.500.000,00).

Documentos vieram às fls. 03/50.

Após produzir suas razões perante a serventia extrajudicial (fls. fls. 07/14), a parte suscitada apresentou impugnação às 51/62, alegando que o negócio previu que a instituição financeira age na qualidade de agente financeiro integrante do Sistema Financeiro da Habitação e que o financiamento foi enquadrado no âmbito do referido sistema; que deve prevalecer o valor da avaliação do bem realizado pela instituição financeira (R$1.498.000,00), haja vista que o valor global da venda não reflete o valor pago pelo imóvel, já que incluída comissão de corretagem no montante de R$70.000,00; que a cláusula 45 do contrato, referindo-se à Lei n. 9.514/97, não desnaturou seu enquadramento, uma vez que referida norma não trata somente do SFI, mas também da alienação fiduciária de coisa imóvel; que o contrato de alienação fiduciária não é privativo das entidades que operam no Sistema de Financiamento Imobiliário; que o Sistema Financeiro da Habitação é financiado com recurso do Sistema Brasileiro de Poupança e Empréstimo--SBPE conforme preveem os artigos 12, 16 e 15 da Resolução n. 4.676/2018 do CMN, pelo que não seria devido o reconhecimento das firmas dos participantes do negócio nem recolhimento integral dos emolumentos (redução em 50% nos termos do artigo 290 da Lei n. 6.015/73).

Documentos vieram às fls. 64/97.

O Ministério Público opinou pelo afastamento dos óbices (fls. 101/102).

É o relatório.

Fundamento e decido.

No mérito, a dúvida é improcedente. Vejamos os motivos.

Conforme previsto no contrato de venda e compra de bem imóvel e financiamento com garantia de alienação fiduciária, a instituição financeira Itaú Unibanco S/A figurou como credora na qualidade de agente integrante do Sistema Financeiro da Habitação (fl. 18).

O negócio previu, ainda, o enquadramento do financiamento no âmbito do Sistema Financeiro da Habitação (item 11 - fl. 20), ainda que tenha estabelecido o valor de venda do imóvel em R$1.570.000,00 (item 2, fl. 19), em aparente superação do limite normativo a inviabilizar enquadramento no âmbito do SFH (R$1.500.000,00).

Ocorre que, para efeito do referido enquadramento, deve ser considerado o valor da avaliação do imóvel (R$1.498.000,00 – item 13, fl. 20), conforme prevê o artigo 13, inciso I, da Resolução CMN n. 4.676/2018 do Banco Central do Brasil:

"As operações no âmbito do SFH devem observar as seguintes condições específicas:

I - limite máximo do valor de avaliação do imóvel financiado de

R$1.500.000,00 (um milhão e quinhentos mil reais)".

Há que se ressaltar que, embora a promessa de compra e venda realizada entre os contratantes tenha estabelecido quitação total do valor de R$1.570.000,00, houve esclarecimento sobre o pagamento da quantia de R$70.000,00 pela intermediação do negócio (cláusulas 3.1 e 10.1 - fls. 91 e 93), o que evidencia que o valor real do imóvel, R$1.498.000,00 não ultrapassou o limite normativo.

Assim, plenamente possível o enquadramento do financiamento no âmbito do Sistema Financeiro da Habitação.

No que toca à alteração contratual prevista no item 45 do instrumento particular, fl. 34, embora tenha se referido à Lei n. 9.514/97, que cuida do Sistema de Financiamento Imobiliário-SFI, resta claro que não pretendeu alterar a natureza da operação, mas apenas conferir nova redação ao preâmbulo, a fim de constar: *"Pelo Instrumento Particular, com força de escritura pública – Alienação Fiduciária de Imóvel em Garantia Lei nº 9.514 de 20/11/1997".*

Assim, temos que referida cláusula somente pretendeu indicar a legislação aplicável em face da alienação fiduciária do imóvel, sem modificar o enquadramento do financiamento previsto contratualmente de forma expressa.

De igual forma, a previsão negocial de que "os recursos utilizados para a concessão do presente financiamento são originários do SBPE – Sistema Brasileiro de Poupança e Empréstimo, concedido à taxa de mercado" (alínea a, item 45, fl. 34), não altera a natureza do financiamento previsto, uma vez que também podem se destinar ao financiamento de imóveis pelo Sistema Financeiro da Habitação.

É o que prevê a Resolução CMN n. 4.676/2018 do Banco Central do Brasil:

"Art. 12. São operações no âmbito do SFH os financiamentos referidos nos incisos I a V do caput do art. 16, contratados pelas instituições de que trata o art. 3º, que observem os critérios de concessão e as condições gerais e específicas estabelecidos neste Capítulo e na legislação em vigor.

(...)

Art. 15. Os recursos captados em depósitos de poupança pelas entidades integrantes do SBPE devem ser aplicados de acordo com os seguintes percentuais: I - 65% (sessenta e cinco por cento), no mínimo, em operações de financiamento imobiliário, dos quais: a) 80% (oitenta por cento), no mínimo, nas operações de que trata o art. 16;

(...)

Art. 16. Para fins do atendimento da exigibilidade estabelecida no art. 15, inciso I, alínea "a", podem ser computadas as seguintes operações:

I - os financiamentos para aquisição de imóveis residenciais, novos, usados ou em construção; II - os financiamentos a pessoas naturais para construção de imóvel residencial, podendo incluir a aquisição do terreno; III - os financiamentos para reforma ou ampliação de imóveis residenciais; IV - os financiamentos para produção de imóveis residenciais; V - os financiamentos para aquisição de material para a construção, ampliação ou reforma de imóvel residencial em lote de propriedade do pretendente ao financiamento ou cuja posse regularizada seja por este detida".

Assim, como houve declaração negocial de enquadramento do financiamento no âmbito do Sistema Financeiro da Habitação, com respeito às suas regras, não se justificam as exigências de reconhecimento das firmas dos participantes do negócio (artigo 221, II, da Lei n. 6.015/73, e artigo 61, §5º, da Lei n. 4.380/64), e de complemento de emolumentos: à primeira aquisição imobiliária para fins residenciais, financiada pelo Sistema Financeiro da Habitação, deve ser aplicada a redução de 50% (artigo 290 da Lei n. 6.015/73).

Diante do exposto, **JULGO IMPROCEDENTE** a dúvida suscitada para afastar os óbices registrários.

Deste procedimento não decorrem custas, despesas processuais ou honorários advocatícios.

Oportunamente, remetam-se os autos ao arquivo.

P.R.I.C.

São Paulo, 01 de fevereiro de 2022.

Luciana Carone Nucci Eugênio Mahuad

Juíza de Direito (DJe de 04.02.2022 – SP)

Ementa: Sentença – Pedido de Providências – Lavratura de Escritura Pública de Compra e Venda sem a comprovação do depósito judicial prévio da parte cabente ao curatelado – Alvará Judicial que autorizava a realização de Escritura Pública somente após a realização do referido depósito judicial – Constatação de irregularidade – Existência de indícios de ilícito disciplinar – Instauração de processo administrativo disciplinar – Determinação do bloqueio administrativo da Escritura de Compra e Venda – Ciência à Oficial e Tabeliã – Procedência

Processo 0050251-81.2021.8.26.0100

Pedido de Providências - 2ª Vara de Registros Públicos - VISTOS, Trata-se de expediente instaurado em decorrência de comunicação encaminhada pela MM. Juíza de Direito Titular da 1ª Vara de Registros Públicos do Foro Central da Comarca da Capital, noticiando a lavratura de escritura pública de compra e venda de bem imóvel perante a Delegação Extrajudicial correspondente ao Oficial de Registro Civil das Pessoas Naturais e Tabelião de Notas do (...) Subdistrito da Comarca da Capital, sem que tivesse havido depósito judicial do preço cabente a interdito, consoante alvará expedido pelo MM Juízo da 5ª Vara da Família e das Sucessões do Foro Regional de Santana, da Comarca da Capital (a fls. 01/150). A Sra. Oficial e Tabeliã prestou informações às fls. 153/155. O Ministério Público apresentou parecer pugnando pela instauração de processo administrativo-disciplinar (a fls. 159/161). É o breve relatório. DECIDO. No corpo do alvará judicial, que autorizava a venda de imóvel de propriedade em condomínio de interdito, constou, em destaque, a seguinte determinação: (...) com a ressalva de que deverá depositar em Juízo a parte cabente ao curatelado A.N.C., condicionada a lavratura da escritura pública à comprovação ao Oficial de Registro de Imóveis do prévio depósito judicial. Não obstante a isso, houve a lavratura da escritura pública na delegação acima referida sem que se houvesse comprovado o depósito judicial prévio da parte cabente ao curatelado. A ressalva contida na ordem judicial é clara acerca da realização da escritura pública somente após a realização do deposito judicial da parte cabente ao interdito, aliás como é comum em situações similares. Na eventualidade de dúvida de compreensão, competia expedição de nota de exigência ou solicitação de esclarecimento ao Juízo; jamais a lavratura do ato notarial, como ocorreu. Neste momento preliminar, a alegação da Sra. Tabeliã de interpretação da ordem judicial pelo escrevente não tem o condão de afastar os indícios de ilícito administrativo. Desse modo, a irregularidade constatada encerra indícios de ilícito disciplinar da parte da Sra. Tabeliã, em razão da eventual violação de seus deveres de orientação, fiscalização e controle do ato notarial objeto deste expediente. Ante ao exposto, instauro processo administrativo disciplinar em face da Sra. Oficial de Registro Civil das Pessoas Naturais e Tabeliã de Notas do (...) Subdistrito da Comarca da Capital. Determino ainda o bloqueio administrativo da escritura de compra e venda lavrada no livro 2053, às páginas 273/278, ficando proibidas a extração de cópias ou emissão de certidões sem a autorização deste Juízo, salvo por ordem judicial, devendo a Sra. Tabeliã informar o cumprimento do ora decidido nestes autos, em cinco dias. Encaminhe-se cópia desta decisão à MM. Juíza de Direito Titular da 1ª Vara de Registros Públicos do Foro Central da Comarca da Capital, ao MM. Juízo da 5ª Vara da Família e das Sucessões do Foro Regional de Santana da Comarca da Capital e à E. Corregedoria Geral da Justiça, por e-mail, servindo a presente decisão como ofício. Ciência ao Ministério Público e a Sra. Oficial e Tabeliã. No mais cumpra-se o determinado na Portaria. I.C. (DJe de 02.02.2022 – SP)

Ementa: Sentença – Dúvida – Pedido de registro de Compromisso de Compra e Venda – Negativa por necessidade de prévio cancelamento da alienação fiduciária gravada na matrícula – Informação pelo Oficial de existência de prenotação subsequente de título contraditório – Imprescindibilidade da anuência do credor – Art. 29 da Lei Federal nº 9.514/97 – Afastamento do óbice em relação a presença de título contraditório – Número de ordem do protocolo que determina a prioridade do título – Manutenção da exigência de cancelamento prévio da alienação fiduciária – Procedência Parcial

Processo 1122243-85.2021.8.26.0100

Dúvida - Registro de Imóveis - Cristiane Alves Doria - Diante do exposto, JULGO PARCIALMENTE PROCEDENTE a dúvida para manter a exigência de cancelamento prévio da alienação fiduciária registrada na matrícula para registro do título de interesse da parte suscitada. Deste procedimento não decorrem custas, despesas processuais ou honorários advocatícios. Oportunamente, ao arquivo com as cautelas de praxe. P.R.I.C. - ADV: KATIA REGINA ALVES DORIA (OAB 103588/SP)

Íntegra da decisão:

SENTENÇA

Processo Digital nº: **1122243-85.2021.8.26.0100**

Classe - Assunto **Dúvida - Registro de Imóveis**

Suscitante: **15º Oficial de Registro de Imóveis da Capital**

Suscitado: **Cristiane Alves Doria**

Juiz(a) de Direito: Dr(a). **Luciana Carone Nucci Eugênio Mahuad**

Vistos.

Trata-se de dúvida suscitada pelo **Oficial do 15º Registro de Imóveis da Capital** a requerimento de **Cristiane Alves Doria**, tendo em vista negativa em se proceder ao registro de compromisso de compra e venda datado de 02 de agosto de 2021, por meio do qual a suscitada adquiriu direitos sobre o imóvel de matrícula n. 244.648 daquela serventia.

A devolução do título foi motivada pela necessidade de prévio cancelamento de alienação fiduciária existente em favor do Banco Santander (Brasil) S/A, a qual foi registrada sob n. 6 e averbada sob n. 7 na referida matrícula, uma vez que a disposição do imóvel depende da consolidação da propriedade em nome dos promitentes vendedores. Também há informação acerca da prenotação subsequente de título contraditório, ao qual o credor fiduciário compareceu, dando quitação da dívida existente, pelo que ressalta o Oficial que, a despeito da prioridade do título ora analisado, a dupla transferência de direitos pode produzir dano de difícil reparação.

Documentos vieram às fls. 07/181.

Ao requerer a suscitação da dúvida, pela petição copiada às fls. 10/13, a parte suscitada alega que não consegue proceder ao cancelamento da alienação fiduciária gravada na matrícula, pois o saldo devedor foi quitado por terceiro, já que, após desacordo contratual, os proprietários tabulares alienaram o imóvel a terceiro em negociação posterior, defendendo a preferência do seu título.

Não houve impugnação nestes autos (fls. 07/09 e 182).

O Ministério Público opinou pela procedência parcial da dúvida, já que necessário o cancelamento da alienação fiduciária ou anuência do credor, com aplicação das normas que regulam a prioridade das prenotações para solucionar o conflito na transmissão dominial (fls. 187/189).

É o relatório.

Fundamento e decido.

De início, vale observar que a manifestação do Ministério Público encartada à fl. 186 é alusiva ao processo de autos n. 1002624-98.2020.8.26.0100, que tramita perante a 2ª Vara de Registros Públicos, pelo que não será considerada.

No mérito, a dúvida é procedente, ao menos em parte.

Vejamos os motivos.

Como se verifica na matrícula copiada às fls. 174/181, os proprietários tabulares alienaram fiduciariamente a propriedade resolúvel do imóvel ao Banco Santander (Brasil) S/A, de modo que, para transmitir seus direitos sobre o bem, dependem de expressa anuência do credor nos termos do artigo 29 da Lei n. 9.514/97, a qual não foi obtida em relação à contratação envolvendo a parte suscitada.

Ademais, a nota de devolução de fl. 23 informa que o credor fiduciário compareceu em outro contrato firmado pelos proprietários tabulares, dando quitação da dívida existente.

Sem a anuência do credor, por expressa vedação legal, a promessa de venda feita à parte suscitada não pode ingressar no fólio real.

Por outro lado, a apresentação de título contraditório não é motivo para se obstar o registro, sendo que o número de ordem do protocolo determina a prioridade do título, observada a validade das prenotações (itens 35 e 37, Cap.XX, da NSCGJ).

Vale observar, por fim, que os fatos narrados indicam como certo o litígio pela dupla transferência de direitos, o qual, entretanto, não pode ser resolvido nesta via administrativa, a qual se restrinja à análise dos princípios e normas que regem a entrada de títulos no Registro de Imóveis.

Diante do exposto, **JULGO PARCIALMENTE PROCEDENTE** a dúvida para manter a exigência de cancelamento prévio da alienação fiduciária registrada na matrícula para registro do título de interesse da parte suscitada.

Deste procedimento não decorrem custas, despesas processuais ou honorários advocatícios.

Oportunamente, ao arquivo com as cautelas de praxe.

P.R.I.C.

São Paulo, 14 de janeiro de 2022. (DJe de 19.01.2022 – SP)

Ementa: Sentença – Pedido de Providências – Alegação de irregularidade em Escritura de Venda e Compra – Pedido de bloqueio da matrícula – Informação pela Requerente de que não alienou o imóvel, bem como de que há divergência na assinatura lançada na escritura – Título que não foi registrado – Incompetência do juízo administrativo para instrução ou avaliação de vícios intrínsecos do título – Fatos que já foram noticiados à autoridade policial – Indeferimento do pedido – Improcedência

Processo 1132024-34.2021.8.26.0100

Pedido de Providências - Registro de Imóveis - Iracema Nunes Correa - Diante do exposto, JULGO IMPROCEDENTE o pedido. Deste procedimento não decorrem custas, despesas processuais ou honorários advocatícios. Oportunamente, ao arquivo. P.R.I.C. - ADV: JOÃO BATISTA CORREA COUTINHO (OAB 367696/SP)

Íntegra da decisão:

SENTENÇA

Processo Digital nº: **1132024-34.2021.8.26.0100**

Classe - Assunto **Pedido de Providências - Registro de Imóveis**

Requerente: **Iracema Nunes Correa**

Requerido: **12º Oficial de Registro de Imóveis da Capital**

Juiz(a) de Direito: Dr(a). **Luciana Carone Nucci Eugênio Mahuad**

Vistos.

Trata-se de pedido de providências formulado por **Iracema Nunes Correa**, com notícia de suposta irregularidade em escritura de venda e compra envolvendo o imóvel da matrícula n. 151.710 do 12º Registro de Imóveis (outorgado Sérgio Catarino Amado).

Relata que herdou referido bem em decorrência do óbito do proprietário, Silvio Primo Francisco Humbert, com quem conviveu, conforme escritura de inventário lavrada pelo 1º Tabelião de Notas de Piracicaba, sendo que não o alienou e há divergência na assinatura lançada na escritura de venda, o que foi noticiado à autoridade policial (fls. 70/71).

Esclarece, ainda, que o titular do domínio foi vítima de outras fraudes, envolvendo alienação de dois imóveis (ação consignatória de autos n. 1013062-13.2016.8.26.0008, em trâmite perante a 1ª Vara Cível do Regional do Tatuapé, São Paulo, onde foi reconhecida falsidade de assinatura; pedido de providências n. 1084437-89.216.8.26.0100, da 2ª Vara de Registros Públicos da Capital, e pedido de providências n. 0035171-53.216.8.26.0100, desta 1ª Vara de Registros Públicos da Capital).

Menciona que a escritura foi prenotada sob n. 582.961, pelo que solicitou providências ao Oficial (prenotação n. 587.991), ressaltando que, na certidão extraída da matrícula, consta, ainda, prenotação de instrumento particular sob n. 592.404, em que figura como outorgante o adquirente Sérgio e como outorgada a empresa Estrela Representações de Papéis Ltda.

Pretende, assim, o bloqueio da matrícula.

Documentos vieram às fls. 08/129.

Bloqueio liminar da matrícula foi indeferido (fl. 131).

O Oficial, às fls. 135/136, esclareceu que a escritura lavrada no livro 39-E, às folhas 041/042, pelo Serviço Notarial e Registro Civil de Ivailândia, Comarca de Engenheiro Beltrão, prenotada sob n. 582.961, foi qualificada negativamente (apresentação da guia de recolhimento do ITBI, para confirmação no site da Prefeitura Municipal, e de certidão do Tabelião onde conste o arquivamento das certidões mencionadas na escritura – fls. 59/60); que, reapresentado o título, foi novamente qualificado negativamente (prenotação n. 592.403), sendo retirado pela parte interessada; que o Instrumento Particular, pelo qual Sergio Catarino Amado promete vender o imóvel a Estrela Representações de Papéis Ltda, também foi qualificado negativamente e retirado pela parte interessada (prenotação n. 592.404). Documentos vieram às fls. 137/140.

O Ministério Público opinou pelo bloqueio da matrícula do imóvel (fls. 143/144).

É o relatório.

Fundamento e DECIDO.

No mérito, o pedido não pode ser acolhido. Vejamos os motivos.

Pelo princípio da legitimação (eficácia do registro), os vícios reconhecíveis neste âmbito são apenas aqueles comprováveis de pleno direito, que resultem de erros evidentes extrínsecos ao título, sem necessidade de exame de outros documentos ou fatos.

Em outras palavras, nesta via administrativa e no âmbito da competência da Corregedoria Permanente, não há espaço para instrução ou avaliação de vícios intrínsecos do título levado a registro ou averbação, pelo que incabível análise de sua higidez.

Nesse sentido, a jurisprudência da E. Corregedoria Geral da Justiça:

"NULIDADE DO REGISTRO. Artigo 214 da Lei de Registros Públicos. Nulidade do Registro (modo) e não do título. Somente é cabível na via administrativa o conhecimento de vício atinente à nulidade direta do registro e não do título (vício intrínseco). Nulidade do título somente é passível de conhecimento na via jurisdicional - Recurso não provido" **(CGJ proc. n. 1050759-49.2017.8.26.0100, DJ 13.03.2018).**

"REGISTRO DE IMÓVEIS - registro de alienação fiduciária - eventuais vícios do título que só podem prejudicar o registro, por via oblíqua, mediante atuação da jurisdição - via administrativa inapropriada - art. 214, da Lei nº 6.015/73, inaplicável - Recurso desprovido" **(CGJ proc. n. 0006400-50.2013.8.26.0236, DJ 11/10/16).**

"REGISTRO DE IMÓVEIS. Pedido de Providências que visa cancelar ou retificar o registro. Inexistência de nulidade formal e extrínseca, relacionada exclusivamente ao registro - Inaplicabilidade do artigo 214 da Lei de Registros Públicos - Vício exclusivo do título, de natureza intrínseca. Hipótese que se enquadra no artigo 216 da Lei de Registros Públicos Recurso não provido" **(CGJ parecer n. 2015/76433, DJ 07/07/15).**

Assim e porque já noticiados os fatos à autoridade policial para a devida apuração, (fls. 70/71), bem como tendo em vista que, pela atuação correta e diligente do Registrador, os títulos não foram registrados, com devolução à parte interessada, não há providência a ser tomada nesta via.

Não se noticiou, ainda, qualquer obstáculo ao ajuizamento de ação judicial com a finalidade de alcançar o bloqueio pretendido e invalidar os títulos, a justificar a intervenção deste juízo.

O bloqueio da matrícula, outrossim, obstaria o registro da escritura de inventário lavrada no Livro n. 1.653, às páginas n. 387/398, pelo 1º Tabelião de Notas de Piracicaba, por meio da qual a parte requerente adquiriu o imóvel em questão (fls. 12/15).

Diante do exposto, **JULGO IMPROCEDENTE** o pedido.

Deste procedimento não decorrem custas, despesas processuais ou honorários advocatícios.

Oportunamente, ao arquivo.

P.R.I.C.

São Paulo, 12 de janeiro de 2022.

Luciana Carone Nucci Eugênio Mahuad

Juíza de Direito (DJe de 14.01.2022 – SP)

Ementa: Sentença – Pedido de Providências – Alegação de irregularidades em Escritura Pública de Compra e Venda – Impossibilidade de registro – Relato pelo Requerente de que não foram observados os preceitos legais em relação à aquisição de propriedade imóvel por menor de idade e à incidência de tributos referente à doação do bem – Esclarecimento pela Tabeliã de que a escritura foi lavrada com base nas informações transmitidas à época pelas partes negociantes – Possibilidade de correção – Ocorrência de efetivo equívoco na análise do negócio jurídico – Titular da Delegação à época da lavratura que teve a delegação extinta no ano de 2019 – Arquivamento do feito – Ciência à designada

Processo 0043197-64.2021.8.26.0100

Pedido de Providências - REGISTROS PÚBLICOS - J.V.R.P.C. - L.S.N. e outro - Juiz(a) de Direito: Dr(a). Marcelo Benacchio VISTOS, Trata-se de pedido de providências instaurado por determinação desta Corregedoria Permanente, em face de ação de cancelamento de registro público e indenização por danos materiais e morais, redistribuída à esfera competente, que refere irregularidades em Escritura Pública de Compra e Venda lavrada aos

22.07.2009 perante o 1º Tabelionato de Notas da Capital. Os autos foram instruídos com os documentos de fls. 03/475. Em especial, as razões da insatisfação pelo reclamante, entre outras inquirições deduzidas, encontram-se acostadas às fls. 03/20. A cópia do referido instrumento público resta juntada às fls. 43/44. A Senhora Interina prestou esclarecimentos às fls. 481/484. O Senhor Representante veio aos autos para reiterar os termos de seu protesto inicial (fls. 488/490). O Ministério Público ofertou parecer às fls. 494/495 e 502/503. É o breve relatório. Decido. Trata-se de expediente instaurado por determinação desta Corregedoria Permanente em razão de notícia de irregularidades em Escritura Pública de Compra e Venda lavrada aos 22.07.2009 perante o 1º Tabelionato de Notas da Capital. Aponta o Senhor Representante, em breve síntese, que o instrumento público de Venda e Compra foi incorretamente lavrado, deixando de observar preceitos legais concernentes à aquisição de propriedade imóvel por menor e à incidência de tributos referente à doação de bem. Alega o reclamante, especificamente, que não foi exigida pela serventia extrajudicial, no ato da lavratura da nota, em 2009, a documentação que agora lhe é exigida pelo Registro de Imóveis para a inscrição no fólio real: de um lado, a menção da doação (quanto ao imóvel negociado) e declaração ou comprovante do recolhimento do ITCMD, ou, noutro turno, o alvará judicial autorizativo da aquisição de imóvel pelos menores, com a respectiva comprovação da origem dos recursos que fundamentaram o pagamento. Diante de tal falha na Escritura Pública, por ora resta inviabiliza a regularização da propriedade. A seu turno, a Senhora Tabeliã Interina, responsável pela delegação vaga afeta ao 1º Tabelionato de Notas desta Capital, que se encontra vago desde 25.06.2019, veio aos autos para esclarecer que a Escritura Pública, inserta no Livro 3918, fls. 19 e seguintes, datada de 22.07.2009, foi lavrada com base nas informações transmitidas à época pelas partes negociantes, pugnando pela regularidade e ainda a possibilidade de eventual correção por meio de Escritura de Retificação e Ratificação, bem como pela quitação do tributo. Pois bem. De início, aponto ao interessado que a matéria posta em controvérsia no bojo dos presentes autos é objeto de apreciação no limitado campo de atribuição desta Corregedoria Permanente, que desempenha, dentre outras atividades, a verificação do cumprimento dos deveres e obrigações dos titulares e responsáveis de delegações afetas à Corregedoria Permanente desta 2ª Vara de Registros Públicos da Capital. Nesse sentido, não se apura, neste expediente, a higidez dos negócios jurídicos aventados pelas partes ou responsabilidade civil, mas sim a correta atuação da serventia, em sua função de materializar e formalizar a vontade dos participantes. No que tange a participação dos menores como adquirentes do bem, ao revés do que indica a Sra. Interina, a falha não se cuida de mero equívoco na redação da nota, mas sim de efetivo equívoco na análise do negócio jurídico materializado por meio do instrumento público concernente à origem dos valores empregados pelos menores. Nessa perspectiva, se fez constar os menores como adquirentes sem a menção quanto a origem dos recursos utilizados para pagamento do preço. Seja como for, o Sr. Titular da Delegação à época teve a delegação extinta em 2019, destarte, considerada a data do fato (2009) e a extinção da delegação há prejuízo quanto qualquer ato disciplinar da parte desta Corregedoria Permanente. Não obstante, considerando-se que os Senhores Substitutos e Escreventes que subscrevem os atos continuam os mesmos junto à serventia, desde a época da lavratura do ato contestado, faço observação a Senhora Designada para que proceda à cuidadosa e rígida orientação e reforçada fiscalização quanto ao conteúdo formal das notas materializadas, de modo a evitar a repetição de falha assemelhada. Por fim, também ficam prejudicadas outras providências, a exemplo do bloqueio do ato notarial, pois, a par da irregularidade, não dúvidas quanto a correção dos elementos do contrato de compra e venda na perspectiva notarial; a par da ação judicial em curso. Ausentes outras providências, determino o arquivamento deste expediente. Ciência à Designada e ao Ministério Público. Encaminhe-se cópia das principais peças dos autos à Egrégia Corregedoria Geral da Justiça, por e-mail, servindo a presente como ofício. P.I.C. - ADV: PAULO EDUARDO GARCIA PERES (OAB 222034/SP), LUCIANO ALEXANDER NAGAI (OAB 206817/SP) (DJe de 14.01.2022 – SP)

Ementa: Sentença – Dúvida – Pedido de registro de Escritura de Compra e Venda – Negativa por necessidade da apresentação do RG e do CPF dos vendedores – Documentos que foram apresentados ao tabelião de notas que realizou a lavratura da procuração para assinatura da Escritura – Possibilidade de mitigação da exigência – Autorização do registro – Improcedência

Processo 1134159-19.2021.8.26.0100

Dúvida - Registro de Imóveis - Aureni de Oliveira Mendes - Diante do exposto, JULGO IMPROCEDENTE a dúvida suscitada para autorizar o registro. Deste procedimento não decorrem custas, despesas processuais ou honorários advocatícios.

Oportunamente, ao arquivo com as cautelas de praxe. P.R.I.C. - ADV: CLEONICE DA CONCEIÇÃO DIAS (OAB 199332/SP), MAURO JOSE DE ANDRADE (OAB 128819/SP)

Íntegra da decisão:

SENTENÇA

Processo Digital nº: **1134159-19.2021.8.26.0100**

Classe - Assunto **Dúvida - Registro de Imóveis**

Suscitante: **12º Oficial de Registro de Imoveis da Capital**

Suscitado: **Aureni de Oliveira Mendes**

Juiz(a) de Direito: Dr(a). **Luciana Carone Nucci Eugênio Mahuad**

Vistos.

Trata-se de dúvida suscitada pelo **Oficial do 12º Registro de Imóveis da Capital** a requerimento de **Aureni de Oliveira Mendes**, tendo em vista negativa em se proceder ao registro de escritura de compra e venda lavrada em 27 de novembro de 1989, envolvendo o imóvel objeto da matrícula n. 202.805 daquela serventia.

Segundo o Oficial, a negativa foi motivada pela necessidade de apresentação de documentos de identidade (RG) e de inscrição no cadastro de pessoas físicas (CPF) dos vendedores, Lourival Silva e Maria Auxiliadora dos Santos Silva, nos moldes do item 61, Cap. XX, das Normas de Serviço da Corregedoria, notadamente porque, quando da abertura de ofício de referido registro, com origem na transcrição n. 133.329, não constou a identificação completa dos proprietários.

Documentos vieram às fls. 04/21.

A parte suscitada manifestou-se às fls. 22/23, alegando que a escritura de compra e venda foi lavrada por meio de procurador dos vendedores, de modo que não possui qualquer contato com eles, sendo desnecessária a exigência já que o título dispõe de todos os dados dos contratantes.

O Ministério Público se manifestou às fls. 27/29, aduzindo que, diante das peculiaridades do caso concreto e da razoável certeza extraível dos documentos apresentados, o rigor formal pode ser abrandado, restando prejudicada a dúvida (fls. 27/29).

É o relatório.

Fundamento e decido.

No mérito, a dúvida é improcedente. Vejamos os motivos.

Ainda que a solicitação de cópia autenticada de RG e CPF dos vendedores esteja em consonância com os princípios da especialidade subjetiva e da segurança jurídica, refletidos pelas regras do artigo 176, § 1º, III, 2, "a", da Lei de Registros Públicos, e do item 61.3 do Capítulo XX das Normas de Serviço da E. CGJ/SP, verificamos que referidos documentos foram apresentados pelos proprietários vendedores ao tabelião de notas que lavrou a procuração outorgada a Júlio Amâncio do Nascimento, conferindo a ele poderes para assinar a escritura de venda da casa de n. 07, da rua Morerê, correspondente ao lote 07, da quadra 20, do Jardim Camargo, Bairro Itaim, nesta capital (fls. 06/07).

Por meio de referida procuração pública, que indica os números de RG dos vendedores, os quais partilhavam o mesmo número de CPF, lavrou-se a escritura de compra e venda agora levada a registro.

Nesse contexto, em que os documentos originais já foram anteriormente conferidos por tabelião dotado de fé pública, é possível a mitigação da exigência em questão na medida em que não há risco: os vendedores estão bem identificados; a segurança jurídica resta íntegra.

Diante do exposto, **JULGO IMPROCEDENTE** a dúvida suscitada para autorizar o registro.

Deste procedimento não decorrem custas, despesas processuais ou honorários advocatícios.

Oportunamente, ao arquivo com as cautelas de praxe.

P.R.I.C.

São Paulo, 10 de janeiro de 2022.

Luciana Carone Nucci Eugênio Mahuad

Juíza de Direito (DJe de 13.01.2022 – SP)

Ementa: Sentença – Pedido de Providências – Pedido de retificação da Escritura Pública de Compra e Venda – Negativa por necessidade da presença das partes originais do negócio jurídico – Ato notarial que já está aperfeiçoado e consumado – Imprescindibilidade de que todas as partes do ato compareçam para a lavratura de Escritura de Retificação e Ratificação – Item 55, do Capítulo XVI, das NSCGJ – Inviabilidade da retificação pretendida – Indeferimento do pedido – Arquivamento do feito – Ciência ao Tabelião – Improcedência

Processo 1124296-39.2021.8.26.0100

Pedido de Providências - Registro de Imóveis - A. G.M. - Juiz(a) de Direito: Dr(a). Marcelo Benacchio VISTOS, Trata-se de pedido de providências formulado por A. G. M., solicitando a retificação da Escritura Pública de Compra e Venda realizada aos 30 de agosto de 2005, inserta no livro 3609, páginas 251, da lavra do 24º Tabelionato de Notas da Capital. Os autos foram instruídos com os documentos de fls. 12/91. Em especial, a cópia da debatida escritura pública encontra-se juntada, parcialmente, às fls. 30/32. O Senhor 24º Tabelião Interino manifestou-se às fls. 99/101. O Senhor Representante veio aos autos para reiterar os termos de seu pedido original (fls. 104/108). O D. Representante do Ministério Público manifestou-se às fls. 113/114, opinando pela improcedência do pedido. É o breve relatório. DECIDO. Cuida-se de pedido formulado por por A. G. M., solicitando a retificação da Escritura Pública de Compra e Venda realizada aos 30 de agosto de 2005, inserta no livro 3609, páginas 251, da lavra do 24º Tabelionato de Notas da Capital. Verifica-se dos autos que a Escritura Pública de Compra e Venda, realizada aos 30 de agosto de 2005, inserta no livro 3.609, páginas 251 e seguintes, da lavra do Senhor 24º Tabelião de Notas da Capital, teve seu ingresso registrário negado pelo Registrador de Imóveis de Santos, SP, uma vez que não figurava do ato notarial a menção à fração ideal da propriedade objeto de matrícula correlata ao imóvel negociado. Consta do feito que o Tabelionato solicitou a presença das partes originais do negócio jurídico, para possibilitar a retificação do ato, por meio da lavratura de Escritura de Rerratificação, o que, segundo o Senhor Representante, não pode ser feito, por conta do falecimento dos antigos proprietários e desinteresse dos herdeiros. O Senhor Representante insurge-se, no entendimento de que a alteração não afetaria parte essencial do negócio jurídico, mas tão somente a descrição do imóvel, podendo ser realizada de ofício pelo unidade. Neste quesito, requer a parte interessada que esta Corregedoria Permanente determine à unidade a lavratura da competente escritura pública. Pois bem. Assiste razão ao Senhor Interino na negativa efetuada. Pese embora a argumentação deduzida nos autos pela parte Representante, forçoso convir, na espécie, que o ato notarial que se pretende retificar já está aperfeiçoado e consumado, inexistindo possibilidade jurídica, no âmbito administrativo, para a alteração pretendida, ante ao conteúdo das declarações de vontade. Verifico que a retificação pretendida não se cuida de mera correção de erros, inexatidões materiais e equívocos, a ser realizada de ofício pela unidade extrajudicial ou mediante mero requerimento das partes, cujo ato será subscrito apenas pelo Notário ou seu substituto legal, em conformidade com o item 54, Capítulo XVI, das Normas de Serviço da E. Corregedoria Geral da Justiça. Com efeito, conforme bem apontado pelo Senhor Designado, a alteração pretendida transpassa em muito a mera modificação da descrição o imóvel, de fato alterando substancialmente o objeto do ato. Portanto, é exigível, para a retificação administrativa, se o caso, a presença das partes originais do ato, para a lavratura de escritura de retificação e ratificação, nos termos do item 55, Capítulo XVI, das Normas de Serviço da E. Corregedoria Geral da Justiça, uma vez que a alteração pretendida afeta parte essencial do negócio jurídico pactuado: seu objeto. Não se deve perder de vista que escritura pública é ato notarial que formaliza juridicamente a vontade das partes, observados os parâmetros fixados pela Lei e pelas Normas de Serviço da Corregedoria Geral da Justiça, reproduzindo, portanto, exatamente aquilo que outorgantes e outorgados manifestaram ao preposto da serventia. Bem assim, qualquer falha em escritura pública, não concernente em mera correção de erros, inexatidões materiais e equívocos, só pode ser emendada com a participação das mesmas partes, mediante a lavratura de novo ato. Nesse sentido, o tema é fortemente assentado perante esta Corregedoria Permanente, bem como perante a E. Corregedoria Geral da Justiça, que em recente julgado, decidiu: Retificação de escritura pública de compra e venda de imóvel - Título que atribui aos interessados imóvel diverso daquele referido no contrato celebrado e efetivamente ocupado - Situação que extrapola as específicas hipóteses de retificação previstas nos itens 53 e 54 do Capítulo XIV das NSCGJ por implicar modificação da declaração de vontade das partes e da substância do negócio jurídico realizado - Recurso não provido. (Corregedoria Geral da Justiça de São Paulo Pedido de Providências: 1073694-83.2017.8.26.0100. Data de Julgamento: 13.03.2018. Publicação: 21.03.2018. Relator: Dr. Geraldo Francisco Pinheiro Franco). Por conseguinte, diante de todo o exposto, é inviável a retificação tal qual pretendida, perante esta estreita via administrativa, razão pela qual indefiro o pedido inicial. Oportunamente, arquivem-se os autos. Ciência ao Senhor Tabelião e ao Ministério Público. P.I.C. - ADV: BRUNA DA SILVA KUSUMOTO (OAB 316076/SP) (DJe de 13.01.2022 – SP)

Ementa: Sentença – Pedido de Providências – Pedido de retificação da Escritura Pública de Compra e Venda – Negativa em razão da existência de divergência na qualificação da outorgante vendedora entre os documentos e a Procuração Pública – Informação posterior de desistência do pleito – Homologação do pedido de desistência – Arquivamento do feito – Ciência ao Tabelião

Processo 1134575-84.2021.8.26.0100

Pedido de Providências - Notas - T.N. - F.A.S.D. e outro - Juiz(a) de Direito: Dr(a). Marcelo Benacchio VISTOS, Trata-se de pedido de providências formulado pelo Senhor 7º Tabelião de Notas da Capital, em razão da impugnação apresentada pelo

Senhor F. A. S. D., em face de do óbice aposto pelo Notário a pedido de retificação da Escritura Pública de Compra e Venda, lavrada aos 28 de março de 1968, inserta no livro 1.825, páginas 232/236, perante sua serventia. Os autos foram instruídos com os documentos de fls. 04/43. Em especial, a cópia da debatida escritura pública encontra-se juntada às fls. 32/34 e as razões do pedido e da impugnação do Senhor Interessado restam acostadas às fls. 04/08. O Senhor Representante requereu sua habilitação nos autos (fls. 46/47) e reiterou os termos de sua manifestação inicial (fls. 51/79). Posteriormente, o Senhor 7º Tabelião de Notas tornou aos autos para noticiar a desistência do pedido pelo Senhor Interessado (fls. 80/81). O D. Representante do Ministério Público manifestou-se às fls. 83/85. É o breve relatório. DECIDO. Cuida-se de pedido de providências formulado pelo Senhor 7º Tabelião de Notas da Capital, em razão da impugnação apresentada pelo Senhor F. A. S. D., em face de do óbice aposto pelo Notário a pedido de retificação da Escritura Pública de Compra e Venda, lavrada aos 28 de março de 1968, inserta no livro 1.825, páginas 232/236, perante sua serventia. Verifica-se dos autos que a Escritura Pública de Compra e Venda teve seu ingresso registrário negado pelo Registrador de Imóveis de Valinhos, SP (local da propriedade), por conta da divergência na qualificação da outorgante-vendedora entre os documentos e a Procuração Pública, utilizados para instruir o ato, e o próprio instrumento público, figurando algumas vezes como M. L. Q. S. S., e outras vezes como L. Q. S. S.. Após a pertinente manifestação pelo Senhor Tabelião e resposta pelo Senhor Interessado, noticiou-se a desistência do pedido pelo requerente. Por conseguinte, homologo a desistência do pleito formulado e, ausentes outras medidas administrativas a serem adotadas, determino o arquivamento dos autos. Ciência ao Senhor Tabelião e ao Ministério Público. P.I.C. - ADV: CLEBER FERNANDO BERNARDI (OAB 327503/SP) (DJe de 10.01.2022 – SP)

DAÇÃO EM PAGAMENTO

Ementa: Sentença – Dúvida – Pedido de registro de Escrituras de Compra e Venda e de Dação em Pagamento – Negativa por violação ao Princípio da Especialidade Objetiva – Registro da Dação em Pagamento que depende, primeiramente, do registro da Compra e Venda – Existência de divergência das medidas perimetrais informadas no título – Necessidade de retificação da descrição tabular – Indeferimento do pedido – Manutenção do óbice – Procedência

Processo 1135979-73.2021.8.26.0100

Dúvida - Registro de Imóveis - Banco Santander (Brasil) S/A - Diante do exposto, JULGO PROCEDENTE a dúvida suscitada pelo Oficial do 16º Registro de Imóveis da Capital para, consequentemente, manter o óbice registrário. Deste procedimento não decorrem custas, despesas processuais ou honorários advocatícios. Oportunamente, remetam-se os autos ao arquivo. P.R.I.C. - ADV: AMANDA DE AVILA (OAB 398119/SP)

Íntegra da decisão:

SENTENÇA

Processo Digital nº: **1135979-73.2021.8.26.0100**

Classe - Assunto **Dúvida - Registro de Imóveis**

Suscitante: **16º Oficial de Registro de Imóveis da Capital**

Requerido: **Banco Santander (Brasil) S/A**

Juiz(a) de Direito: Dr(a). **Luciana Carone Nucci Eugênio Mahuad**

Vistos.

Trata-se de **dúvida** suscitada pelo **Oficial do 16º Registro de Imóveis da Capital** a requerimento de **Banco Santander (Brasil) S/A**, diante da negativa em se proceder ao registro de escrituras de compra e venda e de dação em pagamento por violação ao princípio da especialidade objetiva.

O Oficial alega que o registro da dação em pagamento depende, primeiramente, do registro da compra e venda, de modo que somente este pode ser objeto do processo, embora a dúvida tenha sido requerida em relação aos dois negócios, bem como que o imóvel descrito nos títulos não possui matrícula nem transcrição própria, sendo que as matrículas correspondentes apresentam descrição deficiente, o que torna necessária prévia retificação administrativa, ao lado de unificação, nos termos dos artigos 213 e 234 da Lei de Registros Públicos. Juntou documentos às fls. 04/104.

A parte suscitada se manifestou às fls. 105/110, alegando que, para proceder à retificação exigida, precisa ter o imóvel registrado em seu nome; que o bem está, de fato, mal descrito nas escrituras e nas matrículas, mas não possui legitimidade para conduzir as devidas regularizações, pois não possui a propriedade; que não conseguirá rerratificar a escritura de compra e venda, uma vez que as empresas envolvidas no negócio estão extintas: a vendedora foi incorporada pela empresa Pronorte Colonização Ltda e a compradora foi baixada. Apresentou documentos às fls. 111/154.

O Ministério Público opinou pela procedência (fls. 158/160).

É o relatório.

Fundamento e decido.

No mérito, a dúvida é procedente. Vejamos os motivos.

A parte suscitada apresentou para registro duas escrituras relativas ao mesmo imóvel, prenotadas sob nº 588.509 (fls. 50/51), sendo que a primeira veicula a venda feita pela proprietária Montendam Administração, Colonização Comércio e Indústria na Amazônia Ltda para a compradora Montepaci – Sociedade Comercial de Imóveis Ltda, enquanto a segunda formaliza dação em pagamento realizada por Montepaci em favor do Banco Meridional do Brasil S/A.

Assim, de início, verifica-se que tem razão o Oficial suscitante quanto à impossibilidade de análise imediata da escritura de dação em pagamento, uma vez que seu registro depende, essencialmente, do registro da compra e venda precedente em atendimento à regra do artigo 195 da LRP e ao princípio da continuidade, de modo que a qualificação negativa do primeiro título prejudica a análise do segundo.

Da mesma forma, ficam prejudicadas as averbações subsequentes listadas no requerimento copiado às fls. 60/61, ainda que os documentos relativos a tais atos indiquem efetivo interesse do Banco Santander (Brasil) S/A na inscrição das modificações jurídico-reais pelas quais passou o imóvel desde as últimas transcrições, uma vez que é sucessor do Banco Meridional do Brasil S/A (fls. 63/97 e 111/154).

Já quanto à qualificação da escritura de compra e venda, lavrada no dia 30 de dezembro de 1992 e copiada às fls. 54/59, observa-se que seu objeto vem descrito da seguinte forma:

> *"... imóvel consistente do GALPÃO DE ALVENARIA e demais benfeitorias, lotadas sob nº 1952 da Av. Marginal do Tietê, no bairro Vila Nova Jaguara, Município e Comarca de São Paulo, Estado de São Paulo, quarteirão formado pelas Av. Marginal Tietê, rua Maria do Carmo Marialva (córrego), Gustavo de Lacerda e Avenida Cel. Pedro de Moura, setor 199, quadra 133, conforme identificação fiscal do Mapa Oficial da cidade (MOC), publicado em OUT/85 pela PMSP, com uma área de 863,00 m², e constituído de parte dos lotes de nºs 07, 08, 09, 44, 45, 46, 47 e 48 da quadra 07, medindo 30,00m de frente, para a Avenida Marginal do Tietê, 31,60 m por um lado, a direita onde divide com o prédio de nº 1950 de propriedade de Romano Center; 28,76m, pelo outro lado, a esquerda, onde divide com o prédio de nº 1960 de propriedade de Trater; fundos, com 30,77m, onde divide com um córrego ali existente.*

Dito imóvel tem como origem as transcrições de números 52231, 54790 e 60041 dos livros 3-AI, 3-AK e 3-AN, respectivamente, do 16º Cartório de Registro de Imóveis da Comarca de São Paulo, SP".

As transcrições mencionadas no título, por sua vez, deram origem às matrículas n. 119.747, n. 119.748 e n. 119.749, todas abertas de ofício pelo Registrador no dia 26 de maio de 2004, com base nos elementos das transcrições originais (fls. 102/104), as quais conjugam os lotes indicados na escritura e vêm didaticamente retratadas na planta de fl. 27.

Nota-se, contudo, que a área descrita na escritura forma um quadrilátero (medindo 30 metros de frente; 31,60 metros do lado direito; 28,76 metros do lado esquerdo e 30,77 metros aos fundos), enquanto o polígono formado pelo conjunto dos lotes descritos nas três matrículas tem oito lados, apresentando quebras nas linhas laterais, que não são retas como vem descrito na escritura.

Nos termos do artigo 225, §2º, da LRP, é dever dos tabeliães fazer com que as partes indiquem nas escrituras, com precisão, as confrontações e as localizações dos imóveis, considerando-se irregular, para efeito de matrícula, o título no qual a caracterização do imóvel não coincida com a que consta do registro anterior.

Ressalte-se, novamente, que as matrículas atuais, embora abertas de ofício posteriormente à lavratura da escritura apresentada, trouxeram os elementos descritivos das transcrições de origem, datadas do início da década de 1970, de modo que o título lavrado na vigência da Lei de Registros Públicos deveria necessariamente observar a descrição das transcrições existentes na época.

Neste ponto, o item 58, Cap.XX, das NSCGJ, orienta que, por "caracterização do imóvel", entendem-se apenas as medidas e a área, não devendo ser considerados irregulares títulos que corrijam omissões.

Portanto, a rigor, não haveria necessidade de regularização da matrícula n. 119.749 pela simples omissão em relação à indicação da área quantitativa, cuja medida veio indicada na escritura (fl. 104).

Porém, a divergência das medidas perimetrais informadas no título enseja irregularidade que veda seu acesso imediato ao fólio real.

Por outro lado, as peculiaridades do caso concreto, a princípio, não só permitem que a retificação prévia seja conduzida pela parte interessada, como revelam sua conveniência para o saneamento registrário.

Primeiramente, como já anotado, a parte possui justificado interesse no registro da escritura apresentada por ser sucessora do Banco Meridional do Brasil S/A.

Em segundo lugar, a própria parte manifesta interesse na regularização do registro do imóvel que, conforme laudo de fls. 31/49, envolve não só as matrículas de n. 119.747, n. 119.748 e n. 119.749, como também as matrículas de n. 82.352 e n. 82.350, todas do 16º RI. O trabalho apresentado confirma tal intenção de unificação dos imóveis, que é facultada pelo artigo 234 da LRP.

Por fim, também é relevante a informação acerca de desapropriação de grande parte dos lotes 44, 45, 46, 47 e 48 daquela quadra para as obras de alargamento da avenida marginal do rio Tietê.

Na prática, os imóveis que, em tese, pertencem à parte interessada, formam um único lote inteiramente contornado por vias públicas, com exceção de uma divisa na direção em que segue o prolongamento da mesma quadra, onde confronta com um único imóvel (fls. 36 e 38).

Por não haver registro da desapropriação, torna-se imprescindível a prévia apuração do remanescente mediante procedimento retificatório que permita adequar a descrição tabular com lastro geográfico para efetiva identificação da área real dos imóveis, afastando-se riscos de sobreposição.

É o que impõe o item 57.4, do Capítulo XX, das Normas de Serviço da Corregedoria Geral da Justiça do Tribunal de Justiça de São Paulo (destaque nosso):

"O procedimento previsto no art. 213, inciso II, da Lei nº 6.015/73 será adotado ***quando a descrição original do imóvel sofreu alteração em razão de desfalque parcial, sem que tenha ocorrido a apuração do remanescente****".*

Na sequência, considerando que o título não só faz referência às matrículas correspondentes ao imóvel negociado, mas descreve o quarteirão no qual está inserido, e tendo em vista, ainda, a indicação de que a parte interessada adquiriu todos os lotes localizados naquela ponta da quadra, tendo apenas um confrontante além das vias públicas, o que reduz a possibilidade de sobreposição e as incertezas quanto à identificação do bem, o registro oportuno da escritura apresentada e dos títulos subsequentes se mostra possível, desde que atendidos os requisitos do artigo 213, §13, da LRP, que assim dispõe:

"Art. 213. O oficial retificará o registro ou averbação:

II - a requerimento do interessado, no caso de inserção ou alteração de medida perimetral de que resulte, ou não, alteração de área, instruído com planta e memorial descritivo assinado por profissional legalmente habilitado, com prova de anotação de responsabilidade técnica no competente Conselho Regional de Engenharia e Arquitetura - CREA, bem assim pelos confrontantes. (...)

§13. Não havendo dúvida quanto à identificação do imóvel, o título anterior à retificação poderá ser levado a registro desde que requerido pelo adquirente, promovendo-se o registro em conformidade com a nova descrição".

Em outros termos, somente após retificada a descrição tabular é que se tornam viáveis o registro dos títulos translativos e as averbações subsequentes, inclusive com regularização de eventual construção.

Diante do exposto, **JULGO PROCEDENTE** a dúvida suscitada pelo **Oficial do 16º Registro de Imóveis da Capital** para, consequentemente, manter o óbice registrário.

Deste procedimento não decorrem custas, despesas processuais ou honorários advocatícios.

Oportunamente, remetam-se os autos ao arquivo.

P.R.I.C.

São Paulo, 15 de fevereiro de 2022.

Luciana Carone Nucci Eugênio Mahuad

Juíza de Direito (DJe de 17.02.2022 – SP)

DOAÇÃO

Ementa: Sentença – Dúvida – Pedido de registro de Escritura Pública de Doação – Impossibilidade – Negativa por violação ao Princípio da Continuidade – Arts. 195 e 237 da LRP – Procuração outorgada que não autorizou a transferência direta à donatária – Falecimento do mandante anteriormente à lavratura da escritura – Poderes outorgados pela procuração que somente poderiam ser exercidos até a morte do mandante – Indeferimento do pedido – Manutenção dos óbices – Procedência

Processo 1128111-44.2021.8.26.0100

Dúvida - Registro de Imóveis - Claudia Beatriz Santos da Costa Cruz - Diante do exposto, JULGO PROCEDENTE a dúvida suscitada e, em consequência, mantenho os óbices. Deste procedimento não decorrem custas, despesas processuais ou honorários advocatícios. Oportunamente, ao arquivo com as cautelas de praxe. P.R.I.C. - ADV: CLÁUDIA BEATRIZ SANTOS DA COSTA CRUZ (OAB 59967/MG)

Íntegra da decisão:

SENTENÇA

Processo Digital nº: **1128111-44.2021.8.26.0100**

Classe - Assunto **Dúvida - Registro de Imóveis**

Suscitante: **5º Oficial de Registro de Imóveis da Capital**

Suscitado: **Claudia Beatriz Santos da Costa Cruz**

Juiz(a) de Direito: Dr(a). **Luciana Carone Nucci Eugênio Mahuad**

Vistos.

Trata-se de dúvida suscitada pelo **Oficial do 5º Registro de Imóveis da Capital** a requerimento de **Claudia Beatriz Santos da Costa Cruz**, tendo em vista negativa em se proceder ao registro de escritura pública de doação referente aos imóveis de matrículas n. 10.589, 34.514 e 47.940 daquela serventia.

Segundo o Oficial, a negativa foi motivada por violação ao princípio da continuidade, vez que a procuração outorgada pelo proprietário dos imóveis, Gastão Urbano Maia Filho, às mandatárias, Claudia Beatriz Santos da Costa Cruz e Sissi Rocha de Miranda Ferreira, não autorizou que a transferência fosse realizada diretamente a Jussara Diniz Costa. Alega, ainda, a cessação do mandato em virtude do falecimento do mandante anteriormente à lavratura da escritura, inexistindo negócio pendente ou perigo na demora para justificar a alegada prorrogação para conclusão do negócio, nos termos do artigo 674 do Código Civil.

Documentos vieram às fls. 06/73.

A parte suscitada manifestou-se às fls. 74/80, aduzindo que o Oficial entendeu, equivocadamente, pela aplicação da antiga súmula 377 do STF e interpretou o instrumento de mandato como substituição fideicomissária, instituto este não mais autorizado pelo atual Código Civil. Afirma que a finalidade da procuração era sacramentar a vontade do proprietário, manifestada em contrato particular de doação (entendido como contrato preliminar) antes de seu falecimento, a qual deve prevalecer.

O Ministério Público opinou pela procedência (fls. 83/85).

É o relatório.

Fundamento e decido.

No mérito, a dúvida é procedente. Vejamos os motivos.

Como bem ressaltado pelo Ministério Público, o Oficial dispõe de independência no exercício de suas atribuições, não ficando sujeito ao acatamento de título lavrado por outro delegatário se os entender contrário à ordem jurídica e aos princípios que regem sua atividade.

No caso em tela, o instrumento procuratório de fls. 46/49, outorgado em 03/12/2019 por Gastão a Cláudia e Sissi, especificou os atos a serem realizados por elas, nos seguintes termos: *"outorga os mais amplos, gerais e ilimitados poderes, para o fim especial de receber através de compra e venda, permuta, doação ou qualquer outra forma de aquisição, e, posteriormente doar os imóveis a seguir descritos ou a parte que lhe couber em favor de Jussara Diniz Costa"*.

Note-se, entretanto, que a transferência dos bens imóveis se deu por doação realizada pelo titular dominial, representado por suas procuradoras, diretamente em favor de Jussara (fls. 08/13), o que está em total desacordo com os atos especificados na procuração.

Assim, verifica-se a existência de violação ao princípio da continuidade (artigos 195 e 237 da Lei de Registros Públicos LRP), o qual preza pelo perfeito encadeamento entre as informações inscritas e as que se pretendem inscrever.

Como afirmado na impugnação, não cabe ao Oficial registrador, ao qualificar o título, avaliar outras provas ou interpretar a vontade do contratante. Outrossim, não se podem interpretar os poderes expressos na procuração para aplicá-los de forma distorcida na conclusão de negócio particular desconhecido.

Ademais, a doação não é negócio que se prolongue no tempo, suscetível à interrupção que autorize a aplicação da regra do artigo 674 do Código Civil, de modo que os poderes outorgados pela procuração somente poderiam ser exercidos até a morte do mandante, oportunidade em que o mandato cessou.

Vale consignar que do instrumento de mandato não constou expressamente tratar-se de procuração em causa própria, conforme dispõe o artigo 685 do Código Civil.

Vale notar, ainda, que se doação particular houve, sua eficácia se restringe aos contratantes, pois a escritura pública é essencial à validade dos negócios jurídicos que visem transferência de direitos reais sobre imóveis.

Como se vê, sob qualquer aspecto, mostra-se acertada a qualificação negativa do título apresentado.

Diante do exposto, **JULGO PROCEDENTE** a dúvida suscitada e, em consequência, mantenho os óbices.

Deste procedimento não decorrem custas, despesas processuais ou honorários advocatícios.

Oportunamente, ao arquivo com as cautelas de praxe.

P.R.I.C.

São Paulo, 14 de janeiro de 2022.

Luciana Carone Nucci Eugênio Mahuad

Juiz de Direito (DJe de 18.01.2022 – SP)

FIDEICOMISSO

Ementa: Sentença – Pedido de Providências – Pedido de extinção da cláusula de fideicomisso – Negativa por necessidade de comprovação do recolhimento do ITCMD ou do reconhecimento administrativo da não incidência do referido imposto – Consolidação da propriedade plena do imóvel em favor dos irmãos do donatário em razão do falecimento deste – Art. 1.359 do CC – Ausência de transmissão da propriedade – Constatação na Certidão da Escritura de Doação do recolhimento do imposto – Afastamento da exigência – Improcedência

Processo 1128039-57.2021.8.26.0100

Pedido de Providências - Registro de Imóveis - Luiz da Rocha Azevedo - Diante do exposto, JULGO IMPROCEDENTE o pedido de providências formulado pelo Oficial do 4º Registro de Imóveis da Capital a requerimento de Luiz da Rocha Azevedo para afastar a exigência de comprovação do recolhimento do ITCMD para averbação da extinção da cláusula de fideicomisso mencionada na averbação n. 02 da matrícula n. 200.825 daquela serventia. Deste procedimento não decorrem custas, despesas processuais ou honorários advocatícios. Oportunamente, remetam-se os autos ao arquivo. P.R.I.C. - ADV: ANDRÉ PORCHAT DA ROCHA AZEVEDO (OAB 417265/SP)

Íntegra da decisão:

SENTENÇA

Processo Digital nº: **1128039-57.2021.8.26.0100**

Classe - Assunto **Pedido de Providências - Registro de Imóveis**

Requerente: **4º Oficial de Registro de Imóveis de São Paulo**

Requerido: **Luiz da Rocha Azevedo**

Juiz(a) de Direito: Dr(a). **Luciana Carone Nucci Eugênio Mahuad**

Vistos.

Trata-se de pedido de providências formulado pelo Oficial do **4º Registro de Imóveis da Capital** a requerimento de Luiz da Rocha Azevedo, diante da negativa de extinção da cláusula de fideicomisso gravada na averbação n. 02 da matrícula n. 200.825 daquela serventia.

Informou o Oficial que as condições suspensivas previstas na instituição do fideicomisso se implementaram, com a consequente consolidação da propriedade em nome dos fideicomissários Ricardo Rocha Azevedo e Luiz Rocha Azevedo, sendo que o requerimento foi devolvido em razão da necessidade de comprovação do recolhimento de ITCMD ou do reconhecimento administrativo da não incidência de referido imposto.

A parte interessada se manifestou às fls. 53/57, defendendo a inexistência da hipótese de incidência de ITCMD, uma vez que, no caso concreto, o fideicomisso foi gravado sob a égide do Código Civil de 1916, importando transmissão imediata por ato *inter vivos*, sendo que a escritura de doação confirma o pagamento do imposto devido no ato de sua instituição.

Ademais, o fideicomissário recebe o bem do próprio fideicomitente, não do fiduciário, o que afasta a ocorrência de fato gerador, conforme entendimento doutrinário e jurisprudencial.

O Ministério Público opinou pela improcedência (fls. 67/68).

É o relatório.

Fundamento e decido.

No mérito, o pedido é improcedente. Vejamos os motivos.

Primeiramente, importante destacar que, no caso concreto, se trata de fideicomisso em doação *inter vivos*.

Como demonstra a certidão copiada às fls. 32/35, relativa ao teor da "escritura de doação fideicomisso e substituição" lavrada em 22 de março de 1965, a então proprietária, Celina Campello Rodrigues, doou o imóvel ao seu neto interdito, Guilherme da Rocha Azevedo, constituindo-o donatário fiduciário e estipulando a transferência da propriedade, no caso de sua morte, em favor de seus pais Luiz Geraldo da Rocha Azevedo e Cecília da Rocha Azevedo, ou, se estes não estivessem vivos, para seus irmãos Ricardo da Rocha Azevedo e Luiz Rocha Azevedo, em parte iguais.

Por ser matéria disciplinada no capítulo dos testamentos (artigos 1733 a 1739 do Código Civil de 1916 e artigos 1951 a 1960 do Código Civil atual), existe acirrada divergência na doutrina sobre a validade de sua instituição por atos *inter vivos*. Por ser instituto raramente utilizado, também é escassa a jurisprudência a seu respeito.

Apenas no caso das doações é que o parágrafo único, do artigo 547, do Código Civil atual, impõe a não prevalência da cláusula de reversão em favor de terceiro, previsão esta que não existia no Código Civil anterior. Mesmo assim, há entendimento pela não aplicação deste dispositivo ao fideicomisso por não envolver, propriamente, reversão, mas transmissão sucessiva.

Com efeito, considerando que estamos analisando cláusula fixada em ato jurídico perfeitamente constituído por ocasião da entrada em vigor do Código Civil de 2002 e que não há notícia do reconhecimento judicial de sua invalidade (o que, ademais, não é objeto deste procedimento administrativo), deve-se partir da premissa de regularidade da instituição do fideicomisso gravado na averbação n. 02 da matrícula n. 200.825 do 4º Registro de Imóveis desta Capital (fls. 50/52).

Contudo, no fideicomisso, somente se verifica uma transmissão do bem, de maneira resolúvel, ao fiduciário e, de maneira condicionada, aos fideicomissários, a qual ocorre na data de sua instituição.

Com a doação, o fiduciário tornou-se titular da propriedade resolúvel, enquanto os fideicomissários tornaram-se proprietários sob condição suspensiva, que seria a morte do donatário Guilherme. Implementada essa condição, apenas ocorreu a consolidação da propriedade plena em favor dos fideicomissários, nos termos do artigo 1.359 do Código Civil em vigor.

Guilherme faleceu em 16/05/2017 (fl. 18), quando os primeiros fideicomissários já haviam perecido (Luiz Geraldo faleceu em 09/11/1969 e Cecília em 03/07/2008 – fls. 22 e 24), de modo que a propriedade plena do imóvel se consolidou em favor dos irmãos Ricardo da Rocha Azevedo e Luiz Rocha Azevedo.

Se não houve nova transmissão da propriedade, não se pode falar na ocorrência de fato gerador do ITCMD.

Ressalte-se que o artigo 2º, inciso I, da Lei Estadual n. 10.705/2000, prevê como fato gerador a sucessão *"legítima ou testamentária"*, enquanto seu parágrafo 2º esclarece que se aplica à *"transmissão de bem ou direito por qualquer título sucessório, inclusive o fideicomisso"*. Na hipótese em análise, porém, ocorreu transmissão *inter vivos,* por doação, a qual se deu anteriormente à entrada em vigor de tal lei.

Na época em que ocorreram a doação e a instituição do fideicomisso, a hipótese de incidência tributária era outra, constando, na certidão da escritura de doação, o recolhimento do Imposto Municipal de Transmissão Inter-Vivos (fls. 32/35).

Observe-se, ainda, que a Lei Estadual n. 9.591/66, indicada na jurisprudência colacionada – fl. 62, somente entrou em vigor em 1º de janeiro de 1967, conforme dispõe seu artigo 49, e, consequentemente, também não se aplicaria à doação ocorrida anteriormente.

Note-se que não se está analisando a legalidade ou a constitucionalidade de norma tributária apontada pelo Oficial no exercício do seu dever de fiscalização, mas apenas conferindo-se interpretação adequada para afastar exigência indevida e viabilizar a averbação pretendida.

Diante do exposto, **JULGO IMPROCEDENTE** o pedido de providências formulado pelo **Oficial do 4º Registro de Imóveis da Capital** a requerimento de Luiz da Rocha Azevedo para afastar a exigência de comprovação do recolhimento do ITCMD para averbação da extinção da cláusula de fideicomisso mencionada na averbação n. 02 da matrícula n. 200.825 daquela serventia.

Deste procedimento não decorrem custas, despesas processuais ou honorários advocatícios.

Oportunamente, remetam-se os autos ao arquivo.

P.R.I.C.

São Paulo, 10 de janeiro de 2022.

Luciana Carone Nucci Eugênio Mahuad

Juiz de Direito (DJe de 13.01.2022 – SP)

FORMAL DE PARTILHA E SOBREPARTILHA

Ementa: Sentença – Dúvida – Pedido de registro de Formal de Sobrepartilha e de Aditamento – Negativa por ausência de Certidão de Homologação do ITCMD em relação à sobrepartilha, bem como de recolhimento do referido imposto incidente sobre a doação – Inconformismo voltado apenas à uma das exigências impostas – Títulos Judiciais não estão isentos de qualificação registraria – Responsabilidade solidária do Oficial no que tange a fiscalização do pagamento do imposto devido – Art. 289, da LRP – Necessidade de apresentação de certidão homologatória do recolhimento do ITCMD – Dúvida Prejudicada

Processo 1135782-21.2021.8.26.0100

Dúvida - Registro de Imóveis - Luiz Carlos Magalhães Ferreira - Diante do exposto, JULGO PREJUDICADA a dúvida suscitada a requerimento de Luiz Carlos Magalhães Ferreira, observando que o óbice registrário relativo à necessidade de apresentação de certidão homologatória do recolhimento do imposto de transmissão causa mortis em face da sobrepartilha, conforme apontado pelo Oficial do 5º Registro de Imóveis da Capital, subsiste. Deste procedimento não decorrem custas, despesas processuais ou honorários advocatícios. Oportunamente, remetam-se os autos ao arquivo. P.R.I.C. - ADV: HELENA HISSAKO ADANIYA (OAB 163258/SP), RUY PEREIRA CAMILO JUNIOR (OAB 111471/SP)

Integra da decisão:

SENTENÇA

Processo Digital nº: **1135782-21.2021.8.26.0100**

Classe - Assunto **Dúvida - Registro de Imóveis**

Suscitante: **5º Oficial de Registro de Imóveis da Capital**

Suscitado: **Luiz Carlos Magalhães Ferreira**

Juiz(a) de Direito: Dr(a). **Luciana Carone Nucci Eugênio Mahuad**

Vistos.

Trata-se de dúvida suscitada pelo **Oficial do 5º Registro de Imóveis da Capital** a requerimento de **Luiz Carlos Magalhães Ferreira,** tendo em vista negativa em se proceder ao registro de formal de sobrepartilha e de aditamento a carta de sentença notarial expedidos pelo 26º Tabelião de Notas desta Capital, os quais foram extraídos do processo de autos n. 1086295-92.2015.8.26.0100, que tramitou perante a 2ª Vara da Família e Sucessões do Foro Central da Capital, cuidando do arrolamento dos bens deixados por Miguel Ribeiro Ferreira, o qual envolveu os imóveis descritos nas matrículas n. 38.085, 38.086 e 38.087 daquela serventia.

O título foi devolvido diante da ausência de certidão de homologação do recolhimento do ITCMD em relação à sobrepartilha, a ser expedida pela Secretaria da Fazenda do Estado de São Paulo, bem como de recolhimento ou comprovação de isenção em relação ao ITCMD incidente sobre a doação (partilha desigual - prenotação n. 359.640).

Documentos vieram às fls. 05/309.

A parte suscitada aduz que o plano de sobrepartilha foi homologado com dispensa, pelo juízo do inventário, do pagamento de multa e juros, sendo que, retificada a declaração de ITCMD originária, apurou-se crédito a favor dos herdeiros, com posterior reconhecimento judicial de quitação; que compete ao juízo da partilha apreciar e decidir questões relacionadas ao imposto sobre transmissão *causa mortis*, inclusive isenção, a despeito da competência administrativa da autoridade fiscal, conforme precedente jurisprudencial; que providenciou declaração, demonstrativo e certidão homologatória em face da doação decorrente da partilha desigual, então apresentados, pelo que pretende o registro do formal de sobrepartilha (fls. 313/317). Documentos foram produzidos às fls. 318/322.

O Ministério Público opinou pela prejudicialidade da dúvida diante da ausência de impugnação a todas as exigências feitas pelo Oficial, as quais devem ser mantidas (fls. 323/325).

É o relatório.

Fundamento e decido.

Por primeiro, vê-se que a parte não se insurge contra todas as exigências opostas pelo Oficial (recolhimento ou comprovação de isenção em relação ao ITCMD incidente sobre a doação), de modo que a dúvida resta prejudicada.

De fato, os documentos exibidos às fls. 318/322 não foram apresentados à serventia extrajudicial.

Ainda assim, como estamos na via administrativa, visando evitar novo questionamento futuro, passo à análise do óbice impugnado, o que é possível segundo entendimento do E. Conselho Superior da Magistratura:

> *"REGISTRO DE IMÓVEIS – Recusa de ingresso de título – Resignação parcial – Dúvida prejudicada – Recurso não conhecido – Análise das exigências a fim de orientar futura prenotação. Correta descrição dos imóveis envolvidos em operações de desdobro e fusão - Princípio da especialidade objetiva - Manutenção das exigências. Exibição de certidões negativas de débitos federais, previdenciários e tributários municipais - Inteligência do item 119.1. do Cap. XX das NSCGJ - Precedentes deste Conselho - Afastamento das exigências. Exibição de certidões de ações reais, pessoais reipersecutórias e de ônus reais - Exigência que encontra amparo na letra "c" do item 59 do Capítulo XIV das NSCGJ e na Lei nº 7.433/1985 - Manutenção das exigências"* (Apelação n. 1000786-69.2017.8.26.0539 – Relator Des. Pereira Calças).

Por segundo, vale destacar que os títulos judiciais não estão isentos de qualificação, positiva ou negativa, para ingresso no fólio real.

O Egrégio Conselho Superior da Magistratura já decidiu que a qualificação negativa de título judicial não caracteriza desobediência ou descumprimento de decisão judicial (Apelação Cível n. 413-6/7).

Neste sentido, também a Ap. Cível nº 464-6/9, de São José do Rio Preto:

> *"Apesar de se tratar de título judicial, está ele sujeito à qualificação registrária. O fato de tratar-se o título de mandado judicial não o torna imune à qualificação registrária, sob o estrito ângulo da regularidade formal. O exame da legalidade não promove incursão sobre o mérito da decisão judicial, mas à apreciação das formalidades extrínsecas da ordem e à conexão de seus dados com o registro e a sua formalização instrumental".*

E, ainda:

> *"REGISTRO PÚBLICO - ATUAÇÃO DO TITULAR - CARTA DE ADJUDICAÇÃO - DÚVIDA LEVANTADA - CRIME DE DESOBEDIÊNCIA - IMPROPRIEDADE MANIFESTA. O cumprimento do dever imposto pela Lei de Registros Públicos, cogitando-se de deficiência de carta de adjudicação e levantando-se dúvida perante o juízo de direito da vara competente, longe fica de configurar ato passível de enquadramento no artigo 330 do Código Penal - crime de desobediência - pouco importando o acolhimento, sob o ângulo judicial, do que suscitado"*

(STF, HC 85911 / MG - MINAS GERAIS, Relator: Min. MARCO AURÉLIO, j. 25/10/2005, Primeira Turma).

Sendo assim, não há dúvidas de que a mera existência de título proveniente de órgão jurisdicional não basta para autorizar automaticamente seu ingresso no fólio real, cabendo ao oficial qualificá-lo conforme os princípios e as normas que regem a atividade registral, sendo que, para o exercício de tal mister, ele conta com ampla autonomia (artigo 28 da Lei n. 8.935/94).

Esta conclusão se reforça pelo fato de que vigora, para os registradores, ordem de controle rigoroso do recolhimento do imposto por ocasião do registro do título, sob pena de responsabilidade pessoal (art. 289 da Lei n. 6.015/1973; art.134, VI, do CTN e art. 30, XI, da Lei 8.935/1994).

No que tange ao ITCMD, a Lei Estadual n. 10.705/2000 (artigos 8º, I, e 25), bem como o Decreto Estadual n. 46.655/2002 que a regulamenta (artigo 48), também estabelecem atribuições ao oficial registrador neste mesmo sentido:

"Artigo 8º - Nos casos de impossibilidade de exigência do cumprimento da obrigações principal pelo contribuinte, respondem solidariamente com este nos atos em que intervierem ou pelas omissões de que forem responsáveis:

I - o tabelião, escrivão e demais serventuários de ofício, em relação aos atos tributáveis praticados por eles ou perante eles, em razão de seu ofício;

(...)

Artigo 25 - Não serão lavrados, registrados ou averbados pelo tabelião, escrivão e oficial de Registro de Imóveis, atos e termos de seu cargo, sem a prova do pagamento do imposto.

(...)

Artigo 48 - Não serão lavrados, registrados ou averbados pelo tabelião, escrivão e oficial de Registro de Imóveis, atos e termos de seu cargo, sem a prova do recolhimento do imposto ou do reconhecimento de isenção ou não incidência, quando for o caso (Lei 10.705/00, art. 25)".

No caso concreto, a divergência reside na obrigatoriedade de exibição da certidão de homologação do ITCMD recolhido em relação à sobrepartilha, a ser emitida pela Secretaria da Fazenda e Planejamento do Estado de São Paulo.

Tal exigência encontra amparo em normativa expedida pelo ente fiscal, que assim determina (artigo 12, I, da Portaria CAT n. 89, de 26 de outubro de 2020, destaque nosso):

"Quando do registro de alterações na propriedade de imóvel, ocorridas em virtude de transmissão "causa mortis", os Cartórios de Registro de Imóveis deverão exigir os seguintes documentos:

I – na hipótese de transmissão realizada por meio de inventário judicial:

a) cópia da Declaração de ITCMD em que constem os imóveis objetos da transmissão, avaliados conforme o capítulo IV da Lei 10.705/2000;

b) ***certidão de homologação, expedida pela Secretaria da Fazenda e Planejamento, referente ao número da Declaração de ITCMD apresentada*** *e, tratando-se de 'Certidão de Homologação – Sem Pagamento', comprovante dos débitos declarados na referida declaração de ITCMD".*

Note-se, ainda, que o artigo 10 da Portaria CAT n. 15, de 06 de fevereiro de 2003, estabelece que a manifestação do agente fiscal acerca do recolhimento realizado no âmbito judicial deve se dar por despacho fundamentado (artigo 8º), não havendo previsão de dispensa.

Não se trata de questionar a competência do juízo do inventário para julgamento do cálculo relativo ao tributo devido, a fim de possibilitar a homologação da partilha por sentença, como na espécie (fls. 213, 219 e 239).

A questão em debate neste âmbito administrativo é outra e envolve a necessidade de exibição da certidão homologatória do recolhimento do tributo para ingresso do título no fólio real, notadamente à vista do regramento referido acima, que é respaldado pela jurisprudência:

"Registro de Imóveis Apelação Dúvida Negativa de registro de formal de partilha expedido em inventário conjunto Ausência de menção à meação do cônjuge supérstite Acerto do óbice registrário Meação que integra a comunhão Indivisibilidade Necessidade de partilha Comprovação de pagamento do ITCMD - Necessidade de apresentação de certidão de homologação pela Fazenda Estadual Óbice mantido Recurso não provido" (Apelação n. 1019035-22.2020.8.26.0100 Rel. Corregedor Geral da Justiça Des. Ricardo Anafe).

Assim, agiu com adequado acerto o Registrador ao qualificar negativamente o título.

Diante do exposto, **JULGO PREJUDICADA** a dúvida suscitada a requerimento de **Luiz Carlos Magalhães Ferreira**, observando que o óbice registrário relativo à necessidade de apresentação de certidão homologatória do recolhimento do imposto de transmissão *causa mortis* em face da sobrepartilha, conforme apontado pelo **Oficial do 5º Registro de Imóveis da Capital**, subsiste.

Deste procedimento não decorrem custas, despesas processuais ou honorários advocatícios.

Oportunamente, remetam-se os autos ao arquivo.

P.R.I.C.

São Paulo, 18 de fevereiro de 2022.

Luciana Carone Nucci Eugênio Mahuad

Juíza de Direito (DJe de 24.02.2022 – SP)

Ementa: Sentença – Dúvida – Pedido de registro de formal de partilha – Impossibilidade – Exigência de apresentação da declaração de ITCMD com o respectivo despacho do agente fiscal – Títulos Judiciais não estão isentos de qualificação registraria – Responsabilidade solidária do Oficial no que tange a fiscalização do pagamento do imposto devido – Art. 289, da LRP – Recolhimento efetuado pela parte que seguiu procedimento equivocado – Ausência de observância da normativa fiscal vigente na época – Guia de arrecadação que foi expedida nos termos da Portaria CAT nº 27/95 – Inexistência de comprovação do recolhimento do ITCMD – Indispensabilidade de manifestação positiva do agente fiscal para fatos geradores anteriores a dezembro de 2018 – Debate sobre eventual prescrição deve se dar perante o ente tributante ou pela via jurisdicional – Manutenção do óbice – Procedência

Processo 1139871-87.2021.8.26.0100

Dúvida - Registro de Imóveis - Mauro Saraiva Solferini - Diante do exposto, JULGO PROCEDENTE a dúvida suscitada para manter o óbice registrário. Deste procedimento não decorrem custas, despesas processuais ou honorários advocatícios. Oportunamente, remetam-se os autos ao arquivo. P.R.I.C. - ADV: EDMUNDO VASCONCELOS FILHO (OAB 114886/SP)

Íntegra da decisão:

SENTENÇA

Processo Digital nº: **1139871-87.2021.8.26.0100**

Classe - Assunto **Dúvida - Registro de Imóveis**

Suscitante: **1º Oficial de Registro de Imóveis da Capital**

Requerido: **Mauro Saraiva Solferini**

Juiz(a) de Direito: Dr(a). **Luciana Carone Nucci Eugênio Mahuad**

Vistos.

Trata-se de dúvida suscitada pelo **Oficial do 1º Registro de Imóveis da Capital** a requerimento do **Espólio de Mauro Saraiva Solferini,** tendo em vista negativa em se proceder ao registro de formal de partilha extraído do processo de autos nº 0066620-54.2001.8.26.0100, relativo ao imóvel objeto da matrícula n. 4.687 daquela serventia.

O título foi devolvido com exigência de apresentação da declaração de ITCMD com o respectivo despacho do agente fiscal, em substituição à certidão de homologação prevista na Portaria CAT 89/2020, uma vez que o fato gerador é anterior a dezembro de 2018. O Oficial anota que o sistema informatizado de recolhimento entrou em vigor em 1º de janeiro de 2001, sendo necessária manifestação da Fazenda do Estado. Documentos vieram às fls. 04/117.

Por manifestação dirigida ao Oficial, a parte suscitada alegou que, na data da partilha, não havia sistema informatizado no formato atual, pelo que não existe declaração de ITCMD nem certidão de homologação, mas há certidão de intimação da Fazenda Estadual para manifestação acerca dos recolhimentos efetuados no processo judicial, a qual decorreu sem resposta (fl. 04). Nestes autos, não houve impugnação tempestiva (fl. 118).

O Ministério Público opinou pela procedência (fls. 122/125).

Em petição extemporânea, a parte suscitada se reportou à manifestação que dirigiu ao Oficial, ressaltando a ocorrência de prescrição de eventual pretensão tributária (fl. 126).

É o relatório.

Fundamento e decido.

No mérito, a dúvida é procedente. Vejamos os motivos.

De início, vale destacar que os títulos judiciais não estão isentos de qualificação, positiva ou negativa, para ingresso no fólio real.

O Egrégio Conselho Superior da Magistratura já decidiu que a qualificação negativa de título judicial não caracteriza desobediência ou descumprimento de decisão judicial (Apelação Cível n. 413-6/7).

Neste sentido, também a Apelação Cível nº 464-6/9, de São José do Rio Preto:

> *"Apesar de se tratar de título judicial, está ele sujeito à qualificação registrária. O fato de tratar-se o título de mandado judicial não o torna imune à qualificação registrária, sob o estrito ângulo da regularidade formal. O exame da legalidade não promove incursão sobre o mérito da decisão judicial, mas à apreciação das formalidades extrínsecas da ordem e à conexão de seus dados com o registro e a sua formalização instrumental".*

E, ainda:

> *"REGISTRO PÚBLICO - ATUAÇÃO DO TITULAR - CARTA DE ADJUDICAÇÃO - DÚVIDA LEVANTADA - CRIME DE DESOBEDIÊNCIA - IMPROPRIEDADE MANIFESTA. O cumprimento do dever imposto pela Lei de Registros Públicos, cogitando-se de deficiência de carta de adjudicação e levantando-se dúvida perante o juízo de direito da vara competente, longe fica de configurar ato*

passível de enquadramento no artigo 330 do Código Penal - crime de desobediência -, pouco importando o acolhimento, sob o ângulo judicial, do que suscitado" (STF, HC 85911 / MG - MINAS GERAIS, Relator: Min. MARCO AURÉLIO, j. 25/10/2005, Primeira Turma).

Sendo assim, não há dúvidas de que a mera existência de título proveniente de órgão jurisdicional não basta para autorizar automaticamente seu ingresso no fólio real, cabendo ao oficial qualificá-lo conforme os princípios e as normas que regem a atividade registral, sendo que, para o exercício de tal mister, ele conta com ampla autonomia (artigo 28 da Lei n. 8.935/94).

É importante ressaltar, ainda, que para os registradores vigora ordem de controle rigoroso do recolhimento de imposto por ocasião do registro do título, sob pena de responsabilidade pessoal (artigo 289 da Lei n. 6.015/73).

Por fim, há que se observar que, em atenção ao princípio do *tempus regit actum*, o título sujeita-se à lei vigente e/ou à situação do imóvel ao tempo de sua apresentação (Apelação Cível nº, 115-6/7, rel. José Mário Antonio Cardinale, nº 777-6/7, rel. Ruy Camilo, nº 530-6/0, rel. Gilberto Passos de Freitas, e, o de nº 0004535-52.2011.8.26.0562).

A questão em debate, relativa ao recolhimento do imposto de transmissão, deve, portanto, ser analisada sob à luz de todos os pontos expostos acima.

No caso concreto, como se constata do formal de partilha, o autor da herança faleceu no dia 16 de maio de 2001 (fls. 11), pelo que a sucessão está sujeita à incidência do ITCMD, nos termos da Lei n. 10.705/2000.

O imposto foi apurado pela contadoria judicial e recolhido em setembro de 2002, com certidão de decurso do prazo sem manifestação da Fazenda Estadual nos autos do inventário (fls. 80, 84 e 102).

A partilha, então, foi homologada por sentença exarada em 19 de fevereiro de 2003 (fls. 105).

Nos termos do artigo 1031, §2º, do CPC então vigente, já havia previsão acerca da necessidade de verificação do pagamento dos tributos pela Fazenda Pública como condição para expedição do formal de partilha.

Essa verificação, por sua vez, era regulada, na época, pela Portaria CAT 72, de 04 de setembro de 2001, cujo artigo 9º determinava ao inventariante a entrega de declaração de ITCMD e diversos outros documentos nos postos fiscais indicados, para fins de informação e apuração da base de cálculo.

Conforme o artigo 9º, §2º, item 2, do regulamento em questão, a guia de recolhimento seria emitida após homologação do cálculo. Já o artigo 16, parágrafo único, estipulava a aplicação dos procedimentos constantes no artigo 9º: *"aos processos judiciais em qualquer fase caso o recolhimento do imposto devido não ocorra até o dia 28 de setembro de 2001"*.

Observa-se, assim, que o recolhimento efetuado pela parte em 10 de setembro de 2002 seguiu procedimento equivocado, já que sem observância da normativa fiscal vigente na época.

Note-se que a guia de arrecadação copiada à fl. 84 foi expedida nos termos da Portaria CAT 27/95, que regulava o recolhimento do antigo ITBI-Causa Mortis, expressamente indicado no campo 18 da referida guia. Mesmo que o valor nominal recolhido corresponda àquele apurado pela contadoria judicial, a guia que instrui o formal não comprova o recolhimento do ITCMD, que era o imposto devido, pois instituído por lei anteriormente ao falecimento do autor da herança.

Ademais, a apuração do tributo pela contadoria judicial não substitui a necessária apuração da base de cálculo pela Fazenda Pública, a qual deveria ter sido devidamente informada acerca da ocorrência do fato gerador mediante declaração própria, acompanhada da documentação pertinente, o que viabilizaria eventual lançamento.

Neste ponto, a inércia da Fazenda Pública nos autos do inventário enseja simples preclusão formal, sem consequências materiais no âmbito tributário.

Importante destacar que a parte afirma não existir declaração de ITCMD relativa à partilha ou certidão de homologação, o que deve ser previamente regularizado na via administrativa perante o ente tributante, uma vez que há previsão normativa para a hipótese aqui tratada, cabendo ao Oficial de Registro controle, sob pena de responsabilização pessoal, como já consignado acima.

Nos termos da regra do artigo 25 da Lei n. 10.705/2000, reforçada por aquela do artigo 48 do Decreto Estadual n. 46.655/2002, não deve haver registro sem prova do pagamento.

Indispensável, portanto, a manifestação positiva do agente fiscal, o que é exigido para fatos geradores anteriores a dezembro de 2018, como bem observado pelo Oficial na pesquisa que realizou junto ao portal eletrônico da Secretaria da Fazenda (fl. 03).

Ademais, debate sobre eventual prescrição deverá se dar perante o ente tributante ou pela via jurisdicional adequada, com amplo contraditório, para apuração de eventuais causas de extinção do crédito tributário.

Neste sentido decidiu o E. Conselho Superior da Magistratura na Apelação nº 0019186-49.2013.8.26.0100, de relatoria do então

Corregedor Geral da Justiça, Des. Elliot Akel (destaque nosso):

> *"Registro de imóveis – Dúvida –* ***Registro de carta de adjudicação – Ausência de recolhimento de imposto ITBI que é devido pela cessão e pela adjudicação – Impossibilidade de reconhecimento de decadência ou prescrição pela via administrativa*** *– Impedimento do registro mantido – Recurso Desprovido".*

Diante do exposto, **JULGO PROCEDENTE** a dúvida suscitada para manter o óbice registrário.

Deste procedimento não decorrem custas, despesas processuais ou honorários advocatícios.

Oportunamente, remetam-se os autos ao arquivo.

P.R.I.C.

São Paulo, 23 de fevereiro de 2022. (DJe de 02.03.2022 – SP)

Ementa: Sentença – Dúvida – Pedido de registro de formal de partilha – Ausência de partilha de imóvel em primeira sucessão – Títulos Judiciais não estão isentos de qualificação registraria – Propriedade adquirida na constância da união estável – Arts. 1.725 e 1.658 do CC – Princípio da Continuidade – Título que deve estar em conformidade com o inscrito no registro – Imprescindibilidade de arrolamento e partilha na primeira sucessão – Insurgência apenas contra uma das exigências opostas pelo Oficial – Dúvida prejudicada

Processo 1134744-71.2021.8.26.0100

Dúvida - Registro de Imóveis - Augusto Cesário da Costa Neto - Diante do exposto, JULGO PREJUDICADA a dúvida inversa suscitada por Augusto Cesário da Costa Neto, observando que o óbice registrário relativo à necessidade de arrolamento e partilha do imóvel objeto da matrícula n. 15.473 no inventário dos bens deixados por Manuel Serrano Garcia, em primeira sucessão, conforme apontado pelo Oficial do 5º Registro de Imóveis da Capital, subsiste. Deste procedimento não decorrem custas, despesas processuais ou honorários advocatícios. Oportunamente, remetam-se os autos ao arquivo. P.R.I.C. - ADV: JESSICA JADE BUCHALLA (OAB 359459/SP)

Íntegra da decisão:

SENTENÇA

Processo Digital nº: **1134744-71.2021.8.26.0100**

Classe - Assunto **Dúvida - Registro de Imóveis**

Requerente: **5º Oficial de Registro de Imóveis da Capital**

Requerido: **Augusto Cesário da Costa Neto**

Juiz(a) de Direito: Dr(a). **Luciana Carone Nucci Eugênio Mahuad**

Vistos.

Trata-se de dúvida suscitada pelo **Oficial do 5º Registro de Imóveis da Capital** a requerimento de **Augusto Cesário da Costa Neto,** tendo em vista negativa em se proceder ao registro de formal de partilha extraído do processo de autos n. 1021008-54.2016.8.26.0002, que tramitou perante a 9ª Vara da Família e Sucessões do Foro Central da Capital, cuidando do arrolamento conjunto dos espólios de Manuel Serrano Garcia e de Neire Ivone Cabral (em primeira e segunda sucessões, respectivamente), o qual envolveu o imóvel descrito na matrícula n. 15.473 daquela serventia.

O título foi devolvido porque necessária partilha do imóvel no inventário dos bens deixados por Manuel, haja vista que conviveu com Neire por quarenta anos, do que se presume o esforço comum na aquisição, e porque imprescindível apresentação, no original ou em cópia autenticada, de declaração em que constem os imóveis transmitidos nas duas sucessões, acompanhada das guias do ITCMD devidamente recolhido (prenotação n. 359.629).

Documentos vieram às fls. 03/360.

Em manifestação dirigida ao Oficial, a parte suscitada aduz que, na data da morte de Manuel Serrano, em primeira sucessão, não havia sido reconhecida a união estável do casal; que o convivente não teria direito ao imóvel, uma vez que adquirido tão somente por Neire; que a partilha se deu de forma sucessiva e não *per saltum*; que Manuel faleceu antes de Neire, pelo que não deve figurar como seu herdeiro; que o inventário conjunto possibilitou a formalização da união estável do casal e a distribuição dos bens tal como efetivado (fls. 344 e 345/347). Não houve, porém, impugnação nestes autos (fl. 361).

O Ministério Público opinou pela prejudicialidade da dúvida ante a ausência de impugnação a todas as exigências feitas pelo Oficial e, no mérito, pela procedência, com manutenção dos óbices (fls. 365/368).

É o relatório.

Fundamento e decido.

Primeiramente, vale destacar que os títulos judiciais não estão isentos de qualificação, positiva ou negativa, para ingresso no fólio real.

O Egrégio Conselho Superior da Magistratura já decidiu que a qualificação negativa de título judicial não caracteriza desobediência ou descumprimento de decisão judicial (Apelação Cível n. 413-6/7).

Neste sentido, também a Ap. Cível nº 464-6/9, de São José do Rio Preto:

"Apesar de se tratar de título judicial, está ele sujeito à qualificação registrária. O fato de tratar-se o título de mandado judicial não o torna imune à qualificação registrária, sob o estrito ângulo da regularidade formal. O exame da legalidade não promove incursão sobre o mérito da decisão judicial, mas à apreciação das formalidades extrínsecas da ordem e à conexão de seus dados com o registro e a sua formalização instrumental".

E, ainda:

"REGISTRO PÚBLICO - ATUAÇÃO DO TITULAR - CARTA DE ADJUDICAÇÃO - DÚVIDA LEVANTADA - CRIME DE DESOBEDIÊNCIA - IMPROPRIEDADE MANIFESTA. O cumprimento do dever imposto pela Lei de Registros Públicos, cogitando-se de deficiência de carta de adjudicação e levantando-se dúvida perante o juízo de direito da vara competente, longe fica de configurar ato passível de enquadramento no artigo 330 do Código Penal - crime de desobediência - pouco importando o acolhimento, sob o ângulo judicial, do que suscitado" **(STF, HC 85911 / MG - MINAS GERAIS, Relator: Min. MARCO AURÉLIO, j. 25/10/2005, Primeira Turma).**

Sendo assim, não há dúvidas de que a origem judicial não basta para garantir ingresso automático dos títulos no fólio real, cabendo ao oficial qualificá-los conforme os princípios e as regras que regem a atividade registral.

Por segundo, verifica-se que a parte não se insurge contra todas as exigências opostas pelo Oficial (apresentação do original ou cópia autenticada das declarações contendo todos os imóveis transmitidos nas duas sucessões, incluindo o matriculado sob n. 15.473, e guias do ITCMD), de modo que a dúvida resta prejudicada.

Ainda assim, como estamos na via administrativa, visando evitar novo questionamento futuro, passo à análise do óbice impugnado, o que é possível segundo entendimento do E. Conselho Superior da Magistratura:

"REGISTRO DE IMÓVEIS – Recusa de ingresso de título – Resignação parcial – Dúvida prejudicada – Recurso não conhecido – Análise das exigências a fim de orientar futura prenotação. Correta descrição dos imóveis envolvidos em operações de desdobro e fusão - Princípio da especialidade objetiva - Manutenção das exigências. Exibição de certidões negativas de débitos federais, previdenciários e tributários municipais - Inteligência do item 119.1. do Cap. XX das NSCGJ - Precedentes deste Conselho - Afastamento das exigências. Exibição de certidões de ações reais, pessoais reipersecutórias e de ônus reais - Exigência que encontra amparo na letra "c" do item 59 do Capítulo XIV das NSCGJ e na Lei nº 7.433/1985 - Manutenção das exigências" (Apelação n. 1000786-69.2017.8.26.0539 – Relator Des. Pereira Calças).

No que diz respeito à necessidade de o imóvel descrito na matrícula n. 15.473 ser declarado e partilhado no inventário dos bens deixados por Manuel Serrano Garcia, em primeira sucessão, a dúvida seria procedente.

De fato, para que o título alcance registro, imprescindível que se observe o princípio da continuidade:

"O princípio da continuidade, que se apoia no de especialidade, quer dizer que, em relação a cada imóvel, adequadamente individuado, deve existir uma cadeia, de titularidade à vista da qual só se fará a inscrição de um direito se o outorgante dele aparecer no registro como seu titular.

Assim, as sucessivas transmissões, que derivam umas das outras, asseguram a preexistência do imóvel no patrimônio do transferente" (Afrânio de Carvalho, Registro de Imóveis, Editora Forense, 4ª edição, p. 254).

Ou seja, o título deve estar em conformidade com o inscrito no registro.

No caso concreto, com o falecimento de Manuel em 08/08/2015, a companheira Neire deu início a processo de inventário por inicial datada de 04/05/2016, oportunidade em que noticiou a convivência do casal por mais de quarenta anos, inclusive com reconhecimento perante órgão previdenciário (fls. 07/15 e 31).

Seguiram-se decisões nomeando-a como inventariante, bem como reconhecendo a união estável do casal (fls. 97 e 103).

Assim, mesmo que não especificada a data em que o casal passou a viver em união estável, infere-se que isso se deu no ano de 1976.

É possível, verificar, ainda, da matrícula n. 15.473, que Neire Ivone Cabral, brasileira, solteira, adquiriu o bem em 28/02/1983 (R.6 M.15.473 – fls. 351/352).

Temos, assim, que a propriedade foi adquirida na constância da união estável, pelo que se comunica entre os conviventes: à falta de previsão contratual diversa, suas relações patrimoniais são regidas pelo regime da comunhão parcial de bens.

É o que estabelecem os artigos 1.725 e 1.658 do Código Civil:

"Art. 1.725. Na união estável, salvo contrato escrito entre os companheiros, aplica-se às relações patrimoniais, no que couber, o regime da comunhão parcial de bens".

"Art. 1.658. No regime de comunhão parcial, comunicam-se os bens que sobrevierem ao casal, na

constância do casamento, com as exceções dos artigos seguintes".

O imóvel, porém, não foi arrolado nem partilhado em primeira sucessão, sendo descrito somente em segunda sucessão (Neire), quando se fez referência à sua aquisição na constância da união estável, conforme últimas declarações exibidas às fls. 279/295 e 297/331.

Desta forma, correta a exigência relativa à necessidade de arrolamento e partilha já no inventário de Manuel Serrano Garcia, o qual, obviamente, por ter falecido primeiro, não é herdeiro de Neire.

Não se discute, portanto, a possibilidade de se reunirem em um único processo vários inventários, de forma sucessiva, conforme autoriza a regra do artigo 672, inciso III, do CPC.

A impossibilidade de ingresso decorre da ausência de identificação integral do título apresentado, formal de partilha de inventário conjunto dos espólios de Manuel Serrano Garcia e de Neire Ivone Cabral, com o conteúdo do registro, ou seja, do desrespeito ao princípio da continuidade registrária mencionado acima (artigos 195 e 237 da Lei n. 6.015/73):

> *"Art. 195 - Se o imóvel não estiver matriculado ou registrado em nome do outorgante, o oficial exigirá a prévia matrícula e o registro do título anterior, qualquer que seja a sua natureza, para manter a continuidade do registro".*
>
> *"Art. 237 - Ainda que o imóvel esteja matriculado, não se fará registro que dependa da apresentação de título anterior, a fim de que se preserve a continuidade do registro".*

No mesmo sentido, o item 47 do Cap. XX das NSCGJ:

> *"Se o imóvel não estiver matriculado ou registrado em nome do outorgante, o oficial exigirá a prévia matrícula e o registro do título anterior, qualquer que seja a sua natureza, para manter a continuidade do registro, observando-se as exceções legais no que se refere às regularizações fundiárias".*

Diante do exposto, **JULGO PREJUDICADA** a dúvida inversa suscitada por **Augusto Cesário da Costa Neto**, observando que o óbice registrário relativo à necessidade de arrolamento e partilha do imóvel objeto da matrícula n. 15.473 no inventário dos bens deixados por Manuel Serrano Garcia, em primeira sucessão, conforme apontado pelo **Oficial do 5º Registro de Imóveis da Capital, subsiste.**

Deste procedimento não decorrem custas, despesas processuais ou honorários advocatícios.

Oportunamente, remetam-se os autos ao arquivo.

P.R.I.C.

São Paulo, 09 de fevereiro de 2022.

Luciana Carone Nucci Eugênio Mahuad

Juíza de Direito (DJe de 14.02.2022 - SP)

Ementa: Sentença – Dúvida – Pedido de registro de formal de partilha – Negativa por ausência de recolhimento do ITCMD incidente sobre um dos quinhões, bem como de Certidão de Homologação do imposto – Títulos Judiciais não estão isentos de qualificação registraria – Plano de partilha amigável que demonstra que o imóvel coube exclusivamente à co-herdeira – Possibilidade da cindibilidade do título – Responsabilidade solidária do Oficial no que tange a fiscalização do pagamento do imposto devido – Art. 289, da LRP – Imprescindibilidade da anuência da Fazenda do Estado – Manutenção apenas do óbice relativo à homologação do recolhimento pelo fisco – Procedência Parcial

Processo 1007945-46.2022.8.26.0100

Dúvida - Registro de Imóveis - Viviane Zacharias Spinella - Diante do exposto, JULGO PARCIALMENTE PROCEDENTE a dúvida apenas para afastar a exigibilidade de comprovação do pagamento do ITCMD devido sobre o quinhão da co-herdeira Virgínia, mantendo o óbice relativo à homologação do recolhimento pelo fisco quanto à transmissão do imóvel da matrícula n. 188.814. Deste procedimento não decorrem custas, despesas processuais ou honorários advocatícios. Oportunamente, ao arquivo com as cautelas de praxe. P.R.I.C. - ADV: MURILO BASSI DE PAULA (OAB 406950/ SP), ARTHUR MIGLIARI JUNIOR (OAB 397349/SP)

Íntegra da decisão:

SENTENÇA

Processo Digital nº: **1007945-46.2022.8.26.0100**

Classe - Assunto **Dúvida - Registro de Imóveis**

Suscitante: **16º Oficial de Registro de Imóveis da Capital**

Suscitado: **Viviane Zacharias Spinella**

Juiz(a) de Direito: Dr(a). **Luciana Carone Nucci Eugênio Mahuad**

Vistos.

Trata-se de dúvida suscitada pelo **Oficial do 16º Registro de Imóveis da Capital** a requerimento de **Viviane Zacharias Spinella**, tendo em vista negativa em se proceder ao registro de formal de partilha expedido pelo juízo da 3ª Vara Cível de Atibaia, relativo ao imóvel da matrícula 188.814 daquela serventia.

Informa o Oficial que a recusa foi motivada pela ausência de recolhimento do ITCMD incidente sobre um dos quinhões e de certidão de homologação do imposto pela Fazenda do Estado. A parte pretende a cisão do título para registro com base apenas no recolhimento parcial feito por ela (a herdeira Virgínia não recolheu sua cota-parte e não recolherá, pelo que não houve homologação pelo fisco).

Não foram apresentados documentos, pelo que foi determinada complementação, com comprovação de notificação da parte suscitada (fl. 04).

Independentemente do atendimento ao despacho inicial, a parte suscitada se manifestou às fls. 07/17, aduzindo que o inventário de sua genitora foi marcado pela disputa entre as duas únicas herdeiras, ficando acordado que *"cada parte pagaria o ITBI correspondente ao registro de cada propriedade"*. Assim, entende que, diante da homologação judicial do acordo com trânsito em julgado, ao lado do recolhimento do tributo correspondente ao seu quinhão, não pode ser prejudicada pela inadimplência da outra herdeira nem obrigada a pagar dívida que não pertence a ela. Sustenta, ainda, que o fisco não dá quitação da parte recolhida, mas apenas do todo, sendo a certidão exigida "mera testificação unilateral" que não pode ser empecilho para o registro do seu direito. Documentos vieram às fls. 18/124.

O Ministério Público opinou pela manutenção dos óbices (fls. 127/129).

Os documentos que deveriam acompanhar as razões da dúvida vieram às fls. 132/400.

É o relatório.

Fundamento e decido.

No mérito, a dúvida é procedente, ao menos em parte. Vejamos os motivos.

De início, vale destacar que os títulos judiciais não estão isentos de qualificação, positiva ou negativa, para ingresso no fólio real.

O Egrégio Conselho Superior da Magistratura já decidiu que a qualificação negativa de título judicial não caracteriza desobediência ou descumprimento de decisão judicial (Apelação Cível n. 413-6/7).

Neste sentido, também a Apelação Cível nº 464-6/9, de São José do Rio Preto:

"Apesar de se tratar de título judicial, está ele sujeito à qualificação registrária. O fato de tratar-se o título de mandado judicial não o torna imune à qualificação registrária, sob o estrito ângulo da regularidade formal. O exame da legalidade não promove incursão sobre o mérito da decisão judicial, mas à apreciação das formalidades extrínsecas da ordem e à conexão de seus dados com o registro e a sua formalização instrumental".

E, ainda:

"REGISTRO PÚBLICO - ATUAÇÃO DO TITULAR - CARTA DE ADJUDICAÇÃO - DÚVIDA LEVANTADA - CRIME DE DESOBEDIÊNCIA - IMPROPRIEDADE MANIFESTA. O cumprimento do dever imposto pela Lei de Registros Públicos, cogitando-se de deficiência de carta de adjudicação e levantando-se dúvida perante o juízo de direito da vara competente, longe fica de configurar ato passível de enquadramento no artigo 330 do Código Penal - crime de desobediência -, pouco importando o acolhimento, sob o ângulo judicial, do que suscitado" (STF, HC 85911 / MG - MINAS GERAIS, Relator: Min. MARCO AURÉLIO, j. 25/10/2005, Primeira Turma).

Sendo assim, não há dúvidas de que a mera existência de título proveniente de órgão jurisdicional não basta para autorizar automaticamente seu ingresso no fólio real, cabendo ao oficial qualificá-lo conforme os princípios e as normas que regem a atividade registral, sendo que, para o exercício de tal mister, ele conta com ampla autonomia (artigo 28 da Lei n. 8.935/94).

É importante ressaltar, ainda, que para os registradores vigora ordem de controle rigoroso do recolhimento de imposto por ocasião do registro do título, sob pena de responsabilidade pessoal (artigo 289 da Lei n. 6.015/73).

No caso concreto, o registro pretendido diz respeito aos direitos sucessórios relativos a um único imóvel, o qual, conforme plano de partilha amigável, coube exclusivamente à herdeira Viviane (item "e" de fl. 370 e item "a" de fl. 374).

É possível, portanto, a cindibilidade do título para registro da transmissão de um determinado bem que integrou a partilha. Diversa seria a conclusão se a pretensão fosse pelo registro parcial ou isolado das frações de um mesmo imóvel partilhado entre sucessores distintos, o que importaria violação ao princípio da continuidade registral.

Essa matéria foi apreciada pelo E. Conselho Superior da Magistratura em caso de relatoria do Des. Luiz Tâmbara (Ap. Cível n. 96.477-0/3), que assim esclareceu a questão:

"É sabido ser o formal de partilha um título de natureza judicial que, após julgamento dotado de definitividade, instrumentaliza a atribuição de quinhões aos sucessores e, em consequência, confere eficácia à extinção de um estado de indivisão patrimonial.

Decorre da própria essência do ato, a persistência de transferências inseparáveis quando incidentes sobre um mesmo imóvel, pois não há como manter um estado de indivisão limitado, ou seja, parcela de um mesmo bem foi atribuída a um sucessor e o restante permanece, fictamente, compondo um monte já desfeito.

A inscrição analisada ostenta, por isso, natureza múltipla, não se admitindo o registro isolado de apenas uma das transmissões, ainda que só um dos sucessores requeira o registro.

Há, em outras palavras, uma interdependência das estipulações constantes do título judicial de maneira que todas devem ser levadas, acopladamente, ao fólio real.

O registro isolado poderia ser admitido se um mesmo formal reunisse atos não conjugados pelo seu vínculo de interrelacionamento, mas justapostos, independentes entre si e separáveis um do outro.

Tal hipótese, na espécie, porém, não se materializa, em se cuidando de um formal de partilha relativo a partes ideais de um mesmo imóvel".

O recolhimento apartado do imposto devido por cada sucessor não decorre, portanto, da cindibilidade do título, mas da ocorrência de fatos geradores distintos.

Nos termos do artigo 2º, §1º, da Lei Estadual n. 10.705/00, o ITCMD incide sobre a transmissão de qualquer bem ou direito por sucessão legítima ou testamentária, ocorrendo tantos fatos geradores distintos quantos forem os herdeiros ou legatários, que são os respectivos contribuintes.

Neste ponto, a parte interessada tem razão, pois não é necessária a comprovação do recolhimento do tributo devido por outro sucessor, relativo à transmissão de outro bem, ainda que integrante do mesmo formal de partilha, pois se refere a fato gerador distinto.

Em outras palavras, a comprovação do recolhimento do tributo devido por cada contribuinte é requisito para o registro da transmissão de seu quinhão, desde que não formado por frações de bens como no caso concreto (único imóvel, matrícula 188.814, que coube exclusivamente à herdeira Viviane - item "c" de fl. 370 e item "a" de fl. 374).

Entretanto, não houve demonstração do recolhimento supostamente efetuado pela parte interessada.

Note-se que, ao final do plano de partilha amigável, as partes informaram que não foi possível declarar e recolher o ITCMD, pelo que requereram a prorrogação do prazo para tanto, o que não foi apreciado pelo juízo da sucessão com apoio na regra do artigo 662 do CPC (fl. 377/378).

Nestes autos, a única referência que se encontra sobre o pagamento do tributo devido pela herdeira Viviane está no documento de fl. 400, o qual é insuficiente para isentar o Oficial registrador da responsabilidade que a lei impõe a ele, pois não permite conhecer a base de cálculo, o valor devido, a quantia efetivamente paga nem a data de quitação.

Ademais, consta nesse documento expressa ressalva de que aquela declaração deve ser apresentada ao Fisco nos termos dos artigos 8º e 9º da Portaria CAT 15/03, o que é exigido justamente para apuração da base de cálculo do imposto.

Também quanto às hipóteses de incidência do ITCMD, outra normativa expedida pelo ente fiscal (Portaria CAT n. 89, de 26 de outubro de 2020), exige a apresentação de certidão de homologação aos Registros de Imóveis, nos seguintes termos (destaque nosso):

> *"Art. 12. Quando do registro de alterações na propriedade de imóvel, ocorridas em virtude de transmissão "causa mortis", os Cartórios de Registro de Imóveis deverão exigir os seguintes documentos:*
>
> *I - na hipótese de transmissão realizada por meio de inventário judicial:*
>
> *a) cópia da Declaração de ITCMD em que constem os imóveis objetos da transmissão, avaliados conforme o capítulo IV da Lei 10.705/2000 ;*
>
> *b) certidão de homologação, expedida pela Secretaria da Fazenda e Planejamento, referente ao número da Declaração de ITCMD apresentada e, tratando-se de 'Certidão de Homologação – Sem Pagamento', comprovante de pagamento dos débitos declarados na referida declaração de ITCMD".*

A jurisprudência atual, por sua vez, também reconhece como necessária a fiscalização da anuência da Fazenda do Estado.

A propósito, com nossos destaques:

> *"REGISTRO DE IMÓVEIS Dúvida julgada procedente Carta de sentença extraída de ação de divórcio consensual* ***Exigência*** *consistente na apresentação da anuência da Fazenda do Estado com a declaração e o recolhimento do Imposto de Transmissão "Causa Mortis" e de Doação de Quaisquer Bens e Direitos - ITCMD Carta de sentença que somente foi instruída com o protocolo da declaração do ITCMD e com as guias de recolhimento, o que impossibilita a análise da alegação de que foi adotada base de cálculo superior aos valores venais dos imóveis transmitidos Recurso não provido"* (Conselho Superior da Magistratura, Apelação Cível nº 1018134-43.2019.8.26.0309, Voto n. 31.176, lavrado pelo Corregedor Geral da Justiça Ricardo Anafe).
>
> *"Registro de Imóveis Formal de partilha Comprovação de pagamento do ITCMD* ***Necessidade de apresentação de certidão de homologação pela Fazenda*** *Óbice mantido Recurso não provido"* (Conselho Superior da Magistratura, Apelação Cível n. 0000534-79.2020, Voto n. 31.465, lavrado pelo Corregedor Geral da Justiça Ricardo Anafe).

Não há, portanto, que se falar em dispensa da homologação: a certidão é requisito de ingresso do título no fólio real.

Diante do exposto, **JULGO PARCIALMENTE PROCEDENTE** a dúvida apenas para afastar a exigibilidade de comprovação do pagamento do ITCMD devido sobre o quinhão da co-herdeira Virgínia, mantendo o óbice relativo à homologação do recolhimento pelo fisco quanto à transmissão do imóvel da matrícula n. 188.814.

Deste procedimento não decorrem custas, despesas processuais ou honorários advocatícios.

Oportunamente, ao arquivo com as cautelas de praxe.

P.R.I.C.

São Paulo, 10 de fevereiro de 2022.

Luciana Carone Nucci Eugênio Mahuad

Juiz de Direito (DJe de 14.02.2022 – SP)

Ementa: Sentença – Dúvida – Pedido de registro de formal de partilha – Negativa em razão a precária qualificação dos herdeiros – Ausência de menção em relação as profissões – Possibilidade de dispensar a indicação da profissão – Herdeiros perfeitamente identificados – Art. 176, §1º, III, Item 2, "a", da LRP – Afastamento dos óbices – Determinação do registro do título – Improcedência

Processo 1002709-16.2022.8.26.0100

Dúvida - Registro de Imóveis - Jean Carlos Pinto Filho – Jean Carlos Pinto - Diante do exposto, JULGO IMPROCEDENTE a dúvida suscitada pelo Oficial do 12º Registro de Imóveis da Capital a requerimento de Jean Carlos Pinto Filho e Jean Carlos Pinto para afastar os óbices registrários e, consequentemente, determinar o registro do título, com dispensa da informação da profissão dos herdeiros Maurício e Michele e indicação da profissão dos demais, conforme fundamentação acima (certidões de fls. 43, 45, 49 e 51 informam que, na época em que se casaram, Marinete Alves era pespontadeira, Antônio Xavier era operador de máquina, José Alves era comerciário, Josefa Alves era auxiliar de costura, Francisco Pereira e Ivanete Alves eram balconistas e Jaime, cobrador), além de indicação da filiação de Francisco Pereira de Lima no lugar de seu CPF e de seu RG (fl. 49). Deste procedimento não decorrem custas, despesas processuais ou honorários advocatícios. Oportunamente, ao arquivo com as cautelas de praxe. P.R.I.C. - ADV: JEAN CARLOS PINTO (OAB 207073/SP)

Íntegra da decisão:

SENTENÇA

Processo Digital nº: **1002709-16.2022.8.26.0100**

Classe - Assunto **Dúvida - Registro de Imóveis**

Suscitante: **12º Oficial de Registro de Imoveis da Capital**

Requerido: **Jean Carlos Pinto Filho e outro**

Juiz(a) de Direito: Dr(a). **Luciana Carone Nucci Eugênio Mahuad**

Vistos.

Trata-se de dúvida suscitada pelo **Oficial do 12º Registro de Imóveis da Capital** a requerimento de **Jean Carlos Pinto Filho e Jean Carlos Pinto**, tendo em vista negativa em se proceder ao registro de formal de partilha extraído do processo de autos n. 0100243- 93.2007.8.26.0005, relativo ao imóvel da matrícula n. 80.402 daquela serventia.

Segundo o Oficial, a negativa foi motivada pela precária qualificação dos herdeiros, pois ausente informação sobre as respectivas profissões, faltando, ainda, indicação do RG e do CPF de Francisco Pereira de Lima, cônjuge da herdeira Josefa. Documentos vieram às fls. 04/158.

A parte suscitada manifestou-se às fls. 166/167, esclarecendo que, na qualidade de credora de um dos herdeiros, postulou o registro do formal de partilha, mas, pela ausência de contato pessoal, desconhece os dados exigidos pelo Oficial registrador, os quais não constam nos autos do arrolamento, dos quais juntou cópia integral (fls. 168/268).

O Ministério Público opinou pela improcedência da dúvida, com abrandamento do rigor formal (fls. 272/275).

É o relatório.

Fundamento e decido.

No mérito, em que pesem o zelo e a cautela do Oficial, a dúvida é improcedente. Vejamos os motivos.

Primeiramente, verifica-se que alguns dos documentos que instruíram o formal de partilha trazem as informações exigidas pelo Oficial.

Com efeito, as certidões de fls. 43, 45, 49 e 51 informam que, na época em que se casaram, Marinete Alves era pespontadeira, Antônio Xavier era operador de máquina, José Alves era comerciário, Josefa Alves era auxiliar de costura, Francisco Pereira e Ivanete Alves eram balconistas e Jaime, cobrador.

Ficam faltando, portanto, apenas a indicação das profissões dos herdeiros Maurício e Michele, que permaneceram solteiros.

É certo que o artigo 176, §1º, III, item 2, alínea "a", da LRP exige a completa qualificação do adquirente no registro do imóvel, prevendo a indicação de sua profissão como dado essencial.

Contudo, neste ponto, o rigor formal merece abrandamento, sobretudo pela instabilidade das relações de trabalho em um mercado muito volúvel, com grande número de trabalhadores sem qualificação específica, que não se fixam em uma determinada atividade seja por opção própria (como o empreendedorismo, hoje tão estimulado), seja por força maior (desemprego).

Assim, a indicação da profissão perde força como elemento de determinação da pessoa, notadamente porque possível que se altere pouco tempo depois da formalização do registro.

O importante para os registros públicos é o atendimento ao princípio da especialidade subjetiva que exige a perfeita identificação do sujeito indicado no registro.

Havendo perfeita determinação do sujeito pelos demais elementos de qualificação informados no título, é possível dispensar a indicação da profissão, viabilizando-se o acesso do título ao fólio real sem comprometimento da segurança jurídica e evitando-se o induzimento à informação de uma falsidade apenas para se cumprir requisito formal.

No caso em análise, foram indicados todos os demais elementos de qualificação apontados no artigo 176, §1º, III, item 2, alínea "a", da LRP, o que permite a perfeita identificação de todos os herdeiros, inclusive de Maurício e Michele, pelo que dispensável a indicação de sua profissão atual.

Por fim, quanto à indicação dos documentos de Francisco, tratando-se de sucessão hereditária e considerando que ele é casado com a herdeira Josefa pelo regime da comunhão parcial de bens (fl. 49), somente ela pode ser considerada adquirente do imóvel, cabendo a Francisco apenas eventual vênia conjugal.

De qualquer forma, a fim de se afastar qualquer risco de insegurança quanto à sua identificação, é possível a indicação de sua filiação, nos termos da lei, dado que pode ser extraído da certidão de fl. 49.

Diante do exposto, **JULGO IMPROCEDENTE** a dúvida suscitada pelo Oficial do 12º Registro de Imóveis da Capital a requerimento de **Jean Carlos Pinto Filho e Jean Carlos Pinto** para afastar os óbices registrários e, consequentemente, determinar o registro do título, com dispensa da informação da profissão dos herdeiros Maurício e Michele e indicação da profissão dos demais, conforme fundamentação acima (certidões de fls. 43, 45, 49 e 51 informam que, na época em que se casaram, Marinete Alves era pespontadeira, Antônio Xavier era operador de máquina, José Alves era comerciário, Josefa Alves era auxiliar de costura, Francisco Pereira e Ivanete Alves eram balconistas e Jaime, cobrador), além de indicação da filiação de Francisco Pereira de Lima no lugar de seu CPF e de seu RG (fl. 49).

Deste procedimento não decorrem custas, despesas processuais ou honorários advocatícios.

Oportunamente, ao arquivo com as cautelas de praxe.

P.R.I.C.

São Paulo, 28 de janeiro de 2022.

Luciana Carone Nucci Eugênio Mahuad

Juíza de Direito (DJe de 02.02.2022 – SP)

Ementa: Sentença – Dúvida – Pedido de registro de formal de partilha – Impossibilidade – Ausência de comprovação do recolhimento do ITCMD – Títulos Judiciais não estão isentos de qualificação registraria – Responsabilidade solidária do Oficial no que tange a fiscalização do pagamento do imposto devido – Art. 289, da LRP – Debate em relação a matéria que deverá se dar perante o ente tributante ou pela via jurisdicional adequada – Manutenção do óbice – Procedência

Processo 1000433-12.2022.8.26.0100

Dúvida - Registro de Imóveis - Carmela Ribeiro Jacinto - Diante do exposto, JULGO PROCEDENTE a dúvida suscitada para manter o óbice registrário. Deste procedimento não decorrem custas, despesas processuais ou honorários advocatícios. Oportunamente, remetam-se os autos ao arquivo. P.R.I.C. - ADV: ARLINDO OLIVEIRA LIMA (OAB 309744/SP)

Íntegra da decisão:

SENTENÇA

Processo Digital nº: **1000433-12.2022.8.26.0100**

Classe - Assunto **Dúvida - Registro de Imóveis**

Suscitante: **17º Oficial de Registro de Imóveis da Capital**

Requerido: **Carmela Ribeiro Jacinto**

Juiz(a) de Direito: Dr(a). **Luciana Carone Nucci Eugênio Mahuad**

Vistos.

Trata-se de dúvida suscitada pelo **Oficial do 17º Registro de Imóveis da Capital** a requerimento de **Carmela Ribeiro Jacinto,** tendo em vista negativa em se proceder ao registro de formal de partilha extraído do processo de autos nº 0130363-88.1994.8.26.0001, que tratou do arrolamento dos bens deixados pelo falecimento de Afonso Ribeiro, incluindo o imóvel objeto da transcrição n. 44.818 do 3º Registro de Imóveis da Capital, atualmente afeto ao 17º RI.

O título foi devolvido uma vez que não comprovado o recolhimento do imposto de transmissão. Documentos vieram às fls. 05/87.

A parte suscitada apresentou impugnação às fls. 97/98, informando que, juntamente com o formal de partilha ora analisado, também apresentou o formal de partilha dos bens deixados por Orlanda Ribeiro, meeira do falecido Afonso. Quanto à exigência pela comprovação do recolhimento dos tributos, alega que a transmissão dos bens ocorreu há mais de vinte anos, quando não existia o ITCMD, sendo certo que eventual obrigação tributária já se encontra prescrita.

O Ministério Público opinou pela manutenção do óbice (fls. 104/106).

É o relatório.

Fundamento e decido.

Primeiramente, como bem frisou o Ministério Público, é importante anotar que este procedimento se restringe à análise do formal de partilha relativo ao espólio de Afonso Ribeiro (fls. 11/70), objeto da prenotação nº 252.118

No mérito, a dúvida é procedente. Vejamos os motivos.

Os títulos judiciais não estão isentos de qualificação, positiva ou negativa, para ingresso no fólio real.

O Egrégio Conselho Superior da Magistratura já decidiu que a qualificação negativa de título judicial não caracteriza desobediência ou descumprimento de decisão judicial (Apelação Cível n. 413-6/7).

Neste sentido, também a Apelação Cível nº 464-6/9, de São José do Rio Preto:

> *"Apesar de se tratar de título judicial, está ele sujeito à qualificação registrária. O fato de tratar-se o título de mandado judicial não o torna imune à qualificação registrária, sob o estrito ângulo da regularidade formal. O exame da legalidade não promove incursão sobre o mérito da decisão judicial, mas à apreciação das formalidades extrínsecas da ordem e à conexão de seus dados com o registro e a sua formalização instrumental".*

E, ainda:

> *"REGISTRO PÚBLICO - ATUAÇÃO DO TITULAR - CARTA DE ADJUDICAÇÃO - DÚVIDA LEVANTADA - CRIME DE DESOBEDIÊNCIA - IMPROPRIEDADE MANIFESTA. O cumprimento do dever imposto pela Lei de Registros Públicos, cogitando-se de deficiência de carta de adjudicação e levantando-se dúvida perante o juízo de direito da vara competente, longe fica de configurar ato passível de enquadramento no artigo 330 do Código Penal - crime de desobediência -, pouco importando o acolhimento, sob o ângulo judicial, do que suscitado"* **(STF, HC 85911 / MG - MINAS GERAIS, Relator: Min. MARCO AURÉLIO, j. 25/10/2005, Primeira Turma).**

Sendo assim, não há dúvidas de que a mera existência de título proveniente de órgão jurisdicional não basta para autorizar automaticamente seu ingresso no fólio real, cabendo ao oficial qualificá-lo conforme as normas e os princípios que regem a atividade registral, sendo que, para o exercício de tal mister, ele conta com ampla autonomia (artigo 28 da Lei n. 8.935/94).

O sistema normativo em vigor impõe aos registradores ordem de controle rigoroso do pagamento de imposto por ocasião do registro do título, sob pena de responsabilidade pessoal (art. 289 da Lei n. 6.015/73, art.134, VI, do CTN e art. 30, XI, da Lei 8.935/1994).

Há que se observar ainda que, em atenção ao princípio do *tempus regit actum*, o título sujeita-se à lei vigente e/ou à situação do imóvel ao tempo de sua apresentação (Apelação Cível nº, 115-6/7, rel. José Mário Antonio Cardinale, nº 777-6/7, rel. Ruy Camilo, nº 530-6/0, rel. Gilberto Passos de Freitas, e, o de nº 0004535-52.2011.8.26.0562).

A matéria em debate - óbice decorrente da exigência de recolhimento do imposto de transmissão - deve ser analisada dentro de todo este contexto legal.

É certo que, na época do falecimento de Afonso Ribeiro, ocorrido em 1994 (fl. 24), era prevista a incidência do ITBI estadual, regulado pela Lei n. 9.691/66, nos seguintes termos:

> *"Artigo 1º - O impôsto sôbre transmissão de bens imóveis e de direitos a êles relativos incide:*
>
> *I – sôbre a transmissão, a qualquer título, da propriedade ou do domínio útil de bens imóveis por natureza ou por acessão física, como definidos na lei civil;*
>
> *(...)*
>
> *Artigo 2º - Estão compreendidos na incidência do impôsto:*
>
> *I – a sucessão legítima ou testamentária, inclusive a sucessão provisória, nos têrmos da lei civil".*

Entretanto, não foi comprovado nos autos o recolhimento de tal tributo, sendo que a sentença de homologação do plano de partilha deixou expresso que *"caso não efetuado o recolhimento do imposto 'causa-mortis' e não apresentada a(s) certidão(ões) negativa(s) Municipal(is), seja providenciado quando do registro (...)"* (fl. 67).

Assim e em havendo previsão legal de exação para a hipótese aqui tratada, não cabe ao Oficial de Registro nem a este juízo administrativo entender pela não tributação.

Debate sobre a matéria deverá se dar perante o ente tributante ou pela via jurisdicional adequada, com amplo contraditório, a fim de se apurarem eventuais causas de extinção do crédito tributário.

Neste sentido decidiu o E. Conselho Superior da Magistratura na Apelação nº 0019186-49.2013.8.26.0100, de relatoria do então Corregedor Geral da Justiça, Des. Elliot Akel (destaque nosso):

*"Registro de imóveis – Dúvida – **Registro de carta de adjudicação – Ausência de recolhimento de imposto ITBI que é devido pela cessão e pela adjudicação – Impossibilidade de reconhecimento de decadência ou prescrição pela via administrativa** – Impedimento do registro mantido – Recurso Desprovido".*

Diante do exposto, **JULGO PROCEDENTE** a dúvida suscitada para manter o óbice registrário.

Deste procedimento não decorrem custas, despesas processuais ou honorários advocatícios.

Oportunamente, remetam-se os autos ao arquivo.

P.R.I.C.

São Paulo, 28 de janeiro de 2022. (DJe de 01.02.2022 – SP)

Ementa: Sentença – Dúvida – Pedido de registro de formal de partilha – Negativa em razão da área destacada possuir descrição inexata – Necessidade de apuração do remanescente da área do imóvel primitivo – Títulos Judiciais não estão isentos de qualificação registraria – Descrição que não permite a localização do bem com a devida precisão – Manutenção do óbice – Procedência

Processo 1000378-61.2022.8.26.0100

Dúvida - Registro de Imóveis - Maria Sueli Conti Misiti - Diante do exposto, JULGO PROCEDENTE a dúvida suscitada pelo Oficial do 8º Registro de Imóveis da Capital para, consequentemente, manter o óbice registrário. Deste procedimento não decorrem custas, despesas processuais ou honorários advocatícios. Oportunamente, remetam-se os autos ao arquivo. P.R.I.C. - ADV: SUELY UYETA (OAB 114807/SP)

Íntegra da decisão:

SENTENÇA

Processo Digital nº: **1000378-61.2022.8.26.0100**

Classe - Assunto **Dúvida - Registro de Imóveis**

Suscitante: **8º Oficial de Registro de Imóveis da Capital**

Suscitado: **Maria Sueli Conti Misiti**

Juiz(a) de Direito: Dr(a). **Luciana Carone Nucci Eugênio Mahuad**

Vistos.

Trata-se de **dúvida** suscitada pelo **Oficial do 8º Registro de Imóveis da Capital** a requerimento de **Maria Sueli Conti Misiti**, diante da negativa em se proceder ao registro de formal de partilha expedido em 03/12/1980 pelo juízo da 1ª Vara da Família e Sucessões do Foro Regional III – Jabaquara no processo de autos n. 2000005-20.1979.8.26.0003, o qual foi aditado em 27/04/1984 e em 24/09/2021, tendo por objeto a partilha do remanescente do imóvel objeto da transcrição n. 105.768 daquela serventia.

Relata o Oficial que o destaque de 123,20m², objeto da matrícula n. 5.483, foi descrito de forma inexata, contendo a expressão "mais ou menos", pelo que se faz necessária a apuração do remanescente da área do imóvel primitivo através de procedimento retificatório, o que possibilitará descrição tabular com lastro geográfico para efetiva identificação, afastando-se riscos de sobreposição; que a planta fiscal do município informa que a testada possui 2,20 metros, divergindo assim da descrição apresentada, de 2,00 metros (prenotação n. 782.856).

Juntou documentos às fls. 05/212.

A parte suscitada se manifestou às fls. 203/207 e 218/223, informando que o imóvel transcrito sob n. 105.768 é uma área regular de 400,00m², com descrição precisa, a qual sofreu destaque de 123,29m², que foi objeto da matrícula n. 5.483. Na transcrição, portanto, remanesce área certa de 276,80m²; que fez constar no aditamento ao formal de partilha a descrição do remanescente; que o título e o registro permitem a perfeita identificação da área mediante individualização e indicação das medidas perimetrais, delimitações e confrontações, tal como constam na planta da quadra e do lote expedida pela Municipalidade de São Paulo; que, ainda que o bem venha indicado com medidas "mais ou menos", a descrição é exata, sendo possível identificar as medidas perimetrais e confrontações, sem risco de sobreposição total ou parcial, pelo que desnecessária a retificação.

Documentos vieram às fls. 225/230.

O Ministério Público opinou pela procedência, com manutenção do óbice registrário (fls. 234/235).

É o relatório.

Fundamento e decido.

No mérito, a dúvida é procedente. Vejamos os motivos.

De início, vale destacar que os títulos judiciais não estão isentos de qualificação, positiva ou negativa, para ingresso no fólio real.

O Egrégio Conselho Superior da Magistratura já decidiu que a qualificação negativa de título judicial não caracteriza desobediência ou descumprimento de decisão judicial (Apelação Cível n. 413-6/7).

Neste sentido, também a Apelação Cível nº 464-6/9, de São José do Rio Preto:

"Apesar de se tratar de título judicial, está ele sujeito à qualificação registrária. O fato de tratar-se o título de mandado judicial não o torna imune à qualificação registrária, sob o estrito ângulo da regularidade formal. O exame da legalidade não promove incursão sobre o mérito da decisão judicial, mas à apreciação das formalidades extrínsecas da ordem e à conexão de seus dados com o registro e a sua formalização instrumental".

E, ainda:

"REGISTRO PÚBLICO - ATUAÇÃO DO TITULAR - CARTA DE ADJUDICAÇÃO - DÚVIDA LEVANTADA - CRIME DE DESOBEDIÊNCIA - IMPROPRIEDADE MANIFESTA. O cumprimento do dever imposto pela Lei de Registros Públicos, cogitando-se de deficiência de carta de adjudicação e levantando-se dúvida perante o juízo de direito da vara competente, longe fica de configurar ato passível de enquadramento no artigo 330 do Código Penal - crime de desobediência -, pouco importando o acolhimento, sob o ângulo judicial, do que suscitado" **(STF, HC 85911 / MG - MINAS GERAIS, Relator: Min. MARCO AURÉLIO, j. 25/10/2005, Primeira Turma).**

Sendo assim, não há dúvidas de que a mera existência de título proveniente de órgão jurisdicional não basta para autorizar automaticamente seu ingresso no fólio real, cabendo ao oficial qualificá-lo conforme os princípios e as normas que regem a atividade registral, sendo que, para o exercício de tal mister, ele conta com ampla autonomia (artigo 28 da Lei n. 8.935/94).

No caso *sub judice*, a pretensão é de registro de formal envolvendo imóvel partilhado em ação de inventário (autos n. 2000005-20.1979.8.26.0003, 1ª Vara da Família e Sucessões do Foro Regional III – Jabaquara), o qual está transcrito sob n. 105.768 perante o 8º CRI (fls. 107 e 108).

O Oficial apontou óbices que impedem a abertura da matrícula, conforme indicado inicialmente nas prenotações n. 741.885 e 779.691 (parcialmente atendidas) e, posteriormente, na prenotação n. 782.856 (fls. 197/202):

"Conforme averbação nº 2 da transcrição acima, foi transmitida parte do imóvel com a área de 123,20m² e matriculado sob nº 5.483, desta Serventia. Diante disso, se faz necessária a apuração do remanescente do imóvel, por procedimento próprio previsto no artigo 213 da Lei de Registros Públicos nº 6.015/73 (Segue anexo os Requisitos Necessários para Retificação), possibilitando, assim, a abertura de matrícula do terreno, cujo ato impõe uma descrição tabular capaz de afastar os riscos de sobreposição, total ou parcial, e que contenha lastro geográfico possibilitador da efetiva identificação do bem (exigência dos artigos 176, I, II, 3, 'b' e 225 da Lei de Registros Públicos nº 6.015/73)".

A recusa é justificada já que, após a transferência de uma parte da metragem do imóvel, com abertura da matrícula n. 5.483, a extensão e a superfície do imóvel não foram consolidadas na transcrição (fl. 185):

"IMÓVEL: Situação: Jabaquara – 42º Subdistrito. Denominação: Rua Maurício de Lacerda, lote 48 da quadra 8-B da Vila Monte Alegre. Característicos e confrontações: Um terreno medindo 10,00m de frente para a Rua Maurício de Lacerda, por 40,00m da frente aos fundos de ambos os lados, tendo nos fundos a largura da frente, encerrando a área total de 400,00m², confinando de ambos os lados e fundos com Annibal de Barros Fagundes e outros ou sucessores.

(...)

Av-2. Transferida parte com a área de 123,20m², através da matrícula 5.483, de 23/0/1976, desta Serventia. São Paulo, SP, 16 de agosto de 2005. (a) Nivea Araujo Piotto, escrevente autorizada".

Note-se que a descrição não permite a localização do bem com a precisão que se espera do registro imobiliário, pois não indicado o lado par ou ímpar do logradouro em que localizado, bem como a que distância métrica está situado da edificação ou da esquina mais próxima (artigo 225 da Lei n. 6015/73).

Assim, por estar o imóvel precariamente descrito na transcrição, faz-se necessário levantamento planimétrico para apuração do remanescente, justamente a fim de possibilitar a abertura da matrícula do imóvel objeto do título com sua perfeita descrição, evitando-se a sobreposição de áreas, tudo em consonância com os princípios registrários, notadamente o da especialidade objetiva, conforme previsto no artigo 176, § 1º, inciso II, item 3, alínea "b", da Lei de Registros Públicos:

"O Livro nº 2 - Registro Geral - será destinado, à matrícula dos imóveis e ao registro ou averbação dos atos relacionados no art. 167 e não atribuídos ao Livro nº 3. § 1º A escrituração do Livro nº 2 obedecerá às seguintes normas: (...) II - são requisitos da matrícula: (...) 3) a identificação do imóvel, que será feita com indicação: (...) b - se urbano, de suas características e confrontações, localização, área, logradouro, número e de sua designação cadastral, se houver".

A apuração do remanescente demanda prévio procedimento retificatório, conforme impõe o item 57.4, do Capítulo XX, das Normas de Serviço da Corregedoria Geral da Justiça do Tribunal de Justiça de São Paulo (destaque nosso):

"O procedimento previsto no art. 213, inciso II, da Lei nº 6.015/73 será adotado ***quando a descrição original***

do imóvel sofreu alteração em razão de desfalque parcial, sem que tenha ocorrido a apuração do remanescente".

O artigo 213, inciso II, da Lei n. 6.015/73, por sua vez, assim dispõe:

"O oficial retificará o registro ou a averbação:

(...)

II - a requerimento do interessado, no caso de inserção ou alteração de medida perimetral de que resulte, ou não, alteração de área, instruído com planta e memorial descritivo assinado por profissional legalmente habilitado, com prova de anotação de responsabilidade técnica no competente Conselho Regional de Engenharia e Arquitetura - CREA, bem assim pelos confrontantes".

Note-se, ainda, que a planta fiscal do município aponta que o imóvel possui testada de 2,20m (fl. 209), divergindo da metragem indicada no título (2,00m – fl. 107), o que confirma como necessária a prévia apuração da área remanescente da transcrição por meio de procedimento retificatório.

Neste sentido, decidiu o então Corregedor Geral do Tribunal de Justiça de São Paulo, Des. Geraldo Francisco Pinheiro, ao aprovar o Parecer n. 449/2018-E da lavra do MM. Juiz Assessor da Corregedoria José Marcelo Tossi Silva, no Recurso Administrativo n. 1003253-15.2018.8.26.0562:

"Registro de imóveis Abertura de matrícula Prevalência dos princípios do registro imobiliário Transcrição relativa a área descrita de forma precária e que sofreu diversos desfalques Pretensão de abertura de matrícula para imóvel indicado como sendo remanescente da área original Necessidade de retificação do registro mediante apuração do remanescente Recurso não provido".

E, ainda, o Conselho Superior da Magistratura do Tribunal de Justiça do Estado de São Paulo:

"REGISTRO DE IMÓVEIS - Formal de Partilha – Desqua lificação – Ato de desdobro - Necessidade de prévia retificação de registro para adequação da descrição do imóvel e apuração da área remanescente – Especialidade objetiva – Recusa ao registro mantida – Recurso improvido" (Apelação n. 1074885-37.2015.8.26.0100 - Rel. Des. Pereira Calças – j. 12/12/2017).

Diante do exposto, **JULGO PROCEDENTE** a dúvida suscitada pelo **Oficial do 8º Registro de Imóveis da Capital** para, consequentemente, manter o óbice registrário.

Deste procedimento não decorrem custas, despesas processuais ou honorários advocatícios.

Oportunamente, remetam-se os autos ao arquivo.

P.R.I.C.

São Paulo, 25 de janeiro de 2022.

Luciana Carone Nucci Eugênio Mahuad

Juíza de Direito (DJe de 31.01.2022 – SP)

Ementa: Sentença – Dúvida – Pedido de registro de formal de partilha – Negativa por ausência de homologação do recolhimento tributário pela Fazenda do Estado – Títulos Judiciais não estão isentos de qualificação registraria – Responsabilidade solidária do Oficial no que tange a fiscalização do pagamento do imposto devido – Art. 289, da LRP – Indispensabilidade da apresentação da certidão de homologação – Manutenção do óbice – Procedência

Processo 1133603-17.2021.8.26.0100

Dúvida - Registro de Imóveis - Simone Laureano Zamboni - Diante do exposto, JULGO PROCEDENTE a dúvida suscitada e, em consequência, mantenho o óbice registrário. Deste procedimento não decorrem custas, despesas processuais ou honorários advocatícios. Oportunamente, ao arquivo com as cautelas de praxe. P.R.I.C. - ADV: MAURICIO VIANA (OAB 108262/SP)

Íntegra da decisão:

SENTENÇA

Processo Digital nº: **1133603-17.2021.8.26.0100**

Classe - Assunto **Dúvida - Registro de Imóveis**

Suscitante: **9º Oficial de Registro de Imóveis da Capital**

Suscitado: **Simone Laureano Zamboni**

Juiz(a) de Direito: Dr(a). **Luciana Carone Nucci Eugênio Mahuad**

Vistos.

Trata-se de dúvida suscitada pelo **Oficial do 9º Registro de Imóveis da Capital** a requerimento de **Simone Laureano Zamboni**, tendo em vista negativa em se proceder ao registro de formal de partilha extraído por Tabelião do processo de autos n. 1005743-18.2021.8.26.0008, relativo ao imóvel da matrícula 181.982 daquela serventia.

Informa o Oficial que a recusa foi motivada pela ausência de homologação, pela Fazenda do Estado, do recolhimento tributário e pela necessidade de complementação do depósito de custas e emolumentos, esta última já sanada. Documentos vieram às fls. 04/564.

A parte suscitada manifestou-se às fls. 565/566, aduzindo que desnecessária a homologação requerida, uma vez que o processo tramitou na forma de arrolamento (artigo 662 do Código de Processo Civil), bem como porque não cabe ao registrador a obrigação de fiscalizar a exatidão do montante recolhido.

O Ministério Público opinou pela procedência (fls. 569/571).

É o relatório.

Fundamento e decido.

No mérito, a dúvida é procedente. Vejamos os motivos.

De início, vale destacar que os títulos judiciais não estão isentos de qualificação, positiva ou negativa, para ingresso no fólio real.

O Egrégio Conselho Superior da Magistratura já decidiu que a qualificação negativa de título judicial não caracteriza desobediência ou descumprimento de decisão judicial (Apelação Cível n. 413-6/7).

Neste sentido, também a Apelação Cível nº 464-6/9, de São José do Rio Preto:

> *"Apesar de se tratar de título judicial, está ele sujeito à qualificação registrária.*
>
> *O fato de tratar-se o título de mandado judicial não o torna imune à qualificação registrária, sob o estrito ângulo da regularidade formal. O exame da legalidade não promove incursão sobre o mérito da decisão judicial, mas à apreciação das formalidades extrínsecas da ordem e à conexão de seus dados com o registro e a sua formalização instrumental".*

E, ainda:

> *"REGISTRO PÚBLICO - ATUAÇÃO DO TITULAR - CARTA DE ADJUDICAÇÃO - DÚVIDA LEVANTADA - CRIME DE DESOBEDIÊNCIA - IMPROPRIEDADE MANIFESTA. O cumprimento do dever imposto pela Lei de Registros Públicos, cogitando-se de deficiência de carta de adjudicação e levantando-se dúvida perante o juízo de direito da vara competente, longe fica de configurar ato passível de enquadramento no artigo 330 do Código Penal - crime de desobediência -, pouco importando o acolhimento, sob o ângulo judicial, do que suscitado"* (STF, HC 85911 / MG – MINAS GERAIS, Relator: Min. MARCO AURÉLIO, j. 25/10/2005, Primeira Turma).

Sendo assim, não há dúvidas de que a mera existência de título proveniente de órgão jurisdicional não basta para autorizar automaticamente seu ingresso no fólio real, cabendo ao oficial qualificá-lo conforme os princípios e as normas que regem a atividade registral, sendo que, para o exercício de tal mister, ele conta com ampla autonomia (artigo 28 da Lei n. 8.935/94).

Para os registradores, ademais, vigora ordem de controle rigoroso do recolhimento de imposto por ocasião do registro do título, sob pena de responsabilidade pessoal (artigo 289 da Lei n. 6.015/73).

Nesse contexto, quanto às hipóteses de incidência do ITCMD, há normativa expressa expedida pelo ente fiscal (artigo 12 da Portaria CAT n. 89, de 26 de outubro de 2020), a qual determina a exigência da certidão de homologação, nos seguintes termos (destaque nosso):

> *"Art. 12. Quando do registro de alterações na propriedade de imóvel, ocorridas em virtude de transmissão "causa mortis", os Cartórios de Registro de Imóveis deverão exigir os seguintes documentos:*
>
> *I - na hipótese de transmissão realizada por meio de inventário judicial:*
>
> *(...)*
>
> *II - na hipótese de transmissão realizada por arrolamento:*
>
> *a) cópia da Declaração de ITCMD em que constem os imóveis objetos da transmissão, avaliados conforme o capítulo IV da Lei 10.705/2000 ;*
>
> *b) certidão de homologação, expedida pela Secretaria da Fazenda e Planejamento, referente ao número da Declaração de ITCMD apresentada".*

Não há, portanto, que se falar em dispensa da homologação: a norma exige apresentação da certidão ao Oficial de Registro de Imóveis.

A jurisprudência atual, por sua vez, também reconhece como necessária a fiscalização da anuência da Fazenda do Estado.

A propósito, com nossos destaques:

> *"REGISTRO DE IMÓVEIS – Dúvida julgada procedente – Carta de sentença extraída de ação de divórcio consensual –**Exigência consistente na apresentação da anuência da Fazenda do Estado** com a declaração e o recolhimento do Imposto de Transmissão "Causa Mortis" e de Doação de Quaisquer Bens e Direitos - ITCMD Carta de sentença que somente foi instruída com o protocolo da declaração do ITCMD e com as guias de recolhimento, o que impossibilita a análise da alegação de que foi adotada base de cálculo superior aos valores venais dos imóveis transmitidos – Recurso não provido"* (Conselho Superior da Magistratura, Apelação Cível nº 1018134-43.2019.8.26.0309, Voto n. 31.176, lavrado pelo Corregedor Geral da Justiça Ricardo Anafe).
>
> *"Registro de Imóveis – Formal de partilha – Comprovação de pagamento do ITCMD – **Necessidade de apresentação de certidão de homologação pela Fazenda** – Óbice mantido – Recurso não provido" (Conselho Superior da Magistratura, Apelação Cível n. 0000534-79.2020, Voto n. 31.465, lavrado pelo Corregedor Geral da Justiça Ricardo Anafe).*

Assim, a exigência de homologação do recolhimento tributário pela Fazenda Pública Estadual para registro do título na hipótese está justificada. Eventual demora ou impedimento na homologação da declaração do ITCMD deve ser resolvida pela parte interessada administrativamente ou perante o juízo responsável pela partilha.

Diante do exposto, **JULGO PROCEDENTE** a dúvida suscitada e, em consequência, mantenho o óbice registrário.

Deste procedimento não decorrem custas, despesas processuais ou honorários advocatícios.

Oportunamente, ao arquivo com as cautelas de praxe.

P.R.I.C.

São Paulo, 13 de janeiro de 2022.

Luciana Carone Nucci Eugênio Mahuad

Juiz de Direito (DJe de 18.01.2022 – SP)

Ementa: Sentença – Dúvida – Negativa de registro de formal de partilha – Esclarecimento pelo Oficial de que é necessária a regularização da titularidade do imóvel, bem como de comprovação do recolhimento do ITCMD – Excesso de meação – Títulos Judiciais não estão isentos de qualificação registraria – Inexistência de correspondência entre a titular dominial e as partes integrantes do título apresentado – Violação ao Princípio da Continuidade – Imprescindibilidade do registro prévio do título anterior – Ausência de impugnação a uma das exigências impostas pelo Oficial – Dúvida Prejudicada

Processo 1127505-16.2021.8.26.0100

Dúvida - Registro de Imóveis - Viviane da Silva Santos - Diante do exposto, JULGO PREJUDICADA a dúvida inversa suscitada por Viviane da Silva Santos, observando que os óbices registrários relativos à regularização do ato transmissivo anterior e à comprovação do recolhimento do ITCMD, apontados pelo Oficial do 7º Registro de Imóveis da Capital, subsistem. Deste procedimento não decorrem custas, despesas processuais ou honorários advocatícios. Oportunamente, remetam-se os autos ao arquivo. P.R.I.C. - ADV: ANTONIO DOS SANTOS ALVES (OAB 95495/SP)

Íntegra da decisão:

SENTENÇA

Processo Digital nº: **1127505-16.2021.8.26.0100**

Classe - Assunto **Dúvida - Registro de Imóveis**

Requerente: **Viviane da Silva Santos**

Requerido: **7º Oficial de Registro de Imóveis da Capital**

Juiz(a) de Direito: Dr(a). **Luciana Carone Nucci Eugênio Mahuad**

Vistos.

Trata-se de dúvida inversa suscitada por **Viviane da Silva Santos** em face do **Oficial do 7º Registro de Imóveis da Capital** após negativa de registro de formal de partilha emitido pelo juízo da 11ª Vara da Família e das Sucessões do Foro Central da Capital, relativo ao imóvel da matrícula 60.721 daquela serventia.

Os óbices registrários dizem respeito à violação ao princípio da continuidade, vez que necessária a regularização da titularidade do imóvel, com o registro do ato transmissivo anterior em nome de Benedito Messias dos Santos e Edna Eufrázio da Silva, e à ausência de comprovação de recolhimento do ITCMD, devido ante o excesso de meação.

Documentos vieram às fls. 06/44.

O Oficial suscitado se manifestou às fls. 49/52, informando que Eronildes Fortes da Silva figura como atual proprietária do imóvel, de modo que necessária a regularização dos atos transmissivos anteriores, com transferência definitiva da propriedade a Benedito e Edna, nos termos da nota devolutiva de fl. 14.

O Ministério Público opinou pela prejudicialidade da dúvida ante a ausência de impugnação a uma das exigências feitas pelo Oficial e, no mérito, pela manutenção dos óbices (fls. 104/109).

É o relatório.

Fundamento e decido.

Primeiramente, vale destacar que os títulos judiciais não estão isentos de qualificação, positiva ou negativa, para ingresso no fólio real.

O Egrégio Conselho Superior da Magistratura já decidiu que a qualificação negativa de título judicial não caracteriza desobediência ou descumprimento de decisão judicial (Apelação Cível n. 413-6/7).

Neste sentido, também a Ap. Cível nº 464-6/9, de São José do Rio Preto:

> *"Apesar de se tratar de título judicial, está ele sujeito à qualificação registrária. O fato de tratar-se o título de mandado judicial não o torna imune à qualificação registrária, sob o estrito ângulo da regularidade formal. O exame da legalidade não promove incursão sobre o mérito da decisão judicial, mas à apreciação das formalidades extrínsecas da ordem e à conexão de seus dados com o registro e a sua formalização instrumental".*

E, ainda:

> *"REGISTRO PÚBLICO - ATUAÇÃO DO TITULAR - CARTA DE ADJUDICAÇÃO - DÚVIDA LEVANTADA - CRIME DE DESOBEDIÊNCIA - IMPROPRIEDADE MANIFESTA. O cumprimento do dever imposto pela Lei de Registros Públicos, cogitando-se de deficiência de carta de adjudicação e levantando-se dúvida perante o juízo de direito da vara competente, longe fica de configurar ato passível de enquadramento*

no artigo 330 do Código Penal - crime de desobediência - pouco importando o acolhimento, sob o ângulo judicial, do que suscitado" **(STF, HC 85911 / MG - MINAS GERAIS, Relator: Min. MARCO AURÉLIO, j. 25/10/2005, Primeira Turma).**

Sendo assim, não há dúvidas de que a origem judicial não basta para garantir ingresso automático dos títulos no fólio real, cabendo ao oficial qualificá-los conforme os princípios que regem a atividade registral.

Por segundo, verifica-se que a parte não se insurge contra a necessidade de apresentação de guia de recolhimento de ITCMD, de modo que, diante da presunção de concordância que decorre da ausência de impugnação a uma das exigências realizadas pelo Oficial, resta prejudicada a dúvida.

Ainda assim, como estamos na via administrativa, visando evitar novo questionamento futuro, possível a análise do óbice impugnado, relativo à regularização do ato transmissivo anterior.

Neste âmbito, a dúvida seria procedente.

De fato, verifica-se efetiva violação ao princípio da continuidade (artigos 195 e 237 da Lei de Registros Públicos LRP), o qual preza pelo perfeito encadeamento entre as informações inscritas e as que se pretendem inscrever, uma vez que, no caso em tela, não há exata correspondência entre a titular dominial, fls. 08/11, e as partes integrantes do título apresentado às fls. 36/38.

Assim, como condição para ingresso do formal de partilha, necessário será o registro prévio do título anterior por meio do qual Benedito Messias dos Santos e Edna Eufrázio da Silva adquiriram o imóvel.

Diante do exposto, **JULGO PREJUDICADA** a dúvida inversa suscitada por **Viviane da Silva Santos**, observando que os óbices registrários relativos à regularização do ato transmissivo anterior e à comprovação do recolhimento do ITCMD, apontados pelo **Oficial do 7º Registro de Imóveis da Capital**, subsistem.

Deste procedimento não decorrem custas, despesas processuais ou honorários advocatícios.

Oportunamente, remetam-se os autos ao arquivo.

P.R.I.C.

São Paulo, 17 de dezembro de 2021.

Luciana Carone Nucci Eugênio Mahuad

Juiz de Direito (DJe de 13.01.2022 – SP)

Ementa: Sentença – Pedido de Providências – Pedido de cancelamento de averbações e de registro – Alegação de que o formal de partilha registrado não considerou os contratos de cessão – Herdeira que adquiriu a integralidade dos direitos sobre o bem – Requerente que efetuou o aditamento do referido formal de partilha – Negativa pelo Oficial por necessidade de requerimento unânime das partes ou por decisão judicial – Art. 250, I e II, da LRP – Ausência de conduta irregular – Manutenção do óbice – Improcedência

Processo 1113833-38.2021.8.26.0100

Pedido de Providências - REGISTROS PÚBLICOS - Alessandra Carmignoli - Diante do exposto, JULGO IMPROCEDENTE o pedido de providências formulado por Alessandra Carmignoli. Deste procedimento não decorrem custas, despesas processuais ou honorários advocatícios. Oportunamente, ao arquivo com as cautelas de praxe. P.R.I.C. - ADV: ANETE MORENO (OAB 219066/SP)

Íntegra da decisão:

SENTENÇA

Processo Digital nº: **1113833-38.2021.8.26.0100**

Classe - Assunto **Pedido de Providências - REGISTROS PÚBLICOS**

Requerente: **Alessandra Carmignoli**

Requerido: **9º Oficial de Registro de Imóveis da Capital**

Juiz(a) de Direito: Dr(a). **Luciana Carone Nucci Eugênio Mahuad**

Vistos.

Trata-se de pedido de providências formulado por **Alessandra Carmignoli** em face do Oficial do 9º Registro de Imóveis desta Capital, diante da negativa de cancelamento das Averbações n. 4, 6, 7 e 9, bem como dos Registros n. 5 e 8 da matrícula n. 50.938 daquela serventia.

A parte interessada esclarece que, com o falecimento dos proprietários, o imóvel foi inventariado e adjudicado aos respectivos herdeiros, mas o formal de partilha que ensejou os registros impugnados não considerou os contratos de cessão por meio dos quais a ora interessada, herdeira, adquiriu a integralidade dos direitos sobre o bem.

Após o registro, foi identificado o equívoco e a parte providenciou o aditamento do formal de partilha, no qual passou a constar a adjudicação do imóvel exclusivamente a ela (herdeira cessionária Alessandra Carmignoli).

Entretanto, o registro do formal de partilha aditado foi negado pelo Oficial registrador, que exigiu o prévio cancelamento dos atos já efetuados mediante requerimento unânime das partes que deles participaram ou por decisão judicial.

A parte informa, ainda, que despendeu a quantia de R$2.260,51 com os registros indevidos, pelo que pretende compensação com as custas dos próximos registros e a devolução de valores excedentes.

Vieram documentos às fls. 06/21.

Constatado o decurso do trintídio legal da última prenotação, foi determinada a reapresentação do título à serventia extrajudicial (fl. 22).

Com o atendimento, o Oficial se manifestou às fls. 28/30, alegando que, por ocasião da qualificação do formal de partilha inicialmente apresentado, alertou que a sentença homologatória não contemplava as cessões de direitos hereditários encartadas nos autos, pelo que emitiu nota devolutiva para esclarecimento sobre a possibilidade do registro da partilha tal como homologada ou sobre a necessidade de retificação do título, caso prevalecesse o interesse na cessão; que o título original foi reapresentado acompanhado de declaração autorizando o registro da partilha homologada, o que foi realizado, de modo que o imóvel já não pertencia aos autores da herança quando foi apresentado o formal aditado, sendo exigido prévio cancelamento da partilha anterior mediante autorização das partes afetadas, o que não foi atendido. Quanto ao aproveitamento das custas, sustenta ser incabível e desnecessário, uma vez que a cobrança foi correta, e a parte interessada obteve, posteriormente, os benefícios da assistência judiciária gratuita. Juntou documentos às fls. 31/155.

O Ministério Público opinou pela improcedência, entendendo inviável o reembolso ou a compensação dos valores anteriormente pagos (fls. 159/161).

É o relatório.

Fundamento e decido.

No mérito, o pedido é improcedente. Vejamos os motivos.

Como bem salientado pelo Oficial, o cancelamento de registros não pode ser unilateral, já que a lei exige requerimento unânime das partes ou decisão judicial transitada em julgado (artigo 250, I e II, da LRP), justamente porque a providência afetará direitos patrimoniais daqueles que participaram do ato.

Assim, cabe à parte interessada interpelar os herdeiros beneficiados pela partilha originalmente homologada para obter o cancelamento consensual dos atos registrados ou seguir pela via contenciosa, se necessário. Nesta via administrativa, não há espaço para o necessário contraditório.

Observe-se que o formal de partilha original era título perfeitamente apto ao registro, contendo expressa homologação de plano de partilha, com trânsito em julgado em 29 de março de 2005, o que foi fielmente retratado no fólio real (fls. 106/121).

Ressalta-se, ainda, declaração expressa da parte interessada consentindo e autorizando o registro da partilha homologada, a qual foi firmada após advertência do Oficial registrador, feita por meio de nota de exigências, acerca da necessidade de aditamento do formal de partilha para constar a adjudicação (fls. 127/130).

Não se vislumbra, neste contexto, falha no serviço registral ou irregularidade na cobrança de custas e emolumentos que autorize reembolso ou compensação.

Diante do exposto, **JULGO IMPROCEDENTE** o pedido de providências formulado por **Alessandra Carmignoli.**

Deste procedimento não decorrem custas, despesas processuais ou honorários advocatícios.

Oportunamente, ao arquivo com as cautelas de praxe.

P.R.I.C.

São Paulo, 11 de janeiro de 2022.

Luciana Carone Nucci Eugênio Mahuad

Juíza de Direito (DJe de 13.01.2022 – SP)

INDISPONIBILIDADE

Ementa: Sentença – Pedido de Providências – Pedido de cancelamento da averbação de indisponibilidade lançada na matrícula – Negativa em razão de que o cancelamento direto deverá ser buscado na via jurisdicional – Indisponibilidade dos bens do usufrutuário já falecido – Consolidação da propriedade em decorrência do óbito do usufrutuário – Ocorrência do cancelamento indireto do gravame – Incompetência do juízo administrativo para analisar ou modificar decisões judiciais – Improcedência

Processo 1139886-56.2021.8.26.0100

Pedido de Providências - Registro de Imóveis - Mario Antonio Parravicini - Diante do exposto, JULGO IMPROCEDENTE o pedido. Deste procedimento não decorrem custas, despesas processuais ou honorários advocatícios. Oportunamente, ao arquivo com as cautelas de praxe. P.R.I.C. - ADV: ADELMO DA SILVA EMERENCIANO (OAB 91916/SP)

Íntegra da decisão:

SENTENÇA

Processo Digital nº: **1139886-56.2021.8.26.0100**

Classe - Assunto **Pedido de Providências - Registro de Imóveis**

Reclamante: **Mario Antonio Parravicini**

Reclamado: **1º Oficial de Registro de Imóveis da Capital**

Juiz(a) de Direito: Dr(a). **Luciana Carone Nucci Eugênio Mahuad**

Vistos.

Trata-se de pedido de providências formulado por **Mario Antônio Parravicini** em face do **Oficial do 1º Registro de Imóveis da Capital,** diante da negativa de cancelamento da averbação de indisponibilidade lançada na matrícula n. 62.458 daquela serventia.

Aduz a parte requerente que seus genitores, Roberto Parravicini e Therezinha Gomes Parravicini, doaram o imóvel a ela, reservando usufruto vitalício, conforme registro efetivado em 20/03/1996 (R.6/62.458); que seguiu-se averbação, em 08/09/2020, de ordem genérica de indisponibilidade dos bens de Roberto, proveniente do processo de autos n. 00906006120065020039 TST (Av.08); que, diante do falecimento do usufrutuário em 05/05/2005, operou-se a plena extinção do direito real de usufruto, com cancelamento pelo registrador (Av.12), de modo que a ordem de indisponibilidade veio a incidir sobre direito real extinto há mais de quinze anos; que, como irregular a averbação da indisponibilidade, necessário cancelamento.

Vieram documentos às fls. 9/27.

O Oficial informou que, diante da consolidação da propriedade em decorrência do óbito do usufrutuário, com extinção do usufruto averbado na matrícula, houve cancelamento negativo da indisponibilidade, não se fazendo necessária qualquer providência; que, muito embora o usufrutuário tenha falecido em 05/05/2005, a comunicação de tal fato se deu posteriormente, com averbação na matrícula apenas em 08/11/2021, pelo que adequada a averbação da indisponibilidade em 03/09/2020; que o cancelamento da restrição deverá ser buscado na via jurisdicional (fls. 40/41).

O Ministério Público opinou pela improcedência (fls. 44/46).

É o relatório.

Fundamento e decido.

No mérito, o pedido é improcedente. Vejamos os motivos.

A parte pretende o cancelamento da indisponibilidade dos bens de Roberto Parravicini, uma vez que falecido anteriormente à averbação da ordem judicial, a qual é genérica e recaiu sobre a propriedade integral (Av.08, fls. 14/15).

Por primeiro, vê-se que a averbação da indisponibilidade decretada pelo juízo auxiliar em execução de São Paulo junto ao TRT da 2ª Região no processo de autos n. 00906006120065020039, conforme cadastro n. 202009.0222.01303337-IA-970 disponibilizado pela Central Nacional de Indisponibilidade de Bens, foi feita adequadamente, já que em observância ao princípio da continuidade: à época, Roberto Parravicini figurava na matrícula como usufrutuário do imóvel.

Note-se que seu falecimento somente foi comunicado à serventia imobiliária em 27/10/2021, o que levou o Registrador a proceder ao cancelamento do usufruto em 08/11/2021 (Av.12, fls. 16/17).

A alegação de que a generalidade da ordem bastaria para impedir o ingresso da restrição no fólio real também não se sustenta.

Ora, a determinação judicial em questão se deu com fundamento no artigo 37, § 4º, da Constituição Federal, e no artigo 7º da Lei de Improbidade, observando procedimento em conformidade com o Provimento CNJ 39/2014, que dispõe sobre a instituição e o funcionamento da Central Nacional de Indisponibilidade de Bens CNIB, destinada a recepcionar comunicações de indisponibilidade de bens imóveis não individualizados.

Sobre a possibilidade de recaimento do gravame também sobre o usufruto por meio da CNIB, não paira qualquer dúvida: o próprio Provimento CNJ 39/2014, em seu art. 2º, admite tal hipótese (destaques nossos):

> *"Art. 2º. A Central Nacional de Indisponibilidade terá por finalidade a recepção e divulgação, aos usuários do sistema, das ordens de indisponibilidade que atinjam patrimônio imobiliário indistinto,* ***assim como direitos sobre imóveis indistintos****, e a recepção de comunicações de levantamento das ordens de indisponibilidades nela cadastrada".*

Desta forma, temos que, muito embora não conste da averbação qualquer restrição, resta evidente que a indisponibilidade recaiu somente sobre os direitos reais pertencentes ao usufrutuário nominalmente mencionado no registro, Roberto Parravicini (Av.08, fls. 14/15).

Ademais, averbado o óbito dos usufrutuários, operou-se a consolidação da propriedade em mãos do nu-proprietário (Av. 12, fls. 16/17), com averbação de extinção do usufruto e, por consequência, cancelamento indireto da ordem de indisponibilidade, a tornar desnecessária qualquer averbação na matrícula com tal finalidade.

Nesse sentido:

> *"REGISTRO DE IMÓVEIS Averbação de indisponibilidade que não impede a alienação forçada Ocorrida a alienação, há cancelamento indireto das penhoras, que geraram a indisponibilidade O cancelamento direto não é condição necessária à posterior alienação voluntária Escritura de venda e compra que, portanto, pode ser registrada Recurso provido"*

(TJSP; Apelação Cível 0019371-42.2013.8.26.0309; Relator Des. Pereira Calças; Órgão Julgador: Conselho Superior de Magistratura; Data do Julgamento: 14/03/2017; DJE: 26/07/2017).

Mesmo que assim não se entenda, cumpre destacar que não compete a este juízo administrativo analisar ou modificar as decisões proferidas em sede judicial.

Em outros termos, cabe ao proprietário recorrer ao juízo de onde adveio a ordem de indisponibilidade, a fim de alcançar cancelamento direito, com posterior averbação na matrícula.

Neste sentido, decidiu o então Corregedor Geral da Justiça, Des. Ricardo Anafe, ao aprovar o parecer da lavra da MMa. Juíza Assessora Caren Cristina Fernandes de Oliveira, no Recurso Administrativo n. 1033328-40.2020.8.26.0506:

> *"Registro de Imóveis Pedido de providências Indisponibilidade de bens decretada pela Justiça Federal Ordem prenotada e averbada Imóvel gravado com cláusula de impenhorabilidade que não era óbice à prática do ato registrário Inadequação da via administrativa para rever decisões de cunho jurisdicional Pedido de cancelamento da averbação de indisponibilidade de bens que deve ser deduzido perante o Juízo prolator da ordem Recurso não provido"*

Diante do exposto, **JULGO IMPROCEDENTE** o pedido.

Deste procedimento não decorrem custas, despesas processuais ou honorários advocatícios.

Oportunamente, ao arquivo com as cautelas de praxe.

P.R.I.C.

São Paulo, 21 de fevereiro de 2022.

Luciana Carone Nucci Eugênio Mahuad

Juíza de Direito (DJe de 24.02.2022 – SP)

INVENTÁRIO E PARTILHA

Ementa: Sentença – Dúvida – Pedido de registro de Escritura de Inventário e Partilha – Impossibilidade – Negativa por ausência de pagamento dos emolumentos devidos, que foram calculados sobre o valor venal de referência – Insurgência do Requerente em relação a utilização da referida base de cálculo – Descabimento – Base de cálculo dos emolumentos que não se confunde com a dos impostos – Recolhimento do ITCMD sobre o valor venal dos imóveis – Tutela provisória que não se estendeu aos emolumentos – Manutenção do óbice – Procedência

Processo 1004445-69.2022.8.26.0100

Dúvida - Registro de Imóveis - Cristiano Diniz de Castro Souza - Diante do exposto, JULGO PROCEDENTE a dúvida e mantenho o óbice registrário. Providencie, o Oficial, a apresentação da nota de devolução n. 495.590 (fl. 13). Deste procedimento não decorrem custas, despesas processuais ou honorários advocatícios. Oportunamente, ao arquivo. P.R.I.C. - ADV: CRISTIANO DINIZ DE CASTRO SOUZA (OAB 176826/SP)

Íntegra da decisão:

Processo Digital nº: **1004445-69.2022.8.26.0100**

Classe - Assunto **Dúvida - Registro de Imóveis**

Suscitante: **2º Oficial de Registro de Imóveis da Capital**

Suscitado: **Cristiano Diniz de Castro Souza**

Juiz(a) de Direito: Dr(a). **Luciana Carone Nucci Eugênio Mahuad**

Vistos.

Trata-se de dúvida suscitada pelo **Oficial do 2º Registro de Imóveis da Capital** a requerimento de **Cristiano Diniz de Castro Souza**, tendo em vista negativa em se proceder ao registro de escritura de inventário e partilha dos bens deixados pelo falecimento de Carlos Eduardo de Castro Souza (matrícula n. 69.233; nota devolutiva n. 495.590).

Segundo o Oficial, a negativa foi motivada pela ausência de pagamento dos emolumentos devidos, que foram calculados sobre o valor venal de referência. A parte suscitada se insurge justamente contra essa base de cálculo, apoiando-se em decisão judicial que não se aplica à hipótese.

Documentos vieram às fls. 04/23.

A parte suscitada manifestou-se às fls. 24/28, aduzindo que o valor venal de referência não pode ser utilizado, pois se destina ao cálculo do tributo incidente sobre transmissão *inter* vivos de bens imóveis, sendo que a decisão judicial proferida pelo juízo da 9ª Vara de Fazenda Pública da Comarca de São Paulo autorizou o recolhimento do ITCMD sobre o valor venal dos imóveis, entendimento este que deve ser estendido ao cálculo dos emolumentos.

O Ministério Público opinou pela manutenção do óbice (fls. 39/40).

É o relatório.

Fundamento e decido.

No mérito, a dúvida é procedente. Vejamos os motivos.

Os emolumentos relativos aos atos praticados pelo serviço de registro previstos no artigo 236 da Constituição Federal são regulados pela Lei Estadual n. 11.331/02, que define a base de cálculo nos seguintes termos:

"Art. 7º - O valor da base de cálculo a ser considerado para fins de enquadramento nas tabelas de que trata o artigo 4º, relativamente aos atos classificados na alínea "b" do inciso III do artigo 5º, ambos desta lei, será determinado pelos parâmetros a seguir, prevalecendo o que for maior:

I - preço ou valor econômico da transação ou do negócio jurídico declarado pelas partes;

II - valor tributário do imóvel, estabelecido no último lançamento efetuado pela Prefeitura Municipal, para efeito de cobrança de imposto sobre a propriedade predial e territorial urbana, ou o valor da avaliação do imóvel rural aceito pelo órgão federal competente, considerando o valor da terra nua, as acessões e as benfeitorias;

III - base de cálculo utilizada para o recolhimento do imposto de transmissão "inter vivos" de bens imóveis".

Como se vê, a base de cálculo dos emolumentos não se confunde com a base de cálculo do ITBI. A norma apenas indica o critério estabelecido na legislação municipal como referência para o enquadramento das hipóteses de incidência da taxa, conforme tabela escalonada que estabelece valores fixos para faixas progressivas, que variam conforme o preço do imóvel, considerando-se o maior valor entre as bases de cálculo do IPTU e do ITBI.

Esse foi o entendimento do Supremo Tribunal Federal no julgamento da ADI 3.887, no qual a corte superior, ao analisar referido dispositivo, concluiu que o parâmetro fixado não provoca a identidade vedada pelo artigo 145, §2º, da CF, ou seja, a base de cálculo dos emolumentos não se confunde com a dos impostos.

Além disso, os parâmetros dados pela lei estadual determinam a utilização de base de cálculo independentemente do título de origem, ou seja, mesmo que apresentado formal de partilha referente a sucessão *causa mortis*, a lei determina a utilização da base utilizada pelo Município no imposto de transmissão *inter vivos* (ITBI), se este for maior que o valor da transação ou da base de cálculo do IPTU.

Nessa linha de pensamento e considerando a propagação de decisões judiciais que reconheciam a ilegalidade do valor venal de referência como base de cálculo, é que foi respondida, no dia 03 de fevereiro de 2021, consulta formulada pelo Oficial do 10º Registro de Imóveis no processo de autos n. 1118112-04.2020.8.26.0100, com a seguinte orientação (destaques nossos):

"Destarte, em razão dos precedentes desta Corregedoria Permanente e da possível diversidade de conteúdo das decisões sobre a base de cálculo do ITBI neste Município, respondo a consulta no sentido de que, para os fins do inciso III do Art 7º da Lei 11.331/02, deve ser utilizada a base de cálculo do ITBI prevista na legislação municipal vigente, no caso, o valor venal de referência e que a utilização da base de cálculo utilizada pra fins de IPTU ou outra ***só deve ser adotada pelo Oficial quando decisão judicial for expressa no sentido de que ela se estende aos emolumentos****".*

Outrossim, como se constata na decisão copiada às fls. 16/18, a tutela provisória não se estendeu aos emolumentos, limitando-se ao recolhimento do ITCMD. Diante do exposto, **JULGO PROCEDENTE** a dúvida e mantenho o óbice registrário. Providencie, o Oficial, a apresentação da nota de devolução n. 495.590 (fl. 13).

Deste procedimento não decorrem custas, despesas processuais ou honorários advocatícios.

Oportunamente, ao arquivo.

P.R.I.C.

São Paulo, 03 de fevereiro de 2022.

Luciana Carone Nucci Eugênio Mahuad

Juiz de Direito (DJe de 07.02.2022 – SP)

Ementa: Sentença – Dúvida – Pedido de registro de Escritura de Inventário e Partilha – Negativa por existência de ordens de indisponibilidade de bens e direitos contra a herdeira – Descabimento – Recebimento da maior parte do quinhão em adiantamento de legítima – Imóveis partilhados que não ingressaram no patrimônio da herdeira – Impossibilidade da colação ser equiparada a ato de disposição – Bens que não podem ser atingidos pelas ordens de indisponibilidade – Afastamento do óbice – Determinação para registrar o título – Improcedência

Processo 1139557-44.2021.8.26.0100

Dúvida - Registro de Imóveis - Tereza Maria Reikdal - Do exposto, JULGO IMPROCEDENTE a dúvida inversamente suscitada por Teresa Maria Reikdal para, consequentemente, afastar o óbice e determinar o registro do título. Não há custas, despesas processuais nem honorários advocatícios decorrentes deste procedimento. Oportunamente, arquivem-se os autos. P.R.I.C. - ADV: MARCELO DE PAULA BECHARA (OAB 125132/SP)

Íntegra da decisão:

SENTENÇA

Processo Digital nº: **1139557-44.2021.8.26.0100**

Classe - Assunto **Dúvida - Registro de Imóveis**

Requerente: **Tereza Maria Reikdal**

Requerido: **14º Oficial de Registro de Imoveis da Capital**

Prioridade Idoso

Juiz(a) de Direito: Dr(a). **Luciana Carone Nucci Eugênio Mahuad**

Vistos.

Trata-se de **dúvida inversa** suscitada por **Teresa Maria Reikdal** em face da negativa do **Oficial do 14º Registro de Imóveis da Capital** em proceder ao registro da escritura de inventário e partilha dos bens do Espólio de Alberto Reikdal, pela qual o imóvel matriculado sob nº 30.846 foi partilhado.

O título foi desqualificado após o Oficial identificar ordens de indisponibilidade de bens e direitos lançadas contra a herdeira Gisele Reikdal Kallaur, que recebeu a maior parte de seu quinhão em adiantamento de legítima, uma vez que o valor trazido à colação influencia no pagamento dos quinhões hereditários.

A parte suscitante alega que o bem não pode ser atingido pela ordem de indisponibilidade, pois a colação de bens recebidos em adiantamento de legítima não caracteriza ato de disposição voluntária.

Documentos vieram às fls. 10/32.

Diante do vencimento da prenotação, o título recebeu novo protocolo (n.848.199 - fls. 33, 38/39 e 95/98).

O Oficial se manifestou às fls. 40/43, reafirmando a impossibilidade de registro enquanto não demonstrado o cancelamento das restrições e baixa na CNIB. Sustenta que, pelo princípio da *saisine*, com a abertura da sucessão, a herança transmite-se desde logo e a colação é um tipo de compensação que resulta em cessão dos direitos do herdeiro sobre os imóveis, submetendo-se à indisponibilidade decretada até que seja cancelada, o que seria diferente se houvesse prova de efetivo adiantamento, de modo a evitar tentativa de contornar a indisponibilidade.

O Ministério Público opinou pela improcedência da dúvida inversa, com manutenção do óbice registrário (fls. 102/104).

É o relatório.

Passo a fundamentar e a decidir.

No mérito, a dúvida inversa é improcedente. Vejamos os motivos.

O entendimento jurisprudencial é pacífico no sentido de que a indisponibilidade dos bens do alienante decretada em juízo inviabiliza o registro da transferência de propriedade.

Todavia, no caso concreto, verifica-se que os imóveis objeto da partilha não ingressaram no patrimônio da herdeira Gisele Reikdal Kallaur, que recebeu antecipadamente seu quinhão, de modo que não podem ser considerados atingidos pelas ordens de indisponibilidade.

Tal como consta na escritura copiada às fls. 14/19, o inventariado deixou um patrimônio líquido avaliado em R$1.539.969,41 para ser partilhado entre a viúva meeira e três herdeiros-filhos, cabendo a cada um destes últimos um quinhão equivalente a R$256.661,56.

A herdeira Gisele, por sua vez, trouxe à colação o valor de R$255.000,00, recebido a título de adiantamento de legítima, restando a ela apenas uma diferença no valor de R$1.661,56, que recebeu de seus irmãos a título de reposição no pagamento do seu quinhão (itens 7 e 8 – fls. 16/17).

Nos termos dos artigos 1.846 e 1.847 do Código Civil, a legítima pertencente aos herdeiros necessários é calculada sobre o valor dos bens existentes na abertura da sucessão, adicionando-se, imediatamente, o valor dos bens sujeitos a colação.

Ressalte-se que a colação é obrigatória inclusive ao donatário que, ao tempo do falecimento do doador, já não possuir os bens doados, os quais serão conferidos em espécie (artigo 2.003 do CC).

Nesse contexto, como a herdeira recebeu antecipadamente a maior parte de seu quinhão, sobrou muito pouco a suceder após a morte de seu pai, de modo que essa compensação, imposta por lei, para preservar a isonomia entre os herdeiros, não pode ser entendida como efetivo ato de disposição voluntária sobre o restante do patrimônio partilhado.

Note-se que o ato de disposição voluntária foi exercido apenas pelo autor da herança quando, ainda em vida, adiantou a legítima de sua herdeira.

Ademais, mesmo na ausência de maior detalhamento acerca dos bens transferidos em adiantamento da legítima, extrapola o aspecto formal da qualificação registral a conjectura de eventual ardil na tentativa de contornar a ordem de indisponibilidade, incumbindo apenas aos credores da herdeira buscar o reconhecimento jurisdicional de eventual fraude.

Observe-se que, embora não se confunda com o instituto da renúncia, a colação lançada na partilha ora analisada surte efeitos práticos idênticos, afastando da herdeira Gisele o recebimento dos bens partilhados, ressalvado o pagamento de uma diferença muito pequena, em dinheiro, em valor inferior a um por cento do seu quinhão hereditário.

Sobre a possibilidade de renúncia de herança por herdeiro que tenha patrimônio gravado por ordem de indisponibilidade, o C. CSM já se posicionou favoravelmente:

"Registro de Imóveis – Dúvida – Partilha causa mortis – Escritura pública – Renúncia por herdeiro contra o qual pesavam indisponibilidades decorrentes de ordens

jurisdicionais Cessão de parte dos bens do espólio a filho desse herdeiro Óbice aos pretendidos registros decorrentes da partilha Indisponibilidade que, entretanto, não impunha ao herdeiro o dever de aceitar Fraude contra credores e fraude à execução que não podem ser apreciadas na via administrativa Apelação a que se dá provimento para, afastado o óbice e reformada a r. sentença, permitir os registros almejados" (Apelação Cível nº 1039545-36.2019.8.26.0506, Rel. Des. Ricardo Anafe, j. 04 de maio de 2021).

Em suma, o que se vê é que os imóveis partilhados não ingressaram no patrimônio da herdeira, não podendo a colação ser equiparada a ato de disposição, pelo que tais bens não podem ser atingidos pelas ordens de indisponibilidade.

Em consequência, o óbice registrário imposto pelo Oficial deve ser afastado, permitindo-se o ingresso do título apresentado.

Do exposto, **JULGO IMPROCEDENTE** a dúvida inversamente suscitada por **Teresa Maria Reikdal** para, consequentemente, afastar o óbice e determinar o registro do título.

Não há custas, despesas processuais nem honorários advocatícios decorrentes deste procedimento.

Oportunamente, arquivem-se os autos.

P.R.I.C.

São Paulo, 31 de janeiro de 2022.

Luciana Carone Nucci Eugênio Mahuad

Juíza de Direito (DJe de 03.02.2022 – SP)

Ementa: Sentença – Dúvida – Pedido de registro da Escritura de Inventário e Partilha – Possibilidade – Negativa sob alegação de incorreção do recolhimento do ITCMD – Utilização do valor correspondente a metade do imóvel como base de cálculo – Partilha que instituiu o usufruto vitalício da totalidade do bem em favor da viúva – Delimitação da fiscalização do Oficial à verificação da existência ou não do recolhimento do tributo – Eventual diferença em relação ao valor recolhido deve ser discutida na via adequada – Afastamento do óbice – Improcedência

Processo 1139216-18.2021.8.26.0100

Dúvida - Registro de Imóveis - Paulo Isidro Silva – Katia Rosario Silva - Diante do exposto, JULGO IMPROCEDENTE a dúvida suscitada para afastar os óbices registrários. Regularize, a serventia judicial, o polo passivo deste procedimento, a fim de que seja integrado somente por Paulo Isidro Silva. Deste procedimento não decorrem custas, despesas processuais ou honorários advocatícios. Oportunamente, ao arquivo com as cautelas de praxe. P.R.I.C. - ADV: NIVEA ARAUJO PIOTTO (OAB 427585/SP)

Íntegra da decisão:

SENTENÇA

Processo Digital nº: **1139216-18.2021.8.26.0100**

Classe - Assunto **Dúvida - Registro de Imóveis**

Suscitante: **17º Oficial de Registro de Imóveis da Capital**

Suscitado: **Paulo Isidro Silva e outro**

Juiz(a) de Direito: Dr(a). **Luciana Carone Nucci Eugênio Mahuad**

Vistos.

Trata-se de dúvida suscitada pelo **Oficial do 17º Registro de Imóveis da Capital** a requerimento de **Paulo Isidro Silva**, diante de negativa em se proceder ao registro da escritura de inventário e partilha dos bens deixados pelo espólio de Isidro Silva, lavrada pelo 21º Tabelião de Notas desta Capital (livro 3985, páginas 349/353), com partilha do imóvel descrito na matrícula n. 11.877 daquela serventia.

A devolução do título se deu em razão da utilização, como base de cálculo do imposto sobre transmissão *causa mortis* e doação (ITCMD), do valor correspondente a 50% do imóvel partilhado, muito embora a partilha tenha instituído o usufruto vitalício da totalidade do bem a favor da viúva, Iolinda Piva Silva, e atribuído a nua-propriedade integral do imóvel ao herdeiro Paulo Isidro Silva; que deveria ter sido utilizado, como base de cálculo, o valor correspondente, respectivamente, a 1/3 e 2/3 do imóvel (§ 2º, do artigo 9º, da Lei n. 10.705/2000); que se faz necessária a exibição de declaração relativa à parte doada da viúva-meeira ao herdeiro, com comprovação de recolhimento do tributo devido e exibição da respectiva guia original ou cópia autenticada (prenotação n. 251.536). Documentos vieram às fls. 06/62.

A parte suscitada manifestou-se às fls. 67/70, aduzindo que a partilha foi realizada de acordo com a vontade das partes, maiores e capazes, com atribuição do usufruto da totalidade do imóvel à viúva e a nua-propriedade ao único herdeiro-filho; que o recolhimento do imposto foi efetuado de acordo com a legislação competente, estando corretos os cálculos de acordo com precedentes neste sentido.

O Ministério Público opinou pela improcedência, com afastamento dos óbices (fls. 74/77).

É o relatório.

Fundamento e decido.

No mérito, a dúvida improcede. Vejamos os motivos.

De início, vale ressaltar que o Oficial dispõe de autonomia no exercício de suas atribuições, podendo recusar títulos que entender contrários à ordem jurídica e aos princípios que regem sua atividade (art. 28 da Lei n. 8.935/1994), o que não se traduz como falha funcional.

Esta conclusão se reforça pelo fato de que vigora, para os registradores, ordem de controle rigoroso do recolhimento do imposto por ocasião do registro do título, sob pena de responsabilidade pessoal (art. 289 da Lei n. 6.015/73; art.134, VI, do CTN e art.30, XI, da Lei 8.935/1994).

Por outro lado, verifica-se que o C. Conselho Superior da Magistratura já fixou entendimento no sentido de que a fiscalização devida não vai além da aferição sobre a existência ou não do recolhimento do tributo (e não se houve correto recolhimento do valor, sendo tal atribuição exclusiva do ente fiscal, a não ser na hipótese de flagrante irregularidade ou irrazoabilidade do cálculo):

"Ao oficial de registro incumbe a verificação de recolhimento de tributos relativos aos atos praticados, não a sua exatidão" (Apelação Cível 20522-0/9- CSMSP - J.19.04.1995 - Rel. Antônio Carlos Alves Braga).

"Todavia, este Egrégio Conselho Superior da Magistratura já fixou entendimento no sentido de que a qualificação feita pelo Oficial Registrador não vai além da aferição sobre a existência ou não de recolhimento do tributo, e não sobre a integralidade de seu valor" (Apelação Cível 996-6/6 CSMSP, j. 09.12.2008 - Rel. Ruy Camilo).

"Este Egrégio Conselho Superior da Magistratura já fixou entendimento no sentido de que a qualificação feita pelo Oficial Registrador não vai além da aferição sobre a existência ou não de recolhimento do tributo, e não sobre a integralidade de seu valor" (Apelação Cível 0009480- 97.2013.8.26.0114 Campinas - j. 02.09.2014 - Rel. des. Elliot Akel).

No caso concreto, em que pese a cautela do Oficial, não há obstáculo real ao registro.

De fato, o valor informado pelo inventariante na declaração do ITCMD identifica-se com aquele adotado para fins de inventário (itens 9 e 10 - fl. 24 e 29).

A tributação com base no valor venal do imóvel na data do óbito não se mostra flagrantemente incorreta. Eventual diferença em relação ao valor recolhido, portanto, deve ser discutida na via adequada.

A atribuição da totalidade do imóvel em usufruto à viúva meeira e o recebimento da nua propriedade pelo herdeiro em pagamento de seu quinhão não caracterizam, a princípio, doação, pelo que indevido o recolhimento do imposto *inter vivos*.

Neste sentido (destaque nosso):

"Inventário e partilha. Decisão que determinou que fosse dada vista à Fazenda Estadual para manifestação sobre o "inter vivos". Insurgência. Alegação de inexistência de doação. Renúncia de meação e instituição de usufruto vitalício em favor da viúva meeira. Partilha amigável. ***Usufruto que pode ser destacado da nua propriedade, já que possui expressão econômica. Doação não configurada. Jurisprudência deste E. Tribunal. Não incidência do tributo 'inter vivos'.*** *Recurso provido" (AI n. 2103742-51.2016.8.26.0000 – 4ª Câmara de Direito Privado do Tribunal de Justiça do Estado de São Paulo - Des. Fábio Quadros - j. 11.10.2018).*

"Registro de imóveis – Escritura pública de inventário e partilha – ***Cessão da meação da viúva meeira e instituição de usufruto – Divisão entre meação e herança por meio de constituição de usufruto e transmissão da nua propriedade – Apresentação de guia de recolhimento do ITCMD – Dúvida improcedente*** *– Recurso provido para afastar a exigência" (Apelação n. 1001328-44.2020.8.26.0584 - Corregedor Geral da Justiça Des. Ricardo Anafe – j. 02/12/2021).*

Diante do exposto, **JULGO IMPROCEDENTE** a dúvida suscitada para afastar os óbices registrários. Regularize, a serventia judicial, o polo passivo deste procedimento, a fim de que seja integrado somente por Paulo Isidro Silva.

Deste procedimento não decorrem custas, despesas processuais ou honorários advocatícios.

Oportunamente, ao arquivo com as cautelas de praxe.

P.R.I.C.

São Paulo, 25 de janeiro de 2022.

Luciana Carone Nucci Eugênio Mahuad

Juíza de Direito (DJe de 27.01.2022 – SP)

Ementa: Sentença – Dúvida – Pedido de registro de Escritura de Inventário e Partilha – Negativa motivada pela ausência de CND referente aos tributos federais e à Dívida Ativa da União – Dispensabilidade da referida para a prática de atos notariais e registrários – Item 117.1, do Capítulo XX, das NSCGJ – Entendimento pacífico dos Tribunais Superiores, CNJ e da Corregedoria Geral da Justiça – Afastamento do óbice – Determinação do registro do título – Improcedência

Processo 1139955-88.2021.8.26.0100

Dúvida - Registro de Imóveis - Armando Guedes Souza - Diante do exposto, JULGO IMPROCEDENTE a dúvida suscitada pelo Oficial do 17º Registro de Imóveis da Capital para afastar o óbice registrário (prova de regularidade fiscal perante a União) e, em consequência, determinar o registro do título. Deste procedimento não decorrem custas, despesas processuais ou honorários advocatícios. Oportunamente, ao arquivo com as cautelas de praxe. P.R.I.C. - ADV: ARMANDO GUEDES SOUZA (OAB 210159/SP)

Íntegra da decisão:

SENTENÇA

Processo nº: **1139955-88.2021.8.26.0100**

Classe - Assunto **Dúvida - Registro de Imóveis**

Suscitante: **17º Oficial de Registro de Imóveis da Capital**

Suscitado: **Armando Guedes Souza**

Juiz(a) de Direito: Dr(a). **Luciana Carone Nucci Eugênio Mahuad**

Vistos.

Trata-se de dúvida suscitada pelo **Oficial do 17º Registro de Imóveis da Capital** a requerimento de **Armando Guedes de Souza,** tendo em vista negativa em se proceder ao registro de escritura de inventário e partilha dos bens deixados por Armando Gilberto Menezes Alçada de Morais, a qual envolve o imóvel da matrícula n. 22.963 daquela serventia.

Informa o Oficial que a negativa foi motivada pela ausência de certidões negativas de débitos relativas aos tributos federais e à dívida ativa da União em nome do autor da herança, exigidas com fundamento nos artigos 654 do CPC, 192 do CTN e 22, "g", da Resolução n. 35 do CNJ. Documentos vieram às fls. 12/63.

A parte suscitada manifestou-se às fls. 73/80, defendendo a improcedência da dúvida por serem inexigíveis as certidões de regularidade fiscal, nos termos do item 119.1 das NSCGJ e de precedente desta 1ª Vara de Registros Públicos (processo de autos n. 1111333-04.2018.8.26.0100), ao lado do Provimento CG n. 13/2021.

O Ministério Público opinou pelo afastamento do óbice (fls. 84/85).

É o relatório.

Fundamento e decido.

No mérito, a dúvida é improcedente. Vejamos os motivos.

A questão em debate já foi apreciada inúmeras vezes tanto pelo E. Conselho Superior da Magistratura quanto pela E. Corregedoria Geral de Justiça, sendo que tais órgãos superiores firmaram entendimento acerca da dispensa das certidões negativas de dívidas tributárias e previdenciárias federais no que toca ao *munus* do registro imobiliário.

Destaca-se o julgamento proferido pelo E. CSM em análise recursal de processo que tramitou perante este juízo (autos n. 1124381-98.2016.8.26.0100), com relatoria do eminente Desembargador Manoel de Queiroz Pereira Calças, de cujo teor se extrai:

"Item 3 (Certidão negativa de tributos federais e da dívida ativa da União): Essa exigência é a única a ser afastada. Este Conselho Superior da Magistratura já se posicionou, por diversas vezes, no sentido de que ***são dispensáveis as certidões de dívidas ativas tributárias e previdenciárias federais****. Inspirado em precedentes do Supremo Tribunal Federal que inadmitiram a imposição de sanções políticas pelos entes tributários para, por vias oblíquas, constranger o contribuinte a quitar débitos tributários, o Conselho Superior da Magistratura reconheceu* ***inexistir justificativa "para condicionar o registro de títulos nas serventias prediais à prévia comprovação da quitação de créditos tributários, contribuições sociais e de outras imposições pecuniárias compulsórias****" (Apelações Cíveis n. 0018870-06.2011.8.26.0068, 0013479-23.2011.8.26.0019 e 9000002-22.2009.8.26.0441, todas sob a relatoria do Desembargador José Renato Nalini, destaques nossos)".*

Nesse mesmo sentido, confiram-se: *(a)* para a CGJ: Processos de autos n. 62.779/2013 (j. 30/07/2013) e 100.270/2012, (j. 14/01/2013); *(b)* para o CSM: as Apelações Cíveis dos autos n. 0015705-56.2012.8.26.0248 (j. 06.11.2013); 9000004-83.2011.8.26.0296 (j. 26.09.2013); 0006907-12.2012.8.26.0344 (j. 23.05.2013); 0013693-47.2012.8.26.0320 (j18.04.2013); 0019260-3.2011.8.26.0223 (j. 18.04.2013); 0021311-24.2012.8.26.0100 (j. 17.01.2013); 0013759-77.2012.8.26.0562 (j. 17.01.2013); 0018870-06.2011.8.26.0068 (j. 13.12.2012); 9000003-22.2009.8.26.0441 (j. 13.12.2012); 0003611-12.2012.8.26.0625 (j. 13.12.2012) e 0013479-23.2011.8.26.0019 (j. 13.12.2012).

Note-se, ainda, o disposto no item 117.1, do Capítulo XX, das Normas de Serviço dos Cartórios Extrajudiciais:

"117.1. Com exceção do recolhimento do imposto de transmissão e prova de recolhimento do laudêmio, quando devidos, ***nenhuma exigência relativa à quitação de débitos para com a Fazenda Pública, inclusive quitação de débitos previdenciários, fará o oficial, para o registro de títulos particulares****, notariais ou judiciais".*

Por fim, vale registrar que tal entendimento também é compartilhado pelo Conselho Nacional de Justiça:

"RECURSO ADMINISTRATIVO EM PEDIDO DE PROVIDÊNCIAS. IMPUGNAÇÃO DE PROVIMENTO

EDITADO POR CORREGEDORIA LOCAL DETERMINANDO AOS CARTÓRIOS DE REGISTRO DE IMÓVEIS QUE SE ABSTENHAM DE EXIGIR CERTIDÃO NEGATIVA DE DÉBITO PREVIDENCIÁRIO NAS OPERAÇÕES NOTARIAIS. ALEGAÇÃO DE OFENSA AO DISPOSTO NOS ARTIGOS 47 E 48 DA LEI N. 8.2012/91. INEXISTÊNCIA DE ILEGALIDADE.

1. Reconhecida a inconstitucionalidade do art. 1º,inciso IV da Lei nº 7.711/88 (ADI 394), não há mais que se falar em comprovação da quitação de créditos tributários, de contribuições federais e de outras imposições pecuniárias compulsórias para o ingresso de qualquer operação financeira no registro de imóveis, por representar forma oblíqua de cobrança do Estado, subtraindo do contribuinte os direitos fundamentais de livre acesso ao Poder Judiciário e ao devido processo legal (art. 5º, XXXV e LIV, da CF).

2. Tendo sido extirpado do ordenamento jurídico norma mais abrangente, que impõe a comprovação da quitação de qualquer tipo de débito tributário, contribuição federal e outras imposições pecuniárias compulsórias, não há sentido em se fazer tal exigência com base em normas de menor abrangência, como a prevista no art. 47, I, "b", da Lei 8.212/91.

3. Ato normativo impugnado que não configura qualquer ofensa a legislação pátria, mas apenas legítimo exercício da competência conferida ao Órgão Censor Estadual para regulamentar as atividades de serventias extrajudiciais vinculadas ao Tribunal de Justiça local. RECURSO IMPROVIDO" **(CNJ - Pedido de Providências - Corregedoria - 0001230-82.2015.2.00.0000 - Rel. JOÃO OTÁVIO DE NORONHA 28ª Sessão Virtual. Julgado em 11.10.2017).**

Diante do exposto, **JULGO IMPROCEDENTE** a dúvida suscitada pelo Oficial do 17º Registro de Imóveis da Capital para afastar o óbice registrário (prova de regularidade fiscal perante a União) e, em consequência, determinar o registro do título.

Deste procedimento não decorrem custas, despesas processuais ou honorários advocatícios.

Oportunamente, ao arquivo com as cautelas de praxe.

P.R.I.C.

São Paulo, 25 de janeiro de 2022. (DJe de 27.01.2022 – SP)

Ementa: Sentença – Dúvida – Pedido de registro de Escritura Pública de Inventário e Partilha – Impossibilidade – Negativa em razão da necessidade da correção da referida Escritura – Imóvel partilhado em sua integralidade – Falecida que é proprietária apenas da metade do imóvel – Violação ao Princípio da Continuidade Registrária – Imprescindibilidade da retificação do título – Manutenção do óbice – Procedência

Processo 1124801-30.2021.8.26.0100

Dúvida - Registro de Imóveis - Antonio Inserra Junior - Diante do exposto, JULGO PROCEDENTE a dúvida para manter o óbice. Deste procedimento não decorrem custas, despesas processuais ou honorários advocatícios. Oportunamente, ao arquivo com as cautelas de praxe. P.R.I.C. - ADV: ANTONIO INSERRA JUNIOR (OAB 24198/ SP)

Íntegra da decisão:

SENTENÇA

Processo Digital nº: **1124801-30.2021.8.26.0100**

Classe - Assunto **Dúvida - Registro de Imóveis**

Suscitante: **13º Oficial de Registro de Imóveis da Capital**

Suscitado: **Antonio Inserra Junior**

Juiz(a) de Direito: Dr(a). **Luciana Carone Nucci Eugênio Mahuad**

Vistos.

Trata-se de dúvida suscitada pelo **Oficial do 13º Registro de Imóveis da Capital** a pedido de **Antonio Inserra Junior** em face de negativa de registro de escritura pública de inventário e partilha na matrícula 33.247 daquela serventia.

O Registrador esclarece que houve partilha de 100% do imóvel descrito em referida matrícula, sendo que a falecida, Maria do Socorro Pereira Santana, é proprietária de apenas 50%, na medida em que adquirido por ela e por Antonio Inserra Júnior antes de seu casamento. Necessária, portanto, correção da escritura.

A parte interessada, em razões apresentadas perante a serventia judicial, entende que, por se tratar de bem indivisível, a partilha deve ser integral. Nestes autos, porém, não apresentou impugnação (fls. 11/12 e 48).

O Ministério Público opinou pela manutenção do óbice (fls. 52/53).

É o relatório.

Fundamento e decido.

No mérito, a dúvida é procedente.

Com efeito, da matrícula de fls. 40/44, verifica-se que Antonio Inserra Júnior, separado judicialmente, e Maria do Socorro Pereira Santana, divorciada, adquiriram o imóvel em conjunto no dia 13 de novembro de 1996 (R.7), sendo que somente se casaram pelo regime da comunhão parcial de bens em 02 de fevereiro de 2013 (fls. 45/46).

Neste contexto, por ocasião do óbito de Maria do Socorro em 09 de agosto de 2020 (fl. 47), havia condomínio e não comunhão (artigo 1.659, inciso I, do

Código Civil), de modo que o imóvel não poderia ter sido inventariado e partilhado em 100% (fls. 13/39), mas apenas em 50%.

Assim, não há como registrar o título em questão sem violação do princípio da continuidade registrária (artigos 195 e 237 da Lei de Registros Públicos).

Para que tal princípio reste preservado, mostra-se imprescindível que a escritura seja retificada de modo que esteja em conformidade com o constante na matrícula, formando um perfeito encadeamento entre as informações inscritas e as que se pretendem inscrever.

Diante do exposto, **JULGO PROCEDENTE** a dúvida para manter o óbice.

Deste procedimento não decorrem custas, despesas processuais ou honorários advocatícios.

Oportunamente, ao arquivo com as cautelas de praxe.

P.R.I.C.

São Paulo, 17 de dezembro de 2021.

Luciana Carone Nucci Eugênio Mahuad
Juiz de Direito (DJe de 13.01.2022 – SP)

ITBI

Ementa: Sentença – Dúvida – Pedido de registro de Ata de AGE que teve por objeto conferência de bens – Alegação pelo Oficial de que houve atraso no recolhimento do ITBI, sendo necessária complementação – Descabimento – Inexistência de vício formal no título – Delimitação da fiscalização do Oficial à verificação da existência ou não do recolhimento do tributo – Eventual valor a ser cobrado a título de multa ou encargos moratórios deve ser discutido na via adequada – Registrador que não pode desqualificar o título sob o fundamento de ausência de complemento de valores – Afastamento do óbice – Determinação do registro do título – Improcedência

Processo 1139973-12.2021.8.26.0100

Dúvida - Registro de Imóveis - Pro-Ita Empreendimentos S/A - Diante do exposto, JULGO IMPROCEDENTE a dúvida suscitada para afastar o óbice registrário e, em consequência, determinar o registro do título. Deste procedimento não decorrem custas, despesas processuais ou honorários advocatícios. Oportunamente, remetam-se os autos ao arquivo. P.R.I.C. - ADV: MURILO MUNIZ SILVA (OAB 384234/SP)

Íntegra da decisão:

SENTENÇA

Processo Digital nº: **1139973-12.2021.8.26.0100**

Classe - Assunto **Dúvida - Registro de Imóveis**

Suscitante: **1º Oficial de Registro de Imóveis da Capital**

Requerido: **Pro-Ita Empreendimentos S/A**

Juiz(a) de Direito: Dr(a). **Luciana Carone Nucci Eugênio Mahuad**

Vistos.

Trata-se de dúvida suscitada pelo **Oficial do 1º Registro de Imóveis da Capital** a requerimento de **Pro-Ita Empreendimentos S/A** após negativa de registro de ata de Assembleia Geral Extraordinária que teve por objeto conferência de bens (matrículas n. 114.509 e 114.632 daquela serventia).

Informa o Oficial que o óbice registrário diz respeito ao atraso no recolhimento do ITBI, que deveria ter sido realizado em até dez dias da celebração do instrumento particular, de modo que necessária complementação, inclusive com encargos, na forma da legislação municipal (Decreto n. 55.196/2014), sob pena de responsabilização pessoal.

Vieram documentos às fls. 04/81.

A parte suscitada se manifestou às fls. 82/87, alegando que o fato gerador do ITBI somente ocorre com a transferência efetiva da propriedade imobiliária, o que se dá mediante o registro, bem como que, em tendo havido recolhimento do tributo devido, a qualificação deveria ter sido positiva na medida em que o delegatário não possui incumbência de auditar o valor pago, não havendo que se falar em complementação.

O Ministério Público opinou pela improcedência (fls. 91/95).

É o relatório.

Fundamento e Decido.

No mérito, a dúvida é improcedente.

De fato, em que pese a cautela do Oficial, o título apresentado não possui vício formal que obste registro, sendo que houve recolhimento do ITBI, como por ele próprio relatado.

Não se desconhece que, para os registradores, vigora ordem de controle rigoroso do recolhimento do imposto por ocasião do registro do título, sob pena de responsabilidade pessoal (art. 289 da Lei n. 6.015/73; art.134, VI, do CTN e art. 30, XI, da Lei 8.935/1994).

Todavia, acerca desta matéria, o Egrégio Conselho Superior da Magistratura já fixou entendimento no sentido de que a fiscalização devida não vai além da aferição sobre a existência ou não do recolhimento do tributo (e não se houve correto recolhimento do valor, sendo tal atribuição exclusiva do ente fiscal, a não ser na hipótese de flagrante irregularidade ou irrazoabilidade do cálculo).

Nesse sentido, os seguintes julgados do E. Conselho Superior da Magistratura:

> *"Ao oficial de registro incumbe a verificação de recolhimento de tributos relativos aos atos praticados, não a sua exatidão" (Apelação Cível 20522-0/9- CSMSP - J.19.04.1995 - Rel. Antônio Carlos Alves Braga).*
>
> *"Todavia, este Egrégio Conselho Superior da Magistratura já fixou entendimento no sentido de que a qualificação feita pelo Oficial Registrador não vai além da aferição sobre a existência ou não de recolhimento do tributo, e não sobre a integralidade de seu valor" (Apelação Cível 996-6/6 – CSMSP, j. 09.12.2008 - Rel. Ruy Camilo).*
>
> *"Este Egrégio Conselho Superior da Magistratura já fixou entendimento no sentido de que a qualificação feita pelo Oficial Registrador não vai além da aferição sobre a existência ou não de recolhimento do tributo, e não sobre a integralidade de seu valor"* (Apelação Cível 0009480- 97.2013.8.26.0114 - Campinas - j. 02.09.2014 - Rel. des. Elliot Akel).

Nessa mesma linha, este juízo já decidiu em casos análogos que também versavam sobre a exigência do correto recolhimento de ITBI (autos de número 1115167-78.2019.8.26.0100, 1116491-06.2019.8.26.0100 e 1059178-53.2020.8.26.0100).

Ademais, o recolhimento do ITBI não se mostra atrasado, sobretudo após o julgamento de mérito do Recurso Extraordinário com Agravo n. **1.294.969/SP** (processoparadigma do **Tema n. 1124 – ITBI – Ausência – Registro – Cartório**), no qual o STF reconheceu a existência de repercussão geral e fixou a seguinte tese:

> *"O fato gerador do imposto sobre transmissão inter vivos de bens imóveis (ITBI) somente ocorre com a efetiva transferência da propriedade imobiliária, que se dá mediante o registro".*

Eventual valor a ser cobrado a título de multa ou encargos moratórios, portanto, deve ser discutido na via adequada, não podendo o registrador desqualificar o título apresentado sob o fundamento de ausência de complemento de valores.

Diante do exposto, **JULGO IMPROCEDENTE** a dúvida suscitada para afastar o óbice registrário e, em consequência, determinar o registro do título.

Deste procedimento não decorrem custas, despesas processuais ou honorários advocatícios.

Oportunamente, remetam-se os autos ao arquivo.

P.R.I.C.

São Paulo, 24 de fevereiro de 2022.

Luciana Carone Nucci Eugênio Mahuad

Juíza de Direito (DJe de 02.03.2022 – SP)

Ementa: Sentença – Dúvida – Pedido de registro de carta de sentença relativa à Ação de Reintegração de Posse – Negativa por ausência de Escritura Pública de Venda e Compra, bem como do recolhimento do ITBI – Títulos Judiciais não estão isentos de qualificação registraria – Insurgência do Requerente apenas contra uma das exigências impostas – Homologação do acordo celebrado entre as partes – Carta de sentença que serve como título hábil ao registro – Art. 221, IV, da LRP – Dispensabilidade da lavratura de Escritura Pública – Dúvida Prejudicada

Processo 1005798-47.2022.8.26.0100

Dúvida - Registro de Imóveis - Adriel Ribeiro de Morais Junior - Diante do exposto, JULGO PREJUDICADA a dúvida inversa suscitada por Adriel Ribeiro de Morais Júnior, observando que não subsiste o óbice registrário relativo à necessidade de lavratura de escritura de venda e compra, conforme apontado pelo Oficial do 7º Registro de Imóveis da Capital. Deste procedimento não decorrem custas, despesas processuais ou honorários advocatícios. Oportunamente, remetam-se os autos ao arquivo. P.R.I.C. - ADV: ADRIEL RIBEIRO DE MORAIS JUNIOR (OAB 414501/SP)

Íntegra da decisão:

SENTENÇA

Processo Digital nº: **1005798-47.2022.8.26.0100**

Classe - Assunto **Dúvida - Registro de Imóveis**

Requerente: **Adriel Ribeiro de Morais Junior**

Requerido: **7º Oficial de Registro de Imóveis da capital**

Juiz(a) de Direito: Dr(a). **Luciana Carone Nucci Eugênio Mahuad**

Vistos.

Trata-se de **dúvida inversa** suscitada por **Adriel Ribeiro de Morais Júnior** em face do **Oficial do 7º Registro de Imóveis da Capital,** tendo em vista recusa em se proceder ao registro de carta de sentença expedida pelo 11º Tabelião de Notas da Capital em 29/10/2021, relativa à ação de reintegração/manutenção de posse de autos n. 0206940-08.2011.8.26.0100, que tramitou perante a 27ª Vara Cível Central e envolveu o imóvel descrito na matrícula n. 65.023 daquela serventia (prenotação n. 480.306).

A negativa se deu por ausência de escritura pública de venda e compra e de recolhimento do imposto *inter vivos.*

A parte suscitante não se opõe ao recolhimento do tributo, mas entende desnecessária a lavratura de escritura pública, já que determinada a transferência da propriedade por decisão judicial.

Documentos vieram às fls. 07/39.

Diante do vencimento da prenotação, o título recebeu novo protocolo (485.806 – fls. 13, 40 e 43/44).

O Oficial se manifestou às fls. 46/48, reafirmando a impossibilidade de registro, uma vez que imprescindíveis a lavratura de escritura pública e o recolhimento do imposto municipal. Salienta, ainda, que o título judicial apenas garantiu às partes o direito de lavrar o título extrajudicial, inexistindo auto de adjudicação a formalizar a transferência da propriedade.

O Ministério Público opinou pela prejudicialidade da dúvida ante a ausência de impugnação a uma das exigências feitas pelo Oficial e, no mérito, pela procedência parcial (fls. 52/54).

É o relatório.

Fundamento e decido.

Primeiramente, vale destacar que os títulos judiciais não estão isentos de qualificação, positiva ou negativa, para ingresso no fólio real.

O Egrégio Conselho Superior da Magistratura já decidiu que a qualificação negativa de título judicial não caracteriza desobediência ou descumprimento de decisão judicial (Apelação Cível n. 413-6/7).

Neste sentido, também a Ap. Cível nº 464-6/9, de São José do Rio Preto:

> *"Apesar de se tratar de título judicial, está ele sujeito à qualificação registrária. O fato de tratar-se o título de mandado judicial não o torna imune à qualificação registrária, sob o estrito ângulo da regularidade formal. O exame da legalidade não promove incursão sobre o mérito da decisão judicial, mas à apreciação das formalidades extrínsecas da ordem e à conexão de seus dados com o registro e a sua formalização instrumental".*

E, ainda:

> *"REGISTRO PÚBLICO - ATUAÇÃO DO TITULAR - CARTA DE ADJUDICAÇÃO - DÚVIDA LEVANTADA - CRIME DE DESOBEDIÊNCIA - IMPROPRIEDADE MANIFESTA. O cumprimento do dever imposto pela Lei de Registros Públicos, cogitando-se de deficiência de carta de adjudicação e levantando-se dúvida perante o juízo de direito da vara competente, longe fica de configurar ato passível de enquadramento no artigo 330 do Código Penal - crime de desobediência - pouco importando o acolhimento, sob o ângulo judicial, do que suscitado"* **(STF, HC 85911 / MG - MINAS GERAIS, Relator: Min. MARCO AURÉLIO, j. 25/10/2005, Primeira Turma).**

Sendo assim, não há dúvidas de que a origem judicial não basta para garantir ingresso automático dos títulos no fólio real, cabendo ao oficial qualificá-los conforme os princípios e as regras que regem a atividade registral.

Por segundo, verifica-se que a parte não se insurge contra uma das exigências opostas pelo Oficial (necessidade de recolhimento de ITBI), de modo que a dúvida resta prejudicada.

Ainda assim, como estamos na via administrativa, visando evitar novo questionamento futuro, passo à análise do óbice impugnado, relativo à necessidade de lavratura de escritura de venda e compra, o que é possível segundo entendimento do E. Conselho Superior da Magistratura:

> *"REGISTRO DE IMÓVEIS – Recusa de ingresso de título – Resignação parcial – Dúvida prejudicada – Recurso não conhecido – Análise das exigências a fim de orientar futura prenotação. Correta descrição dos imóveis envolvidos em operações de desdobro e fusão - Princípio da especialidade objetiva - Manutenção das exigências. Exibição de certidões negativas de débitos federais, previdenciários e tributários municipais - Inteligência do item 119.1. do Cap. XX das NSCGJ - Precedentes deste Conselho - Afastamento das exigências. Exibição de certidões de ações reais, pessoais reipersecutórias e de ônus reais - Exigência que encontra amparo na letra "c" do item 59 do Capítulo XIV das NSCGJ e na Lei nº 7.433/1985 - Manutenção das exigências" (Apelação n. 1000786-69.2017.8.26.0539 – Relator Des. Pereira Calças).*

No que diz respeito à necessidade de escritura pública, a dúvida seria improcedente.

Com efeito, o juízo da 27ª Vara Cível do Foro Central da Comarca da Capital, na ação de autos n. 0206940-08.2011.8.26.0100, homologou acordo celebrado entre as partes, o qual envolveu promessa de venda e compra, com previsão de possibilidade de registro a título de compromisso de compra e venda (fls. 09/10 e 30/31).

Não se pode questionar, portanto, a possibilidade de ingresso do acordo homologado no fólio real enquanto compromisso de compra e venda, independentemente da lavratura de escritura pública. Posteriormente, à vista do cumprimento da obrigação avençada (pagamento do preço), o processo em questão foi julgado extinto com fulcro no artigo 924, inciso II, do CPC, com previsão de que a transmissão da propriedade deveria ser providenciada pelas partes na via extrajudicial, servindo a sentença como ofício ao 7º RI (fl. 14 e 37).

A parte suscitante pretende justamente o registro da carta de sentença para transferência da propriedade do imóvel para seu nome.

Quando se analisa o conteúdo da sentença extintiva de fl. 14, notadamente à vista da previsão de que ela serviria como ofício ao 7º RI, perante o qual deveria ser providenciada a transferência da propriedade pelas partes, ao lado do complemento trazido com a decisão posteriormente proferida à fl. 16 dos autos, a qual indica expressamente que a sentença em questão já se prestava *"à finalidade pretendida pelo requerido"*, chega-se à conclusão inequívoca de que ela também serve como título hábil ao registro, independentemente da lavratura de escritura pública.

Note-se que carta de sentença e mandado judicial são títulos hábeis a registro, conforme reconhecido pelo artigo 221, inciso IV, da Lei n. 6.015/73 e pela jurisprudência:

> *"REGISTRO DE IMÓVEIS - Carta de dação em pagamento – Título decorrente de transação homologada em processo judicial – Título previsto no artigo 221, inciso IV, da Lei de Registros Públicos - Carta de sentença - Possibilidade de registro - ITBI e certidões negativas de débito - Exigências mantidas - Recurso improvido para manter a recusa ao registro, embora afastado um dos óbices apresentados" (Apelação n. 395-6/3 Relator Des. José Mario Antonio Cardinale).*

> *"Registro de imóveis – Negativa de acesso ao fólio real de carta de sentença – Permuta de lotes determinada por sentença judicial – Desnecessidade de escritura pública de permuta – Apresentação das CNDs previdenciárias e fiscais Inexigibilidade conforme precedentes – Necessidade, contudo, de recolhimento do ITBI pela permuta – Exigência com amparo legal – Recurso não provido" (Apelação n. 0020124-97.2012.8.26.0223 Relator Des. Eliot Akel).*

Diante do exposto, **JULGO PREJUDICADA** a dúvida inversa suscitada por **Adriel Ribeiro de Morais Júnior**, observando que não subsiste o óbice registrário relativo à necessidade de lavratura de escritura de venda e compra, conforme apontado pelo **Oficial do 7º Registro de Imóveis da Capital**.

Deste procedimento não decorrem custas, despesas processuais ou honorários advocatícios.

Oportunamente, remetam-se os autos ao arquivo.

P.R.I.C.

São Paulo, 08 de fevereiro de 2022.

Luciana Carone Nucci Eugênio Mahuad

Juíza de Direito (DJe de 10.02.2022 – SP)

Ementa: Sentença – Pedido de Providências – Pedido de lavratura de Escritura Pública – Negativa em razão do recolhimento do ITBI ter sido efetuado com base no valor da arrematação do imóvel ao revés do valor venal – Aquisição do imóvel que se deu em leilão extrajudicial após a realização dos dois leilões legais obrigatórios – Ato realizado que possui natureza jurídica de compra e venda – Necessidade do recolhimento do tributo conforme à legislação municipal incidente – Art. 1º, I, §3º, da Lei Municipal nº 3.317/89 – Inexistência de ilícito funcional – Manutenção do óbice – Arquivamento do feito – Ciência à Titular – Improcedência

Processo 1064296-76.2021.8.26.0002

Pedido de Providências - Garantias Constitucionais - R.A.B. - Juiz(a) de Direito: Dr(a). Marcelo Benacchio VISTOS, Cuida-se de pedido de providências, distribuído originalmente como mandado de segurança com pedido liminar, formulado pelo Senhor R. A. B., que se insurge em face da Senhora Oficial do Registro Civil das Pessoas Naturais e Tabeliã de Notas do 32º Subdistrito Capela do Socorro, Capital, que negou lavrar Escritura Pública à luz de guia de ITBI, cujo imposto fora recolhido com base no valor da arrematação do bem imóvel ao revés de seu valor venal. Os autos foram instruídos com os documentos de fls. 16/78. A Senhora Titular prestou esclarecimentos às fls. 92/103. O Senhor Representante tornou aos autos para reiterar os termos de seu protesto inicial (fls. 107/115). O Ministério Público ofertou parecer opinando pela manutenção do óbice e arquivamento dos autos, ante a inexistência de ilícito funcional ou falha na prestação do serviço (fls. 119/120). É o relatório. Decido. Trata-se de pedido de providências formulado pelo Senhor R. A. B., que se insurge em face da Senhora Oficial do Registro Civil das Pessoas Naturais e Tabeliã de Notas do 32º Subdistrito Capela do Socorro, Capital. De início, consigno que a matéria posta em controvérsia no bojo dos presentes autos será apreciada no limitado campo de atribuição desta Corregedoria Permanente, que desempenha, dentre outras atividades, a verificação do cumprimento dos deveres e obrigações dos titulares de delegações afetas a esta 2ª Vara de Registros Públicos da Capital. Bem assim, delimitado o alcance do procedimento, passo à análise da eventual responsabilidade funcional pela Senhora Titular. Em suma, protesta o Senhor Representante diante da negativa imposta pela Titular na lavratura de Escritura Pública à luz de guia de ITBI, cujo imposto fora recolhido com base no valor da aquisição do bem imóvel (arrematação) ao revés de seu valor venal. Alega o interessado que o recolhimento do imposto está correto e sugere que o óbice é arbitrário e sem fundamento legal. A seu turno, a Senhora Titular defendeu seu posicionamento, no sentido de que a aquisição do imóvel pelo requerente se deu em leilão extrajudicial (informal) realizado após os dois leilões legais obrigatórios, ou seja, em venda privada realizada pelo Outorgante Vendedor. Apontou a Titular que, assim, o negócio pactuado não se tratou de leilão nos termos da Lei 9.514/97, mas sim se cuidou negócio privado decorrente da consolidação de propriedade fiduciária após o segundo leilão negativo de modo que sobre o ato incide o imposto correspondente à compra e venda (valor venal) e não à nominada arrematação. Nessa perspectiva, a Delegatária afirma que o ITBI deve ser quitado à vista do inciso I, §3º, do artigo 1º da Lei Municipal º 3.317/89 (São Bernardo do Campo, SP), que refere compra e venda, e não nos termos do artigo 9º, como quer o interessado, que aponta que a base de cálculo nas arrematações será correspondente ao preço do maior lance. Pois bem. Respeitados os elevados argumentos deduzidos pelo Senhor Representante, o pedido, tal qual formulado diante desta estreita via administrativa, não merece guarida. A qualificação jurídica efetuada pela Sra. Tabeliã foi correta, porquanto apesar do modo como realizada a venda e sua denominação como arrematação, esta ocorreu de modo privado em decorrência da disponibilidade da propriedade em mãos do vendedor e não no procedimento de leilão extrajudicial previsto na Lei n. Lei 9.514/97. Tanto isso é verdade que ao caso não se aplica a previsão contida no art. 27. p. 2o-B, do referido diploma legal. Desse modo, a natureza jurídica do ato realizado é de compra e venda e não aquisição em leilão extrajudicial. Nessa perspectiva, lícita a qualificação notarial negativa e a respectiva exigência quanto ao recolhimento do tributo em conformidade à legislação municipal incidente, a qual se encontra regularmente inserida dentro de seu mister de atribuições, objetivando, exatamente, como descrito nas NSCGJ, "garantir a eficácia da lei, a segurança jurídica e a prevenção de litígios", em atuação que protege, inclusive, o próprio representante. Desse modo, dentro de sua independência funcional, uma vez fundamentada a recusa, não há que se falar em falha na prestação do serviço extrajudicial. Destarte, diante desse painel, deve ser mantida a recusa e consequente exigência. Certificado o trânsito em julgado, determino o arquivamento dos autos. Ciência à Senhora Titular e ao Ministério Público. Encaminhe-se cópia das principais peças dos autos à E. Corregedoria Geral da Justiça, por e-mail, servindo a presente como ofício. P.I.C. - ADV: RICARDO TADEU SCARMATO (OAB 246369/SP) (DJe de 14.01.2022 – SP)

LOCAÇÃO

Ementa: Sentença – Dúvida – Pedido de registro de instrumento particular de locação – Negativa por ausência de apresentação de documento de quitação ou cancelamento da alienação fiduciária ou, ainda, de anuência expressa da credora – Possibilidade da celebração de contrato de locação de imóvel alienado fiduciariamente – Fiduciante adimplente que possui o direito de livre utilização do imóvel – Art. 24, V, da Lei Federal nº 9.514/97 – Pacto locatício ineficaz em relação ao credor fiduciário – Art. 37-B da Lei Federal nº 9.514/97 – Afastamento do óbice – Deferimento do pedido – Improcedência

Processo 1140705-90.2021.8.26.0100

Dúvida - REGISTROS PÚBLICOS - J. Armando Batista e Benes Advogados Associados - Diante do exposto, JULGO IMPROCEDENTE a dúvida suscitada pelo Oficial do 14º Registro de Imóveis da Capital para afastar o óbice registrário e, em consequência, determinar o registro do título. Deste procedimento não decorrem custas, despesas processuais ou honorários advocatícios. Oportunamente, remetam-se os autos ao arquivo. P.R.I.C. - ADV: JOSÉ ARMANDO DA GLÓRIA BATISTA (OAB 41775/SP)

Íntegra da decisão:

SENTENÇA

Processo Digital nº: **1140705-90.2021.8.26.0100**

Classe - Assunto **Dúvida - REGISTROS PÚBLICOS**

Suscitante: **14º Oficial de Registro de Imoveis da Capital**

Suscitado: **J. Armando Batista e Benes Advogados Associados**

Juiz(a) de Direito: Dr(a). **Luciana Carone Nucci Eugênio Mahuad**

Vistos.

Trata-se de dúvida suscitada pelo **Oficial do 14º Registro de Imóveis da Capital** a requerimento de **J. Armando Batista** e **Benes Advogados Associados**, em virtude de negativa em se proceder ao registro de instrumento particular de locação, tendo como objeto o imóvel da matrícula n. 44.661 daquela serventia.

Segundo o Oficial, a negativa foi motivada por violação ao princípio da continuidade, vez que não apresentado documento de quitação ou cancelamento da alienação fiduciária ou, ainda, de anuência expressa da credora-fiduciária.

A parte suscitada manifestou-se às fls. 90/93, sustentando que a transferência da propriedade do imóvel para o credor-fiduciário não interfere no pacto locatício; que a qualidade de possuidor direto confere ao fiduciante legitimidade para contratar a locação do bem com terceiros; que o negócio em questão foi firmado anteriormente ao contrato de alienação fiduciária.

O Ministério Público opinou pela improcedência, com afastamento do óbice (fls. 105/107).

É o relatório.

Fundamento e decido.

De início, vale reiterar a observação do Ministério Público no sentido de que o Oficial dispõe de autonomia no exercício de suas atribuições, podendo recusar títulos que entender contrários à ordem jurídica e aos princípios que regem sua atividade (art. 28 da Lei n. 8.935/1994).

No mérito, porém, a dúvida não procede. Vejamos os motivos.

As operações de financiamento imobiliário, na forma da lei, poderão ser garantidas por alienação fiduciária (artigo 17, inciso II, da Lei n. 9.514/97), que é o negócio jurídico pelo qual o devedor, ou fiduciante, com o escopo de garantia, contrata a transferência ao credor, ou fiduciário, da propriedade resolúvel de coisa imóvel (artigo 22).

Com o registro da alienação fiduciária (artigo 23 da Lei n. 9.514/97), o credorfiduciário adquire a propriedade resolúvel do bem, mas o devedor-fiduciante permanece com o direito real de aquisição, bem como com o direito de uso e gozo.

De fato, a lei garante ao fiduciante adimplente o direito de livre utilização do imóvel objeto da alienação, ainda que por sua conta e risco (artigo 24, inciso V), exigindo concordância escrita do fiduciário para que a contratação ou a prorrogação de locação do bem por prazo superior a um ano seja eficaz perante este ou seus sucessores (artigo 37-B).

Pode-se afirmar, assim, que a simples existência de pacto fiduciário não impede a celebração do contrato de locação de imóvel alienado fiduciariamente, mas tão somente o torna ineficaz em relação ao credor-fiduciário que não tenha manifestado expressa concordância.

No caso em tela, o pacto locatício de fls. 29/37 possui prazo de cinco anos e foi celebrado sem anuência da parte credora, pelo que se submete ao comando legal citado, o que não representa qualquer obstáculo ao registro do título prenotado.

Nesse sentido:

> *"Considerado o negócio jurídico nos planos da validade e eficácia, é o contrato de locação válido e eficaz em relação às partes que o celebraram, ou seja, locadora e locatária, e deve ser registrado para ter eficácia perante terceiros no que se refere à cláusula de vigência. Portanto, ainda que seja promovido o registro da cláusula de vigência, o contrato de locação permanecerá ineficaz em relação ao credor fiduciário e aos seus sucessores em razão do art. 37-B da Lei nº 9.514/97" (CSM-SP, Apelação Cível 1060989-19.2018.8.26.0100, Rel. Geraldo Francisco Pinheiro Franco, j. 04/04/2019).*

Diante do exposto, **JULGO IMPROCEDENTE** a dúvida suscitada pelo **Oficial do 14º Registro de Imóveis da Capital** para afastar o óbice registrário e, em consequência, determinar o registro do título.

Deste procedimento não decorrem custas, despesas processuais ou honorários advocatícios.

Oportunamente, remetam-se os autos ao arquivo.

P.R.I.C.

São Paulo, 25 de janeiro de 2022.

Luciana Carone Nucci Eugênio Mahuad

Juíza de Direito (DJe de 26.01.2022 – SP)

PERMUTA

Ementa: Sentença – Dúvida – Pedido de registro de Escritura de Permuta – Negativa em razão da ausência de recolhimento do ITCMD – Partes que igualaram os valores dos bens – Negócio oneroso – ITBI devidamente recolhido – Inadmissibilidade de bitributação – Ausência de espaço para a incidência de ITCMD – Delimitação da fiscalização do Oficial à verificação da existência ou não do recolhimento do tributo – Determinação do registro do título – Improcedência

Processo 1127941-72.2021.8.26.0100

Dúvida - Registro de Imóveis - Véra Regina de Sampaio Vianna Lacombe - Diante do exposto, JULGO IMPROCEDENTE a dúvida suscitada pelo Oficial do 10º Registro de Imóveis da Capital, determinando o registro. Deste procedimento não decorrem custas, despesas processuais ou honorários advocatícios. Oportunamente, ao arquivo com as cautelas de praxe. P.R.I.C. - ADV: ALEXANDRE JAMAL BATISTA (OAB 138060/SP)

Íntegra da decisão:

SENTENÇA

Processo Digital nº: **1127941-72.2021.8.26.0100**

Classe - Assunto **Dúvida - Registro de Imóveis**

Suscitante: **10º Oficial de Registro de Imóveis da Capital**

Suscitado: **Véra Regina de Sampaio Vianna Lacombe**

Juiz(a) de Direito: Dr(a). **Luciana Carone Nucci Eugênio Mahuad**

Vistos.

Trata-se de dúvida suscitada pelo **Oficial do 10º Registro de Imóveis da Capital** a requerimento de **Vera Regina de Sampaio Vianna Lacombe,** tendo em vista negativa em se proceder ao registro de escritura de permuta que envolveu os imóveis objeto das matrículas n. 125.123 e 125.642 daquela serventia.

Informa o Oficial que a negativa foi motivada pela ausência de recolhimento do ITCMD, uma vez que, apesar de as partes contratantes atribuírem aos conjuntos de imóveis permutados, para fins tributários, o valor de R$1.196.011,00, eles possuem valores bastante distintos (R$1.044.851,58 para os imóveis recebidos pela requerente e R$550.000,00 para os imóveis por ela entregues), de modo que a permuta sem torna ou compensação caracteriza doação e hipótese de incidência do ITCMD (acréscimo patrimonial não oneroso àquele que recebe o bem de maior valor), conforme ampla orientação jurisprudencial. Documentos vieram às fls. 07/72 e 74.

A parte suscitada apresentou impugnação às fls. 75/88, defendendo que eventual ganho de capital não se confunde com doação; que, nos termos do artigo 12 da Instrução Normativa SRF nº 84/2001, *"o custo de aquisição do imóvel adquirido em permuta é o valor do imóvel dado em permuta"*. Assim, se a parte adquiriu imóveis urbanos ao custo do sítio que deu em permuta, não há que se falar em variação no valor patrimonial e tampouco em recolhimento de ITCMD, notadamente por se tratar de contrato oneroso, ao qual se aplicam as disposições referentes à compra e venda (artigo 533 do CC); que a parte recolheu ITBI sobre o valor maior dos bens que recebeu em permuta (R$1.196.011,00). Recolhimento de ITCMD ensejaria, portanto, bitributação; que, conforme precedente do Conselho Superior da Magistratura, *"a discrepância entre o valor atribuído a um dos bens permutados e o seu valor venal de referência não descaracteriza a onerosidade do contrato celebrado, afastando assim a hipótese de incidência do Imposto sobre Transmissão 'Causa Mortis' e Doações"* (Apelação Cível n. 1099753-06.2020.8.26.0100).

O Ministério Público opinou pela procedência, com manutenção do óbice registrário (fls. 92/93).

A parte interessada manifestou-se às fls. 94/95, reiterando os argumentos apresentados em sua impugnação.

É o relatório.

Fundamento e decido.

No mérito, a dúvida é improcedente. Vejamos os motivos.

Em que pese a jurisprudência que admite a incidência de ITCMD sobre o acréscimo patrimonial decorrente da permuta entre imóveis, a análise mais detida sobre a legislação tributária revela que esse posicionamento merece ser revisto.

Na hipótese *sub judice*, a parte interessada, por meio da escritura copiada às fls. 27/35, contratou com Alexandre Jamal Batista e Juliana Crespo Dias a permuta de imóveis, entregando a eles um sítio de sua propriedade, localizado na comarca de Tatuí/SP, objeto das matrículas nº 54.004 e 719 do Registro de Imóveis daquela localidade, que foi adquirido pelo preço de R$550.000,00 e cujo valor total para efeitos fiscais, conforme DIAC do ITR para o exercício de 2018, era de R$830.666,00.

Em troca, recebeu três imóveis localizados nesta capital, sendo um apartamento objeto da matrícula n. 223.382 do 15º Registro de Imóveis, além de uma sala comercial e uma vaga dupla de garagem, objeto das matrículas n. 125.123 e 125.642 do 10º Registro de Imóveis, cujos valores venais de referência somaram R$1.196.011,00 (respectivamente R$570.134,00, R$512.161,00 e R$113.716,00).

Para efeitos tributários, as partes igualaram os valores dos bens, atribuindo aos montantes permutados o valor de R$1.196.011,00 e declarando expressamente que não houve torna ou reposição de nenhuma espécie.

Também consta da escritura que houve recolhimento do imposto de transmissão *inter vivos* ao município de São Paulo, o que vem demonstrado às fls. 40/46.

Primeiramente, é importante destacar que o valor que as partes atribuem aos bens negociados não é relevante para fins tributários.

Como afirmado na impugnação, o valor de mercado dos imóveis pouco influenciou no encontro de vontade dos permutantes, para o que pesaram outros interesses práticos.

De fato, para os contratantes, o valor intrínseco dos bens pode ser bastante variável, ganhando relevante valorização por questões personalíssimas de fundo emocional e afetivo ou tornando-se desinteressantes e até desprezíveis por alterações na condição de vida de cada um, como no caso da requerente que informa ter se mudado para Portugal, o que a impede de usufruir o imóvel rural, preferindo imóveis urbanos com a expectativa de retorno financeiro que não alcançaria com o sítio.

É nesse contexto que, sob o aspecto das relações privadas, o preço dos bens envolvidos em um contrato de permuta pode não ser integrativo do negócio jurídico.

Contudo, para efeitos tributários, a expressão econômica dos bens negociados é essencial para a fixação de uma base de cálculo objetiva, que não pode variar conforme a conveniência dos contratantes.

Note-se que tanto o fato gerador dos tributos como sua base de cálculo são fixados por lei e, ao atribuir aleatoriamente um valor fiscal à operação, os contratantes afetariam o valor devido.

Outrossim, a transmissão *inter vivos* de bens imóveis a qualquer título, por ato oneroso, é hipótese de incidência do ITBI, nos termos do artigo 156, inciso II, da Constituição Federal.

Tal incidência compreende a permuta e sua base de cálculo é o valor venal dos bens ou direitos transmitidos, como dispõem os artigos 152, inciso III, e 157, da Consolidação das Leis Tributárias do Município de São Paulo (Decreto n. 59.579/2020).

No caso concreto, a parte recebeu imóveis cuja soma do valor venal totalizou R$1.196.011,00 e, na condição de contribuinte, calculou o ITBI recolhido tomando por base esse valor.

Por outro lado, o sítio que entregou na permuta estava avaliado, para fins tributários, em R$830.666,00 conforme Declaração do ITR para o exercício de 2018, o que resulta em diferença de R$365.345,00, para a qual não houve compensação financeira.

Não resta dúvida de que se tratou de negócio oneroso, ao menos em parte, pois, embora não tenha havido pagamento em dinheiro, houve troca de patrimônio com a entrega do imóvel rural. Portanto, é inquestionável a incidência do ITBI.

Contudo, pode a permuta ser considerada um negócio complexo (parte oneroso e parte gratuito), ensejando a incidência simultânea e complementar de ITBI e de ITCMD? O acréscimo patrimonial auferido pela parte que recebeu imóveis de maior valor sem a correspondente compensação financeira pode caracterizar doação sujeita à incidência do ITCMD?

Embora a tese da caracterização de doação tributável seja sedutora, uma análise sistemática indica que a resposta deve ser negativa, sobretudo pela bitributação que acarretaria.

A questão já foi apreciada pelo E. Conselho Superior da Magistratura que firmou entendimento de que a permuta sem torna configura hipótese de incidência do ITCMD.

Nesse sentido:

> *"REGISTRO DE IMÓVEIS. Escritura pública de permuta de bens imóveis de valores venais distintos, sem torna. Acréscimo patrimonial de forma não onerosa a caracterizar doação. Ausência de comprovação de recolhimento de Imposto de Transmissão causa mortis - ITCMD. Dever do Oficial de velar pelo seu recolhimento, exigindo a apresentação das respectivas guias. Óbice mantido. Recurso desprovido"* **(TJSP; Apelação Cível 1007328-09.2020.8.26.0019; Relator(a): Ricardo Anafe (Corregedor Geral); Órgão Julgador: Conselho Superior de Magistratura; Foro de Americana - 1ª Vara Cível; Data do Julgamento: 25/02/2021; Data de Registro: 05/03/2021).**

> *"REGISTRO DE IMÓVEIS. Escritura pública de permuta de bens imóveis de valores venais distintos, sem torna. Acréscimo patrimonial de forma não onerosa a caracterizar doação. Ausência de comprovação de recolhimento de Imposto de Transmissão causa mortis - ITCMD. Dever do Oficial de velar pelo seu recolhimento, exigindo a apresentação das respectivas guias. Óbice mantido. Recurso desprovido"* **(TJSP; Apelação Cível 1007778-97.2020.8.26.0100; Relator(a): Ricardo Anafe (Corregedor Geral); Órgão Julgador: Conselho Superior de Magistratura; Foro Central Cível - 1ª Vara de Registros Públicos; Data do Julgamento: 05/06/2020; Data de Registro: 09/06/2020).**

O mesmo entendimento foi seguido pela 6ª Câmara de Direito Público (destaque nosso):

> *"DECADÊNCIA – ITCMD - Não ocorrência – Inteligência do art. 173, inc. I do CTN - Créditos tributários constituídos antes de decorrido o prazo decadencial – Preliminar prejudicial de mérito afastada. APELAÇÃO CÍVEL – AÇÃO ANULATÓRIA DE AUTO DE INFRAÇÃO – ITCMD – Alegação de que se firmou contrato de permuta sem torna a título oneroso, de forma a não incidir o imposto estadual – Inadmissibilidade - Autuação baseada nas informações prestadas na Declaração do Imposto de Renda Pessoa Física onde foram informadas as transferências de valores a título de doação – Admissibilidade - Doação, todavia, que ocorreu em valor menor ao apurado pela fiscalização – Doação relativa a diferença de valores (venais) entre os imóveis permutados - ITCMD que deve recair sobre esta diferença – Minoração do valor autuado que se impõe - Multa confiscatória – Não observada – Conversão do depósito em renda em favor da Fazenda – Possibilidade após o trânsito em julgado – R. sentença parcialmente reformada – Recursos da autora e da ré parcialmente providos"* **(TJSP; Apelação Cível 1003390-40.2016.8.26.0053; Relator(a): Silvia Meirelles; Órgão Julgador: 6ª Câmara de Direito Público; Foro Central – Fazenda Pública/Acidentes - 1ª Vara de Fazenda Pública; Data do Julgamento: 27/05/2019; Data de Registro: 31/05/2019).**

Mas, também houve julgamento em sentido diverso, como apresentado pela impugnação, com a seguinte ementa:

"REGISTRO DE IMÓVEIS – Escritura pública de permuta de bens imóveis com valores distintos e torna – Negócio jurídico oneroso – ITBI recolhido – Inexistência de fato gerador do ITCMD – Exigência de comprovação do pagamento do imposto estadual afastada – Recurso provido para julgar improcedente a dúvida determinando o registro do título" **(TJSP; Apelação Cível 1099753-06.2020.8.26.0100; Relator (a): Ricardo Anafe (Corregedor Geral); Órgão Julgador: Conselho Superior de Magistratura; Foro Central Cível - 1ª Vara de Registros Públicos; Data do Julgamento: 26/08/2021; Data de Registro: 15/09/2021).**

A harmonização desse último precedente com os julgados anteriormente citados é possível com base na existência de torna financeira, a qual confirmaria onerosidade do negócio.

Constata-se do respectivo acórdão que, diferentemente dos casos anteriormente citados, este envolveu a permuta entre um imóvel cujo valor venal era de R$1.552.647,00 por outro com valor venal de R$307.433,00. Ao primeiro, foi atribuído o valor de R$660.000,00 e, ao segundo, o valor de R$360.000,00, com torna de R$300.000,00. Essa contraprestação pecuniária é que teria caracterizado a onerosidade do negócio.

Entretanto, qual seria a extensão da compensação financeira necessária para caracterização da onerosidade para os negócios em geral?

A rigor, somente se poderia considerar doação o acréscimo patrimonial auferido sem compensação financeira, de modo que a mera existência de torna não seria suficiente para se concluir pela onerosidade, devendo ela ser suficiente para compensar a diferença entre o valor tributário dos bens permutados.

Havendo parcela sem compensação, a qual possa ser entendida como doação, sobre ela incidiria o ITCMD.

Ressalte-se, mais uma vez, que tratando-se de questão tributária, somente o valor venal deveria ser considerado, ignorando-se o valor aleatoriamente atribuído pelas partes. Então, a base de cálculo do ITCMD seria a diferença entre os valores venais, na medida em que não haja compensação, a qual já é tributada pelo ITBI, ensejando inevitável bitributação, que não pode ser admitida.

Por fim, a ocorrência de eventual ganho de capital a ensejar renda tributável é matéria distinta, relativa a fato gerador diverso e suscetível a legislação própria.

Mas, não se pode negar que o incremento patrimonial auferido com o negócio, entendido como rendimento do capital imobiliário, também poderá ensejar oportuna tributação pelo ente federal.

É certo que, para os registradores, vigora ordem de controle rigoroso do recolhimento do imposto por ocasião do registro do título, sob pena de responsabilidade pessoal (art. 289 da Lei n. 6.015/73; art.134, VI, do CTN e art. 30, XI, da Lei 8.935/1994).

A orientação do Egrégio Conselho Superior da Magistratura acerca desta matéria é no sentido de que a fiscalização devida não vai além da aferição sobre a existência ou não do recolhimento do tributo (e não se houve correto recolhimento do valor, sendo tal atribuição exclusiva do ente fiscal, a não ser na hipótese de flagrante irregularidade ou irrazoabilidade do cálculo).

Porém, revendo posicionamento anteriormente adotado para casos de permuta, concluo que, recolhido o ITBI sobre o valor venal dos imóveis negociados, não há espaço para incidência do ITCMD.

Em outros termos, uma vez recolhido o ITBI e não constatada hipótese de flagrante irregularidade ou irrazoabilidade do cálculo, não há motivo para impedir o ingresso do título no fólio real.

Diante do exposto, **JULGO IMPROCEDENTE** a dúvida suscitada pelo Oficial do 10º Registro de Imóveis da Capital, determinando o registro.

Deste procedimento não decorrem custas, despesas processuais ou honorários advocatícios.

Oportunamente, ao arquivo com as cautelas de praxe.

P.R.I.C.
São Paulo, 13 de janeiro de 2022.
Luciana Carone Nucci Eugênio Mahuad
Juíza de Direito (DJe de 17.01.2022 – SP)

PROCURAÇÃO PÚBLICA

Ementa: Sentença – Pedido de Providências – Alegação de ocorrência de fraude em Procuração Pública – Lavratura de Escritura de Compra e Venda com a utilização da referida Procuração –Comunicação do bloqueio dos atos notariais – Fatos que estão sendo apurados pela Corregedoria Permanente competente – Inexistência de falha funcional – Título formalmente hígido – Manutenção do bloqueio administrativo – Procedência

Processo 1129855-74.2021.8.26.0100

Pedido de Providências - Registro de Imóveis - Maria Julieta de Alcantara Carreira Penteado - Diante do exposto, JULGO PROCEDENTE o pedido apenas para manter o bloqueio administrativo da matrícula até que haja análise judicial do caso, o que deverá ser informado nos autos oportunamente. Comunique-se o resultado à E. CGJ e à Corregedoria Permanente da 2ª Vara de Registros Públicos da Capital, servindo a presente decisão como ofício. Deste procedimento não decorrem custas, despesas processuais ou honorários advocatícios. Oportunamente, ao arquivo. P.R.I.C. - ADV: DANIEL SOARES ZANELATTO (OAB 263141/SP)

Íntegra da decisão:

SENTENÇA

Processo Digital nº: **1129855-74.2021.8.26.0100**

Classe - Assunto **Pedido de Providências - Registro de Imóveis**

Requerente: **1º Oficial de Registro de Imóveis da Capital**

Requerido: **Maria Julieta de Alcantara Carreira Penteado**

Juiz(a) de Direito: Dr(a). **Luciana Carone Nucci Eugênio Mahuad**

Vistos.

Trata-se de **pedido de providências** iniciado pelo **Oficial do 1º Registro de Imóveis da Capital** a requerimento de **Maria Julieta de Alcântara Carreira Penteado,** a qual comunica a ocorrência de fraude em procuração pública, que nega ter outorgado, mas foi utilizada por sua filha para representá-la na lavratura de escritura de compra e venda, com registro no fólio real (R.3 da matrícula n. 59.101).

O Oficial comunicou, ainda, o bloqueio dos atos notariais produzidos pelos 23º e 27º Tabelionatos de Notas da Capital, cujas inconsistências são investigadas pela respectiva Corregedoria Permanente (fls. 43/47).

Documentos vieram às fls. 03/42.

A decisão de fls. 48/49 limitou a análise do caso à regularidade da atuação do Oficial registrador, âmbito de competência desta Corregedoria Permanente, e determinou o bloqueio da matrícula n. 59.101 pelo prazo de noventa dias, visando evitar dano.

Averbação do bloqueio administrativo veio noticiada à fl. 53.

Intimada por intermédio do advogado constituído, a parte interessada não se manifestou nos autos (fls. 50 e 54).

O Ministério Público opinou pela manutenção do bloqueio e pelo arquivamento do feito (fls. 57/58).

É o relatório.

Fundamento e decido.

No mérito, diante das informações fornecidas e dos documentos que as acompanham, verifica-se que o Oficial Registrador não incorreu em qualquer falha funcional que demande providências deste juízo.

Com efeito, as alegações da parte reclamante dizem respeito a suposta fraude perpetrada junto ao 27º Tabelionato de Notas da Capital, onde foi lavrada, no dia 26 de fevereiro de 2020, procuração pública por meio da qual ela teria nomeado, como procuradora, sua filha Ana Cristina Whitaker Penteado, com poderes para vender ou alienar o imóvel da matrícula n. 59.101 (fls. 10/12).

Referida procuração, por sua vez, foi apresentada ao 23º Tabelião de Notas da Capital, que lavrou, no dia 23 de março de 2020, escritura de compra e venda do imóvel, na qual a vendedora figurou representada pela procuradora Ana Cristina (fls. 13/17).

Tais fatos são apurados pela Corregedoria Permanente competente, que determinou o bloqueio de ambos os atos notariais (fls. 45/47).

Diante disso e dos esclarecimentos do Oficial Registrador, evidencia-se que o título supostamente fraudado foi elaborado sem o concurso de sua serventia e ingressou no fólio real sem falha de qualificação aparente (título formalmente hígido).

Em outros termos, não se constata a prática de qualquer ato em violação a dever funcional que necessite de apuração ou providência neste âmbito administrativo. Vale ressaltar que a atuação dos Tabelionatos de Notas é fiscalizada pela 2ª Vara de Registros Públicos da Capital, a qual já instaurou expediente para apuração dos fatos no âmbito daquela Corregedoria (autos n. 1131310-74.2021.8.26.0100 – fls. 46/47).

Por outro lado, considerando os fortes indícios de falsificação na hipótese, os quais ensejaram o bloqueio dos atos notariais que deram origem ao Registro n. 3 da matrícula n. 59.101, e que a superveniência de novos registros poderá causar dano de difícil reparação, o bloqueio administrativo determinado às fls. 48/49 deverá ser mantido até que haja análise judicial do caso.

Diante do exposto, **JULGO PROCEDENTE** o pedido apenas para manter o bloqueio administrativo da matrícula até que haja análise judicial do caso, o que deverá ser informado nos autos oportunamente.

Comunique-se o resultado à E. CGJ e à Corregedoria Permanente da 2ª Vara de Registros Públicos da Capital, servindo a presente decisão como ofício.

Deste procedimento não decorrem custas, despesas processuais ou honorários advocatícios.

Oportunamente, ao arquivo.

P.R.I.C.

São Paulo, 10 de fevereiro de 2022.

Luciana Carone Nucci Eugênio Mahuad
Juíza de Direito (DJe de 14.02.2022 – SP)

RETIFICAÇÃO DE ESCRITURA PÚBLICA

Ementa: Sentença – Dúvida – Pedido de registro de Escritura de Retificação – Requerente que pretende o cancelamento dos registros anteriores por meio dos quais os bens imóveis foram partilhados – Negativa por ausência de erro que autorizasse o cancelamento dos registros – Alteração pretendida que modifica a vontade manifestada em título já registrado – Impossibilidade de modificação sem novo negócio jurídico – Registro efetuado em conformidade com o título original – Manutenção do óbice – Procedência

Processo 1127777-10.2021.8.26.0100

Dúvida - Registro de Imóveis - Marcos Lima Monteiro - Diante do exposto, JULGO PROCEDENTE a dúvida suscitada e, em consequência, mantenho o óbice. Deste procedimento não decorrem custas, despesas processuais ou honorários advocatícios. Oportunamente, ao arquivo com as cautelas de praxe. P.R.I.C - ADV: SALIM JORGE CURIATI (OAB 97907/SP)

Íntegra da decisão:

SENTENÇA

Processo Digital nº: **1127777-10.2021.8.26.0100**

Classe - Assunto **Dúvida - Registro de Imóveis**

Suscitante: **16º Oficial de Registro de Imóveis da Capital**

Suscitado: **Marcos Lima Monteiro e outro**

Juiz(a) de Direito: Dr(a). **Luciana Carone Nucci Eugênio Mahuad**

Vistos.

Trata-se de dúvida suscitada pelo **Oficial do 16º Registro de Imóveis da Capital** a requerimento de **Marcos Lima Monteiro**, tendo em vista negativa em se proceder ao registro de escritura de retificação que tem por objeto a transferência de propriedade dos imóveis das matrículas n. 103.922 e 148.341 daquela serventia, com cancelamento de registros anteriores por meio dos quais tais bens foram partilhados (escritura de divórcio). Informa o Oficial que não houve erro que autorizasse o cancelamento dos registros realizados, os quais seguiram os exatos termos da partilha original, sendo impossível a modificação de elemento essencial de negócio jurídico que já foi registrado e produziu efeitos, de modo que o objetivo dos interessados só pode ser alcançado por meio de permuta.

A parte suscitada, em manifestação direcionada ao Registrador (fls. 06/07), defende o cancelamento dos registros anteriores à vista do requerimento comum, com posterior registro da nova partilha. Nestes autos, porém, não foi apresentada impugnação (fl. 26).

O Ministério Público opinou pela procedência, com manutenção do óbice (fls. 29/30).

É o relatório.

Fundamento e decido.

Por primeiro, é importante observar que o título em debate é uma escritura de retificação de partilha anteriormente efetuada e já registrada, pelo que o seu ingresso implicaria cancelamento dos registros da partilha anterior e novo registro de transferência de propriedade (imóveis das matrículas n. 103.922 e 148.341).

Assim, como a providência principal pretendida é o registro do novo título translativo de propriedade, a dúvida nos parece o procedimento adequado ao caso.

No mérito, a procedência é medida de rigor. Vejamos os motivos.

Verifica-se que, por meio da escritura de divórcio consensual, houve partilha regular dos bens: o imóvel matriculado sob n. 103.922 permaneceu com Marcos, enquanto o imóvel da matrícula n. 148.341 foi atribuído a Uedja Pires Monteiro.

A parte interessada pretende, com o título retificatório prenotado, inverter a titularidade destes bens.

Ocorre, entretanto, que a alteração pretendida modifica a vontade manifestada em título já registrado, caracterizando alteração em elemento essencial do negócio. Dessa forma, o registro do novo título apresentado extrapolaria os limites da retificação regulados pelo artigo 213 da Lei de Registros Públicos.

Com o registro da partilha, ademais, cada um dos divorciandos tornou-se proprietário do bem que recebeu, não sendo possível modificação da situação jurídica sem novo negócio jurídico.

Questão semelhante já foi decidida pela E. Corregedoria Geral da Justiça no Recurso Administrativo de autos n. 1017486-48.2018.8.26.0196:

> *"No caso em exame, busca-se a retificação do valor do negócio jurídico, sob o argumento de que o valor dos imóveis, no ano de 2010, era R$ 8.469.959,05, logo, a parte transferida tinha o valor de R$ 2.964.485,66, o que não é admitido em via administrativa pela mera retificação, por significar modificação quanto à vontade das partes e à substância do negócio jurídico estampado no ato notarial que deu origem ao registro.*

Ao tratar da retificação do registro imobiliário, o art. 213, incisos I e II, da Lei nº 6.015/73 assim dispõe:

'Art. 213. O oficial retificará o registro ou a averbação:

I - de ofício ou a requerimento do interessado nos casos de:

a) omissão ou erro cometido na transposição de qualquer elemento do título;

b) indicação ou atualização de confrontação;

c) alteração de denominação de logradouro público, comprovada por documento oficial;

d) retificação que vise a indicação de rumos, ângulos de deflexão ou inserção de coordenadas georeferenciadas, em que não haja alteração das medidas perimetrais;

e) alteração ou inserção que resulte de mero cálculo matemático feito a partir das medidas perimetrais constantes do registro;

f) reprodução de descrição de linha divisória de imóvel confrontante que já tenha sido objeto de retificação;

g) inserção ou modificação dos dados de qualificação pessoal das partes, comprovada por documentos oficiais, ou mediante despacho judicial quando houver necessidade de produção de outras provas.

II - a requerimento do interessado, no caso de inserção ou alteração de medida perimetral de que resulte, ou não, alteração de área, instruído com planta e memorial descritivo assinado por profissional legalmente habilitado, com prova de anotação de responsabilidade técnica no competente Conselho Regional de Engenharia e Arquitetura - CREA, bem assim pelos confrontantes'.

Assim, realizado o registro de acordo com o título apresentado, como ocorrido no caso concreto, não há que se falar em retificação para correção de erros inerentes ao próprio título.

Na verdade, tal alteração traduziria clara modificação quanto à manifestação de vontade das partes, assim como na própria substância do negócio jurídico, o que não é cabível na hipótese".

Cumpre ressaltar, ainda, que não se identifica erro ou falha quando do registro da escritura de divórcio, uma vez que efetuado em exata conformidade com o título original (fls. 21 e 24/25), o qual estava hígido.

Eventual vício na formação da escritura de divórcio é intrínseco e não pode ser avaliado nesta esfera administrativa, em que se podem reconhecer apenas vícios extrínsecos, comprováveis de pleno direito.

Diante do exposto, **JULGO PROCEDENTE** a dúvida suscitada e, em consequência, mantenho o óbice.

Deste procedimento não decorrem custas, despesas processuais ou honorários advocatícios.

Oportunamente, ao arquivo com as cautelas de praxe.

P.R.I.C.

São Paulo, 18 de janeiro de 2022.

Luciana Carone Nucci Eugênio Mahuad

Juiz de Direito (DJe de 20.01.2022 – SP)

Ementa: Sentença – Pedido de Providências – Pedido de retificação administrativa de Escritura Pública – Equívoco que é plenamente constatável por meio de documentos – Qualificação positiva por parte do Tabelião – Retificação que trata da correção de erro material – Itens 54 e 54.1, do Capítulo XVI, das NSCGJ – Deferimento do pedido – Ciência ao Tabelião – Procedência

Processo 1125849-24.2021.8.26.0100

Pedido de Providências - Registro de Imóveis - C.E.J. - Juiz(a) de Direito: Dr(a). Marcelo Benacchio VISTOS, Cuidam os autos de pedido de providências formulado por C. E. J., solicitando providências junto ao 9º Tabelião de Notas da Capital para que esta Corregedoria Permanente autorize a retificação administrativa de escritura pública lavrada perante o 8º Tabelião de Notas da Capital. Os autos foram instruídos com os documentos de fls. 14/29. O Senhor 9º Tabelião de Notas manifestou-se às fls. 34. O Senhor Representante tornou aos autos para reiterar os termos de seu pedido inicial (fls. 38). O ilustre Representante do Ministério Público ofertou parecer favorável ao pleito às fls. 42/43. É o relatório. Decido. Trata-se de expediente do interesse do espólio de J. A. J., representado por C. E. J., solicitando providências junto ao 9º Tabelião de Notas da Capital para que esta Corregedoria Permanente autorize a retificação administrativa de escritura pública lavrada perante o 8º Tabelião de Notas da Capital. Requer a Senhora Interessada a retificação administrativa, por meio de ata a ser lavrada pelo Senhor 9º Tabelião, detentor do acervo da serventia vaga afeta ao 8º Tabelionato de Notas desta Capital, quanto ao número da matrícula do imóvel constante da Escritura Pública. Refere que o equívoco é plenamente constatável por meio de documentos, inclusive aqueles arquivados em razão da confecção da nota. O Senhor 9º Tabelião emitiu qualificação positiva quanto ao pedido. Igualmente, o Ministério Público opinou a favor da retificação, uma vez que o equívoco é facilmente constatado pela via documental. Bem assim, à luz dos esclarecimentos prestados, em especial diante da qualificação positiva pelo Senhor Notário, considerando-se que a retificação pretendida trata da correção de erro material nos termos do indicado pelos itens 54 e 54.1, do Capítulo XVI, das Normas de Serviço da Corregedoria Geral da Justiça, autorizo a retificação da Escritura Pública da lavra do 8º Tabelionato de Notas da Capital, inscrita sob o Livro 2541, fls. 237, datada de 22.10.1998, pelo Senhor 9º Tabelião de Notas da Capital, detentor do acervo da unidade, cujo expediente encontra-se suspenso. Ciência ao Ministério Público e ao Senhor Tabelião. Encaminhe-se cópia integral dos autos à E. Corregedoria Geral da Justiça, por e-mail, servindo a presente como ofício. P.I.C. - ADV: RONALDO DA SILVA BERING (OAB 380138/SP) (DJe de 13.01.2022 – SP)

RETIFICAÇÃO IMOBILIÁRIA

Ementa: Sentença – Pedido de Providências – Pedido para retificação da qualificação do proprietário tabular – Alegação de que o titular dominial era solteiro – Proprietário qualificado na transcrição como casado – Negativa por ausência de comprovação do alegado – Documentos apresentados que são insuficientes para atestar a existência de efetivo erro – Indeferimento do pedido – Improcedência

Processo 1123547-22.2021.8.26.0100

Pedido de Providências - REGISTROS PÚBLICOS - Avelino Gomes - Assim, JULGO IMPROCEDENTE o pedido. Corrija-se o polo ativo, anotando-se e comunicando-se. Deste procedimento não decorrem custas, despesas processuais ou honorários advocatícios. Oportunamente, ao arquivo com as cautelas de praxe. P.R.I.C. - ADV: LEONARDO EMI (OAB 184134/SP)

Íntegra da decisão:

SENTENÇA

Processo Digital nº: **1123547-22.2021.8.26.0100**

Classe - Assunto **Pedido de Providências - REGISTROS PÚBLICOS**

Requerente: **Avelino Gomes**

Requerido: **8º Oficial de Registro de Imóveis da Capital**

Juiz(a) de Direito: Dr(a). **Luciana Carone Nucci Eugênio Mahuad**

Vistos.

Trata-se de pedido de providências formulado por **espólio de Avelino Gomes** em face do **Oficial do 8º Registro de Imóveis da Capital,** para retificação da qualificação do proprietário tabular, já falecido, do imóvel descrito na transcrição n. 19.489 naquela serventia.

A parte interessada aduz que Avelino era solteiro e não casado, como se vê de sua certidão de nascimento e de busca realizada em Cartórios de Registro Civil da Capital.

O Oficial manifestou-se às fls. 26/27, sustentando a impossibilidade de realizar a retificação pretendida pela ausência de comprovação de que Avelino era mesmo solteiro.

O Ministério Público opinou pela improcedência (fls. 31/32).

As decisões de fls. 33, 37 e 49 concederam oportunidade para complementação da prova, mas sem atendimento.

É o relatório.

Fundamento e decido.

Considerando que o Ministério Público já ofertou seu parecer e que o quadro probatório não se alterou, passo ao julgamento.

No mérito, o pedido não pode ser acolhido. Vejamos os motivos.

Acerca da retificação de registro ou averbação que envolva direito de propriedade (a retificação de escritura pública não está no âmbito de nossa competência), assim dispõe o artigo 213, inciso I, alínea "g", da Lei n. 6.015/73:

"Art. 213. O oficial retificará o registro ou a averbação: (...)

I - de ofício ou a requerimento do interessado nos casos de:

g) inserção ou modificação dos dados de qualificação pessoal das partes, comprovada por documentos oficiais, ou mediante despacho judicial quando houver necessidade de produção de outras provas".

Na hipótese *sub judice*, verifica-se como correto o indeferimento pelo Oficial na medida em que o proprietário, Avelino Gomes, foi qualificado como **casado** na transcrição n. 19.489 (fls. 11/13), sendo que a parte interessada na retificação apresentou, como prova, apenas certidão de nascimento (fls. 14, 15/17 e 26/27).

Ao reiterar o requerimento perante este juízo, apresentou novamente referida certidão de nascimento, a qual, como o próprio nome indica, serve apenas para indicar que o proprietário nasceu em Portugal (fl. 18), ao lado de certidão dos Cartórios de Registro Civil da Capital no sentido de que não consta assento de casamento de Avelino Gomes e Maria Nogueira em suas dependências (fls. 19/22).

Tais documentos são insuficientes para atestar a existência de efetivo erro na qualificação de Avelino por ocasião da trascrição n. 19.489.

Concedidas novas oportunidades para complementação da prova, providenciaram-se apenas certidão de registro da Delegacia Especializada de Estrangeiros (fls. 44/46), que nada acrescenta, e declarações de familiares com interesse jurídico no imóvel (noras – fls. 47/48), sem atendimento do que fora solicitado: histórico da vida pessoal de Avelino e documentos que o embasem (título aquisitivo, certidão de óbito, certidão de nascimento dos filhos, comprovantes de residência, documentos relativos ao inventário e à partilha, etc. – fls. 33 e 49).

Neste contexto probatório, que não confirma equívoco na qualificação do proprietário tabular quando da aquisição do imóvel, não há como autorizar a retificação pretendida.

Assim, **JULGO IMPROCEDENTE** o pedido. **Corrija-se o polo ativo**, anotando-se e comunicando-se.

Deste procedimento não decorrem custas, despesas processuais ou honorários advocatícios.

Oportunamente, ao arquivo com as cautelas de praxe.

P.R.I.C.

São Paulo, 11 de fevereiro de 2022.

Luciana Carone Nucci Eugênio Mahuad

Juíza de Direito (DJe de 15.02.2022 – SP)

Ementa: Sentença – Retificação de Registro de Imóvel – Pedido de retificação do imóvel – Possibilidade – Prova pericial que concluiu ser a retificação "intra muros" – Área retificanda que não interfere nos imóveis vizinhos – Ausência de impugnação pelos confrontantes – Manifestação favorável da Municipalidade – Acolhimento do pedido – Determinação da retificação – Procedência

Processo 1092971-17.2019.8.26.0100

Retificação de Registro de Imóvel - Registro de Imóveis - Associação do Conjunto Residencial Jardim das Palmeiras - Municipalidade de São Paulo - JULGO PROCEDENTE o pedido para determinar a retificação do imóvel objeto da ação, representado pela matrícula nº 40.276, do 10º RI de São Paulo, de acordo com planta e memorial descritivo de fls. 124/137 e 195/196. Nos termos da Portaria Conjunta 01/2008 das Varas de Registros Públicos da Capital, esta sentença servirá como mandado para registro, desnecessária a expedição de novos documentos A parte autora arcará com despesas processuais e custas finais. Oportunamente, arquivem-se os autos. P..I.C - ADV: ALEXANDRE PETRILLI GONÇALVES FERRAZ DE ARRUDA (OAB 252499/SP), FABIO LUIS BARBOSA (OAB 186409/SP)

Íntegra da decisão:

SENTENÇA

Processo Digital nº: **1092971-17.2019.8.26.0100**

Classe - Assunto **Retificação de Registro de Imóvel - Registro de Imóveis**

Requerente: **Associação do Conjunto Residencial Jardim das Palmeiras**

Requerido: **10º Oficial de Registro de Imóveis da Capital**

Juíza de Direito: Dra. Juliana Forster Fulfaro

Vistos.

ASSOCIAÇÃO DO CONJUNTO RESIDENCIAL JARDIM DAS PALMEIRAS, qualificada nos autos, ajuizou a presente ação de retificação de registro de imóvel, referente ao imóvel descrito na matrícula nº 40.276 do 10º Oficial de Registro de Imóveis de São Paulo (fls. 21/24).

Sobrevieram informes cartorários (fls. 59 e 223).

Laudo pericial acostado aos autos (fls. 124/137 e 195/196).

Foram determinadas as citações e notificações. A Municipalidade de São

Paulo manifestou desinteresse na demanda (fls. 201).

O Ministério Público ofertou parecer, opinando pela procedência do pedido (fls. 236/237).

É o relatório.

FUNDAMENTO E DECIDO.

Cuida-se de ação de retificação, de jurisdição voluntária, objetivando a adequação do registro imobiliário à situação de fato, atendendo ao princípio da especialidade objetiva.

A retificação, prevista nos artigos 212 e 213, da Lei de Registros Públicos, por seu caráter não contencioso, tem o condão de corrigir apenas os erros formais do título, não se prestando como meio para aumentar os limites e confrontações de imóvel.

O artigo 212 da Lei de Registros Públicos, com redação dada pela Lei nº 10.931/04, assim dispõe: *"Se o registro ou a averbação for omissa, imprecisa ou não exprimir a verdade, a retificação será feita pelo Oficial do Registro de Imóveis competente, a requerimento do interessado, por meio do procedimento administrativo previsto no art. 213, facultado ao interessado requerer a retificação por meio de procedimento judicial. Parágrafo único. A opção pelo procedimento administrativo previsto no art. 213 não exclui a prestação jurisdicional, a requerimento da parte prejudicada."*

No caso dos autos, a prova pericial levada a efeito bem demonstra que a retificação é *intra muros*, eis que a área retificanda não interfere nos imóveis vizinhos e tem suas divisas respeitadas pelos confrontantes (fls. 131). Constatou, ainda, que efetivamente existem as deficiências apontadas, com a efetiva delimitação e descrição do imóvel.

Os confrontantes não apresentaram impugnação.

A Municipalidade, por sua vez, concordou expressamente com o pedido.

Deste modo, diante da conclusão do laudo pericial, da inexistência de elementos que abalem a convicção deste juízo quanto ao sucesso da pretensão, seguida da manifestação favorável do Ministério Público, de rigor o acolhimento do pedido inicial.

Ante o exposto, **julgo procedente** o pedido para determinar a retificação do imóvel objeto da ação, representado pela matrícula nº 40.276, do 10º RI de São Paulo, de acordo com planta e memorial descritivo de fls. 124/137 e 195/196.

Nos termos da Portaria Conjunta 01/2008 das Varas de Registros Públicos da Capital, esta sentença servirá como mandado para registro, desnecessária a expedição de novos documentos A parte autora arcará com despesas processuais e custas finais.

Oportunamente, arquivem-se os autos.

P.I.C

São Paulo, 7 de fevereiro de 2022. (DJe de 10.02.2022 – SP)

Ementa: Sentença – Retificação de Registro de Imóvel – Pedido de retificação da matrícula para constar o nome dos verdadeiros proprietários – Impossibilidade – Ocorrência do desdobro da área com a abertura de duas matrículas – Inexatidão decorrente de erro cometido na declaração da vontade documentada na Escritura Pública – Necessidade de rerratificação administrativa ou judicial do título – Indeferimento do pedido – Improcedência

Processo 0025253-58.2012.8.26.0005

Retificação de Registro de Imóvel - Retificação de Área de Imóvel – Telefonica Brasil S/A - Ante o exposto, JULGO IMPROCEDENTE o pedido de retificação formulado na inicial, extinguindo o processo, com resolução do mérito, nos termos do artigo 487, inciso I, do Código de Processo Civil. Custas pela requerente. Oportunamente, arquivem-se os autos. P.I.C. PJV 44 - ADV: SILVIA LETICIA DE ALMEIDA (OAB 236637/SP), ARYSTOBULO DE OLIVEIRA FREITAS (OAB 82329/SP)

Íntegra da decisão:

SENTENÇA

Processo Físico nº: **0025253-58.2012.8.26.0005**

Classe - Assunto **Retificação de Registro de Imóvel - Retificação de Área de Imóvel**

Requerente: **Telefonica Brasil S/A**

Juíza de Direito: Dra. **Renata Pinto Lima Zanetta**

Vistos.

TELEFÔNICA BRASIL S/A ajuizou a presente ação de retificação de registro imobiliário referente ao imóvel localizado na Rua Barbatimão, s/nº, Vila Progresso, nesta Capital, objeto das matrículas nº 160.865 e nº 160.866, ambas do 12º Registro de Imóveis de São Paulo.

De acordo com a petição inicial, a requerente adquiriu, em 05 de julho de 2.000, um imóvel com área de 2.671 m², por meio de instrumento particular de compromisso de venda e compra de imóvel celebrado com Silvio de Rezende Duarte e Maria do Céu Antunes Duarte. Aduz que, em 14 de maio de 2.008, foi lavrada a respectiva escritura de compra e venda, constando como objeto do negócio jurídico a totalidade do terreno (correspondente a uma área de 5.501,35 m²) onde situado o imóvel objeto do compromisso de compra e venda. Informa que a área maior (objeto da matrícula nº 149.997 do 12º Registro de Imóveis de São Paulo) foi transferida integralmente à requerente e sua matrícula desdobrada em duas: (i) matrícula nº 160.865, com área de 2.641,71 m², e (ii) matrícula nº 160.866, com área de 2.859,64 m². Ao final, sustentando ser apenas proprietária do imóvel objeto da matrícula nº 160.865, pleiteia a procedência do pedido, com fundamento nas disposições do Código Civil e da Lei de Registros Públicos, a fim de regularizar a situação registrária do imóvel, para constar que o imóvel objeto da matrícula nº 160.866 do 12º Registro de Imóveis de São Paulo não lhe pertence.

Com a inicial, vieram documentos (fls. 13/89).

Sobrevieram informes cartorários (fls. 95).

Manifestação do Ministério Público pelo indeferimento do pedido (fls. 113/114).

Sobreveio sentença de improcedência (fls. 116/118 e 126).

Contra referida sentença foi interposta apelação (fls. 128/145), tendo sido-lhe negado provimento (fls. 156/159 e 179/181).

Em sede de agravo interno no agravo em recurso especial, o C. Superior Tribunal de Justiça deu provimento ao agravo interno para conhecer do agravo e dar provimento ao recurso especial interposto pela requerente, determinando o retorno dos autos à origem para intimação dos herdeiros dos vendedores a se manifestarem quanto ao pedido de retificação (fls. 276/279).

Foram determinadas as notificações necessárias (fls. 305).

O Ministério Público opinou pelo indeferimento do pedido (fls. 327).

É o relatório.

FUNDAMENTO e DECIDO.

Cuida-se de ação de retificação, de jurisdição voluntária, na qual a parte requerente objetiva a adequação do registro imobiliário à situação de fato do imóvel, em prestígio ao princípio da especialidade objetiva e subjetiva.

A retificação de área e, consequentemente, do registro imobiliário está autorizada sempre que as anotações existentes no respectivo cartório não forem coincidentes com a realidade fática. A retificação de registro imobiliário, prevista nos artigos 212 e 213 da Lei de Registros Públicos, tem o condão de corrigir os erros formais do título, não se prestando como meio para promover o quanto pretendido pela parte requerente em seu pedido, que, como será visto adiante, envolve erro material decorrente do título que deu azo ao registro imobiliário.

Com efeito, sobre o procedimento de retificação de registro imobiliário e suas hipóteses de cabimento, a doutrina especializada ensina que:

> *Em virtude do princípio da legitimidade ou da presunção de veracidade, o Registro deve refletir a verdade, não só no que se refere ao titular do direito registrado, mas também quanto à natureza e ao conteúdo deste direito. Assim, qualquer inexatidão do assento deve ser retificada, a fim de que reflita perfeitamente a realidade.* ***A rigor, as inexatidões podem originar-se dos seguintes fatores: a) por não ter tido acesso ao Registro de Imóveis um fato que tenha implicado na modificação da situação jurídico real do bem (v.g., sucessão, usucapião); b) por não mais existir o direito registrado ou averbado (v.g., condomínio edilício que não mais existe por destruição total do edifício); c) por falsidade, nulidade ou defeito do título que deu origem ao assento ou do próprio registro e; d) por erro no conteúdo do assento. Apenas na última hipótese há se falar em retificação do registro imobiliário.*** *(LOUREIRO, Luiz Guilherme. Registros Públicos: teoria e prática, 8ª ed., Salvador: Editora Juspodivm, 2017, pp. 663-664, g.n.)*

No caso em tela, a autora pretende a retificação da matrícula nº 160.866 do 12º Registro de Imóveis de São Paulo, para constar o nome que entende ser dos seus verdadeiros proprietários (i.e., Silvio Rezende Duarte e Maria do Céu Antunes Duarte), tendo em vista que a requerente teria adquirido de tais indivíduos apenas a área correspondente ao objeto da matrícula nº 160.865 do 12º Registro de Imóveis de São Paulo (imóvel com área de 2.641,71 m^2).

Assim, pretende retificar o registro em decorrência de erro existente na escritura pública.

O pedido de retificação não comporta ser acolhido.

Depreende-se do discorrido que a empresa requerente prometeu adquirir uma área de 2.671 m^2 de Silvio de Rezende Duarte e Maria do Céu Antunes Duarte, por meio de instrumento particular de compromisso de venda e compra de imóvel, celebrado em 5 de julho de 2.000 (fls. 50/54), e aditado em 31 de setembro de 2.001 (fls. 56/58). No entanto, ao ser lavrada a escritura pública de compra e venda, em 14 de maio de 2.008, constou a área de 5.501,35 m^2.

Constata-se, ainda, que o imóvel objeto descrito na matrícula nº 149.997 do 12º CRI (com área de 5.501,35 m^2) foi transferido integralmente à requerente (fls. 76/78) e, posteriormente, houve a formalização do desdobro da área, com a abertura de duas matrículas (fls. 83/84).

Ocorre, porém, que descabe ação de retificação de registro imobiliário para corrigir a inexatidão decorrente de erro cometido na declaração da vontade documentada na escritura pública que lhe serviu de título, confira-se:

> *No caso de inexatidão causada por falsidade ou nulidade do registro ou do título que lhe serviu de suporte, deve ser declarada pelo juiz corregedor permanente (via administrativa), quando for manifesta e não implicar em dano potencial a terceiros, ou quando houver consentimento de todos os interessados. Fora de tais hipóteses, isto é, não se tratando de fraude ou nulidade manifesta ou havendo o risco de prejuízo a terceiros, a nulidade somente pode ser declarada na via judicial, com amplo contraditório.*
>
> *Finalmente, também não há erro no registro passível de retificação pelo processo ora em exame quando as informações refletirem erro cometido na declaração da vontade documentada na escritura pública que lhe serviu de título. Nesta hipótese, a irregularidade deve ser sanada por meio de escritura de rerratificação. A inexistência de erro no registro impede a retificação administrativa, como se percebe da seguinte ementa: "Registro de imóveis - Escrituras que divergem quanto à existência de salão comercial e residência sobre o terreno - Retificação administrativa do registro - Inviabilidade - Necessária nova manifestação de vontade das partes por meio de escritura de rerratificação" (CGJ/SP, decisão de 29.05.2012, Boletim eletrônico CNB-CF n. 42). (LOUREIRO, Luiz Guilherme. Registros Públicos: teoria e prática, 8ª ed., Salvador: Editora Juspodivm, 2017, pp. 663-664, g.n.)*

Corroborando tal entendimento, confira-se a jurisprudência deste E. Tribunal de Justiça também em casos similares, *in verbis*:

Apelação - Registros Públicos - Matrícula de imóveis – Alegação de erro no registro dos imóveis – Pretensão de retificação – Impossibilidade no âmbito desta ação, pois o registro está em conformidade com a Escritura Pública - Necessidade de modificação da escritura por via adequada – Sentença mantida – Recurso a que se nega provimento. (TJSP; Apelação Cível 1000947-25.2020.8.26.0620; Relator (a): Luis Mario Galbetti; Órgão Julgador: 7ª Câmara de Direito Privado; Foro de Taquarituba - Vara Única; Data do Julgamento: 23/09/2021; Data de Registro: 23/09/2021, g.n.)

Registros Públicos. Matrícula de imóvel. Alegado erro em descrição de fração ideal. Correspondência com o título de origem. Retificação incabível. Necessidade de modificação da escritura por via adequada. Precedentes. Ação improcedente. Recurso improvido. (TJSP; Apelação Cível 1055808-03.2019.8.26.0100; Relator (a): Augusto Rezende; Órgão Julgador: 1ª Câmara de Direito Privado; Foro Central Cível - 1ª Vara de Registros Públicos; Data do Julgamento: 11/02/2020; Data de Registro: 11/02/2020, g.n.)

Destarte, o pedido de retificação de registro público em questão mostrasse inviável nesta sede estreita de jurisdição, devendo a parte requerente promover, com efeito, a rerratificação administrativa ou judicial da escritura pública de compra e venda lavrada pelo 8º Tabelião de Notas da Capital em 14 de maio de 2.008 e, em seguida, providenciar a devida retificação no registro imobiliário, nos termos dos artigos 212 e seguintes da Lei de Registros Públicos.

Ademais, necessário pontuar que o pedido de retificação tal como pleiteado pela parte requerente atenta contra o princípio da continuidade registral, na medida em que se mostra inviável qualquer alteração de titularidade dominial da matrícula nº 160.866 do 12º Registro de Imóveis de São Paulo (fls. 83/84) sem que antes fosse retificado o registro pretérito de aquisição da totalidade do imóvel objeto da matrícula nº 149.997 do 12º Registro de Imóveis de São Paulo – R02 (fls. 76/78).

Ante o exposto, **JULGO IMPROCEDENTE** o pedido de retificação formulado na inicial, extinguindo o processo, com resolução do mérito, nos termos do artigo 487, inciso I, do Código de Processo Civil. Custas pela requerente.

Oportunamente, arquivem-se os autos.

P.I.C.

São Paulo, 31 de janeiro de 2022.

Renata Pinto Lima Zanetta

Juíza de Direito (DJe de 08.02.2022 – SP)

Ementa: Sentença – Retificação de Registro de Imóvel – Pedido de retificação do imóvel – Possibilidade – Laudo pericial que concluiu ser a retificação "intra muros" – Área retificanda que não interfere nos imóveis vizinhos – Ausência de impugnação pelos confrontantes – Manifestação favorável da Municipalidade – Acolhimento do pedido – Determinação da retificação – Procedência

Processo 1011668-44.2020.8.26.0100

Retificação de Registro de Imóvel - Registro de Imóveis - Whellington Moreira Cesar – Andreia Mendes Cesar - Municipalidade de São Paulo - Ante o exposto, julgo procedente o pedido para determinar a retificação do imóvel objeto da ação, localizado na Rua Joaquim de Ornelas, n. 16, desta Capital, descrito na matrícula nº 211.043, cuja abertura foi averbada junto à matrícula n. 116.335 do 12º Oficial de Registro de Imóveis de São Paulo, de acordo com planta e memorial descritivo de fls. 127/129. Nos termos da Portaria Conjunta 01/2008 das Varas de Registros Públicos da Capital, esta sentença servirá como mandado para registro, desnecessária a expedição de novos documentos A parte autora arcará com despesas processuais e custas finais. Oportunamente, arquivem-se os autos. P.I.C - ADV: ZULMIRA MONTEIRO DE ANDRADE LUZ (OAB 62145/SP), MARCELO RODRIGUES MARTIN (OAB 149734/SP)

Íntegra da decisão:

SENTENÇA

Processo Digital nº: **1011668-44.2020.8.26.0100**

Classe - Assunto **Retificação de Registro de Imóvel - Registro de Imóveis**

Requerente: **Whellington Moreira Cesar e outro**

Requerido: **12° Oficial do Cartorio de Registro de Imoveis da Capital**

Juíza de Direito: Dra. Juliana Forster Fulfaro

Vistos.

WHELLINGTON MOREIRA CESAR E OUTRO, qualificada nos autos, ajuizou a presente ação de retificação de registro de imóvel, referente ao imóvel situado na Rua Joaquim de Ornelas, n. 16, desta Capital, descrito na matrícula nº 211.043, cuja abertura foi averbada junto à matrícula n. 116.335 do 12º Oficial de Registro de Imóveis de São Paulo.

Com a exordial, vieram documentos (fls. 05/45).

Sobrevieram informes cartorários (fls. 49, 212/213).

Laudo pericial acostado aos autos (fls. 109/138).

Foram determinadas as citações e notificações. A Municipalidade de São

Paulo manifestou desinteresse na demanda (fls. 170/171).

O Ministério Público ofertou parecer, opinando pela procedência do pedido (fls. 206/207).

É o relatório.

FUNDAMENTO E DECIDO.

Cuida-se de ação de retificação, de jurisdição voluntária, objetivando a adequação do registro imobiliário à situação de fato, atendendo ao princípio da especialidade objetiva.

A retificação, prevista nos artigos 212 e 213, da Lei de Registros Públicos, por seu caráter não contencioso, tem o condão de corrigir apenas os erros formais do título, não se prestando como meio para aumentar os limites e confrontações de imóvel.

O artigo 212 da Lei de Registros Públicos, com redação dada pela Lei nº 10.931/04, assim dispõe: *"Se o registro ou a averbação for omissa, imprecisa ou não exprimir a verdade, a retificação será feita pelo Oficial do Registro de Imóveis competente, a requerimento do interessado, por meio do procedimento administrativo previsto no art. 213, facultado ao interessado requerer a retificação por meio de procedimento judicial. Parágrafo único. A opção pelo procedimento administrativo previsto no art. 213 não exclui a prestação jurisdicional, a requerimento da parte prejudicada."*

No caso dos autos, a prova pericial levada a efeito bem demonstra que a retificação é *intra muros*, eis que a área retificanda não interfere nos imóveis vizinhos e tem suas divisas respeitadas pelos confrontantes (fls. 109/138). Constatou, ainda, que efetivamente existem as deficiências apontadas, com a efetiva delimitação e descrição do imóvel.

Os confrontantes não apresentaram impugnação.

A Municipalidade, por sua vez, concordou expressamente com o pedido.

Deste modo, diante da conclusão do laudo pericial, da inexistência de elementos que abalem a convicção deste juízo quanto ao sucesso da pretensão, seguida da manifestação favorável do Ministério Público, de rigor o acolhimento do pedido inicial.

Ante o exposto, **JULGO PROCEDENTE** o pedido para determinar a retificação do imóvel objeto da ação, localizado na Rua Joaquim de Ornelas, n. 16, desta Capital, descrito na matrícula nº 211.043, cuja abertura foi averbada junto à matrícula n. 116.335 do 12º Oficial de Registro de Imóveis de São Paulo, de acordo com planta e memorial descritivo de fls. 127/129.

Nos termos da Portaria Conjunta 01/2008 das Varas de Registros

Públicos da Capital, esta sentença servirá como mandado para registro, desnecessária a expedição de novos documentos A parte autora arcará com despesas processuais e custas finais.

Oportunamente, arquivem-se os autos.

P..I.C

São Paulo, 1 de fevereiro de 2022. (DJe de 03.02.2022 – SP)

Ementa: Sentença – Retificação de Registro de Imóvel – Pedido de correção das medidas do imóvel – Impossibilidade – Retificação que ultrapassaria os limites de titularidade dos Requerentes – Indeferimento do pedido – Improcedência

Processo 1024849-15.2020.8.26.0100

Retificação de Registro de Imóvel - Registro de Imóveis - Izaqueo Turrubia – Maria Wilda Costa - Maria José Cotrim Barreto e outro - Ante o exposto, com fundamento no artigo 487, I, do Código de Processo Civil, JULGO IMPROCEDENTE O PEDIDO. Condeno a parte autora ao pagamento das custas e despesas processuais, observada a suspensão decorrente da gratuidade. Ciência ao Ministério Público. Com o trânsito em julgado, ao arquivo. - ADV: PAULO CESAR LUCINDO DE ABREU (OAB 395834/SP), RICARDO ANDRE ZAMBO (OAB 138476/SP)

Íntegra da decisão:

SENTENÇA

Processo Digital nº: **1024849-15.2020.8.26.0100**

Classe - Assunto **Retificação de Registro de Imóvel - Registro de Imóveis**

Requerente: **Izaqueo Turrubia e outro**

Juiz(a) de Direito: Dr(a). Juliana Forster Fulfaro

Vistos.

Trata-se de pedido de retificação de área promovido por Izaqueo Turrubia e outro, visando à correção das medidas do imóvel matriculado sob n. 224.355, junto ao 6º Registro de Imóveis da Capital.

A inicial veio instruída com procuração e documentos (fls. 08/34).

Sobrevieram informes cartorários (fls. 39/41).

Foi apresentada contestação (fls. 75/90).

Foi realizada perícia (fls. 182/245), seguida de manifestação do contestante e da parte autora (fls. 254/256, 298/300).

O 6º Oficial de Registro de Imóveis manifestou-se desfavoravelmente ao pedido (fls. 315/217).

O Ministério Público opinou pela improcedência do pedido (fls. 321/322).

É o relatório.

Fundamento e decido.

O pedido é improcedente.

Cuida-se de ação de retificação, de jurisdição voluntária, na qual a parte autora objetiva a adequação do registro imobiliário à situação de fato do imóvel de sua titularidade, em prestígio ao princípio da especialidade objetiva.

Conforme salientado pelo Ministério Público e pelo 6º Oficial, a retificação pretendida, na verdade, ultrapassaria os limites de titularidade da parte autora, restando claro que o caso presente não deve ser analisado em ação retificativa.

Ora, o processo de retificação visa à correção tão somente de indicações dimensionais, que não ultrapassem a propriedade lindeira.

Contudo, o pedido exposto na inicial, quando confrontando com a realidade tabular, revela modificação considerável de área e de destaque de propriedade alheia, o que não se admite em retificação.

Ante o exposto, com fundamento no artigo 487, I, do Código de Processo Civil, JULGO IMPROCEDENTE O PEDIDO.

Condeno a parte autora ao pagamento das custas e despesas processuais, observada a suspensão decorrente da gratuidade.

Ciência ao Ministério Público.

Com o trânsito em julgado, ao arquivo.

São Paulo, 01 de fevereiro de 2022.

Juliana Forster Fulfaro

Juíza de Direito (DJe de 03.02.2022 – SP)

Ementa: Sentença – Retificação de Registro de Imóvel – Pedido de correção das medidas do imóvel – Impossibilidade – Pretensão que revela modificação considerável de área e de destaque de propriedade alheia – Indeferimento do requerimento – Improcedência

Processo 1076377-25.2019.8.26.0100

Retificação de Registro de Imóvel - Retificação de Área de Imóvel - Cibele Gonzaga Padilha Martins – David Lima Gonzaga Padilha - Emygdio Machado Neto – Jose Roberto de Campos Salles e outros - Municipalidade de São Paulo - Ante o exposto, com fundamento no artigo 487, I, do Código de Processo Civil, JULGO IMPROCEDENTE O PEDIDO. Condeno a parte autora ao pagamento das custas, despesas processuais e honorários advocatícios da parte impugnante, os últimos fixados em 10% sobre o valor atualizado da causa. Ciência ao Ministério Público. Com o trânsito em julgado, ao arquivo. - ADV: CARLOS ALBERTO PIRES DE MATOS ESTEVES (OAB 267347/SP), SIGFRIED WALTER DE CARVALHO (OAB 43855/SP), EDUARDO MIKALAUSKAS (OAB 179867/SP)

Íntegra da decisão:

SENTENÇA

Processo Digital nº: **1076377-25.2019.8.26.0100**

Classe - Assunto **Retificação de Registro de Imóvel - Retificação de Área de Imóvel**

Requerente: **Cibele Gonzaga Padilha Martins e outro**

Juiz(a) de Direito: Dr(a). Juliana Forster Fulfaro

Vistos.

Trata-se de pedido de retificação de área promovido por Cibele Gonzaga Padilha Martins e outro, visando à correção das medidas do imóvel matriculado sob n. 55.825, junto ao 4º Registro de Imóveis da Capital. A inicial veio instruída com procuração e documentos (fls. 03/15).

Sobrevieram informes cartorários (fls. 19/21, 68).

A parte autora apresentou memorial descritivo (fls. 82/83).

Os confrontantes foram notificados. A Municipalidade impugnou o pedido (fls. 116/117).

A parte autora se manifestou (fls. 173).

O Ministério Público opinou pela improcedência do pedido (fls. 187/188).

Instada, a parte autora se manifestou (fls. 192).

É o relatório.

Fundamento e decido.

O pedido é improcedente.

Cuida-se de ação de retificação, de jurisdição voluntária, na qual a parte autora objetiva a adequação do registro imobiliário à situação de fato do imóvel de sua titularidade, em prestígio ao princípio da especialidade objetiva.

Conforme salientado pelo Ministério Público, restam dúvidas se a retificação pretendida, na verdade, não ultrapassaria os limites de titularidade da parte autora, com interferência na área pública.

Ora, o processo de retificação visa à correção tão somente de indicações dimensionais, que não ultrapassem a propriedade lindeira.

Contudo, o pedido exposto na inicial, quando confrontando com a realidade tabular, revela modificação considerável de área e de destaque de propriedade alheia, o que não se admite em retificação.

Ante o exposto, com fundamento no artigo 487, I, do Código de Processo Civil, JULGO IMPROCEDENTE O PEDIDO.

Condeno a parte autora ao pagamento das custas, despesas processuais e honorários advocatícios da parte impugnante, os últimos fixados em 10% sobre o valor atualizado da causa.

Ciência ao Ministério Público.

Com o trânsito em julgado, ao arquivo.

São Paulo, 01 de fevereiro de 2022.

Juliana Forster Fulfaro

Juíza de Direito (DJe de 03.02.2022 – SP)

Ementa: Sentença – Retificação de Registro de Imóvel – Pedido de retificação em relação a confrontação do imóvel – Possibilidade – Existência de divergência entre as informações e anotações existentes no registro imobiliário com a realidade fática – Arts. 212 e 213, I, "b", da LRP – Ausência de prejuízos a terceiros – Inexistência de alteração de área ou invasão a imóveis confrontantes – Deferimento do pedido – Determinação para a retificação da matrícula – Procedência

Processo 1110359-59.2021.8.26.0100

Retificação de Registro de Imóvel - Registro de Imóveis - Celso Tadashi Uchida - Ante o exposto, nos termos do artigo 487, inciso I, do Código de Processo Civil, JULGO PROCEDENTE o pedido para determinar a retificação da matrícula nº 72.870, do 12º Registro de Imóveis de São Paulo, a fim de constar que aludido imóvel confronta pelo lado esquerdo de quem dele olha para a rua com a Rua Melchiades Neres de Campos. Esta sentença servirá de mandado para registro, sendo desnecessária a expedição de novo documento, nos termos da Portaria Conjunta n.º 01/2008 das Varas de Registros Públicos da Capital. Custas pelo requerente. Oportunamente, ao arquivo. P.I.C. - ADV: MARIA HELENA FONSATTE UCHIDA (OAB 82243/SP)

Íntegra da decisão:

SENTENÇA

Processo Digital nº: **1110359-59.2021.8.26.0100**

Classe - Assunto **Retificação de Registro de Imóvel - Registro de Imóveis**

Requerente: **Celso Tadashi Uchida**

Requerido: **12º Oficial de Registro de Imoveis da Capital**

Juíza de Direito: Dra. **Renata Pinto Lima Zanetta**

Vistos.

CELSO TADASHI UCHIDA ajuizou a presente ação de retificação de registro imobiliário referente ao imóvel localizado na Rua Aricanga, n° 1.432, nesta Capital, objeto da matrícula nº 72.870 do 12º Registro de Imóveis de São Paulo.

De acordo com a petição inicial, o requerente teria adquirido, por escritura pública lavrada em 10 de abril de 2.001, o imóvel acima descrito, em cuja matrícula consta a informação de que o lote confrontaria pelo lado esquerdo de quem do imóvel olha para a rua com o lote 12-A. Aduz que, em verdade, aludido imóvel confronta atualmente pelo lado esquerdo com a Rua Melchiades Neres de Campos, conforme informação apresentada pela própria Prefeitura de São Paulo, de modo que a informação contida na respectiva matrícula não estaria refletindo a realidade. Requer, destarte, a retificação da matrícula nº 72.870 do 12º Registro de Imóveis de São Paulo para nela constar que o imóvel confronta pelo lado esquerdo de quem dele olha para a rua com a Rua Melchiades Neres de Campos. Com a inicial, vieram documentos (fls. 04/25).

Sobrevieram informes cartorários (fls. 29/50 e 70).

Foram determinadas as notificações necessárias (fls. 55).

A Municipalidade não se opôs ao pedido de retificação (fls. 68).

O Ministério Público opinou pelo deferimento do pedido (fls. 74/75).

É o relatório.

FUNDAMENTO e DECIDO.

Cuida-se de ação de retificação, de jurisdição voluntária, na qual a parte requerente objetiva a adequação do registro imobiliário à situação de fato do imóvel, em prestígio ao princípio da especialidade objetiva.

A retificação de área e, consequentemente, do registro imobiliário comporta deferimento sempre que as anotações existentes no respectivo cartório não forem coincidentes com a realidade fática. A retificação de registro imobiliário, prevista nos artigos 212 e 213 da Lei de Registros Públicos, tem o condão de corrigir os erros formais do título, não se prestando como meio para aumentar os limites e confrontações de imóvel. Sobre o tema, a jurisprudência entende que a ação de retificação de registro não pode ser manejada como meio de aquisição de propriedade imóvel ou como substitutiva da ação de usucapião, ensejando tal tipo de pretensão à propositura de ação própria.

É cabível, no caso, o acolhimento do pedido.

Restou bem demonstrado nos autos que o imóvel retificando (objeto da matrícula nº 72.870 do 12º Registro de Imóveis de São Paulo – fls. 11/13 e 30/33) confronta atualmente do lado esquerdo de quem dele olha para a rua com a Rua Melchiades Neres de Campos, conforme se extrai das certidões emitidas pela Prefeitura de São Paulo (fls. 10 e 58/59) e do teor do parecer da Municipalidade acostado aos autos (fls. 68).

No entanto, segundo os informes da matrícula nº 72.870 do 12º CRI, consta que o imóvel confronta do lado esquerdo de quem dele olha para a rua com o lote 12-A (fls. 11/13 e 30/33).

Destarte, depreende-se a existência de divergência entre as informações e anotações existentes no registro imobiliário com a realidade fática, motivo pelo qual justificada a retificação pretendida, com o objetivo de espelhar a realidade do imóvel e regularizar sua situação, conforme previsto nos artigos 212 e 213, inciso I, alínea "b", da Lei de Registros Públicos, até porque, no caso, não há risco de prejuízos a terceiros, eis que não há alteração de área ou invasão a imóveis confrontantes.

Ante o exposto, nos termos do artigo 487, inciso I, do Código de Processo Civil, **JULGO PROCEDENTE** o pedido para determinar a retificação da matrícula nº 72.870, do 12º Registro de Imóveis de São Paulo, a fim de constar que aludido imóvel confronta pelo lado esquerdo de quem dele olha para a rua com a Rua Melchiades Neres de Campos.

Esta sentença servirá de mandado para registro, sendo desnecessária a expedição de novo documento, nos termos da Portaria Conjunta n.º 01/2008 das Varas de Registros Públicos da Capital.

Custas pelo requerente.

Oportunamente, ao arquivo.

P.I.C.

São Paulo, 19 de janeiro de 2022.

Renata Pinto Lima Zanetta

Juíza de Direito (DJe de 21.01.2022 – SP)

Ementa: Sentença – Retificação de Registro de Imóvel – Pedido de retificação da área do imóvel – Possibilidade – Divergência entre a área descrita no título e a área real do imóvel – Prova Pericial que concluiu ser a retificação "intramuros" – Inexistência de oposição por parte dos confrontantes – Ausência de prejuízos a terceiros – Acolhimento do pedido – Procedência

Processo 1115940-26.2019.8.26.0100

Retificação de Registro de Imóvel - Registro de Imóveis - Romualdo Amaral – Regina Rodrigues Amaral - Municipalidade de São Paulo - Ante o exposto, acolho o pedido para determinar a retificação do imóvel objeto da ação, adotando-se o memorial descritivo e a planta acostados no laudo pericial de fls. 305/360 e 412/418. Nos termos da Portaria Conjunta nº 01/2008 das Varas de Registros Públicos da Capital, esta sentença servirá como mandado para registro, desnecessária a expedição de novos documentos. A parte autora arcará com despesas processuais e custas finais. Oportunamente, arquivem-se os autos. P.I.C. - ADV: EDUARDO DILEVA JUNIOR (OAB 218582/SP), EDUARDO MIKALAUSKAS (OAB 179867/SP)

Íntegra da decisão:

SENTENÇA

Processo Digital nº: **1115940-26.2019.8.26.0100**

Classe - Assunto **Retificação de Registro de Imóvel - Registro de Imóveis**

Requerente: **Romualdo Amaral e outro**

Requerido: **12º Oficial de Registro de Imóveis da Capital**

Juíza de Direito: Dra. **Renata Pinto Lima Zanetta**

Vistos.

ROMUALDO AMARAL e REGINA RODRIGUES AMARAL, qualificados nos autos, ajuizaram ação de retificação de registro do imóvel localizado na Rua Breno Acioli, nº 104/116, Jardim Três Marias, nesta Capital, objeto da matrícula nº 32.829 do 12º Oficial de Registro de Imóveis de São Paulo.

Aduzem, em apertada síntese, que em 04 de dezembro de 1998, adquiriram o imóvel telado mediante escritura de venda e compra, cessão de direitos e divisão amigável. Nada obstante, alegam que, apesar do imóvel encerrar área total de 305,50 m^2, na escritura constou, equivocadamente, a metragem de 199,75 m^2, ou seja, área menor.

Relatam, ainda, que ajuizaram ação de retificação de registro de imóveis anteriormente, com o mesmo pedido desta, autuada sob o nº 0149430-18.2003.8.26.0100, que tramitou nesta 1ª Vara de Registros Públicos da Capital, tendo sido julgada procedente. Ocorre que, após o trânsito em julgado, os autores notaram que o laudo pericial que lastreou a sentença não condizia com o memorial descritivo apresentado com a petição inicial.

Assim, requerem a procedência da ação, a fim de regularizar a situação registrária do imóvel, tendo em vista haver divergência entre a área descrita no título e a área real do imóvel.

Com a inicial, vieram documentos (fls. 05/221).

O 12º Oficial de Registro de Imóveis manifestou-se (fls. 223/239 e 433).

Laudo pericial acostado aos autos (fls. 305/360). Esclarecimentos ao laudo às fls. 412/418.

Foram determinadas as notificações dos confrontantes e a intimação da Municipalidade de São Paulo (fls. 373).

Sobreveio manifestação da Municipalidade de São Paulo, requerendo a exclusão da área de interferência em próprios municipais (fls. 398/402). Após apresentação dos esclarecimentos e retificação ao laudo pela Perita Judicial (fls. 428), a Municipalidade manifestou desinteresse no feito (fls. 428).

O Ministério Público ofertou parecer, opinando pela procedência da ação (fls. 437/438).

É o relatório.

FUNDAMENTO E DECIDO.

Cuida-se de ação de retificação, de jurisdição voluntária, objetivando a adequação do registro imobiliário à situação de fato, atendendo aos princípios da especialidade objetiva e subjetiva.

De proêmio, impende salientar que a retificação de registro imobiliário, prevista nos artigos 212 e 213, da Lei de Registros Públicos, tem o condão de corrigir os erros formais do título, não se prestando como meio para aumentar os limites e confrontações de imóvel. Sobre o tema, a jurisprudência entende que a ação de retificação de registro não pode ser manejada como meio de aquisição de propriedade imóvel ou como substitutiva da ação de usucapião, ensejando tal tipo de pretensão à propositura de ação própria.

No caso dos autos, a prova pericial produzida, sobre a qual as partes puderam se manifestar ao longo do feito, bem demonstra que a retificação se processa intramuros, sendo plausível a retificação da área do imóvel em questão, com a necessidade de correção do erro anteriormente verificado.

Segundo a perita judicial, nos termos do laudo pericial exibido às fls. 305/360 e 412/418, *"os resultados acima apresentados demonstram que a retificação de área, conforme descrição do item 10. - Memorial Descritivo e Planta Topográfica – Fl.1/2, processa-se "intramuros""* (fls. 330).

Ainda, devidamente notificados, não houve oposição dos confrontantes.

A Municipalidade de São Paulo, por seu turno, após a exclusão da área da área de interferência em próprios municipais, manifestou seu desinteresse no feito (fls. 428).

Outrossim, conforme parecer da i. Promotora de Justiça, cujo trecho transcrevo, *"o laudo pericial constatou ser plausível a retificação da área do imóvel objeto da matrícula citada na inicial, com a necessidade de correção do erro cometido no anteriormente"* (fls. 438).

Neste cenário, uma vez demonstrada a divergência entre a área constante do título e a verdadeira área apurada no local, mostra-se justificada a retificação, com o objetivo de espelhar a realidade do imóvel e regularizar sua situação, na forma dos artigos 198, 212, 213 e 228 da Lei nº 6.015/1973, até porque, no caso, não há risco de prejuízos a terceiros, eis que não há invasão aos imóveis confrontantes.

Destarte, o acolhimento do pedido é medida que se impõe.

Ante o exposto, **acolho** o pedido para determinar a retificação do imóvel objeto da ação, adotando-se o memorial descritivo e a planta acostados no laudo pericial de fls. 305/360 e 412/418.

Nos termos da Portaria Conjunta nº 01/2008 das Varas de Registros Públicos da Capital, esta sentença servirá como mandado para registro, desnecessária a expedição de novos documentos.

A parte autora arcará com despesas processuais e custas finais.

Oportunamente, arquivem-se os autos.

P.I.C.

São Paulo, 14 de janeiro de 2022.

Renata Pinto Lima Zanetta

Juíza de Direito (DJe de 18.01.2022 – SP)

Ementa: Sentença – Retificação de Registro de Imóvel – Pedido de retificação a fim de corrigir à titularidade dominial – Inexistência de título apropriado para inscrição da extinção condominial pretendida pela Requerente – Negócios mencionados pela Requerente que não foram levados a registro – Matrículas que refletem adequadamente os títulos aquisitivos que foram registrados na de origem – Ausência de erro registral – Pretensão que dependeria de trabalho técnico elaborado por profissional habilitado – Indeferimento do pedido – Improcedência

Processo 1113578-80.2021.8.26.0100

Retificação de Registro de Imóvel - Registro de Imóveis - Rita Gomes Teixeira - Ante o exposto, e por tudo mais que nos autos consta, JULGO IMPROCEDENTE o pedido, extinguindo o processo, com resolução do mérito, nos termos do artigo 487, inciso I, do Código de Processo Civil. Custas e despesas processuais ex lege, observando ser a autora beneficiária da justiça gratuita, que ora defiro. Sem condenação em honorários advocatícios. Oportunamente, ao arquivo. P.I.C. - ADV: LAURA JUNQUEIRA HERENY (OAB 348349/SP), DORIVAL FORMIGONI (OAB 43276/SP), MONIZE CREPALDI PIRCIO (OAB 367787/SP)

Íntegra da decisão:

SENTENÇA

Processo Digital nº: **1113578-80.2021.8.26.0100**

Classe - Assunto **Retificação de Registro de Imóvel - Registro de Imóveis**

Requerente: **Rita Gomes Teixeira**

Requerido: **9º Oficial de Registro de Imóveis da Capital**

Prioridade Idoso

Juíza de Direito: Dra. **Renata Pinto Lima Zanetta**

Vistos.

RITA GOMES TEIXEIRA, devidamente qualificada nos autos, ajuizou a presente ação de retificação de registro do imóvel objeto das matrículas nºs

67.569, 233.969 e 233.970, todas do 9º Oficial de Registro de Imóveis de São Paulo.

Aduz, em apertada síntese, que o imóvel objeto da matrícula nº 67.569, originariamente de propriedade de seus genitores, Antonio Carvalho Gomes e Olívia Garofalo Gomes, falecidos, foi objeto de partilha sucessória, por meio da qual restou atribuído o quinhão equivalente a um quinto da metade ideal a cada uma das cinco filhas do casal, quais sejam: Clementina Gomes Maeda, casada com Jorge Maeda; Iris Carvalho Gomes, divorciada; Maria Aparecida Carvalho Gomes, solteira; Zoraide Gomes de Moura, viúva, que fora casada no regime de separação de bens e a autora, Rita Gomes Teixeira, viúva de Otávio Aroldo Teixeira.

Relata que em meados de 1983 adquiriu os quinhões então pertencentes às suas irmãs Iris e Maria Aparecida, e que, em 1984, as demais irmãs, Zoraide e Clementina, alienaram suas parcelas dominiais a Wilson Peric e sua mulher Maria Elvira Correa Peric. Afirma que, no mesmo ano, vendeu uma parte correspondente a 79,20 m² de seu imóvel para Wilson Peric, mediante escritura, em que constou a anuência de Iris e Maria Aparecida, uma vez que a transmissão dos quinhões à autora, em 1983, não foi formalizada por escritura.

Assevera, ademais, que em 2007 houve o desdobro do imóvel, dando origem às matrículas nºs 233.970 e 233.969, onde equivocadamente constou serem de propriedade dominial de Wilson Peric, com posterior averbação de ofício para a correção da titularidade.

Assim, requer a procedência da ação para retificação das referidas matrículas, a fim de constar que o imóvel objeto da matrícula nº 67.569 possuía uma área superficial de 630,00 m² e que, após seu desdobro, a parte descrita na matrícula nº 233.969, com 331,20 m², passou a pertencer exclusivamente ao condômino Wilson Peric e sua esposa Maria Elvira Correa Peri e que a outra parte do imóvel, descrita na matrícula nº 233.970, com área de 298,20 m², passou a pertencer com exclusividade à autora, Rita Gomes Teixeira.

Com a inicial, vieram documentos (fls. 22/331).

O 9º Oficial de Registro de Imóveis de São Paulo prestou informações e manifestou-se pela improcedência do pedido (fls. 334/350).

O Ministério Público ofertou parecer, opinando pelo indeferimento da inicial (fls. 353/356).

É o relatório.

FUNDAMENTO E DECIDO.

Cuida-se de ação de retificação de imóvel, de jurisdição voluntária, em que a parte autora pretende a suposta adequação do registro imobiliário à situação fática descrita na inicial.

O pedido é improcedente.

Como é cediço, a retificação de registro imobiliário, prevista nos artigos 212 e 213 da Lei de Registros Públicos, tem o condão de corrigir os erros formais do título. A jurisprudência é firme no entendimento de que declarações e confissões não constituem títulos hábeis para o ingresso no fólio real, de forma a regularizar a propriedade dos imóveis.

Do estudo detido dos elementos carreados aos autos, infere-se que os registros e averbação lançados nas matrículas em referência observaram a lei e os princípios registrais. Senão vejamos.

O imóvel situado na Rua Ignácio Alves de Matos, esquina com a Rua Flores do Piauí, objeto da matrícula nº 67.569, representava um terreno retangular, medindo 9,80m de frente, 37,45 m pelo lado que confronta pela rua do Flores do Piauí, 30,00 m pelo lado que divide com o lote 46 da Cia. Carmosina ou de quem de direito e 32,00 m nos fundos, onde divide com os lotes 39 e 43 da Cia. Carmosina ou seus sucessores.

Em 18 de junho de 1982, foi registrado formal de partilha dos bens deixados pelo Espólio de Olívia Garofaldo Gomes, em que o imóvel telado restou partilhado da seguinte forma: 50%, metade ideal, ao viúvo Antonio Carvalho Gomes, e a outra metade em partes iguais aos filhos, Rita Gomes Teixeira, casada com Otavio Aroldo Teixeira, Iris Gomes Ferreira Torres, casada com Otaviano Ferreira Torres Zoraide Gomes de Moura, casada com Armando Pinto de Moura Maria Aparecida Carvalho Gomes, solteira e Clementina Carvalho Gomes, solteira, na razão de 10% para cada herdeiro.

Na mesma data, houve também o registro do formal de partilha dos bens de Antonio Carvalho Gomes, em que a sua metade ideal foi partilhada em proporções iguais aos herdeiros, Rita Gomes Teixeira, casada com Otavio Aroldo Teixeira, Iris Gomes Ferreira Torres, casada com Otaviano Ferreira Torres, Zoraide Gomes de Moura, casada com Armando Pinto de Moura, Maria Aparecida Carvalho Gomes, solteira, Clementina Gomes Maeda, casada com Jorge Maeda, na razão de 10% para cada herdeiro.

Posteriormente, aos 12 de setembro de 1991, houve o registro da escritura de venda e compra celebrada em 07 de junho de 1991 junto ao Oficial de Registro Civil e Tabelião de Notas do Distrito de Itaquera, desta Capital, através da qual os então proprietários venderam metade ideal do imóvel a Wilson Peric, casado com Maria Elvira Correa Peric, de modo que a titularidade do imóvel da matrícula nº 67.569 formou-se em condomínio *pro indiviso* nas seguintes com a seguinte configuração: 10% a Rita Gomes Teixeira e seu marido Otavio Aroldo Teixeira; 10% ao Espólio de Armando Pinto de Moura, que era casado com Zoraide Gomes de Moura; 10% a Iris Gomes Ferreira Torres e seu marido Otaviano Ferreira Torres; 10% a Maria Aparecida Carvalho Gomes, solteira; 10% a Clementina Gomes Maeda e seu marido Jorge Maeda; e 50% a Wilson Peric, casado com Maria Elvira Correa Peric.

Nada obstante, extrai-se que na ocasião da realização do desdobro da matrícula nº 67.569, ocorreu um equívoco na transposição dos elementos dos registros anteriores, uma vez que constou apenas os nomes de Wilson Peric e sua mulher Maria Elvira Correa Peric como titulares nas matrículas nºs 233.969 e 233.970.

Impende ressaltar, contudo, que o erro epigrafado restou superado pela averbação anotada em 03 de junho de 2014, a qual retificou a abertura matricial para inserir os nomes e qualificações de todos os condôminos e suas respectivas partes ideais, na forma supramencionada (fls. 345 e 347).

Desta análise, é possível inferir que, contrariamente ao quanto esposado pela parte autora na inicial, nenhum dos títulos telados registrados referiu-se à divisão do imóvel descrito na matrícula nº 67.569. Com efeito, as matrículas nºs 233.969 e 233.970 refletem adequadamente os títulos aquisitivos que foram registrados na de origem, de modo que não há que se falar em correção no que concerne à titularidade situação dominial.

O único equívoco cometido no caso em apreço, reitero, restou devidamente retificado de ofício pela Serventia Extrajudicial, conforme averbação 2 aposta nas matrículas nºs 233.969 e 233.970 (fls. 345 e 347).

Ainda, vale mencionar que alguns dos negócios mencionados pela parte autora na inicial sequer foram levados a registro, tampouco foram celebradas com a observância das formalidades impostas por lei, nos termos do artigo 108 do Código Civil. É o caso da venda dos quinhões de Iris e Maria Aparecida à autora, de modo que deveria adquirir definitivamente a parte ideal das vendedoras, e somente depois, efetuar a celebração do negócio jurídico adequado para extinguir o condomínio remanescente.

A pretensão da autora, caso procedência, dependeria, outrossim, de trabalho técnico elaborado por profissional habilitado, com a respectiva anotação de responsabilidade, justificando a área fornecida pela parte autora.

Impende destacar, por fim, o seguinte trecho da manifestação exarada pelo 9º Oficial de Registro de Imóveis de São Paulo: "Portanto, em síntese, cumpre esta Serventia se manifestar desfavorável à pretensão da requerente. Primeiro pela ausência de erro registral, uma vez que o defeito ocorrido na abertura das matrículas foi sanado há mais de 7 anos, com base nas próprias informações tabulares. Em segundo, pela ausência de título apropriado para inscrição da extinção condominial pretendida pela requerente. E, por último, pela ausência de trabalho técnico responsável pelo cálculo da área resultante das medidas perimetrais." (fls. 337)

Deste modo, a improcedência da ação é a medida que se impõe. Ante o exposto, e por tudo mais que nos autos consta, **JULGO IMPROCEDENTE** o pedido, extinguindo o processo, com resolução do mérito, nos termos do artigo 487, inciso I, do Código de Processo Civil.

Custas e despesas processuais *ex lege*, observando ser a autora beneficiária da justiça gratuita, que ora defiro. Sem condenação em honorários advocatícios.

Oportunamente, ao arquivo.

P.I.C.

São Paulo, 17 de dezembro de 2021.

Renata Pinto Lima Zanetta

Juíza de Direito (DJe de 13.01.2022 – SP)

Ementa: Sentença – Pedido de Providências – Pedido de apuração de área remanescente da transcrição que deu origem a matrículas – Alegação pelos Requerentes de que a referida área foi doada juntamente com os prédios, havendo irregularidade no registro da escritura de doação – Informação pelo Oficial de que a parte interessada não possui legitimidade para pleitear a retificação – Pedido que extrapola os limites da propriedade de cada requerente – Manutenção do óbice – Improcedência

Processo 1119132-93.2021.8.26.0100

Pedido de Providências - Defeito, nulidade ou anulação - Guiomar Martins Fontes de Moraes - Diante do exposto, JULGO IMPROCEDENTE o pedido, mantendo o óbice. Providencie, a serventia judicial, a regularização do polo ativo, com inclusão de todos os requerentes. Deste procedimento não decorrem custas, despesas processuais ou honorários advocatícios. Oportunamente, remetam-se os autos ao arquivo. P.R.I.C. - ADV: EVALDO GONCALVES ALVARENGA (OAB 66213/SP)

Íntegra da decisão:

SENTENÇA

Processo Digital nº: **1119132-93.2021.8.26.0100**
Classe - Assunto **Pedido de Providências - Defeito, nulidade ou anulação**
Requerente: **Guiomar Martins Fontes de Moraes**
Requerido: **14º Cartório de Registro de Imóveis da Capital**
Juiz(a) de Direito: Dr(a). **Luciana Carone Nucci Eugênio Mahuad**
Vistos.
Trata-se de pedido de providências apresentado por **Sandra Arakaki, Rodrigo Chagas Equi, Lucas Chagas Equi, Wilson Roberto de Moraes e Guiomar Martins Fontes de Moraes** em face do **Oficial do 14º Registro de Imóveis da Capital**, diante de negativa em se proceder à apuração de área remanescente da transcrição n. 37.300, que deu origem a matrículas relativas a imóveis de sua propriedade.

A parte requerente aduz que figura como sucessora dos antigos proprietários, sendo que referida área foi doada juntamente com os prédios, havendo irregularidade no registro da escritura de doação, pelo que pretende a retificação da descrição dos imóveis.

Documentos vieram às fls. 06/71.

Constatado o decurso do trintídio legal, providenciou-se nova prenotação sob n. 842.331 (fls. 76 e 79).

O Oficial Registrador, às fls. 81/82, indicou que os destaques efetivados na transcrição n. 37.300 deram origem às matrículas n. 132.077, 26.948, 26.949, 184.619 e 184.620, remanescendo a área de 309,33m²; que a parte interessada não possui legitimidade para pleitear a retificação, haja vista que o remanescente permanece sob a titularidade de Albert Renaud; que a parte requerente pretende, em verdade, usucapir a área; que não se mostra adequado estipular frações ideais diferentes desta área para cada proprietário, uma vez que não se trata de condomínio especial (Lei n. 4.591/64); que a área remanescente é uma rua de acesso às casas, pelo que há interesse da PMSP, que pode vir a considerá-la como área pública por destinação; que, caso acolhida a pretensão, ocorrerá a duplicidade antinômica de registros.

O Ministério Público opinou pelo indeferimento (fls. 261/262).

É o relatório.

Fundamento e decido.

Na hipótese *sub judice*, verifica-se que a pretensão inicial, prenotada sob n. 823.169 no dia 18/05/2021, foi objeto de nota devolutiva sob o fundamento de que *"conforme transcrição 37.300, é proprietário do imóvel da área maior Alberto Renaud, que doou a Alberto José Kalil Yazbek, conforme escritura juntada; portanto, os requerentes não são partes para requerer a retificação administrativa do remanescente, devendo, ingressar com o Usucapião"*.

O requerimento foi reapresentado à serventia extrajudicial por determinação deste juízo, recebendo a prenotação n. 842.331 (fls. 64, 76 e 79).

Por primeiro, é importante ressaltar que a retificação da descrição de registros depende do atendimento dos requisitos previstos nos artigos 212 e 213, inciso II, da Lei n. 6.015/73.

Pela segurança que se espera do sistema, somente a retificação *intra muros*, aqui entendida como retificação interna, nas forças do próprio título de domínio, é legítima.

A escritura de doação lavrada perante o 19º Tabelião de Notas desta Comarca atesta que Albert Renaud e sua mulher, Ida Renaud, doaram parte específica do imóvel objeto da transcrição n. 37.300 a Alberto José Kalil Yazbek (fls. 42/43).

Confrontando-se a descrição do bem contida no instrumento de doação com a planta exibida à fl. 06, vê-se que a área remanescente trata-se da denominada Praça Particular, com a qual os cinco imóveis, titularizados pela parte requerente, fazem frente.

Nota-se, ainda, que a entrada aos imóveis se dá pela avenida Altino Arantes, n. 120 (fls. 06 e 42/43).

Tem-se, desta forma, que a área remanescente cuida, em verdade, de espaçamento utilizado como passagem ou rua, para acesso aos imóveis, o qual permanece sob a titularidade de Albert Renaud e sua mulher, Ida Renaud.

Os requerentes, portanto, não possuem legitimidade para solicitar a retificação da área que não é de sua propriedade.

Em verdade, o que pretendem com a retificação deduzida é a incorporação da área de espaçamento à área dos imóveis de sua propriedade efetiva, que passariam a ter frente à avenida mencionada (e não apenas acesso), com encerramento de área total de 753,92m² (fls. 07 e 53/54).

O pedido formulado extrapola, assim, os limites da propriedade de cada requerente, pelo que não pode ser admitido nesta via administrativa.

Para melhor compreensão acerca dos limites da retificação administrativa, convém destacar trecho do decidido pelo Corregedor Geral da Justiça à época, Des. Gilberto Passos de Freitas, ao aprovar o Parecer n. 232/2006-E da lavra do MM. Juiz Assessor da Corregedoria Vicente Abreu Amadei (destaque nosso):

"Em todas as hipóteses de retificação administrativa, inclusa a administrativo-judicial,

indispensável é seu caráter 'intra muros', *valendo, ainda, também para esse tipo de retificação, a doutrina e a jurisprudência consolidada antes da inovação legal (Lei nº 10.931/2004) para as retificação em sede não contenciosa:*

• **'Insiste-se em que o processo não contencioso de retificação de registro não é adequado como forma da aquisição de domínio, não é uma espécie de usucapião.** *Qualquer modificação da área do imóvel só pode ser objeto de averbação na forma do art. 213 da Lei nº 6.015/73 se resultar de medição intra muros, isto é, dentro das divisas descritas no título.* **Nenhuma área externa ao título pode ser acrescentada, porque o processo destina-se, exclusivamente, a adequar o registro à realidade.** *'Se a retificação é intra muros, isto é, estando a diferença dentro das divisas dos autores, outra não poderia ser a sentença recorrida' (de deferimento de retificação) (RT 540/69)' - (Narciso Orlandi Filho, in Retificação do Registro de Imóveis, Ed. Juarez de Oliveira, São Paulo, 2ª edição, 1999, p.122).*

• *'REGISTRO DE IMÓVEIS – Retificação de área –* **Diferença de área que refoge à alçada de simples retificação intra-muros** *– Impugnação fundamentada da Municipalidade, sustentando que a modificação pretendida importa em avanço em área pública municipal –* **Lide que não pode ser dirimida nos estreitos limites do procedimento de jurisdição voluntária** *– Artigo 213, § 4º, da Lei de Registros Públicos – Remessa de interessado para as vias ordinárias – Recurso provido para esse fim' (Apelação Cível n. 100.510-4 – São Paulo – 8ª Câmara de Direito Privado – Relator: César Lacerda – 05.05.99 – V.U.).*

• *'REGISTRO DE IMÓVEIS – Retificação de área –* **Remessa às vias ordinárias – Composição de área na forma pleiteada que exige indagações que fogem à alçada de simples retificação intra muros**, *extrapolando os limites do § 2º do artigo 213 da Lei Federal nº 6.015 de 1973 – Sentença confirmada' (JT 140/121).*

É certo que nos limites da retificação administrativa 'intra muros pode haver aumento de área; todavia, é preciso que seja realmente 'intra muros', ou seja, 'dentro das divisas descritas no título' (Narciso Orlando Neto, ob. Ci., p. 112)".

Sobre a possibilidade de o Oficial Registrador poder negar a pretensão quando não impugnada ao constatar que não se cuida de retificação *intra muros*, a resposta é afirmativa na forma do item 136.6 do Cap. XX das NSCGJ:

"A retificação será negada pelo Oficial de Registro de Imóveis sempre que não for possível verificar que o registro corresponde ao imóvel descrito na planta e no memorial descritivo, identificar todos os confinantes tabulares do registro a ser retificado, ou implicar transposição, para o registro, de imóvel ou parcela de imóvel de domínio público, ainda que não seja impugnada. A transposição de parcela de imóvel pertencente a confrontante somente será admitida na hipótese de transação, na forma do subitem 136.24, com prova do recolhimento do imposto que incidir".

Note-se que entendimento diverso autorizaria aquisição de propriedade de forma indevida ou a existência de dois ou mais registros para o mesmo bem (duplicidade antinômica ou duplicidade de registros), com o encravamento de parte dos imóveis ou até mesmo com a superposição de áreas.

A fiscalização do Registrador é imperiosa justamente para que tais problemas não ocorram, evitando-se, ainda, a medida cautelar de bloqueio.

Cumpre destacar também que, embora a parte requerente justifique sua pretensão em suposta falha na descrição da área quando do ingresso da escritura de doação, alcançando transcrições e matrículas, não se identifica qualquer equívoco dos atos realizados e das descrições feitas (fls. 10/21, 25/41 e 45/50).

Inversamente, como já esclarecido, o que se observa é que os proprietários pretendiam, como de fato o fizeram, doar somente parte do imóvel, reservando para si a área de espaçamento. E não há nada nos autos que permita conclusão diversa.

Também não se encontra qualquer elemento a atestar que os proprietários dos imóveis matriculados sob n. 132.077, 26.948, 26.949, 184.619 e 184.620 figuram como únicos herdeiros dos proprietários da área remanescente.

Diante do exposto, **JULGO IMPROCEDENTE** o pedido, mantendo o óbice. Providencie, a serventia judicial, a regularização do polo ativo, com inclusão de todos os requerentes.

Deste procedimento não decorrem custas, despesas processuais ou honorários advocatícios.

Oportunamente, remetam-se os autos ao arquivo.

P.R.I.C.

São Paulo, 16 de dezembro de 2021.

Luciana Carone Nucci Eugênio Mahuad

Juíza de Direito (DJe de 13.01.2022 – SP)

Ementa: Sentença – Pedido de Providências – Pedido de regularização do imóvel com abertura de matrícula e registro de formal de partilha – Negativa por necessidade da apresentação de Escritura Pública para confirmação do erro na transposição – Descabimento – Documento apresentado que é suficiente para indicar a existência de erro na transposição do título ao registro – Reconsideração da sentença anteriormente proferida – Improcedência

Processo 1109750-76.2021.8.26.0100

Pedido de Providências - Registro de Imóveis - Espólio de Antonio Migroni - Diante do exposto, reconsidero a sentença de fls. 63/67 e JULGO IMPROCEDENTE o pedido. Advirto o Oficial para que preste informações completas ao juízo, de modo que as decisões não incorram em erro material como na hipótese. Deste procedimento não decorrem custas, despesas processuais ou honorários advocatícios. Retifique-se o registro da sentença, publique-se, comunique-se e intime-se, com reabertura do prazo para recurso. Oportunamente, ao arquivo. P.R.I.C. - ADV: MARCO ANTONIO NEGRAO DE ABREU (OAB 117517/SP)

Íntegra da decisão:

SENTENÇA

Processo Digital nº: **1109750-76.2021.8.26.0100**

Classe - Assunto **Pedido de Providências - Registro de Imóveis**

Requerente: **Espólio de Antonio Migroni**

Requerido: **14º Oficial de Registro de Imóveis da Capital**

Prioridade Idoso

Juiz(a) de Direito: Dr(a). **Luciana Carone Nucci Eugênio Mahuad**

Vistos.

Nos moldes da decisão de fls. 92/93, por estarmos na via administrativa e por haver alegação de que a retificação determinada atingirá direito de terceiros que não participaram deste feito, passo a reanalisar a matéria.

A parte pretende a regularização do imóvel objeto da transcrição n. 16.680 do 14º CRI, com abertura de matrícula e registro de formal de partilha (fls. 01/07).

A sentença de fls. 63/67, reconhecendo a existência de erro na transposição de título, acolheu o pedido para determinar a retificação da transcrição em questão e dos registros subsequentes.

O Oficial, posteriormente, informou sobre a cadeia de registros, defendendo como necessária a exibição da escritura pública para confirmação do erro na transposição. A pretensão, ademais, estaria prescrita, uma vez que o registro que se pretende retificar data de 11/02/1949 (fls. 70/83 e 102/103). Documentos vieram às fls. 72/83 e 104/225.

A parte interessada se manifestou à fl. 232, alegando como desnecessária a vinda da escritura, uma vez que já exibida certidão pelo Tabelião competente. Incabível seria, ainda, discussão sobre prescrição nesta oportunidade.

O Ministério Público reiterou seu posicionamento (fls. 60/62 e 233/234).

É o relatório.

DECIDO.

Considerando os novos documentos produzidos, entendo prudente rever o posicionamento adotado.

De fato, a informação complementar apresentada pelo delegatário e seus documentos, fls. 70/83 e 102/225, evidenciam que, quando do registro da alienação do imóvel descrito na escritura de venda e compra lavrada pelo 11º Tabelião de Notas da Comarca de São Paulo, houve abertura da transcrição n. 22.120, com destaque de 96,00m² da transcrição n. 16.680, ambas do 14º RI.

Da transcrição n. 22.120, originou-se a transcrição n. 94.778, da qual seguiu a abertura da matrícula n. 171.842 (fls. 104/107).

Posteriormente, em razão da unificação do conteúdo desta com as metragens descritas nas matrículas n. 171.750 e 171.974, criou-se a matrícula n. 174.390, com área total de 926,70m² (fl. 75).

Em 29 de julho de 2005, foi registrada, na referida matrícula, incorporação de condomínio após emissão, pela Prefeitura Municipal de São Paulo, do alvará de aprovação e execução de edificação n. 2005/03370-00 (fls. 72/83).

Nota-se, outrossim, que a matrícula n. 174.390 foi encerrada com a instituição do condomínio, o que originou as matrículas n. 193.446 a 193.475 (R.5/174.390, fls. 79 e 109/211).

Como a retificação da área do imóvel objeto da transcrição n. 16.680 importa alteração da descrição do imóvel inicialmente transcrito sob n. 22.120, bem como dos registros que sucederam, o decidido não pode subsistir porque implicaria efeitos para terceiros que não participaram do feito.

Tais efeitos, em verdade, alcançariam um número indeterminado de pessoas relacionadas ao procedimento de constituição do condomínio (modificação da metragem de área comum ou das unidades autônomas).

Neste contexto fático, a retificação da metragem superficial da área descrita na transcrição n. 16.680 do 14º RI deverá se dar na forma do artigo 213, inciso II, da Lei de Registros Públicos, ou pela via judicial, com respeito aos princípios da ampla defesa e do contraditório.

Vale observar que a certidão de fls. 51/52 é documento suficiente para indicar a existência de erro na transposição do título ao registro, na medida em que reflete o conteúdo dos livros do Tabelião, gozando de fé pública (artigo 19 da Lei de Registros Públicos).

Não há que se falar, ainda, em prescrição, já que a retificação, na forma da lei, é sempre possível em caso de erro ou descompasso com a realidade, justamente para que se garanta a segurança jurídica dos registros públicos:

"REGISTRO DE IMÓVEIS – Retificação unilateral – Erro na transposição de elementos do título (Lei *n*° 6.015/73, art. 213, inciso I. alínea "a") – Discrepância evidente entre o teor da instituição, especificação e convenção de condomínio e o registro da unidade autônoma – Imprescritibilidade da retificação – Procedimento regular, pois conferida oportunidade para manifestação das interessadas sobre o problema registrário, suscitado pelo oficial – Antecessor que participou da instituição, especificação e convenção de condomínio – Declaração de vontade que obriga as sucessoras – Recurso não provido" (CGJ, Processo n. 32488/2011, Relator Desembargador Maurício da Costa Carvalho Vidigal, j. 15 de agosto de 2011).

Diante do exposto, reconsidero a sentença de fls. 63/67 e **JULGO IMPROCEDENTE** o pedido. **Advirto o Oficial para que preste informações completas ao juízo, de modo que as decisões não incorram em erro material como na hipótese.**

Deste procedimento não decorrem custas, despesas processuais ou honorários advocatícios.

Retifique-se o registro da sentença, publique-se, comunique-se e intime-se, **com reabertura do prazo para recurso**.

Oportunamente, ao arquivo.

P.R.I.C.

São Paulo, 11 de fevereiro de 2022.

Luciana Carone Nucci Eugênio Mahuad

Juíza de Direito (DJe de 15.02.2022 – SP)

TESTAMENTO

Ementa: Sentença – Pedido de Providências – Pedido de Reconhecimento de Caducidade de Testamento e Expedição de Alvará – Impossibilidade – Incompetência do juízo administrativo – Matéria reservada à esfera jurisdicional – Inexistência de alegação de qualquer irregularidade cometida pelas Serventias Extrajudiciais – Indeferimento do pedido – Arquivamento do feito – Improcedência

Processo 1015266-35.2022.8.26.0100

Pedido de Providências - Registro Civil das Pessoas Naturais - M.F.R.C.G. - Juiz(a) de Direito: Dr(a). Marcelo Benacchio VISTOS, Trata-se-se de procedimento de jurisdição voluntária ajuizado por M.F.R.C.G., devidamente qualificada na inicial, objetivando o Reconhecimento de Caducidade de Testamento e Expedição de Alvará. Vieram aos autos os documentos de fls. 05/18. É o relatório. Decido. A apreciação da presente ação, de natureza jurisdicional, refoge do âmbito de atribuições do exercício da Corregedoria Permanente dos Registros Civis e Tabelionatos de Notas da Capital, que se desenvolve na esfera administrativa nesta 2ª Vara de Registros Públicos. Frise-se que a 2ª Vara de Registros Públicos, além de processar ações de usucapião e retificações de assentos de nascimento, casamento e óbito, detém a Corregedoria Permanente dos Tabelionatos de Notas e Registros Civis das Pessoas Naturais da Capital, orientando, fiscalizando e, conforme o caso, aplicando sanções administrativas às serventias, observadas as formalidades legais e normativas. Logo, a medida pleiteada, não poderá ser proclamada nesta Vara. A questão posta em controvérsia envolve processo de natureza jurisdicional, portanto, fora das atribuições desta Corregedoria Permanente. Impende destacar que inexiste alegação de qualquer irregularidade cometida pelas Serventias Extrajudiciais correcionadas por este Juízo Corregedor Permanente. Por conseguinte, em razão da natureza, indefiro o pedido, visto que esta via administrativa não é a correta para análise em tela, devendo a interessada buscar a pretensão pela via jurisdicional própria, competente que é para conhecimento de questões de tal ordem. Destarte, à míngua de outra providência administrativa a ser adotada, determino o arquivamento dos autos. Ciência à interessada. P.I.C. - ADV: BRENNO MUSSOLIN NOGUEIRA (OAB 433637/SP) (DJe de 02.03.2022 – SP)

Ementa: Sentença – Pedido de Providências – Alegação de fraude na lavratura de Testamento – Informação pelo Representante de que a testadora supostamente estaria muito debilitada em razão da idade e de doenças – Esclarecimento pelo Tabelião de que comprovou a capacidade da parte para testar – Falecimento da testadora somente cinco anos após o ato – Lavratura do testamento pelo próprio Tabelião – Testadora que não tinha herdeiros necessários – Ato regular e formalmente correto – Inexistência de indícios de ilícito funcional – Arquivamento do feito – Improcedência

Processo 0005709-75.2021.8.26.0100

Pedido de Providências - REGISTROS PÚBLICOS - J.D.V.R.P. - M.J.R.M. – C.A.B. e outros - Juiz(a) de Direito: Dr(a). Marcelo Benacchio VISTOS, Tratou-se de pedido de providências instaurado a partir de comunicação encaminhada pelo MM. Juízo da 1ª Vara de Registros Públicos, contendo representação formulada pelo Senhor C. A. B. em face do Senhor 26º Tabelião de Notas da Capital. Em breve síntese, narrou o Senhor Representante que foi lavrado o Testamento da Senhora A. M. J. perante a serventia do Senhor 26º Tabelião e que houve fraude por parte da herdeira testamentária, uma vez que a testadora supostamente estaria muito debilitada em razão da idade e de doenças, incluída senilidade e perda de visão e audição, de modo que o Notário não poderia ter realizado o ato sem que fossem apresentados laudos médicos comprovando a capacidade da parte. O Senhor Tabelião prestou detalhados esclarecimentos (fls. 268/271), deduzindo que ele próprio lavrou o testamento e pessoalmente comprovou a capacidade da parte para testar. Referiu que não havia deficiência visual ou auditiva e destacou, ainda, que o falecimento da Senhora A. ocorreu somente cinco anos após o ato. Por fim, ressaltou que frequentemente testamentos são realizados por pessoas de idade avançada, de modo que este fato não é impeditivo ao ato. O Senhor Representante, instado a se manifestar, quedou-se inerte (fls. 274). Foi prolatada a r. Sentença, na conclusão de que não havia indícios de ilícito funcional pelo Senhor Titular a ensejar a instauração de procedimento administrativo, no âmbito disciplinar, em especial na consideração de que o ato encontra-se regular e formalmente correto. Sobrevieram novos documentos encaminhados pelo Senhor Representante, reiterando os termos de sua insurgência inicial (fls. 297/378). O Senhor Tabelião manifestou-se, afirmando novamente a higidez do ato lavrado, inclusive em conformidade à r. Sentença já prolatada (fls. 382). A terceira interessada, M. J. R. M., habilitou-se nos autos e manifestou-se às fls. 406/408, deduzindo que a matéria já foi posta sob análise e decidida nesse âmbito correicional. O Ministério Público ofertou novo parecer às fls. 412, mantendo sua opinião pelo arquivamento dos autos, ante a inexistência de indícios de incúria funcional pelo Senhor 26º Tabelião de Notas. Pois bem. A matéria posto em controvérsia já foi devidamente analisada nesse âmbito correicional. Conforme já indicado ao Senhor Representante, a matéria discutida foi analisada no limitado campo de atuação desta Corregedoria Permanente, que desempenha suas atividades no âmbito administrativo, na verificação do cumprimento dos deveres e obrigações funcionais dos Titulares de delegações afetas a esta 2ª Vara de Registros Públicos. Eventual alegação de nulidade do testamento deve ser dirimida nas vias adequadas. Com efeito, da análise dos autos, nesse âmbito administrativo, o Senhor Tabelião logrou êxito em comprovar que todo o procedimento formal foi observado quando da lavratura do ato. Inclusive o próprio Notário, profissional dotado de fé-pública, lavrou o testamento e confirmou a capacidade da testadora, a qual se encontrava, em seu entender e no entendimento das testemunhas, com plena capacidade de discernimento. De fato, a solicitação de laudo médico à testadora poderia configurar ato de discriminação contra pessoa idosa, uma vez que não havia dúvida, ao Titular e às testemunhas, quanto sua capacidade. Ademais, a testadora não tinha herdeiros necessários, de modo que poderia dispor como desejasse de seu patrimônio. A nova insurgência pelo Senhor Representante, que quedou-se inerte durante o trâmite do procedimento e mesmo após nova manifestação pelo Tabelião e pela terceira interessada, mesmo regularmente intimado por meio de seus patronos, não tem o condão de modificar a decisão anteriormente exarada, uma vez que não traz fatos ou direitos novos à baila. Bem assim, ausentes fatos novos e inexistentes os indícios de ilícito funcional pelo Senhor Tabelião, em especial na consideração de o ato encontra-se regular e formalmente correto, determino o arquivamento dos autos. Encaminhe-se cópia desta decisão, bem como de fls. 406/408, à E. Corregedoria Geral da Justiça, por e-mail, servindo a presente como ofício. Ciência ao Senhor Delegatário e ao Ministério Público. Intime-se. - ADV: VALTER TOLENTINO DA SILVA JUNIOR (OAB 374261/ SP), ANGÉLICA DOS SANTOS VIEIRA (OAB 443857/SP), CLAYTON AGENOR DOS SANTOS (OAB 446987/SP), DAMARIS DA SILVA DE SOUSA (OAB 420884/SP) (DJe de 14.02.2022 – SP)

USUCAPIÃO

Ementa: Sentença – Pedido de Providências – Pedido de nulidade de Usucapião Extrajudicial – Impossibilidade – Ausência de apontamento de qualquer invalidade ou irregularidade no procedimento extrajudicial – Documentos formalmente íntegros – Inexistência de invalidade de registro – Questionamento sobre a invalidade dos negócios jurídicos levados a registro ou da Ata lavrada deve se dar na vida adequada – Indeferimento – Extinção do feito

Processo 1005944-88.2022.8.26.0100

Pedido de Providências - Liminar - Antônio Cesar de Souza - Diante do exposto, indefiro a inicial e JULGO EXTINTO o feito. Sem custas, despesas ou honorários advocatícios. Oportunamente, ao arquivo. P.R.I.C. - ADV: MARIA LIMA MACIEL (OAB

71441/SP), MARIA CECILIA DE ARAUJO ASPERTI (OAB 288018/SP)

Íntegra da decisão:

SENTENÇA

Processo Digital nº: **1005944-88.2022.8.26.0100**

Classe - Assunto **Pedido de Providências - Liminar**

Requerente: **Antônio Cesar de Souza**

Requerido: **5º Oficial de Registro de Imóveis da Capital**

Juiz(a) de Direito: Dr(a). **Luciana Carone Nucci Eugênio Mahuad**

Vistos.

1) Não comprovando a parte autora o requisito etário, indefiro a prioridade de tramitação.

2) Defiro a contagem dos prazos processuais em dobro, haja vista que os advogados constituídos integram o Departamento Jurídico XI de Agosto – Faculdade de Direito da USP (fl. 19 – artigo 186, § 3º, CPC). **Observe-se.**

3) Fls. 41/50: A parte requerente, em emenda à inicial, pretende que seja declarada a nulidade de usucapião extrajudicial, com inclusão do Oficial do 18º Registro de Imóveis da Capital no polo passivo, formulando requerimento de tutela provisória antecedente para paralisação das obras no terreno e proibição de alienação em face do proprietário atual, Italo da Silva Bartholomeu (artigos 299 e seguintes do CPC).

Como causa de pedir, foram repetidos os mesmos fatos anteriormente apresentados: a invalidade decorreria de contrato particular fraudado, o qual teve ingresso no fólio e já está sendo questionado judicialmente, além de ata notarial inidônea, a qual foi apresentada como prova da posse (fls. 41, parte final, 44 e 47).

No prazo para aditamento da inicial (artigo 303, § 1º, inciso I, do CPC), novos fundamentos para anulação da usucapião serão apresentados, segundo a parte requerente (fl. 42).

É o relatório.

Fundamento e DECIDO.

Como já consignado, nos termos do artigo 38 do Código Judiciário do Estado de São Paulo (Decreto-Lei Complementar n. 3, de 27 de agosto de 1969), a competência das Varas dos Registros Públicos se restringe aos feitos contenciosos ou administrativos relativos aos registros públicos, sendo que, na forma do artigo 214 da Lei de Registros Públicos, a nulidade que pode ser reconhecida neste âmbito é a do registro e não do título:

"NULIDADE DO REGISTRO. Artigo 214 da Lei de Registros Públicos. Nulidade do Registro (modo) e não do título. Somente é cabível na via administrativa o conhecimento de vício atinente à nulidade direta do registro e não do título (vício intrínseco). Nulidade do título somente é passível de conhecimento na via jurisdicional - Recurso não provido" (CGJ, proc. n. 1050759-49.2017.8.26.0100, DJ 13.03.2018).

"REGISTRO DE IMÓVEIS - Registro de alienação fiduciária - Eventuais vícios do título que só podem prejudicar o registro, por via oblíqua, mediante atuação da jurisdição - Via administrativa inapropriada - Art. 214, da Lei nº 6.015/73, inaplicável - Recurso desprovido" (CGJ, proc. n. 0006400-50.2013.8.26.0236, DJ 11/10/16).

"REGISTRO DE IMÓVEIS. Pedido de Providências que visa cancelar ou retificar o registro Inexistência de nulidade formal e extrínseca, relacionada exclusivamente ao registro - Inaplicabilidade do artigo 214 da Lei de Registros Públicos - Vício exclusivo do título, de natureza intrínseca. Hipótese que se enquadra no artigo 216 da Lei de Registros Públicos Recurso não provido" (CGJ, parecer n. 2015/76433, DJ 07/07/15).

O conteúdo da inicial, entretanto, evidencia que a suposta invalidade está em negócio jurídico realizado em 16 de junho de 1987 que já ingressou no fólio real (R.01, Matrícula n. 247.684 – fls. 12/13 dos autos n. 0043059-97.2021.8.26.0100), o qual, embora questionado judicialmente (fl. 02), conta com firma reconhecida pelo 16º Tabelião de Notas e serviu como prova no procedimento extrajudicial de usucapião (fls. 48/49 do processo de autos n. 0043059- 97.2021.8.26.01000), ao lado de ata notarial regularmente lavrada em 19 de janeiro de 2021 pelo Oficial de Registro Civil das Pessoas Naturais e Tabelião de Notas do Distrito de Jaraguá desta Capital (livro 222, página 040, fls. 21/23).

Na ata em questão, além de documentos apresentados pela parte interessada, Italo da Silva Bartholomeu, como a matrícula do imóvel com o registro da alienação pelo proprietário tabular por contrato particular a Antonio Barbosa da Silva em 1987 (R-1), ao lado do registro da cessão de direitos de Antonio a Ítalo em 2018 (R-4), cópia do compromisso particular de venda e compra celebrado entre João e Antonio e cópia do instrumento particular quitado havido entre Antonio e Ítalo, anuência de vizinhos, declaração de prestador de serviços de carpinagem e de muros no imóvel (Jaidir Fernandes Brito), e documentos fiscais, certificou-se diligência realizada pelo Tabelião, a qual constatou posse há pelo menos cinco anos (testemunha Nilton de Oliveira Carmo – fl. 22).

Nota-se, ainda, que o genitor da parte autora, João da Silva Rocha, declarou, ao alienar o imóvel, estar domiciliado na avenida Guarapiara, 2674, Jaçanã,

São Paulo (negócio realizado em junho de 1987 – R-1), sendo este o mesmo domicílio declarado por ocasião de seu óbito, ocorrido em 30/10/2017 (fls. 19 e 48 dos autos referidos).

Este juízo, por sinal, em pedido de providências interposto pela parte autora em face do Oficial do 18º Registro de Imóveis, processo de autos n. 0043059-97.2021.8.26.0100, já havia constatado como inexistente qualquer falha no procedimento extrajudicial da usucapião ou infração disciplinar a apurar.

No processo em questão, o Oficial foi ouvido e indicou todos os passos do procedimento extrajudicial, informando sobre os documentos produzidos: ata notarial, certidões negativas, cópia dos contratos particulares que ingressaram na matrícula; declarações de testemunhas; declaração de IR e certidões de valores venais do imóvel (fls. 89/92 daqueles autos).

O que se vê, portanto, é que o contexto probatório, além de formalmente hígido, era suficiente para o reconhecimento da usucapião pelo Oficial.

Esta conclusão se confirma pela ausência de apontamento, na inicial, de qualquer invalidade ou irregularidade no procedimento extrajudicial.

Em suma, o que se vê, nestes autos, é que a parte reitera fundamentos já apresentados para questionar procedimento administrativo corretamente desenvolvido, **apoiando-se em suposta invalidade de negócio jurídico já registrado, com acréscimo apenas da alegação de suposta inidoneidade de ata notarial apresentada como prova de posse.**

Documentos estes que, **formalmente**, subsistem íntegros (contrato particular com firma reconhecida e ata notarial lavrada por Tabelião dotado de fé pública).

Em outros termos, não há invalidade de registro a ser reconhecida, o que retira da parte interesse de agir nesta via administrativa.

Questionamento sobre a invalidade dos negócios jurídicos levados a registro ou da ata lavrada pelo Tabelião de Jaraguá deve se dar na via adequada, que não esta.

Em caso análogo, assim se decidiu:

> *"CONFLITO NEGATIVO DE COMPETÊNCIA. Ação declaratória de nulidade de averbação realizada em escritura pública de imóvel. Remessa para a Vara de Registros Públicos. Medida equivocada. Questão de cunho patrimonial. Não há questionamento acerca da regularidade administrativa do registro público que justifique o trâmite no juízo especializado. Competência do Juiz suscitado da 7ª Vara Cível Central".*

Por fim, cabe ressaltar que esta via também não é adequada para obtenção de tutela provisória visando impedimento das obras que estão sendo realizadas no imóvel.

De fato, nos moldes do artigo 214, § 3º, da Lei de Registros Públicos, uma vez provada nulidade de pleno direito do registro, o juízo poderá bloquear a matrícula do imóvel visando evitar prejuízo de difícil reparação.

Na hipótese, entretanto, como já fundamentado por mais de uma vez, não há qualquer invalidade de registro a ser reconhecida nem evidência de efetiva fraude ou invalidade negocial que tornem necessário bloqueio da matrícula.

Diante do exposto, **indefiro** a inicial e **JULGO EXTINTO** o feito.

Sem custas, despesas ou honorários advocatícios.

Oportunamente, ao arquivo.

P.R.I.C.

São Paulo, 22 de fevereiro de 2022.

Luciana Carone Nucci Eugênio Mahuad

Ementa: Sentença – Dúvida – Pedido de reconhecimento extrajudicial de usucapião do imóvel – Impugnação pela proprietária tabular – Alegação de existência de ação judicial promovida pela Interessada, bem como de ausência de comprovação de posse – Desistência da ação judicial em questão – Comprovação pela Interessada do preenchimento dos requisitos legais – Impugnante que não mais se opôs ao prosseguimento do procedimento extrajudicial – Possibilidade de seguimento pela via extrajudicial – Rejeição da impugnação – Improcedência

Processo 1091610-91.2021.8.26.0100

Dúvida - Registro de Imóveis - Denis Mucci Figueira e outro - Massa Falida de Schain Empreedimentos Imobiliários - Diante do exposto, JULGO IMPROCEDENTE a dúvida, com rejeição da impugnação e autorização para prosseguimento do procedimento extrajudicial de usucapião requerido por DENIS MUCCI FIGUEIRA. Deste procedimento, não decorrem custas, despesas processuais ou honorários advocatícios. Oportunamente, remetam-se os autos ao arquivo. P.R.I.C. - ADV: RENAN ALMEIDA LESSA (OAB 341089/SP), JOICE RUIZ BERNIER (OAB 126769/SP), LUIS EDUARDO MARCHETTE RUIZ (OAB 317547/SP), JÉSSICA BRAGA VAL (OAB 400136/SP), DENIS MUCCI FIGUEIRA (OAB 391434/SP)

Íntegra da decisão:

SENTENÇA

Processo Digital nº: **1091610-91.2021.8.26.0100**

Classe - Assunto **Dúvida - Registro de Imóveis**

Suscitante: **8º Oficial de Registro de Imoveis da Capital**

Suscitado: **Denis Mucci Figueira e outro**

Juiz(a) de Direito: Dr(a). **Luciana Carone Nucci Eugênio Mahuad**

Vistos.

Trata-se de dúvida formulada pelo **Oficial do 8º Registro de Imóveis da Capital** em decorrência de impugnação de massa falida de Schahin Empreendimentos Imobiliários Ltda contra requerimento de **Denis Mucci Figueira** pelo reconhecimento extrajudicial de usucapião do imóvel constituído pelo apartamento n. 104, localizado no 10º pavimento do bloco 3 do Edifício Danúbio, integrante do Conjunto Residencial Riverside Park, situado na rua José de Figueiredo Seixas, 67, no bairro Imirim, 23º Subdistrito Casa Verde (matrícula n. 140.603 daquela serventia).

Documentos vieram às fls. 05/575.

A impugnante, proprietária tabular, noticiou que teve sua falência decretada em 01/03/2018 no processo de autos n. 1037133-31.2015.8.26.0100, em trâmite perante a 2ª Vara de Falências e Recuperações Judiciais do Foro Central de São Paulo, no qual se determinou, ainda, a indisponibilidade do imóvel usucapiendo; que a parte interessada interpôs embargos de terceiro por dependência à ação falimentar (autos n. 1003565-14.2021.8.26.0100), pretendendo o levantamento da restrição. Sustenta que a existência da ação judicial impede o trâmite do pedido extrajudicial da usucapião, notadamente porque a parte requerente não comprovou a cadeia sucessória nem tampouco quitação do preço pactuado (fls. 474/543 e 584/590). Documentos vieram às fls. 591/604.

A parte requerente, por sua vez, informou ter desistido dos embargos de terceiro, pelo que entende possível o prosseguimento do procedimento extrajudicial de usucapião, em que já houve comprovação de todos os requisitos legais. Junta documentos às fls. 608 e 610.

O Oficial, às fls. 619/620, atendendo ao solicitado pelo Ministério Público, esclareceu que, em havendo homologação ao requerimento de desistência dos embargos interpostos pela parte interessada, não vislumbra empecilho ao reconhecimento do pedido de usucapião, uma vez que comprovada a posse.

A parte interessada produziu cópia da sentença que homologou a desistência da ação judicial em questão (fls. 638 e 641/642).

A parte impugnante manifestou concordância com o prosseguimento do pedido extrajudicial de usucapião à vista da extinção dos embargos e pelo fato de não mais possuir o bem (fls. 651/652).

O Ministério Público opinou pela extinção do feito (fls. 657/658).

É o relatório.

Fundamento e Decido.

Considerando a matéria em debate e os documentos produzidos nos autos, passo ao julgamento.

Como se sabe, a propriedade somente pode ser pretendida pela via extrajudicial caso inexista litígio. Em outros termos, o procedimento pela via extrajudicial apenas deve prosseguir na hipótese de inexistirem ações judiciais em andamento ou impugnação fundada (artigo 216-A, § 10, da Lei n. 6.015/73, artigo 2º, § 2º, do Provimento n. 65/2017 do Conselho Nacional de Justiça, e item 420 do Capítulo XX das NSCGJ).

Havia, portanto, empecilho ao prosseguimento do procedimento extrajudicial no caso concreto, como bem verificou o Oficial após impugnação pela proprietária registrária, massa falida, sob os fundamentos de existência de ação judicial promovida pela própria parte interessada na usucapião e de falta de comprovação de posse.

Por esse motivo, houve instauração do presente expediente de dúvida.

Verifica-se, porém, que a parte interessada desistiu da ação judicial em questão, a qual fora promovida com a intenção de liberação do imóvel da ordem de indisponibilidade (embargos de terceiro), o que foi devidamente homologado por sentença (fl. 642).

A parte impugnante, ademais, declarou expressamente não ser mais a possuidora do imóvel em questão, pelo que não se opôs ao prosseguimento do procedimento extrajudicial (fls. 651/653).

Há informação, ainda, de que a parte interessada comprovou o preenchimento dos demais requisitos legais, notadamente a posse (fls. 619/620).

Neste contexto, viável a continuidade do procedimento extrajudicial.

Diante do exposto, **JULGO IMPROCEDENTE** a dúvida, com rejeição da impugnação e autorização para prosseguimento do procedimento extrajudicial de usucapião requerido por **DENIS MUCCI FIGUEIRA**.

Deste procedimento, não decorrem custas, despesas processuais ou honorários advocatícios.

Oportunamente, remetam-se os autos ao arquivo.

P.R.I.C.

São Paulo, 17 de fevereiro de 2022.

Luciana Carone Nucci Eugênio Mahuad

Juíza de Direito (DJe de 21.02.2022 – SP)

Ementa: Sentença – Procedimento Comum Cível – Pedido de nulidade da sentença que reconheceu a Usucapião – Impossibilidade – Alegação pela Requerente de que o imóvel se trata de bem público – Ausência das hipóteses permissivas – Inadequação da via eleita – Extinção do feito

Processo 1098677-44.2020.8.26.0100

Procedimento Comum Cível - Registro de Imóveis - CBPM - CAIXA BENEFICENTE DA POLÍCIA MILITAR - Sebastião de Almeida e outros - Ante o exposto, JULGO EXTINTO o processo, sem resolução do mérito, nos termos do artigo 485, VI do Código de Processo Civil. A parte autora arcará com os honorários advocatícios sucumbenciais, estes arbitrados em 10% sobre o valor da causa. P.I.C. - ADV: DANIEL DE MORAES SAUDO (OAB 237059/SP), LEONARDO EMI (OAB 184134/SP), PAULO HENRIQUE MARQUES DE OLIVEIRA (OAB 141540/SP), MARTINA LUISA KOLLENDER (OAB 107329/SP)

Íntegra da decisão:

SENTENÇA

Processo Digital nº: **1098677-44.2020.8.26.0100**

Classe - Assunto **Procedimento Comum Cível - Registro de Imóveis**

Requerente: **CBPM - CAIXA BENEFICENTE DA POLÍCIA MILITAR**

Requerido: **Sebastião de Almeida e outros**

Justiça Gratuita

Juiz(a) de Direito: Dr(a). **Juliana Forster Fulfaro**

Vistos.

Trata-se de ação declaratória de nulidade *"querela nullitatis insabilis"* promovida por CBPM- CAIXA BENFICENTE DA POLÍCIA MILITAR DO ESTADO DE SÃO PAULO, em face de SEBASTIÃO DE ALMEIDA, IRENE ANDRADE DE ALMEIDA, RUBENS JOSÉ DO NASCIMENTO e TÂNIA CORREA DA SILVA NASCIMENTO. Busca a autora a nulidade da sentença proferida nos autos do processo n. 97/91, que reconheceu em favor dos réus o domínio do imóvel matriculado sob o nº 75.397 do 3º Registro de Imóveis de São Paulo. Isso porque alega tratar-se de bem público, insuscetível de aquisição por usucapião.

Sustenta a nulidade absoluta da sentença, pretendendo sua nulidade (fls. 01/08). Juntou documentos (fls. 09/40).

Citados, os réus contestaram (fls. 54/89). Preliminarmente, requereram a justiça gratuita e impugnaram o valor dado à causa. Ainda, alegaram inadequação da via eleita. No mérito, requereram a improcedência da demanda. Juntaram documentos (fls. 90/96).

A autora se manifestou em réplica (fls. 109/111).

Vieram os autos conclusos.

É o relatório.

Fundamento e decido.

Defiro a justiça gratuita aos requeridos. Anote-se.

Em relação ao valor da causa, com razão os requeridos. O valor da causa deve corresponder ao valor patrimonial pretendido. Na hipótese, portanto, deve corresponder ao valor do imóvel cujo domínio foi declarado na ação de usucapião. Na ausência de impugnação pala parte autora em réplica, acolho os valores apresentados pelos requeridos às fls. 57.

O feito comporta julgamento no estado em que se encontra, sendo desnecessária a produção de outras provas, além daquelas que já constam dos autos.

A via eleita consiste em *querela nullitatis insanabilis*, a qual, embora sem previsão legal, é admitida excepcionalmente pela doutrina e pela jurisprudência pátria. Tem caráter subsidiário e só é reconhecida quando tiver por objeto defeito ou nulidade insanável de procedimento na ação questionada, consistente em pressupostos de existência da relação processual ou de pressuposto de constituição e de desenvolvimento válido e regular do processo.

Admite-se a ação anulatória apenas nos casos em que o vício implica em inexistência do comando judicial. Ou seja, nas hipóteses em que o vício acarreta a inexistência da própria relação processual, como nos casos de ausência de citação.

Nesse passo, não estão abarcadas as hipóteses em que a nulidade arguida relacionam-se ao mérito de sentença transitada em julgado.

Imperioso, portanto, o reconhecimento da falta de interesse de agir por inadequação da via eleita.

Ante o exposto, JULGO EXTINTO o processo, sem resolução do mérito, nos termos do artigo 485, VI do Código de Processo Civil.

A parte autora arcará com os honorários advocatícios sucumbenciais, estes arbitrados em 10% sobre o valor da causa.

P.I.C.

São Paulo, 08 de fevereiro de 2022. (DJe de 10.02.2022 – SP)

Ementa: Sentença – Dúvida – Requerimento de reconhecimento extrajudicial de Usucapião de parte do imóvel – Impossibilidade – Existência de conflito de interesses – Questões que envolvem direitos de terceiros – Proprietária que é falecida – Inexistência da anuência do herdeiro – Imóvel que não consta do inventário dos bens deixados pela titular dominial – Possibilidade da usucapião somente com o decurso de tempo hábil após a partilha do bem – Imprescindibilidade do uso da via contenciosa – Manutenção do indeferimento do pedido – Determinação do cancelamento da prenotação – Item 420.5, do Capítulo XX, das NS-CGJSP – Procedência

Processo 1137966-47.2021.8.26.0100

Dúvida - Registro de Imóveis - Eduardo Augusto Pires – Mirian Leones de Almeida Pires - Diante do exposto, JULGO PROCEDENTE a dúvida suscitada e, em consequência, mantenho o indeferimento do pedido extrajudicial de usucapião (fls. 201/202), determinando o cancelamento da prenotação (item 420.5 do Capítulo XX das NSCGJSP). Não há custas, despesas processuais ou honorários advocatícios decorrentes deste procedimento. Oportunamente, arquivem-se os autos. P.R.I.C. - ADV: EDUARDO AUGUSTO PIRES (OAB 164326/SP)

Íntegra da decisão:

SENTENÇA

Processo nº: **1137966-47.2021.8.26.0100**

Classe - Assunto **Dúvida - Registro de Imóveis**

Suscitante: **3º Oficial de Registro de Imóveis da Capital**

Suscitado: **Eduardo Augusto Pires e outro**

Juiz(a) de Direito: Dr(a). **Luciana Carone Nucci Eugênio Mahuad**

Vistos.

Trata-se de dúvida formulada pelo **Oficial do 3º Registro de Imóveis da Capital** em decorrência de rejeição do requerimento de **Eduardo Augusto Pires** e de sua mulher, **Mirian Leones de Almeida Pires**, pelo reconhecimento extrajudicial de usucapião de parte do imóvel descrito na matrícula n. 5.653 daquela serventia, situado na rua Copacabana, n. 84, de titularidade dos pais do requerente, Valdir Augusto Pires e Zilda da Silva Pires.

Esclarece que a proprietária Zilda, falecida em 03/01/2005, deixou o viúvo Valdir e os filhos Eduardo (casado, ora requerente), Renato Augusto Pires (convivente em união estável), e Karina Marcia Pires Pecora (casada); que o imóvel não consta do inventário dos bens deixados por Zilda; que, diante da possibilidade da partilha do imóvel, com o respectivo pagamento dos tributos e posterior registro, emitiu a nota devolutiva n. 472.366; que, após justificativa apresentada pela parte requerente, constatando que o imóvel também envolve direito de terceiros (ausência de anuência do herdeiro do genitor Valdir, bem como existência de credores), rejeitou o pedido (fls. 188 e 201/202).

Documentos vieram às fls. 03/206.

A parte suscitada alega que, após o falecimento da genitora, tomou conhecimento acerca do reconhecimento da paternidade de Lucas Augusto Pires pelo pai; que, buscando prevenir-se da reivindicação de direitos sucessórios, tomou posse de parte do imóvel, nela estabelecendo residência com ânimo definitivo e introduzindo acessões e benfeitorias; que Lucas é filho apenas de Valdir, pelo que não seria devida sua intervenção neste processo; que a partilha atribuiria apenas a cota parte e não a integralidade de parte do imóvel usucapiendo, sobre o qual exerce a posse desde o falecimento da genitora; que as penhoras que recaem sobre o imóvel não importam direito real; que a posse também é exercida por Mirian Leones de Almeida Pires, sendo que eventual partilha não a beneficiaria; que estão preenchidos os requisitos legais da usucapião (fls. 191/195, 209/220 e 232/234).

Documentos foram exibidos às fls. 221/225.

O Ministério Público opinou pela procedência (fls. 229/230).

É o relatório.

Fundamento e Decido.

No mérito, a dúvida procede. Vejamos os motivos.

Por primeiro, é importante consignar que a existência de outras vias de tutela não exclui a da usucapião administrativa.

Assim, como a parte interessada optou por esta última para alcançar a propriedade do imóvel, a análise deve ser feita dentro de seus requisitos normativos.

Neste sentido, decidiu o Conselho Superior da Magistratura na Apelação Cível nº 1004044-52.2020.8.26.0161, com relatoria do então Corregedor Geral da Justiça, Des. Ricardo Anafe (destaque nosso):

> *"Usucapião Extrajudicial – direito que deve ser declarado por ação judicial ou expediente administrativo nas hipóteses em que os pressupostos legais estejam rigorosamente cumpridos –* ***possibilidade de regularização do imóvel de maneira diversa à usucapião que não impede esta última, inclusive por procedimento administrativo recusa indevida quanto ao processamento do pedido dúvida improcedente*** *- Recurso provido com determinação para prosseguimento do procedimento de usucapião Extrajudicial".*

O procedimento extrajudicial de usucapião segue rito próprio, com regulação pelo art. 216-A da Lei n. 6.015/73, pelo Prov.65/17 do CNJ e pela Seção XII do Cap.XX das NSCGJSP.

A presente dúvida decorre de impugnação da própria parte requerente após rejeição do pedido de usucapião extrajudicial pelo Oficial sob o fundamento de que há questões que envolvem direitos de terceiros, seja em relação ao herdeiro que não apresentou anuência, seja em relação aos credores do titular de domínio, o que não foi reconsiderado, tudo nos termos do §5º, do art. 17, do Provimento 65/2017 do CNJ, e do item 421.4 do Capítulo XX das Normas de Serviço da Corregedoria do Tribunal de Justiça de São Paulo:

"Art. 17. Para a elucidação de quaisquer dúvidas, imprecisões ou incertezas, poderão ser solicitadas ou realizadas diligências pelo oficial de registro de imóveis ou por escrevente habilitado.

(...)

§ 5º A rejeição do requerimento poderá ser impugnada pelo requerente no prazo de quinze dias, perante o oficial de registro de imóveis, que poderá reanalisar o pedido e reconsiderar a nota de rejeição no mesmo prazo ou suscitará dúvida registral nos moldes dos art. 198 e seguintes da LRP".

"421.4. A rejeição do requerimento poderá ser impugnada pelo requerente no prazo de quinze dias, perante o oficial de registro de imóveis, que poderá reanalisar o pedido e reconsiderar a nota de rejeição no mesmo prazo ou suscitará dúvida registral nos moldes dos art. 198 e seguintes da LRP e item 39 deste capítulo".

Ainda que a parte requerente entenda que não é devida a intervenção do filho havido fora do casamento pelo genitor, coproprietário, bem como que as constrições lançadas na matrícula não impediriam o reconhecimento extrajudicial da usucapião, tais fatos, em verdade, confirmam a existência de conflito de interesses e demandam contraditório e dilação probatória para que se possa aferir com precisão sobre o preenchimento dos requisitos legais necessários à declaração da prescrição aquisitiva, notadamente o de *animus domini*.

Note-se que o imóvel é parte de herança decorrente do falecimento de Zilda da Silva Pires, genitora da parte requerente.

Há que se investigar, em consequência, a natureza da posse alegadamente exercida: com a morte da proprietária, o bem passou imediatamente ao espólio e ali permanece, haja vista que não partilhado (artigo 1784 do Código Civil).

Ainda que a parte interessada resida no imóvel, a princípio não estaria configurada posse mansa e pacífica, mas condomínio somente divisível após a partilha, nos termos do parágrafo único do artigo 1.791 do Código Civil:

"Até a partilha, o direito dos co-herdeiros, quanto à propriedade e posse da herança, será indivisível, e regular-se-á pelas normas relativas ao condomínio".

Seguindo este raciocínio, a usucapião somente seria possível com o decurso de tempo hábil após a partilha do imóvel.

A via contenciosa, portanto, confirma-se como imprescindível.

Vale ressaltar que não se está afastando o direito do cônjuge à usucapião, mas respeitando-se o sistema normativo que remete os conflitos de interesse para análise judicial, notadamente quando contraditório e prova se fazem necessários.

Neste sentido decidiu o Conselho Superior da Magistratura ao apreciar o recurso interposto nos autos mencionados pela parte suscitada (fls. 232/234 – destaque nosso):

"Apelação – Procedimento de dúvida – Impugnação a procedimento de usucapião extrajudicial – Possibilidade – Inteligência do art. 216-A, § 7º da Lei nº 6.015/1973. Usucapião extrajudicial - ***Impugnação por exequente que penhorou o imóvel em execução judicial - Arguição da penhora e da existência de possível fraude contra credores – Alegação de ocorrência de fraude à execução e inexistência de posse com animus domini - Sentença que acolhe parcialmente a impugnação e determina a requerente o uso da via judicial - Fraude à execução caracteriza matéria fática a ser apurada em processo judicial - Dúvidas sobre a natureza da posse exercida considerando a condição de parentes dos envolvidos*** *- Impugnação com fundamento relevante - Impossibilidade de prosseguimento - Remessa das partes às vias ordinárias – Inteligência do art. 216-A, § 10 da Lei nº 6.015/1973 e do item 420.5 do Cap. XX das NSCGJ - Encaminhamento da requerente da usucapião extrajudicial para a via judicial mantida - Recurso não provido" (Des. Ricardo Anafe – Apelação Cível n. 1118113-23.2019.8.26.0100 – j. 15.05.2020).*

Há que se ressaltar, ainda, que, embora se mostre possível a usucapião extrajudicial mesmo quando existam gravames registrados na matrícula, conforme preveem o artigo 14 do Provimento CNJ n. 65/2017 e o item 418.19 das NSCGJSP, o seu reconhecimento não extinguiria as constrições, na forma do artigo 21 do referido Provimento:

"O reconhecimento extrajudicial da usucapião de imóvel matriculado não extinguirá eventuais restrições administrativas nem gravames judiciais regularmente inscritos".

Assim, como a parte pretende alcançar a propriedade livre e desembaraçada, a via adequada é mesmo a judicial.

Por fim, vale observar que a confirmação da rejeição do pedido extrajudicial neste âmbito administrativo não impedirá o ajuizamento de ação de usucapião pela parte suscitada no foro jurisdicional competente, conforme previsto pelos artigos 216-A, § 9º, da Lei n. 6.015/73, e 17, §3º, do Prov.65/17 do CNJ, bem como pelo item 421.5 do Cap.XX das NSCGJSP.

Diante do exposto, **JULGO PROCEDENTE** a dúvida suscitada e, em consequência, mantenho o indeferimento do pedido extrajudicial de usucapião (fls. 201/202), determinando o cancelamento da prenotação (item 420.5 do Capítulo XX das NSCGJSP).

Não há custas, despesas processuais ou honorários advocatícios decorrentes deste procedimento.

Oportunamente, arquivem-se os autos.

P.R.I.C.

São Paulo, 28 de janeiro de 2022.

Luciana Carone Nucci Eugênio Mahuad

Juíza de Direito (DJe de 01.02.2022 – SP)

Ementa: Sentença – Dúvida – Pedido Extrajudicial de Usucapião do remanescente dos imóveis – Alegação pelo Oficial de que a via retificatória é a mais adequada ao presente caso – Imóveis descritos precariamente nas transcrições – Possibilidade da verificação dos imóveis que compõem o entorno em sede de procedimento retificatório – Admissibilidade da usucapião de imóvel precariamente descrito – Imprescindibilidade de que o Oficial realize as diligências necessárias antes de rejeitar o pedido – Viabilidade do prosseguimento do pedido extrajudicial de usucapião – Improcedência

Processo 1124432-36.2021.8.26.0100

Dúvida - Registro de Imóveis - Velloso Filhos e Cia Ltda - Do exposto, JULGO IMPROCEDENTE a dúvida suscitada pelo Oficial do 17º Registro de Imóveis da Capital, de modo que o pedido extrajudicial de usucapião tenha prosseguimento na forma da legislação em vigor. Regularize, a serventia judicial, o cadastro da parte suscitada no SAJ. Deste procedimento não decorrem custas, despesas processuais ou honorários advocatícios. Oportunamente, remetam-se os autos ao arquivo. P.R.I.C. - ADV: MAURICIO MARTINS (OAB 118966/SP), RODRIGO MARTINS DOS SANTOS (OAB 234494/SP)

Íntegra da decisão:

SENTENÇA

Processo nº: **1124432-36.2021.8.26.0100**

Classe - Assunto **Dúvida - Registro de Imóveis**

Suscitante: **17º Oficial de Registro de Imóveis da Capital**

Suscitado: **Velloso Filhos e Cia Ltda**

Juiz(a) de Direito: Dr(a). **Luciana Carone Nucci Eugênio Mahuad**

Vistos.

Trata-se de dúvida formulada pelo **Oficial do 17º Registro de Imóveis da Capital** em decorrência de rejeição do requerimento de **Velloso, Filho & Cia Ltda** pelo reconhecimento extrajudicial de usucapião do remanescente dos imóveis transcritos sob nº 13.468 e 32.669 perante o 3º e o 2º CRI da Capital, respectivamente (prenotação n. 228.171).

Esclarece que o procedimento foi rejeitado no dia 13/05/2021, uma vez que, tratando-se de pedido de usucapião de coisa própria, precedido de pedido retificatório extrajudicial, maior cautela é devida, sendo que, como se pretende a regularização do perímetro e da área do imóvel precariamente descritos nas transcrições, falta à parte interesse de agir, havendo outros meios à necessária regularização.

Relata que os trabalhos técnicos realizados na via retificatória não permitem a individualização do imóvel usucapiendo, subsistindo dúvida quanto à sua inserção exclusivamente nas transcrições citadas, bem como quanto à sua titularidade; que não foi indicada, adequadamente, a origem dos imóveis confrontantes, a qual poderia ser melhor apurada em procedimento retificatório; que há notícia de pagamento do valor de locação a João Zeferino Ferreira Velloso (e não à parte interessada). Tudo isso indica que a via retificatória é a mais adequada ao caso.

Documentos vieram às fls. 20/826.

A parte suscitada alega, às fls. 582/593 e 827/839, que, em 2008, iniciou procedimento retificatório das áreas remanescentes perante o 3º CRI, o qual foi remetido ao 17º CRI em razão da modificação de entendimento da Corregedoria; que a via retificatória, embora avançada, acabou por não ser concluída diante da impossibilidade de recomposição das áreas das transcrições originais em razão dos desfalques ocorridos, havendo grande sobra de espaços, em tese, disponíveis; que os imóveis são de sua propriedade e foram individualizados nos levantamentos efetivados; que João Zeferino Ferreiro Velloso integra o seu quadro societário, motivo pelo qual todas as receitas advindas dos imóveis administrados são depositados em conta por ele titularizada e, posteriormente, rateadas entre os titulares do crédito; que o pedido de retificação formulado administrativamente foi afastado pelo registrador, pelo que se mostra adequada a via da usucapião, sendo possível usucapir coisa própria, notadamente quando preenchidos os requisitos legais. Documentos foram exibidos às fls. 840/854.

O Ministério Público opinou pela procedência parcial após reconhecer o interesse de agir da parte interessada e a necessidade de perícia (fls. 857/859).

É o relatório.

Fundamento e Decido.

Por primeiro, é importante consignar que a existência de outras vias de tutela, como a retificatória, não excluem a da usucapião administrativa.

Assim, como a parte interessada optou por esta última para identificar os limites e as confrontações do remanescente dos imóveis transcritos sob nº 13.468 e 32.669 perante o 3º e o 2º CRI da Capital, respectivamente, já que precariamente descritos, a análise deve ser feita dentre de seus requisitos normativos.

Note-se que a decisão mencionada na nota devolutiva trata de situação diversa desta. Naquele caso, a parte não teria comprovado posse com intenção de adquirir a propriedade e não haveria vícios a serem sanados na matrícula, pelo que não se permitiu substituir a aquisição derivada da propriedade por cessão de direitos hereditários pela usucapião (processo de autos nº 1005106-25.2017.8.26.0135 – fls. 03/05 e 574/575).

Nesta via, os imóveis estão descritos precariamente nas transcrições nº 13.468 (3º RI) e 32.669 (2º RI), o que inviabiliza a abertura de matrículas para as áreas remanescentes e, consequentemente, o exercício pleno do direito de propriedade.

Assim, não há falta de interesse processual, em sua modalidade adequação ou ilegitimidade.

Neste sentido, decidiu o Conselho Superior da Magistratura na Apelação Cível nº 1004044-52.2020.8.26.0161, com relatoria pelo então Corregedor Geral da Justiça, Des. Ricardo Anafe (nosso destaque):

> *"Usucapião Extrajudicial – direito que deve ser declarado por ação judicial ou expediente administrativo nas hipóteses em que os pressupostos legais estejam rigorosamente cumpridos –* ***possibilidade de regularização do imóvel de maneira*** *diversa à usucapião que não impede esta última, inclusive por procedimento administrativo – recusa indevida quanto ao processamento do pedido – dúvida improcedente - Recurso provido com determinação para prosseguimento do procedimento de usucapião Extrajudicial".*

No mérito, a dúvida é improcedente. Vejamos os motivos.

Não se vislumbra, no caso, requerimento de usucapião de bem próprio com a finalidade de burla à lei tributária ou às exigências registrárias.

Muito embora o Oficial descreva como precária a qualificação pela dificuldade de identificação do imóvel nas transcrições, bem como dos imóveis confrontantes, indica bens que compõem o seu entorno, concluindo como possível a apuração do remanescente em sede de procedimento retificatório (fls. 06/07 e 576/578).

Assim, em sendo possível a verificação dos imóveis que compõem o entorno em sede de procedimento retificatório, forçoso reconhecer que o trabalho de pesquisa e confirmação também é viável em sede de usucapião administrativa.

Note-se que, conforme indicado pelo Registrador, a via retificatória não foi afastada, mas somente encerrada a fim de que nova solicitação fosse feita perante o cartório imobiliário em que registrados os bens diante da alteração do entendimento anteriormente adotado (fl. 827).

Não se justifica, ainda, a alegação de impossibilidade em usucapir imóveis que não estejam adequadamente descritos nas transcrições, notadamente porque o art. 216-A, § 6º, da

Lei de Registros Públicos, autoriza o Oficial do Registro a abrir uma nova matrícula nas hipóteses de usucapião administrativa:

> *"Transcorrido o prazo de que trata o § 4o deste artigo, sem pendência de diligências na forma do § 5º deste artigo e achando-se em ordem a documentação, o oficial de registro de imóveis registrará a aquisição do imóvel com as descrições apresentadas, sendo permitida a abertura de matrícula, se for o caso".*

De igual forma, estabelece o artigo 20, § 2º, do Provimento nº 65 de 2017, do Conselho Nacional de Justiça:

> *"O registro do reconhecimento extrajudicial da usucapião de imóvel implica abertura de nova matrícula.*
>
> *(...)*
>
> *§ 2º Caso o reconhecimento extrajudicial da usucapião atinja fração de imóvel matriculado ou imóveis referentes, total ou parcialmente, a duas ou mais matrículas, será aberta nova matrícula para o imóvel usucapiendo, devendo as matrículas atingidas, conforme o caso, ser encerradas ou receber as averbações dos respectivos desfalques ou destaques, dispensada, para esse fim, a apuração da área remanescente".*

Destaca-se, ainda, a possibilidade da usucapião de imóvel precariamente descrito, contido em loteamento irregular, conforme decidiu o Superior

Tribunal de Justiça, alterando, em sede de repercussão geral, o entendimento adotado no recurso referido às fls. 05/06 e 576 (destaque nosso):

"RECURSO ESPECIAL CONTRA ACÓRDÃO PROFERIDO NO JULGAMENTO DE IRDR. USUCAPIÃO EXTRAORDINÁRIA. BEM IMÓVEL URBANO. ***ÁREA INTEGRANTE DE LOTEAMENTO IRREGULAR.*** *SETOR TRADICIONAL DE PLANALTINA. PRESCRIÇÃO AQUISITIVA.* ***FORMA ORIGINÁRIA DE AQUISIÇÃO DE PROPRIEDADE. POSSIBILIDADE DE REGISTRO.*** *O RECONHECIMENTO DO DOMÍNIO DO IMÓVEL NÃO INTERFERE NA DIMENSÃO URBANÍSTICA DO USO DA PROPRIEDADE. INTERESSE DE AGIR CONFIGURADO. RECURSO DESPROVIDO. 1. As disposições do NCPC, no que se refere aos requisitos de admissibilidade dos recursos, são aplicáveis ao caso concreto ante os termos do Enunciado nº 3, aprovado pelo Plenário do STJ na sessão de 9/3/2016. 2. A possibilidade de registro da sentença declaratória da usucapião não é pressuposto ao reconhecimento do direito material em testilha, o qual se funda, essencialmente, na posse ad usucapionem e no decurso do tempo.*

3. A prescrição aquisitiva é forma originária de aquisição da propriedade e a sentença judicial que a reconhece tem natureza eminentemente declaratória, mas também com carga constitutiva. 4. Não se deve confundir o direito de propriedade declarado pela sentença proferida na ação de usucapião (dimensão jurídica) com a certificação e publicidade que emerge do registro (dimensão registrária) ou com a regularidade urbanística da ocupação levada a efeito (dimensão urbanística). 5. O reconhecimento da usucapião não impede a implementação de políticas públicas de desenvolvimento urbano. Muito ao revés, constitui, em várias hipóteses, o primeiro passo para restabelecer a regularidade da urbanização. 6. Impossível extinguir prematuramente as ações de usucapião relativas aos imóveis situados no Setor Tradicional de Planaltina com fundamento no art. 485, VI, do NCPC em razão de uma suposta ausência de interesse de agir ou falta de condição de procedibilidade da ação. 7. Recurso especial não provido, mantida a tese jurídica fixada no acórdão recorrido: É cabível a aquisição de imóveis particulares situados no Setor Tradicional de Planaltina/DF, por usucapião, ainda que pendente o processo de regularização urbanística" (REsp nº 1818564-DF / 2019/9163526-7).

Cabe ressaltar, ainda, a imprescindibilidade da notificação de João Zeferino Ferreiro Velloso a fim de que se manifeste eventual discordância com a usucapião pretendida, providência esta que não é intransponível, notadamente porque, conforme indicado pela parte interessada, tal pessoa integra seu quadro societário.

Note-se que o Registrador refere-se à não identificação de todos os confrontantes e à impossibilidade de concluir que os imóveis integram as transcrições nº 13.468 e 32.669.

Ocorre que as NSCGJ possibilitam meios ao alcance destas informações, conforme itens 421 e 421.1 do Cap. XX:

"No caso de ausência ou insuficiência dos documentos de que trata o inciso IV do caput do item 416, a posse e os demais dados necessários poderão ser comprovados em procedimento de justificação administrativa perante o oficial de registro de imóveis, que obedecerá, no que couber, ao disposto no § 5º do art. 381 e ao rito previsto nos arts. 382 e 383, todos do CPC. 421.1. Para a elucidação de dúvidas, imprecisões ou incertezas, poderão ser solicitadas ou realizadas diligências pelo oficial de registro de imóveis ou por escrevente habilitado".

De igual forma, prevê o § 5º, do artigo 216-A, da Lei nº 6.015/73:

"Para a elucidação de qualquer ponto de dúvida, poderão ser solicitadas ou realizadas diligências pelo oficial de registro de imóveis".

E, ainda, o artigo 17 e seu § 1º, do Provimento nº 65 de 2017, do Conselho Nacional de Justiça:

"Para a elucidação de quaisquer dúvidas, imprecisões ou incertezas, poderão ser solicitadas ou realizadas diligências pelo oficial de registro de imóveis ou por escrevente habilitado.

§ 1º No caso de ausência ou insuficiência dos documentos de que trata o inciso IV do caput do art. 216-A da LRP, a posse e os demais dados necessários poderão ser comprovados em procedimento de justificação administrativa perante o oficial de registro do imóvel, que obedecerá, no que couber, ao disposto no § 5º do art. 381 e ao rito previsto nos arts. 382 e 383, todos do CPC".

Somente após realizadas as diligências necessárias, pode o Oficial Registrador rejeitar o pedido mediante nota devolutiva fundamentada.

Em outros termos, dos documentos exibidos, não se extrai que foram esgotados todos os meios a fim de que o bem seja adequadamente qualificado, nem tampouco possibilitado à parte suscitada que atendesse exigência formulada a tanto.

Assim, temos como viável a continuidade do procedimento de usucapião extrajudicial, viabilizando-se à parte a comprovação dos requisitos necessários à declaração da prescrição aquisitiva, o que poderá ser objeto de nota devolutiva específica, caso persistam exigências.

Do exposto, **JULGO IMPROCEDENTE** a dúvida suscitada pelo Oficial do 17º Registro de Imóveis da Capital, de modo que o pedido extrajudicial de usucapião tenha prosseguimento na forma da legislação em vigor.

Regularize, a serventia judicial, o cadastro da parte suscitada no SAJ.

Deste procedimento não decorrem custas, despesas processuais ou honorários advocatícios.

Oportunamente, remetam-se os autos ao arquivo.

P.R.I.C.

São Paulo, 10 de janeiro de 2022.

Luciana Carone Nucci Eugênio Mahuad

Juíza de Direito (DJe de 13.01.2022 – SP)

Ementa: Sentença – Pedido de Providências – Pedido de retificação dos registros – Alegação pelo Requerente de que pretende a alteração da titularidade do domínio em razão da sentença proferida em Ação de Usucapião – Registro efetuado em nome dos primitivos autores – Requerente que participou como assistente litisconsorcial na referida ação – Registros que foram realizados em conformidade com o título – Ausência de vícios extrínsecos – Atos registrais que estão formalmente perfeitos – Incompetência do juízo administrativo para análise de questões de direito material que envolvam o ato ou negócio jurídico – Indeferimento do pedido – Improcedência

Processo 1006426-07.2020.8.26.0100

Pedido de Providências - Notas - OSP Administracao Particip Empreend e Negocios - Diante do exposto, JULGO IMPROCEDENTE o pedido de providências formulado por OSP Administração, Participações, Empreendimentos e Negócios Ltda. Regularize, a serventia judicial, o polo ativo deste procedimento a fim de constar adequadamente a denominação da parte requerente. Deste procedimento não decorrem custas, despesas processuais ou honorários advocatícios. Oportunamente, ao arquivo com as cautelas de praxe. P.R.I.C. - ADV: NARCISO ORLANDI NETO (OAB 191338/SP), HELIO LOBO JUNIOR (OAB 25120/SP)

Íntegra da decisão:

SENTENÇA

Processo Digital nº: **1006426-07.2020.8.26.0100**

Classe - Assunto **Pedido de Providências - Notas**

Requerente: **OSP Administração Particip Empreend e Negocios**

Requerido: **15º Oficial de Registro de Imóveis da Capital**

Juiz(a) de Direito: Dr(a). **Luciana Carone Nucci Eugênio Mahuad**

Vistos.

Trata-se de pedido de providências apresentado por **OSP Administração, Participações, Empreendimentos e Negócios Ltda** em face do **Oficial do 15º de Registro de Imóveis da Capital,** para que passe a constar como titular do domínio nas matrículas nº 270854, 270855 e 270856 daquela serventia em decorrência de sentença proferida em ação de usucapião que tramitou perante esta Vara (autos nº 0502402-91.2000.8.26.0100).

Relata que, embora tenha intervindo como assistente litisconsorcial após aquisição de direitos possessórios e tenha havido reconhecimento, pelo v. acórdão prolatado naquela ação, de que sofreria os efeitos da sentença, o registro foi efetivado em nome dos primitivos autores, Ivo Carneiro Campos e sua mulher, Maria Apparecida Negri Campos, pelo que pretende a retificação dos registros. Documentos vieram às fls. 06/67.

O Oficial manifestou-se às fls. 71/72, sustentando que o pedido, prenotado sob nº 874667, foi objeto de nota devolutiva porque impossível a retificação pretendida: os registros foram feitos em conformidade com o título. Documentos vieram às fls. 73/101.

Sobreveio a suspensão do feito a fim de que se aguardasse o trânsito em julgado do decidido na ação de usucapião, com comprovação às fls. 139/140.

O Ministério Público opinou pelo indeferimento (fls. 147/149).

É o relatório.

Fundamento e decido.

No mérito, o pedido é improcedente. Vejamos os motivos.

Como bem salientado pelo Oficial, os registros nº 1 das matrículas nº 270854, 270855 e 270856 daquela serventia, realizados em 04 de outubro de 2019 (fls. 77, 84/85 e 89/90), espelham fielmente a sentença e o v. acórdão proferidos na ação de usucapião de autos nº 0502402- 91.2000.8.26.010100, nos quais constam como autores Ivo Carneiro Campos e Apparecida Negri Campos (fls. 37/40 e 41/47).

Logo, a alteração pretendida resultaria em alteração da titularidade do imóvel, o que não se pode admitir via simples retificação, já que os elementos trazidos com a inicial demonstram que o suposto vício é intrínseco ao título.

Pelo princípio da legitimação (eficácia do registro), os vícios reconhecíveis pela via administrativa são apenas aqueles comprováveis de pleno direito que resultem de erros evidentes extrínsecos ao título, sem necessidade de exames de outros documentos ou fatos (artigos 214, *caput*, e 252 da Lei n. 6.015/73).

No que tange à retificação, ademais, de acordo com a Lei n. 13.484/2017, que regulamentou o artigo 110 da Lei de Registros Públicos:

"O oficial retificará o registro, a averbação ou a anotação, de ofício ou a requerimento do interessado, mediante petição assinada pelo interessado, representante legal ou procurador, independentemente de prévia autorização judicial ou manifestação do Ministério Público nos casos de:

I - erros que não exijam qualquer indagação para a constatação imediata de necessidade de sua correção;

II – erro na transposição dos elementos constantes em ordens e mandados judiciais, termos ou requerimento, bem como outros titulos a serem registrados, averbados ou anotados, e o documento utilizado para a referida averbação e/ou retificação dicará arquivado no registro no cartório;

III – inexatidão da ordem cronológica e sucessiva referente à numeração do livro,da folha, da página, do termo, bem como da data do registro;

IV - ausência de indicação do Município relativo ao nascimento ou naturalidade do registrado, nas hipóteses em que existir descrição precisa do endereço do local do nascimento;

V – elevação de Distrito a Município ou alteração de suas nomenclaturas por força de lei".

Nenhuma destas hipóteses se enquadra ao caso, pois estamos diante de vício intrínseco (do título), que deve ser reconhecido em processo cível, sendo o cancelamento do registro ou eventual averbação mera consequência, conforme determina o artigo 216 da referida lei.

Em outras palavras, os atos registrais que se pretendem modificar estão formalmente perfeitos, pois adstritos ao título de origem. Assim, não comportam qualquer alteração.

Não é demais lembrar que este juízo possui competência administrativa e disciplinar e não pode analisar questões de direito material que envolvam o ato ou negócio jurídico, consoante reiterada jurisprudência da E. Corregedoria Geral de Justiça:

"NULIDADE DO REGISTRO. Artigo 214 da Lei de Registros Públicos. Nulidade do Registro (modo) e não do título. Somente é cabível na via administrativa o conhecimento de vício atinente à nulidade direta do registro e não do título (vício intrínseco). Nulidade do título somente é passível de conhecimento na via jurisdicional - Recurso não provido" **(CGJ proc. n. 1050759-49.2017.8.26.0100, DJ 13.03.2018).**

"REGISTRO DE IMÓVEIS - registro de alienação fiduciária - eventuais vícios do título que só podem prejudicar o registro, por via oblíqua, mediante atuação da jurisdição - via administrativa inapropriada - art. 214, da Lei n° 6.015/73, inaplicável - Recurso desprovido" **(CGJ proc. n. 0006400-50.2013.8.26.0236, DJ 11/10/16).**

"REGISTRO DE IMÓVEIS. Pedido de Providências que visa cancelar ou retificar o registro Inexistência de nulidade formal e extrínseca, relacionada exclusivamente ao registro - Inaplicabilidade do artigo 214 da Lei de Registros Públicos - Vício exclusivo do título, de natureza intrínseca. Hipótese que se enquadra no artigo 216 da Lei de Registros Públicos Recurso não provido" **(CGJ parecer n. 2015/76433, DJ 07/07/15).**

Diante do exposto, **JULGO IMPROCEDENTE** o pedido de providências formulado por **OSP Administração, Participações, Empreendimentos e Negócios Ltda**.

Regularize, a serventia judicial, o polo ativo deste procedimento a fim de constar adequadamente a denominação da parte requerente.

Deste procedimento não decorrem custas, despesas processuais ou honorários advocatícios.

Oportunamente, ao arquivo com as cautelas de praxe.

P.R.I.C.

São Paulo, 10 de janeiro de 2022.

Luciana Carone Nucci Eugênio Mahuad

Juíza de Direito (DJe de 13.01.2022 – SP)

4.2 DECISÕES DO ANO DE 2021

4.2.1 DECISÕES GERAIS E PERTINENTES A TODAS AS ESPECIALIDADES

DIREITO PREVIDENCIÁRIO E DO TRABALHO APLICADOS

Ementa: Sentença – Processo Administrativo – Ocorrência do não pagamento tempestivo de contribuições devidas à Carteira de Previdência das Serventias Extrajudiciais do Estado de SP – Alegações do Oficial e documentos que demonstram a ausência do pagamento das referidas contribuições de forma tempestiva – Pagamento em atraso que se deu mais de um ano após os vencimentos – Ato doloso caracterizado – Inexistência de notícias de situação semelhante em outras Unidades Extrajudiciais da Capital que passaram pela mesma dificuldade – Titular que deve providenciar fundos para situações excepcionais – Configuração de ilícito administrativo – Imposição de pena de multa – Procedência

Processo 0028298-61.2021.8.26.0100

Processo Administrativo - REGISTROS PÚBLICOS - J.D.V.R.P. - A.N. e outros - VISTOS. Trata-se de processo administrativo disciplinar instaurado em face do Sr. A. N., Oficial do Registro Civil das Pessoas Naturais de Subdistrito desta Comarca da Capital, em razão do não pagamento tempestivo de contribuições devidas à Carteira de Previdência das Serventias Extrajudiciais do Estado de São Paulo, conforme previsto na Lei Estadual n. 10.393/70 (a fls. 02/67). O Sr. Oficial foi interrogado (a fls. 87/88). Em defesa prévia sustentou a não ocorrência de ilícito administrativo (a fls. 96/100). Produzida a prova oral e encerrada a instrução (a fls. 106/108), em alegações finais o Sr. Registrador roborou suas assertivas anteriores (a fls. 109/113). É o breve relatório. Decido. A prova documental carreada aos autos e as alegações do Sr. Oficial demonstram o não pagamento tempestivo das contribuições devidas à Carteira de Previdência das Serventias Extrajudiciais do Estado de São Paulo relativos aos períodos de 02/2020 a 04/2020 e de 06/2020 a 07/2020; o que ocorreu somente em junho de 2021. A contribuição envolve o pagamento pelo serventuário e pelo Titular da Delegação Extrajudicial em mesmo percentual; no caso em exame os pagamentos em atraso envolvem as duas verbas. Há maior gravidade com relação ao não recolhimento da parcela devida pelo serventuário, pois, o Titular desconta da remuneração do servidor e permanece com o montante para fins de recolhimento tempestivo. Seja como for, não ocorreu recolhimento tempestivo de quaisquer valores. O pagamento em atraso se deu mais de um ano após os vencimentos, destarte caracterizado o ato doloso acerca do não pagamento tempestivo. A situação decorrente da pandemia somente é justificada nos alongamentos dos pagamentos concedidos por lei, o que não é o caso dos valores objetos deste processo administrativo disciplinar. Além disso, no aspecto privado o Titular deve providenciar fundos para situações excepcionais, inclusive não há notícias de situação semelhante em outras unidades extrajudiciais da capital administradas por Titulares que passaram (e estão passando) pela mesma dificuldade ocasionada pela situação excepcional referida. Também é importante salientar que ocorreu apropriação temporária de valores da remuneração do servidor. A alegação do Sr. Oficial arcar com a totalidade dos valores mediante sua devolução ao serventuário em nada modifica a qualificação jurídica realizada, pois, é situação particular que não afeta o desconto da remuneração e seu não pagamento tempestivo, permanecendo o responsável com valores que não são de sua titularidade jurídica. A configuração do ilícito administrativo em exame não exige prejuízo ao erário para sua caracterização. Nessa linha, o ilícito administrativo está caracterizado, pois, o pagamento em atraso mais de um após o vencimento, a pandemia e a ausência de prejuízo ao erário não o excluem. Nestes termos, passo à fixação da pena administrativa. A falta é de média gravidade, assim, excessiva a suspensão e incabível a repreensão reservada à falta leve, donde cabe aplicação da pena de multa. De outra parte, o ato é doloso, bem como, efetuou o Sr. Registrador o pagamento dos valores em atraso, o que deve ser considerado na fixação do importe da multa. Estabelecidos os motes da culpabilidade, por critério de razoabilidade e proporcionalidade, tenho por cabível a imposição de multa no importe de R$ 4.000,00 (quatro mil reais). Ante ao exposto, julgo procedente este processo administrativo disciplinar para imposição da pena de multa no importe de 5.000,00 (cinco mil reais) ao Sr. A. N., Oficial do Registro Civil das Pessoas Naturais de Subdistrito desta Comarca da Capital, com fundamento nos artigos 31, inc. I, 32, inc. II, e 33, inc. II, da Lei n. 8.935/94. Encaminhe-se cópia desta decisão à E. Corregedoria Geral da Justiça, por e-mail, servindo esta decisão como ofício. P.I. - ADV: SERGIO RICARDO FERRARI (OAB 76181/SP), DIEGO MARABESI FERRARI (OAB 339254/SP) (DJe de 06.12.2021 – SP)

DOS DEVERES E DIREITOS

Ementa: Sentença – Pedido de Providências – Supostas irregularidades na lavratura de Escritura Pública – Esclarecimento pelo Titular de que as Escrituras não apresentam qualquer erro ou vício – Alegação pelo Representante de transmissão "per saltum" – Descabimento – Inexistência de repasse da titularidade do domínio à cedente – Escritura que foi regularmente lavrada –Ausência de falha funcional – Arquivamento do feito – Ciência ao Delegatário – Improcedência

Processo 0033149-46.2021.8.26.0100

Pedido de Providências - REGISTROS PÚBLICOS - J.V.R.P. - M.C.F. e outro - Juiz(a) de Direito: Dr(a). Marcelo Benacchio VISTOS, Trata-se de pedido de providências instaurado por determinação desta Corregedoria Permanente, em razão da ciência de supostas irregularidades na lavratura de Escritura Pública perante a serventia afeta ao Senhor 4º Tabelião de Notas desta Capital. Os autos foram instruídos com cópias da ação original, que pleiteia anulação parcial de negócio jurídico pactuado e fora redistribuída à Vara Cível (fls. 03/185). O Senhor 4º Tabelião prestou esclarecimentos às fls. 187/200. Instado a se manifestar, o Senhor Representante reiterou os termos de sua insurgência inicial (fls. 200/207). O Ministério Público ofertou parecer opinando pelo arquivamento do feito, ante a inexistência de indícios de falha na prestação do serviço ou ilícito funcional por parte do Senhor Titular (fls. 210/211). É o breve relatório. Decido. Cuidam os autos de expediente instaurado por determinação desta Corregedoria Permanente, para apurar notícia de irregularidades na lavratura de Escritura Pública perante a serventia afeta ao Senhor 4º Tabelião de Notas desta Capital. Consta dos autos que aos 01.06.2021 foi lavrada perante a indicada serventia a Escritura Pública de Venda, Compra, Cessão e Quitação de Contrato de Construção, sobre o Livro 3443, fls. 377/384. Figurou como outorgante-vendedor o Senhor C. H. M.; como cedente-anuente B. K. O. Engenharia e Comércio Ltda. e como outorgado-comprador o Senhor R. P. L.. Seu objeto consistiu na Casa de nº 03 no Condomínio Vila Inglesa, matriculada sob o nº 238.697, perante o 18º Oficial de Registro de Imóveis de São Paulo. Afirma o Senhor Titular que a contestada Escritura Pública lavrada perante sua serventia não apresenta qualquer erro ou vício, estando regular em sua forma e conteúdo, havendo sido cumpridos todos os requisitos legais e normativos quando de sua consecução. Com efeito, declarou o Senhor Notário que o ato observou estritamente os ditames legais e normativos, de modo que é material e formalmente hígido. Noutra quadra, o Senhor Requerente, mesmo após os esclarecimentos prestados pelo Senhor Titular, manteve sua insurgência inicial, no entendimento de que houve transmissão fraudulenta do bem. O Ministério Público, por fim, manifestou a compreensão de que não houve quebra da continuidade registrária, opinando pelo arquivamento do feito ante a inexistência de indícios de falha na prestação do serviço ou ilícito funcional por parte das serventias correicionadas. Pois bem. À luz da documentação carreada aos autos, entendo que assiste razão à argumentação proferida pelo Senhor Tabelião. Em brevíssimo relato, temos que a empresa B.K.O. adquiriu de C. H. M. os direitos de promessa de venda sobre parte de um terreno, matriculado sob o nº 104.162 do 18º RI, onde construiu casas para venda. Parte dos imóveis construídos, cujas matrículas foram desmembradas, foi dado em pagamento, pela incorporadora a C. H. M.. No que se refere especificamente à "Casa 03", objeto da contestada Escritura, consta que o instrumento público foi lavrado em atendimento ao compromisso firmado entre B. K. O. e R. P. L., nos idos de 1998, quando da construção do imóvel, sendo que este logrou êxito em comprovar judicialmente que houvera adquirido, por cessão, de B. K. O., os direitos sobre a propriedade. Em especial, conforme bem apontado pelo Tabelião, na matrícula da "Casa 3", após desmembramento, C. H. M. figurava como titular do domínio, posto que sua a parte do terreno onde erigida a construção. Vale dizer, a empresa B. K. O. não era proprietária do imóvel, mas apenas detinha direitos sobre ele, que restaram transmitidos por meio de contrato particular ainda no ano de 1998 ao efetivo outorgado-comprador R. P. L.. Destaque-se que não há que se falar em desrespeito à continuidade registrária pelo Senhor Tabelião. Quanto a isso: O princípio da continuidade está expresso nos arts. 195 e 237 da Lei 6.015/1973. Desse princípio se extrai importante conceito do direito registral que garante a segurança dos negócios jurídicos, uma vez que se impõe a obrigatoriedade de observância rigorosa do encadeamento de titularidade de um bem imóvel. Assim, somente poderá ser objeto de registro título que tenha como outorgado pessoa que já detenha o respectivo direito. (Gentil, Alberto. Registros Públicos. 2. Ed. P. 356) Vale dizer, não houve transmissão per saltum (de C. H. M. diretamente à R. P. L., "pulando" BKO), como alega o Representante, porque nunca houve o repasse da titularidade do domínio à cedente (B. K. O.), de modo que a empresa nunca foi proprietária do imóvel, isto é, titular de domínio, mas somente possuidora de direitos em razão de compromisso de compra e venda. O contrato de promessa restou repassado, ainda muito cedo na cadeia de fatos, de B. K. O. a outra pessoa, R. P. L., este sim, então, virou promitente-comprador, com a verdadeira possibilidade de fazer cumprir o compromisso, adquirindo o imóvel de seu titular de domínio, C. H. M., conforme constou regularmente da Escritura Pública lavrada, sobre a qual não pende, nesta seara administrativa, qualquer vício ou mácula. Ademais, conforme já restou devidamente consignado na decisão que inaugurou o presente expediente, a matéria posta em controvérsia no bojo dos presentes autos é objeto de apreciação no limitado campo de atribuição desta Corregedoria Permanente, que visa, neste caso concreto, a verificar o cumprimento dos deveres e obrigações do Senhor Titular, na observância da Lei e dos preceitos normativos para a consecução do ato notarial. Nesse sentido, não se apura, neste expediente, a higidez dos negócios jurídicos aventados pelas partes, mas sim a correta atuação do Senhor Delegatário, em sua função de materializar e formalizar a vontade dos participantes. Bem assim, tenho que a Escritura Pública contestada foi regularmente lavrada, como se verifica da leitura do próprio instrumento e à luz dos documentos que o instruíram. Nessa ordem de ideias, não verifico a ocorrência de falha na prestação do serviço extrajudicial, em especial na consideração de que de que o Senhor Titular logrou êxito em explicar que o ato foi lavrado em observância a compromissos anteriores e em respeito à Lei e às Normas de Serviço da E. Corregedoria Geral da Justiça. Portanto, satisfatórias as explicações apresentadas, não vislumbro responsabilidade funcional apta a ensejar a instauração de procedimento administrativo, no âmbito disciplinar. Nessas condições, à míngua de providência censório disciplinar a ser adotada, determino o arquivamento dos autos. Outrossim, encaminhe-se cópia desta r. Sentença ao MM. Juízo Cível para o qual devolvida a ação original, para ciência quanto às providências administrativas adotadas. Encaminhe-se cópia das principais peças dos autos à Egrégia Corregedoria Geral da Justiça, por e-mail, servindo a presente como ofício. Ciência ao Delegatário e ao Ministério Público. P.I.C. - ADV: JULIO CESAR VALLESI RIBEIRO (OAB 292423/SP), LEONARDO FERIATO NOGUEIRA (OAB 291977/SP) (DJe de 05.10.2021 – SP)

Ementa: Sentença – Pedido de Providências – Pedido de expedição de Certidão em Inteiro teor – Impossibilidade – Alegação pelo Requerente de que lhe foi negado a emissão do documento, bem como de tratamento descortês e falta de urbanidade pelos prepostos – Negativa em conformidade com os itens 477 e seguintes, do Capítulo XVII, das NSCGJ – Informação pela Titular de que reorientou os funcionários – Ausência de ilícito funcional – Arquivamento do feito – Ciência à Titular – Improcedência

Processo 0034381-93.2021.8.26.0100

Pedido de Providências - 2ª Vara de Registros Públicos - VISTOS, Cuida-se de representação formulada pelo Senhor G. D. F., encaminhada por meio da E. Corregedoria Geral da Justiça, em face da Senhora Oficial de Registro Civil das Pessoas Naturais de Subdistrito desta Capital, insurgindo-se contra exigências apostas pela unidade diante de pedido de expedição de certidão em inteiro teor, bem como por tratamento descortês dispensado ao requerente. A Senhora Oficial prestou esclarecimentos às fls. 11/21, 22/24, 42/57 e 73/80. O Senhor Representante manifestou-se a fls. 27 e 59/61, deduzindo novas explicações e fatos a respeito de seu protesto inicial. Posteriormente, após tréplica pela Senhora Titular, quedou-se silente (fls. 82). O Ministério Público acompanhou o feito e ofertou parecer conclusivo pelo arquivamento da representação (fls. 86/87). É o breve relatório. Decido. Cuidam os autos de representação formulada pelo Senhor G. D. F., encaminhada por meio da E. Corregedoria Geral da Justiça, em face da Senhora Oficial do Registro Civil das Pessoas Naturais de Subdistrito desta Capital. Em breve síntese, alega o Senhor Representante que solicitou a expedição de certidão em inteiro teor junto da mencionada serventia, ocasião em que lhe foi negada não só a emissão do documento, mas também a remessa do pedido a este Juízo Corregedor. Ademais, refere que a situação é prática comum na unidade, sempre lhe sendo indeferidos os pedidos de inteiro teor. Por fim, refere tratamento descortês e falta de urbanidade no serviço prestado pelos prepostos da serventia. A seu turno, a Senhora Titular veio aos autos para esclarecer que a negativa da emissão está estritamente de acordo com o procedimento indicado pelos itens 47.7, 47.7.1, 47.7.2, 47.8 e 47.9, do Capítulo XVII, das Normas de Serviço da E. Corregedoria Geral da Justiça, que regem a expedição de certidões em inteiro teor. Na mesma perspectiva, referiu que não efetuou a remessa do pedido a esta Corregedoria Permanente, pois aguardava providências pela própria parte requerente. Não obstante, no momento em que a unidade recepcionou a procuração com poderes específicos e firma reconhecida encaminhada pelo Senhor Interessado, já promoveu a distribuição de expediente requerendo autorização deste Juízo para a expedição do documento, sob o nº 1093946-68.2021.8.26.0100. Noutro turno, apontou que os prepostos são rigidamente orientados e fiscalizados no sentido de fornecerem aos interessados as explicações necessárias quanto aos requisitos impostos pelas NSCGJ, não havendo descortesia, mas tão somente a estrita observância do dever legal. Não obstante, apontou que procedeu à reorientação dos funcionários e reforçou seu compromisso com a excelência da prestação do serviço público, de modo a evitar a repetição de situações assemelhadas. O Ministério Público opinou pelo arquivamento da representação, ante a inexistência de indícios de falha na prestação do serviço ou ilícito funcional pela Senhora Oficial. Pois bem. De fato, constata-se que a atuação da Senhora Oficial, no que tange às exigências impostas para a expedição do certificado restam de acordo com os itens 47.7 e seguintes, do Capítulo XVII, das NSCGJ, que recentemente receberam atualização, pelo Provimento CGJ 01/2021. In verbis: 47.7. A emissão de certidão em inteiro teor depende de requerimento escrito com firma reconhecida do requerente, que será dispensada quando o requerimento for firmado na presença do Oficial ou de preposto, inclusive via Central de Informações do Registro Civil - CRC. 47.7.1. Os requerimentos poderão ser recepcionados ainda por e-mail, desde que assinados digitalmente, nos padrões da ICP-Brasil, cuja autenticidade e integridade serão conferidas no verificador de conformidade do ITI - Instituto Nacional de Tecnologia da Informação. 47.7.2 O requerimento deverá conter a identificação do requerente, o motivo em virtude__ do qual se requer a certidão sob a forma de inteiro teor e o grau de parentesco com o registrado, caso exista. (...) 47.8. Nas certidões de registro civil em geral, inclusive as de inteiro teor, requeridas pelos próprios interessados, seus representantes legais e mandatários com poderes especiais, ressalvado o caso de proteção à testemunha, serão expedidas independentemente de autorização do Juiz Corregedor Permanente. 47.9. As certidões de registro civil em geral, requeridas por terceiros, serão expedidas independentemente de autorização do Juiz Corregedor Permanente. Em se tratando, contudo, de certidão de inteiro teor, a autorização se fará necessária nos casos previstos nos artigos 45, 57, §7º e 95 da Lei nº 6.015/73, art. 6º da Lei nº 8.560/92, reconhecimento de paternidade ou maternidade e alteração de nome e/ou sexo de pessoa transgênero. Bem assim, diante do brevemente narrado, considerando que a exigência aposta pela Senhora Oficial não foi indevida, reputo satisfatórias as explicações apresentadas, não vislumbrando responsabilidade funcional apta a ensejar a instauração de procedimento administrativo, no âmbito disciplinar, neste quesito. Noutro turno, verifico que parte do descontentamento apresentado pelo Senhor Representante se deve à eventual falha na comunicação entre as partes, que ensejou a presente reclamação. Aqui, também, não há que se falar em falha de tal gravidade apta a ensejar a abertura de processo administrativo-disciplinar em face da Titular. Todavia, na consideração de que reclamações dessa natureza, em relação à serventia, tem se multiplicado, advirto a Senhora Titular para que se mantenha rigorosamente atenta à fiscalização e orientação de seus prepostos, em especial no tocante ao bom atendimento ao público, que deve sempre ser realizado com respeito, educação, paciência e consciência do importante papel desempenhado pela serventia extrajudicial. Em especial, consigno à Senhora Titular para que oriente os colaboradores no sentido de que forneçam as informações necessárias ao processamento de pedidos de seu mister, de forma clara, detalhada e cortês, de modo a evitar a repetição de situações de insatisfação semelhantes. Feitas tais observações, que objetivam a melhora do serviço público prestado, e à míngua de providência censório-disciplinar a ser adotada, determino o arquivamento dos autos. Ciência à Senhora Titular, ao Ministério Público e ao Senhor Representante, por e-mail. Não menos importante, determino à z. Serventia Judicial que publique a presente decisão no DJE, uma vez que os fatos aqui relatados são de interesse da sociedade e as observações ora deduzidas contribuirão para a melhora do serviço público como um todo, resultando, como fim maior, no pleno atendimento do cidadão. Encaminhe-se cópia desta r. Sentença, bem como de fls. 73/80, 82 e 86/87, à Egrégia Corregedoria Geral da Justiça, por e-mail, servindo a presente sentença como ofício. P.I.C. (DJe de 15.12.2021 – SP)

Ementa: Sentença – Pedido de Providências – Apuração de irregularidades em publicação de oferta de emprego realizada pela Serventia Extrajudicial – Constatação de oferta de salário acima da média do mercado – Esclarecimento pelo Notário de que a propaganda foi realizada por profissional terceirizado de modo que não teve conhecimento e não aprovou o texto publicado – Adoção de medidas para a correção do erro e remediação das consequências – Tabelião que retirou a propaganda das redes sociais da Serventia antes mesmo de ter tido conhecimento do presente expediente – Inexistência de qualquer contratação após os fatos – Comprovação pelo Tabelião de que não agiu com dolo ou má-fé – Ausência de ilícito administrativo – Arquivamento do feito – Ciência ao Tabelião

Processo 0040740-59.2021.8.26.0100

Pedido de Providências - 2ª Vara de Registros Públicos - VISTOS, Trata-se de pedido de providências instaurado por esta Corregedoria Permanente, visando a apuração de irregularidades em publicação de oferta de emprego realizada por Tabelião de Notas da Capital, a qual, eventualmente, violaria dispositivos legais e normativos que vedam a concorrência desleal entre notários. A citada publicidade encontra-se acostada às fls. 02. O Senhor Tabelião prestou detalhados esclarecimentos (fls. 04/06). Sobreveio manifestação pelo Colégio Notarial do Brasil Seção São Paulo (CNBSP), às fls. 10/19. É o breve relatório. Decido. Cuida-se de expediente instaurado por esta Corregedoria Permanente, visando a apuração de irregularidades em publicação de oferta de emprego, em contrariedade à lei e às normas, realizada por Tabelião de Notas da Capital. Constou do referido poster que o Tabelionato ofereceria aos interessados salário acima da média do mercado (fls. 02). Nesse sentido, a publicidade desafiaria em tese o disposto no item 3.1, do Capítulo XVI, das Normas de Serviço da E. Corregedoria Geral da Justiça, que veda a concorrência desleal entre os Notários. Com efeito, a redação do item 3.1 é a seguinte: 3.1. A competição entre os Tabeliães de Notas deve ser leal, pautada pelo reconhecimento de seu preparo e de sua capacidade profissional e praticada de forma a não comprometer a dignidade e o prestígio das funções exercidas e das instituições notariais e de registro, sem utilização de publicidade individual, de estratégias mercadológicas de captação de clientela e da intermediação dos serviços e livre de expedientes próprios de uma economia de mercado, como, por exemplo, a redução de emolumentos. Especificamente, o citado dispositivo repudia a "publicidade individual" e "as estratégias mercadológicas de captação de clientela", bem como qualquer outra atuação com caráter "próprio de uma economia de mercado". Nesse quadro, o Senhor Tabelião foi instado a se manifestar. De sua parte, o Sr. Delegatário esclareceu que a propaganda foi realizada por profissional terceirizado, contratado para esse fim, de modo que não teve conhecimento e não aprovou o texto tal como redigido e publicado. Declarou, assim, que tão logo teve conhecimento do ocorrido, de modo informal, por meio de notícias repassadas pelos colegas de profissão, tratou de tomar as medidas necessárias à correção do erro e remediação das consequências. Adicionalmente, destacou o i. Titular que providenciou, junto da empresa terceirizada, as devidas orientações, de modo a impedir a ocorrência de situação similar. Com efeito, destacou o Senhor Tabelião que retirou a propaganda das redes sociais da serventia antes mesmo de ter tido conhecimento deste expediente, de modo que a peça publicitária esteve on-line somente por um dia. Adicionalmente, apontou o Sr. Delegatário que tem plena convicção de que a publicidade não afetou negativamente seus colegas, em especial porque não contratou ninguém após o incidente. Noutro turno, o CNB-SP considerou que o incidente foi devidamente solucionado pelo Notário, que não agiu com dolo ou má-fé. Igualmente, destacou o CNB-SP seu entendimento quanto às práticas mercadológicas entre tabeliães: "(...) entende esse colegiado serem necessárias a assunção de medidas que visem coibir a concorrência desleal por meio do aliciamento de funcionários entre os notários e registradores, aconselhando-se que, por ética, os delegatários sejam consultados sempre que o preposto ou ex preposto de uma unidade se candidatar a vaga de emprego em outra unidade." (fls. 19). Nessa consideração, ressaltou o i. Colegiado a importância de práticas conscientes de contratação de funcionários, especialmente quanto os prepostos oriundos de outras serventias, por ética profissional e respeito à toda a classe. Pois bem. É de conhecimento geral que os delegatários do serviço extrajudicial atuam em regime privado, nos termos do artigo 236 da Constituição Federal. Na mesma senda, dispõe o artigo 21, da Lei 8.935/1994, que incumbe privativamente aos titulares a gerência e administração de seus ofícios. Art. 21. O gerenciamento administrativo e financeiro dos serviços notariais e de registro é da responsabilidade exclusiva do respectivo titular, inclusive no que diz respeito às despesas de custeio, investimento e pessoal, cabendo-lhe estabelecer normas, condições e obrigações relativas à atribuição de funções e de remuneração de seus prepostos de modo a obter a melhor qualidade na prestação dos serviços. Desse modo, é certo que o Senhor Tabelião, dentro de sua esfera de atuação, tem o poder de decidir sobre contratações de funcionários, seus salários e demais atividades pertinentes à gerência interna da serventia. Todavia, a legislação de regência também é clara ao afirmar que, pese embora o caráter privado das delegações, sendo um serviço público, o mister deve ser exercido com excepcional atenção às leis e normas que recobrem a matéria, em conformidade ao artigo 30, XIV, e 31, I, do referido diploma legal. Conforme destacado pelo i. Colégio Notarial há tutela do contrato de trabalho em relação ao empregador nos termos do artigo 608 do Código Civil, o qual estabelece: Art. 608. Aquele que aliciar pessoas obrigadas em contrato escrito a prestar serviço a outrem pagará a este a importância que ao prestador de serviço, pelo ajuste desfeito, houvesse de caber durante dois anos. Nessa perspectiva está presente em nosso ordenamento jurídico a previsão da tutela externa do contrato, enquanto ilícito civil. Desse modo, a violação desse regramento encerra tanto ilícito administrativo como civil, porquanto, sabidamente, no exercício da atividade de tabelião de notas há relevância na construção dos contatos profissionais dos Srs. Escreventes de Notas capitaneados pelo Tabelião Titular. Nessa perspectiva a oferta de ganhos superiores aos valores de mercado, eventualmente, visa o desvio dos serviços de uma unidade a outra, o que somente é cabível em termos de lealdade para fins do aumento dos serviços em decorrência da contratação de novos prepostos. Portanto, a publicidade como lançada, em tese, ferira as disposições normativas, ao apresentar-se como competição predatória em busca de funcionários, com o chamariz do "salário acima da média do mercado". Não obstante, no caso concreto ora analisado, o Senhor Tabelião logrou êxito em comprovar que não agiu (ou se omitiu) com dolo ou má-fé, certo que ciente dos fatos tomou diversas medidas para corrigi-los em sede própria e junto de seus colegas de profissão. Em especial, destaco que afirmou o i. Titular que a propaganda não ficou por mais de um dia on-line e não fez qualquer contratação após os fatos. No mais, providenciou o Senhor Tabelião a orientação de seus prepostos quanto a oferta de emprego a colaboradores de outras unidades, bem como garantiu que eventuais próximos anúncios de busca de funcionários passarão, antes de ganharem vida, pelo seu crivo. Em razão do contato profissional anteriormente existente, compete afirmar que o referido Sr. Tabelião é profissional culto, honesto e de ímpar saber técnico, o qual, inclusive, já prestou elevado auxílio a esta Corregedoria Permanente na organização de unidades extrajudiciais vagas. Por conseguinte, à luz de todo o narrado, não verifico que houve atuação irregular ou ilícito administrativo pelo Senhor Tabelião, que tão logo consciente da situação, tratou de a corrigir e implementar medidas que visam a evitar sua repetição. Nessa ordem de ideias, à míngua de providência censório-disciplinar a ser adotada, determino o arquivamento dos autos. Por fim, de forma geral, permito-me consignar aos Senhores Notários que permaneçam atentos e zelosos aos preceitos formadores de sua atividade, de modo a conscientemente promover e respeitar a concorrência saudável e leal entre as partes, sem fins mercadológicos, ante o caráter de serviço público essencial que é prestado por seu ofício. Ciência ao Sr. Tabelião. Remeta-se cópia da presente decisão ao Colégio Notarial do Brasil Seção São Paulo (CNB-SP), por e-mail, servindo a presente como ofício. Publique-se a presente decisão no DJE, ante o interesse geral da matéria à classe extrajudicial e aos usuários do serviço público delegado. Encaminhe-se cópia integral dos autos à E. Corregedoria Geral da Justiça, por email, servindo a presente como ofício. P.I.C. (DJe de 26.11.2021 – SP)

Ementa: Sentença – Pedido de Providências – Requerimento de autorização para mudança de endereço da Serventia Extrajudicial, bem como de acompanhamento das adequações das instalações físicas do novo local – Constatação de que a Unidade ostenta acessibilidade e regularidade – Aprovação do funcionamento da Serventia no tocante à acessibilidade – Arquivamento do feito – Ciência à Delegatária – Procedência

Processo 1048130-05.2017.8.26.0100

Pedido de Providências - Registro Civil das Pessoas Naturais - R.T.D.S.M.P. - Juiz(a) de Direito: Dr(a). Marcelo Benacchio Vistos, Cuida-se de expediente de interesse da Sra. Delegatária do Registro Civil das Pessoas Naturais e Tabelionato de Notas do Distrito de São Miguel Paulista, Capital, contendo requerimento de autorização para mudança de endereço da serventia bem como acompanhamento das adequações das instalações físicas do novo local, qual seja, Av. Marechal Tito, 108, São Miguel Paulista, São Paulo. Com a inicial, vieram os documentos de fls. 02/40. Nos termos do atual item 14 e 14.1 'g', Capítulo XIII das Normas de Serviço dos Cartórios Extrajudiciais, considerando o parecer favorável do Ministério Público (fl. 45), fora autorizada a mudança de endereço e a concessão de prazo para a apresentação do laudo definitivo de acessibilidade, o qual fora acostado posteriormente às fls. 127/131. Impende destacar o extenso lapso temporal de tramitação do presente expediente desde a mudança efetivada em 20/01/2018, com retorno dos trabalhos no novo endereço em 22/01/2018 (fls. 88/89 e 100), haja vista as diligências necessárias à obtenção do Alvará de Funcionamento, o qual restou acostado às fls. 458/460, certo que neste ínterim fora acostado o AVCB atualizado com validade até 27/02/2023 (fl. 249), em substituição ao vencido (validade 07/05/2018 fl. 25). Destarte, ao cabo das vistorias realizadas, verifica-se que a serventia apresenta acessibilidade em relação ao passeio público, estacionamento, entrada e saída principal, acesso, sanitários, adequação de mobiliário e equipamentos públicos, balcões de atendimento e sanitários, certo que já atingidas as condições de acessibilidade, atingindo um bom nível nos itens avaliados. Os elementos coligidos evidenciam, dentro do princípio da razoabilidade, que a Unidade ostenta acessibilidade e regularidade da documentação. Por conseguinte, aprovo o funcionamento da Unidade no tocante à acessibilidade e determino o arquivamento do expediente, sem prejuízo de nova avaliação do local, na hipótese de motivo justificado, a exemplo do que vem sendo decidido nos demais expedientes envolvendo outras serventias afetas a esta Corregedoria Permanente. Imperioso, por fim, ressaltar que a mudança de endereço ocorreu em data anterior à correição ordinária do respectivo ano e dos subsequentes vez que ocorrida em janeiro de 2018, restando, portanto, cumprido o item 15.2, do Capítulo XIII da visita correcional, das Normas de Serviço da Corregedoria Geral da Justiça, certo que a Ata Correcional pertinente já fora devidamente encaminhada. Com cópias das fls. 457/460, oficie-se à Egrégia Corregedoria Geral da Justiça, por e-mail, servindo a presente como ofício. Ciência ao Ministério Público e à Sra. Delegatária. I.C. - ADV: EVERALDO DE MELO COLOMBI JUNIOR (OAB 197698/SP) (DJe de 23.11.2021 – SP)

Ementa: Sentença – Pedido de Providências – Informação de falsidade em reconhecimentos de firmas apostos em ATPV, supostamente, praticada perante à Serventia Extrajudicial – Esclarecimento pela Delegatária de que o signatário não possui ficha de firma arquivada na Unidade, bem como indicou que a etiqueta utilizada não corresponde aos padrões adotados – Selos apostos no documento que foram utilizados em momentos temporais diversos dos indicados no certificado – Comprovação da ocorrência de falsidade – Ausência de indícios que indique que a Serventia concorreu diretamente para os atos fraudulentos engendrados – Encaminhamento da cópia do expediente à CIPP – Art 40 do CPP – Arquivamento do feito – Ciência à Titular

Processo 1108437-80.2021.8.26.0100

Pedido de Providências - Tabelionato de Notas - R.T.D.S.M.P. - Juiz(a) de Direito: Dr(a). Marcelo Benacchio VISTOS, Trata-se de expediente instaurado a partir de comunicação encaminhada pela Senhora Oficial do Registro Civil das Pessoas Naturais e Tabeliã de Notas do Distrito de São Miguel Paulista, Capital, noticiando que tomou conhecimento de falsidade em reconhecimentos de firma apostos em Autorização para Transferência de Propriedade de Veículo - ATPV, supostamente praticada perante sua serventia. O documento debatido encontra-se acostado às fls. 02. A Senhora Titular prestou esclarecimentos (fls. 11/22 e 30/39). O Ministério Público ofertou parecer às fls. 25, pugnando pelo arquivamento do expediente. É o breve relatório. DECIDO. Cuida-se de pedido de providências formulado pela Senhora Oficial do Registro Civil das Pessoas Naturais e Tabeliã de Notas do Distrito de São Miguel Paulista, Capital, noticiando que tomou conhecimento de falsidade em reconhecimentos de firma apostos em Autorização para Transferência de Propriedade de Veículo - ATPV, supostamente praticada perante sua serventia. A Senhora Delegatária esclareceu que o signatário de nome AILTON MENDES JUNIOR não possui ficha de firma arquivada na serventia. Em relação a SÉRGIO PEREIRA, o usuário detém duas fichas depositadas no ofício extrajudicial. Todavia, não há registro no sistema de qualquer ato realizado com base nas fichas do indivíduo para o ano de 2021, sendo a última movimentação datada de 2019. Ainda, indicou que a etiqueta utilizada para fins dos reconhecimentos não correspondem aos padrões adotados em sua Serventia. Igualmente, a suposta escrevente que encerra o ato não pertence ou pertenceu ao quadro de colaboradores da unidade. Por fim, asseverou a ilustre Titular que os selos apostos no documento ora em análise, pese embora pertencentes à serventia, foram utilizados em momentos temporais diversos dos indicados no certificado, para o reconhecimento da firma de outro usuário. Nessa senda, o nobre Representante do Ministério

Público opinou pelo arquivamento dos autos, ante a ausência de indícios de descumprimento de dever funcional por parte da serventia correicionada. Bem assim, positivou-se a ocorrência de falsidade quanto ao reconhecimento das firmas de SÉRGIO PEREIRA E AILTON MENDES JUNIOR, apostos em Autorização para Transferência de Propriedade de Veículo - ATPV, cujos atos foram realizados mediante montagem fraudulenta dos elementos formadores do título. Por conseguinte, a despeito da fraude, verifica-se que não há indícios convergindo no sentido de que a unidade correicionada concorreu diretamente para os atos fraudulentos engendrados. Nessa ordem de ideias, a hipótese dos autos não dá margem à adoção de providência censório disciplinar em relação ao serviço correicionado, não se vislumbrando responsabilidade funcional. Outrossim, diante da natureza do caso, que se reveste de colorido penal, reputo conveniente a extração de peças de todo o expediente para encaminhamento à Central de Inquéritos Policiais e Processos CIPP, nos termos do artigo 40 do Código de Processo Penal. Oportunamente, determino o arquivamento dos autos. Ciência à Senhora Titular e ao Ministério Público. Encaminhe-se cópia integral dos autos à Egrégia Corregedoria Geral da Justiça, por e-mail, servindo a presente sentença como ofício. I.C. - ADV: EVERALDO DE MELO COLOMBI JUNIOR (OAB 197698/SP) (DJe de 23.11.2021 – SP)

Ementa: Sentença – Pedido de Providências – Insurgência diante da obrigatoriedade de retirada de máscara de proteção contra a COVID-19 para colheita de fotografia em ato de abertura de ficha – Alegação de conflito das normas de saúde com o Provimento CNJ nº 88/2019 – Descabimento – Inexistência de ilícito funcional pela Delegatária – Arquivamento do feito – Ciência à Titular – Improcedência

Processo 1108447-27.2021.8.26.0100

Pedido de Providências - Tabelionato de Notas - T.N. - M.P.C.B. - Juiz(a) de Direito: Dr(a). Marcelo Benacchio VISTOS, Trata-se de representação encaminhada pela Senhora 22ª Tabeliã de Notas desta Capital, formulada pela Senhora Maria Paula Costa Bertran, que se insurge diante da obrigatoriedade de retirada da máscara de proteção contra COVID-19 para colheita de fotografia em ato de abertura de ficha, entendendo que há conflito das normas de saúde com o Provimento 88/2019 do CNJ. A manifestação pela Senhora Representante encontra-se acostada às fls. 04/06. O Ministério Público apresentou parecer às fls. 10/11. Instada a se manifestar, a Senhora Representante quedou-se inerte (fls. 16). É o breve relatório. Decido. Cuidam os autos de expediente encaminhado pela Senhora 22ª Tabeliã de Notas desta Capital, do interesse da Senhora Maria Paula Costa Bertran. Insurge-se a Senhora Representante diante da obrigatoriedade de retirada da máscara de proteção contra COVID-19 para colheita de fotografia em ato de abertura de ficha, entendendo que há conflito das normas de saúde com o Provimento 88/2019 do CNJ. A Senhora Titular esclareceu que segue estritamente o Provimento CNJ 88/2019, cujo item 3, do inciso I, do artigo 9º indica a colheita de fotografia como um dos itens de segurança dos procedimentos notariais. Ademais, destacou que observa rigidamente as normas de saúde impostas em razão da pandemia de COVID-19. O Ministério Público opinou pelo arquivamento da representação, na compreensão de que não há qualquer conflito entre o Provimento 88 e as normas de saúde, uma vez que a retirada da máscara é permitida em diversas situações, mesmo em ambientes internos, como em restaurantes, exames de saúde e identificação perante os órgãos públicos. A Senhora Representante, instada a se manifestar quanto aos esclarecimentos prestados, quedou-se inerte. Destarte, diante desse painel, reputo satisfatórias as explicações apresentadas pela Senhora Titular, destacando-se o parecer pela i. Representante do Ministério Público, que apontou diversas situações correlatas nas quais a máscara pode ou deve ser retirada, de modo que resta afastado qualquer indício de falha na prestação do serviço ou responsabilidade funcional pela n. Delegatária. Nessas condições, à míngua de providência censório-disciplinar a ser adotada, determino o arquivamento dos autos. Encaminhe-se cópia integral dos autos à Egrégia Corregedoria Geral da Justiça, por e-mail, servindo a presente sentença como ofício. Ciência à Senhora Titular, ao Ministério Público e à Senhora Representante, por e-mail. I.C. - ADV: MARIA PAULA COSTA BERTRAN (OAB 224587/SP) (DJe de 23.11.2021 – SP)

Ementa: Sentença – Pedido de Providências – Alegação de falhas no atendimento telefônico prestado pela Serventia Extrajudicial – Informação pela Requerente de que o preposto lhe dispensou tratamento rude e relatou que o excesso de ligações para a Unidade prejudicam o andamento dos serviços – Esclarecimento pela Oficial de que a central telefônica apresentou problemas técnicos, o que já restou devidamente solucionado – Colaboradores que foram devidamente reorientados – Ausência de ilícito funcional por parte do Titular

– Arquivamento do feito – Ciência ao Titular – Improcedência

Processo 0036499-42.2021.8.26.0100

Pedido de Providências - 2ª Vara de Registros Públicos - VISTOS, Trata-se de representação encaminhada pela E. Corregedoria Geral da Justiça, do interesse da Senhora C. M. A., em face do Senhor Oficial do Registro Civil das Pessoas Naturais de Subdistrito desta Capital, noticiando falhas no atendimento telefônico prestado pela unidade. O Senhor Oficial prestou esclarecimentos às fls. 09/13. A Senhora Representante, instada a se manifestar, quedou-se inerte (fls. 15). O Ministério Público acompanhou o feito e pugnou, ao final, pela abertura de Processo Administrativo-Disciplinar em face do Senhor Titular, pela falha no atendimento (fls. 23/25). É o breve relatório. Decido. Cuidam os autos de expediente formulado pela Senhora C. M. A., em face do Senhor Oficial do Registro Civil das Pessoas Naturais de Subdistrito desta Capital, noticiando falhas no atendimento telefônico prestado pela unidade. Narrou a Senhora Representante que efetuou diversas tentativas de contato telefônico com a serventia de Registro Civil, sem sucesso. Relata, nesse sentido, que somente conseguiu ser atendida quando digitou, no menu eletrônico da ligação, a opção "Empresas". Por fim, noticiou que na interação o preposto lhe dispensou tratamento rude e referiu que o excesso de pessoas telefonando para a unidade prejudicam o andamento dos trabalhos. A seu turno, o Senhor Oficial veio aos autos para esclarecer, primeiramente, que a central telefônica apesentou problemas técnicos, o que já restou devidamente solucionado. Noutro turno, ressaltou o d. Registrador que de fato o funcionário que prestou o atendimento se recordou de ter reclamado à Senhora Representante quanto ao excesso de ligações. Nesse sentido, destacou o Senhor Titular que providenciou a reorientação do mesmo, bem como de todos os colaboradores, de modo que tal situação não torne a ocorrer. Destarte, diante desse painel, reputo satisfatórias as explicações apresentadas pelo Senhor Registrador, não vislumbrando, por ora, responsabilidade funcional apta a ensejar a instauração de procedimento administrativo, no âmbito disciplinar. Consigno que supor indícios de ilícito administrativo, no entendimento de que o Titular teria deixado de observar os deveres de sua função delegada, em razão de falha isolada cometida por preposto, devidamente orientado e fiscalizado, seria imputar ao Delegatário responsabilidade objetiva, o que não se pode conceber, haja vista que a responsabilização dos Titulares de delegações deriva da inobservância de seus deveres funcionais o que, por ora, não se apurou. Todavia, na consideração de que reclamações dessa natureza, em relação à serventia, tem se multiplicado, advirto o Senhor Titular para que se mantenha rigorosamente atento à fiscalização e orientação de seus prepostos, em especial no tocante ao bom atendimento ao público, que deve sempre ser realizado com respeito, educação, paciência e consciência do importante papel desempenhado pela serventia extrajudicial. Em especial, consigno ao Senhor Titular para que oriente os colaboradores no sentido de que forneçam as informações necessárias ao processamento de pedidos de seu mister, de forma clara, detalhada e cortês, de modo a evitar a repetição de situações de insatisfação semelhantes. Feitas tais observações, que objetivam a melhora do serviço público prestado, e à míngua de providência censório-disciplinar a ser adotada, determino o arquivamento dos autos. Não menos importante, determino à z. Serventia Judicial que publique a presente decisão no DJE, uma vez que os fatos aqui relatados são de interesse da sociedade e as observações ora deduzidas contribuirão para a melhora do serviço público como um todo, resultando, como fim maior, no pleno atendimento do cidadão. Encaminhe-se cópia desta r. Sentença, bem como de fls. 23/25, à Egrégia Corregedoria Geral da Justiça, por e-mail, servindo a presente sentença como ofício. Ciência ao Senhor Titular, ao Ministério Público e à Senhora Representante, por e-mail. P.I.C. (DJe de 25.10.2021 – SP)

Ementa: Sentença – Pedido de Providências – Alegação de recusa pelo CDT do registro de Declaração Particular com fins de Conservação – Informação pelo Presidente de que o documento indicava a necessidade de Publicidade o que seria impossível em razão da incompetência – Esclarecimento pelo Requerente do intuito apenas de Conservação – Efetivação do registro – Funcionários instruídos em relação ao dever de esclarecimento – Item 9, do Capítulo XIX, das NSCGJ – Pretensão satisfeita – Ausência de Conduta irregular – Arquivamento do feito

Processo 0001472-95.2021.8.26.0100

Pedido de Providências - REGISTROS PÚBLICOS - Corregedoria Geral da Justiça - Otávio Marcondes Terra e outro - Do exposto, não se observa irregularidade a merecer outras providências, de modo que determino o arquivamento dos autos. Sem prejuízo, oficie-se a E. CGJ com cópia integral dos autos, para ciência do desfecho da reclamação. Providencie-se, ainda, a ciência ao reclamante. Não há custas, despesas processuais nem honorários advocatícios decorrentes deste procedimento.

Oportunamente, arquivem-se os autos. P.R.I.C. - ADV: OTÁVIO MARCONDES TERRA

Íntegra da decisão:

SENTENÇA

Processo Digital nº: **0001472-95.2021.8.26.0100**

Classe - Assunto **Pedido de Providências - REGISTROS PÚBLICOS**

Requerente: **Corregedoria Geral da Justiça**

Tipo Completo da Parte Passiva Principal << Informação indisponível >>:

Nome da Parte Passiva Principal << Informação indisponível >>

Juiz(a) de Direito: Dr(a). **Vivian Labruna Catapani**

Vistos.

Trata-se de pedido de providências instaurado por provocação da E. Corregedoria Geral da Justiça, após reclamação formulada por Otavio Marcondes Terra, em razão da suposta recusa do atendente do Centro de Distribuição de Títulos e Documentos da Capital em dar seguimento à pretensão do interessado de registro com fins de conservação, ao usar como argumento o princípio da territorialidade.

O Presidente do CDT manifestou-se às fls. 15/16, esclarecendo que o documento apresentado pelo reclamante era uma declaração cujo conteúdo indicava a necessidade de publicidade para que o registro atingisse sua finalidade. Pontuou que lhe foi explicado sobre a impossibilidade do ato, uma vez que o domicílio do declarante situava-se em São João da Boa Vista/SP, circunstância que não atendia às normas de serviço aplicáveis (NSCGJ, Cap. XIX, itens 1.1, 4.1 e 6.3), lidas naquela oportunidade. Relatou que, em contato posterior, o usuário indagou sobre a possibilidade de registro exclusivamente para fins de conservação, quando recebeu instruções para encaminhar o documento, que já fora registrado nesses moldes no 3º RTD da Capital. Salientou, ainda, não ser comum oferecer essa espécie de registro em lugar daquele voltado a dar publicidade, exceto quando se percebe clara intenção de conservação. Acrescentou, contudo, que, em virtude do ocorrido, foram reforçadas as orientações dos funcionários no sentido de detalharem as diferenças de ambos os registros, ao vislumbrarem interesse na mera conservação.

Na sequência, falou o reclamante (fl. 19), ressaltando estar satisfeito com a rápida atuação no caso e com as medidas tomadas.

O Ministério Público opinou pelo indeferimento do pedido de providências (fls. 23/24).

É o relatório. Decido.

Não há nos autos cópia do documento cuja pretensão de registro originou a reclamação. Contudo, o reclamante o definiu como "declaração particular" (fl. 02).

Embora esse seja um conceito vago, é compreensível que o conteúdo tenha levado ao entendimento de que a finalidade do registro buscado era de publicidade, hipótese em que incide o princípio da territorialidade, regulado nos termos do item 4.1, do Cap. XIX, das NSCGJ:

4.1. Compete privativamente aos oficiais de registro de títulos e documentos do domicílio das partes mencionadas no título (pessoa física ou jurídica), o registro obrigatório para eficácia contra terceiros de documentos originais cujo suporte seja papel, microfilme e mídias óticas, analógicas, eletrônicas ou digitais, bem como de documentos elaborados sob qualquer outra forma tecnológica.

O reclamante afirmou ter informado durante o atendimento a intenção de mera conservação (fl. 02). Por seu turno, o Presidente do CDT relatou que lhe foi explicado acerca da incompetência quanto a finalidade de publicidade e esclareceu que só posteriormente o usuário deixou clara a pretensão de conservação (fls. 15/16).

Verifica-se, no caso, que houve um desencontro na comunicação, logo sanado, inclusive com a efetivação de posterior registro para fins de conservação, o que denota a continuidade do atendimento prestado, até a solução.

Ademais, o Presidente do CDT, ao se reportar, ressaltou que, a fim de evitar a recorrência da situação, tomou providências para melhor instrução dos funcionários sobre o dever de esclarecimento inserto no item 9, do Cap. XIX, das NSCGJ:

9. O registro facultativo exclusivamente para fins de mera conservação, tanto de documentos em papel como de documentos eletrônicos, terá apenas a finalidade de arquivamento, bem como de autenticação da data, da existência e do conteúdo do documento ou do conjunto de documentos, não gerando publicidade nem eficácia em face de terceiros, circunstância que deve ser previamente esclarecida ao interessado, sendo vedada qualquer indicação que possa ensejar dúvida sobre a natureza do registro ou confusão com a eficácia decorrente do registro para fins de publicidade e/ou eficácia contra terceiros.

Diante das medidas tomadas, o próprio reclamante manifestou satisfação com a condução do problema (fl. 19).

Do exposto, não se observa irregularidade a merecer outras providências, de modo que determino o **arquivamento** dos autos.

Sem prejuízo, oficie-se a E. CGJ com cópia integral dos autos, para ciência do desfecho da reclamação.

Providencie-se, ainda, a ciência ao reclamante.

Não há custas, despesas processuais nem honorários advocatícios decorrentes deste procedimento.

Oportunamente, arquivem-se os autos.

P.R.I.C.

São Paulo, 04 de março de 2021. (OAB 180619/SP) (DJe de 08.03.2021 – SP)

EMOLUMENTOS

Ementa: Sentença – Pedido de Providências – Insurgência contra a utilização do valor da dívida como base de cálculo dos emolumentos cobrados – Oficial que se baseou na Tabela II, anexa à Lei Estadual nº 11.331/02 – Existência de previsão específica quanto à averbação de penhora – Previsão da utilização do valor da obrigação, dividida pelo número de imóveis, como base de cálculo dos emolumentos – Oficial que efetuou a cobrança de forma regular – Improcedência

Processo 1116560-67.2021.8.26.0100

Pedido de Providências - Registro de Imóveis - Lais Vianna de Mello Carneiro - Diante do exposto, JULGO IMPROCEDENTE o pedido de providências interposto a pedido da parte interessada, reconhecendo como correta a cobrança dos emolumentos pelo Oficial. Regularize, a serventia judicial, o cadastro da parte passiva, a fim de constar somente os credores indicados na certidão de penhora (fl. 03). Deste procedimento não decorrem custas, despesas processuais ou honorários advocatícios. Oportunamente, remetam-se os autos ao arquivo. P.R.I.C. - ADV: CHRISTIAN GARCIA VIEIRA (OAB 168814/SP)

Íntegra da decisão:

SENTENÇA

Processo Digital nº: **1116560-67.2021.8.26.0100**

Classe - Assunto **Pedido de Providências - Registro de Imóveis**

Requerente: **1º Oficial de Registro de Imóveis da Capital**

Requerido: **Lais Vianna de Mello Carneiro**

Juiz(a) de Direito: Dr(a). **Luciana Carone Nucci Eugênio Mahuad**

Vistos.

Trata-se de **pedido de providências** formulado pelo **Oficial do 1º Registro de Imóveis da Capital** a requerimento de **Marcelo Monteiro Perez, Aguinaldo Rodrigues, Dina Moretti Rodrigues e Avelino Luiz Rodrigues**, que manifestam inconformismo com a utilização do valor da dívida como base de cálculo dos emolumentos cobrados.

Cuidando de situação concreta e não de dúvida do registrador quanto à aplicação de norma, este procedimento foi recebido como pedido de providências (fl. 16).

No caso, os emolumentos referem-se à prenotação n. 408575, relativa à averbação de penhora dos imóveis registrados sob n. 47.810 e 93.618 daquela serventia, conforme decidido no processo de autos n. 0040540-57.2018.8.26.0100, em trâmite perante a 19ª Vara Cível do Foro Central da Comarca da Capital.

O Oficial menciona que o valor da execução é de R$138.243.250,31, o qual foi dividido pelo número de imóveis penhorados, resultando no valor de R$69.121.625,015, sendo esta a base de cálculo para cada um dos atos. Sobre este montante, foi aplicado o patamar de 20% do item 1 da Tabela a título de emolumentos.

Documentos vieram às fls. 03/15.

A parte interessada manifestou-se às fls. 20/24, sustentando que os valores dos emolumentos não foram corretamente calculados pelo registrador, uma vez que, utilizando o montante do débito como base de cálculo (que se aproxima de R$140.000.000,00), apontou o valor de R$44.992,74. Entende que a nota explicativa 1.2 da Lei n. 11.331/02 somente seria aplicável na hipótese de inclusão de garantias reais (penhor, hipoteca, mútuo, etc.), em que o valor da garantia supera o da dívida. Pretende a incidência do item 10 da referida tabela de emolumentos, sendo devido o patamar de 20% do valor declarado (alínea "n" do item 1). Assim, totalizando os imóveis o valor de R$609.475,00, o valor da averbação seria de R$2.984,18, sobre o qual incidiria a porcentagem indicada, o que alcança R$589,63 a título de emolumentos. Documentos foram exibidos a fls. 25/28.

O Ministério Público opinou pela procedência (fls. 32/34).

É o relatório.

Fundamento e decido.

Por primeiro, observo que o pedido de providência foi iniciado no interesse dos credores da execução, de modo que eles devem figurar no polo passivo.

No mérito, o pedido não pode ser acolhido. Vejamos os motivos.

Por primeiro, cumpre destacar que o Oficial valeu-se da tabela II (Dos Ofícios de Registro de Imóveis), anexa à Lei Estadual n. 11.331/02, indicando o item "10. Inscrição de Penhora: 20% (vinte por cento) do previsto no item 1 – Registro", para calcular os emolumentos devidos (fls. 01/02), o que está em acordo com o pretendido pela parte requerente, pelo que, quanto a tal ponto, não há divergência.

A discussão está na utilização do valor da dívida como base de cálculo dos emolumentos para averbação de penhora no fólio real.

A nota explicativa 1.2 da referida tabela II assim prevê (destaque nosso):

*"**No registro** de hipoteca, penhor ou **penhora quando dois ou mais imóveis forem dados em garantia**, ou no caso de penhor quando a garantia esteja situada em mais de um imóvel, na mesma circunscrição imobiliária ou não, tenham ou não igual valor, **a base de cálculo para cobrança, em relação a cada um dos registros, será o valor do mútuo dividido pelo número de imóveis dados em garantia, ou pelo número de imóveis de situação, conforme o caso**".*

Assim, a alegação de que tal regra somente seria aplicável quando do ingresso de garantias reais não prospera, notadamente porque há previsão específica quanto à averbação de penhora, que não se confunde com os demais institutos indicados na nota explicativa.

Esta regra prevê, ainda, a utilização do valor da obrigação como base de cálculo dos emolumentos, que deve ser dividido pelo número de imóveis.

Tal norma não diverge daquelas da Lei n. 10.169/00, a qual, em seu artigo 1º, prevê que:

"Os Estados e o Distrito Federal fixarão o valor dos emolumentos relativos aos atos praticados pelos respectivos serviços notariais e de registro, observadas as normas desta Lei.

Parágrafo único. O valor fixado para os emolumentos deverá corresponder ao efetivo custo e à adequada e suficiente remuneração dos serviços prestados".

Todavia, inaplicável o disposto em seu artigo 2º, §2º, inciso II, alínea "a", conforme pretendido pelo Ministério Público, já que ausente omissão legislativa a possibilitar interpretação extensiva, destacando-se que este dispositivo cuida de instituto diverso do analisado neste procedimento (mútuo rural, destaque nosso):

"Para a fixação do valor dos emolumentos, a Lei dos Estados e do Distrito Federal levará em conta a natureza pública e o caráter social dos serviços notariais e de registro, atendidas ainda as seguintes regras:

(...)

*§ 2º Os emolumentos devidos pela constituição de direitos reais de garantia mobiliária ou imobiliária **destinados ao crédito rural** não poderão exceder o menor dos seguintes valores:*

(...)

II - o valor respectivo previsto na tabela estadual definida em lei, observado que:

a) nos registros, quando 2 (dois) ou mais imóveis forem dados em garantia, situados ou não na mesma circunscrição imobiliária, tenham ou não igual valor, a base de cálculo dos atos será o resultado da divisão do valor do mútuo pelo número de imóveis, limitada ao potencial econômico de cada bem".

Tratando de questão similar, em sede de consulta, decidiu o Corregedor Geral da Justiça à época, Des. Hamilton Elliot Akel, ao aprovar o Parecer n. 359/2014-E, da lavra do MM. Juiz Assessor da Corregedoria Gustavo Henrique Bretas Marzagão:

"O item 79, do Capítulo XIII, das Normas de Serviço da Corregedoria Geral da Justiça, dispõe que:

'Em caso de dúvida sobre a aplicação da lei e das tabelas de emolumentos, o notário e o registrador poderão formular consulta escrita ao respectivo Juiz Corregedor Permanente, que, em 5 dias, proferirá decisão.'

No presente caso, porém, não há dúvida quanto à aplicação de norma, mas sim discordância quanto aos critérios nela estabelecidos para o penhor, por entender injusta a solução dada pelo legislador para a questão.

A Nota Explicativa 1.2, da tabela II, dos Ofícios de Registro de Imóveis, é clara no sentido de que a base de cálculo para cobrança dos emolumentos, no registro de penhor, será o valor da obrigação dividido pelo número de imóveis de situação dos bens empenhados.

Interpretar a norma de forma a restringir a sua aplicação apenas às hipotecas e penhoras, ignorando sua expressa aplicação ao penhor, equivale a contrariar a pretensão do legislador, criando nova norma sob o pretexto de interpretação de norma já existente, atividade incabível no âmbito administrativo, como já decidido pelo E. Conselho Superior da Magistratura:

'Definitivamente, em sede administrativa, nem o Juízo Corregedor Permanente, nem a Corregedoria Geral da Justiça ou o conselho Superior da Magistratura pode modificar critério expressos em lei ou dála por inconstitucional' (CSMSP – Apelação Cível: 600-6/0 Localidade: Limeira DATA DE JULGAMENTO: 21/12/2006 Relator: Des. Gilberto Passos de Freitas).

Diante do exposto, o parecer que respeitosamente submeto à apreciação de V. Exma. é no sentido de que seja arquivado o presente expediente".

Assim também decidiu o então Corregedor Geral da Justiça, Des. Pereira Calças, ao aprovar o Parecer n. 185/2017-E, da lavra da MM. Juíza Assessora da Corregedoria Paula Lopes Gomes:

"O recurso não merece provimento.

Emolumentos são fixados por lei e são cobrados daqueles que demandam a prestação de serviços notariais e registrais.

O §2º do artigo 236 da Constituição Federal prevê que 'Lei federal estabelecerá normas gerais para fixação de emolumentos relativos aos atos praticados pelos serviços notariais e de registro'.

As normas gerais para a fixação de emolumentos relativos aos atos praticados pelos serviços notariais e de registro estão fixadas na Lei Federal 10.169/2000. De acordo com o artigo 1º dessa Lei, 'Os Estados e o Distrito Federal fixarão o valor dos emolumentos relativos aos atos praticados pelos respectivos serviços notariais e de registro, observadas as normas desta Lei'.

No Estado de São Paulo, as regras que fixam os emolumentos, valores e forma de recolhimento, estão previstas na Lei 11.331/2002.

A Lei Estadual classifica os atos em duas categorias: atos relativos a situação jurídicas **com** *conteúdo financeiro e atos relativos a situações jurídicas* **sem** *conteúdo financeiro. Nos atos com conteúdo financeiro, os emolumentos são fixados por faixas com valores mínimos e máximos, considerado o valor constante do documento apresentado aos serviços notariais e de registro.*

O ato de inscrição de penhora consubstancia situação jurídica **com** *conteúdo financeiro e os emolumentos correspondem a 20% do valor da dívida ('valor constante do documento a ser apresentado aos serviços notariais e de registro'), previsto no item 1 da Tabela II registro (item 10 da Tabela II da Lei Estadual 11.331/2002).*

Não haveria a cobrança dos emolumentos somente se os recorrentes fossem beneficiários da assistência judiciária gratuita, na forma do inciso II do artigo 9º da Lei Estadual 11.331/2002.

O questionamento, na esfera administrativa, da razoabilidade do texto da Lei não se sustenta. A regra criticada pelos recorrentes está prevista em Lei Estadual, a qual foi submetida a processo legislativo regular, amparada em Lei Federal e na Constituição Federal.

Eventual pleito de redução ou majoração de emolumentos esbarra no princípio da legalidade e deverá se submeter a regular processo legislativo, obstada a discussão pela via administrativa, pois os emolumentos possuem natureza jurídica de tributo (taxa).

Pelo exposto, o parecer que submeto a Vossa excelência, respeitosamente, é no sentido de se negar provimento ao recurso".

Aplicável, assim, no cálculo dos emolumentos para averbação de penhora, a nota explicativa 1.2 da Tabela II da Lei Estadual n. 11.331/02, que determina a utilização do valor da obrigação dividida pelo número de imóveis como base de cálculo, sobre o que deve incidir a porcentagem indicada no item 10 (20%), para seu enquadramento no item 1. Registro da referida tabela.

Diante do exposto, **JULGO IMPROCEDENTE** o pedido de providências interposto a pedido da parte interessada, reconhecendo como correta a cobrança dos emolumentos pelo Oficial. Regularize, a serventia judicial, o cadastro da parte passiva, a fim de constar somente os credores indicados na certidão de penhora (fl. 03).

Deste procedimento não decorrem custas, despesas processuais ou honorários advocatícios.

Oportunamente, remetam-se os autos ao arquivo.

P.R.I.C.

São Paulo, 1º de dezembro de 2021.

Luciana Carone Nucci Eugênio Mahuad

Juíza de Direito (DJe de 06.12.2021 – SP)

Ementa: Sentença – Pedido de Providências – Alegação de cobrança indevida de custas e emolumentos para cancelamento de protesto – Informação pela Requerente de que é beneficiária de assistência judiciária gratuita, concedida na ação da qual se originou o título protestado – Ausência de apresentação de ordem judicial determinando o cancelamento do protesto – Efetivação do protesto que decorreu do livre exercício da faculdade – Art. 517 do CPC – Necessidade de expressa manifestação judicial em relação a isenção para cancelamento do protesto – Item 8, Capítulo XIII, das NSCGJ – Inexistência de conduta irregular – Arquivamento do feito – Improcedência

Processo 0017225-92.2021.8.26.0100

edido de Providências - REGISTROS PÚBLICOS - Corregedoria Geral da Justiça - 6º Tabelião de Protesto de Letras e Títulos da Capital - Raquel de Paula Izac - Pelo exposto, JULGO IMPROCEDENTE o pedido, determinando o arquivamento dos autos digitais. Comunique-se o resultado à E. CGJ e arquivem-se os autos oportunamente, com as cautelas de praxe. Deste procedimento não decorrem custas, despesas processuais ou honorários advocatícios. A presente decisão serve como ofício. P.R.I.C. - ADV: GUILHERME PEIXOTO ALMEIDA DE OLIVEIRA (OAB 26841/DF)

Íntegra da decisão:

SENTENÇA

Processo Digital nº: **0017225-92.2021.8.26.0100**

Classe - Assunto **Pedido de Providências - REGISTROS PÚBLICOS**

Requerente: **Corregedoria Geral da Justiça**

Requerido: **6º Tabelião de Protesto de Letras e Títulos da Capital**

Juiz(a) de Direito: Dr(a). **Luciana Carone Nucci Eugênio Mahuad**

Vistos.

Trata-se de reclamação enviada pela E. Corregedoria Geral de Justiça, a qual foi feita por **Raquel de Paula Izac** contra o **Oficial do 6º Tabelião de Protesto de Letras e Títulos da Comarca da Capital**, em virtude da cobrança indevida de custas e emolumentos para cancelamento de protesto.

Relata que apresentou para protesto, em 28 de janeiro de 2021, certidão relativa a decisão judicial transitada em julgado, sendo a devedora intimada para pagamento até o dia 09 de fevereiro. Por identificar divergência no cálculo do débito, solicitou o cancelamento do protesto por meio de mensagem eletrônica enviada na data limite. Constatando a efetivação do protesto, entrou em contato com a parte reclamada, que negou recebimento do pedido de cancelamento e informou que a providência só seria possível mediante pagamento das custas e dos emolumentos.

A reclamante alega que é beneficiária de assistência judiciária gratuita, concedida na ação da qual se originou o título protestado; que as custas não poderiam ser exigidas para atendimento de ordem judicial e que deve ser reconhecida a nulidade do protesto por ter se concretizado no prazo de pagamento e após pedido tempestivo de cancelamento, o qual foi encaminhado por meio da Central de Protestos, conforme orientação encontrada no portal eletrônico do 6º Tabelião de Protestos. Juntou documentos às fls. 25/76.

A Interina reclamada manifestou-se às fls. 81/83 e 99/101, sustentando a regularidade da cobrança e informando que a primeira solicitação de cancelamento foi enviada à Central de Protesto após o encerramento do expediente do dia limite para o pagamento (09/02, às 18h55min), de modo que o protesto se efetivou no dia seguinte (10/02). Note-se que a Central respondeu à parte requerente que aquela solicitação deveria ser enviada diretamente à serventia, o que somente foi providenciado em 23 de fevereiro, quando houve comunicação acerca da necessidade do pagamento dos respectivos emolumentos e custas.

Aduz que não era hipótese de cancelamento, viabilizado por meio da Central de Protesto, mas de retirada antecipada; que a contribuinte deu causa ao serviço e que não foi apresentada ordem judicial determinando o cancelamento independentemente do pagamento de custas e emolumentos.

Intimada das informações, a parte reclamante reiterou suas razões (fls. 88/90)

O Ministério Público manifestou-se pelo arquivamento (fls. 94/95 e 104/106)

É o relatório.

Fundamento e DECIDO.

Tendo em vista as informações da Interina e os documentos que as acompanham, não vislumbro irregularidade na cobrança ou conduta passível de aplicação de medida disciplinar.

Primeiramente, verifica-se que, embora o título apresentado tenha origem em decisão judicial transitada em julgado, a efetivação de seu protesto não decorreu de ordem judicial, mas do livre exercício da faculdade que o artigo 517 do CPC concede ao credor, não se enquadrando na isenção prevista no artigo 98, inciso IX, do CPC.

Conforme esclarecido pela Interina, ainda, deve-se atentar à distinção entre a retirada antecipada do título e o cancelamento do seu protesto.

O artigo 16 da Lei n. 9.492/97 permite a retirada do título ou documento de dívida anteriormente à lavratura do seu protesto, mas expressamente condiciona tal ato ao pagamento dos emolumentos e despesas.

Já o cancelamento do protesto, que só pode ser solicitado após sua lavratura, também exige o pagamento dos emolumentos, mesmo quando efetivado por determinação judicial (artigo 26, §3º, da Lei n. 9.492/97), de modo que se exige expressa manifestação judicial acerca da isenção para cancelamento do protesto, conforme previsto no item 68, Cap. XIII, das NSCGJSP.

Não havendo recolhimento nem demonstrada isenção expressa, mesmo que o pedido de retirada antecipada fosse tempestivo, o protesto não poderia ser evitado, o que confirma que inexiste irregularidade na conduta da Interina reclamada.

Pelo exposto, **JULGO IMPROCEDENTE** o pedido, determinando o **arquivamento dos autos digitais**. Comunique-se o resultado à E. CGJ e arquivem-se os autos oportunamente, com as cautelas de praxe.

Deste procedimento não decorrem custas, despesas processuais ou honorários advocatícios.

A presente decisão serve como ofício.

P.R.I.C.

São Paulo, 27 de julho de 2021.

Luciana Carone Nucci Eugênio Mahuad

Juiz de Direito (DJe de 29.07.2021 – SP)

Ementa: Sentença – Pedido de Providências – Alegação de cobrança indevida de emolumentos para averbação do falecimento do nu-proprietário e reversão da propriedade em favor dos usufrutuários – Informação pelo Oficial de que a cobrança é regular, sendo admitido apenas um equívoco na cobrança, onde informou que o valor será abatido por ocasião da nova averbação – Reversão que implica movimentação patrimonial – Determinação da devolução dos emolumentos relativos à averbação do óbito do coproprietário – Procedência Parcial

Processo 1045517-70.2021.8.26.0100

Pedido de Providências - Cancelamento de Hipoteca - Nilson Scoleso - Diante do exposto, JULGO PROCEDENTE o pedido de providências formulado por Nilson Scoleso em face do Oficial do 14º Registro de Imóveis da Capital para determinar o cancelamento do registro de hipoteca (matrícula n. 236.230). Providencie-se o necessário ao cumprimento. Deste procedimento não decorrem custas, despesas processuais e honorários advocatícios. Oportunamente, ao arquivo com as cautelas de praxe. P.R.I.C. - ADV: DENIS ESPAÑA (OAB 216349/SP)

Íntegra da decisão:

SENTENÇA

Processo Digital nº: **1045517-70.2021.8.26.0100**

Classe - Assunto **Pedido de Providências - Cancelamento de Hipoteca**

Requerente: **Nilson Scoleso**

Requerido: **14º Oficial de Registro de Imoveis da Capital**

Prioridade Idoso

Juiz(a) de Direito: Dr(a). **Luciana Carone Nucci Eugênio Mahuad**

Vistos.

Trata-se de pedido de providências formulado por **Nilson Scoleso** em face do **Oficial do 14º Registro de Imóveis da Capital**, visando cancelamento de hipoteca constante na matrícula n. 236.230 daquela serventia por força de perempção.

A parte requerente aduz que adquiriu o imóvel objeto da matrícula supramencionada, originada da transcrição n. 100.609, de Caetano Salvo e Maria Ramos Salvo, com quitação da dívida, mas não possui autorização expressa ou quitação outorgada credores ou sucessores, o que foi exigido pelo Oficial para o cancelamento do gravame. Assim, pretende a averbação do cancelamento por perempção, pois decorridos mais de cinquenta anos do ato praticado sem ajuizamento de execução ou cobrança. Juntou os documentos de fls. 41/96.

O Oficial manifestou-se às fls. 100/101, sustentando que a perempção não autoriza o cancelamento da hipoteca, pois apenas limita o direito dos credores em relação ao devedor, e que, portanto, o gravame só poderá ser baixado mediante instrumento de quitação ou mandado judicial (art. 1.485 do Código Civil e no art. 251 da Lei de Registros Públicos).

O Ministério Público se manifestou pelo deferimento do pedido, com o cancelamento do gravame (fls. 105/107).

É o relatório.

Passo a fundamentar e a decidir.

No mérito, o pedido é procedente. Vejamos os motivos.

De acordo com o disposto na Lei de Registros Públicos:

> *Art. 251 - O cancelamento de hipoteca só pode ser feito:*
>
> *I - à vista de autorização expressa ou quitação outorgada pelo credor ou seu sucessor, em instrumento público ou particular;*
>
> *II - em razão de procedimento administrativo ou contencioso, no qual o credor tenha sido intimado (art. 698 do Código de Processo Civil);*
>
> *III - na conformidade da legislação referente às cédulas hipotecárias.*

Conforme parecer do MM. Juiz Marcelo Fortes Barbosa Filho elaborado no Proc. CG 346/2002 e aprovado em 06.02.2002 pelo Corregedor Geral da Justiça à época, Des. Luiz Tâmbara, o rol previsto no art. 251 é *numerus clausus*, devendo, como regra, ser observado.

Contudo, se verificada a perempção, é possível operar-se averbação de ofício:

> *"Para que subsistisse a hipoteca, a prorrogação de sua inscrição deveria ter sido promovida dentro do prazo de trinta anos, vencido em 27.07.1986, e, como não o foi, a garantia real perimiu, eis que não se admite sua perpetuidade, cessando, então, a inscrição de produzir seus efeitos próprios (Caio Mário da Silva Pereira. Instituições de direito civil. 2. ed. Rio de Janeiro: Forense, 1974. vol. IV, p. 352-353). Ora, caracterizada a perempção, operada pelo simples decurso de um prazo legal insusceptível de suspensão ou interrupção, conforme o explicitado pelo C. Conselho Superior da Magistratura quando do julgamento da Ap 256.993, da Comarca da Capital (rel. Des. Acácio Rebouças, j. 13.01.1977, RDI 3/121), não há necessidade de ordem judicial para que seja promovida averbação correspondente.*
>
> *Assim, entendo ser possível, de ofício, seja determinada a realização de averbação, reportada a perempção da hipoteca em apreço, o que, apesar de não caracterizar um cancelamento, indicará não produzir a inscrição quaisquer novos efeitos".*

O prazo legal a que se refere a decisão, antes regido pelo art. 887 do CC/16, vem atualmente regido pelo art. 1.485 do CC/2002:

"Art. 1.485. Mediante simples averbação, requerida por ambas as partes, poderá prorrogar-se a hipoteca, até 30 (trinta) anos da data do contrato. Desde que perfaça esse prazo, só poderá subsistir o contrato de hipoteca reconstituindo-se por novo título e novo registro; e, nesse caso, lhe será mantida a precedência, que então lhe competir".

De tal modo, no decurso do prazo legal de trinta anos sem a celebração de novo contrato, a hipoteca perde seus efeitos.

Depreende-se da Av.1 da matrícula do imóvel (fl. 80) que a parte requerente é a proprietária tabular do imóvel e que a hipoteca foi registrada em 31 de julho de 1970. Portanto, na ausência de registro subsequente de novo título a reconstituí-la, houve perempção.

A partir de constatação análoga, já se reconheceu a possibilidade de averbação da perempção em mais de um julgado da E. Corregedoria Geral da Justiça: Processo CJ nº 904/2003 parecer do MM. Juiz Assessor Claudio Luiz Bueno de Godoy, elaborado em 25.09.2003; Processo CJ nº 07/2004, parecer do MM. Juiz Assessor José Antonio de Paula Santos Neto, elaborado em 02.02.2004, e Processo CJ nº 2014/118757, parecer do MM. Juiz Assessor Gustavo Henrique Bretas Marzagão, aprovado pelo Exmo. Des. Hamilton Elliot Akel em 27.08.2014.

Neste último, ressaltou-se também que a averbação da perempção resulta em cancelamento da hipoteca, afirmação esta consignada com base em entendimento firmado em embargos de declaração no Proc. GG nº 788/2005, em decisão proferida em 25.10.2005 pelo Exmo. Des. José Mário Antonio Cardinale, à época Corregedor Geral da Justiça, cujo trecho se transcreve:

"... o almejado reconhecimento da perempção importa sim cancelamento da hipoteca, não tendo a decisão embargada incorrido em qualquer imprecisão técnica. Ainda que a postulação formulada não faça referência a cancelamento de hipoteca, certo é que a pretendida extinção do registro, ainda que decorrente de situação fática vinculada ao decurso do tempo, produz necessária e automaticamente aquele resultado. Como ensina Narciso Orlandi Neto:

O cancelamento de um ato do registro significa a retirada de seus efeitos do mundo jurídico. Melhor dizendo, cancelado o registro, desaparece a publicidade e, com ela, os efeitos que ele produziria em relação a terceiro.

Num sistema como o nosso, em que o registro tem eficácia constitutiva, aparece um efeito paralelo, de conteúdo negativo; ele é também extintivo do registro anterior.... (Retificação do Registro de Imóveis, 1997, Livraria Del Rey, Editora Oliveira Mendes, pág. 254).

E, nos expressos termos do artigo 248 da Lei de Registros Públicos, o cancelamento efetuar-se-á mediante averbação".

Não bastasse isso, o proceder do ato de ofício fora objeto de norma regulatória prevista no item XXXII do Provimento nº 1/1988 desta Corregedoria Permanente, editado pelos hoje Desembargadores José Renato Nalini e Ricardo Henry Marques Dip, com a seguinte redação:

"XXXII. Além das hipóteses previstas no item 122, cap. XX, das "NORMAS DE SERVIÇO DA CORREGEDORIA GERAL DA JUSTIÇA", poderá averbar-se, por instância ou EX-OFFICIO, o cancelamento de registro de hipoteca perempta".

Nesse contexto e diante dos precedentes e fundamentos, adota-se o entendimento de que a averbação do cancelamento de hipoteca pode se operar de ofício se constatada a perempção, fato jurídico a ser verificado na ausência de registro de novo título reconstituindo o gravame quando decorridos trinta anos da formalização. Na incidência do art. 1.485 do CC/02, que regula a matéria, nem mesmo se deve exigir a intimação da parte credora, pois inaplicável o art. 251, inciso II, da LRP (cf. decisão no Processo CJ nº 07/2004 supracitado).

Por fim, vale destacar, ainda, que a parte requerente exibiu recibos de quitação total do preço que envolveu o negócio (fls. 44/62).

Diante do exposto, **JULGO PROCEDENTE** o pedido de providências formulado por Nilson Scoleso em face do Oficial do 14º Registro de Imóveis da Capital para determinar o cancelamento do registro de hipoteca (matrícula n. 236.230). Providencie-se o necessário ao cumprimento.

Deste procedimento não decorrem custas, despesas processuais e honorários advocatícios.

Oportunamente, ao arquivo com as cautelas de praxe.

P.R.I.C.

São Paulo, 17 de junho de 2021. (DJe de 22.06.2021 – SP)

Ementa: Sentença – Pedido de Providências – Pedido de gratuidade em relação aos emolumentos para fins de Usucapião Extrajudicial – Restrição da competência do presente juízo à Serventias específicas localizadas na Comarca da Capital – Incompetência para afastamento de emolumentos fixados por lei para o Usucapião Extrajudicial – Extinção do feito

Processo 1061112-12.2021.8.26.0100

Pedido de Providências - REGISTROS PÚBLICOS - Anésio Alves de Azevedo - Diante do exposto, JULGO EXTINTO o presente pedido de providências sem julgamento do mérito. Remeta-se cópia à E CGJ. Deste procedimento não decorrem custas, despesas processuais e honorários advocatícios. Oportunamente remetam-se os autos ao arquivo. P.R.I.C. - ADV: LUIZ FERNANDO APARECIDO GIMENES (OAB 345062/SP), ALBERTO HARUO TAKAKI (OAB 356274/SP)

Íntegra da decisão:

SENTENÇA

Processo Digital nº: **1061112-12.2021.8.26.0100**

Classe - Assunto **Pedido de Providências - REGISTROS PÚBLICOS**

Requerente: **Anésio Alves de Azevedo**

Requerido: **Oficial de Registro Civil e Tabelião de Notas do Município de Marinópolis**

Prioridade Idoso

Juiz(a) de Direito: Dr(a). **Luciana Carone Nucci Eugênio Mahuad**

Vistos.

Trata-se de pedido de providências apresentado por ANÉSIO ALVES DE AZEVEDO, por meio do qual pretende a gratuidade de emolumentos para fins de usucapião extrajudicial, os quais foram exigidos pelo Oficial de Registro Civil e Tabelião de Notas do município de Marinópolis/SP.

Não há dúvida de que, nos termos do artigo 30 da Lei Estadual nº 11.331/02, qualquer interessado pode reclamar, por petição, **ao Juiz Corregedor Permanente** contra a cobrança, a maior ou a menor, de emolumentos.

Contudo, somente o Corregedor Permanente da Comarca de Palmeira D'Oeste tem atribuição correcional sobre os atos do Oficial reclamado.

A competência deste juízo está restrita a serventias extrajudiciais específicas localizadas na Comarca da Capital. Ademais, tal competência é administrativa e disciplinar, o que não inclui o afastamento de emolumentos fixados por lei para o usucapião extrajudicial.

Explicação neste sentido já foi dada a fls. 18/20.

A saída para a parte interessada é promover ação judicial de usucapião: poderá fazer jus a assistência **jurídica** integral e gratuita, garantida constitucionalmente, caso comprove insuficiência de recursos (artigo 5º, inciso LXXIV, da CF).

Note-se, por fim, que o pedido, embora distribuído para esta Vara, foi encabeçado ao E. Corregedor Geral de Justiça, motivo pelo qual cópia deste expediente será encaminhada à CGJ.

Diante do exposto, **JULGO EXTINTO** o presente pedido de providências sem julgamento do mérito. Remeta-se cópia à E CGJ.

Deste procedimento não decorrem custas, despesas processuais e honorários advocatícios.

Oportunamente remetam-se os autos ao arquivo.

P.R.I.C.

São Paulo, 16 de junho de 2021.

Luciana Carone Nucci Eugênio Mahuad

Juiz de Direito (DJe de 22.06.2021 – SP)

Ementa: Sentença – Pedido de Providências – Alegação de inconstitucionalidade na cobrança de Emolumentos com base no valor venal de referência do imóvel – Descabimento – Esclarecimento pela Tabeliã de que a cobrança incide sobre o maior valor entre aqueles que se apresentarem possíveis – Art. 7º, da Lei Estadual nº 11.331/2002 – Impossibilidade de reconhecimento de Inconstitucionalidade na via administrativa – Atuação da Delegatária em conformidade com as normas estabelecidas – Art. 30, da Lei Federal nº 8.935/1994 – Ausência de conduta irregular – Indeferimento do pedido – Arquivamento do feito – Ciência à Tabeliã – Improcedência

Processo 1037055-27.2021.8.26.0100

Pedido de Providências - REGISTROS PÚBLICOS - A.S.M. - A.A.R. - T.N.C. - Juiz(a) de Direito: Dr(a). Marcelo Benacchio VISTOS, Cuida-se de pedido de providências formulado por A. A. R. e A. S. M., em face da Senhora 23ª Tabeliã de Notas da Capital, por meio do qual se insurgem ante a cobrança de emolumentos com base no valor venal de referência do imóvel ao revés do valor do negócio jurídico pactuado, alegando inconstitucionalidade na exigência monetária efetuada. Os autos foram instruídos com os documentos de fls. 11/50. A Senhora Tabeliã prestou esclarecimentos, às fls. 54/75. Os Senhores Representantes apresentaram sua réplica às fls. 77/85, reiterando os termos de seu protesto inicial. A i. Representante do Ministério Público ofertou parecer às fls. 89/91, opinando pelo indeferimento do pedido e pela inexistência de indícios de falha na prestação do serviço ou ilícito funcional pela Senhora Tabeliã, com o consequente arquivamento da representação. É o relatório. Decido. Tratam os autos de representação formulada pelos Senhores A. A. R. e A. S. M., em face da Senhora 23º Tabeliã de Notas da Capital, insurgindo-se ante a cobrança dos emolumentos relativos a ato notarial sobre o valor venal de referência da transação imobiliária ao revés do valor do negócio jurídico pactuado, alegando inconstitucionalidade na cobrança efetuada. Verifica-se dos autos que os Senhores Representantes impetraram mandado de segurança contra a Prefeitura de São Paulo questionando a cobrança do ITBI sobre o valor venal de referência, ao revés do valor da efetiva transação imobiliária, cuja arrematação se dera por monta muito inferior à soma estabelecida pela Municipalidade. Em decisão liminar, o pleito foi deferido para que o imposto seja pago sobre o quantum quitado no arremate (e somente quando do registro junto à Serventia Imobiliária, ao revés da apresentação da quitação no ato da lavratura da Escritura Pública, como de praxe nas NSCGJ). Dessa forma, por meio do presente pedido de providências, pretendem os Senhores Representantes que o mesmo entendimento ou a mesma decisão seja aplicada à cobrança dos emolumentos pela Senhora Tabeliã, no sentido de que a Notária efetue o cálculo do valor devido à serventia, à título de Emolumentos pela Escritura de Compra e Venda, pelo montante da arrematação ou, sucessivamente, do IPTU e não, como compreende a d. Delegatária pela aplicação da tabela de custas, pelo Valor Venal de Referência. Alegam os Senhores Representantes que a Lei de Custas Extrajudiciais (Lei 11.331/2002) não menciona que a cobrança dos emolumentos deva se dar sobre o Valor Venal de Referência e, ademais, sustentam que a exigência é inconstitucional, conforme declarada pelo c. Órgão Especial do E. Tribunal de Justiça de São Paulo, na AI nº 0056693-19.2014.8.26.0000. A seu turno, a Senhora Tabeliã defendeu seu posicionamento, no sentido de que o artigo 7º da Lei 11.331/2002 estabelece claramente que a cobrança incide sobre o maior valor entre aqueles que se apresentarem possíveis, haja vista as diferentes bases de cálculos que são estabelecidas pelas eventuais diversas entidades credoras. No mesmo sentido, referiu que a alegada inconstitucionalidade da cobrança, conforme decidida nos autos mencionados pelos Senhores Representantes, não se revestiu de eficácia erga omnes, de modo que não houve a exclusão da regra do ordenamento jurídico. Com efeito, deduziu a Senhora Delegatária que, correta ou não a exigência, o Notariado se detém adstrito a ela, uma vez que deve observar a o princípio da legalidade estrita, como serviço público delegado. Em réplica, os Senhores Reclamantes mantiveram sua insurgência, protestando pela cobrança dos emolumentos sobre o valor do negócio jurídico efetivamente aventado ou, alternativamente, pelo valor lançado a título de cobrança de IPTU. Pois bem. Respeitados os elevados argumentos deduzidos pelos Senhores Representantes, o pedido, tal qual formulado diante desta estreita via administrativa, não merece guarida. A redação do artigo 7º da Lei 11.331/2002 é clara. In verbis: Artigo 7º - O valor da base de cálculo a ser considerado para fins de enquadramento nas tabelas de que trata o artigo 4º, relativamente aos atos classificados na alínea b do inciso III do artigo 5º, ambos desta lei, será determinado pelos parâmetros a seguir, prevalecendo o que for maior: I - preço ou valor econômico da transação ou do negócio jurídico declarado pelas partes; II - valor tributário do imóvel, estabelecido no último lançamento efetuado pela Prefeitura Municipal, para efeito de cobrança de imposto sobre a propriedade predial e territorial urbana, ou o valor da avaliação do imóvel rural aceito pelo órgão federal competente, considerando o valor da terra nua, as acessões e as benfeitorias; III - base de cálculo utilizada para o recolhimento do imposto de transmissão inter vivos de bens imóveis. Parágrafo único - Nos casos em que, por força de lei, devam ser utilizados valores decorrentes de avaliação judicial ou fiscal, estes serão os valores considerados para os fins do disposto na alínea b do inciso III do artigo 5º desta lei. [grifo meu] Vejamos que, no presente caso temos três valores em embate para a propriedade: (i) o montante da arrematação (R$949.620,01 fls. 02) versus o (ii) valor venal de referência (R$2.005.749,00 fls. 02) versus (iii) o valor tributário para fins de cobrança de IPTU (R$1.357.052,00 fls. 05). Assim, deduz-se da interpretação do referido artigo que, havendo mais de um valor repousando sobre o bem, como é o caso ora em análise, a cifra a ser considerada para a cobrança, isto é, para enquadramento na tabela de custas, será aquela de maior volume, ou seja, nesta situação, o valor venal de referência. Aqui não há que se mencionar o valor venal de referência, basta a lei mencionar que a cobrança será efetuada pela maior monta, seja ela qual for. Noutro turno, a alegada inconstitucionalidade do valor venal de referência, declarada nos autos da ação de nº 0056693-19.2014.8.26.0000, aplica-se somente em contexto específico no caso de base de cálculo para a cobrança de imposto, o ITBI, em situação referenciada pela Lei Municipal 11.154/1991, não se afetando a situação de cobrança de taxas descritas pela Lei Estadual de Custas e Emolumentos Extrajudiciais. São situações e âmbitos diversos. Outrossim, como bem apontado pela Senhora Tabeliã, os emolumentos extrajudiciais tem natureza jurídica tributária de taxa, sendo assim regulados e estabelecidos legalmente. Quanto a isso, detalha Paulo de Barros Carvalho: "Anuncio, desde logo, que perante a realidade instituída pelo direito positivo atual, parece-me indiscutível a tese segundo a qual a remuneração dos serviços notariais e de registro, também denominada "emolumentos", apresenta natureza específica de taxa. O presente tributo se caracteriza por apresentar, na hipótese da norma, a descrição de um fato revelador de atividade estatal (prestação de serviços notariais e de registros públicos), direta e especificamente dirigida ao contribuinte; além disso, a análise de sua base de cálculo exibe a medida da intensidade da participação do Estado, confirmando tratar-se da espécie taxa. (...) As atividades notariais e de registros configuram prestação de serviço de natureza pública delegada a particulares. Essa delegação, porém, não tem o condão de alterar a natureza jurídica desse serviço, que permanece público. Trata-se de atividade administrativa consistente em garantir a publicidade, autenticidade, segurança e eficácia dos atos jurídicos (art. 1º da Lei n.º 8935/94), devendo, nos termos do art. 236, da Constituição da República, ser delegados a pessoas físicas, mediante concurso público de provas e de títulos, ou por meio de remoção, para os que já forem titulares de serventias" (CARVALHO, Paulo de Barros. Natureza jurídica e constitucionalidade dos valores exigidos a título de remuneração dos serviços notariais e de registro. Parecer exarado na data de 05/06/2007, a pedido do Sindicato dos Notários e Registradores do Estado de São Paulo SINOREG/SP. Disponível pelo site: https://www.Anoregsp.Org.Br/pdf/Parecer_PaulodeBarrosCarvalho.Pdf.). Assim, diante da natureza jurídica tributária dos emolumentos, certo é que eventual alteração em sua cobrança somente poderá ser veiculada através de lei específica, conforme disposição expressa do artigo 150, § 6º, da Constituição Federal, o que inocorre no presente caso: "Qualquer subsídio ou isenção, redução de base de cálculo, concessão de crédito presumido, anistia ou remissão, relativos a impostos, taxas ou contribuições, só poderá ser concedido mediante lei específica, federal, estadual ou municipal, que regule exclusivamente as matérias acima enumeradas ou o correspondente tributo ou contribuição, sem prejuízo do disposto no art. 155, § 2.º, XII, g. "Com efeito, considerando-se a natureza jurídica tributária dos emolumentos, não cabe à Senhora Tabeliã escolher como ou quanto cobrar. Tampouco lhe cabe descontar valores ou reconhecer, por analogia, eventual inconstitucionalidade de lei ou artigo que altere o modo ou forma de cobrança, em sua prática diária, uma vez que os Delegatários de Serventias Extrajudiciais, por se enquadrarem como prestadores de serviços públicos, estão constritos ao princípio da legalidade estrita (art. 37 da CF). O mesmo se aplica a esta Corregedoria Permanente que, por seu caráter administrativo, não pode reconhecer eventual inconstitucionalidade de lei ou artigo ou deixar de aplicar ou observar regramento incidente sobre as matérias que lhe são afetas. Por fim, há que se dizer que a liminar concedida no writ visa coibir suposto ato abusivo emanado da Prefeitura Municipal, em nada relacionado à normativa que rege a Tabela de Custas e Emolumentos à qual a Senhora Tabeliã observa. Inclusive, a negativa da pretensão de que os emolumentos extrajudiciais fossem cobrados sobre o valor do arremate, e não sobre o valor referencial, já constou da própria decisão do MM. Juízo da Vara da Fazenda, em relação ao Registrador Imobiliário, cuja aplicabilidade se dá, igualmente, à i. Notária, posto que regulada pela mesma Lei de Custas: "Ressalvo apenas que a pretensão de seja determinado ao Registrador que observe a mesma base de cálculo determinada em relação ao tributo não é devida, pois, alem de este não ser parte nesta ação, os emolumentos cartorários são cobrados de acordo com o que estabelece a LE nº 11.331/02, portanto, a autoridade impetrada não pratica nenhuma conduta nem tampouco exerce qualquer atividade voltada à definição do seu valor e da sua cobrança. (...)". (cf. Fls. 33 destes autos). Ulteriormente, destaco que a exigência pela Tabeliã, do pagamento do ITBI, para a lavratura do Escritura de Compra e Venda, dispensada pelo MM. Juízo da Vara da Fazenda, em pertinente decisão dentre de sua capacidade jurisdicional, se encontra correta e em consonância com o regramento incidente sobre a matéria, nos termos do item 15, "b", e 60, "f", do Cap. XVI, das NSCGJ. Bem assim, é certo que a atuação pela Senhora Notária não traz nada de irregular ou incerto, não havendo que se falar em falha na prestação do serviço ou responsabilidade funcional que enseje a instauração de procedimento administrativo, no âmbito disciplinar; do contrário, a d. Delegatária se manteve atenta a sua responsabilidade legal de observar os emolumentos fixados para a prática dos atos do seu ofício, fiscalizar o recolhimento dos impostos incidentes sobre os atos que deva praticar e seguir as normas técnicas estabelecidas pelo juízo competente, em conformidade ao artigo 30 da Lei 8.935/1994. Destarte, diante desse painel, respeitados os elevados argumentos deduzidos pelos Senhores Representantes, mas os afastando, com a concordância do Ministério Público, indefiro o pedido inicial, nesta via administrativa, por todos os argumentos acima relacionados, devendo a cobrança dos emolumentos ser mantida nos termos do artigo 7º da Lei

11.331/2002, isto é, pelo maior valor entre as bases de cálculo apresentadas pelas entidades credoras. Nessas condições, à míngua de providência censório disciplinar a ser adotada, determino o arquivamento dos autos. Ciência à Senhora Tabeliã e ao Ministério Público. Encaminhe-se cópia desta decisão à Egrégia Corregedoria Geral da Justiça, por e-mail, servindo a presente decisão como ofício. P.I.C. - ADV: SAULO VINÍCIUS DE ALCÂNTARA (OAB 215228/SP), TATIANA DE FREITAS MIRANDA (OAB 271096/SP), CELSO CORDEIRO DE ALMEIDA E SILVA (OAB 161995/SP) (DJe de 14.05.2021 – SP)

Ementa: Sentença – Pedido de Providências – Pedido de gratuidade em habilitação de casamento – Impossibilidade – Verificação pelo Oficial da possibilidade, pelos Requerentes, de arcarem com as devidas custas e emolumentos – Item 3 1, do Capítulo XVII, das NSCGJ – Ausência de conduta irregular – Manutenção do óbice – Arquivamento do feito – Ciência ao Titular – Improcedência

Processo 0053463-47.2020.8.26.0100

Pedido de Providências - REGISTROS PÚBLICOS - C.G.J. - R.V.M.S. e outro - Juiz(a) de Direito: Dr(a). Marcelo Benacchio VISTOS, Cuidam os autos de representação instaurada a partir de comunicação encaminhada pela E. Corregedoria Geral da Justiça, do interesse de R. V. M., manifestando seu inconformismo em face do ilustre Oficial de Registro Civil das Pessoas Naturais do Distrito de Sapopemba, Capital, tendo em vista a rejeição de seu pedido de gratuidade em habilitação de casamento. O Oficial apresentou esclarecimentos às fls. 28/45. Instado a se manifestar, o Senhor Representante reiterou os termos de seu protesto inicial (fls. 47/50). A ilustre Representante do Ministério Público apresentou manifestação pugnando pelo arquivamento da representação ante a regularidade da atuação pelo Senhor Titular (fls. 53/55). É o breve relatório. Decido. Trata-se de pedido de representação formulada por R. V. M., manifestando seu inconformismo em face do ilustre Oficial de Registro Civil das Pessoas Naturais do Distrito de Sapopemba, Capital, tendo em vista a rejeição de seu pedido de gratuidade em habilitação de casamento. Narrou o Senhor Representante que solicitou a gratuidade do procedimento de habilitação de casamento, alegando pobreza. Todavia, após apresentação de documentos e entrevista, o pedido foi negado. Relata que foi constrangido durante o atendimento, bem como que a negativa é injustificada. O Titular manifestou-se para aduzir que é procedimento de avaliação da efetiva situação de miserabilidade é rotineiro na serventia, nada sendo feito para constranger os interessados. Destacou o Senhor Oficial que, quando da informação de que o Senhor Contraente havia recentemente retornado da Europa, onde vivia na Espanha, a escrevente que prestou atendimento noticiou os fatos ao Senhor Titular, que procedeu a entrevista junto dos interessados, concluindo, ao final, que não faziam jus ao benefício. No mesmo sentido, afirmou o Senhor Registrador e Notário que tal verificação do estado de miserabilidade visa garantir a manutenção da gratuidade para aqueles que efetivamente não tem condições de arcar com as custas e emolumentos dos atos extrajudiciais. Bem assim, primeiramente, consigno que não há dúvidas da previsão legal de gratuidade aos reconhecidamente pobres, nos termos do artigo 1.512, parágrafo único, do Código Civil, mediante a respectiva declaração. Por outro lado, sabidamente, não há uma norma jurídica objetiva de ganhos para concessão do benefício da gratuidade, competindo ao serviço extrajudicial o exame de caso a caso de molde a estabelecer um critério igualitário. A declaração acerca da situação jurídica de pobreza não tem caráter absoluto, portanto, observado o respeito à intimidade, temos ser possível à responsável pela Serventia Extrajudicial solicitar maiores esclarecimentos acerca dos rendimentos dos requerentes, do contrário a afirmação seria absoluta. No mais, o deferimento do benefício da gratuidade, de maneira indiscriminada, contemplando aqueles que não são, de fato, pobres, na acepção jurídica do termo, traz prejuízos aos cofres públicos, afetando negativamente o cidadão que realmente necessita do amparo do poder estatal. Ademais, o disposto no item 3.1, Capítulo XVII, das Normas de Serviço da Corregedoria Geral da Justiça do Estado de São Paulo, indicam a regularidade da conduta praticada: 3.1. Os reconhecidamente pobres, cujo estado de pobreza será comprovado por declaração do próprio interessado ou a rogo, sob pena de responsabilidade civil e criminal, estão isentos de pagamento de emolumentos pela habilitação de casamento, pelo registro e pela primeira certidão, assim como pelas demais certidões extraídas pelos Registros Civis das Pessoas Naturais, podendo o Oficial solicitar documentos comprobatórios em caso de dúvida quanto à declaração prestada (grifo nosso). Diante disso, no caso concreto, não houve qualquer atitude irregular por parte do Titular do Ofício ao solicitar a comprovação dos rendimentos para a concessão da gratuidade. Pelo contrário, objetivou zelar pelo vigor financeiro do Fundo de Custeio do Registro Civil. Por conseguinte, a insurgência formulada pelo contraente não pode prosperar, razão pela qual mantenho a negativa imposta pelo Senhor Titular, não havendo que se falar em devolução dos emolumentos pagos. Não havendo outras medidas de cunho administrativo a serem adotadas, determino o arquivamento dos autos. Ciência ao Senhor Titular e ao Ministério Público. Encaminhe-se cópia desta decisão, bem como de fls. 28/45, 47/50 e 53/55, à E. Corregedoria Geral da Justiça, por e-mail, servindo a presente como ofício, solicitando-se, inclusive, a intimação do Dr. Representante por e-mail. P.I.C. - ADV: RENATO VILLALOBOS MARTINS DA SILVA (OAB 141268/SP) (DJe de 11.03.2021 – SP)

4.2.2 REGISTRO CIVIL DAS PESSOAS NATURAIS

ADOÇÃO

Ementa: Sentença – Pedido de Providências – Negativa de cumprimento de Mandado de Inscrição de Sentença de Adoção e Registro de Nascimento – Esclarecimento de que sentenças de adoção unilateral devem ser averbadas sobre o assento – Titular que entende que o presente caso não se trata de situação que enseje o cancelamento do registro anterior com lavratura de novo assentamento civil – Inviabilidade do presente juízo administrativo de reconsideração do que já foi deliberado – Análise de título judicial pelo Oficial que não pode alcançar o mérito da decisão prolatada – Imprescindibilidade do cumprimento integral do mandado judicial – Ausência de ilícito funcional – Arquivamento do feito – Ciência ao Titular e à Registradora

Processo 1054321-27.2021.8.26.0100

Pedido de Providências - Vistos, Trata-se de pedido de providências formulado pelo Senhor Oficial do Registro Civil das Pessoas Naturais e Tabelião de Notas de Subdistrito desta Capital, noticiando que emitiu nota de devolução relativa a Mandado de Inscrição de Sentença de Adoção e Registro de Nascimento, expedido nos autos de Adoção Unilateral c/c/ Destituição de Poder Familiar, pelo MM. Juízo da Vara da Infância e Juventude de Foro Regional desta Capital. Os autos foram instruídos com os documentos de fls. 06/25. O MM. Juízo prolator da decisão confirmou-a (fls. 45/49). O Ministério Público acompanhou o feito e ofertou parecer conclusivo às fls. 52 e 57. É o relatório. Decido. Cuida-se de expediente formulado pelo Senhor Oficial do Registro Civil das Pessoas Naturais e Tabelião de Notas de Subdistrito desta Capital. Noticia o Senhor Titular que recebeu Mandado de Inscrição de Sentença de Adoção e Registro de Nascimento, expedido em autos da Adoção Unilateral c/c Destituição de Poder Familiar, ordenado pelo MM. Juízo da Vara da Infância e Juventude de Foro Regional desta Capital. Nesse sentido, esclareceu o Senhor Delegatário que expediu nota devolutiva ao MM. Juízo, levantando óbice à ordem, no entendimento de que sentenças de adoção unilateral devem ser averbadas sobre o assento, conforme item 122.4 do Cap. XVII, das Normas de Serviço da E. Corregedoria Geral da Justiça; artigo 102 da Lei 6.015/1973 e artigo 10, II, do Código Civil, não se tratando de situação que enseje o cancelamento do registro anterior com lavratura de novo assentamento civil. Adicionalmente, aponta o d. Titular que o registro originário da menor foi lavrado no Japão, de modo que a transcrição sobre a qual se determinou o cancelamento, perante o Registro Civil das Pessoas Naturais da Sede da Comarca, se cuida de mera transposição de dados do ato original. Portanto, seu óbice, que não visa afrontar ordem judicial, recai na compreensão de que não detém atribuição para a lavratura do ato ordenado. O MM. Juízo da Infância manifestou-se, em duas oportunidades, pelo cumprimento da ordem: em resposta à objeção pelo Senhor Titular e em resposta a ofício desta Corregedoria Permanente. A seu turno, o n. Promotor de Justiça manifestou-se favorável ao óbice imposto pelo Senhor Titular, compartilhando da compreensão apresentada pelo Registrador Civil. Pois bem. Com efeito, conforme bem deduzido pelo Senhor Titular, é possível a exclusão da paternidade, com inclusão de novo genitor, por meio de averbação, mantendo-se o registro de nascimento original. Quanto a isso, a Lei de Registros Públicos refere: Art. 102. No livro de nascimento, serão averbados: (...) 6º) a perda e a suspensão do pátrio poder. Igualmente, as Normas de Serviço da E. Corregedoria Geral da Justiça, em seu Capítulo XVII, item 122.4, apontam que a "adoção unilateral do menor ou do maior será averbada sem cancelamento do registro original". Em adição, no mesmo capítulo, referem as Normas que a perda, suspensão e destituição do poder familiar serão averbadas no livro de nascimento (item 127, Cap. XVII). O Código Civil faz distinção quanto aos atos que serão objeto de registro e atos que serão objeto de averbação, como é o caso "dos atos judiciais ou extrajudiciais que declararem ou reconhecerem a filiação" (Art. 10, II). Por fim, imperativo ressaltar que a E. Corregedoria Geral da Justiça também já enfrentou o tema mais de uma vez, tendo recentemente rejeitado proposta de alteração do item 122.4 do Cap. XVII (acima, que refere a averbação da adoção unilateral), mesmo quando cumulada com a situação da perda de poder familiar de um dos genitores. Pedido de uniformização da matéria registrária. Adoção unilateral. Cancelamento e lavratura de novo assento de nascimento. Tema disciplinado expressamente na legislação vigente e contemplada nas NSCGJ no subitem 122.4, Cap. XVII. Proposta rejeitada [CGJSP - Recurso Administrativo: 8.977/2021 - Localidade: São Paulo - DJ: 18/02/2021, DP: 26/02/2021 - Relator: Dr. Ricardo Mair Anafe] Nesse sentido, posto que elucidativo o parecer do MM. Juiz Assessor da E. Corregedoria Geral da Justiça, Dr. Alberto Gentil, aprovado pelo Exmo. Sr. Corregedor Geral da Justiça, Dr. Ricardo Anafe, permito-me a transcrição de relevante trecho: (...) Preliminarmente vale salientar que o enfrentamento do tema limita-se a esfera administrativa, sem adentrar no mérito da sentença de adoção unilateral com determinação de cancelamento do registro de nascimento e lavratura de novo assento. No âmbito administrativo, a questão trazida pela solicitante já foi enfrentada pela Corregedoria e normatizada - dispõe o subitem 122.4, Cap. XVII, das NSCGJ: a adoção unilateral do menor ou do maior será averbada sem cancelamento do registro original. Respeitada posição em sentido diverso, a construção legislativa sobre o tema ampara e valida o texto administrativo vigente. A Lei de Registros Públicos, art. 102, determina que no livro de nascimento deve-se averbar o ato de adoção. O Código Civil também assim determina ao dispor em seu art. 10, inciso II que: Far-se-á averbação em registro público: (...) II - dos atos judiciais ou extrajudiciais que declararem ou reconhecerem a filiação; Por todos os ângulos parece que o ato registral acertado a ser promovido é de averbação, pois promove alteração de um elemento do assento (Registros Públicos, Dra. Karine Boselli, 1ª ed., Ed. Metodo, pg. 179), cabendo sua regular inclusão para fins de anotar um fato jurídico que modifica ou cancela o conteúdo de um registro. Pelo todo exposto, o parecer que, respeitosamente, submeto à elevada apreciação de Vossa Excelência é no sentido de não acolhimento do pedido de alteração das Normas. (...) [idem] Todavia, pese embora os pertinentes argumentos aventados pelo Senhor Delegatário, fundamentados no regramento pertinente e em relevante jurisprudência administrativa, levando-se em conta a natureza judicial da decisão que deu origem ao mandado em questão, resta inviável a este Juízo, administrativo, mesmo diante do parecer favorável do Ministério Público, reconsiderar o já lá deliberado. O Juiz pode e deve formar seu convencimento judicial da maneira mais adequada à situação concreta posta nos autos, não havendo que se falar em afronta às normas administrativas ou à lei, uma vez que a possibilidade de se cancelar o registro em questão se fundamenta em adequada interpretação legal. Inclusive, na centralidade do caso concreto e na consecução dos mandamentos legais incidentes, é possível ao Juiz da Infância de Juventude determinar o cancelamento do registro e a realização de outro, acaso tenha esse o modo de melhor atender o interesse da criança, como ocorre no caso em exame. Nessa perspectiva, são cabíveis os dois entendimentos, considerada a excepcionalidade do cancelamento do registro anterior e a lavratura de outro, como exposto. Com efeito, mesmo que a qualificação registral deva ser promovida em todos os títulos apresentados ao Registrador, no caso de títulos judiciais, a análise efetuada pelo Oficial não pode alcançar o mérito da decisão prolatada; como é cediço, apenas aspectos formais e externos. Nesse sentido, lecionam Boselli, Ribeiro e Mróz: Importante salientar que todos os títulos, judiciais ou extrajudiciais, passam pelo crivo da qualificação, para que possam ter ingresso ou não nos assentos de registro civil. No tocante aos títulos judiciais, a qualificação não adentra o mérito das decisões ou ordens, somente fixando-se sob aspectos extrínsecos relacionados aos princípios e regras registrais ou a ordem normativa. [Boselli, Karine; Ribeiro, Izolda Andrea e Mróz, Daniela. Registro Civil das Pessoas Naturais, p. 125. In: Registros Públicos. Gentil, Alberto São Paulo: Método. 2020] Por conseguinte, considerando se tratar de título judicial, regularmente expedido, não cabe ao Senhor Delegatário, ou a este Juízo Corregedor Permanente, promover a qualificação registrária do mérito do mandamento que determinou expressamente ao Ofício Extrajudicial a lavratura de novo assento de nascimento. Nessa ordem de ideias, o mandado deve ser cumprido em sua integralidade. Adicionalmente, observo que o óbice posto pelo Culto Sr. Titular, no que tange à negativa inicial de cumprimento, é absolutamente convincente e traduz sua função precípua de guarda e zelo pelos registros públicos, sem margem para vislumbrar a ocorrência de falha na prestação do serviço ou incúria funcional. Portanto, com o oportuno cumprimento da ordem, não há qualquer responsabilidade funcional. Noutro turno, demanda atenção o fato de que o registro de nascimento da menor, inscrito perante o Registro Civil das Pessoas Naturais e de Interdições e Tutelas do Primeiro Subdistrito Sé, Capital, cujo cancelamento fora determinado e cumprido, cuida-se de mera transcrição de certidão estrangeira. Nos dizeres do n. Promotor de Justiça de Registros Públicos, "os translados lavrados no 1º RCPN do domicílio do interessado apenas espelham, fielmente, o constante dos assentos de nascimento realizados no estrangeiro, não sendo considerados registros originários" (fls. 32). Dessa forma, o cancelamento da transcrição perante o Registro Civil da Sede não tem efeito sobre o assentamento civil consular e/ou estrangeiro, que se mantêm intactos, haja vista que não foram afetados pela ordem emanada da Vara da Infância. Nesse sentido, a Senhora Oficial da Sede deve estar atenta a eventual óbice a similares determinações de cancelamento de transcrição, sem que haja a devida comunicação ao órgão detentor do assento original. Por conseguinte, a fim de garantir a segurança jurídica da decisão, consigno ao MM. Juízo da Infância que seria adequado se oficiar ao Consulado Geral do Brasil da localidade do nascimento, para que tomem as devidas providências quanto ao cancelamento do assento, pena da permanência de dois registros de nascimento da mesma pessoa. Oficie-se ao MM. Juízo da Vara da Infância e Juventude do Foro Regional de Santo Amaro, Capital, com cópia desta r. Sentença, que servirá de ofício, para ciência e considerações que entender pertinentes, em especial no que tange ao registro estrangeiro da menor (autos 1011103-54.2018.8.26.0002). Encaminhe-se cópia das principais peças dos autos à Egrégia Corregedoria Geral da Justiça, por e-mail, servindo a presente sentença como ofício. Por pertinente e relevante matéria aos Senhores Registradores Civis de Pessoas Naturais desta Capital, determino a publicação da presente decisão. Ciência ao Senhor Titular que deverá cumprir o mandado e informar o respectivo Juízo, à Senhora Registradora e ao Ministério Público. P.I.C. (DJe de 30.09.2021 – SP)

CASAMENTO

Ementa: Sentença – Pedido de Providências – Existência de duplicidade de Assentos de Casamentos – Interessados que contraíram núpcias se declarando divorciados, quando, de fato, restavam apenas separados judicialmente – Titular que tomou conhecimento de outros casamentos realizados em desconformidade com a legislação – Equívocos por parte das colaboradoras que não se atentaram a análise dos documentos – Esclarecimento pelo Titular de que a preposta responsável pelo processamento das habilitações foi demitida – Constatação de irregularidade em relação a ambas as núpcias – Manutenção dos bloqueios sobre os registros dos matrimônios – Encaminhamento de cópia do expediente à Promotoria de Justiça Cível para a propositura das ações ordinárias de nulidade – Ausência de ilícitos funcionais por parte do Oficial e da Tabeliã – Titular que deverá cientificar e reorientar os casais quanto à nulidade dos casamentos a ser eventualmente declarada – Arquivamento do feito – Ciência ao Oficial e à Tabeliã

Processo 1080824-85.2021.8.26.0100

Pedido de Providências - 2ª Vara de Registros Públicos - VISTOS, Cuida-se de expediente instaurado a partir de comunicação encaminhada pelo Senhor Oficial do Registro Civil das Pessoas Naturais de Subdistrito desta Capital, noticiando a existência de duplicidade de assentos de casamento em nome de S. M. C., que contraiu núpcias com N. C. S., declarando-se divorciada, quando, de fato, restava apenas separada judicialmente. O assento do casamento foi bloqueado preventivamente (fls. 28/29 e 31). O Senhor Oficial prestou detalhados esclarecimentos e promoveu diligências (fls. 31/35). Determinou-se que o Senhor Oficial procedesse à verificação das habilitações de casamento anteriores processadas pela preposta que deu ensejo ao erro (fls. 42/43). O Senhor Titular retornou aos autos para noticiar que, das verificação das habilitações anteriores, tomou conhecimento de outro casamento realizado em descompasso com a legislação pertinente, em que o contraente varão, E. J. G. S., que contraiu núpcias com P. C. B. S., ostentava o estado civil de separado judicialmente (fls. 45/71). Sobreveio manifestação pela Senhora Tabeliã de Notas da Capital, que lavrou pacto antenupcial relativo ao casamento de S. M. C., fazendo constar que a interessada ostentava o estado civil de divorciada, ao arrepio da situação fática (fls. 77/78 e 89/92). O assento de casamento de E. foi bloqueado preventivamente, assim como o pacto antenupcial relativo a S. (fls. 84/85). O Ministério Público acompanhou o feito e pugnou, ao final, pelo arquivamento do expediente, ante a inexistência de indícios de ilícito funcional pelas serventias correicionadas (fls. 98). É o breve relatório. DECIDO. Trata-se de pedido de providências formulado pelo Senhor Oficial do Registro Civil das Pessoas Naturais de Subdistrito da Capital, noticiando a existência de duplicidade de assentos de casamento em nome de S. M. C., que contraiu núpcias declarando-se divorciada, quando, de fato, restava apenas separada judicialmente. Verifica-se dos autos que S. e N. C. S. casaram-se perante a unidade aos 24.07.2021. No procedimento de habilitação para o casamento, ambos os pretendentes noticiaram-se divorciados. Ademais, consta que não houve a apresentação da certidão do casamento anterior da contraente, atualizada, pois informou o Senhor Titular que a deixava de requerer quando as núpcias prévias eram da lavra da própria serventia. Não obstante, figura da referida certidão datada de 2018, que instruiu os autos da habilitação, que o estado civil da contraente é o da separação judicial, ao revés do divórcio, de modo que resta evidente a falta de atenção da colaboradora que realizou a análise dos documentos. O equívoco foi notado somente após a celebração, quando do arquivamento dos documentos e realização das anotações e comunicações de praxe. Ciente dos fatos, os Senhor Oficial, além de os comunicar a esta Corregedoria Permanente, instaurou procedimento interno para apuração da ocorrência e esclareceu aos nubentes a situação, recolhendo a primeira via da certidão expedida. Por determinação deste Juízo, o Senhor Titular verificou todas as habilitações anteriores processadas pela preposta e constatou a existência de outro casamento realizado à revelia da legislação, nos mesmos moldes do primeiro caso noticiado. Nesta segunda ocorrência, E. J. G. S. casou-se com P. C. B S. e declarou-se divorciado quando, em realidade, era separado judicialmente. A celebração das núpcias se deu aos 12.06.2021 e restou inscrita sob o Livro B-167, fls. 106, termo nº 49.894. Da mesma forma, a certidão do casamento anterior indicava claramente que o consorte era casado (fls. 54). Para além da indevida análise dos documentos, que deu ensejo à realização do matrimonio vicioso, outra colaboradora, quando da anotação das segundas núpcias junto do termo do primeiro casamento, da própria serventia, também não se atentou ao fato de que não constava averbação de divórcio. Não menos, à luz dos equivocados acontecimentos, apontou o Senhor Titular que a preposta B. G. B., responsável pelo processamento de ambas as habilitações, foi demitida, após o devido processo administrativo. A funcionária que realizou a anotação das segundas núpcias junto do primeiro assento de casamento do bígamo, foi apenada com advertência. Em adição, ressaltou o Titular, que reforçou a orientação e se manterá rigidamente atento à fiscalização dos funcionários, de modo que tais fatos não tornem a ocorrer. Noutro turno, verificou-se também no bojo do presente expediente que a serventia afeta à Senhora Tabeliã de Notas da Capital lavrou Escritura Pública de Pacto Antenupcial, em relação ao casamento de S., fazendo constar a consorte como divorciada, pese embora seu status civil como separada judicialmente. Nessa oportunidade, a Senhora Notária destacou que orienta e fiscaliza os prepostos com rigidez. Todavia, o equívoco na análise dos documentos se deu por falta de atenção da preposta responsável, que foi severamente advertida. Ademais, destacou a i. Tabeliã que reestruturou a ordem de serviço interna, de modo a estabelecer um sistema de dupla conferência documental, de modo que a análise fático-jurídica da documentação apresentada seja feita num primeiro turno pelo colaborador responsável pelo ato e, após, pelo Substituto que o subscreverá. Dessa forma, compreende a Senhora Delegatária que equívoco assemelhado não tornará a ocorrer. Pois bem. No que tange aos casamentos em duplicidade realizados perante o Registro Civil das Pessoas Naturais de Subdistrito desta Capital, pese embora a tentativa de solução da matéria pelo Senhor Oficial, que comunicou às partes e recolheu as certidões, verifica-se a patente irregularidade em relação a ambas as núpcias: (i) entre S. M. C. e N. C. S., registrada sob o Livro B-167, fls. 146, termo 49.934 e (ii) entre E. J. G. S. e P. C. B. S., registrada sob o Livro B-167, fls. 106, termo 49894, os quais constituem afronta ao disposto no artigo 1.521, VI, do Código Civil. No entanto, forçoso convir que o tema da nulidade refoge da esfera de jurisdição desta Corregedoria Permanente, reclamando o ajuizamento de ação ordinária para tal finalidade. Bem por isso, determino a extração de peças do expediente para serem encaminhadas à Promotoria de Justiça Cível competente, para a propositura das referidas ações ordinárias de nulidade dos casamentos. De outra parte, no âmbito administrativo, determino que se mantenham os bloqueios sobre os registros dos matrimônios de (i) S. M. C. e N. C. S., registrado sob o Livro B-167, fls. 146, termo 49.934 e (ii) E. J. G. S. e P. C. B. S., registrado sob o Livro B-167, fls. 106, termo 49894, de forma que somente sejam expedidas certidões ou cópias mediante expressa autorização desta Corregedoria Permanente. Deverá o Senhor Titular informar aos casais quanto à nulidade dos casamentos, a ser eventualmente declarada, sendo certo que devem aguardar as providências da Promotoria de Justiça ou, alternativamente, promoverem ação em nome próprio para regularização da situação. Ademais, em atenção à comunicação anteriormente enviada à CIPP, oficie-se ao setor, com cópia dessa r. Sentença, em complementação às informações anteriormente remetidas, em razão dos episódios de bigamia constatados. Por fim, no âmbito disciplinar, relativamente à Senhora Tabeliã de Notas, reputo suficientes os esclarecimentos prestados, bem como as medidas implementadas, em especial o sistema de dupla conferência dos atos. Bem por isso, não verifico indícios do descumprimento do dever funcional pela Senhora Notária. Não obstante, consigno para que se mantenha atenta e zelosa na orientação e fiscalização dos prepostos sob sua responsabilidade, de modo a evitar a repetição de falha assemelhada. De outra banda, destaque-se que, não obstante o grave equívoco cometido pela unidade do Registro Civil das Pessoas Naturais de Subdistrito desta Capital, o Senhor Oficial manteve postura hígida e diligente, comunicando de pronto os fatos a este Juízo Censor, bem como promovendo sindicância e alterações internas na ordem de serviço da unidade, com o fulcro de evitar a repetição de fatos assemelhados. Bem por isso, reputo que os esclarecimentos prestados e, especialmente, as diligências efetuadas e a atuação hígida e pronta do Titular, são suficientes, não verificando, portanto, ilícito funcional apto a ensejar a instalação do procedimento disciplinar maior. Todavia, advirto o Senhor Oficial para que se mantenha atento e zeloso na orientação e fiscalização dos prepostos sob sua responsabilidade pessoal, promovendo constante treinamento e rígida conferência dos atos, uma vez que os fatos ora narrados são graves, incidindo exatamente na típica função de análise documental e garantia da segurança jurídica, bem como foram reiterados. Igualmente, destaco que as NSCGJ devem ser rigorosamente observadas, não havendo qualquer exceção à regra ventilada pelo item 54.3, do Cap. XVII, quanto à atualidade das certidões apresentadas à unidade. Anoto ao Senhor Oficial que novo equívoco de similar gravidade não será tolerado por este Juízo Correicional, em situação que levantará indícios de fraco poder de orientação e fiscalização pelo Titular, e ensejará apuração para fins disciplinares. Por ora, à míngua de providência censório disciplinar a ser adotada, determino o arquivamento dos autos. Publique-se a presente decisão no DJE, uma vez que os fatos aqui relatados são de interesse geral e as observações ora deduzidas contribuirão para a melhora do serviço público como um todo, resultando, como fim maior, no pleno atendimento do cidadão. Oportunamente, arquivem-se os autos. Ciência ao Senhor Oficial, que deverá cientificar e reorientar os casais afetados, à Senhora Tabeliã e ao Ministério Público. Encaminhe-se cópia desta decisão, bem como das principais peças dos autos, à Egrégia Corregedoria Geral da Justiça por e-mail, servindo a presente como ofício. P.I.C. (DJe de 30.11.2021 – SP)

Ementa: Sentença – Pedido de Providências – Pedido de averbação do Assento de Casamento para fazer constar o divórcio do casal, bem como a informação de que não houve partilha e, em eventual casamento futuro, deverá ser observado, se o caso, o regime da separação legal de bens – Negativa em razão da ausência de previsão legal para que conste a inexistência de partilha e obrigatoriedade do regime de bens – Inviabilidade pelo juízo administrativo de reconsideração do deliberado judicialmente – Análise de título judicial pelo Oficial que não pode alcançar o mérito da decisão prolatada – Necessidade do cumprimento integral do título judicial – Determinação para que se cumpra a ordem judicial – Ausência de falha funcional pela Titular – Arquivamento do feito – Ciência à Titular – Procedência

Processo 1114802-87.2020.8.26.0100

Pedido de Providências - Assento de casamento - A.L.R.R. - Juiz(a) de Direito: Dr(a). Marcelo Benacchio VISTOS, Trata-se de pedido de providências formulado pela Senhora A. L. R. R., em face da Senhora Oficial do Registro Civil das Pessoas Naturais do 42º Subdistrito Jabaquara, Capital, em razão da negativa de cumprimento de mandado judicial expedido pelo MM. Juízo da 3ª Vara de Família e Sucessões da Comarca de São José dos Campos, SP. A nota devolutiva expedida pela Senhora Oficial encontra-se acostada às fls. 11. A Senhora Titular prestou esclarecimentos às fls. 18/20, reiterando os termos do óbice imposto à averbação pretendida. A Senhora Representante tornou aos autos, para reiterar seu protesto inicial (fls. 23/27). O Ministério Público ofertou parecer às fls. 31/33. Oficiou-se ao MM. Juízo prolator da ordem, para esclarecimentos (fls. 40/41). Carreou-se cópia do trânsito em julgado da sentença que decretou o divórcio do casal (fls. 49). É o relatório. Decido. Cuida-se de representação formulada pela Senhora A. L. R. R., em face da Senhora Oficial do Registro Civil das Pessoas Naturais do 42º Subdistrito Jabaquara, Capital, em razão da negativa de cumprimento de mandado judicial. Primeiramente, consigno à Senhora Representante que o presente feito é recebido diante desta Corregedoria Permanente como pedido de providências, não havendo previsão, legal ou normativa, de dúvida inversa relativa ao registro civil de pessoas naturais, não se aplicando à presente matéria os fundamentos indicados pela autora. Em suma, narra a Senhora Representante que a Titular negou cumprimento a mandado judicial expedido pelo MM. Juízo da 3ª Vara de Família e Sucessões da Comarca de São José dos Campos, SP, que determinou a averbação do assento de casamento para fazer constar o divórcio do casal, bem como a informação de que não houve partilha e, em eventual casamento futuro, deverá ser observado, se o caso, o regime da separação legal de bens. A seu turno, a i. Titular defendeu a nota devolutiva emitida, referindo que a ordem não pode ser cumprida, nos termos em que expedida, porque não existe previsão legal para que se faça constar a inexistência de partilha e a obrigatoriedade do regime de bens. Nesse sentido, menciona o item 137, Cap. XVII, das NSCGJ, bem como o Enunciado 41 da ARPEN-SP, que apontam os dados e informações que devem constar da averbação de divórcio. Ademais, afirma a Senhora Delegatária que caso a averbação, tal como indicada, houvesse por ser anotada à margem do assento, quando da eventual realização da partilha, seria necessária outra averbação para retificar a menção anterior, situação, igualmente, sem previsão legal ou normativa. Em suma, aponta a d. Titular que as determinações trazidas pelo mandamento judicial afrontam a legislação que rege a matéria e as Normas de Serviço da E. Corregedoria Geral da Justiça. Contudo, oficiado, o MM. Juízo da Família não reemitiu ou retirou a ordem anteriormente prolatada. Pois bem. Com efeito, não obstante consideráveis os nobres argumentos aventados pela Senhora Titular, levando-se em conta a natureza judicial da decisão que deu origem ao mandado em questão, resta inviável a este Juízo, administrativo, reconsiderar o já lá deliberado, inobstante empecilhos técnicos para seu cumprimento, que deverão ser contornados. Assim o é porque, mesmo que a qualificação registral deva ser promovida em todos os títulos apresentados ao Registrador, no caso de títulos judiciais, a análise efetuada pelo Oficial não pode alcançar o mérito da decisão prolatada. Nesse sentido, lecionam Boselli, Ribeiro e Mróz: Importante salientar que todos os títulos, judiciais ou extrajudiciais, passam pelo crivo da qualificação, para que possam ter ingresso ou não nos assentos de registro civil. No tocante aos títulos judiciais, a qualificação não adentra o mérito das decisões ou ordens, somente fixando-se sob aspectos extrínsecos relacionados aos princípios e regras registrais ou a ordem normativa. [Boselli, Karine; Ribeiro, Izolda Andrea e Mróz, Daniela. Registro Civil das Pessoas Naturais, p. 125. In: Registros Públicos. Gentil, Alberto São Paulo: Método. 2020] Por conseguinte, considerando se tratar de título judicial, regularmente expedido, não cabe à Senhora Registradora, ou a este Juízo Corregedor Permanente, promover a qualificação registrária do mérito do mandamento que determinou expressamente a averbação da inexistência da partilha, devendo a ilustre Titular dar cumprimento integral ao mandado, nos termos em que redigido, comunicando o Juízo e as partes quanto ao seu atendimento. Na consideração da existência de dados que não tem lugar no registro, aponto à Senhora Oficial que tais informações deverão acompanhar menção expressa de que se dão em cumprimento à decisão judicial, conforme sentença prolatada. Noutro turno, observa-se que o óbice posto pela Titular, no que tange à negativa inicial de cumprimento, é convincente e traduz sua função precípua de guarda e zelo pelos registros públicos, sem margem para vislumbrar a ocorrência de falha na prestação do serviço ou incúria funcional. Nessa ordem de ideias, com o oportuno cumprimento da ordem judicial, a questão se finaliza. Oficie-se ao MM. Juízo da 3ª Vara de Família e Sucessões da Comarca de São José dos Campos, SP, com cópia desta r. Sentença, que servirá de ofício, para ciência. Ciência à Senhora Titular e ao Ministério Público. P.I.C. - ADV: JOANA D'ARC DE CASTRO (OAB 91709/SP), ROBSON DA SILVA MARQUES (OAB 130254/SP) (DJe de 19.08.2021 – SP)

Ementa: Sentença – Pedido de Providências – Requerimento de averbação de divórcio em Assento de Casamento – Ausência da apresentação da cópia original da sentença estrangeira de divórcio e de seu trânsito em julgado – Documento denominado "Consent Order" que não foi encaminhado no original, bem como não houve o seu apostilamento e tradução juramentada – Inexistência de comprovação dos esclarecimentos prestados pelos requerentes – Inércia por parte dos Requerentes – Manutenção do óbice – Indeferimento do pedido – Ciência à Oficial – Improcedência

Processo 1016861-06.2021.8.26.0100

Pedido de Providências - Registro civil de Pessoas Jurídicas - R.S.L. - R.L.C. e outro - Juiz(a) de Direito: Dr(a). Marcelo Benacchio VISTOS, Trata-se de pedido de providências formulado pela Senhora Oficial do Registro Civil das Pessoas Naturais do 14º Subdistrito - Lapa, Capital, do interesse de F. F. C. e R. L. C., que impugnaram o óbice aposto pela Registradora ao requerimento de averbação de divórcio em assento de casamento registrado perante a serventia. Os autos foram instruídos com a documentação de fls. 02/20. Conferiu-se à parte requerente a oportunidade de apresentar esclarecimentos e juntar a documentação faltante. Todavia, os interessados, devidamente intimados, quedaramse inertes (fls. 40, 50 e 56). O Ministério Público ofertou parecer, opinando pela manutenção do óbice imposto pela Senhora Oficial (fls. 36/38 e 61). É o relatório. Decido. Cuida-se de impugnação ao óbice imposto pela Senhora Oficial do Registro Civil das Pessoas Naturais do 14º Subdistrito - Lapa, Capital, ao requerimento de averbação de divórcio em assento de casamento lavrado perante a serventia. Verifica-se dos autos que os requisitos impostos pelo Provimento CNJ 53/2016 e pelas Normas de Serviço da E. Corregedoria Geral da Justiça, conforme bem apontado pela Senhora Registradora em sua nota devolutiva, não foram preenchidos, uma vez que não foi apresentada cópia original da sentença estrangeira de divórcio e seu trânsito em julgado. Igualmente, o documento denominado "Consent Order" também não foi encaminhado no original e não houve seu apostilamento e tradução juramentada. Ademais, os esclarecimentos prestados pelos requerentes, que referem legislação estrangeira, não foram comprovados, nos termos do artigo 14 da LINDB. Esta Corregedoria Permanente conferiu prazo para que os interessados encaminhassem aos autos a complementação da documentação. Contudo, os requerentes quedaram-se inertes. Dessa forma, a impugnação ao óbice imposto pela Senhora Titular não merece acolhida. As NSCGJ são claras ao consignar que para a averbação de divórcio em assento de casamento, deverá ser apresentada a cópia integral do mandamento judicial, comprovação do trânsito em julgado ou instituto similar e tradução juramentada. Destaco que as exigências não são extraordinárias e não pretendem ignorar as diferenças de ordenamentos jurídicos entre o país estrangeiro e a terra pátria, não se esperando uma equiparação absoluta dos institutos judiciais lá e cá. Entretanto, a documentação apresentada deve permitir a avaliação da situação fático-jurídica e sua equiparação com os instrumentos nacionais, o que não foi possível fazer no presente caso. Isto posto e por tudo mais que consta nos autos, nos termos do parecer do Ministério Público, acolho o óbice imposto pela Senhora Oficial e indefiro o pedido de averbação de divórcio em assento de casamento, haja vista que não preenchidos os requisitos autorizadores do ato. Regularizada a situação pela parte requerente, poderá novo pedido ser deduzido diretamente perante o Registro Civil. Ciência à Senhora Oficial e ao Ministério Público. Oportunamente, arquivem-se os autos, com as cautelas de praxe. P.I.C. - ADV: RONALDO LUIZ CUSTODIO (OAB 300708/SP) (DJe de 30.07.2021 – SP)

Ementa: Sentença – Pedido de Providências – Pedido de expedição de certidão de casamento cujo assento se encontra bloqueado – Matrimônio que padece de vício insanável – Propositura de ação que resultou no arquivamento do feito sem análise de seu mérito –Informação do falecimento do contraente – Solicitação pela viúva da expedição da referida certidão para fins de requerimento de pensão por morte – Cônjuges que se encontravam separados de fato à época do óbito – Indeferimento do pedido – Arquivamento do feito – Ciência ao Substituto – Improcedência

Processo 1118350-23.2020.8.26.0100

Pedido de Providências - Registro Civil das Pessoas Naturais - R.T.D.G. - G.A.S.N. - Juiz(a) de Direito: Dr(a). Marcelo Benacchio VISTOS, Cuida-se de pedido de providências formulado pelo Registro Civil das Pessoas Naturais e Tabelionato de Notas do Distrito de Guaianases, Capital, informando ter recepcionado requerimento para a expedição de certidão de casamento, cujo assento encontra-se bloqueado por ordem desta Corregedoria Permanente, prolatada no bojo dos autos de nº 583.00.2006.132466-9. Os autos foram instruídos com os documentos de fls. 03/15. A Defensoria Pública manifestou-se às fls. 24, 29 e 36/46. O Ministério Público acompanhou o feito e pugnou, ao final, pelo indeferimento do pedido (fls. 50/51 e 122). É o breve relatório. Decido. Trata-se de expediente formulado pelo Registro Civil das Pessoas Naturais e Tabelionato de Notas do Distrito de Guaianases, Capital, diante de requerimento para a expedição de certidão de casamento, cujo assento encontra-se bloqueado por ordem desta Corregedoria Permanente, prolatada no bojo dos autos de nº 583.00.2006.132466-9. Naquele feito, em suma, constatou-se que o nubente, J. A. M. N. F., restava interditado, desde 13.11.2001, quando da contração das núpcias com G. A. S. S., aos 04.03.2006. Considerando-se a incapacidade da parte, conforme legislação aplicável à época, o matrimônio padece de vício insanável, razão pela qual se determinou o bloqueio do assento e encaminhamento das peças do feito à Promotoria de Justiça de Família desta Capital, para propositura da competente ação. Não obstante, no curso dos autos de Nulidade/Anulação do casamento, nº 100.08.631536-5, que tramitou perante o MM. Juízo da 7ª Vara da Família e Sucessões do Foro Central desta Capital, a inércia dos interessados, representados pela Defensoria Pública, resultou no arquivamento do feito sem análise de seu mérito. Desse modo, o vício do ato não foi solucionado. Há informação de que supostamente teria havido o levantamento da interdição, todavia tal dado não se encontra anotado no assento de casamento. Houve o falecimento do contraente, aos 28.03.2020. Ato contínuo, a viúva compareceu diante da serventia extrajudicial, assistida pela Defensoria Pública, para requerer a expedição de certidão, para o fim de requerer pensão por morte. Destaque-se que foi informado que à época do óbito, os cônjuges estavam separados de fato (fls. 37/46). Bem assim, diante do brevemente narrado, em especial na consideração à inércia das partes, que cientes do vício, nada contribuíram para a solução da questão; bem como diante da notícia de que as partes encontravam-se separadas de fato e busca agora a viúva a obtenção de benefício previdenciário, nos termos da cota ministerial de fls. 50/51, entendo que o pedido não pode ser deferido, sem que anteriormente tais questões sejam enfrentadas. Desse modo, indefiro o pedido inicial para a expedição da certidão do casamento de J. A. M. N. F. e G. A. S. S., registrado no Livro B-195, fls. 184, termo 42.254, devendo, se o caso, o pleito ser efetuado pelo Juízo competente, notadamente a situação da validade do casamento. No mais, não havendo outras providências de ordem administrativa a serem adotadas, determino o arquivamento dos autos. Ciência ao Senhor Substituto, quanto ao indeferimento do pedido, o qual deverá cientificar a parte interessada, ao Ministério Público e à Defensoria Pública. Encaminhe-se cópia desta decisão ao MM Juízo da 7a Vara da Família e das Sucessões do Foro Central da Comarca da Capital para exame da eventual continuidade do feito n. 100.08.631536-5, arquivado sem a prolação da r. sentença; por e-mail, servindo a presente decisão como ofício. P.I.C. - ADV: DEFENSORIA PÚBLICA DO ESTADO DE SÃO PAULO (OAB 666666/SP) (DJe de 30.07.2021 – SP)

Ementa: Sentença – Pedido de Providências – Pedido de emissão de Certidão em Inteiro Teor do casamento dos avós paternos do Requerente – Existência de dados recobertos por sigilo – Informação pelo Requerente de que os cônjuges são falecidos – Impossibilidade de apresentação dos Assentos de Óbitos sob alegação de desconhecer onde estes se encontram registrados – Comprovação do vínculo de parentesco – Reconhecimento de que os Requeridos são falecidos em razão das longínquas datas de nascimentos – Deferimento do pedido – Arquivamento do feito – Ciência ao Oficial – Procedência

Processo 1018706-73.2021.8.26.0100

Pedido de Providências - Registro Civil das Pessoas Naturais - M.G.T. - Juiz(a) de Direito: Dr(a). Marcelo Benacchio VISTOS, Cuida-se de habeas data interposto por M. G. T., em face do Senhor Oficial do Registro Civil das Pessoas Naturais do 10º Subdistrito Belenzinho, Capital, diante da negativa da emissão de certidão em inteiro teor do casamento de M. G. T. e R. F. A., seus avós paternos. A insurgência foi recebida por esta Corregedoria Permanente como pedido de providências, ante a atribuição administrativa deste Juízo Censor (fls. 16). O Senhor Oficial prestou esclarecimentos às fls. 22/23. Sobreveio nova manifestação pelo Senhor Representante, em que reitera os termos de seu pleito inicial, às fls. 26/27. O Ministério Público ofertou parecer opinando pelo deferimento do pedido, ante a comprovação do vínculo de parentesco e o interesse jurídico na obtenção da certidão, às fls. 32/32. É o breve relatório. DECIDO. Trata-se de pedido de providências formulado por M. G. T., que se insurge diante da negativa pelo Senhor Oficial do Registro Civil das Pessoas Naturais do 10º Subdistrito Belenzinho, Capital, em expedir certidão em inteiro teor do casamento de M. G. T. e R. F. A., seus avós paternos. O Senhor Oficial noticiou que negou o pedido de expedição da certidão em inteiro teor com fulcro no item 47.9, Cap. XVII, das Normas de Serviço da Corregedoria Geral da Justiça, posto que contém dados recobertos por sigilo, sendo necessário, para sua emissão, que o pedido fosse efetivado diretamente pelos interessados ou seus procuradores legais ou que, caso falecidos, fosse autorizado pelo Juízo Corregedor Permanente. Noticia o d. Registrador que foi informado pelo requerente que os cônjuges eram falecidos, todavia, o interessado quedou-se inerte na apresentação de informações acerca dos óbitos, de modo a se possibilitar a regularização dos registros. Assim, restou o Titular impedido de prosseguir com a expedição do requerido documento, ante o impeditivo legal. O Senhor Requerente protesta pelo fato de ter que apresentar os óbitos dos cônjuges, alegando desconhecer onde se encontram registrados tais assentamentos. Ademais, pugna pela desnecessidade da providência, uma vez que explica que o contraente, tendo nascido em 1885, contaria, na atualidade, com 135 anos, e a consorte, nascida em 1892, restaria com 129 anos, de modo que, por óbvio, são falecidos. Refere, o Senhor Representante, que as buscas pelos assentos de óbitos dos avós não se encontram inseridas na CRC, de modo que pesquisas manuais teriam de ser requeridas, atrasando o processo de cidadania que encontra-se em trâmite junto da Conservatória Portuguesa, no aguardo desse único documento. Pois bem. Primeiramente, anoto que resta devidamente comprovado o vínculo de parentesco entre o Senhor Requerente e os Senhores Registrados, por meio dos documentos acostados aos autos, notadamente sua certidão de nascimento, às fls. 08. No mesmo sentido, este Juízo e, certamente o Senhor Oficial, reconhecem que os requeridos são falecidos, haja vista a longínqua data de nascença. Não se nega, assim, o direito à certidão, contudo, em razão de informações sigilosas contidas no registro, bem como diante da patente irregularidade das anotações obrigatórias, nos termos do artigo 107 da Lei 6.015/1973, e ante, até mesmo, a dúvidas quanto ao efetivo registro dos óbitos dos consortes, agiu corretamente o Senhor Oficial em negar o pedido, em situação na qual, com a insurgência do Senhor Requerente, o feito poderia ter sido submetido a esta Corregedoria Permanente, conforme procedimento definido pela Lei de Registros Públicos. Contudo, haja vista a concordância do Ministério Público e, também, a comprovação do vínculo de parentesco, do interesse jurídico no documento, bem como a certeza do falecimento dos consortes, autorizo, excepcionalmente, a expedição do inteiro teor do assento de casamento de Manoel Gomes Torres e Rosa Fernandes de Almeida pelo Senhor Oficial do Registro Civil das Pessoas Naturais do 10º Subdistrito Belenzinho, Capital, devendo o Senhor Titular anotar à margem do assento e na respectiva certidão que a emissão se dá mediante autorização, ante a irregularidade que pende sobre o registro, até a ulterior correção quanto a informação do óbito dos cônjuges. No mais, ante a inexistência de outras providências administrativas a serem adotadas, determino o arquivamento dos autos. Ciência ao Senhor Oficial e ao Ministério Público. P.I.C. - ADV: ALICE FERREIRA BATISTA (OAB 374363/SP) (DJe de 12.05.2021 – SP)

Ementa: Sentença – Habilitação para Casamento – Pretensão, por meio de Pacto Antenupcial, de optar pelo Regime da Separação Convencional de Bens para o futuro matrimônio – Informação pelo cônjuge varão de que não procedeu a partilha de bens referente ao casamento anterior – Existência de causa suspensiva – Art 1 641, I, do CC – Impossibilidade de alteração do regime legal do casamento – Rejeição da referida pretensão – Ciência à Oficial – Improcedência

Processo 1042041-24.2021.8.26.0100

Habilitação para Casamento - Pedido de não aplicação de causa suspensiva (art. 1523, parágrafo único) - R.C.P.N.S.J.A. - F.P.P. – C.M.F. - VISTOS, 1. Fls. 23/25: Defiro a habilitação nos autos, porquanto parte interessada. Anote-se. 2. Trata-se de expediente encaminhado pela Senhora Oficial de Registro Civil das Pessoas Naturais do 20º Subdistrito Jardim América, desta Capital, no interesse de F. P. P. e C. M. F., que, mesmo diante da regra prevista no artigo 1.641, I, do Código Civil, pretendem, por meio de pacto antenupcial (fls. 11/14), optar pelo regime da separação convencional de bens para o futuro casamento. Incorrem na causa suspensiva do artigo 1.523, III, do Código Civil, em razão de que o cônjuge varão, divorciado, noticiou não ter procedido à partilha de bens relativos às núpcias anteriores (fls. 16). A D. Representante do Ministério Público ofereceu manifestação às fls. 28/29, impugnando o prosseguimento da habilitação nos moldes em que pretendida. É o breve relatório. DECIDO. Trata-se de habilitação de casamento, encaminhado pela Senhora Oficial de Registro Civil das Pessoas Naturais do 20º Subdistrito Jardim América, desta Capital, no interesse de F. P. P. e C. M. F., que, mesmo diante da regra prevista no artigo 1.641, I, do Código Civil, pretendem, por meio de pacto antenupcial, optar pelo regime da separação convencional de bens para o futuro casamento. Da análise dos documentos, depreende-se que o nubente varão é divorciado e declara haver bens relativos ao matrimônio anterior ainda sujeitos a partilha. Assim, por determinação do art. 1.641 do Código Civil, a conseqüência legal para aquele que contrai núpcias em transgressão à causa suspensiva é a imposição do regime legal, ou obrigatório, de bens ao casamento, conforme bem observado pela d. Promotora de Justiça e em conformidade às recorrentes decisões desta Corregedoria Permanente. Vale dizer que a existência de causa suspensiva ilide a liberdade de escolha do regime de bens, pois se trata de imposição legal, decidida pelo legislador, não podendo ser modificada pelas partes ou por decisão judicial, jurisprudência ou doutrina. Nesse sentido, ensina Paulo Lobo em "Direito Civil: Famílias (fls. 325/326)": "Em certas circunstâncias, consideradas relevantes pelo Direito, os nubentes não podem escolher livremente o regime de bens: quando ocorrer alguma causa suspensiva, quando o nubente for maior de 60 anos [maior de 70 anos, com a redação dada pela Lei nº 12.344, de 2010], quando o nubente necessitar de suprimento judicial para casar. O regime passa a ser obrigatório, não se aplicando nem o regime legal dispositivo nem outro escolhido por pacto antenupcial. (...) O regime obrigatório de bens é tipicamente um ônus: a pessoa, incluída em alguma das três hipóteses legais, escolhe entre casar ou não casar; se prefere casar, deverá suportar o ônus do regime obrigatório de bens. [Lôbo, Paulo. Direito civil: famílias. PP. 325/326. 4ª ed. São Paulo: Saraiva, 2011] Por conseguinte, temos que não é possível aos consortes alterarem o regime legal do casamento, cujos efeitos, em caso de partilha e sucessão, foram estabelecidos pelo legislador, não podendo ser modificados pela vontade privada das partes envolvidas. A previsão legal em questão exclui a autonomia privada na situação em exame, qual seja, a pactuação de regime de bens diverso do imposto por lei. Ante o exposto, rejeito a pretensão dos interessados, devendo prevalecer o regime da separação obrigatória de bens, nos exatos termos do artigo 1641, I, do Código Civil. Ciência à Senhora Oficial e ao Ministério Público. Oportunamente, arquivem-se os autos. P.I.C. - ADV: RENATO VASCONCELLOS DE ARRUDA (OAB 86624/SP) (DJe de 10.05.2021 – SP)

Ementa: Sentença – Pedido de Providências – Existência de duplicidade de Assentos de Casamentos – Informação pelo Oficial de que foi constatado três registros de casamento em nome do "de cujus", bem como verificou a existência de irregularidades nos referidos – Determinação da manutenção dos bloqueios das Certidões de Casamento e do Assento de Óbito – Ausência de anotação das segundas núpcias à margem do assento do primeiro matrimônio – Fatos que ocorreram em período que antecedeu a investidura do atual Titular – Incompetência do presente juízo para o reconhecimento de nulidades – Ausências de condutas irregulares – Arquivamento do feito – Ciência aos Delegatários – Improcedência

Processo 1124838-28.2019.8.26.0100

Pedido de Providências - Registro Civil das Pessoas Naturais - R.T.S.I. - M.M.C. – S.P.S. e outros - Juiz(a) de Direito: Dr(a). Marcelo Benacchio VISTOS, Cuida-se de expediente instaurado a partir de comunicação encaminhada pelo Senhor Oficial do Registro Civil das Pessoas Naturais e Tabelião de Notas do 30º Subdistrito, Ibirapuera, Capital, noticiando a existência de duplicidade de assentos de casamento em nome de C. A. B. M., que contraiu núpcias com R. S. Da S., enquanto ostentava o estado civil de separado judicialmente de S. P. Da S.. Vieram aos autos documentos de fls. 03/08. Determinou-se o bloqueio do primeiro e terceiro casamento de C. A. B. M. (fls. 14). Manifestou-se o Senhor Oficial do Registro Civil das Pessoas Naturais e Tabelião de Notas do 29º Subdistrito, Santo Amaro, Capital, acerca do terceiro casamento de C. A. B. M., noticiando que o interessado declarou-se divorciado da primeira esposa, omitindo informações sobre o segundo matrimônio (fls. 23/44 e 120/122). Prestou informações sobre o óbito de C. A. B. M. a Senhora Oficial do Registro Civil das Pessoas Naturais do 2º Subdistrito Liberdade, Capital (45/48 e 145/149). Habilitou-se nos autos a primeira cônjuge do falecido, M. M. C. (fls. 56 e 64). Sobrevieram informações do Distribuidor e dos MM. Juízos das 1ª e 2ª Varas de Família e Sucessões do Foro Regional de Santo Amaro (fls. 74/85, 89/91, 94/97 e 127). Ingressou nos autos a Senhora S. P. da S., segunda esposa do falecido (fls. 98/99 e 103). Determinou-se o bloqueio do assento de óbito de C. A. B. M. (fls. 115). Tornou aos autos o Senhor Oficial e Tabelião do Subdistrito do Ibirapuera para prestar esclarecimentos (fls. 123). A representante do Ministério Público acompanhou o feito e pugnou, ao final, pela manutenção do bloqueio dos assentos irregulares, bem como pela remessa de cópias à Promotoria de Justiça competente, para a nulidade das núpcias contraídas ao revés de impedimento (fls. 140). É o breve relatório. DECIDO. Trata-se de pedido de providências formulado pelo Senhor Oficial do Registro Civil das Pessoas Naturais e Tabelião de Notas do 30º Subdistrito, Ibirapuera, Capital, noticiando a existência de duplicidade de assentos de casamento em nome de C. A. B. M., que contraiu núpcias com R. S. da S., enquanto ostentava o estado civil de separado judicialmente de S. P. da S.. O Senhor Titular do Subdistrito do Ibirapuera noticiou que ao receber comunicação de falecimento, para anotação, em consulta aos seus livros, verificou a existência de três registros de casamento em nome de C. A. B. M., sendo dois em sua serventia assim como o nascimento e um no Subdistrito de Santo Amaro. Nessa senda, verificando a existência de irregularidades nos registros, de pronto comunicou os fatos a esta Corregedoria Permanente. Em breve relato, consta dos que C. A. B. M. casou-se em primeira núpcias com M. M. C., aos 06.05.1971. Dela separou-se aos 08.07.1992 e divorciou-se em 27.07.1993. A seguir, contraiu o segundo matrimônio com S. P. da S. perante a mesma Serventia do Ibirapuera, aos 26.11.1993, separando-se judicialmente aos 07.12.1995. Contudo, mesmo não havendo se divorciado, C. A. casou-se pela terceira vez, desta feita com R. S. da S., perante a unidade extrajudicial de Santo Amaro, noticiando nos autos da habilitação para o matrimônio que era divorciado de M. M. C. (a primeira esposa), omitindo a informação relativa ao segundo enlace e inclusive apresentando certidão do primeiro casamento com a averbação do divórcio, sem qualquer anotação quanto às segundas núpcias. As informações advindas das Varas de Família e do Distribuidor não trouxeram novas informações, no sentido de ter havido o oportuno divórcio em relação à segunda esposa. Por conseguinte, temos que C. A. B. M. casou-se com R. S. da S. em infringência a impedimento absoluto, nos termos do artigo 1.521, VI, do Código Civil, tornando o ato nulo de pleno direito. No entanto, forçoso convir que o tema da nulidade refoge da esfera de jurisdição desta Corregedoria Permanente, reclamando o ajuizamento de ação ordinária para tal finalidade. Bem por isso, determino a extração de peças para serem encaminhadas à Promotoria de Justiça Cível do Foro competente, para a propositura da referida ação ordinária de nulidade daquele casamento. De outra parte, no âmbito administrativo, determino que se mantenham os bloqueios (i) ao primeiro registro do casamento de C. A. B. M. e M. M. C., do Cartório do Ibirapuera, posto que contém a anotação a respeito do casamento nulo; (ii) ao terceiro assento de casamento de C. A. B. M. e R. S. Da S.,, do Cartório de Santo Amaro, uma vez que eivado de nulidade, e (iii) ao assento de óbito de C. A. B. M., registrado no Cartório da Liberdade, haja vista que ostenta a indevida informação acerca do estado civil do de cujus, somente sendo expedidas certidões ou cópias mediante expressa autorização desta Corregedoria Permanente. Noutro turno, no que tange à falta de anotação das segundas núpcias à margem do assento do primeiro casamento, esta Corregedoria Permanente entende que não há a obrigatoriedade da mesma (arts. 106 e 107 da Lei de Registro Públicos) e, de todo modo, os fatos ocorreram em momento que em muito antecedeu a investidura do atual Titular à frente da unidade. Da mesma maneira, não há que se falar em falha do serviço prestado pelo Subdistrito de Santo Amaro ou Liberdade, quando do registro do terceiro casamento ou do óbito, uma vez que os atos foram lavrados à luz de pertinente documentação e em observância dos regramentos que incidem sobre a matéria, em situação em que as unidades não podem ser responsabilizadas por informações que não tem como obter para além da declaração das partes envolvidas nos atos. Nesse sentido, consigno que não há medida correcional a ser instaurada, dado que os Senhores Titulares do 2º, 29º e 30º Subdistrito desta Capital cuidaram dos atos formais e declaratórios que envolvem o registro de casamento e óbito, conforme acima argumentado. Ulteriormente, considerando-se a situação narrada, bem como a informação de que há ação de Inventário/Arrolamento em razão do falecimento dos genitores de C. A. B. M., em trâmite perante o MM. Juízo da 6ª Vara de Família e Sucessões do Foro Central, sob o número 0024035-80.1984.8.26.0100, encaminhe-se cópia integral desta sentença àquela d. Vara, servindo a presente decisão como ofício. Bem assim, à míngua de outras providências, determino o arquivamento dos autos. Ciência aos Senhores Delegatários e ao Ministério Público. Encaminhe-se cópia desta sentença à Egrégia Corregedoria Geral da Justiça, servindo a presente decisão como ofício. P.I.C. - ADV: ANA CAROLINA DA COSTA RAMOS (OAB 275422/SP), VINICIUS DE MELO MORAIS (OAB 273217/SP), IGOR HENRY BICUDO (OAB 222546/SP), RAFAEL BUZZO DE MATOS (OAB 220958/SP) (DJe de 06.05.2021 – SP)

Ementa: Sentença – Pedido de Providências – Solicitação de dispensa total do prazo dos proclamas com o almejo de viabilizar a realização do casamento – Impossibilidade – Informação pelos Interessados de que estarão isolados em programa televisivo e gostariam de ingressar no referido com o estado civil de casados – Inexistência de fatos aptos à autorização da concessão pleiteada – Hipóteses previstas no art 69 da LRP – Ausência de pressupostos legais – Indeferimento do pedido – Improcedência

Processo 1009856-36.2021.8.26.0001

Pedido de Providências - Casamento - M.S.F. – E.A. - Juiz(a) de Direito: Dr(a). Marcelo Benacchio VISTOS, Cuida-se de pedido de providências formulado por M. S. F. e E. A., em que solicitam a dispensa total do prazo dos proclamas, com vistas a viabilizar a realização do casamento. Os autos foram instruídos com os documentos de fls. 14/48. A representante do Ministério Público opinou pelo indeferimento do pedido (cf. fls. 62/63). É o relatório. Decido. Sem embargo das razões expendidas pelos Senhores Requerentes, verifica-se que a hipótese não reclama o abrandamento do rigor formal, em relação à dispensa dos proclamas. Nesse sentido: O proclama é forma de publicidade ativa, destinada a, transitoriamente, dar ciência a todos do povo que duas pessoas querem casar-se, propiciando ensejo de serem denunciados os impedimentos. O proclama deve referir, pelo menos: nome, data e local de nascimento, estado civil e domicílio dos pretendentes, nome de seus pais. O registro de proclama é escriturado cronologicamente, com resumo do que constar dos editais expedidos pelo registrador ou recebidos de outros (arts. 43 e 44). (in Lei de Registros Públicos Comentado, Walter Ceneviva, 1999, 13ª ed., p. 153). No caso em exame, os Senhores Interessados noticiam que permanecerão isolados, em menos de 10 (dez) dias, em programa televisivo e gostariam de adentrar o show com o estado civil de casados. Sustentam, ainda, que após finda sua participação, não terão tempo disponível para proceder à habilitação, em razão dos compromissos da vida profissional. Em que pesem as alegações dos conviventes, como bem ressaltado pela nobre representante do Ministério Público, não se vislumbra urgência apta a autorizar a supressão do Edital de Proclamas, mormente considerado que aqueles não lograram êxito em comprovar, a contento, a inadiabilidade do enlace. Nesta ordem de ideias, os fatos alegados pelos requerentes não constituem hipótese apta a autorizar a concessão da dispensa, em quadro onde a solenidade e o formalismo deverão prevalecer sobre os interesses pessoais, as conveniências profissionais, ou o entretenimento dos nubentes. Destaco que a celebração do casamento é precedida de formalismo e solenidade, no intento de melhor aquilatar a aptidão jurídica dos nubentes, em respeito à regra da publicidade e somente em casos excepcionais e comprovadamente justificados permite a dispensa dos proclamas, o que não se extrai do presente caso. Portanto, a matéria posta em controvérsia não autoriza a concessão da dispensa, visto que não configurada as hipóteses previstas no artigo 69 da Lei de Registros Públicos. Assim, em face da impugnação ministerial (fls. 62/63), ausente os pressupostos legais, rejeito o pedido de dispensa formulado pelos requerentes, devendo ser o matrimônio devidamente precedido da habilitação formal. Ciência ao Ministério Público, arquivando-se oportunamente. P.I.C. - ADV: ADELIA DE JESUS SOARES (OAB 220367/SP), MAYARA KARINE SANTOS RODRIGUEZ (OAB 412020/SP) (DJe de 20.04.2021 – SP)

Ementa: Sentença – Pedido de Providências – Alegação de imposição por parte da serventia em realizar o casamento durante dia útil e sem a presença dos familiares – Esclarecimento pela Titular de que entendeu pertinente realizar a referida solenidade no sábado, de acordo com a solicitação dos contraentes, após a efetivação de outros casamentos agendados, de modo que os familiares puderam comparecer sem ocorrer aglomerações – Informação posterior de satisfação da pretensão – Ausência de conduta irregular – Arquivamento do feito – Ciência à Titular

Processo 0000455-24.2021.8.26.0100

Pedido de Providências - 2ª Vara de Registros Públicos - VISTOS, Cuida-se de representação encaminhada por meio da E. Corregedoria Geral da Justiça, do interesse do Senhor A. H. A. dos S., que se insurge contra imposição pelo Cartório de Registro Civil das Pessoas Naturais e Notas de Subdistrito desta Capital de realizar seu casamento durante dia útil e sem a presença de seus familiares. A Senhora Titular prestou esclarecimentos às fls. 07/12, noticiando a realização do casamento. Instado a se manifestar, o Senhor Representante quedou-se inerte (fls. 18). O Ministério Público pugnou pelo arquivamento do feito, ante a inexistência de indícios de ilícito funcional pela Senhora Titular (fls. 21/22). É o relatório. Decido. Trata-se de representação formulada pelo Senhor A. H. A. dos S., que protesta contra imposição pelo Cartório de Registro Civil das Pessoas Naturais e Notas de Subdistrito desta Capital de realizar seu casamento durante dia útil e sem a presença de seus familiares. A seu turno, a Senhora Titular veio aos autos para noticiar que, diante da situação ímpar do caso, considerando-se que os nubentes iniciaram a habilitação aos 05 de março de 2020 e houveram por postergar a celebração do matrimônio em razão da pandemia de COVID-19, entendeu pertinente realizar a solenidade em sábado, conforme solicitação dos contraentes, após a efetivação dos outros enlaces agendados, de modo que os familiares dos noivos puderam comparecer e, ao mesmo tempo, evitou-se aglomerações. O Senhor Representante quedou-se silente quanto aos esclarecimentos prestados pela Senhora Titular, todavia, consta dos autos comunicação direcionada à serventia extrajudicial em que o contraente demonstra seu contentamento diante da solução da questão (fls. 11/12). Bem assim, diante do brevemente narrado, especialmente à vista da satisfação da pretensão do usuário, reputo satisfatórias as explicações apresentadas pela i. Delegatária, não vislumbrando responsabilidade funcional apta a ensejar a instauração de procedimento administrativo, no âmbito disciplinar. Nessas condições, à míngua de providência censório-disciplinar a ser adotada, determino o arquivamento dos autos. Ciência à Senhora Titular, ao Ministério Público e ao Senhor Representante, por e-mail (cujo silêncio, desde que certificado o recebimento da mensagem eletrônica pelo servidor de destino, será interpretado como concordância tácita com os termos desta decisão, sem necessidade de posterior conclusão). Não menos importante, determino à z. Serventia Judicial que publique a presente decisão no DJE, uma vez que os fatos aqui relatados são de interesse da sociedade e as observações ora deduzidas contribuirão para a melhora do serviço público como um todo, resultando, como fim maior, no pleno atendimento do cidadão. Encaminhe-se cópia desta decisão, bem como de fls. 18 e 21/22, à Egrégia Corregedoria Geral da Justiça, por e-mail, servindo a presente sentença como ofício. P.I.C. (DJe de 31.03.2021 – SP)

Ementa: Sentença – Pedido de Providências – Assento de Casamento – Alegação de conduta inapropriada da Juíza de Paz – Informação pela Juíza de que houve a necessidade de adaptação aos protocolos de comportamento e medidas de proteção à saúde, em razão da Pandemia – Ausência de fundamentos para configurar a destituição da Juíza de Paz – Arquivamento do feito – Ciência à Oficial – Improcedência

Processo 1026437-57.2020.8.26.0100

Pedido de Providências - Assento de casamento - R.D.S.M. - E.R.C. - VISTOS, Trata-se de representação da Sra. Oficial de Registro Civil das Pessoas Naturais, desta Capital, relatando conduta inapropriada da Sra. Juíza Titular de Casamentos no exercício de suas funções, inclusive com a suspensão de suas atividades (a fls. 01/04). A questão foi remetida à D. Secretaria da Justiça e da Cidadania para exame (a fls. 05). A D. Secretaria da Justiça e da Cidadania referiu falta de atribuições a tanto em virtude do trânsito em julgado do acórdão proferido na ADI Estadual nº 2075879- 52.2018.8.26.0000 (a fls. 47/95). Houve manifestações da Sra. Oficial e da Sra. Juíza Titular de Casamentos (a fls. 99/100, 22/38 e 157/159). É o breve relatório. Decido. A D. Secretaria da Justiça e da Cidadania, com base em cultos pareceres (a fls. 47/95), afirma que as atribuições para exame da conduta dos Juízes de Paz em exercício, compete ao Poder Judiciário após o trânsito em julgado do acórdão proferido na ADI Estadual nº 2075879-52.2018.8.26.0000. No parecer aprovado pela Excelentíssima Senhora Doutora Procuradora Geral do Estado constou (a fls. 72/73): 36. Em face do exposto, opino no sentido de, em face do trânsito em julgado do acórdão proferido na ADI estadual n' 2075879-52.2018.8.26.0000, ser o caso de a Secretariada Justiça e Defesa da Cidadania: a) enviar ofício ao Excelentíssimo Senhor Doutor Juiz de Direito da 2a Vara de Registros Públicos do Foro Central Cível indicando que por conta do trânsito em julgado desce acórdão ela não mais pode tomar qualquer medida em face dos fatos Danados às fls. 04/07; b) iniciar diálogo institucional" com o Tribunal de Justiça do Estado, enfatizando que: i) em face do trânsito em julgado do acórdão proferido na ADI estadual n. 2075879-52.2018.8.26.0000, a competência para cuidar de Justiça de Paz no Estado de São Paulo é exclusiva do Tribunal de Justiça do Estado; ii) há necessidade de ela já poder providenciar o encaminhamento do cadastro dos Juízes de Casamento até o momento nomeados, para que o Tribunal já possa tomar as providências que entender cabíveis, inclusive quanto à eventual manutenção dos atuais Juízes até a posse dos novos titulares, com amparo nos poderes correcionais do próprio Tribunal de Justiça e no artigo16 do ADCT da Constituição Estadual; iii) embora aparentemente o Tribunal de Justiça do Estado possa entender que o encaminhamento de projeto de lei estadual para disciplinar a instituição da Justiça de Paz nos Estados dependa da prévia edição de lei nacional (conforme se depreende do Parecer da Procuradora Geral da República na AD0 40/DF), o acórdão proferido pelo Tribunal de Justiça na referida ADI estadual indicou decisão do Supremo Tribunal Federal que, s.m.j., teria afirmado a possibilidade de lei estadual disciplinar a questão mesmo sem lei nacional(ADI 2938/MG, Rel. Min. Eras Grau, j. em 9//06/2005); iv) mesmo enquanto não aprovada a lei estadual de iniciativa do Tribunal de Justiça do Estado de São Paulo para disciplinar a Justiça de Paz no Estado de São Paulo, remanescem os efeitos do acórdão preferido na referida ADI estadual, os quais impedem a possibilidade de a Secretaria da Justiça e Defesa da Cidadania continuar cuidando de Justiça de Paz; v) assim, enquanto não aprovada lei estadual de iniciativa do Tribunal de Justiça do Estado de São Paulo que institua a Justiça de Paz no Estado de São Paulo, e venham a ser eleitos e empossados os juízes em questão, caberá à Corregedoria Geral de Justiça disciplinar a nomeação dos juízes de casamento, a teor do quanto estabelece o item 79 do Capítulo XVII das Normas de Serviço - Cartórios Extrajudiciais - TOMO 11, editadas pelo Provimento CGJ 58/1989, com alterações posteriores. Noutra quadra, essa questão, até o momento, não recebeu normatização pela Egrégia Corregedoria Geral da Justiça. Cabe ainda salientar que a decisão proferida na ADI Estadual nº 2075879-52.2018.8.26.0000 não modulou seus efeitos quanto aos Juízes de Paz em exercício ante a inexistência de Lei Estadual a respeito. Como a situação repercute em todo Estado de São Paulo e também pela presunção de conformidade dos atos administrativos ao Direito, esta Corregedoria Permanente seguirá o mencionado parecer, submetendo a situação à Egrégia Corregedoria Geral da Justiça para o que tiver por pertinente, notadamente, eventual regulamentação dos poderes administrativos das Corregedorias Permanentes e dos Oficiais do Registro Civil em relação à atuação dos Juízes de Paz em exercício. Nestes termos, passo ao exame da representação. A situação concreta relatada nestes autos tratou da reclamação de nubentes descrevendo que na celebração de seu casamento a Sra. Representada teria elevado a voz, realizado tratamento descortês e sem serenidade (fls. 01). A Sra. Juíza de Paz referiu atuar há mais de oito anos e que ao tempo dos fatos havia exaltação das pessoas em decorrência o início da pandemia. Juntou ainda declarações acerca da correção de sua atividade no exercício de suas funções (a fls. 26/27, 29 e 38), bem como mencionou sua adesão às novas rotinas estabelecidas pela serventia extrajudicial. Os fatos ocorreram no dia 19.03.2020 (03/04), ou seja, no momento de início das medidas de saúde adotadas em razão da pandemia, no qual havia a necessidade de adaptação aos inéditos protocolos de comportamento e também incertezas acerca do contato social e medidas de proteção à saúde. Nesse quadro e considerada a repercussão do fato objeto da representação, por critérios de razoabilidade e proporcionalidade, não há fundamento para destituição da Sra. Juíza de Paz, competindo, todavia, observação no sentido de evitar novas situações semelhantes, bem como cumprimento dos protocolos de saúde implementados pela Sra. Oficial de Registro Civil. Ante ao exposto, determino o arquivamento da representação, com observação e o consequente retorno da Sra. Juíza de Paz ao exercício de suas funções. Encaminhe-se cópia desta decisão e de fls. 47/95 à Egrégia Corregedoria Geral da Justiça, por e-mail, servindo a presente decisão como ofício; especialmente para eventual exame das situações referidas pela D. Secretaria da Justiça e da Cidadania. Ciência a Sra. Oficial. Oportunamente, arquive-se. P. I. - ADV: VERA LUCIA LUNARDELLI (OAB 147370/SP) (DJe de 22.01.2021 – SP)

CONVERSÃO DE UNIÃO ESTÁVEL

Ementa: Sentença – Pedido de Providências – Habilitação de Conversão de União Estável em Casamento – Conviventes que entendem que a Escritura de União Estável deve ser aceita como Pacto Antenupcial – Descabimento – Esclarecimento pelo Titular de que o referido instrumento não foi realizado em momento pré-núpcias – Escritura lavrada há mais de um ano – Impossibilidade da utilização do conteúdo da referida escritura – Ausência de solenidade – Necessidade de que os nubentes lavrem o devido e específico ato ou optem pelo regime legal de bens para o casamento – Indeferimento do pedido – Ciência ao Registrador e Notário

Processo 1127940-87.2021.8.26.0100

Pedido de Providências - 2ª Vara de Registros Públicos - VISTOS, Cuida-se de pedido de providências formulado pelo Senhor Oficial de Registro Civil das Pessoas Naturais e Tabelião de Notas de Subdistrito desta Capital, suscitando dúvida quanto à habilitação de conversão de união estável em casamento, na qual os conviventes pretendem optar pelo regime da separação absoluta de bens, fazendo valer como pacto antenupcial a Escritura Pública Declaratória de União Estável e outras avenças, lavrada aos 09.12.2020. Os autos foram instruídos com os documentos de fls. 05/26. O Ministério Público ofereceu parecer às fls. 30/32. É o breve relatório. Decido. Trata-se de expediente encaminhado pelo Senhor Oficial de Registro Civil das Pessoas Naturais e Tabelião de Notas de Subdistrito desta Capital. O i. Titular suscita dúvida quanto à habilitação de conversão de união estável em casamento, na qual os conviventes pretendem optar pelo regime da separação absoluta de bens, fazendo valer como pacto antenupcial a Escritura Pública Declaratória de União Estável e outras avenças, lavrada aos 09.12.2020. Refere o Senhor Delegatário que os conviventes entendem que a Escritura de União Estável, lavrada perante Tabelionato de Notas desta Capital, deve ser aceita como Pacto Antenupcial porque dela constou expressamente que "vindo a se casarem, ou vindo a pedirem a conversão da união estável em casamento (...) prevalece a presente escritura como pacto antenupcial, com cláusula de estipulação do regime da separação absoluta de bens (...)". O Senhor Titular compreende que o referido instrumento não é hábil a servir de convenção antenupcial, posto que não foi realizado em momento pré-núpcias, ou seja, quando os nubentes já estivessem contratados para o casamento, mas foi sim aventado muito anteriormente e com validade inespecífica para a eventualidade de casamento ou conversão. Ademais, entende o Senhor Titular que a forma solene que deve ser atribuída ao pacto não foi observada, haja vista que foi utilizado instrumento diverso, e com dupla finalidade, para se firmar o negócio jurídico. Por fim, refere o d. Notário que a ora analisada Escritura Pública, acaso pretendesse fazer conter dois negócios jurídicos diferentes a declaração de união estável com regra patrimonial e o pacto antenupcial propriamente dito, deveria ter feito incidir sobre ela emolumentos referentes aos tais dois negócios pactuados, o que não ocorreu, de modo a indicar que somente houve a lavratura de um único instrumento notarial. O Ministério Público, por sua vez, opinou favoravelmente à possibilidade da consignação do pacto antenupcial na escritura declaratória de união estável, na compreensão de que não há prazo estabelecido de validade do instrumento firmado. Pois bem. Pese embora elevadas as razões apresentadas pelo i. Promotor de Justiça, entendo que o pedido de providências do Senhor Registrador deve ser acolhido, no sentido da impossibilidade de se aceitar a Escritura lavrada aos 09.12.2020, ou seja, há mais de um ano, como Pacto Antenupcial, pelas razões que passo a expor. Primeiramente, destaco que, de fato, o prazo de validade da Escritura de Pacto Antenupcial não foi estabelecido legalmente e há divergências na doutrina quanto à solução para a questão. Nada obstante, se depreende do conjunto de regramentos legais que o pacto antenupcial deve ser realizado no contexto da habilitação de casamento, em momento no qual os consortes já pretendam e já se preparam para o casamento (ou para a conversão). Nesse sentido é a intelecção do parágrafo único do artigo 1.640, do Código Civil: Art. 1.640. Não havendo convenção, ou sendo ela nula ou ineficaz, vigorará, quanto aos bens entre os cônjuges, o regime da comunhão parcial. Parágrafo único. Poderão os nubentes, no processo de habilitação, optar por qualquer dos regimes que este código regula. Quanto à forma, reduzir-se-á a termo a opção pela comunhão parcial, fazendo-se o pacto antenupcial por escritura pública, nas demais escolhas. [negrito meu] No mesmo sentido se expressam as Normas de Serviço da E. Corregedoria Geral da Justiça, em seu Cap. XVII, item 71, fazendo clara alusão de que o pacto deve ser realizado no contexto da preparação para o casamento, e não em momento disperso no tempo: 71. Optando os nubentes por um regime de bens diverso do legal, sua vontade deverá ser formalizada por intermédio de escritura pública até a celebração, sendo ineficaz a simples declaração reduzida a termo no processo de habilitação matrimonial. Destaco que a palavra "nubente" - do latim "nubere", que se traduz por "casar" - indica "que ou quem vai casar ou tem casamento marcado". De modo mais incidente a respeito, prescreve o artigo 1653 do Código Civil: Art. 1.653. É nulo o pacto antenupcial se não for feito por escritura pública, e ineficaz se não lhe seguir o casamento. [negrito meu] O dispositivo legal em questão efetua limite temporal de eficácia do pacto antenupcial no sentido de anteceder ao casamento, todavia, não especifica um prazo de modo direto. Para colmatar esta lacuna por analogia na forma do art. 4º, da LINDB, compete aplicar o prazo de noventa dias para eficácia da habilitação constante do art. 1.532 do Código Civil, de modo antecedente ao casamento. Como é sabido, o prazo de validade da habilitação de casamento é de 90 dias, após o qual os atos praticados perdem seu efeito, devendo ser repetidos, para conferir segurança jurídica aos nubentes, a terceiros e ao Estado. Carlos Roberto Gonçalves refere que a perda de validade da habilitação para o casamento ocorre em razão de, após decorrido tal prazo, a situação fática entre os consortes e entre os consortes e terceiros por ter se alterado, de modo a refletir seus efeitos no negócio jurídico (casamento) pactuado: Decorrido o prazo de quinze dias a contar da afixação do edital em cartório (e não da publicação na imprensa), o oficial entregará aos nubentes certidão de que estão habilitados a se casar dentro de 90 dias, sob pena de perda de sua eficácia. Vencido esse prazo, que é de caducidade, será necessária nova habilitação, porque pode ter surgido algum impedimento que inexistia antes da publicação dos proclamas [Gonçalves, Carlos Roberto. Direito Civil Brasileiro, Volume 6: Direito de Família 9. Ed. São Paulo: Saraiva, 2012]. Por conseguinte, a validade da convenção não pode ser indeterminada, porque o que nele se fez constar pode perder a validade fática e vir a refletir efeitos jurídicos indesejados para os consortes ou para terceiros, daí a previsão de ineficácia preservada a existência e validade do negócio jurídico. Desse modo, assinalo que a negativa do Registrador Civil, entre outros pontos, visa a garantir a segurança jurídica do negócio jurídico em questão guiado também pelo princípio da heteronomia da vontade. Seja como for, ainda que se tenha compreensão diversa, é patente que o prazo de um ano impede a utilização do conteúdo da escritura pública de união estável, a qual, ultrapassa, em muito, a dicção legal acerca da ineficácia do pacto antenupcial se não lhe seguir o casamento. Além disso, compete ressaltar a compreensão acerca da convenção antenupcial encerrar negócio solene que deve se materializar por meio de instrumento público único. Quanto a isso, assevera Silvio de Salvo Venosa: O pacto antenupcial é negócio jurídico de direito de família e sua finalidade é exclusivamente regular o regime patrimonial dos cônjuges no casamento a realizar-se. Não se admitem outras disposições estranhas a essa finalidade. [in: Direito civil: família 17. ed. São Paulo: Atlas, 2017. (Coleção Direito civil; 5), Item 15.2.2]. Bem assim, por todo o exposto, compreendo que assiste razão ao Senhor Titular e indefiro a utilização da Escritura Pública Declaratória de União Estável com estipulação de Pacto Antenupcial e outras a avenças, devendo os nubentes lavrarem o devido e específico ato ou, alternativamente, optarem pelo regime legal de bens para o casamento. Considerando-se a questão de interesse geral, publique-se a presente decisão. Ciência ao Senhor Registrador e Notário, que deverá cientificar os consortes, e ao Ministério Público. P.I.C. (DJe de 15.12.2021 – SP)

DESCARTE DE EMBRIÕES

Ementa: Sentença – Pedido de Providências – Pedido de autorização para descarte de embriões criopreservados – Incompetência do juízo administrativo – Matéria reservada à esfera jurisdicional – Indeferimento do pedido – Arquivamento do feito

Processo 1114573-93.2021.8.26.0100

Pedido de Providências - Petição intermediária - E.F.P.M. – M., registrado civilmente como R.C.M. - Juiz(a) de Direito: Dr(a). Marcelo Benacchio VISTOS, Trata-se-se de ação ajuizada por E.F.P.M. e R.C.M.M., devidamente qualificados na inicial, objetivando autorização judicial para descarte de embriões criopreservados que se encontram na Clínica Huntington Medicina Reprodutiva. Vieram aos autos os documentos de fls. 05/12. É o relatório. Decido. A apreciação da presente ação, de natureza jurisdicional, refoge do âmbito de atribuições do exercício da Corregedoria Permanente dos Registros Civis e Tabelionatos de Notas da Capital, que se desenvolve na esfera administrativa nesta 2ª Vara de Registros Públicos. Frise-se que a 2ª Vara de Registros Públicos, além de processar ações de usucapião e retificações de assentos de nascimento, casamento e óbito, detém a Corregedoria Permanente dos Tabelionatos de Notas e Registros

Civis das Pessoas Naturais da Capital, orientando, fiscalizando e, conforme o caso, aplicando sanções administrativas às serventias, observadas as formalidades legais e normativas. Logo, a medida pleiteada, não poderá ser proclamada nesta Vara de caráter exclusivamente administrativo. A questão posta em controvérsia envolve processo de natureza jurisdicional, portanto, fora das atribuições desta Corregedoria Permanente. Por conseguinte, em razão da natureza, indefiro o pedido, visto que esta via administrativa não é a correta para análise em tela, devendo os interessados buscar a autorização em comento pela via jurisdicional própria, competente que é para conhecimento de questões de tal ordem. Destarte, à míngua de outra providência administrativa a ser adotada, determino o arquivamento dos autos, com as cautelas de praxe. Ciência aos interessados. P.I.C. - ADV: EDUARDO FERNANDO PLENS MANFREDINI (OAB 336144/SP) (DJe de 05.11.2021 – SP)

CONVERSÃO DE UNIÃO ESTÁVEL

Ementa: Sentença – Pedido de Providências – Habilitação de Conversão de União Estável em Casamento – Conviventes que entendem que a Escritura de União Estável deve ser aceita como Pacto Antenupcial – Descabimento – Esclarecimento pelo Titular de que o referido instrumento não foi realizado em momento pré-núpcias – Escritura lavrada há mais de um ano – Impossibilidade da utilização do conteúdo da referida escritura – Ausência de solenidade – Necessidade de que os nubentes lavrem o devido e específico ato ou optem pelo regime legal de bens para o casamento – Indeferimento do pedido – Ciência ao Registrador e Notário

Processo 1127940-87.2021.8.26.0100

Pedido de Providências - 2ª Vara de Registros Públicos - VISTOS, Cuida-se de pedido de providências formulado pelo Senhor Oficial de Registro Civil das Pessoas Naturais e Tabelião de Notas de Subdistrito desta Capital, suscitando dúvida quanto à habilitação de conversão de união estável em casamento, na qual os conviventes pretendem optar pelo regime da separação absoluta de bens, fazendo valer como pacto antenupcial a Escritura Pública Declaratória de União Estável e outras avenças, lavrada aos 09.12.2020. Os autos foram instruídos com os documentos de fls. 05/26. O Ministério Público ofereceu parecer às fls. 30/32. É o breve relatório. Decido. Trata-se de expediente encaminhado pelo Senhor Oficial de Registro Civil das Pessoas Naturais e Tabelião de Notas de Subdistrito desta Capital. O i. Titular suscita dúvida quanto à habilitação de conversão de união estável em casamento, na qual os conviventes pretendem optar pelo regime da separação absoluta de bens, fazendo valer como pacto antenupcial a Escritura Pública Declaratória de União Estável e outras avenças, lavrada aos 09.12.2020. Refere o Senhor Delegatário que os conviventes entendem que a Escritura de União Estável, lavrada perante Tabelionato de Notas desta Capital, deve ser aceita como Pacto Antenupcial porque dela constou expressamente que "vindo a se casarem, ou vindo a pedirem a conversão da união estável em casamento (...) prevalece a presente escritura como pacto antenupcial, com cláusula de estipulação do regime da separação absoluta de bens (...)". O Senhor Titular compreende que o referido instrumento não é hábil a servir de convenção antenupcial, posto que não foi realizado em momento pré-núpcias, ou seja, quando os nubentes já estivessem contratados para o casamento, mas foi sim aventado muito anteriormente e com validade inespecífica para a eventualidade de casamento ou conversão. Ademais, entende o Senhor Titular que a forma solene que deve ser atribuída ao pacto não foi observada, haja vista que foi utilizado instrumento diverso, e com dupla finalidade, para se firmar o negócio jurídico. Por fim, refere o d. Notário que a ora analisada Escritura Pública, acaso pretendesse fazer conter dois negócios jurídicos diferentes a declaração de união estável com regra patrimonial e o pacto antenupcial propriamente dito, deveria ter feito incidir sobre ela emolumentos referentes aos tais dois negócios pactuados, o que não ocorreu, de modo a indicar que somente houve a lavratura de um único instrumento notarial. O Ministério Público, por sua vez, opinou favoravelmente à possibilidade da consignação do pacto antenupcial na escritura declaratória de união estável, na compreensão de que não há prazo estabelecido de validade do instrumento firmado. Pois bem. Pese embora elevadas as razões apresentadas pelo i. Promotor de Justiça, entendo que o pedido de providências do Senhor Registrador deve ser acolhido, no sentido da impossibilidade de se aceitar a Escritura lavrada aos 09.12.2020, ou seja, há mais de um ano, como Pacto Antenupcial, pelas razões que passo a expor. Primeiramente, destaco que, de fato, o prazo de validade da Escritura de Pacto Antenupcial não foi estabelecido legalmente e há divergências na doutrina quanto à solução para a questão. Nada obstante, se depreende do conjunto de regramentos legais que o pacto antenupcial deve ser realizado no contexto da habilitação de casamento, em momento no qual os consortes já pretendam e já se preparam para o casamento (ou para a conversão). Nesse sentido é a intelecção do parágrafo único do artigo 1.640, do Código Civil: Art. 1.640. Não havendo convenção, ou sendo ela nula ou ineficaz, vigorará, quanto aos bens entre os cônjuges, o regime da comunhão parcial. Parágrafo único. Poderão os nubentes, no processo de habilitação, optar por qualquer dos regimes que este código regula. Quanto à forma, reduzir-se-á a termo a opção pela comunhão parcial, fazendo-se o pacto antenupcial por escritura pública, nas demais escolhas. [negrito meu] No mesmo sentido se expressam as Normas de Serviço da E. Corregedoria Geral da Justiça, em seu Cap. XVII, item 71, fazendo clara alusão de que o pacto deve ser realizado no contexto da preparação para o casamento, e não em momento disperso no tempo: 71. Optando os nubentes por um regime de bens diverso do legal, sua vontade deverá ser formalizada por intermédio de escritura pública até a celebração, sendo ineficaz a simples declaração reduzida a termo no processo de habilitação matrimonial. Destaco que a palavra "nubente" - do latim "nubere", que se traduz por "casar" - indica "que ou quem vai casar ou tem casamento marcado". De modo mais incidente a respeito, prescreve o artigo 1653 do Código Civil: Art. 1.653. É nulo o pacto antenupcial se não for feito por escritura pública, e ineficaz se não lhe seguir o casamento. [negrito meu] O dispositivo legal em questão efetua limite temporal de eficácia do pacto antenupcial no sentido de anteceder ao casamento, todavia, não especifica um prazo de modo direto. Para colmatar esta lacuna por analogia na forma do art. 4o, da LINDB, compete aplicar o prazo de noventa dias para eficácia da habilitação constante do art. 1.532 do Código Civil, de modo antecedente ao casamento. Como é sabido, o prazo de validade da habilitação de casamento é de 90 dias, após o qual os atos praticados perdem seu efeito, devendo ser repetidos, para conferir segurança jurídica aos nubentes, a terceiros e ao Estado. Carlos Roberto Gonçalves refere que a perda de validade da habilitação para o casamento ocorre em razão de, após decorrido tal prazo, a situação fática entre os consortes e entre os consortes e terceiros por ter se alterado, de modo a refletir seus efeitos no negócio jurídico (casamento) pactuado: Decorrido o prazo de quinze dias a contar da afixação do edital em cartório (e não da publicação na imprensa), o oficial entregará aos nubentes certidão de que estão habilitados a se casar dentro de 90 dias, sob pena de perda de sua eficácia. Vencido esse prazo, que é de caducidade, será necessária nova habilitação, porque pode ter surgido algum impedimento que inexistia antes da publicação dos proclamas [Gonçalves, Carlos Roberto. Direito Civil Brasileiro, Volume 6: Direito de Família 9. Ed. São Paulo: Saraiva, 2012]. Por conseguinte, a validade da convenção não pode ser indeterminada, porque o que nele se fez constar pode perder a validade fática e vir a refletir efeitos jurídicos indesejados para os consortes ou para terceiros, daí a previsão de ineficácia preservada a existência e validade do negócio jurídico. Desse modo, assinalo que a negativa do Registrador Civil, entre outros pontos, visa a garantir a segurança jurídica do negócio jurídico em questão guiado também pelo princípio da heteronomia da vontade. Seja como for, ainda que se tenha compreensão diversa, é patente que o prazo de um ano impede a utilização do conteúdo da escritura pública de união estável, a qual, ultrapassa, em muito, a dicção legal acerca da ineficácia do pacto antenupcial se não lhe seguir o casamento. Além disso, compete ressaltar a compreensão acerca da convenção antenupcial encerrar negócio solene que deve se materializar por meio de instrumento público único. Quanto a isso, assevera Silvio de Salvo Venosa: O pacto antenupcial é negócio jurídico de direito de família e sua finalidade é exclusivamente regular o regime patrimonial dos cônjuges no casamento a realizar-se. Não se admitem outras disposições estranhas a essa finalidade. [in: Direito civil: família 17. ed. São Paulo: Atlas, 2017. (Coleção Direito civil; 5), Item 15.2.2]. Bem assim, por todo o exposto, compreendo que assiste razão ao Senhor Titular e indefiro a utilização da Escritura Pública Declaratória de União Estável com estipulação de Pacto Antenupcial e outras a avenças, devendo os nubentes lavrarem o devido e específico ato ou, alternativamente, optarem pelo regime legal de bens para o casamento. Considerando-se a questão de interesse geral, publique-se a presente decisão. Ciência ao Senhor Registrador e Notário, que deverá cientificar os consortes, e ao Ministério Público. P.I.C. (DJe de 15.12.2021 – SP)

INTERDIÇÃO

Ementa: Sentença – Pedido de Providências – Alegação de suposta prática irregular durante a lavratura de ato perante a Serventia – Informação pelo Representante de que a outorgante-vendedora foi representada no instrumento público por meio do alvará expedido no processo de interdição e a Serventia Extrajudicial solicitou que se fizesse o depósito judicial do montante em conta judicial – Esclarecimento pelo Delegatário de que constou da autorização judicial, expressamente, que o valor da venda que cabia à interditanda deveria ser depositado em conta judicial – Cumprimento dos termos da decisão judicial pelo Notário – Inexistência de ilícito funcional – Arquivamento do feito – Ciência ao Tabelião – Improcedência

Processo 0016584-07.2021.8.26.0100

Pedido de Providências - REGISTROS PÚBLICOS - C. G.J. - S.R.S.C.G. e outro - VISTOS, Trata-se de representação encaminhada pela E. Corregedoria Geral da Justiça, do interesse do Senhor Sergio Ricardo Stocco Caodaglio Giolo, em face do Senhor 14º Tabelião de Notas desta Capital, noticiando-se a ocorrência de suposta prática irregular durante a lavratura de ato perante a indicada serventia extrajudicial. Os autos foram instruídos com os documentos de fls. 02/23. O Senhor Titular prestou esclarecimentos às fls. 27/41. Instado a se manifestar, o Senhor Representante quedou-se silente (fls. 43). O Ministério Público pugnou pelo arquivamento do expediente (fls. 46). É o breve relatório. Decido. Cuidam os autos de representação formulada pelo Senhor Sergio Ricardo Stocco Caodaglio Giolo, em face do Senhor 14º Tabelião de Notas desta Capital, que se insurge diante de suposta irregularidade durante a lavratura de ato perante a indicada serventia extrajudicial. Narra o Senhor Representante que recorreu à serventia extrajudicial para a lavratura de Escritura Pública de Compra e Venda, cuja outorgante resta em processo de interdição, ocasião em que foi solicitado, indevidamente, que se fizesse o depósito judicial do montante amealhado com o negócio pactuado em conta judicial. Nesse sentido, apontou que a outorgante vendedora foi representada no instrumento público por meio do alvará expedido no processo de interdição, autos nº 1091801- 10.2019.8.26.0100. Referiu o d. Delegatário que constou da autorização judicial, expressamente, que o valor da venda que cabia à interditanda deveria ser depositado em conta judicial, vinculada àqueles autos, razão pela qual o outorgado-comprador assim procedeu. Com efeito, afirmou que não há nada que desabone a higidez do ato lavrado ou a conduta da serventia extrajudicial, em situação na qual todas as formalidades legais e acautelatórias foram estritamente observadas. O Ministério Público, por sua vez, opinou pelo arquivamento do feito, ante a inexistência de indícios de falha na prestação do serviço ou ilícito funcional por parte da serventia correicionada. Pois bem. À luz dos esclarecimentos prestados pelo Senhor Titular e considerando-se a inércia da parte representante, não verifico a ocorrência de falha na prestação do serviço extrajudicial ou ilícito funcional pelo Delegatário, em especial na consideração de que o Notário cumpriu os termos da decisão judicial prolatada no bojo dos autos da interdição. Portanto, reputo satisfatórias as explicações apresentadas pelo Senhor Titular, não vislumbrando responsabilidade funcional apta a ensejar a instauração de procedimento administrativo, no âmbito disciplinar. Nessas condições, à míngua de providência censório-disciplinar a ser adotada, determino o arquivamento dos autos. Ciência ao Senhor Tabelião, ao Ministério Público e ao Senhor Representante, por e-mail. Encaminhe-se cópia desta decisão, bem como de fls. 27/41, 43 e 47, à Egrégia Corregedoria Geral da Justiça, por e-mail, servindo a presente como ofício. I.C. - ADV: SÉRGIO RICARDO STOCCO CAODAGLIO GIOLO (OAB 176995/SP) (DJe de 24.08.2021 – SP)

MORTE PRESUMIDA

Ementa: Sentença – Pedido de Providências – Pedido de retificação da qualificação do proprietário tabular que já é falecido – Impossibilidade – Alegação de erro na gráfica do sobrenome e em relação ao estado civil do "de cujus" – Negativa em razão da necessidade de intervenção judicial – Ausência de erro de transposição de dado por parte do Oficial – Inexistência de evidência no sentido de que o adquirente do imóvel seja o genitor da parte Requerente – Individualização dos titulares do domínio que é precária na matrícula do imóvel – Indeferimento do pedido – Improcedência

Processo 1013767-53.2021.8.26.0002

Pedido de Providências - Retificação de Nome - José de Sousa - Assim, JULGO IMPROCEDENTE o pedido. Deste procedimento não decorrem custas, despesas processuais ou honorários advocatícios. Oportunamente, ao arquivo com as cautelas de praxe. P.R.I.C. - ADV: MARCIO RAFAEL GONÇALVES NEPOMUCENO (OAB 386398/SP)

Íntegra da decisão:

SENTENÇA

Processo Digital nº: **1013767-53.2021.8.26.0002**

Classe - Assunto **Pedido de Providências - Retificação de Nome**

Requerente: **José de Sousa**

Requerido: **11º Oficial de Registro de Imóveis da Capital**

Juiz(a) de Direito: Dr(a). **Luciana Carone Nucci Eugênio Mahuad**

Vistos.

Trata-se de pedido de providências formulado por **José de Sousa** em face do **Oficial do 11º Registro de Imóveis da Capital** para retificação da qualificação de proprietário tabular, já falecido, do imóvel matriculado sob n. 40.953 naquela serventia. A parte interessada aduz que é herdeira de Vicente

Paulino de Sousa e que o registro deve ser retificado, já que apresenta erro na grafia do sobrenome e em relação ao estado civil do "de cujus"; que Vicente se chamava Vicente Paulino de Sousa e não foi casado, sendo que os equívocos mencionados já foram corrigidos perante o Registro Civil (assento de óbito), pelo que cabível retificação também na escritura pública de compra e venda e no Registro de Imóveis. O Oficial manifestou-se às fls. 80/87, sustentando a impossibilidade de realizar as retificações pretendidas, uma vez que elas pressupõem, necessariamente, intervenção judicial. O 7º Tabelião de Notas da Comarca da Capital apresentou informações à fl. 96. Em nova manifestação, a parte requerente informou que, à época da aquisição do imóvel, Vicente e Maria da Conceição, seus pais, eram amasiados, bem como que Maria, que faleceu em 19990, também é genitora de seus oito irmãos (fl. 103).

O Ministério Público opinou pela improcedência (fls. 113/115).

É o relatório.

Fundamento e decido.

No mérito, o pedido não procede. Vejamos os motivos.

Acerca da retificação de registro ou averbação que envolva direito de propriedade (a retificação de escritura pública não está no âmbito de nossa competência), assim dispõe o art. 213, inciso I, alínea "g", da Lei n. 6.015/73:

> *"Art. 213. O oficial retificará o registro ou a averbação:*
>
> *(...)*
>
> *I - de ofício ou a requerimento do interessado nos casos de:*
>
> *g) inserção ou modificação dos dados de qualificação pessoal das partes, comprovada por documentos oficiais, ou mediante despacho judicial quando houver necessidade de produção de outras provas".*

Na hipótese *sub judice*, verifica-se que o proprietário, Vicente Paulino de **Souza**, foi qualificado como **casado** quando da lavratura da escritura pública de venda e compra e cessão do imóvel (21.05.1964 fls. 97/98), a qual deu origem à matrícula n. 40.953.

Os documentos de identidade dos adquirentes não foram arquivados perante o Tabelionato (fl. 96).

Vicente Paulino de **Souza** assinou o documento (fl. 98). Ou seja, não houve notícia de que era analfabeto.

Nota-se, ainda, que a aquisição se deu em conjunto com Raymundo Paulino de **Souza**. A copropriedade pertencente a Raymundo pôde ser normalmente inventariada a herdeiros que também se qualificam pelo sobrenome **Souza** (fls. 82/85).

Com base nessa qualificação pessoal, o registro de propriedade foi feito na matrícula mencionada (fl. 37), observando-se os estritos termos da escritura pública apresentada ao Registrador.

O pai da parte requerente, por sua vez, se chamava Vicente Paulino de **Sousa** e era **analfabeto** (fls. 13/14). Todos os seus documentos estavam assim grafados, com exceção de seu assento de óbito, o qual pôde ser corrigido à vista do evidente equívoco (fls. 13/19).

De todo o exposto, chegamos facilmente a duas conclusões.

Primeira: não houve qualquer erro de transposição de dado por parte do Oficial do Registro de Imóveis que exija correção.

Segunda: não existe qualquer evidência nos autos no sentido de que Vicente Paulino de Souza, adquirente do imóvel, casado, seja Vicente Paulino de Sousa, pai da parte requerente, amasiado.

Em outras palavras, como a individualização dos titulares do domínio é bastante precária na matrícula do imóvel, constando apenas nome, nacionalidade, estado civil, profissão e município de domicílio, e os documentos trazidos aos autos, fls. 05/60, não são hábeis para apontar com segurança que se tratava da mesma pessoa e que o proprietário era, na verdade, solteiro, não há como se autorizar a retificação pretendida nesta via administrativa.

Assim, **JULGO IMPROCEDENTE** o pedido.

Deste procedimento não decorrem custas, despesas processuais ou honorários advocatícios.

Oportunamente, ao arquivo com as cautelas de praxe.

P.R.I.C.

São Paulo, 07 de outubro de 2021 (DJe de 13.10.2021 – SP)

NACIONALIDADE

Ementa: Sentença – Pedido de Providências – Alegação pela Vice-Cônsul de recebimento de relatos sobre dificuldades de usuários em averbar a informação de que são brasileiros natos – Questionamento em relação a aplicação do disposto no artigo 12, § único, da Resolução CNJ nº 155 – Exigência pela Unidade Extrajudicial de requerimento presencial ou por procurador devidamente constituído por meio de instrumento com firma reconhecida – Esclarecimento pela Oficial de que entende que a averbação ou retificação pretendida tem caráter personalíssimo e pode afetar direitos para além da mera nacionalidade brasileira – Descabimento – Indivíduos que já são brasileiros natos – Inexistência de impacto em direito estrangeiro – Possibilidade de simples pedido pelo registrado, interessado ou procurador –Imprescindibilidade de que a averbação ou retificação seja efetuada de ofício – Ausência de ilícito funcional na atuação da Oficial – Ciência à Oficial

Processo 0043069-44.2021.8.26.0100

Pedido de Providências - 2ª Vara de Registros Públicos - VISTOS, Cuida-se de pedido de providências encaminhado pela E. Corregedoria Geral da Justiça, do interesse do Setor de Passaportes do Consulado- Geral do Brasil em Toronto, Canada, que questiona acerca da aplicação do disposto no artigo 12, parágrafo único, da Resolução CNJ 155. A manifestação pela Vice-Cônsul encontra-se acostada às fls. 03. A Senhora Oficial do Registro Civil das Pessoas Naturais e de Interdições e Tutelas do Primeiro Subdistrito Sé, Capital, prestou esclarecimentos (fls. 08/09). O Ministério Público ofertou parecer às fls. 12/14, opinando pelo arquivamento do expediente, ante a inexistência de indícios de ilícito funcional pela Senhora Oficial. É o relatório. Decido. Trata-se de expediente instaurado a partir de representação pelo Setor de Passaportes do Consulado-Geral do Brasil em Toronto, Canada, que questiona acerca da aplicação do disposto no artigo 12, parágrafo único, da Resolução CNJ 155. Destaca a Senhora Vice-Cônsul que tem recebido relatos de que usuários tem encontrado dificuldade para ver averbada a informação de que são brasileiros natos, nos termos da indicada resolução, em relação às pessoas nascidas entre 07.06.1994 e 21.09.2007, cujos assentos tenham sido originalmente lavrados em Consulados brasileiros. Aponta a Senhora Representante que, pese embora a disposição de que a averbação seja feita de ofício ou a requerimento da parte, serventia de Registro Civil das Pessoas Naturais desta Capital tem exigido requerimento presencial ou por procurador devidamente constituído por meio de instrumento com firma reconhecida. A i. Oficial veio aos autos para noticiar que, de fato, sempre exigiu o requerimento pessoal apresentado pelo usuário ou, noutro turno, por procurador devidamente constituído por meio de instrumento com firma reconhecida, em razão de entender que a averbação ou retificação pretendida tem caráter personalíssimo e pode afetar direitos para além da mera nacionalidade brasileira, incluindo a perda de nacionalidade originária ius soli concedida ao registrado por Estado estrangeiro. Destaca a Senhora Delegatária que o procedimento adotado tem caráter cautelar, visando à prevenção de sua responsabilização por eventual dano que possa decorrer da averbação e, igualmente, garantir a proteção integral dos interessados, que por vezes podem não se atentar a eventual conflito com legislação estrangeira. Com efeito, informou a d. Registradora que, para além do requerimento pessoal ou por procurador legalmente constituído, aceita que solicitações sejam encaminhadas por mensagem eletrônica, desde que assinadas digitalmente nos padrões ICPBrasil, em analogia ao item 47.7.1, do Cap. XVII, das Normas de Serviço da E. Corregedoria Geral da Justiça, e artigo 6º do Provimento 95 do CNJ. O Ministério Público opinou pelo cumprimento dos dispositivos normativos em seus termos exatos, dispensando-se as exigências efetuadas pela Registradora. No entanto, concluiu o d. Promotor de Justiça que não há que se falar em falha na prestação do serviço ou ilícito funcional pela Senhora Registradora, que atuou com cautela. Pois bem. A resposta ao questionamento posto pela representação consular advém da análise em conjunto do regramento de regência da matéria: nacionalidade nata, originária ou primária. A nacionalidade originária é estabelecida, basicamente, por dois critérios, chamados ius soli e ius sanguinis. O critério denominado ius soli, direito de solo ou direito do solo, considera o território como fonte de definição da nacionalidade de uma pessoa. Assim, aquele nascido em determinado lugar, terá determinada nacionalidade. Por outro lado, o ius sanguinis, ou direito de sangue, define a ascendência, ou seja: filiação, como critério para a conferência da nacionalidade. Nesse sentido, todo filho de um nacional, será também nacional daquele país, independentemente do local onde tenha nascido. O ordenamento jurídico pátrio estabelece um sistema misto, combinando ambos os parâmetros, ius soli e ius sanguinis, e somando alguns requisitos, para a atribuição da nacionalidade brasileira primária aos seus cidadãos, retratado pelo artigo 12, I, da Constituição Federal. In verbis: Art. 12. São brasileiros: I - natos: a) os nascidos na República Federativa do Brasil, ainda que de pais estrangeiros, desde que estes não estejam a serviço de seu país; b) os nascidos no estrangeiro, de pai brasileiro ou mãe brasileira, desde que qualquer deles esteja a serviço da República Federativa do Brasil; c) os nascidos no estrangeiro de pai brasileiro ou de mãe brasileira, desde que sejam registrados em repartição brasileira competente ou venham a residir na República Federativa do Brasil e optem, em qualquer tempo, depois de atingida a maioridade, pela nacionalidade brasileira; (Redação dada pela Emenda Constitucional nº 54, de 2007). Desse modo, de nosso interesse no presente caso, a alínea c refere o critério da filiação complementado pelo (i) registro competente ou (ii) residência e opção. Ressalte-se que a alínea "c" invoca duas diferentes situações. A primeira parte de sua redação aponta que a nacionalidade originária é atribuída a "os nascidos no estrangeiro de pai brasileiro ou de mãe brasileira, desde que sejam registrados em repartição brasileira competente (ius sanguinis + registro EC no 54/07)" (Moraes, Alexandre de. Direito Constitucional 32. ed. rev. e atual. até a EC nº 91, de 18 de fevereiro de 2016 São Paulo: Atlas, 2016. P. 370). A segunda parte da alínea, que não se confunde com a situação exibida no primeiro trecho, traz ocorrência diversa: a nacionalidade nata é atribuída a "os nascidos no estrangeiro, de pai brasileiro ou de mãe brasileira, desde que venham a residir na República Federativa do Brasil e optem, em qualquer tempo, depois de atingida a maioridade (EC no 54/07), pela nacionalidade brasileira (ius sanguinis + critério residencial + opção confirmativa)." (idem, P. 370/371). Para o completo entendimento da situação retratada no artigo 12, I, "c", e sua solução prática, necessário se faz o entendimento das alterações legislativas que sofreu tal hipótese de aquisição de nacionalidade originária. Na redação original da Constituição da República, antes da edição da Emenda Constitucional de Revisão nº 03 de 1994, eram considerados brasileiros natos todos aqueles nascidos no exterior, de pai ou mãe brasileiros, que fossem registrados em repartição consular ou viessem a fixar residência em território nacional antes da maioridade e, após, fizessem a devida opção. Ocorreu que, após o advento da alteração legislativa trazida pela ECR nº 03 de 1994, a hipótese trouxe somente a residência em território nacional para a constituição da nacionalidade, extinguindo-se a possibilidade do registro em instituição consular para a aquisição originária. A alínea "c" passou a figurar com a seguinte redação: "os nascidos no estrangeiro, de pai brasileiro ou mãe brasileira, desde que venham a residir na República Federativa do Brasil e optem, em qualquer tempo, pela nacionalidade brasileira". Nesse sentido, apontam Mendes e Branco (2021): Suprimiu-se, aparentemente sem razão plausível, a possibilidade, anteriormente oferecida, de o filho de brasileiro nascido no exterior obter a nacionalidade brasileira com o mero registro na repartição consular competente. Tal situação foi novamente alterada com a EC nº 54 de 2007, que se voltou ao entendimento anterior de que bastaria o registro em entidade consular para a constituição da nacionalidade nata ou, noutro turno, não tendo havido o registro consular, manteve a exigência de fixação de residência e opção. (Mendes, Gilmar Ferreira, e Branco, Paulo Gustavo Gonet, 2021, Cap. 6, item 2.2). Por fim, a questão foi novamente alterada com a Emenda Constitucional nº 54 de 2007, que se voltou ao entendimento anterior de que a nacionalidade primária também poderia ser adquirida com o registro em entidade consular (além da segunda parte da alínea: pela residência). Leciona Alexandre de Moraes (2016) quanto às mencionadas alterações efetivadas na Carta Magna: A EC no 54/07 trouxe novamente a mesma redação do texto original do art. 12, I, c, da Constituição Federal, possibilitando a aquisição da nacionalidade originária aos nascidos no estrangeiro, de pai brasileiro ou mãe brasileira, desde que sejam registrados em repartição brasileira competente. Assim, voltou a ser adotado o critério do ius sanguinis somado a um requisito específico (registro), qual seja, a necessidade de registro em repartição brasileira competente (Embaixada ou Consulado), independentemente de qualquer outro procedimento subsequente, além do registro, para confirmar a nacionalidade. O assento de nascimento lavrado no exterior por agente consular possui a mesma eficácia jurídica daqueles formalizados no Brasil por oficiais do registro civil das pessoas naturais, não havendo necessidade de qualquer opção, nesta hipótese (RDA 116/230). (2016, P. 377). Para regularização da situação legal dos nascidos fora do país, a EC nº 54 também fez inserir o artigo 95 no Ato das Disposições Constitucionais Transitórias, para oferecer a igualdade aos nascidos no estrangeiro, de pai ou mãe brasileiros, cujos direitos de nacionalidade restaram nublados nesse período entre a instituição da ECR nº 3, de 1994, e a nova disposição dada ao artigo, pela EC nº 54, de 2007. Assim dispõe o artigo 95 do ADCT: Art. 95. Os nascidos no estrangeiro entre 7 de junho de 1994 e a data da promulgação desta Emenda Constitucional, filhos de pai brasileiro ou mãe brasileira, poderão ser registrados em repartição diplomática ou consular brasileira competente ou em ofício de registro, se vierem a residir na República Federativa do Brasil. (Incluído pela Emenda Constitucional nº 54, de 2007). Sem a providência adotada pelo ADCT haveria uma lacuna de direitos entre aqueles nascidos no período de 1994 e até a nova redação de 2007, que teriam de firmar residência em território pátrio para a aquisição de nacionalidade, não bastando seu registro em repartição consular. À luz de tais alterações legislativas e à vista do artigo 95 da ADCT, restou consignado nas Normas de Serviço da E. Corregedoria Geral da Justiça o seguinte procedimento, a ser adotado por Oficiais de Registro Civil das Pessoas Naturais: 159. Por força da redação atual da alínea c, do inciso I, do art. 2º

[12*] da Constituição Federal e do art. 95 do Ato das Disposições Constitucionais Transitórias (Emenda Constitucional nº 54, de 20 de setembro de 2007), o Oficial de Registro Civil das Pessoas Naturais deverá, de ofício ou a requerimento do interessado e, ou, procurador, sem a necessidade de autorização judicial, efetuar averbação em traslado de assento consular de nascimento, cujo registro em repartição consular brasileira tenha sido lavrado entre 7 de junho de 1994 e 21 de setembro de 2007, em que se declara que o registrado é: Brasileiro nato de acordo com o disposto no art. 12, inciso I, alínea c, in limine, e do art. 95 dos ADCTs da Constituição Federal." 159.1. A averbação também deverá tornar sem efeito eventuais informações que indiquem a necessidade de residência no Brasil e a opção pela nacionalidade brasileira perante a Justiça Federal, ou ainda expressões que indiquem tratar-se de um registro provisório, que não mais deverão constar na respectiva certidão. Então, o que o artigo 95 do ADCT visa a oferecer é a igualdade de direitos que restaram nublados nesse período entre a instituição da ECR nº 3, de 1994, e a nova disposição dada ao artigo, pela EC nº 54, de 2007. De todo o narrado, compreende-se que por força da atual redação do artigo 12 da Constituição da República, o nascido no exterior, de pai ou mãe brasileiro, registrado em entidade consular, já é brasileiro nato, sem qualquer restrição, não sendo questão de opção ou residência, razão pela qual a mera averbação e/ou retificação da transcrição não tem o condão de impactar direito estrangeiro, que estaria limitado, se o caso, desde o registro efetuado na repartição diplomática. É por isso que se fazem desnecessárias as exigências impostas pela Registradora, no sentido de garantir a vontade do registrado de expressar sua nacionalidade, porque os indivíduos já são brasileiros natos, não se subvertendo o requerimento de averbação em espécie de opção pela nacionalidade e que portanto não tem impacto em direito estrangeiro. Destaco que, mesmo sem o requerimento, ao mero pedido de expedição de certidão de transcrição de nascimento, nesses casos ora analisados, a averbação ou retificação deve ser efetuada de ofício, por todas as razões e argumentos já apostos. Por conseguinte, pese embora compreensível o entendimento esposado pela i. Registradora e as medidas de cautela adotadas, os requerimentos não devem ser submetidos a tais exigências de confirmação da vontade pedido presencial, assinatura digital ou procuração com firma reconhecida, mantendo-se os exatos termos dos dispostos nos regramentos ora analisados, no sentido de que basta simples pedido pelo registrado, interessado ou procurador, uma vez que a averbação pode e deve ser realizada de ofício, à luz de mero pedido de expedição de certidão. Consigno à d. Oficial que a presente argumentação não impacta as outras cautelas devidas em razão da Lei Geral de Proteção de Dados e outras questões envolvendo o sigilo dos registros públicos civis de caráter pessoal, bem como não impacta as suas medidas concernentes à correta identificação do requerente ou seus procurados, sendo medida de cautela cabível, caso a caso, exigências para a confirmação da identidade dos interessados. Noutro turno, à vista dos esclarecimentos prestados pela i. Oficial, não verifico a existência de falha na prestação do serviço ou ilícito funcional em sua atuação, que foi pautada pela cautela e pela conferência de segurança jurídica a seus atos e aos usuários. Encaminhe-se cópia desta r. Sentença, que servirá de ofício e será encaminhada por e-mail, ao Setor de Passaportes do Consulado-Geral do Brasil em Toronto, Canada, em atenção ao questionamento direcionado à E. Corregedoria Geral da Justiça, para ciência e providências que entenderem pertinentes. Encaminhe-se cópia desta decisão, bem como de fls. 08/09 e 12/14, à E. Corregedoria Geral da Justiça, por e-mail, servindo a presente como ofício. Cumpra-se com presteza, haja vista os prazos de ciência estipulados pela instância superior. Publique-se no DJE, em razão do tema de interesse geral. Ciência à Senhora Oficial e ao Ministério Público. P.I.C. (DJe de 17.11.2021 – SP)

NASCIMENTO

Ementa: Sentença – Pedido de Providências – Pedido de expedição de Certidão de Nascimento – Óbice em razão do Assento se encontrar bloqueado – Autorização pelo juízo competente para a expedição do documento – Informação posterior de satisfação da pretensão – Titular que providenciou a emissão do documento – Ausência de falha funcional – Ciência à Titular

Processo 1001483-16.2021.8.26.0001

Pedido de Providências - Defeito, nulidade ou anulação - M.S.L. - Juiz(a) de Direito: Dr(a). Marcelo Benacchio VISTOS, Os autos foram originalmente distribuídos como ação ordinária de obrigação de fazer com tutela de urgência antecipada, do interesse de M. S. L., inconformado com negativa na expedição de certidão de seu nascimento pelo Registro Civil de Pessoas Naturais do 36º Subdistrito Vila Maria, desta Capital, que aduz que o assento encontra-se bloqueado. Os autos foram redistribuídos a esta Corregedoria Permanente e recebidos, sem interposição de recurso, como pedido de providências (fls. 26 e 28). A Senhora Titular prestou esclarecimentos às fls. 31/39, 43/44 e 48. Instado a se manifestar, o Senhor Representante noticiou a satisfação de sua pretensão inicial, com a expedição da requerida certidão e solicitou o arquivamento do presente expediente (fls. 65/67). O Ministério Público opinou pelo arquivamento dos autos (fls. 69). É o breve relatório. Decido. Trata-se de representação formulada pelo Senhor Misael Santos de Lima, que se insurge com negativa na expedição de certidão de seu nascimento pelo Registro Civil de Pessoas Naturais do 36º Subdistrito Vila Maria, desta Capital. No bojo dos autos de nº 0003585-22.2021.8.26.0100, representação pelo Senhor Interessado encaminhada por meio da E. Corregedoria Geral da Justiça, houve o oficiamento ao MM. Juízo da Infância, que noticiou não haver óbice à expedição do documento, à vista da maioridade do interessado (fls. 58/59). À luz da autorização pela Vara da Infância, a Senhora Titular providenciou a emissão do documento, que fora retirado a contento pela parte. Dessa forma, à luz dos esclarecimentos prestados pela i. Delegatária, não verifico a ocorrência de falha na prestação do serviço extrajudicial, em especial na consideração de que o assento encontra-se de fato com anotação de restrição, pelo caráter sigiloso dos dados nele inseridos. Portanto, reputo satisfatórias as explicações apresentadas pela Senhora Delegatária, não vislumbrando responsabilidade funcional apta a ensejar a instauração de procedimento administrativo, no âmbito disciplinar. Ciência à Senhora Titular e ao Ministério Público. P.I.C. - ADV: ALINE CORDEIRO DOS SANTOS TORRES (OAB 264126/SP), ARTHUR JOSE PAVAN TORRES (OAB 229924/SP) (DJe de 02.11.2021 – SP)

Ementa: Sentença – Pedido de Providências – Insurgência contra a exigência de apresentação de Certidão de Nascimento atualizada para a instrução de habilitação para o casamento – Alegação pelo Requerente de que não foi localizado o Assento na Serventia competente – Indispensabilidade da apresentação de Certidão de Nascimento atualizada – Atuação do Oficial em conformidade com as NSCGJ – Inexistência de ilícito funcional – Indeferimento do pedido – Ciência ao Delegatário – Improcedência

Processo 1103469-07.2021.8.26.0100

Pedido de Providências - Liminar - L.E.N.F. - Juiz(a) de Direito: Dr(a). Marcelo Benacchio VISTOS, Trata-se de ação de tutela cautelar antecedente, recebida nesta via administrativa como pedido de providências, formulada pelo Senhor L. E. N. F. por meio de seu patrono regularmente constituído, que se insurge contra a exigência de apresentação de certidão de nascimento atualizada para a instrução de habilitação para o casamento, pelo Cartório de Registro Civil das Pessoas Naturais do 27º Subdistrito - Tatuapé, Capital. Os autos foram instruídos com os documentos de fls. 10/34. O Senhor Oficial prestou esclarecimentos às fls. 39. Instado a se manifestar, o representante quedou-se inerte (fls. 42). O Ministério Público opinou pelo arquivamento dos autos, ante a inexistência de falha na prestação do serviço do ilícito funcional por parte do Senhor Titular (fls. 48/49). É o breve relatório. Decido. Cuidam os autos de pedido de providências formulado pelo Senhor L. E. N. F. por meio de seu patrono regularmente constituído, que protesta contra a exigência de apresentação de certidão de nascimento atualizada para a instrução de habilitação para o casamento, pelo Cartório de Registro Civil das Pessoas Naturais do 27º Subdistrito - Tatuapé, Capital. Aponta o Senhor Representante que, na tentativa de obter a certidão atualizada de sua nascença, lhe foi informado pelo Cartório de Registro Civil de Corbélia, Paraná, a não-localização do assento, de modo que o registrado teria que ingressar com uma ação de restauração de registro para obter o documento. Todavia, a providência restaria impossível de se levar a efeito no prazo necessário, ante a proximidade da celebração do matrimônio, já agendado na instância privada, causando grande transtorno com o eventual cancelamento das festividades. O Senhor Titular informou que a exigência da apresentação de certidão de nascimento (ou casamento, para os divorciados) atualizada não pode ser dispensada, haja vista que é requisito normativo para a instrução da habilitação para as núpcias. Com efeito, destacou o d. Oficial que a informação quanto à necessidade de se apresentarem as certidões atualizadas dos nubentes, além de constarem das Normas de Serviço da E. Corregedoria Geral da Justiça, também figura do site da unidade, bem como das informações repassadas pelos prepostos, pessoalmente ou de modo telefônico ou virtual. Instado a se manifestar quanto aos esclarecimentos prestados, o Senhor Representante quedou-se inerte. A seu turno, o i. Representante do Ministério Público opinou pelo arquivamento dos autos, haja vista que não há qualquer falha ou ilícito funcional na atuação do Senhor Delegatário. Bem assim, destaco que o item 54.3, inserido no Capítulo XVII em publicação datada de 14.01.2021, é claro ao apontar a exigência das certidões atualizadas para a instrução de habilitação para o casamento. Ressalte-se que, mesmo que elevados os argumentos apresentados pela parte, o i. Titular não pode dispensar a exigência normativa, sob pena de ele próprio incorrer em ilícito funcional. Por conseguinte, o pedido de dispensa não pode ser admitido nesta estreita via administrativa. À luz dos esclarecimentos prestados, não verifico a ocorrência de falha na prestação do serviço extrajudicial, em especial na consideração de que a atuação do Oficial apenas observou o que predizem as Normas de Serviço da E. Corregedoria Geral da Justiça. Desse modo, reputo satisfatórias as explicações apresentadas pelo Senhor Titular, não vislumbrando responsabilidade funcional apta a ensejar a instauração de procedimento administrativo, no âmbito disciplinar. Noutro turno, considerando-se a informação de que a certidão de nascimento atribuída ao interessado, eventualmente, não possui lastro, por cautela, após o trânsito em julgado, encaminhe-se cópia integral destes autos ao IIRGD, em atenção ao RG de fls. 11, para ciência e eventuais providências, servindo a presente sentença como ofício. Na mesma perspectiva, encaminhe-se cópia integral dos autos ao MM. Juízo Corregedor Permanente do Registro Civil das Pessoas Naturais de Corbélia, Paraná, para ciência quanto à eventual emissão de certidão sem lastro, para as providências que entender cabíveis, servindo a presente como ofício. Encaminhe-se cópia integral destes autos à Egrégia Corregedoria Geral da Justiça, por e-mail, servindo a presente como ofício. Ciência ao Senhor Delegatário e ao Ministério Público. I.C. - ADV: ALEXANDRE JUSTINO DE OLIVEIRA (OAB 273055/SP) (DJe de 29.11.2021 – SP)

Ementa: Sentença – Pedido de Providências – Pedido de emissão de Certidão em Inteiro Teor de Nascimento do cônjuge – Alegação pelo Requerente de que mesmo comprovando sua relação conjugal com registrada, a Serventia negou a expedição do documento – Informação pela Titular de existência de informação sigilosa no Assento – Indispensabilidade de que o pedido seja efetuado pela própria registrada ou por procurador constituído de poderes especiais – Indeferimento do pedido – Requisitos impostos pelas NSCGJ que não foram cumpridos pelo Requerente – Ciência ao Titular – Improcedência

Processo 0040469-50.2021.8.26.0100

Pedido de Providências - 2ª Vara de Registros Públicos - VISTOS, Cuida-se de representação formulada pelo Senhor D. L. M., inconformado com as exigências feitas por Registro Civil de Pessoas Naturais e Tabelionato de Notas de Distrito desta Capital, para a emissão de certidão em inteiro teor do nascimento de sua esposa. Os autos foram instruídos com os documentos de fls. 03/08. O Senhor Titular prestou esclarecimentos às fls. 11/16. Instado a se manifestar, o Senhor Representante quedou-se inerte (fls. 18). É o breve relatório. Decido. Trata-se de pedido de providências instaurado a partir de representação formulada pelo Senhor D. L. M., inconformado com as exigências feitas por Registro Civil de Pessoas Naturais e Tabelionato de Notas de Distrito desta Capital, para a emissão de certidão em inteiro teor do nascimento de sua esposa. Narra o Senhor Representante que, mesmo diante de seu comparecimento pessoal à serventia de Itaquera, munido de documentos que comprovam sua relação conjugal com a registrada, a unidade negou a expedição do documento, alegando que, por conta de informações protegidas constantes do assento, somente a própria interessada, ou procurador munido de poderes especiais, poderia requerer o inteiro teor. De sua parte, o Senhor Titular confirmou a existência de informação sigilosa no assento, protegida nos termos da normativa aplicável, sendo indispensável que o pedido seja efetuado pela própria registrada ou procurador constituído de poderes especiais. Deduziu, ademais, que o Senhor Representante não quis impugnar o indeferimento perante a serventia, para remessa de autos a esta Corregedoria Permanente. Pois bem. Pese embora elevados, os argumentos apresentados pelo Senhor Representante não são suficientes para afastar a imposição normativa e o sigilo que reveste o documento de inteiro teor. Dessa forma, à luz dos esclarecimentos prestados pelo i. Delegatário, não verifico a ocorrência de falha na prestação do serviço extrajudicial, em especial na consideração de que os requisitos impostos pelas Normas de Serviço da E. Corregedoria Geral da Justiça não foram cumpridos pelo interessado. Portanto, reputo satisfatórias as explicações apresentadas pelo Senhor Delegatário, não vislumbrando responsabilidade funcional apta a ensejar a instauração de procedimento administrativo, no âmbito disciplinar. Não obstante, consigno ao Senhor Titular de que os colaboradores devem sempre esclarecer aos interessados quanto às alternativas ao comparecimento pessoal do registrado ou mesmo da procuração pública ou com firma reconhecida (assinatura digital, que pode inclusive ser feita por meio de serviços on-line), especialmente em casos como o ora relatado, nos termos dos itens 47.7, 47.7.1, 47.8 e 47.9, do Cap. XVII, das NSCGJ. Aponto ao Senhor Representante que, uma vez cumpridos os requisitos autorizadores da expedição do registro em inteiro teor, novo pedido pode ser deduzido diretamente em face do Senhor Titular. Encaminhe-se cópia das principais peças destes autos à Egrégia Corregedoria Geral da Justiça, por e-mail, servindo a presente como ofício. Ciência ao Senhor Titular, ao Ministério Público e ao Senhor Representante, por e-mail. Publique-se, em razão do tema de interesse geral. P.I.C. (DJe de 22.11.2021 – SP)

Ementa: Sentença – Pedido de Providências – Constatação de lavratura em duplicidade de Assentos de Nascimento – Existência de divergência na filiação e no nome civil da menor – Incompetência do juízo administrativo – Matéria reservada à esfera jurisdicional – Determinação do bloqueio dos Assentos – Encaminhamento da cópia do expediente à CIPP – Art. 40 do CPP – Arquivamento do feito – Ciência aos Titulares

Processo 1099463-54.2021.8.26.0100

Pedido de Providências - Registro Civil das Pessoas Naturais - R.T.D.I.P. - R.T.D.S.M.P. e outros - Juiz(a) de Direito: Dr(a). Marcelo Benacchio VISTOS, Trata-se de pedido de providências encaminhado pelo Senhor Oficial do Registro Civil das Pessoas Naturais e Tabelião de Notas do Distrito do Itaim Paulista, Capital, noticiando que tomou conhecimento da lavratura em duplicidade de assentos de nascimento em nome da menor Cecília Santos, também registrada como Cecília Santos Almeida. O procedimento foi instruído pelos documentos de fls. 03/13. A Senhora Titular do Registro Civil das Pessoas Naturais e Tabelionato de Notas do Distrito de São Miguel Paulista, Capital, prestou esclarecimentos (fls. 23/25). Foi determinado o bloqueio do assento lavrado perante o Distrito de Itaim Paulista (fls. 22 e 33). O Ministério Público manifestou-se pelo bloqueio de ambos os assentos de nascimento e comunicação dos fatos à esfera judicial competente para a análise da situação relativa à paternidade da menor (fls. 29/31 e 36). É o breve relatório. DECIDO. Cuida-se de expediente formulado pelo Senhor Oficial do Registro Civil das Pessoas Naturais e Tabelião de Notas do Distrito do Itaim Paulista, Capital. Noticia o Senhor Titular que tomou conhecimento da lavratura em duplicidade de assentos de nascimento em nome da menor Cecília Santos, também registrada como Cecília Santos Almeida. Verifica-se dos autos que aos 19.05.2012 foi lavrado, perante o Registro Civil das Pessoas Naturais e Tabelionato de Notas do Distrito de São Miguel Paulista, Capital, o assento de nascimento de Cecília Santos, sobre o Livro A-796, fls. 231, termo 324276, nascida aos 04.05.2012, filha de Alexandra dos Santos Almeida de Campos e Odailto Aparecido Oliveira Santos. Ocorre que aos 22.05.2012 foi lavrado outro assento de nascimento em favor da mesma criança, desta feita perante o Registro Civil das Pessoas Naturais e Tabelionato de Notas do Distrito de Itaim Paulista, Capital, sobre o Livro A-0242, fls. 269-v, termo 144653, figurando o nome de Cecília Santos Almeida, filha de Alexandra dos Santos Almeida de Campos e David Cristiano Almeida de Campos. Desse modo, constata-se a divergência na filiação da menor, bem como em seu nome civil. A apreciação do presente pedido de cancelamento do registro de nascimento lavrado em duplicidade, perante o Cartório do Distrito de Itaim Paulista, desta Capital, refoge do âmbito de atribuições do exercício da Corregedoria Permanente, que se desenvolve na esfera administrativa nesta 2ª Vara de Registros Públicos, em razão da já indicada discrepância de filiação e nome civil. Situação similar já foi objeto de apreciação na esfera administrativa máxima, como se observa do seguinte extrato do parecer da E. Corregedoria Geral da Justiça, exarado no processo n. CG 2014/96665, aprovado pelo Excelentíssimo Desembargador Corregedor Geral da Justiça: (...) embora o assento de nascimento lavrado em segundo lugar deva ser cancelado, em observância ao princípio da anterioridade, é preciso considerar, não obstante ao fato de ambos se referirem à mesma pessoa, que há significativas divergências entre um e outro registro, que não são de menor importância, ao contrário, a principal delas diz respeito à paternidade, de modo que o cancelamento na esfera administrativa, dada à peculiaridade do caso, não autoriza que assim se proceda. Logo, a invalidação do registro público, aperfeiçoado, mesmo à luz de eventual exame genético (fls. 12), não poderá ser proclamada nesta Vara, sendo atribuição de natureza jurisdicional. Bem por isso, determino o bloqueio de ambos os assentos de nascimento da menor, Cecília Santos ou Cecília Santos Almeida, lavrados perante o Registro Civil das Pessoas Naturais e Tabelionato de Notas do Distrito de São Miguel Paulista, Capital, sobre o Livro A-796, fls. 231, termo 324276, e Registro Civil das Pessoas Naturais e Tabelionato de Notas do Distrito de Itaim Paulista, Capital, sobre o Livro A-0242, fls. 269-v, termo 144653, ficando proibida a expedição de certidões ou extração de cópias sem prévia autorização desta Corregedoria Permanente. Em razão do interesse público acerca da regularidade dos registros, encaminhe-se cópia integral dos autos a Promotoria de Justiça da Família, para conhecimento dos fatos e adoção de eventuais medidas tidas por pertinentes. Em adição, considerando-se a informação de que houve tentativa de emissão de cédula de identidade em favor da menor, encaminhe-se cópia integral destes autos ao IIRGD, por e-mail, servindo a presente sentença como ofício, para ciência e eventuais providências quanto à duplicidade constatada.

Outrossim, reputo conveniente a extração de peças de todo o expediente para encaminhamento à Central de Inquéritos Policiais e Processos CIPP, nos termos do artigo 40 do Código de Processo Penal. Oportunamente, arquive-se. Ciência aos Senhores Titulares e ao Ministério Público. I.C. - ADV: EVERALDO DE MELO COLOMBI JUNIOR (OAB 197698/SP) (DJe de 03.11.2021 – SP)

Ementa: Sentença – Pedido de Providências – Pedido de registro de nascimento na modalidade tardia – Genitora, menor impúbere, que emigrou da Bolívia e ingressou em território nacional pouco antes do parto – DNV que foi emitida em nome da irmã mais velha da genitora do menor – Realização do exame de DNA – Comprovação da maternidade – Expedição de nova DNV em nome da corretora genitora – Informação posterior de que foi efetuada a lavratura do Assento de Nascimento – Existência de boletim de ocorrência em relação à falsidade ideológica – Encaminhamento da cópia integral do feito à CIPP – Art 40, do CPP – Arquivamento do feito

Processo 1036973-70.2019.8.26.0001

Pedido de Providências - Registro de nascimento após prazo legal - L.J.O. - Juiz(a) de Direito: Dr(a). Marcelo Benacchio VISTOS, Cuida-se de pedido de providências formulado por L. J. O., assistida por sua genitora, V. O. A., solicitando autorização para proceder ao registro de nascimento, na modalidade tardia, de seu filho. Os autos foram inicialmente instruídos com os documentos de fls. 03/10. Sobreveio laudo genético realizado pelo IMESC, comprovando a maternidade alegada (fls. 55/62). A Instituição hospitalar encaminhou aos autos nova Declaração de Nascido Vivo (DNV nº 3086454829-1), figurando o nome de L. J. O. como genitora do menor (fls. 95). Ademais, informaram que cancelaram a antiga DNV, que continha dados incorretos. Autorizou-se a lavratura do registro perante a unidade de Registro Civil competente, a cargo da genitora do infante (fls. 110). A requerente veio aos autos para comprovar a lavratura do assento de nascimento (fls. 112/113). O Ministério Público acompanhou o feito, tendo manifestado-se favoravelmente à lavratura do registro tardio (fls. 81/82 e 116). É o relatório. Decido. Trata-se de pedido de providências formulado por L. J. O., assistida por sua genitora, V. O. A., solicitando autorização para proceder ao registro de nascimento, na modalidade tardia, de seu filho. Consta dos autos que a genitora, então menor impúbere, grávida, juntamente de sua família, emigraram da Bolívia e entraram em território nacional pouco antes do parto. Desconhecendo as leis do país, quando do nascimento da criança, aos 11.10.2018, a genitora, pela pouca idade, acabou ingressando na maternidade com os documentos da irmã mais velha, o que ocasionou que a DNV fosse emitida em nome desta. Assim, no entendimento de que não seria possível lavrar o assento de nascimento da criança com a DNV tal qual expedida, na qual figurava mãe diversa, após várias ocorrências e dificuldades, ingressaram com a presente ação, com vistas a ter regularizado o registro de nascimento do infante. O exame de DNA, realizado perante o IMESC, comprovou a maternidade e, assim, o nosocômio expediu nova DNV, em nome da correta genitora, cancelando a anterior. Autorizado o registro, a Senhora Requerente veio aos autos para noticiar a lavratura do assento de nascimento de A. M. J., nascido aos 11.10.2018, em São Paulo, Capital, filho de L. J. O., sendo avós maternos V. O. A. e P. F. J. C., perante o Registro Civil das Pessoas Naturais do 10º Subdistrito Belenzinho, Capital. Bem assim, diante da solução da questão, não havendo outras providências a serem adotadas, determino que se arquivem os autos, com as cautelas de praxe. Não obstante, considerando que consta dos autos apenas menção de que houve a lavratura de boletim de ocorrência em relação à falsidade ideológica, e considerando que não houve a prescrição da pretensão punitiva in abstracto, reputo conveniente a extração de peças de todo o expediente para encaminhamento à Central de Inquéritos Policiais e Processos CIPP, nos termos do artigo 40 do Código de Processo Penal, para as considerações que o ocorrido possa merecer. Ciência ao Ministério Público. P.I.C. - ADV: FERNANDO GILBERTO BELLON (OAB 116175/SP) (DJe de 14.10.2021 – SP)

Ementa: Sentença – Pedido de Providências – Pedido de averbação do registro de nascimento do menor para inclusão da segunda Requerente também na qualidade de genitora – Alegação pelas Requerentes de que recorreram à reprodução assistida por meio de clínica médica regulamentada – Registro do nascimento do menor efetuado apenas em nome da parturiente – Provimento 52/2016 que ainda não havia sido editado à época – Situação que encontra fundamento parcial nos artigos 16 e 17 do Provimento 83/2018 – Requisitos devidamente preenchidos – Possibilidade da averbação da dupla maternidade no Assento – Deferimento do requerimento – Ciência à Oficial – Procedência

Processo 1072220-38.2021.8.26.0100

Pedido de Providências - Registro Civil das Pessoas Naturais - S.P.B. - Juiz(a) de Direito: Dr(a). Marcelo Benacchio VISTOS, Trata-se de pedido de providências formulado por M. P. P. e S. P. B., que solicitam a averbação do registro de nascimento do menor M. B. P., filho daquela, para inclusão da segunda requerente também na qualidade de sua genitora Os autos foram instruídos com os documentos de fls. 07/63. Em especial, declaração médica de Clínica de Reprodução Assistida, às fls. 14, 18 e 101 e Escritura Declaratória de União Estável, às fls. 19. Manifestou-se a Senhora Oficial do Registro Civil das Pessoas Naturais do 17º Subdistrito Bela Vista, Capital. O Ministério Público ofereceu parecer às fls. 90/92. É o relatório. DECIDO. Cuidam os autos de pedido formulado por M. P. P. e S. P. B., em que solicitam a averbação do registro de nascimento do menor M. B. P., filho daquela, para inclusão da segunda requerente também na qualidade de sua genitora. Consta dos autos que as requerentes afirmam viver em União Estável, conforme Escritura Declaratória datada de 2011, desde 13 de julho de 2005. Assim, exercendo o direito à parentalidade e ao planejamento familiar, recorreram à reprodução assistida, por meio de Clínica Médica regulamentada, na qual M. P. P. foi inseminada artificialmente por sêmen de um doador anônimo. Após fertilização in vitro, tornou-se gestante, do que resultou o nascimento de M. B. P., em 07 de julho de 2011. O registro de nascimento do menor foi efetuado somente em nome da parturiente pois, à época, ainda não havia sido editado o Provimento 52/2016, posteriormente revogado pelo Provimento 63/2017, que fora então alterado pelo Provimento 83/2018, todos do Conselho Nacional de Justiça. Tais provimentos visam ao reconhecimento das técnicas de Reprodução Humana Assistida como garantia do direito integral ao planejamento familiar e à parentalidade, inclusive por casais homoafetivos, assegurando o direito de que a criança seja registrada em nome de ambos os genitores, mesmo quando um ou ambos não tenham concorrido diretamente com material genético, mas anuíram e participaram do processo de preparação e gestação da prole. Quanto a isso, aponta Daniela Silva Mróz: No Brasil, a Reprodução Humana Assistida (RHA) é um desdobramento do direito ao planejamento familiar, considerado um direito fundamental garantido a todos, pois não se reflete apenas na decisão de ter ou não filhos, mas também na de ter filhos de forma assistida, através das técnicas desenvolvidas pela ciência, uma vez que a Constituição Federal Brasileira de 1988 (CFB) assegura proteção à entidade familiar, em seu art. 226, caput, e também o direito ao planejamento familiar, em seu § 7º, delineado pela Lei nº 9.263/96. (In: O Registro Civil das Pessoas Naturais: Filiação e Socioafetividade (Breve Comparação entre o Direito Brasileiro e Português Novas Possibilidades de Atribuição). São Paulo. Quartier Latin, 2021. P. 49). Nessa esteira, o presente caso se insere na atualidade das discussões sobre Biodireito Humano e encerra mais uma das muitas manifestações da Pós-Modernidade no Direito. A evolução tecnológica associada à evolução das entidades familiares previstas na Constituição da República e regradas pelo fio condutor do Código Civil redundam na necessidade da realização da dignidade humana em todos os seus aspectos, em conformidade à particularidade de cada situação concreta. Ademais, faz-se notório nos autos que a convivente S. P. B., apesar de não haver participado biologicamente da concepção e gestação, atuou ativamente durante todo o processo, fazendo prova a declaração médica (cf. fls. 18) e as fotografias carreadas aos autos (fls. 33/59). Dessa maneira, entendo que o presente caso não se cuida de reconhecimento de filiação socioafetiva, ao contrário da r. compreensão pela Senhora Titular e o d. Promotor de Justiça. Por conseguinte, a situação posta encontra fundamento parcial no artigo 16 e 17 do Provimento 83/2018, que refere a possibilidade de registro de filho nascido de técnicas de reprodução assistida, em nome de ambos os pais, sem necessidade de autorização judicial, merecendo solução por analogia, na consideração de que o assento já foi lavrado, diante da cuidadosa constatação de que todos os requisitos encontram-se devidamente preenchidos, não havendo porque negar a averbação na forma em que pretendida. Recusar a averbação da dupla maternidade no assento de nascimento prorrogaria desnecessariamente o caso, que teria de ser levado à via judicial. Igualmente, restringir a hipótese ao reconhecimento de filiação socioafetiva não parece a solução ideal, mesmo que não haja qualquer diferença legal entre as filiações, uma vez que deve ser respeitado o desejo das partes, que não requerem a averbação do vínculo de filiação socioafetiva. Por fim, forçoso reconhecer que a dupla maternidade não trata apenas do direito à parentalidade, importando também na consideração dos direitos da criança, sendo o assento de nascimento base fundamental para o exercício da cidadania e dos direitos humanos. Bem assim, à luz de todo o narrado, entendo que os elementos probatórios coligidos nos autos autorizam a formação de convencimento judicial no sentido de transportar para o registro de nascimento a realidade fática do menor. Diante desse contexto favorável, defiro o requerimento formulado e determino a averbação do assento de nascimento do menor M. B. P., fazendo constar a maternidade de S. P. B., em adição àquela de M. P.

P., atentando-se ainda a i. Oficial às relações avoengas. Servirá esta sentença, devidamente instruída, como mandado, após a oportuna certificação do trânsito em julgado. Ciência à Senhora Oficial e ao Ministério Público. P.I.C. - ADV: VIVIAN GILIO (OAB 204733/SP) (DJe de 07.10.2021 – SP)

Ementa: Sentença – Pedido de Providências – Pedido de retificação do Assento de Nascimento – Impossibilidade – Ausência de preenchimento dos requisitos impostos pelas NSCGJ – Necessidade da apresentação da certidão original do referido Assento – Manutenção do óbice – Ciência à Oficial – Arquivamento do feito – Improcedência

Processo 1083232-49.2021.8.26.0100

Pedido de Providências - Registro Civil das Pessoas Naturais - R.S.L. - H.S.M.G. - VISTOS, 1. Fls. 60/61: defiro a habilitação. Anote-se. 2. Trata-se de expediente formulado pela Senhora Oficial do Registro Civil das Pessoas Naturais do 14º Subdistrito Lapa, Capital, em razão da impugnação ofertada pela Senhora H. S. M. G., que se insurge diante do óbice imposto pela Registradora a pedido de retificação administrativa de seu assento de nascimento. Os autos foram instruídos com os documentos de fls. 04/57. Em especial, a petição de impugnação apresentada pela Senhora Requerente encontra-se acostada às fls. 08/11. A Senhora Requerente ingressou nos autos para reiterar os termos de seu protesto inicial (fls. 60/61). O Ministério Público ofertou parecer às fls. 62. É o relatório. DECIDO. Verifica-se dos autos que os requisitos impostos pelas Normas de Serviço da E. Corregedoria Geral da Justiça, conforme bem apontado pela Senhora Registradora em sua nota devolutiva, não foram preenchidos, uma vez que não foi apresentada a certidão original do assento que fundamentará a retificação pretendida. Nesse sentido, pese embora não haja item específico sobre a obrigatoriedade da apresentação dos documentos originais em procedimento de retificação administrativa, é certo que as NSCGJ dispõem em diversos itens quanto a necessidade de exibição de documentos em seu original, de forma que a exigência apresentada pela Senhora Registradora não é exorbitante, demonstra cautela e visa a garantia e manutenção da segurança jurídica do ato a ser praticado. Dessa forma, a impugnação ao óbice imposto pela Senhora Titular não merece acolhida. Por conseguinte, mantenho o óbice imposto pela Senhora Titular. Regularizada a situação pela parte requerente, poderá novo pedido ser deduzido diretamente perante o Registro Civil. Noutro turno, no que tange às alegações de mau atendimento, deixo de me manifestar, uma vez que não foi deduzida representação a esta Corregedoria Permanente. Não obstante, reforço à Senhora Titular para que se mantenha zelosa e atenta à fiscalização e orientação de seus prepostos, em especial em relação ao devido atendimento ao cidadão, que deve se dar de forma urbana e paciente, no entendimento de que as serventias extrajudiciais prestam serviço público essencial. Ciência à Senhora Oficial, que deverá cientificar a parte interessada, e ao Ministério Público. Oportunamente, arquivem-se os autos, com as cautelas de praxe. P.I.C. - ADV: EVERSON RICOTTA (OAB 345425/SP) (DJe de 31.08.2021 – SP)

Ementa: Sentença – Pedido de Providências – Constatação de duplicidade de Assentos de Nascimento – Registros que pertencem a uma única pessoa – Esclarecimento pela Interessada de que o segundo Assento foi realizado por equívoco – Ausência de documentos arquivados na Serventia em relação ao segundo Assento, tendo em vista o longo lapso temporal decorrido – Prevalecimento do assento primitivo – Princípio da Anterioridade – Determinação do cancelamento do segundo Assento de Nascimento – Inexistência de ilícito funcional – Fatos que ocorreram em período que antecedeu a investidura do atual Titular – Encaminhamento do feito à CIPP – Art 40, do CPP – Ciência ao Oficial – Arquivamento do feito

Processo 0041616-48.2020.8.26.0100

Pedido de Providências - REGISTROS PÚBLICOS - C. G.J. - Z.T.P.R.T.C.I.G. e outros - Juiz(a) de Direito: Dr(a). Marcelo Benacchio VISTOS, Trata-se de expediente instaurado a partir de comunicação encaminhada pela E. Corregedoria Geral da Justiça, em razão de informação advinda da Delegacia da Receita Federal do Brasil em Curitiba/ PR, noticiando a constatação de duplicidade de assentos de nascimento, sendo um deles da lavra do Registro Civil das Pessoas Naturais do 9º Subdistrito Vila Mariana, Capital. Os autos foram instruídos com os documentos de fls. 02/29. Foi determinado o bloqueio cautelar do assento de nascimento registrado nesta Capital (fls 30 e 36). O Senhor Titular do 9º Subdistrito prestou esclarecimentos (fls. 32/33, 45/46 e 115/117). Oficiou-se à Central de Inquéritos Policiais e Processos, em cumprimento ao artigo 40 do CPP (fls. 51). A Senhora Registrada habilitou-se nos autos e prestou informações (fls. 62/97, 105, 109/110 e 133). Carreou-se aos autos a Carta Precatória devidamente cumprida, para oitiva da interessada, às fls. 120/124. O Ministério Público acompanhou o andamento do procedimento, manifestando-se conclusivamente às fls. 130/132. É o breve relatório. DECIDO. Cuida-se de pedido de providências formulado em razão da constatação de duplicidade em assentos de nascimento, sendo um deles da lavra do Registro Civil das Pessoas Naturais do 9º Subdistrito Vila Mariana, Capital. Constam dos autos que há uma única pessoa datiloscopicamente identificada utilizando duas diferentes certidões de nascimento. Verifica-se que o primeiro assento, em nome de Z. T. P., nascida aos 25.02.1953, filha de Z. P. e B. B. P., foi lavrado perante o Registro Civil da Comarca de Tibagi, Município de Ventania, PR, aos 28.11.1959 (fls. 11 e 15). O segundo assento de nascimento, também lavrado na modalidade tardia aos 17.05.1971 perante o Registro Civil das Pessoas Naturais do 9º Subdistrito Vila Mariana, Capital, figura o nome de I. G., nascida aos 25.02.1953, filha de Z. P. G. e B. B. P. G. (fls. 13 e 14). A i. Delegacia da Receita Federal de Curitiba, PR, aponta que ambos os registros pertencem a uma única pessoa, conforme Parecer Técnico nº 137/2020-SPD, emitido pelo Instituto de Identificação do Paraná (fls. 06/09). Destaco que a registrada possui duas identificações civis e números de pessoa física (fls. 06/07). A Senhora Interessada ingressou nos autos e pouco esclareceu, limitando-se a noticiar que o segundo assento foi realizado por equívoco, requerendo seu cancelamento, especialmente em face do bloqueio que pende sobre seu benefício previdenciário. O Senhor Titular, a seu turno, esclareceu que não há documentos arquivados na serventia em relação ao assento tardio lavrado em 1971, haja vista o longo lapso temporal decorrido. Por fim, o Ministério Público opinou pelo cancelamento do segundo registro, desta Capital. Considerando-se a duplicidade de assentos de nascimento, entendo que deva ser cancelado aquele lavrado em segundo lugar, em respeito ao princípio da anterioridade, de modo a prevalecer o assento primitivo, como bem ressaltado pelo D. Representante do Ministério Público. Isto posto, determino o cancelamento do assento de nascimento lavrado em segundo lugar perante o Registro Civil das Pessoas Naturais do 9º Subdistrito Vila Mariana, Capital, aos 17.05.1971, na modalidade tardia, em nome de I. G., nascida aos 25.02.1953, filha de Z. P. G. e B. B. P. G. Não obstante a duplicidade constatada, verifico que não há providências de ordem censório-disciplinar em face do serviço correicionado, haja vista a antiguidade dos fatos, certo que os procedimentos e as medidas de cautela divergiam àquela época, e também porque o Senhor Titular ingressou à frente da delegação em momento muito posterior ao ocorrido. Outrossim, diante da duplicidade constatada e do cancelamento do segundo assento em nome de I. G., encaminhe-se cópia desta decisão, que servirá de ofício, por e-mail, juntamente com as principais peças do processo (conforme relatório), ao IIPR (ofício nº 0914.2020.18 fls. 16), em referência ao RG nº 05.847.xxx-x SSP/PR. Igualmente, diante da duplicidade constatada e do cancelamento do segundo assento em nome de I. G., encaminhe-se cópia desta decisão, que servirá de ofício, por e-mail, juntamente com as principais peças do processo (conforme relatório), à Delegacia da Receita Federal em Curitiba/PR (ofício nº 7.545/FCAD/CAD/9ªSRRF-rpc), em referência ao CPF nº 003.099.xxx-xx. Ainda, verifico que não restou clara a informação se a interessada recebia benefício previdenciário somente em nome de Z. ou, também, I., razão pela qual determino que se encaminhe cópia desta decisão, que servirá de ofício, por e-mail, juntamente com as principais peças do processo (conforme relatório), ao INSS, para ciência e eventuais providências. Ulteriormente, reputo conveniente a extração de peças de todo o expediente para encaminhamento à Central de Inquéritos Policiais e Processos CIPP, nos termos do artigo 40 do Código de Processo Penal, em complementação à comunicação anteriormente enviada. Não menos, destaco que, conforme anteriormente consignado à Senhora Registrada, o desbloqueio das contas bancárias e benefício previdenciário é providência que, não partindo a ordem original desta Corregedoria Permanente, refoge da sua esfera de atuação, sendo que a medida deve ser intentada perante às vias competentes. Ciência ao Senhor Oficial e ao Ministério Público. Oportunamente, arquivem-se os autos. Encaminhe-se cópia desta decisão, bem como de fls. 115/117, 120/124, 130/132 e 133, à E. Corregedoria Geral da Justiça, por e-mail, servindo a presente como ofício. P.I.C. - ADV: PRISCILA KÜLLER CLEMENTE (OAB 103878/PR), GIORGIA ENRIETTI BIN BOCHENEK (OAB 25334/PR) (DJe de 30.08.2021 – SP)

Ementa: Sentença - Pedido de Providências - Pedido de lavratura de Assento de Nascimento na modalidade tardia - Possibilidade - Buscas infrutíferas junto ao CRC - Acolhimento do pedido - Ciência ao Oficial - Arquivamento do feito - Procedência

Processo 1019974-65.2021.8.26.0100

Pedido de Providências - Registro de nascimento após prazo legal - R.C.P.N.S.P. - D.P.E.S.P. e outro - VISTOS, Trata-se de Pedido de Providências encaminhado pelo Registro Civil das Pessoas Naturais do 25º Subdistrito - Pari, Capital, de interesse de M.D. de J., devidamente representada pela Defensoria Pública, pugnando pela lavratura de seu assento de nascimento na modalidade tardia. Vieram os documentos de fls. 03/17, 38 e 41/62. A nobre representante do Ministério Público manifestou-se favoravelmente às fls. 65/66. É o relatório.

Decido. Cuida-se de Pedido de Providências encaminhado pelo Registro Civil das Pessoas Naturais do 25º Subdistrito - Pari, Capital, objetivando a lavratura do assento de nascimento, na modalidade tardia, de M.D. de J., a qual se encontra representada pela Defensoria Pública. A par da notícia dando conta que a parte interessada é nascida em Vitória da Conquista/BA, foram realizadas diligências junto aos Registros Civis da localidade indicada, advindo as respectivas certidões negativas (fls. 38, 41/55). Impende destacar que as identificações datiloscópicas efetuadas junto ao IIRGD e ao Instituto de Identificação da Bahia, igualmente restaram negativas (fls. 56/62). Nesta senda, à vista dos elementos probatórios coligidos nos autos, assomando-se às buscas infrutíferas junto ao CRC (fl. 02), com destaque para a manifestação favorável da representante do Ministério Público, autorizo a lavratura do assento de nascimento de M.D. de J., na modalidade tardia, acolhida, na íntegra, a cota ministerial retro (fls. 65/66). Ao Sr. Oficial do Registro Civil das Pessoas Naturais do 25º Subdistrito - Pari, Capital, para lavratura do ato. Consigno à Defensoria Pública, instrua o responsável pelo Centro de Acolhida para Adultos II Vivenda da Cidadania, acerca da necessidade da imediata comunicação acaso haja futura identificação da idosa. Ciência ao Ministério Público, à Defensoria Pública e ao Sr. Oficial. Oportunamente, arquivem-se os autos, com as cautelas de praxe. P.I.C. - ADV: DEFENSORIA PÚBLICA DO ESTADO DE RS (OAB 999999/SP) (DJe de 11.08.2021 – SP)

Ementa: Sentença – Pedido de Providências – Insurgência contra cobrança de averbação do número do CPF em Certidão de Nascimento – Cobrança realizada em conformidade com o Provimento 01/2021 da E. CGJ – Gratuidade extensível apenas à primeira certidão – Item 47.2.5, do Capítulo XVII, Tomo II, das NSCGJ – Certidões, com exceção da primeira, que deverão ser consideradas, para fins de cálculo dos emolumentos – Item 12, Tabela V, da Lei Estadual 11.331/2002 – Ausência de indícios de ilicitude – Arquivamento do feito – Ciência à Titular – Improcedência

Processo 0015383-77.2021.8.26.0100

Pedido de Providências - 2ª Vara de Registros Públicos - VISTOS, Trata-se de representação encaminhada por meio da E. Corregedoria Geral da Justiça, do interesse do Senhor J. S. N., em face de Cartório de Registro Civil de Pessoas Naturais desta Capital, insurgindo-se contra cobrança de averbação do número do CPF em certidão de nascimento. A Senhora Titular prestou esclarecimentos às fls. 13/17 e 28. Instado a se manifestar, o Senhor Representante quedou-se inerte (fls. 19). O Ministério Público ofertou parecer opinando pelo arquivamento do feito, ante a inexistência de indícios de falha na prestação do serviço ou ilícito funcional por parte da Senhora Titular (fls. 22/24). É o breve relatório. Decido. Cuidam os autos de expediente formulado a partir de representação encaminhada pelo Senhor J. S. N., em face de Cartório de Registro Civil de Pessoas Naturais desta Capital, protestando contra cobrança de averbação do número do CPF em certidão de nascimento. Insurge-se o Senhor Representante quanto aos valores cobrados pela serventia em razão da emissão de certidão de nascimento. Refere que solicitou a emissão do documento em comento, no entendimento de que não houvera nenhuma alteração no registro, ocasião em que lhe foi indevidamente exigido, além do valor nominal pelo documento, também o montante de R$17,69 pela averbação do CPF. A seu turno, a Senhora Titular veio aos autos para esclarecer que a cobrança foi regularmente realizada nos termos do Provimento 01/2021 da E. CGJ, cujo recolhimento não é exigido para a primeira certidão averbada, sendo então cobrado das emissões posteriores. Com efeito, referiu que já havia sido expedida uma certidão, em relação ao mesmo registro, no mês anterior a primeira cópia a ser extraída após a averbação do documento e sobre a qual não foi acrescido o valor pela anotação. Pois bem. O item 47.2.5, do Capítulo XVII, do Segundo Tomo das Normas de Serviço da E. Corregedoria Geral da Justiça, é claro na referência à cobrança das segundas vias averbadas, de modo que a gratuidade que recobre a averbação somente é extensível à primeira certidão expedida após sua anotação. Nesse sentido, leia-se: 47.2.5. À exceção da primeira certidão, as demais deverão considerar, para fins de cálculo dos emolumentos, conforme item 12 da Tabela V da Lei Estadual 11.331/2002, de 26/12/2002, a averbação do CPF. Bem assim, não obstante os elevados argumentos apresentados pelo Senhor Representante, verifico que a cobrança efetuada foi realizada de maneira regular e em observância ao regramento que incide sobre a matéria. No mais, entendo que a Senhora Delegatária esclareceu suficientemente os fatos, inclusive referindo que já houvera emissão anterior da certidão, de modo a afastar indícios de ilicitude no valor apurado e, assim, eximir-se da imputação de responsabilidade funcional apta a ensejar a instauração de procedimento administrativo, no âmbito disciplinar. Nessas condições, à míngua de providência censório-disciplinar a ser adotada, determino o arquivamento dos autos. Não menos importante, determino à z. Serventia Judicial que publique a presente decisão no DJE, uma vez que os fatos aqui relatados são de interesse geral dos cidadãos e Registradores desta Capital, de modo que as observações ora deduzidas contribuirão para o aprimoramento do serviço público. Ciência à Senhora Titular, ao Ministério Público e ao Senhor Representante, por e-mail. Encaminhe-se cópia desta decisão, bem como de fls. 13/17, 19, 22/24 e 28, à Egrégia Corregedoria Geral da Justiça, por e-mail, servindo a presente sentença como ofício. P.I.C. (DJe de 13.07.2021 – SP)

Ementa: Sentença – Pedido de Providências – Lavratura em duplicidade de Assentos de Nascimento – Pedido de cancelamento do Assento lavrado em segundo lugar – Informação de que o segundo registro foi lavrado pelo avô materno do registrado sem paternidade definida, bem como sem os dados atualizados da genitora – Existência de irregularidades em ambos os registros – Incompetência do juízo administrativo para análise da questão relativa à paternidade – Matéria reservada à esfera jurisdicional – Prevalecimento do assento primitivo – Princípio da Anterioridade – Determinação de cancelamento do segundo Assento de Nascimento – Encaminhamento do feito à CIPP – Art 40, do CPP – Ciência aos Titulares – Procedência

Processo 1126100-76.2020.8.26.0100

Pedido de Providências - Registro Civil das Pessoas Naturais - R.C.P.N.T.N.S.I. - K.A.L. – L.R.L. e outros - Juiz(a) de Direito: Dr(a). Marcelo Benacchio VISTOS, Trata-se de expediente encaminhado pelo Senhor Oficial do Registro Civil das Pessoas Naturais e Tabelião de Notas do 30º Subdistrito, Ibirapuera, Capital, que noticia a lavratura em duplicidade de assentos de nascimento em nome de K. A. e K. A. L. e requer providências para o cancelamento daquele lavrado em segundo lugar. Os autos foram instruídos com os documentos de fls. 03/08. Manifestou-se o Senhor Registrado (fls. 69/72). Esclarecimentos pela genitora do registrado (fls. 73/79), O Ministério Público acompanhou o feito e ofertou parecer conclusivo às fls. 82/85. É o breve relatório. DECIDO. Cuida-se de pedido de providências formulado pelo Senhor Oficial do Registro Civil das Pessoas Naturais e Tabelião de Notas do 30º Subdistrito, Ibirapuera, Capital, que noticia a lavratura em duplicidade de assentos de nascimento em nome de K. A. e K. A. L. e requer providências para o cancelamento daquele lavrado em segundo lugar. Consta dos autos que aos 30 de janeiro de 1974 foi lavrado o primeiro assento de nascimento em nome de K. A., nascido aos 24 de maio de 1968, filho de L. R. A. e H. C. A., perante a serventia do Ibirapuera, sob o Livro A-41, fls. 094, termo 55138. Posteriormente, em 20 de dezembro de 1977, foi lavrado outro assento de nascimento, desta feita perante a serventia da Liberdade, em nome de K. A. L., nascido na mesma data de 24 de maio de 1968, filho de L. R. L. (nome de solteira da genitora), sem paternidade definida, sob o Livro A-24, fls. 057, termo 15662. Destaque-se que a genitora L. casou-se em 1973 com H. C. A., perante a unidade do Ibirapuera, posteriormente à nascença o registrado. Há nos autos manifestação do registrado e da genitora, que discordam sobre o teor dos esclarecimentos prestados, mas, em suma, relatam que o primeiro registro foi efetuado pelo casal, para que o filho de L. pudesse conviver com a família recém-constituída pelo casamento com H. Ambos concordam que H. C. A. não é pai biológico de K., todavia reconheceu-o registralmente. Noutro turno, aduzem que o segundo registro foi lavrado pelo avô materno do registrado, que noticiou ignorar os dados atualizados da genitora e conhecimento sobre a paternidade do menor. Desse modo, verifica-se que ambos os registros ostentam irregularidades, o primeiro, pelo suposto registro de filho alheio como próprio, e o segundo, pelo registro em duplicidade e com informações errôneas sobre a maternidade. A questão relativa à paternidade não será conhecida nessa via administrativa, requerendo procedimento judicial próprio para eventual desconstituição, se o caso. Não obstante, certo é que à vista da duplicidade de assentos de nascimento, deve ser cancelado aquele lavrado em segundo lugar, em respeito ao princípio da anterioridade, de modo a prevalecer o assento primitivo. Conforme já se decidiu: ocorrendo a duplicidade de registros de nascimento, prevalece o primeiro, dada a nulidade do segundo (RT 551/230). Diante do exposto, determino à Senhora Titular do Subdistrito da Liberdade que proceda ao cancelamento do assento de nascimento de K. A. L., filho de L. R. L., sem paternidade definida, sob o Livro A-24, fls. 057, termo 15662. Considerando-se que o registrado utilizou-se deste segundo assento para atos da vida civil, consigno à Senhora Registradora que eventuais averbações ou anotações presentes no termo devem ser transportadas ao registro primário, do Ibirapuera. Determino ao Senhor Titular do Subdistrito do Ibirapuera que levante o bloqueio sobre o assento de sua lavra. Destaco e reitero que a questão relativa à filiação paterna deve ser discutida na via judicial pertinente, não sendo o caso de análise de mérito, nesse sentido, nesta esfera administrativa. Não obstante, considerando a informação declarada nos autos de que houve o registro de filho alheio como próprio, sendo certo que a prescrição, nos termos do artigo 111, IV, do Código Penal, somente começa a correr a partir da ciência dos fatos pelas autoridades competentes, reputo conveniente a extração de peças de todo o expediente para encaminhamento à Central de Inquéritos Policiais e Processos CIPP, nos termos do artigo 40 do Código de Processo Penal. Por fim, considerando-se que o Senhor Registrado utilizou sua segunda certidão de nascimento, ora cancelada, para a realização dos atos de sua vida civil, determino à z. Serventia Judicial que oficie ao IIRGD, RFB e TRE, com cópias desta r. Sentença e documentos relevantes, para ciência e eventuais providências pertinentes. Caberá ao Senhor Registrado a regularização de seus documentos. Ciência aos Senhores Titulares e ao Ministério Público. Oportunamente, arquivem-se os autos. P.I.C. - ADV: NILSON ALVES DA SILVA (OAB 155182/SP), JOSE ALFREDO DALLARI JUNIOR (OAB 317905/SP) (DJe de 30.06.2021 – SP)

Ementa: Sentença – Pedido de Providências – Pedido de lavratura de Assento de Nascimento de pessoa falecida na modalidade tardia – Impossibilidade – Necessidade de que o requerimento seja realizado no domicílio do Interessado – Art. 46 da LRP – Art. 2º do Provimento CNJ nº 28/2013 – Indeferimento do pedido – Improcedência

Processo 1112003-71.2020.8.26.0100

Pedido de Providências - Registro de nascimento após prazo legal - D.S.T. - Juiz(a) de Direito: Dr(a). Marcelo Benacchio VISTOS, Trata-se de ação entitulada "Ação de Registro Tardio da Certidão de Nascimento" de interesse de D. de S.T. objetivando a reconstrução do registro civil de nascimento de A.T. pelo Registro Civil das Pessoas Naturais do 12º Subdistrito Cambuci, Capital, local da lavratura do assento de casamento deste. Vieram os documentos de fls. 08/30. O representante do Ministério Público se manifestou às fls. 48/49. É o breve relatório. Decido. Preliminarmente, impende destacar que a presente ação fora redistribuída pela 15ª Vara Cível desta Capital, contando com a concordância do Sr. Requerente (fls. 41/42). Assim, considerando o caráter administrativo desta Corregedoria Permanente afeta aos Registros Civis e Tabelionatos de Notas desta Capital, recebo a presente como Pedido de Providências. Noutra quadra, impende destacar que, após detida análise da documentação acostada aos autos, infere-se a inexistência do assento de nascimento de A.T., delineando-se, pois, tratar-se a hipótese de lavratura de assento de nascimento de pessoa falecida na modalidade tardia e não de restauração, tampouco de reconstrução. Nesta senda, o artigo 46, caput, da Lei n. 6.015/73, tem a seguinte redação: "As declarações de nascimento feitas após o decurso do prazo legal serão registradas no lugar de residência do interessado." Igual sentido é o teor das disposições constantes no Provimento CNJ n. 28/2013, notadamente em seu artigo 2º, o qual determina que o requerimento de registro tardio será realizado no domicilio do interessado. Destarte, compulsando a documentação acostada aos autos, notadamente a certidão de óbito em inteiro teor de A.T. acostada à fl. 18, observo que o mesmo (interessado) era domiciliado na Vila Prudente de Moraes, Município de Itatiba/SP. Portanto, no caso específico dos autos, em consonância à normativa legal cogente, a circunscrição judiciária afeta pertence ao Registro Civil das Pessoas Naturais do Município de Itatiba/SP, último domicílio de A.T., rechaçando-se, destarte, a competência do Registro Civil das Pessoas Naturais do 12º Subdistrito Cambuci, Capital. Diante disso, pese embora o teor da cota ministerial retro, respeitosamente, não há atribuições desta Corregedoria Permanente, da Comarca da Capital, para a realização do registro tardio de nascimento de pessoa falecida domiciliada em Comarca diversa. Se o caso, deverá a parte interessada promover o registro tardio de nascimento do falecido perante a Serventia Extrajudicial ou Corregedoria Permanente com atribuições bastantes para conhecer do pedido, noticiando, inclusive, para fins de regularização, o casamento e óbito do registrado. Ante ao exposto, no âmbito de atribuições desta Corregedoria Permanente dos Registros Civis e Tabelionatos de Notas da Capital, indefiro o pedido de registro tardio de nascimento do falecido A.T.. Ciência ao Ministério Público. Oportunamente, arquivem-se os autos. P.I.C. - ADV: MARCIA SIMONI FERNANDES (OAB 367757/SP) (DJe de 04.05.2021 – SP)

Ementa: Sentença – Pedido de Providências – Pedido de autorização para eventuais retificações no Assento de Nascimento para fins de anotação no respectivo óbito, bem como de emissão da Certidão de Inteiro Teor – Existência de divergência quanto ao nome dos genitores do registrado – Necessidade de regularização do aludido Assento de Nascimento – Incompetência do juízo administrativo para deferir retificações de cunho jurisdicional – Art. 109 da LRP – Indeferimento do pedido – Ciência à Oficial – Improcedência

Processo 1024386-39.2021.8.26.0100

Pedido de Providências - Certidão de inteiro teor - R.C.P.N.I.T.S.S. - H.M.F.G. e outro - Encaminho para publicação e ciência da r. Sentença: VISTOS, 1. Fl. 131: devidamente comprovado o parentesco do Sr. Interessado com o registrado (bisneto), defiro a habilitação. Anote-se. 2. Trata-se de Pedido de Providências encaminhado pelo Registro Civil das Pessoas Naturais do 1º Subdistrito - Sé, Capital, de interesse de Heitor de Mello Franco Guazzelli, contendo pedido de reconsideração da nota devolutiva ofertada pela Sra. Registradora, bem como requerimento de autorização para eventuais retificações no assento de nascimento de Dino, filho de Guazzelli Ricardo e Pacifica Pierozzi, à viabilizar a anotação do respectivo óbito e a emissão da certidão em inteiro teor para fins de cidadania. Aduz a Sra. Oficial que a parte interessada encaminhou cópia da certidão de óbito de Dino Guazzelli, filho de Ricardo Guazzelli e Maria Pacifica Guazzelli, contudo, considerando a discrepância quanto ao nome dos genitores do registrado, restou inviável respectiva anotação e, por conseguinte, a emissão da certidão em inteiro teor do nascimento de Dino. Nesta senda, pese embora os esclarecimentos prestados pelo Sr. Interessado, imprescindível se faz a regularização do assento de nascimento em comento, com a anotação cabível, devendo aquele, preliminarmente, promover as diligências necessárias a tanto. Consigno que somente após referida regularização no assento de nascimento, será possível a emissão da certidão em inteiro teor desta ante a irregularidade constatada. Donde, indefiro-a, no momento; eventualmente, em ação de retificação judicial a documentação poderá ser requisitada pela Autoridade Jurisdicional. Impende destacar, ainda, que esta Corregedoria Permanente possui caráter exclusivamente administrativo, não sendo, pois, palco para retificações de cunho jurisdicional (art. 109 da L.R.P.). Assim, indefiro o requerimento de retificação nesta seara administrativa. Ciência ao MP, à Sra. Oficial e ao Sr. Interessado, arquivando-se oportunamente. I.C. - ADV: HEITOR DE MELLO FRANCO GUAZZANELLI (OAB 41604/DF) (DJe de 12.04.2021 – SP)

Ementa: Sentença – Pedido de Providências – Pedido de lavratura de assento de nascimento onde conste a dupla maternidade – Impossibilidade – Informação de que a criança foi concebida por meio de autoinseminação com o uso de material genético doado por terceiro – Procedimento realizado de maneira informal – Ausência de preenchimento dos requerimentos para o reconhecimento da dupla maternidade – Impossibilidade da adoção do Artigo 1597, do Código Civil – Existência de interesses de terceiros – Indeferimento do pedido – Improcedência

Processo 1060041-12.2020.8.26.0002

Pedido de Providências - União Homoafetiva - B.R.P.S. – M.R.P.O. - Juiz(a) de Direito: Dr(a). Marcelo Benacchio VISTOS, Cuida-se de expediente formulado por B. R. P. S. e M. R. R. P. S., que requerem que o assento de nascimento da criança gestada por M., concebido por meio de inseminação artificial "caseira" com o uso de material genético doado por terceiro, seja lavrado figurando a dupla maternidade, com a inclusão do nome da primeira requerente. O pedido foi instruído pelos documentos de fls. 24/172. A ação, inicialmente direcionada à Vara de Família, restou distribuída para esta Vara de Registros Públicos, no entendimento do MM. Juízo de que a questão se atinha à discussão de matéria registrária, pese embora tenha havido discordância por parte da Promotoria de Justiça da Família (fls. 182/185 e 223). A i. Representante do Ministério Público Promotoria de Registros Públicos - ofereceu manifestação, em primeiro lugar, pugnando pela competência da Vara de Família e, noutro turno, pelo indeferimento do pedido nesta via administrativa, na consideração de que, em especial, há interesses de terceiro na questão ora discutida o pai biológico haja vista a irregularidade do procedimento adotado para viabilizar a concepção do menor (fls. 233/234). A criança nasceu aos 29 de janeiro de 2021 (certidão de nascimento acostada às fls. 239), tendo sido registrada somente em nome da genitora biológica, M. R. R. P. S.. Houve reformulação do pedido inicial, para que se averbe o termo de nascimento fazendo dele constar, também, a maternidade de B em favor do infante (fls. 239). É o breve relatório. DECIDO. Trata-se de pedido de providências, de caráter administrativo, instaurado a partir da redistribuição de ação judicial pela Vara da Família, do interesse de B. R. P. S. e M. R. R. P. S., que requeriam, de início, que o assento de nascimento da criança gestada por M., concebida por meio de autoinseminação com o uso de material genético doado por terceiro, fosse lavrado figurando a dupla maternidade, com a inclusão do nome da primeira requerente. Após o nascimento do infante, requerem que se averbe o registro de nascimento, fazendo dele constar, também, a maternidade de B, esposa de M., em favor do menor. Verifica-se dos autos que a concepção da criança se deu por meio de autoinseminação, realizada com material genético doado por terceiro. O procedimento foi realizado de maneira informal, sem a observação dos procedimentos médicos regulamentados pelo Conselho Federal de Medicina e ao revés do que dispõe o Provimento 63/2017 do CNJ. Nesse sentido, destaco que a inseminação não foi realizada por meio de clínicas especializadas e, tampouco, com sêmen de doador anônimo, pese embora tal seja a declaração da parte autora. Com efeito, nos termos do mencionado provimento, verifica-se que os requerimentos para o reconhecimento da dupla maternidade, na via administrativa, não se encontram preenchidos, conforme se depreende de seu artigo 17, inciso II: Art. 17. Será indispensável, para fins de registro e de emissão da certidão de nascimento, a apresentação dos seguintes documentos: I declaração de nascido vivo (DNV); II declaração, com firma reconhecida, do diretor técnico da clínica, centro ou serviço de reprodução humana em que foi realizada a reprodução assistida, indicando que a criança foi gerada por reprodução assistida heteróloga, assim como o nome dos beneficiários; III certidão de casamento, certidão de conversão de união estável em casamento, escritura pública de união estável ou sentença em que foi reconhecida a união estável do casal. Por conseguinte, impedida fica a adoção do artigo 1.597 do Código Civil, pois forçoso reconhecer que há interesses de terceiros a serem discutidos o doador do material genético, queira ou não a paternidade, é o genitor biológico do infante, haja vista que atuou em desacordo com a normativa que estabelece regras rígidas para tais procedimentos. Ademais, a paternidade é direito irrenunciável, não podendo o genitor biológico esquivar-se ou dela abrir mão por simples convenção ou desejo. Esta é, inclusive, uma das razões para a normativa que repousa sobre o tema da reprodução assistida. Em suma, necessário convir que a matéria posta em controvérsia não comporta acolhimento, ao menos no limitado campo registrário. Assim, inviável, nesta esfera administrativa desempenhada pela Corregedoria Permanente conforme bem apontado pelo Ministério Público, a averbação do registro de nascimento da criança fazendo dele constar, em adição ao nome da genitora, o nome de sua esposa, razão pela qual indefiro o pedido formulado. Impende ressaltar que não se nega, no presente expediente, o direito à parentalidade, mas indefere-se, tão somente, a via registrária para a consecução do objetivo pretendido. Desta maneira, a parte autora deve eleger a via correta para pleitear o que de direito. Ciência ao Ministério Público, arquivando-se oportunamente. P.I.C. - ADV: ANA CAROLINA DOS SANTOS MENDONÇA (OAB 167704/SP) (DJe de 31.03.2021 - SP)

Ementa: Sentença – Pedido de Providências – Duplicidade de assentos de nascimento – Incompetência do presente juízo para o reconhecimento de nulidades de registros de outras Comarcas – Indeferimento do Pedido – Encaminhamento do feito ao juízo competente – Arquivamento do feito – Improcedência

Processo 1017721-07.2021.8.26.0100

Pedido de Providências - Registro Civil das Pessoas Naturais - R.B. - Juiz(a) de Direito: Dr(a). Marcelo Benacchio VISTOS, Trata-se de expediente de interesse de R.B, representada por R.A.M., relacionado com a lavratura em duplicidade de assentos de nascimento em nome de daquela, também registrada como F.I.B.. Vieram aos autos os documentos de fls. 08/31. É o breve relatório. DECIDO. Compulsando a documentação acostada aos autos, verifica-se a existência da duplicidade de registros em nome de R.B., também registrada como F.I.B., certo que ambos os assentos foram lavrados no Registro Civil das Pessoas Naturais da Comarca de Mococa (fls. 15/18). Não obstante, as atribuições administrativas desta Corregedoria Permanente são limitadas aos Registros Civis da Comarca da Capital, portanto, não há poderes administrativos para o reconhecimento de nulidade de registros civis de outras Comarcas. Ante ao exposto, indefiro o pedido nesta Corregedoria Permanente das Serventias Extrajudiciais da Comarca da Capital, devendo a parte interessada dirimir a questão junto ao Juízo Corregedor competente ao Registro Civil das Pessoas Naturais da Comarca de Mococa. Encaminhe-se cópia integral dos autos ao MM Juiz Corregedor Permanente do Oficial do Registro Civil das Pessoas Naturais da Comarca de Mococa, por e-mail, servindo a presente sentença como ofício, para conhecimento e eventuais providências pertinentes. Oportunamente, arquivem-se os autos, com as cautelas de praxe. P.I.C. - ADV: MARIA VITORIA DE AZEVEDO MOURA SUZUKI (OAB 412014/SP) (DJe de 01.03.2021 – SP)

Ementa: Sentença – Pedido de Providências – Pedido de lavratura de Assento de Nascimento – Óbice referente à figuração do suposto genitor no registro, posto que estrangeiro, sob a razão de que não haveriam provas de seu relacionamento com a genitora, tampouco sua estadia no país à época da concepção – Exclusão da paternidade constatada no exame de DNA – Indícios de ocorrência de fraude na alegação de paternidade – Comunicação à autoridade competente – Ciência aos Titulares – Improcedência

Processo 1048015-76.2020.8.26.0100

Pedido de Providências - Registro de nascimento após prazo legal - B.S.C. – A.D.M. - Juiz(a) de Direito: Dr(a). Marcelo Benacchio VISTOS, Cuida-se de expediente formulado por B. S. C. e A. D. M., que se insurgem contra a negativa de lavratura de assento de nascimento de recém-nascido pelo do Senhor Oficial de Registro Civil das Pessoas Naturais e Tabelião de Notas do Distrito de Guaianases,

Capital, que colocou óbice à figuração do suposto genitor no registro, posto que estrangeiro, sob a razão de que não haveriam provas de seu relacionamento com a mãe da criança, tampouco sua estadia no país à época da concepção. Os autos foram instruídos com a documentação de fls. 11/19. O Senhor Titular prestou esclarecimentos às fls. 26/28. Sobreveio informação de que houve a lavratura do assento de nascimento do menor, que recebeu o nome de F. E. S. C., figurando tão somente a filiação pela genitora, por determinação do MM. Juízo da Vara da Infância e Juventude do Foro Regional de Itaquera, razão pela qual requereram, os interessados, a desistência do pleito (fls. 35/36). Alegou, a mãe, desconhecer a existência da referida ação judicial. O Senhor Oficial de Registro Civil das Pessoas Naturais e Tabelião de Notas do Distrito de Itaquera, Capital, manifestou-se às fls. 41/55, confirmando a lavratura do registro e informando que o mandado foi apresentado à unidade pela própria genitora. Nova manifestação, pelos requerentes, solicitando a retificação do nome do menor e averbação da paternidade alegada (fls. 58/59). Os autos do procedimento da Infância e Juventude relatam possível situação de risco social do menor (fls. 47/55). Indeferiu-se, de pronto, a retificação pleiteada, que exige procedimento judicial próprio para tanto, bem como determinou-se a realização de exame de DNA, em razão das sérias incongruências verificadas na narrativa materna, para confirmação da paternidade alegada e garantia da higidez do registro, que deve refletir, do modo como requerido, a verdade biológica da criança (fls. 64/65). Oficiou-se à Polícia Federal, em razão dos elementos presentes nos autos, que indicam a irregularidade do estrangeiro no país (fls. 64/65). Carreou-se aos autos o resultado da perícia genética, que referiu a exclusão da paternidade de A. D. M. em favor de F. E. S. C. (fls. 112/119). O Ministério Público acompanhou o feito e opinou, ao final, pelo indeferimento do pedido formulado, bem como pela inexistência de ilícito funcional, no que refere à inicial negativa de registro, pelo Senhor Titular do Distrito de Guaianases (fls. 125). É o relatório. Decido. Trata-se de pedido de providências formulado por B. S. C. e A. D. M., que pleiteiam a lavratura do registro de nascimento de seu filho e se insurgem contra a negativa apresentada pelo Senhor Oficial de Registro Civil das Pessoas Naturais e Tabelião de Notas do Distrito de Guaianases, Capital, que colocou óbice à figuração do suposto genitor no registro, posto que estrangeiro, sob a razão de que não haveriam provas de seu relacionamento com a mãe da criança, tampouco sua estadia no país à época da concepção. Informa o Senhor Registrador do Distrito de Guaianases que negou a lavratura do registro, nos moldes em que requerido, isto é, fazendo-se constar o estrangeiro como pai biológico da criança, uma vez que não há elementos que comprovem que a existência de relacionamento entre os genitores e, tampouco, que o suposto pai estivesse em território nacional quando da concepção. Diante da constatação da existência de registro de nascimento lavrado por ordem do MM. Juízo da Vara da Infância e Juventude do Foro Regional de Itaquera, e a despeito do afirmado nestes autos pela genitora, que referiu desconhecer a existência da ação, bem como do assento de nascimento do menor, o Senhor Titular do Distrito de Itaquera, instado a se manifestar, veio aos autos para noticiar que o mandado judicial foi entregue à unidade pela própria mãe do infante, a qual, após a efetivação do assento, mesmo que regularmente cientificada, não compareceu ao Cartório para retirada do documento. Ante a peculiaridade do caso em tela, determinou-se a realização de exame de DNA, com o fito de garantir que o registro averbado refletisse, de fato, a verdade biológica. Com efeito, a perícia genética, realizada pelo IMESC, excluiu a paternidade alegada, trazendo aos autos prova definitiva de que A. D. M. não é pai biológico de F. E. S. C.. Nessa ordem de ideias, diante dos fatos narrados e da documentação carreada ao feito, ressaltando-se a manifestação desfavorável ao pleito pelo d. Promotor de Justiça, indefiro o pedido de averbação do registro de nascimento do menor, tendo em vista que o requerente não é pai biológico do reconhecido. Ainda, sendo que há indícios da ocorrência de fraude na alegação de paternidade, com cópia integral dos autos, oficie-se, novamente, à Polícia Federal, para as providências cabíveis. Servirá esta sentença como ofício. Não menos, nos termos em que requerido pelo Ministério Público, determino que se oficie ao MM. Juízo da Vara da Infância e Juventude do Foro Regional de Itaquera, fazendo-se a devida referência aos autos de nº 0004781-49.2020.8.26.0007, ante a eventual situação de risco social à qual exposto o infante; com cópia integral dos autos. Outrossim, diante do requerido pela d. 3ª Procuradoria de Justiça Criminal, às fls. 108/111, determino que se oficie, em resposta ao solicitado, encaminhando-se-lhes cópia do laudo pericial, bem como desta r. Sentença. Ciência aos Senhores Titulares e ao Ministério Público. Oportunamente, arquivem-se os autos. P.I.C. - ADV: SERGIO SIPERECK ELIAS (OAB 173570/SP) (DJe de 21.01.2021 – SP)

NOME

Ementa: Sentença – Pedido de Providências – Pedido de retificação da qualificação do proprietário tabular que já é falecido – Impossibilidade – Alegação de erro na gráfica do sobrenome e em relação ao estado civil do "de cujus" – Negativa em razão da necessidade de intervenção judicial – Ausência de erro de transposição de dado por parte do Oficial – Inexistência de evidência no sentido de que o adquirente do imóvel seja o genitor da parte Requerente – Individualização dos titulares do domínio que é precária na matrícula do imóvel – Indeferimento do pedido – Improcedência

Processo 1013767-53.2021.8.26.0002

Pedido de Providências - Retificação de Nome - José de Sousa - Assim, JULGO IMPROCEDENTE o pedido. Deste procedimento não decorrem custas, despesas processuais ou honorários advocatícios. Oportunamente, ao arquivo com as cautelas de praxe. P.R.I.C. - ADV: MARCIO RAFAEL GONÇALVES NEPOMUCENO (OAB 386398/SP)

Íntegra da decisão:

SENTENÇA

Processo Digital nº: **1013767-53.2021.8.26.0002**

Classe - Assunto **Pedido de Providências - Retificação de Nome**

Requerente: **José de Sousa**

Requerido: **11º Oficial de Registro de Imóveis da Capital**

Juiz(a) de Direito: Dr(a). **Luciana Carone Nucci Eugênio Mahuad**

Vistos.

Trata-se de pedido de providências formulado por **José de Sousa** em face do **Oficial do 11º Registro de Imóveis da Capital** para retificação da qualificação de proprietário tabular, já falecido, do imóvel matriculado sob n. 40.953 naquela serventia. A parte interessada aduz que é herdeira de Vicente Paulino de Sousa e que o registro deve ser retificado, já que apresenta erro na grafia do sobrenome e em relação ao estado civil do "de cujus"; que Vicente se chamava Vicente Paulino de Sousa e não foi casado, sendo que os equívocos mencionados já foram corrigidos perante o Registro Civil (assento de óbito), pelo que cabível retificação também na escritura pública de compra e venda e no Registro de Imóveis. O Oficial manifestou-se às fls. 80/87, sustentando a impossibilidade de realizar as retificações pretendidas, uma vez que elas pressupõem, necessariamente, intervenção judicial. O 7º Tabelião de Notas da Comarca da Capital apresentou informações à fl. 96. Em nova manifestação, a parte requerente informou que, à época da aquisição do imóvel, Vicente e Maria da Conceição, seus pais, eram amasiados, bem como que Maria, que faleceu em 19990, também é genitora de seus oito irmãos (fl. 103).

O Ministério Público opinou pela improcedência (fls. 113/115).

É o relatório.

Fundamento e decido.

No mérito, o pedido não procede. Vejamos os motivos.

Acerca da retificação de registro ou averbação que envolva direito de propriedade (a retificação de escritura pública não está no âmbito de nossa competência), assim dispõe o art. 213, inciso I, alínea "g", da Lei n. 6.015/73:

> *"Art. 213. O oficial retificará o registro ou a averbação:*
>
> *(...)*
>
> *I - de ofício ou a requerimento do interessado nos casos de:*
>
> *g) inserção ou modificação dos dados de qualificação pessoal das partes, comprovada por documentos oficiais, ou mediante despacho judicial quando houver necessidade de produção de outras provas".*

Na hipótese *sub judice*, verifica-se que o proprietário, Vicente Paulino de **Souza**, foi qualificado como **casado** quando da lavratura da escritura pública de venda e compra e cessão do imóvel (21.05.1964 fls. 97/98), a qual deu origem à matrícula n. 40.953.

Os documentos de identidade dos adquirentes não foram arquivados perante o Tabelionato (fl. 96).

Vicente Paulino de **Souza** assinou o documento (fl. 98). Ou seja, não houve notícia de que era analfabeto.

Nota-se, ainda, que a aquisição se deu em conjunto com Raymundo Paulino de **Souza**. A copropriedade pertencente a Raymundo pôde ser normalmente inventariada a herdeiros que também se qualificam pelo sobrenome **Souza** (fls. 82/85).

Com base nessa qualificação pessoal, o registro de propriedade foi feito na matrícula mencionada (fl. 37), observando-se os estritos termos da escritura pública apresentada ao Registrador.

O pai da parte requerente, por sua vez, se chamava Vicente Paulino de **Sousa** e era **analfabeto** (fls. 13/14). Todos os seus documentos estavam assim grafados, com exceção de seu assento de óbito, o qual pôde ser corrigido à vista do evidente equívoco (fls. 13/19).

De todo o exposto, chegamos facilmente a duas conclusões.

Primeira: não houve qualquer erro de transposição de dado por parte do Oficial do Registro de Imóveis que exija correção.

Segunda: não existe qualquer evidência nos autos no sentido de que Vicente Paulino de Souza, adquirente do imóvel, casado, seja Vicente Paulino de Sousa, pai da parte requerente, amasiado.

Em outras palavras, como a individualização dos titulares do domínio é bastante precária na matrícula do imóvel, constando apenas nome, nacionalidade, estado civil, profissão e município de domicílio, e os documentos trazidos aos autos, fls. 05/60, não são hábeis para apontar com segurança que se tratava da mesma pessoa e que o proprietário era, na verdade, solteiro, não há como se autorizar a retificação pretendida nesta via administrativa.

Assim, **JULGO IMPROCEDENTE** o pedido.

Deste procedimento não decorrem custas, despesas processuais ou honorários advocatícios.

Oportunamente, ao arquivo com as cautelas de praxe.

P.R.I.C.

São Paulo, 07 de outubro de 2021 (DJe de 13.10.2021 – SP)

Ementa: Sentença – Pedido de Providências – Pedido de averbação tardia da dissolução de adoção com manutenção do patronímico do adotado – Escritura Pública de Dissolução de Adoção que não restou averbada sobre o Assento de Nascimento do Interessado – Autorização da averbação da referida Escritura à margem do Assento – Arts. 97 e 102, III, da LRP – Partes maiores de idade à data dos fatos – Impossibilidade da manutenção do patronímico por ausência de previsão legal – Imprescindibilidade de que o Interessado proceda à regularização dos seus documentos e demais atos civis – Determinação do bloqueio cautelar dos Assentos de Casamento e Nascimentos até ulterior regularização dos dados – Arquivamento do feito – Ciência à Titular e aos demais Titulares

Processo 1090088-29.2021.8.26.0100

Pedido de Providências - Registro Civil das Pessoas Naturais - R.S.L. - M.C. e outros - VISTOS, 1. Fls. 29/30: defiro a habilitação nos autos, porquanto parte interessada. Anote-se. 2. Cuida-se de expediente instaurado a partir de comunicação encaminhada pela Senhora Oficial de Registro Civil das Pessoas Naturais do 2º Subdistrito - Liberdade, Capital, solicitando autorização desta Corregedoria Permanente para proceder à averbação tardia da dissolução de adoção, ambas materializadas por meio de Escritura Pública, com a especial manutenção do patronímico do adotado, conforme anuência da adotante. Os autos foram instruídos com os documentos de fls. 03/20. O Ministério Público ofertou parecer pugnando pelo deferimento integral do pedido (fls. 26/28). O Senhor Registrado requereu sua habilitação nos autos (fls. 29/30). A Senhora Titular tornou aos autos para prestar esclarecimentos (fls. 33/34). É o relatório. Decido. Trata-se de pedido de providências formulado pela Senhora Oficial de Registro Civil das Pessoas Naturais do 2º Subdistrito - Liberdade, Capital. Solicita a d. Registradora a autorização desta Corregedoria Permanente para proceder à averbação tardia da dissolução de adoção, ambas materializadas por meio de Escritura Pública, com a especial manutenção do patronímico do adotado, conforme anuência da adotante. Verifica-se do assento de nascimento copiado aos autos que o Senhor M. E. S., nascido aos 14.02.1973, foi adotado por meio de Escritura Pública, por D. M. C., aos 02.04.1996, passando a usar o nome de M. C., conforme averbação datada de 11.04.1996. Ocorre que aos 10.09.1997 foi lavrada Escritura Pública de Dissolução de Adoção, a qual não restou averbada sobre o assento de nascimento do interessado. Constata-se, a partir de seus documentos, bem como dos documentos juntados pela z. Serventia Judicial (fls. 35 e ss.), que o registrado utilizou-se do nome M. C., bem como da filiação em nome de D. M. C., para os atos de sua vida civil. Pois bem. A Escritura Pública, datada de 1996, foi firmada na vigência do anterior Código Civil de 1916, configurando-se na modalidade de adoção prevista nos artigos 368 a 378 do referido códex, a denominada "adoção simples". Como é sabido, a adoção simples caracteriza-se como ato de vontade, dotado de natureza jurídica de contrato de direito de família, à semelhança do casamento, o qual se forma a partir do consentimento de ambas as partes (adotante e adotado, ou seu representante legal). No caso ora em contento, o parentesco limita-se a adotante e adotada, não se rompendo os demais laços sanguíneos entre a adotada e seus familiares biológicos, conforme previsão legislativa. Contudo, possivelmente, à época, houve emissão de certidão de nascimento com a alteração dos vínculos de filiação, o que levou o registrado a obter documentos no qual figura como genitora a mãe adotiva. Mesmo diante da dissolução da adoção, não procedeu o interessado à correção da situação. Neste cenário, como forma de regularização dos registros públicos, faço as seguintes determinações: A. Autorizo a averbação da escritura pública à margem do assento de nascimento de M. E. S., nos termos dos art. 97 e 102, III, da Lei de Registros Públicos, dissolvendo-se a adoção, a partir da data da Escritura Pública, que formaliza a vontade das partes, todas maiores à data dos fatos. B. Noutro turno, não há que se falar em manutenção do patronímico, por total falta de previsão legal. A anuência da ex-adotante não supre a irregularidade. Ademais, adianto não se pode alegar prejuízo ao registrado, uma vez que a escritura de dissolução contou com sua participação, sendo o interessado já maior à época. Nesse sentido, mesmo ciente dos fatos, permaneceu inerte na regularização de seu registro e documentos. Bem por isso que indefiro o pedido de manutenção do patronímico "Colusso", devendo o interessado proceder à regularização de seus documentos e demais atos civis. C. Adicionalmente, conforme documentos acostados às fls. 35/37, verifico que deverão ser retificados os assentos de casamento do interessado (Liberdade), bem como os nascimentos de seus filhos (Tucuruvi e Aclimação), em providência que compete à parte interessada. Bem por isso, nessa esfera administrativa cabe determinar o bloqueio cautelar dos respectivos assentos de casamento e nascimentos (Liberdade, fls. 35; Tucuruvi, fls. 36, e Aclimação, fls. 37), até ulterior regularização dos dados, ficando vedada a extração de cópias ou emissão de certidões sem a autorização desta Corregedoria Permanente. D. No mesmo sentido, considerando-se que o Senhor Interessado utilizouse da filiação e patronímico da adoção para a emissão de documentos de identificação civil, oficie a z. Serventia Judicial, por e-mail, com cópia desta r. Sentença, bem como da certidão de nascimento atualizada a ser juntada pela Senhora Oficial da Liberdade, ao IIRGD, RFB, TRE-SP e DETRAN-SP. Consigno ao Senhor Registrado, que independentemente de tais oficiamentos, é sua competência regularizar sua documentação. E. Igualmente, considerando-se a distribuição de processos em nome do Senhor Registrado, figurando como M. C., determino à z. Serventia Judicial que oficie, com cópia desta r. Sentença, bem como da certidão atualizada, aos MM. Juízos da 5ª Vara de Família e Sucessões do Foro Regional de Santana (processo nº 1025631- 91.2021.8.26.0001); 2ª Vara de Família e Sucessões do Foro Central (processo nº 1023241-51.2021.8.26.0001) e 2ª Vara de Registros Públicos (processo nº 1097169-29.2021.8.26.0100), por e-mail, servindo a presente como ofício, para ciência e eventuais providências. F. Por fim, em relação aos documento de fls. 39 e 40, que indicam que o Senhor Registrado possui irmão com a mesma filiação adotiva, e na consideração das informações trazidas nos autos de nº 1097169-29.2021.8.26.0100, em trâmite perante esta 2ª Vara de Registros Públicos, que dão conta de que situação similar ocorreu com P. H. C. (adoção e dissolução), determino o bloqueio cautelar do assento de nascimento (fls. 39, Liberdade) e do assento de seu casamento (fls. 40, Tucuruvi) até oportuna regularização dos registros. Certificado, pela z. Serventia Judicial, o cumprimento de todas as providências, determino o arquivamento dos autos. Ciência à Senhora Titular da Liberdade, aos demais Senhores Titulares, que deverão proceder aos bloqueios determinados, e ao Ministério Público. P.I.C. - ADV: MARIA CLAUDETE TRENTIN MARTINS (OAB 308884/SP) (DJe de 04.10.2021 – SP)

Ementa: Sentença – Pedido de Providências – Negativa de cumprimento de mandado judicial – Determinação judicial para alteração do patronímico familiar somente junto dos nomes dos avós maternos, sem modificação do sobrenome do Registrado ou de sua genitora – Esclarecimento pela Titular de que a determinação ofende a segurança jurídica, uma vez que a referida alteração deveria refletir no nome da genitora e do Registrado – Inviabilidade pelo juízo administrativo de reconsideração do que já foi deliberado – Análise de título judicial pelo Oficial que não pode alcançar o mérito da decisão prolatada – Ausência de ilício funcional pela Titular – Arquivamento do feito – Ciência à Titular

Processo 1123041-80.2020.8.26.0100

Pedido de Providências - REGISTROS PÚBLICOS - R.C.P.N.S.J. - J.C.A.R. – K.C.A. – C.L.R. e outro - Juiz(a) de Direito: Dr(a). Marcelo Benacchio VISTOS, Trata-se de pedido de providências formulado pela Senhora Oficial do Registro Civil das Pessoas Naturais do 42º Subdistrito Jabaquara, Capital, diante de impugnação apresentada pela parte interessada por conta de sua recusa no cumprimento de mandado judicial expedido pelo MM. Juízo da 10ª Vara Cível do Foro Regional de Santo Amaro, desta Capital. A nota devolutiva expedida pela Senhora Oficial encontra-se acostada às fls. 32/33 e a impugnação, pelo patrono do interessado, às fls. 38/48. O Senhor Registrado ingressou nos autos (fls. 75). O MM. Juízo prolator da decisão confirmou-a (fls. 83/84). O Ministério Público ofertou parecer às fls. 89. É o relatório. Decido. Cuidase de expediente formulado pela Senhora Oficial do Registro Civil das Pessoas Naturais do 42º Subdistrito Jabaquara, Capital, encaminhando a impugnação apresentada pela parte interessada ante a sua recusa no cumprimento de mandado judicial expedido pelo MM. Juízo da 10ª Vara Cível do Foro Regional de Santo Amaro, desta Capital. Em suma, esclareceu a Senhora Titular que foi determinado pelo Juízo Cível a retificação do assento de nascimento de J. C. Arandas R., inscrito no Livro A-443, fls. 035-v, termo 264.399, para alterar o patronímico familiar de "Arandas" para "Aranda", somente junto dos nomes dos avós maternos, sem modificação de seu próprio sobrenome ou o de sua genitora, que figuram como "Arandas" A i. Titular defendeu a nota devolutiva emitida, referindo que a ordem não pode ser cumprida, nos termos em que expedida, porque vai de encontro aos Princípios Registrários da Anterioridade, Continuidade e Uniformidade, ofendendo a segurança jurídica que se espera do Registro Civil, uma vez que a alteração no patronímico dos avós deveria refletir, consequentemente, no nome da genitora e do registrado. Contudo, oficiado, o MM. Juízo Cível confirmou a ordem prolatada. A seu turno, a n. Promotora de Justiça referiu que, diante da confirmação do mandamento judicial, expedido em razão de acórdão transitado em julgado, a ordem deve ser cumprida, mesmo que ao arrepio dos Princípios Registrários. Pois bem. Com efeito, não obstante consideráveis os nobres argumentos aventados pela Senhora Titular, levando-se em conta a natureza judicial da decisão que deu origem ao mandado em questão, resta inviável a este Juízo, administrativo, reconsiderar o já lá deliberado, inobstante empecilhos técnicos para seu cumprimento, que deverão ser contornados. Assim o é porque, mesmo que a qualificação registral deva ser promovida em todos os títulos apresentados ao Registrador, no caso de títulos judiciais, a análise efetuada pelo Oficial não pode alcançar o mérito da decisão prolatada. Nesse sentido, lecionam Boselli, Ribeiro e Mróz: Importante salientar que todos os títulos, judiciais ou extrajudiciais, passam pelo crivo da qualificação, para que possam ter ingresso ou não nos assentos de registro civil. No tocante aos títulos judiciais, a qualificação não adentra o mérito das decisões ou ordens, somente fixando-se sob aspectos extrínsecos relacionados aos princípios e regras registrais ou a ordem normativa. [Boselli, Karine; Ribeiro, Izolda Andrea e Mróz, Daniela. Registro Civil das Pessoas Naturais, p. 125. In: Registros Públicos. Gentil, Alberto São Paulo: Método. 2020] Por conseguinte, considerando se tratar de título judicial, regularmente expedido, não cabe à Senhora Registradora, ou a este Juízo Corregedor Permanente, promover a qualificação registrária do mérito do mandamento que determinou expressamente a retificação somente do patronímico dos avós maternos. Noutro turno, observa-se que o óbice posto pela Titular, no que tange à negativa inicial de cumprimento, é convincente e traduz sua função precípua de guarda e zelo pelos registros públicos, sem margem para vislumbrar a ocorrência de falha na prestação do serviço ou incúria funcional. Nessa ordem de ideias, com o oportuno cumprimento da ordem, não vislumbro responsabilidade funcional apta a ensejar a instauração de procedimento administrativo, no âmbito disciplinar. Assim, à míngua de providência censório-disciplinar a ser adotada, determino o arquivamento dos autos. Oficie-se ao MM. Juízo da 10ª Vara Cível do Foro Regional de Santo Amaro, Capital, com cópia desta r. Sentença, que servirá de ofício, para ciência. Ciência à Senhora Titular e ao Ministério Público. Encaminhe-se cópia das principais peças dos autos à Egrégia Corregedoria Geral da Justiça, por e-mail, servindo a presente sentença como ofício. P.I.C. - ADV: DANIELA SOLANO ARANDA (OAB 309541/SP) (DJe de 24.08.2021 – SP)

Ementa: Sentença – Pedido de Providências – Requerimento de retificação de Assento – Sentença que determinou a inclusão do patronímico da linhagem materna, ao nome do Requerente, no registro de nascimento – Solicitação pelo Requerente de que a retificação também fosse efetuada no seu Assento de Casamento – Óbice em razão de que o pedido deveria ser realizado por meio de petição escrita – Art 110 da LRP – Informação posterior de que o Interino verificou que na referida sentença também houve a determinação da retificação no Assento de Casamento – Cumprimento da ordem judicial – Retificação efetuada – Ausência de conduta irregular – Ciência ao Designado – Perda do objeto – Arquivamento do feito

Processo 0056914-80.2020.8.26.0100

Pedido de Providências - REGISTROS PÚBLICOS - C.G.J. - S.R.S.C.G. e outro - Juiz(a) de Direito: Dr(a). Marcelo Benacchio VISTOS, Trata-se de expediente instaurado a partir de comunicação encaminhada pela E. Corregedoria Geral da Justiça, em razão de representação interposta pelo Senhor S. R. G. em face do Registro Civil das Pessoas Naturais do 24º Subdistrito Indianópolis, Capital, diante de suposto óbice levantado pela unidade a pedido de retificação de assento. Os autos foram instruídos com os documentos de fls. 02/11. O Senhor Interino prestou esclarecimentos às fls. 18/19 e 42/46. O Senhor Representante manifestou-se às fls. 21/24 e 54/56, reiterando os termos de seu protesto inicial. O Ministério Público acompanhou o feito e ofertou parecer conclusivo às fls. 58, opinando pelo arquivamento do feito, ante a inexistência de indícios de falha na prestação do serviço, por parte do Senhor Designado. É o breve relatório. DECIDO. Cuida-se de representação formulada pelo Senhor S. R. G., em face do Registro Civil das Pessoas Naturais do 24º Subdistrito Indianópolis, Capital, diante de alegado óbice levantado pela unidade a pedido de retificação de assento. Em suma, consta dos autos que o Senhor Representante encaminhou à indicada serventia a sentença prolatada em autos de retificação de registro civil, no qual fora determinada a inclusão do patronímico da linhagem materna "Stocco" ao seu nome, em seu registro de nascença. Todavia, solicitava o Senhor Interessado que a retificação também fosse efetuada junto de seu assento de casamento, o que entendeu o Senhor Interino ser, inicialmente, inviável, face à ordem proferida, apontando ao requerente que o pedido deveria ser efetivado, por meio de petição escrita, solicitando a alteração nos termos do artigo 110 da Lei de Registros Públicos, à vista da certidão de nascimento atualizada, da qual constaria o patronímico corrigido. Discordando da interpretação efetuada pelo Interino, o Senhor Representante interpôs a presente reclamação. A seu turno, o Senhor Interino referiu que não houve qualquer resistência a cumprimento de ordem judicial, como refere o Senhor Representante. Aponta, nesse sentido, que em sua compreensão inicial, à vista dos documentos primeiramente encaminhados à unidade, a r. Sentença, que serviu de mandado, parecia ordenar tão somente a retificação do nascimento, de modo que a alteração do assento de casamento deveria se dar por meio do procedimento indicado pelo art. 110 da Lei de Registros Públicos. Especialmente, fundamentou sua então negativa indicando que não poderia fazer uma interpretação extensiva do mandamento judicial, para averbar assento que não fora contemplado com a decisão. Não obstante, à luz dos documentos supletivos encaminhados pelo Senhor Representante, verificou o i. Interino que, de fato, a r. Sentença determinava a retificação do assento de casamento, de modo que, de pronto, efetuou a alteração, dando pleno cumprimento à ordem judicial. Instado a se manifestar, o Senhor Representante confirmou o cumprimento da r. Sentença, mantendo, todavia, os demais motivos de sua insurgência. De outra parte, o Ministério Público, que acompanhou o feito, opinou pela regularidade da conduta do Senhor Interino, que cumpriu seu papel de zelar pela higidez dos registros públicos. Pois bem. À luz dos esclarecimentos prestados, bem como da documentação carreada aos autos, verifico a atuação proba e hígida por parte do Senhor Oficial Designado, que tomou as providências acautelatórias necessárias para garantir a segurança jurídica do ato a ser realizado, em conformidade com o regramento pertinente. Desse modo, pese embora os elevados argumentos apresentados pela parte reclamante, não há que se falar em falha na prestação do serviço extrajudicial ou ilícito por parte do Senhor Designado, a ensejar a quebra de confiança em sua atuação, na especial consideração de que sua atuação se deu dentro dos limites de sua função. Por conseguinte, considerando-se que a retificação foi realizada a contento, constato que o presente feito perdeu seu objeto, razão pela qual determino seu arquivamento. Ciência ao Senhor Designado e ao Ministério Público. P.I.C. - ADV: SÉRGIO RICARDO STOCCO CAODAGLIO GIOLO (OAB 176995/SP) (DJe de 02.06.2021 – SP)

Ementa: Sentença – Pedido de Providências – Pedido de inclusão do nome de família da genitora ao patronímico – Impossibilidade – Realização de alteração e averbação, por parte do Requerente, no assento de casamento dos seus genitores, em relação o patronímico materno, com o ensejo de retificar o seu Registro de Nascimento – Ausência de hipótese normativa que permita à retificação na via administrativa – Art. 110 da LRP – Matéria reservada à esfera jurisdicional – Art. 109 da LRP – Indeferimento do Pedido – Arquivamento do feito – Ciência à Oficial Registradora – Improcedência

Processo 1027089-40.2021.8.26.0100

Pedido de Providências - Registro Civil das Pessoas Naturais - R.S.V.M. - M.A.C. - VISTOS, Trata-se de pedido de providências formulado pela Senhora Oficial do Registro Civil das Pessoas Naturais do 39º Subdistrito Vila Madalena, Capital, do interesse do Senhor M. A. C., que requer a inclusão do nome de família de sua genitora ao seu patronímico. Os autos foram instruídos com os documentos de fls. 10/74. O Ministério Público ofertou parecer pugnando pelo indeferimento do pedido nesta via administrativa (fls. 79). O Senhor Interessado requereu ingresso nos autos (fls. 81/86). É o relatório. DECIDO. 1. Fls. 81/86: defiro o ingresso nos autos, pois parte interessada. Anote-se, publicando-se a presente decisão em nome do d. Advogado. 2. Cuida-se de expediente formulado pela Senhora Oficial do Registro Civil das Pessoas Naturais do 39º Subdistrito Vila Madalena, Capital, do interesse do Senhor M. A. C., que se insurge diante do óbice imposto pela Senhora Delegatária ao seu pedido de inclusão do nome de família de sua genitora ao seu patronímico. Narra a Senhora Oficial que o Senhor Interessado solicitou, de início, a retificação do nome de sua genitora em seu assento de nascimento. Todavia, considerando-se que, anteriormente, o assento de casamento da mãe deveria ser corrigido, para que somente então se pudesse proceder à alteração do registro do interessado, o pedido foi rejeitado. Dessa forma, o Senhor Registrado procedeu às devidas alterações e averbações no assento de casamento de seus genitores, para que o patronímico materno fosse retificado de MONFATO para MUFFATO. A seguir, apresentou o Senhor Registrado pedido de inclusão do patronímico MUFFATO aos seu nome de família. Não visualizando o cabimento administrativo de tal alteração, a Senhora Titular rejeitou o requerimento, razão pela qual o Senhor Registrado apresentou sua impugnação. À luz da documentação carreada aos autos, bem como dos esclarecimentos prestado pela Senhora Titular, verifico que a situação analisada não se subsume a nenhuma hipótese normativa que permita a retificação, tal qual pretendida, nesta via administrativa. Nesse sentido, destaco que não há elementos nos autos que corroborem a retificação pleiteada com fulcro no artigo 110 da Lei da Registros Públicos, isto porque não se vislumbra a mera correção de erro que não exija qualquer indagação para a constatação imediata de necessidade de sua regularização. Com efeito, a lavratura do assento se deu, inclusive, diante da declaração lançada pelo genitor e à luz de seu registro de nascimento de então, não se verificando enquadramento nas hipóteses de retificação previstas pela lei. Assim dispõe o artigo 110 da Lei de Registros Públicos: Art. 110. O oficial retificará o registro, a averbação ou a anotação, de ofício ou a requerimento do interessado, mediante petição assinada pelo interessado, representante legal ou procurador, independentemente de prévia autorização judicial ou manifestação do Ministério Público, nos casos de: I - erros que não exijam qualquer indagação para a constatação imediata de necessidade de sua correção; II - erro na transposição dos elementos constantes em ordens e mandados judiciais, termos ou requerimentos, bem como outros títulos a serem registrados, averbados ou anotados, e o documento utilizado para a referida averbação e/ou retificação ficará arquivado no registro no cartório; III - inexatidão da ordem cronológica e sucessiva referente à numeração do livro, da folha, da página, do termo, bem como da data do registro; IV - ausência de indicação do Município relativo ao nascimento ou naturalidade do registrado, nas hipóteses em que existir descrição precisa do endereço do local do nascimento; V - elevação de Distrito a Município ou alteração de suas nomenclaturas por força de lei. Noutro turno, também não verifico enquadramento nas hipóteses elencadas por meio do Provimento 82/2019 do CNJ, que dispõe sobre o procedimento de averbação, no registro de nascimento e no de casamento dos filhos, da alteração do nome do genitor em razão de casamento, divórcio e viuvez. Quanto a isso, refere o artigo 1º do Provimento: Art. 1º. Poderá ser requerida, perante o Oficial de Registro Civil competente, a averbação no registro de nascimento e no de casamento das alterações de patronímico dos genitores em decorrência de casamento, separação e divórcio, mediante a apresentação da certidão respectiva. Por fim, conforme bem apontado pela Senhora Delegatária, o artigo 57 da Lei de Registros Públicos é evidente ao remeter à via judicial hipóteses de alteração de registro que não se enquadrem nas situações englobadas pelos artigos 56 e 110 do mesmo diploma legal. Bem assim, considerando-se a extensão do pedido, com destaque para a repercussão registrária, vale dizer que a pretensão retificatória, não comporta acolhimento na via processual eleita, reclamando a observância do procedimento judicial indicado na Lei de Registros Públicos para a obtenção da finalidade almejada. Por conseguinte, e nos termos da manifestação ministerial retro, acolho a dúvida da Senhora Titular e indefiro o pedido nesta via administrativa, devendo o requerente buscar a retificação pelo artigo 109 da Lei de Registros Públicos, na via jurisdicional própria. Destarte, à míngua de outra providência administrativa a ser adotada, determino o arquivamento dos autos. Ciência à Senhora Oficial Registradora, que deverá cientificar o interessado, e ao Ministério Público. P.I.C. - ADV: MARCO ANTONIO CORREIA (OAB 290056/SP) (DJe de 03.05.2021 – SP)

ÓBITO

Ementa

Sentença – Pedido de Providências – Pedido de lavratura de Assento de óbito – Cadáver que será utilizado para fins de estudo e pesquisa científica – Autorização da lavratura do referido Assento – Ciência à Delegatária – Procedência

Processo 1096133-49.2021.8.26.0100

Pedido de Providências - Doação de cadáver para estudo - R.S.J.A. - U.S.C. e outro - VISTOS, Fls. 79/88: Defiro a habilitação nos autos. Anote-se. O Centro Universitário São Camilo requer autorização para lavratura do assento de óbito de M. da P.R.D., cujo cadáver será utilizado para fins de estudo e pesquisa científica. O pedido foi instruído com a declaração de óbito, termo de recebimento de cadáver, instrumento particular de declaração de doação de corpo para estudos e pesquisas, subscrito pela filha única da falecida (fls. 48 e 88), manifestando o desejo de doar o corpo de sua genitora, a qual era solteira, para a referida instituição, respeitando a vontade explicitada verbalmente, em vida, da mesma, certo que não houve a lavratura de Boletim de Ocorrência, bem como que os genitores da requerida são falecidos (fls. 86/87). O representante do Ministério Público manifestou-se favoravelmente (fl. 91). É o breve relatório. DECIDO. Autorizo a lavratura do assento de óbito e a destinação do cadáver para o Centro Universitário São Camilo. No caso em exame, diante do teor da declaração reproduzida à fl. 48, desnecessária a publicação de editais, nos termos do atual item 101.3, Capítulo XVII, das Normas de Serviço da Corregedoria Geral da Justiça. Nada obstante, deverão os interessados, em caso de sepultamento ou a cremação dos restos do cadáver, comunicar ao Registro Civil das Pessoas Naturais, para a promoção da respectiva averbação, conforme item 101.6, das normas acima citadas. Ainda, ficam advertidos que é proibido o encaminhamento de partes do cadáver ou sua transferência a diferentes instituições de ensino ou pesquisa, à luz do item 101.7, do mesmo diploma legal. Ciência, encaminhando-se os autos ao Serviço de Registro Civil das Pessoas Naturais do 20º Subdistrito Jardim América, Capital. Ciência ao MP e à Sra. Delegatária, arquivando-se oportunamente. P.I.C. - ADV: RAFAEL RODRIGUES RAEZ (OAB 361270/ SP), JULIANA VALE DOS SANTOS (OAB 243015/SP) (DJe de 03.11.2021 – SP)

Ementa: Sentença – Pedido de Providências – Pedido de lavratura de Assento de óbito – Cadáver que será utilizado para fins de estudo e pesquisa científica – Autorização da lavratura do referido Assento – Ciência ao Delegatário – Procedência

Processo 1107726-75.2021.8.26.0100

Pedido de Providências - Registro Civil das Pessoas Naturais - R.S.S. - A.G.M.F. e outros - Juiz(a) de Direito: Dr(a). Marcelo Benacchio VISTOS, A Faculdade de Medicina da Universidade de São Paulo requer autorização para lavratura do assento de óbito de S.R.G., cujo cadáver será utilizado para fins de estudo e pesquisa científica. O pedido foi instruído com a declaração de óbito, guia de remessa de cadáver, instrumento particular de declaração de doação de corpo para estudos e pesquisas, subscrito pelo próprio interessado, manifestando o desejo de doar o corpo para a referida instituição. O representante do Ministério Público manifestou-se favoravelmente (fl. 31). Instada, a cônjuge do falecido comprovou o parentesco mediante a juntada da certidão de casamento atualizada às fls. 37/38, validando a anuência à doação ofertada à fl. 26. É o breve relatório. DECIDO. Autorizo a lavratura do assento de óbito e a destinação do cadáver para a Faculdade de Medicina da Universidade de São Paulo. No caso em exame, diante do teor da declaração reproduzida à fl. 08 e da aquiescência da cônjuge do falecido (fls. 26 e 37/38), desnecessária a publicação de editais, nos termos do atual item 101.3, Capítulo XVII, das Normas de Serviço da Corregedoria Geral da Justiça. Nada obstante, deverão os interessados, em caso de sepultamento ou a cremação dos restos do cadáver, comunicar ao Registro Civil das Pessoas Naturais, para a promoção da respectiva averbação, conforme item 101.6, das normas acima citadas. Ainda, ficam advertidos que é proibido o encaminhamento de partes do cadáver ou sua transferência a diferentes instituições de ensino ou pesquisa, à luz do item 101.7, do mesmo diploma legal. Ciência, encaminhando-se os autos ao Serviço de Registro Civil das Pessoas Naturais do 8º Subdistrito Santana, Capital, para a lavratura do competente assento, com as informações contidas nos autos. Nesta toada, a par do requerimento contido à fl. 34, consigno que o fornecimento da certidão de óbito deve ser requerido diretamente na Unidade Extrajudicial, não tendo esta Corregedoria Permanente atribuição para determinar a entrega do documento à família ou à instituição de ensino. Ciência ao MP e ao Sr. Delegatário, arquivando-se oportunamente. P.I.C. - ADV: ARMANDO GARCIA MORENO FILHO (OAB 153997/SP) (DJe de 19.10.2021 – SP)

Ementa: Sentença – Pedido de Providências – Pedido de retificação do Assento de Óbito lavrado na modalidade tardia – Impossibilidade – Requerimento para retificar o estado civil do extinto de divorciado para solteiro – Assento lavrado conforme as declarações prestadas pelo irmão do falecido – Matéria reservada à esfera jurisdicional – Art. 109 da LRP – Ausência de ilícito funcional – Arquivamento do feito – Ciência à Oficial – Improcedência

Processo 1002832-48.2021.8.26.0100

Pedido de Providências - Registro de óbito após o prazo legal - R.S.L. - A.K.R. e outro - Vistos, Cuida-se de pedido de retificação administrativa do assento de óbito, lavrado na modalidade tardia, de G.R., a fim de retificar o estado civil deste de divorciado para solteiro, nos termos dos esclarecimentos prestados pelo filho do extinto (fls. 49/54). Depreende-se da documentação acostada aos autos, que o assento de óbito fora lavrado em consonância com as declarações prestadas pelo irmão do falecido (fl. 03). Decerto, conforme bem asseverado pelo nobre representante do parquet na cota retro, o alegado equívoco carece de maior dilação probatória, impondo-se a adoção do disposto no artigo 109 da Lei 6.015/73, via jurisdicional adequada para a finalidade retificatória almejada, não restando, pois, cabível a retificação nesta sede administrativa. A atual regra instituída pela Lei nº 13.484/2.017, que deu nova redação ao artigo 110 da Lei de Registros Públicos, atribuiu ao Oficial de Registro Civil a reserva exclusiva para decidir sobre a retificação na esfera administrativa, nas hipóteses expressamente elencadas em seus incisos. A constatação de erros não pode exigir qualquer indagação para a constatação imediata de necessidade de sua correção (inciso I). Nesta senda, a retificação administrativa somente pode ser realizada se os documentos apresentados não deixarem qualquer margem de dúvida sobre a necessidade de correção. Caso contrário, a retificação do registro civil deverá observar o procedimento judicial insculpido no artigo 109 da Lei de Registros Públicos. Na situação em exame, a questão posta abarca sim alta indagação e a via processual eleita (administrativa) não é a adequada, impondo-se a adoção do disposto no artigo 109 da Lei 6015/73 para a finalidade almejada. Neste sentido já se pronunciou a Egrégia Corregedoria Geral de Justiça: "Na esfera correcional, como sabido, apenas se admite a emenda do chamado erro de grafia (art. 110 da Lei nº 6.015/73), jamais aventado neste caso concreto. E, mesmo em tal hipótese, de acordo com o parágrafo 4º do art. 110 da Lei nº 6.015/73, 'entendendo o juiz que o pedido exige maior indagação, ou sendo impugnado pelo órgão do Ministério Público, mandará distribuir os autos a um dos cartórios da circunscrição, caso em que se processará a retificação, com assistência de advogado, observado o rito sumaríssimo' (sic). Por 'cartórios', in casu, devem ser entendidos os 'ofícios de justiça', conforme esclarecido no subitem 131.4 do Capítulo XVII das Normas de Serviço desta Corregedoria Geral A retificação administrativa do assento de nascimento, nos termos do art. 110 da Lei n. 6.015/1973, encontra-se restrita à correção de erros de grafia, desde que a análise do pleito não exija maior indagação, hipótese em que deverá se processar na esfera jurisdicional (art. 110, § 4º). Fora, portanto, dos casos de erro de grafia que não suponha maiores indagações, a via adequada para a retificação é sempre a do processo jurisdicional, na forma do art. 109 da Lei n. 6.015/1973, para o que não tem competência o Juízo Corregedor Permanente" (TJSP, Proc. CG 2008/103662, j. 12/02/2009). Destarte, nos termos da cota ministerial retro, indefiro o pedido nesta via administrativa, devendo a parte interessada buscar a retificação pelo art. 109 da Lei de Registros Públicos, via jurisdicional própria. Por fim, destaco que a hipótese dos autos não dá margem à adoção de providência censório disciplinar em relação ao serviço correcionado, não se vislumbrando responsabilidade funcional apta a ensejar procedimento administrativo, vez que a Sra. Delegatária procedeu a lavratura do assento em consonância às declarações prestadas na Unidade pelo irmão do falecido. Assim, à míngua de outra providência administrativa a ser adotada, determino o arquivamento dos autos, com as cautelas de praxe. Ciência ao Ministério Público e à Sra. Oficial. Int. - ADV: RENATO CELIO BERRINGER FAVERY (OAB 108083/SP) (DJe de 27.08.2021 – SP)

Ementa: Sentença – Pedido de Providências – Insurgência contra cobrança de averbação do número do CPF em Certidão de Óbito – Alegação pelo Requerente de que anteriormente requereu a expedição da Certidão de Óbito e lhe foi cobrado apenas o valor do documento – Cobrança realizada em conformidade com o Provimento 01/2021 da E CGJ – Gratuidade extensível apenas à primeira certidão – Necessidade de cobrança das segundas vias averbadas – Item 4725, do Capítulo XVII, Tomo II, das NSCGJ – Ausência de indícios de ilicitude – Arquivamento do feito – Ciência à Titular – Improcedência

Processo 0006932-63.2021.8.26.0100

Pedido de Providências - 2ª Vara de Registros Públicos - VISTOS, Trata-se de representação encaminhada pelo Senhor L. G. P. F., em face de Cartório de Registro Civil de Pessoas Naturais e Tabelionato de Notas desta Capital, insurgindo-se contra cobrança de averbação do número do CPF em certidão de óbito. A Senhora Titular prestou esclarecimentos às fls. 11/12 e 28/30. Instado a se manifestar, o Senhor Representante reiterou os termos de seu protesto inicial (fls. 16/19 e 33/34). O Ministério Público ofertou parecer opinando pelo arquivamento do feito, ante a inexistência de indícios de falha na prestação do serviço ou ilícito funcional por parte da Senhora Titular (fls. 38/39). É o breve relatório. Decido. Cuidam os autos de expediente formulado a partir de representação encaminhada pelo Senhor L. G. P. F., em face de Cartório de Registro Civil de Pessoas Naturais e Tabelionato de Notas desta Capital. Insurge-se o Senhor Representante quanto aos valores cobrados pela serventia em razão da emissão de certidão de óbito. Refere que em dezembro de 2020, requereu a expedição do documento e lhe foi cobrado, apenas, o valor da certidão (R$33,59 pela Tabela de Custas de 2020). Posteriormente, em janeiro de 2021, solicitou a emissão de outra cópia do certificado, ocasião em que lhe foi exigido, além do valor nominal pela certidão, também o montante de R$17,69 pela averbação do CPF. Bem assim, protesta pelo fato de que o número do Cadastro de Pessoa Física já fora incluído no documento em dezembro, todavia, a cobrança não fora realizada e, em janeiro, o valor acrescido seria ilegal. Nesse propósito, entende que, pelo Provimento 63/2017 do CNJ, a referida averbação é gratuita e sua cobrança é ilegal.

A seu turno, a Senhora Titular veio aos autos para esclarecer, no que tange aos valores divergentes entre as certidões emitidas em dezembro de 2020 e janeiro de 2021, que a cobrança foi regularmente realizada nos termos do Provimento 01/2021 da E. CGJ, cujo recolhimento não é exigido para a primeira certidão averbada, sendo então cobrado das emissões posteriores. Pois bem. O item 47.2.5, do Capítulo XVII, do Segundo Tomo das Normas de Serviço da E. Corregedoria Geral da Justiça, é claro na referência à cobrança das segundas vias averbadas, de modo que a gratuidade que recobre a averbação somente é extensível à primeira certidão expedida após sua anotação. Nesse sentido, leia-se: 47.2.5. À exceção da primeira certidão, as demais deverão considerar, para fins de cálculo dos emolumentos, conforme item 12 da Tabela V da Lei Estadual 11.331/2002, de 26/12/2002, a averbação do CPF. Bem assim, não obstante os elevados argumentos apresentados pelo Senhor Representante, verifico que a cobrança efetuada foi realizada de maneira regular e em observância ao regramento que incide sobre a matéria. No mais, entendo que a Senhora Delegatária esclareceu suficientemente a divergência das cobranças apontadas pelo Senhor Representante, em relação a 2020 e 2021, de modo a afastar indícios de ilicitude no valor apurado e, assim, eximir-se da imputação de responsabilidade funcional apta a ensejar a instauração de procedimento administrativo, no âmbito disciplinar. Nessas condições, à míngua de providência censório-disciplinar a ser adotada, determino o arquivamento dos autos. Não menos importante, determino à z. Serventia Judicial que publique a presente decisão no DJE, uma vez que os fatos aqui relatados são de interesse geral dos cidadãos e Registradores desta Capital, de modo que as observações ora deduzidas contribuirão para o aprimoramento do serviço público. Ciência à Senhora Titular e ao Ministério Público. Encaminhe-se cópia desta decisão, bem como de fls. 28/30, 33/34 e 38/39, à Egrégia Corregedoria Geral da Justiça, por e-mail, servindo a presente sentença como ofício. P.I.C. (DJe de 02.07.2021 – SP)

Ementa: Sentença – Pedido de Providências – Pedido de realização de Registro de Óbito, sob os termos do Art 88 da LRP – Descabimento – Possibilidade de localização do cadáver – Necessidade de retificação do Assento de óbito – Art 109 da LRP – Indeferimento do pedido – Improcedência

Processo 1127067-58.2019.8.26.0100

Pedido de Providências - Direitos da Personalidade - S.R.B. – S.A.B. - Vistos, Cuida-se de pedido de providências encaminhado pelo MM Juízo da 12ª Vara da Família e das Sucessões do Foro Central da Comarca da Capital que objetiva a realização do registro de óbito de S.L.B. nos termos do artigo 88 da Lei de Registros Públicos. O parecer do Ministério Público foi no sentido da realização do registro do óbito (a fls. 310). Os requerentes apresentaram manifestação à fls. 318. É o breve relatório. Decido. Inicialmente observo a natureza administrativa das atribuições desta Corregedoria Permanente. O artigo 88 da Lei de Registros Públicos estabelece: Art. 88. Poderão os Juízes togados admitir justificação para o assento de óbito de pessoas desaparecidas em naufrágio, inundação, incêndio, terremoto ou qualquer outra catástrofe, quando estiver provada a sua presença no local do desastre e não for possível encontrar-se o cadáver para exame. Parágrafo único. Será também admitida a justificação no caso de desaparecimento em campanha, provados a impossibilidade de ter sido feito o registro nos termos do artigo 85 e os fatos que convençam da ocorrência do óbito. (grifos meus) Portanto, a situação tratada no dispositivo legal em comento envolve a impossibilidade de localização do cadáver para exame e sepultamento. No caso em exame não há impossibilidade de localização do cadáver como se observa dos documentos juntados aos autos concernentes ao processo criminal. Pelo que consta dos autos, provavelmente, o falecido foi sepultado como desconhecido e realizado o registro de seu óbito nessa condição. Nesse quadro, não é possível a realização do registro nos termos do artigo 88 da Lei de Registros Públicos, pena da efetivação de dois registros de óbito da mesma pessoa. Competirá aos interessados localizar o registro do óbito, sendo certo que houve localização do cadáver, e efetuar sua retificação nos termos do artigo 109 da Lei de Registros Públicos, de natureza jurisdicional. Na eventualidade de não ter havido o registro do óbito, competiria o registro tardio do óbito, jamais a aplicação do disposto no artigo 88 da Lei de Registros Públicos. Nestes termos, indefiro a realização do registro do óbito na forma do artigo 88 da Lei de Registros Públicos. Eventualmente, caberá aos interessados a pesquisa das informações necessárias para as providências acima referidas. Ciência ao Ministério Público. P.I. - ADV: NEMUEL MACHADO ALMIM DE OLIVEIRA (OAB 191289/MG), MURILO CRESPO (OAB 185357/MG) (DJe de 07.05.2021 – SP)

Ementa: Sentença – Pedido de Providências – Alegação de falhas na busca de Assento de Óbito – Informação pela Requerente de que solicitou pesquisas para a localização do Registro de Óbito de seu familiar mas não obteve êxito – Esclarecimento pelos Oficiais de que as buscas foram realizadas nos termos indicados pela Reclamante – Ausência de conduta irregular – Arquivamento do feito – Ciência aos Titulares – Improcedência

Processo 0000463-98.2021.8.26.0100

Pedido de Providências - 2ª Vara de Registros Públicos - VISTOS, Trata-se de representação encaminhada pela E. Corregedoria Geral da Justiça, no interesse da Senhora R. P. B. P., em face dos Senhores Oficiais do Registro Civil das Pessoas Naturais do 6º Subdistrito Brás e 10º Subdistrito Belenzinho desta Capital, insurgindo-se contra alegadas falhas na busca de assento de óbito de seu familiar. O Senhor Oficial do 6º Subdistrito prestou esclarecimentos às fls. 21/29. O Senhor Oficial do 10º Subdistrito manifestou-se às fls. 30 e 36. Instada a se manifestar, a Senhora Representante reiterou os termos de sua insurgência inicial (fls. 32/33 e 38/39). O Ministério Público ofertou parecer opinando pelo arquivamento do feito, ante a inexistência de indícios de falha na prestação do serviço por parte das serventias correicionadas (fls. 42/43). É o breve relatório. Decido. Cuidam os autos de representação formulada pela Senhora R. P. B. P., em face dos Senhores Oficiais do Registro Civil das Pessoas Naturais do 6º Subdistrito Brás e 10º Subdistrito Belenzinho desta Capital, insurgindo-se contra alegadas falhas na busca de assento de óbito de seu familiar. Narrou a Senhora Representante que solicitou pesquisas para a localização do registro do óbito de Isaia Banzato/Benzatti junto das serventias do Brás e Belenzinho. Todavia, não houve êxito na localização de assento, razão pela qual deduz a Senhora Reclamante que as buscas foram realizadas com pouco afinco. A seu turno, o Senhor Oficial do Subdistrito do Brás veio aos autos para esclarecer que a Senhora Representante solicitou diversas buscas, com datas e grafias de nomes diversos, todas realizadas com esmero e atenção. Com efeito, destacou que as buscas manuais são trabalhosas, mas levadas muito a sério pela equipe, de modo que cada assento localizado é uma satisfação pelo serviço bem realizado. De sua parte, o Senhor Oficial do Subdistrito do Belenzinho noticiou que a busca foi realizada nos moldes em que requerida pela Senhora Representante, de modo que a não localização não indica desídia da unidade, mas sim a falta do registro nos livros da serventia. Bem assim, à luz dos esclarecimentos prestados, não verifico a ocorrência de falha na prestação do serviço extrajudicial, em especial na consideração de que as buscas foram devidamente realizadas nos termos indicados pela Senhora Reclamante, não podendo as serventias serem responsabilizadas pela inexistência dos assentos ou pela fragilidade dos dados apresentados. Portanto, reputo satisfatórias as explicações apresentadas pelos Senhores Registradores, não vislumbrando responsabilidade funcional apta a ensejar a instauração de procedimento administrativo, no âmbito disciplinar. Nessas condições, à míngua de providência censório-disciplinar a ser adotada, determino o arquivamento dos autos. Ciência aos Senhores Titulares, ao Ministério Público e à Senhora Representante, por e-mail. Não menos importante, determino à z. Serventia Judicial que publique a presente decisão no DJE, uma vez que os fatos aqui relatados são de interesse da sociedade e as observações ora deduzidas contribuirão para a melhora do serviço público como um todo, resultando, como fim maior, no pleno atendimento do cidadão. Encaminhe-se cópia desta r. Sentença, bem como de fls. 36, 38/39 e 42/43, à Egrégia Corregedoria Geral da Justiça, por e-mail, servindo a presente como ofício. P.I.C. (DJe de 04.05.2021 – SP)

Ementa: Sentença – Pedido de Providências – Requerimento de retificação do Assento de Óbito – Impossibilidade – Ausência de elementos que viabilizem a retificação pleiteada – Art. 110 da LRP – Matéria reservada à esfera jurisdicional – Art. 109 da LRP – Indeferimento do pedido – Arquivamento do feito – Ciência ao Oficial – Improcedência

Processo 1001755-04.2021.8.26.0100

Pedido de Providências - Registro Civil das Pessoas Naturais - R.C.P.N.S.V.P. - G.B.L.S. - Juiz(a) de Direito: Dr(a). Marcelo Benacchio VISTOS, Trata-se de expediente instaurado a partir de comunicação encaminhada pelo Senhor Oficial de Registro Civil das Pessoas Naturais do 26º Subdistrito Vila Prudente, Capital, do interesse do Senhor G. B. L. da S., que se insurge diante da negativa do Senhor Registrador em proceder à retificação administrativa do assento de óbito de sua genitora. A nota de indeferimento, do Senhor Titular, com seus fundamentos, encontra-se acostada às fls. 11, e a impugnação ofertada pelo Senhor Requerente, às fls. 12. O Senhor Interessado ingressou nos autos, solicitando prazo para a produção de provas que corroborem a necessidade da retificação pleiteada (fls. 20/21). O Ministério Público ofertou parecer pugnando pelo indeferimento do pedido nesta via administrativa (fls. 17/18 e 29). É o relatório. DECIDO. Cuida--se de representação formulada pelo Senhor Oficial de Registro Civil das Pessoas Naturais do 26º Subdistrito Vila Prudente, Capital, no interesse do Senhor G. B. L. da S., que protesta diante da negativa do Senhor Registrador em proceder à retificação administrativa do assento de óbito de sua genitora. À luz da documentação juntada ao feito, bem como das manifestações apostas pelo Senhor Titular e pelo Senhor Interessado, verifico que não há elementos nos autos que corroborem a retificação pleiteada, isto porque não se vislumbra a mera correção de erro que não exija qualquer indagação para a constatação imediata de necessidade de sua regularização. Nesse sentido, assim dispõe o artigo 110 da Lei de Registros Públicos: Art. 110. O oficial retificará o registro, a averbação ou a anotação, de ofício ou a requerimento do interessado, mediante petição assinada pelo interessado, representante legal ou procurador, independentemente de prévia autorização judicial ou manifestação do Ministério Público, nos casos de: I - erros que não exijam qualquer indagação para a constatação imediata de necessidade de sua correção; II - erro na transposição dos elementos constantes em ordens e mandados judiciais, termos ou requerimentos, bem como outros títulos a serem registrados, averbados ou anotados, e o documento utilizado para a referida averbação e/ou retificação ficará arquivado no registro no cartório; III - inexatidão da ordem cronológica e sucessiva referente à numeração do livro, da folha, da página, do termo, bem como da data do registro; IV - ausência de indicação do Município relativo ao nascimento ou naturalidade do registrado, nas hipóteses em que existir descrição precisa do endereço do local do nascimento; V - elevação de Distrito a Município ou alteração de suas nomenclaturas por força de lei. Bem assim, considerando-se a extensão do pedido, inclusive a manifestação da parte requerente, que solicita dilação de prazo para a apresentação de provas, com destaque para a repercussão registrária, vale dizer que a pretensão retificatória, conforme bem destacado pelo Senhor Oficial, não comporta acolhimento na via processual eleita, reclamando a observância do procedimento judicial indicado na Lei de Registros Públicos para a obtenção da finalidade almejada. Por conseguinte, e nos termos da manifestação ministerial retro, indefiro o pedido nesta via administrativa, devendo o requerente buscar a retificação pelo art. 109 da Lei de Registros Públicos, pela via jurisdicional própria. Destarte, à míngua de outra providência administrativa a ser adotada, determino o arquivamento dos autos. Ciência ao Senhor Oficial Registrador e ao Ministério Público. I.C. - ADV: JACQUELINE AMARO FERREIRA BILLI (OAB 124446/SP), VINICIUS ALVES DE LIMA (OAB 408454/SP) (DJe de 25.02.2021 – SP)

RECONHECIMENTO DE PATERNIDADE

Ementa: Sentença – Pedido de Providências – Reconhecimento de paternidade biológico – Possibilidade – Anuência concedida pela guardiã legal ante a inércia da genitora – Apresentação do exame genético que comprova a paternidade alegada – Autorização da averbação da paternidade – Arquivamento do feito – Ciência ao Titular

Processo 1031946-32.2021.8.26.0100

Pedido de Providências - Registro Civil das Pessoas Naturais - A.R.B.M. - A.A.N. e outros - Juiz(a) de Direito: Dr(a). Marcelo Benacchio VISTOS, Trata-se de pedido de providências encaminhado pelo Oficial do Registro Civil de Pessoas Naturais e Tabelião de Notas do 29º Subdistrito Santo Amaro, Capital, nos termos do artigo 7º, §2º, do Provimento CNJ 16/2012, em razão de reconhecimento de paternidade biológico no qual a anuência foi dada pela guardiã, ante a inércia da genitora. Os autos foram instruídos com os documentos de fls. 01/21. O Ministério Público ofertou parecer pela averbação pretendida (fls. 41). Sobreveio manifestação pelo MM. Juízo da Infância, no sentido de que não se opõe ao reconhecimento pretendido, que atende aos melhores interesses do menor (fls. 49). É o relatório. Decido. Cuidam os autos de pedido de providências formulado pelo Oficial do Registro Civil de Pessoas Naturais e Tabelião de Notas do 29º Subdistrito Santo Amaro, Capital, relacionado a reconhecimento de paternidade biológico, em situação na qual a anuência foi dada pela guardiã, ante a inércia da genitora. O Provimento 16 do Conselho Nacional de Justiça, voltado a facilitar, simplificar e padronizar regras relacionadas com o procedimento de reconhecimento de paternidade diretamente perante o Registro Civil, estabeleceu a necessidade de anuência escrita do filho maior, ou, se menor, da mãe. Neste caso, verifica-se no Termo de Reconhecimento de Filho, que a anuência ao pedido de pedido emanou da guardiã legal do menor. Não houve manifestação da genitora, que mesmo intimada, quedou-se inerte. Foi juntado aos autos exame genético, comprobatório da paternidade alegada. O MM. Juízo da Infância e o Ministério Público foram favoráveis ao pedido, no entendimento de que o reconhecimento atende aos melhores interesses do menor. Diante desse cenário, autorizo a averbação da paternidade de ALISSON ROCHA BATINA MANZO em favor do menor KAYCK DOS SANTOS, que passará a se chamar KAYCK DOS SANTOS BATINA MANZO. Noutro turno, destaco mais uma vez ao Senhor Titular da importância de encaminhar ao Juízo, nos pedidos de providência, a documentação pertinente precedida de petição inicial, que identifique correta e claramente o Cartório, bem como explane, suficientemente, de modo formal, os motivos ensejadores da remessa. Não havendo mais providências a serem adotadas, determino o arquivamento do presente expediente. Encaminhe-se cópia desta decisão ao MM. Juízo da Vara da Infância do Foro Regional do Ipiranga, Capital, por e-mail, servindo a presente como ofício, para ciência. Ciência ao Senhor Titular e ao Ministério Público. I.C. - ADV: ANA PAULA GALVÃO DE OLIVEIRA (OAB 161872/SP) (DJe de 22.11.2021 – SP)

Ementa: Sentença – Pedido de Providências – Requerimentos de averbação de Reconhecimento de Filiação Socioafetiva em Assento de Nascimento – Negativa de manifestação pelo Ministério Público – Entendimento de que a determinação de manifestação de modo conclusivo seria indevida, invadindo competência legislativa privativa da União – Ausência de manifestação que resultava no encaminhamento de todos os procedimentos de averbação de reconhecimento de filiação socioafetiva ao presente juízo – Revisão do posicionamento inicial pelo Ministério Público – Manifestação somente nos procedimentos que envolverem interesses de menores de idade – Determinação de que a referida averbação de registrado menor será precedida pela remessa direta ao Ministério Público – Procedência

Processo 0030165-26.2020.8.26.0100

Pedido de Providências - 2ª Vara de Registros Públicos - VISTOS, Cuidam os autos de expediente formulado por esta Corregedoria Permanente, em razão da negativa de manifestação, pelo Ministério Público, nos requerimentos de averbação de Reconhecimento de Filiação Socioafetiva em assento de nascimento, com fundamento no Provimento nº 63/2.017, com as alterações produzidas pelo Provimento 83/2.019, ambos do CNJ. Manifestação pelos i. Promotores de Justiça de Registros Públicos às fls. 25/30, 34/35, 39, 56/57, 73/77 e 78. É o breve relatório. Decido. Os n. Promotores de Justiça de Registros Públicos entendiam que a determinação, de se manifestarem de modo conclusivo, imposta por órgão administrativo do Judiciário, seria indevida, invadindo competência legislativa privativa da União, violando, no mais, a autonomia e independência funcional do Parquet. A ausência de manifestação pelo Ministério Público, em desacordo ao artigo 11, §9º do referido Provimento, resultava no encaminhamento de todos os procedimentos de averbação de reconhecimento de filiação socioafetiva a este Juízo Corregedor Permanente, o qual, à letra dos provimentos, não deveria se manifestar. Nesse sentido, destaco que dispõe expressamente o artigo 11, §9º, do Provimento 63/2017, com a alteração trazida pelo Provimento CNJ 83/2019: Art. 11 (...) 9º Atendidos os requisitos para o reconhecimento da paternidade ou maternidade socioafetiva, o registrador encaminhará o expediente ao representante do Ministério Público para parecer. I O registro da paternidade ou maternidade socioafetiva será realizado pelo registrador após o parecer favorável do Ministério Público. Ademais, foi noticiado que a d. Procuradoria Geral de Justiça e a E. Corregedoria Geral do Ministério Público encaminharam pedido de ajuizamento de ADI para a Procuradoria Geral da República. Houve também tratativas entre a Procuradoria Geral de Justiça e o CNJ, com vistas a solucionar a questão. Não obstante, a E. Corregedoria Geral do Conselho Nacional de Justiça confirmou a íntegra dos Provimentos 63 e 83, no entendimento de que o regramento atende aos preceitos da lei. Bem por isso, não havendo sido proposta eventual ADI pelos órgãos superiores interessados até o presente momento e tendo o CNJ se manifestado pelo rigor legal dos Provimentos, considerando a importância da matéria, os d. Promotores de Justiça de Registros Públicos revisaram seu posicionamento inicial e decidiram que passarão a se manifestar, somente, nos procedimentos que envolverem interesses de menores, até resolução final da questão. Destaque-se que a matéria no que tange aos reconhecidos maiores foi tratada, de modo particular, no bojo do expediente de nº 1028858-83.2021, à cuja decisão final foi conferido caráter normativo em relação aos Registradores afetos a esta Corregedoria Permanente. Por conseguinte, à luz de todo o narrado e com a concordância do Ministério Público, a averbação do reconhecimento da filiação socioafetiva nos assentos de nascimento de registrado menor será precedida pela remessa direta ao Ministério Público, que passa a se manifestar nos pleitos envolvendo reconhecidos entre 12 e 18 anos. Com efeito, em tais procedimentos, como de praxe, deverá o Registrador Civil verificar, em conformidade com o Provimento, o cumprimento dos requisitos impostos pela normativa e atestar o vínculo de socioafetividade e posse de estado de filho, e então fazer o encaminhamento direto ao Parquet. A exceção permanece, de modo que nas hipóteses previstas no artigo 11, §9º, III, e artigo 12 do Provimento 63/2017, com a redação que lhe foi conferida pelo Provimento 83/2018, do CNJ, o Registrador deverá providenciar o encaminhamento do feito a esta Corregedoria Permanente, como de praxe. Em face da pertinência da matéria a todos os Registradores Civis desta Capital, que deverão se atentar ao quanto aqui decidido, publiquese a presente decisão, a qual confiro caráter normativo. Ciência ao Ministério Público. Encaminhe-se cópia desta decisão, bem como das principais peças dos autos, à E. Corregedoria Geral da Justiça, por e-mail, servindo a presente como ofício. Publique-se, intime-se, cumpra-se. (DJe de 05.07.2021 – SP)

Ementa: Sentença – Pedido de Providências – Pedido de averbação de Reconhecimento de Paternidade Socioafetiva em Assento de Nascimento de indivíduo maior e capaz – Partes plenamente capazes – Desnecessidade da manifestação do Ministério Público – Necessidade de verificação do cumprimento do requisitos pelo Registrador – Exceção somente nas hipóteses previstas nos Arts. 11, §9º, III; e 12, do Provimento 63/2017 – Decisão que compete à Titular – Determinação de seguimento na via extrajudicial – Ciência à Titular

Processo 1030907-97.2021.8.26.0100

Pedido de Providências - Registro Civil das Pessoas Naturais - M.G.M.B.S. - VISTOS, 1. Fls. 64/69: Defiro a habilitação, porquanto parte interessada. Anote-se. No que tange ao pedido de gratuidade da justiça, sendo o presente procedimento de caráter administrativo, não há que se falar em custas judiciais, razão pela qual não conheço do requerimento. 2. Trata-se de Pedido de Providências encaminhado por Registro Civil das Pessoas Naturais desta Capital, contendo requerimento de averbação de Reconhecimento de Paternidade Socioafetiva em assento de nascimento de indivíduo maior e capaz, com fundamento no Provimento nº 63/2.017, com as alterações pelo Provimento 83/2.019, ambos do CNJ. O pedido foi instruído com os documentos de fls. 04/37. O Ministério Público deixou de se manifestar, no entendimento de que a atuação do Parquet é desnecessária nos procedimentos de reconhecimento socioafetivo que envolvam filho maior de 18 anos, haja vista sua plena capacidade para o ato, devendo a análise da real situação ser efetuada pelo Registrador Civil (fl. 40/41). Manifestação pelo i. Procurador-Geral de Justiça, que ofertou parecer acolhendo a posição da Promotoria de Registros Públicos da Capital, declarando a desnecessidade de intervenção do Ministério Público nos procedimentos administrativos de reconhecimento de filiação socioafetiva de maiores de 18 anos (fls. 52/63). É o breve relatório. FUNDAMENTO. O reconhecimento da filiação socioafetiva na via extrajudicial é instituto novo no ordenamento pátrio, fundado na atuação administrativa do Conselho Nacional de Justiça, com o fito de desburocratizar e desjudicializar a questão. Bem por isso, a Corregedoria Nacional da Justiça, do Conselho Nacional de Justiça, ciente da conveniência da edição de norma básica e uniforme que permitisse o reconhecimento da parentalidade baseada no afeto diretamente perante os Registradores Civis, editou, em 2017, o Provimento 63, estabelecendo, entre outras coisas, o reconhecimento voluntário da filiação socioafetiva e sua averbação no registro de nascimento, cumpridos certos requisitos, diante de atribuição espontânea da paternidade ou maternidade constituídas com vínculo nas relações sociais de afeto e posse do estado de filho. Tais regramentos abriram a possibilidade de que o reconhecimento da filiação com vínculo na afetividade se desse, a princípio, sem necessidade de interferência do Poder Judiciário, realizando-se a averbação do registro civil diretamente perante as serventias extrajudiciais. Contudo, com vistas a conferir maior segurança jurídica ao ato a ser realizado, houve a edição do Provimento 83/2019, pugnando, entre outras providências, pela manifestação do Ministério Público, vinculando a realização do ato ao parecer favorável do Parquet. Assim, permito-me reproduzir, mais uma vez nestes autos, o artigo 11 do referido regramento, que passou a vigorar acrescido do parágrafo 9º, in verbis: Art. 11 (...) § 9º Atendidos os requisitos para o reconhecimento da paternidade ou maternidade socioafetiva, o registrador encaminhará o expediente ao representante do Ministério Público para parecer. I O registro da paternidade ou maternidade socioafetiva será realizado pelo registrador após o parecer favorável do Ministério Público. II Se o parecer for desfavorável, o registrador não procederá o registro da paternidade ou maternidade socioafetiva e comunicará o ocorrido ao requerente, arquivando-se o expediente. III Eventual dúvida referente ao registro deverá ser remetida ao juízo competente para dirimí-la. Dessa forma, a remessa a esta Corregedoria Permanente deveria ser feita somente no caso do inciso III. Na mesma senda, o artigo 12 também refere situações que ensejam o encaminhamento ao Juízo Corregedor Permanente: Art. 12. Suspeitando de fraude, falsidade, má-fé, vício de vontade, simulação ou dúvida sobre a configuração do estado de posse de filho, o registrador fundamentará a recusa, não praticará o ato e encaminhará o pedido ao juiz competente nos termos da legislação local. Em suma, a manifestação deste Juízo só deve ocorrer na existência de dúvida ou suspeita de fraude, falsidade, má-fé, vício de vontade ou simulação ou no exame de indeferimento da averbação a pedido do interessado. Não obstante, todos os feitos restam encaminhados a esta Vara de Registros Públicos porque os Representantes do Ministério Público entendem que a determinação imposta por órgão administrativo do Judiciário seria indevida, invadindo competência legislativa privativa da União, violando, no mais, a autonomia e independência funcional do Parquet. Especialmente, deduzem que a intervenção somente seria razoável, à luz do ordenamento jurídico pátrio, nas averbações de registros de menores, sendo, inclusive, essa a disposição das razões do Provimento 83/2018 do CNJ. Ante a falta de entendimento, apelou-se ao d. Procurador-Geral de Justiça, por analogia ao artigo 28 do Código de Processo Penal. Suscitada a manifestação do i. Procurador- Geral de Justiça, houve a prolação de judicioso parecer a favor da desnecessidade de intervenção quando a averbação pretendida envolver partes maiores e capazes. Com efeito, deduziu o d. Procurador Geral que no pedido de providências de nº 0001711-40.2018. 2.00.0000, que tramitou perante o E. CNJ, o qual ensejou a edição do Provimento 83/2018, alterando parcialmente o Provimento 63, passando a ostentar a regra da manifestação do Parquet, apontou-se recomendável a oitiva do Ministério Público nos reconhecimentos de filiação socioafetiva relacionados a menores de 18 anos, com vistas a implementar a defesa dos interesses dos infantes relacionados no regramento entre 12 e 18 anos, haja vista que tais indivíduos não são capazes de realizar, por si só, os atos da vida civil, estando submetidos ao poder familiar ou à tutela, a influenciar, por certo, na livre manifestação de sua concordância com o ato. Ademais, a Constituição Federal, por seu artigo 227, prevê a proteção integral do menor, a indicar a necessidade da oitiva do órgão. De outra parte, o Senhor Procurador-Geral referiu seu entendimento de que para os maiores de 18 anos o procedimento é, senão, diverso. Considerando-se que as partes são plenamente capazes e o Registrador atestará o cumprimento dos requisitos, inclusive o vínculo de socioafetividade e a posse do estado de filho, a oitiva do representante do Ministério Público se faz desnecessária. A exemplo, para embasar a desnecessidade da atuação, citou o Provimento 73/2018 do CNJ, que regulamenta a alteração de prenome e gênero, na via extrajudicial, diante do Registrador Civil, a maiores de 18 anos, sem a interferência do Ministério Público. No mesmo sentido, mencionou que o Código Civil, por seu artigo 10, indica a possibilidade do reconhecimento de filiação extrajudicial, sem mencionar a participação do Parquet. Por fim, referiu o i. Procurador-Geral que, à luz de todo o regramento extrajudicial, a dispensar a participação do Ministério Público em procedimentos assemelhados, não há que se falar em atribuição fiscalizatória, uma vez que ante a suspeitas ou dúvidas, o Registrador fará o encaminhamento do procedimento ao Juízo Corregedor, que naturalmente irá requerer o parecer da Promotoria. Ulteriormente, destacou que não há base ou fundamento legal para atribuir função decisória ao Ministério Público, uma vez que não há previsão em sua lei orgânica para a tarefa. Pois bem. Destaco que esta Corregedoria Permanente é órgão administrativo subordinado à E. Corregedoria Geral da Justiça, a qual, por sua vez, responde, no que couber, ao Conselho Nacional de Justiça, não havendo espaço para o não cumprimento do Provimento por esta Vara, haja vista seu âmbito de atuação. Desta forma, não é isso que se pretende. Não obstante, o Provimento deve ser interpretado com vistas a lhe conferir integral efetividade. Veja que a remessa de todos os casos de reconhecimento de filiação socioafetiva de maiores de dezoito anos a esta Corregedoria Permanente implicaria na demora e burocratização no trâmite do procedimento administrativo que abrange a Comarca da Capital, resultando, eventualmente, em um desestímulo à regularização da situação registrária a refletir os fatos da vida do cidadão, exatamente o que o regramento pretende contornar e evitar. Ressalto ainda que nos referidos Provimentos do Conselho Nacional de Justiça não há previsão ordinária de remessa e consequente decisão da parte desta Corregedoria Permanente acerca da averbação da filiação socioafetiva, senão nas situações de impugnação do Ministério Público, constatação de pedido abusivo por falta dos pressupostos legais pelo Registrador Civil ou recurso dos interessados em razão do indeferimento. Bem por isso, à luz de todo o narrado e na interpretação com o objetivo de conferir máxima efetividade aos Provimentos 63 e 83, na análise de suas razões e objetivos, na consideração do aspecto mais amplo da desburocratização dos procedimentos, desjudicialização e facilitação do acesso a uma justiça integral, no incentivo da regularização das famílias isto é, para que os registros públicos reflitam a situação fática para além do âmbito puramente biológico, na esfera civil, entendo que a averbação do reconhecimento da filiação socioafetiva nos assentos de nascimento de registrado maior e capaz prescinde da atuação desta Corregedoria Permanente, mesmo com a não manifestação do Ministério Público, nos termos do decidido pela D. Procuradoria Geral da Justiça. Com efeito, nos procedimentos que se refiram a reconhecedor e reconhecido plenamente capazes, deverá o Registrador Civil verificar, em conformidade com o Provimento, o cumprimento dos requisitos impostos pela normativa e atestar o vínculo de socioafetividade e posse de estado de filho, e então autorizar ou negar a averbação, do mesmo modo em que procede nos Provimentos

16/2012 e 73/2019. Bem por isso, no presente caso e em todos as ocorrências assemelhadas cujas partes são plenamente capazes, a decisão compete à Senhora Titular, não sendo caso de remessa dos autos a esta Corregedoria Permanente, mesmo à falta de manifestação do Parquet, razão pela qual deixo de me manifestar. A exceção permanece, de modo que nas hipóteses previstas no artigo 11, §9º, III, e artigo 12 do Provimento 63/2017, com a redação que lhe foi conferida pelo Provimento 83/2018, do CNJ, o Registrador deverá providenciar o encaminhamento do feito a esta Corregedoria Permanente, como de praxe. Desse modo, em face do decidido pela C. Procuradoria Geral da Justiça, determino que os casos envolvendo reconhecimento de filiação socioafetiva na qual os interessados são maiores não devem mais ser remetidos ao Ministério Público pelos Registradores Civis, que somente se manifestará, se o caso, quando questionado a ofertar parecer, por esta Corregedoria Permanente, nas situações excepcionais. Ciência à Senhora Titular, para conclusão do procedimento até seus ulteriores termos, e ao Ministério Público. P.I.C. - ADV: REYNALDO VILLA VERDE JUNIOR (OAB 426318/ SP) (DJe de 23.06.2021 – SP)

Ementa: Sentença – Pedido de Providências – Pedido de averbação de Reconhecimento de Paternidade Socioafetiva em Assento de Nascimento de indivíduo maior e capaz – Partes plenamente capazes – Desnecessidade da manifestação do Ministério Público – Necessidade de verificação do cumprimento do requisitos pelo Registrador – Exceção somente nas hipóteses previstas nos Arts. 11, §9º, III; e 12, do Provimento 63/2017 – Decisão que compete à Titular – Determinação de seguimento na via extrajudicial – Ciência à Titular

Processo 1028858-83.2021.8.26.0100

Pedido de Providências - 2ª Vara de Registros Públicos - VISTOS, Trata-se de Pedido de Providências encaminhado por Registro Civil das Pessoas Naturais de Distrito desta Capital, contendo requerimento de averbação de Reconhecimento de Paternidade Socioafetiva do interesse de E. M. dos S. no assento de nascimento de S. C. A. da S., maior e capaz, com fundamento no Provimento nº 63/2.017 do CNJ. O pedido foi instruído com os documentos de fls. 04/41. Em especial, houve o atestado do vínculo socioafetivo entre reconhecedor e registrada pelo Senhor Oficial, às fls. 30. Adicionalmente, às fls. 31/41, foram juntadas as certidões de distribuição em nome da registrada. A ilustre representante do Ministério Público deixou de se manifestar, no entendimento de que a atuação do Parquet é desnecessária nos procedimentos de reconhecimento socioafetivo que envolvam filho maior de 18 anos, haja vista sua plena capacidade para o ato, devendo a análise da real situação ser efetuada pelo Registrador Civil (fl. 44/46). Diante da negativa, esta Corregedoria Permanente pugnou pela manifestação do i. Procurador Geral de Justiça, com vistas a solucionar a questão para o presente caso e, igualmente, para casos assemelhados (fls. 48/50). O i. Procurador Geral de Justiça ofertou parecer acolhendo a posição da Promotoria de Registros Públicos da Capital, declarando a desnecessidade de intervenção do Ministério Público nos procedimentos administrativos de reconhecimento de filiação socioafetiva de maiores de 18 anos (fls. 59/70). É o breve relatório. FUNDAMENTO. O reconhecimento da filiação socioafetiva na via extrajudicial é instituto novo no ordenamento pátrio, fundado na atuação administrativa do Conselho Nacional de Justiça, com o fito de desburocratizar e desjudicializar a questão. Bem por isso, a Corregedoria Nacional da Justiça, do Conselho Nacional de Justiça, ciente da conveniência da edição de norma básica e uniforme que permitisse o reconhecimento da parentalidade baseada no afeto diretamente perante os Registradores Civis, editou, em 2017, o Provimento 63, estabelecendo, entre outras coisas, o reconhecimento voluntário da filiação socioafetiva e sua averbação no registro de nascimento, cumpridos certos requisitos, diante de atribuição espontânea da paternidade ou maternidade constituídas com vínculo nas relações sociais de afeto e posse do estado de filho. Tais regramentos abriram a possibilidade de que o reconhecimento da filiação com vínculo na afetividade se desse, a princípio, sem necessidade de interferência do Poder Judiciário, realizando-se a averbação do registro civil diretamente perante as serventias extrajudiciais. Contudo, com vistas a conferir maior segurança jurídica ao ato a ser realizado, houve a edição do Provimento 83/2019, pugnando, entre outras providências, pela manifestação do Ministério Público, vinculando a realização do ato ao parecer favorável do Parquet. Assim, permito-me reproduzir, mais uma vez nestes autos, o artigo 11 do referido regramento, que passou a vigorar acrescido do parágrafo 9º, in verbis: Art. 11 (...) § 9º Atendidos os requisitos para o reconhecimento da paternidade ou maternidade socioafetiva, o registrador encaminhará o expediente ao representante do Ministério Público para parecer. I O registro da paternidade ou maternidade socioafetiva será realizado pelo registrador após o parecer favorável do Ministério Público. II Se o parecer for desfavorável, o registrador não procederá o registro da paternidade ou maternidade socioafetiva e comunicará o ocorrido ao requerente, arquivando-se o expediente. III Eventual dúvida referente ao registro deverá ser remetida ao juízo competente para dirimí-la. Dessa forma, a remessa a esta Corregedoria Permanente deveria ser feita somente no caso do inciso III. Na mesma senda, o artigo 12 também refere situações que ensejam o encaminhamento ao Juízo Corregedor Permanente: Art. 12. Suspeitando de fraude, falsidade, má-fé, vício de vontade, simulação ou dúvida sobre a configuração do estado de posse de filho, o registrador fundamentará a recusa, não praticará o ato e encaminhará o pedido ao juiz competente nos termos da legislação local. Em suma, a manifestação deste Juízo só deve ocorrer na existência de dúvida ou suspeita de fraude, falsidade, má-fé, vício de vontade ou simulação ou no exame de indeferimento da averbação a pedido do interessado. Não obstante, todos os feitos restam encaminhados a esta Vara de Registros Públicos porque os Representantes do Ministério Público entendem que a determinação imposta por órgão administrativo do Judiciário seria indevida, invadindo competência legislativa privativa da União, violando, no mais, a autonomia e independência funcional do Parquet. Especialmente, deduzem que a intervenção somente seria razoável, à luz do ordenamento jurídico pátrio, nas averbações de registros de menores, sendo, inclusive, essa a disposição das razões do Provimento 83/2018 do CNJ. Ante a falta de entendimento, apelou-se ao d. Procurador-Geral de Justiça, por analogia ao artigo 28 do Código de Processo Penal. Suscitada a manifestação do i. Procurador- Geral de Justiça, houve a prolação de judicioso parecer a favor da desnecessidade de intervenção quando a averbação pretendida envolver partes maiores e capazes. Com efeito, deduziu o d. Procurador Geral que no pedido de providências de nº 0001711-40.2018.2.00.0000, que tramitou perante o E. CNJ, o qual ensejou a edição do Provimento 83/2018, alterando parcialmente o Provimento 63, passando a ostentar a regra da manifestação do Parquet, apontou-se recomendável a oitiva do Ministério Público nos reconhecimentos de filiação socioafetiva relacionados a menores de 18 anos, com vistas a implementar a defesa dos interesses dos infantes relacionados no regramento entre 12 e 18 anos, haja vista que tais indivíduos não são capazes de realizar, por si só, os atos da vida civil, estando submetidos ao poder familiar ou à tutela, a influenciar, por certo, na livre manifestação de sua concordância com o ato. Ademais, a Constituição Federal, por seu artigo 227, prevê a proteção integral do menor, a indicar a necessidade da oitiva do órgão. De outra parte, o Senhor Procurador-Geral referiu seu entendimento de que para os maiores de 18 anos o procedimento é, senão, diverso. Considerando-se que as partes são plenamente capazes e o Registrador atestará o cumprimento dos requisitos, inclusive o vínculo de socioafetividade e a posse do estado de filho, a oitiva do representante do Ministério Público se faz desnecessária. A exemplo, para embasar a desnecessidade da atuação, citou o Provimento 73/2018 do CNJ, que regulamenta a alteração de prenome e gênero, na via extrajudicial, diante do Registrador Civil, a maiores de 18 anos, sem a interferência do Ministério Público. No mesmo sentido, mencionou que o Código Civil, por seu artigo 10, indica a possibilidade do reconhecimento de filiação extrajudicial, sem mencionar a participação do Parquet. Por fim, referiu o i. Procurador-Geral que, à luz de todo o regramento extrajudicial, a dispensar a participação do Ministério Público em procedimentos assemelhados, não há que se falar em atribuição fiscalizatória, uma vez que ante a suspeitas ou dúvidas, o Registrador fará o encaminhamento do procedimento ao Juízo Corregedor, que naturalmente irá requerer o parecer da Promotoria. Ulteriormente, destacou que não há base ou fundamento legal para atribuir função decisória ao Ministério Público, uma vez que não há previsão em sua lei orgânica para a tarefa. Pois bem. DECIDO. Destaco que esta Corregedoria Permanente é órgão administrativo subordinado à E. Corregedoria Geral da Justiça, a qual, por sua vez, responde, no que couber, ao Conselho Nacional de Justiça, não havendo espaço para o não cumprimento do Provimento por esta Vara, haja vista seu âmbito de atuação. Desta forma, não é isso que se pretende. Não obstante, o Provimento deve ser interpretado com vistas a lhe conferir integral efetividade. Veja que a remessa de todos os casos de reconhecimento de filiação socioafetiva de maiores de dezoito anos a esta Corregedoria Permanente implicaria na demora e burocratização no trâmite do procedimento administrativo que abrange a Comarca da Capital, resultando, eventualmente, em um desestímulo à regularização da situação registrária a refletir os fatos da vida do cidadão, exatamente o que o regramento pretende contornar e evitar. Ressalto ainda que nos referidos Provimentos do Conselho Nacional de Justiça não há previsão ordinária de remessa e consequente decisão da parte desta Corregedoria Permanente acerca da averbação da filiação socioafetiva, senão nas situações de impugnação do Ministério Público, constatação de pedido abusivo por falta dos pressupostos legais pelo Registrador Civil ou recurso dos interessados em razão do indeferimento. Bem por isso, à luz de todo o narrado e na interpretação com o objetivo de conferir máxima efetividade aos Provimentos 63 e 83, na análise de suas razões e objetivos, na consideração do aspecto mais amplo da desburocratização dos procedimentos, desjudicialização e facilitação do acesso a uma justiça integral, no incentivo da regularização das famílias isto é, para que os registros públicos reflitam a situação fática para além do âmbito puramente biológico, na esfera civil, entendo que a averbação do reconhecimento da filiação socioafetiva nos assentos de nascimento de registrado maior e capaz prescinde da atuação desta Corregedoria Permanente, mesmo com a não manifestação do Ministério Público, nos termos do decidido pela D. Procuradoria Geral da Justiça. Com efeito, nos procedimentos que se refiram a reconhecedor e reconhecido plenamente capazes, deverá o Registrador Civil verificar, em conformidade com o Provimento, o cumprimento dos requisitos impostos pela normativa e atestar o vínculo de socioafetividade e posse de estado de filho, e então autorizar ou negar a averbação, do mesmo modo em que procede nos Provimentos 16/2012 e 73/2019. Bem por isso, no presente caso e em todos as ocorrências assemelhadas cujas partes são plenamente capazes, a decisão compete ao Registrador, não sendo caso de remessa dos autos a esta Corregedoria Permanente, mesmo à falta de manifestação do Parquet, razão pela qual deixo de me manifestar. A exceção permanece, de modo que nas hipóteses previstas no artigo 11, §9º, III, e artigo 12 do Provimento 63/2017, com a redação que lhe foi conferida pelo Provimento 83/2018, do CNJ, o Registrador deverá providenciar o encaminhamento do feito a esta Corregedoria Permanente, como de praxe. Desse modo, em face do decidido pela C. Procuradoria Geral da Justiça, determino que os casos envolvendo reconhecimento de filiação socioafetiva na qual os interessados são maiores não devem mais ser remetidos ao Ministério Público pelos Registradores Civis, que somente se manifestará, se o caso, quando questionado a ofertar parecer, por esta Corregedoria Permanente, nas situações excepcionais. Em face da pertinência da matéria a todos os Registradores Civis desta Capital, que deverão se atentar ao quanto aqui decidido, publique-se a presente decisão, a qual confiro caráter normativo. Ciência ao Senhor Registrador, para conclusão do procedimento até seus ulteriores termos. Outrossim, em face do poder hierárquico ao qual submetido este Juízo Administrativo, encaminhe-se cópia do parecer ministerial de fls. 44/46, da decisão de fls. 48/50, da manifestação do i. Procurador-Geral da Justiça às fls. 59/70 e desta decisão, à E. Corregedoria Geral da Justiça e à E. Corregedoria Nacional da Justiça do Conselho Nacional de Justiça, para que ciência e manutenção da presente decisão (representativa de vários outros casos na mesma situação) ou, noutro turno, as orientações pertinentes; por email, servindo esta decisão como ofício. Publique-se, intime-se, cumpra-se. (DJe de 23.06.2021 – SP)

Ementa: Sentença – Pedido de Providências – Questionamento pela Oficial em relação a realização da averbação da filiação socioafetiva – Impossibilidade – Apuração de vínculo socioafetivo de paternidade e maternidade – Impedimento constante do Art 14, § 2º, do Provimento nº 63, da E CNJ – Acolhimento parcial da compreensão da Oficial – Indeferimento da averbação – Ciência à Oficial – Improcedência

Processo 1124957-52.2020.8.26.0100

Pedido de Providências 2ª Vara de Registros Públicos - VISTOS. Trata-se de pedido de providência encaminhado pela Sra. Oficial do Registro Civil das Pessoas Naturais 21º Subdistrito Saúde - da Comarca da Capital, em razão de questionamento da averbação da filiação socioafetiva nos termos do Provimento n. 63 da E. Corregedoria Nacional de Justiça (a fls. 44). O parecer do Ministério Público foi no sentido da realização da averbação da filiação socioafetiva (a fls. 48). É o breve relatório. Decido. Os artigos 10-A, n. 1, 2 e 3 e 14, p. 1º e 2º, do Provimento n. 83 da E. Corregedoria Nacional de Justiça, em alteração e inclusão de regramentos referentemente ao Provimento n. 63 do mesmo órgão censor, estabelecem: Art. 10-A. A paternidade ou a maternidade socioafetiva deve ser estável e deve estar exteriorizada socialmente. 1º O registrador deverá atestar a existência do vínculo afetivo da paternidade ou maternidade socioafetiva mediante apuração objetiva por intermédio da verificação de elementos concretos. 2º O requerente demonstrará a afetividade por todos os meios em direito admitidos, bem como por documentos, tais como: apontamento escolar como responsável ou representante do aluno; inscrição do pretenso filho em plano de saúde ou em órgão de previdência; registro oficial de que residem na mesma unidade domiciliar; vínculo de conjugalidade - casamento ou união estável - com o ascendente biológico; inscrição como dependente do requerente em entidades associativas; fotografias em celebrações relevantes; declaração de testemunhas com firma reconhecida. 3º A ausência destes documentos não impede o registro, desde que justificada a impossibilidade, no entanto, o registrador deverá atestar como apurou o vínculo socioafetivo. (...) "art. 14 .... 1ª Somente é permitida a inclusão de um ascendente socioafetivo, seja do lado paterno ou do materno. 2º A inclusão de mais de um ascendente socioafetivo deverá tramitar pela via judicial. O rol contido no art. 10-A, n. 1, do Provimento em questão, não é taxativo e sim exemplificativo, com se depreende de seu n. 3 ao regrar o dever do Registrador em atestar, fundamentadamente, a existência do vínculo socioafetivo, mesmo à falta do referido na previsão normativa existente no n. 1 do dispositivo referido. Nesse quadro, a falta do vínculo de conjugalidade com a genitora do reconhecido maior não seria impeditivo do reconhecimento, desde que apurado o vínculo socioafetivo. Entretanto, continuando o exame do caso concreto, verifica se que o reconhecido, hoje maior, quando menor teve sua guarda concedida em ação judicial ao Sr. Reconhecedor da filiação socioafetiva e sua esposa (a fls. 09). As declarações juntadas aos autos não deixam dúvidas que o vínculo socioafetivo se estende à esposa do Sr. Reconhecedor, porquanto todos residiram no mesmo imóvel e os filhos do reconhecedor referem o termo adoção pelo pai socioafetivo e sua esposa (a fls. 10/12), o que também foi reconhecido pela Sra. Oficial do Registro Civil que apurou o vínculo em outra Comarca (a fls. 03/04). Desse modo, compete o exame da bem colocada questão pela Sra. Oficial desta Capital que submeteu o reconhecimento socioafetivo a esta Corregedoria Permanente. Tendo sido apurado vínculo socioafetivo de paternidade e maternidade é possível a averbação de apenas uma dessas situações jurídicas ou incidiria o impedimento constante do art. 14, p. 2º, do Provimento n. 63 da E. Corregedoria Nacional de Justiça? No caso da parentalidade socioafetiva encerrar um fato jurídico único não é possível sua cisão, mesmo com a concordância de todos, para ingresso no registro civil por força do regramento administrativo existente. Compreensão diversa, a meu sentir, redundaria no abuso de posição jurídica, cujo sanção comum do ordenamento jurídico nesses casos é impedir a prática do ato abusivo. Neste caso concreto, a parentalidade socioafetiva decorreu dos laços de afeto com relação aos pais socioafetivos que receberam o filho na família, em 1991. Portanto, reitero, essa situação jurídica existencial não é passível de divisão para os fins pretendidos, no que pese a boa-fé dos requerentes. Sem ingressar nas questões atinentes ao mandamento administrativo, em relação ao qual tão só compete o cumprimento nesta via administrativa, não é possível a averbação da filiação afetiva em virtude do impedimento constante do art. 14, p. 2º, do Provimento n. 63 da E. Corregedoria Nacional de Justiça ao remeter os interessados à via jurisdicional. Ante ao exposto, acolho, em parte, a compreensão da Sra. Oficial do Registro Civil para indeferir a averbação da filiação socioafetiva. Ciência a Sra. Oficial que deverá cientificar os requerentes e ao Ministério Público. Encaminhe-se cópia desta decisão à Egrégia Corregedoria Geral da Justiça, por e-mail, servindo a presente como ofício. Em razão da relevância da matéria publique-se para conhecimento. P.C. (DJe de 19.03.2021 – SP)

Ementa: Sentença – Pedido de Providências – Pedido de expedição de Certidão de Inteiro Teor – Impossibilidade – Existência de irregularidades no registro – Ausência de comprovação no vínculo de parentesco – Assento que possui informações resguardadas – Lei Federal nº 8560/1992 – Item 47 9, do Capítulo XVIII, das NSCGJ – Necessidade de pleitear, pela Interessada, a devida retificação perante o juízo competente – Arquivamento do feito – Ciência à Oficial – Improcedência

Processo 1011996-37.2021.8.26.0100

Pedido de Providências - Expedição de alvará judicial - I.A.M.M. - Juiz(a) de Direito: Dr(a). Marcelo Benacchio VISTOS, Cuida-se de pedido de providências formulado pela Senhora E. A. M. M., que se insurge quanto ao alegado indeferimento de expedição de inteiro teor pela Senhora Oficial do Registro Civil das Pessoas Naturais e de Interdições e Tutelas do Primeiro Subdistrito Sé, Capital, requerendo, no mais, que este Juízo determine a emissão do documento. A Senhora Titular prestou esclarecimentos (fls. 25/28). A Senhora Representante tornou aos autos para reiterar os termos de seu protesto inicial (fls. 29/31 e 37/38). O Ministério Público opinou pelo indeferimento do pedido (fls. 34/35). É o relatório. Decido. Trata-se de pedido de providências instaurado a partir pleito formulado pela Senhora E. A. M. M., que protesta quanto a suposto indeferimento de expedição de certidão de inteiro teor pela Senhora Oficial do Registro Civil das Pessoas Naturais e de Interdições e Tutelas do Primeiro Subdistrito Sé, Capital. Em suma, alega a Senhora Representante a inexistência de fundamento ou justificativa legal para a negativa em face de sua solicitação do inteiro teor do nascimento de E. M. A., suposta avó da reclamante. Dessa forma, requer que esta Corregedoria Permanente determine, à Senhora Titular, que promova a emissão do documento solicitado, bem como que determine averbações em relação ao óbito e casamento. A seu turno, a Senhora Registradora esclareceu que o indeferimento da expedição do inteiro teor em nome de E. M. A. já fora efetuado por esta Corregedoria Permanente, no bojo dos autos de nº 1084971-91.2020.8.26.0100, em face de pedido interposto por T. E. S., diante da constatação de irregularidades no registro e falta de comprovação do vínculo de parentesco. Com efeito, destaca a i. Oficial que a mesma situação se desnuda no presente caso: o assento permanece eivado das incongruências outrora verificadas e a requerente, deste feito, também não logrou êxito em comprovar a consanguinidade com a registrada inviabilizando a emissão do documento, cujas informações se encontram protegidas pela Lei Federal 8560/1992. Ademais, cuidando-se de protestos em relação ao indeferimento, tramitaram perante este Juízo os autos de nº 0045193-34.2020.8.26.0100 e 0048073- 96.2020.8.26.0100, ambos arquivados por inexistência de incúria funcional pela Senhora Oficial. No que toca à demanda pela expedição de alvará que determine à i. Titular a emissão do documento o qual recebo nesta via administrativa como pedido de autorização, o pleito não merece guarida. O assento, conforme bem referido pela Registradora, contém informações protegidas pela Lei Federal 8560/1992 e, em consonância ao item 47.9, Capítulo XVIII das Normas de Serviço da E. Corregedoria Geral da Justiça, a emissão do título pleiteado requer a autorização deste Juízo Censor. As incongruências verificadas no assento não permitem, sem sombra de dúvidas, estabelecer a linha de parentesco entre requerente e registrada e, tampouco, entre os demais registros que pretendem instruir eventual pedido administrativo de averbação e retificação. Conforme indicado no bojo dos mencionados expedientes (1084971-91.2020.8.26.0100, 0045193-34.2020.8.26.0100 e 0048073-96.2020.8.26.0100), a interessada deve, preliminarmente, promover a retificação pertinente, na via adequada, para posteriormente reiterar o pedido de expedição de certidão, que poderá ser deduzido diretamente em face da Oficial, após a regularização do assento cuja correção permitirá o estabelecimento da linha de consanguinidade entre parte requerente e requerida, bem como da identidade da registrada no título de nascença, casamento e óbito. Noutra banda, relativamente ao pedido de expedição de mandados de averbação, o requerimento também não merece acolhida, vez que esta estreita via administrativa não é palco para a instrução detalhada que se faz necessária para a comprovação de que E. M. A. E H. A. P. São, de fato, a mesma pessoa. Nessa ordem de ideias, indefiro o pedido de autorização para a expedição da certidão de inteiro teor de E. M. A., posto que suas informações se encontram protegidas em consonância ao item 47.9, Capítulo XVIII das Normas de Serviço da E. Corregedoria Geral da Justiça, em observação à Lei Federal 8560/1992, e porque não comprovado o vínculo de parentesco alegado. Indefiro, também, o pedido de autorização para a averbação do óbito no registro das núpcias e de ambos no registro de nascença, porque não comprovada a relação entre os assentos (e as registradas) que se pretendem encadear. Outrossim, nesta via administrativa, não há que se falar em gratuidade da justiça, posto que os expedientes são isentos de custas judiciais, de modo que a requisição pela concessão do benefício resta prejudicada. Por conseguinte, certo que a questão já se encontra exaustivamente analisada no âmbito administrativo, não havendo outras providências a serem adotadas por esta Corregedoria Permanente, determino o arquivamento dos autos. Ciência à Senhora Oficial e ao Ministério Público. P.I.C. - ADV: STEFANY PIERRE MOREIRA DAMACENO (OAB 422353/SP) (DJe de 18.03.2021 – SP)

RESTAURAÇÃO

Ementa: Sentença – Pedido de Providências – Pedido de restauração de registros na matrícula – Impossibilidade – Alegação de que o Oficial não realizou o cumprimento fiel da decisão judicial que decretou o cancelamento dos registros, uma vez que o provimento se referiu apenas à um dos dois prédios compreendidos na matrícula – Incompetência do Oficial para restauração de registros cancelados por ordem judicial – Necessidade de divisão da área em duas unidades distintas – Art. 176, §1º,I, da LRP – Improcedência

Processo 0033599-86.2021.8.26.0100

Pedido de Providências - Registro Civil das Pessoas Naturais - Débora Eduarda Rezende Sindona - Diante do exposto, JULGO IMPROCEDENTE o pedido de providências formulado por Débora Eduarda Rezende Sindona em face do Oficial do 8º Registro de Imóveis da Capital. Deste procedimento não decorrem custas, despesas processuais ou honorários advocatícios. Oportunamente, ao arquivo com as cautelas de praxe. P.R.I.C. - ADV: DÉBORA EDUARDA REZENDE SINDONA (OAB 211278/SP)

Íntegra da decisão:

SENTENÇA

Processo Digital nº: **0033599-86.2021.8.26.0100**

Classe - Assunto **Pedido de Providências - Registro Civil das Pessoas Naturais**

Requerente: **Débora Eduarda Rezende Sindona**

Requerido: **8º Oficial de Registro de Imóveis da Capital**

Juiz(a) de Direito: Dr(a). **Luciana Carone Nucci Eugênio Mahuad**

Vistos.

Trata-se de pedido de providências formulado por **Débora Eduarda Rezende Sindona** ante a negativa do **Oficial do 8º Registro de Imóveis da Capital** em proceder à restauração dos registros de n. 3 e 4 em relação a um dos dois prédios compreendidos na matrícula n. 77.079 daquela serventia.

A parte requerente aduz que o Oficial não realizou cumprimento fiel de decisão judicial que decretou o cancelamento dos registros de n. 3 e 4, uma vez que o provimento se referiu apenas ao prédio de numeração 218, pelo que devem ser restaurados os registros em relação ao prédio de n. 214. Documentos vieram às fls. 03/11.

O Oficial manifestou-se às fls. 14/15, sustentando que a fragmentação do cancelamento só seria possível mediante a divisão da área em duas unidades distintas, o que não ocorreu, sendo que não detém competência para restaurar registros cancelados por ordem judicial.

A parte autora manifestou-se novamente às fls. 22/23, reforçando que a sentença determinou o cancelamento parcial dos registros, ou seja, somente em relação ao imóvel de n. 218, de modo que o Oficial, por vontade própria, realizou o cancelamento integral. Sustentou, ainda, que, à época da averbação do determinado na sentença, o Registrador deixou de exigir a documentação relativa ao desdobro, a qual era imprescindível para cancelamento parcial dos registros.

O Ministério Público opinou pela improcedência (fls. 28/29).

É o relatório.

Fundamento e decido.

No mérito, o pedido é improcedente.

A parte requerente, como visto, pretende a restauração dos registros de n. 3 e 4 em relação ao prédio de numeração 214 abrangido pela matrícula 77.079, sob o fundamento de não cumprimento fiel de decisão judicial.

Entretanto, como bem salientado pelo Oficial, o formal de partilha, discriminado nos registros cancelados (R.3 e R.4/77.079 – fls. 06/07), faz alusão à totalidade da área matriculada e não somente a uma fração dela.

Vale ressaltar que a sentença em questão declarou a nulidade e toda a partilha e determinou o cancelamento integral dos registros R3 e R4 da matrícula n. 77.079 (fls. 03/04).

Assim, ainda que a decisão tenha feito referência apenas ao prédio de nº 218, com a ordem de cancelamento integral dos registros, os seus efeitos alcançaram diretamente a transferência da parte do imóvel relativa ao prédio de nº 214.

Observe-se que, no caso concreto, o que se tem é um único imóvel englobando dois prédios, de modo que a cisão pressupõe, necessariamente, o desdobro do terreno em duas unidades imobiliárias distintas, cada qual com matrícula própria, nos termos do artigo 176, §1º, inciso I, da LRP.

Tal providência, porém, não é de incumbência do Oficial, o qual atuou corretamente, dando cumprimento à decisão judicial, a qual determinou o cancelamento dos registros R3 e R4 sem ressalvas.

Não há, neste contexto, medida a ser tomada por este juízo.

Diante do exposto, **JULGO IMPROCEDENTE** o pedido de providências formulado por **Débora Eduarda Rezende Sindona** em face do **Oficial do 8º Registro de Imóveis da Capital.**

Deste procedimento não decorrem custas, despesas processuais ou honorários advocatícios.

Oportunamente, ao arquivo com as cautelas de praxe.

P.R.I.C.

São Paulo, 27 de setembro de 2021.

Luciana Carone Nucci Eugênio Mahuad

Juiz de Direito. (DJe de 29.09.2021 – SP)

Ementa: Sentença – Pedido de Providências – Constatação pelo Oficial de existência de emissão de certificado sem lastro, bem como de registro de nascença em duplicidade – Informação pelo Delegatário de que a primeira via de certidão exibida em nome da interessada se encontra em conformidade com os documentos emitidos, à época, pela Unidade – Manifestação pela restauração do registro de nascimento – Requerente que não pode ser prejudicada pelo equívoco cometido – Qualificação positiva pelo Registrador – Determinação da restauração do Assento de Nascimento – Prevalecimento do Assento lavrado em segundo lugar em razão deste refletir a realidade do Registrado e o qual sempre foi utilizado para o exercício da vida civil – Determinação ao Titular para proceder a regularização do banco de dados da ARPEN – Ausência de falha funcional – Ciência ao Titular – Procedência

Processo 1031160-85.2021.8.26.0100

Pedido de Providências - Restauração - R.T.S.I. - G.P.L.O. e outro - Juiz(a) de Direito: Dr(a). Marcelo Benacchio VISTOS, Cuida-se de pedido de providências formulado pelo Senhor Oficial do Registro Civil das Pessoas Naturais e Tabelião de Notas do 30º Subdistrito Ibirapuera, Capital, noticiando que, por ocasião de pedido de expedição de segunda via de certidão de nascimento, tomou conhecimento da existência de que houve a emissão de certificado sem lastro, em nome de G. P. L. O., bem como se realizou, na mesma época, registro de nascença em duplicidade, em nome de G. G. de O.. Os autos foram instruídos com os documentos de fls. 03/16. Requer, a interessada, a restauração de seu registro de nascimento (fls. 03). O Senhor Titular prestou esclarecimentos e juntou documentos (fls. 25/36 e 67/71). A Senhora Interessada habilitou-se nos autos e reiterou seu requerimento de restauração ou suprimento do registro, bem como juntou pertinente documentação (fls. 43/47, 61/62 e 79/134). O Ministério Público acompanhou o feito e ofertou parecer conclusivo em favor da lavratura do registro tardio de nascimento da Senhora G. P. L. O., bem como pelo cancelamento, excepcionalmente, do primeiro assento em nome de G. G. de O. (fls. 19/20, 39/40, 58 e 137). É o relatório. Decido. Trata-se de expediente instaurado a partir de comunicação encaminhada pelo Senhor Oficial do Registro Civil das Pessoas Naturais e Tabelião de Notas do 30º Subdistrito Ibirapuera, Capital, que noticia ter tomado conhecimento da existência de certidão sem lastro, debitada a sua unidade, em nome de G. P. L. O., bem como o registro de nascença em duplicidade, em nome de G. G. de O.. Esclareceu o Senhor Titular que recepcionou requerimento de certidão em inteiro teor do nascimento de G. P. L. O., ocasião em que lhe fora exibida a certidão original, emitida aos 08 de julho de 1991 (fls. 04). Contudo, ao dar buscas no livro de assentos, o referido registro não foi localizado no Livro A-200, fls. 32, termo nº 115.048. Referiu, no mesmo sentido, que não figura a interessa no índice do respectivo tomo. Noutro turno, sob o termo indicado, de nº 115.048, assenta-se o registro de nascimento em nome de G. G. de O., cujos dados, idênticos, também encontram-se inseridos no termo subsequente, de nº 115.049 (às fls. 33 do Livro A-200). O registrado, inclusive, figura por duas vezes no índice remissivo do mencionado Livro. Dessa forma, tudo indica que houve a expedição de certidão de nascimento em nome de G. P. L. O., sem que houvesse tais informações sido consignadas no tomo registrário. De outra banda, ocorreu o registro em duplicidade em nome de G. G. de O.. Destaque-se que o Senhor Delegatário apontou que a primeira via da certidão exibida em nome da interessada se encontra nos conformes dos documentos emitidos, à época, pela unidade, não havendo dúvidas quanto sua autenticidade. O Senhor Titular, bem como a Senhora Interessada, manifestaram-se pela restauração do registro de nascimento, a ser inserido sob o termo nº 115.048, às fls. 32 do Livro A-200, sobre as informações em duplicidade de G. G. de O., haja vista que este primeiro assento nunca fora utilizado pelo registrado, que fez uso, por toda sua vida civil, do segundo registro, de número 115.049, às fls. 33. Inclusive, sublinhe-se que o casamento do registrado resta anotado sobre este segundo registro. Especialmente, a Senhora Interessada ingressou nos autos para defender a possibilidade de se restaurar o registro a partir da certidão sem lastro, deduzindo que a hipótese é aceita por parte da doutrina, que se faz escassa sobre o tema em contenda. De outra parte, a i. Promotora de Justiça ofertou parecer conclusivo pela lavratura do registro tardio de nascimento da Senhora G. P. L. O., referindo não ser o caso de restauração ou suprimento de registro. Igualmente, opinou pelo cancelamento, excepcionalmente ao revés do princípio da anterioridade, do primeiro assento em nome de G. G. de O., uma vez que os dados são idênticos e o registrado utilizou-se deste segundo assento para todos os atos de sua vida civil, nunca tendo tido conhecimento da duplicidade ora em análise. Pois bem. No caso concreto dos autos, à luz de todas as informações compiladas, não restam dúvidas de que a registranda é quem alega ser. Ademais, os genitores confirmam o ocorrido e trazem vastos dados acerca da situação da nascença. Seu nascimento, pese embora regularmente declarado pelo pai perante a serventia, que expediu inclusive certidão, não foi inscrito no livro de assentos, sendo em seu lugar, lavrado em duplicidade, natividade correspondente a outro indivíduo. Desse modo, entendo que a interessada não pode ser prejudicada pelo equívoco cometido à época, razão pela qual compreendo que a restauração deve ser autorizada, nos moldes em que requerida, em especial na consideração de que há qualificação positiva pelo Registrador. Por conseguinte, à vista dos elementos probatórios coligidos nos autos, determino a restauração do assento de nascimento de G. P. L. O., sob as fls. 32, termo 115.048, do Livro A-200, à luz das informações contidas nos autos, bem como da certidão original expedida. Na mesma esteira, no que tange à duplicidade de assentos em nome de G. G. de O., pese embora a regra geral que demanda o cancelamento do assento lavrado em segundo lugar, em observância ao Princípio da Anterioridade dos Registros Públicos, é certo que no caso em exame, à luz de todo o narrado e da documentação acostada aos autos, deve prevalecer, como prevalecerá, o assento lavrado em segundo lugar, inserto no Livro A-200, fls. 33, termo nº 115.049, visto que este último é o que reflete a realidade do

Senhor Registrado e o qual sempre fora utilizado para o exercício de sua vida civil. Contudo, desnecessário determinar seja cancelado o assento inscrito em duplicidade, posto que as informações lá presentes serão restauradas ao seu original, pertencente à G. P. L. O.. Ainda, em consulta à Central do Registro Civil, conforme extrato juntado pela Serventia Judicial às fls. 63, verifico a existência de dados referentes aos dois registros de nascimento em nome de G. G. de O., correspondentes aos dois assentos. Assim, proceda o Senhor Titular à devida regularização do banco de dados da ARPEN, atentando-se e orientando os prepostos que, em caso assemelhado, a duplicidade deveria de pronto ter sido notada e informada ao Delegatário, quando da inserção das informações no banco de dados compartilhado (destaque-se que os registros duplos são subsequentes, situação que facilita a observância do erro pelo responsável pela inserção de dados no sistema informatizado da ARPEN). Outrossim, a despeito da dupla inserção de dados não notada, não verifico a ocorrência de falha na prestação do serviço extrajudicial ou ilícito funcional, em especial na consideração de que os fatos relativos aos nascimentos remontam a período que em muito antecedeu a investidura do Senhor Titular à frente da unidade. Ao Senhor Registrador para as providências necessárias quanto à regularização dos assentos, comprovando-se nos autos o cumprimento da decisão, inclusive pela juntada da certidão atualizada e cópia do assento em nome de G. P. L. O.; após certificado o trânsito em julgado. Ciência ao Senhor Titular, que deverá cientificar a Senhora Interessada, bem como o Sr. G. G. de O. acerca do cancelamento. Ciência ao Ministério Público. P.I.C. - ADV: PAULO SERGIO RODRIGUES (OAB 281545/SP) (DJe de 17.08.2021 – SP)

RETIFICAÇÃO

Ementa: Sentença – Pedido de Providências – Pedido de retificação para fazer constar na matrícula que o imóvel foi adquirido com recursos exclusivos e privativos da virago, sem comunicação ao patrimônio do cônjuge – Negativa em razão do vício alegado estar presente no título e não no registro – Registro que foi realizado em conformidade com o título apresentado – Pretensão que resultaria em alteração da titularidade do imóvel – Vício intrínseco – Matéria reservada à esfera jurisdicional – Incompetência do juízo administrativo para análise de questões de direito material que envolvam o negócio jurídico – Inexistência de nulidade de registro – Improcedência

Processo 1004881-46.2018.8.26.0010

Pedido de Providências - Propriedade - Maria de Sousa Brito Campelo – Alexandre Campelo de Souza - Diante do exposto, JULGO IMPROCEDENTE o pedido de providências formulado por Maria de Sousa Brito Campelo e Alexandre Campelo de Souza. Deste procedimento não decorrem custas, despesas processuais ou honorários advocatícios. Oportunamente, ao arquivo com as cautelas de praxe. P.R.I.C. - ADV: ADRIANA DE OLIVEIRA CARVALHO (OAB 366277/SP), LEOPOLDO ELIZIARIO DOMINGUES (OAB 87112/SP)

Íntegra da decisão:

SENTENÇA

Processo Digital nº: **1004881-46.2018.8.26.0010**

Classe - Assunto **Pedido de Providências - Propriedade**

Requerente: **Maria de Sousa Brito Campelo e outro**

Requerido: **6º Oficial de Registro de Imóveis da Capital**

Juiz(a) de Direito: Dr(a). **Luciana Carone Nucci Eugênio Mahuad**

Vistos.

Trata-se de ação de retificação de registro imobiliário movida por **Maria de Sousa Brito Campelo e Alexandre Campelo de Souza**, recebida como pedido de providências, para fazer constar na matrícula nº 180.517, do 6º CRI desta Capital, que referido imóvel foi adquirido com recursos exclusivos e privativos da virago, sem comunicação ao patrimônio do cônjuge, que também integra o polo ativo, anuindo ao pedido.

Inicialmente distribuída para a 3ª Vara Cível do Foro Regional X - Ipiranga, foi reconhecida a incompetência daquele juízo por decisão confirmada em segundo grau, pelo que a ação foi redistribuída para este juízo (fls. 126, 213 e 228/233).

O Oficial do 6º Registro de Imóveis da Capital se manifestou às fls. 242/246, sustentando a impossibilidade da retificação pretendida, uma vez que o vício alegado está no título e não no registro, podendo, eventualmente, ser incluída a informação por meio de averbação de sub-rogação, a ser veiculada na via própria.

O Ministério Público, por sua vez, opinou pelo indeferimento do pedido (fls. 249/251).

É o relatório.

Fundamento e decido.

No mérito, o pedido é improcedente. Vejamos os motivos.

Como bem salientado pelo Oficial, o registro n. 2 da matrícula n. 180.517, realizado em 20 de abril de 2009 (fls. 80/81), espelha fielmente o instrumento particular com força de escritura pública então apresentado (fls. 52/70), no qual consta como compradores ALEXANDRE CAMPELO DE SOUZA, no estado civil de divorciado, e MARIA DE SOUSA BRITO, que se apresentou solteira, sem qualquer ressalva de que o imóvel foi adquirido com recursos exclusivos da compradora, ora reclamante.

Ademais, importante destacar que o negócio foi firmado anteriormente ao casamento dos autores, que ocorreu em 13 de novembro de 2010 (fls. 34/35), estabelecendo-se verdadeiro condomínio, independentemente do regime de bens que posteriormente escolheram ao se casarem.

Logo, a alteração pretendida resultaria em alteração da titularidade do imóvel, o que não se pode admitir como simples retificação, já que os elementos trazidos com a inicial demonstram que o suposto vício é intrínseco ao título.

Pelo princípio da legitimação (eficácia do registro), os vícios reconhecíveis pela via administrativa são apenas aqueles comprováveis de pleno direito que resultem de erros evidentes extrínsecos ao título, sem necessidade de exames de outros documentos ou fatos (artigos 214, *caput*, e 252 da Lei n. 6.015/73).

No que tange à retificação, ademais, de acordo com a Lei n. 13.484/2017, que regulamentou o artigo 110 da Lei de Registros Públicos:

> *"O oficial retificará o registro, a averbação ou a anotação, de ofício ou a requerimento do interessado, mediante petição assinada pelo interessado, representante legal ou procurador, independentemente de prévia autorização judicial ou manifestação do Ministério Público nos casos de:*
>
> *I - erros que não exijam qualquer indagação para a constatação imediata de necessidade de sua correção;*
>
> *II – erro na transposição dos elementos constantes em ordens e mandados judiciais, termos ou requerimento, bem como outros titulos a serem registrados, averbados ou anotados, e o documento utilizado para a referida averbação e/ou retificação dicará arquivado no registro no cartório;*
>
> *III – inexatidão da ordem cronológica e sucessiva referente à numeração do livro,da folha, da página, do termo, bem como da data do registro;*
>
> *IV - ausência de indicação do Município relativo ao nascimento ou naturalidade do registrado, nas hipóteses em que existir descrição precisa do endereço do local do nascimento;*
>
> *V – elevação de Distrito a Município ou alteração de suas nomenclaturas por força de lei".*

Nenhuma destas hipóteses se enquadra ao caso, pois estamos diante de vício intrínseco (do título), que deve ser reconhecido em processo cível, sendo o cancelamento do registro ou eventual averbação mera consequência, conforme determina o artigo 216 da referida lei.

Nesse mesmo sentido é a jurisprudência transcrita na inicial, que ressalta a necessidade de perfeita correspondência entre o registro e o título que o originou, que não pode ser corrigido se o erro identificado estiver no título causal.

Em outras palavras, o ato registral que se pretende modificar está formalmente perfeito pois adstrito ao título de origem. Assim, não comporta qualquer alteração.

Não é demais lembrar que este juízo possui competência administrativa e disciplinar e não pode analisar questões de direito material que envolvam o negócio jurídico, consoante reiterada jurisprudência da E. Corregedoria Geral de Justiça:

> *"NULIDADE DO REGISTRO. Artigo 214 da Lei de Registros Públicos. Nulidade do Registro (modo) e não do título. Somente é cabível na via administrativa o conhecimento de vício atinente à nulidade direta do registro e não do título (vício intrínseco). Nulidade do título somente é passível de conhecimento na via jurisdicional - Recurso não provido"* **(CGJ proc. n. 1050759-49.2017.8.26.0100, DJ 13.03.2018).**
>
> *"REGISTRO DE IMÓVEIS - registro de alienação fiduciária – eventuais vícios do título que só podem prejudicar o registro, por via oblíqua, mediante atuação da jurisdição - via administrativa inapropriada - art. 214, da Lei nº 6.015/73, inaplicável - Recurso desprovido"* **(CGJ proc. n. 0006400-50.2013.8.26.0236, DJ 11/10/16).**
>
> *"REGISTRO DE IMÓVEIS. Pedido de Providências que visa cancelar ou retificar o registro Inexistência de nulidade formal e extrínseca, relacionada exclusivamente ao registro - Inaplicabilidade do artigo 214 da Lei de Registros Públicos - Vício exclusivo do título, de natureza intrínseca. Hipótese que se enquadra no artigo 216 da Lei de Registros Públicos Recurso não provido"* **(CGJ parecer n. 2015/76433, DJ 07/07/15).**

Assim, também não é cabível nesta via a averbação alternativa proposta pelo Oficial. Inexistente qualquer nulidade de registro (que não se confunde com eventual nulidade do título), não há que se falar em averbação para retificação ou complementação do ato registral, o qual foi elaborado pelo Oficial com fidelidade ao título apresentado.

Diante do exposto, **JULGO IMPROCEDENTE** o pedido de providências formulado por **Maria de Sousa Brito Campelo e Alexandre Campelo de Souza**.

Deste procedimento não decorrem custas, despesas processuais ou honorários advocatícios.

Oportunamente, ao arquivo com as cautelas de praxe.

P.R.I.C.

São Paulo, 22 de julho de 2021.

Luciana Carone Nucci Eugênio Mahuad

Juiz de Direito (DJe de 26.07.2021 – SP)

TRANSCRIÇÃO

Ementa: Sentença – Pedido de Providências – Pedido de retificação da Transcrição da Certidão de Casamento para constar como regime de bens o da comunhão parcial – Casamento realizado no exterior – Necessidade de apresentação de documentação comprobatória – Item 164 3, do Capítulo XVII, das NSCGJ – Ausência de menção ao regime de bens adotado – Inexistência de erro na referida transcrição – Impossibilidade da inclusão do regime de bens via esfera administrativa – Art 1 640 do CC – Matéria reservada à esfera jurisdicional – Art 1 639, §2º, do CC – Indeferimento do pedido – Ciência à Oficial Registradora – Improcedência

Processo 1118835-23.2020.8.26.0100

Pedido de Providências - Registro Civil das Pessoas Naturais - L.C.R. – C.R.F. - Juiz(a) de Direito: Dr(a). Marcelo Benacchio VISTOS, Trata-se de pedido de providências formulado por L. C. R. e C. R. F., que objetivam a retificação da transcrição de sua certidão de casamento, para que dela passe a constar como regime de bens o da "comunhão parcial". O pedido foi instruído com a documentação de fls. 11/22 e 30/33. A Senhora Oficial do Registro Civil das Pessoas Naturais e de Interdições e Tutelas do 1º Subdistrito Sé, Capital, manifestou-se (fls. 35). O Ministério Público acompanhou o feito e apresentou parecer conclusivo opinando pelo indeferimento do pedido nesta via administrativa, às fls. 38/41 e 51. É o relatório. DECIDO. Cuida-se de expediente formulado por L. C. R. e C. R. F., que objetivam a retificação da transcrição de sua certidão de casamento, para que dela passe a constar como regime de bens o da "comunhão parcial". Consta dos autos que os interessados casaram-se em Londres, Reino Unido, em 1º de outubro de 1988, tendo sido a transcrição da certidão de seu casamento lavrada pela Oficial de Registro Civil das Pessoas Naturais e de Interdições e Tutelas do Primeiro Subdistrito Sé, da Capital, aos 12 de junho de 1995. No entanto, ante ausência de indicação na transcrição acerca do regime de bens adotado, pretendem os interessados a retificação, para que passe a constar o regime da comunhão parcial de bens. Pois bem. As Normas de Serviço da Corregedoria Geral da Justiça indicam que a averbação do regime de bens pode ser realizada posteriormente ao casamento, mediante a apresentação de documentação comprobatória (Cap. XVII, item 164.3). No entanto, frise-se, por relevante, que o casamento celebrado no Reino Unido não faz menção ao regime de bens adotado pelo casal, conforme a transcrição de fls. 19/21, inexistindo, ainda, cabal informação do Consulado-Geral do Brasil em Londres que solucione a questão (fls. 19). Pelo contrário, há informação do Consulado, disponibilizada on-line, no sentido de que "as questões financeiras e patrimoniais serão definidas judicialmente por ocasião do divórcio ou da sucessão por morte." No mesmo sentido, em caso de divórcio, refere o Consulado que o "regime de bens será definido com base em eventuais acordos pré ou pós-nupciais e em normas específicas do local em que o casamento foi realizado: Inglaterra e País de Gales, Escócia ou Irlanda do Norte" (fls. 18, conferida em http://cglondres.itamaraty.gov.br/pt-br/casamento.xml). Com efeito, não há que se falar em erro na transcrição, a qual apenas reproduz fiel e integralmente o registro de casamento estrangeiro. Na mesma seara, a interpretação do artigo 1.640 do Código Civil não é a de permitir livremente a inclusão de regime de bens em momento posterior ao casamento, nesta via registrária, administrativa. Se o caso, eventual alteração deve se dar na via judicial, nos termos do artigo 1.639, §2º. Contudo, destaque-se que o casal, além de ter contraído matrimônio em país estrangeiro, também não fixou residência em território nacional, aplicando no caso em tela os ditames da Lei de Introdução às Normas de Direito Brasileiro, conforme bem apontado pela i. Promotora de Justiça (fls. 39). Nessa ordem de ideias, indefiro, nesta via administrativa, a retificação pretendida por L. C. R. e C. R. F., posto que não presentes os elementos mínimos a permitir a alteração, nos termos do item 164.3, Cap. XVII, das NSCGJ. Ciência à ilustre Oficial Registradora e ao Ministério Público. Oportunamente, arquivem-se os autos. P.I.C. - ADV: NOIRMA MURAD (OAB 134482/SP) (DJe de 22.04.2021 – SP)

Ementa: Sentença – Pedido de Providências – Pedido de transcrição de Certidão de Casamento Estrangeiro – Negativa em razão do cônjuge virago ter contraído segundas núpcias no país sem ter ocorrido o divórcio em relação ao casamento realizado no exterior – Inexistência de impedimento para o primeiro matrimônio realizado no exterior – Acolhimento da impugnação interposta pelo Requerente – Determinação para que se proceda à transcrição do casamento estrangeiro se preenchidos os demais requisitos autorizadores – Impedimento absoluto que recai sobre o casamento subsequente da cônjuge varoa – Encaminhamento da cópia integral do feito à CIPP – Art 40, do CPP – Ciência à Oficial – Arquivamento do feito

Processo 1072583-25.2021.8.26.0100

Pedido de Providências - Registro Civil das Pessoas Naturais - R.I.T.S.S. - E.G.G. e outro - Juiz(a) de Direito: Dr(a). Marcelo Benacchio VISTOS, Trata-se de pedido de providências formulado pela Senhora Oficial do Registro Civil das Pessoas Naturais e de Interdições e Tutelas do Primeiro Subdistrito - Sé, Capital, do interesse de E. G. G., que impugnou o óbice imposto pela Registradora a pedido de transcrição de certidão de casamento estrangeiro. O procedimento foi instruído pelos documentos das fls. 05/66. O Senhor Interessado habilitou-se nos autos (fls. 68 e 71) e manifestou-se às fls. 76/83 e 98/101, pugnando pelo levantamento do óbice imposto pela Titular. Sobreveio informação pela Promotoria de Justiça de Família do Estado do Rio de Janeiro (fls. 96/97), noticiando que não houve providências quanto à duplicidade de casamento da cônjuge varoa, conforme relatado no bojo dos autos CP 1069823-40.2020.8.26.0100. O Ministério Público acompanhou o feito e ofertou manifestação final às fls. 104. É o breve relatório. DECIDO. Cuida-se de expediente formulado pela Senhora Oficial do Registro Civil das Pessoas Naturais e de Interdições e Tutelas do Primeiro Subdistrito - Sé, Capital, do interesse de E. G. G., que impugnou o óbice imposto pela Registradora a pedido de transcrição de certidão de casamento estrangeiro. Consta dos autos que foi realizado, aos 26 de setembro de 2014, o casamento de E. G. G. e M. C., perante a competente autoridade no Estado da Florida, Estados Unidos da América. Posteriormente, junto ao Registro Civil das Pessoas Naturais do 12º Subdistrito da Comarca do Rio de Janeiro/RJ, aos 22 de dezembro de 2017, a Senhora M. C. contraiu novas núpcias, desta feita com A. A.. Conforme se observa dos autos, não houve divórcio em relação ao casamento ocorrido nos Estados Unidos da América, de modo que a cônjuge varoa contraiu as segundas núpcias com A. A. em afronta a impedimento absoluto, nos termos do art. 1.521, VI, do Código Civil. Bem por isso, na consideração de que a consorte casou-se no Brasil quando ainda ostentava o estado civil de casada, o que constitui impedimento absoluto, entende a Senhora Titular que não pode promover a transcrição do casamento estrangeiro requerido pelo interessado, razão que a levou a emitir nota devolutiva e obstar o pedido. Pois bem. O impedimento que se verifica nos autos recai sobre o matrimônio subsequente da cônjuge varoa, datado de 2017 e contraído no Brasil, em nada afetando o casamento pretérito, de 2014, em relação ao qual se pretende a transcrição. Vale dizer que não havia impedimento para o primeiro enlace realizado no EUA em 2014, o qual, portanto, é regular, de modo que não há que se falar em óbice a sua transcrição. Adicionalmente, a ação irregular da consorte, na segunda comunhão, não pode prejudicar o direito do cônjuge varão em ver seu casamento ser transcrito e ter efeitos reconhecidos em território nacional. Nesse sentido, se preenchidos os demais requisitos impostos pela Lei e pelas Normas de Serviço da E. Corregedoria Geral da Justiça (apresentação da competente documentação), a transcrição merece ser efetuada. Isto posto e por tudo mais que consta nos autos, acolho a impugnação interposta pelo interessado e determino que a Senhora Titular proceda à transcrição do casamento estrangeiro, desde que preenchidos os demais requisitos autorizadores do ato (apresentação, à Registradora, de toda a documentação pertinente). Acaso não tenham sido apresentados todos os documentos pertinentes, a situação deverá ser regularizada pela parte, perante o Registro Civil, não demandando, para tanto, intervenção desta Corregedoria Permanente. Outrossim, na consideração do impedimento absoluto que pende sobre o casamento posterior da cônjuge varoa, bem como a manifestação pela d. Promotoria de Justiça do Estado do Rio de Janeiro, que declinou de sua competência, encaminhe-se cópia integral dos autos, servindo a presente sentença como ofício, à d. Promotoria de Justiça Cível do Foro competente (conforme deduzido às fls 98/99), para ciência e providências que entenderem pertinentes em relação ao casamento de M. C. e A. A.. Igualmente, haja vista que a cônjuge casou-se quando ostentava o estado civil de casada em relação às núpcias E. G. G. celebrada no exterior, encaminhe-se cópia integral dos autos, servindo a presente sentença como ofício, à Central de Inquéritos Policiais e Processos CIPP, nos termos do artigo 40 do Código de Processo Penal, para as considerações que o caso eventualmente possa merecer desde o exame da questão pela Autoridade Competente. Ciência à Senhora Oficial e ao Ministério Público. Oportunamente, arquivem-se os autos, com as cautelas de praxe. P.I.C. - ADV: MARCO ANTONIO LEAL BASQUES (OAB 224264/SP) (DJe de 05.10.2021 – SP)

Ementa: Sentença – Pedido de Providências – Pedido de averbação de divórcio em transcrição de casamento estrangeiro – Impossibilidade

– Ausência de preenchimento dos requisitos impostos pelo CNJ e pelas NSCGJ – Sentença de divórcio que trata da existência de filha menor – Item 13662, do Capítulo XVII, das NSCGJ – Acolhimento do óbice – Indeferimento do pedido – Ciência à Oficial – Improcedência

Processo 1076641-71.2021.8.26.0100

Pedido de Providências - Registro Civil das Pessoas Naturais - R.S.S. - C.M.L.N.E. e outro - Juiz(a) de Direito: Dr(a). Marcelo Benacchio VISTOS, Trata-se de pedido de providências formulado pela Senhora Oficial do Registro Civil das Pessoas Naturais e de Interdições e Tutelas do Primeiro Subdistrito - Sé, Capital, do interesse de C. M. L. N. E., que impugnou o óbice aposto pela Registradora ao requerimento de averbação de divórcio em transcrição de casamento estrangeiro. Os autos foram instruídos com a documentação de fls. 05/46. A Senhora Requerente habilitou-se nos autos e apresentou os motivos de sua irresignação (fls. 53/65). O Ministério Público acompanhou o feito e ofertou parecer, opinando pela manutenção do óbice imposto pela Senhora Oficial (fls. 71). É o relatório. Decido. Cuida-se de impugnação ao óbice imposto pela Senhora Oficial do Registro Civil das Pessoas Naturais e de Interdições e Tutelas do Primeiro Subdistrito – Sé, Capital, ao requerimento de averbação de divórcio em transcrição de casamento estrangeiro. Verifica-se dos autos que os requisitos impostos pelo Provimento CNJ 53/2016 e pelas Normas de Serviço da E. Corregedoria Geral da Justiça, conforme bem apontado pela Senhora Registradora em sua nota devolutiva, não foram preenchidos, a despeito do que argumenta a Senhora Requerente, uma vez que a sentença de divórcio trata da existência de filha menor, inclusive referindo sobre os cuidados com seu bem-estar e desenvolvimento, a cargo dos pais. Dessa forma, a impugnação ao óbice imposto pela Senhora Titular não merece acolhida. As NSCGJ são claras ao consignar que para a averbação de divórcio em transcrição de certidão de casamento, não deve haver disposições sobre os filhos menores, conforme item 136.6.2, do Cap. XVII. O texto da decisão estrangeira, a despeito do que alega a parte requerente, é expresso ao fazer deliberações acerca da menor: "5. O Tribunal declarou por despacho que estava convencido de que a única filha do casamento que não atingiu a idade de 18 anos é a filha especificada no despacho e que foram tomadas medidas prévias em todas as circunstâncias para o cuidado, bem-estar e desenvolvimento da filha." (fls. 37). Isto posto e por tudo mais que consta nos autos, nos termos do parecer do Ministério Público, acolho o óbice imposto pela Senhora Oficial e indefiro o pedido de averbação de divórcio em transcrição de casamento, haja vista que não preenchidos os requisitos autorizadores do ato. Ciência à Senhora Oficial, que deverá cientificar a parte interessada, e ao Ministério Público. Oportunamente, arquivem-se os autos, com as cautelas de praxe. P.I.C. - ADV: NÉLY CRISTINA LEITE NUNES DI BISCEGLIE (OAB 281375/SP) (DJe de 25.08.2021 – SP)

Ementa: Sentença – Pedido de Providências – Pedido de Transcrição de Casamento Estrangeiro – Impossibilidade – Óbice registrário em razão da existência de divergências no nome da contraente, bem como da ausência de registros dos casamentos anteriores e consequente anotação em seu assento de nascimento – Inércia da Requerente referente a tomada de providências quanto à regularização de seus registros anteriores – Indeferimento do pedido – Manutenção do óbice – Ciência à Oficial – Improcedência

Processo 1002848-02.2021.8.26.0100

Pedido de Providências - Registro Civil das Pessoas Naturais - R.C.P.N.I.T.S.S. - C.M.F. e outro - VISTOS, Trata-se de pedido de providências encaminhado pela Senhora Oficial do Registro Civil das Pessoas Naturais e de Interdições e Tutelas do Primeiro Subdistrito Sé, Capital, suscitando dúvida acerca de pedido de transcrição de casamento estrangeiro. Os autos foram instruídos com os documentos de fls. 03/112. Deferido prazo para a regularização da situação registrária, a Senhora Requerente quedou-se inerte, limitando-se a reformular o seu pedido inicial (fls. 130/133). A representante do Ministério Público acompanhou o feito e opinou, ao final, pela manutenção do óbice imposto (fls. 136). É o relatório. Decido. 1. Fls. 130/133: defiro o ingresso nos autos, conforme procuração às fls. 23/26. Anote-se, inclusive publicando a presente sentença em nome do Senhor Advogado. 2. Cuida-se de expediente formulado Senhora Oficial do Registro Civil das Pessoas Naturais e de Interdições e Tutelas do Primeiro Subdistrito Sé, Capital, em razão de impugnação, pela Requerente, ao óbice imposto à pedido de transcrição de casamento estrangeiro. Consta dos autos que a Senhora Requerente, nome de solteira M. C. G. M., casou-se por três vezes nos Estados Unidos da América. Suas primeiras núpcias ocorreram aos 26.02.1972, com R. P. Na certidão definitiva de divórcio, daquele mesmo país, datada de 20.01.1982, o nome da requerente consta como M. C. P. (fls. 43/62). A seguir, a Senhora Requerente, então nomeada como M. P., casou-se, em segundas núpcias, com B. H., aos 02.05.1982, passando a se chamar M. C. H.. O segundo divórcio ocorreu aos 22.04.1986 (fls. 63/82).

Por fim, aos 25.04.1993 sobreveio o terceiro matrimônio, pelo qual a Senhora Interessada, nomeada então C. M. em razão de naturalização datada de 12.05.1989, casou-se com L. V. F., acrescentando o patronímico F. ao seu nome, passando a se chamar C. M. F. (fls. 83/94). A Senhora Oficial obstou o pedido de transcrição pelas divergências no nome da contraente, bem como à falta de registro dos casamentos anteriores e consequente anotação em seu assento de nascimento. Dessa maneira, considerando-se que as pendências registrárias requerem solução anteriormente à transcrição do terceiro matrimônio; sendo certo que, em especial, deve a interessada proceder à retificação de seu nome, que aparentemente foi alterado quando da naturalização, conferiu-se prazo para as providências cabíveis, a cargo da própria parte requerente. Contudo, a Senhora Requerente quedou-se inerte, limitando-se a solicitar a transcrição e averbação de todos os seus casamentos e divórcios anteriores, nada declarando a respeito da divergência de nomes. Pois bem. Destaco, primeiramente, que a questão registrária posta em controvérsia diz respeito à divergência dos nomes, à alteração do nome civil e à falta de transcrição de atos anteriores, a ensejarem a quebra da cadeia registrária, e não à identificação da Senhora Requerente, uma vez que não restam dúvidas, ante a todos os documentos juntados, quanto a sua identidade. Destaco que o princípio da imutabilidade do nome (que comporta exceções) visa a proteção dos registros públicos, a garantia da segurança jurídica e a estabilidade dos atos da vida civil, haja vista que sua alteração, sem os rigores da lei, afeta não somente o indivíduo, mas também o Estado e toda a sociedade, refletindo efeitos inclusive sobre terceiros (cf. Loureiro, Luiz Guilherme. Registros Públicos: teoria e prática - 8. ed. rev., atual e ampl. Salvador: Editora Juspodivm, 2017). É por isso que a inércia da parte requerente em providenciar o cumprimento da determinação deste Juízo, quanto à regularização de seus registros anteriores, inviabiliza o deferimento do pleito. Bem assim, ante ao exposto, à vista dos fatos narrados e por tudo o mais que consta nos autos, ressaltando-se os apontamentos feitos pela representante do Ministério Público e não acolho a impugnação lançada pela Senhora Requerente e mantenho o óbice registrário imposto pela nobre Registradora, dado seu caráter infringente à continuidade e encadeamento dos registros públicos. Destaco que a retificação do nome, a obstar a transcrição do terceiro casamento, deve ser buscada na via judicial competente. Ciência à Senhora Oficial, que deverá cientificar, por e-mail, o patrono da Senhora Interessada (pese embora a determinação de publicação desta r. Sentença) e ao Ministério Público, arquivando-se oportunamente. P.I.C. - ADV: PAULO SALLARES DE MATTOS CARVALHO (OAB 409349/ SP) (DJe de 20.04.2021 – SP)

Ementa: Sentença – Pedido de Providências – Pedido de averbação de divórcio em transcrição de casamento estrangeiro – Negativa pela existência de divergência entre o nome da cônjuge quando casada e sua qualificação nos papéis de divórcio – Oficial que compreende que a "Ordem de Dissolução de Casamento" não equivale a uma sentença – Averbação que não pode ser obstada por diferença de lei estrangeira e brasileira acerca dos procedimentos de família e de alteração de nome em virtude de casamento – Documentação que demonstra a identidade dos interessados – Partes devidamente identificadas – Deferimento do pedido – Inexistência de ilícito funcional por parte da Titular – Arquivamento do feito – Ciência à Delegatária

Processo 1041931-25.2021.8.26.0100

Pedido de Providências - Registro Civil das Pessoas Naturais - R.C.P.N.I.T.S.S. - S.A.R. e outro - Juiz(a) de Direito: Dr(a). Marcelo Benacchio VISTOS, Trata-se de pedido de providências formulado pela Senhora Oficial do Registro Civil das Pessoas Naturais e de Interdições e Tutelas do Primeiro Subdistrito - Sé, Capital, do interesse de S. A. R., que impugnou o óbice aposto pela Registradora ao requerimento de averbação de divórcio em transcrição de casamento estrangeiro. Os autos foram instruídos com a documentação de fls. 05/38. A Senhora Interessada habilitou-se nos autos e juntou pertinente documentação (fls. 59/67 e 79/93), inclusive acostando tradução juramentada de legislação estrangeira alegada em seu favor (fls. 82/84). O Ministério Público acompanhou o feito e ofertou parecer final pelo acolhimento do pedido inicial deduzido pela parte interessada (fls. 96). É o relatório. Decido. Cuida-se de impugnação ao óbice imposto pela Senhora Oficial do Registro Civil das Pessoas Naturais e de Interdições e Tutelas do Primeiro Subdistrito - Sé, Capital, ao requerimento de averbação de divórcio em transcrição de casamento estrangeiro. Consta dos autos que S. A. R. e A. C. E. casaram-se em 02.12.2012 em Auckland, Nova Zelândia (transcrição do casamento às fls. 27). Posteriormente, aos 24.09.2018, o casal se divorciou, também na Nova Zelândia (fls. 17/21, tradução juramentada da Ordem de Dissolução de Casamento). A Senhora Titular obstou o pedido por entender que os requisitos autorizadores da averbação direta, impostos pelo Provimento CNJ 53/2016 e pelas Normas de Serviço da E. Corregedoria Geral da Justiça, não foram preenchidos, uma vez que não foi apresentada cópia integral da sentença estrangeira de divórcio, seu trânsito em julgado ou instrumento similar. Nesse sentido, compreende que a "Ordem de Dissolução de Casamento" não equivaleria a uma sentença. Ademais, refere a d. Oficial que há divergência entre o nome da cônjuge quando casada e sua qualificação nos papéis do divórcio. Os Senhores Interessados manifestaram-se deduzindo que a suposta divergência de nomes na realidade se refere ao acréscimo da localidade de residência dos divorciandos (as suas qualificações) quando deram entrada no pedido junto à Corte de Justiça. Adicionalmente, referiram que não há sentença estrangeira a ser apresentada, tampouco trânsito em julgado, posto que o divórcio consensual, tal qual levado a efeito pelas partes, é realizado por meio de simples ato em Cartório de Registro Civil. Por fim, a parte requerente juntou aos autos tradução juramentada da legislação estrangeira pertinente, comprovando o procedimento de divórcio consensual naquele país. À luz da documentação carreada aos autos, constato que, de fato, as explicações apresentadas pela parte autora restam bem fundamentadas, inclusive com a comprovação da legislação alegada em seu favor, sendo certo que a averbação não pode ser obstada em razão da diferença da lei neozelandesa e brasileira acerca dos procedimentos de Família e da alteração de nome em razão de casamento. Com efeito, a tradução juramentada da legislação estrangeira aponta que "(1) Uma sentença (order, no original) de dissolução de casamento ou união estável, - (a) se feita pela Vara de Família em processos indefensáveis, terá efeito como uma sentença final após feita." (fls. 83). Na mesma senda, a divergência dos nomes, que se trata de um equívoco, interpretação ou estilo do tradutor, resta aclarado pelos papéis no idioma original, não havendo dúvida quanto à identidade dos interessados. Posto isso, e por tudo o mais que consta dos autos, ressaltando-se a concordância pelo Representante do Ministério Público, entendo que as partes encontram-se devidamente identificadas, sendo certo que a questão acerca dos patronímicos foi bem esclarecida, bem como restou devidamente comprovada a definitude do ato de divórcio, de modo de que acolho a impugnação ofertada pela Senhora S. A. R. e autorizo a averbação da "Ordem de Dissolução de Casamento" à margem da transcrição do casamento estrangeiro. No mais, certo que a Senhora Titular atuou dentro dos limites de sua atividade profissional, manifestando pertinente negativa, à vista de seu entendimento inicial da questão, não verifico falha na prestação do serviço ou ilícito funcional. Outrossim, à míngua de outras medidas administrativas a serem adotadas, determino o arquivamento do feito. Ciência à Senhora Delegatária e ao Ministério Público. P.I.C. - ADV: ARIOVALDO CEZÁRIO JÚNIOR (OAB 397628/SP) (DJe de 15.10.2021 – SP)

Ementa: Sentença - Pedido de Providências - Pedido de averbação de divórcio estrangeiro em transcrição de casamento - Impossibilidade - Ausência de preenchimento dos requisitos impostos pelas NSCGJ e pelo CNJ - Necessidade da apresentação da cópia integral da decisão que decretou o fim do matrimônio, bem como da certidão e trânsito em julgado ou instituto similar - Item 1363, do Capítulo XVII, das NSCGJ - Apresentação de mandado judicial para retificação de nome - Inexistência de retificação a ser efetuada - Cumprimento prejudicado do referido mandado - Indeferimento do pedido - Arquivamento do feito - Ciência à Oficial - Improcedência

Processo 1106026-98.2020.8.26.0100

Pedido de Providências - Irregularidade no atendimento - I.P.S. - Juiz(a) de Direito: Dr(a). Marcelo Benacchio VISTOS, Cuida-se de representação formulada por I. P. S., em face da Senhora Oficial do Registro Civil das Pessoas Naturais e de Interdições e Tutelas do Primeiro Subdistrito Sé, Capital, diante da recusa à averbação de divórcio estrangeiro, ocorrido nos Estados Unidos da América, em transcrição de casamento registrada na serventia extrajudicial em comento. A Senhora Oficial prestou esclarecimentos, noticiando que a recusa à averbação se deu porque não preenchidos os requisitos impostos pelo Provimento 53/2016 do CNJ e itens 136.2 e 136.3 das NSCGJ (fls. 64/133, 149, 225/235 e 239/240). A Senhora Representante tornou aos autos para reiterar os termos de seu protesto inicial (fls. 136/139 e 241/242). O Ministério Público acompanhou o feito e ofereceu manifestação conclusiva opinando pela manutenção do óbice até eventual solução das pendências pela parte interessada (fls. 29/30, 45, 59 e 245/246). É o relatório. DECIDO. Trata-se de expediente formulado pela Senhora I. P. S., por sua representante legal, em face da Senhora Oficial do Registro Civil das Pessoas Naturais e de Interdições e Tutelas do Primeiro Subdistrito Sé, Capital, diante da recusa à averbação de divórcio estrangeiro, ocorrido nos Estados Unidos da América, em transcrição de casamento registrada na serventia extrajudicial. Consta dos autos que I. P. S. casou-se com K. W. E., na Flórida, EUA, em 06 de maio de 2007. Posteriormente, em 29 de maio de 2018, divorciaram-se, também nos EUA. Após obter a transcrição do casamento, requereu a averbação do divórcio. A Senhora Registradora emitiu notas devolutivas, referindo que não foram atendidos os requisitos constantes nas NSCGJ, de modo que não foi apresentada a cópia integral da decisão que decretou o fim do casamento somente foi apresentado um acordo de dissolução do matrimônio e tampouco foi apresentada certidão de trânsito em julgado ou instituto similar, que permita o entendimento de que a situação é definitiva. Em suma, pela Senhora Titular foram emitidas três notas devolutivas, em três ocasiões, noticiando a necessidade de cumprimento dos requisitos do Provimento 53/2016 do CNJ, aos 03.08.2018 (fls. 35); 16.08.2019 (fls. 102) e 07/07/2020 (fls. 114). Destaque-se que a última devolutiva se deu em 07 de julho de 2020, quando a parte interessada apresentou à Senhora Titular mandado de retificação de nome em registro civil de divórcio, cujo cumprimento resta comprometido, uma vez que não existe um registro civil de divórcio, tampouco averbação, a ser retificada, junto de sua serventia. A parte interessada, devidamente cientificada da necessidade de complementar a documentação, quedou-se inerte, reiterando os termos de sua insurgência inicial. Pois bem. A impugnação à recusa efetuada pela Senhora Titular não merece acolhida. A falta de atendimento aos requisitos impostos pelas NSCGJ e pelo CNJ para viabilizar a averbação do divórcio devem ser solucionados pela parte e a documentação completa deve ser direcionada à Senhora Titular. Nesse sentido, destaque-se que a negativa não se encerra somente na divergência de nomes, mas sim, especialmente, na falta de apresentação da completa documentação à serventia de registro civil. Veja que o item 136.3, do Capítulo XVII, das NSCGJ, é claro ao referir a documentação que deve ser apresentada pela parte interessada: 136.3. Para averbação direta, o interessado deverá apresentar, no Registro Civil de Pessoas Naturais junto ao assento de seu casamento, cópia integral da sentença estrangeira, bem como comprovação do trânsito em julgado, acompanhada de tradução oficial juramentada e de chancela consular. Nesse quesito, impende ressaltar que tendo o divórcio sido realizado em nação estrangeira, sob outra legislação, não é possível esperar uma equiparação dos institutos jurídicos ou suas formas. Entretanto, deve haver minimamente segurança jurídica para se aferir os termos daquilo que decidido pela Corte americana, o que não é possível a partir da documentação carreada ao feito. Nessa ordem de ideias, à luz da documentação apresentada e da argumentação ora deduzida, verifico que os requisitos para a realização do ato não restam minimamente preenchidos, mostrando-se correto o óbice levantado pela Senhora Oficial. Em relação ao mandado expedido, verifica-se que não há retificação a ser efetuada, uma vez que o nome da interessada encontra-se correto na transcrição do casamento (fls. 177) e a determinação de averbação do divórcio, a despeito do que alega a parte, não resta contida na ordem judicial (fls. 240), cujo cumprimento restou prejudicado. Nesse tocante, s.m.j., o mandamento deveria ser direcionado ao órgão estrangeiro prolator da decisão de divórcio, na qual figura o nome divergente questionado. Uma vez corrigidas as pendências, relativamente à complementação dos documentos, o pedido pode ser reiterado diretamente em face da Senhora Titular, que somente remeterá à nova apreciação desta Corregedoria Permanente, se persistirem as dúvidas. Oportunamente, determino o arquivamento dos autos. Ciência à Senhora Oficial e ao Ministério Público. P.I.C. - ADV: TEREZINHA CRUZ OLIVEIRA QUINTAL (OAB 220791/ SP) (DJe de 20.08.2021 – SP)

Ementa: Sentença – Pedido de Providências – Pedido de sentença estrangeira de divórcio em transcrição de Certidão de Casamento – Existência de divergências entre o nome da contraente na certidão de casamento e na sentença de divórcio – Ausência de previsão de alteração dos nomes no Registro Civil pela legislação francesa – Esclarecimentos devidamente fundamentados pelas partes – Pedido que não deve ser obstado em razão da diferença da legislação francesa e brasileira – Ausência de conduta irregular pela Titular – Afastamento do óbice – Arquivamento do feito – Ciência à Delegatária – Procedência

Processo 1088803-35.2020.8.26.0100

Pedido de Providências - Registro Civil das Pessoas Naturais - F.M.S. - Juiz(a) de Direito: Dr(a). Marcelo Benacchio VISTOS, Trata-se de pedido de providências formulado pelo Senhor F. M. S., em face da negativa apresentada pela Senhora Oficial do Registro Civil das Pessoas Naturais e de Interdições e Tutelas do Primeiro Subdistrito Sé, Capital, quanto a requerimento de averbação de sentença estrangeira de divórcio em transcrição de certidão de casamento. Os autos foram instruídos com os documentos de fls. 13/46. A Senhora Oficial manifestou-se às fls. 54/55, 97 e 107. O Senhor Representante prestou esclarecimentos adicionais às fls. 58/63, 71/72 e 75/95, inclusive juntando pertinente documentação. O Ministério Público acompanhou o feito e pugnou, ao final, a favor da averbação requerida, levantando-se o óbice imposto pela Senhora Registradora (fls. 101/103 e 110). É o relatório.

Decido. Cuida-se de representação interposta pelo Senhor F. M. S. em face do óbice colocado pela Senhora Oficial do Registro Civil das Pessoas Naturais e de Interdições e Tutelas do Primeiro Subdistrito Sé, Capital, em relação à averbação de sentença estrangeira de divórcio em transcrição de certidão de casamento. Consta dos autos que os Senhores Interessados casaram-se em 01 de julho de 2011, em Chatou, Yvelines, França (fls. 13/16). O casamento encontra-se regularmente transcrito perante o Registro Civil da Sé (fls. 17). Por meio de sentença irreversível, divorciaram-se em 18 de maio de 2015, naquele mesmo país estrangeiro (fls. 18/23). A i. Oficial obstou o pedido de transcrição, suscitando a presente dúvida, por encontrar divergências entre o nome da contraente, tal qual figura na certidão de casamento (que não indica mudança de nome em razão das núpcias) e na sentença de divórcio (que refere que a cônjuge adotou o sobrenome do varão, tornando ao seu nome de família quando da separação). No caso em tela, verifica-se que na transcrição das núpcias estrangeiras, o nome da então esposa consta como C. M. B. F. F. (aparentemente seu nome de solteira), não se fazendo qualquer menção à adoção do patronímico do marido. Por outro lado, na sentença do divórcio, a cônjuge é qualificada com o sobrenome "M. S.", figurando em diversos trechos do documento como "C. M. B. F. F., nome de casada: M. S." e, ainda, havendo expressa referência ao retorno ao nome de solteira (fls. 21). Por essas razões, entendeu a Senhora Registradora que a averbação requerida só seria possível com a correta identificação das partes. A seu turno, o Senhor Representante explanou que a legislação francesa não prevê a alteração dos nomes no Registro Civil, sendo que o nome de casado é denominação costumeira não jurídica, servindo para identificar o cidadão perante a sociedade, sempre aparecendo como um segundo nome ao lado do nome de família. Ademais, destacou que a sentença é clara na identificação das partes, referindo diversas vezes o nome completo da contraente. Por fim, informou que a sentença é definitiva, uma vez que já devidamente averbada à margem do assento de casamento estrangeiro, que já consta como dissolvido perante o Registro Civil francês. Nesta senda,o Ministério Público deduziu que as explanações pela parte requerente, referente à inalterabilidade do nome de família são verídicas, podendo ser consultado o regramento no sítio eletrônico do Itamaraty. Não menos, o uso social do nome de casado confirma, inclusive, pela documentação francesa apresentada, que sempre traz a informação da adição do patronímico, como um adendo, após o nome de solteiro completo do cidadão. Pois bem. À luz da documentação carreada aos autos, constato que, de fato, as explicações apresentadas pela parte autora restam bem fundamentadas, sendo certo que a averbação não pode ser obstada em razão da diferença da legislação francesa e brasileira acerca dos registros civis e da alteração de nome em razão de casamento. Posto isso, e por tudo o mais que consta dos autos, ressaltando-se os apontamentos feitos pelo representante do Ministério Público, entendo que as partes encontram-se devidamente identificadas, sendo certo que a questão acerca dos patronímicos restou bem esclarecida, de modo de que não acolho o óbice inicialmente imposto pela Senhora Registradora e autorizo a averbação da sentença de divórcio à margem da transcrição do casamento estrangeiro. No mais, certo que a Senhora Titular atuou dentro dos limites de sua atividade profissional, manifestando pertinente negativa, à vista de seu entendimento inicial da questão, não verifico falha na prestação do serviço ou ilícito funcional, de modo que não há que se falar em adoção de providências censório-disciplinar. Outrossim, à míngua de outras medidas administrativas a serem adotadas, determino o arquivamento do feito. Ciência à Senhora Delegatária e ao Ministério Público. P.I.C. - ADV: OCTAVIANO BAZILIO DUARTE FILHO (OAB 173448/SP) (DJe de 29.03.2021 – SP)

4.2.3 REGISTRO DE TÍTULOS E DOCUMENTOS E PESSOA JURÍDICA

ALTERAÇÃO CONTRATUAL

Ementa: Sentença – Pedido de Providências – Pedido de averbação de Instrumento Contratual de Alteração Social e Distrato para dissolução da sociedade – Exigência para que a alteração fosse elaborada e apresentada em termo apertado daquele relativo ao distrato social – Ausência de norma que prescreva apresentação por instrumento específico – Contrato social que está adaptado à legislação vigente – Instrumento devidamente regular – Necessidade apenas do recolhimento das custas e emolumentos de cada ato – Determinação do registro do título – Procedência

Processo 1118645-26.2021.8.26.0100

Pedido de Providências - Registro civil de Pessoas Jurídicas - A Piece Of Cake Cursos de Ingles Ltda - Diante do exposto, JULGO PROCEDENTE o pedido de providências, determinando o registro do título apresentado desde que observado o pagamento de taxas e emolumentos relativos a cada ato. Deste procedimento não decorrem custas, despesas processuais ou honorários advocatícios. Oportunamente, remetam-se os autos ao arquivo. P.R.I.C. - ADV: ANTONIO CARLOS AUGUSTO SILVEIRA (OAB 117292/SP)

Íntegra da decisão:

SENTENÇA

Processo Digital nº: 1118645-26.2021.8.26.0100

Classe - Assunto Pedido de Providências - Registro civil de Pessoas Jurídicas

Reclamante: A Piece Of Cake Cursos de Ingles Ltda

Reclamado: 3º Oficial de Registro de Titulos e Documentos Civil e Pessoa Juridica

Juiz(a) de Direito: Dr(a). Luciana Carone Nucci Eugênio Mahuad

Vistos.

Trata-se de pedido de providências formulado por "A Piece of Cake" Cursos de Inglês Ltda em face do Oficial do 1º Registro de Títulos e Documentos e Civil das Pessoas Jurídicas da Capital, após negativa de averbação de instrumento contratual de alteração social e distrato para dissolução da sociedade. Conforme nota de devolução copiada à fl. 05, exigiu-se que a alteração para adaptação do contrato social aos termos da Lei n. 10.406/02 fosse elaborada e apresentada em termo apartado daquele relativo ao distrato social, conforme decidido no processo de autos n. 1077649-83.2021.8.26.0100, o qual tramitou perante esta Corregedoria Permanente, ao lado da apresentação do protocolo de solicitação de viabilidade do nome/dbe, nos termos da Lei n. 11.598/07.

A parte interessada sustenta que os precedentes desta Corregedoria Permanente, bem como o Parecer CGJ 28/2014, apenas determinam que o contrato social seja adaptado à legislação vigente anteriormente à dissolução da sociedade, mas sem impor formalização em termos apartados, inexistindo norma que prescreva forma determinada. Assim, defende a regularidade do instrumento apresentado e sua adequação ao fim pretendido, ressaltando que também entende devida a cobrança de emolumentos relativos a cada ato (uma pela alteração e outra pelo distrato), embora decorram de ato conjunto. Juntou documentos às fls. 05/33.

O Oficial se manifestou às fls. 37/39, alegando que vê a alteração e a dissolução do contrato social como propósitos distintos e excludentes, de modo que não podem conviver simultaneamente em um mesmo instrumento; que a forma escolhida, além de não distinguir a anterioridade da alteração em relação à dissolução, enseja artifício para redução de custas e emolumentos.

O Ministério Público opinou pela procedência, observando-se o devido pagamento de taxas e emolumentos referentes aos atos distintos (fls. 4/43).

É o relatório.

Fundamento e Decido.

No mérito, o pedido é procedente. Vejamos os motivos.

Primeiramente, embora a parte interessada não trate, em suas razões, da exigência relativa ao protocolo da solicitação de viabilidade de nome, formulada por ocasião da primeira devolução e que não se repetiu após a reapresentação do título (fls. 05/06), é importante anotar que o artigo 4º, §3º, da Lei n. 11.598/07, o qual impunha tal exigência, foi revogado pela Medida Provisória n. 1.040/21, posteriormente convertida na Lei n. 14.195/21.

Já quanto à forma da alteração contratual e do distrato social, de fato, não há norma nem orientação jurisprudencial que prescreva apresentação por instrumento específico.

O que se exige é que as associações, sociedades e fundações constituídas na forma das leis anteriores ao Código Civil de 2002 sejam adaptadas à legislação vigente antes de serem formalmente dissolvidas, como dispõe o artigo 2031 do diploma em questão.

Foi nesse sentido o julgamento prolatado por esta Corregedoria Permanente no processo de autos n. 1077649-83.2021.8.26.0100, o qual vem referido na nota de devolução (sentença copiada às fls. 12/16).

Aliás, conforme expressamente destacado naquela decisão, a orientação da E. Corregedoria Geral da Justiça é no sentido de que essa adaptação se aplica inclusive para averbação de simples distrato, como consta no parecer aprovado no Processo CGJ nº 28/2014-E (fl. 17), com a seguinte ementa:

> *"REGISTRO CIVIL DAS PESSOAS JURÍDICAS – Necessidade de adaptação das sociedades, constituídas na forma das leis anteriores ao Código Civil de 2002, antes de sua regular extinção – Inteligência do art. 2.031 e artigos que tratam da dissolução e liquidação das sociedades – Exigência correta".*

Naquela oportunidade, a parte inconformada entendia desnecessária e contraditória e exigência pela adequação do contrato social de uma empresa inativa, em relação à qual se buscava apenas o encerramento.

Contudo, a dissolução e a liquidação da pessoa jurídica condicionam-se ao regramento legal, de modo que a sociedade deve estar adaptada à legislação vigente para que se possam verificar, por exemplo, a existência de credores insatisfeitos com a sua extinção e a responsabilidade dos sócios atuais e até mesmo do liquidante.

Portanto, a adaptação do contrato social à legislação vigente não pode ser vista como contraditória e excludente da opção pelo imediato distrato, mas apenas como condição necessária para que os atuais sócios decidam pela dissolução.

Quanto aos termos da alteração pretendida, não foi formulada qualquer exigência, concluindo-se que o vício identificado pelo Oficial se restringe mesmo à forma e deve ser afastado.

Note-se que, mesmo que veiculados por instrumento único, existem dois atos distintos que devem ser averbados em continuidade. A alteração, obviamente, precedendo o distrato.

Nesse contexto, cada ato enseja custas e emolumentos próprios que devem ser recolhidos e em relação aos quais, ademais, há expressa concordância da parte interessada.

Diante do exposto, **JULGO PROCEDENTE** o pedido de providências, determinando o registro do título apresentado desde que observado o pagamento de taxas e emolumentos relativos a cada ato.

Deste procedimento não decorrem custas, despesas processuais ou honorários advocatícios.

Oportunamente, remetam-se os autos ao arquivo.

P.R.I.C.

São Paulo, 25 de novembro de 2021.

Luciana Carone Nucci Eugênio Mahuad

Juiz de Direito (DJe de 29.11.2021 – SP)

Ementa: Sentença – Dúvida – Pedido de registro de Instrumento Particular de Alteração Contratual – Requerente que pretende transferir para a sociedade os imóveis à título de integralização do capital – Recusa por não constar, nas procurações apresentadas, a outorga de poderes especiais expressos para alienação dos bens em questão – Aplicação do artigo 661 do CC – Procuração com delimitação dos poderes – Impossibilidade da transferência pretendida – Título que foi corretamente desqualificado – Mandatário que não possui poder para dispor sobre o patrimônio imobiliário indicado para a integralização do capital – Manutenção do óbice – Procedência

Processo 1102241-94.2021.8.26.0100

Dúvida - Registro de Imóveis - Agroholding Familiar Acra Paineiras Ltda - Diante do exposto, JULGO PROCEDENTE a dúvida suscitada pelo Oficial do 4º Registro de Imóveis da Capital a requerimento de Agroholding Familiar Acra Paineiras Ltda, e mantenho o óbice registrário. Deste procedimento não decorrem custas, despesas processuais ou honorários advocatícios. Oportunamente, remetam-se os autos ao arquivo. P.R.I.C. - ADV: EDUARDO FERRAZ GUERRA (OAB 156379/SP), ANDERSON RIVAS DE ALMEIDA (OAB 196185/SP), JULIO HENRIQUE BATISTA (OAB 278356/ SP), ANDRE FELIPPE PEREIRA MARQUES (OAB 305113/SP)

Íntegra da decisão:

SENTENÇA

Processo Digital nº: **1102241-94.2021.8.26.0100**

Classe - Assunto **Dúvida - Registro de Imóveis**

Suscitante: **4º Oficial de Registro de Imóveis da Capital**

Suscitado: **Agroholding Familiar Acra Paineiras Ltda**

Juiz(a) de Direito: Dr(a). **Luciana Carone Nucci Eugênio Mahuad**

Vistos.

Trata-se de dúvida suscitada pelo **Oficial do 4º Registro de Imóveis da Capital** a requerimento de **Agroholding Familiar Acra Paineiras Ltda**, tendo em vista negativa em se proceder ao registro de instrumento particular de alteração contratual da parte suscitada, por meio do qual a sócia Maria Helena Machado de Lima Acra, representada por Celina Machado Acra, transfere para a sociedade os imóveis das matrículas n. 169.633 e 169.634 daquela serventia, a título de integralização do capital.

Segundo o Oficial, o registro foi recusado pois não consta, nas procurações apresentadas, a outorga de poderes especiais expressos para alienação dos bens em questão, como exige o artigo 661, §1º, do Código Civil. Juntou documentos às fls. 06/90.

A parte suscitada manifestou-se às fls. 91/102, defendendo a inexigibilidade de procuração específica, uma vez que a alteração contratual devidamente registrada na JUCESP é documento hábil para transferência por transcrição no registro público, nos termos do artigo 64 da Lei n. 8.934/94, a qual é norma especial e deve prevalecer sobre as disposições gerais do Código Civil, de aplicação subsidiária. Alegou, ainda, que, apesar do falecimento da sócia, a alteração contratual foi registrada no prazo de 30 dias fixado pelo artigo 36 da Lei n. 8.934/94, de modo que os efeitos do arquivamento retroagem à data da assinatura. Por fim, sustentou que a procuração apresentada confere à procuradora poderes amplos, gerais e ilimitados, notadamente para integralização do capital e reorganização societária da pessoa jurídica, destacando que o esgotamento da finalidade do mandato não é prejudicado pelo falecimento da mandante, nos termos do artigo 674 do Código Civil, e que, por se tratar de *holding* familiar, da qual os únicos sócios são os dois herdeiros necessários da falecida Maria Helena, não há risco de dilapidação patrimonial.

O Ministério Público opinou às fls. 123/125 pela procedência, com manutenção do óbice.

É o relatório.

Fundamento e decido.

No mérito, a dúvida é procedente. Vejamos os motivos.

Primeiramente, não se nega a aptidão do instrumento de alteração do contrato social, devidamente registrado na JUCESP, para transferência dos imóveis destinados à integralização do capital social, como claramente dispõe o artigo 64 da Lei n. 8.934/94.

O cerne da dúvida suscitada se restringe à extensão dos poderes de representação de que a mandatária dispunha ao firmar a alteração contratual em nome da sócia Maria Helena.

Neste ponto, não se verifica conflito entre a Lei n. 8.934/94, que trata do Registro Público de Empresas Mercantis, e o Código Civil, uma vez que o primeiro diploma nada dispõe sobre a outorga de mandato para prática de atos ou de administração de interesses, o que é tratado de forma detalhada no Capítulo X, Título VI, Livro I, da Parte Especial do segundo diploma (artigos 653/692).

Portanto, tem perfeita aplicação ao caso concreto o artigo 661 do Código Civil, que assim dispõe:

> *"Art.661. O mandato em termos gerais só confere poderes de administração.*
>
> *§1º Para alienar, hipotecar, transigir, ou praticar outros quaisquer atos que exorbitem da administração ordinária, depende a procuração de poderes especiais e expressos".*

Atente-se, ainda, à lição de Pontes de Miranda, mencionada nos acórdãos das Apelações nº 0024522-06.2012.8.26.01001 (transcrita na inicial – fl. 04) e nº 524-6/32, ambos do Conselho Superior da Magistratura, no sentido de que mandato expresso e mandato com poderes especiais são conceitos diferentes, sendo que a lei exige o atendimento cumulativo das duas hipóteses para atos de disposição.

Como definia o artigo 134 do antigo Código Comercial, poderes expressos são aqueles manifestados com explicitude. Poderes especiais, por sua vez, são aqueles outorgados para a prática de ato determinado.

Foi dentro deste contexto fático e normativo que o Oficial concluiu pela necessidade de outorga de poderes especiais e expressos para que a procuradora transmitisse, a título de integralização de capital social, os imóveis das matrículas nº 169.633 e 169.634, não mencionados na procuração apresentada (fls. 25 e 38/41).

O STJ também já se manifestou acerca do tema no julgamento do REsp n. 1.836.584/MG, com a seguinte ementa (destaques nossos):

> *"DIREITO CIVIL. RECURSO ESPECIAL. AÇÃO DECLARATÓRIA DE NULIDADE DE ESCRITURA PÚBLICA DE COMPRA E VENDA DE IMÓVEL.* ***PROCURAÇÃO. OUTORGA DE PODERES EXPRESSOS PARA ALIENAÇÃO DE TODOS OS BENS DO OUTORGANTE. NECESSIDADE DE OUTORGA DE PODERES ESPECIAIS.***
>
> *1. Ação declaratória de nulidade de escritura pública de compra e venda de imóvel cumulada com cancelamento de registro, tendo em vista suposta extrapolação de poderes por parte do mandatário.*
>
> *2. Ação ajuizada em 16/07/2013. Recurso especial concluso ao gabinete em 10/09/2019. Julgamento: CPC/2015.*
>
> *3. O propósito recursal é definir se a procuração que estabeleceu ao causídico poderes "amplos, gerais e ilimitados (...) para 'vender, permutar, doar, hipotecar ou por qualquer forma alienar o(s) bens do(a)(s) outorgante(s)'" atende aos requisitos do art. 661, § 1º, do CC/02, que exige poderes especiais e expressos para tal desiderato.*
>
> *4. Nos termos do art. 661, § 1º, do CC/02, para alienar, hipotecar, transigir, ou praticar quaisquer atos que exorbitem da administração ordinária, depende a procuração de poderes especiais e expressos.*
>
> *5. Os poderes expressos identificam, de forma explícita (não implícita ou tácita), exatamente qual o poder conferido (por exemplo, o poder de vender). Já os poderes serão especiais quando determinados, particularizados, individualizados os negócios para os quais se faz a outorga (por exemplo, o poder de vender tal ou qual imóvel).*
>
> *6. No particular, de acordo com o delineamento fático feito pela instância de origem, embora expresso o mandato - quanto aos poderes de alienar os bens do outorgante - não se conferiu ao mandatário poderes especiais para alienar aquele determinado imóvel.*
>
> *7. A outorga de poderes de alienação de todos os bens do outorgante não supre o requisito de especialidade exigido por lei que prevê referência e determinação dos bens concretamente mencionados na procuração.*
>
> *8. Recurso especial conhecido e provido"* **(REsp 1836584/MG, Rel. Ministra NANCY ANDRIGHI, TERCEIRA TURMA, julgado em 11/02/2020, DJe 13/02/2020).**

Anteriormente à referida orientação do Superior Tribunal de Justiça, o E. CSM/SP entendeu possível a transferência por procuração com poderes expressos, mas sem a identificação dos imóveis, o que ocorreu no julgamento da Apelação nº 1001689-21.2015.8.26.0363, mencionada tanto pela parte suscitada quanto pelo Ministério Público (fls. 99 e 124):

"Registro de Imóveis – Conferência de bens para integralização de capital social – Dúvida julgada procedente em primeira instância – Análise das três exigências. Óbito da outorgante da procuração ocorrido entre a conferência de bens e o registro do título – Afastamento do óbice – Aplicação do artigo 674 do Código Civil. Falta de identificação dos imóveis a serem transferidos na procuração outorgada – Procuração que confere ao apelante amplos poderes para representar sua esposa, inclusive para alienação de bens – Afastamento do óbice – Precedente deste Conselho. Conferência de bens comuns do casal para integralizar participação em sociedade da qual apenas o marido se tornará sócio – Regime da comunhão parcial de bens – Participação societária que entrará na comunhão de bens, ainda que as ações fiquem em nome do recorrente – Inteligência do artigo 1.660, I, do Código Civil – Anuência suprida pelos termos da procuração e pela futura partilha da participação societária – Exigência afastada. Apelação provida, para julgar improcedente a dúvida" **(TJSP; Apelação Cível 1001689-21.2015.8.26.0363; Relator (a): Pereira Calças; Órgão Julgador: Conselho Superior de Magistratura; Foro de Mogi Mirim - 1ª Vara; Data do Julgamento: 15/08/2017; Data de Registro: 22/08/2017).**

Considerando a similitude do caso analisado acima, que também envolveu conferência de bens para integralização de capital social, com óbito da outorgante entre a conferência e o registro do título, ao lado de exigência de identificação dos imóveis na procuração outorgada, é necessário estudo mais detalhado para adequada distinção entre esse precedente e a hipótese *sub judice*.

Primeiramente, vale observar que o óbito da outorgante não é impedimento para a transferência, especialmente diante do registro tempestivo da alteração contratual perante a JUCESP, como realçou a parte suscitada em sua impugnação.

Contudo, quanto à necessidade de especificação dos imóveis destinados à integralização do capital, extrai-se do referido acórdão que a procuração, então analisada pelo CSM, outorgava amplos poderes, inclusive para alienação de bens imóveis:

"(...) pela procuração outorgada o mandante habilitou os mandatários a alienar qualquer de seus bens imóveis mediante integralização do aumento de capital social da empresa apelante, integralização que, ainda 'in casu', foi concomitante com a subscrição, pelo mandante, de novas ações ordinárias emitidas pela apelante (...)".

O E. Desembargador Cláudio Luiz Bueno de Godoy3 esclarece tal situação nos seguintes termos:

"É certo, porém, como Carvalho Santos adverte (Código Civil brasileiro interpretado, 5. Ed. Rio de Janeiro, Freitas Bastos, 1952, v.XVIII, p.163), que, se o mandato envolve a outorga de poderes para a venda de todos os imóveis do mandante, terá sido cumprida a exigência de poderes especiais".

Por outro lado, o que se constata na procuração de fls. 77/80, lavrada em 26/06/2020, é que a outorgante conferiu *"poderes amplos, gerais e ilimitados"* para sua procuradora *"representá-la na INTEGRALIZAÇÃO/CONFERÊNCIA de cota parte que possui nos bens IMÓVEIS RURAIS, localizados no município de SALES DE OLIVEIRA"*, tratando especificamente das Fazendas Paineiras e Melado, de matrículas distintas, mas nada dispondo sobre os conjuntos de escritórios das matrículas n. 169.633 e 169.634.

Assim, como houve clara delimitação dos poderes, essa procuração não serve para a transferência pretendida.

Já quanto à procuração de fls. 81/84, lavrada em 08/05/2020, a outorgante conferiu poderes para sua procuradora *"gerir e administrar"* todos os seus bens e negócios, tal como previsto no *caput*, do artigo 66, do Código Civil.

Ausente autorização expressa para os atos elencados no §1º do referido artigo, essa procuração também não serve para a transferência pretendida.

Assim, embora a alteração contratual registrada na JUCESP seja documento hábil à transferência de bens imóveis, no caso concreto, tal título foi corretamente desqualificado, pois firmado por mandatário sem poder para dispor sobre o patrimônio imobiliário indicado para a integralização do capital, como exige o artigo 661, §1º, do Código Civil.

Diante do exposto, **JULGO PROCEDENTE** a dúvida suscitada pelo **Oficial do 4º Registro de Imóveis da Capital** a requerimento de Agroholding Familiar Acra Paineiras Ltda, e mantenho o óbice registrário.

Deste procedimento não decorrem custas, despesas processuais ou honorários advocatícios.

Oportunamente, remetam-se os autos ao arquivo.

P.R.I.C.

São Paulo, 18 de outubro de 2021.

Luciana Carone Nucci Eugênio Mahuad

Juiz de Direito

Notas:

[1] Relator Des. Dr. José Renato Nalini, Data de julgamento: 07/02/2013.

[2] Relator Des. Dr. Gilberto Passos de Freitas, Data de Julgamento: 03/08/2006.

[3] Cláudio Luiz Bueno de Godoy, Código civil comentado. Barueri: Manole, 2007, p. 524. (DJe de 20.10.2021 – SP)

Ementa: Sentença – Dúvida – Negativa de registro de Instrumento Particular de Alteração e Consolidação do contrato social da empresa Requerente – Informação pelo Oficial de existência de incorreção do recolhimento do ITBI por equívoco na data do fato gerador indicada na DTI – Inexistência de vício formal no título – ITBI que foi devidamente recolhido – Delimitação da fiscalização do Oficial à verificação da existência ou não do recolhimento do tributo – Eventual cobrança a título de encargos moratórios deverá ser discutida na via judicial – Afastamento do óbice – Determinação do registro do título – Improcedência

Processo 1087304-79.2021.8.26.0100

Dúvida - Registro de Imóveis - Lucka Empreendimentos Imobiliários Ltda. - Diante do exposto, JULGO IMPROCEDENTE a dúvida suscitada pelo Oficial do 5º Registro de Imóveis da Capital a requerimento de Lucka Empreendimentos Imobiliários Ltda para afastar o óbice registrário e, em consequência, determinar o registro do título. Deste procedimento não decorrem custas, despesas processuais ou honorários advocatícios. Oportunamente, remetam-se os autos ao arquivo. P.R.I.C. - ADV: SAMIRA DE VASCONCELLOS MIGUEL (OAB 102694/SP)

Íntegra da decisão:

SENTENÇA

Processo Digital nº: **1087304-79.2021.8.26.0100**

Classe - Assunto **Dúvida - Registro de Imóveis**

Requerente: **5º Oficial de Registro de Imóveis da Capital**

Requerido: **Lucka Empreendimentos Imobiliários Ltda.**

Juiz(a) de Direito: Dr(a). **Luciana Carone Nucci Eugênio Mahuad**

Vistos.

Trata-se de dúvida apresentada pelo **Oficial do 5º Registro de Imóveis da Capital** a requerimento de **Lucka Empreendimentos Imobiliários Ltda** após negativa de registro de instrumento particular de alteração e consolidação do contrato social da empresa suscitada, com conferência de bens (matrículas n. 40.882 e 55.400 daquela serventia).

Informa o Oficial que o óbice registrário diz respeito à incorreção do recolhimento do ITBI por equívoco na data do fato gerador indicada na DTI (Declaração de Transações Imobiliárias), já que a conferência é datada de 10/12/2014, com declaração de data de transação como sendo 19/05/2020, pelo que a parte suscitada deve complementar o recolhimento tributário na forma da lei; que não desconhece o entendimento do E. Conselho Superior da Magistratura no sentido de que a qualificação do registrador não deve ir além da aferição sobre a existência ou não de recolhimento do tributo nem que se acha assente na jurisprudência dos tribunais superiores que o fato gerador do tributo é o ato do registro. Todavia, o recolhimento foi efetuado em desacordo com os dispositivos do Decreto Municipal n. 59.579/2020; que não cabe cindibilidade de título na integralização de bens imóveis para a formação do capital social, como no caso.

Vieram documentos às fls. 05/67.

Em manifestação dirigida ao Oficial (fls. 59/63), a parte suscitada sustenta que jurisprudência do STF, dotada de repercussão geral, reconhece como fato gerador do imposto a concretização do registro perante o cartório de imóveis e não o momento da formalização da alteração do contrato social. Não houve, porém, impugnação neste procedimento (fl. 68).

O Ministério Público opinou pela improcedência, com afastamento do óbice (fls. 72/76).

É o relatório.

Fundamento e Decido.

No mérito, a dúvida é improcedente. Vejamos os motivos.

Em que pese a cautela do Oficial, o título apresentado não possui vício formal que obste registro. Ademais, houve recolhimento do ITBI como por ele próprio relatado.

Não se desconhece que, para os registradores, vigora ordem de controle rigoroso do recolhimento do imposto por ocasião do registro do título, sob pena de responsabilidade pessoal (art. 289 da Lei n. 6.015/73; art.134, VI, do CTN e art. 30, XI, da Lei 8.935/1994).

Todavia, acerca desta matéria, o Egrégio Conselho Superior da Magistratura já fixou entendimento no sentido de que a fiscalização devida não vai além da aferição sobre a existência ou não do recolhimento do tributo (e não se houve correto recolhimento do valor, sendo tal atribuição exclusiva do ente fiscal, a não ser na hipótese de flagrante irregularidade ou irrazoabilidade do cálculo).

Nesse sentido, os seguintes julgados do E. Conselho Superior da Magistratura:

"Ao oficial de registro incumbe a verificação de recolhimento de tributos relativos aos atos praticados, não a sua exatidão" (Apelação Cível 20522-0/9- CSMSP - J.19.04.1995 - Rel. Antônio Carlos Alves Braga).

"Todavia, este Egrégio Conselho Superior da Magistratura já fixou entendimento no sentido de que a qualificação feita pelo Oficial Registrador não vai além da aferição sobre a existência ou não de recolhimento do tributo, e não sobre a integralidade de seu valor" (Apelação Cível 996-6/6 – CSMSP, j. 09.12.2008 - Rel. Ruy Camilo).

"Este Egrégio Conselho Superior da Magistratura já fixou entendimento no sentido de que a qualificação feita pelo Oficial Registrador não vai além da aferição sobre a existência ou não de recolhimento do tributo, e não sobre a integralidade de seu valor" (Apelação Cível 0009480-97.2013.8.26.0114 - Campinas - j. 02.09.2014 - Rel. des. Elliot Akel).

Nessa mesma linha, este juízo já decidiu em casos análogos que também versavam sobre a exigência do correto recolhimento de ITBI (autos de número 1115167-78.2019.8.26.0100, 1116491-06.2019.8.26.0100 e 1059178-53.2020.8.26.0100).

Ademais, o preenchimento da data para o recolhimento do ITBI não se mostra flagrantemente incorreto, sobretudo após o julgamento de mérito do Recurso Extraordinário com Agravo n. **1.294.969/SP** (processo-paradigma do **Tema n. 1124 – ITBI – Ausência – Registro – Cartório**), no qual o STF reconheceu a existência de repercussão geral e fixou a seguinte tese:

"O fato gerador do imposto sobre transmissão inter vivos de bens imóveis (ITBI) somente ocorre com a efetiva transferência da propriedade imobiliária, que se dá mediante o registro".

Eventual valor a ser cobrado a título de encargos moratórios, portanto, deve ser discutido na via adequada, não podendo o registrador desqualificar o título apresentado sob o fundamento de ausência de complemento de valores.

No que tange à cindibilidade, o debate resta desnecessário à vista da conclusão pela possibilidade de registro integral.

Diante do exposto, **JULGO IMPROCEDENTE** a dúvida suscitada pelo Oficial do 5º Registro de Imóveis da Capital a requerimento de Lucka Empreendimentos Imobiliários Ltda para afastar o óbice registrário e, em consequência, determinar o registro do título.

Deste procedimento não decorrem custas, despesas processuais ou honorários advocatícios.

Oportunamente, remetam-se os autos ao arquivo.

P.R.I.C.

São Paulo, 04 de outubro de 2021.

Luciana Carone Nucci Eugênio Mahuad

Juiz de Direito (DJe de 06.10.2021 – SP)

Ementa: Sentença – Dúvida – Pedido de registro de Instrumento Particular de Alteração Contratual da empresa Requerente – Aumento do capital social mediante conferência de bens – Negativa por ausência de registro de um dos imóveis relacionados, bem como por inexistência do registro da alteração contratual perante a JUCESP – Exigência para retificação da guia de ITBI em razão do recolhimento ter sido efetuado fora do prazo – Necessidade que a integralização do capital social ocorra na forma como prevista no título – Imprescindibilidade de registro na JUCESP – Delimitação da fiscalização do Oficial somente ao pagamento do imposto – Eventual discussão, sobre a correção do tributo recolhido, deve se dar perante à esfera judicial por proposta do ente competente – Afastamento da exigência em relação a retificação da guia de ITBI – Manutenção dos demais óbices – Procedência Parcial

Processo 1054578-52.2021.8.26.0100

Dúvida - Notas - Heavy Representações e Administradora de Bens Imóveis Ltda. - Diante do exposto, JULGO PARCIALMENTE PROCEDENTE a dúvida suscitada pelo Oficial do 10º Registro de Imóveis da Capital a requerimento de Heavy Representações e Administradora de Bens Imóveis Ltda., afastando apenas a exigência de retificação da guia de ITBI (item 4, fls. 96/97), mas mantendo os demais óbices para que seja efetivado o registro. Deste procedimento não decorrem custas, despesas processuais nem honorários advocatícios. Oportunamente, remetam-se os autos ao arquivo. P.R.I.C. - ADV: MARCOS ANTONIO SCHOITY ABE DA SILVA (OAB 118597/SP)

Íntegra da decisão:

SENTENÇA

Processo Digital nº: **1054578-52.2021.8.26.0100**

Classe - Assunto **Dúvida - Notas**

Suscitante: **10º Oficial de Registro de Imóveis da Capital**

Suscitado: **Heavy Representações e Administradora de Bens Imóveis Ltda.**

Juiz(a) de Direito: Dr(a). **Luciana Carone Nucci Eugênio Mahuad**

Vistos.

Trata-se de dúvida suscitada pelo **Oficial do 10º Registro de Imóveis da Capital** a requerimento de Heavy Representações e Administradora de Bens Imóveis Ltda, tendo em vista negativa em se proceder ao registro de Instrumento Particular de Alteração Contratual da empresa suscitante, por meio do qual seus sócios resolveram aumentar o capital social mediante conferência de bens descritos em laudo de avaliação.

Segundo o Oficial, a negativa foi motivada pela ausência de registro de um dos imóveis relacionados, em relação ao qual não foi apresentada guia de recolhimento do ITBI, além de não haver registro da alteração contratual perante a JUCESP. Exigência também foi apresentada para retificação da respectiva guia de ITBI, que foi recolhida fora do prazo legal.

O registrador ressalta que não foi solicitada a cindibilidade do título, a qual não pode ser admitida conforme orientação do Conselho Superior da Magistratura (Apelação Cível nº 0000048-59.2016.8.26.0531), e que o recolhimento do ITBI deve ser calculado observando-se a data da conferência dos bens.

Documentos vieram às fls. 05/122.

A parte suscitada manifestou-se às fls. 123/136, defendendo a cindibilidade do título em relação ao imóvel objeto dos itens 1 e 2 da nota de devolução e a prescindibilidade do registro perante a JUCESP, bem como a regularidade do recolhimento do ITBI, cujo cálculo extrapola a órbita de fiscalização do suscitante.

O Ministério Público opinou às fls. 175/178 pela procedência da dúvida.

É o relatório.

Fundamento e decido.

No mérito, a dúvida é procedente em parte. Vejamos os motivos.

Primeiramente, considerando a manifestação da parte suscitada pela cindibilidade do título levado a registro, é necessário afastar essa possibilidade, pois a integralização do capital social deve ocorrer na forma como prevista no título.

Conforme Ademar Fioranelli, citado no voto convergente do E. Des. Ricardo Dipp que integra o aresto indicado na petição inicial (Apelação nº 0000048-59.2016.8.26.0531):

> *"Reafirmando, superar ou cindir títulos equivale a dividir, quando possível, fatos jurídicos inscritíveis, objetos de um único instrumento, ou melhor afirmando, uma pluralidade de fatos jurídicos concernentes a mesmo imóvel, com a ressalva de que da multiplicidade de causas não sobreponha unicidade negocial".*

A integralização do capital social mediante conferência de bens é um ato jurídico único, cujo registro fracionado vai de encontro ao primado da segurança jurídica.

A dúvida, portanto, é procedente quanto às exigências apontadas nos itens 1 e 2 da nota de devolução de fls. 96/97.

Também é necessário atendimento à exigência apontada no item 3, devendo ser registrada na JUCESP a escritura copiada às fls. 82/89, que trata de retificação parcial e ratificação da alteração contratual com conferência de bens.

Referido instrumento visou sanar lapso quanto à descrição e caracterização de bens imóveis dados em integralização, trazendo informação da matrícula atribuída, após regularização da titularidade do domínio, ao imóvel indicado no item 8 do Laudo de Avaliação (fls. 58/59).

Não se trata de mera reiteração da descrição anterior, mas de aperfeiçoamento com informação essencial (a matrícula), a qual é indispensável à adequada individualização.

Entretanto, quanto à exigência do item 4 da nota de devolução, entendo que referido óbice deve ser superado.

Em que pese a cautela do Registrador na verificação do recolhimento dos impostos, inclusive para afastar eventual responsabilidade solidária, é pacífico o entendimento de que a fiscalização devida não vai além da aferição sobre a existência ou não do recolhimento do tributo (e não se houve correto recolhimento do valor, sendo tal atribuição exclusiva do ente fiscal):

"Ao oficial de registro incumbe a verificação de recolhimento de tributos relativos aos atos praticados, não a sua exatidão" (Apelação Cível 20522-0/9 - CSMSP, j. 19.04.1995 - Rel. Antônio Carlos Alves Braga).

"Todavia, este Egrégio Conselho Superior da Magistratura já fixou entendimento no sentido de que a qualificação feita pelo Oficial Registrador não vai além da aferição sobre a existência ou não de recolhimento do tributo, e não sobre a integralidade de seu valor" (Apelação Cível 996-6/6 – CSMSP, j. 09.12.2008 - Rel. Ruy Camilo).

"Este Egrégio Conselho Superior da Magistratura já fixou entendimento no sentido de que a qualificação feita pelo Oficial Registrador não vai além da aferição sobre a existência ou não de recolhimento do tributo, e não sobre a integralidade de seu valor" (Apelação Cível 0009480-97.2013.8.26.0114 – CSMSP, j. 02.09.2014 -Rel. des. Elliot Akel).

Assim, eventual insurgência acerca do valor recolhido deverá ser objeto de ação a ser proposta pela Municipalidade de São Paulo.

Diante do exposto, **JULGO PARCIALMENTE PROCEDENTE** a dúvida suscitada pelo **Oficial do 10º Registro de Imóveis da Capital** a requerimento de Heavy Representações e Administradora de Bens Imóveis Ltda., afastando apenas a exigência de retificação da guia de ITBI (item 4, fls. 96/97), mas mantendo os demais óbices para que seja efetivado o registro.

Deste procedimento não decorrem custas, despesas processuais nem honorários advocatícios.

Oportunamente, remetam-se os autos ao arquivo.

P.R.I.C.

São Paulo, 05 de julho de 2021.
Luciana Carone Nucci Eugênio Mahuad
Juiz de Direito (DJe de 08.07.2021 – SP)

Ementa: Sentença – Pedido de Providências – Pedido de averbação da alteração contratual para inclusão dos herdeiros do sócio no quadro societário – Necessidade que a inclusão de sucessores de sócio falecido seja aprovada pela unanimidade dos sócios remanescentes conforme previsão contratual – Ausência de manifestação de um dos sócios – Óbice em consonância com as disposições do contrato social – Improcedência

Processo 1009374-82.2021.8.26.0100

Pedido de Providências - REGISTROS PÚBLICOS - Empresa Nacional de Serviços Ltda - Diante do exposto, julgo improcedente o pedido de providências. Deste procedimento não decorrem custas, despesas processuais e honorários advocatícios. Oportunamente remetam-se os autos ao arquivo. P.R.I.C. - ADV: RODRIGO FORLANI LOPES (OAB 253133/SP)

Íntegra da decisão:

SENTENÇA

Processo Digital nº: **1009374-82.2021.8.26.0100**

Classe - Assunto **Pedido de Providências - REGISTROS PÚBLICOS**

Requerente: **Empresa Nacional de Serviços Ltda**

Juiz(a) de Direito: Dr(a). **Vivian Labruna Catapani**

Vistos.

Trata-se de pedido de providências apresentado pela **Empresa Nacional de Serviços Ltda.** diante da recusa do 1º Oficial de Registro de Títulos e Documentos e Civil de Pessoa Jurídica desta Capital em realizar a averbação da alteração contratual para inclusão dos herdeiros do sócio *Miguel Ribeiro Ferreira* no quadro societário. O óbice decorre de previsão contratual que exige que a inclusão de sucessores de sócio falecido seja aprovada pela unanimidade dos sócios remanescentes, o que não ocorreu neste caso, ante a ausência de *José Pereira Magalhães* à reunião que deliberou sobre o tema. Argumentaram, contudo, que teria havido a concordância tácita do sócio, que não manifestou sua oposição no prazo de 90 dias, conforme estipulação contratual. Sendo assim, pugnaram pelo afastamento do óbice e consequente averbação da alteração contratual pretendida (fls. 01/13).

Juntou procuração e documentos às fls. 14/110.

O Oficial manifestou-se às fls. 120/128, reiterando as razões do óbice comunicadas à parte na nota devolutiva.

O Ministério Público opinou pela improcedência do pedido inicial (fls. 210/211).

É o relatório.

Fundamento e Decido.

Com razão o Oficial e o D. Promotor de Justiça.

A controvérsia cinge-se ao ingresso de *Luiz Carlos Magalhães Ferreira* e *Caroline Ribeiro Ferreira* – herdeiros de *Miguel Ribeiro Ferreira*, falecido em 2015 – no quadro societário da requerente, conforme restou estipulado na ata de reunião de sócios realizada em 07/10/2020 (fls. 25/27).

É certo que a requerente possui natureza de sociedade limitada, de modo que é regida por seu Contrato Social e pelo regramento desta espécie societária previsto no Código Civil, que estipula como regra, no caso de falecimento de sócio, a liquidação de suas quotas, **salvo estipulação de modo diverso em contrato**, em seu art. 1.028:

> *"Art. 1.028. No caso de morte de sócio, liquidar-se-á sua quota, salvo:*
>
> *I - **se o contrato dispuser diferentemente;***
>
> *II - se os sócios remanescentes optarem pela dissolução da sociedade;*
>
> *III - **se, por acordo com os herdeiros, regular-se a substituição do sócio falecido**"* (grifei).

Conclui-se, portanto, que o legislador reconheceu a possibilidade de regulação do tema de modo diverso ao previsto em lei pela autonomia privada dos sócios, a ser exercida nos termos do contrato social da pessoa jurídica. Dessa forma, para uma melhor compreensão do presente caso, é oportuno destacar o conteúdo integral da cláusula

7.2.1 do Contrato Social da empresa requerente (fls. 38/39), que trata da possibilidade de ingresso de herdeiros de sócio falecido no quadro societário:

> *"7.2.1. No caso de morte, dissolução (em caso de pessoa jurídica), separação judicial ou divórcio de Sócio, o ingresso dos herdeiros, sucessores ou cônjuges na Sociedade somente será admitido desde que aprovado pela unanimidade dos Sócios remanescentes. Os sócios remanescentes deverão decidir pela aprovação ou não do ingresso dos herdeiros e/ou sucessores na Sociedade no prazo de até 90 (noventa) dias contados: (i) do recebimento pela*

Sociedade de notificação sobre o plano de partilha; (ii) do recebimento de notificação sobre inventário ou arrolamento extrajudicial do sócio falecido; ou (iii) do recebimento de notificação sobre a homologação da partilha. Caso o ingresso dos herdeiros, sucessores ou cônjuges seja recusado, as quotas correspondentes serão reembolsadas na forma prevista no item 7.3 abaixo".

Alguns pontos do dispositivo merecem destaque neste caso.

De proêmio, há previsão expressa de que o ingresso dos herdeiros de sócio falecido é condicionado à aprovação unânime dos sócios remanescentes. Dessa forma, tendo em conta que não houve manifestação do sócio *José Pereira Magalhães* nesse sentido, a determinação de inclusão dos herdeiros de *Miguel Ribeiro Ferreira* no quadro societário não resultou de deliberação unânime, de modo que está em desacordo com a previsão do contrato social.

Um segundo ponto que merece destaque é o prazo de 90 dias estipulado na segunda parte da cláusula mencionada. De acordo com a requerente, o sócio *José Pereira* deveria ter manifestado sua oposição expressa ao ingresso dos herdeiros nesse intervalo; dessa forma, o transcurso *in albis* do prazo resultaria na anuência tácita de *José*, o que tornaria unânime da determinação da sucessão no quadro societário.

Ressalto, entretanto, que o prazo em questão refere-se ao tempo estipulado para que a sociedade, como um todo, deliberasse sobre a questão da sucessão, de modo que não trata (como argumenta a requerente) do limite temporal para manifestação isolada de eventual sócio que discorde da inclusão dos herdeiros e, tampouco, estipula que a ausência de oposição expressa deste sócio importe em sua anuência tácita.

Dessa forma, tendo em conta que a determinação da sucessão do quadro societário não decorreu de aprovação unânime dos sócios remanescentes, bem como considerando que não há estipulação de que a ausência de oposição expressa de um dos sócios importaria em anuência tácita, conclui-se que a qualificação negativa por parte do Oficial foi dada de forma regular, vez que está em consonância com as disposições do contrato social.

Cumpre frisar que o contrato social encerra o conjunto de vontades dos sócios da pessoa jurídica e constitui lei para suas relações sociais *(lex societatis).* Destarte, a inobservância dos ditames do contrato social importaria em desrespeito à autonomia privada coletiva dos membros da pessoa jurídica e, consequentemente, em violação do disposto no art. 1.028 do Código Civil.

Sendo assim, não poderia o Oficial, ou esta Corregedoria Permanente, afastar determinações expressas contidas na lei ou no contrato social da empresa, sob pena de transbordar os limites da qualificação objetiva dos atos registrais. Portanto, caso a parte entenda que a recusa ou o silêncio prolongado do sócio remanescente são ilegítimos, deverá buscar sua superação pelas vias que entender cabíveis.

Por fim, ressalto que a decisão judicial que entendeu que o sócio remanescente teria dado seu consentimento tácito à inclusão dos herdeiros – proferida no proc. 1099487-19.2020 pelo Juízo da 2ª Vara Empresarial do Foro Central desta Capital – foi dada em sede de liminar e diz respeito à pessoa jurídica diversa (*Limpadora Califórnia LTDA.*), de modo que não vincula este Juízo, cuja cognição está limitada à regularidade do óbice comunicado pelo Oficial no exercício da qualificação registral, não sendo possível o exame da legitimidade da recusa ou omissão do sócio.

Por fim, saliento que o fato de terem sido pagos dividendos aos herdeiros do sócio falecido por determinação do sócio omisso não supre a exigência constante do contrato social de que haja aprovação unânime dos sócios em reunião, até mesmo porque, pelo que se extrai de fl. 5, o sócio omisso propôs ação anulatória de atos societários da Limpadora Califórnia LTDA., tendo em vista sua oposição ao ingresso dos herdeiros naquela sociedade.

Diante do exposto, **julgo improcedente** o pedido de providências.

Deste procedimento não decorrem custas, despesas processuais e honorários advocatícios.

Oportunamente remetam-se os autos ao arquivo.

P.R.I.C.

São Paulo, 30 de março de 2021. (DJe de 06.04.2021 – SP)

Ementa: Sentença – Pedido de Providências – Pedido de averbação de alteração contratual da Sociedade pela qual teria ocorrido a retirada de um dos sócios com a consequente concentração da integralidade do Capital Social ao sócio remanescente – Consulta ao CNIB pelo Registrador – Indisponibilidade de bens do sócio retirante – Necessidade de solicitar, pelo interessado, o levantamento do gravame perante o juízo competente – Manutenção do óbice – Improcedência

Processo 1006312-34.2021.8.26.0100

Pedido de Providências - Registro Civil das Pessoas Naturais - Mario Gonçalves Soares – André

Zacharias Valente – Santo Segurança Ltda. - Diante do exposto, julgo improcedente o pedido de providências formulado por Mário Gonçalves Soares, Santo Segurança LTDA. e André Zacharias Valente, em face do Oficial do 2º Registro de Títulos e Documentos e Civil de Pessoa Jurídica da Capital, e consequentemente mantenho o óbice imposto. Deste procedimento não decorrem custas, despesas processuais e honorários advocatícios. Oportunamente remetam-se os autos ao arquivo. P.R.I.C. - ADV: RICARDO RADUAN (OAB 267267/SP)

Íntegra da decisão:

SENTENÇA

Processo Digital nº: **1006312-34.2021.8.26.0100**

Classe - Assunto **Pedido de Providências - Registro Civil das Pessoas Naturais**

Requerente: **Mario Gonçalves Soares e outros**

Requerido: **2º Oficial de Reg de Titulos e Documentos e Civil de Pessoa Juridica da Capital**

Juiz(a) de Direito: Dr(a). **Vivian Labruna Catapani**

Vistos.

Trata-se de obrigação de fazer recebida como pedido de providências apresentado por **Mário Gonçalves Soares, Santo Segurança LTDA.** e **André Zacharias Valente** em face do 2º Oficial de Registro de Títulos e Documentos e Civil de Pessoa Jurídica da Capital, objetivando a alteração contratual da sociedade *Santo Segurança Ltda.*, para: i) mudança do endereço residencial do sócio *Mario*; ii) e retirada do sócio *André*, com a consequente concentração da integralidade do capital social por *Mario*, de modo que a pessoa jurídica passaria a ser uma sociedade simples limitada unipessoal.

O Oficial negou a averbação e apresentou nota devolutiva, uma vez que, tendo realizado consulta prévia à Central Nacional de Indisponibilidade de Bens (CNIB), constatou a indisponibilidade de bens do sócio que pleiteou sua retirada do quadro societário. Dessa forma, a averbação pretendida importaria na alienação das quotas sociais de *André*, o que só seria possível após o levantamento da indisponibilidade pelo Juízo que a decretou.

Os demandantes alegaram, em síntese, que a decretação de indisponibilidade dos bens pessoais do sócio não impede sua retirada do quadro societário. Dessa forma, a negativa do Oficial representou ilegítima violação da liberdade associativa. Pugnaram pela autorização da averbação já em sede de decisão liminar, sob pena de imposição de multa diária por descumprimento ao Oficial.

O pedido de tutela de urgência foi indeferido (fl. 67), em razão de a matéria objeto do procedimento não comportar solução provisória.

O Oficial manifestou-se às fls. 70/73, reiterando as razões já explicitadas na nota devolutiva.

O Ministério Público opinou pela improcedência do pedido (fls. 81/82).

É o relatório.

Fundamento e Decido.

Pretendem os requerentes a averbação de alteração contratual de sociedade pela qual teria havido a retirada de um dos sócios e consequente concentração da integralidade do capital ao sócio remanescente.

Como bem exposto pelo Registrador e pelo D Promotor de Justiça, o Provimento CG 47/2016, que incluiu a Seção V no Capítulo XVIII das Normas de Serviço da Corregedoria Geral da Justiça, e dos itens 38, 41, 41.2 e 41.4, tornou obrigatória a consulta, pelos Oficiais de Registro Civil de Pessoas Jurídicas, do banco de dados da Central Nacional de Indisponibilidade de Bens (CNIB), sendo que os ônus poderão alcançar quotas sociais que seriam transferidas através de atos praticados e levados a registro ou averbações nas Serventia Extrajudiciais.

Como é sabido, a indisponibilidade visa prevenir a prática de atos de dilapidação do patrimônio ou desvios dos bens, evitando-se assim danos irreparáveis ou de difícil reparação aos credores.

Assim, considerando que a averbação da alteração pretendida, com a retirada de *André* do quadro societário, importaria em transferência de suas quotas ao sócio remanescente, conclui-se que o Oficial agiu de modo regular em sua negativa, haja vista que a alteração pleiteada traria impacto direto no patrimônio do sócio retirante, com possíveis prejuízos ao interesse de seus credores.

Daí decorre que somente quem determinou a indisponibilidade poderá levantar o gravame, não cabendo a este Juízo administrativo intervir nas decisões ou ordens emanadas por outros Juízos, que detêm competência exclusiva para analisar ou modificar suas decisões.

Logo, cabe ao interessado buscar o Juízo competente, solicitando o levantamento do gravame, para posterior averbação de alteração contratual.

Diante do exposto**, julgo improcedente** o pedido de providências formulado por **Mário Gonçalves Soares, Santo Segurança LTDA.** e **André Zacharias Valente**, em face do Oficial do 2º Registro de Títulos e Documentos e Civil de Pessoa Jurídica da Capital, e consequentemente mantenho o óbice imposto.

Deste procedimento não decorrem custas, despesas processuais e honorários advocatícios.

Oportunamente remetam-se os autos ao arquivo.

P.R.I.C.
São Paulo, 15 de março de 2021. (DJe de 17.03.2021 - SP)

ATA DA ASSEMBLEIA

Ementa: Sentença – Pedido de Providências – Pedido de averbação de Ata de Assembleia Geral Extraordinária – Negativa em razão da ausência de assinaturas e rubricas dos membros da diretoria – Ocorrência de renúncia de um dos diretores sem a apresentação de documento apartado específico contendo a assinatura do renunciante – Violação ao Item 30, do Capítulo XVIII, das NSCGJ – Membros da diretoria que assinaram e rubricaram a ata originalmente apresentada – Imprescindibilidade das assinaturas dos referidos diretores na nova ata – Improcedência

Processo 1095602-60.2021.8.26.0100

Pedido de Providências - Tabelionato de Protestos de Títulos - Associação Brasileira de Estabelecimentos de Ensino Particular - Abepar - Diante do exposto, JULGO IMPROCEDENTE o pedido. Deste procedimento não decorrem custas, despesas processuais ou honorários advocatícios. Oportunamente, ao arquivo com as cautelas de praxe. P.R.I.C. - ADV: BRUNA LOPES BRUSSO CAVALLI (OAB 362491/SP)

Íntegra da decisão:

SENTENÇA

Processo Digital nº: **1095602-60.2021.8.26.0100**

Classe - Assunto **Pedido de Providências - Tabelionato de Protestos de Títulos**

Requerente: **Associação Brasileira de Estabelecimentos de Ensino Particular - Abepar**

Requerido: **9º Oficial de Registro de Títulos e Documentos e Civil de Pessoa Jurídica da Capital**

Juiz(a) de Direito: Dr(a). **Luciana Carone Nucci Eugênio Mahuad**

Vistos.

Trata-se de pedido de providências formulado por **Associação Brasileira de Estabelecimentos de Ensino Particular - ABEPAR** em face do **Oficial do 9º Registro de Títulos e Documentos e Civil de Pessoa Jurídica da Capital** para averbação de ata de Assembleia Geral Extraordinária realizada em 20/02/2020, que foi prenotada sob n. 88.392.

A última nota de devolução traz a seguinte exigência: *"Assembleia do dia 20/02/2020. Prezado, da nova ata apresentada, constou apenas as rubricas e assinaturas do presidente e secretário da assembleia, faltando as demais assinaturas e rubricas conforme analisadas anteriormente, que constavam assinando/rubricando os diretores Mauro, Daniel, Analivia, Bruno, Ana Cristina, Cláudio e diretor renunciante Fernando José. Assim, regularizar, lembrando que as mesmas pessoas que assinaram/rubricaram o documento inicial devem fazer o mesmo nos novos".*

A parte requerente aduz que, após a primeira devolução do título com algumas exigências (prenotação n. 88.040), foi emitida nova ata de Assembleia Geral Extraordinária (AGE), oportunidade em que foi corrigido equívoco constatado por ela própria, com exclusão de campos/assinaturas dos membros da diretoria; que a assembleia deliberou sobre os associados e não sobre os diretores, sendo obrigatórias apenas as assinaturas do Presidente e do Secretário, com acompanhamento da lista de presença; que a inclusão de campos/assinaturas dos demais diretores na primeira ata era desnecessária e se deu por conta de equívoco, pelo que a nova exigência de restabelecimento das assinaturas que constavam anteriormente carece de embasamento legal; que, no próprio campo de encerramento da última ata apresentada, consta que tal documento seria firmado somente pelo Presidente e pelo Secretário da AGE; que além de serem desnecessárias as assinaturas, muitos dos diretores encontram-se fora da Capital, o que dificulta a colheita para cumprimento da equivocada exigência. Diante disso, requer providências para averbação do documento na forma como apresentado à serventia.

Vieram documentos às fls. 06/67.

A decisão de fl. 68 determinou nova exibição do título diante do decurso do trintídio legal da prenotação, o que foi atendido (fls. 70/71).

O Oficial manifestou-se às fls. 73/75, sustentando que a exigência no sentido de resgatar as assinaturas e rubricas excluídas não é extravagante e muito menos injustificada; que a ata apresentada inicialmente trazia o inequívoco assentimento do conjunto dos diretores que foram chamados a subscrevê-la e rubricá-la; que o recebimento da ata modificada sem as assinaturas dos mesmos diretores conforma inegável risco à segurança jurídica dada a possibilidade de eventual impugnação; que, de outra banda, a ata informa, em seu item n. 3, a renúncia do diretor Fernando José Cury, sem oferta em separado, de modo que tal modificação se operou no corpo da ata, com conhecimento e aceitação dos demais e materialização nas assinaturas apostas inicialmente, o que a parte promovente pretende excluir; que, ademais, o diretor Cláudio Giardino, que subscreve inicialmente a ata, não assina a lista de presença, retirando a presunção de que teria participado efetivamente da AGE, bem como de que concordou com as deliberações relativas à renúncia no corpo da ata posteriormente produzida; que pode inferir que a ata apresentou deliberação afetando o corpo diretivo, ao contrário do que sugere a parte interessada: com a renúncia do diretor Fernando Cury, consta que caberá aos diretores remanescentes convidarem/indicarem um novo membro.

O Ministério Público opinou pela improcedência, com manutenção do óbice (fls. 79/80).

É o relatório.

Fundamento e decido.

No mérito, o pedido é improcedente. Vejamos os motivos.

A assinatura dos diretores na ata de Assembleia Geral Extraordinária, a princípio, não é obrigatória, pelo que se extrai do contido no item 34 do Cap. XVIII das Normas de Serviço da Corregedoria Geral da Justiça (NSCGJSP):

"34. A averbação de atas de assembleias gerais de pessoas jurídicas depende da apresentação do edital de convocação assinado por quem o estatuto designar, da ata da assembleia assinada pelo presidente da assembleia ou pelo representante legal da pessoa jurídica, da cópia da lista de presença (se houver) e de requerimento assinado pelo representante legal da pessoa jurídica".

Contudo, no caso concreto, houve renúncia de um dos diretores, Fernando Cury, como se vê do item 3 da ata (fl. 42), sem apresentação de documento apartado específico contendo a assinatura do renunciante, o que viola a regra do item 30 do Cap. XVIII das NSCGJSP:

"30. Se a averbação referir-se exclusivamente à publicização da renúncia unilateral de pessoa que ocupava cargo previsto no ato constitutivo de pessoa jurídica, será suficiente a apresentação de documento contendo a assinatura do renunciante, desde que comprovada a cientificação da pessoa jurídica".

"30.1. Cuidando-se de renúncia em papel, deverá ser reconhecida a firma do renunciante".

"30.2. Cuidando-se de renúncia eletrônica, a assinatura digital do renunciante deve ser feita com certificado digital ICP-Brasil nos padrões exigidos em lei e atos normativos".

Logo, a ata de assembleia entregue *a posteriori* necessariamente deve conter sua assinatura, o que não foi providenciado (fls. 40/43).

E mais, em decorrência da renúncia, deliberou-se que o cargo respectivo permanecerá vago até que os membros remanescentes da diretoria convidem/indiquem um candidato à vaga dentre os representantes dos associados para aprovação (fl. 42).

Nesse sentido, é inquestionável que tal deliberação afeta diretamente o corpo diretivo, tanto é que todos os diretores assinaram/rubricaram a ata originalmente apresentada, formalizando sua concordância (fls. 11/16).

Diante disso, a exigência de transposição das assinaturas/rubricas dos diretores para a nova ata mostra-se acertada, com vistas a evitar futura alegação de nulidade (segurança jurídica).

Não bastasse isso, verifica-se que o diretor Cláudio Giardino, um dos diretores que assinaram e rubricaram a ata original, não assinou a lista de presença (fls. 44/45), cuja apresentação é necessária conforme o item 34 do Cap. XVIII das NSCGJSP acima indicado, o que também impõe sua assinatura na ata definitiva.

Dentro deste contexto, ainda que a redação do campo "encerramento" de ambas as atas apresentadas indique que seriam firmadas apenas pelo Presidente e pelo Secretário (fls. 13 e 42), mostra-se arrazoada a exigência do Oficial consistente na assinatura/rubrica da ata por todos os diretores tal como ocorreu com o documento inicialmente apresentado.

A medida é cabível justamente porque visa garantir segurança e eficácia à averbação pretendida.

Diante do exposto, **JULGO IMPROCEDENTE** o pedido.

Deste procedimento não decorrem custas, despesas processuais ou honorários advocatícios.

Oportunamente, ao arquivo com as cautelas de praxe.

P.R.I.C.

São Paulo, 30 de setembro de 2021.

Luciana Carone Nucci Eugênio Mahuad

Juiz de Direito (DJe de 07.10.2021 – SP)

Ementa: Sentença – Dúvida – Recebimento como Pedido de Providências – Pedido de averbação da Ata de Assembleia Geral Extraordinária – Deliberação acerca da alteração da convenção do condomínio referente à destinação do edifício – Negativa em razão da necessidade de apresentação de documentos, bem como de que o instrumento deverá ser subscrito pela totalidade dos atuais titulares tabulares das unidades autônomas com firmas reconhecidas – Imprescindibilidade da concordância unânime dos condôminos – Art 1351 do CC – Item 81, do Capítulo XX, das NSCGJ – Impugnação pela Interessada apenas à uma das exigências impostas – Manutenção do óbice – Procedência

Processo 1077022-79.2021.8.26.0100

Dúvida - Registro de Imóveis - Condominio Residence Paulista Life - Diante do exposto, JULGO PROCEDENTE o pedido para manter o óbice impugnado. Providencie-se o necessário à correção da classe processual. Deste procedimento não decorrem custas, despesas processuais ou honorários advocatícios. Oportunamente, ao arquivo com as cautelas de praxe. P.R.I.C. - ADV: FABIO HASHIMOTO (OAB 338400/SP)

Íntegra da decisão:

SENTENÇA

Processo Digital nº: **1077022-79.2021.8.26.0100**

Classe - Assunto **Dúvida - Registro de Imóveis**

Suscitante: **13º Oficial de Registro de Imóveis da Capital**

Suscitado: **Condominio Residence Paulista Life**

Juiz(a) de Direito: Dr(a). **Luciana Carone Nucci Eugênio Mahuad**

Vistos.

Trata-se de dúvida suscitada pelo **Oficial do 13º Registro de Imóveis da Capital** a requerimento de **Condomínio Edifício Residence Paulista Life**, tendo em vista negativa em proceder à averbação da ata de assembleia geral extraordinária realizada em 15.06.2021, que deliberou acerca da alteração da convenção do condomínio no que tange à destinação do edifício (imóvel da matrícula n. 5.572 daquela serventia).

Informa o Oficial que a negativa foi motivada pelas seguintes exigências: 1) necessidade de apresentação de requerimento expresso para alteração da convenção de condomínio, instruído com o instrumento da nova convenção e respectivo regulamento interno, todos com firmas reconhecidas de seus subscritores; 2) necessidade de ata de assembleia geral de eleição de síndico registrada no RTD; 3) considerando a alteração da finalidade do edifício, o instrumento deverá ser subscrito pela totalidade dos atuais titulares tabulares das unidades autônomas, com firmas reconhecidas e acompanhamento das respectivas representações legais e procurações (pessoas físicas, jurídicas e eventuais incapazes). Juntou documentos às fls. 08/148.

A parte interessada manifestou-se às fls. 149/152, alegando que o disposto no art. 1.324 do Código Civil confere ao administrador comum o poder para representar todos os coproprietários perante terceiros, independentemente de prova formal, pelo que o voto de um dos condôminos vale por toda a fração ideal da unidade exclusiva; que a alteração da convenção trata-se apenas de uma atualização, não representado alteração de finalidade, pelo que o voto unânime de 2/3 das frações ideais é suficiente; que a omissão dos condôminos que não compareceram à assembleia deve ser interpretada como consentimento tácito.

O Ministério Público, preliminarmente, anotou tratar-se de averbação, diante do que cabível pedido de providências. No mérito, opinou pela manutenção dos óbices (fls. 155/157).

É o relatório.

Fundamento e decido.

De início, verifica-se que assiste razão ao Ministério Público acerca da natureza do pedido (averbação), pelo que o feito deve ser recebido como pedido de providências.

Nesse sentido, decisão da E. Corregedoria Geral de Justiça em caso análogo, copiada às fls. 146/148 (autos n. 1004442-62.2019.8.26.0604, DJE de 16/12/2020).

Por primeiro, vale observar que houve insurgência da parte interessada apenas quanto à exigência n. 3, já que deixou de impugnar as duas primeiras concernentes à apresentação de documentos.

Ainda assim, no mérito, o pedido procede para manutenção do óbice.

Com efeito, da análise do instrumento particular de alteração de convenção de condomínio apresentado a registro, referente ao edifício situado na Rua Barata Ribeiro, n. 360, São Paulo - Capital, não resta a menor dúvida que a motivação foi a mudança de destinação conforme anotado em seu próprio preâmbulo: "*DA MOTIVAÇÃO – 1) A principal motivação desta nova Convenção é sua adequação à nova realidade do edifício, que há mais de uma década não opera mais como "flat", e assim, todos os itens referentes à operação como "flat" foram removidos; conjuntamente foram feitas adequações à legislação vigente, à realidade e necessidades atuais do condomínio e condôminos, e ao novo acordo ortográfico da língua portuguesa*" (fl. 14).

E, por esse motivo, a pretensa alteração exige a concordância unânime dos condôminos nos termos do art. 1.351, parte final, do Código Civil (nossos destaques):

> *"Art. 1.351. Depende da aprovação de 2/3 (dois terços) dos votos dos condôminos a alteração da convenção;* ***a mudança da destinação do edifício, ou da unidade imobiliária, depende da aprovação pela unanimidade dos condôminos****".*

Nesse mesmo sentido, o item 81 do Capítulo XX das NSCGJSP dispõe que:

> *"A alteração da convenção de condomínio edilício depende de aprovação, em assembleia regularmente convocada, de pelo menos 2/3 (dois terços)*

dos titulares dos direitos reais registrados, salvo se a convenção a ser alterada exigir quórum superior".

Ademais, a questão já foi objeto da análise pela E. CGJ em casos análogos, como bem indicado pelo Oficial às fls. 04 e 146/148 (nossos destaques):

*"RECURSO ADMINISTRATIVO – **Alteração de convenção de condomínio aprovada por 2/3 dos condôminos** – Inclusão da proibição de locação ou ocupação das unidades por três ou mais estudantes com divisão de despesas, fixando prazo para a extinção de locações nessas condições vigentes – Exigência de aprovação unânime, nos termos do art. 1.351, parte final do Código Civil, mantida pelo Juiz Corregedor – Recurso busca a averbação da alteração aprovada por 2/3 dos condôminos ou com a exclusão da alínea questionada, com pedidoinstauração de incidente de inconstitucionalidade – Arguição de incidente de inconstitucionalidade não conhecida – Competência do Órgão Especial limitada a declarações de inconstitucionalidade em processo judicial, não se aplicando a procedimentos administrativos voltado contra a negativa de registro, nos termos do art. 13, I do RITJSP – Incidente de inconstitucionalidade dirigido a atos normativos emitidos pelo Poder Público, não se aplicando a deliberações privadas, conforme art. 97 da Constituição Federal – Mérito – **Mudança da convenção de condomínio que atinge o direito particular de fruição da unidade, restringindo as prerrogativas do art. 1.228 do Código Civil**, caracterizando limitação particular ao livre uso da unidade – Eventual abuso no uso das unidades por locatários que pode ser sancionada de forma específica, nos termos dos arts. 1.336, IV e § 2º e 1.337 do Código Civil e do art. 19 da Lei n. 4.591/1964, não justificando no caso concreto a supressão de direitos inerentes à propriedade sem aprovação unânime dos condôminos – **Exigência de aprovação da alteração estatutária de forma unânime mantida** – Pedido recursal subsidiário de averbação da alteração com supressão da alínea questionada inviável – Alteração do título que exige aprovação pela assembleia condominial – Parecer pelo não provimento do recurso, mantendo a exigência" (1019834-60.2018.8.26.0577, DJ: 22/06/2020).*

"Registro de Imóveis – Convenção de condomínio – Averbação – Mudança da destinação de unidades autônomas – Alteração que tem de ser aprovada pela unanimidade de todos os condôminos, e não apenas por aqueles que tenham comparecido à assembleia – Deficiência do quórum – Parecer pelo não provimento do recurso, mantendo-se o óbice" (1004442-62.2019.8.26.0604, DJ: 16/12/2020).

Vale destacar que o disposto na parte final do art. 1.351 do Código Civil não deixa margem à interpretação de que a exigência de aprovação pela unanimidade diria respeito aos presentes em assembleia e não a todos os condôminos, como alega a parte interessada.

Neste ponto, extrai-se do teor do decidido no feito de autos n. 1004442-62.2019.8.26.0604, também com destaques nossos:

*"Não socorre o interessado a alegação de que o quórum exigido pelo art. 1.351 do Cód. Civil seria a unanimidade dos presentes à assembleia, e não de todos os condôminos. Primo, não é isso que diz a regra, cuja interpretação literal facilmente permite concluir que, dada a gravidade das matérias versadas no dispositivo, o **consenso demandado é o de toda a massa condominial, e não apenas daqueles que se dispuserem a comparecer à assembleia**. Secundo, o Cód. Civil explicita quando se quer mencionar o quórum dos presentes à assembleia (cf. art. 1.352, caput, verbis "votos dos presentes", e art. 1.353, verbis "dos votos presentes"). Por conseguinte, a só referência à unanimidade dos condôminos, sic et simpliciter, **tem de entender-se como menção a todos eles no conjunto inteiro, e não àqueles presentes a uma certa reunião.** Tertio, há precedentes desta mesma Corregedoria, dos quais se depreende que a interpretação mais correta é a de que **a unanimidade mencionada no art. 1.351 é a de todos os condôminos**, absolutamente (...)".*

Como se vê, além das exigências não alcançadas pela impugnação da parte interessada, mostra-se acertada a qualificação negativa do título também quanto à necessidade de concordância da totalidade dos atuais titulares das unidades condominiais (exigência n. 3 da nota de devolução - fls. 136/138).

Diante do exposto, **JULGO PROCEDENTE** o pedido para manter o óbice impugnado. Providencie-se o necessário à correção da classe processual.

Deste procedimento não decorrem custas, despesas processuais ou honorários advocatícios.

Oportunamente, ao arquivo com as cautelas de praxe.

P.R.I.C.

São Paulo, 23 de agosto de 2021.

Luciana Carone Nucci Eugênio Mahuad

Juiz de Direito (DJe de 25.08.2021 – SP)

Ementa: Sentença – Pedido de Providências – Pedido de anulação de ato praticado pelo Oficial – Ata de Assembleia de reforma estatutária e eleição da Diretoria – Informação pelo Requerente de que a Ata de Assembleia foi averbada irregularmente, em razão da aludida ter sido realizada sem a observância das etapas procedimentais legais previstas – Descabimento – Ausência de vícios extrínsecos no título apresentado – Ata regularmente assinada pelo presidente – Afastamento da alegação de necessidade de publicação de três editais de convocação – Estatuto da Associação que não é regido pelas disposições da Lei Pelé – Possibilidade de averbação da Ata sem o reconhecimento de firma em cartório – Item 34.1, do Capítulo XVIII, das NSCGJ – Incompetência do juízo administrativo à análise de vícios intrínsecos – Matéria reservada à esfera jurisdicional – Ausência de conduta irregular – Arquivamento do feito – Improcedência

Processo 1030163-05.2021.8.26.0100

Pedido de Providências - Nulidade - Citação Sem Observância das Prescrições Legais - Paulo Eneas Scaglione - Trail Clube Verde Rosso - Ante o exposto, julgo improcedente o pedido de providência suscitado por Paulo Eneas Scaglione em face do Oficial do 3º Registro de Títulos e Documentos da Capital, bem como afasto a prática de qualquer conduta irregular pelo Oficial, determinando o arquivamento do feito. Deste procedimento não decorrem custas, despesas processuais e honorários advocatícios. Oportunamente remetam-se os autos ao arquivo. P.R.I.C. - ADV: PAULO ENEAS SCAGLIONE (OAB 85001/SP), KARLA ROBERTA COSTA MIGUEL (OAB 163252/RJ)

Íntegra da decisão:

SENTENÇA

Processo Digital nº: **1030163-05.2021.8.26.0100**

Classe - Assunto **Pedido de Providências - Nulidade - Citação Sem Observância das Prescrições Legais**

Requerente: **Paulo Eneas Scaglione**

Requerido: **3ºOficial de Registro de Títulos e Documentos e Civil de Pessoa Jurídica da Capital**

Juiz(a) de Direito: Dr(a). **Vivian Labruna Catapani**

Vistos.

Trata-se de pedido de providências suscitado por **Paulo Eneas Scaglione**, administrador provisório da *Federação Paulista de Motociclismo*, pleiteando a anulação de ato praticado pelo **Oficial do 3º Registro de Títulos e Documentos da Capital**. Aduziu o suscitante que a ata de assembleia de reforma estatutária e eleição da Diretoria da pessoa jurídica *Trail Clube Verde Rosso (T.C.V.R)* foi averbada irregularmente pelo Oficial, em razão de a assembleia em questão ter sido realizada sem a observância de etapas procedimentais legalmente previstas, tais como a existência de edital, a publicação de três editais de convocação, a assinatura dos membros eleitos e sua qualificação completa na ata de eleição, a indicação das pessoas presentes ao ato, o reconhecimento de firma no tempo correto e a indicação da data correta da assembleia. Diante das irregularidades apontadas, pugnou pela anulação do ato de averbação da ata (fls. 01/05). Juntou documentos às fls. 06/25.

O Oficial manifestou-se às fls. 29/37, aduzindo que o ato de averbação foi praticado de modo regular, não havendo vícios extrínsecos no título apresentado. Quanto à alegação de indício de fraude por parte da *T.C.V.R*, em decorrência de a ata de assembleia estar datada de 2016 e ter sido apresentada para qualificação somente em 2021, alegou que esta matéria não pode ser reconhecida em sede extrajudicial. *Trail Clube Verde Rosso* manifestou-se às fls. 94/98, defendendo a regularidade do ato.

O Ministério Público opinou pela improcedência do pedido (fls. 133/134).

É o relatório.

Fundamento e decido.

Assiste razão ao Oficial e à D. Promotora de Justiça.

Pretende o suscitante a anulação da averbação da ata de assembleia de reforma estatutária e eleição da associação *Trail Clube Verde Rosso*, em razão da inobservância de uma série de formalidades legais concernentes ao ato, o que seria um indício da prática de fraude por parte da pessoa jurídica indicada.

De proêmio, ressalto que, pelo princípio da legitimação (eficácia do registro), os vícios reconhecíveis pela via administrativa são apenas aqueles comprováveis de pleno direito que resultem de erros evidentes extrínsecos ao título, sem necessidade de exames de outros documentos ou fatos (artigos 214, caput, e 252 da Lei 6.015/73). Feita essa observação, passo à análise das irregularidades apontadas pelo suscitante, de modo a averiguar de o título apresentado contém vícios de natureza formal, que impediriam seu registro.

Em relação à alegação de ausência de assinatura do representante da T.C.V.R. no título apresentado à qualificação, observo que a ata de assembleia – que trata tanto da mudança estatutária da pessoa jurídica, quanto da eleição de sua Diretoria – foi regularmente assinada por seu presidente, *Rodrigo Fantozzi*, conforme é possível constatar à fl. 41.

O fato desta firma não ter reconhecimento em cartório não impede a averbação da ata, uma vez que o item 34.1, do Capítulo XVIII, das Normas de Serviço da Corregedoria Geral de Justiça estipula que a parte interessada na averbação de ata de assembleia deve providenciar, alternativamente, o reconhecimento de firma do representante legal da pessoa jurídica na própria ata, ou no requerimento de averbação.

Esta segunda hipótese foi o que efetivamente ocorreu neste caso (fl. 39), de modo que não há que se falar em irregularidade.

Note-se que o fato de a firma ter sido reconhecida posteriormente, alguns anos depois do ato, não representa óbice registrário.

No que tange à afirmação de que a ata não teria sido precedida da publicação de edital, tal alegação é contrariada pelo documento de fl. 42 e segs..

Ainda, no que diz respeito à publicação do ato convocatório por três vezes em órgão de imprensa de grande circulação, ressalto, inicialmente, que essa exigência está prevista no art. 22, III, da Lei nº 9.615/1998 (Lei Pelé), dispositivo que disciplina os processos eleitorais das entidades do Sistema Nacional de Desporto.

Cumpre salientar, contudo, que a *Trail Clube Verde Rosso* não tem nas atividades desportivas sua finalidade única ou primordial e, tampouco, indica em seu estatuto que suas relações são regidas pelas disposições da Lei Pelé. Assim, considerando que a associação não se enquadra no rol de entidades previsto no art. 13, parágrafo único, da referida lei, entendo que o Oficial agiu de modo regular ao realizar a averbação pretendida.

Sobre este ponto, destaco, ainda, que a *T.C.V.R.* demonstrou que a minuta do edital de convocação foi encaminhada de forma individual a seus membros, conforme é possível constatar a partir dos documentos de fls. 42/49, razão pela qual o requisito de publicidade prévia foi cumprido a contento.

Em relação à alegação de ausência de indicação das pessoas que compareceram à assembleia, observo que a lista de presentes consta de modo expresso da parte final da ata apresentada, com o nome dos membros, seguido das respectivas assinaturas (fl. 41).

No que concerne à afirmação de que não teria sido apresentado o termo de posse dos membros da Diretoria eleita, ressalto que o documento em questão foi acostado pelo Oficial à fl. 51, contando com a assinatura dos eleitos. Apesar de o termo indicar a qualificação simplificada dos eleitos e não apresentar reconhecimento de suas firmas, observo que estes não são requisitos legais à averbação do título, haja vista que a qualificação completa consta da ata de assembleia e o reconhecimento de firma, como já indicado anteriormente, pode estar presente apenas no requerimento de averbação.

Já em relação à ausência de visto de advogado, ressalto que, nos termos do art. 1º, § 2º, da Lei 8.906/1994 (Estatuto da OAB), este só é exigido para os atos constitutivos de pessoas jurídicas, não sendo um requisito para averbação de atas de assembleia posteriores à constituição.

Por fim, quanto ao alegado indício de fraude na elaboração da ata, verifico que o vício apontado é intrínseco ao título, que deve ser reconhecido em procedimento contencioso cível, com ampla dilação probatória. Configurado o vício do título, o cancelamento da averbação ocorrerá como consequência, conforme determina o artigo 216 da Lei 6.015/73.

A invalidação do registro independentemente de ação direta, nos termos do art. 214 da LRP, pressupõe nulidade de pleno direito do próprio registro (não a de seu ato causal).

Na lição de Narciso Orlandi Neto:

> *"A nulidade que pode ser declarada diretamente, independentemente de ação, é de direito formal extrínseca. Ela pode não alcançar o título, que subsiste íntegro e, em muitos casos, apto a novamente ingressar no registro. O registro é nulo de pleno direito quando não observados os requisitos formais previstos na lei: A chamada nulidade de pleno direito, tal como prevista no art. 214 da LRP, não admite o exame de elementos intrínsecos, que refogem à atividade qualificadora do oficial registrador. E em não existindo vício na qualificação do título ou do processo de registro propriamente dito, não há o que corrigir na esfera administrativa" (Corregedoria Geral da Justiça de São Paulo, parecer do juiz Marcelo Martins Berthe, aprovado pelo Des. Marcio Martins Bonilha, DJE de 22/02/96, parte I, p. 37) – (Retificação do Registro de Imóveis. São Paulo: Oliveira Menes, 1997, p. 185-186 e 196)".*

As razões expostas pela requerente para embasar o pedido tratam de vício intrínseco do título que deu origem ao registro. Formalmente o ato está perfeito, conforme análise formal acima explicitada, o que inviabiliza o cancelamento da averbação.

Outrossim, não há como o Oficial no âmbito da qualificação registral dar solução à questão de direito material subjacente, porque o exame de qualificação é atividade meramente administrativa, não protegida pela segurança da coisa julgada. Assim, não vislumbro responsabilidade de cunho administrativo disciplinar do Oficial.

Ante o exposto, **julgo improcedente** o pedido de providência suscitado por **Paulo Eneas Scaglione** em face do **Oficial do 3º Registro de Títulos e Documentos da Capital**, bem como afasto a prática de qualquer conduta irregular pelo Oficial, determinando o **arquivamento** do feito.

Deste procedimento não decorrem custas, despesas processuais e honorários advocatícios.

Oportunamente remetam-se os autos ao arquivo.

P.R.I.C.

São Paulo, 24 de maio de 2021. (DJe de 27.05.2021 - SP)

Ementa: Sentença – Dúvida – Recebimento como Pedido de Providências – Instauração do feito a pedido do Interino – Apresentação de documentos conflitantes, pelas partes, referentes ao Instituto – Presença de óbices para o registro das Atas de Assembleias – Incompetência do juízo administrativo para analisar alegações de falsidades – Ausência de indícios de falsidades nas Atas apresentadas – Existência de litígio entre os membros da administração do Instituto – Ajuizamento de Ações Anulatórias – Afastamento da parte do cargo da presidência – Necessidade de decisão judicial, pelo juízo competente, que determine a averbação da Ata de Assembleia ou até que ocorra o trânsito em julgado da sentença proferida na ação – Manutenção do bloqueio cautelar – Procedência

Processo 1000361-59.2021.8.26.0100

Dúvida - Petição intermediária - 10º Oficial de Registro de Titulos e Documentos e Civil de Pessoa Jurídica da Capital - Instituto dos Lagos Rio - Maria de Fátima de Almeida Arruda - Do exposto, julgo procedente o presente pedido de providências, mantendo o bloqueio cautelar determinado à fl. 544 até que haja decisão judicial por juízo competente determinando expressamente a averbação da ata de assembleia, ou então, até que haja o trânsito em julgado da sentença a ser proferida nos autos n. 1009308-11.2021.8.26.001. Não há custas, despesas processuais nem honorários advocatícios decorrentes deste procedimento. Deixo de oficiar a Procuradoria da Fazenda Nacional, conforme requerido à fl. 1.162, na medida em que se trata de matéria que foge da competência deste Juízo, sendo possível que a própria parte interessada tome as medidas que entender necessárias para eventual apuração. Oportunamente, arquivem-se os autos. Comunique-se à E. CGJ da presente sentença. P.R.I.C. - ADV: JARBAS GERALDO BARROS PASTANA (OAB 200209/SP), ERIK JEAN BERALDO (OAB 194192/SP), FLÁVIO ALBERTO GONÇALVES GALVÃO (OAB 153025/SP), SERGIO HENRIQUE SILVA AGUIAR (OAB 90053/RJ), ROGERIO BORBA DA SILVA (OAB 115966/RJ)

Íntegra da decisão:

SENTENÇA

Processo Digital nº: **1000361-59.2021.8.26.0100**

Classe - Assunto **Dúvida - Petição intermediária**

Suscitante: **10º Oficial de Registro de Titulos e Documentos e Civil de Pessoa Jurídica da Capital**

Suscitado: **Instituto dos Lagos Rio**

Juiz(a) de Direito: Dr(a). **Vivian Labruna Catapani**

Vistos.

Trata-se de **pedido de providências** instaurado a pedido do interino do 10º Cartório de Registro de Títulos e Documentos e Civil de Pessoa Jurídica da Capital, o Sr. Giovani Cury Ramos Faria e Silva, em decorrência da apresentação de documentos societários conflitantes referentes ao Instituto dos Lagos Rio pelas Sras. Maria de Fátima de Almeida Arruda e Valéria Silvério Vieira (fls. 1/6).

Segundo narrado pelo interino:

A) no dia dia 15.12.2020, a Sra. Mária de Fátima Arruda, na qualidade de conselheira do Instituto dos Lagos Rio, apresentou "ata de assembleia geral extraordinária" datada de 11.12.2020, na qual restou deliberado (i) a destituição do presidente, Sr. Antonio José da Costa Nazareth, e (ii) a alteração do quadro de membros da administração, incluindo eleição de novo presidente (Sr. André Santos de Oliveira), sendo anexados documentos que, em tese, comprovariam irregularidades praticadas por membros da gestão encerrada;

B) por outro lado, no dia 16.12.2020, foi apresentada pela advogada do Instituto Lagos Rio, a Sra. Valéria Silvério Vieira, "ata de assembleia geral extraordinária" datada de 09.11.2020, na qual o Sr. Antonio José da Costa Nazareth, na qualidade de presidente do Instituto, delibera sobre medidas administrativas relativas à reestruturação e funcionamento do instituto, e à alteração do quadro de associados, sendo anexada "ata de reunião do conselho de administração", datada de 22.09.2020, na qual foram deliberados assuntos gerais do Instituto e admissão de novos membros "ad referendum" da assembleia geral. Informa o interino que, além da apresentação dos documentos conflitantes, ambas as partes entraram em contato com a serventia extrajudicial por diversas vezes, fazendo contundentes acusações recíprocas, algumas delas acompanhadas de documentos, tais como boletins de ocorrência na Polícia Federal, notícia crime no Ministério Público Federal e denúncia na Procuradoria Geral da Fazenda Nacional.

C) ainda, no dia 17.12.2020, a Sra. Mária de Fátima Arruda informou à serventia extrajudicial ter tomado conhecimento da existência de um boletim de ocorrência (BO n. 1904330/2020), feito pelo Sr. Antonio José da Costa Nazareth, na qualidade de presidente do Instituto, no qual foi alegado o extravio da "ata de asssembleia geral extraordinária" datada de 09.11.2020. Referida ata foi apresentada ao 10º Cartório de Registro de Títulos e Documentos e Civil de Pessoa Jurídica da Capital, porém não foi averbada por exigências pendentes. Segundo Sra. Maria de Fátima Arruda, referido documento foi por ela retirado da serventia, em 07.12.2020, mediante apresentação do talão original, estando ela ainda na posse da ata, razão pela qual as informações contidas no boletim de ocorrência não seriam verdadeiras.

Continua o interino informando que, no dia 09.12.2020, o Sr. Antonio José da Costa Nazareth, na qualidade de presidente do Instituto, havia requerido o cancelamento da averbação da ata de asssembléia geral extraordinária" datada de 09.11.2020, solicitando a devolução da ata e dos documentos que o acompanhavam, o que não foi possível tendo em vista que os documentos haviam sido retirados pela Sra. Maria de Fátima Arruda em 07.12.2020.

Posteriormente, em 21.12.2020, a Sra. Valéria Silvério Vieira, advogada do Instituto Lagos Rio, entregou pessoalmente uma declaração feita pelo Sr. Antonio José da Costa Nazareth, na qualidade de presidente do Instituto, na qual ele informa estar ciente de que a "ata de asssembleia geral extraordinária" datada de 09.11.2020 está na posse da Sra. Maria de Fátima Arruda, contudo não autorizou que ninguém, a não ser a advogada Sra. Valéria Silvério Vieira, registrasse qualquer ata ou documento referente ao Instituto.

Na mesma declaração, o Sr. Antonio José da Costa Nazareth menciona que a Sra. Maria de Fátima Arruda, junto com a Sra. Maria Elisabeth, ambas Conselheiras do Instituto, teriam reconhecido e confessado a prática de ilegalidades na destituição do presidente e na eleição de nova diretoria, temas deliberados na "ata de assembleia geral extraordinária" datada de 11.12.2020.

Informou também o Sr. Antonio José da Costa Nazareth que apresentaria para averbação "ata de asssembléia geral extraordinária" datada de 21.12.2020, o que não havia ocorrido até a distribuição do presente pedido de providências.

D) adicionalmente, no dia 17.12.2020, a Sra. Valéria Silvério Vieira, advogada do Instituto Lagos Rio, enviou e-mail à serventia extrajudicial informando haver indícios de falsificação de uma "ata de assembleia extraordinária" que supostamente teria sido averbada na serventia e apresentada para a Receita Federal do Brasil para fins de cancelamento do CNPJ do Instituto, falsificação esta que foi confirmada pela serventia extrajudicial (fl. 260). Tal fato foi comunicado pelo Instituto à Receita Federal do Brasil, que arquivou o processo administrativo e manteve hígida a inscrição cadastral;

E) no dia 22.12.2020, o Sr. Antonio José da Costa Nazareth, na qualidade de presidente do Instituto, solicitou à serventia extrajudicial informações sobre todas as prenotações existentes relativas ao Instituto;

F) no dia 29.12.2020, o Sr. Antonio José da Costa Nazareth, na qualidade de presidente do Instituto, apresentou à serventia declaração datada de 28.12.2020, informando quais associados têm direito a voto e podem protocolar documentos referentes ao Institui.

No mesmo dia, o Sr. Antonio José da Costa Nazareth informou ter efetuado o pedido de averbação de duas "atas", porém alegou que o talão de uma delas encontrava-se em local incerto e não sabido, razão pela qual pleiteou a retirada de toda a documentação relativa ao Instituto e apresentada para registro na serventia extrajudicial.

Segundo informado pelo interino, a "ata" referida pelo Sr. Antonio José da Costa Nazareth pode se referir à "ata de assembleia geral extraordinária" datada de 11.12.2020, na qual ele foi destituído.

O interino encerrou sua manifestação afirmando que há óbices para o registro das atas em comento, considerando que os documentos apresentados maculam a segurança jurídica do acervo da serventia. Juntou os documentos de fls. 7/272.

Às fls. 279/301 dos autos, foi juntada manifestação do Instituto dos Lagos – Rio. acompanhada dos documentos de fls. 279/301, na qual se pleiteou, em breve síntese, a declaração de falsidade do documento apresentado pela Sra. Maria de Fátima de Almeida Arruda e a imediata averbação das "atas de assembleia geral" datadas de 09.11.2020 e 20.01.2020.

O Ministério Público opinou pela procedência do pedido de providências às fls. 503/505.

Houve nova manifestação do Instituto dos Lagos – Rio às fls. 507/511, na qual foram reiterados os seus pedidos.

A Sra. Maria de Fátima de Almeida Arruda manifestou-se às fls. 514/533, requerendo, em breve síntese, a averbação da "ata de assembleia geral extraordinária" datada de 11.12.2020, bem como a nulidade da prenotação n. 63.393.

Na decisão de fl. 544, datada de 01.03.2021, determinou-se, cautelarmente, o bloqueio dos atos de registro da instituição até decisão final do pedido de providências.

Determinou-se também que o oficial interino informasse nos autos: (i) se há prenotação vigente,

(ii) qual das atas têm prioridade com base na prenotação, (iii) se, para cada uma das atas, há óbices que impedem a averbação e (iv) se há indícios de falsidade verificados pelo oficial que impediriam a averbação sob o aspecto formal. Esclareceu-se também que não cabe a este Juízo correicional declarar a falsidade de documentos, o que deve ser pleiteado pelos interessados nas vias competentes.

Foram interpostos embargos de declaração às fls. 546/560, os quais foram rejeitados na decisão de fls. 700/701. Deliberou-se também em tal decisão pela remessa de cópias do presente pedido de providências à E. CGJ, em atendimento ao ofício de fls. 612/699, referente a pedido de providências instaurado, em 22.12.2020, pelo Instituto dos Lagos - Rio no CNJ, sob a alegação de que referida entidade vem sendo alvo de tentativas de desestabilização por terceiros, tendo em vista pedido junto à Receita Federal do Brasil para baixa de seu CNPJ, baseado em documento falso registrado junto ao 10º Cartório de Registro de Títulos e Documentos e Civil de Pessoa Jurídica da Capital.

Às fls. 703/706, o oficial interino prestou as informações solicitadas por este Juízo em 01.03.2021.

Às fls. 714/778, sobreveio nova determinação da E. CGJ, tendo em vista pedido de providências instaurado, em 22.12.2020, pelo Instituto dos Lagos – Rio.

Às fls. 781/784, este juízo requereu informações do interino da serventia acerca dos documentos de fls. 612/699 e 714/777, em especial quanto à falsidade de ata de assembleia utilizada na tentativa de baixa do CNPJ do Instituto, o que foi providenciado às fls. 796/798.

Foram interpostos embargos de declaração às fls. 787/795, os quais foram rejeitados na decisão de fl. 802.

Às fls. 812/813, determinou-se a instauração do pedido de providências n. 0013757-23.2021.8.26.0100, tendo por objeto a análise do quanto alegado nos pedidos de providências CNJ n. 0010648-68.2020.2.00.000 (CG n. 2021/25557) e n. CG n. 2020/128724, tendo por objeto suposta falsidade de ata de assembleia utilizada na tentativa de baixa do CNPJ do Instituto.

Houve manifestação do Instituto dos Lagos – Rio às fls. 817/820, no tocante às informações prestadas pelo interino sobre a ata de assembleia utilizada na tentativa de baixa do CNPJ do Instituto.

Às fls. 821/846, houve manifestação da Sra, Maria de Fátima de Almeida Arruda, impugnando a legitimidade da representação do Instituto na pessoa do Sr. Antonio José da Costa Nazareth, e defendendo a averbação do título prenotado sob o n.º 63.731, afastando-se os óbice registrários impostos pelo oficial registrador.

O Ministério Público reiterou novamente o seu parecer pela procedência do pedido de providências às fls. 866/868.

Houve nova manifestação do Instituto Lagos – Rio às fls. 869/886.

O Sr. Interino prestou novas informações às fls. 1.101/1.102 e 1.106/1.109.

Vieram-me os autos conclusos.

É, em síntese, o relatório. Fundamento e decido.

Preliminarmente, no que diz respeito à legitimidade do Sr. Antonio José da Costa Nazareth no presente feito, observo que, não obstante ele tenha sido afastado recentemente da presidência do Instituto, conforme decisão proferida pela Instância Superior no agravo de instrumento referente ao processo n. 1009308-11.2021.8.26.001, seu interesse no presente feito é evidente, o que não autoriza o desentranhamento de suas manifestações nos autos. Entretanto, tenho que tais manifestações não devem ser imputadas ao Instituto Lagos Rio, mas sim em nome e no interesse pessoal do Sr. Antonio.

Conforme já assinalado na decisão de fl. 544, as alegações recíprocas de falsidade das atas de assembleia não podem ser analisadas em seu mérito por este Juízo administrativo, cabendo aos interessados buscar, nas vias competentes, a declaração de falsidade que fará cessar qualquer eficácia do título imputado falso.

Dessa forma, cabe a este Juízo limitar sua análise aos aspectos formais dos títulos submetidos a registro, concernente à estrita observância aos preceitos legais e registrários.

Esclarecido esse ponto, destaco que a controvérsia dos autos tem como cerne principal três atas de assembleia, (i) uma delas datada de 11.12.2020, apresentada pela Sra. Maria de Fátima Arruda, na qual se delibera a destituição do presidente, Sr. Antonio José da Costa Nazareth, e a alteração do quadro de membros da administração, incluindo eleição de novo presidente (Sr. André Santos de Oliveira), (ii) a segunda, datada de 09.11.2020, apresentada pela Sra. Valeria Silvério Vieira, na qual o Sr. Antonio José da Costa Nazareth, na qualidade de presidente do Instituto, delibera sobre medidas administrativas relativas à reestruturação e funcionamento do instituto, e à alteração do quadro de associados, sendo anexada "ata de reunião do conselho de administração", datada de 22.09.2020, na qual foram deliberados assuntos gerais do

Instituto e admissão de novos membros "ad referendum" da assembleia geral, e (iii) a terceira, datada de 21.12.2020, que delibera sobre a mudança do nome e da sede do Instituto.

A primeira ata foi prenotada, em 15.12.2020, sob o n. 63.731, a segunda, em 16.12.2020, sob o n. 63.750, e a terceira, em 20.01.2021, sob o n. 64.024.

Conforme informado pelo Sr. Interino à fl. 706, não há indício de falsidade em nenhuma das atas, embora todas contenham óbices registrários (fls. 704/706).

Analisando-se os presentes autos, verifica-se que há intensa litigiosidade entre os membros da administração do Instituto, tendo sido, inclusive, ajuizadas ações anulatórias na 8ª Vara Cível do Foro Regional de Santana (processos n.s 1060456-68.2021.8.26.001 e 1009308-11.2021.8.26.001), nas quais se discute a falsidade ou não das duas primeiras atas de assembleia em questão. Nos autos n. 1009308-11.2021.8.26.001, inclusive, houve recente decisão da Instância Superior, em sede de agravo de instrumento, determinando o afastamento do Sr. Antonio José da Costa Nazareth da presidência do Instituto, proibindo-o da prática de atos em nome da instituição (fls. 1.094/1.096), e validando os procedimentos adotados na ata de assembleia geral de 11.12.2020 (prenotação n. 63.731).

Saliente-se, a esse respeito, que, a despeito de tal determinação pela Instância Superior, não houve, pelo menos até o momento, naqueles autos, determinação expressa para a averbação da ata de assembleia datada de 11.12.2020, razão pela qual ainda não foi afastado o bloqueio determinado anteriormente por este Juízo à fl. 544 (*"(...) a menos que haja autorização deste juízo ou determinação expressa por decisão judicial advinda de juízo competente"*).

Pois bem, analisando, neste autos, estritamente a questão registrária, de competência deste Juízo, não há que se questionar que a prenotação de n. 63.731 (ata de 11.12.2020) tem prioridade sobre a prenotação de n. 63.750 (ata de 09.11.2020). Isso porque a ata de 09.11.2020, embora houvesse sido anteriormente apresentada a registro em 12.11.2020, recebendo o número de prenotação n. 63.393, não teve cumpridas as exigências constantes de sua nota devolutiva (fls. 231/232), cujo prazo se encerraria no dia 11.01.2020 (em função do prazo em dobro autorizado pelo Prov. CG 16/2020), e foi suspenso pelo início desse procedimento em 07.01.2021.

Além disso, em 16.12.2020, a ata em questão foi reapresentada, como se fosse novo título, e sem o cumprimento das exigências e a apresentação do talão n. 19.041.091, recebendo, assim, novo número de prenotação (n. 63.750), posterior ao da ata de 11.12.2020 (n. 63.393).

Dessa forma, a não ser que as exigências constantes da nota devolutiva da prenotação n. 63.393 sejam cumpridas no prazo remanescente da prenotação, tem-se que a próxima ata com prioridade na prenotação é mesmo a de 11.12.2020 (prenotação n. 63.731).

Assim, resta analisar os óbices registrários impostos pelo registrador à averbação da ata de assembleia de 11.12.2020 (prenotação n. 63.731). Deixo de analisar os óbices referentes às prenotações seguintes, de n. 63.750 e n. 64.024, tendo em vista que estas restaram prejudicadas, ante à prioridade da prenotação n. 63.731.

Alega o registrador que há os seguintes óbices para o ingresso registrário do título objeto da prenotação n. 63.731 (fls. 704/705):

A) necessidade de apresentação dos exemplares da ata de reunião do Conselho de Administração, nos termos dos artigos 30, 31 e 32, "X" e "XIII" do estatuto vigente, em respeito ao princípio da continuidade registral;

B) necessidade de convocação da assembleia geral conforme os artigos 19 a 22 do estatuto vigente, havendo incompatibilidade entre os associados que subscreveram e assinaram a lista de presença com os últimos atos registrados na serventia (sob os n°s 46.608 e 47.563);

C) necessidade de retificação do cabeçalho do edital de convocação quanto à frase "Do Conselho de Administração", visto que se trata de uma assembleia geral extraordinária;

D) existência de contradição entre o item "C" da ata e do edital de convocação, uma vez que a referida documentação foi retirada em 07.12.2020 pela apresentante para cumprir exigências e não houve cancelamento da prenotação n. 63.393.

No que diz respeito ao terceiro óbice (letra "C"), verifica-se que houve mero erro material na designação do ato societário, o qual, uma vez corrigido pelo Instituto, levará à superação do óbice.

No que se relaciona ao primeiro, segundo e quarto óbices (letras "a", "b" e "c"), observa-se-se que houve decisão a respeito no julgamento do agravo de instrumento referente ao feito n. 1009308-11.2021.8.26.001, no qual o Des. Salles Rossi deliberou no seguinte sentido (fla. 1.094/1.096):

"A notícia de grave irregularidade cometida pelo Agravado na administração do referido Instituto redundou na necessária medida adotada pelas Agravantes, associadas fundadoras e que integravam o Conselho de Administração (Maria de Fátima e Matia Elizabete) com a convocação de Assembleia

Geral Extraordinária, que deliberou por unanimidade a nulidade da AGE realizada em 09/11/2020, a exclusão e admissão de novos membros, tudo nos exatos termos do respectivo Estatuto (fls. 272 e seguintes).

Pode-se a afirmar, portanto, que em justificadas situações, faculta-se a possibilidade de se convocar Asssembleia Geral Extraordinária e tomar as deliberações necessárias a salvaguardar os interesses do Instituto, como ocorreu no caso em análise

Portanto, não ocorreu nenhuma irregularidade na convocação da AGE de 11/12/20 (fls. 233/249), levada a efeito por 1/5 de seus associados, dentro das regras do Estatuto, diante da situação narrada (...)" (fls. 1.095/1.096).

Nesses termos, perfazendo as duas sócias fundadoras 1/5 dos associados na data da referida assembleia (fl. 1.148), elas estavam legitimadas a convocar assembleia geral, nos termos do art. 21, parágrafo primeiro, do estatuto social *("caso a assembleia geral não seja convocada, nos termos do presente Estatuto, assegura-se a 1/5 (um quinto) dos associados o direito de convocá-la"* – fl. 1.125), conforme reconhecido pelo próprio Sr. Antonio à fl. 286. Note-se que, segundo tal dispositivo, não se exigia pedido prévio de convocação endereçado ao Diretor Presidente ou aos membros do Conselho de Administração.

Ademais, tratando-se de órgão soberano na entidade, era mesmo de competência da assembleia geral deliberar sobre a destituição de administradores, a exclusão e admissão de associados, bem como a alteração do estatuto, conforme previsto no art. 23 do diploma do instituto (fls. 1.125/1.126).

E, embora no tocante ao edital (fl. 9), haja efetivamente discrepância entre a data a ele atribuída (30.11.2020) e algumas das matérias nele elencadas (as quais somente viriam a ser de conhecimento da entidade posteriormente a 30.11.2020), o que indica não ter sido cumprido, assim o prazo de 10 dias de antecedência do edital, tem-se que a Instância Superior entendeu como válida a forma de convocação da assembleia, dada a excepcionalidade da situação.

Tem-se, então, que, de acordo com a decisão proferida pelo agravo de instrumento referente aos autos n. 1009308-11.2021.8.26.001, os óbices registrários referentes à prenotação n. 63.393 encontrar-se-iam superados.

Ocorre que, tratado-se de deliberação proferida em sede de tutela de urgência, sujeita a confirmação em sentença de mérito, e havendo imensa litigiosidade entre as partes, a segurança jurídica dos registros públicos impõe que se mantenha o bloqueio cautelar determinado à fl. 544 até que haja decisão judicial determinando expressamente a averbação da ata de assembleia (o que ainda não é de conhecimento deste Juízo), ou então, até que haja o trânsito em julgado da sentença a ser proferida naqueles autos (n. 1009308-11.2021.8.26.001).

Do exposto, **julgo procedente o presente pedido de providências,** mantendo o bloqueio cautelar determinado à fl. 544 até que haja decisão judicial por juízo competente determinando expressamente a averbação da ata de assembleia, ou então, até que haja o trânsito em julgado da sentença a ser proferida nos autos n. 1009308-11.2021.8.26.001.

Não há custas, despesas processuais nem honorários advocatícios decorrentes deste procedimento.

Deixo de oficiar a Procuradoria da Fazenda Nacional, conforme requerido à fl. 1.162, na medida em que se trata de matéria que foge da competência deste Juízo, sendo possível que a própria parte interessada tome as medidas que entender necessárias para eventual apuração.

Oportunamente, arquivem-se os autos.

Comunique-se à E. CGJ da presente sentença.

P.R.I.C.

São Paulo, 13 de maio de 2021.

Vivian Labruna Catapani

Juíza de Direito (DJe de 17.05.2021 – SP)

Ementa: Sentença – Pedido de Providências – Pedido de averbação de Ata de Assembleia Extraordinária que homologou a dissolução da Associação – Informação pelo Oficial de que a referida averbação depende da regularização da situação registral da Pessoa Jurídica desde quando terminou o mandato da última diretoria regularmente eleita, bem como apresentou outras exigências – Convocação da última Assembleia padecida de vício – Fixação do prazo de dois anos, no Estatuto social, para os mandatos da Diretoria – Princípio da Continuidade – Necessidade da apresentação de Ata de Assembleia ratificando todos os atos praticados no período de irregularidade da Entidade – Inconformismo da Requerente voltado com exclusividade apenas ao primeiro óbice – Pedido prejudicado

Processo 1033971-18.2021.8.26.0100

Pedido de Providências - Registro Civil das Pessoas Naturais - Associação dos Educadores de Saúde Pública - Diante do exposto, julgo prejudicado o pedido de providências formulado em face do 4º Oficial de Registro de Títulos e Documentos e Civil de Pessoa Jurídica da Capital, com as observações acima delineadas. Deste procedimento não decorrem custas, despesas processuais e honorários advocatícios. Oportunamente remetam-se os autos ao arquivo. P.R.I.C. - ADV: PAULO DE TARSO GOMES (OAB 16965/SP)

Íntegra da decisão:

SENTENÇA

Processo Digital nº: **1033971-18.2021.8.26.0100**

Classe - Assunto **Pedido de Providências - Registro Civil das Pessoas Naturais**

Requerente: **Associação dos Educadores de Saúde Pública**

Requerido: **4º Oficial de Registro de Títulos e Documentos e Civil de Pessoa Jurídica da Capital**

Juiz(a) de Direito: Dr(a). **Vivian Labruna Catapani**

Vistos.

Trata-se de **pedido de providências** formulado por **Associação dos Educadores de Saúde Pública**, representada por **Rosa Maria Cutolo Martins**, em face do **4º Oficial de Registro de Títulos e Documentos e Civil de Pessoa Jurídica da Capital**, pretendendo a averbação de ata de assembleia extraordinária que homologou sua dissolução.

Relatou que a associação foi constituída em 1948, sendo que, após eleger a Diretoria para o biênio de 1999/2001, observou-se expressiva redução do número de associados, além da falta de atendimento a convocações e pagamento de contribuições, o que exauriu suas finanças. Acrescentou que, como a situação de abandono das associadas perdurou, em 2010, firmou-se comodato verbal permitindo o uso do imóvel da organização, mediante quitação de despesas condominiais e IPTU, circunstância que permanece até os dias atuais. Salientou que, diante da necessidade de extinção regular da associação, a Presidente eleita no biênio antes citado reuniu um grupo remanescente de associadas, para eleição de nova Diretoria a ser exercida entre 2020/2022. Narrou que, na sequência, com regular convocação da Presidente, por voto unânime, a dissolução restou aprovada, e, para tanto, em assembleia geral extraordinária seguinte, foram deliberados os termos de encerramento com nomeação de liquidante. Ressaltou, ainda, que a associação não possui dívidas nem obrigações a serem cumpridas e que a doação do bem de sua propriedade preenche os requisitos do estatuto social. Em razão dos fatos descritos, que apontam para a inatividade no período de 2001 até 2020, pugnou pelo registro dos atos de assembleia.

Juntou os documentos de fls. 10/27.

O Oficial se manifestou às fls. 111/113. Esclareceu que, em observância ao princípio da continuidade, a averbação da ata da assembleia geral de nova diretoria depende da regularização da situação registral da pessoa jurídica desde o ano de 2001, quando terminou o mandato da última diretoria regularmente eleita, além do cumprimento das demais exigências da nota devolutiva. Destacou o teor dos artigos 42 e 53 do estatuto social, para afirmar que a convocação de assembleia no ano de 2020 padece de vício consistente na falta de competência formal de quem a convocou, já que não detinha mandato há muitos anos. Indicou que, em caso de ausência de eleições, a regularização passa pela nomeação judicial de administrador provisório, com competência excepcional para convocar assembleia geral de nova diretoria. Ressalvou entendimento da Corregedoria que admite, como alternativa, a apresentação de ata de assembleia ratificando todos os atos praticados no período em que a entidade esteve irregular proceder a ser adotado antes de se eleger nova diretoria, somado à declaração dos membros da última diretoria assegurando que a administraram sem que tivesse sido realizada eleição, assumindo a responsabilidade por todos os atos praticados. Segundo entende, sem essa declaração haveria um hiato relativo à validade jurídica dos atos praticados em determinado período.

Às fls. 116/118 e 132/133, a requerente sustentou que as opções sugeridas pelo Registrador não se aplicam ao caso concreto, visto que não se pretende manter as atividades da associação, já dissolvida por força do art. 60 do seu estatuto. Defendeu que não se justifica a imposição de procedimento custoso, devendo prevalecer a economia processual, pois apenas três eleitas para a última diretoria estão vivas e as quatorze associadas restantes são bastante idosas.

O Ministério Público ofertou parecer às fls. 121/130, pela improcedência do pedido.

É o relatório.

Passo a fundamentar e a decidir.

A análise da questão se encontra prejudicada em razão do inconformismo voltado com exclusividade à primeira exigência, entre as seis apresentadas na nota devolutiva. Isso porque este procedimento visa à apreciação, como um todo, de eventuais óbices apontados pelo Registrador para ingresso direto do título. Não se presta à determinação condicionada à conduta futura, uma vez pendentes providências que não foram objeto de irresignação.

Nesse sentido, confira-se posicionamento recente da E. Corregedoria Geral da Justiça, no Recurso Administrativo nº 1011526-59.2017.8.26.0451, com parecer nº 52/2021-E, proferido pela MM. Juíza

Assessora Stefânia Costa Amorim Requena, aprovado em 18.02.2021 pelo Des. Ricardo Anafe:

> *REGISTRO CIVIL DE PESSOA JURÍDICA - Averbação de ata de assembleia geral - Ausência do título original - Não impugnação de todas as exigências apresentadas pelo registrador - Pedido de providências prejudicado - Recurso não conhecido.*

Contudo, a resposta ao caso concreto se mostra possível, a fim de evitar a reapresentação futura do tema, permitida pela natureza administrativa do procedimento, o que geraria mais desgaste a quem deseja prover a solução.

Primeiramente, mesmo não sendo insensível à idade das interessadas na dissolução da Associação e à doação beneficente de imóvel decorrente, é incabível que se socorram de tais circunstâncias e do preceito da economia processual para vulnerar outros princípios do Direito.

Conforme a ata de fls. 43/47, Leonice Mancini foi eleita Presidente da Associação para o biênio 1999/2001. Segundo a requerente, nos anos seguintes, não se implementou nova eleição, até a convocação para a Assembleia Geral Ordinária de 27.02.2020, em que se confirmou a mesma Presidente para o biênio de 2020/2022. A ata resultante foi a única apresentada para registro (fls. 48/55) e gerou a nota devolutiva de fl. 48.

Como bem pontuado pelo Oficial, essa lacuna entre o mandato com término em 2001 e aquele que se pretendeu iniciar em 2020 precisa ser suprida para regularização da existência da Associação. Daí o entendimento de ser necessário apresentar atas de eleições sobre tal período.

O Estatuto Social da requerente (fls. 22/40) fixa o prazo de dois anos para os mandatos da Diretoria (art. 42) e prevê que as eleições para definir seus membros devem ser promovidas em Assembleia Geral Extraordinária, convocada pelo Presidente da Associaçao, na segunda quinzena do mês de maio (art. 45).

De acordo com o art. 53, *caput* e parágrafo único (fls. 36/37), em caso de impossibilidade de realização das eleições à época prevista, o mandato poderá ser prorrogado pelo prazo máximo de 90 dias.

Nota-se que o mandato da Presidente Leonice Mancini se encerrou em 2001, ainda que se considere a prorrogação máxima prevista em estatuto. Como isso, a associação teria permanecido acéfala por anos, já que não é admissível presumir a extensão do mandato pela inércia na convocação de eleição.

Ocorre que, pelo **princípio da continuidade**, para regularidade do registro da associação, as gestões devem se encadear de modo ininterrupto, sucedendo-se, sob pena de autorizar-se que, no hiato entre as eleições de Diretoria, não se possa creditar a responsabilidade pelos atos praticados.

Em caso análogo processado pela E. Corregedoria Geral da Justiça, o MM. Juiz Guilherme Stamillo Santarelli Zuliani trouxe apontamentos relevantes:

> *As associações são pessoas jurídicas de finalidades lícitas (art. 5º, VII, da CF) e não econômicas que se constituem pela união de pessoas (art. 53 do Código Civil), possuindo uma estrutura interna (associados) e seu estatuto, sendo que a administração não se confunde com a gestão administrativa (função auxiliar responsável pelo cumprimento dos atos praticados pelos administradores), consoante dispõe o art. 54, I, do Código Civil. O Estatuto deve ser registrado na forma do art. 121 da Lei nº 6.015/73 e as averbações serão concentradas na mesma unidade de serviço (Capítulo XVIII, item 17.1, das Normas de Serviço da Corregedoria Geral da Justiça).*
>
> *A averbação da ata de assembleia extraordinária é um ato que conduz ao registro (sentido amplo) e, como tal, deverá ser admitida, desde que não haja ofensa ao princípio da continuidade (legalidade). O direito deduzido pela associação religiosa (inexistência de atos de gestão durante o período de inatividade e o excesso de formalismo na decisão que remete a discussão às vias judiciais) é forte, mas não o suficiente para romper o precedente estabelecido nesta Egrégia Corregedoria Geral da Justiça. Há controvérsia sobre o alcance do princípio da compatibilidade como forma de mitigar os rigores da continuidade, porém a interessada sequer apresentou a lista dos presentes na assembleia, inviabilizando o saneamento de tal irregularidade pela participação de diretores em número suficiente para atingir o quórum de deliberação da diretoria, sendo insuficiente a atuação apenas do Presidente para convalidar o longo vazio deixado pelo período sem exercício.*
>
> *Assim, não há como reconhecer como provado, inequivocamente, o cumprimento dos requisitos legais que permitem a averbação. É preciso respeitar o entendimento que garante o vínculo de continuidade para decidir sobre a oportunidade de atribuir a fé pública ao ato jurídico praticado pela pessoa jurídica e, neste caso específico, a insurgência da interessada quanto à existência do cargo fixo (vitalício) e estatutário (art. 12° da última versão) exercido pelo Pároco não alcança o peso que anima liberar a exigência, porque, em matéria de registro público, não é possível aplicar uma cláusula para estender, de forma fictícia, a condição de gestor para período anterior à eleição da atual diretoria, como se não houvesse o vazio deixado pela inatividade*

(irregularidade). (Processo nº 2015/00154497, Parecer nº 14/2016-E, aprovado em 27.01.2016 pelo Des. Pereira Calças, então Corregedor Geral da Justiça). A solução adotada em referido precedente, como em vários outros daquele C. Órgão, é a regularização da associação em sede jurisdicional com a nomeação de administrador provisório, como base no art. 49 do CC.

Na mesma linha, colacionam-se julgados do E. Tribunal de Justiça, proferidos em Câmaras de Direito Privado:

APELAÇÃO Ação de Alvará Judicial Pretensão ao registro da última ata de assembleia sem a apresentação das anteriores Sentença de improcedência Impossibilidade da averbação pretendida, sob pena de se infringir o princípio da continuidade registral Necessária a nomeação de administrador provisório, nos termos do art. 49 do CC Recurso desprovido. (Apelação Cível 3000585-59.2013.8.26.0288; Rel. Des. José Aparício Coelho Prado Neto; Órgão Julgador: 9ª Câmara de Direito Privado; Foro de Ituverava - 2ª Vara; Data do Julgamento: 07/06/2016; Data de Registro: 24/06/2016).

REGISTRO DE IMÓVEIS – DÚVIDA INVERSA – Negativa do Oficial de Registros de Imóveis em registrar ata de assembleia de eleição de diretoria de associação, realizada em 2009 – Sentença de improcedência – Negativa fundada na ausência de apresentação das atas de eleições referentes ao período de 2005 a 2008 – Descumprimento do Estatuto Social, que impunha mandato de 01(um) ano para os cargos de diretoria e conselho – Inobservância a formalidade que implicou ruptura na cadeia de registros da associação – Contrariedade aos princípios da legalidade e continuidade registrária – Impossibilidade de averbação do ato pretendido – Sentença mantida – Aplicação do art. 252, do Regimento Interno do Tribunal de Justiça – Recurso improvido. (Apelação Cível 0012146-77.2013.8.26.0597; Rel. Des. Fábio Quadros; Órgão Julgador: 4ª Câmara de Direito Privado; Foro de Sertãozinho - 1ª Vara Cível; Data do Julgamento: 28/05/2015; Data de Registro: 03/06/2015).

Nem mesmo a previsão do art. 60, *caput* e parágrafo único, do estatuto social é capaz de infirmar essa conclusão. Pelo teor do dispositivo (fls. 38/39), o funcionamento da associação dependeria da reunião de, ao menos, cinquenta sócios e, na falta desse contingente ou de renda suficiente para manutenção da atividade, deveria haver dissolução com destinação do patrimônio à instituição beneficente, nos termos do art. 57.

Do regramento se extrai que, durante o exercício das funções, a entidade deveria ser dissolvida assim que uma dessas situações se evidenciasse. Não é possível, aqui, uma inversão de interpretação, pela automática dissolução, de forma a endossar a irregularidade no tempo, como se pretende. No mais, como sinalizado em procedimentos desta Corregedoria Permanente (Proc. nº 1058345-11.2015.8.26.0100 e Proc. nº 1080765-39.2017.8.26.0100), poderá haver mitigação do princípio da continuidade se verificada a compatibilidade entre o último ato associativo e o subsequente. Nesse particular, assiste razão ao Registrador sobre a necessidade de apresentação de ata de assembleia ratificando todos os atos praticados no período em que a entidade esteve irregular proceder a ser adotado antes de se eleger nova diretoria, somado à declaração da maioria dos membros da última diretoria assegurando que a administraram sem que tivesse sido realizada eleição, dessa forma, assumindo a responsabilidade por todos os atos praticados. Seria a alternativa, dotada de considerável segurança jurídica, a evitar a nomeação de administrador provisório.

Diante do exposto, **julgo prejudicado** o **pedido de providências** formulado em face do **4º Oficial de Registro de Títulos e Documentos e Civil de Pessoa Jurídica da Capital**, com as observações acima delineadas.

Deste procedimento não decorrem custas, despesas processuais e honorários advocatícios.

Oportunamente remetam-se os autos ao arquivo.

P.R.I.C.

São Paulo, 05 de maio de 2021.
Vivian Labruna Catapani
Juíza de Direito (DJe de 10.05.2021 – SP)

Ementa: Sentença – Dúvida – Pedido de registro da Ata de Assembleia Geral de Condomínio – Óbice registrário em razão da incompetência territorial – Esclarecimento pelo Requerente de que o intuito do registro é apenas para fins de guarda e conservação – Item 9, do Capítulo XIX, das NSCGJ – Efetivação do registro – Pretensão satisfeita – Perda do objeto – Dúvida Prejudicada

Processo 1022785-95.2021.8.26.0100

Dúvida - Registro civil de Pessoas Jurídicas - Condomínio Sítio das Hortênsias - Pelo exposto, julgo prejudicada a dúvida suscitada pelo 4º Oficial de Registro de Títulos e Documentos e Civil de Pessoa Jurídica da Capital, a requerimento de Condomínio Sítio das Hortênsias. Deste procedimento não decorrem custas, despesas processuais e honorários advocatícios. Oportunamente remetam-se os autos ao arquivo. P.R.I.C. - ADV: SERGIO RUBINSTEIN (OAB 32795/SP)

Íntegra da decisão:

SENTENÇA

Processo Digital nº: **1022785-95.2021.8.26.0100**

Classe - Assunto **Dúvida - Registro civil de Pessoas Jurídicas**

Requerente: **4º Oficial de Registro de Títulos e Documentos e Civil de Pessoa Jurídica da Capital**

Suscitado: **Condomínio Sítio das Hortênsias**

Juiz(a) de Direito: Dr(a). **Vivian Labruna Catapani**

Vistos.

Trata-se de **dúvida** suscitada pelo **4º Oficial de Registro de Títulos e Documentos e Civil de Pessoa Jurídica da Capital**, a requerimento de **Condomínio Sítio das Hortênsias**, em razão da recusa de registro de ata de Assembleia Geral de Condomínio, sob o argumento de incompetência territorial.

O Registrador sustentou que a prática do ato deveria respeitar o domicílio onde situado o condomínio, no Município de São Roque/SP, nos termos do art. 130 da LRP, de modo a repelir desvio indesejado da publicidade esperada do Sistema de Registros Públicos. Ressaltou, ainda, que atos da mesma espécie efetivados na Capital no passado não justificam a continuidade do procedimento. Juntou os documentos de fls. 4/14.

Ao impugnar o óbice apontado (fls. 19/22), o suscitado alegou, em síntese, que a ata de assembleia não se confunde com contrato e, portanto, o condomínio não é parte para se enquadrar no art. 130 da Lei nº 6.015/73. Enfatizou, ainda, que a Administradora e a Síndica têm domicílio na Capital, sendo que, desde 1986, mais de 40 atas foram registradas nesta Comarca.

O Ministério Público opinou pela improcedência da dúvida (fls. 31/32), a fim de se afastar o óbice registrário, uma vez que a pretensão do interessado se enquadraria na finalidade de conservação, nos termos do art. 127, VIII, da LRP.

Às fls. 38/39, o suscitado afirmou que o registro almejado é para fins de guarda e conservação.

Informou o Registrador que o ato foi, então, praticado na modalidade indicada (fl. 42/43).

É o relatório. Decido.

Com efeito, para o alcance da publicidade, o registro deve observar o princípio da territorialidade, regulado nos termos do item 4.1, do Cap. XIX, das NSCGJ:

> *4.1. Compete privativamente aos oficiais de registro de títulos e documentos do domicílio das partes mencionadas no título (pessoa física ou jurídica), o registro obrigatório para eficácia contra terceiros de documentos originais cujo suporte seja papel, microfilme e mídias óticas, analógicas, eletrônicas ou digitais, bem como de documentos elaborados sob qualquer outra forma tecnológica. Tendo em vista que o suscitado afiançou a intenção de guarda e conservação, o suscitante reconsiderou o posicionamento e efetivou o registro. Para tanto, como se extrai de fls. 42/43, cumpriu o dever de esclarecimento inserto no item 9, do Cap. XIX, das NSCGJ:*

> *9. O registro facultativo exclusivamente para fins de mera conservação, tanto de documentos em papel como de documentos eletrônicos, terá apenas a finalidade de arquivamento, bem como de autenticação da data, da existência e do conteúdo do documento ou do conjunto de documentos, não gerando publicidade nem eficácia em face de terceiros, circunstância que deve ser previamente esclarecida ao interessado, sendo vedada qualquer indicação que possa ensejar dúvida sobre a natureza do registro ou confusão com a eficácia decorrente do registro para fins de publicidade e/ou eficácia contra terceiros.*

Diante da solução construída no decorrer deste feito, houve o perecimento do óbice inicialmente levantado, com a perda do objeto trazido à apreciação.

Pelo exposto, **julgo prejudicada** a dúvida suscitada pelo **4º Oficial de Registro de Títulos e Documentos e Civil de Pessoa Jurídica da Capital**, a requerimento de **Condomínio Sítio das Hortênsias**.

Deste procedimento não decorrem custas, despesas processuais e honorários advocatícios.

Oportunamente remetam-se os autos ao arquivo.

P.R.I.C.

São Paulo, 08 de abril de 2021.

Vivian Labruna Catapani

Juiz de Direito (DJe de 12.04.2021 – SP)

Ementa: Sentença – Pedido de Providências – Registro de Ata de Assembleia – Alegação de irregularidades – Descabimento – Ausência de nota devolutiva ou qualquer outra exigência feita pelo Oficial – Autonomia do registrador – Ausência de conduta irregular – Improcedência

Processo 0002768-55.2021.8.26.0100

Pedido de Providências - REGISTROS PÚBLICOS - Corregedoria Geral da Justiça - 4º Oficial de Registro de Títulos e Documentos e Civil de Pessoa Jurídica da Capital - Sônia Maria Platinetti Canineo Preter - Do exposto, julgo improcedente o pedido de providências formulado por Sonia Maria Platinetti Canineo Preter em face do Oficial do 4º

Registro de Títulos e Documentos e Civil de Pessoa Jurídica da Capital. Não há custas, despesas processuais nem honorários advocatícios decorrentes deste procedimento. Oficie-se à Egrégia Corregedoria Geral da Justiça, comunicando sobre esta decisão. Oportunamente, arquivem-se os autos. P.R.I.C. - ADV: EDUARDO ONO TERASHIMA (OAB 257225/SP)

Íntegra da decisão:

SENTENÇA

Processo Digital nº: **0002768-55.2021.8.26.0100**

Classe - Assunto **Pedido de Providências - REGISTROS PÚBLICOS**

Requerente: **Corregedoria Geral da Justiça**

Requerido: **4º Oficial de Registro de Títulos e Documentos e Civil de Pessoa Jurídica da Capital**

Juiz(a) de Direito: Dr(a). **Vivian Labruna Catapani**

Vistos.

Trata-se de **pedido de providências** encaminhado pela Egrégia Corregedoria Geral da Justiça, formulado por **Sonia Maria Platinetti Canineo Preter** em face do **Oficial do 4º Registro de Títulos e Documentos e Civil de Pessoa Jurídica da Capital**.

Relata a reclamante, em síntese, que tomou conhecimento da apresentação para registro de ata de reunião de sócios datada de 23.12.2020, na qual foi deliberado assunto de interesse da empresa Vespaci LTDA, mais especificamente, a aprovação de medidas de responsabilização da requerente, detentora de 50% do capital social, e suas consequências legais, tais como o afastamento da administração e a propositura de ação de indenização pelos atos praticados em prejuízo da sociedade. Destaca que a minuta da ata recebida não cumpre os requisitos legais, razão pela qual deverá ser indeferido o ato registrário. Requer, assim, que a Serventia deixe de proceder o registro da ata, enfatizando que a questão está na iminência de ser judicializada. Juntou documentos às fls. 06/12.

Proferida decisão às fls. 13/15, a requerente se manteve silente no prazo estipulado para manifestação (fl. 19).

O Ministério Público opinou pelo indeferimento do pedido (fls. 22/23)

É o relatório.

Passo a fundamentar e a decidir.

Os limites da atuação deste Juízo no caso já foram esclarecidos de modo exauriente na decisão de fls. 13/15, abaixo transcrita:

"Primeiramente cabe pontuar a questão da independência do registrador na qualificação do título que lhe é apresentado. Neste contexto, como bem preceitua Marcelo Fortes Barbosa Filho, O Registro de Imóveis, os títulos judiciais e as ordens judiciais", Doutrinas Essenciais Direito Registral, pag.1125, vol. II, Revista dos Tribunais:

> *Na qualidade de titular de uma delegação de serviço público, o registrador de imóveis atua na esfera administrativa e, friso, no uso de sua autonomia funcional, analisa a presença dos aspectos extrínsecos necessários a cada título e sua coerência sistemática.*

Aqui cabe a pontuação que não somente o registrador de imóveis possui autonomia funcional, mas os registradores de titulos e documentos, tabeliães e notários, razão pela qual este Juízo não tem autonomia para interferir na qualificação, determinando que não seja registrado o titulo apresentado.

Destaco que a competência desta Corregedoria Permanente é a análise do ato praticado pelos delegatários, ou seja, pelo afastamento ou permanência dos óbices registrários, sendo certo que uma vez efetuado o ato, a declaração de nulidade ou anulação deverá ser intentada nas vias judiciais, com a incidência do contraditório e ampla produção probatória, especialmente em casos envolvendo litigio entre as partes, como verifica-se na presente hipótese.

Do documento apresentado à fl. 06, tem-se que o pedido de registro foi apresentado em 05.01.2021, com previsão de retirada em 19.01.2021, sendo que até a presente data não houve a formulação de qualquer providencia administrativa intentada pelo Oficial, ou insurgência pela apresentante em relação a eventual negativa do ato.

Assim, caberá a requerente diligenciar junto ao 4º RTD se houve o registro da ata em questão e sentindo-se prejudicada, tomar as providencias que entender cabíveis para assegurar seu direito no âmbito judicial."

Ficou claro, portanto, que a autonomia do Registrador impede que se obste, por esta via, o exercício da qualificação que lhe compete. E, na pendência de questões próprias da discussão jurisdicional, que envolvam direito material estranho ao âmbito administrativo, também eventual provimento cautelar deve ser buscado na seara adequada, descabendo aqui qualquer manifestação que se antecipe à concretização de registro.

No mais, ao ser instada a se pronunciar, a requerente manteve-se inerte e, como se verifica às fls. 4/5, não trouxe nenhuma notícia de conduta irregular a ser apurada na esfera censório-disciplinar, inexistindo medida a ser tomada.

Do exposto, **julgo improcedente** o pedido de providências formulado por **Sonia Maria Platinetti Canineo Preter** em face do **Oficial do 4º Registro de Títulos e Documentos e Civil de Pessoa Jurídica da Capital.**

Não há custas, despesas processuais nem honorários advocatícios decorrentes deste procedimento.

Oficie-se à Egrégia Corregedoria Geral da Justiça, comunicando sobre esta decisão.

Oportunamente, arquivem-se os autos.

P.R.I.C.

São Paulo, 05 de abril de 2021.

Vivian Labruna Catapani

Juiz de Direito(DJe de 08.04.2021 – SP)

Ementa: Sentença – Pedido de Providências – Pedido de averbação da Ata de Assembleia Geral – Impossibilidade – Ausência das assinaturas dos Conselheiros Fiscais destituídos na respectiva Assembleia – Necessidade da anuência dos aludidos destituídos em razão da existência de Declaração de Quitação imputada a estes – Art. 320 do CC – Manutenção do óbice – Improcedência

Processo 1011108-68.2021.8.26.0100

Pedido de Providências - Registro civil de Pessoas Jurídicas - Instituto Consulado da Mulher - Do exposto, julgo improcedente o pedido de providências formulado por Instituto Consulado da Mulher em face do Oficial do 9º Registro de Títulos e Documentos e Civil de Pessoa Jurídica da Capital. Não há custas, despesas processuais nem honorários advocatícios decorrentes deste procedimento. Oportunamente, arquivem-se os autos. P.R.I.C. - ADV: CARLOS EDUARDO LEME ROMEIRO (OAB 138927/SP), AMANDA SOUZA GIACOMETTE (OAB 337045/SP)

Íntegra da decisão:

SENTENÇA

Processo Digital nº: **1011108-68.2021.8.26.0100**

Classe - Assunto **Pedido de Providências - Registro civil de Pessoas Jurídicas**

Requerente: **Instituto Consulado da Mulher**

Requerido: **9º Oficial de Registro de Títulos e Documentos e Civil de Pessoa Jurídica da Capital**

Juiz(a) de Direito: Dr(a). **Vivian Labruna Catapani**

Vistos.

Trata-se de pedido de providências formulado por Instituto Consulado da Mulher em face do Oficial do 9º Registro de Títulos e Documentos e Civil de Pessoa Jurídica da Capital.

Narra a requerente que apresentou para averbação ata de assembleia geral, cujo ingresso registrário foi negado. Informa que o óbice se deu pela falta de assinatura dos conselheiros fiscais que foram destituídos na respectiva assembleia. Alega, entretanto, que é de competência exclusiva da assembleia geral a eleição e destituição dos membros do conselho fiscal, não havendo previsão legal ou estatutária que exija anuência dos destituídos e, consequentemente, suas assinaturas na ata. Argumenta, ainda, que somente há necessidade de cientificação no caso de renúncia pelo próprio membro do conselho, e não o contrário, conforme previsto no art. 30 do Provimento CGJ n.º 58/89.

O Oficial manifestou-se às fls. 47/49, justificando a negativa em virtude não da destituição dos conselheiros, mas sim para legitimar as próprias deliberações havidas em assembleia. Isso porque consta da ata de assembleia declaração de quitação imputada aos conselheiros destituídos.

O Ministério Público opinou às fls. 52/53 pela improcedência do pedido de providências.

É o relatório. Decido.

O pedido de providências é improcedente.

Extrai-se da ata de assembleia geral extraordinária de fls. 32/35, que houve destituição da Sra. Sueli Morales Zinezi e do Sr. Thiago Agda de Sousa dos respectivos cargos de conselheiro fiscal.

É cristalino que referida destituição inexigiria a anuência de tais conselheiros, por falta de exigência legal ou estatutária. Também não se olvida que, nos termos das Normas de Serviço Extrajudiciais, item 30 do Capítulo XVIII, exige-se termo assinado apenas em caso de renúncia, com a respectiva cientificação à pessoa jurídica.

Ocorre que, no presente caso, a ata contém declaração de tais conselheiros, no seguinte sentido:

> *"6.1.1. (...) O consulado, Sra. Sueli Morales Zinezi e o Sr. Thiago Agda de Sousa, ora destituídos, outorgam-se, mutuamente, a mais ampla, geral, plena, irrevogável e irretratável quitação de todas e quaisquer obrigações que porventura existam ou que venham a existir em decorrência do vínculo relativo à prestação de serviços como administradores ora terminado, declarando nada terem a reclamar a esse título a qualquer tempo, judicial ou extrajudicialmente." (fl. 33)*

Tratando-se de declaração pessoal de quitação é essencial a assinatura da ata pelos conselheiros destituídos, de forma que tal declaração produza efeitos plenos em face de tais conselheiros e terceiros. Isso porque, sem a assinatura de tais conselheiros, não há segurança jurídica suficiente quanto a tal declaração, que consubstancia ato jurídico em sentido estrito.

Destaque-se, ainda, sequer constar da ata de assembleia a presença dos conselheiros destituídos no ato, conforme se extrai da leitura do item 3 – presença (fl. 32) e, por óbvio, do campo de assinaturas (fl. 35), no qual consta apenas a assinatura das novas conselheiras fiscais eleitas.

E, como se sabe, a atividade registrador é voltada à garantia de autenticidade, segurança e eficácia dos atos jurídicos.

A respeito esclarece José Horácio Cintra Gonçalves Pereira (*in Lei de Registros Públicos Comentada – Lei 6.015/1973*, Coordernadores Arruda Alvim, Alexandre Laizo Clápis e Everaldo Augusto Clamber, 2a edição, Editora Gen, 2019, pág. 3):

> *"Outrossim, os serviços concernentes aos registros públicos têm por finalidade, além da destacada publicidade, dar aos atos jurídicos: a) a autenticidade – do documento ou do ato; indica que ele é verdadeiro, exato e está legal. Essa presunção de autenticidade decorre, sem dúvida, da fé pública dos Oficiais; b) segurança – é o estado, a qualidade ou a condição, de estar seguro, livre de perigos e riscos, de estar afastado dos danos ou prejuízos eventuais; c) eficácia – compreende-se como a força ou poder que possa ter um ato ou fato jurídico, para produzir os desejados efeitos."*

E complementa:

> *"(...)*
>
> *Por sua vez, com referência à segurança e à autenticidade, Antonio Macedo de Campos observa que traz a indispensável margem de segurança aos intervenientes e também a terceiros, no sentido de que o ato foi praticado com as formalidades legais e que será válido até a ocorrência de ato ou fato contrário que também só poderá surgir em decorrência de lei. No tocante à eficácia, a validade em relação às partes e os resultados vão também atingir terceiros que, embora não integrantes do ato, tenham direta ou indiretamente qualquer interesse na qualidade do resultado".*

Como se não bastasse, prevê o art. 320 do Código Civil que: *"a quitação, que sempre poderá ser dada por instrumento particular, designará o valor e a espécie da dívida quitada, o nome do devedor, ou quem por este pagou, o tempo e o lugar do pagamento, com a assinatura do credor, ou do seu representante."* (grifei)

Dessa forma, justifica-se a exigência imposta pelo registrador, de modo a manter indene de vícios e questionamentos a declaração de quitação prestada em ata pelos conselheiros destituídos.

Do exposto, julgo improcedente o pedido de providências formulado por Instituto Consulado da Mulher em face do Oficial do 9º Registro de Títulos e Documentos e Civil de Pessoa Jurídica da Capital.

Não há custas, despesas processuais nem honorários advocatícios decorrentes deste procedimento.

Oportunamente, arquivem-se os autos.

P.R.I.C.

São Paulo, 04 de março de 2021.

Vivian Labruna Catapani

Juiz de Direito (DJe de 08.03.2021 – SP)

Ementa: Sentença – Pedido de Providências – Pedido de averbação da Ata de Assembleia Extraordinária – Impossibilidade – Ausência da apresentação das atas de eleições realizadas anteriormente – Existência de irregularidade referente a representação da Entidade – Necessidade da nomeação de um administrador provisório via decisão judicial – Art. 49 do CC – Princípio da Continuidade Registrária – Manutenção do óbice – Improcedência

Processo 1001631-21.2021.8.26.0100

Pedido de Providências - Registro Civil das Pessoas Naturais - Almir Elias da Costa - Vistos. Trata-se de pedido de providências formulado por Almir Elias da Costa em face do Oficial do 3º Registro de Títulos e Documentos e Civil de Pessoa Jurídica da Capital, pleiteando a averbação da Ata de Assembleia Extraordinária realizada em 08.08.2020. A qualificação do título restou negativa tendo em vista a ausência das atas de eleições referentes ao período de 2002 e seguintes, levando-se em consideração que o término do mandado dos últimos dirigentes ocorreu em março de 2002. Salienta o Registrador que na impossibilidade de apresentação das atas mencionadas, deverá a requerente obter decisão judicial, com o respectivo transito em julgado, nomeando administrador provisório, nos termos do artigo 49 do CC. Apresentou documentos às fls. 53/92. Insurge-se o requerente do óbice registrário, sob o argumento de que a empresa GTAA Grupo de Treinamento Profissional e Associados passou por um período sem atividade institucional entre março de 2002 a outubro de 2020, razão pela qual não se realizou qualquer eleição. Salienta a ausência de irregularidade, pois houve o registro da ata dos membros da diretoria executiva eleitos em assembleia, independentemente da empresa ter ou não exercido atividade institucional nos últimos anos, sendo que tais membros foram excluídos de seus cargos até a realização da Assembleia Geral Extraordinária de 08.08.2020, logo, a requerente não ficou acéfala. Juntou documentos às fls. 08/45. O Ministério

Público opinou pelo indeferimento do pedido (fls. 95/96). É o relatório. Passo a fundamentar e a decidir. Correto o óbice apresentado pelo Oficial no que diz respeito à irregularidade na representação da entidade, uma vez que, conforme reconhecido pelo próprio interessado desde março de 2002 a associação não possui representação eficaz. Nos termos do artigo 10, item 3, do Estatuto da Associação (fl. 63): "As Assembleias Gerais realizar-se-ão em caráter ordinário: 3 - De dois em dois anos para eleição do conselho fiscal e da diretoria executiva, e da suplência. Assim, a solução cabível é a nomeação de administrador provisório para convocar novas eleições ou ratificação dos atos pelos membros da antiga e nova diretoria. Para a eleição de um administrador provisório é imprescindível a intervenção do Poder Judiciário, tendo em vista que não se discute apenas a situação registrária, mas a própria representação da pessoa jurídica, além da administração de seus vários interesses. Há de se notar que o Estatuto Social deve se adequar às disposições do Código Civil Brasileiro e, para tal, deve o administrador provisório ter poderes específicos para convocar e presidir Assembleia Geral Extraordinária. Tal entendimento está pacificado no âmbito da Corregedoria Geral da Justiça (Processos n°s 1.283/2003, 206/2004, 610/2004, 611/2004, 959/2006 e 11.901/2007). No mais, o artigo 49 do CC é cristalino ao estabelecer que: "Se a administração da pessoa jurídica vier a faltar,o juiz, a requerimento de qualquer interessado, nomear-lhe-á administrador provisório". Logo, ao dispor que somente o juiz poderá nomear administrador provisório, tem-se que é indispensável o requerimento na via judicial, perante uma das Varas Cíveis competentes, preservando-se assim, o princípio da continuidade registrária. Diante do exposto, julgo improcedente o pedido de providências formulado por Almir Elias da Costa, em face do Oficial do 3º Registro de Títulos e Documentos e Civil de Pessoa Jurídica da Capital, devendo o interessado buscar a satisfação de sua pretensão nas vias ordinárias. Deste procedimento não decorrem custas, despesas processuais e honorários advocatícios. Oportunamente remetam-se os autos ao arquivo. P.R.I.C. - ADV: CYNTHIA ANDREA CERAGIOLI DE FARIAS (OAB 336235/SP) (DJe de 03.03.2021 – SP)

Ementa: Sentença – Dúvida – Pedido de registro da Ata de Assembleia Extraordinária que deliberou a alteração da Convenção do Condomínio – Informação do Registrador de que o título possui competência privativa do Registro de Imóveis – Descabimento – Pretensão dos Requerentes de apenas registrar a Ata de Assembleia e não de efetuar a averbação da aludida alteração – Competência exclusiva do RTDPJ – Art. 127, da LRP – Improcedência

Processo 1094153-04.2020.8.26.0100

Dúvida - Registro civil de Pessoas Jurídicas - Condominio Edificio Cortina D'Ampezzo - Vistos. Trata-se de dúvida suscitada pelo Oficial do 1º Registro de Títulos e Documentos e Civil de Pessoa Jurídica da Capital, a requerimento do Condomínio Edifício Cortina D'Ampezzo e Adriana de Melo Trindade, tendo em vista a negativa em se proceder ao registro da ata de assembleia geral extraordinária realizada em 30.07.2020, que deliberou, entre outros assuntos, a alteração da Convenção do Condomínio. O óbice registrário se deu em razão de entender o Registrador ser o título de competência privativa do Registro de Imóveis, com fundamento no artigo 167, I, item 17 da Lei nº 6015/73 c.c. art. 1333, parágrafo único do Código Civil, em consonância com o v. Acórdão proferido nos autos da apelação cível nº 0000027- 18.2011.8.26.0577. Juntou documentos às fls. 05/28 e 30/31. O suscitado manifestou-se às fls. 32/33 e 77/78. Esclarece que após a negativa do Oficial do 2º RTD, entrou com requerimento junto ao 14º RI, que também se negou a efetivar o registro sob o argumento de que a competência é exclusiva co Cartório de Títulos e Documentos. Juntou documentos às fls. 34/51. O Oficial do 14º Registro de Imóveis da Capital manifestou-se à fl. 59. Afirma que não houve a apresentação formal de título para qualificação, apenas troca de e-mails. Destaca que informou aos interessados os requisitos para a averbação da alteração da convenção, todavia, os suscitados apenas desejavam o registro da ata. Apresentou documentos às fls. 60/67. O Ministério Público opinou pela improcedência da dúvida (fls. 81/82). É o relatório. Passo a fundamentar e a decidir. Em que pese a cautela e zelo do Oficial do 1º Registro de Títulos e Documentos e Civil de Pessoa Jurídica da Capital, entendo que a dúvida é improcedente, com o consequente registro da ata apresentada. Verifica-se dos e-mails enviados pelos suscitados às fls. 60/67 ao 14º RI, que a pretensão é apenas o registro da ata da assembleia geral extraordinária realizada em 30.07.2020, e não a averbação da alteração da convenção condominial, tanto é que sequer houve a apresentação do título junto ao Cartório de Imóveis para qualificação. Neste contexto acordo com o artigo 127, parágrafo único da Lei de Registros Públicos: "Art. 127: No Registro de Títulos e Documentos será feita a transcrição: ... Paragrafo único: Caberá ao Registro de Títulos e Documentos a realização de quaisquer registros não atribuídos expressamente a outro ofício". Daí decorre que a competência dos Cartórios de Títulos e Documentos é residual, sendo que na presente hipótese a intenção dos suscitados é num primeiro momento, apenas o registro da ata, cuja competência é exclusiva do RTDPJ e posteriormente a averbação da alteração da convenção condominial, cuja competência será do Registro de Imóveis, devendo haver a apresentação e prenotação do titulo em questão. Diante do exposto, julgo improcedente a dúvida suscitada pelo Oficial do 1º Registro de Títulos e Documentos e Civil de Pessoa Jurídica da Capital, a requerimento do Condomínio Edifício Cortina D'Ampezzo e Adriana de Melo Trindade, e consequentemente determino o registro da ata de assembleia geral extraordinária realizada em 30.07.2020 (fl. 06). Deste procedimento não decorrem custas, despesas processuais e honorários advocatícios. Oportunamente remetam-se os autos ao arquivo. P.R.I.C. - ADV: RODRIGO NALETTO TEIXEIRA (OAB 271457/SP) (DJe de 03.03.2021 – SP)

Ementa: Sentença – Pedido de Providências – Pedido de averbação da Ata da Assembleia Geral – Impossibilidade – Óbices referentes a ausência das assinaturas dos membros da diretoria na Carta de Renúncia, da antiga Presidente, bem como da Diretora Secretária na Ata da Assembleia – Princípio da Continuidade Registral – Ausência de homologação da Renúncia pela diretoria – Presença de irregularidades na aludida Assembleia Geral – Indeferimento do pedido – Improcedência

Processo 1044087-20.2020.8.26.0100

Pedido de Providências - Tutela de Evidência - União Internacional de Ministros e Igreja Evangelicas - Vistos. Trata-se de pedido de providências formulado por União Internacional de Ministros e Igreja Evangélica em face do Oficial do 9º Registro de Títulos e Documentos e Civil de Pessoa Jurídica da Capital. Narra a requerente que apresentou para averbação ata de assembleia geral, que teve o ingresso negado. O primeiro óbice se deu pois foi apresentada carta de renúncia da antiga presidente sem assinatura dos demais membros da diretoria, enquanto o segundo óbice diz respeito a ausência da assinatura da diretora secretária na ata da assembleia. A requerente aduz que como houve a renúncia e desinteresse dos demais diretores em assumir a função não há necessidade das assinaturas, já que deixaram de ser membros da direção em razão do encerramento do mandato. O Oficial manifestou-se às fls. 64/66, justificando a negativa no princípio da continuidade registral, já que os membros da diretoria registrada não foram cientificados da renúncia e nem participaram da assembleia que se pretende registrar. O Ministério Público opinou às fls. 69/70 pela improcedência da dúvida. Houve manifestação final da requerente às fls. 74/77. É o relatório. Decido. O pedido é improcedente. Do Estatuto Social registrado (fls. 16/23), eram membros da diretoria eleita até 07/08/2017 a presidente Maria Gildete Alves, a secretária Jarbenia Alves e a tesoureira Francisca Antônia Alves dos Santos. E o Art. 13 do Estatuto prevê, em seu inciso VII, que a perda do mandadto (incluindo renúncia) será declarada pela Diretoria Executiva e homologado em assembleia geral, após renuncia por escrito protocolada na secretaria. E a renúncia (fl. 13) não cumpre tais requisitos, já que não houve homologação da renúncia da presidente pelo restante da diretoria. E a informação contida no documento, no sentido de desinteresse dos demais diretores, não possui qualquer efeito jurídico justamente por não haver qualquer elemento que corrobore tal desinteresse. É dizer que, sem a assinatura da secretária e da tesoureira, não há segurança jurídica suficiente para garantir que tais membros da diretoria de fato homologaram a renúncia da presidente e não tinham interesse em substituí-la na assembleia. Disso decorre que a indicação de Lenir para presidir a assembleia, por ato unilateral da presidente renunciante, não tem efeito de dar a Lenir tais poderes de presidência, o que leva a irregularidade da assembleia e impede a averbação de sua ata. E se irregular a presidência da assembleia por Lenir, irregular também a nomeação da secretária Raquel, de modo que a regularidade da assembleia somente ocorreria com a lavratura da ata pela secretária devidamente registrada. Se, qualquer que fosse a razão, os diretores se negassem a assinar a renúncia ou participar da assembleia, deveria ter sido pleiteada a nomeação judicial de administrador provisório com poderes para convocar e presidir a assembleia, não sendo regular a nomeação ad hoc de pessoas estranhas à diretoria registrada para exercer as funções previstas no estatuto, principalmente quando não há qualquer documento que comprove a real impossibilidade de tais membros participarem da assembleia. A alegação de que os diretores não participaram da assembleia por desinteresse em qualquer cargo não merece guarida, já que o exercício de suas funções na entidade era seu dever jurídico em razão do cargo que assumiram. Permitir o registro sem tais formalidades traria insegurança jurídica, já que não é possível garantir que a assembleia que se pretenda registro realmente foi presidida por terceiros por desinteresse da diretoria, em detrimento de possível convocação por membros dissidentes da pessoa jurídica buscando tomar para si sua administração. Do exposto, julgo improcedente o pedido de providências formulado por União Internacional de Ministros e Igreja Evangélica em face do Oficial do 9º Registro de Títulos e Documentos e Civil de Pessoa Jurídica da Capital. Não há custas, despesas processuais nem honorários advocatícios decorrentes deste procedimento. Oportunamente, arquivem-se os autos. P.R.I.C. - ADV: ROSEMARY CELLYS DAMASCENO PINTO (OAB 286760/SP), RUBENS ROBERTO DA SILVA (OAB 102767/ SP) (DJe de 22.02.2021 – SP)

Ementa: Sentença – Pedido de Providências – Pedido de averbação de Ata de Eleição e Reforma Estatutária – Negativa em razão do edital de convocação não constar a assinatura do Presidente da Diretoria Executiva, bem como da vigência do mandato dos membros da diretoria – Possibilidade do Presidente do Conselho Administrativo convocar Assembleia Geral somente na ocorrência de assuntos de suma importância e não previstos no Estatuto – Necessidade de concordância de 2/3 dos Conselheiros para a convocação da referida Assembleia – Art. 23, "c", do Estatuto Social – Impossibilidade de antecipação do termo final do mandato dos membros da diretoria – Mandato que se encontrava vigente na data da realização da Assembleia Geral – Manutenção dos óbices – Improcedência

Processo 1001236-08.2021.8.26.0495

Pedido de Providências - REGISTROS PÚBLICOS - Associação Religiosa Nambei Honganji Brasil Betsuin - Do exposto, julgo improcedente o pedido de providências formulado por Associação Religiosa Nambei Hoganki Brasil Betsuin face do Oficial do 3º Registro de Títulos e Documentos e Civil de Pessoa Jurídica da Capital. Não há custas, despesas processuais nem honorários advocatícios decorrentes deste procedimento. Oportunamente, arquivem-se os autos. P.R.I.C. - ADV: HEDIO SILVA JUNIOR (OAB 146736/SP)

Íntegra da decisão:

SENTENÇA

Processo Digital nº: **1001236-08.2021.8.26.0495**

Classe - Assunto **Pedido de Providências - REGISTROS PÚBLICOS**

Requerente: **Associação Religiosa Nambei Honganji Brasil Betsuin**

Requerido: **3º Oficial de Registro de Titulos e Documentos e Civil de Pessoa Juridica da Capital**

Juiz(a) de Direito: Dr(a). **Vivian Labruna Catapani**

Vistos.

Trata-se de **pedido de providências** formulado por **Associação Religiosa Nambei Hoganki Brasil Betsuin** em face do **Oficial do 3º Registro de Títulos e Documentos e Civil de Pessoa Jurídica da Capital**.

Relata a reclamante, em síntese, que houve recusa de averbação de ata de eleição e reforma estatutária em virtude de: (i) no edital de convocação não constar a assinatura do presidente da diretoria executiva, mas sim do conselho deliberativo e (ii) encontrar-se en vigência o mandato dos membros eleitos na assembleia geral até 24.04.2021.

Argumenta, entretanto, que há concorrência concorrente entre o Conselho Deliberativo, o Presidente do Conselho Deliberativo e o Diretor Presidente para convocarem assembleia geral, e que há autorização estatutária para antecipação ou prorrogação de mandato, o que é reforçado pela pandemia vivenciada e justifica a antecipação das eleições. Junta documentos (fls. 6/49).

O Oficial Registrador manifestou-se às fls. 71/74. Alegou que, nos termos do art. 23, alínea "c" do estatuto, há possibilidade de o Presidente do Conselho Administrativo convocar Assembleia Geral apenas na ocorrência de assuntos de suma importância e não previstos no estatuto, o que não engloba a eleição de nova diretoria e a reforma do estatuto, as quais são disciplinadas no estatuto. Dessa forma, defende que prevalece a interpretação de que as assembleias devem sempre ser convocadas pela Diretoria Executiva, à luz do artigo 31, alínea "b", do estatuto. Complementa que o art. 6º do estatuto não prevê a possibilidade de antecipação do processo eleitoral, enquanto vigente o mandato.

A reclamante manifestou-se à fl. 77, informando já ter expirado o mandato da atual diretoria.

O Ministério Público opinou pelo indeferimento do pedido (fls. 78/80)

É o relatório.

Passo a fundamentar e a decidir.

A ata de assembleia geral extraordinária, realizada em 16.01.2021, e submetida à averbação, tratou acerca: (i) da reforma estatutária, (ii) da eleição da nova diretoria (gestão de 16.01.2021 a 15.01.2025) e (iii) da habilitação legal de novos clérigos.

No tocante ao primeiro óbice, tem-se que, analisando-se o art. 17 do estatuto social da associação (fl. 11), a presidência da assembleia geral de fato não é exclusiva do Diretor Presidente da Diretoria Executiva, sendo passível de exercício também pelo Provincial e pelo Presidente do Conselho Deliberativo.

Ocorre que, nos termos do art. 23, letra "c", do estatuto (fl. 15), o Presidente do Conselho Deliberativo somente pode convocar assembleia geral na ocorrência de assuntos de suma importância e não previstos no estatuto, observada a concordância de 2/3 dos Conselheiros.

No caso em tela, a assembleia, não obstante tenha deliberado sobre a habilitação legal de novos clérigos (não constante do estatuto), também deliberou sobre reforma estatutária e eleição de nova diretoria, temas estes expressamente disciplinados no estatuto social.

Dessa forma, havendo deliberação de tais temas, era de rigor que a a assembleia fosse convocada pela Diretoria, nos termos do art. 20, letra "a". Note-se que a possibilidade de convocação de assembleia pelo Conselho Deliberativo, constante do art. 22, letra k", do estatuto, deve ser interpretada restritivamente em face do art. 23, letra "c", daquele normativo, que atribui tal competência ao Presidente do Conselho Deliberativo (e somente para os casos restritos acima mencionados).

Some-se a isso o fato de que não restou evidenciada a concordância de 2/3 dos Conselheiros para a convocação da assembleia geral em questão pelo Presidente do Conselho Deliberativo.

No tocante ao segundo óbice, verifica-se que, na data da assembleia geral extraordinária em questão (16.01.2021), ainda estava em vigor o mandato dos diretores da associação.

Acerca do período de vigência do mandato, dispõe o art. 6º do estatuto:

> *"A gestão administrativa tem início com a posse dos membros do Conselho Deliberativo, Diretoria Executiva e Conselho Fiscal, nos seus respectivos cargos e funções, prolongando-se até a eleição e posse dos novos administradores, ainda que superior ao período estipulado no art. 8º, mais adiante".*

Não se extrai de tal dispositivo a possibilidade de antecipação do termo final do mandato dos membros da diretoria, ao contrário do alegado pela reclamante.

E o fato de se estar vivenciando uma pandemia e os diretores serem idosos, não justifica tal antecipação, pois, ao que consta, não houve renúncia ou afastamento de tais diretores pela associação.

Nem mesmo justifica tal antecipação mera menção dessa possibilidade na assembleia geral realizada no dia 25.04.2018 (fl. 34), eis que não prevista no estatuto social.

Saliente-se também que o fato de os mandatos terem expirado no decorrer do presente procedimento não enseja superação do óbice registrário, eis que, na data da realização da asssembleia, em 16.01.2021, os mandatos ainda estavam vigentes.

Do exposto, **julgo improcedente** o pedido de providências formulado por **Associação Religiosa Nambei Hoganki Brasil Betsuin** face do **Oficial do 3º Registro de Títulos e Documentos e Civil de Pessoa Jurídica da Capital**.

Não há custas, despesas processuais nem honorários advocatícios decorrentes deste procedimento.

Oportunamente, arquivem-se os autos.

P.R.I.C.

São Paulo, 27 de maio de 2021.

Vivian Labruna Catapani

Juíza de Direito (DJe de 31.05.2021 – SP)

Ementa: Sentença – Dúvida – Pedido de averbação da Ata de Reunião Ordinária de Diretoria – Impossibilidade – Eleição de titulares para cargos vagos criados pela última alteração estatutária – Negativa em razão de que a referida eleição deveria ser realizada por Assembleia Geral – Art. 5, I, do Estatuto Social – Manutenção do óbice – Procedência

Processo 1033511-31.2021.8.26.0100

Dúvida - Registro civil de Pessoas Jurídicas - Associação Paulista do Ministério Público - Do exposto, mantenho o óbice apontado à fl. 33, que se refere à necessidade de assembleia geral para a eleição de titulares para os cargos de 3° Vice-Presidente, Diretor Acadêmico, Diretor de Acompanhamento Legislativo, Diretor de Segurança e Diretor de Turismo. Não há custas, despesas processuais ou honorários advocatícios decorrentes deste procedimento. P.R.I.C. - ADV: LOURENÇO GRIECO NETO (OAB 390928/SP), JOSÉ JERONIMO NOGUEIRA DE LIMA (OAB 272305/SP)

Íntegra da decisão:

SENTENÇA

Processo Digital nº: **1033511-31.2021.8.26.0100**

Classe - Assunto **Dúvida - Registro civil de Pessoas Jurídicas**

Requerente: **4º Oficial de Registro de Títulos e Documentos e Civil de Pessoa Jurídica da Capital**

Requerido: **Associação Paulista do Ministério Público**

Juiz(a) de Direito: Dr(a). **Vivian Labruna Catapani**

Vistos.

Trata-se de dúvida suscitada pelo **Oficial do 4º Registro de Títulos e Documentos e Civil da Pessoa Jurídica da Capital**, a requerimento de **Associação Paulista do Ministério Público (APMP)**, em razão da recusa de averbação de ata de Reunião Ordinária de Diretoria realizada em 28.01.2021, que elegeu titulares para cargos vagos criados pela última alteração estatutária, averbada em 07.01.2021 (registro n. 693242).

Segundo o Oficial, a recusa se deu pelo entendimento de que tal eleição deveria ser feita por Assembleia Geral, e não pela Diretoria, não obstante haja omissão no estatuto a respeito da matéria em discussão.

Informa o Oficial que o art. 20, inciso I, e o art. 24 do estatuto estabelecem que as eleições para os cargos de diretoria ocorrerão em Assembleia Geral Ordinária, na primeira quinzena de dezembro dos anos pares. Porém não há no estatuto solução expressa para a situação específica de eleição relativa a novos cargos da diretoria criados por alteração estatutária.

Alega, ainda, que o art. 31 autoriza a Diretoria e eleger novo titular para o restante do mandato somente quando ocorrer vacância após a eleição pela Assembleia Geral. Dessa forma, para a eleição de novos cargos aplicar-se-ia o disposto no art. 15, inciso I, do estatuto, que estabeleceu a competência da assembleia geral para a eleição de diretores.

A interessada apresentou impugnação às fls. 58/70, defendendo que é cabível, na hipótese, o art. 31 do seu estatuto, que permite eleição pela Diretoria para titulares de cargos vagos, situação que também abrange novos cargos (e não somente cargos já existentes). Afirma que não é possível a realização de assembleia ordinária em prazo inferior a dois anos, e que não há previsão estatutária para a realização de assembleia geral para a eleição de titulares de novos cargos.

O Ministério Público opinou pelo afastamento do óbice (fls. 76/79).

É o relatório.

Fundamento e Decido.

Inicialmente, observo que, tratando-se de pedido de averbação de ata, o presente procedimento deve ser reclassificado para **pedido de providências. Anote-se.** Assiste razão ao Oficial Registrador.

Extrai-se dos autos que, em virtude de assembleia geral ordinária realizada em 04.12.2020, houve alteração do art. 26 do estatuto da associação, criando-se os seguintes cargos de diretoria: 3o Vice-Presidente, Diretor Acadêmico, Diretor de

Acompanhamento Legislativo, Diretor de Segurança e Diretor de Turismo.

Referidos cargos foram criados após a realização da assembleia geral ordinária que havia eleito os Diretores para o biênio 2021/2022. Dessa forma, tornou-se necessário manejar a eleição dos titulares dos novos cargos de Diretoria criados.

Analisando-se o estatuto social da associação, verifica-se ser de competência da assembleia geral a eleição dos Diretores da entidade (art. 15, inciso I – fl. 40).

Assim, tratando-se de primeira eleição para membros de cargos recentemente criados, aplica-se referido dispositivo.

Embora a interessada alegue que, na hipótese em tela, seria aplicável o art. 31 do estatuto (fl. 45), que permite a eleição de titulares para cargos vagos pelos demais membros da Diretoria, verifica-se que, por interpretação sistemática do estatuto, referida hipótese encontra-se conexa com aquela prevista logo acima no art. 30, que prevê a vacância de cargo na hipótese de ausências reiteradas de seu titular. Assim, ao estipular quando determinado cargo será declarado vago (art. 30), o estatuto também já estabeleceu quando se dará o seu preenchimento (art. 31).

Tal interpretação é ainda reforçada pelo fato de que o art. 31 prevê a eleição de novo titular "para o restante do mandato", o que está em consonância com a hipótese prevista imediatamente acima de declaração de vacância de cargo no curso do mandato, ou seja, após a eleição por assembleia geral.

No caso em tela, entretanto, no que diz respeito aos novos cargos de Diretoria, não se trata de cargos que se tornaram vagos por ausências reiteradas de seus titulares, mas sim de cargos criados no decorrer da existência da associação. Dessa forma, a leitura mais razoável que se faz do estatuto permite concluir que tais novos cargos deverão ter o seus titulares eleitos por assembleia geral.

Observe-se que a eleição em apartado de tais titulares não encontra óbice no art. 24 do estatuto, que estabelece eleição una da Diretoria, na medida em que se trata de situação excepcional vivenciada pela associação, decorrente da criação de novos cargos após a eleição da assembleia geral ordinária. Se houvesse tal óbice, nem mesmo a destituição e eleição de novos diretores seria permitida no decorrer do mandato (art. 20, inciso II, b, do estatuto – fl. 41).

Essa mesma situação excepcional permite que haja convocação de assembleia geral extraordinária para a eleição dos titulares dos novos cargos, tanto por interpretação analógica do art. 20, inciso II, letra "b" (que autoriza a eleição de novos membros da Diretoria pela assembleia geral, no caso de destituição), quanto por se tratar de assunto de interesse da associação (art. 20, inciso II, letra "f").

Note-se que o fato de o art. 59 do Código Civil não exigir a eleição de administradores por assembleia geral não afasta os dispositivos vigentes do estatuto social da associação, segundo os quais a eleição de administradores é feita pela assembleia geral (art. 15, inciso I, do estatuto), com a única exceção do art. 31, que se refere a eventual cargo de diretoria que venha a se tornar vago após a eleição pela assembleia geral.

Do exposto, **mantenho o óbice apontado à fl. 33,** que se refere à necessidade de assembleia geral para a eleição de titulares para os cargos de 3° Vice- Presidente, Diretor Acadêmico, Diretor de Acompanhamento Legislativo, Diretor de Segurança e Diretor de Turismo.

Não há custas, despesas processuais ou honorários advocatícios decorrentes deste procedimento.

P.R.I.C.

São Paulo, 20 de maio de 2021.

Vivian Labruna Catapani

Juíza de Direito (DJe de 24.05.2021 – SP)

ENTIDADE RELIGIOSA

Ementa: Sentença – Dúvida – Ata de Assembleia que autorizou a criação de filial da pessoa jurídica em nova circunscrição – Impossibilidade – Entidade religiosa – Entes que não podem ter outros objetivos senão aqueles ligados à liturgia e culto – Discussão acerca dos serviços assistenciais – Precedentes no sentido de restrição à atividade de culto e liturgia – Manutenção do óbice – Impugnação parcial das exigências – Dúvida prejudicada

Processo 1102359-07.2020.8.26.0100

Dúvida - Citação - Congregação das Pequenas Missionárias de Maria Imaculada - Vistos. Trata-se de dúvida suscitada pela Congregação das Pequenas Missionárias de Maria Imaculada em face do Oficial do 4º Registro de Títulos e Documentos e Civil de Pessoa Jurídica da Capital, após negativa de registro de ata de assembleia que autorizou a criação de filial da pessoa jurídica em nova circunscrição. O óbice contestado pela requerente diz respeito à exigência de alteração do objeto da entidade ou de sua natureza jurídica, já que a classificação como organização religiosa impede que a entidade tenha objetos outros que não as atividades ligadas à religião. Alega a requerente que as atividades indicadas no estatuto estão ligadas a religião e não impedem sua classificação jurídica como organização religiosa. O Oficial manifestou-se às fls. 76/77, alegando que a jurisprudência da Corregedoria Geral da Justiça firmou-se no sentido de não ser possível o registro de organizações religiosas que exerçam atividades diversas daquelas ligadas ao culto e liturgia. Parecer do Ministério Público às fls. 83/85 pela prejudicialidade da dúvida e, no mérito, pela manutenção do óbice. É o relatório. Decido. A dúvida deve ser julgada prejudicada, por não haver impugnação contra os itens 1 e 3 da nota devolutiva. A concordância parcial com as exigências do Oficial prejudica a dúvida, que só admite duas soluções: a determinação do registro do título protocolado e prenotado, que é analisado, em reexame da qualificação, tal como se encontrava no momento em que surgida dissensão entre a apresentante e o Oficial de Registro; ou a manutenção da recusa do Oficial. Para que se possa decidir se o título pode ser registrado ou não é preciso que todas as exigências e não apenas parte delas sejam reexaminadas pelo Corregedor Permanente. Nesse sentido, é pacífica a jurisprudência do Egrégio Conselho Superior da Magistratura. Contudo, a análise dos óbice restante mostra-se pertinente, tendo em vista que o título poderá ser novamente prenotado. Neste ponto, com razão o Oficial e a D. Promotora. Inicialmente, cumpre salientar que o Oficial tem autonomia para qualificar os títulos apresentados, e o §1º do art. 44 do Código Civil não afasta esta possibilidade ao limitar a intervenção estatal nas organizações religiosas. Neste sentido o enunciado 143 da III Jornada de Direito Civil: "143 Art. 44: A liberdade de funcionamento das organizações religiosas não afasta o controle de legalidade e legitimidade constitucional de seu registro, nem a possibilidade de reexame, pelo Judiciário, da compatibilidade de seus atos com a lei e com seus estatutos. "Assim, fica afastado o argumento do interessado de descumprimento de tal norma legal. Quanto a questão de fundo, é pacífico o entendimento de que as organizações religiosas não podem ter como objeto em seus estatutos a promoção de atividades desconexas da religião, especialmente quando tais atividades têm características próprias de atividade econômica. Todavia, há um campo cinzento onde se encontram atividades assistenciais, não especificamente ligadas ao culto e liturgia, mas que se adequam aos próprios fins religiosos: na doutrina cristã, a título de exemplo, o amparo aos pobres e necessitados, mesmo que não integrantes da religião, faz parte dos ensinamentos de tal religião, o que traz conflitos na interpretação da lei, já que pode-se dizer que tais atividades assistenciais fazem parte do culto religioso e não descaracterizam a organização religiosa. Não obstante, sedimentou-se o entendimento de que a dedicação exclusiva ao culto e a liturgia é requisito fundamental para qualificação como organização religiosa. Neste sentido, o parecer exarado pela E. CGJ no Proc. 2013/00147741, de lavra do Juiz Assessor Dr. Gabriel Pires de Campos Sormani: A caracterização de uma organização religiosa, a nosso ver, deve estar diretamente atrelada às suas atividades. A dificuldade se cria quando, além do culto e da liturgia, a pessoa jurídica tem também uma série de outras. (...) Não se questiona que a recorrente tenha a finalidade última dar culto e propagar a fé católica (...). Entretanto, ela tem uma série de outras atribuições e atividades (ainda que de meio), que não se confundem com o culto e com a propagação da fé, mesmo que possam levar a tal propagação como resultado. (...) Como mencionado na decisão recorrida, não há como se interpretar que no plano jurídico as atividades mencionadas estejam simplesmente englobadas na religião, até porque são atividades que podem, todas elas, ser exercidas independentemente da fé. Tal intepretação chegou a ser flexibilizada brevemente nos Processos CG 54.191/2015 e 51.999/2015 quando se entendeu que tais atividades diversas do culto seriam aceitas desde que direcionadas a membros da organização religiosa. Contudo, o entendimento anterior foi restabelecido no Recurso Administrativo 1096194-80.2016.8.26.0100, onde se reforçou que as organizações religiosas restringem-se as atividades de culto e liturgia, e que a realização de atividades diversas, especialmente quando voltada a pessoas externas à religião, leva a sua classificação como associação, tendo lembrado ainda que os benefícios tributários também podem ser estendidos a associações, não sendo restritos a organizações religiosas. Assim, em que pese entendimento pessoal desta magistrada em sentido contrário, deve-se preservar o entendimento firmado pelas instâncias superiores, mantendo-se o óbice apresentado pelo registrador, já que o estatuto que se pretende registrar traz em seu Art. 2º atividades diversas do culto e liturgia, como prestações voltadas à assistência à saúde e arrecadação de recursos para assistência de terceiros carentes. Do exposto, julgo prejudicada a dúvida suscitada pela Congregação das Pequenas Missionárias de Maria Imaculada em face do Oficial do 4º Registro de Títulos e Documentos e Civil de Pessoa Jurídica da Capital, com observação. Não há custas, despesas processuais nem honorários advocatícios decorrentes deste procedimento. Oportunamente, arquivem-se os autos. P.R.I.C. - ADV: TARCISIO RODOLFO SOARES (OAB 103898/SP) (DJe de 13.01.2021 – SP)

INTIMAÇÃO POR EDITAL

Ementa: Sentença – Pedido de Providências – Requerimento de intimação por edital e, subsidiariamente, por hora certa da devedora fiduciária – Esclarecimento pelo Titular de que solicitou o envio das notificações ao CDT, sendo que o procedimento fica a critério dos Cartórios de Títulos e Documentos – Realização de diligências nos endereços mencionados – Confirmação da suspeita de ocultação da devedora – Conclusão pela efetivação da notificação por hora certa – Possibilidade do Oficial de promover a intimação da parte devedora por edital – Item 247 das NSCGJ – Inexistência de falha funcional – Determinação do prosseguimento extrajudicial com intimação da devedora fiduciária por edital – Procedência

Processo 1086172-84.2021.8.26.0100

Pedido de Providências - Registro de Imóveis - Planik 23 Empreendimento Imobiliário SPE Ltda. - Diante do exposto, JULGO PROCEDENTE o pedido de providências para determinar o prosseguimento do procedimento extrajudicial com intimação da devedora fiduciária por edital. Deste procedimento não decorrem custas, despesas processuais ou honorários advocatícios. Oportunamente remetam-se os autos ao arquivo. P.R.I.C. - ADV: CARLOS ARTUR ANDRE LEITE (OAB 94555/SP)

Íntegra da decisão:

SENTENÇA

Processo Digital nº: **1086172-84.2021.8.26.0100**

Classe - Assunto **Pedido de Providências - Registro de Imóveis**

Requerente: **Planik 23 Empreendimento Imobiliário SPE Ltda.**

Requerido: **7º Oficial de Registro de Imóveis da Capital**

Juiz(a) de Direito: Dr(a). **Luciana Carone Nucci Eugênio Mahuad**

Vistos.

Trata-se de pedido de providências formulado por **Planik 23 Empreendimento Imobiliário SPE Ltda** em face do **Oficial do 7º Registro de Imóveis da Capital,** para determinação de intimação por edital da devedora fiduciária Showpla Indústria e Comércio de Plástico EIRELI - ME. Subsidiariamente, postulou por intimação por hora certa.

A parte interessada aduz que as notificações enviadas apresentaram resultados infrutíferos apesar dos esforços despendidos para localização da devedora por meio de sua representante legal em todos os endereços constantes na JUCESP, na escritura de venda e compra, na Receita Federal e em autos judiciais; que requereu tentativa de notificação por hora certa, também sem sucesso, já que as notificações foram enviadas ao 4º RTDPJ desta Capital com fundamento nos itens 247.3 e 247.4 das NSCGJSP, mas foram devolvidas sem qualquer providência, esclarecimento ou manifestação acerca do que fora requerido; que a representante da devedora está se ocultando e agindo de má-fé, já que reconheceu expressamente seu inadimplemento em ação judicial ajuizada por ela, já encerrada, na qual, inclusive, autorizou-se o prosseguimento das intimações visando retomada do bem; que outros credores estão buscando intimação da parte devedora, mas também sem êxito, o que corrobora a tese de que ela está se furtando de suas obrigações de forma deliberada.

Vieram documentos às fls. 24/86.

O Oficial manifestou-se às fls. 90/94, sustentando que, com a perspectiva de aplicação da hipótese excepcional da notificação por hora certa, fez a solicitação quando do envio das notificações ao Centro de Estudo e Distribuição de Títulos e Documentos (CDT).

Porém, o procedimento fica a critério dos Cartórios de Títulos e Documentos, responsáveis pela verificação da ocorrência e dos elementos que justifiquem sua adoção, sem qualquer ingerência dos Oficiais Registradores; que, se a intimação teve início no Cartório de Registro de Títulos e Documentos, a mesma unidade é que deve dar continuidade ao ato, em conformidade com o entendimento deste juízo; que a notificação via edital, a cargo de sua serventia, depende de certificação expressa e inequívoca, pelos Cartórios de Registro de Títulos e Documentos acionados, no sentido de que a parte devedora encontra-se em local incerto e não sabido após diligências em todos os endereços indicados pela credora fiduciária; que, no caso, constatou-se que a representante da empresa devedora reside em um dos locais indicados, embora não estivesse no momento da diligência, o que inviabilizou a notificação editalícia; que a tentativa de notificação pelos Correios, com aviso de recebimento, devolvida com a informação de que a empresa e a representante são desconhecidas, não é o suficiente para validar a notificação por edital, já que o funcionário que a firmou não goza de fé pública; que a notificação judicial possibilitaria a aplicação de todas as modalidades ou formas de intimação previstas no Código de Processo Civil.

O Ministério Público opinou por nova tentativa de notificação no mesmo endereço em que tentada intimação por hora certa, com vistas a evitar eventual arguição de nulidade, mas não se opôs à intimação editalícia caso se conclua que a devedora/representante está em lugar incerto e não sabido (fls. 187/189).

É o relatório.

Fundamento e decido.

No mérito, o pedido deve ser acolhido. Vejamos os motivos.

A parte interessada firmou, juntamente com a devedora Showpla Indústria e Comércio de Plásticos EIRELI-ME, representada por Celeste Nogueira Barreiras dos Santos, escritura pública de venda e compra com alienação fiduciária do imóvel objeto da matrícula nº 190.871 do 7º Registro de Imóveis da Capital (fls. 38/53).

Ante a inadimplência da devedora, instaurou-se procedimento para consolidação da propriedade em nome da parte requerente.

O requerimento de constituição da devedora em mora foi protocolado em 02 de julho de 2020 (fls. 79/80), sendo que as diligências para notificação direta restaram frustradas.

No caso concreto, importante relatar todas as providências adotadas pelo Oficial Registrador, que optou por enviar as notificações ao Centro de Estudos e Distribuição de Títulos e Documentos (CDT), como permite o art. 26, § 3º, da Lei n. 9.514/97, sendo que todas as diligências foram realizadas pelo 4º Registro de Títulos e Documentos da Capital.

Na rua Pantojo, n. 50, ap.22, CEP 03343-000 (endereço do imóvel alienado), verificou-se, em 09/10/2929, que a empresa e sua representante são desconhecidas no local, sendo seus paradeiros incertos e não sabidos, conforme informação prestada por funcionária da portaria (fls. 105 e 108). Nova diligência foi realizada em 05/03/2021, confirmando-se que a empresa e sua representante são desconhecidas no local, sendo seus paradeiros incertos e não sabidos, já que o apartamento encontrava-se vazio, nos termos do informado por outra funcionária da portaria (fls. 142 e 146).

Na rua Joaquim Jorge Ribeiro, n. 124, casa 04, CEP 03463-100 (endereço residencial da representante da empresa devedora, indicado nos atos constitutivos), houve tentativa de notificação em três oportunidades: 22/09/2020, 05/10/2020 e 13/10/2020. Em todas as diligências, funcionária da casa informou que a representante reside no local, mas estava viajando (fl. 111 e 114).

Em diligências realizadas em 02/12/2020, 09/12/2020 e 15/12/2020, confirmou-se informação anteriormente recebida, por outra funcionária da residência, de que a representante reside naquele local, porém estava viajando (fls. 129 e 133).

Em novas tentativas de notificação, realizadas em 05/03/2021, 11/03/2021 e 18/03/2021, novamente o notificador recebeu a informação de que a representante da devedora reside no local, desta vez por uma terceira funcionária da residência (Sra. Maria dos Anjos), mas que ela não se encontrava em casa e não tinha previsão de seu retorno.

Após, entendendo haver elementos indicativos da ocultação e da necessidade da notificação por hora certa, o notificador anunciou que voltaria no dia seguinte para entrega da notificação. Assim, no dia anunciado (19/03/2021), retornou ao local para realização da intimação com hora certa. Porém, certificou que a tentativa restou prejudicada ante negativa da Sra. Maria dos Anjos em receber a notificação (fls. 166 e 170).

Notificação, via SEDEX, foi enviada pelo Oficial do 7º Registro de Imóveis da Capital, sendo que, ao funcionário dos Correios, foi informado, em 17/04/2021, que a empresa e a representante legal são desconhecidas no local (fls. 174/180).

Na rua Lateral, n. 696, CEP 03479-000 (endereço da empresa devedora na escritura), em diligência datada de 22/09/2020, constatou-se que a empresa e sua representante mudaram de endereço para lugar incerto e não sabido, conforme informação de funcionário da empresa estabelecida no local (fls. 117 e 120). Nova diligência no local, em 05/03/2021, teve o mesmo resultado (empresa e sua representante desconhecidas, sendo seus paradeiros incertos e não sabidos, conforme informação prestada pelo mesmo funcionário da empresa estabelecida no local - certidões de fls. 150 e 154).

No Largo Doutor Borges Macedo, n. 111 - sala 11, CEP 03190-120 (endereço da empresa na JUCESP), verificou-se, em 02/12/2020, 09/12/2020 e 14/12/2020, que o imóvel comercial estava fechado, sem maiores informações (fls. 123 e 126).

Em nova diligência, realizada em 15/03/2021, constatou-se que a empresa não funciona mais naquele endereço, sendo desconhecido seu atual paradeiro, conforme informação prestada por funcionária de empresa estabelecida no local (fls. 158 e 162).

Na rua Jaboticabal, n. 530 - apto 72, CEP 03188-000 (endereço indicado pela credora), constatou-se que a empresa mudou-se há mais de dois anos, sendo seu endereço ignorado, conforme informação prestada pelo zelador do edifício (fls. 136 e 139).

Todo o exposto confirma a suspeita de ocultação da empresa devedora (nove tentativas de intimação da representante legal em sua residência, com resistência à notificação por hora certa após aviso), nos moldes do disposto nos itens n. 247.1 e 247.2 das NSCGJSP.

Note-se que o representante do 4º RTD da Capital retornou no dia anunciado e, após constatar que a representante da devedora não estava presente, conversou com a funcionária previamente intimada (fl. 166).

Ocorre que, embora tenha sido certificado que a tentativa de notificação por hora certa restou prejudicada (fl. 166), é possível concluir que a diligência foi frutífera, já que a recusa do recebimento da contrafé ou de assinatura do recibo, como no caso, não prejudica a intimação nessa modalidade.

É o que se interpreta do disposto no item 247.3 das NSCGJSP, com nossos destaques:

> *"247.3. **No dia e hora designados**, se o devedor não estiver presente, o Oficial procurará se informar das razões da ausência, **dará por feita a intimação** e deixará, mediante recibo, contrafé com alguém próximo do devedor. **Em caso de recusa de recebimento da contrafé ou de assinatura do recibo, o Oficial certificará o ocorrido**".*

Note-se, inclusive, que houve remessa posterior de notificação ao mesmo endereço em que ocorrida a notificação por hora certa, via SEDEX, sendo que, ao funcionário dos Correios, foi informado, em 17/04/2021, que a empresa e a representante legal são desconhecidas no local (fls. 174/180).

A providência confirma a efetividade da notificação por hora certa em consonância ao disposto no item 247.4 das NSCGJSP:

> *"247.4. Efetivada a intimação na forma do subitem anterior, que será certificada no procedimento em trâmite na Serventia, o Oficial enviará carta ao devedor no endereço dele constante do registro e no do imóvel da alienação fiduciária, se diverso, dando-lhe ciência de tudo".*

Impende ressaltar que, previamente às inúmeras diligências realizadas nos endereços acima mencionados, foram remetidos avisos postais solicitando o comparecimento da devedora na serventia para o recebimento da notificação.

Nesse contexto (e independentemente da ação judicial mencionada pela parte requerente, cuja cópia de autos não foi produzida), ainda que se possa concluir pela efetivação da notificação por hora certa, para evitar futura alegação de nulidade, o Oficial de Registro de Imóveis pode ser autorizado a promover a intimação da parte devedora por edital nos termos do item 247 das NSCGJSP.

Observo, por fim, que incabível apuração de falha funcional ou punição na hipótese, na medida em que o Oficial foi diligente e se pautou pelas regras aplicáveis ao procedimento, visando evitar nulidade.

Diante do exposto, **JULGO PROCEDENTE** o pedido de providências para determinar o prosseguimento do procedimento extrajudicial com intimação da devedora fiduciária por edital.

Deste procedimento não decorrem custas, despesas processuais ou honorários advocatícios.

Oportunamente remetam-se os autos ao arquivo.

P.R.I.C.

São Paulo, 01 de outubro de 2021.

Luciana Carone Nucci Eugênio Mahuad

Juiz de Direito (DJe de 06.10.2021 – SP)

4.2.4 REGISTRO DE IMÓVEIS E TABELIONATO DE NOTAS

ADJUDICAÇÃO

Ementa: Sentença – Dúvida – Pedido de registro de Carta de Adjudicação – Negativa em razão da divergência da titularidade dominial do bem – Necessidade da prévia apresentação do título aquisitivo dos direitos do executado, bem como da comprovação do recolhimento do ITBI – Art 237 da LRP – Princípio da Continuidade – Títulos Judiciais não estão isentos de qualificação registrária – Ausência de documentos necessários para registro da separação do devedor e de sua esposa com a devida partilha de bens – Manutenção dos óbices – Procedência

Processo 1094650-81.2021.8.26.0100

Dúvida - Registro de Imóveis - Tarcísio Andrade Dias - Diante do exposto, JULGO PROCEDENTE a dúvida, mantendo os óbices. Deste procedimento não decorrem custas, despesas processuais ou honorários advocatícios. Oportunamente remetam-se os autos ao arquivo. P.R.I.C. - ADV: WAGNER PEREIRA MENDES (OAB 228224/SP), RUBENS PAIM TINOCO JÚNIOR (OAB 252581/SP)

Íntegra da decisão:

SENTENÇA

Processo Digital nº: **1094650-81.2021.8.26.0100**

Classe - Assunto **Dúvida - Registro de Imóveis**

Requerente: **11º Oficial de Registro de Imóveis da Comarca da Capital**

Requerido: **Tarcísio Andrade Dias**

Juiz(a) de Direito: Dr(a). **Luciana Carone Nucci Eugênio Mahuad**

Vistos.

Trata-se de dúvida suscitada pelo **Oficial do 11º Registro de Imóveis da Capital** a requerimento de **Tarcísio Andrade Dias**, diante da negativa em se proceder ao registro de carta de adjudicação expedida na ação de autos n. 0010315-53.2001.8.26.0002, referente ao imóvel da matrícula n. 239.884 daquela serventia.

Informa o Oficial que o título foi devolvido, inicialmente, pela não observância ao princípio da continuidade, já que a carta de adjudicação sobre direitos relativos ao imóvel foi obtida em execução de alimentos movida pelo suscitado e outros em face de Aitom do Rosário Dias, ao passo que a titularidade dominial do bem é de José Ildeu e sua esposa, Maria das Merces Serpa; que o registro condiciona-se à prévia apresentação do título aquisitivo dos direitos por Aitom; que, ademais, faltou constar, na carta de adjudicação, a qualificação completa e atualizada dos adjudicatários, com comprovação de recolhimento do ITBI.

Diante de tais exigências, o título foi reapresentado com cópia de contrato de promessa de compra e venda, no qual figuram, como promitentes vendedores, João Carlos de Oliveira e sua esposa, Audilia Novachi de Oliveira (adquiriram direitos dos proprietários tabulares por contrato de compromisso de venda e compra), e, como compromissários compradores, Aitom do Rosário Dias e sua esposa Maria de Fátima Andrade Dias, sendo que novos documentos foram exigidos: 1) título aquisitivo de João Carlos e Audilia; 2) título aquisitivo de Aitom do Rosário Dias e Maria de Fátima Andrade Dias. Ambos em vias originais, com firmas reconhecidas e qualificação completa das partes; 3) carta de sentença da ação de separação de Aitom e Maria de Fátima; 4) guia do ITBI devidamente recolhida.

A decisão de fl. 54 determinou ao Oficial a notificação da parte suscitada dos termos da presente dúvida, com notícia de atendimento (fl. 56).

A parte suscitada manifestou-se às fls. 57/68, defendendo que via original do instrumento de compromisso de compra e venda, em que Aitom adquiriu o bem, foi juntada na ação judicial do qual originado o título que se pretende registrar, com a chancela de autenticidade do Tribunal de Justiça e tido por aquele juízo como documento válido e apto a fundamentar a adjudicação, o que confere segurança jurídica ao registro; que não é mais possível ter acesso ao documento original juntado naqueles autos de forma física, vez que foram convertidos para o meio digital; que a execução de alimentos tramita há mais de vinte anos, pelo que os exequentes não podem ter negada a adjudicação por falta da via original do instrumento de compra e venda do imóvel; que também não possui o título aquisitivo de João Carlos de Oliveira e Audilia Novachi de Oliveira, terceiros que não guardam relação com o caso; que não tem obrigação de ter as vias originais dos títulos aquisitivos dos proprietários/compromissários anteriores, firmados há mais de vinte anos; que os artigos 195 e 237 da LRP não exigem título original para registro; que os proprietários tabulares podem ratificar a transmissão do imóvel por depoimento neste feito, embora já tenham sido intimados nos autos da execução de alimentos, sem manifestação; que a carta de sentença da separação de Aitom e sua esposa, bem como o recolhimento do ITBI não foram apresentados perante o Oficial, pois aguardou-se aceitação às cópias dos demais documentos exigidos.

Vieram documentos às fls. 69/81.

O Ministério Público opinou pela procedência, com manutenção dos óbices (fls. 85/87).

É o relatório.

Fundamento e decido.

Por primeiro, não se desconsidera que inconformismo efetivo foi voltado apenas a duas das exigências (itens 1 e 2 da nota devolutiva copiada à fl. 15), como informado pela própria parte suscitada à fl. 67.

Este procedimento, entretanto, visa à apreciação, como um todo, de eventuais óbices apontados pelo registrador para ingresso direto do título. Não se presta à determinação condicionada a uma conduta futura, uma vez pendentes providências que não foram objeto de irresignação.

Por outro lado, resposta ao caso concreto se mostra possível a fim de evitar reapresentação futura do tema, notadamente diante da natureza administrativa do procedimento e porque as únicas exigências não abordadas pela parte suscitada em sua manifestação dirigida ao Oficial dizem respeito à entrega de documento (carta de sentença da separação do devedor e comprovação do recolhimento do ITB devido), o que autoriza presumir que as reconhece como devidas.

No mérito, a dúvida é procedente. Vejamos os mo tivos.

De início, vale destacar que os títulos judiciais não estão isentos de qualificação, positiva ou negativa, para ingresso no fólio real.

O Egrégio Conselho Superior da Magistratura já decidiu que a qualificação negativa de título judicial não caracteriza desobediência ou descumprimento de decisão judicial (Apelação Cível n. 413-6/7).

Neste sentido, também a Apelação Cível nº 464-6/9, de São José do Rio Preto:

> *"Apesar de se tratar de título judicial, está ele sujeito à qualificação registrária. O fato de tratar-se o título de mandado judicial não o torna imune à qualificação registrária, sob o estrito ângulo da regularidade formal. O exame da legalidade não promove incursão sobre o mérito da decisão judicial, mas à apreciação das formalidades extrínsecas da ordem e à conexão de seus dados com o registro e a sua formalização instrumental".*

E, ainda:

> *"REGISTRO PÚBLICO - ATUAÇÃO DO TITULAR - CARTA DE ADJUDICAÇÃO - DÚVIDA LEVANTADA - CRIME DE DESOBEDIÊNCIA - IMPROPRIEDADE MANIFESTA. O cumprimento do dever imposto pela Lei de Registros Públicos, cogitando-se de deficiência de carta de adjudicação e levantando-se dúvida perante o juízo de direito da vara competente, longe fica de configurar ato passível de enquadramento no artigo 330 do Código Penal - crime de desobediência -, pouco importando o acolhimento, sob o ângulo judicial, do que suscitado" (STF, HC 85911 / MG - MINAS GERAIS, Relator: Min. MARCO AURÉLIO, j. 25/10/2005, Primeira Turma).*

Sendo assim, não há dúvidas de que a mera existência de título proveniente de órgão jurisdicional não basta para autorizar automaticamente seu ingresso no fólio real, cabendo ao oficial qualificá-lo conforme os princípios que regem a atividade registral.

No caso concreto, o domínio do imóvel da matrícula n. 239.884, cujos direitos foram adjudicados na execução de alimentos de autos n. 0010315-53.2001.8.26.0002, não está registrado em nome do executado, mas em nome de José Ildeu e de sua esposa, Maria das Merces Serpa (R.5/239.884 - fl. 51).

Desse modo e tendo em vista que os registros necessitam observar um encadeamento subjetivo, realmente não há como admitir o ingresso da carta de adjudicação no fólio real sem ocorrência de quebra da continuidade, já que os atuais titulares do domínio não integraram a ação judicial em que o bem foi adjudicado.

Necessária, portanto, prévia análise dos títulos relativos às transmissões de direitos havidas anteriormente, tal como exigido pelo Oficial: 1) titulares do domínio para João Carlos de Oliveira e sua esposa, Audilia Novachi de Oliveia; 2) João Carlos e sua esposa para Aitom do Rosário Dias e sua esposa, Maria de Fátima Andrade Dias.

Isso tudo em conformidade com o disposto no art. 237 da LRP:

> *"Art. 237 - Ainda que o imóvel esteja matriculado, não se fará registro que dependa da apresentação de título anterior, a fim de que se preserve a continuidade do registro".*

Quanto à apresentação dos títulos, este juízo já emitiu entendimento acerca da necessidade do documento original para registro (autos n. 1098944-89.2015.8.26.0663), tendo em vista a necessária segurança jurídica que norteia a atividade registral, notadamente quando se trata de instrumento particular (fls. 18/20).

Destacou-se, naquela oportunidade, a farta jurisprudência do E. Conselho Superior da Magistratura, tomando-se como exemplo o que se decidiu nas Apelações Cíveis n. 33.624-0/4, 94.033-0/3, 278-6/0, 38.411-0/9, 77.181-0/3 e 516-6/7.

Vale anotar que o julgado do E. Conselho Superior da Magistratura, colacionado pela parte suscitada à fl. 66 (Apel. Cível n. 0020380-49.2014.8.26.0068), não guarda relação direta com o caso em tela, vez que lá se tratou de caso muito específico em que o original do título que necessitava ser registrado primeiro já estava registrado em outra matrícula da própria serventia extrajudicial:

> *"De fato, é sedimentada a posição do Conselho Superior da Magistratura em não aceitar cópia de título, ainda que autenticada, para registro. No entanto, o caso em exame é diferente.*
>
> *"(...) Cuida-se de um caso ímpar. Embora se trate de cópia, o original já está registrado na serventia. Pergunta-se: qual o sentido de se negar o ingresso de uma cópia autenticada cujo original já está registrado na serventia? Aliás, se bem vistas as coisas, qual o sentido de se exigir a apresentação de um título que já está registrado na serventia (embora o registro se refira a outra matrícula)?"*

Deve prevalecer no caso concreto, portanto, a regra geral da apresentação dos títulos originais para registro.

Ademais, como já consignado, não houve apresentação dos documentos necessários para registro da separação/divórcio do devedor e de sua esposa, com a devida partilha de bens, já que ele é o único executado na ação judicial em que os direitos foram adjudicados, nem comprovante do recolhimento do ITBI, contra o que a parte suscitada não se insurgiu.

Por fim, anoto que a análise deste juízo administrativo se dá em ambiente de competência limitada e de contraditório restrito, sendo certo que a oitiva de atingidos reserva-se a casos de nulidades de pleno direito conforme o disposto no art. 214 da Lei de registros Públicos, o que não é o caso dos autos: a parte suscitada pretende a manifestação de pessoas que figuram em títulos que, nos moldes do já fundamentado acima, devem ser apresentados em sua forma original.

Os elementos dos autos, portanto, demonstram que houve acerto na qualificação negativa do título em razão de afronta ao princípio da continuidade registrária, bem como pela falta de comprovação de recolhimento tributário.

Diante do exposto, **JULGO PROCEDENTE** a dúvida, mantendo os óbices.

Deste procedimento não decorrem custas, despesas processuais ou honorários advocatícios.

Oportunamente remetam-se os autos ao arquivo.

P.R.I.C.

São Paulo, 08 de outubro de 2021.

Luciana Carone Nucci Eugênio Mahuad

Juiz de Direito (DJe de 18.10.2021 – SP)

Ementa: Sentença – Dúvida – Pedido de registro de Carta de Adjudicação expedida em ação judicial – Impossibilidade – Herdeiros dos titulares de domínio que não integraram a ação judicial – Negativa em razão da necessidade de comprovação do recolhimento do ITBI – Títulos Judiciais não estão isentos de qualificação registrária – Título que deve estar em conformidade com o inscrito na matrícula – Princípio da Continuidade – Indispensabilidade da participação de todos os atuais proprietários na Ação de Adjudicação – Manutenção do óbice – Procedência

Processo 1095409-45.2021.8.26.0100

Dúvida - Registro de Imóveis - Lazaro Silva Oliveira - Diante do exposto, JULGO PROCEDENTE a dúvida, mantendo os óbices. Deste procedimento não decorrem custas, despesas processuais ou honorários advocatícios. Oportunamente remetam-se os autos ao arquivo. P.R.I.C. - ADV: HENRIQUE SILVA OLIVEIRA (OAB 339422/SP)

Íntegra da decisão:

SENTENÇA

Processo Digital nº: **1095409-45.2021.8.26.0100**

Classe - Assunto **Dúvida - Registro de Imóveis**

Suscitante: **16º Oficial de Registro de Imóveis da Capital**

Suscitado e Requerido: **Lazaro Silva Oliveira e outro**

Juiz(a) de Direito: Dr(a). **Luciana Carone Nucci Eugênio Mahuad**

Vistos.

Trata-se de dúvida suscitada pelo **Oficial do 16º Registro de Imóveis da Capital** a requerimento de **Lázaro Silva Oliveira e Marta Cardoso de Oliveira**, diante da negativa em se proceder ao registro de carta de adjudicação expedida na ação de autos n. 1016467-64.2019.8.26.0004, referente ao imóvel da matrícula n. 14.406 daquela serventia.

A negativa se deu por violação ao princípio da continuidade registral, na medida em que herdeiros de titulares do domínio não foram incluídos na ação judicial, bem como porque necessárias comprovação do recolhimento do ITBI e apresentação de certidão de casamento dos autores. Vieram documentos às fls. 04/55.

A parte suscitada manifestou-se às fls. 56/63, defendendo a regularidade do polo passivo da ação de adjudicação, uma vez que os ausentes foram representados pelos herdeiros Mitsuru Kondo e Roberto Masatoshi Harada, que se comprometeram, por cláusula contratual expressa, a apresentar os documentos necessários à comprovação da legitimidade sucessória, o que foi suprido pela tutela judicial. Atenderam a exigência relativa à certidão de casamento e concordaram com a necessidade de recolhimento do ITBI, alegando que será pago oportunamente.

O Ministério Público opinou pela prejudicialidade da dúvida (fls. 78/80).

É o relatório.

Fundamento e decido.

Por primeiro, não se desconsidera que inconformismo efetivo foi voltado apenas à primeira das exigências constantes da nota devolutiva de fls. 14/15, com concordância e comprometimento da parte com as demais.

Este procedimento, entretanto, visa à apreciação, como um todo, de eventuais óbices apontados pelo registrador para ingresso direto do título. Não se presta à determinação condicionada a uma conduta futura, uma vez pendentes providências que não foram objeto de irresignação.

Por outro lado, resposta ao caso concreto se mostra possível a fim de evitar reapresentação futura do tema, notadamente diante da natureza administrativa do procedimento.

No mérito, a dúvida procede. Vejamos os motivos.

De início, vale destacar que os títulos judiciais não estão isentos de qualificação, positiva ou negativa, para ingresso no fólio real.

O Egrégio Conselho Superior da Magistratura já decidiu que a qualificação negativa de título judicial não caracteriza desobediência ou descumprimento de decisão judicial (Apelação Cível n. 413-6/7).

Neste sentido, também a Apelação Cível nº 464-6/9, de São José do Rio Preto:

> *"Apesar de se tratar de título judicial, está ele sujeito à qualificação registrária. O fato de tratar-se o título de mandado judicial não o torna imune à qualificação registrária, sob o estrito ângulo da regularidade formal. O exame da legalidade não promove incursão sobre o mérito da decisão judicial, mas à apreciação das formalidades extrínsecas da ordem e à conexão de seus dados com o registro e a sua formalização instrumental".*

E, ainda:

> *"REGISTRO PÚBLICO - ATUAÇÃO DO TITULAR - CARTA DE ADJUDICAÇÃO - DÚVIDA LEVANTADA - CRIME DE DESOBEDIÊNCIA - IMPROPRIEDADE MANIFESTA. O cumprimento do dever imposto pela Lei de Registros Públicos, cogitando-se de deficiência de carta de adjudicação e levantando-se dúvida perante o juízo de direito da vara competente, longe fica de configurar ato passível de enquadramento no artigo 330 do Código Penal - crime de desobediência -, pouco importando o acolhimento, sob o ângulo judicial, do que suscitado" (STF, HC 85911 / MG - MINAS GERAIS, Relator: Min. MARCO AURÉLIO, j. 25/10/2005, Primeira Turma).*

Sendo assim, não há dúvidas de que a mera existência de título proveniente de órgão jurisdicional não basta para autorizar automaticamente seu ingresso no fólio real, cabendo ao oficial qualificá-lo conforme os princípios que regem a atividade registral.

Nesse sentido, por sinal, a própria sentença copiada às fls. 35/37, que bem salientou como necessária observância aos requisitos exigidos pelo Oficial do Cartório de Registro de Imóveis para registro.

Quanto ao ato em questão, imprescindível que se observe o princípio da continuidade:

> *"O princípio da continuidade, que se apoia no de especialidade, quer dizer que, em relação a cada imóvel, adequadamente individuado, deve existir uma cadeia, de titularidade à vista da qual só se fará a inscrição de um direito se o outorgante dele aparecer no registro como seu titular.*
>
> *Assim, as sucessivas transmissões, que derivam umas das outras, asseguram a preexistência do imóvel no patrimônio do transferente" (Afrânio de Carvalho, Registro de Imóveis, Editora Forense, 4ª edição, p. 254).*

Ou seja, o título deve estar em conformidade com o inscrito na matrícula.

No caso concreto, a matrícula do imóvel informa que o bem foi adquirido, em 1991, por Yuze Harada (R.6/14.046 – fl. 48). Porém, após o seu falecimento, o imóvel foi partilhado entre herdeiros diversos, alguns dos quais, por sua vez, também faleceram e tiveram sua fração ideal partilhada (como se vê dos R.8, R.9, R.11, R.13 e R.15 – fls. 49/55).

Dentre os atuais proprietários tabulares, verifica-se que Fujie Kondo e Shoji Harada, mencionados nos itens 1 e 2 da nota de devolução – fls. 14/15, que detêm, cada um, a porção de 12,5% do imóvel, faleceram e não tiveram suas frações ideais partilhadas, sendo representados no contrato por seus sucessores (itens *'e'* e *'g'* – fls. 27/28).

Contudo, na época da contratação, três dos filhos de Fujie já haviam falecido (Issao, Paulo e Sussumu, mencionados no contrato), sendo imprescindível a apresentação das certidões de óbito exigidas no item 1 da nota de devolução, para verificação da existência de eventual herdeiro necessário dos filhos pré-mortos.

Outrossim, os documentos apresentados para registro não permitem conclusão pela dispensa de qualquer dos titulares do domínio do polo passivo da ação de adjudicação.

Apesar da participação de vários proprietários no contrato particular por meio de representantes (item 1.1 – fls. 28/29), tais procurações não foram produzidas, sendo desconhecidas tanto a extensão dos poderes conferidos como a forma adotada.

A escritura pública, como se sabe, é essencial à validade dos negócios jurídicos que visem transferência de direitos reais sobre imóveis (artigo 108, do CC), de modo que a outorga de poderes para lavratura da escritura deve necessariamente ser instrumentalizada por procuração pública.

Observe-se, ainda, que, embora os instrumentos de procuração destinados à realização de atos específicos não contem com prazo de validade, é razoável exigir a renovação dos mandatos outorgados há vários anos, a fim de se confirmar validade.

Neste ponto, a ação de adjudicação, proposta no ano de 2019, visou superar a dificuldade da parte autora na atualização das procurações conferidas para assinatura do contrato, o que ocorreu dez anos antes (em 2009), conforme informado no relatório da sentença (fl. 35).

Indispensável era, portanto, a participação dos mandantes no polo passivo, como indicado nos itens 2 e 3 da nota de devolução.

Desse modo e tendo em vista que os registros necessitam observar um encadeamento subjetivo, como já dito, realmente não há como admitir o ingresso da carta de adjudicação no fólio real sem ocorrência de quebra da continuidade (nem todos os atuais titulares do domínio integraram a ação judicial em que o bem foi adjudicado, como visto).

Os elementos dos autos, portanto, demonstram que houve acerto na qualificação negativa do título em razão de afronta ao princípio da continuidade registrária.

Diante do exposto, **JULGO PROCEDENTE** a dúvida, mantendo os óbices.

Deste procedimento não decorrem custas, despesas processuais ou honorários advocatícios.

Oportunamente remetam-se os autos ao arquivo.

P.R.I.C.

São Paulo, 08 de outubro de 2021.

Luciana Carone Nucci Eugênio Mahuad

Juiz de Direito (DJe de 15.10.2021 – SP)

Ementa: Sentença – Dúvida – Pedido de registro de Carta de Adjudicação Notarial – Negativa em razão da ausência da indicação do estado civil do inventariado e da herdeira, bem como da necessidade de se partilhar o imóvel por inteiro – Títulos Judiciais não estão isentos de qualificação registrária – Imprescindibilidade da informação em relação ao estado civil das partes – Elemento essencial – Art 176 da LRP – Estado civil de convivente que somente existe com o reconhecimento público e oficial – Provimento CNJ nº 37/2014 – Necessidade de análise judicial – Manutenção dos óbices – Procedência

Processo 1089599-89.2021.8.26.0100

Dúvida - Registro de Imóveis - Maria Cristina de Oliveira - Diante do exposto, JULGO PROCEDENTE a dúvida suscitada pelo Oficial do 12º Registro de Imóveis da Capital, mantendo os óbices. Deste procedimento não decorrem custas, despesas processuais ou honorários advocatícios. Oportunamente, remetam-se os autos ao arquivo. P.R.I.C. - ADV: ALCEU ALBREGARD JUNIOR (OAB 88365/SP)

Íntegra da decisão:

SENTENÇA

Processo Digital nº: **1089599-89.2021.8.26.0100**

Classe - Assunto **Dúvida - Registro de Imóveis**

Suscitante: **12º Oficial de Registro de Imoveis da Capital**

Suscitado: **Maria Cristina de Oliveira**

Juiz(a) de Direito: Dr(a). **Luciana Carone Nucci Eugênio Mahuad**

Vistos.

Trata-se de dúvida suscitada pelo **Oficial do 12º Registro de Imóveis da Capital** a requerimento de **Maria Cristina de Oliveira** após negativa de registro de carta de adjudicação notarial extraída do inventário dos bens deixados por Gilson Broto (processo de autos n. 0021243-74.2012.8.26.0100), relativa ao imóvel da matrícula n. 62.166 e à metade ideal do imóvel da matrícula n. 106.814, ambas daquela serventia.

O título foi desqualificado após o Oficial constatar a ausência da indicação do estado civil do inventariado Gilson e da herdeira Maria Cristina, bem como a necessidade de se partilhar o imóvel da matrícula n. 106.814 por inteiro e não em partes como consta no título. Exigência para atribuição do valor do imóvel da matrícula n. 106.814 foi satisfeita quando de sua reapresentação.

A parte suscitada sustentou que o reconhecimento, por testamento público, da união estável que manteve com o *de cujus*, a qual se equipara ao casamento, dispensa menção ao estado civil. Quanto à partilha do imóvel, informou que foram averbadas três construções, com cadastro fiscal individual (fls. 18/22 e 280).

Documentos foram produzidos às fls. 04/279.

O Ministério Público opinou pela procedência, com manutenção dos óbices registrários (fls. 287/289).

É o relatório.

Fundamento e decido.

No mérito, a dúvida é procedente. Vejamos os motivos.

De início, vale destacar que os títulos judiciais não estão isentos de qualificação, positiva ou negativa, para ingresso no fólio real.

O Egrégio Conselho Superior da Magistratura já decidiu que a qualificação negativa de título judicial não caracteriza desobediência ou descumprimento de decisão judicial (Apelação Cível n. 413-6/7).

Neste sentido, também a Apelação Cível nº 464-6/9, de São José do Rio Preto:

> *"Apesar de se tratar de título judicial, está ele sujeito à qualificação registrária. O fato de tratar-se o título de mandado judicial não o torna imune à qualificação registrária, sob o estrito ângulo da regularidade formal. O exame da legalidade não promove incursão sobre o mérito da decisão judicial, mas à apreciação das formalidades extrínsecas da ordem e à conexão de seus dados com o registro e a sua formalização instrumental".*

E, ainda:

> *"REGISTRO PÚBLICO - ATUAÇÃO DO TITULAR - CARTA DE ADJUDICAÇÃO - DÚVIDA LEVANTADA - CRIME DE DESOBEDIÊNCIA - IMPROPRIEDADE MANIFESTA. O cumprimento do dever imposto pela Lei de Registros Públicos, cogitando-se de deficiência de carta de adjudicação e levantando-se dúvida perante o juízo de direito da vara competente, longe fica de configurar ato passível de enquadramento no artigo 330 do Código Penal - crime de desobediência -, pouco importando o acolhimento, sob o ângulo judicial, do que suscitado" (STF, HC 85911 / MG - MINAS GERAIS, Relator: Min. MARCO AURÉLIO, j. 25/10/2005, Primeira Turma).*

Sendo assim, não há dúvidas de que a mera existência de título proveniente de órgão jurisdicional não basta para autorizar automaticamente seu ingresso no fólio real.

Quanto ao estado civil das pessoas físicas referidas no fólio real, trata-se de elemento essencial imposto pelo artigo 176 da Lei de Registros Público, que se faz necessário para segurança jurídica.

De fato, a incongruência entre o registro civil da pessoa natural e a realidade fática propicia incertezas quanto às suas relações, inclusive patrimoniais.

Contudo, embora o ordenamento jurídico confira à união estável tratamento equivalente ao dado ao casamento, o estado civil de convivente somente existe com o reconhecimento público e oficial da relação seja pela via judicial, seja por meio de escritura pública, tal como disciplinado pelo Provimento CNJ nº 37/2014.

Ressalte-se, neste ponto, a importância de se verificarem eventuais impedimentos ao registro da união estável e de se manter a continuidade dos registros da pessoa natural, anotando-se eventuais alterações junto aos registros primitivos de nascimento e de casamentos anteriores, dado o interesse na publicidade da informação.

No caso concreto, embora o inventariado tenha admitido, por testamento, a união estável mantida com a parte suscitada, tal documento é insuficiente para alteração de seu estado civil, pois se trata de simples declaração unilateral que deve ser submetida à análise judicial em contencioso cível que observe o devido contraditório e a ampla defesa.

Enquanto não houver tal reconhecimento, o que se sabe é que o falecido Gilson era divorciado, tendo se casado em primeiras núpcias com Gioia Gallarotti, da qual divorciou-se sem que tivessem filhos. É o que Gilson também declarou em seu testamento (fls. 44/50).

Porém, essa condição de divorciado deve ser demonstrada por meio de documentação adequada (certidão de casamento com averbação do divórcio).

O mesmo se aplica à parte suscitada, que deve informar adequadamente seu estado civil até que sua união estável com o falecido seja oficialmente reconhecida.

Já quanto ao imóvel objeto da matrícula n. 106.814, apesar de ser constituído por um terreno no qual existem três prédios (Av.2, Av.3 e Av.4/106.814 – fls. 09/17), cada qual com cadastro próprio junto à municipalidade para efeitos fiscais, trata-se de um único imóvel para efeitos registrários, devendo ser descrito no título com um único bem (itens 3, 4 e 5 - fls. 24/25).

Diante do exposto, **JULGO PROCEDENTE** a dúvida suscitada pelo **Oficial do 12º Registro de Imóveis da Capital**, mantendo os óbices.

Deste procedimento não decorrem custas, despesas processuais ou honorários advocatícios.

Oportunamente, remetam-se os autos ao arquivo.

P.R.I.C.

São Paulo, 01 de outubro de 2021.

Luciana Carone Nucci Eugênio Mahuad
Juiz de Direito (DJe de 06.10.2021 – SP)

Ementa: Sentença – Dúvida – Pedido de registro de Carta de Adjudicação – Negativa em razão da necessidade do registro do título aquisitivo em nome da falecida – Imóvel que não está registrado em nome da autora da herança – Princípio da Continuidade – Arts195 e 237, da LRP – Títulos Judiciais não estão isentos de qualificação registrária – Existência de autorização judicial para expedição de alvará a fim de se outorgar a Escritura de Venda e Compra do imóvel em favor da falecida – Imprescindibilidade de que a parte encaminhe o referido alvará e o aditamento ao Tabelião de Notas – Art 7º, I, da Lei Federal nº 8935/94 – Manutenção do óbice – Procedência

Processo 1083873-37.2021.8.26.0100

Dúvida - Registro de Imóveis - Lucio Ricardo de Mello Alves - Diante do exposto, JULGO PROCEDENTE a dúvida suscitada e, em consequência, mantenho o óbice registrário apontado pelo Oficial do 8º Registro de Imóveis da Capital. Deste procedimento não decorrem custas, despesas processuais ou honorários advocatícios. Oportunamente, ao arquivo com as cautelas de praxe. P.R.I.C. - ADV: LORENZO DE FELICE VERNINI FREITAS (OAB 289195/ SP)

Íntegra da decisão:

SENTENÇA

Processo Digital nº: **1083873-37.2021.8.26.0100**

Classe - Assunto **Dúvida - Registro de Imóveis**

Suscitante: **8º Oficial de Registro de Imoveis da Capital**

Suscitado: **Lucio Ricardo de Mello Alves**

Juiz(a) de Direito: Dr(a). **Luciana Carone Nucci Eugênio Mahuad**

Vistos.

Trata-se de dúvida suscitada pelo **Oficial do 8º Registro de Imóveis da Capital** a requerimento de **Lucio Ricardo de Mello Alves**, tendo em vista negativa em se proceder ao registro de carta de adjudicação expedida nos autos de inventário dos bens deixados pelo falecimento de Iolanda Melo Alves (nº1025224-27.2017.8.26.0001), envolvendo o imóvel objeto da matrícula nº 2.701 daquela serventia.

O óbice registrário se fundamenta na violação ao princípio da continuidade do registro público, uma vez que o imóvel está na titularidade de Argemiro de Paula Mendes e de sua mulher, Judith Affonso Mendes, pelo que se exigiu que, primeiramente, seja registrado o título aquisitivo em nome da falecida Iolanda.

Vieram documentos às fls. 05/202.

A parte suscitada se manifestou às fls. 209/211, defendendo a transferência imediata da titularidade, uma vez que, nos autos do processo de inventário dos bens deixados por

Argemiro, já foi deferida a expedição de alvará para outorga de escritura de venda e compra do imóvel em favor do espólio de Iolanda.

O Ministério Público opinou pela procedência da dúvida, com manutenção do óbice registrário (fls. 217/219).

É o relatório.

Fundamento e decido.

No mérito, a procedência é medida de rigor. Vejamos os motivos.

De início, vale destacar que os títulos judiciais não estão isentos de qualificação, positiva ou negativa, para ingresso no fólio real.

O Egrégio Conselho Superior da Magistratura já decidiu que a qualificação negativa de título judicial não caracteriza desobediência ou descumprimento de decisão judicial (Apelação Cível n. 413-6/7).

Neste sentido, também a Apelação Cível nº 464-6/9, de São José do Rio Preto:

"Apesar de se tratar de título judicial, está ele sujeito à qualificação registrária.

O fato de tratar-se o título de mandado judicial não o torna imune à qualificação registrária, sob o estrito ângulo da regularidade formal. O exame da legalidade não promove incursão sobre o mérito da decisão judicial, mas à apreciação das formalidades extrínsecas da ordem e à conexão de seus dados com o registro e a sua formalização instrumental".

E, ainda:

"REGISTRO PÚBLICO - ATUAÇÃO DO TITULAR - CARTA DE ADJUDICAÇÃO - DÚVIDA LEVANTADA - CRIME DE DESOBEDIÊNCIA - IMPROPRIEDADE MANIFESTA. O cumprimento do dever imposto pela Lei de Registros Públicos, cogitando-se de deficiência de carta de adjudicação e levantando-se dúvida perante o juízo de direito da vara competente, longe fica de configurar ato passível de enquadramento no artigo 330 do Código Penal - crime de desobediência -, pouco importando o acolhimento, sob o

ângulo judicial, do que suscitado" (STF, HC 85911 / MG – MINAS GERAIS, Relator: Min. MARCO AURÉLIO, j. 25/10/2005, Primeira Turma).

Sendo assim, não há dúvida de que a mera existência de título proveniente de órgão jurisdicional não basta para autorizar automaticamente seu ingresso no registro tabular.

No caso concreto, o domínio do imóvel adjudicado não está registrado em nome da autora da herança, mas em nome de Argemiro de Paula Mendes e de sua mulher, Judith Affonso Mendes (fls. 181/188).

Necessário, portanto, o registro do título anterior, por meio do qual Iolanda adquiriu o domínio do imóvel, justamente a fim de se preservar a continuidade do registro, nos termos dos artigos 195 e 237 da LRP.

Conforme escritura copiada às fls. 25/27, verifica-se que os sucessores de Argemiro e Judith cederam para Iolanda Melo Alves seus direitos hereditários sobre o imóvel.

Por se tratar de cessão de direitos hereditários, referida escritura não pode ser apresentada diretamente ao Cartório de Registro de Imóveis, sendo imprescindível que o bem integre o inventário do proprietário tabular e os direitos cedidos sejam apreciados pelo juízo da sucessão.

Quanto a este ponto, já se encontra autorização judicial para expedição de alvará a fim de se outorgar a escritura de venda e compra do imóvel em favor de Iolanda (fl. 214).

Assim, a parte deve encaminhar o alvará e o respectivo aditamento ao Tabelião de Notas, o qual tem competência exclusiva para lavrar escritura, conforme artigo 7º, inciso I, da Lei n. 8.935/94. Somente com o registro prévio desse documento é que o título apresentado terá acesso ao fólio real, com respeito, assim, ao princípio da continuidade.

Diante do exposto, **JULGO PROCEDENTE** a dúvida suscitada e, em consequência, mantenho o óbice registrário apontado pelo Oficial do 8º Registro de Imóveis da Capital.

Deste procedimento não decorrem custas, despesas processuais ou honorários advocatícios.

Oportunamente, ao arquivo com as cautelas de praxe.

P.R.I.C.

São Paulo, 30 de setembro de 2021.

Luciana Carone Nucci Eugênio Mahuad

Juiz de Direito (DJe de 04.10.2021 – SP)

Ementa: Sentença – Dúvida – Pedido de registro de Carta de Adjudicação – Negativa em razão da necessidade da qualificação completa das partes, bem como da retificação do título para inclusão da esposa do titular do domínio – Títulos Judiciais não estão isentos de qualificação registrária – Ausência de pesquisa do CPF do titular do domínio junto à Receita Federal – Imprescindibilidade da apresentação da certidão de casamento atualizada – Princípio da Continuidade Registral – Manutenção dos óbices – Procedência

Processo 1082800-30.2021.8.26.0100

Dúvida - Registro de Imóveis - Necivaldo Rodrigues de Souza - Os elementos dos autos demonstram que houve acerto na qualificação negativa do título, pelo que JULGO PROCEDENTE a dúvida suscitada e, em consequência, mantenho os óbices. Deste procedimento não decorrem custas, despesas processuais ou honorários advocatícios. Oportunamente, ao arquivo com as cautelas de praxe. P.R.I.C. - ADV: JOSE EDSON MARQUES (OAB 257406/ SP)

Íntegra da decisão:

SENTENÇA

Processo Digital nº: **1082800-30.2021.8.26.0100**

Classe - Assunto **Dúvida - Registro de Imóveis**

Requerente: **16º Oficial de Registro de Imóveis da Capital**

Requerido: **Necivaldo Rodrigues de Souza**

Juiz(a) de Direito: Dr(a). **Luciana Carone Nucci Eugênio Mahuad**

Vistos.

Trata-se de dúvida suscitada pelo **Oficial do 16º Registro de Imóveis da Capital** a requerimento de **Necivaldo Rodrigues de Souza,** tendo em vista negativa em se proceder ao registro de carta de adjudicação extraída da ação de autos n. 1001608-71.2018.8.26.0006 (objeto: o imóvel da transcrição n. 83.394 daquela serventia).

O título foi devolvido para satisfação das seguintes exigências: 1) prova da qualificação completa do requerido e titular do domínio, Guerino Mezanotti, e respectivo regime de casamento, com número do pacto antenupcial se houver, nos termos do item 61, Cap. XX, das NSCGSP, e do art. 176, inciso III, 2, "a", da Lei n. 6.015/73; 2) certidão de casamento atualizada de Guerino; 3) CPF de Guerino e qualificação completa de sua mulher; 4) retificação do título para inclusão da esposa de Guerino, a qual não figurou no polo passivo da ação nem foi citada, em respeito ao princípio da continuidade (arts. 195 e 237 da LRP). Além disso, houve notícia de que a pate suscitada já providenciou certidão do registro da escritura de pacto antenupcial de seu casamento, realizado sob regime de separação de bens, o que também fora exigido.

Documentos vieram às fls. 04/130.

A parte suscitada manifestou-se às fls. 131/137, sustentando que, no contrato de compra pelo qual Guerino Menazotti adquiriu o imóvel, não consta o número de seu CPF/MF, motivo pelo qual não foi possível a pesquisa Infojud e Bacenjud; que, nos autos em que adjudicado o imóvel, foi solicitado ofício ao IIRGD para localização de seu CPF, cujo resultado foi negativo, sendo que ele foi citado por edital; que não se sabe se o titular do domínio, Guerino Mezanotti, é casado, já que não consta seu estado civil no referido contrato; que cumpriu todas as demais exigências, inclusive com recolhimento do ITBI. Deste modo, tendo em vista que os documentos exigidos não estão ao seu alcance, pugna pela mitigação das exigências, com o consequente registro.

O Ministério Público opinou pela manutenção do óbice diante da ausência de elementos necessários ao registro (fls. 141/143).

É o relatório.

Fundamento e decido.

No mérito, a dúvida procede. Vejamos os motivos.

Por primeiro, vale destacar que os títulos judiciais não estão isentos de qualificação, positiva ou negativa, para ingresso no fólio real.

O Egrégio Conselho Superior da Magistratura já decidiu que a qualificação negativa do título judicial não caracteriza desobediência ou descumprimento de decisão judicial (Apelação Cível n. 413-6/7).

Neste sentido, também a Ap. Cível nº 464-6/9, de São José do Rio Preto:

"Apesar de se tratar de título judicial, está ele sujeito à qualificação registrária. O fato de tratar-se o título de mandado judicial não o torna imune à qualificação registrária, sob o estrito ângulo da regularidade formal. O exame da legalidade não promove incursão sobre o mérito da decisão judicial, mas à apreciação das formalidades extrínsecas da ordem e à conexão de seus dados com o registro e a sua formalização instrumental".

E, ainda:

"REGISTRO PÚBLICO - ATUAÇÃO DO TITULAR - CARTA DE ADJUDICAÇÃO - DÚVIDA LEVANTADA - CRIME DE DESOBEDIÊNCIA - IMPROPRIEDADE MANIFESTA. O cumprimento do dever imposto pela Lei de Registros Públicos, cogitando-se de deficiência de carta de adjudicação e levantando-se dúvida perante o juízo de direito da vara competente, longe fica de configurar ato passível de enquadramento no artigo 330 do Código Penal - crime de desobediência -, pouco importando o acolhimento, sob o ângulo judicial, do que suscitado" (STF, HC 85911 / MG - MINAS GERAIS, Relator: Min. MARCO AURÉLIO, j. 25/10/2005, Primeira Turma). Sendo assim, não há dúvidas de que a mera existência de título proveniente de órgão jurisdicional não basta para autorizar automaticamente seu ingresso no fólio real, cabendo ao oficial qualificá-lo conforme os princípios que regem a atividade registral.

No caso específico, verifica-se que a parte suscitada não demonstra ter empreendido os esforços necessários para alcançar a qualificação completa do titular do domínio e requerido na ação supramencionada, Guerino Menazotti, bem como da esposa dele.

Note-se que não houve pesquisa do CPF de Guerino junto à Receita Federal, o que seria possível já que o contrato pelo qual adquiriu o bem indica o número do seu registro geral de estrangeiro (fl. 35).

Quanto à ausência de qualificação de sua esposa, ao contrário da alegação da parte suscitada no sentido de que se desconhece o estado civil de Guerino, observa-se da transcrição do imóvel, cuja certidão veio a fl. 44, que ele foi qualificado como casado.

Inclusive, assim também foi qualificado na ação que originou a carta de adjudicação (fl. 21).

Neste contexto, imprescindível a apresentação da certidão de casamento atualizada do titular do domínio, bem como a qualificação completa de seu cônjuge, também para verificação da regularidade do polo passivo da ação de que extraído o título, já que, na hipótese de casamento sob o regime da comunhão de bens (total ou parcial), ela necessariamente deveria ter integrado o polo passivo nos termos dos artigos 73, §1º, incisos I e II, 114 e 115, parágrafo único, todos do Código de Processo Civil.

A incerteza sobre a propriedade plena do bem por Guerino não possibilita verificação de efetivo respeito ao princípio da continuidade registral, já que seu cônjuge pode ser cotitular do domínio.

Vale anotar que o disposto no art. 176, §1º, inciso III, n. 2, alínea "a", da LRP, e no item 61.3, do Capítulo XX, das Normas de Serviço da E. CGJ/SP, se aplicam aos requerimentos atuais de registro independentemente da data de origem do título em observância ao princípio do *tempus regit actum*.

Os elementos dos autos demonstram que houve acerto na qualificação negativa do título, pelo que **JULGO PROCEDENTE** a dúvida suscitada e, em consequência, mantenho os óbices.

Deste procedimento não decorrem custas, despesas processuais ou honorários advocatícios.

Oportunamente, ao arquivo com as cautelas de praxe.

P.R.I.C.
São Paulo, 25 de agosto de 2021.
Luciana Carone Nucci Eugênio Mahuad
Juiz de Direito (DJe de 31.08.2021 – SP)

Ementa: Sentença – Pedido de Providências – Requerimento de cancelamento de todas as restrições anteriores à adjudicação do imóvel, com pedido de tutela antecipada – Existência de hipotecas e penhoras – Alegação pela Requerente de que o imóvel, adquirido mediante contrato de compra e venda, já tinha sido adjudicado por proprietário anterior em Ação Judicial – Negativa em razão de que apenas uma das hipotecas pode ser cancelada por ocorrência de perempção, sendo que outra necessita de ordem judicial, anuência do credor hipotecário ou, ainda, de comprovação da participação do credor hipotecário no processo em que houve a adjudicação – Incompetência do juízo administrativo para análise ou modificação das decisões judiciais referentes às penhoras – Necessidade de que a atual proprietária busque os cancelamentos dos gravames perante os juízos que os determinaram – Possibilidade de cancelamento por ofício de uma das hipotecas diante da perempção verificada – Hipoteca constituída há mais de trinta anos – Art. 1485 do CC – Determinação apenas do cancelamento do registro da hipoteca alcançada pela perempção – Manutenção dos demais óbices – Procedência Parcial

Processo 1045620-77.2021.8.26.0100

Pedido de Providências - Registro de Imóveis - Equação Administradora de Bens Ltda - Diante do exposto, JULGO PARCIALMENTE PROCEDENTE o pedido de providências formulado por Equação Administradora de Bens Ltda em face do Oficial do 6º Registro de Imóveis da Capital para determinar apenas o cancelamento do registro da hipoteca alcançada pela perempção (fls. 62/63 - item 1 do transporte de matrículas - R.12 - matrícula 9.277). Deste procedimento não decorrem custas, despesas processuais nem honorários advocatícios. Oportunamente, remetam-se os autos ao arquivo. P.R.I.C. REPUBLICADO POR INCORREÇÃO. - ADV: GIULIANA BARCI DE MORAES (OAB 434403/SP), MÁGINO ALVES BARBOSA FILHO (OAB 69943/SP), VIVIANE BARCI DE MORAES (OAB 166465/SP), RODRIGO FUNABASHI (OAB 261163/SP), FELIPE GENARI (OAB 356167/SP)

Íntegra da decisão:

SENTENÇA

Processo Digital nº: **1045620-77.2021.8.26.0100**

Classe - Assunto **Pedido de Providências - Registro de Imóveis**

Requerente: **Equação Administradora de Bens Ltda**

Requerido: **6º Oficial de Registro de Imóveis da Capital**

Juiz(a) de Direito: Dr(a). **Luciana Carone Nucci Eugênio Mahuad**

Vistos.

Trata-se de pedido de providências formulado por **Equação Administradora de Bens Ltda** em face do **Oficial do 6º Registro de Imóveis da Capital**, para cancelamento de todas as restrições anteriores à adjudicação do imóvel da matrícula n. 217.824 daquela serventia, com pedido de tutela antecipada.

A parte requerente aduz que o imóvel, adquirido mediante contrato de compra e venda, já tinha sido adjudicado por proprietário anterior em ação judicial na qual ele figurava como credor, pelo que todos os ônus anteriores à adjudicação que recaem sobre o bem devem ser cancelados (oito penhoras e duas hipotecas transportadas das matrículas n. 9.277, 25.050 e 83.254): a adjudicação, assim como a arrematação, consubstancia modo de aquisição originária da propriedade; que constou expressamente na carta de adjudicação a inexistência de qualquer ônus ou recursos pendentes de julgamento. Juntou documentos às fls. 13/70.

A decisão de fl. 71 indeferiu a tutela de urgência pleiteada.

O Oficial manifestou-se às fls. 75/82, sustentando, no que tange às hipotecas, que apenas uma delas pode ser cancelada, já que alcançada pela perempção (matrícula 217.824 - item 1 da Av.1), ao passo que o cancelamento da outra necessita de ordem judicial ou de anuência do credor hipotecário ou, ainda, de comprovação da participação do credor hipotecário no processo em que houve a adjudicação. Quanto às penhoras, aduz que, em princípio, somente podem ser canceladas mediante ordem judicial ou por requerimento unânime dos envolvidos, nos termos do art. 250 da LRP; que, por outro lado, não desconhece a atual jurisprudência dos tribunais superiores no tocante à perda de eficácia das averbações de penhora anteriores à arrematação, com permissão de alienações posteriores, pelo que não se opõe ao cancelamento direto das constrições se for do entendimento deste juízo administrativo.

O Ministério Público opinou pela improcedência (fls. 86/88).

É o relatório.

Fundamento e decido.

No mérito, o pedido procede parcialmente. Vejamos os motivos.

Analisando a matrícula n. 217.824, juntada às fls. 61/66, verifica-se a existência de oito penhoras e de duas hipotecas, sem que tenha sido exibida qualquer decisão para levantamento dos gravames.

A Egrégia Corregedoria Geral de Justiça já se posicionou acerca da impossibilidade de cancelamento de penhora realizada por determinação judicial via decisão administrativa desta Corregedoria Permanente (com nossos destaques):

"REGISTRO IMOBILIÁRIO. CANCELAMENTO DE PENHORA - Mesmo diante do registro de carta de adjudicação e sua repercussão no registro imobiliário (cancelamento indireto) ***não cabe expedição de ordem para o cancelamento de inscrições de penhora provenientes de outros processos judiciais, competindo requerimento ao juízo que a determinou*** *- Preliminar rejeitada e Recurso não provido" (CGJ, Proc. nº 1093002-08.2017.8.26.0100 – Parecer 101/2018-E, j. 13.03.2018).*

"REGISTRO DE MÓVEIS - Arrematação - Modo derivado de aquisição da propriedade imobiliária - Questão, todavia, irrelevante - Cancelamento direto de penhoras estranhas ao processo onde ocorreu a alienação judicial - ***Necessidade de ordem judicial emanada da autoridade competente, ou seja, daquela que determinou as inscrições*** *- Registro da carta de arrematação, portanto, é insuficiente para tanto - Confirmação do juízo de desqualificação registrai – Recurso desprovido" (CGJ, Processo n. 0004589-40.2014.8.26.0456, j . 03.08.2016).*

"REGISTRO DE IMÓVEIS - Carta de arrematação – Cancelamento direto de penhora estranha à do processo onde ocorrida a alienação judicial - ***Impossibilidade - Precedentes do Conselho Superior da Magistratura e da Corregedoria Geral da Justiça*** *– Dúvida improcedente - Recurso provido" (CGJ, Processo n. 0011823-84.2015.8.26.0344, j . 28.07.2016). 'Registro de Imóveis - Pretensão de cancelamento de hipotecas e fls. 161 PODER JUDICIÁRIO TRIBUNAL DE JUSTIÇA DO ESTADO DE SÃO PAULO CORREGEDORIA GERAL DA JUSTIÇA Recurso Administrativo nº 1093002-08.2017.8.26.0100 penhoras à vista de arrematação ocorrida em juízo cível -* ***Cancelamento de penhoras que depende de ordem do juízo que as determinou - Ausência de comprovação da notificação do credor hipotecário - Impossibilidade do cancelamento*** *- Inteligência do art. 1.501 do Código Civil – Recurso desprovido" (CGJ, Processo n. 1017712-21.2016.8.26.0100, j . 16.07.2016).*

Não compete a este juízo administrativo, portanto, analisar ou modificar as decisões judiciais no que tange às penhoras.

Ademais, ao contrário do que diz a parte suscitada, a adjudicação em leilão judicial, assim como a arrematação, é modo derivado de aquisição de propriedade, caracterizada por uma alienação forçada proveniente de ordem judicial em processo de execução ou de cumprimento de sentença, que independe da relação jurídica ou negocial entre o antigo proprietário (executado) e o adquirente (arrematante ou adjudicante), nos moldes do atual entendimento do Conselho Superior da Magistratura (Apelação Cível nº 9000002-19.2013.8.26.0531). Nesse sentido, ainda, a jurisprudência do STJ (AgRg no AREsp 805.687/RS, Quarta Turma, Rel. Min. Antônio Carlos Ferreira, j. 10.03.16).

Logo, em não se tratando de aquisição originária, a atual proprietária deve buscar o cancelamento das constrições perante os juízos que as determinaram em consonância com a jurisprudência supramencionada.

No que tange às hipotecas, a Lei de Registros Públicos, em seu artigo 251, assim dispõe:

"Art. 251 - O cancelamento de hipoteca só pode ser feito:

I - à vista de autorização expressa ou quitação outorgada pelo credor ou seu sucessor, em instrumento público ou particular;

II - em razão de procedimento administrativo ou contencioso, no qual o credor tenha sido intimado (art. 698 do Código de Processo Civil);

III - na conformidade da legislação referente às cédulas hipotecárias".

Conforme parecer do MM. Juiz Marcelo Fortes Barbosa Filho, elaborado no Proc. CGJ 346/2002 e aprovado em 06.02.2002 pelo Corregedor Geral da Justiça à época, Des. Luiz Tâmbara, o rol previsto no art. 251 é *numerus clausus*, devendo, como regra, ser observado.

Contudo, se verificada a perempção, é possível operar-se averbação de ofício:

"Para que subsistisse a hipoteca, a prorrogação de sua inscrição deveria ter sido promovida dentro do prazo de trinta anos, vencido em 27.07.1986, e, como não o foi, a garantia real perimiu, eis que não se admite sua perpetuidade, cessando, então, a inscrição de produzir seus efeitos próprios (Caio Mário da Silva Pereira. Instituições de direito civil. 2. ed. Rio de Janeiro: Forense, 1974. vol. IV, p. 352-353).

Ora, caracterizada a perempção, operada pelo simples decurso de um prazo legal insuscептível de suspensão ou interrupção, conforme o explicitado pelo

C. Conselho Superior da Magistratura quando do julgamento da Ap 256.993, da Comarca da Capital (rel. Des. Acácio Rebouças, j. 13.01.1977, RDI 3/121), não há necessidade de ordem judicial para que seja promovida averbação correspondente.

Assim, entendo ser possível, de ofício, seja determinada a realização de averbação, reportada a perempção da hipoteca em apreço, o que, apesar de não caracterizar um cancelamento, indicará não produzir a inscrição quaisquer novos efeitos".

O prazo legal a que se refere a decisão, antes regido pelo artigo 887 do CC/16, vem atualmente estabelecido pelo artigo 1.485 do CC/2002, com nossos destaques:

*"Art. 1.485. Mediante simples averbação, requerida por ambas as partes, poderá prorrogar-se a hipoteca, até **30 (trinta) anos da data do contrato**. Desde que perfaça esse prazo, só poderá subsistir o contrato de hipoteca reconstituindo-se por novo título e novo registro; e, nesse caso, lhe será mantida a precedência, que então lhe competir".*

De tal modo, no decurso do prazo legal de trinta anos sem a devida prorrogação ou celebração de novo contrato, a hipoteca perde seus efeitos.

A partir de constatação análoga, já se reconheceu a possibilidade de averbação da perempção em mais de um julgado da E. Corregedoria Geral de Justiça: Processo CGJ nº 904/2003, parecer do MM. Juiz Assessor Claudio Luiz Bueno de Godoy, elaborado em 25.09.2003; Processo CGJ nº 07/2004, parecer do MM. Juiz Assessor José Antonio de Paula Santos Neto, elaborado em 02.02.2004, e Processo CGJ nº 2014/118757, parecer do MM. Juiz Assessor Gustavo Henrique Bretas Marzagão, aprovado pelo Exmo. Des. Hamilton Elliot Akel em 27.08.2014.

Neste último, ressaltou-se também que a averbação da perempção resulta em cancelamento da hipoteca, afirmação esta consignada com base em entendimento firmado em embargos de declaração no Proc. CGJ nº 788/2005, em decisão proferida em 25.10.2005 pelo Exmo. Des. José Mário Antonio Cardinale, à época Corregedor Geral de Justiça:

"... o almejado reconhecimento da perempção importa sim cancelamento da hipoteca, não tendo a decisão embargada incorrido em qualquer imprecisão técnica. Ainda que a postulação formulada não faça referência a cancelamento de hipoteca, certo é que a pretendida extinção do registro, ainda que decorrente de situação fática vinculada ao decurso do tempo, produz necessária e automaticamente aquele resultado. Como ensina Narciso Orlandi Neto:

O cancelamento de um ato do registro significa a retirada de seus efeitos do mundo jurídico. Melhor dizendo, cancelado o registro, desaparece a publicidade e, com ela, os efeitos que ele produziria em relação a terceiro.

Num sistema como o nosso, em que o registro tem eficácia constitutiva, aparece um efeito paralelo, de conteúdo negativo; ele é também extintivo do registro anterior.... (Retificação do Registro de Imóveis, 1997, Livraria Del Rey, Editora Oliveira Mendes, pág. 254).

E, nos expressos termos do artigo 248 da Lei de Registros Públicos, o cancelamento efetuar-se-á mediante averbação".

Não bastasse isso, o proceder do ato de ofício foi objeto de norma regulatória prevista no item XXXII do Provimento nº 1/1988 desta Corregedoria Permanente, editado por José Renato Nalini e Ricardo Henry Marques Dip, com a seguinte redação:

"XXXII. Além das hipóteses previstas no item 122, cap. XX, das "NORMAS DE SERVIÇO DA CORREGEDORIA GERAL DA JUSTIÇA", poderá averbar-se, por instância ou EX-OFFICIO, o cancelamento de registro de hipoteca perempta".

Sob a luz de tal entendimento, verifica-se que a hipoteca indicada no **item 1 do transporte de matrículas (R.12 - matrícula 9.277 - fls. 62/63)** pode ser cancelada de ofício diante da perempção verificada, já que ausente registro subsequente de novo título a reconstituí-la.

O mesmo não se observa quanto à hipoteca gravada no item 5 do transporte de matrículas (R.5 - matrícula 25.050 - fl. 63), já que o registro ocorreu em 30 de março de 1994 e, portanto, não foi alcançado pela perempção (trinta anos conforme o disposto no art. 1.485 do Código Civil).

Assim e tendo em vista que nenhum dos requisitos do art. 251 da LRP foi preenchido, conclui-se que autorização para cancelamento da averbação desta última hipoteca caracterizaria o esvaziamento da garantia em total prejuízo do credor hipotecário, que não teria como reaver seu crédito, o que não pode ser admitido neste âmbito administrativo.

Diante do exposto, **JULGO PARCIALMENTE PROCEDENTE** o pedido de providências formulado por Equação Administradora de Bens Ltda em face do Oficial do 6º Registro de Imóveis da Capital para determinar apenas o cancelamento do registro da hipoteca alcançada pela perempção (fls. 62/63 - item 1 do transporte de matrículas - R.12 – matrícula 9.277).

Deste procedimento não decorrem custas, despesas processuais nem honorários advocatícios.

Oportunamente, remetam-se os autos ao arquivo.

P.R.I.C.

São Paulo, 21 de julho de 2021.

Luciana Carone Nucci Eugênio Mahuad

Juiz de Direito (DJe de 28.07.2021 – SP)

Ementa: Sentença – Dúvida – Pedido de registro de Carta de Adjudicação – Negativa em razão de que a transcrição relativa ao imóvel foi cancelada por determinação da ECGJ – Títulos Judiciais não estão isentos de qualificação registrária – Inexistência de registro anterior a ser observado – Impossibilidade de inauguração de nova cadeia dominial via ação de adjudicação compulsória – Manutenção do óbice – Procedência

Processo 1041449-77.2021.8.26.0100

Dúvida - REGISTROS PÚBLICOS - Pascoalino Antonio Nardi - Diante do exposto, JULGO PROCEDENTE a dúvida suscitada pelo Oficial do 9º Registro de Imóveis da Capital e mantenho o óbice registrário. Deste procedimento não decorrem custas, despesas processuais e honorários advocatícios. Oportunamente, ao arquivo com as cautelas de praxe. P.R.I.C. - ADV: ELLEN DOS SANTOS GONÇALVES LIBERATO (OAB 383931/SP)

Íntegra da decisão:

SENTENÇA

Processo Digital nº: **1041449-77.2021.8.26.0100**

Classe - Assunto **Dúvida - REGISTROS PÚBLICOS**

Suscitante: **9º Oficial de Registro de Imóveis da Capital**

Suscitado: **Pascoalino Antonio Nardi**

Prioridade Idoso

Juiz(a) de Direito: Dr(a). **Luciana Carone Nucci Eugênio Mahuad**

Vistos.

Trata-se de dúvida suscitada pelo **Oficial do 9º Registro de Imóveis da Capital** a requerimento de Pascoalino Antônio Nardi, tendo em vista negativa de registro de carta de adjudicação expedida no processo de autos nº 1008178-70.2018.8.26.0007, que tem como objeto imóvel descrito na transcrição nº 30.058 daquela serventia.

Informou o Oficial que a negativa é fundamentada no princípio da continuidade, uma vez que a transcrição relativa ao imóvel foi cancelada por determinação da E. Corregedoria Geral de Justiça, ressaltando que, devido à inexistência de registro anterior, restou extinto o suporte dominial que se pretendia transmitir via adjudicação, que é forma derivada de transmissão da propriedade.

Documentos vieram às fls. 03/102.

Ao suscitar a dúvida, a parte interessada alega sofrer prejuízo pela demora no registro do direito judicialmente reconhecido, requerendo a reabertura da transcrição cancelada ou a abertura de nova matrícula (fls. 03/06). Não se manifestou, porém, após notificação acerca da instauração deste procedimento (fls. 99/100).

O Ministério Público opinou pela procedência (fls. 106/108).

É o relatório.

Fundamento e decido.

No mérito, a dúvida é procedente. Vejamos os motivos.

De início, vale destacar que os títulos judiciais não estão isentos de qualificação, positiva ou negativa, para ingresso no fólio real.

O Egrégio Conselho Superior da Magistratura já decidiu que a qualificação negativa do título judicial não caracteriza desobediência ou descumprimento de decisão judicial (Apelação Cível n. 413-6/7).

Neste sentido, também a Apelação Cível nº 464-6/9, de São José do Rio Preto:

> *"Apesar de se tratar de título judicial, está ele sujeito à qualificação registrária. O fato de tratar-se o título de mandado judicial não o torna imune à qualificação registrária, sob o estrito ângulo da regularidade formal. O exame da legalidade não promove incursão sobre o mérito da decisão judicial, mas à apreciação das formalidades extrínsecas da ordem e à conexão de seus dados com o registro e a sua formalização instrumental".*

E, ainda:

> *"REGISTRO PÚBLICO - ATUAÇÃO DO TITULAR - CARTA DE ADJUDICAÇÃO - DÚVIDA LEVANTADA - CRIME DE DESOBEDIÊNCIA - IMPROPRIEDADE MANIFESTA. O cumprimento do dever imposto pela Lei de Registros Públicos, cogitando-se de deficiência de carta de adjudicação e levantando-se dúvida perante o juízo de direito da vara competente, longe fica de configurar ato passível de enquadramento no artigo 330 do Código Penal - crime de desobediência -, pouco importando o acolhimento, sob o ângulo judicial, do que suscitado"* **(STF, HC 85911 / MG - MINAS GERAIS, Relator: Min. MARCO AURÉLIO, j. 25/10/2005, Primeira Turma).**

Sendo assim, não há dúvidas de que a mera existência de título proveniente de órgão jurisdicional não basta para autorizar automaticamente seu ingresso no registro tabular.

A adjudicação compulsória é modo derivado de aquisição da propriedade, devendo ser assegurada a regularidade da corrente registrária.

Entretanto, no caso concreto, a certidão de fls. 101/102 indica que, conforme averbação feita em 12 de maio de 1999, a transcrição relativa ao imóvel foi cancelada por determinação da E. Corregedoria Geral de Justiça. Informa, ainda, que referida transcrição teve origem em certidão datada de 05 de fevereiro de 1949, extraída, por sua vez, de escritura datada de 20 de fevereiro de 1862, ou seja, não há registro anterior a ser observado.

Portanto, o acesso ao fólio somente pode ser alcançado pela aquisição originária da propriedade, uma vez que a ação de adjudicação compulsória não tem o condão de inaugurar nova cadeia dominial.

Diante do exposto, **JULGO PROCEDENTE** a dúvida suscitada pelo Oficial do 9º Registro de Imóveis da Capital e mantenho o óbice registrário.

Deste procedimento não decorrem custas, despesas processuais e honorários advocatícios.

Oportunamente, ao arquivo com as cautelas de praxe.

P.R.I.C.

São Paulo, 07 de julho de 2021.

Luciana Carone Nucci Eugênio Mahuad

Juiz de Direito(DJe de 12.07.2021 – SP)

Ementa: Sentença – Dúvida – Pedido de Carta de Adjudicação – Óbices em razão da necessidade do registro prévio da partilha dos bens deixados pelo coproprietário, bem como de que um dos imóveis não pertence ao Espólio – Impugnação parcial das exigências do Registrador – Títulos Judiciais não estão isentos de qualificação registrária – Imprescindibilidade de prévia análise do título relativo à sucessão do referido coproprietário – Princípio da Continuidade Registral – Art. 237 da LRP – Manutenção do óbice – Procedência

Processo 1022725-25.2021.8.26.0100

Dúvida - REGISTROS PÚBLICOS - Maria Valdecy Conceição Armuth - Vistos. Tratase de dúvida suscitada pelo Oficial do 8º Registro de Imóveis da Capital a requerimento de Maria Valdecy da Conceição Armuth, tendo em vista negativa em se proceder ao registro de Carta de Adjudicação extraída do processo de autos n. 0151951-67.2002.8.26.0100, que tem por objeto o imóvel da matrícula n. 71.274 daquela serventia. Segundo o Oficial, a negativa foi motivada pelo fato de ser necessário o registro prévio da partilha dos bens deixados pelo coproprietário, Sr. Tibor Armuth Roth, falecido anteriormente, uma vez que foi apresentado apenas o título referente ao inventário conjunto da cônjuge supérstite, Sra. Vera Armuth, e do único herdeiro de ambos, Sr. Alexandre Ivo Armuth (princípio da continuidade registrária). Informa também que o outro óbice imposto ao registro não foi objeto de impugnação pela suscitada, qual seja, a impossibilidade de registro em relação ao imóvel da matrícula n. 38.884 por não pertencer ao espólio. Documentos vieram às fls. 05/152. A interessada manifestou-se às fls. 191/193, alegando que a negativa do registro desrespeita a determinação de sentença judicial regularmente proferida e viola a razoável duração do processo em âmbito administrativo e judicial. Aduziu, ainda, que a dispensa do inventário do coproprietário não violaria o princípio da continuidade, já que o bem continuaria recaindo à herdeira universal, ora suscitada, e porque o art. 672 do CPC dispensa a necessidade de inventários sucessivos. O Ministério Público opinou pela prejudicialidade da dúvida ante a impugnação parcial das exigências do registrador e, no mérito, pela procedência (fls. 207/210). É o relatório. Fundamento e decido. A análise da questão encontra-se a rigor prejudicada em razão do inconformismo voltado com exclusividade a uma das exigências constantes da nota devolutiva de fls. 95/96. Isso porque este procedimento visa à apreciação, como um todo, de eventuais óbices apontados pelo registrador para ingresso direto do título. Não se presta à determinação condicionada a uma conduta futura, uma vez pendentes providências que não foram objeto de irresignação. Contudo, resposta ao caso concreto se mostra possível a fim de evitar a reapresentação futura do tema, notadamente diante da natureza administrativa do procedimento. No mérito, assiste razão ao Registrador. Vejamos os motivos. De início, vale destacar que os títulos judiciais não estão isentos de qualificação, positiva ou negativa, para ingresso no fólio real. Em outros termos, apesar de se tratar de título judicial, está sujeito à qualificação registrária sob o estrito ângulo da regularidade formal. A notar que o exame da legalidade não promove incursão sobre o mérito da decisão judicial, mas à apreciação das formalidades extrínsecas da ordem e à conexão de seus dados com o registro e a sua formalização instrumental. O Egrégio Conselho Superior da Magistratura, por sinal, já decidiu que a qualificação negativa do título judicial não caracteriza desobediência ou descumprimento de decisão judicial (Apelação Cível n. 413-6/7). Nessa linha, também a posição do E. STF no HC 85911/MG, Relator: Min. MARCO AURÉLIO, j. 25/10/2005, Primeira Turma. Superada a questão sobre a qualificação do título judicial, verifica-se, na hipótese, que constam na matrícula do imóvel, de n. 71.274, como titulares do domínio, Tibor e Vera (fls. 91/92). No entanto, na carta de sentença referente ao inventário conjunto dos bens deixados por Vera e seu filho Alexandre, houve a partilha da integralidade do referido bem (fls. 15/19, 39/50, 71, 73 e 77), sem que, primeiramente, tivesse havido partilha da meação pertencente a Tibor, o qual faleceu antes de sua esposa Vera. Ora, é cediço que os bens de todos os falecidos deveriam ter sido partilhados conforme a ordem de falecimentos, ressalvada a hipótese de comoriência, o que não ocorreu no caso concreto. Assim, pelo princípio da continuidade registrária, haveria que se prever a transmissão das meações de ambos os proprietários tabulares ao herdeiro filho para, então, ocorrer a transmissão à herdeira deste último, ora suscitada. Importante ressalta que o CPC, em seu art. 672, apenas permite a cumulação de inventários visando economia processual, tal como ocorreu com a sucessão de Vera e seu filho Alexandre, mas não dispensa, em qualquer hipótese (principalmente sob o ponto de vista registrário), a previsão de partilhas distintas, sucessivas e sequenciais. Desse modo e sem adentrar no mérito do contido na Carta de Sentença, para a preservação da continuidade registrária, mostra-se imprescindível a prévia análise do título relativo à sucessão do pré-morto Tibor, tendo em vista que era casado com Vera sob o regime da comunhão de bens na ocasião da aquisição do imóvel com matrícula n. 71/274 (fls. 91/92). Isso tudo em conformidade com o disposto no art. 237 da LRP: "Art. 237 - Ainda que o imóvel esteja matriculado, não se fará registro que dependa da apresentação de título anterior, a fim de que se preserve a continuidade do registro". Considerando-se, assim, que a forma de transmissão dos quinhões hereditários segue disciplina diversa daquela apresentada à partilha, justifica-se a exigência da prévia protocolização do formal de partilha dos bens deixados por Tibor, sob pena de violação do princípio da continuidade registrária. Não se trata aqui, como já dito, de emissão de juízo de valor acerca da validade da sentença judicial, mas apenas se constata a impossibilidade do acesso de tal título ao fólio real por meio do devido exame formal. Diante do exposto, JULGO PROCEDENTE a dúvida suscitada pelo Oficial do 8º Registro de Imóveis da Capital a requerimento de Maria Valdecy da Conceição Armuth e, em consequência, mantenho o óbice registrário. Deste procedimento não decorrem custas, despesas processuais e honorários advocatícios. Oportunamente, ao arquivo com as cautelas de praxe.__ P.R.I.C. - ADV: SÓCRATES SPYROS PATSEAS (OAB 160237/SP) (DJe de 23.06.2021 – SP)

Ementa: Sentença – Pedido de Providências – Alegação de recusa da devolução dos documentos originais apresentados para registro da Carta de Adjudicação – Imprescindibilidade da assinatura do apresentante e de todos os envolvidos para a devolução dos documentos, em razão do extravio das vias originais dos protocolos – Princípio da Segurança Jurídica – Impossibilidade de obter a anuência dos demais envolvidos no título – Necessidade de decisão judicial – Ausência de conduta irregular – Pedido não padronizado em face da Serventia – Autorização da devolução dos referidos documentos – Procedência

Processo 1005731-19.2021.8.26.0100

Pedido de Providências - Notas - Pangu Fundo de Investimentos Em Direitos Creditórios Multissetorial Não Padronizados - Ante o exposto, julgo procedente o pedido de providências suscitado por Pangu Fundo de Investimento em Direitos Creditórios Multissetorial Não Padronizados em face do Oficial do 14º Registro de Imóveis da Capital, autorizando a devolução dos documentos relacionados aos protocolos nºs 809.344, 809.345, 809.369 e 809.371. Não há custas, despesas processuais ou honorários advocatícios decorrentes deste procedimento. Oportunamente, arquivem-se os autos. P.R.I.C. - ADV: HERNANI ZANIN JUNIOR (OAB 305323/SP)

Íntegra da decisão:

SENTENÇA

Processo Digital nº: **1005731-19.2021.8.26.0100**

Classe - Assunto **Pedido de Providências - Notas**

Requerente: **Pangu Fundo de Investimentos Em Direitos Creditórios Multissetorial Não Padronizados**

Requerido: **14º Oficial de Registro de Imóveis de São Paulo**

Juiz(a) de Direito: Dr(a). **Vivian Labruna Catapani**

Vistos.

Trata-se de pedido de providências apresentado por **Pangu Fundo de Investimento em Direitos Creditórios Multissetorial – Não Padronizados** em face do **Oficial do 14º Registro de Imóveis da Capital**, em razão da recusa à devolução de documentos originais apresentados pela suscitante em cartório no bojo de pedidos de registro da carta de adjudicação de 50% dos imóveis matriculados sob os nºe 217.917 e 218.005 daquela Serventia. Relatou a suscitante que, em razão da expiração do prazo de 30 dias das prenotações objeto dos protocolos nºs 809.344, 809.345, 809.369 e 809.371, solicitou a devolução dos documentos inicialmente apresentados, de modo a instruir novo pedido de registro, com o cumprimento das exigências contidas nas notas devolutivas.

Entretanto, em razão do extravio das vias originais dos protocolos, o Oficial recusou-se a atender seu requerimento de devolução, condicionando o cumprimento à prévia autorização judicial específica. Pugnou, em sede de tutela antecipada, pela preservação da validade das prenotações e, ao final, pela autorização de retirada dos documentos originais (fls. 01/04).

O pedido de tutela antecipada foi indeferido (fl. 39).

O Oficial manifestou-se às fls. 42/43, aduzindo que, em caso de extravio das vias originais dos protocolos, a devolução dos documentos fica condicionada à assinatura do apresentante e de todos os envolvidos. Contudo, apesar de conseguir a assinatura do apresentante, a suscitante informou não ser possível obter a anuência dos demais envolvidos no título, em razão de tê-lo obtido em sede de alienação judicial. Destarte, por cautela e homenagem ao princípio da segurança jurídica, o Oficial recomendou a instauração deste procedimento, para obtenção da autorização judicial de devolução e consequente reentrada dos documentos.

Sobreveio aos autos novas manifestações da suscitante, com a juntada de novos documentos (fls. 51/106, 114/150, 157/158 e 162/169).

O Ministério Público opinou pela procedência do pedido (fl. 172).

É o relatório.

Fundamento e Decido.

O pedido de providências deve ser acolhido.

O Oficial, por cautela e em consonância com o princípio da segurança jurídica, orientou a parte interessada a suscitar este procedimento e apresentar, em Juízo, declaração do apresentante dos documentos (*Lucas José dos Santos*) e do representante da suscitante, com firmas reconhecidas, informando o extravio das vias originais dos protocolos n°s 809.344, 809.345, 809.369 e 809.371.

Observo que a exigência do Registrador foi cumprida a contento pela parte interessada. A declaração do apresentante foi acostada à fl. 52, em que consta o reconhecimento de sua firma e o reconhecimento do extravio dos protocolos. Já a suscitante (*Pangu*) foi representada por *Camila Palma Bittencourt* e *Luiz Almaro de Palma Ferreira*, que assinaram a declaração de fl. 120.

Sobre o poder de representação dos assinantes, ressalto que a administração do fundo suscitante, nos termos do art. 11 de seu regulamento (fl. 56), é exercida pela empresa *Monetar Distribuidora de Títulos e Valores Mobiliários LTDA.*, que, por sua vez, tem seus representantes indicados na procuração de fls. 165/169, dentre os quais constam os assinantes da declaração de fl. 120.

Destarte, tendo em conta que as declarações solicitadas pelo Oficial foram apresentadas pela interessada, o pedido de providências deve ser acolhido, para que os documentos relacionados aos protocolos n°s 809.344, 809.345, 809.369 e 809.371 sejam devolvidos ao apresentante *Lucas José dos Santos*, de modo a permitir sua reentrada e consequente qualificação definitiva dos títulos apresentados pela suscitante.

Por fim, não vislumbro falha funcional passível de sanção por parte do Oficial. Entretanto, entendo ser prescindível a suscitação de pedido de providências para obtenção de autorização judicial para devolução de documentos em posse do Oficial, em caso de extravio da via original dos protocolos.

Sobre este ponto, ressalto que, em vista do dever de arquivamento das cópias das notas devolutivas e dos comprovantes de entrega dos documentos, por força do item 28.2 do Capítulo XX das NSCGJ, é plenamente possível que o próprio Registrador confira a identidade do apresentante e da regularidade da representação do solicitante em sede extrajudicial, podendo, para tanto, exigir as mesmas declarações solicitadas neste procedimento.

Ante o exposto, **julgo procedente** o pedido de providências suscitado por **Pangu Fundo de Investimento em Direitos Creditórios Multissetorial – Não Padronizados** em face do **Oficial do 14º Registro de Imóveis da Capital**, autorizando a devolução dos documentos relacionados aos protocolos n°s 809.344, 809.345, 809.369 e 809.371.

Não há custas, despesas processuais ou honorários advocatícios decorrentes deste procedimento.

Oportunamente, arquivem-se os autos.

P.R.I.C.

São Paulo, 12 de maio de 2021. (DJe de 17.05.2021 – SP)

Ementa: Sentença – Dúvida – Pedido de registro da Carta de Adjudicação – Óbice registrário por violação ao Princípio da Continuidade, sendo preciso apresentar todos os sucessivos Compromissos de Compra e Venda do imóvel – Informação do Oficial da necessidade de apresentação do Formal de Partilha dos bens da falecida esposa do Suscitante – Afastamento do óbice referente a violação do Princípio da Continuidade – Imprescindibilidade da apresentação do aludido Formal de Partilha e da Certidão atualizada de propriedade – Item 54, do Capítulo XX, das NSCGJ – Princípio da Especialidade Subjetiva – Procedência Parcial

Processo 1107825-79.2020.8.26.0100

Dúvida - Notas - Jaguacy Eduardo de Carvalho – Áurea Eduardo de Carvalho - Do exposto, julgo parcialmente procedente a dúvida inversa suscitada por Jaguacy Eduardo de Carvalho e Aurea Eduarda de Carvalho em face do 18º Oficial de Registro de Imóveis da Capital, para afastar o óbice referente à necessidade de apresentação de todos os sucessivos compromissos de compra e venda do imóvel em sede administrativa, mantendo, entretanto, o óbice relativo à apresentação do formal de partilha da falecida esposa do suscitante, bem como à exigência de certidão atualizada de propriedade com negativa de ônus e alienações. Não há custas, despesas processuais ou honorários advocatícios decorrentes deste procedimento. Oportunamente, arquivem-se os autos. P.R.I.C. - ADV: JOAO PERES (OAB 120517/SP)

Íntegra da decisão:

SENTENÇA

Processo Digital nº: **1107825-79.2020.8.26.0100**

Classe - Assunto **Dúvida - Notas**

Requerente: **Jaguacy Eduardo de Carvalho e outro**

Requerido: **18º Oficial de Registro de Imóveis de São Paulo**

Juiz(a) de Direito: Dr(a). **Vivian Labruna Catapani**

Vistos.

Trata-se de dúvida inversa suscitada por *Jaguacy Eduardo de Carvalho* e *Aurea Eduarda de Carvalho* em face do 18º Oficial de Registro de Imóveis da Capital, após negativa de registro de Carta de Adjudicação extraída do processo nº 0111934-52.2008.8.26.0111, da 3ª Vara Cível do Foro Regional de Pinheiros, que tem por objeto o lote 4, da Quadra 1-C, do Loteamento Jardim Celeste, inscrito sob o nº 123 na Transcrição 57.477 do 10º Cartório de Registro de Imóveis.

O óbice registrário refere-se: a) a violação do princípio da continuidade registrária, tendo em vista a ausência de um encadeamento subjetivo de compromissários compradores, para que possa demonstrar de forma segura as relações jurídicas entre as partes. Assim, torna-se necessária a apresentação dos contratos anteriores perante o 10º CRI, completando a cadeia sucessória das cessões, uma vez que do polo passivo da ação de adjudicação figuraram somente os titulares dominiais; b) necessidade de apresentação de Formal de Partilha dos bens deixados por *Maria Nilza Santos de Carvalho*, falecida esposa do suscitante *Jaguacy Eduardo de Carvalho*, uma vez que este era casado quando da celebração do compromisso de compra e venda. Após a regularização da cadeia sucessória, a parte poderá obter a Certidão atualizada de Propriedade com Negativa de Ônus e Alienações, necessária ao registro de seu título, nos termos do item 54, do Capítulo XX, das NSCGJSP.

Os suscitantes alegam, em síntese, que já demonstraram toda a cadeia sucessória na ação de adjudicação compulsória ajuizada em face dos titulares dominiais, de modo que não haveria necessidade de apresentação de todos os documentos que instrumentalizam os sucessivos compromissos de compra e venda em sede administrativa, haja vista que o provimento jurisdicional da adjudicação compulsória substitui a vontade dos titulares. Desse modo, o registro do título apresentado não representaria violação ao princípio da continuidade.

O Oficial manifestou-se às fls. 171/174, reiterando os termos da nota devolutiva.

O Ministério Público opinou pela procedência da dúvida às fls. 178/180.

É o relatório.

Decido.

De proêmio, ressalto que os títulos judiciais não são imunes à qualificação pelo Oficial de Registro de Imóveis. Conforme ampla e pacífica jurisprudência, a origem do título não afasta a necessidade de que este atenda ao princípios que regem os registros públicos, e cabe ao Registrador verificar se estes serão respeitados com o registro do título. Assim, não há que se dizer que o Registrador é obrigado a realizar o registro sem fazer a análise do título judicial. Superada a questão sobre o ingresso do título judicial, passa-se à análise do mérito.

Em relação ao primeiro óbice, ressalto que em recentes decisões do Egrégio Conselho Superior da Magistratura, baseadas em julgados dos Tribunais Superiores, restou pacificada a possibilidade de registro de escritura pública entabulada entre o proprietário do imóvel e terceiros, ainda que conste averbação de instrumento de promessa, sem que isso caracterize violação ao princípio da continuidade.

Neste sentido:

> *"Registro de Imóveis – dúvida julgada procedente – Compromisso de compra e venda registrado com sucessivas cessões – Negativa de ingresso de ingresso de escritura de venda e compra de imóvel da qual participaram os proprietários tabulares e a última cessionária – Desnecessidade da anuência dos cedentes – Inexistência de afronta ao Princípio da Continuidade - Recurso provido" (Apelação nº 1040210-48.2015.8.26.0100, Relator Des. Cor.Geral da Justiça: Pereira Calças, j. em 08.04.2016).*

> *"Registro de Imóveis – Ação judicial de adjudicação compulsória em face dos que constam como proprietários do imóvel – Desnecessidade do registro*

dos documentos que instrumentalizam os sucessivos compromissos de venda e compra - Irrelevância do registro de um deles – Desqualificação registral afastada – Cara de sentença passível de registro – Dúvida improcedente – Recurso não provido" (Apelação nº 0020761-10.2011.8.26.0344, Rel. Des. José Renato Nalini, j. em 25.10.2012).

"Registro de Imóveis – Dúvida julgada procedente – Negativa de ingresso de escritura de venda e compra de imóvel – Desrespeito ao registro anterior de instrumento particular – Desnecessidade da anuência dos compromissários compradores – Inexistência de afronta ao Princípio da Continuidade – Recurso Provido" (Apelação nº 002556692.2011.8.26.0477, Rel. Des. José Renato Nalini, j. em 10.12.2013).

De acordo com o Superior Tribunal de Justiça, no julgamento do Resp. 648.468, envolvendo a mesma questão decidiu que:

"Adjudicação compulsória. Litisconsórcio. Cedentes. 1. Na ação de adjudicação compulsória é desnecessária a presença dos cedentes como litisconsortes, sendo corretamente ajuizada a ação contra o promitente vendedor. 2. Recurso especial conhecido e provido".

Isto posto, a Carta de Adjudicação apresentada não viola o princípio da continuidade, de modo que este óbice deve ser afastado.

Todavia, **no que tange ao segundo óbice**, observo que a apresentação do formal de partilha de *Maria Nilza Santos de Carvalho*, falecida esposa do suscitante *Jaguacy Eduardo de Carvalho* (que era casado quando da celebração do compromisso de compra e venda do imóvel), está em consonância com o princípio da especialidade subjetiva, em razão do qual as partes constantes do ato ou negócio jurídico têm que estar perfeitamente determinadas e identificadas com todos os requisitos previstos em lei.

Sendo assim, diante da notícia de falecimento da esposa do suscitante, tornase de rigor a apresentação de seu formal de partilha, de modo a demonstrar o destino dos direitos de seus direitos de aquisição sobre o bem. Ainda, exige-se o cumprimento do previsto no item 54 do Capítulo XX das Normas de Serviço Extrajudiciais, segundo o qual:

"54. A matrícula será aberta com os elementos constantes do título apresentado e do registro anterior. Se este tiver sido efetuado em outra circunscrição, deverá ser apresentada certidão expedida há no máximo 30 (trinta) dias pelo respectivo cartório, a qual ficará arquivada, de forma a permitir fácil localização."

Do exposto, julgo **parcialmente procedente** a dúvida inversa suscitada por *Jaguacy Eduardo de Carvalho* e *Aurea Eduarda de Carvalho* em face do 18º Oficial de Registro de Imóveis da Capital, para afastar o óbice referente à necessidade de apresentação de todos os sucessivos compromissos de compra e venda do imóvel em sede administrativa, mantendo, entretanto, o óbice relativo à apresentação do formal de partilha da falecida esposa do suscitante, bem como à exigência de certidão atualizada de propriedade com negativa de ônus e alienações.

Não há custas, despesas processuais ou honorários advocatícios decorrentes deste procedimento.

Oportunamente, arquivem-se os autos. **P.R.I.C.**

São Paulo, 12 de março de 2021. (DJe de 17.03.2021 – SP)

Ementa: Sentença – Dúvida – Requerimento do registro da Carta de Sentença – Óbice referente a existência de divergência do titular de domínio que consta no registro e aqueles que constam do polo passivo da referida Ação de Adjudicação – Títulos Judiciais não estão isentos de qualificação registrária – Princípio da Continuidade – Ausência de averbação na matrícula em relação ao falecimento do titular – Violação ao Princípio da Especialidade Subjetiva e da Segurança Jurídica – Necessidade de apresentação da Certidão de Casamento, bem como da Certidão de Óbito – Ausência de menção aos documentos, bem como da filiação – Impossibilidade de mitigação do Princípio da Especialidade Subjetiva – Manutenção do óbice – Procedência

Processo 1098285-07.2020.8.26.0100

Dúvida - REGISTROS PÚBLICOS - Alexandre Ávila Conceição - Vistos. Trata-se de dúvida suscitada pelo Oficial do 17º Registro de Imóveis da Capital, a requerimento de Alexandre Ávila Conceição, diante da negativa em se proceder ao registro da carta de sentença extraída do processo nº 1024404-13.2014.8.26.0001, que tramitou perante o MMº Juízo da 4ª Vara Cível do Foro Regional I Santana, referente ao imóvel matriculado sob nº 48.107. O óbice registrário refere-se à divergência do titular de domínio que figura no registro (Domingos Rodrigues ou Domingos Antonio Aziveiro) e aqueles que constam do polo passivo da ação de adjudicação compulsória (Espólios de Ana Joaquina Azivieiro e de Domingos Rodrigues), caracterizando violação ao princípio da continuidade. Houve a exigência de apresentação da certidão de casamento de Domingos, bem como certidão de óbito de Ana e Domingos, original ou em cópia autenticada. Juntou documentos às fls. 09/49 e 54/55. O suscitado apresentou impugnação às fls. 56/60.

Argumenta que o cumprimento da exigência é dispensável, vez que não guarda nenhuma relação de aquisição com a pessoa que figura como titular de domínio, bem como efetuou buscas nos cartórios de registro civil da Capital, não tendo localizado assento de casamento ou nascimento. Por fim, ressalta que não tem notícia de data e local do falecimento e se o casamento foi realizado em território brasileiro, levando-se em consideração a nacionalidade portuguesa, somente tem conhecimento do falecimento de um dos herdeiros. Apresentou documento à fl. 61. O Ministério Público opinou pela procedência da dúvida (fls. 65/68). É o relatório. Passo a fundamentar e a decidir. Preliminarmente, cumpre destacar que os títulos judiciais não estão isentos de qualificação, positiva ou negativa, para ingresso no fólio real, cabendo ao Oficial qualifica-los conforme os princípios que regem a atividade registral, não caracterizando tal qualificação como descumprimento de ordem judicial. Dentre estes princípios, destaca-se o da continuidade, explicado por Afrânio de Carvalho, da seguinte forma: "O princípio da continuidade, que se apóia no de especialidade, quer dizer que, em relação a cada imóvel, adequadamente individuado, deve existir uma cadeia, de titularidade à vista da qual só se fará a inscrição de um direito se o outorgante dele aparecer no registro com o seu titular. Assim, as sucessivas transmissões, que derivam umas das outras, asseguram a preexistência do imóvel no patrimônio do transferente.(Registro de Imóveis, Editora Forense, 4ª Ed., p. 254) Ou seja, o título que se pretende registrar deve estar em conformidade com o inscrito na matrícula, formando um perfeito encadeamento entre as informações inscritas e as que se pretende inscrever. Oportuno destacar, ainda, a lição de Narciso Orlandi Neto, para quem: "No sistema que adota o princípio da continuidade, os registros têm de observar um encadeamento subjetivo. Os atos praticados têm de ter, numa das partes, a pessoa cujo nome já consta do registro. A pessoa que transmite um direito tem de constar do registro como titular desse direito, valendo para o registro o que vale para validade dos negócios. (Retificação do Registro de Imóveis, Editora Oliveira Mendes, p. 56) Necessário, por conseguinte, que o titular de domínio seja o mesmo no título apresentado a registro e no registro de imóveis, sob pena de violação ao princípio da continuidade, previsto no art. 195, da Lei nº 6.015/73: "Se o imóvel não estiver matriculado ou registrado em nome do outorgante, o oficial exigirá a previa matrícula e o registro do titulo anterior, qualquer que seja a sua natureza, para manter a continuidade do registro" Tal questão já foi objeto de análise pela Egrégia Corregedoria Geral da Justiça: "Registro de Imóveis Dúvida julgada procedente Carta de sentença expedida em ação de adjudicação compulsória Titular de domínio que não figurou no pólo passivo Registro inadmissível Princípio da continuidade Embargos de declaração - Inexistência de contradição, obscuridade ou omissão Finalidade infringente Rejeição" (ED nº 994.09.231.632-5/500, Comarca: Taubaté, Rel: Corr. Geral: Munhoz Soares, dje. 22.11.2010) "Registro de Imóveis Dúvida julgada procedente, impedindo-se o registro de carta de adjudicação parte das exigências cumpridas no curso do procedimento - Ausência de inclusão de Espólio no polo passivo de ação de adjudicação compulsória Quebrado do princípio da continuidade Sentença de ação de adjudicação compulsória que não está imune ao exame dos requisitos para seu registro Dúvida prejudicada Recurso não conhecido". (Apelação nº 3007590-50.2013.8.26.0477, Comarca: Praia Grande, Rel: Corr. Geral: Manoel de Queiroz Pereira Calças) Destaco a parte final do Acórdão: "... Ricardo Arcoverde Credie, em obra específica sobre o tema, observa: Uma primeira questão nos ocorre: os atos administrativos decorrentes das sentenças constitutivas, da assim dita execução imprópria destas sentenças (representados por certidões, mandados ou cartas de sentença), obrigam o oficial do registro de imóveis a proceder ao ato registral? Evidente que não. A sentença, de per si, não transfere o domínio, como os atos de expropriação de mesmo nome ocorrentes em outros procedimentos também não o transferem, posto que sempre dependentes do registro. Somente o efeito translativo do registro imobiliário, como frisamos linhas atrás, é que efetivamente transfere a propriedade. Se o vendedor promete outorgar a escritura, na hipótese de descumprimento o Estado o faz emitir a declaração de vontade com o mesmo efeito do ato não praticado... É correto que, nessa ordem de ideias expedida carta de sentença, mandado ou simples ato decisório e respectivo trânsito em julgado, não está o serventuário do Registro de imóveis obrigado a transcrever tal título. Se ocorrer qualquer circunstância impediente, poderá ele solicitar que o interessado a supra, ou poderá ainda, fazer instaurar processo de dúvida, sendo o caso" (Adjudicação Compulsória, 9ª edição, Malheiros, 2004, p.90) Decorre também do princípio da continuidade o princípio da disponibilidade, que prevê que somente aquele que detém determinado direito pode transmiti-lo. Na presente hipótese constou no pólo passivo da ação de adjudicação os Espólios de Ana Joaquina Azivieiro e de Domingos Rodrigues ou Domingos Antonio

Aziveiro, sendo que na matricula não há qualquer averbação do falecimento do titular de domínio, bem como seu eventual casamento com Ana Joaquina, constando de sua qualificação apenas como casado. Daí é necessária a apresentação da certidão de casamento constando o regime de bens adotado, inclusive para fins de partilha e averbação do pacto antenupcial, caso o regime seja diverso do legal, bem como a certidão de óbito, a fim de se estabelecer uma cadeia cronológica. Somado ao exposto, a necessidade da apresentação da certidão de casamento visa sua completa qualificação, vez que a ausência ou parcial qualificação, viola o princípio da especialidade subjetiva e da segurança jurídica que norteiam os atos registrários, uma vez que gera a ocorrência de dúvida em relação a sua real identidade. De fato, como bem observado pelo requerente, este Juízo, em alguns julgados tem mitigado o principio da especialidade subjetiva e permitido o ingresso do título no folio real, desde que na falta dos números de CPF ou RG, a filiação possa substitui-los para a qualificação das partes envolvidas na transação imobiliária. Ocorre que no caso posto a desate não há menção a número de inscrição no CPF, nem RG e filiação, o que impede a mencionada mitigação. Logo, entendo pela manutenção do óbice imposto. Diante do exposto, julgo procedente a dúvida suscitada pelo Oficial do 17º Registro de Imóveis da Capital, a requerimento de Alexandre Ávila Conceição, e consequentemente mantenho o óbice registrário. Deste procedimento não decorrem custas, despesas processuais e honorários advocatícios. Oportunamente remetam-se os autos ao arquivo. P.R.I.C. - ADV: DALSON DO AMARAL FILHO (OAB 151524/SP) (DJe de 08.01.2021 – SP)

ALIENAÇÃO FIDUCIÁRIA

Ementa: Sentença – Dúvida – Recebimento como Pedido de Providências – Pedido de averbações de Instrumentos Particulares de cancelamento de alienação fiduciária – Impossibilidade – Negativa em razão da existência de diversas ordens de indisponibilidade dos bens do credor fiduciário – Cancelamento que importará reversão da propriedade plena para a devedora fiduciante – Inadmissibilidade em procedimento administrativo – Imprescindibilidade do cancelamento direto dos gravames pelos juízos que os determinaram – Manutenção do óbice – Improcedência

Processo 1052814-31.2021.8.26.0100

Dúvida - Notas - Isaura Participações Ltda. - Diante do exposto, JULGO IMPROCEDENTE o pedido de providências, mantendo o óbice. Proceda-se às anotações e providências necessárias à retificação do cadastro do feito, inclusive para trâmite perante o subfluxo da Corregedoria Permanente, acionando-se o Distribuidor, se necessário. Deste procedimento não decorrem custas, despesas processuais ou honorários advocatícios. Oportunamente remetam-se os autos ao arquivo. P.R.I.C. - ADV: CRISTIANE COSTA ALVES DA SILVA (OAB 196634/SP)

Íntegra da decisão:

SENTENÇA

Processo Digital nº: **1052814-31.2021.8.26.0100**

Classe - Assunto **Dúvida - Notas**

Suscitante: **2º Oficial de Registro de Imóveis da Capital**

Suscitado: **Isaura Participações Ltda.**

Juiz(a) de Direito: Dr(a). **Luciana Carone Nucci Eugênio Mahuad**

Vistos.

Trata-se de **dúvida** formulada pelo **Oficial do 2º Registro de Imóveis da Capital** a requerimento de **Isaura Participações Ltda**, relativa a averbações de instrumentos particulares de cancelamento de alienação fiduciária nas matrículas nº 89.737, 89.740, 89.745, 89.746, 89.747, 89.749 e 89.751 daquela serventia.

A negativa se deve à existência de diversas ordens de indisponibilidade dos bens do credor fiduciário, Banif – Banco Internacional do Funchal (Brasil) S/A.

Documentos vieram às fls. 04/193.

A parte suscitada apresentou impugnação às fls. 194/200, requerendo, preliminarmente, a retificação do polo passivo e informando a extinção, por desistência, de ação de obrigação de fazer promovida contra o Oficial suscitante. No mérito, relata que a alienação fiduciária dos imóveis foi firmada em novembro de 2007 como garantia de Cédulas de Crédito Bancário, cujo débito foi integralmente quitado em 26 de novembro de 2009 através de dação em pagamento. Entretanto, as cartas expedidas pelo credor fiduciário autorizando o cancelamento somente foram apresentadas ao Registro de Imóveis em janeiro de 2021, quando foram negativamente qualificadas pela existência de dez anotações de indisponibilidade dos bens do credor fiduciário. Informa que, por meio de Embargos de Terceiro, conseguiu o cancelamento de cinco anotações, mas, em pouco tempo, já haviam surgido novas averbações similares contra o banco-credor, que é réu em mais de uma centena de processos, o que inviabiliza e onera o cancelamento individual de tais averbações. Sustenta que eventuais constrições devem atingir somente os bens do litigante e que o pagamento da dívida, que ocorreu há mais de dez anos, fez desaparecer a causa suspensiva, com reversão em seu favor da propriedade, a qual não pode ser afetada pela indisponibilidade. Alega, por fim, que a alienação fiduciária é resolvida com o pagamento da dívida, sem depender do cancelamento do respectivo registro.

Novos documentos vieram às fls. 201/311.

O Ministério Público opinou pela procedência da dúvida, com a manutenção do óbice registrário (fls. 319/321).

É o relatório.

Fundamento e DECIDO.

Primeiramente, verifica-se que o cadastro das partes está correto.

Porém, **este procedimento deve ser recebido como pedido de providências**, pois o cancelamento de alienação fiduciária não é objeto de registro em sentido estrito, mas de averbação na matrícula (artigo 167, II, 2, da LRP), **o que torna necessária regularização neste ponto.**

No mérito, o pedido não pode ser acolhido.

Vejamos os motivos.

O art. 413 do Cap. XX das Normas da Corregedoria assim dispõe sobre as indisponibilidades (com nossos destaques):

> *"As indisponibilidades averbadas nos termos do Provimento CG. 13/2012 e CNJ nº 39/2014 e na forma do § 1º, do art. 53, da Lei nº 8.212, de 24 de julho de 1991, não impedem a inscrição de constrições judiciais, assim como* ***não impedem o registro da alienação judicial*** *do imóvel desde que a* ***alienação seja oriunda do juízo que determinou a*** *indisponibilidade, ou a que distribuído o inquérito civil público e a posterior ação desse decorrente, ou que consignado no título judicial a prevalência da alienação judicial em relação à restrição oriunda de outro juízo ou autoridade administrativa a que foi dada ciência da execução".*

Não estamos, porém, diante da hipótese regrada acima.

No caso *sub judice*, a parte interessada pretende a averbação de instrumentos particulares de cancelamento de alienação fiduciária em matrículas em que constam ordens de indisponibilidade.

É conhecida a jurisprudência atual, notadamente dos tribunais superiores, segundo a qual se admite a averbação da consolidação da propriedade fiduciária em favor do credor mesmo havendo registro de ordens de indisponibilidade contra o devedor fiduciante.

Um dos fundamentos desse entendimento está no fato de o fiduciante deter mera expectativa de direito e não a propriedade do imóvel, a qual foi alienada ao fiduciário.

Na hipótese concreta, entretanto, a indisponibilidade pesa sobre os bens do credor fiduciário, atingindo indistintamente todo o seu patrimônio, conforme ordens judiciais emanadas de processos contenciosos.

Embora o pagamento da dívida resolva a propriedade fiduciária, sendo o termo de quitação título hábil para ingresso no RI, a reversão da propriedade só se consolida após o efetivo cancelamento da alienação na matrícula (artigo 25 da Lei 9.514/97 e artigo 1.245 do Código Civil).

No caso dos autos, tal cancelamento importará reversão da propriedade plena para a devedora fiduciante, afetando patrimônio gravado anteriormente pela indisponibilidade, o que não pode ser admitido em procedimento administrativo, sob pena de violação de ordem judicial e do contraditório.

Em outros termos, as ordens de indisponibilidade não podem ser revistas nesta seara administrativa, sendo imprescindível o cancelamento direto dos gravames pelos juízos que os determinaram, após garantia do contraditório aos credores do banco fiduciário e eventual acolhimento das razões apresentadas.

Diante do exposto, **JULGO IMPROCEDENTE** o **pedido de providências**, mantendo o óbice. **Proceda-se às anotações e providências necessárias** à retificação do cadastro do feito, inclusive para trâmite perante o subfluxo da Corregedoria Permanente, acionando-se o Distribuidor, se necessário.

Deste procedimento não decorrem custas, despesas processuais ou honorários advocatícios.

Oportunamente remetam-se os autos ao arquivo.

P.R.I.C.

São Paulo, 11 de agosto de 2021.

Luciana Carone Nucci Eugênio Mahuad

Juiz de Direito (DJe de 17.08.2021 – SP)

Ementa: Sentença – Pedido de Providências – Pedido de intimação por edital do devedor fiduciário – Esclarecimento pelo Oficial de que o fiador já foi intimado com hora certa mas restou frustrada – Indeferimento do pedido de intimação por edital em razão da ausência de elementos que certifique que o fiduciante se encontra em lugar incerto e não sabido – Impossibilidade de conclusão da intimação do fiduciante por meio de sua esposa ou de seu filho – Item 246 das NSCJ – Endereços certos e conhecidos – Necessidade de se considerar ignorado o local em que se encontra o notificando – Item

247.5, das NSCGJ – Determinação da intimação por edital do referido devedor – Ausência de falha funcional pelo Oficial – Procedência Parcial

Processo 1041250-55.2021.8.26.0100

Pedido de Providências - Registro de Imóveis - Paulo Rodrigues dos Santos – Miracely Souza dos Santos - Diante do exposto, JULGO PARCIALMENTE PROCEDENTE o pedido de providências formulado por Paulo Rodrigues dos Santos e Miracely Souza dos Santos em face do Oficial do 16º Registro de Imóveis da Capital, que deverá prosseguir com a intimação por edital do devedor fiduciário Pedro Saraiva. Deste procedimento não decorrem custas, despesas processuais e honorários advocatícios. Oportunamente remetam-se os autos ao arquivo. P.R.I.C. - ADV: RENALDO PILRO DE ALMEIDA JUNIOR (OAB 19833/ES)

Íntegra da decisão:

SENTENÇA

Processo Digital nº: **1041250-55.2021.8.26.0100**

Classe - Assunto **Pedido de Providências - Registro de Imóveis**

Requerente: **Paulo Rodrigues dos Santos e outro**

Requerido: **16º Oficio de Registro de Imoveis da Capital**

Juiz(a) de Direito: Dr(a). **Luciana Carone Nucci Eugênio Mahuad**

Vistos.

Trata-se de **pedido de providências** formulado por **Paulo Rodrigues dos Santos e Miracely Souza dos Santos** em face do Oficial **do 16º Registro de Imóveis da Capital,** pretendendo que se determine a intimação por edital do devedor fiduciário Pedro Saraiva.

Documentos vieram às fls. 13/177.

Tutela de urgência foi indeferida (fl. 178).

O Oficial se manifestou às fls. 181/182, informando que o fiador e a esposa do fiduciante já foram intimados, mas ele vem se ocultando; que a intimação com hora certa restou frustrada pois o imóvel indicado se encontra fechado e não é possível contato com vizinhos, sendo os avisos deixados na caixa de correspondência, e que a intimação por edital foi indeferida porque não há elementos para se certificar que o fiduciante está em lugar incerto e não sabido.

A parte interessada reiterou a necessidade de intimação do devedor por edital, ante a sua ocultação deliberada, ou eventual reconhecimento da validade de sua intimação por meio de sua esposa e filho, mediante aplicação da teoria da aparência (fls. 185/191).

O Ministério Público opinou por nova tentativa de intimação para se evitar eventual arguição de nulidade, mas não se opôs à intimação editalícia caso se conclua pela ocultação deliberada por parte do devedor.

O Oficial do 8º Registro de Títulos e Documentos se manifestou às fls. 204/206, informando não vislumbrar atos concretos ou indícios de ocultação e que o endereço do devedor é certo e conhecido.

É o relatório.

Fundamento e decido.

No mérito, o pedido deve ser acolhido. Vejamos os motivos.

A parte interessada firmou, juntamente com os devedores Pedro Saraiva e Vicentina Seixeiro Saraiva, além do fiador Carlos Eduardo Saraiva, Escritura Pública de Confissão de Dívida com Alienação Fiduciária do imóvel objeto da matrícula nº 17.042 do 16º Registro de Imóveis da Capital, a qual foi, posteriormente, aditada (fls. 20/43).

Ante a inadimplência dos devedores, instaurou-se procedimento para consolidação da propriedade em nome dos requerentes.

O requerimento de constituição dos devedores em mora foi protocolado em 24 de janeiro de 2020, mas somente a devedora Vicentina e o fiador Carlos (respectivamente esposa e filho do devedor Pedro) foram intimados, faltando a intimação de Pedro, em relação a quem as diligências restaram frustradas.

Nesse contexto, primeiramente, deve ser afastada a aplicação da teoria da aparência, uma vez que o devedor é pessoa física, cuja intimação deve ser pessoal ou por meio de seu representante legal ou, ainda, por procurador regularmente constituído, como exige expressamente o artigo 26, §3º, da Lei n. 9.514/97.

Impossível, portanto, se concluir pela intimação do fiduciante por meio de sua esposa ou de seu filho, mesmo que o contato feito pelo serventuário torne possível ao devedor o conhecimento acerca do ato que se busca formalizar.

Ademais, nos termos do item 246 das Normas de Serviço da CGJ, *"cuidando-se de vários devedores, ou cessionários, inclusive cônjuges, necessária a promoção da intimação individual e pessoal de todos eles".*

Mesmo a intimação pela via postal não se satisfaz com o simples recebimento no endereço do destinatário, sendo imprescindível que a correspondência seja entregue exclusivamente a ele, como preceitua o item 244 das NSCGJ.

No caso concreto, importante relatar todas as providências adotadas pelo Oficial do 8º Registo de

Títulos e Documentos para cada um dos três endereços diligenciados.

No endereço da rua Cachoeira do Sul, nº 316, em visita realizada em 05/02/2020, o serventuário foi atendido pela senhora Osmalinda, que se identificou como empregada doméstica e **confirmou ser o endereço de residência do devedor**, que não se encontrava no momento (fls. 62 e 99).

Novas diligências ocorreram em 15/02, 21/02, 02/07, 11/07, 17/07, 25/07: imóvel fechado e sem sucesso no contato com vizinhos (fls. 62 e 99).

Em visita realizada em 25/08/2020, o serventuário foi atendido pela senhora Vicentina Saraiva, que se identificou como esposa do destinatário e **também confirmou ser seu endereço de residência, mas ele não se encontrava no momento** (fl. 81).

Por fim, foi encaminhada intimação postal que retornou em 29/10/2020, sem confirmação do recebimento (fl. 60).

O endereço da rua Dom Pedro Henrique de Orleans e Bragança, nº 291/293, foi diligenciado no dia 05/02/2020, quando a devedora Vicentina Seixeiro Saraiva foi notificada e **confirmou ao serventuário ser aquele o endereço profissional do destinatário**, mas ele não se encontrava no momento (fls. 67, 105 e 125/137).

Neste ponto, por sinal, chamam atenção as informações da devedora (fl. 04, *in fine*), uma vez que as certidões de fls. 67 e 105 têm conteúdo praticamente idêntico, divergindo somente no trecho em que, na primeira (certificado nº 95.745), a senhora Vicentina se declarou *'cunhada do destinatário'*, enquanto, na segunda (certificado nº 95.746), alegou ser *'esposa do destinatário'*.

Novas diligências ocorreram em 08/02, 21/02, 02/07, 11/07, 17/07, 25/07 e 25/08, mas o imóvel permanecia fechado e não houve sucesso no contato com vizinhos (fls. 67, 90 e 105).

Por fim, foi encaminhada intimação postal que retornou em 27/11/2020, sem confirmação do recebimento (fl. 59).

O endereço da rua Joaquim Antunes, nº 162, foi diligenciado no dia 04/02/2020, quando o fiador Carlos Eduardo Saraiva foi notificado e informou ao serventuário que o atual endereço de seu pai, o devedor Pedro, é rua Dom Pedro Henrique de Orleans e Bragança, nº 291/293 (fls. 74, 111/117 e 119).

O Oficial do 8º Registro de Títulos e Documentos entende que os endereços de Pedro, residencial e profissional, são certos e conhecidos, pelo que não pode expedir certidão em sentido contrário, a qual é necessária para que promova a intimação por edital, nos termos do item 247 das NSCGJ.

O que se vê, portanto, é que, embora certos os endereços, o devedor não é neles encontrado e mesmo que seja exaustivamente procurado.

Como o imóvel, na maior parte das vezes, está fechado, o serventuário não suspeita de ocultação deliberada. A certidão de ocultação, requisito essencial para a efetivação da notificação com hora certa, não pode decorrer do simples fato de não estarem os destinatários em sua residência.

No caso concreto, entretanto, deve ser aplicado o item 247.5 das NSCGJ, que assim dispõe:

> *"247.5. Considera-se ignorado o local em que se encontra o notificando quando não for localizado nos endereços conhecidos e, no momento da notificação, não existir qualquer outra informação sobre seu domicílio ou residência atual".*

Note-se que o endereço residencial foi diligenciado oito vezes e, em apenas duas oportunidades, o serventuário foi atendido e informado da ausência do devedor. Já no endereço profissional, também diligenciado oito vezes, o serventuário somente foi atendido na primeira visita.

Destaco, ainda, que, em todas as oportunidades, foi deixado na caixa externa de correspondência aviso específico para comparecimento do destinatário à serventia e não se conseguiu contato com vizinhos para investigação de endereço ou localização.

Deve-se, portanto, considerar ignorado o local em que se encontra o notificando, incumbindo ao Oficial de Registro de Imóveis promover a sua intimação por edital nos termos do item 247 das NSCGJ.

Observo, por fim, que incabível apuração de falha funcional ou punição na hipótese, na medida em que o Oficial sempre foi diligente e se pautou pelas regras aplicáveis ao procedimento, visando evitar nulidade.

Diante do exposto, **JULGO PARCIALMENTE PROCEDENTE o pedido de providências** formulado por **Paulo Rodrigues dos Santos e Miracely Souza dos Santos** em face do Oficial **do 16º Registro de Imóveis da Capital,** que deverá prosseguir com a intimação por edital do devedor fiduciário Pedro Saraiva.

Deste procedimento não decorrem custas, despesas processuais e honorários advocatícios.

Oportunamente remetam-se os autos ao arquivo.

P.R.I.C.

São Paulo, 30 de junho de 2021.

Luciana Carone Nucci Eugênio Mahuad

Juiz de Direito(DJe de 05.07.2021 – SP)

Ementa: Sentença – Pedido de Providências – Pedido de averbação do aditivo do Contrato de Alienação Fiduciária – Impossibilidade – Negativa em razão de que houve novação da dívida, com alteração do valor, forma de pagamento, prazo e juros – Alteração da essência obrigacional – Necessidade de cancelamento da alienação fiduciária anteriormente registrada – Manutenção do óbice – Improcedência

Processo 1046567-34.2021.8.26.0100

Pedido de Providências - Registro de Imóveis - BANCO SANTANDER (BRASIL) S.A. - Diante do exposto, julgo improcedente o pedido de providências formulado pelo Banco Santander (Brasil S.A.) em face do Oficial do 5º Registro de Imóveis da Capital, mantendo o óbice registrário. Deste procedimento não decorrem custas, despesas processuais e honorários advocatícios. Oportunamente remetam-se os autos ao arquivo. P.R.I.C. - ADV: ADRIANA SANTOS BARROS (OAB 117017/SP)

Íntegra da decisão:

SENTENÇA

Processo Digital nº: **1046567-34.2021.8.26.0100**

Classe - Assunto **Pedido de Providências - Registro de Imóveis**

Requerente: **BANCO SANTANDER (BRASIL) S.A.**

Requerido: **5° Oficial de Registro de Imóveis da Capital**

Juiz(a) de Direito: Dr(a). **Vivian Labruna Catapani**

Vistos.

Trata-se de **pedido de providências** formulado pelo **Banco Santander (Brasil S.A.) em face do Oficial do 5º Registro de Imóveis da Capital**, no qual pleiteia a averbação de aditivo de contrato de alienação fiduciária dos imóveis matriculados sob nºs 51.972 e 51.973.

Informa que o óbice registral deu-se pelo fato de que o Oficial Registrador entende que houve novação da dívida, com alteração de seu valor, forma de pagamento, prazo e juros. Discorda, porém, de tal entendimento, na medida em que a legislação vigente dá preferência ao aditamento das cédulas de crédito bancário, não se tratando de novação.

Junta documentos (fls. 12/132).

O Oficial Registrador manifestou-se às fls. 136/138. Alegou que a questão da ocorrência ou não da novação não é pacífica, extrapolando o âmbito registral e alcançando o âmbito jurisdicional.

O Ministério Público opinou pelo indeferimento do pedido (fls. 141/143).

É o relatório.

Passo a fundamentar e a decidir.

A alienação fiduciária de bem imóvel em garantia, nos termos do art. 22 da Lei nº 9.514/97, é o negócio jurídico pelo qual o devedor, ou fiduciante, com escopo de garantia, contrata a transferência ao credor, ou fiduciário, da propriedade resolúvel de coisa imóvel. Ao devedor é conferida a posse direta sobre a coisa.

Na presente hipótese, no contrato original os imóveis foram alienados fiduciariamente para garantia de dívida no montante de R$ 1.239.137,91, a ser paga em 36 meses, a partir de 23/11/2108, com taxa de juros pré-fixada efetiva de 1,20% ao mês e 15,29% ao ano (fls. 51/55).

Todavia, nos termos do aditamento ao instrumento particular de alienação fiduciária de imóveis em garantia, firmado em 21.01.2021 (fls. 56/60), houve a alteração da essência obrigacional, para constar novos valor de dívida (R$ 1.027.836,56), forma de pagamento (48 parcelas), prazo e juros (1,0% a.m.), caracterizando verdadeira novação.

Tal questão já foi analisada pela Egrégia Corregedoria Geral da Justiça (Processo CG 2015/31763, Relator: Des. Hamilton Elliot Akel):

> *"Registro de Imóveis - Aditamento de Cédula de Crédito Bancário com alienação fiduciária - Título que representa novo negócio jurídico fiduciário, uma vez que altera forma de pagamento, taxa de juros e condições de pagamento, caracterizando inegável novação - Necessidade de registro, com cancelamento do registro anterior - Cobrança de emolumentos em acordo com o registro das novas garantias - Recurso não provido."*

Extrai-se do corpo do mencionado Acórdão que:

> *"Esta Corregedoria Geral de Justiça, em casos semelhantes, vem negando a averbação de aditamento de contrato de alienação fiduciária (CGJSP, Processo 146.225/2013, Rel. Des. José Renato Nalini, j. 03.12.2013 e CGJSP, Processo 151.796/2013, Rel. Des. Elliot Akel, j. 21.01.2014).*
>
> *É que o título, independentemente de nominado como aditamento, representa novo negócio jurídico fiduciário, uma vez que altera a forma de pagamento, taxa de juros e condições de pagamento, caracterizando inegável novação ."*

E ainda:

> *"Cédula de crédito bancário - aditamento. Novação. Registro em sentido estrito. Registro de imóveis. Averbação. Aditamento, por instrumento particular, a cédula de crédito bancário. Possibilidade. Necessidade, contudo, de registro, em sentido estrito, dada a existência de novação . Precedentes dessa Corregedoria Geral da Justiça. Recurso Desprovido" (Recurso Administrativo nº 0003377-11.2015.8.26.0080,*

Cabreúva, j. 15.07.2016, Dje 11.08.2016, Rel. Manoel de Queiroz Pereira Calças).

Conclui-se, assim, que há a necessidade do cancelamento da alienação fiduciária anteriormente registrada, para constituição e registro da nova garantia referente ao negócio jurídico repactuado.

Diante do exposto, **julgo improcedente** o pedido de providências formulado pelo Banco Santander (Brasil S.A.) em face do Oficial do 5º Registro de Imóveis da Capital, mantendo o óbice registrário.

Deste procedimento não decorrem custas, despesas processuais e honorários advocatícios.

Oportunamente remetam-se os autos ao arquivo.

P.R.I.C.

São Paulo, 08 de junho de 2021.

Vivian Labruna Catapani

Juíza de Direito (DJe de 10.06.2021 – SP)

Ementa: Sentença – Dúvida – Pedido de registro da Alienação Fiduciária – Óbice sob o fundamento de que o título também aliena fiduciariamente, para garantia da mesma dívida, imóvel localizado em outra circunscrição – Possibilidade do pleito na via extrajudicial – Art. 26, da Lei 9.514/97 – Necessidade de realização do procedimento de Purgação da Mora pela serventia – Determinação do registro da referida escritura – Improcedência

Processo 1103281-48.2020.8.26.0100

Dúvida - REGISTROS PÚBLICOS - Atlanta Fundo de Investimento em Direitos Creditórios Não Padronizado - Vistos. Trata-se de dúvida suscitada pelo Oficial do 14º Registro de Imóveis a requerimento de Atlanta Fundo de Investimento em Direitos Creditórios Não Padronizado, após negativa de registro de alienação fiduciária que tem por objeto o imóvel matriculado sob o nº 206.715 na citada serventia. Alega o Oficial que, além do imóvel citado, o título também aliena fiduciariamente, para garantia da mesma dívida, imóvel localizado em outra circunscrição. Aduz que não podem servir como garantia imóveis distintos, já que isso traria problemas quando da execução. Juntou documentos às fls. 05/56. A suscitada apresentou impugnação às fls. 64/70, arguindo em síntese que não há qualquer impedimento relativo a alienação fiduciária de mais de um imóvel para garantia da mesma dívida. Parecer do Ministério Público às fls. 109/111 pelo afastamento do óbice. É o relatório. Decido. Como se vê das razões da dúvida trazida pelo Oficial, seu óbice tem por argumento central a execução da dívida, e não a garantia em si. Como se lê à fl. 3, reconhece o registrador que pode "até registrar o contrato, desde que o credor nos apresente declaração (...) ficando ciente de que, em caso de inadimplemento, a execução da dívida, cuja garantia recai sobre dois imóveis, será feita judicialmente". Portanto, cabe, na presente sentença, enfrentar os problemas apontados pelo Oficial quanto a execução da garantia. Para tanto, cito a sentença lançada recentemente no Proc. 1075313-43.2020.8.26.0100: "[O] Art. 26 da Lei 9.514/97 é claro ao privilegiar o procedimento extrajudicial, diretamente pela serventia imobiliária (com possibilidade de participação de Registro de Títulos e Documentos quanto as intimações). A desjudicialização, no caso, favorece o fornecimento de crédito e desburocratiza a execução de garantias, não parecendo ter sido a intenção do legislador a utilização de qualquer procedimento judicial, o que aproximaria a alienação fiduciária da hipoteca, cujo desuso indica como o procedimento relativo a alienação fiduciária foi bem aceito pelo setor econômico. Em outras palavras, garantido crédito por alienação fiduciária de bem ou bens imóveis, cabe ao Registro de Imóveis realizar o procedimento de purgação da mora e eventual consolidação de propriedade, sob pena de, ao obrigar o credor a utilizar-se da via judicial, descaracterizar o próprio objetivo da propriedade fiduciária, cuja simplicidade na execução é de sua própria natureza. Portanto, o seguimento extrajudicial do pedido é de rigor, cabendo apenas, no silêncio da lei quanto a garantia dada por mais de um imóvel, observar para que no procedimento sejam garantidos os direitos do credor e do devedor. E, para tanto, entendo ser suficiente que haja comunicação entre as serventias imobiliárias com imóveis alienados fiduciariamente. Assim, protocolado o pedido de início do procedimento de purgação da mora, caberá ao Oficial encaminhar as intimações de praxe. Aqui, afasto a alegação do Oficial quanto a possível cobrança de quantia indevida passível de gerar responsabilidade civil: emitida intimação por duas serventias imobiliárias relativa a mesma dívida, não há que se dizer de cobrança de valor maior do que devido, e sim cobrança da mesma dívida por duas vias diversas, o que absolutamente legítimo. Mesmo não entendendo ser obrigatório, entendo possível que o Oficial, caso entenda pertinente, exija do credor declaração ou certidão informando se já foi iniciado procedimento de purgação em serventia diversa relativamente a mesma dívida, de modo que, em caso positivo, a intimação enviada ao devedor possa conter a informação de que se trata da mesma dívida e que o pagamento poderá se dar em qualquer das serventias imobiliárias. E, após a realização da intimação, caso o devedor purgue a mora, poderá o Oficial comunicar a outra serventia imobiliária de ofício, se entender cabível tal medida.

Obrigatório, contudo, é que qualquer dos Oficiais, caso não haja pagamento em sua serventia, e antes de consolidar a propriedade, verifique se houve pagamento da dívida na outra serventia ou se lá também decorreu o prazo sem o pagamento. Tal verificação pode se dar após recebimento de informação positiva ou negativa enviada de ofício diretamente do outro Oficial ou exigindo do credor apresentação de certidão dos Oficiais de todas as outras serventias com imóveis dados em garantia com a informação de que o prazo decorreu sem a purgação da mora. Caso pago o valor em outra serventia, o Oficial não realizará a consolidação da propriedade. Caso não pago, o Oficial arquivará a informação das outras serventias e averbará a consolidação da propriedade, garantindo assim que a consolidação não se dê mesmo com o pagamento da dívida." Como visto, adotadas as devidas cautelas para garantia dos direitos dos envolvidos, não há risco no procedimento de purgação da mora quando mais de um imóvel é dado em alienação fiduciária, o que é suficiente para afastar as razões do Oficial que fundamentam a nota devolutiva e levar a improcedência da dúvida, permitindo o registro do título. Do exposto, julgo improcedente a dúvida suscitada pelo Oficial do 14º Registro de Imóveis a requerimento de Atlanta Fundo de Investimento em Direitos Creditórios Não Padronizado, determinando o registro da escritura prenotada. Não há custas, despesas processuais nem honorários advocatícios decorrentes deste procedimento. Oportunamente, arquivem-se os autos. P.R.I.C. - ADV: ROSEMEIRE GOMES MOTA DE AVILA (OAB 125139/SP), FELIPE JUNQUEIRA CASTELLI (OAB 253271/SP) (DJe de 19.01.2021 – SP)

Ementa: Sentença – Pedido de Providências – Requerimento de averbação da Consolidação de Propriedade – Informação pelo Oficial de que o procedimento deve ser requerido judicialmente, em razão de que vários imóveis garantem a mesma dívida – Possibilidade do pleito na via extrajudicial – Art. 26, da Lei 9.514/97 – Necessidade de realização do procedimento de Purgação da Mora pela serventia – Afastamento da necessidade do procedimento ser realizado nas demais circunscrições – Procedência

Processo 1075313-43.2020.8.26.0100

Pedido de Providências - Registro de Imóveis - BANCO SANTANDER (BRASIL) S.A. - Vistos. Trata-se de pedido de providências formulado por Banco Santander S.A. em face do Oficial do 14º Registro de Imóveis da Capital, após negativa de início de procedimento de consolidação de propriedade do imóvel matriculado sob o nº 182.267 na citada serventia. Informa o requerente que foi apresentada nota devolutiva em que o Oficial informou que o procedimento deveria ser requerido judicialmente, já que vários imóveis garantiam a mesma dívida. Aduz que não há impedimento para que a garantia fiduciária de mesma dívida incida sobre mais de um imóvel e que o procedimento de purgação da mora e consolidação de propriedade se dê extrajudicialmente, cabendo às serventias imobiliárias comunicarem-se para verificar se houve purgação da mora. O Oficial respondeu às fls. 99/102, alegando que a falta de regulamentação legal impede o prosseguimento extrajudicial do pedido de purgação da mora, tendo em vista a impossibilidade de cindibilidade da garantia; que não havendo obrigatoriedade de comunicação entre registradores de circunscrições distintas poderia haver cobrança em dobro da dívida, além de fazer considerações quanto aos emolumentos do procedimento. Parecer da ARISP às fls. 145/147 pela possibilidade do seguimento extrajudicial quando houver mais de um imóvel dado em garantia relativamente a mesma dívida. Parecer do Ministério Público às fls. 151/153 no mesmo sentido. É o relatório. Decido. Inicialmente, cabe salientar que não se discute neste feito a possibilidade de mais de um imóvel ser alienado fiduciariamente para garantia de mesma dívida, já que, no caso concreto, a alienação fiduciária nestes moldes já foi devidamente registrada, estando em discussão apenas a forma em que o procedimento de purgação da mora deve ocorrer. E, neste ponto, o Art. 26 da Lei 9.514/97 é claro ao privilegiar o procedimento extrajudicial, diretamente pela serventia imobiliária (com possibilidade de participação de Registro de Títulos e Documentos quanto as intimações). A desjudicialização, no caso, favorece o fornecimento de crédito e desburocratiza a execução de garantias, não parecendo ter sido a intenção do legislador a utilização de qualquer procedimento judicial, o que aproximaria a alienação fiduciária da hipoteca, cujo desuso indica como o procedimento relativo a alienação fiduciária foi bem aceito pelo setor econômico. Em outras palavras, garantido crédito por alienação fiduciária de bem ou bens imóveis, cabe ao Registro de Imóveis realizar o procedimento de purgação da mora e eventual consolidação de propriedade, sob pena de, ao obrigar o credor a utilizar-se da via judicial, descaracterizar o próprio objetivo da propriedade fiduciária, cuja simplicidade na execução é de sua própria natureza. Portanto, o seguimento extrajudicial do pedido é de rigor, cabendo apenas, no silêncio da lei quanto a garantia dada por mais de um imóvel, observar para que no procedimento sejam garantidos os direitos do credor e do devedor. E, para tanto, entendo ser suficiente que haja comunicação entre as serventias imobiliárias com imóveis alienados fiduciariamente. Assim, protocolado o pedido de início do procedimento de purgação da mora, caberá ao Oficial encaminhar as intimações de praxe. Aqui, afasto a alegação do Oficial quanto a possível cobrança de quantia indevida passível de gerar responsabilidade civil: emitida intimação por duas serventias imobiliárias relativa a mesma dívida, não há que se dizer de cobrança de valor maior do que devido, e sim cobrança da mesma dívida por duas vias diversas, o que absolutamente legítimo. Mesmo não entendendo ser obrigatório, entendo possível que o Oficial, caso entenda pertinente, exija do credor declaração ou certidão informando se já foi iniciado procedimento de purgação em serventia diversa relativamente a mesma dívida, de modo que, em caso positivo, a intimação enviada ao devedor possa conter a informação de que se trata da mesma dívida e que o pagamento poderá se dar em qualquer das serventias imobiliárias. E, após a realização da intimação, caso o devedor purgue a mora, poderá o Oficial comunicar a outra serventia imobiliária de ofício, se entender cabível tal medida. Obrigatório, contudo, é que qualquer dos Oficiais, caso não haja pagamento em sua serventia, e antes de consolidar a propriedade, verifique se houve pagamento da dívida na outra serventia ou se lá também decorreu o prazo sem o pagamento. Tal verificação pode se dar após recebimento de informação positiva ou negativa enviada de ofício diretamente do outro Oficial ou exigindo do credor apresentação de certidão dos Oficiais de todas as outras serventias com imóveis dados em garantia com a informação de que o prazo decorreu sem a purgação da mora. Caso pago o valor em outra serventia, o Oficial não realizará a consolidação da propriedade. Caso não pago, o Oficial arquivará a informação das outras serventias e averbará a consolidação da propriedade, garantindo assim que a consolidação não se dê mesmo com o pagamento da dívida. Quanto a questão dos emolumentos alegada pelo registrador, deverá proceder como já normalmente age com relação as demais consolidações de propriedade, destacando que o silêncio da lei estadual de emolumentos não impede a realização do ato pelo Oficial, já que sua competência para o procedimento de purgação da mora decorre diretamente da Lei 9.514/97. Por fim, três questões que surgiram nos autos mas que fogem de seu objeto. A primeira é se o Oficial pode consolidar a propriedade caso verifique que a dívida é garantida por imóveis de outra circunscrição mas que o procedimento não foi nelas realizado. A segunda é com relação a multiplicidade de devedores. E a terceira quanto ao leilão. Todas elas são relevantes e podem trazer discussões jurídicas quanto a forma de realização. Todavia, fogem elas do objeto dos autos, que limita-se a verificar a possibilidade de o procedimento ser realizado extrajudicialmente, de modo que analisá-las nesta sentença representaria julgar questões em abstrato e antes da qualificação do Oficial, o que foge dos limites da decisão possível em pedido de providências que discute caso concreto Assim, caberá ao Oficial dar seguimento extrajudicial, exigindo, conforme seu juízo de qualificação, a intimação de um ou todos os devedores e, quando do registro do leilão, também qualificar conforme seu entendimento se este deveria se dar com um ou todos os imóveis, cabendo recurso a esta Corregedoria pela interessado. Fica apenas, neste feito, prejudicada a questão da necessidade de procedimento em todas as circunscrições, já que conforme informações dos autos o procedimento foi iniciado também no 11º RI. Do exposto, julgo procedente o pedido de providências formulado pelo Banco Santander S.A. em face do Oficial do 14º Registro de Imóveis da Capital para determinar ao Oficial que dê seguimento ao procedimento de purgação da mora, com as adequações procedimentais acima expostas. Oficie-se a E. CGJ com cópia deste feito para análise de eventual normatização do procedimento relativo à alienação fiduciária com mais de um imóvel dado em garantia da mesma dívida. Não há custas, despesas processuais nem honorários advocatícios decorrentes deste procedimento. Oportunamente, arquivem-se os autos. P.R.I.C. - ADV: LUIS MARCELO BARTOLETTI DE LIMA E SILVA (OAB 324000/SP) (DJe de 08.01.2021 – SP)

ARROLAMENTO

Ementa: Sentença – Dúvida – Pedido de registro de Carta de Sentença extraída da Ação de Arrolamento – Impossibilidade – Negativa em razão do Imóvel estar registrado em nome do INSS – Títulos Judiciais não estão isentos de qualificação registraria – Ausência de contrato anterior que ateste a transferência da propriedade ao autor da herança – Princípio da Continuidade – Arts195 e 237, da LRP – Manutenção do óbice – Procedência

Processo 1108793-75.2021.8.26.0100

Dúvida - Registro de Imóveis - Heloisa Helena Evangelista Andrade dos Santos - Diante do exposto, JULGO PROCEDENTE a dúvida suscitada e mantenho o óbice registrário. Deste procedimento não decorrem custas, despesas processuais ou honorários advocatícios. Oportunamente, ao arquivo com as cautelas de praxe. P.R.I.C. - ADV: MILTON DE PAULA (OAB 20487/SP)

Íntegra da decisão:

SENTENÇA

Processo Digital nº: **1108793-75.2021.8.26.0100**

Classe - Assunto **Dúvida - Registro de Imóveis**

Suscitante: **3º Oficial de Registro de Imóveis da Capital**

Suscitado: **Heloisa Helena Evangelista Andrade dos Santos**

Juiz(a) de Direito: Dr(a). **Luciana Carone Nucci Eugênio Mahuad**

Vistos.

Trata-se de dúvida suscitada pelo **Oficial do 3º Registro de Imóveis da Capital** a requerimento de **Heloisa Helena Evangelista Andrade dos Santos**, tendo em vista negativa em se proceder ao registro de carta de sentença extraída da ação de arrolamento dos bens deixados por Luis Egídio Andrade (autos n. 038015-84.2013.8.26.0001), envolvendo o imóvel da matrícula n. 113.095 daquela serventia.

Informou o Oficial que a negativa é fundamentada no princípio da continuidade, uma vez que o imóvel está registrado em nome do Instituto Nacional do Seguro Social e a parte interessada não produziu contrato anterior que comprovasse a aquisição da propriedade.

Documentos vieram às fls. 03/92 e 94.

A parte suscitada se manifestou às fls. 95/97, sustentando que apresentou contrato particular que atesta a transferência de domínio, o qual tem força de escritura pública na forma da lei.

O Ministério Público opinou pela procedência (fls. 100/102).

É o relatório.

Fundamento e decido.

No mérito, a dúvida é procedente. Vejamos os motivos.

De início, vale destacar que os títulos judiciais não estão isentos de qualificação, positiva ou negativa, para ingresso no fólio real.

O Egrégio Conselho Superior da Magistratura já decidiu que a qualificação negativa de título judicial não caracteriza desobediência ou descumprimento de decisão judicial (Apelação Cível n. 413-6/7).

Neste sentido, também a Ap. Cível nº 464-6/9, de São José do Rio Preto:

> *"Apesar de se tratar de título judicial, está ele sujeito à qualificação registrária.*
>
> *O fato de tratar-se o título de mandado judicial não o torna imune à qualificação registrária, sob o estrito ângulo da regularidade formal. O exame da legalidade não promove incursão sobre o mérito da decisão judicial, mas à apreciação das formalidades extrínsecas da ordem e à conexão de seus dados com o registro e a sua formalização instrumental".*

E, ainda:

> *"REGISTRO PÚBLICO - ATUAÇÃO DO TITULAR - CARTA DE ADJUDICAÇÃO - DÚVIDA LEVANTADA - CRIME DE DESOBEDIÊNCIA - IMPROPRIEDADE MANIFESTA. O cumprimento do dever imposto pela Lei de Registros Públicos, cogitando-se de deficiência de carta de adjudicação e levantando-se dúvida perante o juízo de direito da vara competente, longe fica de configurar ato passível de enquadramento no artigo 330 do Código Penal - crime de desobediência -, pouco importando o acolhimento, sob o ângulo judicial, do que suscitado"* **(STF, HC 85911 / MG – MINAS GERAIS, Relator: Min. MARCO AURÉLIO, j. 25/10/2005, Primeira Turma)**.

Sendo assim, não há dúvidas de que a mera existência de título proveniente de órgão jurisdicional não basta para autorizar automaticamente seu ingresso no fólio real, cabendo ao oficial qualificá-lo conforme as normas e os princípios que regem a atividade registral, dentre eles o da continuidade registrária.

No caso específico, o que se vê é que a carta de sentença levada a registro foi constituída em ação de inventário na qual partilhou-se a integralidade do imóvel de matrícula n. 113.095, o qual, entretanto, não está registrado em nome do autor da herança (fls. 45/56 e 91).

Nota-se, ainda, que a parte suscitada não possui contrato anterior a atestar a transferência da propriedade pelo INSS ao autor da herança: o documento de fls. 32/34, notadamente porque incompleto (sem assinaturas), não pode ser reconhecido como instrumento particular com força de escritura pública na forma da Lei n. 4.380/64.

Em consequência, não há como registrar o título em questão sem violação do princípio da continuidade registrária, o qual impõe perfeito encadeamento entre as informações inscritas e as que se pretendem inscrever, na forma dos artigos 195 e 237 da Lei n. 6.015/73:

> *"Art. 195 - Se o imóvel não estiver matriculado ou registrado em nome do outorgante, o oficial exigirá a previa matrícula e o registro do título anterior, qualquer que seja a sua natureza, para manter a continuidade do registro".*

"Art. 237 - Ainda que o imóvel esteja matriculado, não se fará registro que dependa da apresentação de título anterior, a fim de que se preserve a continuidade do registro".

Neste contexto, não resta dúvida de que a exigência está bem justificada e subsiste, não sendo esta a via adequada para esclarecimento dos fatos, o que deve ser buscado junto ao juízo da partilha e/ou por outros meios adequados.

Diante do exposto, **JULGO PROCEDENTE** a dúvida suscitada e mantenho o óbice registrário.

Deste procedimento não decorrem custas, despesas processuais ou honorários advocatícios.

Oportunamente, ao arquivo com as cautelas de praxe.

P.R.I.C.

São Paulo, 09 de novembro de 2021.

Luciana Carone Nucci Eugênio Mahuad

Juiz de Direito (DJe de 11.11.2021 – SP)

Ementa: Sentença – Dúvida – Pedido de registro de Escritura de Arrolamento e Adjudicação – Identificação de duplicidade de registro entre transcrições – Informação pelo Oficial de que a duplicação ocorreu em razão da partilha do imóvel aos herdeiros do proprietário anterior, sendo necessário buscar o cancelamento na via contenciosa – Impossibilidade de registro do título sem a devida regularização registral do bem – Incompetência do juízo administrativo para o cancelamento de registro em duplicidade – Vício intrínseco – Matéria reservada à esfera jurisdicional – Determinação do bloqueio das transcrições – Prorrogação do prazo da prenotação – Manutenção do óbice – Procedência

Processo 1064226-56.2021.8.26.0100

Dúvida - Notas - Adriana Murad Barison Mariani - Do exposto, JULGO PROCEDENTE a dúvida suscitada pelo 5º Registro de Imóveis da Capital a requerimento de Adriana Murad Barison Mariani e mantenho o óbice, com determinação de bloqueio das transcrições n. 52.820, 77.703, 77.707 e 96.819 daquela serventia. Não há custas, despesas processuais ou honorários advocatícios decorrentes deste procedimento. Oportunamente, arquivem-se os autos. P.R.I.C. - ADV: LISLEI DE SOUSA (OAB 57278/SP)

Íntegra da decisão:

SENTENÇA

Processo Digital nº: **1064226-56.2021.8.26.0100**

Classe - Assunto **Dúvida - Notas**

Requerente: **5º Oficial de Registro de Imóveis**

Requerido: **Adriana Murad Barison Mariani**

Juiz(a) de Direito: Dr(a). **Luciana Carone Nucci Eugênio Mahuad**

Vistos.

Trata-se de dúvida suscitada pelo Oficial do **5º Registro de Imóveis da Capital** a requerimento de **Adriana Murad Barison Mariani**, após negativa de registro de escritura de arrolamento e adjudicação lavrada junto ao Registro Civil das Pessoas Naturais e Tabelionato de Notas do Distrito de Jardim Silveira – Baueri/SP.

O título foi desqualificado após o Oficial suscitante identificar duplicidade de registro entre a transcrição n. 96.819, relativa ao imóvel indicado no item "E" do título apresentado (apartamento n. 12 do 1º andar do "Edifício" situado na rua da Consolação, n. 964), e as transcrições n. 77.703 e 77.707 (mesmo imóvel como objeto), sendo que todas têm origem na transcrição n. 22.639 daquela serventia.

O Oficial aduz que a duplicação ocorreu porque houve partilha do imóvel aos herdeiros do proprietário anterior, Malvine Blumberg, gerando as transcrições n. 77.703 e 77.707 (06/06/1971), mesmo após aquisição de Helcio Ramos Marcondes de Mattos e Maria Aparecida Cecília Murad de Mattos diretamente do espólio de Malvine, com autorização por alvará (transcrição n. 52.820 – 01/07/1967), os quais, por sua vez, venderam o bem à genitora da suscitada, Rozaria Luiza Murad Barison (transcrição n. 96.819 – 05/12/1973); que não houve disputa possessória ou dominial, já que Rozaria estava na posse do bem desde que o adquiriu no ano de 1973 até seu falecimento; que, diante da duplicidade das linhas filiatórias, cabe nesta via apenas determinação de bloqueio dos registros para que os interessados busquem o cancelamento na via contenciosa, com instauração do contraditório.

Documentos vieram às fls. 06/56.

Em manifestação dirigida ao Oficial (fls. 34/38), a parte suscitada apenas alega que o problema é do Oficial e não dela, pleiteando pela suscitação da dúvida perante este juízo. Não houve impugnação, porém, nestes autos (fl. 57).

O Ministério Público opinou pela procedência (fls. 61/63).

É o relatório.

Fundamento e decido.

No mérito, a dúvida é procedente.

Com efeito, diante da constatação de cadeias filiatórias distintas envolvendo o mesmo imóvel (transcrições n. 77.703 e 77.707 e 96.819), todos com matriz na transcrição n. 22.639, realmente não há como registrar o título sem a regularização registral do bem (cancelamento das transcrições indevidas), em consonância com a necessária segurança jurídica que envolve os registros imobiliários.

No que tange à existência de duplicidade, como bem salientado pelo Oficial, a não ser que se observe nulidade registral de pleno direito, não se pode determinar de plano quais das transcrições são nulas sem o devido processo contencioso que assegure o contraditório a todos os titulares.

A via administrativa, portanto, mostra-se inadequada para dirimir o conflito, ainda que, a princípio, não haja disputa possessória ou dominial, sendo que, neste âmbito, seria possível o cancelamento do registro apenas em casos de vício extrínseco, detectável de plano e sem a necessidade de análise de outros fatos e circunstâncias (artigo 214 da Lei 6.015/73), o que não se verifica na hipótese.

Em outras palavras, cancelar um registro em duplicidade fora das vias jurisdicionais ordinárias pode privar titular de defender seu direito, o qual, como já consignado, não pode ser presumido nulo.

Neste sentido, decisão anterior deste juízo:

> *"A existência do duplo registro faz desaparecer a presunção relativa de verdade de seu conteúdo, de sorte que sua restauração depende da eliminação da duplicidade pelo titular, por meio do cancelamento do registro contraditório nas vias ordinárias, sendo viável o cancelamento administrativo apenas quando a duplicidade decorre de inofensivo erro interno, hipótese diversa da presente, em que há interesses de terceiros envolvidos" (Processo de autos n. 100.10.016232-0 - 1ª Vara de Registros Públicos de São Paulo).*

Tal solução converge com o entendimento da E. Corregedoria Geral de Justiça, como se extrai do julgamento proferido no processo de autos n. 27.727/2018, data DJ: 02/07/2018, de relatoria do eminente Desembargador Geraldo Francisco Pinheiro Franco (nossos destaques):

> *"No caso concreto, se o denunciante afirma haver conflito de interesses oriundo de correntes filiatórias diversas,* ***apenas por intermédio de processo contencioso, em que respeitados os princípios da ampla defesa e do contraditório, é que se poderá aferir qual o registro merece prevalecer, eliminando-se eventual sobreposição, e identificar a exata localização da área que alega ter adquirido – fato este que também deverá ser devidamente comprovado****. Nesse sentido, entre outros, foi o r. parecer apresentado pelo MM. Juiz Assessor, Dr. Luis Paulo Aliende Ribeiro, no Processo CG nº 2.596/99, com o seguinte teor: "(...)* ***Tal pretensão comporta provimento, não em razão da afirmada prevalência do registro que interessa aos recorrentes sobre os demais, mas em face da inadequação da via administrativa para a apreciação de questão relativa à sobreposição de registros originários de correntes filiatórias paralelas****, e referentes a imóveis distintos e vizinhos, ambos com descrição original imprecisa, matéria para cuja solução se impõe a utilização da via jurisdicional. (...)*
>
> *Este o entendimento expresso pelo Colendo Conselho Superior da Magistratura no julgamento da Apelação Cível nº 4.094-0, da Comarca de São Vicente, Rel. Des. Nogueira Garcez, que demonstrou com eficiência quais as conseqüências da duplicidade de registros:*
>
> *"A regra do art. 859 do Código Civil, autorizadora do princípio da presunção, não pode ser chamada por nenhum daqueles titulares dos registro duplos. A presunção de que o direito pertence àquele em cujo nome está registrado não pode conviver com o duplo registro. Seria ilógico raciocinar com a presunção favorecendo, ao mesmo tempo, duas pessoas cujos direitos não podem coexistir. Em outras palavras, a presunção de veracidade do registro desaparece quando há duplicidade.*
>
> *A conseqüência é a impossibilidade de prática de qualquer ato em qualquer das correntes filiatórias, até que, na via adequada, se decida pela prevalência de uma ou de outra".*

Todavia, conforme sugerido pelo Oficial e requerido pelo MP, a fim de preservar segurança jurídica, já que a superveniência de novos registros poderá causar danos de difícil reparação aos interessados e a terceiros de boa-fé, por cautela, nos termos do artigo 214, § 3º, da Lei n. 6.015/75, **determino o bloqueio** das transcrições n. 52.820, 77.703, 77.707 e 96.819 do 5º Cartório de Imóveis da Capital, prorrogando o prazo da prenotação n. 349.284 até solução final da questão.

Cumpra-se, **com brevidade**, o disposto na Portaria Conjunta 01/2008 das 1ª e 2ª Varas de Registros Públicos da Capital.

Este juízo observa que o bloqueio administrativo é provisório e será cancelado se não houver comprovação nos autos, no prazo de 90 dias, de providências judiciais visando decidir a prevalência de uma transcrição sobre as demais, inclusive com bloqueio judicial.

Do exposto, **JULGO PROCEDENTE** a dúvida suscitada pelo 5º Registro de Imóveis da Capital a requerimento de Adriana Murad Barison Mariani e mantenho o óbice, com determinação de bloqueio das transcrições n. 52.820, 77.703, 77.707 e 96.819 daquela serventia.

Não há custas, despesas processuais ou honorários advocatícios decorrentes deste procedimento.

Oportunamente, arquivem-se os autos.

P.R.I.C.

São Paulo, 11 de agosto de 2021.

Luciana Carone Nucci Eugênio Mahuad

Juiz de Direito (DJe de 16.08.2021 – SP)

AVERBAÇÃO PREMONITÓRIA

Ementa: Sentença – Pedido de Providências – Pedido de anulação de Averbação – Averbação referente ao ajuizamento de Ação de Dissolução de Sociedade Conjugal – Alegação pela Requerente de que não possui nenhuma relação com o débito em questão, sendo herdeira de 1/3 do imóvel, bem como de que não há previsão, na referida averbação, da proporção do imóvel que está indisponível – Descabimento – Impossibilidade de reconhecimento de nulidade de pleno direito – Averbação premonitória que não se confunde com a averbação de penhora – Art. 828 do CPC – Ausência de irregularidade na referida averbação – Inexistência de conduta irregular por parte do Oficial – Improcedência

Processo 1050073-18.2021.8.26.0100

Pedido de Providências - Registro de Imóveis - Rosa Beatriz Fidêncio Gnecco Viana - Do exposto, julgo improcedente o pedido de providências formulado por Rosa Beatriz Fidêncio Gnecco Viana em face do Oficial do 1º Registro de Imóveis da Capital. Deste procedimento não decorrem custas, despesas processuais e honorários advocatícios. Oportunamente remetam-se os autos ao arquivo. P.R.I.C. - ADV: ARNALDO GOMES DOS SANTOS JUNIOR (OAB 305007/SP)

Íntegra da decisão:

SENTENÇA

Processo Digital nº: **1050073-18.2021.8.26.0100**

Classe - Assunto **Pedido de Providências - Registro de Imóveis**

Requerente: **Rosa Beatriz Fidêncio Gnecco Viana**

Requerido: **1º Oficial de Registro de Imóveis da Capital**

Juiz(a) de Direito: Dr(a). **Vivian Labruna Catapani**

Vistos.

Trata-se de pedido de anulação de averbação formulado por **Rosa Beatriz Fidêncio Gnecco Viana** em face do **Oficial do 1º Registro de Imóveis da Capital**.

Narra a requerente que, na matrícula n. 9.720 do 1º Registro de Imóveis da Capital, consta a averbação n. 11, referente a ajuizamento de ação de dissolução de sociedade conjugal movida por Maria Silvia Perroni em face de Mário Roberto Fidencio Gnecco.

Aduz, entretanto, que não possui nenhuma relação com o débito em questão, sendo herdeira de 1/3 do bem em sucessão de José Gnecco, além de não estar prevista, na referida averbação, a proporção do imóvel indisponibilizada.

Alega, assim, que a venda do bem encontra-se prejudicada, em virtude de não ser indicada a proporção da penhora. Junta documentos (fls. 8/61).

O expediente foi recebido como pedido de providências (fl. 62).

O Oficial Registrador prestou informações às fls. 65/66. Aduziu que o pedido de averbação foi formulado por Maria Silvia Perroni, instruído com certidão expedida, em 15.09.2020, pelo Juízo da 2a Vara Judicial da Comarca de Vinhedo (autos n. 0004567-72.2002.8.26.0659). Informou que Mário Roberto Fidencio Gnecco é titular de 1/3 do imóvel. Alegou que a pretensão da reclamante extrapola o âmbito administrativo.

O Ministério Público opinou pela improcedência do pedido (fls. 69/70).

É o relatório.

Decido.

Os argumentos aventados pela requerente não ensejam o reconhecimento de nulidade de pleno direito quanto à averbação n. 11 constante da a matrícula n. 9.720 do 1º Registro de Imóveis da Capital.

De acordo com o disposto na Lei 6.015/73:

> *"Art. 214 - As nulidades de pleno direito do registro, uma vez provadas, invalidam-no, independentemente de ação direta."*

A leitura desse comando legal passa pela compreensão de que, nesta esfera administrativa, somente poderá ser declarada nulidade caso constatado vício formal no ingresso registrário. Inexistindo irregularidade na qualificação feita pelo registrador, que se dá mediante exame extrínseco do título, descabe perseguir questões subjacentes à sua constituição.

É a partir dessa concepção restrita que será analisada a questão trazida aos autos.

Segundo se extrai da matrícula em questão, Mário Roberto Fidencio Gnecco é titular de 1/3 do imóvel (R. 10 de fl. 59). Verifica-se também que tal titulat é parte passiva em ação de execução movida por Maria Silvia Perroni (Av. 11).

Conforme prevê o art. 828 do Código de Processo Civil:

"Art. 828. O exequente poderá obter certidão de que a execução foi admitida pelo juiz, com identificação das partes e do valor da causa, para fins de averbação no registro de imóveis, de veículos ou de outros bens sujeitos a penhora, arresto ou indisponibilidade."

No caso em tela, observa-se que a averbação n. 11 efetivamente indica as partes e o valor da causa, tendo sido atendido, portanto, o art. 828 do Código de Processo Civil. Tal atendimento foi reforçado pelo Oficial Registrador às fls. 65/66, ao informar que o pedido de averbação foi formulado por Maria Silvia Perroni, instruído com certidão expedida, em 15.09.2020, pelo Juízo da 2a Vara Judicial da Comarca de Vinhedo (autos n. 0004567-72.2002.8.26.0659).

Note-se que não se exige, por óbvio, para tal averbação, que a parte executada seja a única proprietária do bem em questão, permitindo-se que seja titular de parcela ideal.

Ainda, não há que se confundir averbação premonitória com a averbação de penhora, razão pela qual não há que se falar em indicação, naquela, da parcela ideal do bem atingida pela dívida.

A propósito, cumpre destacar que *"a averbação premonitória visa acautelar o credor que, por meio dos bens do devedor, poderá garantir a satisfação de seu crédito ao final da ação de execução, evitando que o imóvel seja alienado a terceiros de boa-fé, mesmo que sobre ele ainda não haja penhora incidente"* (Recurso Administrativo n. 1000700-29.2017.8.26.0368).

Assim, não há que se falar em impedimento de alienação do bem por existência de averbação premonitória, mas tão somente em proteção a terceiros de boa-fé.

A esse respeito já esclareceu esta corregedoria permanente (pedido de providências n. 1081330-66.2018.8.26.0100):

> *"A averbação premonitória encontra-se prevista no artigo 828 do CPC e tem como finalidade dar publicidade das demandas judiciais através dos registros públicos, especialmente a existência de ações de execuções por quantia certa contra devedor solvente, coibindo assim a fraude à execução. Neste contexto, a averbação pretendida reforça o princípio da segurança jurídica e eficácia dos atos jurídicos levados a registro. Daí que a efetivação da averbação premonitória não obsta que o bem seja alienado posteriormente ou modifica a titularidade do imóvel, mas somente se presta a dar publicidade aos terceiros de boa fé dos riscos do negócio jurídico concernentes ao imóvel, dado em garantia, que poderá ser objeto de alienação na ação executiva."*

Por corolário, nada há de irregular na averbação premonitória em questão, não havendo nenhum indício de descumprimento de dever funcional por parte do Oficial Registrador.

Do exposto, julgo improcedente o pedido de providências formulado por **Rosa Beatriz Fidêncio Gnecco Viana** em face do **Oficial do 1º Registro de Imóveis da Capital.**

Deste procedimento não decorrem custas, despesas processuais e honorários advocatícios.

Oportunamente remetam-se os autos ao arquivo.

P.R.I.C.

São Paulo, 07 de junho de 2021.

Vivian Labruna Catapani

Juíza de Direito (DJe de 09.06.2021 – SP)

AVERBAÇÃO CAUTELAR DECORRENTE DE DECISÃO JUDICIAL

Ementa: Sentença – Pedido de Providências – Pedido de cancelamento de averbação da matrícula – Informação em relação a existência de ação cível – Negativa em razão de se tratar de averbação cautelar decorrente de decisão judicial – Art 167, II, 12, da LRP – Títulos Judiciais não estão isentos de qualificação registrária – Averbação que foi realizada pelo Oficial em cumprimento à ordem judicial – Inexistência de irregularidade – Indeferimento do pedido – Improcedência

Processo 1104727-52.2021.8.26.0100

Pedido de Providências - Registro de Imóveis - Associação Nova Igreja Evangélica Apostólica Holiness Shalom - Diante do exposto, JULGO IMPROCEDENTE o pedido. Deste procedimento não decorrem custas, despesas processuais ou honorários advocatícios. Oportunamente, remetam-se os autos ao arquivo. P.R.I.C. - ADV: ALESSANDRE REIS DOS SANTOS (OAB 279070/SP)

Íntegra da decisão:

SENTENÇA

Processo Digital nº: **1104727-52.2021.8.26.0100**

Classe - Assunto **Pedido de Providências - Registro de Imóveis**

Requerente: **Associação Nova Igreja Evangélica Apostólica Holiness Shalom**

Requerido: **5º Oficial de Registro de Imóveis da capital**

Juiz(a) de Direito: Dr(a). **Luciana Carone Nucci Eugênio Mahuad**

Vistos.

Trata-se de pedido de providências formulado por **Associação Nova Igreja Evangélica Apostólica Holiness Shalom** em face do Oficial do 5º Registro de Imóveis da Capital, objetivando o cancelamento da averbação n. 3 da matrícula n. 46.738 daquela serventia, a qual informa acerca da existência de ação cível, relativa a defeito, nulidade ou anulação, que tramita perante a 31ª Vara Cível do Foro Central desta Capital (autos n. 1123923-76.2019.8.26.0100).

A parte interessada busca "retificação de registro" com fundamento nos artigos 212 e 213 da LRP, alegando erro pela inobservância da continuidade registral, uma vez que o imóvel não integra mais o patrimônio da Igreja Evangélica Nova Esperança, de modo que a averbação lançada contraria a ordem judicial, bem como porque ausentes documentos que comprovem a legitimação da parte que a solicitou. Vieram documentos às fls. 10/54.

O Oficial manifestou-se às fls. 58/61, aduzindo que se trata de averbação cautelar prevista no artigo 167, inciso II, item 12, da LRP, decorrente de decisão judicial; que, inicialmente, o título foi devolvido e requalificado após esclarecimentos prestados pelo apresentante; que Renato Martines Costa figura na escritura de compra e venda do imóvel como representante tanto da alienante, Nova Esperança, como da adquirente, Holiness Shalom, sendo ele corréu na ação anulatória em que se discute a regularidade dos atos de disposição por ele praticados desde a sua nomeação como administrador da entidade, o que ocorreu anteriormente à lavratura da escritura, em 28/12/2018; que, no caso concreto, mais do que simples interesse da parte que roga a inscrição, há decisão judicial dirigida expressa e diretamente ao Cartório; que o registro aquisitivo não é saneador dos elos da corrente filiatória.

O Ministério Público não vislumbrou indícios de irregularidade ou nulidade, pelo que opinou pelo indeferimento do pedido (fls. 68/70).

A parte interessada manifestou-se novamente às fls. 72/80, sustentando que não cabe ao Oficial de Registro análise discricionária de ordem judicial.

É o relatório.

Fundamento e decido.

No mérito, o pedido não pode ser acolhido.

Vale observar, de início, que não se trata propriamente de retificação de registro por omissão ou imprecisão, nos moldes regulados pelos artigos 212 e 213, da LRP, mas de pedido de providência para cancelamento da Averbação n. 03 (fls. 28/29), a qual, segundo a parte interessada, foi indevidamente lançada na matrícula em questão.

Vale destacar, ainda, que, embora a averbação se refira à existência de ação, não se confunde com a averbação premonitória autorizada pelo artigo 828 do CPC no exclusivo interesse do credor.

Como ressaltado pelo Oficial, trata-se de averbação cautelar decorrente de decisão judicial (fls. 31/32), a qual vem prevista no artigo 167, inciso II, item 12, da LRP.

Observe-se que o acolhimento do requerimento formulado pela parte interessada para *"averbação da existência da ação nas matrículas dos imóveis de propriedade da Igreja Evangélica Nova Esperança - CNPJ 54.066.766/0001-06 e da filial Ceminé – Central Evangélica Missionária da Igreja Nova Esperança, para ciência de eventuais terceiros que pretendam adquirir esses bens"* (fls. 31/32), exige interpretação, sendo que a incumbência dos autores para o encaminhamento da decisão judicial para cumprimento não afasta o seu caráter impositivo.

Como se sabe, os títulos judiciais não estão isentos de qualificação, positiva ou negativa, para ingresso no fólio real, cabendo ao oficial análise conforme os princípios que regem sua atividade (art. 28 da Lei n. 8.935/1994).

Assim e considerando o objeto da ação noticiada, que é a anulação de atos praticados por diretoria supostamente constituída de forma irregular pelos réus, dentre os quais o senhor Renato Martines Costa (fls. 48/54), o qual figurou na escritura de compra e venda como representante da vendedora Igreja Evangélica Nova Esperança e da compradora Associação Nova Igreja Evangélica Apostólica Holiness Shalom (fls. 62/65), correta a averbação realizada pelo Oficial em cumprimento à ordem judicial, justamente com a finalidade de publicidade (garantia de segurança jurídica).

Note-se que a averbação não impõe qualquer óbice para uso e gozo do imóvel nem para alienação.

Note-se, ainda, que a validade dos negócios celebrados e a atuação das partes, inclusive no que diz respeito a eventual abuso na averbação ora debatida, serão aferidas no processo judicial, com garantia de contraditório e ampla defesa, o que já ficou bem claro na decisão de fl. 32.

No âmbito da competência restrita deste juízo administrativo (Corregedoria Permanente), não se identifica irregularidade na averbação questionada que exija apuração de falta funcional, correção ou cancelamento.

Diante do exposto, **JULGO IMPROCEDENTE** o pedido.

Deste procedimento não decorrem custas, despesas processuais ou honorários advocatícios.

Oportunamente, remetam-se os autos ao arquivo.

P.R.I.C.

São Paulo, 26 de outubro de 2021.

Luciana Carone Nucci Eugênio Mahuad

Juiz de Direito (DJe de 28.10.2021 – SP)

BEM DE FAMÍLIA

Ementa: Despacho/Decisão – Pedido de Providências – Pedido de cancelamento de bem de família instituído voluntariamente sobre o imóvel – Incompetência do juízo administrativo – Matéria reservada à esfera jurisdicional – Remessa do feito à uma das Varas da Família e Sucessões da Capital

Processo 1116226-33.2021.8.26.0100

Pedido de Providências - Registro de Imóveis - Franco Di Gregorio - Diante do exposto, reputo-me absolutamente incompetente para análise do pedido, pelo que determino a remessa dos autos para uma das Varas de Família e Sucessões da Capital com minhas homenagens e cautelas de praxe. Intimem-se. - ADV: MARCIA PEREIRA VIDINHA (OAB 324620/SP)

Íntegra da decisão:

SENTENÇA

Processo Digital nº: **1116226-33.2021.8.26.0100**

Classe - Assunto **Pedido de Providências - Registro de Imóveis**

Requerente: **Franco Di Gregório e outro**

Requerido: **4º Oficial de Registro de Imóveis da Capital**

Juiz(a) de Direito: Dr(a). **Luciana Carone Nucci Eugênio Mahuad**

Vistos.

Trata-se de pedido de providências apresentado por **Franco Di Gregório e Maria Thereza Aparecida Burti Di Gregorio** em face do **Oficial do 4º de Registro de Imóveis da Capital**, para cancelamento de bem de família instituído voluntariamente sobre o imóvel matriculado sob n. 146.443 daquela serventia (R.02 - fl. 12). Relatam que figuram como proprietários na matrícula e identificam-se com os instituidores, sendo que, atualmente, não possuem mais interesse no instituto na medida em que todos os seus filhos são maiores e capazes.

Documentos vieram às fls. 05/21.

A decisão de fl. 24 determinou a formulação de requerimento junto à serventia extrajudicial, após o que o Oficial se manifestou (fls. 31/33), informando que o levantamento da restrição depende de ordem judicial, mas a competência é das Varas de Família e Sucessões.

O Ministério Público opinou pelo indeferimento do pedido, com remessa das partes para a via judicial própria (fls. 37/38).

É o relatório.

Fundamento e Decido.

Compulsando melhor os autos, verifico que assiste razão ao Oficial Registrador e ao Ministério Público.

Com efeito, embora a competência desta Vara de Registros Públicos englobe atos registrários, a matéria de fundo na hipótese, interesse no cancelamento de instituição de bem de família, está afeta ao direito material, pelo que não pode ser resolvida dentro dos estreitos limites desta via administrativa.

Note-se que o artigo 21 do Decreto-Lei n. 3.200/41, ao determinar que cabe ao juiz a análise da pertinência do cancelamento pretendido, em verdade, estabeleceu a obrigatoriedade de seu conhecimento pela via jurisdicional (mesmo que voluntária).

Assim, concluo que a competência é, de fato, do juízo da Vara da Família, conforme dispõe o artigo 37, inciso II, "f", do Código Judiciário do Estado de São Paulo.

Neste sentido, decisão proferida por este juízo no processo de autos n. 1127552-92.2018.8.26.0100, bem como solução dada pela Câmara Especial do E. Tribunal de Justiça ao conflito de competência n. 0010959-98.2021.8.26.0000:

> *"CONFLITO NEGATIVO DE COMPETÊNCIA - Ação de desconstituição de cláusula de bem de família - Remessa do feito ao Juízo da Vara dos Registros Públicos, sob a alegação de que o pedido versa acerca de ato registrário - Impossibilidade - Matéria afeta à competência da Vara Especializada da Família e das Sucessões - Inteligência do art. 37, inciso II, letra "f"', do Código Judiciário do Estado de São Paulo (Decreto-Lei Complementar nº 3 de 27.08.1969) - Precedentes desta C. Câmara Especial sobre o tema – Conflito conhecido para declarar a competência do Juízo suscitado".*

E, ainda:

> *"Conflito de competência - Bem de família - Procedimento de jurisdição voluntária - Pedido de extinção do bem de família instituído voluntariamente sobre imóvel de propriedade da requerente - Art. 1.719 do CC. - Demanda originariamente distribuída ao Juízo da 2ª Vara de Família e Sucessões da Comarca de Sorocaba - Declinação da competência e remessa dos autos para uma das Varas Cíveis da mesma Comarca - Alegação de que a demanda versa unicamente sobre regularidade formal do ato registrário - Inadmissibilidade - Extinção do bem de família que é de competência da Vara Especializada - Inteligência do art. 37, II, "f" do Código Judiciário do Estado de São Paulo - Precedentes da Câmara Especial - Conflito conhecido - Competência do Juízo da 2ª Vara de Família e Sucessões da Comarca*

de Sorocaba" (CC nº 0015708-95.2020.8.26.0000, Rel. DES.ª DANIELA MARIA CILENTO MORSELLO, j. 28/07/2020).

Diante do exposto, reputo-me absolutamente incompetente para análise do pedido, pelo que **determino a remessa dos autos para uma das Varas de Família e Sucessões da Capital** com minhas homenagens e cautelas de praxe.

Intimem-se.

São Paulo, 19 de novembro de 2021.

Luciana Carone Nucci Eugênio Mahuad

Juíza de Direito (DJe de 23.11.2021 – SP)

BLOQUEIO DE MATRÍCULA

Ementa: Sentença – Pedido de Providências – Manutenção do bloqueio administrativo da matrícula – Ausência de ilícito funcional – Procedência

Processo 1090906-78.2021.8.26.0100

Pedido de Providências - Registro de Imóveis - 4º Oficial de Registro de Imóveis da Capital - Marcel Jean Mathien Becker - Assim, em já havendo apuração policial em curso e, também, porque não se vislumbra violação a deveres funcionais a ser apurada dentro da competência desta 1ª Vara de Registros Públicos da Capital, JULGO PROCEDENTE o pedido apenas para manter o bloqueio administrativo da matrícula na forma do decidido às fls. 36/37 até que haja análise judicial do pedido liminar feito na ação noticiada pela parte interessada, o que deverá ser informado nos autos oportunamente. Comunique-se o resultado à E. CGJ e à Corregedoria Permanente da 2ª Vara de Registros Públicos da Capital, servindo a presente decisão como ofício. Deste procedimento não decorrem custas, despesas processuais ou honorários advocatícios. Oportunamente, ao arquivo. P.R.I.C. - ADV: CESAR AUGUSTO COSTA SILVA (OAB 393582/SP), FLAVIA PEREIRA RIBEIRO (OAB 166870/SP)

Íntegra da decisão:

SENTENÇA

Processo Digital nº: **1090906-78.2021.8.26.0100**

Classe - Assunto **Pedido de Providências - Registro de Imóveis**

Requerente: **4º Oficial de Registro de Imóveis da Capital**

Juiz(a) de Direito: Dr(a). **Luciana Carone Nucci Eugênio Mahuad**

Vistos.

Trata-se de pedido de providências instaurado por comunicação do **Oficial do 4º Registro de Imóveis da Capital,** tendo em vista identificação, após provocação de terceiros interessados, de instrumento particular de compromisso de compra e venda supostamente falso, o qual foi recepcionado no fólio real (R.1/198.392).

Informou o Oficial que o título com veracidade questionada foi constituído em 03 de agosto de 2007 e registrado em 19 de março de 2020 (fl. 05); que o espólio de Marcel Jean Mathien Becker, promitente vendedor, e Elitinha Maya Becker, representante do espólio e promitente vendedora, alegam que jamais celebraram negócio com a promitente compradora, Cintia Lemos Silva, sendo que Marcel não assinava documentos desde o ano de 2003 em virtude de doença de Parkinson; que o 5º Tabelionato de Notas da Capital, onde teria sido reconhecida a firma de Marcel, não localizou cartão de assinatura ou qualquer registro em índice relativo ao nome dele; que o 14º Registro Civil da Capital, onde teria sido reconhecida a firma de Eletinha, não localizou registro da assinatura e não reconheceu o escrevente que a teria subscrito nem a autenticidade da etiqueta e do selo utilizados. Diante disso, solicitou o bloqueio administrativo da matrícula.

Documentos vieram às fls. 03/35.

A decisão de fls. 36/37 limitou a análise do caso à regularidade da atuação do Oficial, âmbito de competência desta Corregedoria Permanente, e determinou o bloqueio da matrícula n. 198.392 pelo prazo de noventa dias, visando evitar dano. Houve, ainda, determinação de comunicação do fato à autoridade policial e à Corregedoria Permanente responsável pela atuação dos Tabeliães responsáveis pelo reconhecimento de firmas.

Às fls. 45/47, o espólio de Marcel Jean Mathien Becker e Elitinha Maya Becker, terceiros interessados, noticiaram que tomaram medidas judiciais cabíveis, com o ajuizamento de ação cível para desconstituição do título (autos n. 1087539-46.2021.8.26.0100), bem como representaram criminalmente ao Departamento de Inquéritos Policiais, cujo processo foi autuado sob n. 1022687-66.2021.8.26.0050, com determinação de instauração de Inquérito Policial pelo Ministério Público. O pedido liminar de bloqueio da matrícula na esfera jurisdicional encontra-se pendente de apreciação pelo juízo competente. Juntou documentos às fls. 48/83.

Bloqueio administrativo da matrícula veio noticiado à fl. 85.

O Ministério Público requereu manifestação do Oficial para esclarecimento do procedimento adotado na serventia quanto à verificação dos dados constantes nos títulos prenotados, bem como se os funcionários recebem treinamento adequado e se houve apuração dos fatos por sindicância interna (fls. 89/90).

Em resposta à determinação do juízo, o Oficial esclareceu que, inicialmente, o "Setor da Prenotação" verifica eventuais indisponibilidades, existência de títulos contraditórios e/ou quaisquer outras ocorrências que impeçam o registro; que, após, o título é encaminhado ao "Setor de Selos" para verificação de eventual comunicado de inutilização dos selos utilizados, extravio ou qualquer outra ocorrência que os invalide; que, posteriormente, o título é encaminhado ao "Setor Extrato", responsável por sua pré-análise e elaboração da minuta do teor do registro ou da averbação que será lançado na matrícula e, finalmente, tudo é encaminhado para qualificação definitiva. No caso em exame, sustenta que todos os selos foram conferidos no *site* do Tribunal de Justiça, não tendo havido qualquer informação que pudesse impedir o ingresso. Por fim, destaca que há constante acompanhamento, treinamento, desenvolvimento e supervisão dos colaboradores de sua serventia visando à prestação dos serviços da maneira mais eficiente e eficaz possível ao usuário. Juntou documentos às fls. 97/99.

Em parecer final, o Ministério Público opinou pelo arquivamento do feito ante a ausência de conduta irregular a ser apurada (fls. 103/104).

É o relatório.

Fundamento e decido.

Primeiramente, é importante anotar que o Oficial agiu com zelo e presteza ao identificar a possível falsidade de título registrado na matrícula n. 198.392 (fls. 09/12), com comunicação a este juízo.

Há indicação, ainda, de que a suposta fraude foi perpetrada por terceiros, sem envolvimento do 5º Tabelionato de Notas e do 14º Registro Civil, ambos da Capital, onde teriam sido supostamente reconhecidas as firmas das pessoas que integraram o título, o que se vê dos documentos de fls. 03/04 e da apuração realizada pela Corregedoria Permanente competente (fls. 105/108).

Diante disso e dos esclarecimentos do Oficial Registrador acerca dos procedimento adotados na qualificação dos títulos prenotados, notadamente no caso em tela (fls. 94/96), e tendo em vista que os selos utilizados são do ano de 2007 (fl. 12), época em que não havia sistema informatizado de controle, conforme informado pelo Oficial do 14º Registro Civil ao seu Juiz Corregedor (fl. 107), evidencia-se que o título supostamente fraudado foi elaborado também sem o concurso da serventia imobiliária e ingressou no fólio real sem falha de qualificação aparente.

Assim, em já havendo apuração policial em curso e, também, porque não se vislumbra violação a deveres funcionais a ser apurada dentro da competência desta 1ª Vara de Registros Públicos da Capital, **JULGO PROCEDENTE** o pedido apenas para manter o bloqueio administrativo da matrícula na forma do decidido às fls. 36/37 até que haja análise judicial do pedido liminar feito na ação noticiada pela parte interessada, o que deverá ser informado nos autos oportunamente.

Comunique-se o resultado à E. CGJ e à Corregedoria Permanente da 2ª Vara de Registros Públicos da Capital, servindo a presente decisão como ofício.

Deste procedimento não decorrem custas, despesas processuais ou honorários advocatícios.

Oportunamente, ao arquivo.

P.R.I.C.

São Paulo, 21 de outubro de 2021.

Luciana Carone Nucci Eugênio Mahuad

Juiz de Direito (DJe de 25.10.2021 – SP)

Ementa: Sentença – Pedido de Providências – Pedido de bloqueio escrituras e matrículas relacionadas aos imóveis objetos de inventário de bens – Determinação judicial para o bloqueio das escrituras que foram lavradas por meio de alvará – Espólio que foi representado por inventariante destituída do cargo – Informação pelo Oficial de que dentre as matrículas, inúmeras já sofreram mutações dominiais – Escrituras lavradas enquanto válido o alvará são títulos formalmente válidos – Imprescindibilidade da averbação do bloqueio administrativo apenas das Escrituras lavradas após a destituição da inventariante – Preservação da Segurança Jurídica – Art 214, §§ 3º e 4º, da LRP – Procedência Parcial

Processo 1097698-48.2021.8.26.0100

Pedido de Providências - Petição intermediária - Heather Margareth Peruche Soares - Diante do exposto, JULGO PARCIALMENTE PROCEDENTE o pedido de providências formulado para determinar a averbação do bloqueio das escrituras relacionadas às fls. 32/34 junto às matrículas correspondentes, salvo com relação àquelas lavradas enquanto válido o alvará que as originou. Providencie-se o necessário com as cautelas de praxe. Deste procedimento não decorrem custas, despesas processuais ou honorários advocatícios. Oportunamente, remetam-se os autos ao arquivo. P.R.I.C. - ADV: ROGERIO SACRAMENTO DOS SANTOS (OAB 261457/SP), PAULO ROBERTO SOUZA SARDINHA (OAB 261128/SP)

Íntegra da decisão:

SENTENÇA

Processo Digital nº: **1097698-48.2021.8.26.0100**

Classe - Assunto **Pedido de Providências - Petição intermediária**

Requerente: **Heather Margareth Peruche Soares**

Requerido: **11º Oficial de Registro de Imóveis da Capital**

Juiz(a) de Direito: Dr(a). **Luciana Carone Nucci Eugênio Mahuad**

Vistos.

Trata-se de pedido de providências formulado por **Heather Margareth Peruche Soares** em face do **Oficial do 11º Registro de Imóveis da Capital** para bloqueio de escrituras e matrículas relacionadas a imóveis objeto do inventário dos bens deixados por Zaida Pereira Peruche.

A parte requerente aduz que decisão proferida em procedimento que tramita perante a 2ª Vara de Registros Públicos da Capital, de autos n. 1030233-90.2019.8.26.0100, determinou o bloqueio das escrituras lavradas em decorrência de alvará expedido em inventário da 5ª Vara de Família e Sucessões do Foro Central desta Capital, vez que constava como inventariante Virgínia Peruche Carraro, pessoa que não detinha mais poderes para atuar como tal; que, com base na referida decisão, requereu averbação do bloqueio nas matrículas dos imóveis respectivos, o que foi negado pelo Oficial. Juntou documentos às fls. 04/22.

A decisão de fl. 23 recebeu a inicial como pedido de providências, bem como determinou a reapresentação do título perante a serventia diante do decurso do trintídio legal da prenotação. Ainda, houve recomendação de apresentação de certidão de objeto e pé do feito noticiado na inicial.

Às fls. 26/27, a parte requerente comprovou a reapresentação do título junto ao Oficial e a formulação de pedido de certidão de objeto e pé.

O Oficial informou, às fls. 50/53, que o pedido de providências instaurado junto à 2ª Vara de Registros Públicos culminou no bloqueio de escrituras lavradas pelo 12º Tabelião de Notas desta Capital, oriundas do alvará considerado inválido em virtude de o espólio ter sido representado por inventariante destituída do cargo; que a decisão daquela Corregedoria Permanente consignou que eventual nulidade das escrituras deveria ser dirimida na esfera jurisdicional; que o bloqueio das respectivas matrículas só pode ser autorizado por juiz, via ofício ou mandado; que foram registradas, em sua serventia, 73 (setenta e três) escrituras lavradas pelo referido Tabelião, tendo como outorgante o espólio de Zaida Pereira Peruche; que, dentre as matrículas, inúmeras já sofreram mutações dominiais subsequentes às escrituras decorrentes do alvará tornado inválido, de modo que se impõe, neste momento, levantar a situação registrária de cada imóvel objeto das matrículas ensejadas pelas escrituras em comento. Informou, por fim, que a parte requerente apresentou certidão de objeto e pé do feito administrativo, a qual foi apresentada a estes autos.

Vieram documentos às fls. 54/326.

O Ministério Público opinou favoravelmente ao bloqueio das matrículas, com exceção daquelas em que houve transmissão por força do alvará antes da remoção da inventariante (fls. 329/331).

É o relatório.

Fundamento e decido.

No mérito, o pedido procede parcialmente.

Com efeito, o que se verifica dos elementos trazidos aos autos é que a Corregedoria Permanente dos Tabeliães de Notas da Capital, no procedimento de autos n. 1030233- 90.2019.8.26.0100, determinou o bloqueio das escrituras lavradas por meio do alvará expedido pelo juízo da 5ª Vara de Família e Sucessões do Foro Central da Capital em que constava como inventariante Vigínia Peruche Carraro, como se extrai das peças daqueles autos, copiadas às fls. 31 e 35/42.

Foram lavradas 76 (setenta e seis) escrituras no total, sendo que 73 (setenta e três) delas foram registradas em matrículas do 11º Registro de Imóveis da Capital, cuja relação veio às fls. 32/34.

Note-se que os bloqueios continuam válidos, conforme recente decisão proferida naquele feito, o qual tramita em segredo de justiça ante a instauração de procedimento administrativo disciplinar, com notícia de que não houve alteração das determinações constantes dos autos (publicação no Diário Oficial em 24/09/2021 - fl. 48).

Quanto ao pedido de bloqueio das escrituras, a providência é de competência da Corregedoria Permanente do Tabelionato de Notas em que lavradas, o que já foi determinado, como observado acima, pelo que nada há a ser apreciado por este juízo quanto a tal questão.

No que tange às providências concernentes ao Registro de Imóveis, à vista do decidido no âmbito de atuação da Corregedoria Permanente do Tabelionato de Notas em que lavradas as escrituras (fls. 31, 35/42 e 44 - autos n. 1030233-90.2019.8.26.0100), tenho que devem se limitar à averbação do bloqueio das escrituras nas matrículas correspondentes, salvo com relação àquelas lavradas enquanto válido o alvará que as originou, ou seja, até a destituição de Virgínia Peruche Carraro do encargo da inventariança (decisão publicada em 22.11.2005 – fl. 36).

As escrituras lavradas enquanto válido o alvará são títulos formalmente válidos, pelo que não merece qualquer reparo a qualificação positiva operada pelo Registrador.

Por outro lado, à vista da possível irregularidade das escrituras lavradas após a destituição do encargo, ainda que não se vislumbre falha na atuação do Oficial, o qual apenas registrou documentos lavrados pelo Tabelionato, o que autorizava concluir por conferência da validade do alvará judicial, a averbação do bloqueio administrativo dos documentos se faz imprescindível.

De fato, a medida é não só necessária como suficiente para preservação da segurança jurídica, na medida em que dá notícia sobre a irregularidade (situação ainda provisória: bloqueio administrativo, com remessa da parte interessada à via judicial para solução definitiva), e pode evitar a superveniência de novos registros, com afastamento de danos de difícil reparação aos interessados e a terceiros de boa-fé, tudo em consonância com o disposto no art. 214, §§ 3º e 4º, da Lei n. 6.015/73:

> *"Art. 214 - As nulidades de pleno direito do registro, uma vez provadas, invalidam-no, independentemente de ação direta.*
>
> *(...)*
>
> *§ 3° Se o juiz entender que a superveniência de novos registros poderá causar danos de difícil reparação poderá determinar de ofício, a qualquer momento, ainda que sem oitiva das partes, o bloqueio da matrícula do imóvel.*
>
> *§ 4° Bloqueada a matrícula, o oficial não poderá mais nela praticar qualquer ato, salvo com autorização judicial, permitindo-se, todavia, aos interessados a prenotação de seus títulos, que ficarão com o prazo prorrogado até a solução do bloqueio".*

Vale anotar que o bloqueio de matrículas neste âmbito administrativo possui caráter provisório e visa resguardar direitos até a tomada de providências na via jurisdicional, o que já foi determinado pela Corregedoria Permanente dos Tabelionatos de Notas da Capital **há mais de dois anos quando do bloqueio das escrituras** (*"Consigno, ainda, que a eventual nulidade das referidas Escrituras deverá ser dirimida na esfera jurisdicional competente, qual seja, Vara Cível, mormente considerando o limitado campo administrativo de atuação desta Corregedoria Permanente"* – fl. 31), mas sem qualquer notícia de diligência da parte interessada nesse sentido.

Nada justifica, portanto, o bloqueio administrativo das matrículas nesta oportunidade, devendo a parte tomar as medidas necessárias na via ordinária.

Diante do exposto, **JULGO PARCIALMENTE PROCEDENTE** o pedido de providências formulado para determinar a **averbação do bloqueio das escrituras relacionadas às fls. 32/34 junto às matrículas correspondentes, salvo com relação àquelas lavradas enquanto válido o alvará que as originou.** Providencie-se o necessário com as cautelas de praxe.

Deste procedimento não decorrem custas, despesas processuais ou honorários advocatícios.

Oportunamente, remetam-se os autos ao arquivo.

P.R.I.C.

São Paulo, 18 de outubro de 2021.

Luciana Carone Nucci Eugênio Mahuad

Juiz de Direito (DJe de 21.10.2021 – SP)

Ementa: Sentença – Pedido de Providências – Requerimento de intimação por edital da devedora e do garantidor fiduciário – Esclarecimento pelo Oficial de que todas as diligências visando à notificação da devedora resultaram infrutíferas – Requerente que não atendeu a exigência do Oficial de apresentar a planilha de débitos atualizada – Matrículas que se encontram bloqueadas provisoriamente – Impossibilidade de prosseguir com o procedimento extrajudicial enquanto perdurar o bloqueio – Indeferimento do pedido – Improcedência

Processo 1090808-93.2021.8.26.0100

Pedido de Providências - Petição intermediária - Sul Brasil Fundo de Investimento em Direitos Creditórios Aberto Multissetorial - Diante do exposto, JULGO IMPROCEDENTE o pedido. Deste procedimento não decorrem custas, despesas processuais ou honorários advocatícios. Oportunamente, remetam-se os autos ao arquivo. P.R.I.C. - ADV: ÉRICO LÚCIO ALBRECHT DE OLIVEIRA (OAB 61684/PR), JOSIELE BERNARDO DE LIMA BARBOSA (OAB 84172/PR)

Íntegra da decisão:

SENTENÇA

Processo Digital nº: **1090808-93.2021.8.26.0100**

Classe - Assunto **Pedido de Providências - Petição intermediária**

Requerente: **Sul Brasil Fundo de Investimento em Direitos Creditórios Aberto Multissetorial**

Requerido: **18º Oficial de Registro de Imóveis da Capital**

Juiz(a) de Direito: Dr(a). **Luciana Carone Nucci Eugênio Mahuad**

Vistos.

Trata-se de pedido de providências formulado por **Sul Brasil Fundo de Investimento em Direitos**

Creditórios Aberto Multissetorial, representada por BRL Trust Distribuidora de Títulos e Valores Mobiliários S.A., em face do **Oficial do 18º Registro de Imóveis da Capital**, para determinação de intimação por edital da devedora fiduciária Action BR Soluções em Promoções Ltda e do garantidor fiduciário José Anibal da Fonseca Pinto da Mota.

A parte interessada aduz que todas as tentativas de intimação pessoal da devedora e do garantidor foram infrutíferas; que não houve tentativa via correio conforme autorizado expressamente pelo art. 26, § 3º, da Lei n. 9.514/97; que formulou diversos pedidos ao Oficial Registrador para iniciar o procedimento de intimação por edital, sendo que todos foram negados; que, há dez meses, está sendo prejudicada, pois não pode exercer seu direito de consolidar a propriedade dos imóveis dados em garantia (matrículas n. 256.060 e 256.061 daquela serventia).

Vieram documentos às fls. 06/195.

A decisão de fl. 196 determinou adequação da classe processual, já que o feito foi distribuído inicialmente como dúvida.

O Oficial manifestou-se às fls. 200/202, sustentando que as diversas diligências visando à notificação da parte devedora, sempre por meio do Registro de Títulos e

Documentos, resultaram infrutíferas; que houve exigência para que a parte credora atualizasse a planilha para nova tentativa de notificação, mas sem atendimento; que as matrículas dos imóveis dados em garantia estão bloqueadas por determinação deste juízo no feito de autos n. 1087025-93.2021.8.26.0100. Juntou documento à fl. 202.

O Ministério Público opinou pela improcedência, considerando a determinação de bloqueio das matrículas em comento (fls. 205/206).

É o relatório.

Fundamento e decido.

No mérito, o pedido não pode ser acolhido. Vejamos os motivos.

A parte requerente firmou, juntamente com a devedora Action BR Soluções em Promoções Ltda e o garantidor fiduciário José Anibal da Fonseca Pinto da Mota, instrumento particular para recompra de título e aquisição de direitos creditórios e outras avenças, com entrega em alienação fiduciária dos imóveis das transcrições n. 49.602 e 80.903, que deram origem, respectivamente, às matrículas n. 256.060 e 256.061 do 18º Registro de Imóveis da Capital (fls. 115/127, 150/153 e 155/158).

Diante da inadimplência, instaurou-se procedimento para consolidação da propriedade em nome da parte requerente.

O requerimento de constituição da devedora e do garantidor fiduciário em mora foi protocolado em 10 de novembro de 2020 (Prenotação n. 795.328 - fls. 141/145 e 160/177), sendo que as diligências para notificação de ambos restaram frustradas.

No caso concreto, as diligências realizadas pelo 1º Registro de Títulos e Documentos da Capital, visando intimar o representante da empresa devedora, Evair Pinheiro Júnior, a pedido do Oficial Registrador, como permite o art. 26, § 3º, da Lei n. 9.514/97, resultaram infrutíferas.

Na avenida Ibirapuera, 680 – Indianópolis – CEP 04028-000 – São Paulo, as diligências consideraram que a empresa encontra-se em local incerto e não sabido (informação do Oficial à parte requerente - fl. 193).

Na rua Barbaquá, n. 56 – Jardim Modelo – CEP 02262-060, São Paulo, endereço do representante legal da empresa, Evair Pinheiro Júnior, obtiveram-se informações de que ele reside no local (23/11/2020, 01/12/2020), mas estava ausente (fl. 163 e 194).

Em novas diligências no mesmo endereço, não se localizou ninguém (08/12/2020, 29/12/2020, 07/01/2021 e 16/01/2021 – fls. 163 e 167), sendo que, em todas as oportunidades, notificação foi deixada na caixa de correspondências do imóvel.

No que toca ao garantidor fiduciário, José Anibal da Fonseca Pinto da Mota, as diligências foram realizadas pelo 7º Registro de Títulos e Documentos da Capital, também sem sucesso.

Na rua Dona Salwa Saigh Galfat, n. 22 – Vila Tramontano – CEP 05691-050, São Paulo, ele não foi localizado em todas as diligências realizadas (18/11/2020, 27/11/2020, 07/12/2020 e 22/12/2020, 02/02/2021, 10/02/2021, 16/02/2021), sendo que também foram deixadas notificações na caixa de correspondências do imóvel (fl. 171 e 175).

A par de todas as diligências infrutíferas, o Oficial Registrador solicitou à parte requerente planilha de débitos atualizada, com projeção mínima de 30 dias futuros, o que não foi atendido (fl. 192), bem como a indicação de novos endereços para intimação da empresa devedora ou declaração expressa de que são desconhecidos. Acerca do garantidor, informou que nova tentativa de intimação seria realizada no mesmo endereço (fls. 189/195).

Pois bem.

Quanto à empresa devedora, cabe esclarecer que, ante a localização do representante legal, mas sem intimação efetiva, incumbe à serventia responsável pelas diligências, 1º Registro de Títulos e Documentos da Capital, caso considere que ele esteja se furtando de ser intimado, com certificação das circunstâncias de forma detalhada, proceder à intimação por hora certa, conforme o disposto nos itens 247.1 a 247.4, do Cap. XX das Normas de Serviço da Corregedoria Geral da Justiça.

Quanto ao garantidor, observa-se que novo endereço foi declinado pela parte requerente (rua Boa Esperança do Sul, Lotes 5 e 6 da quadra 12 – Jardim Guedala – CEP 05608-030), em relação ao qual não há notícia, neste feito, de ter sido diligenciado pelo 7º Registro de Títulos e Documentos da Capital (informação do Oficial à parte requerente - fl. 194).

Logo, considerando que a parte requerente não enviou planilha atualizada, que a residência do representante da empresa devedora foi localizada (ainda que não tenha havido intimação), e que não houve exaurimento das tentativas de intimação do garantidor, incabível intimação editalícia por ora, à vista do que dispõe o item 247 das Normas:

> *"247. Quando o devedor, seu representante legal, ou procurador se encontrar em local incerto ou não sabido, o Oficial incumbido da intimação certificará o fato, e o Oficial do Registro de Imóveis promoverá intimação por edital, publicado por 3 (três) dias, pelo menos, em um dos jornais de maior circulação local ou noutro de Comarca de fácil acesso, se no local não houver imprensa diária".*

Não bastasse isso, quanto ao noticiado pelo Oficial acerca da restrição que recai sobre os imóveis, de fato, este juízo determinou o bloqueio provisório de ambas as matrículas em procedimento ajuizado pelo garantidor fiduciário (autos n. 1087025-93.2021.8.26.0100).

A determinação se deu em 23/08/2021 e foi motivada por indícios de falsificação do instrumento que instituiu a alienação fiduciária:

> *"(...) 4) Diante dos indícios de falsificação que se extraem do simples confronto entre os documentos de fls. 12, 301 e 321/322 e considerando que a superveniência de novos registros poderá causar danos de difícil reparação, com fundamento no artigo 214, §3º, da LRP, **determino o bloqueio das matrículas nº 256.060 e nº 256.061 do 18º Registro de Imóveis da Capital pelo prazo de noventa dias,** o qual será suficiente para a parte interessada tomar as medidas judiciais cabíveis, notadamente no que diz respeito a bloqueio judicial da matrícula.*
>
> *O bloqueio administrativo é provisório na medida em que o âmbito de análise da Corregedoria Provisória é limitado, como já consignado acima".*

Os bloqueios foram averbados em ambas as matrículas conforme informado pelo Oficial às fls. 356/369 daquele procedimento.

Não há, em consequência, como se prosseguir com o procedimento extrajudicial enquanto perdurar o bloqueio, sendo que, após eventual levantamento, as intimações devem se dar conforme as normas acima mencionadas.

Diante do exposto, **JULGO IMPROCEDENTE** o pedido.

Deste procedimento não decorrem custas, despesas processuais ou honorários advocatícios.

Oportunamente, remetam-se os autos ao arquivo.

P.R.I.C.

São Paulo, 06 de outubro de 2021.

Luciana Carone Nucci Eugênio Mahuad

Juiz de Direito (DJe de 08.10.2021 – SP)

Ementa: Sentença – Pedido de Providências – Alegação de descumprimento parcial de ordem judicial consistente em bloqueio de matrículas – Informação pela Reclamante de que uma das prepostas informou, de forma grosseira, que uma das matrículas não era de propriedade do Requerido da Ação Judicial e, por isso, não seria possível ocorrer a prenotação – Esclarecimento pelo Oficial de que não foi possível averbar o bloqueio somente de um imóvel em razão deste não pertencer ao Requerido, bem como de que na decisão judicial não foram informados os números das matrículas – Títulos Judiciais não estão isentos de qualificação registrária – Qualificação negativa correta e justificada – Inexistência de falha funcional e no atendimento prestado – Improcedência

Processo 0025186-84.2021.8.26.0100

Pedido de Providências - REGISTROS PÚBLICOS - Corregedoria Geral da Justiça - 12º Oficial de Registro de Imóveis - Rosilene Alves dos Santos - Neste contexto, JULGO IMPROCEDENTE o pedido. Comunique-se o resultado à E. CGJ, servindo a presente decisão como ofício. Deste procedimento não decorrem custas, despesas processuais ou honorários advocatícios. Oportunamente, ao arquivo. P.R.I.C. - ADV: ROSILENE ALVES DOS SANTOS (OAB 178232/SP)

Íntegra da decisão:

SENTENÇA

Processo Digital nº: **0025186-84.2021.8.26.0100**

Classe - Assunto **Pedido de Providências - REGISTROS PÚBLICOS**

Requerente: **Corregedoria Geral da Justiça**

Requerido: **12º Oficial de Registro de Imóveis**

Juiz(a) de Direito: Dr(a). **Luciana Carone Nucci Eugênio Mahuad**

Vistos.

Trata-se de reclamação enviada pela E. Corregedoria Geral de Justiça, a qual foi feita por **Rosilene**

Alves dos Santos contra o **Oficial do 12º Registro de Imóveis da Capital**, em virtude de descumprimento parcial de ordem judicial consistente em bloqueio de matrículas.

Sustenta a reclamante que, em ação judicial que move contra Nicolas Medina Alonso, houve determinação para bloqueio de matrículas, sendo que, ao solicitar as respectivas averbações, houve recusa da serventia; que não teve acesso ao Oficial nem ao Substituto, tendo sido atendida pela preposta Angelina (ou Angelita), a qual informou, de forma grosseira, que uma das matrículas não era de propriedade do requerido e que não tinha como haver prenotação; que a devolução não indica os motivos da recusa, já que apenas informa que o imóvel de matrícula n. 93.145 não pertenceria a Nicolas; que se trata de ordem judicial que deve ser cumprida pelo Oficial, pelo que a negativa deve ter ocorrido por razões obscuras e alheias ao dever da serventia; que seu pedido contém um ponto de exclamação ao lado do nome de Nicolas, pelo que presume que haja outros interesses por parte dos prepostos da serventia para o não cumprimento da ordem judicial, dada a amizade íntima entre alguns deles com familiares de uma das partes do processo; que não cabe ao cartório discutir acerca da propriedade dos imóveis nem descumprir decisão emanada de juízo competente.

Vieram documentos às fls. 02/10.

O Oficial manifestou-se às fls. 13/14, sustentando que o pedido formulado pela reclamante foi apresentado perante a serventia em 31.05.2021 (prenotação n. 578.887) e devolvido em 10.06.2021, antes do prazo previsto de retirada; que autorizou averbação de bloqueio nas matrículas n. 94.774, 216.237, 216.239, 216.242, 216.244, 216.247, 216.248 e 93.145, sendo que não foi possível averbar o bloqueio somente no imóvel de matrícula n. 93.145, o qual não é de propriedade de Nicolas Medina Alonso; que o título foi devolvido para que fosse excluída do requerimento a matrícula do imóvel não pertencente ao requerido (n. 93.145); que não existe nenhuma colaboradora chamada Angelina (ou Angelita) e que nenhum dos seus prepostos recordou-se do atendimento com relação a esse título especificamente; que, na decisão judicial, não foram informados os números das matrículas que seriam objeto de bloqueio, daí a necessidade do requerimento relacionando os números das matrículas nas quais seriam feitas as averbações; que não houve recusa, mas apenas cautela do atendente em recepcionar os títulos com regularidade; que o sinal de exclamação (na realidade, é de interrogação), em frente ao nome do outorgado, nada mais é do que um erro de digitação; que desconhece eventual "amizade íntima" entre algum de seus prepostos e familiares de uma das partes do processo; que, no período da prenotação do título e até o momento, não houve qualquer título depositado na serventia relativo aos imóveis das matrículas mencionadas no requerimento. Por fim, informa que o título foi analisado de forma regular como qualquer outro e o prazo de análise foi abreviado, sem qualquer interesse da serventia em prejudicar a reclamante.

Em nova manifestação juntada às fls. 18/23, a parte reclamante reitera suas razões iniciais, acrescentando que foi atendida, na verdade, pela preposta chamada Viviane, a qual disse a ela que procurasse seus direitos caso se sentisse lesada; que sua enteada Nicolli, que é filha do requerido Nicolas, mantém relações estreitas com pessoas do cartório não somente por atender praticamente todas elas como dentista, em consultório nas proximidades, mas também porque envolveu-se amorosamente com algumas pessoas do sexo masculino, dentre elas um funcionário da serventia chamado Rodrigo, que era casado, o que causou problemas em sua família, sendo que a reclamante, inclusive, teve que intervir pessoalmente como madrasta de Nicolli; que a recusa das averbações causou prejuízos a ela, na medida em que Nicolas, em conluio com sua filha Nicolli, alienou um dos imóveis em 04.06.2021 (matr. 160.804), mesmo com prenotação anterior de seu pedido de bloqueio (31.05.2021); que deu entrada novamente no pedido de bloqueio em 12.07.2021, o que foi efetivado com exceção da matrícula n. 93.145 e, também, da matrícula de n. 160.804, sendo que teve prejuízo com relação a esta última, já que terá que demandar judicialmente para anular a venda fraudulenta do imóvel ocorrida com patente prevaricação dos prepostos.

Em nova manifestação após determinação do juízo (fls. 37/38), o Oficial afirma que a parte reclamante certamente confundiu prenotação com registro ou averbação, já que o título prenotado em 30.05.2021 foi devolvido para exclusão da matrícula n. 93.145 diante das razões já expostas; qua a parte reclamante, então, apresentou mandado judicial dos bloqueios das mesmas matrículas e do imóvel matriculado sob n. 160.804, com prenotação em 12.07.2021 (n. 581.982); que foram feitas averbações de bloqueio em várias matrículas, com exceção das mencionadas, pois não estavam em nome de Nicolas; que o registro da alienação do imóvel de matrícula n. 160.804 realmente ocorreu em junho e foi regular, pois o pedido de bloqueio anterior foi recusado por violação às regras legais sobre a continuidade registral, como já dito; que a preposta Viviane não se recorda de atendimento específico à reclamante; que a amizade de funcionários da serventia com Nicolli não era de seu conhecimento, mas que, evidentemente, ainda que exista, não influiu na qualificação negativa do título, a qual foi fundamentada; quanto ao alegado relacionamento amoroso da enteada com pessoa de nome Rodrigo, o que se pode informar é que ele não é auxiliar nem escrevente, sendo que presta serviços de informática de forma terceirizada e que, portanto, não atua na análise de qualquer documento que ingressa na serventia; que sua atuação foi regular e não causou prejuízo. Juntou documentos às fls. 39/53.

O Ministério Público opinou pela improcedência, com arquivamento do feito (fls. 56/61).

É o relatório.

Fundamento e DECIDO.

No mérito, verifica-se que a reclamação versa sobre negativa indevida do Oficial em bloquear duas matrículas em pedidos que visavam ao cumprimento de determinação judicial de bloqueio de metade dos bens em nome de Nicolas Medina Alonso (fls. 07/08 - proc. De autos n. 1032616-70.2021.8.26.0100). Haveria motivação obscura e alheia aos deveres da serventia.

De início, vale destacar que os títulos judiciais não estão isentos de qualificação, positiva ou negativa, para ingresso no fólio real.

O Egrégio Conselho Superior da Magistratura já decidiu que a qualificação negativa do título judicial não caracteriza desobediência ou descumprimento de decisão judicial (Apelação Cível n. 413-6/7). Neste sentido, também a Ap. Cível nº 464-6/9, de São José do Rio Preto e decisão do STF no HC 85911/MG, Relator: Min. Marco Aurélio, j. 25/10/2005, Primeira Turma.

No caso concreto, vê-se que o comando judicial, oriundo de ação de reconhecimento e dissolução de união estável movida contra Nicolas Medina Alonso, não especificou os bens imóveis do requerido que deveriam ser bloqueados, limitando-se a determinar o bloqueio de *"50% de saldos e aplicações existentes em nome do réu, conservando-se o patrimônio mobiliário, bem como 50% dos bens imóveis adquiridos a título oneroso, no período da alegada união, entre 01 de junho de 2000 a 30 de novembro de 2020"* (fl. 07).

Daí porque a própria interessada entregou relação ao Oficial contendo as matrículas que deveriam ser bloqueadas.

Ora, ao recusar, inicialmente, o bloqueio da matrícula de n. 93.145, o Oficial não descumpriu qualquer ordem judicial, já que incontroverso que o comando de bloqueio referia-se a imóveis adquiridos a título oneroso por Nicolas. Se o requerido não é titular do domínio, o bem não é alcançado pela ordem.

Note-se a primeira nota devolutiva, datada de 31.05.2021, com indicação de que o imóvel é de propriedade de Nicolli Medina, Renata Medina e Luiz Fernando Medina (fl. 09), o que se confirma pela análise da matrícula (fls. 38/46).

O mesmo entendimento se aplica à recusa ao bloqueio da matrícula n. 160.804, a qual nem integrou a primeira relação, já que indicada pela reclamante apenas na prenotação de n. 581982 (fl. 24): o imóvel não pertence a Nicolas e, portanto, também não é alcançado pela ordem de bloqueio (fls. 49/51).

Em outras palavras, a recusa às averbações em ambas as matrículas não caracterizou desobediência ou descumprimento da decisão judicial que determinou os bloqueios, ao contrário do que alega a parte reclamante.

De fato, a qualificação negativa feita pelo Oficial foi correta e justificada, de modo que não se vislumbra falha no cumprimento de dever por motivos pessoais, notadamente por suposto envolvimento de prepostos da serventia com a titular do domínio de ambos os imóveis, Nicolli Medina (enteada da reclamante).

Não se identifica, ademais, falha no atendimento. O que se vê é que houve recusa justificada e correta, como já dito, com averbação dos bloqueios relativos às outras matrículas de propriedade do requerido (fl. 21).

Portanto, não se verifica qualquer falha de procedimento e/ou de atendimento passível de providência a ser tomada neste âmbito disciplinar.

Neste contexto, **JULGO IMPROCEDENTE** o pedido.

Comunique-se o resultado à E. CGJ, servindo a presente decisão como ofício.

Deste procedimento não decorrem custas, despesas processuais ou honorários advocatícios.

Oportunamente, ao arquivo.

P.R.I.C.

São Paulo, 27 de agosto de 2021.

Luciana Carone Nucci Eugênio Mahuad

Juiz de Direito (DJe de 31.08.2021 – SP)

Ementa: Sentença – Pedido de Providências – Pedido de averbação referente ao ajuizamento de ação judicial, de bloqueio da matrícula contra alienação fiduciária e possíveis atos expropriatórios, de suspensão de atos vinculados a cédula de crédito bancário, de bloqueio de título registrado, bem como de publicidade do ato – Alegação pelo Requerente de que move ação judicial para recebimento de seguro e o pedido foi julgado improcedente em primeiro grau, sendo, portanto, as referidas providências adequadas para a proteção do direito ameaçado – Necessidade de ordem judicial expressa – Impossibilidade de enquadramento, do presente caso, nas hipóteses legais de averbação premonitória – Inviabilização do pedido de bloqueio da matrícula devido a limitação do contraditório – Ausência de vício de qualificação – Elementos que sugerem suposto vício intrínseco – Incompetência do juízo administrativo para análise de questões de direito material que envolvam o negócio jurídico – Improcedência

Processo 1042773-05.2021.8.26.0100

Pedido de Providências - Registro de Imóveis - Valderez Sola - Mapfre Vera Cruz Seguradora S/A e outro - Diante do exposto, JULGO IMPROCEDENTE o pedido de providências formulado pelo Oficial do 1º Registro de Imóveis da Capital a requerimento de Valderez Sola. Deste procedimento não decorrem custas, despesas processuais ou honorários advocatícios. Oportunamente, ao arquivo com as cautelas de praxe. P.R.I.C. - ADV: GILBERTO RIBEIRO DE OLIVEIRA (OAB 339065/SP), MAURICIO MARQUES DOMINGUES (OAB 175513/SP)

Íntegra da decisão:

SENTENÇA

Processo Digital nº: **1042773-05.2021.8.26.0100**

Classe - Assunto **Pedido de Providências - Registro de Imóveis**

Requerente: **1º Oficial de Registro de Imóveis da Capital**

Requerido: **Valderez Sola**

Juiz(a) de Direito: Dr(a). **Luciana Carone Nucci Eugênio Mahuad**

Vistos.

Trata-se de **pedido de providências** formulado pelo **Oficial do 1º Registro de Imóveis da Capital** a requerimento de **Valderez Sola**, relativo ao imóvel objeto da matrícula n. 24.487 daquela serventia.

O Oficial informa que a parte apresentou, por seu advogado, pedido de averbação acerca da existência de ação judicial, de bloqueio da matrícula contra alienação fiduciária e possíveis atos expropriatórios, de suspensão de atos vinculados a cédula de crédito bancário, de bloqueio de título registrado e de publicidade do ato, tudo visando preservação de direitos.

A negativa se deu porque o Oficial entende que tais providências exigem ordem judicial expressa.

A parte suscitada se manifestou às fls. 86/90, informando que move ação judicial para recebimento de seguro, a qual pretende seja averbada na matrícula do imóvel com fundamento no artigo 54 da Lei n. 13.097/15, uma vez que o pedido foi julgado improcedente em primeiro grau, o que gera estado de perigo (risco de o bem ser expropriado enquanto se aguarda o julgamento dos recursos interpostos); que, diante de sua situação jurídica, as providências são adequadas para proteção do direito ameaçado, além de meio eficaz para mitigar injustiças.

O Ministério Público opinou pela inviabilidade do pedido de bloqueio e alegação de nulidade do título registrado, requerendo a intimação do banco e da seguradora para se manifestarem sobre a questão da averbação (fls. 105/106).

A seguradora se manifestou às fls. 113/116, relatando a ação que envolve as partes e concordando com o posicionamento do Ministério Público.

O Banco Santander não se manifestou (fl. 134).

Por fim, o Ministério Público opinou pelo indeferimento integral dos pedidos (fls. 138/139).

É o relatório.

Fundamento e decido.

No mérito, o pedido de providências é improcedente. Vejamos os motivos.

Primeiramente, a parte suscitada requer a averbação, junto à matrícula do imóvel, de informação acerca do ajuizamento de ação de obrigação de fazer (processo de autos nº 1084175-37.2019.8.26.0100, cuja cópia da inicial vem às fls. 20/31) que move em face do Banco Santander e da seguradora Mapfre, buscando quitação da cédula de crédito bancário garantida por alienação fiduciária do imóvel (R.06 da matrícula nº 24.487 – fl. 78), sob o fundamento de ocorrência de sinistro previsto em contrato de seguro prestamista vinculado.

Contudo, o caso concreto não se enquadra nas hipóteses legais de averbação premonitória, como sustenta a parte requerente (artigo 54 da Lei n. 13.097/15, que faz referência aos artigos 615-A e 593, II, do CPC/73, atuais artigos 828 e 792, I, do CPC/15).

Com efeito, a averbação premonitória prevista no artigo 828 e referida no artigo 792, ambos do atual CPC, pressupõe a admissão de execução, sendo opção do exequente para viabilizar a satisfação do seu crédito, advertindo possíveis adquirentes sobre eventual fraude à execução.

Observe-se que se trata de ação de conhecimento a proposta pela parte interessada, que não se caracteriza como real ou pessoal reipersecutória (artigo 54, I, da Lei n. 13.097/15). Por meio de tal feito, busca-se reconhecimento de quitação de contrato financeiro, do qual o imóvel é mera garantia.

Já averbação sobre a existência de ação cujos resultados ou responsabilidade patrimonial possam reduzir seu proprietário à insolvência depende de decisão judicial (artigo 54, IV, da Lei n. 13.097/15), a qual deve ser proferida, evidentemente, pelo juízo que processa a causa e tem amplo conhecimento dos fatos, sendo matéria vedada a debate nesta estreita via administrativa.

A limitação do contraditório neste feito também inviabiliza o pedido de bloqueio da matrícula, que, no caso concreto, vem fundado em mera expectativa de direito, o qual já foi negado em primeira instância, com revogação da liminar que suspendeu a exigibilidade das prestações do financiamento (fls. 64/69).

Quanto à suspensão de atos vinculados a cédula de crédito bancário, também é medida que depende de ordem judicial a ser buscada na via própria, destacando-se que já se estabeleceu o juízo natural da causa, o qual, inclusive, já decidiu sobre essa questão.

Ademais, a cobrança, a constituição em mora do devedor e a consolidação da propriedade em favor do credor fiduciário são autorizados pela Lei n. 9.514/97, que regula a matéria.

Outrossim, quanto à nulidade do título averbado, não foi apontado qualquer vício de qualificação. Pelo contrário, o registro espelha fielmente a cédula de crédito copiada às fls. 32/41. Com a inicial, vieram apenas elementos que sugerem suposto vício intrínseco ao título.

Pelo princípio da legitimação (eficácia do registro), os vícios reconhecíveis pela via administrativa são apenas aqueles comprováveis de pleno direito que resultem de erros evidentes extrínsecos ao título, sem necessidade de exames de outros documentos ou fatos (artigos 214, *caput*, e 252 da Lei n. 6.015/73).

Em outras palavras, o ato registral que se pretende modificar está formalmente perfeito pois adstrito ao título de origem.

Não é demais lembrar que este juízo possui competência administrativa e disciplinar e não pode analisar questões de direito material que envolvam o negócio jurídico, consoante reiterada jurisprudência da E. Corregedoria Geral de Justiça:

"NULIDADE DO REGISTRO. Artigo 214 da Lei de Registros Públicos. Nulidade do Registro (modo) e não do título. Somente é cabível na via administrativa o conhecimento de vício atinente à nulidade direta do registro e não do título (vício intrínseco). Nulidade do título somente é passível de conhecimento na via jurisdicional - Recurso não provido" **(CGJ proc. n. 1050759-49.2017.8.26.0100, DJ 13.03.2018).**

"REGISTRO DE IMÓVEIS - registro de alienação fiduciária – eventuais vícios do título que só podem prejudicar o registro, por via oblíqua, mediante atuação da jurisdição - via administrativa inapropriada - art. 214, da Lei nº 6.015/73, inaplicável - Recurso desprovido" **(CGJ proc. n. 0006400-50.2013.8.26.0236, DJ 11/10/16).**

"REGISTRO DE IMÓVEIS. Pedido de Providências que visa cancelar ou retificar o registro Inexistência de nulidade formal e extrínseca, relacionada exclusivamente ao registro - Inaplicabilidade do artigo 214 da Lei de Registros Públicos - Vício exclusivo do título, de natureza intrínseca. Hipótese que se enquadra no artigo 216 da Lei de Registros Públicos Recurso não provido" **(CGJ parecer n. 2015/76433, DJ 07/07/15).**

Diante do exposto, **JULGO IMPROCEDENTE** o pedido de providências formulado pelo **Oficial do 1º Registro de Imóveis da Capital** a requerimento de **Valderez Sola.**

Deste procedimento não decorrem custas, despesas processuais ou honorários advocatícios.

Oportunamente, ao arquivo com as cautelas de praxe.

P.R.I.C.

São Paulo, 22 de julho de 2021.

Luciana Carone Nucci Eugênio Mahuad

Juiz de Direito (DJe de 27.06.2021 – SP)

Ementa: Sentença – Pedido de Providências – Pedido de bloqueio provisório de matrícula – Impossibilidade – Incompetência absoluta do presente juízo – Pedido que deve ser formulado perante o juízo competente – Indeferimento da petição Inicial – Extinção do feito

Processo 1036175-35.2021.8.26.0100

Pedido de Providências - Registro de Imóveis - Clovis Andre Bispo - Posto isso, havendo incompetência absoluta deste juízo, indefiro a petição inicial, e julgo extinto o processo, na forma do art. 485, I, do CPC. Deste procedimento não decorrem custas, despesas processuais e honorários advocatícios. Oportunamente remetam-se os autos ao arquivo. P.R.I.C. - ADV: ROMÁRIO ROCHA DE OLIVEIRA (OAB 431702/SP)

Íntegra da decisão:

SENTENÇA

Processo Digital nº: **1036175-35.2021.8.26.0100**

Classe - Assunto **Pedido de Providências - Registro de Imóveis**

Requerente: **Clovis Andre Bispo**

Tipo Completo da Parte Passiva Principal <<Informação indisponível>>:

Nome da Parte Passiva Principal << Informação indisponível >>

Juiz(a) de Direito: Dr(a). **Vivian Labruna Catapani**

Vistos.

Trata-se de pedido de bloqueio provisório de matrícula formulado por Clóvis André Bispo.

Narra o requerente que já foi deferido, anteriormente por este Juízo (nos autos n. 1113585-16-2020.8.26.0100 e 1120453-03.2020.8.26.0100), bloqueio cautelar das matrículas n. 45.510 (do 8o Cartório de Registro de Imóveis da Capital), 70.833 e 70.834 (estas duas últimas do 1° Cartório de Registro de Imóveis da Capital), em virtude da alegação de nulidades em testamento público. Nesses termos, pleiteia a concessão da mesma tutela sobre outras matrículas (n. 7.637 e 7.638), referentes ao Cartório de Registro de Imóveis de São Sebastião do Paraíso, Minas Gerais. Solicita também o requerente que sejam expedidos ofícios ao juízo da 1a Vara de Família e Sucessões para que haja o "cumpra-se". Vieram-me os autos conclusos.

Fundamento e decido.

A atuação desta corregedoria permanente apenas se limita aos cartórios de registros de imóveis localizados nesta Capital.

Dessa forma, o pedido do requerente para que haja eventual bloqueio cautelar de matrícula deve ser formulado perante o Juízo Corregedor Permanente do Cartório de Registro de Imóveis de São Sebastião do Paraíso, em Minas Gerais. Ademais, tendo este juízo proferido sentença de bloqueio das matrículas n. 45.510 (do 8o Cartório de Registro de Imóveis da Capital), 70.833 e 70.834 (estas duas últimas do 1º Cartório de Registro de Imóveis da Capital), não restou claro o pedido do autor para que seja expedido ofício de "cumpra-se", uma vez que os bloqueios deferidos já foram averbados pelos cartórios de registro de imóveis. Ainda, relembro que este juízo não é competente para se pronunciar acerca de nulidades intrínsecas de título.

Posto isso, havendo incompetência absoluta deste juízo, indefiro a petição inicial, e julgo extinto o processo, na forma do art. 485, I, do CPC.

Deste procedimento não decorrem custas, despesas processuais e honorários advocatícios.

Oportunamente remetam-se os autos ao arquivo.

P.R.I.C.

São Paulo, 14 de abril de 2021.

Vivian Labruna Catapani

Juiz de Direito (DJe de 19.04.2021 – SP)

Ementa: Sentença – Pedido de Providências – Pedido de cancelamento das matrículas – Alegação de existência de duplicidade de área – Descabimento – Existência de contribuintes municipais diferentes – Laudo técnico que concluiu que não há sobreposição de áreas – Ausência de manifestação por parte do Requerente – Inexistência da duplicidade alegada – Improcedência

Processo 1040505-46.2019.8.26.0100

Pedido de Providências - Bloqueio de Matrícula - Cleper Arnaud Mascarenhas - BSP Empreendimentos Imobiliários D 108 LTDA - Vistos. Trata-se de pedido de providências formulado por Cleper Arnaud Mascarenhas, em face do Oficial do 12º Registro de Imóveis da Capital, pleiteando o cancelamento das matriculas nºs 110.805 e 110.806, sob o argumento da existência de duplicidade de área com seu imóvel matriculado sob nº 45.962. Juntou documentos às fls. 09/105. O registrador manifestou-se às fls. 110/111. Esclarece que verificando as descrições dos mencionados imóveis, não há como afirmar peremptoriamente que correspondam ao mesmo imóvel, constando contribuintes municipais diferentes. Juntou documentos às fls. 112/127. Com a finalidade de se verificar a existência de sobreposição dos imóveis, foi determinada a realização de prova pericial (fls. 136/137). A titular de domínio do imóvel matriculado sob nº 110.805, BS Empreendimentos Imobiliários D108 LTDA apresentou impugnação às fls. 235/282. Arguiu preliminarmente: a) impossibilidade de conversão de pedidos; b) ausência de interesse de agir; c) ilegitimidade ativa. No mérito, aduz que o imóvel de titularidade do Espólio, está localizado em quadra fiscal distinta dos outros imóveis, que nem sequer são confrontantes. Apresentou documentos às fls. 283/723. Intimado o titular dominial da matricula nº 110.806 para apresentação de eventual impugnação, não houve qualquer manifestação, conforme certidão de fl. 743. Laudo pericial apresentado às fls. 762/819, do qual houve concordância da impugnante BS Empreendimentos Imobiliários D108 LTDA (fls. 828/831), enquanto os demais interessados quedaram-se silentes (fl. 841). O Ministério Público opinou pela improcedência do pedido (fls. 842/844). É o relatório. Passo a fundamentar e a decidir. Ressalto que ao contrário do exposto pela impugnante não houve conversão de pedidos, sendo certo que o cancelamento da matrícula em caso de eventual sobreposição é de competência deste Juízo administrativo. Afasto a preliminar de ilegitimidade ativa e interesse de agir, vez que o requerente é titular de domínio do imóvel matriculado sob nº 45.962 e como tal, tem interesse na área referente ao seu imóvel. No mais, ressalto que em consonância com o principio da veracidade que norteia os atos registrários, qualquer pessoa poderá pleitear em Juízo a retificação da área, ou informar acerca de eventual sobreposição de área. Feitas estas considerações, passo a análise do mérito. A celeuma concentra-se em eventual duplicidade das matrículas nºs 110.805 e 110.806 com a área do imóvel matriculado sob nº 45.692. Diante da previsão do Arts. 1.245 e seguintes do Código Civil, presume-se proprietário aquele que constar como tal no fólio real. Assim, no caso de haver sobreposição ou duplicidade de duas ou mais matrículas, há conflito em tal presunção, pois haveria, em tese, mais de um proprietario sobre a mesma área. Assim, eventual cancelamento de uma dessas matrículas representaria reconhecer o direito de propriedade ao titular de domínio existente na matrícula que subsistir, em detrimento do proprietário da matrícula cancelada. E, neste âmbito administrativo, tal cancelamento só pode ocorrer se houver concordância de todos os interessados ou se houver prova clara que indique vício de pleno direito que justifique o cancelamento de matrícula irregular. E nenhuma dessas hipóteses encontra-se preenchida. Denotase pelos documentos juntados aos autos que os numeros dos contribuintes cadastrados na Municipalidade de São Paulo são diferentes, ou seja, o imóvel matriculado sob nº 45.962, é lançado pela Municipalidade através do contribuinte nº 062.240.0002-6, o matriculado sob nº 110.805 é cadastrado na Municipalidade pelo contribuinte nº 062.176.0005 e por fim, a matrícula nº 110.806 é lançado pela Municipalidade através do contribuinte nº 062.176.0003-1, o que por si só rechaça a alegação de existência de duplicidade de área. Somado a este fato, o laudo pericial, conclui categoricamente que os limites da matricula nº 45.962 do 12º RI, estariam localizados em área diversa da indicada na inicial e que não se sobrepõe aos demais registros objeto das matriculas nºs 110.806 e 110.805, bem como a situação descrita na matrícula do imóvel de titularidade do requerente, menciona confrontação com o córrego Aricanduva, todavia, hoje não mais existe o antigo braço do citado córrego. Outrossim, intimado acerca do laudo pericial, o requerente manteve-se silente, o que denota a sua concordância acerca da conclusão do trabalho pericial. Daí denota-se a inexistência da duplicidade informada na inicial, afastando-se consequentemente a sobreposição de áreas. Diante do exposto, julgo improcedente o pedido de providências formulado por Cleper Arnaud Mascarenhas, em face do Oficial do 12º Registro de Imóveis da Capital. Deste procedimento não decorrem custas, despesas processuais e honorários advocatícios. Oportunamente remetam-se os autos ao arquivo. P.R.I.C. - ADV: ADEMIR THOME (OAB 48418/SP), WILSON DE TOLEDO SILVA JUNIOR (OAB 206853/SP) (DJe de 23.02.2021 – SP)

Ementa: Sentença – Pedido de Providências – Pedido de averbação de Arresto – Impossibilidade – Existência de título anterior prenotado, bloqueio na matrícula, bem como a referida contém cláusula de impenhorabilidade – Art. 182, da LRP – Violação à Prioridade de Registro – Requerimento para o desbloqueio da matrícula deve ser realizado perante o juízo competente – Manutenção dos óbices – Improcedência

Processo 1094638-04.2020.8.26.0100

Pedido de Providências - Registro de Imóveis - Twin Investimentos e Serviços Ltda - Vistos. Trata-se de pedido de providências formulado por Twin Investimentos e Serviços Ltda. em face do Oficial do 5º Registro de Imóveis da Capital, após negativa de averbação de arresto no imóvel matriculado sob o nº 21.921 na serventia. Insurge-se a requerente contra a nota devolutiva, que apresentou como óbices a existência de título anterior prenotado, a existência de bloqueio na matrícula e a existência de cláusula de impenhorabilidade. Alega que a determinação do arresto é anterior ao título prenotado com prioridade, que o bloqueio não impede a prenotação de outros títulos e que o arresto foi determinado em ação de declaração de ineficácia da doação que gravou o bem com a impenhorabilidade, o que afasta a eficácia do gravame e permite a averbação do arresto. Documentos às fls. 13/61. O Oficial manifestou-se às fls. 65/67, reiterando os termos da nota devolutiva. O Ministério Público opinou às fls. 70/71 pela improcedência do pedido. Manifestações finais da requerente e do Registrador às fls. 73/76 e 79, respectivamente. É o relatório. Decido. Com razão a D. Promotora. A prioridade de registro caracteriza-se pela preferência dos títulos na ordem de sua prenotação, de modo que, apresentados títulos contraditórios, aquele com número de protocolo anterior será registrado. Caso esgotado o prazo da prenotação sem que tenham sido cumpridas as exigências, o título seguinte na ordem de prenotações será qualificado e, não havendo exigências, registrado. É o que dispõe a Lei 6.015/73: Art. 182 - Todos os títulos tomarão, no Protocolo, o número de ordem que lhes competir em razão da seqüência rigorosa de sua apresentação. Art. 186 - O número de ordem determinará a prioridade do título, e esta a preferência dos direitos reais, ainda que apresentados pela mesma pessoa mais de um título simultaneamente. Disso decorre que a prenotação da requerente, de nº 340.490, somente poderá ter ingresso na matrícula após o vencimento da prenotação 340.441 ou se, após o registro desta, não existir contradição que impeça o registro do arresto. Permitir a averbação do título prenotado sob nº 340.490 seria violar a prioridade de registro prevista em lei. Destaco que a data do arresto é irrelevante para a análise estritamente registral, já que a prioridade de ingresso no fólio real se dá com a prenotação do título. Isso não significa, todavia, a impossibilidade de que, quando da execução da penhora, seja analisado pelo juiz responsável as datas das constrições, e não de suas averbações, para fins de atribuir a prioridade do crédito advindo de eventual alienação do bem. Tem-se, aqui, um caso em que a ordem da averbação não representa, necessariamente, a preferência de direitos reais, sendo a averbação realizada para fins de publicidade, e não de constituição do direito, em conformidade com o Art. 797 do CPC. Estabelecido que a averbação depende do vencimento ou registro da prenotação anterior, cumpre analisar os demais óbices trazidos pelo Oficial, que impediriam o ingresso do título caso não houvesse prenotação prioritária anterior. Quanto ao bloqueio da matrícula, prevê o §4º do Art. 214 da Lei 6.015/73: Art. 214(...) §4º - Bloqueada a matrícula, o oficial não poderá mais nela praticar qualquer ato, salvo com autorização judicial, permitindo-se, todavia, aos interessados a prenotação de seus títulos, que ficarão com o prazo prorrogado até a solução do bloqueio. Também aqui o comando legal é expresso no sentido de impossibilidade de prática de qualquer ato enquanto perdurar o bloqueio. Este juízo não ignora que, especialmente para fins de publicidade (quando não há constituição de direitos), pode haver flexibilização da regra, permitindo o ingresso de títulos para fins de dar conhecimento a terceiros de eventuais vícios existentes sobre o bem. Ocorre que, no presente caso, o bloqueio foi determinado pelo juízo da 5ª Vara Cível Central (Av. 11/21.921, fls. 40/41 destes autos). Assim, não cabe a este juízo corregedor afastar o bloqueio para permitir ingresso de título diverso, cabendo ao juízo que determinou o entreve decidir quanto a possibilidade de sua flexibilização, até porque é aquele órgão jurisdicional que detém conhecimento sobre as razões do bloqueio e se eventual ingresso de título diverso seria contrário aos objetivos da constrição. Aqui faço duas observações: caso referido juízo defira o ingresso do título da requerente apesar do bloqueio, ainda assim deve-se aguardar o resultado da prenotação anterior, que, a menos que também tenha autorização para ingresso, ficará prorrogada enquanto subsistir o impedimento de realização de atos. Para além disso, a existência do bloqueio não impede a publicidade almejada pela requerente, ainda que com efeitos reduzidos, já que, nos termos da norma supracitada, sua prenotação continuará válida enquanto perdurar o bloqueio, e eventual certidão da matrícula do imóvel conterá informações quanto a existência de prenotação pendente relativa a arresto. Some-se a isso o fato de que o bloqueio também impede o registro de eventual alienação do bem, indiretamente alcançando o objetivo do arresto exposto na decisão colacionada às fls. 33/35 dos autos. Quanto a impenhorabilidade, a existência da cláusula impede que o bem seja penhorado por dívida do proprietário. Assim, a princípio, o arresto não pode ter ingresso na matrícula, pois expressamente contrário a gravame ali regularmente registrado, o que faz presumir sua eficácia e validade, não podendo o registrador nem este juízo corregedor permitir o ingresso do título, pois tal ato violaria o direito do proprietário inscrito no registro imobiliário. Se, como argumenta a requerente, a cláusula foi imposta em fraude a credores, caberá ao juízo competente (que determinou o arresto, no caso) expressamente consignar em decisão que o arresto deverá ser realizado independentemente da impenhorabilidade, declarando-a ineficaz, o que permitirá ao registrador realizar a averbação pleiteada. Finalmente, quanto a indisponibilidade, deixo de me manifestar, considerando que a nota devolutiva ora contestada (fls. 16/17) não tratou do tema, mas adiantando que, caso entenda o Oficial que a indisponibilidade impede a averbação do arresto, poderá a requerente obter do juiz que determinou qualquer dos gravames provimento jurisdicional autorizando a averbação. Do exposto, julgo improcedente o pedido de providências formulado por Twin Investimentos e Serviços Ltda. em face do Oficial do 5º Registro de Imóveis da Capital, mantendo os óbices impostos para a averbação do arresto na matrícula. Não há custas, despesas processuais nem honorários advocatícios decorrentes deste procedimento. Oportunamente, arquivem-se os autos. P.R.I.C. - ADV: FLAVIO SALMEN MALDONADO (OAB 130326/SP), ANGELO BERNARDO ZARRO HECKMANN (OAB 192367/SP), FABIO ABOIM GUEDES (OAB 211599/SP) (DJe de 20.01.2021 – SP)

Ementa: Sentença – Pedido de Providências – Retificação de Registro de Imóvel – Pedido de Nulidade – Alegação de que o imóvel foi registrado equivocadamente em nome de pessoa diversa – Impossibilidade – Registro em conformidade com o Título – Inexistência de nulidade de pleno direito

– Art. 214, da LRP – Incompetência do presente juízo para análise de questões relativas ao direito material – Risco de prejuízos a terceiros – Violação ao Princípio da Segurança Jurídica – Matéria reservada à esfera jurisdicional – Arts. 216 e 252, da LRP – Ausência de conduta irregular – Improcedência

Processo 1032749-49.2020.8.26.0100

Retificação de Registro de Imóvel - Registro de Imóveis - Maria José Rodrigues da Silva – Francisco Manuel da Silva - Vistos. Trata-se de pedido de providências formulado por Maria José Rodrigues da Silva e Francisco Manuel da Silva em face do Oficial do 11º Registro de Imóveis da Capital, pretendendo a declaração de nulidade do registro nº 05 da matrícula nº 318.845, sob o argumento de que mencionado imóvel, de sua propriedade, foi registro equivocadamente em nome de sua vizinha, Roseli de Melo. Juntaram documentos às fls. 09/60. Determinada a intimação da srª Roseli, esta não foi localizada, conforme AR e mandado negativos (fls. 67 e 104, respectivamente). O Registrador manifestou-se às fls. 68/71. Informa que não há qualquer erro no registro do imóvel, que refletiu os exatos termos do título. Apresentou documentos às fls. 72/100. O Ministério Público opinou pela improcedência do pedido de providências (fls. 107/109). É o relatório. Passo a fundamentar e a decidir. Com razão o Registrador, bem como a D. Promotora de Justiça. A despeito dos argumentos expostos pelos interessados, o pedido não comporta acolhimento por esta Corregedoria Permanente, por inexistir, na espécie, a nulidade de pleno direito referida no art. 214, da Lei nº 6.015/73, que autorizaria o cancelamento do registro nº 05, referente à venda do imóvel. Sobre os limites de aferição da nulidade de pleno direito do art. 214, da Lei nº 6.015/73, Narciso Orlandi Neto lembra que: "É preciso distinguir nulidade direta do registro e nulidade do título, com reflexo no registro. O registro não pode ser cancelado por nulidade do título, salvo em processo contencioso de que participe o titular do direito inscrito. Em outras palavras, o art. 214 da Lei nº 6.015/73é exceção. E como se sabe se o registro é ou não nulo de pleno direito? Sabe-se que o registro é ou não nulo de pleno direito examinando-o separadamente do título que lhe deu causa, apenas à luz dos princípios que regem o registro, a saber se foram cumpridos os requisitos formais. A indagação da nulidade do registro deve ficar restrita aos "defeitos formais do assento, ligados à inobservância de formalidades essenciais da inscrição" (Código Civil, arts. 130 e 145, III)" (Afrânio de Carvalho, Retificação do Registro, in RDI 13, p. 17). (g.n) A nulidade a que se refere o art. 214 da Lei de Registros Públicos é exclusiva do registro, absolutamente independente do título, tanto que, uma vez declarada, permite que o mesmo título seja novamente registrado. A nulidade que pode ser declarada diretamente, independentemente de ação, é de direito formal, extrínseca. Ela não pode alcançar o negócio ou ato jurídico, que subsiste íntegro e, em muitos casos, apto a, novamente, ingressar no registro. Na presente hipótese, a escritura de compra e venda, lavrada pelo 8º Tabelião de Notas da Capital (fls. 80/83), que o imóvel matriculado sob nº 318.845, objeto deste procedimento foi vendido pela COHAB a Roseli de Melo, pelo valor de R$ 8.896,30 (oito mil, oitocentos e noventa e seis reais e trinta centavos), logo o registro nº 05, espelha fielmente o título apresentado, afastando-se consequentemente a alegação de equivoco. Ressalto que eventual erro no conteúdo do documento que se pretende o ingresso para registro deve ser objeto de ação de anulação, a ser intentada nas vias ordinárias, com a incidência do contraditório e ampla produção probatória. Configurado o vício do título, o cancelamento do registro ocorrerá como consequência, conforme determina o artigo 216 da Lei 6.015/73. Neste contexto, pelo princípio da legitimação (eficácia do registro), os vícios reconhecíveis pela via administrativa são apenas aqueles comprováveis de pleno direito que resultem de erros evidentes extrínsecos ao título, sem necessidade de exames de outros documentos ou fatos (artigos 214, caput, e 252 da Lei 6.015/73). O interesse processual é composto da necessidade e da adequação. No caso posto, a despeito da necessidade, ausente o quesito da adequação, sendo que este juízo tem competência censório disciplinar e, portanto, não pode analisar questões de direito material que envolvam o negócio jurídico. Outrossim, não há como o registrador, no âmbito da qualificação registral, dar solução à questão de direito material não decidida, ou cuja decisão não ficou demonstrada, porque o exame de qualificação é atividade meramente administrativa, não protegida pela segurança da coisa julgada. Somado a estes fatos, tem-se que o deferimento da pretensão dos requerentes acarretaria em modificação da titularidade dominial, com o consequente prejuízo a srª Roseli, que sequer faz parte do polo passivo do presente procedimento, violando-se o princípio da segurança jurídica que norteia os atos registrários. Logo, a questão envolvendo propriedade e direitos reais, ou seja, matéria de fundo, deverá ser discutida nas vias ordinárias. Por fim, não vislumbro a prática de qualquer conduta irregular pelo registrador, razão pela qual afasto a aplicação de medida disciplinar. Diante do exposto, julgo improcedente o pedido de providencias formulado por Maria José Rodrigues da Silva e Francisco Manuel da Silva, em face do Oficial do 11º Registro de Imóveis da Capital, devendo os requerentes valerem-se das vias ordinárias, em processo contencioso, nos termos do artigo 216 e 252 da Lei de Registros Públicos, bem como afasto a prática de qualquer conduta irregular pelo registrador e determino o arquivamento do feito neste aspecto. Deste procedimento não decorrem custas, despesas processuais e honorários advocatícios. Oportunamente remetam-se os autos ao arquivo. P.R.I.C. - ADV: MARIA HELENA MARTINS NASCIMENTO (OAB 312129/SP) (DJe de 19.01.2021 – SP)

CANCELAMENTO

Ementa: Sentença – Pedido de Providências – Pedido de cancelamento de Cláusula Resolutiva – Informação pelo Oficial de que os microfilmes dos cheques não dispensam a necessidade de apresentação de Instrumento de Quitação firmado pelos credores – Art 250 da LRP – Documentos apresentados que não provam a extinção do direito inscrito – Elementos que trazem apenas presunção relativa de quitação – Ausência de Declaração de Quitação dos credores – Indeferimento do pedido – Improcedência

Processo 1040012-45.2021.8.26.0053

Pedido de Providências - Petição intermediária - Sol Administração e Participações Ltda - Diante do exposto, JULGO IMPROCEDENTE o pedido de providências formulado por Sol Administração e Participações Ltda em face do Oficial do 15º Registro de Imóveis da Capital. Deste procedimento não decorrem custas, despesas processuais ou honorários advocatícios. Oportunamente, ao arquivo com as cautelas de praxe. P.R.I.C. - ADV: EDUARDO MACEDO LEME TATIT (OAB 206948/SP)

Íntegra da decisão:

SENTENÇA

Processo Digital nº: **1040012-45.2021.8.26.0053**

Classe - Assunto **Pedido de Providências - Petição intermediária**

Requerente: **Sol Administração e Participações Ltda**

Requerido: **15º Oficial de Registro de Imóveis da Capital**

Juiz(a) de Direito: Dr(a). **Luciana Carone Nucci Eugênio Mahuad**

Vistos.

Trata-se de pedido de providências formulado por **Sol Administração e Participações Ltda** em face do **Oficial do 15º Registro de Imóveis da Capital**, requerendo o cancelamento de cláusula resolutiva expressa constante em registro da matrícula n. 230.478 daquela serventia.

A parte requerente aduz que adquiriu referido imóvel com previsão de pagamento de parte do preço em oito parcelas por meio de cheques pós datados, sendo que o instrumento de compra e venda conta com cláusula resolutiva expressa de não pagamento nos termos do art. 474 do Código Civil; que, com a comprovação da quitação do preço (microfilmes das cártulas), cabível o cancelamento da cláusula independentemente de instrumento de quitação firmado pelos credores. Juntou documentos às fls. 05/51.

O Oficial manifestou-se às fls. 57/58, sustentando que os microfilmes dos cheques não dispensam instrumento de quitação passado pelos credores, que deve contar com firmas reconhecidas em atendimento ao artigo 250, II, c.c. o artigo 251, I, ambos da Lei n. 6015/73.

O Ministério Público opinou pela improcedência (fls. 73/74).

É o relatório.

Fundamento e decido.

No mérito, o pedido é improcedente. Vejamos os motivos.

Analisando a matrícula n. 230.478, juntada às fls. 59/66, verifica-se a existência de registro de escritura venda e compra (R.7), pela qual a parte requerente adquiriu o imóvel de Marcelo Ciccone e Karina Andrade Ludalf pelo valor de R$ 4.980.000,00 (quatro milhões, novecentos e oitenta mil reais), sendo o valor de R$ 1.200.000,00 (um milhão e duzentos mil reais) quitado, com saldo de R$ 3.780.000,00 (três milhões, setecentos e oitenta mil reais) a ser pago pela entrega de oito cheques pós datados (o primeiro, com data de 01/09/2020, e, o último, de 01/04/2021), no valor de R$ 472.500,00 (quatrocentos e setenta e dois mil e quinhentos reais) cada um.

Referido registro foi gravado com cláusula resolutiva expressa de não pagamento das parcelas no modo, no tempo e no lugar avençados, nos termos do artigo 474, primeira parte, do Código Civil, com previsão de penalidade (multa de 10% do valor do negócio).

Pois bem, registrado o gravame, cabe verificar a aptidão dos documentos apresentados para o cancelamento pretendido.

Por primeiro, é válido esclarecer que, embora o Código Civil preveja, em seu artigo 474, que a cláusula resolutiva, quando expressa, opera efeitos de pleno direito, dependendo apenas a tácita de interpelação judicial, tal disposição diz respeito à relação obrigacional (direito material), o que não se aplica ao direito registral imobiliário à vista de regramento próprio.

De fato, o artigo 250 da Lei n. 6.015/73 assim dispõe acerca dos requisitos para cancelamento de registro ou averbações (com nossos destaques):

"Art. 250 - Far-se-á o cancelamento:

I - em cumprimento de decisão judicial transitada em julgado;

*II - **a requerimento unânime das partes que tenham participado do ato registrado**, se capazes, com as firmas reconhecidas por tabelião;*

*III - **A requerimento do interessado, instruído com documento hábil** (...)".*

Ou seja, ainda que se possa admitir a comprovação do cumprimento do pacto promissório nesta via administrativa para cancelamento de registro ou averbação, há necessidade de apresentação de documento hábil.

No caso concreto, porém, a parte requerente apresentou como prova de quitação apenas cópia dos cheques por meio de *print* de tela sistêmica ou do *site* da instituição financeira emissora, contendo os dados de cada cártula e as datas das compensações (fls. 43/50).

Ocorre que tais documentos, por si só, não são hábeis para provar de forma inequívoca a extinção do direito inscrito, com a segurança necessária para cancelamento do gravame.

Note-se que nem todos os cheques copiados contam com carimbo do banco recebedor em seu verso, ao contrário do que indica a instituição financeira em seu *site* (Banco Itaú) acerca do pedido de microfilmagem: *"Você pode salvar a imagem em PDF. Na imagem, no carimbo do banco recebedor no verso do cheque, é possível identificar em que banco, agência e conta o cheque foi depositado"* (*https://www.itau.com.br/atendimento-itau/paravoce/conta-corrente/como-peco-a-microfilmagem-de-um-cheque/*, com acesso nesta data). Vale notar, ainda, que o valor de cada cártula é de grande monta (R$472.500,00), de modo que os títulos não poderiam ser compensados com retirada em espécie.

O que se verifica, portanto, é que os elementos vindos aos autos trazem apenas presunção relativa de quitação, o que equivale dizer que pode haver prova em contrário acerca do não pagamento, cuja análise, com a incidência de contraditório, deve ser feita em procedimento contencioso cível.

Portanto, neste contexto de presunção relativa e de ausência de declaração de quitação dos credores, o que, a princípio, seria de fácil obtenção pela empresa compradora, não incumbe a este juízo administrativo, dentro de seus estreitos limites, autorizar o cancelamento da cláusula resolutiva na forma pretendida.

Diante do exposto, **JULGO IMPROCEDENTE** o pedido de providências formulado por Sol Administração e Participações Ltda em face do Oficial do 15º Registro de Imóveis da Capital.

Deste procedimento não decorrem custas, despesas processuais ou honorários advocatícios.

Oportunamente, ao arquivo com as cautelas de praxe.

P.R.I.C.

São Paulo, 03 de agosto de 2021.

Luciana Carone Nucci Eugênio Mahuad

Juiz de Direito (DJe de 05.08.2021 – SP)

CARTA DE ARREMATAÇÃO

Ementa: Sentença – Dúvida – Pedido de registro de Carta de Arrematação e de prorrogação do prazo da prenotação – Negativa em razão da matrícula se encontrar bloqueada por determinação judicial – Títulos Judiciais não estão isentos de qualificação registrária – Incompetência do juízo administrativo para revisão de decisões judiciais – Inadmissibilidade do ingresso imediato do título – Possibilidade da prorrogação dos efeitos da prenotação até a solução do bloqueio – Art 214, § 4º, da LRP – Manutenção do óbice em relação ao registro da Carta de Arrematação – Procedência Parcial

Processo 1120091-64.2021.8.26.0100

Dúvida - Registro de Imóveis - SAS Assessoria Empresarial Ltda - Diante do exposto, JULGO PARCIALMENTE PROCEDENTE a dúvida suscitada, mantendo o óbice registrário, mas prorrogando os efeitos da prenotação do título até a solução do bloqueio da matrícula n. 164.501, que deverá ser acompanhado e informado oportunamente pela parte interessada. Deste procedimento não decorrem custas, despesas processuais ou honorários advocatícios. Oportunamente, remetam-se os autos ao arquivo. P.R.I.C. - ADV: MARCIA CINTRA (OAB 156270/SP)

Íntegra da decisão:

SENTENÇA

Processo Digital nº: **1120091-64.2021.8.26.0100**

Classe - Assunto **Dúvida - Registro de Imóveis**

Requerente: **12º Oficial de Registro de Imoveis da Capital**

Requerido: **SAS Assessoria Empresarial Ltda**

Juiz(a) de Direito: Dr(a). **Luciana Carone Nucci Eugênio Mahuad**

Vistos.

Trata-se de dúvida suscitada pelo **Oficial do 12º Registro de Imóveis da Capital** a requerimento de **SAS Assessoria Empresarial Ltda**, diante da negativa em se proceder ao registro de carta de arrematação expedida na ação trabalhista de autos n. 0103100-28.2009.5.02.0081, referente ao imóvel da matrícula n. 164.501 daquela serventia, e do indeferimento do pedido subsidiário de prorrogação do prazo da prenotação. Informa o Oficial que a negativa foi motivada pelo bloqueio da matrícula pelo juízo da 31ª Vara Cível do Foro Central da Capital, o que impede a prática de atos pela serventia, sendo impossível a prorrogação dos efeitos da prenotação ante a ausência de previsão legal.

Documentos vieram às fls. 06/79.

A parte suscitada manifestou-se às fls. 80/83, sustentando que o bloqueio da matrícula não obsta a apresentação da carta de arrematação para registro, sua prenotação e manutenção desta prenotação na matrícula, de modo a preservar os direitos de arrematação em face de atos posteriormente praticados por terceiros.

O Ministério Público opinou pela procedência parcial da dúvida. com manutenção do óbice e acolhimento do pedido subsidiário (fls. 88/90).

É o relatório.

Fundamento e decido.

No mérito, a dúvida é parcialmente procedente. Vejamos os motivos.

De início, vale destacar que os títulos judiciais não estão isentos de qualificação, positiva ou negativa, para ingresso no fólio real.

O Egrégio Conselho Superior da Magistratura já decidiu que a qualificação negativa de título judicial não caracteriza desobediência ou descumprimento de decisão judicial (Apelação Cível n. 413-6/7).

Neste sentido, também a Apelação Cível nº 464-6/9, de São José do Rio Preto:

"Apesar de se tratar de título judicial, está ele sujeito à qualificação registrária.

O fato de tratar-se o título de mandado judicial não o torna imune à qualificação registrária, sob o estrito ângulo da regularidade formal. O exame da legalidade não promove incursão sobre o mérito da decisão judicial, mas à apreciação das formalidades extrínsecas da ordem e à conexão de seus dados com o registro e a sua formalização instrumental".

E, ainda:

"REGISTRO PÚBLICO - ATUAÇÃO DO TITULAR - CARTA DE ADJUDICAÇÃO - DÚVIDA LEVANTADA - CRIME DE DESOBEDIÊNCIA - IMPROPRIEDADE MANIFESTA. O cumprimento do dever imposto pela Lei de Registros Públicos, cogitando-se de deficiência de carta de adjudicação e levantando-se dúvida perante o juízo de direito da vara competente, longe fica de configurar ato passível de enquadramento no artigo 330 do Código Penal - crime de desobediência -, pouco importando o acolhimento, sob o ângulo judicial, do que suscitado" (STF, HC 85911 / MG – MINAS GERAIS, Relator: Min. MARCO AURÉLIO, j. 25/10/2005, Primeira Turma).

Sendo assim, não há dúvidas de que a mera existência de título proveniente de órgão jurisdicional não basta para autorizar automaticamente seu ingresso no fólio real, cabendo ao oficial qualificá-lo conforme os princípios e as normas que regem a atividade registral.

No caso concreto, embora a qualificação do título seja positiva, verifica-se que a matrícula n. 164.501 está bloqueada por ordem do juízo da 31ª Vara Cível do Foro Central da Capital, expedida em 20/03/2015 (Av.06 fl. 09), fato este que era do conhecimento da parte suscitada, vez que a arrematação judicial do imóvel se deu posteriormente (23/03/2021 fls. 59/60).

Pois bem.

Nos termos do §4º, do artigo 214, da Lei n. 6.015/73:

"Art. 214. (...)

§4º - Bloqueada a matrícula, o oficial não poderá mais nela praticar qualquer ato, salvo com autorização judicial, permitindo-se, todavia, aos interessados a prenotação de seus títulos, que ficarão com o prazo prorrogado até a solução do bloqueio".

O bloqueio é, como se vê, providência cautelar praticada por meio de averbação, a qual traduz determinação para que, a partir daquela ordem, nenhum outro ato seja realizado naquela matrícula, ressalvadas eventuais exceções expressamente autorizadas pela própria autoridade judicial que a impôs.

Assim, no que diz respeito à carta de arrematação emitida no processo de autos n. 0103100-28.2009.5.02.0081 pela 81ª Vara do Trabalho de São Paulo (título judicial), enquanto vigente o bloqueio da matrícula, seu registro somente poderá ser efetuado mediante autorização do juízo da 31ª Vara Cível, nos termos do que informado pelo Oficial Registrador em nota devolutiva (fl. 12).

Isso porque somente ao juízo que determinou o bloqueio cabe decidir quanto à possibilidade de sua flexibilização.

Desse modo, realmente não há como admitir o ingresso imediato da carta de arrematação no fólio real sem violação ao princípio da legalidade.

De rigor, portanto, o prévio levantamento do bloqueio (Av.06), pelo que justificada a negativa do registro do título pelo Oficial.

Vale ressaltar, ademais, que não cabe, neste âmbito, qualquer juízo de valor sobre as medidas restritivas, as quais devem ser debatidas nos autos em que determinadas.

A via administrativa, como se sabe, não se presta a rever decisões proferidas em sede judicial.

Por outro lado, o pedido subsidiário para prorrogação dos efeitos da prenotação até a solução do bloqueio merece acolhimento, vez que a autorização decorre de expressa previsão legal (artigo 214, § 4º, da Lei de Registros Públicos).

Diante do exposto, **JULGO PARCIALMENTE PROCEDENTE** a dúvida suscitada, mantendo o óbice registrário, mas prorrogando os efeitos da prenotação do título até a solução do bloqueio da matrícula n. 164.501, que deverá ser acompanhado e informado oportunamente pela parte interessada.

Deste procedimento não decorrem custas, despesas processuais ou honorários advocatícios.

Oportunamente, remetam-se os autos ao arquivo.

P.R.I.C.

São Paulo, 10 de dezembro de 2021.

Luciana Carone Nucci Eugênio Mahuad

Juiz de Direito (DJe de 14.12.2021 – SP)

Ementa: Sentença – Dúvida – Pedido de registro da Carta de Arrematação expedida na Ação de Alienação de Bens – Negativa em razão da inexistência de cientificação da titular de domínio na referida ação – Títulos Judiciais não estão isentos de qualificação registrária – Ausência de comprovação da transferência da propriedade pela proprietária – Instrumento apresentado que retrata somente a alienação de direitos de compromissários vendedores aos adquirentes – Proprietária tabular que não integrou o negócio – Necessidade da participação da titular de domínio na ação judicial – Art 889, II, do CPC – Título que deve estar em conformidade com o registrado na matrícula – Princípio da Continuidade – Art 195 e 237, da LRP – Indeferimento do pedido – Manutenção do óbice – Procedência

Processo 1126314-33.2021.8.26.0100

Dúvida - Registro de Imóveis - Valter Alves Poncidonio - Diante do exposto, JULGO PROCEDENTE a dúvida suscitada pelo Oficial do 3º Registro de Imóveis da Capital e mantenho o óbice. Deste procedimento não decorrem custas, despesas processuais ou honorários advocatícios. Oportunamente remetam-se os autos ao arquivo. P.R.I.C. - ADV: CARLA CRISTINA DE MELO (OAB 347274/SP)

Íntegra da decisão:

SENTENÇA

Processo Digital nº: **1126314-33.2021.8.26.0100**

Classe - Assunto **Dúvida - Registro de Imóveis**

Requerente: **3º Oficial de Registro de Imóveis da Capital**

Requerido: **Valter Alves Poncidonio e outro**

Juiz(a) de Direito: Dr(a). **Luciana Carone Nucci Eugênio Mahuad**

Vistos.

Trata-se de **dúvida** suscitada pelo **Oficial do 3º Registro de Imóveis da Capital** a requerimento de Valter Alves Poncidonio e Lilian Cristina Ramalheira Poncidonio, diante da negativa em se proceder ao registro da carta de arrematação expedida pelo juízo da 9ª Vara Cível do Foro Regional I – Santana em 20 de janeiro de 2021, no processo de alienação judicial de bens de autos n. 1026821-02.2015.8.26.0001, movido por Eduardo Sequeira dos Santos contra Rosimeire Sequeira dos Santos Abreu, referente ao imóvel objeto da matrícula n. 146.892 daquela serventia (prenotação n. 479.305).

Relata que as partes da ação mencionada herdaram o bem de Rosa de Jesus Siqueira Nicodemos dos Santos e de Virgílio Pinto dos Santos, os quais o haviam adquirido, através de contrato particular, de João Dias dos Santos e Ana Rodrigues dos Santos, que, por sua vez, o compraram da proprietária tabular Imobiliária Mazzei Ltda.

O óbice registrário refere-se à ausência de cientificação da titular do domínio na ação de alienação, o que pode ser sanado pela exibição da escritura de venda e compra por meio da qual a propriedade foi transferida a Rosa de Jesus Siqueira Nicodemos dos Santos e Virgílio Pinto dos Santos.

Documentos vieram às fls. 03/48.

A parte requerente se manifestou às fls. 55/59, informando que a empresa Imobiliária Mazzei Limitada não figurou no polo passivo da ação de alienação judicial, decorrendo daí sua não intimação; que a matrícula do imóvel não foi exibida naqueles autos, onde foi juntada a escritura de inventário; que o contrato de compra e venda retrata que Virgílio Pinto dos Santos adquiriu o imóvel de Imobiliária Mazzei Ltda, representada por João Dias dos Santos e sua mulher Ana Rodrigues dos Santos;

que o edital das hastas supre eventual insucesso nas notificações e/ou intimações pessoais dos interessados; que foi extinta a ação, com emissão da carta de arrematação e imissão dos arrematantes na posse; que a Imobiliária Mazzei Ltda encerrou suas atividades e que sua não inclusão no polo passivo da ação, por se tratar de erro formal, não invalida os atos processuais; que de natureza originária a aquisição por arrematação, conforme entendimento jurisprudencial, o que afasta o óbice apresentado pelo Oficial. Vieram documentos às fls. 61/62.

O Ministério Público opinou pela procedência (fls. 66/69).

É o relatório.

Fundamento e decido.

No mérito, a dúvida é procedente. Vejamos os motivos.

De início, vale destacar que os títulos judiciais não estão isentos de qualificação, positiva ou negativa, para ingresso no fólio real.

O Egrégio Conselho Superior da Magistratura já decidiu que a qualificação negativa de título judicial não caracteriza desobediência ou descumprimento de decisão judicial (Apelação Cível n. 413-6/7).

Neste sentido, também a Apelação Cível n. 464-6/9, de São José do Rio Preto:

"Apesar de se tratar de título judicial, está ele sujeito à qualificação registrária. O fato de tratar-se o título de mandado judicial não o torna imune à qualificação registrária, sob o estrito ângulo da regularidade formal. O exame da legalidade não promove incursão sobre o mérito da decisão judicial, mas à apreciação das formalidades extrínsecas da ordem e à conexão de seus dados com o registro e a sua formalização instrumental".

E, ainda:

"REGISTRO PÚBLICO - ATUAÇÃO DO TITULAR - CARTA DE ADJUDICAÇÃO - DÚVIDA LEVANTADA - CRIME DE DESOBEDIÊNCIA - IMPROPRIEDADE MANIFESTA. O cumprimento do dever imposto pela Lei de Registros Públicos, cogitando-se de deficiência de carta de adjudicação e levantando-se dúvida perante o juízo de direito da vara competente, longe fica de configurar ato passível de enquadramento no artigo 330 do Código Penal - crime de desobediência -, pouco importando o acolhimento, sob o ângulo judicial, do que suscitado" (STF, HC 85911 / MG - MINAS GERAIS, Relator: Min. MARCO AURÉLIO, j. 25/10/2005, Primeira Turma).

Sendo assim, não há dúvidas de que a mera existência de título proveniente de órgão jurisdicional não basta para autorizar automaticamente seu ingresso no registro tabular.

Quanto ao registro pretendido, imprescindível que se observe o princípio da continuidade:

"O princípio da continuidade, que se apoia no de especialidade, quer dizer que, em relação a cada imóvel, adequadamente individuado, deve existir uma cadeia, de titularidade à vista da qual só se fará a inscrição de um direito se o outorgante dele aparecer no registro como seu titular. Assim, as sucessivas transmissões, que derivam umas das outras, asseguram a preexistência do imóvel no patrimônio do transferente" (Afrânio de Carvalho, Registro de Imóveis, Editora Forense, 4ª edição, página 254).

Ou seja, o título deve estar em conformidade com o registrado na matrícula.

Pacífico o entendimento, outrossim, de que a arrematação é modo derivado de aquisição da propriedade (destaque nosso):

*"REGISTRO DE IMÓVEIS - **Carta de Arrematação** – Título judicial sujeito à qualificação registral – **Forma derivada de aquisição de propriedade - Desqualificação por ofensa ao princípio da continuidade** - Dúvida julgada procedente – Recurso não provido, com determinação" (TJSP; Apelação Cível 0005176-34.2019.8.26.0344; Relator (a): Pinheiro Franco (Corregedor Geral); Órgão Julgador: Conselho Superior de Magistratura; Data do Julgamento: 10/12/2019; Data de Registro: 12/12/2019).*

*"REGISTRO DE IMÓVEIS - **Carta de Arrematação** – Executado que é titular de direitos sobre o imóvel – **Forma derivada de aquisição de direitos – Arrematação que não pode ir além dos direitos do executado – Princípio da continuidade** - Dúvida procedente – Apelação não provida" (TJSP; Apelação Cível 1125920-02.2016.8.26.0100; Relator (a): Pereira Calças (Corregedor Geral); Órgão Julgador: Conselho Superior de Magistratura; Data do Julgamento: 02/12/2017; DJe: 15/03/2018).*

Nesse mesmo sentido, o C. Conselho Superior da Magistratura decidiu nas Apelações n. 1001015-36.2019.8.26.0223, n. 1061979-44.2017.8.26.0100, n. 0018338-33.2011.8.26.0100 e n. 0035805-59.2010.8.26.0100, dentre outras. Esclarecidos tais pontos fundamentais, verifica-se que a parte interessada alega que Virgílio Pinto dos Santos adquiriu o imóvel de Imobiliária Mazzei Ltda, representada por João Dias dos Santos e sua mulher Ana Rodrigues dos Santos.

Ocorre que o instrumento exibido às fls. 41/43, em verdade, retrata somente a alienação dos direitos de compromissários-vendedores João Dias dos Santos e Ana Rodrigues dos Santos aos adquirentes Virgílio Pinto dos Santos e sua mulher, sem que a titular do domínio tenha integrado o negócio (Imobiliária Mazzei Limitada, matrícula n. 146.892, fl. 47).

A participação da proprietária tabular na ação de alienação judicial de coisa comum, por consequência, era necessária (artigo 889, inciso II, do CPC), sendo incontroverso que ela não ocorreu, o que torna o título não conforme com o princípio da continuidade, notadamente porque, como exposto acima, a arrematação é modo derivado de aquisição de propriedade.

Não há, ainda, como se defender a dispensa de apresentação do instrumento de alienação do bem pela titular do domínio porque única alternativa viável à superação do obstáculo à vista da extinção da ação de alienação judicial.

De fato, não comprovada a transferência da propriedade pela titular do domínio a João Dias dos Santos e sua mulher Ana Rodrigues dos Santos, não há como se operar o registro da arrematação.

Por fim, temos que o encerramento da atividade empresarial da proprietária tabular também não dispensa a comprovação da venda e compra.

É o que exigem os artigos 195 e 237 da LRP, para que não seja rompido o encadeamento sucessivo de titularidade, necessário à preservação da segurança jurídica que dos atos registrários se espera.

Diante do exposto, **JULGO PROCEDENTE** a dúvida suscitada pelo

Oficial do 3º Registro de Imóveis da Capital e mantenho o óbice.

Deste procedimento não decorrem custas, despesas processuais ou honorários advocatícios.

Oportunamente remetam-se os autos ao arquivo.

P.R.I.C.

São Paulo, 13 de dezembro de 2021.

Luciana Carone Nucci Eugênio Mahuad

Juíza de Direito (DJe de 14.12.2021 – SP)

Ementa: Sentença – Dúvida – Pedido de registro de Carta de Arrematação – Negativa em razão da divergência entre o titular de domínio e a empresa que figura na carta de arrematação em seu aditamento – Títulos Judiciais não estão isentos de qualificação registraria – Ausência de comprovação de alteração de denominação – Violação ao Princípio da Continuidade – Arts. 195 e 237 da LRP – Título que deve estar em conformidade com o inscrito na matrícula – Indeferimento do pedido – Manutenção do óbice – Procedência

Processo 1120981-03.2021.8.26.0100

Dúvida - Registro de Imóveis - Roney Siqueira Husemann - Diante do exposto, JULGO PROCEDENTE a dúvida suscitada pelo Oficial do 15º Registro de Imóveis da Capital e, consequentemente, mantenho o óbice. Deste procedimento não decorrem custas, despesas processuais ou honorários advocatícios. Oportunamente remetam-se os autos ao arquivo. P.R.I.C. - ADV: CATIA NANCI DE OLIVEIRA HÜSEMANN (OAB 274934/SP)

Íntegra da decisão:

SENTENÇA

Processo Digital nº: **1120981-03.2021.8.26.0100**

Classe - Assunto **Dúvida - Registro de Imóveis**

Suscitante: **15º Oficial de Registro de Imóveis da Capital**

Suscitado: **Roney Siqueira Husemann**

Juiz(a) de Direito: Dr(a). **Luciana Carone Nucci Eugênio Mahuad**

Vistos.

Trata-se de **dúvida** suscitada pelo **Oficial do 15º Registro de Imóveis da Capital** a requerimento de **Roney Siqueira Husemann**, diante da negativa em se proceder ao registro de carta de arrematação expedida no dia 22 de dezembro de 2010 pelo juízo da 2ª Vara Cível do Foro Regional II - Santo Amaro no processo de autos n. 0013836-35.2003.8.26.0002, aditada aos 10 dias de novembro de 2011, a qual tem por objeto o apartamento n. 152, localizado no 15º andar, e respectiva vaga de garagem, integrante do Edifício Drakkar, situado na rua Edson, n. 77 (matrícula n. 53.891 daquela serventia). Relata o Oficial que a ação foi promovida pelo Condomínio Edifício Drakkar inicialmente contra TRC - Empreendimento Imobiliários Ltda, mas com prosseguimento posterior apenas contra o promitente comprador Fábio Luiz Teixeira da Silva.

O óbice registrário refere-se à divergência entre a titular do domínio e a empresa que figura na carta de arrematação e em seu aditamento, bem como no termo de anuência exibido pela parte suscitada, não havendo comprovação de alteração de denominação, o que caracteriza violação ao princípio da continuidade (prenotação n. 935.496). Juntou documentos às fls. 08/225.

A parte suscitada se manifestou às fls. 09/11 e 226/228, informando que a nota devolutiva não elenca de forma clara e objetiva os motivos pelos quais o registro não se operou; que arrematou o imóvel em leilão judicial, pelo que a carta de arrematação assegura o direito ao registro; que inexistente óbice, uma vez que, embora não tenha alcançado comprovante da alteração da denominação da empresa, atualmente Even Construtora e

Incorporadora S/A, não há oposição à transferência de propriedade, havendo declaração de quitação de todas as obrigações do financiamento.

O Ministério Público opinou pela procedência (fls. 233/235).

É o relatório.

Fundamento e decido.

No mérito, a dúvida é procedente. Vejamos os motivos.

De início, vale destacar que os títulos judiciais não estão isentos de qualificação, positiva ou negativa, para ingresso no fólio real.

O Egrégio Conselho Superior da Magistratura já decidiu que a qualificação negativa de título judicial não caracteriza desobediência ou descumprimento de decisão judicial (Apelação Cível n. 413-6/7).

Neste sentido, também a Apelação Cível nº 464-6/9, de São José do Rio Preto:

"Apesar de se tratar de título judicial, está ele sujeito à qualificação registrária. O fato de tratar-se o título de mandado judicial não o torna imune à qualificação registrária, sob o estrito ângulo da regularidade formal. O exame da legalidade não promove incursão sobre o mérito da decisão judicial, mas à apreciação das formalidades extrínsecas da ordem e à conexão de seus dados com o registro e a sua formalização instrumental".

E, ainda:

"REGISTRO PÚBLICO - ATUAÇÃO DO TITULAR - CARTA DE ADJUDICAÇÃO - DÚVIDA LEVANTADA - CRIME DE DESOBEDIÊNCIA - IMPROPRIEDADE MANIFESTA. O cumprimento do dever imposto pela Lei de Registros Públicos, cogitando-se de deficiência de carta de adjudicação e levantando-se dúvida perante o juízo de direito da vara competente, longe fica de configurar ato passível de enquadramento no artigo 330 do Código Penal - crime de desobediência -, pouco importando o acolhimento, sob o ângulo judicial, do que suscitado" **(STF, HC 85911 / MG - MINAS GERAIS, Relator: Min. MARCO AURÉLIO, j. 25/10/2005, Primeira Turma).**

Sendo assim, não há dúvidas de que a mera existência de título proveniente de órgão jurisdicional não basta para autorizar automaticamente seu ingresso no registro tabular.

Quanto ao registro pretendido, imprescindível que se observe o princípio da continuidade:

"O princípio da continuidade, que se apoia no de especialidade, quer dizer que, em relação a cada imóvel, adequadamente individuado, deve existir uma cadeia, de titularidade à vista da qual só se fará a inscrição de um direito se o outorgante dele aparecer no registro como seu titular.

Assim, as sucessivas transmissões, que derivam umas das outras, asseguram a preexistência do imóvel no patrimônio do transferente" (Afrânio de Carvalho, Registro de Imóveis, Editora Forense, 4ª edição, página 254).

Ou seja, o título deve estar em conformidade com o inscrito na matrícula.

Ademais, pacífico o entendimento de que a arrematação é modo derivado de aquisição da propriedade:

"REGISTRO DE IMÓVEIS - Carta de Arrematação – Título judicial sujeito à qualificação registral – Forma derivada de aquisição de propriedade - Desqualificação por ofensa ao princípio da continuidade - Dúvida julgada procedente – Recurso não provido, com determinação" **(TJSP; Apelação Cível 0005176-34.2019.8.26.0344; Relator (a): Pinheiro Franco (Corregedor Geral); Órgão Julgador: Conselho Superior de Magistratura; Data do Julgamento: 10/12/2019; Data de Registro: 12/12/2019).**

"REGISTRO DE IMÓVEIS - Carta de Arrematação – Executado que é titular de direitos sobre o imóvel – Forma derivada de aquisição de direitos – Arrematação que não pode ir além dos direitos do executado – Princípio da continuidade - Dúvida procedente – Apelação não provida" **(TJSP; Apelação Cível 1125920-02.2016.8.26.0100; Relator (a): Pereira Calças (Corregedor Geral); Órgão Julgador: Conselho Superior de Magistratura; Data do Julgamento: 02/12/2017; DJe: 15/03/2018).**

Nesse mesmo sentido, o C. Conselho Superior da Magistratura decidiu nas Apelações n. 1001015-36.2019.8.26.0223, n. 1061979-44.2017.8.26.0100, n. 0018338-33.2011.8.26.0100 e n. 0035805-59.2010.8.26.0100, dentre outras.

Expostos tais pontos, verificamos que a nota devolutiva n. 502.052, datada de 12 de setembro de 2019, especificou de forma clara as razões pelas quais o registrador realizou qualificação negativa (fl. 57).

Permanecendo a parte interessada silente até 28 de setembro de 2021, ocasião em que solicitou fosse suscitada dúvida, a providência não pôde ser atendida diante da não exibição do título (fl. 58), o que se efetivou após novo protocolo da carta de arrematação, com prenotação sob n. 935.496 (fl. 224).

Vê-se, assim, que regular o procedimento adotado, já que possibilitou à parte interessada contrapor-se pontualmente contra todas as exigências elencadas (fls. 09/11 e 226/228).

No caso concreto, verifica-se que **a carta de arrematação foi formada em processo extinto em relação à empresa titular do domínio**, com prosseguimento apenas em face de **promitente comprador**, Fábio Luiz Teixeira da Silva, sendo que o compromisso de compra e venda em questão não foi registrado (fls. 26/33, 34 e 41/50).

O que temos, portanto, é arrematação dos direitos de promitente comprador e não do direito de propriedade (fl. 53).

Verifica-se, ainda, que houve aditamento da carta de arrematação para inclusão de concordância da proprietária tabular com a transferência de propriedade (fl. 54).

A parte alega não ter alcançado documento hábil à comprovação da alteração da denominação da titular do domínio, mas referida empresa, atualmente denominada Even Construtora e Incorporadora S/A, não se opõe ao registro, tendo outorgado quitação (fl. 115).

Ocorre que dos documentos exibidos se extrai que alteração não ocorreu na forma como indicada.

Conforme consta no registro do imóvel (matrícula n. 53.891, fls. 41/50), figura como proprietária a empresa TRC – Empreendimentos Imobiliários Ltda., inscrita no CNPJ sob n. 48.457.691/0001-83.

Muito embora conste de forma diversa nos documentos que instruíram a carta de arrematação e seu aditamento (fls. 36 e 54), a empresa TRC – Empreendimentos Imobiliários Ltda não se trata da atual denominação de Terapins Kalil Eng. e Constr. Ltda, nem tampouco veio a denominar-se Even Construtora e Incorporadora S/A.

Em verdade, Even Construtora e Incorporadora Ltda, Terepins Chusyd Engenharia e Construções Ltda, Terepins e Krutman Engenharia e Construções Ltda, Terepins Engenharia e Construções Ltda e Terepins e Kalili Engenharia e Construções Ltda identificam a mesma pessoa jurídica, portadora do CNPJ n. 43.470.988/0001/65, conforme indicado em sua ficha cadastral (fls. 184/188, notadamente fl. 186 – doc. n. 251.490/02-6, sessão de 07/11/2002, e fl. 188, último lançamento).

É o que se extrai, inclusive, da declaração de quitação outorgada pela empresa Even Construtora e Incorporadora S/A, ao indicar ser esta a atual denominação social de Terepins e Kalili Eng. e Const. Ltda, portadora do CNPJ n. 43.470.988/0001-65 (fl. 115).

Por sua vez, analisando os atos constitutivos da titular do domínio, tem-se que a empresa Terepins e Chusyd Engenharia e Construções Ltda (CGC/MF n. 43.470.988/0001/65), adquirindo 1.500.000 quotas sociais do sócio Adolpho Mário Krutman, passou a integrar seu quadro societário (2ª alteração do de seu contrato social - fls. 154/158); consta, ainda, da 5ª alteração contratual, que Terepins e Kalili Engenharia e Construções Ltda tratase da atual denominação de Terepins & Krutman Engenharia e Construções Ltda., CGC/MF n. 43.470.988/0001-65 (fl. 177).

Assim, temos que referidas empresas integraram o quadro societário da titular do domínio, mas com esta não se confundem, tratando-se de pessoas jurídicas diversas.

Convém destacar, todavia, que a proprietária teve seu nome empresarial e CNPJ alterados, passando a ser identificada como TRC Pavimentação, Rodovias & Construções Ltda., cadastrada sob n. 15.143.148/0001-52, conforme consta em sua ficha na Jucesp (documentos n. 393.500/17-2 e 357.122/14-8, sessões de 04/09/2017 e de 11/09/2014, respectivamente – fls. 192/193).

Outrossim, não constando a empresa Even Construtora e Incorporadora S/A como credora no instrumento particular, nem tampouco figurando como proprietária do imóvel (fls. 26/33 e 41/50), não há como reputar quitado o negócio.

Desta forma, com razão o registrador ao impedir o ingresso da carta de arrematação nos moldes do exigido pelos artigos 195 e 237 da LRP para que não seja rompido o encadeamento sucessivo de titularidade, o qual é imprescindível à preservação da segurança jurídica que dos atos registrários se espera.

Diante do exposto, **JULGO PROCEDENTE** a dúvida suscitada pelo **Oficial do 15º Registro de Imóveis da Capital** e, consequentemente, mantenho o óbice.

Deste procedimento não decorrem custas, despesas processuais ou honorários advocatícios.

Oportunamente remetam-se os autos ao arquivo.

P.R.I.C.

São Paulo, 02 de dezembro de 2021.

Luciana Carone Nucci Eugênio Mahuad

Juíza de Direito (DJe de 06.12.2021 – SP)

Ementa: Sentença – Dúvida – Pedido de registro de Carta de Arrematação – Negativa em razão da divergência entre os titulares de domínio que figuram no registro e os integrantes do polo passivo da ação em que ocorreu a arrematação – Títulos Judiciais não estão isentos de qualificação registrária – Imprescindibilidade de que o título esteja em conformidade com inscrito na matrícula – Princípio da Continuidade – Imóvel que foi transmitido por diversas sucessões hereditárias – Manutenção dos óbices – Procedência

Processo 1108421-29.2021.8.26.0100

Dúvida - Registro de Imóveis - Joao Carlos Vogt - Diante do exposto, JULGO PROCEDENTE a dúvida suscitada pelo Oficial do 8º Registro de Imóveis da Capital e, consequentemente, mantenho os óbices. Deste procedimento não decorrem custas, despesas processuais ou honorários advocatícios. Oportunamente, remetam-se os autos ao arquivo. P.R.I.C. - ADV: BAYRON CEZAR DE OLIVEIRA FRANÇA (OAB 448376/SP), WESLEY CESAR REQUI VIEIRA (OAB 238737/SP)

Íntegra da decisão:

SENTENÇA

Processo Digital nº: **1108421-29.2021.8.26.0100**

Classe - Assunto **Dúvida - Registro de Imóveis**

Suscitante: **8º Oficial de Registro de Imóveis da Capital**

Suscitado: **Joao Carlos Vogt e outro**

Juiz(a) de Direito: Dr(a). **Luciana Carone Nucci Eugênio Mahuad**

Vistos.

Trata-se de **dúvida** suscitada pelo **Oficial do 8º Registro de Imóveis da Capital** a requerimento de **João Carlos Vogt e Cremilda Vogt**, diante da negativa em se proceder ao registro da carta de arrematação expedida pelo juízo da 4ª Vara Cível do Foro Regional do Jabaquara em 22 de março de 1996, no processo de autos n. 1915/93 (ação ordinária para venda de coisa comum movida por Braz Sangiovanni Fiho, Vivien Maria Innocenti e Paulo Innocenti contra Regina Meire Sangiovanni Soares, Neide Sangiovanni Erba e Maria Apparecida Sangiovanni Cariola), referente ao imóvel objeto da matrícula n. 83.072 daquela serventia.

Os óbices registrários referem-se à divergência entre os titulares de domínio que figuram no registro e os integrantes do polo passivo da ação em que ocorreu a arrematação, o que caracteriza violação ao princípio da continuidade; à necessidade de comprovação do estado civil do proprietário Braz, que figura como solteiro na matrícula e como viúvo na ação que promoveu, e à necessidade de apresentação do título correspondente à partilha da fração pertencente a Angelina Sangiovanni Fortunato, cujo óbito é noticiado na matrícula.

Também foi exigida a qualificação completa do arrematante e a apresentação do comprovante de recolhimento do ITBI.

Documentos vieram às fls. 07/98.

Ao expor seu inconformismo ao Oficial, a parte suscitada alega impossibilidade de apresentação dos documentos relativos aos antigos proprietários, defendendo, ainda, o afastamento dos óbices dada a natureza originária da aquisição por arrematação conforme entendimento jurisprudencial, sendo que apresentou sua certidão de casamento para suprir a exigência relativa à sua qualificação. Em relação ao imposto de transmissão, aduz que somente será devido se o título puder ser registrado (fls. 73/85). Não foi apresentada, porém, impugnação nestes autos (fls. 99/102).

O Ministério Público opinou pela procedência (fls. 106/109).

É o relatório.

Fundamento e decido.

No mérito, a dúvida é procedente. Vejamos os motivos.

De início, vale destacar que os títulos judiciais não estão isentos de qualificação, positiva ou negativa, para ingresso no fólio real.

O Egrégio Conselho Superior da Magistratura já decidiu que a qualificação negativa de título judicial não caracteriza desobediência ou descumprimento de decisão judicial (Apelação Cível n. 413-6/7).

Neste sentido, também a Apelação Cível nº 464-6/9, de São José do Rio Preto:

"Apesar de se tratar de título judicial, está ele sujeito à qualificação registrária. O fato de tratar-se o título de mandado judicial não o torna imune à qualificação registrária, sob o estrito ângulo da regularidade formal. O exame da legalidade não promove incursão sobre o mérito da decisão judicial, mas à apreciação das formalidades extrínsecas da ordem e à conexão de seus dados com o registro e a sua formalização instrumental".

E, ainda:

"REGISTRO PÚBLICO - ATUAÇÃO DO TITULAR - CARTA DE ADJUDICAÇÃO - DÚVIDA LEVANTADA - CRIME DE DESOBEDIÊNCIA - IMPROPRIEDADE MANIFESTA. O cumprimento do dever imposto pela Lei de Registros Públicos, cogitando-se de deficiência de carta de adjudicação e levantando-se dúvida perante o juízo de direito da vara competente, longe fica de configurar ato passível de enquadramento no artigo 330 do Código Penal - crime de desobediência -, pouco importando o acolhimento, sob o ângulo judicial, do que suscitado" **(STF, HC 85911 / MG - MINAS GERAIS, Relator: Min. MARCO AURÉLIO, j. 25/10/2005, Primeira Turma).**

Sendo assim, não há dúvidas de que a mera existência de título proveniente de órgão jurisdicional não basta para autorizar automaticamente seu ingresso no fólio real.

Quanto ao registro pretendido no caso, imprescindível que se observe o princípio da continuidade, conforme explicado por Afrânio de Carvalho:

"O princípio da continuidade, que se apoia no de especialidade, quer dizer que, em relação a cada imóvel, adequadamente individuado, deve existir uma cadeia, de titularidade à vista da qual só se fará a inscrição de um direito se o outorgante dele aparecer no registro como seu titular.

Assim, as sucessivas transmissões, que derivam umas das outras, asseguram a preexistência do imóvel no patrimônio do transferente" (Registro de Imóveis, Editora Forense, 4ª edição, página 254).

Ou seja, o título deve estar em conformidade com o inscrito na matrícula.

Vale destacar, ainda, que é pacífico o entendimento de que a arrematação é modo derivado de aquisição da propriedade:

"REGISTRO DE IMÓVEIS - Carta de Arrematação – Título judicial sujeito à qualificação registral – Forma derivada de aquisição de propriedade - Desqualificação por ofensa ao princípio da continuidade - Dúvida julgada procedente – Recurso não provido, com determinação" **(TJSP; Apelação Cível 0005176-34.2019.8.26.0344; Relator (a): Pinheiro Franco (Corregedor Geral); Órgão Julgador: Conselho Superior de Magistratura; Data do Julgamento: 10/12/2019; Data de Registro: 12/12/2019).**

"REGISTRO DE IMÓVEIS - Carta de Arrematação – Executado que é titular de direitos sobre o imóvel – Forma derivada de aquisição de direitos – Arrematação que não pode ir além dos direitos do executado – Princípio da continuidade - Dúvida procedente – Apelação não provida" **(TJSP; Apelação Cível 1125920-02.2016.8.26.0100; Relator (a): Pereira Calças (Corregedor Geral); Órgão Julgador: Conselho Superior de Magistratura; Data do Julgamento: 02/12/2017; DJe: 15/03/2018).**

Nesse mesmo sentido, o C. Conselho Superior da Magistratura decidiu nas Apelações nº 1001015-36.2019.8.26.0223, nº 1061979-44.2017.8.26.0100, nº 0018338-33.2011.8.26.0100 e nº 0035805-59.2010.8.26.0100, dentre outras.

No caso concreto, conforme consta na matrícula n. 83.072 (fls. 63/68) e apuração do Oficial suscitante, o imóvel foi transmitido por diversas sucessões hereditárias, pertencendo, atualmente, a Angelina Sangiovanni Fortunato, casada com Antônio Enio Fortunato; a Braz Sangiovanni Filho, qualificado como solteiro; ao espólio de Américo Sangiovanni, que foi casado com Maria de Lourdes Sangiovanni; a Vivien Maria Innocenti, casada com Paulo Innocenti; a Maria Apparecida Sangiovanni Cariola e ao espólio de Marlene Adua Fortunato, que faleceu solteira.

Contudo, dos proprietários tabulares, apenas Braz, Vivien, Paulo e Maria Apparecida participaram da ação em que o bem foi arrematado, ao lado de Regina e Neide, apresentadas como sucessoras de Américo Sangiovanni (fl. 13, item 2), havendo informação, naquele processo, de que Braz teria adquirido parte do quinhão pertencente ao espólio de Marlene (fl. 13, item 3.a). Contudo, não há registro das partilhas relativas aos quinhões de Américo e de Marlene.

Observa-se, ainda, que, embora haja na matrícula notícia acerca do falecimento da proprietária Angelina (Av.2/83.072 – fl. 64), também não há registro de sua sucessão nem representação de eventuais herdeiros na ação em que o bem foi arrematado.

Desse modo e tendo em vista que os registros necessitam observar um encadeamento subjetivo, como já dito, realmente não há como admitir o ingresso da carta de arrematação, que não é título originário de aquisição de propriedade, no fólio real sem ocorrência de quebra da continuidade, já que os atuais titulares do domínio não integraram a ação judicial em que o bem foi arrematado.

Havendo regularização com o registro das referidas partilhas, torna-se imprescindível o esclarecimento acerca do estado civil do proprietário Braz, o qual certamente se casou após o registro da aquisição de seu quinhão, pois se qualifica como viúvo na petição inicial da ação que promoveu (fl. 11). Portanto, os efeitos patrimoniais dessa evolução deverão ser oportunamente apurados.

O esclarecimento acerca do estado civil do arrematante foi, de fato, suprido mediante apresentação da certidão de casamento de fl. 97. O documento, porém, deverá ser submetido a nova qualificação pelo Oficial após atendimento das exigências anteriores.

Por fim, quanto à comprovação do pagamento de imposto, não se tratando de forma originária de aquisição, verifica-se a ocorrência do fato gerador, sendo justificada fiscalização rigorosa de recolhimento pelos oficiais de registro, sob pena de responsabilidade pessoal (art. 289 da Lei n. 6.015/73; art.134, VI, do CTN e art. 30, XI, da Lei 8.935/1994).

Diante do exposto, **JULGO PROCEDENTE** a dúvida suscitada pelo **Oficial do 8º Registro de Imóveis da Capital** e, consequentemente, mantenho os óbices.

Deste procedimento não decorrem custas, despesas processuais ou honorários advocatícios.

Oportunamente, remetam-se os autos ao arquivo. P.R.I.C.

São Paulo, 23 de novembro de 2021. (DJe de 25.11.2021 – SP)

Ementa: Sentença – Dúvida – Pedido de registro de Carta de Arrematação expedida em ação judicial – Impossibilidade – Atuais titulares de domínio que não integraram a ação judicial em que o imóvel foi arrematado – Princípio da Continuidade Registrária – Títulos Judiciais não estão isentos de qualificação registrária – Ação na qual os antigos proprietários que figuraram como codevedores – Matéria reservada à esfera jurisdicional – Manutenção do óbice – Procedência

Processo 1094208-18.2021.8.26.0100

Dúvida - Registro de Imóveis - Liao Chen Hong Hsien - Diante do exposto, JULGO PROCEDENTE a dúvida, mantendo o óbice. Deste procedimento não decorrem custas, despesas processuais ou honorários advocatícios. Oportunamente remetam-se os autos ao arquivo. P.R.I.C. - ADV: MARIO EDUARDO ALVES (OAB 23374/SP)

Íntegra da decisão:

SENTENÇA

Processo Digital nº: **1094208-18.2021.8.26.0100**

Classe - Assunto **Dúvida - Registro de Imóveis**

Requerente: **5º Oficial de Registro de Imóveis da Capital**

Requerido: **Liao Chen Hong Hsien**

Juiz(a) de Direito: Dr(a). **Luciana Carone Nucci Eugênio Mahuad**

Vistos.

Trata-se de dúvida suscitada pelo **Oficial do 5º Registro de Imóveis da Capital** a requerimento de **Liao Chen Hong Hsien**, diante da negativa em se proceder ao registro de carta de arrematação expedida na ação de autos n. 0013694-49.2000.8.26.0224, referente ao imóvel da matrícula n. 9.356 daquela serventia. Informa o Oficial que o título já fora devolvido em outras oportunidades (protocolos n. 289.041, 290.039 e 303.482), sendo que, naquelas ocasiões, o imóvel estava registrado em nome de Célio Damaceno e de Maria Stella Bennemann Failde Damaceno, casados sob o regime da comunhão universal de bens; que a cobrança havia sido movida apenas em face do devedor, qualificado no estado civil de separado, sendo que, justamente por essa razão, o título foi qualificado negativamente, pois ofendia o princípio da continuidade registrária; que, nesta nova apresentação do título (prenotação n. 353.927), verificou-se mudança na titularidade, já que registrou-se partilha de bens do casal Célio e Maria, tendo o imóvel ficado com o varão (R.13/9.356), com posterior venda a Raphael Gonçalves e Victor Hugo Andrade Rios (R.16).

Diante disso, o título não pode ingressar no fólio real sem romper o trato sucessivo na titularidade do bem, considerando que a arrematação em hasta pública não é modo originário de aquisição de propriedade conforme a atual jurisprudência do E. Conselho Superior da Magistratura.

Vieram documentos às fls. 04/94.

A parte suscitada manifestou-se às fls. 95/96, sustentando que a arrematação, sem oposição de terceiros, é ato jurídico perfeito, acabado e irretratável, conforme o disposto no art. 903 do Código de Processo Civil, pelo que o registro deve ser determinado.

O Ministério Público opinou pela procedência, com manutenção do óbice (fls. 100/102).

É o relatório.

Fundamento e decido.

No mérito, a dúvida é procedente. Vejamos os motivos.

De início, vale destacar que os títulos judiciais não estão isentos de qualificação, positiva ou negativa, para ingresso no fólio real.

O Egrégio Conselho Superior da Magistratura já decidiu que a qualificação negativa de título judicial não caracteriza desobediência ou descumprimento de decisão judicial (Apelação Cível n. 413-6/7).

Neste sentido, também a Apelação Cível nº 464-6/9, de São José do Rio Preto:

> *"Apesar de se tratar de título judicial, está ele sujeito à qualificação registrária. O fato de tratar-se o título de mandado judicial não o torna imune à qualificação registrária, sob o estrito ângulo da regularidade formal. O exame da legalidade não promove incursão sobre o mérito da decisão judicial, mas à apreciação das formalidades extrínsecas da ordem e à conexão de seus dados com o registro e a sua formalização instrumental".*

E, ainda:

> *"REGISTRO PÚBLICO - ATUAÇÃO DO TITULAR - CARTA DE ADJUDICAÇÃO - DÚVIDA LEVANTADA - CRIME DE DESOBEDIÊNCIA - IMPROPRIEDADE MANIFESTA. O cumprimento do dever imposto pela Lei de Registros Públicos, cogitando-se de deficiência de carta de adjudicação e levantando-se dúvida perante o juízo de direito da vara competente, longe fica de configurar ato passível de enquadramento no artigo 330 do Código Penal - crime de desobediência -, pouco importando o acolhimento, sob o*

ângulo judicial, do que suscitado" (STF, HC 85911 / MG - MINAS GERAIS, Relator: Min. MARCO AURÉLIO, j. 25/10/2005, Primeira Turma).

Sendo assim, não há dúvidas de que a mera existência de título proveniente de órgão jurisdicional não basta para autorizar automaticamente seu ingresso no fólio real, cabendo ao oficial qualificá-lo conforme os princípios que regem a atividade registral.

Quanto ao registro pretendido, imprescindível que se observe o princípio da continuidade:

"O princípio da continuidade, que se apoia no de especialidade, quer dizer que, em relação a cada imóvel, adequadamente individuado, deve existir uma cadeia, de titularidade à vista da qual só se fará a inscrição de um direito se o outorgante dele aparecer no registro como seu titular.

Assim, as sucessivas transmissões, que derivam umas das outras, asseguram a preexistência do imóvel no patrimônio do transferente" (Afrânio de Carvalho, Registro de Imóveis, Editora Forense, 4ª edição, p. 254).

Ou seja, o título deve estar em conformidade com o inscrito na matrícula.

Ademais, é pacífico o entendimento atual de que a arrematação é modo derivado de aquisição da propriedade:

"REGISTRO DE IMÓVEIS - Carta de Arrematação – Título judicial sujeito à qualificação registral – Forma derivada de aquisição de propriedade - Desqualificação por ofensa ao princípio da continuidade - Dúvida julgada procedente – Recurso não provido, com determinação" (TJSP; Apelação Cível 0005176-34.2019.8.26.0344; Relator (a): Pinheiro Franco (Corregedor Geral); Órgão Julgador: Conselho Superior de Magistratura; Data do Julgamento: 10/12/2019; Data de Registro: 12/12/2019).

"REGISTRO DE IMÓVEIS - Carta de Arrematação – Executado que é titular de direitos sobre o imóvel – Forma derivada de aquisição de direitos – Arrematação que não pode ir além dos direitos do executado – Princípio da continuidade - Dúvida procedente – Apelação não provida" (TJSP; Apelação Cível 1125920-02.2016.8.26.0100; Relator (a): Pereira Calças (Corregedor Geral); Órgão Julgador: Conselho Superior de Magistratura; Data do Julgamento: 02/12/2017; DJe: 15/03/2018).

Nesse mesmo sentido, o E. CSM decidiu nas Apelações n. 1001015-36.2019.8.26.0223, n. 1061979-44.2017.8.26.0100, n. 0018338-33.2011.8.26.0100 e n. 0035805-59.2010.8.26.0100, dentre outras.

No caso concreto, o bem foi arrematado na ação de autos n. 0013694-49.2000.8.26.0224, ajuizada em março de 2000, na qual figuraram como codevedores os antigos proprietários do imóvel, Célio Damaceno e Maria Madalena Damaceno (fl. 42).

Vale anotar que tanto Célio quanto Maria foram qualificados no estado civil de separados judicialmente, o que, de fato, estava correto, pois ambos separaram-se por força de sentença transitada em julgado em 07/04/1998.

Todavia, a averbação da separação ocorreu apenas em 17 de fevereiro de 2020 (Av.09/9.356), o que justifica a negativa das tentativas anteriores de registro, entre os anos de 2015 e 2017 (protocolos n. 289.041, 290.039 e 303.482 – fls. 59/64).

Pois bem.

No interregno entre aquelas tentativas e o pedido atual, prenotado sob n. 353.927, houve registro da partilha do imóvel, o qual passou a pertencer exclusivamente ao varão (R.13/9.356 de 17 de fevereiro de 2020 – escritura datada de 29/11/2013). Posteriormente, houve venda do bem a Raphael Gonçalves e Victor Hugo Andrade Rios (R.16/9.356 de 15 de fevereiro de 2021 - escritura datada de 11/01/2021).

Desse modo e tendo em vista que os registros necessitam observar um encadeamento subjetivo, como já dito, realmente não há como admitir o ingresso da carta de arrematação no fólio real sem ocorrência de quebra da continuidade, já que os atuais titulares do domínio não integraram a ação judicial em que o bem foi arrematado.

De rigor, portanto, o prévio cancelamento do registro de compra e venda (R.16), o que aparenta ter ocorrido, a princípio, em afronta à transferência de titularidade promovida anteriormente com a arrematação datada de 12/12/2013, cuja carta foi formada em 17/05/2015 (fls. 04 e 42/44).

E, para tanto, a parte suscitada deve se valer de processo contencioso cível, com a incidência de contraditório e ampla defesa, já que afetados direito de terceiros.

Vale lembrar que mencionado registro não é objeto deste feito.

Nesta esfera administrativa, ademais, somente há espaço para reconhecimento de nulidade e cancelamento de registro/averbação por vício formal (de pleno direito) ou com concordância de todas as partes, nos termos prescritos pelos artigos 214 e 250 da Lei de Registros Públicos, não sendo este o caso em tela.

Os elementos dos autos, portanto, demonstram que houve acerto na qualificação negativa do título em razão de afronta ao princípio da continuidade registrária.

Diante do exposto, **JULGO PROCEDENTE** a dúvida, mantendo o óbice.

Deste procedimento não decorrem custas, despesas processuais ou honorários advocatícios.

Oportunamente remetam-se os autos ao arquivo.

P.R.I.C.

São Paulo, 06 de outubro de 2021.

Luciana Carone Nucci Eugênio Mahuad

Juiz de Direito (DJe de 13.10.2021 – SP)

Ementa: Sentença – Dúvida – Pedido de registro de Carta de Arrematação – Possibilidade – Negativa em razão de incorreção no recolhimento do ITBI por equívoco na data do fato gerador indicada na DTI – Delimitação da fiscalização do Oficial somente ao pagamento do imposto – Eventual discussão, sobre a correção do tributo recolhido, deve se dar perante à esfera judicial – Afastamento da exigência – Determinação do registro do título – Improcedência

Processo 1069382-25.2021.8.26.0100

Dúvida - Notas - Agenor João Bertoni - Diante do exposto, JULGO IMPROCEDENTE a dúvida suscitada pelo Oficial do 5º Registro de Imóveis da Capital a requerimento de Agenor João Bertoni para afastar o óbice registrário e, em consequência, determinar o registro do título. Deste procedimento não decorrem custas, despesas processuais nem honorários advocatícios. Oportunamente, remetam-se os autos ao arquivo. P.R.I.C. - ADV: MARCIA FERREIRA SCHLEIER (OAB 81301/SP)

Íntegra da decisão:

SENTENÇA

Processo Digital nº: **1069382-25.2021.8.26.0100**

Classe - Assunto **Dúvida - Notas**

Suscitante: **5º Oficial de Registro de Imóveis da Capital**

Suscitado: **Agenor João Bertoni**

Juiz(a) de Direito: Dr(a). **Luciana Carone Nucci Eugênio Mahuad**

Vistos.

Trata-se de dúvida suscitada pelo **Oficial do 5º Registro de Imóveis da Capital** a requerimento de **Agenor João Bertoni** após negativa de registro de carta de arrematação expedida na ação trabalhista de autos n. 0142600-95.2009.5.02.0083, que tem por objeto o imóvel da matrícula n. 30.863 daquela serventia. Informa o Oficial que o óbice registrário diz respeito à incorreção do recolhimento do ITBI por equívoco na data do fato gerador indicada na DTI (Declaração de Transações Imobiliárias), já que o auto de leilão é de 18/02/2020 e foi declarada a data de transação como sendo 24/09/2020, sendo que o art. 16 do Decreto-Lei n. 55.196/2014 prevê o pagamento do ITBI dentro de 15 dias da arrematação, pelo que a parte suscitada deve complementar o recolhimento tributário na forma da lei. Juntou documentos às fls. 01/134.

A parte suscitada apresentou impugnação às fls. 135/145, aduzindo que a exigência não encontra respaldo legal, uma vez que já houve recolhimento de ITBI; que pretende recolher eventual diferença do imposto, mas vem enfrentando dificuldade de atendimento junto ao posto fiscal da municipalidade, pelo que se viu compelida a ingressar com ação judicial perante o Juizado Especial da Fazenda para consignação dos valores respectivos (autos n. 1060844-36.2020.8.26.0053); que não pode ser prejudicada pela inércia da municipalidade. Juntou documentos às fls. 146/200.

O Ministério Público opinou pela procedência (fls. 206/207).

É o relatório.

Decido.

No mérito, a dúvida é improcedente. Vejamos os motivos.

Em que pese a cautela do Oficial, o título apresentado não possui vício formal que obste registro. Ademais, houve recolhimento do ITBI como por ele próprio relatado.

Não se desconhece que, para os registradores, vigora ordem de controle rigoroso do recolhimento do imposto por ocasião do registro do título, sob pena de responsabilidade pessoal (art. 289 da Lei n. 6.015/73; art.134, VI, do CTN e art. 30, XI, da Lei 8.935/1994).

Todavia, acerca desta matéria, o Egrégio Conselho Superior da Magistratura já fixou entendimento no sentido de que a fiscalização devida não vai além da aferição sobre a existência ou não do recolhimento do tributo (e não se houve correto recolhimento do valor, sendo tal atribuição exclusiva do ente fiscal).

Nesse sentido, os seguintes julgados do E. Conselho Superior da Magistratura:

"Ao oficial de registro incumbe a verificação de recolhimento de tributos relativos aos atos praticados, não a sua exatidão" (Apelação Cível 20522-0/9- CSMSP - J.19.04.1995 - Rel. Antônio Carlos Alves Braga).

"Todavia, este Egrégio Conselho Superior da Magistratura já fixou entendimento no sentido de que a qualificação feita pelo Oficial Registrador não vai além da aferição sobre a existência ou não de recolhimento do tributo, e não sobre a integralidade de seu valor" (Apelação Cível 996-6/6 – CSMSP, j. 09.12.2008 - Rel. Ruy Camilo).

"Este Egrégio Conselho Superior da Magistratura já fixou entendimento no sentido de que a qualificação feita pelo Oficial Registrador não vai além da aferição sobre a existência ou não de recolhimento do tributo, e não sobre a integralidade de seu valor" (Apelação Cível 0009480- 97.2013.8.26.0114 - Campinas - j. 02.09.2014 - Rel. des. Elliot Akel).

Nessa mesma linha, este juízo já decidiu em casos análogos que também versavam sobre a exigência do correto recolhimento de ITBI (autos de números 1115167-78.2019.8.26.0100, 1116491-06.2019.8.26.0100 e 1059178-53.2020.8.26.0100).

Eventual valor devido a título de encargos moratórios deve ser levado à via judicial, cuja discussão, inclusive, já foi iniciada por iniciativa da própria parte suscitada em ação consignatória, não podendo o registrador desqualificar o título apresentado sob o fundamento de ausência de complemento de tais valores.

Em suma, como houve recolhimento do tributo e a parte suscitada tomou medidas para pagamento de eventual diferença devida, o registro deve ser realizado.

Diante do exposto, **JULGO IMPROCEDENTE** a dúvida suscitada pelo Oficial do 5º Registro de Imóveis da Capital a requerimento de Agenor João Bertoni para afastar o óbice registrário e, em consequência, determinar o registro do título.

Deste procedimento não decorrem custas, despesas processuais nem honorários advocatícios.

Oportunamente, remetam-se os autos ao arquivo.

P.R.I.C.

São Paulo, 09 de agosto de 2021.

Luciana Carone Nucci Eugênio Mahuad

Juiz de Direito (DJe de 12.08.2021 – SP)

Ementa: Sentença – Pedido de Providências – Pedido de cancelamento de restrição anterior à arrematação do imóvel – Impossibilidade – Negativa em razão da necessidade de ordem judicial ou de requerimento unânime dos envolvidos – Incompetência do juízo administrativo para análise ou modificação das decisões judiciais referentes a penhoras ou arrestos – Gravame que foi determinado em processo judicial – Imprescindibilidade de que a atual proprietária busque o cancelamento da constrição perante o juízo que a determinou – Improcedência

Processo 1055447-15.2021.8.26.0100

Pedido de Providências - Registro de Imóveis - Albery Spinola Filho Me - Diante do exposto, JULGO IMPROCEDENTE o pedido de providências formulado Albery Spinola Filho Serviços e Comércio Eirelli-ME em face do Oficial do 6º Registro de Imóveis da Capital. Deste procedimento não decorrem custas, despesas processuais ou honorários advocatícios. Oportunamente, ao arquivo com as cautelas de praxe. P.R.I.C. - ADV: AGESSIKA TYANA ALTOMANI (OAB 308723/SP)

Íntegra da decisão:

SENTENÇA

Processo Digital nº: **1055447-15.2021.8.26.0100**

Classe - Assunto **Pedido de Providências - Registro de Imóveis**

Requerente: **Albery Spinola Filho Me**

Requerido: **6º Oficial de Registro de Imóveis da Capital**

Juiz(a) de Direito: Dr(a). **Luciana Carone Nucci Eugênio Mahuad**

Vistos.

Trata-se de pedido de providências formulado por **Albery Spinola Filho Serviços e Comércio Eirelli-ME** em face do **Oficial do 6º Registro de Imóveis da Capital**, para cancelamento de restrição anterior à arrematação do imóvel da matrícula n. 112.400 daquela serventia.

A parte requerente aduz que arrematou o imóvel em leilão judicial, pelo que o arresto averbado anteriormente, R.3, deve ser cancelado: a arrematação consubstancia modo de aquisição originária da propriedade; que não localizou a ação judicial da qual partiu a ordem restritiva na Comarca de Valença/RJ (autos de n. 81/94). Juntou documentos às fls. 07/22.

O Oficial manifestou-se às fls. 26/32, aduzindo, preliminarmente, que o requerimento não foi objeto de prenotação, pelo que o título deve ser apresentado à serventia. No mérito, alegou que, ao observar o documento microfilmado, verificou que a ação executiva tramitou junto à 19ª Vara Cível de São Paulo e não em Valença/RJ; que o arresto, em princípio, somente pode ser cancelado mediante ordem judicial ou por requerimento unânime dos envolvidos, nos termos do art. 250 da LRP; que, por outro lado, não desconhece a atual jurisprudência dos tribunais superiores no tocante à perda de eficácia das averbações de penhora anteriores à arrematação, com permissão de alienações posteriores, pelo que não se opõe ao cancelamento direto da constrição se for do entendimento deste juízo administrativo.

Após determinação, a parte requerente apresentou o título perante o Oficial (fls. 39/42).

O Ministério Público opinou pela improcedência (fls. 86/88).

É o relatório.

Fundamento e decido.

No mérito, o pedido não procede. Vejamos os motivos.

Analisando a matrícula n. 112.400, juntada às fls. 11/16, verifica-se a existência de arresto (R.3), sem que tenha sido exibida qualquer decisão para levantamento do gravame.

A Egrégia Corregedoria Geral de Justiça já se posicionou acerca da impossibilidade de cancelamento de penhora realizada por determinação judicial via decisão administrativa desta Corregedoria Permanente, o que vale, obviamente, também para o arresto (com nossos destaques):

"REGISTRO IMOBILIÁRIO. CANCELAMENTO DE PENHORA - Mesmo diante do registro de carta de adjudicação e sua repercussão no registro imobiliário (cancelamento indireto) ***não cabe expedição de ordem para o cancelamento de inscrições de penhora provenientes de outros processos judiciais, competindo requerimento ao juízo que a determinou*** *- Preliminar rejeitada e Recurso não provido" (CGJ, Proc. nº 1093002-08.2017.8.26.0100 – Parecer 101/2018-E, j. 13.03.2018).*

"REGISTRO DE MÓVEIS - Arrematação - Modo derivado de aquisição da propriedade imobiliária - Questão, todavia, irrelevante - Cancelamento direto de penhoras estranhas ao processo onde ocorreu a alienação judicial - ***Necessidade de ordem judicial emanada da autoridade competente, ou seja, daquela que determinou as inscrições*** *– Registro da carta de arrematação, portanto, é insuficiente para tanto - Confirmação do juízo de desqualificação registrai – Recurso desprovido" (CGJ, Processo n. 0004589-40.2014.8.26.0456, j . 03.08.2016).*

"REGISTRO DE IMÓVEIS - Carta de arrematação – Cancelamento direto de penhora estranha à do processo onde ocorrida a alienação judicial - ***Impossibilidade - Precedentes do Conselho Superior da Magistratura e da Corregedoria Geral da Justiça*** *– Dúvida improcedente - Recurso provido" (CGJ, Processo n. 0011823-84.2015.8.26.0344, j . 28.07.2016).*

'Registro de Imóveis - Pretensão de cancelamento de hipotecas e fls. 161 PODER JUDICIÁRIO TRIBUNAL DE JUSTIÇA DO ESTADO DE SÃO PAULO CORREGEDORIA GERAL DA JUSTIÇA Recurso Administrativo nº 1093002-08.2017.8.26.0100 penhoras à vista de arrematação ocorrida em juízo cível - ***Cancelamento de penhoras que depende de ordem do juízo que as determinou - Ausência de comprovação da notificação do credor hipotecário - Impossibilidade do cancelamento*** *- Inteligência do art. 1.501 do Código Civil – Recurso desprovido" (CGJ, Processo n. 1017712-21.2016.8.26.0100, j . 16.07.2016).*

Não compete a este juízo administrativo, portanto, analisar ou modificar as decisões judiciais no que tange a penhoras ou arrestos.

Ademais, ao contrário do que diz a parte suscitada, a arrematação em leilão judicial é modo derivado de aquisição de propriedade, caracterizada por uma alienação forçada proveniente de ordem judicial em processo de execução ou de cumprimento de sentença, que independe da relação jurídica ou negocial entre o antigo proprietário (executado) e o adquirente (arrematante ou adjudicante), nos moldes do atual entendimento do Conselho Superior da Magistratura (Apelação Cível nº 9000002-19.2013.8.26.0531).

Nesse sentido, ainda, a jurisprudência do STJ (AgRg no AREsp 805.687/RS, Quarta Turma, Rel. Min. Antônio Carlos Ferreira, j. 10.03.16).

Por fim, em que pese a afirmação da parte requerente acerca da inexistência da ação judicial indicada no gravame, note-se a constatação do Oficial de que o arresto foi determinado em processo que tramitou perante a 19ª Vara Cível desta capital (fls. 33/34).

Logo, em não se tratando de aquisição originária, a atual proprietária deve buscar o cancelamento da constrição perante o juízo que a determinou em consonância com a jurisprudência supramencionada.

Diante do exposto, **JULGO IMPROCEDENTE** o pedido de providências formulado Albery Spinola Filho Serviços e Comércio Eirelli-ME em face do Oficial do 6º Registro de Imóveis da Capital.

Deste procedimento não decorrem custas, despesas processuais ou honorários advocatícios.

Oportunamente, ao arquivo com as cautelas de praxe.

P.R.I.C.

São Paulo, 28 de julho de 2021.

Luciana Carone Nucci Eugênio Mahuad

Juiz de Direito (DJe de 30.07.2021 – SP)

Ementa: Sentença – Pedido de Providências – Pedido de cancelamento do registro da Carta de Arrematação – Alegação pela Requerente de que parte do imóvel pertencia ao Espólio do qual é Inventariante, bem como de que os herdeiros do "de cujus" não participaram do processo em que o bem foi arrematado – Descabimento – Informação pelo Oficial de que a transmissão de bens do falecido se deu no momento óbito e os herdeiros integraram o polo passivo da ação – Incompetência do presente juízo para instrução ou análise de vícios intrínsecos – Ato registral formalmente perfeito – Supostos vícios intrínsecos ao título devem ser reconhecidos no âmbito judicial – Inexistência de nulidade de registro – Ausência de conduta irregular – Improcedência

Processo 1032316-11.2021.8.26.0100

Pedido de Providências - Registro de Imóveis - Maria de Fátima Chain Campana - Locon Empreendimentos Eireli - Diante do exposto, JULGO IMPROCEDENTE o pedido de providências formulado por Maria de Fátima Chain Campana em face do Oficial do 2º Registro de Imóveis da Capital. Deste procedimento não decorrem custas, despesas processuais e honorários advocatícios. Oportunamente, ao arquivo com as cautelas de praxe. P.R.I.C. - ADV: FERNANDO GUILHERME DE AGUIAR TINASI (OAB 98374/SP), LEANDRO IGOR PAULELLI DOS SANTOS (OAB 312239/SP)

Íntegra da decisão:

SENTENÇA

Processo Digital nº: **1032316-11.2021.8.26.0100**

Classe - Assunto **Pedido de Providências - Registro de Imóveis**

Impetrante: **Maria de Fátima Chain Campana**

Impetrado: **2º Oficial de Registro de Imóveis da Capital**

Juiz(a) de Direito: Dr(a). **Luciana Carone Nucci Eugênio Mahuad**

Vistos.

Trata-se de pedido de providências formulado por **Maria de Fátima Chain Campana** em face do **Oficial do 2º Registro de Imóveis da Capital**, objetivando o cancelamento do registro da carta de arrematação referente ao imóvel com matrícula n. 65130 daquela serventia.

A parte requerente aduz que a carta de arrematação (expedida em ação de extinção de condomínio - autos n. 0062597-69.2018.8.26.0100) foi registrada em violação ao princípio da continuidade registrária, já que parte ideal do imóvel pertencia ao espólio de Carlos Luiz Campana, sendo que seu inventário judicial, no qual foi nomeada inventariante, ainda não foi concluído; que os herdeiros do "de cujus" não participaram do processo em que o bem foi arrematado. Juntou documentos às fls. 11/37.

A decisão de fls. 38/39, além de ter recebido o procedimento como pedido de providências (inicialmente distribuído como mandado de segurança), indeferiu a medida liminar pretendida.

O Oficial Registrador manifestou-se às fls. 43/44, sustentando inexistência de equívoco registral passível de correção na esfera administrativa, já que a transmissão dos bens de Carlos Luiz Campana se deu no momento de seu óbito e os herdeiros integraram o polo passivo da ação em que alienado o imóvel, pelo que inexistiu quebra da continuidade registrária.

O Ministério Público opinou pela improcedência (fls. 107/108 e 485).

Habilitada pelo juízo como terceira interessada, a empresa arrematante manifestou-se às fls. 117/128, alegando ser litisconsorte necessária, bem como impugnando o pedido de gratuidade da parte requerente e o valor dado à causa. No mérito, sustentou a improcedência do pedido.

Em novas manifestações, a parte requerente reiterou suas razões iniciais (fls. 434/435 e 438/481).

É o relatório.

Fundamento e decido.

No mérito, o pedido é improcedente. Vejamos os motivos.

Pelo princípio da legitimação (eficácia do registro), os vícios reconhecíveis pela via administrativa são apenas aqueles comprováveis de pleno direito que resultem de erros evidentes extrínsecos ao título, sem necessidade de exames de outros documentos ou fatos.

Logo, neste procedimento administrativo e no âmbito da competência deste juízo, não há espaço para instrução ou avaliação de vícios intrínsecos do título levado a registro, pelo que incabível análise, nesta via, de questões próprias do processo judicial (intervenção de terceiros, litisconsórcio, gratuidade, valor da causa, sucumbência, etc.), como bem observado pelo Ministério Público.

Nesse sentido, ainda, a jurisprudência da E. Corregedoria Geral de Justiça:

> *"NULIDADE DO REGISTRO. Artigo 214 da Lei de Registros Públicos. Nulidade do Registro (modo) e não do título. Somente é cabível na via administrativa o conhecimento de vício atinente à nulidade direta do registro e não do título (vício intrínseco). Nulidade do título somente é passível de conhecimento na via jurisdicional - Recurso não provido"* **(CGJ proc. n. 1050759-49.2017.8.26.0100, DJ 13.03.2018).**

> *"REGISTRO DE IMÓVEIS - registro de alienação fiduciária – eventuais vícios do título que só podem prejudicar o registro, por via oblíqua, mediante atuação da jurisdição - via administrativa inapropriada - art. 214, da Lei nº 6.015/73, inaplicável - Recurso desprovido"* **(CGJ proc. n. 0006400-50.2013.8.26.0236, DJ 11/10/16).**

> *"REGISTRO DE IMÓVEIS. Pedido de Providências que visa cancelar ou retificar o registro Inexistência de nulidade formal e extrínseca, relacionada*

exclusivamente ao registro - Inaplicabilidade do artigo 214 da Lei de Registros Públicos - Vício exclusivo do título, de natureza intrínseca. Hipótese que se enquadra no artigo 216 da Lei de Registros Públicos Recurso não provido" **(CGJ parecer n. 2015/76433, DJ 07/07/15).**

Quanto aos vícios extrínsecos, o único apontado pela parte requerente é o suposto desrespeito ao princípio da continuidade pelo Oficial quando do registro da carta de arrematação, porque não teria observado a inexistência de registro prévio da partilha do imóvel arrematado ante o falecimento de um dos coproprietários.

Neste ponto, porém, não se verifica qualquer falha efetiva.

Como bem ressaltado pelo Oficial, a transmissão dos bens aos herdeiros ocorre no momento do óbito (princípio da *saisine*), sendo que a alienação do imóvel a terceiro se deu em ação judicial de extinção de condomínio com a representação do falecido coproprietário pelos seus herdeiros.

Ainda que se considere a arrematação como forma de aquisição derivada da propriedade, como já decidido pelo Conselho Superior da Magistratura (Apelação Cível n. 9000002-19.2013.8.26.0531, com relatoria do Desembargador Elliot Akel), não se vislumbra quebra da continuidade no caso, tendo em vista que o coproprietário foi representado pelos herdeiros no processo judicial ante a ausência de inventário naquela oportunidade, como dito, bem como porque o inventário iniciado posteriormente ainda não foi concluído.

Em outras palavras, o ato registral que se pretende modificar está formalmente perfeito pois adstrito ao título de origem. Assim, não comporta qualquer alteração e não deve ser cancelado administrativamente.

Por fim, vale dizer que os supostos vícios intrínsecos ao título, notadamente o alegado defeito de representação do coproprietário falecido na ação em que arrematado, devem ser reconhecidos no âmbito judicial, com a incidência de contraditório e ampla defesa, sendo que, uma vez reconhecidos, o cancelamento do registro ocorre como consequência.

Nesse contexto, inexistente qualquer nulidade de registro (que não se confunde com eventual nulidade do título), não há que se falar em cancelamento do ato registral, o qual foi elaborado pelo Oficial com fidelidade ao título apresentado e sem desrespeito ao princípio da continuidade registrária.

Diante do exposto, **JULGO IMPROCEDENTE** o pedido de providências formulado por Maria de Fátima Chain Campana em face do Oficial do 2º Registro de Imóveis da Capital.

Deste procedimento não decorrem custas, despesas processuais e honorários advocatícios.

Oportunamente, ao arquivo com as cautelas de praxe.

P.R.I.C.

São Paulo, 29 de junho de 2021. (DJe de 02.07.2021 – SP)

Ementa: Sentença – Dúvida – Pedido de registro da Carta de Arrematação Extrajudicial – Negativa em razão da referida Carta não ser instrumento hábil para ingresso no fólio real – Necessidade de lavratura de Escritura Pública ou de Instrumento Particular com efeitos de Escritura Pública – Arts 38 e 39, II, da Lei Federal nº 9514/97 – Manutenção do óbice – Procedência

Processo 1047827-49.2021.8.26.0100

Dúvida - REGISTROS PÚBLICOS - Ourem Administracao de Bens Ltda - Diante do exposto, JULGO PROCEDENTE a dúvida suscitada pelo Oficial do 4º Registro de Imóveis da Capital a requerimento de Ourem Administração de Bens Ltda e, em consequência, mantenho o óbice registrário. Deste procedimento não decorrem custas, despesas processuais e honorários advocatícios. Oportunamente, ao arquivo com as cautelas de praxe. P.R.I.C. - ADV: PAULO VITOR ALVES MARIANO (OAB 416134/SP), ISIDORO ANTUNES MAZZOTINI (OAB 115188/SP)

Íntegra da decisão:

SENTENÇA

Processo Digital nº: **1047827-49.2021.8.26.0100**

Classe - Assunto **Dúvida - REGISTROS PÚBLICOS**

Suscitante: **4º Oficial de Registro de Imóveis de São Paulo**

Suscitado: **Ourem Administracao de Bens Ltda**

Juiz(a) de Direito: Dr(a). **Luciana Carone Nucci Eugênio Mahuad**

Vistos.

Trata-se de dúvida suscitada pelo **Oficial do 4º Registro de Imóveis da Capital** a requerimento de **Ourem Administração de Bens Ltda**, tendo em vista negativa em se proceder ao registro de carta de arrematação extrajudicial, que tem como objeto o imóvel da matrícula n. 188.593 daquela serventia.

Informa o Oficial que a negativa foi motivada pelo fato de que a carta de arrematação extrajudicial não é instrumento hábil para ingresso no fólio real, sendo indispensável a lavratura de escritura pública ou instrumento particular com efeitos de escritura pública, na forma do ar. 38 da Lei Federal

n. 9.514/97; que, com o advento da Lei n. 13.455/17, tornou-se inaplicável o disposto no art. 37 do Decreto-lei n. 70/66, o que inviabiliza o registro do documento apresentado, por ausência de previsão legal; que o art. 253.1. do capítulo XX das Normas de Serviço da Corregedoria Geral de Justiça também impede o registro do título.

Documentos vieram às fls. 05/116.

A parte suscitada manifestou-se às fls. 117/124, sustentando que a carta de arrematação é título hábil para transferência da titularidade, notadamente porque indica expressamente em seu teor o vendedor/credor fiduciário e o comprador/arrematante, de modo que inexiste a necessidade de escritura para registro; que a segunda exigência também não merece prosperar, pois todos as formalidades aplicáveis à espécie foram cumpridas, incluindo a entrega de outros documentos exigidos pelo Oficial; que a carta de arrematação extrajudicial equivale a instrumento particular com efeitos de escritura pública, em conformidade com o disposto no item 229 das Normas de Serviço da Corregedoria Geral de Justiça e no art. 38 da Lei da Alienação Fiduciária.

O Ministério Público opinou pela procedência da dúvida (fls. 128/129).

É o relatório.

Fundamento e decido.

Por primeiro, verifica-se que o objeto da dúvida suscitada é o inconformismo voltado à exigência formulada pelo Oficial na nota devolutiva de fls. 30/31 (prenotação n. 600806), pelo que este procedimento restringir-se-á apenas ao óbice apontado pelo registrador (necessidade da lavratura de escritura pública ou instrumento particular com efeitos de escritura pública para registro da carta de arrematação).

No mérito, a dúvida é procedente. Vejamos os motivos.

Conforme sustentado pelo Oficial, a Carta de Arrematação obtida em leilão extrajudicial não é título hábil para ingresso no fólio registral (fls. 39/41), por não se tratar de instrumento particular com força de escritura pública.

Vale lembrar que o leilão decorreu da consolidação da propriedade do imóvel em favor do credor fiduciário (fls. 29 e 35/36) e que a Lei n. 9.514/97, que dispõe sobre o assunto, assim estabelece em seu art. 38:

> *"Art. 38. Os atos e contratos referidos nesta Lei ou resultantes da sua aplicação, mesmo aqueles que visem à constituição, transferência, modificação ou renúncia de direitos reais sobre imóveis,* ***poderão*** *ser celebrados por escritura pública ou por instrumento particular com efeitos de escritura pública".*

Neste ponto, o que se denota é que o dispositivo apenas faculta a formalização dos atos e contratos concernentes à alienação fiduciária por escritura pública ou instrumento particular com efeito de escritura pública, sem qualquer indicativo de que a carta de arrematação corresponda ao instrumento.

A mesma lei, ainda, em seu art. 39, II, restringiu expressamente a aplicabilidade das disposições dos arts. 29 a 41 do Decreto-Lei n. 70, de 21 de novembro de 1966, **aos procedimentos de execução de créditos garantidos por hipoteca**:

> *"Art. 39. Às operações de crédito compreendidas no sistema de financiamento imobiliário, a que se refere esta Lei:*
>
> *II - aplicam-se as disposições dos arts. 29 a 41 do Decreto-Lei n. 70, de 21 de novembro de 1966, exclusivamente aos procedimentos de execução de créditos garantidos por hipoteca".*

Desse modo, não há dúvida de que não mais se aplica o disposto no art. 37 do Decreto-Lei n. 70, de 21 de novembro de 1966, aos procedimentos de crédito garantidos por alienação fiduciária, o qual autorizava o registro direto da carta de arrematação:

> *"Art 37. Uma vez efetivada a alienação do imóvel, de acordo com o artigo 32, será emitida a respectiva carta de arrematação, assinada pelo leiloeiro, pelo credor, pelo agente fiduciário, e por cinco pessoas físicas idôneas, absolutamente capazes, como testemunhas, documento que servirá como título para a transcrição no Registro Geral de Imóveis".*

Não bastasse isso, a conclusão se reforça pelo contido no item 253.1 do Capítulo XX das NSCGJSP, que trata do leilão posterior à consolidação da propriedade fiduciária e regulamenta a transmissão do imóvel ao licitante:

> *"253.1. Havendo lance vencedor, a transmissão do imóvel ao licitante será feita por meio de* ***registro de contrato de compra e venda, por instrumento público ou particular****, no qual deverá figurar, de um lado, como vendedor, o antigo credor fiduciário e, de outro, como comprador, o licitante vencedor".*

Por fim, vale anotar que este entendimento vai ao encontro do previsto no próprio edital do leilão em que arrematado o bem, que assim estabeleceu expressamente, com nossos destaques:

"Dentro de 60 (sessenta) dias, contados da outorga da ***competente escritura de venda e compra****, ressalvada a hipótese de extensão autorizada do prazo,*

o Arrematante deverá apresentar ao Vendedor, comprovação do registro do respectivo instrumento aquisitivo no Cartório de Registro Imóveis competente" (fl. 45, segundo parágrafo).

Diante do exposto, **JULGO PROCEDENTE** a dúvida suscitada pelo Oficial do 4º Registro de Imóveis da Capital a requerimento de Ourem Administração de Bens Ltda e, em consequência, mantenho o óbice registrário.

Deste procedimento não decorrem custas, despesas processuais e honorários advocatícios.

Oportunamente, ao arquivo com as cautelas de praxe.

P.R.I.C.

São Paulo, 24 de junho de 2021. (DJe de 28.06.2021 – SP)

Ementa: Sentença – Pedido de Providências – Pedido de registro da Carta de Arrematação – Óbices registrários em razão da existência de dois títulos prenotados anteriormente, bem como de averbações de indisponibilidade na matrícula – Necessidade de pagamento dos emolumentos correspondentes ao registro – Títulos apresentados anteriormente que não impedem a alienação do imóvel – Manutenção dos óbices em relação da necessidade do cancelamento dos gravames anteriores, bem como da intimação dos titulares – Princípio da Continuidade – Concordância parcial das exigências por parte do Requerente – Dúvida Prejudicada

Processo 0006239-79.2021.8.26.0100

Pedido de Providências - REGISTROS PÚBLICOS - Corregedoria Geral da Justiça - 16º Oficial de Registro de Imóveis da Capital - Marines da Silva Vieira - Ante o exposto, julgo prejudicada a dúvida inversa suscitada por Eduardo Barduchi diante da Registradora do 16º Registro de Imóveis da Capital, com observação. Não há custas, despesas processuais ou honorários advocatícios decorrentes deste procedimento. Comunique-se à E. CGJ da presente sentença. Oportunamente, arquivem-se os autos. P.R.I.C. - ADV: MARINES DA SILVA VIEIRA (OAB 273361/SP)

Íntegra da decisão:

SENTENÇA

Processo Digital nº: **0006239-79.2021.8.26.0100**

Classe - Assunto **Pedido de Providências - REGISTROS PÚBLICOS**

Requerente: **Corregedoria Geral da Justiça**

Requerido: **16º Oficial de Registro de Imóveis da Capital**

Juiz(a) de Direito: Dr(a). **Vivian Labruna Catapani**

Vistos.

Trata-se de pedido de providências, recebido como procedimento de dúvida inversa, suscitado por **Eduardo Barduchi**, diante da recusa, por parte da **Registradora do 16º Registro de Imóveis da Capital**, em registrar a carta de arrematação emitida pela 20ª Vara de Justiça do Trabalho de São Paulo, tendo como objeto o imóvel matriculado sob o nº 1.003 daquela Serventia.

Segundo a Registradora (fls. 29/32), os óbices ao registro pretendido são os seguintes: i) existência de dois títulos prenotados anteriormente à carta de arrematação apresentada pelo suscitante; ii) existência de duas averbações de indisponibilidade na matrícula, razão pela qual deverá constar da carta de arrematação a prevalência da alienação judicial que gerou o título sobre as restrições oriundas de outro Juízo, que também deverá ser comunicado acerca da alienação; iii) violação ao princípio da continuidade, em razão de os titulares dominiais não terem integrado a ação de execução que deu origem ao título; iv) necessidade de pagamento dos emolumentos correspondentes ao registro pretendido (fls. 29/32).

O interessado manifestou-se, às fls. 81/85, acerca dos óbices apontados pela registradora. Em relação ao primeiro óbice, aduziu que os ofícios prenotados sob os nºs 570.497 e 571.594 não conflitam com a pretensão de registro da carta de arrematação, uma vez que dizem respeito ao cancelamento de constrições anteriormente averbadas na matrícula do imóvel. Sobre o segundo ponto, manifestou sua concordância com a necessidade de baixa dos gravames anteriores e informou que providenciará as medidas necessárias ao cancelamento junto aos Juízos competentes. Acerca do terceiro óbice, sustentou que os titulares dominiais tomaram ciência da execução que gerou a arrematação por meio da averbação da indisponibilidade do bem, ordenada em 2015 pelo Juízo responsável pela alienação judicial do imóvel, não havendo necessidade de os proprietários integrarem o polo passivo da ação de execução. Por fim, comunicou sua concordância com o pagamento dos emolumentos correspondentes ao registro.

O Ministério Público sustentou que a presente dúvida deve ser julgada prejudicada, com observação, em razão de o interessado concordar com parte dos óbices apresentados. Opinou, ainda, pela manutenção do óbice relativo à necessidade de intimação dos titulares dominiais nos autos da ação que originou a arrematação do imóvel.

Houve juntada de novos documentos pela Registradoras às fls. 173/189.

O interessado manifestou-se novamente à fl. 190.

Vieram-me os autos conclusos.

É o relatório. Fundamento e decido.

O reconhecimento pelo suscitante da possibilidade de cumprimento das exigências por si só prejudica o procedimento de dúvida. A concordância parcial ou a ausência de impugnação com as exigências da Registradora prejudica a dúvida, que só admite duas soluções: a determinação do registro do título protocolado e prenotado, que é analisado, em reexame de qualificação, tal como se encontrava no momento em que surgida dissensão entre a apresentante e o Oficial de Registro de Imóveis; ou a manutenção da recusa do Oficial.

Para que se possa decidir se o título pode ser registrado ou não é preciso que todas as exigências, e não apenas parte delas, sejam reexaminadas pelo Corregedor Permanente. Neste sentido, é pacífica a jurisprudência do Egrégio Conselho Superior.

E ainda, admitir o atendimento de exigência no curso do procedimento da dúvida teria como efeito a indevida prorrogação do prazo de validade da prenotação e, em consequência, impossibilitaria o registro de eventuais outros títulos representativos de direitos reais contraditórios que forem apresentados no mesmo período.

Porém, ainda que assim não fosse, no mérito a dúvida é parcialmente procedente

De proêmio, ressalto que o suscitado já manifestou sua concordância com a necessidade de pagamento dos emolumentos devidos pela prática do ato registral almejado, razão pela qual o óbice referente a este tema não integrará o objeto desta análise.

Em relação ao **primeiro óbice**, ressalto que, por força do princípio da prioridade, os atos registrais são praticados de acordo com a ordem de apresentação dos respectivos títulos, de modo que, apresentados títulos contraditórios, aquele com número de protocolo anterior será registrado. Caso esgotado o prazo da prenotação de 30 dias sem que tenham sido cumpridas as exigências, o título seguinte na ordem de prenotações será qualificado e, não havendo exigências, registrado. É o que dispõe a Lei 6.015/73:

> *Art. 182 - Todos os títulos tomarão, no Protocolo, o número de ordem que lhes competir em razão da seqüência rigorosa de sua apresentação.*
>
> *Art. 186 - O número de ordem determinará a prioridade do título, e esta a preferência dos direitos reais, ainda que apresentados pela mesma pessoa mais de um título simultaneamente.*
>
> *Art. 205 - Cessarão automaticamente os efeitos da prenotação se, decorridos 30 (trinta) dias do seu lançamento no Protocolo, o título não tiver sido registrado por omissão do interessado em atender às exigências legais.*

Ainda segundo dispõe o item 35 das NSCGJ, tomo II, Capítulo XX:

> *35. O número de ordem determinará a prioridade do título.*

E o item 37:

> *37. No caso de prenotações sucessivas de títulos contraditórios ou excludentes, criar-se-á uma fila de precedência. Cessados os efeitos da prenotação, poderá retornar à fila, mas após os outros, que nela já se encontravam no momento da cessação.*
>
> *37.1. O exame do segundo título subordina-se ao resultado do procedimento de registro do título que goza da prioridade. Somente se inaugurará novo procedimento registrário, ao cessarem os efeitos da prenotação do primeiro. Nesta hipótese, os prazos ficarão suspensos e se contarão a partir do dia em que o segundo título assumir sua posição de precedência na fila.*

No presente caso, a Registradora apontou a existência de dois títulos anteriores à carta de arrematação apresentada pelo suscitante (**prenotação n. 571.639**): o **ofício prenotado sob o nº 570.497**, que trata do cancelamento da penhora objeto da averbação nº 53 da matrícula nº 1.003, e a **certidão prenotada sob o nº 571.594**, que tem por objeto a averbação de nova penhora, na proporção de 50% do imóvel. Os títulos, acompanhados das respectivas notas devolutivas, foram apresentados pela Registradora às fls. 174/189.

Ressalto que, no caso em tela, os títulos em questão não são contraditórios ao pleito de registro da carta de arrematação do bem, uma vez que o cancelamento de penhora e a averbação de nova penhora não impedem a alienação do imóvel.

Dessa forma, não se opera a prioridade desses dois títulos com efeito excludente da carta de arrematação, não incidindo o disposto nos itens 37 e 37.1 das NSCGJ acima transcritos.

A esse respeito, destaco o recurso administrativo n. 0000072-73.2017.8.26.0201, cujo relator foi o então Corregedor Geral da Justiça, Des. Manoel Pereira Calças:

> *"A penhora, no conceito de Marcus Vinícius Rios Gonçalves, "é um mecanismo processual que afeia um bem à futura expropriação em execução por quantia" (in Novo Curso de Direito Processual Civil, Saraiva, vol. 3, 3a ed., pág. 134). Essa função acautelatória, que visa resguardar o bem para a satisfação de um crédito, não torna, por si, o bem inalienável. O ônus se torna público com a averbação da penhora, mas não impede a alienação do bem."*

Por sua vez, o **segundo óbice** deverá ser mantido, já que há averbações de indisponibilidade anteriores na matrícula. Dessa forma, conforme disposto no item 413 do Capítulo XX das Normas de Serviço da Corregedoria Geral de Justiça, o registro do título apresentado pelo suscitante está condicionado à consignação, na carta de arrematação, da prevalência da penhora que gerou a alienação judicial do bem sobre todas as demais constrições.

Ainda sobre essa questão, observo que o interessado concordou com o óbice comunicado pelo Oficial e informou que providenciará as medidas necessárias ao cancelamento dos gravames anteriores junto aos Juízos competentes. Desse modo, o óbice deve ser mantido, não podendo ser superado por este Juízo correicional.

Já o **terceiro óbice** diz respeito ao princípio da continuidade registral, que é tratado pela Lei nº 6015/73 nos artigos 195 e 237, in verbis:

"Art. 195 - Se o imóvel não estiver matriculado ou registrado em nome do outorgante, o oficial exigirá a prévia matrícula e o registro do título anterior, qualquer que seja a sua natureza, para manter a continuidade do registro."; e

"Art. 237 - Ainda que o imóvel esteja matriculado, não se fará registro que dependa da apresentação de título anterior, a fim de que se preserve a continuidade do registro."

Ainda, conforme esclarece Luiz Guilherme Loureiro:

"Segundo o princípio da continuidade, os registros devem ser perfeitamente encadeados, de forma que não haja vazios ou interrupções na corrente registrária. (...)

Destarte, nenhum registro pode ser feito sem que se tenha previamente registrado o título anterior, do qual dependa". (Registros Públicos - Teoria e Prática - 2ª ed. - Editora Método, pg.229).

No presente caso, observo que os titulares dominiais do imóvel objeto da matrícula nº 1.003 – *Paulo Shizuo Tanaka* e *Momoko Tanaka* – não figuraram no polo passivo da ação trabalhista nº 0003500-52.2003, conforme se depreende da leitura da carta de arrematação acostada à fl. 42 (onde costa como executada Metalúrgica Porto Feliz Ltda.). Além disso, não há nestes autos comprovação de que os proprietários foram intimados acerca da alienação judicial do imóvel.

Sendo assim, entendo que o terceiro óbice também deve ser mantido, uma vez que a simples retificação da carta de arrematação para inclusão do nome dos proprietários em sua minuta (conforme determinado à fl. 44) não é suficiente para suprir essa questão, uma vez que o registro do título sem prévia intimação dos titulares representaria inequívoca violação do princípio da continuidade.

Observo, por fim, com relação à petição de fl. 190, que condicionar o cancelamento da averbação n. 17 (penhora que deu ensejo à arrematação) (fl. 53) ao registro da carta de arrematação obedece ao princípio da prioridade dos títulos, uma vez que, com a propositura da presente dúvida, houve prorrogação da prenotação da carta de arrematação, que dever ser registrada em primeiro plano.

Ante o exposto, **julgo prejudicada** a dúvida inversa suscitada por **Eduardo Barduchi** diante da **Registradora do 16º Registro de Imóveis da Capital**, com observação.

Não há custas, despesas processuais ou honorários advocatícios decorrentes deste procedimento.

Comunique-se à E. CGJ da presente sentença.

Oportunamente, arquivem-se os autos.

P.R.I.C.

São Paulo, 03 de maio de 2021. (DJe de 06.05.2021 – SP)

Ementa: Sentença – Pedido de Providências – Pedido de registro da Carta de Arrematação de parte ideal do imóvel – Óbice registrário em razão do imóvel ser alienado fiduciariamente, bem como de existir outras indisponibilidades averbadas na matrícula – Necessidade de recolhimento do ITBI, das custas e emolumentos devidos – Incompetência do juízo administrativo para cancelamento de registro determinado por ordem judicial – Imprescindibilidade de obter, pela parte interessada, manifestação do juízo competente acerca das indisponibilidades e da alienação fiduciária – Manutenção do bloqueio da matrícula – Art. 214 § 3º, da LRP – Princípio da Segurança Jurídica – Ausência de conduta irregular – Arquivamento do feito – Improcedência

Processo 1064751-72.2020.8.26.0100

Pedido de Providências - Registro de Imóveis - 1º Oficial de Registro de Imóveis da Capital - Bari Invest Eirelli ME – Thiago Gama Souza e outros - Ante o exposto, determino o arquivamento do presente pedido de providências. Porém, a fim de preservar o princípio da segurança jurídica, já que os elementos trazidos aos autos revelam que a superveniência de novos registros poderá causar danos de difícil reparação aos interessados e a terceiros de boa fé, por cautela, nos termos do artigo 214, § 3º da Lei 6015/75, mantenho o bloqueio da matrícula nº 113.151, até que a parte interessada obtenha a manifestação do juízo trabalhista quanto às indisponibilidades e à alienação fiduciária, sendo que, com relação a esta última, o juízo deverá se manifestar expressamente quanto ao cancelamento da alienação fiduciária ou à declaração de sua ineficácia por fraude à execução. No mais, aguarde-se pelo derradeiro prazo 10 dias a comprovação do recolhimento dos tributos e emolumentos devidos pela Bary Invest Erirelli ME, sob pena de, no âmbito tributário, haver comunicação ao órgão competente, inclusive com multa pelo pagamento após o fato gerador, e, no âmbito dos emolumentos, emissão de título extrajudicial para cobrança e protesto, nos termos do art. 784, XI, do CPC, e item 20.8 do Cap. XV das NSCGJ/ SP. Para o cumprimento do prazo aqui concedido, deverá a própria interessada tomar as providências que julgar necessárias junto à 4a Vara Trabalhista de Santos. Não há custas, despesas processuais ou honorários advocatícios decorrentes deste procedimento. Oportunamente, arquivem-se os autos. P.R.I.C. - ADV: VALTER LUIS DE ANDRADE RIBEIRO (OAB 81326/SP), RAFAEL MARTINELLI LEITE (OAB 313487/SP)

Íntegra da decisão:

SENTENÇA

Processo Digital nº: **1064751-72.2020.8.26.0100**

Classe - Assunto **Pedido de Providências - Registro de Imóveis**

Requerente: **1º Oficial de Registro de Imóveis da Capital**

Juiz(a) de Direito: Dr(a). **Vivian Labruna Catapani**

Vistos.

Trata-se de pedido de providências formulado pelo Oficial do 1º Registro de Imóveis da Capital, comunicando a apresentação por *Bari Invest EIRELI ME* de carta de arrematação de 50% da parte ideal do imóvel objeto da matrícula nº 113.151, expedida pelo Juízo da 4ª Vara do Trabalho de Santos (proc. 0000886-24.2015.5.02.0444). O Oficial negou o registro e apresentou nota devolutiva (fls. 225/226) em razão dos seguintes óbices:

i) existência de outras indisponibilidades averbadas na matrícula, que não foram examinadas pelo Juízo que determinou o leilão judicial; ii) o imóvel foi alienado fiduciariamente ao Banco Itaú (terceiro estranho à execução), de modo que a arrematação não poderia recair sobre o direito de propriedade sobre o bem; iii) ausência de recolhimento do ITBI devido; iv) ausência de recolhimentos das custas e emolumentos correspondentes ao registro. Apresentada a nota devolutiva ao Juízo Trabalhista, entretanto, foi detereminado que o Oficial efetuasse o registro da carta de arrematação, sob pena de crime de desobediência, mesmo sem terem sido afastados os óbices apontados. Em decisão interlocutória proferida nestes autos (fls. 227/229), foi determinado o bloqueio da matrícula, diante da insegurança jurídica gerada pelo registro realizado sem o cumprimento dos óbices apontados pelo Oficial. Na mesma decisão, foi determinada a intimação da interessada *Bari Invest EIRELI ME,* dos devedores fiduciários do imóvel (*Suzi Schlatter de Souza* e *Thiago Gama Souza*), bem como do Itaú Unibanco S/A.

Thiago Gama Souza manifestou-se às fls. 263/265, declarando que não houve o cancelamento da alienação fiduciária, haja vista que existe um saldo devedor em aberto no valor de R$ 613.359,59. Afirmou que não é mais casado com a *Sra. Suzi Schlatter de Souza* e que ela não reside mais no local onde a intimação foi entregue.

Bari Invest EIRELI ME manifestou-se às fls. 286/295. Em relação à alienação fiduciária, sustentou que tanto a penhora averbada na matrícula por determinação do Juízo da 4ª Vara do Trabalho de Santos (Av. 23), quanto o edital de praceamento do imóvel, dão conta que a constrição recaia sobre parte ideal do bem, e não sobre direitos decorrentes de alienação fiduciária. Além disso, afirmou que o Itaú Unibanco S/A, em sede de Embargos de Terceiro, buscou o cancelamento da arrematação, em razão da alienação fiduciária existente; todavia, o Juízo competente não acolheu os Embargos e determinou a extinção da alienação fiduciária. No que toca ao recolhimento do ITBI, argumentou que o imposto não é devido, em virtude de a arrematação ser uma forma originária de aquisição da propriedade. Por fim, pugnou pela expedição de ofício ao Juízo da 4ª Vara do Trabalho de Santos, para que este saneasse eventuais óbices remanescentes à regularidade registrária.

O Ministério Público manifestou-se pela manutenção do bloqueio determinado em decisão interlocutória (fls. 327/328). Intimado a se manifestar (fl. 233), o Itaú Unibanco S/A quedou-se inerte.

Já a *Sra. Suzi* não foi intimada, em razão de a pesquisa de endereço realizada através do sistema Infojud (fl. 311) ter apontado o endereço de seu ex-cônjuge, já diligenciado.

É o relatório.

Fundamento e Decido.

De proêmio, ressalto que a não intimação da *Sra. Suzi* não impede o prosseguimento deste procedimento, que já está apto à julgamento. Além disso, entendo desnecessária sua intimação por edital, haja vista que o *Sr. Thiago*, seu ex-cônjuge, já compareceu aos autos e prestou informações acerca da alienação fiduciária de que o imóvel é objeto.

Superada essa questão, passo à análise do mérito.

Ressalto, inicialmente, que esta Corregedoria Permanente não tem competência para cancelar o registro determinado por ordem judicial, por não ser órgão revisor do Juízo que proferiu a decisão. Se os termos da ordem judicial, com ameaças de sanções penais, trazem insegurança aos registros públicos por afastar a qualificação do Oficial, deve-se considerar também que se trata de decisão jurisdicional, que limita os atos desta Corregedoria com vista a preservar a incolumidade do registro. Recebida a ordem judicial pelo Oficial Registrador, seu conteúdo não pode ser por ele questionado, mas tão somente cumprido.

Nesse ponto, vale aqui transcrever trecho do quanto decidido por esta Corregedoria no pedido de providências n. 1061501-31.2020.8.26.0100:

"No direito registral diferencia-se ordem judicial de título judicial. O primeiro se caracteriza pela natureza obrigatória, em que ato jurisdicional de juiz demanda a realização de determinado ato, sob pena de descumprimento, independentemente da verificação de requisitos legais pelo Oficial, salvo excepcionalmente quando houver manifesta incompetência em razão da matéria.

Já os títulos judiciais, apesar de sua origem, são passíveis de qualificação, porquanto é pacífico o entendimento jurisprudencial de que a ele cabe a análise formal, das peculiaridades extrínsecas do título, para verificação do cumprimento dos princípios registrais. Nesse sentido:

"Apesar de se tratar de título judicial, está ele sujeito à qualificação registrária. O fato de tratar-se o título de mandado judicial não o torna imune à qualificação registrária, sob o estrito ângulo da regularidade formal. O exame da legalidade não promove incursão sobre o mérito da decisão judicial, mas à apreciação das formalidades extrínsecas da ordem e à conexão de seus dados com o registro e a sua formalização instrumental" (Ap. Cível nº 31881-0/1)

Na presente hipótese, embora infringindo-se o princípio da continuidade, a decisão judicial foi expressa no sentido da obrigatoriedade da averbação da penhora.

Destarte, tendo sido prolatada na esfera jurisdicional, deve prevalecer, sobrepondo-se à qualificação realizada em atividade administrativa.

Sobre o tema, confira-se parecer aprovado pelo DD Desembargador Hamilton Elliot Akel, nos autos do Proc. CG n. 167.709/2013:

"Distinguem-se título e ordem judicial. O título judicial, embora com alguma mitigação (CSM: Apelação Cível nº 1025290-06.2014.8.26.0100, relator Des. Elliot Akel), também se sujeita à qualificação do registrador. Já a ordem judicial, salvo hipóteses excepcionais de patente ilegalidade, tem de ser necessariamente cumprida, sob pena de desobediência.

Assim, ao receber um título judicial (formal de partilha, certidão de penhora, carta de arrematação), o registrador - respeitados alguns limites como, por exemplo, a não incursão no mérito judicial - é livre para qualificá-lo negativamente sem que isso configure descumprimento de ordem judicial.

Todavia, se o MM. Juízo que expediu o título examinar e afastar a recusa do registrador e, ato contínuo, determinar-lhe a ingresso no registro de imóveis, o que antes era um título torna-se uma ordem judicial, cujo cumprimento não pode ser postergado, sob pena de desobediência" (CGJSP: 12.566/2013, DJ: 07/03/2013, Relator: José Renato Nalini).

Exatamente a hipótese do caso em exame, em que, após qualificação negativa do título judicial, sobreveio decisão judicial que afastou as razões do Registrador e determinou o ingresso registral.

Com o advento da ordem judicial, superada a fase de qualificação do título, não restando outra alternativa ao Registrador que não cumpri-la e, assim, promover o registro do título. Não se ignoram as nulidades decorrentes de possível prática delitiva.

Entretanto, a questão deverá ser solucionada na esfera adequada, ou seja, mediante recurso perante o Tribunal de Justiça local, tirado da decisão que ensejou o registro, sem prejuízo de eventual ação autônoma. De qualquer forma, na esfera administrativa não há nenhuma outra providência a ser tomada, não sendo possível falar sequer em bloqueio da matrícula nesta sede, uma vez que o registro foi decorrente do estrito cumprimento de ordem judicial".

Logo, não houve qualquer conduta irregular praticada pelo Registrador que cumpriu a ordem judicial, sendo que eventual declaração de ineficácia da penhora averbada deverá ser objeto de ação própria."

Assim, da análise dos fatos não se vislumbra, no caso em tela, conduta repreensível do Registrador, que agiu em estrito cumprimento de ordem judicial, precedida de nota devolutiva (fl. 225).

Observo que os itens constantes da nota devolutiva encontram-se em total consonância com a obediência aos princípios registrários.

Isso porque, em relação ao primeiro óbice apontado, observo que a existência de outras indisponibilidades averbadas não impedem a alienação judicial do imóvel. Contudo, conforme preceitua o art. 16 do Provimento 39/2014 da Corregedoria Nacional de Justiça, o Juízo da execução deve examinar as demais indisponibilidades averbadas na matrícula, bem como deve ser *"consignado no título judicial a prevalência da alienação judicial em relação à restrição oriunda de outro juízo ou autoridade administrativa a que foi dada ciência da execução".*

Dessa forma, o não atendimento a esta disposição normativa gerou incerteza em relação às demais restrições eventualmente eficazes sobre o bem. O Oficial, ao observar que no título apresentado (carta de arrematação) não estava consignada a prevalência da alienação judicial em relação às outras indisponibilidades, agiu de modo regular no exercício de suas atribuições e negou o registro – posteriormente realizado, em razão da ordem que insistiu no registro, sem enfrentar as razões da negativa. Tal óbice, contudo, só poderá ser superado por decisão do Juízo da execução, de modo que a matrícula permanecerá bloqueada, por cautela, até que o vício seja sanado.

Por esse motivo, justifica-se a manutenção aqui do bloqueio da matrícula determinado na decisão de fls. 227/229.

No que tange ao segundo óbice, observo que o fato de o bem ser objeto de alienação fiduciária impediria que fosse objeto de penhora em razão de dívidas do fiduciante, haja vista que a propriedade resolúvel pertence à instituição financeira fiduciária (no caso, o Itaú Unibanco S/A), nos termos do art. 22 da Lei 9.514/1997. Desta feita, eventual constrição só poderia recair sobre os direitos de aquisição decorrentes da alienação fiduciária.

Destarte, o registro da arrematação sobre parte ideal do bem sem prévio esclarecimento acerca da situação atual da alienação fiduciária – se cancelada ou declarada ineficaz por eventual fraude à execução – importa em patente violação ao princípio da continuidade registrária, haja vista que a instituição financeira é a real proprietária do bem.

Sobre este ponto, observo que, ao contrário do quanto afirmado pela *Bari Invest*, a alienação fiduciária não foi extinta pelo Juízo da execução, haja vista que, em consulta processual dos Embargos de Terceiro opostos pelo Itaú Unibanco S/A (proc. 1000898-79.2019.5.02.0444), no site do TRT2, constatei que o mérito da impugnação da instituição financeira não foi analisado pelo Juízo da execução, que extinguiu o feito por razões processuais.

Sendo assim, também neste ponto mantenho o quanto determinado na decisão interlocutória de fls. 227/229, confirmando o bloqueio da matrícula, que deverá persistir até que o Juízo competente se manifeste acerca do cancelamento da alienação fiduciária ou declaração de sua ineficácia por fraude à execução, devendo tal informação constar da carta de arrematação, que é o título apresentado a registro.

A manifestação do Juízo da execução, contudo, deverá ser obtida pela parte, mediante pedido judicial em sede do feito que ensejou a arrematação. Por razão disso, **indefiro o pedido de expedição de ofício à 4ª Vara Trabalhista de Santos**, uma vez que tal medida fugiria ao escopo deste procedimento, que não pretende discutir as razões do Juízo da execução.

Em relação ao terceiro óbice, ressalto que a arrematação judicial, ao contrário do quanto alegou a parte interessada, não é uma forma originária de aquisição da propriedade, mas sim uma forma derivada, sujeita à cobrança de ITBI, nos termos do art. 901, § 2º, do CPC e do art. 2º, inciso V, da Lei Municipal nº 11.154.

Dessa forma, agiu corretamente o Oficial ao exigir o recolhimento do imposto, haja vista ser sua função*"fazer rigorosa fiscalização do pagamento dos impostos devidos por força dos atos que lhes forem apresentados em razão do ofício"* (art. 289 da LRP).

Por fim, no que se refere ao quarto óbice, noto que não há notícia de que a parte interessada é beneficiária da gratuidade processual nos autos da execução trabalhista, de modo que os emolumentos pelo registro são devidos, haja vista que os serviços prestados pelas serventias são remunerados pelos usuários, com o pagamento dos respectivos emolumentos, cuja individualização e cobrança, previstos no art. 236, § 2º, da Constituição da República, foram regulamentados pela Lei nº 10.169/2000, que dispôs sobre as normas gerais para a fixação dos emolumentos no âmbito dos Estados-membros. Constantes todos os óbices acima na nota devolutiva apresentada pelo Oficial Registrador, não vislumbro nenhuma conduta irregular do delegatário, que adotou todas as cautelas necessárias quando da apresentação do título, ao mesmo tempo cumprindo a ordem judicial dentro de suas atribuições e buscando garantir os interesses dos envolvidos, não havendo que se falar em responsabilidade por falta funcional do registrador.

Observo que eventuais prejuízos sofridos em virtude da ordem judicial emanada pelo juízo trabalhista poderão ser objeto de ação própria a ser proposta pelos interessados.

Ante o exposto, **determino o arquivamento do** presente pedido de providências.

Porém, a fim de preservar o princípio da segurança jurídica, já que os elementos trazidos aos autos revelam que a superveniência de novos registros poderá causar danos de difícil reparação aos interessados e a terceiros de boa fé, por cautela, nos termos do artigo 214, § 3º da Lei 6015/75, **mantenho o bloqueio da matrícula nº 113.151, até que a parte interessada obtenha a manifestação do juízo trabalhista quanto às indisponibilidades e à alienação fiduciária, sendo que, com relação a esta última, o juízo deverá se manifestar expressamente quanto ao cancelamento da alienação fiduciária ou à declaração de sua ineficácia por fraude à execução.**

No mais, aguarde-se pelo derradeiro prazo 10 dias a comprovação do recolhimento dos tributos e emolumentos devidos pela Bary Invest Erirelli ME, sob pena de, no âmbito tributário, haver comunicação ao órgão competente, inclusive com multa pelo pagamento após o fato gerador, e, no âmbito dos emolumentos, emissão de título extrajudicial para cobrança e protesto, nos termos do art. 784, XI, do CPC, e item 20.8 do Cap. XV das NSCGJ/SP. Para o cumprimento do prazo aqui concedido, deverá a própria interessada tomar as providências que julgar necessárias junto à 4a Vara Trabalhista de Santos.

Não há custas, despesas processuais ou honorários advocatícios decorrentes deste procedimento.

Oportunamente, arquivem-se os autos.

P.R.I.C.

São Paulo, 10 de março de 2021. (DJe de 15.03.2021 – SP)

Ementa: Sentença – Pedido de Providências – Pedido de cancelamento automático de todas as restrições anteriores à Arrematação – Impossibilidade – Alienação forçada que gera apenas a ineficácia das indisponibilidades pretéritas e não o seu cancelamento – Necessidade que os interessados requeiram os cancelamento perante os juízos que as decretaram – Improcedência

Processo 1110734-94.2020.8.26.0100

Pedido de Providências - Registro de Imóveis - Eder Teixeira da Silva - Vistos. Trata-se de pedido de providências formulado por Eder Teixeira da Silva, em face do Oficial do 8º Registro de Imóveis da Capital, pretendendo o cancelamento de todas as restrições anteriores à arrematação, referente ao imóvel matriculado sob nº 112.644, sob o argumento desta ser modo de aquisição originário. Destaca o requerente que a arrematação judicial implica no rompimento de todo e qualquer vínculo do bem, tanto em relação ao antigo proprietário quanto aos ônus e gravames, bem como, de acordo com o registro nº 45, há menção da perda da eficácia das contrições existentes. Juntou documentos às fls. 09/80. O Registrador manifestou-se às fls. 84/85. Esclarece que as penhoras da época da arrematação eram trinta e seis, oriundas de vários juízos, e a arrematação registrada sob nº 45 ocorreu no processo que tramitou perante o MMº Juízo da 19ª Vara Cível da Capital e importou no cancelamento da respectiva penhora, que fora averbada sob nº 06. Salienta que atualmente continuam averbadas trinta e três penhoras, sendo que não houve qualquer ilegalidade na recusa do cancelamento sem ordem expressa dos juízos que expediram as ordens, mas estrito cumprimento das orientações pacificadas dos precedente jurisprudenciais. Apresentou documentos às fls. 86/109. O Ministério Público opinou pela improcedência do pedido (fls. 113/114). É o relatório. Passo a fundamentar e a decidir. Com razão o Registrador e a D. Promotora da Justiça. Analisando a matrícula juntada às fls. 86/107, verifico a existência de várias averbações de indisponibilidade, não havendo a juntada de qualquer decisão para levantamento dos gravames. Dispõe o Cap.XX, item 422 das Normas de Serviço da Egrégia Corregedoria Geral da Justiça: "422. As indisponibilidades averbadas nos termos do Provimento CG 13/2012, e na formal do § 1º, do art.53 da Lei nº 8.212, de 24 de julho de 1991, não impedem a alienação, oneração e constrição judiciais do imóvel". Acerca da questão, o Egrégio Conselho da Magistratura tem posicionamento consolidado no sentido de que as indisponibilidades que gravam o matrícula do imóvel não obstam o registro de compra e venda ou a alienação do imóvel, vez que a arrematação judicial leva ao cancelamento indireto dos ônus existentes, devendo os credores eventualmente subrogarem-se no produto da arrematação. Anote-se, todavia, que o registro do título não traz como consequência o cancelamento das indisponibilidades, mas somente a perda de sua eficácia, conforme se vê da complementação do registro nº 45 (fl. 104). Sobre o tema existem recentes julgados: "Registro de Imóveis Penhoras e decretos de indisponibilidade que não impedem a alienação forçada Ocorrida a alienação forçada, há, por via administrativa, imediato cancelamento das penhoras e indisponibilidades pretéritas Cancelamento indireto que não é a condição necessártia à posterior alienação voluntária Escritura de venda e compra que, portanto, pode ser registrada Recurso desprovido" (Ap. Cível nº 1001570-93.2016.8.26.0664, Rel: Des. Manoel Pereira Calças, j. 18.12.2017). "Registro de Imóveis Recusa de ingresso de carta de adjudicação Dúvida Inversa Irresignação parcial e título em cópia Dúvida prejudicada Recurso não conhecido Análise das exigências a fim de orientar futura prenotação. Registro de carta de adjudicação Indisponibilidade legal (art. 53, § 1.º, da Lei nº 8.212/1991) desprovida de força para obstaculizar a venda judicial forçada do bem imóvel e seu respectivo registro Inteligência do item 405 do Capítulo XX das NSCGJ Precedentes deste Conselho Superior. Falta de recolhimento de ITBI Imposto que incide em caso de adjudicação Artigo 877, § 2º, do CPC Exigência mantida." (TJSP; Apelação Cível 0016149-53.2015.8.26.0032; Relator: Manoel Pereira Calças; Órgão Julgador: Conselho Superior de Magistratura; Data do Julgamento: 24/05/2017; Data de Registro: 01/06/2017). "Registro de Imóveis Dúvida Carta de arrematação Imóvel gravado com registro de hipoteca Penhora em favor do credor em execução hipotecária, penhora em execução fiscal da Fazenda Nacional, e averbação de indisponibilidade determinada em ação de falência Recusa do registro sob o fundamento de necessidade de prévio cancelamento dos onus que gravam o imóvel Alienação forçada Registro viável de acordo com os precedentes do Conselho Superior da Magistratura Recurso Parcialmente provido Dúvida Procedente" (CSMSP Apelação Cível nº 3001116-49.2013.8.26.0223, Rel. Des. Elliot Akel, j. 18/11/2014). Daí que, após o registro do título apresentado, poderão os novos proprietários requerer o cancelamento das averbações de indisponibilidade nos Juízos que as determinaram. Na presente hipótese, o requerente transferiu a propriedade do imóvel para Tradez Participações e Empreendimentos EIRELLI, nos termos do registro nº 48, cabendo portanto a mencionada empresa requerer o cancelamento dos gravames aos Juízos que os determinou, não competindo a este Juízo administrativo analisar ou modificar as decisões judiciais. Por fim, vale destacar que ao contrário do que faz crer o requerente, é pacífico o entendimento de que a carta de arrematação é modo derivado de aquisição da propriedade (Apelação Cível: 9000002- 19.2013.8.26.0531 CSMSP - Apelação Cível. Localidade: Santa Adélia. Data Julgamento: 02/09/2014 DATA DJ: 17/11/2014 Relator: Elliot Akel. Voto nº 34.029. Legislação: CC2002 - Código Civil de 2002 | 10.406/2002, ART: 1911 CTN - Código Tributário Nacional | 5.172/1966, ART: 130 LOSS - Lei Orgânica da Seguridade Social - 8.212/1991, art: 53, §1º): "REGISTRO DE IMÓVEIS - CARTA DE ARREMATAÇÃO - MODO DERIVADO DE AQUISIÇÃO DA PROPRIEDADE - FERIMENTO DOS PRINCÍPIOS DA CONTINUIDADE E DA ESPECIALIDADE OBJETIVA - RECURSO DESPROVIDO". Logo, não se tratando de aquisição originária, há o rompimento do encadeamento sucessivo de titularidade, consequentemente faz-se necessário a atual proprietária buscar o cancelamento das constrições perante os juízos que as determinaram. Diante do exposto, julgo improcedente o pedido de providências formulado por Eder Teixeira da Silva, em face do Oficial do 8º Registro de Imóveis da Capital. Deste procedimento não decorrem custas, despesas processuais e honorários advocatícios. Oportunamente remetam-se os autos ao arquivo. P.R.I.C. - ADV: PAULO RODRIGO PALEARI (OAB 330156/SP) (DJe de 11.01.2021 – SP)

CESSÃO DE DIREITOS HEREDITÁRIOS

Ementa: Sentença – Dúvida – Pedido de registro de Escritura de Cessão de Direitos Hereditários relativos à parte ideal do imóvel – Impossibilidade – Negativa em razão da necessidade da apresentação dos documentos pessoais para qualificação das partes, bem como da guia de recolhimento do ITBI – Ausência de interesse e legitimidade do Requerente – Art 199 da LRP – Suprimento da exigência em relação apenas a qualificação do cedentes – Responsabilidade solidária do Oficial no que tange a fiscalização do pagamento do imposto devido – Art 289, da LRP – Manutenção do óbices – Procedência

Processo 1067335-78.2021.8.26.0100

Dúvida - Notas - Eduardo Momente - Diante do exposto, JULGO PROCEDENTE a dúvida suscitada pelo Oficial do 6º Registro de Imóveis da Capital, mantendo os óbices registrários. Deste procedimento não decorrem custas, despesas processuais ou honorários advocatícios. Oportunamente remetam-se os autos ao arquivo. P.R.I.C. - ADV: EDUARDO MOMENTE (OAB 205133/SP)

Íntegra da decisão:

SENTENÇA

Processo Digital nº: **1067335-78.2021.8.26.0100**

Classe - Assunto **Dúvida - Notas**

Requerente: **6º Oficial de Registro de Imóveis da Comarca da Capital - Sp**

Requerido: **Eduardo Momente**

Juiz(a) de Direito: Dr(a). **Luciana Carone Nucci Eugênio Mahuad**

Vistos.

Trata-se de dúvida suscitada pelo **Oficial do 6º Registro de Imóveis da Capital** a requerimento de **Eduardo Momente** tendo em vista negativa em se proceder registro de escritura de cessão de direitos hereditários relativos à parte ideal do imóvel objeto da matrícula nº 42.436 daquela serventia.

Informa o Oficial que, por escritura lavrada em 05 de junho de 1974, Renato Ambrósio e sua mulher, Zinha Dimitrov Ambrósio, transferiram para José

Garcia, casado com Ofélia Ambrósio Garcia, os direitos deixados pelo falecimento de Antônio Ambrósio, cujo inventário já foi registrado, de modo que os cedentes figuram como proprietários tabulares, pelo que a escritura de cessão de direitos hereditários foi qualificada como escritura de compra e venda da fração ideal do bem.

Os óbices registrários dizem respeito à apresentação de documentos pessoais para qualificação dos cedentes e cessionário e da guia de recolhimento do ITBI.

O Oficial alega, preliminarmente, falta de comprovação de interesse e legitimidade do requerente para suscitação da dúvida, pois não tem relação direta com o negócio instrumentalizado pelo título apresentado, não justificou interesse próprio no registro e, embora se apresente como advogado, não exibiu procuração para atuação no interesse de terceiro. Quanto às exigências, reputou satisfeita a comprovação da especialidade subjetiva dos cedentes com a documentação trazida quando do reingresso do título, o que não ocorre, todavia, com a qualificação do adquirente, que está incompleta, nem houve comprovação de recolhimento do ITBI. Juntou documentos de fls. 09/38.

A parte suscitada não ofereceu impugnação (fls. 38/39).

O Ministério Público se manifestou às fls. 42/43, concordando com a alegação de ausência de interesse e legitimidade do requerente e, no mérito, opinando pela procedência, com a manutenção dos óbices registrários.

É o relatório.

Fundamento e decido.

Primeiramente, quanto à alegada falta de interesse e legitimidade do requerente para suscitação da dúvida registral, vale destacar que, embora não se exija, no processo administrativo, o mesmo rigor quanto às condições da ação judicial cível nem se reserve a iniciativa tão somente aos titulares de direito real sobre o imóvel afetado, certo é que tampouco se pode admitir acesso indiscriminado a toda e qualquer pessoa.

Note-se, justamente, que, ao tratar como "interessado" aquele que pode impugnar a dúvida (artigo 199), a Lei de Registros Públicos exige a existência de um interesse jurídico na providência:

"Condição de "apresentante" não é título suficiente para impugnar dúvida. Tendo cuidado de *apresentante* no artigo anterior, a lei refere *interessado* neste, com propriedade. Para impugnar a dúvida é insuficiente a circunstância fática de ter sido alguém portador do título ao cartório. É necessário, não obstante a feição administrativa da decisão da dúvida, haver de quem a impugne um interesse, que consiste, substancialmente, no bem da vida derivado de sua improcedência. Diretamente interessado é aquele em cujo nome será feito o registro; indiretamente, é quem seja atingível em seu direito se ocorrer o registro. Um e outro podem impugnar a dúvida, individualmente ou em conjunto. O limite da lei lhes indefere, porém, o questionamento, entre si, no processo de dúvida, sobre eventual conflito de direito, cuja solução há de ser encaminhada à via contenciosa" (Walter Ceneviva, Lei dos Registros Públicos Comentada, São Paulo: editora Saraiva, 15ª edição, 2002, página 408).

Assim, careceria o requerente de interesse para impugnar a dúvida na medida em que não esclarecido seu envolvimento com o pedido.

Impugnação, entretanto, não foi apresentada (fl. 39).

Ainda que tivesse sido, verifica-se que os óbices registrários devem ser mantidos.

Quanto à especialidade subjetiva, apesar do suprimento da exigência relativa aos cedentes, em relação aos cessionários, falta indicação dos dados exigidos conforme artigo 176, §1º, III, nº 2, alínea "a", da LRP, que se aplica aos requerimentos atuais de registro independentemente da data de origem do título em observância ao princípio *tempus regit actum*.

Já no tocante ao recolhimento do ITBI, a exigência também é devida na medida em que vigora para os registradores ordem de controle rigoroso do recolhimento de tributos devidos por força dos atos que forem apresentados em razão do seu ofício, sob pena de responsabilidade pessoal (artigo 289 da Lei n. 6.015/73).

Ressalte-se que o título apresentado não constitui simples direito real de garantia, sendo que a transmissão da propriedade imobiliária, fato gerador do ITBI, somente se dá com o registro do título translativo no CRI (artigo 1.245, do Código Civil), pelo que se deve instruir o requerimento com prova do respectivo recolhimento, salvo hipótese de isenção devidamente demonstrada, o que não se vê no caso.

Diante do exposto, **JULGO PROCEDENTE** a dúvida suscitada pelo **Oficial do 6º Registro de Imóveis da Capital**, mantendo os óbices registrários.

Deste procedimento não decorrem custas, despesas processuais ou honorários advocatícios.

Oportunamente remetam-se os autos ao arquivo.

P.R.I.C.

São Paulo, 17 de agosto de 2021.

Luciana Carone Nucci Eugênio Mahuad

Juiz de Direito (DJe de 19.08.2021 – SP)

CLAUSULAS

Ementa: Sentença – Pedido de Providências – Pedido de averbação do cancelamento da Cláusula de Inalienabilidade - Impossibilidade - Necessidade de concordância da doadora para o cancelamento administrativo - Indeferimento do pedido – Improcedência

Processo 1006224-02.2021.8.26.0001

Pedido de Providências - Alienação Judicial - Lar Apostolo Simao Pedro – Neste contexto, JULGO IMPROCEDENTE o pedido. Deste procedimento não decorrem custas, despesas processuais ou honorários advocatícios. Oportunamente, ao arquivo com as cautelas de praxe. P.R.I.C. - ADV: MARIA CAROLINA RODRIGUES BASSO BIASI (OAB 187148/SP)

Íntegra da decisão:

SENTENÇA

Processo Digital nº: **1006224-02.2021.8.26.0001**

Classe - Assunto **Pedido de Providências - Alienação Judicial**

Requerente: **Lar Apostolo Simao Pedro**

Requerido: **3º Oficial de Registro de Imóveis da Capital**

Juiz(a) de Direito: Dr(a). **Luciana Carone Nucci Eugênio Mahuad**

Vistos.

Trata-se de pedido de providências formulado por Lar Apóstolo Simão Pedro para averbação do cancelamento de cláusula de inalienabilidade que grava o imóvel objeto da matrícula nº 93.340 do 3º Registro de Imóveis da Capital.

Alega que recebeu o imóvel em doação e está em dificuldades financeiras, pelo que o levantamento da restrição se faz necessário para que o bem possa ser alienado, com a produção de renda para manutenção de suas atividades.

Documentos vieram às fls. 08/57, com complemento em emenda (fls. 58/59 e 61/73).

O juízo cível se reputou incompetente (fls. 74/75).

Pela ausência de recurso e no âmbito da competência limitada deste juízo, o feito por aqui tramitou (fls. 77 e 92/93).

Informes do Oficial às fls. 81/82, com esclarecimento sobre a necessidade de concordância do doador ou de ordem judicial para cancelamento.

O Ministério Público apontou irregularidade na situação jurídica da parte interessada às fls. 90/91.

A decisão de fls. 92/93 determinou regularização, com complementação da prova.

É o relatório.

Fundamento e decido.

Considerando que estamos no âmbito administrativo e que foram tomadas providências para regularização da situação jurídica da associação interessada (fls. 95/97), bem como tendo em vista o objeto do feito, por razão de economia processual, passo ao seu julgamento imediato.

No mérito, pelos motivos já explanados às fls. 92/93, o pedido não pode ser acolhido.

De fato, segundo o entendimento pacífico da Egrégia Corregedoria Geral de Justiça, o cancelamento de cláusulas restritivas que implique investigação da vontade do instituidor compete a órgão com função jurisdicional, já que tal investigação é impossível nos estritos limites do campo de atuação administrativa (Proc. CGJ. 1.109/2005; 20/02/2006; Relator: Álvaro Luiz Valery Mirra; Proc. CGJ. 120/84 - Decisões Administrativas da Corregedoria Geral da Justiça do Estado de São Paulo, 1984/1985, RT, ementa nº 60).

Nossa competência, em outros termos, está restrita à análise de causa automática de extinção do vínculo.

Por este motivo, facultou-se à parte interessada a complementação da prova documental (artigo 472 do Código Civil e fls. 92/93).

Entretanto, não foi comprovada a necessária concordância da doadora para cancelamento administrativo da cláusula restritiva (fls. 95/97). Note-se que a escritura mencionada pela parte é aquela relativa à doação (fls. 43/51).

Neste contexto, **JULGO IMPROCEDENTE** o pedido.

Deste procedimento não decorrem custas, despesas processuais ou honorários advocatícios.

Oportunamente, ao arquivo com as cautelas de praxe.

P.R.I.C.

São Paulo, 31 de agosto de 2021.

Luciana Carone Nucci Eugênio Mahuad

Juiz de Direito (DJe de 02.09.2021 – SP)

Ementa: Sentença – Pedido de Providências – Pedido de cancelamento de Cláusulas de Incomunicabilidade e de Impenhorabilidade – Negativa sob o fundamento de que seria necessário comando jurisdicional expresso – Reconhecimento posterior pelo Oficial de que a exigência indicada é desnecessária – Imprescindibilidade da apresentação de novo requerimento administrativo para o cancelamento dos gravames – Deferimento do pedido – Procedência

Processo 1070858-98.2021.8.26.0100

Pedido de Providências - Registro de Imóveis - Libano Miranda Barroso – Claudia Silva Pereira Barroso - Neste contexto e por razão de economia processual, JULGO PROCEDENTE o pedido de providências para autorizar o cancelamento das cláusulas restritivas referidas na averbação n. 06 da matrícula n. 69.272 tão logo apresentado novo requerimento perante a serventia extrajudicial. Deste procedimento não decorrem custas, despesas processuais ou honorários advocatícios. Oportunamente, ao arquivo com as cautelas de praxe. P.R.I.C. - ADV: RUY MENDES DE ARAUJO FILHO (OAB 115912/SP)

Íntegra da decisão:

SENTENÇA

Processo Digital nº: **1070858-98.2021.8.26.0100**

Classe - Assunto **Pedido de Providências - Registro de Imóveis**

Requerente: **Libano Miranda Barroso e outro**

Requerido: **13º Oficial de Registro de Imóveis da Capital**

Juiz(a) de Direito: Dr(a). **Luciana Carone Nucci Eugênio Mahuad**

Vistos.

Trata-se de pedido de providências formulado por Libano Miranda Barroso e Cláudia Silva Pereira Barroso para averbação do cancelamento de cláusulas de incomunicabilidade e de impenhorabilidade que gravam o imóvel objeto da matrícula nº 69.272 do 13º Registro de Imóveis da Capital.

Alegam que as cláusulas restritivas foram instituídas por ocasião da partilha do bem entre os proprietários anteriores, não devendo subsistir após alienação. Todavia, o pedido formulado administrativamente foi negado pelo Oficial, que entendeu necessário comando jurisdicional expresso.

Juntaram documentos às fls. 05/27.

O Oficial manifestou-se às fls. 31/33, se desculpando e reconhecendo ser desnecessária a exigência indicada na nota de devolução, já que, tratando-se de cláusulas de restrições personalíssimas, seu alcance se limitava aos proprietários anteriores, de modo que o efeito desejado se operou com a venda. Em havendo interesse no cancelamento expresso, basta requerimento dos atuais proprietários com firma reconhecida.

O Ministério Público opinou pela procedência (fls. 36/38).

É o relatório.

Fundamento e decido.

No mérito, não resta controvérsia quanto à possibilidade de cancelamento das cláusulas restritivas.

De fato, a questão trazida a este juízo administrativo diz respeito à negativa do Oficial em averbar o cancelamento das cláusulas restritivas, cancelamento este que já teria se operado com a alienação do imóvel pelos proprietários.

Verifica-se, porém, que, após qualificação negativa, o título foi devolvido (dezembro de 2020 - fls. 26/27).

Decorrido, portanto, o prazo da prenotação, que é óbice intransponível, sendo necessária a reapresentação do título original mesmo nos casos em que a recusa do Oficial recai sobre atos de averbação (pedido de providência). Nesse sentido foi a orientação da E. Corregedoria Geral de Justiça no Recurso Administrativo nº 1000098-60.2020.8.26.0068.

De qualquer forma, o Oficial reconheceu que indicou exigência desnecessária na nota devolutiva, bastando novo requerimento administrativo para o cancelamento expresso das cláusulas restritivas.

Neste contexto e por razão de economia processual, **JULGO PROCEDENTE** o pedido de providências para autorizar o cancelamento das cláusulas restritivas referidas na averbação n. 06 da matrícula n. 69.272 tão logo apresentado novo requerimento perante a serventia extrajudicial.

Deste procedimento não decorrem custas, despesas processuais ou honorários advocatícios.

Oportunamente, ao arquivo com as cautelas de praxe.

P.R.I.C.

São Paulo, 16 de agosto de 2021.

Luciana Carone Nucci Eugênio Mahuad

Juiz de Direito (DJe de 18.08.2021 – SP)

Ementa: Sentença – Pedido de Providências – Pedido de cancelamento da Cláusula Restritiva de Construção Convencional – Negativa em razão de ausência de erro que justifique o cancelamento de ofício, sendo necessário provimento judicial para feitura do ato – Restrições impostas na matrícula, referentes as limitações de construção no imóvel, que ainda subsistem – Interesse que envolve os demais moradores do loteamento – Eventual ofensa ao direito de terceiros – Matéria reservada à esfera jurisdicional – Indeferimento do pedido – Improcedência

Processo 1029917-09.2021.8.26.0100

Pedido de Providências - Registro de Imóveis - Heloisa Vilela Branco Peres – Rafael Branco Peres - Diante do exposto, JULGO IMPROCEDENTE o pedido de providências formulado por Heloísa Vilela Branco Peres e Rafael Branco Peres em face do Oficial do 13º Registro de Imóveis da Capital. Deste procedimento não decorrem custas, despesas processuais e honorários advocatícios. Oportunamente, ao arquivo com as cautelas de praxe. P.R.I.C. - ADV: VICTORIA CARMIN MUSACHI (OAB 385875/SP)

Íntegra da decisão:

SENTENÇA

Processo Digital nº: **1029917-09.2021.8.26.0100**

Classe - Assunto **Pedido de Providências - Registro de Imóveis**

Requerente: **Heloisa Vilela Branco Peres e outro**

Requerido: **13º Registro de Imóveis**

Juiz(a) de Direito: Dr(a). **Luciana Carone Nucci Eugênio Mahuad**

Vistos.

Trata-se de pedido de providências formulado por **Heloísa Vilela Branco Peres** e **Rafael Branco Peres** em face do **Oficial do 13º Registro de Imóveis da Capital**, requerendo o cancelamento de cláusula restritiva de construção convencional constante na matrícula nº 37.962 daquela serventia.

A parte requerente aduz que as restrições dizem respeito a construções que podem ser realizadas na área, notadamente quanto à metragem permitida em relação ao terreno, restrições estas que têm origem na transcrição de escritura de compra e venda lavrada em 1953; que as restrições não foram transmitidas aos herdeiros e/ou sucessores dos compradores na época da anotação, bem como que não podem se sobrepor ao plano diretor ulterior, o qual já contém previsão de limites construtivos na área em que localizado o imóvel. Juntou documentos às fls. 09/34.

O Oficial manifestou-se às fls. 42/48, sustentando não haver erro que justifique o cancelamento de ofício, pelo que necessário provimento judicial para feitura do ato, e mencionando precedente deste juízo em pedido análogo referente a imóvel localizado em quadra vizinha ao do objeto deste feito.

Houve manifestação da municipalidade às fls. 52/54, aduzindo que a legislação municipal incidente na área faz prevalecer a restrição convencional, notadamente porque o imóvel está localizado em local com loteamento aprovado pela prefeitura, pelo que seu cancelamento deve seguir os requisitos legais vigentes; que o procedimento administrativo adotado não é adequado à pretensão, já que o interesse envolve os demais moradores do loteamento. Vieram documentos às fls. 55/64.

O Ministério Público opinou pela improcedência (fls. 73/74).

É o relatório.

Fundamento e decido.

No mérito, o pedido é improcedente. Vejamos os motivos.

Como já observado pela E. Corregedoria Geral da Justiça no processo de autos n. 1091082-67.2015.8.26.0100, o parecer de lavra do eminente magistrado Luís Paulo Aliende Ribeiro no processo CGJ n. 791/04 firmou orientação adotada, desde então, no âmbito daquela Corregedoria, no sentido de que o cancelamento de cláusula restritiva convencional fazse, em regra, na via jurisdicional. Apenas em situações excepcionais admite-se seja a providência adotada na via administrativa, contanto comprovadas a descaracterização da proposta inicial do parcelamento e a inocorrência de ofensa ao direito de terceiros:

> *"Registro de Imóveis - Averbação - Pretensão de cancelamento de restrição convencional constante do contrato padrão inscrito em face da descaracterização da proposta inicial do loteamento - Situação de fato, referente a parcelamento antigo, comprovada, no caso, por elementos tabulares inequívocos - Desnecessidade de dilação probatória e demonstração da inocorrência de ofensa a interesse de terceiros que viabilizam, na hipótese, a excepcional utilização da via administrativa -*
>
> *Recurso não provido.*
>
> *(...) Eventual descaracterização da proposta inicial do empreendimento, acenada neste recurso, é matéria fática que ultrapassa os limites do procedimento de dúvida, no qual não se admite dilação probatória. Ademais, a solução administrativa somente seria possível com a concordância de todos os interessados no registro. Verifica-se, por fim, ser pacífica a jurisprudência deste Colendo Conselho Superior da Magistratura no sentido de que a existência de erros pretéritos do registro não autorizam nova e repetida prática do ato registrário irregular, inexistindo direito adquirido ao engano (Apelações Cíveis nºs 28.280-0/1, 14.094-0/5, 15.372-0/1, 13.616-0/1, entre outras).*
>
> *Esta é a orientação geral, cuja manutenção se impõe, pois somente na via jurisdicional, mediante contraditório, é que, em regra, se viabiliza a constatação desses dois requisitos, quais seja, a comprovação da descaracterização da proposta inicial do parcelamento e a inocorrência de ofensa ao direto de terceiros.*
>
> *A situação fática e registraria expressa nos presentes autos revela, no entanto, seja por estar tabular e documentalmente comprovada, de modo a evidenciar a desnecessidade de produção de outras provas, a flagrante descaracterização, na referida*

quadra, da proposta inicial do loteamento, seja em função dos termos em que redigida a própria restrição convencional, expressa no sentido de que instituída em favor dos terrenos contíguos, limitando aos terrenos da mencionada quadra o interesse na manutenção da restrição, excepcional hipótese de viabilidade da utilização da via administrativa para o reconhecimento da descaracterização da proposta inicial do empreendimento, a autorizar o atendimento da pretensão da recorrida e o levantamento, na quadra, da restrição imposta, há quase meio século, pelo loteador" (Recurso Administrativo 791/2004,04/12/2005).

Como visto, são requisitos essenciais para o cancelamento administrativo a comprovação inequívoca da descaracterização da proposta original de parcelamento da área e a inexistência de prejuízos a terceiros.

Tais requisitos, no presente caso, não foram comprovados.

Neste ponto, impende ressaltar que a hipótese distingue-se daquela trazida pelo Oficial (autos n. 1000668-47.2020.8.26.100), na medida em que, naquele feito, observou-se a comprovação dos requisitos supramencionados sem a necessidade de produção de outras provas, o que não se verifica no caso, como já dito.

De fato, não houve efetiva comprovação de descaracterização da proposta original, de modo que as restrições impostas na matrícula, referentes a limitações de construção no imóvel, ainda subsistem, impedindo cancelamento administrativo.

Em pesquisa pela ferramenta "google street view", vinculado ao "google maps", com acesso nesta data, verifica-se que o logradouro em que localizado o imóvel (rua Mariana Corrêa) ainda é composto integralmente por unidades residenciais na forma instituída pelo loteador, a despeito do longo tempo decorrido desde a implantação do empreendimento.

Quanto ao segundo requisito, também não há qualquer elemento nos autos capaz de demonstrar que as restrições referem-se apenas ao imóvel da parte requerente e não ao de outros vizinhos, à vista do que não se pode afastar de plano e nesta esfera administrativa eventual ofensa a direito de terceiros, os quais podem ter interesse em não ver construídos em sua quadra ou no logradouro obras que não se enquadrem nas limitações impostas.

Não bastasse isso, o imóvel está localizado em área com loteamento aprovado pela municipalidade (fls. 63/64), o que torna imperiosa a observação das cláusulas restritivas impostas pelo loteador, como bem observado pelo Ministério Público (fls. 73/74).

Note-se que a Lei Municipal n. 16.402/16 não autoriza o cancelamento das cláusulas, mas regulamenta tão somente o agir dos órgãos municipais quanto à análise da ocupação do solo no âmbito de sua competência. Em outras palavras, tal lei nada diz quanto à validade do registro das cláusulas restritivas, mas apenas quanto à sua aplicação para que determinado imóvel seja compatível com o zoneamento urbano.

Neste ponto, observa-se que o imóvel localiza-se em zona exclusivamente residencial (ZER-1), como informado pela municipalidade (fl. 53), pelo que as restrições convencionais mais restritivas, como no caso, deverão ser atendidas, na forma do disposto no art. 59 da referida lei:

"Art. 59. Nas ZER-1, ZER-2, ZERa, ZCOR-1, ZCOR-2, ZCOR-3, ZCORa e ZPR, as restrições convencionais de loteamentos aprovadas pela Prefeitura, estabelecidas em instrumento público registrado no Cartório de Registro de Imóveis, referentes a dimensionamento de lotes, recuos, taxa de ocupação, coeficiente de aproveitamento, altura e número de pavimentos das edificações, deverão ser atendidas quando mais restritivas que as disposições desta lei".

Por fim, para dimensionar a importância das restrições convencionais em interesse de toda a coletividade no contexto urbano, vale reproduzir trechos do assentado no REsp 302906/SP, de relatoria do Ministro Herman Benjamin, acerca das cláusulas urbanístico ambientais convencionais em imóveis da mesma região ora discutida, com nossos destaques:

"(...) 7. Negar a legalidade ou legitimidade de restrições urbanístico ambientais convencionais, mais rígidas que as legais, implicaria recusar cumprimento ao art. 26, VII, da Lei Lehmann, o que abriria à especulação imobiliária ilhas verdes solitárias de (e de outras cidades brasileiras), ***como o Jardim Europa, o Jardim América, o Pacaembu, o Alto de Pinheiros e, no caso dos autos, o Alto da Lapa e a Bela Aliança (City Lapa)****.*

8. As cláusulas urbanístico-ambientais convencionais, ***mais rígidas que as restrições legais, correspondem a inequívoco direito dos moradores de um bairro ou região de optarem por espaços verdes, controle do adensamento e da verticalização, melhoria da estética urbana e sossego****.*

9. A Administração não fica refém dos acordos "egoísticos" firmados pelos loteadores, pois reserva para si um ius variandi, sob cuja égide as restrições urbanístico-ambientais podem ser ampliadas ou, excepcionalmente, afrouxadas.

10. O relaxamento, pela via legislativa, das restrições urbanístico ambientais convencionais, permitido na esteira do ius variandi de que é titular o Poder Público, demanda, por ser absolutamente fora do comum, ampla e forte motivação lastreada em clamoroso interesse público, postura incompatível com a submissão do Administrador a necessidades casuísticas de momento, interesses especulativos ou vantagens comerciais dos agentes econômicos.

11. O exercício do ius variandi, para flexibilizar restrições urbanístico ambientais contratuais, haverá de respeitar o ato jurídico perfeito e o licenciamento do empreendimento, pressuposto geral que, no Direito Urbanístico, como no Direito Ambiental, é decorrência da crescente escassez de espaços verdes e dilapidação da qualidade de vida nas cidades. Por isso mesmo, submete-se ao princípio da não-regressão (ou, por outra terminologia, princípio da proibição de retrocesso), garantia de que os avanços urbanístico-ambientais conquistados no passado não serão diluídos, destruídos ou negados pela geração atual ou pelas seguintes.

*(...) 14. **A regra da maior restrição** (ou, para usar a expressão da Lei Lehmann, restrições "supletivas da legislação pertinente") **é de amplo conhecimento do mercado imobiliário,** já que, **sobretudo no Estado de São Paulo, foi reiteradamente prestigiada em inúmeros precedentes da Corregedoria-Geral de Justiça, em processos administrativos relativos a Cartórios de Imóveis, além de julgados proferidos na jurisdição contenciosa".***

Nesse contexto, de rigor o indeferimento do pedido nesta via administrativa.

Observe-se que a pretensão pode ser buscada pela via judicial, com participação de todos os possíveis interessados e respeito ao contraditório.

Diante do exposto, **JULGO IMPROCEDENTE** o pedido de providências formulado por Heloísa Vilela Branco Peres e Rafael Branco Peres em face do Oficial do 13º Registro de Imóveis da Capital.

Deste procedimento não decorrem custas, despesas processuais e honorários advocatícios.

Oportunamente, ao arquivo com as cautelas de praxe.

P.R.I.C.

São Paulo, 21 de junho de 2021. (DJe de 24.06.2021 – SP)

CND

Ementa: Sentença – Dúvida – Pedido de registro de Instrumento Particular de Constituição da empresa – Informação pelo Oficial de necessidade de apresentação de CND federal, bem como da comprovação do recolhimento complementar do ITBI – Requerente que não se insurge contra a exigência de regularização da titularidade do imóvel – Dispensabilidade de comprovação de inexistência de débitos federais – Exigência que não pode ser realizada pelo Oficial – Item 1171, do Capítulo XX, das NSCGJ – Entendimento pacífico dos Tribunais Superiores, CNJ e da Corregedoria Geral da Justiça – Delimitação da fiscalização do Oficial à verificação da existência ou não do recolhimento do tributo – Eventual cobrança a título de multa ou encargos moratórios deverá ser discutida na via judicial – Afastamento dos óbices em relação à comprovação de regularidade fiscal e de correção do recolhimento do ITBI – Dúvida Prejudicada

Processo 1116696-64.2021.8.26.0100

Dúvida - Registro de Imóveis - Gustavo Pinto Giorgi - Diante do exposto, JULGO PREJUDICADA a dúvida suscitada pelo Oficial do 1º Registro de Imóveis da Capital a requerimento de Gustavo Pinto Giorgi, observando que os óbices relativos à comprovação de regularidade fiscal e de correção do recolhimento do ITBI não subsistem. Deste procedimento não decorrem custas, despesas processuais ou honorários advocatícios. Oportunamente, remetam-se os autos ao arquivo. P.R.I.C. - ADV: FERNANDO SEMERDJIAN (OAB 257889/SP)

Íntegra da decisão:

SENTENÇA

Processo Digital nº: **1116696-64.2021.8.26.0100**

Classe - Assunto **Dúvida - Registro de Imóveis**

Suscitante: **1º Oficial de Registro de Imóveis da Capital**

Suscitado: **Gustavo Pinto Giorgi**

Juiz(a) de Direito: Dr(a). **Luciana Carone Nucci Eugênio Mahuad**

Vistos.

Trata-se de dúvida suscitada pelo **Oficial do 1º Registro de Imóveis da Capital** a requerimento de **Gustavo Pinto Giorgi**, tendo em vista negativa em se proceder ao registro de instrumento particular de constituição de GSMP Administração de Bens Ltda, por meio do qual o imóvel matriculado sob n. 95.557 daquela serventia foi transferido à sociedade (prenotação n. 409.193).

Segundo o Oficial, em respeito ao princípio da continuidade, a parte interessada deverá: regularizar a titularidade do imóvel, com o registro dos atos transmissivos anteriores, prenotados sob n. 386.691 e 386.692; aditar o instrumento particular para constar a expressa anuência da esposa de Ricardo Pinto Giorgi, Bruna Zanetti Stradiotto; apresentar CND federal em nome de Ricardo Pinto Giorgi ou declaração com firma reconhecida que permita sua dispensa; apresentar certidão do município de São Paulo atestando a regularidade do recolhimento do ITBI-IV ou comprovar seu recolhimento complementar, uma vez que o pagamento ocorreu em data posterior à da lavratura da escritura, sem a inclusão de multa e de correção monetária.

Vieram documentos às fls. 05/68.

A parte suscitada manifestou-se às fls. 05 e 71/74, sustentando que não incumbe ao registrador auditar o montante recolhido ao município a título de ITBI, mas tão somente verificar se houve recolhimento, destacando que suscitou dúvida acerca da exigência no processo de dúvida de autos n. 1116605-71.2021.8.26.0100; que Bruna Zanetti outorgou procuração pública com poderes hábeis ao registro, além de manifestação de anuência, a qual foi arquivada perante a Jucesp; que não é devida a apresentação de CND, uma vez que Ricardo não se encontra domiciliado no Brasil desde 2016. Vieram documentos às fls. 76/86.

Acerca dos novos documentos exibidos pela parte requerente, o Oficial Registrador se manifestou às fls. 99/100.

O Ministério Público, por sua vez, opinou pela prejudicialidade da dúvida ante a apresentação de novos documentos e, no mérito, pela procedência parcial (fls. 104/109).

É o relatório.

Fundamento e decido.

Por primeiro, observo que não é possível a complementação, no curso do processo de dúvida, dos documentos que instruem o título levado a registro.

Assim, como ausente qualificação prévia pelo Oficial Registrador, resta prejudicada a dúvida, notadamente no que diz respeito à análise dos documentos de fls. 76/86, pertinentes à comprovação da anuência da esposa de Ricardo Giorgi, Bruna Zanetti (item 3, fls. 72/73).

Verifica-se, ainda, que a parte não se insurge contra a necessidade de regularização da titularidade do imóvel com o registro dos atos transmissivos anteriores, prenotados sob n. 386.691 e 386.692.

Ainda assim, como estamos na via administrativa, visando evitar novo questionamento futuro, possível que se analisem os óbices que subsistem: apresentação de CND federal em nome de Ricardo Pinto Giorgi e comprovação do recolhimento complementar de ITBI (ou apresentação de declaração do ente tributário anuindo ao recolhimento).

Neste âmbito, a dúvida seria improcedente. Vejamos os motivos.

Não se desconhece que, para os registradores, vigora ordem de controle rigoroso do recolhimento do imposto por ocasião do registro do título, sob pena de responsabilidade pessoal (art.289 da Lei n. 6.015/73; art.134, VI, do CTN e art.30, XI, da Lei n. 8.935/1994).

Todavia, quanto à comprovação de inexistência de débitos federais, já se pacificou o entendimento de que tal exigência não pode ser feita pelo Oficial (processos de autos n. 1008454-11.2021.8.26.0100 e 1008454-11.2021.8.26.0100, dentre outros).

Além dos precedentes do E. Conselho Superior da Magistratura e da Corregedoria Geral da Justiça do Tribunal de Justiça de São Paulo, tal entendimento foi adotado pelo Conselho Nacional de Justiça no pedido de providências de autos n. 00012308-82.2015.2.00.0000, formulado pela União/AGU, quando se entendeu não haver irregularidade na dispensa, por ato normativo, da apresentação de certidão negativa para registro de título no Registro de Imóveis:

> *"... Ao contrário do que afirma a Advocacia-Geral da União, verifica-se que o Provimento CGJ n. 41/2013 editado pelo TJRJ está de acordo com a interpretação jurisprudencial do STF acerca da aplicabilidade dos artigos 47 e 48 da Lei n. 8.212/91 ao dispensar a exigência de apresentação de CND para o registro de imóveis. Confira-se:*
>
> *RECURSO EXTRAORDINÁRIO COM AGRAVO. REPERCUSSÃO GERAL. REAFIRMAÇÃO DE JURISPRUDÊNCIA. DIREITO TRIBUTÁRIO E DIREITO PROCESSUAL CIVIL. CLÁUSULA DA RESERVA DE PLENÁRIO. ART. 97 DA CONSTITUIÇÃO FEDERAL. JURISPRUDÊNCIA DO TRIBUNAL PLENO DO STF. RESTRIÇÕES IMPOSTAS PELO ESTADO. LIVRE EXERCÍCIO DA ATIVIDADE ECONÔMICA OU PROFISSIONAL. MEIO DE COBRANÇA INDIRETA DE TRIBUTOS. 1. A jurisprudência pacífica desta Corte, agora reafirmada em sede de repercussão geral, entende que é desnecessária a submissão de demanda judicial à regra da reserva de plenário na hipótese em que a decisão judicial estiver fundada em jurisprudência do Plenário do Supremo Tribunal Federal ou em Súmula deste Tribunal, nos termos dos arts. 97 da Constituição Federal, e 481, parágrafo único, do CPC. 2. O Supremo*

Tribunal Federal tem reiteradamente entendido que é inconstitucional restrição imposta pelo Estado ao livre exercício de atividade econômica ou profissional, quanto aquelas forem utilizadas como meio de cobrança indireta de tributos. 3. Agravo nos próprios autos conhecido para negar seguimento ao recurso extraordinário, reconhecida a inconstitucionalidade, incidental e com os efeitos da repercussão geral, do inciso III do §1º do artigo 219 da Lei 6.763/75 do Estado de Minas Gerais" (ARE 914045 RG, Relator(a): Min. EDSON FACHIN, julgado em 15/10/2015, ACÓRDÃO ELETRÔNICO REPERCUSSÃO GERAL MÉRITO DJe-232 DIVULG 18-11-2015 PUBLIC 19-11-2015).

Há que se observar, assim, o disposto no Cap. XX, item 117.1, das NSCGJ do Tribunal de Justiça de São Paulo:

"117.1. Com exceção do recolhimento do imposto de transmissão e prova de recolhimento do laudêmio, quando devidos, nenhuma exigência relativa à quitação de débitos para com a Fazenda Pública, inclusive quitação de débitos previdenciários, fará o oficial, para o registro de títulos particulares, notariais ou judiciais".

Por sua vez, no que diz respeito à exigência de recolhimento complementar a título de ITBI, a matéria já foi analisada por este juízo no processo de dúvida de autos n. 1116605-71.2021.8.26.0100, em que a parte requerente pretendia o registro de escritura pública de compra e venda relativa ao imóvel aqui tratado, lavrada anteriormente (matrícula n. 95.557, prenotação n. 409.191).

Sobre tal matéria, o Egrégio Conselho Superior da Magistratura fixou entendimento no sentido de que a fiscalização devida não vai além da aferição sobre a existência ou não do recolhimento do tributo (e não se houve correto recolhimento do valor, sendo tal atribuição exclusiva do ente fiscal, a não ser na hipótese de flagrante irregularidade ou irrazoabilidade do cálculo).

Nesse sentido, os seguintes julgados do E. Conselho Superior da Magistratura:

"Ao oficial de registro incumbe a verificação de recolhimento de tributos relativos aos atos praticados, não a sua exatidão" (Apelação Cível 20522-0/9- CSMSP - J.19.04.1995 - Rel. Antônio Carlos Alves Braga).

"Todavia, este Egrégio Conselho Superior da Magistratura já fixou entendimento no sentido de que a qualificação feita pelo Oficial Registrador não vai além da aferição sobre a existência ou não de recolhimento do tributo, e não sobre a integralidade de seu valor" (Apelação Cível 996-6/6 CSMSP, j. 09.12.2008 - Rel. Ruy Camilo).

"Este Egrégio Conselho Superior da Magistratura já fixou entendimento no sentido de que a qualificação feita pelo Oficial Registrador não vai além da aferição sobre a existência ou não de recolhimento do tributo, e não sobre a integralidade de seu valor" (Apelação Cível 0009480- 97.2013.8.26.0114 - Campinas - j. 02.09.2014 - Rel. des. Elliot Akel).

Nessa mesma linha, este juízo também decidiu em casos análogos que também versavam sobre a exigência do correto recolhimento de ITBI (autos n. 1115167-78.2019.8.26.0100, 1116491-06.2019.8.26.0100 e 1059178-53.2020.8.26.0100).

Ademais, o preenchimento da data para recolhimento do ITBI não se mostra flagrantemente incorreto, sobretudo após o julgamento de mérito do Recurso Extraordinário com Agravo n. 1.294.969/SP (processo-paradigma do Tema n. 1124 ITBI Ausência Registro Cartório), no qual o STF reconheceu a existência de repercussão geral e fixou a seguinte tese:

"O fato gerador do imposto sobre transmissão inter vivos de bens imóveis (ITBI) somente ocorre com a efetiva transferência da propriedade imobiliária, que se dá mediante o registro".

Eventual valor a ser cobrado a título de multa ou encargos moratórios, portanto, deve ser discutido na via adequada, não podendo o registrador desqualificar o título apresentado sob o fundamento de ausência de complemento de valores.

Diante do exposto, **JULGO PREJUDICADA** a dúvida suscitada pelo **Oficial do 1º Registro de Imóveis da Capital** a requerimento de **Gustavo Pinto Giorgi**, observando que os óbices relativos à comprovação de regularidade fiscal e de correção do recolhimento do ITBI não subsistem.

Deste procedimento não decorrem custas, despesas processuais ou honorários advocatícios.

Oportunamente, remetam-se os autos ao arquivo.

P.R.I.C.

São Paulo, 14 de dezembro de 2021.

Luciana Carone Nucci Eugênio Mahuad

Juiz de Direito (DJe de 16.12.2021 – SP)

Ementa: Sentença – Dúvida – Pedido de registro de Escritura de Compra e Venda – Negativa em razão da ausência de CND referente à vendedora perante a Receita Federal – Exigência que não pode ser realizada pelo Oficial – Item 117.1, do Capítulo XX, das NSCGJ – Entendimento pacífico dos Tribunais Superiores, CNJ e da Corregedoria Geral da Justiça – Afastamento do óbice – Determinação do registro do título – Improcedência

Processo 1127062-65.2021.8.26.0100

Dúvida - Registro de Imóveis - Renato Solano Pereira - Diante do exposto, JULGO IMPROCEDENTE a dúvida suscitada pelo Oficial do 10º Registro de Imóveis da Capital para afastar o óbice registrário (prova de regularidade fiscal) e, em consequência, determinar o registro do título. Deste procedimento não decorrem custas, despesas processuais ou honorários advocatícios. Oportunamente, ao arquivo com as cautelas de praxe. P.R.I.C. - ADV: DENIS AUDI ESPINELA (OAB 198153/SP)

Íntegra da decisão:

SENTENÇA

Processo nº: **1127062-65.2021.8.26.0100**

Classe - Assunto **Dúvida - Registro de Imóveis**

Requerente: **10º Oficial de Registro de Imóveis da Capital**

Requerido: **Renato Solano Pereira**

Juiz(a) de Direito: Dr(a). **Luciana Carone Nucci Eugênio Mahuad**

Vistos.

Trata-se de dúvida suscitada pelo **Oficial do 10º Registro de Imóveis da Capital** a requerimento de **Renato Solano Pereira**, tendo em vista negativa em se proceder ao registro de escritura de compra e venda, que tem como objeto o imóvel da matrícula n. 6.712 daquela serventia.

Informa o Oficial que a negativa foi motivada pela ausência de certidão negativa conjunta de débitos referente à vendedora perante a Receita Federal; que não desconhece a atual jurisprudência do tribunais superiores e desta corregedoria permanente no tocante à inexigibilidade da apresentação de tais certidões em casos específicos, porém não possui competência para dispensar certidões exigidas por lei (a alínea "b", inciso I, do artigo 47, da Lei

Federal nº 8.212/91, estaria em vigor, por não ter sido expressamente declarada inconstitucional).

Documentos vieram às fls. 04/36.

A parte suscitada defende como dispensável a exigência nos termos das Normas de Serviço da Corregedoria (fls. 37/39).

O Ministério Público opinou pela improcedência (fls. 44/45).

É o relatório.

Fundamento e decido.

No mérito, a dúvida é improcedente. Vejamos os motivos.

A questão em debate já foi apreciada inúmeras vezes tanto pelo E. Conselho Superior da Magistratura quanto pela E. Corregedoria Geral de Justiça, sendo que tais órgãos superiores firmaram entendimento acerca da dispensa das certidões negativas de dívidas tributárias e previdenciárias federais no que toca ao *munus* do registro imobiliário.

Destaca-se o julgamento proferido pelo E. CSM em análise recursal de procedimento que tramitou perante este juízo (autos n. 1124381-98.2016.8.26.0100), com relatoria do eminente Desembargador Manoel de Queiroz Pereira Calças, de cujo teor se extrai:

*"Item 3 (Certidão negativa de tributos federais e da dívida ativa da União): Essa exigência é a única a ser afastada. Este Conselho Superior da Magistratura já se posicionou, por diversas vezes, no sentido de que **são dispensáveis as certidões de dívidas ativas tributárias e previdenciárias federais.***

*Inspirado em precedentes do Supremo Tribunal Federal que inadmitiram a imposição de sanções políticas pelos entes tributários para, por vias oblíquas, constranger o contribuinte a quitar débitos tributários, o Conselho Superior da Magistratura reconheceu **inexistir justificativa "para condicionar o registro de títulos nas serventias prediais à prévia comprovação da quitação de créditos tributários, contribuições sociais e de outras imposições pecuniárias compulsórias"** (Apelações Cíveis n. 0018870-06.2011.8.26.0068, 0013479-23.2011.8.26.0019 e 9000002-22.2009.8.26.0441, todas sob a relatoria do Desembargador José Renato Nalini, destaques nossos)".*

Nesse mesmo sentido, confiram-se: *(a)* para a CGJ: Processos de autos n. 62.779/2013 (j. 30/07/2013) e 100.270/2012, (j. 14/01/2013); *(b)* para o CSM: as Apelações Cíveis dos autos n. 0015705-56.2012.8.26.0248 (j. 06.11.2013); 9000004-83.2011.8.26.0296 (j. 26.09.2013); 0006907-12.2012.8.26.0344 (j. 23.05.2013); 0013693-47.2012.8.26.0320 (j18.04.2013); 0019260-3.2011.8.26.0223 (j. 18.04.2013); 0021311-24.2012.8.26.0100 (j. 17.01.2013); 0013759-77.2012.8.26.0562 (j. 17.01.2013); 0018870-06.2011.8.26.0068 (j. 13.12.2012); 9000003-22.2009.8.26.0441 (j. 13.12.2012); 0003611-12.2012.8.26.0625 (j. 13.12.2012) e 0013479-23.2011.8.26.0019 (j. 13.12.2012).

Note-se, ainda, o disposto no item 117.1, do Capítulo XX, das Normas de Serviço dos Cartórios Extrajudiciais:

*"117.1. Com exceção do recolhimento do imposto de transmissão e prova de recolhimento do laudêmio, quando devidos, **nenhuma exigência relativa à quitação de débitos para com a Fazenda Pública, inclusive quitação de débitos previdenciários, fará o oficial, para o registro de títulos particulares**, notariais ou judiciais".*

Por fim, vale registrar que tal entendimento também é compartilhado pelo Conselho Nacional de

Justiça, sendo que a averbação de notícia sobre ajuizamento de execução contra a vendedora e outros, porque ocorrida em 03 de novembro de 2021, em nada altera esta conclusão (venda e compra de 10 de abril de 2018 – fls. 18/25):

"RECURSO ADMINISTRATIVO EM PEDIDO DE PROVIDÊNCIAS. IMPUGNAÇÃO DE PROVIMENTO EDITADO POR CORREGEDORIA LOCAL DETERMINANDO AOS CARTÓRIOS DE REGISTRO DE IMÓVEIS QUE SE ABSTENHAM DE EXIGIR CERTIDÃO NEGATIVA DE DÉBITO PREVIDENCIÁRIO NAS OPERAÇÕES NOTARIAIS. ALEGAÇÃO DE OFENSA AO DISPOSTO NOS ARTIGOS 47 E 48 DA LEI N. 8.2012/91. INEXISTÊNCIA DE ILEGALIDADE.

1. Reconhecida a inconstitucionalidade do art. 1º,inciso IV da Lei nº 7.711/88 (ADI 394), não há mais que se falar em comprovação da quitação de créditos tributários, de contribuições federais e de outras imposições pecuniárias compulsórias para o ingresso de qualquer operação financeira no registro de imóveis, por representar forma oblíqua de cobrança do Estado, subtraindo do contribuinte os direitos fundamentais de livre acesso ao Poder Judiciário e ao devido processo legal (art. 5º, XXXV e LIV, da CF).

2. Tendo sido extirpado do ordenamento jurídico norma mais abrangente, que impõe a comprovação da quitação de qualquer tipo de débito tributário, contribuição federal e outras imposições pecuniárias compulsórias, não há sentido em se fazer tal exigência com base em normas de menor abrangência, como a prevista no art. 47, I, "b", da Lei 8.212/91.

3. Ato normativo impugnado que não configura qualquer ofensa a legislação pátria, mas apenas legítimo exercício da competência conferida ao Órgão Censor Estadual para regulamentar as atividades de serventias extrajudiciais vinculadas ao Tribunal de Justiça local.

RECURSO IMPROVIDO" **(CNJ - Pedido de Providências - Corregedoria - 0001230-82.2015.2.00.0000 - Rel. JOÃO OTÁVIO DE NORONHA 28ª Sessão Virtual. Julgado em 11.10.2017).**

Diante do exposto, **JULGO IMPROCEDENTE** a dúvida suscitada pelo Oficial do 10º Registro de Imóveis da Capital para afastar o óbice registrário (prova de regularidade fiscal) e, em consequência, determinar o registro do título.

Deste procedimento não decorrem custas, despesas processuais ou honorários advocatícios.

Oportunamente, ao arquivo com as cautelas de praxe.

P.R.I.C.

São Paulo, 03 de dezembro de 2021. (DJe de 07.12.2021 – SP)

Ementa: Sentença – Pedido de Providências – Pedido de averbação de acréscimo de área construída por ausência de CND do INSS – Impossibilidade – Negativa em razão da exigibilidade da CND – Entendimento da CGJ do Estado de SP de exigibilidade da referida certidão – Item 1203, do Capítulo XX, das NSCGJ – Caso que não se enquadra como hipótese excepcional de dispensa do documento – Manutenção do óbice – Improcedência

Processo 1086115-66.2021.8.26.0100

Pedido de Providências - Registro de Imóveis - Noel Aparecido Ferreira - Diante do exposto, JULGO IMPROCEDENTE o pedido de providências, mantendo o óbice. Deste procedimento não decorrem custas, despesas processuais ou honorários advocatícios. Oportunamente, ao arquivo com as cautelas de praxe. P.R.I.C. - ADV: CARLOS ALBERTO DA SILVA (OAB 410175/SP)

Íntegra da decisão:

SENTENÇA

Processo Digital nº: **1086115-66.2021.8.26.0100**

Classe - Assunto **Pedido de Providências - Registro de Imóveis**

Requerente: **Noel Aparecido Ferreira**

Requerido: **15º Oficial de Registro de Imóveis da Capital**

Juiz(a) de Direito: Dr(a). **Luciana Carone Nucci Eugênio Mahuad**

Vistos.

Trata-se de pedido de providências formulado por **Noel Aparecido Ferreira** em face do **Oficial do 15º Registro de Imóveis da Capital,** diante da negativa de averbação de acréscimo de área construída na matrícula nº 111.526 daquela serventia, por ausência de CND do INSS.

A parte requerente alega que o acréscimo de área construída já foi regularizado junto à Prefeitura Municipal, defendendo a inexigibilidade da CND com base em precedentes jurisprudenciais.

Vieram documentos às fls. 06/31

Constatado o decurso do trintídio legal, determinou-se a reapresentação do título (fl. 35).

Com o atendimento, o Oficial se manifestou às fls. 42/44, reiterando, a despeito da jurisprudência apresentada, a exigibilidade da CND nos termos do inciso II, do artigo 47, da Lei n. 8.212/91, notadamente porque dispensa ocasiona sua responsabilidade solidária, destacando, nesse sentido, decisão recente do atual Corregedor Geral da Justiça no processo de autos n. 1013889-96.2020.8.26.0068.

O Ministério Público opinou pelo indeferimento do pedido (fls. 48/49).

É o relatório.

Fundamento e decido.

No mérito, o óbice deve ser mantido.

Vejamos os motivos.

O item 120.3, Cap. XX, das NSCGJSP, mencionado pelo Oficial, assim dispõe acerca dos requisitos necessários à averbação de construções, reformas e demolições (nossos destaques):

"As construções, ampliações, reformas e demolições serão averbadas quando comprovadas por habite-se, certificado de conclusão de obra ou documento equivalente expedido pela prefeitura, ***acompanhado da certidão negativa de débitos de contribuições previdenciárias relativas a obra de construção civil expedida pela Receita Federal do Brasil,*** *ressalvado o disposto na Lei nº 13.865, de 08 de agosto de 2019".*

Referido dispositivo apenas ressoa a exigência do artigo 47, inciso II, da Lei n. 8.212/91, que traz, como única exceção, o caso da construção residencial unifamiliar, destinada ao uso próprio, de tipo econômico, executada sem mão-de-obra assalariada, conforme regulamentação própria.

Diante do julgamento da ADI 394, no qual o STF declarou a inconstitucionalidade de dispositivo que exigia prova de regularidade fiscal para ingresso de título em Cartório de Registro de Imóveis (artigo 1º, IV, "b", da Lei n. 7.711/88), as Corregedorias Estaduais passaram a divergir quanto à exigibilidade da certidão negativa de débitos previdenciários.

Tal divergência ensejou a propositura de alguns pedidos de providências ao Conselho Nacional de Justiça para apuração de eventual afronta à decisão do Supremo Tribunal Federal.

Enquanto os Pedidos de Providências de autos n. 0001230-82.2015.2.00.0000, referido na inicial, e 0003121-02.2019.2.00.0000 trataram da manutenção do entendimento local, no Pedido de Providências de autos n. 0002641-87.2020.2.00.0000 foi analisada a possibilidade de uniformização do entendimento.

Neste último, após estudos, a Corregedora Nacional de Justiça, Ministra Maria Thereza de Assis Moura, concluiu que o pedido não poderia ser acolhido, pois a generalização do entendimento para todos os Estados passaria pela negativa, em caráter geral, da eficácia do artigo 47 da Lei n. 8.212/91 e de outras leis que exijam a certidão de regularidade fiscal, o que depende de **decisão específica do STF** ou da edição de ato normativo em sentido contrário. Assim, por decisão datada de 14 de junho de 2021, rejeitou o pedido e determinou seu arquivamento.

No âmbito da Corregedoria Geral da Justiça do Estado de São Paulo, o entendimento é pela exigibilidade da certidão, nos termos do item 120.3, Cap. XX, das NSCGJ.

Nesse sentido é o parecer elaborado pela MMa. Juíza Assessora Dra. Caren Cristina Fernandes de Oliveira no Processo Administrativo de autos n. 1013889- 96.2020.8.26.0068, aprovado, em 02 de julho de 2021, pelo Exmo. Corregedor Geral, com a seguinte ementa:

"REGISTRO DE IMÓVEIS – Pedido de providências – Averbação de construção – Exigência de apresentação da certidão negativa de débitos de contribuições previdenciárias – CND – Inteligência do art. 47, II, da Lei n.º 8.212/91 – Dever do Oficial de velar pelo recolhimento do tributo – Óbice mantido – Recurso não provido".

Obrigatória, portanto, a apresentação da certidão exigida pelo Oficial por não se identificar hipótese excepcional de dispensa do documento.

Diante do exposto, **JULGO IMPROCEDENTE** o pedido de providências, mantendo o óbice.

Deste procedimento não decorrem custas, despesas processuais ou honorários advocatícios.

Oportunamente, ao arquivo com as cautelas de praxe.

P.R.I.C.

São Paulo, 30 de setembro de 2021.

Luciana Carone Nucci Eugênio Mahuad

Juiz de Direito (DJe de 04.10.2021 – SP)

Ementa: Sentença – Dúvida – Pedido de Providências – Averbação de construção – Necessidade de apresentação da CND – Descabimento – Entendimento pacificado de que não cabe tal exigência por parte do Oficial – Precedentes do E CSM – Afastamento do óbice – Determinação de averbação da construção – Improcedência

Processo 1008454-11.2021.8.26.0100

Dúvida - Registro de Imóveis - Julia Vaitkevicius - Diante do exposto, julgo procedente o pedido de providências e, consequentemente, determino que se proceda a averbação da construção na matrícula nº 69.243 do 6º Cartório de Registro de Imóveis, nos termos pleiteados pela parte interessada, independentemente da apresentação da certidão negativa de débitos relativos às contribuições previdenciárias e de terceiros (CND INSS). Deste procedimento não decorrem custas, despesas processuais e honorários advocatícios. Oportunamente remetam-se os autos ao arquivo. P.R.I.C. - ADV: JULIA VAITKEVICIUS (OAB 152279/SP)

Íntegra da decisão:

SENTENÇA

Processo Digital nº: **1008454-11.2021.8.26.0100**

Classe - Assunto **Dúvida - Registro de Imóveis**

Suscitante: **6º Oficial de Registro de Imóveis da Comarca da Capital - Sp**

Suscitado: **Julia Vaitkevicius**

Juiz(a) de Direito: Dr(a). **Vivian Labruna Catapani**

Vistos.

Trata-se de **pedido de providências** suscitado pelo **Oficial do 6º Registro de Imóveis da Capital**, a pedido de **Marcos Antonio da Silva**, representando a proprietária **Julia Vaitkevicius**, pretendendo a averbação de construção na matrícula nº 69.243 daquela Serventia. A qualificação restou negativa tendo em vista a necessidade de apresentação da certidão negativa de débitos relativos às contribuições previdenciárias e de terceiros (CND – INSS). Insurge-se o interessado contra a mencionada exigência, sob o argumento de que é pacífico o entendimento dos Tribunais Superiores, CNJ e Corregedoria Geral da Justiça, de ser dispensável a apresentação da referida certidão para a prática de atos notariais e registrários.

Já o Oficial entende que, a despeito da atual jurisprudência relativa ao controvertido tema, prevalece o inciso II do artigo 47 da Lei nº 8.212/91, sendo que eventual dispensa ocasionaria a responsabilidade solidária dos registradores. Apresentou documentos às fls. 101/154.

O Ministério Público opinou pela procedência do pedido (fls. 157/158).

É o relatório.

Passo a fundamentar e a decidir.

Apesar de, em regra, não ser possível declarar, em sede administrativa, a inconstitucionalidade dos dispositivos legais que exigem a apresentação da CND perante o registro imobiliário, reconheço ter sido pacificado o entendimento de que tal exigência não pode ser feita pelo Oficial.

Neste sentido, além dos precedentes do E. Conselho Superior da Magistratura e da Corregedoria Geral da Justiça deste Tribunal, o Conselho Nacional de Justiça, nos autos do pedido de providências nº 00012308-82.2015.2.00.0000, formulado pela União/AGU, entendeu não haver irregularidade na dispensa, por ato normativo, da apresentação de certidão negativa para registro de título no Registro de Imóveis:

"CNJ: Pedido de Providências Provimento do TJ-RJ que determinou aos cartórios de registro de imóveis que deixem de exigir a certidão negativa de débito previdenciária (CND). Pedido formulado pela UNIÃO/AGU para a suspensão cautelar e definitiva dos efeitos do Provimento n. 41/2013, além da instauração de reclamação disciplinar contra os magistrados que participaram da concepção e realização do ato e ainda, que o CNJ expeça resolução ou recomendação vedando a todos os órgãos do Poder Judiciário a expedição de normas de conteúdo semelhante ao editado pela requerida Provimento CGJ 41/2013 editado pelo TJRJ está de acordo com a interpretação jurisprudencial do STF. Ressalte-se que não houve qualquer declaração de inconstitucionalidade dos artigos 47 e 48 da Lei n. 8.212/91, mas sim fixação de norma de competência da Corregedoria Geral de Justiça local para regulamentar as atividades de serventias extrajudiciais vinculadas ao Tribunal de Justiça pedido de providências improcedente"

De acordo com o Acórdão:

"... Ao contrário do que afirma a Advocacia-Geral da União, verifica-se que o Provimento CGJ n. 41/2013 editado pelo TJRJ está de acordo com a interpretação jurisprudencial do STF acerca da aplicabilidade dos artigos 47 e 48 da Lei n. 8.212/91 ao dispensar a exigência de apresentação de CND para o registro de imóveis. Confira-se:

RECURSO EXTRAORDINÁRIO COM AGRAVO. REPERCUSSÃO GERAL. REAFIRMAÇÃO DE JURISPRUDÊNCIA. DIREITO TRIBUTÁRIO E DIREITO PROCESSUAL CIVIL. CLÁUSULA DA RESERVA DE PLENÁRIO. ART. 97 DA CONSTITUIÇÃO FEDERAL. JURISPRUDÊNCIA DO TRIBUNAL PLENO DO STF. RESTRIÇÕES IMPOSTAS PELO ESTADO. LIVRE EXERCÍCIO DA ATIVIDADE ECONÔMICA OU PROFISSIONAL. MEIO DE COBRANÇA INDIRETA DE TRIBUTOS. 1. A jurisprudência pacífica desta Corte, agora reafirmada em sede de repercussão geral, entende que é desnecessária a submissão de demanda judicial à regra da reserva de plenário na hipótese em que a decisão judicial estiver fundada em jurisprudência do Plenário do Supremo Tribunal Federal ou em Súmula deste Tribunal, nos termos dos arts. 97 da Constituição Federal, e 481, parágrafo único, do CPC. 2. O Supremo Tribunal Federal tem reiteradamente entendido que é inconstitucional restrição imposta pelo Estado ao livre exercício de atividade econômica ou profissional, quanto aquelas forem utilizadas como meio de cobrança indireta de tributos. 3. Agravo nos próprios autos conhecido para negar seguimento ao recurso extraordinário, reconhecida a inconstitucionalidade, incidental e com os efeitos da repercussão geral, do inciso III do §1º do artigo 219 da Lei 6.763/75 do Estado de Minas Gerais." (ARE 914045 RG, Relator(a): Min. EDSON FACHIN, julgado em

15/10/2015, ACÓRDÃO ELETRÔNICO REPERCUSSÃO GERAL MÉRITO DJe-232 DIVULG 18-11-2015 PUBLIC 19-11-2015).

Assim, devem os Oficiais observar o disposto no Cap. XX, item 117.1, das NSCGJ do Tribunal de Justiça de São Paulo, que assim dispõe:

"117.1. Com exceção do recolhimento do imposto de transmissão e prova de recolhimento do laudêmio, quando devidos, nenhuma exigência relativa à quitação de débitos para com a Fazenda Pública, inclusive quitação de débitos previdenciários, fará o oficial, para o registro de títulos particulares, notariais ou judiciais"

Deste modo, existindo norma expressa no sentido de que os Oficiais não podem exigir, para registro de titulo, qualquer documento relativo a débitos para com a Fazenda Pública, tal exigência deve ser afastada.

Neste contexto, a dispensa da certidão de débito deve também ser estendida às averbações de construção ou demolição . Conforme decisão já proferida pela Egrégia Corregedoria Geral da Justiça, no Processo nº 2012/00100270:

"Recurso Administrativo. Averbação de construção que acarreta modificação da área do imóvel. Impossibilidade. Falta de CND referentes às modificações anteriores. Questão já considerada em decisão anterior pelo D Corregedor Geral da Justiça, que modificou entendimento anterior pela dispensa das certidões. Discrepância das medidas apresentadas que demanda esclarecimentos. Parecer pelo não provimento". Ademais, a impropriedade da exigência deve ser estendia ao citado inciso II, uma vez que ainda que a averbação da construção (ou demolição) não signifique transferência de bens, é ela meio de regularização da situação registral do imóvel. O que não pode ficar obstado por qualquer débito tributário existente, sob pena da cobrança de dívidas fiscais por via transversa.

Diante do exposto, **julgo procedente o pedido de providências** e, consequentemente, determino que se proceda a averbação da construção na matrícula nº 69.243 do 6º Cartório de Registro de Imóveis, nos termos pleiteados pela parte interessada, independentemente da apresentação da certidão negativa de débitos relativos às contribuições previdenciárias e de terceiros (CND – INSS).

Deste procedimento não decorrem custas, despesas processuais e honorários advocatícios.

Oportunamente remetam-se os autos ao arquivo.

P.R.I.C.

São Paulo, 31 de março de 2021. (DJe de 07.04.2021 – SP)

Ementa: Sentença – Dúvida – Pedido de registro do Instrumento Particular de Instituição, Especificação e Convenção de Condomínio – Necessidade de apresentação da CND do INSS – Descabimento – Dispensabilidade da referida para a prática de atos notariais e registrários – Item 117.1, do Capítulo XX, das NSCGJ – Entendimento pacífico dos Tribunais Superiores, CNJ e da Corregedoria Geral da Justiça – Afastamento do óbice – Improcedência

Processo 1122210-32.2020.8.26.0100

Dúvida - Notas - Ricardo Van Tol - Vistos. Trata-se de dúvida suscitada pelo Oficial do 8º Registro de Imóveis da Capital, a requerimento de Ricardo Van Tol e Giuliana Motta Van Tol, diante da negativa em se proceder ao registro do instrumento particular de instituição, especificação e convenção de condomínio denominado RECANTO, referente aos imóveis matriculados sob nºs 105.152 e 117.561, bem como averbação da demolição e da construção de 6 casas, autorizadas pelo certificado de regularização emitido pela Municipalidade de São Paulo. O óbice registrário refere-se à necessidade de apresentação da Certidão Negativa de Débitos do INSS relativa à obra, nos termos dos artigos 47, II e 48 da Lei nº 8.212/91. Informa o Registrador que tem ciência da atual jurisprudência dos Tribunais Superiores e desta Corregedoria Permanente no tocante a necessidade da apresentação das Certidões Negativas (item 117.1, do Cap. XX, das Normas Extrajudiciais de Serviço) e assevera que a matéria ainda enseja a controvérsia, tendo em vista que existe entendimento no sentido em que a alínea b, inciso I, do artigo 47, da Lei Federal nº 8.212/91, estaria em vigor, por não ter sido expressamente declarada inconstitucional. Juntou documentos às fls. 05/98 e 101/102. Salienta que as consequências previstas no artigo 48 da mencionada lei, consistentes na responsabilidade solidária do Oficial que praticar o ato e este ser nulo para todos os efeitos, permanecem válidos. Os suscitados apresentaram impugnação às fls. 103/105. Argumentam que mencionada exigência é inconstitucional nos termos da pacífica jurisprudência dos Tribunais Superiores. O Ministério Público opinou pela improcedência da dúvida (fls. 109/111). É o relatório. Passo a fundamentar e a decidir. Apesar do entendimento pessoal desta magistrada, no sentido de não ser possível declarar, em sede administrativa, a inconstitucionalidade dos dispositivos legais que exigem a apresentação da CND perante o registro imobiliário, reconheço ter sido pacificado o entendimento de que tal exigência não pode ser feita pelo Oficial. Neste sentido, além dos precedentes do E. Conselho Superior da Magistratura e da Corregedoria Geral da Justiça deste Tribunal, o

Conselho Nacional de Justiça, nos autos do pedido de providências nº 000123082-.2015.2.00.0000, formulado pela União/AGU, entendeu não haver irregularidade na dispensa, por ato normativo, da apresentação de certidão negativa para registro de título no Registro de Imóveis: "CNJ: Pedido de Providências Provimento do TJ-RJ que determinou aos cartórios de registro de imóveis que deixem de exigir a certidão negativa de débito previdenciária (CND) Pedido formulado pela UNIÃO/AGU para a suspensão cautelar e definitiva dos efeitos do Provimento n. 41/2013, além da instauração de reclamação disciplinar contra os magistrados que participaram da concepção e realização do ato e ainda, que o CNJ expeça resolução ou recomendação vedando a todos os órgãos do Poder Judiciário a expedição de normas de conteúdo semelhante ao editado pela requerida Provimento CGJ n. 41/2013 editado pelo TJRJ está de acordo com a interpretação jurisprudencial do STF Ressalte-se que não houve qualquer declaração de inconstitucionalidade dos artigos 47 e 48 da Lei n. 8.212/91, mas sim fixação de norma de competência da Corregedoria Geral de Justiça local para regulamentar as atividades de serventias extrajudiciais vinculadas ao Tribunal de Justiça Pedido de providências improcedente" De acordo com o Acórdão: "... Ao contrário do que afirma a Advocacia-Geral da União, verifica-se que o Provimento CGJ n. 41/2013 editado pelo TJRJ está de acordo com a interpretação jurisprudencial do STF acerca da aplicabilidade dos artigos 47 e 48 da Lei n. 8.212/91 ao dispensar a exigência de apresentação de CND para o registro de imóveis. Confira-se: RECURSO EXTRAORDINÁRIO COM AGRAVO. REPERCUSSÃO GERAL. REAFIRMAÇÃO DE JURISPRUDÊNCIA. DIREITO TRIBUTÁRIO E DIREITO PROCESSUAL CIVIL. CLÁUSULA DA RESERVA DE PLENÁRIO. ART. 97 DA CONSTITUIÇÃO FEDERAL. JURISPRUDÊNCIA DO TRIBUNAL PLENO DO STF. RESTRIÇÕES IMPOSTAS PELO ESTADO. LIVRE EXERCÍCIO DA ATIVIDADE ECONÔMICA OU PROFISSIONAL. MEIO DE COBRANÇA INDIRETA DE TRIBUTOS. 1. A jurisprudência pacífica desta Corte, agora reafirmada em sede de repercussão geral, entende que é desnecessária a submissão de demanda judicial à regra da reserva de plenário na hipótese em que a decisão judicial estiver fundada em jurisprudência do Plenário do Supremo Tribunal Federal ou em Súmula deste Tribunal, nos termos dos arts. 97 da Constituição Federal, e 481, parágrafo único, do CPC. 2. O Supremo Tribunal Federal tem reiteradamente entendido que é inconstitucional restrição imposta pelo Estado ao livre exercício de atividade econômica ou profissional, quanto aquelas forem utilizadas como meio de cobrança indireta de tributos. 3. Agravo nos próprios autos conhecido para negar seguimento ao recurso extraordinário, reconhecida a inconstitucionalidade, incidental e com os efeitos da repercussão geral, do inciso III do §1º do artigo 219 da Lei 6.763/75 do Estado de Minas Gerais.(ARE 914045 RG, Relator(a): Min. EDSON FACHIN, julgado em 15/10/2015, ACÓRDÃO ELETRÔNICO REPERCUSSÃO GERAL MÉRITO DJe-232 DIVULG 18-11-2015 PUBLIC 19-11-2015)" Assim, devem os Oficiais observar o disposto no Cap. XX, item 117.1, das NSCGJ do Tribunal de Justiça de São Paulo, que assim dispõe: "117.1. Com exceção do recolhimento do imposto de transmissão e prova de recolhimento do laudêmio, quando devidos, nenhuma exigência relativa à quitação de débitos para com a Fazenda Pública, inclusive quitação de débitos previdenciários, fará o oficial, para o registro de títulos particulares, notariais ou judiciais" Deste modo, existindo norma expressa no sentido de que os Oficiais não podem exigir, para registro de título, qualquer documento relativo à débitos para com a Fazenda Pública, a exigência ora apresentada deve ser afastada Neste contexto, a dispensa da certidão de débito deve também ser estendida às averbações de construção ou demolição. Conforme decisão já proferida pela Egrégia Corregedoria Geral da Justiça, no Processo nº 2012/00100270: "Recurso Administrativo. Averbação de construção que acarreta modificação da área do imóvel. Impossibilidade. Falta de CND referentes às modificações anteriores. Questão já considerada em decisão anterior pelo D. Corregedor Geral da Justiça, que modificou entendimento anterior pela dispensa das certidões. Discrepância das medias apresentadas que demanda esclarecimentos. Parecer pelo não provimento". Logo, a impropriedade da exigência deve ser estendida ao citado inciso II, uma vez que ainda que a averbação da construção (ou demolição) não signifique transferência de bens, é ela meio de regularização da situação registral do imóvel, não podendo haver óbice pela existência de qualquer débito tributário, sob pena de se caracterizar a cobrança de dividas fiscais por via transversa. Diante do exposto, julgo improcedente a dúvida suscitada pelo Oficial do 8º Registro de Imóveis da Capital, a requerimento de Ricardo Van Tol e Giuliana Motta Van Tol, e consequentemente determino o registro do titulo apresentado e a efetivação das averbações pleiteadas na inicial. Deste procedimento não decorrem custas, despesas processuais e honorários advocatícios. Oportunamente remetam-se os autos ao arquivo. P.R.I.C. - ADV: RUBENS GOMES HENRIQUES (OAB 383120/SP) (DJe de 24.02.2021 – SP)

Ementa: Sentença – Pedido de Providências – Averbação de construção – Apresentação de Certidão Negativa de Débito – CND Conjunta – Inexigibilidade da CND na seara administrativa, segundo o atual entendimento do E. CSM e da E. CGJ – Ausência de irregularidade na dispensa conforme entendimento do E. CNJ – Exigibilidade, contudo, conforme os preceitos legais que informam a matéria – Impossibilidade de o registrador de imóveis, de ofício, estender a fulminação constitucional que afligiu a Lei Federal nº 7.711/1988 – Ausência de declaração judicial expressa de que a Lei Federal nº 8.212/1991 padeça de inconstitucionalidade – Necessidade de que os oficiais observem o disposto no item 119.1, do Capítulo XX, das NSCGJ – Determinação do registro – Procedência

Processo 1109867-04.2020.8.26.0100

Pedido de Providências - Registro de Imóveis - Wilians Rogerio de Freitas - Vistos. Trata-se de pedido de providências formulado por Wilians Rogerio de Freitas, em face do Oficial do 15º Registro de Imóveis da Capital, pretendendo a averbação da demolição do antigo prédio, bem como a construção do novo prédio, o qual é instituído em regime de condomínio com a consequente individualização das unidades autônomas, denominado "Morada Vila Mazzei", objeto da matrícula nº 129.971. A qualificação do título restou negativa, tendo em vista que para a averbação da construção é necessária a apresentação da Certidão Negativa de Débitos do INSS relativa à obra, nos termos dos artigos 47, II e 48 da Lei nº 8.212/91. Entende o Oficial que apesar da atual jurisprudência dos Tribunais Superiores e desta Corregedoria Permanente no tocante a necessidade da apresentação das Certidões Negativas (item 119.1, do Cap. XX, das Normas Extrajudiciais de Serviço), a matéria ainda enseja controvérsia, tendo em vista que existe entendimento no sentido em que a alínea b, inciso I, do artigo 47, da Lei Federal nº 8.212/91, estaria em vigor, por não ter sido expressamente declarada inconstitucional. Salienta que as consequências previstas no artigo 48 da mencionada lei, consistentes na responsabilidade solidária do Oficial que praticar o ato e este ser nulo para todos os efeitos, permanecem válidos. Juntou documentos às fls. 28/43. Insurge-se o requerente acerca do óbice imposto, sob o argumento que mencionada exigência é inconstitucional nos termos da pacífica jurisprudência dos Tribunais Superiores. Apresentou documentos às fls. 06/22. O Ministério Público opinou pela procedência do pedido de providencias (fls. 47/48). É o relatório. Passo a fundamentar e a decidir. Apesar do entendimento pessoal desta magistrada, no sentido de não ser possível declarar, em sede administrativa, a inconstitucionalidade dos dispositivos legais que exigem a apresentação da CND perante o registro imobiliário, reconheço ter sido pacificado o entendimento de que tal exigência não pode ser feita pelo Oficial. Neste sentido, além dos precedentes do E. Conselho Superior da Magistratura e da Corregedoria Geral da Justiça deste Tribunal, o Conselho Nacional de Justiça, nos autos do pedido de providências nº 000123082-.2015.2.00.0000, formulado pela União/AGU, entendeu não haver irregularidade na dispensa, por ato normativo, da apresentação de certidão negativa para registro de título no Registro de Imóveis: "CNJ: Pedido de Providências Provimento do TJ-RJ que determinou aos cartórios de registro de imóveis que deixem de exigir a certidão negativa de débito previdenciária (CND) Pedido formulado pela UNIÃO/AGU para a suspensão cautelar e definitiva dos efeitos do Provimento n. 41/2013, além da instauração de reclamação disciplinar contra os magistrados que participaram da concepção e realização do ato e ainda, que o CNJ expeça resolução ou recomendação vedando a todos os órgãos do Poder Judiciário a expedição de normas de conteúdo semelhante ao editado pela requerida Provimento CGJ n. 41/2013 editado pelo TJRJ está de acordo com a interpretação jurisprudencial do STF Ressalte-se que não houve qualquer declaração de inconstitucionalidade dos artigos 47 e 48 da Lei n. 8.212/91, mas sim fixação de norma de competência da Corregedoria Geral de Justiça local para regulamentar as atividades de serventias extrajudiciais vinculadas ao Tribunal de Justiça Pedido de providências improcedente" De acordo com o Acórdão: "... Ao contrário do que afirma a Advocacia-Geral da União, verifica-se que o Provimento CGJ n. 41/2013 editado pelo TJRJ está de acordo com a interpretação jurisprudencial do STF acerca da aplicabilidade dos artigos 47 e 48 da Lei n. 8.212/91 ao dispensar a exigência de apresentação de CND para o registro de imóveis. Confira-se: RECURSO EXTRAORDINÁRIO COM AGRAVO. REPERCUSSÃO GERAL. REAFIRMAÇÃO DE JURISPRUDÊNCIA. DIREITO TRIBUTÁRIO E DIREITO PROCESSUAL CIVIL. CLÁUSULA DA RESERVA DE PLENÁRIO. ART. 97 DA CONSTITUIÇÃO FEDERAL. JURISPRUDÊNCIA DO TRIBUNAL PLENO DO STF. RESTRIÇÕES IMPOSTAS PELO ESTADO. LIVRE EXERCÍCIO DA ATIVIDADE ECONÔMICA OU PROFISSIONAL. MEIO DE COBRANÇA INDIRETA DE TRIBUTOS. 1. A jurisprudência pacífica desta Corte, agora reafirmada em sede de repercussão geral, entende que é desnecessária a submissão de demanda judicial à regra da reserva de plenário na hipótese em que a decisão judicial estiver fundada em jurisprudência do Plenário do Supremo Tribunal Federal ou em Súmula deste Tribunal, nos termos dos arts. 97 da Constituição Federal, e 481, parágrafo único, do CPC. 2. O Supremo Tribunal Federal tem reiteradamente entendido que é inconstitucional restrição imposta pelo Estado ao livre exercício de atividade econômica ou profissional, quanto aquelas forem utilizadas como meio de cobrança indireta de tributos. 3. Agravo nos próprios autos conhecido para negar seguimento ao recurso extraordinário, reconhecida a inconstitucionalidade, incidental e com os efeitos da repercussão geral, do inciso III do §1º do artigo 219 da Lei 6.763/75 do Estado de Minas Gerais.(ARE 914045 RG, Relator(a): Min. EDSON FACHIN, julgado em 15/10/2015, ACÓRDÃO ELETRÔNICO REPERCUSSÃO GERAL MÉRITO DJe-232 DIVULG 18-11-2015 PUBLIC 19-11-2015)" Assim, devem os Oficiais observar o disposto no Cap. XX, item 117.1, das NSCGJ do Tribunal de Justiça de São Paulo, que assim dispõe: "117.1. Com exceção do recolhimento do imposto de transmissão e prova de recolhimento do laudêmio, quando devidos, nenhuma exigência relativa à quitação de débitos para com a Fazenda Pública, inclusive quitação de débitos previdenciários, fará o oficial, para o registro de títulos particulares, notariais ou judiciais" Deste modo, existindo norma expressa no sentido de que os Oficiais não podem exigir, para registro de título, qualquer documento relativo à débitos para com a Fazenda Pública, a exigência ora apresentada deve ser afastada Neste contexto, a dispensa da certidão de débito deve também ser estendida às averbações de construção ou demolição. Conforme decisão já proferida pela Egrégia Corregedoria Geral da Justiça, no Processo nº 2012/00100270: "Recurso Administrativo. Averbação de construção que acarreta modificação da área do imóvel. Impossibilidade. Falta de CND referentes às modificações anteriores. Questão já considerada em decisão anterior pelo D. Corregedor Geral da Justiça, que modificou entendimento anterior pela dispensa das certidões. Discrepância das medias apresentadas que demanda esclarecimentos. Parecer pelo não provimento". Logo, a impropriedade da exigência deve ser estendida ao citado inciso II, uma vez que ainda que a averbação da construção (ou demolição) não signifique transferência de bens, é ela meio de regularização da situação registral do imóvel, não podendo haver óbice pela existência de qualquer débito tributário, sob pena de se caracterizar a cobrança de dividas fiscais por via transversa. Diante do exposto, julgo procedente o pedido de providências formulado por Wilians Rogerio de Freitas, em face do Oficial do 15º Registro de Imóveis da Capital, e consequentemente determino a averbação da demolição do antigo prédio, bem como a construção do novo prédio, denominado "Morada Vila Mazzei", objeto da matricula nº 129.971. Deste procedimento não decorrem custas, despesas processuais e honorários advocatícios. Oportunamente remetam-se os autos ao arquivo. P.R.I.C. - ADV: RITA DE CASSIA MONTALBANO DE OLIVEIRA (OAB 101624/SP) (DJe de 13.01.2021 – SP)

COMPRA E VENDA

Ementa: Sentença – Pedido de Providências – Pedido de retificação da Escritura Pública de Compra, Venda e Divisão – Alegação pelo Registrador de Imóveis de ausência das confrontações do bem e da divisão dos lotes – Esclarecimento pelo Tabelião de que é necessária a presença das partes originais para a retificação – Ato notarial que já está aperfeiçoado e consumado – Inexistência de erro, inexatidão ou irregularidade – Imprescindibilidade de que todas as partes do ato compareçam para a lavratura de Escritura de Retificação e Ratificação – Item 55, do Capítulo XVI, das NSCGJ – Inviabilidade da retificação pretendida –Indeferimento do pedido – Arquivamento do feito – Ciência ao Tabelião – Improcedência

Processo 1004011-42.2021.8.26.0609

Pedido de Providências - Defeito, nulidade ou anulação - J.F.S. – M.P.S.O.S. – M.O.S. – A.O.S. - Juiz(a) de Direito: Dr(a). Marcelo Benacchio VISTOS, Trata-se de pedido de providências formulado por J. F. S. e outros, solicitando a retificação da Escritura Pública de Compra, Venda e Divisão, realizada aos 20 de novembro de 1986, inserta no livro 1.087, páginas 179, da lavra do Senhor 14º Tabelião de Notas da Capital. Os autos foram instruídos com os documentos de fls. 08/46. Em especial, a cópia da debatida escritura pública encontra-se juntada, parcialmente, às fls. 28/31. O Senhor 14º Tabelião manifestou-se às fls. 76/82, inclusive juntando a cópia integral do debatido ato notarial. Os Senhores Representantes vieram aos autos para reiterarem os termos de seu pedido original (fls. 86/88). O D. Representante do Ministério Público manifestou-se às fls. 92/94, opinando pela improcedência do pedido. É o breve relatório. DECIDO. Cuida-se de pedido formulado por J. F. S. e outros, solicitando a retificação da Escritura Pública de Compra, Venda e Divisão, lavrada pelo Senhor 14º Tabelião de Notas da Capital. Destaque-se que o feito foi originalmente distribuído ao Juízo Cível como ação de retificação de área. Todavia, em razão da matéria, restou redirecionado a este Juízo Administrativo, sem objeção pela parte autora. Nessa senda, consigno à parte requerente que a matéria posta em controvérsia no bojo dos presentes autos será objeto de apreciação, como pedido de providências, no limitado campo de atribuição desta Corregedoria Permanente, que desempenha, dentre outras atividades, a verificação dos cumprimentos dos deveres e obrigações dos titulares de delegações afeta à Corregedoria Permanente desta 2ª Vara de Registros Públicos da Capital. Bem assim, delimitado o alcance do procedimento, passo à análise do mérito administrativo da questão. Verifica-se dos autos que a Escritura Pública de Compra, Venda e Divisão, realizada aos 20 de novembro de 1986, inserta no livro 1.087, páginas 179, da lavra do Senhor 14º Tabelião de Notas da Capital, teve seu ingresso registrário negado pelo Registrador de Imóveis de Taboão da Serra (local da propriedade), uma vez que não figurava do ato notarial as confrontações do bem e a divisão dos lotes. Referiu o Registrador Imobiliário que a Escritura Pública deveria ser retificada, para refletir a totalidade do negócio jurídico pactuado. Consta do feito que o instrumento notarial foi retificado, por meio de ata, para fazer constar a metragem da frente do imóvel. Todavia, as demais correções necessárias ao ingresso no fólio real inclusão da descrição e divisão dos lotes do terreno foram negadas pelo Senhor Tabelião, que assevera que não é possível se retificar, por meio de ata, sem a presença das partes originais, o instrumento público da Compra e Venda. Pois bem. Assiste razão ao Senhor Tabelião na negativa efetuada. Pese embora a argumentação deduzida nos autos pela parte Representante, forçoso convir, na espécie, que o ato notarial que se pretende retificar já está aperfeiçoado e consumado, inexistindo possibilidade jurídica, no âmbito administrativo, para a alteração pretendida, ante ao conteúdo das declarações de vontade. Verifico que a retificação pretendida não se cuida de mera correção de erros, inexatidões materiais e equívocos, a ser realizada de ofício pela unidade extrajudicial ou mediante mero requerimento das partes, cujo ato será subscrito apenas pelo Notário ou seu substituto legal, em conformidade com o item 54, Capítulo XVI, das Normas de Serviço da E. Corregedoria Geral da Justiça. Com efeito, não se vislumbra que haja erro, inexatidão ou irregularidade no referido ato notarial, certo que o memorial descritivo da propriedade é datado somente de 2020, de modo que não há provas, passíveis de serem colhidas nesta estreita via administrativa, quanto ao efetivo negócio jurídico aventado há mais de 35 anos. Portanto, é exigível, para a retificação administrativa, se o caso, a presença das partes originais do ato, para a lavratura de escritura de retificação e ratificação, nos termos do item 55, Capítulo XVI, das Normas de Serviço da E. Corregedoria Geral da Justiça, uma vez que a alteração pretendida afeta parte essencial do negócio jurídico pactuado: seu objeto. Não se deve perder de vista que escritura pública é ato notarial que formaliza juridicamente a vontade das partes, observados os parâmetros fixados pela Lei e pelas Normas de Serviço da Corregedoria Geral da Justiça, reproduzindo, portanto, exatamente aquilo que outorgantes e outorgados manifestaram ao preposto da serventia. Bem assim, qualquer falha em escritura pública, não concernente em mera correção de erros, inexatidões materiais e equívocos, só pode ser emendada com a participação das mesmas partes, mediante a lavratura de novo ato. Nesse sentido, o tema é fortemente assentado perante esta Corregedoria Permanente, bem como perante a E. Corregedoria Geral da Justiça, que em recente julgado, decidiu: Retificação de escritura pública de compra e venda de imóvel - Título que atribui aos interessados imóvel diverso daquele referido no contrato celebrado e efetivamente ocupado - Situação que extrapola as específicas hipóteses de retificação previstas nos itens 53 e 54 do Capítulo XIV das NSCGJ por implicar modificação da declaração de vontade das partes e da substância do negócio jurídico realizado - Recurso não provido. (Corregedoria Geral da Justiça de São Paulo Pedido de Providências: 1073694-83.2017.8.26.0100. Data de Julgamento: 13.03.2018. Publicação: 21.03.2018. Relator: Dr. Geraldo Francisco Pinheiro Franco). Por conseguinte, diante de todo o exposto, é inviável a retificação tal qual pretendida, perante esta estreita via administrativa, razão pela qual indefiro o pedido inicial. Oportunamente, arquivem-se os autos. Ciência ao Senhor Tabelião e ao Ministério Público. P.I.C. - ADV: EDIVALDO PEREIRA DOS SANTOS (OAB 341787/SP) (DJe de 16.12.2021 – SP)

Ementa: Sentença – Pedido de Providências – Pedido de retificação da Escritura Pública de Compra e Venda – Impossibilidade – Alegação pela Requerente de que o seu nome figurou incorretamente no Instrumento Público – Negativa em razão da necessidade de ordem judicial para a correção – Ausência de documentos arquivados da época que refiram à identidade da parte – Outorgante que assinou o ato do modo que constou da redação do instrumento – Ato notarial que já está aperfeiçoado e consumado – Retificação que não se trata de mera correção de erros, inexatidões materiais e equívocos – Indeferimento do pedido –Arquivamento do feito – Ciência à Tabeliã – Improcedência

Processo 1109680-59.2021.8.26.0100

Pedido de Providências - Tabelionato de Protestos de Títulos - A.M.G.P. - Juiz(a) de Direito: Dr(a). Marcelo Benacchio VISTOS, Trata-se de expediente formulado por A. M. G. P., que solicita a retificação da Escritura Pública de Compra e Venda, lavrada aos 11 de maio de 1967, inserta no livro 922, páginas 01/01-v, da lavra do 17º Tabelionato de Notas da Capital. Os autos foram instruídos com os documentos de fls. 06/132. A Senhora Tabeliã manifestou-se às fls. 143/146. A Senhora Representante veio aos autos para reiterar os termos de seu pedido original (fls. 149/150). O D. Representante do Ministério Público acompanhou o feito e ofertou parecer conclusivo às fls. 155/156. É o breve relatório. DECIDO. Cuida-se de pedido de providências instaurado a partir de representação formulada por A. M. G. P. em face do 17º Tabelionato de Notas da Capital. Solicita a Senhora Interessada a retificação da Escritura Pública de Compra e Venda, lavrada aos 11 de maio de 1967, inserta no livro 922, páginas 01/01-v. Em suma, aponta a Representante que seu nome figurou incorretamente no indicado instrumento público, como "A. M. C. N. G.", sendo o correto apenas A. M. C. G.. Em razão da discrepância entre o instrumento público e a matrícula imobiliária, houve a emissão de nota devolutiva pelo Senhor Registrador de Imóveis, que recusou ingresso ao ato. No entendimento de que o equívoco se cuida de erro material constatável documentalmente, bem como que a correção não afetará item essencial do negócio jurídico, refere os Interessados que interpôs a presente representação porque a unidade extrajudicial recusou a lavratura de ata retificativa, deduzindo que seria necessária ordem judicial para a correção. A seu turno, a Senhora 17ª Tabeliã de Notas assevera que não é possível retificar o instrumento público da Compra e Venda por meio de simples ata retificativa. Com efeito, indica que não há erro, inexatidão ou irregularidade no referido ato notarial que permita a confecção de ata retificativa, uma vez que não há documentos arquivados da época que refiram à identidade da parte, agravada pelo fato de que a própria outorgada assinou o ato de próprio punho como "A. M. C. N. G.". Destacou a Senhora Notária que ""os erros materiais" podem ser corrigidos "de ofício", por ata retificativa, conforme determina o item 54, do Cap. XVI das NSCGJ, desde que os documentos que comprovam o erro, estejam arquivados na Serventia e foram apresentados na ocasião da lavratura da Escritura então retificada." (fls. 143). Pois bem. Assiste razão à Senhora Tabeliã na negativa efetuada. Pese embora a argumentação deduzida nos autos pela Senhora Representante, forçoso convir, na espécie, que o ato notarial que se pretende retificar já está aperfeiçoado e consumado, inexistindo possibilidade jurídica, no âmbito administrativo, para a alteração pretendida, em especial porque não há contraprova com os documentos da época, com o agravo de que a própria outorgante, como mencionado, assinou o ato do modo que constou da redação do instrumento. Não se deve perder de vista que escritura pública é ato notarial que formaliza juridicamente a vontade das partes, observados os parâmetros fixados pela Lei e pelas Normas de Serviço da Corregedoria Geral da Justiça, reproduzindo, portanto, exatamente aquilo que outorgantes e outorgados manifestaram ao preposto da serventia à época dos fatos. É nesse sentido que se manifesta o d. Juiz Assessor da E. CGJ, Dr. Josué Modesto Passos, referente ao processo nº 1013005-29.2019.8.26.0577, no bojo do parecer 302/2021-E, aprovado pelo Exmo. Corregedor Geral da Justiça, Dr. Ricardo M. Anafe, e publicado no DJE aos 16.09.2021: Jamais se retificam, portanto, os atos ou negócios jurídicos, propriamente ditos, mas a sua representação no instrumento, quando ficar evidente que este não se lavrou de modo a estampar, perfeitamente, o que foi manifestado pelos figurantes. [grifo meu] Com efeito, não se pode dizer que haja erro evidente na qualificação da parte, em especial porque, como já dito, não há elementos que permitam a formação de convencimento no sentido de que tenha sido diferente a manifestação de vontade dos integrantes do instrumento público. Especialmente, a retificação pretendida pode transpassar seus efeitos para além da mera alteração de dados no registro. Em resumo, destaco que a retificação pretendida não se cuida de mera correção de erros, inexatidões materiais e equívocos, a ser realizada de ofício pela unidade extrajudicial ou mediante mero requerimento das partes, cujo ato será subscrito apenas pelo Notário ou seu substituto legal, em conformidade com o item 54, Capítulo XVI, das Normas de Serviço da E. Corregedoria Geral da Justiça. Ao revés, exige, para tanto, a efetiva demonstração e prova quanto à identidade da parte e seus dados qualificativos à época da lavratura do ato. Adicionalmente, a questão da correção do negócio jurídico pactuado, na discussão quanto à necessidade de apresentação de alvará, pela menoridade da outorgada à época dos fatos, refoge do âmbito de atuação administrativa deste Juízo Censor, devendo, se o caso, ser levada às vias ordinárias. Por conseguinte, respeitado o entendimento do n. Promotor de Justiça, diante de todo o exposto, é inviável a retificação tal qual pretendida, perante esta estreita via administrativa, razão pela qual indefiro o pedido inicial. Oportunamente, arquivem-se os autos. Ciência à Senhora Tabeliã e ao Ministério Público. Encaminhe-se cópia desta decisão, bem como das principais peças dos autos, à E. Corregedoria Geral da Justiça, por e-mail, servindo a presente como ofício. P.I.C. - ADV: IVAN CAIUBY NEVES GUIMARAES (OAB 50444/SP) (DJe de 06.12.2021 – SP)

Ementa: Sentença – Dúvida – Pedido de registro de Escritura Pública de Compra e Venda – Negativa em razão da incorreção do recolhimento do ITBI – Delimitação da fiscalização do Oficial somente ao pagamento do tributo – Registrador que não pode desqualificar o título sob o fundamento de ausência de complemento de valores – Eventual valor a ser cobrado a título de multa ou encargos moratórios deve ser discutido na via adequada – Afastamento do óbice – Determinação do registro do título – Improcedência

Processo 1116605-71.2021.8.26.0100

Dúvida - Registro de Imóveis - Gustavo Pinto Giorgi - Diante do exposto, JULGO IMPROCEDENTE a dúvida suscitada para afastar o óbice registrário e, em consequência, determinar o registro do título. Deste procedimento não decorrem custas, despesas processuais ou honorários advocatícios. Oportunamente, remetam-se os autos ao arquivo. P.R.I.C. - ADV: FERNANDO SEMERDJIAN (OAB 257889/SP)

Íntegra da decisão:

SENTENÇA

Processo nº: **1116605-71.2021.8.26.0100**

Classe - Assunto **Dúvida - Registro de Imóveis**

Suscitante: **1º Oficial de Registro de Imóveis da Capital**

Suscitado: **Gustavo Pinto Giorgi**

Juiz(a) de Direito: Dr(a). **Luciana Carone Nucci Eugênio Mahuad**

Vistos.

Trata-se de dúvida apresentada pelo **Oficial do 1º Registro de Imóveis da Capital** a requerimento de **Gustavo Pinto Giorgi** após negativa de registro de escritura pública de compra e venda relativa ao imóvel objeto da matrícula n. 95.557 daquela serventia.

Informa o Oficial que o óbice registrário diz respeito à incorreção do recolhimento do ITBI por equívoco na data do fato gerador indicada na DTI, com pagamento posterior ao ato ou contrato sobre o qual incidiu, o que torna necessária complementação, inclusive com encargos, na forma da legislação municipal (Decreto n. 55.196/2014), sob pena de responsabilização pessoal.

Vieram documentos às fls. 04/17.

A parte suscitada alega que, em tendo havido recolhimento do tributo devido, a qualificação deveria ter sido positiva na medida em que o delegatário não possui incumbência de auditar o valor pago, sendo que há apenas mera suposição de irregularidade, notadamente porque a legislação apontada é posterior ao momento de lavratura da escritura, cabendo ao ente tributante as providências devidas para cobrança de eventual diferença.

O Ministério Público opinou pela improcedência (fls. 26/29).

É o relatório.

Fundamento e Decido.

No mérito, a dúvida é improcedente. Vejamos os motivos.

Em que pese a cautela do Oficial, o título apresentado não possui vício formal que obste registro. Ademais, houve recolhimento do ITBI como por ele próprio relatado.

Não se desconhece que, para os registradores, vigora ordem de controle rigoroso do recolhimento do imposto por ocasião do registro do título, sob pena de responsabilidade pessoal (art. 289 da Lei n. 6.015/73; art.134, VI, do CTN e art. 30, XI, da Lei 8.935/1994).

Todavia, acerca desta matéria, o Egrégio Conselho Superior da Magistratura já fixou entendimento no sentido de que a fiscalização devida não vai além da aferição sobre a existência ou não do recolhimento do tributo (e não se houve correto recolhimento do valor, sendo tal atribuição exclusiva do ente fiscal, a não ser na hipótese de flagrante irregularidade ou irrazoabilidade do cálculo).

Nesse sentido, os seguintes julgados do E. Conselho Superior da Magistratura:

> *"Ao oficial de registro incumbe a verificação de recolhimento de tributos relativos aos atos praticados, não a sua exatidão" (Apelação Cível 20522-0/9- CSMSP - J.19.04.1995 - Rel. Antônio Carlos Alves Braga).*
>
> *"Todavia, este Egrégio Conselho Superior da Magistratura já fixou entendimento no sentido de que a qualificação feita pelo Oficial Registrador não vai além da aferição sobre a existência ou não de recolhimento do tributo, e não sobre a integralidade de seu valor" (Apelação Cível 996-6/6 – CSMSP, j. 09.12.2008 - Rel. Ruy Camilo).*

"Este Egrégio Conselho Superior da Magistratura já fixou entendimento no sentido de que a qualificação feita pelo Oficial Registrador não vai além da aferição sobre a existência ou não de recolhimento do tributo, e não sobre a integralidade de seu valor" (Apelação Cível 0009480-97.2013.8.26.0114 - Campinas - j. 02.09.2014 - Rel. des. Elliot Akel).

Nessa mesma linha, este juízo já decidiu em casos análogos que também versavam sobre a exigência do correto recolhimento de ITBI (autos de número 1115167-78.2019.8.26.0100, 1116491-06.2019.8.26.0100 e 1059178-53.2020.8.26.0100).

Ademais, o preenchimento da data para recolhimento do ITBI não se mostra flagrantemente incorreto, sobretudo após o julgamento de mérito do Recurso Extraordinário com Agravo n. **1.294.969/SP** (processo-paradigma do **Tema n. 1124 – ITBI – Ausência – Registro – Cartório**), no qual o STF reconheceu a existência de repercussão geral e fixou a seguinte tese:

> *"O fato gerador do imposto sobre transmissão inter vivos de bens imóveis (ITBI) somente ocorre com a efetiva transferência da propriedade imobiliária, que se dá mediante o registro".*

Eventual valor a ser cobrado a título de multa ou encargos moratórios, portanto, deve ser discutido na via adequada, não podendo o registrador desqualificar o título apresentado sob o fundamento de ausência de complemento de valores.

Diante do exposto, **JULGO IMPROCEDENTE** a dúvida suscitada para afastar o óbice registrário e, em consequência, determinar o registro do título.

Deste procedimento não decorrem custas, despesas processuais ou honorários advocatícios.

Oportunamente, remetam-se os autos ao arquivo.

P.R.I.C.

São Paulo, 30 de novembro de 2021.

Luciana Carone Nucci Eugênio Mahuad

Juiz de Direito (DJe de 02.12.2021 – SP)

Ementa: Sentença – Dúvida – Pedido de registro de Escritura de Venda e Compra – Exigência de comprovação do recolhimento do ITBI – Responsabilidade solidária do Oficial no que tange a fiscalização do pagamento do imposto devido – Art. 289, da LRP – Eventual imunidade que deve ser analisada pelo ente tributário competente – Imprescindibilidade da prévia averbação da incorporação da pessoa jurídica que figura como proprietária tabular – Princípio da Continuidade – Operação que envolve transferência de patrimônio – Manutenção do óbice – Dúvida Prejudicada

Processo 1107731-97.2021.8.26.0100

Dúvida - Registro de Imóveis - Corintio Mariani Neto – Zuleika Aparecida Olivieri Mariani - Diante do exposto, JULGO PREJUDICADA a dúvida inversa formulada por Coríntio Mariani Neto e Zuleika Aparecida Olivieri Mariani, com observação pela manutenção do óbice registrário. Deste procedimento não decorrem custas, despesas processuais ou honorários advocatícios. Oportunamente remetam-se os autos ao arquivo. P.R.I.C. - ADV: DANIELLA MARTINS MACHADO (OAB 246148/SP) **Íntegra da decisão:**

SENTENÇA

Processo Digital nº: 1107731-97.2021.8.26.0100

Classe - Assunto Dúvida - Registro de Imóveis

Requerente: Corintio Mariani Neto e outro

Requerido: 1º Oficial de Registro de Imóveis da Capital

Juiz(a) de Direito: Dr(a). Luciana Carone Nucci Eugênio Mahuad

Vistos.

Trata-se de pedido de alvará judicial formulado por Coríntio Mariani Neto e Zuleika Aparecida Olivieri Mariani, visando registro de escritura de venda e compra relativa ao imóvel da matrícula n. 13.822 do 1º Registro de Imóveis da Capital, independentemente da apresentação de guia de ITBI correspondente à incorporação da empresa vendedora. Vieram documentos às fls. 09/57.

O expediente foi recebido como **dúvida inversa** e, constatado o decurso do trintídio legal da última prenotação, foi determinada a reapresentação dos documentos (fl. 58).

Com o atendimento, o Oficial manifestou-se às fls. 63/66, identificando prenotação anterior do título, ocasião em que foi devolvido com exigências, o que ensejou a suscitação de dúvida, que tramitou perante este juízo (autos n. 1094800-67.2018.8.26.0100), com julgamento de procedência e confirmação pelo E. Conselho Superior da Magistratura. Informa que o ponto central do dissenso foi o mesmo ora apresentado, qual seja, a exigibilidade do recolhimento do ITBI ou a comprovação do reconhecimento administrativo de não incidência, de imunidade ou de concessão de isenção pela municipalidade, nos termos da lei, tendo em vista a incorporação da sociedade Delfin S/A Crédito Imobiliário por Delfin Rio S/A Crédito Imobiliário. Esclarece, por fim, que, apesar de seu entendimento pessoal de não ter havido fato gerador do ITBI, a exigência formulada foi mantida em atenção à decisão, com caráter vinculativo, proferida no processo de autos n. 0052991-85.2016.8.26.0100. Juntou documentos (fls. 67/93).

A parte suscitada apresentou impugnação às fls. 94/95, sustentando a não ocorrência do fato gerador de ITBI.

O Ministério Público se manifestou às fls. 99/101, alegando, preliminarmente, a ocorrência de preclusão, uma vez que a questão de mérito já foi resolvida quando do julgamento da dúvida suscitada à vista da prenotação anterior. No caso de superação da preliminar, a procedência seria de rigor, uma vez que não há exata correspondência entre o titular dominial e a vendedora constante na escritura, sendo a obrigação tributária corolário do dever de averbação da incorporação sofrida.

É o relatório.

Fundamento e decido.

Por primeiro, verifica-se, no presente caso, a ocorrência de preclusão da matéria em debate.

Embora a escritura ora apresentada tenha sido anteriormente levada a registro pela sucessora da pessoa jurídica vendedora, Delfin Rio S/A Crédito Imobiliário, a exigência pela comprovação do recolhimento do ITBI relativamente à incorporação da pessoa jurídica se repete, fls. 27, 49 e 86, sendo que já houve pronunciamento deste juízo, por sentença que julgou procedente a dúvida anteriormente suscitada, a qual foi confirmada pelo E. Conselho Superior da Magistratura por acórdão com a seguinte ementa:

"REGISTRO DE IMÓVEIS INCORPORAÇÃO EMPRESARIAL. TRANSMISSÃO IMOBILIÁRIA SUJEITA AO SISTEMA DE TÍTULO E MODO. ESCRITURA DE COMPRA E VENDA EM QUE FIGURA COMO ALIENANTE QUEM NÃO É TITULAR DE DOMÍNIO JUNTO AO FÓLIO REAL. NECESSIDADE DE PRÉVIA AVERBAÇÃO DA INCORPORAÇÃO DE UMA PESSOA JURÍDICA PELA OUTRA E TRANSMISSÃO DA PROPRIEDADE. ITBI. IMUNIDADE TRIBUTÁRIA QUE NECESSITA DE ANÁLISE PRÉVIA DO TITULAR DA COMPETÊNCIA TRIBUTÁRIA APELAÇÃO NÃO PROVIDA" **(TJSP; Apelação Cível 1094800-67.2018.8.26.0100; Relator (a): Pinheiro Franco (Corregedor Geral); Órgão Julgador: Conselho Superior de Magistratura; Data do Julgamento: 07/06/2019).**

Em que pese a natureza administrativa do processo de dúvida, o que faz com que a sentença nele proferida faça apenas coisa julgada formal, eventual inconformismo deve ser veiculado por meio de ação judicial, pois inequívoca a limitação existente para reanálise da mesma matéria neste âmbito.

Ademais, mesmo que se entenda que o pedido se funda em causa de pedir diversa (a impossibilidade de satisfação da exigência), como sustenta o Oficial à fl. 65, o registro não pode ser admitido sem a comprovação do recolhimento do ITBI ou de sua isenção, nos termos da orientação normativa oriunda da sentença proferida no processo de autos n. 0052991-85.2016.8.26.0100.

Tal medida visa evitar a insegurança jurídica de ser realizado um registro sem a exigência de recolhimento de tributo, o que deve ser rigorosamente fiscalizado pelos oficiais de registro, sob pena de responsabilidade pessoal (art. 289 da Lei n. 6.015/73; art.134, VI, do CTN e art. 30, XI, da Lei 8.935/1994), ressaltando-se que, apesar do posicionamento pessoal manifestado pelo Oficial do caso, não há jurisprudência consolidada acerca da interpretação do fato gerador do ITBI em virtude de transformações societárias.

Com efeito, para atendimento ao princípio da continuidade, é imprescindível que seja previamente averbada a incorporação da pessoa jurídica que figura como proprietária tabular, operação que envolve transferência de patrimônio e pode caracterizar o fato gerador do ITBI.

Note-se que eventual imunidade, conforme expressamente indicado na ementa transcrita acima, deve ser previamente analisada pelo ente titular da competência tributária, contexto que prejudica, inclusive, a via da jurisdição voluntária (pedido de alvará), pois necessária a observância de amplo contraditório, caso não haja reconhecimento espontâneo pela municipalidade.

Diante do exposto, **JULGO PREJUDICADA** a **dúvida inversa** formulada por **Coríntio Mariani Neto e Zuleika Aparecida Olivieri Mariani**, com observação pela manutenção do óbice registrário. Deste procedimento não decorrem custas, despesas processuais ou honorários advocatícios.

Oportunamente remetam-se os autos ao arquivo.

P.R.I.C.

São Paulo, 24 de novembro de 2021.

Luciana Carone Nucci Eugênio Mahuad

Juiz de Direito (DJe de 26.11.2021 – SP)

Ementa: Sentença – Dúvida – Pedido de registro de Escritura de Compra e Venda – Possibilidade – Negativa em razão da ausência da participação da viúva meeira e do titular do domínio no negócio – Autorização da alienação do imóvel pelo juízo do inventário – Desnecessidade da participação do cônjuge sobrevivo em eventual alienação de bens que integram o acervo – Afastamento do óbice – Determinação do registro do título – Improcedência

Processo 1113164-82.2021.8.26.0100

Dúvida - Registro de Imóveis - Lana Administração de Bens Imóveis e Participações Ltda - Diante do exposto, JULGO IMPROCEDENTE a dúvida suscitada pelo Oficial do 17º Registro de Imóveis da Capital para afastar o óbice registrário e, em consequência, determinar o registro do título. Deste procedimento não decorrem custas, despesas processuais ou honorários advocatícios.

Oportunamente, remetam-se os autos ao arquivo. P.R.I.C. - ADV: JOAO PAULO GUIMARAES DA SILVEIRA (OAB 146177/SP), FERNANDA HENGLER DINHI (OAB 198990/SP)

Íntegra da decisão:

SENTENÇA

Processo Digital nº: **1113164-82.2021.8.26.0100**

Classe - Assunto **Dúvida - Registro de Imóveis**

Suscitante: **17º Oficial de Registro de Imóveis da Capital**

Suscitado: **Lana Administração de Bens Imóveis e Participações Ltda**

Juiz(a) de Direito: Dr(a). **Luciana Carone Nucci Eugênio Mahuad**

Vistos.

Trata-se de dúvida suscitada pelo **Oficial do 17º Registro de Imóveis da Capital** a requerimento de **Lana Administração de Bens Imóveis e Participações Ltda**, tendo em vista negativa em se proceder ao registro de escritura de compra e venda relativa ao imóvel objeto da transcrição n. 71.992 daquela serventia.

Segundo o Oficial, a negativa foi motivada por violação ao princípio da continuidade, vez que o título indica como vendedor apenas o espólio de Mario Amato, não havendo participação da viúva meeira e, também, titular do domínio, Rogéria Pinto Coelho Amato, no negócio.

Documentos vieram às fls. 08/83.

A parte suscitada manifestou-se às fls. 88/95, aduzindo que, com o falecimento de Mario, o patrimônio do casal passou ao estado de indivisão em razão de serem eles casados sob o regime de comunhão universal de bens, pelo que desnecessária a assinatura da viúva na escritura.

O Ministério Público opinou pela improcedência (fls. 99/101).

É o relatório. Fundamento e decido.

No mérito, a dúvida é improcedente. Vejamos os motivos.

De início, vale destacar que os títulos judiciais não estão isentos de qualificação, positiva ou negativa, para ingresso no fólio real.

Cabe, portanto, ao oficial qualificá-los conforme os princípios que regem a atividade registral, dentre eles o da continuidade registrária.

Nesse sentido, o E. Conselho Superior da Magistratura já pontuou que a qualificação negativa do título judicial não caracteriza desobediência ou descumprimento de decisão judicial (Apelação Cível n. 413-6/7). E, ainda: Ap. Cível n. 0003968-52.2014.8.26.0453; Ap. Cível n. 0005176-34.2019.8.26.0344 e Ap. Cível n. 1001015-36.2019.8.26.0223.

No caso concreto, porém, verifica-se que o juízo do inventário, 12ª Vara da Família e Sucessões desta Comarca, considerando o estado de indivisão do patrimônio do casal titular do domínio do imóvel, autorizou a alienação do bem.

O alvará expedido permitiu que Rogério Pinto Coelho Amato, na condição de inventariante, alienasse o imóvel da matrícula n. 71.992 (fl. 60).

Tal autorização encontra suporte no entendimento jurisprudencial no sentido de que a meação, até a partilha, integra o monte-mor numa relação de continuidade decorrente da transmissão *mortis causa*, pelo que não se justifica a participação do cônjuge sobrevivo em eventual alienação de bens que integrem o acervo, mormente quando autorizado pelo juízo do inventário após serem ouvidos os interessados.

A respeito do exposto, vale citar trecho extraído de decisão proferida pela E. CGJSP (com nossos destaques):

> *"O Conselho Superior da Magistratura já manifestou entendimento de que o espólio reúne todos os bens que integravam o patrimônio do casal até o óbito de um dos cônjuges: "O espólio é uma universalidade de bens que reúne todos aqueles que integravam o patrimônio do casal, em comum até a data do óbito de um dos cônjuges. Com a morte esse patrimônio assume inteiramente o estado de indivisão já referido, sendo indispensável a partilha do todo, para resolver essa situação" (CSMSP - Apelação Cível: 62.986-0/2, Relator Desembargador Sérgio Augusto Nigro Conceição, 06/12/1999). No mesmo sentido, a doutrina de Afrânio de Carvalho: **"Antes da partilha, portanto, subsiste a comunhão nos bens do espólio, vale dizer, um só acervo em que são interessados primacialmente o cônjuge sobrevivente e os herdeiros**. O cônjuge sobrevivente filia o seu direito ao regime matrimonial, e os herdeiros, ao direito das sucessões, mas estão jungidos ou presos pelo elo da indivisibilidade na comunhão até que se ultime a partilha. A partilha abrange todo o patrimônio do morto e todos os interessados, desdobrando-se em duas partes, a societária e a sucessória. Só então aparece a herança, separando-se, na deliberação da partilha, a meação do cônjuge sobrevivo, quer este haja adotado o regime da comunhão geral de bens, quer o da comunhão parcial, agora dominante, pois neste sobrevém a comunhão dos aquestos. Os praxistas antigos, assim como os partidores, designavam o acervo comum de "monte mor" e o acervo disponível de "monte partível"" (Títulos Judiciais e o Registro de Imóveis, Coordenador Diego Selhane Péres,*

São Paulo: IRIB, 2005, p.279). ***Portanto, no caso dos autos, não se vê mácula no fato do espólio ter vendido a integralidade do bem. À lavratura da escritura compareceram o viúvo Nelson Formigone, inventariante, e todos os filhos do casal*** *(fl. 25).* ***Logo, não há o que ser retificado. O R.4 da matrícula deixa claro, conforme a escritura, que todo o imóvel foi vendido para a recorrente*** *(fl. 31)" (Processo de autos n. 188.594/2013, Relator: Des. Elliot Akel).*

Nessa mesma linha, este juízo já tinha se posicionado em caso análogo (processo de autos n. 001441-0/99):

"Não há como se negar a possibilidade de transmissão de bens em nome do espólio, tanto que expressamente admitido em lei (Código de Processo Civil, art. 992, inciso I).

Visto que a meação, embora se distinga da herança, até que seja o acervo patrimonial partilhado, integra o monte-mor, numa relação jurídica de continuidade decorrente da transmissão "causa-mortis", não há justificativa a que se exija a participação do cônjuge sobrevivo em eventual alienação de bens que integrem o acervo.

A administração do patrimônio compete ao inventariante, que pode alienar bens do espólio, se devidamente autorizado pelo Juízo, após ouvidos os interessados.

No caso dos autos, comprovada a autorização do Juízo do inventário, evidentemente houve a aquiescência dos demais interessados, inexistindo razão para o comparecimento do cônjuge sobrevivo ao de alienação.

A transmissão do bem, autorizada pelo Juízo do inventário, considerada a universalidade jurídica, não implica em quebra de continuidade como entende o Senhor 15° Oficial de Registro de Imóveis, daí não ser pertinente o óbice imposto.

Assim, ante o exposto e o mais que dos autos consta, julgo improcedente a presente dúvida".

Tal posicionamento foi mantido em caso análogo analisado mais recentemente, conforme mencionado pelo Ministério Público (processo de autos n. 0048840-37.2020.8.26.0100).

Diante do exposto, **JULGO IMPROCEDENTE** a dúvida suscitada pelo **Oficial do 17º Registro de Imóveis da Capital** para afastar o óbice registrário e, em consequência, determinar o registro do título.

Deste procedimento não decorrem custas, despesas processuais ou honorários advocatícios.

Oportunamente, remetam-se os autos ao arquivo.

P.R.I.C.

São Paulo, 11 de novembro de 2021.

Luciana Carone Nucci Eugênio Mahuad

Juiz de Direito (DJe de 16.11.2021 – SP)

Ementa: Sentença – Dúvida – Pedido de registro de Instrumento Particular de Compra e Venda, Cessão e Transferência de Direitos – Negativa em razão da necessidade de apresentação de Escritura Pública – Valor de referência do imóvel que supera trinta salários mínimos vigentes no país – Art 108 do CC – Manutenção do óbice – Procedência

Processo 1099293-82.2021.8.26.0100

Dúvida - Petição intermediária - Andrea Marcondes de Souza Garnier - Diante do exposto, JULGO PROCEDENTE a dúvida inversa suscitada por Andrea Marcondes de Souza Garnier e, em consequência, mantenho o óbice registrário apontado pelo Oficial do 12º Registro de Imóveis da Capital. Não há custas, despesas processuais ou honorários advocatícios decorrentes deste procedimento. Oportunamente, arquivem-se os autos. P.R.I.C. - ADV: EVALDO GONCALVES ALVARENGA (OAB 66213/SP)

Íntegra da decisão:

SENTENÇA

Processo Digital nº: **1099293-82.2021.8.26.0100**

Classe - Assunto **Dúvida - Petição intermediária**

Requerente: **Andrea Marcondes de Souza Garnier**

Requerido: **12º Oficial de Registro de Imóveis da Capital**

Juiz(a) de Direito: Dr(a). **Luciana Carone Nucci Eugênio Mahuad**

Vistos.

Trata-se de dúvida inversa suscitada por **Andrea Marcondes de Souza Garnier** em face do **Oficial do 12º Registro de Imóveis da Capital** após negativa de registro de instrumento particular de compra e venda, cessão e transferência de direitos, relativo ao imóvel objeto da transcrição nº 54.020 daquela serventia.

O óbice registrário refere-se à necessidade de apresentação de escritura pública nos termos do artigo 108 do Código Civil, tendo em vista que o valor de referência do imóvel supera trinta salários mínimos vigentes no país.

Documentos às fls. 03/09.

Constatado o decurso do trintídio legal da última prenotação, foi determinada a reapresentação do título (fl. 10).

Com o atendimento, o Oficial suscitado se manifestou à fl. 14, informando que a parte suscitante apresentou o original do instrumento particular para prenotação, bem como que permanece a necessidade de escritura pública, vez que o valor do imóvel é superior a trinta vezes o maior salário mínimo vigente no país. Juntou documentos (fls. 15/26).

O Ministério Público opinou pela manutenção do óbice registrário (fls. 30/31).

É o relatório.

Fundamento e decido.

No mérito, a dúvida é procedente. Vejamos os motivos.

De acordo com o instrumento particular de compra e venda vindo aos autos (fls. 03/06), a parte suscitante adquiriu referido imóvel pelo valor de R$ 50.000,00 (cinquenta mil reais).

O artigo 108 do Código Civil assim determina:

> *"Não dispondo a lei em contrário, a escritura pública é essencial à validade dos negócios jurídicos que visem à constituição, transferência, modificação ou renúncia de direitos reais sobre imóveis de valor superior a trinta vezes o maior salário mínimo vigente no País".*

Note-se que não há controvérsia no que se refere ao valor do imóvel, o qual, a princípio, corresponde ao valor do contrato, de modo que deve prevalecer para fins de imposição de forma (escritura pública).

Neste sentido, a *contrario sensu*:

> *"Registro de Imóveis – O art. 108 do CC refere-se ao valor do imóvel, não ao preço do negócio – Havendo disparidade entre ambos, é aquele que deve ser levado em conta para considerar a escritura pública como essencial à validade do negócio jurídico – À míngua de avaliação específica, prevalece, para tais fins, o valor venal do imóvel, quando superior ao preço pactuado entre os contratantes – Dúvida – Procedente – Recurso Desprovido" (Apelação nº 0002869-23.2015.8.26.0482, DJ 31/03/2017).*

No que tange ao valor do salário mínimo a ser considerado na hipótese, não se pode confundir salário mínimo federal, nacionalmente unificado (art. 7º, inciso IV, da CF), com salários mínimos regionais, que têm como fundamento específico a instituição de piso salarial para os empregados que não tenham mínimo salarial definido, como se extrai do disposto na Lei Complementar n. 103/2000, com nossos destaques:

> *"Art. 1º. Os Estados e o Distrito Federal ficam autorizados a instituir, mediante lei de iniciativa do Poder Executivo,* ***o piso salarial*** *de que trata o inciso do art. 7º da Constituição Federal* ***para os empregados que não tenham piso salarial definido em lei federal, convenção ou acordo coletivo de trabalho****".*

Logo, a única interpretação possível do disposto no artigo 108 do Código Civil é a de que o legislador federal utilizou como parâmetro o valor do salário mínimo nacionalmente unificado, ou seja, aquele vigente em todo o país, ressalvando apenas situações específicas dispostas em lei.

A alegação de falecimento do titular do domínio, por sua vez, não autoriza dispensa da solenidade exigida por lei.

Como se vê, sob qualquer aspecto, mostra-se acertada a qualificação negativa do título apresentado para registro.

Diante do exposto, **JULGO PROCEDENTE** a dúvida inversa suscitada por **Andrea Marcondes de Souza Garnier** e, em consequência, mantenho o óbice registrário apontado pelo **Oficial do 12º Registro de Imóveis da Capital**.

Não há custas, despesas processuais ou honorários advocatícios decorrentes deste procedimento.

Oportunamente, arquivem-se os autos.

P.R.I.C.

São Paulo, 28 de outubro de 2021.

Luciana Carone Nucci Eugênio Mahuad

Juiz de Direito (DJe de 04.11.2021 – SP)

Ementa: Sentença – Dúvida – Pedido de registro de Instrumento Particular de Venda e Compra com financiamento bancário garantido por alienação fiduciária – Negativa em razão da existência de ordem de indisponibilidade dos bens do coadquirente – Impossibilidade de cindibilidade do título para inscrição apenas de um dos negócios entabulados – Indisponibilidade que não pode se estender ao credor fiduciário – Restrição que atinge apenas os direitos reservados ao devedor fiduciário – Ausência de prejuízo aos credores da ação em que declarada a indisponibilidade de bens, bem como ao credor fiduciário – Inexistência de obstáculo para o registro integral do título – Afastamento do óbice – Improcedência

Processo 1106718-63.2021.8.26.0100

Dúvida - Registro de Imóveis - Fabiano Dalbon Batista – Elisângela Patriota Batista - Diante do exposto, JULGO IMPROCEDENTE a dúvida suscitada para afastar o óbice registrário. Deste procedimento não decorrem custas, despesas processuais ou honorários advocatícios. Oportunamente, remetam-se os autos ao arquivo. P.R.I.C. - ADV: JONILSON BATISTA SAMPAIO (OAB 208394/SP)

Íntegra da decisão:

SENTENÇA

Processo Digital nº: **1106718-63.2021.8.26.0100**

Classe - Assunto **Dúvida - Registro de Imóveis**

Requerente: **Fabiano Dalbon Batista e outro**

Requerido: **9º Oficial de Registro de Imóveis da Capital**

Juiz(a) de Direito: Dr(a). **Luciana Carone Nucci Eugênio Mahuad**

Vistos.

Trata-se de dúvida inversa suscitada por **Fabiano Dalbon Batista** e **Elisângela Patriota Batista** em face da negativa do **Oficial do 9º Registro de Imóveis da Capital** em proceder ao registro de instrumento particular de venda e compra com financiamento bancário garantido por alienação fiduciária, tendo como objeto o imóvel da matrícula n. 159.302 daquela serventia.

O título foi devolvido em razão da existência de ordem de indisponibilidade dos bens do coadquirente Fabiano, oriunda da 6ª Vara do Trabalho de Campinas (Processo n. 01332009820085150093), conforme registro datado de 04/02/2021 sob o n. 9038 no Livro de Indisponibilidade de Bens da serventia (protocolo n. 664243), o que impede a inscrição da garantia fiduciária em favor do Banco Bradesco. O registro do contrato depende, em outros termos, do prévio cancelamento da referida restrição judicial (fl. 55).

A parte requerente alega que não está se desfazendo de bens, mas, ao contrário, está aumentando o seu patrimônio, o que não é proibido pela lei de indisponibilidade; que, ao indeferir o pedido, o Registrador cria ao credor de boa-fé ônus para o qual não deu causa.

Juntou documentos às fls. 03/45.

O Oficial manifestou-se às fls. 49/52, sustentando que o item 412 do Capítulo XX das NSCGJSP impõe aos registradores de imóveis o dever de consultar a CNIB antes da prática de qualquer ato de alienação ou oneração de bens; que o instrumento particular que se pretende registrar representa dois negócios distintos. Para o primeiro (venda feita por Amanda e Antônio a Fabiano e Elisangela), não há óbice ao registro, já que o subitem 412.32 do Cap. XX das NSCGJ autoriza a prática do registro aquisitivo e a imediata constrição do bem, independentemente de consulta aos adquirentes. Porém, o segundo negócio (alienação fiduciária em favor do Banco Bradesco) gera conflito com a indisponibilidade conforme a jurisprudência pacífica do C. Conselho Superior da Magistratura no sentido de que a ordem de indisponibilidade obsta a oneração voluntária do bem (Apel. Cível n. 0009247-50.2017.8.26.03440); que, conforme entendimento exarado por este juízo na dúvida de autos n. 1075541-86.2018.8.26.0100, não cabe cindibilidade do título para inscrição de apenas um dos negócios entabulados; que, todavia, tal posicionamento foi alterado pela E. CGJSP no Rec. Adm. n. 1117050-60.2019.8.26.0100 (Parecer CG 128/2020-E): a indisponibilidade atingiria apenas os direitos do fiduciante e não o imóvel propriamente dito, pelo que autorizou-se consolidação da propriedade em nome do fiduciário ainda que existente indisponibilidade dos bens do fiduciante. Por fim, aduz que, se admitida a inscrição do contrato em sua integralidade, envolvendo os dois negócios jurídicos, a indisponibilidade seria averbada em ato contínuo, nos termos do subitem 412.3 do Capítulo XX das NSCGJ, e atingiria somente os direitos do fiduciante e não o imóvel em si, o que impediria o fiduciante de transmitir seus direitos enquanto não cancelada a restrição; que é favorável à mudança do paradigma lançado no feito de autos n. 1075541-86.2018.8.26.0100, do que decorreria o surgimento de nova exigência: necessidade de se aditar o título para constar ciência do credor acerca da indisponibilidade que será averbada após o registro, com fulcro nos itens 44 e 44.1 do Cap. XVI das NSCGJ e art. 4º do Decreto n. 93.240/86, regulamento da Lei n. 7.433/85, que impõem aos instrumentos particulares os mesmos requisitos aplicáveis aos atos notariais.

Vieram documentos às fls. 53/114.

O Ministério Público opinou pela improcedência, com afastamento do óbice registrário (fls. 118/120).

É o relatório.

Fundamento e decido.

De início, vale ressaltar que o Oficial dispõe de autonomia no exercício de suas atribuições, podendo recusar títulos que entender contrários à ordem jurídica e aos princípios que regem sua atividade (art. 28 da Lei n. 8.935/1994).

No mérito, porém, a dúvida não procede. Vejamos os motivos.

A recusa ao registro do instrumento particular de venda e compra com financiamento bancário garantido por alienação fiduciária na forma como apresentado, fls. 07/41, foi amparada em posicionamento deste juízo acerca da impossibilidade de cindibilidade do título para inscrição apenas de um dos negócios entabulados (autos n. 1075541-86.2018.8.26.0100), já que é incontroverso que a ordem de indisponibilidade não obsta o registro de venda e compra.

A par disso, o Oficial sustenta que é favorável à superação de tal paradigma em conformidade com posicionamento posteriormente adotado pela E. Corregedoria Geral da Justiça de SP no Recurso Administrativo n. 1117050-60.2019.8.26.0100 (parecer CG 128/2020-E).

O entendimento mais recente da E. Corregedoria Geral da Justiça, acima mencionado, foi exarado em parecer que manteve decisão deste próprio juízo, a qual permitiu a averbação de consolidação da propriedade de imóvel em favor da credora fiduciária em virtude do inadimplemento, a despeito da existência de averbação de indisponibilidade contra a devedora fiduciante.

A solução dada no referido procedimento fundamentou-se na lógica de que não há como a indisponibilidade recair sobre o próprio bem se o devedor ainda não detém a propriedade plena, de modo que incabível que tal restrição se estenda ao credor fiduciário e até mesmo aos demais credores que buscam no patrimônio do devedor a satisfação de suas obrigações.

Destacou-se que o entendimento contrário, no sentido de que a indisponibilidade na matrícula obsta a consolidação da propriedade, vai de encontro ao conceito do próprio instituto da alienação fiduciária.

A decisão foi mantida no parecer mencionado pelo Oficial (CG 128/2020- E), de lavra do Juiz Assessor da Corregedoria Alberto Gentil de Almeida Pedroso, com aprovação pelo então Corregedor Geral da Justiça, Desembargador Ricardo Anafe, em solução diversa ao que até então vinha sendo adotado pela E. CGJSP (nossos destaques):

> *"Entretanto, adentrando na análise do modelo idealizado pela Lei n.° 9.514/97 para alienação fiduciária,* **não parece existir óbice algum ao ato de consolidação da propriedade em favor do credor, desde que observado o procedimento legal – pois a indisponibilidade não atinge especificamente o bem imóvel objeto do contrato, mas os direitos reservados ao devedor**.
>
> *(...)* **O bem objeto de alienação fiduciária não encontra-se no patrimônio do devedor até quitação da dívida** *firmada entre as partes.*
>
> *Assim, mostra-se equivocado impedir a consolidação da propriedade outrora resolúvel em definitivo em favor do credor sob o argumento de existir ordem de indisponibilidade.*
>
> *Em reforço, vale trazer à baila posição atual da Jurisprudência sobre o* **não alcance das ordens judiciais de constrição de bens contra o executado (devedor) em relação as propriedades resolúveis oriundas de alienação fiduciária** *em favor dos credores fiduciários:*
>
> *Agravo de Instrumento - Decisão que indeferiu o levantamento de indisponibilidade sobre bem imóvel alienado fiduciariamente - Impossibilidade - Alienação fiduciária anterior à citação do devedor na ação civil pública, bem como, à determinação de indisponibilidade - Ausência de comprovação da má-fé -* **Constrição que deve recair sobre os direitos derivados da alienação fiduciária** *- Decisão reformada Recurso provido. (TJSP, Agravo de Instrumento nº 2033445-14.2019.8.26.0000, Comarca: Ubatuba, Agravante: BANCO TRICURY S.A. Agravado: MUNICÍPIO DE UBATUBA, Rel: Drº Jefferson Moreira de Carvalho)".*

A mesma lógica se aplica ao caso concreto.

Isso porque o codevedor Fabiano Dalbon Batista, contra quem recai a ordem de indisponibilidade (fl. 05), não detém a propriedade plena do imóvel em conformidade com o que dispõe a Lei n. 9.514/97 (que instituiu e regulamentou a alienação fiduciária de coisa imóvel), destacando-se o entendimento de que a restrição não atinge especificamente o bem imóvel objeto do contrato, mas os direitos reservados ao devedor.

A indisponibilidade, portanto, não pode se estender à instituição financeira credora fiduciária (Bradesco S.A.).

Diante disso e conforme entendimento do próprio Oficial e do Ministério Público, não se vislumbra, com o registro, qualquer prejuízo aos credores da ação em que declarada a indisponibilidade de bens ou mesmo a terceiros, já que a restrição será averbada em ato contínuo ao registro pretendido, em conformidade com o disposto no item 412.3 do Cap. XX das NSCGJSP.

Em outras palavras, até que a ordem de indisponibilidade seja eventualmente levantada, o coadquirente não poderá transmitir seus direitos durante o financiamento do bem, sendo que, após eventual consolidação da propriedade pela quitação da dívida, também não poderá dispor de sua parte ideal.

Quanto à nova exigência mencionada pelo Oficial (fl. 51, item XIII), além de ser indevida no curso de processo de dúvida, desnecessária é a ciência do credor fiduciário acerca da indisponibilidade que será gravada na matrícula após o registro, considerando que a ordem judicial é anterior ao negócio e alcança todos os direitos da parte devedora, independentemente da concordância ou da ciência de terceiros.

Não há, outrossim, qualquer prejuízo ao credor fiduciário, o qual poderá consolidar a propriedade em seu favor em caso de inadimplemento e continuará obrigado a transferi-la na hipótese de pagamento integral do valor acordado pelo financiamento concedido.

A restrição existe apenas para o devedor fiduciário, o qual não poderá transferir seus direitos nem eventual propriedade a ser adquirida enquanto perdurar a ordem de indisponibilidade, a qual deve ser averbada na forma do item 412.3 do Cap. XX das NSCGJ.

Vê-se, assim, que inexiste qualquer obstáculo ao registro integral do título, sobre o qual incidirão, por óbvio, custas e emolumentos correspondentes.

Diante do exposto, **JULGO IMPROCEDENTE** a dúvida suscitada para afastar o óbice registrário.

Deste procedimento não decorrem custas, despesas processuais ou honorários advocatícios.

Oportunamente, remetam-se os autos ao arquivo.

P.R.I.C.

São Paulo, 25 de outubro de 2021.

Luciana Carone Nucci Eugênio Mahuad

Juiz de Direito (DJe de 28.10.2021 – SP)

Ementa: Sentença – Pedido de Providências – Pedido de cancelamento de registro, bem como de averbação de alvará de venda e compra de parte ideal – Esclarecimento pelo Oficial de que o registro foi efetivado com fulcro na carta de adjudicação apresentada – Incompetência do juízo administrativo para análises de vícios intrínsecos, bem como das matérias em debate nas ações judiciais movidas anteriormente – Registro prévio de compromisso de compra e venda que não impede a alienação do imóvel pelo proprietário tabular – Titulares de domínio que participaram da ação judicial em que constituída a carta de adjudicação – Inexistência de nulidade no registro – Indeferimento do pedido – Improcedência

Processo 1070796-58.2021.8.26.0100

Pedido de Providências - Registro de Imóveis - Macedo Alves Empreendimentos e Participações Ltda - Rogério Franco El Alam e s/m Elisabete Rosângela Borim El Alam - Diante do exposto, JULGO IMPROCEDENTE o pedido de providências. Deste procedimento não decorrem custas, despesas processuais ou honorários advocatícios. Oportunamente, ao arquivo com as cautelas de praxe. P.R.I.C. - ADV: CELSO DA SILVA SEVERINO (OAB 174395/ SP), EDILSON ANTONIO DE SOUZA COSTA (OAB 314321/SP)

Íntegra da decisão:

SENTENÇA

Processo Digital nº: **1070796-58.2021.8.26.0100**

Classe - Assunto **Pedido de Providências - Registro de Imóveis**

Requerente: **Macedo Alves Empreendimentos e Participações Ltda**

Requerido: **12º Oficial de Registro de Imóveis da Comarca de São Paulo - Sp**

Juiz(a) de Direito: Dr(a). **Luciana Carone Nucci Eugênio Mahuad**

Vistos.

Trata-se de pedido de providências formulado por **Macedo Alves Empreendimentos e Participações Ltda** em face do **Oficial do 12º Registro de Imóveis da Capital** para cancelamento do registro n. 11 da matrícula n. 140.462 daquela serventia, bem como para averbação de alvará de venda e compra de parte ideal do imóvel.

A parte requerente aduz que é legítima proprietária de 75% do bem conforme se depreende do registro n. 9 da matrícula; que Rogério Franco El Alam e Elizabeth Rosangela Borin El Alam, atuais proprietários tabulares, há muito tentam usurpar a posse e o direito da propriedade, pelo que tentaram cancelar os registros n. 07, 08 e 09 da referida matrícula (promessa de compra e venda de 75% do bem a Valdivino de Jesus Machado e Marilene Braz Machado, adjudicação dos direitos de Valdivino a Marilene e cessão dos direitos à parte requerente), nas ações de autos n. 0015466-83.2004.8.26.0005, 0147836-27.2007.8.26.0100, 0044084-63.2012.8.26.100 e 0044085-48.2012.8.26.0100, mas sem êxito; que o Oficial já tinha recusado registro da carta de adjudicação em favor dos atuais titulares do domínio por afronta ao princípio da continuidade (prenotações n. 501.256 e 526.626); que, posteriormente, foi supreendida ao constatar o registro n. 11, datado de 19/04/2021, consistente no registro da carta de adjudicação expedida na ação possessória de autos n. 0015466-83.2004.8.26.0005, inclusive com pagamento de tributos a menor; que os registros n. 07, 08 e 09 não foram cancelados previamente, o que era necessário segundo exigências anteriores do próprio Oficial, sendo que continuam válidos.

Vieram documentos às fls. 36/316.

A decisão de fl. 317 recebeu o procedimento como pedido de providências, tendo em vista que fora distribuído equivocadamente como dúvida.

O Oficial sustentou, às fls. 321/322, que o registro feito sob n. 11 na matrícula n. 140.462 foi efetivado com fulcro na carta de adjudicação passada aos 10.03.2017 pelo Cartório da 2ª Vara Cível do Foro Regional V – São Miguel Paulista (autos n. 0015466-83.2004.8.26.0005 – Ação de Reintegração/Manutenção de Posse); que não houve afronta ao princípio da continuidade conforme a regra do artigo 1418 do Código Civil e a jurisprudência do E. Conselho Superior da Magistratura - Apelação Cível nº. 1011836-36.2018.8.26.0223 (DJe de 11.03.2020); que o registro do compromisso de compra e venda não impede a transmissão da propriedade a terceiros seja por contrato, seja por título judicial.

O Ministério Público sustentou que houve afronta aos princípios da legalidade e da continuidade registral, pelo que requereu a manifestação dos demais interessados (fls. 326/327).

A decisão de fl. 328 determinou a intimação dos adjudicantes, Rogério Franco El Alam e Elizabete Borin El Alan, os quais se manifestaram às fls. 333/356, aduzindo que sua propriedade e posse do imóvel decorrem de sentença homologatória de acordo transitada em julgado (autos n. 0015466-83.2004.8.26.0005); que, por ocasião da homologação, inexistia qualquer averbação na matrícula que impedisse aquisição; que a transferência dos direitos à parte requerente foi combatida pelos herdeiros da transmitente, Iolanda Pastore, diante da ilegitimidade do negócio; que os efeitos do alvará autorizando o espólio de Iolanda a outorgar escritura de venda e compra da parte ideal de 75% do imóvel à parte requerente foram suspensos por suspeita de falsidade do instrumento particular de cessão de direitos (processo de autos n. 1097334-76.2021.8.26.0100); que já se decidiu na via judicial acerca da validade da carta de adjudicação registrada sob n. 11 na matrícula; que não há ofensa ao princípio da continuidade registral diante do entendimento consolidado pelo E. Conselho Superior da Magistratura, tendo em vista que o imóvel encontrava-se livre e desembaraçado quando da sentença que homologou sua adjudicação integral e porque compromisso de compra e venda anterior não impede a transmissão da propriedade a terceiros; que o recolhimento do ITBI foi regular; que existe inquérito policial em curso para investigar crimes relacionados à falsificação de documentos, sendo que a cedente dos direitos do imóvel à parte requerente, Marilene Braz Machado, figura como averiguada; que houve perícia técnica constatando fraude no documento de cessão de direitos sobre o imóvel, além da existência de outras inconsistências; que, inclusive, há suspeita de participação de funcionários de cartórios nas fraudes perpetradas; que Marilene e a parte requerente continuam comercializando bens entre si; que ato nulo não convalesce pelo decurso do tempo. Diante disso, requer a suspensão do presente procedimento até o julgamento definitivo do processo que analisa a falsidade do instrumento de cessão de direitos à parte requerente (autos n. 1097334-76.2021.8.26.0100), no qual se pede o cancelamento dos registros 7 a 9 da matrícula. No mérito, pugnaram pela rejeição do pedido.

Vieram documentos às fls. 357/698.

O Ministério Público opinou pela procedência em razão da existência de nulidade extrínseca do registro n. 11 (fls. 702/705).

Novos documentos foram produzidos às fls. 706/724.

É o relatório.

Fundamento e decido.

Por primeiro, pelo princípio da legitimação (eficácia do registro), observo que os vícios reconhecíveis pela via administrativa são apenas aqueles comprováveis de pleno direito que resultem de erros evidentes extrínsecos ao título, sem necessidade de exames de outros documentos ou fatos.

Logo, neste procedimento administrativo e no âmbito da competência deste juízo, não há espaço para análise das matérias em debate nas ações judiciais movidas anteriormente com vistas ao cancelamento do registro de instrumento particular de compromisso de compra e venda e respectivas cessões (R.7/R.8/R.9/140.462) ou mesmo de vícios intrínsecos do título cujo registro se pretende cancelar (R.11 – carta de adjudicação).

Nesse sentido, a jurisprudência da E. Corregedoria Geral da Justiça:

> *"NULIDADE DO REGISTRO. Artigo 214 da Lei de Registros Públicos. Nulidade do Registro (modo) e não do título. Somente é cabível na via administrativa o conhecimento de vício atinente à nulidade direta do registro e não do título (vício intrínseco). Nulidade do título somente é passível de conhecimento na via jurisdicional - Recurso não provido" (CGJ proc. n. 1050759-49.2017.8.26.0100, DJ 13.03.2018).*
>
> *"REGISTRO DE IMÓVEIS - registro de alienação fiduciária – eventuais vícios do título que só podem prejudicar o registro, por via oblíqua, mediante atuação da jurisdição - via administrativa inapropriada - art. 214, da Lei nº 6.015/73, inaplicável - Recurso desprovido" (CGJ proc. n. 0006400-50.2013.8.26.0236, DJ 11/10/16).*
>
> *"REGISTRO DE IMÓVEIS. Pedido de Providências que visa cancelar ou retificar o registro Inexistência de nulidade formal e extrínseca, relacionada exclusivamente ao registro - Inaplicabilidade do artigo 214 da Lei de Registros Públicos - Vício exclusivo do título, de natureza intrínseca. Hipótese que se enquadra no artigo 216 da Lei de Registros Públicos Recurso não provido" (CGJ parecer n. 2015/76433, DJ 07/07/15).*

Em razão disso, não há que se falar na suspensão deste feito enquanto perdurar a ação na qual se questiona a higidez do compromisso de compra e venda registrado, tal como pleiteado pelos terceiros interessados à fl. 355, sendo certo que o resultado deste procedimento não interferirá naquela demanda e vice-versa.

Por segundo, observo que este procedimento deve restringir-se ao pedido dirigido ao Oficial, consistente no cancelamento do registro n. 11 da matrícula n. 140.462, cujas razões da qualificação negativa estão expostas na nota devolutiva de fl. 48.

No mérito, o pedido é improcedente. Vejamos os motivos.

Em que pesem os argumentos da parte requerente e do Ministério Público, o entendimento consolidado na jurisprudência do E. Conselho Superior da Magistratura, como salientado pelo Oficial, é o de que o registro prévio de compromisso de compra e venda não impede a alienação do imóvel pelo proprietário tabular.

Nesse sentido, a Apelação Cível n. 1011836-36.2018.8.26.0223 (DJ 02.02.2019), de relatoria do Corregedor Geral da Justiça daquela época, eminente Desembargador PINHEIRO FRANCO, de cujo teor extrai-se o seguinte trecho, com nossos destaques:

"Com efeito, ***a previsão de registro de compromisso de compra e venda tem a finalidade de dar publicidade à relação obrigacional*** *e gera direitos para a parte prejudicada, caso haja sua inobservância,* ***não havendo, contudo, impedimento de alienação do bem pelo titular de domínio.***

"E, como bem consignado na r. sentença recorrida, ***o direito real do compromissário comprador nos termos do art. 1.418 do Código Civil confere ao seu titular o poder de exigir a outorga da escritura definitiva de compra e venda e, no caso de recusa, requerer a sua adjudicação;*** *resguardando-se, desta forma, o direito de sequela oponível erga omnes sobre o imóvel em que consta o registro da promessa".*

Em referida decisão, destacaram-se os seguintes precedentes daquele órgão com o mesmo entendimento (nossos destaques):

"Registro de Imóveis. Dúvida julgada procedente. Negativa de ingresso de escritura de venda e compra de imóvel. Desrespeito ao registro anterior de instrumento particular. ***Desnecessidade da anuência dos compromissários compradores. Inexistência de afronta ao Princípio da Continuidade.*** *Recurso provido" (CSM, Apelação Cível nº 0025566- 92.2011.8.26.0477, Relator Desembargador José Renato Nalini).*

"Registro de Imóveis. Dúvida julgada procedente. Compromisso de compra e venda registrado com sucessivas cessões negativa de ingresso de escritura de venda e compra de imóvel da qual participaram os proprietários tabulares e a última cessionária. ***Desnecessidade da anuência dos cedentes. Inexistência de afronta ao Princípio da Continuidade.*** *Recurso Provido" (CSM, Apelação Cível 1040210-48.2015.8.26.0100, Relator Desembargador Manoel de Queiroz Pereira Calças).*

Neste último voto, o eminente Relator Desembargador Manoel de Queiroz Pereira Calças discorre sobre o alcance do artigo 1.418 do Código Civil, que dispõe sobre direitos do promissário comprador em relação ao promitente vendedor ou a terceiros a quem os direitos forem eventualmente cedidos, afastando qualquer impedimento à disposição do bem pelo titular do domínio (nossos destaques):

"E o raciocínio está respaldado pelo ***artigo 1.418 do Código Civil****: O promitente comprador,* ***titular de direito real, pode exigir do promitente vendedor, ou de terceiros, a quem os direitos deste forem cedidos, a outorga da escritura definitiva de compra e venda,*** *conforme o disposto no instrumento preliminar; e, se houver recusa, requerer ao juiz a adjudicação do imóvel.*

Ao preceituar que o promitente comprador pode exigir a outorga da escritura definitiva de compra e venda do promitente vendedor, ou de terceiros, a quem os direitos deste forem cedidos, ***referido dispositivo legal deixa muito claro que o titular dominial, ainda que tenha celebrado compromisso de compra e venda anterior, pode dispor do imóvel".***

No caso específico, não há qualquer dúvida de que os titulares do domínio, espólio de Iolanda Pastore e Dir Desiré Pinheiro de Souza Pastores, participaram da ação judicial em que constituída a carta de adjudicação registrada na matrícula (autos n. 0015466-83.2004.8.26.0005), como se observa do próprio título e do contido em seu registro (R.11/140.462 – fls. 55/56, 220 e 248/262).

Ainda que se considere o princípio do *tempus regit actum*, segundo o qual se aplicam as normas contemporâneas aos requerimentos de registro/averbação, independentemente da data de origem do título, nos moldes do já fundamentado, a participação dos promissários compradores na ação judicial em que constituído o título era prescindível.

Note-se que as negativas anteriores de acesso da carta de adjudicação ao fólio real sob o argumento de afronta à continuidade não é fundamento, por si só, para cancelamento do registro efetivado (fls. 118/119 e 129/130).

Quanto à alegação de falta de pagamento do ITBI incidente no registro, o próprio Oficial afirma que o tributo foi devidamente recolhido (fl. 48), o que dispensa maiores considerações neste ponto.

Em suma, o que se vê é que inexiste qualquer nulidade no registro (que não se confunde com eventual nulidade do título), pelo que não há que se falar em cancelamento do ato registral (R.11/140.462 – fls. 55/56), o qual foi elaborado pelo Oficial com fidelidade ao título apresentado e sem desrespeito aos princípios de sua atividade.

Por fim, cabe observar que, à vista da ausência de requerimento na via administrativa, com prenotação válida e qualificação pelo Oficial, não há como analisar o requerimento de averbação do alvará autorizando a outorga de escritura na matrícula (fls. 160/161). Esta conclusão se reforça pela resistência ofertada pelo representante do espólio, no sentido de que a outorga da escritura deveria se dar em favor dos atuais proprietários tabulares, o que levou à suspensão da autorização dada judicialmente, com restabelecimento de validade apenas em outubro de 2019. Ou seja, após a formação da carta de sentença objeto do registro de n. 11 (fls. 162/172, 173 e 186/193, 194/210).

Diante do exposto, **JULGO IMPROCEDENTE** o pedido de providências.

Deste procedimento não decorrem custas, despesas processuais ou honorários advocatícios.

Oportunamente, ao arquivo com as cautelas de praxe.

P.R.I.C.

São Paulo, 13 de outubro de 2021.

Luciana Carone Nucci Eugênio Mahuad

Juiz de Direito (DJe de 18.10.2021 – SP)

Ementa: Sentença – Dúvida – Pedido de registro de escritura de venda e compra – Negativa em razão da indisponibilidade do bem e pela necessidade da apresentação de CND relativos a créditos tributários federais e à dívida ativa da União – Títulos Judiciais não estão isentos de qualificação registrária – Ordem de indisponibilidade que não foi desconstituída pelo juízo que a determinou – Alienação que não pode ser levada a registro – Incompetência do juízo administrativo para revisão de decisões judiciais – Dispensabilidade das certidões de dívidas ativas tributárias e previdenciárias federais – Item 1171, do Capítulo XX, das NSCGJ – Entendimento pacífico dos Tribunais Superiores, CNJ e da Corregedoria Geral da Justiça – Manutenção apenas da exigência em relação ao prévio levantamento da ordem de indisponibilidade – Procedência Parcial

Processo 1099998-80.2021.8.26.0100

Dúvida - Registro de Imóveis - Zhong Jie Xia - Diante do exposto, JULGO PARCIALMENTE PROCEDENTE a dúvida suscitada, afastando apenas a exigência de certidão negativa de dívidas tributárias e/ou previdenciárias federais. Ou seja, fica mantida a exigência de prévio levantamento da ordem de indisponibilidade averbada sob n. 10 na matrícula n. 111.367, oriunda do processo de autos n. 1000214-09.2018.5.02.0051 - TRT 2ª Região, para que seja efetivado o registro. Deste procedimento não decorrem custas, despesas processuais ou honorários advocatícios. Oportunamente, remetam-se os autos ao arquivo. P.R.I.C. - ADV: RENATO GOMES DA SILVA (OAB 320340/SP)

Íntegra da decisão:

SENTENÇA

Processo Digital nº: **1099998-80.2021.8.26.0100**

Classe - Assunto **Dúvida - Registro de Imóveis**

Suscitante: **1º Oficial de Registro de Imóveis da Capital**

Suscitado: **Zhong Jie Xia**

Juiz(a) de Direito: Dr(a). **Luciana Carone Nucci Eugênio Mahuad**

Vistos.

Trata-se de dúvida suscitada pelo Oficial do **1º Registro de Imóveis da Capital** a requerimento de **Zhong Jie Xia**, após negativa de registro de escritura de venda e compra lavrada pelo 18º Tabelião de Notas da Capital, por meio da qual a parte suscitada adquiriu de Informax Informações, Assessoria e Treinamento Empresarial - Eireli o imóvel da matrícula n. 111.367 daquela serventia.

Informa o Oficial que o bem encontra-se indisponível por força de comunicação lançada na Central de Indisponibilidade de Bens pelo juízo trabalhista da ação de autos n. 1000214-09.2018.5.02.0051 (TRT 2ª Região), pelo que a parte suscitada deverá comprovar que o mesmo juízo liberou-o; que também se faz necessária apresentação de certidão negativa de débitos relativos a créditos tributários federais e à dívida ativa da União a ser expedida pela Receita Federal. Juntou documentos às fls. 04/117.

Em manifestação vinda às fls. 120/126, a parte suscitada aduz que foi ela quem demandou judicialmente contra a titular do domínio perante a 7ª Vara Cível da Comarca de Osasco (autos n. 1091304-93.2019.8.26.0100), pleiteando pelo direito de propriedade do imóvel, que foi comprado da Construtora Mendes Pereira com quitação do preço e entrada na posse no ano de 2011; que a titular transmitiu o imóvel para si mesma por dação em pagamento no ano de 2016, aproveitando-se indevidamente de uma procuração da construtora;

que houve acordo na referida ação cível para lavratura de escritura de compra e venda do imóvel em seu favor, com homologação judicial e suspensão liminar daquele feito até o cumprimento do pactuado, o que foi averbado na matrícula do imóvel (Av.12/111.367); que a indisponibilidade mencionada pelo Oficial sequer decorreu de penhora; que, acerca da alegada ausência de certidão negativa de débitos federais, houve dispensa pelo próprio Tabelião que lavrou o título, com amparo em precedentes do E. Conselho Superior da Magistratura, o que vai ao encontro do entendimento do CNJ.

Documentos vieram às fls. 127/136.

O Ministério Público opinou pela procedência parcial, concordando apenas com a negativa referente à ordem de indisponibilidade (fls. 139/143).

É o relatório.

Fundamento e decido.

No mérito, a dúvida procede parcialmente. Vejamos os motivos.

De início, vale destacar que os títulos judiciais não estão isentos de qualificação, positiva ou negativa, para ingresso no fólio real.

O Egrégio Conselho Superior da Magistratura já decidiu que a qualificação negativa de título judicial não caracteriza desobediência ou descumprimento de decisão judicial (Apelação Cível n. 413-6/7).

Neste sentido, também a Ap. Cível nº 464-6/9, de São José do Rio Preto:

"Apesar de se tratar de título judicial, está ele sujeito à qualificação registrária. O fato de tratar-se o título de mandado judicial não o torna imune à qualificação registrária, sob o estrito ângulo da regularidade formal. O exame da legalidade não promove incursão sobre o mérito da decisão judicial, mas à apreciação das formalidades extrínsecas da ordem e à conexão de seus dados com o registro e a sua formalização instrumental".

E, ainda:

"REGISTRO PÚBLICO - ATUAÇÃO DO TITULAR - CARTA DE ADJUDICAÇÃO - DÚVIDA LEVANTADA - CRIME DE DESOBEDIÊNCIA - IMPROPRIEDADE MANIFESTA. O cumprimento do dever imposto pela Lei de Registros Públicos, cogitando-se de deficiência de carta de adjudicação e levantando-se dúvida perante o juízo de direito da vara competente, longe fica de configurar ato passível de enquadramento no artigo 330 do Código Penal - crime de desobediência -, pouco importando o acolhimento, sob o ângulo judicial, do que suscitado" (STF, HC 85911 / MG - MINAS GERAIS, Relator: Min. MARCO AURÉLIO, j. 25/10/2005, Primeira Turma).

Sendo assim, ainda que o negócio tenha sido realizado com permissão do juízo da ação cível em que houve ajuste entre a titular do domínio e a parte suscitada (autos n. 1091304-93.2019.8.26.0100 - fls. 61/70 e 122), conforme indicado no próprio documento (2º item – fl. 05), não há qualquer dúvida de que tal autorização, ainda que judicial, não basta para garantir ingresso automático do título no fólio real, cabendo ao oficial qualificá-lo conforme os princípios que regem a atividade registral.

No que diz respeito à exigência n. 1 da nota devolutiva (fl. 14), o item 413 do Cap. XX das Normas de Serviço da Corregedoria assim dispõe sobre a possibilidade de registro de alienação judicial, quando autorizada pelo mesmo juízo que determinou a indisponibilidade (com nossos destaques):

*"As indisponibilidades averbadas nos termos do Provimento CG. 13/2012 e CNJ nº 39/2014 e na forma do § 1º, do art. 53, da Lei nº 8.212, de 24 de julho de 1991, não impedem a inscrição de constrições judiciais, assim como **não impedem o registro da alienação judicial** do imóvel desde que a **alienação seja oriunda do juízo que determinou a indisponibilidade, ou a que distribuído o inquérito civil público e a posterior ação desse decorrente, ou que consignado no título judicial a prevalência da alienação judicial em relação à restrição oriunda de outro juízo ou autoridade administrativa** a que foi dada ciência da execução".*

A autorização trazida pela regra, porém, não se aplica ao caso concreto.

Na hipótese, a única ordem de indisponibilidade ativa é proveniente de ação que tramita perante a Justiça do Trabalho (autos n. 1000214-09.2018.5.02.0051), como se verifica da averbação n. 10 (fl. 19), ao passo que a lavratura da escritura de venda e compra foi autorizada na ação cível supramencionada. Juízos distintos, portanto.

Assim, existindo ordem judicial de indisponibilidade de bens e direitos, a alienação não pode ser levada a registro, não cabendo, neste âmbito, qualquer juízo de valor sobre a medida restritiva, a qual deve ser debatida nos autos em que determinada.

A via administrativa, como se sabe, não se presta a rever decisões proferidas em sede judicial.

O questionamento não é novo e já foi objeto de análise tanto pela E. Corregedoria Geral de Justiça quanto pelo E. Conselho Superior da Magistratura. Nesse sentido, com nossos destaques:

"Registro de imóveis. Decisões da Justiça Federal que decretaram a indisponibilidade e a penhora parcial de bens imóveis. Pedido de cancelamento/retificação formulado por credor fiduciário

objetivando resguardar seus direitos. Indeferimento. ***Via administrativa que não se presta a rever decisões de cunho jurisdicional. Pedido que deve ser analisado pelo juízo que proferiu as ordens recurso não provido*** *" (CGJ - recurso administrativo nº 1012434-82.2015.8.26.0037, Parecer n. 119/2016-E, Rel. Carlos Henrique André Lisboa - Juiz Assessor da Corregedoria, j. 02.06.2016).*

"REGISTRO DE IMÓVEIS - Dúvida inversa julgada improcedente - Escritura de Venda e Compra e Cessão - Questionamento parcial das exigências formuladas pelo Registrador - Circunstância que torna prejudicado o julgamento da dúvida - Pertinência do óbice apresentado - ***Impossibilidade de ingresso do título em razão de indisponibilidade determinada por Juiz Federal - Recurso não conhecido*** *" (CSM-SP, Apelação Cível 0043598-78.2012.8.26.0100, Rel. José Renato Nalini, j. 26/09/13).*

Note-se que o adquirente, ora suscitado, declarou ter conhecimento de que o título só seria registrado após regularização da indisponibilidade ou por autorização judicial, o que veio em destaque na escritura de venda e compra (fls. 06/07), de modo que não foi surpreendido pela negativa.

Note-se, ainda, que o pedido de levantamento da indisponibilidade, formulado pela titular do domínio, foi negado pelo juízo trabalhista que a ordenou (fls. 94/101).

Também não merece acolhida a alegação de que o título originou-se de aquisição e posse anteriores à ordem de indisponibilidade, já que, como bem salientado pelo MP, prevalece para fins registrais o princípio do *tempus regit actum,* pelo qual se aplicam as exigências legais contemporâneas ao registro, independentemente da data do documento ou, no caso, da origem da aquisição ou da posse.

No que tange à exigência n. 2 da nota devolutiva (fl. 14), a questão em debate já foi apreciada inúmeras vezes tanto pelo E. Conselho Superior da Magistratura quanto pela E. Corregedoria Geral de Justiça, sendo que tais órgãos superiores firmaram entendimento acerca da dispensa das certidões negativas de dívidas tributárias e previdenciárias federais no que toca ao *munus* do registro imobiliário.

Destaca-se o julgamento proferido pelo E. CSM em análise recursal de procedimento que tramitou perante este juízo (autos n. 1124381-98.2016.8.26.0100), com relatoria do eminente Desembargador Manoel de Queiroz Pereira Calças, de cujo teor se extrai:

"Item 3 (Certidão negativa de tributos federais e da dívida ativa da União): Essa exigência é a única a ser afastada. Este Conselho Superior da Magistratura já se posicionou, por diversas vezes, no sentido de que ***são dispensáveis as certidões de dívidas ativas tributárias e previdenciárias federais****. Inspirado em precedentes do Supremo Tribunal Federal que inadmitiram a imposição de sanções políticas pelos entes tributários para, por vias oblíquas, constranger o contribuinte a quitar débitos tributários, o Conselho Superior da Magistratura reconheceu* ***inexistir justificativa "para condicionar o registro de títulos nas serventias prediais à prévia comprovação da quitação de créditos tributários, contribuições sociais e de outras imposições pecuniárias compulsórias*** *" (Apelações Cíveis n. 0018870-06.2011.8.26.0068, 0013479-23.2011.8.26.0019 e 9000002-22.2009.8.26.0441, todas sob a relatoria do Desembargador José Renato Nalini, destaques nossos)".*

Nesse mesmo sentido, confiram-se: *(a)* para a CGJ: Processos de autos n. 62.779/2013 (j. 30/07/2013) e 100.270/2012, (j. 14/01/2013); *(b)* para o CSM: as Apelações Cíveis dos autos n. 0015705-56.2012.8.26.0248 (j. 06.11.2013); 9000004-83.2011.8.26.0296 (j. 26.09.2013); 0006907-12.2012.8.26.0344 (j. 23.05.2013); 0013693-47.2012.8.26.0320 (j18.04.2013); 0019260-3.2011.8.26.0223 (j. 18.04.2013); 0021311-24.2012.8.26.0100 (j. 17.01.2013); 0013759-77.2012.8.26.0562 (j. 17.01.2013); 0018870-06.2011.8.26.0068 (j. 13.12.2012); 9000003-22.2009.8.26.0441 (j. 13.12.2012); 0003611-12.2012.8.26.0625 (j. 13.12.2012) e 0013479-23.2011.8.26.0019 (j. 13.12.2012).

Note-se, ainda, o disposto no item 117.1, do Capítulo XX, das Normas de Serviço dos Cartórios Extrajudiciais:

"117.1. Com exceção do recolhimento do imposto de transmissão e prova de recolhimento do laudêmio, quando devidos, ***nenhuma exigência relativa à quitação de débitos para com a Fazenda Pública, inclusive quitação de débitos previdenciários, fará o oficial, para o registro de títulos particulares****, notariais ou judiciais".*

Por fim, vale registrar que tal entendimento também é compartilhado pelo Conselho Nacional de Justiça:

"RECURSO ADMINISTRATIVO EM PEDIDO DE PROVIDÊNCIAS. IMPUGNAÇÃO DE PROVIMENTO EDITADO POR CORREGEDORIA LOCAL DETERMINANDO AOS CARTÓRIOS DE REGISTRO DE IMÓVEIS QUE SE ABSTENHAM DE EXIGIR CERTIDÃO NEGATIVA DE DÉBITO PREVIDENCIÁRIO NAS OPERAÇÕES NOTARIAIS. ALEGAÇÃO DE OFENSA AO DISPOSTO NOS ARTIGOS 47 E 48 DA LEI N. 8.2012/91. INEXISTÊNCIA DE ILEGALIDADE.

1. Reconhecida a inconstitucionalidade do art. 1º,inciso IV da Lei nº 7.711/88 (ADI 394), não há mais que se falar em comprovação da quitação de créditos tributários, de contribuições federais e de outras imposições pecuniárias compulsórias para o ingresso de qualquer operação financeira no registro de imóveis, por representar forma oblíqua de cobrança do Estado, subtraindo do contribuinte os direitos fundamentais de livre acesso ao Poder Judiciário e ao devido processo legal (art. 5º, XXXV e LIV, da CF).

2. Tendo sido extirpado do ordenamento jurídico norma mais abrangente, que impõe a comprovação da quitação de qualquer tipo de débito tributário, contribuição federal e outras imposições pecuniárias compulsórias, não há sentido em se fazer tal exigência com base em normas de menor abrangência, como a prevista no art. 47, I, "b", da Lei 8.212/91.

3. Ato normativo impugnado que não configura qualquer ofensa a legislação pátria, mas apenas legítimo exercício da competência conferida ao Órgão Censor Estadual para regulamentar as atividades de serventias extrajudiciais vinculadas ao Tribunal de Justiça local. RECURSO IMPROVIDO" (CNJ - Pedido de Providências – Corregedoria - 0001230-82.2015.2.00.0000 - Rel. JOÃO OTÁVIO DE NORONHA 28ª Sessão Virtual. Julgado em 11.10.2017).

Diante do exposto, **JULGO PARCIALMENTE PROCEDENTE** a dúvida suscitada, afastando apenas a exigência de certidão negativa de dívidas tributárias e/ou previdenciárias federais. Ou seja, fica mantida a exigência de prévio levantamento da ordem de indisponibilidade averbada sob n. 10 na matrícula n. 111.367, oriunda do processo de autos n. 1000214-09.2018.5.02.0051 - TRT 2ª Região, para que seja efetivado o registro.

Deste procedimento não decorrem custas, despesas processuais ou honorários advocatícios.

Oportunamente, remetam-se os autos ao arquivo.

P.R.I.C.

São Paulo, 14 de outubro de 2021.

Luciana Carone Nucci Eugênio Mahuad

Juiz de Direito (DJe de 18.10.2021 – SP)

Ementa: Sentença – Pedido de Providências – Pedido de retificação da Escritura Pública de Compra e Venda – Alegação de que a Serventia teria consignado, equivocadamente, a metragem do imóvel – Informação pelo Oficial de que é impossível a retificação sem a presença das partes originais – Inexistência de erro, inexatidão ou irregularidade no referido ato notarial – Ato notarial que já está aperfeiçoado e consumado Imprescindibilidade de que todas as partes do negócio jurídico compareçam para a lavratura de Escritura de Retificação e Ratificação – Item 55, do Capítulo XVI, das NSCGJ – Inviabilidade da retificação pretendida – Indeferimento do pedido – Arquivamento do feito – Ciência ao Tabelião – Improcedência

Processo 1080174-38.2021.8.26.0100

Pedido de Providências - Registro de Imóveis - A.C.A.C. – D.T.A.C. - Juiz(a) de Direito: Dr(a). Marcelo Benacchio VISTOS, Trata-se de expediente formulado por A. C. A. C. e D. T. A. C., solicitando a retificação da Escritura Pública de Compra e Venda, realizada aos 13 de dezembro de 1985, inserta no livro 2134, páginas 121/123, da lavra do 5º Tabelionato de Notas da Capital. Os autos foram instruídos com os documentos de fls. 08/34. O Senhor Tabelião manifestou-se às fls. 41/43. O Senhor Representante veio aos autos para reiterar os termos de seu pedido original (fls. 55/64). O D. Representante do Ministério Público acompanhou o feito e ofertou parecer conclusivo às fls. 67, opinando pela improcedência do pedido. É o breve relatório. DECIDO. Cuida-se de pedido de providências instaurado a partir de representação formulada por A. C. A. C. e D. T. A. C. em face do 5º Tabelionato de Notas da Capital.. Solicitam os Senhores Interessados a retificação da Escritura Pública de Compra e Venda, realizada aos 13 de dezembro de 1985, inserta no livro 2134, páginas 121/123. Em suma, apontam os Representantes que o Tabelionato, quando da lavratura do Ato Notarial, teria consignado equivocadamente a metragem do imóvel. Em razão das discrepâncias entre o instrumento público e a matrícula imobiliária, houve a emissão de nota devolutiva pelo Senhor Registrador de Imóveis, que recusou ingresso ao ato. No entendimento de que o equívoco se cuida de erro e omissão imputável à serventia de notas, bem como que a correção não afetará item essencial do negócio jurídico, referem os Interessados que interpuseram a presente representação porque a unidade extrajudicial recusou a lavratura de ata retificativa, deduzindo que seria necessária ordem judicial para a correção. A seu turno, o Senhor 5º Tabelião de Notas assevera que não é possível retificar o instrumento público da Compra e Venda por meio de simples ata retificativa. Com efeito, indica que não há erro, inexatidão ou irregularidade no referido ato notarial que permita a confecção de ata retificativa, sendo necessária, para alteração de sua redação, que as partes procedam à lavratura de Escritura de Retificação e Ratificação, à qual todos devem comparecer, ou seus herdeiros e sucessores, para apor sua concordância com a alteração efetuada. Pois bem. Assiste razão ao Senhor Tabeliã Interina na negativa efetuada. Pese embora a argumentação deduzida nos autos pelos Senhores Representantes, forçoso convir, na espécie, que o ato notarial que se pretende retificar já está aperfeiçoado e consumado, inexistindo possibilidade jurídica, no âmbito administrativo, para a alteração pretendida, ante ao conteúdo das declarações de vontade. Não se deve perder de vista que escritura pública é ato notarial que formaliza juridicamente a vontade das partes, observados os parâmetros fixados pela Lei e pelas Normas de Serviço da Corregedoria Geral da Justiça, reproduzindo, portanto, exatamente aquilo que outorgantes e outorgados manifestaram ao preposto da serventia à época dos fatos. Em resumo, destaco que a retificação pretendida não se cuida de mera correção de erros, inexatidões materiais e equívocos, a ser realizada de ofício pela unidade extrajudicial ou mediante mero requerimento das partes, cujo ato será subscrito apenas pelo Notário ou seu substituto legal, em conformidade com o item 54, Capítulo XVI, das Normas de Serviço da E. Corregedoria Geral da Justiça. Ao revés, exige, para tanto, a presença das partes originais do ato (ou seus herdeiros, sucessores ou ordem judicial), para a lavratura de escritura de retificação e ratificação, nos termos do item 55, Capítulo XVI, das Normas de Serviço da E. Corregedoria Geral da Justiça, como acertadamente referido pelo Senhor Delegatário, uma vez que afeta parte essencial do negócio jurídico pactuado: seu objeto. Especialmente, é certo que a retificação pretendida transpassa seus efeitos para além da mera alteração de dados no registro. Bem assim, qualquer falha em escritura pública, não concernente em mera correção de erros, inexatidões materiais e equívocos, só pode ser emendada com a participação das mesmas partes, mediante a lavratura de novo ato. Nesse sentido, o tema é fortemente assentado perante esta Corregedoria Permanente, bem como perante a E. Corregedoria Geral da Justiça, que em recente julgado, decidiu: Retificação de escritura pública de compra e venda de imóvel - Título que atribui aos interessados imóvel diverso daquele referido no contrato celebrado e efetivamente ocupado - Situação que extrapola as específicas hipóteses de retificação previstas nos itens 53 e 54 do Capítulo XIV das NSCGJ por implicar modificação da declaração de vontade das partes e da substância do negócio jurídico realizado - Recurso não provido. (Corregedoria Geral da Justiça de São Paulo Pedido de Providências: 1073694-83.2017.8.26.0100. Data de Julgamento: 13.03.2018. Publicação: 21.03.2018. Relator: Dr. Geraldo Francisco Pinheiro Franco). Adicionalmente, a r. Sentença prolatada pela 1ª Vara de Registros Públicos, que acolheu a dúvida do Senhor Registrador Imobiliário e entendeu pela necessidade de retificação do instrumento notarial (processo nº 1131076-63.2019.8.26.0100) não abre espaço para que a correção a ser promovida se dê nessa esfera extrajudicial. Por conseguinte, diante de todo o exposto, é inviável a retificação tal qual pretendida, perante esta estreita via administrativa, razão pela qual indefiro o pedido inicial. Oportunamente, arquivem-se os autos. Ciência ao Senhor Tabelião e ao Ministério Público. P.I.C. - ADV: SELMO AUGUSTO CAMPOS MESQUITA (OAB 119076/SP) (DJe de 14.10.2021 – SP)

Ementa: Sentença – Dúvida – Pedido de registro de escritura de compra e venda – Negativa em razão da incorreção do recolhimento do ITBI – Utilização de base de cálculo inferior ao valor de referência – Flagrante irregularidade no recolhimento do imposto – Possibilidade do Oficial fiscalizar a correção do tributo recolhido no presente caso – Necessidade de guia complementar ou de certidão da PMSP homologando o recolhimento do tributo – Manutenção do óbice – Procedência

Processo 1093315-27.2021.8.26.0100

Dúvida - Registro de Imóveis - José Airton dos Santos - Diante do exposto, JULGO PROCEDENTE a dúvida suscitada, mantendo o óbice registrário. Deste procedimento não decorrem custas, despesas processuais ou honorários advocatícios. Oportunamente, remetam-se os autos ao arquivo. P.R.I.C. - ADV: SUZETE COSTA SANTOS (OAB 260670/SP)

Íntegra da decisão:

SENTENÇA

Processo nº: **1093315-27.2021.8.26.0100**

Classe - Assunto **Dúvida - Registro de Imóveis**

Requerente: **5º Oficial de Registro de Imóveis da Capital**

Requerido: **José Airton dos Santos**

Juiz(a) de Direito: Dr(a). **Luciana Carone Nucci Eugênio Mahuad**

Vistos.

Trata-se de dúvida apresentada pelo **Oficial do 5º Registro de Imóveis da Capital** a requerimento de **José Airton dos Santos**, após negativa de registro de escritura de compra e venda que tem por objeto o imóvel da matrícula n. 33.521 daquela serventia.

Informa o Oficial que o óbice registrário diz respeito à incorreção do recolhimento do ITBI, calculado com base no valor de R$463.135,00, ao passo que consulta ao cadastro imobiliário indicou o valor de referência de R$1.502.725,00, pelo que a parte suscitada deve retificar a guia ou apresentar homologação do recolhimento. Observa, ainda, que o valor venal considerado para apuração do IPTU do exercício fiscal de 2021 foi de R$1.046.950,00. Não desconhece, por outro lado, o entendimento do E. Conselho Superior da Magistratura no sentido de que a qualificação do registrador não deve ir além da aferição sobre a existência ou não de recolhimento do tributo. Entretanto, a via para questionar as disposições legais é a judicial, sob pena de responsabilização própria. Vieram documentos às fls. 05/83.

A parte suscitada se manifestou às fls. 84/95, sustentando que, no dia 27 de maio de 2021, quando lavrada a escritura de compra e venda, consulta ao endereço eletrônico da Prefeitura informava o valor venal do imóvel em R$463.135,00, de modo que o cálculo do tributo tomou por base o valor do negócio, qual seja, R$465.000,00 (fls. 13/17); que o formulário eletrônico de geração da guia de recolhimento é preenchido apenas com os dados exigidos pelo órgão arrecadador, sendo o valor venal integrado automaticamente; que a municipalidade indicou valor diverso, R$1.502.725,00, posteriormente à formalização do título, o que ofende a segurança jurídica; que não é atribuição do registrador verificar a exatidão do tributo recolhido (orientação jurisprudencial).

O Ministério Público opinou pela improcedência, entendendo que o valor recolhido não se mostra em flagrante irregularidade (fls. 99/102).

É o relatório.

Fundamento e Decido.

No mérito, a dúvida é procedente. Vejamos os motivos.

Primeiramente, deve-se ter em vista que vigora para os registradores ordem de controle rigoroso do recolhimento do imposto por ocasião do registro do título, sob pena de responsabilidade pessoal (art. 289 da Lei n. 6.015/73; art.134, VI, do CTN e art. 30, XI, da Lei 8.935/1994).

É certo que a orientação do Egrégio Conselho Superior da Magistratura acerca desta matéria é no sentido de que a fiscalização devida não vai além da aferição sobre a existência ou não do recolhimento do tributo e não se houve pagamento correto, sendo tal atribuição exclusiva do ente fiscal.

Contudo, ressalva-se a hipótese de flagrante irregularidade ou irrazoabilidade do cálculo.

Nesse sentido, os seguintes julgados do E. Conselho Superior da Magistratura (destaques nossos):

"Registro de Imóveis – Escritura pública de dação em pagamento – Qualificação negativa – Questionamento a respeito da base de cálculo utilizada para recolhimento do imposto sobre transmissão de bens imóveis – ITBI – Análise pelo oficial registrador, na matéria concernente ao imposto de transmissão, que deve se ater ao seu recolhimento, sem alcançar o valor – ***Não configuração de flagrante irregularidade no recolhimento*** *– Precedentes do C. Conselho Superior da Magistratura - – Apelação provida para julgar a dúvida improcedente" (TJSP; Apelação Cível 1000459-49.2017.8.26.0176; Relator (a): Pinheiro Franco (Corregedor Geral); Órgão Julgador: Conselho Superior de Magistratura; Foro de Embu das Artes - Vara do Juizado Especial Cível e Criminal; Data do Julgamento: 13/02/2019; Data de Registro: 19/02/2019).*

"Registro de Imóveis – Escritura pública de dação em pagamento – Qualificação negativa – Questionamento a respeito da base de cálculo utilizada para recolhimento do imposto sobre transmissão de bens móveis – ITBI – Análise pela oficial registradora, na matéria concernente ao imposto de transmissão, que deve se ater ao seu recolhimento, sem alcançar o valor – ***Não configuração de flagrante irregularidade no recolhimento*** *– Recolhimento antecipado de ITBI que não afronta as NSCGJ – Precedente do C. Conselho Superior da Magistratura – Dúvida julgada improcedente para afastar a exigência de recolhimento de alegada diferença do imposto devido à Municipalidade – Apelação não provida"* (TJSP; Apelação Cível 1024222-11.2015.8.26.0577; Relator (a): Pinheiro Franco (Corregedor Geral); Órgão Julgador: Conselho Superior de Magistratura; Foro de São José dos Campos - 8ª Vara Cível; Data do Julgamento: 24/05/2018; Data de Registro: 11/06/2018).

"Registro de Imóveis – Registro de escritura pública de dação em pagamento – Desqualificação – Suposta incorreção da base de cálculo utilizada para o recolhimento do ITBI – Dúvida julgada improcedente – Apelação interposta pelo Ministério Público –– Atuação que extrapola as atribuições do Oficial – ***Dever de fiscalização que se limita ao recolhimento do tributo e à razoabilidade da base de cálculo*** *– Recolhimento antecipado do ITBI que não afronta as NSCGJ nem a legislação municipal – Recurso a que se nega provimento"* (TJSP; Apelação Cível 1024158-98.2015.8.26.0577; Relator (a): Pereira Calças; Órgão Julgador: Conselho Superior de Magistratura; Foro de São José dos Campos - 8ª Vara Cível; Data do Julgamento: 25/08/2017; Data de Registro: 30/08/2017).

Nessa mesma linha, este juízo já decidiu em casos análogos que versavam sobre a exigência do correto recolhimento de ITBI (autos de número 1115167-78.2019.8.26.0100, 1116491-06.2019.8.26.0100 e 1059178-53.2020.8.26.0100).

O entendimento firmado, portanto, é no sentido de que fiscalização é necessária quando não se mostra razoável a apuração do tributo por aplicação de valor muito inferior àquele verificado pelo registrador.

Em que pese a alegação de preenchimento automático da base de cálculo pelo sistema do ente tributante no momento de geração da guia, resta clara a divergência quanto ao valor que realmente deva ser aplicado, o que é evidenciado pelo simples contraste entre os documentos de fls. 23 e 75.

Embora sejam pesquisas realizadas em momentos distintos, deve-se destacar que o valor venal utilizado como base de cálculo para o IPTU do exercício fiscal de 2021, cujo fato gerador ocorreu anteriormente (em 1º de janeiro de 2021), também foi bastante superior ao utilizado na apuração do ITBI (R$1.046.950,00 – fl. 78).

Ademais, no julgamento de mérito do Recurso Extraordinário com Agravo n. **1.294.969/SP** (processo-paradigma do **Tema n. 1124 – ITBI – Ausência – Registro – Cartório**), o STF reconheceu a existência de repercussão geral e fixou a seguinte tese:

> *"O fato gerador do imposto sobre transmissão inter vivos de bens imóveis (ITBI) somente ocorre com a efetiva transferência da propriedade imobiliária, que se dá mediante o registro".*

Portanto, irrelevante o momento em que se dá a lavratura da escritura pública, devendo ser apurado o ITBI quando do registro.

Nesse contexto, tem razão o Oficial, no exercício do seu mister, ao exigir guia complementar ou certidão da PMSP homologando o recolhimento do tributo.

Diante do exposto, **JULGO PROCEDENTE** a dúvida suscitada, mantendo o óbice registrário.

Deste procedimento não decorrem custas, despesas processuais ou honorários advocatícios.

Oportunamente, remetam-se os autos ao arquivo.

P.R.I.C.

São Paulo, 06 de outubro de 2021.

Luciana Carone Nucci Eugênio Mahuad

Juiz de Direito (DJe de 13.10.2021 – SP)

Ementa: Sentença – Pedido de Providências – Pedido de retificação da Escritura Pública de Compra e Venda – Alegação de que a Serventia teria consignado equivocadamente as confrontações do imóvel, bem como deixado de relatar a instituição de servidão de passagem – Negativa em razão da necessidade de ordem judicial – Impossibilidade da retificação do instrumento sem a presença das partes originais – Item 55, do Capítulo XVI, das NSCGJ – Retificação que não se trata de mera correção de erros, inexatidões materiais e equívocos – Indeferimento do pedido – Arquivamento do feito – Ciência à Tabeliã – Improcedência

Processo 1053073-26.2021.8.26.0100

Pedido de Providências - Registro de Imóveis - P.A.C. - Juiz(a) de Direito: Dr(a). Marcelo Benacchio VISTOS, Trata-se de expediente formulado por P. A. C., solicitando a retificação da Escritura Pública de Compra e Venda, realizada aos 05 de janeiro de 1990, inserta no livro 869, páginas 59, da lavra do 25º Tabelionato de Notas da Capital. Os autos foram instruídos com os documentos de fls. 10/24. A Senhora Tabeliã Interina manifestou-se às fls. 33/34 e 67. O Senhor Representante veio aos autos para reiterar os termos de seu pedido original (fls. 37/41, 48/57 e 76/80). O D. Representante do Ministério Público acompanhou o feito e ofertou parecer conclusivo às fls. 70/72, opinando pela improcedência do pedido. É o breve relatório. DECIDO. Cuida-se de pedido de providências instaurado a partir de representação formulada por P. A. C. em face do 25º Tabelionato de Notas da Capital. Solicita o Senhor Interessado a retificação da Escritura Pública de Compra e Venda, realizada aos 05 de janeiro de 1990, inserta no livro 869, páginas 59. Em suma, aponta o Representante que o Tabelionato, quando da lavratura do Ato Notarial, teria consignado equivocadamente as confrontações do imóvel e deixado de relatar a instituição de servidão de passagem de encanamentos de esgotos sanitários e sua ligação com a rede coletora, com proibição de construção no local. Em razão das discrepâncias entre o instrumento público e a matrícula imobiliária, houve a emissão de nota devolutiva pelo Senhor 16º Registrador de Imóveis, que recusou ingresso ao ato. Por fim, no entendimento de que o equívoco se cuida de erro e omissão imputável à serventia de notas, refere o Interessado que interpôs a presente representação porque a unidade extrajudicial recusou a lavratura de ata retificativa, deduzindo que seria necessária ordem judicial para a correção. A seu turno, a Senhora 25º Tabeliã de Notas Interina, responsável pela delegação vaga, assevera que não é possível retificar o instrumento público da Compra e Venda por meio de ata, sem a presença das partes originais, razão pela qual noticiou ao Senhor Representante que seria necessária ordem judicial. Com efeito, indica que não há erro, inexatidão ou irregularidade no referido ato notarial que permita a confecção de ata retificativa, sendo necessária, para alteração de sua redação, que as partes procedam à lavratura de Escritura de Retificação e Ratificação, à qual todos devem comparecer, ou seus herdeiros e sucessores, para apor sua concordância com a alteração efetuada. Especialmente, aponta a d. Interina que a retificação pretendida transpassa seus efeitos para além da mera alteração de dados no registro. Pois bem. Assiste razão à Senhora Tabeliã Interina na negativa efetuada. Pese embora a argumentação deduzida nos autos pelo Senhor Representante, forçoso convir, na espécie, que o ato notarial que se pretende retificar já está aperfeiçoado e consumado, inexistindo possibilidade jurídica, no âmbito administrativo, para a alteração pretendida, ante ao conteúdo das declarações de vontade. Não se deve perder de vista que escritura pública é ato notarial que formaliza juridicamente a vontade das partes, observados os parâmetros fixados pela Lei e pelas Normas de Serviço da Corregedoria Geral da Justiça, reproduzindo, portanto, exatamente aquilo que outorgantes e outorgados manifestaram ao preposto da serventia à época dos fatos. Em resumo, destaco que a retificação pretendida não se cuida de mera correção de erros, inexatidões materiais e equívocos, a ser realizada de ofício pela unidade extrajudicial ou mediante mero requerimento das partes, cujo ato será subscrito apenas pelo Notário ou seu substituto legal, em conformidade com o item 54, Capítulo XVI, das Normas de Serviço da E. Corregedoria Geral da Justiça. Ao revés, exige, para tanto, a presença das partes originais do ato (ou seus herdeiros, sucessores ou ordem judicial), para a lavratura de escritura de retificação e ratificação, nos termos do item 55, Capítulo XVI, das Normas de Serviço da E. Corregedoria Geral da Justiça, como acertadamente referido pelo Senhor Delegatário, uma vez que afeta parte essencial do negócio jurídico pactuado: seu objeto. Bem assim, qualquer falha em escritura pública, não concernente em mera correção de erros, inexatidões materiais e equívocos, só pode ser emendada com a participação das mesmas partes, mediante a lavratura de novo ato. Nesse sentido, o tema é fortemente assentado perante esta Corregedoria Permanente, bem como perante a E. Corregedoria Geral da Justiça, que em recente julgado, decidiu: Retificação de escritura pública de compra e venda de imóvel - Título que atribui aos interessados imóvel diverso daquele referido no contrato celebrado e efetivamente ocupado - Situação que extrapola as específicas hipóteses de retificação previstas nos itens 53 e 54 do Capítulo XIV das NSCGJ por implicar modificação da declaração de vontade das partes e da substância do negócio jurídico realizado - Recurso não provido. (Corregedoria Geral da Justiça de São Paulo Pedido de Providências: 1073694-83.2017.8.26.0100. Data de Julgamento: 13.03.2018. Publicação: 21.03.2018. Relator: Dr. Geraldo Francisco Pinheiro Franco). Por conseguinte, diante de todo o exposto, é inviável a retificação tal qual pretendida, perante esta estreita via administrativa, razão pela qual indefiro o pedido inicial. Oportunamente, arquivem-se os autos. Ciência à Senhora Tabeliã Designada e ao Ministério Público. P.I.C. - ADV: ANGELO FEITOSA DA SILVA (OAB 328095/SP), PAULO HENRIQUE DA SILVA SANTOS (OAB 334680/SP). (DJe de 29.09.2021 – SP)

Ementa: Sentença – Pedido de Providências – Requerimento formulado pelo Oficial – Negativa do pedido de averbação de cancelamento de registros de Compra e Venda, bem como de registro de Escritura de Cessão de Direitos – Esclarecimento pelo Oficial de que o óbice se deu em razão da existência de gravação anterior de sequestro de metade dos imóveis, bem como de bloqueios judiciais – Ordens de bloqueios e sequestro que foram emanadas do mesmo processo em que constituído o título – Ofício que determinou expressamente o cancelamento dos registros anteriores – Possibilidade de transferência dos direitos à Requerente – Autorização do cancelamento dos registros de transmissão e das referidas ordens – Improcedência

Processo 1079952-70.2021.8.26.0100

Pedido de Providências - Registro de Imóveis - Eloise Cristiani Borriel Vieira Azevedo - Diante do exposto, JULGO IMPROCEDENTE o pedido para autorizar o cancelamento dos registros de transmissão (R.5) e das ordens de sequestro/bloqueio (R.6. R.7 e Av.9) nas matrículas n. 203.427 e 203.428, tudo conforme o determinado na ação de autos n. 1011143-95.2016.8.26.0005. O registro posterior da escritura de cessão de direitos à parte interessada depende da verificação de sua higidez conforme as regras e os princípios norteadores do registro imobiliário, o que não foi objeto deste feito, mas poderá ser de outro (hipótese de suscitação de dúvida). Deste procedimento não decorrem custas, despesas processuais ou honorários advocatícios. Oportunamente, ao arquivo com as cautelas de praxe. P.R.I.C. - ADV: SELMA REGINA AGULLÓ (OAB 192323/SP)

Íntegra da decisão:

SENTENÇA

Processo Digital nº: **1079952-70.2021.8.26.0100**

Classe - Assunto **Pedido de Providências - Registro de Imóveis**

Suscitante: **12º Oficial de Registro de Imóveis da Comarca de São Paulo - Sp**

Suscitado: **Eloise Cristiani Borriel Vieira Azevedo**

Juiz(a) de Direito: Dr(a). **Luciana Carone Nucci Eugênio Mahuad**

Vistos.

Trata-se de pedido de providências trazido pelo Oficial do **12º Registro de Imóveis da Capital** a requerimento de **Eloise Cristiani Borriel Vieira,** tendo em vista negativa em se proceder à averbação de cancelamento de registros de compra e venda efetuados nas matrículas n. 203.427 e 203.428.

Informa o Oficial que as matrículas estão bloqueadas por ordem judicial, o que impede o lançamento de qualquer ato; que a parte interessada requereu suscitação de dúvida para averbação dos cancelamentos, bem como para registro de escritura de cessão de direitos, mas que se trata de pedido de providências, pois o registro pretendido depende dos cancelamentos.

Vieram documentos às fls. 03/28.

A decisão de fls. 30 recebeu o feito como pedido de providências (averbação de cancelamento de registros), embora tenha sido distribuído inicialmente como dúvida, determinando ao Oficial que comprovasse a notificação da parte interessada e que apresentasse a nota devolutiva, o que foi providenciado.

A parte interessada manifestou-se às fls. 33/38, sustentando que o pedido decorre de sentença judicial transitada em julgado (autos n. 1011143-95.2016.8.26.0005), na qual reconheceu-se a nulidade do negócio jurídico de compra e venda dos imóveis, com determinação de registro de escritura de cessão de direitos aquisitivos e obrigações e outras avenças outorgada por Ademir Thomé e Maria Agueda Jeremias Thomé, pelo que o Oficial deve cumpri-la, cancelando os registros anteriores.

O Ministério Público opinou pela procedência (fls. 45/46).

É o relatório.

Fundamento e DECIDO.

No mérito, os óbices devem ser afastados.

Com efeito, o objetivo final da parte interessada é o registro de escritura de cessão de direitos aquisitivos e obrigações e outras avenças, outorgada a ela por Ademir Thomé e Maria Agueda Jeremias Thomé, nas matrículas ns. 203.427 e 203.428 por força de decisão judicial proferida na ação de autos n. 1011143-95.2016.8.26.0005 (fls. 21 e 37).

A negativa de tal registro foi motivada pela existência de gravação anterior de sequestro de metade dos imóveis e, ainda, por bloqueios judiciais de ambas as matrículas (R.06, R.07 e Av.09 de ambas), dentre outros (fl. 02).

O objeto do pedido de providências veio delimitado à averbação de cancelamento dos registros de compra e venda constantes nas matrículas, as quais, como visto estão bloqueadas.

Quanto ao bloqueio, prevê o §4º, do art. 214, da Lei n. 6.015/73:

"Art. 214(...)

§4º - Bloqueada a matrícula, o oficial não poderá mais nela praticar qualquer ato, salvo com autorização judicial, permitindo-se, todavia, aos interessados a prenotação de seus títulos, que ficarão com o prazo prorrogado até a solução do bloqueio".

O comando legal, portanto, é expresso no sentido de impossibilidade de prática de qualquer ato enquanto perdurar o bloqueio.

Quanto ao sequestro, também compete ao juízo que o ordenou analisar ou modificar a decisão que o fundamentou. Nesse sentido, aplica-se analogicamente entendimento da E. Corregedoria Geral de Justiça acerca da impossibilidade de cancelamento de penhora realizada por determinação judicial via decisão administrativa.

Todavia, a despeito da prudência e da cautela do Oficial, verifica-se, no caso concreto, que as ordens de bloqueio e de sequestro em ambos os imóveis foram emanadas do mesmo processo em que constituído o título qualificado negativamente (autos n. 1011143- 95.2016.8.26.0005), no qual, ainda, houve determinação expressa de cancelamento dos registros anteriores (R.5/203.427 e R.5/203.428), como se verifica do ofício copiado à fl. 21, com vistas a possibilitar a transferência dos direitos à parte interessada.

Em outras palavras, com o pronunciamento definitivo daquele juízo, reconhecendo os direitos da parte interessada sobre os imóveis, e, ainda, determinando expressamente o cancelamento das transmissões anteriores (R.5/203.427 e R.5/203.428), cuja falta de higidez deu causa aos sequestros e aos bloqueios das matrículas em sede provisória, podemos concluir, com total segurança, que houve autorização para cancelamento dos gravames anteriormente determinados, ainda que tacitamente.

Note-se que, embora o julgado e a escritura de cessão de direitos não tenham vindo integralmente aos autos (parte da escritura à fl. 26 e reprodução do dispositivo da sentença à fl. 37), não houve questionamento do Oficial acerca da higidez dos títulos. A motivação da recusa foi o impedimento da prática de qualquer ato ante a falta de determinação judicial expressa de cancelamento dos sequestros e dos bloqueios das matrículas (fls. 01/02 e 41/42).

Todo este contexto, portanto, autoriza concluir que a determinação de cancelamento dos registros de transmissões anteriores, visando posterior registro dos direitos cedidos à parte interessada em ambas as matrículas, prescinde de ordem judicial expressa, já que decorre implicitamente do julgado.

Diante do exposto, **JULGO IMPROCEDENTE** o pedido para autorizar o cancelamento dos registros de transmissão (R.5) e das ordens de sequestro/bloqueio (R.6. R.7 e Av.9) nas matrículas n. 203.427 e 203.428, tudo conforme o determinado na ação de autos n. 1011143-95.2016.8.26.0005. O registro posterior da escritura de cessão de direitos à parte interessada depende da verificação de sua higidez conforme as regras e os princípios norteadores do registro imobiliário, o que não foi objeto deste feito, mas poderá ser de outro (hipótese de suscitação de dúvida).

Deste procedimento não decorrem custas, despesas processuais ou honorários advocatícios.

Oportunamente, ao arquivo com as cautelas de praxe.

P.R.I.C.

São Paulo, 31 de agosto de 2021.

Luciana Carone Nucci Eugênio Mahuad

Juiz de Direito (DJe de 02.09.2021 – SP)

Ementa: Sentença – Dúvida – Pedido de abertura de matrícula decorrente de Escritura Pública de Compra e Venda – Negativa em razão da necessidade de apresentação de documentos pessoais, bem como de documentação relacionado ao imóvel – Cumprimento parcial das exigências – Divergência do número de identidade indicado na Escritura – Indicação de construção no título que não consta na transcrição – Ocorrência de desmembramento – Art 2º § 2º, da Lei Federal nº 6799/79 – Imprescindibilidade da aprovação da Municipalidade – Item 1656, do Capítulo XX, das NSCGJ – Manutenção dos óbices – Procedência

Processo 1072530-44.2021.8.26.0100

Dúvida - Registro de Imóveis - Sineide Mendes Campos - Diante do exposto, JULGO PROCEDENTE a dúvida suscitada e, em consequência, mantenho os óbices. Deste procedimento não decorrem custas, despesas processuais ou honorários advocatícios. Oportunamente, ao arquivo com as cautelas de praxe. P.R.I.C. - ADV: PAULO ROBERTO ALVES DOS SANTOS (OAB 170231/SP)

Íntegra da decisão:

SENTENÇA

Processo Digital nº: **1072530-44.2021.8.26.0100**

Classe - Assunto **Dúvida - Registro de Imóveis**

Suscitante: **12º Oficial de Registro de Imóveis da Comarca de São Paulo - Sp**

Suscitado: **Sineide Mendes Campos**

Juiz(a) de Direito: Dr(a). **Luciana Carone Nucci Eugênio Mahuad**

Vistos.

Trata-se de dúvida suscitada pelo **Oficial do 12º Registro de Imóveis da Capital** a requerimento de **Sineide Mendes Campos,** tendo em vista negativa em se proceder à abertura de matrícula decorrente de escritura pública de compra e venda lavrada em 15 de julho de 1983, relativa ao imóvel objeto da transcrição nº 53.700 daquela serventia.

O título, reapresentado em 23.06.2021, foi devolvido pela necessidade da apresentação dos seguintes documentos: 1) cópias autenticadas dos documentos de identidade (RG) e de inscrição no cadastro de pessoas físicas (CPF) de Maria Ignácio Cordeiro Lemos; 2) original ou cópia autenticada de certidão atualizada do casamento de Nuno Lemos e Maria Ignácio Cordeiro Lemos; 3) certidão de óbito atualizada de Nuno Lemos (original ou cópia autenticada); 4) certificado de conclusão ou auto de regularização da construção (prédio 07 da Rua João Fidélis Ribeiro), expedido pela Prefeitura; 5) croqui (planta) da totalidade do imóvel objeto da transcrição n. 53.700, fazendo-se destacar suas alienações (matrículas n. 10550, 11.990, 20.837 e o imóvel objeto da venda); 6) certidão expedida pela municipalidade comprovando o lançamento tributário específico do imóvel objeto do título, antes da vigência da Lei n. 6.766/79. Informa o Oficial, ainda, que, na escritura, não constou o número do CPF de Nuno Lemos.

Documentos vieram às fls. 05/53.

Em manifestação dirigida ao Oficial (fls. 26/39), a parte suscitada alegou não ser possível a obtenção dos originais do RG e CPF de Maria Ignácio Cordeiro Lemos, já falecida, sendo que possui cópia simples do RNE, além de pesquisa do CPF junto à Receita Federal; que, quando da lavratura da escritura, não foi possível a inserção do CPF de Nuno Lemos, vez que ele faleceu em 1963, data anterior à da obrigatoriedade do documento perante a Receita Federal. Deste modo, sustenta que possível o registro da escritura, bem como do formal de partilha extraído da ação de inventário (autos n. 1008773-07.2020.8.26.0005). Não houve, porém, impugnação neste feito (fl. 54).

O Ministério Público opinou pela manutenção do óbice diante da divergência de dados e da ausência de elementos necessários ao registro (fls. 57/58).

É o relatório.

Fundamento e decido.

Por primeiro, em que pese o pedido de registro do formal de partilha extraído da ação de inventário dos bens deixado por Norma Nunes Mendes (genitora da parte suscitada), como se verifica de manifestação direcionada ao Oficial (fls. 26/39), apenas a escritura de venda e compra de parte ideal do imóvel (transcrição n. 53.700 - transmissão de espólio de Nuno Lemos para Homercindo Antonio Mendes e Norma Nunes Mendes) é objeto deste feito, nos termos da prenotação n. 580.657, referente à reapresentação do título (nota devolutiva original copiada às fls. 34/35).

No mérito, a dúvida é procedente. Vejamos os motivos.

Quanto à especialidade subjetiva, verifica-se que houve cumprimento apenas parcial das exigências relativas aos vendedores: houve apresentação de cópias simples da cédula de identidade de estrangeiro (RNE) de Maria Ignacia Cordeiro Lemos (viúva-meeira) e pesquisa de seu CPF junto à Receita Federal (fls. 36/37). Quanto a Nuno Lemos, cópias simples do RG e de sua certidão de óbito (fls. 38/39)

Neste ponto, além da ausência de pesquisa quanto a número do CPF de Nuno Lemos e de certidão de casamento dos proprietários, observa-se que o número do RNE de Maria diverge de seu número de identidade indicado na escritura (fl. 50), o que confirma descompasso com o disposto no art. 176, §1º, III, n. 2, alínea "a", da LRP, e no item 61.3, do Capítulo XX, das Normas de Serviço da E. CGJ/SP, que se aplicam aos requerimentos atuais de registro independentemente da data de origem do título em observância ao princípio do *tempus regit actum*.

Não bastasse isso, no tocante ao imóvel transmitido (parte ideal da área objeto da transcrição n. 53.700), vê-se que a escritura indica construção que não consta na transcrição (casa n. 7 da Rua João Fidélis Ribeiro – fls. 05/06 e 51), a evidenciar que a venda parcial da gleba se amolda à regra do art. 2º, § 2º, da Lei Federal n. 6.799/79 (desmembramento):

> *"§ 2°. Considera-se desmembramento a subdivisão de gleba em lotes destinados a edificação, com aproveitamento do sistema viário existente, desde que não implique na abertura de novas vias e logradouros públicos, nem no prolongamento, modificação ou ampliação dos já existentes".*

Neste contexto, as Normas de Serviço da E. Corregedoria Geral da Justiça que tratam do tema devem ser observadas (item 165.6, do cap. XX), sendo certo que aprovação da municipalidade é imprescindível ao registro:

> *"165.6. Em qualquer hipótese de desmembramento não subordinado ao registro especial do art. 18, da Lei nº 6.766, de 19 de dezembro de 1979, sempre se exigirá a prévia aprovação da Prefeitura Municipal".*

Note-se que a parte suscitada exibiu apenas certidão de dados cadastrais do imóvel para pagamento do IPTU (fl. 47), o que, por si só, não representa aprovação da prefeitura, já que o lançamento fiscal é insuficiente para viabilizar o registro buscado, vez que o interesse tributário não se confunde com os princípios e as regras registrais orientadores do assento pretendido. Nesse sentido, a Apelação Cível n. 1006203-25.2018.8.26.0100, julgada pelo Conselho Superior da Magistratura em 03/07/2019, com relatoria do Desembargador Geraldo Francisco Pinheiro Franco.

Os elementos dos autos, portanto, demonstram que houve acerto na qualificação negativa do título.

Diante do exposto, **JULGO PROCEDENTE** a dúvida suscitada e, em consequência, mantenho os óbices.

Deste procedimento não decorrem custas, despesas processuais ou honorários advocatícios.

Oportunamente, ao arquivo com as cautelas de praxe.

P.R.I.C.

São Paulo, 24 de agosto de 2021.

Luciana Carone Nucci Eugênio Mahuad

Juiz de Direito (DJe de 26.08.2021 – SP)

Ementa: Sentença – Dúvida – Pedido de registro de Escritura Pública de Compra e Venda – Negativa em razão da necessidade de apresentação dos documentos de identidade dos vendedores – Documentos que foram indicados e conferidos para a lavratura da Escritura – Dados apresentados que conferem com aqueles constantes no título – Ausência de risco – Partes identificadas – Autorização do registro – Improcedência

Processo 1075794-69.2021.8.26.0100

Dúvida - Registro de Imóveis - Samuel Felix Penha - Diante do exposto, JULGO IMPROCEDENTE a dúvida suscitada para autorizar o registro. Deste procedimento não decorrem custas, despesas processuais ou honorários advocatícios. Oportunamente, ao arquivo com as cautelas de praxe. P.R.I.C. - ADV: MARCELO CASTILHO MARCELINO (OAB 140874/SP)

Íntegra da decisão:

SENTENÇA

Processo Digital nº: **1075794-69.2021.8.26.0100**

Classe - Assunto **Dúvida - Registro de Imóveis**
Suscitante: **12º Oficial de Registro de Imóveis da Comarca de São Paulo - Sp**
Suscitado: **Samuel Felix Penha**
Juiz(a) de Direito: Dr(a). **Luciana Carone Nucci Eugênio Mahuad**
Vistos.

Trata-se de dúvida suscitada pelo **Oficial do 12º Registro de Imóveis da Capital** a requerimento de **Samuel Felix Penha**, tendo em vista negativa em se proceder a registro de escritura pública de compra e venda lavrada em 14 de fevereiro de 1992, tendo como objeto o imóvel da matrícula nº 112.140 daquela serventia.

Segundo o Oficial, a negativa foi motivada pela necessidade de apresentação dos documentos de identidade (RG) dos vendedores, Aurélia Brasil Bezerra e Silva e Nadia Moretini, bem como do atual cônjuge de Nadia, José Antonio Alves Moretini, já que seus respectivos números não constam da matrícula, tudo com base no art. 176, III, "a", da Lei de Registros Públicos, e no item 61, Cap. XX, das Normas de Serviço da Corregedoria.

Documentos vieram às fls. 04/38.

A parte suscitada manifestou-se perante o Oficial (fls. 10/13), alegando que a escritura foi lavrada há muito tempo e que os vendedores residem no nordeste do país, o que causa dificuldades em localizar os documentos solicitados; que a exigência carece de embasamento jurídico, já que indicou todos os documentos das partes envolvidas no negócio conforme o art. 176 da LRP e o item 61, Cap. XX, das NSCGJ-SP, pelo que o título deve ser registrado.

O Ministério Público opinou pela improcedência da dúvida diante dos elementos que provam a qualificação dos vendedores (fls. 47/49).

É o relatório.

Fundamento e decido.

No mérito, a dúvida é improcedente. Vejamos os motivos.

Ainda que a solicitação de cópia autenticada de RG dos vendedores esteja em consonância com os princípios da especialidade subjetiva e da segurança jurídica, refletidos pelas regras do artigo 176, § 1º, III, 2, "a", da Lei de Registros Públicos, e do item 61.3 do Capítulo XX das Normas de Serviço da E. CGJ/SP, verificamos que os documentos de todo os vendedores foram indicados e conferidos por ocasião da lavratura da escritura de compra e venda perante Tabelião (fls. 15/18).

São conhecidos, assim, os números de RG e, também, de CPF dos vendedores Aurélia Brasil Bezerra e Silva e Nadia Moretini, bem como do atual cônjuge de Nadia, José Antonio Alves Moretini.

Ademais, verifica-se que a parte suscitada exibiu certidão de casamento de Aurélia, bem como de Nadia e José Antonio, além de cópia simples do documento de identidade deste último e da pesquisa do número do CPF de todos perante a Receita Federal (fls. 23/31). Todos os dados conferem com aqueles constantes na escritura pública.

Todo este contexto autoriza mitigação dos princípios em questão na medida em que não há risco: os vendedores estão bem identificados; a segurança jurídica resta íntegra.

Diante do exposto, **JULGO IMPROCEDENTE** a dúvida suscitada para autorizar o registro.

Deste procedimento não decorrem custas, despesas processuais ou honorários advocatícios.

Oportunamente, ao arquivo com as cautelas de praxe.

P.R.I.C.
São Paulo, 20 de agosto de 2021.
Luciana Carone Nucci Eugênio Mahuad
Juiz de Direito (DJe de 25.08.2021 – SP)

Ementa: Sentença – Dúvida – Pedido de registro de Escritura Pública de Venda e Compra, bem como de cancelamento de usufruto – Negativa em razão de que no site da CENSEC a Tabeliã que firmou a escritura apresentada é qualificada como escrevente, bem como foi constatada fraude envolvendo outro título para transmissão do mesmo imóvel – Lavratura da referida escritura em outro Estado – Exigibilidade de demonstração documental do pagamento do preço – Realização de diligências excepcionais pelo Oficial que reforçaram os motivos de sua desconfiança – Ausência de comprovação do pagamento do preço – Oficial que agiu de forma correta – Art. 156 da LRP – Manutenção dos óbices – Procedência

Processo 1119346-21.2020.8.26.0100

Dúvida - Notas - Rodrigo Franchin Menozzi - Conclui-se, portanto, que a qualificação negativa do título foi correta, sendo que as exigências formuladas pelo Oficial devem ser atendidas pela parte suscitada tendo em vista as fundadas suspeitas que envolvem o registro. Diante do exposto, JULGO PROCEDENTE a dúvida suscitada e, em consequência, mantenho os óbices registrários. Deste procedimento não decorrem custas, despesas processuais ou honorários advocatícios. Oportunamente, ao arquivo com as cautelas de praxe. P.R.I.C. - ADV: MARIA BETANIA DA COSTA (OAB 434590/ SP)

Íntegra da decisão:

SENTENÇA

Processo Digital nº: **1119346-21.2020.8.26.0100**
Classe - Assunto **Dúvida - Notas**
Suscitante: **17º Oficial de Registro de Imóveis da Capital**
Suscitado: **Rodrigo Franchin Menozzi**
Juiz(a) de Direito: Dr(a). **Luciana Carone Nucci Eugênio Mahuad**
Vistos.

Trata-se de dúvida suscitada pelo **Oficial do 17º Registro de Imóveis da Capital** a requerimento de **Rodrigo Franchin Menozzi**, tendo em vista negativa em se proceder ao registro de escritura pública de venda e compra do imóvel de matrícula n. 69.193 daquela serventia, com pedido de cancelamento de usufruto.

O título foi devolvido em razão dos seguintes óbices: 1) no *site* da Central Notarial de Serviços Eletrônicos Compartilhados (CENSEC), a Tabeliã designada Magali Olegário da Silva Souza, a qual firmou a escritura apresentada a registro, é qualificada como escrevente, o que contraria o disposto nos itens 148 e 148.1 do Capítulo XIV das Normas da Corregedoria. Embora tenha sido apresentada a portaria n. 28/2017 em que consta a designação de Magali para responder provisoriamente pelo Serviço Registral e Notarial de Ivailândia, da Comarca de Engenheiro Beltrão/PR, serventia em que lavrado o título (Livro 46-E – fls. 086/087), não houve atualização no CENSEC, o que inviabiliza confirmar se ainda está designada e confrontar sua assinatura; 2) Diante do valor elevado e das circunstâncias do caso, conforme relatado em nota anterior (o endereço constante na certidão de óbito da alienante e o endereço do adquirente são de São Paulo; no entanto, a escritura foi lavrada em um pequeno município do Paraná; recentemente, foi apresentada escritura de doação reconhecidamente fraudulenta relativa ao imóvel, cujas providências foram submetidas a este juízo no feito de autos de n. 1003413- 97.2020), necessário que se demonstre o pagamento do preço e que se indique o número do Boletim de Ocorrência ou Inquérito Policial que gerou a investigação da fraude mencionada.

Informa o Oficial que, diante das circunstâncias excepcionais que envolvem o imóvel e o título, também foram tomadas providências excepcionais de sua parte antes da manutenção da negativa: 1ª) diligência no endereço constante na certidão de óbito da alienante, ocasião em que o filho da falecida, William Reis Pedro, informou desconhecer que sua mãe era proprietária do imóvel, já que ela não deixou bens a inventariar, além de ter dito que acreditava ser pouco provável que ela tivesse viajado para o Paraná lavrar uma escritura porque estava gravemente doente antes de falecer; 2ª) diligência no endereço do próprio imóvel alienado, sendo que um dos moradores, que reside no local há mais de dezesseis anos, afirmou que o imóvel pertencia a uma senhora portuguesa, desconhecendo tanto a alienante quanto o adquirente, ora suscitado, sendo que a casa é ocupada por moradores ainda mais antigos que ele.

Continua o Oficial relatando que, a par das exigências, a parte suscitada exibiu apenas declaração firmada por Damião dos Reis Pedro, que se qualifica como irmão da alienante falecida, Sra. Sueli Aparecida Pedro, o qual confirma a venda do imóvel, mas sem apresentar prova documental e sem informar o destino do valor pago pelo bem (R$500.000,00), alegando, inclusive, que a escritura de doação pela qual o bem foi transmitido à irmã foi apresentada por ambos naquela serventia; que, todavia, não consta o nome de nenhum dos dois como apresentes do título que transmitiu o imóvel a Sueli. Tendo em vista a segurança jurídica que deve nortear os registros, bem como o dever de cautela, o registro não se mostra viável, pelo que manteve a qualificação negativa do título.

Em manifestação dirigida ao Oficial (fls. 12/16), a parte suscitada relaciona uma série de documentos entregues na serventia suficientes ao registro, inclusive com aptidão para dirimir as dúvidas do Oficial quanto aos motivos que levaram as partes a lavrarem a escritura no Estado do Paraná e, ainda, acerca da qualificação da Tabelião que firmou o documento; que a fraude constatada envolvendo outro título para transmissão do mesmo imóvel não guarda relação com o registro do título ora questionado; que a recusa ao registro carece de embasamento jurídico. Não houve, porém, impugnação nestes autos (fl. 63).

O Ministério Público opinou pela procedência da dúvida, com a manutenção do óbice (fls. 66/68).

A decisão de fls. 70/72 determinou a vinda de informações a respeito do inquérito policial mencionado e da qualificação da Tabeliã Designada que firmou o título.

Determinou, ainda, a intimação do suposto irmão da alienante, Damião dos Reis Pedro, para ratificação de sua declaração vinda aos autos.

Resposta da Vara Cível da Comarca de Engenheiro Beltrão/PR veio à fl. 83, com confirmação da designação da Tabeliã nos termos da Portaria n. 28/2017, ainda vigente, mas sem qualificação da informante.

Não vieram respostas às solicitações dirigidas à autoridade policial e ao suposto irmão da alienante, embora devidamente intimados (fls. 74, 78, 79 e 83).

A parte suscitada se habilitou nos autos extemporaneamente, com pedido de vista (fl. 80).

É o relatório.

Fundamento e decido.

Considerando os elementos já presentes nos autos, entendo possível julgamento.

No mérito, a dúvida procede. Vejamos os motivos.

A escritura pública de venda e compra foi lavrada em município de Minas Gerais (Serviço Registral e Notarial de Ivailândia, Comarca de Engenheiro Beltrão/PR – fls. 17/20), ao passo que o endereço constante na certidão de óbito da alienante e o endereço do adquirente são de São Paulo.

Ainda que não haja qualquer impedimento na lavratura em domicílio diverso das partes envolvidas no negócio e do próprio endereço do imóvel, a estranheza do Oficial se justifica devido a tentativa anterior de registro de outro título envolvendo o mesmo imóvel tido como falsificado pela serventia, cujas providências adotadas, inclusive com comunicação à autoridade policial, foram submetidas a este juízo no feito de autos n. 1003413-97.2020.8.26.0100.

Além disso, informa o Oficial que, no *site* da Central Notarial de Serviços Eletrônicos Compartilhados (CENSEC), a Tabeliã Designada que firmou a escritura, Sra. Magali Olegário da Silva Souza, é qualificada como escrevente. Neste ponto, ainda que tenha sido apresentada portaria com designação de Magali para responder provisoriamente pelo Serviço Registral e Notarial de Ivailândia, confirmada por *e-mail* enviado pela Vara Cível de Engenheiro Beltrão (fl. 29 e 84), há notícia de que não houve atualização na CENSEC, impedindo o reconhecimento de sua firma durante a qualificação, o que não foi impugnado pela parte suscitada.

Diante de tais circunstâncias, o Oficial tomou medidas excepcionais para garantia da segurança do registro, com realização de diligências que levantaram ainda mais suspeitas sobre a higidez do título: 1) o filho da alienante falecida, Sr. William Reis Pedro, afirmou desconhecer que sua mãe era proprietária do imóvel e, ainda, que ela morava em endereço distinto até seu falecimento (Rua Benjamim Novais, n. 110), sendo pouco provável que tivesse viajado até o Estado do Paraná para lavrar uma escritura, pois ela se encontrava com uma espécie de Síndrome Aguda Respiratória Grave, com tratamento contínuo para suas crises respiratórias, de maneira que a saúde debilitada a impedia de viajar até mesmo para o município de Praia Grande (fl. 09); 2) no endereço do próprio imóvel alienado, um dos moradores que reside no local há mais de dezesseis anos, identificado como Luiz Carlos, afirmou que o imóvel pertencia a uma senhora portuguesa, desconhecendo tanto a alienante quanto o adquirente, ora suscitado (fl. 10).

Tendo em vistas tais circunstâncias suspeitas que envolvem o registro e o elevado valor do negócio (R$500.000,00), o Oficial exigiu demonstração documental do pagamento do preço (comprovante de depósito, de transferência, de pagamentos feitos posteriormente como o dinheiro recebido, de recibos, de inventário dos bens deixados pela alienante, etc).

A parte suscitada, a par das exigências, exibiu apenas declaração firmada por Damião dos Reis Pedro, que se qualifica como irmão da alienante falecida, Sra. Sueli Aparecida Pedro, o qual confirma a venda do imóvel, mas sem apresentar prova documental do parentesco e sem informar o destino do valor pago pelo bem (fls. 27/28). Damião declara, ainda, que a irmã residia no Estado do Paraná e que, inclusive, quando ela buscou regularizar a transmissão do imóvel que recebera em doação de Natividade dos Prazeres Affonso, ambos compareceram juntos ao SRI para apresentar o título.

Neste ponto, mais uma contradição: o Oficial afirma não constar o nome de nenhum dos dois como apresentes do título que transmitiu o imóvel a Sueli (fl. 04). Intimado a se manifestar nos autos, Damião permaneceu silente (fls. 74 e 79).

Pois bem. O que se vê é que o Oficial agiu com prudência e cautela após fundada suspeita sobre a higidez do título, inclusive empreendendo diligências excepcionais, tudo com a finalidade de garantir segurança jurídica. Tais diligências acabaram reforçando os motivos da desconfiança.

Nesse contexto, seria fundamental a confrontação da assinatura da Tabeliã com seu autógrafo que deveria estar disponível no *site* da Central Notarial de Serviços Eletrônicos Compartilhados (CENSEC).

Vale ressaltar que a remessa dos autógrafos pelos Tabeliães de Notas à plataforma CENSEC é obrigatória em todo o país conforme o disposto no art. 11 do Provimento CNJ n. 18/2012:

"Art. 11. Os Tabeliães de Notas e Oficiais de Registro que detenham atribuição notarial remeterão ao Colégio Notarial do Brasil – Conselho Federal, por meio do CENSEC, cartões com seus autógrafos e os dos seus prepostos, autorizados a subscrever traslados e certidões, reconhecimentos de firmas e autenticações de documentos, para fim de confronto com as assinaturas lançadas nos instrumentos que forem apresentados".

Nesse sentido, normativa da E. Corregedoria do Estado de São Paulo (item 155 do Capítulo XVI):

"155. Os Tabeliães de Notas e os Registradores Civis com atribuições notariais remeterão ao Colégio Notarial do Brasil – Seção São Paulo (CNB-SP), por meio do SIGNO e da Central Notarial de Serviços Eletrônicos Compartilhados – CENSEC, cartões com seus autógrafos e os dos seus prepostos autorizados a subscrever traslados e certidões, reconhecer firmas e autenticar cópias reprográficas, para o fim de confronto com as assinaturas lançadas nos instrumentos que forem apresentados".

Ao lado disso e independentemente da ausência de notícia de eventual conclusão da apuração policial sobre suposto crime cometido na tentativa anterior de transmissão do imóvel, que não envolveu, a princípio, o suscitado, verifica-se que a exigência da demonstração documental da prova do pagamento do preço mostra-se bastante razoável ante as circunstâncias excepcionais que envolvem o registro. Todavia, nada foi providenciado, embora fáceis o acesso e a comprovação, o que corrobora as suspeitas de falsificação.

Por fim, vale anotar que a opção do Oficial em submeter a dúvida a esta Corregedoria Permanente sem efetuar o registro com nota de suspeita de falsificação, obedece ao disposto no parágrafo único, do art. 156, da Lei n. 6.015/73:

"Art. 156. O oficial deverá recusar registro a título e a documento que não se revistam das formalidades legais.

Parágrafo único. Se tiver suspeita de falsificação, poderá o oficial sobrestar no registro, depois de protocolado o documento, até notificar o apresentante dessa circunstância; se este insistir, o registro será feito com essa nota, podendo o oficial, entretanto, submeter a dúvida ao Juiz competente, ou notificar o signatário para assistir ao registro, mencionando também as alegações pelo último aduzidas".

Conclui-se, portanto, que a qualificação negativa do título foi correta, sendo que as exigências formuladas pelo Oficial devem ser atendidas pela parte suscitada tendo em vista as fundadas suspeitas que envolvem o registro.

Diante do exposto, **JULGO PROCEDENTE** a dúvida suscitada e, em consequência, mantenho os óbices registrários.

Deste procedimento não decorrem custas, despesas processuais ou honorários advocatícios.

Oportunamente, ao arquivo com as cautelas de praxe.

P.R.I.C.

São Paulo, 17 de agosto de 2021.

Luciana Carone Nucci Eugênio Mahuad
Juiz de Direito (DJe de 24.08.2021 – SP)

Ementa: Sentença – Dúvida – Pedido de registro de Escritura de Compra e Venda – Negativa em razão da ausência de CND referente à vendedora perante a Receita Federal – Exigência que não pode ser realizada pelo Oficial – Item 117.1, do Capítulo XX, das NSCGJ – Entendimento pacífico dos Tribunais Superiores, CNJ e da Corregedoria Geral da Justiça – Afastamento do óbice – Determinação do registro do título – Improcedência

Processo 1075787-77.2021.8.26.0100

Dúvida - Registro de Imóveis - Caropabe Empreendimentos e Participações Ltda. - Diante do exposto, JULGO IMPROCEDENTE a dúvida suscitada pelo Oficial do 5º Registro de Imóveis da Capital a requerimento de Caropabe Empreendimentos e Participações Ltda. para afastar o óbice registrário (prova de regularidade fiscal perante a União) e, em consequência, determinar o registro do título. Deste procedimento não decorrem custas, despesas processuais ou honorários advocatícios. Oportunamente, ao arquivo com as cautelas de praxe. P.R.I.C. - ADV: CAROLINA PATRIANI BEOLCHI SARTORI (OAB 293384/SP)

Íntegra da decisão:

SENTENÇA

Processo nº: **1075787-77.2021.8.26.0100**

Classe - Assunto **Dúvida - Registro de Imóveis**

Suscitante: **5º Oficial de Registro de Imóveis**

Suscitado: **Caropabe – Empreendimentos e Participações Ltda.**

Juiz(a) de Direito: Dr(a). **Luciana Carone Nucci Eugênio Mahuad**

Vistos.

Trata-se de dúvida suscitada pelo **Oficial do 5º Registro de Imóveis da Capital** a requerimento de **Caropabe – Empreendimentos e Participações Ltda.**, tendo em vista negativa em se proceder ao registro de escritura de compra e venda que tem como objeto o imóvel da matrícula n. 72.147 daquela serventia.

Informa o Oficial que a negativa foi motivada pela ausência de certidão negativa conjunta de débitos referente à vendedora perante a Receita Federal; que não desconhece a atual jurisprudência do tribunais superiores e desta corregedoria permanente no tocante à inexigibilidade da apresentação de tais certidões em casos específicos, porém não possui competência para dispensar certidões exigidas por lei (a alínea "b", inciso I, do artigo 47, da Lei Federal nº 8.212/91, estaria em vigor, por não ter sido expressamente declarada inconstitucional).

Juntou documentos vieram às fls. 03/48.

Em manifestação dirigida ao Oficial (fls. 44/45), a parte suscitada defendeu que a exigência está em desconformidade com o item 117.1, cap.XX, das NSCGJ, conforme jurisprudência do Conselho Superior da Magistratura e do Conselho Nacional de Justiça. Não houve impugnação, porém, nestes autos (fl. 49).

O Ministério Público opinou pela improcedência (fls. 52/54).

É o relatório.

Fundamento e decido.

No mérito, a dúvida é improcedente. Vejamos os motivos.

A questão em debate já foi apreciada inúmeras vezes tanto pelo E. Conselho Superior da Magistratura quanto pela E. Corregedoria Geral de Justiça, sendo que tais órgãos superiores firmaram entendimento acerca da dispensa das certidões negativas de dívidas tributárias e previdenciárias federais no que toca ao *munus* do registro imobiliário.

Destaca-se o julgamento proferido pelo E. CSM em análise recursal de procedimento que tramitou perante este juízo (autos n. 1124381-98.2016.8.26.0100), com relatoria do eminente Desembargador Manoel de Queiroz Pereira Calças, de cujo teor se extrai:

"Item 3 (Certidão negativa de tributos federais e da dívida ativa da União): Essa exigência é a única a ser afastada. Este Conselho Superior da Magistratura já se posicionou, por diversas vezes, no sentido de que ***são dispensáveis as certidões de dívidas ativas tributárias e previdenciárias federais****.*

Inspirado em precedentes do Supremo Tribunal Federal que inadmitiram a imposição de sanções políticas pelos entes tributários para, por vias oblíquas, constranger o contribuinte a quitar débitos tributários, o Conselho Superior da Magistratura reconheceu ***inexistir justificativa "para condicionar o registro de títulos nas serventias prediais à prévia comprovação da quitação de créditos tributários, contribuições sociais e de outras imposições pecuniárias compulsórias"*** *(Apelações Cíveis n. 0018870-06.2011.8.26.0068, 0013479-23.2011.8.26.0019 e 9000002-22.2009.8.26.0441, todas sob a relatoria do Desembargador José Renato Nalini, destaques nossos)".*

Nesse mesmo sentido, confiram-se: *(a)* para a CGJ: Processos de autos n. 62.779/2013 (j. 30/07/2013) e 100.270/2012, (j. 14/01/2013); *(b)* para o CSM: as Apelações Cíveis dos autos n. 0015705-56.2012.8.26.0248 (j. 06.11.2013); 9000004-83.2011.8.26.0296 (j. 26.09.2013); 0006907-12.2012.8.26.0344 (j. 23.05.2013); 0013693-47.2012.8.26.0320 (j. 18.04.2013); 0019260-3.2011.8.26.0223 (j. 18.04.2013); 0021311-24.2012.8.26.0100 (j. 17.01.2013); 0013759-77.2012.8.26.0562 (j. 17.01.2013); 0018870-06.2011.8.26.0068 (j. 13.12.2012); 9000003-22.2009.8.26.0441 (j. 13.12.2012); 0003611-12.2012.8.26.0625 (j. 13.12.2012) e 0013479-23.2011.8.26.0019 (j. 13.12.2012).

Note-se, ainda, o disposto no item 117.1, do Capítulo XX, das Normas de Serviço dos Cartórios Extrajudiciais:

"117.1. Com exceção do recolhimento do imposto de transmissão e prova de recolhimento do laudêmio, quando devidos, ***nenhuma exigência relativa à quitação de débitos para com a Fazenda Pública, inclusive quitação de débitos previdenciários, fará o oficial, para o registro de títulos particulares****, notariais ou judiciais".*

Por fim, vale registrar que tal entendimento também é compartilhado pelo Conselho Nacional de Justiça:

"RECURSO ADMINISTRATIVO EM PEDIDO DE PROVIDÊNCIAS. IMPUGNAÇÃO DE PROVIMENTO EDITADO POR CORREGEDORIA LOCAL DETERMINANDO AOS CARTÓRIOS DE REGISTRO DE IMÓVEIS QUE SE ABSTENHAM DE EXIGIR CERTIDÃO NEGATIVA DE DÉBITO PREVIDENCIÁRIO NAS OPERAÇÕES NOTARIAIS. ALEGAÇÃO DE OFENSA AO DISPOSTO NOS ARTIGOS 47 E 48 DA LEI N. 8.2012/91. INEXISTÊNCIA DE ILEGALIDADE.

1. Reconhecida a inconstitucionalidade do art. 1º, inciso IV da Lei nº 7.711/88 (ADI 394), não há mais que se falar em comprovação da quitação de créditos tributários, de contribuições federais e de outras imposições pecuniárias compulsórias para o ingresso de qualquer operação financeira no registro de imóveis, por representar forma oblíqua de cobrança do Estado, subtraindo do contribuinte os direitos fundamentais de livre acesso ao Poder Judiciário e ao devido processo legal (art. 5º, XXXV e LIV, da CF).

2. Tendo sido extirpado do ordenamento jurídico norma mais abrangente, que impõe a comprovação da quitação de qualquer tipo de débito tributário, contribuição federal e outras imposições pecuniárias compulsórias, não há sentido em se fazer tal exigência com base em normas de menor abrangência, como a prevista no art. 47, I, "b", da Lei 8.212/91.

3. Ato normativo impugnado que não configura qualquer ofensa a legislação pátria, mas apenas legítimo exercício da competência conferida ao Órgão Censor Estadual para regulamentar as atividades de serventias extrajudiciais vinculadas ao

Tribunal de Justiça local. RECURSO IMPROVIDO" (**CNJ - Pedido de Providências - Corregedoria - 0001230-82.2015.2.00.0000 - Rel. JOÃO OTÁVIO DE NORONHA 28ª Sessão Virtual. Julgado em 11.10.2017).**

Diante do exposto, **JULGO IMPROCEDENTE** a dúvida suscitada pelo Oficial do 5º Registro de Imóveis da Capital a requerimento de **Caropabe – Empreendimentos e Participações Ltda.** para afastar o óbice registrário (prova de regularidade fiscal perante a União) e, em consequência, determinar o registro do título.

Deste procedimento não decorrem custas, despesas processuais ou honorários advocatícios.

Oportunamente, ao arquivo com as cautelas de praxe.

P.R.I.C.

São Paulo, 20 de agosto de 2021. (DJe de 23.08.2021 - SP)

Ementa: Sentença – Dúvida – Pedido de registro de Instrumento Particular de Compromisso de Venda e Compra – Negativa em razão da incorreção do porcentual de propriedade atribuído no título a uma das promitentes vendedoras – Existência de divergência de porcentuais – Ocorrência de registro de venda anteriormente de percentual da parte ideal da promitente vendedora – Inaplicabilidade do Princípio da Cindibilidade – Ausência de indicação de que a transmissão seria registrada parcialmente – Violação ao Princípio da Continuidade Registrária – Manutenção do óbice – Procedência

Processo 1064578-14.2021.8.26.0100

Dúvida - REGISTROS PÚBLICOS - Chequer & Chequer Construções e Administração Ltda - Diante do exposto, JULGO PROCEDENTE a dúvida suscitada e, em consequência, mantenho o óbice. Deste procedimento não decorrem custas, despesas processuais ou honorários advocatícios. Oportunamente, ao arquivo com as cautelas de praxe. P.R.I.C. - ADV: CAMILA REBOUÇAS FONTES GOMES (OAB 309749/SP)

Íntegra da decisão:

SENTENÇA

Processo Digital nº: **1064578-14.2021.8.26.0100**

Classe - Assunto **Dúvida - REGISTROS PÚBLICOS**

Requerente: **14º Oficial de Registro de Imoveis da Capital**

Requerido: **Chequer & Chequer Construções e Administração Ltda**

Juiz(a) de Direito: Dr(a). **Luciana Carone Nucci Eugênio Mahuad**

Vistos.

Trata-se de dúvida suscitada pelo **Oficial do 14º Registro de Imóveis da Capital** a requerimento de **Chequer & Chequer Construções e Administração Ltda**, tendo em vista negativa em se proceder ao registro de instrumento particular de compromisso de venda e compra do imóvel de matrícula n. 35.362 daquela serventia. Informa o Oficial que a negativa foi motivada em razão da incorreção do percentual de propriedade atribuído no título a uma das promitentes vendedoras, Biblioteca de Jovens de São Paulo (80% do imóvel), o que ofende o princípio da continuidade registrária, já que, anteriormente, ela já tinha transmitido 5,55% do imóvel à parte suscitada (R.7). Diante disso, ainda que o título em tela seja anterior àquele registrado na transmissão parcial, a parte cabível à Biblioteca deve ser retificada para o equivalente a 74,45% do bem, mantendo-se o percentual de 20% em nome da outra promitente vendedora, Associação Cultural e Assistencial Kanagawa.

Vieram documentos às fls. 04/40.

Em manifestação dirigida ao Oficial (fls. 08/10), a parte suscitada alega que a transmissão de 5,55% do imóvel, R.7 – matr. 35.562, trata-se de mero ato de cumprimento parcial ao quanto ajustado no título ora questionado, pelo que, em atendimento ao princípio da cindibilidade, possível o registro do título na forma em que apresentado (Biblioteca de Jovens de São Paulo com 80% e Associação Cultural e Assistencial Kanagawa com 20%), desde que haja menção ao percentual já transmitido no registro n. 7. Não houve, porém, impugnação nestes autos (fl. 43).

O Ministério Público opinou pela procedência (fls. 47/48).

É o relatório.

Fundamento e decido.

No mérito, a dúvida procede.

Com efeito, no instrumento particular de compromisso de venda e compra e outros pactos apresentado a registro, datado de 07.10.2020, a parte suscitada figura como promitente compradora do imóvel de matrícula n. 35.362, sendo que se atribuem o percentual de 20% à promitente vendedora Associação Cultural e Assistencial Kanagawa e o percentual de 80% à promitente vendedora Biblioteca de Jovens de São Paulo (fls. 12/24).

Na matrícula, porém, houve registro da venda do percentual de 5,55% da parte ideal da Biblioteca de Jovens de São Paulo à parte suscitada (registro n. 7, datado de 30.12.2020, por escritura pública de 13.11.2020, oriunda do 9º Tabelião de Notas desta Capital - Livro 11.190, pág. 071).

Diante disso, houve negativa de registro do novo título pela divergência de percentuais e consequente ofensa ao princípio da continuidade.

Pois bem. Ainda que a transmissão anterior do percentual de 5,55% tenha sido registrada com indicação de *"cumprimento parcial ao compromisso de venda e compra e outros pactos de 07 de outubro de 2020"* (R.7 – fl. 06), justamente o título em questão, não se aplica ao caso o princípio da cindibilidade, como pretende a parte suscitada.

A respeito da cindibilidade, o Excelentíssimo Desembargador Artur Marques da Silva Filho, por ocasião do julgamento da Apelação Cível n. 0027539-71.2014.8.26.0576, assim discorreu em voto convergente (com nossos destaques):

"Ademais, como havia sido exposto em 27.1.2015, no julgamento da Apelação Cível 300543-41.2013.8.26.0601, deste E. Conselho, o princípio da cindibilidade implica o seguinte:

a) a cisão possível é a do título formal (= do instrumento), e não do título causal (= do fato jurídico que, levado ao registro de imóveis, dá causa à mutação jurídico-real);

b) a possibilidade de cisão decorre do princípio da unitariedade (ou unicidade) da matrícula (LRP/73, art. 176, I); e

c) ***o título formal pode cindir-se em dois casos****: ou quando um mesmo e único título formal disser respeito a mais de um imóvel;* ***ou quando um mesmo e único título formal contiver dois ou mais fatos jurídicos relativos a um mesmo e único imóvel, contanto que esses fatos jurídicos não constituam uma unidade indissolúvel****".*

O que se verifica no caso concreto é que o instrumento particular em tela contém apenas um fato jurídico a ser inscrito (venda e compra integral do imóvel), sem qualquer indicação de que a transmissão seria registrada parcialmente em relação à fração ideal de 5,55% para, então, novo registro alcançar a totalidade do bem (fls. 12/24).

Ao contrário, há previsão de lavratura de escritura definitiva referente ao imóvel em sua integralidade (fl. 16 – Capítulo IV – Da escritura).

Em outras palavras, o título não é cindível.

Vale anotar: é irrelevante o fato de o instrumento particular ser anterior ao registro da venda do percentual de 5,55% (R.7), já que a transmissão da propriedade de imóvel ocorre com o registro do título e não com o aperfeiçoamento do contrato de compra e venda.

Desse modo, tendo em vista que a transmissão da fração de 5,55% não representa ato parcial do negócio, como já dito, verifica-se que o registro do título na forma como apresentado geraria incoerência na sequência lógica de transmissões, violando a continuidade registrária, já que a promitente vendedora Biblioteca de Jovens de São Paulo não mais é proprietária de 80% do imóvel, mas sim de 74,55%, como salientado pelo Oficial.

Segundo Afrânio de Carvalho, *"o princípio da continuidade, que se apoia no de especialidade, quer dizer que, em relação a cada imóvel, adequadamente individuado, deve existir uma cadeia, de titularidade à vista da qual só se fará a inscrição de um direito se o outorgante dele aparecer no registro como seu titular. Assim, as sucessivas transmissões, que derivam umas das outras, asseguram a preexistência do imóvel no patrimônio do transferente"* (Registro de Imóveis, editora Forense, 4ª edição, p.254).

Os elementos dos autos, portanto, demonstram que houve acerto na qualificação negativa do título por ofensa ao princípio da continuidade registrária (vício extrínseco).

Diante do exposto, **JULGO PROCEDENTE** a dúvida suscitada e, em consequência, mantenho o óbice.

Deste procedimento não decorrem custas, despesas processuais ou honorários advocatícios.

Oportunamente, ao arquivo com as cautelas de praxe.

P.R.I.C.

São Paulo, 17 de agosto de 2021.

Luciana Carone Nucci Eugênio Mahuad

Juiz de Direito (DJe de 19.08.2021 – SP)

Ementa: Sentença – Dúvida – Pedido de abertura de matrícula decorrente de Escritura Pública de Compra e Venda – Negativa em razão da necessidade da apresentação do RG e do CPF dos vendedores – Alegação pela Requerente de que não possui qualquer contato com os vendedores e de que encontra dificuldades em localizar os documentos solicitados – Documentos que foram indicados e conferidos para a lavratura da Escritura – Comprovação pela Requerente de que se encontra na posse do imóvel desde a sua aquisição – Ausência de risco – Partes identificadas – Autorização do registro – Improcedência

Processo 1068434-83.2021.8.26.0100

Dúvida - Registro de Imóveis - Divina Lopes Espindola - Diante do exposto, JULGO IMPROCEDENTE a dúvida suscitada para autorizar o registro. Deste procedimento não decorrem custas, despesas processuais ou honorários advocatícios. Oportunamente, ao arquivo com as cautelas de praxe. P.R.I.C. - ADV: ROANNITA GOMES BECKER (OAB 416159/SP), SANDRA RAIMUNDA DE LIMA (OAB 435563/SP)

Íntegra da decisão:

SENTENÇA

Processo Digital nº: **1068434-83.2021.8.26.0100**

Classe - Assunto **Dúvida - Registro de Imóveis**

Suscitante: **12º Oficial de Registro de Imóveis da Comarca de São Paulo - Sp**

Suscitado: **Divina Lopes Espindola**

Juiz(a) de Direito: Dr(a). **Luciana Carone Nucci Eugênio Mahuad**

Vistos.

Trata-se de dúvida suscitada pelo **Oficial do 12º Registro de Imóveis da Capital** a requerimento de **Divina Lopes Espíndola**, tendo em vista negativa em se proceder à abertura de matrícula decorrente de escritura pública de compra e venda lavrada em 19 de maio de 1993, relativa ao imóvel objeto da transcrição nº 139.936 daquela serventia.

Segundo o Oficial, a negativa foi motivada pela necessidade de apresentação dos documentos de identidade (RG) e de inscrição no cadastro de pessoas físicas (CPF) dos vendedores, Valdemar Felix Moreira e Agostinha Alves Moreira, com base no art. 176, III, "a", da Lei de Registros Públicos, e no item 61, Cap. XX, das Normas de Serviço da Corregedoria.

Documentos vieram às fls. 04/54.

A parte suscitada manifestou-se às fls. 55/56, alegando que não possui qualquer contato com os vendedores e encontra dificuldades em localizar os documentos solicitados; que a escritura de compra e venda possui todos os dados dos vendedores e é dotada de fé pública, sendo que os documentos originais foram apresentados para sua lavratura, pelo que entende sanada a exigência.

O Ministério Público opinou pela manutenção do óbice diante da ausência de elementos para qualificação completa dos vendedores (fls. 59/60).

É o relatório.

Fundamento e decido.

No mérito, a dúvida é improcedente. Vejamos os motivos.

Ainda que a solicitação de cópia autenticada de RG ou CPF dos vendedores esteja em consonância com os princípios da especialidade subjetiva e da segurança jurídica, refletidos pelas regras do artigo 176, § 1º, III, 2, "a", da Lei de Registros Públicos, e do item 61.3 do Capítulo XX das Normas de Serviço da E. CGJ/SP, verificamos que os documentos dos vendedores foram indicados e conferidos por ocasião da lavratura da escritura de compra e venda perante Tabelião (fls. 18/20).

São conhecidos, assim, os números de RG dos vendedores, que partilhavam o mesmo CPF (fl. 18).

Ademais, verifica-se que a parte suscitada, que comprovou estar na posse do bem desde sua aquisição, nos idos de 1993 (fls. 18/20, 23/26 e 31/45, 48/54), empregou esforços para localização de cópia autenticada dos documentos dos vendedores, mas sem sucesso à vista do tempo decorrido, havendo notícia, inclusive, de que o vendedor já é falecido (fls. 27/30, 44, 46/47).

Quando se analisam os documentos produzidos às fls. 28 e 46/47, é possível confirmar o número do CPF dos vendedores: 490.008.888-91.

Todo este contexto autoriza mitigação dos princípios em questão na medida em que não há risco: os vendedores estão bem identificados; a segurança jurídica resta íntegra.

Diante do exposto, **JULGO IMPROCEDENTE** a dúvida suscitada para autorizar o registro.

Deste procedimento não decorrem custas, despesas processuais ou honorários advocatícios.

Oportunamente, ao arquivo com as cautelas de praxe.

P.R.I.C.

São Paulo, 16 de agosto de 2021.

Luciana Carone Nucci Eugênio Mahuad

Juiz de Direito (DJe de 18.08.2021 – SP)

Ementa: Sentença – Dúvida – Pedido de registro de Instrumento Particular de Compromisso de Venda e Compra – Negativa em razão de que a forma de pagamento pactuada no contrato caracteriza promessa de permuta, uma vez que a parte do pagamento em dinheiro é bem menor do que aquela representada pelos imóveis indicados no Instrumento – Impossibilidade de registro ou de averbação de compromisso de permuta – Ausência de previsão legal no rol taxativo do artigo 167, I, da LRP – Indispensabilidade do contrato definitivo – Art 108 do CC – Manutençao do óbice – Procedência

Processo 1065980-33.2021.8.26.0100

Dúvida - Registro de Imóveis - Tania Mara de Oliveira - Diante do exposto, JULGO PROCEDENTE a dúvida suscitada e, em consequência, mantenho o óbice registrário. Deste procedimento não decorrem custas, despesas processuais ou honorários advocatícios. Oportunamente, ao arquivo com as cautelas de praxe. P.R.I.C. - ADV: MAIRA HONORIO FERNANDES (OAB 344051/SP)

Íntegra da decisão:

SENTENÇA

Processo Digital nº: **1065980-33.2021.8.26.0100**

Classe - Assunto **Dúvida - Registro de Imóveis**

Requerente: **Tania Mara de Oliveira**

Requerido: **7º Oficial de Registro de Imóveis da Capital**

Juiz(a) de Direito: Dr(a). **Luciana Carone Nucci Eugênio Mahuad**

Vistos.

Trata-se de dúvida inversa suscitada por **Tania Mara de Oliveira** em face da negativa do **Oficial do 7º Registro de Imóveis da Capital** em proceder ao registro de instrumento particular de compromisso de venda e compra do imóvel objeto da matrícula n. 124.243 daquela serventia.

O título foi devolvido em razão dos seguintes óbices: 1) os valores indicados nas cláusulas contratuais referentes aos imóveis dados como sinal e princípio de pagamento parcial do preço vão além do saldo representativo em dinheiro, demonstrando, assim, verdadeira promessa de permuta de imóveis e torna em dinheiro, o que não teria acesso ao registro imobiliário por falta de previsão legal no rol taxativo do artigo 167, I, da Lei n. 6015/73; 2) o interessado deverá apresentar o aviso-recibo do IPTU correspondente ao imóvel objeto do compromisso, referente ao exercício de 2021, ou certidão de valor venal do mesmo exercício, para fins de exame e correta inclusão dos dados na matrícula.

A parte suscitante insurge-se apenas contra a primeira exigência, alegando que, a despeito da taxatividade do artigo 167 da Lei de Registros Públicos, a permuta consubstanciada no contrato se aperfeiçoou, já que as parcelas em dinheiros foram pagas, de modo que o contrato, mesmo diante da atecnia em denominar-se como compra e venda, é passível de registro. Juntou documentos às fls. 03/13.

O Oficial suscitado manifestou-se às fls. 17/20, sustentando que a forma de pagamento pactuada no contrato caracteriza promessa de permuta, uma vez que a parte do pagamento em dinheiro é bem menor do que aquela representada pelos imóveis indicados no contrato, importando para análise apenas o seu conteúdo e não sua denominação (entendimento doutrinário e jurisprudencial); que não houve aperfeiçoamento da permuta pelo pagamento da diferença do preço, tornando indispensável o contrato definitivo, quer como compra e venda ou permuta (art. 108 do Código Civil), sendo que apenas a declaração de vontade consignada no título é passível de análise registral; que o original do contato objeto deste feito foi devolvido à parte interessada, com o cancelamento da prenotação, pelo que é necessária a reapresentação do título junto à serventia.

O Ministério Público opinou pela procedência (fls. 24/26 e 34).

A decisão de fls. 27/28 corrigiu a classe processual e determinou a reapresentação do título perante a serventia ante o decurso do trintídio legal da prenotação, o que foi cumprido pela parte interessada (fl. 31).

É o relatório.

Fundamento e decido.

Por primeiro, não se desconsidera o inconformismo voltado a apenas uma das exigências constantes da nota devolutiva de fl. 08.

Este procedimento, entretanto, visa à apreciação, como um todo, de eventuais óbices apontados pelo registrador para ingresso direto do título. Não se presta à determinação condicionada a uma conduta futura, uma vez pendentes providências que não foram objeto de irresignação.

Contudo, resposta ao caso concreto se mostra possível a fim de evitar a reapresentação futura do tema (exigência do item 1), notadamente diante da natureza administrativa do procedimento e porque a outra exigência refere-se à entrega de documentos.

No mérito, a dúvida é procedente.

De fato, como bem salientado pelo Oficial, o art. 167 da Lei n. 6.015/73, que dispõe acerca das atribuições do CRI, não prevê o registro ou a averbação de compromisso de permuta.

Tais atribuições são taxativas à vista do princípio da legalidade:

> *"REGISTRO DE IMÓVEIS - Dúvida - Bem de família legal – Pretensão de registro - Inexistência de previsão no art. 167, da LEI Nº 6.015/73 - Rol taxativo - Impossibilidade do registro - Inaplicabilidade da máxima de que o que não é vedado é permitido, porque o registrador age de acordo com o princípio da legalidade - Recurso não provido" (CSMSP, Apelação Cível 1115570-23.2014, Relator: Des. Manoel de Queiroz Pereira Calças, j. 25/02/2016).*

Não se desconhece que a permuta em si comporta registro imobiliário, como previsto no item 30 do referido dispositivo.

No entanto, este não é o caso dos autos, já que o título ora discutido possui natureza preliminar (compromisso), tratando-se verdadeiramente de promessa de permuta, ainda que tenha sido denominado de "compromisso de compra e venda". Isso porque estabeleceu-se que a maior parte do valor total do imóvel (R$340.000,00) seria paga por meio da entrega de dois apartamentos com valor somado de R$200.000,00, como se extrai da cláusula terceira do contrato (fls. 09/13)**[1]**.

Também não importa determinar se já ocorreu ou não o pagamento do valor total do contrato para se concluir que a sua natureza é de permuta conforme seu teor, já que o instrumento para validade dos negócios jurídicos que visem à constituição e transferência de direitos reais sobre imóveis de valor superior a trinta vezes o salário mínimo, incluindo permuta efetiva, é a escritura pública (art. 108 do Código Civil).

Logo, configurado o compromisso de permuta, correta a negativa de registro em respeito à taxatividade do rol previsto no art. 167, I, da LRP.

Nesse sentido, a jurisprudência do E. Conselho Superior da Magistratura:

> *"REGISTRO DE IMÓVEIS – Dúvida – Promessa de permuta – Impossibilidade de registro, à míngua de previsão no rol do art. 167, I, da Lei 6.015/73, que é taxativo – Direito de superfície veiculado em contrato particular – Impossibilidade de registro, pela necessidade da forma pública, nos moldes dos artigos 1369 do Código Civil e 21 da Lei 10.257/01 – Dúvida procedente – Recurso improvido" (CSMSP - Apelação nº 1099413-38.2015.8.26.0100 – rel. Des. Pereira Calças – j. 06/10/2016).*

"Registro de imóveis – Dúvida – Instrumento particular de promessa de permuta de imóveis – Título com natureza jurídica diversa da denominação que lhe foi dada – Verdadeiro contrato de compromisso de compra e venda – Rótulo do contrato que não pode servir de óbice ao seu registro quando seu conteúdo está de acordo com os princípios registrais – recusa afastada, com observação" (CSMSP – Apelação nº 9000002-48.2013.8.26.0101, rel. Des. Hamilton Elliot Akel, 26/08/2014).

Por fim, vale anotar que a discussão não adentra na questão da validade do negócio jurídico, mas tão somente acerca da possibilidade de seu ingresso no fólio real

Diante do exposto, **JULGO PROCEDENTE** a dúvida suscitada e, em consequência, mantenho o óbice registrário.

Deste procedimento não decorrem custas, despesas processuais ou honorários advocatícios.

Oportunamente, ao arquivo com as cautelas de praxe.

P.R.I.C.

São Paulo, 12 de agosto de 2021.

Luciana Carone Nucci Eugênio Mahuad

Juiz de Direito

Nota:

[1] A Doutrina reconhece como permuta o negócio em que a prestação principal diga respeito à coisa entregue em pagamento, ainda que haja complemento em dinheiro. Ou seja, estaremos diante de compra e venda apenas na hipótese em que o pagamento feito em dinheiro seja em valor superior ao da coisa entregue em complemento (GOMES, Orlando. Contratos, 26ª edição, Rio de Janeiro: editora Forense, 2009, p. 274/275). (DJe de 16.08.2021 – SP)

Ementa: Sentença – Dúvida – Pedido de registro de Escritura de Venda e Compra – Negativa em razão da precária qualificação da titular do domínio – Existência de Ação de Usucapião – Informação, pelo autor da ação de usucapião, do falecimento da titular do domínio – Necessidade de que o rigor das exigências seja mitigado – Documentos que comprovam a inexistência de indício de homonímia – Vício que não se encontra no título – Existência de negócio jurídico contraditório que não prejudica o registro – Afastamento dos óbices – Determinação de registro do título – Improcedência

Processo 1120071-10.2020.8.26.0100

Dúvida - Notas - Paulo Renato Andreatta - Fernando Augusto da Silva Lima e outro - Diante do exposto, JULGO IMPROCEDENTE a dúvida suscitada pelo Oficial do 1º Registro de Imóveis da Capital a requerimento de Paulo Renato Andreatta para afastar os óbices registrários e, consequentemente, determinar o registro do título. Deste procedimento não decorrem custas, despesas processuais ou honorários advocatícios. Oportunamente, ao arquivo com as cautelas de praxe. P.R.I.C. - ADV: MARCIO TIBERIO (OAB 439714/SP), RODRIGO AUGUSTO BONIFACIO (OAB 189078/SP)

Íntegra da decisão:

SENTENÇA

Processo Digital nº: **1120071-10.2020.8.26.0100**

Classe - Assunto **Dúvida - Notas**

Suscitante: **1º Oficial de Registro de Imóveis da Capital**

Suscitado: **Paulo Renato Andreatta**

Juiz(a) de Direito: Dr(a). **Luciana Carone Nucci Eugênio Mahuad**

Vistos.

Trata-se de dúvida suscitada pelo **Oficial do 1º Registro de Imóveis da Capital** a requerimento de Paulo Renato Andreatta, tendo em vista negativa em se proceder ao registro de escritura de venda e compra lavrada em 17 de março de 1988, perante o Cartório de Registro Civil de Palmatória, Comarca de Itapiúna/CE, tendo por objeto o imóvel transcrito sob nº 63.165 daquela serventia.

Segundo o Oficial, a negativa foi motivada pela precariedade dos dados tabulares, nos quais a titular do domínio é qualificada apenas como solteira, maior e professora, não havendo elementos para identificá-la com a vendedora indicada no título levado a registro, no qual consta qualificação completa, pelo que há necessidade de procedimento judicial para inserção de outros dados qualificativos.

Também chamaram a atenção do Oficial a prenotação anterior de título contraditório em favor de terceiro, que não estava apto a registro, bem como a informação sobre a existência de ação de usucapião envolvendo o mesmo imóvel, o que poderia afetar a segurança jurídica do registro.

Documentos vieram às fls. 05/69.

O Ministério Público opinou pela procedência da dúvida (fls. 79/81).

Foi determinada a intimação dos eventuais interessados (fls. 83/84).

Na sequência, recebemos informação de falecimento do senhor Antone Yanoff Tsitsa (fl. 91), o qual também teria adquirido o imóvel pelo contrato particular copiado às fls. 36/37, cujo registro não foi concluído, conforme nota de devolução de fl. 66.

O senhor Fernando Augusto da Silva, autor da ação de usucapião indicada pelo Oficial suscitante, manifestou-se às fls. 94/96, relatando os fatos que fundamentam sua demanda e informando o falecimento da titular do domínio.

A requerimento do Ministério Público, a parte suscitada se manifestou às fls. 114/125, informando que desconhece qualquer transação envolvendo o falecido Antone Yanoff e apontando inconsistências no respectivo título, bem como nas informações prestadas pelo senhor Fernando.

O Ministério Público opinou pela dispensa da intimação de Antone Yanoff Tsitsa e, ressaltando que a ação de usucapião não é empecilho para o registro pretendido, reiterou seu posicionamento anterior (fls. 150/152)

É o relatório.

Fundamento e decido.

Em que pese o zelo e a prudência do Registrador ao qualificar o título levado a registro, na espécie, verifica-se que a precariedade apontada afeta a transcrição n. 63.165, datada de 06 de junho de 1969, de modo que o rigor das exigências deve ser mitigado, sem que isso importe violação ao princípio da especialidade subjetiva ou à legislação em vigor.

Verifica-se, ademais, que todos os documentos apresentados convergem quanto à qualificação da senhora Isaura Nicolella, não existindo indício de homonímia.

De fato, tanto na escritura levada a registro quanto no contrato firmado com a parte suscitada, a senhora Isaura Nicolella vem qualificada como portadora do RG n. 887.057 SSP/SP, inscrita no CIC nº 192.737.898/20 (fls. 16 e 38), que são os mesmos dados informados no contrato firmado com Antone Yanoff Tsitsa e no Boletim de Ocorrência lavrado em abril de 2004, quando Fernando, autor da ação de usucapião, informou o desaparecimento de Isaura (fls. 36, 121 e 148/149).

Não se encontra, portanto, qualquer indício de que a Isaura Nicolella que participou da compra e venda lançada na escritura levada a registro não seja a legítima titular do domínio do imóvel negociado.

O vício identificado não está no título e, como destacado pelo Ministério Público em sua manifestação final, a existência de negócio jurídico contraditório não prejudica o registro, por não estar prenotado, o mesmo ocorrendo com a ação de usucapião, por constituir forma originária de aquisição de propriedade.

Diante do exposto, **JULGO IMPROCEDENTE** a dúvida suscitada pelo Oficial do 1º Registro de Imóveis da Capital a requerimento de Paulo Renato Andreatta para afastar os óbices registrários e, consequentemente, determinar o registro do título.

Deste procedimento não decorrem custas, despesas processuais ou honorários advocatícios.

Oportunamente, ao arquivo com as cautelas de praxe.

P.R.I.C.

São Paulo, 28 de julho de 2021.

Luciana Carone Nucci Eugênio Mahuad

Juiz de Direito (DJe de 30.07.2021 – SP)

Ementa: Sentença – Dúvida – Pedido de registro de Instrumento Particular de Venda e Compra referente à vaga de garagem – Necessidade de apresentação de Escritura Pública – Art. 108 do CC – Valor de referência do imóvel que supera trinta salários mínimos vigentes no país – Manutenção do óbice – Procedência

Processo 1065900-69.2021.8.26.0100

Dúvida - Registro de Imóveis - Olavo Piton Junior - Do exposto, JULGO PROCEDENTE a dúvida suscitada pelo Oficial do 12º Registro de Imóveis da Capital a requerimento de Olavo Piton Júnior e Letícia Nogueira Gonçalves Piton e mantenho o óbice. Não há custas, despesas processuais ou honorários advocatícios decorrentes deste procedimento. Oportunamente, arquivem-se os autos. P.R.I.C. - ADV: JOÃO VITOR ALVES DA SILVA (OAB 392629/SP)

Íntegra da decisão:

SENTENÇA

Processo Digital nº: **1065900-69.2021.8.26.0100**

Classe - Assunto **Dúvida - Registro de Imóveis**

Suscitante: **12º Oficial de Registro de Imóveis da Comarca de São Paulo - Sp**

Suscitado e Requerido: **Olavo Piton Junior e outro**

Juiz(a) de Direito: Dr(a). **Luciana Carone Nucci Eugênio Mahuad**

Vistos.

Trata-se de dúvida suscitada pelo **Oficial do 12º Registro de Imóveis da Capital**, a requerimento de **Olavo Piton Júnior e Letícia Nogueira Gonçalves Piton**, após negativa de registro de instrumento particular de venda e compra referente à vaga de garagem da matrícula n. 163.773 daquela serventia.

O óbice registrário refere-se à necessidade de apresentação de escritura pública nos termos do artigo 108 do Código Civil, tendo em vista que o valor de referência do imóvel supera trinta salários mínimos vigentes no país. Juntou documentos às fls. 04/23.

A parte suscitada manifestou-se às fls. 24/28, sustentando que o valor da transação não supera trinta vezes o maior salário mínimo vigente no país, que é o aplicável no Estado do Paraná (R$ 1.692.20); que também não supera o valor limite quando se utiliza como parâmetro o salário mínimo do Estado de São Paulo (R$ 1.183,33); que o dispositivo legal mencionado deve ser interpretado de forma extensiva, de modo que incabível a negativa, ressaltando que este juízo entende que o valor venal de referência sequer poderia ser utilizado para fins de base de cálculo. Juntou documentos às fls. 29/55.

O Ministério Público opinou pela procedência (fls. 58/59).

É o relatório.

Fundamento e decido.

No mérito, a dúvida é procedente. Vejamos os motivos.

De acordo com o instrumento particular de venda e compra definitiva vindo aos autos (fls. 31/34), a parte suscitada adquiriu referido imóvel pelo valor de R$ 34.992,00 (trinta e quatro mil, novecentos e noventa e dois reais).

O artigo 108 do Código Civil assim regra a matéria:

> *"Não dispondo a lei em contrário, a escritura pública é essencial à validade dos negócios jurídicos que visem à constituição, transferência, modificação ou renúncia de direitos reais sobre imóveis de valor superior a trinta vezes o maior salário mínimo vigente no País".*

Note-se que não há controvérsia no que se refere ao valor do imóvel, o qual, a princípio, corresponde ao valor do contrato, de modo que deve prevalecer para fins de imposição de forma (escritura pública).

Neste sentido, a *contrario sensu*:

> *"Registro de Imóveis – O art. 108 do CC refere-se ao valor do imóvel, não ao preço do negócio. Havendo disparidade entre ambos, é aquele que deve ser levado em conta para considerar a escritura pública como essencial à validade do negócio jurídico. À míngua de avaliação específica, prevalece, para tais fins, o valor venal do imóvel, quando superior ao preço pactuado entre os contratantes – Dúvida Procedente – Recurso Desprovido" (Apelação nº 0002869-23.2015.8.26.0482, DJ 31/03/2017).*

No que tange ao valor do salário mínimo a ser considerado na hipótese, como bem salientado pelo Ministério Público, não se pode confundir salário mínimo federal, nacionalmente unificado (art. 7º, inciso IV, da CF), com salários mínimos regionais, que têm como fundamento específico a instituição de piso salarial para os empregados que não tenham mínimo salarial definido, como se extrai do disposto na Lei Complementar n. 103/2000, com nossos destaques:

> *"Art. 13º Os Estados e o Distrito Federal ficam autorizados a instituir, mediante lei de iniciativa do Poder Executivo, **o piso salarial** de que trata o inciso do art. 7º da Constituição Federal **para os empregados que não tenham piso salarial definido em lei federal, convenção ou acordo coletivo de trabalho**".*

Logo, a única interpretação possível do disposto no artigo 108 do Código Civil é a de que o legislador federal utilizou como parâmetro o valor do salário mínimo nacionalmente unificado, ou seja, aquele vigente em todo o país, ressalvando apenas situações específicas dispostas em lei.

Como se vê, sob qualquer aspecto, mostra-se acertada a qualificação negativa do título apresentado para registro.

Do exposto, **JULGO PROCEDENTE** a dúvida suscitada pelo Oficial do 12º Registro de Imóveis da Capital a requerimento de Olavo Piton Júnior e Letícia Nogueira Gonçalves Piton e mantenho o óbice.

Não há custas, despesas processuais ou honorários advocatícios decorrentes deste procedimento.

Oportunamente, arquivem-se os autos.

P.R.I.C.

São Paulo, 27 de julho de 2021.

Luciana Carone Nucci Eugênio Mahuad

Juiz de Direito (DJe de 29.07.2021 – SP)

Ementa: Sentença – Dúvida – Pedido de registro da Escritura de Compra e Venda – Possibilidade – Negativa em razão da necessidade de apresentação de certidão negativa conjunta de débitos federais da vendedora perante a Receita Federal – Exigência que não pode ser realizada pelo Oficial – Item 117.1, do Capítulo XX, das NSCGJ – Entendimento pacífico dos Tribunais Superiores, CNJ e da Corregedoria Geral da Justiça – Afastamento do óbice – Determinação do registro do título – Improcedência

Processo 1058225-55.2021.8.26.0100

Dúvida - Notas - Ricardo Lapoian - Diante do exposto, JULGO IMPROCEDENTE a dúvida suscitada para afastar o óbice registrário (prova de regularidade fiscal perante a União) e, em consequência, determinar o registro do título. Deste procedimento não decorrem custas, despesas processuais ou honorários advocatícios. Oportunamente, ao arquivo com as cautelas de praxe. P.R.I.C. - ADV: ANA PAULA SIQUEIRA LAZZARESCHI DE MESQUITA (OAB 180369/SP)

Íntegra da decisão:

SENTENÇA

Processo nº: **1058225-55.2021.8.26.0100**

Classe - Assunto **Dúvida - Notas**

Suscitante: **4º Oficial de Registro de Imóveis da Capital**

Suscitado: **Ricardo Lapoian** .

Juiz(a) de Direito: Dr(a). **Luciana Carone Nucci Eugênio Mahuad**

Vistos.

Trata-se de dúvida suscitada pelo **Oficial do 4º Registro de Imóveis da Capital** a requerimento de **Ricardo Lapoian,** tendo em vista negativa em se proceder ao registro de escritura de compra e venda, que tem como objeto o imóvel da matrícula n. 122.126 daquela serventia.

Informa o Oficial que a negativa foi motivada pela ausência de certidão negativa conjunta de débitos federais referente à vendedora perante a Receita Federal; que não desconhece a atual jurisprudência do tribunais superiores e desta corregedoria permanente no tocante à inexigibilidade da apresentação de tais certidões em casos específicos, porém não possui competência para dispensar certidões exigidas por lei (a alínea "b", inciso I, do artigo 47, da Lei Federal nº 8.212/91, estaria em vigor, por não ter sido expressamente declarada inconstitucional).

Juntou documentos vieram às fls. 04/178.

Em manifestação dirigida ao Oficial (fls. 05/07), a parte suscitada sustentou que as normas e a jurisprudência atual autorizam o registro. Não houve impugnação, porém, nestes autos (fl. 179).

O Ministério Público opinou pela improcedência (fls. 182/183).

É o relatório.

Fundamento e decido.

No mérito, a dúvida é improcedente. Vejamos os motivos.

A questão em debate já foi apreciada inúmeras vezes tanto pelo E. Conselho Superior da Magistratura quanto pela E. Corregedoria Geral de Justiça, sendo que tais órgãos superiores firmaram entendimento acerca da dispensa das certidões negativas de dívidas tributárias e previdenciárias federais no que toca ao *munus* do registro imobiliário.

Destaca-se o julgamento proferido pelo E. CSM em análise recursal de procedimento que tramitou perante este juízo (autos n. 1124381-98.2016.8.26.0100), com relatoria do eminente Desembargador Manoel de Queiroz Pereira Calças, de cujo teor se extrai:

> *"Item 3 (Certidão negativa de tributos federais e da dívida ativa da União): Essa exigência é a única a ser afastada. Este Conselho Superior da Magistratura já se posicionou, por diversas vezes, no sentido de que* ***são dispensáveis as certidões de dívidas ativas tributárias e previdenciárias federais****. Inspirado em precedentes do Supremo Tribunal Federal que inadmitiram a imposição de sanções políticas pelos entes tributários para, por vias oblíquas, constranger o contribuinte a quitar débitos tributários, o Conselho Superior da Magistratura reconheceu* ***inexistir justificativa "para condicionar o registro de títulos nas serventias prediais à prévia comprovação da quitação de créditos tributários, contribuições sociais e de outras imposições pecuniárias compulsórias****" (Apelações Cíveis n. 0018870-06.2011.8.26.0068, 0013479-23.2011.8.26.0019 e 9000002-22.2009.8.26.0441, todas sob a relatoria do Desembargador José Renato Nalini, destaques nossos)".*

Nesse mesmo sentido, confiram-se: *(a)* para a CGJ: Processos de autos n. 62.779/2013 (j. 30/07/2013) e 100.270/2012, (j. 14/01/2013); *(b)* para o CSM: as Apelações Cíveis dos autos n. 0015705-56.2012.8.26.0248 (j. 06.11.2013); 9000004-83.2011.8.26.0296 (j. 26.09.2013); 0006907-12.2012.8.26.0344 (j. 23.05.2013); 0013693-47.2012.8.26.0320 (j18.04.2013); 0019260-3.2011.8.26.0223 (j. 18.04.

2013); 0021311-24.2012.8.26.0100 (j. 17.01.2013); 0013759-77.2012.8.26.0562 (j. 17.01.2013); 0018870-06.2011.8.26.0068 (j. 13.12.2012); 9000003-22.2009.8.26.0441 (j. 13.12.2012); 0003611-12.2012.8.26.0625 (j. 13.12.2012) e 0013479-23.2011.8.26.0019 (j. 13.12.2012).

Note-se, ainda, o disposto no item 117.1, do Capítulo XX, das Normas de Serviço dos Cartórios Extrajudiciais:

"117.1. Com exceção do recolhimento do imposto de transmissão e prova de recolhimento do laudêmio, quando devidos, ***nenhuma exigência relativa à quitação de débitos para com a Fazenda Pública, inclusive quitação de débitos previdenciários, fará o oficial, para o registro de títulos particulares****, notariais ou judiciais".*

Por fim, vale registrar que tal entendimento também é compartilhado pelo Conselho Nacional de Justiça:

"RECURSO ADMINISTRATIVO EM PEDIDO DE PROVIDÊNCIAS. IMPUGNAÇÃO DE PROVIMENTO EDITADO POR CORREGEDORIA LOCAL DETERMINANDO AOS CARTÓRIOS DE REGISTRO DE IMÓVEIS QUE SE ABSTENHAM DE EXIGIR CERTIDÃO NEGATIVA DE DÉBITO PREVIDENCIÁRIO NAS OPERAÇÕES NOTARIAIS. ALEGAÇÃO DE OFENSA AO DISPOSTO NOS ARTIGOS 47 E 48 DA LEI N. 8.2012/91. INEXISTÊNCIA DE ILEGALIDADE.

1. Reconhecida a inconstitucionalidade do art. 1º,inciso IV da Lei nº 7.711/88 (ADI 394), não há mais que se falar em comprovação da quitação de créditos tributários, de contribuições federais e de outras imposições pecuniárias compulsórias para o ingresso de qualquer operação financeira no registro de imóveis, por representar forma oblíqua de cobrança do Estado, subtraindo do contribuinte os direitos fundamentais de livre acesso ao Poder Judiciário e ao devido processo legal (art. 5º, XXXV e LIV, da CF).

2. Tendo sido extirpado do ordenamento jurídico norma mais abrangente, que impõe a comprovação da quitação de qualquer tipo de débito tributário, contribuição federal e outras imposições pecuniárias compulsórias, não há sentido em se fazer tal exigência com base em normas de menor abrangência, como a prevista no art. 47, I, "b", da Lei 8.212/91.

3. Ato normativo impugnado que não configura qualquer ofensa a legislação pátria, mas apenas legítimo exercício da competência conferida ao Órgão Censor Estadual para regulamentar as atividades de serventias extrajudiciais vinculadas ao Tribunal de Justiça local. RECURSO IMPROVIDO" **(CNJ - Pedido de Providências - Corregedoria - 0001230-82.2015.2.00.0000 - Rel. JOÃO OTÁVIO DE NORONHA 28ª Sessão Virtual. Julgado em 11.10.2017).**

Diante do exposto, **JULGO IMPROCEDENTE** a dúvida suscitada para afastar o óbice registrário (prova de regularidade fiscal perante a União) e, em consequência, determinar o registro do título.

Deste procedimento não decorrem custas, despesas processuais ou honorários advocatícios.

Oportunamente, ao arquivo com as cautelas de praxe.

P.R.I.C.

São Paulo, 26 de julho de 2021. (DJe de 28.07.2021 – SP)

Ementa: Sentença – Pedido de Providências – Solicitação de apuração de eventuais irregularidades na lavratura de Escrituras Públicas de Compra e Venda – Representação por determinação do juízo competente pelos autos da falência – Pontos questionados pelo juízo falimentar referem que os sócios não mais representavam a empresa após a declaração de sua falência, os escreventes autorizados da Serventia compareciam à sede da empresa falida para a lavratura dos atos, mesmo com as atividades da companhia já cessada e um dos sócios, supostamente, apresentava sinais de senilidade – Fatos que ocorreram em período que antecedeu a investidura do atual Tabelião – Esclarecimento pelo Tabelião de que todas as formalidades legais e acautelatórias foram adotadas quando da realização dos instrumentos públicos – Arquivamento dos atos societários e fichas cadastrais da JUCESP, referente à empresa vendedora, que não indicavam sua falência e legitimavam a representação pelo sócio – Informação pelo Titular de que até a data de sua consulta, a Central de Indisponibilidade e a Receita Federal não indicavam a falência da empresa – Ausência de canal de comunicação, à época do fatos, para reporte de eventuais suspeitas sobre atos lavrados – Satisfação pelo Representante dos esclarecimentos prestados pelo Titular – Afastamento de imputação de falha na prestação do serviço delegado – Manutenção dos bloqueios sobre os atos lavrados pelas empresas falidas – Arquivamento do feito – Ciência ao Tabelião – Improcedência

Processo 1027973-69.2021.8.26.0100

Pedido de Providências - REGISTROS PÚBLICOS - M.F.Z.E.I. – E.S.C.M.M.F. – M.F.C.C.I. – C.S.M.F. - Juiz(a) de Direito: Dr(a). Marcelo Benacchio VISTOS, Cuida-se de representação formulada pelo Síndico Dativo da Massa Falida de Construtora Schimidt Ltda., ZR Empreendimentos Imobiliários Ltda., Exdadex Sociedade Comercial de Madeiras Ltda.

e Comecon Construtora e Importadora Ltda., por determinação do MM. Juízo da 3ª Vara de Falências e Recuperações Judiciais desta Capital, em face do Senhor 6º Tabelião de Notas da Capital, solicitando a apuração de eventuais irregularidades na lavratura de Escrituras Públicas de Compra e Venda outorgadas por ZR Empreendimentos Imobiliários Ltda.. Os autos foram instruídos com os documentos de fls. 05/160. Determinou-se o bloqueio dos atos notariais combatidos, lavrados a partir de 17.03.2008 (fls. 161 e 237). O Senhor Tabelião prestou esclarecimentos às fls. 164/191, 207/215, 227/229 e 240, inclusive juntando pertinente documentação. O Senhor Representante manifestou-se às fls. 196/198, 218/219 e 241. O Ministério Público acompanhou o feito e manifestou-se conclusivamente às fls. 222/225 e 234/235. É o breve relatório. DECIDO. Trata-se de pedido de providências do interesse da Massa Falida de Construtora Schimidt Ltda., ZR Empreendimentos Imobiliários Ltda., Exdadex Sociedade Comercial de Madeiras Ltda. e Comecon Construtora e Importadora Ltda., representadas por seu Síndico Dativo, em face do Senhor 6º Tabelião de Notas da Capital. Narra o Senhor Síndico que entrou com a presente representação por determinação do MM. Juízo da 3ª Vara de Falências e Recuperações Judiciais desta Capital, no bojo dos autos da falência de nº 0052784-19.1998.8.26.0100, que solicitara a apuração de eventuais irregularidades na lavratura de Escrituras Públicas de Compra e Venda outorgadas pela indicada empresa. Os pontos questionados pelo d. Juízo Falimentar, em suma, referem que (i) os sócios não mais representavam a empresa após a declaração de sua falência; (ii) os escreventes autorizados do Tabelionato compareciam à sede da empresa falida para a lavratura dos atos, mesmo com as atividades da companhia já cessada e (iii) um dos sócios, Senhor O. W. H. supostamente apresentava sinais de senilidade, conforme se apurou nos autos da interdição nº 1040264-12.2008.8.16.0002. Os atos questionados foram realizados entre 20.09.2010 e 16.10.2013, conforme listagem às fls. 45/46, sob a responsabilidade do antigo Titular, que faleceu aos 17.02.2017. Posteriormente, extendeu-se o período para a data a partir de 17.03.2008. Ainda, consta que a falência da Construtura Schmit Ltda. foi declarada em 17.12.1998 e aos 17.03.2008 houve a extensão dos efeitos do falimento à ZR Empreendimentos Imobiliários Ltda., Exdadex Sociedade Comercial de Madeiras Ltda. e Comecon Construtora e Importadora Ltda.. A seu turno, o Senhor 6º Tabelião de Notas desta Capital, que foi investido na delegação em momento muito posterior à lavratura dos atos, esclareceu que todas as formalidades legais e acautelatórias foram adotadas quando da realização dos instrumento públicos, havendo inclusive o arquivamento dos atos societários e fichas cadastrais da JUCESP, referente à empresa, que não indicavam sua falência e legitimavam a representação pelo sócio O. W. H.. Destacou, no mais, que somente em 08.05.2017 a JUCESP foi informada e passou a dar publicidade ao falimento da empresa Z.R. Empreendimentos Imobiliários Ltda. Igualmente, referiu que o próprio MM. Juízo da Falência noticia que as empresas mantiveram atividades "regulares" após o falimento e que houve falha na divulgação dos fatos, inclusive aos Registros de Imóveis, que tardaram a fazer as apropriadas anotações no fólio real, de modo que o Tabelionato não pode ser apontado como faltoso na lavratura dos atos. Ainda, fez constar de sua manifestação, o d. Titular, que até a data de sua consulta (29.03.2021), a Central de Indisponibilidade e a Receita Federal não indicam a falência da empresa. Em resposta aos questionamentos efetuados pelo Senhor Representante, afirmou o Senhor Notário que os escreventes que lavraram os atos compareceram, por vezes, ao escritório da empresa e aos endereços dos adquirentes, não havendo nada sido reportado como fora do comum a indicar o estado falimentar da vendedora. No que tange ao estado de saúde de O. W. H., asseveraram os escreventes que com ele tiveram contato, e até hoje laboram na unidade, que o comportamento do sócio não indicava qualquer estado de enfermidade ou senilidade, sendo certo que por diversas vezes compareceu pessoalmente e desacompanhado à sede da serventia extrajudicial. Nesse sentido, esclareceu o Titular que faz parte da rotina de cautelas notariais a rígida avaliação do discernimento das partes envolvidas nos atos realizados. Adicionalmente, em relação à extração de certidões negativas das empresas e dos sócios, apontou o Senhor Delegatário que não constam arquivamentos de tais certificados nos classificadores da unidade. Não obstante, ressaltou que na alienação de imóveis de pessoa jurídica constituída para esse propósito (construtoras, incorporadoras, loteadoras), não é praxe a solicitação das certidões de distribuição, sendo que tais documentos são apresentados diretamente ao Cartório de Registro de Imóveis. Outrossim, em relação à venda de um dos imóveis por um centavo, que refere o Representante indicar fraude, explanou o Senhor Notário que a escritura em comento foi lavrada em cumprimento a Instrumento Particular de Compromisso de Compra e Venda, sendo tal praxe comum à época, para contratos firmados anteriormente ao Plano Real, de modo, inclusive, que o instrumento público não foi rejeitado pelo

Registro Imobiliário. Finalmente, declarou o i. Delegatário que à época não havia canal de comunicação para reportar eventuais suspeitas sobre atos lavrados, diferentemente do que se da hoje em dia, com o advento do Provimento CNJ 88/2019. O Senhor Representante noticiou satisfação com os detalhados esclarecimentos prestados pelo Senhor Titular. Noutra banda, o Ministério Público, após análise das explanações ofertadas pelo Senhor Notário, opinou pelo arquivamento do feito, ante a inexistência de indícios de falha na prestação do serviço ou ilícito funcional por parte da serventia correicionada. Bem assim, verifico que o Senhor Delegatário, mesmo não estando à frente da unidade à época das ocorrências, logrou êxito em esclarecer suficientemente o fluxo dos trabalhos realizados, bem como cada um dos questionamentos apresentados pelo MM. Juízo da Falência e pelo Senhor Síndico Dativo, de modo a afastar a imputação de falha na prestação do serviço delegado. Não obstante, determino que se mantenham os bloqueios sobre os atos lavrados pelas empresas falidas, a partir de 03.2008, conforme determinado nas decisões de fls. 161 e 237, ficando vedada a extração de cópias, translados ou certidões dos instrumentos, sem a expressa autorização desta Corregedoria Permanente. Nessas condições, à míngua de providência censório-disciplinar a ser adotada, determino o arquivamento dos autos. Ciência ao Senhor Tabelião e ao Ministério Público. Encaminhe-se cópia desta r. Sentença, bem como das principais peças dos autos (conforme relatório), ao MM. Juízo da Falência e à Egrégia Corregedoria Geral da Justiça, por e-mail, servindo a presente como ofício, para ciência. P.I.C. - ADV: FERNANDO CELSO DE AQUINO CHAD (OAB 53318/SP) (DJe de 27.06.2021 – SP)

Ementa: Sentença – Dúvida – Pedido de registro de Instrumento de Compra e Venda celebrado com base em Alvará – Negativa em razão do alvará ter sido expedido há mais de dez anos sem consignar seu prazo de validade – Ação devidamente concluída e arquivada definitivamente – Impossibilidade de constatar se houve perda da validade – Necessidade de que a parte interessada comprove que ainda é a representante do Espólio, com a devida renovação do prazo do alvará – Incompetência do juízo administrativo para análise de questões de direito material que envolvam o negócio jurídico – Manutenção do óbice – Procedência

Processo 1040209-53.2021.8.26.0100

Dúvida - Notas - Maria do Carmo Paganini de Vicentis - Diante do exposto, JULGO PROCEDENTE a dúvida suscitada pelo Oficial do 15º Registro de Imóveis da Capital a requerimento de Maria do Carmo Paganini de Vincentis e, em consequência, mantenho o óbice registrário. Deste procedimento não decorrem custas, despesas processuais e honorários advocatícios. Oportunamente, ao arquivo com as cautelas de praxe. P.R.I.C. - ADV: PAULO CRISTOVAM INDIG (OAB 113866/SP)

Íntegra da decisão:

SENTENÇA

Processo Digital nº: **1040209-53.2021.8.26.0100**

Classe - Assunto **Dúvida - Notas**

Suscitante: **15º Oficial de Registro de Imóveis da Capital**

Suscitado **Maria do Carmo Paganini de Vicentis**

Prioridade Idoso

Juiz(a) de Direito: Dr(a). **Luciana Carone Nucci Eugênio Mahuad**

Vistos.

Trata-se de dúvida suscitada pelo **Oficial do 15º Registro de Imóveis da Capital** a requerimento de **Maria do Carmo Paganini de Vincentis**, tendo em vista negativa em se proceder ao registro de instrumento de compra e venda celebrado com base em alvará extraído do processo de autos n. 0102141-24.2005.8.26.0002, que tem como objeto os imóveis das matrículas n. 13.427 e n. 13.428 daquela serventia.

Informa o Oficial que a negativa foi motivada pelo fato de que o alvará que autorizou a venda e compra a terceiros pelo espólio foi expedido há mais de dez anos, em 10 de dezembro de 2010, sem consignar seu prazo de validade, e porque alvará anteriormente expedido nos mesmos autos, outorgando poderes à inventariante, ora suscitada, foi expedido em 24 de outubro de 2006, com prazo de validade de trezentos e sessenta dias.

Documentos vieram às fls. 07/125.

A parte suscitada manifestou-se às fls. 126/127 e 131/132, sustentando que inexiste necessidade de renovação do alvará que permite a alienação dos imóveis, notadamente porque a referida ação de inventário encontra-se extinta por força de sentença homologatória daquele juízo, na qual houve determinação para expedição do referido documento.

Pleiteia pelo acolhimento de suas razões, ainda, diante de sua idade avançada e da impossibilidade de arcar com as despesas dos imóveis.

O Ministério Público opinou pela procedência da dúvida (fls. 136/137).

É o relatório.

Fundamento e decido.

A dúvida é procedente. Vejamos os motivos.

No presente caso, não se localiza, nos documentos produzidos, informação suficiente sobre o contexto da expedição do último alvará autorizando a venda dos imóveis pelo espólio (10.12.2010 – fl. 16). Embora o alvará tenha sido emitido sem prazo determinado (fl. 16), não há como se constatar se houve perda de validade por preclusão lógica, na medida em que a parte suscitada noticiou a conclusão do arrolamento, com arquivamento definitivo do feito (fl. 09, 14 e 76).

Ora, sem o conhecimento sobre a ocorrência ou não de partilha nos autos em epígrafe, a pretendida alienação de bens pela inventariante representando o espólio com base no alvará judicial merece cautela, na medida em que o espólio pode ter deixado de existir com a passagem da propriedade dos bens que o compunham aos sucessores de forma divisível (art. 1.791, parágrafo único, do Código Civil)

Nessa hipótese, imperioso que o respectivo formal de partilha/carta de adjudicação seja registrado para que alienações pretendidas possam ser levadas a efeito, mas pelos sucessores (princípio da continuidade registrária).

Por outro lado, para que seja possível o ingresso do instrumento de compra e venda como apresentado, a parte interessada deverá comprovar que ela ainda é a representante do espólio, com renovação do prazo do alvará na medida em que expedido há mais de dez anos e em desconformidade com o que veio antes dele (com prazo definido – fl. 19).

Nesse contexto e sem desconsiderar que este juízo possui apenas competência administrativa e disciplinar, de modo que não pode analisar questões de direito material que envolvam o negócio jurídico, não há como se admitir, por ora, que o título ingresse ao fólio real na forma como apresentado pela parte suscitada.

Diante do exposto, **JULGO PROCEDENTE** a dúvida suscitada pelo Oficial do 15º Registro de Imóveis da Capital a requerimento de Maria do Carmo Paganini de Vincentis e, em consequência, mantenho o óbice registrário.

Deste procedimento não decorrem custas, despesas processuais e honorários advocatícios.

Oportunamente, ao arquivo com as cautelas de praxe.

P.R.I.C.

São Paulo, 21 de junho de 2021. (DJe de 23.06.2021 – SP)

Ementa: Sentença – Dúvida – Pedido de registro de Escritura de Compra e Venda – Aquisição pelo Requerente da fração ideal de sua ex-companheira, após a dissolução da União Estável – Negativa em razão da ausência da partilha do bem – Existência de mancomunhão – Impossibilidade de averiguar se houve a partilha igualitária dos bens do casal – Necessidade de prévio registro da aludida partilha – Princípio da Continuidade – Arts. 195 e 237, da LRP – Manutenção do óbice – Procedência

Processo 1046938-95.2021.8.26.0100

Dúvida - Registro de Imóveis - Marcelo Somlanyi Romeiro - Diante do exposto, julgo procedente a dúvida, com manutenção do óbice registrário. Deste procedimento não decorrem custas, despesas processuais e honorários advocatícios. Oportunamente remetam-se os autos ao arquivo. P.R.I.C. - ADV: ANDRÉ LEOPOLDO BIAGI (OAB 197317/SP)

Íntegra da decisão:

SENTENÇA

Processo Digital nº: **1046938-95.2021.8.26.0100**

Classe - Assunto **Dúvida - Registro de Imóveis**

Requerente: **Marcelo Somlanyi Romeiro**

Requerido: **10º Oficial de Registro de Imóveis da Capital**

Juiz(a) de Direito: Dr(a). **Vivian Labruna Catapani**

Vistos.

Trata-se de dúvida inversa suscitada por Marcelo Somlanyi Romeiro em face do 10º Oficial de Registro de Imóveis da Capital, em razão da negativa de registro de escritura de compra e venda referente ao imóvel objeto da matrícula n. 3.899, por meio da qual o interessado adquire 50% do imóvel de sua ex-companheira, após a dissolução de união estável.

Aduz o interessado que, no R. 14 da matrícula em questão, já há clara divisão do quinhão condominial entre as partes (50% para cada). Afirma, assim, que havia condomínio do bem com partes certas e determinadas, não havendo que se exigir a partilha do bem para o registro da escritura. Nesses termos, requer o afastamento do óbice registrário e junta documentos (fls. 4/60).

O Oficial Registrador prestou informações às fls. 66/68. Informa que, por ocasião da dissolução da união estável, não houve partilha do bem, havendo mancomunhão. Dessa forma, esclarece que, antes do registro da escritura de compra e venda, faz-se necessário o registro da partilha do bem entre os ex-companheiros.

O Ministério Público opinou pela procedência da dúvida (fls. 75/77), com a manutenção do óbice registrário.

É o relatório. Decido.

Com razão o Oficial Registrador e o Promotor de Justiça.

O ingresso de título ao fólio real depende da observância dos preceitos registrários, com especial destaque, no caso, ao princípio da continuidade.

Conforme previsto nos arts. 195 e 237 da Lei n. 6.015/73:

"Art. 195 - Se o imóvel não estiver matriculado ou registrado em nome do outorgante, o oficial exigirá a prévia matrícula e o registro do título anterior, qualquer que seja a sua natureza, para manter a continuidade do registro."

"Art. 237 Ainda que o imóvel esteja matriculado, não se fará registro que dependa da apresentação de título anterior, a fim de que se preserve a continuidade do registro."

Como se nota, segundo tal princípio, deve haver um encadeamento entre os registros na matrícula ou transcrição do imóvel, de modo que determinado direito só pode ser alienado ou transferido caso seu titular dele tenha disponibilidade, assim constatado no fólio registral, a fim de evitar que qualquer pessoa transmita a terceiros mais direitos do que possui.

No caso em tela, o bem em questão foi adquirido, em 2008, pelo interessado e sua ex-companheira, Natacha Gonçalves da Costa, que, qualificados na ocasião como solteiros, viviam em união estável. Isso porque, conforme se extrai das peças referentes à ação de dissolução de união estável, datadas de 2020, o casal vivia em comunhão estável há aproximadamente 15 anos (fls. 4/25).

Sabe-se que à união estável aplica-se, em regra geral, o regime da comunhão parcial de bens (art. 1.725 do CC), no qual os bens adquiridos pelos companheiros passam a integrar o patrimônio comum do casal.

Assim, em que pese tenha constado do registro da aquisição o percentual de 50% para cada adquirente (R. 14), o imóvel, na realidade, passou a ser patrimônio comum do casal.

E, com a dissolução da união estável, verifica-se que não houve partilha do bem imóvel, conforme documento de fl. 7, segundo o qual *"o imóvel do casal será partilhado oportunamente pela via extrajudicial, de modo que as partes continuam em condomínio"*.

Em que pese tenha sido ressalvada a permanência de condomínio, o bem, na realidade, permaneceu em mancomunhão.

Tal questão foi objeto de decisão pelo Colendo Superior Tribunal de Justiça:

"1. Rompida a sociedade conjugal sem a imediata partilha do patrimônio comum, ou como ocorreu na espécie, com um acordo prévio sobre os bens a serem partilhados, verifica-se- apesar da oposição do recorrente quanto a incidência do instituto - a ocorrência de mancomunhão. 2. Nessas circunstâncias, não se fala em metades ideais, pois o que se constara é a existência de verdadeira unidade patrimonial, fechada, e que dá acesso a ambos ex cônjuges, à totalidade dos bens" (RESP nº 1.537.107/PR, Rel. Min. Nancy Andrighi, 3ª T., DJE. 25.11.2016).

Conclui-se que, sem a apresentação da partilha dos bens do casal, não há como averiguar se houve a partilha igualitária dos bens, continuando o acervo patrimonial em sua totalidade à disposição de ambos os cônjuges.

Logo, a fim de se preservar o princípio da continuidade e da segurança jurídica que dos registros públicos se espera, entendo correto o óbice imposto pelo Registrador, devendo haver o prévio registro da partilha do bem, de modo a se prever a fração ideal atribuída a cada um dos ex-companheiros.

Diante do exposto, **julgo procedente a dúvida**, com manutenção do óbice registrário.

Deste procedimento não decorrem custas, despesas processuais e honorários advocatícios.

Oportunamente remetam-se os autos ao arquivo.

P.R.I.C.

São Paulo, 07 de junho de 2021.

Vivian Labruna Catapani

Juíza de Direito (DJe de 09.06.2021 – SP)

Ementa: Sentença – Pedido de Providências – Recebimento como Dúvida – Pedido de registro da Escritura de Compra e Venda – Impossibilidade – Ausência de apresentação, para registro, do Formal de Partilha do ainda titular dominial – Violação ao Princípio da Continuidade – Art 195 da LRP – Manutenção do óbice – Procedência

Processo 1049278-12.2021.8.26.0100

Pedido de Providências - Registro de Imóveis - Claudia Martinez Fortes Lose – Joao Martinez Fortes Junior - Deste procedimento julgo procedente a dúvida e consequentemente mantenho o óbice registrário. Deste procedimento não decorrem custas, despesas processuais e honorários advocatícios. Oportunamente remetam-se os autos ao arquivo. P.R.I.C. - ADV: DIANA OSTAM ROMANINI (OAB 90126/SP), JUREMA DE CÁSSIA FELIPPE SORIANO (OAB 198218/SP)

Íntegra da decisão:

SENTENÇA

Processo Digital nº: **1049278-12.2021.8.26.0100**

Classe - Assunto **Pedido de Providências - Registro de Imóveis**

Requerente: **Claudia Martinez Fortes Lose e outro**

Requerido: **7º Oficial de Registro de Imóveis da Capital**

Juiz(a) de Direito: Dr(a). **Vivian Labruna Catapani**

Vistos.

Trata-se de **dúvida inversa** suscitada por **Cláudia Martinez Fortes Lose e João Martinez Fortes Júnior** em face do **Oficial do 7º Registro de Imóveis da Capital**, tendo em vista a negativa de se proceder ao registro da escritura de compra e venda, lavrada, no ano de 1973, pelo 17º Oficial de Registro Civil das Pessoas Naturais da Capital, referente ao imóvel transcrito sob nº 1.632. Constam como partes de tal escritura, na condição de vendedores, Mercedes Biasi e outros, herdeiros de Pedro Biasi, e, na condição de compradores, João Martinez Fortes e Yracy Benedtti Martinez Fortes, genitores dos interessados.

O Oficial do 7º Registro de Imóveis da Capital prestou informações às fls. 44/46. Narrou que o óbice registrário refere-se à ausência de apresentação para registro do formal de partilha do ainda titular dominial, Pedro Biasi, em observância ao princípio da continuidade Juntou documentos às fls. 47/55.

O Ministério Público opinou pela procedência da dúvida (fls. 58/60).

É o relatório.

Passo a fundamentar e a decidir.

Com razão o registrador, bem como o D. Promotor de Justiça.

Cumpre destacar que os titulos apresentados a registro são submetidos a qualificação positiva ou negativa para ingresso no fólio real, cabendo ao oficial qualificá-los conforme os principios que regem a atividade registral.

Entre eles o princípio da continuidade, explicado por Afrânio de Carvalho, da seguinte forma:

"O princípio da continuidade, que se apóia no de especialidade, quer dizer que, em relação a cada imóvel, adequadamente individuado, deve existir uma cadeia, de titularidade à vista da qual só se fará a inscrição de um direito se o outorgante dele aparecer no registro como seu titular. Assim, as sucessivas transmissões, que derivam umas das outras, asseguram a preexistência do imóvel no patrimônio do transferente" (Registro de Imóveis, Editora Forense, 4ª Ed., p. 254).

Ou seja, o título que se pretende registrar deve estar em conformidade com o inscrito na matrícula, formando um perfeito encadeamento entre as informações inscritas e as que se pretende inscrever.

Oportuno destacar, ainda, a lição de Narciso Orlandi Neto, para quem:

"No sistema que adota o princípio da continuidade, os registros têm de observar um encadeamento subjetivo. Os atos praticados têm de ter, numa das partes, a pessoa cujo nome já consta do registro. A pessoa que transmite um direito tem de constar do registro como titular desse direito, valendo para o registro o que vale para validade dos negócios" (Retificação do Registro de Imóveis, Editora Oliveira Mendes, p. 56).

Necessário, por conseguinte, que o titular de domínio seja o mesmo no título apresentado a registro e no registro de imóveis, sob pena de violação ao princípio da continuidade, previsto no art. 195, da Lei nº 6.015/73:

"Se o imóvel não estiver matriculado ou registrado em nome do outorgante, o oficial exigirá a previa matrícula e o registro do titulo anterior, qualquer que seja a sua natureza, para manter a continuidade do registro".

Na presente hipótese, conforme se verifica da transcrição juntada à fl. 52, consta como proprietário do referido imóvel Pedro Biasi, já falecido.

Neste contexto, os descendentes de Pedro Biasi transmitiram por meio de compra e venda a totalidade de seus direitos sobre o bem a João Martinez Fortes e Yracy Benedetti (fls. 48/51).

Todavia, não houve a apresentação a registro do inventário do titular de domínio Pedro Biasi, o que representa violação ao principio da continuidade, eis que seus herdeiros não constam como proprietários do bem.

Note-se que o fato de o inventário ter realizado feito há muitas décadas não é justificativa para o não cumprimento da nota de exigência de fl. 47.

Logo, em consonância com o principio da continuidade, mister a manutenção do óbice registrário.

Deste procedimento **julgo procedente** a **dúvida** e consequentemente mantenho o óbice registrário.

Deste procedimento não decorrem custas, despesas processuais e honorários advocatícios.

Oportunamente remetam-se os autos ao arquivo.

P.R.I.C.

São Paulo, 31 de maio de 2021.

Vivian Labruna Catapani

Juíza de Direito (DJe de 02.06.2021 – SP)

Ementa: Sentença – Pedido de Providências – Pedido de cancelamento de registros – Impossibilidade – Existência de indícios de fraude em Contratos de Compromissos de Compra e Venda – Alegação pela Requerente de que apurou, nos títulos, a falsidade da assinatura do seu falecido companheiro – Oficial que não respondia pela Serventia no ano do registro dos títulos – Ausência de suspeita de irregularidade por parte da antiga Interina – Títulos formalmente perfeitos – Incompetência do juízo administrativo à análise de vícios intrínsecos – Matéria reservada à esfera jurisdicional – Determinação do bloqueio das matrículas – Arquivamento do feito – Improcedência

Processo 1039950-58.2021.8.26.0100

Pedido de Providências - Registro de Imóveis - Suely Lebrão - Do exposto, julgo improcedente o presente pedido de providências, determinando o seu arquivamento, bem como o bloqueio das matrículas nºs 131.561 e 132.678 do 6º Registro de Imóveis da Capital. Intimem-se os interessados a respeito do bloqueio, de modo que adotem as medidas que acharem pertinentes. Não há custas, despesas processuais nem honorários advocatícios decorrentes deste procedimento. Oportunamente, arquivem-se os autos. Por fim, expeça-se ofício ao Juiz Corregedor Permanente da 2a Vara de Registros Públicos da Capital, comunicando da presente sentença. P.R.I.C. - ADV: CASSIA BIANCA LEBRÃO CAVALARI FERREIRA (OAB 146690/SP)

Íntegra da decisão:

SENTENÇA

Processo Digital nº: **1039950-58.2021.8.26.0100**

Classe - Assunto **Pedido de Providências - Registro de Imóveis**

Requerente: **Suely Lebrão**

Requerido: **6º Oficial de Registro de Imóveis da Capital**

Juiz(a) de Direito: Dr(a). **Vivian Labruna Catapani**

Vistos.

Trata-se de **pedido de providências** instaurado a pedido de **Suely Lebrão** em face do **6º Oficial de Registro de Imóveis da Capital**, tendo em vista a existência de indícios de fraude em contratos de compromissos de compra e venda envolvendo os imóveis matriculados sob os nºs 131.561 e 132.678 naquela serventia de registro imobiliário. Informa ter sido apurada, nos títulos, a falsidade da assinatura atribuída a seu falecido companheiro, Josias de Abreu Pires, fato este já comunicado ao Juízo Corregedor Permanente da 2a Vara de Registros Públicos da Capital (proc. 1039946-21.2021.8.26.0100). Nesses termos, pede o cancelamento dos respectivos registros. Junta documentos (fl. 10/103).

O Oficial Registrador manifestou-se às fls. 107/110. Esclareceu que os registros foram feitos em 2018, quando a serventia era dirigida pela antiga interina.

Informou, no entanto, que os títulos estavam formalmente perfeitos, não havendo nada que fizesse suspeitar de alguma irregularidade. Sugeriu o bloqueio das matrículas e juntou documentos (fls. 111/128).

A interessada manifestou-se às fls. 131/133.

O Ministério Público opinou pelo indeferimento do pedido, com o bloqueio das matrículas (fls. 142/144).

É o relatório.

Passo a fundamentar e a decidir.

Na presente hipótese não houve falta funcional praticada pelo Oficial Registrador, que não respondia pela serventia extrajudicial no ano do registro dos títulos (2018).

Como se não bastasse, o Oficial Registrador informou que os títulos estavam formalmente perfeitos, não havendo nada que fizesse suspeitar de alguma irregularidade por parte da antiga interina.

Dessa forma, a alegada falsidade nos contratos de compromisso de compra e venda diz respeito ao aspecto intrínseco dos títulos, o que foge ao âmbito de análise do Oficial, com a consequente prática do ato registrário.

Como se não bastasse, não cabe a esta Corregedoria Permanente analisar vícios intrínsecos a titulos registrados.

Vale salientar que, nas hipóteses em que a averbação ou o registro estão formalmente em ordem, a nulidade é postulada com fundamento em hipotético vício material do título, a ele intrínseco, logo o pleito de nulidade há de ser proposto na via judicial, com a incidência do contraditório e ampla defesa.

Na lição de Narciso Orlandi:

> *"É preciso distinguir nulidade direta do registro e nulidade do título, com reflexo no registro. O registro não pode ser cancelado por nulidade do titulo, salvo em processo contencioso de que participe o titular do direito inscrito. Em outras palavras, o art. 214 da Lei nº 6.015/73 é exceção. E como se sabe se o registro é ou não nulo de pleno direito? Sabe-se que o registro é ou não nulo de pleno direito examinando-o separadamente do titulo que lhe deu causa, apenas à luz dos princípios que regem o registro, a saber se foram cumpridos os requisitos formais. A indagação da nulidade do registro deve ficar restrita aos defeitos formais do assento, ligados à inobservância de formalidades essenciais da inscrição (Código Civil, arts. 130 e 145, III)" (Afrânio de Carvalho, Retificação do Registro, in RDI 13, p.17)."*

"(...) A nulidade a que se refere o art. 214 da Lei de Registros Públicos é exclusiva do registro, absolutamente independe do título, tanto que, uma vez declarada, permite que o mesmo título seja novamente registrado. A nulidade pode ser declarada diretamente independentemente de ação, é de direito formal, extrínseca. Ela não pode alcançar o título que subsiste íntegro e, em muitos casos, apto a, novamente, ingressar no registro... Problemas relativos ao consentimento das partes, dizem respeito ao título, tanto quanto sua representação e a elaboração material do instrumento" (Retificação do Registro de Imóveis, Ed. Oliveira Mendes, pág. 183/192).

Nesses termos, é inviável a pretensão da reclamante de nulidade dos registros nesta via administrativa.

Entretanto, de modo a se proteger eventuais terceiros de boa-fé, é de rigor o bloqueio das matrículas nºs 131.561 e 132.678 até que a questão da falsidade seja dirimida pela autoridade competente.

Do exposto, **julgo improcedente** o presente pedido de providências, determinando o seu **arquivamento**, bem como o **bloqueio** das matrículas nºs 131.561 e 132.678 do 6º Registro de Imóveis da Capital.

Intimem-se os interessados a respeito do bloqueio, de modo que adotem as medidas que acharem pertinentes.

Não há custas, despesas processuais nem honorários advocatícios decorrentes deste procedimento.

Oportunamente, arquivem-se os autos.

Por fim, expeça-se ofício ao Juiz Corregedor Permanente da 2a Vara de

Registros Públicos da Capital, comunicando da presente sentença.

P.R.I.C.

São Paulo, 26 de maio de 2021.

Vivian Labruna Catapani

Juíza de Direito (DJe de 28.05.2021 – SP)

Ementa: Sentença – Dúvida – Pedido de registro da Escritura de Venda e Compra – Óbice registrário em razão da necessidade de apresentação das Certidões Negativas de Débitos referentes às Contribuições Previdenciárias e de Terceiros, bem como aos Tributos Federais e à Dívida Ativa da União – Exigência que não pode ser realizada pelo Oficial – Item 117.1, do Capítulo XX, das NSCGJ – Entendimento pacífico dos Tribunais Superiores, CNJ e da Corregedoria Geral da Justiça – Afastamento do óbice – Improcedência

Processo 1035413-19.2021.8.26.0100

Dúvida - REGISTROS PÚBLICOS - Later Administração de Bens Ltda - Do exposto, julgo improcedente a dúvida suscitada pelo Oficial do 5º Registro de Imóveis da Capital, no interesse de Later Administração de Bens LTDA., Educare Administração de Bens LTDA. e Gaurama Administração de Bens LTDA., afastando o óbice apontado. Não há custas, despesas processuais ou honorários advocatícios decorrentes deste procedimento. Oportunamente, arquivem-se os autos. P.R.I.C - ADV: ALESSANDRO LIMA PEREIRA DE ASSIS MUNHOZ (OAB 414320/SP)

Íntegra da decisão:

SENTENÇA

Processo Digital nº: **1035413-19.2021.8.26.0100**

Classe - Assunto **Dúvida - REGISTROS PÚBLICOS**

Suscitante: **5º Oficial de Registro de Imóveis da Capital**

Suscitado: **Later Administração de Bens Ltda e outros**

Juiz(a) de Direito: Dr(a). **Vivian Labruna Catapani**

Vistos.

Trata-se de dúvida suscitada pelo **Oficial do 5º Registro de Imóveis da Capital**, no interesse de **Later Administração de Bens LTDA., Educare Administração de Bens LTDA.** e **Gaurama Administração de Bens LTDA.**, em razão da negativa de registro de escritura de venda e compra do imóvel objeto das matrículas nºs 51.086 e 53.495 daquela Serventia. O óbice se deu pois não foram apresentadas certidões negativas de débitos relativos às contribuições previdenciárias e de terceiros, bem como aos tributos federais e à dívida ativa da União, em consonância com a alínea b, inciso I, do artigo 47, da Lei Federal nº 8.212/91.

As suscitadas manifestaram-se às fls. 185/194, aduzindo, em síntese, que tal obrigação é inconstitucional, conforme precedentes do Supremo Tribunal Federal e do Tribunal de Justiça de São Paulo, por configurar um mecanismo de cobrança de tributos por via oblíqua. Relataram, ainda, que a lavratura da escritura levada a registro só foi possível em razão de a exigência de apresentação da CND ter sido afastada, em sede de mandado de segurança anteriormente impetrado pelas suscitadas.

O Ministério Público opinou pela improcedência da dúvida às fls. 198/199.

É o relatório.

Decido.

Apesar de entendimentos anteriores desta Corregedoria Permanente, no sentido de não ser possível declarar, em sede administrativa, a inconstitucionalidade dos dispositivos legais que exigem a apresentação da CND perante o registro imobiliário, reconheço ter sido pacificado o entendimento de que tal exigência não pode ser feita pelo Oficial.

Neste sentido, além dos precedentes do E. Conselho Superior da Magistratura e da Corregedoria Geral da Justiça deste Tribunal, o Conselho Nacional de Justiça, nos autos do pedido de providências nº 000123082-.2015.2.00.0000, formulado pela União/AGU, entendeu não haver irregularidade na dispensa, por ato normativo, da apresentação de certidão negativa para registro de título no Registro de Imóveis:

"CNJ: Pedido de Providências – Provimento do TJ-RJ que determinou aos cartórios de registro de imóveis que deixem de exigir a certidão negativa de débito previdenciária (CND) – Pedido formulado pela UNIÃO/AGU para a suspensão cautelar e definitiva dos efeitos do Provimento n. 41/2013, além da instauração de reclamação disciplinar contra os magistrados que participaram da concepção e realização do ato e ainda, que o CNJ expeça resolução ou recomendação vedando a todos os órgãos do Poder Judiciário a expedição de normas de conteúdo semelhante ao editado pela requerida – Provimento CGJ n. 41/2013 editado pelo TJRJ está de acordo com a interpretação jurisprudencial do STF – Ressalte-se que não houve qualquer declaração de inconstitucionalidade dos artigos 47 e 48 da Lei n. 8.212/91, mas sim fixação de norma de competência da Corregedoria Geral de Justiça local para regulamentar as atividades de serventias extrajudiciais vinculadas ao Tribunal de Justiça – Pedido de providências improcedente"

De acordo com o Acórdão:

"... Ao contrário do que afirma a Advocacia-Geral da União, verifica-se que o Provimento CGJ n. 41/2013 editado pelo TJRJ está de acordo com a interpretação jurisprudencial do STF acerca da aplicabilidade dos artigos 47 e 48 da Lei n. 8.212/91 ao dispensar a exigência de apresentação de CND para o registro de Imóveis. Confira-se:

RECURSO EXTRAORDINÁRIO COM AGRAVO. REPERCUSSÃO GERAL. REAFIRMAÇÃO DE JURISPRUDÊNCIA. DIREITO TRIBUTÁRIO E DIREITO PROCESSUAL CIVIL. CLÁUSULA DA RESERVA DE PLENÁRIO. ART. 97 DA CONSTITUIÇÃO FEDERAL. JURISPRUDÊNCIA DO TRIBUNAL PLENO DO STF. RESTRIÇÕES IMPOSTAS PELO ESTADO. LIVRE EXERCÍCIO DA ATIVIDADE ECONÔMICA OU PROFISSIONAL. MEIO DE COBRANÇA INDIRETA DE TRIBUTOS. 1. A jurisprudência pacífica desta Corte, agora reafirmada em sede de repercussão geral, entende que é desnecessária a submissão de demanda judicial à regra da reserva de plenário na hipótese em que a decisão judicial estiver fundada em jurisprudência do Plenário do Supremo Tribunal Federal ou em Súmula deste Tribunal, nos termos dos arts. 97 da Constituição Federal, e 481, parágrafo único, do CPC. 2. O Supremo Tribunal Federal tem reiteradamente entendido que é inconstitucional restrição imposta pelo Estado ao livre exercício de atividade econômica ou profissional, quanto aquelas forem utilizadas como meio de cobrança indireta de tributos. 3. Agravo nos próprios autos conhecido para negar seguimento ao recurso extraordinário, reconhecida a inconstitucionalidade, incidental e com os efeitos da repercussão geral, do inciso III do §1º do artigo 219 da Lei 6.763/75 do Estado de Minas Gerais. (ARE 914045 RG, Relator(a): Min. EDSON FACHIN, julgado em 15/10/2015, ACÓRDÃO ELETRÔNICO REPERCUSSÃO GERAL – MÉRITO DJe-232 DIVULG 18-11-2015 PUBLIC 19-11-2015)"

Assim, devem os Oficiais observar o disposto no Cap. XX, item 117.1, das NSCGJ do Tribunal de Justiça de São Paulo, que assim dispõe:

"117.1. Com exceção do recolhimento do imposto de transmissão e prova de recolhimento do laudêmio, quando devidos, nenhuma exigência relativa à quitação de débitos para com a Fazenda Pública, inclusive quitação de débitos previdenciários, fará o oficial, para o registro de títulos particulares, notariais ou judiciais"

Deste modo, existindo norma expressa no sentido de que os Oficiais não podem exigir, para registro de título, qualquer documento relativo a débitos para com a Fazenda Pública, a exigência ora apresentada deve ser afastada.

Do exposto, **julgo improcedente** a dúvida suscitada pelo **Oficial do 5º Registro de Imóveis da Capital**, no interesse de **Later Administração de Bens LTDA., Educare Administração de Bens LTDA.** e **Gaurama Administração de Bens LTDA.**, afastando o óbice apontado.

Não há custas, despesas processuais ou honorários advocatícios decorrentes deste procedimento.

Oportunamente, arquivem-se os autos.

P.R.I.C

São Paulo, 14 de maio de 2021. (DJe de 18.05.2021 – SP)

Ementa: Sentença – Dúvida – Pedido de registro da Escritura de Venda e Compra – Necessidade de apresentar as Certidões Negativas de Débitos relativos às Contribuições Previdenciárias, bem como aos Tributos Federais e à Dívida Ativa da União – Descabimento – Ausência de irregularidade na dispensa da apresentação de Certidão Negativa para registro de título – Exigência que não pode ser realizada pelo Oficial – Item 119 1, do Capítulo XX, das NSCGJ – Afastamento do óbice – Improcedência

Processo 1035438-32.2021.8.26.0100

Dúvida - REGISTROS PÚBLICOS - Later Administração de Bens Ltda - Do exposto, julgo improcedente a dúvida suscitada pelo Oficial do 6º Registro de Imóveis da Capital, no interesse de Later Administração de Bens LTDA., Educare Administração de Bens LTDA. e Gaurama Administração de Bens LTDA., afastando o óbice apontado. Não há custas, despesas processuais ou honorários advocatícios decorrentes deste procedimento. Oportunamente, arquivem-se os autos. P.R.I.C - ADV: ALESSANDRO LIMA PEREIRA DE ASSIS MUNHOZ (OAB 414320/SP)

Íntegra da decisão:

SENTENÇA

Processo Digital nº: **1035438-32.2021.8.26.0100**

Classe - Assunto **Dúvida - REGISTROS PÚBLICOS**

Suscitante: **5º Oficial de Registro de Imóveis da Capital**

Suscitado: **Later Administração de Bens Ltda e outros**

Juiz(a) de Direito: Dr(a). **Vivian Labruna Catapani**

Vistos.

Trata-se de dúvida suscitada pelo **Oficial do 6º Registro de Imóveis da Capital**, no interesse de **Later Administração de Bens LTDA., Educare Administração de Bens LTDA.** e **Gaurama Administração de Bens LTDA.**, em razão da negativa de registro de escritura de venda e compra do imóvel objeto das matrículas nºs 75.844 e 45.388 daquela Serventia. O óbice se deu pois não foram apresentadas certidões negativas de débitos relativos às contribuições previdenciárias e de terceiros, bem como aos tributos federais e à dívida ativa da União, em consonância com a alínea b, inciso I, do artigo 47, da Lei Federal nº 8.212/91.

As suscitadas manifestaram-se às fls. 186/195, aduzindo, em síntese, que tal obrigação é inconstitucional, conforme precedentes do Supremo Tribunal Federal e do Tribunal de Justiça de São Paulo, por configurar um mecanismo de cobrança de tributos por via oblíqua. Relataram, ainda, que a lavratura da escritura levada a registro só foi possível em razão de a exigência de apresentação da CND ter sido afastada, em sede de mandado de segurança anteriormente impetrado pelas suscitadas.

O Ministério Público opinou pela improcedência da dúvida às fls. 198/199.

É o relatório.

Decido.

Apesar de entendimentos anteriores desta Corregedoria Permanente, no sentido de não ser possível declarar, em sede administrativa, a inconstitucionalidade dos dispositivos legais que exigem a apresentação da CND perante o registro imobiliário, reconheço ter sido pacificado o entendimento de que tal exigência não pode ser feita pelo Oficial.

Neste sentido, além dos precedentes do E. Conselho Superior da Magistratura e da Corregedoria Geral da Justiça deste Tribunal, o Conselho Nacional de Justiça, nos autos do pedido de providências nº 000123082-.2015.2.00.0000, formulado pela União/AGU, entendeu não haver irregularidade na dispensa, por ato normativo, da apresentação de certidão negativa para registro de título no Registro de Imóveis:

"CNJ: Pedido de Providências – Provimento do TJ-RJ que determinou aos cartórios de registro de imóveis que deixem de exigir a certidão negativa de débito previdenciária (CND) – Pedido formulado pela UNIÃO/AGU para a suspensão cautelar e definitiva dos efeitos do Provimento n. 41/2013, além da instauração de reclamação disciplinar contra os magistrados que participaram da concepção e realização do ato e ainda, que o CNJ expeça resolução ou recomendação vedando a todos os órgãos do Poder Judiciário a expedição de normas de conteúdo semelhante ao editado pela requerida – Provimento CGJ n. 41/2013 editado pelo TJRJ está de acordo com a interpretação jurisprudencial do STF – Ressalte-se que não houve qualquer declaração de inconstitucionalidade dos artigos 47 e 48 da Lei n. 8.212/91, mas sim fixação de norma de competência da Corregedoria Geral de Justiça local para regulamentar as atividades de serventias extrajudiciais vinculadas ao Tribunal de Justiça – Pedido de providências improcedente"

De acordo com o Acórdão:

> *"... Ao contrário do que afirma a Advocacia-Geral da União, verifica-se que o Provimento CGJ n. 41/2013 editado pelo TJRJ está de acordo com a interpretação jurisprudencial do STF acerca da aplicabilidade dos artigos 47 e 48 da Lei n. 8.212/91 ao dispensar a exigência de apresentação de CND para o registro de imóveis. Confira-se:*
>
> *RECURSO EXTRAORDINÁRIO COM AGRAVO. REPERCUSSÃO GERAL. REAFIRMAÇÃO DE JURISPRUDÊNCIA. DIREITO TRIBUTÁRIO E DIREITO PROCESSUAL CIVIL. CLÁUSULA DA RESERVA DE PLENÁRIO. ART. 97 DA CONSTITUIÇÃO FEDERAL. JURISPRUDÊNCIA DO TRIBUNAL PLENO DO STF. RESTRIÇÕES IMPOSTAS PELO ESTADO. LIVRE EXERCÍCIO DA ATIVIDADE ECONÔMICA OU PROFISSIONAL. MEIO DE COBRANÇA INDIRETA DE TRIBUTOS. 1. A jurisprudência pacífica desta Corte, agora reafirmada em sede de repercussão geral, entende que é desnecessária a submissão de demanda judicial à regra da reserva de plenário na hipótese em que a decisão judicial estiver fundada em jurisprudência do Plenário do Supremo Tribunal Federal ou em Súmula deste Tribunal, nos*

termos dos arts. 97 da Constituição Federal, e 481, parágrafo único, do CPC. 2. O Supremo Tribunal Federal tem reiteradamente entendido que é inconstitucional restrição imposta pelo Estado ao livre exercício de atividade econômica ou profissional, quanto aquelas forem utilizadas como meio de cobrança indireta de tributos. 3. Agravo nos próprios autos conhecido para negar seguimento ao recurso extraordinário, reconhecida a inconstitucionalidade, incidental e com os efeitos da repercussão geral, do inciso III do §1º do artigo 219 da Lei 6.763/75 do Estado de Minas Gerais. (ARE 914045 RG, Relator(a): Min. EDSON FACHIN, julgado em 15/10/2015, ACÓRDÃO ELETRÔNICO REPERCUSSÃO GERAL – MÉRITO DJe-232 DIVULG 18-11-2015 PUBLIC 19-11-2015)"

Assim, devem os Oficiais observar o disposto no Cap. XX, item 119.1, das NSCGJ do Tribunal de Justiça de São Paulo, que assim dispõe:

"119.1. Com exceção do recolhimento do imposto de transmissão e prova de recolhimento do laudêmio, quando devidos, nenhuma exigência relativa à quitação de débitos para com a Fazenda Pública, inclusive quitação de débitos previdenciários, fará o oficial, para o registro de títulos particulares, notariais ou judiciais"

Deste modo, existindo norma expressa no sentido de que os Oficiais não podem exigir, para registro de título, qualquer documento relativo a débitos para com a Fazenda Pública, a exigência ora apresentada deve ser afastada.

Do exposto, **julgo improcedente** a dúvida suscitada pelo **Oficial do 6º Registro de Imóveis da Capital**, no interesse de **Later Administração de Bens LTDA., Educare Administração de Bens LTDA.** e **Gaurama Administração de Bens LTDA.**, afastando o óbice apontado.

Não há custas, despesas processuais ou honorários advocatícios decorrentes deste procedimento.

Oportunamente, arquivem-se os autos.

P.R.I.C

São Paulo, 13 de maio de 2021. (DJe de 17.05.2021 – SP)

Ementa: Sentença – Dúvida – Pedido de registro da Escritura de Compra e Venda – Necessidade do registro ser precedido do loteamento da área total, bem como das averbações das edificações existentes no local – Art. 18 da LRP – Exigência do registro especial – Realização da qualificação registral com base no ordenamento vigente ao tempo da apresentação do Título – Dispensa das exigências impostas somente nos casos previstos no Provimento nº 03/88 da 1ªVRP/SP, bem como no item 165, do Capítulo XX, das NSCGJ – Manutenção do óbice – Procedência

Processo 1026746-44.2021.8.26.0100

Dúvida - REGISTROS PÚBLICOS - Roberto Francisco Alves - Do exposto, julgo procedente o procedimento de dúvida formulado por Oficial do 15º Registro de Imóveis da Capital, a requerimento de Roberto Francisco Alves, para manter o óbice apontado. Não há custas, despesas processuais ou honorários advocatícios decorrentes deste procedimento. P.R.I.C. - ADV: NELSON LUIZ DE ARRUDA CAMPOS (OAB 114306/SP), ROBERTA ALESSANDRA F ALVES DE A CAMPOS (OAB 173521/SP)

Íntegra da decisão:

SENTENÇA

Processo Digital nº: **1026746-44.2021.8.26.0100**

Classe - Assunto **Dúvida - REGISTROS PÚBLICOS**

Suscitante: **15º Oficial de Registro de Imóveis da Capital**

Suscitado: **Roberto Francisco Alves**

Juiz(a) de Direito: Dr(a). **Vivian Labruna Catapani**

Vistos.

Trata-se de dúvida suscitada pelo **Oficial do 15º Registro de Imóveis da Capital**, a requerimento de **Roberto Francisco Alves**, em razão da recusa de registro da escritura de compra e venda de onze prédios e respectivos terrenos localizados à Rua Ida Boschetti, nºs 270, 278, 280, 286, 288, 294, 296, 302, 304, 310 e 318, inseridos em área maior objeto da Transcrição nº 27.388.

Segundo o Oficial, os imóveis objeto da escritura de compra e venda ocupam uma área de 1.000m^2, enquanto a área total da Transcrição nº 27.388 é de 2.500m^2.

Em razão de o título referir-se apenas à parte do terreno, o registro da escritura deverá ser precedido do loteamento da área total, bem como das averbações das edificações existentes no local, nos termos do art. 18 da Lei 6.766/79. A exigência do registro especial previsto no dispositivo mencionado só poderia ser dispensada com autorização desta Corregedoria Permanente.

O interessado apresentou impugnação às fls. 155/158, argumentando que a Municipalidade atestou a regularidade de 10 dos 11 prédios adquiridos pelo suscitado, em procedimento realizado em 1968. Afirmou que o registro pretendido não pode ser condicionado ao cumprimento de requisitos da Lei 6.766/79, que é posterior à regularização realizada perante a Prefeitura; caso contrário, haveria violação a seu direito adquirido à *"manutenção da construção dos prédios no estado em que se encontram".* Ao final, pugnou pelo afastamento do óbice apontado.

O Ministério Público opinou pela procedência da dúvida (fls. 161/163).

É o relatório.

Fundamento e Decido.

Assiste razão ao Oficial e à D. Promotora de Justiça.

De proêmio, observo que de acordo com o princípio *tempus regit actum*, à qualificação do título aplicam-se as exigências legais contemporâneas ao registro. O Conselho Superior da Magistratura tem considerado que, para fins de registro, em atenção ao princípio em questão, sujeita-se o título à lei vigente ao tempo de sua apresentação (Apelação Cível nº, 115-6/7, rel. José Mário Antonio Cardinale, nº 777-6/7, rel. Ruy Camilo, nº 530-6/0, rel. Gilberto Passos de Freitas, e, mais recentemente, nº 0004535-52.2011.8.26.0562, rel. José Renato Nalini).

Logo, mesmo que parte dos imóveis adquiridos pelo suscitado tenha passado por procedimento de regularização anterior perante a Municipalidade, a qualificação registral é realizada com base no ordenamento vigente ao tempo da apresentação do título, de modo que as exigências da Lei 6.766/79 devem ser observadas, não havendo que se falar em violação a direito adquirido do interessado.

Nos termos dos artigos 18 e 19 da Lei 6.766/79, no caso de parcelamento do solo, é exigido o registro especial. Este registro tem a finalidade de resguardar o interesse público (ordem urbanística) e tutelar os futuros adquirentes dos lotes, conforme precedentes da Egrégia Corregedoria da Justiça (Processo CG 256/2004, parecer exarado pelo Juiz Auxiliar José Marcelo Tossi aprovado em 10.05.2004 pelo Corregedor Geral da Justiça, Des. José Mario Antonio Cardinale).

Dessa forma, havendo parcelamento, a regra é que as exigências da Lei 6.766/79 sejam observadas, só podendo haver dispensa nos casos previstos no Provimento nº 03, de 22 de março de 1988, desta 1ª Vara de Registros Públicos, e no item 165 do Capítulo XX das NSCGJ. Diante de sua relevância para o deslinde do caso, é salutar destacar o teor dos dispositivos.

Em primeiro lugar, o provimento mencionado dispõe que o registro pode ser dispensado, independentemente de intervenção administrativo judicial, se o parcelamento cumulativamente preencher os seguintes requisitos:

a) não implicar abertura de novas vias de circulação de logradouros públicos, prolongamento, modificação ou ampliação de vias existentes, ou, de modo geral, transferência de áreas para o domínio público **(grifei)***;*

b) não provier de imóvel que já tenha, a partir de dezembro de 1979, sido objeto de outro parcelamento;

c) não importar fragmentação superior a 10 (dez) lotes **(grifei)**.

Já as Normas de Serviço da Corregedoria Geral de Justiça, ao tratarem da possibilidade de dispensa do registro especial, preveem que:

165. O registro especial, previsto no art. 18, da Lei nº 6.766/79, será dispensado nos seguintes casos: a) as divisões "inter vivos" celebradas anteriormente a 20 de dezembro de 1979; b) as divisões "inter vivos" extintivas de condomínios formados antes da vigência da Lei nº 6.766, de 19 de dezembro de 1979; c) as divisões consequentes de partilhas judiciais, qualquer que seja a época de sua homologação ou celebração; d) os desmembramentos necessários para o registro de cartas de arrematação, de adjudicação ou cumprimento de mandados; e) quando os terrenos tiverem sido objeto de compromissos formalizados até 20 de dezembro de 1979, mesmo com antecessores; f) Quando os terrenos tiverem sido individualmente lançados para o pagamento de Imposto Predial e Territorial Urbano (IPTU) para o exercício de 1979, ou antes. 165.5. Para a dispensa do registro especial, o oficial registrador deverá ter especial atenção à verificação das seguintes circunstâncias: ***(1) não implicar transferência de área para o domínio público*** **(grifei)***; (2) não tenha havido prévia e recente transferência de área ao Poder Público, destinada a arruamento, que tenha segregado o imóvel, permitido ou facilitado o acesso a ela, visando tangenciar as exigências da Lei nº 6.766/79;* ***(3) resulte até 10 lotes; (4) resulte entre 11 e 20 lotes, mas seja servido por rede de água, esgoto, guias, sarjetas, energia e iluminação pública, o que deve ser comprovado mediante a apresentação de certidão da Prefeitura Municipal*** **(grifei)***; (5) não ocorram desmembramentos sucessivos, exceto se o novo desmembramento não caracterizar intenção de afastar o cumprimento das normas que regem o parcelamento do solo urbano em razão do tempo decorrido entre eles, da alteração dos proprietários dos imóveis a serem desmembrados, sem que os novos titulares do domínio tenham participado do fracionamento anterior; (6) Na hipótese do desmembramento não preencher os itens acima, ou em caso de dúvida, o deferimento dependerá de apreciação da Corregedoria Permanente.*

No caso em análise, o imóvel objeto da Transcrição nº 27.388 é composto por 24 casas, por uma passagem particular e respectivo balão de retorno, em área total de 2.500m², conforme Planta de Conservação apresentada ao Oficial em 2010. Todavia, não consta dos autos a aprovação da referida planta pela Municipalidade, ante a ausência de expedição de Alvará de Conservação ou outro documento semelhante que indique a aprovação do parcelamento.

Desta feita, considerando a configuração da totalidade do imóvel, conclui-se que o caso não se amolda às hipóteses de dispensa acima indicadas, haja vista que o parcelamento submete o terreno à fragmentação superior a 20 lotes e, além disso, a abertura da passagem particular exige a regularização da via perante a Municipalidade.

Ressalto que o fato de parte dos edifícios que integram a área adquirida pelo suscitado terem sido regularizados perante a Prefeitura – com Certificados de Regularidade emitidos em 2019 (fls. 111/154) – não afasta a necessidade de observação do registro especial previsto no art. 18 da Lei 6.766/79, uma vez que a análise da dispensa deve levar em conta a totalidade do imóvel, não estando limitada à parte adquirida pelo interessado.

Do exposto, **julgo procedente o procedimento de dúvida** formulado por **Oficial do 15º Registro de Imóveis da Capital**, a requerimento de **Roberto Francisco Alves**, para manter o óbice apontado.

Não há custas, despesas processuais ou honorários advocatícios decorrentes deste procedimento.

P.R.I.C.

São Paulo, 13 de abril de 2021. (DJe de 19.04.2021 – SP)

Ementa: Sentença – Dúvida – Pedido de registro da Escritura de Promessa de Compra e Venda – Necessidade da apresentação da Escritura Definitiva para transferência da propriedade – Art. 1418 do CC – Impossibilidade da aplicação da Lei Federal nº 6766/79 – Manutenção do óbice – Procedência

Processo 1007897-24.2021.8.26.0100

Dúvida - Registro de Imóveis - Julia Mohovic - Vistos. Trata-se de dúvida suscitada pelo Oficial do 18º Registro de Imóveis da Capital, a requerimento de Julia Mohovic, diante da negativa em se proceder ao registro da escritura de promessa de compra e venda lavrada pelo 9º Tabelião de Notas da Capital, referente ao imóvel matriculado sob nº 194.598, na qual figura como promitente vendedora Gafisa S/A. O óbice registrário refere-se ao fato do contrato de compromisso de compra e venda quitado não constituir título de propriedade, havendo necessidade da apresentação da escritura definitiva para transferência da propriedade. Juntou documentos às fls. 09/57. A suscitada apresentou impugnação às fls. 58/68. Aduz que os compromissos firmados pelo incorporador, sob a égide da Lei 4591/64, desde que quitados, constituem títulos hábeis para o registro da transferência da propriedade das unidades autônomas. O Ministério Público opinou pela procedência da dúvida (fls. 71/74). É o relatório. Passo a fundamentar e a decidir. Com razão o Registrador, bem como a D. Promotora de Justiça. De acordo com a matrícula juntada às fls. 16/18, consta como proprietária a empresa GAFISA S/A, que se comprometeu a vender o imóvel a Julia Mohovic. Ao contrário do que quer fazer crer a suscitada, o compromisso não representa o próprio negócio jurídico perfeito de compra e venda, acabado e irretratável, que traduz a manifestação da vontade e consenso das partes e acarretará fatalmente a transferência de domínio. De acordo com o artigo 1245 do CC, o promitente vendedor é dono da coisa enquanto não lavrada a escritura definitiva e seu respectivo registro, vez que a titularidade permanece inalterada. "Art. 1245 CC: Transfere-se entre vivos a propriedade mediante o registro do título translativo no Registro de Imóveis". Entendo que o artigo 26, § 6º da Lei nº 6766/79, cuja aplicação busca a suscitada, é restrita aos casos de aquisição de lotes, razão pela qual deverá ser interpretado de forma restritiva. Somado a isto, mencionada lei trata do parcelamento do solo urbano, o que não é o caso dos autos, bem como não é aplicada a contratos celebrados sob a égide de outra lei. Neste contexto, de acordo com o artigo 1418 do CC, que passou a viger após a Lei nº 6766/79, trata do direito do promitente comprador e faz expressa menção à escritura definitiva para o registro da transmissão da propriedade. "Art. 1418 CC: O promitente comprador, titular de direito real, pode exigir do promitente vendedor, ou de terceiros, a quem os direitos deste forem cedidos, a outorga da escritura definitiva de compra e venda, conforme o disposto no instrumento preliminar; e, se houver recusa, requerer ao juiz a adjudicação do imóvel" (g.n) Daí decorre que para a transmissão do direito de propriedade, é mister a lavratura de escritura pública definitiva de compra e venda ou a formulação de pedido de adjudicação compulsória nas vias judiciais. Em recente decisão acerca da questão envolvendo o presente procedimento, a Egrégia Corregedoria Geral da Justiça decidiu: "APELAÇÃO DÚVIDA RECUSA A TRANSMISSÃO DA PROPRIEDADE - TERMO DE QUITAÇÃO DE COMPROMISSO DE VENDA E COMPRA QUE NÃO CONSTITUI TÍTULO TRANSLATIVO DO DOMÍNIO - NECESSIDADE DE TÍTULO HÁBIL INTELIGÊNCIA DO ART 1.417 DO CÓDIGO CIVIL PROMITENTE COMPRADOR QUE ADQUIRE DIREITO À AQUISIÇÃO DO

IMÓVEL APLICAÇÃO RESTRITA DO ART. 26, § 6º DA LEI N.º 6.766/79 AOS CASOS EM QUE O COMPROMISSO DE VENDA E COMPRA FOI CELEBRADO PELO PRÓPRIO LOTEADOR - INTELIGÊNCIA DO ART. 167, II, ITEM 32 DA LEI DE REGISTROS PÚBLICOS PARA FINS ESPECÍFICOS. DESPROVIMENTO DO RECURSO" (Apelação Cível nº 1036475-31.2020.8.26.0100, Rel: Corregedor Geral da Justiça Drº Ricardo Anafe, D.J. 16/12/2020). Confira-se do corpo do Acórdão: "Como regra, o compromisso de compra e venda não tem o condão, de, por si só, transferir a propriedade de um imóvel. Gera apenas o direito à aquisição do bem, permitindo que se exija do outorgante a lavratura de escritura de venda e compra definitiva. E é este o título hábil a transferir o domínio do imóvel. E, quitado o preço, acaso não tenha sido outorgada a escritura definitiva, caberá ao promitente comprador o ajuizamento da adjudicação compulsória, nos moldes do art. 1.418 do Código Civil: O promitente comprador, titular de direito real, pode exigir do promitente vendedor, ou de terceiros, a quem os direitos deste forem cedidos, a outorga da escritura definitiva de compra e venda, conforme o disposto no instrumento preliminar; e, se houver recusa, requerer ao juiz a adjudicação do imóvel. É, neste sentido, a lição de Francisco Eduardo Loureiro, nos comentários ao dito art. 1.418 do Código Civil(Código Civil Comentado, Coord. Min. Cezar Peluso, 11ª ed., São Paulo: Manole, 2017, p. 1.424): Embora defenda José Osório de Azevedo Júnior a tese da possibilidade da dispensa da escritura definitiva, substituída pelo compromisso acompanhado de prova de quitação, tal conclusão implica violação ao disposto no art. 108 do CC ('O compromisso de compra e venda'. In: Franciuli Neto, Domingos (coord.), Mendes, Gilmar Ferreira amp Martins Filho, Ives Gandra da Silva. O novo Código Civil: estudos em homenagem ao prof. Miguel Reale. São Paulo, LTr, 2003, p. 450). Não pode prevalecer, portanto, o Enunciado n. 87 do Centro de Estudos Judiciários do CJF, por ocasião da Jornada de Direito Civil realizada entre 11 e 13 de setembro de 2002, cujo teor é o seguinte: 'Considera-se também título translativo, para fins do art. 1.245 do CC, a promessa de compra e venda devidamente quitada (arts. 1.417 e 1.418 do CCe §6º do art. 26 da Lei n. 6.766/79)'. Fixadas estas premissas, não há se falar em utilização do art. 26, § 6º da Lei nº 6.766/79que tem aplicação restrita aos casos em que o compromisso de venda e compra foi celebrado pelo próprio loteador, o que não ocorre no presente caso, em que firmado por terceiro. Trata-se, pois, de exceção, cuja interpretação deve se dar no contexto da legislação em que prevista, ou seja, nos casos de parcelamento do solo, a não autorizar o uso do favor legal, exigindo-se que seja lavrada escritura de compra e venda. A ampliação deste entendimento implicaria em negativa de vigência ao art. 1.418 do Código Civil, pois se retiraria a necessidade de lavratura da escritura de compra e venda em todos os casos, e não mais apenas naqueles relativos ao parcelamento do solo pelo loteador..." Logo, o titulo apresentado não pode ser considerado hábil para ingresso no fólio real. Diante do exposto, julgo procedente a dúvida suscitada pelo Oficial do 18º Registro de Imóveis da Capital, a requerimento de Julia Mohovic, e consequentemente mantenho o óbice registrário. Deste procedimento não decorrem custas, despesas processuais e honorários advocatícios. Oportunamente remetam-se os autos ao arquivo. P.R.I.C. - ADV: CHARLES TAKEYOSHI KIKUNAGA (OAB 172405/SP), MARCUS VINICIUS KIKUNAGA (OAB 316247/ SP) (DJe de 03.03.2021 – SP)

Ementa: Sentença – Dúvida – Requerimento de registro do Contrato de Venda e Compra – Impossibilidade – Necessidade da anuência da credora fiduciária – Art. 29, da Lei nº 9.514/97 – Princípio da Legalidade – Manutenção do óbice – Procedência

Processo 1105447-53.2020.8.26.0100

Dúvida - Notas - Marilene Mendes Monteiro Barbosa - Vistos. Trata-se de dúvida suscitada pelo Oficial do 17º Registro de Imóveis da Capital, a requerimento de Marilene Mendes Monteiro, diante da negativa em se proceder ao registro do contrato de venda e compra referente ao imóvel matriculado sob nº 50.279. O óbice registrario refere-se à necessidade da anuência da credora fiduciária Caixa Econômica Federal em relação ao mencionado contrato, nos termos do artigo 29 da Lei nº 9514/97. Juntou documentos às fls. 04/49 e 54/61. O Ministério Público opinou pela procedência da dúvida (fls. 69/70). É o relatório. Passo a fundamentar e a decidir. Com razão o Oficial, bem como a D. Promotora de Justiça. Ao se constituir a alienação fiduciária, tanto por instrumento público como particular, a propriedade do imóvel é transferida para o credor, ficando o devedor na posse direta do bem durante o período em que vigorar o financiamento. Caso haja o inadimplemento da dívida, o Cartório de Registro de Imóveis notifica o devedor, de modo a constituí-lo em mora e, persistindo em aberto a obrigação, a propriedade será consolidada em favor do credor. Nos termos do artigo 29 da Lei 9.514/97: "Art. 29. O fiduciante, com anuência expressa do fiduciário, poderá transmitir os direitos de que seja titular sobre o imóvel objeto da alienação fiduciária em garantia, assumindo o adquirente as respectivas obrigações" (g.n) Logo, em consonância com o princípio da legalidade, que norteia os atos registrários, é imprescindível a concordância da instituição financeira, que sofrerá os impactos da alteração do contrato de alienação fiduciária, ainda que a transferência relativa aos direitos aquisitivos ocorra entre os devedores. Diante do exposto, julgo procedente a dúvida suscitada pelo Oficial do 17º Registro de Imóveis da Capital, a requerimento de Marilene Mendes Monteiro, e consequentemente mantenho o óbice registrário. Deste procedimento não decorrem custas, despesas processuais e honorários advocatícios. Oportunamente remetam-se os autos ao arquivo. P.R.I.C. - ADV: GABRIEL CESAR BANHO (OAB 101531/SP) (DJe de 18.02.2021 – SP)

Ementa: Sentença – Pedido de Providências – Retificação da Escritura Pública de Compra e Venda – Requerimento de averbação da Escritura de Divórcio para constar que o Requerente era o único proprietário do imóvel – Necessidade da presença das partes originais para a devida retificação, tendo em vista que, à época, o Requerente era casado pelo regime de comunhão parcial de bens – Impossibilidade do pleito na via administrativa – Indeferimento – Ciência ao Tabelião – Arquivamento do feito

Processo 1098461-83.2020.8.26.0100

Pedido de Providências - REGISTROS PÚBLICOS - P.R.C. - Juiz(a) de Direito: Dr(a). Marcelo Benacchio VISTOS, Trata-se de expediente formulado por P. R. C., solicitando a retificação da Escritura Pública de Compra e Venda, realizada aos 04 de setembro de 2018, inserta no livro 4.730, páginas 047/050, da lavra do Senhor 16º Tabelião de Notas da Capital. Os autos foram instruídos com os documentos de fls. 09/94. Em especial, a cópia da debatida escritura pública encontra-se juntada às fls. 09/12. O Senhor 16º Tabelião manifestou-se às fls. 104/106. A D. Representante do Ministério Público manifestou-se às fls. 115/116, opinando pela improcedência do pedido. Ao final, o Senhor Representante veio aos autos para reiterar os termos de seu pedido original (fls. 120/121). É o breve relatório. DECIDO. Cuida-se de pedido de providências instaurado a partir de representação efetuada pelo Senhor P. R. C., solicitando a retificação da Escritura Pública de Compra e Venda, realizada aos 04 de setembro de 2018, inserta no livro 4.730, páginas 047/050, da lavra do Senhor 16º Tabelião de Notas da Capital, ante a negativa do Notário em proceder à correção de ofício, por meio de ata retificativa. Verifica-se dos autos que, pela Escritura Pública de Venda e Compra, datada de 04 de setembro de 2018, da lavra do Senhor 16º Tabelião de Notas da Capital, o Senhor P. R. C., à época casado pelo regime da comunhão parcial de bens com K. S. R. C., adquiriu de TG São Paulo Empreendimentos Imobiliários S/A o imóvel objeto da matrícula 211.798 do 14º Registro de Imóveis da Capital. Posteriormente ao negócio jurídico da Compra e Venda, aos 03 de dezembro de 2018, o Senhor P. R. C. divorciou-se de K. S. R. C., por meio de Escritura Pública de Divórcio, efetivada perante a mesma serventia notarial. Constou do referido ato a informação de que o imóvel objeto do ora debatido ato notarial foi adquirido somente por P. R. C., constando expressa anuência da então esposa. Não foi realizada partilha dos bens. Ato contínuo, o Senhor Interessado apresentou a indigitada Escritura de Divórcio, para que o ilustre Registrador Imobiliário averbasse a matrícula do bem, de modo a fazer constar o varão como único proprietário do imóvel. Todavia, o Senhor Registrador negou a realização do ato, ao asseverar que da Escritura de Compra e Venda original apontou que o adquirente era casado pelo regime da comunhão parcial. A seu turno, o Senhor 16º Tabelião de Notas assevera que não é possível se retificar, por meio de ata, sem a presença das partes originais, o instrumento público da Compra e Venda. Com efeito, indica que não há erro, inexatidão ou irregularidade no referido ato notarial que permita a feitura de ata retificativa, sendo necessária, para alteração de sua redação, que as partes procedam à lavratura de Escritura de Retificação e Ratificação, à qual todos devem comparecer, para apor sua concordância com a alteração efetuada. Pois bem. Assiste razão ao Senhor Tabelião na negativa efetuada. Pese embora a argumentação deduzida nos autos pelo Senhor Representante, forçoso convir, na espécie, que o ato notarial que se pretende retificar já está aperfeiçoado e consumado, inexistindo possibilidade jurídica, no âmbito administrativo, para a alteração pretendida, ante ao conteúdo das declarações de vontade. Não se deve perder de vista que escritura pública é ato notarial que formaliza juridicamente a vontade das partes, observados os parâmetros fixados pela Lei e pelas Normas de Serviço da Corregedoria Geral da Justiça, reproduzindo, portanto, exatamente aquilo que outorgantes e outorgados manifestaram ao preposto da serventia. Bem assim, qualquer falha em escritura pública, não concernente em mera correção de erros, inexatidões materiais e equívocos, só pode ser emendada com a participação das mesmas partes, mediante a lavratura de novo ato. Nesse sentido, o tema é fortemente assentado perante esta Corregedoria Permanente, bem como perante a E. Corregedoria Geral da Justiça, que em recente julgado, decidiu:

Retificação de escritura pública de compra e venda de imóvel - Título que atribui aos interessados imóvel diverso daquele referido no contrato celebrado e efetivamente ocupado - Situação que extrapola as específicas hipóteses de retificação previstas nos itens 53 e 54 do Capítulo XIV das NSCGJ por implicar modificação da declaração de vontade das partes e da substância do negócio jurídico realizado - Recurso não provido. (Corregedoria Geral da Justiça de São Paulo Pedido de Providências: 1073694-83.2017.8.26.0100. Data de Julgamento: 13.03.2018. Publicação: 21.03.2018. Relator: Dr. Geraldo Francisco Pinheiro Franco). Por conseguinte, diante de todo o exposto, é inviável a retificação tal qual pretendida, perante esta estreita via administrativa, razão pela qual indefiro o pedido inicial. Outrossim, faço a observação ao Senhor Tabelião, quanto ao declarado pelo Senhor Representante, de que foi direcionado a este Juízo Corregedor Permanente sem que tenha apresentado pedido ao Tabelionato, para que se mantenha atento e zeloso na orientação e fiscalização dos prepostos sob sua responsabilidade, os quais jamais devem obstar que as partes conversem ou pleiteiem diretamente ao Titular. Oportunamente, arquivem-se os autos. Ciência ao Senhor Tabelião e ao Ministério Público. P.I.C. - ADV: EDUARDO CAMPOS DE SOUZA FILHO (OAB 102115/MG) (DJe de 22.01.2021 – SP)

Ementa: Sentença – Dúvida – Requerimento de registro da Escritura de Venda e Compra – Existência de divergência nos termos da Escritura com os constantes nas matrículas – Hipotecas registradas – Necessidade de cancelamento dos gravames para posterior registro – Informação posterior de que houve o cancelamento das aludidas hipotecas – Perda do objeto – Extinção do feito

Processo 1089904-10.2020.8.26.0100

Dúvida - Notas - Esdras Barros - Vistos. Trata-se de dúvida suscitada pelo Oficial do 1º Registro de Imóveis da Capital, a requerimento de Esdras Barros e Elizabeth Cambraia Karat Barros, tendo em vista a negativa em se proceder ao registro da escritura de venda e compra lavrada perante o 11º Tabelião de Notas da Capital, concernente aos imóveis matriculados sob nº 74.846 e 74.847. O óbice registrário ocorreu por constar na escritura pública que os imóveis encontram-se absolutamente livres e desembaraçados de quaisquer dívidas e ônus reais, incluindo hipotecas, todavia, nas mencionadas matrículas constam a existência de hipoteca registrada em favor de Associação de Poupança e Empréstimo Poupex (R.02). Salienta o Registrador que os suscitados anexaram ao requerimento cópia da decisão do MMº Juízo da 41ª Vara Cível da Capital em 03/12/2015, n qual houve o reconhecimento do perecimento da garantia hipotecária, em razão da arrematação do imóvel, bem como cópia da sentença de 10.03.2020. Destaca que acaso a decisão tenha transitado em julgado, poderá ser considerada como titulo hábil para o cancelamento das hipotecas, desde que satisfeitos as custas e emolumentos decorrentes do cancelamento. Juntou documentos às fls. 05/36, 38 e 40/41. Os suscitados apresentaram impugnação às fls. 42/48. Argumentam que o registro da escritura de compra e venda deve ser admitido sem a exigência de primeiro averbar o cancelamento da hipoteca, tendo em vista a possibilidade de se transferir a propriedade do imóvel, remanescendo os ônus reais que pesam sobre ele. Afirmam que a hipoteca não proíbe a transferência da propriedade do bem, mas assegura ao credor hipotecário o direito de sequela, de perseguir a coisa em poder de quem esteja, razão pela qual é indiferente qualquer ato translativo da propriedade. Apresentaram documentos às fls. 49, 61/72. Asseveram os interessados à fl. 87 que a dúvida suscitada é sobre a possibilidade de registrar uma escritura de compra e venda, independentemente do cancelamento da hipoteca. Juntaram documentos às fls. 88/89. Houve nova manifestação do Registrador à fl. 94. Esclarece que os suscitados apresentaram a decisão que deferiu o cancelamento da hipoteca determinada pelo MMº Juízo da 41ª Vara Cível da Capital. Assim, o mandado foi prenotado e qualificado positivamente, com o consequente cancelamento das hipotecas, nos termos da averbação 04/74.847 e 06/74.846. O Ministério Público opinou pela extinção do feito pela perda do seu objeto (fl. 98). É o relatório. Passo a fundamentar e a decidir. Verifico que a presente dúvida tem como escopo a divergência dos termos da escritura de compra e venda daquilo constante nas matrículas mencionadas, vez que houve a omissão em relação a existência de hipotecas que gravam ambas as matrículas, razão pela qual exigiu o registrador o cancelamento dos gravames para posterior registro. Feitas estas considerações, as razões expostas pelos suscitados à fl. 87, não será objeto de análise do presente feito, sendo que a escritura de compra e venda deverá ser novamente apresentada para qualificação e eventuais insurgências devem ser suscitadas em procedimento próprio. No mais, levando-se em consideração as informações do Registrador sobre o cancelamento das hipotecas, diante da prenotação da decisão proferida pelo MMº Juízo da 41ª Vara Cível da Capital (fl. 94), não há o que decidir nos autos, por perda de objeto. Diante do exposto, julgo extinta a dúvida suscitada pelo Oficial do 1º

Registro de Imóveis da Capital, a requerimento de Esdras Barros e Elizabeth Cambraia Karat Barros, nos termos do artigo 485, IV do CPC, e consequentemente determino o arquivamento do feito. Deste procedimento não decorrem custas, despesas processuais e honorários advocatícios. P.R.I.C. - ADV: RENATO AUGUSTO OLLER DE MOURA BRAGA (OAB 305479/SP) (DJe de 21.01.2021 – SP)

Ementa: Sentença – Dúvida – Compra e Venda – Impossibilidade – Necessidade de apuração do remanescente da área – Princípio da disponibilidade – Área objeto de diversas aberturas de matrícula, o que dificulta a apuração correta dos limites da área em questão – Manutenção do óbice – Procedência

Processo 1081016-52.2020.8.26.0100

Dúvida - Notas - Soraia Lopes - Vistos. Trata-se de dúvida suscitada pela Oficial do 16º Registro de Imóveis da Capital, a requerimento de Soraia Lopes e José Carlos Rocha, tendo em vista a negativa em se proceder ao registro de escritura de compra e venda lavrada no Tabelionato de Torre de Pedra Comarca de Porangaba, referente ao imóvel com origem na transcrição nº 3.797 do 12º Registro de Imóveis da Capital. O óbice registrário refere-se à ausência de segurança com relação a disponibilidade de área na transcrição do 12º RI, vez que esta serviu para abertura de várias matrículas no 9º RI, consequentemente, não há o controle do que restou na transcrição. Salienta que o controle da disponibilidade quantitativa pode ser feita pela Serventia, todavia, não há possibilidade de controle da disponibilidade qualitativa sem a prévia apuração de remanescente. Juntou documentos às fls. 03/54. Os suscitados não apresentaram impugnação em Juízo, conforme certidão de fl. 55, contudo, manifestou-se perante a Serventia Extrajudicial às fls. 06/07. Argumentam que o imóvel, objeto da escritura que pretendem registrar, confronta de ambos os lados e fundos com imóveis devidamente matriculados no 16º RI e todos com origem na transcrição nº 3.797 do 12º RI. Por fim, afirmam que é competência da registradora a apuração e controle da disponibilidade das alienações havidas com origem na transcrição aquisitiva dos alienantes. O Ministério Público opinou pela manutenção do óbice (fls. 69/71). É o relatório. Passo a fundamentar e a decidir. Primeiramente ressalto que apesar de constar no dispositivo do parecer do órgão ministerial a improcedência da dúvida (fl. 71), verifico que a fundamentação é no sentido da manutenção da exigência imposta pela Oficial. Logo, entendo que se trata de mero erro material e em consonância com o princípio da celeridade que norteia os atos processuais, não há necessidade da abertura de vista para que o parquet reconheça que o parecer é pela procedência. Feita esta consideração, passo a análise do mérito. O principio da disponibilidade se subdivide em disponibilidade quantitativa e qualitativa. A primeira diz respeito a área total do imóvel, trazendo como consequência a transmissão e oneração somente da área de que se é titular e a segunda refere-se a área a ser destacada desta área total. Em virtude da transcrição nº 3.797 do 12º RI, servir de base para abertura de várias matrículas no 9º RI e no 16º RI, entre os quais encontra-se o imóvel, objeto da escritura apresentada a registro, tal transcrição perdeu suas características de especialização objetiva, impossibilitando o mínimo controle de disponibilidade. Em outras palavras, não é possível o ingresso do titulo na ausência de razoável descrição da área e do limite do imóvel remanescente, sem a indicação de pontos seguros que permitam levantar de onde será destacada a área em questão, sob pena de ofensa aos principios da segurança juridica e da especialidade objetiva, que norteiam os atos registrários. Destaco que esta questão é objeto de várias decisões proferidas pelo Egrégio Conselho Superior da Magistratura: "Registro de Imóveis - Escritura pública de venda e compra - Acesso negado - Lote destacado de área transcrita - Ausência de perfeita identificação tabular - Princípios da especialidade e da disponibilidade- Dúvida procedente - Recurso não provido." (Apelação Cível nº 188-6/9, Comarca de BARUERI, Rel. Des. José Mário Antonio Cardinale). "REGISTRO DE IMÓVEIS - Dúvida julgada procedente - Transcrição imprecisa que compromete a segurança do sistema - Venda e compra celebrada com herdeiros dos titulares tabulares - Sujeição do registro ao princípio da continuidade - Desmembramento irregular de lote, a exigir retificação (apuração do remanescente) - Irrelevância dos erros praticados no âmbito do serviço extrajudicial (notarial e registral) - Sentença mantida - Recursos improvidos." (Apelação nº 0005615-39.2015.8.26.0068, Comarca: Barueri, Rel. Des. Dr. Manoel de Queiroz Pereira Calças). Assim, faz-se necessário que os interessados promovam a retificação da transcrição para o registro da compra e venda de área destacada, nos termos do artigo 213 e parágrafos da Lei nº 6015/73. Diante do exposto, julgo procedente a dúvida suscitada pela Oficial do 16º Registro de Imóveis da Capital, a requerimento de Soraia Lopes e José Carlos Rocha, e consequentemente mantenho o óbice registrário. Deste procedimento não decorrem custas, despesas processuais e honorários advocatícios. Oportunamente remetam-se os autos ao arquivo. P.R.I.C.

- ADV: MAURICIO FERNANDES DOS SANTOS (OAB 128755/SP) (DJe de 12.01.2021 – SP)

CONFERÊNCIA DE BENS

Ementa: Sentença – Dúvida – Pedido de registro da Conferência de Bens decorrente do Contrato Social da empresa – Impossibilidade – Necessidade de autorização judicial em razão da transmitente ser menor de idade – Art. 1691 do CC – Imprescindibilidade de lavratura da Escritura Pública com a devida anuência da transferente – Manutenção do óbice – Procedência

Processo 1020090-71.2021.8.26.0100

Dúvida - Notas - De Angelis Administração de Imóveis Próprios Ltda. - Do exposto, julgo procedente a dúvida suscitada pelo Oficial do 1º Registro de Imóveis da Capital, a requerimento de De Angelis Administração de Imóveis Próprios Ltda., mantendo o óbice registrário apontado. Oficie-se ao Juízo Corregedor Permanente do Cartório de Registro de Imóveis de Matão, de modo que sejam tomadas medidas necessárias para a averiguação de eventual falha funcional daquela serventia no registro da transferência dos demais imóveis de propriedade da então menor incapaz, Julia Albarici de Angelis de Souza, encaminhando-se cópia da presente sentença e da impugnação de fls. 48/67. Não há custas, despesas processuais ou honorários advocatícios decorrentes deste procedimento. Oportunamente, arquivem-se os autos. P.R.I.C. - ADV: REINALDO ANTONIO ZANGELMI (OAB 268682/SP), MARCIO JOSE BARBERO (OAB 336518/SP) **Íntegra da decisão:**

SENTENÇA

Processo Digital nº: **1020090-71.2021.8.26.0100**

Classe - Assunto **Dúvida - Notas**

Suscitante: **1º Oficial de Registro de Imóveis da Capital**

Suscitado: **De Angelis Administração de Imóveis Próprios Ltda.**

Juiz(a) de Direito: Dr(a). **Vivian Labruna Catapani**

Vistos.

Trata-se de dúvida suscitada pelo Oficial do 1º Registro de Imóveis da Capital, a requerimento de *De Angelis Administração de Imóveis Próprios Ltda.*, após negativa de registro da conferência de bens decorrente do contrato social da empresa, objetivando a transferência do imóvel objeto da matrícula nº 105.699.

O título foi desqualificado em razão de a transmitente, *Julia Albarici de Angelis de Souza*, ter apenas 13 anos de idade quando o imóvel foi objeto da integralização do capital social, em 2016. Dessa forma, em razão de sua incapacidade civil absoluta, a validade da transmissão estaria condicionada à obtenção de autorização por alvará judicial.

Em vista da ausência de autorização judicial, o negócio seria nulo de pleno direito e não poderia ser convalidado, nem mesmo com a posterior ratificação pela transmitente. Sendo assim, o registro só seria possível com a lavratura de nova escritura notarial de transmissão.

A suscitada manifestou-se às fls. 48/55, sustentando, em síntese, a validade do negócio jurídico, em razão de a sócia, em que pese sua incapacidade, estar devidamente representada por seus pais quando da prática do ato. Além disso, o capital social da empresa é composto por outros imóveis, todos transmitidos pela sócia *Julia*, enquanto esta ainda era incapaz e o registro de suas transferências foram regularmente efetuados pelo Oficial Registrador de Matão. Alegou, também, que a sócia não sofreu nenhum prejuízo decorrente da transferência, haja vista que também é titular da empresa e, além disso, ratificou recentemente seu ato.

O Ministério Público opinou pela procedência da dúvida (fls. 70/72).

É o relatório.

Fundamento e Decido.

De acordo com os artigos 974, § 1º, 1245, § 1º, 1275, inciso I e 1691 do Código Civil, a conferência de bens destinada à integralização do capital social constitui ato de alienação, razão pela qual, apesar da boa fé das partes envolvidas, é imprescindível autorização judicial para a proprietária incapaz dispor de seu imóvel, mesmo sendo representada por seus pais.

No presente caso, o pedido de integralização não foi submetido à análise judicial, que seria realizada para constatar a real vantagem da operação à incapaz, sendo que a alienação dos bens na hipótese só é possível se não lhe trouxer prejuízo de ordem econômica, preservando de forma inequívoca os seus interesses. Logo, considerando que a obrigatória avaliação judicial prévia não foi realizada, o óbice apontado pelo Oficial deve ser mantido.

Neste contexto, dispõe o art. 1.691 do CC:

> *"Art. 1.691. Não podem os pais alienar, ou gravar de ônus real os imóveis dos filhos, nem contrair, em nome deles, obrigações que ultrapassem os limites da simples administração, salvo por necessidade ou evidente interesse da prole, mediante prévia autorização do juiz."*

Sobre a necessidade de prévia autorização judicial para a transferência de imóvel de incapaz para integralização de capital de pessoa jurídica, destaco os seguintes precedentes do E. TJSP:

"REGISTRO DE IMÓVEIS – Dúvida – Instrumento particular de constituição de sociedade empresária limitada – Integralização de capital por incapaz – Ato de transmissão do bem da pessoa física para pessoa jurídica – Indispensabilidade de autorização judicial – Recurso não provido" (Apelação Cível nº 1045783-91.2020.8.26.0100, Rel. Ricardo Anafe, Conselho Superior de Magistratura, j. 10/12/2020).

"Apelação. Pedido de alvará visando autorização judicial para alienação de imóvel de menor (art. 1.691 do CC) e sua destinação à integralização de capital social de sociedade que o menor constituiria juntamente com sua genitora. Ausência de justificativa da medida. Ato que não se mostra necessário para administração do bem e não traz concreta vantagem ao menor. Existência de grave risco ao patrimônio do incapaz. Autor que figuraria como sócio minoritário da sociedade, sem poder de administração, o qual é atribuído exclusivamente à outra sócia, com previsão expressa de poderes para usar a firma social em atividades alheias ao objeto social, inclusive para onerar bens, firmar empréstimos, constituir garantia real, autorizar fusão, incorporação e cisão da sociedade, de modo que o autor perderia totalmente o controle do seu patrimônio, que poderia ser empregado em atividades estranhas ao âmbito de simples administração de bens próprios. Recurso improvido" (Apelação Cível nº 1009382-58.2017.8.26.0566, Rel. Enéas Costa Garcia, 1ª Câmara de Direito Privado, j. 02/03/2020).

Logo, tendo em vista que é condição de validade do negócio jurídico a autorização judicial, sendo que sua ausência ocasionará a nulidade, é mister a manutenção do óbice registrário, haja vista que a nulidade absoluta não pode ser convalidada, por força do art. 169 do Código Civil.

Dessa forma, de modo a possibilitar o registro da transferência, deverá a interessada lavrar a respectiva escritura pública, com a anuência da transferente, que está atualmente em pleno gozo de sua capacidade.

Do exposto, julgo **procedente** a dúvida suscitada pelo Oficial do 1º Registro de Imóveis da Capital, a requerimento de *De Angelis Administração de Imóveis Próprios Ltda.*, mantendo o óbice registrário apontado.

Oficie-se ao Juízo Corregedor Permanente do Cartório de Registro de Imóveis de Matão, de modo que sejam tomadas medidas necessárias para a averiguação de eventual falha funcional daquela serventia no registro da transferência dos demais imóveis de propriedade da então menor incapaz, *Julia Albarici de Angelis de Souza*, encaminhando-se cópia da presente sentença e da impugnação de fls. 48/67.

Não há custas, despesas processuais ou honorários advocatícios decorrentes deste procedimento.

Oportunamente, arquivem-se os autos.

P.R.I.C.

São Paulo, 11 de março de 2021. (DJe de 15.03.2021 – SP)

DAÇÃO EM PAGAMENTO

Ementa: Sentença – Dúvida – Pedido de registro da Escritura de Dação em Pagamento – Óbice referente a necessidade de autorização judicial, em razão do imóvel ter sido anteriormente objeto de escritura falsa, bem como do recolhimento do ITBI – Concordância da Requerente em relação ao dever de recolhimento do referido Imposto – Afastamento do óbice relativo à autorização judicial – Ausência de indício de fraude ou irregularidade no título – Dúvida prejudicada

Processo 1102203-19.2020.8.26.0100

Dúvida - REGISTROS PÚBLICOS - Ines do Amor Divino Meneses - Do exposto, julgo prejudicada a dúvida suscitada pelo Oficial do 14º Registro de Imóveis da Capital, a requerimento de Inês do Amor Divino Meneses, com observação em relação ao afastamento do óbice referente à necessidade de autorização judicial para o registro da escritura de dação em pagamento celebrada pela impugnante, ante a ausência de indícios de irregularidade no título apresentado. Não há custas, despesas processuais ou honorários advocatícios decorrentes deste procedimento. Oportunamente, arquivem-se os autos. P.R.I.C. - ADV: RODRIGO AUGUSTO BONIFACIO (OAB 189078/SP)

Íntegra da decisão:

SENTENÇA

Processo Digital nº: **1102203-19.2020.8.26.0100**

Classe - Assunto **Dúvida - REGISTROS PÚBLICOS**

Suscitante: **14º Oficial de Registro de Imoveis da Capital**

Suscitado: **Ines do Amor Divino Meneses**

Juiz(a) de Direito: Dr(a). **Vivian Labruna Catapani**

Vistos.

Trata-se de dúvida suscitada pelo Oficial do 14º Registro de Imóveis da Capital, a requerimento de *Inês do Amor Divino Meneses*, após negativa de registro de escritura de dação em pagamento, referente ao imóvel objeto da matrícula nº 57.325.

O Oficial apresentou nota devolutiva por entender que o registro necessitaria de autorização judicial, em razão de o imóvel em questão ter sido anteriormente objeto de escritura falsa, que deu ensejo à suscitação do procedimento de dúvida nº 1009874-56.2018, que tramitou perante este Juízo. Aduziu, também, a necessidade de recolhimento do ITBI devido – contudo, a parte suscitada concordou com este óbice, de modo que o subsiste apenas a questão da autorização judicial ao registro.

A suscitada manifestou-se às fls. 42/45, sustentando, em síntese, a validade da escritura pública de dação em pagamento, por meio da qual *Ezilda Rosa*, titular dominial do bem, transferiu o imóvel para a suscitada e seu marido (*Roque Bessa do Nascimento*) em cumprimento a um instrumento particular de confissão de dívida. Aduziu que não pode ser penalizada por fraudes e ilícitos cometidos por terceiros.

O Ministério Público sustentou que a presente dúvida deve ser julgada prejudicada, com observação, em razão de a suscitada concordar com um dos óbices apresentados (necessidade de recolhimento do ITBI). Em relação à escritura de dação em pagamento, opinou por sua regularidade.

É o relatório.

Fundamento e Decido.

Primeiramente verifico que na presente hipótese houve impugnação parcial das exigências formuladas pelo Registrador. A requerente demonstrou irresignação apenas contra a necessidade de autorização judicial para registro de seu título, deixando de impugnar o óbice referente ao recolhimento do ITBI devido e à apresentação de certidão de recolhimento da Municipalidade.

A concordância parcial prejudica o pedido, que só admite duas soluções: a determinação do registro do título protocolado, ou a manutenção da recusa do registrador.

Para que se possa decidir se o título pode ser registrado ou não é preciso que todas as exigências – e não apenas parte delas – sejam reexaminadas. Nesse sentido, é pacífica a jurisprudência do Egrégio Conselho Superior.

Destarte, resta prejudicada a presente dúvida. Entretanto, deve ser realizada observação em relação à validade do título apresentado a registro.

A suscitada e seu marido (*Roque Bessa do Sacramento*) receberam o imóvel objeto da matrícula nº 57.325 de *Ezilda Rosa* – titular dominial anterior – por meio de escritura de dação em pagamento lavrada pelo Tabelião de Notas da Comarca de Itapiúna – CE, em 21/09/1999 (fls. 13/15).

Observo que não há nenhum indício de fraude ou irregularidade no título apresentado. Segundo informação prestada pelo Tabelião em que foi lavrada, a escritura é autêntica (fls. 56/61). Além disso, sua validade é corroborada pelo fato de ser anterior ao óbito da *Sra. Ezilda* (2004) e à escritura falsa por meio da qual o objeto teria sido transferido a *João Guilherme Bueno* (2017).

Ademais, a mencionada escritura falsa, que foi objeto do procedimento de dúvida nº 1009874-56.2018, foi lavrada no Registro Civil e Notas da Comarca de Frutal – MG, não guardando qualquer relação com o Tabelião de lavratura do título ora analisado.

Portanto, ante a ausência de indícios de irregularidade do título, o óbice referente à necessidade de autorização judicial ao registro deve ser afastado.

Do exposto, julgo prejudicada a dúvida suscitada pelo Oficial do 14º Registro de Imóveis da Capital, a requerimento de *Inês do Amor Divino Meneses*, com observação em relação ao afastamento do óbice referente à necessidade de autorização judicial para o registro da escritura de dação em pagamento celebrada pela impugnante, ante a ausência de indícios de irregularidade no título apresentado.

Não há custas, despesas processuais ou honorários advocatícios decorrentes deste procedimento.

Oportunamente, arquivem-se os autos.

P.R.I.C.

São Paulo, 11 de março de 2021. (DJe de 17.03.2021 – SP)

Ementa: Sentença – Dúvida – Pedido de registro da Escritura de Dação em Pagamento – Necessidade de apresentação da CND referente aos Tributos Federais e à Dívida Ativa da União – Descabimento – Dispensabilidade da referida para a prática de atos notariais e registrários – Item 117.1, do Capítulo XX, das NSCGJ – Entendimento pacífico dos Tribunais Superiores, CNJ e da Corregedoria Geral da Justiça – Afastamento do óbice – Improcedência

Processo 1103300-54.2020.8.26.0100

Dúvida - Notas - Blue Empreendimentos e Participações Ltda. - Vistos. Trata-se de dúvida suscitada pelo Oficial do 4º Registro de Imóveis da Capital, a requerimento de Blue Empreedimentos e Participações LTDA, tendo em vista a negativa em se proceder ao registro da escritura de dação em pagamento pela qual a suscitada transmite o imóvel objeto da matrícula nº 760 para Equipe Sport Promotion Eventos LTDA. O óbice registrário refere-se à necessidade de apresentação da certidão negativa de débito relativos aos Tributos Federais e à Dívida Ativa da União, nos termos dos artigos 47, II e 48 da Lei nº 8.212/91. Desataca o Oficial ter ciência da atual jurisprudência dos Tribunais Superiores e desta Corregedoria Permanente no tocante a necessidade da apresentação das Certidões Negativas (item 117.1, do Cap. XX, das Normas Extrajudiciais de Serviço) e assevera que a matéria ainda enseja a controvérsia, tendo em vista que existe entendimento no sentido em que a alínea b, inciso I, do artigo 47, da Lei Federal nº 8.212/91, estaria em vigor, por não ter sido expressamente declarada inconstitucional. Salienta que as consequências previstas no artigo 48 da mencionada lei, consistentes na responsabilidade solidária do Oficial que praticar o ato e este ser nulo para todos os efeitos, permanecem válidos. Juntou documentos às fls. 04/31 e 36/37. A suscitada apresentou impugnação às fls. 48/49. Salienta que a exigência é inconstitucional nos termos da pacífica jurisprudência dos Tribunais Superiores. O Ministério Público opinou pela improcedência da dúvida (fls. 64/65). É o relatório. Passo a fundamentar e a decidir. Apesar do entendimento pessoal desta magistrada, no sentido de não ser possível declarar, em sede administrativa, a inconstitucionalidade dos dispositivos legais que exigem a apresentação da CND perante o registro imobiliário, reconheço ter sido pacificado o entendimento de que tal exigência não pode ser feita pelo Oficial. Neste sentido, além dos precedentes do E. Conselho Superior da Magistratura e da Corregedoria Geral da Justiça deste Tribunal, o Conselho Nacional de Justiça, nos autos do pedido de providências nº 000123082-.2015.2.00.0000, formulado pela União/AGU, entendeu não haver irregularidade na dispensa, por ato normativo, da apresentação de certidão negativa para registro de título no Registro de Imóveis: "CNJ: Pedido de Providências Provimento do TJ-RJ que determinou aos cartórios de registro de imóveis que deixem de exigir a certidão negativa de débito previdenciária (CND) Pedido formulado pela UNIÃO/AGU para a suspensão cautelar e definitiva dos efeitos do Provimento n. 41/2013, além da instauração de reclamação disciplinar contra os magistrados que participaram da concepção e realização do ato e ainda, que o CNJ expeça resolução ou recomendação vedando a todos os órgãos do Poder Judiciário a expedição de normas de conteúdo semelhante ao editado pela requerida Provimento CGJ n. 41/2013 editado pelo TJRJ está de acordo com a interpretação jurisprudencial do STF Ressalte-se que não houve qualquer declaração de inconstitucionalidade dos artigos 47 e 48 da Lei n. 8.212/91, mas sim fixação de norma de competência da Corregedoria Geral de Justiça local para regulamentar as atividades de serventias extrajudiciais vinculadas ao Tribunal de Justiça Pedido de providências improcedente" De acordo com o Acórdão: "... Ao contrário do que afirma a Advocacia-Geral da União, verifica-se que o Provimento CGJ n. 41/2013 editado pelo TJRJ está de acordo com a interpretação jurisprudencial do STF acerca da aplicabilidade dos artigos 47 e 48 da Lei n. 8.212/91 ao dispensar a exigência de apresentação de CND para o registro de imóveis. Confira-se: RECURSO EXTRAORDINÁRIO COM AGRAVO. REPERCUSSÃO GERAL. REAFIRMAÇÃO DE JURISPRUDÊNCIA. DIREITO TRIBUTÁRIO E DIREITO PROCESSUAL CIVIL. CLÁUSULA DA RESERVA DE PLENÁRIO. ART. 97 DA CONSTITUIÇÃO FEDERAL. JURISPRUDÊNCIA DO TRIBUNAL PLENO DO STF. RESTRIÇÕES IMPOSTAS PELO ESTADO. LIVRE EXERCÍCIO DA ATIVIDADE ECONÔMICA OU PROFISSIONAL. MEIO DE COBRANÇA INDIRETA DE TRIBUTOS. 1. A jurisprudência pacífica desta Corte, agora reafirmada em sede de repercussão geral, entende que é desnecessária a submissão de demanda judicial à regra da reserva de plenário na hipótese em que a decisão judicial estiver fundada em jurisprudência do Plenário do Supremo Tribunal Federal ou em Súmula deste Tribunal, nos termos dos arts. 97 da Constituição Federal, e 481, parágrafo único, do CPC. 2. O Supremo Tribunal Federal tem reiteradamente entendido que é inconstitucional restrição imposta pelo Estado ao livre exercício de atividade econômica ou profissional, quanto aquelas forem utilizadas como meio de cobrança indireta de tributos. 3. Agravo nos próprios autos conhecido para negar seguimento ao recurso extraordinário, reconhecida a inconstitucionalidade, incidental e com os efeitos da repercussão geral, do inciso III do §1º do artigo 219 da Lei 6.763/75 do Estado de Minas Gerais. (ARE 914045 RG, Relator(a): Min. EDSON FACHIN, julgado em 15/10/2015, ACÓRDÃO ELETRÔNICO REPERCUSSÃO GERAL MÉRITO DJe-232 DIVULG 18-11-2015 PUBLIC 19-11-2015)" Assim, devem os Oficiais observar o disposto no Cap. XX, item 117.1, das NSCGJ do Tribunal de Justiça de São Paulo, que assim dispõe: "117.1. Com exceção do recolhimento do imposto de transmissão e prova de recolhimento do laudêmio, quando devidos, nenhuma exigência relativa à quitação de débitos para com a Fazenda Pública, inclusive quitação de débitos previdenciários, fará o oficial, para o registro de títulos particulares, notariais ou judiciais" Deste modo, existindo norma expressa no sentido de que os Oficiais não podem exigir, para registro de título, qualquer documento relativo à débitos para com a Fazenda Pública, a exigência ora apresentada deve ser afastada, sob pena de se caracterizar a cobrança de dividas fiscais por via transversa. Diante do exposto, julgo improcedente a dúvida suscitada pelo Oficial do 4º Registro de Imóveis da Capital, a requerimento de Blue Empreedimentos e Participações LTDA, e consequentemente determino o registro da escritura de dação em pagamento referente ao imóvel objeto da matricula nº 760. Deste procedimento não decorrem custas, despesas processuais e honorários advocatícios. Oportunamente remetam-se os autos ao arquivo. P.R.I.C. - ADV: RUY FERNANDO CORTES DE CAMPOS (OAB 236203/SP), MARCIO LUIS ALMEIDA DOS ANJOS (OAB 354374/SP) (DJe de 24.02.2021 – SP)

DESAPROPRIAÇÃO

Ementa: Sentença – Pedido de Providências – Pedido de registro de Carta de Adjudicação em favor da Municipalidade, decorrente de Ação de Desapropriação – Negativa em razão do bloqueio da matrícula – Existência de divergência quanto à titularidade de domínio – Ausência de informações necessárias para análise do pedido – Inexistência de conduta irregular – Improcedência

Processo 0081572-08.2019.8.26.0100

Pedido de Providências - REGISTROS PÚBLICOS - Unidade de Processamento das Execuções Contra a Fazenda Pública da Comarca da Capital - UPEFAZ - Municipalidade de São Paulo – Companhia Metropolitana de Habitação de São Paulo - COHAB e outro - Diante do exposto, JULGO IMPROCEDENTE o pedido. Regularize-se a distribuição, incluindo-se o Oficial do 12º Cartório de Registro de Imóveis da Capital no polo passivo, com trâmite pelo subfluxo da Corregedoria Permanente. Deste procedimento não decorrem custas, despesas processuais ou honorários advocatícios. Oportunamente, ao arquivo com as cautelas de praxe. P.R.I.C. - ADV: LUIS ANTONIO DANTAS (OAB 115309/SP), JACQUELINE CHUDO SEPICAN (OAB 112751/SP), JOSE GABRIEL NASCIMENTO (OAB 118469/SP)

Íntegra da decisão:

SENTENÇA

Processo Digital nº: **0081572-08.2019.8.26.0100**

Classe - Assunto **Pedido de Providências - REGISTROS PÚBLICOS**

Requerente: **Unidade de Processamento das Execuções Contra a Fazenda Pública da Comarca da Capital - UPEFAZ**

Tipo Completo da Parte

Passiva Principal << Informação indisponível >>:

Nome da Parte Passiva Principal << Informação indisponível >>

Juiz(a) de Direito: Dr(a). **Luciana Carone Nucci Eugênio Mahuad**

Vistos.

Trata-se de pedido de providências iniciado por meio de ofício remetido pela **Unidade de Processamento das Execuções Contra a Fazenda Pública da Comarca da Capital - UPEFAZ**, para expedição de mandado judicial que possibilite registro de carta de adjudicação em favor da Municipalidade, decorrente de ação de desapropriação (autos n. 0610731-96.1990).

Houve notícia de impossibilidade de cumprimento em virtude do bloqueio da matrícula n. 9.583 (averbação n. 08 – fls. 12 e 15).

A COHAB/SP manifestou desinteresse (fls. 55 e 64).

O Ministério Público constatou que o bloqueio decorrera de ação penal e que havia divergência entre as titularidades do domínio (fls. 83/84), motivo pelo qual a parte interessada foi provocada por diversas vezes para esclarecimento e juntada de documentos (fls. 85, 98/99, 136/137, 138, 140/141, 147, 148, 152/153, 161, 164 e 167).

Informações do Oficial vieram a fls. 88/96.

À vista da falta dos dados necessários, o Ministério Público se manifestou pela improcedência (fls. 169/170).

Deferiram-se novas oportunidades à parte interessada, mas sem atendimento (fls. 172/186).

É o relatório.

Fundamento e decido.

Considerando que não trazidas as informações necessárias para análise do pedido apresentado, bem como que há divergência quanto à própria titularidade do domínio, não vislumbro providência a ser tomada ou falha funcional a ser apurada.

O que se vê, em verdade, é que a justificativa apresentada a fl. 15, pela impossibilidade de registro da carta de adjudicação em virtude do bloqueio da matrícula indicada, foi correta, notadamente diante da constatação de que Josué Minotto não figura como proprietário do imóvel em questão.

Vale registrar, por fim, que, neste âmbito administrativo, o requerimento poderá ser reformulado quando os dados necessários à sua análise sejam alcançados. Ou seja, não haverá qualquer prejuízo à parte interessada.

Diante do exposto, **JULGO IMPROCEDENTE** o pedido. Regularize-se a distribuição, incluindo-se o Oficial do 12º Cartório de Registro de Imóveis da Capital no polo passivo, com trâmite pelo subfluxo da Corregedoria Permanente.

Deste procedimento não decorrem custas, despesas processuais ou honorários advocatícios.

Oportunamente, ao arquivo com as cautelas de praxe.

P.R.I.C.

São Paulo, 15 de julho de 2021.
Luciana Carone Nucci Eugênio Mahuad
Juiz de Direito (DJe de 19.07.2021 – SP)

DOAÇÃO

Ementa: Sentença – Dúvida – Pedido de registro de Escritura de Doação – Negativa em razão do ITCMD ter sido recolhido com base no valor venal para fins de IPTU – Delimitação da fiscalização do Oficial somente ao pagamento do imposto – Eventual diferença em relação ao valor recolhido deve ser discutida na via adequada – Afastamento do óbice – Determinação do registro do título – Improcedência

Processo 1113527-69.2021.8.26.0100

Dúvida - Registro de Imóveis - Gabriel Goes Boscolo - Diante do exposto, JULGO IMPROCEDENTE a dúvida suscitada pelo Oficial do 6º Registro de Imóveis da Capital a requerimento de Gabriel Goes Boscolo e Carolina Goes Boscolo para afastar o óbice registrário e, em consequência, determinar o registro do título. Deste procedimento não decorrem custas, despesas processuais ou honorários advocatícios. Oportunamente, remetam-se os autos ao arquivo. P.R.I.C. - ADV: SERGIO LALLI NETO (OAB 315134/SP)

Íntegra da decisão:

SENTENÇA

Processo Digital nº: **1113527-69.2021.8.26.0100**

Classe - Assunto **Dúvida - Registro de Imóveis**

Suscitante: **6º Oficial de Registro de Imóveis da Comarca da Capital**

Suscitado: **Gabriel Goes Boscolo e outro**

Juiz(a) de Direito: Dr(a). **Luciana Carone Nucci Eugênio Mahuad**

Vistos.

Trata-se de dúvida suscitada pelo **Oficial do 6º Registro de Imóveis da Capital** a requerimento de **Gabriel Goes Boscolo e Carolina Goes Boscolo**, após negativa de registro de escritura de doação dos imóveis das matrículas n. 30.814, 110.176 e 179.000 daquela serventia.

Informa o Oficial que a negativa foi motivada por constatar que o ITCMD foi recolhido com base no valor venal para fins de IPTU, que é de R$ 1.147.348,00, quando deveria ser observado o valor venal de referência, que é de R$ 1.741.647,00. Sustenta que, embora conheça a jurisprudência que autoriza o registro mediante comprovação do recolhimento do tributo calculado com base no valor venal para fins de IPTU, teme ser responsabilizado pelo fisco estadual que segue exigindo o recolhimento calculado com base no valor venal de referência.

Juntou documentos às fls. 05/81.

A parte suscitada se manifestou à fl. 82, reiterando as razões inicialmente apresentadas ao Oficial, copiadas às fls. 11/19, nas quais sustenta não ser dele a atribuição de fiscalizar a correção do montante recolhido, o qual está de acordo com o artigo 9º, §1º, da Lei Estadual n. 10.705, sendo que o Decreto n. 55.002/09, que determina cálculo com base no valor venal de referência, padece de inconstitucionalidade por ferir o princípio da legalidade.

O Ministério Público opinou pela improcedência (fls. 86/89).

É o relatório.

Decido.

No mérito, a dúvida é improcedente. Vejamos os motivos.

Em que pese a cautela do Oficial, não há obstáculo real ao registro.

Afinal, houve recolhimento do ITCMD com base no valor venal para fins de IPTU, sendo os três imóveis doados objeto de um único cadastro imobiliário, como demonstrado às fls. 40/46.

Não se desconhece que, para os registradores, vigora ordem de controle rigoroso do recolhimento do imposto por ocasião do registro do título, sob pena de responsabilidade pessoal (art. 289 da Lei n. 6.015/73; art.134, VI, do CTN e art. 30, XI, da Lei 8.935/1994).

Todavia, acerca desta matéria, o Egrégio Conselho Superior da Magistratura já fixou entendimento no sentido de que a fiscalização devida não vai além da aferição sobre a existência ou não do recolhimento do tributo (e não se houve correto recolhimento do valor, sendo tal atribuição exclusiva do ente fiscal, a não ser na hipótese de flagrante irregularidade ou irrazoabilidade do cálculo).

Nesse sentido, além do aresto indicado pelo Ministério Público, os seguintes julgados do E. Conselho Superior da Magistratura:

> *"Ao oficial de registro incumbe a verificação de recolhimento de tributos relativos aos atos praticados, não a sua exatidão" (Apelação Cível 20522-0/9- CSMSP - J.19.04.1995 - Rel. Antônio Carlos Alves Braga).*

> *"Todavia, este Egrégio Conselho Superior da Magistratura já fixou entendimento no sentido de que a qualificação feita pelo Oficial Registrador não vai além da aferição sobre a existência ou não de recolhimento do tributo, e não sobre a integralidade de seu valor" (Apelação Cível 996-6/6 CSMSP, j. 09.12.2008 - Rel. Ruy Camilo).*

"Este Egrégio Conselho Superior da Magistratura já fixou entendimento no sentido de que a qualificação feita pelo Oficial Registrador não vai além da aferição sobre a existência ou não de recolhimento do tributo, e não sobre a integralidade de seu valor" (Apelação Cível 0009480-97.2013.8.26.0114 - Campinas - j. 02.09.2014 - Rel. des. Elliot Akel).

No caso, embora o valor informado na declaração do ITCMD tenha utilizado base diversa daquela exigida pela Fazenda Estadual, a tributação pelo valor venal para fins de IPTU não se mostra flagrantemente incorreta, sobretudo diante de normativa expedida pelo ente fiscal (artigo 13, I, da Portaria CAT n. 89, de 26 de outubro de 2020), a qual determina a avaliação dos imóveis na declaração do ITCMD conforme o Capítulo IV da Lei n. 10.705/2000, cujo artigo 9º, §1º, por sua vez, prevê o valor venal na data da realização do ato como base de cálculo do imposto.

Eventual diferença em relação ao valor recolhido, portanto, deve ser discutida na via adequada, não podendo o registrador desqualificar o título apresentado para exigir complementação de recolhimento.

Da mesma forma, fica prejudicada a análise imediata da inconstitucionalidade do Decreto que regulamenta a base de cálculo do tributo devido às limitações de competência nesta via administrativa, notadamente pela ausência de participação do ente tributante no debate.

Diante do exposto, **JULGO IMPROCEDENTE** a dúvida suscitada pelo Oficial do 6º Registro de Imóveis da Capital a requerimento de **Gabriel Goes Boscolo e Carolina Goes Boscolo** para afastar o óbice registrário e, em consequência, determinar o registro do título.

Deste procedimento não decorrem custas, despesas processuais ou honorários advocatícios.

Oportunamente, remetam-se os autos ao arquivo.

P.R.I.C.

São Paulo, 09 de novembro de 2021.

Luciana Carone Nucci Eugênio Mahuad

Juiz de Direito (DJe de 11.11.2021 – SP)

Ementa: Sentença – Dúvida – Pedido de registro de Instrumento Particular de Doação – Negativa em razão do condomínio donatário não possuir personalidade jurídica para adquirir bens, bem como da necessidade de Escritura Pública – Imóvel que possui valor superior a trinta vezes o maior salário mínimo vigente – Art 108 do CC – Doação que foi aprovada por unanimidade pelos condôminos presentes na Assembleia realizada – Aquisição que trará benefícios a todos os interessados e não prejudicará interesse de terceiros – Possibilidade da transferência do imóvel ao donatário – Imprescindibilidade de realização de Escritura Pública e do recolhimento do ITCMD – Responsabilidade solidária do Oficial no que tange a fiscalização do pagamento do imposto devido – Art 289, da LRP – Afastamento apenas da exigência relacionada à personalidade jurídica do condomínio donatário – Manutenção dos demais óbices – Procedência Parcial

Processo 1012799-20.2021.8.26.0003

Dúvida - Expedição de alvará judicial - Tribo Incorporadora Ltda. - Diante do exposto, JULGO PARCIALMENTE PROCEDENTE a dúvida suscitada, afastando apenas o óbice relacionado à personalidade jurídica do condomínio donatário para adquirir bem imóvel. Ou seja, ficam mantidas as exigências de escritura pública e de comprovação do recolhimento do ITCMD para que seja efetivado o registro. Deste procedimento não decorrem custas, despesas processuais ou honorários advocatícios. Oportunamente, remetam-se os autos ao arquivo. P.R.I.C. - ADV: TATIANA LESSA BRIGANTE (OAB 208291/SP)

Íntegra da decisão:

SENTENÇA

Processo Digital nº: **1012799-20.2021.8.26.0003**

Classe - Assunto **Dúvida - Expedição de alvará judicial**

Requerente: **Tribo Incorporadora Ltda.**

Requerido: **8º Oficial de Registro de Imóveis da capital**

Juiz(a) de Direito: Dr(a). **Luciana Carone Nucci Eugênio Mahuad**

Vistos.

Trata-se de dúvida inversa suscitada por **Tribo Incorporação Ltda** em face da negativa do **Oficial do 8º Registro de Imóveis da Capital** em proceder ao registro de instrumento particular de doação referente ao imóvel da matrícula n. 191.582 daquela serventia (vaga de garagem).

O título inicialmente foi recusado por se tratar de instrumento particular de promessa de doação, tendo como promitente doadora São Judas Empreendimentos SPE Ltda e, como promitente donatário, Condomínio Tribo São Judas (falta de previsão na Lei de Registros Públicos). Após a reapresentação do título, acompanhado de aditamento alterando a natureza do negócio para doação, houve devolução com os seguintes óbices: 1) o condomínio donatário não possui personalidade jurídica para adquirir bens, sendo que a jurisprudência do E. Conselho Superior da Magistratura admite algumas exceções que não se aplicam ao caso; 2) o imóvel possui valor superior a trinta vezes o maior salário mínimo vigente, pelo que a transmissão deve ocorrer por escritura pública conforme o disposto no artigo 108 do Código Civil.

A parte interessada, proprietária tabular do imóvel (alteração do nome empresarial à fl. 11), alega que o registro do negócio é necessário para remanejamento de vagas pertencentes ao condomínio edilício donatário, o qual possui condição especial, vez que, embora não integre o rol de pessoas jurídicas de direito privado previsto no artigo 44 do Código Civil, tem capacidade jurídica reconhecida por julgados do Tribunal de Justiça do Rio Grande do Sul. Diante disso, requer a expedição de alvará judicial de doação do imóvel.

A decisão de fl. 39 recebeu o feito como dúvida inversa após remessa pela 4ª Vara Cível da Comarca de São Paulo, juízo ao qual tinha sido distribuído inicialmente, e determinou a apresentação do título perante o Oficial ante o decurso do trintídio legal da prenotação, o que foi providenciado (fls. 41).

O Oficial manifestou-se às fls. 45/46, sustentando que a jurisprudência do Estado de São Paulo não reconhece personalidade jurídica a condomínio edilício para aquisição de imóvel, embora o donatário esteja inscrito no Cadastro Nacional de Pessoa Jurídica junto à Receita Federal; que não desconhece a jurisprudência do C. Conselho Superior da Magistratura que atribui capacidade excepcional a condomínio edilício para adquirir bem, o que se aplica somente a imóvel objeto de adjudicação e/ou arrematação decorrente de execução de encargos condominiais e desde que respaldo em votação unânime dos condôminos (artigo 63, § 3º, da Lei n. 4.591/64), o que não se aplica ao caso concreto a despeito da aprovação unânime em assembleia; que o negócio deve ser formalizado por escritura pública na forma do que dispõe o artigo 108 do Código Civil e em consonância com a jurisprudência do C. CSM, vez que a vaga de garagem doada tem valor tributário de R$ 40.581,00 (quarenta mil, quinhentos e oitenta e um mil reais). Por fim, ressalta que a parte interessada ainda deve comprovar o recolhimento do ITCMD incidente sobre a doação em respeito à legislação estadual, que transfere o dever de fiscalização ao registrador.

O Ministério Público opinou pela procedência parcial, com manutenção dos óbices relacionados à forma especial da escritura pública e ao recolhimento tributário (fls. 102/105).

É o relatório.

Fundamento e decido.

Por primeiro, não se desconsidera que inconformismo efetivo foi voltado apenas a uma das exigências constantes da nota devolutiva de fls. 29/30, a qual diz respeito à capacidade jurídica da donatária para adquirir bem imóvel.

Este procedimento, entretanto, visa à apreciação, como um todo, de eventuais óbices apontados pelo registrador para ingresso direto do título. Não se presta à determinação condicionada a uma conduta futura, uma vez pendentes providências que não foram objeto de irresignação.

Por outro lado, resposta ao caso concreto se mostra possível a fim de evitar reapresentação futura do tema, notadamente diante da natureza administrativa do procedimento, o que autoriza presumir que a parte interessada concorda com a necessidade de escritura pública para formalização do negócio e o recolhimento do tributo devido.

No mérito, a dúvida procede parcialmente.

No que tange à primeira exigência, de fato, o caso em tela não se enquadra nas exceções legais que admitem a aquisição de propriedade imóvel por condomínio edilício: a primeira delas relativa à inadimplência do adquirente quanto à obrigação de pagamento do preço da construção (artigo 63, § 3º, da Lei n. 4.591/1964). A segunda relacionada com a aquisição, em hasta pública, de unidade autônoma como forma de satisfazer o crédito decorrente do não pagamento das despesas condominiais por condômino (aplicação analógica do referido artigo 63, § 3º, da Lei n. 4.591/1964).

Todavia, como salientado pelo Ministério Público, este juízo já autorizou a aquisição de imóveis por condomínio em procedimento análogo envolvendo vaga de garagem (autos n. 1116258-77.8.26.0100), em razão de peculiaridades que também se verificam no caso concreto.

Vejamos.

A doação da vaga de garagem ao condomínio, objeto da matrícula n. 191.582, foi aprovada por unanimidade pelos condôminos presentes na assembleia realizada em 16 de janeiro de 2018, visando preservação de árvore frutífera localizada em outra vaga, a qual poderia danificar o veículo que ali estivesse estacionado em época de colheita (fls. 26/28).

Assim, como no outro caso analisado, verifica-se que a aquisição de tal vaga trará benefícios a todos os interessados e não prejudicará interesse de terceiros, uma vez que se transmutará em área para aproveitamento interno do condomínio, resolvendo as questões atinentes à preservação de uma árvore e de veículos dos condôminos.

A possibilidade de aquisição de imóvel por condomínio, ademais, como observado naquele feito, já foi reconhecia pelo E. Conselho Superior da Magistratura (processo de autos nº 0019910-77.2012.8.26.0071; apelante - Condomínio Bauru Shopping Center, apelado - 1º Oficial de Registro de Imóveis, Títulos e Documentos e Civil de Pessoa Jurídica da Comarca de Bauru, Voto nº 21.240, Des José Renato Nalini, Corregedor Geral da Justiça e Relator):

"REGISTRO DE IMÓVEIS – Escritura pública de venda e compra – Aquisição de bens imóveis para ampliação das vagas de estacionamento – Negócio jurídico relacionado com atividade-fim do Condomínio – Aprovação pela unanimidade dos condôminos presentes em assembleia – Proveito dos condôminos evidenciado – Risco de sanção administrativa – Inconveniente prático da exigência relativa ao consentimento de todos os condôminos – Instrumentalidade registral – Ausência de personalidade jurídica não é óbice, in concreto, ao registro – Pertinência do assento pretendido – Dúvida improcedente – Recurso provido".

Do julgado extrai-se o seguinte excerto, com nossos destaques:

"A questão restou bem sintetizada no julgamento da Apelação Cível n.º 880-6/7, ocorrido em 07.10.2008, relator Desembargador Ruy Camilo:

(...), este Conselho Superior da Magistratura já firmou entendimento no sentido de que o condomínio, diversamente do sustentado pelo Recorrente, não tem personalidade jurídica. Como consequência, não se tem admitido possa o condomínio adquirir propriedade imóvel.

Trata-se, no tema, de **regra geral,** *a qual, porém, comporta* **duas exceções**, *de interpretação estrita. A primeira delas está prevista no art. 63, § 3º, da Lei n. 4.591/1964, em que se afigura possível a* **aquisição de imóvel pelo condomínio diante da inadimplência do adquirente** *no pagamento do preço da construção. A segunda corresponde à hipótese de aquisição, em* **hasta pública, de unidade autônoma pelo condomínio, como forma de satisfazer o crédito decorrente do não pagamento, pelo condômino, das despesas condominiais,** *por força da aplicação analógica do disposto no referido art. 63, § 3º, da Lei n. 4.591/1964.*

Nada obstante a situação enfrentada não se encaixe nas exceções mencionadas, convém suavizar ainda mais o rigor legal. Isto é, focada a instrumentalidade dos registros públicos e a atuação do condomínio edilício na vida negocial - participando de diversas operações econômicas como centro unitário de direitos e deveres -, **impõe franquear-lhe a aquisição de imóveis em casos similares ao aqui examinado.**

Em outras palavras: **é razoável, também, permitir ao condomínio edilício a aquisição de bens imóveis direcionados à ampliação das vagas de estacionamento, voltados ao aumento da área de garagem, desde que autorizada pela unanimidade dos condôminos presentes em assembleia,** *revelada a* **pertinência da incorporação patrimonial, quando confrontada com atividade-fim do condomínio, e evidenciada a sua reversão em benefício de todos os condôminos.**

A solução mais se justifica quando considerada a noticiada imposição estatal e, portanto, o risco de sanção administrativa decorrente do número insuficiente de vagas para estacionamento, bem como os inconvenientes práticos que certamente adviriam da necessidade de obter o consentimento de todos os condôminos para formalização do negócio jurídico.

Em resumo: **desautorizada, pela ordem jurídica, a irrestrita e incondicional atribuição de personalidade jurídica ao condomínio, contraindicada, também, em função da tutela do patrimônio dos condôminos minoritários [v], é de rigor, em contrapartida, dialogando com a realidade fática, combustível da vitalidade do direito, força viva em perene atualização, temperar a proibição legal**".

À hipótese, portanto, aplica-se a jurisprudência do órgão superior, pelo que o imóvel pode ser transferido ao condomínio donatário.

No que toca à exigência de escritura pública, ainda que a parte interessada não tenha se insurgido contra este ponto, vale anotar que, embora o valor atribuído ao negócio seja de R$28.527,00 (vinte e oito mil, quinhentos e vinte e sete reais – fls. 49/53), é certo que prevalece, à míngua de avaliação específica, o valor venal do imóvel, correspondente a R$40.581,00 (quarenta mil, quinhentos e oitenta e um mil reais – fl. 55), para fim de imposição de forma (CSMSP, Apel. n. 0002869-23.2015.8.26.0482, DJ 31/03/2017).

Não há, portanto, qualquer dúvida de que a doação em tela, celebrada entre particulares e sem homologação judicial, deu-se em montante superior a trinta vezes o maior salário mínimo vigente no país, o que exige escritura pública em consonância com o disposto no artigo 108 do Código Civil.

Por fim, como observado pelo Oficial em sua manifestação, o recolhimento do ITCMD também é necessário, pois é pressuposto do ato, sendo que a comprovação do recolhimento deve integrar o pedido de registro da doação.

Como se sabe, vigora para os registradores ordem de controle rigoroso do recolhimento de imposto por ocasião do registro de título, sob pena de responsabilidade pessoal (art. 289 da Lei n. 6.015/73; art.134, VI, do CTN e art. 30, XI, da Lei 8.935/1994).

Diante do exposto, **JULGO PARCIALMENTE PROCEDENTE** a dúvida suscitada, afastando apenas o óbice relacionado à personalidade jurídica do condomínio donatário para adquirir bem imóvel. Ou seja, ficam mantidas as exigências de escritura pública e de comprovação do recolhimento do ITCMD para que seja efetivado o registro.

Deste procedimento não decorrem custas, despesas processuais ou honorários advocatícios.

Oportunamente, remetam-se os autos ao arquivo.

P.R.I.C.

São Paulo, 05 de novembro de 2021.

Luciana Carone Nucci Eugênio Mahuad

Juiz de Direito (DJe de 10.11.2021 – SP)

Ementa: Sentença – Dúvida – Pedido de registro de Instrumento Particular de Doação com Reserva de Usufruto – Impossibilidade – Negativa em razão da necessidade de lavratura de Escritura Pública – Doação que envolve valor superior a trinta salários mínimos, com celebração entre particulares e sem homologação judicial – Art. 108 do CC – Manutenção do óbice – Procedência

Processo 1094074-88.2021.8.26.0100

Dúvida - Registro de Imóveis - Henri Benezra - Pelo exposto, JULGO PROCEDENTE a dúvida suscitada e mantenho o óbice. Não há custas, despesas processuais ou honorários advocatícios decorrentes desteprocedimento. Oportunamente, arquivem-se os autos. P.R.I.C. - ADV: MARCUS VINICIUS KIKUNAGA (OAB 316247/SP)

Íntegra da decisão:

SENTENÇA

Processo Digital nº: **1094074-88.2021.8.26.0100**

Classe - Assunto **Dúvida - Registro de Imóveis**

Suscitante: **13º Oficial de Registro de Imóveis de São Paulo**

Suscitado: **Henri Benezra e outros**

Juiz(a) de Direito: Dr(a). **Luciana Carone Nucci Eugênio Mahuad**

Vistos.

Trata-se de dúvida suscitada pelo **Oficial do 13º Registro de Imóveis da Capital** a requerimento de **Henri Benezra, Maurice Benezra** e **Isaac Benezra**, após negativa de registro de instrumento particular de doação, com reserva de usufruto, referente a parte ideal do imóvel da matrícula n. 104.590 daquela serventia.

Das exigências formuladas na nota de devolução, apenas uma delas deixou de ser cumprida pela parte suscitada: *"Considerando o valor do imóvel que está sendo doado, a escritura pública é essencial à validade do ato, na forma estabelecida pelo artigo 108 do Código Civil"* (fl. 87/88).

Vieram documentos às fls. 05/95.

A parte suscitada manifestou-se às fls. 96/99, sustentando que o artigo 541 do Código Civil autoriza expressamente a doação por instrumento particular, fazendo distinção apenas quanto aos bens móveis e de pequeno valor, pelo que o disposto no artigo 108 do mesmo diploma não se aplica à doação de imóveis; que o precedente do E. Conselho Superior da Magistratura colacionado pelo Oficial não se aplica ao caso por tratar de compra e venda.

O Ministério Público opinou pela procedência, com manutenção do óbice (fls. 102/105).

É o relatório.

Fundamento e decido.

No mérito, a dúvida é procedente. Vejamos os motivos.

De acordo com o instrumento particular de doação com reserva de usufruto, no qual figura como doador e usufrutuário Henri Benezra e, como donatários, Maurice Benezra e Isaac Benezra (fls. 18/25), houve transmissão de parte ideal correspondente à metade do imóvel objeto da matrícula n. 104.590, cujo valor venal é de R$ 613.317,00 (seiscentos e treze mil, trezentos e dezessete reais).

Ainda que o valor atribuído ao negócio divirja daquele correspondente à metade do valor venal indicado, sendo certo que este último deve prevalecer para fins de imposição de forma (CSMSP, Apel. n. 0002869-23.2015.8.26.0482, DJ 31/03/2017), não há qualquer dúvida de que a doação se deu em montante superior a trinta vezes o maior salário mínimo vigente no país.

A controvérsia cinge-se, portanto, à necessidade de escritura pública para que o negócio tenha ingresso no fólio real.

Pois bem. O Código Civil assim regra a matéria em seus artigos 108 e 541:

> *"108. Não dispondo a lei em contrário, a escritura pública é essencial à validade dos negócios jurídicos que visem à constituição, transferência, modificação ou renúncia de direitos reais sobre imóveis de valor superior a trinta vezes o maior salário mínimo vigente no País".*

"Art. 541. A doação far-se-á por escritura pública ou instrumento particular.

Parágrafo único. A doação verbal será válida, se, versando sobre bens móveis e de pequeno valor, se lhe seguir incontinenti a tradição".

Não se desconhece que, em determinados casos, a escritura pública pode ser dispensada, como nos exemplos extraídos da Ap. Cível n. 1011119-24.2017.8.26.0590, julgada em 13.06.2017 pelo E. Conselho Superior da Magistratura:

"compromisso de compra e venda de imóveis loteados; na venda e compra de imóvel de qualquer valor com financiamento mediante a contratação da alienação fiduciária em garantia; no mútuo com alienação fiduciária em garantia imobiliária, nos termos do SFI (Lei 9.514/1997, arts. 38 e parágrafo único do art. 22, com redação dada pela Lei n. 11.076/2004); na compra e venda de imóvel de qualquer valor com financiamento do SFH (art. 1º da Lei n. 5.049/1966, que alterou o art. 61 da Lei 4.380/1964 e, ainda, em qualquer negócio jurídico envolvendo imóvel de valor igual ou inferior a trinta vezes o maior salário mínimo vigente no País".

Também não se ignora a existência de precedentes do E. Conselho Superior da Magistratura no sentido de ser dispensável a lavratura do ato notarial quando a avença já passou pelo crivo do Poder Judiciário.

É o que se observa na Ap. n. 1000762-62.2014.8.26.0663, de relatoria do então Corregedor Geral da Justiça, Desembargador Manoel de Queiroz Pereira Calças:

"Registro de Imóveis - Dúvida julgada procedente, impedindo-se o registro de Carta de Sentença, oriunda de separação judicial, com doação de imóvel a filha menor – Desnecessidade de escritura pública - Precedentes - Desnecessidade de aceitação da donatária (art. 543 do Código Civil) - Não incidência de emolumentos, por haver gratuidade expressamente exposta no título - Necessidade, contudo, de recolhimento dos tributos - Dúvida prejudicada e recurso não conhecido".

Todavia, no caso concreto, não se verifica qualquer das exceções acima mencionadas, vez que a doação em tela envolve valor superior a trinta salários mínimos, com celebração entre particulares e sem homologação judicial (o mandado de segurança copiado às fls. 26/86 tem como objeto apenas a adequação da base de cálculo do ITCMD para a transmissão em questão e ainda não foi finalizado).

Necessária, portanto, a lavratura de escritura pública conforme a regra geral trazida pelo Código Civil, cuja única interpretação possível é aquela feita pelo Oficial, sob pena de invalidade do negócio por vício de forma (artigo 166, inciso IV, do Código Civil).

Nesse sentido, entendimento do Tribunal de Justiça de São Paulo em julgamento recente indicado pelo Ministério Público:

"AÇÃO DECLARATÓRIA DE VALIDADE DE NEGÓCIO JURÍDICO C.C.REPARAÇÃO DE DANOS. Julgamento de improcedência dos pedidos. Insurgência da autora. Descabimento. Doação de imóvel com valor superior a trinta vezes o salário mínimo que exige escritura pública. Inteligência do art. 108 do CC. Nulidade da doação, por vício de forma, formalizado o negócio por instrumento particular. Jurisprudência deste Tribunal de Justiça. Dever de indenizar que demanda prova do comportamento ilícito do ofensor, de efetivo prejuízo ao ofendido e de nexo de causalidade. Prestação de cuidados necessários ao marido enfermo que não configura dano moral indenizável, abarcada pelo dever de mútua assistência dos cônjuges. Sentença mantida. Recurso desprovido" (TJSP; Apelação Cível 1004769-39.2019.8.26.0270; Relator (a): J.B. Paula Lima; Órgão Julgador: 10ª Câmara de Direito Privado; Foro de Itapeva - 3ª Vara Judicial; Data do Julgamento: 15/04/2021; Data de Registro: 15/04/2021).

Mostra-se acertada, assim, a qualificação negativa do título apresentado para registro.

Pelo exposto, **JULGO PROCEDENTE** a dúvida suscitada e mantenho o óbice.

Não há custas, despesas processuais ou honorários advocatícios decorrentes deste procedimento.

Oportunamente, arquivem-se os autos.

P.R.I.C.

São Paulo, 28 de setembro de 2021.

Luciana Carone Nucci Eugênio Mahuad

Juiz de Direito. (DJe de 01.10.2021 – SP)

Ementa: Sentença – Pedido de Providências – Negativa de averbação da subsistência de parte ideal de imóvel doado à falecida companheira do Interessado – Informação pelo Oficial de que não há prova segura sobre a existência da suposta união estável – Doação do imóvel realizada em comum ao Interessado e a falecida – Ausência de demonstração da alegada união estável – Qualificação da "de cujus" como viúva na Escritura de Doação – Extinta que possui herdeiros – Questão que deve ser tratada em via contenciosa – Manutenção do óbice – Procedência

Processo 1066630-80.2021.8.26.0100

Pedido de Providências - Registro de Imóveis - Tales Vilinski - Diante do exposto, JULGO PROCEDENTE o pedido para manter o óbice. Deste procedimento não decorrem custas, despesas processuais ou honorários advocatícios. Oportunamente, ao arquivo com as cautelas de praxe. P.R.I.C. - ADV: DANIEL FRANCISCO SILVA PORTE DA PAIXÃO (OAB 249778/SP)

Íntegra da decisão:

SENTENÇA

Processo Digital nº: **1066630-80.2021.8.26.0100**

Classe - Assunto **Pedido de Providências - Registro de Imóveis**

Requerente: **6º Oficial de Registro de Imóveis da Comarca da Capital - Sp**

Requerido: **Tales Vilinski**

Juiz(a) de Direito: Dr(a). **Luciana Carone Nucci Eugênio Mahuad**

Vistos.

Trata-se de pedido de providências formulado pelo **Oficial do 6º Registro de Imóveis da Capital** no interesse de **Tales Vilinski,** diante da negativa de averbação da subsistência de parte ideal de imóvel doado à sua falecida companheira (matr. 131.663).

Informa o Oficial que o interessado busca averbação do direito de acrescer previsto no art. 551, parágrafo único, do Código Civil, em virtude do falecimento da suposta companheira Nidia Moura dos Santos Silva, a qual recebeu em doação, juntamente com ele, parte ideal do imóvel de matrícula 131.663, motivo pelo qual o apresentou como pedido de providências e não dúvida (não se trata de registro em sentido estrito); que o pedido é sustentado pela aplicação analógica da regra à união estável em respeito ao disposto no art. 226, § 3º, da CF; que reconhece que as razões da parte interessada são bens construídas, porém, na estreita via administrativa dos registros públicos, o princípio da legalidade deve ser observado; que, ainda que se admitisse a aplicabilidade do direito na forma pretendida, não há prova segura sobre a existência da suposta união estável

Vieram documentos às fls. 04/41.

A parte interessada manifestou-se às fls. 42/44, sustentando que o direito evoluiu no que se refere ao reconhecimento da união estável (art. 226 da CF c.c. art. 1.723 e seguintes do Código Civil); que o óbice está fundamentado no estreito limite da via administrativa, mas houve reconhecimento de seu direito pelo Oficial, pelo que este juízo pode autorizar a averbação da subsistência em seu favor da metade ideal do imóvel doada à sua companheira.

O Ministério Público opinou pelo arquivamento, mantendo-se o óbice (fls. 48/49).

É o relatório.

Fundamento e decido.

Por primeiro, tratando-se de questão que envolve averbação conforme observado pelo Oficial, tenho que correta a distribuição do feito como pedido de providências.

No mérito, o pedido procede para manutenção do óbice.

Vejamos os motivos.

No caso em análise, a doação do imóvel foi feita em comum ao interessado Tales Vilinski e a Nidia Moura dos Santos Silva, sem determinação de parcela e sem cláusula de incomunicabilidade (fl. 40 - R.5 da matrícula 131.663), diante do que, com o óbito da donatária, Tales pleiteia a subsistência da totalidade da doação na condição de companheiro supérstite da "de cujus".

Pois bem. O mencionado art. 551 do Código Civil não estabelece, de fato, distinção quanto ao regime de bens do casal no que tange à subsistência da totalidade da doação ao cônjuge sobrevivo:

"Art. 551. Salvo declaração em contrário, a doação em comum a mais de uma pessoa entende-se distribuída entre elas por igual.

Parágrafo único. Se os donatários, em tal caso, forem marido e mulher, subsistirá na totalidade a doação para o cônjuge sobrevivo".

Nessa esteira e a princípio, não haveria qualquer óbice à aplicabilidade da regra à união estável por analogia, em respeito os efeitos equiparados aos do casamento após a Constituição Federal de 1988.

Todavia, no caso concreto, não há demonstração da alegada união estável: a parte interessada não instruiu seu pedido com reconhecimento judicial, escritura pública ou qualquer outro elemento comprobatório da união.

Note-se que o único indício está contido em trecho da cláusula 4ª da escritura de doação (fl. 24): *"DOA o imóvel acima descrito aos outorgados donatários, seu único filho e sua companheira"* da cláusula 4ª da escritura de doação. A menção por si só, porém, não é suficiente para demonstrar com a segurança necessária que o casal convivia como se casado fosse.

Esta conclusão se reforça pelo fato de que, no preâmbulo da própria escritura, a donatária está qualificada como viúva e o donatário como solteiro (fl. 23). No mesmo sentido, o estado civil dela anotado em sua certidão de óbito (viúva), sem qualquer indicação de que vivia em união estável (fl. 21).

Vale consignar, por fim, que a "de cujus" deixou herdeiros, os quais podem questionar direito à herança, o que reforça a conclusão de que a questão deve ser tratada em via contenciosa que assegure o contraditório.

Nesse contexto, de ausência de comprovação da união conjugal e dos estreitos limites desta via administrativa, verifica-se que acertada a negativa do Oficial, que, ao contrário do que diz o interessado, se opôs ao pedido.

Diante do exposto, **JULGO PROCEDENTE** o pedido para manter o óbice.

Deste procedimento não decorrem custas, despesas processuais ou honorários advocatícios.

Oportunamente, ao arquivo com as cautelas de praxe.

P.R.I.C.

São Paulo, 16 de agosto de 2021.

Luciana Carone Nucci Eugênio Mahuad

Juiz de Direito (DJe de 18.08.2021 – SP)

Ementa: Sentença – Pedido de Providências – Pedido de lavratura de Escritura Pública de Doação – Impossibilidade – Ausência da outorga uxória da cônjuge do doador – Bem imóvel integrante do patrimônio comum do casal – Manutenção do óbice – Indeferimento do pedido – Improcedência

Processo 0056899-14.2020.8.26.0100

Pedido de Providências - REGISTROS PÚBLICOS - C. G.J. - A.B.S. e outro – Trata-se de pedido de providências apresentado pelo Dr. A.B.S. impugnando qualificação notarial negativa efetuada pelo Sr. 26º Tabelião de Notas da Comarca Capital em relação à lavratura de escritura pública de doação (a fls. 01/07, 13/15, 26/34 e 47/49). O Sr. Tabelião apresentou manifestação à fls. 10/11 e 36/38. O parecer do Ministério Público foi no sentido da manutenção da qualificação negativa (a fls. 41/42). É o breve relatório. Decido. A qualificação notarial negativa foi fundada na impossibilidade da lavratura de escritura pública de doação de bem imóvel a falta da outorga uxória da esposa do doador. O requerente defende a realização do ato notarial por se tratar de ato anulável nos termos do artigo 1.649 do Código Civil, passível de convalidação com o decurso do tempo. O artigo 1.647, inciso IV, do Código Civil, exige a autorização do cônjuge para doação de bens imóveis. O imóvel objeto do contrato de doação integra o patrimônio comum do casal, destarte, não é permitido ao cônjuge alienar bem comum do casal sem a anuência do outro. O contrato de doação realizado sem a autorização do outro cônjuge padeceria de invalidade. A situação da invalidade em questão situar-se no campo anulabilidade não modifica a situação, pois, a falta da presença da esposa do doador impediria, mesmo àqueles que admitem essa possibilidade, a cientificação de todos interessados quanto ao vício existente. Cabe também salientar que a realização de um negócio jurídico com invalidade afronta a estrutura do serviço notarial no aspecto da prevenção de litígios e segurança jurídica. Enfim, o serviço público notarial não se presta à realização de negócios jurídicos inválidos. Nestes termos, mantenho o óbice apresentado pelo Sr. Tabelião em todos os seus termos, indeferimento o presente requerimento. Ciência ao Ministério Público. P.I.C. - ADV: ALTAMIRANDO BRAGA SANTOS (OAB 151637/SP) (DJe de 11.05.2021 – SP)

Ementa: Sentença – Pedido de Providências – Requerimento de Lavratura de Escritura de Doação com Reserva de Usufruto – Exigência de outorga uxória – Súmula 377, do STF – Casamento regido pela Separação de Bens – Incompetência do juízo administrativo para decisão referente ao afastamento da aludida Súmula – Atuação da Tabeliã em conformidade com os itens 1º e 1 1, do Capítulo XVI, da NSCGJ – Ausência de conduta irregular – Indeferimento do pedido – Arquivamento do feito – Ciência à Interina – Improcedência

Processo 1121141-62.2020.8.26.0100

Pedido de Providências - Tabelionato de Notas - F.O.B. - Juiz(a) de Direito: Dr(a). Marcelo Benacchio VISTOS, Cuida-se de representação formulada pelo Senhor F. O. B., que se insurge quanto à exigência de outorga uxória para que possa lavrar Escritura de Doação com reserva de Usufruto em favor de seus filhos, aposta pelo 25º Tabelionato de Notas da Capital, sustentando que seu casamento é regido pela separação de bens, entendendo, assim, dispensada a anuência marital. Bem por isso, requer o d. Representante que esta Corregedoria Permanente determine a lavratura do instrumento público, dispensando-se a concordância da cônjuge varoa. Os autos foram instruídos com os documentos de fls. 06/43. A Senhora Interina, responsável pela delegação vaga afeta ao 25º Tabelionato de Notas da Capital, prestou esclarecimentos (fls. 64/65). O Senhor Representante retornou aos autos para reiterar os termos de seu protesto inicial (fls. 67/69). O Ministério Público ofertou parecer pugnando pela improcedência do pedido e arquivamento do expediente, ante a correção da negativa e inexistência de falha na prestação do serviço pela serventia extrajudicial (fls. 72/73). É o breve relatório. Decido. Trata-se de pedido de providências instaurado a partir de representação formulada pelo Senhor F. O. B. em face do Cartório do 25º Tabelionato de Notas da Capital. Insurge-se o Senhor Representante quanto à exigência de outorga uxória, imposta pelo Tabelionato, para que possa lavrar Escritura de Doação com reserva de Usufruto em favor de seus filhos. Aduz que é casado, desde 2011, pelo regime da separação de bens, por força do artigo 1.641 do CC, e, assim, entende dispensada a anuência marital. Sustenta, em suma, que não há que se falar na aplicação da Súmula 377 do STF, supondo-se a esposa como proprietária da metade ideal do bem, uma vez que, conforme seu entendimento, a indicada norma interpretativa não mais vigora. Ainda, refere que o imóvel que pretende doar foi adquirido em sub-rogação a bem pretérito, que foi amealhado pelo reclamante ainda no estado civil de divorciado (anteriormente ao casamento atual), não existindo esforço comum para a aquisição da propriedade. Pelas razões que expõe, afirma que a exigência é infundada e requer que esta Corregedoria Permanente determine a confecção do instrumento público, dispensando-se o comparecimento da cônjuge varoa ao documento. A seu turno, a Senhora Interina veio aos autos para esclarecer que se filia ao entendimento de que a súmula 377 do STF é aplicável ao casamento em questão em sua totalidade, referindo que sequer a comprovação de esforço comum é necessária. Ademais, referiu que a alegada sub-rogação não consta do título aquisitivo ou do registro do imóvel em questão. Portanto, assevera que há a obrigatoriedade de outorga uxória para a lavratura do ato requerido. O ilustre Promotor de Justiça apelou pelo indeferimento do pedido, no sentido de que a debatida súmula veda eventual enriquecimento ilícito na constância do casamento e seu afastamento deve se dar na esfera judicial competente. Pois bem. De início, no que refere o d. Representante, em relação à sub-rogação do bem, noticiou a Senhora Interina que não há comprovação registral, não sendo esta a seara devida para a apuração de tal fato. Noutro turno, a lide reside, especialmente, na interpretação da aplicabilidade do referido entendimento sumulado, sendo certo que não há consonância de opiniões na jurisprudência e na doutrina, de modo que o Senhor Representante filia-se a um entendimento e a Senhora Designada, a outro. Assim, pese embora a elevada argumentação deduzida pela parte autora, é certo que a atuação da Senhora Tabeliã Interina não refoge de seu âmbito de atuação. Com efeito, é função precípua do serviço notarial a conferência de fé-pública aos atos praticados e a garantia da segurança jurídica aos usuários. Nesse sentido expõem os itens 1º e 1.1, do Capítulo XVI, das Normas de Serviço da Corregedoria Geral da Justiça, in verbis: 1. O Tabelião de Notas, profissional do direito dotado de fé pública, exercerá a atividade notarial que lhe foi delegada com a finalidade de garantir a eficácia da lei, a segurança jurídica e a prevenção de litígios. 1.1 Na atividade dirigida à consecução do ato notarial, atua na condição de assessor jurídico das partes, orientado pelos princípios e regras de direito, pela prudência e pelo acautelamento. Portanto, a qualificação notarial negativa aplicada pela Senhora Notária Designada se encontra regularmente inserida dentro de seu mister de atribuições, objetivando, exatamente, como descrito nas NSCGJ, "garantir a eficácia da lei, a segurança jurídica e a prevenção de litígios", em atuação que visa proteger o próprio interessado e a coletividade. A interpretação efetuada pela Senhora Interina não só é possível, como também o é bastante razoável, haja vista as inúmeras decisões, em âmbito administrativo, que apontam pela validade e aplicabilidade da norma interpretativa ao caso concreto. Quanto a isso, refiro que o Conselho Superior da Magistratura, órgão administrativo máximo no âmbito de atuação deste Tribunal de Justiça, já se pronunciou, pelo vigor da Súmula, nos seguintes precedentes: Ap. Cível nº 990.10.017.203-4 (Relator Des. Marco César Müller Valente); Ap. Cível nº 094159-0/8 (Des. Luiz Tâmbara); Ap. Cível nº 077870-0/8 (Relator Des. Luís de Macedo); Ap. Cív. nº 62.111-0/0 e 63.914-0/2 (Relator Des. Sérgio Augusto Nigro Conceição); Ap. Cível nº 0023763-70.2013.8.26.0100 (Relator Des. Hamilton Elliot Akel) e Ap. Cível nº 1005469-40.2018.8.26.0079 (Relator Des. Geraldo Francisco Pinheiro Franco). Desse modo, dentro de sua independência funcional, uma vez fundamentada a recusa, como o foi, não há que se falar em falha na prestação extrajudicial. Também não pode este Juízo Administrativo se sobrepor à qualificação efetuada pela Notária, dentro de uma linha razoável de entendimento, e determinar que lavre o instrumento, ao revés de sua certeza jurídica, razão pela qual, ante ao todo exposto, indefiro o requerimento efetuado pelo Senhor Representante. Igualmente, no caso concreto, não constato indícios de ilícito funcional ou falha na prestação do serviço extrajudicial, pela mesmas razões expostas. Destaque-se que, acaso a insurgência persista, as vias pertinentes devem ser perseguidas, haja vista que, conforme deduzido, este Juízo Administrativo não pode decidir pelo afastamento requerido, em situação que demanda instrução judicial. Por conseguinte, não havendo outras medidas de cunho administrativo a serem adotadas, determino o arquivamento dos autos. Ciência à Senhora Designada e ao Ministério Público. Encaminhe-se cópia desta decisão à Egrégia Corregedoria Geral da Justiça, por e-mail, servindo a presente como ofício.

P.I.C. - ADV: FLAVIO OSCAR BELLIO (OAB 11430/SP) (DJe de 22.02.2021 – SP)

ESCRITURA DE DIVÓRCIO

Ementa: Sentença – Dúvida – Pedido de registro de Escritura de Divórcio com Partilha de Bens – Negativa em razão do imóvel ser de propriedade particular e exclusiva da Requerente – Violação ao Princípio da Continuidade – Ausência de registro noticiando a união estável alegada pelo casal – Reconhecimento tardio da União Estável que não pode alterar a incomunicabilidade dos bens adquiridos anteriormente à realização do casamento – Manutenção do óbice – Procedência

Processo 1086457-77.2021.8.26.0100

Dúvida - Registro de Imóveis - Daniela Aparecida Mantovani – Walter Eduardo Oliveira Alves - Diante do exposto, JULGO PROCEDENTE a dúvida inversamente suscitada, mantendo o óbice registrário. Deste procedimento não decorrem custas, despesas processuais ou honorários advocatícios. Oportunamente, remetam-se os autos ao arquivo. P.R.I.C. - ADV: LUIZ FERNANDO DE ARAUJO (OAB 421726/SP)

Íntegra da decisão:

SENTENÇA

Processo Digital nº: **1086457-77.2021.8.26.0100**

Classe - Assunto **Dúvida - Registro de Imóveis**

Requerente: **Daniela Aparecida Mantovani e outro**

Requerido: **10º Oficial de Registro de Imóveis da Capital**

Juiz(a) de Direito: Dr(a). **Luciana Carone Nucci Eugênio Mahuad**

Vistos.

Trata-se de dúvida inversa suscitada por **Daniela Aparecida Mantovani e Walter Eduardo de Oliveira Alves** em face do **10º Oficial de Registro de Imóveis da Capital** após negativa de registro de escritura de divórcio com partilha de bens, dentre os quais o imóvel da matrícula n. 44.561 daquela serventia. A recusa foi motivada por violação ao princípio da continuidade, uma vez que o imóvel seria de propriedade particular e exclusiva de Daniela.

A parte suscitante alega que o bem foi adquirido na constância de união estável reconhecida em aditamento à escritura de divórcio, pelo que pleiteia a anulação do negócio jurídico por meio do qual Daniela adquiriu a metade ideal que pertencia a Walter (R.5/44.561), bem como o registro da escritura.

Vieram documentos à fls. 09/26.

Constatado o decurso do trintídio legal da prenotação, foi determinada a reapresentação do título (fl. 27).

Com o atendimento, o Oficial manifestou-se às fls. 32/33, informando que título foi desqualificado após constatação de violação ao princípio da continuidade, por se tratar de bem particular e exclusivo de Daniela, adquirido anteriormente ao casamento. Informa que o casal adquiriu o imóvel no ano de 1991, na condição de divorciados, estabelecendo-se condomínio que durou até maio de 1999, quando Walter vendeu sua metade ideal para Daniela, que consolidou a propriedade do bem. Embora tenham se casado em julho de 2016, adotaram o regime da comunhão parcial de bens, de modo que o imóvel continuou sendo bem particular e não comum como consta na escritura. Destaca que, em nenhum dos registros aquisitivos, foi noticiada a união estável alegadamente mantida entre Daniela e Walter.

O Ministério Público opinou pela procedência, com manutenção do óbice registrário (fls. 37/39).

É o relatório.

Fundamento e Decido.

No mérito, a dúvida procede. Vejamos os motivos.

Conforme se verifica da matrícula n. 44.561 (R.4 – fls. 14/15), os suscitantes adquiriram referido imóvel em outubro de 1991, qualificando-se como divorciados.

Em maio de 1999, Walter vendeu sua metade ideal para Daniela, com registro na matrícula (R.5/44.561).

Walter e Daniela casaram-se no dia 16 de julho de 2016 sob o regime da comunhão parcial de bens e divorciaram-se dois anos depois, em 16 de julho de 2018 (escritura de fls. 16/17).

Por escritura de aditamento lavrada em 22 de agosto de 2018, reconheceram a existência de união estável iniciada em 13 de julho de 1986 e dispuseram sobre a partilha de bens (fls. 18/21).

O reconhecimento tardio da união estável não pode alterar a incomunicabilidade dos bens adquiridos anteriormente à realização do casamento, inclusive com ingresso do título no fólio real.

Tais bens, como se sabe, são excluídos da comunhão por força do artigo 1659, I, do Código Civil, e constituem patrimônio próprio, que não deve ser submetido à partilha, notadamente diante da formalização da venda, por meio da qual as partes expressamente dispuseram sobre o seu patrimônio.

Observe-se que os negócios jurídicos anuláveis, nos termos do artigo 138 do Código Civil, envolvem declaração de vontade que emane de erro substancial que poderia ter sido percebido por pessoa de diligência normal em face das circunstâncias.

A discussão em torno da validade do negócio jurídico, porém, escapa do âmbito de competência deste juízo administrativo, limitada aos casos de nulidade de pleno direito do registro (artigo 214 da Lei de Registros Públicos).

Não se poderia, ademais, reconhecer em erro substancial a vontade manifestada expressamente por Walter e Daniela quando realizaram o negócio de compra e venda da metade ideal do imóvel, sem qualquer notícia sobre a existência de união estável.

Neste contexto, solução para o caso, com atribuição da propriedade do imóvel a Walter, está na formalização de novo negócio jurídico, com submissão a tratamento tributário próprio.

Diante do exposto, **JULGO PROCEDENTE** a dúvida inversamente suscitada, mantendo o óbice registrário.

Deste procedimento não decorrem custas, despesas processuais ou honorários advocatícios.

Oportunamente, remetam-se os autos ao arquivo.

P.R.I.C.

São Paulo, 13 de outubro de 2021.

Luciana Carone Nucci Eugênio Mahuad

Juiz de Direito (DJe de 18.10.2021 – SP)

Ementa: Sentença – Pedido de Providências – Pedido de averbação de Escritura Pública de Divórcio nas matrículas – Impossibilidade – Escritura que reconhece a propriedade exclusiva da Requerente sobre parte ideal de cada um dos imóveis – Negativa em razão de comunicabilidade dos bens em relação ao ex-cônjuge – Aquisição da propriedade que se deu por meio de compra e venda durante o matrimônio – Casamento subordinado ao regime da comunhão parcial de bens – Art. 1.660, I, do CC – Violação ao Princípio da Continuidade Registrária – Imprescindibilidade que o título esteja em conformidade com o constante na matrícula – Necessidade de retificação da partilha dos bens ou do título aquisitivo – Indeferimento do pedido – Improcedência

Processo 1082930-20.2021.8.26.0100

Pedido de Providências - Registro de Imóveis - Mauricio Cruz Thomazi – Camila Cadrobbi - Diante do exposto, JULGO IMPROCEDENTE o pedido de providências formulado por Maurício Cruz Thomazi e Camila Cadrobbi em face do Oficial do 14º Registro de Imóveis da Capital. Deste procedimento não decorrem custas, despesas processuais ou honorários advocatícios. Oportunamente, ao arquivo com as cautelas de praxe. P.R.I.C. - ADV: AMANDA RAMOS CANERO MARCHIONI (OAB 289492/SP)

Íntegra da decisão:

SENTENÇA

Processo Digital nº: **1082930-20.2021.8.26.0100**

Classe - Assunto **Pedido de Providências - Registro de Imóveis**

Requerente: **Mauricio Cruz Thomazi e outro**

Requerido: **14º Oficial de Registro de Imoveis da Capital**

Juiz(a) de Direito: Dr(a). **Luciana Carone Nucci Eugênio Mahuad**

Vistos.

Trata-se de pedido de providências formulado por **Maurício Cruz Thomazi** e **Camila Cadrobbi** em face do **Oficial do 14º Registro de Imóveis da Capital** após negativa de averbação de escritura pública de divórcio nas matrículas 182.777 e 182.816 daquela serventia.

A parte reclamante sustenta que a escritura pública de divórcio, com reconhecimento da propriedade exclusiva da coautora Camila sobre 1/6 de cada um dos imóveis, é documento suficiente para demonstrar a ausência de impedimentos, vez que a propriedade foi adquirida em virtude de doação de recursos dos avós dela, pelo que não constituem bens sujeitos à partilha. Documentos vieram às fls. 06/37.

O Oficial se manifestou às fls. 49/60, sustentando que constam das matrículas que a propriedade de parte dos imóveis foi transferida à requerente Camila por meio de contrato de compra e venda, havendo, assim, comunicabilidade dos bens em relação a seu ex-esposo. Desse modo, para que a escritura tenha acesso ao fólio real, os requerentes devem proceder à retificação do título aquisitivo ou à partilha dos bens.

O Ministério Público opinou pela manutenção do óbice (fls. 66/68).

É o relatório.

Fundamento e decido.

No mérito, o pedido é improcedente. Vejamos os motivos.

A parte requerente, como visto, pretende a averbação de escritura pública de divórcio em que consta reconhecimento da titularidade exclusiva da correquerente Camila sobre 1/6 da nua propriedade dos imóveis das matrículas n. 182.777 e 182.816.

Entretanto, os registros efetuados nas matrículas de ambos os imóveis indicam que a aquisição se deu por meio de compra e venda (R.4 fls. 18 e 21), sem indicação de que tenha sido realizada unicamente com recursos doados pelos avós da coautora.

Ademais, como bem salientado pelo Oficial, a aquisição da propriedade ocorreu no ano de 2011, ou seja, durante o matrimônio, o qual é subordinado ao regime da comunhão parcial de bens, pelo que houve comunicabilidade nos termos do inciso I, do artigo 1.660, do Código Civil (incluem-se na comunhão *"os bens adquiridos na constância do casamento por título oneroso, ainda que só em nome de um dos cônjuges"*).

Assim, ainda que a escritura de divórcio tenha excluído propriedades da partilha por vontade dos requerentes, não há como registrar o título em questão na forma como constituído sem violação do princípio da continuidade registrária: as partes ideais dos imóveis continuam pertencendo a ambos os ex-cônjuges por força do regime de bens do casamento (comunhão parcial).

Por conseguinte, para preservação da continuidade, mostra-se imprescindível que o título esteja em conformidade com o constante na matrícula, formando um perfeito encadeamento entre as informações inscritas e as que se pretendem inscrever, pelo que deve ser retificado a fim de que os bens sejam partilhados.

Outra opção, ainda, é a retificação do título aquisitivo para fazer constar que a parte ideal dos imóveis foi adquirida com recursos de doação como mencionado na escritura de divórcio.

Diante do exposto, **JULGO IMPROCEDENTE** o pedido de providências formulado por **Maurício Cruz Thomazi** e **Camila Cadrobbi** em face do **Oficial do 14º Registro de Imóveis da Capital**.

Deste procedimento não decorrem custas, despesas processuais ou honorários advocatícios.

Oportunamente, ao arquivo com as cautelas de praxe.

P.R.I.C.

São Paulo, 21 de setembro de 2021.

Luciana Carone Nucci Eugênio Mahuad

Juiz de Direito. (DJe de 28.09.2021 – SP)

Ementa: Sentença – Pedido de Providências – Alegação de irregularidades na lavratura de Escritura Pública de Divórcio – Informação pelo Requerente de que o Instrumento mão foi lido em voz alta e de que, posteriormente, requereu o acesso ao livro e houve negativa por parte da serventia – Conclusão de regularidade do documento por parte da Perícia Técnica – Ausência de elementos que configurem falha notarial – Ciência ao Oficial – Determinação de arquivo do feito – Improcedência

Processo 1066252-61.2020.8.26.0100

Pedido de Providências - Livros / Jornais / Periódicos - A.C.N.S.B. - Juiz(a) de Direito: Dr(a). Marcelo Benacchio VISTOS, Trata-se de pedido de providências formulado por A. C. N. S. B., que alega irregularidades na lavratura de Escritura Pública de Divórcio pelo Senhor 4º Tabelião de Notas da Capital, referindo atuação em desacordo às Normas de Serviço, bem como manipulação fraudulenta do ato. O Senhor Tabelião prestou esclarecimentos às fls. 67/76, 88/91, 106/107, 118/120 e 138/139. O Senhor Representante manifestou-se em réplicas, às fls. 79, 93/95 e 108/115. Ademais, juntou parecer técnico a respeito do ato original, às fls. 126/136. Não menos, o Senhor Reclamante requereu o arquivamento do feito, ante as conclusões periciais (fls. 125). O Ministério Público acompanhou o feito e pugnou ao final pelo arquivamento da representação, ante a inexistência de ilícito ou incúria funcional (fls. 142). É o relatório. Decido. Cuidam os autos de representação formulada por A. C. N. S. B., que alega irregularidades na lavratura de Escritura Pública de Divórcio pelo Senhor 4º Tabelião de Notas da Capital, referindo atuação em desacordo às Normas de Serviço, bem como manipulação fraudulenta do ato. Em breve síntese, narrou o Senhor Representante que, quando da lavratura da Escritura de Divórcio, o instrumento público não foi lido em voz alta para as partes. Alega que, após decurso de certo tempo, com suspeitas acerca da higidez do ato notarial, questionou a serventia desejando acesso ao livro de escrituras, o que lhe foi negado. Todavia, com a obtida cópia xerográfica do termo, encaminhou-o à perícia técnica, que concluiu pela possibilidade de ter havido alterações no documento original. Bem assim, diante das graves alegações, esta Corregedoria Permanente autorizou a realização de estudo técnico sobre o ato. A perícia documentos cópica foi encomendada pela parte autora e elaborada por especialista, acompanhado de assistente técnico do Senhor Tabelião. Com efeito, o Exame concluiu pela regularidade do documento analisado, deduzindo o Senhor Expert que "[n]ão foram encontradas discrepâncias importantes que pudessem indicar com segurança divergência entre os impressos analisados" (fls. 136). Diante da evidência, requereu o Senhor Reclamante o arquivamento do feito. Bem assim, ante a documentação carreada aos autos, em especial o laudo técnico elaborado por perito da parte, que concluiu pela higidez do documento, bem como dos esclarecimentos do Senhor Tabelião, que noticiou que todas as normas técnicas pertinentes ao seu mistér são sempre observadas na prática dos atos, e ainda considerando-se que a Escritura

Pública teve a participação de Advogado, forçoso convir que não há elementos aptos para identificar ocorrência de falha notarial. Bem por isso, a hipótese dos autos não dá margem à adoção de providência censório-disciplinar em relação ao serviço correicionado, não se vislumbrando responsabilidade funcional apta a ensejar procedimento administrativo. Por conseguinte, determino o arquivamento dos autos. Ciência ao Senhor Tabelião e ao Ministério Público. Encaminhe-se cópia desta r. Sentença, bem como das principais peças dos autos, conforme consta do relatório supra, à Egrégia Corregedoria Geral da Justiça, por e-mail, servindo a presente como ofício. P.I.C. - ADV: ARLEI RODRIGUES (OAB 108453/SP) (DJe de 22.01.2021 – SP)

Ementa: Sentença – Dúvida – Pedido de registro de Carta de Sentença expedida no processo que reconheceu a nulidade de leilões – Impossibilidade – Negativa em razão do atual proprietário tabular ser considerado terceiro de boa-fé – Imóvel que foi revendido após o leilão –Títulos Judiciais não estão isentos de qualificação registrária – Ausência de registro da citação da ação na matrícula do imóvel – Publicidade que ficou restrita às partes do feito – Inexistência de reconhecimento judicial de má-fé do atual proprietário – Matéria reservada à esfera jurisdicional – Manutenção do óbice – Procedência

Processo 1116384-88.2021.8.26.0100

Dúvida - Registro de Imóveis - Claudia Fontana - Em razão do exposto, JULGO PROCEDENTE a dúvida e mantenho o óbice registrário. Deste procedimento não decorrem custas, despesas processuais ou honorários advocatícios. Oportunamente, arquivem-se os autos com as cautelas de praxe. P.R.I.C. - ADV: ANTONIO CARLOS LUKENCHUKII (OAB 180545/SP), SAMARA LINA SANTOS (OAB 358510/SP)

Íntegra da decisão:

SENTENÇA

Processo Digital nº: **1116384-88.2021.8.26.0100**

Classe - Assunto **Dúvida - Registro de Imóveis**

Suscitante: **6º Oficial de Registro de Imóveis da Comarca da Capital**

Suscitado: **Claudia Fontana**

Juiz(a) de Direito: Dr(a). **Luciana Carone Nucci Eugênio Mahuad**

Vistos.

Trata-se de dúvida suscitada pelo **Oficial do 6º Registro de Imóveis da Capital** a requerimento de **Cláudia Fontana**, em virtude de recusa de registro de carta de sentença expedida no processo de autos n. 1009809-77.2017.8.26.0009 e anexo n. 0011353-49.2019.8.26.0009, nos quais se reconheceu a nulidade de leilões e, por efeito, da arrematação do imóvel objeto da matrícula n. 74.731 daquela serventia.

A negativa se deu em proteção ao interesse do atual proprietário tabular, considerado terceiro de boa-fé por ter adquirido o imóvel sem conhecimento da ação anulatória que deu origem ao título, da qual não participou e cuja existência não foi averbada na matrícula do imóvel. Também foi identificado, inicialmente, vício formal pela ausência de carta de sentença na forma do artigo 221, inciso IV, da LRP, exigência esta que foi atendida com o reingresso do título.

Vieram documentos às fls. 13/541.

A parte suscitada apresentou impugnação às fls. 542/544, sustentando que a arrematação do bem ocorreu posteriormente à distribuição da ação anulatória e que, apesar da existência do feito não ter sido averbada na matrícula, foi expressamente mencionada no edital de leilão e nos respectivos folhetos de propaganda, sendo, portanto, de conhecimento do arrematante.

Parecer do Ministério Público às fls. 547/549, pela manutenção do óbice registrário.

É o relatório.

Fundamento e decido.

No mérito, a dúvida é procedente. Vejamos os motivos.

De início, vale destacar que os títulos judiciais não estão isentos de qualificação, positiva ou negativa, para ingresso no fólio real.

Cabe, portanto, ao oficial qualificá-los conforme as normas e os princípios que regem a atividade registral, dentre eles o da continuidade registrária.

Nesse sentido, o E. Conselho Superior da Magistratura já pontuou que a qualificação negativa do título judicial não caracteriza desobediência ou descumprimento de decisão judicial (Apelação Cível n. 413-6/7). E, ainda: Ap. Cível n. 0003968-52.2014.8.26.0453; Ap. Cível n. 0005176-34.2019.8.26.0344 e Ap. Cível n. 1001015-36.2019.8.26.0223.

No caso concreto, conforme se verifica da matrícula n. 74.731, copiada às fls. 13/21, a parte suscitada adquiriu o imóvel em maio de 2008 e, em abril de 2014, o alienou fiduciariamente ao Banco Bradesco S/A, em nome do qual se consolidou a propriedade.

Frustrados os leilões, a dívida foi extinta, dando-se quitação à devedora fiduciante.

Posteriormente, em cumprimento a leilão realizado em 14 de novembro de 2017, o imóvel foi transmitido a Dionísio Elpídio da Silva, o qual, por sua vez, o revendeu para Lawrence Aseba Tipo via escritura lavrada em 10 de dezembro de 2018 e aditamento retificativo de 12 de fevereiro de 2019.

Enquanto esses negócios ocorreram e foram levados a registro na matrícula do imóvel, a parte suscitada movia ação real contra o Banco Bradesco S/A, na qual foi reconhecida a nulidade dos leilões extrajudiciais e, por efeito, de eventual arrematação, nos termos do acórdão de fls. 25/36.

Entretanto, a parte suscitada não promoveu o registro da citação da ação real na matrícula do imóvel, de modo que sua publicidade ficou restrita às partes do feito.

É certo que, em relação ao adquirente Dionísio Elpídio da Silva, a parte suscitada demonstrou conhecimento prévio da ação por informação expressa no edital do leilão (fl. 54). Contudo, o mesmo não ocorre com Lawrence Aseba Tipo, atual proprietário tabular, o que indica aquisição de boa-fé.

Com efeito, nos termos do artigo 506 do CPC, a sentença faz coisa julgada entre as partes do feito em que prolatada, não prejudicando terceiros, ao passo que o artigo 54 da Lei n. 13.097/15 confirma a eficácia das transferências de direitos reais sobre imóveis em face de ações reais ou pessoais reipersecutórias que não tenham sido lançadas na matrícula, as quais não podem ser opostas ao terceiro que adquirir o bem de boa-fé.

Observe-se que, na esteira da súmula n. 375 do STJ, a boa-fé se presume, enquanto a má-fé exige prova.

Assim, o título não poderá ingressar no fólio real afetando a propriedade que atualmente pertence a Lawrence Aseba Tipo enquanto não houver reconhecimento judicial de sua má-fé, o que deve ser apurado em contencioso cível de contraditório amplo, como acertadamente sugeriu o Oficial suscitante.

Em razão do exposto, **JULGO PROCEDENTE** a dúvida e mantenho o óbice registrário.

Deste procedimento não decorrem custas, despesas processuais ou honorários advocatícios.

Oportunamente, arquivem-se os autos com as cautelas de praxe.

P.R.I.C.

São Paulo, 12 de novembro de 2021.

Luciana Carone Nucci Eugênio Mahuad

Juiz de Direito (DJe de 17.11.2021 – SP)

ESCRITURA DE RETIFICAÇÃO

Ementa: Sentença – Dúvida – Pedido de registro de Escritura de Divórcio com Partilha de Bens – Negativa em razão do imóvel ser de propriedade particular e exclusiva da Requerente – Violação ao Princípio da Continuidade – Ausência de registro noticiando a união estável alegada pelo casal – Reconhecimento tardio da União Estável que não pode alterar a incomunicabilidade dos bens adquiridos anteriormente à realização do casamento – Manutenção do óbice – Procedência

Processo 1086457-77.2021.8.26.0100

Dúvida - Registro de Imóveis - Daniela Aparecida Mantovani – Walter Eduardo Oliveira Alves - Diante do exposto, JULGO PROCEDENTE a dúvida inversamente suscitada, mantendo o óbice registrário. Deste procedimento não decorrem custas, despesas processuais ou honorários advocatícios. Oportunamente, remetam-se os autos ao arquivo. P.R.I.C. - ADV: LUIZ FERNANDO DE ARAUJO (OAB 421726/SP)

Íntegra da decisão:

SENTENÇA

Processo Digital nº: **1086457-77.2021.8.26.0100**

Classe - Assunto **Dúvida - Registro de Imóveis**

Requerente: **Daniela Aparecida Mantovani e outro**

Requerido: **10º Oficial de Registro de Imóveis da Capital**

Juiz(a) de Direito: Dr(a). **Luciana Carone Nucci Eugênio Mahuad**

Vistos.

Trata-se de dúvida inversa suscitada por **Daniela Aparecida Mantovani e Walter Eduardo de Oliveira Alves** em face do **10º Oficial de Registro de Imóveis da Capital** após negativa de registro de escritura de divórcio com partilha de bens, dentre os quais o imóvel da matrícula n. 44.561 daquela serventia. A recusa foi motivada por violação ao princípio da continuidade, uma vez que o imóvel seria de propriedade particular e exclusiva de Daniela.

A parte suscitante alega que o bem foi adquirido na constância de união estável reconhecida em aditamento à escritura de divórcio, pelo que pleiteia a anulação do negócio jurídico por meio do qual Daniela adquiriu a metade ideal que pertencia a Walter (R.5/44.561), bem como o registro da escritura.

Vieram documentos à fls. 09/26.

Constatado o decurso do trintídio legal da prenotação, foi determinada a reapresentação do título (fl. 27).

Com o atendimento, o Oficial manifestou-se às fls. 32/33, informando que título foi desqualificado após constatação de violação ao princípio da continuidade, por se tratar de bem particular e exclusivo de Daniela, adquirido anteriormente ao casamento. Informa que o casal adquiriu o imóvel no ano de 1991, na condição de divorciados, estabelecendo-se condomínio que durou até maio de 1999, quando Walter vendeu sua metade ideal para Daniela, que consolidou a propriedade do bem. Embora tenham se casado em julho de 2016, adotaram o regime da comunhão parcial de bens, de modo que o imóvel continuou sendo bem particular e não comum como consta na escritura. Destaca que, em nenhum dos registros aquisitivos, foi noticiada a união estável alegadamente mantida entre Daniela e Walter.

O Ministério Público opinou pela procedência, com manutenção do óbice registrário (fls. 37/39).

É o relatório.

Fundamento e Decido.

No mérito, a dúvida procede. Vejamos os motivos.

Conforme se verifica da matrícula n. 44.561 (R.4 – fls. 14/15), os suscitantes adquiriram referido imóvel em outubro de 1991, qualificando-se como divorciados.

Em maio de 1999, Walter vendeu sua metade ideal para Daniela, com registro na matrícula (R.5/44.561).

Walter e Daniela casaram-se no dia 16 de julho de 2016 sob o regime da comunhão parcial de bens e divorciaram-se dois anos depois, em 16 de julho de 2018 (escritura de fls. 16/17).

Por escritura de aditamento lavrada em 22 de agosto de 2018, reconheceram a existência de união estável iniciada em 13 de julho de 1986 e dispuseram sobre a partilha de bens (fls. 18/21).

O reconhecimento tardio da união estável não pode alterar a incomunicabilidade dos bens adquiridos anteriormente à realização do casamento, inclusive com ingresso do título no fólio real.

Tais bens, como se sabe, são excluídos da comunhão por força do artigo 1659, I, do Código Civil, e constituem patrimônio próprio, que não deve ser submetido à partilha, notadamente diante da formalização da venda, por meio da qual as partes expressamente dispuseram sobre o seu patrimônio.

Observe-se que os negócios jurídicos anuláveis, nos termos do artigo 138 do Código Civil, envolvem declaração de vontade que emane de erro substancial que poderia ter sido percebido por pessoa de diligência normal em face das circunstâncias.

A discussão em torno da validade do negócio jurídico, porém, escapa do âmbito de competência deste juízo administrativo, limitada aos casos de nulidade de pleno direito do registro (artigo 214 da Lei de Registros Públicos).

Não se poderia, ademais, reconhecer em erro substancial a vontade manifestada expressamente por Walter e Daniela quando realizaram o negócio de compra e venda da metade ideal do imóvel, sem qualquer notícia sobre a existência de união estável.

Neste contexto, solução para o caso, com atribuição da propriedade do imóvel a Walter, está na formalização de novo negócio jurídico, com submissão a tratamento tributário próprio.

Diante do exposto, **JULGO PROCEDENTE** a dúvida inversamente suscitada, mantendo o óbice registrário.

Deste procedimento não decorrem custas, despesas processuais ou honorários advocatícios.

Oportunamente, remetam-se os autos ao arquivo.

P.R.I.C.

São Paulo, 13 de outubro de 2021.

Luciana Carone Nucci Eugênio Mahuad

Juiz de Direito (DJe de 18.10.2021 – SP)

Ementa: Sentença – Pedido de Providências – Pedido de averbação de Escritura Pública de Divórcio nas matrículas – Impossibilidade – Escritura que reconhece a propriedade exclusiva da Requerente sobre parte ideal de cada um dos imóveis – Negativa em razão de comunicabilidade dos bens em relação ao ex-cônjuge – Aquisição da propriedade que se deu por meio de compra e venda durante o matrimônio – Casamento subordinado ao regime da comunhão parcial de bens – Art. 1.660, I, do CC – Violação ao Princípio da Continuidade Registrária – Imprescindibilidade que o título esteja em conformidade com o constante na matrícula – Necessidade de retificação da partilha dos bens ou do título aquisitivo – Indeferimento do pedido – Improcedência

Processo 1082930-20.2021.8.26.0100

Pedido de Providências - Registro de Imóveis - Mauricio Cruz Thomazi – Camila Cadrobbi - Diante do exposto, JULGO IMPROCEDENTE o pedido de providências formulado por Maurício Cruz Thomazi e Camila Cadrobbi em face do Oficial do 14º Registro de Imóveis da Capital. Deste procedimento não decorrem custas, despesas processuais ou honorários advocatícios. Oportunamente, ao arquivo com as cautelas de praxe. P.R.I.C. - ADV: AMANDA RAMOS CANERO MARCHIONI (OAB 289492/SP)

Íntegra da decisão:

SENTENÇA

Processo Digital nº: **1082930-20.2021.8.26.0100**

Classe - Assunto **Pedido de Providências - Registro de Imóveis**

Requerente: **Mauricio Cruz Thomazi e outro**

Requerido: **14º Oficial de Registro de Imoveis da Capital**

Juiz(a) de Direito: Dr(a). **Luciana Carone Nucci Eugênio Mahuad**

Vistos.

Trata-se de pedido de providências formulado por **Maurício Cruz Thomazi** e **Camila Cadrobbi** em face do **Oficial do 14º Registro de Imóveis da Capital** após negativa de averbação de escritura pública de divórcio nas matrículas 182.777 e 182.816 daquela serventia.

A parte reclamante sustenta que a escritura pública de divórcio, com reconhecimento da propriedade exclusiva da coautora Camila sobre 1/6 de cada um dos imóveis, é documento suficiente para demonstrar a ausência de impedimentos, vez que a propriedade foi adquirida em virtude de doação de recursos dos avós dela, pelo que não constituem bens sujeitos à partilha. Documentos vieram às fls. 06/37.

O Oficial se manifestou às fls. 49/60, sustentando que constam das matrículas que a propriedade de parte dos imóveis foi transferida à requerente Camila por meio de contrato de compra e venda, havendo, assim, comunicabilidade dos bens em relação a seu ex-esposo. Desse modo, para que a escritura tenha acesso ao fólio real, os requerentes devem proceder à retificação do título aquisitivo ou à partilha dos bens.

O Ministério Público opinou pela manutenção do óbice (fls. 66/68).

É o relatório.

Fundamento e decido.

No mérito, o pedido é improcedente. Vejamos os motivos.

A parte requerente, como visto, pretende a averbação de escritura pública de divórcio em que consta reconhecimento da titularidade exclusiva da correquerente Camila sobre 1/6 da nua propriedade dos imóveis das matrículas n. 182.777 e 182.816.

Entretanto, os registros efetuados nas matrículas de ambos os imóveis indicam que a aquisição se deu por meio de compra e venda (R.4 fls. 18 e 21), sem indicação de que tenha sido realizada unicamente com recursos doados pelos avós da coautora.

Ademais, como bem salientado pelo Oficial, a aquisição da propriedade ocorreu no ano de 2011, ou seja, durante o matrimônio, o qual é subordinado ao regime da comunhão parcial de bens, pelo que houve comunicabilidade nos termos do inciso I, do artigo 1.660, do Código Civil (incluem-se na comunhão *"os bens adquiridos na constância do casamento por título oneroso, ainda que só em nome de um dos cônjuges"*).

Assim, ainda que a escritura de divórcio tenha excluído propriedades da partilha por vontade dos requerentes, não há como registrar o título em questão na forma como constituído sem violação do princípio da continuidade registrária: as partes ideais dos imóveis continuam pertencendo a ambos os ex-cônjuges por força do regime de bens do casamento (comunhão parcial).

Por conseguinte, para preservação da continuidade, mostra-se imprescindível que o título esteja em conformidade com o constante na matrícula, formando um perfeito encadeamento entre as informações inscritas e as que se pretendem inscrever, pelo que deve ser retificado a fim de que os bens sejam partilhados.

Outra opção, ainda, é a retificação do título aquisitivo para fazer constar que a parte ideal dos imóveis foi adquirida com recursos de doação como mencionado na escritura de divórcio.

Diante do exposto, **JULGO IMPROCEDENTE** o pedido de providências formulado por **Maurício Cruz Thomazi** e **Camila Cadrobbi** em face do **Oficial do 14º Registro de Imóveis da Capital**.

Deste procedimento não decorrem custas, despesas processuais ou honorários advocatícios.

Oportunamente, ao arquivo com as cautelas de praxe.

P.R.I.C.

São Paulo, 21 de setembro de 2021.

Luciana Carone Nucci Eugênio Mahuad

Juiz de Direito. (DJe de 28.09.2021 – SP)

Ementa: Sentença – Pedido de Providências – Alegação de irregularidades na lavratura de Escritura Pública de Divórcio – Informação pelo Requerente de que o Instrumento mão foi lido em voz alta e de que, posteriormente, requereu o acesso ao livro e houve negativa por parte da serventia – Conclusão de regularidade do documento por parte da Perícia Técnica – Ausência de elementos que configurem falha notarial – Ciência ao Oficial – Determinação de arquivo do feito – Improcedência

Processo 1066252-61.2020.8.26.0100

Pedido de Providências - Livros / Jornais / Periódicos - A.C.N.S.B. - Juiz(a) de Direito: Dr(a). Marcelo Benacchio VISTOS, Trata-se de pedido de providências formulado por A. C. N. S. B., que alega irregularidades na lavratura de Escritura Pública de

Divórcio pelo Senhor 4º Tabelião de Notas da Capital, referindo atuação em desacordo às Normas de Serviço, bem como manipulação fraudulenta do ato. O Senhor Tabelião prestou esclarecimentos às fls. 67/76, 88/91, 106/107, 118/120 e 138/139. O Senhor Representante manifestou-se em réplicas, às fls. 79, 93/95 e 108/115. Ademais, juntou parecer técnico a respeito do ato original, às fls. 126/136. Não menos, o Senhor Reclamante requereu o arquivamento do feito, ante as conclusões periciais (fls. 125). O Ministério Público acompanhou o feito e pugnou ao final pelo arquivamento da representação, ante a inexistência de ilícito ou incúria funcional (fls. 142). É o relatório. Decido. Cuidam os autos de representação formulada por A. C. N. S. B., que alega irregularidades na lavratura de Escritura Pública de Divórcio pelo Senhor 4º Tabelião de Notas da Capital, referindo atuação em desacordo às Normas de Serviço, bem como manipulação fraudulenta do ato. Em breve síntese, narrou o Senhor Representante que, quando da lavratura da Escritura de Divórcio, o instrumento público não foi lido em voz alta para as partes. Alega que, após decurso de certo tempo, com suspeitas acerca da higidez do ato notarial, questionou a serventia desejando acesso ao livro de escrituras, o que lhe foi negado. Todavia, com a obtida cópia xerográfica do termo, encaminhou-o à perícia técnica, que concluiu pela possibilidade de ter havido alterações no documento original. Bem assim, diante das graves alegações, esta Corregedoria Permanente autorizou a realização de estudo técnico sobre o ato. A perícia documentos cópica foi encomendada pela parte autora e elaborada por especialista, acompanhado de assistente técnico do Senhor Tabelião. Com efeito, o Exame concluiu pela regularidade do documento analisado, deduzindo o Senhor Expert que "[n]ão foram encontradas discrepâncias importantes que pudessem indicar com segurança divergência entre os impressos analisados" (fls. 136). Diante da evidência, requereu o Senhor Reclamante o arquivamento do feito. Bem assim, ante a documentação carreada aos autos, em especial o laudo técnico elaborado por perito da parte, que concluiu pela higidez do documento, bem como dos esclarecimentos do Senhor Tabelião, que noticiou que todas as normas técnicas pertinentes ao seu mistér são sempre observadas na prática dos atos, e ainda considerando-se que a Escritura Pública teve a participação de Advogado, forçoso convir que não há elementos aptos para identificar ocorrência de falha notarial. Bem por isso, a hipótese dos autos não dá margem à adoção de providência censório-disciplinar em relação ao serviço correicionado, não se vislumbrando responsabilidade funcional apta a ensejar procedimento administrativo. Por conseguinte, determino o arquivamento dos autos. Ciência ao Senhor Tabelião e ao Ministério Público. Encaminhe-se cópia desta r. Sentença, bem como das principais peças dos autos, conforme consta do relatório supra, à Egrégia Corregedoria Geral da Justiça, por e-mail, servindo a presente como ofício. P.I.C. - ADV: ARLEI RODRIGUES (OAB 108453/SP) (DJe de 22.01.2021 – SP)

FORMAL DE PARTILHA

Ementa: Sentença – Dúvida – Pedido de registro de formal de partilha – Óbices por ausência de recolhimento do ITCMD sobre a instituição de usufruto do imóvel em favor da viúva, bem como em razão do ITCMD sobre a transmissão ter sido recolhido com base no valor venal do exercício de 2019 – Títulos Judiciais não estão isentos de qualificação registraria – Imprescindibilidade do recolhimento do imposto sobre o usufruto – Art 9º, § 2º, 3, da Lei Estadual nº 10705/2000 – Ausência de demonstração da homologação do ITCMD pela Fazenda Estadual – Necessidade da referida homologação da Fazenda do Estado em relação ao valor recolhido – Manutenção da exigência de recolhimento do ITCMD referente à instituição do usufruto – Procedência Parcial

Processo 1113858-51.2021.8.26.0100

Dúvida - Registro de Imóveis - Marília Aparecida de Aquino Capelli - Diante do exposto, JULGO PARCIALMENTE PROCEDENTE a dúvida suscitada para manter apenas a exigência de recolhimento do ITCMD referente à instituição de usufruto, mas com observação sobre a necessidade de homologação, pela Fazenda Estadual, do recolhimento do ITCMD sobre a transmissão de propriedade. Deste procedimento não decorrem custas, despesas processuais ou honorários advocatícios. Oportunamente, remetam-se os autos ao arquivo. P.R.I.C. - ADV: SONIA MELLO FREIRE (OAB 73593/SP)

Íntegra da decisão:

SENTENÇA

Processo Digital nº: **1113858-51.2021.8.26.0100**

Classe - Assunto **Dúvida - Registro de Imóveis**

Suscitante: **10º Oficial de Registro de Imóveis da Capital**

Suscitado: **Marília Aparecida de Aquino Capelli**

Prioridade Idoso

Juiz(a) de Direito: Dr(a). **Luciana Carone Nucci Eugênio Mahuad**

Vistos.

Trata-se de dúvida suscitada pelo **Oficial do 10º Registro de Imóveis da Capital** a requerimento de **Marilia Aparecida de Aquino Capelli**, após negativa de registro de formal de partilha dos bens deixados pelo falecimento de Sérgio Capelli (autos n. 1026098-28.2019.8.26.0361), que tem por objeto a meação do imóvel da matrícula n. 67.875 daquela serventia.

Informa o Oficial que a negativa foi motivada pelos seguintes óbices: 1º) falta de recolhimento do ITCMD sobre a instituição de usufruto do imóvel feita pelos herdeiros em favor da viúva, ora suscitada, cuja base de cálculo corresponde a 1/3 (um terço) do valor do bem conforme os artigos 2º e 9º da Lei Estadual n. 10.705/2000; 2º) recolhimento do ITCMD sobre a transmissão utilizando-se como base de cálculo o valor venal do exercício de 2019 e não o valor venal de referência. Sustenta que, embora concorde com a tese da inconstitucionalidade do art. 1º do Decreto Estadual n. 55.002/09 aventada pela parte suscitada, não pode ficar sujeito a eventual autuação por parte do fisco estadual. Juntou documentos às fls. 05/87.

A parte suscitada apresentou impugnação às fls. 88/96, sustentando, quanto ao primeiro óbice, que não há transmissão de propriedade no usufruto, razão pela qual inexiste fato gerador a viabilizar a incidência de ITCMD; que, conquanto o art. 31, parágrafo 3º, II, do Decreto Estadual n. 46.655/2000, estabeleça que o imposto deva ser recolhido por ocasião da consolidação da propriedade plena na pessoa do nu-proprietário, aludida norma é inconstitucional, pois viola o art. 110 do Código Tributário Nacional – CTN, bem como o art. 146 da Constituição Federal, conforme a jurisprudência do Tribunal de Justiça de SP; que, no que tange ao segundo óbice, correspondente ao ITCMD sobre a partilha, incabível a exigência de complementação, pois o art. 38 do CTN, que tem força de lei complementar, estabelece que a base de cálculo é o valor venal dos bens ou direitos transmitidos, o que não pode ser suplantado pelo disposto no Decreto Estadual n. 55.002/09, que apenas indica que poderá ser adotado o valor venal de referência para apuração do ITCMD, mas sem imposição; que este entendimento acerca do ITCMD incidente sobre a transmissão está de acordo com a jurisprudência do Tribunal de Justiça de SP. Por fim, pleiteou pelos benefícios da prioridade de tramitação, juntando documentos às fls. 97/98.

O Ministério Público opinou pela procedência parcial, com manutenção da exigência de recolhimento do ITCMD cabível na instituição do usufruto (fls. 101/105).

É o relatório.

Fundamento e decido.

Por primeiro, defiro os benefícios da prioridade de tramitação à parte suscitada (fl. 98).

No mérito, a dúvida é procedente em parte. Vejamos os motivos.

De início, vale destacar que os títulos judiciais não estão isentos de qualificação, positiva ou negativa, para ingresso no fólio real.

O Egrégio Conselho Superior da Magistratura já decidiu que a qualificação negativa de título judicial não caracteriza desobediência ou descumprimento de decisão judicial (Apelação Cível n. 413-6/7).

Neste sentido, também a Apelação Cível nº 464-6/9, de São José do Rio Preto:

> *"Apesar de se tratar de título judicial, está ele sujeito à qualificação registrária. O fato de tratar-se o título de mandado judicial não o torna imune à qualificação registrária, sob o estrito ângulo da regularidade formal. O exame da legalidade não promove incursão sobre o mérito da decisão judicial, mas à apreciação das formalidades extrínsecas da ordem e à conexão de seus dados com o registro e a sua formalização instrumental".*

E, ainda:

> *"Registro Público - Atuação do Titular - Carta de Adjudicação – Dúvida Levantada - Crime de Desobediência - Impropriedade Manifesta. O cumprimento do dever imposto pela Lei de Registros Públicos, cogitando-se de deficiência de carta de adjudicação e levantando-se dúvida perante o juízo de direito da vara competente, longe fica de configurar ato passível de enquadramento no artigo 330 do Código Penal – crime de desobediência -, pouco importando o acolhimento, sob o ângulo judicial, do que suscitado" (STF, HC 85911 / MG - Minas Gerais, Relator: Min. Marco Aurélio, j. 25/10/2005, Primeira Turma).*

Sendo assim, não há dúvidas de que a mera existência de título proveniente de órgão jurisdicional não basta para autorizar automaticamente seu ingresso no fólio real, cabendo ao oficial qualificá-lo conforme as normas e os princípios que regem a atividade registral, sendo que, para o exercício de tal mister, ele conta com ampla autonomia (artigo 28 da Lei n. 8.935/94).

Quanto às exigências feitas no caso, no que diz respeito ao ITCMD incidente sobre o usufruto, a Lei Estadual n. 10.705/2000, em seu art. 9º, § 2º, item 3, prevê que o imposto também deve ser recolhido sobre o valor correspondente a 1/3 do valor do bem (nossos destaques):

> *"Artigo 9º - A base de cálculo do imposto é o valor venal do bem ou direito transmitido, expresso em*

moeda nacional ou em UFESPs (Unidades Fiscais do Estado de São Paulo).

§ 1º - Para os fins de que trata esta lei, considera-se valor venal o valor de mercado do bem ou direito na data da abertura da sucessão ou da realização do ato ou contrato de doação.

§ 2º - Nos casos a seguir, a base de cálculo é equivalente a:

(...)

3.1/3 (um terço) do valor do bem, na instituição do usufruto, por ato não oneroso;

4. 2/3 (dois terços) do valor do bem, na transmissão não onerosa da nua-propriedade".

Note-se que o item 4, do §2º, do mesmo artigo, também dispõe sobre o recolhimento do imposto na transmissão não onerosa da nua-propriedade.

A previsão legal da incidência tributária na instituição do usufruto é corroborada pela jurisprudência, como se vê do aresto indicado pelo Ministério Público:

"REGISTRO DE IMÓVEIS – Dúvida inversa – Instrumento particular de instituição de usufruto vitalício – Bem imóvel de valor superior a 30 salários mínimos – Necessidade de formalização por meio de escritura pública – Inteligência do art. 108 do Código Civil – Impossibilidade de averbação de protesto contra alienação de bens decorrente de decisão proferida em sede administrativa – Incidência, outrossim, de ITCMD, sendo dever legal do Registrador fiscalizar o recolhimento de imposto vinculado ao negócio jurídico a ser registrado – Dúvida inversa procedente – Recurso não provido" (CSMSP – Apelação Cível: 1024108-77.2017.8.26.0100. São Paulo. Julgamento em 09/03/2018. Data DJ: 11/07/2018).

Vale ressaltar que a jurisprudência colacionada pela parte suscitada às fls. 90/91 não se aplica ao caso concreto, vez que os julgados relacionados dizem respeito à não incidência de ITCMD nas hipóteses de **cancelamento de usufruto**, com indicação do recolhimento tributário no momento da instituição.

No que se refere ao segundo óbice, como se sabe, vigora, para os registradores, ordem de controle rigoroso do recolhimento do imposto por ocasião do registro do título, sob pena de responsabilidade pessoal (art. 289 da Lei n. 6.015/73; art.134, VI, do CTN e art. 30, XI, da Lei 8.935/1994).

Em relação à matéria em debate no caso, há normativa expressa expedida pelo ente fiscal (artigo 12 da Portaria CAT n. 89, de 26 de outubro de 2020).

Conquanto a exigência, neste ponto, diga respeito à base de cálculo utilizada para o recolhimento, o que exacerba a atribuição do Oficial (E.CSM – Apel. Cível n. 0009480-97.2013.8.26.0114), o fato é que não se demonstrou homologação da Fazenda do Estado acerca do valor recolhido, o que é necessário para ingresso do título no fólio real. Nem ao menos houve notícia acerca de eventual anuência do fisco.

A jurisprudência atual também reconhece como necessária a fiscalização relativa à homologação pelo ente fiscal na hipótese:

"REGISTRO DE IMÓVEIS – Dúvida julgada procedente – Carta de sentença extraída de ação de divórcio consensual – Exigência consistente na apresentação da anuência da Fazenda do Estado com a declaração e o recolhimento do Imposto de Transmissão "Causa Mortis" e de Doação de Quaisquer Bens e Direitos - ITCMD – Carta de sentença que somente foi instruída com o protocolo da declaração do ITCMD e com as guias de recolhimento, o que impossibilita a análise da alegação de que foi adotada base de cálculo superior aos valores venais dos imóveis transmitidos – Recurso não provido" (Conselho Superior da Magistratura, Apelação Cível nº 1018134-43.2019.8.26.0309, Voto n. 31.176, lavrado pelo Corregedor Geral da Justiça Ricardo Anafe).

"Registro de Imóveis Formal de partilha Comprovação de pagamento do ITCMD Necessidade de apresentação de certidão de homologação pela Fazenda Óbice mantido Recurso não provido" (Conselho Superior da Magistratura, Apelação Cível n. 0000534-79.2020, Voto n. 31.465, lavrado pelo Corregedor Geral da Justiça Ricardo Anafe).

Por fim, deve-se observar que eventual demora ou impedimento na homologação da declaração do ITCMD deve ser resolvida pela parte interessada administrativamente ou perante a via judicial competente, na medida em que, nesta seara administrativa, debate sobre a inconstitucionalidade ou legalidade da legislação tributária aplicável à hipótese é totalmente impertinente.

Diante do exposto, **JULGO PARCIALMENTE PROCEDENTE** a dúvida suscitada para manter apenas a exigência de recolhimento do ITCMD referente à instituição de usufruto, mas com observação sobre a necessidade de homologação, pela Fazenda Estadual, do recolhimento do ITCMD sobre a transmissão de propriedade.

Deste procedimento não decorrem custas, despesas processuais ou honorários advocatícios.

Oportunamente, remetam-se os autos ao arquivo.

P.R.I.C.

São Paulo, 09 de novembro de 2021.

Luciana Carone Nucci Eugênio Mahuad

Juiz de Direito (DJe de 11.11.2021 – SP)

Ementa: Sentença – Dúvida – Pedido de registro de formal de partilha – Ausência de homologação, pela Fazenda do Estado, do recolhimento tributário – Títulos Judiciais não estão isentos de qualificação registrária – Responsabilidade solidária do Oficial no que tange a fiscalização do pagamento do imposto devido – Art 289, da LRP – Exigência devidamente justificada – Manutenção do óbice – Procedência

Processo 1108290-54.2021.8.26.0100

Dúvida - Registro de Imóveis - Ricardo Jesus de Souza - Diante do exposto, JULGO PROCEDENTE a dúvida suscitada e, em consequência, mantenho o óbice registrário. Deste procedimento não decorrem custas, despesas processuais ou honorários advocatícios. Oportunamente, ao arquivo com as cautelas de praxe. P.R.I.C. - ADV: DORIVAL ANTONIO BIELLA (OAB 72417/SP)

Íntegra da decisão:

SENTENÇA

Processo Digital nº: **1108290-54.2021.8.26.0100**

Classe - Assunto **Dúvida - Registro de Imóveis**

Suscitante: **9º Oficial de Registro de Imóveis da Capital**

Suscitado: **Ricardo Jesus de Souza**

Juiz(a) de Direito: Dr(a). **Luciana Carone Nucci Eugênio Mahuad**

Vistos.

Trata-se de dúvida suscitada pelo **Oficial do 9º Registro de Imóveis da Capital** a requerimento de **Ricardo Jesus de Souza**, tendo em vista negativa em se proceder ao registro de formal de partilha extraído do processo de autos n. 1014023-46.2019.8.26.0001, relativo ao imóvel da matrícula 194.593 daquela serventia.

Informa o Oficial que a recusa foi motivada pela ausência de homologação, pela Fazenda do Estado, do recolhimento tributário. Documentos vieram às fls. 03/58.

A parte suscitada manifestou-se às fls. 59/61, aduzindo que comprovou o pagamento devido. Vieram documentos às fls. 62/67.

O Ministério Público opinou pela procedência (fls. 70/71).

É o relatório.

Fundamento e decido.

No mérito, a dúvida é procedente. Vejamos os motivos.

De início, vale destacar que os títulos judiciais não estão isentos de qualificação, positiva ou negativa, para ingresso no fólio real.

O Egrégio Conselho Superior da Magistratura já decidiu que a qualificação negativa de título judicial não caracteriza desobediência ou descumprimento de decisão judicial (Apelação Cível n. 413-6/7).

Neste sentido, também a Apelação Cível nº 464-6/9, de São José do Rio Preto:

"Apesar de se tratar de título judicial, está ele sujeito à qualificação registrária. O fato de tratar-se o título de mandado judicial não o torna imune à qualificação registrária, sob o estrito ângulo da regularidade formal. O exame da legalidade não promove incursão sobre o mérito da decisão judicial, mas à apreciação das formalidades extrínsecas da ordem e à conexão de seus dados com o registro e a sua formalização instrumental".

E, ainda:

"REGISTRO PÚBLICO - ATUAÇÃO DO TITULAR - CARTA DE ADJUDICAÇÃO - DÚVIDA LEVANTADA - CRIME DE DESOBEDIÊNCIA - IMPROPRIEDADE MANIFESTA. O cumprimento do dever imposto pela Lei de Registros Públicos, cogitando-se de deficiência de carta de adjudicação e levantando-se dúvida perante o juízo de direito da vara competente, longe fica de configurar ato passível de enquadramento no artigo 330 do Código Penal - crime de desobediência -, pouco importando o acolhimento, sob o ângulo judicial, do que suscitado" (STF, HC 85911 / MG – MINAS GERAIS, Relator: Min. MARCO AURÉLIO, j. 25/10/2005, Primeira Turma).

Sendo assim, não há dúvidas de que a mera existência de título proveniente de órgão jurisdicional não basta para autorizar automaticamente seu ingresso no fólio real, cabendo ao oficial qualificá-lo conforme os princípios e as normas que regem a atividade registral, sendo que, para o exercício de tal mister, ele conta com ampla autonomia (artigo 28 da Lei n. 8.935/94).

Para os registradores, como se sabe, vigora ordem de controle rigoroso do recolhimento de imposto por ocasião do registro do título, sob pena de responsabilidade pessoal (artigo 289 da Lei n. 6.015/73).

Em relação à matéria em debate no caso, há normativa expressa expedida pelo ente fiscal (artigo 12 da Portaria CAT n. 89, de 26 de outubro de 2020).

A jurisprudência atual, por sua vez, também reconhece como necessária a fiscalização.

A propósito, com nossos destaques:

"REGISTRO DE IMÓVEIS – Dúvida julgada procedente – Carta de sentença extraída de ação de divórcio consensual – ***Exigência consistente na apresentação da anuência da Fazenda do Estado*** *com a declaração e o recolhimento do Imposto de*

Transmissão "Causa Mortis" e de Doação de Quaisquer Bens e Direitos - ITCMD Carta de sentença que somente foi instruída com o protocolo da declaração do ITCMD e com as guias de recolhimento, o que impossibilita a análise da alegação de que foi adotada base de cálculo superior aos valores venais dos imóveis transmitidos – Recurso não provido" (Conselho Superior da Magistratura, Apelação Cível nº 1018134-43.2019.8.26.0309, Voto n. 31.176, lavrado pelo Corregedor Geral da Justiça Ricardo Anafe).

"Registro de Imóveis – Formal de partilha – Comprovação de pagamento do ITCMD – **Necessidade de apresentação de certidão de homologação pela Fazenda –** *Óbice mantido – Recurso não provido" (Conselho Superior da Magistratura, Apelação Cível n. 0000534-79.2020, Voto n. 31.465, lavrado pelo Corregedor Geral da Justiça Ricardo Anafe).*

A exigência de homologação do recolhimento tributário pela Fazenda Pública Estadual para registro do título na hipótese está justificada.

Eventual demora ou impedimento na homologação da declaração do ITCMD deve ser resolvida pela parte interessada administrativamente ou perante o juízo responsável pela partilha.

Diante do exposto, **JULGO PROCEDENTE** a dúvida suscitada e, em consequência, mantenho o óbice registrário.

Deste procedimento não decorrem custas, despesas processuais ou honorários advocatícios.

Oportunamente, ao arquivo com as cautelas de praxe.

P.R.I.C.

São Paulo, 08 de novembro de 2021.

Luciana Carone Nucci Eugênio Mahuad

Juiz de Direito (DJe de 10.11.2021 – SP)

Ementa: Sentença – Dúvida – Pedido de registro de Escritura de Aditamento e Partilha – Negativa em razão da necessidade da apresentação do formal de partilha, bem como dos documentos pessoais do titular do domínio – Proprietário que está precariamente qualificado na matrícula – Escritura lavrada no ano de 1957 – Necessidade de homologação judicial – Possibilidade de aferir que os documentos de identificação apresentados pertencem ao proprietário tabular – Mitigação dos princípios – Ausência de risco – Afastamento do óbice em relação aos documentos do titular do domínio – Manutenção da exigência de apresentação do formal de partilha com a devida homologação da referida escritura – Procedência Parcial

Processo 1095542-87.2021.8.26.0100

Dúvida - Registro de Imóveis - Espólio de Gabriel João Gianetti - Diante do exposto, JULGO PARCIALMENTE PROCEDENTE a dúvida suscitada, afastando apenas a exigência dos documentos do titular do domínio para registro do título (óbice n. 2 da nota devolutiva). Ou seja, fica mantida a exigência de apresentação do formal de partilha, com a devida homologação da "escritura de aditamento e partilha", para que seja efetivado o registro. Deste procedimento não decorrem custas, despesas processuais ou honorários advocatícios. Oportunamente, remetam-se os autos ao arquivo. P.R.I.C. - ADV: MIGUEL DARIO DE OLIVEIRA REIS (OAB 111133/SP)

Íntegra da decisão:

SENTENÇA

Processo Digital nº: **1095542-87.2021.8.26.0100**

Classe - Assunto **Dúvida - Registro de Imóveis**

Requerente: **Espólio de Gabriel João Gianetti**

Requerido: **7º Oficial de Registro de Imóveis da Capital**

Juiz(a) de Direito: Dr(a). **Luciana Carone Nucci Eugênio Mahuad**

Vistos.

Trata-se de dúvida inversa suscitada pelo **Espólio de Gabriel João Gianetti, representado pela inventariante Maria Ângela Gianetti,** em face da negativa do **Oficial do 7º Registro de Imóveis da Capital** em proceder ao registro de "escritura de aditamento e partilha", relativa ao imóvel objeto da transcrição n. 40.293 daquela serventia.

O título foi devolvido em razão dos seguintes óbices: "1) Para proceder à análise da presente escritura (de aditamento e partilha) em favor do herdeiro Miguel Gianetti, necessário que, primeiramente, o interessado apresente ao Cartório o Formal de Partilha referido na presente escritura, extraído do Processo que tramitou perante a 12ª Vara Cível desta Capital, com os respectivos termos de abertura, encerramento e data de sua expedição a teor do que dispõe o item 221 do Capítulo IV das Normas de Serviço da E. Corregedoria Geral da Justiça - Provimento 30/2013. O referido Formal de Partilha poderá ser formalizado extrajudicialmente através de Cartório de Notas (que é dotado de fé pública); 2) Ainda, da matrícula nº 208.454 desta Serventia, consta que o proprietário Antonio Gianetti está precariamente qualificado (constando apenas ser proprietário, residente e domiciliado nesta Capital). Assim, necessário que o interessado apresente primeiramente as respectivas cópias autenticadas, das cédulas de identidade (RG/RNE), dos cartões de identificação do contribuinte (CPF), bem como a certidão de casamento de Antonio

Gianetti e Filomena Petrilli Gianetti; 3) Apresentar, também, a certidão de óbito (original ou cópia autenticada) para instruir a averbação do falecimento de Filomena Petrilli Gianetti, a ser aqui praticada (art. 167, II, n. 5, e 246, parágrafo 1º, ambos da Lei n. 6.015/73)".

A parte interessada alega que, em decorrência do falecimento de Gabriel João Gianetti, houve abertura de inventário e de testamento junto à 5ª Vara de Família e Sucessões do Foro Central da Comarca da Capital, cujos autos foram distribuídos, respectivamente, sob n. 0060027-57.2011.8.26.0100 e 1091349-10.2013.8.26.0100; que o Oficial apontou divergência existente na área do imóvel da transcrição n. 40.293, entre a descrição contida no inventário e a que consta na escritura e no lançamento do IPTU, o que ensejou o ajuizamento da ação de retificação de área de autos n. 1045131-11.2019.8.26.0100, a qual foi julgada procedente, ocasião em que foi instituída a matrícula n. 208.454; que, diante da exigência relativa à observância à continuidade registral, juntou escritura de transmissão de Antonio Gianetti para Miguel Gianetti, bem como do espólio deste último para Gabriel João Gianetti, demonstrando a cadeia dominial; que juntou os demais documentos exigidos, com exceção da certidão de casamento de Antonio Gianetti e Filomena Petrilli Gianetti, pois são italianos e casados na Itália, sendo que, na outorga da escritura de transmissão do imóvel, tais documentos não eram exigidos.

O Oficial manifestou-se às fls. 34/41, sustentando que, pela escritura apresentada, foi partilhado, além de outro, o imóvel objeto da transcrição n. 40.293, que deu origem à abertura da matrícula n. 208.454 daquela serventia por força da sentença proferida na ação de retificação de registro de autos n. 1045131-11.2019.8.26.0100, figurando, como proprietário, Antonio Gianetti, viúvo de Filomena Petrilli Gianetti, cuja qualificação subjetiva está precária; que, por se tratar de escritura pública de aditamento lavrada no ano de 1957, ainda na vigência do antigo Regulamento de Registros Públicos (Decreto Lei n. 4957/39), seria inviável seu ingresso no assento imobiliário desacompanhada do respectivo formal de partilha dos bens deixados por falecimento de Filomena Petrilli Gianetti, conforme jurisprudência do E. Conselho Superior da Magistratura; que inexiste qualquer dado qualificador do proprietário, Antonio Gianetti, bem como dos herdeiros que compareceram na escritura, sendo que a certidão de casamento dele, contendo o regime de bens, não foi apresentada; que a certidão de óbito de Filomena Petrilli Gianetti, antes exigida, foi apresentada pela parte interessada. Por fim, informa que houve prenotação dos formais de partilha extraídos dos autos de arrolamento dos bens deixados por Miguel Gianetti e Angelina Manochio Gianetti, bem como dos bens deixados por Gabriel Gianetti, os quais não fazem parte deste procedimento de dúvida, sendo que seu ingresso na matrícula deve obedecer à cadeia sucessória e, portanto, depende do registro prévio do título ora discutido.

Nova manifestação da parte interessada veio às fls. 44/49, acompanhada de certidões de nascimento e de casamento de Antonio Gianetti, bem como de alvará expedido pela 5ª Vara da Família e Sucessões do Foro Central da Capital autorizando o espólio a vender o imóvel.

O Ministério Público opinou pela procedência parcial, com a manutenção do óbice relativo à apresentação do formal de partilha dos bens deixados por Filomena (fls. 56/59).

É o relatório.

Fundamento e decido.

Por primeiro, verifica-se que a parte suscitada cumpriu a exigência indicada no item 3 da nota devolutiva de fl. 06 (certidão de óbito de Filomena Petrilli Gianetti), como se vê da manifestação do Oficial (item 8 de fl. 37) e do documento exibido à fl. 13.

Diante disso e da insurgência apenas quanto às exigências dos itens 1 e 2 da nota devolutiva (fls. 01/04 e 40/41), vê-se que a dúvida restringe-se à necessidade de apresentação do Formal de Partilha referido na "Escritura de Aditamento e Partilha" levada a registro, bem como acerca da qualificação precária do titular do domínio na matrícula.

No mérito, a dúvida procede parcialmente. Vejamos os motivos.

De início, vale ressaltar que o Oficial dispõe de independência no exercício de suas atribuições, não ficando sujeito a ordens judiciais ou ao acatamento de título lavrado por outro delegatário, se os entender contrários à ordem jurídica ou aos princípios que regem sua atividade (art. 28 da Lei n. 8.935/1994).

A parte requerente pretende o registro da "Escritura de Aditamento e Partilha" de bens deixados por Filomena Petrilli Gianetti (fls. 15/19), para posterior registro de título oriundo do inventário judicial de autos n. 0060027-57.2011.8.26.0100, em respeito ao princípio da continuidade.

No que toca à exigência n. 1, o art. 176, § 2º, da Lei n. 6.015/73, assim dispõe sobre o registro de escrituras e partilhas lavradas na vigência do Decreto n. 4.857/39:

"Art. 176 - O Livro nº 2 - Registro Geral - será destinado, à matrícula dos imóveis e ao registro ou averbação dos atos relacionados no art. 167 e não atribuídos ao Livro nº 3.

(...)

§ 2º Para a matrícula e registro das escrituras e partilhas, lavradas ou homologadas na vigência do Decreto nº 4.857, de 9 de novembro de 1939, não serão observadas as exigências deste artigo, devendo tais atos obedecer ao disposto na legislação anterior".

Trata-se de exceção ao princípio do *tempus regit actum*, como bem observado pelo Ministério Público, sendo certo que, na época do referido regramento, a partilha de bens se dava exclusivamente por meio de inventário judicial, o que se aplica ao caso concreto, já que a "Escritura de Aditamento e Partilha" levada a registro foi lavrada no ano de 1957 (fls. 15/18).

A escritura pública necessita, portanto, de homologação judicial.

Esse, de fato, foi o entendimento do E. Conselho Superior da Magistratura nos julgados indicados pelo Oficial (Ap. Cíveis n. 19.824/04, 000.161.6/6-00, 3.407-0, 279.100).

De qualquer modo, o fato é que o título foi constituído tão somente como aditamento e sobrepartilha do inventário dos bens deixados por Filomena Petrilli Gianetti processado perante a 12ª Vara Cível desta Capital, como indicado na própria escritura (fl. 15), sendo certo que deve estar acompanhado do título principal a fim de que seja analisado à luz dos princípios que norteiam a atividade registral.

Por óbvio, os registros das transmissões subsequentes (arrolamento dos bens deixados por Miguel Gianetti e Angelina Manochio Gianetti, bem como dos bens deixados por Gabriel Gianetti), dependem do ingresso no fólio real do título ora questionado, que corresponde à transmissão do imóvel do titular do domínio, Antonio Gianetti, aos seus sucessores.

Já no que tange à qualificação precária do titular do domínio, Antonio Gianetti (exigência n. 2), é certo que o registrador se orientou pela prudência, obedecendo as regras técnicas e objetivas para qualificar o título levado a registro ao exigir documentos visando complementação dos dados pessoais do proprietário, já que a matrícula o qualifica apenas como sendo *"ANTONIO GIANETTI, proprietário, residente e domiciliado nesta Capital"* (fl. 11).

Todavia, a documentação trazida pela parte requerente, consistente em certidões de óbito de Antonio Gianetti e de Filomena Petrilli Gianetti (fls. 13/14), além da certidão de nascimento e de casamento de Antonio (fls. 50/54), evidenciam que se trata das pessoas indicadas no título levada a registro.

A certidão extraída da escritura indica que Antonio Gianetti foi casado pelo regime comum de bens com Filomena Petrilli Gianetti, sendo que, no mesmo título, Antonio doou ao seu filho Miguel Gianetti o imóvel que lhe foi atribuído (fls. 15/17).

Note-se que, nas certidões de óbito de Antonio e Filomena, exibidas às fls. 13/14, é possível constatar que ambos foram casados e genitores de Miguel Gianetti.

Por sua vez, as certidões de nascimento e de casamento de Antonio, ainda que tenham sido expedidas na Itália (sem tradução) e que tenha havido alteração do patronímico dele ao chegar ao Brasil ("Iannetta" tornou-se "Gianetti"), o que foi devidamente justificado pela parte requerente à fl. 44, indicam a união com Filomena e identidade dos nomes de seus genitores com aqueles indicados na certidão de óbito vinda aos autos (fls. 14 e 50/54).

Diante de tais elementos, é possível aferir com razoável certeza que os documentos de identificação pertencem ao proprietário tabular.

Vale anotar que a escritura foi assinada a rogo de Antonio Gianaetti por ele não saber escrever, o qual deixou apenas sua impressão digital (fl. 18). Inócua a exigência, portanto, de cópia de seu documento de identidade, pois não há parâmetro para comparação.

Todo este contexto autoriza mitigação dos princípios em questão na medida em que não há risco: o titular do domínio está bem identificado; a segurança jurídica resta íntegra.

Diante do exposto, **JULGO PARCIALMENTE PROCEDENTE** a dúvida suscitada, afastando apenas a exigência dos documentos do titular do domínio para registro do título (óbice n. 2 da nota devolutiva). Ou seja, fica mantida a exigência de apresentação do formal de partilha, com a devida homologação da "escritura de aditamento e partilha", para que seja efetivado o registro.

Deste procedimento não decorrem custas, despesas processuais ou honorários advocatícios.

Oportunamente, remetam-se os autos ao arquivo.

P.R.I.C.

São Paulo, 20 de outubro de 2021.

Luciana Carone Nucci Eugênio Mahuad

Juiz de Direito(DJe de 22.10.2021 – SP)

Ementa: Sentença – Pedido de Providências – Pedido de retificação do endereço do imóvel – Negativa em razão do erro apontado se encontrar apenas no título – Informação pelo Oficial de que o Requerente apresentou formal de partilha para registro, o qual foi devolvido por necessidade do prévio registro do título que conferiu a propriedade do imóvel ao autor da herança – Exigência correta do Oficial – Art 195 da LRP – Inexistência de erro de grafia na matrícula – Improcedência

Processo 1096075-46.2021.8.26.0100

Pedido de Providências - Registro de Imóveis - Vitor Manuel Ferreira Rodrigues - Diante do exposto, JULGO IMPROCEDENTE o pedido de providências formulado por Vitor Manoel Ferreira Rodrigues em face do Oficial do 3º Registro de Imóveis da Capital. Deste procedimento não decorrem custas, despesas processuais ou honorários advocatícios. Oportunamente, ao arquivo com as cautelas de praxe. P.R.I.C. - ADV: LUCIANA COUTINHO DE SOUSA REGES (OAB 160542/SP)

Íntegra da decisão:

SENTENÇA

Processo Digital nº: **1096075-46.2021.8.26.0100**

Classe - Assunto **Pedido de Providências - Registro de Imóveis**

Requerente: **Vitor Manuel Ferreira Rodrigues**

Requerido: **3º Oficial de Registro de Imóveis da capital**

Juiz(a) de Direito: Dr(a). **Luciana Carone Nucci Eugênio Mahuad**

Vistos.

Trata-se de pedido de providências formulado por **Vitor Manoel Ferreira Rodrigues** em face do **Oficial do 3º Registro de Imóveis da Capital**, para retificação do endereço do imóvel de matrícula n. 40.778 daquela serventia (correção do nome da rua). Juntou documentos às fls. 04/14.

O Oficial manifestou-se às fls. 18/19, esclarecendo que a parte interessada apresentou formal de partilha para registro, o qual foi devolvido com fundamento nos princípios da continuidade e da especialidade subjetiva, os quais impõem o prévio registro da escritura de compra e venda que conferiu a propriedade do imóvel ao autor da herança, bem como pressupõem a descrição perfeita do bem partilhado, mediante desdobro devidamente autorizado pela Municipalidade. Observou, ainda, que o erro apontado na inicial está apenas no título e não impede registro porque evidentemente de digitação.

O Ministério Público opinou pela improcedência (fls. 28/32).

É o relatório.

Fundamento e decido.

No mérito, o pedido é improcedente. Vejamos os motivos.

Verifica-se que incontroversa a existência de erro de grafia, consistente na supressão de uma letra do endereço do imóvel, por ocasião da lavratura da escritura pública de fls. 05/14 e da extração do formal de partilha do processo de autos n. 0049045-05.2002.8.26.0001, que tramitou perante a 4ª Vara de Família e Sucessões do Foro Regional I Santana, desta Capital.

O erro de grafia, porém, não está na matrícula do imóvel (fl. 20).

Não há, portanto, nada a retificar perante o 3º Registro de Imóveis, sujeito à nossa fiscalização.

Ademais, o equívoco dos títulos, por ser meramente material e de fácil constatação, não obsta registro, como informado pelo Oficial.

Nota-se, ainda, da nota devolutiva de fl. 14, que as exigências apresentadas por ocasião da prenotação do formal de partilha, não são relativas ao mencionado erro, mas à necessidade de apresentação da escritura definitiva de compra e venda que conferiu a propriedade do bem ao autor da herança, Manoel Pereira Rodrigues.

Neste ponto, vale desde já ressaltar que a atuação do Oficial encontra respaldo no artigo 195 da Lei de Registros Públicos, que assim dispõe:

> *"Art. 195 - Se o imóvel não estiver matriculado ou registrado em nome do outorgante, o oficial exigirá a prévia matrícula e o registro do título anterior, qualquer que seja a sua natureza, para manter a continuidade do registro".*

A exigência de apresentação de alvará de desdobro também parece acertada em virtude de o bem, objeto do formal de partilha prenotado, corresponder a parcela do imóvel matriculado sob o n. 40.778.

De toda forma, no que diz respeito ao pedido formulado, como inexiste erro a ser corrigido junto ao Registro de Imóveis, a improcedência é medida de rigor.

Diante do exposto, **JULGO IMPROCEDENTE** o pedido de providências formulado por **Vitor Manoel Ferreira Rodrigues** em face do **Oficial do 3º Registro de Imóveis da Capital**.

Deste procedimento não decorrem custas, despesas processuais ou honorários advocatícios.

Oportunamente, ao arquivo com as cautelas de praxe.

P.R.I.C.

São Paulo, 05 de outubro de 2021.

Luciana Carone Nucci Eugênio Mahuad

Juiz de Direito (DJe de 07.10.2021 – SP)

Ementa: Sentença – Dúvida – Pedido de registro de carta de sentença extraída de Ação de Divórcio – Negativa em razão da sentença não ter partilhado os bens – Configuração de mancomunhão – Aquisição de parte ideal do imóvel enquanto casados sob o regime da comunhão parcial de bens – Impossibilidade de averiguar se houve a partilha igualitária dos bens do casal – Necessidade do prévio registro da partilha – Princípio da Continuidade – Manutenção do óbice – Procedência

Processo 1070544-55.2021.8.26.0100

Dúvida - Notas - Rita de Cássia Alves dos Santos - Diante do exposto, JULGO PROCEDENTE a dúvida suscitada pelo Oficial do 8º Registro de Imóveis da Capital a requerimento de Rita de Cássia Alves dos Santos e, em consequência, mantenho o óbice registrário. Deste procedimento não decorrem custas, despesas processuais ou honorários advocatícios. Oportunamente, ao arquivo com as cautelas de praxe. P.R.I.C. - ADV: CINTHIA LIMA DA SILVA SANTOS (OAB 336429/SP)

Íntegra da decisão:

SENTENÇA

Processo Digital nº: **1070544-55.2021.8.26.0100**

Classe - Assunto **Dúvida - Notas**

Suscitante: **8º Oficial de Registro de Imóveis da Capital**

Suscitado: **Rita de Cássia Alves dos Santos**

Juiz(a) de Direito: Dr(a). **Luciana Carone Nucci Eugênio Mahuad**

Vistos.

Trata-se de dúvida suscitada pelo **Oficial do 8º Registro de Imóveis da Capital** a requerimento de **Rita de Cássia Alves dos Santos**, tendo em vista negativa em se proceder ao registro de carta de sentença extraída de ação de divórcio, autos n. 0205290-48.1996.8.26.0003, na matrícula n. 13.388 daquela serventia.

Segundo o Oficial, a sentença que homologou o divórcio não partilhou bens, pelo que formada a situação de mancomunhão; que há necessidade de efetiva divisão do patrimônio; que houve prenotação de escritura pública de partilha dos bens deixados pela divorciada, já falecida, na qual se arrolou a totalidade dos direitos dos divorciados.

Vieram documentos às fls. 05/60.

A parte suscitada manifestou-se às fls. 64/67, sustentando que o imóvel permaneceu em condomínio entre os divorciados, já que o divórcio põe fim ao regime de bens; que a divorciada já faleceu, pelo que não se pode mais promover processo de execução do divórcio para partilhar o bem; que há julgamento favorável a seu entendimento neste juízo (autos n. 1048935-26.2015.8.26.0100).

O Ministério Público opinou pela procedência (fls. 70/72).

É o relatório.

Fundamento e decido.

No mérito, a dúvida é procedente. Vejamos os motivos.

Na presente hipótese, Antonio Carlos dos Santos e Natalina Francisca Alves dos Santos adquiriram parte ideal do imóvel enquanto casados sob o regime o regime da comunhão parcial de bens (registro nº 4 da matrícula nº 13.388 - fls. 48/49).

Por ocasião do divórcio, a sentença homologatória proferida na ação de autos n. 0205290-48.1996.8.26.0003 consignou que "a partilha dos bens do casal será feita em regular execução" (fl. 44).

Não há dúvida, portanto, que houve divórcio sem realização de partilha do patrimônio comum, a configurar situação de mancomunhão.

A matéria já foi objeto de decisão pelo Colendo Superior Tribunal de Justiça:

"1. Rompida a sociedade conjugal sem a imediata partilha do patrimônio comum, ou como ocorreu na espécie, com um acordo prévio sobre os bens a serem partilhados, verifica-se - apesar da oposição do recorrente quanto a incidência do instituto - a ocorrência de mancomunhão. 2. Nessas circunstâncias, não se fala em metades ideais, pois o que se constara é a existência de verdadeira unidade patrimonial, fechada, e que dá acesso a ambos ex cônjuges à totalidade dos bens" (RESP nº 1.537.107/PR, Rel. Min. Nancy Andrighi, 3ª T., DJE. 25.11.2016).

Em outros termos, sem que tenha havido a partilha, não há como averiguar se houve divisão igualitária dos bens do casal, continuando o acervo patrimonial em sua totalidade à disposição de ambos os ex-cônjuges.

Por isso mesmo, correta a observação do Oficial e do Ministério Público quanto à exigência de registro prévio da partilha dos bens do casal, não sendo suficiente mera averbação de alteração do estado civil.

Em recente decisão proferida pelo Egrégio Conselho Superior da Magistratura, firmou-se entendimento sobre a necessidade de registro prévio da partilha após o fim do casamento para que futuras alienações possam ingressar no fólio:

"DÚVIDA – REGISTRO DE IMÓVEIS - Imóvel registrado em nome de casal divorciado, sem registro de partilha - Escritura de doação feita pelo ex-marido na condição de divorciado, pretendendo a doação

de sua parte ideal da propriedade à ex-cônjuge - Partilha não registrada - Necessidade de prévia partilha dos bens do casal e seu registro - Comunhão que não se convalida em condomínio tão só pelo divórcio, havendo necessidade de atribuição da propriedade exclusiva, ainda que em partes ideais, a cada um dos ex-cônjuges - Impossibilidade do ex- cônjuge dispor da parte ideal que possivelmente teria após a partilha - Ofensa ao princípio da continuidade - Exigência mantida - Recurso não provido" (APELAÇÃO CÍVEL: 1012042-66.2019.8.26.0562, Relator: Des. Ricardo Mair Anafe, DJ: 14/04/2020).

No caso em tela, o falecimento da divorciada não obsta a partilha da parte ideal do imóvel que cabia ao casal, o que, inclusive, foi providenciado em escritura pública de inventário conforme informa o Oficial (prenotação n. 766.478), na qual se arrolou a totalidade dos bens dos divorciados.

Por fim, vale dizer que o entendimento não é contraditório ao julgado mencionado pela parte suscitada, já que, na ação de autos n. 1048935-26.2015.8.26.0100, este juízo reconheceu ter havido homologação da divisão do bem no divórcio do casal, o que não ocorre neste caso como já registrado.

Em suma, a fim de se preservarem os princípios da continuidade e da segurança jurídica que regem os registros públicos, reputo correta a exigência da partilha.

Diante do exposto, **JULGO PROCEDENTE** a dúvida suscitada pelo Oficial do 8º Registro de Imóveis da Capital a requerimento de Rita de Cássia Alves dos Santos e, em consequência, mantenho o óbice registrário.

Deste procedimento não decorrem custas, despesas processuais ou honorários advocatícios.

Oportunamente, ao arquivo com as cautelas de praxe.

P.R.I.C.

São Paulo, 06 de agosto de 2021.

Luciana Carone Nucci Eugênio Mahuad

Juiz de Direito (DJe de 10.08.2021 – SP)

Ementa: Sentença – Dúvida – Pedido de registro de Formal de Partilha – Negativa em razão da ausência de certidão de homologação do ITCMD pela FESP, bem como do título não mencionar que parte ideal do imóvel foi dada como caução para garantia de locação envolvendo terceiros – Responsabilidade solidária do Oficial no que tange a fiscalização do pagamento do imposto devido – Art 289, da LRP – Ciência de todos os envolvidos, inclusive de terceiros eventualmente afetados, que já ocorreu por ocasião da homologação da partilha – Incompetência do juízo administrativo para avaliação do mérito do julgado – Inexistência de interferência nos efeitos e na publicidade do gravame – Afastamento da exigência de declaração dos sucessores referente à caução locatícia – Manutenção do óbice relativo à homologação do ITCMD – Procedência Parcial

Processo 1069453-27.2021.8.26.0100

Dúvida - Notas - Paulino Silveira Concordia - Diante do exposto, JULGO PARCIALMENTE PROCEDENTE a dúvida suscitada, afastando apenas a exigência de declaração dos sucessores acerca do gravame referente à caução locatícia (óbice n. 1), mas mantendo a exigência relativa à homologação do ITCMD para que seja efetivado o registro. Deste procedimento não decorrem custas, despesas processuais nem honorários advocatícios. Oportunamente, remetam-se os autos ao arquivo. P.R.I.C. - ADV: PAULINO SILVEIRA CONCORDIA (OAB 38220/SP)

Íntegra da decisão:

SENTENÇA

Processo Digital nº: **1069453-27.2021.8.26.0100**

Classe - Assunto **Dúvida - Notas**

Suscitante: **17º Oficial de Registro de Imóveis da Capital**

Suscitado: **Paulino Silveira Concordia**

Juiz(a) de Direito: Dr(a). **Luciana Carone Nucci Eugênio Mahuad**

Vistos.

Trata-se de dúvida suscitada pelo **Oficial do 17º Registro de Imóveis da Capital** a requerimento de **Paulino Silveira Concórdia**, tendo em vista negativa em se proceder ao registro de formal de partilha extraído do processo de autos n. 1026822-11.2020.8.26.0001, relativo ao imóvel da matrícula 6.577 daquela serventia.

Informa o Oficial que a recusa foi motivada pela ausência de certidão de homologação do ITCMD pela FESP, bem como porque o título não menciona que parte ideal do imóvel foi dada como caução para garantia de locação envolvendo terceiros (Av.04). Documentos vieram às fls. 06/90.

As partes envolvidas no inventário, representadas pelo suscitado, manifestaram-se às fls. 94/99, sustentando que referido imposto foi recolhido há mais de seis meses, sem qualquer resposta da FESP, pelo que não podem ser prejudicados pela inércia do órgão; que o ônus decorrente da caução já foi resolvido na ação de autos n. 1017813-98.2015.8.26.0001. Vieram documentos às fls. 100/113.

O Ministério Público opinou pela prejudicialidade da dúvida ante a impugnação parcial das exigências. No mérito, manifestou-se pela procedência (fls. 117/119).

É o relatório.

Fundamento e decido.

Por primeiro, não se desconsidera que inconformismo efetivo foi voltado apenas a uma das exigências constantes da nota devolutiva de fl. 06, como informado pelo Oficial.

Este procedimento, entretanto, visa à apreciação, como um todo, de eventuais óbices apontados pelo registrador para ingresso direto do título. Não se presta à determinação condicionada a uma conduta futura, uma vez pendentes providências que não foram objeto de irresignação.

Por outro lado, resposta ao caso concreto se mostra possível a fim de evitar a reapresentação futura do tema, notadamente diante da natureza administrativa do procedimento e porque ambas as exigências foram abordadas na impugnação da parte suscitada.

No mérito, a dúvida é parcialmente procedente.

Como bem apontado pelo Oficial, a dispensa relativa à fiscalização do recolhimento tributário existe para a fase judicial, mas não para o momento do registro.

Para os registradores, vigora a ordem de controle rigoroso do recolhimento do imposto por ocasião do registro do título, sob pena de responsabilidade pessoal (artigo 289 da Lei n. 6.015/73).

Neste sentido, por sinal, normativa expressa expedida pelo ente fiscal (artigo 12 da Portaria CAT n. 89, de 26 de outubro de 2020).

A jurisprudência atual, por sua vez, também reconhece como necessária a fiscalização.

A propósito, como nossos destaques:

"REGISTRO DE IMÓVEIS – Dúvida julgada procedente – Carta de sentença extraída de ação de divórcio consensual – ***Exigência consistente na apresentação da anuência da Fazenda do Estado*** *com a declaração e o recolhimento do Imposto de Transmissão "Causa Mortis" e de Doação de Quaisquer Bens e Direitos - ITCMD – Carta de sentença que somente foi instruída com o protocolo da declaração do ITCMD e com as guias de recolhimento, o que impossibilita a análise da alegação de que foi adotada base de cálculo superior aos valores venais dos imóveis transmitidos – Recurso não provido"* (Conselho Superior da Magistratura, Apelação Cível nº 1018134-43.2019.8.26.0309, Voto n. 31.176, lavrado pelo Corregedor Geral da Justiça RICARDO ANAFE).

"Registro de Imóveis – Formal de partilha – Comprovação de pagamento do ITCMD – ***Necessidade de apresentação de certidão de homologação pela Fazenda*** *– Óbice mantido – Recurso não provido" (Conselho Superior da Magistratura, Apelação Cível n. 0000534-79.2020, Voto n. 31.465, lavrado pelo Corregedor Geral da Justiça RICARDO ANAFE).*

Desse modo, eventual demora ou impedimento na homologação da declaração do ITCMD deve ser resolvida pela parte interessada administrativamente ou perante o juízo responsável pela homologação da partilha.

No que tange à segunda exigência, em que pese o zelo do Oficial, sua negativa não prospera.

Isto porque a análise da documentação pertinente ao inventário e o controle acerca da ciência de todos os envolvidos, inclusive de terceiros eventualmente afetados, já ocorreu por ocasião da homologação da partilha. Não incumbe a este juízo, dentro dos estreitos limites do âmbito administrativo, avaliar o mérito do julgado, notadamente quando se desconhecem os fatos em debate e os fundamentos da decisão.

Vale ressaltar que o inventário judicial foi integrado por todos os sucessores (fls. 16 e 36/37), o que autoriza presumir que tiveram conhecimento da situação registral do imóvel partilhado (requisitos intrínsecos – note-se que matrícula atualizada foi exigida pelo juízo do inventário – fls. 22/23), o que se confirma, inclusive, pelo conteúdo do ônus (caução prestada pelos proprietários em favor do herdeiro Osmair – fls. 87/88).

Não se vislumbra, portanto, e a princípio, qualquer interferência nos efeitos e na publicidade do gravame referente à caução locatícia (Av.4).

Diante do exposto, **JULGO PARCIALMENTE PROCEDENTE** a dúvida suscitada, afastando apenas a exigência de declaração dos sucessores acerca do gravame referente à caução locatícia (óbice n. 1), mas mantendo a exigência relativa à homologação do ITCMD para que seja efetivado o registro.

Deste procedimento não decorrem custas, despesas processuais nem honorários advocatícios.

Oportunamente, remetam-se os autos ao arquivo.

P.R.I.C.

São Paulo, 29 de julho de 2021.

Luciana Carone Nucci Eugênio Mahuad

Juiz de Direito (DJe de 02.08.2021 – SP)

Ementa: Sentença – Dúvida – Pedido de registro do Formal de Partilha – Impossibilidade – Negativa em razão da ausência de declaração de ITCMD e do respectivo recolhimento devidamente homologado pela Fazenda do Estado – Responsabilidade solidária do Oficial no que tange a fiscalização do pagamento do imposto devido – Art. 289, da LRP – Manutenção do óbice – Procedência

Processo 1061668-14.2021.8.26.0100

Dúvida - Notas - Elisabete Cristina de Sá Mendes - Diante do exposto, JULGO PROCEDENTE a dúvida suscitada e, em consequência, mantenho o óbice registrário. Deste procedimento não decorrem custas, despesas processuais ou honorários advocatícios. Oportunamente, ao arquivo com as cautelas de praxe. P.R.I.C. - ADV: FRANKSNEI GERALDO FREITAS (OAB 133287/SP)

Íntegra da decisão:

SENTENÇA

Processo Digital nº: **1061668-14.2021.8.26.0100**

Classe - Assunto **Dúvida - Notas**

Suscitante: **9º Oficial de Registro de Imóveis de São Paulo - Sp**

Suscitado: **Elisabete Cristina de Sá Mendes**

Juiz(a) de Direito: Dr(a). **Luciana Carone Nucci Eugênio Mahuad**

Vistos.

Trata-se de dúvida suscitada pelo **Oficial do 9º Registro de Imóveis da Capital** a requerimento de **Elisabete Cristina de Sá Mendes**, tendo em vista negativa em se proceder ao registro de formal de partilha extraído do processo de autos n. 1017574-03.2020.8.26.0007, relativo ao imóvel da matrícula 296.811 daquela serventia.

Informa o Oficial que a recusa foi motivada pela ausência de declaração de ITCMD e do respectivo recolhimento devidamente homologado pela Fazenda do Estado.

Documentos vieram às fls. 04/73.

Não houve manifestação da parte suscitada (fl. 74).

O Ministério Público opinou pela procedência (fls. 77/79).

É o relatório.

Fundamento e decido.

No mérito, a dúvida é procedente.

Como bem apontado pelo Oficial, a dispensa relativa à fiscalização do recolhimento tributário existe para a fase judicial, mas não para o momento do registro.

Para os registradores, vigora a ordem de controle rigoroso do recolhimento do imposto por ocasião do registro do título, sob pena de responsabilidade pessoal (artigo 289 da Lei n. 6.015/73).

Neste sentido, por sinal, normativa expressa expedida pelo ente fiscal (artigo 12 da Portaria CAT n. 89, de 26 de outubro de 2020).

A jurisprudência atual, por sua vez, também reconhece como necessária a fiscalização.

A propósito:

"REGISTRO DE IMÓVEIS – Dúvida julgada procedente – Carta de sentença extraída de ação de divórcio consensual – Exigência consistente na apresentação da anuência da Fazenda do Estado com a declaração e o recolhimento do Imposto de Transmissão "Causa Mortis" e de Doação de Quaisquer Bens e Direitos - ITCMD – Carta de sentença que somente foi instruída com o protocolo da declaração do ITCMD e com as guias de recolhimento, o que impossibilita a análise da alegação de que foi adotada base de cálculo superior aos valores venais dos imóveis transmitidos – Recurso não provido" (Conselho Superior da Magistratura, Apelação Cível nº 1018134-43.2019.8.26.0309, Voto n. 31.176, lavrado pelo Corregedor Geral da Justiça RICARDO ANAFE).

"Registro de Imóveis – Formal de partilha – Comprovação de pagamento do ITCMD – Necessidade de apresentação de certidão de homologação pela Fazenda – Óbice mantido – Recurso não provido" (Conselho Superior da Magistratura, Apelação Cível n. 0000534-79.2020, Voto n. 31.465, lavrado pelo Corregedor Geral da Justiça RICARDO ANAFE).

Diante do exposto, **JULGO PROCEDENTE** a dúvida suscitada e, em consequência, mantenho o óbice registrário.

Deste procedimento não decorrem custas, despesas processuais ou honorários advocatícios.

Oportunamente, ao arquivo com as cautelas de praxe.

P.R.I.C.

São Paulo, 26 de julho de 2021.

Luciana Carone Nucci Eugênio Mahuad

Juiz de Direito (DJe de 28.07.2021 – SP)

Ementa: Sentença – Dúvida – Pedido de registro do formal de partilha extraído da Ação de Separação Consensual – Negativa em razão da ausência de homologação do ITCMD recolhido pela Fazenda do Estado, bem como da necessidade complementação da documentação das partes – Títulos Judiciais não estão isentos de qualificação registrária – Responsabilidade solidária do Oficial no que tange a fiscalização do pagamento do imposto devido – Art 289, da LRP – Impossibilidade de averiguar se houve a partilha igualitária – Inexistência de comprovação pelo Requerente da alegação de que não houve excesso de meação – Art 2º, § 5º, da Lei Estadual nº 10705/00 – Necessidade de que o esclarecimento dos fatos seja buscado junto ao juízo da partilha ou à FESP – Manutenção dos óbices – Procedência

Processo 1028810-27.2021.8.26.0100

Dúvida - REGISTROS PÚBLICOS - Carlos da Costa Ferreira - Diante do exposto, JULGO PROCEDENTE a dúvida suscitada e, em consequência, mantenho os óbices registrários. Deste procedimento não decorrem custas, despesas processuais ou honorários advocatícios. Oportunamente, ao arquivo com as cautelas de praxe. P.R.I.C. - ADV: FABIO SIMAS GONÇALVES (OAB 225269/SP)

Íntegra da decisão:

SENTENÇA

Processo Digital nº: **1028810-27.2021.8.26.0100**

Classe - Assunto **Dúvida - REGISTROS PÚBLICOS**

Suscitante: **12º Oficial de Registro de Imóveis da Comarca de São Paulo - Sp**

Suscitado: **Carlos da Costa Ferreira**

Juiz(a) de Direito: Dr(a). **Luciana Carone Nucci Eugênio Mahuad**

Vistos.

Trata-se de dúvida suscitada pelo **Oficial do 12º Registro de Imóveis da Capital** a requerimento de **Carlos da Costa Ferreira**, tendo em vista negativa em se proceder ao registro de formal de partilha extraído da ação de separação consensual de autos n. 0619942-82.2008.8.26.0100, relativo aos imóveis da transcrição n. 126.564 e da matrícula n. 66.798 daquela serventia.

Informa o Oficial que a recusa foi motivada pela ausência de homologação do ITCMD recolhido pela Fazenda do Estado, tendo em vista não haver comprovação de que a partilha foi igualitária, sem excesso de meação. Menciona, ainda, outra exigência não cumprida (complementação da documentação das partes). Documentos vieram às fls. 04/125.

Em manifestação dirigida ao Oficial (fls. 04/05), a parte suscitada indica o recebimento da nota devolutiva e sustenta ter havido divisão equânime dos bens entre o casal, pelo que não incide imposto sobre a transmissão. Não houve impugnação, porém, nestes autos (fl. 74).

O Ministério Público requereu intimação da FESP diante das dúvidas acerca da exigibilidade tributária (fls. 78/79).

É o relatório.

Fundamento e decido.

No mérito, a dúvida é procedente. Vejamos os motivos.

De início, verifica-se que houve notícia de duas exigências não atendidas, as quais não foram impugnadas, ainda que não tenha havido apresentação da nota devolutiva.

Não complementada a documentação necessária à qualificação do título, não há como autorizar o seu ingresso no fólio.

De fato, nenhum título está isento de qualificação, positiva ou negativa.

O Egrégio Conselho Superior da Magistratura já decidiu que a qualificação negativa de título judicial não caracteriza desobediência ou descumprimento de decisão judicial (Apelação Cível n. 413-6/7).

Neste sentido, também a Ap. Cível nº 464-6/9, de São José do Rio Preto:

> *"Apesar de se tratar de título judicial, está ele sujeito à qualificação registrária. O fato de tratar-se o título de mandado judicial não o torna imune à qualificação registrária, sob o estrito ângulo da regularidade formal. O exame da legalidade não promove incursão sobre o mérito da decisão judicial, mas à apreciação das formalidades extrínsecas da ordem e à conexão de seus dados com o registro e a sua formalização instrumental".*

E, ainda:

> *"REGISTRO PÚBLICO - ATUAÇÃO DO TITULAR - CARTA DE ADJUDICAÇÃO - DÚVIDA LEVANTADA - CRIME DE DESOBEDIÊNCIA - IMPROPRIEDADE MANIFESTA. O cumprimento do dever imposto pela Lei de Registros Públicos, cogitando-se de deficiência de carta de adjudicação e levantando-se dúvida perante o juízo de direito da vara competente, longe fica de configurar ato passível de enquadramento no artigo 330 do Código Penal - crime de desobediência -, pouco importando o acolhimento, sob o ângulo judicial, do que suscitado"* **(STF, HC 85911 / MG - MINAS GERAIS, Relator: Min. MARCO AURÉLIO, j. 25/10/2005, Primeira Turma)**.

Sendo assim, não há dúvidas de que a mera existência de título proveniente de órgão jurisdicional não basta para autorizar automaticamente seu ingresso no fólio real, cabendo ao oficial qualificá-lo conforme as normas e os princípios que norteiam a atividade registral.

Além da verificação acerca da documentação necessária, para os registradores, vigora ordem de controle rigoroso do recolhimento do imposto por ocasião do registro do título, sob pena de responsabilidade pessoal (artigo 289 da Lei n. 6.015/73).

No caso, verifica-se que couberam ao suscitado, na partilha consensual homologada pelo juízo da separação, os imóveis indicados pelo Oficial (transcrição n. 126.564 e matrícula n. 66.798), além de parte ideal de um imóvel localizado em outra circunscrição. À cônjuge coube a integralidade de um outro imóvel que pertencia ao casal (fls. 61/63).

Ocorre que apenas os valores dos imóveis que foram partilhados ao suscitado foram indicados no título, sendo que não houve atribuição de valor ao imóvel que ficou com sua ex-cônjuge (fls. 22/24), de modo que impossível afirmar que partilha ocorreu de forma igualitária com base no valor total dos bens que pertenciam ao casal.

Note-se, ainda, que a parte suscitada não comprovou o alegado reconhecimento da FESP de que não houve excesso de meação, como informou diretamente ao Oficial (fls. 04/05).

Tratando-se de partilha com valores diversos, o que impede verificar meação igualitária, incide o disposto no artigo 2º, § 5º, da Lei Estadual n. 10.705, de 28 de dezembro de 2000:

"Artigo 2º - O imposto incide sobre a transmissão de qualquer bem ou direito havido:

(...) § 5º - Estão compreendidos na incidência do imposto os bens que, na divisão de patrimônio comum, na partilha ou adjudicação, forem atribuídos a um dos cônjuges, a um dos conviventes, ou a qualquer herdeiro, acima da respectiva meação ou quinhão".

Neste sentido, também a orientação da jurisprudência:

"Apelação - Repetição de indébito tributário - ITBI – Sentença procedente. Partilha - Ocorrendo distribuição desigual dos bens por ocasião de divórcio consensual das partes, haverá incidência do ITCMD, na parte que excedeu a meação, sem compensação pecuniária, a configurar transferência gratuita. Necessidade de restituir os valores indevidamente pagos - Precedentes - Sentença mantida – Recurso desprovido" **(Ap. n. 0026902-16.2009.8.26.0053, rel. João Alberto Pezarini, j. 8/05/2014).**

"REGISTRO DE IMÓVEIS – Dúvida julgada procedente – Carta de sentença extraída de ação de divórcio consensual – Exigência consistente na apresentação da anuência da Fazenda do Estado com a declaração e o recolhimento do Imposto de Transmissão "Causa Mortis" e de Doação de Quaisquer Bens e Direitos - ITCMD – Carta de sentença que somente foi instruída com o protocolo da declaração do ITCMD e com as guias de recolhimento, o que impossibilita a análise da alegação de que foi adotada base de cálculo superior aos valores venais dos imóveis transmitidos – Recurso não provido" (Conselho Superior da Magistratura, Apelação Cível nº 1018134-43.2019.8.26.0309, Voto n. 31.176, lavrado pelo Corregedor Geral da Justiça RICARDO ANAFE).

"Registro de Imóveis – Formal de partilha – Comprovação de pagamento do ITCMD – Necessidade de apresentação de certidão de homologação pela Fazenda – Óbice mantido – Recurso não provido" (Conselho Superior da Magistratura, Apelação Cível n. 0000534-79.2020, Voto n. 31.465, lavrado pelo Corregedor Geral da Justiça RICARDO ANAFE).

Neste contexto, não resta dúvida de que as exigências estão bem justificadas e subsistem, não sendo esta a via adequada para esclarecimento dos fatos, o que deve ser buscado junto ao juízo da partilha ou à FESP.

Diante do exposto, **JULGO PROCEDENTE** a dúvida suscitada e, em consequência, mantenho os óbices registrários.

Deste procedimento não decorrem custas, despesas processuais ou honorários advocatícios.

Oportunamente, ao arquivo com as cautelas de praxe.

P.R.I.C.

São Paulo, 16 de julho de 2021.

Luciana Carone Nucci Eugênio Mahuad

Juiz de Direito (DJe de 20.07.2021 – SP)

Ementa: Sentença – Dúvida – Pedido de registro do formal de partilha – Negativa em razão da qualificação precária do autor da herança e da ausência do número do CPF do herdeiro – Necessidade de complemento de depósito referente ao valor de custas e emolumentos, bem como da apresentação da certidão de propriedade com negativa de ônus e alienações com data atualizada – Informação posterior de reconsideração pelo Oficial das exigências quanto à qualificação do titular de domínio e do herdeiro – Títulos Judiciais não estão isentos de qualificação registrária – Imprescindibilidade de apresentar a certidão atualizada de propriedade em razão do longo tempo decorrido desde a homologação da partilha – Princípio da Especialidade – Item 1342, do Capítulo XX, das NSCGJ – Art 197 da LRP – Art1º, IV, do Decreto-Lei nº 93240/86 – Custas e emolumentos calculados pelo Oficial com base em normas pertinentes – Afastamento das exigências relativas à qualificação subjetiva – Manutenção dos demais óbices – Procedência Parcial

Processo 1060554-40.2021.8.26.0100

Dúvida - Registro de Imóveis - Maria Conceição Mattiuci - Diante do exposto, JULGO PARCIALMENTE PROCEDENTE a dúvida inversa suscitada por Maria Conceição Mattiuci em face da negativa do Oficial do 7º Registro de Imóveis da Capital, afastando as exigências relativas à qualificação subjetiva (óbices n. 1 e 2), mas mantendo o óbice n. 3 para que seja efetivado o registro (emolumentos e certidão atualizada de propriedade com negativa de ônus e alienações relativa à transcrição nº 78.799). Deste procedimento não decorrem custas, despesas processuais nem honorários advocatícios. Oportunamente, remetam-se os autos ao arquivo. P.R.I.C. - ADV: ELINE MAZUCATO DE SOUZA CHINAGLIA (OAB 285622/SP)

Íntegra da decisão:

SENTENÇA

Processo Digital nº: **1060554-40.2021.8.26.0100**

Classe - Assunto **Dúvida - Registro de Imóveis**

Suscitante: **Maria Conceição Mattiuci**

Requerido: **7º Oficial de Registro de Imóveis da capital**

Juiz(a) de Direito: Dr(a). **Luciana Carone Nucci Eugênio Mahuad**

Vistos.

Trata-se de dúvida inversa suscitada por **Maria Conceição Mattiuci** em face da negativa do **Oficial do 7º Registro de Imóveis da Capital** em proceder ao registro de formal de partilha extraído do processo de autos n. 000.00.561.264-0, relativo ao imóvel da transcrição n. 78.799, que pertencia anteriormente ao 9º Registro de Imóveis da Capital.

O título foi devolvido em razão dos seguintes óbices: 1) qualificação precária de Geraldo Maia, autor da herança, na transcrição n. 78.799, pelo que necessário que a interessada apresente cópias autenticadas da cédula de identidade que contenha assinatura, original (traslado original) da mesma escritura expedida na ocasião do aludida transcrição, cópias da declaração de imposto de renda dos últimos exercícios, carnês no original de IPTU, etc.; 2) necessidade do número do CPF de Francisco Maia Neto (art. 20, VI, da Instrução Normativa SRF nº 461 de 2004, e do artº 3º, VI, da Instrução Normativa RFB de 2008), vez que é elemento de especialidade subjetiva necessário à inclusão no registro pretendido (artigos 176, § 1º, III, nº 2, letra "a", da Lei n. 6.015/73, artigo 215, § 1o, III, do CC, e item 61, Cap. XX, das NSCGJ - Provimento 56/2019 que atualizou e deu nova redação ao Prov. 37/2013 e Prov. 58/1989), juntando-se cópia autenticada do documento respectivo (item VII do Provimento 1/88 da 1ª Vara de Registros Públicos da Capital); 3) complemento de depósito no valor de R$2.575,40 (dois mil, quinhentos e setenta e cinco reais e quarenta centavos), já que o valor total de custas e emolumentos devidos pela prática do ato importa R$2.636,06 (dois mil, seiscentos e trinta e seis reais e seis centavos), cálculo esse feito com base na tabela de custas e emolumentos vigente a partir de 08/01/2021, criada pela Lei Estadual nº 11.331 de 26/12/2002, e devolução feita com base no disposto no item 24.9, Cap. XX, das Normas de Serviço da E. Corregedoria Geral da Justiça (Provimento 56/2019 que atualizou e deu nova redação aos Provimentos nºs 37/2013 e 58/1989). Finaliza observando que, quando do reingresso do título, necessário que a interessada apresente preliminarmente a certidão de propriedade com negativa de ônus e alienações relativa à transcrição nº 78.799 do 9º Oficial de Registro de Imóveis desta Capital, (item 134.2, Cap. XX, das Normas de Serviço da E. Corregedoria Geral da Justiça - Provimento 56/2019 que atualizou e deu nova redação ao Prov. 37/2013 e Prov. 58/1989), com data atualizada, observando-se o prazo legal de sua validade, ou seja, 30 dias contados da data da expedição (Decreto n. 93.240/86, que regulamentou a Lei Federal n. 7.433/85), tendo por objeto o imóvel situado na rua São Paulo (artigo 197 da Lei n. 6.015/73), para exame e verificação.

A parte suscitante alega que adquiriu os direitos do imóvel diretamente dos herdeiros do proprietário tabular, em relação aos quais não possui parentesco, sendo que promoveu o inventário para regularização do bem; que a qualificação do autor da herança foi aceita pelo juízo do inventário, o qual homologou a cessão dos direitos; que diligenciou junto aos herdeiros visando conseguir os documentos exigidos pelo Oficial, mas não obteve sucesso devido ao lapso temporal superior a trinta anos desde a transmissão dos direitos; que, embora a qualificação esteja precária, os documentos integrantes do inventário são suficientes para afastar a possibilidade de homonímia do autor da herança e de seus herdeiros. Juntou documentos às fls. 16/112.

O Oficial suscitado manifestou-se às fls. 116/118, informando que, após nova análise de todos os documento integrantes do titulo levado a registro, foi possível constatar que o titular do domínio e o "de cujus" são a mesma pessoa (óbice n. 1); que o herdeiro Francisco e os cessionários restaram satisfatoriamente qualificados (óbice n. 2), restando apenas a exigência n. 3 a ser atendida, notadamente quanto à necessidade de apresentação de certidão de propriedade atualizada (referente à transcrição nº 78.799 do 9º Oficial de Registro de Imóveis desta Capital).

O Ministério Público opinou pela prejudicialidade da dúvida ante a reconsideração parcial do Oficial acerca das exigências feitas, com manutenção do óbice indicado no item 3 (fls. 121/123).

É o relatório.

Fundamento e decido.

Primeiramente, não há como se falar em prejudicialidade à vista dos óbices apontados pelo Oficial ao ingresso do título no fólio real.

No mérito, a dúvida procede parcialmente.

Com efeito, diante da reconsideração do Oficial acerca das exigências formuladas quanto à qualificação do titular do domínio, dos herdeiros e dos demais envolvidos na cessão de direitos homologada pelo juízo do inventário (óbices números 1 e 2), apenas a terceira exigência subsiste, a qual será tratada adiante.

Antes, porém, vale destacar que os títulos judiciais não estão isentos de qualificação, positiva ou negativa, para ingresso no fólio real.

O Egrégio Conselho Superior da Magistratura já decidiu que a qualificação negativa do título judicial não caracteriza desobediência ou descumprimento de decisão judicial (Apelação Cível n. 413-6/7).

Neste sentido, também a Ap. Cível nº 464-6/9, de São José do Rio Preto:

> *"Apesar de se tratar de título judicial, está ele sujeito à qualificação registrária. O fato de tratar-se o título de mandado judicial não o torna imune à qualificação registrária, sob o estrito ângulo da regularidade formal. O exame da legalidade não promove incursão sobre o mérito da decisão judicial, mas à apreciação das formalidades extrínsecas da ordem e à conexão de seus dados com o registro e a sua formalização instrumental".*

E, ainda:

> *"REGISTRO PÚBLICO - ATUAÇÃO DO TITULAR - CARTA DE ADJUDICAÇÃO - DÚVIDA LEVANTADA - CRIME DE DESOBEDIÊNCIA - IMPROPRIEDADE MANIFESTA. O cumprimento do dever imposto pela Lei de Registros Públicos, cogitando-se de deficiência de carta de adjudicação e levantando-se dúvida perante o juízo de direito da vara competente, longe fica de configurar ato passível de enquadramento no artigo 330 do Código Penal - crime de desobediência -, pouco importando o acolhimento, sob o ângulo judicial, do que suscitado"* **(STF, HC 85911 / MG - MINAS GERAIS, Relator: Min. MARCO AURÉLIO, j. 25/10/2005, Primeira Turma).**

Sendo assim, não há dúvidas de que a mera existência de título proveniente de órgão jurisdicional não basta para autorizar automaticamente seu ingresso no fólio real, cabendo ao oficial qualificá-lo conforme os princípios que regem a atividade registral.

Acerca da necessidade da vinda de certidão atualizada da transcrição n. 78.799, a exigência é devida em respeito ao princípio da especialidade, cuja observância é imprescindível para se garantirem certeza e precisão ao Registro Imobiliário.

A normatização apontada pelo Oficial corrobora a necessidade de certidão atualizada da mencionada transcrição, notadamente diante do longo tempo decorrido desde a homologação da partilha (fl. 98 – dezembro de 2000).

Neste sentido, a redação do item 134.2, Capítulo XX, das Normas de Serviço da E. Corregedoria Geral da Justiça, com nossos destaques:

> *"134.2. Nos loteamentos registrados sob a égide do Decreto-lei nº 58, de 10 de dezembro de 1937,* ***caso o imóvel tenha deixado de pertencer à circunscrição, sempre deverá ser exigida, para a averbação de compromisso de compra e venda, de cessão ou de promessa de cessão, certidão atualizada da nova circunscrição imobiliária****, a qual ficará arquivada em cartório".*

E, ainda, o disposto no art. 197 da Lei n. 6.016/73, também com destaques:

> *"Art. 197 - Quando o título anterior estiver registrado em outro cartório,* ***o novo título será apresentado juntamente com certidão atualizada, comprobatória do registro anterior, e da existência ou inexistência de ônus****".*

Quanto ao prazo de validade do documento (30 dias), assim dispõe o art. 1º, inciso IV, do Decreto n. 93.240, de 9 de setembro de 1986, também destacado:

> *"Art 1º Para a lavratura de atos notariais, relativos a imóveis, serão apresentados os seguintes documentos e certidões:*
>
> *(...) IV - a* ***certidão*** *de ações reais e pessoais reipersecutórias, relativas ao imóvel, e a de* ***ônus reais, expedidas pelo Registro de Imóveis competente****, cujo prazo de validade, para este fim, será de* ***30 (trinta) dias****".*

No que tange às custas e aos emolumentos cobrados para o registro, foram calculados pelo Oficial com base em normas pertinentes (Lei Estadual n. 11.331, de 26/12/2002, e item 24.9, Cap. XX, das NSCGJ), sem impugnação específica da parte suscitante, pelo que também são devidos.

Diante do exposto, **JULGO PARCIALMENTE PROCEDENTE** a dúvida inversa suscitada por Maria Conceição Mattiuci em face da negativa do Oficial do 7º Registro de Imóveis da Capital, afastando as exigências relativas à qualificação subjetiva (óbices n. 1 e 2), mas mantendo o óbice n. 3 para que seja efetivado o registro (emolumentos e certidão atualizada de propriedade com negativa de ônus e alienações relativa à transcrição nº 78.799).

Deste procedimento não decorrem custas, despesas processuais nem honorários advocatícios.

Oportunamente, remetam-se os autos ao arquivo.

P.R.I.C.

São Paulo, 14 de julho de 2021. (DJe de 16.07.2021 - SP)

Ementa: Sentença – Dúvida – Pedido de registro do formal de partilha – Negativa em razão da necessidade de retificação das primeiras declarações para constar, entre os herdeiros, o filho da "de cujus", bem como de apresentação de nova declaração do ITCMD – Alegação pelo Requerente de que o herdeiro renunciou à parte da sucessão da autora da herança – Informação pelo Oficial de que o filho da falecida não aparece recebendo o seu quinhão, sendo este passado diretamente a seus herdeiros, netos e uma bisneta da "de cujus" – Títulos Judiciais não estão isentos de qualificação registrária – Título que deve estar em conformidade com o inscrito na matrícula – Princípio da Continuidade – Arts.195 e 237, da LRP – Herdeiro que faleceu posteriormente – Existência de duas transmissões – Possibilidade das referidas transmissões serem realizadas conjuntamente no mesmo inventário, mas sem dispensa da previsão de partilhas distintas, sucessivas e sequenciais – Manutenção dos óbices – Improcedência

Processo 1063448-86.2021.8.26.0100

Dúvida - REGISTROS PÚBLICOS - Gilberto da Silva - Diante do exposto, JULGO IMPROCEDENTE a dúvida inversa suscitada por Gilberto da Silva em face da negativa do Oficial do 14º Registro de Imóveis da Capital e, em consequência, mantenho os óbices registrários. Deste procedimento não decorrem custas, despesas processuais nem honorários advocatícios. Oportunamente, ao arquivo com as cautelas de praxe. P.R.I.C. - ADV: FATIMA MARIA DA SILVA ALVES (OAB 56419/SP)

Íntegra da decisão:

SENTENÇA

Processo Digital nº: **1063448-86.2021.8.26.0100**

Classe - Assunto **Dúvida - REGISTROS PÚBLICOS**

Requerente: **Gilberto da Silva**

Requerido: **14º Oficial de Registro de Imoveis da Capital**

Juiz(a) de Direito: Dr(a). **Luciana Carone Nucci Eugênio Mahuad**

Vistos.

Trata-se de dúvida inversa suscitada por **Gilberto da Silva** em face da negativa do **Oficial do 14º Registro de Imóveis da Capital** em proceder ao registro de formal de partilha extraído do processo de autos n. 1064715-72.2016.8.26.0002, relativo ao imóvel da matrícula n. 73.632 daquela serventia.

O título foi devolvido para satisfação das seguintes exigências: 1) o formal de partilha dos bens deixados por Maria da Glória Amaral Silva, falecida em 02/02/2007, deve ser aditado com a retificação das primeiras declarações/esboço de partilha para deles constarem, entre os herdeiros, Sebastião Edson da Silva, filho da autora da herança, cujo óbito ocorreu posteriormente ao dela, em 11/09/2007; 2) em razão da primeira exigência, a declaração do ITCMD também deve ser retificada, pois a parte ideal que o herdeiro Sebastião Edson da Silva recebe não está incluída na declaração entregue à Fazenda Pública.

A parte suscitante alega que a renúncia de Sebastião Edson da Silva refere-se somente à parte da sucessão da autora da herança, ou seja, metade do imóvel; que a partilha havida no inventário judicial foi analisada pelo partidor e homologada pelo juízo daquele feito, inexistindo qualquer erro, dúvida, contradição ou omissão que possa conduzir à recusa do registro pelo Oficial. Juntou documentos às fls. 05/102.

Tendo decorrido o trintídio legal da prenotação, o juízo determinou nova apresentação do título junto à serventia extrajudicial, o que foi atendido pela parte suscitante (fls. 103 e 105/107).

O Oficial suscitado manifestou-se às fls. 109/112, aduzindo que o filho da autora da herança, Sebastião Edson da Silva, não aparece recebendo seu quinhão, sendo que o passou diretamente a seus herdeiros, netos e uma bisneta da falecida, por representação e, ainda, com renúncia do quinhão referente ao imóvel da matrícula n. 73.632; que a partilha na forma apresentada representa quebra da continuidade registrária, já que não houve transmissão de fração do imóvel ao filho da "de cujus" antes da transmissão aos netos e a uma bisneta; que a correção também enseja nova declaração do ITCMD (dois fatos geradores). Vieram documentos às fls. 113/196.

O Ministério Público opinou pela improcedência (fls. 199/202).

É o relatório.

Fundamento e decido.

No mérito, a dúvida inversa não procede. Vejamos.

De início, vale destacar que os títulos judiciais não estão isentos de qualificação, positiva ou negativa, para ingresso no fólio real.

O Egrégio Conselho Superior da Magistratura já decidiu que a qualificação negativa do título judicial não caracteriza desobediência ou descumprimento de decisão judicial (Apelação Cível n. 413-6/7).

Neste sentido, também a Ap. Cível nº 464-6/9, de São José do Rio Preto:

"Apesar de se tratar de título judicial, está ele sujeito à qualificação registrária. O fato de tratar-se o título de mandado judicial não o torna imune à qualificação registrária, sob o estrito ângulo da regularidade formal. O exame da legalidade não promove incursão sobre o mérito da decisão judicial, mas à apreciação das formalidades extrínsecas da ordem e à conexão de seus dados com o registro e a sua formalização instrumental".

E, ainda:

"REGISTRO PÚBLICO - ATUAÇÃO DO TITULAR - CARTA DE ADJUDICAÇÃO - DÚVIDA LEVANTADA - CRIME DE DESOBEDIÊNCIA - IMPROPRIEDADE MANIFESTA. O cumprimento do dever imposto pela Lei de Registros Públicos, cogitando-se de deficiência de carta de adjudicação e levantando-se dúvida perante o juízo de direito da vara competente, longe fica de configurar ato passível de enquadramento no artigo 330 do Código Penal - crime de desobediência -, pouco importando o acolhimento, sob o ângulo judicial, do que suscitado" **(STF, HC 85911 / MG - MINAS GERAIS, Relator: Min. MARCO AURÉLIO, j. 25/10/2005, Primeira Turma)**.

Sendo assim, não há dúvidas de que a mera existência de título proveniente de órgão jurisdicional não basta para autorizar automaticamente seu ingresso no fólio real, cabendo ao oficial qualificá-lo conforme os princípios que regem a atividade registral, dentre eles o da continuidade registrária.

O título que se pretende registrar deve estar em conformidade com o inscrito na matrícula, formando um perfeito encadeamento entre as informações inscritas e as que se pretendem inscrever.

Necessário, por conseguinte, que o titular de domínio seja o mesmo no título apresentado e no registro de imóveis, sob pena de violação ao princípio da continuidade previsto nos artigos 195 e 237 da Lei nº 6.015/73:

"Art. 195 - Se o imóvel não estiver matriculado ou registrado em nome do outorgante, o oficial exigirá a previa matrícula e o registro do título anterior, qualquer que seja a sua natureza, para manter a continuidade do registro".

"Art. 237 - Ainda que o imóvel esteja matriculado, não se fará registro que dependa da apresentação de título anterior, a fim de que se preserve a continuidade do registro".

Ora, é cediço que os bens de todos os sucessores devem ser partilhados conforme a ordem de falecimentos, ressalvada a hipótese de comoriência, o que não ocorreu no caso concreto.

Na presente hipótese, ocorreu partilha *per saltum*, vez que deveria ter havido primeiramente a partilha dos bens de Maria da Glória a seu filho Sebastião (falecido posteriormente) para então o quinhão dele ser partilhado entre seus herdeiros (netos e bisneta da "de cujus").

Em outras palavras, há duas transmissões (Maria da Glória para Sebastião e deste último para seus herdeiros), o que até pode ser realizado conjuntamente no mesmo inventário (art. 672 do CPC), mas sem dispensa, em qualquer hipótese (principalmente sob o ponto de vista registrário), da previsão de partilhas distintas, sucessivas e sequenciais.

Tal questão foi objeto de análise pelo Egrégio Conselho Superior da Magistratura, por exemplo, na Apelação Cível nº 1013445-56.2019.8.26.0114, DJ. 02.04.2020:

"REGISTRO DE IMÓVEIS – Inventário – Ofensa ao princípio da continuidade – Necessidade de partilhas sucessivas – Impossibilidade de registro Óbice – mantido Recurso não provido". Extrai-se do corpo do mencionado acórdão, com nossos destaques:

"(...) Pelo princípio da continuidade, ou do trato sucessivo, compete a transmissão da propriedade ao espólio herdeiro, e assim ***sucessivamente, não sendo possível a transmissão da propriedade diretamente aos herdeiros filhos, pelo fato daquele que faleceu posteriormente ainda estar vivo quando aberta a sucessão anterior****. A cumulação de inventários visa privilegiar a economia processual, mas não é apta a afastar a previsão de partilhas distintas, sucessivas e sequenciais, aplicáveis no caso em tela.*

(...) Nesse cenário, para que a continuidade registrária seja preservada, mostra-se ***indispensável o registro do título por meio do qual a pré-morta recebeu o bem deixado pelo autor da herança para, em seguida, ser registrada o formal de partilha que atribuiu aos herdeiros filhos a totalidade do bem.***

A propósito, dispõe o art. 237 da Lei nº 6.015/73: ***"Ainda que o imóvel esteja matriculado, não se fará registro que dependa da apresentação de título anterior, a fim de que se preserve a continuidade do registro"****.*

Vale anotar que, embora a partilha tenha sido amigável (fls. 64/72), a hipótese difere do caso apreciado por este juízo no procedimento de autos n. 1108424- 91.2015.8.26.0100, mencionado a fl. 200, já que naquele feito o elemento intrínseco ao título que gerou a negativa não interferia na continuidade registrária.

Ademais, da necessidade de satisfação da primeira exigência decorre a segunda, já que também cabe aos registradores o controle rigoroso do recolhimento do imposto por ocasião do registro do título, sob pena de responsabilidade pessoal (artigo 289 da Lei n. 6.015/73).

Neste sentido, por sinal, normativa expressa expedida pelo ente fiscal (artigo 12 da Portaria CAT n. 89, de 26 de outubro de 2020) e a jurisprudência do Conselho Superior da Magistratura (Ap. nº 1018134-43.2019.8.26.0309 e 0000534-79.2020, de lavra do eminente Corregedor Geral da Justiça Desembargador Ricardo Anafe).

Como se vê, sob qualquer aspecto, mostra-se acertada a qualificação negativa do título apresentado para registro.

Diante do exposto, **JULGO IMPROCEDENTE** a dúvida inversa suscitada por Gilberto da Silva em face da negativa do Oficial do 14º Registro de Imóveis da Capital e, em consequência, mantenho os óbices registrários.

Deste procedimento não decorrem custas, despesas processuais nem honorários advocatícios.

Oportunamente, ao arquivo com as cautelas de praxe.

P.R.I.C.

São Paulo, 13 de julho de 2021. (DJe de 15.07.2021 - SP)

Ementa: Sentença – Dúvida – Pedido de registro do Formal de Partilha – Impossibilidade – Negativa em razão de somente metade do imóvel ter sido objeto de partilha – Títulos Judiciais não estão isentos de qualificação registrária – Imóvel adquirido pelo "de cujus" no estado civil de solteiro – Casamento realizado posteriormente sob o regime da Comunhão Parcial de Bens – Art 1 659, I, do CC – Necessidade de que a integralidade do bem seja levada a Inventário e Partilha – Ausência de comprovação do reconhecimento expresso da União Estável anterior à aquisição do imóvel – Manutenção do óbice – Procedência

Processo 1007508-39.2021.8.26.0100

Dúvida - Notas - Domingos da Costa Correia Filho - Ante o exposto, julgo procedente a dúvida suscitada pelo Oficial do 5º Cartório de Registro de Imóveis da Capital, tendo como interessado Domingos da Costa Correia Filho, para manter o óbice registrário apontado. Deste procedimento não decorrem custas, despesas processuais e honorários advocatícios. Oportunamente, ao arquivo. P.R.I.C. - ADV: DOMINGOS DA COSTA CORREIA FILHO (OAB 371773/ SP)

Íntegra da decisão:

SENTENÇA

Processo Digital nº: **1007508-39.2021.8.26.0100**

Classe - Assunto **Dúvida - Notas**

Suscitante: **5º Oficial de Registro de Imóveis**

Suscitado: **Domingos da Costa Correia Filho**

Juiz(a) de Direito: Dr(a). **Vivian Labruna Catapani**

Vistos.

Trata-se de dúvida suscitada pelo Oficial do **5º Cartório de Registro de Imóveis da Capital**, tendo como interessado **Domingos da Costa Correia Filho**, em razão da recusa ao registro do formal de partilha dos bens deixados por *Paulo Correia Brasil*, que teve como objeto, entre outros bens, o imóvel matriculado sob o nº 1.802 daquela Serventia.

O óbice fundamentou-se no fato de somente 50% do imóvel ter sido objeto da partilha. Segundo o oficial, o *de cujus* adquiriu o bem em 2009, quando ainda era solteiro; posteriormente, em 2012, casou-se com Maria de Lourdes Barbosa Brasil sob o regime da comunhão parcial de bens. Sendo assim, a viúva não tinha direito à meação do imóvel, de modo que a integralidade do bem deveria ter sido levada a inventário e partilha (fls. 01/04).

O suscitado apresentou impugnação nos autos (fls. 143/145). Informa que Maria de Lourdes Barbosa Brasil manteve união estável com o *de cujus* até 15.06.2012, casando-se com ele em 16.06.2012, fato este que a fez viúva meeira. Nega que tenha havido o pressuposto de que a outra metade do bem seria de propriedade da viúva. Narra, entretanto, que o formal de partilha foi elaborado com base na decisão do Juízo da 6a Vara de Família e Sucessões, que determinou que a inventariante fosse indicada como viúva meeira do falecido, destacando-se sua meação. Nesses termos, requer a homologação do plano de partilha conforme sentença proferida nos autos n. 101080-48.2018.8.26.0002, bem como a retificaçao do plano de partilha para que haja o seu registro. O Ministério Público opinou pela procedência da dúvida (fls. 137/138 e 150).

É o relatório.

Fundamento e Decido.

Inicialmente, esclareço ao suscitado que este juízo administrativo não detém competência para a homologação de sentença judicial proferida por outro juízo, nem mesmo para retificação de plano de partilha homologado por vara de família e sucessões.

Nesses termos, o pedido de retificação do plano de partilha deverá ser objeto de pleito a ser deduzido pelo interessado junto ao juízo que homologou referido plano.

Esclarecido esse ponto, tenho que assiste razão ao Oficial e ao D. Promotor de Justiça quanto ao óbice registrário.

De proêmio, ressalto que os títulos judiciais também se sujeitam à qualificação registral, sem que a recusa de seu registro caracterize desobediência por parte do Oficial Registrador.

Nesses termos, o formal de partilha em questão, tratando-se de título judicial próprio, também deve passar pela qualificação do registrador, que pode se negar a registrá-lo caso identifique ofensa aos princípios registrais.

No caso em tela, o óbice apresentado pelo Oficial refere-se ao fato de que somente 50% do imóvel matriculado sob o nº 1.802 foi levado a partilha, quando o correto seria que a integralidade do bem compusesse o inventário.

Observo que o imóvel em questão foi adquirido por *Paulo Correia Brasil* em 2009 (R. 15 da matrícula – fl. 126), quando este ainda era solteiro. Posteriormente, em 2012, o *de cujus* casou-se com *Maria de Lourdes*, sob o regime da comunhão parcial de bens (fl. 115). Destarte, o imóvel não foi comunicado em razão do vínculo matrimonial, uma vez que o art. 1.659, inciso I, do Código Civil determina que os bens pessoais dos cônjuges anteriores ao casamento são excluídos da comunhão.

Sendo assim, considerando que o imóvel não foi comunicado em razão do casamento, não há que se falar em meação da cônjuge supérstite, de modo que a integralidade do bem deve ser levada a inventário e partilha. Portanto, não sendo meeira, *Maria de Lourdes* herdou o imóvel particular do *de cujus* em concorrência com os descendentes, nos termos do art. 1.829, inciso I, do Código Civil, devendo os quinhões respectivos serem arbitrados pela via correspondente.

O suscitado alegou (fls. 128/129) que houve reconhecimento judicial de que o *de cujus* e a cônjuge supérstite já conviviam em união estável desde antes da aquisição do imóvel, o que justificaria a comunicação do bem. Observo, entretanto, que não houve comprovação desta alegação, uma vez que o mencionado reconhecimento não consta das peças processuais da ação de inventário de partilha que instruem este feito (fls. 07/99 – proc. nº 1010890-48.2018.8.26.0002), nem mesmo consta de escritura pública ou de sentença judicial de declaração de união estável juntada aos autos. Destarte, diante da ausência de comprovação do reconhecimento expresso da união estável anterior à aquisição, não há que se falar em meação do imóvel.

Ante o exposto, **julgo procedente** a dúvida suscitada pelo Oficial do **5º Cartório de Registro de Imóveis da Capital**, tendo como interessado **Domingos da Costa Correia Filho**, para manter o óbice registrário apontado.

Deste procedimento não decorrem custas, despesas processuais e honorários advocatícios.

Oportunamente, ao arquivo.

P.R.I.C.

São Paulo, 11 de maio de 2021. (DJe de 13.05.2021 – SP)

Ementa: Sentença – Dúvida – Pedido de registro da Carta de Sentença extraída nos autos da Ação de Divórcio – Negativa em razão da ausência de disposição sobre a partilha do imóvel no título judicial – Descabimento – Casamento sob o regime da Comunhão Universal – Estabelecimento na sentença de compartilhamento igualitário das responsabilidades sobre a quitação e as despesas do imóvel – Possibilidade de conclusão de meação entre as partes – Título Judicial que permite o registro da partilha do imóvel em partes iguais – Afastamento do óbice – Improcedência

Processo 1114386-22.2020.8.26.0100

Dúvida - Notas - Luzete dos Santos Vieira e outros - Sandra Zanchi de Oliveira Vieira - Pelo exposto, julgo improcedente a dúvida suscitada pelo 5º Oficial de Registro de Imóveis da Capital, a requerimento de Lívia Lima Correia de Oliveira, para afastar o óbice registrário. Deste procedimento não decorrem custas, despesas processuais e honorários advocatícios. Oportunamente remetam-se os autos ao arquivo. P.R.I.C. - ADV: LIVIA LIMA CORREIA DE OLIVEIRA (OAB 334838/SP), RUI FERREIRA LEME (OAB 95705/SP)

Íntegra da decisão:

SENTENÇA

Processo Digital nº: **1114386-22.2020.8.26.0100**

Classe - Assunto **Dúvida - Notas**

Requerente: **5º Oficial de Registro de Imóveis**

Requerido: **Luzete dos Santos Vieira e outros**

Juiz(a) de Direito: Dr(a). **Vivian Labruna Catapani**

Vistos.

Trata-se de **dúvida** suscitada pelo **5º Oficial de Registro de Imóveis da Capital**, a requerimento de **Lívia Lima Correia de Oliveira**, em razão da negativa de registro da carta de sentença extraída dos autos da ação de divórcio litigioso de Laercio dos Santos Vieira e Sandra Zanchi de Oliveira Vieira.

O Registrador narrou que as últimas averbações na matrícula nº 5.853 daquela serventia versam sobre o casamento dos ex-cônjuges no regime de comunhão universal. Por essa razão, defendeu que seria necessária a apresentação de título judicial dispondo sobre a partilha do imóvel, uma vez que esta não fora firmada nos autos de dissolução do matrimônio, ensejando um estado de mancomunhão, diverso do simples condomínio. Acrescentou que, no acordo homologado naquela oportunidade, apenas se estabeleceu a obrigação de ambos os divorciandos suportarem o saldo devedor do financiamento do bem e as despesas condominiais, na fração de ½ para cada um, até se efetivar a venda. Salientou que o caso traz, como peculiaridade, o falecimento do ex-cônjuge Laercio dos Santos Vieira, dessa forma, a partilha seria absorvida pela herança sobre a totalidade do imóvel. Juntou os documentos de fls. 5/254.

Ao apresentar impugnação (fls. 255/260), a suscitada alegou, em síntese, que o título judicial extraído da ação de divórcio não foi omisso em relação à partilha do imóvel, tendo preservado a meação da mulher ao estabelecer a responsabilidade pela quitação de metade das parcelas do financiamento, o que resulta em identificação de quinhão igualitário. Assim, pugnou pela improcedência da dúvida ou, subsidiariamente, pela averbação do divórcio, para que se possa promover, posteriormente, o inventário.

O Ministério Público opinou pela procedência da dúvida (fls. 265/267), com a manutenção do óbice registrário.

Houve inclusão dos herdeiros do Sr. Laercio no polo ativo, com a exclusão da patrona e suscitante Lívia (fls. 291/292).

Às fls. 307/308, Sandra Zanchi Oliveira, ex-esposa do falecido, se manifestou.

Afirmou que os termos firmados em divórcio deixam claro que a propriedade sobre o imóvel passou a ser exercida em condomínio, devido ao estabelecimento de rateio de despesas, obrigações e direitos. Por fim, requereu o registro do imóvel e consequente partilha de 50% para cada um, com julgamento de improcedência da dúvida.

É o relatório. Decido.

Primeiramente, no tocante ao pedido de justiça gratuita formulado pela Sra. Sandra Zanchi Oliveira, assinalo que neste juízo administrativo não incidem custas, despesas processuais e honorários advocatícios, o que prejudica tal pretensão.

No mérito, relembra-se, de início, a existência de posicionamento pacífico do E. Conselho Superior da Magistratura sobre a pertinência da qualificação de título de origem judicial, mediante exame formal de requisitos pelo Registrador. Tal orientação vem estampada no item 117 do Cap. XX, das NSCGJ:

> *Incumbe ao oficial impedir o registro de título que não satisfaça os requisitos exigidos pela lei, quer sejam consubstanciados em instrumento público ou particular, quer em atos judiciais.*

Desse dever, bem como da autonomia do Registrador para apreciação do título, advêm a possibilidade de negativa de ingresso no fólio real.

Todavia, na hipótese em tela, em que pese o costumeiro acerto do culto Registrador, tenho que as particularidades do caso em tela destoam dos precedentes desta Corregedoria (a saber: Proc. nº 1043201-21.2020.8.26.0100 e 1024687-20.2020.8.26.0100).

De fato, havendo patrimônio comum constituído pelo casal no caso, decorrente do casamento no regime da comunhão universal, a dissolução do matrimônio sem partilha cria um estado de mancomunhão, o que não permite a presunção de divisão da propriedade em partes ideais, nem a instituição de condomínio. Consequentemente, a necessária preservação da continuidade dos atos registrais exige a providência de partilha, para só então autorizar o ingresso de novos títulos com disposição individual do domínio e da posse. É esse o posicionamento manifestado pelo E. Conselho Superior da Magistratura em alguns julgados, destacando-se abaixo o mais recente:

> *DÚVIDA. REGISTRO DE IMÓVEIS. Imóvel registrado em nome do casal divorciado. Regime da comunhão de bens. Divórcio não averbado. Partilha não registrada. Posterior acordo, em ação de execução de alimentos, de dação em pagamento pelo ex-marido em favor da ex-esposa. Carta de sentença qualificada negativamente. Exigência de prévia partilha do imóvel comum. Mancomunhão. Não configuração da propriedade em condomínio apenas em razão do divórcio, sequer averbado na matrícula. Violação ao princípio da continuidade registral. Necessidade de atribuição da propriedade exclusiva, ainda que em partes ideais, a cada um dos excônjuges. Pedido de cindibilidade do título para registro apenas da aquisição do terreno que não dispensa a prova de pagamento do ITBI - Dúvida julgada procedente. Nega-se provimento à apelação. (Apelação Cível nº 1019196-32.2020.8.26.0100; Rel. Des. Ricardo Anafe (Corregedor Geral); j. em 11/09/2020).*

No caso em tela, entretanto, tenho que nada impede o registro nos moldes pretendidos pela suscitada.

No que se refere ao título em apreço, a princípio, seria perfeitamente possível a averbação exclusiva do divórcio para fins de publicidade, atualizando o estado civil dos titulares de domínio, de modo que, por iniciativa futura se efetivasse a partilha do imóvel no inventário de Laercio dos Santos Vieira. No entanto, da carta de sentença protocolada, depreende-se verdadeira partilha dos bens do casal.

De acordo com a peça inaugural da demanda, ajuizada por Laercio (fl. 09), à época da dissolução do casamento, o imóvel do casal se encontrava financiado e o saldo devedor deveria ser arcado em partes iguais pelos divorciandos (*"na fração de ½ para cada um"*). Além disso, a taxa de condomínio deveria ser rateada da mesma forma até a venda do bem.

Na sequência, ainda no mesmo tópico denominado "Dos Bens Imóveis e Móveis e Dívidas", são elencados os bens móveis e como deveriam ser partilhados.

Ora, embora não esteja expressa, de maneira literal, a individualização das frações em 50% do imóvel para cada cônjuge, considerando o regime da comunhão universal adotado quando nubentes, bem como o compartilhamento igualitário das responsabilidades sobre quitação e despesas do imóvel, é possível se concluir que houve meação entre as partes.

Não por outro motivo menciona a sentença: *"Em relação à partilha, não bastasse o silêncio da requerida, que deixou de impugná-la, observou o requerente o regime de bens eleito pelos cônjuges, preservando, aparentemente, a meação da mulher"* (fl. 29).

Soma-se a isso, a confirmação nestes autos da própria ex-cônjuge, Sandra Zanchi Oliveira, sobre a fixação de partilha no montante de de 50% para cada um, a espancar eventual prejuízo que pudesse lhe alcançar, já que assegura o estabelecimento de condomínio nesses termos.

Logo, o título judicial permite o registro da partilha do imóvel em partes iguais.

Pelo exposto, **julgo improcedente** a dúvida suscitada pelo **5º Oficial de Registro de Imóveis da Capital**, a requerimento de **Lívia Lima Correia de Oliveira**, para afastar o óbice registrário.

Deste procedimento não decorrem custas, despesas processuais e honorários advocatícios.

Oportunamente remetam-se os autos ao arquivo.

P.R.I.C.

São Paulo, 07 de maio de 2021.
Vivian Labruna Catapani
Juíza de Direito (DJe de 11.05.2021 – SP)

Ementa: Sentença – Dúvida – Negativa de registro da Carta de Sentença – Informação pelo Registrador de violação aos Princípios da Continuidade e Disponibilidade, em razão dos réus da demanda não figurarem como proprietários da parte ideal a ser transferida, a despeito de serem herdeiros do titular – Ausência de domínio – Existência de direitos de sobrepartilha – Art 2 022 do CC – Possibilidade de pugnar alvará ou adjudicação no juízo competente – Manutenção do óbice – Procedência

Processo 1026138-46.2021.8.26.0100

Dúvida - REGISTROS PÚBLICOS - Joubert Teixeira da Silva - Pelo exposto, julgo procedente a dúvida suscitada pelo 7º Oficial de Registro de Imóveis da Capital, a requerimento de Joubert Teixeira da Silva, com manutenção do óbice registrário. Deste procedimento não decorrem custas, despesas processuais e honorários advocatícios. Oportunamente remetam-se os autos ao arquivo. P.R.I.C. - ADV: MARCO ANTONIO DELATORRE BARBOSA (OAB 94916/SP)

Íntegra da decisão:

SENTENÇA

Processo Digital nº: **1026138-46.2021.8.26.0100**

Classe - Assunto **Dúvida - REGISTROS PÚBLICOS**

Suscitante: **7º Oficial de Registro de Imóveis da Capital**

Suscitado: **Joubert Teixeira da Silva**

Juiz(a) de Direito: Dr(a). **Vivian Labruna Catapani**

Vistos.

Trata-se de **dúvida** suscitada pelo **7º Oficial de Registro de Imóveis da Capital**, a requerimento de **Joubert Teixeira da Silva**, em razão da negativa de registro da carta de sentença extraída do Proc. nº 1040458-81.2017.8.26.0002, da 4ª Vara Cível do Foro Regional Santo Amaro.

O Registrador narra que, no corpo da sentença da ação de obrigação de fazer de origem do título, restou deferida a expedição de alvará para outorga de escritura definitiva dos imóveis matriculados sob os nºs 165.698, 165.699 e 166.938 na citada serventia e, ao final, constou determinação para *"registro das transmissões das frações ideais dos bens descritos na inicial em nome do autor"*. Salienta que o alvará foi expedido neste último sentido, o que entende ferir os princípios da continuidade e disponibilidade, porque os réus da demanda não figuram como proprietários da terça parte (1/3) dos imóveis a ser transferida, a despeito de serem viúva e herdeiros do titular de domínio. Aduz ser possível a habilitação do cessionário de direitos nos autos de inventário, uma vez que a ação já processada não fora ajuizada contra o espólio. Juntou os documentos de fls. 07/56.

Em manifestação complementar (fl. 66), anexando nova documentação (fls. 66/378), o Oficial confirmou a prenotação de via original do título.

O Ministério Público opinou pela procedência da dúvida (fls. 381/384), com a manutenção do óbice registrário.

Ao apresentar impugnação (fls. 387/398), o suscitado alegou, em síntese, que não há quebra do princípio da continuidade, visto que seu irmão lhe vendeu em vida a parte ideal dos imóveis em questão e que a transmissão foi apenas ratificada por meio das escrituras públicas de cessão de direitos hereditários de fls. 31/40, nas quais sua cunhada e os filhos são apontados como co-proprietários. Ressaltou que adquiriu as frações dos bens em 2010, antes do falecimento de Joel Teixeira Silva, tanto que, na ação processada, os cedentes confessaram que o *de cujus* recebeu àquela época o valor integral ajustado. Por esses motivos, pugnou pelo registro da carta de sentença.

É o relatório. Decido.

De início, relembra-se a existência de posicionamento pacífico do E. Conselho Superior da Magistratura sobre a pertinência da qualificação de título de origem judicial, mediante exame formal de requisitos pelo Registrador. Tal orientação dá azo à norma regulatória prevista no item 117 do Cap. XX, das NSCGJ:

> *Incumbe ao oficial impedir o registro de título que não satisfaça os requisitos exigidos pela lei, quer sejam consubstanciados em instrumento público ou particular, quer em atos judiciais.*

Feita a ressalva, fica claro que o ingresso de título judicial no fólio real depende da observância dos preceitos registrários, com destaque, no caso, ao princípio da continuidade.

Conforme previsto nos arts. 195 e 237 da Lei n. 6.015/73:

> *Art. 195 – Se o imóvel não estiver matriculado ou registrado em nome do outorgante, o oficial exigirá a prévia matrícula e o registro do título anterior, qualquer que seja a sua natureza, para manter a continuidade do registro.*
>
> *Art. 237 – Ainda que o imóvel esteja matriculado, não se fará registro que dependa da apresentação de título anterior, a fim de que se preserve a continuidade do registro.*

Como se nota, segundo tal princípio, deve haver um encadeamento entre os registros na matrícula ou transcrição do imóvel, de modo que determinado direito só pode ser alienado ou transferido caso seu titular dele tenha disponibilidade, assim constatado no fólio registral, a fim de evitar que qualquer pessoa transmita a terceiros mais direitos do que possui.

Na hipótese dos autos, a titularidade das frações ideais de 1/3 cuja transferência se intenta pertenceriam a Joel Teixeira da Silva, casado sob o regime da comunhão de bens antes da Lei nº 6.515/77 com Dinísia Lucrecia Teixeira da Silva (fls. 20/30).

Com o falecimento de Joel Teixeira da Silva, tramitou inventário na 9ª Vara da Família e Sucessões do Foro Regional Santo Amaro (Proc. nº 1003962-52.2016.8.26.0002), sendo proferida decisão em 29.02.2016 segundo a qual, para exclusão de bem da partilha, os herdeiros do *de cujus* deveriam formalizar o negócio antes havido com o suscitado (irmão do falecido), por meio de escritura pública de cessão de direitos hereditários, o que permitiria posterior exclusão de imóvel da partilha (fl. 141).

Daí, em 30.11.2016, lavraram-se os instrumentos de fls. 31/40 com outorga ao cessionário Joubert Teixeira da Silva de "todos os direitos e ação à herança" equivalentes a 1/3 dos bens ali descritos. Nos documentos, há, ainda, menção expressa sobre o inventário de Joel Teixeira da Silva ter se processado administrativamente no 26º Tabelião de Notas da Capital, o que confirma a possível extinção do feito supramencionado, como informou o suscitado, mas também denota sua ciência.

Como tais escrituras públicas não foram aceitas para fins de registro, eis que, ao tratarem de direito pessoal, não se enquadravam no art. 167, inciso I, da Lei de Registros Públicos, veio, então, a propositura, pelo suscitado, da ação de obrigação de fazer processada nos autos nº 1040458-81.2017.8.26.0002, pela 4ª Vara Cível do Foro Regional Santo Amaro, da qual emana o título judicial em análise. Na demanda, Joubert Teixeira da Silva buscou compelir a viúva meeira e os herdeiros a providenciar o necessário à transferência dos imóveis, e não o Espólio proprietário. Obteve provimento de procedência voltado ao *"registro das transmissões das frações ideais dos bens descritos na inicial em nome do autor"*, com custeio de valores pelo comprador, sendo pontuado no corpo da sentença o deferimento de alvará para escritura definitiva de outorga em benefício do demandante (fls. 355/363).

Há que se concluir, portanto, que o próprio julgado permitiu o *"registro das transmissões"*, em apreciação de mérito que se assemelha ao pleito de adjudicação compulsória.

Vale salientar que a adjudicação compulsória, assim como a imposição de obrigação de fazer, visam tão-somente suprir determinada providência, contudo, a determinação resultante não pode ir além daquela legitimada por cumprimento voluntário.

Ocorre que, para alienar os direitos de domínio, os herdeiros devem primeiro recebê-los individualmente. Conquanto pelo princípio da *saisine* (art. 1.784 do CC), com a abertura da sucessão, a herança lhes tenha sido transmitida, cuida-se de universalidade de bens indivisível até que se opere a partilha.

Colhe-se precedente elucidativo da questão em parecer da lavra do MM. Juiz Marcelo Benacchio, aprovado pelo Corregedor Geral da Justiça à época, Des. Geraldo Francisco Pinheiro Franco, no Recurso Administrativo nº 1017653-49.2016.8.26.0224:

> *O direito à herança, bem imóvel por definição legal, é um patrimônio indivisível até a partilha com a declaração dos quinhões aos herdeiros, o que somente ocorrerá com a exclusão da eventual meação do cônjuge e de possíveis dívidas do falecido.*
>
> *Apesar da natureza jurídica da partilha ser declaratória e não atributiva da propriedade, apenas com sua realização será possível aquisição da herança pelo herdeiro com efeito retroativo à data do falecimento.*
>
> *É prematura a averbação pretendida sem a efetivação da partilha, seguida de seu ingresso no registro imobiliário; pois, até esse momento futuro, são incertos os direitos das herdeiras com relação ao imóvel objeto da herança. Além disso, antes da partilha, não é possível o registro de alienações e onerações efetuadas pelos herdeiros.*
>
> *O princípio do "droit de saisine" seguido pelo Código Civil não afeta o estado de indivisão do direito à herança que permanece até a partilha.*

De tal forma, a carta de sentença extraída da ação de obrigação de fazer não permite registro, visto que parte dos demandados (herdeiros de Joel Teixeira da Silva), excluída a viúva meeira, não figuram nas matrículas na condição proprietários. Em decorrência, não ostentam qualidade necessária para transmitir direitos em ato subsequente, nem mesmo podem ter a vontade substituída em lavratura de escritura definitiva.

Esse raciocínio espelha julgados do Egrégio Conselho Superior da Magistratura:

> *DÚVIDA – CARTA DE ADJUDICAÇÃO – Ação de adjudicação compulsória movida contra promitentes vendedores que não constam como proprietários no registro – Ausência de citação dos proprietários que constam do registro – Qualificação negativa – Títulos judiciais que se sujeitam à qualificação registraria, inexistindo conflito de decisões judiciais entre a sentença que julga o procedimento de dúvida e a sentença da adjudicação compulsória – Natureza administrativa da decisão do procedimento de dúvida – Princípio da continuidade – Ofensa em caso de registro de título judicial produzido em face de terceiro que não consta como proprietário do imóvel objeto da decisão judicial – Necessidade de matrícula do imóvel em nome dos réus da ação de adjudicação compulsória previamente à transmissão determinada na ação ou a citação dos proprietários registrais – Exigência mantida – Dúvida procedente – Recurso não provido. (Apelação Cível nº 1017696-20.2019.8.26.0405; Relator Des. Ricardo Anafe (Corregedor Geral; Data do Julgamento: 11/09/2020; Data de Registro: 25/09/2020).*
>
> *Registro de Imóveis - Dúvida julgada procedente, impedindo-se o registro de Carta de Adjudicação - Parte das exigências cumprida no curso do procedimento - Ausência de inclusão de Espólio no polo passivo de ação de adjudicação compulsória - Quebra do princípio da continuidade - Sentença de ação de adjudicação compulsória que não está imune ao exame dos requisitos para seu registro - Dúvida Prejudicada - Recurso não conhecido. (Apelação Cível nº 3007590-50.2013.8.26.0477; Relator Des. Pereira Calças; Data do Julgamento: 15/03/2016; Data de Registro: 07/04/2016). No mais, as escrituras públicas de cessão de direitos hereditários em favor do suscitado não lhe conferem o domínio, mas lhe atribuem direitos de herança. Significa que, a despeito do inventário já findo extrajudicialmente, há direitos de sobrepartilha (art. 2.022 do CC) que o autorizam a pugnar alvará ou adjudicação no Juízo prevento do inventário, competente para matéria concernente à partilha de bens deixados pelo de cujus.*

Pelo exposto, **julgo procedente** a dúvida suscitada pelo **7º Oficial de Registro de Imóveis da Capital**, a requerimento de **Joubert Teixeira da Silva**, com manutenção do óbice registrário.

Deste procedimento não decorrem custas, despesas processuais e honorários advocatícios.

Oportunamente remetam-se os autos ao arquivo.

P.R.I.C.

São Paulo, 28 de abril de 2021.

Vivian Labruna Catapani

Juíza de Direito (DJe de 30.04.2021 – SP)

Ementa: Sentença – Dúvida – Pedido de registro de Instrumento Particular de Financiamento – Impossibilidade – Óbice registrário em razão da Requerente ter adquirido o imóvel quando era casada – Ocorrência da alienação após o falecimento do cônjuge – Matrimônio sob o regime da Separação Legal de Bens – Necessidade do registro da partilha dos bens do casal – Súmula 377 do STF – Violação do Princípio da Continuidade Registral – Art 195, da LRP – Manutenção do óbice – Procedência

Processo 1022829-17.2021.8.26.0100

Dúvida - REGISTROS PÚBLICOS - Maria Esmeralda de Andrade Izzo - Diante do exposto, julgo procedente a dúvida suscitada pelo Oficial do 3º Registro de Imóveis da Capital, a requerimento de Maria Esmeralda de Andrade Izzo, e consequentemente mantenho o óbice registrário. Deste procedimento não decorrem custas, despesas processuais e honorários advocatícios. P.R.I.C. - ADV: SORAYA DOS SANTOS PADULA (OAB 267555/SP)

Íntegra da decisão:

SENTENÇA

Processo Digital nº: **1022829-17.2021.8.26.0100**

Classe - Assunto **Dúvida - REGISTROS PÚBLICOS**

Suscitante: **3º Oficial de Registro de Imóveis**

Suscitado: **Maria Esmeralda de Andrade Izzo**

Juiz(a) de Direito: Dr(a). **Vivian Labruna Catapani**

Vistos.

Trata-se de **dúvida** suscitada pelo **Oficial do 3º Registro de Imóveis da Capital**, a requerimento de **Maria Esmeralda de Andrade Izzo**, que pretende o registro de instrumento particular de financiamento na matrícula nº 56.419, em que a interessada figura como alienante da totalidade do imóvel.

A qualificação negativa decorre do fato de a interessada ter adquirido o imóvel durante a constância de seu casamento com *Rodolfo Mario Izzo*, que seguia o regime da separação legal de bens. Desta feita, tendo em conta que a alienação ocorreu após o falecimento de seu cônjuge, a transferência fica condicionada ao prévio registro da partilha dos bens do casal, por força da Súmula 377 do STF, que determina a comunicação dos bens adquiridos durante o casamento regido pela separação obrigatória (fls. 01/02).

A suscitada apresentou impugnação (fls. 54/60), em que argumentou que o imóvel objeto da matrícula nº 56.419 foi adquirido com recursos exclusivos da própria interessada, provenientes de venda anterior de outro imóvel, que já integrava seu patrimônio antes mesmo de seu casamento com o *de cujus*. Dessa feita, não havendo esforço comum na compra do imóvel, não há que se falar em comunicação, o que afasta a incidência da Súmula 377 do STF. Juntou documentos às fls. 61/63.

O Ministério Público opinou pela procedência da dúvida (fls. 76/78).

É o relatório.

Passo a fundamentar e a decidir.

Com razão o Oficial e o D. Promotor de Justiça.

No presente caso, quando da aquisição do imóvel, a interessada era casada sob o regime da separação legal de bens, conforme consta expressamente da matrícula nº 56.419 (fls. 44/45), presumindo-se a ocorrência de esforço comum dos cônjuges e consequentemente a incidência da Sumula 377 do STF, segundo a qual:

> *"No regime de separação legal de bens, comunicam-se os adquiridos na constância do casamento".*

Neste sentido, caberia a suscitada provar a contribuição unilateral para a evolução patrimonial, ou a menção expressa nos títulos aquisitivos de que os imóveis configuravam bens particulares, com expressa concordância de seu falecido cônjuge.

Todavia, não houve a juntada de qualquer prova neste sentido, prevalecendo a presunção mencionada.

Ressalto que a declaração assinada por *João José Martins* (fl. 63), informando ter adquirido um imóvel da suscitada localizado em Juazeiro do Norte – CE, em 1987, por Cz$ 250.000,00 (duzentos e cinquenta mil cruzados), indica apenas que a interessada dispunha de recursos suficientes à aquisição do imóvel objeto deste procedimento, mas não prova que a compra foi, efetivamente, realizada sem ajuda de seu cônjuge. Destarte, a declaração em si não afasta a presunção de comunicação decorrente da jurisprudência Sumulada do STF.

Logo, é necessário o registro da partilha dos bens do casal, demonstrando que o bem foi atribuído em totalidade à requerente, para posterior registro do instrumento particular de financiamento na matrícula nº 56.419; caso contrário, restaria violado o princípio da continuidade registral, eis que o imóvel pertence ao casal. Sobre o tema, é oportuno destacar o seguinte ensinamento doutrinário:

> *"O princípio da continuidade, que se apoia no da especialidade, quer dizer que, em relação a cada imóvel, adequadamente individuado, deve existir uma cadeia, de titularidade à vista da qual só se fará a inscrição de um direito se o outorgante dele aparecer no registro como seu titular. Assim, as sucessivas transmissões, que derivam umas das outras, asseguram a preexistência do imóvel no patrimônio do transferente" (Regitro de Imóveis, Editora Forense, 4ª ed., p.254).*

Ou seja, o titulo que se pretende registrar deve estar em conformidade com o inscrito na matrícula.

Oportuno destacar, ainda, a lição de Narciso Orlandi Neto, para quem:

"No sistema que adota o princípio da continuidade, os registros tem de observar um encadeamento subjetivo. Os atos praticados tem e ter, numa das partes, a pessoa cujo nome já consta do registro. A pessoa que transmite um direito tem de constar do registro como titular desse direito, valendo para o registro o que vale para validade dos negócios" (Retificação do Registro de Imóveis, Editora Oliveira Mendes, p.56).

Necessário, por conseguinte, que o titular de domínio seja o mesmo no titulo apresentado a registro e no registro de imóveis, pena de violação ao princípio da continuidade, previsto no art.195, da Lei nº 6015/73:

"Se o imóvel não estiver matriculado ou registrado em nome o outorgante, o Oficial exigirá a previa matricula e o registro do titulo anterior, qualquer que seja a sua natureza, para manter a continuidade do registro".

Conclui-se que os registros necessitam observar um encadeamento subjetivo, ou seja, o instrumento que pretende ingressar no registro tabular necessita estar em nome do outorgante, sendo assim apenas se transmite o direito quem é o titular do direito.

Diante do exposto, **julgo procedente a dúvida** suscitada pelo **Oficial do 3º Registro de Imóveis da Capital**, a requerimento de **Maria Esmeralda de Andrade Izzo**, e consequentemente mantenho o óbice registrário.

Deste procedimento não decorrem custas, despesas processuais e honorários advocatícios.

P.R.I.C.

São Paulo, 12 de abril de 2021. (DJe de 14.04.2021 – SP)

Ementa: Sentença – Pedido de Providências – Negativa do pedido de registro do Formal de Partilha – Área desapropriada – Requerimento de anulação de matrícula, bem como do cancelamento da averbação de Desapropriação – Impossibilidade – Óbice registrário referente a necessidade de apuração da área remanescente por meio de retificação administrativa – Ausência de conduta irregular – Atuação do Oficial em conformidade com a determinação judicial – Necessidade de sanar a divergência, em relação a área efetivamente desapropriada, perante o ente competente – Manutenção do óbice – Improcedência

Processo 1107955-69.2020.8.26.0100

Pedido de Providências - Registro de Imóveis - Osvaldo Zappalá e outros - Municipalidade de São Paulo - Do exposto, julgo improcedente o pedido de providências formulado por Osvaldo Zappalá e outros em face do Oficial do 14º Registro de Imóveis da Capital. Não há custas, despesas processuais nem honorários advocatícios decorrentes deste procedimento. Oportunamente, arquivem-se os autos. P.R.I.C. - ADV: ALEXANDRE PETRILLI GONÇALVES FERRAZ DE ARRUDA (OAB 252499/SP), JORGE PIRES (OAB 27749/SP)

Íntegra da decisão:

SENTENÇA

Processo Digital nº: **1107955-69.2020.8.26.0100**

Classe - Assunto **Pedido de Providências - Registro de Imóveis**

Requerente: **Osvaldo Zappalá e outros**

Requerido: **14º Oficial de Registro de Imoveis da Capital**

Juiz(a) de Direito: Dr(a). **Vivian Labruna Catapani**

Vistos.

Trata-se de pedido de providências formulado por Osvaldo Zappalá e outros em face do Oficial do 14º Registro de Imóveis da Capital.

Narram os requerentes que são herdeiros de Maria Zappalá, falecida em 2017, e que, entre os bens por ela deixados, encontra-se o imóvel localizado na Rua Monte Carmelo, n.º 72. Este, por sua vez, é remanescente da área que foi desapropriada pela Municipalidade no processo n. 0101298-82.1977.8.26.0053, sendo que 4/9 do imóvel encontra-se registrado em nome de Maria Zappalá (R.2, R.3 e R.5 da Matrícula n. 86.914), e os outros 5/9 já estão registrados em nome dos requerentes, na mesma matrícula.

Informam que tal matrícula tem origem na unificação das transcrições nºs 105.744 a 105.748.

Contam também que, ao apresentarem o formal de partilha dos bens deixados por Maria Zappalá, foram surpreendidos com a devolução do título, sob a alegação de que os interessados, em função da desapropriação (constante da Av. 8 da Matrícula n. 86.914), deveriam apurar a área remanescente por meio de retificação administrativa, para que, após, a partilha pudesse ser retificada, nela constando a descrição correta do imóvel.

Informam que, da Av. 8 da Matrícula n. 86.914, houve a abertura da Matrícula n. 227.138 para a área desapropriada, quando da apresentação pela Municipalidade de Carta de Adjudicação, expedida no processo n. 0101298-82.1977.8.26.0053. Ocorre que a descrição da área desapropriada encontra-se equivocada, pois se baseou na descrição do imóvel apresentada pela Municipalidade na inicial da ação de desapropriação, a qual, entretanto, foi alterada ao longo do feito, o que viola o princípio da continuidade registrária.

Dizem que foi interposta pelos requerentes ação de retificação de área em 1984 (sob o n. 1.370/84), na qual novo laudo pericial apurou as áreas expropriada e remanescente, o que resultou em averbações (Av. 1) à margem das transcrições nºs 105.744 a 105.748. Dessa forma, as áreas constantes de tais averbações foram unificadas, o que deu origem à abertura da matrícula n. 86.914.

Alegam, assim, que o Oficial Registrador não agiu corretamente ao abrir a Matrícula n. 227.138 com base na descrição incorreta da área desapropriada, nem mesmo ao efetuar a Av. 8 na Matrícula 86.914, cuja abertura já tinha sido resultante da anterior ação de retificação de área. Juntaram documentos (fls. 18/112).

O Oficial Registrador manifestou-se às fls. 124/146, informando que a carta de adjudicação de 12.07.2017, que deu origem à averbação n.º 08 da Matrícula 86.914 e à abertura da matrícula 227.138, contém a área de 306,30m^2, ao passo que as averbações n. 01 das transcrições nºs 105.744 a 105.748 somam o total de 463,48m^2. Alega que os registros feitos nas matrículas 89.614 (av. 8) e 227.138 seguiram fielmente o título apresentado, não sendo possível o cancelamento de tais registros, conforme desejam os requerentes, uma vez que a área neles mencionados é diversa daquela constante das averbações n. 01 das transcrições nºs 105.744 a 105.748. Junta documentos (fls. 127/525).

A Municipalidade manifestou-se às fls. 530/532, informando que, de fato, a área desapropriada pelo Município não foi de apenas 463,48m^2, conforme soma das averbações n. 01 das transcrições nºs 105.744 a 105.748, mas sim de 727,75m^2, conforme definido em segunda instância nos autos da ação de desapropriação, posteriormente à sentença da ação de retificação. Dessa forma, a própria averbação n. 01 das transcrições nºs 105.744 a 105.748 não corresponde ao que prevaleceu nos autos da ação de desapropriação, devendo, pois, serem revistas as descrições constantes das áreas das matrículas n. 89.614 e 227.138, que decorrem de tal averbação. Ainda segundo a Municipalidade, se somadas a área desapropriada, a alienada no curso da expropriação e a remanescente, será ultrapassada a metragem total das transcrições n. 105.744 a 105.748.

Esclarece o Município que as perícias realizadas nos autos de desapropriação e de retificação parecem ter atribuído localização diversa do córrego, além de não terem considerado adequadamente as áreas públicas municipais descritas no ARR 1964. Dessa forma, o Município informa não concordar os pedidos apresentados pelos requerentes. Junta documentos (fls. 533/556).

O Ministério Público opinou às fls. 559/561 pela improcedência do pedido de providências.

É o relatório. Decido.

Extrai-se dos autos que houve óbice registrário a formal de partilha dos bens deixados por Maria Zappalá sob a alegação de que os requerentes, em função da desapropriação (constante da Av. 8 da Matrícula n. 86.914), deveriam apurar a área remanescente por meio de retificação administrativa, para que, após, a partilha pudesse ser retificada, nela constando descrição correta do imóvel.

Embora os requerentes aleguem que referida retificação já foi feita, dela tendo resultado a abertura da própria matrícula n. 86.914, constata-se que o requerimento constante da inicial para que seja cancelada a Av. 8 de tal matrícula e a anulação da matrícula n. 227.138 não pode ser acolhido.

Isso porque, como esclarece o Município, a própria descrição de área constante da matrícula n. 86.914 não encontra reflexo na realidade, eis que a área desapropriada é muito maior do que aquela constante das averbações n. 01 nas n. 105.744 a 105.748, que deram origem a tal matrícula.

Ainda segundo esclarece o Município, as ações de retificação e desapropriação seguiram parâmetros diversos em suas perícias (quanto à real localização do córrego), além de desconsiderarem a correta localização das áreas públicas municipais.

Trata-se, portanto, de questão altamente complexa, que demanda, como exigido pelo Ilustre Registrador, retificação da área da matrícula n. 86.914, de modo que possa haver o registro do formal de partilha.

Nesses termos, não se vislumbra conduta incorreta do Oficial Registrador ao impor referido óbice registrário, nem mesmo ao proceder à abertura da matrícula n. 227.138 e à averbação n. 08 na matrícula n.º 86.914, eis que tais condutas representaram o cumprimento de determinação judicial. Ressalte-se, ademais, que, conforme informado pelo Oficial Registrador, tais registros seguiram fielmente os títulos apresentados.

Dessa forma, a solução da divergência sobre a área efetivamente desapropriada (com as consequentes retificações) pode ser buscadas pelos interessados junto à Municipalidade, ou até mesmo junto ao juízo fazendário.

Do exposto, julgo improcedente o pedido de providências formulado por Osvaldo Zappalá e outros em face do Oficial do 14º Registro de Imóveis da Capital.

Não há custas, despesas processuais nem honorários advocatícios decorrentes deste procedimento.

Oportunamente, arquivem-se os autos.

P.R.I.C.
São Paulo, 08 de março de 2021.
Vivian Labruna Catapani
Juiz de Direito (DJe de 10.03.2021 – SP)

Ementa: Sentença – Dúvida – Pedido de registro do Formal de Partilha – Necessidade de apresentação da certidão atualizada do primeiro casamento do "de cujus", para fins de regularização do estado civil do referido – Informação pela Requerente de impossibilidade de obter o documento – Títulos Judiciais não estão isentos de qualificação registrária – Princípio da Continuidade – Arts 195 e 237, da LRP – Possibilidade de ajuizamento de Ação de Restauração de Assentamento Civil perante o juízo competente – Manutenção do óbice – Procedência

Processo 1123945-03.2020.8.26.0100

Dúvida - Notas - Rosemeire Cícera da Cruz Silva - Do exposto, julgo procedente a dúvida inversa suscitada por Rosemeire Cicera da Cruz em face do Oficial do 9º Registro de Imóveis da Capital, mantendo os óbices ao registro. Não há custas, despesas processuais nem honorários advocatícios decorrentes deste procedimento. Oportunamente, arquivem-se os autos. P.R.I.C. - ADV: ELAINE CRISTINA MACHADO CAMARA (OAB 288520/SP)

Íntegra da decisão:

SENTENÇA

Processo Digital nº: **1123945-03.2020.8.26.0100**

Classe - Assunto **Dúvida - Notas**

Requerente: **Rosemeire Cícera da Cruz Silva**

Requerido: **9º Oficial de Registro de Imóveis da Capital**

Juiz(a) de Direito: Dr(a). **Vivian Labruna Catapani**

Vistos.

Trata-se de dúvida inversa suscitada por Rosemeire Cicera da Cruz em face do Oficial do 9º Registro de Imóveis da Capital, após recusa de registro de formal de partilha de *Lourival Cecílio da Cruz*, em relação ao imóvel objeto da matrícula nº 20.451.

O Oficial manifestou-se às fls. 77/78, informando que o registro do título depende da apresentação de certidão atualizada do primeiro casamento do *de cujus* (com *Cecília*), para fins de averbação da conversão de sua separação em divórcio. A medida possibilitaria, em seguida, a averbação do novo casamento e posterior divórcio (com *Maria*), de modo a regularizar o estado civil do *cujus* e permitir o registro do formal de partilha.

A requerente arguiu, contudo, que se viu impossibilitada de cumprir a determinação, em razão da inexistência da certidão de casamento de *Lourival*, que teria se perdido num incêndio ocorrido no Oficial de Registro Civil de Pessoas Naturais de Salgueiro – PE, conforme informação transmitida verbalmente por aquela Serventia à suscitante.

O Ministério Público opinou às fls. 83/84 pela manutenção dos óbices.

É o relatório.

Decido.

Inicialmente, o fato de ser o título judicial (formal de partilha) não o exime de qualificação pelo Oficial, porquanto é pacífico o entendimento jurisprudencial de que a ele cabe a análise formal, das peculiaridades extrínsecas do título, para verificação do cumprimento dos princípios registrais. Nesse sentido:

"Apesar de se tratar de título judicial, está ele sujeito à qualificação registrária.

O fato de tratar-se o título de mandado judicial não o torna imune à qualificação registrária, sob o estrito ângulo da regularidade formal. O exame da legalidade não promove incursão sobre o mérito da decisão judicial, mas à apreciação das formalidades extrínsecas da ordem e à conexão de seus dados com o registro e a sua formalização instrumental "(Ap. Cível nº 31881-0/1)

Portanto, o Formal de Partilha, ainda que de origem judicial, deve ser qualificado para verificar-se se está de acordo com a legislação pertinente. Neste ponto, o título apresentado, mesmo que formalmente em ordem, deve seguir o princípio da continuidade, previsto nos arts. 195 e 237, da Lei nº 6.015/73:

"Art. 195 - Se o imóvel não estiver matriculado ou registrado em nome do outorgante, o oficial exigirá a prévia matrícula e o registro do título anterior, qualquer que seja a sua natureza, para manter a continuidade do registro.; e

Art. 237 - Ainda que o imóvel esteja matriculado, não se fará registro que dependa da apresentação de título anterior, a fim de que se preserve a continuidade do registro".

Assim, por tal princípio, deve haver um encadeamento entre os registros na matrícula ou transcrição do imóvel, de modo que determinado direito só pode ser alienado ou transferido caso seu titular dele tenha disponibilidade, assim constatado no fólio registral, a evitar que qualquer pessoa transmita a terceiros mais direitos do que possui.

Portanto, ainda que o Formal de Partilha apresentado tenha decidido sobre a distribuição dos bens à requerente e sua irmã, seu registro depende da prévia averbação do estado civil do *de cujus*, de modo a se atender ao princípio da continuidade registrária.

As averbações do estado civil, por força do art. 246, § 1º, da LRP, dependem da apresentação do *"documento comprobatório fornecido pela autoridade competente"*. Destarte, conclui-se que, para o registro do formal de partilha, é imprescindível o fornecimento da certidão atualizada de casamento do *de cujus*.

A impossibilidade de obtenção do documento, relatada pela requerente em sua petição, não pode ser suprida pelo Oficial e, tampouco, por este Juízo. Dessa forma, a regularização do documento será possível mediante ajuizamento de ação de restauração de assentamento civil, nos termos dos arts. 109 e ss. da LRP, perante o Juízo competente.

Do exposto, **julgo procedente** a dúvida inversa suscitada por Rosemeire Cicera da Cruz em face do Oficial do 9º Registro de Imóveis da Capital, mantendo os óbices ao registro.

Não há custas, despesas processuais nem honorários advocatícios decorrentes deste procedimento.

Oportunamente, arquivem-se os autos.

P.R.I.C.

São Paulo, 05 de março de 2021. (DJe de 10.03.2021 – SP)

Ementa: Sentença – Dúvida – Pedido de registro do Formal de Partilha – Óbice referente a ausência de aditamento do testamento para constar a justa causa às clausulas restritivas – Títulos Judiciais não estão isentos de qualificação registrária – Necessidade de decisão judicial para o reconhecimento da perda da eficácia, bem como da validade do gravame – Ausência de impugnação do testamento – Concordância plena pela Herdeira – Incompetência do Registrador e do presente juízo administrativo à análise da motivação do gravame – Afastamento do óbice registrário – Determinação do registro do título – Improcedência

Processo 1110612-81.2020.8.26.0100

Dúvida - Notas - Fabio Jose Feldmann - Vistos. Trata-se de dúvida suscitada pelo Oficial do 5º Registro de Imóveis da Capital, a requerimento de Fabio José Feldmann, Fernanda Gabriela Borger e George Guilherme Feldmann Brummer, tendo em vista a negativa em se proceder ao registro do formal de partilha extraído dos autos da ação de inventário e partilha do Espólio de Jorge Feldmann, cujo feito tramitou perante o MMº Juízo da 5ª Vara da Família e Sucessões da Capital, referente ao imóvel matriculado sob nº 105.427. O óbice registrário refere-se à ausência de aditamento do testamento para constar a justa causa às clausulas restritivas, nos termos dos artigos 1848 e 2042 do Código Civil. Juntou documentos às fls. 05/218 e 220. Os suscitados apresentaram impugnação às fls. 221/222. Aduzem que houve homologação da partilha, consequentemente há expresso reconhecimento judicial da validade e regularidade do testamento dos bens deixados por Jorge Feldmann, bem como não há qualquer impugnação dos herdeiros. O Ministério Público opinou pela procedência da dúvida (fls. 226/229). É o relatório. Passo da fundamentar e a decidir. Em que pesem os argumentos e cautela do registrador, bem como argumentos expostos pelo D. Promotor de Justiça, entendo pelo afastamento do óbice registrário. Preliminarmente, cumpre destacar que os títulos judiciais não estão isentos de qualificação, positiva ou negativa, para ingresso no fólio real. O Egrégio Conselho Superior da Magistratura já decidiu que a qualificação negativa do título judicial não caracteriza desobediência ou descumprimento de decisão judicial (Apelação Cível n. 413-6/7). Neste sentido a apelação cível nº 464-6/9, de São José do Rio Preto: "Apesar de se tratar de título judicial, está ele sujeito à qualificação registrária. O fato de tratar-se o título de mandado judicial não o torna imune à qualificação registrária, sob o estrito ângulo da regularidade formal. O exame da legalidade não promove incursão sobre o mérito da decisão judicial, mas à apreciação das formalidades extrínsecas da ordem e à conexão de seus dados com o registro e a sua formalização instrumental". Nesta linha também o E. Supremo Tribunal Federal já decidiu que: "REGISTRO PÚBLICO - ATUAÇÃO DO TITULAR -CARTA DE ADJUDICAÇÃO- DÚVIDA LEVANTADA - CRIME DE DESOBEDIÊNCIA - IMPROPRIEDADE MANIFESTA. O cumprimento do dever imposto pela Lei de Registros Públicos, cogitando-se de deficiência de carta de adjudicação o e levantando-se dúvida perante o juízo de direito da vara competente, longe fica de configurar ato passível de enquadramento no artigo 330 do Código Penal - crime de desobediência -, pouco importando o acolhimento, sob o ângulo judicial, do que suscitado" (HC 85911/ MG - MINAS GERAIS, Relator: Min. MARCO AURÉLIO, j. 25/10/2005, Primeira Turma). Sendo assim, fica claro que não basta a existência de título proveniente de órgão jurisdicional para autorizar automaticamente o ingresso no registro tabular. Pretendem os suscitados o registro do formal de partilha, extraído dos autos da ação de inventário e partilha do Espólio de Jorge Feldmann, concernente ao imóvel matriculado sob nº 105.427. No caso em tela, de acordo com as disposições testamentárias lavradas no 12º Tabelionato de Notas da Capital (fls. 95/101), a parte legítima da herdeira filha Fernanda Gabriela Borger foi gravada com as cláusulas de incomunicabilidade e impenhorabilidade, extensivas aos frutos e rendimentos. Neste contexto, o MMº Juízo da 5ª Vara da Família e Sucessões, homologou o plano de partilha, reconhecendo que foram observadas todas as formalidades legais, com a consequente expedição do formal de partilha (fl. 191). Apesar do respeitável entendimento do Oficial, no sentido da perda da eficácia do gravame, caso não haja o aditamento do testamento para declarar a justa causa de sua instituição, no prazo de 1 ano após a vigência do Código Civil, entendo que a perda da eficácia e validade não se opera automaticamente pelo decurso de prazo, devendo ser reconhecida judicialmente. A corroborar o afastamento da exigência, observo que não houve qualquer impugnação do testamento em Juízo, sendo que a herdeira Fernanda concordou plenamente com os termos da disposição testamentária, caso contrário poderia formular pedido perante o Juízo do inventário com a finalidade de cancelamento das cláusulas restritivas, vez que é a única interessada em levantar os gravames que incidem sobre seu quinhão hereditário. Em outras palavras, ao juiz Corregedor Permanente, exercendo função atípica de verdadeiro agente da administração, falece competência para decidir sobre a validade das relações jurídicas contidas no título causal e sobre a eventual temporariedade da eficácia das cláusulas nele instituídas, pois invadiria o campo de atuação da atividade jurisdicional. Nesse sentido o precedente da Egrégia Corregedoria Geral de Justiça: "Registro de Imóveis -Cláusulasde inalienabilidade, incomunicabilidade e impenhorabilidade instituídas em testamento - Cancelamento administrativo - Necessidade de interpretação da vontade do testador - Inadmissibilidade - Provocação da atividade jurisdicional que se mostra imprescindível - Recurso não provido" (CGJSP PROCESSO: 1.109/2005CGJSP - DATA JULGAMENTO: 20/02/2006 - Relator: Álvaro Luiz Valery Mirra). Vale destacar ainda que deve prevalecer a vontade do de cujus, que no intuito de proteger seu patrimônio, para que permanecesse no âmbito familiar e amparar seus herdeiros, gravou-o com as mencionadas cláusulas restritivas, não cabendo ao registrador e nem a este Juízo administrativo analisar as causas que levaram a tal atitude ou mesmo levantá-las automaticamente, vez que falece interesse ao oficial e competência deste Juízo para tanto. Diante do exposto, julgo improcedente a dúvida suscitada pelo Oficial do 5º Registro de Imóveis da Capital, a requerimento de Fabio José Feldmann, Fernanda Gabriela Borger e George Guilherme Feldmann Brummer, e consequentemente determino o registro do titulo. Deste procedimento não decorrem custas, despesas processuais e honorários advocatícios. Oportunamente remetam-se os autos ao arquivo. P.R.I.C. - ADV: PATRICIA KRASILTCHIK OLSZEWER (OAB 234843/SP) (DJe de 21.01.2021 – SP)

HIPOTECA

Ementa: Sentença – Pedido de Providências – Recebimento como Dúvida – Pedido de averbação de hipoteca judiciária – Alegação de que encaminhou mensagem eletrônica solicitando o pedido e após alguns meses da solicitação que recebeu a notícia de devolução do título pela existência de ordens de indisponibilidade – Esclarecimento pelo Oficial de que a referida mensagem foi respondida no dia seguinte com orientação acerca da necessidade de requerimento assinado, bem como de que o Reclamante voltou a entrar em contato meses depois e a escrevente que atendeu inicialmente já não laborava mais na Unidade – Imprescindibilidade de decisão judicial expressa em relação a prevalência da hipoteca sobre a ordem de indisponibilidade – Comprovação de resposta imediata com pronta prenotação e qualificação tempestiva por parte da Serventia – Títulos Judiciais não estão isentos de qualificação registrária – Item 413 das NSCGJ – Recusa justificada e correta – Manutenção do óbice – Procedência

Processo 0028601-75.2021.8.26.0100

Pedido de Providências - REGISTROS PÚBLICOS - Corregedoria Geral da Justiça - 16º Oficial de Registro de Imóveis da Capital - Claudinei dos Santos - Diante do exposto, JULGO PROCEDENTE a dúvida, mantendo o óbice registral. Providencie a serventia a necessária regularização do cadastro do feito (dúvida inversa), inclusive para trâmite perante o subfluxo da Corregedoria Permanente, acionando o Distribuidor, se necessário. Deste procedimento não decorrem custas, despesas processuais ou honorários advocatícios. Comunique-se o resultado à E. CGJ, servindo a presente sentença como ofício. Oportunamente, remetam-se os autos ao arquivo. P.R.I.C. - ADV: CLAUDINEI DOS SANTOS (OAB 22521/ SC)

Íntegra da decisão:

SENTENÇA

Processo Digital nº: **0028601-75.2021.8.26.0100**

Classe - Assunto **Pedido de Providências - REGISTROS PÚBLICOS**

Requerente: **Corregedoria Geral da Justiça**

Requerido: **16º Oficial de Registro de Imóveis da Capital**

Juiz(a) de Direito: Dr(a). **Luciana Carone Nucci Eugênio Mahuad**

Vistos.

Trata-se de reclamação enviada pela E. Corregedoria Geral de Justiça, a qual foi feita por **Claudinei dos Santos** contra o **Oficial do 16º Registro de Imóveis da Capital**.

Relata o reclamante que, em novembro de 2020, encaminhou mensagem eletrônica ao registrador solicitando registro/averbação de hipoteca judiciária, mas, passados alguns meses da solicitação, voltou a entrar em contato, recebendo a notícia de devolução do título pela existência de ordens de indisponibilidade lançadas na matrícula. Não concorda com a negativa, defendendo que a existência de indisponibilidade não garante a preferência sobre o bem e pede providências da Corregedoria para correção dos atos do registrador. Vieram documentos às fls. 06/25.

Tendo em vista o decurso do trintídio legal da última prenotação, foi determinada a reapresentação do título (fl. 26).

O Oficial manifestou-se às fls. 30/32, informando que o título foi reapresentado, pelo que, como se pretende ato de registro, o procedimento adequado é o de dúvida; que recebeu a primeira mensagem eletrônica do reclamante no dia 24 de novembro de 2020, respondendo no dia seguinte com orientação acerca da necessidade de requerimento assinado digitalmente; que, com o atendimento, o título foi prenotado em 26 de novembro e devolvido no dia 03 de dezembro com qualificação negativa; que, somente no dia 28 de junho de 2021, o reclamante voltou a entrar em contato, mas a escrevente que o atendeu inicialmente já não trabalhava mais naquela serventia, sendo a mensagem bloqueada; que, em conversa telefônica ocorrida em 30 de junho, foram prestadas informações e, alguns dias depois, foi apresentada reclamação à Corregedoria; que, no mérito, o registro depende de decisão judicial expressa acerca da prevalência da hipoteca sobre a ordem de indisponibilidade, nos termos do item 413 das NSCGJ.

O Ministério Público manifestou-se às fls. 40/41, concluindo que, do ponto de vista disciplinar, os prazos legais foram observados e, caso o expediente seja recebido como dúvida, opinou pela procedência, com manutenção do óbice.

É o relatório.

Fundamento e DECIDO.

Primeiramente, no âmbito disciplinar, não se verifica qualquer falha de procedimento e/ou de atendimento passível de providência a ser tomada. Observe-se que a resposta inicial da serventia foi imediata (no dia seguinte ao recebimento do primeiro *e-mail*), com pronta prenotação após a formulação de requerimento adequado e qualificação tempestiva (entrada em 26 de novembro e devolução em 03 de dezembro – fls. 23/25).

Não se conformando com a exigência, o procedimento adequado seria a suscitação da dúvida registral diretamente ao Oficial reclamado, nos termos do artigo 198 da LRP.

Assim, considerando que a parte reclamante reapresentou o título, o qual foi devolvido mais uma vez e pelos mesmos motivos (pré-existência de ordens de indisponibilidade - fls. 34/36), sendo que o inconformismo do apresentante é justamente com a recusa de registro (hipoteca), **recebo o presente feito como dúvida inversa**.

No mérito, o óbice deve ser mantido.

Vejamos os motivos.

Os títulos judiciais não estão isentos de qualificação, positiva ou negativa, para ingresso no fólio real.

O Egrégio Conselho Superior da Magistratura já decidiu que a qualificação negativa do título judicial não caracteriza desobediência ou descumprimento de decisão judicial (Apelação Cível n. 413-6/7). Neste sentido, também a Ap. Cível nº 464-6/9, de São José do Rio Preto e decisão do STF no HC 85911/MG, Relator: Min. Marco Aurélio, j. 25/10/2005, Primeira Turma.

No mérito, verifica-se que a qualificação negativa feita pelo Oficial foi correta já que justificada no item 413, das Normas de Serviço da Corregedoria Geral de Justiça, o qual, repetindo o artigo 16 do Provimento CNJ 39/2014, assim dispõe (destaque nosso):

> *"413. As indisponibilidades averbadas nos termos do Provimento CG. 13/2012 e CNJ nº 39/2014 e na forma do § 1º, do art. 53, da Lei nº 8.212, de 24 de julho de 1991,* ***não impedem a inscrição de constrições judiciais****, assim como não impedem o registro da alienação judicial do imóvel* ***desde que*** *a alienação seja oriunda do juízo que determinou a indisponibilidade, ou a que distribuído o inquérito civil público e a posterior ação desse decorrente,* ***ou que consignado no título judicial a prevalência da alienação judicial em relação à restrição oriunda de outro juízo ou autoridade administrativa a que foi dada ciência da execução****".*

Não se verifica a necessária ressalva no título judicial apresentado a registro (fls. 09/22).

Portanto, não se identifica falha no atendimento. O que se vê é que houve recusa justificada e correta, amparada em norma expressa.

Diante do exposto, **JULGO PROCEDENTE** a dúvida, mantendo o óbice registral. **Providencie a serventia a necessária regularização do cadastro do feito (dúvida inversa), inclusive para trâmite perante o subfluxo da Corregedoria Permanente, acionando o Distribuidor, se necessário.**

Deste procedimento não decorrem custas, despesas processuais ou honorários advocatícios.

Comunique-se o resultado à E. CGJ, servindo a presente sentença como ofício.

Oportunamente, remetam-se os autos ao arquivo.

P.R.I.C.

São Paulo, 30 de agosto de 2021.

Luciana Carone Nucci Eugênio Mahuad

Juiz de Direito (DJe de 01.09.2021 – SP)

Ementa: Sentença – Pedido de Providências – Pedido de cancelamento de hipotecas e cauções sob alegação de ocorrência de perempção – Negativa em razão da necessidade de apresentação de autorização expressa do credor hipotecário ou por determinação judicial – Hipotecas constituídas há mais de trinta anos – Art 1485 do CC – Ausência de registro de novo título que reconstitui os gravames – Deferimento do pedido – Determinação para o cancelamento dos registros de hipoteca e das averbações de caução – Procedência

Processo 1083372-83.2021.8.26.0100

Pedido de Providências - Cancelamento de Hipoteca - Cristiano de Almeida - Diante do exposto, JULGO PROCEDENTE o pedido de providências formulado por Cristiano de Almeida em face do 14º Oficial de Registro de Imóveis da Capital para determinar o cancelamento dos registros de hipoteca (R.2/32.582 e R.2/32.583) e das averbações da caução (Av.3/32.582 e Av.3/32.583). Providencie-se o necessário ao cumprimento. Deste procedimento não decorrem custas, despesas processuais ou honorários advocatícios. Oportunamente, ao arquivo com as cautelas de praxe. P.R.I.C. - ADV: LUIS FERNANDO TEIXEIRA DE ANDRADE (OAB 242626/SP), RODRIGO KARPAT (OAB 211136/SP)

Íntegra da decisão:

SENTENÇA

Processo Digital nº: **1083372-83.2021.8.26.0100**

Classe - Assunto **Pedido de Providências - Cancelamento de Hipoteca**

Requerente: **Cristiano de Almeida**

Requerido: **14º Oficial de Registro de Imóveis da Capital**

Juiz(a) de Direito: Dr(a). **Luciana Carone Nucci Eugênio Mahuad**

Vistos.

Trata-se de pedido de providências formulado por **Cristiano de Almeida** em face do **14º Oficial de Registro de Imóveis da Capital**, visando cancelamento de hipotecas e cauções constantes nas matrículas n. 32.582 e 32.583 daquela serventia.

A parte requerente aduz que as hipotecas (R.2/32.582 e R.2/32.583) e as cauções (Av.3/32.582 e Av.3/32.583) foram alcançados pela perempção, pois decorridos mais de trinta anos dos registros e das averbações sem ajuizamento de execução ou cobrança. Juntou os documentos de fls. 15/35.

O Oficial manifestou-se sustentando que o título foi devolvido com base na regra do artigo 251 da LRP, sendo que os gravames só poderão ser baixados mediante apresentação de autorização expressa do credor hipotecário ou por determinação judicial (fls. 39/40).

O Ministério Público se manifestou pelo deferimento (fls. 43/45).

É o relatório.

Fundamento e decido.

No mérito, o pedido é procedente. Vejamos os motivos.

No que tange ao cancelamento da hipoteca, assim dispõe o art. 251 da Lei de Registros Públicos:

> *"Art. 251 - O cancelamento de hipoteca só pode ser feito:*
>
> *I - à vista de autorização expressa ou quitação outorgada pelo credor ou seu sucessor, em instrumento público ou particular;*
>
> *II - em razão de procedimento administrativo ou contencioso, no qual o credor tenha sido intimado (art. 698 do Código de Processo Civil);*
>
> *III - na conformidade da legislação referente às cédulas hipotecárias".*

Conforme parecer do MM. Juiz Marcelo Fortes Barbosa Filho elaborado no Proc. CGJ 346/2002 e aprovado em 06.02.2002 pelo Corregedor Geral da Justiça à época, Des. Luiz Tâmbara, o rol previsto no art. 251 é *numerus clausus*, devendo, como regra, ser observado.

Contudo, se verificada a perempção, é possível operar-se averbação de ofício:

> *"Para que subsistisse a hipoteca, a prorrogação de sua inscrição deveria ter sido promovida dentro do prazo de trinta anos, vencido em 27.07.1986, e, como não o foi, a garantia real perimiu, eis que não se admite sua perpetuidade, cessando, então, a inscrição de produzir seus efeitos próprios (Caio Mário da Silva Pereira. Instituições de direito civil. 2. ed. Rio de Janeiro: Forense, 1974. vol. IV, p. 352-353).*

Ora, caracterizada a perempção, operada pelo simples decurso de um prazo legal insusceptível de suspensão ou interrupção, conforme o explicitado pelo C. Conselho Superior da Magistratura quando do julgamento da Ap 256.993, da Comarca da Capital (rel. Des. Acácio Rebouças, j. 13.01.1977, RDI 3/121), não há necessidade de ordem judicial para que seja promovida averbação correspondente.

Assim, entendo ser possível, de ofício, seja determinada a realização de averbação, reportada a perempção da hipoteca em apreço, o que, apesar de não caracterizar um cancelamento, indicará não produzir a inscrição quaisquer novos efeitos".

O prazo legal a que se refere a decisão, antes regido pelo artigo 887 do CC/16, vem atualmente estabelecido pelo artigo 1.485 do CC/2002, com nossos destaques:

"Art. 1.485. Mediante simples averbação, requerida por ambas as partes, poderá prorrogar-se a hipoteca, até ***30 (trinta) anos da data do contrato****. Desde que perfaça esse prazo, só poderá subsistir o contrato de hipoteca reconstituindo-se por novo título e novo registro; e, nesse caso, lhe será mantida a precedência, que então lhe competir".*

De tal modo, no decurso do prazo legal de trinta anos sem a devida prorrogação ou celebração de novo contrato, a hipoteca perde seus efeitos.

Depreende-se das matrículas dos imóveis, fls. 15/20 e 21/26, que as hipotecas foram gravadas no ano de 1979 (fls. 15 e 21). Portanto, na ausência de registro subsequente de novo título a reconstituí-los, houve perempção.

A partir de constatação análoga, já se reconheceu a possibilidade de averbação da perempção em mais de um julgado da E. Corregedoria Geral da Justiça: Processo CGJ nº 904/2003, parecer do MM. Juiz Assessor Claudio Luiz Bueno de Godoy, elaborado em 25.09.2003; Processo CGJ nº 07/2004, parecer do MM. Juiz Assessor José Antonio de Paula Santos Neto, elaborado em 02.02.2004, e Processo CGJ nº 2014/118757, parecer do MM. Juiz Assessor Gustavo Henrique Bretas Marzagão, aprovado pelo Exmo. Des. Hamilton Elliot Akel em 27.08.2014.

Neste último, ressaltou-se também que a averbação da perempção resulta em cancelamento da hipoteca, afirmação esta consignada com base em entendimento firmado em embargos de declaração no Proc. CGJ nº 788/2005, em decisão proferida em 25.10.2005 pelo Exmo. Des. José Mário Antonio Cardinale, à época Corregedor Geral da Justiça, cujo trecho se transcreve:

"... o almejado reconhecimento da perempção importa sim cancelamento da hipoteca, não tendo a decisão embargada incorrido em qualquer imprecisão técnica. Ainda que a postulação formulada não faça referência a cancelamento de hipoteca, certo é que a pretendida extinção do registro, ainda que decorrente de situação fática vinculada ao decurso do tempo, produz necessária e automaticamente aquele resultado. Como ensina Narciso Orlandi Neto:

O cancelamento de um ato do registro significa a retirada de seus efeitos do mundo jurídico. Melhor dizendo, cancelado o registro, desaparece a publicidade e, com ela, os efeitos que ele produziria em relação a terceiro.

Num sistema como o nosso, em que o registro tem eficácia constitutiva, aparece um efeito paralelo, de conteúdo negativo; ele é também extintivo do registro anterior.... (Retificação do Registro de Imóveis, 1997, Livraria Del Rey, Editora Oliveira Mendes, pág. 254).

E, nos expressos termos do artigo 248 da Lei de Registros Públicos, o cancelamento efetuar-se-á mediante averbação".

Não bastasse isso, o proceder do ato de ofício fora objeto de norma regulatória prevista no item XXXII do Provimento nº 1/1988 desta Corregedoria Permanente, editado por José Renato Nalini e Ricardo Henry Marques Dip, com a seguinte redação:

"XXXII. Além das hipóteses previstas no item 122, cap. XX, das "NORMAS DE SERVIÇO DA CORREGEDORIA GERAL DA JUSTIÇA", poderá averbar-se, por instância ou EX-OFFICIO, o cancelamento de registro de hipoteca perempta".

No que diz respeito às cauções, ambas referem-se a direitos creditórios decorrentes das hipotecas mencionadas, sendo que foram dadas em garantia pelo credor hipotecário ao Banco Nacional de Habitação em ambas as matrículas (averbações de n. 3 – fls. 16 e 22).

Conquanto a mesma lógica dos precedentes e fundamentos acima referidos não se aplique automaticamente à caução, já que formulados a partir de dispositivo legal que trata especificamente de hipoteca, no caso específico, observa-se que o cancelamento das hipotecas extinguirá automaticamente, em consequência, as garantias dadas em caução, já que oriundas justamente dos direitos creditórios hipotecários.

Desse modo e porque as cauções também foram gravadas no ano de 1979, sem qualquer registro subsequente de novo título, tenho que também possam ser canceladas na forma pleiteada, notadamente porque a medida não alcançará direitos de terceiros.

Em suma, adota-se o entendimento de que a averbação do cancelamento de hipoteca pode se operar de ofício se constatada a perempção, fato jurídico este a ser verificado na ausência de registro de novo título reconstituindo o gravame quando decorridos trinta anos da formalização.

Na incidência do art. 1.485 do CC/02, que regula a matéria, nem mesmo se deve exigir a intimação da parte credora, pois inaplicável o art. 251, inciso II, da LRP (cf. decisão no Processo CGJ nº 07/2004 supracitado).

Por via oblíqua, há fundamento também para o cancelamento das cauções originadas dos créditos hipotecários.

Diante do exposto, **JULGO PROCEDENTE** o pedido de providências formulado por **Cristiano de Almeida** em face do **14º Oficial de Registro de Imóveis da Capital** para determinar o cancelamento dos registros de hipoteca (R.2/32.582 e R.2/32.583) e das averbações da caução (Av.3/32.582 e Av.3/32.583). Providencie-se o necessário ao cumprimento.

Deste procedimento não decorrem custas, despesas processuais ou honorários advocatícios.

Oportunamente, ao arquivo com as cautelas de praxe.

P.R.I.C.

São Paulo, 26 de agosto de 2021.

Luciana Carone Nucci Eugênio Mahuad

Juiz de Direito (DJe de 31.08.2021 – SP)

Ementa: Sentença – Pedido de Providências – Pedido de cancelamento de hipoteca – Possibilidade – Negativa em razão da necessidade de decisão judicial transitada em julgado, bem como de concordância da representante da vendedora – Constatação da perempção – Hipoteca constituída há mais de trinta anos – Art 1485 do CC – Ausência de registro de novo título que reconstitua o gravame – Concordância do credor hipotecário e do cessionário do crédito – Afastamento do óbice – Determinação para o cancelamento do registro da hipoteca – Procedência

Processo 1011220-37.2021.8.26.0100

Pedido de Providências - Registro de Imóveis - Samantha Miranda Carvalho Costa de Jesus - Alberto Derbesi – Itau Unibanco S/A e outro - Diante do exposto, JULGO PROCEDENTE o pedido de providências formulado por Samantha Miranda Carvalho Costa de Jesus em face do 5º Oficial de Registro de Imóveis da Capital para determinar o cancelamento do registro de hipoteca (matr. 34.984 R.2, Av.2, Av.3 e Av.4). Providencie-se o necessário ao cumprimento. Deste procedimento não decorrem custas, despesas processuais ou honorários advocatícios. . Oportunamente, ao arquivo com as cautelas de praxe. P.R.I.C. - ADV: PAULO ROBERTO JOAQUIM DOS REIS (OAB 23134/SP), LEANDRO AUGUSTO REGO (OAB 293281/SP), ANGELA APARECIDA CONSORTE (OAB 100845/SP)

Íntegra da decisão:

SENTENÇA

Processo Digital nº: **1011220-37.2021.8.26.0100**

Classe - Assunto **Pedido de Providências - Registro de Imóveis**

Requerente: **Samantha Miranda Carvalho Costa de Jesus**

Requerido: **5º Oficial de Registro de Imóveis da Capital**

Juiz(a) de Direito: Dr(a). **Luciana Carone Nucci Eugênio Mahuad**

Vistos.

Trata-se de pedido de providências formulado por **Samantha Miranda Carvalho Costa de Jesus** em face do **5º Oficial de Registro de Imóveis da Capital**, visando cancelamento de hipoteca constante na matrícula n. 34.984 daquela serventia por força de perempção.

A parte requerente aduz que a dívida originada da aquisição do imóvel, contraída em 11/11/1981 com prazo de 180 meses para pagamento (R.2, Av.2, Av.3 e Av.4), foi integralmente quitada, além de estar prescrita (art. 206, § 5º, I do Código Civil); que, ademais, a hipoteca não subsiste após trinta anos do registro conforme art. 238 da LRP e entendimento jurisprudencial. Juntou os documentos de fls. 06/32.

O Oficial manifestou-se sustentando que o título foi devolvido com base nas regras dos artigos 251 e 252 da LRP; que reconhece a hipótese da perempção, mas que o caso subsume-se à regra do inciso I, do art. 250, da LRP, dependendo, portanto, de decisão judicial transitada em julgado; que, além do impedimento referente à hipoteca, a parte interessada deve fazer prova de concordância da representante da vendedora Edifício Conjunto Duque de Caxias.

A decisão de fl. 53 indeferiu pedido de urgência formulado pela parte requerente.

Instados a se manifestarem por determinação do juízo, tanto o credor hipotecário Alberto Derbesi quanto o cessionário Unibanco Crédito Imobiliário S/A São Paulo, atual Itaú Unibanco S/A, concordaram com o pedido (fls. 61/63 e 75/77)

O Ministério Público se manifestou pelo deferimento do pedido, com cancelamento do gravame.

É o relatório.

Fundamento e decido.

Por primeiro, verifico que a insurgência da parte requerente restringe-se ao óbice relacionado ao cancelamento da hipoteca (averbação), pelo que outras exigências relacionadas ao registro da transmissão de propriedade devem ser tratadas em outra via.

No mérito, o pedido é procedente. Vejamos os motivos.

De acordo com o disposto na Lei de Registros Públicos:

> *"Art. 251 - O cancelamento de hipoteca só pode ser feito:*
>
> *I - à vista de autorização expressa ou quitação outorgada pelo credor ou seu sucessor, em instrumento público ou particular;*
>
> *II - em razão de procedimento administrativo ou contencioso, no qual o credor tenha sido intimado (art. 698 do Código de Processo Civil);*
>
> *III - na conformidade da legislação referente às cédulas hipotecárias".*

Conforme parecer do MM. Juiz Marcelo Fortes Barbosa Filho elaborado no Proc. CGJ 346/2002 e aprovado em 06.02.2002 pelo Corregedor Geral da Justiça à época, Des. Luiz Tâmbara, o rol previsto no art. 251 é *numerus clausus*, devendo, como regra, ser observado. Contudo, se verificada a perempção, é possível operar-se averbação de ofício:

> *"Para que subsistisse a hipoteca, a prorrogação de sua inscrição deveria ter sido promovida dentro do prazo de trinta anos, vencido em 27.07.1986, e, como não o foi, a garantia real perimiu, eis que não se admite sua perpetuidade, cessando, então, a inscrição de produzir seus efeitos próprios (Caio Mário da Silva Pereira. Instituições de direito civil. 2. ed. Rio de Janeiro: Forense, 1974. vol. IV, p. 352-353). Ora, caracterizada a perempção, operada pelo simples decurso de um prazo legal insusceptível de suspensão ou interrupção, conforme o explicitado pelo C. Conselho Superior da Magistratura quando do julgamento da Ap 256.993, da Comarca da Capital (rel. Des. Acácio Rebouças, j. 13.01.1977, RDI 3/121), não há necessidade de ordem judicial para que seja promovida averbação correspondente.*
>
> *Assim, entendo ser possível, de ofício, seja determinada a realização de averbação, reportada a perempção da hipoteca em apreço, o que, apesar de não caracterizar um cancelamento, indicará não produzir a inscrição quaisquer novos efeitos".*

O prazo legal a que se refere a decisão, antes regido pelo artigo 887 do CC/16, vem atualmente estabelecido pelo artigo 1.485 do CC/2002 (com nossos destaques):

> *"Art. 1.485. Mediante simples averbação, requerida por ambas as partes, poderá prorrogar-se a hipoteca, até* ***30 (trinta) anos da data do contrato****. Desde que perfaça esse prazo, só poderá subsistir o contrato de hipoteca reconstituindo-se por novo título e novo registro; e, nesse caso, lhe será mantida a precedência, que então lhe competir".*

De tal modo, no decurso do prazo legal de trinta anos sem a devida prorrogação ou celebração de novo contrato, a hipoteca perde seus efeitos.

Depreende-se da matrícula do imóvel, fls. 16/19, que a hipoteca foi registrada em 11 de novembro de 1981 em favor de Alberto Derbesi, com cessão de crédito ao Unibanco Crédito Imobiliário S/A São Paulo (atual Itaú Unibanco S/A) na mesma data (matr. 34.984 –R.2, Av.2, Av.3 e Av.4). Portanto, na ausência de registro subsequente de novo título a reconstituí-la, houve perempção.

A partir de constatação análoga, já se reconheceu a possibilidade de averbação da perempção em mais de um julgado da E. Corregedoria Geral da Justiça: Processo CGJ nº 904/2003, parecer do MM. Juiz Assessor Claudio Luiz Bueno de Godoy, elaborado em 25.09.2003; Processo CGJ nº 07/2004, parecer do MM. Juiz Assessor José Antonio de Paula Santos Neto, elaborado em 02.02.2004, e Processo CGJ nº 2014/118757, parecer do MM. Juiz Assessor Gustavo Henrique Bretas Marzagão, aprovado pelo Exmo. Des. Hamilton Elliot Akel em 27.08.2014.

Neste último, ressaltou-se também que a averbação da perempção resulta em cancelamento da hipoteca, afirmação esta consignada com base em entendimento firmado em embargos de declaração no Proc. CGJ nº 788/2005, em decisão proferida em 25.10.2005 pelo Exmo. Des. José Mário Antonio Cardinale, à época Corregedor Geral da Justiça, cujo trecho se transcreve:

> *"... o almejado reconhecimento da perempção importa sim cancelamento da hipoteca, não tendo a decisão embargada incorrido em qualquer imprecisão técnica. Ainda que a postulação formulada não faça referência a cancelamento de hipoteca, certo é que a pretendida extinção do registro, ainda que decorrente de situação fática vinculada ao decurso do tempo, produz necessária e automaticamente aquele resultado. Como ensina Narciso Orlandi Neto:*
>
> *O cancelamento de um ato do registro significa a retirada de seus efeitos do mundo jurídico. Melhor dizendo, cancelado o registro, desaparece a publicidade e, com ela, os efeitos que ele produziria em relação a terceiro.*
>
> *Num sistema como o nosso, em que o registro tem eficácia constitutiva, aparece um efeito paralelo, de conteúdo negativo; ele é também extintivo do registro anterior.... (Retificação do Registro de Imóveis,*

1997, Livraria Del Rey, Editora Oliveira Mendes, pág. 254).

E, nos expressos termos do artigo 248 da Lei de Registros Públicos, o cancelamento efetuar-se-á mediante averbação".

Ademais, o proceder do ato de ofício fora objeto de norma regulatória prevista no item XXXII do Provimento nº 1/1988 desta Corregedoria Permanente, editado por José Renato Nalini e Ricardo Henry Marques Dip, com a seguinte redação:

"XXXII. Além das hipóteses previstas no item 122, cap. XX, das "NORMAS DE SERVIÇO DA CORREGEDORIA GERAL DA JUSTIÇA", poderá averbar-se, por instância ou EX-OFFICIO, o cancelamento de registro de hipoteca perempta".

Nesse contexto e diante dos precedentes e fundamentos, adota-se o entendimento de que a averbação do cancelamento de hipoteca pode se operar de ofício se constatada a perempção, fato jurídico este a ser verificado na ausência de registro de novo título reconstituindo o gravame quando decorridos trinta anos da formalização. Na incidência do art. 1.485 do CC/02, que regula a matéria, nem mesmo se deve exigir a intimação da parte credora, pois inaplicável o art. 251, inciso II, da LRP (cf. decisão no Processo CGJ nº 07/2004 supracitado).

Não bastasse isso, vê-se que tanto o credor hipotecário quanto o cessionário do crédito concordaram com o pedido de cancelamento do gravame, como já registrado acima.

Diante do exposto, **JULGO PROCEDENTE** o pedido de providências formulado por **Samantha Miranda Carvalho Costa de Jesus** em face do **5º Oficial de Registro de Imóveis da Capital** para determinar o cancelamento do registro de hipoteca (matr. 34.984 –R.2, Av.2, Av.3 e Av.4). Providencie-se o necessário ao cumprimento.

Deste procedimento não decorrem custas, despesas processuais ou honorários advocatícios.

Oportunamente, ao arquivo com as cautelas de praxe.

P.R.I.C.

São Paulo, 16 de agosto de 2021.

Luciana Carone Nucci Eugênio Mahuad

Juiz de Direito (DJe de 18.08.2021 – SP)

Ementa: Sentença – Pedido de Providências – Pedido de cancelamento da hipoteca sob alegação de ocorrência de perempção – Negativa em razão da necessidade de apresentação de autorização expressa do credor hipotecário ou por determinação judicial – Hipoteca constituída há mais de trinta anos – Art 1485 do CC – Ausência de registro de novo título que reconstitua o gravame – Afastamento do óbice – Deferimento do pedido – Procedência

Processo 1071669-58.2021.8.26.0100

Pedido de Providências - Registro de Imóveis - José Alberto Bitencourt Evangelista - Diante do exposto, JULGO PROCEDENTE o pedido de providências formulado por José Alberto Bitencourt Evangelista em face do 14º Oficial de Registro de Imoveis da Capital para determinar o cancelamento do registro de hipoteca (matrícula n. 78.972). Providencie-se o necessário ao cumprimento. Deste procedimento não decorrem custas, despesas processuais ou honorários advocatícios. Oportunamente, ao arquivo com as cautelas de praxe. P.R.I.C. - ADV: SANDY CRISTHIE WELLICHAN (OAB 174056/SP)

Íntegra da decisão:

SENTENÇA

Processo Digital nº: **1071669-58.2021.8.26.0100**

Classe - Assunto **Pedido de Providências - Registro de Imóveis**

Requerente: **José Alberto Bitencourt Evangelista**

Requerido: **14º Oficial de Registro de Imoveis da Capital**

Juiz(a) de Direito: Dr(a). **Luciana Carone Nucci Eugênio Mahuad**

Vistos.

Trata-se de pedido de providências formulado por **José Alberto Bitencourt Evangelista** em face do **14º Oficial de Registro de Imoveis da Capital**, visando cancelamento de hipoteca constante na matrícula n. 78.972 daquela serventia por força de perempção.

A parte requerente aduz que a dívida originada da aquisição do imóvel foi integralmente quitada, mas que não possui autorização expressa ou quitação outorgada pelos credores ou sucessores, o que foi exigido pelo Oficial para cancelamento do gravame. Assim, pretende a averbação do cancelamento por perempção, pois decorridos mais de trinta anos do registro da garantia sem ajuizamento de execução ou cobrança. Juntou os documentos de fls. 05/322.

A decisão de fl. 323 indeferiu tutela de urgência.

O Oficial manifestou-se sustentando que o título foi devolvido com base nas regras dos artigos 251 e 252 da LRP, sendo que o gravame só poderá ser baixado mediante apresentação de autorização expressa do credor hipotecário ou por determinação judicial.

O Ministério Público se manifestou pelo deferimento do pedido, com o cancelamento do gravame (fls. 331/333).

É o relatório.

Fundamento e decido.

No mérito, o pedido é procedente. Vejamos os motivos.

De acordo com o disposto na Lei de Registros Públicos:

> *"Art. 251 - O cancelamento de hipoteca só pode ser feito:*
>
> *I - à vista de autorização expressa ou quitação outorgada pelo credor ou seu sucessor, em instrumento público ou particular;*
>
> *II - em razão de procedimento administrativo ou contencioso, no qual o credor tenha sido intimado (art. 698 do Código de Processo Civil);*
>
> *III - na conformidade da legislação referente às cédulas hipotecárias".*

Conforme parecer do MM. Juiz Marcelo Fortes Barbosa Filho elaborado no Proc. CGJ 346/2002 e aprovado em 06.02.2002 pelo Corregedor Geral da Justiça à época, Des. Luiz Tâmbara, o rol previsto no art. 251 é *numerus clausus*, devendo, como regra, ser observado. Contudo, se verificada a perempção, é possível operar-se averbação de ofício:

> *"Para que subsistisse a hipoteca, a prorrogação de sua inscrição deveria ter sido promovida dentro do prazo de trinta anos, vencido em 27.07.1986, e, como não o foi, a garantia real perimiu, eis que não se admite sua perpetuidade, cessando, então, a inscrição de produzir seus efeitos próprios (Caio Mário da Silva Pereira. Instituições de direito civil. 2. ed. Rio de Janeiro: Forense, 1974. vol. IV, p. 352-353). Ora, caracterizada a perempção, operada pelo simples decurso de um prazo legal insusceptível de suspensão ou interrupção, conforme o explicitado pelo C. Conselho Superior da Magistratura quando do julgamento da Ap 256.993, da Comarca da Capital (rel. Des. Acácio Rebouças, j. 13.01.1977, RDI 3/121), não há necessidade de ordem judicial para que seja promovida averbação correspondente. Assim, entendo ser possível, de ofício, seja determinada a realização de averbação, reportada a perempção da hipoteca em apreço, o que, apesar de não caracterizar um cancelamento, indicará não produzir a inscrição quaisquer novos efeitos".*

O prazo legal a que se refere a decisão, antes regido pelo artigo 887 do CC/16, vem atualmente estabelecido pelo artigo 1.485 do CC/2002, com nossos destaques:

> *"Art. 1.485. Mediante simples averbação, requerida por ambas as partes, poderá prorrogar-se a hipoteca, até* ***30 (trinta) anos da data do contrato****. Desde que perfaça esse prazo, só poderá subsistir o contrato de hipoteca reconstituindo-se por novo título e novo registro; e, nesse caso, lhe será mantida a precedência, que então lhe competir".*

De tal modo, no decurso do prazo legal de trinta anos sem a devida prorrogação ou celebração de novo contrato, a hipoteca perde seus efeitos.

Depreende-se da matrícula do imóvel, fls. 07/09, que a parte requerente é a proprietária tabular e que a cédula hipotecária foi registrada em 02 de setembro de 1985.

Portanto, na ausência de registro subsequente de novo título a reconstituí-la, houve perempção.

A partir de constatação análoga, já se reconheceu a possibilidade de averbação da perempção em mais de um julgado da E. Corregedoria Geral da Justiça: Processo CGJ nº 904/2003, parecer do MM. Juiz Assessor Claudio Luiz Bueno de Godoy, elaborado em 25.09.2003; Processo CGJ nº 07/2004, parecer do MM. Juiz Assessor José Antonio de Paula Santos Neto, elaborado em 02.02.2004, e Processo CGJ nº 2014/118757, parecer do MM. Juiz Assessor Gustavo Henrique Bretas Marzagão, aprovado pelo Exmo. Des. Hamilton Elliot Akel em 27.08.2014.

Neste último, ressaltou-se também que a averbação da perempção resulta em cancelamento da hipoteca, afirmação esta consignada com base em entendimento firmado em embargos de declaração no Proc. CGJ nº 788/2005, em decisão proferida em 25.10.2005 pelo Exmo. Des. José Mário Antonio Cardinale, à época Corregedor Geral da Justiça, cujo trecho se transcreve:

> *"... o almejado reconhecimento da perempção importa sim cancelamento da hipoteca, não tendo a decisão embargada incorrido em qualquer imprecisão técnica. Ainda que a postulação formulada não faça referência a cancelamento de hipoteca, certo é que a pretendida extinção do registro, ainda que decorrente de situação fática vinculada ao decurso do tempo, produz necessária e automaticamente aquele resultado. Como ensina Narciso Orlandi Neto:*
>
> *O cancelamento de um ato do registro significa a retirada de seus efeitos do mundo jurídico. Melhor dizendo, cancelado o registro, desaparece a publicidade e, com ela, os efeitos que ele produziria em relação a terceiro.*
>
> *Num sistema como o nosso, em que o registro tem eficácia constitutiva, aparece um efeito paralelo, de conteúdo negativo; ele é também extintivo do registro anterior.... (Retificação do Registro de Imóveis, 1997, Livraria Del Rey, Editora Oliveira Mendes, pág. 254).*

E, nos expressos termos do artigo 248 da Lei de Registros Públicos, o cancelamento efetuar-se-á mediante averbação".

Não bastasse isso, o proceder do ato de ofício fora objeto de norma regulatória prevista no item XXXII do Provimento nº 1/1988 desta Corregedoria Permanente, editado por José Renato Nalini e Ricardo Henry Marques Dip, com a seguinte redação:

"XXXII. Além das hipóteses previstas no item 122, cap. XX, das "NORMAS DE SERVIÇO DA CORREGEDORIA GERAL DA JUSTIÇA", poderá averbar-se, por instância ou EX-OFFICIO, o cancelamento de registro de hipoteca perempta".

Nesse contexto e diante dos precedentes e fundamentos, adota-se o entendimento de que a averbação do cancelamento de hipoteca pode se operar de ofício se constatada a perempção, fato jurídico este a ser verificado na ausência de registro de novo título reconstituindo o gravame quando decorridos trinta anos da formalização. Na incidência do art. 1.485 do CC/02, que regula a matéria, nem mesmo se deve exigir a intimação da parte credora, pois inaplicável o art. 251, inciso II, da LRP (cf. decisão no Processo CGJ nº 07/2004 supracitado).

Por fim, vale destacar, ainda, que a parte requerente exibiu termo de autorização para cancelamento de caução firmado pela Caixa Econômica Federal (fl. 320), correspondente à garantia oferecida pela credora hipotecária ao BNH, conforme Av-1, da matrícula n. 78.972.

Diante do exposto, **JULGO PROCEDENTE** o pedido de providências formulado por **José Alberto Bitencourt Evangelista** em face do **14º Oficial de Registro de Imoveis da Capital** para determinar o cancelamento do registro de hipoteca (matrícula n. 78.972). Providencie-se o necessário ao cumprimento.

Deste procedimento não decorrem custas, despesas processuais ou honorários advocatícios.

Oportunamente, ao arquivo com as cautelas de praxe.

P.R.I.C.

São Paulo, 11 de agosto de 2021. (DJe de 16.08.2021 – SP)

Ementa: Sentença – Pedido de Providências – Pedido de cancelamento da hipoteca – Esclarecimento pelo Oficial de que a documentação apresentada não comprovou a sequência das diversas alterações da denominação do titular dos direitos creditórios e que a sequência apresentada não corresponde à encontrada nos assentos da Serventia – Requerente que apresentou termo expresso de autorização firmado pelo credor – Confirmação da legitimidade da cessão de crédito – Possibilidade de mitigação do rigor registral por se tratar de simples qualificação da parte credora – Impossibilidade do acolhimento do pedido em razão da ausência de prenotação válida – Improcedência

Processo 1096857-87.2020.8.26.0100

Pedido de Providências - REGISTROS PÚBLICOS - Pedro Moreira Leal - Fundo de Investimentos em Direitos Creditórios Não Padronizados PCG - Brasil Multicarteira e outro - Diante do exposto, JULGO IMPROCEDENTE o pedido de providências. Deste procedimento não decorrem custas, despesas processuais ou honorários advocatícios. Oportunamente, ao arquivo com as cautelas de praxe. P.R.I.C. - ADV: PABLO DE LIMA PEREZ MARTINS (OAB 236617/SP), DANIEL BARBOSA MAIA (OAB 32483/PR), ANA LETÍCIA LACERDA MULAZANI (OAB 39297/PR)

Íntegra da decisão:

SENTENÇA

Processo Digital nº: **1096857-87.2020.8.26.0100**

Classe - Assunto **Pedido de Providências - REGISTROS PÚBLICOS**

Requerente: **Pedro Moreira Leal**

Requerido: **15º Oficial de Registro de Imóveis da Capital**

Juiz(a) de Direito: Dr(a). **Luciana Carone Nucci Eugênio Mahuad**

Vistos.

Trata-se de pedido de providências formulado por **Pedro Moreira Leal** em face do **15º Oficial de Registro de Imóveis da Capital**, visando cancelamento de hipoteca constante no Registro n. 11 da matrícula n. 57.923 daquela serventia diante de quitação da cédula comercial garantida.

O feito foi recebido como pedido de providências, com indeferimento do pedido liminar e determinação de intimação do credor hipotecário (fl. 298).

O Oficial manifestou-se, esclarecendo que o instrumento de cancelamento de hipoteca foi devolvido pois a documentação apresentada não comprovou a sequência das diversas alterações da denominação do titular dos direitos creditórios e que a sequência apresentada não corresponde à encontrada nos assentos daquela serventia, sendo que o ônus grava apenas a matrícula n. 57.923, que se refere a um apartamento, não abrangendo o respectivo *box* de garagem que é objeto da matrícula n. 84.167 (fls. 302/305).

O Fundo de Investimentos em Direitos Creditórios não-padronizados PCG-Brasil Multicarteira se manifestou, informando que adquiriu direitos creditórios do Banco Santander (Brasil) S/A e, após a quitação da dívida, encaminhou ao requerente carta de anuência para baixa da hipoteca vinculada ao crédito cedido juntamente com os documentos que demonstram as sucessivas incorporações pelas quais passou a instituição credora desde o Banco América do Sul S/A, adquirido pelo Banco Sudameris S/A, o qual foi incorporado pelo ABN Amro Real e integrado ao Banco Santander (Brasil) S/A, que, por fim, cedeu o crédito (fls. 335/336).

O Ministério Público opinou pelo indeferimento do pedido, uma vez que a ordem sucessória do banco credor originário, constante no banco de dados do delegatário, é diversa da elencada no título prenotado e não há prova em contrário, de modo que, enquanto perdurar a dúvida sobre a veracidade do termo particular de cessão de direitos, deve-se considerar o Banco Santander como credor dos direitos, cujo silêncio não pode denotar anuência com o pedido inicial (fls. 356/357).

Por fim, o Banco Santander confirmou a liquidação da dívida (fls. 380/381).

É o relatório.

Fundamento e decido.

Compulsando melhor os autos, verifica-se que, embora o cancelamento da hipoteca seja possível a partir do título apresentado, o pedido de providências não pode ser acolhido pela ausência de prenotação válida.

O título foi qualificado negativamente e devolvido no ano de 2018, restando inequívoco o decurso do prazo da prenotação, que é óbice intransponível, sendo necessária a apresentação do título original tanto nos casos de inconformismo com a recusa do Oficial em realizar atos de registro em sentido estrito (dúvida), como nos casos em que a recusa recai sobre atos de averbação (pedido de providência). Nesse sentido foi a orientação da E. Corregedoria Geral de Justiça no Recurso Adminis trativo nº 1000098-60.2020.8.26.0068.

De qualquer forma, incumbe à parte interessada complementar a documentação por ocasião de sua reapresentação ao Oficial de Registro, atendendo às exigências da nota de devolução anterior a fim de sanar as dúvidas quanto à qualificação do credor anotada no instrumento de cessão do crédito.

Vejamos os motivos.

Consta na matrícula n. 57.923 do 15º Registro de Imóveis registro de hipoteca cedular em favor do BANCO AMÉRICA DO SUL S/A, inscrito no CGC nº 61.230.165/0001-44 (fls. 11/12).

De acordo com o disposto na Lei de Registros Públicos:

"Art. 251 - O cancelamento de hipoteca só pode ser feito:

I - à vista de autorização expressa ou quitação outorgada pelo credor ou seu sucessor, em instrumento público ou particular".

Assim, visando ao cancelamento do ônus, a parte requerente apresentou termo expresso de autorização firmado pelo Fundo de Investimento em Direitos Creditórios nãopadronizados PCG-Brasil Multicarteira, que sucedeu o Banco Santander (Brasil) S/A na titularidade do direito ao crédito, conforme termo de cessão microfilmado pelo Oficial do 4º Registro de Títulos e Documentos (fls. 62/71).

Essencial, portanto, que se demonstrem os sucessivos eventos societários que levaram à transformação do Banco América do Sul S/A em Banco Santander Brasil S/A, confirmando-se a legitimidade da cessão do crédito.

Importante, ainda, que não se confundam pessoas jurídicas com denominações sociais parecidas.

Com efeito, note-se que o credor hipotecário é o BANCO AMÉRICA DO SUL S/A, inscrito no CGC nº 61.230.165/0001-44 (fl. 11), cuja denominação, segundo o Oficial registrador, foi alterada para BANCO COMERCIAL DE INVESTIMENTOS SUDAMERIS S/A. Essa primeira operação vem comprovada pela ata de fls. 72/76.

Na sequência, constata-se que o controle acionário do Banco Comercial e de Investimentos Sudameris S/A (CNPJ nº 61.230.165) foi transferido pelo Banco ABN Amro Real S/A para o Banco Santander S/A (Espanha - fls. 27 e 168).

É neste ponto que se encontra o cerne da questão, pois não se sabe o que ocorreu com o BANCO COMERCIAL DE INVESTIMENTOS SUDAMERIS S/A, sucessor, por transformação, do credor original. Falta a comprovação de sua incorporação ao Banco Santander Brasil S/A.

A mera transferência do controle acionário não retira da empresa controlada a titularidade do crédito, devendo ser observado que o BANCO COMERCIAL DE INVESTIMENTOS SUDAMERIS S/A (CNPJ nº 61.230.165) não se confunde com o BANCO SUDAMERIS BRASIL S/A (CNPJ nº 60.942.638), o qual foi efetivamente incorporado ao Banco ABN Amro Real S/A (fl. 26), distinção esta que fica claramente evidenciada no Instrumento Particular de Justificação da Incorporação, o qual relaciona, dentre as participações acionárias do banco incorporado, a titularidade sobre 5,92% do capital social do BANCO COMERCIAL DE INVESTIMENTOS SUDAMERIS S/A (CNPJ nº 61.230.165 - fl. 93).

Contudo, não há necessidade de que as sucessivas transformações pelas quais passou o banco credor constem do instrumento de cessão, o que demandaria aditamento a ser promovido pelos contratantes, os quais não têm mais interesse na providência e cuja inércia não pode prejudicar a parte requerente que quitou a dívida e busca o cancelamento da respectiva garantia.

Neste ponto, o rigor registral pode ser mitigado, pois se trata de simples qualificação da parte credora, bastando que se comprove por documentos oficiais que o Banco Santander Brasil S/A foi sucessor do credor original antes de ceder o crédito ao Fundo PCG-Brasil Multicarteira.

Diante do exposto, **JULGO IMPROCEDENTE** o pedido de providências.

Deste procedimento não decorrem custas, despesas processuais ou honorários advocatícios.

Oportunamente, ao arquivo com as cautelas de praxe.

P.R.I.C.

São Paulo, 09 de agosto de 2021.

Luciana Carone Nucci Eugênio Mahuad

Juiz de Direito (DJe de 12.08.2021 – SP)

Ementa: Sentença – Pedido de Providências – Pedido de cancelamento das hipotecas, sob a alegação de ocorrência de perempção – Negativa em razão da necessidade de apresentação de autorização expressa do credor hipotecário ou por determinação judicial – Descabimento – Hipotecas constituídas há mais de trinta anos – Art. 1485 do CC – Ausência de registro de novo título reconstituindo os gravames – Afastamento do óbice – Determinação do cancelamento do registro das hipotecas – Procedência

Processo 1066292-09.2021.8.26.0100

Pedido de Providências - Registro de Imóveis - Januario Canale Neto - Diante do exposto, JULGO PROCEDENTE o pedido de providências formulado por Januario Canale Neto e outro em face do 5º Oficial de Registro de Imóveis da Capital para determinar o cancelamento do registro das hipotecas (Av. 1 da matrícula n. 78.861 inscrições de números 11.138, 11.490 e 11.719). Providencie-se o necessário ao cumprimento. Deste procedimento não decorrem custas, despesas processuais ou honorários advocatícios. Oportunamente, ao arquivo com as cautelas de praxe. P.R.I.C. - ADV: NADIA PEREIRA REGO (OAB 125849/SP)

Íntegra da decisão:

SENTENÇA

Processo Digital nº: **1066292-09.2021.8.26.0100**

Classe - Assunto **Pedido de Providências - Registro de Imóveis**

Requerente: **Januario Canale Neto e outro**

Requerido: **5º Oficial de Registro de Imóveis da Capital**

Prioridade Idoso

Juiz(a) de Direito: Dr(a). **Luciana Carone Nucci Eugênio Mahuad**

Vistos.

Trata-se de pedido de providências formulado por **Januario Canale Neto e outro** em face do **5º Oficial de Registro de Imóveis da Capital**, visando cancelamento de hipotecas constantes na matrícula n. 78.861 daquela serventia.

A parte requerente aduz que as hipotecas foram alcançadas pela perempção, pois decorridos mais de trinta anos do registro das garantias sem ajuizamento de execução ou cobrança. Juntou os documentos de fls. 04/14.

O Oficial manifestou-se, sustentando que o título foi devolvido com base nas regras dos artigos 251 e 252 da LRP, sendo que os gravames só poderão ser baixados mediante apresentação de autorização expressa do credor hipotecário ou por determinação judicial (fls. 18/19)

O Ministério Público opinou pelo deferimento do pedido (fls. 22/23).

É o relatório.

Fundamento e decido.

No mérito, o pedido é procedente. Vejamos os motivos.

De acordo com o disposto na Lei de Registros Públicos:

> *"Art. 251 - O cancelamento de hipoteca só pode ser feito:*
>
> *I - à vista de autorização expressa ou quitação outorgada pelo credor ou seu sucessor, em instrumento público ou particular;*
>
> *II - em razão de procedimento administrativo ou contencioso, no qual o credor tenha sido intimado (art. 698 do Código de Processo Civil);*
>
> *III - na conformidade da legislação referente às cédulas hipotecárias".*

Conforme parecer do MM. Juiz Marcelo Fortes Barbosa Filho, elaborado no Proc. CGJ 346/2002 e aprovado em 06.02.2002 pelo Corregedor Geral de Justiça à época, Des. Luiz Tâmbara, o rol previsto no art. 251 é *numerus clausus*, devendo, como regra, ser observado.

Contudo, se verificada a perempção, é possível operar-se averbação de ofício:

> *"Para que subsistisse a hipoteca, a prorrogação de sua inscrição deveria ter sido promovida dentro do prazo de trinta anos, vencido em 27.07.1986, e,*

como não o foi, a garantia real perimiu, eis que não se admite sua perpetuidade, cessando, então, a inscrição de produzir seus efeitos próprios (Caio Mário da Silva Pereira. Instituições de direito civil. 2. ed. Rio de Janeiro: Forense, 1974. vol. IV, p. 352-353).

Ora, caracterizada a perempção, operada pelo simples decurso de um prazo legal insusceptível de suspensão ou interrupção, conforme o explicitado pelo C. Conselho Superior da Magistratura quando do julgamento da Ap 256.993, da Comarca da Capital (rel. Des. Acácio Rebouças, j. 13.01.1977, RDI 3/121), não há necessidade de ordem judicial para que seja promovida averbação correspondente.

Assim, entendo ser possível, de ofício, seja determinada a realização de averbação, reportada a perempção da hipoteca em apreço, o que, apesar de não caracterizar um cancelamento, indicará não produzir a inscrição quaisquer novos efeitos".

O prazo legal a que se refere a decisão, antes regido pelo artigo 887 do CC/16, vem atualmente estabelecido pelo artigo 1.485 do CC/2002 (com nossos destaques):

"Art. 1.485. Mediante simples averbação, requerida por ambas as partes, poderá prorrogar-se a hipoteca, até ***30 (trinta) anos da data do contrato****. Desde que perfaça esse prazo, só poderá subsistir o contrato de hipoteca reconstituindo-se por novo título e novo registro; e, nesse caso, lhe será mantida a precedência, que então lhe competir".*

De tal modo, no decurso do prazo legal de trinta anos sem a devida prorrogação ou celebração de novo contrato, a hipoteca perde seus efeitos.

Depreende-se da matrícula do imóvel, fls. 10/14, que as hipotecas foram registradas nos anos de 1960, 1961 e 1962 (Av.1 - inscrições de números 11.138, 11.490 e 11.719). Portanto, na ausência de registro subsequente de novo título a reconstituí-las, houve perempção.

A partir de constatação análoga, já se reconheceu a possibilidade de averbação da perempção em mais de um julgado da E. Corregedoria Geral de Justiça: Processo CGJ nº 904/2003, parecer do MM. Juiz Assessor Claudio Luiz Bueno de Godoy, elaborado em 25.09.2003; Processo CGJ nº 07/2004, parecer do MM. Juiz Assessor José Antonio de Paula Santos Neto, elaborado em 02.02.2004, e Processo CGJ nº 2014/118757, parecer do MM. Juiz Assessor Gustavo Henrique Bretas Marzagão, aprovado pelo Exmo. Des. Hamilton Elliot Akel em 27.08.2014.

Neste último, ressaltou-se também que a averbação da perempção resulta em cancelamento da hipoteca, afirmação esta consignada com base em entendimento firmado em embargos de declaração no Proc. CGJ nº 788/2005, em decisão proferida em 25.10.2005 pelo Exmo. Des. José Mário Antonio Cardinale, à época Corregedor Geral de Justiça, cujo trecho se transcreve:

"... o almejado reconhecimento da perempção importa sim cancelamento da hipoteca, não tendo a decisão embargada incorrido em qualquer imprecisão técnica. Ainda que a postulação formulada não faça referência a cancelamento de hipoteca, certo é que a pretendida extinção do registro, ainda que decorrente de situação fática vinculada ao decurso do tempo, produz necessária e automaticamente aquele resultado. Como ensina Narciso Orlandi Neto:

O cancelamento de um ato do registro significa a retirada de seus efeitos do mundo jurídico. Melhor dizendo, cancelado o registro, desaparece a publicidade e, com ela, os efeitos que ele produziria em relação a terceiro.

Num sistema como o nosso, em que o registro tem eficácia constitutiva, aparece um efeito paralelo, de conteúdo negativo; ele é também extintivo do registro anterior.... (Retificação do Registro de Imóveis, 1997, Livraria Del Rey, Editora Oliveira Mendes, pág. 254).

E, nos expressos termos do artigo 248 da Lei de Registros Públicos, o cancelamento efetuar-se-á mediante averbação".

Não bastasse isso, o proceder do ato de ofício foi objeto de norma prevista no item XXXII do Provimento nº 1/1988 desta Corregedoria Permanente, editado por José Renato Nalini e Ricardo Henry Marques Dip, com a seguinte redação:

"XXXII. Além das hipóteses previstas no item 122, cap. XX, das "NORMAS DE SERVIÇO DA CORREGEDORIA GERAL DA JUSTIÇA", poderá averbar-se, por instância ou EX-OFFICIO, o cancelamento de registro de hipoteca perempta".

Nesse contexto e diante dos precedentes e fundamentos, adota-se o entendimento de que a averbação do cancelamento de hipoteca pode se operar de ofício se constatada a perempção, fato jurídico este a ser verificado na ausência de registro de novo título reconstituindo o gravame quando decorridos trinta anos da formalização.

Na incidência do art. 1.485 do CC/02, que regula a matéria, nem mesmo se deve exigir a intimação da parte credora, pois inaplicável o art. 251, inciso II, da LRP (cf. decisão no Processo CGJ nº 07/2004 supracitado).

Diante do exposto, **JULGO PROCEDENTE** o pedido de providências formulado por **Januario Canale Neto e outro** em face do **5º Oficial de Registro de Imóveis da Capital** para determinar o cancelamento do registro das hipotecas (Av. 1 da matrícula n. 78.861 – inscrições de números 11.138, 11.490 e 11.719). Providencie-se o necessário ao cumprimento.

Deste procedimento não decorrem custas, despesas processuais ou honorários advocatícios.

Oportunamente, ao arquivo com as cautelas de praxe.

P.R.I.C.

São Paulo, 26 de julho de 2021.

Luciana Carone Nucci Eugênio Mahuad

Juiz de Direito (DJe de 28.07.2021 – SP)

Ementa: Sentença – Pedido de Providências – Pedido de averbação de aditivo de Contrato de Garantia Hipotecária registrado na matrícula – Negativa em razão da necessidade de cancelamento da hipoteca registrada para constituição e registro da nova garantia – Título que representa novo negócio jurídico quanto à garantia, com alteração de prazo, acréscimo de valor e substituição da devedora – Alteração dos elementos essenciais – Manutenção do óbice – Improcedência

Processo 1060253-93.2021.8.26.0100

Pedido de Providências - Registro de Imóveis - Jocimar Prado Klocker – Odila Petrini Klocker - Diante do exposto, JULGO IMPROCEDENTE o pedido de providências formulado por Jocimar Prado Klocker e Odila Petrini Klocker em face do Oficial do 10º Registro de Imóveis da Capital. Deste procedimento não decorrem custas, despesas processuais e honorários advocatícios. Oportunamente, ao arquivo com as cautelas de praxe. P.R.I.C. - ADV: ELZA LEA ARIETTI (OAB 294620/SP)

Íntegra da decisão:

SENTENÇA

Processo Digital nº: **1060253-93.2021.8.26.0100**

Classe - Assunto **Pedido de Providências - Registro de Imóveis**

Requerente: **Jocimar Prado Klocker e outro**

Requerido: **10º Oficial de Registro de Imóveis da capital**

Juiz(a) de Direito: Dr(a). **Luciana Carone Nucci Eugênio Mahuad**

Vistos.

Trata-se de pedido de providências formulado por **Jocimar Prado Klocker** e **Odila Petrini Klocker** em face do **Oficial do 10º Registro de Imóveis da Capital,** no qual pleiteiam a averbação de aditivo de contrato de garantia hipotecária registrado na matrícula 142.337 daquela serventia.

A parte requerente aduz que discorda do entendimento do Oficial de que as alterações representam um novo negócio jurídico, pelo que haveria a necessidade de cancelamento da hipoteca registrada para constituição e registro da nova garantia; que o aditamento não caracteriza novação, uma vez que o acréscimo de valor de mora e a cessão dos direitos e obrigações contratuais não representam nova dívida; que o cancelamento da hipoteca implicaria renúncia ao crédito, não sendo este o caso, pelo que o aditivo contratual deve ser averbado na forma pretendida. Juntou os documentos de fls. 10/39.

O Oficial manifestou-se às fls. 45/47, sustentando que o título representa novo negócio jurídico quanto à garantia, com alteração de prazo, acréscimo de valor e substituição da devedora; que há verdadeira novação com ofensa ao princípio da especialização da hipoteca, pelo que necessário prévio cancelamento da hipoteca registrada para constituição e registro da nova garantia.

O Ministério Público se manifestou pela improcedência (fls. 60/62).

É o relatório.

Fundamento e decido.

No mérito, o pedido é improcedente. Vejamos os motivos.

No título originalmente registrado, firmado em 20.09.2018 (fls. 19/24), houve garantia hipotecária gravada no imóvel da matrícula supramencionada (R.5 - n. 142.337) e também dos imóveis com matrículas n. 110.044 e 110.046, em virtude de confissão de dívida no valor de R$1.920.000,00 (um milhão, novecentos e vinte mil reais), figurando como devedora, a empresa Construklocker Empreendimentos Imobiliários Ltda, e, como credores, Luciana Cristina Zulini Cinto, Luciléia Aparecida Zulini e Valdir José Zulini Júnior. De um terceiro lado, Jocimar Prado Klocker e Odila Petrini Klocker foram indicados como intevenientes garantidores.

Pois bem, no aditamento firmado em 27.08.2020, passou a figurar, como devedora, a empresa denominada Caminhos das Águas Incorporações Ltda, com acréscimo da dívida em cento e sessenta mil reais, totalizando a quantia de R$2.080.000,00 (dois milhões e oitenta mil reais), além de alteração na forma e nos prazos para pagamento (fls. 27/32).

Ora, inequívoco que o novo contrato altera elementos essenciais da garantia anteriormente constituída, o que evidencia verdadeira novação (alteração do valor e da forma de pagamento, além da cessão do débito para substituição da devedora).

A identificação do crédito garantido pela hipoteca, com especificação das coisas dadas em garantia e dos demais elementos que a envolvem, é requisito formal da validade dos direitos reais de garantia (princípio da especialização).

Tal princípio tem como fundamentos primordiais a segurança ao sistema de crédito e o conhecimento a terceiros acerca da disponibilidade dos bens pelo devedor hipotecário.

Nesse aspecto, a formalidade do registro afigura-se requisito essencial de validade e de eficácia perante terceiros, pelo que não se pode admitir alteração em sua substância sem a devida observância aos limites legais que norteiam a atividade registral. Como salientado pelo Oficial, vai nesse sentido a jurisprudência do Conselho Superior da Magistratura do E. Tribunal de Justiça de SP:

> *"REGISTRO DE IMÓVEIS – Escritura pública de aditamento e ratificação de hipoteca – Aumento do crédito garantido – Contratação de nova hipoteca – Especialização – Requisito de validade do direito real de garantia – Ato sujeito a registro em sentido estrito – Situação não se amolda às hipóteses excepcionais submetidas à averbação – Emolumentos – Redução descabida – Dúvida procedente – Recurso provido"* **(CSMSP - Apelação Cível: 0011994-89.2012.8.26.0362; Relator: Des. José Renato Nalini; data DJ: 17/10/2013).**

Extrai-se do corpo do mencionado acórdão, com nossos destaques:

> *"A especialidade atende à necessidade de segurança do sistema de crédito e, por isso,* ***constitui-se em requisito formal de validade dos direitos reais de garantia.*** *Sem as formalidades legais, os contratos de penhor, hipoteca e anticrese, válidos como acordo de vontade entre partes, não configuram direitos reais e, portanto, consideram-se, como tais, ineficazes.* ***Nessa perspectiva, os procedimentos formais afiguramse, a um só tempo, requisito essencial de validade (dos direitos reais) e de eficácia perante terceiros (dos acordos de vontade subjacentes).*** *Por isso, a dúvida, nada obstante a r. sentença proferida pelo i. MM Juiz Corregedor Permanente, é procedente: com efeito,* ***o título apresentado é passível de registro em sentido estrito, não de averbação.*** *Excepcionadas as situações tratadas no artigo 167, II, 15, da Lei n.º6.015/1973, e nos artigos 58, do Decreto-Lei n.º 167/67, e 50, do Decreto-Lei n.º 413/69 – que servem para confirmar a regra –, o título versando sobre ratificação de hipoteca é suscetível de registro,* ***se pactuada a elevação do crédito garantido: a novação, in concreto, com constituição de nova hipoteca, é manifesta****".*

Por esse mesmo ângulo, mas tratando da garantia fiduciária, a E. Corregedoria Geral de Justiça vem negando a averbação de aditamento de contratos com alterações substanciais (CGJSP, Processo 31.763/15, Relator: Des. Hamilton Elliot Akel, j. 30/03/2015; CGJSP, Processo 146.225/2013, Rel. Des. José Renato Nalini, j. 03.12.2013; CGJSP, Processo 151.796/2013, Rel. Des. Elliot Akel, j. 21.01.2014).

Nesse contexto, de rigor o cancelamento da hipoteca anteriormente registrada para constituição e registro da nova garantia referente ao novo negócio jurídico pactuado. Acertada, portanto, a exigência formulada pelo Oficial.

Diante do exposto, **JULGO IMPROCEDENTE** o pedido de providências formulado por Jocimar Prado Klocker e Odila Petrini Klocker em face do Oficial do 10º Registro de Imóveis da Capital.

Deste procedimento não decorrem custas, despesas processuais e honorários advocatícios.

Oportunamente, ao arquivo com as cautelas de praxe.

P.R.I.C.

São Paulo, 30 de junho de 2021. (DJe de 05.07.2021 – SP)

Ementa: Sentença – Pedido de Providências – Pedido de cancelamento do registro da hipoteca – Acolhimento do pedido – Procedência

Processo 1053954-03.2021.8.26.0100

Pedido de Providências - Registro de Imóveis - R.S. - Diante do exposto, JULGO PROCEDENTE o pedido de providências formulado por Rubens Sonobe, Leila Yukie Sonobe, Mirian Yokota e Mariane Yokota (ambas representando Jorge Yokota), Nelson Akira Yokota, Richard Hiroshi Ouno e Laura Atsuko Yokota Ouno em face do Oficial do 5º Registro de Imóveis da Capital para determinar o cancelamento do registro de hipoteca (matrícula n. 37.152). Providencie-se o necessário ao cumprimento. Deste procedimento não decorrem custas, despesas processuais e honorários advocatícios. Defiro, à parte autora, os benefícios da prioridade de tramitação. Oportunamente, ao arquivo com as cautelas de praxe. P.R.I.C. - ADV: MÔNICA MORANO NIMI (OAB 235628/SP) (DJe de 25.06.2021 – SP)

Ementa: Sentença – Dúvida – Pedido de registro do Contrato de Compra e Venda – Constatação de que a proprietária adquiriu o imóvel no estado civil de casada – Negativa em razão da necessidade de aditamento do contrato para que o ex-cônjuge também conste como vendedor – Sentença homologatória de dissolução do vínculo matrimonial que afasta a aquisição de patrimônio comum na vigência do casamento – Efetivação da separação de fato na sequência do casamento – Inexistência de patrimônio comum – Afastamento do óbice – Procedência

Processo 1062571-86.2020.8.26.0002

Dúvida - Obrigação de Fazer / Não Fazer - Maria Fernanda Ribeiro - Do exposto, julgo procedente a dúvida inversa suscitada por Maria Fernanda Ribeiro em face do Oficial do 11º Registro de Imóveis da Capital e, consequentemente, afasto o óbice registrário. Não há custas, despesas processuais nem honorários advocatícios decorrentes deste procedimento. Oportunamente, arquivem-se os autos. P.R.I.C. - ADV: CAROLINE LEDIS LEITE (OAB 408991/SP)

Íntegra da decisão:

SENTENÇA

Processo Digital nº: **1062571-86.2020.8.26.0002**

Classe - Assunto **Dúvida - Obrigação de Fazer / Não Fazer**

Requerente: **Maria Fernanda Ribeiro**

Requerido: **11º Oficial de Registro de Imóveis da Capital**

Juiz(a) de Direito: Dr(a). **Luciana Carone Nucci Eugênio Mahuad**

Vistos.

Tendo em vista que, conforme emenda à inicial de fl. 103, o objeto do feito ficou restrito à superação de óbice registrário e consequente registro de contrato de compra e venda com alienação fiduciária, recebo o presente procedimento como **dúvida inversa. Anote-se.**

Trata-se de **dúvida inversa** suscitada por **Maria Fernanda Ribeiro** em face do **Oficial do 11º Registro de Imóveis da Capital**, após negativa de ingresso do título acima mencionado, que se refere ao imóvel matriculado sob o nº 155.938 naquela serventia.

Narra a suscitante que, em 27.11.2019, firmou compromisso de compra e venda do bem. Contudo, teve o registro recusado sob a alegação de ser casada à época da aquisição.

Menciona que contraiu matrimônio em 31.07. 2008, mas não teve contato com o ex-cônjuge desde aquele dia em virtude de abandono do lar. Acrescenta que, em 08.06.2009, propôs ação cautelar de separação de corpos para encerrar formalmente o casamento e, de forma quase simultânea, ao fim de maio do mesmo ano, comprou o imóvel em questão com recursos próprios. Com base nessas razões, conclui que a transação do bem é posterior à separação de fato do casal e não impede o registro.

O Oficial manifestou-se às fls. 124/126, esclarecendo que a suscitante é proprietária do imóvel, adquirido por instrumento particular datado de 14.05.2009, em que foi qualificada como solteira; na apresentação de título seguinte o instrumento de venda do bem, datado de 03.03.2020, Maria Fernanda foi qualificada como divorciada, o que ensejou o pedido de certidão de casamento, mediante a qual se verificou ser a outorgante casada quando da aquisição do imóvel. Justificou, assim, a nota devolutiva com exigência de aditamento do contrato para que o ex-cônjuge também constasse como vendedor, assinando-o. Ressaltou que a sentença de divórcio do casal declara não ter havido partilha de bens pela ausência de aquisição de patrimônio comum, entretanto, ficou facultada discussão em ação própria. Ponderou que, embora somente o divórcio ponha fim à sociedade conjugal, quando há separação cautelar de corpos, é desde esta decisão que se considera encerrado o regime de bens, sendo possível, por esse fundamento, entender pela superação do óbice.

Em complementação seguinte às fls. 129/130, o Registrador apontou que, na verdade, considera o óbice insuperável, por ser necessário intentar a competente ação declaratória de incomunicabilidade para excluir o ex-marido da meação.

O Ministério Público opinou às fls. 131/132, pela manutenção do óbice registrário.

É o relatório.

Fundamento e Decido.

Em que pesem os respeitáveis argumentos sustentados pelo Oficial e pelo Ministério Público, o óbice não merece subsistir.

Andou bem o Registrador em averiguar a irregularidade concernente ao estado civil da parte interessada, Maria Fernanda, no momento de aquisição do imóvel. De fato, são incontroversas as informações no sentido de que ela se casou em 31.07.2008, ou seja, antes de firmar o instrumento particular datado de 14.05.2009 (fl. 17), e teve o divórcio homologado apenas em 06.02.2012 (fls. 71/72), o que leva à conclusão pela copropriedade do ex-cônjuge.

No entanto, algumas peculiaridades do caso devem ser sopesadas.

A sentença homologatória de dissolução do vínculo matrimonial afasta expressamente a aquisição de patrimônio comum na vigência do casamento. Conforme disposto em tópico específico:

*"**3. DOS BENS:** Durante o casamento, as partes não adquiriram patrimônio comum, logo, nada há que partilhar neste processo, ressalvando-se o direito do requerido discutir, em ação própria, eventual união estável entre as partes" (fl. 71).*

Há que se considerar, portanto, que houve decisão judicial sobre esse ponto, com resolução de mérito, nos termos do art. 487, inciso III, do CPC.

A documentação anexada também corrobora esse entendimento de modo seguro.

Depreende-se da cópia dos autos de ações que correram entre a Sra. Maria Fernanda Ribeiro e o ex-marido Adauto Gonçalves da Silva, fls. 26/96, que a ruptura do relacionamento se deu entre o dia do matrimônio e o subsequente. É isso que diz a contestação de fls. 58/61.

Verifica-se a insurgência do ex-cônjuge apenas quanto a supostos direitos na aquisição de imóvel em 2006, distinto daquele objeto deste procedimento basta confrontar os endereços constantes na matrícula de fls. 13/17 e aquele indicado à fl. 75, além do ano de compra.

Não há dúvidas de que, ao transigirem sobre o divórcio, as partes concordaram que a separação de fato se efetivou na sequência do casamento, em 31.07.2008, e, por essa razão, desde então, não constituíram patrimônio comum a ser partilhado.

A única divergência que remanesceu foi em relação a outro bem adquirido em suposta convivência anterior, que não foi confirmada. Daí, a ressalva final sobre se resguardar discussão em ação própria.

Por esses fundamentos, não há como exigir a propositura de ação declaratória de incomunicabilidade de bem, porquanto o contrato de transação da compra pela suscitante foi firmado em 14.05.2009 (fls. 17 e 18/19), ou seja, depois do término do casamento e dentro de período abarcado por decisão judicial sobre a inexistência de patrimônio comum.

No mais, em rasa análise de parte do instrumento particular (fls. 18/19), observasse que os recursos, em maior parte, vieram do FGTS da Sra. Maria Fernanda.

Assim, mostra-se incabível obstar o ingresso registrário com base em união estável sem qualquer notícia de reconhecimento, até porque passaram-se nove anos do divórcio do casal.

Do exposto, julgo **procedente** a dúvida inversa suscitada por **Maria Fernanda Ribeiro** em face do **Oficial do 11º Registro de Imóveis da Capital** e, consequentemente, afasto o óbice registrário.

Não há custas, despesas processuais nem honorários advocatícios decorrentes deste procedimento.

Oportunamente, arquivem-se os autos.

P.R.I.C.

São Paulo, 22 de junho de 2021.

Luciana Carone Nucci Eugênio Mahuad

Juiz de Direito (DJe de 25.06.2021 – SP)

Ementa: Sentença – Pedido de Providências – Pedido de cancelamento da hipoteca sob alegação de ocorrência de perempção – Negativa referente a necessidade de apresentação de mandado judicial ou de instrumento de quitação – Hipoteca constituída há mais de trinta anos – Art. 1485 do CC – Ausência de registro de novo título que reconstitua o gravame – Afastamento do óbice – Procedência

Processo 1050367-70.2021.8.26.0100

Pedido de Providências - REGISTROS PÚBLICOS - João Fernando Gomiero - Diante do exposto, JULGO PARCIALMENTE PROCEDENTE o pedido de providências formulado por João Fernando Gomiero para determinar que o Oficial do 6º Registro de Imóveis da Capital devolva para a parte requerente os emolumentos relativos à averbação do óbito do coproprietário, no valor de R$88,29, admitida sua compensação com os emolumentos correspondentes ao registro, ainda pendente, da reversão requerida. Deste procedimento não decorrem custas, despesas processuais e honorários advocatícios. Oportunamente, ao arquivo com as cautelas de praxe. P.R.I.C. - ADV: CRISTIANE OLIVEIRA MARQUES (OAB 156837/SP)

Íntegra da decisão:

SENTENÇA

Processo Digital nº: **1050367-70.2021.8.26.0100**

Classe - Assunto **Pedido de Providências - REGISTROS PÚBLICOS**

Requerente: **João Fernando Gomiero**

Requerido: **6º Oficial de Registro de Imóveis da Capital**

Juiz(a) de Direito: Dr(a). **Luciana Carone Nucci Eugênio Mahuad**

Vistos.

Trata-se de pedido de providências formulado por **João Fernando Gomiero** em face do **Oficial do 6º Registro de Imóveis da Capital**, alegando cobrança indevida de emolumentos para averbação do falecimento do nu-proprietário e reversão da propriedade em favor dos usufrutuários, defendendo ser hipótese de averbação sem valor declarado. Juntou os documentos de fls. 04/21.

O Oficial se manifestou às fls. 25/27, sustentando a regularidade da cobrança com base no item 2.1 das Notas Explicativas da Tabela de Registro de Imóveis do Estado de São Paulo, admitindo o equívoco na cobrança do valor inicialmente pago pelo interessado, o qual será abatido por ocasião da nova averbação.

O Ministério Público se manifestou pela parcial procedência, nos termos da manifestação do delegatário (fls. 30/32).

É o relatório.

Fundamento e DECIDO.

No mérito, o pedido é parcialmente procedente. Vejamos os motivos.

A parte requerente aduz que solicitou averbação na matrícula nº 184.461 do falecimento de seu filho Bruno Freitas Gomiero, o qual havia recebido, ao lado de seu irmão Felipe, a nua propriedade do imóvel por doação com reserva de usufruto e cláusula de reversão (fls. 07/11).

A averbação foi realizada parcialmente, sem considerar a reversão solicitada, com cobrança de R$88,29 (fls. 04, 11 e 21).

Ao requerer a complementação da averbação, obteve resposta favorável ao novo registro, mas com a condição de depósito prévio dos respectivos emolumentos, no importe de R$750,47, com os quais não concorda por entender que não se trata de negócio novo, mas de mera restauração da situação primitiva ante o implemento da condição resolutiva (sobrevivência ao donatário). Por não se tratar de ato oneroso, conclui que a averbação deve ser sem valor declarado, nos termos do item 2.4 das Notas Explicativas da Tabela de Registro de Imóveis do Estado de São Paulo.

Ocorre que a reversão implica movimentação patrimonial e consequente "alteração da coisa", conforme item 2.1 das Notas Explicativas mencionadas pelo Oficial suscitado, o qual define as situações de averbação com valor declarado.

Note-se que os imóveis doados passam, desde o momento da transcrição, para o domínio do donatário.

Com o falecimento do doador/usufrutuário, o usufruto naturalmente se extingue, sem interferir no patrimônio do titular do domínio, em favor de quem apenas se consolida a plena propriedade.

Todavia, na situação inversa, como se apresenta no caso concreto, em que o doador/usufrutuário sobrevive ao donatário, implementando-se a condição resolutiva, o domínio retorna ao doador, com incremento do patrimônio que havia diminuído com a doação. É o valor desse incremento patrimonial objeto da averbação que se considera declarado para fins de apuração dos emolumentos.

Convém destacar que a reversão do domínio consolida a propriedade em favor do doador/usufrutuário, extinguindo, por consequência, o usufruto, nos termos do artigo 1.410, inciso VI, do Código Civil, o qual determina o cancelamento do respectivo registro no Cartório de Registro de Imóveis.

Neste ponto, portanto, o pedido de providências não pode ser acolhido.

Por outro lado, não há controvérsia quanto à insuficiência da Av. 12, da matrícula nº 184.461, que se limitou ao apontamento do óbito do donatário sem mencionar a reversão, o que ocorreu por mero equívoco na interpretação do requerimento, sendo que o Oficial suscitado já se prontificou a abater dos emolumentos devidos o valor anteriormente pago. Desnecessária, neste contexto, apuração no âmbito disciplinar.

Sendo assim, o pedido de devolução do valor de R$88,29 deve ser acolhido.

Diante do exposto, **JULGO PARCIALMENTE PROCEDENTE** o pedido de providências formulado por **João Fernando Gomiero** para determinar que o **Oficial do 6º Registro de Imóveis da Capital** devolva para a parte requerente os emolumentos relativos à averbação do óbito do coproprietário, no valor de R$88,29, admitida sua compensação com os emolumentos correspondentes ao registro, ainda pendente, da reversão requerida.

Deste procedimento não decorrem custas, despesas processuais e honorários advocatícios.

Oportunamente, ao arquivo com as cautelas de praxe.

P.R.I.C.

São Paulo, 17 de junho de 2021.

Luciana Carone Nucci Eugênio Mahuad

Juiz de Direito (DJe de 22.06.2021 – SP)

Ementa: Sentença – Pedido de Providências – Pedido de cancelamento da hipoteca sob alegação de ocorrência de perempção – Negativa em razão da Hipoteca ter sido registrada sob a égide do Código Civil de 1916 – Prazo de validade de trinta anos – Existência de averbação de Penhora – Impossibilidade de implementar a perempção – Manutenção do óbice – Improcedência

Processo 1037131-51.2021.8.26.0100

Pedido de Providências - Registro de Imóveis - Roberto Mauricio – Teresa Maria da Silveira Mauricio - Diante do exposto, julgo improcedente o pedido de providências formulado por Mauro Peres, em face do Oficial do 10º Registro de Imóveis da Capital. Deste procedimento não decorrem custas, despesas processuais e honorários advocatícios. Oportunamente remetam-se os autos ao arquivo. P.R.I.C. - ADV: MIGUEL DARIO DE OLIVEIRA REIS (OAB 111133/SP)

Íntegra da decisão:

SENTENÇA

Processo Digital nº: **1037131-51.2021.8.26.0100**

Classe - Assunto **Pedido de Providências - Registro de Imóveis**

Requerente: **Roberto Mauricio e outro**

Requerido: **10º Oficial de Registro de Imóveis da Capital**

Juiz(a) de Direito: Dr(a). **Vivian Labruna Catapani**

Vistos.

Trata-se de **pedido de providências** formulado por **Roberto Mauricio** e **Teresa Maria da Silveira Mauricio** em face do **Oficial do 10º Registro de Imóveis da Capital**, pretendendo o cancelamento de hipoteca constante na matrícula nº 53.413 daquela serventia, por força de perempção.

Relatam que há hipoteca constituída sobre o imóvel, datada de 22.04.1999, cujo registro tem por base escritura lavrada pouco antes, em 08 de abril. Sustentam que as hipotecas pactuadas na vigência do Código Civil de 2002, antes da alteração do art. 1.485 pela Lei nº 10.931/2004, extinguir-se-ão em vinte anos, de acordo com a lei do tempo de sua constituição, visto que inovações legislativas não afetam direitos sujeitos a prazo de decadência. Juntaram os documentos de fls. 7/40.

O Registrador manifestou-se à fl. 44, anexando a documentação de fls. 45/52.

Aduz que, ao contrário do alegado, a hipoteca fora registrada sob a égide do Código Civil de 1916, que, em seu art. 817 c.c. 830, previa o prazo de validade de 30 anos do gravame quando não renovada a especialização da hipoteca. Ressalta, ainda, que há na matrícula averbação de penhora do imóvel, determinada em execução civil movida pelo banco credor.

O Ministério Público ofertou parecer às fls. 56/58, opinando pelo indeferimento do pedido.

É o relatório.

Passo a fundamentar e a decidir.

Assiste razão ao Registrador, bem como ao membro do *Parquet*.

De acordo com a matrícula acostada às fls. 45/50, por meio de escritura lavrada em 08 de abril de 1999, os requerentes deram em hipoteca o imóvel ali versado em benefício do Banco Luso Brasileiro S/A, como garantia de obrigações assumidas por Romatel Indústria e Comércio de Equipamentos Eletrônicos Ltda. (R. 04 fl. 46). Posteriormente (Av. 08 fl. 48), consta a penhora do bem, constituída a partir de certidão judicial expedida em 17.09.2012, pela 4ª Vara Cível do Foro Regional Lapa, emitida por determinação exarada nos autos de execução civil movida pelo credor hipotecário.

À época em que firmada a hipoteca (1999), o prazo de validade da garantia era regido pelo art. 817 do Código Civil de 1.916, cuja redação, trazida pela Lei nº 5.652/70, estabelecia o lapso de 30 anos, contados da data do contrato. O dispositivo previa, também que, perfazendo-se esse prazo, o gravame só subsistiria se houvesse nova inscrição que o reconstituísse.

É esse prazo decadencial de trinta anos, ainda em curso, que se aplica ao caso, porquanto vigente no momento em que se pactuou a garantia, bem como por refletir os termos atuais do art. 1.485 do CC/02.

Não há que se cogitar a incidência do prazo de vinte anos, que prevaleceu no período compreendido entre a entrada em vigor do Código Civil de 2002, em janeiro de 2003, e a edição da Lei nº 10.931/2004, visto que nem mesmo a redação do art. 2.028 do CC permitiria tal conclusão (eis que não decorrido mais da metade do prazo antigo quando da entrada em vigor do CC). Como os termos *a quo* e final do prazo não se efetivaram naquele curto período de modificação legislativa, a regra a ser contemporizada é aquela hoje inserta no diploma legal, a saber:

> *Art. 1.485. Mediante simples averbação, requerida por ambas as partes, poderá prorrogar-se a hipoteca, até 30 (trinta) anos da data do contrato. Desde que perfaça esse prazo, só poderá subsistir o contrato de hipoteca reconstituindo-se por novo título e novo registro; e, nesse caso, lhe será mantida a precedência, que então lhe competir.*

De tal modo, não se verifica o implemento da perempção, o que, por si só, afasta a possibilidade de cancelamento da hipoteca nos moldes pretendidos.

No mais, considerando que a penhora averbada no final da matrícula indica a judicialização da dívida garantida, há mais um motivo para negar o pedido. Como se extrai de precedente da E. Corregedoria Geral da Justiça: "*Exercido o direito de ação pelo credor hipotecário, não é possível reconhecer neste procedimento administrativo unilateral, do qual referido credor não participa, a perempção da garantia e a conseqüente inexistência do direito real por aquele invocado na via jurisdicional*" (Processo CG nº 189/2005, parecer elaborado pela MM. Juíza Fátima Vilas Boas Cruz em 28.04.2005).

Diante do exposto, **julgo improcedente** o **pedido de providências** formulado por **Mauro Peres**, em face do **Oficial do 10º Registro de Imóveis da Capital**.

Deste procedimento não decorrem custas, despesas processuais e honorários advocatícios.

Oportunamente remetam-se os autos ao arquivo.

P.R.I.C.

São Paulo, 10 de maio de 2021.
Vivian Labruna Catapani
Juíza de Direito (DJe de 13.05.2021 – SP)

Ementa: Sentença – Pedido de Providências – Requerimento de averbação de decisão do E. Tribunal de Justiça – Pedido pela Requerente de reconhecimento de nulidade de pleno direito quanto ao registro da Hipoteca – Impossibilidade – Esclarecimento do Registrador de que o ingresso da hipoteca está correto sob o aspecto extrínseco formal, bem como de que a indisponibilidade do bens averbada não impedia o registro do gravame – Art. 16 do Provimento CNJ nº 39/2014 – Decisão apresentada que não modifica a situação do imóvel – Inexistência de vício na qualificação realizada pelo Oficial – Ausência de irregularidade – Improcedência

Processo 1096431-75.2020.8.26.0100 .

Pedido de Providências - Averbação ou registro de sentença na matrícula do imóvel - Acerland Brasil Desenvolvimento Imobiliário Limitada - Antonio Rahme Amaro e s/m Maria Amélia Seabra de Amaro – Aldo Antonio Masi – Vera Lucia Masi e outro - Do exposto, julgo improcedente o pedido de providências formulado por Acerland Brasil Desenvolvimento Imobiliário Ltda. em face do Oficial do 2º Registro de Imóveis da Capital. Deste procedimento não decorrem custas, despesas processuais e honorários advocatícios. Oportunamente remetam-se os autos ao arquivo. P.R.I.C. - ADV: MARCELO REINA FILHO (OAB 235049/SP), ANDRE MILCHTEIM (OAB 196611/SP), PAULO HAMILTON SIQUEIRA JUNIOR (OAB 130623/SP), MARIANA GUILARDI GRANDESSO DOS SANTOS (OAB 185038/SP), CID FLAQUER SCARTEZZINI FILHO (OAB 101970/SP), MARCELO MIRANDA BALADI (OAB 130465/SP), EDUARDO PELLEGRINI DE ARRUDA ALVIM (OAB 118685/SP)

Íntegra da decisão:

SENTENÇA

Processo Digital nº: **1096431-75.2020.8.26.0100**

Classe - Assunto **Pedido de Providências - Averbação ou registro de sentença na matrícula do imóvel**

Requerente: **Acerland Brasil – Desenvolvimento Imobiliário Limitada**

Requerido: **2º Oficial de Registro de Imoveis da Capital**

Juiz(a) de Direito: Dr(a). **Vivian Labruna Catapani**

Vistos.

Trata-se de **pedido de providências** formulado por **Acerland Brasil Desenvolvimento Imobiliário Ltda.** em face do **Oficial do 2º Registro de Imóveis da Capital**, em razão da recusa de averbação de decisão do E. Tribunal de Justiça envolvendo o imóvel matriculado sob o nº 98.118 daquela serventia.

Alega que o ato pretendido vem amparado pelo art. 167, II, 12, da LRP, sendo que o julgado apresentado definiu de modo expresso que, diferentemente do assentado em matrícula, não houve hipoteca judiciária sobre o imóvel, mas ato voluntário de entrega de bem próprio em garantia de dívida alheia, a caracterizar hipoteca convencional. Enfatiza que busca apenas exercer direito à publicidade e que o mandado judicial antes averbado foi exarado em desfavor de pessoas executadas (Aldo e Vera), as quais nunca ostentaram a titularidade do imóvel. Aduz que o mandado fora inadvertidamente admitido como ordem judicial, com registro disruptivo da corrente dominial, em ofensa ao princípio da continuidade.

Afirma, ainda, que o Oficial deixou de anotar a prevalência de constrição de indisponibilidade imposta pela Justiça Federal em detrimento do gravame (hipoteca) exarado *a posteriori* pelo Juízo Estadual, descumprindo, assim, o art. 16 do Provimento CNJ 39/2014. Acusa o registro de defeituoso, com potencial para lhe causar graves prejuízos, uma vez que a requerente está sendo submetida a processo expropriatório. Por esses fundamentos, requer o reconhecimento de nulidade de pleno direito (art. 214 da LRP), bem como a concessão de tutela de urgência de bloqueio da matrícula. Subsidiariamente, pugna pela averbação da decisão colegiada e pela regularização da constrição hipotecária com anotação da prevalência de indisponibilidade. Juntou os documentos de fls. 18/113, complementados às fls. 141/145.

Indeferido o pleito liminar, determinou-se a intimação dos interessados Antonio Rahme Amaro, Maria Amélia Seabra de Amaro, Eduardo Rahme Amaro, Aldo Antonio Masi e Vera Lúcia Mais (fls. 115/116).

Ao se pronunciar (fls. 148/149), o Registrador sustentou que o ingresso da hipoteca sob nº 04, em 21/06/2011, está correto sob o aspecto extrínseco formal, sendo que o registro de nº 08 é resultado de determinação judicial da 10ª Vara Cível do Foro Central.

Antonio Rahme Amaro, Maria Amélia Seabra de Amaro e Eduardo Rahme Amaro impugnaram à pretensão, anexando documentos (fls. 170/355). Apontaram que a presente demanda, assim como diversos atos praticados por Acerland, Aldo, Vera, bem como por Centro

Automotivo Concorde Ltda. (de propriedade de Aldo) e pelo terceiro Sérgio Francisco Davoli, têm como único objetivo impedir a execução de acordo judicial transitado em julgado. Explicaram que, em ação de despejo proposta pela Acerland contra os impugnantes foi realizada audiência de conciliação, em abril de 2006, na qual se firmou acordo judicial estabelecendo obrigações recíprocas, dentre as quais a devolução de cotas sociais da empresa Centro Automotivo Concorde Ltda. para Aldo e Vera. Acrescentaram que, como garantia do acordo, deveria ser ofertado imóvel por estes últimos, o que se operou com a indicação do bem em questão, com anuência da proprietária Acerland. Narraram que o primeiro registro da hipoteca, sob nº 04, continha equívoco relativo ao outorgado, constante como Centro Automotivo Concorde Ltda. Ressaltaram, também, que foi determinada a execução do acordo em ação autônoma, quando se entendeu que a Acerland não deveria compor a lide, pois as obrigações foram assumidas por Aldo e Vera, entretanto, o feito tramitou e resultou em leilão eletrônico do bem, inclusive, com informação do leiloeiro ao Juízo que decretou a indisponibilidade averbada na matrícula, sem que houvesse objeção apresentada pelos reclamantes. Salientaram que foram julgados improcedentes os embargos de terceiro opostos pela Acerland para obstar a satisfação do crédito. Com base nessas razões, defenderam a rejeição do pedido.

Aldo Antonio Masi se manifestou às fls. 356/380, endossando os argumentos da requerente sobre: a quebra da cadeia dominial ("executados não proprietários"), que implicaria em nulidade de pleno direito; e as diligências exigidas pelo Provimento CNJ 39/2014 para prevalência do gravame hipotecário sobre a indisponibilidade decretada pela Justiça Federal. No mais, assinalou haver presunção de veracidade dos fatos não impugnados pela família Amaro, por ausência de impugnação específica dos principais temas de Direito Registral.

Às fls. 383/391, Vera Lúcia Masi reforçou que a hipoteca firmada pela Acerland é da espécie convencional e não judicial, o que implicaria em nulidade de pleno direito, ou ao menos retificação do registro, permitindo-se ainda que subsidiariamente a averbação do acórdão trazido às fls. 28/37. Anexou os documentos de fls. 392/606.

Às fls. 617/618, o Oficial complementou que: não lhe cabe adentrar no mérito de ordem judicial da 10ª Vara Cível da Capital, motivo pelo qual procedeu o registro da hipoteca judicial sob nº 08; a indisponibilidade dos bens averbada sob nº 07 não impedia o registro do gravame porque não havia transmissão de domínio; outro Juízo da 35ª Vara Cível da Capital determinou que se fizesse averbação para restabelecimento da hipoteca sob nº 04, tornando sem efeito os atos de nº 5 e 6.

Houve novas manifestações da requerente às fls. 631/638, de Aldo Antonio Mais às fls. 639/654 e de Antonio Rahme Amaro e outros às fls. 656/662.

O Ministério Público opinou pela parcial procedência (fls. 664/666), por entender que a prévia averbação da indisponibilidade obstaria o registro de hipoteca.

É o relatório. Decido.

Os argumentos aventados pela requerente não ensejam o reconhecimento de nulidade de pleno direito quanto ao registro da hipoteca.

De acordo com o disposto na Lei nº 6.015/73:

> "**Art. 214** - *As nulidades de pleno direito do registro, uma vez provadas, invalidam-no, independentemente de ação direta.*"

A leitura desse comando legal passa pela compreensão de que, nesta esfera administrativa, somente poderá ser declarada nulidade caso constatado vício formal no ingresso registrário. Inexistindo irregularidade na qualificação feita pelo registrador, que se dá mediante exame extrínseco do título, descabe perseguir questões subjacentes à sua constituição.

É a partir dessa concepção restrita que serão analisadas as teses dos autos.

Defende a requerente que o mandado que originou o registro de hipoteca (R. 08 – fl. 54) foi recepcionado de forma equivocada como ordem judicial e, por isso, resultou em afronta ao princípio da continuidade registrária.

De fato, o registrador deve proceder de maneira distinta ao se deparar com um título ou uma ordem judicial. O título judicial se submete à qualificação negativa pelo Oficial e permite que sejam apontadas eventuais questões a serem superadas antes do ingresso no fólio real.

Por sua vez, a ordem judicial não admite tal exame e exige, desde logo, o cumprimento.

Na prática, o reconhecimento da ordem judicial se dá, em geral, pela expedição de mandado com apontamento específico do ato a ser praticado, indicando sua prevalência a despeito de algum óbice a princípio existente.

Pelo que se observa à fl. 59, fora apresentado ao registrador um título e não uma ordem. No entanto, essa conclusão não conduz à verificação de violação à continuidade registrária.

Conforme previsto nos arts. 195 e 237 da Lei n. 6.015/73:

Art. 195 Se o imóvel não estiver matriculado ou registrado em nome do outorgante, o oficial exigirá a prévia matrícula e o registro do título anterior, qualquer que seja a sua natureza, para manter a continuidade do registro.

Art. 237 Ainda que o imóvel esteja matriculado, não se fará registro que dependa da apresentação de título anterior, a fim de que se preserve a continuidade do registro.

Como se nota, segundo tal princípio, deve haver um encadeamento entre os registros na matrícula ou transcrição do imóvel, de modo que determinado direito só pode ser alienado ou transferido caso seu titular dele tenha disponibilidade, assim constatado no fólio registral, a fim de evitar que qualquer pessoa transmita a terceiros mais direitos do que possui.

No caso em análise, a constrição gravada sobre o imóvel não decorreu de simples decisão em desfavor dos executados Aldo e Vera, como sustenta a Acerland, mas sim de garantia oferecida pela própria Acerland à dívida de terceiros, como fica claro às fls. 379/380. A hipoteca, portanto, tem por base a titularidade do imóvel pertencente à empresa, que inclusive é referida como interessada no registro (fl. 54), não se vislumbrando quebra da cadeia dominial.

Ademais, como bem ponderou o i. representante do *Parquet* (fl. 665): *Ora, é sabido que um terceiro, seja pessoa física ou jurídica, pode ser garante de dívida alheia, com a oferta de um imóvel em garantia real (hipoteca). Neste caso, o garantidor não precisa integrar o polo passivo da execução, bastando ser intimado em eventual penhora para, em querendo, apresentar embargos de terceiros (neste sentido: REsp 1.649.154; TJSP, Agravo de Instrumento 2112202-85.2020.8.26.0000), o que foi feito no caso em tela.*

Não há que se falar, assim, de modo algum, em vício na qualificação efetuada pelo Oficial Registrador.

No que se refere à pretensão de averbação em matrícula do teor do acórdão de fls. 28/37, verifica-se que a decisão proferida em apelação interposta contra embargos de terceiro em nada modifica a situação do imóvel, restringindo-se a afastar a existência de irregularidade na constituição da garantia ofertada pela ora requerente.

Nos termos do dispositivo da Lei de Registros Públicos que regula essa espécie de ato:

Art. 167 - No Registro de Imóveis, além da matrícula, serão feitos.

(...)

II - a averbação:

(...)

12) das decisões, recursos e seus efeitos, que tenham por objeto atos ou títulos registrados ou averbados;

Aqui, é necessário ter em mente que apenas decisões que atinjam diretamente o conteúdo da matrícula merecem ser resguardadas pela averbação. Como já decidiu a E. Corregedoria da Justiça no Processo nº 1030481-25.20158.26.0576:

Não há dúvida de que decisões judiciais podem ser averbadas e de que o rol previsto no artigo 167, II, da Lei n.° 6.015/73 é exemplificativo. Todavia, isso não pode servir de justificativa para a inscrição de decisões cujo teor não interesse ao fólio real, sob pena de transformar o registro imobiliário em repositório de dados inúteis (Parecer nº 264/2016-E elaborado pelo MM. Juiz Assessor Carlos Henrique André Lisboa, aprovado pelo Des. Pereira Calças em 05.12.2016).

A motivação da requerente para o pedido de averbação é o intuito de dar publicidade à classificação apontada de forma incidental no corpo do acórdão, no qual se entendeu que o registro da garantia versa sobre hipoteca convencional e não judiciária, como consta na matrícula.

Ocorre que o julgado contém diversos fundamentos e não exaure esse ponto como se mérito fosse, apenas declinando em raciocínio concatenado um dos aspectos que, na compreensão do eminente Relator, caberia para refutar as alegações do recurso.

Muito embora na vigência do atual Código de Processo Civil de 2015 não mais se entenda que apenas o dispositivo transita em julgado, não se está diante de questão prejudicial decidida, regida pelo art. 503, §1º, daquele diploma.

Logo, o pleito de averbação de acórdão não se sustenta, sequer havendo amparo para retificação de ofício.

Por último, a preexistência de indisponibilidade averbada também não invalida o registro da hipoteca realizado.

À luz do que prevê o art. 16 do Provimento CNJ 39/2014:

*Art. 16. As indisponibilidades averbadas nos termos deste Provimento e as decorrentes do § 1º, do art. 53, da Lei nº 8.212, de 24 de julho de 1991, **não impedem a inscrição de constrições judiciais**, assim como **não impedem o registro da alienação judicial do imóvel desde que a alienação seja oriunda do juízo que determinou a indisponibilidade, ou a que distribuído o inquérito civil público e a posterior ação desse decorrente, ou que consignado no título judicial a prevalência da alienação judicial em relação à restrição oriunda de outro juízo ou autoridade***

administrativa a que foi dada ciência da execução.

Parágrafo único. Consistindo eventual exigência para o registro de alienação judicial de imóvel atingido por ordem de indisponibilidade na falta de indicação, no título, da prevalência da alienação judicial em relação à restrição oriunda de outro juízo ou autoridade administrativa a que foi dada ciência da execução, será o fato comunicado ao Juízo que expediu o título de alienação, visando sua complementação, ficando prorrogada a prenotação por 30 dias contados da efetivação dessa comunicação. (**grifo nosso**).

A redação do *caput* desse dispositivo divide-se em duas partes. A primeira é clara ao dizer que a indisponibilidade não implica óbice à inscrição de constrição (como o é a hipoteca). A segunda acresce o registro da alienação judicial a essa regra, contudo, para esta hipótese, instituiu a observância de outros requisitos, dentre os quais, a indicação em título judicial sobre a prevalência em relação a outra restrição. Isso significa que a prática de hipoteca não se sujeita às instruções finais do artigo.

A propósito, até no tocante ao ingresso de alienação judicial, já se mitigou as exigências da norma em comento.

Nesse sentido, confira-se jugado do o E. Conselho Superior da Magistratura:

REGISTRO DE IMÓVEIS – Dúvida Carta de Adjudicação – Ordem de indisponibilidade emanada de Juízo diverso daquele em que arrematado o imóvel – Provimento 39/14 do CNJ que, em seu artigo 16, permite o registro, ainda que faça alusão à menção, na carta de arrematação, de "prevalência da alienação judicial em relação à restrição oriunda de outro juízo" – Prescindibilidade de previsão expressa - Prevalência ínsita à própria expedição da carta de arrematação – Entendimento pacífico e reiterado deste Conselho Superior da Magistratura – Precedentes das Câmaras de Direito Privado e de Direito Público deste E. TJSP, bem como do C. STJ - Dúvida improcedente – Recurso provido. (Apelação Cível nº 1011373-65.2016.8.26.0320; Relator Pereira Calças; j. em 05/12/2017).

Por corolário, nada há de irregular no registro da constrição hipotecária. E nem há que se cogitar a anotação de prevalência de indisponibilidade, pois eventual discussão sobre a preferência, de caráter material, não compete a este Juízo administrativo.

Do exposto, **julgo improcedente** o **pedido de providências** formulado por **Acerland Brasil Desenvolvimento Imobiliário Ltda.** em face do **Oficial do 2º Registro de Imóveis da Capital**. Deste procedimento não decorrem custas, despesas processuais e honorários advocatícios.

Oportunamente remetam-se os autos ao arquivo.

P.R.I.C.

São Paulo, 20 de abril de 2021.

Vivian Labruna Catapani

Juíza de Direito

(DJe de 26.04.2021 - SP)

Ementa: Sentença – Pedido de Providências – Pedido de cancelamento da hipoteca sob alegação de ocorrência de perempção – Óbice registrário em razão da necessidade de autorização do credor hipotecário – Hipotecas constituídas há mais de trinta anos – Art. 1485 do CC – Ausência de registro de novo título reconstituindo o gravame – Afastamento do óbice – Determinação do cancelamento pleiteado – Procedência

Processo 1028984-36.2021.8.26.0100

Pedido de Providências - Cancelamento de Hipoteca - Lourdes de Oliveira Bastos - Vistos. Primeiramente, tendo em vista o documento juntado à fl. 09, defiro à requerente a prioridade na tramitação do feito. Anote-se, tarjando os autos. Trata-se de pedido de providências formulado por Lourdes de Oliveira Bastos em face do Oficial do 5º Registro de Imóveis da Capital, pretendendo o cancelamento de hipoteca constante na matrícula nº 25.438 daquela serventia, por força de perempção. Relata que, a fim de cumprir exigência do Oficial pela apresentação de autorização do credor hipotecário, realizou pesquisa na internet e observou que a empresa Cia. Siderúrgica Belgo Mineira alterou sua denominação social para Arcelor Brasil S/A e esta foi incorporada pela Belgo Siderúrgica S/A, que, posteriormente, passou a ser denominada Arcelormittal Brasil, a qual em nova incorporação com a Bekaert formou, por fim, a empresa Belgo Bekaert Arames. Narra que obteve carta de cancelamento do gravame desta última, entretanto, novas exigências voltadas a comprovar as alterações e incorporações foram feitas. Assim, pela dificuldade de cumpri-las, a requerente pretende a averbação do cancelamento por perempção, pois decorridos 38 anos do ato praticado, sem ajuizamento de execução ou cobrança. Juntou os documentos de fls. 8/28. O Registrador manifestou-se às fls. 32/34. Explicou que o título foi devolvido com base na regra dos arts. 251 e 252 da LRP. Ponderou que a regularização das sucessivas transformações sociais da credora hipotecária, de fato, representaria um custo excessivo, logo, assinalou ser possível decidir com base no princípio da economia processual-registral, tendo por fundamento o art. 817 do CC/16 e atual art. 1.485 do atual diploma. O Ministério Público ofertou parecer às fls. 37/42, opinando pelo deferimento do pedido, com cancelamento do gravame. É o relatório. Passo a fundamentar e a decidir. Com efeito, os argumentos levantados até mesmo pelo Registrador e reiterados pelo representante do Parquet impõem-se na solução do caso, de forma que os óbices apontados, referentes à averbação das alterações sofridas pela credora hipotecária, restem superados. De acordo com o disposto na Lei de Registros Públicos: Art. 251 - O cancelamento de hipoteca só pode ser feito: I - à vista de autorização expressa ou quitação outorgada pelo credor ou seu sucessor, em instrumento público ou particular; II - em razão de procedimento administrativo ou contencioso, no qual o credor tenha sido intimado (art. 698 do Código de Processo Civil); III - na conformidade da legislação referente às cédulas hipotecárias. Conforme parecer do MM. Juiz Marcelo Fortes Barbosa Filho elaborado no Proc. CG 346/2002, aprovado em 06.02.2002 pelo Corregedor Geral da Justiça à época, Des. Luiz Tâmbara, o rol previsto no art. 251 é numerus clausus, devendo, como regra, ser observado. Contudo, se verificada a perempção, é possível operar-se averbação de ofício: Para que subsistisse a hipoteca, a prorrogação de sua inscrição deveria ter sido promovida dentro do prazo de trinta anos, vencido em 27.07.1986, e, como não o foi, a garantia real perimiu, eis que não se admite sua perpetuidade, cessando, então, a inscrição de produzir seus efeitos próprios (Caio Mário da Silva Pereira. Instituições de direito civil. 2. ed. Rio de Janeiro: Forense, 1974. vol. IV, p. 352-353). Ora, caracterizada a perempção, operada pelo simples decurso de um prazo legal insusceptível de suspensão ou interrupção, conforme o explicitado pelo C. Conselho Superior da Magistratura quando do julgamento da Ap 256.993, da Comarca da Capital (rel. Des. Acácio Rebouças, j. 13.01.1977, RDI 3/121), não há necessidade de ordem judicial para que seja promovida averbação correspondente. Assim, entendo ser possível, de ofício, seja determinada a realização de averbação, reportada a perempção da hipoteca em apreço, o que, apesar de não caracterizar um cancelamento, indicará não produzir a inscrição quaisquer novos efeitos. O prazo legal a que se refere a decisão, antes regido pelo art. 887 do CC/16, vem atualmente regido pelo art. 1.485 do CC/2002: Art. 1.485. Mediante simples averbação, requerida por ambas as partes, poderá prorrogar-se a hipoteca, até 30 (trinta) anos da data do contrato. Desde que perfaça esse prazo, só poderá subsistir o contrato de hipoteca reconstituindo-se por novo título e novo registro; e, nesse caso, lhe será mantida a precedência, que então lhe competir. De tal modo, no decurso do prazo legal de 30 anos, sem a celebração de novo contrato, a hipoteca perde seus efeitos. Depreende-se do R. 09 da matrícula do imóvel (fls. 23/28) que a hipoteca foi registrada em 30 de junho de 1982, portanto, na ausência de registro subsequente de novo título a reconstituí-la, houve perempção. A partir de constatação análoga, já se reconheceu a possibilidade de averbação da perempção em mais de um julgado da E. Corregedoria Geral da Justiça: Processo CJ nº 904/2003 parecer do MM. Juiz Assessor Claudio Luiz Bueno de Godoy, elaborado em 25.09.2003; Processo CJ nº 07/2004, parecer do MM. Juiz Assessor José Antonio de Paula Santos Neto, elaborado em 02.02.2004; e Processo CJ nº 2014/118757, parecer do MM. Juiz Assessor Gustavo Henrique Bretas Marzagão, aprovado pelo Exmo. Des. Hamilton Elliot Akel em 27.08.2014. Neste último, ressaltou-se também que a averbação da perempção resulta em cancelamento da hipoteca, afirmação consignada com base em entendimento firmado em embargos de declaração no Proc. GG nº 788/2005, em decisão proferida em 25.10.2005 pelo Exmo. Des. José Mário Antonio Cardinale, à época Corregedor Geral da Justiça, cujo trecho se transcreve: ...o almejado reconhecimento da perempção importa sim cancelamento da hipoteca, não tendo a decisão embargada incorrido em qualquer imprecisão técnica. Ainda que a postulação formulada não faça referência a cancelamento de hipoteca, certo é que a pretendida extinção do registro, ainda que decorrente de situação fática vinculada ao decurso do tempo, produz necessária e automaticamente aquele resultado. Como ensina Narciso Orlandi Neto: 'O cancelamento de um ato do registro significa a retirada de seus efeitos do mundo jurídico. Melhor dizendo, cancelado o registro, desaparece a publicidade e, com ela, os efeitos que ele produziria em relação a terceiro. Num sistema como o nosso, em que o registro tem eficácia constitutiva, aparece um efeito paralelo, de conteúdo negativo; ele é também extintivo do registro anterior...'. (Retificação do Registro de Imóveis, 1997, Livraria Del Rey, Editora Oliveira Mendes, pág. 254). E, nos expressos termos do artigo 248 da Lei de Registros Públicos, 'o cancelamento efetuar-se-á mediante averbação'. Não bastasse, o proceder do ato de ofício fora objeto de norma regulatória prevista no item XXXII do Provimento nº 1/1988 desta Corregedoria Permanente, editado pelos hoje Desembargadores José Renato Nalini e Ricardo Henry Marques Dip, com a seguinte redação: XXXII. Além das hipóteses previstas no item 122, cap. XX, das NORMAS DE SERVIÇO DA CORREGEDORIA

GERAL DA JUSTIÇA, poderá averbar-se, por instância ou EX-OFFICIO, o cancelamento de registro de hipoteca perempta. Ante tais precedentes e fundamentos, perfilha-se o entendimento de que a averbação do cancelamento de hipoteca pode se operar de ofício se constatada a perempção, fato jurídico a ser verificado na ausência de registro de novo título reconstituindo o gravame, quando decorridos 30 anos da formalização. Na incidência do art. 1.485 do CC/02, que regula a matéria, nem mesmo se deve exigir a intimação da credora, pois inaplicável o art. 251, II, da LRP (cf. decisão no Processo CJ nº 07/2004 supracitado). Ademais, na espécie, a própria hipoteca constituída em 1982 indicava a vigência pelo prazo de 5 (cinco) anos (fl. 25). Diante do exposto, julgo procedente o pedido de providências formulado por Lourdes de Oliveira Bastos em face do Oficial do 5º Registro de Imóveis da Capital, para determinar o cancelamento do registro de hipoteca. Deste procedimento não decorrem custas, despesas processuais e honorários advocatícios. Oportunamente remetam-se os autos ao arquivo. P.R.I.C. - ADV: HORACIO SERGIO ANDRADE ELVAS (OAB 233969/SP)

Ementa: Sentença – Pedido de Providências – Pedido de cancelamento da hipoteca sob a alegação de decurso do prazo de vigência da garantia – Informação pelo Registrador de que é necessária autorização da credora – Art. 250, II, da LRP – Incompetência do juízo administrativo – Matéria reservada à esfera jurisdicional – Ausência de preenchimento dos requisitos – Art. 251, da LRP – Risco de prejuízos à credora – Improcedência

Processo 1092131-70.2020.8.26.0100

Pedido de Providências - Registro de Imóveis - 4º Oficial de Registro de Imóveis da Capital - Tricury Empreendimentos S/c Ltda e outro - Vistos. Trata-se de pedido de providencias formulado pelo Oficial do 4º Registro de Imóveis da Capital, a requerimento de Tricury Empreendimentos S/C LTDA, a qual pleiteia o cancelamento da hipoteca registrada sob nº 03, nas matrículas nºs 133.775, 133.776, 133.777 e 133.778, sob a alegação de decurso do prazo de vigência da garantia de 20 anos, entabulada entre as parte por escritura pública lavrada em 08.06.1999. O pedido foi qualificado negativamente em razão da necessidade de autorização da credora Raizen Combustíveis S/A, atual denominação da Shell Brasil S/A, em atenção ao disposto no artigo 250, II da Lei de Registros Públicos. Esclarece o registrador que que os imóveis mencionados foram penhorados por determinação do MMº Juízo da 6ª Vara Cível do Foro Regional de Santo Amaro, nos autos da execução nº 583.02.2006.183107-2, interposta por Shell Brasil LTDA em face de Tricury Empreendimentos e outros. Juntou documentos às fls. 03/37. A interessada apresentou impugnação às fls. 38/41. Afirma que o prazo de vigência das hipotecas venceu no ano de 2019, bem como a existência de execução sobre referidos imóveis, resultando na penhora averbada sob nº 08. Apresentou documentos às fls. 42/55. Intimada do presente procedimento (fl. 64), a credora hipotecária ficou silente, conforme certidão de fl. 67. O Ministério Público opinou pela improcedência do pedido (fls. 59/60 e 71). É o relatório. Passo a fundamentar e a decidir. Com razão o Oficial, bem como o D. Promotor de Justiça. Entendo que a questão posta e desate não está adstrita à apreciação em sede administrativa, devendo a pretensão ser formulada na via judicial. Apesar da ausência de manifestação da credora hipotecária, ao registrador cabe apenas a averiguação da regularidade formal dos titulos e a observância das normas registrárias, as questões de mérito, envolvendo o direito material, dentre as quais a existência de penhora oriunda da ação de execução, não podem ser por ele consideradas ou avaliadas. Em princípio, a falta de anuência do credor hipotecário, por si só, impede o cancelamento da hipoteca. E ainda que assim não fosse, de acordo com o artigo 251 da Lei de Registros Públicos: "Art. 250: O cancelamento de hipoteca só pode ser feito: I - à vista de autorização expressa ou quitação outorgada pelo credor ou seu sucessor, em instrumento público ou particular; II - em razão de procedimento administrativo ou contencioso, no qual o credor tenha sido intimado (art 698 do Código de Processo Civil); III -na conformidade da legislação referente às cédulas hipotecárias". Na presente hipótese, nenhum dos requisitos foi preenchido, além de não ter decorrido o prazo máximo de validade da hipoteca, qual seja, 30 (trinta) anos, nos moldes do artigo 1485 do Código Civil e 238 da Lei de Registros Públicos. Conclui-se que a autorização para o cancelamento da averbação da hipoteca junto a matrícula do imóvel caracterizaria o esvaziamento da garantia, em total prejuízo da empresa Raizen Combustíveis S/A, atual denominação da Shell Brasil S/A, que não teria como reaver seu crédito. Diante do exposto, julgo improcedente o pedido de providencias formulado pelo Oficial do 4º Registro de Imóveis da Capital, a requerimento de Tricury Empreendimentos S/C LTDA, devendo a interessada satisfazer sua pretensão nas vias ordinárias. Deste procedimento não decorrem custas, despesas processuais e honorários advocatícios. Oportunamente remetam-se os autos ao arquivo. P.R.I.C. - ADV: CARLOS EDUARDO CURY (OAB 111774/SP) (DJe de 19.01.2021 – SP)

INDISPONIBILIDADE

Ementa: Sentença – Pedido de Providências – Pedido de cancelamento da averbação de indisponibilidade de bens e direitos que atingiu o direito de usufruto vitalício reservado – Impossibilidade – Existência de Contrato de Compromisso de Venda e Compra – Alegação pelo Requerente de que a averbação está equivocada vez que a ordem determinou somente a indisponibilidade de bens imóveis e não sobre direitos – Gravame que também recai sobre o usufruto – Art. 2º do Provimento CNJ nº 39/2014 – Ordem de indisponibilidade que foi averbada logo após a doação do imóvel e da reserva de usufruto – Item 404.3, do Capítulo XX, das NSCGJ – Gravame que é anterior ao compromisso de venda e compra – Indeferimento do pedido – Improcedência

Processo 1105670-69.2021.8.26.0100

Pedido de Providências - Registro de Imóveis - Visconde 624 Desenvolvimento Imobiliário Spe Ltda – Jose Amaro Pinto Ramos – Hana Jacobs Ramos – Camille Rebecca Jacobs Ramos – Carolina Elizabeth Jacobs Ramos - Diante do exposto, JULGO IMPROCEDENTE o pedido. Deste procedimento não decorrem custas, despesas processuais ou honorários advocatícios. Oportunamente, ao arquivo com as cautelas de praxe. P.R.I.C. - ADV: FELICE BALZANO (OAB 93190/SP), ANDRÉ LUIZ MACHADO BORGES (OAB 285900/SP), ALEX PFEIFFER (OAB 181251/SP)

Íntegra da decisão:

SENTENÇA

Processo Digital nº: **1105670-69.2021.8.26.0100**

Classe - Assunto **Pedido de Providências - Registro de Imóveis**

Requerente: **Visconde 624 Desenvolvimento Imobiliário Spe Ltda e outros**

Requerido: **11º Oficial de Registro de Imóveis da Comarca da Capital**

Juiz(a) de Direito: Dr(a). **Luciana Carone Nucci Eugênio Mahuad**

Vistos.

Trata-se de pedido de providências formulado por **Visconde 624 Desenvolvimento Imobiliário SPE LTDA e outros** em face do **Oficial do 11º Registro de Imóveis da Capital** para cancelamento da averbação de indisponibilidade de bens e direitos lançada de forma equivocada na matrícula n. 34.290 daquela serventia.

A parte requerente aduz que o imóvel foi doado por José Amaro Pinto Ramos e Hana Facobs Ramos a Camille Rebecca Jacobs Ramos e Carolina Elizabeth Jacobs Ramos, com reserva de usufruto vitalício, além de cláusula de incomunicabilidade e impenhorabilidade, sendo que as donatárias prometeram vender a nua-propriedade do bem a Visconde 624 Desenvolvimento Imobiliário SPE LTDA (R.13); que foi averbada, na matrícula, ordem de indisponibilidade de bens e direitos de José por força de decisão proferida pela 8ª Vara Federal do Rio de Janeiro no processo de autos n. 50465076120204025101; que, todavia, a averbação está equivocada, vez que a ordem determinou somente a indisponibilidade de "bens imóveis" e não na forma como fora efetivada, ou seja, sobre "direitos" (Av.10/34.290); que referida promessa de compra e venda contou com firmas reconhecidas três dias antes da prenotação que ensejou a averbação de indisponibilidade, sendo que, para o negócio, foram obtidas certidões negativas sobre a situação do imóvel; que o usufruto é inalienável por ser um direito personalíssimo e, consequentemente, insuscetível de gravame, diante do que a averbação está incorreta; que, inclusive, a função econômica do usufruto está esvaziada, vez que os doadores obrigaram-se a renunciá-lo três dias antes da prenotação da indisponibilidade; que, tanto o artigo 7º da Lei de Improbidade quanto o artigo 37, § 4º, da Constituição Federal, determinam como princípio que a indisponibilidade ocorra sobre bens que possibilitem o ressarcimento do suposto dano, não sendo este o caso do usufruto, uma vez que não se trata de bem imóvel, mas apenas de direito real sobre coisa alheia; que a empresa requerente adquiriu a nua-propriedade como terceira de boa-fé, pois o negócio ocorreu antes da averbação da indisponibilidade oriunda de ação civil pública que tramita na Comarca de Rio de Janeiro e, portanto, fora da situação do imóvel e da residência das vendedoras.

Vieram documentos às fls. 09/116.

A decisão de fl. 117 determinou a exibição de prenotação válida, o que foi providenciado (fls. 122/124).

O Oficial manifestou-se às fls. 126/131, sustentando que a averbação ora atacada foi levada a efeito por determinação oriunda do juízo da 8ª Vara Federal do Rio de Janeiro, pela qual foi decretada a indisponibilidade dos bens e direitos de José Amaro Pinto Ramos, de modo que o ato registrário foi promovido imediatamente a teor do disposto no item 403, do Cap. XX, das NSCGJSP, o que está em conformidade com a jurisprudência do E. Conselho Superior da Magistratura (processo de autos n. 0005929-10.2015.8.26.0286) e com a doutrina do registrador Ademar Fioranelli; que, ademais, a indisponibilidade do direito real de usufruto é possível porque pode ser alienado ao nu-proprietário ou, juntamente com a nuapropriedade, a terceiros, além de poder ser renunciado; que a indisponibilidade deverá incidir também sobre a nua-propriedade e o domínio útil individualmente considerados, pois a função da indisponibilidade é de obstar que o devedor dissipe seu patrimônio.

O Ministério Público opinou pela improcedência (fls. 134/135).

É o relatório.

Fundamento e decido.

No mérito, o pedido não procede. Vejamos os motivos.

O pedido é pelo cancelamento da averbação de indisponibilidade dos bens e direitos de José Amaro Pinto Ramos (Av.10/34.290), que atingiu o direito de usufruto vitalício reservado para ele em conjunto com sua esposa Hana Jacobs Ramos, sob a alegação de que a ordem gravada, oriunda da 8ª Vara Federal do Rio de Janeiro, determinou somente a indisponibilidade de "bens imóveis" e não de "direitos" na forma como efetivada.

A interpretação restritiva dada pela parte requerente à ordem de indisponibilidade dos bens de José, réu na ação civil de improbidade administrativa acima mencionada, a fim de que o usufruto que cabe a ele sobre o imóvel não seja atingido pela determinação, não pode prosperar.

A indisponibilidade dos bens imóveis dos demandados naquele feito foi determinada com fundamento no artigo 37, § 4º, da Constituição Federal, e no artigo 7º da Lei de Improbidade, com procedimento em conformidade com o Provimento CNJ 39/2014, que dispõe sobre a instituição e funcionamento da Central Nacional de Indisponibilidade de Bens – CNIB, destinada a recepcionar comunicações de indisponibilidade de bens imóveis não individualizados.

Sobre a possibilidade do recalmento do gravame também sobre o usufruto por meio da CNIB, não paira qualquer dúvida, sendo que o próprio Provimento CNJ 39/2014, em seu art. 2º, admite tal hipótese (com nossos destaques):

> *"Art. 2º. A Central Nacional de Indisponibilidade terá por finalidade a recepção e divulgação, aos usuários do sistema, das ordens de indisponibilidade que atinjam patrimônio imobiliário indistinto,* ***assim como direitos sobre imóveis indistintos****, e a recepção de comunicações de levantamento das ordens de indisponibilidades nela cadastrada".*

A controvérsia, então, diz respeito à abrangência da ordem de indisponibilidade determinada pelo juízo da 8ª Vara Federal do Rio de Janeiro, ou seja, se restringiu-se aos bens imóveis ou se valeu também para os direitos reais sobre tais bens, o que inclui o usufruto gravado.

Nesse sentido, a jurisprudência da E. Corregedoria Geral da Justiça, trazida pelo Ministério Público (autos n. 1008279-12.2019.8.26.0577, de relatoria do então Corregedor Geral, Desembargador Manoel de Queiroz Pereira Calças), embora trate especificamente sobre bens que vierem a ser adquiridos durante a vigência do gravame, deixa claro que a interpretação dada à ordem de indisponibilidade deve ser extensiva para abranger também o domínio útil sobre o imóvel, sendo que cabe ao juízo ordenante afastar da restrição bens determinados caso essa seja sua pretensão.

É o que se vê dos seguintes excertos extraídos daquele julgado, com nossos destaques:

> *"De outro bordo, bem* ***pode o MM. Juiz que decretou a indisponibilidade afastar da restrição bens determinados, buscando reduzir efeitos que, gravosos ao devedor****, afigurem-se inúteis ao fim maior da ordem. Esta a intelecção que pautou o ilustre Magistrado signatário da r. decisão de fls. 14/15, ao excluir da restrição imóveis inicialmente abarcados pela indisponibilidade.*
>
> (...)
>
> *Por fim,* ***a indisponibilidade incide não apenas sobre a propriedade, como sobre a nua propriedade e o domínio útil individualmente considerados.*** *A ideia do bloqueio é obstar que o devedor dissipe seu patrimônio. Neste passo,* ***a cessão do domínio útil acarretaria inegável diminuição no valor de mercado do imóvel****, havendo de ser obstada".*

Como se constata, o objetivo da ordem é impedir que o devedor dilapide seu patrimônio, o que, no caso do usufruto e em razão de seu valor econômico, pode ocorrer com a alienação ao nu-proprietário, com a venda conjuntamente à nua-propriedade ou mesmo com a renúncia, sendo que esta última hipótese foi justamente o que ocorreu no caso concreto, como se verifica da promessa de renúncia do usufruto contida no contrato de promessa de venda e compra ajustado (parágrafo segundo - fl. 35).

À vista disso, não se constata incorreção na indisponibilidade do usufruto atribuído a José Amaro Pinto Ramos no imóvel da matrícula n. 34.290 (averbação n. 10).

Acerca da alegação de que o contrato de compromisso de venda e compra do imóvel pactuado com a anuência dos usufrutuários não seria atingido pelo gravame, vez que assinado três dias antes da prenotação que ensejou a averbação da indisponibilidade, também não merece prosperar.

O Egrégio Conselho Superior da Magistratura considera que não importa o momento da celebração do contrato, em atenção ao princípio do *tempus regit actum*, sujeitando-se o título à lei vigente e/ou à situação do imóvel ao tempo de sua apresentação (Apelação Cível nº, 115-6/7, rel. José Mário Antonio Cardinale, nº 777-6/7, rel. Ruy Camilo, nº 530-6/0, rel. Gilberto Passos de Freitas, e, o de nº 0004535-52.2011.8.26.0562).

A ordem de indisponibilidade foi averbada logo após a doação do imóvel e da reserva do usufruto (R.7 e R.8/34.290), em conformidade com o disposto no item 404.3 do Capítulo XX das NSCGJ, que assim dispõe:

> *"404.3. Em caso de aquisição de imóvel por pessoa cujos bens foram atingidos por indisponibilidade, deverá o oficial, imediatamente após o lançamento do registro aquisitivo na matrícula, promover a averbação da indisponibilidade, independentemente de prévia consulta ao adquirente".*

Nesse sentido, à vista do princípio citado, não importa se o negócio foi pactuado antes da prenotação da ordem de indisponibilidade ou mesmo se contou com certidões negativas sobre a situação do bem, já que a qualificação foi feita no momento de sua apresentação ao Registro de Imóveis.

Ainda que assim não fosse, verifica-se que a ordem de indisponibilidade, datada de 17/05/2021, é anterior ao compromisso de venda e compra, cujas assinaturas dos envolvidos foram reconhecidas a partir de 21/05/2021 (fls. 33/42 e 48/61).

Sob qualquer aspecto, portanto, à luz das normas e dos princípios do Direito Registrário, ao lado da jurisprudência acima mencionada, mostra-se acertada a averbação da ordem de indisponibilidade sob o n. 10 da matrícula n. 34.290.

Diante do exposto, **JULGO IMPROCEDENTE** o pedido.

Deste procedimento não decorrem custas, despesas processuais ou honorários advocatícios.

Oportunamente, ao arquivo com as cautelas de praxe.

P.R.I.C.

São Paulo, 10 de novembro de 2021.

Luciana Carone Nucci Eugênio Mahuad

Juiz de Direito (DJe de 16.11.2021 – SP)

Ementa: Sentença – Pedido de Providências – Pedido de retificação de averbações das matrículas com exclusão ou cancelamento da indisponibilidade – Alegação pelo Requerente de que a ordem judicial gravada consistia apenas na suspensão do registro de eventual carta de arrematação e/ou adjudicação e seus efeitos decorrentes de leilão extrajudicial – Esclarecimento pelo Oficial de que é necessária ordem judicial para o cancelamento dos gravames – Ausência de determinação de indisponibilidade dos bens – Averbações que não refletem fielmente a ordem judicial – Deferimento do pedido – Determinação da retificação das averbações – Procedência

Processo 1096980-51.2021.8.26.0100

Pedido de Providências - Registro de Imóveis - Alexandre Davi Silva - Diante do exposto, JULGO PROCEDENTE o pedido de providências para determinar a retificação da averbação n. 3 das matrículas n. 145.762 e 145.763, a fim de que conste especificamente a ordem de suspensão do registro de carta de arrematação/adjudicação e seus efeitos referente a leilão extrajudicial, excluindo-se a indicação de indisponibilidade. Deste procedimento não decorrem custas, despesas processuais ou honorários advocatícios. Oportunamente, remetam-se os autos ao arquivo. P.R.I.C. - ADV: JORSON CARLOS SILVA DE OLIVEIRA (OAB 111807/SP), ANA PAULA MORAES SATCHEKI (OAB 102212/SP)

Íntegra da decisão:

SENTENÇA

Processo Digital nº: **1096980-51.2021.8.26.0100**

Classe - Assunto **Pedido de Providências - Registro de Imóveis**

Requerente: **Alexandre Davi Silva**

Requerido: **14º Oficial de Registro de Imoveis da Capital**

Juiz(a) de Direito: Dr(a). **Luciana Carone Nucci Eugênio Mahuad**

Vistos.

Trata-se de pedido de providências formulado por **Alexandre Davi Silva** em face do **Oficial do 14º Registro de Imóveis da Capital** para retificação de averbações das matrículas n. 145.762 e 145.763 daquela serventia (apartamento e vaga de garagem), com exclusão ou cancelamento da "indisponibilidade" lançada de forma equivocada.

A parte requerente aduz que, após ambos os imóveis terem sido levados a leilão extrajudicial em razão de garantia hipotecária, ordem judicial determinou liminarmente a suspensão de eventual registro de arrematação/adjudicação (mandado de segurança de autos n. 0036204-78.2002.8.26.0000); que houve averbação equivocada em ambas as matrículas para fazer constar que *"o imóvel desta matrícula tornou-se **INDISPONÍVEL** para suspender o registro da carta de arrematação ou adjudicação"* (negrito no original); que não houve determinação expressa de indisponibilidade pelo referido juízo;

que vendeu ambos os imóveis, sendo que o registro da alienação foi negado pelo Oficial diante da indisponibilidade dos bens; que requereu o cancelamento dos gravames, exibindo cópia do acórdão proferido nos autos e o extrato do processo, a fim de demonstrar a convalidação da medida liminar de suspensão dos efeitos do leilão, o que também foi recusado pelo Oficial; que a hipoteca que gravava os imóveis já foi cancelada; que buscou cópia do ofício que ordenou a restrição junto ao Serviço de Gestão de Arquivos deste Tribunal, o que ainda não foi providenciado, sendo possível que referidos autos, arquivados em 2003, já tenham sido incinerados. Diante disso, requer a correção da averbação número 3 de ambas as matrículas, excluindo-se ou cancelando-se a indisponibilidade lançada.

Vieram documentos às fls. 06/28.

A decisão de fl. 29 determinou apresentação do título perante o Oficial diante do decurso do trintídio legal da última prenotação, o que não foi providenciado pela parte requerente, que se manifestou apresentando escritura pública de sobrepartilha de bens, que não é objeto deste procedimento (fls. 31/36).

O Oficial sustentou, às fls. 38/40, ter negado inicialmente registro a escritura de união estável levada pelo requerente, vez que as matrículas possuem averbação de indisponibilidade (n. 3); que a negativa consignou que a prática do ato registral somente poderia ser feita mediante o cancelamento da indisponibilidade; que não pode inferir o cancelamento do mandado de segurança somente pela baixa da hipoteca registrada nas matrículas ou pela extinção dos autos respectivos, sendo necessária ordem judicial específica da mesma autoridade para o cancelamento dos gravames; que, independentemente do termo utilizado na averbação, a constrição judicial persiste e impede o titular de alienar a coisa ou onerá-la de qualquer outra forma. Juntou documentos às fls. 41/42.

Nova manifestação da parte requerente veio às fls. 45/46, reiterando que as averbações estão equivocadas, vez que não houve determinação de indisponibilidade.

O Ministério Público opinou pela improcedência (fls. 48/49).

É o relatório.

Fundamento e decido.

O pedido é pela correção de averbações das matrículas ns. 145.762 e 145.763 (n.3), com exclusão ou cancelamento da "indisponibilidade" dos imóveis, vez que a ordem judicial gravada consistia apenas na suspensão do registro de eventual carta de arrematação/adjudicação e seus efeitos decorrentes de leilão extrajudicial.

Por primeiro e analisando minuciosamente o feito nesta oportunidade, tenho que desnecessária a exigência de apresentação do título ao Oficial, na forma determinada por este juízo à fl. 29, já que o pedido restringe-se à retificação de averbação imprecisa e, portanto, prescinde de prenotação válida junto à serventia.

Nesse sentido, o artigo 212 da Lei n. 6.015/73 indica que o meio correto para a pretensão é o requerimento direto em procedimento administrativo ou judicial (nossos destaques):

> *"Art. 212. Se o registro ou a* ***averbação for omissa, imprecisa*** *ou não exprimir a verdade,* ***a retificação será feita pelo Oficial do Registro de Imóveis competente, a requerimento do interessado, por meio do procedimento administrativo*** *previsto no art. 213, facultado ao interessado requerer a retificação por meio de* ***procedimento judicial.***
>
> *Parágrafo único. A opção pelo procedimento administrativo previsto no art. 213 não exclui a prestação jurisdicional, a requerimento da parte prejudicada".*

No mérito, o que se constata é que as averbações realizadas à vista da determinação do antigo Primeiro Tribunal de Alçada Civil do Estado de São Paulo no âmbito do procedimento cautelar inominado n. 02.152023-2, mandado de segurança de autos n. 0036204-78.2002.8.26.0000, realmente estão equivocadas.

De fato, o ofício que comunicou a ordem de urgência outrora concedida foi remetido ao Oficial com o objetivo específico de *"suspender o registro da carta de arrematação/adjudicação e seus efeitos na matrícula n. 95.840"* (fl. 41). Referida matrícula originou as matrículas n. 145.762 e 145.763 (apartamento e vaga de garagem).

Note-se que a decisão que embasou o ofício indica que o órgão superior agiu para sustação do procedimento extrajudicial de alienação em mandado de segurança promovido justamente pela parte requerente em virtude da extinção de ação de revisão contratual proposta anteriormente, justamente com a finalidade de suspender o leilão promovido pela credora hipotecária (fls. 41/442).

Em outras palavras, não houve qualquer determinação de indisponibilidade dos bens, sendo certo que as averbações de que *"o imóvel desta matrícula tornouse indisponível"* (negrito no original) não refletem fielmente a ordem judicial, como bem sustenta a parte requerente.

Desse modo, de rigor a retificação das averbações a fim de que reproduzam o determinando pela autoridade judicial com fidelidade, o que pode ser apreciado nesta via administrativa, já que o pedido não envolve qualquer direito de terceiros (as hipotecas que deram origem às restrições já foram canceladas em 20 de outubro de 2009 - Av.4/145.762 e 145.763 – fls. 09 e 11).

Em consequência, vale desde já consignar que não subsistirá o óbice apontado na nota de devolução referente ao título levado a registro pela parte requerente (fl. 12), com a ressalva da necessária análise pelo Oficial de qualquer outra eventual inconsistência não relacionada às restrições ora atacadas.

Diante do exposto, **JULGO PROCEDENTE** o pedido de providências para determinar a retificação da averbação n. 3 das matrículas n. 145.762 e 145.763, a fim de que conste especificamente a ordem de suspensão do registro de carta de arrematação/adjudicação e seus efeitos referente a leilão extrajudicial, excluindo-se a indicação de indisponibilidade.

Deste procedimento não decorrem custas, despesas processuais ou honorários advocatícios.

Oportunamente, remetam-se os autos ao arquivo.

P.R.I.C.

São Paulo, 30 de setembro de 2021.

Luciana Carone Nucci Eugênio Mahuad

Juiz de Direito (DJe de 04.10.2021 – SP)

Ementa: Sentença – Pedido de Providências – Pedido de cancelamento da averbação de indisponibilidade – Identidade da titular de domínio diversa da pessoa que teve os bens declarados indisponíveis – Presença de homonímia – Determinação da complementação da qualificação da proprietária, ora Requerente, na transcrição – Princípio da Veracidade – Deferimento do pedido – Procedência

Processo 1084190-69.2020.8.26.0100

Pedido de Providências - Petição intermediária - Maria Teresa Ortale - Diante do exposto, julgo procedente o pedido para o cancelamento da prenotação referente à indisponibilidade que tem por objeto o imóvel em questão, em razão da presença de homonímia, bem como para constar a qualificação de Maria Teresa Ortale, como brasileira, divorciada, aposentada, portadora da cédula de identidade RG nº 4.976.959-5 e CPF nº 940.870.168-20, residente e domiciliada na Rua Ernesto de Oliveira, n.º 190, apto. 43, Jardim Vila Mariana, CEP: 04116-170, São Paulo. Deste procedimento não decorrem custas, despesas processuais e honorários advocatícios. Oportunamente, arquivem-se os autos com as cautelas de praxe. P.R.I.C. - ADV: MARIANE ALVES RODRIGUES MANCINI (OAB 85289/SP)

Íntegra da decisão:

SENTENÇA

Processo Digital nº: **1084190-69.2020.8.26.0100**

Classe - Assunto **Pedido de Providências - Petição intermediária**

Requerente: **Maria Teresa Ortale**

Requerido: **1º Oficial de Registro de Imóveis da Capital**

Prioridade Idoso

Juiz(a) de Direito: Dr(a). **Vivian Labruna Catapani**

Vistos.

Trata-se de pedido de cancelamento de averbação formulado por Maria Teresa Ortale, relativo à indisponibilidade averbada na transcrição nº 62.730 (Av nº 04), junto ao 1º Registro de Imóveis da Capital. Relata a requerente que a averbação foi lançada no título de forma equivocada por se tratar de caso de homônimo (fls. 05/21).

O 1º Registro de Imóveis da Capital prestou informações à fl. 34.

O Ministério Público opinou pela procedência do pedido (fl. 40).

É o relatório. Fundamento e decido.

Diante dos documentos apresentados (fls. 6/7), bem como compulsando os ofício que se refere à decretação de indisponibilidade, é forçoso reconhecer que a pretensão inicial deve ser acolhida.

Restou claro que a identidade de Maria Teresa Ortale, titular de domínio do imóvel em questão, ora requerente, é diversa da pessoa que teve os bens declarados indisponíveis (ofício de fls. 35), sendo que esta é portadora da cédula de identidade RG nº 6.852.136-4 SSP/SP e CPF nº 213.546.438-44, ao passo que a requerente é portadora da cédula de identidade RG nº 4.976.959-5 e CPF nº 940.870.168-20.

Ademais, conforme se verifica da transcrição do imóvel (fls. 11/12), os anteriores proprietários, João Ortale e Rosa Ortale, doaram o bem para suas filhas, entre as quais figura a requerente, à época menor impúbere, sendo certo que, por se tratar de transcrição antiga, não era observado a rigor o princípio da especialidade subjetiva.

No mais, em consonância com o princípio da veracidade, no qual o registro deve refletir a verdade no que se refere ao titular do direito registrado, de ofício determino a complementação da qualificação de Maria Teresa Ortale junto à transcrição nº 62.730.

Diante do exposto, julgo procedente o pedido para o cancelamento da prenotação referente à indisponibilidade que tem por objeto o imóvel em questão, em razão da presença de homonímia, bem como para constar a qualificação de Maria Teresa Ortale, como brasileira, divorciada, aposentada, portadora da cédula de identidade RG nº 4.976.959-5 e CPF nº 940.870.168-20, residente e domiciliada na Rua Ernesto de Oliveira, n.º 190, apto. 43, Jardim Vila Mariana, CEP: 04116-170, São Paulo.

Deste procedimento não decorrem custas, despesas processuais e honorários advocatícios.

Oportunamente, arquivem-se os autos com as cautelas de praxe.

P.R.I.C.

São Paulo, 15 de março de 2021.

Vivian Labruna Catapani

Juiz de Direito (DJe de 17.03.2021 – SP)

INVENTÁRIO E ADJUDICAÇÃO

Ementa: Sentença – Dúvida – Pedido de registro da Escritura de Inventário e Adjudicação – Óbice registrário referente a necessidade de recolhimento complementar do ITCMD, em razão da utilização de base diversa da prevista na Legislação Estadual – Delimitação da fiscalização do Oficial somente ao pagamento do tributo – Ausência de vício formal no título apresentado – Eventual discussão, sobre a correção do tributo recolhido, deve se dar perante à esfera judicial – Afastamento do óbice – Improcedência

Processo 1041344-03.2021.8.26.0100

Dúvida - REGISTROS PÚBLICOS - Marcos Vittorazzo - Do exposto, julgo improcedente a dúvida suscitada pelo Oficial do 6º Registro de Imóveis da Capital, a requerimento de Marcos Vittorazzo, afastando o óbice apontado. Não há custas, despesas processuais nem honorários advocatícios decorrentes deste procedimento. Oportunamente, arquivem-se os autos. P.R.I.C. - ADV: LUIZ GUSTAVO GUAZZELLI BRAGA DE SIQUEIRA (OAB 290801/SP)

Íntegra da decisão:

SENTENÇA

Processo Digital nº: **1041344-03.2021.8.26.0100**

Classe - Assunto **Dúvida - REGISTROS PÚBLICOS**

Requerente: **6º Oficial de Registro de Imóveis da Comarca da Capital**

Requerido: **Marcos Vittorazzo**

Juiz(a) de Direito: Dr(a). **Vivian Labruna Catapani**

Vistos.

Trata-se de dúvida suscitada pelo **Oficial do 6º Registro de Imóveis da Capital**, a requerimento de **Marcos Vittorazzo**, após negativa de registro de escritura de inventário e adjudicação dos bens deixados pelo falecimento de *Izilda Aparecida Vettorazzo*, que tem por objeto o imóvel matriculado sob o nº 49.723 naquela serventia (fls. 01/05).

O óbice se deu porque, de acordo com o Oficial, o ITCMD foi recolhido utilizando-se de base diversa da prevista na legislação estadual, exigindo guia complementar para permitir o ingresso do título, aduzindo que cabe ao registrador verificar a correção da base de cálculo utilizada para recolhimento do tributo. Juntou documentos às fls. 06/36.

O suscitado apresentou impugnação às fls. 37/46, sustentando a inconstitucionalidade do chamado "valor venal de referência", aduzindo correto o recolhimento do ITCMD com base no IPTU. Para fundamentar seu entendimento, indicou uma série de precedentes deste Juízo e da E. CGJ.

O Ministério Público opinou pela improcedência da dúvida (fls. 51/55).

É o relatório. Decido.

Com razão a D. Promotora e o suscitado, de modo que o óbice deve ser afastado.

Em que pese a cautela do Oficial, o título apresentado não possui vício formal que obste o seu registro para a transferência do imóvel. Houve o recolhimento do ITCMD, como relatado pelo próprio Registrador.

De fato, por força dos artigos 289, da Lei 6.015/73, 134, VI, do Código Tributário Nacional, e inciso XI do art. 30 da Lei 8.935/1994, ao Registrador incumbe fiscalizar o devido recolhimento de tributos referentes somente às operações que serão registradas. Todavia, essa fiscalização limita-se em aferir o pagamento do tributo e não a exatidão de seu valor.

Nesse sentido:

> *"Ao oficial de registro incumbe a verificação de recolhimento de tributos relativos aos atos praticados, não a sua exatidão" (Apel. Cív. 20522-0/9- CSMSP - J.19.04.1995 - Rel. Antônio Carlos Alves Braga).*

> *"Este Egrégio Conselho Superior da Magistratura já fixou entendimento no sentido de que a qualificação feita pelo Oficial Registrador não vai além da aferição sobre a existência ou não de recolhimento do tributo, e não sobre a integralidade de seu valor."* (Ap. Civ. 0009480-97.2013.8.26.0114 - Campinas - j. 02.09.2014 - Rel. des. Elliot Akel).

Entendo que o Oficial deve proceder à qualificação com liberdade, evitando situações que venham a fragilizar o sistema registral ou que possam vir a lhe acarretar responsabilidade, administrativa ou civil. Dessa forma, existindo flagrante incorreção no recolhimento do tributo, não está ele impossibilitado de apontar a mácula e obstar o ingresso do título.

No presente caso, tendo em conta que houve o recolhimento do tributo, não havendo flagrante incorreção, deve o registro ser realizado. Destaco que, mesmo que o dissenso diga respeito à base de cálculo utilizada, o suscitado demonstrou que não busca se elidir de pagar tributo devido, mas apenas aplica entendimento já consignado em sede jurisdicional.

Saliento que esta é a única determinação cabível dentro da competência deste Juízo, de modo que a discussão sobre a correção do tributo recolhido deve se dar em uma das Varas da Fazenda Pública.

Do exposto, **julgo improcedente** a dúvida suscitada pelo **Oficial do 6º Registro de Imóveis da Capital**, a requerimento de **Marcos Vittorazzo**, afastando o óbice apontado.

Não há custas, despesas processuais nem honorários advocatícios decorrentes deste procedimento.

Oportunamente, arquivem-se os autos.

P.R.I.C.

São Paulo, 20 de maio de 2021. (DJe de 01.06.2021 – SP)

Ementa: Sentença – Pedido de Providências – Requerimento de confecção de pedido de transferência de valores entre conta corrente e conta judicial, em decorrência de Escritura de Inventário e Adjudicação – Impossibilidade – Incompetência do Tabelião – Arts. 6º e 7º, da Lei Federal nº 8.935/94 – Necessidade de solucionar a questão diretamente na instituição financeira ou, caso não obter êxito, na esfera judicial – Ausência de poderes administrativos pelo presente juízo para a realização do ato – Indeferimento do pedido – Ciência ao Tabelião – Improcedência

Processo 1019140-62.2021.8.26.0100

Pedido de Providências - Tabelionato de Notas - C.M.S.V.R. - Juiz(a) de Direito: Dr(a). Marcelo Benacchio VISTOS, Trata-se de pedido de providências formulado por C. M. S. V. R., em favor de S. R. V. R., em face do Senhor 9º Tabelião de Notas, solicitando a "confecção de pedido de transferência de valores" entre conta corrente e conta judicial, em decorrência de Escritura de Inventário e Adjudicação, lavrada aos 13 de agosto de 2010, inscrita no Livro 3207, às fls. 003 e ss., perante a serventia afeta ao 8º Tabelionato de Notas da Capital. Os autos foram instruídos com os documentos de fls. 06/17. O Senhor 9º Tabelião de Notas da Capital prestou esclarecimentos às fls. 21/22. A Senhora Representante tornou aos autos para reiterar os termos de sua declaração inicial (fls. 25/26). O Ministério Público ofertou parecer opinando pelo indeferimento do pedido, às fls. 29/31. É o breve relatório. DECIDO. Cuidam os autos de representação formulada por C. M. S. V. R. e S. R. V. R., em face do Senhor 9º Tabelião de Notas, relativo a ato da lavra do 8º Tabelionato de Notas da Capital, cujo acervo resta sob a guarda do Senhor 9º Tabelião de Notas. Em suma, solicitam as Senhoras Representantes que a serventia extrajudicial do Senhor 9º Tabelião confeccione pedido de transferência de valores entre conta corrente e conta judicial, em decorrência de Escritura de Inventário e Adjudicação dos bens deixados por C. R. à única herdeira, G. R. R., lavrada aos 13 de agosto de 2010, inscrita no Livro 3207, às fls. 003 e ss., perante a serventia afeta ao 8º Tabelionato de Notas da Capital. Referem as Senhoras Representantes que G. R. R., beneficiaria daquela Adjudicação Extrajudicial, realizada perante o 8º Cartório de Notas, deixou de retirar os valores de conta bancária que herdou de C. R.. Todavia, ante o ora falecimento de G. R. R., a segunda reclamante postula em ação de arrolamento sumário, no bojo da qual foi determinada a transferência do valor herdado pela falecida à conta judicial vinculada àquele feito. O Senhor Notário, a seu turno, negou o pedido efetuado pela requerente, afirmando que não lhe compete nenhuma providência para a solução da questão, que deve ser levada a efeito diretamente entre a inventariante e a Instituição Financeira. Declarou, no mais, que eventuais certidões atualizadas poderão ser solicitadas a qualquer momento perante sua serventia. Pois bem. Compulsando a documentação carreada ao feito, bem como as explicações ofertadas pela parte requerente e pelo Senhor Tabelião, verifico que o pedido em tela não pode prosperar, no que pese a atuação desta Corregedoria Permanente. Com efeito, a Senhora Reclamante requer ao Senhor Tabelião ato que não lhe é do seu mister. Tal documento que procura a parte autora obter, um "pedido de transferência de valores", não se insere em qualquer tipo de ato a ser produzido por Tabelião de Notas, seja o Senhor 9º Tabelião ou qualquer outro, mesmo ainda que o 8º Cartório de Notas estivesse em funcionamento. Nesse sentido, acaso não obtenha sucesso na transferência diretamente junto à Caixa Econômica Federal fazendo jus a sua posição de inventariante, eventual ordem de movimentação bancária deve emanar de decisão judicial, o que, por óbvio, não pode ser produzida por Tabelião ou qualquer outro Titular de Serviço Extrajudicial. Nesse sentido, a Lei 8.935/1994 refere que são atividades do Senhor Tabelião: Art. 6º Aos notários compete: I - formalizar juridicamente a vontade das partes; II - intervir nos atos e negócios jurídicos a que as partes devam ou queiram dar forma legal ou autenticidade, autorizando a redação ou redigindo os instrumentos adequados, conservando os originais e expedindo cópias fidedignas de seu conteúdo; III - autenticar fatos. Art. 7º Aos tabeliães de notas compete com exclusividade: I - lavrar escrituras e procurações, públicas; II - lavrar testamentos públicos e aprovar os cerrados; III - lavrar atas notariais; IV - reconhecer firmas; V - autenticar cópias. De outra parte, a providência também não se insere nas atribuições de natureza administrativa desta Corregedoria Permanente. Desse modo, a providência deve ser diretamente cumprida junto da Instituição bancária ou, em insucesso, dirimida por meio de mandamento judicial. Nessa ordem de ideias, forçoso convir, na espécie, que não há medidas a serem adotadas pelo Senhor 9º Tabelião de Notas, restando correta sua recusa na realização da providência. Na mesma senda, como exposto, não há poderes administrativos para realização do ato por esta Corregedoria Permanente. Por conseguinte, não obstante a compreensão da dificuldade existente, a falta de poderes de natureza jurisdicional tanto do Sr, Tabelião como desta Corregedoria Permanente, indefiro o pedido inicial. Outrossim, encaminhe-se cópia da presente sentença e das principais peças dos autos, ao MM. Juízo da 1ª Vara de Família e Sucessões do Foro de Santana, Capital, com referência ao feito de nº 1010703- 72.2020.8.26.0001, para ciência. Oportunamente, arquivem-se os autos. Ciência ao Senhor Tabelião e ao Ministério Público. P.I.C. - ADV: CLAUDIA MACRI DE SOUZA VENCE REY (OAB 186403/SP) (DJe de 05.04.2021 – SP)

INVENTÁRIO E PARTILHA

Ementa: Sentença – Dúvida – Pedido de registro de Escritura de Inventário e Partilha dos bens – Negativa em razão da falecida ter adquirido o imóvel quando estava casada pelo regime da separação obrigatória de bens – Ausência de comprovação de aquisição em sub-rogação de bem particular ou inventário dos bens do cônjuge pré-morto – Imóveis que não foram apresentados no feito do inventário do cônjuge da falecida sob o fundamento de inexistência de meação – Impossibilidade do Oficial qualificar negativamente o título com base na presunção do esforço comum – Afastamento do óbice – Determinação do registro do título – Improcedência

Processo 1119149-32.2021.8.26.0100

Dúvida - Registro de Imóveis - João Luis Zaratin Lotufo - Diante do exposto, JULGO IMPROCEDENTE a dúvida suscitada pelo Oficial do 13º Registro de Imóveis da Capital a requerimento de João Luís Zaratin Lotufo e, em consequência, determino o registro do título. Deste procedimento não decorrem custas, despesas processuais ou honorários advocatícios. Oportunamente, ao arquivo com as cautelas de praxe. P.R.I.C. - ADV: JOÃO LUIS ZARATIN LOTUFO (OAB 305330/SP)

Íntegra da decisão:

SENTENÇA

Processo Digital nº: **1119149-32.2021.8.26.0100**

Classe - Assunto **Dúvida - Registro de Imóveis**

Suscitante: **13º Oficial de Registro de Imóveis da Capital**

Suscitado: **João Luis Zaratin Lotufo**

Juiz(a) de Direito: Dr(a). **Luciana Carone Nucci Eugênio Mahuad**

Vistos.

Trata-se de dúvida suscitada pelo **Oficial do 13º Registro de Imóveis da Capital** a requerimento de **João Luís Zaratin Lotufo**, tendo em vista negativa em se proceder ao registro de escritura de inventário e partilha dos bens deixados pelo falecimento de Maria Alice Corrente Zaratin Soares Lotufo, que tem por objeto os imóveis de matrículas n. 34.803 e 34.804 daquela serventia.

A devolução do título foi motivada por se tratar de imóvel adquirido pela falecida Maria Alice quando estava casada pelo regime da separação obrigatória de bens, nos termos do artigo 258, parágrafo único, I, do Código Civil de 1916, sem que se tenha comprovado aquisição em sub-rogação de bem particular ou inventário dos bens de seu marido pré-morto, Renan Lotufo.

Documentos vieram às fls. 08/37.

A parte suscitada manifestou-se às fls. 38/47, aduzindo que os bens foram adquiridos exclusivamente pela mulher, enquanto casada sob o regime da separação obrigatória de bens, sem qualquer contribuição de seu cônjuge à época, o qual somente figurou como assistente na lavratura do documento; que a atual interpretação dada pelo STJ à súmula 377/STF é no sentido de que, embora se comuniquem os bens adquiridos na constância do casamento sob o regime da separação obrigatória, o esforço comum na sua aquisição deve ser comprovado. Juntou documentos às fls. 48/77.

O Ministério Público opinou pela procedência (fls. 81/83).

É o relatório.

Fundamento e decido.

No mérito, considerando o dever de uniformização da jurisprudência, com respeito à sua integridade e coerência, concluo que a dúvida deve ser julgada improcedente.

Vejamos os motivos.

No caso concreto, extrai-se das matrículas n. 34.803 e n. 34.804, fls. 31/32 e 33/35, que os imóveis foram adquiridos pela falecida Maria Alice no ano de 1981, quando estava casada com Renan Lotufo sob o regime da separação obrigatória de bens, nos termos do artigo 258, parágrafo único, I, do Código Civil de 1916 (fls. 36/37). Renan faleceu em 15 de junho de 2020 e seu inventário tramita pela via judicial em virtude da incapacidade de Maria Alice, sendo que os imóveis ora analisados não foram apresentados naquele feito sob o fundamento de inexistência de meação.

Com o falecimento de Maria Alice, ocorrido em 12 de janeiro de 2021, os imóveis foram partilhados por escritura pública, na qual foram considerados de titularidade exclusiva da autora da herança (itens 5.1.3 e 5.1.4 – fls. 21/22).

Apresentado para registro, o título foi devolvido pelo Oficial Registrador, que exigiu a demonstração de serem bens particulares da inventariada, por presumir o esforço comum do casal na sua aquisição.

A súmula 377 do STF dispõe que *"no regime de separação legal de bens, comunicam-se os adquiridos na constância do casamento"*.

O Oficial, portanto, aplicou entendimento que ainda vigora no Conselho Superior da Magistratura do E. Tribunal de Justiça de São Paulo, como se extrai da sua jurisprudência:

> *"REGISTRO DE IMÓVEIS – Escritura Pública de Inventario e Partilha Extrajudicial – Falecida proprietária casada no regime da separação obrigatória de bens - Bem adquirido na constância do casamento - Cônjuges falecidos - Inventário da falecida esposa por meio do qual a totalidade do imóvel é partilhada - Impossibilidade de registro - Aplicabilidade da Súmula 377 do STF – Cabimento da retificação do título - Apelação não provida"* **(TJSP; Apelação Cível 1004533- 95.2018.8.26.0505; Relator (a): Pinheiro Franco (Corregedor Geral); Órgão Julgador: Conselho Superior de Magistratura; Foro de Ribeirão Pires - 1ª Vara; Data do Julgamento: 07/11/2019; Data de Registro: 25/11/2019).**

> *"REGISTRO DE IMÓVEIS – Escritura Pública de Inventário e Partilha Extrajudicial – Falecida proprietária casada no regime da separação obrigatória de bens - Bem adquirido na constância do casamento – Cônjuge falecido - Impossibilidade de registro sem a prévia inscrição do formal de partilha extraído do inventário do falecido marido - Aplicabilidade da Súmula 377 do Supremo Tribunal Federal – Apelação não provida"* **(TJSP; Apelação Cível 1046515-98.2018.8.26.0114; Relator (a): Pinheiro Franco (Corregedor Geral); Órgão Julgador: Conselho Superior de Magistratura; Foro de Campinas - 1ª Vara Cível; Data do Julgamento: 07/11/2019; Data de Registro: 25/11/2019).**

> *"REGISTRO DE IMÓVEIS – Dúvida – Compra e venda de imóvel – Espólio que promoveu a venda autorizado por alvará expedido em inventário judicial – Imóvel, porém, que foi parcialmente adquirido, a título oneroso e na vigência do Código Civil de 1916, por pessoa casada em regime de separação obrigatória de bens – Súmula nº 377 do Supremo Tribunal Federal – Presunção de comunicação dos aquestos – Falecimento da esposa sem que promovido o inventário da meação na parte do imóvel adquirida por seu marido a título oneroso – Pretensão de registro de venda da integralidade do bem, pelo espólio do marido posteriormente falecido - Ausência de menção, na matrícula do imóvel, da partilha relativa à metade ideal adquirida a título oneroso – Afronta ao princípio da continuidade – Dúvida procedente – Apelação não provida"* **(TJSP; Apelação Cível 1135175-81.2016.8.26.0100; Relator (a): Pinheiro Franco (Corregedor Geral); Órgão Julgador: Conselho Superior de Magistratura; Foro Central Cível - 1ª Vara de Registros Públicos; Data do Julgamento: 10/04/2018; Data de Registro: 16/04/2018).**

> *"REGISTRO DE IMÓVEIS – Arrolamento de Bens – Carta de adjudicação – Partilha de imóvel adquirido na constância do casamento do falecido – Casamento celebrado sob a égide do Código Civil de 1916 – Regime da separação obrigatória de bens – Súmula n.º 377 do STF – Deve ser partilhada a integralidade dos bens para solução do estado de indivisão provocado pela morte de um dos cônjuges – Indicação do título pelo qual houve a transmissão do bem adjudicado – Recusa mantida – Recurso improvido"* **(TJSP; Apelação Cível 0006511-11.2015.8.26.0318; Relator (a): Pinheiro Franco (Corregedor Geral); Órgão Julgador: Conselho Superior de Magistratura; Foro de Leme - 2ª Vara Cível; Data do Julgamento: 09/03/2018; Data de Registro: 20/03/2018).**

A interpretação da referida súmula quanto à necessidade de prova do esforço comum é tema extremamente controvertido, o que leva a interpretações divergentes, inclusive no âmbito do Superior Tribunal de Justiça, que analisou a questão para sua uniformização em duas oportunidades.

Primeiramente, nos Embargos de Divergência nº 1.171.820/PR, a corte superior concluiu que o reconhecimento do esforço comum do casal na aquisição onerosa de bens dependeria de prova. Foi nesse sentido o julgamento, que teve a seguinte ementa:

"EMBARGOS DE DIVERGÊNCIA NO RECURSO ESPECIAL. DIREITO DE FAMÍLIA. UNIÃO ESTÁVEL. COMPANHEIRO SEXAGENÁRIO. SEPARAÇÃO OBRIGATÓRIA DE BENS (CC/1916, ART. 258, II; CC/2002, ART. 1.641, II). DISSOLUÇÃO. BENS ADQUIRIDOS ONEROSAMENTE. PARTILHA. NECESSIDADE DE PROVA DO ESFORÇO COMUM. PRESSUPOSTO DA PRETENSÃO. EMBARGOS DE DIVERGÊNCIA PROVIDOS.

1. Nos moldes do art. 258, II, do Código Civil de 1916, vigente à época dos fatos (matéria atualmente regida pelo art. 1.641, II, do Código Civil de 2002), à união estável de sexagenário, se homem, ou cinquentenária, se mulher, impõe-se o regime da separação obrigatória de bens.

2. Nessa hipótese, apenas os bens adquiridos onerosamente na constância da união estável, e desde que comprovado o esforço comum na sua aquisição, devem ser objeto de partilha.

3. Embargos de divergência conhecidos e providos para negar seguimento ao recurso especial" **(EREsp 1171820/PR, Rel. Ministro RAUL ARAÚJO, SEGUNDA SEÇÃO, julgado em 26/08/2015, DJe 21/09/2015).**

Para correta aplicação do precedente, é importante verificar os elementos que envolvem o caso concreto.

Conforme indicado expressamente no corpo do referido acórdão:

"A tese central da controvérsia cinge-se, portanto, em definir se, na hipótese de união estável envolvendo sexagenário e cinquentenária, mantida sob o regime da separação obrigatória de bens, a divisão entre os conviventes dos bens adquiridos onerosamente na constância da relação depende ou não da comprovação do esforço comum para o incremento patrimonial".

Também o fato de o aresto embargado cuidar da hipótese de partilha de bens foi destacado nos seguintes termos:

"Aqui, o fenômeno sucessório é elemento meramente circunstancial da tese ora discutida, o que não afasta a similitude fática entre os arestos confrontados, porque as eventuais peculiaridades da sucessão não foram levadas em conta, pois o que pretendia a convivente supérstite era a meação dos bens".

Naquele julgamento, o Ministro Paulo de Tarso Sanseverino pronunciou voto-vencido, no qual defendeu a aplicação da regra do artigo 5º da Lei n. 9.278/96, que estabelece exatamente a presunção legal do esforço comum na aquisição onerosa de bens na constância de união estável.

A Ministra Maria Isabel Gallotti, por sua vez, seguiu a maioria, lembrando que a lei civil que determina o regime da separação obrigatória para o sexagenário afasta a presunção do esforço comum, sendo que os bens adquiridos antes da entrada em vigor da Lei n. 9.278/96 têm sua propriedade disciplinada pelo ordenamento jurídico anterior, que não estabelecia essa presunção de esforço comum.

Posteriormente, no julgamento dos Embargos de Divergência nº 1.623.858/MG, ora invocado pela parte suscitada, a necessidade de prova do esforço comum foi reafirmada, com expressa indicação de releitura da antiga súmula 377/STF, fixando-se nova compreensão, com a seguinte ementa:

"EMBARGOS DE DIVERGÊNCIA NO RECURSO ESPECIAL. DIREITO DE FAMÍLIA. UNIÃO ESTÁVEL. CASAMENTO CONTRAÍDO SOB CAUSA SUSPENSIVA. SEPARAÇÃO OBRIGATÓRIA DE BENS (CC/1916, ART. 258, II; CC/2002, ART. 1.641, II). PARTILHA. BENS ADQUIRIDOS ONEROSAMENTE. NECESSIDADE DE PROVA DO ESFORÇO COMUM. PRESSUPOSTO DA PRETENSÃO. MODERNA COMPREENSÃO DA SÚMULA 377/STF. EMBARGOS DE DIVERGÊNCIA PROVIDOS.

1. Nos moldes do art. 1.641, II, do Código Civil de 2002, ao casamento contraído sob causa suspensiva, impõe-se o regime da separação obrigatória de bens.

2. No regime de separação legal de bens, comunicam-se os adquiridos na constância do casamento, desde que comprovado o esforço comum para sua aquisição.

3. Releitura da antiga Súmula 377/STF (No regime de separação legal de bens, comunicam-se os adquiridos na constância do casamento), editada com o intuito de interpretar o art. 259 do CC/1916, ainda na época em que cabia à Suprema Corte decidir em última instância acerca da interpretação da legislação federal, mister que hoje cabe ao Superior Tribunal de Justiça.

4. Embargos de divergência conhecidos e providos, para dar provimento ao recurso especial" **(EREsp 1623858/MG, Rel. Ministro LÁZARO GUIMARÃES (DESEMBARGADOR CONVOCADO DO TRF 5ª REGIÃO), SEGUNDA SEÇÃO, julgado em 23/05/2018, DJe 30/05/2018).**

Neste caso, como anotado no acórdão:

"(...) a moldura fática e jurídica dos arestos confrontados é idêntica: saber se a comunicação/partilha dos bens adquiridos na constância de casamento submetido ao regime da separação legal de bens depende da comprovação do esforço comum na aquisição do acervo".

O fenômeno sucessório, tal como no EREsp nº 1.171.820, foi considerado elemento meramente circunstancial da celeuma.

Verificou-se que a súmula 377/STF apenas apregoa a comunicação dos bens, mas não esclarece se a comunicabilidade depende de algum outro requisito, permitindo a presunção pelo esforço comum do casal na aquisição do acervo ou exigindo comprovação desse esforço.

A conclusão foi de que a presunção do esforço comum conduz à ineficácia do regime da separação obrigatória por exigir produção de prova negativa para se comprovar que o ex-cônjuge ou ex-companheiro nada contribuiu para a aquisição onerosa do bem.

A regra, portanto, é a aplicação do regime da separação.

A comunicação dos bens adquiridos na constância do casamento sob o regime da separação obrigatória, embora admitida nos termos da súmula 377/STF, depende do exercício de pretensão e de efetiva demonstração do esforço comum.

Nesse contexto, não cabe ao Oficial Registrador qualificar negativamente o título com base na presunção do esforço comum.

O artigo 489, §1º, VI, do CPC, dispõe que não se considera fundamentada qualquer decisão judicial que deixe de seguir enunciado de súmula, jurisprudência ou precedente invocado pela parte, sem demonstrar a existência de distinção no caso em julgamento ou a superação do entendimento.

Note-se que a Corregedoria Permanente é exercida por órgão judicial, embora em procedimento administrativo, não jurisdicional.

A hipótese ora analisada se enquadra perfeitamente no precedente invocado: embora aquele trate de união estável, envolve a aplicação subsidiária do regime da separação obrigatória, o qual incide no caso concreto, sendo que a presunção do esforço comum prevista na Lei n. 9.278/96 se refere apenas ao reconhecimento da união estável, não se aplicando à situação *sub judice*, notadamente porque o imóvel foi adquirido pela falecida Maria Alice em 1981, quando o regime jurídico não admitia tal presunção.

Ressalta-se, por fim, que, nos termos da ementa do EREsp 1.623.858, a interpretação da súmula 377/STF é mister que hoje cabe ao STJ.

Assim, considerando que referida súmula é o fundamento básico da orientação firmada pelo C. Conselho Superior da Magistratura do Tribunal de Justiça de São Paulo, se definida sua releitura pelo STJ, toda a jurisprudência deve ser uniformemente orientada, como disciplina o artigo 926 do CPC, o que passa a ser feito por este juízo.

Diante do exposto, **JULGO IMPROCEDENTE** a dúvida suscitada pelo **Oficial do 13º Registro de Imóveis da Capital** a requerimento de **João Luís Zaratin Lotufo** e, em consequência, determino o registro do título.

Deste procedimento não decorrem custas, despesas processuais ou honorários advocatícios.

Oportunamente, ao arquivo com as cautelas de praxe.

P.R.I.C.

São Paulo, 14 de dezembro de 2021.

Luciana Carone Nucci Eugênio Mahuad

Juiz de Direito (DJe de 16.12.2021 – SP)

Ementa: Sentença – Dúvida – Pedido de registro de Escritura de Inventário e Partilha – Impossibilidade – Negativa em razão da ausência de indicação de todos os bens na declaração para conferência do recolhimento do ITCMD pela Fazenda do Estado – Responsabilidade do Oficial no que tange à fiscalização do pagamento do imposto devido – Art. 289, da LRP – Imprescindibilidade de que os imóveis atribuídos à viúva em meação constem na referida declaração – Indeferimento do pedido – Manutenção do óbice – Procedência

Processo 1119956-52.2021.8.26.0100

Dúvida - Registro de Imóveis - Monica Mange Collet e Silva - Diante do exposto, JULGO PROCEDENTE a dúvida suscitada pelo Oficial do 10º Registro de Imóveis da Capital a requerimento de Mônica Mange Collet e Silva e mantenho o óbice registrário. Deste procedimento não decorrem custas, despesas processuais nem honorários advocatícios. Oportunamente, remetam-se os autos ao arquivo. P.R.I.C. - ADV: CICERO COELHO DA SILVA COPPOLA (OAB 176641/SP)

Íntegra da decisão:

SENTENÇA

Processo nº: **1119956-52.2021.8.26.0100**

Classe - Assunto **Dúvida - Registro de Imóveis**

Suscitante: **10º Oficial de Registro de Imóveis da capital**

Suscitado: **Monica Mange Collet e Silva**

Juiz(a) de Direito: Dr(a). **Luciana Carone Nucci Eugênio Mahuad**

Vistos.

Trata-se de dúvida suscitada pelo **Oficial do 10º Registro de Imóveis da Capital** a requerimento de **Mônica Mange Collet e Silva,** tendo em vista negativa em se proceder ao registro de escritura de inventário e partilha dos bens deixados por José Collet e Silva Filho, a qual foi lavrada em 08 de janeiro de 2021 pelo 9º Oficial de Notas desta Capital e exibida juntamente com escritura de retificação e ratificação e requerimento de cindibilidade (imóveis das matrículas n. 45.843 e 30.352 daquela serventia).

Informa o Oficial que o título foi qualificado negativamente uma vez que não elencados e avaliados todos os bens inventariados na declaração para conferência do recolhimento do ITCMD pela Fazenda do Estado.

O título foi reapresentado em 20 de outubro de 2021, com pedido de reconsideração (prenotação n. 561.119), mas a exigência foi mantida.

Vieram documentos às fls. 07/126.

A parte suscitada manifestou-se às fls. 50/61 e 127/143, defendendo a regularidade da partilha, da declaração e do recolhimento do ITCMD. Noticiou que o 1º e o 18º Registros de Imóveis efetivaram o registro do título nas matrículas n. 13.799, 1.919 e 94.887, pretendendo que assim também proceda o 10º CRI, uma vez que não incumbe ao Oficial conferir a regularidade da declaração e do recolhimento. Esclarece que todos os bens transmitidos constaram da escritura de partilha, não sendo adequada a inclusão na declaração de ITCMD dos bens integrantes da meação. Vieram documentos às fls. 144/261.

O Ministério Público opinou pela improcedência (fls. 265/268).

É o relatório.

Fundamento e decido.

No mérito, a dúvida é procedente. Vejamos os motivos.

De início, vale ressaltar que o Oficial dispõe de autonomia e independência no exercício de suas atribuições, podendo recusar títulos que entender contrários à ordem jurídica e aos princípios que regem sua atividade (art. 28 da Lei n. 8.935/1994), o que não se traduz como falha funcional.

Esta conclusão se reforça pelo fato de que vigora, para os registradores, ordem de controle rigoroso do recolhimento do imposto por ocasião do registro do título, sob pena de responsabilidade pessoal (art. 289 da Lei n. 6.015/1973; art.134, VI, do CTN e art. 30, XI, da Lei 8.935/1994).

No que tange ao ITCMD, a Lei Estadual n. 10.705/2000 (artigos 8º, I, e 25), bem como o Decreto Estadual n. 46.655/2002 que a regulamenta (artigo 48), também estabelecem atribuições ao oficial registrador neste mesmo sentido:

"Artigo 8º - Nos casos de impossibilidade de exigência do cumprimento da obrigações principal pelo contribuinte, respondem solidariamente com este nos atos em que intervierem ou pelas omissões de que forem responsáveis:

I - o tabelião, escrivão e demais serventuários de ofício, em relação aos atos tributáveis praticados por eles ou perante eles, em razão de seu ofício;

(...)

Artigo 25 - Não serão lavrados, registrados ou averbados pelo tabelião, escrivão e oficial de Registro de Imóveis, atos e termos de seu cargo, sem a prova do pagamento do imposto.

(...)

Artigo 48 - Não serão lavrados, registrados ou averbados pelo tabelião, escrivão e oficial de Registro de Imóveis, atos e termos de seu cargo, sem a prova do recolhimento do imposto ou do reconhecimento de isenção ou não incidência, quando for o caso (Lei 10.705/00, art. 25)".

No caso *sub judice*, a divergência reside na obrigatoriedade em mencionar e avaliar todos os imóveis partilhados, notadamente os atribuídos à viúva em meação, na declaração remetida à Secretaria da Fazenda do Estado.

Tal divergência se resolve com base em normativa expedida pelo ente fiscal, que assim determina (artigo 12, III, da Portaria CAT n. 89, de 26 de outubro de 2020, destaque nosso):

"Quando do registro de alterações na propriedade de imóvel, ocorridas em virtude de transmissão "causa mortis", os Cartórios de Registro de Imóveis deverão exigir os seguintes documentos:

(...)

III – na hipótese de transmissão realizada por meio de inventário extrajudicial processado em tabelião localizado no Estado de São Paulo:

a) cópia da Declaração de ITCMD em que constem os imóveis objetos da transmissão, avaliados conforme o capítulo IV da Lei 10.705/2000;

b) comprovante de pagamento dos débitos declarados na referida Declaração de ITCMD".

Assim, para registro da partilha nas matrículas dos imóveis atribuídos à viúva em meação, mostra-se imprescindível que estes também constem na declaração, mesmo que sobre eles não venha a incidir o imposto de transmissão *causa mortis*.

Não socorre à parte requerente a alegação de que o sistema utilizado para envio da declaração não possibilita tal inclusão.

O Oficial indica em suas razões a forma como tal inclusão deve ser efetivada, esclarecendo que o manual do ITCMD determina a inclusão na declaração

de todos os bens que não se enquadram nas hipóteses de isenção (10º passo - fl. 33).

O artigo 6º da Lei n. 10.705/2000, por sua vez, elenca os casos em que há isenção:

"Fica isenta do imposto:

I - a transmissão "causa mortis":

a) de imóvel de residência, urbano ou rural, cujo valor não ultrapassar 5.000 (cinco mil) Unidades Fiscais do Estado de São Paulo - UFESPs e os familiares beneficiados nele residam e não tenham outro imóvel;

b) de imóvel cujo valor não ultrapassar 2.500 (duas mil e quinhentas) UFESPs, desde que seja o único transmitido;

c) de ferramenta e equipamento agrícola de uso manual, roupas, aparelho de uso doméstico e demais bens móveis de pequeno valor que guarneçam os imóveis referidos nas alíneas anteriores, cujo valor total não ultrapassar 1.500 (mil e quinhentas) UFESPs;

d) de depósitos bancários e aplicações financeiras, cujo valor total não ultrapassar 1.000 (mil) UFESPs;

e) de quantia devida pelo empregador ao empregado, por Institutos de Seguro Social e Previdência, oficiais ou privados, verbas e prestações de caráter alimentar decorrentes de decisão judicial em processo próprio e o montante de contas individuais do Fundo de Garantia do Tempo de Serviço e do Fundo de Participações PIS-PASEP, não recebido em vida pelo respectivo titular;

f) na extinção do usufruto, quando o nu-proprietário tiver sido o instituidor".

Assim, temos não só como possível, mas, também, como imprescindível a indicação de todos os bens pertencentes ao falecido, inclusive os que existam em meação, na declaração à Fazenda Estadual.

Ressalto que tal regramento possui fundamento na necessidade de se possibilitar ao órgão fazendário a conferência de todos bens e dos valores atribuídos a eles, sem qualquer ressalva a não ser as hipóteses de exceção, que não se verificam presentes no caso em análise.

É importante destacar que o inventário extrajudicial realizado perante tabelião no Estado de São Paulo não se confunde com as partilhas judiciais ou com o inventário extrajudicial realizado perante tabelião localizado em outra unidade da federação, quando se faz necessária a exibição de certidão homologatória a ser expedida pela Fazenda (artigo 12, incisos I, II e IV, da Portaria CAT n. 89/2020).

Note-se que, em tais partilhas, a declaração contendo todos os bens, inclusive os destinados à meação, devidamente avaliados, não é imprescindível ao registro, já que necessária a exibição de certidão da Secretaria Fazendária homologando a regularidade do recolhimento.

O ponto comum é a ciência inequívoca da Fazenda Estadual acerca de todos os bens pertencentes ao *de cujus*, bem como dos valores atribuídos a eles, a fim de que o título possa ser registrado no fólio real.

A intenção da regra é facilitar a fiscalização pelo ente fiscal, o que não impede, obviamente a feitura de partilha cômoda.

Não se trata, em outros termos, de conferência da regularidade do recolhimento de tributos, o que, a princípio, escapa da função do delegatário, mas de fiscalização da estrutura formal do título apresentado na forma da legislação competente, **a qual deve ser observada por todas as serventias extrajudiciais.**

Diante do exposto, **JULGO PROCEDENTE** a dúvida suscitada pelo Oficial do 10º Registro de Imóveis da Capital a requerimento de Mônica Mange Collet e Silva e mantenho o óbice registrário.

Deste procedimento não decorrem custas, despesas processuais nem honorários advocatícios.

Oportunamente, remetam-se os autos ao arquivo.

P.R.I.C.

São Paulo, 13 de dezembro de 2021.

Luciana Carone Nucci Eugênio Mahuad

Juíza de Direito (DJe de 14.12.2021 – SP)

Ementa: Sentença – Pedido de Providências – Insurgência contra a negativa de acesso aos documentos arquivados na Serventia, referente a Inventário e Partilha Extrajudicial – Alegação de irregularidades no Ato Notarial em razão do "de cujus" não ser domiciliado no país e terem sido utilizadas procurações particulares – Necessidade de que os documentos sejam obtidos nas repartições específicas ou, os arquivados, em ação judicial – Herdeiros que são franceses e domiciliados no exterior – Escritura Pública que não poderia ter sido lavrada com aplicação da legislação brasileira para fins de sucessão hereditária – Art. 10º da LINDB – Inadmissibilidade da procuração outorgada pelo herdeiro domiciliado no exterior, por forma particular, para a lavratura do Ato Notarial – Constatação de irregularidades – Existência de indícios de ilícito disciplinar – Arquivamento parcial – Determinação do bloqueio administrativo da Escritura de Inventário e Partilha – Instauração de processo administrativo disciplinar – Ciência ao Tabelião

Processo 0028927-35.2021.8.26.0100

Pedido de Providências - REGISTROS PÚBLICOS - A.P.S. - Juiz(a) de Direito: Dr(a). Marcelo Benacchio VISTOS, Trata-se de representação apresentada pelo Sr. A. P. S. em face do Sr. O. C., Tabelião de Notas da Comarca da Capital, pugnando pelo acesso a documentos arquivados na unidade, relativamente a inventário e partilha extrajudicial, bem como referindo irregularidades no ato notarial, em razão do falecido não ser domiciliado no Brasil e terem sido usadas procurações particulares, quando a legislação exigia forma pública (a fls. 02/06, 14/45 e 62/127). O Sr. Tabelião prestou informações à fls. 09/12, 55/58 e 135/172. O Ministério Público manifestou-se no curso dos autos, sendo a última manifestação no sentido da instauração de processo administrativo disciplinar (a fls. 48, 131 e 179/182). É o breve relatório. Decido. Com razão o Sr. Tabelião em indeferir o acesso aos documentos arquivados na serventia em razão da prática do ato notarial, porquanto a publicidade notarial não abrange essa documentação. Eventualmente, os documentos devem ser obtidos nas repartições específicas ou, os arquivados, em ação judicial. Não há elementos no sentido do equívoco, referente ao conteúdo das certidões fiscais, ter ocorrido de forma dolosa, assim, não obstante a falha na lavratura do ato e na conferência e subscrição, é de se ter saneada a questão por meio de ata retificativa, como ocorreu. O autor da herança era francês e domiciliado na cidade de Nova Iorque / EUA, como constou no ato notarial. Destarte, não há regra de direito que atribua seu domicílio em conjunto ao local da sociedade empresarial da qual era sócio, no Brasil. Da mesma forma, não ocorria domicílio incerto a permitir a aplicação da previsão contida no artigo 48, p. único, inciso III, do Código de Processo Civil, como aventado pelo Sr. Tabelião. Os herdeiros são franceses e domiciliados no exterior (Estados Unidos da América e França). O artigo 10º, da Lei de Introdução às Normas do Direito brasileiro prescreve: Art. 10 A sucessão por morte ou por ausência obedece à lei do país em que domiciliado o defunto ou o desaparecido, qualquer que seja a natureza e a situação dos bens. §1º A sucessão de bens de estrangeiros, situados no País, será regulada pela lei brasileira em benefício do cônjuge ou dos filhos brasileiros, ou de quem os represente, sempre que não lhes seja mais favorável a lei pessoal do de cujus. §2º A lei do domicílio do herdeiro ou legatário regula a capacidade para suceder. Desse modo, não era possível a lavratura da escritura pública com aplicação da legislação brasileira para fins de sucessão hereditária, sendo incorreta a compreensão do domicílio do falecido no Brasil, não obstante a possibilidade da abertura da sucessão no Brasil na forma do artigo 23, inciso II, do Código de Processo Civil, como destacado pelo Ministério Público. O artigo 9º, §1º, da Lei de Introdução às Normas do Direito Brasileiro estabelece: Art. 9º Para qualificar e reger as obrigações, aplicar-se-á a lei do país em que se constituirem. § 1º Destinando-se a obrigação a ser executada no Brasil e dependendo de forma essencial, será esta observada, admitidas as peculiaridades da lei estrangeira quanto aos requisitos extrínsecos do ato. (...) Ainda que as procurações outorgadas pelos herdeiros domiciliados nos Estados Unidos da América são admitidas nos termos da parte final do art. 9º, §1º, da LINDB, a procuração outorgada pelo herdeiro domiciliado na França, que segue o sistema de notariado latino, foi realizada por instrumento particular, certo que o reconhecimento da assinatura e a apostila do notário que efetuou o reconhecimento não modificam a forma particular. Nestes termos, a procuração outorgada pelo herdeiro H. P. S. B. (a fls. 149/150) por forma particular não permitia a lavratura de inventario e partilha extrajudicial em razão do disposto nos artigos 657 do Código Civil, 610, §1º, do Código de Processo Civil, e artigo 12 da Resolução do Conselho Nacional de Justiça. As irregularidades constatadas encerram indícios de ilícito disciplinar da parte do Sr. Tabelião, em razão da eventual violação de seus deveres de orientação, fiscalização e controle do ato notarial objeto desta representação. Ante ao exposto determino o arquivamento parcial da representação e no mais instauro processo administrativo disciplinar em face do Sr. Tabelião de Notas da Comarca da Capital. Determino ainda o bloqueio administrativo da escritura de inventário e partilha extrajudicial lavrada no livro 3438, às páginas 123/128 (a fls. 02/06), ficando proibida a expedição de certidões, translados ou extração de cópias, salvo por decisão judicial, sem a autorização expressa desta Corregedoria Permanente. Encaminhe-se cópia desta decisão à E. Corregedoria Geral da Justiça, por e-mail, servindo a presente como ofício. Ciência ao Ministério Público e ao Sr. Tabelião. No mais, cumpra-se o determinado na Portaria. P.I.C. - ADV: WALDIR GOMES JUNIOR (OAB 144807/ SP), AKSSA HELLEN SILVA DE ARAUJO (OAB 256457/SP) (DJe de 09.12.2021 – SP)

Ementa: Sentença – Dúvida – Pedido de registro de Escrituras de Inventário e Partilha – Exigência para apresentar a guia e o comprovante do ITBI – Alegação pelo Oficial de partilha desigual dos bens imóveis – Descabimento – Desigualdade que foi reposta com outros imóveis integrantes do espólio – Valor da viúva-meeira que foi abaixo da meação

– Inexistência de indícios de utilização de ato oneroso para a divisão – Ausência de ocorrência de fato gerador – Afastamento do óbice – Determinação do registro dos títulos – Improcedência

Processo 1115258-03.2021.8.26.0100

Dúvida - Registro de Imóveis - Angela Maria Ferreira de Barros Gomes - Diante do exposto, JULGO IMPROCEDENTE a dúvida suscitada para afastar o óbice registrário e, em consequência, determinar o registro dos títulos. Deste procedimento não decorrem custas, despesas processuais ou honorários advocatícios. Oportunamente, remetam-se os autos ao arquivo. P.R.I.C. - ADV: ADRIANE CRISTINA SPICCIATI PACHECO DANILOVIC (OAB 196595/SP)

Íntegra da decisão:

SENTENÇA

Processo Digital nº: **1115258-03.2021.8.26.0100**

Classe - Assunto **Dúvida - Registro de Imóveis**

Suscitante: **10º Oficial de Registro de Imóveis da capital**

Suscitado: **Angela Maria Ferreira de Barros Gomes**

Juiz(a) de Direito: Dr(a). **Luciana Carone Nucci Eugênio Mahuad**

Vistos.

Trata-se de dúvida suscitada pelo **Oficial do 10º Registro de Imóveis da Capital** a requerimento de **Angela Maria Ferreira de Barros Gomes**, diante da negativa em se proceder ao registro de escrituras de inventário e partilha e de rerratificação dos bens deixados por Raymundo Magliano Filho, envolvendo os imóveis das matrículas n. 108.638, 112.764, 115.776 e 115.835 daquela serventia.

Informa o Oficial que, dentre as exigências formuladas na nota devolutiva (fls. 32/34), apenas a do item "2" não foi cumprida, que consiste na necessidade de exibição de guia e comprovante de recolhimento do ITBI, uma vez que a totalidade dos imóveis arrolados foi atribuída à viúva-meeira, ora requerente, ou seja, acima de sua meação legal; que não desconhece que a questão não é pacífica à vista do alegado pela parte interessada de que os imóveis representam apenas o valor de sua meação com relação ao monte-mor, mas que, embora vislumbre a existência de "colisão" entre as Leis Estadual e Municipal, não cabe aqui discutir eventual inconstitucionalidade, sendo que não pode ficar à mercê de eventuais autuações do fisco municipal; que, optando os herdeiros pela chamada "partilha cômoda", em que os imóveis são atribuídos em sua totalidade a uma só pessoa (no caso concreto, à meeira), igualando os quinhões (ou meação) com bens móveis, caracterizada está a onerosidade da transmissão e, portanto, a incidência prevista no Decreto Municipal n. 55.196; que, de fato, o que se tributa é a transmissão imobiliária conforme os ensinamentos de Yussef Said Cahali, pelo que resta caracterizada a onerosidade do excesso de meação (nos imóveis); que a exigência não decorre de mera interpretação sua, mas da estrita observância ao princípio da legalidade, notadamente à regra do artigo 289 da Lei n. 6.015/73.

Vieram documentos às fls. 05/131.

A parte suscitada apresentou impugnação às fls. 132/139, sustentando que descabida a exigência de comprovação de pagamento do ITBI no caso, conforme decidido inúmeras vezes em procedimentos de dúvida; que não se considerou o contexto do conjunto de bens do espólio e da partilha do patrimônio total do falecido; que a argumentação exposta na nota devolutiva já foi rechaçada reiteradamente pelo E. TJSP ao entender que, nesses casos, deve ser feito o cotejo da meação à vista da universalidade do patrimônio objeto de partilha; que não recebeu excesso de meação, mas, pelo contrário, recebeu montante significativamente inferior à metade em razão da expressa doação de parte da sua meação aos três filhos, os quais são herdeiros exclusivos do autor da herança, com o devido recolhimento do ITCMD (item nono da escritura levada a registro); que não se verifica fato gerador do ITBI conforme a jurisprudência pacífica do E. TJSP; que, sob a perspectiva do Direito Registral, o entendimento é o mesmo, tanto em primeira instância quanto perante o E. Conselho Superior da Magistratura, inclusive em demandas provocadas pelo próprio Oficial do caso concreto; que referido órgão superior é incisivo ao afirmar que a fiscalização por parte do Oficial é imperativa apenas quanto a impostos devidos e não acerca de tributos cuja incidência seja questionável.

O Ministério Público opinou pela improcedência (fls. 146/148).

É o relatório.

Fundamento e decido.

No mérito, a dúvida não procede. Vejamos os motivos.

De início, vale ressaltar que o Oficial dispõe de autonomia no exercício de suas atribuições, podendo recusar títulos que entender contrários à ordem jurídica e aos princípios que regem sua atividade (art. 28 da Lei n. 8.935/1994), o que não se traduz como falha funcional.

Esta conclusão se reforça pelo fato de que vigora, para os registradores, ordem de controle rigoroso do recolhimento do imposto por ocasião do registro do título, sob pena de responsabilidade pessoal (art. 289 da Lei n. 6.015/73; art.134, VI, do CTN e art. 30, XI, da Lei 8.935/1994).

Todavia, em que pese a cautela do Oficial, o título apresentado dispensa o recolhimento do ITBI exigido sob alegação de partilha desigual dos bens imóveis deixados por Raymundo Magliano Filho.

Este juízo já firmou entendimento em caso análogo (processo de autos n. 1078933-29.2021.8.26.0100), no sentido de que a desigualdade deve ser considerada em relação ao patrimônio integral deixado pelo autor da herança.

No caso concreto, tal desigualdade foi apropriadamente reposta com outros bens móveis integrantes do espólio, de modo que foram respeitados os quinhões devidos a cada um dos herdeiros (fls. 86/122 e 123/128).

Mais ainda: à viúva-meeira coube valor abaixo da meação quando considerado o valor do monte-mor (fls. 103, 108, 111, 115 e 121).

Nota-se também que inexistem nos autos indícios de que os interessados tenham se utilizado de qualquer ato oneroso para a divisão, pelo que não se verifica a ocorrência do fato gerador que pressupunha o imposto exigido.

Nesse sentido é o entendimento do E. Conselho Superior da Magistratura, como se vê do julgado trazido pelo Ministério Público (com nossos destaques):

"Desafia a lógica o que se extrai do dispositivo acima transcrito. Se na forma do artigo 1.791 do Código Civil a herança é um todo unitário, cuja posse e propriedade regulam-se pelas normas relativas ao condomínio, não há como se defender que, antes da partilha, cada herdeiro seja titular da metade ideal de cada bem que integra o monte partível. ***Cada herdeiro, na verdade, é condômino da universalidade formada pelos bens da herança****, de modo que somente a partilha fixará a quota parte de cada um.*

A atribuição de imóveis para um herdeiro e de bens móveis para outro, resultando essa operação em quinhões iguais, não implica transmissão de bens imóveis por ato oneroso. Trata-se simplesmente de se definir quem será proprietário de quais bens, sem qualquer operação subsequente.

Não houve na espécie, portanto, transmissão por ato oneroso de bem imóvel, pressuposto estabelecido pela Constituição Federal para a incidência do ITBI, ***mas simples partilha de patrimônio comum****" (TJ-SP - Apelação: 1060800-12.2016.8.26.0100, Relator: Pereira Calças, Data de Julgamento: 06/06/2017, Órgão Julgador: Conselho Superior de Magistratura, Data de Publicação: 08/06/2017).*

E, ainda (também com nossos destaques):

"REGISTRO DE IMÓVEIS – Escritura pública de divórcio e partilha de bens – Excesso de meação na partilha – ***Transmissão não onerosa de bem imóvel – Doação configurada –*** *ITCMD recolhido –* ***Inexistência de fato gerador do ITBI –*** *Exigência de comprovação do recolhimento do imposto municipal afastada – Recurso provido para julgar improcedente a dúvida determinando o registro do título" (TJ-SP - Apelação: 1112232-31.2020.8.26.0100, Relator: Ricardo Anafe (Corregedor Geral), Data de Julgamento: 16/06/2021, Órgão Julgador:*

Conselho Superior de Magistratura, Data de Publicação: 21/06/2021).

Por fim, vale ressaltar que o valor recolhido a título de ITCMD já foi devidamente fiscalizado e aceito pelo 22º Tabelião de Notas da Capital, responsável pela lavratura das escrituras de inventário e partilha e de rerratificação levadas a registro (fls. 121/122).

Diante do exposto, **JULGO IMPROCEDENTE** a dúvida suscitada para afastar o óbice registrário e, em consequência, determinar o registro dos títulos.

Deste procedimento não decorrem custas, despesas processuais ou honorários advocatícios.

Oportunamente, remetam-se os autos ao arquivo.

P.R.I.C.

São Paulo, 11 de novembro de 2021.

Luciana Carone Nucci Eugênio Mahuad

Juiz de Direito (DJe de 17.11.2021 – SP)

Ementa: Sentença – Dúvida – Pedido de registro de Escritura de Inventário e Partilha – Negativa em razão da existência da divergência da descrição do imóvel no título com o constante na matrícula e na planta fiscal da Prefeitura – Imprescindibilidade de regularização do título – Manutenção do óbice – Procedência

Processo 1096032-12.2021.8.26.0100

Dúvida - Registro de Imóveis - Edina Barba Moreno Querim - Diante do exposto, JULGO PROCEDENTE a dúvida suscitada e mantenho o óbice. Deste procedimento não decorrem custas, despesas processuais ou honorários advocatícios. Oportunamente, ao arquivo com as cautelas de praxe. P.R.I.C. - ADV: SERGIO MASTRANGE RODRIGUES (OAB 94472/SP)

Íntegra da decisão:

SENTENÇA

Processo Digital nº: **1096032-12.2021.8.26.0100**

Classe - Assunto **Dúvida - Registro de Imóveis**

Suscitante: **12º Oficial de Registro de Imoveis da Capital**

Suscitado: **Edina Barba Moreno Querim**

Juiz(a) de Direito: Dr(a). **Luciana Carone Nucci Eugênio Mahuad**

Vistos.

Trata-se de dúvida suscitada pelo **Oficial do 12º Registro de Imóveis da Capital** a requerimento de **Edina Barba Moreno Querim**, tendo em vista negativa em se proceder ao registro de escritura de inventário e partilha dos bens deixados pelo falecimento de Clotilde Barba Moreno, que tem por objeto o imóvel da matrícula n. 142.901 daquela serventia.

Segundo o Oficial, a negativa foi motivada por violação ao princípio da especialidade objetiva, uma vez que o título descreve o imóvel de forma diversa do que consta na matrícula e na planta fiscal da Prefeitura arquivada na serventia.

Documentos vieram às fls. 04/66.

Impugnação não foi produzida (fls. 02/03 e 67).

O Ministério Público opinou pela procedência, com manutenção do óbice (fls. 71/73).

A parte suscitada se manifestou extemporaneamente às fls. 74/76, sustentando que a certidão de confrontações emitida pela municipalidade omitiu a existência de imóveis nos fundos, bem como que buscou a retificação junto ao setor responsável, mas sem êxito.

É o relatório.

Fundamento e decido.

No mérito, a dúvida é procedente. Vejamos os motivos.

De início, como bem lembrado pelo Ministério Público, vale ressaltar que o Oficial dispõe de autonomia no exercício de suas atribuições, não ficando sujeito a ordens judiciais ou ao acatamento de título lavrado por outro delegatário, se os entender contrários à ordem jurídica e aos princípios que regem sua atividade (art. 28 da Lei n. 8.935/1994).

No caso em análise, restou incontroverso que a descrição das confrontações do imóvel no título diverge daquela constante na matrícula. Nesta última, são especificados dois imóveis confinantes: *"nos fundos com prédio nº 02 e com o prédio nº 4 e 4-B, lançados pela Rua Brejo Novo"* (fl. 04), ao passo que a escritura prevê outra situação: *"nos fundos confronta com a Rua B, atual Rua Brejo Novo"*.

No mesmo sentido do que consta na matrícula, temos certidão da prefeitura municipal arquivada junto à serventia (fls. 01 e 22).

Como é cediço, a precisão da informação lançada na escritura em relação ao imóvel é requisito para ingresso no fólio real, nos termos do disposto nos artigos 176, §1º, II, 3, "b", e 225 da LRP:

"Art. 176 - O Livro nº 2 - Registro Geral - será destinado, à matrícula dos imóveis e ao registro ou averbação dos atos relacionados no art. 167 e não atribuídos ao Livro nº 3.

§ 1º A escrituração do Livro nº 2 obedecerá às seguintes normas:

(...)

II - são requisitos da matrícula:

(...)

3) a identificação do imóvel, que será feita com indicação:

(...)

b - se urbano, de suas características e confrontações, localização, área, logradouro, número e de sua designação cadastral, se houver".

"Art. 225 - Os tabeliães, escrivães e juízes farão com que, nas escrituras e nos autos judiciais, as partes indiquem, com precisão, os característicos, as confrontações e as localizações dos imóveis, mencionando os nomes dos confrontantes e, ainda, quando se tratar só de terreno, se esse fica do lado par ou do lado ímpar do logradouro, em que quadra e a que distância métrica da edificação ou da esquina mais próxima, exigindo dos interessados certidão do registro imobiliário".

Assim, diante da divergência constatada, a nota devolutiva bem orientou pela retificação judicial ou pela apresentação de certidão da prefeitura que ateste a abertura de rua que confronte com o imóvel em questão, o que não pôde ser providenciado (fls. 74/76).

O óbice registrário, portanto, deve ser mantido.

Em sentido próximo, já se decidiu:

"Pedido de providência recurso administrativo averbação de desdobro de lote e construções de novas residências nos lotes desdobrados disparidade entre o alvará e a planta de desdobro aprovados na Prefeitura e a descrição do imóvel na matrícula – ausência de numeração de cada imóvel construído nos lotes desdobrados nos autos de regularização municipal – afronta ao princípio da especialidade objetiva recurso não provido" (CGJSP - Recurso Administrativo: 1094749-85.2020.8.26.0100 SP; Relator: Des. Ricardo Mair Anafe; Data de Julgamento: 23/02/2021; Data DJ: 09/03/2021).

Vale observar, por fim, que, em havendo interesse na regularização do título (fl. 76), a mesma deve ser providenciada pela parte, com reapresentação perante a serventia para nova qualificação.

Diante do exposto, **JULGO PROCEDENTE** a dúvida suscitada e mantenho o óbice.

Deste procedimento não decorrem custas, despesas processuais ou honorários advocatícios.

Oportunamente, ao arquivo com as cautelas de praxe.

P.R.I.C.

São Paulo, 19 de outubro de 2021.

Luciana Carone Nucci Eugênio Mahuad

Juiz de Direito (DJe de 21.10.2021 – SP)

Ementa: Sentença – Dúvida – Pedido de registro de Carta de Sentença e de Escritura Pública de Inventário – Necessidade de aditamento do formal de partilha para cumprimento do testamento – Informação pelo Oficial de que é necessária a inclusão do usufruto dos imóveis arrolados – Títulos Judiciais não estão isentos de qualificação registrária – Usufruto que não integrou o título constituído no inventário judicial – Desnecessidade de registro de usufruto em favor de usufrutuário já falecido – Possibilidade da cindibilidade do título – Imóveis que foram corretamente partilhados – Afastamento do óbice – Determinação do registro dos títulos – Improcedência

Processo 1088488-70.2021.8.26.0100

Dúvida - REGISTROS PÚBLICOS - Fernando Cabecas Barbosa - Diante do exposto, JULGO IMPROCEDENTE a dúvida suscitada para afastar a exigência concernente ao aditamento do formal de partilha e, em consequência, determinar o registro dos títulos independentemente do usufruto instituído em favor de Maria Apparecida Cunha Cabeças. Deste procedimento não decorrem custas, despesas processuais ou honorários advocatícios. Oportunamente, remetam-se os autos ao arquivo. P.R.I.C. - ADV: ALEXANDRE KARLAY DE CASTRO (OAB 184006/SP)

Íntegra da decisão:

SENTENÇA

Processo Digital nº: **1088488-70.2021.8.26.0100**

Classe - Assunto **Dúvida - REGISTROS PÚBLICOS**

Requerente: **14º Oficial de Registro de Imoveis da Capital**

Requerido: **Fernando Cabecas Barbosa**

Juiz(a) de Direito: Dr(a). **Luciana Carone Nucci Eugênio Mahuad**

Vistos.

Trata-se de dúvida suscitada pelo **Oficial do 14º Registro de Imóveis da Capital** a requerimento de **Fernando Cabeças Barbosa**, diante da negativa em se proceder ao registro de carta de sentença referente aos imóveis das matrículas n. 13.182 e 13.183 daquela serventia (apartamento e vaga de garagem), bem como de escritura pública de inventário envolvendo parte ideal dos referidos bens.

Informa o Oficial que os registros da carta de sentença extraída da ação de autos n. 1061591-44.2017.8.26.0100 (prenotação n. 829.038) e da escritura pública lavrada pelo Oficial de Registro Civil das Pessoas Naturais e Tabelião de Notas do 30ª Subdistrito da Capital (prenotação n. 829.039) foram adiados pelos seguintes motivos: a) o testamento visto às folhas 45 dispõe que: "Deseja o testador ver incluído nesta disposição da parte disponível da herança destinada a sua esposa, o usufruto vitalício de todos os bens imóveis"; portanto, necessário aditar o formal de partilha apresentado para cumprir o testamento; b) certidão de casamento de Antonio Carlos Cunha Cabeça com firma reconhecida de seu subscritor deve ser apresentada no original ou em cópia autêntica, constando a averbação de divórcio.

O Oficial aduz, ainda, que não foi apresentada certidão de homologação do ITCMD pela FESP e que o formal de partilha deve ser aditado também para constar as proporções corretas a serem partilhadas, com informação de que não houve insurgência contra o item "b" supra indicado.

Vieram documentos às fls. 05/237.

Em manifestação dirigida ao Oficial (fls. 09/12, 15/17 e 21/23), a parte suscitada requereu aplicação do princípio da cindibilidade registral, a fim de que fosse excluído o registro do usufruto, vez que a herdeira testamentária e usufrutuária, Maria Apparecida Cunha Cabeças, já é falecida, tendo sido, inclusive, apresentado pedido de registro de inventário e partilha decorrente de seu óbito. Defendeu, ainda, que não seria requisito essencial ao registro dos títulos em questão o aditamento do formal de partilha de Carlos Cabeça para incluir o usufruto em favor da "de cujus", já que, posteriormente, teria que ser cancelado, em conformidade com a jurisprudência do E. Conselho Superior da Magistratura, sendo que exibiu homologação da FESP acerca do pagamento do ITCMD. Não houve, porém, manifestação neste feito (fl. 240).

O Ministério Público opinou pela improcedência, com afastamento do óbice impugnado (fls. 244/246).

É o relatório.

Fundamento e decido.

Por primeiro, verifica-se que a parte suscitada exibiu homologação do ITCMD pela FESP acerca do inventário de Carlos Cabeças, bem como certidão de casamento de Antonio Carlos Cunha Cabeças contendo averbação de seu divórcio (fls. 18, 122 e 218), duas das exigências do Oficial ao registro.

Diante disso e da insurgência apenas quanto à exigência da nota devolutiva de fl. 229, vê-se que a dúvida restringe-se à necessidade de aditamento do formal de partilha extraído do inventário judicial dos bens deixados por Carlos Cabeças, autos n. 1061591-44.2017.8.26.0100, para inclusão do usufruto dos imóveis arrolados em favor de Maria Apparecida Cunha Cabeças, já falecida, conforme testamento copiado às fls. 29/30.

No mérito, a dúvida é improcedente. Vejamos os motivos.

De início, vale destacar que os títulos judiciais não estão isentos de qualificação, positiva ou negativa, para ingresso no fólio real.

O Egrégio Conselho Superior da Magistratura já decidiu que a qualificação negativa de título judicial não caracteriza desobediência ou descumprimento de decisão judicial (Apelação Cível n. 413-6/7).

Neste sentido, também a Apelação Cível nº 464-6/9, de São José do Rio Preto:

> *"Apesar de se tratar de título judicial, está ele sujeito à qualificação registrária. O fato de tratar-se o título de mandado judicial não o torna imune à qualificação registrária, sob o estrito ângulo da regularidade formal. O exame da legalidade não promove incursão sobre o mérito da decisão judicial, mas à apreciação das formalidades extrínsecas da ordem e à conexão de seus dados com o registro e a sua formalização instrumental".*

E, ainda:

> *"REGISTRO PÚBLICO - ATUAÇÃO DO TITULAR - CARTA DE ADJUDICAÇÃO - DÚVIDA LEVANTADA - CRIME DE DESOBEDIÊNCIA - IMPROPRIEDADE MANIFESTA. O cumprimento do dever imposto pela Lei de Registros Públicos, cogitando-se de deficiência de carta de adjudicação e levantando-se dúvida perante o juízo de direito da vara competente, longe fica de configurar ato passível de enquadramento no artigo 330 do Código Penal - crime de desobediência -, pouco importando o acolhimento, sob o ângulo judicial, do que suscitado" (STF, HC 85911 / MG - MINAS GERAIS, Relator: Min. MARCO AURÉLIO, j. 25/10/2005, Primeira Turma).*

Sendo assim, não há dúvidas de que a mera existência de título proveniente de órgão jurisdicional não basta para autorizar automaticamente seu ingresso no fólio real, cabendo ao oficial qualificá-lo conforme os princípios que regem a atividade registral, sendo que, para o exercício de tal mister, ele conta com ampla autonomia (artigo 28 da Lei n. 8.935/94).

Neste contexto, não se verifica qualquer falha funcional passível de apuração no âmbito disciplinar pela mera qualificação negativa dos títulos.

No caso concreto, constata-se que o usufruto dos imóveis instituídos pelo autor da herança, Carlos Cabeças, em favor de seu cônjuge, Maria Apparecida Cunha Cabeças (testamento copiado às fls. 29/30), não integrou o título constituído no inventário judicial de autos n. 1061591-44.2017.8.26.0100.

De fato, a sentença judicial homologou as primeiras declarações/plano de partilha copiadas às fls. 101/121 destes autos, em que não houve indicação de referido usufruto em favor da viúva-meeira (fl. 126).

Todavia, conforme salientado pela parte suscitada e pelo Ministério Público, o E. Conselho Superior da Magistratura firmou entendimento acerca da desnecessidade do registro de usufruto em favor de usufrutuário já falecido, como na hipótese, caso em que o título pode ser cindido para a prática dos demais atos registrais nele consubstanciados.

Nesse sentido, a jurisprudência indicada às fls. 22/23 e 246 deste feito:

> *"Dúvida Inversa. Recurso. Doação. Prova do Pagamento de Tributo. Usufruto . Morte dos Usufrutuários. Cindibilidade do Título" (CSMSP – Apel. Cível: 1058111-29.2015.8.26.0100. Data de Julgamento: 21/06/2016. Data DJ: 21/07/2016. RELATOR: Manoel de Queiroz Pereira Calças).*

Extrai-se da referida decisão o seguinte excerto, com nossos destaques:

> *"(...) 4. Por fim, quanto ao registro stricto sensu do título de usufruto também mencionado no instrumento notarial,* ***já a esta altura falecidos os usufrutuários, a inscrição é de todo desnecessária.***
>
> *Com efeito,* ***o registro constitutivo correspondente a este usufruto não produzirá ressonância jurídica*** *alguma.*
>
> *É contraecoômico, para logo, em todos os aspectos (economia de esforços, de tempo e de custos), efetivar-se uma inscrição registraria destituída de toda eficácia atual.*
>
> *Além disso, tratar-se-ia de uma inscrição em maltrato da economia de espaço na matrícula, afligindo o interesse gráfico de sua visualização.*
>
> *Mais agudamente, o princípio da legalidade impõe que apenas se efetuem inscrições eficazes in actu, de modo que o registro não se converta em local de acesso para não importa quais títulos ou mesmo se confunda com um mero arquivo de informações. Daí o aforismo inutilitates in tabulÄ illicita sunt.* ***Ou seja, mais que desnecessário, o registro do título de usufruto, na espécie, seria ilegal.***

Não custa acrescentar que o título notarial pode, tal o caso, dividir-se em capítulos, com correspondente eficácia analítica, ***admitindo-se, pois, sua cindibilidade, contanto que a ruptura da conexão dos capítulos não interfira com a integral validade dos fatos, atos ou negócios jurídicos objeto da escritura****".*

Em outros palavras, o aditamento do inventário dos bens deixados por Carlos Cabeças para inclusão do usufruto em favor da viúva-meeira, Maria Apparecida Cunha Cabeças, conforme exigido pelo Oficial, seria contraproducente na medida em que o registro seria desprovido de eficácia, já que teria que ser cancelado diante do falecimento da usufrutuária.

Nesse sentido, à luz da referida jurisprudência, seria possível a cindibilidade do título apenas para registro da partilha nele homologada, o que em consequência, viabilizaria o registro subsequente da escritura de inventário e partilha de bens conjuntos e de doação lavrada em decorrência do óbito de Maria Apparecida (fls. 153/154). Tudo em total conformidade com o princípio da continuidade registral.

Por fim e a despeito do que afirma o Oficial à fl. 13, verifica-se que os imóveis foram corretamente partilhados entre os sucessores tanto na ação de inventário dos bens deixados por Carlos (75% à viúva-meeira - por força do testamento - e 12,5% a cada um dos herdeiros-filhos – fls. 101/121), quanto na escritura de escritura de inventário e partilha dos bens deixados por Maria Apparecida (divisão do monte-mor, correspondente a 75% dos bens, entre os herdeiros filhos – fls. 153/172).

Desse modo e diante da exibição dos documentos pleiteados, como já observado, não há qualquer obstáculo para que se proceda ao registro do formal de partilha e da escritura.

Diante do exposto, **JULGO IMPROCEDENTE** a dúvida suscitada para afastar a exigência concernente ao aditamento do formal de partilha e, em consequência, determinar o registro dos títulos independentemente do usufruto instituído em favor de Maria Apparecida Cunha Cabeças.

Deste procedimento não decorrem custas, despesas processuais ou honorários advocatícios.

Oportunamente, remetam-se os autos ao arquivo.

P.R.I.C.

São Paulo, 15 de outubro de 2021.

Luciana Carone Nucci Eugênio Mahuad

Juiz de Direito (DJe de 20.10.2021 – SP)

Ementa: Sentença – Dúvida – Pedido de registro de Escritura de Inventário e Partilha – Negativa em razão da existência de divergência entre o valor atribuído pelas partes e aquele constante na declaração do ITCMD – Delimitação da fiscalização do Oficial somente ao pagamento do imposto – Eventual diferença em relação ao valor recolhido deve ser discutida na via adequada – Afastamento do óbice – Determinação do registro do título – Improcedência

Processo 1101590-62.2021.8.26.0100

Dúvida - Registro de Imóveis - João Evangelista Oliveira Coelho - Diante do exposto, JULGO IMPROCEDENTE a dúvida suscitada pelo Oficial do 1º Registro de Imóveis da Capital a requerimento de João Evangelista Oliveira Coelho para afastar o óbice registrário e, em consequência, determinar o registro do título. Deste procedimento não decorrem custas, despesas processuais ou honorários advocatícios. Oportunamente, remetam-se os autos ao arquivo. P.R.I.C. - ADV: JOAO EVANGELISTA OLIVEIRA COELHO (OAB 27451/SP)

Íntegra da decisão:

SENTENÇA

Processo Digital nº: **1101590-62.2021.8.26.0100**

Classe - Assunto **Dúvida - Registro de Imóveis**

Requerente: **1º Oficial de Registro de Imóveis da Capital**

Requerido: **João Evangelista Oliveira Coelho**

Juiz(a) de Direito: Dr(a). **Luciana Carone Nucci Eugênio Mahuad**

Vistos.

Trata-se de dúvida suscitada pelo **Oficial do 1º Registro de Imóveis da Capital** a requerimento de **João Evangelista Oliveira Coelho**, após negativa de registro de escritura de inventário e partilha dos bens deixados pelo falecimento de Júnia Ferreira Coelho, que tem por objeto o imóvel da matrícula n. 47.657 daquela serventia.

Informa o Oficial que a negativa foi motivada pela divergência entre o valor atribuído ao imóvel pelas partes e aquele constante na declaração do ITCMD, pelo que exigiu que seu recolhimento fosse efetivado no valor declarado no título. Juntou documentos às fls. 04/64.

A parte suscitada apresentou impugnação às fls. 68/69, sustentando a exatidão do imposto recolhido, o qual está de acordo com o artigo 9º, inciso I, da Lei Estadual n. 10.705, não sendo atribuição do registrador fiscalizar a correção do montante recolhido.

O Ministério Público opinou pela improcedência (fls. 88/93).

É o relatório.

Decido.

No mérito, a dúvida é improcedente. Vejamos os motivos.

Em que pese a cautela do Oficial, não há obstáculo real ao registro. Afinal, houve recolhimento do ITCMD com base no valor venal do imóvel na data do óbito, como relatado às fls. 20/25.

Não se desconhece que, para os registradores, vigora ordem de controle rigoroso do recolhimento do imposto por ocasião do registro do título, sob pena de responsabilidade pessoal (art. 289 da Lei n. 6.015/73; art.134, VI, do CTN e art. 30, XI, da Lei 8.935/1994).

Todavia, acerca desta matéria, o Egrégio Conselho Superior da Magistratura já fixou entendimento no sentido de que a fiscalização devida não vai além da aferição sobre a existência ou não do recolhimento do tributo (e não se houve correto recolhimento do valor, sendo tal atribuição exclusiva do ente fiscal, a não ser na hipótese de flagrante irregularidade ou irrazoabilidade do cálculo).

Nesse sentido, além do aresto indicado pelo Ministério Público às fls. 90/92, os seguintes julgados do E. Conselho Superior da Magistratura:

> *"Ao oficial de registro incumbe a verificação de recolhimento de tributos relativos aos atos praticados, não a sua exatidão" (Apelação Cível 20522-0/9- CSMSP - J.19.04.1995 - Rel. Antônio Carlos Alves Braga).*
>
> *"Todavia, este Egrégio Conselho Superior da Magistratura já fixou entendimento no sentido de que a qualificação feita pelo Oficial Registrador não vai além da aferição sobre a existência ou não de recolhimento do tributo, e não sobre a integralidade de seu valor" (Apelação Cível 996-6/6 – CSMSP, j. 09.12.2008 - Rel. Ruy Camilo).*

"Este Egrégio Conselho Superior da Magistratura já fixou entendimento no sentido de que a qualificação feita pelo Oficial Registrador não vai além da aferição sobre a existência ou não de recolhimento do tributo, e não sobre a integralidade de seu valor" (Apelação Cível 0009480-97.2013.8.26.0114 - Campinas - j. 02.09.2014 - Rel. des. Elliot Akel).

No caso, embora o valor informado pelo inventariante na declaração do ITCMD divirja daquele adotado pelas partes para fins de inventário (item 3.1 da escritura – fls. 09/10 e 16), a tributação com base no valor venal do imóvel na data do óbito não se mostra flagrantemente incorreta, sobretudo diante da normativa expedida pelo ente fiscal (artigo 12, I, "a", da Portaria CAT n. 89, de 26 de outubro de 2020), a qual determina a avaliação dos imóveis na declaração do ITCMD conforme o capítulo IV da Lei n. 10.705/2000, cujo artigo 9º, §1º, por sua vez, determina a utilização do valor venal na data a abertura da sucessão como base de cálculo do imposto.

Eventual diferença em relação ao valor recolhido, portanto, deve ser discutida na via adequada, não podendo o registrador desqualificar o título apresentado para exigir complemento de valores.

Diante do exposto, **JULGO IMPROCEDENTE** a dúvida suscitada pelo Oficial do 1º Registro de Imóveis da Capital a requerimento de **João Evangelista Oliveira Coelho** para afastar o óbice registrário e, em consequência, determinar o registro do título.

Deste procedimento não decorrem custas, despesas processuais ou honorários advocatícios.

Oportunamente, remetam-se os autos ao arquivo.

P.R.I.C.

São Paulo, 13 de outubro de 2021.

Luciana Carone Nucci Eugênio Mahuad

Juiz de Direito (DJe de 18.10.2021 – SP)

Ementa: Sentença – Pedido de Providências – Pedido de complementação da qualificação do proprietário tabular – Alegação pela Requerente de que a retificação é necessária para viabilizar o registro do inventário de seu falecido marido – Negativa do registro do formal de partilha por ausência de apresentação dos documentos de identificação pessoal do autor da herança – Qualificação deficiente do proprietário tabular, ora inventariado, na transcrição do imóvel – Proprietário que faleceu há mais de cinquenta anos – Herdeiros que não possuem mais o contrato original e nem os documentos pessoais do falecido – Apresentação do comprovante do recolhimento do IPTU do imóvel em nome do inventariado – Possibilidade de concluir que o autor da herança é o titular da propriedade arrolada – Admissibilidade da averbação da filiação do proprietário na transcrição do imóvel – – Art 176, §1º, II, 4, "a", da LRP – Deferimento do pedido – Determinação do registro do formal de partilha – Procedência

Processo 1016041-72.2021.8.26.0007

Pedido de Providências - Retificação de Área de Imóvel - Sonia Maria Lourenço Sampaio - Diante do exposto, JULGO PROCEDENTE o pedido de providências formulado por Sônia Maria Lourenço Sampaio em face do Oficial do 9º Registro de Imóveis da Capital para determinar averbação na transcrição nº 107.217 daquela serventia, a fim de se informar que o proprietário João Sampaio é filho de Paulo Sampaio e Martha Sampaio, conforme certidão de óbito de fls. 69/70, prosseguindo-se com o registro do formal de partilha objeto da prenotação nº 686.795 (fl. 129). Deste procedimento não decorrem custas, despesas processuais ou honorários advocatícios. Oportunamente, ao arquivo com as cautelas de praxe. P.R.I.C. - ADV: ALEXANDRE MARIANO DA SILVA (OAB 243680/SP)

Íntegra da decisão:

SENTENÇA

Processo Digital nº: **1016041-72.2021.8.26.0007**

Classe - Assunto **Pedido de Providências - Retificação de Área de Imóvel**

Requerente: **Sonia Maria Lourenço Sampaio**

Requerido: **9º Oficvial de Registro de Imóveis da capital**

Juiz(a) de Direito: Dr(a). **Luciana Carone Nucci Eugênio Mahuad**

Vistos.

Trata-se de pedido de providências formulado por **Sonia Maria Lourenço Sampaio** em face do **Oficial do 9º Registro de Imóveis da Capital** diante da negativa em complementação da qualificação do proprietário tabular do imóvel objeto da transcrição nº 107.217 daquela serventia.

A parte interessada aduz que a retificação é necessária para viabilizar o registro do inventário de seu falecido marido, que era herdeiro do proprietário tabular, sendo que não conseguiu cópia dos documentos de identidade exigidos (RG e CPF).

Vieram documentos às fls. 05/74.

Distribuído inicialmente à 4ª Vara Cível do Foro Regional VII – Itaquera, ante o declínio de competência, o feito foi redistribuído (fls. 81/82)

Constatado o decurso do trintídio legal, determinou-se a reapresentação do título (fl. 84).

Com o atendimento, o Oficial manifestou-se à fl. 129, esclarecendo que a retificação foi oposta como exigência para registro do formal de partilha dos bens deixados por João Sampaio, qualificado na transcrição do imóvel apenas como *"brasileiro, viúvo, laminador, residente à Rua 58, nº 36, Cidade Líder, em Itaquera"*, e que não foi possível concluir o procedimento pela via extrajudicial porque os interessados não possuem documento de identificação pessoal de João Sampaio, o que impede a confrontação com a assinatura lançada no título aquisitivo. Cálculo de custas e emolumentos que incidirão sobre o registro da partilha, caso deferida a inscrição neste expediente, foi produzido.

O Ministério Público requereu pesquisa dos registros civis e das informações eleitorais de João Sampaio (fls. 134/135 e 155).

Determinada expedição de ofício ao IIRGD, a providência restou frustrada (fls. 136/137 e 142).

O Ministério Público se manifestou à fl. 155.

É o relatório.

Fundamento e decido.

Considerando os elementos constantes dos autos, entendo possível julgamento.

O pedido de complementação da qualificação do titular do domínio, como se vê da inicial, decorre de negativa do Oficial quanto ao ingresso de formal de partilha no fólio real.

Neste ponto, vale anotar que o Egrégio Conselho Superior da Magistratura já decidiu que a qualificação negativa de título judicial não caracteriza desobediência ou descumprimento de decisão judicial: Apelação Cível n. 413-6/7. E, ainda: Ap. Cível n. 0003968-52.2014.8.26.0453; Ap. Cível n. 0005176-34.2019.8.26.0344 e Ap. Cível n. 1001015-36.2019.8.26.0223.

Quanto à retificação do registro (providências para inserção de dados), a Lei n. 6.015, de 31 de dezembro de 1973, em seu art. 213, inciso I, "g", a permite sempre que se fizer necessária inserção ou modificação dos dados de qualificação pessoal das partes quando comprovada por documentos oficiais ou mediante despacho judicial, se provas precisarem ser produzidas.

No caso concreto, a antiguidade do registro é relevante (fls. 48/49).

Por se tratar de transcrição realizada em agosto de 1968, João Sampaio foi qualificado apenas como sendo *"brasileiro, viúvo, laminador, residente à Rua 58, nº 36, Cidade Líder, em Itaquera"*, conforme autorizava a legislação daquela época.

Essa qualificação deficiente compromete a identificação segura do proprietário tabular, sobretudo por se tratar de nome comum.

Por sugestão do Oficial, buscou-se a apresentação de documentos pessoais nos quais constasse assinatura, a qual seria confrontada com aquela lançada na escritura de venda e compra que originou a transcrição (fls. 50/53).

No contexto do sugerido, são inúteis documentos sem assinatura que confirme a identidade entre o seu portador e o titular do domínio. Por isso, providências em busca de simples dados cadastrais não têm qualquer relevância para este caso.

Tendo em vista que João faleceu há mais de cinquenta anos (fls. 69/70), seus herdeiros já não possuem mais o contrato original nem seus documentos pessoais, os quais se extraviaram.

Diligências junto à Secretaria de Segurança Pública restaram infrutíferas (fl. 142).

Todavia, compulsando os autos, verifica-se que todo o conjunto dos autos do inventário apresentado pela parte interessada, notadamente comprovante de recolhimento de IPTU do exercício fiscal de 1970, relativo ao imóvel localizado na rua cinquenta e oito, nº 36, Cidade Líder, em nome do inventariado João Sampaio (fl. 29), confirma a posse sobre o bem e permite identificar, com segurança, o inventariado como o titular da propriedade arrolada (fls. 11/45).

É possível concluir, portanto, que o proprietário é, de fato, João Sampaio, filho de Paulo Sampaio e de Martha Sampaio, viúvo, que faleceu em 20 de fevereiro de 1970, conforme informado na certidão de óbito de fls. 69/70.

Vale consignar que, nos termos do artigo 176, §1º, inciso II, n. 4, alínea "a", da Lei de Registros Públicos, à falta da indicação dos números de CPF e RG, basta a filiação do proprietário do imóvel, que deverá ser averbada à transcrição.

Diante do exposto, **JULGO PROCEDENTE** o pedido de providências formulado por **Sônia Maria Lourenço Sampaio** em face do **Oficial do 9º Registro de Imóveis da Capital** para determinar averbação na transcrição nº 107.217 daquela serventia, a fim de se informar que o proprietário João Sampaio é filho de Paulo Sampaio e Martha Sampaio, conforme certidão de óbito de fls. 69/70, prosseguindo-se com o registro do formal de partilha objeto da prenotação nº 686.795 (fl. 129).

Deste procedimento não decorrem custas, despesas processuais ou honorários advocatícios.

Oportunamente, ao arquivo com as cautelas de praxe.

P.R.I.C.

São Paulo, 04 de outubro de 2021.

Luciana Carone Nucci Eugênio Mahuad

Juiz de Direito (DJe de 07.10.2021 – SP)

Ementa: Sentença – Dúvida – Pedido de registro de Escritura de Inventário e Partilha – Possibilidade – Negativa em razão da divergência entre os documentos de identificação do cônjuge da herdeira – Apresentação de documento hábil à comprovação da filiação – Conclusão pela veracidade do documento de identidade indicado na referida escritura – Aquisição do imóvel apenas pela herdeira, ora Requerente, em razão do casamento ser regido pelo regime da comunhão parcial de bens – Necessidade de averbação prévia na matrícula para indicação da filiação do marido da Requerente – Princípio da Continuidade – Art. 167, II, item 5, da LRP – Determinação do registro do título – Improcedência

Processo 1087063-08.2021.8.26.0100

Dúvida - Registro de Imóveis - Sandra Vera Silva Setembro Gonçalves – Diante do exposto, JULGO IMPROCEDENTE a dúvida inversa e, em consequência, determino o registro do título apresentado, observando-se a necessária averbação prévia para indicação da filiação de Cláudio Ernesto Rebolho Gonçalves, marido, ao tempo da sucessão, da herdeira Sandra Vera Silva Setembro Gonçalves (fls. 40 e 147). Deste procedimento não decorrem custas, despesas processuais ou honorários advocatícios. Oportunamente, ao arquivo com as cautelas de praxe. P.R.I.C. - ADV: IVAN TOHMÉ BANNOUT (OAB 208236/SP)

Íntegra da decisão:
SENTENÇA

Processo Digital nº: **1087063-08.2021.8.26.0100**

Classe - Assunto **Dúvida - Registro de Imóveis**

Requerente: **Sandra Vera Silva Setembro Gonçalves**

Requerido: **14º Oficial de Registro de Imoveis da Capital**

Juiz(a) de Direito: Dr(a). **Luciana Carone Nucci Eugênio Mahuad**

Vistos.

Trata-se de dúvida inversa suscitada por **Sandra Vera Silva Setembro Gonçalves** em face do **Oficial do 14º Registro de Imóveis da Capital**, tendo em vista negativa em se proceder ao registro de escritura de inventário e partilha dos bens deixados por Shireen Silva Setembro, dentre os quais está o imóvel objeto da matrícula nº 37.107 daquela serventia.

O título foi desqualificado após o Oficial suscitado encontrar divergência na qualificação de Cláudio Ernesto Rebolho, marido da suscitante, o qual é identificado na matrícula com o RG nº 422.297, expedido pelo Ministério da Aeronáutica, enquanto na escritura figura como portador do RG nº 8.229.271, expedido pela Secretaria de Segurança Pública do Estado do Pará. Vieram documentos às fls. 13/160.

Constatado o decurso do trintídio legal, determinou-se a reapresentação do título (fl. 161).

Com o atendimento, o Oficial suscitado se manifestou às fls. 168/170, reiterando a necessidade de esclarecimento acerca da divergência entre os documentos de identificação de Cláudio mediante cópia autenticada das respectivas cédulas. Defendeu a necessidade de verificação da informação por meio de documento original ou cópia autenticada, sendo insuficiente a juntada de foto simples do documento atual. A superação da exigência é possível mediante autorização expressa para averbação da filiação de Cláudio, que também será identificado no corpo do registro, ficando para momento oportuno a regularização da divergência entre os documentos de identidade. Juntou documentos (fls. 171/214).

O Ministério Público opinou pela procedência, com manutenção do óbice registrário (fls. 218/219).

É o relatório.

Fundamento e decido.

No mérito, em que pesem o zelo e a cautela do Oficial, a dúvida é improcedente. Vejamos os motivos.

A parte suscitante esclarece que o imóvel pertencia a seus pais já falecidos, Milton e Shireen, sendo objeto de partilhas distintas.

Por ocasião da sucessão de Milton, Cláudio apresentou o RG nº 422.297, emitido pelo Ministério da Aeronáutica, cuja cópia autenticada integra aquele formal de partilha (fls. 41 e 16/115) e cujos dados foram lançados na matrícula do imóvel.

Já para a lavratura da escritura de inventário de Shireen, submetida à atual qualificação (fls. 116/121), a parte afirma que exibiu ao notário o RG nº 8.229.271, expedido pela Secretaria de Segurança Pública do Estado do Pará, cujo original se extraviou por ocasião do falecimento de Cláudio em outro Estado da Federação.

Como prejudicada a confirmação do documento de identidade indicado na escritura, o Oficial sugeriu o apontamento da filiação, conforme autoriza a Lei de Registros Públicos, apenas observando que o esclarecimento acerca da divergência entre os números de identidade informados ficaria para momento oportuno.

A parte suscitante deseja o registro e traz documento hábil à comprovação da filiação, ainda que se insurja contra a observação relativa à divergência nos documentos.

A divergência, porém, persiste e é contrária à segurança que se exige dos registros públicos.

Neste contexto, a solução indica pelo Oficial nos parece a mais acertada para solução do impasse sem comprometimento da segurança em questão.

É importante observar que se devem respeitar os dispositivos legais que atribuem fé pública aos atos registrais, o que permite concluir pela veracidade do documento de identidade indicado na escritura ora qualificada, lavrada pelo 11º Tabelião de Notas da Capital (fl. 116).

Ademais, tratando-se de sucessão hereditária e considerando que Cláudio e Sandra foram casados no regime da comunhão parcial de bens (fl. 40), somente ela pode ser considerada adquirente do imóvel, cabendo a Cláudio apenas eventual vênia conjugal em relação ao imóvel. Com o seu falecimento, entretanto, não resta qualquer risco de insegurança quanto ao documento de identidade apontado na escritura, selando-se definitivamente sua qualificação subjetiva com a indicação de sua filiação, nos termos da lei.

Tratando-se de informação nova, que não está presente na matrícula (R.4/37.017 – fls. 148/150), em atenção ao princípio da continuidade, deve ser previamente averbada a filiação de Cláudio, na forma do artigo 167, inciso II, item 5, da LRP, a qual está indicada tanto na certidão de casamento de fl. 40, como na certidão de óbito de fl. 147, que são documentos aptos para essa finalidade.

Diante do exposto, **JULGO IMPROCEDENTE** a dúvida inversa e, em consequência, determino o registro do título apresentado, observando-se a necessária averbação prévia para indicação da filiação de Cláudio Ernesto Rebolho Gonçalves, marido, ao tempo da sucessão, da herdeira Sandra Vera Silva Setembro Gonçalves (fls. 40 e 147).

Deste procedimento não decorrem custas, despesas processuais ou honorários advocatícios.

Oportunamente, ao arquivo com as cautelas de praxe.

P.R.I.C.

São Paulo, 29 de setembro de 2021.

Luciana Carone Nucci Eugênio Mahuad

Juiz de Direito. (DJe de 01.10.2021 – SP)

Ementa: Sentença – Pedido de Providências – Negativa de lavratura de Escritura Pública de Inventário – Existência de herdeiro incapaz – Esclarecimento pelo Titular da impossibilidade do procedimento extrajudicial por expressa vedação legal e normativa – Art. 610, caput, do CPC – Matéria reservada à esfera jurisdicional – Recusa devidamente fundamentada pelo Tabelião – Manutenção do óbice – Arquivamento do feito – Ciência ao Tabelião

Processo 1094372-80.2021.8.26.0100

Pedido de Providências - Tabelionato de Notas - T.N. - H.C.B.N. e outro - VISTOS, Trata-se de pedido de providências formulado pelo Senhor 7º Tabelião de Notas da Capital, em razão de impugnação apresentada em face de sua recusa de lavratura de Escritura Pública de Inventário. A impugnação apresentada pela parte interessada encontra-se acostada às fls. 07/10. O Ministério Público apresentou parecer pugnando pela manutenção do óbice imposto pelo Senhor Notário (fls. 13/18). É o breve relatório. Decido. Cuidam os autos de expediente formulado pelo Senhor 7º Tabelião de Notas da Capital, em razão de impugnação apresentada pela Senhora V. V. M. L. Em face de sua recusa de lavratura de Escritura Pública de Inventário. Narra a Senhora Representante, nos motivos de sua insurgência, que entende possível a realização de Inventário Extrajudicial, mesmo na existência de herdeiro incapaz, com o fim de otimizar a prestação jurisdicional, deduzindo que não haverá prejuízo ao curatelado, por ser este o único herdeiro. Diante do óbice aventado pelo Senhor Titular, requer a parte interessada que esta Corregedoria Permanente autorize o ato ou, alternativamente, remeta o casa a uma das Varas de Família competentes. A seu turno, o Senhor Tabelião esclareceu pela impossibilidade do procedimento extrajudicial, no presente caso, por expressa vedação legal e normativa, não possuindo o Delegatário atribuição para ir contra o ordenamento vigente. Não obstante, apresentou compreensão pessoal favorável à alteração, mencionando a situação do inventario extrajudicial com testamento e possibilidade da atuação do Ministério Público com atribuições nesta Vara de Registros Públicos. De sua parte, o Ministério Público opinou pela manutenção da negativa, ante a expressa impossibilidade legal de realização do instrumento público tal qual pretendido. Pois bem. De início, faço destacar que a normativa que atinge a matéria é clara na vedação à realização do Inventário Extrajudicial na existência de herdeiros incapazes, em conformidade ao artigo 610, caput, do Código de Processo Civil, ao dispor: "Havendo testamento ou interessado incapaz, proceder-se-á ao inventário judicial". Na mesma esteira, as Normas de Serviço da E. Corregedoria Geral da Justiça, em seu Capítulo XVI e em conformidade à Resolução CNJ nº 35, fazem várias referências à capacidade das partes como requisito necessário à lavratura de Inventário Extrajudicial. Nesse sentido, leia-se: 107. Admitem-se inventário e partilha extrajudiciais com viúvo(a) ou herdeiro(s) capazes, inclusive por emancipação, representado(s) por procuração formalizada por instrumento público com poderes especiais. 124. Havendo um só herdeiro, maior e capaz, com direito à totalidade da herança, não haverá partilha, lavrando-se a escritura de inventário e adjudicação dos bens. 130. Diante da expressa autorização do juízo sucessório competente, nos autos do procedimento de abertura e cumprimento de testamento, sendo todos os interessados capazes e concordes, poderão ser feitos o inventário e a partilha por escritura pública, que constituirá título hábil para o registro imobiliário. Igualmente, há que se destacar o parecer do i. Promotor de Justiça, que aponta que, em situação envolvendo incapaz, a participação do Ministério Público é obrigatória. Contudo, o d. Representante da Promotoria de Registros Públicos afirma que não detém atribuição para atuar em questões de Família e Sucessões. Por fim, sublinha que não há previsão da intervenção do Parquet na lavratura de Inventário Extrajudicial. Com efeito, é certo que todas as considerações apostas pela parte interessada, quanto à inexistência de prejuízo ao incapaz, requerem efetivo acompanhamento pela Promotoria de Justiça com atribuições bastantes e devem ser analisadas, na seara judicial, se o caso, com a devida instrução probatória. Observo que a situação do testamento com inventario extrajudicial é pouco diversa em razão da ausência de incapazes na situação; além disso, a imparcialidade do Tabelião exigiria a atuação de outro órgão, o Ministério Público, para exame do interesse do incapaz. Apesar dos aspectos positivos da desjudiciliazação há dificuldade na transposição do expresso óbice legal acerca da proteção dos incapazes por meio da interpretação do legislação incidente, sobretudo no âmbito administrativo. Nessa ordem de ideias, a recusa formal efetuada pelo Senhor Tabelião não merece reparo, posto que devidamente fundamentada na Lei e nas Normativas que regem a matéria. Assim, respeitada compreensão do Culto Dr Advogado e as considerações do Douto Sr. Tabelião, a impugnação ofertada pela parte interessada não merece acolhida, razão pela qual mantenho o óbice imposto pelo Senhor Notário. Outrossim, não é o caso de redistribuição do presente expediente, de caráter estritamente administrativo e cujo requerente é o próprio Tabelião, à Vara de Família, certo que tal providência compete à parte interessada. Nessas condições, à míngua de providência censório-disciplinar a ser adotada, determino o arquivamento dos autos. Ciência ao Senhor Tabelião e ao Ministério Público, intimando-se a interessa pela impressa por meio de seu advogado. Encaminhe-se cópia das principais peças dos autos, conforme relatório, à E. Corregedoria Geral da Justiça, por e-mail, servindo a presente como ofício, para conhecimento da questão posta. P.I.C. - ADV: HAMID CHARAF BDINE NETO (OAB 374616/SP). (DJe de 01.10.2021 – SP)

Ementa: Sentença – Dúvida – Pedido de registro de Escritura Pública de Inventário e Partilha – Possibilidade – Exigência pelo Oficial do recolhimento do ITBI em razão de partilha desigual dos bens imóveis – Desigualdade que foi reposta com outros bens móveis integrantes do Espólio – Inexistência de indícios de utilização de ato oneroso para a divisão – Comprovação do recolhimento do ITCMD – Afastamento do óbice – Determinação para registrar o título – Improcedência

Processo 1078933-29.2021.8.26.0100

Dúvida - Registro de Imóveis - Marco Rizuzzi - Diante do exposto, JULGO IMPROCEDENTE a dúvida suscitada pelo Oficial do 10º Registro de Imóveis da Capital a requerimento de Marco Riguzzi para afastar o óbice registrário e, em consequência, determinar o registro do título. Deste procedimento não decorrem custas, despesas processuais ou honorários advocatícios. Oportunamente, remetam-se os autos ao arquivo. P.R.I.C. - ADV: RODRIGO BENEVIDES DE CARVALHO (OAB 139494/SP), FERNANDA BOTELHO DE OLIVEIRA DIXO (OAB 184090/SP)

Íntegra da decisão:

SENTENÇA

Processo Digital nº: **1078933-29.2021.8.26.0100**

Classe - Assunto **Dúvida - Registro de Imóveis**

Requerente: **10º Oficial de Registro de Imóveis da Capital**

Requerido: **Marco Rizuzzi**

Juiz(a) de Direito: Dr(a). **Luciana Carone Nucci Eugênio Mahuad**

Vistos.

Trata-se de dúvida suscitada pelo **Oficial do 10º Registro de Imóveis da Capital** a requerimento de **Marco Riguzzi** após negativa de registro de escritura pública de inventário e partilha dos bens do espólio de Walter Riguzzi.

Informa o Oficial que o óbice registrário diz respeito à ausência de comprovação do recolhimento do ITBI, uma vez que, na partilha, houve distribuição desigual dos bens imóveis, que foram todos atribuídos à herdeira Graciela Avendano de Riguzzi, tendo a soma excedido o valor do seu quinhão, considerado exclusivamente o patrimônio imobiliário, o que dá ensejo à incidência do referido imposto.

A parte suscitada apresentou impugnação às fls. 55/60, aduzindo que a exigência não encontra respaldo legal, uma vez que o ITBI não é devido quando a transmissão se dá por sucessão, caso em que incide o ITCMD, bem como que a proporção dos imóveis integralmente atribuídos à herdeira Graciela foi compensada aos demais herdeiros com bens móveis que integraram o espólio, equiparando-se os quinhões, de modo que não há excesso a ser tributado.

O Ministério Público opinou pela improcedência (fls. 65/67).

É o relatório.

Fundamento e Decido.

No mérito, a dúvida é improcedente.

Em que pese a cautela do Oficial, não se vislumbra efetivo obstáculo ao registro do título apresentado.

A nota devolutiva de fls. 39/40 impõe o recolhimento do ITBI aos interessados em razão de partilha desigual dos bens imóveis deixados por Walter Riguzzi.

No entanto, não considerou que tal desigualdade foi apropriadamente reposta com outros bens móveis integrantes do espólio, de modo que respeitados os quinhões devidos a cada um dos herdeiros (fls. 29/31).

Nota-se, ademais, que inexistem nos autos indícios de que os interessados tenham se utilizado de qualquer ato oneroso para a divisão, pelo que não se verifica a ocorrência do fato gerador que pressupõe o imposto exigido.

Nesse sentido, o julgado trazido pelo Ministério Público:

"Desafia a lógica o que se extrai do dispositivo acima transcrito. Se na forma do artigo 1.791 do Código Civil a herança é um todo unitário, cuja posse e propriedade regulam-se pelas normas relativas ao condomínio, não há como se defender que, antes da partilha, cada herdeiro seja titular da metade ideal de cada bem que integra o monte partível. Cada herdeiro, na verdade, é condômino da universalidade formada pelos bens da herança, de modo que somente a partilha fixará a quota parte de cada um.

A atribuição de imóveis para um herdeiro e de bens móveis para outro, resultando essa operação em quinhões iguais, não implica transmissão de bens imóveis por ato oneroso. Trata-se simplesmente de se definir quem será proprietário de quais bens, sem qualquer operação subsequente.

Não houve na espécie, portanto, transmissão por ato oneroso de bem imóvel, pressuposto estabelecido pela Constituição Federal para a incidência do ITBI, mas simples partilha de patrimônio comum" (TJ-SP - Apelação: 1060800-12.2016.8.26.0100, Relator: Pereira Calças, Data de Julgamento: 06/06/2017, Órgão Julgador: Conselho Superior de Magistratura, Data de Publicação: 08/06/2017, destaque nosso).

E, ainda:

"REGISTRO DE IMÓVEIS – Escritura pública de divórcio e partilha de bens – Excesso de meação na partilha – Transmissão não onerosa de bem imóvel – Doação configurada ITCMD recolhido – Inexistência de fato gerador do ITBI – Exigência de comprovação do recolhimento do imposto municipal afastada – Recurso provido para julgar improcedente a dúvida determinando o registro do título" (TJ-SP

- *Apelação: 1112232-31.2020.8.26.0100, Relator: Ricardo Anafe (Corregedor Geral), Data de Julgamento: 16/06/2021, Órgão Julgador: Conselho Superior de Magistratura, Data de Publicação: 21/06/2021).*

Por fim, vale ressaltar que a parte suscitada comprovou recolhimento do Imposto sobre Transmissão Causa Mortis e Doação de Quaisquer Bens ou Direitos, ITCMD, devido no caso (fls. 41/54).

Diante do exposto, **JULGO IMPROCEDENTE** a dúvida suscitada pelo Oficial do 10º Registro de Imóveis da Capital a requerimento de Marco Riguzzi para afastar o óbice registrário e, em consequência, determinar o registro do título.

Deste procedimento não decorrem custas, despesas processuais ou honorários advocatícios.

Oportunamente, remetam-se os autos ao arquivo.

P.R.I.C.

São Paulo, 25 de agosto de 2021.

Luciana Carone Nucci Eugênio Mahuad

Juiz de Direito (DJe de 27.08.2021 – SP)

Ementa: Sentença – Dúvida – Pedido de registro de Escritura Pública de Inventário e Partilha – Possibilidade –Negativa em razão da necessidade de apresentação de decisão judicial que autorizou o recolhimento do ITCMD com utilização de base diversa da prevista na legislação estadual – Delimitação da fiscalização do Oficial somente ao pagamento do tributo – Afastamento do óbice – Determinação do registro do título –Improcedência

Processo 1080139-78.2021.8.26.0100

Dúvida - Registro de Imóveis - Quiochi Tanaka - Diante do exposto, JULGO IMPROCEDENTE a dúvida suscitada pelo Oficial do 1º Registro de Imóveis da Capital a requerimento de Quiochi Tanaka, André Seiti Tanaka e Fábio Quiochi Tanaka para afastar o óbice registrário e, em consequência, determinar o registro do título. Deste procedimento não decorrem custas, despesas processuais ou honorários advocatícios. Oportunamente, remetam-se os autos ao arquivo. P.R.I.C. - ADV: SUELY UYETA (OAB 114807/SP)

Íntegra da decisão:

SENTENÇA

Processo Digital nº: **1080139-78.2021.8.26.0100**

Classe - Assunto **Dúvida - Registro de Imóveis**

Suscitante: **1º Oficial de Registro de Imóveis da Capital**

Suscitado: **Quiochi Tanaka**

Juiz(a) de Direito: Dr(a). **Luciana Carone Nucci Eugênio Mahuad**

Vistos.

Trata-se de dúvida suscitada pelo **Oficial do 1º Registro de Imóveis da Capital** a requerimento de **Quiochi Tanaka, André Seiti Tanaka e Fábio Quiochi Tanaka**, após negativa de registro de escritura de inventário e partilha dos bens deixados pelo falecimento de Teresinha Fumika Yamazaki Tanaka, que tem por objeto os imóveis das matrículas n. 32.107 e 32.108 daquela serventia.

Informa o Oficial que, após satisfação parcial das exigências, a negativa da última nota devolutiva foi motivada pelo recolhimento do ITCMD com utilização de base diversa da prevista na legislação estadual, pelo que exigiu apresentação de decisão judicial que autorizou o recolhimento naqueles termos, já que cabe ao registrador rigorosa fiscalização do pagamento dos impostos devidos. Juntou documentos às fls. 05/36.

A parte suscitada apresentou impugnação às fls. 41/46, defendendo a inconstitucionalidade da norma que alterou a base de cálculo do ITCMD e a improcedência da dúvida por não ser atribuição do registrador fiscalizar a correção do montante recolhido, conforme orientação do E. CSM.

O Ministério Público opinou pela improcedência (fls. 65/69).

É o relatório.

Decido.

No mérito, a dúvida é improcedente. Vejamos os motivos.

Em que pese a cautela do Oficial, não há obstáculo real ao registro.

Afinal, houve recolhimento do ITCMD.

Não se desconhece que, para os registradores, vigora ordem de controle rigoroso do recolhimento do imposto por ocasião do registro do título, sob pena de responsabilidade pessoal (art. 289 da Lei n. 6.015/73; art.134, VI, do CTN e art. 30, XI, da Lei 8.935/1994).

No caso específico, ainda, há normativa expressa expedida pelo ente fiscal (artigo 12 da Portaria CAT n. 89, de 26 de outubro de 2020).

Todavia, acerca desta matéria, o Egrégio Conselho Superior da Magistratura já fixou entendimento no sentido de que a fiscalização devida não vai além da aferição sobre a existência ou não do recolhimento do tributo (e não se houve correto recolhimento do valor, sendo tal atribuição exclusiva do ente fiscal).

Nesse sentido, além do aresto indicado pelo MP às fls. 46/47, os seguintes julgados do E. Conselho Superior da Magistratura:

"Ao oficial de registro incumbe a verificação de recolhimento de tributos relativos aos atos praticados,

não a sua exatidão" (Apelação Cível 20522-0/9- CSMSP - J.19.04.1995 - Rel. Antônio Carlos Alves Braga).

"Todavia, este Egrégio Conselho Superior da Magistratura já fixou entendimento no sentido de que a qualificação feita pelo Oficial Registrador não vai além da aferição sobre a existência ou não de recolhimento do tributo, e não sobre a integralidade de seu valor" (Apelação Cível 996-6/6 – CSMSP, j. 09.12.2008 - Rel. Ruy Camilo).

"Este Egrégio Conselho Superior da Magistratura já fixou entendimento no sentido de que a qualificação feita pelo Oficial Registrador não vai além da aferição sobre a existência ou não de recolhimento do tributo, e não sobre a integralidade de seu valor" (Apelação Cível 0009480- 97.2013.8.26.0114 - Campinas - j. 02.09.2014 - Rel. des. Elliot Akel).

No presente caso, como já anotado, houve recolhimento do tributo, o que também se verifica da escritura de inventário (fl. 21, item 16), pelo que o registro deve ser realizado.

Diante do exposto, **JULGO IMPROCEDENTE** a dúvida suscitada pelo Oficial do 1º Registro de Imóveis da Capital a requerimento de **Quiochi Tanaka, André Seiti Tanaka e Fábio Quiochi Tanaka** para afastar o óbice registrário e, em consequência, determinar o registro do título.

Deste procedimento não decorrem custas, despesas processuais ou honorários advocatícios.

Oportunamente, remetam-se os autos ao arquivo.

P.R.I.C.

São Paulo, 23 de agosto de 2021.

Luciana Carone Nucci Eugênio Mahuad

Juiz de Direito (DJe de 25.08.2021 – SP)

Ementa: Sentença – Dúvida – Pedido de registro de Escritura Pública de Inventário e Partilha – Aquisição pela parte da totalidade do imóvel por meio de Cessão Onerosa de Direitos – Existência de ordem de indisponibilidade de bens e direitos do herdeiro – Negociação imediata à partilha que não se confunde com renúncia à herança – Inviabilização do registro da transferência – Competência do juízo que decretou o gravame – Manutenção do óbice – Procedência

Processo 1112507-77.2020.8.26.0100

Dúvida - Registro de Imóveis - Dimas de Melo Pimenta III - Do exposto, JULGO PROCEDENTE a dúvida suscitada pelo Oficial do 10º Registro de Imóveis da Capital, a requerimento de Dimas de Melo Pimenta III, mantendo o óbice. Não há custas, despesas processuais ou honorários advocatícios decorrentes deste procedimento. Oportunamente, arquivem-se os autos. P.R.I.C. - ADV: LUIZ FELIPE DA SILVA GALVAO E SENA (OAB 74769/SP) (DJe de 28.06.2021 – SP)

Íntegra da decisão:

SENTENÇA

Processo Digital nº: **1112507-77.2020.8.26.0100**

Classe - Assunto **Dúvida - Registro de Imóveis**

Suscitante: **10º Oficial de Registro de Imóveis da Capital**

Suscitado: **Dimas de Melo Pimenta III**

Justiça Gratuita

Juiz(a) de Direito: Dr(a). **Luciana Carone Nucci Eugênio Mahuad**

Vistos.

Trata-se de dúvida suscitada pelo Oficial do **10º Registro de Imóveis da Capital**, a requerimento de Dimas de Melo Pimenta III, após negativa de registro de Escritura Pública de Inventário e Partilha dos bens deixados por Maria Cecília Xavier D'Elboux, lavrada pelo 14º Tabelião de Notas da Capital, por meio da qual a parte suscitada adquiriu do herdeiro Rodrigo Dimas de Melo Pimenta os direitos sobre o imóvel partilhado.

O título foi desqualificado após o Oficial suscitante identificar ordem de indisponibilidade de bens e direitos do herdeiro Rodrigo, cadastrada na Central de Indisponibilidade Arisp.

Documentos vieram às fls. 03/46.

A parte suscitada manifestou-se às fls. 47/55, alegando ter adquirido a totalidade do imóvel por meio de cessão onerosa de direitos, livremente pactuada, sem demonstração de má-fé ou fraude a credores, de modo que a persistência do óbice causará prejuízo pela frustração do direito de uso e gozo do único imóvel deixado por sua falecida mãe; que o imóvel não ingressou no patrimônio de Rodrigo e não foi incluído entre os bens atingidos pela indisponibilidade.

O Ministério Público opinou pela procedência da dúvida (fls. 59/60).

Foram expedidos ofícios para informações acerca da ordem de indisponibilidade e de eventual levantamento do gravame, mas sem resposta até o momento (fls. 61, 65/66 e 71).

É o relatório.

Fundamento e decido.

Compulsando melhor os autos, verifica-se a possibilidade de julgamento imediato, de modo a se observar o princípio da duração razoável do processo, sem prejuízo de oportuna demonstração de eventual levantamento do gravame.

No mérito, a dúvida é procedente. Vejamos os motivos.

O entendimento jurisprudencial é pacífico no sentido de que a indisponibilidade dos bens do alienante, decretada em juízo, inviabiliza o registro da transferência de sua propriedade.

Nesse sentido:

"REGISTRO DE IMÓVEIS - Dúvida inversa julgada improcedente - Escritura de Venda e Compra e Cessão - Questionamento parcial das exigências formuladas pelo Registrador - Circunstância que torna prejudicado o julgamento da dúvida - Pertinência do óbice apresentado - Impossibilidade de ingresso do título em razão de indisponibilidade determinada por Juiz Federal - Recurso não conhecido" (CSM-SP, Apelação Cível 0043598-78.2012.8.26.0100, Rel. José Renato Nalini, j. 26/09/13).

Não resta dúvida, ademais, de que o herdeiro Rodrigo aceitou a herança e recebeu seu quinhão, tanto que negociou a parte que coube a ele no imóvel, pela qual receberá compensação financeira (crédito instrumentalizado em nota promissória com vencimento para 09 de setembro de 2021).

Pressuposto necessário para negociar sua parte no imóvel é tê-la em seu patrimônio. A negociação imediata à partilha não se confunde com renúncia à herança e surte efeitos distintos.

Assim, existindo ordem de indisponibilidade de bens e direitos, a alienação não pode ser levada a registro, não cabendo, neste âmbito, qualquer juízo de valor sobre a questão da indisponibilidade.

A matéria deve ser apresentada perante o juízo competente para ratificar ou não a decisão que decretou a indisponibilidade, uma vez que a via administrativa não se presta a rever decisões proferidas em sede judicial.

Nesse sentido:

"Registro de Imóveis. Dúvida julgada procedente. Negado registro de escritura de venda e compra. Indisponibilidade. Ordem liminar concedida em ação civil pública tramitando perante a Justiça Federal, que implica inalienabilidade. Decisão de caráter jurisdicional que não pode ser alterada no âmbito administrativo. Questões de fundo invocadas pelo apelante que só podem ser apreciadas pela autoridade judiciária da qual emanou a ordem de indisponibilidade. Recurso não provido" (CSMSP - APELAÇÃO CÍVEL: 945-6/4, Rel. Ruy Camilo, j. 04/11/2008).

Do exposto, **JULGO PROCEDENTE** a dúvida suscitada pelo Oficial do 10º Registro de Imóveis da Capital, a requerimento de Dimas de Melo Pimenta III, mantendo o óbice.

Não há custas, despesas processuais ou honorários advocatícios decorrentes deste procedimento.

Oportunamente, arquivem-se os autos.

P.R.I.C.

São Paulo, 02 de julho de 2021.

Luciana Carone Nucci Eugênio Mahuad

Juiz de Direito (DJe de 06.07.2021 – SP)

Ementa: Sentença – Pedido de Providências – Lavratura de Escritura Pública de Inventário e Partilha dos Bens – Renúncia de herdeiro que se encontrava com ordem de Indisponibilidade de Bens – Ausência de consulta à CNIB pelo Tabelião – Necessidade de realização de prévia consulta à base de dados da CNIB – Item 44, do Capítulo XVI, das NSCGJ – Art. 14, §1º, do Provimento CNJ nº 39/2014 – Existência de precedentes administrativos acerca do não cabimento da consulta de indisponibilidade no caso deste feito e, mesmo, determinando o registro do título – Atuação do Tabelião com boa-fé em conformidade ao seu entendimento – Arquivamento do feito – Ciência ao Tabelião – Improcedência

Processo 0011842-36.2021.8.26.0100 – Pedido de Providências - 2ª Vara de Registros Públicos - VISTOS, Trata-se de expediente instaurado de ofício por esta Corregedoria Permanente a partir da remessa de processo das atribuições da 1ª Vara de Registros Públicos a esta 2ª Vara, no qual consta a lavratura de Escritura Pública de Inventário e Partilha de bens na houve a renúncia de herdeiro que se encontrava com ordem de indisponibilidade de bens (a fls. 01/60). O Sr. Tabelião prestou informações (a fls. 62/63 e 73/76). O Ministério Público pugnou pela abertura de processo administrativo disciplinar (a fls. 66/69 e 80). É o breve relatório O direito à sucessão aberta é bem imóvel por determinação legal nos termos do artigo 80, inciso II, do Código Civil, ao estabelecer: Art. 80. Consideram-se imóveis para os efeitos legais: (...) II - o direito à sucessão aberta. Entre as faculdades proprietárias, a disposição do bem (ius abutendi) encerra o poder sobre a substância da coisa; nos bens imóveis as exemplificações mais comuns tratam da alienação da coisa. Não obstante, a renúncia encerra o exercício da faculdade de disposição ante ao expresso despojamento do direito de propriedade ainda que não envolva sua transmissão. Santos Justo (direitos reais. Coimbra: Coimbra Editora, 2010, p. 285) comenta essa questão nos seguintes termos: A renúncia é outra casa de extinção do direito de propriedade. Constitui uma manifestação da faculdade de disposição reconhecida ao proprietário. Nos termos do artigo 1.784 do Código Civil, a morte implica na transmissão automática da herança aos herdeiros (droit de saisine), cuidando-se a aceitação da herança de ato de confirmação da transmissão da herança (CC, art. 1.804, caput) que não pode ser dispensada. A indisponibilidade determinada em processo jurisdicional (a fls. 13/16) impede o exercício da faculdade de disposição por parte do titular do direito de propriedade de modo geral, a qual não é limitada aos atos de alienação e sim aos de disposição patrimonial no geral. Compete concluir pela necessidade da consulta da central de indisponibilidade nos casos de renúncia à herança. Portanto, não era possível, respeitadas as compreensões diversas, a exemplo da juntada aos autos pelo Sr. Tabelião que, inclusive, envolve ato recente semelhante praticado em Delegação de Notas da Comarca da Capital (a fls. 73/76), a realização da renúncia sem a consulta à Central Nacional de Indisponibilidade de Bens na qual havia inscrição do renunciante. Há previsão no item 44, do capítulo XVI, das Normas de Serviço da Corregedoria Geral da Justiça, bem como no artigo 14, p. 1º, do Provimento n. 39, da Corregedoria Nacional de Justiça, acerca da necessidade da consulta à Central Nacional de Indisponibilidade de Bens, como segue: NSCGJ. 44. O Tabelião de Notas, antes da prática de qualquer ato notarial que tenha por objeto bens imóveis, direitos a eles relativos ou quotas de participação no capital social de sociedades simples, deve promover prévia consulta à base de dados da Central Nacional de Indisponibilidade de Bens (CNIB), consignando no ato notarial o resultado da pesquisa e o respectivo código gerado (hash), dispensado o arquivamento do resultado da pesquisa em meio físico ou digital. 44.1. A existência de comunicação de indisponibilidade não impede a lavratura de escritura pública representativa de negócio jurídico tendo por objeto a propriedade ou outro direito real sobre imóvel ou quotas de participação no capital social de sociedade simples de que seja titular a pessoa atingida pela restrição, nessa incluída a escritura pública de procuração, devendo constar na escritura pública, porém, que as partes foram expressamente comunicadas da existência da ordem de indisponibilidade que poderá implicar a impossibilidade de registro (lato sensu) do direito no Registro de Imóveis ou, então, conforme o caso, no Registro Civil das Pessoas Jurídicas, enquanto vigente a restrição. Prov. 39, CNJ. Art. 14. Os registradores de imóveis e tabeliães de notas, antes da prática de qualquer ato notarial ou registral que tenha por objeto bens imóveis ou direitos a eles relativos, exceto lavratura de testamento, deverão promover prévia consulta à base de dados da Central Nacional de Indisponibilidade de Bens - CNIB, consignando no ato notarial o resultado da pesquisa e o respectivo código gerado (hash), dispensado o arquivamento do resultado da pesquisa em meio físico ou digital. § 1º. A existência de comunicação de indisponibilidade não impede a lavratura de escritura pública representativa de negócio jurídico tendo por objeto a propriedade ou outro direito real sobre imóvel de que seja titular a pessoa atingida pela restrição, nessa incluída a escritura pública de procuração, devendo constar na escritura pública, porém, que as partes do negócio jurídico foram expressamente comunicadas da existência da ordem de indisponibilidade que poderá ter como consequência a impossibilidade de registro do direito no Registro de Imóveis, enquanto vigente a restrição. Note-se que a hipótese de ineficácia prevista no artigo 1.813 do Código Civil pressupõe a renúncia do herdeiro com possibilidade do exercício do ato de disposição patrimonial, destarte, a meu compreender, reiterado o respeito ao entendimento contrário, encerra situação jurídica diversa sem o condão de afastar a determinação administrativa. Estabelecida a necessidade da consulta, a qual não houve, passo ao exame da responsabilidade administrativa disciplinar do Sr. Tabelião e demais providências administrativas. Há precedentes administrativos em sede de dúvida registral da Comarca da Capital acerca do não cabimento da consulta de indisponibilidade no caso desses autos e, mesmo, determinando o registro do título. De outra parte, o Sr. Tabelião atuou com absoluta boa-fé em conformidade a sua compreensão, da qual, respeitosamente, discordo. Além disso, houvesse a consulta, seria possível a lavratura do respectivo ato notarial com a devida informação às partes. Nesse quadro, tenho por excluídos quaisquer indícios de ilícito administrativo disciplinar. As demais providências pertinentes são de três ordens: a. Remessa de cópia desta sentença e de fls. 13/16 e 28/36 ao MM Juízo que decretou a ordem de indisponibilidade para conhecimento, por e-mail, servindo a presente decisão como ofício; b. Remessa de cópia integral dos autos para Egrégia Corregedoria Geral da Justiça para eventuais providências de ordem normativa, por e-mail, servindo a presente sentença como ofício; c. Publicação desta decisão para ciência dos Excelentíssimos Senhores Tabeliães de Notas da Comarca da Capital para reflexão que possa merecer. Ante ao exposto, determino o arquivamento do presente expediente após o cumprimento das determinações supra. Ciência ao Ministério Público e ao Sr. Tabelião. P.I.C. (DJe de 21.06.2021 – SP)

Ementa: Sentença – Pedido de Providências – Pedido de lavratura de Escritura de Inventário – Óbices registrários em razão do rol de bens constantes no testamento não corresponderem à atualidade da herança e menção a serem transferidas, bem como de existência de bens no exterior – Impossibilidade de procedência na via extrajudicial – Óbice fundamentado – Ausência de conduta irregular – Indeferimento do pedido – Arquivamento do feito – Ciência à Tabeliã – Improcedência

Processo 1012087-30.2021.8.26.0100

Pedido de Providências - Obrigação de Fazer / Não Fazer - A.B.M. - Juiz(a) de Direito: Dr(a). Marcelo Benacchio VISTOS, Cuida-se de obrigação de fazer cumulada com pedido de liminar, formulado por A. de B. M. e outros, originalmente destinado ao MM. Juízo da Família e Sucessões, para determinar que a Senhora 29ª Tabeliã de Notas da Capital proceda à lavratura de Escritura de Inventário, mesmo diante de sua qualificação notarial negativa. Os autos foram redistribuídos a esta Corregedoria Permanente, sem interposição de recurso pela parte requerente, e recebidos como pedido de providências, ante a atribuição administrativa deste Juízo (fls. 86/87 e 90/91). A Senhora Delegatária prestou esclarecimentos às fls. 94/95. A parte interessada tornou aos autos para reiterar os termos de seu pedido inicial, para que este Juízo Administrativo determine à Senhora Tabeliã a lavratura da Escritura de Inventário (fls. 98/122). O Ministério Público apresentou parecer opinando pela manutenção do óbice imposto pela Senhora Titular e consequente devolução do feito a uma das Varas de Família (fls. 126/127). É o breve relatório. Decido. Cuida-se de obrigação de fazer cumulada com pedido de liminar, formulado por A. de B. M. e outros, originalmente destinado ao MM. Juízo da Família e Sucessões, para determinar que a Senhora 29ª Tabeliã de Notas da Capital procedesse à lavratura de Escritura de Inventário, mesmo diante de sua qualificação notarial negativa. Os autos foram recebidos neste Juízo Administrativo como pedido de providências, sem recurso pela parte autora. Consta dos autos que foi julgada procedente a ação de abertura, registro e cumprimento de testamento, pelo óbito de Stefano Marinoni, falecido aos 21 de setembro de 2020. Foi autorizada a lavratura de Inventário Extrajudicial, nos termos do Provimento CGJ nº 37/2016. Todavia, ao apresentarem o testamento e a sentença, para cumprimento e lavratura da devida escritura à Senhora 29º Tabeliã de Notas da Capital, a d. Notária levantou óbice ao pleito, referindo que o rol de bens que consta do testamento apresentado não corresponde à atualidade da herança e meação a ser transferida. Ademais, há bens no exterior. Referem os autores que o atraso na lavratura do inventário traz prejuízo às partes, em especial junto da Fazenda Pública, em razão do imposto devido pela transmissão de bens. A seu turno, a Senhora Delegatária esclareceu que somente pode proceder à lavratura de inventário na via extrajudicial se a situação dos bens e documentação estiverem em conformidade, o que não ocorre no presente caso, posto que os bens dispostos em testamento não correspondem mais à realidade do espólio. Igualmente, apontou a Senhora Delegatária que o espólio possui bens no exterior, os quais não podem ser inventariados na via extrajudicial. Por fim, ressaltou a Tabeliã que os entraves indicados somente podem ser resolvidos, no seu entender, na esfera judicial. Em similar sentido, manifestou-se o d. Promotor de Justiça, referindo pela impossibilidade de lavratura extrajudicial do Inventário. Pois bem. O presente pleito não merece guarida, uma vez que o óbice imposto pela Senhora Titular encontra-se bem firmado e dentro de seu mister de atuação. Ressalto que é função precípua do serviço notarial a conferência de fé-pública aos atos praticados e a garantia da segurança jurídica aos usuários. Nesse sentido é a redação dos itens 1º e 1.1, do Capítulo XVI, das Normas de Serviço da Corregedoria Geral da Justiça, in verbis: 1. O Tabelião de Notas, profissional do direito dotado de fé pública, exercerá a atividade notarial que lhe foi delegada com a finalidade de garantir a eficácia da lei, a segurança jurídica e a prevenção de litígios. 1.1 Na atividade dirigida à consecução do ato notarial, atua na condição de assessor jurídico das partes, orientado pelos princípios e regras de direito, pela prudência e pelo acautelamento. Com efeito, a qualificação notarial negativa efetuada pela Senhora Titular se encontra regularmente inserida dentro de seu leque de atuação, objetivando, exatamente, como descrito nas NSCGJ, "garantir a eficácia da lei, a segurança jurídica e a prevenção de litígios", em atuação que protege, inclusive, o próprio representante. Desse modo, dentro de sua independência funcional, uma vez fundamentado o óbice, refoge do âmbito de atribuições deste Juízo Administrativo determinar que a Senhora Tabeliã proceda à lavratura de ato, contra seu entendimento fundamentado. Também não há que se falar em autorização para a lavratura, uma vez que as pendências apontadas, de fato, somente podem ser superadas, se o caso, na via judicial. Por fim, o campo de atribuições deste Juízo, exclusivamente no âmbito administrativo, conforme bem indicado à parte autora às fls. 90/91, se limita à verificação do cumprimento dos deveres e obrigações dos titulares de delegações afeta à Corregedoria Permanente desta 2ª Vara de Registros Públicos da Capital. Neste sentido, estritamente correicional, a atuação da Senhora

Tabelião foi hígida e ilibada, nada havendo que desabone sua conduta na negativa ofertada. Destarte, diante desse painel, reputo satisfatórias as explicações apresentadas pela ilustre Delegatária, inclusive não vislumbrando responsabilidade funcional apta a ensejar a instauração de procedimento administrativo, no âmbito disciplinar. Nessas condições, indefiro o pedido inicial e, à míngua de providência censório-disciplinar a ser adotada, determino o arquivamento dos autos. Ciência à Senhora Tabeliã e ao Ministério Público. P.I.C. - ADV: FLAVIO VIEIRA DA MOTTA (OAB 368166/SP) (DJe de 11.05.2021 – SP)

Ementa: Sentença – Dúvida – Pedido de registro da Escritura Pública de Inventário e Partilha – Negativa em razão da existência de registro de indisponibilidade dos bens do herdeiro renunciante, ora Requerente, em data anterior ao óbito e à lavratura do título – Descabimento – Renúncia à herança com efeitos "ex tunc" – Afastamento do óbice – Improcedência

Processo 1026910-09.2021.8.26.0100

Dúvida - REGISTROS PÚBLICOS - Rubens do Nascimento Goncalves Neto - Diante do exposto, julgo improcedente a dúvida suscitada pelo Oficial do 14º Registro de Imóveis da Capital, a requerimento de Rubens do Nascimento Gonçalves Neto, e consequentemente afasto o óbice registrário. Deste procedimento não decorrem custas, despesas processuais e honorários advocatícios. Oportunamente remetam-se os autos ao arquivo. P.R.I.C. - ADV: ADRIANA MONTAGNA BARELLI (OAB 166732/SP)

Íntegra da decisão:

SENTENÇA

Processo Digital nº: **1026910-09.2021.8.26.0100**

Classe - Assunto **Dúvida - REGISTROS PÚBLICOS**

Suscitante: **14º Oficial de Registro de Imoveis da Capital**

Suscitado: **Rubens do Nascimento Goncalves Neto**

Juiz(a) de Direito: Dr(a). **Vivian Labruna Catapani**

Vistos.

Trata-se de dúvida suscitada pelo Oficial do 14º Registro de Imóveis da Capital, a requerimento de Rubens do Nascimento Gonçalves Neto, após negativa de registro de escritura pública de inventário e partilha de bens deixados pelo genitor do suscitado, entre eles os imóveis objeto das matrícula nº.s 110.216 e 110.217.

O título foi desqualificado em virtude do registro de indisponibilidade dos bens do herdeiro renunciante e ora suscitado, em data anterior ao óbito e à lavratura do título, o que, segundo o Oficial Registrador, impede o registro da partilha. Isso porque, em decorrência do princípio da *saisine*, a herança foi transmitida ao herdeiro com a abertura da sucessão, logo, incide a indisponibilidade de bens ao caso. Assim, deve o interessado requerer, na vara que originou a indisponibilidade, seu cancelamento, para baixa na CNIB.

O suscitado argumenta (fls. 65/72), por seu turno, que a o autor da herança faleceu em 14.09.2020, ao passo que a escritura de inventário foi lavrada em 16.11.2020, dentro do prazo para recolhimento do ITCMD sem a incidência de multa. Alega que, com a renúncia do herdeiro, houve efeito *ex tunc*, retroagindo até a data da abertura da sucessão, como se o herdeiro nunca houvesse participado da sucessão. Junta documentos (fls. 73/96).

O Ministério Público opinou pela procedência da dúvida (fls. 100/103).

É o relatório.

Decido.

Em que pesem o zelo e diligência do Oficial e do Promotor de Justiça, entendo que a dúvida é improcedente.

Extrai-se dos autos que as ordens de indisponibilidade, em face do suscitado, derivaram da 3a Vara Federal de Execução do Espírito Santo, tendo sido cadastradas em 07.07.2017 e 25.09.2017.

Parcelas ideais dos imóveis objeto de partilha, matriculados sob nºs 110.216 e 110.217 (fls. 4/11), foram adquiridas pelo genitor do suscitado, Rubens do Nascimento Gonçalves Filho, em virtude de partilhas ocorridas em 1987, 1997 e 1999, não tendo sido abarcadas, por óbvio, pela indisponibilidade decretada em face do suscitado.

Conforme ensina Giselda Maria Fernandes Novaes Hironaka:

> *"A sucessão considera-se aberta no instante mesmo ou no instante presumido da morte de alguém, fazendo nascer o direito hereditário e operando a substituição do falecido por seus sucessores a título universal nas relações jurídicas em que aquele figurava. Não se confundem, todavia. A morte é antecedente lógico, é pressuposto e causa. A transmissão é consequente, é efeito da morte. Por força de ficção legal, coincidem em termos cronológicos, (1) presumindo a lei que o próprio de cujus investiu seus herdeiros, (2) no domínio e na posse indireta, (3) de seu patrimônio, porque este não pode restar acéfalo. Esta é a formula do que se convenciona denominar droit de saisine" (HIRONAKA, Giselda Maria Fernandes Novaes. Direito das Sucessões brasileiro: disposições gerais e sucessão legítima. Destaque para dois pontos de irrealização da experiência*

jurídica à face da previsão contida no novo Código Civil). Conforme entendimento proferido por esta Corregedoria Permanente nos autos da dúvida n. 1079195-18.2017.8.26.0100:

"Logo, os bens do de cujus são transmitidos automaticamente aos herdeiros no momento de sua morte, dependendo da aceitação ou renúncia a estes direitos, retroagindo seus efeitos à data da abertura da sucessão, ou seja, "ex tunc".

Na presente hipótese tem-se que os imóveis, objeto das matrículas nºs 65.431 e 65.432 não ingressaram no patrimônio do suscitado, bem como não foram incluídos dentre os bens atingidos pela indisponibilidade. Entendo que a alegação do registrador de que a renúncia pode encobrir alienação disfarçada, deverá ser aventada pelos credores nos autos da Ação Civil Pública, tratando-se de matéria estranha ao procedimento administrativo.

Logo, o óbice registrário imposto pelo Oficial deverá ser afastado, para que se proceda o registro do título apresentado."

Nesses termos, tendo a renúncia à herança efeitos *ex-tunc*, não há que se falar em indisponibilidade da parcela dos imóveis que cabia ao suscitado.

Diante do exposto, julgo improcedente a dúvida suscitada pelo Oficial do 14º Registro de Imóveis da Capital, a requerimento de Rubens do Nascimento Gonçalves

Neto, e consequentemente afasto o óbice registrário.

Deste procedimento não decorrem custas, despesas processuais e honorários advocatícios.

Oportunamente remetam-se os autos ao arquivo.

P.R.I.C.

São Paulo, 06 de maio de 2021.

Vivian Labruna Catapani

Juíza de Direito (DJe de 10.05.2021 – SP)

Ementa: Sentença – Pedido de Providências – Pedido de expedição de Alvará com a finalidade de autorizar a lavratura de Escritura de Inventário, sem a apresentação dos documentos obrigatórios – Impossibilidade – Necessidade da apresentação da Certidão de Óbito da avó da extinta a fim de verificar e comprovar a inexistência de outros parentes colaterais – Ausência de conduta irregular – Óbice fundamentado – Arquivamento do feito – Ciência à Tabeliã – Improcedência

Processo 1015518-72.2021.8.26.0100

Pedido de Providências - Levantamento de Valor - J.L.G. - Juiz(a) de Direito: Dr(a). Marcelo Benacchio VISTOS, Cuida-se de pedido expedição de alvará, formulado pelo Senhor J. L. G. E originalmente destinado ao MM. Juízo da Família e Sucessões, para autorizar a Senhora 18ª Tabeliã de Notas da Capital a proceder à lavratura de Escritura de Inventário, sem a apresentação dos documentos obrigatórios. Os autos foram redistribuídos a esta Corregedoria Permanente, sem interposição de recurso pela parte requerente, e recebidos como pedido de providências, ante a atribuição administrativa deste Juízo (fls. 40/42 e 43). A Senhora Delegatária prestou esclarecimentos às fls. 51/53. O Senhor Interessado tornou aos autos para reiterar os termos de seu pedido inicial (fls. 54/55). O Ministério Público apresentou parecer opinando pela manutenção do óbice imposto pela Senhora Titular e consequente indeferimento do pleito nesta via administrativa (fls. 59/60). É o breve relatório. Decido. Cuida-se de pedido expedição de alvará, formulado pelo Senhor J. L. G., que requer autorização para que a Senhora 18ª Tabeliã de Notas da Capital proceda à lavratura de Escritura de Inventário, sem a apresentação dos documentos exigidos. Narra o Senhor Interessado que solicitou à Senhora Notária a lavratura de Inventário Extrajudicial pelo falecimento de sua prima, que não deixou herdeiros necessários, sendo sucessores somente o próprio requerente e outros primos. Nesse sentido, informa que a Senhora Titular levantou óbice ao seu pedido, uma vez que a família não possui e, alegadamente, não logrou êxito em obter, a certidão de óbito da avó da extinta, A. A. N.. Desse modo, solicita o i. Representante que este Juízo determine à Senhora Tabeliã que realize a indigitada Escritura Pública, mesmo sem a apresentação do documento requerido. A seu turno, a Senhora Delegatária esclareceu que a certidão de óbito da avó da extinta é o único modo de se verificar e comprovar a inexistência de outros parentes colaterais, com iguais direitos hereditários sobre os bens deixados pela falecida. Com efeito, destaca a Senhora Tabeliã que para a realização do Inventário na via extrajudicial, é necessário que haja prova quanto à linha hereditária e sucessória, não bastando a mera declaração das partes. No mesmo sentido, manifestou-se o d. Promotor de Justiça, referindo que o documento exigido pela Senhora Tabeliã é de apresentação obrigatória, para a comprovação da linha sucessória, reputando correta a atuação cautelosa da d. Titular. Pois bem. O presente pleito não merece guarida, uma vez que o óbice imposto pela Senhora Titular encontra-se bem firmado e dentro de seu mister de atuação. Ressalto que é função precípua do serviço notarial a conferência de fé-pública aos atos praticados e a garantia da segurança jurídica aos usuários. Nesse sentido é a redação dos itens 1º e 1.1, do Capítulo XVI, das

Normas de Serviço da Corregedoria Geral da Justiça, in verbis: 1. O Tabelião de Notas, profissional do direito dotado de fé pública, exercerá a atividade notarial que lhe foi delegada com a finalidade de garantir a eficácia da lei, a segurança jurídica e a prevenção de litígios. 1.1 Na atividade dirigida à consecução do ato notarial, atua na condição de assessor jurídico das partes, orientado pelos princípios e regras de direito, pela prudência e pelo acautelamento. Com efeito, a qualificação notarial negativa efetuada pela Senhora Titular se encontra regularmente inserida dentro de seu leque de atuação, objetivando, exatamente, como descrito nas NSCGJ, "garantir a eficácia da lei, a segurança jurídica e a prevenção de litígios", em atuação que protege, inclusive, o próprio representante. Desse modo, dentro de sua independência funcional, uma vez fundamentado o óbice, refoge do âmbito de atribuições deste Juízo Administrativo determinar que a Senhora Tabeliã proceda à lavratura de ato, contra seu entendimento fundamentado. Também não há que se falar em autorização para a lavratura, uma vez que pendência em relação ao óbito de A. somente pode ser superado, se o caso, na via judicial. Destarte, diante desse painel, reputo satisfatórias as explicações apresentadas pela ilustre Delegatária, inclusive não vislumbrando responsabilidade funcional apta a ensejar a instauração de procedimento administrativo, no âmbito disciplinar. Nessas condições, à míngua de providência censório-disciplinar a ser adotada, determino o arquivamento dos autos. Ciência à Senhora Tabeliã e ao Ministério Público. P.I.C. - ADV: SANTOS, AGUIAR E SIGNORELLI SOCIEDADE DE ADVOGADOS (OAB 17424/SP), FERNANDO DE LUCCA SIGNORELLI (OAB 350749/SP) (DJe de 26.04.2021 – SP)

Ementa: Sentença – Dúvida – Pedido de registro da Escritura de Inventário e Partilha – Óbice referente a necessidade de recolhimento complementar do ITCMD, bem como a cobrança dos emolumentos foi realizada utilizando como faixa de referência o valor venal dos imóveis – Eventual discussão referente a correção do ITCMD deve ser realizada perante à esfera judicial – Utilização do Valor Venal de Referência como base do ITBI – Art. 7º, da a Lei Estadual 11.331/02 – Impossibilidade de reconhecimento de Inconstitucionalidade na via administrativa – Procedência Parcial

Processo 1094942-03.2020.8.26.0100

Dúvida - Registro de Imóveis - Carlos Alberto de Oliveira - Vistos. Trata-se de dúvida suscitada pelo Oficial do 10º Registro de Imóveis da Capital, a requerimento de Carlos Alberto de Oliveira, diante da negativa em se proceder ao registro da escritura de inventário e partilha lavrada pelo Tabelião de Notas do Distrito de Jardim Silveira, Comarca de Barueri, referente aos bens deixados por Hilton Alves de Oliveira, dentre eles os imóveis matriculados sob nºs 53.445 e 16.774. Os óbices registrários referem-se: a) o ITCMD foi recolhido utilizando-se de base diversa da prevista na legislação estadual, razão pela qual foi exigido guia complementar para permitir o ingresso do título; b) a cobrança dos emolumentos foi realizada utilizando como faixa de referência o valor venal dos imóveis, com base no Art. 7º da Lei 11.331/02. Juntou documentos às fls. 05/41. O suscitado não apresentou impugnação em Juízo, conforme certidão de fl. 42, contudo manifestou-se perante a Serventia Extrajudicial (fls. 18/20), aduzindo pela inconstitucionalidade do chamado "valor venal de referência", bem como ser incorreta a utilização do valor venal para fins de cálculo de custas e emolumentos. O Ministério Público opinou pela improcedência da dúvida (fls. 45/46). É o relatório. Passo a fundamentar e a decidir. Destaco que a questão posta a desate já foi objeto de análise por este Juízo no procedimento de dúvida nº 1001328-41.2020.8.26.0100. Em que pese a cautela do Oficial, o título apresentado não possui qualquer vício formal que obste o seu registro para a transferência do imóvel. Houve o recolhimento do ITCMD, conforme comprovante de pagamento de fl. 28/32. De fato, por força dos artigos 289, da Lei 6.015/73, 134, VI, do Código Tributário Nacional e inciso XI do art. 30 da Lei 8.935/1994, ao Registrador incumbe fiscalizar o devido recolhimento de tributos referentes somente às operações que serão registradas. Todavia, essa fiscalização limita-se em aferir o pagamento do tributo e não a exatidão de seu valor: "Ao oficial de registro incumbe a verificação de recolhimento de tributos relativos aos atos praticados, não a sua exatidão" (Apel. Cív. 20522-0/9- CSMSP - J.19.04.1995 - Rel. Antônio Carlos Alves Braga) "Todavia, este Egrégio Conselho Superior da Magistratura já fixou entendimento no sentido de que a qualificação feita pelo Oficial Registrador não vai além da aferição sobre a existência ou não de recolhimento do tributo, e não sobre a integralidade de seu valor." (Apel. Cív. 996-6/6 CSMSP J. 09.12.2008 Rel.Ruy Camilo) "Este Egrégio Conselho Superior da Magistratura já fixou entendimento no sentido de que a qualificação feita pelo Oficial Registrador não vai além da aferição sobre a existência ou não de recolhimento do tributo, e não sobre a integralidade de seu valor."(Ap. Civ. 0009480-97.2013.8.26.0114 - Campinas - j. 02.09.2014 - Rel. des. Elliot Akel) Entendo que o Oficial deve proceder à qualificação com liberdade, evitando situações que venham a fragilizar o sistema registral ou que possam vir a lhe acarretar responsabilidade, administrativa ou civil. Dessa forma, existindo flagrante incorreção no recolhimento do tributo, não está ele impossibilitado de apontar a mácula e obstar o ingresso do título. No presente caso, constata-se que houve o recolhimento do tributo, no valor de R$ 11.750,01 (onze mil, setecentos e cinquenta reais e um centavo), não configurando flagrante incorreção, devendo o registro ser realizado. Destaco que, mesmo que o dissenso diga respeito a base de cálculo utilizada, o suscitado demonstrou que não busca se eximir de pagar tributo devido, mas apenas aplica entendimento já sedimentado em sede jurisdicional. Saliento que esta é a única determinação cabível dentro da competência deste Juízo, de modo que a discussão sobre a correção do tributo recolhido deve se dar em uma das Varas da Fazenda Pública. Na questão dos emolumentos devidos, contudo, tem razão o Oficial. Já tive oportunidade de decidir em reclamação idêntica a ora formulada no Proc. 0048817-67.2015.8.26.0100. Cito os fundamentos ali utilizados: "Quanto à discussão sobre o valor venal, diz a Lei 11.331/02, que dispõe sobre custas e emolumentos no Estado de São Paulo: "Artigo 7º - O valor da base de cálculo a ser considerado para fins de enquadramento nas tabelas de que trata o artigo 4º, relativamente aos atos classificados na alínea"b" do inciso III do artigo 5º, ambos desta lei, será determinado pelos parâmetros a seguir, prevalecendo o que for maior: I - preço ou valor econômico da transação ou do negócio jurídico declarado pelas partes; II - valor tributário do imóvel, estabelecido no último lançamento efetuado pela Prefeitura Municipal, para efeito de cobrança de imposto sobre a propriedade predial e territorial urbana, ou o valor da avaliação do imóvel rural aceito pelo órgão federal competente, considerando o valor da terra nua, as acessões e as benfeitorias; III - base de cálculo utilizada para o recolhimento do imposto de transmissão "inter vivos" de bens imóveis." Assim, a norma é expressa ao determinar que o valor cobrado deve basear-se no maior valor entre a base de cálculo do IPTU e ITBI, sendo que tal artigo foi considerado constitucional pelo Supremo Tribunal Federal na ADI 3.887. As alegações do reclamante quanto a inconstitucionalidade da utilização do valor venal do ITBI diz respeito apenas à cobrança do ITCMD, não se aplicando aos cartórios extrajudiciais na utilização de sua tabela de custas." Ou seja, já decidiu o STF pela constitucionalidade do cálculo utilizado pelo Art. 7º da Lei Estadual 11.331/02. Além disso, os parâmetros dados pela lei estadual determinam a utilização de base de cálculo independentemente do título de origem, ou seja, mesmo que apresentado formal de partilha referente a sucessão causa mortis, a lei determina a utilização da base utilizada pelo Município no imposto de transmissão inter vivos (o ITBI), se este for maior que o valor da transação, ou da base do IPTU. E, conforme o Decreto Municipal 55.196/14, o valor venal de referência é a base de cálculo do ITBI quando for maior que o da transação. No caso concreto, verificado pelo Oficial que o valor de referência do ITBI era o maior entre os três critérios, determinou o recolhimento do depósito prévio utilizando este valor para referência na tabela de custas e emolumentos, não havendo irregularidade. Por fim destaco que não é possível, na via administrativa, o reconhecimento de inconstitucionalidade, sendo que não houve declaração em controle abstrato que invalide a norma municipal, o que poderia afastar sua aplicação por esta Corregedoria. Se a parte entende ilegal o cálculo estabelecido em lei, deve buscar declaração em tal sentido na via judicial, não cabendo a este juízo corregedor revê-lo com base em julgados proferidos em casos concretos relativos ao ITBI. Em outras palavras, prevendo a lei municipal o Valor Venal de Referência como base do ITBI, é este o valor a ser considerado pelos Oficiais de Registro de Imóveis para o fim de aplicar o inciso III do Art. 7º da Lei Estadual 11.331/02. Do exposto, julgo parcialmente procedente a dúvida suscitada pelo Oficial do 10º Registro de Imóveis da Capital a requerimento de Carlos Alberto de Oliveira, afastando o primeiro óbice, mas mantendo a exigência quanto a complementação de emolumentos para que seja efetivado o registro. Não há custas, despesas processuais nem honorários advocatícios decorrentes deste procedimento. Oportunamente, arquivem-se os autos. P.R.I.C. - ADV: CARLOS ALBERTO DE OLIVEIRA (OAB 133403/SP) (DJe de 22.01.2021 – SP)

ITBI

Ementa: Sentença – Dúvida – Recebimento como Pedido de Providências – Insurgência contra a utilização do valor venal de referência do imóvel como base de cálculo dos emolumentos cobrados – Emolumentos regulados pela Lei Estadual nº 11.331/02 – Base de cálculo dos emolumentos que não se confunde com a dos impostos – Inaplicabilidade da limitação fixada no IRDR aos emolumentos – Oficial que efetuou a cobrança de forma regular – Improcedência

Processo 1119253-24.2021.8.26.0100

Dúvida - Registro de Imóveis - Antonio Carlos Lira - Diante do exposto, JULGO IMPROCEDENTE a reclamação oferecida pela parte interessada, confirmando a regularidade da cobrança dos emolumentos no caso. Deste procedimento não decorrem custas, despesas processuais ou honorários advocatícios. Oportunamente, ao arquivo. P.R.I.C. - ADV: DENIS BERENCHTEIN (OAB 256883/SP)

Íntegra da decisão:

SENTENÇA

Processo Digital nº: **1119253-24.2021.8.26.0100**

Classe - Assunto **Dúvida - Registro de Imóveis**

Suscitante: **10º Oficial de Registro de Imóveis da capital**

Requerido: **Antonio Carlos Lira**

Juiz(a) de Direito: Dr(a). **Luciana Carone Nucci Eugênio Mahuad**

Vistos.

Trata-se de **pedido de providências** formulado pelo **Oficial do 10º Registro de Imóveis da Capital** a requerimento de **Antônio Carlos Lira**, que manifesta inconformismo com a utilização do valor venal de referência do imóvel como base de cálculo dos emolumentos cobrados.

No caso concreto, tais emolumentos se referem à prenotação n. 561.276, que trata do registro de escritura de venda do imóvel da matrícula n. 133.333 daquela serventia, apresentada juntamente com decisão-mandado expedida em mandado de segurança, com determinação para que a autoridade impetrada apure o ITBI da operação com base no valor venal do imóvel ou no valor da alienação, o que for maior.

O Oficial esclarece que, após a qualificação do título, o qual foi considerado apto para registro, houve a emissão do boleto para pagamento dos emolumentos, calculados sobre o valor venal de referência como determina a Lei Estadual n. 11.332/02. Como não ocorreu o pagamento, o título foi devolvido com exigência, sendo posteriormente reapresentado com a manifestação de inconformismo.

O Oficial sustenta a regularidade da cobrança nos termos da consulta formulada no processo de autos n. 1118112-04.2020.8.26.0100, alegando que a decisão-mandado apresentada com o título não se estende expressamente aos emolumentos e que referido mandado de segurança foi impetrado pelo cedente, que não é o contribuinte. Juntou documentos às fls. 05/35.

A parte interessada se manifestou às fls. 36/38, defendendo a proibição da utilização do valor venal de referência como base de cálculo, conforme decidido no mandado de segurança em questão e no IRDR n. 2243516-62.2017.8.26.0000.

O Ministério Público opinou pela manutenção do óbice (fls. 46/47).

É o relatório.

Fundamento e decido.

Primeiramente, verifica-se como correta a apresentação do presente expediente como pedido de providências, uma vez que se trata de reclamação da parte interessada quanto aos emolumentos cobrados na forma do artigo 30 da Lei Estadual n. 11.331/02 e do item 73, Cap.XIII, das NSCGJ, de cuja decisão cabe recurso ao Corregedor Geral de Justiça.

No mérito, com razão o Oficial. Vejamos os motivos.

Os emolumentos relativos aos atos praticados pelo serviço de registro previstos no artigo 236 da Constituição Federal são regulados pela Lei Estadual n. 11.331/02, que define a base de cálculo nos seguintes termos:

> *"Artigo 7º - O valor da base de cálculo a ser considerado para fins de enquadramento nas tabelas de que trata o artigo 4º, relativamente aos atos classificados na alínea"b" do inciso III do artigo 5º, ambos desta lei, será determinado pelos parâmetros a seguir, prevalecendo o que for maior:*
>
> *I - preço ou valor econômico da transação ou do negócio jurídico declarado pelas partes;*
>
> *II - valor tributário do imóvel, estabelecido no último lançamento efetuado pela Prefeitura Municipal, para efeito de cobrança de imposto sobre a propriedade predial e territorial urbana, ou o valor da avaliação do imóvel rural aceito pelo órgão federal competente, considerando o valor da terra nua, as acessões e as benfeitorias;*
>
> *III - base de cálculo utilizada para o recolhimento do imposto de transmissão"inter vivos" de bens imóveis".*

Como se vê, a base de cálculo dos emolumentos não se confunde com a base de cálculo do ITBI. A norma apenas indica o critério estabelecido na legislação municipal como referência para o enquadramento das hipóteses de incidência da taxa, conforme tabela escalonada que estabelece valores fixos para faixas progressivas, que variam conforme o preço do imóvel, considerando-se o maior valor entre as bases de cálculo do IPTU e do ITBI.

Esse foi o entendimento manifestado pelo Supremo Tribunal Federal no julgamento da ADI 3.887, no qual a corte superior, ao analisar referido dispositivo, concluiu que o parâmetro fixado não provoca a identidade vedada pelo artigo 145, §2º, da CF, ou seja, a base de cálculo dos emolumentos não se confunde com a dos impostos.

Nessa linha de pensamento e considerando a propagação de decisões judiciais que reconheciam a ilegalidade do valor venal de referência como base de cálculo, é que foi respondida, no dia 03 de fevereiro de 2021, consulta formulada pelo mesmo Oficial do 10º Registro de Imóveis no processo de autos n. 1118112-04.2020.8.26.0100, com a seguinte orientação (fls. 30/31, destaques nossos):

"Destarte, em razão dos precedentes desta Corregedoria Permanente e da possível diversidade de conteúdo das decisões sobre a base de cálculo do ITBI neste Município, respondo a consulta no sentido de que, para os fins do inciso III do Art 7º da Lei 11.331/02, deve ser utilizada a base de cálculo do ITBI prevista na legislação municipal vigente, no caso, o valor venal de referência e que a utilização da base de cálculo utilizada pra fins de IPTU ou outra ***só deve ser adotada pelo Oficial quando decisão judicial for expressa no sentido de que ela se estende aos emolumentos****".*

Outrossim, como se constata na decisão copiada às fls. 27/29, que foi apresentada juntamente com o título levado a registro, a tutela antecipada não se estendeu aos emolumentos, o que foi posteriormente confirmado pela decisão de fl. 33, a qual revela a inexistência de pedido nesse sentido.

A tese firmada no IRDR n. 2243516-62.2017.8.26.0000 (tema 19), por sua vez, afasta a aplicação do valor venal de referência apenas como base de cálculo de imposto, no caso o ITBI.

Assim, se o entendimento firmado pelo Supremo Tribunal Federal é de que as bases de cálculo não se confundem, também não se aplica aos emolumentos a limitação fixada no IRDR.

Observe-se que, da decisão adotada no IRDR, foi interposto Recurso Especial, sendo o tema afetado pelo rito dos Recursos Repetitivos (Tema 1113 – REsp n. 1.937.821), delimitado à seguinte questão de direito controvertida:

"Definir: a) se a base de cálculo do ITBI está vinculada à do IPTU; b) se é legítima a adoção de valor venal de referência previamente fixado pelo fisco municipal como parâmetro para a fixação da base de cálculo do ITBI".

Resta claro, portanto, que a questão submetida ao crivo do STJ se restringe à base de cálculo própria de impostos, não se aplicando aos emolumentos.

Diante do exposto, **JULGO IMPROCEDENTE** a reclamação oferecida pela parte interessada, confirmando a regularidade da cobrança dos emolumentos no caso.

Deste procedimento não decorrem custas, despesas processuais ou honorários advocatícios.

Oportunamente, ao arquivo.

P.R.I.C.

São Paulo, 24 de novembro de 2021.

Luciana Carone Nucci Eugênio Mahuad

Juiz de Direito (DJe de 06.12.2021 – SP)

Ementa: Sentença – Pedido de Providências – Pedido de regularização da titularidade do imóvel – Impossibilidade – Exigências de averbações em relação à cisão parcial da proprietária tabular e à incorporação – Negativa pela necessidade de apresentação de laudos de avaliação e justificação das transformações societárias, bem como de comprovante de recolhimento de ITBI – Ausência de identificação do imóvel e de seu valor no laudo de avaliação – Art 176, §1º, III, 5, da LRP – Imprescindibilidade da indicação do valor do imóvel para apuração do tributo a ser recolhido – Documentos que não demonstram o pagamento do imposto – Manutenção dos óbices – Improcedência

Processo 1100953-14.2021.8.26.0100

Pedido de Providências - Registro de Imóveis - Pina Participações e Comércio Ltda - Diante do exposto, JULGO IMPROCEDENTE o pedido de providências. Deste procedimento não decorrem custas, despesas processuais ou honorários advocatícios. Oportunamente, ao arquivo com as cautelas de praxe. P.R.I.C. - ADV: IRANY PARANA DO BRASIL NETO (OAB 122048/SP)

Íntegra da decisão:

SENTENÇA

Processo Digital nº: **1100953-14.2021.8.26.0100**

Classe - Assunto **Pedido de Providências - Registro de Imóveis**

Requerente: **Pina Participações e Comércio Ltda**

Requerido: **5º Oficial de Registro de Imóveis**

Juiz(a) de Direito: Dr(a). **Luciana Carone Nucci Eugênio Mahuad**

Vistos.

Trata-se de pedido de providências formulado por **Pina Participações e Comércio Ltda** em face do **Oficial do 5º Registro de Imóveis da Capital** diante da negativa de regularização da titularidade do imóvel da matrícula n. 52.126 daquela serventia.

A parte interessada alega que atendeu todas as exigências das notas de devolução.

Documentos foram produzidos às fls. 04/145.

Constatado o decurso do trintídio legal da última prenotação, foi determinada a reapresentação do título (fl. 146).

Com o atendimento, o Oficial manifestou-se às fls. 156/162, informando que os títulos apresentados foram protocolados sob n. 356.927 e 356.928; que a proprietária tabular é Trapzol Participações e Comércio Ltda, a qual foi dissolvida em 21/11/1991 por cisão parcial pendente de averbação, dando origem a duas novas sociedades: Tralci Participações e Comércio Ltda e Dal Pizzol Participações e Comércio Ltda. O imóvel foi vertido ao patrimônio da primeira, a qual, em 13/04/2012, alterou sua denominação social para Tralci Participações e Empreendimentos Ltda, sendo, finalmente, incorporada por Pina Participações e Empreendimentos Ltda em 31/08/2012; que a profusão de notas devolutivas se deu pela prenotação dos títulos separadamente. Nesse contexto, foram exigidos laudos de avaliação e justificação das transformações societárias, bem como comprovante de recolhimento do ITBI. Por fim, sugeriu que os interessados diligenciem a apresentação de certidões específicas para fins de averbação dos atos registrados perante a JUCESP, que podem ser emitidas por forma simplificada.

O Ministério Público opinou pela improcedência (fls. 168/169).

É o relatório.

Fundamento e decido.

No mérito, o pedido não pode ser acolhido. Vejamos os motivos.

Primeiramente, verifica-se que a parte interessada não se opõe às exigências formuladas pelo Oficial, alegando atendimento, o que deve ser apurado mediante cotejo dos documentos apresentados.

Consta da averbação número 4 da matrícula n. 52.126, fls. 05/08, que o imóvel pertence a **Trapzol Participações e Comércio Ltda**, sociedade criada a partir da cisão parcial da empresa Trapzol Comércio e Importação Ltda, que é objeto dos documentos de fls. 31/35, 41/44 e 50/53.

Diante das transformações societárias informadas, a regularização da titularidade do imóvel exige duas averbações: uma relativa à cisão parcial da proprietária tabular, quando foi criada a empresa Tralci Participações e Comércio Ltda, para cujo patrimônio o imóvel foi vertido (fls. 36/40 e 45/49), com posterior alteração da denominação social para Tralci Participações e Empreendimentos Ltda, e outra relativa à incorporação desta última empresa por Pina Participações e Comércio Ltda (fls. 105/114 e 124/134).

Acerca da primeira exigência, consistente na apresentação de justificação e de laudo de avaliação dos bens que integraram a cisão parcial e a incorporação, verifica-se que não houve cumprimento.

Note-se que, a partir da decisão proferida por este juízo no feito de autos n. 0049033-14.2004.8.26.20100, passou-se a exigir requerimento específico acompanhado de protocolo de justificação e de laudo de avaliação registrados na JUCESP, além do recolhimento do ITBI, nas hipóteses de transferências de imóveis em decorrência de incorporação, fusão e cisão de sociedades empresariais que atuam no ramo imobiliário, como na hipótese:

"Portanto, existindo certeza quanto à 'identificação' dos imóveis, desnecessária a exigência do atendimento do art. 225 da Lei de Registros Públicos. Esta 'identificação' pode estar na ATA, no LAUDO, no protocolo de justificação, ou no requerimento.

A averbação pode ser feita mesmo quando não há maior precisão ou identificação dos imóveis, nas hipóteses de INCORPORAÇÃO e FUSÃO (não sendo esta uma forma recomendável), mas se mostra essencial quando se tratar de CISÃO, pois nestes casos desaparece a sociedade cindida, mas surgem duas novas empresas, e o OFICIAL não tem como deduzir quais bens imóveis vão para uma ou outra sociedade. Nestes casos, a "identificação" se mostra necessária, em termos de dado tabular ou localização.

Por fim, é de se considerar prejudicada a questão ligada a emolumentos, que foi levantada pelo Oficial do 14° SRI, vez que esta depende da manifestação das demais serventias para poder experimentar padronização.

Ante o exposto, EM CARÁTER NORMATIVO, declaro que a AVERBAÇÃO das transferências patrimoniais determinadas por INCORPORAÇÃO, FUSÃO e CISÃO de sociedades, deve ser efetivada à vista de requerimento específico, subscrito por representante da sociedade incorporadora, fundida ou das sociedades cindidas, acompanhado do "protocolo de justificação"; do "laudo de avaliação" e de "certidão da Junta Comercial", acompanhada da NEGATIVA de ITBI quando se tratar de sociedade que atua no ramo imobiliário na compra e venda de bens imóveis, e quitação da verba condominial, quando for o caso.

A descrição dos imóveis transmitidos, pode se limitar à mera "identificação", assim considerada a simples indicação do número tabular, acompanhada ou não da localização dos imóveis. Cientifiquemse os 18° Oficiais da Comarca de São Paulo".

Tal entendimento foi mantido pela E. Corregedoria Geral da Justiça, por exemplo, nos procedimentos indicados pelo Oficial: CG 72.363/2009 (decisão de 06/11/2009, DJE 27/11/2009); CG 147.913/2011 (decisão de 15/8/2012, DJE 15/8/2012); Processo CG 6.552/2015, (decisão de 14/4/2015, DJE 4/5/2015) e Processo CG 1037729-78.2016.8.26.0100 (decisão de 21/09/2016, DJE 10/10/2016).

No caso específico, apenas o protocolo da justificação da incorporação de Tralci Participações e

Empreendimentos Ltda por Pina Participações e Comércio Ltda registrado perante a JUCESP foi exibido (fls. 105/114).

Não houve, portanto, exibição da justificação referente à cisão da proprietária tabular, Trapzol Participações e Comércio Ltda, cuja averbação é necessária para a regularização da titularidade do imóvel na forma pretendida.

O não atendimento à exigência ocorreu também quanto ao laudo de avaliação exibido às fls. 115/118, o qual diz respeito apenas ao valor total dos bens, direitos e obrigações que integram o patrimônio líquido da empresa criada após a cisão, cuja denominação social foi alterada para Tralci Participações e Empreendimentos Ltda, mas apenas na ocasião de sua incorporação e **sem identificação do imóvel da matrícula 52.126, ainda que de forma simplificada, nem de seu valor**.

O valor do imóvel, ademais, como bem salienta o Oficial à fl. 159, também é requisito para a prática do ato conforme o artigo 176, §1º, inciso III, 5, da LRP, além de ser elemento necessário para apuração do tributo a ser recolhido, constituindo, ainda, a base de cálculo de custas e emolumentos conforme o item 2.1 das notas explicativas que integram a Lei Estadual n. 11.331/02, acrescentado pela Lei n. 13.290/08:

"2.1 - Considera-se averbação com valor aquela referente à fusão, cisão ou incorporação de sociedades, cancelamento de direitos reais e outros gravames, bem como a que implica alteração de contrato, da dívida ou da coisa, inclusive retificação de área, neste caso tomando-se como base de cálculo o valor venal do imóvel".

Como visto, neste ponto, a ausência dos documentos solicitados inviabiliza as averbações pretendidas.

Já no que tange ao recolhimento do ITBI, outra exigência do Oficial, os elementos trazidos aos autos também indicam descumprimento.

O Documento de Arrecadação do Município de São Paulo – DAMSP – n. 53593927, apresentado pela parte interessada, não estava acompanhado do comprovante de pagamento, sendo que o *print* do *site* da prefeitura, trazido pelo Oficial à fl. 165, indica expressamente que não constam informações de pagamento para a guia mencionada. Ainda, constata-se que os demais documentos exibidos com a mesma finalidade também não demonstram o pagamento do imposto, notadamente a "Certidão sobre Tributos Imobiliários" vinda à fl. 120, na qual consta expressamente que *"não homologa o recolhimento efetuado"*, embora indique recolhimento tributário relativo ao Programa de Parcelamento Incentivado (PPI) n. 30746641-8.

Há que se observar que o recolhimento do imposto de transmissão é pressuposto do ato, inclusive para os casos de transformações societárias conforme a jurisprudência da E. Corregedoria Geral da Justiça trazidas pelo Oficial:

"Registro de Imóveis - Requerimento de averbação de transmissão de imóvel em virtude de cisão parcial de sociedade empresária – Exigência de apresentação de declaração emitida pela Prefeitura Municipal de imunidade ou isenção do ITBI - Validade - Previsão em normas legais e infra-legais da obtenção da declaração como condição para o ingresso no fólio real de transmissões de bens imóveis decorrentes de tal modalidade de operação - Impossibilidade de discussão, nesta esfera administrativo--correcional, a respeito da constitucionalidade ou não de referidas normas municipais - Recurso não provido" (CGJSP - Processo: 487/2007. São Paulo. DJ: 28/08/2007. DJE: 08/11/2007. Relator: Des. Gilberto Passos de Freitas).

"REGISTRO DE IMÓVEIS - Transformações societárias (incorporação e cisão) Transmissão de bens imóveis - Exigência de prova do adimplemento do imposto de transmissão inter vivos, ou de isenção - Sociedades em cujo objeto se inseria a compra e venda de bens imóveis - Parecer pelo não provimento do recurso e manutenção da exigência" (CGJSP - Processo: 1000745-93.2018.8.26.0660. São Paulo. DJ: 25/06/2021. DJE: 01/07/2021. Relator: Des. Ricardo Mair Anafe).

Neste ponto, inclusive, vale ressaltar que vigora, para os registradores, ordem de controle rigoroso do recolhimento de imposto por ocasião do registro de título, sob pena de responsabilidade pessoal (art. 289 da Lei n. 6.015/73; art.134, VI, do CTN e art. 30, XI, da Lei 8.935/1994).

Sob qualquer aspecto, portanto, e à luz das normas e da jurisprudência acima mencionadas, mostra-se acertada a qualificação negativa dos títulos apresentados.

Por fim, vale anotar, à vista da cisão e da incorporação já registradas perante a JUCESP, que os documentos faltantes relacionados na primeira exigência poderão ser substituídos por certidão específica emitida por aquele órgão e a critério dele, nos moldes sugeridos pelo Oficial à fl. 161, sendo que eventual negativa escapa à competência deste juízo.

Diante do exposto, **JULGO IMPROCEDENTE** o pedido de providências.

Deste procedimento não decorrem custas, despesas processuais ou honorários advocatícios.

Oportunamente, ao arquivo com as cautelas de praxe.

P.R.I.C.

São Paulo, 04 de novembro de 2021.

Luciana Carone Nucci Eugênio Mahuad

Juiz de Direito (DJe de 08.11.2021 – SP)

Ementa: Sentença – Dúvida – Recusa de registro de carta de adjudicação – Divergência em relação ao recolhimento do ITBI – Responsabilidade solidária do Oficial no que tange a fiscalização do pagamento do imposto devido – Art 289, da LRP – Adjudicação corresponde a uma das hipóteses de incidência de ITBI – Inviabilidade do registro – Manutenção do óbice – Procedência

Processo 1098229-37.2021.8.26.0100

Dúvida - Registro de Imóveis - Assosiação Beneficiente Síria - Hospital do Coração - Em razão do exposto, JULGO PROCEDENTE a dúvida e mantenho o óbice registrário. Deste procedimento não decorrem custas, despesas processuais e honorários advocatícios. Oportunamente, arquivem-se os autos, com as cautelas de praxe. P.R.I.C. - ADV: FABIO KADI (OAB 107953/SP)

Íntegra da decisão:

SENTENÇA

Processo Digital nº: **1098229-37.2021.8.26.0100**

Classe - Assunto **Dúvida - Registro de Imóveis**

Requerente: **1º Oficial de Registro de Imóveis da Capital**

Requerido: **Associação Beneficente Síria - Hospital do Coração**

Juiz(a) de Direito: Dr(a). **Luciana Carone Nucci Eugênio Mahuad**

Vistos.

Trata-se de dúvida suscitada pelo Oficial do 1º Registro de Imóveis de São Paulo a requerimento de Associação Beneficente Síria Hospital do Coração, em virtude de recusa de registro de carta de adjudicação expedida em 31/05/2021 no processo de autos n. 1045352- 91.2019.8.26.0100, que tramitou perante a 35ª Vara Cível da Capital, referente aos imóveis matriculados sob os números 89.792, 89.893 e 89.894 daquela serventia.

Noticiou o Registrador que houve discordância acerca do recolhimento do Imposto de Transmissão de Bens Imóveis (ITBI), sendo, porém, de sua responsabilidade a fiscalização acerca do pagamento dos tributos devidos sobre os atos que deve praticar.

No mais, esclareceu que a adjudicação de bem imóvel corresponde a uma das hipóteses de incidência de ITBI, nos termos da Lei Estadual n. 11.154/1991, instruindo o procedimento com a manifestação da interessada apresentada perante a serventia (fls. 04/09) e nota devolução (fl. 91).

A parte suscitada apresentou impugnação às fls. 94/100, acompanhada de documentos, esclarecendo que requereu o registro da carta de adjudicação, que tem como adjudicante Hussein Hassan Yaktine, a fim de possibilitar penhora dos três imóveis em execução, na qual referida pessoa figura como parte executada e a interessada como credora, sendo que não é responsável pelo pagamento, pois a sentença copiada às fls. 61/64 foi clara ao imputar a responsabilidade pelo pagamento de emolumentos e tributos ao executado Hussein Hassan. Por fim, sustentou que o recolhimento do imposto seria mera formalidade.

Parecer do Ministério Público às fls. 141/143, pela manutenção do óbice registrário.

É o relatório.

Fundamento e decido.

No mérito, a dúvida é procedente. Vejamos os motivos.

De início, importa salientar que, nos termos dos artigos 1º e 2ª, inciso V, do Decreto Municipal n. 51.627/2010, que regulamentou a Lei Estadual n. 11.154/1991, há incidência do imposto sobre transmissão onerosa *inter vivos* de direitos imobiliários, ITBI, em caso de adjudicação de bens imóveis.

O Decreto n. 55.196, de 11 de junho de 2014, repetiu a mesma disposição acerca do artigo 2º, inciso V, do CPC:

> *"Art. 2º Estão compreendidos na incidência do Imposto:*
>
> *V – a arrematação, a adjudicação e a remição".*

Em razão da disposição legal, incontroversa a configuração do fato gerador do tributo quando da apresentação da carta de adjudicação ao registro. Assim, a exigência de comprovação de pagamento, por certo, não é mera formalidade.

Anote-se, ainda, que o registrador tem o dever legal de fiscalizar o pagamento dos tributos no momento da apresentação dos títulos, sob pena de responsabilização solidária e pessoal (artigos 289 da Lei n. 6.015/1973, 134, VI, do CTN, e 30, XI, da Lei n. 8.935/1994).

Neste sentido (destaque nosso):

> *"REGISTRO DE IMÓVEIS – DÚVIDA – APELAÇÃO – FORMAL DE PARTILHA - DIVÓRCIO – EXCESSO DE MEAÇÃO – PAGAMENTO COM BENS PARTICULARES DE UM DOS DIVORCIANDOS AO OUTRO – PERTINÊNCIA DA EXIGÊNCIA – TRANSMISSÃO ONEROSA CONFIGURADA – ITBI DEVIDO – IMPOSIÇÃO AOS*

REGISTRADORES IMOBILIÁRIOS DO DEVER DE EXIGIR A COMPROVAÇÃO DO RECOLHIMENTO DO ITBI PARA REGISTRO DA TRANSFERÊNCIA DA TITULARIDADE DOMINIAL – RECURSO NÃO PROVIDO" (TJSP; Apelação Cível 1034018-81.2020.8.26.0114; Relator (a): Ricardo Anafe (Corregedor Geral); Órgão Julgador: Conselho Superior de Magistratura; Foro de Campinas - 1ª Vara Cível; Data do Julgamento: 17/09/2021; Data de Registro: 04/10/2021).

Diante disso, atribui-se à parte suscitada, porque interessada no ato, a responsabilidade pelo adiantamento do pagamento do ITBI justamente a fim de ensejar o registro da carta de adjudicação expedida em favor de Hussein Hassan Yaktine, o que possibilitará, na sequência, a averbação da penhora dos imóveis para garantia da execução em que figura como credora do adjudicante.

Ressalto, ainda, que não incumbe ao Oficial diligenciar a localização do executado e dele exigir o pagamento de tributo de título apresentado por terceiro, ainda que conste, da sentença, condenação daquele no pagamento de emolumentos e tributo.

Tal incumbência é toda da parte interessada no registro, que pode interpelar o executado para que comprove o recolhimento do ITBI em cumprimento ao determinado na sentença proferida no processo de autos n. 1045352-91.2019.8.26.0100 da 35ª Vara Cível Central.

Alternativamente, pode, também, adiantar o pagamento do tributo e incluir o valor despendido no débito exequendo, visando reembolso.

De todo modo, nesta via meramente administrativa, como ausente recolhimento do imposto referente à adjudicação dos imóveis, inviável o registro da carta expedida como pretendido.

Em razão do exposto, **JULGO PROCEDENTE** a dúvida e mantenho o óbice registrário.

Deste procedimento não decorrem custas, despesas processuais e honorários advocatícios.

Oportunamente, arquivem-se os autos, com as cautelas de praxe.

P.R.I.C.

São Paulo, 25 de outubro de 2021. (DJe de 27.10.2021 – SP)

Ementa: Sentença – Dúvida – Negativa de registro de distrato social por meio do qual houve a transferência da nua propriedade dos imóveis – Esclarecimento pelo Oficial de que a transmissão deve ser formalizada por escritura pública, inclusive com recolhimento de ITBI, bem como de que os imóveis se encontram indisponíveis – Ato de dissolução de empresa não acarreta automática transferência de domínio – Imóveis que possuem valor unitário superior a trinta vezes o maior salário mínimo vigente – Imprescindibilidade de que os imóveis sejam transferidos por escritura pública – Art 108 do CC – Incompetência do juízo administrativo para revisão de decisões judiciais – Inexistência de ordens de levantamento das referidas constrições pelos mesmos juízos que as determinaram – Exigências impostas pelo Oficial que devem ser atendidas – Manutenção dos óbices – Procedência

Processo 1100294-05.2021.8.26.0100

Dúvida - Registro de Imóveis - Valdeliz Correa França - Diante do exposto, JULGO PROCEDENTE a dúvida suscitada e, em consequência, mantenho os óbices registrários. Não há custas, despesas processuais ou honorários advocatícios decorrentes deste procedimento. Oportunamente, arquivem-se os autos. P.R.I.C. - ADV: FERNANDO AURELIO ZILVETI ARCE MURILLO (OAB 100068/SP)

Íntegra da decisão:

SENTENÇA

Processo Digital nº: **1100294-05.2021.8.26.0100**

Classe - Assunto **Dúvida - Registro de Imóveis**

Requerente: **2º Oficial de Registro de Imóveis da Capital**

Requerido: **Valdeliz Correa França e outros**

Juiz(a) de Direito: Dr(a). **Luciana Carone Nucci Eugênio Mahuad**

Vistos.

Trata-se de dúvida suscitada pelo **Oficial do 2º Registro de Imóveis da Capital** a requerimento de **Valdeliz Correa França e outros**, após negativa de registro de distrato social da empresa Madeleine Empreendimentos Comerciais Ltda, por meio do qual houve a transferência da "nua propriedade" dos imóveis objeto das matrículas n. 82.749 a 82.801 daquela serventia (total de cinquenta e três).

Informa o Oficial que, por documento datado de 04 de julho de 2003 e rerratificado por instrumento datado de 13 de maio de 2013, ambos com registro na JUCESP, acertou-se que a "nua propriedade" de imóveis, que pertencia à empresa, retornaria ao patrimônio do sócio Nilson Falcão França; que o título foi devolvido, vez que a transmissão de propriedade de imóvel deve ser formalizada por escritura pública, conforme o disposto no art. 108 do Código Civil, inclusive com recolhimento de ITBI; que não deve ser cogitada a hipótese do artigo 64 da Lei n. 8.434/94, uma vez que a Certidão da JUCESP se presta apenas para a transferência de bens do sócio para a sociedade e não vice e versa, conforme entendimento deste juízo em caso análogo (1072308-86.2015.8.26.0100); que, ademais, os imóveis encontram-se indisponíveis, o que também impede o registro do título.

Vieram documentos às fls. 04/375.

A parte suscitada manifestou-se às fls. 376/387, aduzindo que o sócio Nilson França, ao qual os imóveis integralizados ao capital social foram transferidos, veio a falecer, pelo que necessita regularizar a transferência materializada no distrato para, assim, realizar a partilha de seus bens; que, por força do próprio art. 108 do Código Civil, há dispensa de escritura no caso de existência de disposição legal em contrário, o que se aplica ao caso em tela, já que referida transmissão se sujeita à regra do art. 64 da Lei n. 8.934/94, em consonância com a jurisprudência do STJ e dos Tribunais Estaduais; que, além disso, há dificuldade prática na elaboração da escritura pública requerida, uma vez que o sócio a quem os imóveis da empresa foram transferidos no distrato faleceu no ano de 2016; que a obrigatoriedade da escritura infringiria os valores da justiça contratual e acarretaria uma lesão ao equilíbrio econômicofinanceiro do ato, valor este intrínseco ao ordenamento jurídico pátrio; que a indisponibilidade dos bens não deve ser impedimento para a realização do ato de registro, já que é medida excepcional e só pode ser conferida no caso de ficar comprovada situação de perigo, quando é justificável o receio de dilapidação do patrimônio ou desvios de bens, conforme entendimento do STJ, sendo que tais pendências estão sendo solucionadas; que, de qualquer modo, nada impediria eventual expropriação diretamente do patrimônio dos ex-sócios, o que definitivamente não será o caso, haja vista as certidões negativas de débitos em nome da empresa. Subsidiariamente, requereu indicação do juízo acerca de uma solução adequada ao impasse.

O Ministério Público opinou pela procedência, com manutenção dos óbices (fls. 390/391).

É o relatório.

Fundamento e decido.

No mérito, a dúvida é procedente. Vejamos os motivos.

De início, vale ressaltar que o Oficial dispõe de autonomia no exercício de suas atribuições, podendo recusar títulos que entender contrários à ordem jurídica e aos princípios que regem sua atividade (art. 28 da Lei n. 8.935/1994).

No caso, verifica-se que, por meio de instrumento particular de rerratificação do distrato social da sociedade empresária de responsabilidade limitada "Madeleine Empreendimentos Comerciais Ltda", datado de 13 de maio de 2013 (fls. 29/41), houve transferência de 53 (cinquenta e três) imóveis localizados no "Edifício Arco do Triunfo", todos com valor unitário superior a trinta salários mínimos, cuja nua propriedade compunha o ativo da empresa, ao sócio Nilson Falcão França (matrículas n. 82.749 a 82.801).

Referido documento foi devidamente recepcionado pela Junta Comercial do Estado de São Paulo (fls. 29/41).

Pois bem.

O primeiro óbice relaciona-se com a necessidade de lavratura de escritura pública, nos moldes do exigido pelo artigo 108 do Código Civil, inclusive com recolhimento de ITBI.

Como observado pelo Oficial e pelo Ministério Público (fls. 02 e 391), este juízo, no procedimento de autos n. 1072308-86.2015.8.26.0100, firmou entendimento no sentido de que o simples ato de dissolução de empresa não acarreta automática transferência de domínio, sendo imprescindível que o ato translativo, no caso de imóveis de valor superior a trinta vezes o maior salário mínimo vigente no país, como no caso, efetive-se por meio de escritura pública, exatamente nos termos do artigo 108 do Código Civil.

O julgado foi confirmado pela E. Corregedoria Geral da Justiça, em parecer de lavra do Juiz Assessor da Corregedoria Guilherme Stamillo Santarelli Zuliani, com aprovação pelo então Corregedor Geral, eminente Desembargador Manoel de Queiroz Pereira Calças:

> *"REGISTRO DE IMÓVEIS - Pedido de providências julgado improcedente - Dissolução de sociedade por instrumento particular - Qualificação registral negativa - Transferência de bem imóvel em favor do sócio - Escritura Pública que é da substância do negócio jurídico - Forma prescrita em Lei - Recurso não provido" (Recurso n.° 2015/00170381 - Parecer 33/2016-E - Processo 170.381/2015 – Data do parecer: 04.02.2016. Data da decisão: 11/02/2016).*

Extraem-se da referida decisão os seguintes excertos, com nossos destaques:

> *"Com efeito, o título apresentado à Serventia denota a existência da disposição translativa do domínio, pois os sócios dispuseram sobre a extinção da personalidade jurídica da sociedade, assim como sobre o **destino do ativo, o que torna acertada a exigência de escritura pública como título hábil ao registro (art. 1.245 do Código Civil), uma vez que, tratando-se de bem imóvel, a presença do ato notarial integra a própria substância do negócio jurídico, cuja inobservância acarreta sua invalidade, conforme inteligência do art. 166, IV do Código Civil.***

O título foi recusado, porque o Distrato Social esconde, em suas entranhas, ***um negócio jurídico que, para o direito registral, ultrapassa o âmbito de regulamentação da extinção da sociedade, pois os sócios e representantes da pessoa jurídica incluíram no instrumento particular a manifestação de vontade dirigida para obtenção de efeitos jurídicos admitidos pelo ordenamento, em especial a aquisição do direito real de propriedade (art. 1.225, I do Código Civil).*** *E sabe-se que esse fenômeno composto pela declaração de vontade com o fim de buscar certo resultado juridicamente tutelado será válido e produzirá os efeitos almejados quando estiver em conformidade com o sistema normativo vigente, inclusive no que se refere à forma prescrita em lei (art. 166 do Código Civil).*

(...) É certo que a intensa atividade legislativa consolidou inúmeras exceções à regra da exigibilidade da escritura pública para a instrumentalização de alguns negócios jurídicos, de modo a exigir a atuação sistemática dos Registradores e Juízes Corregedores. Assim, ***o art. 64 da Lei nº 8.934/94*** *permite que o sócio, munido de certidão expedida pela Junta Comercial, possa alienar direitos reais incidentes sobre imóveis, para fins de integralização do capital subscrito,* ***o que não significa dizer que a permissão legislativa possa ser interpretada extensivamente para viabilizar a transferência de bens da sociedade em benefício do sócio****, nos termos da jurisprudência do Colendo Conselho Superior da Magistratura (Apelação Cível nº 491-6/1, Serra Negra, julgamento em 11/05/2006, DJ 12/07/2006, Relator Desembargador GILBERTO PASSOS DE FREITAS).*

Noutras palavras, já se decidiu:

"Admite-se a utilização de instrumento particular com o fim de materializar a conferência de bens pelos sócios para integralizar o capital social, mas ***tal exceção, derivada do texto do art. 64 da lei fed. nº 8.934/94, deve ser interpretada de modo restritivo. Tal dispositivo legal permite a utilização de certidão expedida pela Junta Comercial****, extraída dos atos constitutivos ou de sua alteração, como* ***título hábil*** *para, perante o registrador, possibilitar a alienação de direitos reais incidentes sobre imóveis,* ***mas sempre, invariavelmente, para a composição ou o aumento do capital social e nunca, para sua redução ou dissolução****" (Ap. Cív. nº 63.971-0/1 - Capital, j. 28.10.99, rei. Des. NIGRO CONCEIÇÃO)".*

Como se vê, à luz da jurisprudência mencionada, a exceção derivada do texto do artigo 64 da Lei n. 8.934/94, utilizada como fundamento pela parte suscitada para sustentar o pedido de dispensa, deve ser interpretada de forma restritiva. Assim, documento particular registrado perante a JUCESP, extraído de ato constitutivo ou de sua alteração, pode servir como título hábil para possibilitar apenas a alienação de direitos reais incidentes sobre imóveis para a composição ou o aumento do capital social de empresa. Nunca para redução ou dissolução, como na hipótese.

De rigor, portanto, que os imóveis indicados no distrato social sejam transferidos por escritura pública, vez que todos possuem valor unitário superior a trinta vezes o maior salário mínimo vigente no País (fls. 29/41), em conformidade com a regra geral trazida pelo artigo 108 do Código Civil:

"Art. 108: Não dispondo a lei em contrário, a escritura pública é essencial à validade dos negócios jurídicos que visem à constituição, transferência, modificação ou renúncia de direitos reais sobre imóveis de valor superior a trinta vezes o maior salário mínimo vigente no País".

Há que observar, ainda, que o recolhimento do imposto de transmissão é pressuposto do ato do registro e não sua consequência, de modo que a falta de sua comprovação também configura óbice ao registro.

Neste ponto, inclusive, vale ressaltar que vigora, para os registradores, ordem de controle rigoroso do recolhimento de imposto por ocasião do registro de título, sob pena de responsabilidade pessoal (art. 289 da Lei n. 6.015/73; art.134, VI, do CTN e art. 30, XI, da Lei 8.935/1994).

Também não merece acolhida a alegação acerca da impossibilidade de lavratura de escritura em razão do falecimento do sócio beneficiado pela transmissão dos imóveis, Nilson Falcão França, pois tal fato não é suficiente para afastar as determinações legais que sustentam o óbice registral, como bem observado pelo Ministério Público.

É certo que os bens podem ser transmitidos diretamente da empresa para os sucessores do "de cujus" em consonância com as normas que regem a distribuição de patrimônio de empresas extintas e a sucessão hereditária de bens, o que escapa ao objeto deste procedimento e à competência deste juízo administrativo.

No que tange ao segundo óbice, o item 413 do Cap. XX das Normas de Serviço da Corregedoria assim dispõe sobre a possibilidade de registro de alienação judicial, quando autorizada pelo mesmo juízo que determinou a indisponibilidade (com nossos destaques):

"As indisponibilidades averbadas nos termos do Provimento CG. 13/2012 e CNJ nº 39/2014 e na forma do § 1º, do art. 53, da Lei nº 8.212, de 24 de julho

*de 1991, não impedem a inscrição de constrições judiciais, assim como **não impedem o registro da alienação judicial** do imóvel desde que a **alienação seja oriunda do juízo que determinou a indisponibilidade, ou a que distribuído o inquérito civil público e a posterior ação desse decorrente, ou que consignado no título judicial a prevalência da alienação judicial em relação à restrição oriunda de outro juízo ou autoridade administrativa** a que foi dada ciência da execução".*

A autorização trazida pela regra, porém, não se aplica ao caso concreto.

Na hipótese, verifica-se que todos os registros dos imóveis transmitidos pelo distrato social rerratificado contam com ao menos uma averbação de indisponibilidade determinada em decisões proferidas no âmbito de execuções fiscais, havendo também averbação de penhora em parte deles (fls. 42/373).

Assim, a alienação não pode ser levada a registro, não cabendo, neste âmbito, qualquer juízo de valor sobre as medidas restritivas, as quais devem ser debatidas nos autos em que determinadas.

A via administrativa, como se sabe, não se presta a rever decisões proferidas em sede judicial.

O questionamento não é novo e já foi objeto de análise tanto pela E. Corregedoria Geral de Justiça quanto pelo E. Conselho Superior da Magistratura. Nesse sentido, com nossos destaques:

*"Registro de imóveis. Decisões da Justiça Federal que decretaram a indisponibilidade e a penhora parcial de bens imóveis. Pedido de cancelamento/ retificação formulado por credor fiduciário objetivando resguardar seus direitos. Indeferimento. **Via administrativa que não se presta a rever decisões de cunho jurisdicional. Pedido que deve ser analisado pelo juízo que proferiu as ordens recurso não provido**" (CGJ - recurso administrativo nº 1012434-82.2015.8.26.0037, Parecer n. 119/2016-E, Rel. Carlos Henrique André Lisboa - Juiz Assessor da Corregedoria, j. 02.06.2016).*

*"REGISTRO DE IMÓVEIS - Dúvida inversa julgada improcedente - Escritura de Venda e Compra e Cessão - Questionamento parcial das exigências formuladas pelo Registrador - Circunstância que torna prejudicado o julgamento da dúvida - Pertinência do óbice apresentado - **Impossibilidade de ingresso do título em razão de indisponibilidade determinada por Juiz Federal - Recurso não conhecido**" (CSM-SP, Apelação Cível 0043598-78.2012.8.26.0100, Rel. José Renato Nalini, j. 26/09/13).*

Note-se que a parte suscitada alega que tais pendências estão sendo solucionadas, o que só confirma a inexistência de ordens de levantamento das referidas constrições pelos mesmos juízos que as determinaram.

A mesma lógica se aplica às penhoras gravadas em algumas das matrículas.

Note-se que a E. Corregedoria Geral da Justiça já se posicionou acerca da impossibilidade de cancelamento de penhora realizada por determinação judicial via decisão administrativa desta Corregedoria Permanente (com nossos destaques):

*"REGISTRO IMOBILIÁRIO. CANCELAMENTO DE PENHORA - Mesmo diante do registro de carta de adjudicação e sua repercussão no registro imobiliário (cancelamento indireto) **não cabe expedição de ordem para o cancelamento de inscrições de penhora provenientes de outros processos judiciais, competindo requerimento ao juízo que a determinou** - Preliminar rejeitada e Recurso não provido" (CGJ, Proc. nº 1093002-08.2017.8.26.0100 – Parecer 101/2018-E, j. 13.03.2018).*

*"REGISTRO DE MÓVEIS - Arrematação - Modo derivado de aquisição da propriedade imobiliária - Questão, todavia, irrelevante - Cancelamento direto de penhoras estranhas ao processo onde ocorreu a alienação judicial - **Necessidade de ordem judicial emanada da autoridade competente, ou seja, daquela que determinou as inscrições** - Registro da carta de arrematação, portanto, é insuficiente para tanto - Confirmação do juízo de desqualificação registrai – Recurso desprovido" (CGJ, Processo n. 0004589-40.2014.8.26.0456, j . 03.08.2016).*

*"REGISTRO DE IMÓVEIS - Carta de arrematação – Cancelamento direto de penhora estranha à do processo onde ocorrida a alienação judicial - **Impossibilidade - Precedentes do Conselho Superior da Magistratura e da Corregedoria Geral da Justiça** – Dúvida improcedente - Recurso provido" (CGJ, Processo n. 0011823-84.2015.8.26.0344, j . 28.07.2016).*

*'Registro de Imóveis - Pretensão de cancelamento de hipotecas e fls. 161 PODER JUDICIÁRIO TRIBUNAL DE JUSTIÇA DO ESTADO DE SÃO PAULO CORREGEDORIA GERAL DA JUSTIÇA Recurso Administrativo nº 1093002-08.2017.8.26.0100 penhoras à vista de arrematação ocorrida em juízo cível - **Cancelamento de penhoras que depende de ordem do juízo que as determinou - Ausência de comprovação da notificação do credor hipotecário - Impossibilidade do cancelamento** - Inteligência do art. 1.501 do Código Civil – Recurso desprovido"*

(CGJ, Processo n. 1017712-21.2016.8.26.0100, j. 16.07.2016).

Sob qualquer aspecto, portanto, mostra-se acertada a qualificação negativa do título apresentado para registro, sendo certo que as exigências formuladas pelo Oficial devem ser atendidas para ingresso à luz das normas e da jurisprudência acima mencionadas, o que não deixa espaço para busca de solução alternativa ou conciliatória.

Diante do exposto, **JULGO PROCEDENTE** a dúvida suscitada e, em consequência, mantenho os óbices registrários.

Não há custas, despesas processuais ou honorários advocatícios decorrentes deste procedimento.

Oportunamente, arquivem-se os autos.

P.R.I.C.

São Paulo, 22 de outubro de 2021.

Luciana Carone Nucci Eugênio Mahuad

Juiz de Direito (DJe de 26.10.2021 – SP)

Ementa: Sentença – Dúvida – Pedido de registro de carta de sentença expedida em Ação de Reconhecimento e Dissolução de União Estável – Negativa em razão da incorreção do recolhimento do ITBI sobre o excesso oneroso da partilha – Cálculo que se baseou em valor inferior ao valor venal de referência – Compensação de dívidas com o patrimônio adquirido que não pode ser confundida com reposição onerosa – Flagrante irregularidade no recolhimento do imposto – Possibilidade do Oficial fiscalizar a correção do tributo recolhido no presente caso – Indeferimento do pedido – Procedência

Processo 1098069-12.2021.8.26.0100

Dúvida - Registro de Imóveis - Ligia Maria Aleixo Bernardes - Diante do exposto, JULGO PROCEDENTE a dúvida suscitada pelo Oficial do 8º Registro de Imóveis da Capital a requerimento de Ligia Maria Aleixo Bernardes para obstar o registro nos termos desta sentença. Deste procedimento não decorrem custas, despesas processuais ou honorários advocatícios. Oportunamente, remetam-se os autos ao arquivo. P.R.I.C. - ADV: DANILO FERNANDES CHRISTÓFARO (OAB 377205/SP)

Íntegra da decisão:

SENTENÇA

Processo Digital nº: **1098069-12.2021.8.26.0100**

Classe - Assunto **Dúvida - Registro de Imóveis**

Suscitante: **8º Oficial de Registro de Imóveis da Capital**

Suscitado: **Ligia Maria Aleixo Bernardes**

Juiz(a) de Direito: Dr(a). **Luciana Carone Nucci Eugênio Mahuad**

Vistos.

Trata-se de dúvida suscitada pelo **Oficial do 8º Registro de Imóveis da Capital** a requerimento de **Ligia Maria Aleixo Bernardes** após negativa de registro de carta de sentença expedida em ação de reconhecimento e dissolução de união estável (autos n. 1013486-71.2019.8.26.0001), na qual foi partilhado o imóvel objeto da matrícula n. 130.334 daquela serventia.

Informa o Oficial que o óbice registrário diz respeito à incorreção do recolhimento do ITBI sobre o excesso oneroso da partilha, já que o cálculo se baseou em valor inferior ao valor venal de referência na data do fato gerador, do qual não podem ser abatidas eventuais dívidas que onerem o imóvel, pelo que a parte suscitada deve complementar o recolhimento tributário na forma da lei. Juntou documentos às fls. 07/132.

A parte suscitada apresentou impugnação às fls. 133/136, defendendo a regularidade do recolhimento realizado, já que, na constância de sua união, houve apenas amortização parcial do valor do imóvel adquirido, além da realização de empréstimos, de modo que, por ocasião da dissolução, as partes acordaram que a suscitada ficaria com a integralidade dos direitos relativos ao imóvel, responsabilizando-se por todas as dívidas do casal, fatos estes que foram considerados para apuração do excesso de meação utilizado no cálculo do tributo recolhido.

Alega, ainda, que não se caracterizou fato gerador para recolhimento do ITBI, juntando documentos às fls. 137/182.

O Ministério Público opinou pela improcedência da dúvida, com afastamento do óbice (fls. 185/188).

É o relatório.

Fundamento e Decido.

No mérito, o registro pretendido é inviável, mas pela ausência de comprovação do ITCMD, que é o tributo que incide no caso concreto. Vejamos.

Conforme narram as partes, a carta de sentença foi inicialmente apresentada em 02 de agosto de 2021, sendo devolvida com as seguintes exigências (prenotação nº 771.850 – fls. 101/104): complementação da carta de sentença; regularização da qualificação subjetiva; demonstração da gratuidade processual concedida e, finalmente, declaração sobre a existência ou não de reposição onerosa relativa ao excesso de meação, promovendo o recolhimento do tributo incidente (ITCMD ou ITBI). Também faltaram assinaturas no contrato de financiamento do imóvel, o qual, entretanto, deveria ser objeto de prenotação específica.

Assim, a parte providenciou a declaração de fls. 105/108 e reapresentou o título no dia 27 de agosto, respeitando, portanto, o prazo de validade da prenotação inicial.

O contrato de financiamento, por sua vez, foi objeto de prenotação específica (nº774.235), conforme exigido na nota de devolução anterior.

Nessa segunda oportunidade, a qualificação restou negativa por uma única exigência feita pelo Oficial, relativa à adequação da base de cálculo do ITBI recolhido, que deveria corresponder a 50% do valor venal do imóvel (fls. 121/122).

Contudo, embora a parte tenha juntado documento intitulado "Declaração reposição onerosa" e recolhido o ITBI que entendeu aplicável (fls. 87/94 e 105/108), verifica-se que se confundiu quanto ao conceito técnico de reposição onerosa, pois o conteúdo da declaração é claramente contraditório, impossibilitando, inclusive, a apuração correta da base de cálculo de eventual ITBI.

Importante reiterar que a primeira nota devolutiva foi clara quanto à incidência alternativa de ITCMD ou ITBI (fls. 101/104, item 4).

Nos termos do artigo 1725 do Código Civil, tratando-se de união estável, aplicam-se as regras do regime da comunhão parcial de bens às relações patrimoniais.

Assim, no momento da dissolução, todo o patrimônio a ser partilhado é apurado, tomando-se não apenas os bens e direitos adquiridos na constância da união, como também as dívidas e obrigações contraídas pelo casal na administração do patrimônio comum (artigo 1664 do Código Civil).

O resultado é dividido igualmente em duas partes, que constituem a meação devida a cada um dos antigos companheiros.

Todavia, se um desses companheiros recebe valor superior ao do outro, essa desproporção caracterizará excesso de meação, que receberá tratamento tributário próprio conforme haja ou não reposição onerosa.

Essa reposição onerosa é a compensação financeira feita com patrimônio próprio do companheiro beneficiado àquele prejudicado na partilha.

Note-se que, se na partilha, um dos cônjuges adquire onerosamente a meação do outro sobre determinado imóvel, configura-se o fato gerador do ITBI, que é a transmissão *inter vivos* a qualquer título por ato oneroso de bem imóvel. Se não houver compensação financeira, considera-se doada essa parte desproporcional, incidindo ITCMD.

No caso, embora a parte suscitada declare expressamente que houve reposição onerosa, esclarece de forma bastante minuciosa e contraditória que, no acordo homologado, coube à mulher o único imóvel adquirido na constância da união, sendo a isenção em relação às dívidas contraídas pelo casal a única compensação conferida ao companheiro.

Em resumo, ela ficou com o imóvel, pelo qual haviam pagado R$165.390,19, e assumiu integralmente as dívidas do casal, que não têm relação com o bem e somavam R$60.826,70 (fls. 105/108). O valor do imóvel, real ou venal, sequer foi considerado na conta, já que somente foram computados os valores efetivamente pagos.

Por esses cálculos, o patrimônio líquido a ser partilhado totalizou R$104.563,49 (R$165.390,19 – R$60.826,70), de modo que a meação de cada um correspondia a R$52.281,75.

Observe-se que não há qualquer informação, na declaração produzida, sobre pagamento de qualquer valor adicional ao ex-companheiro.

Essa compensação das dívidas com o patrimônio adquirido (ativo menos passivo) não pode ser confundida com a reposição onerosa declarada.

Nesse contexto, inexistindo reposição onerosa, conclui-se pela ocorrência do fato gerador do ITCMD, como bem destacado na primeira nota devolutiva (fls. 101/104, item 4), cuja comprovação de recolhimento é requisito legal para o registro.

De fato, a jurisprudência já se consolidou no sentido de que não incumbe ao Oficial fiscalizar a correção do tributo recolhido para fins de ingresso do título, salvo hipótese de flagrante irregularidade ou de cálculo irrazoável:

"Registro de Imóveis – Registro de escritura pública de dação em pagamento – Desqualificação – Suposta incorreção da base de cálculo utilizada para o recolhimento do ITBI – Dúvida julgada improcedente – Apelação interposta pelo Ministério Público ––Atuação que extrapola as atribuições do Oficial – Dever de fiscalização que se limita ao recolhimento do tributo e à razoabilidade da base de cálculo – Recolhimento antecipado do ITBI que não afronta as NSCGJ nem a legislação municipal – Recurso a que se nega provimento" (CSMSP, Apelação n. 1024158-98.2015.8.26.0577, julgamento em 25 de agosto de 2017, Rel. Des. Pereira Calças).

No caso, estamos diante de flagrante irregularidade no recolhimento, como visto:

"REGISTRO DE IMÓVEIS – Escritura pública de divórcio e partilha de bens – Excesso de meação na partilha – Transmissão não onerosa de bem imóvel – Doação configurada – ITCMD recolhido – Inexistência de fato gerador do *ITBI* – Exigência de comprovação do recolhimento do imposto municipal afastada – Recurso provido para julgar improcedente a dúvida determinando o registro do título" (CSMSP, Apelação n. 1112232-31.2020, julgamento em 16 de junho de 2021, Relator: Des. Ricardo Mair Anafe).

Ressalto, por fim, que a menção feita nessa sentença aos valores atribuídos à partilha foram mera remissão aos cálculos informados pela parte, não podendo ser entendida, de forma alguma, como afirmação deste juízo quanto à real base de cálculo do tributo devido, o qual deve ser adequadamente apurado junto ao ente tributante.

Diante do exposto, **JULGO PROCEDENTE** a dúvida suscitada pelo Oficial do 8º Registro de Imóveis da Capital a requerimento de **Ligia Maria Aleixo Bernardes** para obstar o registro nos termos desta sentença.

Deste procedimento não decorrem custas, despesas processuais ou honorários advocatícios.

Oportunamente, remetam-se os autos ao arquivo.

P.R.I.C.

São Paulo, 28 de setembro de 2021.

Luciana Carone Nucci Eugênio Mahuad

Juiz de Direito. (DJe de 30.09.2021 – SP)

Ementa: Sentença – Pedido de Providências – Pedido de lavratura de Escritura Pública de Compra e Venda – Impossibilidade – Ausência de poderes da Comissão de Representantes para celebrar contrato de compra e venda das unidades condominiais – Competência do Incorporador – Manutenção do óbice – Improcedência

Processo 1066860-25.2021.8.26.0100

Pedido de Providências - Petição intermediária - T.N. - J.F.M.J. – R.P.C.E.M.C.A. - Vistos, Trata-se de pedido de providências apresentado pela Comissão de Representantes dos Promitentes Compradores do Condomínio Edifício Mirante Caetano Álvares impugnando qualificação notarial negativa efetuada pelo Sr. 6º Tabelião de Notas da Comarca Capital em relação à lavratura de escritura pública de compra e venda (a fls. 29/91 e 105/109). O Sr. Tabelião apresentou manifestação à fls. 01/26 e 98/101. O parecer do Ministério Público foi no sentido da manutenção da qualificação negativa (a fls. 112/113). É o breve relatório. Decido. A qualificação notarial negativa foi fundada na falta de poderes da Comissão de Representantes para celebrar contrato de compra de compra e venda das unidades condominiais. Como é cediço, compete ao Incorporador, na forma dos artigos 29 a 31 da Lei n. 4.591/64, celebrar os contratos de compra e venda das unidades ao término do empreendimento imobiliário. Os poderes da Comissão de Representantes, em regra, não envolvem a legitimação para celebrar os contratos de compra e venda das unidades; não obstante sua relevância na efetivação da construção na hipótese do regime de administração ("preço de custo"). Ausente patrimônio de afetação, como ocorre no caso concreto, não se cogita da possibilidade da atuação da Comissão de Representante nos termos do artigo 31-F da Lei n. 4.591/64. Da mesma forma, a previsão contida no artigo 63, p. 5º, da Lei n. 4.591/64 não tem a amplitude pretendida, porquanto é atinente às situações de inadimplemento do adquirente ou contratante; situação muito diversa da existente. As decisões judiciais referidas nos autos, igualmente, não conferiram poderes à Comissão de Representantes para celebração dos contratos de compra e venda, assim fosse, inclusive, caberia a expedição de alvará, o que não acontece. Nesse quadro, como referido pela culta Dra. Promotora de Justiça, foi correta a qualificação notarial negativa ante a absoluta falta de poderes (legitimação em aspecto substantivo) da Comissão de Representante para avençar contrato de compra e venda das unidades condominiais. Nestes termos, mantenho o óbice apresentado pelo Sr. Tabelião. Ciência ao Ministério Público. P.I. - ADV: MARIA CAROLINA BITTENCOURT DE MACEDO (OAB 257940/SP), JADER FREIRE DE MACEDO JUNIOR (OAB 53034/SP) (DJe de 31.08.2021 – SP)

Ementa: Sentença – Pedido de Providências – Alegação de deficiência nas informações prestadas pela Serventia Extrajudicial, bem como de que foi exigido documento que é dispensável – Esclarecimento pelo Oficial de que os funcionários que prestam o serviço de atendimento telefônico são devidamente treinados, bem como de que o título foi registrado após a demonstração do recolhimento do ITBI – Ausência de conduta irregular – Informações prestadas que se mostraram suficientes e adequadas – Improcedência

Processo 0030543-45.2021.8.26.0100

Pedido de Providências - REGISTROS PÚBLICOS - Marcel Brasil de Souza Moura - Diante do exposto, JULGO IMPROCEDENTE o pedido de providências. Deste procedimento não decorrem custas, despesas processuais ou honorários advocatícios. Oportunamente, ao arquivo. P.R.I.C. - ADV: MARCEL BRASIL DE SOUZA MOURA (OAB 254103/SP)

Íntegra da decisão:

SENTENÇA

Processo Digital nº: **0030543-45.2021.8.26.0100**

Classe - Assunto **Pedido de Providências - REGISTROS PÚBLICOS**

Requerente: **Marcel Brasil de Souza Moura**

Requerido: **8º Oficial de Registro de Imoveis Desta Capital do Estado de São Paulo**

Juiz(a) de Direito: Dr(a). **Luciana Carone Nucci Eugênio Mahuad**

Vistos.

Trata-se de **expediente** instaurado em virtude de reclamação formulada por **Marcel Brasil de Souza Moura** contra o **Oficial do 8º Registro de Imóveis da Capital** por deficiência nas informações prestadas por telefone e pela exigência de documento que considera dispensável.

O Registrador se manifestou às fls. 15/18, informando que, embora não haja como se comprovar os termos do atendimento telefônico dispensado ao reclamante, esse serviço é realizado por pessoal treinado que segue *script* de orientação, cuja cópia foi apresentada.

Quanto ao comprovante exigido por ocasião do protocolo, sustenta que a inconstitucionalidade defendida pelo reclamante não pode ser conhecida e declarada pelo registrador enquanto não demonstrado o afastamento da exigência em sede jurisdicional e que a alegada perda de tempo se deu exclusivamente pela demora do reclamante em demonstrar o recolhimento do tributo, sendo que o título foi regularmente registrado após a exibição do referido documento.

Atendendo a requerimento do Ministério Público, o reclamante se manifestou à fl. 37, confirmando que o contrato foi registrado após o recolhimento do ITBI, mas reiterou a necessidade de orientação sobre a mencionada decisão do STF a fim de adequar as rotinas cartoriais.

O Ministério Público opinou pelo arquivamento (fls. 40/41).

É o relatório.

Fundamento e decido.

Considerando as explicações apresentadas pelo Oficial, bem como a notícia da realização do registro após a comprovação do recolhimento do tributo, não se vislumbra irregularidade a ensejar providência disciplinar.

É certo que a qualificação adequada somente é possível mediante contato direto com o título levado a registro.

Neste ponto, a orientação oferecida pelo registrador por via telefônica, WhatsApp e *chat* pelo site da serventia visam apenas agilizar o atendimento, informando previamente os interessados acerca da documentação necessária conforme a modalidade do título que será apresentado, mostrando-se suficientes e adequadas as informações contidas no documento de fls. 19/21. A única ressalva é quanto à necessidade de atualização para indicação deste juízo corregedor.

Já quanto à exigência anunciada no momento do protocolo, entende-se que também visou agilidade no atendimento, antecipando a formulação de nota devolutiva segundo o entendimento daquele registrador, o qual goza de fé pública e independência no exercício de sua atribuição (artigos 3º e 28 da Lei 8.935/94).

Ademais, tal exigência não obstaria o protocolo do documento (informação que também vem anotada no documento de fl. 20), cabendo a suscitação de dúvida ao interessado inconformado com exigência que entenda indevida, na forma do artigo 198 da LRP.

Diante do exposto, **JULGO IMPROCEDENTE** o pedido de providências.

Deste procedimento não decorrem custas, despesas processuais ou honorários advocatícios.

Oportunamente, ao arquivo.

P.R.I.C.

São Paulo, 26 de agosto de 2021.

Luciana Carone Nucci Eugênio Mahuad

Juiz de Direito (DJe de 30.08.2021 – SP)

Ementa: Sentença – Dúvida – Pedido de registro de Carta de Sentença – Impossibilidade – Ausência de manifestação da Fazenda Municipal referente ao recolhimento do ITBI – Item 217, do Capítulo XVI, das NSCGJ – Responsabilidade solidária do Oficial no que tange a fiscalização do pagamento do imposto devido – Art. 289, da LRP – Títulos Judiciais não estão isentos de qualificação registrária – Manutenção dos óbices – Procedência

Processo 1052995-32.2021.8.26.0100

Dúvida - Notas - Olivia Costa Alonso - Vistos. Trata-se de dúvida suscitada pelo Oficial do 4º Registro de Imóveis da Capital a requerimento de Olivia Consta Alonso diante da negativa de registro de carta de sentença formada pelo 6º Tabelião de Notas da Capital com base no processo de autos n. 1114655-32.2018 (divórcio de Olivia Consta Alonso e Felipe Sabino de Souza). Os óbices registrários são: 1) a lei municipal prevê como fator gerador do tributo a hipótese em que um dos cônjuges recebe valor acima de sua meação ou quinhão, considerando-se para este fim apenas o acervo imobiliário; 2) as Normas de Serviço do Extrajudicial, no item 217, do Cap. XVI, preveem como peça necessária para integrar a carta de sentença a manifestação da Fazenda Municipal acerca de eventual incidência do imposto. A parte suscitada defende que: 1) a cessão envolve apenas os direitos aquisitivos, mas não o direito real de propriedade do imóvel, motivo pelo qual a base de cálculo é de R$1,00 e não o valor venal de referência; e 2) na linha do entendimento do Supremo Tribunal Federal, a jurisprudência do Tribunal de Justiça de São Paulo vem se firmando no sentido de que o ITBI incide na transmissão do direito real de propriedade, mas não na cessão de direitos. O Ministério Público opinou pela procedência (fls. 133/137). É o relatório. Fundamento e DECIDO. A dúvida é procedente. Vejamos os motivos. De início, vale destacar que os títulos judiciais não estão isentos de qualificação, positiva ou negativa, para ingresso no fólio real. Qualificação esta que, por força do princípio da legalidade, como bem observado pelo Ministério Público, não se resume à análise material do título apresentado, mas também engloba o exame de sua regularidade formal. O Egrégio Conselho Superior da Magistratura, por sinal, já decidiu que a qualificação negativa do título judicial não caracteriza desobediência ou descumprimento de decisão judicial, mas sim verdadeiro exercício desta obrigação legal (Apelação Cível n. 413-6/7). No presente caso, verifica-se que a carta de sentença veio incompleta, já que desprovida da manifestação da Fazenda Municipal sobre o recolhimento do imposto sobre transmissão de bens imóveis inter vivos (Normas de Serviço do Extrajudicial, item 217, Cap. XVI). A par disso, incumbe também ao Oficial de Registro fiscalizar o pagamento dos impostos devidos sobre os atos a ele apresentados (artigo 289 da Lei de Registros Públicos e artigo 30, inciso XI, da Lei n. 8.935/94), sob pena de responsabilidade pessoal (artigo 134, inciso VI, do CTN). Neste sentido: CSMSP - APELAÇÃO CÍVEL:1016689-35.2019.8.26.0100. Na hipótese, resta bastante evidente que não observada a base de cálculo correta do imposto, a qual deve corresponder ao valor da negociação ou ao valor venal de referência (artigo 157 do Decreto Municipal n. 59.579/2020). Diante do exposto, JULGO PROCEDENTE a dúvida suscitada e mantenho os óbices registrários. Deste procedimento não decorrem custas, despesas processuais e honorários advocatícios. Intimem-se na forma da lei, inclusive do prazo para recurso. Oportunamente, remetam-se os autos ao arquivo. P.R.I.C. - ADV: PEDRO PAULO DE SIQUEIRA VARGAS (OAB 296894/SP) (DJe de 22.06.2021 – SP)

Processo 1009409-42.2021.8.26.0100

Pedido de Providências - Registro de Imóveis - Jefferson Jorge Salomao – Helena Jorge Salomão Nery – Jna Investimentos Administração e Participações Ltda - Diante do exposto, julgo procedente o pedido de providências, para afastar o óbice relacionado ao recolhimento do ITBI referente à cessão anterior não levada a registro. Deste procedimento não decorrem custas, despesas processuais e honorários advocatícios. Oportunamente remetam-se os autos ao arquivo. P.R.I.C. - ADV: MARCELO CALDERON (OAB 239588/SP)

Íntegra da decisão:
SENTENÇA

Processo Digital nº: **1009409-42.2021.8.26.0100**

Classe - Assunto **Pedido de Providências - Registro de Imóveis**

Impetrante: **Jefferson Jorge Salomao e outros**

Impetrado: **17º Oficial de Registro de Imóveis da Capital**

Juiz(a) de Direito: Dr(a). **Vivian Labruna Catapani**

Vistos.

Trata-se de Mandado de Segurança impetrado por **Jefferson Jorge Salomão, Helena Jorge Salomão** e **JNA Investimentos, Administração e Participação LTDA.** em face do 17º Oficial de Registro de Imóveis da Capital, em razão da negativa de registro da escritura de compra e venda dos imóveis objeto das matrículas nºs 67.673 a 67.679. Segundo os autores, os bens foram vendidos pela empresa *Silver Gate Empreendimentos Ltda.* aos requerentes *Jefferson* e *Helena*, tendo a autora *JNA* figurado como anuente, em razão de ter celebrado anteriormente um instrumento particular de compromisso de compra e venda com a alienante.

O óbice registrário decorre da ausência de recolhimento do ITBI incidente sobre a cessão dos direitos de aquisição à *JNA*. Argumentaram os autores que já recolheram o imposto devido pela transferência efetiva do imóvel, não havendo razão para novo recolhimento referente a negócio jurídico anterior que sequer foi levado a registro.

Aduziram, ainda, que o Oficial não tem competência para fiscalizar o recolhimento de tributos (fls. 01/13). Juntaram procuração e documentos às fls. 14/74.

Em decisão de fls. 75/76, o feito foi recebido como pedido de providências, bem como foi indeferido o pedido liminar. Em face desta decisão, os autores interpuseram Agravo de Instrumento (fls. 85/122), o qual não foi conhecido pelo E. TJSP (fls. 131/137).

O Oficial manifestou-se às fls. 79/82, argumentando que a exigência de recolhimento do ITBI sobre a cessão anterior, mesmo que não registrada, decorre de previsão expressa na lei municipal de disciplina o tributo.

O Ministério Público opinou pelo indeferimento do pedido de providências (fls. 126/128).

É o relatório.

Fundamento e Decido.

Com razão os autores, pelos fundamentos que passo a expor.

De proêmio, ressalto que o Oficial de Registro tem competência para fiscalizar o pagamento dos impostos devidos por força dos atos que lhe forem apresentados em razão do ofício, na forma do artigo 289 da Lei nº 6.015/73, sob pena de responsabilização pessoal do oficial delegado, e, entre estes impostos, se encontra o ITBI, cuja prova de recolhimento deve instruir os títulos apresentados a registro.

Ocorre que o presente caso não trata de insurgência acerca do recolhimento do ITBI incidente sobre a transferência da propriedade do imóvel propriamente dita, mas à cessão anterior – entre a alienante (*Silver Gate Empreendimentos Ltda.*) e a interveniente anuente (*JNA Investimentos, Administração e Participação LTDA.*) – que, conforme informação expressa constante da escritura pública de compra e venda (fls. 34/40), não foi levada a registro.

A respeito:

fl. 38 – *"2º) Que, por Instrumento Particular de Compromisso de Venda e Compra Quitado, celebrado em 02 de fevereiro de 2017, não levado a registro a* ***OUTORGANTE VENDEDORA*** *prometeu vender à*

INTERVENIENTE ANUENTE os imóveis acima descritos e caracterizados, pelo valor de R$ 4.258.906,19 (quatro milhões, duzentos e cinquenta e oito mil, novecentos e seis reais e dezenove centavos), correspondendo a R$ 608.415,17 (seiscentos e oito mil, quatrocentos e quinze reais e dezessete centavos) cada casa, e que foram pagos integralmente, no ato da assinatura do aludido contrato".

De acordo com o entendimento adotado por esta Corregedoria Permanente em decisões anteriores, o imposto municipal sobre transmissão onerosa *inter vivos* de direitos imobiliários (ITBI) incidiria tanto no caso de compra e venda de imóvel, quanto na cessão de direitos de compromisso de compra e venda, conforme estabelecido nos artigos 1º, II, e 2º, VIII do Decreto Municipal nº 51.627.

"Art. 1º O Imposto sobre Transmissão "Inter Vivos", a qualquer título, por ato oneroso, de bens imóveis, por natureza ou acessão física, e de direitos reais sobre imóveis, exceto os de garantia, bem como cessão de direitos à sua aquisição ITBI-IV tem como fato gerador:

II a cessão, por ato oneroso, de direitos relativos à aquisição de bens imóveis".

"Art. 2º: Estão compreendidos na incidência do Imposto:

VIII a cessão de direitos do arrematante ou adjudicatário, depois de assinado o auto de arrematação ou adjudicação"

Ocorre, entretanto, que em recentíssimo Acórdão proferido pelo Conselho Superior de Magistratura do TJSP, esse entendimento foi alterado, não em razão da inexigibilidade do tributo, mas por conta do reconhecimento de que o condicionamento do registro ao recolhimento de imposto incidente sobre cessão anterior transborda os limites da qualificação registral, que deve se limitar ao título levado a registro.

Nesse sentido:

"REGISTRO DE IMÓVEIS. Recusa de registro de escritura pública de compra e venda – Exigência de apresentação de comprovante de pagamento de ITBI referente à cessão de compromisso de compra e venda não registrado – Qualificação registral que deve estar limitada ao título apresentado – Óbice afastado – Recurso provido". (Apelação Cível nº 1002681-62.2020.8.26.0506, CSM, j. 17/03/2021).

É do teor do referido aresto:

"A qualificação registral, no entanto, deve ser limitada ao título objeto de ingresso no Registro de Imóveis, sendo descabido à Oficial adentrar na verificação das transações negociais particulares pretéritas, decorrentes de compromissos particulares não publicizados pelo registro, quando irrelevantes para análise do título apresentado".

Logo, seguindo o recente entendimento acerca do assunto, entendo que a exigência imposta pelo registrador deve ser afastada.

Diante do exposto, **julgo procedente** o pedido de providências, para afastar o óbice relacionado ao recolhimento do ITBI referente à cessão anterior não levada a registro.

Deste procedimento não decorrem custas, despesas processuais e honorários advocatícios.

Oportunamente remetam-se os autos ao arquivo.

P.R.I.C.

São Paulo, 23 de março de 2021. (DJe de 29.03.2021 – SP)

Ementa

Sentença – Dúvida – Pedido de registro de Instrumento Particular de Desconstituição da Proprietária – Impossibilidade – Necessidade de que a aludida desconstituição seja realizada por Escritura Pública – Ocorrência de transferência de bem – Art. 108 do CC – Imprescindibilidade da comprovação do recolhimento do ITBI – Manutenção do óbice – Procedência

Processo 1001918-81.2021.8.26.0100

Dúvida - Registro de Imóveis - Jairo Tacci - Vistos. Trata-se de dúvida suscitada pelo Oficial do 7º Registro de Imóveis da Capital a requerimento de Jairo Tacci, após negativa de registro de instrumento particular de desconstituição da proprietária Vic Copiadora Rápida EIRELI na matrícula de nº 29.982 da serventia. Aduz o Oficial que, sendo o valor do imóvel superior ao previsto no Art. 108 do CC, a desconstituição, por representar transferência do bem, deve ser feita por escritura pública, sendo que o instrumento particular somente é aceito para conferência de bens, e não desconstituição da pessoa jurídica. Aduz, ainda, que não haveria isenção do ITBI já que não houve desincorporação da pessoa jurídica com transferência do bem ao mesmo alienante, e que eventual isenção em razão da extinção da pessoa jurídica depende de reconhecimento administrativo de isenção. Documentos às fls. 06/38. O suscitado impugnou a dúvida às fls. 43/61. Argumenta, em síntese, que o instrumento particular de desconstituição da pessoa jurídica é suficiente para o registro da transferência dos bens aos sócios, aduzindo ainda que a certidão da Junta Comercial é instrumento público e supre a exigência do Art. 108 do CC e que não incide ITBI na operação realizada. Informações complementares do Oficial às fls. 70/72. O Ministério Público opinou às fls. 76/78 pela procedência da dúvida. É o relatório. Decido. Cito o decidido pelo então Corregedor Geral da Justiça Des. Pereira Calças no Proc. CG 170.381/2015, aprovando parecer do MM. Juiz Assessor Dr. Guilherme Stamillo Santarelli Zuliani: Não há como fugir da conclusão de que o ato jurídico realizado pelas partes terminou com a transferência do bem imóvel e, assim, deverá ser reconhecida a natureza translativa da transação, ainda que contra a vontade do recorrente, até porque a cláusula terceira menciona expressamente que o bem de propriedade da sociedade ficará em poder de pessoa distinta (sócio), o ora recorrente. Segundo CRISTIANO CHAVES e NELSON ROSELVALD. (Direito Civil, Teoria Geral, Ed. Lumen Juris, 6ª Edição, 2007, p. 266): "é possível afirmar que a nota distintiva da pessoa jurídica é a distinção entre o seu patrimônio e o dos seus instituidores, não se misturando a condição jurídica autonomamente conferida àquela entidade com a de quem lhe organizou". Com efeito, o título apresentado à Serventia denota a existência da disposição translativa do domínio, pois os sócios dispuseram sobre a extinção da personalidade jurídica da sociedade, assim como sobre o destino do ativo, o que torna acertada a exigência de escritura pública como título hábil ao registro (art.1.245 do Código Civil), uma vez que, tratando-se de bem imóvel, a presença do ato notarial integra a própria substância do negócio jurídico, cuja inobservância acarreta sua invalidade, conforme inteligência do art. 166, IV do Código Civil. (...) O Código Civil adotou, como regra, o princípio do consensualismo e a liberdade da forma, conforme definido no art.107. No entanto, a nulidade e a inaptidão do título estarão presentes quando houver descumprimento da determinação legal para os casos específicos em que a forma especial figura como substância do negócio jurídico (ad solemnitatem), como no caso dos autos, eis que o instrumento particular, por versar também sobre a transferência de direitos reais, precisa ser materializado por escritura pública, sob pena de nulidade da própria disposição translativa, comprometendo-se, por conseguinte, o ingresso no fólio real. A questão da necessidade da forma pública é tratada com severidade pela jurisprudência do C. Conselho Superior da Magistratura, tanto que sua a obrigatoriedade passou a ser reconhecida também para o caso de compra e venda de parte ideal de imóvel cujo valor total supere o limite de 30 salários mínimos, mas a parte a ser alienada venha a ter valor inferior (Processo nº 1.088-6/0, de 15/07/2009, Desembargador Ruy Camilo). É certo que a intensa atividade legislativa consolidou inúmeras exceções à regra da exigibilidade da escritura pública para a instrumentalização de alguns negócios jurídicos, de modo a exigir a atuação sistemática dos Registradores e Juízes Corregedores. Assim, o art. 64 da Lei nº 8.934/94 permite que o sócio, munido de certidão expedida pela Junta Comercial, possa alienar direitos reais incidentes sobre imóveis, para fins de integralização do capital subscrito, o que não significa dizer que a permissão legislativa possa ser interpretada extensivamente para viabilizar a transferência de bens da sociedade em benefício do sócio, nos termos da jurisprudência do Colendo Conselho Superior da Magistratura (Apelação Cível nº 491-6/1, Serra Negra, julgamento em 11/05/2006, DJ 12/07/2006, Relator Desembargador GILBERTO PASSOS DE FREITAS). Noutras palavras, já se decidiu: "Admite-se a utilização de instrumento particular com o fim de materializar a conferência de bens pelos sócios para integralizar o capital social, mas tal exceção, derivada do texto do art. 64 da lei fed. nº 8.934/94, deve ser interpretada de modo restritivo. Tal dispositivo legal permite a utilização de certidão expedida pela Junta Comercial, extraída dos atos constitutivos ou de sua alteração, como título hábil para, perante o registrador, possibilitar a alienação de direitos reais incidentes sobre imóveis, mas sempre, invariavelmente, para a composição ou o aumento do capital social e nunca, para sua redução ou dissolução" (Ap. Cív. nº 63.971-0/1 - Capital, j. 28.10.99, rel. Des. NIGRO CONCEIÇÃO). E o mesmo entendimento deve ser trazido ao presente feito. O imóvel, conforme o R. 06 da Matrícula nº 29.982 (fls. 19/21) é de propriedade da pessoa jurídica Vic Copiadora Rápida Eireli. As quotas sociais da EIRELI pertenciam a Vicenta Di Fátima Ippolito e, após seu falecimento e regular partilha, passaram a pertencer a Jairo Tacci e Alessandro Tacci, na proporção de 50% para cada um. Disso não decorre que o imóvel passou a pertecer a Jairo e Alessandro. O imóvel é de propriedade de Vic Copiadora, cujos sócios são Jairo e Alessandro. Se, após a aquisição das quotas, os sócios extinguiram a pessoa jurídica conforme instrumento de fls. 25/29 e 64/66, necessário se faz a regular liquidação da sociedade, com a transferência de seu patrimônio, seja a credores, seja aos sócios, na proporção de sua participação societária. E se tal patrimônio é composto por bem imóvel com valor superior a 30 salários mínimos, a escritura pública é forma essencial para validade de sua transferência, nos termos do Art. 108 do Código Civil. Tal artigo permite exceções, devendo estas estarem previstas em lei. E, aqui, não há lei permissiva de que tal transferência se dê por instrumento particular. Como dito no precedente, o Art. 64 da Lei nº 8.934/94 torna documento hábil para transferência a certidão da junta comercial "dos bens com que o subscritor tiver contribuído para a formação ou aumento do capital social". No presente caso, contudo, não se trata de aumento ou formação de capital social, mas transferência de seu patrimônio aos sócios em razão de sua desconstituiçao. Assim, fundamental que tal transferência se dê por escritura pública. E escritura pública é o documento lavrado por Tabelião de Notas, não se confundindo com "instrumento público", como é o caso das certidões da Junta Comercial. Assim, deverá ser lavrada tal escritura em que a pessoa jurídica Vic Copiadora, representada por seus sócios, transfere a eles seu patrimônio, ainda que em razão de liquidação. E, para o registro de tal escritura, deverá ser comprovado o pagamento de tributo incidente ou, em caso de isenção, a certidão emitida pelo Fisco atestando que a operação jurídica é isenta, já que não cabe ao registrador reconhecer a isenção e, havendo transferência de propriedade, presume-se a incidência de tributo, cabendo ao Fisco, por meio da certidão competente, afastar tal presunção e reconhecer a existência de hipótese de isenção ou não incidência. Veja-se, ainda, que a forma do contrato de fls. 64/66 torna ainda mais dúbia a existência de isenção, já que o imóvel não foi transferido aos sócios na proporção das quotas, e sim transferido integralmente a um dos sócios que pagou ao outro a diferença em dinheiro, o que pode apontar, inclusive, pela existência de compra e venda já que, em tese, caberia 50% do imóvel a cada um dos sócios em razão da dissolução da pessoa jurídica. Do exposto, julgo procedente a dúvida suscitada pelo Oficial do 7º Registro de Imóveis da Capital a requerimento de Jairo Tacci, mantendo o óbice ao registro. Não há custas, despesas processuais nem honorários advocatícios decorrentes deste procedimento. Oportunamente, arquivem-se os autos. P.R.I.C. - ADV: MARINILDA GALLO (OAB 51158/SP) (DJe de 24.02.2021 – SP)

ITCMD

Ementa: Sentença – Dúvida – Pedido de registro de dois títulos conexos – Possibilidade – Negativa por divergência entre o valor declarado em avaliação do imóvel e aquele constante na declaração do ITCMD – Exigência do recolhimento do ITCMD com base no valor das escrituras – Delimitação da fiscalização do Oficial somente ao pagamento do imposto – Eventual diferença em relação ao valor recolhido deve ser discutida na via adequada – Afastamento do óbice – Determinação do registro dos títulos – Improcedência

Processo 1112414-80.2021.8.26.0100

Dúvida - Registro de Imóveis - Eduardo Domingues Costa - Diante do exposto, JULGO IMPROCEDENTE a dúvida suscitada pelo Oficial do 1º Registro de Imóveis da Capital a requerimento de Eduardo Domingues Costa para afastar o óbice registrário e, em consequência, determinar o registro dos títulos. Deste procedimento não decorrem custas, despesas processuais ou honorários advocatícios. Oportunamente, remetam-se os autos ao arquivo. P.R.I.C. - ADV: FLAVIO EDUARDO DE OSTI (OAB 253282/SP)

Íntegra da decisão:

SENTENÇA

Processo Digital nº: **1112414-80.2021.8.26.0100**

Classe - Assunto **Dúvida - Registro de Imóveis**

Suscitante: **1º Oficial de Registro de Imóveis da Capital**

Suscitado: **Eduardo Domingues Costa**

Juiz(a) de Direito: Dr(a). **Luciana Carone Nucci Eugênio Mahuad**

Vistos.

Trata-se de dúvida suscitada pelo **Oficial do 1º Registro de Imóveis da Capital** a requerimento de **Eduardo Domingues Costa**, tendo em vista negativa em se proceder ao ingresso de dois títulos conexos, objeto de prenotações distintas (n. 408.564 e 408.918).

O primeiro título é uma escritura de inventário e partilha com cessão de direitos hereditários e de meação e adjudicação; o segundo é uma escritura de inventário e sobrepartilha com cessão parcial de direitos hereditários e adjudicação, sendo que ambos envolvem os imóveis de matrículas n. 62.247, 56.065 e 5.983 daquela serventia.

Informa o Oficial que a devolução dos títulos foi motivada pela divergência entre o valor declarado em avaliação do imóvel e aquele constante na declaração do ITCMD, pelo que exigiu que recolhimento fosse efetivado no valor constante das escrituras. Juntou documentos às fls. 04/80.

A parte suscitada manifestou-se às fls. 83/88, defendendo a regularidade do recolhimento tributário com base no valor de referência, nos exatos termos do que exigido pelo registrador. Documentos às fls. 89/113.

O Ministério Público opinou pela improcedência (fls. 117/121).

É o relatório.

Fundamento e decido.

No mérito, a dúvida é improcedente. Vejamos os motivos.

De início, vale ressaltar que o Oficial dispõe de autonomia no exercício de suas atribuições, podendo recusar títulos que entender contrários à ordem jurídica e aos princípios que regem sua atividade (art. 28 da Lei n. 8.935/1994), o que não se traduz como falha funcional. Esta conclusão se reforça pelo fato de que vigora, para os registradores, ordem de controle rigoroso do recolhimento do imposto por ocasião do registro do título, sob pena de responsabilidade pessoal (art. 289 da Lei n. 6.015/73; art.134, VI, do CTN e art. 30, XI, da Lei 8.935/1994).

Todavia, em que pese a cautela do Oficial, não há obstáculo real ao registro. Afinal, houve recolhimento do ITCMD com base no valor venal do imóvel, como relatado às fls. 83/88.

Acerca desta matéria, o Egrégio Conselho Superior da Magistratura já fixou entendimento no sentido de que a fiscalização devida não vai além da aferição sobre a existência ou não do recolhimento do tributo (e não se houve correto recolhimento do valor, sendo tal atribuição exclusiva do ente fiscal, a não ser na hipótese de flagrante irregularidade ou irrazoabilidade do cálculo).

Nesse sentido, além dos arestos indicados pelo Ministério Público às fls. 119/120, os seguintes julgados do E. Conselho Superior da Magistratura:

"Ao oficial de registro incumbe a verificação de recolhimento de tributos relativos aos atos praticados, não a sua exatidão" (Apelação Cível 20522-0/9- CSMSP - J.19.04.1995 - Rel. Antônio Carlos Alves Braga).

"Todavia, este Egrégio Conselho Superior da Magistratura já fixou entendimento no sentido de que a qualificação feita pelo Oficial Registrador não vai além da aferição sobre a existência ou não de recolhimento do tributo, e não sobre a integralidade de seu valor" (Apelação Cível 996-6/6 CSMSP, j. 09.12.2008 - Rel. Ruy Camilo).

"Este Egrégio Conselho Superior da Magistratura já fixou entendimento no sentido de que a qualificação feita pelo Oficial Registrador não vai além da aferição sobre a existência ou não de recolhimento do tributo, e não sobre a integralidade de seu valor" (Apelação Cível 0009480-97.2013.8.26.0114 Campinas - j. 02.09.2014 - Rel. des. Elliot Akel).

No caso, embora o valor informado pelo inventariante na declaração do ITCMD divirja daquele adotado para fins de inventário (item 3.1 de ambas as escrituras fls. 05/06 e 38/39), a tributação com base no valor venal do imóvel na data do óbito não se mostra flagrantemente incorreta, sobretudo diante da normativa expedida pelo ente fiscal (artigo 12, I, "a", da Portaria CAT n. 89, de 26 de outubro de 2020), a qual determina a avaliação dos imóveis na declaração do ITCMD conforme o capítulo IV da Lei n. 10.705/2000, cujo artigo 9º, §1º, por sua vez, determina a utilização do valor venal na data a abertura da sucessão como base de cálculo do imposto.

Eventual diferença em relação ao valor recolhido, portanto, deve ser discutida na via adequada, não podendo o registrador desqualificar os títulos apresentados para exigir complemento de valores.

Diante do exposto, **JULGO IMPROCEDENTE** a dúvida suscitada pelo **Oficial do 1º Registro de Imóveis da Capital** a requerimento de **Eduardo Domingues Costa** para afastar o óbice registrário e, em consequência, determinar o registro dos títulos.

Deste procedimento não decorrem custas, despesas processuais ou honorários advocatícios.

Oportunamente, remetam-se os autos ao arquivo.

P.R.I.C.

São Paulo, 17 de novembro de 2021.

Luciana Carone Nucci Eugênio Mahuad

Juiz de Direito(DJe de 19.11.2021 – SP)

Ementa: Sentença – Dúvida – Pedido de registro de Carta de Sentença expedida na Ação de Divórcio – Ausência de comprovação da homologação do recolhimento do ITCMD – Títulos Judiciais não estão isentos de qualificação registrária – Responsabilidade solidária do Oficial no que tange a fiscalização do pagamento do imposto devido – Art. 289, da LRP – Eventual morosidade do órgão fazendário quanto ao atendimento do pedido administrativo não autoriza a dispensa do documento – Manutenção do óbice – Procedência

Processo 1094038-46.2021.8.26.0100

Dúvida - Registro de Imóveis - Jose Carlos Rodrigues Bezerra - Diante do exposto, JULGO PROCEDENTE a dúvida e mantenho o óbice registrário. Não há custas, despesas processuais ou honorários advocatícios decorrentes deste procedimento. Oportunamente, arquivem-se os autos. P.R.I.C. - ADV: EDUARDO SOARES FERNANDES DOS SANTOS (OAB 94221/SP)

Íntegra da decisão:

SENTENÇA

Processo Digital nº: **1094038-46.2021.8.26.0100**

Classe - Assunto **Dúvida - Registro de Imóveis**

Suscitante: **5º Oficial de Registro de Imóveis da Capital**

Suscitado: **Jose Carlos Rodrigues Bezerra**

Juiz(a) de Direito: Dr(a). **Luciana Carone Nucci Eugênio Mahuad**

Vistos.

Trata-se de dúvida suscitada pelo Oficial do **5º Registro de Imóveis da Capital** a requerimento de **José Carlos Rodrigues Bezerra**, após negativa de registro de carta de sentença expedida na ação de divórcio consensual de autos n. 10056-04-87.2021.8.26.0100, que tem por objeto as matrículas n. 6.985, 14.571, 26.848, 102.112 e 102.113 daquela serventia.

O título apresentado foi desqualificado pela falta de comprovação da homologação do recolhimento do ITCMD pela Fazenda Estadual (fls. 01/04).

Documentos vieram às fls. 05/255.

A parte defende como prescindível a homologação à vista do recolhimento, notadamente porque não há previsão para conclusão da análise pelo fisco (fls. 256/258).

O Ministério Público opinou pela procedência (fls. 265/266).

É o relatório.

Fundamento e decido.

No mérito, a dúvida é procedente. Vejamos os motivos.

De início, vale destacar que os títulos judiciais não estão isentos de qualificação, positiva ou negativa, para ingresso no fólio real.

O Egrégio Conselho Superior da Magistratura já decidiu que a qualificação negativa de título judicial não caracteriza desobediência ou descumprimento de decisão judicial (Apelação Cível n. 413-6/7).

Neste sentido, também a Ap. Cível nº 464-6/9, de São José do Rio Preto:

> *"Apesar de se tratar de título judicial, está ele sujeito à qualificação registrária.*
>
> *O fato de tratar-se o título de mandado judicial não o torna imune à qualificação registrária, sob o estrito ângulo da regularidade formal. O exame da legalidade não promove incursão sobre o mérito da decisão judicial, mas à apreciação das formalidades extrínsecas da ordem e à conexão de seus dados com o registro e a sua formalização instrumental".*

E, ainda:

> *"REGISTRO PÚBLICO - ATUAÇÃO DO TITULAR - CARTA DE ADJUDICAÇÃO - DÚVIDA LEVANTADA - CRIME DE DESOBEDIÊNCIA - IMPROPRIEDADE MANIFESTA. O cumprimento do dever imposto pela Lei de Registros Públicos, cogitando-se de deficiência de carta de adjudicação e levantando-se dúvida perante o juízo de direito da vara competente, longe fica de configurar ato passível de enquadramento no artigo 330 do Código Penal - crime de desobediência -, pouco importando o acolhimento, sob o ângulo judicial, do que suscitado"* **(STF, HC 85911 / MG – MINAS GERAIS, Relator: Min. MARCO AURÉLIO, j. 25/10/2005, Primeira Turma)**.

Sendo assim, ainda que a partilha tenha sido homologada pelo juízo de família, não há dúvidas de que a origem judicial não basta para garantir ingresso automático do título no fólio real, cabendo ao oficial qualificá-lo conforme os princípios que regem a atividade registral.

Quanto à matéria em debate (homologação do recolhimento pela Fazenda Estadual), controle rigoroso é exigido dos registradores, sob pena de responsabilidade pessoal (art. 289 da Lei n. 6.015/73; art.134, VI, do CTN e art. 30, XI, da Lei 8.935/1994).

Neste sentido, por sinal, normativa expressa expedida pelo ente fiscal (artigo 12 da Portaria CAT n. 89, de 26 de outubro de 2020).

A jurisprudência, por sua vez, também reconhece como necessária tal fiscalização em casos como esse:

"REGISTRO DE IMÓVEIS – Dúvida julgada procedente – Carta de sentença extraída de ação de divórcio consensual – Exigência consistente na apresentação da anuência da Fazenda do Estado com a declaração e o recolhimento do Imposto de Transmissão "Causa Mortis" e de Doação de Quaisquer Bens e

Direitos - ITCMD – Carta de sentença que somente foi instruída com o protocolo da declaração do ITCMD e com as guias de recolhimento, o que impossibilita a análise da alegação de que foi adotada base de cálculo superior aos valores venais dos imóveis transmitidos – Recurso não provido" **(Conselho Superior da Magistratura, Apelação Cível nº 1018134-43.2019.8.26.0309, Voto n. 31.176, lavrado pelo Corregedor Geral da Justiça RICARDO ANAFE).**

"Registro de Imóveis – Formal de partilha – Comprovação de pagamento do ITCMD – Necessidade de apresentação de certidão de homologação pela Fazenda – Óbice mantido – Recurso não provido" **(Conselho Superior da Magistratura, Apelação Cível n. 0000534-79.2020, Voto n. 31.465, lavrado pelo Corregedor Geral da Justiça RICARDO ANAFE).**

Eventual demora do órgão fazendário quanto ao atendimento do pedido administrativo não autoriza a dispensa do documento, devendo ser objeto de providências adequadas pelas vias próprias.

Diante do exposto, **JULGO PROCEDENTE** a dúvida e mantenho o óbice registrário.

Não há custas, despesas processuais ou honorários advocatícios decorrentes deste procedimento.

Oportunamente, arquivem-se os autos.

P.R.I.C.

São Paulo, 06 de outubro de 2021.

Luciana Carone Nucci Eugênio Mahuad

Juiz de Direito (DJe de 13.10.2021 – SP)

Ementa: Sentença – Dúvida – Pedido de registro do formal de partilha – Negativa por incorreção no recolhimento do ITCMD, bem como pela ausência da certidão de homologação da declaração de recolhimento do referido imposto – Delimitação da fiscalização do Oficial à verificação da existência ou não do recolhimento do tributo – Eventual diferença em relação ao valor recolhido deverá ser discutida na via adequada – Imprescindibilidade da apresentação da Declaração de ITCMD – Afastamento da exigência apenas em relação a complementação do recolhimento do ITCMD – Procedência Parcial

Processo 1092409-37.2021.8.26.0100

Dúvida - Registro de Imóveis - Sidney Lent Junior - Diante do exposto, JULGO PARCIALMENTE PROCEDENTE a dúvida inversa apenas para afastar a exigência de complementação do recolhimento do ITCMD, mantendo o óbice relativo à necessidade de apresentação da certidão de homologação expedida pelo órgão fazendário. Deste procedimento não decorrem custas, despesas processuais ou honorários advocatícios. Oportunamente, ao arquivo com as cautelas de praxe. P.R.I.C. - ADV: SIDNEY LENT JUNIOR (OAB 131647/SP)

Íntegra da decisão:

SENTENÇA

Processo Digital nº: **1092409-37.2021.8.26.0100**

Classe - Assunto **Dúvida - Registro de Imóveis**

Impetrante: **Sidney Lent Junior**

Impetrado: **10º Oficial de Registro de Imóveis da Capital**

Juiz(a) de Direito: Dr(a). **Luciana Carone Nucci Eugênio Mahuad**

Vistos.

Trata-se de mandado de segurança recebido como dúvida inversa, suscitada por **Sidney Lent Junior** em face do **Oficial do 10º Registro de Imóveis da Capital**, tendo em vista negativa em se proceder ao registro de formal de partilha extraído do processo de arrolamento dos bens deixados por Otávia Assis Lent (autos n. 1011626-94.2017.8.26.0004), em relação ao imóvel da matrícula n. 28.228 daquela serventia.

A recusa foi motivada por incorreção no recolhimento do ITCMD, calculado a partir do valor venal do imóvel, sendo exigida complementação com base no valor venal de referência aplicável ao ITBI, além da ausência da certidão de homologação da declaração de recolhimento do ITCMD.

A parte suscitante alega inconstitucionalidade da aplicação do valor venal de referência como base de cálculo do ITCMD, conforme entendimento jurisprudencial.

Documentos vieram às fls. 09/54.

Tutela de urgência foi negada e, constatado o decurso do trintídio legal da prenotação, determinou-se a reapresentação do título (fls. 55/56).

Com o atendimento, o Oficial se manifestou às fls. 63/65, reiterando que o tributo foi recolhido em desacordo com a legislação estadual e que, não obstante concorde com a tese defendida na inicial, não cabe a ele perquirir sobre a legalidade ou constitucionalidade do Decreto Estadual, mas apenas fiscalizar o pagamento sob pena de responsabilização. Também registrou a necessidade de apresentação da certidão de homologação da Declaração de ITCMD, nos termos do artigo 12, inciso I, item "b", da Portaria CAT 89/20. Esclareceu, por fim, que a exigência relativa à apresentação de certidão atualizada de casamento foi satisfeita por ocasião da reapresentação do título.

O Ministério Público opinou pela procedência parcial da dúvida, com o afastamento da exigência de recolhimento complementar do tributo, mantendo-se, porém, o óbice relativo à certidão de regularidade emitida pela Fazenda Pública Estadual (fls. 263/265).

A parte suscitante voltou a se manifestar às fls. 266/268, alegando que, em 08 de junho de 2021, formalizou o pedido de homologação da declaração de bens, mas a tramitação do feito está paralisada perante o órgão fazendário, sendo que não se pode privar o contribuinte do registro pleiteado por conta da letargia da homologação estatal.

É o relatório.

Fundamento e decido.

No mérito, a dúvida é procedente, ao menos em parte. Vejamos os motivos.

Primeiramente, vê-se que houve recolhimento do ITCMD com base no valor venal do imóvel, como relatado pelo próprio Oficial.

Não se desconhece que, para os registradores, vigora ordem de controle rigoroso do recolhimento do imposto por ocasião do registro do título, sob pena de responsabilidade pessoal (art. 289 da Lei n. 6.015/73; art.134, VI, do CTN e art. 30, XI, da Lei 8.935/1994).

Todavia, acerca desta matéria, o Egrégio Conselho Superior da Magistratura já fixou entendimento no sentido de que a fiscalização devida não vai além da aferição sobre a existência ou não do recolhimento do tributo (e não se houve correto recolhimento do valor, sendo tal atribuição exclusiva do ente fiscal, a não ser na hipótese de flagrante irregularidade ou irrazoabilidade do cálculo).

Nesse sentido, os seguintes julgados do E. Conselho Superior da Magistratura:

> *"Ao oficial de registro incumbe a verificação de recolhimento de tributos relativos aos atos praticados, não a sua exatidão" (Apelação Cível 20522-0/9- CSMSP - J.19.04.1995 - Rel. Antônio Carlos Alves Braga).*

> *"Todavia, este Egrégio Conselho Superior da Magistratura já fixou entendimento no sentido de que a qualificação feita pelo Oficial Registrador não vai além da aferição sobre a existência ou não de recolhimento do tributo, e não sobre a integralidade de seu valor" (Apelação Cível 996-6/6 – CSMSP, j. 09.12.2008 - Rel. Ruy Camilo).*

"Este Egrégio Conselho Superior da Magistratura já fixou entendimento no sentido de que a qualificação feita pelo Oficial Registrador não vai além da aferição sobre a existência ou não de recolhimento do tributo, e não sobre a integralidade de seu valor" (Apelação Cível 0009480-97.2013.8.26.0114 - Campinas - j. 02.09.2014 - Rel. des. Elliot Akel).

Nessa mesma linha, este juízo já decidiu em casos análogos que versavam sobre a exigência do correto recolhimento de ITBI (autos de número 1115167-78.2019.8.26.0100, 1116491-06.2019.8.26.0100 e 1059178-53.2020.8.26.0100).

A utilização do valor venal do imóvel como base de cálculo do ITCMD, ademais, não se mostra flagrantemente incorreta, sobretudo após o julgamento de Incidente de Inconstitucionalidade, no qual o órgão especial do Tribunal de Justiça de São Paulo reconheceu a impossibilidade de se utilizar o valor venal de referência como base de cálculo do ITBI, com a seguinte ementa (grifo nosso):

> *"INCIDENTE DE INCONSTITUCIONALIDADE Artigo 7º da Lei nº 11.154, de 30 de dezembro de 1991, com a redação dada pelas Leis nºs 14.125, de 29 de dezembro de 2005, e 14.256, de 29 de dezembro de 2006, todas do Município de São Paulo, que estabelece o valor pelo qual o bem ou direito é negociado à vista, em condições normais de mercado, como a base de cálculo do Imposto sobre Transmissão de Bens Imóveis (ITBI) Acórdão que, a despeito de não manifestar de forma expressa, implicitamente também questionou as disposições dos artigos 7º-A, 7º-B e 12 da mesma legislação municipal Valor venal atribuído ao imóvel para apuração do ITBI que não se confunde necessariamente com aquele utilizado para lançamento do IPTU Precedentes do STJ Previsão contida no aludido artigo 7º que, nessa linha, não representa afronta ao princípio da legalidade, haja vista que, como regra, a apuração do imposto deve ser feita com base no valor do negócio jurídico realizado, tendo em consideração as declarações prestadas pelo próprio contribuinte, o que, em princípio, espelharia o "real valor de mercado do imóvel" "Valor venal de referência", todavia, que deve servir ao Município apenas como parâmetro de verificação da compatibilidade do preço declarado de venda, não podendo se prestar para a prévia fixação da base de cálculo do ITBI Impossibilidade, outrossim, de se impor ao sujeito passivo do imposto, desde logo, a adoção da tabela realizada pelo Município Imposto municipal em causa que está sujeito ao lançamento por homologação, cabendo ao próprio contribuinte antecipar o recolhimento Arbitramento administrativo que é providência excepcional, da qual o Município somente pode lançar mão na hipótese de ser constatada a incorreção ou falsidade na documentação comprobatória do negócio jurídico tributável Providência que, de toda sorte, depende sempre da prévia instauração do pertinente procedimento administrativo, na forma do artigo 148 do Código Tributário Nacional, sob pena de restar caracterizado o lançamento de ofício da exação, ao qual o ITBI não se submete Artigos 7º-A e 7º-B que, nesse passo, subvertem o procedimento estabelecido na legislação complementar tributária, em*

afronta ao princípio da legalidade estrita, inserido no artigo 150, inciso I, da Constituição Federal Inadmissibilidade, ainda, de se exigir o recolhimento antecipado do tributo, nos moldes estabelecidos no artigo 12 da Lei Municipal nº 11.154/91, por representar violação ao preceito do artigo 156, inciso II, da Constituição Federal Registro imobiliário que é constitutivo da propriedade, não tendo efeito meramente regularizador e publicitário, razão pela qual deve ser tomado como fato gerador do ITBI Regime constitucional da substituição tributária, previsto no artigo 150, § 7º, da Constituição Federal, que nem tem lugar na espécie, haja vista que não se cuida de norma que autoriza a antecipação da exigibilidade do imposto de forma irrestrita Arguição acolhida para o fim de pronunciar a inconstitucionalidade dos artigos 7º-A, 7º-B e 12, da Lei nº 11.154/91, do Município de São Paulo" **(TJSP; Incidente De Arguição de Inconstitucionalidade Cível 0056693-19.2014.8.26.0000; Relator (a): Paulo Dimas Mascaretti; Órgão Julgador: Órgão Especial; Foro Central – Fazenda Pública/ Acidentes - 12ª Vara de Fazenda Pública; Data do Julgamento: 25/03/2015; Data de Registro: 23/04/2015).**

Consequentemente, o valor venal de referência também não serve como base de cálculo para o ITCMD.

Eventual diferença em relação ao valor recolhido, portanto, deve ser discutida na via adequada, não podendo o registrador desqualificar o título apresentado sob o fundamento de ausência de complemento de valores.

Todavia, a certidão de homologação, expedida pela Secretaria da Fazenda e Planejamento, referente à Declaração de ITCMD, é documento obrigatório, conforme normativa expressa expedida pelo ente fiscal (artigo 12 da Portaria CAT n. 89, de 26 de outubro de 2020), e não pode ser dispensado.

A jurisprudência atual também reconhece como necessária sua apresentação.

A propósito:

"REGISTRO DE IMÓVEIS – Dúvida julgada procedente – Carta de sentença extraída de ação de divórcio consensual – Exigência consistente na apresentação da anuência da Fazenda do Estado com a declaração e o recolhimento do Imposto de Transmissão "Causa Mortis" e de Doação de Quaisquer Bens e Direitos - ITCMD – Carta de sentença que somente foi instruída com o protocolo da declaração do ITCMD e com as guias de recolhimento, o que impossibilita a análise da alegação de que foi adotada base de cálculo superior aos valores venais dos imóveis transmitidos – Recurso não provido" (Conselho Superior da Magistratura, Apelação Cível nº 1018134-43.2019.8.26.0309, Voto n. 31.176, lavrado pelo Corregedor Geral da Justiça RICARDO ANAFE).

"Registro de Imóveis – Formal de partilha – Comprovação de pagamento do ITCMD – Necessidade de apresentação de certidão de homologação pela Fazenda – Óbice mantido – Recurso não provido" (Conselho Superior da Magistratura, Apelação Cível n. 0000534-79.2020, Voto n. 31.465, lavrado pelo Corregedor Geral da Justiça RICARDO ANAFE).

Neste ponto, eventual demora do órgão fazendário quanto ao atendimento do pedido administrativo não autoriza a dispensa do documento, devendo ser objeto de providências adequadas pelas vias próprias.

Diante do exposto, **JULGO PARCIALMENTE PROCEDENTE** a dúvida inversa apenas para afastar a exigência de complementação do recolhimento do ITCMD, mantendo o óbice relativo à necessidade de apresentação da certidão de homologação expedida pelo órgão fazendário.

Deste procedimento não decorrem custas, despesas processuais ou honorários advocatícios.

Oportunamente, ao arquivo com as cautelas de praxe.

P.R.I.C.

São Paulo, 05 de outubro de 2021.

Luciana Carone Nucci Eugênio Mahuad

Juiz de Direito (DJe de 07.10.2021 – SP)

Ementa: Sentença – Dúvida – Pedido de registro de Carta de Sentença – Negativa em razão da ausência de comprovação de recolhimento ou de isenção do ITCMD – Existência de excesso de meação – Responsabilidade solidária do Oficial no que tange a fiscalização do pagamento do imposto devido – Art. 289, da LRP – Orientação quanto à forma de recolhimento do tributo, à forma adequada de cálculo, bem como à ocorrência de eventuais hipóteses de isenção deve ser buscada junto ao fisco – Manutenção do óbice – Procedência

Processo 1061561-67.2021.8.26.0100

Dúvida - Notas - Zulmira Maria Teixeira Sidoti - Diante do exposto, JULGO PROCEDENTE a dúvida suscitada e, em consequência, mantenho o óbice registrário. Deste procedimento não decorrem custas, despesas processuais ou honorários advocatícios. Oportunamente, ao arquivo com as cautelas de praxe. P.R.I.C. - ADV: RENATA BRUHNS JUNQUEIRA (OAB 155226/SP)

Íntegra da decisão:

SENTENÇA

Processo Digital nº: **1061561-67.2021.8.26.0100**
Classe - Assunto **Dúvida - Notas**
Suscitante: **5º Oficial de Registro de Imóveis da Capital**
Suscitado: **Zulmira Maria Teixeira Sidoti**
Juiz(a) de Direito: Dr(a). **Luciana Carone Nucci Eugênio Mahuad**
Vistos.

Trata-se de dúvida suscitada pelo **Oficial do 5º Registro de Imóveis da Capital** a requerimento de **Zulmira Maria Teixeira Sidoti**, tendo em vista negativa em se proceder ao registro de carta de sentença extraída do processo de autos n. 0800094-05.1983.8.26.0100, relativa aos imóveis das matrículas 104.366 e 104.367 daquela serventia (apartamento e respectiva vaga de garagem – fls. 143/146).

Informa o Oficial que a recusa foi motivada pela ausência de comprovação de recolhimento ou de isenção do ITCMD em razão do excesso de meação.

Documentos vieram às fls. 03/150.

A parte suscitada manifestou-se às fls. 151/161, esclarecendo que a partilha foi homologada em 1983 e, posteriormente, constatou-se que os lançamentos fiscais não constaram dos autos, pelo que se fez necessário aditamento do formal de partilha; que não está conseguindo obter guia para recolhimento do tributo, pelo que pediu orientação e que o Oficial suscitante emita a guia necessária.

O Ministério Público opinou pela procedência (fls. 180/182).

É o relatório.

Fundamento e decido.

No mérito, a dúvida é procedente.

Com efeito, os cálculos efetuados pelo contador judicial nos autos dos quais foi extraído o título apresentado a registro confirmam a ocorrência de fato gerador do ITBI estadual, conforme legislação vigente à época (fls. 91/93).

A parte suscitada, por sua vez, reconhece enfrentar dificuldade para efetuar o recolhimento devido, cujo controle rigoroso é exigido dos registradores, sob pena de responsabilidade pessoal (artigo 289 da Lei n. 6.015/73).

A jurisprudência atual, por sua vez, também reconhece como necessária a fiscalização quanto ao pagamento do tributo devido para ingresso do título no fólio real em casos como esse:

"REGISTRO DE IMÓVEIS – Dúvida julgada procedente – Carta de sentença extraída de ação de divórcio consensual – Exigência consistente na apresentação da anuência da Fazenda do Estado com a declaração e o recolhimento do Imposto de Transmissão "Causa Mortis" e de Doação de Quaisquer Bens e Direitos - ITCMD – Carta de sentença que somente foi instruída com o protocolo da declaração do ITCMD e com as guias de recolhimento, o que impossibilita a análise da alegação de que foi adotada base de cálculo superior aos valores venais dos imóveis transmitidos – Recurso não provido" (Conselho Superior da Magistratura, Apelação Cível nº 1018134-43.2019.8.26.0309, Voto n. 31.176, lavrado pelo Corregedor Geral da Justiça RICARDO ANAFE).

"Registro de Imóveis – Formal de partilha – Comprovação de pagamento do ITCMD – Necessidade de apresentação de certidão de homologação pela Fazenda – Óbice mantido – Recurso não provido" (Conselho Superior da Magistratura, Apelação Cível n. 0000534-79.2020, Voto n. 31.465, lavrado pelo Corregedor Geral da Justiça RICARDO ANAFE).

Portanto, o óbice registrário deve ser mantido, incumbindo à parte suscitada comprovar o recolhimento ou a isenção do tributo devido.

Quanto ao requerimento para que o Oficial expeça a competente guia de recolhimento conforme o disposto no artigo 2º do Decreto nº 47.672/67, já revogado, deve-se observar que, embora a obrigação tributária tenha nascido no momento em que ocorrido o fato gerador, conforme a Lei nº 9.591/66 então vigente, seu lançamento está sujeito à aplicação da legislação que posteriormente institua novos critérios de apuração ou processos de fiscalização, nos termos do artigo 144, §1º, do CTN.

Portanto, a orientação quanto à forma de recolhimento do tributo, à forma adequada de cálculo e à ocorrência de eventuais hipóteses de isenção deve ser buscada junto ao fisco.

Neste ponto, apenas a título de ilustração, sem dispensar a necessária consulta pessoal e direta ao órgão tributante competente, verifica-se que é possível encontrar no portal eletrônico do Governo do Estado de São Paulo (<https://portal.fazenda.sp.gov.br/servicos/itcmd/Paginas/perguntas-frequentes.aspx>), na seção de "perguntas frequentes" sobre como fazer a declaração do ITBI Estadual para fatos geradores ocorridos antes de 2001:

"O ITBI Estadual, instituído pela Lei nº 9.591/1966, é aplicável para fatos geradores - transmissão onerosa ou não de bens imóveis e direitos a eles relacionados - anteriores a 01/01/2001, quando passou a vigorar a Lei nº 10.705/2000, que regula o ITCMD - Imposto sobre Transmissões Causa Mortis e Doações.

Para o ITBI, não há declaração a ser preenchida eletronicamente, a obrigação tributária do contribuinte em relação ao cumprimento do previsto na

Lei 9.591/1966 restringe-se à apuração e ao recolhimento do imposto, quando devido, nos termos previstos naquela lei. O imposto deve ser pago por meio de Dare a ser gerada no código respectivo ao tipo de transmissão".

Diante do exposto, **JULGO PROCEDENTE** a dúvida suscitada e, em consequência, mantenho o óbice registrário.

Deste procedimento não decorrem custas, despesas processuais ou honorários advocatícios.

Oportunamente, ao arquivo com as cautelas de praxe.

P.R.I.C.

São Paulo, 22 de julho de 2021.

Luciana Carone Nucci Eugênio Mahuad

Juiz de Direito (DJe de 26.07.2021 – SP)

Ementa: Sentença – Dúvida – Pedido de registro da Carta de Sentença extraída dos autos da Ação de Divórcio Consensual – Impossibilidade – Negativa em razão da ausência da apresentação da guia de recolhimento do ITCMD – Partilha de bens que não foi igualitária – Títulos Judiciais não estão isentos de qualificação registrária – Item 117, do Capítulo XX, Tomo II, das NSCGJ – Existência de excesso de meação – Necessidade do recolhimento do ITCMD sobre o referido excesso – Art. 2º, § 5º, da Lei Estadual nº 10.705/00 – Manutenção do óbice – Procedência

Processo 1000102-64.2021.8.26.0100

Dúvida - Notas - Marco Antonio Bucinelo - Fazenda Pública do Estado de São Paulo - Diante do exposto, julgo procedente a dúvida suscitada pelo Oficial do 3º Registro de Imóveis da Capital, a requerimento de Marco Antonio Bucinelo, e consequentemente mantenho o óbice registrário. Deste procedimento não decorrem custas, despesas processuais e honorários advocatícios. Oportunamente remetam-se os autos ao arquivo. P.R.I.C. - ADV: ROBERTO RENAN BARRIATTO (OAB 312419/SP), SERGIO NOGUEIRA BARHUM (OAB 68094/SP)

Íntegra da decisão:

SENTENÇA

Processo Digital nº: **1000102-64.2021.8.26.0100**

Classe - Assunto **Dúvida - Notas**

Suscitante: **3º Oficial de Registro de Imóveis da Capital**

Suscitado: **Marco Antonio Bucinelo**

Juiz(a) de Direito: Dr(a). **Vivian Labruna Catapani**

Vistos.

Trata-se de dúvida suscitada pelo Oficial do 3º Registro de Imóveis da Capital, a requerimento de Marco Antonio Bucinelo, diante da negativa em se proceder ao registro de carta de sentença extraída dos autos da ação de divórcio consensual n. 1015517-30.2020.8.26.0001, que tramitou na 4a Vara de Família e Sucessões do Foro Regional de Santana, em que são partes o suscitado e Joyce Cristina Rodrigues de Lima Bucinelo.

O óbice registrário refere-se à ausência da apresentação da guia de recolhimento do ITCMD, tendo em vista que a partilha de bens não foi igualitária, havendo excesso de meação.

Juntou documentos às fls. 03/73 e 74/78.

O suscitado não apresentou impugnação (fl. 85).

A Fazenda Pública Estadual manifestou-se à fl. 96, alegando evidente excesso de meação.

O Ministério Público opinou pela procedência da dúvida (fls. 102/103).

É o relatório.

Passo a fundamentar e a decidir.

Com razão o Registrador bem como o D. Promotor de Justiça.

Inicialmente, cumpre ressaltar que, conforme reiterados precedentes do E. Conselho Superior da Magistratura, a natureza judicial do título apresentado não impede a sua qualificação registral quanto a aspectos extrínsecos ou aqueles que não foram objeto de exame e decisão pela autoridade jurisdicional

O item 117, do Capítulo XX, Tomo II, das Normas de Serviço da Corregedoria Geral da Justiça é expresso acerca do dever do Oficial do Registro de Imóveis a tanto, como se constata de sua redação:

> *117. Incumbe ao oficial impedir o registro de título que não satisfaça os requisitos exigidos pela lei, quer sejam consubstanciados em instrumento público ou partícula, quer em atos judiciais.*

Desta forma, o fato de o título apresentado originar-se em decisão judicial não desnatura a obrigação do registrador realizar a qualificação do mesmo para fins de ingresso no registro, recusando o registro de atos que não cumpram os requisitos legais.

Ultrapassada esta questão, passo à análise do óbice registrário.

De acordo com a carta de sentença, a sentença proferida nos autos da ação de divórcio do casal homologou a partilha de bens do casal (fl. 61), sendo que a divorcianda recebeu bens no valor total de R$ 704.848,00 (fl. 12), ao passo que o divorciando, no montante de R$ 718.183,00 (fl. 13).

Tratando-se de partilha com valores diversos, que não observaram meação igualitária, incide o disposto no artigo 2.º, p. 5.º, da Lei Estadual nº 10.705, de 28 de dezembro de 2000, cuja redação estabelece:

"Artigo 2º - O imposto incide sobre a transmissão de qualquer bem ou direito havido:

(...) § 5º - Estão compreendidos na incidência do imposto os bens que, na divisão de patrimônio comum, na partilha ou adjudicação, forem atribuídos a um dos cônjuges, a um dos conviventes, ou a qualquer herdeiro, acima da respectiva meação ou quinhão."

Nesses termos, o montante que extrapola a meação é entendido como doação, incidindo o ITCMD sobre o excesso.

Nessa linha de entendimento:

"Apelação - Repetição de indébito tributário - ITBI - Sentença procedente. Partilha - Ocorrendo distribuição desigual dos bens por ocasião de divórcio consensual das partes, haverá incidência do ITCMD, na parte que excedeu a meação, sem compensação pecuniária, a configurar transferência gratuita. Necessidade de restituir os valores indevidamente pagos - Precedentes - Sentença mantida - Recurso desprovido" (Ap. n. 0026902-16.2009.8.26.0053, rel. João Alberto Pezarini, j. 8/05/2014)

Por fim, vale ressaltar que cumpre ao registrador fiscalizar o pagamento dos impostos devidos por força dos atos que lhe forem apresentados em razão do ofício, na forma do art. 289 da Lei nº 6.015/73, sob pena de responsabilização pessoal do Oficial Delegado, e dentre estes impostos se encontra o ITCMD, cuja prova de recolhimento deve instruir a carta de sentença apresentada, salvo hipótese de isenção devidamente demonstrada.

Diante do exposto, julgo procedente a dúvida suscitada pelo Oficial do 3º Registro de Imóveis da Capital, a requerimento de Marco Antonio Bucinelo, e consequentemente mantenho o óbice registrário.

Deste procedimento não decorrem custas, despesas processuais e honorários advocatícios.

Oportunamente remetam-se os autos ao arquivo.

P.R.I.C.

São Paulo, 09 de junho de 2021.

Vivian Labruna Catapani

Juíza de Direito (DJe de 11.06.2021 – SP)

Ementa: Sentença – Dúvida – Pedido de registro das Cartas de Sentenças – Necessidade de apresentação da Certidão de Homologação sobre o recolhimento do ITCMD em relação ao arrolamento de bens, bem como da cópia da declaração do referido imposto em que conste os imóveis – Descabimento – Exigências prejudicadas – Comprovação do recolhimento do ITCMD – Exigibilidade do aditamento do formal de partilha – Instituição de Cláusula de Incomunicabilidade de forma vitalícia – Sujeição dos Suscitados à vigência da aludida Cláusula – Incompetência do presente juízo para decretar a extinção do gravame – Matéria reservada à esfera jurisdicional – Manutenção do referido óbice – Dúvida parcialmente prejudicada

Processo 1002739-85.2021.8.26.0100

Dúvida - REGISTROS PÚBLICOS - Marco Dal Maso – Marisa Dal Maso Coelho - Diante do exposto, julgo parcialmente prejudicada a dúvida, no tocante às exigências relacionadas à comprovação de pagamento do tributo, e, na parte subsistente, julgo-a procedente, mantendo o óbice apontado pelo Registrador quanto ao aditamento de formal de partilha. Deste procedimento não decorrem custas, despesas processuais e honorários advocatícios. Oportunamente remetam-se os autos ao arquivo. P.R.I.C. - ADV: NELSON SCHIRRA FILHO (OAB 86934/SP)

Íntegra da decisão:

SENTENÇA

Processo Digital nº: **1002739-85.2021.8.26.0100**

Classe - Assunto **Dúvida - REGISTROS PÚBLICOS**

Requerente: **14º Oficial de Registro de Imoveis da Capital**

Requerido: **Marco Dal Maso e outro**

Juiz(a) de Direito: Dr(a). **Vivian Labruna Catapani**

Vistos.

Trata-se de **dúvida** suscitada pelo **Oficial do 14º Registro de Imóveis da Capital**, a requerimento de **Marco Dal Maso** e **Marisa Dal Maso Coelho**, diante da negativa em se proceder ao registro de dois títulos: carta de sentença expedida pelo 17º Tabelião de Notas da Capital, extraída dos autos de arrolamento dos bens deixados por Bortolo Dal Maso (Proc. nº 0579510-02.2000.8.26.0100), tendo como objeto os imóveis correspondentes à matrícula nº 73.136 e à transcrição nº 94.913; bem como carta de sentença expedida pelo mesmo Tabelião, com relação ao inventário dos bens deixados pela viúva Marilha Mencio Dal Mado (Proc. nº 1056426-16.2017.8.26.0100).

Os óbices registrários referem-se à necessidade de: a) apresentação da certidão de homologação da Fazenda Estadual sobre o recolhimento do ITCMD, no tocante ao arrolamento de bens deixados por Bortolo Dal Maso; b) cópia da declaração de ITCMD em que constem os imóveis objeto da transmissão; c) aditamento do formal de partilha de Bortolo Dal Maso, para cumprimento de testamento. O Registrador juntou documentos às fls. 05/563.

O suscitado apresentou impugnação às fls. 568/580. Inicialmente, ressalva que as exigências relativas ao título do espólio de Marilha Mencio Dal Mado foram superadas, estando o título apto a registro, porém, pelo princípio da continuidade, impõe-se que o ato seja antecedido pelo ingresso no fólio real do título concernente ao cônjuge pré-morto. Afirma que os atos normativos invocados pelo Oficial (Lei nº 10.705/2000, Lei Complementar nº 1.320/2018 e Portaria CAT-SP nº 89/2020) não se aplicam ao caso, uma vez que sobre os inventários e procedimentos acessórios incide a lei vigente à época da abertura da sucessão (art. 1.787, CC).

Salienta que à época do óbito de Bartolo, em 08.06.2000, inexistia no ordenamento o ITCMD, nem mesmo declaração respectiva e tampouco certidão de homologação, havendo no lugar o ITBI Estadual. Aponta que o cálculo do tributo então devido foi realizado por contadora judicial (v. fls. 266 e 290) e as guias quitadas se encontram às fls. 299/305.

No que tange ao pagamento dos quinhões mencionados em testamento e a necessidade de proceder ao aditamento da partilha, alega que as cláusulas restritivas de incomunicabilidade, inalienabilidade e impenhorabilidade não reproduzidas beneficiavam apenas a Sra. Marilha, já falecida, vigendo somente enquanto estava viva, de modo que não há motivo para considerá-lo não cumprido, e sim caduco. Por último, sobre o inventário de Marilha, salienta que há declaração de ITCMD, guias quitadas, manifestação da Procuradoria concordando com o recolhimento e declaração de homologação de agente fiscal de rendas (cf. fl. 22).

O Ministério Público opinou pela procedência parcial da dúvida, com afastamento das exigências "a" e "b" (fls. 585/587 e 600).

Às fls. 594/595, a Fazenda Pública Estadual acusou que o ITBI decorrente da sucessão de Bartolo foi integralmente recolhido, assim como houve correto cumprimento das obrigações acessórias e principal quanto ao ITCMD devido na sucessão de Marilha. Informou, em decorrência, não se opor ao registro dos formais de partilha dos bens dos espólios correlatos.

É o relatório.

Passo a fundamentar e a decidir.

Preliminarmente, cumpre destacar que os títulos judiciais não estão isentos de qualificação, positiva ou negativa, para ingresso no fólio real.

O Egrégio Conselho Superior da Magistratura já se manifestou, em mais de uma oportunidade, sobre a pertinência da qualificação de títulos judiciais, inclusive, reafirmou em julgado recente que não há conflito ao se proferir juízo nesta seara administrativa:

DÚVIDA – CARTA DE ADJUDICAÇÃO –Ação de adjudicação compulsória movida contra promitentes vendedores que não constam como proprietários no registro – Ausência de citação dos proprietários que constam do registro – Qualificação negativa – Títulos judiciais que se sujeitam à qualificação registraria, inexistindo conflito de decisões judiciais entre a sentença que julga o procedimento de dúvida e a sentença da adjudicação compulsória – Natureza administrativa da decisão do procedimento de dúvida – Princípio da continuidade – Ofensa em caso de registro de título judicial produzido em face de terceiro que não consta como proprietário do imóvel objeto da decisão judicial – Necessidade de matrícula do imóvel em nome dos réus da ação de adjudicação compulsória previamente à transmissão determinada na ação ou a citação dos proprietários registrais –Exigência mantida – Dúvida procedente – Recurso não provido. (TJSP; Apelação Cível 1017696-20.2019.8.26.0405; Relator (a): Ricardo Anafe (Corregedor Geral); Órgão Julgador: Conselho Superior de Magistratura; Foro de Osasco - 6ª Vara Cível; Data do Julgamento: 11/09/2020; Data de Registro: 25/09/2020).

Nessa linha, também o E. Supremo Tribunal Federal já decidiu que:

"REGISTRO PÚBLICO – ATUAÇÃO DO TITULAR – CARTA DE ADJUDICAÇÃO – DÚVIDA LEVANTADA – CRIME DE DESOBEDIÊNCIA – IMPROPRIEDADE MANIFESTA. O cumprimento do dever imposto pela Lei de Registros Públicos, cogitando-se de deficiência de carta de adjudicação e levantando-se dúvida perante o juízo de direito da vara competente, longefica de configurar ato passível de enquadramento no artigo 330 do Código Penal - crime de desobediência -, pouco importando o acolhimento, sob o ângulo judicial, do que suscitado." (HC 85911 / MG - MINAS GERAIS, Relator: Min. MARCO AURÉLIO,j. 25/10/2005, PrimeiraTurma).

Sendo assim, fica claro que não basta a existência de título proveniente de órgão jurisdicional para autorizar automaticamente o ingresso no registro tabular.

Feitas estas considerações passo à análise do mérito.

Conforme realçado na decisão de fl. 588: *"A carta de sentença referente a partilha de Bartolo dal Maso (fls. 40/336) indica que o inventário teve início no ano 2000, tendo sido arquivado em 2005 por inércia dos interessados (fl. 214). Somente em 2017 os interessados requereram o desarquivamento (fls. 222 e seguintes) com homologação da partilha em 2018 (fl. 318)".*

Em virtude da peculiaridade, entendeu-se pela pertinência da intimação do ente público competente pela arrecadação tributária, visto que "*a abertura da sucessão se deu na vigência do antigo código de processo civil e a homologação da partilha na vigência do atual e que os códigos têm previsões diversas quanto a necessidade de manifestação da Fazenda Estadual nos processos de inventário e partilha*".

Na sequência, sobreveio a manifestação de fls. 594/595, consignando inexistir resistência da FESP quanto ao registro dos formais de partilha. Constou, ainda, afirmação de que o ITBI decorrente da sucessão de Bartolo foi integralmente recolhido. Logo, restaram superados os óbices "a" e "b", relacionados às necessárias cautelas do Registrador para verificação da regularidade do recolhimento do imposto, como prescreve o art. 289 da LRP. As exigências tornaram-se prejudicadas, pois os tributos devem ser considerados quitados, não mais cabendo a discussão sobre a observância de procedimentos acessórios, que sequer foram reivindicados pelo Fisco.

Nesse sentido:

> *AGRAVO DE INSTRUMENTO – Inventário – Arrolamento Sumário – Homologação da partilha pendente – Recolhimento do ITCMD sem que tenha havido manifestação do Posto Fiscal – Suspensão do processo em cumprimento da afetação do Tema 1.074 do STJ relativa à "necessidade de se comprovar, no arrolamento sumário, o pagamento do Imposto de Transmissão Causa Mortis e Doação - ITCMD como condição para a homologação da partilha ou expedição da carta de adjudicação, à luz dos arts. 192 do CTN e 659, § 2º, do CPC/2015" – Inexistência de distinguishing diante do recolhimento do ITCMD,* ***uma vez que considera-se pago o tributo quando há a concordância do Fisco ou declaração judicial****, daí a importância da manifestação da Fazenda Pública Estadual como foi determinado pela decisão recorrida – Recurso desprovido. (TJSP; Agravo de Instrumento 2050676-83.2021.8.26.0000; Relator (a): Alcides Leopoldo; Órgão Julgador: 4ª Câmara de Direito Privado; Foro de Santos - 3ª. Vara de Família e Sucessões; Data do Julgamento: 15/03/2021; Data de Registro: 15/03/2021* ***grifo nosso****).*

> *ARROLAMENTO SUMÁRIO – CONCORDÂNCIA EXPRESSA DA FAZENDA DO ESTADO COM RELAÇÃO AO ITCMD RECOLHIDO PELA INVENTARIANTE – EXIGÊNCIAS POSTERIORMENTE FORMULADAS – DECISÃO RECORRIDA QUE HOMOLOGA A RENÚNCIA DO PRAZO RECURSAL, MANDA O CARTÓRIO CERTIFICAR O TRÂNSITO EM JULGADO E NEGA OS PEDIDOS DA FESP DE APRESENTAÇÃO DE DECLARAÇÃO DE ITCMD JUNTO AO POSTO FISCAL E RECOLHIMENTO DE IMPOSTO COM RELAÇÃO A OUTROS TRÊS ÓBITOS NOTICIADOS NOS AUTOS – APLICABILIDADE DO ART. 1.034, DO CPC – DECISÃO MANTIDA – RECURSO DESPROVIDO. (TJSP; Agravo de Instrumento 0095068-94.2011.8.26.0000; Relator (a): Theodureto Camargo; Órgão Julgador: 8ª Câmara de Direito Privado; Foro de Valinhos - 3ª. Vara Judicial; Data do Julgamento: 05/10/2011; Data de Registro: 13/10/2011).*

No que tange à última exigência, de aditamento da partilha para correto cumprimento do testamento de Bortolo Dal Maso (juntado às fls. 175/177), importa transcrever, inicialmente, a cláusula cuja inobservância é apontada pelo Registrador:

> *4º)- Que sobre tudo quanto venham seus filhos a herdar, seja por força das legítimas, seja eventualmente na parte disponível, impõe o testador as cláusulas de INCOMUNICABILIDADE, INALIENABILIDADE e IMPENHORABILIDADE, sendo a primeira vitalícia e extensiva aos frutos e rendimentos produzidos e as duas últimas temporárias, isto é, para vigorar enquanto viva for a sua mulher MARILHA MENCIO DAL MASO.*

Como se nota, o testador instituiu cláusulas restritivas do tipo temporária e vitalícia. As de inalienabilidade e impenhorabilidade são da primeira espécie e, claramente, deixaram de produzir efeitos com o advento do termo, qual seja, o falecimento superveniente de Marilha. Nesse aspecto, poderia ser dispensado o aditamento do formal de partilha de Bortolo, caso tivesse o fim único de constarem tais condições. Isso porque o instrumento fora apresentado e homologado em 2018 (fls. 310/318), após o óbito da beneficiária da cláusula, isto é, quando esta não mais vigorava. Tal raciocínio se ancora em precedente desta Corregedoria, da lavra da MM. Juíza Tania Mara Ahualli, no Proc. nº 1086314-25.2020.8.26.0100.

Naqueles autos, a fundamentação baseou-se em entendimento firmado, por unanimidade, no REsp nº 1.101.702, j. 22.09.2009, merecendo ênfase o seguinte trecho do voto da Rel. Min. Nancy Andrighi:

> *(...) A restrição, portanto, não pode ter vigência para além de sua vida. Com a sua morte, se não há instituição de novo gravame por disposição testamentária, os bens se transmitem aos herdeiros de forma livre e desembaraçada. A cláusula está atrelada à pessoa do beneficiário e não ao bem, porque sua natureza é pessoal e não real. Ocorre que, na hipótese em apreço, a cláusula de incomunicabilidade foi estabelecida de forma vitalícia não só em benefício da Sra. Marilha, mas também dos filhos. Na qualidade de beneficiários vivos do testador, os suscitados estão sujeitos à vigência de tal disposição,*

não podendo este Juízo decretar a extinção da incomunicabilidade, nem mesmo afirmar a caducidade do testamento, matérias reservadas às vias ordinárias.

Por essas razões, nesse ponto, entendo que a exigência do Oficial mostra-se correta.

Diante do exposto, **julgo parcialmente prejudicada a dúvida**, no tocante às exigências relacionadas à comprovação de pagamento do tributo, e, na parte subsistente, **julgo-a procedente**, mantendo o óbice apontado pelo Registrador quanto ao aditamento de formal de partilha.

Deste procedimento não decorrem custas, despesas processuais e honorários advocatícios.

Oportunamente remetam-se os autos ao arquivo.

P.R.I.C.

São Paulo, 23 de março de 2021.

Vivian Labruna Catapani

Juiz de Direito (DJe de 25.03.2021 – SP)

Ementa: Sentença – Dúvida – Pedido de registro de Carta de Sentença – Impossibilidade – Necessidade de retificação da partilha, de modo a se proceder partilhas individualizadas, bem como da apresentação de Certidão de Homologação do ITCMD – Princípio da Continuidade – Art 237, da LRP – Títulos Judiciais não estão isentos de qualificação registrária – Responsabilidade solidária do Oficial no que tange a fiscalização dos pagamentos dos devidos impostos – Art 289, da LRP – Manutenção dos óbices – Procedência

Processo 1019035-22.2020.8.26.0100

Dúvida - REGISTROS PÚBLICOS - Achilles Craveiro Neto - Do exposto, julgo procedente a dúvida suscitada pelo Oficial do 5º Registro de Imóveis da Capital, a requerimento de Achilles Craveiro Neto, mantendo os óbices registrários apontados. Não há custas, despesas processuais ou honorários advocatícios decorrentes deste procedimento. Oportunamente, arquivem-se os autos. P.R.I.C. - ADV: EDUARDO COLLET E SILVA PEIXOTO (OAB 139285/SP), RENATO LAZZARINI (OAB 151439/SP)

Íntegra da decisão:

SENTENÇA

Processo Digital nº: **1019035-22.2020.8.26.0100**

Classe - Assunto **Dúvida - REGISTROS PÚBLICOS**

Requerente: **5º Oficial de Registro de Imóveis da Capital**

Requerido: **Achilles Craveiro Neto**

Juiz(a) de Direito: Dr(a). **Vivian Labruna Catapani**

Vistos.

Trata-se de dúvida suscitada pelo Oficial do 5º Registro de Imóveis d Capital, a requerimento de *Achilles Craveiro Neto*, após negativa de registro de carta de sentença extraída dos autos de inventário conjunto dos Espólios de Erica Pompéia Craveiro e Achilles Craveiro Júnior.

O título foi desqualificado para atendimento das exigências referentes à (i) retificação da partilha, de modo a se proceder partilhas individualizadas sucessivas, observando-se o princípios da continuidade registrária e da rogação, e (ii) apresentação de certidão de homologação de ITCMD expedida pela Fazenda Pública Estadual.

Os suscitados manifestaram-se às fls. 106/122, sustentando, em síntese, haver divergência entre as exigências constantes da nota devolutiva e aquelas expostas na inicial do procedimento de dúvida. Isso porque, no tocante ao primeiro óbice, havia exigido o Oficial Registrador que houvesse a correção da proporção partilhada na sucessão de Erica e Achilles, o valor atribuído aos imóveis e os pagamentos dos quinhões, não sendo mencionada a necessidade de partilhas individualizadas. Alega, entretanto, que houve devida individualização do patrimônio de cada um dos falecidos, não havendo sucessão "per saltum", nem violação ao princípio da continuidade registrária. Nega que esteja sendo pleiteado ato de ofício pela serventia registral, uma vez que há requerimento escrito dos interessados para que se efetive o registro. Afirma que há preciosismo por parte do Oficial Registrador, ao passo que o 1º Oficial de Registro de Imóveis da Capital realizou registros derivados do mesmo inventário, sem as mesmas exigências. Alega também que, quanto ao imposto devido, cabe ao Oficial Registrador verificar a existência de pagamento, mas não a sua regularidade, sendo dispensável a certidão de regularidade fiscal.

O Ministério Público opinou pela procedência da dúvida (fls. 151/153).

Houve manifestação do 1º Oficial de Registro de Imóveis da Capital às fls. 159/160.

Determinada a manifestação da Fazenda Pública Estadual, esta permaneceu inerte (fl. 177).

É o relatório.

Fundamento e Decido.

Extrai-se das certidões de óbito de fls. 17/18, que Erica Pompeia Craveiro faleceu um dia antes de seu cônjuge, Achilles Craveiro Júnior. Constata-se também que ambos eram casados sob o regime da comunhão parcial de bens.

Nos autos da carta de sentença, verifica-se que houve individualização dos bens de titularidade de cada um dos falecidos (metades ideais), incluindo-se os bens exclusivos (fls. 39/50). Estipulou-se também o pagamento a cada um dos dois herdeiros, cada qual consistente em metades ideais (fls. 52/63). Referida partilha foi homologada judicialmente em 2018, consignando-se que *"no ato do registro, a manifestação da Fazenda será solicitada ao Registro de Imóveis competente, conforme legislação instituidora e regulamentadora da cobrança do ITCMD"* (fl. 68).

Apresentado o título a registro, o Oficial Registrador apresentou a nota de devolução de fls. 80/81, tendo em vista que, não obstante os falecidos fossem casados entre si sob o regime da comunhão parcial de bens, constou como objeto da partilha a parte ideal de cada um dos imóveis, bem como um único pagamento aos herdeiros filhos, na proporção de 50% dos imóveis para cada um.

Por esse motivo, exigiu o Oficial Registrador que fosse providenciada a correção da proporção partilhada na sucessão de Erica e Achilles, bem como valor atribuído aos imóveis, bem como o pagamento dos quinhões.

Também foi exigida a apresentação da certidão de regularidade expedida pela Secretaria da Fazenda Estadual, concordando com o ITCMD recolhido nas sucessões de Erica e Achilles.

No tocante ao primeiro óbice, consistente na necessidade de correção da partilha, o Oficial Registrador esclareceu, nos presentes autos, que, tendo em vista o falecimento sucessivo dos cônjuges, faz-se necessária a partilha sucessiva no inventário conjunto. Não se afasta a exigência aqui explicitada daquela constante da nota de devolução, uma vez que as proporções atribuídas na partilha não consideraram o falecimento sucessivo dos cônjuges, mas tão somente atribuiu a meação cabível a cada cônjuge, como se comoriência houvesse havido, bem como o pagamento direto aos herdeiros.

A questão refere-se, portanto, à necessidade ou não de correção da partilha, de modo a se estabelecer partilhas sucessivas.

Sabe-se que a origem judicial do título não o torna imune à qualificação registral, ainda que limitada a seus requisitos formais e sua adequação aos princípios registrais. Tanto é que a qualificação negativa não caracteriza desobediência ou descumprimento de decisão judicial.

Cite-se, a respeito, trecho da apelação cível nº 464-6/9 de São José do Rio Preto:

> *"Apesar de se tratar de título judicial, está ele sujeito à qualificação registrária.*
>
> *O fato de tratar-se o título de mandado judicial não o torna imune à qualificação registrária, sob o estrito ângulo da regularidade formal. O exame da legalidade não promove incursão sobre o mérito da decisão judicial, mas à apreciação das formalidades extrínsecas da ordem e à conexão de seus dados com o registro e a sua formalização instrumental".*

No caso em tela, constam da matrícula dos imóveis, como titulares de domínio, Erica e Achilles (fls. 82/93). Entretanto, na carta de sentença, houve a partilha da integralidade dos imóveis objeto da herança, sem que, primeiramente, tenha havido a partilha dos bens deixados por Erica, que faleceu antes de seu esposo Achilles.

Embora a partilha tenha sido feita em inventário conjunto, e não obstante o pouco intervalo de tempo entre os dois falecimentos, os bens dos falecidos deveriam ter sido paulatinamente partilhados quanto ao seu ingresso no registro de imóveis, conforme a ordem de falecimentos, ressalvada a hipótese de comoriência, o que não ocorreu no caso concreto.

Assim, pelo princípio da continuidade registrária, haveria que se prever a transmissão da propriedade ao espólio herdeiro, e posteriormente aos filhos, não sendo possível a transmissão da propriedade diretamente aos herdeiros filhos.

Note-se que, embora a cumulação de inventários tenha como objetivo a economia processual, não se dispensa, sob o ponto de vista registrário, a previsão de partilhas distintas, sucessivas e sequenciais.

Assim, para que a continuidade registrária seja preservada, mostra-se necessário o registro do título por meio do qual o pré-morto recebeu o bem deixado pela autora da herança para, em seguida, ser registrado o formal de partilha que atribuiu aos herdeiros filhos a totalidade do bem.

Isso porque, conforme dispõe o art. 237 da Lei 6.015/73: *"ainda que o imóvel esteja matriculado, não se fará registro que dependa da apresentação de título anterior, a fim de que se preserve a continuidade do registro".*

E, segundo Afrânio de Carvalho:

> *"O princípio da continuidade, que se apóia no de especialidade, quer dizer que, em relação a cada imóvel, adequadamente individuado, deve existir uma cadeia, de titularidade à vista da qual só se fará a inscrição de um direito se o outorgante dele aparecer no registro como seu titular. Assim, as sucessivas transmissões, que derivam umas das outras, asseguram a preexistência do imóvel no patrimônio do transferente" (Registro de Imóveis, Editora Forense, 4ª Ed., p. 254).*

Saliente-se que, como decorrência da sucessão hereditária, abre-se para todo o patrimônio do casal, caso sob o regime da comunhão parcial de bens, um estado de indivisão, que só é solucionado com a partilha. Com a partilha, a meação será separada e entregue ao espólio do outro cônjuge, partilhando-se a outra metade entre os herdeiros.

O espólio é uma universalidade de bens que reúne todos aqueles que integravam o patrimônio do casal, em comum até a data do óbito de um dos cônjuges. Com a morte, esse patrimônio assume inteiramente o estado de indivisão já referido, sendo indispensável a partilha do todo, para resolver essa situação (Apelação Cível n. 62.986-0/2, Comarca de Araraquara, Rel. Desembargador Sérgio Augusto Nigro Conceição, Corregedor Geral da Justiça).

Considerando-se, assim, que a forma de transmissão dos quinhões hereditários segue disciplina diversa daquela apresentada à partilha, justifica-se a exigência de ratificação de seus termos, sob pena de violação do princípio da continuidade registrária. Não se trata aqui de emissão de juízo de valor acerca da validade ou invalidade da sentença jurisdicional, apenas se coloca a impossibilidade do acesso ao fólio real por meio do exame formal do título, que fere o princípio da continuidade registrária.

Já no que diz ao segundo óbice, referente à exigência da certidão de regularidade emitida pela Fazenda Pública Estadual, tem-se que tal exigência também merece amparo.

Isso porque não se trata de análise pelo Oficial Registrador do valor correto recolhido pelo impugnante, mas sim refere-se à regularidade do recolhimento do imposto devido ao Estado, o que é comprovado pela certidão de homologação.

Saliente-se que incumbe ao Oficial Registrador fiscalizar o pagamento dos impostos devidos por força dos atos que lhe forem apresentados em razão do ofício, na forma do artigo 289 da Lei n. 6.015/73, sob pena de responsabilização pessoal do oficial delegado, e entre estes impostos se encontra o ITBI e o ITCMD, cuja prova de recolhimento deve instruir os títulos apresentados a registro, salvo hipótese de isenção devidamente demonstrada, o que não é o caso.

Assim, a exigência do Oficial Registrador mostra-se correta, sob pena de responsabilização solidária.

Do exposto, julgo **procedente** a dúvida suscitada pelo Oficial do 5º Registro de Imóveis da Capital, a requerimento de *Achilles Craveiro Neto*, mantendo os óbices registrários apontados.

Não há custas, despesas processuais ou honorários advocatícios decorrentes deste procedimento.

Oportunamente, arquivem-se os autos.

P.R.I.C.

São Paulo, 16 de março de 2021.

Vivian Labruna Catapani

Juiz de Direito (DJe de 19.03.2021 – SP)

LOCAÇÃO

Ementa: Sentença – Pedido de Providências – Pedido de cancelamento de garantia à locação – Alegação de que a garantia se deu em fraude – Incompetência do juízo administrativo para instrução ou avaliação de vícios intrínsecos – Contrato de Locação que findou há mais de dezoito anos – Locadora com situação cadastral baixada perante a Receita Federal – Locação que não mais subsiste – Possibilidade do cancelamento da averbação da garantia – Procedência

Processo 1128912-57.2021.8.26.0100

Pedido de Providências - Registro de Imóveis - Marlene da Silva Romero - Diante do exposto, JULGO PROCEDENTE o pedido para autorizar que o Oficial do 6º Registro de Imóveis da Capital proceda ao cancelamento da averbação 06 da matrícula n. 103.684. Deste procedimento não decorrem custas, despesas processuais ou honorários advocatícios. Oportunamente, ao arquivo com as cautelas de praxe. P.R.I.C. - ADV: ANTONIO MARCOS BUENO DA SILVA HERNANDEZ (OAB 217940/SP)

Íntegra da decisão:

SENTENÇA

Processo Digital nº: **1128912-57.2021.8.26.0100**

Classe - Assunto **Pedido de Providências - Registro de Imóveis**

Requerente: **Marlene da Silva Romero e outro**

Requerido: **6º Oficial de Registro de Imóveis da Capital**

Juiz(a) de Direito: Dr(a). **Luciana Carone Nucci Eugênio Mahuad**

Vistos.

Trata-se de pedido de providências formulado por **Marlene da Silva Romero, Eliana Romero Giordano, Mauro Romero, Romeu Romero Júnior, Valmir Romero e Lidia Nicolau** em face do **Oficial do 6º Registro de Imóveis da Capital,** por meio do qual solicitam o cancelamento de garantia à locação do módulo comercial n. 012, situado na avenida Marechal Tito, 2.405, São Miguel Paulista, São Paulo, a qual foi averbada na matrícula n. 103.684 daquela serventia (Av.06).

Relatam que a garantia se deu em fraude, o que foi noticiado à autoridade policial; que o prazo da locação terminou em 29/06/2003 e o contrato não mais subsiste, uma vez que uma loja Makro Atacadista está instalada atualmente no local; que o direito de exigir a garantia encontra-se prescrito. Pleiteiam, ainda, tutela de urgência.

Documentos vieram às fls. 10/39.

O feito foi remetido pela 2ª Vara de Registros Públicos a esta Vara diante da competência correcional (fl. 40).

Indeferiu-se tutela de urgência, com determinação de reapresentação do requerimento à serventia extrajudicial (fl. 44).

O Oficial esclareceu que, após análise do microfilme do contrato de locação que deu origem às averbações 05 e 06, não constatou fraude ou falha no processo de registro feito em 2001, notadamente porque continha as firmas reconhecidas dos proprietários do imóvel à época, que figuraram como garantidores; que o boletim de ocorrência que embasou o requerimento, tratando-se de declaração unilateral, foi qualificado negativamente; que a comprovação da fraude documental demandaria prova pericial, o que só é possível na via judicial competente; que, muito embora o contrato de locação previu término em 19 de junho de 2003, o cancelamento da garantia somente seria possível após determinação judicial (fls. 51/55).

Documentos vieram às fls. 56/83.

O Ministério Público opinou pela improcedência (fls. 87/88).

É o relatório.

Fundamento e DECIDO.

No mérito, o pedido deve ser acolhido. Vejamos os motivos.

Pretende a parte requerente cancelar averbação de caução prestada em contrato de locação (Av.6/M.103.684 – fl. 28), pela qual os então proprietários, Romeu Romero Júnior e sua mulher, Elisete Ferreira Romero, bem como Romeu Romero e sua mulher, Marlene da Silva Romero, deram o imóvel em garantia das obrigações assumidas pelo locatário Luciano Rogério Juliel Martins em favor da comodatária-locadora MPG - Empreendimentos e Participações S.A. (fl. 80).

A matéria em debate é tratada pelo artigo 250 da Lei n. 6.015/73, que assim dispõe:

"Art. 250 - Far-se-á o cancelamento:

I - em cumprimento de decisão judicial transitada em julgado;

II - a requerimento unânime das partes que tenham participado do ato registrado, se capazes, com as firmas reconhecidas por tabelião;

III - A requerimento do interessado, instruído com documento hábil.

IV - a requerimento da Fazenda Pública, instruído com certidão de conclusão de processo administrativo que declarou, na forma da lei, a rescisão do título de domínio ou de concessão de direito real de uso de imóvel rural, expedido para fins de regularização fundiária, e a reversão do imóvel ao patrimônio público".

Os documentos produzidos nos autos confirmam que a recusa de cancelamento operada pelo Oficial foi correta: não houve requerimento de todas as partes participantes do negócio nem pedido instruído com instrumento hábil.

De fato, boletim de ocorrência sobre fraude não pode ser reputado instrumento hábil.

Esta conclusão se reforça pelo fato de o contrato exibido em cartório por ocasião da averbação questionada contar com a assinatura de todos os participantes, as quais foram devidamente reconhecidas (fls. 63/77).

Ademais, pelo princípio da legitimação (eficácia do registro), os vícios reconhecíveis pela via administrativa são apenas aqueles comprováveis de pleno direito, que resultem de erros evidentes extrínsecos ao título, sem necessidade de exames de outros documentos ou fatos.

Logo, neste procedimento e no âmbito da competência deste juízo, não há espaço para instrução ou avaliação de invalidade do negócio jurídico que teve ingresso no Registro de Imóveis (vícios intrínsecos), pelo que incabível análise da alegação de suposta falsidade das assinaturas lançadas no instrumento de locação.

Nesse sentido, a jurisprudência da E. Corregedoria Geral da Justiça:

"NULIDADE DO REGISTRO. Artigo 214 da Lei de Registros Públicos.

Nulidade do Registro (modo) e não do título. Somente é cabível na via administrativa o conhecimento de vício atinente à nulidade direta do registro e não do título (vício intrínseco). Nulidade do título somente é passível de conhecimento na via jurisdicional - Recurso não provido" **(CGJ proc. n. 1050759-49.2017.8.26.0100, DJ 13.03.2018).**

"REGISTRO DE IMÓVEIS - registro de alienação fiduciária – eventuais vícios do título que só podem prejudicar o registro, por via oblíqua, mediante atuação da jurisdição - via administrativa inapropriada - art. 214, da Lei nº 6.015/73, inaplicável - Recurso desprovido" **(CGJ proc. n. 0006400-50.2013.8.26.0236, DJ 11/10/16).**

"REGISTRO DE IMÓVEIS. Pedido de Providências que visa cancelar ou retificar o registro Inexistência de

nulidade formal e extrínseca, relacionada exclusivamente ao registro - Inaplicabilidade do artigo 214 da Lei de Registros Públicos - Vício exclusivo do título, de natureza intrínseca. Hipótese que se enquadra no artigo 216 da Lei de Registros Públicos Recurso não provido" **(CGJ parecer n. 2015/76433, DJ 07/07/15).**

De igual forma, não há como reconhecer, nesta vista administrativa, prescrição ou perecimento de direito, sendo imprescindível ação jurisdicional, com observância do contraditório.

Neste sentido, decidiu o então Corregedor Geral da Justiça, Des. Geraldo Francisco Pinheiro Franco, no processo de autos n. 1022490-97.2017.8.26.0100, que aprovou o parecer da lavra do MM. Juiz Assessor da Corregedoria Marcelo Benacchio (destaque nosso):

"Caução Locatícia de bem imóvel - **Inviabilidade do reconhecimento da prescrição da obrigação em sede administrativa** *- Ausência de extinção da obrigação por novação, mera confirmação da obrigação ante a falta de animus novandi - Cabimento da inscrição da caução locatícia a partir de instrumento particular, não incidência do disposto no artigo 108 do Código Civil - Recurso não provido".*

Por outro lado, verifica-se que o contrato de locação findou há mais de dezoito anos (19 de junho de 2003, conforme cláusula 4 - fl. 67), sendo que a locadora teve sua situação cadastral baixada perante a Receita Federal, sem qualquer alteração perante a Jucesp a partir de 28 de setembro de 1999 (fls. 22 e 25).

Em consulta efetivada nesta data junto ao *site* do Tribunal de Justiça de São Paulo (e-SAJ), não foram localizadas ações de cobrança envolvendo a locadora e o locatário ou os garantidores. Em verdade, em todas as ações encontradas, a locadora figura sempre como parte requerida.

Nota-se, ainda, que o imóvel foi alienado pelos proprietários garantidores a Lídia Nicolau, o que foi devidamente registrado no fólio real em 28 de outubro de 2021 (R.12/103.84 – fls. 82/83).

Todo este contexto fático autoriza concluir que a locação não mais subsiste e muito menos a sua garantia.

Assim e em consonância com os precedentes deste juízo corregedor (a título de exemplo, os feitos de autos n. 1114314-35.2020.8.26.0100, 1003674-62.2020.8.26.0100, 1109971-30.2019.8.26.0100 e 1042854-51.2021.8.26.0100), a averbação de cancelamento deve ser autorizada para que a veracidade que se espera dos registros públicos reste imaculada.

Diante do exposto, **JULGO PROCEDENTE** o pedido para autorizar que o Oficial do 6º Registro de Imóveis da Capital proceda ao cancelamento da averbação 06 da matrícula n. 103.684.

Deste procedimento não decorrem custas, despesas processuais ou honorários advocatícios.

Oportunamente, ao arquivo com as cautelas de praxe.

P.R.I.C.

São Paulo, 12 de janeiro de 2022.

Luciana Carone Nucci Eugênio Mahuad

Juíza de Direito (DJe de 17.01.2022 – SP)

Ementa: Sentença – Pedido de Providências – Pedido de cancelamento de registros de Contrato de Locação – Negativa por ausência de título que mobilize a prática do ato – Alegação pelo Oficial de que é necessária a atuação do judiciário – Negócios celebrados há muitos anos – Imóvel que já se encontra locado para outra empresa – Locações inscritas que não mais produzem efeitos materiais – Deferimento do pedido – Determinação do cancelamento dos registros – Procedência

Processo 1125280-23.2021.8.26.0100

Pedido de Providências - Registro de Imóveis - Odette Darcy Gomes – Anna Paola Batista Gomes – Renata Cristina Batista Gomes – Claudia Regina Batista Gomes Ferreira - Diante do exposto, JULGO PROCEDENTE o pedido de providências para determinar o cancelamento dos registros de locação, R.4, R.5 e R.6, que gravam a matrícula n. 21.548 (fls. 71/73). Deste procedimento não decorrem custas, despesas processuais ou honorários advocatícios. Oportunamente, ao arquivo com as cautelas de praxe. P.R.I.C. - ADV: ISRAEL REMZETTI REGIS REIS (OAB 18923/SC)

Íntegra da decisão:

SENTENÇA

Processo nº: **1125280-23.2021.8.26.0100**

Classe - Assunto **Pedido de Providências - Registro de Imóveis**

Requerente: **Odette Darcy Gomes e outros**

Requerido: **18º Oficial de Registro de Imóveis da Capital**

Prioridade Idoso

Juiz(a) de Direito: Dr(a). **Luciana Carone Nucci Eugênio Mahuad**

Vistos.

Trata-se de pedido de providências formulado por **ESPÓLIO DE ANTONIO SÉRGIO BARTOLOMEU VANINO GOMES** e **ODETTE DARCY GOMES** em face do **Oficial do 18º Registro de Imóveis da**

Capital, para cancelamento de registros de contrato de locação que gravam a matrícula n. 21.548 daquela serventia.

A parte aduz que os negócios foram celebrados há muitos anos e já foram encerrados (1998), com locação para outra empresa em 2014, Danceteria Central de Pinheiros Ltda ME, a qual é ré em ação de despejo em curso. Juntou documentos às fls. 09/49.

O Oficial manifestou-se às fls. 56/58, sustentando que a devolução do título fundamentou-se nos artigos 248, 250 e 253 da LRP; que, como regra, não deve agir sem título que mobilize a prática do ato; que a atuação do Judiciário se faz necessária no caso de produção de provas; que não vê óbice ao cancelamento.

Após a vinda de novos documentos (fls. 67 e 70/90), o Ministério Público manifestou-se pela procedência (fls. 95/96).

É o relatório.

Fundamento e decido.

No mérito, o pedido é procedente.

Com efeito, além de se tratar de contratos antigos (fls. 71/75), a prova documental produzida atesta que a empresa Tropeiro Churrascaria Ltda desocupou o imóvel em 1998 (fl. 04), sendo que nova locação foi celebrada com a empresa Danceteria Central de Pinheiros Ltda ME em 2014 (fls. 79/87), com re-ratificação em 2016 (fls. 88/90).

A nova locatária, ademais, é ré em ação de despejo e já foi forçada a desocupar o imóvel (fls. 69 e 96).

Nesse contexto e em consonância com os precedentes deste juízo corregedor (a título de exemplo, os feitos de autos n. 1114314-35.2020.8.26.0100, 1003674-62.2020.8.26.0100, 1109971-30.2019.8.26.0100 e 1042854-51.2021.8.26.0100), verifica-se que as locações inscritas não mais produzem efeitos materiais, de modo que a averbação de cancelamento se mostra importante por refletir a veracidade que se espera do registro.

Diante do exposto, **JULGO PROCEDENTE** o pedido de providências para determinar o cancelamento dos registros de locação, R.4, R.5 e R.6, que gravam a matrícula n. 21.548 (fls. 71/73).

Deste procedimento não decorrem custas, despesas processuais ou honorários advocatícios.

Oportunamente, ao arquivo com as cautelas de praxe.

P.R.I.C.

São Paulo, 12 de janeiro de 2022. (DJe de 14.01.2022 – SP)

Ementa: Sentença – Pedido de Providências – Pedido de cancelamentos de registros de contrato de locação – Negativa por ausência de título que mobilize a prática do ato – Necessidade de decisão judicial – Arts 248, 250 e 253 da LRP – Contrato que perdurou por quase vinte anos – Locatária que teve sua falência decretada no ano de 2005 – Locação que não mais produz efeitos materiais – Recusa do Oficial em conformidade com a lei – Determinação do cancelamento dos registros – Procedência

Processo 1106131-41.2021.8.26.0100

Pedido de Providências - Registro de Imóveis - Hermelinda Teixeira da Silva Sergio – Eliane Teixeira da Silva – Moacir Teixeira da Silva – Ivanise Teixeira de Almeida – Waldir Teixeira da Silva - Diante do exposto, JULGO PROCEDENTE o pedido de providências para determinar o cancelamento dos registros de n. 3, 4 e 5 da matrícula n. 21.549 do 18º CRI (fls. 18/31). Providencie-se o necessário ao cumprimento. Deste procedimento não decorrem custas, despesas processuais ou honorários advocatícios. Oportunamente, ao arquivo com as cautelas de praxe. P.R.I.C. - ADV: ANA PAULA FRASCINO BITTAR ARRUDA (OAB 99872/SP)

Íntegra da decisão:

SENTENÇA

Processo Digital nº: **1106131-41.2021.8.26.0100**

Classe - Assunto **Pedido de Providências - Registro de Imóveis**

Requerente: **Hermelinda Teixeira da Silva Sergio e outros**

Requerido: **18º Oficial de Registro de Imoveis da Capital**

Prioridade Idoso

Juiz(a) de Direito: Dr(a). **Luciana Carone Nucci Eugênio Mahuad**

Vistos.

Trata-se de pedido de providências formulado por **Hermelinda Teixeira da Silva Sérgio, Waldir Teixeira da Silva, Ivanise Teixeira de Almeida, Eliane Teixeira da Silva e Moacyr Teixeira da Silva** em face do **Oficial do 18º Registro de Imóveis da Capital** para cancelamento de registros de contrato de locação na matrícula n. 21.549 (R.3, R.4, e R.5).

A parte aduz que o negócio foi celebrado em 1979 (R..3), com renovação em 1983 (R.4) e 1988 (R.5) e desocupação em 1998. Ademais, a antiga locatária está inativa e teve falência decretada em janeiro de 2005, conforme registrado na JUCESP, sendo que, desde 2014, o imóvel é alugado para Danceteria Central de Pinheiros Ltda. – ME. Ainda assim, o pedido de cancelamento foi negado pelo Oficial. Juntou documentos às fls. 14/56.

Com a produção de prova complementar, deferiu-se prioridade de tramitação (fl. 72).

O Oficial manifestou-se às fls. 74/76, sustentando que a devolução do título fundamentou-se nos artigos 248, 250 e 253 da LRP; que, como regra, não deve agir sem título que mobilize a prática do ato; que a atuação do Judiciário se faz necessária no caso de produção de provas; que não vê óbice ao cancelamento.

O Ministério Público manifestou-se pela procedência (fls. 80/81).

É o relatório.

Fundamento e decido.

Primeiramente, anoto que, embora a nota de devolução copiada à fl. 32 tenha se referido a pedido de cancelamento de registro na matrícula 21.548, relativo ao mesmo contrato de locação, a inicial pleiteia cancelamento apenas dos registros lançados na matrícula n. 21.549 (R.3, R.4 e R.5) do 18º Registro de Imóveis (fls. 01/13).

A análise, portanto, deve ser congruente à pretensão manifestada, sendo impossível alteração no curso do procedimento (nesse sentido, a Apelação Cível nº 1071967-84.2020.8.26.0100).

No mérito, o pedido é procedente.

Com efeito, além de se tratar de contrato antigo, que durou quase vinte anos (de 1979 a 1998 - fls. 19 e 47), a prova documental produzida atesta que a empresa-locatária teve sua falência decretada em janeiro de 2005 pelo juízo da 26ª Vara Cível da Capital (processo de autos nº 208732/02), com cadastro no CNPJ/MF baixado em 2008, pelo que atualmente inativa (fls. 34 e 48/50).

Ademais, há evidência no sentido de que o imóvel é ocupado por outra empresa desde setembro de 2016: Danceteria Central de Pinheiros Ltda - ME (fls. 35/46).

Nesse contexto e em consonância com os precedentes deste juízo (a título de exemplo, os feitos de autos n. 1114314-35.2020.8.26.0100, 1003674-62.2020.8.26.0100, 1042854-51.2021.8.26.0100 e 1085270-34.2021.8.26.0100), verifica-se que a locação inscrita não mais produz efeitos materiais, de modo que a averbação de cancelamento se mostra importante por refletir a veracidade que se espera do registro.

Vale observar, por fim, que a recusa do Oficial se deu na forma da lei, pelo que correta: ausente requerimento de todas as partes contratantes, decisão judicial se faz necessária (artigos 248, 250 e 253 da Lei RP).

Diante do exposto, **JULGO PROCEDENTE** o pedido de providências para determinar o cancelamento dos registros de n. 3, 4 e 5 da matrícula n. 21.549 do 18º CRI (fls. 18/31). Providencie-se o necessário ao cumprimento.

Deste procedimento não decorrem custas, despesas processuais ou honorários advocatícios.

Oportunamente, ao arquivo com as cautelas de praxe.

P.R.I.C.

São Paulo, 21 de outubro de 2021.

Luciana Carone Nucci Eugênio Mahuad

Juiz de Direito (DJe de 26.10.2021 – SP)

Ementa: Sentença – Dúvida – Pedido de registro de Contratos de Locação – Necessidade de complementação da documentação das empresas contratantes e do cancelamento da penhora – Informação posterior de que os óbices foram superados – Dúvida prejudicada – Extinção do feito

Processo 1096355-17.2021.8.26.0100

Dúvida - Registro de Imóveis - M M S Souza Contabilidade Me - Em consequência, JULGO EXTINTO o feito. Sem custas, despesas ou honorários advocatícios. Oportunamente, ao arquivo. P.R.I.C. - ADV: GUSTAVO BITTENCOURT GRANJO SCHLECHT (OAB 391591/SP), VICTOR GIMENES TANCHELLA GODOY (OAB 413334/ SP)

Íntegra da decisão:

SENTENÇA

Processo Digital nº: **1096355-17.2021.8.26.0100**

Classe - Assunto **Dúvida - Registro de Imóveis**

Requerente: **M M S Souza Contabilidade Me**

Requerido: **15º Oficial de Registro de Imóveis da Capital**

Juiz(a) de Direito: Dr(a). **Luciana Carone Nucci Eugênio Mahuad**

Vistos.

Trata-se de dúvida inversa suscitada por MMS Souza Contabilidade ME em face do Oficial do 15º Registro de Imóveis da Capital em virtude de recusa de registro de contratos de locação.

As exigências consistiram na complementação da documentação das empresas contratantes e no cancelamento de penhora averbada anteriormente nas matrículas n. 179.844 e 179.391 daquela serventia (Av. 3 - fls. 31/32 e 48/59).

A parte requerente apresentou a documentação faltante nestes autos e defendeu como desnecessário o cancelamento da averbação.

Decorrido o prazo da prenotação, determinou-se a reapresentação dos títulos (fl. 39), o que foi atendido (fls. 41/42).

Com a reapresentação, o Oficial informou que os óbices restaram superados (fls. 44/47).

O Ministério Público se manifestou pela prejudicialidade da dúvida (fls. 63/64).

É o relatório.

Fundamento e DECIDO.

Considerando que, quando da reapresentação dos títulos, o Oficial confirmou como ausente qualquer obstáculo ao registro, na medida em que **houve complementação da documentação faltante** e **resta inequívoca, de fato, a ciência sobre a penhora averbada** na matrícula dos imóveis (a dúvida foi suscitada pela própria empresa locatária, com defesa da desnecessidade de cancelamento da restrição para registro dos contratos de locação), reputo prejudicada a dúvida.

Em consequência, **JULGO EXTINTO** o feito.

Sem custas, despesas ou honorários advocatícios.

Oportunamente, ao arquivo.

P.R.I.C.

São Paulo, 06 de outubro de 2021.

Luciana Carone Nucci Eugênio Mahuad

Juiz de Direito (DJe de 08.10.2021 – SP)

Ementa: Sentença – Pedido de Providências – Pedido de cancelamento de averbação de Contrato de Locação – Alegação de que o imóvel se encontra desocupado e a empresa-locatária está inativa – Negativa em razão da impossibilidade de agir sem título que mobilize a prática do ato – Locação que não mais produz efeitos materiais – Deferimento do pedido – Procedência

Processo 1085270-34.2021.8.26.0100

Pedido de Providências - Registro de Imóveis - Joao Batista Artur Arroio - Diante do exposto, JULGO PROCEDENTE o pedido de providências para determinar o cancelamento da averbação do contrato de locação, Av.01, que grava a matrícula n. 21.508 (fl. 55). Providencie-se o necessário ao cumprimento. Deste procedimento não decorrem custas, despesas processuais ou honorários advocatícios. Oportunamente, ao arquivo com as cautelas de praxe. P.R.I.C. - ADV: HELMO RICARDO VIEIRA LEITE (OAB 106005/SP)

Íntegra da decisão:

SENTENÇA

Processo nº: **1085270-34.2021.8.26.0100**

Classe - Assunto **Pedido de Providências - Registro de Imóveis**

Requerente: **Joao Batista Artur Arroio**

Requerido: **5º Oficial de Registro de Imóveis da Capital**

Prioridade Idoso

Juiz(a) de Direito: Dr(a). **Luciana Carone Nucci Eugênio Mahuad**

Vistos.

Trata-se de pedido de providências formulado por **JOÃO BATISTA ARTUR ARROIO** em face do **Oficial do 5º Registro de Imóveis da Capital** para cancelamento de averbação de contrato de locação que grava a matrícula n. 21.508 (Av.1).

A parte aduz que o negócio foi celebrado entre o antigo proprietário e a empresa Lokarbras Locação de Veículos Ltda, a qual já desocupou o imóvel e está inativa. Juntou documentos às fls. 17/49.

O Oficial manifestou-se às fls. 53/54, sustentando que a devolução do título fundamentou-se nos artigos 248, 250 e 253 da LRP; que, como regra, não deve agir sem título que mobilize a prática do ato; que a atuação do Judiciário se faz necessária no caso de produção de provas; que não vê óbice ao cancelamento.

O Ministério Público manifestou-se pela procedência (fls. 67/69).

É o relatório.

Fundamento e decido.

No mérito, o pedido é procedente.

Com efeito, além de se tratar de contrato antigo (1978 - fl. 55), a prova documental produzida atesta que a empresa-locatária alterou sua sede para novo endereço nos idos de 1993, com nova mudança em 1995 (fls. 28/41), havendo informação de que, atualmente, está inativa (fls. 42/43).

Ademais, há evidência no sentido de que a sede de outra empresa foi transferida para o imóvel em 2007: CSL Park Estacionamento Ltda (fls. 47/49).

Nesse contexto e em consonância com os precedentes deste juízo corregedor (a título de exemplo, os feitos de autos n. 1114314-35.2020.8.26.0100, 1003674-62.2020.8.26.0100, 1109971-30.2019.8.26.0100 e 1042854-51.2021.8.26.0100), verifica-se que a locação inscrita não mais produz efeitos materiais, de modo que a averbação de cancelamento se mostra importante por refletir a veracidade que se espera do registro.

Diante do exposto, **JULGO PROCEDENTE** o pedido de providências para determinar o cancelamento da averbação do contrato de locação, Av.01, que grava a matrícula n. 21.508 (fl. 55). Providencie-se o necessário ao cumprimento.

Deste procedimento não decorrem custas, despesas processuais ou honorários advocatícios.

Oportunamente, ao arquivo com as cautelas de praxe.

P.R.I.C.

São Paulo, 25 de agosto de 2021. (DJe de 31.08.2021 – SP)

Ementa: Sentença – Pedido de Providências – Pedido de averbação de cancelamento de Contrato de Locação – Exigibilidade da apresentação de termo expresso de cancelamento firmado pelas partes – Alegação pela Requerente de que não contato com os responsáveis da empresa locatária – Impossibilidade de rescisão unilateral – Imprescindibilidade de requerimento unânime das partes ou de decisão judicial transitada em julgado – Art. 250, I e II, da LRP – Incompetência do juízo administrativo para análise de questões de direito material que envolvam o negócio jurídico – Improcedência

Processo 1073505-66.2021.8.26.0100

Pedido de Providências - Registro de Imóveis - Inca Investimentos Consultoria e Administração Ltda - Diante do exposto, JULGO IMPROCEDENTE o pedido de providências formulado por Inca Investimentos Consultoria e Administração Ltda. Deste procedimento não decorrem custas, despesas processuais ou honorários advocatícios. Oportunamente, ao arquivo com as cautelas de praxe. P.R.I.C. - ADV: DIRCEU CANDIDO SILVEIRA (OAB 22283/SP), IVAN SILVEIRA BERNIK (OAB 358739/SP), MURILLO HENRIQUE RAMOS BARBOSA (OAB 360390/SP)

Íntegra da decisão:

SENTENÇA

Processo Digital nº: **1073505-66.2021.8.26.0100**

Classe - Assunto **Pedido de Providências - Registro de Imóveis**

Requerente: **Inca Investimentos Consultoria e Administração Ltda**

Requerido: **15º Oficial de Registro de Imóveis da Capital**

Juiz(a) de Direito: Dr(a). **Luciana Carone Nucci Eugênio Mahuad**

Vistos.

Trata-se de pedido de providências formulado por **Inca Investimentos Consultoria e Administração Ltda** em face do Oficial do 15º Registro de Imóveis da Capital, visando averbação de cancelamento de contrato de locação registrado na matrícula nº 163.988 daquela serventia. Informa que a locação contratada com o Banco do Brasil teve início em dezembro de 2000, pelo prazo de cinco anos, e que, após o seu término, o imóvel foi alugado para outra empresa, a partir de outubro de 2012. Visando cancelamento administrativo, buscou informação junto ao Oficial suscitado, que exigiu apresentação de termo expresso de cancelamento firmado pelas partes, o que afirma ser inviável por não conseguir contato com os responsáveis da empresa locatária. Juntou os documentos de fls. 07/47.

O Oficial manifestou-se às fls. 55/56, sustentando a necessidade de comparecimento unânime das partes, com firmas reconhecidas, na forma da lei.

O Ministério Público entendeu insuficientes os elementos para julgamento, não se opondo à intimação da antiga locatária (fls. 65/66).

É o relatório.

Fundamento e decido.

No mérito, o pedido é improcedente. Vejamos os motivos.

Como bem salientado pelo Oficial, a rescisão do contrato registrado não pode ser unilateral, já que a lei exige requerimento unânime das partes ou decisão judicial transitada em julgado (artigo 250, I e II, da LRP).

Assim, cabe à parte interpelar sua antiga locatária para obter o cancelamento consensual, o que é providência perfeitamente acessível, uma vez que se trata de instituição financeira conhecida, com diversas agências espalhadas por esta Capital, bastando a manifestação de qualquer representante habilitado por aquela pessoa jurídica, embora sediada em Brasília (fl. 19).

Outrossim, negada anuência consensual, há a via judicial em processo contencioso que assegure o contraditório a todos os interessados.

Nesta estreita via administrativa, incumbe ao juízo apenas verificar se correta ou não a oposição apresentada pelo Oficial para a averbação.

Nossa competência, em outros termos, é administrativa e disciplinar, não nos cabendo analisar questões de direito material que envolvam o negócio jurídico ou suprir providências que incumbem à parte interessada, consoante jurisprudência da E. Corregedoria Geral de Justiça:

> *"REGISTRO DE IMÓVEIS. Pedido de Providências que visa cancelar ou retificar o registro Inexistência de nulidade formal e extrínseca, relacionada exclusivamente ao registro - Inaplicabilidade do artigo 214 da Lei de Registros Públicos - Vício exclusivo do título, de natureza intrínseca. Hipótese que se enquadra no artigo 216 da Lei de Registros Públicos Recurso não provido"* **(CGJ parecer n. 2015/76433, DJ 07/07/15).**

Diante do exposto, **JULGO IMPROCEDENTE** o pedido de providências formulado por **Inca Investimentos Consultoria e Administração Ltda.**

Deste procedimento não decorrem custas, despesas processuais ou honorários advocatícios.

Oportunamente, ao arquivo com as cautelas de praxe.

P.R.I.C.

São Paulo, 18 de agosto de 2021.

Luciana Carone Nucci Eugênio Mahuad

Juiz de Direito (DJe de 23.08.2021 – SP)

Ementa: Sentença – Pedido de Providências – Pedido de averbação de cancelamento de locações de imóveis – Possibilidade – Esclarecimento pelo Oficial que a negativa se deu por ausência de título que mobilize a prática do ato – Inexistência de novo registro em relação a eventual renovação do aluguel – Vencimentos dos contratos fixados no ano de 1992 – Existência de baixa de inscrição no CNPJ da empresa locatária – Locações que não mais produzem efeitos materiais – Acolhimento do pedido – Procedência

Processo 1042854-51.2021.8.26.0100

Pedido de Providências - Registro de Imóveis - TPA Terraço República - Empreendimento Imobiliário Spe Ltda. - Diante do exposto, julgo procedente o pedido de providências formulado pelo TPA Terraço República Empreendimento Imobiliário SPE Ltda. e, consequentemente, determino a averbação de cancelamento dos contratos de locação que gravam as matrículas nº 4.595 e nº 4.596 (R. 03 e R. 04, nessa ordem). Deste procedimento não decorrem custas, despesas processuais e honorários advocatícios. Oportunamente remetam-se os autos ao arquivo. P.R.I.C. - ADV: FERNANDO JOSÉ MAXIMIANO (OAB 154721/SP)

Íntegra da decisão:

SENTENÇA

Processo Digital nº: **1042854-51.2021.8.26.0100**

Classe - Assunto **Pedido de Providências - Registro de Imóveis**

Requerente: **TPA Terraço República - Empreendimento Imobiliário Spe Ltda.**

Requerido: **5º Oficial de Registro de Imóveis da Capital**

Juiz(a) de Direito: Dr(a). **Vivian Labruna Catapani**

Vistos.

Trata-se de **pedido de providências** formulado por **TPA Terraço República Empreendimento Imobiliário SPE Ltda.** em face do **Oficial do 5º Registro de Imóveis da Capital**, em virtude da recusa de averbação de cancelamento de locações de imóveis objeto de registros nas matrículas nº 4.595 e nº 4.596 daquela serventia. Relata que consta no fólio real a celebração de contratos de locação com as empresas Verano Calçados Ltda. e Irmãos Hakim Ltda. pelo período de 5 anos, com término em 1987 e 1992. Salienta ter apresentado ao Registrador certidões de baixa de inscrição no CNPJ, bem como ata notarial, para demonstrar o encerramento das atividades das locatárias e a desocupação dos imóveis. Afirma que adquiriu os bens mencionados, o que motivou o pedido de baixa amparado em precedentes desta Corregedoria. Ressalta, ainda, que os contratos vencidos não foram renovados e tampouco ensejaram ações renovatórias, conforme certidões do distribuidor cível. Por essas razões, pleiteia a expedição de mandado determinando o cancelamento, nos termos do art. 250, I, da LRP. Juntou os documentos de fls. 9/55.

Em manifestação às fls. 59/60, o Registrador esclarece que a devolução do título se pautou nos artigos 248, 250 e 253 da LRP, enfatizando que, como regra, não deve agir sem título que mobilize a prática do ato. Conclui que a atuação do Judiciário se faz necessária no caso de produção de provas para o cancelamento de ônus reais, mas pontua que, ao seu ver, o pleito merece acolhimento.

O Ministério Público ofertou parecer às fls. 64/65, pela procedência do pedido.

É o relatório.

Passo a fundamentar e a decidir.

Aplica-se ao caso o mesmo raciocínio exarado em precedentes desta Corregedoria Permanente, da lavra da MM. Juíza Tânia Mara Ahualli, destacando-se, a título de exemplo, o entendimento firmado nos feitos nº 1114314-35.2020.8.26.0100, nº 1003674-62.2020.8.26.0100 e nº 1109971-30.2019.8.26.0100. Depreende-se dos autos que, na matrícula nº 4.595 do 5º CRI, cujo imóvel foi adquirido pela requerente (R. 08 - fl. 19), consta o registro de instrumento particular firmado em 1987, pelo qual se estabeleceu a locação do bem à empresa Irmãos Hakim Ltda., com término em 31/01/1992 (R. 03 - fl. 17). Nos mesmos termos, entabulou-se pacto referente ao imóvel matriculado sob nº 4.596 da citada serventia, conforme R. 04 (fl. 23/24), bem este que antes fora locado à empresa Verano Calçados Ltda., pelo período de 01/02/1983 a 31/01/1988, contrato encerrado em 21/07/1987 mediante rescisão acordada com a proprietária (R.02 e Av. 03 fls. 22/23).

Em ambos os álbuns registrais, não houve novo registro acerca de eventual renovação do aluguel após o término fixado para 31/01/1992, do que se pode presumir, em tese, o fim de vigência naquela data. Soma-se a isso o teor da ata notarial elaborada pelo 14º Tabelião de Notas da Capital (fls. 13/15), atestando que o imóvel objeto das matrículas nº 4.595 e nº 4.596 do 5º RI é composto por uma única edificação e encontra-se *"livre de coisas e de pessoas, totalmente desocupado"* (fl. 15). E não bastasse, há notícia de baixa de inscrição no CNPJ da empresa locatária Irmãos Hakim Ltda. em 02/02/2015 (fls. 11/12).

Por esses elementos, verifica-se que as locações firmadas não mais produzem efeitos materiais, de modo que a respectiva averbação de cancelamento se mostra importante por refletir a veracidade real que se espera dor registros.

Diante do exposto, **julgo procedente** o **pedido de providências** formulado pelo **TPA Terraço República - Empreendimento Imobiliário SPE Ltda.** e, consequentemente, determino a averbação de cancelamento dos contratos de locação que gravam as matrículas nº 4.595 e nº 4.596 (R. 03 e R. 04, nessa ordem).

Deste procedimento não decorrem custas, despesas processuais e honorários advocatícios.

Oportunamente remetam-se os autos ao arquivo.

P.R.I.C.

São Paulo, 25 de maio de 2021.

Vivian Labruna Catapani

Juíza de Direito (DJe de 28.05.2021 – SP)

Ementa: Sentença – Pedido de Providências – Pedido de averbação de Caução na matrícula – Impossibilidade – Óbices registrários referente a necessidade de rerratificar o contrato, em razão da presença de dupla garantia locatícia, bem como de apresentar, na serventia, o instrumento original referente a representação válida da locadora – Interpretação no contrato de que os caucionantes também seriam fiadores da aludida locação – Vedação acerca de cumulação de garantias – Art. 37 da Lei Federal nº 8.245/91 – Manutenção das exigências – Improcedência

Processo 1036394-48.2021.8.26.0100

Pedido de Providências - REGISTROS PÚBLICOS - Nanolme Empreendimentos Imobiliarios Ltda - Diante do exposto, julgo improcedente o pedido de providências formulado por Nanolme Empreendimentos Imobiliários Ltda., em face do Oficial do 10º Registro de Imóveis da Capital, mantendo os óbices reistrários. Deste procedimento não decorrem custas, despesas processuais e honorários advocatícios. Oportunamente remetam-se os autos ao arquivo. P.R.I.C. - ADV: ADRIANO MATOS BONATO (OAB 247374/SP)

Íntegra da decisão:

SENTENÇA

Processo Digital nº: **1036394-48.2021.8.26.0100**

Classe - Assunto **Pedido de Providências - REGISTROS PÚBLICOS**

Suscitante: **Nanolme Empreendimentos Imobiliarios Ltda**

Suscitado: **10º Oficial de Registro de Imóveis da Capital**

Juiz(a) de Direito: Dr(a). **Vivian Labruna Catapani**

Vistos.

Trata-se de **pedido de providências** formulado por **Nanolme Empreendimentos Imobiliários Ltda.** em face do **Oficial do 10º Registro de Imóveis da Capital**, em virtude da recusa de averbação de caução na matrícula de imóvel objeto da matrícula nº 112.963 daquela serventia.

Relatou ter celebrado um contrato de locação, no qual foi ofertada a garantia mencionada, sendo integrado, distintamente, por 3 locatários que são pessoas jurídicas e 2 caucionantes na qualidade de pessoas físicas, estes últimos, por óbvio, responsabilizando-se por toda a obrigação contratual. Alegou que, ao buscar a averbação, a serventia cometeu equívoco ao analisar cláusulas contratuais estipuladas entre particulares de comum acordo, função que não lhe caberia. Ressaltou, ainda, que o instrumento deixou claro que a garantia estabelecida é apenas caução e não fiança, sendo que as disposições sobre o teor dos artigos 1.491 e 1.500 do CC se deram de acordo com o princípio do *pacta sunt servanda*. Com base nesses fundamentos, pugnou pela efetivação de direito regulado pelos artigos 37, I, e 38, § 1º, ambos da Lei nº 8.245/91. Juntou documentos às fls. 7/52.

O Registrador manifestou-se às fls. 56/57, anexando a documentação de fls. 58/74.

Explicou, primeiramente, que das duas exigências apontadas em nota devolutiva, a do item 2 ficará atendida se houver apresentação física do instrumento de fls. 23/37, que foi trazido pela requerente somente nestes autos. Reafirmou, contudo, os motivos remanescentes da qualificação negativa, relativos ao ajuste de dupla garantia locatícia, de caução e fiança, constante na 22ª cláusula do contrato levado à averbação, o que sustenta ser vedado pela Lei nº 8.245/91, sob pena de nulidade. Salientou que, além de ter sido pactuada a responsabilização solidária pelas obrigações contraídas, os caucionantes renunciaram ao benefício de ordem do art. 1.491 do CC, bem como à faculdade que lhe é assegurada pelo art. 1.500 do mesmo diploma, o que também alude à formalização de fiança, mesmo que não tenha sido assim intitulada. Defende, portanto, que a averbação depende de rerratificação do contrato, com exclusão de tais disposições, para estrita observância ao princípio da legalidade.

O Ministério Público ofertou parecer às fls. 77/82, pela improcedência do pedido, com manutenção das exigências.

É o relatório.

Passo a fundamentar e a decidir.

De início, importa consignar que a segunda exigência da nota devolutiva de fls. 21/22, referente à exibição de prova da representação válida da locadora, aqui requerente, para a data do contrato de locação (14/08/2019), é pertinente para que sejam aferidos os poderes do seu representante Nilton Mendes Rodrigues ao assinar o pacto vinculando a empresa, como prevê o art. 47 do CC. Como dito pelo Oficial, essa formalidade ficará suprida com a apresentação na serventia do documento original de fls. 23/37.

Assiste razão ao Registrador também quanto à primeira exigência, do item 1, posição que converge, igualmente, com a manifestada pelo Ministério Público.

Depreende-se do contrato anexado às fls. 8/17 que as três empresas locatárias foram no ato representadas por Fabio Minoru Hiratomi. O instrumento aponta o oferecimento de caução consistente em imóvel apontado no item 8 (fl. 9), matriculado sob o nº 112.963 no 10º CRI e de propriedade de Fabio Minoru Hiratomi e Cintia Yoshio Inoue (fls. 58/61), caucionantes descritos no item 9. Mais adiante, nos termos acordados, em especial nos parágrafos da 22ª cláusula (fl. 14/15), é indicado:

> *§ 1º Os Caucionantes* ***oferecem o imóvel*** *descrito no item 8 do preâmbulo como a mesma eficácia de uma garantia real. Não podendo este imóvel ser dado em garantia em outras transações.*
>
> *§ 2º Os Caucionantes em virtude da sua Garantia Contratual especificada no item 8 do preâmbulo, renuncia (sic) expressamente ao benefício de ordem previsto no artigo 1.491 do Código Civil, bem como, a faculdade que lhe é assegurado pelo artigo 1.500 do Código Civil, em razão de que firma o presente.*
>
> *§ 3º Os Caucionantes em virtude da sua Garantia Contratual é* ***solidariamente responsável*** *(sic) com os Locatários pelo cumprimento fiel de todas as clausulas e obrigações decorrentes deste contrato, inclusive quanto as obrigações de alugueres, juros, correção monetária, multas, honorários advocatícios e outras, inclusive dano e estrago que se verificarem no imóvel locado, responsabilidade essa que prevalecerá enquanto a Locatária permanecer no imóvel, até final entrega das chaves, ainda que o presente contrato se renove e a locação permaneça por prazo indeterminado. (grifo nosso).*

Como se observa, os caucionantes compõem o contrato tanto para garanti-lo com imóvel próprio, como para se responsabilizar solidariamente pelo seu cumprimento, ou seja, instituem-se duas garantias, caução e fiança. Conquanto não se utilize a denominação específica para o segundo instituto, disciplinado pelo art. 818 e ss. do CC, a descrição de sua forma assim o define, sem margem para dúvidas, visto que o § 3º da 22ª cláusula estipula clara garantia personalíssima de satisfação das obrigações assumidas pelos locatários, caso estes deixem de cumpri-las.

Há, ainda, uma aparente impropriedade no § 2º que reforça essa conclusão. Os artigos 1.491 e 1.500 do Código Civil de 2002, vigentes na data de assinatura do contrato, versam sobre hipoteca legal e extinção geral da hipoteca. Todavia, no diploma legal antecedente, de 1916, tais dispositivos abordavam efeitos da fiança, em particular, o benefício de ordem, cuja renúncia vem expressa no instrumento, associada à referência do art. 1.491 (hoje regulada no art. 827 do CC/02).

Por conseguinte, não se vislumbra qualquer confusão na distinção entre pessoa física e jurídica, como alegado pela requerente, capaz de afastar a interpretação de dupla garantia.

É evidente que os caucionantes são Fabio Minoru Hiratomi e Cintia Yoshio Inoue e que, nos moldes atuais do contrato, ambos seriam caucionantes e fiadores da locação, circunstância repelida na legislação especial.

Prescreve a Lei de Locação (Lei nº 8.245/91):

> *Art. 37. No contrato de locação, pode o locador exigir do locatário as seguintes modalidades de garantia:*
>
> *I - caução;*
>
> *II - fiança;*
>
> *III - seguro de fiança locatícia.*
>
> *IV - cessão fiduciária de quotas de fundo de investimento. (Incluído pela Lei nº 11.196, de 2005)*
>
> *Parágrafo único. É vedada, sob pena de nulidade, mais de uma das modalidades de garantia num mesmo contrato de locação.*

A redação do paragrafo único do mencionado artigo traz proibição incontestável acerca da cumulação de garantias. Consequentemente, sem adentrar questões de liberdade contratual, o Registrador, em exame extrínseco do título, verificando aspectos formais, tem o dever de obstar o ingresso de instrumentos que não se atenham aos limites da legalidade. É o que se extrai do item 117 do Cap. XX, das NSCGJ:

Incumbe ao oficial impedir o registro de título que não satisfaça os requisitos exigidos pela lei, quer sejam consubstanciados em instrumento público ou particular, quer em atos judiciais.

Ademais, diversos são os precedentes da E. Corregedoria Geral da Justiça sobre a matéria. Dentre os mais recentes, confiram-se:

REGISTRO DE IMÓVEIS - Recurso de apelação recebido como recurso administrativo - Pretensão de averbação de caução locatícia - Contrato de locação que prevê dupla garantia - Impossibilidade - Inteligência do art. 37, parágrafo único, da Lei de Locações - Parecer pelo recebimento do reclamo como recurso administrativo e pelo seu não provimento. (Parecer 506/2018-E elaborado pelo MM. Juiz Paulo César Batista dos Santos, aprovado em 06.12.2018 pelo Corregedor Geral da Justiça à época, Des. Geraldo Francisco Pinheiro Franco).

REGISTRO DE IMÓVEIS - Pretensão de averbação de caução locatícia - Contrato de locação que prevê dupla garantia - Impossibilidade - Inteligência do art. 37, parágrafo único, da Lei de Locações - Parecer pelo recebimento do reclamo como recurso administrativo e pelo seu não provimento. (Parecer 386/2017-E elaborado pelo MM. Juiz Carlos Henrique André Lisboa, aprovado em 22.11.2017 pelo Corregedor Geral da Justiça à época, Des. Pereira Calças).

Logo, correta a exigência do Registrador de rerratificação do contrato para ingresso no fólio real.

Diante do exposto, **julgo improcedente** o **pedido de providências** formulado por **NanoIme Empreendimentos Imobiliários Ltda.**, em face do **Oficial do 10º Registro de Imóveis da Capital**, mantendo os óbices registrários.

Deste procedimento não decorrem custas, despesas processuais e honorários advocatícios.

Oportunamente remetam-se os autos ao arquivo.

P.R.I.C.

São Paulo, 29 de abril de 2021.

Vivian Labruna Catapani

Juiz de Direito (DJe de 03.05.2021 – SP)

Ementa: Sentença – Pedido de Providências – Pedido de cancelamento da averbação de Caução Locatícia, sob a alegação da extinção do Contrato de Locação – Impossibilidade – Necessidade de concordância do locador ou de seus sucessores – Princípio da Veracidade – Art 250 da LRP – Incompetência do juízo administrativo, bem como do Registrador para análise da questão referente ao perecimento da garantia – Matéria reservada à esfera jurisdicional – Manutenção do óbice – Improcedência

Processo 1107415-21.2020.8.26.0100

Pedido de Providências - Registro de Imóveis - Eunice Lemos de Vasconselos - Vistos. Trata-se de pedido de providências formulado por Eunice Lemos de Vasconcelos, em face do Oficial do 7º Registro de Imóveis da Capital, pretendendo o cancelamento da averbação de caução locatícia (av.03), referente ao imóvel matriculado sob nº 45.160, sob a alegação da extinção do contrato de locação, gerando a perda da eficácia da caução. Juntou documentos às fls. 06/30 e 52/56. O Registrador manifestou-se às fls. 37/41. Salienta que apesar de ter havido a rescisão do contrato de locação, em nenhum momento o MMº Juízo Cível referiu-se ao cancelamento da caução constituída como garantia ao pagamento dos alugueis, e demais encargos, razão pela qual há a necessidade de concordância do locador ou de seus sucessores. Apresentou documentos às fls. 39/43. O Ministério Público opinou pela procedência do pedido de providencias (fls. 63/64). É o relatório. Passo a fundamentar e a decidir. Em que pesem os argumentos expostos pela D. Promotora de Justiça, entendo pela manutenção do óbice ao cancelamento da averbação da caução. De acordo com o principio da veracidade, nos ensinamentos do professor Luiz Guilherme Loureiro: "Em virtude do principio da legitimidade ou da presunção de veracidade, o Registro deve refletir a verdade não só no que se refere ao titular do direito registrado, mas também quanto à natureza e ao conteúdo deste direito. Assim, qualquer inexatidão do assento deve ser retificada a fim de que reflita perfeitamente a realidade". (Registros Públicos - Teoria e Prática - 2ª ed. - Editora Método). Questão semelhante foi analisada por este Juízo, no processo nº 0007813- 89.2011.8.26.0100: "Registro de imóveis - pedido de providências nulidade e cancelamento de matrícula (LRP/1973, arts. 214, caput, e 233, I) - "legitimidade" de qualquer do povo para representar irregularidade da matrícula (CF/1988, art. 5º, XXXIV, a; NSCGJ, II, XIII, 2) - necessária cautela da corregedoria permanente, para que dessas representações não decorram canseiras e despesas desnecessárias para os ofícios de registro de imóveis e os titulares de direitos inscritos - de qualquer forma, o autor da representação litiga há anos sobre a área objeto da matrícula - abertura de matrícula para área que estava precariamente descrita em transcrição - errônea dispensa da retificação bilateral (LRP/1973, art. 213, II) - ofensa ao princípio da especialidade objetiva (LRP/1973, art. 176, § 1º, II, 3, a e b) - decreto de nulidade e ordem de cancelamento - pedido de providências procedente".

Pretende a requerente o cancelamento da averbação da caução locatícia que grava a matrícula nº 45.160, sob o argumento de que mencionada garantia encontra-se extinta. Ressalto que a caução do imóvel é garantia que se oferece para o cumprimento de uma obrigação ou de um dever legal ou convencional. O proprietário, que oferece um imóvel, na sua totalidade para garantir o cumprimento de uma obrigação, está constituindo a favor do credor, um direito real de garantia sobre o seu bem. Neste contexto, imprescindível a anuência do locador e a apresentação do termo de quitação da dívida garantida, o que não se verificou no caso em tela. A simples alegação da requerente que de a devolução do imóvel implica na perda da eficácia da caução locatícia não gera automaticamente o cancelamento da caução. O artigo 250 da Lei de Registros Públicos dispõe que: "Art. 250- Far-se-á o cancelamento: (incluído pela Lei nº 6.216, de 1975) I- em cumprimento de decisão judicial transitada em julgado; (incluído pela Lei nº 6.216, de 1975); II- a requerimento unânime das partes que tenham participado do ato registrado, se capazes, com as firmas reconhecidas por tabelião; (incluído pela Lei nº 6.216, de 1975); III- A requerimento do interessado, instruído com documento hábil. (incluído pela Lei nº 6.216, de 1975); IV- a requerimento da Fazenda Pública, instruído com certidão de conclusão de processo administrativo que declarou, na forma da lei, a rescisão do título de domínio ou de concessão de direito real de uso de imóvel rural, expedido para fins de regularização fundiária, e a reversão do imóvel ao patrimônio público. (Incluído pela Lei nº 11.952, de 2009)". (g.n) Daí tem-se a impossibilidade do requerimento unilateral, mesmo encontrando-se extinto o contrato de locação, vez que não gera a presunção da extinção da garantia. O cancelamento da averbação da caução esvaziaria a garantia que o locador dispõe para o adimplemento da obrigação. Ademais, não cabe ao Registrador, e nem detém competência este juízo administrativo, a análise da questão relacionada ao perecimento da garantia para fins do cancelamento pretendido, devendo tal insurgência ser objeto da ação competente a ser formulada nas vias ordinárias, com a incidência do contraditório e ampla defesa. Logo, correta a exigência lançada pelo Registrador. Diante do exposto, julgo improcedente o pedido de providências formulado por Eunice Lemos de Vasconcelos, em face do Oficial do 7º Registro de Imóveis da Capital. Deste procedimento não decorrem custas, despesas processuais e honorários advocatícios. Oportunamente remetam-se os autos ao arquivo. P.R.I.C. - ADV: ITALO LEMOS DE VASCONCELOS (OAB 375084/SP), FELIPE FERNANDES (OAB 384786/ SP) (DJe de 05.03.2021 – SP)

Ementa: Sentença – Pedido de Providências – Pedido de cancelamento da averbação referente ao Contrato de Locação – Possibilidade – Óbice referente a necessidade da apresentação de Instrumento de Rescisão da locação, Mandado Judicial ou por meio de requerimento conjunto – Descabimento – Vencimento do contrato há mais de quarenta anos – Inexistência da locatária em razão do encerramento das suas atividades – Ineficácia do aludido Contrato – Imóvel que atualmente se encontra locado para outra empresa – Princípio da Legitimidade – Ausência de prejuízos a terceiros de boa-fé – Procedência

Processo 1002172-54.2021.8.26.0100

Pedido de Providências - Registro de Imóveis - Gelson Cutrale – Laura Silvia Cutrale Tarantino – Laudemilda Rodrigues Bernardes Cutrale – José Cutrale – Gelsumina Maria Vietri Cutrale – Angelo Cutrale Neto – Lúcia Angélica Cutrale Cintra Zagatti – Fulvio Eduardo de Almeida Cintra Zagatti – Fabio Cutrale – Elisabeth Cutrale, registrado civilmente como Elizabeth Cutrale - Vistos. Trata-se de pedido de providencias formulado por Ângelo Cutrale Neto casado com Fanny Teresa Losito Dulon Cutrale, Elizabeth Cutrale, que também assina Elisabeth Cutrale, Fabio Cutrale, Fulvio Eduardo de Almeida Cintra Zagatti casado com Lúcia Angelica Cutrale Cintra Zagatti, Gelson Cutrale, Gelsumina Maria Vietri Cutrale, José Cutrale casado com Laudemilda Rodrigues Bernardes Cutrale e Laura Silvia Cutrale Tarantino, em face do Oficial do 7º Registro de Imóveis da Capital, pleiteando o cancelamento da averbação do contrato de locação (AV.1) que grava a matrícula nº 171.466. Relatam os requerentes que foi averbado o contrato de locação em favor da empresa Alumínio Indústria S/A (AISA), pelo período de 07.10.1959 a 31.03.1975. Salientam que a locação findou sem nenhuma dívida, bem como a empresa encerrou sua atividade em 28.11.1983, o que obstou o contato com os representantes legais. Por fim, esclarecem que atualmente o imóvel encontra-se locado para a empresa Itain Cart Park Estacionamentos LTDA-ME. Juntou documentos às fls. 06/36 e 40/45. O Registrador manifestou-se às fls. 47/48. Esclarece que de acordo com o artigo 250 da Lei de Registros Públicos, opera-se o cancelamento da inscrição com a exibição do documento adequado, ou seja, instrumento de rescisão da locação firmado entre locador e locatário, mandado judicial, com sentença transitada em julgado ou através de requerimento conjunto dos contratantes, com a finalidade de proporcionar a segurança em matéria registrária. O Ministério Público opinou pela procedência do pedido (fls. 52/53). É o relatório. Passo a fundamentar e a decidir. Pretendem as requerentes realizar o cancelamento da averbação nº 01 correspondente a um contrato de locação entre os antigos titulares de domínio e a empresa Alumínio Indústria S/A, na matrícula nº 171.466. Compulsando os autos verifico que o contrato averbado venceu 31/07/1975, há mais de 40 anos. Apesar da previsão legal de renovação automática os requerentes demonstraram que a locatária não mais existe, conforme extrato da junta comercial (fls. 27/28), além disso demonstraram que o imóvel atualmente está locado para outra empresa (fls. 40/45), de forma que se presume que o contrato não produz mais efeitos, sendo inútil a manutenção do registro. Conforme ensina Luiz Guilherme Loureiro: Em virtude do princípio da legitimidade ou da presunção de veracidade, o Registro deve refletir a verdade não só no que se refere ao titular do direito registrado, mas também quanto à natureza e ao conteúdo destedireito. Assim, qualquer inexatidão do assento deve ser retificada a fim de que reflitaperfeitamente a realidade. (Registros Públicos - Teoria e Prática - 2ª ed. - Editora Método) Portanto, diante da ineficácia do contrato e da impossibilidade de se obter a concordância da locatária, o registro deve ser cancelado. Além disso, entendo que o cancelamento do registro não trará qualquer prejuízo contra terceiros de boa fé. Diante do exposto, julgo procedente o pedido de providencias formulado por Ângelo Cutrale Neto casado com Fanny Teresa Losito Dulon Cutrale, Elizabeth Cutrale, que também assina Elisabeth Cutrale, Fabio Cutrale, Fulvio Eduardo de Almeida Cintra Zagatti casado com Lúcia Angelica Cutrale Cintra Zagatti, Gelson Cutrale, Gelsumina Maria Vietri Cutrale, José Cutrale casado com Laudemilda Rodrigues Bernardes Cutrale e Laura Silvia Cutrale Tarantino, em face do Oficial do 7º Registro de Imóveis da Capital, e consequentemente determino o cancelamento da averbação do contrato de locação (AV.1), que grava a matrícula nº 171.466. Deste procedimento não decorrem custas, despesas processuais e honorários advocatícios. Oportunamente remetam-se os autos ao arquivo. - ADV: PERSIO VINICIUS ANTUNES (OAB 192292/SP) (DJe de 03.03.2021 – SP)

Ementa: Sentença – Dúvida – Instrumento particular de Locação – Apresentação de Certidão Negativa de Débito – CND Conjunta – Inexigibilidade da CND na seara administrativa, segundo o atual entendimento do E. CSM e da E. CGJ – Ausência de irregularidade na dispensa conforme entendimento do E. CNJ – Exigibilidade, contudo, conforme os preceitos legais que informam a matéria – Impossibilidade de o registrador de imóveis, de ofício, estender a fulminação constitucional que afligiu a Lei Federal nº 7.711/1988 – Ausência de declaração judicial expressa de que a Lei Federal nº 8.212/1991 padeça de inconstitucionalidade – Necessidade de que os oficiais observem o disposto no item 119.1, do Capítulo XX, das NSCGJ – Improcedência

Processo 1113637-05.2020.8.26.0100

Dúvida - Notas - Itamar Eugenio Cecheto - Vistos. Trata-se de dúvida suscitada pelo Oficial do 4º Registro de Imóveis a Capital, a requerimento de Itamar Eugênio Cechetto, tendo em vista a negativa em proceder ao registro do instrumento particular de locação e seu aditamento, com cláusula de vigência em caso de alienação do imóvel matriculado sob nº 38.052, descrito no contrato de locação como "Rua Amauri, 282, com frente também para a Rua Peruíbe, 116 Itaim Bi-bi CEP:01448-000, O óbice registrário refere-se à divergência de descrições entre o contrato e aquela constante da matrícula, em decorrência da construção/reforma realizada no local, implicando inclusive, na alteração de endereço, agora com duas entradas, sendo uma pela Rua Amauri, nº 282. Após o cumprimento de algumas exigências, restou apenas uma, qual seja, apresentação da certidão negativa de débitos da previdência social, em cumprimento ao artigo 47, II da Lei nº 8.212/91. Ressalta o Oficial que a averbação da construção se faz necessária em atendimento ao princípio da especialidade objetiva, vez que o imóvel objeto da locação difere do bem constante na matrícula. Declara que tem ciência da atual jurisprudência dos Tribunais Superiores e desta Corregedoria Permanente no tocante a necessidade da apresentação das Certidões Negativas (item 119.1, do Cap. XX, das Normas Extrajudiciais de Serviço) e assevera que a matéria ainda enseja controvérsia, tendo em vista que existe entendimento no sentido em que a alínea b, inciso I, do artigo 47, da Lei Federal nº 8.212/91, estaria em vigor, por não ter sido expressamente declarada inconstitucional. Juntou documentos às fls. 07/67. O suscitado manifestou-se às fls. 68/85. Com relação a CND do INSS referente a obra informou que não a possui, uma vez que a locação teve início no ano de 2014 e a regularização da edificação ocorreu no ano de 2003, conforme documento denominado de regularização de Edificação. Afirma que a exigência do Registrador não encontra amparo legal. O Ministério Público opinou pela improcedência da dúvida (fls. 89/90). É o relatório. Passo a fundamentar e a decidir. Apesar do entendimento pessoal desta magistrada, no sentido de não ser possível declarar, em sede administrativa, a inconstitucionalidade dos dispositivos legais que exigem a apresentação da CND perante o registro imobiliário, reconheço ter sido pacificado o entendimento de que tal exigência não pode ser feita pelo Oficial. Neste sentido, além dos precedentes do E. Conselho Superior da Magistratura e da Corregedoria Geral da Justiça deste Tribunal, o Conselho Nacional de Justiça, nos autos do pedido de providências nº 000123082-.2015.2.00.0000, formulado pela União/AGU, entendeu não haver irregularidade na dispensa, por ato normativo, da apresentação de certidão negativa para registro de título no Registro de Imóveis: "CNJ: Pedido de Providências Provimento do TJ-RJ que determinou aos cartórios de registro de imóveis que deixem de exigir a certidão negativa de débito previdenciária (CND) Pedido formulado pela UNIÃO/AGU para a suspensão cautelar e definitiva dos efeitos do Provimento n. 41/2013, além da instauração de reclamação disciplinar contra os magistrados que participaram da concepção e realização do ato e ainda, que o CNJ expeça resolução ou recomendação vedando a todos os órgãos do Poder Judiciário a expedição de normas de conteúdo semelhante ao editado pela requerida Provimento CGJ n. 41/2013 editado pelo TJRJ está de acordo com a interpretação jurisprudencial do STF Ressalte-se que não houve qualquer declaração de inconstitucionalidade dos artigos 47 e 48 da Lei n. 8.212/91, mas sim fixação de norma de competência da Corregedoria Geral de Justiça local para regulamentar as atividades de serventias extrajudiciais vinculadas ao Tribunal de Justiça Pedido de providências improcedente" De acordo com o Acórdão: "... Ao contrário do que afirma a Advocacia-Geral da União, verifica-se que o Provimento CGJ n. 41/2013 editado pelo TJRJ está de acordo com a interpretação jurisprudencial do STF acerca da aplicabilidade dos artigos 47 e 48 da Lei n. 8.212/91 ao dispensar a exigência de apresentação de CND para o registro de imóveis. Confira-se: RECURSO EXTRAORDINÁRIO COM AGRAVO. REPERCUSSÃO GERAL. REAFIRMAÇÃO DE JURISPRUDÊNCIA. DIREITO TRIBUTÁRIO E DIREITO PROCESSUAL CIVIL. CLÁUSULA DA RESERVA DE PLENÁRIO. ART. 97 DA CONSTITUIÇÃO FEDERAL. JURISPRUDÊNCIA DO TRIBUNAL PLENO DO STF. RESTRIÇÕES IMPOSTAS PELO ESTADO. LIVRE EXERCÍCIO DA ATIVIDADE ECONÔMICA OU PROFISSIONAL. MEIO DE COBRANÇA INDIRETA DE TRIBUTOS. 1. A jurisprudência pacífica desta Corte, agora reafirmada em sede de repercussão geral, entende que é desnecessária a submissão de demanda judicial à regra da reserva de plenário na hipótese em que a decisão judicial estiver fundada em jurisprudência do Plenário do Supremo Tribunal Federal ou em Súmula deste Tribunal, nos termos dos arts. 97 da Constituição Federal, e 481, parágrafo único, do CPC. 2. O Supremo Tribunal Federal tem reiteradamente entendido que é inconstitucional restrição imposta pelo Estado ao livre exercício de atividade econômica ou profissional, quanto aquelas forem utilizadas como meio de cobrança indireta de tributos. 3. Agravo nos próprios autos conhecido para negar seguimento ao recurso extraordinário, reconhecida a inconstitucionalidade, incidental e com os efeitos da repercussão geral, do inciso III do §1º do artigo 219 da Lei 6.763/75 do Estado de Minas Gerais.(ARE 914045 RG, Relator(a): Min. EDSON FACHIN, julgado em 15/10/2015, ACÓRDÃO ELETRÔNICO REPERCUSSÃO GERAL MÉRITO DJe-232 DIVULG 18-11-2015 PUBLIC 19-11-2015)" Assim, devem os Oficiais observar o disposto no Cap. XX, item 117.1, das NSCGJ do Tribunal de Justiça de São Paulo, que assim dispõe: "117.1. Com exceção do recolhimento do imposto de transmissão e prova de recolhimento do laudêmio, quando devidos, nenhuma exigência relativa à quitação de débitos para com a Fazenda Pública, inclusive quitação de débitos previdenciários, fará o oficial, para o registro de títulos particulares, notariais ou judiciais" Deste modo, existindo norma expressa no sentido de que os Oficiais não podem exigir, para registro de título, qualquer documento relativo à débitos para com a Fazenda Pública, a exigência ora apresentada deve ser afastada Neste contexto, a dispensa da certidão de débito deve também ser estendida às averbações de construção ou demolição. Conforme decisão já proferida pela Egrégia Corregedoria Geral da Justiça, no Processo nº 2012/00100270: "Recurso Administrativo. Averbação de construção que acarreta modificação da área do imóvel. Impossibilidade. Falta de CND referentes às modificações anteriores. Questão já considerada em decisão anterior pelo D. Corregedor Geral da Justiça, que modificou entendimento anterior pela dispensa das certidões. Discrepância das medias apresentadas que demanda esclarecimentos. Parecer pelo não provimento". Logo, a impropriedade da exigência deve ser estendida ao citado inciso II, uma vez que ainda que a averbação da construção (ou demolição) não signifique transferência de bens, é ela meio de regularização da situação registral do imóvel, não podendo haver óbice pela existência de qualquer débito tributário, sob pena de se caracterizar a cobrança de dividas fiscais por via transversa. Diante do exposto, julgo improcedente a dúvida suscitada pelo Oficial do 4º Registro de Imóveis a Capital, a requerimento de Itamar Eugênio Cechetto, e consequentemente determino o registro do título. Deste procedimento não decorrem custas, despesas processuais e honorários advocatícios. Oportunamente remetam-se os autos ao arquivo. P.R.I.C. - ADV: MARCELO MIRANDA PIFFER (OAB 233437/SP), GUSTAVO MIRANDA PIFFER (OAB 279113/SP) (DJe de 13.01.2021 – SP)

Ementa: Sentença – Procedimento Comum Cível - Pedido de Providências – Pedido de levantamento da caução averbada na matrícula sob alegação de que o contrato de locação se extinguiu em 2005 – Impossibilidade – Necessidade de anuência do interessado – Registrador que não detém competência para analisar o eventual perecimento do contrato de locação – Matéria reservada à esfera jurisdicional – Improcedência

Processo 1077525-37.2020.8.26.0100

Procedimento Comum Cível - Averbação ou registro de sentença na matrícula do imóvel - Walter Bonetti – Urilda Moraes Bonetti - Vistos. Trata-se de pedido de providencias formulado por Walter Bonetti e Urilda Moraes Bonetti em face do Oficial do 5º Registro de Imóveis da Capital, pretendendo o cancelamento da caução averbada sob nº 03 na matrícula nº 48.338, sob a alegação da extinção do contrato de locação, gerando a perda da eficácia da garantia. Relatam os requerentes que, com o término da locação em 15.08.2005 e entrega das chaves, pagamento das despesas e recibo rubricado pelo locador, acreditavam que o levantamento da caução seria automático, razão pela qual alienaram o imóvel caucionado, sem a lavratura da escritura. Todavia, devido a inadimplência do comprador nas parcelas do condomínio, o imóvel foi penhorado e arrematado. Destacam que ao requerer a baixa no gravame, foi exigido o reconhecimento das firmas dos locadores, os quais não foram localizados. Juntaram documentos às fls. 07/31. O Registrador manifestou-se à fl. 36. Esclarece que no caso concreto há necessidade de produção de provas relativa ao término do contrato e não localização dos locadores, logo, a apreciação do pedido deve ser feita por juízo competente. O Ministério Público opinou pela incompetência do juízo (fls. 42/43). É o relatório. Passo a fundamentar e a decidir. Primeiramente retifique a z. Serventia o polo passivo da demanda a fim de constar o Oficial do 5º Registro de Imóveis da Capital. Feita esta observação, passo a análise do mérito. Pretendem os requerentes o cancelamento da averbação da caução locatícia que grava a matrícula nº 48.338, sob o argumento de que mencionada garantia encontra-se extinta. Ressalto que a caução do imóvel é garantia que se oferece para o cumprimento de uma obrigação ou de um dever legal ou convencional. O proprietário, que oferece um imóvel, na sua totalidade para garantir o cumprimento de uma obrigação, está constituindo a favor do credor, um direito real de garantia sobre o seu bem. Neste contexto, imprescindível a anuência do interessado e a apresentação do termo de quitação da dívida garantida, o que não se verificou no caso em tela. A simples alegação dos requerentes que de a devolução do imóvel implica na perda da eficácia da caução locatícia não gera automaticamente o cancelamento da caução. O artigo 250 da Lei de Registros Públicos dispõe que: "Art. 250- Far-se-á o cancelamento: (incluído pela Lei nº 6.216, de 1975) I- em cumprimento de decisão judicial transitada em julgado; (incluído pela Lei nº 6.216, de 1975); II- a requerimento unânime das partes que tenham participado do ato registrado, se capazes, com as firmas reconhecidas por tabelião; (incluído pela Lei nº 6.216, de 1975); III- A requerimento do interessado, instruído com documento hábil.(incluído pela Lei nº 6.216, de 1975); IV- a requerimento da Fazenda Pública, instruído com certidão de conclusão de processo administrativo que declarou, na forma da lei, a rescisão do título de domínio ou de concessão de direito real de uso de imóvel rural, expedido para fins de regularização fundiária, e a reversão do imóvel ao patrimônio público. (Incluído pela Lei nº 11.952, de 2009)". (g.n) Daí tem-se a impossibilidade do requerimento unilateral, mesmo encontrando-se extinto o contrato de locação, vez que não gera a presunção da extinção da garantia. O cancelamento da averbação da caução esvaziaria a garantia que o locador dispõe para o adimplemento da obrigação. Ademais, não cabe ao Registrador, e nem detém competência este juízo administrativo, a análise da questão relacionada ao perecimento da garantia para fins do cancelamento pretendido, devendo tal insurgência ser objeto da ação competente a ser formulada nas vias ordinárias, com a incidência do contraditório e ampla defesa. Logo, não há possibilidade de cancelar a caução a requerimento unilateral dos caucionantes, por dedução de que foram cumpridas todas as obrigações por ela garantidas. Diante do exposto, julgo improcedente o pedido de providencias formulado por Walter Bonetti e Urilda Moraes Bonetti, em face do Oficial do 5º Registro de Imóveis da Capital, devendo os requerentes ingressar com a ação na via judicial. Deste procedimento não decorrem custas, despesas processuais e honorários advocatícios. Oportunamente remetam-se os autos ao arquivo. P.R.I.C. - ADV: MARIA ROSA TEIXEIRA SANTOS (OAB 202736/SP) (DJe de 11.01.2021 – SP)

LOTEAMENTO E DESMEMBRAMENTO

Ementa: Sentença – Dúvida – Pedido de registro de Carta de Adjudicação Compulsória – Negativa em razão da necessidade de alvará de desdobro do lote com a devida aprovação pela Prefeitura e anuência da Secretaria Estadual do Meio Ambiente, bem como da apresentação do certificado de conclusão emitido pela Municipalidade em relação aos prédios projetados – Imóvel que integra área maior abrangida por projeto de construção de edificações – Títulos Judiciais não estão isentos de qualificação registrária – Documentos apresentados que não são suficientes para demonstrar aprovação da Municipalidade em relação ao desdobro do lote – Ausência de preenchimento dos requisitos necessários para a dispensa do registro especial – Imprescindibilidade da prévia averbação do desmembramento do terreno adjudicado – Possibilidade de concluir que o projeto para construção de edificações não se efetivou – Projeto que não foi objeto de registro – Art 18 da Lei Federal nº 6766/79 – Afastamento apenas da exigência relacionada ao certificado de conclusão emitido pela Municipalidade – Manutenção do demais óbices – Procedência Parcial

Processo 1103124-41.2021.8.26.0100

Dúvida - Registro de Imóveis - José Benedito Rezende - Luzia Raimundo Rezende - Diante do exposto, JULGO PARCIALMENTE PROCEDENTE a dúvida suscitada, afastando apenas a exigência relacionada ao certificado de conclusão emitido pela municipalidade em relação aos 24 prédios aprovados pelo alvará de fl. 117. Ou seja, o registro depende da apresentação de alvará de desdobro do lote objeto deste procedimento para averbação na matrícula n. 196.216, com a devida aprovação pela Prefeitura desta Capital e anuência da Secretaria Estadual do Meio Ambiente (área localizada em Zona de Proteção aos Mananciais), o que deve contar com elaboração de planta e memorial descritivo demonstrando a subdivisão da área em parcelas unitárias, contendo todas as medidas perimetrais de contorno, a área de superfície, confrontantes e pontos de amarração com a área maior na qual se insere a área desmembrada. Dê-se ciência deste expediente ao juízo da ação de usucapião noticiada, servindo a presente decisão como ofício. Deste procedimento não decorrem custas, despesas processuais ou honorários advocatícios. Oportunamente, remetam-se os autos ao arquivo. P.R.I.C. - ADV: ANDRÉA ANDREO GANCEDO SABER (OAB 326611/SP)

Íntegra da decisão:

SENTENÇA

Processo Digital nº: **1103124-41.2021.8.26.0100**

Classe - Assunto **Dúvida - Registro de Imóveis**

Requerente: **José Benedito Rezende e outro**

Requerido: **11º Oficial de Registro de Imóveis da Capital**

Juiz(a) de Direito: Dr(a). **Luciana Carone Nucci Eugênio Mahuad**

Vistos.

Trata-se de dúvida inversa suscitada por **José Benedito Rezende** e **Luiza Raimundo Rezende** em face da negativa do **Oficial do 11º Registro de Imóveis da Capital** em proceder ao registro de carta de adjudicação compulsória de terreno contido em área maior objeto da matrícula n. 196.216 daquela serventia.

O título foi recusado pelos seguintes motivos: 1) o terreno resulta da unificação dos imóveis das matrículas n. 196.214, correspondente ao lote n. 2, e 196.215, correspondente ao lote n. 3, sendo que o projeto apresentado se refere ao parcelamento apenas do lote n. 2, pelo que esclarecimento é necessário em relação à área do lote n. 3; 2) tendo em vista o projeto e o alvará apresentados, para que seja possível o desmembramento desejado, a parte interessada também deverá apresentar: a) via original ou cópia autenticada do certificado de conclusão emitido pela Prefeitura em relação aos 24 prédios aprovados pelo alvará juntado e, b) aprovação do referido projeto junto à Secretaria do Meio Ambiente do Estado, tendo em vista que o imóvel encontra-se localizado em área de proteção aos mananciais metropolitanos.

A parte interessada alega que ajuizou ação de adjudicação compulsória com o intuito de regularizar o domínio de seu imóvel, o qual está contido em área maior matriculada sob n. 196.216, a qual foi julgada procedente, com emissão de carta de adjudicação para o devido registro; que apresentou os documentos exigidos inicialmente para o registro do título (alvará e planta do projeto aprovados pela municipalidade e demais órgãos), sendo que apenas não conseguiu encontrar aprovação da Secretaria do Meio Ambiente, em que pesem os esforços empreendidos, vez que o fato ocorreu em 1989; que já houve os devidos desdobros da matrícula n. 194.869, da qual originou-se a matrícula n. 196.216, com aprovação em sede judicial, inclusive com aprovação do órgão ambiental na época; que, acerca do lote n. 3, não há o que se esclarecer, pois o registro em tela diz respeito ao lote n. 2, bem como porque, na própria matrícula n. 194.869, é mencionado que a unificação das matrículas foi equivocada, de modo que não constam outros documentos arquivados na serventia; que não se trata de loteamento clandestino ou irregular, sendo que restaram comprovadas as aprovações da prefeitura, bem como do órgão ambiental, o que se encontra averbado na matrícula n. 194.869; que, no loteamento em que o imóvel se localiza, existe saneamento há anos, o que também indica que aprovado pelo órgão responsável pelo meio ambiente; que seu imóvel está localizado em área urbana residencial e devidamente inscrito no IPTU, cadastro de contribuinte n. 260.035.0039-3; que o ITBI foi recolhido após o trânsito em julgado da ação adjudicatória; que conta com croqui do mapa em que localizado para fins de demonstrar todos os trâmites e regularidades do loteamento.

Vieram documentos às fls. 08/64.

A decisão de fl. 68 recebeu o feito como dúvida inversa após remessa pela 2ª Vara de Registros Públicos em razão da competência e determinou a apresentação de prenotação válida ante o decurso do trintídio legal, o que foi providenciado pela parte interessada (fls. 71/72).

O Oficial manifestou-se às fls. 74/83, sustentando que o óbice registrário principal cinge-se ao fato de que a carta de adjudicação compulsória apresentada a registro tem por objeto um terreno situado na av. Carlos Barbosa Santos, n. 2275 (antiga Estrada do Barro Branco), lote n. 02, Jardim Três Corações (área de 798,52m^2), sendo certo que a área maior na qual se insere o referido terreno, ou seja, o lote n. 02, tem área de superfície de 4.000m^2 integrante da área maior matriculada sob n. 196.216; que, em razão disso, foi exigido alvará de desdobro do lote aprovado pela prefeitura, acompanhado de memorial descritivo e de planta demonstrando as medidas perimetrais de contorno, a área de superfície e confrontações, além dos pontos de amarração com a área maior na qual se insere; que infere, dos elementos trazidos aos autos e da situação registrária, tratar-se, em verdade, de desdobro do lote 2, sendo necessária a realização da correspondente averbação na matrícula 196.216, para, com o desdobro, se tornar possível abertura de matrícula para a área resultante, consistente no imóvel em tela; que o imóvel da matrícula n. 196.216, no qual se insere o imóvel da parte suscitante, possui área total de 5.167,00m^2, resultante da unificação dos imóveis das matrículas 196.214 (correspondente ao lote 2, com 4.000,00m^2) e 196.215 (correspondente ao lote 3, com 1.167,00m^2); que, acerca das 24 edificações que foram projetadas para o lote n. 2, há necessidade da regularização do desmembramento, a teor do que dispõe o artigo 18 da Lei n. 6.766/79, vez que o parcelamento submete o terreno à fragmentação em lotes, o que demanda uma análise sob o prisma do item 165 do Cap. XX das NSCGJSP, que trata da possibilidade de dispensa do registro especial, sob pena de não ser possível atender não só ao princípio da especialidade, como ao da unitariedade da matrícula; que, em caso próximo, este juízo manteve o óbice registrário (autos n. 1026746-44.2021.8.26.0100); que, por exceção em face de peculiaridades do caso, pode-se admitir desmembramento com dispensa do registro especial previsto pelo artigo 18 da Lei n. 6.766/79, mas, para tanto, é imprescindível que existam fatores como, por exemplo, a ausência de sucessividade de parcelamentos e o número reduzido de lotes, a fim de não se caracterizar flagrante inobservância de disposição legal expressa (regra do subitem 165.4, do Cap. XX, das NSCGJSP); que, afora a questão do registro especial, o alvará de desdobro do lote 2 deve ser providenciado conforme entendimento da E. Corregedoria Geral da Justiça (CGJ 2013/00125053); que o imóvel em causa é objeto de ação de usucapião movida por Edimilson Gomes da Silva contra os espólios de Benedito Dias Ramos e América Pinheiro Magalhães Ramos, com alegação de posse desde 1997, a qual tramita neste juízo e ainda não foi julgada (autos n. 1103104-84.2020.8.26.0100).

O Ministério Público opinou pela manutenção dos óbices (fls. 122/123).

É o relatório.

Fundamento e decido.

No mérito, a dúvida procede parcialmente. Vejamos os motivos.

Por primeiro, vale destacar que os títulos judiciais não estão isentos de qualificação, positiva ou negativa, para ingresso no fólio real.

O Egrégio Conselho Superior da Magistratura já decidiu que a qualificação negativa de título judicial não caracteriza desobediência ou descumprimento de decisão judicial (Apelação Cível n. 413-6/7).

Neste sentido, também a Apelação Cível nº 464-6/9, de São José do Rio Preto:

> *"Apesar de se tratar de título judicial, está ele sujeito à qualificação registrária. O fato de tratar-se o título de mandado judicial não o torna imune à qualificação registrária, sob o estrito ângulo da regularidade formal. O exame da legalidade não promove incursão sobre o mérito da decisão judicial, mas à apreciação das formalidades extrínsecas da ordem e à conexão de seus dados com o registro e a sua formalização instrumental".*

E, ainda:

> *"Registro Público - Atuação do Titular - Carta de Adjudicação – Dúvida Levantada - Crime de*

Desobediência - Impropriedade Manifesta. O cumprimento do dever imposto pela Lei de Registros Públicos, cogitando-se de deficiência de carta de adjudicação e levantando-se dúvida perante o juízo de direito da vara competente, longe fica de configurar ato passível de enquadramento no artigo 330 do Código Penal – crime de desobediência -, pouco importando o acolhimento, sob o ângulo judicial, do que suscitado" (STF, HC 85911 / MG - Minas Gerais, Relator: Min. Marco Aurélio, j. 25/10/2005, Primeira Turma).

Sendo assim, não há dúvidas de que a mera existência de título proveniente de órgão jurisdicional não basta para autorizar automaticamente seu ingresso no fólio real, cabendo ao oficial qualificá-lo conforme as normas e os princípios que regem a atividade registral, sendo que, para o exercício de tal mister, ele conta com ampla autonomia (artigo 28 da Lei n. 8.935/94).

No caso concreto, constata-se que o imóvel objeto da ação adjudicatória consiste em lote de terreno (n.2), com área de 798,52m², que fora destacado de área maior matriculada sob n. 196.216, sendo que esta última resulta da unificação dos imóveis das matrículas n. 196.214 e 196.215 (fls. 14/15, 16/17, 18/19 e 84/85).

As matrículas n. 196.214 e 196.215, por sua vez, foram destacadas de área maior matriculada sob n. 194.869, que foi objeto do loteamento denominado "Cocaia Santo Amaro", sendo que, da área total de 11.440m², 10.167m² foram destinados a quatro lotes numerados de 01 a 04 e o restante, correspondente à área de 1.233m², ao alargamento da Estada do Barro Branco (fls. 25/27).

A dúvida cinge-se à necessidade de comprovação de alvará de desdobro do lote objeto deste procedimento, que integra área maior abrangida por projeto de construção de 24 edificações (fl. 117), com a devida aprovação pela Prefeitura desta Capital e anuência da Secretaria Estadual do Meio Ambiente, o que deve contar com elaboração de planta e memorial descritivo demonstrando a subdivisão da área em parcelas unitárias, contendo todas as medidas perimetrais de contorno, a área de superfície, confrontantes e pontos de amarração com a área maior na qual se insere a área desmembrada.

Das exigências formuladas pelo Oficial (fl. 92), no que se refere àquela do item 1 da nota devolutiva de fl. 92, verifica-se que os documentos apresentados não são, de fato, suficientes para demonstrar aprovação da municipalidade acerca do desdobro do lote adjudicado.

Como observado por este juízo em caso próximo, mencionado pelo Oficial à fl. 78 (autos n. 1026746-44.2021.8.26.0100), nos termos dos artigos 18 e 19 da Lei n. 6.766/79, no caso de parcelamento do solo, é exigido o registro especial.

Este registro tem a finalidade de resguardar o interesse público (ordem urbanística) e tutelar os futuros adquirentes dos lotes, conforme precedentes da Egrégia Corregedoria da Justiça (Processo CG 256/2004, parecer exarado pelo Juiz Auxiliar José Marcelo Tossi, com aprovação em 10.05.2004 pelo então Corregedor Geral da Justiça, Des. José Mario Antonio Cardinale).

Dessa forma, havendo parcelamento, a regra é que as exigências da Lei n. 6.766/79 sejam observadas, só podendo haver dispensa nos casos previstos no Provimento nº 03, de 22 de março de 1988, desta 1ª Vara de Registros Públicos, e no item 165 do Capítulo XX das NSCGJ.

Vejamos o teor dos dispositivos citados.

O provimento mencionado dispõe que o registro pode ser dispensado, independentemente de intervenção administrativo-judicial, se o parcelamento cumulativamente preencher os seguintes requisitos (com nossos destaques):

"a) não implicar abertura de novas vias de circulação de logradouros públicos, prolongamento, modificação ou ampliação de vias existentes, ou, de modo geral, transferência de áreas para o domínio público;

b) não provier de imóvel que já tenha, a partir de dezembro de 1979, sido objeto de outro parcelamento;

c) não importar fragmentação superior a 10 (dez) lotes".

Já as Normas de Serviço da Corregedoria Geral de Justiça, ao tratarem da possibilidade de dispensa do registro especial, assim preveem (nossos destaques):

"165. O registro especial, previsto no art. 18, da Lei nº 6.766/79, será dispensado nos seguintes casos:

*a) **as divisões "inter vivos" celebradas anteriormente a 20 de dezembro de 1979**;*

*b) **as divisões "inter vivos" extintivas de condomínios formados antes da vigência da Lei nº 6.766, de 19 de dezembro de 1979**;*

c) as divisões consequentes de partilhas judiciais, qualquer que seja a época de sua homologação ou celebração;

*d) **os desmembramentos necessários para o registro de cartas de arrematação, de adjudicação ou cumprimento de mandados**;*

e) ***quando os terrenos tiverem sido objeto de compromissos formalizados até 20 de dezembro de 1979, mesmo com antecessores;***

f) Quando os terrenos tiverem sido individualmente lançados para o pagamento de Imposto Predial e Territorial Urbano (IPTU) para o exercício de 1979, ou antes.

(...)

165.4. ***Nos desmembramentos, o oficial, sempre com o propósito de obstar expedientes ou artifícios que visem a afastar a aplicação da Lei nº 6.766, de 19 de dezembro de 1979, cuidará de examinar, baseado em elementos de ordem objetiva, especialmente na quantidade de lotes parcelados, se se trata ou não de hipótese de incidência do registro especial. Na dúvida, recusará a averbação.***

165.5. Para a dispensa do registro especial, o oficial registrador deverá ter especial atenção à verificação das seguintes circunstâncias:

(1) não implicar transferência de área para o domínio público;

(2) não tenha havido prévia e recente transferência de área ao Poder Público, destinada a arruamento, que tenha segregado o imóvel, permitido ou facilitado o acesso a ela, visando tangenciar as exigências da Lei nº 6.766/79;

(3) resulte até 10 lotes;

(4) resulte entre 11 e 20 lotes, mas seja servido por rede de água, esgoto, guias, sarjetas, energia e iluminação pública, o que deve ser comprovado mediante a apresentação de certidão da Prefeitura Municipal;

(5) ***não ocorram desmembramentos sucessivos, exceto se o novo desmembramento não caracterizar intenção de afastar o cumprimento das normas que regem o parcelamento do solo urbano em razão do tempo decorrido entre eles, da alteração dos proprietários dos imóveis a serem desmembrados, sem que os novos titulares do domínio tenham participado do fracionamento anterior;***

(6) Na hipótese do desmembramento não preencher os itens acima, ou em caso de dúvida, o deferimento dependerá de apreciação da Corregedoria Permanente".

No caso em análise, em que pese tratar de registro de carta de adjudicação, verifica-se que não estão preenchidos cumulativamente os requisitos necessários para a dispensa do registro especial elencados no Provimento n. 03 desta Corregedoria Permanente, na medida em que a área maior em que se localiza o terreno, matrícula n. 196.216, como já dito, é oriunda de parcelamento da área matriculada sob n. 194.869, com ocorrência posterior a dezembro de 1979 (fls. 25/26).

Ao lado disso, o caso não se amolda às situações previstas no item 165 do Capítulo XX das NSCGJ, as quais também justificam a desnecessidade do registro, sendo certo que a dispensa deve ser analisada sempre com o propósito de obstar expedientes ou artifícios que visem afastar a aplicação da Lei n. 6.766/79 (item 165.4 supra copiado).

Do ponto de vista registrário, portanto, o ingresso do título depende da prévia averbação do desmembramento do terreno adjudicado na matrícula da área maior da qual destacado, objeto da matrícula n. 196.216.

Vale registrar que, de acordo com o princípio do *tempus regit actum*, à qualificação do título aplicam-se as exigências legais contemporâneas ao registro.

O Conselho Superior da Magistratura tem considerado que, para fins de registro, em atenção ao princípio em questão, sujeita-se o título à lei vigente ao tempo de sua apresentação (Apelação Cível nº, 115-6/7, rel. José Mário Antonio Cardinale; Apelação Cível nº 777-6/7, rel. Ruy Camilo; Apelação Cível nº 530-6/0, rel. Gilberto Passos de Freitas, e, mais recentemente, Processo nº 0004535-52.2011.8.26.0562, rel. José Renato Nalini).

Logo, as exigências da Lei n. 6.766/79 devem ser observadas, de modo que a aprovação pela municipalidade e pelos órgãos ambientais competentes não pode ser dispensada, notadamente pela notícia não impugnada de que o imóvel, adquirido em 1989, se encontra dentro da Zona de Proteção aos Mananciais, não podendo a parte suscitada se valer das aprovações averbadas na matrícula originária, de n. 194.869.

Note-se, ainda, que o lançamento fiscal relativo ao imóvel (cadastro municipal com ITPU individualizado) é insuficiente para viabilizar o registro buscado, vez que o interesse tributário não se confunde com os princípios e as regras registrais orientadores do assento pretendido. Nesse sentido, a Apelação Cível n. 1006203-25.2018.8.26.0100, julgada pelo Conselho Superior da Magistratura, em 03/07/2019, com relatoria do Desembargador Geraldo Francisco Pinheiro Franco.

Quanto ao item "2a" da nota devolutiva, verifica-se que a exigência é dispensável, já que é possível concluir com razoável segurança que o projeto aprovado pela municipalidade para construção de 24 edificações no imóvel da matrícula n. 196.214 no ano de 1988, portanto, antes de sua unificação com a matrícula n. 196.215, não se efetivou, já que não foi objeto de registro.

O art. 18 da Lei n. 6.766/79 estabelece prazo certo de 180 dias para a submissão do projeto ao registro imobiliário, sob pena de caducidade da aprovação:

> *"Art. 18. Aprovado o projeto de loteamento ou de desmembramento, o loteador deverá submetê-lo ao registro imobiliário dentro de 180 (cento e oitenta) dias, sob pena de caducidade da aprovação, acompanhado dos seguintes documentos".*

Ademais, o próprio Oficial afirma, à fl. 81, que a parte suscitada pode ater-se às providências relativas ao alvará de desdobro do lote n. 2, aprovado pela municipalidade, conforme julgado da E. Corregedoria Geral da Justiça, de relatoria da juíza assessora na época, Dra. Tânia Mara Ahualli, com aprovação do então Corregedor Geral, Desembargador José Renato Nalini, que dissocia o desmembramento do lote da regularização do loteamento em que inserido:

> *"Registro de Imóveis – Procedimento administrativo em que se pleiteia a averbação de desmembramento de lote – Direito dissociado da regularização do loteamento – Desnecessidade da averbação das construções – Recurso provido" (Parecer 489/2013-E - Processo 125.053/2013 - Data da Decisão: 18/11/2013. Data do Parecer: 12/11/2013).*

Por fim, há que se dar notícia sobre o feito ao juízo da ação de usucapião envolvendo o imóvel, a qual tramita perante esta Vara (autos n. 1103104-84.2020.8.26.0100), justamente para fins de publicidade.

Diante do exposto, **JULGO PARCIALMENTE PROCEDENTE** a dúvida suscitada, afastando apenas a exigência relacionada ao certificado de conclusão emitido pela municipalidade em relação aos 24 prédios aprovados pelo alvará de fl. 117. Ou seja, o registro depende da apresentação de alvará de desdobro do lote objeto deste procedimento para averbação na matrícula n. 196.216, com a devida aprovação pela Prefeitura desta Capital e anuência da Secretaria Estadual do Meio Ambiente (área localizada em Zona de Proteção aos Mananciais), o que deve contar com elaboração de planta e memorial descritivo demonstrando a subdivisão da área em parcelas unitárias, contendo todas as medidas perimetrais de contorno, a área de superfície, confrontantes e pontos de amarração com a área maior na qual se insere a área desmembrada.

Dê-se ciência deste expediente ao juízo da ação de usucapião noticiada, servindo a presente decisão como ofício.

Deste procedimento não decorrem custas, despesas processuais ou honorários advocatícios.

Oportunamente, remetam-se os autos ao arquivo.

P.R.I.C.

São Paulo, 16 de novembro de 2021.

Luciana Carone Nucci Eugênio Mahuad

Juiz de Direito (DJe de 18.11.2021 – SP)

Ementa: Sentença – Pedido de Providências – Pedido de certidão de loteamento – Alegação pela Requerente de que inviabilizaram o documento sob o argumento de que deveria especificar o lote de interesse, bem como de que houve falta de transparência no que tange à cobrança de valores – Esclarecimento pelo Oficial de que orientou o preposto a solicitar a indicação do lote, em razão da inexistência de matrícula do loteamento em questão, sendo que houve resistência com falta de urbanidade por parte da Reclamante – Loteamento inscrito antes da vigência da LRP – Possibilidade da exigência do fornecimento, por escrito, da identificação do solicitante e da finalidade da solicitação – Item 44 das NSCGJ – Posicionamento correto por parte do Oficial em relação a impossibilidade de mensuração do valor dos serviços por ocasião do atendimento realizado – Ausência de prova ou evidência que caracterize falta funcional – Improcedência

Processo 0030256-82.2021.8.26.0100

Pedido de Providências - REGISTROS PÚBLICOS - Adriana Cardos ode Moraes - Neste contexto, JULGO IMPROCEDENTE o pedido. Comunique-se o resultado à E. CGJ, servindo a presente decisão como ofício. Deste procedimento não decorrem custas, despesas processuais ou honorários advocatícios. Oportunamente, ao arquivo. P.R.I.C. - ADV: ADRIANA CARDOSO DE MORAES (OAB 429208/SP)

Íntegra da decisão:

SENTENÇA

Processo Digital nº: **0030256-82.2021.8.26.0100**

Classe - Assunto **Pedido de Providências - REGISTROS PÚBLICOS**

Requerente: **Adriana Cardoso de Moraes**

Requerido: **6º Oficial de Registro de Imóveis da Capital**

Juiz(a) de Direito: Dr(a). **Luciana Carone Nucci Eugênio Mahuad**

Vistos.

Trata-se de expediente instaurado por provocação da E. Corregedoria Geral da Justiça para apurar reclamação formulada por **Adriana Cardoso de Moraes** contra o Oficial do **6º Registro de Imóveis da Capital,** em virtude da recusa em entregar certidão de loteamento.

Afirma a parte reclamante que teve inviabilizado o documento em questão, necessário para instruir ação judicial de usucapião, sob argumento de que deveria especificar o lote de interesse, cujos dados não possuía; que houve falta de transparência no que tange à cobrança de valores, já que recebeu como resposta do preposto Antônio, sob orientação do Oficial, que o valor do serviço seria "imensurável", o que estranhou ante o tabelamento dos serviços cartorários; que, ao voltar da sala do Oficial, o preposto solicitou que redigisse uma carta de próprio punho pedindo o documento, o que também considera indevido, motivo pelo qual acionou a polícia militar.

O Oficial manifestou-se às fls. 11/13, sustentando que a parte reclamante foi informada de que não existe "matrícula" do loteamento em questão (n. 69), uma vez que a inscrição foi feita antes da vigência da Lei n. 6.015/73, razão pela qual orientou o preposto Antonio a solicitar que a reclamante indicasse o lote, ao que houve resistência de forma bastante intransigente e com falta de urbanidade; que foi disponibilizado acesso às plantas do loteamento para que a reclamante pudesse localizar o imóvel de seu interesse, mas ela mostrou-se bastante alterada e, em tom agressivo, disse a Antonio que chamaria a polícia; que foi pedido a ela que fizesse o requerimento por escrito a fim de que fosse apreciado da melhor forma a atender o pedido, ao que também houve recusa; que, ao policial militar enviado para averiguar o ocorrido, informou que o pedido na forma realizada pela reclamante é inadequado, pois, além do custo elevado, há impedimento ao fornecimento de certidões em bloco à vista da Lei Geral de Proteção de Dados (item 144.2, Cap. XX das NSCGJ); que o pedido de certidão não foi finalizado, motivo pelo qual nenhum valor foi pago pela reclamante, a qual foi tratada com respeito.

Nova manifestação da parte reclamante veio às fls. 15/17, com alegação de que conseguiu certidão nos mesmos moldes pleiteados junto ao 1º Registro de Imóveis de São Bernardo do Campo, o que indica que não se tratou de nenhum pedido absurdo; que foi atendida com falta de cordialidade e empatia, havendo falta de transparência em relação aos valores de taxas e emolumentos.

O Ministério Público opinou pelo arquivamento (fls. 23/24).

A decisão de fls. 25/26 designou audiência para oitiva dos envolvidos (reclamante, Oficial e preposto), com participação do MP, o qual reiterou a manifestação anterior (fls. 39/40).

É o relatório.

Fundamento e decido.

No mérito, diante das informações fornecidas e dos documentos que as acompanham, além das oitivas dos envolvidos, não se verifica qualquer falha funcional a ser apurada nem providência a ser tomada.

Com efeito, restou incontroverso que a parte reclamante solicitou certidão de um loteamento (n. 69), pois não dispunha de dados do imóvel de seu interesse (endereço, lote, quadra, etc.), objeto de ação de usucapião em que atua como advogada.

A instrução processada atesta que, pela falta de identificação do imóvel, o Oficial determinou a Antonio, seu preposto, que orientasse a parte reclamante a fazer pedido por escrito a fim que pudesse ser apreciado da melhor forma, franqueando a ela, ainda, acesso às plantas do loteamento para que encontrasse o lote de seu interesse (fls. 39/40).

Neste ponto, o posicionamento do Oficial foi acertado, já que o pedido envolvia número indeterminado de lotes, concernentes a loteamento inscrito antes da vigência da Lei n. 6.015/73 e, portanto, sem individualização de matrículas.

Em casos como este, o Oficial deve se valer de especial cautela à luz da Lei Geral de Proteção de Dados, Lei n. 13.709/2018, e do Provimento CG n. 23/2020 que a regulamentou no âmbito do Tribunal de Justiça de São Paulo, podendo exigir o fornecimento, por escrito, da identificação do solicitante e da finalidade da solicitação, conforme o item 144 das Normas da Corregedoria Geral da Justiça (nossos destaques):

*"144. **Para a expedição de certidão ou informação** restrita ao que constar nos indicadores e índices pessoais **poderá ser exigido o fornecimento, por escrito, da identificação do solicitante e da finalidade da solicitação**".*

*"144.1 **Igual cautela poderá ser tomada quando forem solicitadas certidões ou informações em bloco, ou agrupadas**, ou segundo critérios não usuais de pesquisa, ainda que relativas a registros e atos notariais envolvendo titulares distintos de dados pessoais".*

*"144.2 **Serão negadas, por meio de nota fundamentada, as solicitações de certidões e informações formuladas em bloco**, relativas a registros e atos notariais relativos ao mesmo titular de dados pessoais ou a titulares distintos, **quando as circunstâncias da solicitação indicarem a finalidade de tratamento de dados pessoais, pelo solicitante ou outrem, de forma contrária aos objetivos, fundamentos e princípios da Lei n. 13.709, de 14 de agosto de 2018**".*

No que tange à impossibilidade de mensuração do valor dos serviços por ocasião do atendimento realizado pelo preposto, o posicionamento do Oficial também foi correto.

Ora, não se sabia naquele momento a quantidade de lotes que formam o loteamento em questão. Desse modo, somente após a análise de toda a documentação da área seria possível que a serventia verificasse a quantidade de lotes e, em consequência, calculasse o valor de custas e emolumentos devidos, com informação à parte reclamante em momento posterior oportuno.

Por esse motivo, seria cobrado, inicialmente, o valor de uma certidão (R$ 57,95), para eventual complementação após a finalização do serviço.

Note-se que o livro fotografado pela parte reclamante aparentemente possui muitos documentos (fls. 18/19).

Houve, ainda, esclarecimento de que as plantas antigas, como as do referido loteamento, possuem tamanho grande e incompatível com as copiadoras da serventia, o que demandaria prévio orçamento junto a uma gráfica para, só então, o custo ser repassado à parte reclamante.

Vale anotar que o atendimento recebido pela parte reclamante junto ao 1º Registro de Imóveis de São Bernardo do Campo, mencionado por ela como exemplo de como deveria ter procedido o Oficial, tratou de questão distinta, já que lá houve pedido de certidão de transcrição do Livro n. 3 (fls. 15), ao passo que o pedido tratado neste procedimento versou sobre inscrição de loteamento (Livro n. 8). Não há comparação, portanto.

No que toca ao desentendimento entre Antonio, preposto do Oficial, e a parte reclamante, que estava acompanhada de seu filho, embora inequívoco, não foi possível extrair dos autos qualquer prova ou mesmo evidência de excesso que caracterize falta funcional.

A parte reclamante relata falta de cordialidade e empatia em seu atendimento, mas sem indicar maiores detalhes passíveis de apuração. O Oficial, por sua vez, noticia que era ela quem estava bastante alterada e chamou a polícia em tom de voz agressivo.

Por fim, vale dizer que a parte reclamante afirmou, em sua oitiva, que a ausência do documento não causou qualquer prejuízo ao andamento da ação judicial de usucapião na qual se determinou sua exibição.

Neste contexto, **JULGO IMPROCEDENTE** o pedido.

Comunique-se o resultado à E. CGJ, servindo a presente decisão como ofício.

Deste procedimento não decorrem custas, despesas processuais ou honorários advocatícios.

Oportunamente, ao arquivo.

P.R.I.C.

São Paulo, 27 de setembro de 2021.

Luciana Carone Nucci Eugênio Mahuad

Juiz de Direito. (DJe de 29.09.2021 – SP)

Ementa: Sentença – Dúvida – Pedido de registro de loteamento a ser implantado no imóvel – Negativa em razão da necessidade de nova submissão do projeto em consonância com a contemporaneidade da aprovação Municipal – Certificado expedido no ano de 2005 sem prazo de validade – Título que deve estar sujeito a lei e ao regramento administrativo vigentes ao tempo de sua apresentação – Impossibilidade de aceitação do referido Certificado como atestado de conformidade à legislação estadual atual – Autorização que caducou pelo atraso do início das obras – Imprescindibilidade de apresentação da declaração atualizada – Manutenção do óbice – Procedência

Processo 1060535-34.2021.8.26.0100

Dúvida - Notas - Boulevard3 Empreendimentos Imobiliarios Spe Sa - Diante do exposto, JULGO PROCEDENTE a dúvida suscitada pelo Oficial do 15º Registro de Imóveis da Capital a requerimento de Boulevard 3 Empreendimentos Imobiliários SPE S/A e mantenho o óbice registrário. Deste procedimento não decorrem custas, despesas processuais e honorários advocatícios. Oportunamente, ao arquivo com as cautelas de praxe. P.R.I.C. - ADV: DANILO GALLARDO CORREIA (OAB 247066/SP), THIAGO DE MOURA RODRIGUES (OAB 348159/SP)

Íntegra da decisão:

SENTENÇA

Processo Digital nº: **1060535-34.2021.8.26.0100**

Classe - Assunto **Dúvida - Notas**

Suscitante: **15º Oficial de Registro de Imóveis da Capital**

Suscitado: **Boulevard3 Empreendimentos Imobiliarios Spe Sa**

Juiz(a) de Direito: Dr(a). **Luciana Carone Nucci Eugênio Mahuad**

Vistos.

Trata-se de dúvida suscitada pelo **Oficial do 15º Registro de Imóveis da Capital** a requerimento de Boulevard 3 Empreendimentos Imobiliários SPE S/A, tendo em vista negativa de registro de loteamento denominado "Boulevard da Fundação", a ser implantado no imóvel objeto da matrícula nº 14.308 daquela serventia.

A negativa se fundamentada unicamente no grande lapso havido desde a expedição do respectivo certificado GRAPROHAB, que é datado de 24 de maio de 2005, enquanto o alvará de loteamento foi expedido pela Prefeitura Municipal em 04 de dezembro de 2020, entendendo o Oficial suscitante pela necessidade de nova submissão do projeto à GRAPROHAB, em consonância com a contemporaneidade da aprovação municipal.

Documentos vieram às fls. 07/406.

A parte suscitada se manifestou às fls. 407/418, sustentando que a aprovação de loteamentos por órgãos estaduais constitui simples anuência prévia ou orientação preliminar, nos termos do artigo 13 da Lei n. 6.766/79, com relação aos cuidados que o município deve ter antes de expedir o alvará municipal de aprovação, sendo que referido documento não integra o rol taxativo do artigo 18 da mesma lei, de modo que a própria expedição de alvará de loteamento pela municipalidade enseja o reconhecimento de que todo o regramento estadual foi observado; que suficiente o certificado já apresentado, uma vez que, conforme ofício expedido pelo GRAPROHAB em agosto de 2009, os certificados expedidos até 18 de dezembro de 2007 não têm prazo de validade, mantendo-se a certificação do empreendimento se não houver alteração no projeto, como ocorre na espécie, circunstância esta que afasta, inclusive, o precedente indicado pelo Oficial suscitante.

O Ministério Público opinou pela procedência, destacando a necessidade de se observar a legislação aplicável no momento da prenotação (fls. 444/446).

É o relatório.

Fundamento e decido.

No mérito, a dúvida é procedente. Vejamos os motivos.

O parcelamento do solo urbano é regido pela Lei n. 6.766/79, a qual, em seu artigo 1º, confere aos Estados, Distrito Federal e Municípios poder para estabelecer normas complementares para adequar a norma federal às peculiaridades regionais e locais.

O artigo 2º, por sua vez, determina expressamente a observância das legislações estaduais e municipais pertinentes, que também serão objeto da qualificação registraria para acesso ao fólio real.

Por fim, o artigo 13 da referida lei atribui aos Estados a incumbência de disciplinar a aprovação pelos Municípios de loteamentos e desmembramentos em condições especiais, o que não afasta a competência fiscalizadora dos órgãos estaduais, conforme expressamente ressalvado no alvará municipal, no qual está registrado (fls. 135/139):

"8) A presente licença refere-se exclusivamente à legislação municipal, devendo também ser observadas as legislações estaduais e federais".

Conforme orientação do C. Conselho Superior da Magistratura, no aresto indicado pelo Oficial registrador e cuja íntegra se encontra às fls. 195/197, o título levado a registro está sujeito à lei e ao regramento administrativo vigentes ao tempo da sua apresentação.

Note-se que tal entendimento se aplica independentemente de eventuais alterações do projeto promovidas após a expedição do certificado de aprovação pelo órgão de fiscalização, alterações essas que, no caso concreto, de fato, não aconteceram.

Ocorre que o órgão de fiscalização também deve observar a legislação contemporânea à análise que faz do projeto.

É neste ponto que ganha importância a fixação do prazo de validade dos documentos, visando preservá-los de alterações repentinas e conferindo, assim, maior segurança jurídica a atos que merecem relativa estabilidade.

Nesse contexto, o Certificado GRAPROHAB n. 235/2005, expedido em maio de 2005 (fls. 164/185), não pode ser aceito como atestado de conformidade à legislação estadual atual, a qual pode ter sido alterada significativamente ao longo dos últimos quinze anos.

Imprescindível, portanto, sua revalidação pelo órgão competente.

Observe-se que a resposta oferecida pelo GRAPROHAB, por meio de ofício datado de agosto de 2009 (fls. 188), não confere validade ilimitada ao certificado expedido anteriormente e nem poderia fazê-lo.

Se houve conclusão, após análise abreviada, pela manutenção daquela certificação, essa revalidação deve ser considerada como válida pelo prazo de dois anos, conforme fixado no artigo 17 do Regimento Interno do GRAPROHAB (Resolução SH nº 21/2009, de 28/05/2009). De qualquer forma, o prazo já expirou há muito tempo.

Destaque-se, ainda, que esse mesmo ofício alerta para a necessidade de consulta direta à Agência Regional da CETESB para esclarecimento acerca da prorrogação do prazo estabelecido por aquela agência para o início da implantação do empreendimento, pois consta, dentre as exigências técnicas especificadas no certificado emitido em maio de 2005, o seguinte (fl. 165):

"O presente empreendimento deverá ter suas obras de implantação iniciadas em um prazo máximo de 02 (dois) anos, contados a partir da data de emissão do presente Certificado, sob pena de caducidade da aprovação concedida, conforme disposto no Parágrafo 1º do Artigo 70, do Regulamento da Lei

Estadual nº 997/76, aprovado pelo Decreto Estadual nº 8468/76, alterado pelo Decreto Estadual nº 47397/2002".

Conclui-se, portanto, que a autorização concedida caducou pelo atraso no início das obras, devendo ser apresentada declaração atualizada.

Diante do exposto, **JULGO PROCEDENTE** a dúvida suscitada pelo **Oficial do 15º Registro de Imóveis da Capital** a requerimento de Boulevard 3 Empreendimentos Imobiliários SPE S/A e mantenho o óbice registrário.

Deste procedimento não decorrem custas, despesas processuais e honorários advocatícios.

Oportunamente, ao arquivo com as cautelas de praxe.

P.R.I.C.

São Paulo, 12 de julho de 2021.

Luciana Carone Nucci Eugênio Mahuad

Juiz de Direito (DJe de 15.07.2021 – SP)

Ementa: Sentença – Dúvida – Pedido de registro de Escritura de Compra e Venda – Negativa em razão da necessidade de aprovação do desdobro pela Municipalidade – Lote situado em área de parcelamento irregular do solo em a devida aprovação urbanística – Formação de condomínio voluntário – Art 2º § 2º, da Lei Federal nº 6799/79 – Itens 1656 e 166, do Capítulo XX, das NSCGJ – Pretensão que pode ser buscada por meio da REURB-S – Manutenção do óbice – Procedência

Processo 1003768-73.2021.8.26.0100

Dúvida - Registro de Imóveis - Manoel Francisco Borges - Municipalidade de São Paulo - Diante do exposto, JULGO PROCEDENTE a dúvida suscitada pelo Oficial do 7º Registro de Imóveis da Capital a requerimento de Manoel Francisco Borges e, em consequência, mantenho o óbice registrário. Deste procedimento não decorrem custas, despesas processuais e honorários advocatícios. Oportunamente, ao arquivo com as cautelas de praxe. P.R.I.C. - ADV: DORIVAL ANTONIO BIELLA (OAB 72417/SP), ZULMIRA MONTEIRO DE ANDRADE LUZ (OAB 62145/SP)

Íntegra da decisão:

SENTENÇA

Processo Digital nº: **1003768-73.2021.8.26.0100**

Classe - Assunto **Dúvida - Registro de Imóveis**

Suscitante: **7º Oficial de Registro de Imóveis da Capital**

Suscitado: **Manoel Francisco Borges**

Juiz(a) de Direito: Dr(a). **Luciana Carone Nucci Eugênio Mahuad**

Vistos.

Trata-se de dúvida suscitada pelo **Oficial do 7º Registro de Imóveis da Capital** a requerimento de **Manoel Francisco Borges**, tendo em vista negativa em se proceder ao registro de escritura de compra e venda, que tem como objeto lote de terreno integrante da área remanescente da transcrição n. 131.012 daquela serventia.

Informa o Oficial que a negativa foi motivada pela necessidade de aprovação do desdobro pela municipalidade, na forma prevista no item 165.6 (antigo item 170.6) das Normas de Serviço da E. Corregedoria Geral de Justiça e conforme orientação pacífica do Conselho Superior da Magistratura, inclusive indicando feitos julgados por este juízo; que se trata de parcelamento irregular sem a devida aprovação urbanística, o que impede a dispensa do registro especial previsto no art. 18 da Lei n. 6.766/79; que a aceitação do lote para fins tributários não se confunde com sua aprovação sob o aspecto da higidez urbanística.

Documentos vieram às fls. 04/45.

Houve manifestação da municipalidade às fls. 67/68 e 71/75, concordando com a qualificação negativa do título, tendo em vista que a gleba em que localizado o lote conta apenas com Certificado de Regularidade de Edificação, o que não equivale a aprovação do parcelamento da área, nos termos do disposto no art. 16 da Lei Municipal n. 11.522/94; que o terreno pertence a loteamento considerado irregular; que o lançamento fiscal individualizado do terreno não implica regularização do parcelamento, já que seu espoco é meramente tributário; que, para a referida área, consta processo administrativo tratando da regularização (n.1992-0.001.387-2), sendo que os responsáveis não adotaram as providências cabíveis a tanto; que a área está mapeada como ZEIS-1 (Zona Especial de Interesse Social), pelo que os interessados podem promover a Regularização Fundiária Urbana de Interesse Social (REURB-S) mediante agendamento de atendimento presencial junto à Secretaria de Habitação. Juntou documento à fl. 76.

O Ministério Público opinou pela procedência (fls. 79/86 e 103/108).

Novas manifestações da municipalidade e do Oficial vieram às fls. 90/91 e 97/98, respectivamente.

É o relatório.

Fundamento e decido.

No mérito, a dúvida é procedente. Vejamos os motivos.

De início, cabe destacar que o imóvel em questão trata-se de lote de terreno destacado de área maior, cujo instrumento da alienação (escritura de compra e venda de fls. 09/12) traz sua designação (lote nº 15 da quadra "A"), além das medidas e a localização, o que, por si só, afasta qualquer interpretação de que a transmissão poderia representar condomínio tradicional, expediente lícito previsto no Código Civil.

Diante disso e considerando que o lote está situado em área de parcelamento irregular do solo, sem a devida aprovação urbanística, como veremos, conclui-se que a verdadeira intenção dos vendedores foi a subdivisão da gleba maior (desmembramento), mas sem observância à legislação pertinente.

De acordo com o art. 2º, § 2º, da Lei Federal n. 6.799/79:

"§ 2o. Considera-se ***desmembramento*** *a subdivisão de gleba em lotes destinados a edificação, com aproveitamento do sistema viário existente, desde que não implique na abertura de novas vias e logradouros públicos, nem no prolongamento, modificação ou ampliação dos já existentes".*

As Normas de Serviço da E. Corregedoria Geral da Justiça tratam do tema em seu Capítulo XX, Seção VII, com vedações expressas ao desmembramento sem prévia aprovação do município e à formação de condomínio voluntário quando realizado com ofensa às regras da Lei n. 6.766/79:

"165.6. ***Em qualquer hipótese de desmembramento não subordinado ao registro especial do art. 18, da Lei nº 6.766****, de 19 de dezembro de 1979, sempre se exigirá a prévia aprovação da Prefeitura Municipal".*

"166. É vedado o registro de alienação voluntária de ***frações ideais com localização, numeração e metragem certas****, ou a formação de condomínio voluntário, que implique fraude ou qualquer outra hipótese de descumprimento da legislação de parcelamento do solo urbano, de condomínios edilícios e do Estatuto da Terra. A vedação não se aplica à hipótese de sucessão causa mortis".*

A jurisprudência do Conselho Superior da Magistratura deste Tribunal é pacífica quanto à vedação de ingresso ao fólio real de escritura pública de compra e venda de imóvel situado em loteamento irregular.

Alguns exemplos em casos análogos:

"REGISTRO DE IMÓVEIS - Escritura pública de compra e venda – Alienação de fração ideal de imóvel a pessoas sem vínculos – Imóvel com área certa e metragem específica – Vedação – Desdobro de lote – Registro obstado - Item 171 das Normas de Serviço da Corregedoria Geral da Justiça – Recurso desprovido" **(Apelação n. 1002032-53.2017.8.26.0587, Rel Des. Geraldo Francisco Pinheiro Franco, data DJ: 09/09/2019).**

"REGISTRO DE IMÓVEIS – Escritura pública de compra e venda - Alienação de fração ideal de imóvel a pessoas sem vínculos – Vedação - Desdobro de lote - Registro obstado – Item. 171 das Normas de Serviço da Corregedoria Geral da Justiça- Recurso desprovido" **(Apelação n. 1000352-08.2018.8.26.0584, Rel Des. Geraldo Francisco Pinheiro Franco, data DJ: 03/07/2019).**

REGISTRO DE IMÓVEIS - Dúvida julgada procedente Escritura pública de inventário e partilha - Cessão onerosa de direitos hereditários e meação - Parte ideal - Instituição de Condomínio Voluntário - Desmembramento irregular - Ofensa aos dispositivos que regulam o parcelamento do solo - Sujeição ao item 171, Cap. XX das Normas de Serviço - Recurso não provido. **(Apelação n. 100267590.2015.8.26.0066, Rel Des. PEREIRA CALÇAS, data DJ: 27/06/2016).**

No presente caso, não há qualquer dúvida de que o lote de terreno objeto do registro é fruto de desmembramento considerando irregular, vez *"que não consta para a área qualquer planta que represente parcelamento aprovado ou regularizado pela Municipalidade de São Paulo"* (fl. 74, item 5), conforme informado pela municipalidade após consulta aos registros de seus órgãos técnicos, inclusive com demonstração por imagens sistêmicas à Prefeitura (fls. 76).

Note-se, ainda, que o lançamento fiscal relativo ao imóvel é insuficiente para viabilizar o registro buscado, vez que o interesse tributário não se confunde com os princípios e as regras registrais orientadores do assento pretendido. Nesse sentido, a Apelação Cível n. 1006203-25.2018.8.26.0100, julgada pelo Conselho Superior da Magistratura, em 03/07/2019, com relatoria do Desembargador Geraldo Francisco Pinheiro Franco.

Como se vê, os elementos dos autos demonstram que houve acerto na qualificação negativa do título apresentado para registro.

Desse modo e reconhecendo os limites legais concernentes à atividade registral e ao âmbito da competência deste juízo, observamos que a pretensão poderá ser buscada por meio da Regularização Fundiária Urbana de Interesse Social (REURB-S) disciplinada pela Lei Federal n. 13.465/17, já que a área localiza-se em Zona Especial de Interesse Social (ZEIS-1). Para tanto, inclusive, a municipalidade indicou os procedimentos necessários (fl. 75).

Diante do exposto, **JULGO PROCEDENTE** a dúvida suscitada pelo Oficial do 7º Registro de Imóveis da Capital a requerimento de Manoel Francisco

Borges e, em consequência, mantenho o óbice registrário.

Deste procedimento não decorrem custas, despesas processuais e honorários advocatícios.

Oportunamente, ao arquivo com as cautelas de praxe.

P.R.I.C.

São Paulo, 30 de junho de 2021. (DJe de 02.07.2021 – SP)

Ementa: Sentença – Dúvida – Pedido de desdobro do imóvel – Impossibilidade – Necessidade de formular requerimento no Órgão Municipal – Imprescindibilidade da aprovação da Municipalidade – Manutenção do óbice – Procedência

Processo 1003783-42.2021.8.26.0100

Dúvida - Registro de Imóveis - Bilamar Administração de Bens Ltda. - PREFEITURA MUNICIPAL DE SÃO PAULO e outro - Diante do exposto, julgo procedente a dúvida suscitada pelo Oficial do 7º Registro de Imóveis da Capital, a requerimento de Bilamar Administração de Imóveis LTDA, mantendo o óbice apontado. Deste procedimento não decorrem custas, despesas processuais e honorários advocatícios. Oportunamente remetam-se os autos ao arquivo. P.R.I.C. - ADV: ALEXANDRE PETRILLI GONÇALVES FERRAZ DE ARRUDA (OAB 252499/SP), DORIVAL ANTONIO BIELLA (OAB 72417/SP)

Íntegra da decisão:

SENTENÇA

Processo Digital nº: **1003783-42.2021.8.26.0100**

Classe - Assunto **Dúvida - Registro de Imóveis**

Suscitante: **7º Oficial de Registro de Imóveis da Capital**

Requerido: **Bilamar Administração de Bens Ltda.**

Juiz(a) de Direito: Dr(a). **Vivian Labruna Catapani**

Vistos.

Trata-se de dúvida suscitada pelo **Oficial do 7º Registro de Imóveis da Capital**, a requerimento de **Bilamar Administração de Imóveis LTDA**, em razão da recusa do registro do pedido de desdobro do imóvel objeto da matrícula nº 170.393 daquela Serventia. Sustentou o Registrado que o registro do desdobro pretendido – divisão da área total de 851m^2 em três lotes de áreas distintas – está condicionado à prévia aprovação urbanística por parte da Prefeitura de São Paulo (fls. 01/03).

A suscitada manifestou-se às fls. 102/105, alegando que a Municipalidade aprovou o lançamento fiscal do desdobro, ainda em 1976, de modo que cada um dos lotes da área maior tem um número próprio de contribuinte de IPTU. Aduziu que a aprovação foi feita anteriormente à vigência da lei municipal de parcelamento do solo (Lei 9.413/1981), razão pela qual teria direito adquirido ao registro do desdobro nos moldes já aprovados.

A Municipalidade manifestou-se às fls. 123/124, informando que a suscitada não abriu procedimento administrativo requerendo a autorização do desdobro. Esclareceu, ainda, que a competência para apreciar o pedido de desdobro, do ponto de vista urbanístico, é a SEHAB (Secretaria Municipal de Habitação), de modo que a aprovação fiscal do desmembramento não gera efeitos urbanísticos.

O Ministério Público opinou pela procedência da presente dúvida (fls. 144/145).

É o Relatório.

Fundamento e Decido.

Com razão o Oficial e o D. Promotor de Justiça.

Questão semelhante já foi decidida no pedido de providências n. 0074526-65.2019.8.26.0100, por esta corregedoria permanente, que se manifestou nos seguintes termos:

"Para o desdobro de lote, em casos de parcelamento para fins urbanos, conforme Lei 9.413/81 e Decreto nº 44.418/04, é necessária a aprovação pelos órgãos municipais competentes. Assim, é imprescindível a emissão do Alvará de Desdobro de Lote, além da planta aprovada pela Prefeitura do Município de São Paulo e memorial descritivo, para proceder a abertura das matrículas.

Cito o seguinte precedente desta vara:

No mais, o disposto no item 170.6, Cap. XX, das Normas de

Serviço da Egrégia Corregedoria Geral da Justiça, aponta como requisito essencial, na presente hipótese, a aprovação do desdobro, em consideração ao interesse urbanístico: "Em qualquer hipótese de desmembramento não subordinado ao registro especial do artigo 18, da Lei nº 6.766, de 19 de dezembro de 1979, sempre se exigirá a prévia aprovação da Prefeitura Municipal".

Assim, caberá à interessada obter a autorização perante a Municipalidade, com a consequente expedição do alvará de aprovação, como já mencionado. (Processo nº 1082986-63.2015.8.26.0100 – 1ª VRP/SP)

O precedente se assemelha à hipótese dos autos, pois há o mesmo óbice relacionado à prévia autorização da Municipalidade para dar prosseguimento ao registro da escritura, tendo em vista a necessidade de se aferir a real descrição do imóvel, sendo certo que a simples existência do lançamento do órgão municipal para fins de cobrança de IPTU não dispensa a aprovação urbanística."

(...)

Por fim, ressalto que à qualificação do título aplicam-se as exigências legais contemporâneas ao registro, e não as que vigoravam ao tempo de sua lavratura, por força do princípio tempis regit actum. Sendo assim, não há que se falar em direito adquirido à aprovação do desdobro nos moldes que figuram no lançamento fiscal, uma vez que o título está sujeito à qualificação registral com base no ordenamento vigente ao tempo da apresentação."

Tratando-se de questão semelhante a destes autos, entendo que o óbice registrário deverá ser mantido, pelos exatos motivos expostos acima, devendo primeiramente o suscitante obter a aprovação de desdobro junto ao órgão municipal.

Diante do exposto, **julgo procedente a dúvida** suscitada **pelo Oficial do 7º Registro de Imóveis da Capital, a requerimento de Bilamar Administração de Imóveis LTDA**, mantendo o óbice apontado.

Deste procedimento não decorrem custas, despesas processuais e honorários advocatícios.

Oportunamente remetam-se os autos ao arquivo.

P.R.I.C.

São Paulo, 28 de abril de 2021. (DJe de 30.04.2021 – SP)

Ementa: Sentença – Dúvida – Pedido de registro de Escrituras – Negativa em razão do imóvel não ter origem em loteamento regularmente inscrito e de não ter sido apresentadas as vias originais das Escrituras – Informação posterior de que foi apresentado o documento original, bem como de que o imóvel foi regularizado – Surgimento de novo óbice referente a necessidade do recolhimento do ITBI – Manutenção da exigência – Suprimento das exigências originais – Dúvida prejudicada

Processo 1084043-43.2020.8.26.0100

Dúvida - Notas - Denise Musetti Maccache - Municipalidade de São Paulo - Diante do exposto, julgo prejudicada a dúvida suscitada pelo Oficial do 15º Registro de Imóveis da Capital, a pedido de Denise Musetti Naccache, com observação. Deste procedimento não decorrem custas, despesas processuais e honorários advocatícios. Oportunamente remetam-se os autos ao arquivo. P.R.I.C. - ADV: ALEXANDRE PETRILLI GONÇALVES FERRAZ DE ARRUDA (OAB 252499/SP), MARIO LUIZ NOVIELLO JUNIOR (OAB 370796/SP)

Íntegra da decisão:

SENTENÇA

Processo Digital nº: **1084043-43.2020.8.26.0100**

Classe - Assunto **Dúvida - Notas**

Suscitante: **15º Oficial de Registro de Imóveis da Capital**

Suscitado: **Denise Musetti Maccache**

Juiz(a) de Direito: Dr(a). **Vivian Labruna Catapani**

Vistos.

Trata-se de **dúvida** suscitada por **Oficial do 15º Registro de Imóveis da Capital**, **a pedido de Denise Musetti Naccache,** diante da negativa em se proceder ao registro de escrituras lavradas em 16.01.1998, rerratificadas por escritura de 10.03.1998.

Os óbices registrários referem-se ao fato de o imóvel não ter origem em loteamento regularmente inscrito e/ou regularizado, não se aplicando o art. 26, parágrafo 6º, da Lei n. 6766/79, bem como em razão de não terem sido apresentadas as vias originais das escrituras objeto de registro, mas sim cópias simples, com partes ilegíveis.

À fl. 1 o Oficial Registrador menciona ter prenotado o original do requerimento da suscitada, bem como a apresentação do original das escrituras.

Acerca dos óbices registrários a suscitante manifestou-se às fls. 104/112, com a juntada de documentos às fls. 113/167.

Houve manifestação da Municipalidade às fls. 181/183, informando que o imóvel já foi objeto de regularização, conforme planta AU 16/043/80, já averbada.

Houve nova manifestação do Oficial Registrador, com a reformulação das exigências para ao ingresso registrário (fls. 213/214).

A suscitada manifestou-se às fls. 215/261 e 264/268.

O Ministério Público opinou pelo arquivamento da dúvida, por prejudicada (fls. 269/270).

O Oficial informou a manutenção de único novo óbice referente à necessidade do recolhimento do ITBI (fls. 275/276).

Vieram-me os autos conclusos.

É, em síntese, o relatório. Fundamento e decido.

A superação das exigências originais em virtude da noticiada regularização do imóvel, bem como da apresentação dos títulos originais, prejudica o presente procedimento de dúvida.

Tendo sido reconsideradas as exigências feitas originalmente pelo Oficial Registrador, não há como se prosseguir com o presente feito.

Admitir-se a reformulação das exigências e o seu atendimento de exigência no curso do procedimento da dúvida tem como efeito a indevida prorrogação do prazo de validade da prenotação e, em consequência, impossibilita o registro de eventuais outros títulos representativos de direitos reais contraditórios que forem apresentados no mesmo período.

Porém, ainda que assim não fosse, observo que a única nova exigência ainda pendente, consistente na apresentação de guia de recolhimento do ITBI, não poderia ser afastada neste juízo administrativo.

Isso porque, em que pese a recente decisão do STF sobre o recolhimento do ITBI apenas após o registro da transmissão de propriedade, tem-se que os oficiais registradores permanecem com o dever de fiscalizar o recolhimento do ITBI, sob pena de responsabilidade administrativa e tributária.

Note-se que o art. 289 da Lei de Registros Públicos é expresso ao indicar que o registrador tem o dever de fiscalizar o pagamento dos tributos incidentes:

> *"Art. 289. No exercício de suas funções, cumpre aos oficiais de registro fazer rigorosa fiscalização do pagamento dos impostos devidos por força dos atos que lhes forem apresentados em razão do ofício".*

Ainda, nos termos do art. 134, inciso VI, do CTN, a omissão do titular da delegação pode levar à sua responsabilidade solidária no pagamento do tributo.

Dessa forma, não há como se afastar tal exigência nesta esfera.

Diante do exposto, **julgo prejudicada a dúvida suscitada** pelo **Oficial do 15º Registro de Imóveis da Capital**, **a pedido de Denise Musetti Naccache**, com observação.

Deste procedimento não decorrem custas, despesas processuais e honorários advocatícios.

Oportunamente remetam-se os autos ao arquivo.

P.R.I.C.

São Paulo, 23 de abril de 2021.

Vivian Labruna Catapani

Juíza de Direito (DJe de 27.04.2021 – SP)

Ementa: Sentença – Pedido de Providências – Pedido de averbação de desdobro de lote – Imprescindibilidade de que o requerimento seja realizado por todos os proprietários e seus cônjuges – Necessidade de apresentação de Certidão da Prefeitura que autorize a alteração do contribuinte – Adoção de medidas para localização dos proprietários – Reconsideração pela Oficial da exigência referente ao registro prévio da desapropriação – Informação pelos Requerentes de que foi tomada as providências indicadas pela Registradora – Pedido prejudicado

Processo 1108608-71.2020.8.26.0100

Pedido de Providências - Notas - Rogério Soares da Silva - Rafael Dias Soares da Silva e outro - Diante do exposto, julgo prejudicado o pedido de providências formulado em face da Oficial do 16º Registro de Imóveis da Capital. Deste procedimento não decorrem custas, despesas processuais e honorários advocatícios. Oportunamente remetam-se os autos ao arquivo. P.R.I.C. - ADV: FERNANDO RAFAEL PASSOS DA SILVA (OAB 312754/SP)

Íntegra da decisão:

SENTENÇA

Processo Digital nº: **1108608-71.2020.8.26.0100**

Classe - Assunto **Pedido de Providências - Notas**

Requerente: **Rogério Soares da Silva e outros**

Requerido: **16º Oficio de Registro de Imoveis da Capital**

Juiz(a) de Direito: Dr(a). **Vivian Labruna Catapani**

Vistos.

Trata-se de **pedido de providências** formulado por **Espólio de Ronaldo Soares da Silva,** representado por seu inventariante e herdeiro **Rafael Dias Soares da Silva, Rogério Soares da Silva e Priscila Fugulin Soares da Silva** em face do **Oficial do 16º Registro de Imóveis da Capital**, pretendendo a averbação de desdobro de lote objeto da matrícula nº 10.955.

Os óbices à averbação (fls. 101/102) assim se resumem: a) necessidade de requerimento do desdobro por todos os proprietários, inclusive cônjuges; b) apresentação de certidão da Prefeitura que autorize a alteração do contribuinte de 057.230.0071-3 para 057.230.0128-0; c) o Projeto aprovado pela Municipalidade refere-se ao desdobro de um terreno com área de 3.886,25 m2, área distinta da apontada em matrícula, sendo necessária a apuração do remanescente do terreno; d) registro da carta de adjudicação de área desapropriada.

Na inicial, os requerentes relatam que a área original era de 6.996,50 m2, sofrendo a desapropriação de 3.129,25 m2 (Proc. nº 0105532-44.1976.8.26.0053, sentenciado em 1981), remanescendo 3.867,25 m2. Esclarecem que, em 1977, metade ideal do bem foi transferida a Faud Ananuante, sucedido por seus herdeiros e viúva meeira, que, por sua vez, firmaram escritura de compra e venda em 2003 com os suscitantes Ronaldo (Espólio) e seu irmão Rogério. Acerca do cadastro do imóvel na Prefeitura, informam a existência de uma cadeia com desdobros e unificações, de modo que lhes seria atribuído, atualmente, o de nº 057.230.0128-0, com área total de 1.925,66 m2, metragem aferida mediante elaboração de memorial descritivo em processo administrativo, no qual foi emitido alvará de desdobro pela municipalidade. Salientam que o feito de expropriação, em que houve imissão na posse em 1977, ainda está em fase de execução, passando por procedimento de digitalização, o que impossibilita a extração de carta de sentença.

Por essas razões, entendem preencher o requisito de interessados para o pedido (art. 13, II, LRP), sendo suficiente a documentação apresentada, oriunda de processo administrativo, bem como prescindível a extração de carta de adjudicação.

A Oficial se manifestou às fls. 112/114, reconsiderando exigência referente ao registro prévio da desapropriação, porque, havendo a apuração de remanescente, o que defende ser necessário no caso, a parte desapropriada poderá permanecer na matrícula. Argumentou, ainda, que o desdobro afeta o direito de todos os proprietários, motivo pelo qual deveriam participar do requerimento.

O Ministério Público ofertou parecer às fls. 118/119, pela improcedência da dúvida, com manutenção dos óbices registrais.

Às fls. 120/122, os requerentes solicitaram a intimação dos confrontantes via edital, em virtude da apuração do falecimento destes e desconhecimento dos herdeiros.

Peticionaram, também, às fls. 125/128 e 137/138, comunicando a contratação de profissional para apurar o remanescente da matrícula nº 10.955, a fim de seguir o procedimento do art. 213 da LRP e tomar as providências indicadas pela Registradora, pugnado somente pela dispensa do registro de carta de adjudicação da desapropriação.

Intimada, a Municipalidade de São Paulo somente reforçou a necessidade de apuração prévia da área remanescente antes de se efetivar qualquer registro (fls. 132/133).

É o relatório.

Passo a fundamentar e a decidir.

No decorrer do processamento do pedido, observaram-se duas circunstâncias que prejudicaram a análise deste Juízo Corregedor sobre as exigências inicialmente formuladas pela Oficial.

A primeira refere-se à reconsideração parcial da Registradora às fls. 112/114, que fora devidamente fundamentada, dispensando que se proceda ao registro relativo à desapropriação de parte do terreno do imóvel antes do desdobro. Na oportunidade, houve ponderação a respeito da inexistência de entendimento pacífico de tal obrigatoriedade ser imposta aos expropriados. Além disso, importa considerar, aqui, que se trata de processo iniciado em 1976, com implicações pendentes e delongadas. Logo, entende-se adequado o reposicionamento eximindo os requerentes da apresentação de carta de adjudicação, até porque a condução sugerida pela Oficial não implicaria prejuízo à expropriante, que, inclusive, ao se pronunciar, ateve-se a reivindicar a delimitação da área remanescente (fls. 132/133), imposição mantida para o caso.

No tocante às demais exigências, verifica-se que serão superadas em parte com a adoção do procedimento previsto no art. 213 da LRP, cujas providências os requerentes afirmam estar em andamento. Como já apontado na decisão de fl. 135, excluído o óbice revisto pela Oficial, a única concordância que não estava clara era quanto à participação de todos os proprietários no pedido de desdobro. Ainda assim, foi informada a tomada de medidas para localizá-los (fl. 137/138).

A propósito, no próprio procedimento de retificação administrativa já deverá ser requerida a notificação de todos os interessados. Não por outra razão, até mesmo em caso de transferência superveniente de domínio, prevê o item 136.4, do Cap. XX, das NSCGJ:

> *136.4. Ocorrida a transmissão do domínio do imóvel para quem não formulou, não manifestou sua ciência ou não foi notificado do requerimento de retificação, deverá o adquirente ser notificado do procedimento em curso para que se manifeste em 15 (quinze) dias.*

Ademais, como já pontuado em decisão desta Corregedoria, proferida pela MM. Juíza Tânia Ahualli, no Proc. nº 1120702-51.2020.8.26.0100:

> *(...) a concordância parcial ou total com as exigências do Oficial prejudica a dúvida, que só admite duas soluções: a determinação do registro do título protocolado e prenotado, que é analisado, em reexame da qualificação, tal como se encontrava no momento em que surgida dissensão entre o apresentante e o Oficial de Registro; ou a manutenção da recusa do Oficial. Para que se possa decidir se o título pode ser registrado ou não, é preciso que todas as exigências – e não apenas parte delas – sejam reexaminadas pelo Corregedor Permanente. Nesse sentido, é pacífica a jurisprudência do Egrégio Conselho Superior da Magistratura.*

No mesmo sentido, confira-se julgado recente da E. Corregedoria Geral da Justiça, no Recurso Administrativo nº 1011526-59.2017.8.26.0451, com parecer nº 52/2021-E, proferido pela MM. Juíza Assessora Stefânia Costa Amorim Requena, aprovado em 18.02.2021 pelo Des. Ricardo Anafe:

> *REGISTRO CIVIL DE PESSOA JURÍDICA - Averbação de ata de assembleia geral Ausência do título original - Não impugnação de todas as exigências apresentadas pelo registrador Pedido de providências prejudicado - Recurso não conhecido.*

Destaca-se do corpo do pronunciamento opinativo:

Com efeito, a aceitação de parte dos óbices apontados atribui ao procedimento natureza consultiva, certo que a pretendida averbação dependerá de novo protocolo e, consequentemente, de nova qualificação do título.

(...)

Para que se possa decidir se averbação pretendida pode ou não ocorrer é preciso que todas as exigências e não apenas parte delas sejam reexaminadas pelo Corregedor Permanente e, na hipótese de recurso, também pela Corregedoria Geral da Justiça.

E nem mesmo a manifestação apresentada posteriormente, no curso do presente procedimento (fls. 127/129), pode favorecer a recorrente, eis que, além de ser por demais genérica, representa verdadeira burla ao prazo da prenotação (a parte tem um prazo determinado para cumprir as exigências, ou impugná-las).

Pelos mesmos motivos, não é possível o sobrestamento deste feito até a realização de todas as diligências pertinentes, uma vez que os requisitos técnicos devem ser atendidos antes de eventual insurgência perante esta Corregedoria, cabendo a apreciação por este Juízo apenas de questões que perdurem divergentes após a implementação das medidas noticiadas, em caso de nova irresignação.

Diante do exposto, **julgo prejudicado** o **pedido de providências** formulado em face da **Oficial do 16º Registro de Imóveis da Capital**.

Deste procedimento não decorrem custas, despesas processuais e honorários advocatícios.

Oportunamente remetam-se os autos ao arquivo.

P.R.I.C.

São Paulo, 24 de março de 2021.

Vivian Labruna Catapani

Juiz de Direito (DJe de 29.03.2021 – SP)

MATRÍCULA

Ementa: Sentença – Dúvida – Pedido de registro de Carta de Adjudicação Compulsória – Negativa em razão da necessidade de alvará de desdobro do lote com a devida aprovação pela Prefeitura e anuência da Secretaria Estadual do Meio Ambiente, bem como da apresentação do certificado de conclusão emitido pela Municipalidade em relação aos prédios projetados – Imóvel que integra área maior abrangida por projeto de construção de edificações – Títulos Judiciais não estão isentos de qualificação registrária – Documentos apresentados que não são suficientes para demonstrar aprovação da Municipalidade em relação ao desdobro do lote – Ausência de preenchimento dos requisitos necessários para a dispensa do registro especial – Imprescindibilidade da prévia averbação do desmembramento do terreno adjudicado – Possibilidade de concluir que o projeto para construção de edificações não se efetivou – Projeto que não foi objeto de registro – Art 18 da Lei Federal nº 6766/79 – Afastamento apenas da exigência relacionada ao certificado de conclusão emitido pela Municipalidade – Manutenção do demais óbices – Procedência Parcial

Processo 1103124-41.2021.8.26.0100

Dúvida - Registro de Imóveis - José Benedito Rezende – Luzia Raimundo Rezende - Diante do exposto, JULGO PARCIALMENTE PROCEDENTE a dúvida suscitada, afastando apenas a exigência relacionada ao certificado de conclusão emitido pela municipalidade em relação aos 24 prédios aprovados pelo alvará de fl. 117. Ou seja, o registro depende da apresentação de alvará de desdobro do lote objeto deste procedimento para averbação na matrícula n. 196.216, com a devida aprovação pela Prefeitura desta Capital e anuência da Secretaria Estadual do Meio Ambiente (área localizada em Zona de Proteção aos Mananciais), o que deve contar com elaboração de planta e memorial descritivo demonstrando a subdivisão da área em parcelas unitárias, contendo todas as medidas perimetrais de contorno, a área de superfície, confrontantes e pontos de amarração com a área maior na qual se insere a área desmembrada. Dê-se ciência deste expediente ao juízo da ação de usucapião noticiada, servindo a presente decisão como ofício. Deste procedimento não decorrem custas, despesas processuais ou honorários advocatícios. Oportunamente, remetam-se os autos ao arquivo. P.R.I.C. - ADV: ANDRÉA ANDREO GANCEDO SABER (OAB 326611/SP)

Íntegra da decisão:

SENTENÇA

Processo Digital nº: **1103124-41.2021.8.26.0100**

Classe - Assunto **Dúvida - Registro de Imóveis**

Requerente: **José Benedito Rezende e outro**

Requerido: **11º Oficial de Registro de Imóveis da Capital**

Juiz(a) de Direito: Dr(a). **Luciana Carone Nucci Eugênio Mahuad**

Vistos.

Trata-se de dúvida inversa suscitada por **José Benedito Rezende** e **Luiza Raimundo Rezende** em face da negativa do **Oficial do 11º Registro de Imóveis da Capital** em proceder ao registro de carta de adjudicação compulsória de terreno contido em área maior objeto da matrícula n. 196.216 daquela serventia.

O título foi recusado pelos seguintes motivos: 1) o terreno resulta da unificação dos imóveis das matrículas n. 196.214, correspondente ao lote n. 2, e 196.215, correspondente ao lote n. 3, sendo que o projeto apresentado se refere ao parcelamento apenas do lote n. 2, pelo que esclarecimento é necessário em relação à área do lote n. 3; 2) tendo em vista o projeto e o alvará apresentados, para que seja possível o desmembramento desejado, a parte interessada também deverá apresentar: a) via original ou cópia autenticada do certificado de conclusão emitido pela Prefeitura em relação aos 24 prédios aprovados pelo alvará juntado e, b) aprovação do referido projeto junto à Secretaria do Meio Ambiente do Estado, tendo em vista que o imóvel encontra-se localizado em área de proteção aos mananciais metropolitanos.

A parte interessada alega que ajuizou ação de adjudicação compulsória com o intuito de regularizar o domínio de seu imóvel, o qual está contido em área maior matriculada sob n. 196.216, a qual foi julgada procedente, com emissão de carta de adjudicação para o devido registro; que apresentou os documentos exigidos inicialmente para o registro do título (alvará e planta do projeto aprovados pela municipalidade e demais órgãos), sendo que apenas não conseguiu encontrar aprovação da Secretaria do Meio Ambiente, em que pesem os esforços empreendidos, vez que o fato ocorreu em 1989; que já houve os devidos desdobros da matrícula n. 194.869, da qual originou-se a matrícula n. 196.216, com aprovação em sede judicial, inclusive com aprovação do órgão ambiental na época; que, acerca do lote n. 3, não há o que se esclarecer, pois o registro em tela diz respeito ao lote n. 2, bem como porque, na própria matrícula n. 194.869, é mencionado que a unificação das matrículas foi equivocada, de modo que não constam outros documentos arquivados na serventia; que não se trata de loteamento clandestino ou irregular, sendo que restaram comprovadas as aprovações da prefeitura, bem como do órgão ambiental, o que se encontra averbado na matrícula n. 194.869; que, no loteamento em que o imóvel se localiza, existe saneamento há anos, o que também indica que aprovado pelo órgão responsável pelo meio ambiente; que seu imóvel está localizado em área urbana residencial e devidamente inscrito no IPTU, cadastro de contribuinte n. 260.035.0039-3; que o ITBI foi recolhido após o trânsito em julgado da ação adjudicatória; que conta com croqui do mapa em que localizado para fins de demonstrar todos os trâmites e regularidades do loteamento.

Vieram documentos às fls. 08/64.

A decisão de fl. 68 recebeu o feito como dúvida inversa após remessa pela 2ª Vara de Registros Públicos em razão da competência e determinou a apresentação de prenotação válida ante o decurso do trintídio legal, o que foi providenciado pela parte interessada (fls. 71/72).

O Oficial manifestou-se às fls. 74/83, sustentando que o óbice registrário principal cinge-se ao fato de que a carta de adjudicação compulsória apresentada a registro tem por objeto um terreno situado na av. Carlos Barbosa Santos, n. 2275 (antiga Estrada do Barro Branco), lote n. 02, Jardim Três Corações (área de 798,52m^2), sendo certo que a área maior na qual se insere o referido terreno, ou seja, o lote n. 02, tem área de superfície de 4.000m^2 integrante da área maior matriculada sob n. 196.216; que, em razão disso, foi exigido alvará de desdobro do lote aprovado pela prefeitura, acompanhado de memorial descritivo e de planta demonstrando as medidas perimetrais de contorno, a área de superfície e confrontações, além dos pontos de amarração com a área maior na qual se insere; que infere, dos elementos trazidos aos autos e da situação registrária, tratar-se, em verdade, de desdobro do lote 2, sendo necessária a realização da correspondente averbação na matrícula 196.216, para, com o desdobro, se tornar possível abertura de matrícula para a área resultante, consistente no imóvel em tela; que o imóvel da matrícula n. 196.216, no qual se insere o imóvel da parte suscitante, possui área total de 5.167,00m^2, resultante da unificação dos imóveis das matrículas 196.214 (correspondente ao lote 2, com 4.000,00m^2) e 196.215 (correspondente ao lote 3, com 1.167,00m^2); que, acerca das 24 edificações que foram projetadas para o lote n. 2, há necessidade da regularização do desmembramento, a teor do que dispõe o artigo 18 da Lei n. 6.766/79, vez que o parcelamento submete o terreno à fragmentação em lotes, o que demanda uma análise sob o prisma do item 165 do Cap. XX das NSCGJSP, que trata da possibilidade de dispensa do registro especial, sob pena de não ser possível atender não só ao princípio da especialidade, como ao da unitariedade da matrícula; que, em caso próximo, este juízo manteve o óbice registrário (autos n. 1026746-44.2021.8.26.0100); que, por exceção em face de peculiaridades do caso, pode-se admitir desmembramento com dispensa do registro especial previsto pelo artigo 18 da Lei n. 6.766/79, mas, para tanto, é imprescindível que existam fatores como, por exemplo, a ausência de sucessividade de parcelamentos e o número reduzido de lotes, a fim de não se caracterizar flagrante inobservância de disposição legal expressa (regra do subitem 165.4, do Cap. XX, das NSCGJSP);

que, afora a questão do registro especial, o alvará de desdobro do lote 2 deve ser providenciado conforme entendimento da E. Corregedoria Geral da Justiça (CGJ 2013/00125053); que o imóvel em causa é objeto de ação de usucapião movida por Edimilson Gomes da Silva contra os espólios de Benedito Dias Ramos e América Pinheiro Magalhães Ramos, com alegação de posse desde 1997, a qual tramita neste juízo e ainda não foi julgada (autos n. 1103104-84.2020.8.26.0100).

O Ministério Público opinou pela manutenção dos óbices (fls. 122/123).

É o relatório.

Fundamento e decido.

No mérito, a dúvida procede parcialmente. Vejamos os motivos.

Por primeiro, vale destacar que os títulos judiciais não estão isentos de qualificação, positiva ou negativa, para ingresso no fólio real.

O Egrégio Conselho Superior da Magistratura já decidiu que a qualificação negativa de título judicial não caracteriza desobediência ou descumprimento de decisão judicial (Apelação Cível n. 413-6/7).

Neste sentido, também a Apelação Cível nº 464-6/9, de São José do Rio Preto:

> *"Apesar de se tratar de título judicial, está ele sujeito à qualificação registrária. O fato de tratar-se o título de mandado judicial não o torna imune à qualificação registrária, sob o estrito ângulo da regularidade formal. O exame da legalidade não promove incursão sobre o mérito da decisão judicial, mas à apreciação das formalidades extrínsecas da ordem e à conexão de seus dados com o registro e a sua formalização instrumental".*

E, ainda:

> *"Registro Público - Atuação do Titular - Carta de Adjudicação – Dúvida Levantada - Crime de Desobediência - Impropriedade Manifesta. O cumprimento do dever imposto pela Lei de Registros Públicos, cogitando-se de deficiência de carta de adjudicação e levantando-se dúvida perante o juízo de direito da vara competente, longe fica de configurar ato passível de enquadramento no artigo 330 do Código Penal – crime de desobediência -, pouco importando o acolhimento, sob o ângulo judicial, do que suscitado" (STF, HC 85911 / MG - Minas Gerais, Relator: Min. Marco Aurélio, j. 25/10/2005, Primeira Turma).*

Sendo assim, não há dúvidas de que a mera existência de título proveniente de órgão jurisdicional não basta para autorizar automaticamente seu ingresso no fólio real, cabendo ao oficial qualificá-lo conforme as normas e os princípios que regem a atividade registral, sendo que, para o exercício de tal mister, ele conta com ampla autonomia (artigo 28 da Lei n. 8.935/94).

No caso concreto, constata-se que o imóvel objeto da ação adjudicatória consiste em lote de terreno (n.2), com área de 798,52m², que fora destacado de área maior matriculada sob n. 196.216, sendo que esta última resulta da unificação dos imóveis das matrículas n. 196.214 e 196.215 (fls. 14/15, 16/17, 18/19 e 84/85).

As matrículas n. 196.214 e 196.215, por sua vez, foram destacadas de área maior matriculada sob n. 194.869, que foi objeto do loteamento denominado "Cocaia Santo Amaro", sendo que, da área total de 11.440m², 10.167m² foram destinados a quatro lotes numerados de 01 a 04 e o restante, correspondente à área de 1.233m², ao alargamento da Estada do Barro Branco (fls. 25/27).

A dúvida cinge-se à necessidade de comprovação de alvará de desdobro do lote objeto deste procedimento, que integra área maior abrangida por projeto de construção de 24 edificações (fl. 117), com a devida aprovação pela Prefeitura desta Capital e anuência da Secretaria Estadual do Meio Ambiente, o que deve contar com elaboração de planta e memorial descritivo demonstrando a subdivisão da área em parcelas unitárias, contendo todas as medidas perimetrais de contorno, a área de superfície, confrontantes e pontos de amarração com a área maior na qual se insere a área desmembrada.

Das exigências formuladas pelo Oficial (fl. 92), no que se refere àquela do item 1 da nota devolutiva de fl. 92, verifica-se que os documentos apresentados não são, de fato, suficientes para demonstrar aprovação da municipalidade acerca do desdobro do lote adjudicado.

Como observado por este juízo em caso próximo, mencionado pelo Oficial à fl. 78 (autos n. 1026746-44.2021.8.26.0100), nos termos dos artigos 18 e 19 da Lei n. 6.766/79, no caso de parcelamento do solo, é exigido o registro especial.

Este registro tem a finalidade de resguardar o interesse público (ordem urbanística) e tutelar os futuros adquirentes dos lotes, conforme precedentes da Egrégia Corregedoria da Justiça (Processo CG 256/2004, parecer exarado pelo Juiz Auxiliar José Marcelo Tossi, com aprovação em 10.05.2004 pelo então Corregedor Geral da Justiça, Des. José Mario Antonio Cardinale).

Dessa forma, havendo parcelamento, a regra é que as exigências da Lei n. 6.766/79 sejam observadas, só podendo haver dispensa nos casos previstos no Provimento nº 03, de 22 de março de 1988, desta 1ª

Vara de Registros Públicos, e no item 165 do Capítulo XX das NSCGJ.

Vejamos o teor dos dispositivos citados.

O provimento mencionado dispõe que o registro pode ser dispensado, independentemente de intervenção administrativo-judicial, se o parcelamento cumulativamente preencher os seguintes requisitos (com nossos destaques):

"a) não implicar abertura de novas vias de circulação de logradouros públicos, prolongamento, modificação ou ampliação de vias existentes, ou, de modo geral, transferência de áreas para o domínio público;

b) não provier de imóvel que já tenha, a partir de dezembro de 1979, sido objeto de outro parcelamento;

c) não importar fragmentação superior a 10 (dez) lotes".

Já as Normas de Serviço da Corregedoria Geral de Justiça, ao tratarem da possibilidade de dispensa do registro especial, assim preveem (nossos destaques):

"165. O registro especial, previsto no art. 18, da Lei nº 6.766/79, será dispensado nos seguintes casos:

a) ***as divisões "inter vivos" celebradas anteriormente a 20 de dezembro de 1979;***

b) ***as divisões "inter vivos" extintivas de condomínios formados antes da vigência da Lei nº 6.766, de 19 de dezembro de 1979;***

c) as divisões consequentes de partilhas judiciais, qualquer que seja a época de sua homologação ou celebração;

d) ***os desmembramentos necessários para o registro de cartas de arrematação, de adjudicação ou cumprimento de mandados;***

e) ***quando os terrenos tiverem sido objeto de compromissos formalizados até 20 de dezembro de 1979, mesmo com antecessores;***

f) Quando os terrenos tiverem sido individualmente lançados para o pagamento de Imposto Predial e Territorial Urbano (IPTU) para o exercício de 1979, ou antes.

(...)

165.4. ***Nos desmembramentos, o oficial, sempre com o propósito de obstar expedientes ou artifícios que visem a afastar a aplicação da Lei nº 6.766, de 19 de dezembro de 1979, cuidará de examinar, baseado em elementos de ordem objetiva, especialmente na quantidade de lotes parcelados, se se trata ou não de hipótese de incidência do registro especial. Na dúvida, recusará a averbação.***

165.5. Para a dispensa do registro especial, o oficial registrador deverá ter especial atenção à verificação das seguintes circunstâncias:

(1) não implicar transferência de área para o domínio público;

(2) não tenha havido prévia e recente transferência de área ao Poder Público, destinada a arruamento, que tenha segregado o imóvel, permitido ou facilitado o acesso a ela, visando tangenciar as exigências da Lei nº 6.766/79;

(3) resulte até 10 lotes;

(4) resulte entre 11 e 20 lotes, mas seja servido por rede de água, esgoto, guias, sarjetas, energia e iluminação pública, o que deve ser comprovado mediante a apresentação de certidão da Prefeitura Municipal;

(5) ***não ocorram desmembramentos sucessivos, exceto se o novo desmembramento não caracterizar intenção de afastar o cumprimento das normas que regem o parcelamento do solo urbano em razão do tempo decorrido entre eles, da alteração dos proprietários dos imóveis a serem desmembrados, sem que os novos titulares do domínio tenham participado do fracionamento anterior;***

(6) Na hipótese do desmembramento não preencher os itens acima, ou em caso de dúvida, o deferimento dependerá de apreciação da Corregedoria Permanente".

No caso em análise, em que pese tratar de registro de carta de adjudicação, verifica-se que não estão preenchidos cumulativamente os requisitos necessários para a dispensa do registro especial elencados no Provimento n. 03 desta Corregedoria Permanente, na medida em que a área maior em que se localiza o terreno, matrícula n. 196.216, como já dito, é oriunda de parcelamento da área matriculada sob n. 194.869, com ocorrência posterior a dezembro de 1979 (fls. 25/26).

Ao lado disso, o caso não se amolda às situações previstas no item 165 do Capítulo XX das NSCGJ, as quais também justificam a desnecessidade do registro, sendo certo que a dispensa deve ser analisada sempre com o propósito de obstar expedientes ou artifícios que visem afastar a aplicação da Lei n. 6.766/79 (item 165.4 supra copiado).

Do ponto de vista registrário, portanto, o ingresso do título depende da prévia averbação do desmembramento do terreno adjudicado na matrícula da área maior da qual destacado, objeto da matrícula n. 196.216.

Vale registrar que, de acordo com o princípio do *tempus regit actum*, à qualificação do título aplicam-se as exigências legais contemporâneas ao registro.

O Conselho Superior da Magistratura tem considerado que, para fins de registro, em atenção ao princípio em questão, sujeita-se o título à lei vigente ao tempo de sua apresentação (Apelação Cível nº, 115-6/7, rel. José Mário Antonio Cardinale; Apelação Cível nº 777-6/7, rel. Ruy Camilo; Apelação Cível nº 530-6/0, rel. Gilberto Passos de Freitas, e, mais recentemente, Processo nº 0004535-52.2011.8.26.0562, rel. José Renato Nalini).

Logo, as exigências da Lei n. 6.766/79 devem ser observadas, de modo que a aprovação pela municipalidade e pelos órgãos ambientais competentes não pode ser dispensada, notadamente pela notícia não impugnada de que o imóvel, adquirido em 1989, se encontra dentro da Zona de Proteção aos Mananciais, não podendo a parte suscitada se valer das aprovações averbadas na matrícula originária, de n. 194.869.

Note-se, ainda, que o lançamento fiscal relativo ao imóvel (cadastro municipal com ITPU individualizado) é insuficiente para viabilizar o registro buscado, vez que o interesse tributário não se confunde com os princípios e as regras registrais orientadores do assento pretendido. Nesse sentido, a Apelação Cível n. 1006203-25.2018.8.26.0100, julgada pelo Conselho Superior da Magistratura, em 03/07/2019, com relatoria do Desembargador Geraldo Francisco Pinheiro Franco.

Quanto ao item "2a" da nota devolutiva, verifica-se que a exigência é dispensável, já que é possível concluir com razoável segurança que o projeto aprovado pela municipalidade para construção de 24 edificações no imóvel da matrícula n. 196.214 no ano de 1988, portanto, antes de sua unificação com a matrícula n. 196.215, não se efetivou, já que não foi objeto de registro.

O art. 18 da Lei n. 6.766/79 estabelece prazo certo de 180 dias para a submissão do projeto ao registro imobiliário, sob pena de caducidade da aprovação:

"Art. 18. Aprovado o projeto de loteamento ou de desmembramento, o loteador deverá submetê-lo ao registro imobiliário dentro de 180 (cento e oitenta) dias, sob pena de caducidade da aprovação, acompanhado dos seguintes documentos".

Ademais, o próprio Oficial afirma, à fl. 81, que a parte suscitada pode ater-se às providências relativas ao alvará de desdobro do lote n. 2, aprovado pela municipalidade, conforme julgado da E. Corregedoria Geral da Justiça, de relatoria da juíza assessora na época, Dra. Tânia Mara Ahualli, com aprovação do então Corregedor Geral, Desembargador José Renato Nalini, que dissocia o desmembramento do lote da regularização do loteamento em que inserido:

"Registro de Imóveis – Procedimento administrativo em que se pleiteia a averbação de desmembramento de lote – Direito dissociado da regularização do loteamento – Desnecessidade da averbação das construções – Recurso provido" (Parecer 489/2013-E – Processo 125.053/2013 - Data da Decisão: 18/11/2013. Data do Parecer: 12/11/2013).

Por fim, há que se dar notícia sobre o feito ao juízo da ação de usucapião envolvendo o imóvel, a qual tramita perante esta Vara (autos n. 1103104-84.2020.8.26.0100), justamente para fins de publicidade.

Diante do exposto, **JULGO PARCIALMENTE PROCEDENTE** a dúvida suscitada, afastando apenas a exigência relacionada ao certificado de conclusão emitido pela municipalidade em relação aos 24 prédios aprovados pelo alvará de fl. 117. Ou seja, o registro depende da apresentação de alvará de desdobro do lote objeto deste procedimento para averbação na matrícula n. 196.216, com a devida aprovação pela Prefeitura desta Capital e anuência da Secretaria Estadual do Meio Ambiente (área localizada em Zona de Proteção aos Mananciais), o que deve contar com elaboração de planta e memorial descritivo demonstrando a subdivisão da área em parcelas unitárias, contendo todas as medidas perimetrais de contorno, a área de superfície, confrontantes e pontos de amarração com a área maior na qual se insere a área desmembrada.

Dê-se ciência deste expediente ao juízo da ação de usucapião noticiada, servindo a presente decisão como ofício.

Deste procedimento não decorrem custas, despesas processuais ou honorários advocatícios.

Oportunamente, remetam-se os autos ao arquivo.

P.R.I.C.

São Paulo, 16 de novembro de 2021.

Luciana Carone Nucci Eugênio Mahuad

Juiz de Direito (DJe de 18.11.2021 – SP)

Ementa: Sentença – Retificação de Registro de Imóvel – Pedido de inclusão de outro imóvel que possui matrícula autônoma – Alegação pelo Requerente de que a vaga de garagem coletiva do edifício é uma extensão do seu imóvel – Informação pelo Oficial de que os imóveis são distintos – Instituição do Condomínio que optou por considerar as suas vagas de garagens como unidades autônomas – Descabimento da retificação pretendida – Indeferimento do pedido – Improcedência

Processo 1063675-76.2021.8.26.0100

Retificação de Registro de Imóvel - Retificação de Área de Imóvel - Kisabro Koga - Isto posto, e por tudo mais que nos autos consta, JULGO IMPROCEDENTE o pedido, extinguindo o processo, com resolução do mérito, nos termos do artigo 487, inciso I, do Código de Processo Civil. Custas e despesas processuais pelo autor. Sem condenação em honorários advocatícios. Oportunamente, ao arquivo. P.I.C. - ADV: NELUY MORITA TSUCHIYA (OAB 326043/ SP)

Íntegra da decisão:

SENTENÇA

Processo Digital nº: **1063675-76.2021.8.26.0100**

Classe - Assunto **Retificação de Registro de Imóvel - Retificação de Área de Imóvel**

Requerente: **Kisabro Koga**

Requerido: **16ª Oficial de Registro de Imóveis da Capital**

Juíza de Direito: Dra. **Renata Pinto Lima Zanetta**

Vistos.

KISABRO KOGA ajuizou a presente ação de retificação de área, com pedido de tutela antecipada, sustentando, em síntese, que é proprietário do apartamento nº 45 do Edifício "Luz do Sol", objeto da matrícula nº 43.097 do 16º Cartório de Registro de Imóveis da Capital, e de uma vaga na garagem coletiva no subsolo do referido edifício, objeto da matrícula nº 43.098 do 16º CRI. Alega que na certidão da matrícula nº 43.097 consta informação de que a vaga de garagem seria parte de seu imóvel, vez que se trata de garagem coletiva, e não vaga unitária.

Refere que a Convenção Condominial também estabelece a garagem coletiva. Entende que a referida vaga de garagem seria uma extensão do seu imóvel, entretanto, houve recusa do Oficial Registrador em proceder à retificação do registro, sob alegação de que os imóveis são distintos.

Relata que o imóvel da matrícula nº 43.098 foi penhorado pelo Juízo da 21ª Vara do Trabalho, e será levado a leilão judicial.

Desta forma, pleiteia a concessão de tutela de urgência para suspender o leilão designado pela 21ª Vara do Trabalho, e, ao final, a procedência da ação, para declaração de que a garagem objeto da matrícula nº 43.098 é uma extensão do seu apartamento nº 45 do Edifício "Luz do Sol", objeto da matrícula nº 43.097 do 16º CRI. Com a inicial, vieram documentos (fls. 09/45).

A tutela de urgência foi indeferida (fls. 46/47).

Sobrevieram informes cartorários (fls. 69).

O Ministério Público ofertou parecer, opinando pela improcedência da ação (fls. 73/74).

O autor manifestou-se (fls. 99/100).

É o relatório.

FUNDAMENTO E DECIDO.

Cuida-se a ação de retificação de registro de imóvel, na qual a parte autora pretende obter proclamação judicial para inclusão de outro imóvel com matrícula autônoma, qual seja, a garagem objeto da matrícula nº 43.098, na matrícula referente ao apartamento, que é objeto da matrícula nº 43.097 do 16º CRI.

O procedimento retificatório permite a correção de erros e imprecisões tabulares, mas não pode servir como meio para vulnerar a instituição do condomínio e o sistema registral.

O artigo 212 da Lei de Registros Públicos, com redação dada pela Lei nº 10.931/04, dispõe: *"Se o registro ou a averbação for omissa, imprecisa ou não exprimir a verdade, a retificação será feita pelo Oficial do Registro de Imóveis competente, a requerimento do interessado, por meio do procedimento administrativo previsto no art. 213, facultado ao interessado requerer a retificação por meio de procedimento judicial. Parágrafo único. A opção pelo procedimento administrativo previsto no art. 213 não exclui a prestação jurisdicional, a requerimento da parte prejudicada."*

No caso em exame, a certidão da matrícula nº 43.098, reproduzida às fls. 30/38, atesta o fato de que a vaga de garagem é objeto de matrícula autônoma (fls. 30/38), consistindo, portanto, em unidade imobiliária autônoma, distinta e independente do apartamento.

Com efeito, ao dispor sobre o condomínio em edificações e as incorporações imobiliárias, a Lei nº 4.591/1.964, em seu artigo 1º, assim estabelece:

> *Art. 1º. As edificações ou conjuntos de edificações, de um ou mais pavimentos, construídos sob a forma de unidades isoladas entre si, destinadas a fins residenciais ou não-residenciais, poderão ser alienados, no todo ou em parte, objetivamente considerados, e constituirá, cada unidade, propriedade autônoma sujeita às limitações desta Lei.*
>
> *§1º. Cada unidade será assinalada por designação especial, numérica ou alfabética, para efeitos de identificação e discriminação.*
>
> *§2º. A cada unidade caberá, como parte inseparável, uma fração ideal do terreno e coisas comuns, expressa sob forma decimal ou ordinária*
>
> *Art. 2º. Cada unidade com saída para a via pública, diretamente ou por processo de passagem comum, será sempre tratada como objeto de propriedade exclusiva, qualquer que seja o número de suas peças e sua destinação, inclusive (VETADO)*

edifício-garagem, com ressalva das restrições que se lhe imponham.

§1º. O direito à guarda de veículos nas garagens ou locais a isso destinados nas edificações ou conjuntos de edificações será tratado como objeto de propriedade exclusiva, com ressalva das restrições que ao mesmo sejam impostas por instrumentos contratuais adequados, e será vinculada à unidade habitacional a que corresponder, no caso de não lhe ser atribuída fração ideal específica de terreno.

§2º. O direito de que trata o § 1º dêste artigo poderá ser transferido a outro condômino, independentemente da alienação da unidade a que corresponder, vedada sua transferência a pessoas estranhas ao condomínio.

§3º. Nos edifícios-garagem, às vagas serão atribuídas frações ideais de terreno específicas.

Outrossim, depreende-se da transcrição coligida às fls. 23/29, que quando da instituição do condomínio optou-se por considerar suas vagas de garagem como unidades autônomas, razão pela qual descabe a retificação para inclusão de outro imóvel com matrícula distinta.

Deste modo, a improcedência da ação é a medida que se impõe.

Isto posto, e por tudo mais que nos autos consta, **JULGO IMPROCEDENTE** o pedido, extinguindo o processo, com resolução do mérito, nos termos do artigo 487, inciso I, do Código de Processo Civil.

Custas e despesas processuais pelo autor. Sem condenação em honorários advocatícios.

Oportunamente, ao arquivo.

P.I.C.

São Paulo, 10 de novembro de 2021.

Renata Pinto Lima Zanetta

Juíza de Direito (DJe de 12.11.2021 – SP)

Ementa: Sentença – Pedido de Providências – Pedido de unificação das matrículas – Imprescindibilidade de certidão da Municipalidade comprovando a alteração do número de contribuinte – Apresentação dos documentos pela Municipalidade – Exigência que foi atendida – Inexistência de óbice registrário – Perda do objeto – Extinção do feito

Processo 1091164-88.2021.8.26.0100

Pedido de Providências - Registro de Imóveis - Famili Administração Empreendimentos e Participações Ltda - PREFEITURA MUNICIPAL DE SÃO PAULO - Considerando a inexistência de óbice registrário, como bem elucidado pela manifestação do Oficial de fls. 68/81 e pelo parecer do Ministério Público de fl. 97, reconheço a perda superveniente do interesse processual, em sua modalidade necessidade, pelo que JULGO EXTINTO o presente feito com fundamento no artigo 485, IV, do CPC. Sem custas, despesas ou honorários advocatícios nesta via administrativa. Ao arquivo. P.R.I.C. - ADV: ZULMIRA MONTEIRO DE ANDRADE LUZ (OAB 62145/SP), FELIPE TOLEDO CONTIERO (OAB 392521/SP)

Íntegra da decisão:

SENTENÇA

Processo Digital nº: **1091164-88.2021.8.26.0100**

Classe - Assunto **Pedido de Providências - Registro de Imóveis**

Requerente: **Famili Administração Empreendimentos e Participações Ltda**

Requerido: **14º Oficial de Registro de Imoveis da Capital**

Juiz(a) de Direito: Dr(a). **Luciana Carone Nucci Eugênio Mahuad**

Vistos.

Trata-se de pedido de providências formulado por **Famili Administração Empreendimentos e Participações Ltda** em face do **Oficial do 14º Registro de Imóveis da Capital** para unificação das matrículas n. 45.707 e 208.315 daquela serventia.

Documentos vieram às fls. 06/48.

O Oficial indicou como imprescindível certidão da Prefeitura Municipal de São Paulo comprovando a alteração do número de contribuinte 047.221.0028-29 para o atual 047.221,0100-0, bem como esclareceu a existência de duas áreas neste último cadastro (fls. 52/54).

Foi determinada a intimação da Municipalidade de São Paulo, que prestou informações e juntou documentos (fls. 68/81).

O Oficial, então, se manifestou no sentido de que as certidões exibidas pelo ente público atendem à sua exigência (fl. 94)

Parecer do Ministério Público, pela extinção, à fl. 97.

É o relatório.

Fundamento e DECIDO.

Considerando a inexistência de óbice registrário, como bem elucidado pela manifestação do Oficial de fls. 68/81 e pelo parecer do Ministério Público de fl. 97, reconheço a perda superveniente do interesse processual, em sua modalidade necessidade, pelo que **JULGO EXTINTO** o presente feito com fundamento no artigo 485, IV, do CPC.

Sem custas, despesas ou honorários advocatícios nesta via administrativa.

Ao arquivo.

P.R.I.C.

São Paulo, 01 de dezembro de 2021. (DJe de 06.12.2021 – SP)

Ementa: Sentença – Pedido de Providências – Pedido de certidão de loteamento – Alegação pela Requerente de que inviabilizaram o documento sob o argumento de que deveria especificar o lote de interesse, bem como de que houve falta de transparência no que tange à cobrança de valores – Esclarecimento pelo Oficial de que orientou o preposto a solicitar a indicação do lote, em razão da inexistência de matrícula do loteamento em questão, sendo que houve resistência com falta de urbanidade por parte da Reclamante – Loteamento inscrito antes da vigência da LRP – Possibilidade da exigência do fornecimento, por escrito, da identificação do solicitante e da finalidade da solicitação – Item 44 das NSCGJ – Posicionamento correto por parte do Oficial em relação a impossibilidade de mensuração do valor dos serviços por ocasião do atendimento realizado – Ausência de prova ou evidência que caracterize falta funcional – Improcedência

Processo 0030256-82.2021.8.26.0100

Pedido de Providências - REGISTROS PÚBLICOS - Adriana Cardos ode Moraes - Neste contexto, JULGO IMPROCEDENTE o pedido. Comunique-se o resultado à E. CGJ, servindo a presente decisão como ofício. Deste procedimento não decorrem custas, despesas processuais ou honorários advocatícios. Oportunamente, ao arquivo. P.R.I.C. - ADV: ADRIANA CARDOSO DE MORAES (OAB 429208/SP)

Íntegra da decisão:

SENTENÇA

Processo Digital nº: **0030256-82.2021.8.26.0100**

Classe - Assunto **Pedido de Providências - REGISTROS PÚBLICOS**

Requerente: **Adriana Cardoso de Moraes**

Requerido: **6º Oficial de Registro de Imóveis da Capital**

Juiz(a) de Direito: Dr(a). **Luciana Carone Nucci Eugênio Mahuad**

Vistos.

Trata-se de expediente instaurado por provocação da E. Corregedoria Geral da Justiça para apurar reclamação formulada por **Adriana Cardoso de Moraes** contra o Oficial do **6º Registro de Imóveis da Capital,** em virtude da recusa em entregar certidão de loteamento.

Afirma a parte reclamante que teve inviabilizado o documento em questão, necessário para instruir ação judicial de usucapião, sob argumento de que deveria especificar o lote de interesse, cujos dados não possuía; que houve falta de transparência no que tange à cobrança de valores, já que recebeu como resposta do preposto Antônio, sob orientação do Oficial, que o valor do serviço seria "imensurável", o que estranhou ante o tabelamento dos serviços cartorários; que, ao voltar da sala do Oficial, o preposto solicitou que redigisse uma carta de próprio punho pedindo o documento, o que também considera indevido, motivo pelo qual acionou a polícia militar.

O Oficial manifestou-se às fls. 11/13, sustentando que a parte reclamante foi informada de que não existe "matrícula" do loteamento em questão (n. 69), uma vez que a inscrição foi feita antes da vigência da Lei n. 6.015/73, razão pela qual orientou o preposto Antonio a solicitar que a reclamante indicasse o lote, ao que houve resistência de forma bastante intransigente e com falta de urbanidade; que foi disponibilizado acesso às plantas do loteamento para que a reclamante pudesse localizar o imóvel de seu interesse, mas ela mostrou-se bastante alterada e, em tom agressivo, disse a Antonio que chamaria a polícia; que foi pedido a ela que fizesse o requerimento por escrito a fim de que fosse apreciado da melhor forma a atender o pedido, ao que também houve recusa; que, ao policial militar enviado para averiguar o ocorrido, informou que o pedido na forma realizada pela reclamante é inadequado, pois, além do custo elevado, há impedimento ao fornecimento de certidões em bloco à vista da Lei Geral de Proteção de Dados (item 144.2, Cap. XX das NSCGJ); que o pedido de certidão não foi finalizado, motivo pelo qual nenhum valor foi pago pela reclamante, a qual foi tratada com respeito.

Nova manifestação da parte reclamante veio às fls. 15/17, com alegação de que conseguiu certidão nos mesmos moldes pleiteados junto ao 1º Registro de Imóveis de São Bernardo do Campo, o que indica que não se tratou de nenhum pedido absurdo; que foi atendida com falta de cordialidade e empatia, havendo falta de transparência em relação aos valores de taxas e emolumentos.

O Ministério Público opinou pelo arquivamento (fls. 23/24).

A decisão de fls. 25/26 designou audiência para oitiva dos envolvidos (reclamante, Oficial e preposto), com participação do MP, o qual reiterou a manifestação anterior (fls. 39/40).

É o relatório.

Fundamento e decido.

No mérito, diante das informações fornecidas e dos documentos que as acompanham, além das oitivas dos envolvidos, não se verifica qualquer falha funcional a ser apurada nem providência a ser tomada.

Com efeito, restou incontroverso que a parte reclamante solicitou certidão de um loteamento (n. 69), pois não dispunha de dados do imóvel de seu interesse (endereço, lote, quadra, etc.), objeto de ação de usucapião em que atua como advogada.

A instrução processada atesta que, pela falta de identificação do imóvel, o Oficial determinou a Antonio, seu preposto, que orientasse a parte reclamante a fazer pedido por escrito a fim que pudesse ser apreciado da melhor forma, franqueando a ela, ainda, acesso às plantas do loteamento para que encontrasse o lote de seu interesse (fls. 39/40).

Neste ponto, o posicionamento do Oficial foi acertado, já que o pedido envolvia número indeterminado de lotes, concernentes a loteamento inscrito antes da vigência da Lei n. 6.015/73 e, portanto, sem individualização de matrículas.

Em casos como este, o Oficial deve se valer de especial cautela à luz da Lei Geral de Proteção de Dados, Lei n. 13.709/2018, e do Provimento CG n. 23/2020 que a regulamentou no âmbito do Tribunal de Justiça de São Paulo, podendo exigir o fornecimento, por escrito, da identificação do solicitante e da finalidade da solicitação, conforme o item 144 das Normas da Corregedoria Geral da Justiça (nossos destaques):

> *"144.* ***Para a expedição de certidão ou informação*** *restrita ao que constar nos indicadores e índices pessoais* ***poderá ser exigido o fornecimento, por escrito, da identificação do solicitante e da finalidade da solicitação****".*
>
> *"144.1* ***Igual cautela poderá ser tomada quando forem solicitadas certidões ou informações em bloco, ou agrupadas****, ou segundo critérios não usuais de pesquisa, ainda que relativas a registros e atos notariais envolvendo titulares distintos de dados pessoais".*
>
> *"144.2* ***Serão negadas, por meio de nota fundamentada, as solicitações de certidões e informações formuladas em bloco****, relativas a registros e atos notariais relativos ao mesmo titular de dados pessoais ou a titulares distintos,* ***quando as circunstâncias da solicitação indicarem a finalidade de tratamento de dados pessoais, pelo solicitante ou outrem, de forma contrária aos objetivos, fundamentos e princípios da Lei n. 13.709, de 14 de agosto de 2018****".*

No que tange à impossibilidade de mensuração do valor dos serviços por ocasião do atendimento realizado pelo preposto, o posicionamento do Oficial também foi correto.

Ora, não se sabia naquele momento a quantidade de lotes que formam o loteamento em questão. Desse modo, somente após a análise de toda a documentação da área seria possível que a serventia verificasse a quantidade de lotes e, em consequência, calculasse o valor de custas e emolumentos devidos, com informação à parte reclamante em momento posterior oportuno.

Por esse motivo, seria cobrado, inicialmente, o valor de uma certidão (R$ 57,95), para eventual complementação após a finalização do serviço.

Note-se que o livro fotografado pela parte reclamante aparentemente possui muitos documentos (fls. 18/19).

Houve, ainda, esclarecimento de que as plantas antigas, como as do referido loteamento, possuem tamanho grande e incompatível com as copiadoras da serventia, o que demandaria prévio orçamento junto a uma gráfica para, só então, o custo ser repassado à parte reclamante.

Vale anotar que o atendimento recebido pela parte reclamante junto ao 1º Registro de Imóveis de São Bernardo do Campo, mencionado por ela como exemplo de como deveria ter procedido o Oficial, tratou de questão distinta, já que lá houve pedido de certidão de transcrição do Livro n. 3 (fls. 15), ao passo que o pedido tratado neste procedimento versou sobre inscrição de loteamento (Livro n. 8). Não há comparação, portanto.

No que toca ao desentendimento entre Antonio, preposto do Oficial, e a parte reclamante, que estava acompanhada de seu filho, embora inequívoco, não foi possível extrair dos autos qualquer prova ou mesmo evidência de excesso que caracterize falta funcional.

A parte reclamante relata falta de cordialidade e empatia em seu atendimento, mas sem indicar maiores detalhes passíveis de apuração. O Oficial, por sua vez, noticia que era ela quem estava bastante alterada e chamou a polícia em tom de voz agressivo.

Por fim, vale dizer que a parte reclamante afirmou, em sua oitiva, que a ausência do documento não causou qualquer prejuízo ao andamento da ação judicial de usucapião na qual se determinou sua exibição.

Neste contexto, **JULGO IMPROCEDENTE** o pedido.

Comunique-se o resultado à E. CGJ, servindo a presente decisão como ofício.

Deste procedimento não decorrem custas, despesas processuais ou honorários advocatícios.

Oportunamente, ao arquivo.

P.R.I.C.
São Paulo, 27 de setembro de 2021.
Luciana Carone Nucci Eugênio Mahuad
Juiz de Direito. (DJe de 29.09.2021 – SP)

Ementa: Sentença – Dúvida – Pedido de registro de loteamento a ser implantado no imóvel – Negativa em razão da necessidade de nova submissão do projeto em consonância com a contemporaneidade da aprovação Municipal – Certificado expedido no ano de 2005 sem prazo de validade – Título que deve estar sujeito a lei e ao regramento administrativo vigentes ao tempo de sua apresentação – Impossibilidade de aceitação do referido Certificado como atestado de conformidade à legislação estadual atual – Autorização que caducou pelo atraso do início das obras – Imprescindibilidade de apresentação da declaração atualizada – Manutenção do óbice – Procedência

Processo 1060535-34.2021.8.26.0100

Dúvida - Notas - Boulevard3 Empreendimentos Imobiliarios Spe Sa - Diante do exposto, JULGO PROCEDENTE a dúvida suscitada pelo Oficial do 15º Registro de Imóveis da Capital a requerimento de Boulevard 3 Empreendimentos Imobiliários SPE S/A e mantenho o óbice registrário. Deste procedimento não decorrem custas, despesas processuais e honorários advocatícios. Oportunamente, ao arquivo com as cautelas de praxe. P.R.I.C. - ADV: DANILO GALLARDO CORREIA (OAB 247066/SP), THIAGO DE MOURA RODRIGUES (OAB 348159/SP)

Íntegra da decisão:

SENTENÇA

Processo Digital nº: **1060535-34.2021.8.26.0100**

Classe - Assunto **Dúvida - Notas**

Suscitante: **15º Oficial de Registro de Imóveis da Capital**

Suscitado: **Boulevard3 Empreendimentos Imobiliarios Spe Sa**

Juiz(a) de Direito: Dr(a). **Luciana Carone Nucci Eugênio Mahuad**

Vistos.

Trata-se de dúvida suscitada pelo **Oficial do 15º Registro de Imóveis da Capital** a requerimento de Boulevard 3 Empreendimentos Imobiliários SPE S/A, tendo em vista negativa de registro de loteamento denominado "Boulevard da Fundação", a ser implantado no imóvel objeto da matrícula nº 14.308 daquela serventia.

A negativa se fundamentada unicamente no grande lapso havido desde a expedição do respectivo certificado GRAPROHAB, que é datado de 24 de maio de 2005, enquanto o alvará de loteamento foi expedido pela Prefeitura Municipal em 04 de dezembro de 2020, entendendo o Oficial suscitante pela necessidade de nova submissão do projeto à GRAPROHAB, em consonância com a contemporaneidade da aprovação municipal.

Documentos vieram às fls. 07/406.

A parte suscitada se manifestou às fls. 407/418, sustentando que a aprovação de loteamentos por órgãos estaduais constitui simples anuência prévia ou orientação preliminar, nos termos do artigo 13 da Lei n. 6.766/79, com relação aos cuidados que o município deve ter antes de expedir o alvará municipal de aprovação, sendo que referido documento não integra o rol taxativo do artigo 18 da mesma lei, de modo que a própria expedição de alvará de loteamento pela municipalidade enseja o reconhecimento de que todo o regramento estadual foi observado; que suficiente o certificado já apresentado, uma vez que, conforme ofício expedido pelo GRAPROHAB em agosto de 2009, os certificados expedidos até 18 de dezembro de 2007 não têm prazo de validade, mantendo-se a certificação do empreendimento se não houver alteração no projeto, como ocorre na espécie, circunstância esta que afasta, inclusive, o precedente indicado pelo Oficial suscitante.

O Ministério Público opinou pela procedência, destacando a necessidade de se observar a legislação aplicável no momento da prenotação (fls. 444/446).

É o relatório.

Fundamento e decido.

No mérito, a dúvida é procedente. Vejamos os motivos.

O parcelamento do solo urbano é regido pela Lei n. 6.766/79, a qual, em seu artigo 1º, confere aos Estados, Distrito Federal e Municípios poder para estabelecer normas complementares para adequar a norma federal às peculiaridades regionais e locais.

O artigo 2º, por sua vez, determina expressamente a observância das legislações estaduais e municipais pertinentes, que também serão objeto da qualificação registraria para acesso ao fólio real.

Por fim, o artigo 13 da referida lei atribui aos Estados a incumbência de disciplinar a aprovação pelos Municípios de loteamentos e desmembramentos em condições especiais, o que não afasta a competência fiscalizadora dos órgãos estaduais, conforme expressamente ressalvado no alvará municipal, no qual está registrado (fls. 135/139):

"8) A presente licença refere-se exclusivamente à legislação municipal, devendo também ser observadas as legislações estaduais e federais".

Conforme orientação do C. Conselho Superior da Magistratura, no aresto indicado pelo Oficial registrador e cuja íntegra se encontra às fls. 195/197, o título levado a registro está sujeito à lei e ao regramento administrativo vigentes ao tempo da sua apresentação.

Note-se que tal entendimento se aplica independentemente de eventuais alterações do projeto promovidas após a expedição do certificado de aprovação pelo órgão de fiscalização, alterações essas que, no caso concreto, de fato, não aconteceram.

Ocorre que o órgão de fiscalização também deve observar a legislação contemporânea à análise que faz do projeto.

É neste ponto que ganha importância a fixação do prazo de validade dos documentos, visando preservá-los de alterações repentinas e conferindo, assim, maior segurança jurídica a atos que merecem relativa estabilidade.

Nesse contexto, o Certificado GRAPROHAB n. 235/2005, expedido em maio de 2005 (fls. 164/185), não pode ser aceito como atestado de conformidade à legislação estadual atual, a qual pode ter sido alterada significativamente ao longo dos últimos quinze anos.

Imprescindível, portanto, sua revalidação pelo órgão competente.

Observe-se que a resposta oferecida pelo GRAPROHAB, por meio de ofício datado de agosto de 2009 (fls. 188), não confere validade ilimitada ao certificado expedido anteriormente e nem poderia fazê-lo.

Se houve conclusão, após análise abreviada, pela manutenção daquela certificação, essa revalidação deve ser considerada como válida pelo prazo de dois anos, conforme fixado no artigo 17 do Regimento Interno do GRAPROHAB (Resolução SH nº 21/2009, de 28/05/2009). De qualquer forma, o prazo já expirou há muito tempo.

Destaque-se, ainda, que esse mesmo ofício alerta para a necessidade de consulta direta à Agência Regional da CETESB para esclarecimento acerca da prorrogação do prazo estabelecido por aquela agência para o início da implantação do empreendimento, pois consta, dentre as exigências técnicas especificadas no certificado emitido em maio de 2005, o seguinte (fl. 165):

"O presente empreendimento deverá ter suas obras de implantação iniciadas em um prazo máximo de 02 (dois) anos, contados a partir da data de emissão do presente Certificado, sob pena de caducidade da aprovação concedida, conforme disposto no Parágrafo 1º do Artigo 70, do Regulamento da Lei Estadual nº 997/76, aprovado pelo Decreto Estadual nº 8468/76, alterado pelo Decreto Estadual nº 47397/2002".

Conclui-se, portanto, que a autorização concedida caducou pelo atraso no início das obras, devendo ser apresentada declaração atualizada.

Diante do exposto, **JULGO PROCEDENTE** a dúvida suscitada pelo **Oficial do 15º Registro de Imóveis da Capital** a requerimento de Boulevard 3 Empreendimentos Imobiliários SPE S/A e mantenho o óbice registrário.

Deste procedimento não decorrem custas, despesas processuais e honorários advocatícios.

Oportunamente, ao arquivo com as cautelas de praxe.

P.R.I.C.

São Paulo, 12 de julho de 2021.

Luciana Carone Nucci Eugênio Mahuad

Juiz de Direito (DJe de 15.07.2021 – SP)

Ementa: Sentença – Dúvida – Pedido de registro de Escritura de Compra e Venda – Negativa em razão da necessidade de aprovação do desdobro pela Municipalidade – Lote situado em área de parcelamento irregular do solo em a devida aprovação urbanística – Formação de condomínio voluntário – Art 2º § 2º, da Lei Federal nº 6799/79 – Itens 1656 e 166, do Capítulo XX, das NSCGJ – Pretensão que pode ser buscada por meio da REURB-S – Manutenção do óbice – Procedência

Processo 1003768-73.2021.8.26.0100

Dúvida - Registro de Imóveis - Manoel Francisco Borges - Municipalidade de São Paulo - Diante do exposto, JULGO PROCEDENTE a dúvida suscitada pelo Oficial do 7º Registro de Imóveis da Capital a requerimento de Manoel Francisco Borges e, em consequência, mantenho o óbice registrário. Deste procedimento não decorrem custas, despesas processuais e honorários advocatícios. Oportunamente, ao arquivo com as cautelas de praxe. P.R.I.C. - ADV: DORIVAL ANTONIO BIELLA (OAB 72417/SP), ZULMIRA MONTEIRO DE ANDRADE LUZ (OAB 62145/SP)

Íntegra da decisão:

SENTENÇA

Processo Digital nº: **1003768-73.2021.8.26.0100**

Classe - Assunto **Dúvida - Registro de Imóveis**

Suscitante: **7º Oficial de Registro de Imóveis da Capital**

Suscitado: **Manoel Francisco Borges**

Juiz(a) de Direito: Dr(a). **Luciana Carone Nucci Eugênio Mahuad**

Vistos.

Trata-se de dúvida suscitada pelo **Oficial do 7º Registro de Imóveis da Capital** a requerimento de **Manoel Francisco Borges**, tendo em vista negativa em se proceder ao registro de escritura de compra e venda, que tem como objeto lote de terreno integrante da área remanescente da transcrição n. 131.012 daquela serventia.

Informa o Oficial que a negativa foi motivada pela necessidade de aprovação do desdobro pela municipalidade, na forma prevista no item 165.6 (antigo item 170.6) das Normas de Serviço da E. Corregedoria Geral de Justiça e conforme orientação pacífica do Conselho Superior da Magistratura, inclusive indicando feitos julgados por este juízo; que se trata de parcelamento irregular sem a devida aprovação urbanística, o que impede a dispensa do registro especial previsto no art. 18 da Lei n. 6.766/79; que a aceitação do lote para fins tributários não se confunde com sua aprovação sob o aspecto da higidez urbanística.

Documentos vieram às fls. 04/45.

Houve manifestação da municipalidade às fls. 67/68 e 71/75, concordando com a qualificação negativa do título, tendo em vista que a gleba em que localizado o lote conta apenas com Certificado de Regularidade de Edificação, o que não equivale a aprovação do parcelamento da área, nos termos do disposto no art. 16 da Lei Municipal n. 11.522/94; que o terreno pertence a loteamento considerado irregular; que o lançamento fiscal individualizado do terreno não implica regularização do parcelamento, já que seu espoco é meramente tributário; que, para a referida área, consta processo administrativo tratando da regularização (n.1992-0.001.387-2), sendo que os responsáveis não adotaram as providências cabíveis a tanto; que a área está mapeada como ZEIS-1 (Zona Especial de Interesse Social), pelo que os interessados podem promover a Regularização Fundiária Urbana de Interesse Social (REURB-S) mediante agendamento de atendimento presencial junto à Secretaria de Habitação. Juntou documento à fl. 76.

O Ministério Público opinou pela procedência (fls. 79/86 e 103/108).

Novas manifestações da municipalidade e do Oficial vieram às fls. 90/91 e 97/98, respectivamente.

É o relatório.

Fundamento e decido.

No mérito, a dúvida é procedente. Vejamos os motivos.

De início, cabe destacar que o imóvel em questão trata-se de lote de terreno destacado de área maior, cujo instrumento da alienação (escritura de compra e venda de fls. 09/12) traz sua designação (lote nº 15 da quadra "A"), além das medidas e a localização, o que, por si só, afasta qualquer interpretação de que a transmissão poderia representar condomínio tradicional, expediente lícito previsto no Código Civil.

Diante disso e considerando que o lote está situado em área de parcelamento irregular do solo, sem a devida aprovação urbanística, como veremos, conclui-se que a verdadeira intenção dos vendedores foi a subdivisão da gleba maior (desmembramento), mas sem observância à legislação pertinente.

De acordo com o art. 2º, § 2º, da Lei Federal n. 6.799/79:

*"§ 2o. Considera-se **desmembramento** a subdivisão de gleba em lotes destinados a edificação, com aproveitamento do sistema viário existente, desde que não implique na abertura de novas vias e logradouros públicos, nem no prolongamento, modificação ou ampliação dos já existentes".*

As Normas de Serviço da E. Corregedoria Geral da Justiça tratam do tema em seu Capítulo XX, Seção VII, com vedações expressas ao desmembramento sem prévia aprovação do município e à formação de condomínio voluntário quando realizado com ofensa às regras da Lei n. 6.766/79:

*"165.6. **Em qualquer hipótese de desmembramento não subordinado ao registro especial do art. 18, da Lei nº 6.766**, de 19 de dezembro de 1979, sempre se exigirá a prévia aprovação da Prefeitura Municipal".*

*"166. É vedado o registro de alienação voluntária de **frações ideais com localização, numeração e metragem certas**, ou a formação de condomínio voluntário, que implique fraude ou qualquer outra hipótese de descumprimento da legislação de parcelamento do solo urbano, de condomínios edilícios e do Estatuto da Terra. A vedação não se aplica à hipótese de sucessão causa mortis".*

A jurisprudência do Conselho Superior da Magistratura deste Tribunal é pacífica quanto à vedação de ingresso ao fólio real de escritura pública de compra e venda de imóvel situado em loteamento irregular.

Alguns exemplos em casos análogos:

"REGISTRO DE IMÓVEIS - Escritura pública de compra e venda – Alienação de fração ideal de imóvel a pessoas sem vínculos – Imóvel com área certa e metragem específica – Vedação – Desdobro de lote – Registro obstado - Item 171 das Normas de Serviço da Corregedoria Geral da Justiça – Recurso desprovido" **(Apelação n. 1002032-53.2017.8.26.0587,**

Rel Des. Geraldo Francisco Pinheiro Franco, data DJ: 09/09/2019).

"REGISTRO DE IMÓVEIS – Escritura pública de compra e venda - Alienação de fração ideal de imóvel a pessoas sem vínculos – Vedação - Desdobro de lote - Registro obstado – Item. 171 das Normas de Serviço da Corregedoria Geral da Justiça- Recurso desprovido" **(Apelação n. 1000352-08.2018.8.26.0584, Rel Des. Geraldo Francisco Pinheiro Franco, data DJ: 03/07/2019).**

REGISTRO DE IMÓVEIS - Dúvida julgada procedente Escritura pública de inventário e partilha - Cessão onerosa de direitos hereditários e meação - Parte ideal - Instituição de Condomínio Voluntário - Desmembramento irregular - Ofensa aos dispositivos que regulam o parcelamento do solo - Sujeição ao item 171, Cap. XX das Normas de Serviço - Recurso não provido. **(Apelação n. 100267590.2015.8.26.0066, Rel Des. PEREIRA CALÇAS, data DJ: 27/06/2016).**

No presente caso, não há qualquer dúvida de que o lote de terreno objeto do registro é fruto de desmembramento considerando irregular, vez *"que não consta para a área qualquer planta que represente parcelamento aprovado ou regularizado pela Municipalidade de São Paulo"* (fl. 74, item 5), conforme informado pela municipalidade após consulta aos registros de seus órgãos técnicos, inclusive com demonstração por imagens sistêmicas à Prefeitura (fls. 76).

Note-se, ainda, que o lançamento fiscal relativo ao imóvel é insuficiente para viabilizar o registro buscado, vez que o interesse tributário não se confunde com os princípios e as regras registrais orientadores do assento pretendido. Nesse sentido, a Apelação Cível n. 1006203-25.2018.8.26.0100, julgada pelo Conselho Superior da Magistratura, em 03/07/2019, com relatoria do Desembargador Geraldo Francisco Pinheiro Franco.

Como se vê, os elementos dos autos demonstram que houve acerto na qualificação negativa do título apresentado para registro.

Desse modo e reconhecendo os limites legais concernentes à atividade registral e ao âmbito da competência deste juízo, observamos que a pretensão poderá ser buscada por meio da Regularização Fundiária Urbana de Interesse Social (REURB-S) disciplinada pela Lei Federal n. 13.465/17, já que a área localiza-se em Zona Especial de Interesse Social (ZEIS-1). Para tanto, inclusive, a municipalidade indicou os procedimentos necessários (fl. 75).

Diante do exposto, **JULGO PROCEDENTE** a dúvida suscitada pelo Oficial do 7º Registro de Imóveis da Capital a requerimento de Manoel Francisco Borges e, em consequência, mantenho o óbice registrário.

Deste procedimento não decorrem custas, despesas processuais e honorários advocatícios.

Oportunamente, ao arquivo com as cautelas de praxe.

P.R.I.C.

São Paulo, 30 de junho de 2021. (DJe de 02.07.2021 – SP)

Ementa: Sentença – Dúvida – Pedido de desdobro do imóvel – Impossibilidade – Necessidade de formular requerimento no Órgão Municipal – Imprescindibilidade da aprovação da Municipalidade – Manutenção do óbice – Procedência

Processo 1003783-42.2021.8.26.0100

Dúvida - Registro de Imóveis - Bilamar Administração de Bens Ltda. - PREFEITURA MUNICIPAL DE SÃO PAULO e outro - Diante do exposto, julgo procedente a dúvida suscitada pelo Oficial do 7º Registro de Imóveis da Capital, a requerimento de Bilamar Administração de Imóveis LTDA, mantendo o óbice apontado. Deste procedimento não decorrem custas, despesas processuais e honorários advocatícios. Oportunamente remetam-se os autos ao arquivo. P.R.I.C. - ADV: ALEXANDRE PETRILLI GONÇALVES FERRAZ DE ARRUDA (OAB 252499/SP), DORIVAL ANTONIO BIELLA (OAB 72417/SP)

Íntegra da decisão:

SENTENÇA

Processo Digital nº: **1003783-42.2021.8.26.0100**

Classe - Assunto **Dúvida - Registro de Imóveis**

Suscitante: **7º Oficial de Registro de Imóveis da Capital**

Requerido: **Bilamar Administração de Bens Ltda.**

Juiz(a) de Direito: Dr(a). **Vivian Labruna Catapani**

Vistos.

Trata-se de dúvida suscitada pelo **Oficial do 7º Registro de Imóveis da Capital**, a requerimento de **Bilamar Administração de Imóveis LTDA**, em razão da recusa do registro do pedido de desdobro do imóvel objeto da matrícula nº 170.393 daquela Serventia. Sustentou o Registrado que o registro do desdobro pretendido – divisão da área total de 851m² em três lotes de áreas distintas – está condicionado à prévia aprovação urbanística por parte da Prefeitura de São Paulo (fls. 01/03).

A suscitada manifestou-se às fls. 102/105, alegando que a Municipalidade aprovou o lançamento fiscal do desdobro, ainda em 1976, de modo que cada um dos lotes da área maior tem um número próprio de contribuinte de IPTU. Aduziu que a aprovação foi feita anteriormente à vigência da lei municipal de parcelamento do solo (Lei 9.413/1981), razão pela qual teria direito adquirido ao registro do desdobro nos moldes já aprovados.

A Municipalidade manifestou-se às fls. 123/124, informando que a suscitada não abriu procedimento administrativo requerendo a autorização do desdobro. Esclareceu, ainda, que a competência para apreciar o pedido de desdobro, do ponto de vista urbanístico, é a SEHAB (Secretaria Municipal de Habitação), de modo que a aprovação fiscal do desmembramento não gera efeitos urbanísticos.

O Ministério Público opinou pela procedência da presente dúvida (fls. 144/145).

É o Relatório.

Fundamento e Decido.

Com razão o Oficial e o D. Promotor de Justiça.

Questão semelhante já foi decidida no pedido de providências n. 0074526-65.2019.8.26.0100, por esta corregedoria permanente, que se manifestou nos seguintes termos:

"Para o desdobro de lote, em casos de parcelamento para fins urbanos, conforme Lei 9.413/81 e Decreto nº 44.418/04, é necessária a aprovação pelos órgãos municipais competentes. Assim, é imprescindível a emissão do Alvará de Desdobro de Lote, além da planta aprovada pela Prefeitura do Município de São Paulo e memorial descritivo, para proceder a abertura das matrículas.

Cito o seguinte precedente desta vara:

No mais, o disposto no item 170.6, Cap. XX, das Normas de

Serviço da Egrégia Corregedoria Geral da Justiça, aponta como requisito essencial, na presente hipótese, a aprovação do desdobro, em consideração ao interesse urbanístico: "Em qualquer hipótese de desmembramento não subordinado ao registro especial do artigo 18, da Lei nº 6.766, de 19 de dezembro de 1979, sempre se exigirá a prévia aprovação da Prefeitura Municipal".

Assim, caberá à interessada obter a autorização perante a Municipalidade, com a consequente expedição do alvará de aprovação, como já mencionado. (Processo nº 1082986-63.2015.8.26.0100 – 1ª VRP/SP)

O precedente se assemelha à hipótese dos autos, pois há o mesmo óbice relacionado à prévia autorização da Municipalidade para dar prosseguimento ao registro da escritura, tendo em vista a necessidade de se aferir a real descrição do imóvel, sendo certo que a simples existência do lançamento do órgão municipal para fins de cobrança de IPTU não dispensa a aprovação urbanística."

(...)

Por fim, ressalto que à qualificação do título aplicam-se as exigências legais contemporâneas ao registro, e não as que vigoravam ao tempo de sua lavratura, por força do princípio tempis regit actum. Sendo assim, não há que se falar em direito adquirido à aprovação do desdobro nos moldes que figuram no lançamento fiscal, uma vez que o título está sujeito à qualificação registral com base no ordenamento vigente ao tempo da apresentação."

Tratando-se de questão semelhante a destes autos, entendo que o óbice registrário deverá ser mantido, pelos exatos motivos expostos acima, devendo primeiramente o suscitante obter a aprovação de desdobro junto ao órgão municipal.

Diante do exposto, **julgo procedente a dúvida** suscitada **pelo Oficial do 7º Registro de Imóveis da Capital, a requerimento de Bilamar Administração de Imóveis LTDA**, mantendo o óbice apontado.

Deste procedimento não decorrem custas, despesas processuais e honorários advocatícios.

Oportunamente remetam-se os autos ao arquivo.

P.R.I.C.

São Paulo, 28 de abril de 2021. (DJe de 30.04.2021 – SP)

Ementa: Sentença – Dúvida – Pedido de registro de Escrituras – Negativa em razão do imóvel não ter origem em loteamento regularmente inscrito e de não ter sido apresentadas as vias originais das Escrituras – Informação posterior de que foi apresentado o documento original, bem como de que o imóvel foi regularizado – Surgimento de novo óbice referente a necessidade do recolhimento do ITBI – Manutenção da exigência – Suprimento das exigências originais – Dúvida prejudicada

Processo 1084043-43.2020.8.26.0100

Dúvida - Notas - Denise Musetti Maccache - Municipalidade de São Paulo - Diante do exposto, julgo prejudicada a dúvida suscitada pelo Oficial do 15º Registro de Imóveis da Capital, a pedido de Denise Musetti Naccache, com observação. Deste procedimento não decorrem custas, despesas processuais e honorários advocatícios. Oportunamente remetam-se os autos ao arquivo. P.R.I.C. - ADV: ALEXANDRE PETRILLI GONÇALVES FERRAZ DE ARRUDA (OAB 252499/SP), MARIO LUIZ NOVIELLO JUNIOR (OAB 370796/SP)

Íntegra da decisão:

SENTENÇA

Processo Digital nº: **1084043-43.2020.8.26.0100**

Classe - Assunto **Dúvida - Notas**

Suscitante: **15º Oficial de Registro de Imóveis da Capital**

Suscitado: **Denise Musetti Maccache**

Juiz(a) de Direito: Dr(a). **Vivian Labruna Catapani**

Vistos.

Trata-se de **dúvida** suscitada por **Oficial do 15º Registro de Imóveis da Capital, a pedido de Denise Musetti Naccache,** diante da negativa em se proceder ao registro de escrituras lavradas em 16.01.1998, rerratificadas por escritura de 10.03.1998.

Os óbices registrários referem-se ao fato de o imóvel não ter origem em loteamento regularmente inscrito e/ou regularizado, não se aplicando o art. 26, parágrafo 6º, da Lei n. 6766/79, bem como em razão de não terem sido apresentadas as vias originais das escrituras objeto de registro, mas sim cópias simples, com partes ilegíveis.

À fl. 1 o Oficial Registrador menciona ter prenotado o original do requerimento da suscitada, bem como a apresentação do original das escrituras.

Acerca dos óbices registrários a suscitante manifestou-se às fls. 104/112, com a juntada de documentos às fls. 113/167.

Houve manifestação da Municipalidade às fls. 181/183, informando que o imóvel já foi objeto de regularização, conforme planta AU 16/043/80, já averbada.

Houve nova manifestação do Oficial Registrador, com a reformulação das exigências para ao ingresso registrário (fls. 213/214).

A suscitada manifestou-se às fls. 215/261 e 264/268.

O Ministério Público opinou pelo arquivamento da dúvida, por prejudicada (fls. 269/270).

O Oficial informou a manutenção de único novo óbice referente à necessidade do recolhimento do ITBI (fls. 275/276).

Vieram-me os autos conclusos.

É, em síntese, o relatório. Fundamento e decido.

A superação das exigências originais em virtude da noticiada regularização do imóvel, bem como da apresentação dos títulos originais, prejudica o presente procedimento de dúvida.

Tendo sido reconsideradas as exigências feitas originalmente pelo Oficial Registrador, não há como se prosseguir com o presente feito.

Admitir-se a reformulação das exigências e o seu atendimento de exigência no curso do procedimento da dúvida tem como efeito a indevida prorrogação do prazo de validade da prenotação e, em consequência, impossibilita o registro de eventuais outros títulos representativos de direitos reais contraditórios que forem apresentados no mesmo período.

Porém, ainda que assim não fosse, observo que a única nova exigência ainda pendente, consistente na apresentação de guia de recolhimento do ITBI, não poderia ser afastada neste juízo administrativo.

Isso porque, em que pese a recente decisão do STF sobre o recolhimento do ITBI apenas após o registro da transmissão de propriedade, tem-se que os oficiais registradores permanecem com o dever de fiscalizar o recolhimento do ITBI, sob pena de responsabilidade administrativa e tributária.

Note-se que o art. 289 da Lei de Registros Públicos é expresso ao indicar que o registrador tem o dever de fiscalizar o pagamento dos tributos incidentes:

> *"Art. 289. No exercício de suas funções, cumpre aos oficiais de registro fazer rigorosa fiscalização do pagamento dos impostos devidos por força dos atos que lhes forem apresentados em razão do ofício".*

Ainda, nos termos do art. 134, inciso VI, do CTN, a omissão do titular da delegação pode levar à sua responsabilidade solidária no pagamento do tributo.

Dessa forma, não há como se afastar tal exigência nesta esfera.

Diante do exposto, **julgo prejudicada a dúvida suscitada** pelo **Oficial do 15º Registro de Imóveis da Capital, a pedido de Denise Musetti Naccache**, com observação.

Deste procedimento não decorrem custas, despesas processuais e honorários advocatícios.

Oportunamente remetam-se os autos ao arquivo.

P.R.I.C.

São Paulo, 23 de abril de 2021.

Vivian Labruna Catapani

Juíza de Direito (DJe de 27.04.2021 – SP)

Ementa: Sentença – Pedido de Providências – Pedido de averbação de desdobro de lote – Imprescindibilidade de que o requerimento seja realizado por todos os proprietários e seus cônjuges – Necessidade de apresentação de Certidão da Prefeitura que autorize a alteração do contribuinte – Adoção de medidas para localização dos proprietários – Reconsideração pela Oficial da exigência referente ao registro prévio da desapropriação – Informação pelos Requerentes de que foi tomada as providências indicadas pela Registradora – Pedido prejudicado

Processo 1108608-71.2020.8.26.0100

Pedido de Providências - Notas - Rogério Soares da Silva – Rafael Dias Soares da Silva e outro - Diante do exposto, julgo prejudicado o pedido de providências formulado em face da Oficial do 16º Registro de Imóveis da Capital. Deste procedimento não decorrem custas, despesas processuais e honorários advocatícios. Oportunamente remetam-se os autos ao arquivo. P.R.I.C. - ADV: FERNANDO RAFAEL PASSOS DA SILVA (OAB 312754/SP)

Íntegra da decisão:

SENTENÇA

Processo Digital nº: **1108608-71.2020.8.26.0100**

Classe - Assunto **Pedido de Providências - Notas**

Requerente: **Rogério Soares da Silva e outros**

Requerido: **16º Oficio de Registro de Imoveis da Capital**

Juiz(a) de Direito: Dr(a). **Vivian Labruna Catapani**

Vistos.

Trata-se de **pedido de providências** formulado por **Espólio de Ronaldo Soares da Silva,** representado por seu inventariante e herdeiro **Rafael Dias Soares da Silva, Rogério Soares da Silva e Priscila Fugulin Soares da Silva** em face do **Oficial do 16º Registro de Imóveis da Capital**, pretendendo a averbação de desdobro de lote objeto da matrícula nº 10.955.

Os óbices à averbação (fls. 101/102) assim se resumem: a) necessidade de requerimento do desdobro por todos os proprietários, inclusive cônjuges; b) apresentação de certidão da Prefeitura que autorize a alteração do contribuinte de 057.230.0071-3 para 057.230.0128-0; c) o Projeto aprovado pela Municipalidade refere-se ao desdobro de um terreno com área de 3.886,25 m2, área distinta da apontada em matrícula, sendo necessária a apuração do remanescente do terreno; d) registro da carta de adjudicação de área desapropriada.

Na inicial, os requerentes relatam que a área original era de 6.996,50 m2, sofrendo a desapropriação de 3.129,25 m2 (Proc. nº 0105532-44.1976.8.26.0053, sentenciado em 1981), remanescendo 3.867,25 m2. Esclarecem que, em 1977, metade ideal do bem foi transferida a Faud Ananuante, sucedido por seus herdeiros e viúva meeira, que, por sua vez, firmaram escritura de compra e venda em 2003 com os suscitantes Ronaldo (Espólio) e seu irmão Rogério. Acerca do cadastro do imóvel na Prefeitura, informam a existência de uma cadeia com desdobros e unificações, de modo que lhes seria atribuído, atualmente, o de nº 057.230.0128-0, com área total de 1.925,66 m2, metragem aferida mediante elaboração de memorial descritivo em processo administrativo, no qual foi emitido alvará de desdobro pela municipalidade. Salientam que o feito de expropriação, em que houve imissão na posse em 1977, ainda está em fase de execução, passando por procedimento de digitalização, o que impossibilita a extração de carta de sentença.

Por essas razões, entendem preencher o requisito de interessados para o pedido (art. 13, II, LRP), sendo suficiente a documentação apresentada, oriunda de processo administrativo, bem como prescindível a extração de carta de adjudicação.

A Oficial se manifestou às fls. 112/114, reconsiderando exigência referente ao registro prévio da desapropriação, porque, havendo a apuração de remanescente, o que defende ser necessário no caso, a parte desapropriada poderá permanecer na matrícula. Argumentou, ainda, que o desdobro afeta o direito de todos os proprietários, motivo pelo qual deveriam participar do requerimento.

O Ministério Público ofertou parecer às fls. 118/119, pela improcedência da dúvida, com manutenção dos óbices registrais.

Às fls. 120/122, os requerentes solicitaram a intimação dos confrontantes via edital, em virtude da apuração do falecimento destes e desconhecimento dos herdeiros.

Peticionaram, também, às fls. 125/128 e 137/138, comunicando a contratação de profissional para apurar o remanescente da matrícula n° 10.955, a fim de seguir o procedimento do art. 213 da LRP e tomar as providências indicadas pela Registradora, pugnado somente pela dispensa do registro de carta de adjudicação da desapropriação.

Intimada, a Municipalidade de São Paulo somente reforçou a necessidade de apuração prévia da área remanescente antes de se efetivar qualquer registro (fls. 132/133).

É o relatório.

Passo a fundamentar e a decidir.

No decorrer do processamento do pedido, observaram-se duas circunstâncias que prejudicaram a análise deste Juízo Corregedor sobre as exigências incialmente formuladas pela Oficial.

A primeira refere-se à reconsideração parcial da Registradora às fls. 112/114, que fora devidamente fundamentada, dispensando que se proceda ao registro relativo à desapropriação de parte do terreno do imóvel antes do desdobro. Na oportunidade, houve ponderação a respeito da inexistência de entendimento pacífico de tal obrigatoriedade ser imposta aos expropriados. Além disso, importa considerar, aqui, que se trata de processo iniciado em 1976, com implicações pendentes e delongadas. Logo, entende-se adequado o reposicionamento eximindo os requerentes da apresentação de carta de adjudicação, até porque a condução sugerida pela Oficial não implicaria prejuízo à expropriante, que, inclusive, ao se pronunciar, ateve-se a reivindicar a delimitação da área remanescente (fls. 132/133), imposição mantida para o caso.

No tocante às demais exigências, verifica-se que serão superadas em parte com a adoção do procedimento previsto no art. 213 da LRP, cujas providências os requerentes afirmam estar em andamento. Como já apontado na decisão de fl. 135, excluído o óbice revisto pela Oficial, a única concordância que não estava clara era quanto à participação de todos os proprietários no pedido de desdobro. Ainda assim, foi informada a tomada de medidas para localizá-los (fl. 137/138).

A propósito, no próprio procedimento de retificação administrativa já deverá ser requerida a notificação de todos os interessados. Não por outra razão, até mesmo em caso de transferência superveniente de domínio, prevê o item 136.4, do Cap. XX, das NSCGJ:

> *136.4. Ocorrida a transmissão do domínio do imóvel para quem não formulou, não manifestou sua ciência ou não foi notificado do requerimento de retificação, deverá o adquirente ser notificado do procedimento em curso para que se manifeste em 15 (quinze) dias.*

Ademais, como já pontuado em decisão desta Corregedoria, proferida pela MM. Juíza Tânia Ahualli, no Proc. n° 1120702-51.2020.8.26.0100:

> *(...) a concordância parcial ou total com as exigências do Oficial prejudica a dúvida, que só admite duas soluções: a determinação do registro do título protocolado e prenotado, que é analisado, em reexame da qualificação, tal como se encontrava no momento em que surgida dissensão entre o apresentante e o Oficial de Registro; ou a manutenção da recusa do Oficial. Para que se possa decidir se o título pode ser registrado ou não, é preciso que todas as exigências – e não apenas parte delas – sejam reexaminadas pelo Corregedor Permanente. Nesse sentido, é pacífica a jurisprudência do Egrégio Conselho Superior da Magistratura.*

No mesmo sentido, confira-se julgado recente da E. Corregedoria Geral da Justiça, no Recurso Administrativo nº 1011526-59.2017.8.26.0451, com parecer nº 52/2021-E, proferido pela MM. Juíza Assessora Stefânia Costa Amorim Requena, aprovado em 18.02.2021 pelo Des. Ricardo Anafe:

> *REGISTRO CIVIL DE PESSOA JURÍDICA - Averbação de ata de assembleia geral Ausência do título original - Não impugnação de todas as exigências apresentadas pelo registrador Pedido de providências prejudicado - Recurso não conhecido.*

Destaca-se do corpo do pronunciamento opinativo:

> *Com efeito, a aceitação de parte dos óbices apontados atribui ao procedimento natureza consultiva, certo que a pretendida averbação dependerá de novo protocolo e, consequentemente, de nova qualificação do título.*
>
> *(...)*
>
> *Para que se possa decidir se averbação pretendida pode ou não ocorrer é preciso que todas as exigências e não apenas parte delas sejam reexaminadas pelo Corregedor Permanente e, na hipótese de recurso, também pela Corregedoria Geral da Justiça.*
>
> *E nem mesmo a manifestação apresentada posteriormente, no curso do presente procedimento (fls. 127/129), pode favorecer a recorrente, eis que, além de ser por demais genérica, representa verdadeira burla ao prazo da prenotação (a parte tem um prazo determinado para cumprir as exigências, ou impugná-las).*

Pelos mesmos motivos, não é possível o sobrestamento deste feito até a realização de todas as diligências pertinentes, uma vez que os requisitos técnicos devem ser atendidos antes de eventual insurgência perante esta Corregedoria, cabendo a apreciação por este Juízo apenas de questões que perdurem divergentes após a implementação das medidas noticiadas, em caso de nova irresignação.

Diante do exposto, **julgo prejudicado** o **pedido de providências** formulado em face da **Oficial do 16º Registro de Imóveis da Capital**.

Deste procedimento não decorrem custas, despesas processuais e honorários advocatícios.

Oportunamente remetam-se os autos ao arquivo.

P.R.I.C.

São Paulo, 24 de março de 2021.

Vivian Labruna Catapani

Juiz de Direito (DJe de 29.03.2021 – SP)

PENHORA

Ementa: Sentença – Pedido de Providências – Pedido de averbação de penhora sobre fração dos imóveis – Negativa em razão da necessidade da apresentação da certidão de óbito do coproprietário devidamente traduzida e registrada, bem como de que a constrição deve recair sobre a totalidade dos imóveis e não somente sobre a metade – Títulos Judiciais não estão isentos de qualificação registraria – Proprietários que adquiriram os imóveis na constância de casamento sob o regime da comunhão universal de bens – Bens que continuam em estado de mancomunhão – Inviabilidade do registro da penhora somente sobre a metade do imóvel – Princípio da Continuidade

– Incompetência do juízo administrativo para revisão de ordem judicial – Manutenção do óbice – Procedência

Processo 1119889-87.2021.8.26.0100

Pedido de Providências - Registro de Imóveis - Condomínio Edificio Vivenda - Diante do exposto, JULGO PROCEDENTE o pedido de providências e mantenho o óbice. Deste procedimento não decorrem custas, despesas processuais ou honorários advocatícios. Oportunamente, remetam-se os autos ao arquivo. P.R.I.C. - ADV: JOSE RUBENS DE MACEDO SOARES SOBRINHO (OAB 70893/SP)

Íntegra da decisão:

SENTENÇA

Processo Digital nº: **1119889-87.2021.8.26.0100**

Classe - Assunto **Pedido de Providências - Registro de Imóveis**

Requerente: **4º Oficial de Registro de Imóveis da Capital**

Requerido: **Condomínio Edificio Vivenda**

Juiz(a) de Direito: Dr(a). **Luciana Carone Nucci Eugênio Mahuad**

Vistos.

Trata-se de **pedido de providências** formulado pelo **Oficial do 4º Registro de Imóveis da Capital** a requerimento de **Condomínio Edifício Vivenda**, em virtude do inconformismo com a negativa de averbação de penhora sobre fração dos imóveis matriculados sob n. 90.753 e 90.755 daquela serventia.

O Oficial menciona que a averbação pretendida decorre de certidão encaminhada pela Unidade de Processamento Judicial III, extraída do processo de autos n. 1008508-21.2014.8.26.0100, onde figura como exequente a parte interessada e como executados os espólios de Nivea Ranzani Silvestre e de João Silvestre. Noticia que, por primeiro, foi protocolizada a certidão eletrônica de penhora n. PH000358960, prenotada sob n. 599.444, destinada ao ingresso da constrição sobre 100% dos referidos imóveis, a qual foi qualificada negativamente em razão da ausência de averbação do óbito dos proprietários.

Quando da apresentação das certidões de óbito, requereu-se a averbação da penhora sobre 50% dos imóveis (parte de Nivea), o que foi negado uma vez que em desacordo com a certidão de constrição e em razão do estado de mancomunhão dos bens. Apenas a averbação do falecimento de Nivea Ranzani Silvestre pôde ser feita, já que, em relação ao óbito de João Silvestre, não houve apresentação de certidão devidamente traduzida e registrada perante Oficial de Registro de Títulos e Documentos (falecimento no exterior).

Seguiu-se a apresentação de nova certidão eletrônica com a finalidade de penhora de 50% dos imóveis pertencentes a Nivea Ranzini Silveste (PH000388963 prenotada sob n. 611.286), a qual foi qualificada negativamente em decorrência da necessidade de se averbar o óbito de João Silvestre, bem como porque a constrição deve recair sobre a totalidade dos imóveis e não somente sobre a metade, haja vista que os espólios figuram como requeridos, nos termos do artigo 843 do CPC.

Documentos vieram às fls. 05/69.

Em manifestação direcionada ao Oficial, fls. 06/09, a parte requerente alega que não incumbe ao delegatário adentrar no mérito da ordem judicial de constrição (23ª Vara Cível do Foro Central da Capital); que atendeu à exigência contida na nota de devolução formulada em face da prenotação n. 599.444, providenciando que a penhora recaísse somente sobre 50% dos imóveis, uma vez que não se mostra possível, por ora, a averbação do óbito de João Silvestre, o que demanda outras providências. Pretende a averbação da constrição, conforme decisão proferida pelo STJ no REsp n. 936254-RS (2007/0064683-7).

Não houve apresentação de impugnação pela parte interessada neste procedimento (fl. 70).

O Ministério Público opinou pela improcedência, com manutenção do óbice (fls. 74/76).

É o relatório.

Fundamento e decido.

O pedido deve ser acolhido para manutenção do óbice. Vejamos os motivos.

De início, vale destacar que os títulos judiciais não estão isentos de qualificação, positiva ou negativa, para ingresso no fólio real.

O Egrégio Conselho Superior da Magistratura já decidiu que a qualificação negativa de título judicial não caracteriza desobediência ou descumprimento de decisão judicial (Apelação Cível n. 413-6/7).

Neste sentido, também a Apelação Cível nº 464-6/9, de São José do Rio Preto:

"Apesar de se tratar de título judicial, está ele sujeito à qualificação registrária. O fato de tratar-se o título de mandado judicial não o torna imune à qualificação registrária, sob o estrito ângulo da regularidade formal. O exame da legalidade não promove incursão sobre o mérito da decisão judicial, mas à apreciação das formalidades extrínsecas da ordem e à conexão de seus dados com o registro e a sua formalização instrumental".

E, ainda:

"REGISTRO PÚBLICO - ATUAÇÃO DO TITULAR - CARTA DE ADJUDICAÇÃO - DÚVIDA LEVANTADA - CRIME DE DESOBEDIÊNCIA - IMPROPRIEDADE MANIFESTA. O cumprimento do dever imposto pela Lei de Registros Públicos, cogitando-se de deficiência de carta de adjudicação e levantando-se dúvida perante o juízo de direito da vara competente, longe fica de configurar ato passível de enquadramento no artigo 330 do Código Penal - crime de desobediência -, pouco importando o acolhimento, sob o ângulo judicial, do que suscitado" **(STF, HC 85911 / MG - MINAS GERAIS, Relator: Min. MARCO AURÉLIO, j. 25/10/2005, Primeira Turma)**.

Sendo assim, não há dúvidas de que a mera existência de título proveniente de órgão jurisdicional não basta para autorizar automaticamente seu ingresso no fólio real.

No caso em exame, a divergência se dá quanto à possibilidade de averbação da penhora sobre 50% dos imóveis supostamente pertencentes ao espólio de Nivea Ranzani Silvestre (fls. 45/47 e 48).

Dos documentos produzidos, verifica-se que os falecidos João Silvestre e Nivea Ranzini Silvestre adquiriram os imóveis descritos nas matrículas n. 90.753 e 90.755 do 4º RI na constância de casamento contraído sob o regime da comunhão universal de bens, anteriormente à vigência da Lei n. 6.515/77 (fls. 58/60 e 64/66).

Tal patrimônio constitui um todo unitário (universalidade de direito), em estado que a doutrina e a jurisprudência denominam mancomunhão.

Nessa circunstância, não se está diante de metades ideais, mas de verdadeira unidade patrimonial fechada, onde os proprietários figuram como donos do todo e não de parte específica dos bens que o compõem.

Ocorre que, dissolvida a sociedade conjugal, mesmo em razão do óbito dos coproprietários, como na espécie, os bens continuam em estado de mancomunhão, que somente cessa com a partilha, quando há especificação do patrimônio comum.

Em suma, enquanto não operada a partilha, inviável se mostra o registro da penhora sobre fração do imóvel, tal como pretendido, já que em dissonância com o princípio da continuidade.

Neste sentido decidiu o Exmo. Corregedor Geral da Justiça à época, Des. José Renato Nalini, ao aprovar o Parecer n. 102/2013-E da lavra do MM. Juiz Assessor da Corregedoria Luciano Gonçalves Paes Leme, no processo de autos n. 2013/00027038 (destaque nosso):

"Registro de imóveis – ***Mandado judicial direcionado à averbação de penhora que recaiu sobre metade ideal supostamente pertencente à viúva meeira – Patrimônio comum dos cônjuges casados sob o regime da comunhão universal de bens – Universalidade de direito – Especificação da metade ideal pertencente à viúva pressupõe prévia partilha –*** *Averbação condicionada ao registro do formal de partilha –* ***Princípio da continuidade – Exigência pertinente –*** *Recusa confirmada Recurso desprovido".*

Neste mesmo sentido, decidiu o Exmo. Corregedor Geral da Justiça à época, Des. Hamilton Elliot Akel, no processo de autos n. 2104/117758, ao aprovar o Parecer n. 311/2014-E, da lavra do MM. Juiz Assessor da Corregedoria Swarai Cervone de Oliveira (destaque nosso):

"Registro de imóveis – ***Arrematação de 50% do imóvel, em execução ajuizada contra cônjuge varão – Restantes 50% que permanecem em estado de mancomunhão, à falta de registro da partilha do bem –*** *Averbação da certidão de casamento, onde consta a separação, que não se presta a servir de partilha –* ***Necessidade de apresentação de carta de sentença, com partilha, para colocar fim ao estado de indivisão*** *– Recurso desprovido".*

Destaca-se, ainda, que a hipótese tratada neste procedimento diverge daquela tratada pelo Superior Tribunal de Justiça no REsp n. 936254-RS (2007/0064683-7), mencionado pela parte interessada em sua manifestação (fls. 08, 22 e 24), quando se assentou a possibilidade em se penhorar, em execução fiscal ajuizada pelo INSS, fração de único imóvel pertencente ao devedor, afastando-o da proteção do bem de família.

As hipóteses não se confundem, já que, naqueles autos, o devedor possuía parte certa e específica do imóvel, figurando como condômino. Outrossim, não cuidou da possibilidade de se levar ao fólio real a constrição de parte ideal de imóvel mantido em mancomunhão.

De igual forma se deu quanto às decisões noticiadas às fls. 19/20 e 22/23 e 25/26, que, a princípio, autorizaram a constrição de parte ideal de imóvel mantido em condomínio, bem como da nua propriedade de imóvel gravado com ônus real (usufruto vitalício).

Por fim, ressalto que não incumbe a este juízo rever ordem judicial, mas apenas verificar a possibilidade de seu ingresso no fólio real à luz das regras e dos princípios registrários.

Diante do exposto, **JULGO PROCEDENTE** o pedido de providências e mantenho o óbice.

Deste procedimento não decorrem custas, despesas processuais ou honorários advocatícios.

Oportunamente, remetam-se os autos ao arquivo.
P.R.I.C.
São Paulo, 14 de dezembro de 2021.
Luciana Carone Nucci Eugênio Mahuad
Juiz de Direito (DJe de 16.12.2021 – SP)

Ementa: Sentença – Pedido de Providências – Pedido de cancelamento das penhoras e indisponibilidades averbadas na matrícula – Imóvel que foi arrematado – Necessidade de apresentação de ofício ou mandado expedido pelos respectivos juízos – Cancelamento que não pode se dar de forma automática – Incompetência do juízo administrativo para análise ou modificação de decisões judiciais – Indeferimento do pedido – Improcedência

Processo 1114299-32.2021.8.26.0100

Pedido de Providências - Registro de Imóveis - Wky Investimento e Participações Ltda - Diante do exposto, JULGO IMPROCEDENTE o pedido de providências formulado por WKY Investimentos e Participações LTDA. Deste procedimento não decorrem custas, despesas processuais ou honorários advocatícios. Oportunamente, ao arquivo com as cautelas de praxe. P.R.I.C. - ADV: GUSTAVO ORTIZ DOS SANTOS MACHADO (OAB 211105/SP)

Íntegra da decisão:

SENTENÇA

Processo Digital nº: **1114299-32.2021.8.26.0100**
Classe - Assunto **Pedido de Providências - Registro de Imóveis**
Requerente: **Wky Investimento e Participações Ltda**

Requerido: **14º Oficial de Registro de Imoveis da Capital**

Juíza de Direito: Dra. **Renata Pinto Lima Zanetta**

Vistos.

Trata-se de pedido de providências formulado por **WKY Investimentos e Participações LTDA** em face do **Oficial do 14º Registro de Imóveis da Capital**, objetivando o cancelamento das penhoras e indisponibilidades averbadas na matrícula nº 113.670 daquela Serventia.

A requerente alega que diante do registro da arrematação do imóvel, conforme R.23 naquela matrícula, as penhoras e indisponibilidades anteriores à hasta pública deveriam perder a sua eficácia, uma vez que ocorreria o cancelamento indireto de forma automática, em virtude da arrematação do bem.

Com a inicial, vieram documentos (fls. 03/60).

O Oficial manifestou-se às fls. 68/72, sustentando que os cancelamentos solicitados somente poderão ser averbados mediante apresentação de ofício ou mandado expedido pelos respectivos Juizos, autorizando a Serventia a averbar os respectivos cancelamentos, tendo em vista que as restrições são provenientes de outros processos, afetos a Juízos distintos da arrematação registrada.

O Ministério Público ofertou parecer, opinando pela improcedência do pedido (fls. 76/78).

É o relatório.

Fundamento e decido.

No mérito, o pedido não procede. Vejamos os motivos.

Da análise da matrícula nº 113.670 do 14º CRI, reproduzida às fls. 18/28, verifica-se o registro de hipoteca (R.3), averbações de penhoras provenientes de ações trabalhistas (Av.4, Av.5, Av.6, Av.7, Av.9, Av.11, Av.13, Av.16 e Av.18), além da indisponibilidade dos bens da antiga proprietária tabular (Av.10, Av.12, Av.14, Av.15, Av.17, Av.19, Av.20, Av.21 e Av.22).

Posteriormente, conforme R.23, de 19 de agosto de 2018, houve o registro da carta de arrematação do imóvel, expedida nos autos do Processo nº 1075466-86.2014.8.26.0100, que tramitou perante a 24ª Vara Cível do Foro Central da Capital, em favor da empresa requerente.

Ocorre que, com a intenção de vender o imóvel (fls. 29/46), a requerente busca, pela via administrativa e sem exibir qualquer decisão judicial para levantamento dos gravames, o cancelamento direto das penhoras e da indisponibilidade.

Nada obstante, o cancelamento expresso não pode se dar de forma automática, sendo mister a apresentação de mandados judiciais específicos expedidos pelos Juízos que determinaram cada restrição. Não cabe, neste âmbito administrativo, qualquer juízo de valor acerca das medidas restritivas, as quais devem ser debatidas nos autos em que determinadas.

A Egrégia Corregedoria Geral da Justiça já se posicionou acerca da impossibilidade de cancelamento de penhora realizada por determinação judicial via decisão administrativa desta Corregedoria Permanente (com nossos destaques):

"REGISTRO IMOBILIÁRIO. CANCELAMENTO DE PENHORA - Mesmo diante do registro de carta de adjudicação e sua repercussão no registro imobiliário (cancelamento indireto) ***não cabe expedição de ordem para o cancelamento de inscrições de penhora provenientes de outros processos judiciais, competindo requerimento ao juízo que a determinou*** *- Preliminar rejeitada e Recurso não provido" (CGJ, Proc. nº 1093002-08.2017.8.26.0100 – Parecer 101/2018-E, j. 13.03.2018).*

"REGISTRO DE MÓVEIS - Arrematação - Modo derivado de aquisição da propriedade imobiliária - Questão, todavia, irrelevante - Cancelamento direto de penhoras estranhas ao processo onde ocorreu a alienação judicial - ***Necessidade de ordem judicial emanada da autoridade competente, ou seja, daquela que determinou as inscrições*** *- Registro da carta de arrematação, portanto, é insuficiente para tanto - Confirmação do juízo de desqualificação registrai – Recurso desprovido" (CGJ, Processo n. 0004589-40.2014.8.26.0456, j . 03.08.2016).*

"REGISTRO DE IMÓVEIS - Carta de arrematação – Cancelamento direto de penhora estranha à do processo onde ocorrida a alienação judicial - ***Impossibilidade - Precedentes do Conselho Superior da Magistratura e da Corregedoria Geral da Justiça*** *– Dúvida improcedente - Recurso provido" (CGJ, Processo n. 0011823-84.2015.8.26.0344, j . 28.07.2016).*

'Registro de Imóveis - Pretensão de cancelamento de hipotecas e fls. 161 PODER JUDICIÁRIO TRIBUNAL DE JUSTIÇA DO ESTADO DE SÃO PAULO CORREGEDORIA GERAL DA JUSTIÇA Recurso Administrativo n° 1093002-08.2017.8.26.0100 penhoras à vista de arrematação ocorrida em juízo cível - ***Cancelamento de penhoras que depende de ordem do juízo que as determinou - Ausência de comprovação da notificação do credor hipotecário - Impossibilidade do cancelamento*** *- Inteligência do art. 1.501 do Código Civil – Recurso desprovido" (CGJ, Processo n. 1017712-21.2016.8.26.0100, j . 16.07.2016).*

Não compete a este juízo administrativo, portanto, analisar ou modificar as decisões proferidas em sede judicial.

Ademais, a arrematação em leilão judicial é modo derivado de aquisição de propriedade, caracterizada por uma alienação forçada proveniente de ordem judicial em processo de execução ou de cumprimento de sentença, que independe da relação jurídica ou negocial entre o antigo proprietário (executado) e o adquirente (arrematante ou adjudicante), nos moldes do atual entendimento do Conselho Superior da Magistratura (Apelação Cível nº 9000002-19.2013.8.26.0531).

Nesse sentido, ainda, a jurisprudência do STJ (AgRg no AREsp 805.687/RS, Quarta Turma, Rel. Min. Antônio Carlos Ferreira, j. 10.03.16).

Logo, em não se tratando de aquisição originária, a atual proprietária deve buscar o cancelamento da constrição perante o Juízo que a determinou em consonância com a jurisprudência supramencionada.

No que tange à hipoteca, o cancelamento só pode ser feito nas hipóteses do artigo 251, da LRP e, embora se admita a averbação de ofício de eventual perempção, o prazo legal que deve ser observado é de trinta anos, conforme estabelecido pelo artigo 1.485 do CC/2002.

Outrossim, observe-se que a impossibilidade de cancelamento direto das penhoras e ordens de indisponibilidade não impede a conclusão pelo seu cancelamento indireto, o qual **prescinde de averbação na matrícula** e torna possível o registro da alienação do bem, tal como ocorreu com a arrematação em favor da empresa requerente.

Nesse sentido:

REGISTRO DE IMÓVEIS – Averbação de indisponibilidade que não impede a alienação forçada – Ocorrida a alienação, há cancelamento indireto das penhoras, que geraram a indisponibilidade – O cancelamento direto não é condição necessária à posterior alienação voluntária – Escritura de venda e compra que, portanto, pode ser registrada – Recurso provido. **(TJSP; Apelação Cível 0019371-42.2013.8.26.0309; Relator (a): Pereira Calças; Órgão Julgador: Conselho Superior de Magistratura; Data do Julgamento: 14/03/2017; DJE: 26/07/2017)**

Diante do exposto, **JULGO IMPROCEDENTE** o pedido de providências formulado por **WKY Investimentos e Participações LTDA**.

Deste procedimento não decorrem custas, despesas processuais ou honorários advocatícios.

Oportunamente, ao arquivo com as cautelas de praxe.

P.R.I.C.

São Paulo, 10 de dezembro de 2021.

Renata Pinto Lima Zanetta

Juíza de Direito (DJe de 14.12.2021 – SP)

Ementa: Sentença – Pedido de Providências – Pedido de cancelamento de penhora averbada na matrícula – Esclarecimento pelo Oficial de que o imóvel foi arrematado nos mesmos autos em que determinada a penhora, sendo imprescindível ordem do juízo que determinou o gravame para o seu cancelamento direto – Existência de pronunciamento definitivo do juízo determinante da penhora reconhecendo os direitos da Arrematante sobre o imóvel – Conclusão de que houve autorização para o cancelamento do gravame – Deferimento do pedido – Procedência

Processo 1102357-03.2021.8.26.0100

Pedido de Providências - Registro de Imóveis - Francisco Washington da Silva – Rosangela Alves da Silva - Diante do exposto, JULGO PROCEDENTE o pedido de providências para determinar a averbação do cancelamento da penhora objeto do R.2 da matrícula nº 32.353 do 17º Registro de Imóveis desta Capital, em virtude da arrematação do bem junto ao juízo que havia determinado a constrição (R.4). Deste procedimento não decorrem custas, despesas processuais ou honorários advocatícios. Oportunamente, ao arquivo com as cautelas de praxe. P.R.I.C. - ADV: FRANKLIN SILVA DANTAS PINHEIRO (OAB 336467/SP)

Íntegra da decisão:

SENTENÇA

Processo Digital nº: **1102357-03.2021.8.26.0100**

Classe - Assunto **Pedido de Providências - Registro de Imóveis**

Requerente: **Francisco Washington da Silva e outro**

Requerido: **17º Oficial de Registro de Imóveis d Capital**

Prioridade Idoso

Juiz(a) de Direito: Dr(a). **Luciana Carone Nucci Eugênio Mahuad**

Vistos.

Trata-se de ação declaratória recebida como pedido de providências, formulado por **Francisco Washington da Silva e Rosângela Alves da Silva** em face do **Oficial do 17º Registro de Imóveis da Capital**, para cancelamento de penhora averbada na matrícula n. 32.353 daquela serventia. Documentos vieram às fls. 10/25. Concedeu-se à parte requerente prioridade de tramitação, mas sem tutela de urgência, determinando-se a exibição da nota de devolução ou apresentação do título para qualificação pelo Registrador (fl. 26).

O Oficial manifestou-se às fls. 38/40, informando que o pedido de cancelamento somente foi protocolado após a determinação deste juízo, inexistindo qualificação anterior. Quanto ao mérito, tendo em vista que o imóvel foi arrematado nos mesmos autos em que determinada a penhora, entende desnecessária a averbação do cancelamento, o qual ocorreu de forma indireta, sendo imprescindível ordem do juízo que determinou a penhora para o seu cancelamento direto.

O Ministério Público opinou pela improcedência (fls. 67/69).

É o relatório.

Fundamento e decido.

No mérito, o pedido deve ser acolhido. Vejamos os motivos.

A despeito da prudência e da cautela do Oficial, quando se analisa a matrícula n. 32.353, juntada às fls. 57/64, verifica-se que o imóvel ali descrito foi, de fato, adquirido por João Ricardo Aita e Solange de Freitas Aita em 20 de março de 1995, por meio de arrematação no processo de autos n. 1.382/84, que tramitou perante a 29ª Vara Cível do Foro Central desta Capital, no qual havia sido anteriormente determinada a penhora daquele bem para garantia do cumprimento do julgado (R.2 e R.4/M.32.353).

Em outras palavras, houve pronunciamento definitivo daquele juízo, reconhecendo os direitos da parte arrematante sobre o imóvel, o que autoriza concluir, com total segurança, que houve autorização para cancelamento do gravame anteriormente determinado, ainda que tacitamente.

De fato, a expropriação do bem **por ordem do juízo que determinou sua penhora** apenas exaure a garantia previamente averbada, servindo a carta de arrematação como título hábil para permitir o cancelamento da **restrição originária da mesma ação de cobrança** (execução ou cumprimento de sentença).

Note-se que, embora a carta de arrematação não tenha vindo aos autos, não houve questionamento do Oficial acerca da higidez do título. A motivação da recusa foi o impedimento para averbação de assento negativo ante a falta de determinação judicial expressa de cancelamento da penhora.

Todo este contexto, portanto, autoriza concluir que a determinação de cancelamento da averbação da penhora prescinde de ordem judicial expressa, já que decorre implicitamente da arrematação autorizada por aquele mesmo juízo.

Havendo, entretanto, outras penhoras ou restrições decorrentes de outros processos, estas não poderiam ser canceladas de forma automática, já que dependem de mandado específico para tal fim, como já se posicionou a Egrégia Corregedoria Geral da Justiça:

> *"REGISTRO IMOBILIÁRIO. CANCELAMENTO DE PENHORA - Mesmo diante do registro de carta de adjudicação e sua repercussão no registro imobiliário (cancelamento indireto)* ***não cabe expedição de ordem para o cancelamento de inscrições de penhora provenientes de outros processos judiciais, competindo requerimento ao juízo que a determinou*** *- Preliminar rejeitada e Recurso não provido" (CGJ, Proc. nº 1093002-08.2017.8.26.0100 Parecer 101/2018-E, j. 13.03.2018).*

> *"REGISTRO DE IMÓVEIS - Carta de arrematação –* ***Cancelamento direto de penhora estranha à do processo onde ocorrida a alienação judicial - Impossibilidade - Precedentes do Conselho Superior da Magistratura e da Corregedoria Geral da Justiça*** *– Dúvida*

improcedente - Recurso provido" (CGJ, Processo n. 0011823-84.2015.8.26.0344, j. 28.07.2016).

*'Registro de Imóveis - Pretensão de cancelamento de hipotecas e fls. 161 PODER JUDICIÁRIO TRIBUNAL DE JUSTIÇA DO ESTADO DE SÃO PAULO CORREGEDORIA GERAL DA JUSTIÇA Recurso Administrativo n° 1093002-08.2017.8.26.0100 penhoras à vista de arrematação ocorrida em juízo cível - **Cancelamento de penhoras que depende de ordem do juízo que as determinou - Ausência de comprovação da notificação do credor hipotecário - Impossibilidade do cancelamento** - Inteligência do art. 1.501 do Código Civil – Recurso desprovido" (CGJ, Processo n. 1017712-21.2016.8.26.0100, j. 16.07.2016).*

Diante do exposto, **JULGO PROCEDENTE** o pedido de providências para determinar a averbação do cancelamento da penhora objeto do R.2 da matrícula nº 32.353 do 17º Registro de Imóveis desta Capital, em virtude da arrematação do bem junto ao juízo que havia determinado a constrição (R.4).

Deste procedimento não decorrem custas, despesas processuais ou honorários advocatícios.

Oportunamente, ao arquivo com as cautelas de praxe.

P.R.I.C.

São Paulo, 18 de outubro de 2021. (DJe de 20.10.2021 – SP)

Ementa: Sentença – Pedido de Providências – Pedido de averbação de penhora – Negativa em razão dos imóveis não pertencerem a devedora – Informação pelo Oficial de que a devedora teria apenas a posse do imóvel – Penhora que recaiu sobre imóvel que não está registrado na Serventia – Títulos Judiciais não estão isentos de qualificação registrária – Impossibilidade de cumprimento da determinação – Necessidade de prévia individualização do imóvel com abertura de matrícula – Manutenção do óbice – Procedência

Processo 1101116-91.2021.8.26.0100

Pedido de Providências - Registro de Imóveis - Edelvides Fernandes Bispo - Diante do exposto, JULGO PROCEDENTE o pedido a fim de determinar a manutenção do óbice. Deste procedimento não decorrem custas, despesas processuais ou honorários advocatícios. Oportunamente, arquivem-se os autos com as cautelas de praxe. P.R.I.C. - ADV: EDEVAL ALMEIDA (OAB 87809/SP)

Íntegra da decisão:

SENTENÇA

Processo Digital nº: **1101116-91.2021.8.26.0100**

Classe - Assunto **Pedido de Providências - Registro de Imóveis**

Requerente: **7º Oficial de Registro de Imóveis da Capital**

Requerido: **Edelvides Fernandes Bispo**

Juiz(a) de Direito: Dr(a). **Luciana Carone Nucci Eugênio Mahuad**

Vistos.

Trata-se de pedido de providências apresentado pelo Oficial do 7º Registro de Imóveis da Capital em virtude de negativa de averbação de penhora, a requerimento de Edelvides Fernandes Bispo.

O Oficial noticia que a parte apresentou requerimento de averbação de penhora deferida no processo de autos n. 1006931-72.1995.8.26.0100, que tramita perante a 30ª Vara Cível do Foro Central (cumprimento de sentença); que, de início, houve constrição dos direitos da devedora Fundação Nelson Líbero – Casa de Saúde Dom Pedro II sobre o bem descrito na transcrição nº 39.059; que foi apresentada nota de devolução, com informação de que os imóveis não pertenceriam à devedora: referida transcrição originou as matrículas de n. 141.361, relativa a imóvel que foi arrematado por terceiro e já vendido, e de n. 141.362, relativa a imóvel adjudicado em processo trabalhista.

Posteriormente, por conta de documentos apresentados pelo interessado, constatou o Oficial que, em verdade, a penhora recaiu sobre o imóvel situado na avenida Alcântara Machado, n. 60, o qual não está registrado em sua serventia, ainda que exista número de contribuinte perante a Prefeitura de São Paulo.

Concluiu, o Oficial, que a devedora teria apenas a posse do imóvel, o qual seria objeto de futura ação de usucapião, sendo que, por esse motivo, teria ocorrido deferimento da penhora no processo de origem.

Por fim, informou a impossibilidade de averbação da penhora de direitos possessórios e de qualquer outro ato por conta da inexistência de registro do imóvel.

Impugnação do requerido às fls. 97/99, com discordância da nota de devolução, já que o imóvel localizado na rua da Figueira, n. 831, foi desdobrado em 2009, dando origem aos seguintes números de contribuintes: 0003.033.0039-6 para esse bem e 003.033.108-2 para aquele localizado na avenida Alcântara Machado, n. 60 (objeto da averbação e de titularidade de Fundação Nelson Líbero – Casa de Saúde Dom Pedro). Como comprovada a propriedade da devedora sobre referido imóvel, deve ser dado cumprimento à ordem judicial, com averbação da penhora.

Manifestação do Ministério Público às fls. 109/111, opinando pela manutenção do óbice.

É o relatório.

Fundamento e decido.

O pedido é procedente. Vejamos os motivos.

De início, vale destacar que os títulos judiciais não estão isentos de qualificação, positiva ou negativa, para ingresso no fólio real.

O Egrégio Conselho Superior da Magistratura já decidiu que a qualificação negativa de título judicial não caracteriza desobediência ou descumprimento de decisão judicial (Apelação Cível n. 413-6/7).

Neste sentido, também a Apelação Cível nº 464-6/9, de São José do Rio Preto:

"Apesar de se tratar de título judicial, está ele sujeito à qualificação registrária. O fato de tratar-se o título de mandado judicial não o torna imune à qualificação registrária, sob o estrito ângulo da regularidade formal. O exame da legalidade não promove incursão sobre o mérito da decisão judicial, mas à apreciação das formalidades extrínsecas da ordem e à conexão de seus dados com o registro e a sua formalização instrumental".

E, ainda:

"REGISTRO PÚBLICO - ATUAÇÃO DO TITULAR - CARTA DE ADJUDICAÇÃO - DÚVIDA LEVANTADA - CRIME DE DESOBEDIÊNCIA - IMPROPRIEDADE MANIFESTA. O cumprimento do dever imposto pela Lei de Registros Públicos, cogitando-se de deficiência de carta de adjudicação e levantando-se dúvida perante o juízo de direito da vara competente, longe fica de configurar ato passível de enquadramento no artigo 330 do Código Penal - crime de desobediência -, pouco importando o acolhimento, sob o ângulo judicial, do que suscitado" (STF, HC 85911 / MG – MINAS GERAIS, Relator: Min. MARCO AURÉLIO, j. 25/10/2005, Primeira Turma).

Sendo assim, não há dúvidas de que a mera existência de título proveniente de órgão jurisdicional não basta para autorizar automaticamente seu ingresso no fólio real, cabendo ao oficial qualificá-lo conforme os princípios que regem a atividade registral.

Neste caso, a parte visa à averbação da penhora de direitos da devedora sobre imóvel localizado na avenida Alcântara Machado, n. 60, São Paulo/SP.

Não obstante a alegação de que tal bem consta dos cadastros da Prefeitura de São Paulo, com indicação de número de contribuinte e titularidade da devedora, fato é que inexiste registro em relação a ele junto ao 7º Cartório de Registro de Imóveis (fl. 18), o que impossibilita o cumprimento da determinação emanada do juízo perante o qual se processa o cumprimento de sentença.

Assim, para averbação da penhora deferida, necessária a prévia individualização do bem objeto da constrição, com abertura de matrícula e respeito ao encadeamento dos títulos levados a registro (artigo 195 da Lei n. 6.015/1.973).

Saliento, ainda, que não incumbe a este juízo administrativo instar a devedora, Fundação Nelson Líbero, a prestar explicações sobre a inexistência de registro e determinar a apresentação de documentos a fim de possibilitar a abertura de matrícula (fl. 99).

Tal providência, por óbvio, deve ser buscada na via própria (processo de cumprimento de sentença ou usucapião).

Diante do exposto, **JULGO PROCEDENTE** o pedido a fim de determinar a manutenção do óbice.

Deste procedimento não decorrem custas, despesas processuais ou honorários advocatícios.

Oportunamente, arquivem-se os autos com as cautelas de praxe.

P.R.I.C.

São Paulo, 13 de outubro de 2021. (DJe de 18.10.2021 – SP)

Ementa: Sentença – Pedido de Providências – Pedido de registro de penhora no imóvel – Impossibilidade – Negativa em razão da existência de títulos prenotados anteriormente os quais contam com prioridade sobre o registro pretendido – Arts. 182 e 186 da LRP – Matrícula do imóvel que se encontra bloqueada por determinação judicial – Incompetência do juízo administrativo para análise ou revogação de ordem judicial – Sentença, da qual ordenou a constrição, que não transitou em julgado – Inexistência de falha funcional – Improcedência

Processo 1059168-72.2021.8.26.0100

Pedido de Providências - Registro de Imóveis - Twin Investimentos e Serviços Ltda - Assim, JULGO IMPROCEDENTE o pedido. Deste procedimento não decorrem custas, despesas processuais ou honorários advocatícios. Oportunamente, ao arquivo com as cautelas de praxe. P.R.I.C. - ADV: ANGELO BERNARDO ZARRO HECKMANN (OAB 192367/SP), FLAVIO SALMEN MALDONADO (OAB 130326/SP)

Íntegra da decisão:

SENTENÇA

Processo Digital nº: **1059168-72.2021.8.26.0100**

Classe - Assunto **Pedido de Providências - Registro de Imóveis**

Requerente: **Twin Investimentos e Serviços Ltda**

Requerido: **5º Oficial de Registro de Imóveis**

Juiz(a) de Direito: Dr(a). **Luciana Carone Nucci Eugênio Mahuad**

Vistos.

Trata-se de pedido de providências formulado por **Twin Investimentos e Serviços Ltda** em face do **Oficial do 5º Registro de Imóveis da Capital**, após negativa de registro de penhora no imóvel matriculado sob o nº 21.921 na serventia.

A parte requerente alega, inicialmente, que o objeto é distinto daquele apreciado por este juízo no feito de autos n. 1094638-04.2020.8.26.0100, na medida em que, no presente caso, o pedido versa sobre negativa de registro de penhora ordenada em sentença de mérito (autos n. 1047585-27.2020.8.26.0100) e não mais sobre arresto cautelar determinado no mesmo feito; que a ordem judicial de arresto (posteriormente convertida em penhora) transitou em julgado, já que, embora tenha havido recurso de apelação interposto pela parte sucumbente, o arresto cautelar não foi objeto de agravo; que o decreto de indisponibilidade anterior, assim como o bloqueio da matrícula e a cláusula de impenhorabilidade não representam causas impeditivas para registro da penhora. Juntou documentos às fls. 14/127.

O Oficial manifestou-se às fls. 132/135, sustentando que existem dois títulos anteriores, prenotados na matrícula, cujas inscrições permanecem em vigor: a) protocolo 343.938, de 16/10/2020 (Pedido de providências - autos n. 1094638- 04.2020.8.26.0100, pendente de recurso manejado pela própria interessada); b) protocolo 348.453, de 21/02/2021 – (indisponibilidade de bens decretada – Portal da CNIB – autos n. 1057910242017.8.26.0114), sendo que tais títulos impedem o exame dos subsequentes conforme a regra dos artigos 182 e 186 da LRP; que, ainda, existe averbação de indisponibilidade de bens (Av.10 processo de autos n. 1011090-18.2019.8.26.0100) e bloqueio da matrícula (processo de autos n. 1088933-59.2019.8.26.0100); que este juízo já denegou registro do arresto decorrente de sentença proferida no processo de autos n. 1094638-04.2020.8.26.0100 (convertido na penhora ora em análise), pendente de apreciação de recurso interposto pela própria interessada, pelo que a prenotação respectiva ainda encontra-se em vigor; que a prenotação que ensejou a presente dúvida acha-se extinta pelo decurso do prazo sem cumprimento das exigências então formuladas (art. 205 da LRP); que persistem especialmente dois óbices para ingresso do título: bloqueio da matrícula e cláusula de impenhorabilidade não cancelada (Av.9 e Av.11); que não houve pedido expresso de registro da constrição com base em ordem judicial ou de prenotação do título com a expressa rogação de que a prenotação se mantenha hígida até que o bloqueio seja levantado, nos termos do § 4º, do art. 214, da LRP.

Às fls. 137/143, a parte requerente reitera suas razões, destacando que a ordem de penhora foi emanada em sentença de processo contencioso e sem irresignação da parte sucumbente, sendo que a ordem de indisponibilidade não impede a adoção de outras medidas constritivas conforme entendimento do STJ e do Tribunal de Justiça de São Paulo.

O Ministério Público opinou pela improcedência (fls. 148/149).

É o relatório.

Fundamento e decido.

O pedido é pelo registro de penhora na matrícula indicada na inicial (fls. 12/13), ainda que a causa de pedir indique "averbação" (fl. 03).

Por primeiro, cabe observar que, de fato, penhoras, arrestos e sequestros de imóveis são objeto de registro e não averbação (artigo 167, inciso I, 5, da Lei de Registros Públicos).

Entretanto, a parte requerente não suscitou dúvida no prazo legal: não há prenotação válida (fl. 133).

Nota-se, ainda, que existem títulos anteriormente prenotados, os quais contam com prioridade sobre o registro ora pretendido (fls. 132/133 e artigos 182 e 186 da Lei de Registros Públicos).

No âmbito deste procedimento administrativo, portanto, cabe apenas analisar eventual falha funcional do Oficial ou necessidade de providência.

Nada disso se constata.

Além de a matrícula estar bloqueada por ordem do juízo da 5ª Vara Cível da Capital (fl. 133), o que impede qualquer novo ato registral, não cabendo a este juízo administrativo avaliar ou revogar ordem judicial, é possível verificar que as questões ora suscitadas são as mesmas já apreciadas no feito de autos n. 1094638-04.2020.8.26.0100, também desta Corregedoria Permanente, estando o pedido e a sentença proferida copiados às fls. 23/30 e 31/34.

A única diferença é que a negativa atual se refere a pedido de registro de penhora decorrente da sentença prolatada na ação de autos n. 1047585-27.2020.8.26.0100, sendo que, naquela oportunidade, a constrição ainda possuía natureza cautelar de arresto, para cujo registro foram apresentadas as mesmas exigências.

Como se não bastasse a sentença deste juízo ainda estar pendente de análise de recurso interposto pela própria parte interessada (fls. 89 e seguintes daquele feito), a própria sentença da qual partiu a ordem de constrição, com a conversão do arresto em penhora, também não transitou em julgado, ao contrário do alegado na inicial, já que houve interposição de apelação pela parte sucumbente (fls. 47/52 e 53/64).

Vale observar que o arresto cautelar convertido em penhora foi determinado como medida assecuratória do pedido apreciado pela sentença, diante do que não há que se falar que a constrição não foi atacada no recurso interposto.

Conclui-se, portanto, a recusa oposta pelo Oficial foi acertada, inexistindo falha funcional a ser apurada nem providência a ser determinada.

Assim, **JULGO IMPROCEDENTE** o pedido.

Deste procedimento não decorrem custas, despesas processuais ou honorários advocatícios.

Oportunamente, ao arquivo com as cautelas de praxe.

P.R.I.C.

São Paulo, 19 de agosto de 2021.
Luciana Carone Nucci Eugênio Mahuad
Juiz de Direito (DJe de 23.08.2021 – SP)

Ementa: Sentença – Pedido de Providências – Pedido de cancelamento das penhoras – Satisfação da dívida – Negativa sob o fundamento de que o pedido deve ser formulado pela Municipalidade, ora credora, por meio do representante legal e com firma reconhecida por extenso – Esclarecimento pelo Oficial de que o Munícipio deve ser ouvido sobre o pedido em razão da construção de um Shopping Center sem instituição condominial – Construção realizada no imóvel vizinho com registro em matrícula distinta – Reconhecimento posterior pelo Oficial de equívoco na informação prestada – Concordância da Municipalidade com o cancelamento dos gravames – Preenchimento dos requisitos – Art 250 da LRP – Determinação do cancelamento das penhoras – Procedência

Processo 1047094-83.2021.8.26.0100

Pedido de Providências - Registro de Imóveis - Companhia Zaffari Comércio e Indústria - PREFEITURA MUNICIPAL DE SÃO PAULO - Diante do exposto, JULGO PROCEDENTE o pedido de providências para determinar o cancelamento das penhoras indicadas nos registros números 3 e 4 da matrícula n. 56.631. Deste procedimento não decorrem custas, despesas processuais ou honorários advocatícios. Oportunamente, remetam-se os autos ao arquivo. P.R.I.C. - ADV: PATRÍCIA WATANABE (OAB 167895/SP), JANSEN FRANCISCO MARTIN ARROYO (OAB 210922/SP)

Íntegra da decisão:

SENTENÇA

Processo Digital nº: **1047094-83.2021.8.26.0100**

Classe - Assunto **Pedido de Providências - Registro de Imóveis**

Requerente: **Companhia Zaffari Comércio e Indústria**

Requerido: **2º Oficial de Registro de Imóveis da Capital**

Juiz(a) de Direito: Dr(a). **Luciana Carone Nucci Eugênio Mahuad**

Vistos.

Trata-se de pedido de providências formulado por **Companhia Zaffari Comércio e Indústria** em face do **Oficial do 2º Registro de Imóveis da Capital**, para cancelamento das penhoras registradas sob os números 3 e 4 da matrícula n. 55.631 daquela serventia.

A parte requerente aduz que houve satisfação das dívidas que ensejaram as restrições via Programa de Parcelamento Incentivado deste município (PPI), o que resultou na extinção das duas execuções fiscais de onde partiram as ordens de penhora (57.719/03 e 77.180/04); que não houve expedição de mandado de cancelamento em nenhum dos feito, sendo que os autos da ação n. 57.719/03, inclusive, já foram incinerados, pelo que pleiteia o cancelamento administrativo com fulcro no art. 250 da Lei 6.015/73; que se encontra em situação regular com o fisco municipal. Juntou documentos às fls. 07/58.

O Oficial manifestou-se às fls. 62/63, sustentando que o cancelamento das penhoras depende de pedido da credora (municipalidade), por meio de representante legal, e com firma reconhecida por extenso conforme art. 250 da Lei 6.015/73; que a situação fática, todavia, é diferente da jurídica, vez que na referida matrícula foi construído um "Shopping Center" sem instituição condominial, pelo que o município deve ser ouvido sobre o pedido, que não deve ser atendido.

Por determinação do juízo, em atendimento ao requerido pelo MP, a municipalidade manifestou sua concordância com o cancelamento das penhoras ante a extinção das execuções fiscais pela satisfação da dívida (fl. 77). Juntou documentos às fls. 78/86.

A parte requerente manifestou-se novamente às fls. 89/92, aduzindo que o aludido Shopping Center, também de propriedade dela, é vizinho ao imóvel em questão e encontra-se registrado em matrícula distinta (15.483), com número de cadastro municipal também distinto (022.086.092-0), diante do que e à vista da concordância da municipalidade, as penhoras devem ser canceladas. Juntou documentos às fls. 93/95.

O Ministério Público manifestou-se pela procedência do pedido em se confirmando que o imóvel pertencente ao Shopping é diverso daquele indicado na inicial. Caso contrário, pelo indeferimento (fls. 98/100).

À fl. 106, o Oficial reconheceu que se equivocou na informação prestada sobre o Shopping, o qual, mesmo sem registro da instituição condominial, localiza-se em imóvel vizinho ao indicado na inicial, de matrícula distinta (15.483), pelo que não se opõe ao cancelamento das penhoras diante da concordância da parte credora.

É o relatório.

Fundamento e decido.

No mérito, o pedido procede.

Com efeito, a concordância da municipalidade, credora nas execuções fiscais que deram origem às penhoras (R. 3 e 4 da matrícula n. 55.631), bem como a documentação trazida pela parte requerente dando conta do pagamento dos débitos, com extinção dos feitos em questão (fls. 20/55), demonstram que os motivos que ensejaram as constrições não mais subsistem, o que possibilita cancelamento.

Ao lado disso, o próprio Oficial reconheceu que o imóvel é distinto daquele em que está o Shopping Center vizinho e que a anuência da parte credora possibilita o cancelamento.

Nota-se, ainda, que não houve determinação de levantamento dos gravames nas execuções fiscais extintas e que os autos relativos a uma delas, inclusive, já foram incinerados (fl. 52 - 57.719/03).

Desse modo, ainda que, a princípio, não seja possível o cancelamento de penhora realizada por determinação judicial via decisão administrativa desta Corregedoria Permanente, conforme entendimento assentado em jurisprudência da E. Corregedoria Geral de Justiça, tenho que o caso específico comporta solução diversa, já que instruído com a anuência da credora por meio de seu procurador (fls. 77 e 106).

Em outros termos, como preenchidos os requisitos do art. 250 da Lei n. 6.015/73, conclui-se que a autorização para cancelamento das penhoras nesta via administrativa é medida que se impõe.

Diante do exposto, **JULGO PROCEDENTE** o pedido de providências para determinar o cancelamento das penhoras indicadas nos registros números 3 e 4 da matrícula n. 56.631.

Deste procedimento não decorrem custas, despesas processuais ou honorários advocatícios.

Oportunamente, remetam-se os autos ao arquivo.

P.R.I.C.

São Paulo, 10 de agosto de 2021.

Luciana Carone Nucci Eugênio Mahuad

Juiz de Direito (DJe de 13.08.2021 – SP)

Ementa: Sentença – Pedido de Providências – Pedido de cancelamento da penhora averbada na transcrição – Negativa em razão da necessidade de ordem judicial – Incompetência do juízo administrativo para análise ou modificação das decisões judiciais referente a penhora – Impossibilidade do cancelamento indireto do gravame por não atendimento ao determinado pelo juízo – Improcedência

Processo 1064270-75.2021.8.26.0100

Pedido de Providências - Cancelamento de Hipoteca - Espólio de Cezzário Peres, registrado civilmente como Cezario Márcio Rodrigues Peres - Diante do exposto, JULGO IMPROCEDENTE o pedido. Deste procedimento não decorrem custas, despesas processuais ou honorários advocatícios. Oportunamente, ao arquivo com as cautelas de praxe. P.R.I.C. - ADV: JOSE LUIZ DO VALLE (OAB 67651/SP)

Íntegra da decisão:

SENTENÇA

Processo Digital nº: **1064270-75.2021.8.26.0100**

Classe - Assunto **Pedido de Providências - Cancelamento de Hipoteca**

Requerente: **Espólio de Cezzário Peres**, registrado civilmente como Cezario Márcio Rodrigues Peres

Requerido: **8º Oficial de Registro de Imóveis da Capital**

Juiz(a) de Direito: Dr(a). **Luciana Carone Nucci Eugênio Mahuad**

Vistos.

Trata-se de pedido de providências formulado por **Espólio de Cezário Peres,** representado pelo inventariante **Cezário Márcio Rodrigues Peres,** em face do **Oficial do 8º Registro de Imóveis da Capital**, para cancelamento de penhora averbada na transcrição n. 17.173 daquela serventia.

A parte requerente aduz que já tentou resolver o problema em pedido de providências anterior, mas foi remetida à via judicial; que não é possível localizar o processo em que teria sido determinado o gravame e que a credora desconhece a suposta dívida em questão.

Juntou documentos às fls. 05/17.

O Oficial manifestou-se às fls. 21/22, esclarecendo que não pode cancelar a penhora sem ordem judicial na forma do artigo 250 da LRP. Entretanto, como a aquisição se deu por arrematação, torna-se possível conclusão por seu cancelamento indireto.

O Ministério Público se manifestou pela produção de prova de quitação (fls. 25/26).

A decisão de fl. 28 regularizou o feito, para trâmite como pedido de providências, determinando que a parte interessada providenciasse cópia da decisão proferida no feito anterior, de autos n. 0120426-96.2004, além de prova de inexistência de dívida, mas não foi atendida (fls. 29/31).

O Ministério Público opinou pela intimação pessoal da parte interessada (fl. 34).

É o relatório.

Fundamento e decido.

Considerando que houve intimação regular da parte interessada para complementação da prova documental, mas sem atendimento, não vislumbro necessidade de intimação pessoal, pelo que passo ao julgamento.

Analisando a transcrição n. 99.078, juntada às fls. 11/13, verifica-se que o imóvel ali descrito foi, de fato, adquirido por Cezário ou Cesário Peres, em 27 de março de 1973, por meio de arrematação em execução hipotecária movida por Humberto Alini e Angelina Alini de Araújo contra os anteriores proprietários, João Perez Finana, que também assina João Perez, e Barcilia Vicente Perez.

Verifica-se, ainda, a existência de penhora averbada em 08 de fevereiro de 1972 em favor de Cleide Wally Cirano (Av.-2).

A Egrégia Corregedoria Geral de Justiça já se posicionou acerca da impossibilidade de cancelamento de penhora realizada por determinação judicial via decisão administrativa desta Corregedoria Permanente:

"REGISTRO IMOBILIÁRIO. CANCELAMENTO DE PENHORA - Mesmo diante do registro de carta de adjudicação e sua repercussão no registro imobiliário (cancelamento indireto) ***não cabe expedição de ordem para o cancelamento de inscrições de penhora provenientes de outros processos judiciais, competindo requerimento ao juízo que a determinou*** *- Preliminar rejeitada e Recurso não provido" (CGJ, Proc. nº 1093002-08.2017.8.26.0100 Parecer 101/2018-E, j. 13.03.2018).*

"REGISTRO DE MÓVEIS - Arrematação - Modo derivado de aquisição da propriedade imobiliária - Questão, todavia, irrelevante - Cancelamento direto de penhoras estranhas ao processo onde ocorreu a alienação judicial – ***Necessidade de ordem judicial emanada da autoridade competente, ou seja, daquela que determinou as inscrições*** *- Registro da carta de arrematação, portanto, é insuficiente para tanto - Confirmação do juízo de desqualificação registrai - Recurso desprovido" (CGJ, Processo n. 0004589-40.2014.8.26.0456, j. 03.08.2016).*

"REGISTRO DE IMÓVEIS - Carta de arrematação - Cancelamento direto de penhora estranha à do processo onde ocorrida a alienação judicial - ***Impossibilidade - Precedentes do Conselho Superior da Magistratura e da Corregedoria Geral da Justiça*** *- Dúvida improcedente - Recurso provido" (CGJ, Processo n. 0011823-84.2015.8.26.0344, j. 28.07.2016).*

'Registro de Imóveis - Pretensão de cancelamento de hipotecas e fls. 161 PODER JUDICIÁRIO TRIBUNAL DE JUSTIÇA DO ESTADO DE SÃO PAULO CORREGEDORIA GERAL DA JUSTIÇA Recurso Administrativo nº 1093002-08.2017.8.26.0100 penhoras à vista de arrematação ocorrida em juízo cível - ***Cancelamento de penhoras que depende de ordem do juízo que as determinou - Ausência de comprovação da notificação do credor hipotecário - Impossibilidade do cancelamento*** *- Inteligência do art. 1.501 do Código Civil - Recurso desprovido" (CGJ, Processo n. 1017712-21.2016.8.26.0100, j. 16.07.2016).*

Não compete a este juízo administrativo, portanto, analisar ou modificar as decisões judiciais no que tange a penhoras.

Ademais, a arrematação é modo derivado de aquisição de propriedade, caracterizada por uma alienação forçada proveniente de ordem judicial em processo de execução ou de cumprimento de sentença, que independe da relação jurídica ou negocial entre o antigo proprietário (executado) e o adquirente (arrematante ou adjudicante), nos moldes do atual entendimento do Conselho Superior da Magistratura (Apelação Cível nº 9000002-19.2013.8.26.0531).

Nesse sentido, ainda, a jurisprudência do STJ (AgRg no AREsp 805.687/RS, Quarta Turma, Rel. Min. Antônio Carlos Ferreira, j. 10.03.16).

No caso dos autos, porém, verifica-se que o juízo que determinou a penhora é desconhecido (fls. 10 e 14).

Haveria, portanto, possibilidade de se concluir excepcionalmente pelo cancelamento indireto da penhora, uma vez que anterior à arrematação e sem lastro processual.

Por cautela, porém, notadamente tendo em vista que as partes do processo em que ocorrida a arrematação não se identificam com a beneficiária da penhora, o juízo determinou algumas providências à parte interessada: - que trouxesse cópia da sentença proferida em pedido de providências anteriormente proposto com a mesma finalidade, autos n. 0120426-96.2004 (fl. 01), visando evitar decisões contraditórias; - que apresentasse declaração de anuência da suposta credora, a qual foi contatada e afirmou desconhecer a dívida (fl. 02).

Como não houve atendimento ao determinado pelo juízo, não há motivo para excetuar a regra.

Diante do exposto, **JULGO IMPROCEDENTE** o pedido.

Deste procedimento não decorrem custas, despesas processuais ou honorários advocatícios.

Oportunamente, ao arquivo com as cautelas de praxe.

P.R.I.C.

São Paulo, 10 de agosto de 2021.

Luciana Carone Nucci Eugênio Mahuad

Juiz de Direito (DJe de 12.08.2021 – SP)

Ementa: Sentença – Pedido de Providências – Pedido de averbação do casamento do proprietário – Informação pela Requerente de que o proprietário tabular é apenas qualificado como casado, sem a identificação do cônjuge no registro, o que impede a penhora do bem – Negativa em razão da impossibilidade de confirmação da identidade do proprietário tabular com o nubente indicado na certidão de casamento, pela divergência de grafia do nome de família – Documentos que demonstram que de que se tratam da mesma pessoa – Possibilidade de indicação da filiação para suprir a qualificação da cônjuge – Item 61, do Capítulo XX, das NSCGJ – Ausência de prenotação válida – Necessidade de reapresentação, ao Oficial, do título original acompanhado de documentos – Improcedência

Processo 1021689-79.2020.8.26.0100

Pedido de Providências - Notas - Santa Casa da Misericórdia de São João Del Rei - Diante do exposto, JULGO IMPROCEDENTE o pedido de providências formulado pela Santa Casa da Misericórdia de São João Del Rei em face do Oficial do 13º Registro de Imóveis da Capital. Deste procedimento não decorrem custas, despesas processuais ou honorários advocatícios. Oportunamente, ao arquivo com as cautelas de praxe. P.R.I.C. - ADV: JACQUES GASSMANN JUNIOR (OAB 83944/SP)

Íntegra da decisão:

SENTENÇA

Processo Digital nº: **1021689-79.2020.8.26.0100**

Classe - Assunto **Pedido de Providências - Notas**

Requerente: **Santa Casa da Misericórdia de São João Del Rei**

Requerido: **13º Oficial de Registro de Imóveis de São Paulo**

Juiz(a) de Direito: Dr(a). **Luciana Carone Nucci Eugênio Mahuad**

Vistos.

Trata-se de pedido de providências formulado pela **Santa Casa da Misericórdia de São João Del Rei** em face do Oficial do 13º Registro de Imóveis da Capital, visando averbação do casamento do proprietário do imóvel objeto da transcrição n. 20.981 daquela serventia.

Esclarece que move execução contra a viúva do proprietário tabular do imóvel, que é apenas qualificado como casado, sem identificação do respectivo cônjuge no registro, o que impede a penhora do bem, sendo que, para atendimento de pedido administrativo, o Oficial exigiu documentos que não dispõe.

O Oficial se manifestou às fls. 41/42, informando que a inscrição da penhora pretendida requer prévia averbação da qualificação do proprietário mediante requerimento subscrito pela parte interessada, ao lado de cópia autenticada da certidão atualizada de casamento e dos documentos pessoais do proprietário e de seu cônjuge, nos termos dos artigos 167, inciso II, 5, e 246, §1º, da LRP, bem como observando a necessidade de descerramento de matrícula para o referido imóvel, com a adequação de sua descrição, em obediência ao princípio da especialidade objetiva, sendo que não houve protocolização de requerimento com solicitação das averbações.

Atendendo a pedido do Ministério Público, a parte interessada explicou que ajuizou a presente medida por não dispor dos documentos pessoais necessários para requerer a averbação e que o arrolamento dos bens do falecido-proprietário não tem andamento por desinteresse dos sucessores (fls. 51/55).

Visando à regularidade do procedimento, o Ministério Público requereu a apresentação do competente alvará judicial, informando a parte requerente que deixou de prosseguir com o inventário por não dispor de documentos essenciais ao seu desenvolvimento (fls. 62 e 66).

Diante da não obtenção do alvará, o Ministério Público entende que não cabe ao juízo administrativo determinar a averbação de casamento, que é matéria de competência do juízo de Família e Sucessões, o que ainda exigiria a apresentação de documentos pessoais, RG e CPF, do cônjuge, tudo em prol da segurança jurídica (fls. 71/74).

Esclarecendo a dúvida do juízo, o Oficial informou que não é possível confirmar a identidade do proprietário tabular com o nubente indicado na certidão de casamento trazida à fl. 30, notadamente pela divergência de grafia do nome de família, com o nome 'Benu**th**' na transcrição, enquanto a certidão de casamento indica 'Benut**ti**' (fls. 75 e 78).

Diante dos indícios de que se trata da mesma pessoa, solicitou-se a vinda de certidão de objeto e pé relativa à ação de arrolamento, com a finalidade de se verificar a qualificação do espólio (fl. 79).

É o relatório.

Fundamento e decido.

Compulsando melhor os autos, verifica-se que, embora possível o ato pretendido, o pedido não pode ser acolhido pela ausência de prenotação válida.

Primeiramente, cabe observar que, em que pese a cautela demonstrada pelo Ministério Público, não há necessidade de alvará judicial.

Em verdade, a averbação pretendida não interfere em competência do juízo de família, pois não importa reconhecimento de estado civil diferente daquele que já vem anotado na transcrição imobiliária.

Como se constata na certidão de fls. 21/22, o imóvel localizado na rua Bela Cintra, nº 2020, foi adquirido, em 1967, por **João Jamil Bennuth**, qualificado como casado, agricultor e residente naquele mesmo imóvel.

O que se busca, portanto, é apenas o detalhamento do registro, com a expressa identificação do cônjuge de João, que restou omitida.

Tal identificação é alcançada por meio da certidão de casamento de fl. 30, que comprova o casamento de **João Jamil Benutti com Mary Issa Issi,** registrado em 20 de dezembro de 1951, com averbação do falecimento do contraente em 21 de janeiro de 2002.

Resta apenas confirmar a perfeita identificação do proprietário tabular com o nubente indicado nessa certidão, o que também pode ser extraído dos documentos que instruem estes autos. Para tanto, basta notar que, na certidão de óbito de fl. 17, consta que **João Jamil Bennutti,** que faleceu em 21 de janeiro de 2002, deixando a viúva **Mary Issa Issi,** residia justamente naquele imóvel, localizado na rua Bela Cintra, nº 2020, Consolação.

Ou seja, embora a transcrição imobiliária traga pequena divergência na grafia do nome de família (Benuth / Benutti), é perfeitamente possível se afirmar, com segurança, que se trata da mesma pessoa.

Em resumo, João se casou com Mary em 1951, sendo que foram morar no imóvel localizado na rua Bela Cintra, nº 2020, o qual adquiriram em 1967, conforme transcrição nº 20.981 (fls. 21/22), e lá permaneceram até o falecimento de João.

Note-se que o casal informou, inclusive, referido endereço residencial no contrato firmado com a parte requerente, Santa Casa, do qual se originou a dívida que se busca executar.

Assim, a certidão atualizada do casamento de João com Mary deve ser considerada documento suficiente.

Quanto à qualificação de Mary, deve ser observado o que prescreve o item 61, Cap. XX, das NSCGJ, o qual, embora exija a informação do número de seu CPF e de seu RG, também admite, na falta de tais elementos, a indicação da filiação, encontrada na certidão de fl. 30.

Já quanto à correta descrição do imóvel, que deve ser aperfeiçoada por ocasião do descerramento de matrícula, o item 58.2, Cap. XX, das NSCGJ, ressalva que *"não será considerada irregular a abertura de matrícula que segue os dados existentes no registro anterior (matrícula por transporte)"*, sendo, portanto, dispensável, por ora, a retificação.

Por fim, o requerimento formulado pela parte interessada nesta via supre a exigência do artigo 246, §1º, da LRP, ao mesmo tempo em que a falta de requerimento dirigido ao Oficial afasta toda e qualquer hipótese de falha funcional.

Todavia, a falta de prenotação válida, que foi apontada pelo registrador na manifestação de fls. 41/42, é óbice intransponível, sendo necessária a apresentação do título original tanto nos casos de inconformismo com a recusa do Oficial em realizar atos de registro em sentido estrito (dúvida), como nos casos em que a recusa recai sobre atos de averbação (pedido de providência).

Incumbe à parte interessada reapresentar ao Oficial de Registro o original do título que pretende averbar, acompanhado de documentos e, se o caso, dar início a outro pedido de providências na hipótese de virem a ser formuladas exigências das quais discorda.

Nesse sentido foi a orientação da E. Corregedoria Geral de Justiça no Recurso Administrativo nº 1000098-60.2020.8.26.0068.

Diante do exposto, **JULGO IMPROCEDENTE** o pedido de providências formulado pela **Santa Casa da Misericórdia de São João Del Rei** em face do Oficial do 13º Registro de Imóveis da Capital.

Deste procedimento não decorrem custas, despesas processuais ou honorários advocatícios.

Oportunamente, ao arquivo com as cautelas de praxe.

P.R.I.C.

São Paulo, 03 de julho de 2021.

Luciana Carone Nucci Eugênio Mahuad

Juiz de Direito (DJe de 05.08.2021 – SP)

Ementa: Sentença – Pedido de Providências – Recebimento de Ofício determinando o cancelamento da penhora averbada –Averbação que já havia sido cancelada anteriormente em razão do registro de Carta de Alienação Particular – Questionamento pelo Oficial em relação a possibilidade do registro da Escritura de Compra e Venda – Ausência de manifestação por parte do Juízo Trabalhista para esclarecer se foi determinado o cancelamento da averbação da penhora ou da alienação do bem – Cessação da Prenotação – Sentença proferida, em relação a retirada da propriedade do bem da atual Alienante, que não produz mais efeitos – Inexistência de óbice – Autorização do ingresso registrário do título – Procedência

Processo 1088088-90.2020.8.26.0100

Pedido de Providências - Registro de Imóveis - 8º Oficial de Registro de Imóveis - Vânia Maria da Costa de Oliveira – Antonio Alves de Brito e s/m Carmen Maria Lopes de Brito e outro - Do exposto, julgo procedente o presente pedido de providências, autorizando o ingresso registrário do título objeto da prenotação n. 745.682. Não há custas, despesas processuais nem honorários advocatícios decorrentes deste procedimento. Oportunamente, arquivem-se os autos. P.R.I.C. - ADV: EDUARDO BRITO DE OLIVEIRA (OAB 353544/SP), DENIS BERENCHTEIN (OAB 256883/SP)

Íntegra da decisão:

SENTENÇA

Processo Digital nº: **1088088-90.2020.8.26.0100**

Classe - Assunto **Pedido de Providências - Registro de Imóveis**

Requerente: **8º Oficial de Registro de Imóveis**

Tipo Completo da Parte Passiva Principal << Informação indisponível >>:

Nome da Parte Passiva Principal << Informação indisponível >>

Juiz(a) de Direito: Dr(a). **Vivian Labruna Catapani**

Vistos.

Trata-se de **pedido de providências** formulado pelo **Oficial do 8º Registro de Imóveis da Capital,** no qual informa que, em 17.08.2020, foi recebido ofício da 2ª Vara do Trabalho de São Paulo, no qual se determinou o cancelamento da penhora (Av. 5) constante da matrícula 136.680 (prenotação n. 745.969). Ocorre que a averbação de tal penhora já havia sido cancelada anteriormente, em razão do registro de carta de alienação particular em favor de Vania Maria Costa de Oliveira, sendo que, no entender da serventia, aparentemente decidiu-se, em sede de embargos de terceiro, pelo cancelamento da referida alienação, por ter restado reconhecida a aquisição anterior do bem por César Augusto Palácio. Entretanto, em 28.08.2020, sem que houvesse esclarecimento da Vara do Trabalho acerca da questão, foi protocolada escritura de compra e venda por meio da qual Vania Marisa Costa de Oliveira vendeu o imóvel a Antonio Alves de Brito e Carmen Maria Lopes de Brito.

Questiona o Oficial Registrador, de modo a se preservar a segurança jurídica dos registros públicos e a boa-fé de terceiros, acerca da possibilidade de registro deste último título, objeto da prenotação n. 745.682, tendo em vista ainda não ter sido esclarecido pela 2a Vara do Trabalho se foi determinado o cancelamento da averbação da penhora ou da alienação do bem.

Às fls. 55/56, foi indeferido o bloqueio da matrícula do bem, determinando- se também a cessação da prenotação n. 745.969. Foi deliberada também a intimação dos terceiros interessados.

Citações positivas às fls. 78, 87 e 90 (por familiar do notificando).

Às fl. 79 e 81/82, Antonio Alves de Brito e Vania Maria informaram que foi declarada a nulidade da sentença proferida em sede de embargos de terceiro.

Não houve resposta do Juízo Trabalhista (fl. 92).

Parecer do Ministério Público às fls. 95/104 pela procedência do pedido.

É o relatório.

Fundamento e Decido.

O pedido merece acolhimento, pelas razões a seguir expostas.

Conforme decisão de fls. 55/56, já cessou a prenotação n. 745.969, por meio da qual havia sido determinado o cancelamento de averbação da penhora (Av. 5), em virtude de decisão proferida em sede de embargos de terceiro (fl. 5). Isso em face do não atendimento, dentro do prazo legal, da nota devolutiva (fls. 29/30) pelo Juízo Trabalhista.

Não obstante o Juízo trabalhista também não tenha se manifestado nos presentes autos, não obstante oficiado, de modo a esclarecer a real diretiva de sua determinação (se efetivamente cancelamento da AV. 5 de penhora ou da aquisição do R.7), tem-se que o título objeto de prenotação vigente é a escritura de compra e venda (prenotação n. 745.969).

Some-se a isso o fato de que a sentença proferida em sede de embargos de terceiro, que havia retirado a propriedade do bem de sua titular dominial, Vania Maria da Costa de Oliveira, e atual alienante do bem, deixou de produzir efeitos (fls. 84/86).

E não mais vigora a penhora incidente sobre o bem (Av. 5) desde a aquisição do bem por Vania (Av. 8).

Nesses termos, continuando Vania Maria da Costa de Oliveira como proprietária do bem, não há óbice registrário ao ingresso da escritura de compra e venda objeto da prenotação n. 745.682.

Do exposto, **julgo procedente** o presente pedido de providências, autorizando o ingresso registrário do título objeto da prenotação n. 745.682.

Não há custas, despesas processuais nem honorários advocatícios decorrentes deste procedimento. Oportunamente, arquivem-se os autos.

P.R.I.C.

São Paulo, 25 de maio de 2021.

Vivian Labruna Catapani

Juíza de Direito(DJe de 27.05.2021 – SP)

Ementa: Sentença – Pedido de Providências – Pedido de averbação de Penhora – Impossibilidade – Existência de bloqueio de qualquer negócio imobiliário na matrícula – Incompetência do presente juízo administrativo – Matéria reservada ao juízo que determinou a constrição – Art 214, § 4º, da LRP – Improcedência

Processo 1018265-92.2021.8.26.0100

Pedido de Providências - Notas - Condomínio Edifício Helvetia - Diante do exposto, julgo improcedente o pedido de providências formulado pelo Condomínio Edifício Helvetia em face da Oficial do 2º Registro de Imóveis da Capital. Deste procedimento não decorrem custas, despesas processuais e honorários advocatícios. Oportunamente remetam-se os autos ao arquivo. P.R.I.C. - ADV: VILIBALDO ARANTES PEREIRA DA LUZ (OAB 130652/SP)

Íntegra da decisão:

SENTENÇA

Processo Digital nº: **1018265-92.2021.8.26.0100**

Classe - Assunto **Pedido de Providências - Notas**

Suscitante: **2º Oficial de Registro de Imóveis da Capital**

Suscitado: **Condomínio Edificio Helvetia**

Juiz(a) de Direito: Dr(a). **Vivian Labruna Catapani**

Vistos.

Trata-se de **pedido de providências** formulado pelo **Oficial do 2º Registro de Imóveis da Capital** a requerimento de **Condomínio Edifício Helvetia**, que pretende a averbação de penhora na matrícula nº 46.105.

O Registrador atribui a qualificação negativa do título à existência de "bloqueio de qualquer negócio imobiliário" na matrícula, ordenado pelo MM. Juízo da 3ª Vara da Família e Sucessões da Capital, conforme mandado judicial datado de 19/05/2003. Informa que, por essa razão, aguarda decisão deste Juízo para proceder ou não o cancelamento respectivo, já que impede o ingresso da penhora.

O requerente, por sua vez, enfatiza que a averbação do bloqueio, da forma como posta, não alcança a penhora realizada, pois esta decorre de ação de execução para pagamento de dívida de condomínio (fls. 24/25).

O Ministério Público ofertou parecer à fl. 36, pela improcedência do pedido, com a manutenção do óbice.

É o relatório.

Passo a fundamentar e a decidir.

A existência de bloqueio da matrícula por determinação judicial gera constrição que visa impedir o ingresso de novo título no fólio real.

Nos termos do §4º do Art. 214 da Lei 6.015/73:

> *Art. 214(...)*
>
> *§4º - Bloqueada a matrícula, o oficial não poderá mais nela praticar qualquer ato, salvo com autorização judicial, permitindo-se, todavia, aos interessados a prenotação de seus títulos, que ficarão com o prazo prorrogado até a solução do bloqueio.*

A autorização a que se refere o dispositivo, todavia, não compete a este Juízo administrativo, cuja atribuição se restringe à apreciação de regularidade formal do título, em exame extrínseco, adstrito ao mesmo âmbito de análise do Registrador.

Partido dessa premissa, não há como ignorar a clara proibição contida no comando legal acerca da prática de novo ato.

Ainda que o gravame judicial venha denominado como "bloqueio de qualquer negócio imobiliário", o que, a primeira vista, não se estende à penhora resultante da execução de débito condominial, o pronunciamento sobre o alcance da medida, assim como eventual cancelamento, cabem ao Juízo do qual emanou a constrição. Isso porque somente o Juízo da 3ª Vara da Família e Sucessões da Capital pode conhecer dos fundamentos que sustentaram a decisão de bloqueio, sopesando o bem jurídico cautelarmente protegido.

Compactua-se, aqui, com o mesmo raciocínio já exarado em decisão da lavra da MM. Juíza Tânia Mara Ahualli, no Processo nº 1061501-31.2020.8.26.0100, desta Vara:

(...) não cabe a este juízo corregedor afastar o bloqueio para permitir ingresso de título diverso, cabendo ao juízo que determinou o entreve decidir quanto a possibilidade de sua flexibilização, até porque é aquele órgão jurisdicional que detém conhecimento sobre as razões do bloqueio e se eventual ingresso de título diverso seria contrário aos objetivos da constrição.

De igual modo, não cumpre a este Juízo determinar eventual ingresso da penhora a despeito da restrição existente. A natureza *propter rem* que embasa a dívida pode ser avaliada, em sede jurisdicional, exclusivamente pelo Juízo da 3ª Vara Cível da Capital, apto a proferir ordem judicial com essa motivação.

Diante do exposto, **julgo improcedente** o **pedido de providências** formulado pelo **Condomínio Edifício Helvetia** em face da **Oficial do 2º Registro de Imóveis da Capital**.

Deste procedimento não decorrem custas, despesas processuais e honorários advocatícios.

Oportunamente remetam-se os autos ao arquivo.

P.R.I.C.

São Paulo, 31 de março de 2021.

Vivian Labruna Catapani

Juiz de Direito (DJe de 06.04.2021 – SP)

PERMUTA

Ementa: Sentença – Dúvida – Pedido de registro de Escritura de Permuta – Negativa pela ausência de recolhimento do ITCMD – Esclarecimento pelo Oficial de que a permuta sem torna ou compensação caracteriza doação e hipótese de incidência de ITCMD – Imóveis que possuem valores venais de referência bastante distintos – Parte que recebeu imóvel com valor venal três vezes maior que o do imóvel que entregou no negócio – Responsabilidade solidária do Oficial no que tange a fiscalização do pagamento do imposto devido – Art 289, da LRP – Manutenção do óbice – Procedência

Processo 1109321-12.2021.8.26.0100

Dúvida - Registro de Imóveis - Giselle Gubernikoff - Diante do exposto, JULGO PROCEDENTE a dúvida suscitada pelo Oficial do 10º Registro de Imóveis da Capital, mantendo o óbice registrário. Providencie, a serventia judicial, a retificação do polo passivo. Deste procedimento não decorrem custas, despesas processuais ou honorários advocatícios. Oportunamente, ao arquivo com as cautelas de praxe. P.R.I.C. - ADV: SANDRO DANTAS CHIARADIA JACOB (OAB 236205/SP)

Íntegra da decisão:

SENTENÇA

Processo nº: **1109321-12.2021.8.26.0100**

Classe - Assunto **Dúvida - Registro de Imóveis**

Suscitante: **10º Oficial de Registro de Imóveis da capital**

Suscitado: **Giselle Gubernikoff**

Juiz(a) de Direito: Dr(a). **Luciana Carone Nucci Eugênio Mahuad**

Vistos.

Trata-se de dúvida suscitada pelo **Oficial do 10º Registro de Imóveis da Capital** a requerimento de **Dublu Participações Ltda.**, tendo em vista negativa em se proceder ao registro de escritura de permuta entre os imóveis objeto das matrículas n. 39.642 daquela serventia e n. 246.114 do 18º Registro de Imóveis da Capital.

Informa o Oficial que a negativa foi motivada pela ausência de recolhimento do ITCMD, uma vez que, apesar das partes contratantes atribuírem a ambos os imóveis o valor de R$250.000,00, eles possuem valores venais de referência bastante distintos (R$1.182.440,00 e R$3.294.900,00), de modo que a permuta sem torna ou compensação caracteriza doação e hipótese de incidência do ITCMD (acréscimo patrimonial não oneroso àquele que recebe o bem de maior valor). Documentos vieram às fls. 04/57.

Em manifestação dirigida ao Oficial (fls. 19/26), a parte suscitada defendeu que se trata de operação onerosa, geradora de ITBI, o qual foi devidamente recolhido.

Não houve impugnação, porém, nestes autos (fls. 58/60).

O Ministério Público opinou pela improcedência (fls. 64/66).

É o relatório.

Fundamento e decido.

Primeiramente, é necessária a retificação do cadastro deste feito: embora a senhora Giselle Gubernikoff tenha participado do negócio que se pretende registrar, o requerimento para suscitação da presente dúvida foi apresentado pela outra parte contratante, Dublu Participações Ltda, conforme as razões de inconformismo apresentadas às fls. 19/26, bem como procuração de fl. 59.

Portanto, o polo passivo deste procedimento deve ser corrigido para constar apenas a pessoa jurídica.

No mérito, a dúvida é procedente. Vejamos os motivos.

Verifica-se que, por meio da escritura copiada às fls. 27/30, as contratantes Dublu Participações Ltda. e Giselle Gubernikoff permutaram os imóveis objeto das matrículas n. 246.114 do 18ºRI e

n. 39.642 do 10ºRI, atribuindo a ambos o valor de duzentos e cinquenta mil reais, sem estipulação de torna ou qualquer tipo de compensação. Também consta da escritura que houve recolhimento do imposto de transmissão *inter-vivos* ao município de São Paulo (fls. 38/40).

Contudo, com razão o Oficial suscitante ao afirmar que a permuta sem torna ou compensação caracteriza doação em virtude do acréscimo patrimonial não oneroso àquele que recebe o bem de maior valor.

A questão já foi apreciada pelo E. Conselho Superior da Magistratura que firmou entendimento de que a permuta sem torna configura hipótese de incidência do ITCMD.

Nesse sentido:

> *"REGISTRO DE IMÓVEIS. Escritura pública de permuta de bens imóveis de valores venais distintos, sem torna. Acréscimo patrimonial de forma não onerosa a caracterizar doação. Ausência de comprovação de recolhimento de Imposto de Transmissão causa mortis - ITCMD. Dever do Oficial de velar pelo seu recolhimento, exigindo a apresentação das respectivas guias. Óbice mantido. Recurso desprovido"* **(TJSP; Apelação Cível 1007328-09.2020.8.26.0019; Relator(a): Ricardo Anafe (Corregedor Geral); Órgão Julgador: Conselho Superior de Magistratura; Foro de Americana - 1ª Vara Cível; Data do Julgamento: 25/02/2021; Data de Registro: 05/03/2021).**

> *"REGISTRO DE IMÓVEIS. Escritura pública de permuta de bens imóveis de valores venais distintos, sem torna. Acréscimo patrimonial de forma não onerosa a caracterizar doação. Ausência de comprovação de recolhimento de Imposto de Transmissão causa mortis - ITCMD.*
>
> *Dever do Oficial de velar pelo seu recolhimento, exigindo a apresentação das respectivas guias. Óbice mantido. Recurso desprovido"* **(TJSP; Apelação Cível 1007778-97.2020.8.26.0100; Relator(a): Ricardo Anafe (Corregedor Geral); Órgão Julgador: Conselho Superior de Magistratura; Foro Central Cível - 1ª Vara de Registros Públicos; Data do Julgamento: 05/06/2020; Data de Registro: 09/06/2020).**

No mesmo sentido também já se manifestou a 6ª Câmara de Direito Público (nosso destaque):

> *"DECADÊNCIA – ITCMD - Não ocorrência – Inteligência do art. 173, inc. I do CTN - Créditos tributários constituídos antes de decorrido o prazo decadencial – Preliminar prejudicial de mérito afastada. APELAÇÃO CÍVEL – AÇÃO ANULATÓRIA DE AUTO DE INFRAÇÃO – ITCMD – Alegação de que se firmou contrato de permuta sem torna a título oneroso, de forma a não incidir o imposto estadual – Inadmissibilidade - Autuação baseada nas informações prestadas na Declaração do Imposto de Renda Pessoa Física onde foram informadas as transferências de valores a título de doação – Admissibilidade - Doação, todavia, que ocorreu em valor menor ao apurado pela fiscalização – Doação relativa a diferença de valores (venais) entre os imóveis permutados - ITCMD que deve recair sobre esta diferença – Minoração do valor autuado que se impõe - Multa confiscatória – Não observada – Conversão do depósito em renda em favor da Fazenda – Possibilidade após o trânsito em julgado – R. sentença parcialmente reformada – Recursos da autora e da ré parcialmente providos"* **(TJSP; Apelação Cível 1003390-40.2016.8.26.0053; Relator(a): Silvia Meirelles; Órgão Julgador: 6ª Câmara de Direito Público; Foro Central – Fazenda Pública/Acidentes - 1ª Vara de Fazenda Pública; Data do Julgamento: 27/05/2019; Data de Registro: 31/05/2019).**

Para a devida harmonização do recente precedente indicado pela parte suscitada, deve-se observar que aquele caso específico envolveu torna considerável, como registrado na própria ementa:

> *"REGISTRO DE IMÓVEIS – Escritura pública de permuta de bens imóveis com valores distintos e torna – Negócio jurídico oneroso – ITBI recolhido – Inexistência de fato gerador do ITCMD – Exigência de comprovação do pagamento do imposto estadual afastada – Recurso provido para julgar improcedente a dúvida determinando o registro do título"* **(TJSP; Apelação Cível 1099753-06.2020.8.26.0100; Relator (a): Ricardo Anafe (Corregedor Geral); Órgão Julgador: Conselho Superior de Magistratura; Foro Central Cível - 1ª Vara de Registros Públicos; Data do Julgamento: 26/08/2021; Data de Registro: 15/09/2021).**

Ao analisar referido acórdão, constata-se que o caso envolveu a permuta entre um imóvel cujo valor venal era de R$1.552.647,00 por outro com valor venal de R$307.433,00. Ao primeiro, foi atribuído o valor de R$660.000,00 e, ao segundo, o valor de R$360.000,00, com torna de R$300.000,00. Essa contraprestação pecuniária é que caracterizou a onerosidade do negócio.

Entretanto, na permuta ora analisada não houve contraprestação pecuniária, o que consubstancia acréscimo patrimonial não oneroso à parte suscitada, que recebeu imóvel com valor venal três vezes maior que o do imóvel que entregou no negócio (fls. 54/55).

Para os registradores, como se sabe, vigora ordem de controle rigoroso do recolhimento do imposto por ocasião do registro do título, sob pena de responsabilidade pessoal (art. 289 da Lei n. 6.015/73; art.134, VI, do CTN e art. 30, XI, da Lei 8.935/1994).

É certo que a orientação do Egrégio Conselho Superior da Magistratura acerca desta matéria é no sentido de que a fiscalização devida não vai além da aferição sobre a existência ou não do recolhimento do tributo e não se houve pagamento correto, sendo tal atribuição exclusiva do ente fiscal.

Contudo, ressalva-se a hipótese de flagrante irregularidade ou irrazoabilidade do cálculo.

Em que pese a alegação de recolhimento do ITBI, o tributo exigível é outro, o que configura flagrante irregularidade, tornando necessária fiscalização do recolhimento correto à vista da obrigação legal destacada acima.

Diante do exposto, **JULGO PROCEDENTE** a dúvida suscitada pelo Oficial do 10º Registro de Imóveis da Capital, mantendo o óbice registrário. **Providencie, a serventia judicial, a retificação do polo passivo.**

Deste procedimento não decorrem custas, despesas processuais ou honorários advocatícios.

Oportunamente, ao arquivo com as cautelas de praxe.

P.R.I.C.

São Paulo, 19 de novembro de 2021. (DJe de 24.11.2021 – SP)

PRENOTAÇÕES DISTINTAS

Ementa: Sentença – Dúvida – Negativa em se proceder ao ingresso de dois títulos objeto de prenotações distintas – Títulos que se referem a Instrumento Particular de Compromisso de Compra e Venda e Termo de Penhora e Depósito – Devolução motivada pela ausência de formalização solene do Compromisso de Compra e Venda, bem como por violação ao Princípio da Continuidade – Imprescindibilidade de lavratura de Escritura Pública – Art 108 do CC – Títulos Judiciais não estão isentos de qualificação registrária – Objeto da penhora que não é o imóvel em si, mas os direitos que a executada possui sobre o bem – Necessidade do registro prévio do título anterior por meio do qual a devedora adquiriu os direitos sobre o imóvel – Arts 195 e 237 da LRP – Manutenção dos óbices – Procedência

Processo 1108217-82.2021.8.26.0100

Dúvida - Registro de Imóveis - Heiko Tujimoto Yamada - Diante do exposto, JULGO PROCEDENTE a dúvida suscitada e, em consequência, mantenho os óbices. Deste procedimento não decorrem custas, despesas processuais ou honorários advocatícios. Oportunamente, ao arquivo com as cautelas de praxe. P.R.I.C. - ADV: BRUNO GODINHO BUCHA DOS SANTOS (OAB 353493/SP)

Íntegra da decisão:

SENTENÇA

Processo Digital nº: **1108217-82.2021.8.26.0100**

Classe - Assunto **Dúvida - Registro de Imóveis**

Suscitante: **18º Oficial de Registro de Imóveis da Capital**

Requerido: **Heiko Tujimoto Yamada**

Juiz(a) de Direito: Dr(a). **Luciana Carone Nucci Eugênio Mahuad**

Vistos.

Trata-se de dúvida suscitada pelo **Oficial do 18º Registro de Imóveis da Capital** a requerimento de **Cláudia Akemi Yamada**, inventariante do espólio de Heiko Tujimoto Yamada, tendo em vista negativa em se proceder ao ingresso de dois títulos objeto de prenotações distintas (n. 820.596 e 820.598).

O primeiro é um instrumento particular de compromisso de compra e venda datado de julho de 2017, por meio do qual a executada Silvania Correia de Santana adquiriu direitos sobre o imóvel de matrícula n. 183.363 daquela serventia.

O segundo título é um termo de penhora e depósito datado de março de 2021 (penhora dos direitos da executada Silvania sobre o imóvel em questão).

A devolução dos títulos foi motivada pela ausência de formalização solene do compromisso de compra e venda, bem como por violação ao princípio da continuidade, uma vez que o imóvel a ser penhorado não é da titularidade da executada.

Documentos vieram às fls. 08/30.

A parte suscitada manifestou-se às fls. 32/40, aduzindo que, ao negar o ingresso dos títulos, o Oficial descumpriu ordem judicial, sendo que o contrato firmado pela devedora Silvania é válido e deve ser considerado compromisso de compra e venda com permuta.

O Ministério Público opinou pela procedência, com manutenção dos óbices (fls. 43/46).

É o relatório.

Fundamento e decido.

De início, vale observar que as prenotações levariam a atos distintos se a qualificação tivesse sido positiva.

O instrumento particular, porque translativo de propriedade, seria registrado. Já o termo de penhora, averbado (CGJSP, Processo de autos n. 1000592-83.2021).

A dúvida, porém, se destina apenas ao questionamento de qualificação negativa de título destinado a registro. Já o pedido de providências acolhe a insurgência contra oposição à prática de qualquer outro ato registral, como averbação, cancelamento ou abertura de matrícula.

Por economia processual e porque a averbação do termo de penhora seria mero ato consequente ao registro do instrumento apresentado, julgamento conjunto será proferido nestes autos.

No mérito, a dúvida é procedente. Vejamos os motivos.

No que diz respeito ao instrumento particular de fls. 22/25, não se pode possibilitar acesso ao fólio real pela ausência de formalidade essencial que é a escritura pública exigida pelo artigo 108 do Código Civil.

Note-se que não é questão de validade do negócio jurídico firmado entre os proprietários tabulares e a devedora, mas de sua admissibilidade ao fólio real, o que não é possível justamente por ausência de previsão legal para registro de promessa de permuta veiculada por instrumento particular.

O rol do artigo 167, inciso I, da LRP, como se sabe, é taxativo.

Vale observar que, embora rotulado de "Instrumento Particular de

Compromisso de Venda e Compra", o título consubstancia promessa de permuta**[1]** por meio da qual Silvania alienou, pelo valor de trezentos e sessenta e cinco mil reais, outro imóvel para Gilberto e Sirlei, recebendo como maior parte do pagamento o imóvel da matrícula n. 183.363, ao qual atribuíram o valor de duzentos e cinquenta mil reais.

Nesse sentido, a jurisprudência mencionada pelo Ministério Público, com nossos destaques:

> *"REGISTRO DE IMÓVEIS – Dúvida – Promessa de permuta – Impossibilidade de registro, à míngua de previsão no rol do art. 167, I, da Lei 6.015/73, que é taxativo – Direito de superfície veiculado em contrato particular – Impossibilidade de registro, pela necessidade da forma pública, nos moldes dos artigos 1369 do Código Civil e 21 da Lei 10.257/01 – Dúvida procedente – Recurso improvido" (CSMSP - Acórdão: 1099413-38.2015.8.26.0100, São Paulo; Data de Julgamento: 06/10/2016; Data DJ: 07/11/2016; Relator: Manoel de Queiroz Pereira Calças).*

E, ainda:

"Registro de imóveis – Dúvida – Instrumento particular de promessa de permuta de imóveis – Título com natureza jurídica diversa da denominação que lhe foi dada – Verdadeiro contrato de compromisso de compra e venda – Rótulo do contrato que não pode servir de óbice ao seu registro quando seu conteúdo está de acordo com os princípios registrais – recusa afastada, com observação" (CSMSP – Apelação nº 9000002-48.2013.8.26.0101, rel. Des. Hamilton Elliot Akel, 26/08/2014).

Quanto ao segundo ato pretendido, averbação do termo de penhora, vale destacar que os títulos judiciais não estão isentos de qualificação, positiva ou negativa, para ingresso no fólio real.

O Egrégio Conselho Superior da Magistratura já decidiu que a qualificação negativa de título judicial não caracteriza desobediência ou descumprimento de decisão judicial (Apelação Cível n. 413-6/7).

Neste sentido, também a Ap. Cível nº 464-6/9, de São José do Rio Preto:

> *"Apesar de se tratar de título judicial, está ele sujeito à qualificação registrária. O fato de tratar-se o título de mandado judicial não o torna imune à qualificação registrária, sob o estrito ângulo da regularidade formal. O exame da legalidade não promove incursão sobre o mérito da decisão judicial, mas à apreciação das formalidades extrínsecas da ordem e à conexão de seus dados com o registro e a sua formalização instrumental".*

E, ainda:

> *"REGISTRO PÚBLICO - ATUAÇÃO DO TITULAR - CARTA DE ADJUDICAÇÃO - DÚVIDA LEVANTADA - CRIME DE DESOBEDIÊNCIA - IMPROPRIEDADE MANIFESTA. O cumprimento do dever imposto pela Lei de Registros Públicos, cogitando-se de deficiência de carta de adjudicação e levantando-se dúvida perante o juízo de direito da vara competente, longe fica de configurar ato passível de enquadramento no artigo 330 do Código Penal - crime de desobediência - pouco importando o acolhimento, sob o ângulo judicial, do que suscitado"* **(STF, HC 85911 / MG - MINAS GERAIS, Relator: Min. MARCO AURÉLIO, j. 25/10/2005, Primeira Turma).**

Sendo assim, não há dúvidas de que a origem judicial não basta para garantir ingresso automático dos títulos no fólio real, cabendo ao oficial qualificá-los conforme os princípios que regem a atividade registral.

No caso, verifica-se violação ao princípio da continuidade (artigos 195 e 237 da Lei de Registros Públicos – LRP), o qual preza pelo perfeito encadeamento entre as informações inscritas e as que se pretendem inscrever, uma vez que não há exata correspondência entre os titulares dominiais, fls. 08/11, e a executada constante do termo de penhora apresentado à fl. 26.

Ressalte-se que o objeto da penhora não é o imóvel em si, mas **os direitos** que a executada possui sobre o bem.

Assim, como condição para averbação do gravame, necessário o registro prévio do título anterior por meio do qual a devedora adquiriu direitos sobre o imóvel, conforme artigos 195 e 237 da LRP, o que não será possível à visa do fundamentado acima.

Como se vê, sob qualquer aspecto, mostra-se acertada a qualificação negativa dos títulos apresentados.

Diante do exposto, **JULGO PROCEDENTE** a dúvida suscitada e, em consequência, mantenho os óbices.

Deste procedimento não decorrem custas, despesas processuais ou honorários advocatícios.

Oportunamente, ao arquivo com as cautelas de praxe.

P.R.I.C.

São Paulo, 22 de outubro de 2021.

Luciana Carone Nucci Eugênio Mahuad

Juiz de Direito

Notas:

[1] A Doutrina reconhece como permuta o negócio em que a prestação principal diga respeito à coisa entregue em pagamento, ainda que haja complemento em dinheiro. Ou seja, estaremos diante de compra e venda apenas na hipótese em que o pagamento feito em dinheiro seja em valor superior ao da coisa entregue em complemento (GOMES, Orlando. Contratos, 26ª edição, Rio de Janeiro: editora Forense, 2009, p. 274/275). (DJe de 27.10.2021 – SP)

Ementa: Sentença – Dúvida – Negativa de registro de dois títulos objeto de prenotações distintas – Devolução dos títulos por existência de averbações anteriores de ordem de penhora e de indisponibilidade de bens – Títulos Judiciais não estão Isentos de qualificação registrária – Impossibilidade do registro da alienação – Ordem de indisponibilidade que não foi desconstituída pelo juízo que a determinou – Incompetência do juízo administrativo para revisão de decisões judiciais – Manutenção do óbice – Procedência

Processo 1094049-75.2021.8.26.0100

Dúvida - Registro de Imóveis - Luci Tsumura - Diante do exposto, JULGO PROCEDENTE a dúvida suscitada e, em consequência, mantenho o óbice. Deste procedimento não decorrem custas, despesas processuais ou honorários advocatícios. Oportunamente, ao arquivo com as cautelas de praxe. P.R.I.C. - ADV: CHARLES DOS SANTOS VARELO (OAB 358684/SP)

Íntegra da decisão:

SENTENÇA

Processo Digital nº: **1094049-75.2021.8.26.0100**

Classe - Assunto **Dúvida - Registro de Imóveis**

Suscitante: **2º Oficial de Registro de Imóveis da Capital**

Suscitado: **Luci Tsumura**

Juiz(a) de Direito: Dr(a). **Luciana Carone Nucci Eugênio Mahuad**

Vistos.

Trata-se de dúvida suscitada pelo **Oficial do 2º Registro de Imóveis da Capital** a requerimento de Luci Tsumura, tendo em vista negativa em se proceder ao registro de dois títulos objeto de prenotações distintas (n.489.014 e 489.013).

O primeiro é uma carta de sentença datada de agosto de 2012, a qual homologou acordo em ação de divórcio, com partilha do imóvel da matrícula n. 52.240 em duas partes iguais, cabendo metade para a parte suscitada e a outra metade para seu ex-marido, Herbert Kazutoshi.

O segundo título é uma carta de adjudicação extraída de execução de alimentos movida por Thais Tsumura e Henrique Kahee Tsumura, filhos da suscitada, com trânsito em julgado datado de 27 de abril de 2021, por meio da qual a metade ideal pertencente ao executado Herbert foi transmitida para os exequentes.

A devolução dos títulos foi motivada pela existência de averbações anteriores de ordem de penhora e de ordem de indisponibilidade dos bens de Herbert (Justiça do Trabalho).

Documentos vieram às fls. 05/108.

A parte suscitada manifestou-se às fls. 109/110, aduzindo que obteve autorização para levantamento da penhora em embargos de terceiro, com sentença de procedência transitada em julgado em 09 de fevereiro de 2021 (autos n. 0010743-23.2020.5.15.0100 - fls. 111/116).

Quanto à ordem de indisponibilidade, alega que se trata de medida cautelar genérica para evitar a disposição voluntária, pelo executado, de todos os seus bens, o que não se aplica à carta de adjudicação, a qual instrumentaliza expropriação compulsória de bem específico.

O Ministério Público opinou pela procedência, mantendo-se o óbice (fls. 119/121).

É o relatório.

Fundamento e decido.

No mérito, a dúvida é procedente. Vejamos os motivos.

De início, vale destacar que os títulos judiciais não estão isentos de qualificação, positiva ou negativa, para ingresso no fólio real.

O Egrégio Conselho Superior da Magistratura já decidiu que a qualificação negativa de título judicial não caracteriza desobediência ou descumprimento de decisão judicial (Apelação Cível n. 413-6/7).

Neste sentido, também a Ap. Cível nº 464-6/9, de São José do Rio Preto:

"Apesar de se tratar de título judicial, está ele sujeito à qualificação registrária.

O fato de tratar-se o título de mandado judicial não o torna imune à qualificação registrária, sob o estrito ângulo da regularidade formal. O exame da legalidade não promove incursão sobre o mérito da decisão judicial, mas à apreciação das formalidades extrínsecas da ordem e à conexão de seus dados com o registro e a sua formalização instrumental".

E, ainda:

"REGISTRO PÚBLICO - ATUAÇÃO DO TITULAR - CARTA DE ADJUDICAÇÃO - DÚVIDA LEVANTADA - CRIME DE DESOBEDIÊNCIA - IMPROPRIEDADE MANIFESTA. O cumprimento do dever imposto pela Lei de Registros Públicos, cogitando-se de deficiência de carta de adjudicação e levantando-se dúvida perante o juízo de direito da vara competente, longe fica de configurar ato passível de enquadramento no artigo 330 do Código Penal - crime de desobediência - pouco importando o acolhimento, sob o ângulo judicial, do que suscitado" **(STF, HC 85911 / MG - MINAS GERAIS, Relator: Min. MARCO AURÉLIO, j. 25/10/2005, Primeira Turma)**.

Sendo assim, não há dúvidas de que a origem judicial não basta para garantir ingresso automático dos títulos no fólio real, cabendo ao oficial qualificá-los conforme os princípios que regem a atividade registral.

Embora a penhora anteriormente averbada na matrícula já tenha sido desconstituída pelo juízo que a determinou (Av.12/52.240 – fls. 107 e 111/116), o mesmo não ocorreu com a ordem de indisponibilidade objeto da averbação n. 13 (fl. 108)

Em relação à matéria, o item 413 do Cap. XX das Normas de Serviço da Corregedoria Geral da Justiça assim dispõe (com nossos destaques):

"As indisponibilidades averbadas nos termos do Provimento CG. 13/2012 e CNJ nº 39/2014 e na forma do § 1º, do art. 53, da Lei nº 8.212, de 24 de julho de 1991, não impedem a inscrição de constrições judiciais, assim como ***não impedem o registro da alienação judicial*** *do imóvel desde que a* ***alienação seja oriunda do juízo que determinou a indisponibilidade, ou a que distribuído o inquérito civil público e a posterior ação desse decorrente, ou que consignado no título judicial a prevalência da alienação judicial em relação à restrição oriunda de outro juízo ou autoridade administrativa*** *a que foi dada ciência da execução".*

Neste caso, porém, não se verifica qualquer dos requisitos autorizadores do registro da alienação, já que a ordem de indisponibilidade é proveniente da Justiça do Trabalho e a adjudicação foi determinada pela 9ª Vara da Família e Sucessões da Capital (juízos distintos), **sem consignação sobre a prevalência da alienação judicial** em relação à restrição averbada (fl. 86).

Assim, existindo ordem judicial de indisponibilidade de bens e direitos, a alienação não pode ser levada a registro, não cabendo, neste âmbito, qualquer juízo de valor sobre a medida restritiva, a qual deve ser debatida nos autos em que determinada.

A via administrativa, como se sabe, não se presta a rever decisões proferidas em sede judicial.

Note-se que o questionamento não é novo e já foi objeto de análise tanto pela E. Corregedoria Geral de Justiça quanto pelo E. Conselho Superior da Magistratura.

Nesse sentido, também com nossos destaques:

"Registro de imóveis. Decisões da Justiça Federal que decretaram a indisponibilidade e a penhora parcial de bens imóveis. Pedido de cancelamento/ retificação formulado por credor fiduciário objetivando resguardar seus direitos. Indeferimento. ***Via administrativa que não se presta a rever decisões de cunho jurisdicional. Pedido que deve ser analisado pelo juízo que proferiu as ordens recurso não provido****" (CGJ - recurso administrativo nº 1012434-82.2015.8.26.0037, Parecer n. 119/2016-E, Rel. Carlos Henrique André Lisboa - Juiz Assessor da Corregedoria, j. 02.06.2016).*

"REGISTRO DE IMÓVEIS - Dúvida inversa julgada improcedente - Escritura de Venda e Compra e Cessão - Questionamento parcial das exigências formuladas

pelo Registrador - Circunstância que torna prejudicado o julgamento da dúvida - Pertinência do óbice apresentado - ***Impossibilidade de ingresso do título em razão de indisponibilidade determinada por Juiz Federal - Recurso não conhecido****" (CSM-SP, Apelação Cível 0043598-78.2012.8.26.0100, Rel. José Renato Nalini, j. 26/09/13).*

Diante do exposto, **JULGO PROCEDENTE** a dúvida suscitada e, em consequência, mantenho o óbice.

Deste procedimento não decorrem custas, despesas processuais ou honorários advocatícios.

Oportunamente, ao arquivo com as cautelas de praxe.

P.R.I.C.

São Paulo, 05 de setembro de 2021.

Luciana Carone Nucci Eugênio Mahuad

Juiz de Direito (DJe de 07.10.2021 – SP)

PROCURAÇÃO

Ementa: Sentença – Pedido de Providências – Pedido de lavratura de Escritura Pública com fulcro em certidão de Procuração Pública com prazo de validade extinto – Impossibilidade – Procurações emitidas no ano de 2019 – Negativa em razão da extinção do prazo de validade da certidão – Alegação pelas Requerentes de que por conta da pandemia do COVID-19 não puderam comparecer, à época, na Unidade Extrajudicial para a lavratura da Escritura Pública – Ausência de preenchimento dos requisitos impostos pelas NSCGJ – Item 42, "c", do Capítulo XVI, das NSCGJ – Indeferimento do pedido – Ciência aos Tabeliães – Improcedência

Processo 1108174-48.2021.8.26.0100

Pedido de Providências - Registro de Imóveis - K.H.C. – S.V.R.Z. - Juiz(a) de Direito: Dr(a). Marcelo Benacchio VISTOS, Cuida-se de ação cautelar, recebida neste Juízo administrativo como pedido de providências, formulado por K. H. C. E S. V. R. Z., que requerem que esta Corregedoria Permanente determine a lavratura de Escritura Pública com fulcro em certidão de Procuração Pública com prazo de validade extinto. Os autos foram instruídos com a documentação de fls. 05/45. O Senhor 21º Tabelião de Notas desta Capital prestou esclarecimentos às fls. 52/54. O Senhor 26º Tabelião de Notas da Capital manifestou-se às fls. 26. A parte autora veio aos autos para reiterar os termos de seu pedido inicial (fls. 56/57). O Ministério Público ofertou parecer, opinando pelo indeferimento do pedido (fls. 60/61). É o relatório. Decido. Trata-se de pedido de providências, formulado por K. H. C. E S. V. R. Z., que requerem que esta Corregedoria Permanente determine aos Senhores 21º e 26º Tabeliães de Nota da Capital que procedam à lavratura de Escritura Pública com fulcro em certidão de Procuração Pública com prazo de validade extinto. Primeiramente, cabe indicar que a matéria aqui ventilada é objeto de apreciação no limitado campo de atribuição desta Corregedoria Permanente, que desempenha, dentre outras atividades, a verificação do cumprimento dos deveres e obrigações dos titulares e interinos de delegações afeta à Corregedoria Permanente desta 2ª Vara de Registros Públicos da Capital. Logo, refoge do âmbito de atribuições administrativas do exercício desta Corregedoria Permanente da Comarca da Capital a concessão de liminares ou medidas cautelares, conforme consignado inicialmente às fls. 49, típicas da atividade jurisdicional. Feitos tais esclarecimentos, passo a análise do mérito da questão administrativa. Consta dos autos que S. V. R. Z. celebrou contrato particular de compra e venda com K. H. C., referente a imóvel localizado na circunscrição do 6º Registro de Imóveis desta Capital, em 1º de novembro de 2018. O negócio foi levado a termo, sendo o valor total devidamente quitado em setembro de 2019. Para que a vendedora cumprisse o compromisso, seus herdeiros lhe outorgaram procurações públicas, expedidas por missões diplomáticas no Panamá, Costa Rica e Venezuela, para que procedesse à outorga da devida Escritura à parte compradora. As procurações foram emitidas em agosto de 2019 (fls. 20/24). Alegam as requerentes que por conta da pandemia do COVID-19 não puderam, à época, comparecer ao cartório extrajudicial para lavrarem a Escritura Pública e, desse modo, os translados perderam a validade para o fim pretendido. Todavia, insurgemse contra o fato de que a Procuração Pública expedida pelo Consulado-Geral do Brasil em Caracas, Venezuela, não pode ser reexpedida, uma vez que a repartição encerrou as atividades naquele país e, por conseguinte, requerem que este Juízo autorize a prorrogação da validade do ato e determine a lavratura da Compra e Venda, com o instrumento expedido em 2019. Os Senhores 21º e 26º Tabeliães deduziram que não podem lavrar o ato requerido, haja vista a extinção do prazo de validade da certidão, que não pode exceder a 90 (noventa) dias, segundo as Normas de Serviço da E. Corregedoria Geral da Justiça. A parte requerente, após os esclarecimentos prestados pelos Notários, limitou-se a reiterar os termos de seu pedido inicial. A seu turno, o d. Promotor de Justiça apontou a correção da negativa aposta pelos Delegatários, com fulcro nas Normas de Serviço. Outrossim, destacou que, pese embora o fechamento da Missão Diplomática na Venezuela, o país dispõe de notariado latino, de modo que o instrumento de mandato pode ser normalmente lavrado naquele país, encerrando-se a pendência ora analisada. Pois bem. Verifica-se dos autos que os requisitos impostos pelas Normas de Serviço da E. Corregedoria Geral da Justiça, conforme bem apontado pelos Senhores Notários, não foram preenchidos, uma vez que as certidões de procuração exibidas já excederam, em muito, seu prazo de validade. O item 42, "c", do Cap. XVI, das NSCGJ é claro em sua redação, ao referir o prazo de validade do mandato: 42. O Tabelião de Notas, antes da lavratura de quaisquer atos, deve: c) conferir as procurações para verificar se obedecem à forma exigida, se contêm poderes de representação para a prática do ato notarial e se as qualificações das partes coincidem com as do ato a ser lavrado, observando o devido sinal público e o prazo de validade da certidão, que não poderá exceder a 90 dias; Dessa forma, o pedido inicial, para prorrogação do prazo ou determinação da lavratura da Escritura Pública, não merece acolhida. As NSCGJ são claras ao consignar o prazo de validade do ato, em atuação que visa a garantir a segurança jurídica o negócio pactuado. Destaco que as exigências não são extraordinárias e não pretendem ignorar as diferenças de ordenamentos jurídicos entre o país estrangeiro e a terra pátria, tampouco a situação fática descrita pelas representantes. Entretanto, a solução da questão, conforme bem apontado pelo n. Promotor de Justiça, é simples e está ao alcance dos interessados. Isto posto e por tudo mais que consta nos autos, nos termos do parecer do Ministério Público, indefiro o pedido inicial para a lavratura da Escritura Pública, haja vista que não preenchidos os requisitos autorizadores do ato. Regularizada a situação pela parte requerente, poderá novo pedido ser deduzido diretamente perante qualquer cartório de notas. Ciência aos Senhores Tabeliães e ao Ministério Público. Oportunamente, arquivem-se os autos, com as cautelas de praxe. P.I.C. - ADV: IVETE SANTANA DE DEUS (OAB 109530/SP) (DJe de 12.11.2021 – SP)

Ementa: Sentença – Pedido de Providências – Insurgência contra recusa de Procuração Particular, autenticada e apostilada, realizada em Portugal para instrução de Escritura Pública de Inventário e Partilha – Esclarecimento pelo Oficial de que a normativa legal que recobre a matéria impede a aceitação de Procuração Particular – Impossibilidade de conferência de poderes à outrem por meio de Procuração Particular –Imprescindibilidade de que a representação seja por meio de Procuração Pública para a lavratura de Escritura Pública – Inexistência de falha funcional – Manutenção do óbice – Ciência ao Titular – Improcedência

Processo 0019715-87.2021.8.26.0100

Pedido de Providências - 2ª Vara de Registros Públicos - VISTOS, Trata-se de pedido de providências instaurado a partir de comunicação encaminhada pela E. Corregedoria Geral da Justiça, do interesse do Senhor R. F. C., que se insurge contra recusa pelo Senhor Oficial do Registro Civil das Pessoas Naturais e Tabelião de Notas de Subdistrito desta Capital, de Procuração Particular, autenticada, realizada em Portugal, para instrução de Escritura Pública de Inventário e Partilha. O Senhor Titular prestou esclarecimentos (fls. 11/26). Instado a se manifestar, o Senhor Representante quedou-se inerte (fls. 28). O Ministério Público ofertou parecer opinando pelo arquivamento do feito, ante a inexistência de indícios de falha na prestação do serviço por parte da serventia correicionada (fls. 32/34). É o breve relatório. Decido. Cuidam os autos de representação formulada pelo Senhor R. F. C. em face do Senhor Oficial do Registro Civil das Pessoas Naturais e Tabelião de Notas de Subdistrito desta Capital. Narrou o Senhor Representante que a serventia recusou Procuração realizada em Portugal, autenticada e apostilada, para instrução de Escritura Pública de Inventário e Partilha. A seu turno, o Senhor Titular veio aos autos para esclarecer que a normativa legal que recobre a matéria lavratura de Escritura Pública impede a aceitação da Procuração Particular. Nesse sentido, referiu que a citada procuração, a despeito do indicado pela parte, não se cuida de instrumento público, revestido das solenidades normativas, mas sim de instrumento particular autenticado, conforme certificado pelo próprio advogado que chancelou o termo. Pois bem. Pese embora compreensível a insurgência apresentada pelo Representante, verifico que assiste razão ao Senhor Oficial e Tabelião de Notas. Explico. O Artigo 9º da Lei de Introdução às Normas do Direito Brasileiro consagra a regra locus regit actum, aplicando-se à obrigação as leis do local na qual ela foi constituída. No entanto, o parágrafo primeiro do referido artigo traz clara exceção à norma geral. Assim, o §1º indica que, destinado o ato estrangeiro a produzir efeitos em território nacional (o que é o caso da referida procuração), e sendo esses efeitos dependentes de forma estabelecida por lei nacional (Escritura Pública), esta deve ser observada, admitindo-se eventuais peculiaridades da lei estrangeira quanto a requisitos extrínsecos do ato. Nessa senda, o artigo 982, caput, do Código Civil estabelece que o Inventário pode ser feito na via judicial, como praxe, e também na via extrajudicial, por meio de Escritura Pública. In verbis: Art. 982. Havendo testamento ou interessado incapaz, proceder-se-á ao inventário judicial; se todos forem capazes e concordes, poderá fazer-se o inventário e a partilha por escritura pública, a qual constituirá título hábil para o registro imobiliário. Combinando-se o anterior item à intelecção do artigo 657, do mesmo diploma legal, que refere que a "outorga do mandato está sujeita à forma exigida por lei para o ato a ser praticado (...)", depreende-se, então, a obrigatoriedade da representação por meio de Procuração Pública para a lavratura da Escritura

Pública pretendida pelas partes interessadas. Com efeito, é a procuração pública o instrumento hábil a produzir os corretos e desejados efeitos no tocante à representação para a lavratura do ato que as partes desejam pactuar. Assim, os outorgantes não podem conferir poderes à outrem, para a realização do Inventário Extrajudicial pretendido, por meio de procuração particular, sob pena de invalidade do ato praticado e, portanto, acertada a recusa levantada pela serventia extrajudicial. Ainda, noutro turno, sabidamente, é função precípua do Tabelião garantir a plena mediação entre as partes e conferência de segurança jurídica a negócios realizados. Não diferente é o disposto nas Normas de Serviço da E. Corregedoria Geral da Justiça, em seu Capítulo XVI, acerca da atividade notarial: 1. O Tabelião de Notas, profissional do direito dotado de fé pública, exercerá a atividade notarial que lhe foi delegada com a finalidade de garantir a eficácia da lei, a segurança jurídica e a prevenção de litígios. 1.1. Na atividade dirigida à consecução do ato notarial, atua na condição de assessor jurídico das partes, orientado pelos princípios e regras de direito, pela prudência e pelo acautelamento. Nesse sentido, igualmente acertada a recusa à Procuração Particular, que macularia o ato com grave vício de formação. No mais, cabe deduzir que, acaso a procuração estrangeira, tal qual efetuada, se revista de caráter de ato público, o Senhor Representante, que invoca tal eficiência, é o responsável por lhe dar comprovação, por analogia ao artigo 14, da LINDB, o que não foi feito. Finalmente, é de conhecimento público que Portugal dispõe de Notariado nos moldes Latino, sendo plenamente possível a lavratura de Procuração Pública frente a Notário. Por conseguinte, reputo satisfatórias as explicações ofertadas pelo Senhor Oficial e Tabelião, que fundamentou suficientemente a recusa, não vislumbrando responsabilidade funcional apta a ensejar a instauração de procedimento administrativo, no âmbito disciplinar. Ante a todo o exposto, mantenho o óbice apontado pelo Senhor Delegatário, devendo ser apresentada Procuração Pública para a realização do ato pretendido. Ciência ao Senhor Titular, ao Ministério Público e ao Representante, por email. Não menos importante, determino à z. Serventia Judicial que publique a presente decisão no DJE, uma vez que os fatos aqui relatados são de interesse da sociedade e as observações ora deduzidas contribuirão para a higidez do serviço público como um todo, resultando, como fim maior, no pleno atendimento do cidadão. Encaminhe-se cópia desta r. Sentença, bem como de fls. 11/26, 28 e 32/34, à E. Corregedoria Geral da Justiça, por e-mail, servindo a presente como ofício. Oportunamente, arquivem-se os autos. P.I.C. (DJe de 23.08.2021 – SP)

Ementa: Sentença – Pedido de Providências – Pedido de certidão em inteiro teor – Alegação pela Requerente de que a Serventia informou que o pedido deveria ser deduzido presencialmente pelo próprio interessado, não sendo aceitas procurações públicas – Esclarecimento pela Titular de que a informação passada na verdade foi de rejeição de procuração pública sem poderes específicos – Itens 477 e seguintes, do Capítulo XVII, das NSCGJ – Exigência em conformidade com as NSCGJ – Ausência de conduta irregular – Arquivamento do feito – Ciência ao Titular – Improcedência

Processo 0017434-61.2021.8.26.0100

Pedido de Providências - 2ª Vara de Registros Públicos - VISTOS, Trata-se de representação encaminhada por meio da E. Corregedoria Geral da Justiça, do interesse da Senhora N. A. K., em face do Senhor Oficial do Registro Civil das Pessoas Naturais de Subdistrito desta Capital, insurgindo-se contra exigências apostas pela unidade diante de pedido de certidão em inteiro teor. Os autos foram instruídos com os documentos de fls. 03/05, incluindo cópia da procuração pública outorgada pela interessada, para instrução do pedido. O Senhor Oficial prestou esclarecimentos às fls. 08/09. A Senhora Representante, devidamente intimada por meio do endereço eletrônico que utilizou para interpor a presente reclamante, quedou-se silente (fls. 16). O Ministério Público opinou pelo arquivamento da representação, ante a inexistência de indícios de ilícito funcional por parte do Senhor Oficial (fls. 19/20). É o breve relatório. Decido. Cuidam os autos de representação formulada pela Senhora M. C. V., em face da Senhora Oficial do Registro Civil das Pessoas Naturais de Subdistrito desta Capital, insurgindo-se contra exigências apostas pela unidade diante de pedido de certidão em inteiro teor. Em breve síntese, alega a Senhora Representante que solicitou a expedição de certidão em inteiro teor junto da mencionada serventia, ocasião em que lhe foi informado que o pedido deveria ser deduzido presencialmente pelo próprio interessado, não sendo aceitas procurações públicas para instruir tal solicitação. Protesta assim, na compreensão de que lhe foram feitas exigências desproporcionais. A seu turno, o Senhor Titular veio aos autos para esclarecer que não foi noticiado pela serventia a não-aceitação de procurações públicas; ao revés, deduziu que a informação repassada à Senhora Requerente está estritamente de acordo com o procedimento indicado pelos itens 47.7, 47.7.1, 47.7.2, 47.8 e 47.9, do Capítulo XVII, das

Normas de Serviço da E. Corregedoria Geral da Justiça, que regem a expedição de certidões em inteiro teor. De outra parte, a Senhora Reclamante, devidamente intimada, quedou-se silente. Pois bem. De fato, constata-se de pronto que a atuação do Senhor Oficial, no que tange à possibilidade de expedição do inteiro teor e da rejeição da procuração pública sem poderes específicos, como a apresentada pela Senhora Reclamante, resta de acordo com os itens 47.7 e seguintes, do Capítulo XVII, das NSCGJ, que recentemente receberam atualização, neste quesito, pelo Provimento CGJ 01/2021. In verbis: 47.7. A emissão de certidão em inteiro teor depende de requerimento escrito com firma reconhecida do requerente, que será dispensada quando o requerimento for firmado na presença do Oficial ou de preposto, inclusive via Central de Informações do Registro Civil - CRC. 47.7.1. Os requerimentos poderão ser recepcionados ainda por e-mail, desde que assinados digitalmente, nos padrões da ICP-Brasil, cuja autenticidade e integridade serão conferidas no verificador de conformidade do ITI - Instituto Nacional de Tecnologia da Informação. 47.7.2 O requerimento deverá conter a identificação do requerente, o motivo em virtude do qual se requer a certidão sob a forma de inteiro teor e o grau de parentesco com o registrado, caso exista. (...) 47.8. Nas certidões de registro civil em geral, inclusive as de inteiro teor, requeridas pelos próprios interessados, seus representantes legais e mandatários com poderes especiais, ressalvado o caso de proteção à testemunha, serão expedidas independentemente de autorização do Juiz Corregedor Permanente. 47.9. As certidões de registro civil em geral, requeridas por terceiros, serão expedidas independentemente de autorização do Juiz Corregedor Permanente. Em se tratando, contudo, de certidão de inteiro teor, a autorização se fará necessária nos casos previstos nos artigos 45, 57, §7º e 95 da Lei nº 6.015/73, art. 6º da Lei nº 8.560/92, reconhecimento de paternidade ou maternidade e alteração de nome e/ou sexo de pessoa transgênero. Bem assim, diante do brevemente narrado, considerando que a exigência aposta pelo Senhor Oficial resta de acordo com as NSCGJ, que exigem procuração com poderes específicos para o ato, reputo satisfatórias as explicações apresentadas, não vislumbrando responsabilidade funcional apta a ensejar a instauração de procedimento administrativo, no âmbito disciplinar. Noutro turno, verifico que parte do descontentamento apresentado pela Senhora Representante se deve à eventual falha na comunicação entre as partes. Bem assim, na consideração de que reclamações dessa natureza, em relação à serventia, tem se multiplicado, advirto o Senhor Titular para que se mantenha rigorosamente atento à fiscalização e orientação de seus prepostos, em especial no tocante ao bom atendimento ao público, que deve sempre ser realizado com respeito, educação, paciência e consciência do importante papel desempenhado pela serventia extrajudicial. Em especial, consigno ao Senhor Titular para que oriente os colaboradores no sentido de que forneçam as informações necessárias ao processamento de pedidos de seu mister, de forma clara, detalhada e cortês, de modo a evitar a repetição de situações de insatisfação semelhantes. Feitas tais observações, que objetivam a melhora do serviço público prestado, e à míngua de providência censório-disciplinar a ser adotada, determino o arquivamento dos autos. Ciência ao Senhor Titular, ao Ministério Público e à Senhora Representante, por e-mail. Não menos importante, determino à z. Serventia Judicial que publique a presente decisão no DJE, uma vez que os fatos aqui relatados são de interesse da sociedade e as observações ora deduzidas contribuirão para a melhora do serviço público como um todo, resultando, como fim maior, no pleno atendimento do cidadão. Encaminhe-se cópia desta r. Sentença, bem como de fls. 08/09, 16 e 19/20, à Egrégia Corregedoria Geral da Justiça, por e-mail, servindo a presente sentença como ofício. P.I.C. (DJe de 12.08.2021 – SP)

Ementa: Sentença – Pedido de Providências – Informação de falsidade em Procurações Públicas lavradas perante a Serventia – Lavratura com fulcro em documentos de identificação forjados – Esclarecimento pela Tabeliã de que todas as formalidades e cautelas foram observadas na lavratura dos atos notariais, bem como de que a funcionária foi advertida em razão do equívoco no preenchimento da ficha de firma – Documentos que não continham sinais de forja – Apuração da falsidade ideológica das Procurações Públicas – Ausência de indícios que indique que a Tabeliã concorreu diretamente para os atos fraudulentos – Determinação do cancelamento dos cartões de assinaturas – Arquivamento do feito – Ciência à Delegatária – Improcedência

Processo 0004760-51.2021.8.26.0100

Pedido de Providências - REGISTROS PÚBLICOS - C.G.J. - P.R.O.B. e outro - Juiz(a) de Direito: Dr(a). Marcelo Benacchio VISTOS, Trata-se de pedido de providências instaurado a partir de comunicação encaminhada pela E. Corregedoria Geral da Justiça, do interesse do Senhor P. R. O. B., representando P. A. S. O. e M. M. R., em face da Senhora 28º Tabeliã de Notas da Capital, informando falsidade em Procurações Públicas lavradas perante a indicada serventia. Manifestação inicial pelo Senhor Representante, inclusive com a juntada de documentos, às fls. 05/31. A Senhora Tabeliã prestou esclarecimentos às fls. 33/42 e 76/85. O Senhor Representante tornou aos autos para reiterar os termos de seu protesto inicial (fls. 45/50 e 72). Foi autorizada a perícia nos instrumentos sob análise, requerida pela d. Autoridade Policial, bem como ratificado o bloqueio dos atos anteriormente efetuado pela Notária, às fls. 57/58. O Ministério Público acompanhou o feito e manifestou-se conclusivamente às fls. 90/92, pugnando pelo arquivamento do expediente ante a inexistência de indícios de ilícito administrativo por parte da Senhora Titular. É o relatório. Decido. Cuidam os autos de representação formulada pelo Senhor P. R. O. B., no interesse de P. A. S. O. e M. M. R., em face da Senhora 28º Tabeliã de Notas da Capital, informando falsidade em Procurações Públicas lavradas perante a indicada serventia. Em breve síntese, verifica-se dos autos que aos 19 e 30 de abril de 2019, os Senhores P. A. S. O. e M. M. R., respectivamente, outorgaram procuração pública ao Senhor R. R. M., para negociação de bem imóvel localizado na cidade de Vinhedo, SP. Todavia, as procurações são apontadas como ideologicamente falsas, posto que lavradas com fulcro em documentos de identificação forjados, conforme consta de investigação pela d. Autoridade Policial, no bojo do IP 701/2019 (2297835/2019), do 30º DP. A seu turno, a Senhora 28º Tabeliã noticiou que todas as formalidades e cautelas foram observadas na lavratura dos atos notariais. Em especial, declarou a i. Delegatária que, no que tange ao equívoco no preenchimento da ficha de firma em nome de P. A. S. O., que seria divorciado, mas anotou sobre o cartão-padrão o estado civil de solteiro, a funcionária foi advertida pela desatenção, haja vista que o signatário apresentara RG no qual figurava certidão de casamento para sua emissão. Em relação à M., referiu a Senhora Notária que o equívoco no preenchimento do número do documento, cometido pela própria signatária, em nada afetou a higidez do ato praticado e ocorre com frequência, haja vista que os usuários nem sempre tem seus números de identificação memorizados, o que não leva à suspeita de fraude. Nesse sentido, destacou que as fichas de firma foram preenchidas pelos próprios outorgantes, os quais apresentaram RGs originais, que não continham indícios de forja, e que restaram devidamente copiados e arquivados junto do cartão de assinaturas. Por fim, explanou a Senhora Tabeliã as diversas medidas de segurança na rotina de trabalho da unidade, que inclui equipamento de luz ultravioleta e sensores biométricos, bem como treinamento dos escreventes em documentoscopia e grafotécnica, com o fim de evitar a ocorrência de fatos assemelhados. Pois bem. Conforme se depreende de todo o narrado, bem como da documentação carreada ao feito, foi apurada a falsidade ideológica das Procurações Públicas lavradas aos (i) 18 de abril de 2019, inscrita às páginas 165 do Livro 1675, e (ii) 30 de abril de 2019, às páginas 349 do Livro 1675. Ademais, verificou-se igualmente que os correlatos cartões de assinatura pertencentes aos supostos outorgantes, Senhores P. A. S. O. e M. M. R., também são eivados de vício, haja vista que abertos com fundamento em documentos falsos (documentos verdadeiros às fls. 16/17 e documentos arquivados na serventia, forjados, às fls. 35/36 e 38). Com efeito, devidamente positivada a falsidade das indicadas Procurações Públicas, determino seu bloqueio definitivo, ficando proibida a extração de cópias, certidões ou translados, sem a autorização expressa desta Corregedoria Permanente. Adicionalmente, determino o cancelamento dos cartões de assinatura em nome de P. A. S. O. e M. M. R. (fls. 35/36 e 38), mantendo-se os documentos em arquivo, em caso de eventual necessidade de futuras averiguações pela i. Autoridade Policial. Não obstante, a despeito da falsidade perpetrada, verifica-se que não há indícios convergindo no sentido de que a Senhora Tabeliã tenha concorrido diretamente para os atos fraudulentos engendrados, não havendo que se falar em falha em sua função de orientar e fiscalizar os prepostos sob sua responsabilidade, em especial na consideração de que os documentos apresentados para a qualificação das partes não continham vícios grosseiros ou evidências de contrafacção. Por conseguinte, a hipótese dos autos não dá margem à adoção de providência censório-disciplinar em relação ao serviço correicionado, não se vislumbrando responsabilidade funcional apta a ensejar a instauração de procedimento administrativo face da Senhora Titular. Todavia, consigno à Senhora Delegatária que, sempre que tomar ciência de eventual falsidade de atos de sua atribuição, a ocorrência deve de pronto ser comunicada a esta Corregedoria Permanente, para ciência e adoção de providências, se o caso. Bem assim, à míngua de providência censório-administrativa a ser adotada, oportunamente, determino o arquivamento dos autos. Ulteriormente, encaminhe-se cópia dessa r. Sentença à i. Autoridade Policial que já investiga os fatos, nos termos do artigo 40 do Código de Processo Penal. Ciência à Senhora Delegatária e ao Ministério Público. Encaminhe-se cópia dessa r. Sentença, bem como de fls. 76/85 e 90/92, à Egrégia Corregedoria

Geral da Justiça, por e-mail, servindo a presente como ofício. P.I.C. - ADV: PAULO ROBERTO DE OLIVEIRA BROMERCHENKEL (OAB 337166/SP) (DJe de 10.08.2021 – SP)

Ementa: Sentença – Pedido de Providências – Alegação de irregularidades consistentes em Substabelecimentos de Procuração Pública e Escrituras de Venda e Compra – Informação pela Tabeliã de que a ficha de firma foi preenchida pelo próprio outorgante com ausência de indícios de falsidade – Ausência de ilícito administrativo – Determinação do levantamento do bloqueio efetuado – Remessa do feito à CIPP – Art. 40, do CPP – Ciência aos Titulares – Arquivamento do feito – Improcedência

Processo 1004909-98.2019.8.26.0100

Pedido de Providências - Tabelionato de Notas - A.L.R. – E.C. - T.N.S.P. – B.N.Q. – L.T.Q.R. e outros - Juiz(a) de Direito: Dr(a). Marcelo Benacchio VISTOS, Cuida-se de representação formulada por A. L. R. e E. C., que se insurgem contra supostos atos irregulares, consistentes em Substabelecimento de Procuração Pública e Escrituras Públicas de Venda e Compra, cuja prática se atribui ao Senhor 11º Tabelião de Notas da Capital e à Senhora 28ª Tabeliã de Notas da Capital. Os autos foram instruídos com os documentos de fls. 11/73. A Senhora 28º Tabeliã prestou esclarecimentos às fls. 80/86, 167, 217 e 237. O Senhor 11º Tabelião manifestou-se às fls. 87/91 (documentos às fls. 92/157), 168, 218 e 228, com alegações finais às fls. 298/301. Foi determinado o bloqueio preventivo dos atos praticados, bem como dos cartões de assinatura correlatos (fls. 163/164). Informações apresentadas pelo IIRGD e DETRAN-SP, às fls. 181/184, 186/191 e 206/208. Os Senhores Interessados, B. N. Q. e L. T. Q. R., ingressaram nos autos e ofertaram protesto às fls. 254/256, 269/275 e 306/307, com peças finais às fls. 316/320. Audiência para oitiva dos prepostos que lavraram os atos, bem como dos Senhores Interessados, às fls. 247/250 e 284/289. Sentença prolatada pelo MM. Juízo Corregedor Permanente do Registro Civil das Pessoas Naturais e Tabelionato de Notas de Capela do Alto, Comarca de Tatuí, São Paulo, encontra-se acostada às fls. 359/361. O Ministério Público acompanhou o feito e ofertou parecer conclusivo, ao final, pugnando pelo arquivamento da representação, ante a inexistência de indícios de falha na prestação do serviço pelas unidades correicionadas ou ilícito funcional por parte dos Senhores Titulares (fls. 370/372). A parte Representante, devidamente intimada a manifestar-se em alegações finais, quedou-se silente (fls. 379). É o breve relatório. Decido. Trata-se de pedido de providências instaurado a partir de representação formulada por A. L. R. e E. C., que se insurgem contra alegados atos irregulares, consistentes em Substabelecimento de Procuração Pública e Escrituras Públicas de Venda e Compra, cuja prática se atribui ao Senhor 11º Tabelião de Notas da Capital e à Senhora 28ª Tabeliã de Notas da Capital. Em breve síntese, tem-se que houve a lavratura de Procuração Pública perante o Cartório de Registro Civil das Pessoas Naturais e Tabelião de Notas de Capela do Alto, Comarca de Tatuí, São Paulo, aos 25 de maio de 2018, por meio da qual os Senhores Representantes teriam outorgado poderes a T. G. F., para que este pudesse negociar livremente o imóvel localizado à Rua Cornélio Schimidt, nº 29, Parque Jabaquara, inscrito sob a matrícula 36.888 do 15º Registro de Imóveis desta Capital. Afirmam os Senhores Reclamantes que não participaram do ato, sendo o instrumento público obra de falsários. Ainda, de posse da referida Procuração Pública da lavra da serventia de Capela do Alto, T. G. F. dirigiu-se ao Cartório da Senhora 28º Tabeliã de Notas da Capital e requereu o substabelecimento do ato à D. de M. Ato contínuo, D. de M., com base na Procuração e no Substabelecimento, vendeu o referido imóvel, por meio de Escritura Pública da lavra do Senhor 11º Tabelião de Notas da Capital, a B. N. Q. Por fim, B. N. Q. e sua esposa, L. T. Q. R., venderam a propriedade à Hagendas MKT Promoções e Organização de Eventos Ltda. EPP, por instrumento público também da prática do Senhor 11º Tabelião de Notas da Capital. A seu turno, a Senhora 28º Tabeliã noticiou que todas as formalidades e cautelas foram observadas na lavratura do Substabelecimento. Esclareceu que a ficha de firma foi preenchida pelo próprio outorgante, Senhor T. G. F., o qual apresentou RG original, que não continha indícios de forja, que restou devidamente copiado e arquivado. No mais, também foi apresentada a Procuração Pública original, efetivada pela Serventia de Capela do Alto, cujo sinal público lá aposto foi conferido. O referido ato original foi também arquivado pela unidade. Noutra banda, o Senhor 11º Tabelião de Notas da Capital veio aos autos para noticiar que B. N. Q. é usuário frequente do serviço público ofertado pela serventia, sendo conhecido pelos prepostos, em razão da quantidade de atos que lá realiza. Bem assim, defendeu, o Notário, a higidez dos atos lavrados em sua unidade, uma vez que todas as formalidades técnicas e cautelas necessárias foram rigidamente observadas, sendo todos os documentos obrigatórios apresentados e devidamente arquivados. Os escreventes que lavraram os atos debatidos foram ouvidos em audiência e confirmaram que todas as cautelas de praxe e regramentos foram estritamente seguidos, não havendo eles notado qualquer indício de falsificação ou fraude aparentes. Os interessados, Senhores B. N. Q. e sua esposa, L. T. Q. R., habilitaram-se nos autos e foram, também, ouvidos em audiência, declarando ambos que nada sabiam sobre eventual fraude perpetrada. Declararam-se vítimas da situação ora sob contenda. No mais, informações apresentadas pelo IIRGD e pelo DETRAN-SP não indicaram a falsidade dos documentos apresentados às unidades, nem por T. G. F. e, tampouco, por D. de M.. Pois bem. À luz da instrução efetuada, ficou demonstrado que, no aspecto formal, todas as solenidades acautelatórias, normativas e legais foram observadas no curso da lavratura dos instrumentos notariais, por ambas as serventias correicionadas. Isso porque os Senhores Titulares lograram êxito em comprovar que a apresentação e arquivamento dos documentos obrigatórios foram devidamente efetivados, à evidência de que orientam e fiscalizam os prepostos sob sua responsabilidade. Ademais, as carteiras de identificação dos procuradores não contêm, à primeira análise, indícios de falsidade, tudo apontando, em conformidade com a decisão prolatada pelo MM. Juízo Corregedor Permanente da Serventia de Capela do Alto, que a fraude se iniciou naquela unidade do interior do Estado, com a lavratura da primeira Procuração Pública por falsários utilizando-se de identificadores forjados. Em suma, os elementos probatórios coligidos no feito não autorizam a formação de convencimento judicial no sentido da adoção de providência censório-disciplinar em relação aos serviços correicionados, não se vislumbrando responsabilidade funcional apta a ensejar instauração do procedimento administrativo, no âmbito disciplinar. No mais, estando suficientemente demonstrada a fraude praticada, determino que se mantenha o bloqueio aos atos notariais em questão, vedada a extração de certidões ou traslados, sem a autorização desta Corregedoria Permanente. Todavia, uma vez que não restou comprovada a falsidade dos documentos de identificação de T. G. F. e D. de M., determino que se levante o bloqueio outrora efetuado. Outrossim, ante ao colorido penal do qual se revestem os fatos, reputo conveniente a extração de peças de todo o expediente para encaminhamento à Central de Inquéritos Policiais e Processos CIPP, nos termos do artigo 40 do Código de Processo Penal. Comunique-se esta decisão ao MM. Juízo Corregedor Permanente da Serventia de Capela do Alto e à 1º Vara de Registros Públicos, somente por e-mail, com cópia desta r. Sentença, que servirá de ofício, para ciência. Diante de todo o exposto, ausente indícios de ilícito administrativo, determino o arquivamento do presente pedido de providências. Ciência aos Senhores Titulares ao Ministério Público. Encaminhe-se cópia desta r. Sentença, bem como das principais peças dos autos em conformidade com o relatório deste decisum, à Egrégia Corregedoria Geral da Justiça, por e-mail, servindo a presente como ofício. P.I.C. - ADV: ANTONIO JORGE MARQUES (OAB 130436/SP), KLEBER DE NICOLA BISSOLATTI (OAB 211495/SP), LEANDRO DOS SANTOS MACARIO (OAB 271773/SP), DELFIM JOSÉ DE OLIVEIRA JUNIOR (OAB 371759/SP) (DJe de 22.01.2021 – SP)

REGIME DE BENS

Ementa: Sentença – Pedido de Providências – Dúvida suscitada pelo Tabelião – Pedido de Retificação do regime de bens apontado em Escritura Pública de Declaração de União Estável – Afirmação pelas partes de que se equivocaram em relação ao regime de bens escolhido – Impossibilidade de alteração na via extrajudicial – Inexistência de erro material – Matéria reservada à esfera jurisdicional – Art 1 639, §2º, do CC – Ausência de conduta irregular – Acolhimento da dúvida – Indeferimento do pedido – Arquivamento do feito – Ciência ao Titular – Improcedência

Processo 1006520-18.2021.8.26.0100

Pedido de Providências - 2ª Vara de Registros Públicos - VISTOS, Cuida-se de pedido de providências formulado pelo Senhor Tabelião de Notas da Capital, suscitando dúvida quanto a pedido de Retificação e Ratificação em relação ao regime de bens escolhido em Escritura Pública de Declaração de União Estável. Manifestou-se, quanto ao tema, o Colégio Notarial do Brasil Seção São Paulo, às fls. 06/11. Sobrevieram esclarecimentos pelo Senhor Titular, às fls. 21/23. O Ministério Público ofertou parecer opinando pelo indeferimento do pedido, no entendimento de que a via administrativa não é suficiente para a análise do pedido em tela (fls. 27/29). É o breve relatório. Decido. Trata-se de dúvida suscitada pelo Senhor Tabelião de Notas da Capital, relativa a pedido de Retificação do regime de bens apontado em Escritura Pública de Declaração de União Estável. Narra o Senhor Titular que aos 21 de outubro de 2020 foi lavrada em sua serventia de notas a Escritura Declaratória de União Estável entre M. A. S. e D. S. S., escolhendo os conviventes o regime da separação de bens. Ocorre que, aos 11 de janeiro de 2021, o consorte retornou à unidade e referiu que se equivocou quanto ao acordo patrimonial escolhido para a convivência do casal, posto que desejava, na realidade, que a separação obrigatória regesse a união. Destaca o Senhor Tabelião que, em razão da idade do convivente, maior de 70 anos, não se cuidaria, então, propriamente de escolha de regime, mas sim de mera aceitação dos efeitos patrimoniais decorrentes dos dispositivos legais que incidem sobre a matéria. Não obstante todo o explanado, os Senhores Interessados desejam ver a Escritura Declaratória retificada no que tange ao acordo patrimonial, para que dela passe a figurar a separação obrigatória de bens na regência da união estável entre os conviventes (fls. 23). De sua parte, compreende o i. Delegatário que, pese embora a afirmação pelas partes de que cometeram um engano na declaração anterior, a mudança não pode ser feita na via extrajudicial, sendo necessária a manifestação do Judiciário, razão pela qual suscitou a presente dúvida. Noutro turno, veio aos autos o CNB-SP para se manifestar na mesma esteira do d. Notário, isto é, pela impossibilidade de alteração do regime de bens na via extrajudicial, não sendo caso de se aplicar o procedimento previsto no item 55, do Capítulo XVI, das NSCGJ, que trata da feitura da Escritura de Ret-Ratificação, não sendo possível se deduzir, de pronto, que houve erro, inexatidão material ou irregularidade na confecção do ato, tal como lavrado. Nesse sentido, ressaltou o Colegiado que a Escritura de Retificação e Ratificação (item 55) não pode ser utilizada para inovar no ato anteriormente praticado, resultando em modificação na vontade das partes. Ademais, por analogia, aplica-se à união estável a vedação atinente à alteração do regime de bens do casamento, que somente pode se dar na via judicial, por previsão expressa do artigo 1.639, §2º, do Código Civil. Na mesma senda opinou o Ministério Público, aduzindo que a retificação, tal qual pretendida, é inviável na via extrajudicial. Sublinhou, ainda, o d. Promotor de Justiça, importante ponto que merece instrução processual adequada, qual seja, o momento de início da união, que pode ensejar, ou não, a obrigatoriedade do regime de bens. Pois bem. A dúvida levantada pelo Senhor Notário é pertinente e deve ser acolhida, com o indeferimento do pedido efetivado pelos Senhores Interessados, nesta via administrativa. Fundamento. Inicialmente, cabe mencionar o tópico já levantado pelo CNB-SP, no que tange ao fato de que a Escritura de Retificação e Ratificação não se prestar a inovar o conteúdo do negócio jurídico anteriormente pactuado. O item 55, Cap. XVI, das Normas de Serviço da E. Corregedoria Geral da Justiça (NSCGJ), é claro em sua dedução de que o instituto da Retificação e Retatificação se utiliza para a correção de erros, inexatidões materiais e irregularidades. Veja que não se cuida de, por meio do documento, realizar novo ato, desconectado do instrumento anterior, inclusive sendo necessário se proceder às decidas anotações e remissões em ambas as notas, em consonância aos itens 55.1 e 55.2, Cap. XVI, das NSCGJ. A despeito do explicitado, mesmo que se insista na alegação da existência de erro, não se deve olvidar que o mesmo não se cuidaria, se o caso, de erro material, tal qual disposto no item 55, supra, mas sim de um error in negotia, isto é, um erro substancial, ou seja, um defeito do negocio jurídico, em conformidade ao artigo 139 do Código Civil. Nesse sentido, refere o mencionado artigo: Art. 139. O erro é substancial quando: I - interessa à natureza do negócio, ao objeto principal da declaração, ou a alguma das qualidades a ele essenciais; II - concerne à identidade ou à qualidade essencial da pessoa a quem se refira a declaração de vontade, desde que tenha influído nesta de modo relevante; III - sendo de direito e não implicando recusa à aplicação da lei, for o motivo único ou principal do negócio jurídico. [grifo meu] Veja que o equívoco sobre o qual se pretende fazer recair a retificação é parte essencial do contrato de convivência, sendo termo fundamental e indissolúvel da declaração de vontade firmada pelas partes, restando sobremaneira inviável que a alteração se dê da forma singela como pretendem os consortes, haja vista o impacto jurídico que dela pode advir. No que tange à vontade das partes, que se diz manifestada da forma incorreta, resultando num embate entre eventual vontade real e alegado resultado errôneo, ensina Silvio Rodrigues [in: Direito Civil Parte Geral] que, na moderna teoria civil, aplicável ao presente caso, o declarante se responsabiliza pelo pacto firmado, em especial se suposto erro decorre de culpa ou dolo do interessado. In verbis: Embora partindo do pressuposto de que o ordenamento jurídico busca realizar a autonomia da vontade, tal teoria [teoria da responsabilidade] reconhece que, mesmo desacompanhada da vontade, pode a declaração ter efeito obrigatório quando a disparidade entre ela e a vontade real decorrer de culpa ou dolo do declarante. Em tal caso, o declarante vincula-se, a despeito de o não querer, por isso que é responsável pelo desacordo entre o que disse e o que quis. Não se pode aproveitar de sua própria torpeza (se houver dolo), ou de sua própria incúria (se houver culpa), para promover a ineficácia do ato, com prejuízo para os terceiros de boa-fé que confiaram na verdade da declaração emitida. [Rodrigues, Silvio. Direito Civil. V. 1. Parte geral. 34. ed. atual, de acordo com o novo Código Civil (Lei n. 10.406, de 10-1-2002) - São Paulo: Saraiva, 2003. P. 185] Dentre desse contexto, o regime de bens pactuado entre os cônjuges não se cuida de mera liberalidade íntima, de modo que seus efeitos ultrapassam, e muito, o âmbito do casal e os laços familiares, podendo afetar terceiros sem qualquer relacionamento com os integrantes da avença realizada. Nessa toada, Silvio Rodrigues [idem, P. 186, sobre teoria da confiança], em continuação, indica que quando "a declaração difere da vontade, é a declaração que deve prevalecer, pois a pessoa a quem é dirigida [terceiro, neste caso concreto] decerto não tinha elementos para verificar tal disparidade." É por isso mesmo, pelo impacto jurídico que se estende para além da relação conjugal, que a alteração do regime patrimonial aplicado ao casamento somente pode ocorrer na via judicial, na decisão do legislador, por força do artigo 1.639, §2º, do Código Civil. Com efeito, sublinhe-se que após longa evolução histórica, que se iniciou com mudanças sociais, seguidas do reconhecimento da união estável como entidade familiar pela Constituição Federal, culminando em recente decisão do Supremo Tribunal Federal (RExt nº 646.721 e 878.694), que equiparou ambos os institutos União e Matrimônio para fins de sucessão, na atualidade, não se pode dizer que há distinções de cunho civil relevantes entre a convivência estável, para fins de constituição de família, e o matrimônio. Assim sendo, igualmente, o regime de bens da união estável também não pode ser mudado na via extrajudicial ou administrativa, sem a participação da supervisão judicial, em analogia ao indicado no supramencionado artigo 1.639, §2º, do Código Civil. Assim também apontou o d. Promotor de Justiça, ao mencionar o REsp 1.383.624/MG, em julgado no qual o Superior Tribunal de Justiça firmou o exato entendimento. Por fim, não verifico a ocorrência de ilícito funcional ou falha na prestação do serviço pelo Senhor Notário na lavra do ato fazendo constar o regime da separação convencional, em situação de existência de causa suspensiva em razão da idade do convivente varão, uma vez que é possível o entendimento de que esse acordo patrimonial é mais gravoso que o estabelecido legalmente, sendo, então, permitida sua escolha, nos termos do Enunciado 634 CJF, aprovado na VIII Jornada de Direito. In verbis: É lícito aos que se enquadrem no rol de pessoas sujeitas ao regime da separação obrigatória de bens (art. 1.641 do Código Civil) estipular, por pacto antenupcial ou contrato de convivência, o regime da separação de bens, a fim de assegurar os efeitos de tal regime e afastar a incidência da Súmula 377 do STF. Por todo o exposto, à vista do parecer do Ministério Público, acolho a dúvida do Senhor Titular e indefiro o pedido de alteração do regime de bens da união estável na via extrajudicial ou mesmo diante desta via administrativa, junto deste Juízo Corregedor Permanente, uma vez que o requerimento demanda a análise na via judicial pertinente. Nessas condições, à míngua de providência censório-disciplinar a ser adotada, determino o arquivamento dos autos. Não menos importante, determino à z. Serventia Judicial que publique a presente decisão no DJE, haja vista a pertinência do tema ao serviço extrajudicial. Ciência ao Senhor Titular, que deverá cientificar os Senhores Interessados, ao Ministério Público e ao CNB-SP. P.I.C. (DJe de 26.05.2021 – SP)

REGISTRO DE CITAÇÃO DA AÇÃO

Ementa: Sentença – Dúvida – Pedido de registro de Carta de Sentença expedida no processo que reconheceu a nulidade de leilões – Impossibilidade – Negativa em razão do atual proprietário tabular ser considerado terceiro de boa-fé – Imóvel que foi revendido após o leilão –Títulos Judiciais não estão isentos de qualificação registrária – Ausência de registro da citação da ação na matrícula do imóvel – Publicidade que ficou restrita às partes do feito – Inexistência de reconhecimento judicial de má-fé do atual proprietário – Matéria reservada à esfera jurisdicional – Manutenção do óbice – Procedência

Processo 1116384-88.2021.8.26.0100

Dúvida - Registro de Imóveis - Claudia Fontana - Em razão do exposto, JULGO PROCEDENTE a dúvida e mantenho o óbice registrário. Deste procedimento não decorrem custas, despesas processuais ou honorários advocatícios. Oportunamente, arquivem-se os autos com as cautelas de praxe. P.R.I.C. - ADV: ANTONIO CARLOS LUKENCHUKII (OAB 180545/SP), SAMARA LINA SANTOS (OAB 358510/SP)

Íntegra da decisão:

SENTENÇA

Processo Digital nº: **1116384-88.2021.8.26.0100**

Classe - Assunto **Dúvida - Registro de Imóveis**

Suscitante: **6º Oficial de Registro de Imóveis da Comarca da Capital**

Suscitado: **Claudia Fontana**

Juiz(a) de Direito: Dr(a). **Luciana Carone Nucci Eugênio Mahuad**

Vistos.

Trata-se de dúvida suscitada pelo **Oficial do 6º Registro de Imóveis da Capital** a requerimento de **Cláudia Fontana**, em virtude de recusa de registro de carta de sentença expedida no processo de autos n. 1009809-77.2017.8.26.0009 e anexo n. 0011353-49.2019.8.26.0009, nos quais se reconheceu a nulidade de leilões e, por efeito, da arrematação do imóvel objeto da matrícula n. 74.731 daquela serventia.

A negativa se deu em proteção ao interesse do atual proprietário tabular, considerado terceiro de boa-fé por ter adquirido o imóvel sem conhecimento da ação anulatória que deu origem ao título, da qual não participou e cuja existência não foi averbada na matrícula do imóvel. Também foi identificado, inicialmente, vício formal pela ausência de carta de sentença na forma do artigo 221, inciso IV, da LRP, exigência esta que foi atendida com o reingresso do título.

Vieram documentos às fls. 13/541.

A parte suscitada apresentou impugnação às fls. 542/544, sustentando que a arrematação do bem ocorreu posteriormente à distribuição da ação anulatória e que, apesar da existência do feito não ter sido averbada na matrícula, foi expressamente mencionada no edital de leilão e nos respectivos folhetos de propaganda, sendo, portanto, de conhecimento do arrematante.

Parecer do Ministério Público às fls. 547/549, pela manutenção do óbice registrário.

É o relatório.

Fundamento e decido.

No mérito, a dúvida é procedente. Vejamos os motivos.

De início, vale destacar que os títulos judiciais não estão isentos de qualificação, positiva ou negativa, para ingresso no fólio real.

Cabe, portanto, ao oficial qualificá-los conforme as normas e os princípios que regem a atividade registral, dentre eles o da continuidade registrária.

Nesse sentido, o E. Conselho Superior da Magistratura já pontuou que a qualificação negativa do título judicial não caracteriza desobediência ou descumprimento de decisão judicial (Apelação Cível n. 413-6/7). E, ainda: Ap. Cível n. 0003968-52.2014.8.26.0453; Ap. Cível n. 0005176-34.2019.8.26.0344 e Ap. Cível n. 1001015-36.2019.8.26.0223.

No caso concreto, conforme se verifica da matrícula n. 74.731, copiada às fls. 13/21, a parte suscitada adquiriu o imóvel em maio de 2008 e, em abril de 2014, o alienou fiduciariamente ao Banco Bradesco S/A, em nome do qual se consolidou a propriedade.

Frustrados os leilões, a dívida foi extinta, dando-se quitação à devedora fiduciante.

Posteriormente, em cumprimento a leilão realizado em 14 de novembro de 2017, o imóvel foi transmitido a Dionísio Elpídio da Silva, o qual, por sua vez, o revendeu para Lawrence Aseba Tipo via escritura lavrada em 10 de dezembro de 2018 e aditamento retificativo de 12 de fevereiro de 2019.

Enquanto esses negócios ocorreram e foram levados a registro na matrícula do imóvel, a parte suscitada movia ação real contra o Banco Bradesco S/A, na qual foi reconhecida a nulidade dos leilões extrajudiciais e, por efeito, de eventual arrematação, nos termos do acórdão de fls. 25/36.

Entretanto, a parte suscitada não promoveu o registro da citação da ação real na matrícula do imóvel, de modo que sua publicidade ficou restrita às partes do feito.

É certo que, em relação ao adquirente Dionísio Elpídio da Silva, a parte suscitada demonstrou conhecimento prévio da ação por informação expressa no edital do leilão (fl. 54). Contudo, o mesmo não ocorre com Lawrence Aseba Tipo, atual proprietário tabular, o que indica aquisição de boa-fé.

Com efeito, nos termos do artigo 506 do CPC, a sentença faz coisa julgada entre as partes do feito em que prolatada, não prejudicando terceiros, ao passo que o artigo 54 da Lei n. 13.097/15 confirma a eficácia das transferências de direitos reais sobre imóveis em face de ações reais ou pessoais reipersecutórias que não tenham sido lançadas na matrícula, as quais não podem ser opostas ao terceiro que adquirir o bem de boa-fé.

Observe-se que, na esteira da súmula n. 375 do STJ, a boa-fé se presume, enquanto a má-fé exige prova.

Assim, o título não poderá ingressar no fólio real afetando a propriedade que atualmente pertence a Lawrence Aseba Tipo enquanto não houver reconhecimento judicial de sua má-fé, o que deve ser apurado em contencioso cível de contraditório amplo, como acertadamente sugeriu o Oficial suscitante.

Em razão do exposto, **JULGO PROCEDENTE** a dúvida e mantenho o óbice registrário.

Deste procedimento não decorrem custas, despesas processuais ou honorários advocatícios.

Oportunamente, arquivem-se os autos com as cautelas de praxe.

P.R.I.C.

São Paulo, 12 de novembro de 2021.

Luciana Carone Nucci Eugênio Mahuad

Juiz de Direito (DJe de 17.11.2021 – SP)

RETIFICAÇÃO IMOBILIÁRIA

Ementa: Sentença – Pedido de Providências – Pedido de retificação extrajudicial do imóvel

– Impugnação pelos confrontantes sob alegação de interferência em suas propriedades – Existência de conflito em relação à área – Matéria reservada à esfera jurisdicional – Acolhimento da impugnação – Extinção da retificação administrativa – Remessa dos interessados às vias ordinárias para solução do conflito – Procedência

Processo 1130858-64.2021.8.26.0100

Pedido de Providências - Registro de Imóveis - 12º Oficial de Registro de Imoveis - NB Incorporação Ltda - Waldemar Kendi Nikaido e outros - Diante do exposto, ACOLHO A IMPUGNAÇÃO apresentada pelos confrontantes, determinando a extinção da retificação administrativa, com remessa dos interessados às vias ordinárias para solução do conflito nos termos do item 136.20 do Cap. XX das NSCGJ. Deste procedimento não decorrem custas, despesas processuais ou honorários advocatícios. Oportunamente, remetam-se os autos ao arquivo. P.R.I.C. - ADV: MARCO ANTONIO BALASSO (OAB 262261/SP)

Íntegra da decisão:

SENTENÇA

Processo nº: **1130858-64.2021.8.26.0100**

Classe - Assunto **Pedido de Providências - Registro de Imóveis**

Suscitante: **12º Oficial de Registro de Imoveis**

Suscitado: **NB Incorporação Ltda**

Juiz(a) de Direito: Dr(a). **Luciana Carone Nucci Eugênio Mahuad**

Vistos.

Trata-se de pedido de providências enviado pelo **Oficial do 12º Registro de Imóveis da Capital** em decorrência de impugnação de confrontantes contra requerimento de NB **INCORPORAÇÃO LTDA** pela retificação extrajudicial do imóvel matriculado sob nº 206.933 daquela serventia.

Entende o Registrador que a impugnação é fundamentada, pelo que a retificação não é possível na esfera administrativa. Juntou documentos às fls. 03/204.

Em manifestação dirigida ao Oficial, a parte interessada destaca as imperfeições das medidas perimetrais constantes na matrícula, aduzindo que a retificação administrativa com fundamento nos artigos 212 e 213 da Lei n. 6.015/73 respeita as divisas tabulares dos imóveis confrontantes e dos logradouros públicos (fls. 05/10).

Os confrontantes **Waldemar Kendi Nikaido**, **Maria Goreti da Silva Nikaido** e **Therezinha da Silva Santos** alegam, em sua impugnação, que a nova descrição interfere em sua propriedade, implicando redução de medida dos fundos (fls. 149/153). Juntaram documentos, inclusive memorial descritivo e planta, às fls. 155/173.

O Ministério Público opinou pela manutenção da negativa de prosseguimento do procedimento extrajudicial já que a impugnação é fundamentada (fls. 212/213).

É o relatório.

Fundamento e Decido.

O procedimento de retificação tem como principal requisito a inexistência de lide, de modo que, apresentada qualquer impugnação sem transação amigável, a via judicial se torna necessária nos termos do §6º, do artigo 213, da Lei n. 6.015/73.

As Normas de Serviço da Corregedoria do Tribunal de Justiça de São Paulo, prestigiando a qualificação do Oficial de Registro e a importância do procedimento extrajudicial, trouxeram pequena flexibilização a tal regra no item 136.20 de seu Capítulo X, permitindo que seja julgada a fundamentação da impugnação, com afastamento daquela claramente impertinente
ou protelatória:

> *"136.20. Em qualquer das hipóteses previstas no subitem 136.19, os autos da retificação serão encaminhados ao Juiz Corregedor Permanente que, de plano ou após instrução sumária, examinará apenas a pertinência da impugnação e, em seguida, determinará o retorno dos autos ao Oficial de Registro de Imóveis, que prosseguirá na retificação se a impugnação for rejeitada, ou a extinguirá em cumprimento da decisão do juízo que acolheu a impugnação e remeteu os interessados às vias ordinárias".*

Como bem esclarece o dispositivo, tal julgamento deve se dar de plano ou após instrução sumária, não cabendo ao juiz corregedor permitir a produção de prova para que se demonstre a existência de óbice ao reconhecimento da retificação.

É dizer que, apresentada impugnação, deve-se apenas verificar se seu caráter é meramente protelatório ou completamente infundado.

Havendo qualquer indício de veracidade que justifique a existência de conflito de interesses, a via extrajudicial se torna prejudicada, devendo o interessado ingressar em juízo, sem prejuízo de utilizar-se dos elementos constantes do procedimento extrajudicial para instruir seu pedido.

E, para fins de se analisar se fundamentada ou não a impugnação, cumpre observar a regra estabelecida no item 136.19 do Cap. XX das NSCGJ:

> *"136.11 (...) NOTA - Consideram-se infundadas a impugnação já examinada e refutada em casos iguais ou semelhantes pelo Juízo Corregedor Permanente*

ou pela Corregedoria Geral da Justiça; a que o interessado se limita a dizer que a retificação causará avanço na sua propriedade sem indicar, de forma plausível, onde e de que forma isso ocorrerá; a que não contém exposição, ainda que sumária, dos motivos da discordância manifestada; a que ventila matéria absolutamente estranha à retificação".

No caso em tela, os confrontantes trazem manifestação técnica e documentos para corroborar a afirmação de que a retificação implica invasão das divisas de seu imóvel (fls. 149/173).

Desse modo, resta configurado conflito em relação à área, o que impede a análise da questão por este juízo administrativo, devendo tal impasse ser solucionado nas vias ordinárias.

Em outros termos, por estar a impugnação devidamente fundamentada e por não ser possível afastar de plano a alegação de invasão, a questão deverá ser dirimida na via ordinária com contraditório e ampla defesa (possibilidade de dilação probatória).

Diante do exposto, **ACOLHO A IMPUGNAÇÃO** apresentada pelos confrontantes, determinando a extinção da retificação administrativa, com remessa dos interessados às vias ordinárias para solução do conflito nos termos do item 136.20 do Cap. XX das NSCGJ.

Deste procedimento não decorrem custas, despesas processuais ou honorários advocatícios.

Oportunamente, remetam-se os autos ao arquivo.

P.R.I.C.

São Paulo, 14 de dezembro de 2021. (DJe de 16.12.2021 – SP)

Ementa: Sentença – Pedido de Providências – Pedido de regularização do imóvel com abertura de matrícula e registro de formal de partilha – Alegação pelo Requerente de existência de erro na transposição do título e no registro da transcrição em relação a área do imóvel – Esclarecimento pelo Oficial de que o erro ocorreu no título e não no registro – Equívoco que se deu apenas na indicação da superfície total – Remanescente que continuou descrito no registro sem inserção ou alteração de medida perimetral – Desnecessidade do procedimento de retificação previsto no art 213, II, da LRP – Dispensabilidade do levantamento planimétrico a fim de apurar o remanescente – Transcrições que não refletem o título que as originou – Deferimento do Pedido –Determinação da retificação da transcrição – Procedência

Processo 1109750-76.2021.8.26.0100

Pedido de Providências - Registro de Imóveis - Espólio de Antonio Migroni - Diante do exposto, JULGO PROCEDENTE o pedido de providências, determinando que o Oficial do 14º Registro de Imóveis da Capital proceda à retificação da transcrição n. 16.680, indicando a extensão territorial do imóvel transmitido tal como consta na escritura lavrada pelo Tabelião do 11º Cartório de Notas desta Capital, sob n. 1091, às fls. 020 (93,00m² - fls. 51/52), procedendo de igual modo em relação à transcrição n. 22.120 da mesma serventia (fls. 53/55), bem como em relação a registros subsequentes. Como a inicial não indicou adequadamente o patronímico da parte requerente e de seu representante ("Mingrone"), determino que a serventia judicial regularize o cadastro do feito no SAJ (fls. 09/10). Deste procedimento não decorrem custas, despesas processuais ou honorários advocatícios. Oportunamente, remetam-se os autos ao arquivo. P.R.I.C. - ADV: MARCO ANTONIO NEGRAO DE ABREU (OAB 117517/SP)

Íntegra da decisão:

SENTENÇA

Processo Digital nº: **1109750-76.2021.8.26.0100**

Classe - Assunto **Pedido de Providências - Registro de Imóveis**

Requerente: **Espólio de Antonio Migroni**

Requerido: **14º Oficial de Registro de Imoveis da Capital**

Juiz(a) de Direito: Dr(a). **Luciana Carone Nucci Eugênio Mahuad**

Vistos.

Trata-se de pedido de providências formulado pelo **Espólio de Antonio Mingrone, representado por Paulo Roberto Mingrone,** em face do **Oficial do 14º Registro de Imóveis da Capital,** visando regularização do imóvel localizado na avenida 11 de Junho, 793, Vila Clementino, neste município, objeto da transcrição n. 16.680, com abertura de matrícula e registro de formal de partilha. Sustenta a existência de erro na transposição do título e no registro da transcrição n. 22.120, uma vez que destacou indevidamente a área de 96m², quando o título indicava área de 93m², sendo desnecessária retificação na forma indicada pelo Oficial.

Documentos vieram às fls. 09/22 e 37/41.

Tutela de urgência foi indeferida (fl. 34).

O Oficial manifestou-se às fls. 42/43, sustentando que a transcrição n. 16.680 indica imóvel que encerra área de 96m, conforme transcrição n. 22.120; que o erro ocorreu no título e não do registro; que não é possível a alteração, notadamente porque o imóvel transcrito sob n. 22.120 foi unificado a outro; que o suscitante deve se valer do procedimento de retificação previsto no artigo 213, inciso II, da Lei n. 6.015/73, para regularização da área.

Atendendo ao determinado, a parte requerente exibiu certidão da escritura de venda e compra lavrada pelo Tabelião do 11º Cartório de Notas e certidão da transcrição n. 22.120 (fls. 51/55).

O Ministério Público opinou pela procedência (fls. 60/62).

É o relatório.

Fundamento e decido.

No mérito, o pedido é procedente. Vejamos os motivos.

A transcrição n. 16.680 do 14º Registro de Imóveis, fls. 13/15, retrata que Antonio Mingroni transmitiu a Jorge Ballan, através do registro de escritura lavrada em 04 de janeiro de 1949 pelo 11º Tabelião desta Capital, que passou a ser objeto da transcrição nº 22.120 feita em 11 de fevereiro de 1949, "um terreno situado na Rua Napoleão de Barros, antiga Rua Quinta, à 20,70m da esquina formada pela Avenida Onze de Junho com a Rua Napoleão de Barros, o qual mede de frente para a Rua Napoleão de Barros, 9,30m, por 10,00m da frente aos fundos, de ambos os lados, tendo nos fundos a largura de 9,30m e **encerrando a área de 96,00m²**" (destaque nosso).

Todavia, a escritura de venda e compra lavrada pelo Tabelião do 11º Cartório de Notas desta Capital sob n. 1091, fls. 020, assim descreveu o imóvel: "um terreno sito a 20,70 metros da esquina formada pela Avenida Onze de Junho com a rua Napoleão de Barros, o qual mede de frente para a citada rua Napoleão de Barros, antiga rua Quinta, nove metros e trinta centímetros (9,30ms), por dez metros (10ms) da frente aos fundos, de ambos os lados, tendo nos fundos a largura de nove metros e trinta centímetros (9,30ms) e **encerrando a área de noventa e treis metros quadrados** (...)" (fls. 51/52, destaque nosso).

Verifica-se, assim, que o título, embora mencione venda e compra de imóvel com área total de 93m², a transcrição n. 16.680 o indica com área total de 96m², o que, de igual forma, se deu na transcrição n. 22.120, originada da referida escritura, com descrição do bem como "um terreno, situado na Rua Napoleão de Barros, antiga Rua 5ª, à 20,70m da esquina formada pela Avenida Onze de Junho com a Rua Napoleão de Barros, o qual mede de frente para a Rua Napoleão de Barros, 9,30m, por 10,00m da frente aos fundos, de ambos os lados, tendo nos fundos a largura de 9,30m e **encerrando a área de 96,00m²** (...)" (fls. 53/54, destaque nosso).

Em sendo evidente o erro na transposição do título na transcrição originária e na transcrição aberta com o destaque da área, retificação é possível.

De fato, a Lei n. 6.015/73, em seu art. 213, inciso I, alínea "a", estabelece que o oficial retificará o registro ou a averbação *"de ofício ou a requerimento do interessado nos casos de omissão ou erro cometido na transposição de qualquer elemento do título"*.

Neste sentido também o item 135 do Capítulo XX das Normas de Serviço da Corregedoria Geral da Justiça:

> *"135. A retificação administrativa de erro constante do registro será feita pelo Oficial de Registro de Imóveis ou através de procedimento judicial, a requerimento do interessado.*
>
> *135.1 O oficial retificará o registro ou a averbação, de ofício ou a requerimento do interessado, quando se tratar de erro evidente e nos casos de:*
>
> *a) omissão ou erro cometido na transposição de qualquer elemento do título".*

Cumpre ressaltar, ainda, que o destaque da área não desfigurou o remanescente, o qual continuou perfeitamente descrito no registro, sem inserção ou alteração de medida perimetral. Outrossim, nas transcrições, o perímetro da área objeto da compra e venda foi descrito de acordo com o título (9,30m por 10,00m), pelo que o equívoco se deu exclusivamente na indicação da superfície total (96,00m² e não 93,00m²).

Assim, desnecessário o procedimento de retificação previsto no artigo 213, II, da Lei n. 6.015/73, conforme indicado pelo delegatário na nota devolutiva (fls. 19/22), notadamente porque dispensável levantamento planimétrico a fim de apurar o remanescente, sendo inaplicável o item 57.4 do Capítulo XX das Normas de Serviço da Corregedoria Geral da Justiça (destaque nosso):

> *"O procedimento previsto no art. 213, inciso II, da Lei nº 6.015/73 será adotado* ***quando a descrição original do imóvel sofreu alteração em razão de desfalque parcial, sem que tenha ocorrido a apuração do remanescente****".*

O artigo 213, inciso II, da Lei n. 6.015/73, por sua vez, assim dispõe:

> *"O oficial retificará o registro ou a averbação: (...)*
>
> *II - a requerimento do interessado, no caso de inserção ou alteração de medida perimetral de que resulte, ou não, alteração de área, instruído com planta e memorial descritivo assinado por profissional legalmente habilitado, com prova de anotação de responsabilidade técnica no competente Conselho Regional de Engenharia e Arquitetura - CREA, bem assim pelos confrontantes".*

Reconheço, assim, que se mostra adequada à regularização do erro material a retificação da transcrição n. 16.680 a fim de que passe a guardar perfeita conformidade com o título que a originou (artigo 213, I, "a", da Lei n. 6.015/73).

De igual forma, quanto à transcrição n. 22.120, deve o Oficial, atuando *ex officio*, retificá-la, bem como os registros eventualmente atingidos.

Vale destacar que, muito embora o delegatário mencione em suas razões a impossibilidade de retificação da transcrição n. 22.120 por sua unificação a outro imóvel e consequente acréscimo da área de 96,00m², verifica-se que seu perímetro não será alterado.

Como se vê da transcrição n. 16.680, o terreno original, de esquina, tinha 300 metros quadrados, com frente de 10 metros para a avenida Onze de Junho e 30 metros da frente aos fundos, confrontando em uma das laterais com a rua Napoleão de Barros. A área destacada está localizada nos fundos dessa descrição inicial, tendo 9,30 metros de frente para a rua Napoleão de Barros.

Assim, tal como descrito na transcrição n. 22.120, seu perímetro tem início a 20,70 metros da esquina formada pela Avenida Onze de Junho com a Rua Napoleão de Barros, onde prossegue por mais 9,30 metros, com frente para esta última rua. Após sua unificação com outros lotes da mesma quadra, sua linha lateral à direita foi estendida para 18,00 metros, sendo 10,00 de confrontação com a área remanescente da transcrição n. 16.680 (fl. 12) e mais 8,00 metros correspondente à profundidade dos outros lotes unificados, como sugerem as deflexões descritas na outra lateral (fl. 54).

Verifica-se, ainda, que, muito embora o delegatário mencione em suas razões que o imóvel foi acrescido a outro, não especifica tal situação, a qual também não vem retratada na transcrição n. 22.120 (fls. 53/55).

O fato é que são as transcrições em questão que não refletem o título que as originou e não o contrário.

Com a regularização da metragem da superfície do imóvel nas transcrições e inexistindo óbice ao registro do formal de partilha, possível será também a abertura de matrícula do remanescente da área para o devido ingresso, o que deverá ser objeto de nova qualificação.

Diante do exposto, **JULGO PROCEDENTE** o pedido de providências, determinando que o Oficial do 14º Registro de Imóveis da Capital proceda à retificação da transcrição n. 16.680, indicando a extensão territorial do imóvel transmitido tal como consta na escritura lavrada pelo Tabelião do 11º Cartório de Notas desta Capital, sob n. 1091, às fls. 020 (93,00m² - fls. 51/52), procedendo de igual modo em relação à transcrição n. 22.120 da mesma serventia (fls. 53/55), bem como em relação a registros subsequentes.

Como a inicial não indicou adequadamente o patronímico da parte requerente e de seu representante ("Mingrone"), determino que a serventia judicial regularize o cadastro do feito no SAJ (fls. 09/10).

Deste procedimento não decorrem custas, despesas processuais ou honorários advocatícios.

Oportunamente, remetam-se os autos ao arquivo.

P.R.I.C.

São Paulo, 26 de novembro de 2021.

Luciana Carone Nucci Eugênio Mahuad

Juíza de Direito (DJe de 02.12.2021 – SP)

Ementa: Sentença – Dúvida – Pedido de homologação de acordo – Partes que estabeleceram os limites entre os imóveis – Inadmissibilidade do feito – Inversão do procedimento da retificação administrativa de registro – Necessidade de que um novo procedimento seja iniciado perante a Serventia Extrajudicial – Indeferimento – Extinção do feito

Processo 1115795-96.2021.8.26.0100

Dúvida - Registro de Imóveis - Itaoca Administradora de Bens e Condomínios – Mario José Alves Taveira Queiroz – Izaura de Oliveira Queiroz - Diante do exposto, indefiro a inicial e JULGO EXTINTO o presente feito. Sem custas, despesas ou honorários advocatícios. Oportunamente, ao arquivo. P.R.I.C. - ADV: MARCELO LAMANNA DE CAMPOS MAIA DÓRIA (OAB 194560/SP), MARIA CRISTINA PORTO DE LUCA (OAB 81139/SP)

Íntegra da decisão:

SENTENÇA

Processo Digital nº: **1115795-96.2021.8.26.0100**

Classe - Assunto **Dúvida - Registro de Imóveis**

Requerente: **Itaoca Administradora de Bens e Condomínios e outros**

Prioridade Idoso

Juiz(a) de Direito: Dr(a). **Luciana Carone Nucci Eugênio Mahuad**

Vistos.

1) Considerando o objeto, recebo como pedido de providências. Regularize-se a distribuição, com as providências de praxe.

2) Trata-se de pedido de homologação de acordo firmado entre **Itaoca Administradora de Bens e Condomínios Ltda., o Espólio de Mário José**

Alves Taveira e Izaura de Oliveira Queiroz, por meio do qual estabeleceram os limites entre os imóveis das matrículas nº 184.408 e 184.409 do 11º Registro de Imóveis da Capital, de modo a possibilitar que o Oficial competente proceda à retificação dos registros.

Informam que impugnação a procedimento administrativo de retificação anteriormente iniciado foi acolhida no processo de autos n. 1018019-96.2021.8.26.0100, com trâmite perante esta Corregedoria Permanente.

Como chegaram a uma composição sobre a controvérsia então estabelecida, buscam homologação para evitar as vias ordinárias.

Documentos vieram às fls. 04/55.

É o relatório.

Fundamento e decido.

A inicial não pode ser admitida por inverter o procedimento da retificação administrativa de registro.

De fato, nos termos do item 135, Cap. XX, das NSCGJ, a retificação administrativa será feita pelo Oficial de Registro de Imóveis ou através de procedimento judicial.

Conforme noticiado, houve controvérsia em procedimento administrativo anterior, sem composição no prazo estabelecido pelo item 139.19, Cap. XX, das NSCGJ, de modo que a questão foi trazida a esta Corregedoria Permanente pelo Oficial, ensejando a abertura do processo de autos n. 1018019-96.2021.8.26.0100, no qual houve acolhimento da impugnação apresentada, com remessa das partes para as vias ordinárias para solução do conflito (item 136.20, do Cap. XX, das NSCGJ).

Havendo transação para superação da controvérsia, bem como interesse em caminho alternativo à ação judicial, novo procedimento deve ser iniciado perante o Oficial de Registro de Imóveis, com observância do determinado nas Normas de Serviço da Corregedoria Geral da Justiça (itens 135 e seguintes do Capítulo XX das NSCGJ), para o que é prescindível homologação prévia do acordo, notadamente porque não cabe a este juízo, por decisão sumária, determinar ao Oficial a retificação convencionada.

Diante do exposto, indefiro a inicial e **JULGO EXTINTO** o presente feito.

Sem custas, despesas ou honorários advocatícios.

Oportunamente, ao arquivo.

P.R.I.C.

São Paulo, 27 de outubro de 2021.

Luciana Carone Nucci Eugênio Mahuad

Juiz de Direito (DJe de 03.11.2021 – SP)

Ementa: Sentença – Dúvida – Pedido de retificação extrajudicial para apuração do remanescente do imóvel – Impugnação pela Municipalidade e pelo DER sob alegação de interferência com área pública – Existência de conflito em relação à área –Impossibilidade de seguimento na via extrajudicial – Questão que deve ser dirimida na via judicial – Item 13620, do Capítulo XX, das NCGJ – Acolhimento das impugnações – Determinação da extinção da retificação administrativa – Remessa dos interessados às vias ordinárias – Procedência

Processo 1103565-22.2021.8.26.0100

Dúvida - Registro de Imóveis - BK Participações e Negócios Imobiliários Ltda. - Municipalidade de São Paulo - Diante do exposto, ACOLHO AS IMPUGNAÇÕES apresentadas, determinando a extinção da retificação administrativa, com remessa dos interessados às vias ordinárias para solução do conflito nos termos do item 136.20 do Cap. XX das NSCGJ. Deste procedimento não decorrem custas, despesas processuais ou honorários advocatícios. Oportunamente, remetam-se os autos ao arquivo. P.R.I.C. - ADV: THIAGO D'AUREA CIOFFI SANTORO BIAZOTTI (OAB 183615/ SP), ALEXANDRE PETRILLI GONÇALVES FERRAZ DE ARRUDA (OAB 252499/ SP), RENATA RODRIGUES FELIPPE DA SILVA (OAB 320905/SP), VINÍCIUS BUENO OLIVEIRA MOREIRA (OAB 390846/SP)

Íntegra da decisão:

SENTENÇA

Processo Digital nº: **1103565-22.2021.8.26.0100**

Classe - Assunto **Dúvida - Registro de Imóveis**

Suscitante: **10º Oficial de Registro de Imóveis da capital**

Suscitado: **BK Participações e Negócios Imobiliários Ltda.**

Juiz(a) de Direito: Dr(a). **Luciana Carone Nucci Eugênio Mahuad**

Vistos.

Trata-se de pedido de providências apresentado pelo **Oficial do 10º Registro de Imóveis da Capital** em decorrência de impugnação da municipalidade contra requerimento de **BK Participações e Negócios Imobiliários Ltda** por retificação extrajudicial para apuração do remanescente do imóvel transcrito sob nº 20.293 daquela serventia.

As exigências formuladas na primeira qualificação foram atendidas, sendo que o DER, notificado, também apresentou impugnação, ainda que extemporânea. As impugnações se baseiam em suposta interferência com área pública (sobreposição de imóveis).

Uma vez intimada, a parte requerente informou que não apresentaria novo memorial por entender necessária prolação de decisão pelo juízo da 5ª Vara da Fazenda Pública.

Assim, o procedimento foi encaminhado para este juízo nos termos do item 136.20, Cap.XX, das NSCGJ, para análise da pertinência das impugnações. Documentos vieram às fls. 03/346.

A parte requerente e **Toyland Comercial e Distribuidora Ltda** manifestaram-se às fls. 348/353, esclarecendo que, em setembro de 2007, propuseram ação buscando reconhecimento judicial de que não ocupam área pública e pleitearam pela retificação do imóvel objeto da transcrição nº 20.293 do 10º Registro de Imóveis da Capital. O processo foi autuado sob nº 0128172-54.2007.8.26.0053 e tramitou perante a 5ª Vara da Fazenda Pública do Foro Central da Capital. Alegam que a sentença julgou os pedidos improcedentes (fls. 439/444), mas foi revertida em segundo grau por acórdão que determinou a retificação da área (fls. 445/459).

Destacam que, em embargos de declaração, a turma julgadora deixou claro que a retificação deveria ocorrer em incidente de cumprimento de sentença (fls. 466/472). Assim, com o trânsito em julgado, deram início ao cumprimento (autos nº 0001323-80.2020.8.26.0053), no qual o município não ofereceu impugnação, limitando-se a afirmar que a retificação deveria ser operacionalizada perante a serventia imobiliária, de modo que as peticionárias ingressaram com o pedido administrativo baseado nos trabalhos técnicos já exibidos na via judicial, acreditando que não haveria contrariedade. Contudo, houve impugnação da municipalidade, o que a levou a requerer ao juízo da 5ª Vara da Fazenda Pública a expedição de ofício determinando a retificação pretendida.

O pedido aguarda apreciação (fls. 514/522). Nesse meio tempo, o Oficial iniciou este procedimento para definição sobre a pertinência da impugnação. Nesse contexto, sustentam que a impugnação é infundada, notadamente por ser intempestiva, defendendo que eventual análise de mérito é da competência do juízo da 5ª Vara da Fazenda Pública. Apresentaram documentos às fls. 354/522.

O Ministério Público opinou pela pertinência das impugnações, devendo a questão ser dirimida pelo juízo competente (fls. 527/529).

É o relatório.

Fundamento e Decido.

O procedimento de retificação tem como principal requisito a inexistência de lide, de modo que, apresentada qualquer impugnação sem transação amigável, a via judicial se torna necessária nos termos do §6º, do artigo 213, da Lei n. 6.015/73.

As Normas de Serviço da Corregedoria do Tribunal de Justiça de São Paulo, prestigiando a qualificação do Oficial de Registro e a importância do procedimento extrajudicial, trouxeram pequena flexibilização a tal regra no item 136.20 de seu Capítulo XX, permitindo que seja julgada a fundamentação da impugnação, com afastamento daquela claramente impertinente ou protelatória:

"136.20. Em qualquer das hipóteses previstas no subitem 136.19, os autos da retificação serão encaminhados ao Juiz Corregedor Permanente que, de plano ou após instrução sumária, examinará apenas a pertinência da impugnação e, em seguida, determinará o retorno dos autos ao Oficial de Registro de Imóveis, que prosseguirá na retificação se a impugnação for rejeitada, ou a extinguirá em cumprimento da decisão do juízo que acolheu a impugnação e remeteu os interessados às vias ordinárias".

Como bem esclarece o dispositivo, tal julgamento deve se dar de plano ou após instrução sumária, não cabendo ao juiz corregedor permitir a produção de prova para que se demonstre a existência de óbice ao reconhecimento da retificação.

É dizer que, apresentada impugnação, deve-se apenas verificar se seu caráter é meramente protelatório ou completamente infundado.

Havendo qualquer indício de veracidade que justifique a existência de conflito de interesses, a via extrajudicial se torna prejudicada, devendo o interessado ingressar em juízo, sem prejuízo de utilizar-se dos elementos constantes do procedimento extrajudicial para instruir seu pedido.

E, para fins de se analisar se fundamentada ou não a impugnação, cumpre observar a regra estabelecida no item 136.19 do Cap. XX das NSCGJ:

"136.11 (...) NOTA - Consideram-se infundadas a impugnação já examinada e refutada em casos iguais ou semelhantes pelo Juízo Corregedor Permanente ou pela Corregedoria Geral da Justiça; a que o interessado se limita a dizer que a retificação causará avanço na sua propriedade sem indicar, de forma plausível, onde e de que forma isso ocorrerá; a que não contém exposição, ainda que sumária, dos motivos da discordância manifestada; a que ventila matéria absolutamente estranha à retificação".

No caso em tela, resta configurado conflito em relação à área à luz da alegação de suposta sobreposição com imóveis públicos, com comprovação documental, o que impede a análise da questão por este juízo administrativo, devendo tal impasse ser solucionado nas vias ordinárias.

Observe-se que o acórdão de fls. 445/459 deu provimento ao recurso, julgando procedente a ação para deferir a retificação de área pleiteada em juízo, com observação, na parte dispositiva, de que *"a retificação obedecerá ao rito processual ou administrativo pertinente, válidas as citações dos confrontantes e a anuência do DER procedidas no processo que tramitou perante a 1ª Vara de Registros Públicos da Capital"*.

Nesse ponto, foram acolhidos embargos de declaração para esclarecer que *"observar-se-á o rito previsto nos art.212 e 213 das LF nº 6.015/73, com redação dada pela LF nº 10.931/04, e eventuais controvérsias serão resolvidas nestes mesmos autos, em fase de cumprimento de sentença, pelo juiz de origem"* (fls. 466/472).

Em outros termos, por estarem as impugnações devidamente fundamentadas, a questão deverá ser dirimida na via ordinária, em cumprimento de sentença, inclusive conforme determinação superior.

Diante do exposto, **ACOLHO AS IMPUGNAÇÕES** apresentadas, determinando a extinção da retificação administrativa, com remessa dos interessados às vias ordinárias para solução do conflito nos termos do item 136.20 do Cap. XX das NSCGJ.

Deste procedimento não decorrem custas, despesas processuais ou honorários advocatícios.

Oportunamente, remetam-se os autos ao arquivo.

P.R.I.C.

São Paulo, 18 de outubro de 2021.

Luciana Carone Nucci Eugênio Mahuad

Juiz de Direito (DJe de 21.10.2021 – SP)

Ementa: Sentença – Pedido de Providências – Pedido de administrativo de retificação da área do imóvel – Óbice em razão da descrição da matrícula ser omissa quanto a medida do imóvel, bem como da necessidade de notificação dos confrontantes localizados na outra margem do córrego – Dispensabilidade da identificação dos imóveis localizados do outro lado do córrego, que faz divisa com o imóvel retificando, bem como da notificação dos respectivos titulares – Imóveis situados após o córrego não devem ser apontados como confrontantes – Art 213 da LRP – Item 1369, do Capítulo XX, das NSCGJ – Manutenção dos demais óbices – Procedência Parcial

Processo 1100059-38.2021.8.26.0100

Pedido de Providências - Registro de Imóveis - Carlos Alberto de Freitas - Diante do exposto, JULGO PARCIALMENTE PROCEDENTE o pedido de providências apenas para afastar a necessidade de identificação dos imóveis localizados na outra margem do Córrego Morro Vermelho e de notificação de seus respectivos titulares e ocupantes, com manutenção das demais exigências para a retificação administrativa. Deste procedimento não decorrem custas, despesas processuais ou honorários advocatícios. Oportunamente, remetam-se os autos ao arquivo. P.R.I.C. - ADV: CLOVIS SIMONI MORGADO (OAB 173603/SP)

Íntegra da decisão:

SENTENÇA

Processo Digital nº: **1100059-38.2021.8.26.0100**

Classe - Assunto **Pedido de Providências - Registro de Imóveis**

Requerente: **Carlos Alberto de Freitas**

Requerido: **7º Oficial de Registro de Imóveis da Capital**

Prioridade Idoso

Juiz(a) de Direito: Dr(a). **Luciana Carone Nucci Eugênio Mahuad**

Vistos.

Trata-se de **pedido de providências** formulado por **Carlos Alberto de Freitas** em face do **Oficial do 7º Registro de Imóveis da Capital** em vista das exigências apresentadas para o processamento de pedido administrativo de retificação de área do imóvel objeto da matrícula n. 209.195 daquela serventia.

A parte se volta, especificamente, contra a exigência de identificação dos mais de setenta imóveis localizados do outro lado do córrego que faz divisa com o imóvel retificando, além da notificação dos respectivos titulares e ocupantes acerca do procedimento, destacando que se trata de comunidade que passou por regularização fundiária no ano de 2009.

Juntou documentos às fls. 05/24.

Constatado o decurso do trintídio legal da prenotação, foi determinada a reapresentação do título (fl. 25).

Com o atendimento, o Oficial se manifestou às fls. 30/33, esclarecendo que a descrição da matrícula é omissa quanto à medida da lateral esquerda do imóvel retificando, onde confronta com o Córrego Morro Vermelho, vício que não foi sanado no projeto apresentado para a retificação. Defendeu, ainda, a necessidade de notificação dos confrontantes localizados na outra margem do córrego pela possível ocorrência de aluvião ou avulsão, sendo tais confrontantes os únicos capazes de informar se a retificação pretendida respeita os limites com suas propriedades, pois, embora o leito do córrego tenha nítida destinação pública, o que o tornaria de interesse municipal, não há titulação oficializada sobre essa área. Informa que os imóveis da outra margem integram a Vila Primeiro de Outubro, originada da matrícula n. 182.884, que foi objeto de Regularização Fundiária de Interesse Social na forma da Lei n. 11.977/09, sendo necessário que o requerente proceda com as buscas para identificar quais lotes já foram atribuídos aos respectivos beneficiários e quais continuam em disponibilidade, sugerindo que busque a via judicial, na qual poderia ser determinada perícia técnica por profissional habilitado.

O Ministério Público se manifestou às fls. 37/39, concluindo que os imóveis localizados na outra margem do córrego não podem ser considerados confrontantes, mas opinou pelo indeferimento do pedido por entender necessária realização de perícia, notadamente diante do aumento significativo de área.

É o relatório.

Fundamento e decido.

No mérito, o pedido de providências deve ser acolhido, ao menos em parte.

Vale ressaltar que o inconformismo foi voltado apenas a uma das exigências constantes da nota devolutiva de fls. 08/10, cujas razões foram mantidas, como informou o Oficial.

Este procedimento, porém, se destina à apreciação, como um todo, de eventuais óbices apontados pelo registrador para ingresso direto do título. Não se presta à determinação condicionada a uma conduta futura, uma vez pendentes providências que não foram objeto de irresignação.

Por outro lado, resposta ao caso concreto se mostra possível a fim de evitar reapresentação futura do tema, notadamente diante da natureza administrativa do feito.

Quanto à identificação dos imóveis localizados na outra margem do córrego que faz divisa com o imóvel retificando, bem como a notificação dos respectivos titulares, verifica-se que são providências que podem ser dispensadas pois não são considerados confrontantes.

Como bem destacou o Ministério Público, assim dispõe a Lei de Registros Públicos (com destaques nossos):

"Artigo 213: O oficial retificará o registro ou a averbação:

(...)

*II – a requerimento do interessado, no caso de inserção ou alteração de medida perimetral **de que resulte, ou não, alteração de área,** instruído com planta e memorial descritivo assinado por profissional legalmente habilitado, com prova de anotação de responsabilidade técnica no competente Conselho Regional de Engenharia e Arquitetura – CREA, bem assim pelos confrontantes.*

(...)

*§16. Na retificação de que trata o inciso II do caput, **serão considerados confrontantes somente os confinantes de divisas que forem alcançadas pela inserção ou alteração de medidas perimetrais**".*

No mesmo sentido, o item 136.9, Cap. XX, das NSCGJ, estabelece que entendem-se como confrontantes os proprietários e os ocupantes dos imóveis **contíguos**, destacando-se a observação feita pelo próprio Oficial na nota de devolução, no sentido de que os imóveis situados após o córrego não devem ser apontados como confrontantes no memorial (fl. 09). No caso concreto, considerando a nítida destinação pública do curso d'água, é a municipalidade quem deve se manifestar sobre a alteração daquele trecho da medida perimetral.

Ademais, considerando que o imóvel localizado na outra margem foi objeto de regularização fundiária, certamente a municipalidade dispõe de levantamento topográfico daquele curso d'água, permitindo uma análise técnica adequada sobre eventuais impactos sobre área pública.

Observe-se que, nos termos do inciso II, do artigo 213, da LRP, transcrito acima, a alteração de área não impede a retificação administrativa, sendo prematura determinação imediata de apuração pela via judicial, principalmente porque o memorial descritivo apresentado está incompleto e não descreve a lateral esquerda, na qual confronta com o córrego, que não segue em linha reta (fls. 21/24).

Análise adequada somente será possível após a apresentação do material completo, com atendimento às demais exigências apontadas na nota de devolução, as quais não foram objeto de impugnação.

Diante do exposto, **JULGO PARCIALMENTE PROCEDENTE** o pedido de providências apenas para afastar a necessidade de identificação dos imóveis localizados na outra margem do Córrego Morro Vermelho e de notificação de seus respectivos titulares e ocupantes, com manutenção das demais exigências para a retificação administrativa.

Deste procedimento não decorrem custas, despesas processuais ou honorários advocatícios.

Oportunamente, remetam-se os autos ao arquivo.

P.R.I.C.

São Paulo, 14 de outubro de 2021.

Luciana Carone Nucci Eugênio Mahuad

Juiz de Direito (DJe de 18.10.2021 – SP)

Ementa: Sentença – Pedido de Providências – Pedido de retificação da Escritura Pública de Compra e Venda – Alegação de que a Serventia teria consignado, equivocadamente, a descrição do imóvel – Informação pelo Oficial de que é impossível a retificação sem a presença das partes originais, sendo, portanto, necessária ordem judicial – Inexistência de erro, inexatidão ou irregularidade no referido ato notarial – Instrumento que se encontra formalmente regular – Ato notarial que já está aperfeiçoado e consumado – Imprescindibilidade de que todas as partes do negócio jurídico compareçam para a lavratura de Escritura de Retificação e Ratificação – Item 55, do Capítulo XVI, das NSCGJ – Inviabilidade da retificação pretendida –Indeferimento do pedido – Arquivamento do feito – Ciência ao Delegatário – Improcedência

Processo 1081982-78.2021.8.26.0100

Pedido de Providências - REGISTROS PÚBLICOS - C.I.R.M. - Juiz(a) de Direito: Dr(a). Marcelo Benacchio VISTOS, Trata-se de expediente formulado por C. I. R. M., solicitando a retificação da Escritura Pública de Compra e Venda, realizada em 1º de setembro de 2009, inserta no livro 245-FS, páginas 202/204, da lavra do Registro Civil das Pessoas Naturais e Tabelionato de Notas da Capital do Distrito do Itaim Paulista, Capital. Os autos foram instruídos com os documentos de fls. 07/26. O Senhor Titular manifestou-se às fls. 33/35. A Senhora Representante veio aos autos para reiterar os termos de seu pedido original (fls. 38/39). O D. Representante do Ministério Público ofertou parecer conclusivo às fls. 42/45, opinando pela improcedência do pedido. É o breve relatório. DECIDO. Cuida-se de pedido de providências instaurado a partir de representação formulada por C. I. R. M. em face do Registro Civil das Pessoas Naturais e Tabelionato de Notas da Capital do Distrito do Itaim Paulista, Capital. Solicita a Senhora Interessada a retificação da Escritura Pública de Compra e Venda, realizada em 1º de setembro de 2009, inserta no livro 245-FS, páginas 202/204. Em suma, aponta a Representante que a Serventia Extrajudicial, quando da lavratura do Ato Notarial, teria consignado equivocadamente a descrição do imóvel. Nesse sentido, requer a correção do que constou originalmente, como "Lote B", para que passe a figurar "Lote A". Nesse sentido, entende, que o equívoco se cuida de erro imputável à serventia extrajudicial. Afirma que em razão das discrepâncias entre o instrumento público e a matrícula imobiliária, houve a emissão de nota devolutiva pelo Senhor 12º Registrador de Imóveis, que recusou ingresso ao ato. A seu turno, o Senhor Titular assevera que não é possível retificar o instrumento público da Compra e Venda por meio de ata retificativa, sem a presença das partes originais, razão pela qual noticiou ao Senhor Representante que seria necessária ordem judicial. Com efeito, indica que não há erro, inexatidão ou irregularidade no referido ato notarial que permita a confecção de ata retificativa, sendo que o instrumento se encontram formalmente regular. Pois bem. Inicialmente, destaco à parte autora que matéria aqui ventilada será objeto de apreciação no limitado campo de atribuição desta Corregedoria Permanente, que desempenha, dentre outras atividades, a verificação do cumprimento dos deveres e obrigações dos titulares e interinos de delegações afeta à Corregedoria Permanente desta 2ª Vara de Registros Públicos da Capital. Logo, refoge espectro de atuação desta Corregedoria Permanente da Comarca da Capital a determinação e autorização para a produção de provas com vistas a comprovar eventual fato ou negócio jurídico pactuado, cuja competência é tipicamente jurisdicional. No mérito administrativo, assiste razão ao Senhor Titular na negativa efetuada. Pese embora a argumentação deduzida nos autos pela Senhora Representante, forçoso convir, na espécie, que o ato notarial que se pretende retificar já está aperfeiçoado e consumado, inexistindo possibilidade jurídica, no âmbito administrativo, para a alteração pretendida, ante ao conteúdo das declarações de vontade. A escritura pública é instrumento notarial que formaliza juridicamente a vontade das partes, observados os parâmetros fixados pela Lei e pelas Normas de Serviço da Corregedoria Geral da Justiça, reproduzindo, portanto, exatamente aquilo que outorgantes e outorgados manifestaram à serventia à época dos fatos. Em resumo, destaco que a retificação pretendida não se cuida de mera correção de erros, inexatidões materiais e equívocos, a ser realizada de ofício pela unidade extrajudicial ou mediante mero requerimento das partes, cujo ato será subscrito apenas pelo Notário ou seu substituto legal, em conformidade com o item 54, Capítulo XVI, das Normas de Serviço da E. Corregedoria Geral da Justiça. A alteração da redação, ao revés, transpassa seus efeitos para muito além da mera ortografia, podendo refletir em direitos alheios às partes contratantes. Por isso que a retificação a ser efetuada exige a presença das partes originais do ato (ou seus herdeiros, sucessores ou ordem judicial), para a lavratura de escritura de retificação e ratificação, nos termos do item 55, Capítulo XVI, das Normas de Serviço da E. Corregedoria Geral da Justiça, como acertadamente referido pelo Senhor Delegatário, uma vez que afeta parte essencial do negócio jurídico pactuado: seu objeto. Bem assim, qualquer falha em escritura pública, não concernente em mera correção de erros, inexatidões materiais e equívocos, só pode ser emendada com a participação das mesmas partes, mediante a lavratura de novo ato. Nesse sentido, o tema é fortemente assentado perante esta Corregedoria Permanente, bem como perante a E. Corregedoria Geral da Justiça, que em recente julgado, decidiu: Retificação de escritura pública de compra e venda de imóvel - Título que atribui aos interessados imóvel diverso daquele referido no contrato celebrado e efetivamente ocupado - Situação que extrapola as específicas hipóteses de retificação previstas nos itens 53 e 54 do Capítulo XIV das NSCGJ por implicar modificação da declaração de vontade das partes e da substância do negócio jurídico realizado - Recurso não provido. (Corregedoria Geral da Justiça de São Paulo Pedido de Providências: 1073694-83.2017.8.26.0100. Data de Julgamento: 13.03.2018. Publicação: 21.03.2018. Relator: Dr. Geraldo Francisco Pinheiro Franco). Por conseguinte, diante de todo o exposto, é inviável a retificação tal qual pretendida, perante esta estreita via administrativa, razão pela qual indefiro o pedido inicial. Oportunamente, arquivem-se os autos. Ciência ao Senhor Delegatário e ao Ministério Público. P.I.C. - ADV: ANA PALMA DOS SANTOS (OAB 226880/SP)

(DJe de 13.10.2021 – SP)

Ementa: Sentença – Dúvida – Recebimento como Pedido de Providências – Pedido de retificação pelo Requerente para constar que adquiriu o imóvel no estado civil de solteiro – Aquisição por sucessão hereditária – Anotação no formal de partilha de que o Requerente era divorciado – Negativa em razão da necessidade de produção de prova para demonstrar o equívoco alegado – Comprovação de ocorrência de erro material – Possibilidade da correção do registro – Art 213, I, "g", da LRP – Item 1351, "g", do Capítulo XX, das NSCGJ – Procedência

Processo 1079591-53.2021.8.26.0100

Dúvida - REGISTROS PÚBLICOS - Luis Marcelo Cavalcanti - Diante do exposto, JULGO PROCEDENTE o pedido de providências formulado, determinando a retificação do Registro n. 3, da matrícula n. 78.83, do 8º Registro de Imóveis da Capital, para que conste que o adquirente Luis Marcelo Cavalcanti era solteiro. Providencie a serventia a necessária regularização do cadastro do feito (pedido de providências), inclusive para trâmite perante o subfluxo da Corregedoria Permanente, acionando o Distribuidor, se necessário. Deste procedimento não decorrem custas, despesas processuais ou honorários advocatícios. Oportunamente, remetam-se os autos ao arquivo. P.R.I.C. - ADV: MICHELLE ENGI MICHELS BEHN (OAB 382840/SP)

Íntegra da decisão:

SENTENÇA

Processo Digital nº: **1079591-53.2021.8.26.0100**

Classe - Assunto **Dúvida - REGISTROS PÚBLICOS**

Requerente: **Luis Marcelo Cavalcanti**

Requerido: **8º Oficial de Registro de Imóveis da capital**

Juiz(a) de Direito: Dr(a). **Luciana Carone Nucci Eugênio Mahuad**

Vistos.

Trata-se de pedido de providências formulado por **Luis Marcelo Cavalcanti** em face do **Oficial do 8º Registro de Imóveis da Capital** para retificação da matrícula n. 78.873 daquela serventia, fazendo-se constar que, no momento da aquisição do imóvel, seu estado civil era solteiro. O imóvel foi adquirido por sucessão hereditária (inventário de autos nº 1000168-19.2017.8.26.0477), com anotação, no formal de partilha, por equívoco, que era divorciado. Reconhece que, naquela ocasião, assinou todos os documentos sem conferir sua qualificação por confiar em seu patrono, sendo que somente identificou o erro ao tentar registrar a venda do imóvel, com oposição pelo Oficial para retificação administrativa mediante simples exibição de certidão de nascimento. Juntou documentos às fls. 08/206.

Tutela de urgência não foi concedida (fl. 207).

O Oficial manifestou-se às fls. 210/211, sustentando, preliminarmente, que o procedimento adequado é o pedido de providências e, no mérito, que, nas peças extraídas dos autos do inventário (petição inicial, declaração de hipossuficiência e procuração), o requerente se qualificou como divorciado, o que torna necessária a produção de prova para demonstrar o equívoco alegado, sendo insuficiente a apresentação de certidão de nascimento.

O Ministério Público opinou pelo deferimento do pedido de providências (fls. 224/225).

É o relatório.

Fundamento e decido.

Primeiramente, verifica-se que, de fato, o feito está incorretamente cadastrado como dúvida, devendo ser corrigido o cadastro (pedido de providências).

No mérito, o pedido é procedente. Vejamos os motivos.

A Lei n. 6.015, de 31 de dezembro de 1973, em seu art. 213, inciso I, "g", permite a retificação do registro de imóveis sempre que se fizer necessária inserção ou modificação dos dados de qualificação pessoal das partes, quando comprovada por documentos oficiais, ou mediante despacho judicial, se provas precisarem ser produzidas.

Esta última é justamente a hipótese dos autos: produziram-se elementos suficientes que permitem afirmar que houve erro material estritamente no que se refere à qualificação do adquirente.

Conforme se verifica das peças dos autos de arrolamento dos bens deixados por Uridace Luiz Cavalcanti, o requerente, que recebeu um doze avos (1/12) do imóvel, se apresentou erroneamente como divorciado (fls. 214, 218, 220).

Contudo, não há averbação indicativa de casamento em seu assento de nascimento (fls. 201/202), sendo que ele apresentou declaração pessoal, acompanhada da declaração de outras três testemunhas, confirmando sua condição de solteiro (fls. 197/200).

Desse modo, em não havendo controvérsia acerca do erro existente no título quanto ao estado civil do herdeiro adquirente, possível a correção do registro por esta via administrativa com amparo na alínea "g", inciso I, do art. 213, da Lei n. 6.015/1973 e, ainda, no item 135.1, alínea "g", do Capítulo XX, das Normas de Serviço da Corregedoria Geral da Justiça.

A propósito:

"REGISTRO DE IMÓVEIS – Retificação de registro – Procedimento administrativo – Especialidade subjetiva – Donatária que, à época da doação, era casada sob o regime da separação de bens – Elementos contidos nos autos que são suficientes para dirimir a controvérsia – Possibilidade de retificação na esfera administrativa – Inteligência do art. 213, inciso I, alínea "g" da Lei nº 6.015/1973 e do item 135.1, alínea "g", do Capítulo XX das Normas de Serviço da Corregedoria Geral da Justiça – Recurso provido" (CGJ, Parecer 45/2021-E – Processo 1035106-02.2020.8.26.0100, DJ.16/02/2021).

Vale observar que a correção do registro prescinde de prévia retificação da carta de adjudicação, já que não interfere na distribuição dos direitos partilhados, como se extrai, *mutatis mutandis*, do teor do julgamento supramencionado (com nossos destaques):

*"**O fundamento da r. decisão de indeferimento da MM.ª Juíza Corregedora Permanente foi de que o registro efetuado na matrícula está em conformidade com a escritura pública que o originou**, razão pela qual, antes de haver a retificação no fólio real, seria indispensável a retificação do título.*

Ocorre que os documentos trazidos aos autos comprovam que a recorrente, donatária do imóvel, à época da doação e do registro era casada com José Roberto Sobrinho sob o regime da separação total de bens, consoante se depreende da certidão de casamento a fl. 10/11 e da escritura de pacto antenupcial a fl. 12/14.

Não há, pois, nenhuma controvérsia acerca do erro existente na escritura pública de doação e, consequentemente, no registro imobiliário. E esse erro, cumpre anotar, se refere estritamente à qualificação da donatária, não estando relacionado a nenhum ato de manifestação de vontade das partes.

A pretensão tem amparo na alínea "g", inciso I, do art. 213 da Lei nº 6.015/1973, que prevê a retificação a requerimento do interessado no caso de inserção ou modificação dos dados de qualificação pessoal das partes, comprovadas por documentos oficiais ou mediante despacho judicial quando houver necessidade de produção de outras provas. O item 135.1, alínea "g", do Capítulo XX das Normas de Serviço da Corregedoria Geral da Justiça praticamente reproduz a redação desse dispositivo da Lei de Registros Públicos".

Diante do exposto, **JULGO PROCEDENTE** o pedido de providências formulado, determinando a retificação do Registro n. 3, da matrícula n. 78.83, do 8º Registro de Imóveis da Capital, para que conste que o adquirente Luis Marcelo Cavalcanti era solteiro.

Providencie a serventia a necessária regularização do cadastro do feito (pedido de providências), inclusive para trâmite perante o subfluxo da Corregedoria Permanente, acionando o Distribuidor, se necessário.

Deste procedimento não decorrem custas, despesas processuais ou honorários advocatícios.

Oportunamente, remetam-se os autos ao arquivo.

P.R.I.C.

São Paulo, 24 de agosto de 2021.

Luciana Carone Nucci Eugênio Mahuad

Juiz de Direito (DJe de 26.08.2021 – SP)

Ementa: Sentença – Retificação de Registro de Imóvel – Pedido de retificação de área objetivando a correção das medidas do imóvel – Impossibilidade – Retificação que ultrapassaria os limites de titularidade da parte autora – Inclusão da área pretendida que caracterizaria aquisição reflexa de propriedade – Improcedência

Processo 1096444-45.2018.8.26.0100

Retificação de Registro de Imóvel - Registro de Imóveis - Pilot Pen do Brasil S/A Industria e

Comercio - Municipalidade de São Paulo e outro - Ante o exposto, com fundamento no artigo 487, I, do Código de Processo Civil, JULGO IMPROCEDENTE O PEDIDO. Condeno a parte autora ao pagamento das custas e despesas processuais. Ciência ao Ministério Público. Com o trânsito em julgado, ao arquivo. - ADV: CARMEN LYGIA DIAS DE PADUA YAZBEK (OAB 128716/SP), OSVALDO FIGUEIREDO MAUGERI (OAB 65994/SP), ALEXANDRE PETRILLI GONÇALVES FERRAZ DE ARRUDA (OAB 252499/SP)

Íntegra da decisão:

SENTENÇA

Processo Digital nº: **1096444-45.2018.8.26.0100**

Classe - Assunto **Retificação de Registro de Imóvel - Registro de Imóveis**

Requerente: **Pilot Pen do Brasil S/A Industria e Comercio**

Juiz(a) de Direito: Dr(a). **Juliana Forster Fulfaro**

Vistos.

Trata-se de pedido de retificação de área promovido por **Pilot Pen do Brasil S/A Industria e Comercio**, visando à correção das medidas do imóvel urbano, localizado na Cidade e Estado de São Paulo, na Avenida Pires do Rio, no 2.071, São Miguel Paulista, junto ao 9º Registro de Imóveis da Capital. A inicial veio instruída com procuração e documentos (fls. 22/101).

Sobrevieram informes cartorários (fls. 107/131 e 139/144).

Foi realizada perícia (fls. 185/223), seguida de manifestação da parte autora (fls. 230).

O 12º Oficial de Registro de Imóveis manifestou-se desfavoravelmente ao pedido (fls. 320/321).

A parte autora se manifestou (fls. 158). Manifestação do MP (fls. 233).

Foram realizadas as notificações necessárias.

Impugnação ao laudo apresentado pela Municipalidade (fls. 279/280).

Complemento do laudo pericial (fls. 288/294, 318/319, 329/340 e 369/377).

Manifestação do registrador (fls. 379).

O Ministério Público opinou pela improcedência do pedido (fls. 382/383).

A parte autora se manifestou pela procedência do pedido inicial (fls. 385/387).

É o relatório.

Fundamento e decido.

O pedido é improcedente.

Cuida-se de ação de retificação, de jurisdição voluntária, na qual a parte autora objetiva a adequação do registro imobiliário à situação de fato do imóvel de sua titularidade, em prestígio ao princípio da especialidade objetiva.

Conforme salientado pelo Ministério Público e pelo 12º Oficial, a retificação pretendida, na verdade, ultrapassaria os limites de titularidade da parte autora, restando claro que o caso presente não deve ser analisado em ação retificativa, uma vez que a área que se pretende incorporar não deriva das transcrições de titularidade da autora.

Ora, o processo de retificação visa à correção tão somente de indicações dimensionais, que não ultrapassem a propriedade lindeira.

Importante consignar que não se trata de aumento de área "intra-muros" que seria, em tese, admitida. Com efeito, conforme já exposto, a área que se pretende incorporar, além de não corresponder às áreas de transcrição de titularidade da autora, corresponde a área que divide terrenos objeto de transcrições distintas. O fato de ambas as transcrições serem de titularidade da autora não é suficiente para caracterizar a hipótese de retificação "intra-muros".

A inclusão da área pretendida no domínio da autora caracterizaria aquisição reflexa de propriedade, o que não se admite em ação de retificação, devendo ser objeto, se o caso, de ação de usucapião.

Ante o exposto, com fundamento no artigo 487, I, do Código de Processo Civil,

JULGO IMPROCEDENTE O PEDIDO.

Condeno a parte autora ao pagamento das custas e despesas processuais.

Ciência ao Ministério Público.

Com o trânsito em julgado, ao arquivo.

São Paulo, 16 de agosto de 2021.

Juliana Forster Fulfaro

Juíza de Direito (DJe de 18.08.2021 – SP)

Ementa: Sentença – Retificação de Registro de Imóvel – Pedido de retificação de registro sob alegação de equívoco – Impossibilidade – Alegação de que os direitos sobre o imóvel foram adquiridos pelo seu genitor no estado civil de solteiro e, posteriormente, foi outorgada a escritura definitiva do imóvel constando a cônjuge do referido como co-proprietária – Registro que espelhou corretamente o título – Ausência de preenchimento das hipóteses autorizadoras previstas no art 213 da LRP – Imprescindibilidade de retificação do título que deu origem ao registro – Incompetência do juízo administrativo – Indeferimento do pedido – Extinção do feito – Improcedência

Processo 1021055-49.2021.8.26.0100

Retificação de Registro de Imóvel - Registro de Imóveis - Agenor Gomes da Silva - Isto posto, e por tudo mais que nos autos consta, JULGO IMPROCEDENTE o pedido, extinguindo o processo, com resolução do mérito, nos termos do artigo 487, inciso I, do Código de Processo Civil. Custas e despesas processuais ex lege, observando ser o autor beneficiário da justiça gratuita. Sem condenação em honorários advocatícios. Oportunamente, ao arquivo. P.I.C. - ADV: DEFENSORIA PÚBLICA DO ESTADO DE SÃO PAULO (OAB 999999/DP)

Íntegra da decisão:

SENTENÇA

Processo Digital nº: **1021055-49.2021.8.26.0100**

Classe - Assunto **Retificação de Registro de Imóvel - Registro de Imóveis**

Requerente: **Agenor Gomes da Silva**

Requerido: **11º Oficial de Registro de Imóveis da capital**

Justiça Gratuita

Juíza de Direito: Dra. **Renata Pinto Lima Zanetta**

Vistos

AGENOR GOMES DA SILVA, qualificado nos autos, ajuizou a presente ação de retificação do registro do imóvel objeto da matrícula nº 207.469 do 11º Registro de Imóveis de São Paulo, sob a titularidade dominial de Teófilo Gomes da Silva, seu genitor, e de Tereza Faria da Silva.

Segundo exposto na petição inicial, em 10 de setembro de 1.963, durante a união com a mãe do requerente, seu pai adquiriu por meio de contrato particular os direitos sobre o imóvel situado à Rua Isabel Aguiar de Campos, nº 733, Parque Grajaú, nesta Capital, e, à época, era civilmente solteiro, embora casado no religioso com Luiza Gomes da Silva, mãe do requerente, conforme "certidão de matrimonio religioso" expedida pelo Bispado de Iguatu, Paróquia Bom Jesus Piedoso, Ceará. Afirma que a união entre os pais terminou após vinte anos, sem a regularização do estado civil. No entanto, a escritura definitiva do imóvel foi outorgada em 04 de novembro de 1.987, quando Teófilo já estava casado sob o regime da comunhão parcial de bens com Tereza Faria da Silva. Sustenta que o registro padece de equívoco ao declarar que o imóvel foi adquirido por Teófilo Gomes da Silva, casado com Tereza Faria da Silva, excluindo a convivente Luiza Gomes da Silva como co-proprietária do imóvel. Noticia que Tereza faleceu em 05 de agosto de 1.999, e Teófilo faleceu aos 31 de dezembro de 2.010, sendo que tanto o requerente como as herdeiras de Tereza ajuizaram ação de inventário para discutir os direitos sucessórios sobre o imóvel. Desse modo, pleiteia a retificação do registro imobiliário, para passar a constar que o imóvel da matrícula nº 207.469 do 11º RI pertence a Teófilo e Luiza, excluindo-se o nome de Tereza (fls. 01/08). Com a inicial, vieram documentos (fls. 09/34).

O 11º Oficial de Registro de Imóveis manifestou-se (fls. 35/39).

O Ministério Público ofertou parecer, opinando pela improcedência do pedido (fls. 42/44 e 58).

É o relatório.

FUNDAMENTO E DECIDO.

Cuida-se de ação de retificação, de jurisdição voluntária, objetivando a adequação do registro imobiliário à situação de fato, atendendo aos princípios da especialidade objetiva e subjetiva.

De proêmio, impende salientar que a retificação de registro imobiliário, prevista nos artigos 212 e 213 da Lei de Registros Públicos, tem o condão de corrigir formais do título.

É tranquila a jurisprudência no sentido de que não há que se falar em retificação administrativa quando o registro espelha o título que lhe deu lastro.

No caso em exame, o requerente alega que os direitos sobre o imóvel teriam sido adquiridos por Teófilo Gomes da Silva, no ano de 1.963, o que afastaria a meação de Tereza Faria da Silva, e que, desse modo, a escritura pública, e consequentemente o registro na matrícula nº 207.469, padeceria de equívoco ao considerar que a aquisição corresponde a aquestos do casal adquirente.

Não lhe assiste razão, todavia.

Depreende-se da certidão da matrícula nº 207.469 do 11º Registro de Imóveis da Capital (29/30), que o registro nº 1 (R.1) da referida matrícula espelhou corretamente o título consubstanciado na escritura pública de venda e compra e cessão, lavrada em 04 de novembro de 1.987, por meio da qual o imóvel foi vendido a Teófilo Gomes da Silva, à época casado pelo regime da comunhão parcial de bens com Tereza Faria Silva, com anuência de Luiz Rodrigues da Silva e Gertrudes Nogueira da Silva, conforme reproduzida às fls. 24/28. Constou na escritura pública que, por instrumento particular datado de 10 de setembro de 1.963, não registrado, os proprietários do loteamento Parque Grajaú prometeram vender o imóvel correspondente ao lote nº 826 da quadra nº 18 para Luiz Rodrigues da Silva e Gertrudes Nogueira da Silva. E, posteriormente, pelos termos da referida escritura, registrada na matrícula do imóvel, Luiz Rodrigues da Silva e Gertrudes Nogueira da Silva cederam e transferiram os direitos decorrentes da promessa de venda e compra celebrada em 1.963 para Teófilo Gomes da Silva e Tereza Faria da Silva, sua cônjuge à época da lavratura do ato notarial.

Desta feita, "in casu", mostram ausentes quaisquer das hipóteses autorizadoras da retificação de registro imobiliário previstas pelo artigo 213 da Lei de Registros Públicos, invocado, visto não se tratar de mera retificação de dados pessoais do adquirente, pretendendo o autor, ao contrário, que passe a constar como titular de domínio do imóvel pessoa diversa daquela que consta do título, o que se apresenta incabível neste âmbito de natureza administrativa.

Ademais, para haver a retificação do registro imobiliário, afigura-se imprescindível a retificação do título que deu origem ao registro, providência, no entanto, que refoge os estreitos limites desta esfera administrativa.

A propósito, nesse sentido já se pronunciou a Egrégia Corregedoria Geral da Justiça, em parecer da lavra do Meritíssimo Juiz Auxiliar Dr. Vicente de Abreu Amadei, aprovado pelo eminente Desembargador Dínio de Santis Garcia, então Corregedor Geral da Justiça:

> *"(...) se houve algum equívoco este é do título causal, não do registro imobiliário que é formalmente perfeito e, conforme nossa doutrina e precedentes administrativos, o erro do registro não se confunde com o erro do título causal e não se pode admitir a via administrativa da retificação do registro imobiliário para sanar defeito de escritura a) 'a retificação de erro constante do registro não se confunde com o erro cometido no negócio causal que originou o assentamento imobiliário' (Walter Ceneviva, Lei dos Registros Públicos Comentada, Saraiva, 1991,p. 372); b) se o erro se deu na escritura, pública ou particular, somente por outra poderá ser retificado, sendo que as particularidades poderão sê-lo pela escritura pública, e jamais a pública pela particular' (Aguiar Vallim, Direito Imobiliário Brasileiro, Ed. RT, 1984, p. 109); c) falta qualquer competência aos Juízes para decretar sanações e, até, para retificar erros das escrituras públicas: escritura pública somente se retifica por escritura pública e não por mandamento judicial' (Pontes de Miranda, Tratado de Direito Privado, t III, § 338, n° 1 com referência ao Acórdão publicado na RT 182/754); d) o registro errado, resultante de uma escritura pública erradamente lavrada, por exemplo, só poderá ser retificado depois que as partes comparecendo novamente à presença do mesmo ou de outro notário, o façam lavrar, para ser por elas assinada, outra escritura, de retificação da primeira (Valmir Pontes, Registro de Imóveis, Saraiva, 1982, 9.24/25); e) se o suposto engano está no título que deu origem ao registro cuja retificação é pretendida, é aquele que deve ser corrigido"*

Deste modo, a improcedência da ação é a medida que se impõe.

Isto posto, e por tudo mais que nos autos consta, **JULGO IMPROCEDENTE** o pedido, extinguindo o processo, com resolução do mérito, nos termos do artigo 487, inciso I, do Código de Processo Civil. Custas e despesas processuais *ex lege*, observando ser o autor beneficiário da justiça gratuita. Sem condenação em honorários advocatícios.

Oportunamente, ao arquivo.

P.I.C.

São Paulo, 11 de agosto de 2021.

Renata Pinto Lima Zanetta

Juíza de Direito (DJe de 13.08.2021 – SP)

Ementa: Sentença – Pedido de Providências – Pedido de cancelamento de Cláusula Resolutiva – Informação pelo Oficial de que os microfilmes dos cheques não dispensam a necessidade de apresentação de Instrumento de Quitação firmado pelos credores – Art 250 da LRP – Documentos apresentados que não provam a extinção do direito inscrito – Elementos que trazem apenas presunção relativa de quitação – Ausência de Declaração de Quitação dos credores – Indeferimento do pedido – Improcedência

Processo 1040012-45.2021.8.26.0053

Pedido de Providências - Petição intermediária - Sol Administração e Participações Ltda - Diante do exposto, JULGO IMPROCEDENTE o pedido de providências formulado por Sol Administração e Participações Ltda em face do Oficial do 15º Registro de Imóveis da Capital. Deste procedimento não decorrem custas, despesas processuais ou honorários advocatícios. Oportunamente, ao arquivo com as cautelas de praxe. P.R.I.C. - ADV: EDUARDO MACEDO LEME TATIT (OAB 206948/SP)

Íntegra da decisão:

SENTENÇA

Processo Digital nº: **1040012-45.2021.8.26.0053**

Classe - Assunto **Pedido de Providências - Petição intermediária**

Requerente: **Sol Administração e Participações Ltda**

Requerido: **15º Oficial de Registro de Imóveis da Capital**

Juiz(a) de Direito: Dr(a). **Luciana Carone Nucci Eugênio Mahuad**

Vistos.

Trata-se de pedido de providências formulado por **Sol Administração e Participações Ltda** em face do **Oficial do 15º Registro de Imóveis da Capital**, requerendo o cancelamento de cláusula resolutiva expressa constante em registro da matrícula n. 230.478 daquela serventia.

A parte requerente aduz que adquiriu referido imóvel com previsão de pagamento de parte do preço em oito parcelas por meio de cheques pós datados, sendo que o instrumento de compra e venda conta com cláusula resolutiva expressa de não pagamento nos termos do art. 474 do Código Civil; que, com a comprovação da quitação do preço (microfilmes das cártulas), cabível o cancelamento da cláusula independentemente de instrumento de quitação firmado pelos credores. Juntou documentos às fls. 05/51.

O Oficial manifestou-se às fls. 57/58, sustentando que os microfilmes dos cheques não dispensam instrumento de quitação passado pelos credores, que deve contar com firmas reconhecidas em atendimento ao artigo 250, II, c.c. o artigo 251, I, ambos da Lei n. 6015/73.

O Ministério Público opinou pela improcedência (fls. 73/74).

É o relatório.

Fundamento e decido.

No mérito, o pedido é improcedente. Vejamos os motivos.

Analisando a matrícula n. 230.478, juntada às fls. 59/66, verifica-se a existência de registro de escritura venda e compra (R.7), pela qual a parte requerente adquiriu o imóvel de Marcelo Ciccone e Karina Andrade Ludalf pelo valor de R$ 4.980.000,00 (quatro milhões, novecentos e oitenta mil reais), sendo o valor de R$ 1.200.000,00 (um milhão e duzentos mil reais) quitado, com saldo de R$ 3.780.000,00 (três milhões, setecentos e oitenta mil reais) a ser pago pela entrega de oito cheques pós datados (o primeiro, com data de 01/09/2020, e, o último, de 01/04/2021), no valor de R$ 472.500,00 (quatrocentos e setenta e dois mil e quinhentos reais) cada um.

Referido registro foi gravado com cláusula resolutiva expressa de não pagamento das parcelas no modo, no tempo e no lugar avençados, nos termos do artigo 474, primeira parte, do Código Civil, com previsão de penalidade (multa de 10% do valor do negócio).

Pois bem, registrado o gravame, cabe verificar a aptidão dos documentos apresentados para o cancelamento pretendido.

Por primeiro, é válido esclarecer que, embora o Código Civil preveja, em seu artigo 474, que a cláusula resolutiva, quando expressa, opera efeitos de pleno direito, dependendo apenas a tácita de interpelação judicial, tal disposição diz respeito à relação obrigacional (direito material), o que não se aplica ao direito registral imobiliário à vista de regramento próprio.

De fato, o artigo 250 da Lei n. 6.015/73 assim dispõe acerca dos requisitos para cancelamento de registro ou averbações (com nossos destaques):

"Art. 250 - Far-se-á o cancelamento:

I - em cumprimento de decisão judicial transitada em julgado;

*II - **a requerimento unânime das partes que tenham participado do ato registrado**, se capazes, com as firmas reconhecidas por tabelião;*

*III - **A requerimento do interessado, instruído com documento hábil** (...)".*

Ou seja, ainda que se possa admitir a comprovação do cumprimento do pacto promissório nesta via administrativa para cancelamento de registro ou averbação, há necessidade de apresentação de documento hábil.

No caso concreto, porém, a parte requerente apresentou como prova de quitação apenas cópia dos cheques por meio de *print* de tela sistêmica ou do *site* da instituição financeira emissora, contendo os dados de cada cártula e as datas das compensações (fls. 43/50).

Ocorre que tais documentos, por si só, não são hábeis para provar de forma inequívoca a extinção do direito inscrito, com a segurança necessária para cancelamento do gravame.

Note-se que nem todos os cheques copiados contam com carimbo do banco recebedor em seu verso, ao contrário do que indica a instituição financeira em seu *site* (Banco Itaú) acerca do pedido de microfilmagem: *"Você pode salvar a imagem em PDF. Na imagem, no carimbo do banco recebedor no verso do cheque, é possível identificar em que banco, agência e conta o cheque foi depositado"* (*https://www.itau.com.br/atendimento-itau/paravoce/conta-corrente/como-peco-a-microfilmagem-de-um-cheque/*, com acesso nesta data). Vale notar, ainda, que o valor de cada cártula é de grande monta (R$472.500,00), de modo que os títulos não poderiam ser compensados com retirada em espécie.

O que se verifica, portanto, é que os elementos vindos aos autos trazem apenas presunção relativa de quitação, o que equivale dizer que pode haver prova em contrário acerca do não pagamento, cuja análise, com a incidência de contraditório, deve ser feita em procedimento contencioso cível.

Portanto, neste contexto de presunção relativa e de ausência de declaração de quitação dos credores, o que, a princípio, seria de fácil obtenção pela empresa compradora, não incumbe a este juízo administrativo, dentro de seus estreitos limites, autorizar o cancelamento da cláusula resolutiva na forma pretendida.

Diante do exposto, **JULGO IMPROCEDENTE** o pedido de providências formulado por Sol Administração e Participações Ltda em face do Oficial do 15º Registro de Imóveis da Capital.

Deste procedimento não decorrem custas, despesas processuais ou honorários advocatícios.

Oportunamente, ao arquivo com as cautelas de praxe.

P.R.I.C.

São Paulo, 03 de agosto de 2021.

Luciana Carone Nucci Eugênio Mahuad

Juiz de Direito (DJe de 05.08.2021 – SP)

Ementa: Sentença – Pedido de Providências – Requerimento de retificação da transcrição para constar que, no momento da aquisição do imóvel, o adquirente era solteiro – Alegação pela parte Requerente de que na Escritura de Venda e Compra constou, de forma equivocada, que o adquirente era casado, sendo que o referido contraiu matrimônio muito tempo depois – Negativa em razão de que, na época da inscrição, não se exigia o arquivamento de cópia da escritura aquisitiva na Serventia – Impossibilidade de análise pelo Oficial de eventual erro de transposição de elementos do título para o registro – Documentos que comprovam a ocorrência de erro material na Escritura – Possibilidade de correção do registro – Art 213, I, "g", da LRP – Deferimento do pedido – Procedência

Processo 1039356-44.2021.8.26.0100

Pedido de Providências - Registro de Imóveis - Sebastião Gonçalo de Amarante – Anita Alves de Amarante - Diante do exposto, JULGO PROCEDENTE o pedido de providências formulado, determinando a retificação da transcrição n. 109.151 para que conste que, na ocasião da aquisição do imóvel (escritura pública datada de 07 de junho de 1968 - Livro 457 fls. 204), o adquirente Sebastião Gonçalo de Amarante era solteiro. Deste procedimento não decorrem custas, despesas processuais ou honorários advocatícios. Oportunamente, remetam-se os autos ao arquivo. P.R.I.C. - ADV: REGIANE ANDRADE MUNHOZ MARQUES (OAB 198559/SP)

Íntegra da decisão:

SENTENÇA

Processo Digital nº: **1039356-44.2021.8.26.0100**

Classe - Assunto **Pedido de Providências - Registro de Imóveis**

Requerente: **Sebastião Gonçalo de Amarante e outro**

Requerido: **9º Oficial de Registro de Imóveis da Capital**

Juiz(a) de Direito: Dr(a). **Luciana Carone Nucci Eugênio Mahuad**

Vistos.

Trata-se de pedido de providencias formulado por **Sebastião Gonçalo de Amarante e Anita Alves Amarante** em face do **Oficial do 9º Registro de Imóveis da Capital**, pretendendo a retificação da transcrição n. 109.151 para constar que, no momento da aquisição do imóvel, Sebastião era solteiro.

A parte requerente aduz que o imóvel foi adquirido por escritura de venda e compra datada de 07 de junho de 1968 (Livro 457 – fls. 204), na qual constou, de forma equivocada, que o adquirente Sebastião Gonçalo de Amarante era casado, sendo que ele contraiu matrimônio em primeiras núpcias com Anita muito tempo depois, no ano de 1986. Juntou documentos às fls. 05/21.

O Oficial manifestou-se à fl. 25, sustentando que, na época da inscrição, não se exigia o arquivamento de cópia da escritura aquisitiva na serventia, pelo que resta impossibilitada a análise de eventual erro de transposição de elementos do título para o registro; que, se afastada a hipótese de retificação por erro de transposição, entende possível a alteração pretendida com base no art. 214, inciso I, alínea "g", da Lei n. 6.015/73, mediante autorização deste juízo; que os elementos apresentados pela parte interessada evidenciam erro na elaboração da escritura, mas os documentos não estão atualizados.

Por determinação do juízo, os requerentes exibiram cópia da referida escritura pública, bem como certidões atualizadas de seu casamento e do nascimento de ambos (fls. 35/40 e 53/55 e 64/65).

O Ministério Público opinou pela procedência (fls. 58/59 e 68).

É o relatório.

Fundamento e decido.

No mérito, o pedido é procedente. Vejamos os motivos.

A Lei n. 6.015, de 31 de dezembro de 1973, em seu art. 213, inciso I, "g", permite a retificação do registro de imóveis sempre que se fizer necessária inserção ou modificação dos dados de qualificação pessoal das partes quando comprovada por documentos oficiais ou mediante despacho judicial, na hipótese em que provas precisarem ser produzidas.

Esta última é justamente a hipótese dos autos: produziram-se elementos suficientes que permitem afirmar que houve erro material na escritura pública estritamente no que se refere à qualificação do adquirente.

Conforme se verifica do título em questão, datado de 07/06/1068 (fls. 35/40), o adquirente Sebastião Gonçalo de Amarante foi qualificado erroneamente como casado, sem qualificação de cônjuge, sendo que há demonstração de que ele se casou com Anita Alves Amarante, em primeiras núpcias, apenas em 1986: certidões de casamento e de nascimento atualizadas às fls. 53/54, 55 e 64/65.

Sebastião, portanto, era solteiro quando adquiriu o imóvel.

Desse modo, não havendo controvérsia acerca do erro existente na escritura pública quanto ao estado civil do adquirente, possível a correção do registro por esta via administrativa com amparo na alínea "g", inciso I, do art. 213 da Lei n. 6.015/1973 e, ainda, no item 135.1, alínea "g", do Capítulo XX, das Normas de Serviço da Corregedoria Geral da Justiça.

A propósito:

> *"REGISTRO DE IMÓVEIS - Retificação de registro – Procedimento administrativo - Especialidade subjetiva – Donatária que, à época da doação, era casada sob o regime da separação de bens – Elementos contidos nos autos que são suficientes para dirimir a controvérsia – Possibilidade de retificação na esfera administrativa – Inteligência do art. 213, inciso I, alínea "g" da Lei nº 6.015/1973 e do item 135.1, alínea "g", do Capítulo XX das Normas de Serviço da Corregedoria Geral da Justiça - Recurso provido" (CGJ, Parecer 45/2021-E – Processo 1035106-02.2020.8.26.0100, DJ.16/02/2021).*

Vale observar que a correção do registro prescinde de prévia retificação da escritura pública, já que não interfere em ato de manifestação de vontade dos envolvidos, como se extrai do teor do julgamento supramencionado (com nossos destaques):

> ***"O fundamento da r. decisão de indeferimento da MM.ª Juíza Corregedora Permanente foi de que o registro efetuado na matrícula está em conformidade com a escritura pública que o originou**, razão pela qual, antes de haver a retificação no fólio real, seria indispensável a retificação do título.*
>
> *Ocorre que os documentos trazidos aos autos comprovam que a recorrente, donatária do imóvel, à época da doação e do registro era casada com José Roberto Sobrinho sob o regime da separação total de bens, consoante se depreende da certidão de casamento a fl. 10/11 e da escritura de pacto antenupcial a fl. 12/14.*
>
> *Não há, pois, nenhuma controvérsia acerca do erro existente na escritura pública de doação e, consequentemente, no registro imobiliário. E esse erro, cumpre anotar, se refere estritamente à qualificação da donatária, não estando relacionado a nenhum ato de manifestação de vontade das partes.*
>
> *A pretensão tem amparo na alínea "g", inciso I, do art. 213 da Lei nº 6.015/1973, que prevê a retificação a requerimento do interessado no caso de inserção ou modificação dos dados de qualificação pessoal das partes, comprovadas por documentos oficiais ou mediante despacho judicial quando houver necessidade de produção de outras provas. O item 135.1, alínea "g", do Capítulo XX das Normas de Serviço da Corregedoria Geral da Justiça praticamente reproduz a redação desse dispositivo da Lei de Registros Públicos".*

Diante do exposto, **JULGO PROCEDENTE** o pedido de providências formulado, determinando a retificação da transcrição n. 109.151 para que conste que, na ocasião da aquisição do imóvel (escritura pública datada de 07 de junho de 1968 - Livro 457 – fls. 204), o adquirente Sebastião Gonçalo de Amarante era solteiro.

Deste procedimento não decorrem custas, despesas processuais ou honorários advocatícios.

Oportunamente, remetam-se os autos ao arquivo.

P.R.I.C.

São Paulo, 02 de agosto de 2021.

Luciana Carone Nucci Eugênio Mahuad

Juiz de Direito (DJe de 04.08.2021 – SP)

Ementa: Sentença – Pedido de Providências – Pedido de retificação da área do imóvel – Negativa em razão da presença de incongruências nas plantas e memoriais apresentados, bem como do aumento desproporcional da área, sugerindo aquisição de propriedade – Inviabilidade de aplicação do Art. 213, I, "f", da LRP – Existência de sobreposição parcial com o imóvel confrontante dos fundos – Manutenção dos óbices – Improcedência

Processo 1016028-85.2021.8.26.0100

Pedido de Providências - Registro de Imóveis - 16º Oficio de Registro de Imoveis da Capital - Fabio Luis Covre Coimbra e outro - Municipalidade de São Paulo - Diante do exposto, julgo improcedente o pedido de providências formulado pela Oficiala do 16º Registro de Imóveis da Capital, a pedido de Fábio Luis Covre Coimbra Fazenda Pública do Estado de São Paulo, e consequentemente mantenho os óbices à retificação administrativa. Deste procedimento não decorrem custas, despesas processuais e honorários advocatícios. Oportunamente remetam-se os autos ao arquivo. P.R.I.C. - ADV: EDUARDO MIKALAUSKAS (OAB 179867/SP)

Íntegra da decisão:

SENTENÇA

Processo Digital nº: **1016028-85.2021.8.26.0100**

Classe - Assunto **Pedido de Providências - Registro de Imóveis**

Suscitante: **16º Oficio de Registro de Imoveis da Capital**

Suscitado: **Fabio Luis Covre Coimbra e outro**

Juiz(a) de Direito: Dr(a). **Vivian Labruna Catapani**

Vistos.

Trata-se de **procedimento administrativo** encaminhado pela **Oficiala do 16º Registro de Imóveis da Capital**, a requerimento de Fábio Luis Couvre Coimbra, em virtude da negativa de se proceder à retificação da área objeto da matrícula n. 134.504, cujo requerimento utilizou como base os artigos 213, inciso I, letra "f", 213, inciso II, ambos da Lei 6.015/73.

O óbice se dá pela existência de incongruências nas plantas e memoriais apresentados, bem como no aumento desproporcional da área, sugerindo aquisição de propriedade. Informa a Registradora que, conforme consta da matrícula, o imóvel retificando possui as seguintes medidas perimetrais: 9,00m de frente; mais ou menos 43,60m do lado esquerdo; mais ou menos 46,00m do lado direito; ausente medida dos fundos. Contudo, a planta e o memorial apresentados indicam as seguintes medidas: 9,65m de frente (ou seja, um aumento de 0,65m); 59,11m do lado esquerdo (aumento de 13,11m); 59,50 do lado direito (aumento de 15,90); 10,55m nos fundos. Ainda, houve alteração da confrontação dos fundos, que não mais menciona o córrego, e indica sobreposição de áreas.

Acrescenta a Registradora que o requerente solicita a prática dos seguintes atos: a) reprodução da linha divisória do imóvel que já tenha sido objeto de retificação, nos termos do artigo 213, inciso I, da Lei de Registros Públicos (o que não é possível, pois a planta e o memorial apresentados demonstram que a confrontação entre os imóveis é diferente, havendo divergência de metragem); b) retificação de área nos termos do art. 213, inciso II, da Lei de Registros Públicos (o que não é viável, na medida em que há elevação significativa da área do imóvel retificando, indício de assoreamento de córrego aos fundos, sobreposição parcial com o imóvel da matrícula n. 8.440, confrontante dos fundos, e incongruências entre a planta e o memorial descritivo).

Intimado a se manifestar, o interessado manteve-se inerte (fl. 80).

O Ministério Público opinou pelo indeferimento do pedido formulado (fls. 84/86).

A Municipalidade impugnou o pedido às fls. 91/92

É o relatório.

Passo a fundamentar e a decidir.

Com razão a Registradora e o Ministério Público.

No caso em tela, a nova descrição das medidas do imóvel retificando sinaliza aumento considerável de sua metragem.

Não se ignoram os precedentes da E. CGJ no sentido de que, na retificação de registro, o aumento de área não é, por si só, óbice peremptório à pretensão a retificar. Nesse sentido:

> *"...tenha-se que não há limites objetivos previstos na lei para eventual aumento de área por conta da realização da retificação imobiliária, desde que respeitados os limites geodésicos do imóvel em questão. É que os arts. 212 e 213, da Lei nº 6.015/1973, não estabelecem limites objetivos para a retificação do registro, considerando-se sua função de garantir que este espelha a realidade de fato do imóvel." (Recurso administrativo 1002561-48.2019.8.26.0152, j. 23.1.2020, DJe 30.1.2020, cad. 1 adm., p. 13; cf. também Rec. Adm. 1011754-07.2019.8.26.0405, j. 16.4.2020, DJe 13.5.2020, cad. 1 adm., p. 12)*

Ou seja, mesmo havendo aumento significativo de área, tal fato, isolado, não impede a retificação administrativa, desde que a retificação se processe *intra muros*, sem prejuízos aos confrontantes.

Ocorre que, no caso em tela, há fortes indícios de que houve assoreamento do córrego situado aos fundos do imóvel, configurando-se aquisição de propriedade por via transversa.

Extrai-se da matrícula do bem (fls. 20/24), que o imóvel confrontava no fundo com um córrego, não constando suas medidas aos fundos. As medidas das laterais esquerda e direita também constavam por aproximação, indicando-se que elas se estendiam até encontrar o córrego.

Ocorre que, de acordo com o memorial descritivo de fls. 18/19, não mais consta referência ao córrego, mencionando-se apenas confrontação aos fundos com os imóveis situados na Rua Macaraí, 265 (matrícula 8.440), e na Rua Paulo Orozimbo, n. 530 (transcrição n. 8.605).

Ou seja, com o aumento considerável das medidas das laterais do imóvel e a omissão da confrontação com o córrego aos fundos, conclui-se que o aumento de metragem do imóvel retificando deve-se pela ocupação da área anteriormente pertencente ao córrego.

E, como se sabe, não é possível que na retificação haja incorporação de área não pertencente ao imóvel, o que somente é viável por meio de usucapião. Nesse sentido:

"Por não ter natureza contenciosa, a retificação administrativa limita-se à correção de erros formais, não servindo como meio para alterar os limites e confrontações fáticos do imóvel. Não pode, portanto, ser manejada como meio de aquisições de propriedade imóvel ou como substitutivo da ação de usucapião, pretensões estas sujeitas à propositura de ação próprio.

Vale dizer, a retificação de imóvel somente é cabível nos casos em que há erro no registro evidenciado pela desconformidade entre o estado jurídico aparente e o real, mas desde que esta discrepância não decorra de alteração superveniente do aspecto físico do imóvel. Portanto, a regularização do aumento de área apenas será motivada por erro no registro." (KÜMPEL, Vitor Frederico; FERRARI, Carla Modina. Tratado notarial e registral. São Paulo: YK Editora, 2020, p. 617)

Ao óbice de se manejar a retificação para a aquisição de área, em violação ao art. 213, inciso II, da Lei 6.015/73, soma-se o fato de que, no caso em tela, conforme informado pela Registradora, haveria sobreposição parcial com o imóvel da matrícula n. 8.440, confrontante dos fundos (não se processando a retificação, portanto, *intramuros*), além de existirem incongruências entre as medidas da planta e do memorial descritivo apresentadas pelo interessado (fls. 6 e 7).

Ainda, embora o interessado pretenda a reprodução da linha divisória do imóvel confrontante, já objeto de retificação, nos termos do artigo 213, inciso I, letra "f", da Lei de Registros Públicos, tal pretensão não é possível, pois a planta e o memorial apresentados demonstram que a confrontaçao entre os imóveis é diferente, havendo divergência entre o que consta da matrícula do imóvel confrontante retificado (matrícula n. 11.292 – segmentos 40,78m + 4,76m + 17,40m) e a descrição apresentada pelo interessado (segmentos 37,34m + 4,76m + 17,40m).

Observe-se que, embora se dispense a apresentação de elemento gráfico pelo interessado, para a reprodução de linha divisória de imóvel confrontante que já tenha sido objeto de retificação, o fato de terem sido apresentadas planta e memorial descritivos exige que tais documentos sejam qualificados pela serventia extrajudicial, que, no caso, apurou divergência a impedir a aplicação do art. 213, inciso I, letra "f", da Lei de Registros Públicos.

Diante do exposto, **julgo improcedente** o pedido de providências formulado pela Oficiala do 16º Registro de Imóveis da Capital, a pedido de Fábio Luis Covre Coimbra Fazenda Pública do Estado de São Paulo, e consequentemente mantenho os óbices à retificação administrativa.

Deste procedimento não decorrem custas, despesas processuais e honorários advocatícios.

Oportunamente remetam-se os autos ao arquivo.

P.R.I.C.

São Paulo, 28 de maio de 2021.

Vivian Labruna Catapani

Juíza de Direito (DJe de 01.06.2021 – SP)

Ementa: Sentença – Retificação de Registro de Imóvel – Pedido de extinção de comunhão entre os Requerentes – Informação pelo Oficial de que é possível satisfazer a pretensão por meio de lavratura pública de Divisão Amigável – Inexistência de incorreção nas matrículas – Ausência de interesse processual – Extinção do feito

Processo 1125530-90.2020.8.26.0100

Retificação de Registro de Imóvel - Registro de Imóveis - Maria Aparecida dos Santos Oliveira Stucka - Ante o exposto, JULGO EXTINTO O PROCESSO, sem resolução de mérito, com fundamento no artigo 485, inciso VI, do Código de Processo Civil. Com o trânsito em julgado, ao arquivo. P.R.I. - ADV: ALFREDO LUCIO DOS REIS FERRAZ (OAB 115296/SP)

Íntegra da decisão:

SENTENÇA

Processo Digital nº: **1125530-90.2020.8.26.0100**

Classe - Assunto **Retificação de Registro de Imóvel - Registro de Imóveis**

Requerente: **Maria Aparecida dos Santos Oliveira Stucka e outros**

Requerido: **15º Oficial de Registro de Imóveis da Capital**

Juiz(a) de Direito: Dr(a). **Ana Claudia Dabus Guimarães e Souza**

Vistos.

Trata-se de pedido de retificação de registro promovido por **MARIA APARECIDA DOS SANTOS OLIVEIRA STUCKA**, **ELIANE GONÇALVES DE OLIVEIRA EVANGELISTA** e **VALDOMIRO EVANGELISTA DA SILVA**, visando à extinção de comunhão existente entre os autores sobre os imóveis objetos das matrículas de nº 269.144 e 269.145, do 15º Oficial de Registro de Imóveis da Capital. Petição inicial (fls. 1/5) acompanhada de procuração e documentos (fls. 6/36).

O 15º Oficial de Registro de Imóveis da Capital manifestou-se às fls. 34/35, apontando que a pretensão pode ser atendida por meio de lavratura pública de divisão amigável.

O Ministério Público opinou pela improcedência do pedido (fls. 59/51)

É o relatório.

Fundamento e decido.

Da análise dos autos, verifica-se que os autores são coproprietários dos imóveis descritos na inicial e que objetivam a extinção da comunhão existentes entre eles sobre os bens, com a consequente regularização dos domínios.

Contudo, a presente ação não é a via adequada para a pretensão deduzida pelos autores, já que cediço que as ações de retificação de registro imobiliário são voltadas à correção de matrículas que não refletem a realidade do imóvel, o que não se verifica no presente caso.

Assim, sendo certo que inexiste qualquer incorreção nas matrículas dos imóveis descritos na inicial, mas mera vontade das partes em extinguir a comunhão existente sobre os bens, não há falar em interesse processual na presente demanda.

Ainda, a pretensão da parte pode ser alcançada por mera escritura pública, sem necessidade de propositura de ação judicial, conforme informado pelo CRI competente (fls. 34/35).

Por estas razões, de rigor a extinção do presente feito, tendo em vista a patente falta de interesse processual.

Ante o exposto, JULGO EXTINTO O PROCESSO, sem resolução de mérito, com fundamento no artigo 485, inciso VI, do Código de Processo Civil.

Com o trânsito em julgado, ao arquivo.

P.R.I.

São Paulo, 03 de maio de 2021. (DJe de 05.05.2021 – SP)

Ementa: Sentença – Retificação de Registro de Imóvel – Pedido de retificação de registro – Alegação de divergências entre as descrições oficiais e às de campo apuradas pela prova técnica – Possibilidade – Art 212 da LRP – Laudo técnico que concluiu ser a retificação "intra muros" – Ausência de impugnação pelos confrontantes – Concordância da Municipalidade com o referido pedido – Procedência

Processo 1030718-61.2017.8.26.0100

Retificação de Registro de Imóvel - Retificação de Área de Imóvel - Rosana Angelina Lorente - Municipalidade de São Paulo e outros - julgo procedente o pedido para determinar a retificação do imóvel objeto da ação, representado pela matrícula nº 58.507, do 16º RI de São Paulo, de acordo com planta e memorial descritivo de fls. 199/202. Nos termos da Portaria Conjunta 01/2008 das Varas de Registros Públicos da Capital, esta sentença servirá como mandado para registro, desnecessária a expedição de novos documentos A parte autora arcará com despesas processuais e custas finais. Oportunamente, arquivem-se os autos. P..I.C - ADV: ANDRÉIA APARECIDA CHINALIA PALMITESTA (OAB 150106/ SP), ZULMIRA MONTEIRO DE ANDRADE LUZ (OAB 62145/SP)

Íntegra da decisão:

SENTENÇA

Processo Digital nº: **1030718-61.2017.8.26.0100**

Classe - Assunto **Retificação de Registro de Imóvel - Retificação de Área de Imóvel**

Requerente: **Rosana Angelina Lorente**

Tipo Completo da Parte

Passiva Principal <<Informação indisponível>>:

Nome da Parte Passiva Principal << Informação indisponível >>

Juíza de Direito: Dra. **Renata Pinto Lima Zanetta**

Vistos.

ROSANA ANGELINA LORENTE, qualificada nos autos, ajuizou a presente ação de retificação de registro de imóvel, referente ao imóvel situado à Rua Joaquim Marra, lote 07 da quadra B, Vila Nova Savoia, desta Capital, descrito na matrícula nº 58.507 do 16º Oficial de Registro de Imóveis de São Paulo.

De acordo com a inicial, o imóvel foi adquirido pela requerente, através de escritura pública de venda e compra, devidamente registrada no 16º RI de São Paulo. Pleiteia a procedência da ação, para retificação do registro, em razão de divergências entre as descrições oficiais e às de campo apuradas pela prova técnica (fls. 01/05). Com a exordial, vieram documentos (fls. 06/26).

Sobrevieram informes cartorários (fls. 35/63, 118; 123/126 e 130).

Laudo pericial acostado aos autos (fls. 173/206).

Foram determinadas as citações e notificações. A Municipalidade de São

Paulo manifestou desinteresse na demanda (fls. 279/280).

O Ministério Público ofertou parecer, opinando pela procedência do pedido (fls. 331/332).

É o relatório.

FUNDAMENTO E DECIDO.

Cuida-se de ação de retificação, de jurisdição voluntária, objetivando a adequação do registro imobiliário à situação de fato, atendendo ao princípio da especialidade objetiva.

A retificação, prevista nos artigos 212 e 213, da Lei de Registros Públicos, por seu caráter não contencioso, tem o condão de corrigir apenas os erros formais do título, não se prestando como meio para aumentar os limites e confrontações de imóvel.

O artigo 212 da Lei de Registros Públicos, com redação dada pela Lei nº 10.931/04, assim dispõe: *"Se o registro ou a averbação for omissa, imprecisa ou não exprimir a verdade, a retificação será feita pelo Oficial do Registro de Imóveis competente, a requerimento do interessado, por meio do procedimento administrativo previsto no art. 213, facultado ao interessado requerer a retificação por meio de procedimento judicial. Parágrafo único. A opção pelo procedimento administrativo previsto no art. 213 não exclui a prestação jurisdicional, a requerimento da parte prejudicada."*

No caso dos autos, a prova pericial levada a efeito bem demonstra que a retificação é *intra muros*, eis que a área retificanda não interfere nos imóveis vizinhos e tem suas divisas respeitadas pelos confrontantes (fls. 205). Constatou, ainda, que efetivamente existem as deficiências apontadas, com a efetiva delimitação e descrição do imóvel.

Os confrontantes não apresentaram impugnação.

A Municipalidade, por sua vez, concordou expressamente com o pedido.

Deste modo, diante da conclusão do laudo pericial, da inexistência de elementos que abalem a convicção deste juízo quanto ao sucesso da pretensão, seguida da manifestação favorável do Ministério Público, de rigor o acolhimento do pedido inicial.

Ante o exposto, **julgo procedente** o pedido para determinar a retificação do imóvel objeto da ação, representado pela matrícula nº 58.507, do 16º RI de São Paulo, de acordo com planta e memorial descritivo de fls. 199/202.

Nos termos da Portaria Conjunta 01/2008 das Varas de Registros

Públicos da Capital, esta sentença servirá como mandado para registro, desnecessária a expedição de novos documentos A parte autora arcará com despesas processuais e custas finais.

Oportunamente, arquivem-se os autos.

P..I.C

São Paulo, 26 de abril de 2021.

Renata Pinto Lima Zanetta

Juíza de Direito (DJe de 28.04.2021 – SP)

Ementa: Sentença – Retificação de Registro de Imóvel – Requerimento de averbação na matrícula referente as construções de dois imóveis – Informação pela serventia da necessidade de desdobro do imóvel – Impugnação pelo confrontante – Delimitação da análise do presente juízo ao pedido de retificação do registro da área inteira do imóvel – Laudo técnico que concluiu ser a retificação "intra muros" – Ausência de fundamento na impugnação do confrontante – Concordância da Municipalidade com o referido pedido – Procedência Parcial

Processo 1057232-85.2016.8.26.0100

Retificação de Registro de Imóvel - Registro de Imóveis - Vanessa Portes da Silva e outro - Paulo Yoshiyuki Kawashima – Municipalidade de São Paulo e outro - Tuyoci Ohara – Marcus Vinicius Gramegna e outros - Ante o exposto, julgo parcialmente procedente o pedido para determinar a retificação do imóvel objeto da ação, adotando-se os memoriais descritivos e planta de fls. 473/479. Nos termos da Portaria Conjunta nº 01/2008 das Varas de Registros Públicos da Capital, esta sentença servirá como mandado para registro, desnecessária a expedição de novos documentos. Custas e despesas pela parte autora. Oportunamente, ao arquivo. P.R.I. - ADV: PEDRO MENDES FERREIRA NETO (OAB 65454/PR), MARCUS VINICIUS GRAMEGNA (OAB 130376/SP), ADALBERTO BANDEIRA DE CARVALHO (OAB 84135/SP), OSVALDO FIGUEIREDO MAUGERI (OAB 65994/SP), EDUARDO MIKALAUSKAS (OAB 179867/SP), TUYOCI OHARA (OAB 13218/SP)

Íntegra da decisão:

SENTENÇA

Processo Digital nº: **1057232-85.2016.8.26.0100**

Classe - Assunto **Retificação de Registro de Imóvel - Registro de Imóveis**

Requerente: **Vanessa Portes da Silva e outro**

Tipo Completo da Parte

Passiva Principal << Informação indisponível >>:

Nome da Parte Passiva Principal << Informação indisponível >>

Justiça Gratuita

Juíza de Direito: Dra. **Renata Pinto Lima Zanetta**

Vistos.

VANESSA PORTES DA SILVA e MARCELO CREDIDIO JUNIOR, qualificados nos autos, ajuizaram a presente ação de retificação de registro de imóvel, referente ao imóvel situado à Rua Paes de Andrade, nº 461, Aclimação, nesta Capital, descrito na matrícula nº 102.126, do 16º Registro de Imóveis de São Paulo.

De acordo com a inicial, foram construídas duas casas no referido imóvel, sendo uma (a de nº 461) de Vanessa, e a outra (a de nº 465), de Marcelo, ambas em situação regular perante os órgãos administrativos. Ocorre que a construção não foi objeto de averbação na matrícula do imóvel, existindo apenas a descrição do terreno sem edificações.

Entretanto, para proceder à devida averbação, o Cartório de Registro de Imóveis teria exigido o desdobro do imóvel, de modo que cada casa tenha uma matrícula individualizada. Nesses termos, pleiteiam o encerramento da matrícula nº 102.126, com a abertura de duas novas matrículas, a fim de que a averbação posse ser realizada. Informam que o pedido ora deduzido não pôde ser acolhido em sede administrativa, uma vez que o confrontante dos fundos, Paulo Yoshiyoki Kawashima, alega invasão de seu imóvel, negando-se a consentir com a retificação administrativa (fls. 01/16). Com a exordial, vieram documentos (fls. 17/84).

Sobrevieram informes cartorários (fls. 86/147, 378/379, 458/462, 497/498, 569/573 e 583/584).

Paulo Yoshiyoki Kawashima apresentou manifestação, requerendo a revogação do benefício da justiça gratuita à autora (fls. 170/174). Juntou documentos (fls. 175/215).

Réplica (fls. 216/222).

Às fls. 235/237, foi mantido o benefício da justiça gratuita à requerentes, determinando-se, ainda, a realização de perícia.

Foi deferida a inclusão de Marcelo Credidio no polo ativo e indeferida a gratuidade da justiça em relação ao novo autor (fls. 281; 310).

Laudo pericial acostado aos autos (fls. 322/355), seguido de manifestação das partes (fls. 361/363; 364/369). Esclarecimentos periciais às fls. 397/434 e 469/479, seguido de manifestação das partes (fls. 437/441; 442/444; 482/485 e 486/488).

Foram determinadas as citações e notificações. A Municipalidade de São Paulo manifestou desinteresse na demanda (fls. 463/464).

Os autores apresentaram documentos, comprovando a averbação prévia das construções existentes (fls. 590/601).

O Ministério Público ofertou parecer, opinando pela procedência do pedido (fls. 537/538 e 616).

É o relatório.

FUNDAMENTO E DECIDO.

De proêmio, como já exposto na r. decisão de fls. 540/543, o procedimento de retificação de área não se presta ao desdobro de lotes ou à regularização de construções efetuadas em terreno, razão pela qual não serão considerados pelo Juízo os memoriais de fls. 474/478. Na hipótese telada, afigura-se viável tão somente a retificação do registro da área inteira do imóvel em comento.

Estabelecidas essas questões, passo ao exame do pedido de retificação, objetivando a adequação do registro imobiliário à situação de fato, em observância ao princípio da especialidade objetiva.

A retificação, prevista nos artigos 212 e 213, da Lei de Registros Públicos, por seu caráter não contencioso, tem o condão de corrigir apenas os erros formais do título, não se prestando como meio para aumentar os limites e confrontações de imóvel.

O artigo 212 da Lei de Registros Públicos, com redação dada pela Lei nº 10.931/04, assim dispõe: *"Se o registro ou a averbação for omissa, imprecisa ou não exprimir a verdade, a retificação será feita pelo Oficial do Registro de Imóveis competente, a requerimento do interessado, por meio do procedimento administrativo previsto no art. 213, facultado ao interessado requerer a retificação por meio de procedimento judicial. Parágrafo único. A opção pelo procedimento administrativo previsto no art. 213 não exclui a prestação jurisdicional, a requerimento da parte prejudicada."*

No caso dos autos, a prova pericial levada a efeito, com auxílio do levantamento topográfico, bem demonstra que a retificação é *intra muros*, eis que a área retificanda não interfere nos imóveis vizinhos e tem suas divisas respeitadas pelos confrontantes (fls. 331). Constatou, ainda, que efetivamente existem as deficiências apontadas, com a efetiva delimitação e descrição do imóvel.

Nesta senda, instado a esclarecer se a retificação é *intra muros*, o Perito Judicial respondeu, de forma contundente, que *"sim. A retificação é intramuros"*, e informou que

> *"a variação de medidas é pequena, sendo as medidas reais menores que as medidas projetadas, não havendo invasão de áreas públicas nem de títulos de imóveis vizinhos" (fl. 331).*

Daí resulta que a impugnação apresentada pelo confrontante Paulo Yoshiyoki Kawashima é totalmente destituída de fundamento, primeiro porque não indicou, em sua impugnação, as supostas interferências na planta pericial, nem mesmo apresentou estudo digital de tais interferências, segundo porque visa assegurar que a retificação não invada ou interfira em sua parte correspondente, sendo certo que o laudo técnico foi explícito ao indicar que a retificação é *intra muros*.

Dessa forma, não tendo a impugnação do confrontante sido fundamentada, havendo mera suspeita de interferência na área da impugnante, não é o caso de se acolher referida impugnação.

Por fim, saliente-se que a Municipalidade de São Paulo concordou expressamente com o pedido.

Deste modo, diante da conclusão do laudo pericial, da inexistência de elementos que abalem a convicção deste juízo quanto ao sucesso da pretensão, seguida da manifestação favorável do Ministério Público, de rigor o acolhimento parcial do pedido inicial.

Ante o exposto, **julgo parcialmente procedente o pedido** para determinar a retificação do imóvel objeto da ação, adotando-se os memoriais descritivos e planta de fls. 473/479.

Nos termos da Portaria Conjunta nº 01/2008 das Varas de Registros Públicos da Capital, esta sentença servirá como mandado para registro, desnecessária a expedição de novos documentos. Custas e despesas pela parte autora.

Oportunamente, ao arquivo.

P.R.I.

São Paulo, 26 de abril de 2021.

Renata Pinto Lima Zanetta

Juíza de Direito (DJe de 28.04.2021 – SP)

Ementa: Sentença – Retificação de Registro de Imóvel – Impugnação ao Pedido de Retificação Extrajudicial dos imóveis – Alegação de que a pretensão envolve retificação "extra muros" – Laudo Técnico que confirma as alegações dos Impugnantes – Impugnação fundamentada – Extinção do presente feito – Remessa dos Interessados às vias ordinárias – Procedência

Processo 1018019-96.2021.8.26.0100

Retificação de Registro de Imóvel - REGISTROS PÚBLICOS - 11º Cartório de Registro de Imóveis da Capital - Flora Motors Ltda e outros - Diante do exposto, acolho a impugnação, declarando-a fundamentada, e determino a extinção do procedimento de retificação extrajudicial formulado por Itaoca Administradora de Bens de Condomínios Ltda perante o Oficial do 11º Registro de Imóveis da Capital, remetendo os interessados às vias ordinárias. Deste procedimento não decorrem custas, despesas processuais e honorários advocatícios. Oportunamente remetam-se os autos ao arquivo. P.R.I.C. - ADV: AMAURI CESAR DE OLIVEIRA JUNIOR (OAB 236288/SP), STEFANI AREZES CORREA DA SILVA (OAB 408790/SP)

Íntegra da decisão:

SENTENÇA

Processo Digital nº: **1018019-96.2021.8.26.0100**

Classe - Assunto **Retificação de Registro de Imóvel - REGISTROS PÚBLICOS**

Requerente: **11º Cartório de Registro de Imóveis da Capital**

Tipo Completo da Parte Passiva Principal << Informação indisponível >>:

Nome da Parte Passiva Principal << Informação indisponível >>

Juiz(a) de Direito: Dr(a). **Vivian Labruna Catapani**

Vistos.

Trata-se de **autos de retificação administrativa** encaminhados pelo **Oficial do 11º Registro de Imóveis da Capital,** em cumprimento ao item 136.20, do Cap. XX, das NSCGJ, para análise da pertinência de impugnação apresentada no curso do procedimento iniciado a requerimento de **Itaoca Administradora de Bens de Condomínios Ltda**., na condição de proprietária dos imóveis objeto das matrículas nos 45.963 e 183.926.

Os requerentes apresentaram pedido de retificação extrajudicial dos imóveis supracitados visando à posterior unificação de ambos (fls. 3/5), com base no laudo técnico de fls. 95/106.

O Município de São Paulo não se opôs ao pleito (fl. 121).

Flora Motors Ltda., Mário José Alves Taveira e sua esposa Izaura de Oliveira Queiroz apresentaram impugnação (fls. 129/134), alegando que a pretensão envolve retificação extramuros e resultaria na invasão de 2,00 (dois) metros de propriedade dos confrontantes, matriculada sob o nº 184.409. Juntaram documentos (fls. 148/160), com destaque para a nota explicativa de fl. 160, elaborada por engenheiro.

Houve nova manifestação dos requerentes, com esclarecimentos técnicos complementares (fls. 161/175). Na sequência, os impugnantes reiteraram o posicionamento (fls. 180/185 e 202/207), juntando parecer técnico (fls. 189/198 e 211/220).

O impasse também se seguiu nos pronunciamentos de fls. 232/240 e 260/261 dos impugnados e de fls. 242/256 e 263/275 dos impugnantes, sendo que estes entendem haver avanço sobre superfície em sua posse.

Na peça dirigida a esta Corregedoria (fls. 1/3), o Registrador salientou que a requerente não logrou êxito em alcançar transação prevista no item 139.19, do Cap. XX, das NSCGJ.

O Ministério Público opinou pelo indeferimento do pedido formulado (fls. 280/281).

É o relatório.

Passo a fundamentar e a decidir.

Em caso de retificação extrajudicial, processada em âmbito administrativo, não cabe à Corregedoria Permanente prover solução para controvérsias de maior indagação.

Nos estritos termos do art. 213, §§ 5º e 6º, da Lei nº 6.015/73, compete a este Juízo analisar se a impugnação apresentada se qualifica ou não como fundamentada. Tal exame, entretanto, não engloba questões contenciosas por essência, visto que devem ser resolvidas nas vias ordinárias, com oportunidade de dilação probatória.

De acordo com orientação contida em Nota do item 136.19, do Cap. XX, das NSGGJ:

NOTA - Consideram-se infundadas a impugnação já examinada e refutada em casos iguais ou semelhantes pelo Juízo Corregedor Permanente ou pela Corregedoria Geral da Justiça; ***a que o interessado se limita a dizer que a retificação causará avanço na sua propriedade sem indicar, de forma plausível, onde e de que forma isso ocorrerá****; a que não contém exposição, ainda que sumária, dos motivos da discordância manifestada; a que ventila matéria absolutamente estranha à retificação (****grifo nosso****).*

Tendo em vista os documentos juntados, bem como as posições adotadas pelas partes, com amparo em laudos técnicos, verifica-se que não se trata de hipótese de mera oposição desprovida de elementos ou desmotivada. Ao alegarem o avanço em sua propriedade, os confrontantes sustentam que "*o perímetro solicitado na retificação não respeitou os limites intramuros e foi alterado nesta última apresentação pegando um trecho de área que os Notificados estão em posse a mais de 40 anos, além de não ter respeitado os limites estipulados em matrícula nem os muros existentes*" (fl. 264). E, no intuito de comprovar as afirmações, juntaram pareceres de profissional habilitado a corroborar sua tese (fls. 189/198, 211/220 e 249/256).

Diante do conflito, que permaneceu após diversas manifestações se contrapondo acerca da propriedade de parte da área, restou clara a impossibilidade de composição.

Ademais, não há como declarar de plano que a retificação será *intra muros*. O laudo de fls. 249/256 é enfático sobre a invasão do fundo do terreno dos confrontantes caso acolhido o pedido. Aponta que a pretensão não respeita delimitação por tapume metálico existente desde a aquisição do imóvel em 1994 (fl. 253).

Assim, considerando a dedução de argumentos sempre acompanhada de trabalho especializado, a impugnação se qualifica como fundamentada. O julgamento sobre o dissenso requer ampla defesa e contraditório, o que enseja o direcionamento dos interessados às vias ordinárias.

Diante do exposto, **acolho** a **impugnação**, declarando-a fundamentada, e determino a extinção do procedimento de retificação extrajudicial formulado por **Itaoca Administradora de Bens de Condomínios Ltda** perante o **Oficial do 11º Registro de Imóveis da Capital**, remetendo os interessados às vias ordinárias.

Deste procedimento não decorrem custas, despesas processuais e honorários advocatícios.

Oportunamente remetam-se os autos ao arquivo.

P.R.I.C.

São Paulo, 26 de março de 2021.
Vivian Labruna Catapani
Juiz de Direito (DJe de 30.03.2021 – SP)

Ementa: Sentença – Pedido de Providências – Retificação de Registro de Imóvel – Pedido de Certidões dos Dados Cadastrais com as respectivas averbações das atualizações, em cada unidade autônoma – Descabimento – Necessidade de indicação do número do Cadastro Municipal para fins de apuração do valor venal do imóvel individualizado – Imprescindibilidade de providenciar a devida documentação, perante o órgão Municipal, pelos Requerentes – Princípio da Instância – Art. 13, da LRP – Princípio da Especialidade Objetiva – Manutenção do óbice – Improcedência

Processo 1087869-77.2020.8.26.0100

Retificação de Registro de Imóvel - Registro de Imóveis – Guilherme Gondim Ramos - Kethy Anne Batista Fernandes - Lucas de Araujo Moreira - Rosangela Oliveira Machado - Edson Donizete Pires - Sandra Cristina Vieira - Gisele Silva Gomes - Municipalidade de São Paulo - Vistos. Trata-se de pedido de providencias formulado por Guilherme Gondim Ramos Carneiro, Kethy Anne Batista Fernandes, Lucas de Araujo Moreira, Paloma Ribeiro Freitas Silva, Rosangela Oliveira Machado, Edson Donizette Pires, Sandra Cristina Vieira e Gisele Silva Gomes, em face do Oficial do 11º Registro de Imóveis da Capital, pretendendo que o registrador providencie junto a Next Uno Incorporações as certidões dos dados cadastrais expedidas pela Municipalidade de São Paulo, referentes às matriculas nºs 460.184, 460.187, 460.181, 460.159, 460.195, 460.170 e 460.250, com as respectivas averbações das atualizações em cada unidade autônoma. Esclarecem que o imóvel foi desmembrado, com a abertura de matrículas das unidades autônomas, todavia, o cadastro de contribuinte ainda pertence em área maior. Juntaram documentos às fls. 06/32. O Registrador manifestou-se às fls. 38/43. Esclarece que a indicação do número do cadastro municipal é requisito obrigatório para apuração do valor venal do imóvel individualizado, todavia, não se pode atribuir ao notário ou registrador o dever de exigir da Municipalidade que promova o desmembramento do cadastro da área maior para individualizar a inscrição municipal das unidades autônomas do condomínio. Apresentou documentos às fls. 41/43. A Municipalidade de São Paulo manifestou-se às fls. 47/48. Destaca que cabe a cada contribuinte, depois de realizado a desdobra em unidades autônomas e da devida instituição do condomínio, solicitar junto à Secretaria Municipal da Fazenda a atualização cadastral e posteriormente providenciar o necessário junto ao Cartório de Registro de Imóveis. Afirma que foi providenciado de ofício, a abertura de processo eletrônico para a realização dos procedimentos quanto ao desdobro. Juntou documentos às fls. 49/56. O Ministério Público opinou pelo indeferimento do pedido de providências (fls. 67/68). É o relatório. Passo a fundamentar e a decidir. Com razão o Registrador, bem como a D. Promotora de Justiça. Primeiramente ressalto que vige no direito registral o princípio da instância, também chamado do princípio da rogação, segundo o qual todo o procedimento de registros públicos tem início a pedido do interessado, ou seja, os registradores não podem agir de ofício. Mencionado princípio está previso no artigo 13 da Lei nº 6.015/73, que dispõe: "Art.13: Salvo as anotações e as averbações obrigatórias, os atos do registro serão praticados: I - por ordem judicial; II - a requerimento verbal ou escrito dos interessados; Tais exceções estão dispostas nos seguintes artigos: "Art. 167: No Registro de Imóveis, além da matrícula, serão feitos: (...) II - a averbação: (...) 13)ex officio, dos nomes dos logradouros, decretados pelo poder público. Art.213: O oficial retificará o registro ou a averbação: I - de ofício ou a requerimento do interessado nos casos de: A) omissão ou erro cometido na transposição de qualquer elemento do título; B) indicação ou atualização de confrontação; C) alteração de denominação de logradouro público, comprovada por documento oficial; D) retificação que vise a indicação de rumos, ângulos de deflexão ou inserção de coordenadas georeferenciadas, em que não haja alteração das medidas perimetrais; E) alteração ou inserção que resulte de mero cálculo matemático feito a partir das medidas perimetrais constantes do registro; F) reprodução de descrição de linha divisória de imóvel confrontante que já tenha sido objeto de retificação; G) inserção ou modificação dos dados de qualificação pessoal das partes, comprovada por documentos oficiais, ou mediante despacho judicial quando houver necessidade de produção de outras provas; III - a requerimento do Ministério Público, quando a lei autorizar" A presente hipótese não encontra guarida entre as Emitido em: 28/01/2021 - 09:18:09 exceções acima mencionadas, ou seja, não cabe ao registrador diligenciar junto à Next Uno Incorporações ou à Municipalidade de São Paulo para obtenção das certidões dos dados cadastrais das matriculas nºs 460.184, 460.187, 460.181, 460.159, 460.195, 460.170 e 460.250, cabendo exclusivamente aos requerentes providenciar a documentação junto ao órgão municipal. Destaco outrossim que o óbice para a realização da retificação tem amparo no princípio da especialidade objetiva (artigos 176 e 212 da Lei 6.015/73), cujas regras impedem o registro de títulos cujo objeto não seja exatamente aquele que consta do registro anterior, sendo necessário que a caracterização no negócio entabulado repita os elementos de descrição constantes do registro (Narciso Orlandi Neto, Retificação do Registro de Imóveis, Juarez de Oliveira, pág.68). De acordo com o art.2º da Lei Municipal nº 10.819/1989: "Art. 2º: Todos os imóveis, construídos ou não, situados na zona urbana do Município, inclusive os que gozem de imunidade ou isenção, devem ser inscritos no Cadastro Imobiliário Fiscal". Os documentos juntados às fls. 40/43 dão conta que consta nas mencionadas matrículas o cadastro municipal da inscrição do terreno referente ao "Condomínio Residencial Park Jardim Sul"(contribuinte nº 169.031.0067-8), área maior, sendo que de acordo com a Municipalidade de São Paulo (fls. 52/56), foi iniciado o procedimento de desdobro da área e atualização cadastral perante o órgão municipal, cabendo exclusivamente aos requerentes a posterior apresentação da documentação perante a Serventia Extrajudicial. Diante do exposto, julgo improcedente o pedido de providências formulado por Guilherme Gondim Ramos Carneiro, Kethy Anne Batista Fernandes, Lucas de Araujo Moreira, Paloma Ribeiro Freitas Silva, Rosangela Oliveira Machado, Edson Donizette Pires, Sandra Cristina Vieira e Gisele Silva Gomes, em face do Oficial do 11º Registro de Imóveis da Capital. Deste procedimento não decorrem custas, despesas processuais e honorários advocatícios. Oportunamente remetam-se os autos ao arquivo. P.R.I.C. - ADV: ALEXANDRE PETRILLI GONÇALVES FERRAZ DE ARRUDA (OAB 252499/SP), NIVEA RODRIGUES PLACIDO (OAB 253952/SP) (DJe de 29.01.2021 – SP)

TESTAMENTO

Ementa: Sentença – Pedido de Providências – Alegação de falha na lavratura de Escritura Pública de Testamento – Informação pelo Requerente de que houve fraude por parte da herdeira testamentária, uma vez que a testadora, supostamente, estaria debilitada em razão da idade e de doenças – Esclarecimento pelo Tabelião de que ele próprio lavrou o testamento e comprovou pessoalmente a capacidade da parte para testar – Testadora que faleceu somente cinco anos após o ato – Ausência de herdeiros necessários –Testamento Público lavrado que seguiu o devido rito procedimental e normativo – Inexistência de indícios de incúria funcional – Ato que se encontra regular e formalmente correto – Arquivamento do feito – Ciência ao Delegatário – Improcedência

Processo 0002287-92.2021.8.26.0100

Pedido de Providências - REGISTROS PÚBLICOS - J.D.V.R.P. - C.A.B. – M.J.R.M. e outro - Juiz(a) de Direito: Dr(a). Marcelo Benacchio VISTOS, Trata-se de pedido de providências formulado pelo Senhor C. A. B.., em face do Senhor 26º Tabelião de Notas da Capital, referente à alegada falha na lavratura de Escritura Pública de Testamento. Os autos foram instruídos com os documentos de fls. 04/69. Não foi juntado pela parte o ato notarial questionado. Instado a prestar esclarecimentos quanto aos motivos de sua insurgência, bem como juntar o ato notarial questionado, o Senhor Representante quedou-se inerte (fls. 73). Sobreveio informação pelo MM. Juízo da 1ª Vara de Família e Sucessões do Foro Central Cível, encaminhando aos autos cópia do debatido ato notarial (fls. 80/83). O Senhor 26º Tabelião prestou esclarecimentos às fls. 85/86. O Senhor Representante habilitou-se nos autos (fls. 87/88 e 176/177). Terceira interessada, beneficiária do testamento lavrado, ingressou nos autos e apresentou manifestações (fls. 95/99, 176/177, 325/375 e 534/557). Não obstante tenham sido esclarecidos os limites da atuação deste Juízo, às fls. 176/177 e reiterados às fls. 529/530, o Senhor Representante tornou aos autos, em diversas oportunidades, para reiterar os termos de seu protesto inicial, pugnando pela nulidade do testamento, bem como para juntar extensa documentação, não relacionada aos trâmites do presente (fls. 100/159, 160/175, 186/323, 395/396, 401/516, 519/525, 526/528, 558/562, 563/581, 582/618 e 619/640). O Ministério Público acompanhou detalhadamente o feito e pugnou ao final pelo arquivamento dos autos, ante a inexistência de falha na prestação do serviço ou ilícito funcional pelo Senhor Notário (fls. 736/738). É o relatório. Decido. Trata-se de pedido de representação formulada pelo Senhor C. A. B. em face do Senhor 26º Tabelião de Notas da Capital, referente à alegada falha na lavratura de Escritura Pública de Testamento. Primeiramente, consigno novamente ao Senhor Representante que a matéria que ora se discute será analisada no limitado campo de atuação desta Corregedoria Permanente, que desempenha suas atividades no âmbito administrativo, na verificação do cumprimento dos deveres e obrigações funcionais dos Titulares de delegações afetas a esta 2ª Vara de Registros Públicos. Nesse sentido, destaco que eventual alegação de nulidade do testamento deve ser dirimida nas vias adequadas. Feitos tais esclarecimentos, passo à análise da atuação do Senhor Notário. Em suma, narra o Senhor Representante que, em fevereiro de 2014, foi lavrado o Testamento da Senhora A. M. J. perante a serventia do Senhor 26º Tabelião. Alega que houve fraude por parte da herdeira testamentária, uma vez que a testadora supostamente estaria muito debilitada em razão da idade e de doenças, incluída senilidade e perda de visão e audição, de modo que o Notário não poderia ter realizado o ato sem que fossem apresentados laudos médicos comprovando a capacidade da parte. A seu turno, o Senhor Tabelião noticiou que ele próprio lavrou o testamento, havendo pessoalmente comprovado e feito constar do ato a capacidade da parte para testar. Inclusive, nesse ponto, refere que não havia deficiência visual ou auditiva. Destaca, ainda, que o falecimento da Senhora A. ocorreu somente cinco anos após o ato. Com efeito, ressaltou que é comum que testamentos sejam realizados por pessoas de idade avançada, de modo que este fato não é impeditivo ao ato. Adicionalmente, indicou que A. se encontrava, em seu entender e no entendimento das testemunhas, com plena capacidade de discernimento, sendo que a solicitação de laudo médico à testadora poderia configurar, inclusive, ato de discriminação contra pessoa idosa. No bojo do feito de nº 0005709-75.2021.8.26.0100, que cuida do mesmo ato notarial, apontou que a testadora não tinha herdeiros necessários e o reclamante, sobrinho, não foi capaz de indicar qualquer laço de afetividade para com a idosa. Por fim, sublinhou que o instrumento público, para além das indicações já feita, resta formalmente hígido, de modo que todos os requisitos legais e acautelatórios foram observados quando da realização do ato. De outra senda, o Senhor Representante reiterou os termos de seu protesto inicial, pugnando pela nulidade do ato, pese embora devidamente esclarecido quanto aos limites da atuação deste Juízo Censor. O i. Promotor de Justiça de Registros Públicos manifestou-se pelo arquivamento do expediente, ante a inexistência de indícios de incúria funcional pelo Senhor 26º Tabelião de Notas. Pois bem. Verifica-se dos autos que o testamento público lavrado seguiu o devido rito procedimental e normativo imposto pela legislação pertinente, em especial à vista do item 45, do Cap. XVI, das NSCGJ e dos artigos 1.857 e seguintes do Código Civil. A testadora não tinha herdeiros necessários, de modo que poderia dispor da totalidade de seus bens, em conformidade aos artigos 1.845 e seguintes do Código Civil. Adicionalmente, foram apresentados ao Tabelião todos os documentos obrigatórios, nos termos do item 42 e a capacidade da parte fora por ele próprio atestada. Bem assim, à luz de todo o narrado, não vislumbro indícios de ilícito funcional apto a ensejar a instauração de procedimento administrativo, no âmbito disciplinar, em especial na consideração de o ato encontra-se regular e formalmente correto. Por conseguinte, à míngua de responsabilidade funcional a ser apurada, determino o arquivamento dos autos. Encaminhe-se cópia desta r. Sentença ao MM. Juízo da 1ª Vara de Registros Públicos e ao MM. Juízo da 1ª Vara de Família e Sucessões do Foro Central (autos de nº 1003574-44.2019.8.26.0100), servindo a presente sentença como ofício, para ciência. Encaminhe-se cópia desta decisão, bem como das principais peças dos autos (conforme relatório), à E. Corregedoria Geral da Justiça, por e-mail, servindo a presente como ofício. Ciência ao Senhor Delegatário e ao Ministério Público. P.I.C. - ADV: ROMÁRIO ROCHA DE OLIVEIRA (OAB 431702/SP), DAMARIS DA SILVA DE SOUSA (OAB 420884/SP), VALTER TOLENTINO DA SILVA JUNIOR (OAB 374261/SP) (DJe de 23.11.2021 – SP)

Ementa: Sentença – Pedido de Providências – Alegação de irregularidades na lavratura do testamento público concernentes à incapacidade do testador – Higidez mental do testador que foi verificada pela Tabeliã Substituta, pelas testemunhas presentes, bem como foi atestado por médico neurologista – Impossibilidade de inferir contrariedades quanto a capacidade de agir do testador – Constatação de irregularidades em relação ao aspecto notarial do testamento público – Impedimento da testemunha que assinou a rogo – Ausência de cumprimento do disposto no art. 1867 do CC – Realização de Ata Retificativa pela Tabeliã Substituta – Questão que não envolve mera regularização do ato – Inserção de novos elementos – Análise prejudicada no que concerne a conduta da Tabeliã Substituta – Art. 21 da Lei Federal nº 8935/94 – Inexistência de elementos que indiquem a ocorrência de falta de fiscalização ou orientação da Tabeliã Titular – Situação que foi atípica e isolada – Determinação do bloqueio administrativo da Ata Notarial Retificativa – Arquivamento do feito – Ciência a Oficial

Processo 0023479-81.2021.8.26.0100

Pedido de Providências - REGISTROS PÚBLICOS - C.G.J. - L.G.C.M. e outro - VISTOS, Trata-se de representação do Sr. L. G. C. M. em face da Sra. Tabeliã de Notas da Comarca da Capital referindo irregularidades na lavratura de testamento público concernentes à incapacidade do testador, ausência de cumprimento do disposto no art. 1867 do código Civil, impedimento da pessoa que assinou a rogo pelo testador e a indevida realização de ata retificativa do testamento, encaminhada pela Egrégia Corregedoria Geral da Justiça (a fls. 01/71). A Sra. Tabeliã pugnou pela regularidade do ato notarial (a fls. 74/78). O Sr. Representante reiterou suas proposições iniciais (a fls. 80/94), bem como a Sra. Tabeliã (a fls. 107/110). O Ministério Público apresentou parecer pugnando pela instauração de processo administrativo disciplinar (a fls. 98/99 e 113/114). É o breve relatório. Decido. A representação sustenta a existência de irregularidades em testamento público lavrado em 24.04.2014 e respectiva ata notarial retificativa realizada em 08.07.2020 para constar a leitura do testamento na forma do artigo 1.867 do Código Civil. A higidez mental do testador foi verificada pela Sra. Tabeliã Substituta, pelas testemunhas presentes, bem como, foi atestado por médico neurologista em 21.04.2014 (a fls. 77). Portanto, não é possível, objetivamente, inferir problemas quanto a capacidade de agir do testador, pelo contrário. Os atestados apresentados pelo Sr. Representante referindo a incapacidade civil foram realizados em 21.10.14 e 11.12.14 (a fls. 88/90), ou seja, em data posterior à prática do ato notarial questionado, não permitindo a compreensão da presença de incapacidade no momento da realização do testamento público. Ao tempo da lavratura do testamento, o subitem 50.1, do Capítulo XIV, das Normas de Serviço da Corregedoria Geral da Justiça, estabelecia: 50.1. A cláusula em tempo é admitida, se exarada antes da assinatura das partes e demais comparecentes e da subscrição da escritura pública pelo Tabelião ou pelo seu substituto, e desde que não afete elementos essenciais do ato, como o preço, o objeto e a forma de pagamento. Considerada a realização do ato em diligência, os manuscritos constantes do final do testamento público retificando e corrigindo o conteúdo do ato notarial não padecerem de irregularidade sendo conformes ao regramento em questão; especialmente, por realizados na data e antes das assinaturas. A assinatura do testador foi a rogo, ou seja, por mão de outrem, na forma dos artigos 215, p. 2º, e 1.865 do Código Civil, assim, não ocorreu o impedimento previsto no art. 1801, inc. I, do Código Civil, pois, cuidando-se de testamento público a lavratura do instrumento competiu a Sra. Tabeliã substituta e não a pessoa que assinou a rogo do testador. Não obstante, a previsão contida no art. 1.865 do Código Civil concede a situação de testemunha àquele que assina a rogo pelo testador, destarte, aplicando-se por analogia o disposto no artigo 228, inciso V, do mesmo diploma legal, havia impedimento da testemunha a rogo por ser ascendente de legatária, como ocorreu. Isso porque há necessidade da situação de imparcialidade de quaisquer das testemunhas instrumentárias, mormente, para hipótese de impugnação do negócio jurídico sob forma pública. No âmbito desta Corregedoria Permanente não é possível verificar a invalidade do negócio unilateral a luz das demais testemunhas presentes, tão só apontar a desconformidade de caráter formal. Da mesma forma, a Sra. Tabeliã Substituta, apesar do conteúdo do atestado médico referir que o testador apresentava deficiência visual severa (a fls. 77), não cumpriu o disposto no artigo 1.867 do Código Civil que dispõe: Art. 1.867. Ao cego só se permite o testamento público, que lhe será lido, em voz alta, duas vezes, uma pelo tabelião ou por seu substituto legal, e a outra por uma das testemunhas, designada pelo testador, fazendo-se de tudo circunstanciada menção no testamento. Assim, no testamento público não constou a inscrição de sua leitura pela Sra. Tabeliã Substituta e por uma das testemunhas. Desse modo, houve duas irregularidades no aspecto notarial (insisto que não há atribuições para o exame da validade do negócio jurídico por esta Corregedoria Permanente) do testamento público: (i) a testemunha que assinou a rogo seria impedida e, (ii) o não cumprimento do disposto no artigo 1.867 do Código Civil. Consta deste expediente o falecimento do testador em 02.07.2019. Em 08.07.20 a Sra. Tabeliã Substituta realizou ata retificativa (a fls. 13/14) para fins de saneamento do ato notarial anterior, em parte do qual do constou: Na lavratura da referida escritura deixou de constar que, nos termos do artigo 1.867 do Código Civil Brasileiro, o testamento foi lido duas vezes, uma por mim Tabeliã Substituta e outra pela testemunha indicada pelo testador, M. J. S. A escritura retificativa em questão não poderia ter sido lavrada pelas seguintes razões: Não é possível constatar o equívoco a partir de documentos (cf. item 54, do capítulo XVI, das NSCGJ); Houve alteração do conteúdo do ato notarial, especialmente, pelo fato da não assinatura pela testemunha indicada, bem como, pelos demais participantes do ato notarial; A modificação deveria ser assinada por todos os presentes no ato notarial, porquanto todos devem presenciar o cumprimento das formalidades expressamente previstas em lei. A questão não envolve mera regularização do ato e sim a inserção de elementos que não constavam do ato notarial originário com reflexo direto na qualificação jurídica do ato, não passíveis de solução na forma eleita. Irrelevante, no caso, a situação do conteúdo da ata retificativa ser verdadeiro. Assim, estabelecida a irregularidade da ata retificativa compete seu bloqueio administrativo, cabendo aos interessados a busca da via adequada para sua eventual invalidação. Passo ao exame dos aspectos administrativos disciplinares. Esta Corregedoria Permanente não tem poderes administrativos perante Sra. Tabeliã Substituta, apenas em relação a Sra. Tabeliã Titular, assim, prejudicada análise da conduta daquela que se insere na disciplina legal do artigo 21 da Lei n. 8.935/94. De outra parte, não há elementos indicativos acerca da ocorrência de falta de fiscalização ou orientação da Sra. Tabeliã Titular em relação aos equívocos praticados pela preposta que lavrou os atos notarias. Principalmente, a par das irregularidades referidas, não houve autuação dolosa, de má-fé ou erro grosseiro, ocorreu um equívoco, é verdade, todavia, como é cediço; não basta o erro para demandar a responsabilidade disciplinar da Sra. Titular. Ainda que os argumentos da Sra. Tabeliã acerca da correção do ocorrido são ora rejeitados, é certo que a situação foi atípica e isolada na delegação em questão. Nesse quadro, desproporcional instauração de Processo Administrativo Disciplinar, sendo bastante, nesta esfera administrativa, observação para realização de atos com a finalidade de evitar a repetição de eventos semelhantes futuros. Por fim, destaco que o ora decidido não tem relação ou influência na repercussão do ocorrido relativamente a efeitos jurídicos em outros campos do Direito. Ante ao exposto, determino o bloqueio administrativo da ata notarial retificativa (a fls. 13/14) e o arquivamento da representação, com observação. Ciência a Sra. Oficial que deverá informar o cumprimento do acima determinado e ao MP. Remeta-se cópia desta decisão e de fls. 74/78, 80/94, 98/99, 107/110 e 113/114 à Egrégia Corregedoria Geral da Justiça, por e-mail, servindo a presente decisão como ofício. P.I.C. - ADV: CAMILA MARIA BENEDITO CAMPAGNOLO (OAB 379012/SP), GUSTAVO DE OLIVEIRA MORAIS (OAB 173148/ SP) (DJe de 09.11.2021 – SP)

Ementa: Sentença – Pedido de Providências – Requerimento de fornecimento de cópia do testamento, bem como de realização de perícia particular no ato notarial original – Ausência de qualquer menção de vício ou irregularidade no Ato Notarial debatido – Impossibilidade de perícia – Matéria reservada à esfera jurisdicional – Incompetência do juízo administrativo – Indeferimento dos pedidos – Arquivamento do feito – Improcedência

Processo 1112480-60.2021.8.26.0100

Pedido de Providências - Tabelionato de Notas - D.R.F. - VISTOS, Trata-se de Pedido de Providências de interesse de D.R.F. objetivando o fornecimento de cópia do testamento lavrado no Livro n. 2168 às fls. 47/51 junto do 22º Tabelionato de Notas da Capital, bem como a realização de perícia particular no ato notarial original, notadamente na assinatura do testador a fim de confrontá-la com a assinatura aposta em suposto legado deixado por este à Sra. Requerente visando instrução de futura ação. Vieram cópias dos documentos de fls. 05/12. É o breve relatório. Decido. Inicialmente, destaco que recentemente houve a propositura de requerimento similar objetivando perícia em documentos junto ao Registro Civil das Pessoas Naturais do 28º Subdistrito Jardim Paulista, Capital, no bojo dos autos n. 1061496-72.2021, inclusive com sentença já prolatada, cujo teor peço vênia para abaixo transcrever: "Trata-se de pedido de perícia em livros que se encontram em serventia extrajudicial desta capital (a fls. 01/11). É o breve relatório. A Sra. Requerente não menciona qualquer vício ou irregularidade no serviço notarial e registral prestado. De outra parte, há presunção da realização dos atos extrajudiciais em conformidade ao Direito. Além disso, eventual irregularidade a exigir perícia deve ser realizada em ação judicial com a participação de todos os interessados, mormente em consideração da finalidade da requerente envolver sucessão testamentária. Ante ao exposto, nesta via administrativa, indefiro o pedido de realização de perícia nos livros da unidade extrajudicial em questão. P.I." Nesta toada, torno a destacar, novamente, a ausência de qualquer menção de vício ou irregularidade no Ato Notarial debatido, delineado nestes pelo Testamento, bem como no serviço notarial prestado, certo que na eventualidade da existência daqueles (vício ou irregularidade) a exigir perícia, a mesma deve se dar no bojo de ação de cunho jurisdicional, via competente a tanto, por determinação judicial, com a participação de todos os interessados, mormente considerada as disposições constantes no art. 46, p. único, da Lei n. 8.935/94: "Art. 46. Os livros, fichas, documentos, papéis, microfilmes e sistemas de computação deverão permanecer sempre sob a guarda e responsabilidade do titular de serviço notarial ou de registro, que zelará por sua ordem, segurança e conservação. Parágrafo único. Se houver necessidade de serem periciados, o exame deverá ocorrer na própria sede do serviço, em dia e hora adrede designados, com ciência do titular e autorização do juízo competente." Noutra quadra, no que cinge ao requerimento de autorização para o fornecimento de cópia do testamento lavrado no Livro n. 2168 às fls. 47/51 junto do 22º Tabelionato de Notas da Capital, impende asseverar que a obtenção desta ou da correlata certidão deve ser dirimida diretamente na Serventia Extrajudicial, ou se o caso, igualmente na via jurisdicional competente, refugindo, pois, do limitado campo de atribuição administrativo desta Corregedoria Permanente. Destarte, diante do supra exposto, indefiro os requerimentos nesta via administrativa a falta de atribuições deste Juízo a tanto. Após, não havendo outras providências a serem adotadas, ao arquivo. P.I.C. - ADV: LUIZ HENRIQUE DE ANDRADE CAETANO (OAB 250598/SP) (DJe de 25.10.2021 – SP)

Ementa: Sentença – Pedido de Providências – Alegação de falha na lavratura de Escritura Pública de Testamento – Informação pelo Requerente de que a testadora supostamente estaria muito debilitada em razão da idade e de doenças, portanto, o ato não poderia ter sido realizado sem que fossem apresentados laudos médicos comprovando a capacidade da parte – Esclarecimento pelo Tabelião de que ele próprio lavrou o testamento, havendo pessoalmente comprovado a capacidade da testadora, bem como de que o falecimento da referida ocorreu somente cinco anos após o ato – Inexistência de herdeiros necessários – Ausência de ilícito funcional – Arquivamento do feito – Ciência ao Delegatário – Improcedência

Processo 0005709-75.2021.8.26.0100

Pedido de Providências - REGISTROS PÚBLICOS - J.D.V.R.P. - C.A.B. e outros - Juiz(a) de Direito: Dr(a). Marcelo Benacchio VISTOS, Trata-se de pedido de providências instaurado a partir de comunicação encaminhada pelo MM. Juízo da 1ª Vara de Registros Públicos, contendo representação formulada pelo Senhor C. A. B. em face do Senhor 26º Tabelião de Notas da Capital, referente à alegada falha na lavratura de Escritura Pública de Testamento. Os autos foram instruídos com os documentos de fls. 04/260. O ato contestado encontra-se juntado às fls. 143/145. O Senhor Tabelião prestou esclarecimentos às fls. 268/271. O Senhor Representante, instado a se manifestar, quedou-se inerte (fls. 274). O Ministério Público manifestou-se às fls. 280/282. É o relatório. Decido. Trata-se de pedido de representação formulada pelo Senhor C. A. B. em face do Senhor 26º Tabelião de Notas da Capital, referente à alegada falha na lavratura de Escritura Pública de Testamento. Primeiramente, consigno novamente ao Senhor Representante que a matéria que ora se discute será analisada no limitado campo de atuação desta Corregedoria Permanente, que desempenha suas atividades no âmbito administrativo, na verificação do cumprimento dos deveres e obrigações funcionais dos Titulares de delegações afetas a esta 2ª Vara de Registros Públicos. Nesse sentido, destaco que eventual alegação de nulidade do testamento deve ser dirimida nas vias adequadas. Feitos tais esclarecimentos, passo à análise da atuação do Senhor Notário. Em suma, narra o Senhor Representante que, em fevereiro de 2014, foi lavrado o Testamento da Senhora A. M. J. perante a serventia do Senhor 26º Tabelião. Alega que houve fraude por parte da herdeira testamentária, uma vez que a testadora supostamente estaria muito debilitada em razão da idade e de doenças, incluída senilidade e perda de visão e audição, de modo que o Notário não poderia ter realizado o ato sem que fossem apresentados laudos médicos comprovando a capacidade da parte. A seu turno, o Senhor Tabelião noticiou que ele próprio lavrou o testamento, havendo pessoalmente comprovado a capacidade da parte para testar. Inclusive, nesse ponto, refere que não havia deficiência visual ou auditiva. Destaca, ainda, que o falecimento da Senhora A. ocorreu somente cinco anos após o ato. Com efeito, ressaltou que frequentemente testamentos são realizados por pessoas de idade avançada, de modo que este fato não é impeditivo ao ato. Adicionalmente, indicou que A. se encontrava, em seu entender e no entendimento das testemunhas, com plena capacidade de discernimento, sendo que a solicitação de laudo médico à testadora poderia configurar, inclusive, ato de discriminação contra pessoa idosa. Ainda, apontou que a testadora não tinha herdeiros necessários. Por fim, sublinhou que o ato, para além das indicações já feitas, resta formalmente hígido, de modo que todos os requisitos legais e acautelatórios foram observados quando da realização do ato. De outra senda, o Senhor Representante, devidamente intimado a falar, quedou-se inerte. O i. Promotor de Justiça de Registros Públicos manifestou-se pelo arquivamento do expediente, ante a inexistência de indícios de incúria funcional pelo Senhor 26º Tabelião de Notas. Bem assim, à luz dos esclarecimentos prestados pelo Senhor Titular, não vislumbro indícios de ilícito funcional apto a ensejar a instauração de procedimento administrativo, no âmbito disciplinar, em especial na consideração de o ato encontra-se regular e formalmente correto. Por conseguinte, à míngua de responsabilidade funcional a ser apurada, determino o arquivamento dos autos. Ciência ao Senhor Delegatário e ao Ministério Público. Encaminhe-se cópia desta r. Sentença ao MM. Juízo da 1ª Vara de Registros Públicos, por e-mail, servindo a presente sentença como ofício, para ciência. Encaminhe-se cópia desta decisão, bem como das principais peças dos autos (conforme relatório), à E. Corregedoria Geral da Justiça, por e-mail, servindo a presente como ofício. P.I.C. - ADV: CLAYTON AGENOR DOS SANTOS (OAB 446987/SP), ANGÉLICA DOS SANTOS VIEIRA (OAB 443857/SP) (DJe de 01.07.2021 – SP)

USUCAPIÃO

Ementa: Sentença – Dúvida – Pedido de reconhecimento extrajudicial de Usucapião – Apresentação de impugnação – Alegação pelos impugnantes que entregaram o imóvel aos Requerentes em permuta e estes deixaram de adimplir as prestações do financiamento – Existência de lide – Impossibilidade de seguimento na via extrajudicial – Acolhimento das Impugnação – Determinação da extinção da Usucapião Extrajudicial – Remessa da parte interessada às vias ordinárias para solução do conflito – Itens 420.7 e 420.8, do Capítulo XX, das NSCGJ – Procedência

Processo 1110544-97.2021.8.26.0100

Dúvida - Registro de Imóveis - Nelson Segui Gonçalves - Diante do exposto, ACOLHO A IMPUGNAÇÃO apresentada por Luciana Brito Mascarós e Roger Mascarós, determinando a extinção da usucapião extrajudicial, com cancelamento da prenotação e remessa da parte interessada às vias ordinárias para solução do conflito nos termos dos itens 420.7 e 420.8 do Cap. XX das NSCGJ. Deste procedimento não decorrem custas, despesas processuais ou honorários advocatícios. Oportunamente, remetam-se os autos ao arquivo. P.R.I.C. - ADV: ROBSON KENNEDY DIAS DA COSTA (OAB 221466/SP)

Íntegra da decisão:

SENTENÇA

Processo nº: **1110544-97.2021.8.26.0100**

Classe - Assunto **Dúvida - Registro de Imóveis**

Suscitante: **6º Oficial de Registro de Imóveis da Comarca da Capital e outros**

Suscitado: **Luciana Brito Mascaros e outro**

Juiz(a) de Direito: Dr(a). **Luciana Carone Nucci Eugênio Mahuad**

Vistos.

Trata-se de dúvida formulada pelo **Oficial do 6º Registro de Imóveis da Capital** em decorrência de impugnação de Luciana Brito Mascarós e Roger Mascarós contra requerimento de **Nelson Segui Gonçalves**, **Marilúcia Crivellaro Gonçalves** e **Isabela Crivellaro Gonçalves** pelo reconhecimento extrajudicial de usucapião do imóvel situado na rua Frederico Von Martius, 322, apartamento

n. 21, Cambuci (matrícula n. 3.833 daquela serventia).

Documentos vieram às fls. 06/785.

Os impugnantes noticiam, às fls. 695/698 e 737/738, que entregaram o imóvel usucapiendo aos requerentes em permuta por outro localizado na cidade de Guarujá/SP. Todavia, considerando que estes deixaram de adimplir as prestações do financiamento do imóvel que foi entregue a eles perante o ente financeiro, conforme contratado, repactuaram a dívida aos 26 dias de maio de 2011. Diante de novo inadimplemento, ajuizaram ação de despejo (autos n. 1001059-49.2018.8.26.0010), a qual foi julgada improcedente. Com base no descumprimento do negócio de permuta, pretendem a remessa do caso à via judicial.

A parte requerente almeja seja afastada a impugnação, entendendo que preenche os pressupostos necessários à usucapião do imóvel, uma vez que a ação de despejo foi julgada improcedente e eventuais débitos devem ser discutidos na via judicial (fls. 729/732 e 744/747).

Com o reconhecimento da impugnação como fundada, a questão foi remetida a este juízo na forma do item 420.1, Cap. XX, das NSCGJ (fls. 769/771).

O Ministério Público opinou pelo indeferimento do pedido por ser a impugnação fundamentada (fls. 790/791).

É o relatório.

Fundamento e Decido.

O procedimento de usucapião extrajudicial tem como principal requisito a inexistência de lide, de modo que, apresentada qualquer impugnação, a via judicial se torna necessária, cabendo ao requerente emendar a petição inicial para adequá-la ao procedimento comum nos termos do §10, do artigo 216-A, da Lei n. 6.015/73.

As Normas de Serviço da Corregedoria do Tribunal de Justiça de São Paulo, prestigiando a qualificação do Oficial de Registro e a importância do procedimento extrajudicial, trouxeram pequena flexibilização a tal regra no item 420.5 de seu Capítulo XX, permitindo que seja julgada a fundamentação da impugnação, com afastamento daquela claramente impertinente ou protelatória:

"420.5. Em qualquer das hipóteses acima previstas, os autos da usucapião serão encaminhados ao juízo competente que, de plano ou após instrução sumária, examinará apenas a pertinência da impugnação e, em seguida, determinará o retorno dos autos ao Oficial de Registro de Imóveis, que prosseguirá no procedimento extrajudicial se a impugnação for rejeitada, ou o extinguirá em cumprimento da decisão do juízo que acolheu a impugnação e remeteu os interessados às vias ordinárias, cancelando-se a prenotação".

Como bem esclarece o dispositivo, tal julgamento deve se dar de plano ou após instrução sumária, não cabendo ao juízo corregedor permitir a produção de prova para que se demonstre a existência de óbice ao reconhecimento da usucapião.

É dizer que, apresentada impugnação, deve-se apenas verificar se seu caráter é meramente protelatório ou completamente infundado.

Havendo qualquer indício de veracidade que justifique a existência de conflito de interesses, a via extrajudicial se torna prejudicada, devendo o interessado se valer da via contenciosa, sem prejuízo de utilizar-se dos elementos constantes do procedimento extrajudicial para instruir seu pedido, emendando a petição inicial para adequá-la ao procedimento comum (item 420.8, Cap. XX, das NSCGJ).

No caso em tela, os documentos trazidos aos autos corroboram a existência de matéria fática controvertida.

Com efeito, muito embora a ação de despejo tenha sido julgada improcedente (fls. 449/450 e 567/571), a parte impugnante não nega o inadimplemento do contrato de permuta, do qual originada sua posse, notadamente ao reconhecer que eventual débito deve ser discutido em processo judicial.

Desse modo, resta configurado conflito em relação ao bem, o que impede a análise da questão por este juízo administrativo.

Em outros termos, por estar a impugnação devidamente fundamentada e por não ser possível afastar de plano a alegação de posse injusta, a questão deverá ser dirimida na via ordinária com contraditório e ampla defesa (possibilidade de dilação probatória).

Diante do exposto, **ACOLHO A IMPUGNAÇÃO** apresentada por Luciana Brito Mascarós e Roger Mascarós, determinando a extinção da usucapião extrajudicial, com cancelamento da prenotação e remessa da parte interessada às vias ordinárias para solução do conflito nos termos dos itens 420.7 e 420.8 do Cap. XX das NSCGJ.

Deste procedimento não decorrem custas, despesas processuais ou honorários advocatícios.

Oportunamente, remetam-se os autos ao arquivo.

P.R.I.C.

São Paulo, 02 de dezembro de 2021.

Luciana Carone Nucci Eugênio Mahuad

Juíza de Direito (DJe de 06.12.2021 – SP)

Ementa: Sentença – Dúvida – Procedimento Extrajudicial de Usucapião – Impugnações apresentadas pelo titular de domínio e por terceiro interessado – Alegação de ausência de prova da aquisição dos direitos sobre o imóvel pelos antecessores, bem como de que a Requerente nunca exerceu posse direta ou indireta sobre o bem – Existência de conflito de interesses – Impossibilidade de seguimento na via extrajudicial – Acolhimento das Impugnações – Determinação da extinção da Usucapião Extrajudicial – Remessa da parte interessada às vias ordinárias para solução da lide – Itens 4207 e 4208, do Capítulo XX, das NSCGJ – Procedência

Processo 1126230-32.2021.8.26.0100

Dúvida - REGISTROS PÚBLICOS - Ana Paula Valente de Paula Tavares - Patricia de Siqueira Parisi – Leonardo Luidi Nannini - Diante do exposto, ACOLHO AS IMPUGNAÇÕES, determinando a extinção da usucapião extrajudicial, com cancelamento da prenotação n. 767.688 e remessa da parte interessada às vias ordinárias para solução do conflito nos termos dos itens 420.7 e 420.8 do Cap. XX das NSCGJ. Deste procedimento não decorrem custas, despesas processuais ou honorários advocatícios. Oportunamente, remetam-se os autos ao arquivo. P.R.I.C. - ADV: IGOR RENATO DE CARVALHO (OAB 267457/SP), RUBENS RITA JUNIOR (OAB 190100/SP), ALESSANDRO SCHIRRMEISTER SEGALLA (OAB 130765/SP)

Íntegra da decisão:

SENTENÇA

Processo nº: **1126230-32.2021.8.26.0100**

Classe - Assunto **Dúvida - REGISTROS PÚBLICOS**

Requerente: **14º Oficial de Registro de Imoveis da Capital**

Requerido: **Ana Paula Valente de Paula Tavares**

Juiz(a) de Direito: Dr(a). **Luciana Carone Nucci Eugênio Mahuad**

Vistos.

Trata-se de dúvida formulada pelo **Oficial do 14º Registro de Imóveis da Capital** em decorrência de impugnações apresentadas pelo titular do domínio, espólio de Rafael Parisi, representado pela inventariante Patrícia de Siqueira Parisi, bem como por terceiro, Leonardo Luidi Nannini, contra requerimento de **Ana Paula Valente de Paula Tavares** pelo reconhecimento extrajudicial de usucapião do imóvel situado na rua Monte Aprazível, 455, Vila Nova Conceição, nesta Capital, o qual integra em parte as transcrições n. 62.165 e 62.166 daquela serventia (prenotação n. 767.688).

Alega o primeiro impugnante que ausente prova da aquisição dos direitos sobre o imóvel pelos antecessores Gaspar e Maria Cecília; que não comprovada quitação do compromisso de venda e compra entabulado entre aqueles e a parte requerente, já que, embora o instrumento aponte que o contrato estaria sendo quitado, previu pagamento em parcelas, o que indica simulação; que referidos compromissários vendedores não manifestaram validamente suas vontades quando da outorga de procuração à representante que assina o compromisso e que não comprovado o exercício de posse efetiva sobre o imóvel (fls. 1336/1344).

Após manifestação da suscitada, alegou que o contrato de compromisso de compra e venda entabulado com Murillo Oliveira Ramalho e Belkis Lemos Ramalho, averbado nas transcrições, não foi quitado, o que indica precariedade da cadeia de posses e não convalidação, faltando à requerente *animus domini* (fls. 1414/1425).

Já o terceiro interessado sustentou que a requerente nunca exerceu posse direta ou indireta sobre o bem e que os documentos produzidos, contas de água, luz e imposto predial, não comprovam tal fato, já que em nome de outras pessoas. Pleiteou, ainda, pela concessão de prazo para produção de provas (fls. 1405/1408).

Em face da impugnação ofertada pelo titular do domínio, a parte requerente sustentou falta de interesse, já que, em 1959, o imóvel foi alienado a Murillo Oliveira Ramalho e Blekis Lemos Ramalho; validade da procuração pública outorgada pelos cedentes; regularidade do compromisso, pelo qual adquiriu os direitos sobre o imóvel; preenchimento dos requisitos necessários à usucapião uma vez que exerce, em nome próprio, posse mansa, ininterrupta, pacífica e de boa-fé há mais de quinze anos (fls. 1356/1361 e 1427/1428).

Sobre a impugnação oposta pelo terceiro, a parte requerente alegou que Leonardo Luidi Nanini é locatário do imóvel, faltando a ele interesse para impugnar o requerimento, sendo que, diante da locação, não exerce posse direta, mas indireta, o que também justifica estarem as contas de abastecimento e de IPTU registradas em nome do locatário (fls. 1411/1412 e 1427/1428).

Não alcançada conciliação (fls. 1431/1432), a questão foi remetida a este juízo na forma do item 420.1, Cap.XX, das NSCGJ.

Documentos vieram às fls. 02/1432.

O Ministério Público opinou pelo indeferimento do pedido (fls. 1436/1437).

A suscitada apresentou impugnação às fls. 1438/1441.

É o relatório.

Fundamento e Decido.

Por primeiro, observo que, como o Oficial não rejeitou expressamente as impugnações, prosseguindo com a tentativa de conciliação (item 420 e subitem 420.3, Cap. XX, das NSCGJ), tenho que as tomou como fundadas (fls. 1428/1432).

No mérito, sabe-se que o procedimento de usucapião extrajudicial tem como principal requisito a inexistência de lide, de modo que, apresentada qualquer impugnação, a via judicial se torna necessária, cabendo ao requerente emendar a petição inicial para adequá-la ao procedimento comum nos termos do § 10, do artigo 216-A, da Lei n. 6.015/73.

As Normas de Serviço da Corregedoria do Tribunal de Justiça de São Paulo, prestigiando a qualificação do Oficial de Registro e a importância do procedimento extrajudicial, trouxeram pequena flexibilização a tal regra no item 420.5 de seu Capítulo XX, permitindo que seja julgada a fundamentação da impugnação, com afastamento daquela claramente impertinente ou protelatória:

> *"420.5. Em qualquer das hipóteses acima previstas, os autos da usucapião serão encaminhados ao juízo competente que, de plano ou após instrução sumária, examinará apenas a pertinência da impugnação e, em seguida, determinará o retorno dos autos ao Oficial de Registro de Imóveis, que prosseguirá no procedimento extrajudicial se a impugnação for rejeitada, ou o extinguirá em cumprimento da decisão do juízo que acolheu a impugnação e remeteu os interessados às vias ordinárias, cancelando-se a prenotação".*

Como bem esclarece o dispositivo, tal julgamento deve se dar de plano ou após instrução sumária, não cabendo ao juiz corregedor permitir a produção de prova para que se demonstre a existência de óbice ao reconhecimento da usucapião.

Assim, não há que se falar em concessão de prazo para dilação probatória, como pretendido pelo terceiro interessado.

De igual forma, não cabe a este juízo afastar intervenção sob o fundamento de eventual ilegitimidade.

É dizer que, apresentada impugnação, deve-se apenas verificar se seu caráter é meramente protelatório ou completamente infundado.

Havendo qualquer indício de veracidade que justifique a existência de conflito de interesses, a via extrajudicial se torna prejudicada, devendo o interessado se valer da via contenciosa, sem prejuízo de utilizar-se dos elementos constantes do procedimento extrajudicial para instruir seu pedido, emendando a petição inicial para adequá-la ao procedimento comum (item 420.8, Cap. XX, das NSCGJ).

No caso em tela, o titular do domínio apresenta várias razões para oposição ao requerimento, as quais demandam instrução e contraditório: ausência de posse; não comprovação documental de aquisição da posse pelos antecessores Gaspar e Maria Cecília e de quitação ao compromisso de venda e compra; a existência de vício na procuração outorgada pelos cedentes referidos; a precariedade da posse diante do inadimplemento do primitivo compromisso de venda e compra realizado pelos titulares do domínio (fls. 1336/1344 e 1414/1425).

Já o interessado reitera a tese de que a suscitada não exerce posse sobre o bem, notadamente porque os documentos que produz encontram-se em nome de terceiros (fls. 1405/1408).

A suscitada, por sua vez, alega, na petição que iniciou o requerimento de usucapião extrajudicial, que sua posse se funda na quitação de compromisso firmado com Gaspar Pereira da Silva e Maria Cecília Rodrigues Silva, possuidores que a antecederam, pretendendo comprovar tal fato por meio dos documentos exibidos (fls. 03/18).

Desse modo, resta evidente a configuração de conflito em relação ao imóvel (fatos controvertidos), o que impede a análise da questão por este juízo administrativo, devendo tal impasse ser solucionado nas vias ordinárias.

Em outros termos, por estarem as impugnações devidamente fundamentadas e por não ser possível afastar de plano todas as razões opostas ao direito alegado, a questão deverá ser dirimida na via ordinária com contraditório e ampla defesa (possibilidade de dilação probatória).

Diante do exposto, **ACOLHO AS IMPUGNAÇÕES**, determinando a extinção da usucapião extrajudicial, com cancelamento da prenotação n. 767.688 e remessa da parte interessada às vias ordinárias para solução do conflito nos termos dos itens 420.7 e 420.8 do Cap. XX das NSCGJ.

Deste procedimento não decorrem custas, despesas processuais ou honorários advocatícios.

Oportunamente, remetam-se os autos ao arquivo.

P.R.I.C.

São Paulo, 29 de novembro de 2021.

Luciana Carone Nucci Eugênio Mahuad
Juíza de Direito (DJe de 02.12.2021 – SP)

Ementa: Sentença – Procedimento Comum Cível – Pedido de nulidade de sentença – Alegação de nulidade insanável da citação editalícia levada a efeito nos autos da ação de usucapião – Informação pelos Requerentes de que são filhos dos titulares de domínio do imóvel e a citação deveria ter sido dirigida aos herdeiros, em razão do falecimento de seu genitor – Ausência de citação que leva a inexistência da sentença – Necessidade da citação dos herdeiros quando falecido o proprietário – Constatação de vício insanável – Declaração de nulidade da sentença proferida nos autos da Ação de Usucapião – Comunicação ao CRI para o cancelamento do registro decorrente da referida sentença que reconheceu o domínio do imóvel em favor do Usucapido – Procedência

Processo 1023863-61.2020.8.26.0100

Procedimento Comum Cível - Nulidade - William José Ferreira – Alessandro Ferreira – Ricardo Ferreira - Ante o exposto, com fundamento no artigo 487, I, do Código de Processo Civil, JULGO PROCEDENTE o pedido, de modo a declarar nula a r. Sentença proferida nos autos da ação n. 0054968-8.2011.8.26.0100, por nulidade absoluta, decorrente da ausência de citação dos herdeiros do titular do domínio. Os réus arcarão com custas e honorários advocatícios sucumbenciais, estes arbitrados em 10% sobre o valor da causa, sendo-lhes concedidos os benefícios da Gratuidade da Justiça neste ato. Anote-se. Com o trânsito em julgado, traslade-se cópia desta sentença aos autos originários, comunicando-se ainda o i. Cartório de Registro de Imóveis, para que se cancele, se o caso, registro decorrente da sentença da ação originária, que reconheceu o domínio em favor do ora réu da integralidade do imóvel. P.I.C. - ADV: LAUDEVI ARANTES (OAB 182200/SP)

Íntegra da decisão:

SENTENÇA

Processo Digital nº: **1023863-61.2020.8.26.0100**

Classe - Assunto **Procedimento Comum Cível - Nulidade**

Requerente: **William José Ferreira e outros**

Requerido: **9º Oficial de Registro de imóveis da Capital e outros**

Tramitação prioritária

Juiz(a) de Direito: Dr(a). **Juliana Forster Fulfaro**

Vistos.

Trata-se de AÇÃO DECLARATÓRIA DE NULIDADE DE SENTENÇA (*QUERELA NULLITATIS INSANABILIS*) com pedido de tutela antecipada proposta por **WILLIAM JOSÉ FERREIRA, ALESSANDRO FERREIRA e RICARDO FERREIRA** em face de **JOSÉ BENITO ALVES FAUSTINO e ANA MARIA FONSECA** fundada na suposta nulidade insanável da citação editalícia levada a efeito nos autos da ação de usucapião, autos n. 0054968-88.2011.8.26.0100. Alegam, em síntese, serem filhos de Maria Terezinha Ferreira e Gilberto Ferreira, titulares de domínio do imóvel objeto da ação de usucapião. Com a morte de seu genitor, foi aberta a sucessão, de modo que a citação naquele feito deveria ter sido dirigida aos herdeiros, o que não foi feito. Relatam que fora realizada a partilha dos bens nos autos da ação de inventário n. 0000196-51.1986.8.26.0554, por sentença homologada em 28.07.2011, transitada em julgado em 08.09.2011. Informam ter proposto ação rescisória, autos n. 2104272-50.2019.8.26.0000, em que foi declarada a inadequação da via eleita, ensejando a distribuição do presente feito. Diante desses fatos, requerem a concessão de tutela de urgência a fim de que seja anotada a existência da presente ação na matrícula do imóvel, evitando sua alienação pelos requeridos. Deu-se à causa o valor de R$ 74.426,76. Petição inicial (fls. 01/17), acompanhada de procuração e documentos (fls. 18/160).

Os requeridos foram citados e apresentaram contestação às fls. 189/195, alegando, em síntese, a inexistência de nulidade, uma vez que a a titular do domínio e genitora dos ora autores foi citada e a ação de inventário dos bens deixados pelo genitor dos autores, cotitular do domínio não constou das certidões de distribuição levadas aos autos da ação de usucapião.

Réplica às fls. 208/212.

É o relatório.

Fundamento e decido.

O feito comporta julgamento no estado em que se encontra, sendo desnecessária a produção de outras provas, além daquelas que já constam dos autos.

A via eleita consiste em *querela nullitatis insanabilis*, a qual, embora sem previsão legal, é admitida excepcionalmente pela doutrina e pela jurisprudência pátria.

Tem caráter subsidiário e só é reconhecida quando tiver por objeto defeito ou nulidade insanável de procedimento na ação questionada, consistente em pressupostos de existência da relação processual ou de pressuposto de constituição e de desenvolvimento válido e regular do processo.

A citação é garantia primeira e maior do princípio do contraditório, daí a acentuação incomum do seu rigor formal. A falta do ato citatório assume significativa relevância, porquanto a sentença que venha a ser proferida em detrimento dele consistiu verdadeira violência ao seu direito.

Com efeito, não há que se falar em coisa julgada de sentença proferida em processo em que a citação não ocorreu, porque, de fato, não se formou a relação jurídica processual. Assim sendo, está-se diante de uma sentença juridicamente inexistente que nunca adquire a autoridade da coisa julgada. Nesse diapasão, impõe-se afastar o argumento de que seria adequada a propositura de ação rescisória.

Ora, a ausência de citação leva a inexistência da sentença, que, por inexistir, nunca será acobertada pelo manto da coisa julgada, logo, afastada está, por completo, a possibilidade de ajuizamento de ação rescisória, que tem por pressuposto necessário a existência de sentença de mérito transitada em julgado. Em outras palavras, o que não existe não pode ser objeto de rescisão.

Esse é o entendimento do C. Superior Tribunal de Justiça:

> PROCESSUAL CIVIL. AUSÊNCIA DE CITAÇÃO DE LITISCONSORTE PASSIVO NECESSÁRIO. HABILITAÇÃO DOS HERDEIROS NECESSÁRIOS. REJEIÇÃO. CITAÇÃO DOS LITISCONSORTES. AUSÊNCIA. HIPÓTESE DE QUERELLA NULITATIS. ARGÜIÇÃO POR SIMPLES PETIÇÃO. POSSIBILIDADE. 1. As hipóteses excepcionais de desconstituição de acórdão transitado em julgado por meio da ação rescisória estão arroladas de forma taxativa no art. 485 do Código de Processo civil. Pelo caput do referido dispositivo legal, evidencia-se que esta ação possui natureza constitutiva negativa, que produz sentença desconstitutiva, quando julgada procedente. Tal ação tem como pressupostos (i) aexistência de decisão de mérito com trânsito em julgado; (ii) enquadramento nas hipóteses taxativamente previstas; e (iii) o exercício antes do decurso do prazo decadencial de dois anos (CPC, art. 495). 2. O art. 485 em comento não cogita, expressamente, da admissão da ação rescisória para declaração de nulidade por ausência de citação, pois não há que se falar em coisa julgada na sentença proferida em processo em que não se formou a relação jurídica apta ao seu desenvolvimento. É que nessa hipótese estamos diante de uma sentença juridicamente inexistente, que nunca adquire a autoridade da coisa julgada. Falta-lhe, portanto, elemento essencial ao cabimento da rescisória, qual seja, a decisão de mérito acobertada pelo manto da coisa julgada. Dessa forma, as sentenças tidas como nulas de pleno direito e ainda as consideradas inexistentes, a exemplo do que ocorre quando proferidas sem assinatura ou sem dispositivo, ou ainda quando prolatadas em processo em que ausente citação válida ou quando o litisconsorte necessário não integrou o polo passivo, não se enquadram nas hipóteses de admissão da ação rescisória, face a inexistência jurídica da própria sentença porque inquinada de vício insanável. 3. Apreciando questão análoga, atinente ao cabimento ou não de ação rescisória por violação literal a dispositivo de lei no caso de ausência de citação válida, o Supremo Tribunal Federal e o Superior Tribunal de Justiça já se posicionaram no sentido de que o vício apontado como ensejador da rescisória é, em verdade, autorizador da querela nullitatis insanabilis. Precedentes: do STF - RE 96.374/GO, rel. Ministro Moreira Alves, DJ de 30.8.83; do STJ - REsp n. 62.853/GO, Quarta Turma, rel. Min. Fernando Gonçalves, unânime, DJU de 01.08.2005; AR .771/PA, Segunda Seção, Rel. Ministro Aldir Passarinho Junior DJ 26/02/2007. 4. No caso específico dos autos, em que a ação tramitou sem que houvesse citação válida do litisconsórcio passivo necessário, não se formou a relação processual em ângulo. Há, assim, vício que atinge a eficácia do processo em relação ao réu e a validade dos atos processuais subsequentes, por afrontar o princípio do contraditório. Em virtude disto, aquela decisão que transitou em julgado não atinge aquele réu que não integrou o polo passivo da ação. Por tal razão, a nulidade por falta de citação poderá ser suscitada por meio de ação declaratória de inexistência por falta de citação, denominada querela nullitatis, ou, ainda, por simples petição nos autos, como no caso dos autos. 5. Recurso especial provido". (Recurso Especial nº 1.105.944 - SC, Rel. Min. Mauro Campbell Marques, Segunda Turma, j. em 14/12/2010).

E do E. Tribunal de Justiça de São Paulo:

> APELAÇÃO. QUERELA NULLITATIS INSANABILIS. AUSÊNCIA DE CITAÇÃO NA AÇÃO DE RETIFICAÇÃO DE REGISTRO IMOBILIÁRIO. Sentença de procedência. Inconformismo.
>
> Descabimento. NULIDADE DE CITAÇÃO POSTAL. A ré afirma que a signatária do avisto de recebimento não é funcionária da empresa. Teoria da aparência. Citação realizada no endereço declinado na contestação e constante do contrato social como sendo a sede da pessoa jurídica.
>
> Subscritora que recebeu a correspondência da ré, não sendo crível supor que não tinha autorização para tanto. Ademais, a ré sequer trouxe aos autos relação dos empregados há época da citação para demonstrar suas alegações. NULIDADE DA SENTENÇA DA AÇÃO DE RETIFICAÇÃO. AUSÊNCIA DE CITAÇÃO. CABIMENTO DE QUERELA NULLITATIS INSANABILIS E NÃO AÇÃO RESCISÓRIA. A citação é pressuposto do processo e se ausente resulta na inexistência jurídica da sentença, que, bem por isso, não transita materialmente em julgado. Cenário que não desafia o ajuizamento de ação rescisória. Hipótese de "querella nulitatis". Precedente do STJ.
>
> Negado provimento ao recurso (TJSP; Apelação 0039111-54.2011.8.26.0309; Relator (a): Fábio Podestá; Órgão Julgador: 5ª Câmara de Direito Privado;

Foro de Jundiaí - 6ª. Vara Cível; Data do Julgamento: 04/02/2015; Data de Registro: 10/02/2015).

No mérito, com razão a parte autora.

Isso porque, noticiado o falecimento do titular de domínio, conforme quadro apresentado nos autos da ação de usucapião, aqui copiado às fls. 117/122 (mais precisamente às fls. 118), a parte autora naquele feito deveria ter diligenciado em busca não só de informações acerca do inventário em curso, mas também da existência de herdeiros, visando à citação do espólio na pessoa do inventariante ou dos demais herdeiros, ora autores.

Reforço que, falecido o titular do domínio, é necessária a citação dos herdeiros.

Nesse sentido:

"APELAÇÃO. Usucapião Especial. Pretensão ao reconhecimento da prescrição aquisitiva com fundamento nos artigos 1.238 e seguintes do Código Civil. Sentença que julgou procedente o pedido. RECURSO DO ESPOLIO RÉU. Pretensão à reforma da sentença. Alegação de existência de inventário aberto em nome dos proprietários tabulares e de que o imóvel foi nele arrolado para partilha. Alegação, ainda, de desconhecimento a respeito do instrumento particular firmado entre a então viúva meeira, um dos herdeiros e os autores. A inicial dá conta da existência de outros herdeiros, além do vendedor. Após análise do processo de inventário, ainda em trâmite, verificou-se que um dos herdeiros já é falecido, inclusive. Necessidade de citação dos herdeiros ou seus espólios, na pessoa de seu inventariante, os sucessores ou seus herdeiros, nos termos do §2º, inciso I do artigo 313 do CPC. Configurada a ausência de citação, pois, de todos os proprietários do imóvel usucapiendo. Imprescindível a citação de todos os proprietários tabulares. Vício não suprível pela citação edilícia. Ademais, ausência de citação de todos os confrontantes. Nulidade do processo reconhecida, desde o início, com observação. RECURSO PREJUDICADO. (TJSP; Apelação Cível 1126913-16.2014.8.26.0100; Relator (a): Cristina Medina Mogioni; Órgão Julgador: 6ª Câmara de Direito Privado; Foro Central Cível - 1ª Vara de Registros Públicos; Data do Julgamento: 20/05/2021; Data de Registro: 20/05/2021)" Identificado o vício insanável, imperioso, portanto, o reconhecimento da nulidade da r. Sentença.

Ante o exposto, com fundamento no artigo 487, I, do Código de Processo Civil, JULGO PROCEDENTE o pedido, de modo a declarar nula a r. Sentença proferida nos autos da ação n. 0054968-8.2011.8.26.0100, por nulidade absoluta, decorrente da ausência de citação dos herdeiros do titular do domínio.

Os réus arcarão com custas e honorários advocatícios sucumbenciais, estes arbitrados em 10% sobre o valor da causa, sendo-lhes concedidos os benefícios da Gratuidade da Justiça neste ato. Anote-se. Com o trânsito em julgado, traslade-se cópia desta sentença aos autos originários, comunicando-se ainda o i. Cartório de Registro de Imóveis, para que se cancele, se o caso, registro decorrente da sentença da ação originária, que reconheceu o domínio em favor do ora réu da integralidade do imóvel.

P.I.C.

São Paulo, 22 de novembro de 2021. (DJe de 24.11.2021 – SP)

Ementa: Sentença – Dúvida – Pedido de registro de Escritura de Retificação e Ratificação de negócio jurídico – Negativa em razão do registro ter sido efetivado de acordo com o título que o originou – Impossibilidade da retificação pretendida – Título que possui o intuito específico de modificar a essência do negócio – Ausência de base legal – Matéria reservada à esfera jurisdicional – Incompetência do juízo administrativo para análise de questões de direito material que envolvam o negócio jurídico – Manutenção do óbice – Procedência

Processo 1104264-13.2021.8.26.0100

Dúvida - Registro de Imóveis - Alice Boccatto - Do exposto, JULGO PROCEDENTE o pedido a fim de manter o óbice. Proceda-se às devidas anotações, inclusive remetendo-se o feito ao distribuidor, se necessário, a fim de que prossiga como pedido de providências. Não há custas, despesas processuais ou honorários advocatícios decorrentes deste procedimento. Oportunamente, arquivem-se os autos. P.R.I.C. - ADV: FRANCISCO DE ASSIS DOS SANTOS (OAB 421693/SP)

Íntegra da decisão:

SENTENÇA

Processo Digital nº: **1104264-13.2021.8.26.0100**

Classe - Assunto **Dúvida - Registro de Imóveis**

Suscitante: **18º Oficial de Registro de Imóveis da Capital**

Suscitado: **Alice Boccatto**

Juiz(a) de Direito: Dr(a). **Luciana Carone Nucci Eugênio Mahuad**

Vistos.

Trata-se de **dúvida** suscitada pelo **Oficial do 18º Registro de Imóveis da Capital** a requerimento de **Alice Boccatto** em virtude de recusa ao registro de escritura de retificação e ratificação de negócio jurídico.

O Oficial esclarece como impossível a alteração de registro já efetivado, uma vez que ato jurídico perfeito e acabado, notadamente porque feito de acordo com o título que o originou.

Documentos vieram a fls. 05/43.

A pedido da parte suscitada, foi concedido prazo suplementar para que se manifestasse, o qual decorreu sem impugnação (fls. 44/45, 46 e 48).

O Ministério Público opinou pela procedência (fls. 52/53).

É o relatório.

Passo a fundamentar e a decidir.

Por primeiro, tendo em vista que o título devolvido destina-se apenas à retificação de registro já efetuado (averbação), determino a conversão do feito em **pedido de providências.**

Neste sentido, este juízo já decidiu no processo de autos n. 1028716-79.2021.8.26.0100.

No mérito, o pedido é procedente. Vejamos os motivos.

A parte pretende o registro de escritura pública de retificação e ratificação lavrada em 23 de julho de 2021, a qual modificou a natureza de negócio jurídico, de forma a torná-lo doação simples e pura (fls. 30/32).

Entretanto, verifica-se que já ultimado registro da escritura pública relativa à sua celebração na forma de venda e compra, lavrada anteriormente (24/05/2021), na matrícula n. 212.340 daquela serventia (R.10 fls. 14/21).

O registro que se pretende alterar guardou perfeita consonância com o título que deu origem a ele (fls. 28/29), sendo que não se vislumbra qualquer das hipóteses elencadas na Lei de Registros ou nas Normas de Serviço que possibilitam retificação.

De fato, no que tange à retificação, dispõem os artigos 110 e 213 da Lei de Registros Públicos:

> *"Art. 110. O oficial retificará o registro, a averbação ou a anotação, de ofício ou a requerimento do interessado, mediante petição assinada pelo interessado, representante legal ou procurador, independentemente de prévia autorização judicial ou manifestação do Ministério Público nos casos de:*
>
> *I - erros que não exijam qualquer indagação para a constatação imediata de necessidade de sua correção;*
>
> *II erro na transposição dos elementos constantes em ordens e mandados judiciais, termos ou requerimento, bem como outros titulos a serem registrados, averbados ou anotados, e o documento utilizado para a referida averbação e/ou retificação dicará arquivado no registro no cartório;*
>
> *III inexatidão da ordem cronológica e sucessiva referente à numeração do livro,da folha, da página, do termo, bem como da data do registro;*
>
> *IV - ausência de indicação do Município relativo ao nascimento ou naturalidade do registrado, nas hipóteses em que existir descrição precisa do endereço do local do nascimento;*
>
> *V elevação de Distrito a Município ou alteração de suas nomenclaturas por força de lei".*

> *"Art. 213. O oficial retificará o registro ou a averbação:*
>
> *I de ofício ou a requerimento do interessado nos casos de:*
>
> *a) omissão ou erro cometido na transposição de qualquer elemento do título;*
>
> *b) indicação ou atualização de confrontação;*
>
> *c) alteração de denominação de logradouro público, comprovada por documento oficial;*
>
> *d) retificação que a indicação de rumos, ângulos de deflexão ou inserção de coordenadas georeferenciadas, em que não haja alteração das medidas perimetrais;*
>
> *e) alteração ou inserção que resulte de mero cálculo matemático feito a partir das medidas perimetrais constantes do registro;*
>
> *f) reprodução de descrição de linha divisória de imóvel confrontante que já tenha sido objeto de retificação;*
>
> *g) inserção ou modificação dos dados de qualificação pessoal das partes, comprovada por documentos oficiais, ou mediante despacho judicial quando houver necessidade de produção de outras provas;*
>
> *II a requerimento do interessado, no caso de inserção ou alteração de medida perimetral de que resulte, ou não, alteração de área, instruído com planta e memorial descritivo assinado por profissional leqalmente habilitado, com prova de anotação de responsabilidade técnica no competente Conselho Regional de Engenharia e Arquitetura CREA, bem assim pelos confrontantes."*

Nestes termos, ainda, os itens 135 e 135.1, Capítulo XX, das Normas de Serviço da Corregedoria Geral da Justiça do Tribunal de Justiça de São Paulo:

> *"135. A retificação administrativa de erro constante do registro será feita pelo Oficial de Registro de Imóveis ou através de procedimento judicial, a requerimento do interessado.*
>
> *135.1 O oficial retificará o registro ou a averbação, de ofício ou a requerimento do interessado, quando se tratar de erro evidente e nos casos de:*
>
> *a) omissão ou erro cometido na transposição de qualquer elemento do título;*
>
> *b) indicação ou atualização de confrontação;*

c) alteração de denominação de logradouro público, comprovada por documento oficial;

d) retificação que vise a indicação de rumos, ângulos de deflexão ou inserção de coordenadas georreferenciadas, em que não haja alteração das medidas perimetrais, cuidando para que a retificação não altere a conformidade física do imóvel, e para que na inserção de coordenadas georreferenciadas seja observado o previsto nos itens .57.2 e .57.3 do Capítulo XX destas Normas de Serviço;

e) alteração ou inserção que resulte de mero cálculo matemático feito a partir das medidas perimetrais constantes do registro;

f) reprodução de descrição de linha divisória de imóvel confrontante que já tenha sido objeto de retificação;

g) inserção ou modificação dos dados de qualificação pessoal das partes, comprovada por documentos oficiais, exigido despacho judicial quando houver necessidade de produção de outras provas.

h) alteração ou inserção de elementos descritivos resultantes de nova certificação pelo INCRA do georreferenciamento de imóvel rural, resultante da alteração da metodologia adotada pelo referido órgão relativa ao Plano de Projeção UTM para o Plano de Projeção Geodésico Local (Sistema de Gestão Fundiária SIGEF), acompanhado de declaração firmada pelos proprietários e pelo profissional técnico responsável, sob as penas da lei, que a nova certificação é relativa ao mesmo imóvel objeto da certificação anterior, não implica em modificação das medidas perimetrais e não acarreta qualquer prejuízo a terceiro, ainda que potencial".

Assim, ausente base legal, não se pode autorizar o ingresso de escritura de retificação e ratificação lavrada com o intuito específico de modificar a essência de negócio já incluído regularmente no fólio real.

Neste sentido, este juízo decidiu no processo de autos n. 1028716-79.2021.8.26.0100, bem como o E. Corregedor Geral da Justiça do Estado de São Paulo, Desembargador Ricardo Anafe, ao aprovar o Parecer n. 244/2021-E, lavrado pela MMª. Juíza Assessora da Corregedoria Letícia Fraga Benitez, no Recurso Administrativo de autos n. 1001182-64.2019.8.26.0575 (nosso destaque):

"Registro de imóveis – Pedido de Providências – Negativa de Averbação de Escritura de Rerratificação ***– Descrição dos imóveis e adquirentes de acordo com o título que lhes deu origem – Descabimento*** *– Desprovimento do recurso". Vale destacar, ainda, que a lavratura de escritura retificadora deve sempre se destinar à regularização de erros, inexatidões materiais e irregularidades identificados em escritura anteriormente lavrada, conforme previsto nos itens 54, 54.1 e e 55 do Capítulo XVI das Normas de Serviço da Corregedoria Geral da Justiça, que ora transcrevemos:*

"54. Os erros, as inexatidões materiais e as irregularidades, constatáveis documentalmente e desde que não modificada a declaração de vontade das partes nem a substância do negócio jurídico realizado, podem ser corrigidos de ofício ou a requerimento das partes, ou de seus procuradores, mediante ata retificativa lavrada no livro de notas e subscrita apenas pelo tabelião ou por seu substituto legal, a respeito da qual se fará remissão no ato retificado.

54.1. São considerados erros, inexatidões materiais e irregularidades, exclusivamente:

a) omissões e erros cometidos na transposição de dados constantes dos documentos exibidos para lavratura do ato notarial, desde que arquivados na serventia, em papel, microfilme ou documento eletrônico;

b) erros de cálculo matemático;

c) omissões e erros referentes à descrição e à caracterização de bens individuados no ato notarial;

d) omissões e erros relativos aos dados de qualificação pessoal das partes e das demais pessoas que compareceram ao ato notarial, se provados por documentos oficiais.

55. Os erros, as inexatidões materiais e as irregularidades, quando insuscetíveis de saneamento mediante ata retificativa, podem ser remediados por meio de escritura de retificação-ratificação, que deve ser assinada pelas partes e pelos demais comparecentes do ato rerratificado e subscrita pelo Tabelião de Notas ou pelo substituto legal".

Neste sentido, decidiu o então Corregedor Geral da Justiça, Desembargador Manoel de Queiroz Pereira Calças, ao aprovar o Parecer n. 417/2017-E lavrado pelo MM. Juiz Assessor da Corregedoria Carlos Henrique André Lisboa no Recurso Administrativo de autos n. 1009856-69.2017.8.26.0100, referindo-se aos itens 53 e 54 do Capítulo XIV das NSCGJ, então vigentes, atuais itens 54 e 55 do referido regramento (nosso destaque):

"REGISTRO DE IMÓVEIS – Registro de cédulas de crédito imobiliário, com alienação fiduciária em garantia – Título e registros que atribuem aos interessados os bens de modo invertido (imóvel X para A e imóvel Y para B, quando o correto seria, segundo o apelante, Imóvel X para B e imóvel Y para A)

Pretensão de retificação para acertamento das propriedades em relação aos respectivos ocupantes Ausência de erro no registro Impossibilidade de retificação da escritura Situação que extrapola as específicas hipóteses de retificação previstas nas NSCGJ itens 53 e 54 do Capítulo XIV das NSCGJ) e que implicaria modificação da declaração de vontade das partes e da substância do negócio jurídico realizado Recurso desprovido".

Caso a real intenção das partes, ao entabular o negócio primitivo, tenha sido a de doação e não a venda e compra, conforme registrado, deverão se valer da via jurisdicional adequada à solução do impasse.

Com efeito, pelo princípio da legitimação (eficácia do registro), os vícios reconhecíveis na via administrativa são apenas aqueles comprováveis de pleno direito que resultem de erros evidentes extrínsecos ao título, sem necessidade de exames de outros documentos ou fatos (artigos 214, *caput*, e 252 da Lei n. 6.015/73).

Não é demais reforçar que este juízo possui competência administrativa e disciplinar e não pode analisar questões de direito material que envolvam o negócio jurídico, consoante reiterada jurisprudência da E. Corregedoria Geral da Justiça:

"NULIDADE DO REGISTRO. Artigo 214 da Lei de Registros Públicos. Nulidade do Registro (modo) e não do título. Somente é cabível na via administrativa o conhecimento de vício atinente à nulidade direta do registro e não do título (vício intrínseco). Nulidade do título somente é passível de conhecimento na via jurisdicional - Recurso não provido" **(CGJ proc. n. 1050759-49.2017.8.26.0100, DJ 13.03.2018).**

"REGISTRO DE IMÓVEIS - registro de alienação fiduciária - eventuais vícios do título que só podem prejudicar o registro, por via oblíqua, mediante atuação da jurisdição - via administrativa inapropriada - art. 214, da Lei nº 6.015/73, inaplicável - Recurso desprovido" **(CGJ proc. n. 0006400-50.2013.8.26.0236, DJ 11/10/16).**

"REGISTRO DE IMÓVEIS. Pedido de Providências que visa cancelar ou retificar o registro Inexistência de nulidade formal e extrínseca, relacionada exclusivamente ao registro - Inaplicabilidade do artigo 214 da Lei de Registros Públicos - Vício exclusivo do título, de natureza intrínseca. Hipótese que se enquadra no artigo 216 da Lei de Registros Públicos Recurso não provido" **(CGJ parecer n. 2015/76433, DJ 07/07/15).**

Do exposto, **JULGO PROCEDENTE** o pedido a fim de manter o óbice. Procedase às devidas anotações, inclusive remetendo-se o feito ao distribuidor, se necessário, a fim de que prossiga como **pedido de providências**.

Não há custas, despesas processuais ou honorários advocatícios decorrentes deste procedimento.

Oportunamente, arquivem-se os autos.

P.R.I.C.

São Paulo, 19 de novembro de 2021.

Luciana Carone Nucci Eugênio Mahuad

Juíza de Direito (DJe de 24.11.2021 – SP)

Ementa: Sentença – Dúvida – Pedido de reconhecimento extrajudicial de usucapião do imóvel – Impugnação pela Municipalidade sob alegação de interferência com áreas de domínio público – Existência de conflito de interesses – Impossibilidade de seguimento na via extrajudicial – Art 216-A, §10º, da LRP – Itens 4207 e 4208, do Capítulo XX, das NSCGJ – Acolhimento da Impugnação – Determinação da extinção da Usucapião Extrajudicial – Remessa da parte interessada às vias ordinárias – Procedência

Processo 1120201-63.2021.8.26.0100

Dúvida - Registro de Imóveis - João Lourenço Evangelista - Municipalidade de São Paulo - Diante do exposto, ACOLHO A IMPUGNAÇÃO apresentada pela municipalidade, determinando a extinção da usucapião extrajudicial, com cancelamento da prenotação e remessa da parte interessada às vias ordinárias para solução do conflito nos termos dos itens 420.7 e 420.8 do Cap. XX das NSCGJ. Deste procedimento não decorrem custas, despesas processuais ou honorários advocatícios. Oportunamente, remetam-se os autos ao arquivo. P.R.I.C. - ADV: MONICA MOOR PINHEIRO BRAZ (OAB 100668/SP), MARCOS ANTONIO VALLEJO MILANI (OAB 262831/SP)

Íntegra da decisão:

SENTENÇA

Processo nº: **1120201-63.2021.8.26.0100**

Classe - Assunto **Dúvida - Registro de Imóveis**

Suscitante: **3º Oficial de Registro de Imóveis da Capital**

Suscitado: **João Lourenço Evangelista**

Juiz(a) de Direito: Dr(a). **Luciana Carone Nucci Eugênio Mahuad**

Vistos.

Trata-se de dúvida formulada pelo **Oficial do 3º Registro de Imóveis da Capital** em decorrência de impugnação da municipalidade contra requerimento de **João Lourenço Evangelista** pelo reconhecimento extrajudicial de usucapião do imóvel situado na rua Francisco Peruche, 200, Santana (parte da transcrição n. 2.669 do 2º CRI), porque interferente com áreas de domínio público.

Intimada a se manifestar, a parte requerente defendeu ausência de sobreposição (fls. 270/271).

Com o reconhecimento da impugnação como fundada (fl. 284), a questão foi remetida a este juízo na forma do item 420.1, Cap.XX, das NSCGJ.

Impugnação apresentada por Prevent Senior Private Operadora de Saúde Ltda foi afastada, sem recurso (fls. 281/283).

Documentos vieram às fls. 03/284.

O Ministério Público opinou pelo indeferimento do pedido diante da impugnação fundamentada (fls. 290/291).

É o relatório.

Fundamento e Decido.

O procedimento de usucapião extrajudicial tem como principal requisito a inexistência de lide, de modo que, apresentada qualquer impugnação, a via judicial se torna necessária, cabendo ao requerente emendar a petição inicial para adequá-la ao procedimento comum nos termos do §10, do artigo 216-A, da Lei n. 6.015/73.

As Normas de Serviço da Corregedoria do Tribunal de Justiça de São Paulo, prestigiando a qualificação do Oficial de Registro e a importância do procedimento extrajudicial, trouxeram pequena flexibilização a tal regra no item 420.5 de seu Capítulo XX, permitindo que seja julgada a fundamentação da impugnação, com afastamento daquela claramente impertinente ou protelatória:

> *"420.5. Em qualquer das hipóteses acima previstas, os autos da usucapião serão encaminhados ao juízo competente que, de plano ou após instrução sumária, examinará apenas a pertinência da impugnação e, em seguida, determinará o retorno dos autos ao Oficial de Registro de Imóveis, que prosseguirá no procedimento extrajudicial se a impugnação for rejeitada, ou o extinguirá em cumprimento da decisão do juízo que acolheu a impugnação e remeteu os interessados às vias ordinárias, cancelando-se a prenotação".*

Como bem esclarece o dispositivo, tal julgamento deve se dar de plano ou após instrução sumária, não cabendo ao juiz corregedor permitir a produção de prova para que se demonstre a existência de óbice ao reconhecimento da usucapião.

É dizer que, apresentada impugnação, deve-se apenas verificar se seu caráter é meramente protelatório ou completamente infundado.

Havendo qualquer indício de veracidade que justifique a existência de conflito de interesses, a via extrajudicial se torna prejudicada, devendo o interessado se valer da via contenciosa, sem prejuízo de utilizar-se dos elementos constantes do procedimento extrajudicial para instruir seu pedido, emendando a petição inicial para adequá-la ao procedimento comum (item 420.8, Cap. XX, das NSCGJ).

No caso em tela, a municipalidade traz manifestações técnicas e documentos para corroborar a afirmação de que o imóvel usucapiendo interfere com áreas de domínio público (fls. 174/184, 185, 254/258, 259/266 e 284).

Desse modo, resta configurado conflito em relação à área, o que impede a análise da questão por este juízo administrativo, devendo tal impasse ser solucionado nas vias ordinárias.

Em outros termos, por estar a impugnação devidamente fundamentada e por não ser possível afastar de plano a alegação de domínio público, a questão deverá ser dirimida na via ordinária com contraditório e ampla defesa (possibilidade de dilação probatória).

Diante do exposto, **ACOLHO A IMPUGNAÇÃO** apresentada pela municipalidade, determinando a extinção da usucapião extrajudicial, com cancelamento da prenotação e remessa da parte interessada às vias ordinárias para solução do conflito nos termos dos itens 420.7 e 420.8 do Cap. XX das NSCGJ.

Deste procedimento não decorrem custas, despesas processuais ou honorários advocatícios.

Oportunamente, remetam-se os autos ao arquivo.

P.R.I.C.

São Paulo, 18 de novembro de 2021. (DJe de 24.11.2021 – SP)

Ementa: Sentença – Dúvida – Negativa de reconhecimento extrajudicial de usucapião sobre a metade do imóvel – Esclarecimento pelo Oficial de que a posse decorre de mera ocupação, sem justo título, bem como de que o imóvel não é utilizado como residência – Ausência de cumprimento dos requisitos – Art 216-A, IV, da LRP – Art 1238 do CC – Manutenção do indeferimento do pedido – Determinação do cancelamento da prenotação – Item 4205, do Capítulo XX, das NSCGJ – Procedência

Processo 1108244-65.2021.8.26.0100

Dúvida - Registro de Imóveis - Samara Fuso - Diante do exposto, JULGO PROCEDENTE a dúvida suscitada e, em consequência, mantenho o indeferimento do pedido extrajudicial de usucapião (fls. 139/140), determinando o cancelamento da prenotação (item 420.5 do Cap. XX das NSCGJSP). Não há custas, despesas processuais ou honorários advocatícios decorrentes deste procedimento. Oportunamente, arquivem-se os autos. P.R.I.C. - ADV: MARA RAMOS GOMES JACINTHO (OAB 148697/SP)

Íntegra da decisão:

SENTENÇA

Processo Digital nº: **1108244-65.2021.8.26.0100**

Classe - Assunto **Dúvida - Registro de Imóveis**

Suscitante: **3º Oficial de Registro de Imóveis da Capital**

Suscitado: **Samara Fuso**

Juiz(a) de Direito: Dr(a). **Luciana Carone Nucci Eugênio Mahuad**

Vistos.

Trata-se de dúvida formulada pelo **Oficial do 3º Registro de Imóveis da Capital** em decorrência do indeferimento do pedido de **Samara Fuso e Silmara Fuso** pelo reconhecimento extrajudicial de usucapião sobre a metade do imóvel situado na rua Gomes Cardim, n. 555, casa 45 - Brás, objeto da matrícula n. 57.195 daquela serventia, cujo titular é Mário Fusso.

O Oficial esclarece que a posse decorre de mera ocupação, sem justo título, eis que não foi apresentado qualquer contrato que demonstre a relação jurídica entre as partes; que o imóvel não é utilizado como residência, razão pela qual a espécie de usucapião pretendida é aquela prevista no *caput*, do artigo 1.238, do Código Civil, o qual exige posse por quinze anos; que a prova documental produzida não comprovou estarem preenchidos os requisitos necessários ao acolhimento do pedido.

Vieram documentos às fls. 03/153.

A parte suscitada manifestou-se às fls. 159/161, aduzindo que posse pelos últimos quinze anos restou demonstrada.

O Ministério Público opinou pelo acolhimento da dúvida, com cancelamento da prenotação (fls. 165/167).

É o relatório.

Fundamento e Decido.

No mérito, a dúvida procede. Vejamos os motivos.

O procedimento extrajudicial de usucapião segue rito próprio, previsto especialmente no art. 216-A da Lei n. 6.015/73, no Prov. 65/17 do CNJ e na Seção XII do Cap. XX das NSCGJSP.

A presente dúvida decorre de impugnação da própria parte requerente após rejeição do pedido de usucapião extrajudicial sob o fundamento de falta de comprovação do tempo necessário de posse (15 anos), sem reconsideração, em conformidade com o que dispõem o

§5º, do art. 17, do Provimento 65/2017 do CNJ, e o item 421.4 do Cap. XX das Normas de Serviço da Corregedoria do Tribunal de Justiça de São Paulo:

> *"Art. 17. Para a elucidação de quaisquer dúvidas, imprecisões ou incertezas, poderão ser solicitadas ou realizadas diligências pelo oficial de registro de imóveis ou por escrevente habilitado.*

(...)

> *§ 5º A rejeição do requerimento poderá ser impugnada pelo requerente no prazo de quinze dias, perante o oficial de registro de imóveis, que poderá reanalisar o pedido e reconsiderar a nota de rejeição no mesmo prazo ou suscitará dúvida registral nos moldes dos art. 198 e seguintes da LRP".*

> *"421.4. A rejeição do requerimento poderá ser impugnada pelo requerente no prazo de quinze dias, perante o oficial de registro de imóveis, que poderá reanalisar o pedido e reconsiderar a nota de rejeição no mesmo prazo ou suscitará dúvida registral nos moldes dos art. 198 e seguintes da LRP e item 39 deste capítulo".*

Em que pese a argumentação trazida pela parte suscitada, é certo que não foram cumpridos os requisitos trazidos pelos art. 216-A, inciso IV, da Lei n. 6.015/73, e 4º, inciso III, do Provimento 65/2017 do CNJ, no que se refere ao tempo de posse exigido para a modalidade de usucapião aplicada à hipótese (artigo 1.238, *caput*, do Código Civil), já que o imóvel não é utilizado como residência:

> *"Art. 1.238. Aquele que, por quinze anos, sem interrupção, nem oposição, possuir como seu um imóvel, adquire-lhe a propriedade, independentemente de título e boa-fé; podendo requerer ao juiz que assim o declare por sentença, a qual servirá de título para o registro no Cartório de Registro de Imóveis".*

Note-se que a parte suscitada alega posse exclusiva desde o falecimento de Walter Fuso, seu genitor, em junho de 2018. Portanto, sem composse com qualquer sucessor do titular do domínio, Mário Fusso (fls. 159/161).

Entretanto, ela própria admite ter apresentado contas de consumo apenas dos últimos dez anos, sob alegação de que a empresa de energia recusou-se a fornecer contas mais antigas, sendo que, em complementação, exibiu apenas informação sobre IPTU do imóvel do ano de 2010, em nome de Walter Fuso, e do ano de 2021, em nome de Samara Fuso (fls. 143/153).

Também foram produzidos contratos de locação, mas todos em nome de Walter Fuso e dentro dos últimos dez anos (fls. 26/37).

Não veio aos autos, portanto, qualquer elemento que comprove, de forma inequívoca, a alegada posse pelo período aquisitivo exigido pelo artigo 1.238 do Código Civil (15 anos), seja pelas requerentes, seja por seus genitores (fls. 05/08), o que demonstra a correção do indeferimento do pedido pelo Oficial.

Por fim, vale observar que a confirmação da rejeição do pedido extrajudicial neste âmbito administrativo não impedirá o ajuizamento de ação de usucapião pela parte suscitada no foro jurisdicional competente, conforme previsto pelos artigos 216-A, § 9º, da Lei n. 6.015/73, e 17, § 3º, do Prov. 65/17 do CNJ, bem como pelo item 421.5 do Cap. XX das NSCGJSP.

Diante do exposto, **JULGO PROCEDENTE** a dúvida suscitada e, em consequência, mantenho o indeferimento do pedido extrajudicial de usucapião (fls. 139/140), determinando o cancelamento da prenotação (item 420.5 do Cap. XX das NSCGJSP).

Não há custas, despesas processuais ou honorários advocatícios decorrentes deste procedimento.

Oportunamente, arquivem-se os autos.

P.R.I.C.

São Paulo, 26 de outubro de 2021.

Luciana Carone Nucci Eugênio Mahuad

Juiz de Direito (DJe de 28.10.2021 – SP)

Ementa: Sentença – Pedido de Providências – Pedido de retificação da qualificação pessoal na matrícula – Abertura da matrícula por força de sentença proferida em Ação de Usucapião – Alegação pela Requerente de que é coproprietária tabular do imóvel e foi qualificada erroneamente como casada no processo judicial – Negativa em razão do registro refletir adequadamente o título de origem – Impossibilidade de autorização para a retificação pretendida – Registrador que procedeu à abertura da matrícula em conformidade com o título judicial – Requerente que ficou viúva apenas quatro anos antes do ajuizamento da ação – Evidências de que o cônjuge falecido tenha exercido a posse do imóvel – Alteração que poderia afetar diretamente o direito de terceiros – Incompetência do juízo administrativo para modificação de direitos constituídos por decisões judiciais – Indeferimento do pedido – Improcedência

Processo 1100354-75.2021.8.26.0100

Pedido de Providências - Registro de Imóveis - Maria José Gonçalves Raymundo - Diante do exposto, JULGO IMPROCEDENTE o pedido. Deste procedimento não decorrem custas, despesas processuais ou honorários advocatícios. Oportunamente, remetam-se os autos ao arquivo. P.R.I.C. - ADV: ISAIAS NUNES PONTES (OAB 133294/SP)

Íntegra da decisão:

SENTENÇA

Processo Digital nº: **1100354-75.2021.8.26.0100**

Classe - Assunto **Pedido de Providências - Registro de Imóveis**

Requerente: **Maria José Gonçalves Raymundo**

Requerido: **9º Oficial de Registro de Imóveis da Capital**

Juiz(a) de Direito: Dr(a). **Luciana Carone Nucci Eugênio Mahuad**

Vistos.

Trata-se de pedido de providências formulado por **Maria José Gonçalves Raymundo** em face do **Oficial do 9º Registro de Imóveis da Capital** diante da negativa em retificar sua qualificação pessoal na matrícula n. 312.575 daquela serventia.

A parte interessada aduz que é coproprietária tabular do imóvel, cuja matrícula foi aberta em razão de sentença proferida na ação de usucapião de autos n. 0002693-65.2011.8.26.0100, em cuja inicial qualificou-se erroneamente como casada com Valdomiro Raymundo, induzindo aquele juízo a erro; que, em verdade, quando ajuizou a ação, juntamente com seus irmãos, já era viúva, com se demonstra pela certidão de óbito de seu excônjuge; que houve negativa ao pedido de retificação de seu estado civil pelo juízo daquela ação em razão do esgotamento da tutela jurisdicional. Diante disso, requer a notificação de todos os confrontantes e demais titulares do bem e, por fim, a retificação do erro material para que conste naquela sentença que ela era viúva, com a consequente averbação na matrícula do imóvel.

Vieram documentos às fls. 04/20.

A decisão de fl. 21 delimitou a competência desta Corregedoria Permanente (análise quanto à regularidade do ato registral e da atuação do Oficial), bem como exigiu comprovação de prenotação válida junto à serventia extrajudicial, o que foi atendido.

O Oficial manifestou-se à fl. 26, sustentando que o registro reflete adequadamente o título de origem, no qual a parte requerente foi qualificada como casada com Valdomiro Raymundo sob o regime da comunhão universal de bens, embora a certidão de óbito vinda aos autos demonstre que ela ficou viúva quase quatro anos antes da distribuição do processo de usucapião.

O Ministério Público opinou pela improcedência, tendo em vista que o pedido em comento não reflete mera questão registrária (fls. 39/40).

É o relatório.

Fundamento e decido.

Por primeiro, anoto que a análise deste juízo administrativo se dá em ambiente de competência limitada e de contraditório restrito, sendo certo que a oitiva de atingidos reserva-se a casos de nulidades de pleno direito conforme o disposto no art. 214 da Lei de Registros Públicos, o que não é o caso dos autos, já que o pedido trata especificamente da qualificação da parte requerente no registro n. 1 da matrícula n. 312.575, lavrado em total fidelidade ao título.

Não cabe, portanto, a intimação dos confrontantes do imóvel usucapido nem dos demais titulares do domínio como pretende a parte requerente.

No mérito, o pedido não procede. Vejamos os motivos.

De início, vale reiterar que o Registrador procedeu à abertura da matrícula n. 312.575 em conformidade com o título judicial que a determinou (fls. 08/09 e 16/18).

A despeito do registro fiel ao título, a parte requerente afirma que, na ação de usucapião, distribuída em 2011, ela foi qualificada, equivocadamente, no estado civil de casada em regime de comunhão universal de bens com Valdomiro Raymundo (fls. 10/20), erro que, de fato, se confirma pela certidão de óbito vinda à fl. 07, demonstrando que ela já era viúva desde o ano de 2007.

Não se desconhece que a Lei n. 6.015, de 31 de dezembro de 1973, em seu art. 213, inciso I, "g", permite a retificação do registro de imóveis sempre que se fizer necessária inserção ou modificação dos dados de qualificação pessoal das partes quando comprovada por documentos oficiais ou mediante despacho judicial, na hipótese em que provas precisarem ser produzidas.

Todavia, no caso concreto, embora a parte requerente tenha demonstrado que houve erro material em sua qualificação pessoal na ação de usucapião, a retificação buscada não pode ser autorizada nesta via administrativa.

Isso porque não se trata de mero erro material que afetaria apenas a especialidade subjetiva e, portanto, sem repercussão nos efeitos decorrentes da abertura da matrícula.

Ao contrário, a alteração do estado civil da parte requerente, de casada para viúva, poderia afetar diretamente o direito de terceiros, no caso, os sucessores de Valdomiro Raymundo, já que, diante dos poucos elementos daquela ação vindos a este feito (inicial, procuração e sentença – fls. 10/20), não se pode afastar a possibilidade de ter havido transmissão dos direitos do falecido, inclusive de posse.

Note-se que ele deixou uma filha (Maria de Fátima – fl. 07), a qual, a princípio, poderia ter integrado aquela relação jurídica processual na condição de herdeira e sucessora do "de cujus".

Note-se, ainda, que o lapso temporal considerado pelo juízo jurisdicional foi de 20 (vinte) anos, sendo certo que a requerente ficou viúva apenas quatro anos antes do ajuizamento daquela ação (fls. 07 e 10/20). Ou seja, há evidências de que Valdomiro tenha exercido a posse do imóvel juntamente com a requerente até a dissolução da união, que se deu com o falecimento dele.

Como é cediço, não compete a este juízo administrativo modificar direitos constituídos por decisões judiciais, sendo certo que a alteração do estado civil da parte requerente, com eventual manifestação da herdeira de seu falecido cônjuge ou de qualquer outro eventual sucessor, também deve ser tratada em via contenciosa que assegure o contraditório, seja na mesma ação de usucapião ou em outro processo cível.

A jurisprudência da E. Corregedoria Geral da Justiça é no sentido de que a retificação de dados pessoais na esfera administrativa com fulcro na alínea "g", inciso I, do art. 213 da Lei nº 6.015/1973, reserva-se a casos de erro material, sem relação a nenhum ato de manifestação de vontade das partes ou de terceiros, como se verifica de trecho extraído do Parecer CGJ 45/2021-E - Processo 1035106-02.2020.8.26.0100, DJ 16/02/2021, com nossos destaques:

> *"(...) Ocorre que os documentos trazidos aos autos comprovam que a recorrente, donatária do imóvel, à época da doação e do registro era casada com José Roberto Sobrinho sob o regime da separação total de bens, consoante se depreende da certidão de casamento a fl. 10/11 e da escritura de pacto antenupcial a fl. 12/14.* ***Não há, pois, nenhuma controvérsia acerca do erro existente na escritura pública de doação e, consequentemente, no registro imobiliário. E esse erro, cumpre anotar, se refere estritamente à qualificação da donatária, não estando relacionado a nenhum ato de manifestação de vontade das partes.*** *A pretensão tem amparo na alínea "g", inciso I, do art. 213 da Lei nº 6.015/1973, que prevê a retificação a requerimento do interessado no caso de inserção ou modificação dos dados de qualificação pessoal das partes, comprovadas por documentos oficiais ou mediante despacho judicial quando houver necessidade de produção de outras provas. O item 135.1, alínea "g", do Capítulo XX das Normas de Serviço da Corregedoria Geral da Justiça praticamente reproduz a redação desse dispositivo da Lei de Registros Públicos.* ***Cabível, pois, a correção pretendida, independentemente da retificação do título que deu ensejo ao registro****".*

Vale anotar, por fim, que eventual negativa do juízo da usucapião ao pedido de retificação, o que veio noticiado pela parte requerente sem comprovação (apenas cópia do requerimento foi produzida - fls. 19/20), não interfere na conclusão ora apresentada.

Diante do exposto, **JULGO IMPROCEDENTE** o pedido.

Deste procedimento não decorrem custas, despesas processuais ou honorários advocatícios.

Oportunamente, remetam-se os autos ao arquivo.

P.R.I.C.

São Paulo, 15 de outubro de 2021.

Luciana Carone Nucci Eugênio Mahuad

Juiz de Direito (DJe de 19.10.2021 – SP)

Ementa: Sentença – Dúvida – Pedido de reconhecimento extrajudicial de usucapião – Impossibilidade – Negativa em razão do tempo de posse e de existência de Contrato Particular de Cessão de Direitos, com previsão de quitação apenas ao término do processo de usucapião – Impugnação apresentada pelos cedentes – Tentativa de conciliação infrutífera – Configuração de conflito em relação à área – Impossibilidade de seguimento na via extrajudicial – Acolhimento da Impugnação – Determinação da extinção da Usucapião Extrajudicial – Remessa da parte interessada às vias ordinárias – Itens 420.7 e 420.8, do Capítulo XX, das NSCGJ – Procedência

Processo 1095439-80.2021.8.26.0100

Dúvida - Registro de Imóveis - Maria Lindinalva do Nascimento - Valdir Rodrigues cerqueira e outro - Diante do exposto, JULGO PROCEDENTE a dúvida para ACOLHER A IMPUGNAÇÃO apresentada, determinando a extinção da usucapião extrajudicial, com cancelamento da prenotação e remessa da parte interessada às vias ordinárias para solução do conflito nos termos dos itens 420.7 e 420.8 do Cap. XX das NSCGJ. Deste procedimento não decorrem custas, despesas processuais ou honorários advocatícios. Oportunamente, remetam-se os autos ao arquivo. P.R.I.C. - ADV: JOSE LUIZ ALMEIDA GOMES (OAB 379675/SP), JORGE CANIBA BATISTA DOS SANTOS (OAB 417946/SP)

Íntegra da decisão:

SENTENÇA

Processo nº: **1095439-80.2021.8.26.0100**

Classe - Assunto **Dúvida - Registro de Imóveis**

Suscitante: **7º Oficial de Registro de Imóveis da capital**

Suscitado: **Maria Lindinalva do Nascimento**

Juiz(a) de Direito: Dr(a). **Luciana Carone Nucci Eugênio Mahuad**

Vistos.

Trata-se de dúvida formulada pelo **Oficial do 7º Registro de Imóveis da Capital** em decorrência de exigências e de impugnação contra requerimento de **Maria Lindinalva do Nascimento** pelo reconhecimento extrajudicial de usucapião sobre o imóvel localizado na rua Capitão Enéas dos Santos Pinto, n. 48, Guaianazes, o qual está inserido em área maior da transcrição n. 11.738 do 12º Cartório de Registro de Imóveis, cujo titular é Francisco Ambrósio.

O Oficial esclarece que fez exigências à vista do título apresentado (contrato particular de cessão de direitos, com previsão de quitação apenas ao término do processo de usucapião) e do tempo de posse: notificação dos cedentes-credores, dos antigos possuidores e do titular do domínio e confrontante (e esposa ou herdeiros, conforme o caso), para ciência sobre o procedimento extrajudicial e esclarecimento sobre a cadeia possessória, com a produção de novos documentos, contra o que a parte interessada se insurgiu, solicitando a suscitação de dúvida.

A par disso, o cedente Valdir Rodrigues Cerqueira compareceu espontaneamente à serventia extrajudicial e apresentou impugnação, juntamente com sua esposa e, também, cedente Enivalda Alexandre da Silva Cerqueira, aduzindo que não houve pagamento do valor contratado, além de atuação de má-fé.

A parte requerente defendeu que não há legitimidade para impugnação, na medida em que os reclamantes não possuem direitos reais inscritos na transcrição do imóvel usucapiendo.

Tentativa de conciliação não foi possível.

Documentos vieram às fls. 10/240.

A parte suscitada foi intimada e se manifestou às fls. 241/248, defendendo a necessidade de prosseguimento do procedimento extrajudicial à vista do descabimento da exigência de notificação dos possuidores anteriores e da previsão contratual de pagamento apenas ao final do processo de usucapião.

O Ministério Público opinou pela procedência (fls. 251/253).

É o relatório.

Fundamento e Decido.

O procedimento de usucapião extrajudicial tem como principal requisito a inexistência de lide, de modo que, apresentada qualquer impugnação, a via judicial se torna necessária, cabendo ao requerente emendar a petição inicial para adequá-la ao procedimento comum nos termos do §10, do artigo 216-A, da Lei n. 6.015/73.

As Normas de Serviço da Corregedoria do Tribunal de Justiça de São Paulo, prestigiando a qualificação do Oficial de Registro e a importância do procedimento extrajudicial, trouxeram pequena flexibilização a tal regra no item 420.5 de seu Capítulo XX, permitindo que seja julgada a fundamentação da impugnação, com afastamento daquela claramente impertinente ou protelatória:

"420.5. Em qualquer das hipóteses acima previstas, os autos da usucapião serão encaminhados ao juízo competente que, de plano ou após instrução sumária, examinará apenas a pertinência da impugnação e, em seguida, determinará o retorno dos autos ao Oficial de Registro de Imóveis, que prosseguirá no procedimento extrajudicial se a impugnação for rejeitada, ou o extinguirá em cumprimento da decisão do juízo que acolheu a impugnação e remeteu os interessados às vias ordinárias, cancelando-se a prenotação".

Como bem esclarece o dispositivo, tal julgamento deve se dar de plano ou após instrução sumária, não cabendo ao juiz corregedor permitir a produção de prova para que se demonstre a existência de óbice ao reconhecimento da usucapião.

É dizer que, apresentada impugnação, deve-se apenas verificar se seu caráter é meramente protelatório ou completamente infundado.

Havendo qualquer indício de veracidade que justifique a existência de conflito de interesses, a via extrajudicial se torna prejudicada, devendo o interessado se valer da via contenciosa, sem prejuízo de utilizar-se dos elementos constantes do procedimento extrajudicial para instruir seu pedido, emendando a petição inicial para adequá-la ao procedimento comum (item 420.8, Cap. XX, das NSCGJ).

No caso em tela, não se pode reputar a impugnação como infundada na medida em que ela envolve interpretação do contrato celebrado entre os impugnantes, cedentes da posse, e a parte suscitada, cessionária e interessada na usucapião, o qual não é claro quanto à incumbência pela propositura do processo de usucapião, ao final do qual haveria quitação integral do preço (fls. 27/31).

Desse modo, resta configurado conflito em relação à área, o que impede a análise da questão por este juízo administrativo, devendo tal impasse ser solucionado nas vias ordinárias.

Em outros termos, por estar a impugnação devidamente fundamentada, a questão deverá ser dirimida na via ordinária com contraditório e ampla defesa (possibilidade de dilação probatória).

Vale registrar, por fim, que as exigências feitas pelo Oficial foram corretas à vista da dúvida pendente sobre o título, notadamente pela ausência de adimplemento de todo o preço contratado e da falta de clareza quanto à incumbência pelo processo de usucapião, além da questão relativa ao tempo de posse.

Diante do exposto, **JULGO PROCEDENTE** a dúvida para **ACOLHER A IMPUGNAÇÃO** apresentada, determinando a extinção da usucapião extrajudicial, com cancelamento da prenotação e remessa da parte interessada às vias ordinárias para solução do conflito nos termos dos itens 420.7 e 420.8 do Cap. XX das NSCGJ.

Deste procedimento não decorrem custas, despesas processuais ou honorários advocatícios.

Oportunamente, remetam-se os autos ao arquivo.

P.R.I.C.

São Paulo, 28 de setembro de 2021. (DJe de 30.09.2021 – SP)

Ementa: Sentença – Dúvida – Procedimento Extrajudicial de Usucapião – Impugnação pela Municipalidade sob alegação de domínio público – Inércia da parte Requerente – Existência de conflito de interesses – Impossibilidade de seguimento na via extrajudicial – Art. 216-A, §10º, da LRP – Acolhimento da Impugnação – Determinação da extinção da Usucapião Extrajudicial – Remessa da parte interessada às vias ordinárias para solução da lide – Itens 420.7 e 420.8, do Capítulo XX, das NSCGJ – Procedência

Processo 1078673-49.2021.8.26.0100

Dúvida - Registro de Imóveis - GEA Administração de Bens Eireli e outro - Municipalidade de São Paulo - Diante do exposto, ACOLHO A IMPUGNAÇÃO apresentada pela municipalidade, determinando a extinção da usucapião extrajudicial, com cancelamento da prenotação e remessa da parte interessada às vias ordinárias para solução do conflito nos termos dos itens 420.7 e 420.8 do Cap. XX das NSCGJ. Deste procedimento não decorrem custas, despesas processuais ou honorários advocatícios. Oportunamente, remetam-se os autos ao arquivo. P.R.I.C. - ADV: DANIELE BRANDÃO GAZEL DE ARAÚJO (OAB 174289/SP), MARCIA DUSCHITZ SEGATO (OAB 63916/SP), HELOISA OLIVA DE ANDRADE ROSAS (OAB 305588/SP)

Íntegra da decisão:

SENTENÇA

Processo nº: **1078673-49.2021.8.26.0100**

Classe - Assunto **Dúvida - Registro de Imóveis**

Requerente: **10º Oficial de Registro de Imóveis da Capital e outro**

Requerido: **Municipalidade de São Paulo**

Juiz(a) de Direito: Dr(a). **Luciana Carone Nucci Eugênio Mahuad**

Vistos.

Trata-se de dúvida formulada pelo **Oficial do 10º Registro de Imóveis da Capital** em decorrência de impugnação da municipalidade contra requerimento de **GEA ADMINISTRAÇÃO DE BENS EIRELI** pelo reconhecimento extrajudicial de usucapião de área que dá acesso aos imóveis matriculados sob nº 46.304, nº 67.302 e nº 63.602 daquela serventia, porque de domínio público.

A requerente foi intimada a se manifestar, mas quedou-se inerte, sendo a questão remetida a este juízo na forma do item 420.1, Cap.XX, das NSCGJ.

Documentos vieram às fls. 03/256.

O Ministério Público opinou pelo indeferimento do pedido diante da impugnação fundamentada (fls. 261/262).

É o relatório.

Fundamento e Decido.

O procedimento de usucapião extrajudicial tem como principal requisito a inexistência de lide, de modo que, apresentada qualquer impugnação, a via judicial se torna necessária, cabendo ao requerente emendar a petição inicial para adequá-la ao procedimento comum nos termos do §10, do artigo 216-A, da Lei n. 6.015/73.

As Normas de Serviço da Corregedoria do Tribunal de Justiça de São Paulo, prestigiando a qualificação do Oficial de Registro e a importância do procedimento extrajudicial, trouxeram pequena flexibilização a tal regra no item 420.5 de seu Capítulo XX, permitindo que seja julgada a fundamentação da impugnação, com afastamento daquela claramente impertinente ou protelatória:

> *"420.5. Em qualquer das hipóteses acima previstas, os autos da usucapião serão encaminhados ao juízo competente que, de plano ou após instrução sumária, examinará apenas a pertinência da impugnação e, em seguida, determinará o retorno dos autos ao Oficial de Registro de Imóveis, que prosseguirá no procedimento extrajudicial se a impugnação for rejeitada, ou o extinguirá em cumprimento da decisão do juízo que acolheu a impugnação e remeteu os interessados às vias ordinárias, cancelando-se a prenotação".*

Como bem esclarece o dispositivo, tal julgamento deve se dar de plano ou após instrução sumária, não cabendo ao juiz corregedor permitir a produção de prova para que se demonstre a existência de óbice ao reconhecimento da usucapião.

É dizer que, apresentada impugnação, deve-se apenas verificar se seu caráter é meramente protelatório ou completamente infundado.

Havendo qualquer indício de veracidade que justifique a existência de conflito de interesses, a via extrajudicial se torna prejudicada, devendo o interessado se valer da via contenciosa, sem prejuízo de utilizar-se dos elementos constantes do procedimento extrajudicial para instruir seu pedido, emendando a petição inicial para adequá-la ao procedimento comum (item 420.8, Cap. XX, das NSCGJ).

No caso em tela, a municipalidade traz manifestações técnicas e documentos para corroborar a afirmação de que a área usucapienda serve de passagem e área de manobras, dando acesso a várias casas, conforme alvará de licença nº 5.401, expedido em 08 de junho de 1940, em favor do proprietário tabular Manoel Pereira (fls. 157/166 e 231/240).

Ademais, intimada a se manifestar, a parte requerente permaneceu inerte (fls. 253/256).

Desse modo, resta configurado conflito em relação à área, o que impede a análise da questão por este juízo administrativo, devendo tal impasse ser solucionado nas vias ordinárias.

Em outros termos, por estar a impugnação devidamente fundamentada e por não ser possível afastar de plano a alegação de domínio público, a questão deverá ser dirimida na via

ordinária com contraditório e ampla defesa (possibilidade de dilação probatória).

Diante do exposto, **ACOLHO A IMPUGNAÇÃO** apresentada pela municipalidade, determinando a extinção da usucapião extrajudicial, com cancelamento da prenotação e remessa da parte interessada às vias ordinárias para solução do conflito nos termos dos itens 420.7 e 420.8 do Cap. XX das NSCGJ.

Deste procedimento não decorrem custas, despesas processuais ou honorários advocatícios.

Oportunamente, remetam-se os autos ao arquivo.

P.R.I.C.

São Paulo, 18 de agosto de 2021. (DJe de 23.08. 2021 – SP)

Ementa: Sentença – Dúvida – Procedimento Extrajudicial de Usucapião – Impugnação pelos filhos da herdeira necessária do titular do domínio sob alegação que a posse sobre o imóvel decorre de comodato verbal – Conciliação infrutífera – Existência de conflito de interesses – Impossibilidade de seguimento na via extrajudicial – Art. 216-A, §10º, da LRP – Item 420.2, do Capítulo XX, das NSCGJ – Acolhimento da Impugnação – Determinação da extinção da Usucapião Extrajudicial – Remessa da parte interessada às vias ordinárias para solução da lide – Itens 420.7 e 420.8, do Capítulo XX, das NSCGJ – Procedência

Processo 1081511-62.2021.8.26.0100

Dúvida - Registro de Imóveis - Fernando Girardi Tamanini - Diante do exposto, ACOLHO A IMPUGNAÇÃO apresentada, determinando a extinção da usucapião extrajudicial, com cancelamento da prenotação e remessa da parte interessada às vias ordinárias para solução do conflito nos termos dos itens 420.7 e 420.8 do Cap. XX das NSCGJ. Deste procedimento não decorrem custas, despesas processuais ou honorários advocatícios. Oportunamente, remetam-se os autos ao arquivo. P.R.I.C. - ADV: FLAVIO APARECIDO CORTES (OAB 326697/SP), JONATAS MORETH MARIANO (OAB 29446/DF), MARCOS ROGERIO DE SOUZA (OAB 24570/DF)

Íntegra da decisão:

SENTENÇA

Processo nº: **1081511-62.2021.8.26.0100**

Classe - Assunto **Dúvida - Registro de Imóveis**

Requerente: **16º Oficial de Registro de Imóveis da Capital e outro**

Requerido: **Fernando Girardi Tamanini e outro**

Juiz(a) de Direito: Dr(a). **Luciana Carone Nucci Eugênio Mahuad**

Vistos.

Trata-se de dúvida formulada pela **Oficial do 16º Registro de Imóveis da Capital** em decorrência de impugnação contra requerimento de **MARINES DE MORAES CAMPOS SALERNO** pelo reconhecimento extrajudicial de usucapião de imóvel matriculado sob nº 40.059 daquela serventia. **FERNANDO GIRARDI TAMANINI e SÉRVIO TÚLIO GIRARDI TAMANINI**, filhos da herdeira necessária do titular do domínio, aduzem que a posse sobre o imóvel decorre de comodato verbal (fls. 126/128).

Manifestação da parte requerente contra a impugnação às fls. 183/195.

Tentativa de conciliação não foi possível (fls. 197 e seguintes).

O Ministério Público opinou pelo indeferimento do pedido diante da impugnação fundamentada (fls. 209/211).

É o relatório.

Fundamento e Decido.

O procedimento de usucapião extrajudicial tem como principal requisito a inexistência de lide, de modo que, apresentada qualquer impugnação, a via judicial se torna necessária, cabendo ao requerente emendar a petição inicial para adequá-la ao procedimento comum nos termos do §10, do artigo 216-A, da Lei n. 6.015/73.

As Normas de Serviço da Corregedoria do Tribunal de Justiça de São Paulo, prestigiando a qualificação do Oficial de Registro e a importância do procedimento extrajudicial, trouxeram pequena flexibilização a tal regra no item 420.5 de seu Capítulo XX, permitindo que seja julgada a fundamentação da impugnação, com afastamento daquela claramente impertinente ou protelatória:

> *"420.5. Em qualquer das hipóteses acima previstas, os autos da usucapião serão encaminhados ao juízo competente que, de plano ou após instrução sumária, examinará apenas a pertinência da impugnação e, em seguida, determinará o retorno dos autos ao Oficial de Registro de Imóveis, que prosseguirá no procedimento extrajudicial se a impugnação for rejeitada, ou o extinguirá em cumprimento da decisão do juízo que acolheu a impugnação e remeteu os interessados às vias ordinárias, cancelando-se a prenotação".*

Como bem esclarece o dispositivo, tal julgamento deve se dar de plano ou após instrução sumária, não cabendo ao juiz corregedor permitir a produção de prova para que se demonstre a existência de óbice ao reconhecimento da usucapião.

É dizer que, apresentada impugnação, deve-se apenas verificar se seu caráter é meramente protelatório ou completamente infundado.

Havendo qualquer indício de veracidade que justifique a existência de conflito de interesses, a via extrajudicial se torna prejudicada, devendo o interessado se valer da via contenciosa, sem prejuízo de utilizar-se dos elementos constantes do procedimento extrajudicial para instruir seu pedido, emendando a petição inicial para adequá-la ao procedimento comum (item 420.8, Cap. XX, das NSCGJ).

No caso em tela, a discussão gira em torno da natureza da posse (a parte requerente alega que o imóvel foi entregue à mãe dela em contraprestação de despesas médicas arcadas em favor do proprietário, enquanto a parte impugnante aduz comodato verbal, com notícia de que o bem está sendo inventariado e comprovação de providências para desocupação – fls. 138/164).

A natureza do conflito confirma que não se trata de oposição infundada ou protelatória, impedindo análise por este juízo administrativo.

Em outros termos, por estar a impugnação devidamente fundamentada e por não ser possível afastar de plano a alegação de comodato verbal, a questão deverá ser dirimida na via ordinária com contraditório e ampla defesa (possibilidade de dilação probatória).

Diante do exposto, **ACOLHO A IMPUGNAÇÃO** apresentada, determinando a extinção da usucapião extrajudicial, com cancelamento da prenotação e remessa da parte interessada às vias ordinárias para solução do conflito nos termos dos itens 420.7 e 420.8 do Cap. XX das NSCGJ.

Deste procedimento não decorrem custas, despesas processuais ou honorários advocatícios.

Oportunamente, remetam-se os autos ao arquivo.

P.R.I.C.

São Paulo, 19 de agosto de 2021. (DJe de 23.08.2021 – SP)

Ementa: Sentença – Dúvida – Procedimento Extrajudicial de Usucapião – Negativa de dispensa de notificação dos confrontantes – Ausência de identidade entre o registro e a situação existente no local – Medidas apuradas no memorial descritivo que não correspondem com às constantes da matrícula – Ausência de atendimento a condição prevista no art 10, §º 10, do Provimento CNJ nº 65/2017 – Necessidade de notificação dos confrontantes – Procedência

Processo 1041685-29.2021.8.26.0100

Dúvida - REGISTROS PÚBLICOS - Luiza Maria Castelo Branco - Do exposto, julgo procedente a dúvida suscitada pelo 6º Oficial de Registro de Imóveis da Capital. Não há custas, despesas processuais ou honorários advocatícios decorrentes deste procedimento. Oportunamente, arquivem-se os autos. P.R.I.C. - ADV: JOAO AMERICO DE SBRAGIA E FORNER (OAB 126503/SP)

Íntegra da decisão:

SENTENÇA

Processo Digital nº: **1041685-29.2021.8.26.0100**

Classe - Assunto **Dúvida - REGISTROS PÚBLICOS**

Suscitante: **6º Oficial de Registro de Imóveis da Comarca da Capital**

Suscitado: **Luiza Maria Castelo Branco**

Juiz(a) de Direito: Dr(a). **Vivian Labruna Catapani**

Vistos.

Trata-se de dúvida suscitada pelo 6º Oficial de Registro de Imóveis da Capital, a pedido de *Luiza Maria Castelo Branco*, em virtude da negativa de dispensa de notificação dos confrontantes em sede de usucapião extrajudicial, na qual a requerente pleiteia 1/10 de imóvel, do qual 9/10 já são de sua titularidade. Informa que a dispensa requerida não atende ao art. 10, § 10, do Provimento 65/2017, e ao item 418.10, Capítulo XX, das NSCGJ/SP, eis que não há perfeita identidade entre o registro e a situação existente no local. Dessa forma, faz-se necessária a adoção do rito de retificação do art. 23, inciso II, da Lei de Registros Públicos, ou a cientificação dos confrontantes. Junta documentos (fls. 8/163).

A interessada manifestou-se às fls. 164/168, alegando que a negativa do Oficial desrespeita o art. 10, § 10, do Provimento 65/2017, eis que a suscitada somente pleiteia 1/10 do imóvel, já sendo titular do remanescente. Argumenta que a ausência de medida perimetral na parte dos fundos do imóvel pode ser retificada de ofício, eis que se trata de mera omissão, sendo que a diferença de área real é de 0,97m² a menor.

O Ministério Público opinou pela procedência da dúvida às fls. 177/178.

É o relatório.

Fundamento e Decido.

A dúvida é procedente.

Conforme se extrai da matrícula do imóvel (n. 81.364), a descrição do imóvel indica suas medidas de frente e laterais, perfazendo área total de 68m² (fl. 73). Ocorre que o levantamento planialtimétrico apresentado pela suscitada ao cartório de registro de imóveis indicou uma área real de 67,03m² ao imóvel (fl. 148).

Verifica-se, assim, que não obstante pequena a diferença, e a menor, não restou atendida a condição prevista no art. 10, § 10, do Provimento CNJ n. 65/2017, segundo o qual:

> *"§ 10. Se o imóvel usucapiendo for matriculado com descrição precisa e houver perfeita identidade entre a descrição tabular e a área objeto do requerimento da usucapião extrajudicial, fica dispensada a intimação dos confrontantes do imóvel, devendo o registro da aquisição originária ser realizado na matrícula existente."*

Isso porque, no caso em tela, não se identifica a perfeita identidade a dispensar a intimação dos confrontantes do imóvel.

Dessa forma, deve o oficial registrador seguir o quanto disposto no 10, § 6º, do Provimento CNJ n. 65/2017, que dispõe:

> *"§ 6º Se a planta não estiver assinada por algum confrontante, este será notificado pelo oficial de registro de imóveis mediante carta com aviso de recebimento, para manifestar-se no prazo de quinze dias, aplicando-se ao que couber o disposto nos §§ 2º e seguintes do art. 213 e seguintes da LRP."*

Em resumo, não há que se falar, no caso em tela, em dispensa da notificação dos confrontantes, a qual poderá, nos termos do § 3º daquele mesmo artigo, ser realizada por carta com aviso de recebimento, devendo ser acompanhada de cópia do requerimento inicial e da ata notarial, bem como de cópia da planta e do memorial descritivo e dos demais documentos que a instruíram.

Note-se que a ausência de medida dos fundos do imóvel na sua descrição na matrícula, não obstante sejam indicadas as medidas de frente (4,00m²), laterais (17,00m^2) e de área total de 68m^2, não representa mera omissão, que possa ser retificada de ofício pelo Registrador e enseje a dispensa de notificação dos confrontantes na usucapião extrajudicial. Isso porque nenhuma das medidas apuradas no memorial descritivo de fl. 30 corresponde às constantes da matrícula, havendo efetiva alteração de medida perimetral, que ensejaria, a rigor, prévia retificação administrativa prevista no art. 213, inciso II, da Lei de Registros Públicos.

Dessa forma, não há como se dispensar a notificação dos confrontantes na usucapião extrajudicial em questão, tendo em vista a não coincidência da descrição constante da matrícula (fl. 73) e aquela indicada no memorial descritivo de fl. 30.

Do exposto, julgo **procedente** a dúvida suscitada pelo 6º Oficial de Registro de Imóveis da Capital.

Não há custas, despesas processuais ou honorários advocatícios decorrentes deste procedimento.

Oportunamente, arquivem-se os autos.

P.R.I.C.

São Paulo, 26 de maio de 2021.

Vivian Labruna Catapani

Juíza de Direito (DJe de 28.05.2021 – SP)

Ementa: Sentença – Dúvida – Procedimento Extrajudicial de Usucapião – Impugnação pela Municipalidade sob alegação de que o imóvel interfere em área pública – Conciliação infrutífera – Existência de conflito de interesses – Impossibilidade de seguimento na via extrajudicial – Art. 216-A, §10º, da LRP – Item 420.2, do Capítulo XX, das NSCGJ – Impugnação fundamentada – Procedência

Processo 1086382-72.2020.8.26.0100

Dúvida - Registro de Imóveis - Luciano Francesco Flammia e outro - PREFEITURA MUNICIPAL DE SÃO PAULO - Do exposto, julgo procedente dúvida suscitada pelo Oficial do 16º Registro de Imóveis da Capital a requerimento de Luciano Francesco Flammia e Maria Caló Flammia, julgando fundamentada a impugnação apresentada pela Municipalidade, determinando o retorno dos autos ao Oficial de Registro de Imóveis, que deverá arquivar o feito e cancelar a prenotação, cabendo ao interessado iniciar o procedimento judicial se assim entender pertinente, podendo aproveitar-se dos documentos já apresentados. Não há custas, despesas processuais nem honorários advocatícios decorrentes deste procedimento. Oportunamente, arquivem-se os autos. P.R.I.C. - ADV: DANIEL DA SILVA GALLARDO (OAB 305985/SP), RICARDO MARCONDES MARTINS (OAB 180005/SP)

Íntegra da decisão:

SENTENÇA

Processo Digital nº: **1086382-72.2020.8.26.0100**

Classe - Assunto **Dúvida - Registro de Imóveis**

Suscitante: **16º Oficial de Registro de Imóveis**

Suscitado: **Luciano Francesco Flammia e outro**

Juiz(a) de Direito: Dr(a). **Vivian Labruna Catapani**

Vistos.

Trata-se de dúvida suscitada pela **Oficial do 16º Registro de Imóveis da Capital** em procedimento extrajudicial de usucapião, instaurado no interesse de **Luciano Francesco Flammia** e **Maria Caló Flammia**, que tem por objeto o imóvel localizado à Rua Manoel Barbosa, nº 289, inserido em área maior objeto das transcrições nº 8.687 e 8.917 daquela Serventia. Após regular autuação e emissão das notificações, foi apresentada impugnação pela **Municipalidade de São Paulo**, alegando que o imóvel usucapiendo interfere em área pública. Em virtude da impugnação e da impossibilidade de conciliação entre os interessados e a Prefeitura, a Registradora optou por suscitar a presente dúvida.

Em decisão de fls. 245/246, foi determinado o retorno dos autos à Registradora, para que fosse procedida a tentativa de conciliação entre as partes e para que, em caso de insucesso, a Serventia se manifestasse expressamente acerca da impugnação.

Em nova manifestação da Registradora (fls. 249/251), esta informou não ter sido possível a conciliação entre as partes. Comunicou, ainda, que entende que a impugnação é infundada, uma vez que a própria Municipalidade informou no passado (em requerimento administrativo apresentado pelos autores e outros moradores da região, em 1985) que a área que hoje aponta como pública é, na verdade, particular. Além disso, aduziu que, em virtude da ausência de produção de perícia *in loco*, não é possível apurar com segurança se há ou não interferência em área pública.

A Municipalidade manifestou-se às fls. 293/300, reiterando os termos da impugnação. Aduziu, em síntese, que o imóvel usucapiendo interfere com os próprios municipais em dois trechos distintos, o primeiro com 75,24m^2 e os segundo com 18,45m^2 de área. Para fundamentar seu posicionamento, instruiu o feito com estudos elaborados pela Procuradoria Geral do Município e pelo Departamento de Defesa do Patrimônio, que levaram em conta a análise das plantas de arruamento e o histórico de ocupação da região em que se encontra o imóvel usucapiendo (fls. 301/327).

Os interessados manifestam-se às fls. 334/335, alegando, em síntese, que a impugnação da Municipalidade é lastreada em plantas de arruamento antigas, da década de 1950, e ignora a realidade fática atual. Afirmou que a região em que se encontra o imóvel usucapiendo é densamente povoada, não havendo que se falar em interferência do bem em área pública.

O Ministério Público opinou pela rejeição da impugnação apresentada pela Municipalidade (fls. 338/344).

É o relatório.

Fundamento e Decido.

Com a devida vênia ao posicionamento manifesto pela Registradora e pelo D.Promotor, entendo ser inviável o prosseguimento do pedido em sede extrajudicial. O procedimento de usucapião extrajudicial tem como principal requisito a inexistência de lide, de modo que, apresentada qualquer impugnação, a via judicial se torna necessária, nos termos do §10º do Art. 216-A da Lei 6.015/73.

As Normas de Serviço da Corregedoria do Tribunal de Justiça de São Paulo, prestigiando a qualificação do Oficial de Registro e a importância do procedimento extrajudicial, trouxeram pequena flexibilização a tal regra nos itens 420 e seguintes do Cap. XX, permitindo que seja julgada a fundamentação da impugnação, afastando-se aquelas claramente impertinentes.

Como bem demonstra o item 420.5 do mesmo capítulo, tal julgamento deve se dar de plano ou após instrução sumária, não cabendo ao Juiz Corregedor Permanente permitir a produção de prova para que se demonstre a existência de óbice ao reconhecimento da usucapião.

É dizer que, apresentada impugnação, deve-se apenas verificar se seu caráter é meramente protelatório ou completamente infundado. Havendo qualquer indício de veracidade, que justifique a existência de conflito de interesses, a via extrajudicial se torna prejudicada, devendo o interessado ingressar com pedido judicial, sem prejuízo de utilizar-se dos elementos constantes do procedimento extrajudicial para instruir o pedido.

E, para fins de analisar-se se fundamentada ou não a impugnação, cumpre citar o item 420.2 do Cap. XX das NSCGJ:

> *429.2. Consideram-se infundadas a impugnação já examinada e refutada em casos iguais ou semelhantes pelo juízo competente; a que o interessado se limita a dizer que a usucapião causará avanço na sua propriedade sem indicar, de forma plausível, onde e de que forma isso ocorrerá; a que não contém exposição, ainda que sumária, dos motivos da discordância manifestada; a que ventila matéria absolutamente estranha à usucapião.*

No caso em tela, a impugnação apresentada não se encaixa nas hipóteses acima previstas. A Municipalidade, ao defender a interferência do imóvel usucapiendo em área pública, apresentou estudos feitos pela Procuradoria Geral do Município e pelo Departamento de Defesa do Patrimônio (fls. 302/304), que concluíram que a área impugnada está localizada na divisa entre as plantas ARR 600 e ARR 973 e que o imóvel usucapiendo invadiria os próprios públicos em dois pontos: i) no espaço livre do arruamento ARR 600; ii) em parte do antigo leito de córrego na região.

Não se ignora que as plantas que lastreiam a impugnação estão, em certa medida, desatualizadas. A própria Municipalidade reconhece que o córrego mencionado foi canalizado e que a área foi posteriormente ocupada por particulares. Entretanto, apesar da mudança da situação fática da urbanização do local, observo que não é possível apurar, de antemão, se o imóvel usucapiendo interfere ou não em área pública e, em caso afirmativo, a medida desta interferência, como reconhecido pelo Oficial em sua manifestação de fls. 249/251.

Dessa forma, os elementos dos autos são suficientes para demonstrar que há conflito acerca da interferência do imóvel usucapiendo em área pública, de modo que o procedimento deverá prosseguir em sede judicial, para que seja produzida a prova pericial necessária ao exame apurado desta questão.

Em suma, havendo plausibilidade nas alegações, o feito deve ser extinto e as provas produzidas judicialmente.

Destaco, por fim, que ao declarar fundamentada a impugnação não se está afirmando sua veracidade, ou que inexiste o direito a usucapião, mas apenas que o prosseguimento na via extrajudicial está obstado.

Pelas razões apresentadas, deve ser mantido o óbice ao pedido extrajudicial. Com o trânsito em julgado da presente dúvida, os autos retornarão ao Oficial de Registro, que dará baixa na prenotação e lavrará relatório do processado, cabendo ao interessado buscar a via judicial se assim entender pertinente, podendo aproveitar tudo aquilo que processado perante a serventia extrajudicial.

Do exposto, **julgo procedente** dúvida suscitada pelo Oficial do 16º Registro de Imóveis da Capital a requerimento de Luciano Francesco Flammia e Maria Caló Flammia, julgando fundamentada a impugnação apresentada pela Municipalidade, determinando o retorno dos autos ao Oficial de Registro de Imóveis, que deverá arquivar o feito e cancelar a prenotação, cabendo ao interessado iniciar o procedimento judicial se assim entender pertinente, podendo aproveitar-se dos documentos já apresentados.

Não há custas, despesas processuais nem honorários advocatícios decorrentes deste procedimento.

Oportunamente, arquivem-se os autos.

P.R.I.C.

São Paulo, 22 de abril de 2021. (DJe de 26.04.2021 – SP)

Ementa: Sentença – Dúvida – Pedido de Usucapião Extrajudicial – Óbice registrário por ausência dos requisitos temporais – Inexistência do preenchimento dos anos exigidos para a prescrição aquisitiva – Impossibilidade da aplicação do instituto da "accessio possessionis" – Inviabilidade da soma de posses não homogêneas – Procedência

Processo 1003504-56.2021.8.26.0100

Dúvida - Notas - Vanessa Auad - Do exposto, julgo procedente a dúvida suscitada pelo Oficial do 8º Registro de Imóveis da Capital a requerimento de Vanessa Auad, tendo por objeto registro da usucapião extrajudicial do imóvel matriculado sob o nº 70.702. Não há custas, despesas processuais nem honorários advocatícios decorrentes deste procedimento. Oportunamente, arquivem-se os autos. P.R.I.C. - ADV: FERNANDO CELLA (OAB 177041/SP), MARIA DE FÁTIMA DE SOUZA (OAB 285741/SP)

Íntegra da decisão:

SENTENÇA

Processo Digital nº: **1003504-56.2021.8.26.0100**

Classe - Assunto **Dúvida - Notas**

Suscitante: **8º Oficial de Registro de Imóveis da Capital**

Suscitado: **Vanessa Auad**

Juiz(a) de Direito: Dr(a). **Vivian Labruna Catapani**

Vistos.

Trata-se de dúvida suscitada pelo Oficial do 8º Registro de Imóveis da Capital a requerimento de Vanessa Auad, no âmbito de pedido de usucapião extrajudicial do imóvel matriculado sob o nº 70.702 naquela serventia.

A insurgência se dá pois entende o Oficial não estarem presentes os requisitos temporais para configuração da usucapião extraordinária. Isso porque, quando da prenotação do título, a requerente não havia preenchido os anos necessários para a prescrição aquisitiva, sendo inviável a *accessio possessionis*, já que a posse dos antigos possuidores tinha origem em direitos hereditários, enquanto a posse da requerente tem origem em cessão de direitos. Documentos às fls. 05/944.

A requerente manifestou-se às fls. 949/972, aduzindo preencher o requisito temporal para reconhecimento da prescrição aquisitiva, eis que plenamente possível a soma de posse no caso em tela.

O Ministério Público opinou às fls. 985/988 pela improcedência da dúvida.

É o relatório. Fundamento e decido.

De início, verifico que a impugnante adquiriu direitos sobre o imóvel usucapiendo conforme escritura pública celebrada, em 2014, com o proprietário tabular Horácio dos Santos e os herdeiros dos demais titulares de domínio já falecidos, Benedita Luciano de Azevedo, Onofre Maria de Azevedo, Maria José Alves e Lucilia Maria dos Santos (fls. 337/341 e 343/357).

Assim, tendo em vista que o requerimento de usucapião extrajudicial foi apresentado em 2020, não estavam preenchidos os 10 anos exigidos para a usucapião ordinária.

Solução para tal questão, portanto, seria a aplicação do instituto da *accessio possessionis*, conforme previsão do art. 1.243 do Código Civil.

Entendeu o Oficial Registrador, entretanto, pela impossibilidade de aplicação do instituto, devido à divergência entre a natureza da origem da posse dos cedentes e da cessionária.

No caso em tela, agiu acertamente o Oficial Registrador.

Isso porque um dos cedentes, Horácio dos Santos, figura como proprietário do imóvel usucapiendo.

E, como se sabe, é inviável a soma de posses não homogêneas, isto é, a soma de posse *ad usucapionem* com posse não usucapível, como ocorre no presente caso.

Com efeito, o antecessor Horácio dos Santos exercia a posse da área por força da propriedade de que já era titular, e não com intuito de usucapião.

Daí infere-se que a posse anterior e a posse da impugnante não são homogêneas a ponto de permitir a acessão, na forma preconizada pelo art. 1.243 do Código Civil.

Entendimento diversa conduziria ao desvirtuamento do instituto da usucapião, que se presta, especialmente, a consagrar o domínio ao possuidor que não é titular da propriedade, de modo que a propriedade se justifica pelo exercício da posse. No caso do proprietário a situação é inversa: a posse se justifica pela propriedade.

Neste sentido:

> *"Usucapião extraordinária. Acessio possessionis. Hipótese em que os autores pretendem o reconhecimento da prescrição aquisitiva somando à sua posse a dos anteriores proprietários. Impossibilidade*

da soma da posse ad usucapionem com a posse anterior exercida pelo proprietário da coisa. Posses a serem somadas que devem ser da mesma qualidade. Irrelevância quanto ao direito transitório, porquanto não houve configuração da prescrição, seja pela lei anterior, seja pela atual. Apelo improvido." (TJ/SP, Apelação nº 9143922-05.2007.8.26.0000, 3ª Câmara de Direito Privado, Rel. Des.

Adilson de Andrade, j. em 26/07/2011).

Do exposto, **julgo procedente** a dúvida suscitada pelo Oficial do 8º Registro de Imóveis da Capital a requerimento de Vanessa Auad, tendo por objeto registro da usucapião extrajudicial do imóvel matriculado sob o nº 70.702.

Não há custas, despesas processuais nem honorários advocatícios decorrentes deste procedimento.

Oportunamente, arquivem-se os autos.

P.R.I.C.

São Paulo, 15 de março de 2021.

Vivian Labruna Catapani

Juiz de Direito (DJe de 17.03.2021 – SP)

Ementa: Sentença – Dúvida – Impugnação ao procedimento de Usucapião Extrajudicial pela titular do domínio – Alegação de que a origem da posse decorreu de Contrato de Arrendamento firmado pelas partes, com Ação de Despejo em razão do descumprimento das obrigações, bem como de que o imóvel é objeto de invasão na qual está sendo regularizada – Existência de conflito de interesse – Impossibilidade de seguimento na via extrajudicial – Art 216-A, §10º, da LRP – Item 420 2, do Capítulo XX, das NSCGJ – Impugnação fundamentada – Manutenção do óbice – Procedência

Processo 1008043-65.2021.8.26.0100

Dúvida - Registro de Imóveis - Murilo Martins e outro - Irmandade da Santa Casa de Misericórdia de São Paulo - Do exposto, JULGO PROCEDENTE dúvida suscitada pelo Oficial do 15º Registro de Imóveis da Capital a requerimento de Murilo Martins e Maria Aparecida Bengoze Martins, julgando fundamentada a impugnação apresentada por Irmandade da Santa Casa de Misericórdia de São Paulo, determinando o retorno dos autos ao Oficial de Registro de Imóveis, que deverá arquivar o feito e cancelar a prenotação, cabendo ao interessado iniciar o procedimento judicial se assim entender pertinente, podendo aproveitar-se dos documentos já apresentados. Não há custas, despesas processuais nem honorários advocatícios decorrentes deste procedimento. Oportunamente, arquivem-se os autos. P.I.C. - ADV: JAIME LUGO BELATO ORTS (OAB 248509/SP), STEPHANIE RAMOS DE MAGALHÃES FIGUEIREDO (OAB 411013/SP)

Íntegra da decisão:

SENTENÇA

Processo Digital nº: **1008043-65.2021.8.26.0100**

Classe - Assunto **Dúvida - Registro de Imóveis**

Suscitante: **15º Oficial de Registro de Imóveis da Capital**

Suscitado: **Murilo Martins e outro**

Juiz(a) de Direito: Dr(a). **FERNANDA HENRIQUES GONCALVES ZOBOLI**

Vistos.

Trata-se de dúvida suscitada pelo Oficial do 15º Registro de Imóveis da Capital a requerimento de Murilo Martins e Maria Aparecida Bengoze Martins, diante da considerada fundada impugnação pela Irmandade da Santa Casa de Misericórdia de São Paulo, ao requerimento de usucapião extrajudicial extraordinária do imóvel matriculado sob o nº 256997 na serventia.

O i. registrador informou que os suscitados ingressaram com o pedido de usucapião extrajudicial do imóvel mencionado, alegando posse mansa e pacífica, decorrente de instrumento particular de venda e compra de 17 de janeiro de 2006.

A titular do domínio ofertou impugnação, alegando que a origem da posse decorreu de contrato de arrendamento firmado pelas partes, com ação de despejo diante do descumprimento das obrigações assumidas (fls. 135/145). Que o imóvel usucapiendo é objeto de invasão que está sendo regularizada. Foram juntados documentos pela impugnante (fls. 146/336) e os impugnados/requerentes apresentaram manifestação à impugnação às fls. 422/425, com documentos (fls. 426/449), pleiteando a rejeição.

O i. registrador entendeu que a impugnação apresentada é fundamentada eis que, não se encaixa em quaisquer das hipóteses do item 420.2 do Capítulo XX das Normas de Serviço da Corregedoria Geral da Justiça (fls. 452/453). Que configura a existência de conflito de interesse (Dúvida Processo 1016908.14.2020.8.26.0100, da 1ª Vara de Registros Públicos). Manifestação da Irmandade às fls. 483/484.

A Municipalidade manifestou desinteresse na usucapião administrativo (fls. 336/337)

O Ministério Público opinou pela manutenção do óbice e remessa dos interessados às vias judiciais (fls. 498/500).

É o relatório. Decido.

Com razão o Oficial e o D. Promotor quanto a impossibilidade de seguimento do pedido extrajudicialmente.

O procedimento de usucapião extrajudicial tem como principal requisito a inexistência de lide, de modo que, apresentada qualquer impugnação, a via judicial se torna necessária, nos termos do §10º do Art. 216-A da Lei 6.015/73.

As Normas de Serviço da Corregedoria do Tribunal de Justiça de São Paulo, prestigiando a qualificação do Oficial de Registro e a importância do procedimento extrajudicial, trouxeram pequena flexibilização a tal regra nos itens 420 e seguintes do Cap. XX, permitindo que seja julgada a fundamentação da impugnação, afastando-se aquelas claramente impertinentes.

Como bem demonstra o item 420.5 do mesmo capítulo, tal julgamento deve se dar de plano ou após instrução sumária, não cabendo ao Juiz Corregedor Permanente permitir a produção de prova para que se demonstre a existência de óbice ao reconhecimento da usucapião.

É dizer que, apresentada impugnação, deve-se apenas verificar se seu caráter é meramente protelatório ou completamente infundado. Havendo qualquer indício de veracidade, que justifique a existência de conflito de interesses, a via extrajudicial se torna prejudicada, devendo o interessado ingressar com pedido judicial, sem prejuízo de utilizar-se dos elementos constantes do procedimento extrajudicial para instruir o pedido.

E, para fins de analisar-se se fundamentada ou não a impugnação, cumpre citar o item 420.2 do Cap. XX das NSCGJ:

> *429.2. Consideram-se infundadas a impugnação já examinada e refutada em casos iguais ou semelhantes pelo juízo competente; a que o interessado se limita a dizer que a usucapião causará avanço na sua propriedade sem indicar, de forma plausível, onde e de que forma isso ocorrerá; a que não contém exposição, ainda que sumária, dos motivos da discordância manifestada; a que ventila matéria absolutamente estranha à usucapião.*

E a impugnação apresentada não se encaixa nas hipóteses acima previstas. Não se trata de impugnação cujo fundamento seja questão específica já analisada por este juízo, tampouco de hipótese de avanço sobre a propriedade, já que a impugnação não foi realizada por confrontante.

Do mais, há exposição sumária dos motivos de discordância, sendo que a petição de fls. 135/145 traz que a origem da posse decorreu de contrato de arrendamento firmado pelas partes, com ação de despejo diante do descumprimento das obrigações assumidas.

A impugnação apresentada traz como ideia central o preenchimento ou não de um dos requisitos necessários para a viabilidade da usucapião, qual seja, a posse "ad usucapionem", diante da alegação de que os suscitados apenas exerciam posse precária sobre o imóvel. Sendo assim, inexistindo a posse com "animus domini", não preencheria um dos requisitos da usucapião pretendida, impedindo o prosseguimento do reconhecimento extrajudicial da usucapião.

Os suscitados tentam demonstrar a existência posterior de instrumento de contrato de compra e venda, mas como já dito não cabe a este juízo analisar o mérito da impugnação, mas apenas a existência de fundamentação mínima que demonstre a existência válida de impugnação ao pedido. E tal requisito foi preenchido no presente feito, cabendo ao juízo comum analisar se verdadeiras ou não as alegações. Destaco, aqui, que a impugnação do titular de domínio raramente será entendida como meramente protelatória, já que é seu direito de propriedade que está sendo diretamente afetado com a usucapião.

Em suma, havendo plausibilidade nas alegações, o feito deve ser extinto e as provas produzidas judicialmente. Saliento que, sendo remetidos os autos a via judicial com tais fundamentos e, eventualmente, sendo reconhecido pelo juiz competente que estes não tinham qualquer base fática, sendo a impugnação meramente protelatória, nada impede a imposição de multa processual por litigância de má-fé contra a impugnante, mas tal questão há de ser decidida na ação judicial.

Destaco, por fim, que ao declarar fundamentada a impugnação não se está afirmando sua veracidade, ou que inexiste o direito a usucapião, mas apenas que o prosseguimento na via extrajudicial está obstado.

Pelas razões apresentadas, devem ser mantidos os óbices ao pedido extrajudicial.

Com o trânsito em julgado da presente dúvida, os autos retornarão ao Oficial de Registro, que dará baixa na prenotação e lavrará relatório do processado, cabendo ao interessado buscar a via judicial se assim entender pertinente, podendo aproveitar tudo aquilo que processado perante a serventia extrajudicial, nos termos do decidido no Proc. 1000162-42.2018.8.26.0100.

Do exposto, **JULGO PROCEDENTE** dúvida suscitada pelo Oficial do 15º Registro de Imóveis da Capital a requerimento de Murilo Martins e Maria Aparecida Bengoze Martins, **julgando fundamentada a impugnação apresentada** por Irmandade da Santa Casa de Misericórdia de São Paulo, determinando o retorno dos autos ao Oficial de Registro de Imóveis, que deverá arquivar o feito e cancelar a prenotação, cabendo ao interessado iniciar o procedimento judicial se assim entender pertinente, podendo aproveitar-se dos documentos já apresentados.

Não há custas, despesas processuais nem honorários advocatícios decorrentes deste procedimento.

Oportunamente, arquivem-se os autos.

P.I.C.

São Paulo, 08 de março de 2021.

FERNANDA HENRIQUES GONCALVES ZOBOLI

Juiz de Direito (DJe de 10.03.2021 – SP)

Ementa: Sentença – Dúvida – Procedimento Extrajudicial de Usucapião – Impugnação pela Fazenda Pública sob alegação de que a área do imóvel é considerada devoluta – Descabimento – Imóvel inserido em área povoada há diversos anos – Ausência de fundamentação da aludida Impugnação – Determinação do prosseguimento na via extrajudicial – Improcedência

Processo 1079593-57.2020.8.26.0100

Dúvida - Usucapião Extraordinária - Lucia Ines Silva de Souza Nascimento - Fazenda Pública do Estado de São Paulo – Municipalidade de São Paulo - Do exposto, julgo improcedente a dúvida suscitada pelo Oficial do 12º Registro de Imóveis da Capital, diante da patente ausência de fundamentação da impugnação apresentada pela Fazenda Pública do Estado de São Paulo, determinando o regular prosseguimento do procedimento extrajudicial de usucapião. Não há custas, despesas processuais nem honorários advocatícios decorrentes deste procedimento. Oportunamente, arquivem-se os autos. P.R.I.C. - ADV: PAULO HENRIQUE MARQUES DE OLIVEIRA (OAB 141540/SP), PAMELA SERAFIM DE FARIAS (OAB 344081/SP), MARCIA DUSCHITZ SEGATO (OAB 63916/SP)

Íntegra da decisão:

SENTENÇA

Processo Digital nº: **1079593-57.2020.8.26.0100**

Classe - Assunto **Dúvida - Usucapião Extraordinária**

Requerente: **Lucia Ines Silva de Souza Nascimento**

Requerido: **12º Oficial de Registro de Imóveis da Capital**

Juiz(a) de Direito: Dr(a). **Vivian Labruna Catapani**

Vistos.

Trata-se de dúvida suscitada pelo Oficial do 12º Registro de Imóveis da Capital a requerimento de Lucia Ines Silva de Sousa Nascimento em procedimento extrajudicial de usucapião, que tem por objeto o imóvel com origem em área maior objeto da Transcrição nº 21.049 na Serventia.

A dúvida foi motivada pela impugnação da Fazenda Pública do Estado de São Paulo (fls. 450/452), alegando que o imóvel usucapiendo está localizado no 2º Perímetro de São Miguel Paulista, objeto de ação discriminatória. Desta forma, alega que referida área seria considerada devoluta e, consequentemente, insuscetível de usucapião.

O Oficial considerou fundamentada e fundada a impugnação oferecida pelo Estado de São Paulo (fls. 552/553).

O Ministério Público, acompanhando a posição do Registrador, opinou pelo acolhimento da impugnação e consequente extinção do procedimento de usucapião extrajudicial, por considerar que a matéria objeto da dúvida é de alta indagação, demandando apreciação na esfera judicial (fls. 610/612).

É o relatório.

Fundamento e Decido.

O procedimento de usucapião extrajudicial tem como principal requisito a inexistência de lide, de modo que, apresentada qualquer impugnação, a via judicial se torna necessária, nos termos do §10º do Art. 216-A da Lei 6.015/73.

As Normas de Serviço da Corregedoria do Tribunal de Justiça de São Paulo, prestigiando a qualificação do Oficial de Registro e a importância do procedimento extrajudicial, trouxeram pequena flexibilização a tal regra nos itens 420 e seguintes do Cap. XX, permitindo que seja julgada a fundamentação da impugnação, afastando-se aquelas claramente impertinentes.

Em que pese o parecer do *Parquet*, entendo não ser caso de remessa para apreciação judicial, uma vez que a alegação da Fazenda do Estado de que o imóvel estaria inserido em terras devolutas (o que inviabilizaria sua aquisição por usucapião) não procede, haja vista que o imóvel usucapiendo está inserido em área densamente povoada há muitos anos.

Como esclarece Benedito Silvério Ribeiro: *"as terras devolutas têm o significado de terras públicas, sendo aquelas situadas nas faixas de fronteira, as que não são aplicadas a qualquer uso público federal, estadual ou municipal e as que não se acham, por título legítimo, na posse ou domínio particular de alguém. Conforme define Hely Lopes Meirelles, terras devolutas são todas aquelas que, pertencentes ao domínio público de qualquer das entidades estatais, não se acham utilizadas pelo poder público, nem destinadas a fins administrativos específicos. São bens públicos patrimoniais ainda não utilizados pelos respectivos proprietários [...] Em consequência disso, aflorou para muitos a ideia de presunção de serem devolutas as terras que não se encontrassem no domínio de particulares, portadores de títulos de propriedade"* (Tratado de Usucapião, vol. I, Ed. Saraiva, 3ª ed., p. 541).

Em caso semelhante já decidiu o E. Tribunal de Justiça de São Paulo:

> *"A análise da situação posta sub judice permite concluir que a ação discriminatória em trâmite desde 1.957, portanto, há mais de meio século, não concluiu a demarcação da área. Logo, em que pese estar o imóvel localizado no mencionado perímetro de São Miguel Paulista, não se logrou comprovar que está efetivamente inserido em terras devolutas, como já reiteradamente se têm decidido em ações análogas a esta. Ainda que assim não fosse, a longa tramitação da ação discriminatória e o crescimento populacional na área permitiu com o passar dos tempos a urbanização, com instauração de bairros completos, abrigando densa camada populacional, o que retira as características que a distinguia como terras devolutas" (TJSP, AI n. 0181176-92.2012.8.26.0000, rel. Percival Nogueira, dj 25.10.12).*

Oportuno esclarecer que, caso a ação que tramita no Juízo da Fazenda Pública seja favorável à Fazenda Pública Estadual, poderá ela obter o registro da área devoluta, com o cancelamento dos títulos de particulares, como prevê o art. 13 da Lei nº 6.386/76.

Do exposto, **julgo improcedente** a dúvida suscitada pelo Oficial do 12º Registro de Imóveis da Capital, diante da patente ausência de fundamentação da impugnação apresentada pela Fazenda Pública do Estado de São Paulo, determinando o regular prosseguimento do procedimento extrajudicial de usucapião.

Não há custas, despesas processuais nem honorários advocatícios decorrentes deste procedimento.

Oportunamente, arquivem-se os autos.

P.R.I.C.

São Paulo, 05 de março de 2021.(DJe de 09.03.2021 – SP)

USUFRUTO

Ementa: Sentença – Pedido de Providências – Pedido de retificação no registro do Usufruto referente ao Estado Civil da Requerente – Alegação pela Requerente de que na data da lavratura da Escritura de Doação com Reserva de Usufruto já se encontrava no estado de separada judicialmente, porém, tanto o título quanto o registro constam que a referida é casada – Informação pelo Oficial de que a Escritura foi lavrada na mesma data em que a separação foi homologada – Ausência de qualquer erro a ser sanado no registro – Manutenção do óbice – Improcedência

Processo 1123401-15.2020.8.26.0100

Pedido de Providências - Registro de Imóveis - Aline Djanikian – Andrea Kayaian e outro - Diante do exposto, julgo improcedente o pedido de providências formulado por Aline Djanikian, André Djanikian e Andrea Kayaian Machiaverni em face do 14º Oficial de Registro de Imóveis da Capital, e consequentemente mantenho o óbice imposto. Deste procedimento não decorrem custas, despesas processuais e honorários advocatícios. Oportunamente remetam-se os autos ao arquivo. P.R.I.C. - ADV: MARTHA MARIA DE CARVALHO LOSSURDO SUK (OAB 154283/SP)

Íntegra da decisão:

SENTENÇA

Processo Digital nº: **1123401-15.2020.8.26.0100**

Classe - Assunto **Pedido de Providências - Registro de Imóveis**

Requerente: **Aline Djanikian e outros**

Requerido: **14º Oficial de Registro de Imoveis da Capital**

Juiz(a) de Direito: Dr(a). **Vivian Labruna Catapani**

Vistos.

Trata-se de ação de retificação de registro de imóveis, recebida como pedido de providências, formulada por **Aline Djanikian, André Djanikian** e **Andrea Kayaian Machiaverni** em face do 14º Oficial de Registro de Imóveis da Capital, pleiteando a retificação na qualificação do estado civil da autora *Andrea* no registro do usufruto instituído em seu favor no imóvel objeto da matrícula nº 112.090. Aduziram que a requerente já era separada judicialmente na data da lavratura da escritura de doação com reserva de usufruto. Todavia, tanto a escritura, quanto o correspondente registro, dão conta de que a autora seria casada. Relataram que a mudança no estado civil da autora foi posteriormente averbada na matrícula; contudo, em razão do erro constante do registro que instituiu o usufruto, o imóvel vem sendo objeto de penhora por dívidas trabalhistas do ex-marido da usufrutuária. Dessa forma, pleitearam a retificação do erro apontado já em sede de medida liminar.

O pedido de tutela de urgência foi indeferido (fl. 121), uma vez que a matéria objeto deste procedimento não comporta solução provisória.

O Oficial manifestou-se às fls. 124/133, aduzindo, em síntese, que a escritura que deu origem ao registro de usufruto foi lavrada na mesma data em que a separação consensual da autora e seu ex-cônjuge foi homologada pelo Juízo da 7ª Vara de Família e Sucessões do Foro Central desta Capital (17/10/2001). Dessa forma, considerando que a interessada ainda era casada quando da lavratura da escritura, não há que se falar em erro no lançamento do registro.

O Ministério Público opinou pela improcedência do pedido (fls. 148/149).

É o relatório.

Fundamento e Decido.

O pedido inicial é improcedente.

Ressalto, de proêmio, que a alteração do estado civil da autora já foi averbada na matrícula, de modo que o objeto deste procedimento é limitado à retificação do alegado erro no registro do usufruto em favor da interessada *Andreia* (R.05/112.090 – fl. 128).

Consta dos autos que tanto a *Escritura de Instituição de Usufruto e de Doação* (fls. 49/52), quanto a homologação da separação judicial (fls. 64/72) ocorreram na mesma data – 17/10/2001. Ademais, como bem observou o DD. Promotor de Justiça, a escritura foi lavrada em horário anterior à homologação da petição de separação pelo Juízo da 7ª Vara de Família e Sucessões do Foro Central desta Capital.

Observo, também, que a petição da separação consensual, ao tratar do imóvel objeto deste procedimento, trouxe disposição expressa no sentido de que a doação com reserva de usufruto já havia ocorrido (fl. 70).

Desta feita, resta evidente que a interessada *Andreia*, quando da lavratura da escritura, ainda era casada em regime de comunhão universal de bens, de modo que não há qualquer erro a ser sanado no registro correspondente.

Eventuais aborrecimentos gerados por constrições judiciais motivadas por dívidas do ex-cônjuge do demandante deverão ser apontadas perante os respectivos Juízos, não cabendo a este Juízo administrativo intervir nas decisões ou ordens emanadas por outros Juízos, que detêm competência exclusiva para analisar ou modificar suas decisões.

Diante do exposto, **julgo improcedente** o pedido de providências formulado por **Aline Djanikian, André Djanikian** e **Andrea Kayaian Machiaverni** em face do 14º Oficial de Registro de Imóveis da Capital, e consequentemente mantenho o óbice imposto.

Deste procedimento não decorrem custas, despesas processuais e honorários advocatícios.

Oportunamente remetam-se os autos ao arquivo. P.R.I.C.

São Paulo, 15 de março de 2021. (DJe de 17.03.2021 – SP)

4.2.5 TABELIONATO DE PROTESTO

PROTESTO DE CARTÃO DE CRÉDITO

Ementa: Sentença – Pedido de Providências – Pedido de protesto do Contrato de Cartão de Crédito – Impossibilidade – Ausência do cumprimento dos requisitos intrínsecos, bem como do pagamento antecipado das taxas e emolumentos necessários – Inexistência de certeza e liquidez – Itens 20 e 22, do Capítulo XV, das NSCGJ – Ausência de título executivo – Súmula 233 do STJ – Manutenção do óbice – Improcedência

Processo 1012666-75.2021.8.26.0100

Pedido de Providências - Títulos de Crédito - Banco CSF S/A - Do exposto, julgo improcedente o presente pedido de providências. Não há custas, despesas processuais nem honorários advocatícios decorrentes deste procedimento. Oportunamente, arquivem-se os autos. P.R.I.C. - ADV: CARLOS AUGUSTO TORTORO JUNIOR (OAB 247319/SP)

Íntegra da decisão:

SENTENÇA

Processo Digital nº: **1012666-75.2021.8.26.0100**

Classe - Assunto **Pedido de Providências - Títulos de Crédito**

Requerente: **Banco CSF S/A**

Requerido: **7º Tabelião de Protesto de Letras e Títulos da Capital**

Juiz(a) de Direito: Dr(a). **Vivian Labruna Catapani**

Vistos.

Trata-se de pedido de providências formulado por Banco CSF S/A em face do 7º Tabelionato de Letras e Títulos da Capital, em razão da negativa em realizar o protesto do contrato de cartão de crédito celebrado com *Gilson Estrela Pompeu*. Aduziu que o pedido foi acompanhado das faturas de consumo do devedor e de planilha de demonstração do débito, o que conferiria certeza e liquidez a seu título.

O Tabelião manifestou-se às fls. 263/267 alegando, em síntese, que os documentos apresentados não cumprem os requisitos intrínsecos dos títulos executivos extrajudiciais, o que impede que sejam protestados. Aduziu, ainda, que a requerente não efetuou o pagamento antecipado das taxas e emolumentos necessários ao protesto para fins de dedução fiscal, conforme preceitua o art. 9º-A da Lei 9.430/96.

Parecer do Ministério Público às fls. 270/271 pela improcedência do pedido.

É o relatório.

Decido.

O pedido não merece acolhimento, pelas razões a seguir expostas.

Assiste razão ao Tabelião ao entender que os documentos apresentados carecem de certeza e liquidez. Como bem apontou em sua manifestação, do instrumento firmado entre a autora e o devedor (fls. 80/81) sequer é possível concluir que o crédito foi efetivamente disponibilizado ao cliente, haja vista que o documento se trata de simples proposta de abertura de crédito, com previsão expressa de que sua assinatura não produziria vínculo entre as partes ou obrigação da instituição financeira na concessão do crédito (fl. 81).

Destarte, conclui-se que os documentos apresentados não cumprem os requisitos dos itens 20 e 22, do Capítulo XV, das Normas de Serviço da Corregedoria Geral de Justiça, que determinam que só podem ser protestados documentos de dívida qualificados como títulos executivos (judiciais ou extrajudiciais), ou que gozem de certeza, liquidez e exigibilidade.

Além disso, a jurisprudência é pacífica no sentido de o *"contrato de abertura de crédito, ainda que acompanhado de extrato da conta-corrente, não é título executivo"* (Súmula 233 – STJ).

Ainda nesse sentido:

> *"Execução de título extrajudicial fundada em contrato de abertura de crédito em conta corrente. Nulidade. Ausência de título executivo. Súmula 233 do C.S.T.J. Matéria de ordem pública. Possibilidade de conhecimento, inclusive, de ofício, pelo julgador. Nulidade reconhecida. Recurso a que se nega provimento" (Apelação Cível 0006902-49.1995.8.26.0032, Rel. Mauro Conti Machado, 16ª Câmara de Direito Privado, j. 23/02/2021).*

Do exposto, **julgo improcedente** o presente pedido de providências. Não há custas, despesas processuais nem honorários advocatícios decorrentes deste procedimento.

Oportunamente, arquivem-se os autos.

P.R.I.C.

São Paulo, 08 de março de 2021 (DJe de 10.03.2021 – SP)

PROTESTO DE CONTRATO DE LOCAÇÃO

Ementa: Sentença – Pedido de Providências – Pedido de Protesto do Contrato de Prestação de Serviços Advocatícios – Impossibilidade – Ausência do cumprimento dos requisitos intrínsecos – Necessidade de indicação da data de pagamento no título – Inexistência de liquidez – Itens 20 e 22, do Capítulo XV, das NSCGJ – Manutenção do óbice – Improcedência

Processo 1012070-91.2021.8.26.0100

Pedido de Providências - Tabelionato de Protestos de Títulos - Boschi Pigatti Soc de Advogado - Do exposto, julgo improcedente o presente pedido de providências. Não há custas, despesas processuais nem honorários advocatícios decorrentes deste procedimento. Oportunamente, arquivem-se os autos. P.R.I.C. - ADV: CLAUDIO MAURICIO ROBORTELLA BOSCHI PIGATTI (OAB 93254/SP)

Íntegra da decisão:

SENTENÇA

Processo Digital nº: **1012070-91.2021.8.26.0100**

Classe - Assunto **Pedido de Providências - Tabelionato de Protestos de Títulos**

Requerente: **Boschi Pigatti Soc de Advogado**

Requerido: **8º Tabelião de Protesto de Letras e Títulos da Capital**

Juiz(a) de Direito: Dr(a). **Vivian Labruna Catapani**

Vistos.

Trata-se de pedido de providências formulado por Boschi Pigatti Advogados em face do 8º Tabelionato de Letras e Títulos da Capital, em razão da negativa em realizar o protesto do contrato de prestação de serviços advocatícios firmado com *Denise Nader Porcelli*, sob a alegação de que o escritório não indicou o endereço que viabilize a intimação do protesto da nota, e que o contrato de honorários não possui data de vencimento do pagamento inicial. Aduz que o pedido foi acompanhado pela procuração outorgada pela devedora, bem como por nota com descrição dos serviços prestados e do preço cobrado pelas horas de trabalho, além da nota fiscal eletrônica correspondente à cobrança, o que conferiria certeza e liquidez a seu título.

O Tabelião manifestou-se às fls. 45/47 alegando, em síntese, que os documentos apresentados não cumprem os requisitos intrínsecos dos títulos executivos extrajudiciais, o que impede que sejam protestados, em razão de o contrato de prestação de serviços advocatícios apresentado não indicar a data de vencimento. Esclareceu, ainda, que o óbice anteriormente informado ao requerente, relativo à correta indicação do endereço da devedora, foi solucionado em sede administrativa, de modo que o único óbice remanescente refere-se à ausência de indicação da data de pagamento no título apresentado.

Parecer do Ministério Público às fls. 94/95 pela improcedência do pedido.

É o relatório.

Fundamento e Decido.

O pedido não merece acolhimento, pelas razões a seguir expostas.

Assiste razão ao Tabelião ao entender que os documentos apresentados carecem de certeza e liquidez. Como bem apontado em sua manifestação, o instrumento firmado entre a autora e a devedora (fls. 49/50) não estipula a data, nem mesmo a forma de pagamento pelos serviços prestados à devedora.

Destarte, conclui-se que os documentos apresentados não cumprem os requisitos dos itens 20 e 22, do Capítulo XV, das Normas de Serviço da Corregedoria Geral de Justiça, que determinam que só podem ser protestados documentos de dívida qualificados como títulos executivos (judiciais ou extrajudiciais), ou que gozem de certeza, liquidez e exigibilidade.

Não se ignora que o contrato de honorários advocatícios foi alçado à condição de título executivo extrajudicial, nos termos do art. 24, § 1º, da Lei 8.906/94, e do art. 784, inciso XII, do CPC. Entretanto, para tal, exige-se que ele seja dotado de liquidez, certeza e exigibilidade.

Acerca de tais requisitos, é oportuno destacar a jurisprudência do E. TJSP:

"É certo que o contrato de honorários advocatícios é título executivo extrajudicial nos termos do art. 24 da Lei nº 8.904/94. Entretanto, o mero enquadramento ao artigo 585 do Código de Processo Civil é insuficiente para dar seguimento à execução: faz-se necessário que sejam títulos cuja obrigação se mostra certa, líquida e exigível (art. 586 do CPC). Em casos de cobrança por prestação de serviços, é comumente difícil o preenchimento dessas qualidades. O Superior Tribunal de Justiça possui entendimento de que o contrato em tela pode ser considerado um título executivo extrajudicial, desde que juntamente com o instrumento particular seja demonstrada, documentalmente, a contraprestação devida por quem se diz credor." (Apelação n.º 011176351.2010.8.26.0100).

Saliente-se que, no caso em tela, foi atribuído o valor por hora para cada profissional, porém os elementos do contrato de honorários advocatícios (fls. 49/50), por si só, não são suficientes para a apuração do valor devido, uma vez que nele sequer estão elencados os serviços que seriam prestados à cliente. Nem mesmo a procuração de fls. 52/55 prevê especificamente a realização dos serviços listados na notificação de fls. 57/58, na medida em que nela foram outorgados poderes gerais. Ou seja, observa-se que o título apresentado para protesto carece de liquidez.

Nada obsta, porém, que eventual crédito seja discutido pela parte autora pela via judicial adequada, onde terá ampla possibilidade de demonstrar eventual existência de seu crédito.

Do exposto, **julgo improcedente** o presente pedido de providências.

Não há custas, despesas processuais nem honorários advocatícios decorrentes deste procedimento.

Oportunamente, arquivem-se os autos.

P.R.I.C.

São Paulo, 09 de março de 2021. (DJe de 15.03.2021 – SP)

PROTESTO DE DECISÃO JUDICIAL

Ementa: Sentença – Dúvida – Recebimento como Pedido de Providências – Pedido de Protesto de Título – Ausência de informação de decurso de prazo para pagamento voluntário – Informação posterior de suprimento da exigência – Superação do óbice – Perda do objeto – Extinção do feito

Processo 1003857-96.2021.8.26.0100

Dúvida - Tabelionato de Protestos de Títulos - Andrea de Moraes - Vistos. Tendo em vista que o objeto deste feito é o protesto do título extraído do processo de execução que tramitou perante o MMº Juízo da 3ª Vara Cível do Foro Regional IV Lapa, recebo o presente procedimento como pedido de providências. Anote-se. Trata-se de pedido de providências formulado por Andrea de Moraes diante da negativa do 5º Tabelião de Protesto de Letras e Títulos da Capital em protestar título (certidão de objeto e pé) extraído da ação de execução, que tramitou perante o MMº Juízo da 3ª Vara Cível do Foro Regional IV Lapa. A qualificação negativa decorreu da ausência de informação de decurso do prazo para pagamento voluntário pelo devedor, nos termos do artigo 523 do CPC. Insurge-se a requerente do óbice, sob o argumento de que mencionada norma processual não se aplica a presente questão, haja vista que o art.523 do CPC trata da obrigação de pagar quantia certa, enquanto o título a ser protestado é debito de ação de execução de título extrajudicial. Informa o Tabelião que, em nova apresentação, o documento veio acompanhado de certidão extraída da execução, datada de 22.07.2020, mencionando o decurso de prazo sem que a executada, citada por edital, opusesse embargos à execução, razão pela qual entende satisfeita e exigência. O Ministério Público opinou pela prejudicialidade do procedimento e arquivamento do feito (fls. 21/22). É o relatório. Passo a fundamentar e a decidir. Tendo em vista a manifestação do Tabelião acerca da apresentação da documentação elencada na nota devolutiva, com a consequente superação dos óbice (fls. 16/17) não há o que decidir nos autos, por perda de objeto. Diante do exposto, julgo extinto pedido de providências formulado por Andrea de Moraes, em face do5º Tabelião de Protesto de Letras e Títulos da Capital, nos termos do artigo 485, IV do CPC, e consequentemente determino o arquivamento do feito. Deste procedimento não decorrem custas, despesas processuais e honorários advocatícios. P.R.I.C. - ADV: RONALDO DE SOUSA OLIVEIRA (OAB 102076/SP) (DJe de 24.02.2021 – SP)

4.3 DECISÕES DO ANO DE 2020

4.3.1 DECISÕES GERAIS E PERTINENTES A TODAS AS ESPECIALIDADES

DOCUMENTAÇÃO

Ementa: Sentença – Pedido de Providências – Reclamação – Recusa na aceitação de documento de identidade da interessada para a lavratura de escritura pública de Renúncia de Herança – Alegação de que o documento estava vencido há mais de trinta anos – Informação da titular acerca da aceitação do documento mediante o comparecimento de duas testemunhas, nos termos do § 5°, do art. 251, do CC, mas a interessada se recusou a continuar os procedimentos perante a serventia – Ausência de conduta irregular – Orientação para que a titular melhore a orientação dos prepostos – Arquivamento do feito

Processo 0024707-28.2020.8.26.0100

Pedido de Providências – REGISTROS PÚBLICOS – M.C. – R.T.D.S.M.P. – Juiz(a) de Direito: Dr(a). Marcelo Benacchio VISTOS, Trata-se de representação encaminhada pela Senhora Marlene de Caria, no interesse de sua genitora, em face da Senhora Oficial do Registro Civil das Pessoas Naturais e Tabeliã de Notas do Distrito de São Miguel Paulista, Capital, noticiando recusa a documento de identificação, pela Serventia Extrajudicial, para lavratura de Escritura Pública de Renúncia à Herança. A Senhora Oficial e Tabeliã prestou esclarecimentos às fls. 05/06. Instada a se manifestar, a Senhora Representante quedou-se silente (fls. 10). O Ministério Público pugnou pelo arquivamento do expediente, ante a inexistência de indícios de ilícito funcional (fls. 13). É o breve relatório. Decido. Cuidam os autos de expediente formulado a partir de representação encaminhada pela Senhora Marlene de Caria, no interesse de sua genitora, em face da Senhora Oficial do Registro Civil das Pessoas Naturais e Tabeliã de Notas do Distrito de São Miguel Paulista, Capital, noticiando recusa a documento de identificação, pela Serventia Extrajudicial, para lavratura de Escritura Pública de Renúncia à Herança. Narrou a Senhora Representante que a referida unidade extrajudicial negou a realização de ato notarial à vista do RG de sua genitora, idosa de 88 anos de idade, apontando que o documento estaria vencido há mais de 30 anos. No entanto, insurge-se contra a atuação da serventia, indicando que sua mãe resta com a saúde debilitada e não poderia ter seu documento de identificação negado, em razão de dispositivo de decreto federal. A seu turno, a Senhora Titular veio aos autos para noticiar que, de fato, o preposto que realizou o atendimento levantou óbice à utilização do documento para a lavratura do ato. No entanto, após a questão ser levada à Tabeliã, esta entendeu pela sua aceitação, mediante o comparecimento de duas testemunhas que corroborassem a identidade da interessada, nos termos do §5º, do artigo 251, do Código Civil. Não obstante, asseverou que quando apresentou a solução à Senhora Representante, lhe foi informado que a situação havia sido resolvida de outra maneira, não sendo mais necessários os préstimos da serventia. Instada a se manifestar quanto aos esclarecimentos prestados pela ilustre Titular, a Senhora Representante quedou-se inerte, impossibilitando eventual maior aprofundamento da questão. Destarte, diante desse painel, à luz dos esclarecimentos prestados, reputo satisfatórias as explicações apresentadas pela Senhora Oficial e Tabeliã, não vislumbrando responsabilidade funcional apta a ensejar a instauração de procedimento administrativo, no âmbito disciplinar. Todavia, advirto a Senhora Titular para que se mantenha atenta a zelosa na fiscalização e orientação dos prepostos sob sua responsabilidade, em especial no que tange ao atendimento ao público preferencial, cujo serviço deve ser prestado com redobrada cautela e atenção. Nessas condições, à míngua de providência censório-disciplinar a ser adotada, determino o arquivamento dos autos. Ciência à Senhora Delegatária e à Senhora Representante, por e-mail. Comunique-se a decisão à Egrégia

Corregedoria Geral da Justiça, por e-mail, servindo a presente sentença como ofício. I.C. – ADV: EVERALDO DE MELO COLOMBI JUNIOR (OAB 197698/SP) (DJe de 28.07.2020 – SP)

EMOLUMENTOS

Ementa: Sentença – Pedido de Providências – Requerimento de registro da Escritura de Divórcio de forma gratuita – Informação pelo Oficial de que a isenção pretendida não é possível, tendo em vista que a referida não está abarcada pela Lei Estadual nº 11.331/2002 – Impossibilidade de concessão de gratuidade em via administrativa – Necessidade de decisão judicial – Art. 98, § 1º, do CPC § 1º – Art. 9º, II, da Lei Estadual 11.331/2002 – Manutenção do óbice – Improcedência

Processo 1099483-79.2020.8.26.0100

Pedido de Providências - REGISTROS PÚBLICOS - Miriam Rodrigues Navarro – Carlos Molina Munhoz - Vistos. Trata-se de pedido de providências formulado por Miriam Rodrigues Navarro e Carlos Molina Munhoz em face do Oficial do 7º Registro de Imóveis da Capital, pretendendo o registro da escritura de divórcio lavrada perante o 18º Tabelião de Notas da Capital de forma gratuita, tendo em vista o prévio deferimento da gratuidade perante o Tabelionato que lavrou a escritura. Argumentam que é necessária a concessão da gratuidade para aqueles que se declararem pobres, mesmo que não decorra de decisão judicial, estendendo-se aos Cartórios Extrajudiciais. Salientam que as normas que fundamentaram a nota devolutiva, encontram-se desatualizadas. Juntaram documentos às fls. 09/52. A inicial foi emendada à fl. 55, com a juntada de documentos às fls. 56/57. O Registrador manifestou-se às fls. 61/63. Esclarece que a isenção para o registro da escritura pública de divórcio, não é contemplada pela Lei Estadual nº 11.331/2002, além da existência de precedentes, decisões normativas e administrativas que reforçam o entendimento acerca da necessidade do recolhimento das custas e emolumentos. O Ministério Público opinou pela improcedência do pedido (fls. 66/67). É o relatório. Passo a fundamentar e a decidir. Com razão o Registrador, bem como a D. Promotora de Justiça. Em relação à extensão da gratuidade dos emolumentos aos atos registrários, tem-se que o novo Código de Processo Civil não contemplou qualquer dispositivo relativo à gratuidade dos emolumentos dos atos notariais de divórcio extrajudicial, bem como não houve menção quanto à gratuidade dos atos de registro, sendo tal tema abarcado nos artigos 98 a 102 CPC: "Art. 98: A pessoa natural ou jurídica, brasileira ou estrangeira, com insuficiência de recursos para pagar as custas, as despesas processuais e os honorários advocatícios tem direito à gratuidade da justiça, na forma da lei. § 1º A gratuidade da justiça compreende: ... IX os emolumentos devidos a notários ou registradores em decorrência da prática de registro, averbação ou qualquer ato notarial necessário à efetivação de decisão judicial ou à continuidade de processo judicial no qual o benefício tenha sido concedido" (g.n) Ora, o dispositivo é claro ao estabelecer que somente em cumprimento de decisão judicial ou para continuidade de processo judicial deverão os registradores e notários praticar atos sem depósito das custas e emolumentos. Neste contexto, ao tratar das isenções e gratuidade, a Lei Estadual nº 11.331/2002, prevê em seu artigo 9º, II, que são gratuitos "os atos praticados em cumprimento de mandados judiciais expedidos em favor da parte beneficiária da justiça gratuita, sempre que assim for expressamente determinado pelo Juízo" A garantia da gratuidade na esfera dos emolumentos por atos de registro se opera por reflexo de decisão judicial proferida pelo juízo do processo que defere à parte, no feito próprio, o benefício da assistência judiciária. Logo, não é por pedido formulado ao registrador, sem prévia decisão judicial de concessão da gratuidade, que se pode instituir a dispensa da cobrança da contraprestação pelo serviço prestado ou dos tributos devidos. Pertinente transcrever, também, trecho do parecer emitido pelo Meritíssimo Juiz Auxiliar da Corregedoria, Dr. João Omar Marçura, aprovado pelo eminente Desembargador Luiz Tâmbara, então Corregedor Geral da Justiça: 'REGISTRO DE IMÓVEIS - Gratuidade da Justiça - Concessão pelo Juiz Corregedor Permanente no âmbito administrativo - Inadmissibilidade - Isenção de taxa - Necessidade de previsão legal - Recurso provido para revogar a concessão. (...) Respeitado o entendimento do ilustre corregedor permanente, a isenção depende de lei expressa e, no caso dos autos, têm-se a incidência conjugada do artigo 5º, LXXIV, da Constituição Federal e do artigo 9º, II, da Lei Estadual 11.331/2002, de sorte que a isenção só haveria por ordem judicial, assim entendida aquela emanada de processo judicial e não administrativo, como ocorreu nestes autos. A razão de ser da Lei Estadual é clara, ou seja, visa a eficácia dos atos judiciais que se projetam no registro imobiliário.' (Proc. CG n. 710/2003)". Não há espaço para o exame e deferimento da gratuidade na esfera administrativa, nos termos do artigo 98 do CPC. A extensão do benefício aos atos extrajudiciais não necessários à efetivação da decisão judicial ou à continuidade do processo judicial seria uma interpretação da lei com uso de analogia, forma de interpretação vedada pelo Código Tributário Nacional que determina a interpretação literal nos casos de exclusão do crédito ou isenção. Logo, de qualquer ângulo que se olhe, não é possível a extensão da gratuidade aos emolumentos devidos ao Registro na inscrição na escritura de divorcio extrajudicial. A um, porque a Lei atualmente em vigor (o Novo Código de Processo Civil) apenas estabelece a gratuidade decorrente de decisão judicial ou de processo judicial no qual o benefício tenha sido concedido, o que não é o caso. A dois, porque, ainda que se considere o texto legislativo anterior (o antigo Código de Processo Civil, alterado pela Lei nº 11.965/09), a gratuidade estava restrita aos atos notariais, não havendo qualquer menção aos atos de registro. Por fim, como bem observado pela D. Promotora de Justiça: "A Resolução n. 326, do CNJ, mencionada na inicial, alterou disposições constantes na Resolução n. 35, que trata de atos notariais de inventário, partilha, separação consensual, divórcio consensual e extinção consensual de união estável por via administrativa, mas não sobre atos registrários" (g.n). Diante do exposto, julgo improcedente o pedido de providências formulado por Miriam Rodrigues Navarro e Carlos Molina Munhoz, em face do Oficial do 7º Registro de Imóveis da Capital, e consequentemente mantenho o óbice registrário. Deste procedimento não decorrem custas, despesas processuais e honorários advocatícios. Oportunamente remetam-se os autos ao arquivo. P.R.I.C. - ADV: JOYCE KARINI PEREIRA (OAB 386066/SP) (DJe de 04.12.2020 – SP)

Ementa: Sentença – Retificação de Registro de Imóvel – Pedido de expedição de certidão de imóvel sem o devido recolhimento das custas e emolumentos, sob o fundamento de que possui o direito de gratuidade – Descabimento – Informação do registrador de que o ato alberga apenas a averbação da retificação na aludida matrícula – Atos gratuitos apenas com apresentação de título ou mandado judicial – Art. 9°, da Lei Estadual n° 11.331/02 – Violação ao princípio da legalidade – Improcedência

Processo 1014399-87.2018.8.26.0001

Retificação de Registro de Imóvel - Retificação de Área de Imóvel - Maria Aparecida Caetano dos Santos - Municipalidade de São Paulo e outro - Vistos. Pleiteia a requerente a expedição da certidão do imóvel retificando, sem o recolhimento das custas e emolumentos, sob o argumento de estar acobertada pela justiça gratuita (fl. 325). Em contrapartida, esclarece o Registrador que o ato abrange apenas a averbação da retificação na matrícula, nos termos determinado na sentença de fls. 288/290, não abarcando a expedição da certidão. Com razão o Registrador. Embora patrocinada pela Defensoria Pública, o que pressupõe sua hipossuficiencia, os atos gratuitos no âmbito registrário dizem respeito ao cumprimento da decisão judicial e não aqueles que referem-se ao interesse exclusivo da requerente, como é o caso da expedição da certidão da matrícula após feita a averbação determinada por este Juízo. Os serviços prestados pelas Serventias são remunerados pelos usuários com o pagamento dos respectivos emolumentos, cuja individualização e cobrança, previstos no art.236, § 2º da Constituição da República, foram regulados pela Lei nº 10.169/200, que dispôs sobre as normas gerais para fixação no âmbitos dos Estados membros. De acordo com o entendimento majoritário da doutrina, como o do autor Paulo de Barros Carvalho, os emolumentos notariais e registrais se enquadram tipicamente na figura jurídica tributária das taxas, em intelecção fulcrada no artigo 145, inciso II da CF: "Anuncio, desde logo, que perante a realidade instituída pelo direitos positivo atual, parece-me indiscutível a tese segundo a qual a remuneração dos serviços notariais e de registro, também denominada emolumentos, apresenta natureza especifica de taxa. O presente tributo se caracteriza por apresentar, na hipótese da norma, a descrição de um fato revelador de atividade estatal (prestação de serviços notariais e de registros públicos), direta e especificamente dirigida ao contribuinte; além disso, a análise de sua base de cálculo exibe a medida da intensidade da participação do Estado, confirmando tratar-se da espécie taxa... ... Trata-se de atividade administrativa consistente em garantir a publicidade, autenticidade, segurança e eficácia dos atos jurídicos (art.1º da Lei nº 8.935/94), devendo, nos termos do art.236 da Constituição da República, ser delegados a pessoas físicas, mediante concurso público de provas e de titulos, ou por meio de remoção, para os que já forem titulares de Serventias" (Carvalho, Paulo de Barros. Natureza juridica e constitucionalidade dos valores exigidos a título de remuneração dos serviços notariais e de registro. Parecer exarado na data de 05.06.2007, a pedido do Sindicato dos Notários e Registradores do Estado de São Paulo -0 SINOREG). Outro não é o entendimento jurisprudencial a respeito: "Direito constitucional e tributário. Custas e emolumentos: Serventias Judiciais e Extrajudiciais. Ação direta de inconstitucionalidade da Resolução nº 7, de 30 de junho de 1995, do Tribunal de Justiça do Estado do Paraná: Ato Normativo. (...) 4. O art.145 admite a cobrança de taxas, em razão do exercício do poder de policia ou pela utilização, efetiva ou potencial, de serviços públicos específicos e divisíveis, prestados ao contribuinte ou postos a sua disposição". Tal conceito abrange não só as custas judiciais, mas também, as extrajudiciais (emolumentos), pois estas resultam, igualmente, se serviço público, ainda qu prestado em caráter particular (art.236). Mas sempre fixadas por lei. No caso presente, a majoração de custas judiciais e extrajudiciais resultou de Resolução do Tribunal de Justiça e não de Lei formal, com o exigido pela Constituição Federal... (ADI 1444, Rel: Min. Sydney Sanches, Tribunal Pleno, julgado em 12/02/2003, D.J. 11-04-2003). Assim, diante da natureza jurídica de taxa, certo é que eventual isenção somente poderá ser veiculada por lei específica, conforme disposição expressa do art. 150, § 6º, da CF, o que não ocorre no presente caso: "Qualquer subsídio ou isenção, redução de base de cálculo, concessão de crédito presumido, anistia ou remissão, relativos a impostos, taxas ou contribuições, só poderá ser concedido mediante lei específica, federal, estadual ou municipal, que regule exclusivamente as matérias acima enumeradas ou o correspondente tributo ou contribuição, sem prejuízo do disposto no art. 155, § 2.º, XII, g." À luz do artigo 111 do CTN, a legislação tributária que disponha sobre isenção deverá ser interpretada literalmente, não havendo a possibilidade de extensão da norma mencionada. Ressalto que, em se tratando emolumentos de tributo de competência Estadual, caberá aos Estados e ao Distrito Federal a instituição - através de lei específica, com escopo exclusivo - de isenção a eles aplicável, nos limites da sua competência territorial. No caso em tela não houve a juntada de qualquer decisão judicial específica determinando a gratuidade do ato, apesar de estar a requerente sendo patrocinada pela Defensoria Pública. O artigo 9º da Lei Estadual 11.331/02, que dispõe sobre a gratuidade dos emolumentos relativos aos atos praticados, delimitou a abrangência aos serviços notariais e de registro: "São gratuitos: I os atos previstos em lei; II - os atos praticados em cumprimento de mandados judiciais expedidos em favor da parte beneficiária da justiça gratuita, sempre que assim for expressamente determinado pelo Juízo" (g.N). Logo, não há como esta Corregedoria Permanente dispensar o recolhimento das custas extrajudiciais, caso contrário, estaria-se violando o princípio da legalidade. Dê-se ciência requerente, para as providência necessárias. Int. - ADV: ZULMIRA MONTEIRO DE ANDRADE LUZ (OAB 62145/SP), DEFENSORIA PUBLICA ESTADO DE SÃO PAULO (OAB 9999/DP) (DJe de 11.11.2020 – SP)

Ementa: Sentença – Pedido de Providências – Pedido de expedição de certidão de imóvel sem o devido recolhimento de custas, sob o fundamento de que possui gratuidade deferida no referido processo de inventário – Impossibilidade – Item 354, do capítulo XX, das NSCGJ – Necessidade de apresentação de título ou mandado judicial – Art. 9°, da Lei Estadual n° 11.331/02 – Violação ao princípio da legalidade – Requerimento da referida isenção deve ser realizado perante o juízo competente – Improcedência

Processo 1071242-95.2020.8.26.0100

Pedido de Providências - Prestação de Serviços - Regina Aparecida Magalhães - Vistos. Trata-se de pedido de providências formulado por Regina Aparecida Magalhães em face do Oficial do 8º Registro de Imóveis da Capital, pretendendo, na qualidade de inventariante do espólio de sua genitora, a expedição da certidão do imóvel matriculado sob nº 17.046, sem o recolhimento das custas, em razão do deferimento da justiça gratuita no processo de inventário que tramita perante o MMº Juízo da 4ª Vara da Família e Sucessões do Foro Regional I Santana (processo nº 1030299- 76.2019.8.26.0001). Juntou documentos às fls. 05/17. O Registrador manifestou-se às fls. 27/28. Esclarece que, de acordo com o item 354, Capítulo XX, das Normas de Serviço da Egrégia Corregedoria Geral da Justiça do Estado de São Paulo, e de farta jurisprudência, é imprescindível a apresentação de titulo ou mandado judicial especifico para a prática do ato, ou ainda se assim entendesse, ao Juízo em que tramita o processo de inventário, usar do sistema de penhora on line para solicitar a certidão da matricula e instruir o processo judicial. Apresentou documentos às fls. 29/35. O Ministério Público opinou pelo arquivamento do feito, ante a ausência da pratica de conduta irregular pelo Registrador (fls. 38/39). Manifestação da requerente às fls. 41/42, reiterando os argumentos expostos na inicial. É o relatório. Passo a fundamentar e a decidir. Com razão o Registrador e a D. Promotora de Justiça. De acordo com a decisão proferida pelo MMº Juízo da 4ª Vara da Família e Sucessões do Foro Regional I - Santana à fl. 11 foi deferida genericamente a justiça gratuita, bem como determinada a juntada da matrícula atualizada do imóvel. Como é sabido, os serviços prestados pelas Serventias são remunerados pelos usuários com o pagamento dos respectivos emolumentos, cuja individualização e cobrança, previstos no art.236, § 2º da Constituição da República, foram regulados pela Lei nº 10.169/200, que dispôs sobre as normas gerais para fixação no âmbitos dos Estados membros. De acordo com o entendimento majoritário da doutrina, como o do autor Paulo de Barros Carvalho, os emolumentos notariais e registrais se enquadram tipicamente na figura jurídica tributária das taxas, em intelecção fulcrada no artigo 145, inciso II da CF: "Anuncio, desde logo, que perante a realidade instituída pelo direitos positivo atual, parece-me indiscutível a tese segundo a qual a remuneração dos serviços notariais e de registro, também denominada emolumentos, apresenta natureza especifica de taxa. O presente tributo se caracteriza por apresentar, na hipótese da norma, a descrição de um fato revelador de atividade estatal (prestação de serviços notariais e de registros públicos), direta e especificamente dirigida ao contribuinte; além disso, a análise de sua base de cálculo exibe a medida da intensidade da participação do Estado, confirmando tratar-se da espécie taxa... ... Trata-se de atividade administrativa consistente em garantir a publicidade, autenticidade, segurança e eficácia dos atos jurídicos (art. 1º da Lei nº 8.935/94), devendo, nos termos do art. 236 da Constituição da República, ser delegados a pessoas físicas, mediante concurso público de provas e de títulos, ou por meio de remoção, para os que já forem titulares de Serventias" (Carvalho, Paulo de Barros. Natureza jurídica e constitucionalidade dos valores exigidos a título de remuneração dos serviços notariais e de registro. Parecer exarado na data de 05.06.2007, a pedido do Sindicato dos Notários e Registradores do Estado de São Paulo -0 SINOREG). Outro não é o entendimento jurisprudencial a respeito: "Direito constitucional e tributário. Custas e emolumentos: Serventias Judiciais e Extrajudiciais. Ação direta de inconstitucionalidade da Resolução nº 7, de 30 de junho de 1995, do Tribunal de Justiça do Estado do Paraná: Ato Normativo. (...) 4. O art.145 admite a cobrança de taxas, em razão do exercício do poder de policia ou pela utilização, efetiva ou potencial, de serviços públicos específicos e divisíveis, prestados ao contribuinte ou postos a sua disposição". Tal conceito abrange não só as custas judiciais, mas também, as extrajudiciais (emolumentos), pois estas resultam, igualmente, se serviço público, ainda que prestado em caráter particular (art.236). Mas sempre fixadas por lei. No caso presente, a majoração de custas judiciais e extrajudiciais resultou de Resolução do Tribunal de Justiça e não de Lei formal, com o exigido pela Constituição Federal... (ADI 1444, Rel: Min. Sydney Sanches, Tribunal Pleno, julgado em 12/02/2003, D.J. 11-04-2003). Assim, diante da natureza jurídica de taxa, certo é que eventual isenção somente poderá ser veiculada por lei específica, conforme disposição expressa do art. 150, § 6º, da CF, o que não ocorre no presente caso: Qualquer subsídio ou isenção, redução de base de cálculo, concessão de crédito presumido, anistia ou remissão, relativos a impostos, taxas ou contribuições, só poderá ser concedido mediante lei específica, federal, estadual ou municipal, que regule exclusivamente as matérias acima enumeradas ou o correspondente tributo ou contribuição, sem prejuízo do disposto no art. 155, § 2.º, XII, g. À luz do artigo 111 do CTN, a legislação tributária que disponha sobre outorga de isenção deverá ser interpretada literalmente, não havendo a possibilidade de extensão da norma mencionada. Ressalto que, em se tratando emolumentos de tributo de competência Estadual, caberá aos Estados e ao Distrito Federal a instituição - através de lei específica, com escopo exclusivo - de isenção a eles aplicável, nos limites da sua competência territorial. No caso em tela não houve a juntada de qualquer decisão judicial específica determinando a gratuidade do ato, e apesar de ser deferida a justiça gratuita. O artigo 9º da Lei Estadual 11.331/02, que dispõe sobre a gratuidade dos emolumentos relativos aos atos praticados, delimitou a isenção aos serviços notariais e de registro: "São gratuitos: I os atos previstos em lei; II - os atos praticados em cumprimento de mandados judiciais expedidos em favor da parte beneficiária da justiça gratuita, sempre que assim for expressamente determinado pelo Juízo" (g.n) Em outras palavras, apesar da juntada da certidão da matrícula ser indispensável para instrução dos autos de inventário, e não havendo condição de pagar os emolumentos devidos ao registrador, a requerente deverá requerer MMº Juízo da 4ª Vara da Família e Sucessões do Foro Regional I - Santana que oficie ao delegatário para tal finalidade específica. Analisando questão semelhante a Egrégia Corregedoria Geral da Justiça firmou posicionamento: "EMOLUMENTOS - ASSISTÊNCIA JUDICIÁRIA GRATUITA - BENEFÍCIO QUE ABRANGE AS CUSTAS E EMOLUMENTOS COBRADOS PELAS SERVENTIAS EXTRAJUDICIAIS - SUFICIÊNCIA DA EXPRESSA MENÇÃO, NO MANDADO OU NO TÍTULO JUDICIAL, DE QUE A PARTE É BENEFICIÁRIA DA JUSTIÇA GRATUITA - PRECEDENTES - RECURSO PROVIDO". (CG 2013/134728, rel: MMº Juiz Assessor da Corregedoria Dr. Gustavo Henrique Bretas Marzagão, aprovado pelo então Corregedor Geral da Justiça, Desembargador José Renato Nalini,). Confira do corpo do Acórdão: "... o Oficial agiu corretamente, nos estritos termos da lei, e, se a certidão é indispensável para instruir a ação de usucapião e não há condição de pagar os emolumentos devidos ao registrador, o recorrente deverá requerer ao juiz da ação de usucapião que oficie ao registrador para tal finalidade". Destaco ainda que nos casos da tramitação do feito sob a égide da justiça gratuita, é comum o Juízo da ação dispor do sistema eletrônico da penhora on line, para solicitar a certidão da matrícula. Logo, não há como esta Corregedoria Permanente dispensar o recolhimento das custas extrajudiciais, caso contrário, estaria-se violando o princípio da legalidade. Diante do exposto, julgo improcedente o pedido de providências formulado por Regina Aparecida Magalhães, em face do Oficial do 8º Registro de Imóveis da Capital, devendo a requerente pleitear mandado judicial específico para a expedição da certidão do imóvel matriculado sob nº 17.046, sem o recolhimento das custas. Deste procedimento não decorrem custas, despesas processuais e honorários advocatícios. Oportunamente remetam-se os autos ao arquivo. P.R.I.C. - ADV: DONIZETTI CARVALHO DE SOUZA FERREIRA LIGEIRO (OAB 89449/SP) (DJe de 23.10.2020 – SP)

Ementa: Sentença – Dúvida – Requerimento para a retirada do título original apresentado, bem como para a devolução do depósito prévio em virtude do indeferimento da averbação do instrumento particular de caução - Exigibilidade da apresentação do protocolo original – Caso excepcional – Protocolo e valor pago em nome do procurador da empresa do requerente – Necessidade de requerimento em nome do procurador com a devida autorização da empresa – Deferimento

Processo 1100840-31.2019.8.26.0100

Dúvida - Registro de Imóveis - Rational Brasil, Comércio e Distribuição de Sistemas de Cocção Ltda. - Vistos. Trata-se de pedido formulado pelo requerente para retirada do título original apresentado em cartório, bem como devolução do depósito prévio, em razão do indeferimento da averbação do instrumento particular de caução sobre o Imóvel matriculado sob nº 131.000, nos termos da sentença de fls. 72/75. Ocorre que tal pretensão foi obstada pelo Registrador, vez que o requerente não encontrou o protocolo original. O Registrador manifestou-se à fl. 101. Entende que o ato pretendido pelo interessado somente poderá ser feito com a apresentação do requerimento do apresentante, com autorização da empresa assinada por seus representantes legais e com reconhecimento de firmas, bem como autorização desta Corregedoria Permanente. Houve nova manifestação do interessado às fls. 104/105, com a juntada de documento à fl. 106. Ao apresentar um título junto à Serventia Extrajudicial, é feito um rápido exame,com a intenção de detectar falhas visíveis ou a falta de algum documento, ocasião em que faz-se depósito prévio dos emolumentos, bem como a prenotação do título. Na hipótese de não ocorrer o registro, o valor é devolvido ao interessado, já que o ato não se consumou. Este é o procedimento normal, seguido por todos os registradores da Capital. O caso em exame é excepcional, haja vista que, apesar da ausência da apresentação do protocolo original, os elementos e documentos constantes dos autos permitem autorizar a retirada do documento original e o levantamento do depósito prévio. Isto porque no protocolo, juntado à fl. 34, consta como apresentante Renato de Oliveira Ramos, procurador da empresa requerente (fl. 11), e o depósito prévio de R$ 2.348,15 (dois mil, trezentos e quarenta e oito reais e quinze centavos). De acordo com o documento apresentado à fl. 106, verifico que mencionado valor foi pago por cheque expedido pelo próprio apresentante. Todavia, apesar de entender pela possibilidade da retirada do documento original e levantamento do depósito prévio, por segurança, deverá ser apresentado requerimento do apresentante, com autorização da empresa assinada por seus representantes legais e com reconhecimento de firmas. Diante do exposto, defiro a retirada do documento original, bem como devolução do valor depositado na Serventia a título de depósito prévio, no montante de R$ 2.348,15, pelo procurador da empresa, com as recomendações acima expostas. Valerá esta decisão como mandado. Int.. - ADV: RENATO DE OLIVEIRA RAMOS (OAB 266984/SP) (DJe de 07.10.2020 – SP)

Ementa: Sentença – Pedido de Providências – Emolumentos Incidentes para o cancelamento da penhora averbada – Alegação de Isenção no pagamento dos emolumentos por se tratar de mandado judicial e correção do valor da dívida – Cobrança realizada conforme determinação no próprio mandado – Interessada que corroborou as informações prestadas pelo registrador – Perda do objeto – Arquivamento do feito

Processo 0038715-10.2020.8.26.0100

Pedido de Providências - REGISTROS PÚBLICOS - Marissol Gomez Rodrigues - Vistos. Trata-se de pedido de providências formulado por Marissol Gomez, em face do Oficial do 4º Registro de Imóveis da Capital, acerca dos emolumentos incidentes para realizar o cancelamento da penhora averbada sob nº 27 na matrícula nº 24.489. Esclarece a requerente, na qualidade de arrematante de mencionado imóvel, que por se tratar de mandado judicial, para cancelamento do gravame estaria isenta do pagamento dos emolumentos, nos termos da Lei Estadual nº 11.331/02, bem como teria havido erro de digitação em relação ao valor indicado da dívida. Juntou documentos às fls. 03/27. O Registrador manifestou-se às fls. 33/35. Salienta que a questão encontra-se superada tendo em vista a realização da retificação do valor da causa com base na certidão expedida pelo MMº Juízo da 14ª Vara Cível da Capital, nos mesmos autos que originou a penhora (Av.34), consequentemente a base de cálculo foi alterada nos termos pleiteados pela requerente. Aduz que o valor inicialmente cobrado pela Serventia baseou-se no próprio mandado em que constou expressa determinação para que a interessada arcasse com os emolumentos devidos pelo cancelamento da penhora, sendo que o valor da causa consignado na averbação nº 27, reproduziu fielmente o consignado na certidão eletrônica de penhora, não constando outros imóveis que teriam integrado a penhora. Por fim, assevera que foi seguido rigorosamente o disposto na Tabela de Custas. Apresentou documentos às fls. 36/68. Acerca da manifestação do Registrador, a requerente informou que, tendo em vista o erro constante na averbação nº 27, houve a reprodução do consignado na certidão eletrônica de penhora enviada ao registrador pelo Juízo Cível, tendo perdido o objeto do presente procedimento (fl. 95) O Ministério Público opinou pela extinção do feito, por perda de objeto (fl. 99). É o relatório. Passo a fundamentar e a decidir. Tendo em vista a informação do Registrador sobre a retificação do valor da causa, em erro decorrente da certidão eletrônica de penhora expedida, ocasionando a alteração da base de cálculo e o recolhimento correto do valor dos emolumentos, não há o decidir nos autos, tendo o feito perdido o seu objeto. Diante do exposto, julgo extinto o pedido de providências formulado por Marissol Gomez, em face do Oficial do 4º Registro de Imóveis da Capital, com fulcro no artigo 485, IV do CPC. Deste procedimento não decorrem custas, despesas processuais e honorários advocatícios. Oportunamente remetam-se os autos ao arquivo. P.R.I.C. - ADV: MARISSOL GOMEZ RODRIGUES (OAB 151758/SP) (DJe de 30.09.2020 – SP)

Ementa: Sentença – Pedido de Providências – Pedido de devolução de emolumentos indevidamente cobrados, bem como danos morais e cancelamento de registros e averbações na matrícula – Impossibilidade – Delimitação do feito ao pedido de devolução dos emolumentos – Cancelamento de registros e averbações que deve ser feito em feito próprio – Danos morais que devem ser analisados na via jurisdicional – Possibilidade de devolução dos valores, tendo em vista as informações do registrador – Procedência

Processo 0022018-11.2020.8.26.0100

Pedido de Providências - REGISTROS PÚBLICOS - Corregedoria Geral de Justiça - Dalva Aparecida dos Santos e outro - Vistos. Trata-se de pedido de providências encaminhado a este Juízo pela Egrégia Corregedoria Geral da Justiça, formulado por Dalva Aparecida dos Santos em face da Oficial do 16º Registro de Imóveis da Capital, sob a alegação da cobrança indevida da importância de R$ 2.800,00 (dois mil e oitocentos reais), por ato registrário não realizado em razão de absoluta impossibilidade jurídica. Requer a condenação da Serventia à indenização pelo valor indevidamente cobrado e a devolução dos emolumentos. A Registradora manifestou-se às fls. 12/13. Informa que os fatos relatados no presente procedimento foram objeto de processo administrativo instaurado por esta Corregedoria contra a Oficial da Serventia (processo nº 1098782-94.2015.8.26.0100), resultando na imposição de multa no valor de R$ 20.000,00 (vinte mil reais), que foi cumprida. Em relação aos emolumentos, destaca que no mencionado procedimento administrativo disciplinar ao prestar as informações, colocou à disposição da requerente o valor dos emolumentos cobrados pelo ato praticado, contudo nada foi decidido acerca da devolução. A requerente manifestou-se às fls. 16/28, insistindo na devolução em décuplo do valor indevidamente cobrado, à condenação da registradora ao pagamento da indenização por dano moral, ao cancelamento do registro nº 5 e averbação nº 04, aplicação de multa devida ao Estado, em grau máximo por se tratar de pessoa idosa. Juntou documentos às fls. 29/31 e 40/47. Houve nova manifestação da delegatária às fls. 57/58. Salienta que o valor dos emolumentos devidamente corrigido foi colocado à disposição da interessada, bastando que se procedesse ao levantamento no próprio cartório ou que requeresse o depósito nos autos. Afirma que o valor corrigido foi depositado (fls. 59/60). Às fls. 68/74, a requerente reiterou os argumentos expostos. O Ministério Público opinou pelo arquivamento do feito, ante a ausência de outras providências a serem tomadas (fls. 80/82). É o relatório. Passo a fundamentar e a decidir. Conforme decisão de fls. 32/33, o objeto deste procedimento delimita-se à viabilidade da devolução do emolumento recolhido indevidamente, destacando-se mais uma vez que os pedidos de restituição em décuplo do valor indevidamente cobrado e demais correções das decisões anteriores proferidas por este Juízo deixarão de ser analisados, tendo em vista que já foram decididos no procedimento administrativo disciplinar, em sede de recurso, no Processo nº 2017/144713. Eventual indenização por dano moral deve ser pleiteada nas vias ordinárias, assim como deixo de expedir ofício à autoridade policial e à Promotoria de Justiça e Proteção ao Idoso, vez que tal diligência compete exclusivamente à parte interessada. Por fim, ressalto que a anulação do registro nº 05 e averbação nº 04 da matrícula nº 75.390 deve ser objeto de procedimento específico, bem como o valor da multa a que foi condenada a registradora já se destina ao Estado. Feitas estas considerações, passo à análise da devolução dos emolumentos cobrados indevidamente, no valor de R$ 2.800,00 (dois mil e oitocentos reais). Penitencia-se este Juízo por não ter determinado o levantamento pela interessada do valor mencionado, considerando as informações prestadas pela Registradora no procedimento administrativo disciplinar, de que se propunha a devolver o importe (fl. 41 do PAD), razão pela qual considerei que a requerente, independente de constar tal comando, iria dirigir-se à Serventia para recebimento do montante. Ainda levando-se em consideração que todos os argumentos expostos pela interessada já foram objeto de análise em procedimento anteriores, bem como estando o valor corrigido devidamente deposito nestes autos, não há outras providências a serem tomadas em âmbito administrativo, bastando que a requerente proceda ao levantamento de tal valor (fls. 57/60). Diante do exposto, julgo procedente o pedido de providências formulado por Dalva Aparecida dos Santos, em face da Oficial do 16º Registro de Imóveis da Capital, determinando que se proceda ao levantamento do valor depositado às fls. 57/60 a título de emolumentos indevidamente cobrados. Deste procedimento não decorrem custas, despesas processuais e honorários advocatícios. Oportunamente remetam-se os autos ao arquivo. Sem prejuízo expeça-se ofício à Egrégia Corregedoria Geral da Justiça, comunicando desta decisão. P.R.I.C. - ADV: MAURO CORRADI (OAB 96784/SP) (DJe de 22.09.2020 – SP)

Ementa: Sentença – Pedido de Providências – Reclamação – Cumprimento de exigências feitas em nota devolutiva – Alegação de que apresentação das explicações em dia útil após o prazo fatal – Registrador que exigiu recolhimento de custas para uma nova prenotação – Cabimento – Prenotação que tem validade de 30 (trinta) dias contados da data do protocolo – Na contagem do prazo se exclui o primeiro e conta-se o último, não se postergando seus efeitos para além da data final, ainda que coincida com fins de semana ou feriados – Art. 47, do Capítulo XX, das NSCGJ – Ausência de conduta irregular do titular – Improcedência

Processo 0083899-23.2019.8.26.0100

Pedido de Providências – REGISTROS PÚBLICOS – Ronevon de Oliveira – Vistos. Trata-se de reclamação formulada por Ronevon de Oliveira, em face de eventual conduta irregular praticada pelo Oficial do 5º Registro de Imóveis da Capital. Relata o reclamante que, em 25.10.2019, apresentou um contrato de locação para ser registrado na matrícula nº 22.167, que foi prenotado e expedida nota de devolução retirada em 06.11.2019. Salienta que o prazo de 30 (trinta) dias, contados a partir de 25.10.2019, venceria em 24.11.2019 (domingo), razão pela qual dirigiu-se à Serventia no primeiro dia útil posterior, ou seja, em 25.11.2019 e, para sua surpresa, foi informado por uma funcionária que teria que pagar a taxa de R$ 55,34 pois o prazo esgotou-se no domingo e não se estenderia para o dia útil seguinte. O Registrador manifestou-se às fls. 04/05. Esclarece que o título, prenotado sob nº 334.091, ingressou no dia 25.102019, com vencimento em 24.11.2019, sendo que o seu exame foi agendado para o dia 08.11.2019, para a retirada com as exigências ou registro. Destaca que o título foi devolvido, mas o protocolo não se cancela, assim, ao se obter o recibo protocolo com a prenotação, inicia-se imediatamente o prazo de 30 dias para que o documento possa ser registrado, não havendo a possibilidade de prorrogação, de acordo com as Normas de Serviço da Corregedoria Geral da Justiça. Por fim, aduz que decorridos o prazo de 30 dias se cancela automaticamente a prenotação pelo decurso de prazo. Juntou documentos às fls. 06/07. Intimado das informações do Registrador, o reclamante manteve-se inerte, conforme certidão de fl. 11. É o relatório. Passo a fundamentar e a decidir. Primeiramente destaco que para a análise do presente procedimento utilizarei as Normas de Serviço da Corregedoria Geral da Justiça vigente até 05.01.2020, levando-se em consideração a data da reclamação. Verifico que não houve a prática de qualquer conduta irregular pelo Oficial do 5º Registro de Imóveis da Capital. Houve o estrito cumprimento das Normas de Serviços da Egrégia Corregedoria Geral de Justiça e da Lei de Registros Públicos, que estabelecem: "art. 188 LRP: Protocolizado o titulo, proceder-se-á ao registro, dentro do prazo de 30 (trinta) dias, salvo nos casos previstos nos artigos seguintes" Na presente hipótese o titulo foi prenotado em 25.10.2019, com vencimento em 24.11.2019, ressaltando-se que apesar da devolução do título para cumprimento das exigências, o protocolo não se cancela, continuando a correr o prazo de 30 (trinta) dias iniciado com a prenotação. Pois bem, o Cap. XX, art. 47 das Normas de Serviço da Corregedoria Geral da Justiça é bem claro ao estipular: "... Na contagem do prazo exclui-se o primeiro e inclui-se o último dia, não se postergando os efeitos para além da data final, ainda que ocorra em sábado, domingo ou feriado" (g.n) Daí que, apesar do prazo de 30 (trinta) dias ter se esgotado dia 24.10.2019, domingo, não há a possibilidade de postergar para o primeiro dia útil seguinte, em razão da vedação expressa da norma legal. Logo, decorridos o prazo da prenotação, cessa automaticamente seus efeitos, consequentemente desconta-se o valor da prenotação e novo processo de registro deve ser começado. Por fim, intimado das informações do registrador, o interessado manteve-se silente, o que pressupõe sua concordância. Assim, desprovidas de qualquer fundamento as alegações do requerente e não há que se falar em violação dos deveres funcionais do Oficial Registrador que autorizem a aplicação de qualquer sanção administrativa, razão pela qual determino o arquivamento do presente feito. Deste procedimento não decorrem custas, despesas processuais e honorários advocatícios. P.R.I.C. – ADV: RONEVON DE OLIVEIRA (OAB 358979/SP) (DJe de 14.02.2020 – SP)

4.3.2 REGISTRO CIVIL DAS PESSOAS NATURAIS

NASCIMENTO

Ementa: Sentença – Pedido de Providências – Pedido de Anulação de Certidão de Nascimento, cumulada com Cancelamento e Retificação de Dados – Duplicidade de assentos de nascimento – Incompetência do presente juízo para o reconhecimento de nulidades dos registros de outras Comarcas – Encaminhamento do feito para o juízo competente – Arquivamento do feito – Improcedência

Processo 1113373-85.2020.8.26.0100

Pedido de Providências - Registro Civil das Pessoas Naturais - N.F. - Juiz(a) de Direito: Dr(a). Marcelo Benacchio VISTOS, Trata-se de ação entitulada "Ação Anulatória de Certidão de Nascimento, cumulada com Cancelamento e Retificação de Dados" de interesse de N.F., relacionado com a lavratura em duplicidade de assentos de nascimento em seu nome. Vieram aos autos os documentos de fls. 05/13. A representante do Ministério Público manifestou-se à fl. 16. É o breve relatório. DECIDO. Constam dos autos que, aos 28 de julho de 1952, foi lavrado o assento de nascimento em nome de N.F., junto ao Registro Civil das Pessoas Naturais de Rolândia/PR (fls. 07/08). Posteriormente, em 28 de agosto de 1967, foi lavrado outro assento de nascimento em nome de N.F., perante o Registro Civil das Pessoas Naturais de Ivaté/PR (fl. 09). Diante disso, há duplicidade de registros. Não obstante, conforme bem mencionado pela nobre representante do parquet, as atribuições administrativas desta Corregedoria Permanente são limitadas aos Registros Civis da Comarca da Capital, portanto, não há poderes administrativos para o reconhecimento de nulidade de registros civis de outras Comarcas. Ante ao exposto, determino a remessa de cópia integral dos autos ao Juízo Corregedor Permanente do Registro Civil das Pessoas Naturais de Ivaté/PR para conhecimento e adoção das medidas que entender por pertinentes. Sem prejuízo, transmita-se cópia desta decisão e das fls. 07/13 ao IIRGD e à Receita Federal, para conhecimento e adoção de providências tidas por pertinentes. Após, não havendo outras providências a serem adotadas, arquivem-se os autos, com as cautelas de praxe. Ciência ao Ministério Público. P.I.C. - ADV: MARCELO CESAR IDE (OAB 328419/SP) (DJe de 16.12.2020 – SP)

NOME

Ementa: Sentença – Pedido de Providências – Retificação de Registro Nacional Migratório – Alteração de nome – Impossibilidade – Juízo administrativo que não tem competência para tal mister – Necessidade de acessar os órgãos competentes – Improcedência

Processo 1024752-15.2020.8.26.0100

Pedido de Providências – Registro Civil das Pessoas Naturais – R.L. – Juiz(a) de Direito: Dr(a). Marcelo Benacchio VISTOS, Trata-se de pedido de retificação de registro de identidade de estrangeiro formulado por R. L., coreana, indicando que passou a utilizar o prenome M., passando a se chamar M. R. L.. Os autos foram instruídos com os documentos de fls. 11 a 17. Noticiou-se, posteriormente, que o pedido de retificação de nome foi aceito por Tribunal coreano, não havendo, entretanto, tradução juramentada da documentação juntada (fls. 22/30). A ilustre Representante do Ministério Público pugnou pelo indeferimento do pedido nesta via administrativa, ante a incompetência do Juízo para a análise do pleito inicial (fls. 33/35 e 45). Por fim, ciente das atribuições desta Corregedoria Permanente, que não incluem a retificação de registro nacional migratório, requereu a Senhora Interessada a remessa do feito ao juízo competente (fls. 42). É o breve relatório. Decido. Cuidam os autos de pedido de retificação de registro nacional migratório, formulada por R. L., coreana, indicando que passou a utilizar o prenome M., passando a se chamar M. R. L.. A Senhora Interessada aduziu que não providenciou a transcrição de sua certidão de nascimento estrangeira junto ao Cartório de Registro Civil das Pessoas Naturais competente. Ademais, apresentou documentação relativa à alteração do nome junto ao Estado coreano, não havendo apostilamento ou tradução juramentada. Pois bem. Conforme bem indicado à Senhora Interessada, o campo de atribuição deste Juízo Administrativo se limita à verificação do cumprimento dos deveres e obrigações dos titulares de delegações afeta à Corregedoria Permanente desta 2ª Vara de Registros Públicos da Capital. Dessa maneira, a atuação desta Corregedoria Permanente recobre os registros públicos, afetos à Comarca da Capital, indicados pela Lei 6.015/73, por seu artigo 1º, §1º, in verbis: Art. 1º Os serviços concernentes aos Registros Públicos, estabelecidos pela legislação civil para autenticidade, segurança e eficácia dos atos jurídicos, ficam sujeitos ao regime estabelecido nesta Lei. § 1º Os Registros referidos neste artigo são os seguintes: I – o registro civil de pessoas naturais; II – o registro civil de pessoas jurídicas; III – o registro de títulos e documentos; IV – o registro de imóveis. (...) Bem assim, verifica-se que o pedido posto pela Senhora Interessada não se cuida retificação de registro público da atribuição desta Vara Especializada, não comportando acolhimento nesta estreita via administrativa. Em suma, vale dizer que este Juízo Corregedor carece de atribuição para a apreciação do pedido em tela, nesta esfera administrativa. Por conseguinte, indefiro o pedido inicial, devendo a interessada valer-se da via adequada para a eventual obtenção da pretensão. Oportunamente, arquivem-se os autos com as cautelas de praxe. Ciência ao Ministério Público. P.I.C. – ADV: DEBORA DE PAULA PITA PEDRO (OAB 343705/SP), ROBERTA NOBREGA MANGIERI (OAB 352655/SP) (DJe de 11.06.2020 – SP)

ÓBITO

Ementa: Sentença – Pedido de Providências – Lavratura de assento de óbito indicando a destinação do cadáver para estudo e pesquisa científica – Possibilidade – Ciência ao oficial – Procedência

Processo 1128380-54.2019.8.26.0100

Pedido de Providências – Registro Civil das Pessoas Naturais – R.S.L. – M.S.M.C. e outros – Juiz(a) de Direito: Dr(a). Marcelo Benacchio VISTOS, M.S.M.C., qualificada nos autos, requer autorização para lavratura do assento de óbito do seu esposo, L.R.C., cujo cadáver será utilizado para fins de estudo e pesquisa científica junto a Faculdade de Medicina da Universidade de São Paulo. O pedido foi instruído com a declaração de óbito, guia de recebimento de cadáver, anuência da autoridade policial, instrumento particular de declaração de doação de corpo para estudos e pesquisas, subscrito pelo próprio interessado, manifestando o desejo de doar o corpo para a referida instituição. Os representantes do Ministério Público manifestaram-se às fls. 17 e 61/62. É o breve relatório. DECIDO. Autorizo a lavratura do assento de óbito e a destinação do cadáver para a Faculdade de Medicina da Universidade de São Paulo. No caso em exame, diante do teor da declaração reproduzida às fls. 06/07, desnecessária a publicação de editais, nos termos do atual item 96.5, Capítulo XVII, das Normas de Serviço da Corregedoria Geral da Justiça. Nada obstante, deverão os interessados, em caso de sepultamento ou a cremação dos restos do cadáver, comunicar ao Registro Civil das Pessoas Naturais, para a promoção da respectiva averbação, conforme item 96.6, das normas acima citadas. Ainda, ficam advertidos que é proibido o encaminhamento de partes do cadáver ou sua transferência a diferentes instituições de ensino ou pesquisa, à luz do item 96.7, do mesmo diploma legal. Ciência, encaminhando-se os autos ao Serviço de Registro Civil das Pessoas Naturais do 2º Subdistrito – Liberdade, Capital. Ciência ao MP, arquivando-se oportunamente. P.I.C. – ADV: SILVANA PEREIRA HUI (OAB 357703/SP), ALMIR SANTIAGO RODRIGUES SILVA (OAB 206878/SP) (DJe de 09.06.2020 – SP)

Ementa: Sentença – Pedido de Providências – Autorização para lavratura de assento de óbito tardio de desconhecido – Possibilidade – Identificação equivocada do falecido – Constatação do equívoco, com laudo da nova pesquisa datiloscópica, na qual realizou-se o confronto das impressões digitais do falecido com o verdadeiro E.R.C. – Determinação da retificação do assento de óbito e seu posterior desbloqueio, bem como a expedição de ofício à Secretaria da Receita Federal do Brasil para as providências pertinentes – Arquivamento do feito

Processo 1084389-33.2016.8.26.0100

Pedido de Providências – Registro de Óbito após prazo legal – O.R.C.P.N.S.B.F. – E.R.C. e outros – Vistos, Em atenção à solicitação de fls. 191/204 e 209, presto as informações que abaixo seguem. Tratou-se de Pedido de Providências encaminhado pelo Registro Civil das Pessoas Naturais do 35º Subdistrito – Barra Funda, Capital, solicitando autorização para lavratura de assento de óbito tardio de desconhecido FF 2046/16. Ante as cautelas de praxe deste Juízo e nos termos da cota ministerial de fl. 07, foram expedidos ofícios ao D.P. competente e ao Hospital Dr. Álvaro Dino de Almeida a fim de solicitar o encaminhamento de informações acerca da identidade do de cujus, bem como cópia do Boletim de Ocorrência e do prontuário médico. Às fls. 13/52 e 56/60 foram acostadas cópias do prontuário médico e do Boletim de Ocorrência juntamente com o Laudo Necroscópico, sendo que nos dois primeiros indica como falecido E.C.R., o qual era morador de rua. Após o deferimento das diligências requeridas pelo representante do Ministério Público de fls. 64/66, fora acostada manifestação do IML Central às fls. 70/72 dando conta do resultado negativo da identificação datiloscópica pelo Sistema AFIS, faltando, entretanto, nitidez para pesquisa convencional. Seguiu-se manifestação conclusiva do representante do Ministério Público à fl. 77, sendo prolatada a r. sentença à fl. 78, a qual autorizou a lavratura do assento de óbito, observadas as cautelas necessárias. Às fls. 87/88 noticia a Sra. Oficial a lavratura do assento de óbito em nome de E.C.R., com fulcro na cota ministerial de fl. 77, inobstante na r. sentença prolatada não fazer referida menção, haja vista o teor das fls. 70/72. Às fls. 89/93 informa o contato telefônico na Unidade da convivente de E.C.R. dando conta da identificação errônea do falecido, eis que aquele é vivo, solicitando, ainda, providências a sanar o equívoco e suas repercussões. À fl. 94, com o conhecimento por este Juízo da questão suscitada, determinou-se o imediato bloqueio do assento de óbito, deferindo-se a adoção de diligências à fl. 102, requeridas pela representante do parquet (fls. 100/101). Às fls. 113/115 fora deferida a habilitação nos autos de E.C.R. Foram acostados os documentos de fls. 117/155 e 158/163. Nesta senda, impende destacar o resultado do novo laudo datiloscópico e as ponderações efetuadas pelo IIRGD, notadamente à fl. 162, haja vista o confronto realizado posteriormente, cujo trecho, peço vênia para transcrever: "Em torno do assunto, cumpre-nos esclarecer que, em 21 de julho de 2016, deu entrada nesta Seção de Estudos e Laudos do IIRGD a Solicitação de Legitimação, via LEAD, referente ao Cadáver nº 2046/2016, falecido em 15 de julho de 2016, com o nome de E.R.C., filho de H.M.R.C, nascido em 08 de maio de 1976, com registro em Boletim de Ocorrência lavrado pelo 2º DP Bom Retiro-DECAP-1. A pesquisa dactilocópica realizada, então, resultou "negativa pelo sistema AFIS. Falta nitidez para pesquisa convencional". Presentemente, uma nova pesquisa dactiloscópica foi realizada, desta vez mediante o confronto das impressões digitais contidas no Prontuário sob análise, que, à época da primeira legitimação, encontrava-se em trânsito, portanto, sem possibilidade de consulta. Pelo confronto atual, confirmou-se que as impressões digitais coletadas pelo IML Centro-SP, na Solicitação de legitimação em tela, não pertencem a E.R.C., RG xxx, filho de W.C.C. e de H.M.R.C., nascido em 08 de maio de 1976, no Município de São Paulo, Estado de São Paulo." (grifo nosso). Seguiu-se manifestação do representante do Ministério Público às fls. 167/168 asseverando que, pese embora a similitude das informações pessoais do falecido, as quais obteve-se com base nos documentos hospitalares e no B.O. acostados aos autos, com o verdadeiro E.R.C., infere-se que a legitimação de fls. 70/72, embora negativa, fora insuficiente à certeza cabal quanto a identificação do falecido, propugnando, assim, pela retificação do assento de óbito. A par da constatação do equívoco, notadamente com a posterior vinda do laudo da nova pesquisa datiloscópica, na qual realizou-se o confronto das impressões digitais do falecido com o verdadeiro E.R.C., prontamente este Juízo Corregedor Permanente, nos termos da cota ministerial, determinou a retificação do assento de óbito e seu posterior desbloqueio, além do cancelamento da anotação do óbito de E.R.C. em seu assento de nascimento lavrado no Registro Civil das Pessoas Naturais do Distrito de Itaquera, Capital, bem como a expedição de ofício à Secretaria da Receita Federal do Brasil para as providências pertinentes (fls. 169/170). Às fls. 177 e 181/182 foram acostadas manifestações e documentos dando conta do cumprimento das determinações judiciais. Destarte, prestadas as informações solicitadas, entendendo-as por necessárias, à z. serventia judicial para encaminhamento, nos termos constantes à fl. 191. Por fim, consigno a inviabilidade do encaminhamento de cópia digitalizada dos autos, mormente considerada a suspensão dos trabalhos presenciais no Fórum, em razão das medidas de prevenção adotadas à prevenção da disseminação da pandemia mundial de Covid-19. Todavia, o fornecimento da senha de acesso, como fora feito à fl. 208, viabiliza, à Procuradoria do Estado, a impressão das peças que entender por necessárias, porquanto trata-se de autos digitais. Após, não havendo providências a serem adotadas por este Juízo, arquivem-se os autos. Ciência à Sra. Procuradora do Estado. Comunique-se a presente deliberação à Egrégia Corregedoria Geral a Justiça, por e-mail, servindo esta como ofício, juntamente com cópias das fls. 191/204. – ADV: ANA PAULA GOBERSZTEJN (OAB 295486/SP) (DJe de 22.04.2020 – SP)

Ementa: Sentença – Pedido de Providências – Pedido de transcrição de certidão de óbito de genitor falecido no exterior – Alegação de comprovação do estado civil de casado do de cujus, bem como da transcrição de seu casamento – Descabimento – Interessados que diligenciaram no sentido de encontrar a suposta esposa do genitor, entretanto, os resultados restaram infrutíferos – Aplicação do item 155.2, do Capítulo XVII, das NSCGJ – Possibilidade da transladação contendo dados que poderão ser retificados posteriormente nos termos do art. 110 da LRP – Estado civil do de cujus que é dado secundário e não pode obstar a inscrição – Afastamento do óbice – Procedência

Processo 1111463-57.2019.8.26.0100

Pedido de Providências – REGISTROS PÚBLICOS – J.L.F.F. – Juiz(a) de Direito: Dr(a). Marcelo Benacchio VISTOS, Cuidam os autos de expediente formulado por J. L. F. P., em face da Senhora Oficial do Registro Civil das Pessoas Naturais do 1º Subdistrito – Sé, Capital, noticiando óbice imposto pela Registradora diante da solicitação de transcrição de certidão de óbito de seu genitor, ocorrido no estrangeiro. A ilustre Oficial manifestou-se (fls. 34 e 52). O Ministério Público acompanhou o feito, apresentando parecer conclusivo às fls. 59/61. É o breve relatório. Decido. Trata-se de pedido de providências do interesse de J. L. F. P., noticiando a negativa da lavratura, pela Senhora Oficial do Registro Civil das Pessoas Naturais do 1º Subdistrito – Sé, Capital, de transcrição da certidão de óbito estrangeira de seu genitor. Consta dos autos que o de cujus faleceu em 24 de abril de 2005, na cidade de Lowel, Massachusetts, Estados Unidos da América. Verifica-se, a partir da cognição do documento estrangeiro (fls. 18/20), que à data do falecimento o extinto era casado (segunda informado na certidão) com Nazicleide Dias Araújo. A ilustre Registradora aduz que para a lavratura da transcrição, em razão da informação constante da certidão estrangeira quanto ao estado civil do falecido, o registro do casamento (com Nazicleide) deve ser apresentado, nos termos do item 165, "b", do Capítulo XVII, das Normas de Serviço da Corregedoria Geral da Justiça. Por outro lado, indicam os familiares do extinto que, por não terem contato com o falecido, à época do óbito, desconhecem a suposta esposa e, mesmo após diversas diligências, não conseguiram localizar a interessada ou eventual certidão relativa a essas núpcias. Informam, no mais, que o de cujus era separado judicialmente, no Brasil, de sua primeira esposa, não havendo o divórcio sido consumado em vida. Neste tocante, relativamente ao primeiro casamento, a ex-cônjuge encontra-se impossibilitada de contrair novo matrimônio, haja vista que permanece no estado civil de separada. Sem a realização do translado da certidão de óbito estrangeira, e consequente averbação da viuvez em seu assento de casamento, a então esposa do falecido não pode casar-se novamente. Pois bem. A redação do item 165, do Capítulo XVII, das NSCGJ, leciona: 165. O traslado do assento de óbito de brasileiro, ocorrido em país estrangeiro, deverá ser efetuado mediante a apresentação da seguinte documentação: a) certidão do assento de óbito emitida por autoridade consular brasileira, ou certidão estrangeira de óbito legalizada por autoridade consular brasileira ou apostilada por autoridade estrangeira competente, exigindo-se a traduzida por tradutor público juramentado; b) certidão de nascimento e, se for o caso, de casamento do falecido, para fins do art. 106 da Lei nº 6.015/73; c) requerimento assinado por familiar ou por procurador. 165.1. A omissão no assento de óbito ocorrido em país estrangeiro, de dados previstos no art. 80 da Lei nº 6.015/73 não obstará o traslado. 165.2. Os dados faltantes poderão ser inseridos posteriormente por averbação, mediante a apresentação de documentação comprobatória, sem a necessidade de autorização judicial. (...) 155.2. Os Oficiais de Registro Civil das Pessoas Naturais deverão efetuar o traslado das certidões de assentos de nascimento, casamento e óbito de brasileiros ocorridos em país estrangeiro, ainda que o requerente relate a eventual necessidade de retificação do seu conteúdo. Após a efetivação do traslado, para os erros que não exijam qualquer indagação para a constatação imediata de necessidade de sua correção, o Oficial de deverá proceder à retificação conforme art. 110 da Lei 6.015/73. Como se depreende do referido regramento, de fato, a certidão de casamento é documento a ser exigido quando da transcrição do óbito estrangeiro, sendo que a razão de tal requerimento é possibilitar as comunicação previstas no artigo 106 da Lei de Registros Públicos. No entanto, a normativa é clara também ao deduzir que eventuais omissões, ou mesmo erros, não podem obstar a trasladação do certificado estrangeiro. Essa é também a previsão do item 155.2, do Capítulo XVII, das NSCGJ: 155.2. Os Oficiais de Registro Civil das Pessoas Naturais deverão efetuar o traslado das certidões de assentos de nascimento, casamento e óbito de brasileiros ocorridos em país estrangeiro, ainda que o requerente relate a eventual necessidade de retificação do seu conteúdo. Após a efetivação do traslado, para os erros que não exijam qualquer indagação para a constatação imediata de necessidade de sua correção, o Oficial de deverá proceder à retificação conforme art. 110 da Lei 6.015/73. No mais, destaque-se que não há dúvidas quanto a ocorrência do óbito. Ademais, todos os outros requisitos necessários à lavratura da transcrição estão preenchidos. Assim, a informação acerca do estado civil do falecido, sendo um elemento secundário do registro, não pode obstar a inscrição do certificado em território nacional. Ressalte-se que, de fato, a obtenção do registro do casamento (possivelmente realizado no estrangeiro), no caso específico dos autos, é prova de difícil obtenção, uma vez que mesmo este Juízo, em pesquisas junto à Central do Registro Civil, não obteve qualquer informação sobre a ocorrência de tal fato ou sobre a nubente. Ainda, conforme bem ressaltado pelo ilustre Promotor de Justiça, nos termos do item 143-A, do Capítulo XVII, das NSCGJ, existe a previsão de que a falta de informação quanto à serventia em que se localiza o assento de nascimento ou casamento, objeto de futura anotação, não obstará o registro, haja vista que o Oficial poderá se valer da CRC para eventuais buscas. Posto isso, entendo que a ausência da informação relativa ao eventual casamento do falecido não pode impedir o registro do óbito e a produção de seus efeitos legais no Brasil. Desse modo, determino a lavratura da transcrição do óbito de L. F. M. F., ocorrido em 24 de abril de 2005, na cidade de Lowel, Massachusetts, Estados Unidos da América, devendo a Senhora Oficial, após a realização do ato, proceder às comunicações de praxe, com base na documentação juntada pelo requerente. Após, não havendo outras providências a serem adotadas, arquivem-se. Ciência à Senhora Oficial e ao Ministério Público. P.I.C. – ADV: LUCIANA MARQUES BAAKLINI (OAB 177309/SP) (DJe de 23.01.2020 – SP)

RECONHECIMENTO DE PATERNIDADE

Ementa: Sentença – Pedido de Providências – Apuração de irregularidade em reconhecimento de filiação socioafetiva – Vigência do Provimento 63/2017, da CNJ, à época dos fatos – Ausência de diligência para apurar o real estado de posse das recém-nascidas, por parte da Escrevente – Art. 12, do Provimento 63/2017, da CNJ – Indícios de ilícito administrativo – Determinação de instauração de processo administrativo disciplinar – Ciência à Oficial – Procedência

Processo 1095260-83-2020.8.26.0100

Pedido de Providências M.P. - VISTOS, Trata-se de representação do Ministério Público em face do Sr. Oficial de Registro Civil das Pessoas Naturais do Subdistrito V. M., desta Capital, concernente à irregularidade em reconhecimento de filiação socioafetiva (a fls. 01/50). O Sr. Oficial prestou informações (a fls. 53/64). Houve do depoimento da Sra. Escrevente que lavrou o ato (a fls. 80). O Ministério Público pugnou pela abertura de processo administrativo disciplinar (a fls. 67/72 e 84/96). É o breve relatório. DECIDO. Foram apurados neste expediente os seguintes reconhecimentos de filiação socioafetiva irregulares na delegação extrajudicial correspondente ao Oficial de Registro Civil das Pessoas Naturais do Subdistrito V. M., desta Capital: reconhecimento de filiação socioafetiva da criança G.S., nascida em 10.08.2018, por R.J.P. e I.P.P., no dia 16 de agosto de 2018 (a fls. 55/58); reconhecimento de filiação socioafetiva da criança H.B.C., nascida em 08.08.2018, por E.B., no dia 16 de agosto de 2018 (a fls. 59/64). Á época dos fatos estava em vigência o Provimento 63 da Corregedoria Nacional de Justiça, cujos artigos 10º, caput, e 12, estabeleciam: Art. 10. O reconhecimento voluntário da paternidade ou da maternidade socioafetiva de pessoa de qualquer idade será autorizado perante os oficiais de registro civil das pessoas naturais. (...) Art. 12. Suspeitando de fraude, falsidade, má-fé, vício de vontade, simulação ou dúvida sobre a configuração do estado de posse de filho, o registrador fundamentará a recusa, não praticará o ato e encaminhará o pedido ao juiz competente nos termos da legislação local. Assim, apesar do ato normativo administrativo, vigente à época, não impedir o reconhecimento de crianças menores de doze anos, exigia a existência do estado de posse de filho. Apesar disso, não houve essa diligência da parte da Sra. Escrevente, que permitiu o reconhecimento de filiação socioafetiva de duas recém-nascidas, em prazo inferior a dez dias do nascimento, sem qualquer cautela. Ainda não haja um prazo objetivo para se apurar a situação de filiação socioafetiva decorrente da posse do estado de filho, certamente o tempo inferior a dez dias do nascimento é insuficiente a tanto. Competia à Sra. Preposta Escrevente recusar o ato e encaminhar a questão à Corregedoria Permanente nos termos do regramento administrativo incidente. Não há, para a finalidade deste expediente, consideração aos fatos posteriores ao reconhecimento socioafetivo da criança G., mas, aos anteriores, que demandavam um aprofundamento do exame dos fatos na forma do artigo 12 do Provimento 63 da Corregedoria Nacional de Justiça. Os atos não foram praticados diretamente do pelo Sr. Oficial, assim, há indícios de ilícito administrativo relativamente a seus deveres de orientação e fiscalização dos prepostos, competindo a instauração do procedimento administrativo disciplinar. Defiro ainda o requerido pelo Ministério Público (a fls. 72) para determinar a remessa de cópia integral dos autos à Promotoria da Infância e Juventude do Foro Regional competente para conhecimento dos fatos em relação à criança H.B.C., noticiada no curso deste expediente. Ante ao exposto, procedo à instauração de processo administrativo disciplinar, conforme Portaria que segue, devendo aquela ser juntada a este expediente. Expeça-se o ofício à Promotoria da Infância e Juventude do Foro Regional. Ciência ao Ministério Público e ao Sr. Oficial. Encaminhe-se cópia desta decisão a E. Corregedoria Geral da Justiça, por e-mail, servindo a presente decisão como ofício. I.C. (DJe de 03.12.2020 – SP)

TRANSCRIÇÃO

Ementa: Sentença – Pedido de Providências – Dúvida – Averbação de divórcio realizado no estrangeiro, em transcrição de casamento – Possibilidade – Preenchimento dos requisitos do art. 2º do provimento nº 53 do CNJ – Pedido autorizado – Ciência à Oficial

Processo 1125092-98.2019.8.26.0100

Pedido de Providências – Registro Civil das Pessoas Naturais – R.S.S. – M.C.A.B. e outro – Juiz(a) de Direito: Dr(a). Marcelo Benacchio VISTOS, Trata-se de pedido de providências encaminhado pela Senhora Oficial do Registro Civil das Pessoas Naturais e de Interdições e Tutelas do 1º Subdistrito Sé, Capital, suscitando dúvida quanto à solicitação de averbação de divórcio em transcrição de casamento realizado em Lima, Peru. Os autos foram instruídos com os documentos de fls. 05/20. O representante do Ministério Público manifestou-se conclusivamente, pelo deferimento do pleito inicial, às fls. 40/42. É o relatório. Decido. Cuida-se de dúvida suscitada pela Senhora Oficial do Registro Civil das Pessoas Naturais e de Interdições e Tutelas do 1º Subdistrito – Sé, Capital, por meio da qual encaminha pedido de averbação de divórcio realizado no estrangeiro, em transcrição de casamento efetuada em sua serventia. O pedido sustenta-se nas disposições contidas no Provimento 53 do CNJ, cuja redação indica que a sentença estrangeira de divórcio consensual produz efeitos no Brasil, independentemente de homologação pelo Superior Tribunal de Justiça e pode ser diretamente averbada pelos Oficiais de Registro. A Senhora Titular entende, outrossim, que o título apresentado não é suficiente para que se proceda à averbação direta do divórcio, tal qual requerida pela Senhora Interessada, e nos termos do indicado pelo Provimento 53 do CNJ e pelas NSCGJ, item 131.2.3, Tomo II, Cap. XVII (fls. 28), aludindo ao fato de que a consensualidade do divórcio não está devidamente demonstrada. A seu turno, o n. Promotor de Justiça destacou que no Peru o divórcio consensual tem formato e procedimento diferentes do que ocorre no ordenamento jurídico interno, "bastando o pedido formulado pro qualquer dos cônjuges, com notificação do outro, para que ocorra o rompimento do vínculo" (fls. 41). Ademais, indicou que a certidão estrangeira da separação traz a informação de que o ato foi convencional, bem como que ambos os ex-cônjuges participaram ativamente do ato, haja vista que o divórcio, em território estrangeiro, foi requerido pelo varão e, noutra banda, a averbação à margem da transcrição foi solicitada pela ex-esposa. Pois bem. Primeiramente, impende ressaltar, porque relevante e oportuno, que tendo o divórcio sido realizado em nação estrangeira, sob outra legislação, não é possível esperar uma equiparação dos institutos jurídicos. Entretanto, com a documentação carreada aos autos, pode-se deduzir que, de fato, o divórcio ocorreu e tem caráter definitivo e irrevogável. Nesta ordem de ideias, portanto, reputo preenchidos os requisitos do art. 2º do provimento nº 53 do CNJ, e autorizo a averbação do divórcio na transcrição de casamento de Alberto Johnny Bedon Daniel e Marlene Chaves de Andrade de Bedon. Ciência à Senhora Oficial, que deverá cientificar a Senhora Interessada, e ao Ministério Público. Oportunamente, arquivem-se os autos. I.C. – ADV: IGOR DE SENA SANTOS (OAB 394360/SP) (DJe de 13.03.2020 – SP)

4.3.3 REGISTRO DE TÍTULOS E DOCUMENTOS E PESSOA JURÍDICA

ASSOCIAÇÃO

Ementa: Sentença – Pedido de Providências – Pedido de registro da alteração de endereço da requerente – Óbice referente a existência da mesma pessoa jurídica, ora requerente, perante o 1º RCPJ da Capital, porém, com CNPJ diverso – Informação posterior de suprimento das exigências – Perda do objeto – Arquivamento do feito

Processo 1028930-07.2020.8.26.0100

Pedido de Providências - REGISTROS PÚBLICOS - Associação Brasileira de Medicina Fisica e Reabilitação - Vistos. Trata-se de pedido de providências formulado pela Associação Brasileira de Medicina Física e Reabilitação em face do Oficial do 4º Registro de Títulos e Documentos e Civil de Pessoa Juridica da Capital, pretendendo o registro da alteração de endereço da associação, o que foi obstado em razão da existência da mesma pessoa jurídica junto ao 1º Registro de Títulos e Documentos e Pessoa Juridica da Capital, mas com CNPJ distinto e inativa. Juntou documentos às fls. 10/376. O Registrador manifestou-se às fls. 382/385. Esclarece que, de acordo com o Estatuto da requerente, sua sede seria itinerante, variando conforme o domicílio do presidente eleito. Logo, quando é eleito um presidente com domicílio diverso do anterior, é necessária a averbação do cancelamento do registro anterior por conta da transferência da sede, realizando-se um novo registro na Comarca da nova sede. Salienta que a requerente descumpriu tal obrigação em 1976, quando alterou sua sede do Rio de Janeiro para Fortaleza, sem o devido cancelamento do registro originário no RJ, que permaneceu indevidamente ativo. Após, a sede foi alterada de Fortaleza para São Paulo, sem todavia, ter sido averbado tal fato no registro originário no RCPJ do RJ, bem como foi feito no 1º RCPJ de São Paulo o registro nº 24221, fixando a sede em São Paulo. Neste contexto, foram averbados diversos atos perante o 1º RCPJ da Capital, sendo o último referente à eleição da diretoria da requerente para o biênio 2000/2001, tendo sido eleita como vice presidente Cláudia Fonseca Pereira. Aduz que a requerente averbou no RCPJ do Rio de Janeiro a eleição ocorrida em 30/07/2004 e transferiu sua sede para Belo Horizonte, tendo sido efetuado no RCPJ de Belo Horizonte o registro nº 121410 em 30/06/2006. Todavia, o registro efetivado pelo 1º RCPJ permanece ativo até a apresente data e não há dúvida de que a requerente é a mesma pessoa jurídica que consta no registro nº 24221. Por fim, assevera que a existência de dois CNPJs distintos é irrelevante, posto que a requerente foi constituída em 09.09.1954 e desde 10.03.1980 está registrada no 1º RCPJ-SP, estando este registro ainda válido e ativo. O 1º RCPJ-SP manifestou-se às fls. 388/392, corroborando os argumentos expostos pelo 4º RCPJ da Capital, acrescentando que para a correção é necessária a remessa dos atos associativos pendentes a partir da deliberação da assembleia geral de 2017 para a Capital apresentando ao 1º RCPJ para qualificação e posterior registro. Apresentou documentos às fls. 393/589. Acerca da sugestão do Registrador, a requerente manifestou concordância, procedendo à entrega dos documentos (fls. 622/625), consequentemente foi realizada a averbação sob nº 466.452 em 28.10.2020. O Ministério Público opinou pelo arquivamento do feito, pela perda de objeto (fl. 630). É o relatório. Passo a fundamentar e a decidir. Tendo em vista a notícia dada pelo Registrador sobre a apresentação da documentação necessária, com a consequente averbação pleiteada sob nº 466.452 (fl. 628), bem como concordância do órgão ministerial (fl. 630), não há o que decidir nos autos, por perda de objeto. Diante do exposto,julgo extinto o pedido de providências formulado pela Associação Brasileira de Medicina Física e Reabilitação, em face do Oficial do 4º Registro de Títulos e Documentos e Civil de Pessoa Jurídica da Capital, nos termos do artigo 485, IV do CPC, e determino o arquivamento dos autos. Deste procedimento não decorrem custas, despesas processuais e honorários advocatícios. P.R.I.C. - ADV: LUIZ FERNANDO NICOLELIS (OAB 176940/SP) (DJe de 24.11.2020 – SP)

ATA DA ASSEMBLEIA

Ementa: Sentença – Pedido de Providências – Requerimento de averbação da Ata da Assembleia Geral Extraordinária, referente a transformação de Associação em Sociedade Simples Limitada – Óbice em razão de divergência de um número de CPF – Informação posterior de suprimento da exigência – Superação do óbice – Perda do objeto – Arquivamento do feito

Processo 1048257-35.2020.8.26.0100

Pedido de Providências - Registro civil de Pessoas Jurídicas - Universidade Brasil - Vistos. Trata-se de pedido de providências formulado pelo Oficial do 7º Registro de Títulos e Documentos e Civil de Pessoa Jurídica, a requerimento da Universidade Brasil, que pleiteia a averbação da ata da Assembleia Geral Extraordinária de Transformação de Associação em Sociedade Simples Limitada, realizada em 08.04.2020. Após o cumprimento de várias exigências, restou apenas um óbice, concernente à divergência de um número no CPF de Cláudia Aparecida Pereira, tendo em vista que na ata constou como 051.715.245-74 e no nova contrato social como 051.715.248-74 (fls. 286/287). Foram juntados documentos às fls. 288/313. Às fls. 328/331, a requerente apresentou nova ata com o número correto do CPF de Cláudia, razão pela qual, de acordo com o Oficial, não mais subsistem os óbices. O Ministério Público opinou pela procedência do pedido e posterior arquivamento do feito ante a ausência de conduta irregular do Registrador (fls. 317/318 e 336). É o relatório. Passo a fundamentar e a decidir. Tendo em vista a manifestação do Registrador acerca da apresentação da documentação elencada na nota devolutiva, com a consequente superação dos óbices, não há o que decidir nos autos, por perda de objeto, devendo haver a efetuação da averbação pretendida, com a consequente comprovação nos autos pelo delegatário. Diante do exposto, julgo extinto pedido de providências formulado pelo Oficial do 7º Registro de Títulos e Documentos e Civil de Pessoa Juridica, a requerimento da Universidade Brasil, nos termos do artigo 485, IV do CPC, e consequentemente determino o arquivamento do feito. Deste procedimento não decorrem custas, despesas processuais e honorários advocatícios. Oportunamente remetam-se os autos ao arquivo. P.R.I.C. - ADV: TARIK ALVES DE DEUS (OAB 403279/SP) (DJe de 16.12.2020 – SP)

Ementa: Sentença – Pedido de Providências – Requerimento da averbação da Ata de Assembleia Geral Ordinária – Óbice referente a realização de forma extemporânea da aludida Assembleia – Ausência de justificativa para a realização da Assembleia fora do prazo estabelecido pelo Estatuto Social – Necessidade da nomeação de um administrador provisório na via judicial – Nulidade dos atos praticados – Violação ao Princípio da Continuidade Registrária – Manutenção do óbice – Improcedência

Processo 1102142-61.2020.8.26.0100

Pedido de Providências - REGISTROS PÚBLICOS - Associação dos Moradores do Condomínio Diamantes - Vistos. Trata-se de pedido de providências formulado pela Associação dos Moradores do Condomínio Diamantes em face do Oficial do 3º Registro de Títulos e Documentos e Civil de Pessoa Juridica da Capital, pretendendo a averbação de ata da Assembleia Geral Ordinária realizada em 19.03.2016. De acordo com o Registrador (fls. 58/60), a qualificação negativa se deu pelo fato da mencionada assembleia ter se realizado extemporaneamente, ou seja, quatro dias após o prazo previsto no Estatuto Social, tornando consequentemente irregular as eleições dos membros da diretoria e conselhos e, em consonância ao principio da continuidade, não foi possível a averbação das atas subsequentes. Insurge-se a requerente da negativa, sob o argumento de que inviabiliza a própria manutenção e existência da interessada. Consigna que a assembleia anterior a 2016, foi corretamente convocada, apesar dos quatro dias de atraso, tendo sido eleito como conselheiro Luis Mesquita, que foi síndico na gestão de 2014 e eleito conselheiro na assembleia de 2016. Por fim, salienta que a assembleia de 2014 foi registrada. Juntou documentos às fls. 24/54. O Ministério Público opinou pelo indeferimento do pedido (fls. 63/64). É o relatório. Passo a fundamentar e a decidir. Com razão o Registrador, bem como a D. Promotora de Justiça. A obediência ao Estatuto Social garante os interesses próprios da associação, nos termos em que foi criada, a par da vontade de seus associados. De acordo com o Estatuto Social (fls. 25/32), Cap. VII Das Assembléias, artigo 16º: "A Assembleia Geral Ordinária irá se reunir uma vez por ano, na primeira quinzena do mês de março, com presença de metade (1/2) dos associados em primeira convocação, ou com qualquer numero, meia hora depois, em segunda convocação, exclusivamente para os seguintes fins: A) discussão e votação da prestação de contas apresentada pela Diretoria com o parecer do Conselho Consultivo e Fiscal, referentes ao exercício anterior; B) eleições dos membros da Diretoria e do Conselho Consultivo e Fiscal para o período seguinte, após término do mandato; C) dar posse à Diretoria eleita; D) deliberar sobre alterações de mensalidades e taxas extras; E) outros assuntos que a diretoria considerar relevantes" Destaco que a assembleia de 22.03.2014 (fls. 34/38), apesar de realizada com sete dias de atraso, foi registrada (sob o nº n.º 681847/2014), resta a análise do registro das atas realizadas em 19.03.2016 e 15.03.2018. Em relação a assembleia realizada em 19.03.2016 (fls. 39/44), tem-se que houve o atraso de quatro dias, em contradição ao Estatuto Social. Entendo que apesar de haver o registro da assembleia de 2014 de forma extemporanea, tal equívoco não pode se repetir pelo registrador em relação as assembleias de 2016 e 2018. Neste contexto, é incontroverso a irregularidade na administração da associação desde 2016. O princípio da compatibilidade permite relativizar o princípio da continuidade caso haja correlação entre o registro antecedente e o subsequente, encadeando cronologicamente pessoas e atos jurídicos. Assim, seria imprescindível que a última diretoria fornecesse declaração de sucessão em favor da nova diretoria, com a subscrição de seus membros. Somado a este fato, verifico que não houve a apresentação da lista de presença, bem como qualquer justificativa para a ausência da realização da assembleia no prazo estabelecido no Estatuto Social. Logo, a irregularidade na assembleia realizada em 2016 obsta o registro da assembleia de 2018, apesar desta última ter sido realizada de forma regular (fls. 48/52). Em outras palavras, na presente hipótese, faz-se necessária a nomeação de um administrador provisório na via judicial, sendo que não se discute apenas a situação registrária, mas a própria representação da pessoa juridica, além da administração de seus vários interesses. Diante da nulidade dos atos praticados pela falta de representação, bem como a não observação ao Estatuto Social, resultando na violação ao principio da continuidade registrária, mantenho o óbice do registrador, remetendo a requerente à via judicial, adequada para nomeação de um administrador provisório, em consonância com o principio da legalidade que norteia os atos registrários (art. 49 CC). Diante do exposto, julgo improcedente o pedido de providências formulado pela Associação dos Moradores do Condomínio Diamantes, em face do Oficial do 3º Registro de Títulos e Documentos e Civil de Pessoa Juridica da Capital, e consequentemente mantenho o óbice registrário.

Deste procedimento não decorrem custas, despesas processuais e honorários advocatícios. Oportunamente remetam-se os autos ao arquivo. P.R.I.C. - ADV: WESLEY FRANCISCO LORENZ (OAB 204008/SP) (DJe de 14.12.2020 – SP)

Ementa: Sentença – Pedido de Providências – Requerimento de determinação de impedimento, ao CDT, de registro da Ata da Assembleia Geral Extraordinária para a aprovação do Estatuto Regional – Informação pelo Requerente de que solicitou liminarmente o pretendido no juízo competente e que houve o indeferimento – Impossibilidade – Vício intrínseco – Incompetência do juízo administrativo – Matéria reservada à esfera jurisdicional – Extinção do feito

Processo 1096031-61.2020.8.26.0100

Pedido de Providências - Petição intermediária - IPA - International Police Association Seção São Paulo - Vistos. Trata-se de pedido de providências formulado por IPA International Pólice Association Seção São Paulo, pretendendo que este Juízo determine ao CDT (Centro de Distribuição de Títulos e Documentos que se abstenha de registrar a Ata da Assembleia Geral Extraordinária realizada em 17.09.2020, para a aprovação do Estatuto Regional da "International Pólice Association Brasil Section Regional do Estado de São Paulo IPA-Brasil SP". Esclarece que ao tomar conhecimento da convocação, peticionou ao MMº Juízo da 23ª Vara Cível, solicitando liminarmente que não se realizasse a assembleia, sob o argumento de diversas irregularidades, sendo que a liminar foi indeferida e confirmada a decisão em sede de recurso. Juntou documentos às fls. 04/09. É o relatório. Passo a fundamentar e a decidir. A ação deve ser extinta, com o indeferimento da petição inicial, em razão da inadequação da via eleita. Analisando os documentos e as informações prestadas pelo requerente, verifico que se trata devíciointrínsecodo título, consistente em supostas irregularidades na convocação e condução da mencionada assembleia. Entendo que formalmente não há irregularidades a ser reconhecidas neste Juízo, conforme decisão de fl. 10 além deste Juízo não ter gerencia acerca dos atos praticados pelo CDT, não houve a apresentação de qualquer documento para qualificação. Ressalto que pelo princípio da legitimação (eficácia do registro), os vícios reconhecíveis pela via administrativa são apenas aqueles comprováveis de pleno direito que resultem de erros evidentes extrínsecos ao título, sem necessidade de exames de outros documentos ou fatos (artigos 214, caput, e 252 da Lei 6.015/73). Ao que se denota, a requerente pretende na via transversa obstar o registro do titulo, vez que formulada a pretensão perante o Juízo Cível houve indeferimento da liminar, confirmada em sede recursal pelo Egrégio Tribunal de Justiça (fls. 04/09). Logo, os vicios alegados na inicial, devem ser reconhecidos em procedimento contencioso cível, com a participação da outra parte que participou da venda e com ampla dilação probatória. Configurado o vício, a determinação para ausência do registro ocorrerá como consequência, conforme determina o artigo 216 da Lei 6.015/73. Portanto, a par da necessidade da requerente, verifica-se a ausência do requisito adequação, tendo este Juízo competência administrativa disciplinar, não pode analisar questões de direito material que envolvam o negócio jurídico, devendo a interessada formular sua pretensão nas vias ordinárias. Diante do exposto, por inadequada a via eleita, indefiro a petição inicial, e consequente julgo extinto o feito, com fundamento no artigo 485, I do CPC. Deste procedimento não decorrem custas, despesas processuais e honorários advocatícios. Oportunamente remetam-se os autos ao arquivo. P.R.I.C. - ADV: GILSON CAMARGO (OAB 148995/SP) (DJe de 04.12.2020 – SP)

Ementa: Sentença – Dúvida – Ata de Assembleia Geral Extraordinária – Impossibilidade – Cisão Parcial e Reversão do patrimônio – Sócio falecido – Poder excessivo do inventariante – Necessidade de expedição de alvará judicial específico – Enunciado nº 15, da JUCESP – Manutenção do óbice – Procedência

Processo 1072589-66.2020.8.26.0100

Dúvida - Notas - Mamanguá Participações Eireli - Vistos. Trata-se de dúvida suscitada pelo Oficial do 17º Registro de Imóveis da Capital, a requerimento de Mamanguá Participações Eireli, diante da negativa em proceder ao registro da Ata de Assembleia Geral Extraordinária da empresa Representações Seixas S/A, acompanhada do protocolo e justificação de cisão parcial desproporcional e versão da parcela cindida pelo laudo de avaliação, bem como o contrato relativo a primeira alteração e consolidação do instrumento de constituição da Eireli Mamanguá Participações. Com a cisão parcial da Representações Seixas S/A, parte de seu patrimônio reverteu para Mamanguá Participações Eireli, dentre estes bens encontra-se o imóvel matriculado sob nº 1064. O óbice registrário refere-se à necessidade de apresentação de alvará específico para a pratica do registro, nos termos dos artigos artigo 1028 do Código Civil e arts. 992 e 1031 do CPC e do item 3.2.13 da IN/DNRC nº 98/2003. Juntou documentos às fls. 07/132. A suscitada apresentou impugnação às fls. 139/151. Esclarece que, por acordo judicial, a participação do acionista Álvaro de Seixas Sobral foi cedida para sua empresa Mamanguá, tendo sido observado os ditames legais. Aduz que a parte pertencente ao Espólio de Sérgio Soares Sobral Filho não foi alienada na cisão, bem como o imóvel em questão era de propriedade integral da empresa Representações Seixas S/A e que a cisão foi estabelecida por acordo judicial celebrado com o próprio Espólio, contando com a anuência de todos os herdeiros. Apresentou documentos às fls. 152/190. O Ministério Público opinou pela procedência da dúvida (fls. 193/195 e 196/198). É o relatório. Passo a fundamentar e a decidir. Com razão o Registrador, bem como a D. Promotora de Justiça. Na presente hipótese a empresa Representações Seixas S/A pertencia a Álvaro de Seixas Sobral, André de Seixas Sobral, Sérgio Soares Sobral Filho e Maria Eugênia de Seixas Sobral. Sérgio Soares Sobral Filho faleceu e está sendo representado pelo inventariante André de Seixas Sobral e Álvaro ajuizou ação de dissolução parcial da sociedade. Por acordo judicial, a participação de Álvaro foi cedida para sua empresa Mamanguá Participações, ora suscitada. Em se tratando de sociedade anônima, na hipótese da ocorrência de morte de um dos sócios é realizada a liquidação da sociedade e apurado o valor que as quotas sociais do sócio falecido possuía no exato momento do desligamento, realizando o pagamento em espécie do referido montante, sendo que por meio do adimplemento das quotas sociais do referido sócioresta consumada a sua retirada da sociedade. De acordo com o artigo 619 do CPC: "Incumbe ainda ao inventariante, ouvidos os interessados e com autorização do juiz: I alienar bens de qualquer espécie; II transigir em juízo ou fora dele; III pagar dívidas do Espólio; IV fazer as despesas necessárias para a conservação e o melhoramento dos bens do espólio. Na presente hipótese a concordância com a cisão parcial da empresa e a reversão de parte de seu patrimônio para a empresa Mamanguá Participações Eireli extrapola os limites de poderes concedidos ao inventariante, elencados pelo mencionado dispositivo, não podendo ser caracterizado como atos de mera gestão ou administração do imóvel, razão pela qual faz-se necessária a expedição de alvará específico para tal finalidade. A corroborar a necessidade de apresentação do alvará, o Enunciado nº 15 da JUCESP, que trata do procedimento a ser observado no caso de falecimento de sócio: "No caso de falecimento de sócio, o inventariante deve estar qualificado como representante do espólio do sócio falecido, apresentando a respectiva certidão de inventariante. No caso de alienação, cessão, transferência, transformação, incorporação, fusão e cisão parcial ou total, e extinção, bem como nas demais hipóteses em que há responsabilidade do espólio é indispensável a apresentação do respectivo alvará judicial específico para a prática do ato. Caso o inventário já tenha sido encerrado, instruirse- á o protocolado com a cópia autenticada de todo formal de partilha. Nessa hipótese, os herdeiros serão qualificados e comparecerão na condição de sucessores do sócio falecido, Código de Processo Civil, art. 992" (g.n). Entendo que apesar de ter havido a concordância de todos os herdeiros, a ausência de oposição não supre a necessidade de apresentação do alvará, uma vez que pode haver algum credor do de cujus, ou ainda a habilitação de algum herdeiro no inventário. Em outras palavras, sem o alvará judicial ou o registro prévio da partilha referente ao Espólio de Sérgio, não há segurança jurídica para a efetivação do ato, além de, conforme acima mencionado, extrapolar os atos de gestão/administração do inventariante. Logo, mister a manutenção do entrave registrário, devendo a interessada pleitear a expedição de alvará especifico junto ao Juízo do inventário para a efetivação do ato registrário. Diante do exposto, julgo procedente a dúvida suscitada pelo Oficial do 17º Registro de Imóveis da Capital, a requerimento de Mamanguá Participações Eireli, e consequentemente mantenho o óbice registrário. Deste procedimento não decorrem custas, despesas processuais e honorários advocatícios. Oportunamente remetam-se os autos ao arquivo. P.R.I.C. - ADV: ANA PAULA BALBONI COELHO (OAB 119990/SP) (DJe de 01.10.2020 – SP)

NOTIFICAÇÃO EXTRAJUDICIAL

Ementa: Sentença – Pedido de Providências – Alegação de que a notificação extrajudicial requerida foi efetuada com a ausência da devida cópia do ofício judicial – Pedido efetuado eletronicamente e encaminhado ao CDT – Distribuição para o referido RTDPJ sem a devida cópia da decisão judicial – Conduta equivocada do funcionário da CDT – Ausência de conduta irregular – Arquivamento do feito

Processo 0028901-71.2020.8.26.0100

Pedido de Providências - REGISTROS PÚBLICOS - Corregedoria Geral da Justiça - Rafael Araujo Pessoa e outros - Vistos. Trata-se de pedido de providências encaminhado a este Juízo pela Egrégia Corregedoria Geral da Justiça, formulado por Rafael Araujo Pessoa em face do Oficial do 6º Registro de Títulos e Documentos e Civil de Pessoa Jurídica da Capital. Informa o interessado que requereu notificação extrajudicial da empresa GR

Comércio de Autos e Motos Eirelli (nome fantasia Magalhães Multimarcas), no processo nº 1007553-73.2020.8.26.0554, com a qual deveria ter sido enviada cópia do ofício judicial, todavia tal ato não foi feito. Juntou documentos às fls. 02/28. O Registrador manifestou-se às fls. 35/37 e 51/53. Esclarece que a a empresa foi notificada na pessoa de seu proprietário Gerson de Oliveira Magalhães, em 11.06.2020. Em relação a alegada falha no serviço, aduz que o notificante, em 12.05.2020, protocolou eletronicamente, junto à Central, a decisão judicial que foi encaminhada ao CDT, havendo direcionamento, por sorteio, para o 6º RTDPJ. Todavia, em 15.05.2020, o CDT emitiu nota devolutiva, tendo vista que o documento representado apenas pela decisão judicial deveria estar encaminhado por elaborada notificação com os dados necessários para a diligencia, ocasião em que o requerente enviou mencionada notificação, porém sem assinatura digital, o que redundou em nova nota devolutiva. Com dificuldade para cumprimento da exigência, o interessado, em 29.05.2020, enviou para a Central RTDPJ Brasil a notificação para cumprimento nesta Comarca, sem qualquer anexo, que chegou eletronicamente ao CDT em 02.06.2020 sendo remetido ao 6º RTDPJ, com o registro em 04.06.2020, contendo somente uma página, pressupondo que o requerente não juntou a decisão judicial anteriormente objeto da nota devolutiva. Por fim, salienta que a diligência pleiteada foi efetuada em 11.06.2020, com entrega da notificação convertida fisicamente ao srº Gerson de Oliveira Magalhães, proprietário da empresa. Juntou documentos às fls. 54/59. O interessado manifestou-se às fls. 40/41. Informa que o destinatário da notificação extrajudicial compareceu aos autos do processo nº 1007553-73.2020.8.26.0554, logo constata-se a perda do objeto atinente à complementação do referido serviço, não obstante ter ocorrido a falha na sua efetivação. Apresentou documento à fl. 42. O CDT apresentou informações complementares às fls. 69/70. Aduz que o requerente apresentou por meio da Central de RTDPJ um arquivo eletrônico contendo um oficio judicial para que fosse feita uma notificação na Comarca de São Paulo. A Central encaminhou o pedido ao CDT para que fosse distribuído a algum dos cartórios competentes de RTD da Capital. Salienta que o funcionário do CDT notou que o ofício judicial estava desacompanhado do requerimento de notificação, em que constam os dados do destinatário, razão pela qual foi solicitada ao requerente a complementação. Destaca que o interessado adicionou a carta de notificação, juntamente com o oficio judicial para que o cartório fizesse seu registro com a posterior notificação. Contudo, por falha do funcionário do CDT, foi inserido no sistema apenas a carta de notificação e não o ofício judicial que foi trazido pelo interessado, razão pela qual o registro da notificação pelo 6º RTD foi feito apenas com base na carta de notificação. Por fim, com o intuito de remediar a falha, o CDT contatou diretamente o requerente para se desculpar e oferecer o reembolso do valor por ele pago pela notificação, sendo que não foi efetivada na forma requerida, por falha do CDT, e só alcançou o resultado esperado indiretamente, por conta de fato posterior. Juntou documento à fl. 71. O interessado concordou com os argumentos expostos pelo CDT, inclusive na extinção do feito pela perda de seu objeto (fl. 76). O Ministério Público opinou pelo arquivamento dos autos, ante a ausência de qualquer conduta irregular do Registrador (fl. 78). É o relatório. Passo a fundamentar e a decidir. Na presente hipótese houve conduta equivocada de ambas as partes, tanto do requerente como do CDT. Com a evolução tecnológica, a fim de facilitar o envio de documentação por meio da Central de RTDPJ Brasil, muitos usuários tem dificuldade na utilização da plataforma digital, foi o caso que ocorreu neste caso. Ao enviar o documento para a efetivação da notificação, deixou o requerente de juntar o requerimento de notificação, no qual constam os dados do destinatário, bem como assinatura digital, razão pela qual foi solicitada a complementação, sendo orientado pelos funcionários a abrir a aba "ajuda" no site, em que consta todo o procedimento a ser observado. Enviada a documentação, o funcionário do CDT equivocadamente inseriu no sistema apenas a carta de notificação e não o oficio judicial. Apesar desta falha, a prestação de serviço foi efetuada, com a notificação da empresa pelo 6º RTD. A Central de Distribuição de Títulos não está adstrita a esta Corregedoria, e o Registrador não teve participação nos fatos relatados. No mais, ao tomar conhecimento da falha ocorrida, prontamente o CDT, por intermédio de seu presidente, entrou em contato com o interessado e procedeu ao reembolso do valor da notificação. Não vislumbro falta passível de aplicação de medida disciplinar por esta Corregedoria Permanente e determino o arquivamento do presente feito. Deste procedimento não decorrem custas, despesas processuais e honorários advocatícios. Sem prejuízo, expeça-se oficio à Egrégia Corregedoria Geral da Justiça comunicando desta decisão. P.R.I.C. - ADV: RAFAEL ARAUJO PESSOA (OAB 306526/SP) (DJe de 14.10.2020 – SP)

4.3.4 REGISTRO DE IMÓVEIS E TABELIONATO DE NOTAS

ADJUDICAÇÃO

Ementa: Sentença – Dúvida – Requerimento de registro da Carta de Adjudicação – Impossibilidade – Óbice referente a existência de ordem de indisponibilidade em nome de uma das empresas titulares de domínio – Títulos Judiciais não estão isentos de qualificação registrária – Necessidade de requerer o levantamento do gravame perante o ente competente – Incompetência do presente juízo administrativo – Manutenção do óbice – Procedência

Processo 1084977-98.2020.8.26.0100

Dúvida - Notas - Geraldo Passarelli Príncipe Coelho - Vistos em correição. Trata-se de dúvida suscitada pelo Oficial do 15º Registro de Imóveis da Capital, a requerimento de Geraldo Passarelli Príncipe Coelho, diante da negativa de se proceder ao registro da carta de adjudicação expedida pelo MMº Juízo da 1ª Vara Cível do Foro Regional II - Santo Amaro (processo nº 0004984-26.2020.8.26.0002), referente ao imóvel matriculado sob nº 132.607. O óbice registrário refere-se à existência de ordem de indisponibilidade em nome de uma das empresas titulares de domínio, denominada "Grupo OK Construções e Empreendimentos LTDA EPP", conforme averbações nºs 79, 87, 116, 231 e 236. Juntou documentos às fls. 07/288. O suscitado manifestou-se às fls. 289/290, requerendo a apreciação da questão. O Ministério Público opinou pela procedência da dúvida (fls. 294/296). É o relatório. Passo a fundamentar e a decidir. Ressalto que houve erro material do registrador em relação ao número da matrícula do imóvel, sendo correto o nº 132.607 e não 132.507. Com razão o Registrador, bem como a D. Promotora de Justiça. Preliminarmente, cumpre destacar que os títulos judiciais não estão isentos de qualificação, positiva ou negativa, para ingresso no fólio real. O Egrégio Conselho Superior da Magistratura já decidiu que a qualificação negativa do título judicial não caracteriza desobediência ou descumprimento de decisão judicial (Apelação Cível n. 413-6/7). No ordenamento jurídico pátrio, incumbe ao registrador, no exercício do dever de qualificar o título que lhe é apresentado, examinar o aspecto formal, extrínseco, e observar os princípios que regem e norteiam os registros públicos, dente eles, o da legalidade, que consiste na aceitação para registro somente do título que estiver de acordo com a lei. A análise do título deve obedecer a regras técnicas e objetivas, o desempenho dessa função atribuída ao Registrador, deve ser exercida com independência, exigindo largo conhecimento jurídico. Neste contexto, de acordo com o princípio tempus regit actum, à qualificação do título aplicam-se as exigências legais contemporâneas ao registro, e não as que vigoravam ao tempo de sua lavratura. O Egrégio Conselho Superior da Magistratura tem considerado que, para fins de registro, não importa o momento da celebração do contrato, em atenção ao princípio "tempus regit actum", sujeitando-se o título à lei vigente ao tempo de sua apresentação (Apelação Cível nº 115-6/7, rel. José Mário Antonio Cardinale, nº 777-6/7, rel. Ruy Camilo, nº 530-6/0, rel. Gilberto Passos de Freitas, e, o de nº 0004535-52.2011.8.26.0562). Assim, a qualificação do título é feita no momento de sua apresentação e não quando expedida a carta de adjudicação em favor do suscitado. De acordo com a matrícula juntada às fls. 83/190, constam averbadas ordens de indisponibilidades em nome da co titular de domínio Grupo OK Construções e Empreendimentos LTDA EPP, na proporção de 50%, resultando na impossibilidade da prática de qualquer ato na mencionada matrícula, ressalvada decisão judicial determinando o levantamento dos gravames. A questão já foi objeto de análise pelo Egrégio Conselho Superior da Magistratura: "Registro de Imóveis - Divórcio - Formal de partilha - Título apresentado após a averbação da indisponibilidade-Tempus regit actum - Jurisprudência do CSM - Registro indeferido - Dúvida procedente - Recurso não provido" (Apelação nº 0000884-32.2015.8.26.0025, rel. Des. Dr. Manoel de Queiroz Pereira Calças). "Registro de Imóveis - Dúvida - Escritura Pública de separação consensual lavrada antes da averbação da indisponibilidade de bens, porém, apresentada para registro posteriormente - impossibilidade do registro, em observância ao princípio tempusregit actum necessidade de prévio cancelamento da averbação autorizado por quem a decretou - recusa correta da oficial - Dúvida procedente Recurso não provido" (Apelação nº 0001748-75.2013.8.26.0337, rel. Des. Elliot Akel). A questão colocada a desate também foi objeto de recente decisão pelo Egrégio Conselho Superior da Magistratura: "REGISTRO DE IMÓVEIS Adjudicação compulsória Alienação voluntária Apresentação do título em data posterior a ordem de indisponibilidade Recurso não provido." (Apelação Cível nº 1014772-77.2019.8.26.0068, Rel: Corregedor Geral da Justiça: Drº Ricardo Anafe, DJ: 19/08/2020). Confira-se do corpo do Acórdão: "A época da apresentação do título para registro existiam inúmeras ordens de indisponibilidade regularmente averbadas na matrícula nº 93.891, motivo bastante e acertado para justificar a nota de exigência emitida pelo Registrador de Imóveis de Barueri. Vale mencionar que é pacífica a jurisprudência do Colendo Conselho Superior da Magistratura no sentido de que a ordem de indisponibilidade obsta a alienação voluntária do bem, mas não a forçada. Tal entendimento está em harmonia com os julgados do E. Superior Tribunal de Justiça (RE 512.398) e com o disposto no item 405 do Capítulo XX das NSCGJ: 405. As indisponibilidades averbadas nos termos do Provimento CG nº 13/2012, e na forma do § 1º, do art. 53, da Lei nº 8.212, de 24 de julho e 1991, não impedem a alienação, oneração e constrição judiciais do imóvel. Nesse sentido O Conselho Superior da Magistratura tem entendimento pacífico de que, embora a indisponibilidade não impeça a alienação forçada, obsta a voluntária. Subsistente a penhora, advinda de dívida com o INSS, a indisponibilidade, decorrente do art. 53, § 1º, da Lei Registro de Imóveis- Dúvida Escritura pública de confissão de dívida com pacto adjeto de constituição de propriedade fiduciária e outras avenças -Imóvel indisponível-Penhora, em execução fiscal, a favor da Fazenda Nacional e da União-Recusa do registro com base no artigo 53, § 1º, Lei nº 8.212/91 -Alienação voluntária-Irrelevância da aquisição anterior por alienação forçada-Registro inviável-Dúvida procedente-Recurso desprovido, com observação (Apelação nº 3003761-77.2013.8.26.0019, Rel. Elliot Akel, j. 03.06.2014)" Daí decorre que somente quem determinou a indisponibilidade poderá levantar o gravame, não cabendo a este Juízo administrativo intervir nas decisões ou ordens emanadas por outros Juízos, que detém competência exclusiva para analisar ou modificar suas decisões, devendo o suscitado formular pedido de levantamento do gravame perante o juízo que expediu a ordem, para posterior registro da carta de adjudicação. Diante do exposto, julgo procedente a dúvida suscitada pelo Oficial do 15º Registro de Imóveis da Capital, a requerimento de Geraldo Passarelli Príncipe Coelho, e consequentemente mantenho o óbice registrário. Deste procedimento não decorrem custas, despesas processuais e honorários advocatícios. Oportunamente remetam-se os autos ao arquivo. P.R.I.C. - ADV: CAIO DE ALMEIDA FARIA (OAB 428061/SP) (DJe de 10.12.2020 – SP)

Ementa: Sentença – Dúvida – Carta de adjudicação – Exigência de apresentação da certidão de casamento dos proprietários apostilada e certidão da transcrição do imóvel – Impugnação parcial das exigências – Análise do mérito – Interessados que demonstraram a impossibilidade de obtenção da certidão – Ausência de prejuízos a terceiros – Possibilidade de levantamento do óbice – Dúvida prejudicada

Processo 1124832-21.2019.8.26.0100

Dúvida – REGISTROS PÚBLICOS – Gisela Gomes Sena Vaz – Vistos. Trata-se de dúvida suscitada pelo Oficial do 17º Registro de Imóveis da Capital, a requerimento do Espólio de Gizela Gomes Sena Vaz, representado por Isabel Maria Sena Vaz Correia do Prado, tendo em vista a negativa em se proceder ao registro da carta de adjudicação expedida pelo MMº Juízo da 6ª Vara da Família e Sucessões da Capital, extraída dos autos de arrolamento dos bens deixados pelo falecimento de Acácio Anibal da Silva Vaz (processo nº 171/87), referente ao imóvel transcrito sob nº 46.569 do 15º RI. Os óbices registrários referem-se: a) necessidade de apresentação da cópia autenticada da certidão de casamento dos proprietários; b) em se tratando de documento estrangeiro, deverá apresentar cópia autenticada da certidão de casamento legalizada no país de origem ou apostilada, traduzida por tradutor juramentado e registrada no Registro de Títulos e Documentos, com a observação que as certidões tem validade por 30 (trinta) dias; c) apresentação da certidão da transcrição nº 46.569 pelo 15º RI há no máximo 30 (trinta) dias, com a finalidade de se proceder à abertura da matrícula, nos termos do item 54, Cap. XX das Normas de Serviço da Corregedoria Geral da Justiça. Salienta o Registrador que, em relação a certidão de casamento do inventariado Acácio, o interessado apresentou apenas cópia simples da certidão extraída do livro de batismo da freguesia de Nossa Senhora do Rosário de Porto Alexandre, da qual consta que Gizela casou-se com Acácio no dia 17.12.1949, na freguesia de Porto Alexandre, diocese de Angola e Congo e que Gizela é filha de Antonio José Sena e Maria Viegas Gomes Sena, todavia, não consta o nome que passou a adotar após o casamento. Logo, tendo em vista a qualificação precária do adquirente em consonância com o princípio da especialidade subjetiva, foi exigida a apresentação da certidão de casamento. Juntou documentos às fls. 09/168. O suscitado apresentou impugnação às fls. 176/181. Aduz que a qualificação registrária deve se ater somente aos aspectos extrínsecos ao título. Sustenta a impossibilidade de cumprimento da apresentação da certidão de casamento atualizada das partes, haja vista que o casamento em questão ocorreu em Angola Todavia, concorda que a certidão de transcrição do imóvel deve ser apresentada no prazo máximo de 30 (trinta) dias. O Ministério Público opinou pela prejudicialidade da dúvida e no mérito pela improcedência da dúvida (fls. 185/187). É o relatório. Passo a fundamentar e a decidir. Na presente hipótese houve impugnação parcial das exigências formuladas pelo Registrador. Observo que o suscitante não demonstrou irresignação em relação à necessidade de apresentação da certidão expedida no máximo há 30 (trinta)m dias, logo houve o reconhecimento da necessidade de atendimento desta exigência. A concordância parcial com as exigências do Oficial prejudica a dúvida, que só admite duas soluções: a determinação do registro do título protocolado e prenotado, que é analisado, em reexame da qualificação, tal como se encontrava no momento em que surgida dissensão entre a apresentante e o Oficial de Registro de Imóveis; ou a manutenção da recusa do Oficial. Para que se possa decidir se o título pode ser registrado ou não é preciso que todas as exigências e não apenas parte delas sejam reexaminadas pelo Corregedor Permanente. Nesse sentido, é pacífica a jurisprudência do Egrégio Conselho Superior. Superada a questão acerca da concordância do óbice, verifico que no mérito, a dúvida seria improcedente, senão vejamos: Preliminarmente, cumpre destacar que os títulos judiciais não estão isentos de qualificação, positiva ou negativa, para ingresso no fólio real. O Egrégio Conselho Superior da Magistratura já decidiu que a qualificação negativa do título judicial não caracteriza desobediência ou descumprimento de decisão judicial (Apelação Cível n. 413-6/7). Deve-se salientar que, no ordenamento jurídico pátrio, incumbe ao Registrador, no exercício do dever de qualificar o título que lhe é apresentado, examinar o aspecto formal, extrínseco, e observar os princípios que regem e norteiam os registros públicos, dentre eles, o da legalidade, que consiste na aceitação para registro somente do título que estiver de acordo com a lei. A análise do título deve obedecer a regras técnicas e objetivas, o desempenho dessa função atribuída ao Registrador, deve ser exercida com independência, exigindo largo conhecimento jurídico. Neste contexto, a recusa do registrador baseia-se na exigência da apresentação da certidão de casamento de Acácio e Gizela, em consonância com o princípio da especialidade subjetiva. Há que se ressaltar que o registrador agiu com zelo e em consonância com o princípio da especialidade subjetiva, entretanto, verifica-se que o casamento mencionado ocorreu na diocese de Angola e Congo, no ano de 1949 (fls. 19/20), paróquia de Porto Alexandre, sendo que, na época da elaboração do mencionado documento, não se primava pelo rigor da especialidade com a anotação completa dos dados pessoais das partes, logo é o caso de abrandamento do princípio da especialidade. Ademais, de acordo com a certidão de transcrição (fls. 23/24), tem-se que Acácio adquiriu o imóvel no estado civil de casado e na certidão de casamento (fl. 26) constou seu estado civil como casado com Gizela, deixando os filhos Maria e Isabel, as quais renunciaram sua parte na herança em favor de sua genitora (fls. 39/44), tendo a viúva adjudicado o imóvel, logo, ausente qualquer prejuízo a direitos de terceiros interessados. O eminente magistrado Marcelo Martins Berthe tratou com muita propriedade da questão: "Não fogem à regra as normas de natureza jurídico-registral. Embora sejam sempre norteadas pelo rigor da forma, não podem elas passar ao largo dos fatos, desprezando a realidade, em nome de uma pseudosegurança. Quando, como no caso, não se vislumbra prejuízo a terceiro, nem a qualquer princípio registrário; e sendo possível a superação do óbice formal como se viu, não há porque deixar de atender aos legítimos interesses de todas as partes envolvidas. Não se justifica a forma, pela forma apenas. Aquela só tem cabimento no superior interesse público, que no caso não estará afrontado. Verificado isso, considerando a excepcionalidade e as peculiaridades de cada caso, cabe ao Juiz deliberar pela solução mais adequada, de modo que não se alcance desfecho iníquo, sem nada que justificasse tal apego a esse formalismo, que se revelaria estéril" (proc. 504/1991, 1ª Vara de Registros Públicos). Importante lembrar os ensinamentos do professor Luiz Guilherme Loureiro: "Em virtude do principio da legitimidade ou da presunção de veracidade, o Registro deve refletir a verdade não só no que se refere ao titular do direito registrado, mas também quanto à natureza e ao conteúdo deste direito. Assim, qualquer inexatidão do assento deve ser retificada a fim de que reflita perfeitamente a realidade". (Registros Públicos – Teoria e Prática – 2ª ed. – Editora Método). Assim, tendo em vista a impossibilidade de se obter a certidão de casamento atualizada, bem como ausência de prejuízos a terceiros, entendo que o óbice deverá ser afastado. Diante do exposto, julgo prejudicada a dúvida suscitada pelo Oficial do 17º Registro de Imóveis da Capital, a requerimento do Espólio de Gisela Gomes Sena Vaz, representado por Isabel Maria Sena Vaz Correia do Prado, com observação. Deste procedimento não decorrem custas, despesas processuais e honorários advocatícios. Oportunamente remetam-se os autos ao arquivo. P.R.I.C. – ADV: MAURICIO VAZ ZANIN (OAB 258241/SP) (DJe de 18.02.2020 – SP)

Ementa: Sentença – Dúvida – Carta de Adjudicação – Necessidade de rerratificação da escritura do imóvel, tendo em vista a alteração do estado civil de uma das envolvidas e eventual informação acerca da incomunicabilidade do bem – Cabimento – Títulos judiciais que não estão isentos de qualificação registrária – Violação ao princípio da continuidade – Necessidade de retificação da escritura aquisitiva do imóvel e da apresentação do formal de partilha do falecido cônjuge da interessada, a fim de se verificar acerca da eventual comunicabilidade do bem – Manutenção do óbice – Procedência

Processo 1000704-89.2020.8.26.0100

Dúvida – REGISTROS PÚBLICOS – Alexandre Peixoto Massi – Vistos. Trata-se de dúvida suscitada pelo Oficial do 5º Registro de Imóveis da Capital, a requerimento de Alexandre Peixoto Massi, diante da negativa em se proceder ao registro da carta de adjudicação extraída dos autos do inventário nº 0052351-87.2013.8.26.0100, que tramitou perante o MMº Juízo da 11ª Vara da Família e Sucessões da Capital, referente ao imóvel matriculado sob nº 53.889. Os óbices registrários referem-se: a) necessidade de rerratificação da escritura aquisitiva do imóvel, tendo em vista que, à época da aquisição, Maria de Nazareth Nogueira Correa era casada sob o regime da comunhão universal de bens com Carlos Astrogildo Correa, todavia constou da escritura que ela ostentava o estado civil de separada judicialmente; b) em decorrência da comunicabilidade do bem ao cônjuge, é necessário apresentação do formal de partilha de Carlos Astrogildo Correa, em consonância com o principio da continuidade; c) eventual incomunicabilidade em se tratando de bem particular, deverá ser reconhecida judicialmente. Assevera que se superado os óbices mencionados, é necessária a apresentação em cópia autenticada da certidão de casamento atualizada de Maria e Carlos. Juntou documentos às fls. 04/228. O suscitado manifestou-se às fls. 229/232. Informa que realizou diligencia junto ao Cartório de Pessoas Naturais de Belém do Pará e obteve cópia da certidão de casamento da de cujus, todavia, na referida certidão não consta averbação do divórcio. Destaca que realizou pesquisa no Tribunal de Justiça e não localizou ação de separação ou divórcio, apenas ação de alimentos, na qual se verifica que houve separação de fato da falecida em 1955, logo ao adquirir o imóvel em 1988, a srª Maria encontrava-se separada judicialmente. Ressalta a impossibilidade de cumprimento dos óbices impostos pelo Registrador, e que o STF é pacífico no sentido de que bem adquirido após a separação de fato por somente um dos cônjuges, o outro não faz jus, ainda que casados pelo regime da comunhão universal. Apresentou documentos às fls. 233/238. O Ministério Público opinou pela procedência da dúvida (fls. 242/243). É o relatório. Passo a fundamentar e a decidir. Com razão o Registrador, bem como o D. Promotor de Justiça. Preliminarmente, cumpre destacar que os títulos judiciais não estão isentos de qualificação, positiva ou negativa, para ingresso no fólio real. O Egrégio Conselho Superior da Magistratura já decidiu que a qualificação negativa do título judicial não caracteriza desobediência ou descumprimento de decisão judicial (Apelação cível n. 413-6/7). Neste sentido a apelação cível nº 464-6/9, de São José do Rio Preto: "Apesar de se tratar de título judicial, está ele sujeito à qualificação registrária. O fato de tratar-se o título de mandado judicial não o torna imune à qualificação registrária, sob o estrito ângulo da regularidade formal, O exame da legalidade não promove incursão sobre o mérito da decisão judicial, mas à apreciação das formalidades extrínsecas da ordem e à conexão de seus dados com o registro e a sua formalização instrumental". Nessa linha, também o E. Supremo Tribunal Federal já decidiu que: "REGISTRO PÚBLICO – ATUAÇÃO DO TITULAR – CARTA DE ADJUDICAÇÃO – DÚVIDA LEVANTADA – CRIME DE DESOBEDIÊNCIA – IMPROPRIEDADE MANIFESTA. O cumprimento do dever imposto pela Lei de Registros Públicos, cogitando-se de deficiência de carta de adjudicação e levantando-se dúvida perante o juízo de direito da vara competente, longe fica de configurar ato passível de enquadramento no artigo 330 do Código Penal – crime de desobediência -, pouco importando o acolhimento, sob o ângulo judicial, do que suscitado" (HC 85911 / MG – MINAS GERAIS, Relator: Min. MARCO AURÉLIO, j. 25/10/2005, Primeira Turma). Sendo assim, fica claro que não basta a existência de título proveniente de órgão jurisdicional para autorizar automaticamente o ingresso no registro tabular. Portanto, superada a questão sobre o ingresso do título judicial, passa-se à análise do princípio da continuidade, explicado por Afrânio de Carvalho, da seguinte forma: "O princípio da continuidade, que se apóia no de especialidade, quer dizer que, em relação a cada imóvel, adequadamente individuado, deve existir uma cadeia, de titularidade à vista da qual só se fará a inscrição de um direito se o outorgante dele aparecer no registro como seu titular. Assim, as sucessivas transmissões, que derivam umas das outras, asseguram a preexistência do imóvel no patrimônio do transferente" (Registro de Imóveis, Editora Forense, 4ª Ed., p. 254). Ou seja, o título que se pretende registrar deve estar em conformidade com o inscrito na matrícula. Na presente hipótese, de acordo com a certidão de casamento juntada às fls. 139, Maria de Nazareth e Carlos casaram-se em 1931, no regime da comunhão universal de bens. Na certidão de óbito de Carlos (fl. 140), constou o estado civil de casado, bem como na certidão de óbito de Maria (fl. 36) constou que ostentava o estado civil de viúva, não existindo qualquer averbação acerca de eventual divórcio ou separação na certidão de casamento. Ocorre que, de acordo com o registro nº 02 da matrícula nº 53.889, verifica-se que o estado civil de Maria de Nazareth constou como separada judicialmente, nos termos da escritura de compra e venda lavrada e, 14.04.1988 pelo 15º Tabelião de Notas da Capital. Neste contexto, é necessária a retificação do instrumento que deu origem ao registro, vez que à época da aquisição do imóvel Maria era casada com Carlos, o que é inviável nesta esfera administrativa. Neste sentido já se pronunciou a Egrégia Corregedoria Geral da Justiça, em parecer da lavra do Meritíssimo Juiz Auxiliar Dr. Vicente de Abreu Amadei, aprovado pelo eminente Desembargador Dínio de Santis Garcia, então Corregdor Geral da Justiça: " (...) se houve algum equívoco este é do título causal, não do registro imobiliário que é formalmente perfeito e, conforme nossa doutrina e precedentes administrativos, o erro do registro não se confunde com o erro do título causal e não se pode admitir a via administrativa da retificação do registro imobiliário para sanar defeito de escritura a) 'a retificação de erro constante do registro não se confunde com o erro cometido no negócio causal que originou o assentamento imobiliário' (Walter Ceneviva, Lei dos Registros Públicos Comentada, Saraiva, 1991,p. 372); b) se o erro se deu na escritura, pública ou particular, somente por outra poderá ser retificado, sendo que as particularidades poderão sê-lo pela escritura pública, e jamais a pública pela particular' (Aguiar Vallim, Direito Imobiliário Brasileiro, Ed. RT, 1984, p. 109); c) falta qualquer competência aos Juízes para decretar sanações e, até, para retificar erros das escrituras públicas: escritura pública somente se retifica por escritura pública e não por mandamento judicial' (Pontes de Miranda, Tratado de Direito Privado, t III, § 338, nº 1 com referência ao Acórdão publicado na RT 182/754); d) o registro errado, resultante de uma escritura pública erradamente lavrada, por exemplo, só poderá ser retificado depois que as partes comparecendo novamente à presença do mesmo ou de outro notário, o façam lavrar, para ser por elas assinada, outra escritura, de retificação da primeira (Valmir Pontes, Registro de Imóveis, Saraiva, 1982, 9.24/25); e) se o suposto engano está no título que deu origem ao registro cuja retificação é pretendida, é aquele que deve ser corrigido" Assim, ostentando o estado civil de casados, e havendo comunicabilidade dos bens, é necessário primeiramente a apresentação do formal de partilha de Carlos, vez que seu falecimento ocorreu anteriormente a de seu cônjuge, vez que os registros necessitam observar um encadeamento subjetivo, ou seja, o instrumento que pretende ingressar no registro tabular necessita estar em nome do outorgante, sendo assim apenas se transmite o direito quem é o titular do direito. A alegação de que o bem foi adquirido após a separação de fato, por somente um dos cônjuges, e que o outro não faz jus a ele, ainda que casados pelo regime da comunhão universal, é matéria que refoge ao âmbito administrativo, bem como não houve a apresentação de qualquer prova neste sentido, devendo a interessada, como bem observado pelo Registrador, comprovar que o imóvel foi adquirido por apenas um dos cônjuges nas vias ordinárias, com ampla dilação probatória, assim como a separação de fato. Logo, mister a manutenção dos óbices registrários. Diante do exposto, julgo procedente a dúvida suscitada pelo Oficial do 5º Registro de Imóveis da Capital, a requerimento de Alexandre Peixoto Massi, e consequentemente mantenho o entrave registrário. Deste procedimento não decorrem custas, despesas processuais e honorários advocatícios. Oportunamente remetam-se os autos ao arquivo. P.R.I.C. – ADV: THIAGO TAM HUYNH TRUNG (OAB 257537/SP), MANUELA DA PALMA COELHO GERMANO LOURENÇÃO (OAB 257025/SP) (DJe de 10.02.2020 – SP)

ALIENAÇÃO FIDUCIÁRIA

Ementa: Sentença – Dúvida – Alienação fiduciária – Apresentação de Certidão Negativa de Débito – CND Conjunta – Inexigibilidade da CND na seara administrativa, segundo o atual entendimento do E. CSM e da E. CGJ – Ausência de irregularidade na dispensa conforme entendimento do E. CNJ – Exigibilidade, contudo, conforme os preceitos legais que informam a matéria – Impossibilidade de o registrador de imóveis, de ofício, estender a fulminação constitucional que afligiu a Lei Federal nº 7.711/1988 – Ausência de declaração judicial expressa de que a Lei Federal nº 8.212/1991 padeça de inconstitucionalidade – Necessidade de que os oficiais observem o disposto no item 119.1, do Capítulo XX, das NSCGJ – Improcedência

Processo 1085955-75.2020.8.26.0100

Dúvida - REGISTROS PÚBLICOS - Emak Comercio, Importação e Exportação Eireli - Epp - Vistos. Trata-se de dúvida suscitada pelo Oficial do 6º Registro de Imóveis da Capital, a requerimento de Emak Comércio, Importação e Exportação EIRELLI, tendo em vista a negativa em se proceder ao registro da alienação fiduciária constituída pela cédula de crédito bancário emitida em favor da Caixa Econômica Federal, figurando como emitente a suscitada, referente ao imóvel matriculado sob nº 74.536. O óbice registrário refere-se a necessidade de apresentação da certidão negativa de débitos tributários da atual proprietária e fiduciante do bem imóvel, nos termos dos artigos 47 e 48 da Lei Federal nº 8212/91. Salienta que apesar dos precedentes administrativos dispensando a apresentação a documentação, a lei que impõe sanções aos registradores continua vigente. Juntou documentos às fls. 07/53. A suscitada apresentou impugnação à fl. 54. Alega que resta pacifico nos julgados proferidos pelos Tribunais Superiores, bem como por esta Corregedoria, acerca da desnecessidade de apresentação da CND. O Ministério Público opinou pela improcedência da dúvida (fls. 57/58). É o relatório. Passo a fundamentar e a decidir. Apesar do entendimento pessoal desta magistrada, no sentido de não ser possível declarar, em sede administrativa, a inconstitucionalidade dos dispositivos legais que exigem a apresentação da CND perante o registro imobiliário, reconheço ter sido pacificado o entendimento de que tal exigência não pode ser feita pelo Oficial. Neste sentido, além dos precedentes do E. Conselho Superior da Magistratura e da Corregedoria Geral da Justiça deste Tribunal, o Conselho Nacional de Justiça, nos autos do pedido de providências nº 00012308-82.2015.2.00.0000, formulado pela União/AGU, entendeu não haver irregularidade na dispensa, por ato normativo, da apresentação de certidão negativa para registro de título no Registro de Imóveis: "CNJ: Pedido de Providências Provimento do TJ-RJ que determinou aos cartórios de registro de imóveis que deixem de exigir a certidão negativa de débito previdenciária (CND) Pedido formulado pela UNIÃO/AGU para a suspensão cautelar e definitiva dos efeitos do Provimento n. 41/2013, além da instauração de reclamação disciplinar contra os magistrados que participaram da concepção e realização do ato e ainda, que o CNJ expeça resolução ou recomendação vedando a todos os órgãos do Poder Judiciário a expedição de normas de conteúdo semelhante ao editado pela requerida ProvimentoCGJ41/2013editado pelo TJRJ está de acordo com a interpretação jurisprudencial do STF Ressalte-se que não houve qualquer declaração de inconstitucionalidade dos artigos 47 e 48 da Lei n. 8.212/91, mas sim fixação de norma de competência da Corregedoria Geral de Justiça local para regulamentar as atividades de serventias extrajudiciais vinculadas ao Tribunal de Justiça Pedido de providências improcedente De acordo com o Acórdão: "... Ao contrário do que afirma a Advocacia-Geral da União, verifica-se que o Provimento CGJ n. 41/2013editado pelo TJRJ está de acordo com a interpretação jurisprudencial do STF acerca da aplicabilidade dos artigos 47 e 48 da Lei n. 8.212/91ao dispensar a exigência de apresentação de CND para o registro de imóveis. Confira-se: RECURSO EXTRAORDINÁRIO COM AGRAVO. REPERCUSSÃO GERAL. REAFIRMAÇÃO DE JURISPRUDÊNCIA. DIREITO TRIBUTÁRIO E DIREITO PROCESSUAL CIVIL. CLÁUSULA DA RESERVA DE PLENÁRIO. ART. 97 DA CONSTITUIÇÃO FEDERAL. JURISPRUDÊNCIA DO TRIBUNAL PLENO DO STF. RESTRIÇÕES IMPOSTAS PELO ESTADO. LIVRE EXERCÍCIO DA ATIVIDADE ECONÔMICA OU PROFISSIONAL. MEIO DE COBRANÇA INDIRETA DE TRIBUTOS. 1. A jurisprudência pacífica desta Corte, agora reafirmada em sede de repercussão geral, entende que é desnecessária a submissão de demanda judicial à regra da reserva de plenário na hipótese em que a decisão judicial estiver fundada em jurisprudência do Plenário do Supremo Tribunal Federal ou em Súmula deste Tribunal, nos termos dos arts. 97 da Constituição Federal, e 481, parágrafo único, do CPC. 2. O Supremo Tribunal Federal tem reiteradamente entendido que é inconstitucional restrição imposta pelo Estado ao livre exercício de atividade econômica ou profissional, quanto aquelas forem utilizadas como meio de cobrança indireta de tributos. 3. Agravo nos próprios autos conhecido para negar seguimento ao recurso extraordinário, reconhecida a inconstitucionalidade, incidental e com os efeitos da repercussão geral, do inciso III do §1º do artigo 219 da Lei 6.763/75do Estado de Minas Gerais". (ARE 914045RG, Relator(a): Min. EDSON FACHIN, julgado em 15/10/2015, ACÓRDÃO ELETRÔNICO REPERCUSSÃO GERAL MÉRITO DJe-232 DIVULG 18-11-2015 PUBLIC 19-11-2015). Assim, devem os Oficiais observar o disposto no Cap. XX, item 117.1, das NSCGJ do Tribunal de Justiça de São Paulo, que assim dispõe: "117.1. Com exceção do recolhimento do imposto de transmissão e prova de recolhimento do laudêmio, quando devidos, nenhuma exigência relativa à quitação de débitos para com a Fazenda Pública, inclusive quitação de débitos previdenciários, fará o oficial, para o registro de títulos particulares, notariais ou judiciais Deste modo, existindo norma expressa no sentido de que os Oficiais não podem exigir, para registro de titulo, qualquer documento relativo à débitos para com a Fazenda Pública, tal exigência deve ser afastada. Diante do exposto, julgo improcedente a dúvida suscitada pelo Oficial do 6º Registro de Imóveis da Capital, a requerimento de Emak Comércio, Importação e Exportação EIRELLI, e consequentemente determino o registro do titulo. Deste procedimento não decorrem custas, despesas processuais e honorários advocatícios. Oportunamente remetam-se os autos ao arquivo. P.R.I.C. - ADV: MICHELLE DACCAS MENDONÇA DE MORAIS (OAB 182846/SP) (DJe de 09.10.2020 – SP)

Ementa: Sentença – Dúvida – Requerimento de registro do contrato de alienação fiduciária de bem imóvel em garantia - Impossibilidade - Recusa fundamentada no fato de que, o referido contrato possui aditivo que dispõe o art. 7º, § 2º, da Lei 8.668/93, que se dirige ao FII, não podendo, portanto, ser aplicado ao FIDC – Princípio da Legalidade Estrita – Manutenção do óbice – Procedência

Processo 1071967-84.2020.8.26.0100

Dúvida - Notas - Hercules Fundo de Investimento Em Direitos Creditórios Multissetorial - Vistos. Trata-se de dúvida suscitada pelo Oficial do 17º Registro de Imóveis da Capital, a requerimento de Renato Cavalli Tchalian, diante da negativa em se proceder ao registro do contrato de alienação fiduciária de bem imóvel em garantia e outras avenças, firmado em 15.10.2019, acompanhado do aditivo datado de 21.01.2020 e do aditivo formalizado em 04.03.2020, referente ao imóvel matriculado sob nº 57.935. Mencionado bem foi oferecido por terceiro para garantia da dívida de R$ 700.000,00 constituída no contrato que regula as cessões de crédito com coobrigação feitas por Sagittarius Serviços Ferroviários EIRELLI EPP para Hércules Fundo de Investimento em Direitos Creditórios Multissetorial. O óbice registrário refere-se ao fato de constar no aditivo firmado em 21.01.2020 a disposição do artigo 7º, parágrafo 2º da Lei nº 8.668/93, que é destinada aos fundos de investimento imobiliário (FII), não podendo ser aplicado a fundos de investimentos em direitos creditórios (FIDC). Apresentou documentos às fls. 05/197. O suscitado apresentou impugnação às fls. 201/204, 315/318. Alega que deve ser aplicado o artigo 4º da Lei de Introdução às Normas do Direito Brasileiro, que prevê a analogia para os casos de omissão da lei. Juntou documentos às fls. 205/309. O Ministério Público opinou pela procedência da dúvida (fls. 312/314 e 331). É o relatório. Passo a fundamentar e a decidir. Com razão o Registrador, bem como a D. Promotora de Justiça. Os direitos reais sobre bens imóveis estão previstos no artigo 1225 do CC, bem como em legislações especiais, dentre as quais a Lei nº 9514/97 (lei da alienação fiduciária). A forma de aquisição dos direitos imobiliários variam conforme o tipo de investimento e o direito que é transferido. Dentre estas formas de aquisição encontram-se os fundos de investimento imobiliário (FII) e os fundos de investimento em direitos creditórios (FIDC), tendo ambas características próprias, sendo que em relação ao FIDC, a aquisição de bens imóveis é mais restrita, haja vista que envolve a aquisição de direitos creditórios. Neste contexto levando-se em consideração a ausência de personalidade desses fundos de investimento, a especificação acerca do tipo de aquisição, ou seja se através de FII ou FIDC, é feita pela formalização dessa aquisição. Nos casos de FII, a Lei nº 8.668/93, em seus artigos 6º e 7º, estabelece a forma como o administrador irá emprestar a sua personalidade juridica ao fundo, a fim de que um terceiro adquira um direito real. De acordo com mencionados artigos: "Art. 6º O patrimônio do Fundo será constituído pelos bens e direitos adquiridos pela instituição administradora, em caráter fiduciário. Art. 7º Os bens e direitos integrantes do patrimônio do Fundo de Investimento Imobiliário, em especial os bens imóveis mantidos sob a propriedade fiduciária da instituição administradora, bem como seus frutos e rendimentos, não se comunicam com o patrimônio desta, observadas, quanto a tais bens e direitos, as seguintes restrições: (g.n) I não integrem o ativo da administradora; II não respondam direta ou indiretamente por qualquer obrigação da instituição administradora; III não componham a lista de bens e direitos da administradora, para efeito de liquidação judicial ou extrajudicial; IV não possam ser dados em garantia de débito de operação da instituição administradora; V não sejam passíveis de execução por quaisquer credores da administradora, por mais privilegiados que possam ser; VI não possam ser constituídos quaisquer ônus reais sobre os imóveis. § 1 No título aquisitivo, a instituição administradora fará constar as restrições enumeradas nos incisos I a VI e destacará que o bem adquirido constitui patrimônio do Fundo de Investimento Imobiliário. § 2 No registro de imóveis serão averbadas as restrições e o destaque referido no parágrafo anterior. No caso do FIDC não existe disposição semelhante na legislação aplicável, logo, o artigo mencionado não poderá constar no aditivo apresentado, não podendo ser aplicado à empresa Hércules Fundo de Investimento em Direitos Creditórios Multissetorial. Como bem exposto pelo Registrador, a Resolução do Conselho Monetário Nacional nº 2907/2001, que introduziu o FDIC no ordenamento jurídico e a Instrução CVM nº 356/2001, não constam as restrições previstas no artigo 7º da Lei nº 8.668/93, logo, entendo que não há como aplicar mencionado dispositivo por analogia, vez que se trata de norma especifica. Ressalta-se ainda que os atos registrários são norteados pelo principio da legalidade estrita, o qual se sobressai no momento da qualificação do título, impondo ao registrador o controle dos requisitos do documento que dará entrada no fólio real. Neste aspecto, o Egrégio Conselho Superior da Magistratura decidiu na Apelação Cível nº 1.126-6/4, da lavra do Des. Ruy Camillo: "Considerando, então, que o juízo de qualificação registraria não se pode apartar da lei - o que impõe o exame da legalidade, pelo registrador, dos aspectos formais do título-,- forçoso negar registro ao título cuja apresentação extrínseca esteja em desajuste com os seus requisitos legais." Somado ao princípio da legalidade, vigora o principio da segurança jurídica que dos atos registrários se espera, não sendo crível o uso de dispositivo legal por analogia para referir-se a outro instituto. Diante do exposto, julgo procedente a dúvida suscitada pelo Oficial do 17º Registro de Imóveis da Capital, a requerimento de Renato Cavalli Tchalian, e consequentemente mantenho o óbice registrário. Deste procedimento não decorrem custas, despesas processuais e honorários advocatícios. Oportunamente remetam-se os autos ao arquivo. P.R.I.C. - ADV: RENATO CAVALLI TCHALIAN (OAB 398597/SP) (DJe de 07.10.2020 – SP)

Ementa: Sentença – Pedido de Providências – Cancelamento da averbação de restituiu Alienação fiduciária, anteriormente cancelada mediante apresentação de termo de quitação – Possibilidade – Existência de prejuízos a terceiros, visto que o imóvel já objeto de doação a terceira pessoa – Restituição da alienação que decorreu de comunicação da instituição financeira alegando que o número do contrato no termo de quitação estava correto, mas as informações eram de outro imóvel do mesmo devedor – Vício intrínseco – Oficial que deve analisar os aspectos extrínsecos do título, sendo dever da instituição financeira observar os detalhes intrínsecos – Restituição que não poderia ter sido feita – Matéria reservada à esfera jurisdicional – Ausência de conduta irregular do oficial, visto que a conduta do escrevente foi isolada e as providências cabíveis foram tomadas – Cancelamento da averbação que restituiu a Alienação fiduciária – Arquivamento do feito

Processo 1050356-75.2020.8.26.0100

Pedido de Providências - Registro de Imóveis - 18º Oficial de Registro de Imóveis da Capital - Banco Santander (Brasil) S/A - Departamento Jurídico – Fabio Okamoto - Vistos. Trata-se de pedido de providências formulado pelo Oficial do 18º Registro de Imóveis da Capital, solicitando o cancelamento da averbação nº 10 da matrícula nº 207.570. Esclarece que, em 06.03.2012, foi registrado sob nºs 05 e 06 contrato de compra e venda e contrato de alienação fiduciária do imóvel, respectivamente, figurando como vendedora Chamaeleon Even Empreendimentos Imobiliários LTDA, comprador fiduciante Fábio Okamoto e credor fiduciário Banco Santander (Brasil) S/A. Em 06.02.2019, foi apresentado instrumento particular de quitação datado de 18.01.2019, emitido pelo credor fiduciário, autorizando o cancelamento da alienação fiduciária registrada sob nº 06, por ocasião da quitação da dívida. O cancelamento da alienação foi averbado sob nº 07. Em 13.05.2019, foi apresentada escritura de doação do imóvel lavrada no 22º Tabelião de Notas da Capital, outorgada pelo proprietário Fabio Okamoto a Mariana Galvão D'Agosto, sendo tal escritura registrada em 30.05.2019, sob nº 09. Destaca que em 19.11.2019, a instituição financeira solicitou o cancelamento da averbação nº 07 e o restabelecimento do registro da alienação fiduciária, sob o argumento de que a quitação foi emitida indevidamente. Em atendimento ao pedido foi realizada a averbação nº 10 cancelando a averbação nº 07 e restabelecendo o registro nº 06. Aduz que recentemente o Banco Santander solicitou a intimação do fiduciante Fabio para sua constituição em mora na dívida objeto da alienação fiduciária registrada sob nº 06, ocasião em que foi constatado o erro cometido na averbação nº 10, vez que tal ato não poderia ser efetivado, porque o imóvel já havia sido doado. Salienta que a averbação nº 10 é nula de pleno direito, sendo que o restabelecimento da propriedade fiduciária do Banco Santander implicou o cancelamento indireto do registro de doação. Por fim, informa que foi instaurado procedimento administrativo disciplinar em face do funcionário que efetivou o ato, concluindo-se pela ausência de má fé do preposto. Juntou documentos às fls. 11/32. O Banco Santander manifestou-se às fls. 44/48. Entende não ser indevida a averbação nº 10, sob o argumento de que o mutuário Fabio Okamoto financiou dois imóveis contratos nºs 00333793793230000270235833 BRL (referente a matrícula nº 207.570) e 00334347347230011 350232139 BRL (referente a matrícula nº 134.469). Ocorre que por conta de um erro operacional foi informado incorretamente na matrícula nº 207.570 a quitação do contrato nº 00334347347230011 350232139BRL, ou seja, o número informado do contrato quitado estava correto, entretanto, os dados do imóvel estavam incorretos, o que levou a averbação da Av. 10 na matrícula nº 207.570. Afirma que o Oficial não conferiu os dados da carta de quitação, e ciente dos erros sucessivos de ambas as partes, o banco solicitou o restabelecimento do registro da alienação fiduciária, razão pela qual o escrevente efetivou a averbação nº 10. Por fim, ressalta que se prevalecer a solicitação do registrador, restará configurado o enriquecimento indevido do mutuário, já que ninguém pode dispor daquilo que não tem. Apresentou documentos às fls. 49/71. O devedor fiduciante manifestou-se às fls. 72/78. Sustenta a impossibilidade de cancelamento, em virtude da instituição financeira ter emitido o competente termo de quitação, bem como constituir a doação ato jurídico perfeito, passando Mariana a ser a atual proprietária do imóvel. Por fim, concorda com o cancelamento da averbação nº 10, solicitada na inicial. Juntou documentos às fls. 79/121. Esclarecimentos complementares apresentados pelo delegatário às fls. 130/134, reiterando os fatos expostos. O Ministério Público opinou pela procedência do pedido, bem como pela ausência de conduta irregular praticada pelo Registrador (fls. 124/126 e 137). É o relatório. Passo a fundamentar e a decidir. À luz do do artigo 214 da Lei 6.015/73: "Art.214: As nulidades de pleno direito do registro, uma vez provadas, invalidam-no, independentemente de ação direta". A decretação da nulidade de pleno direito da averbação/registro, na forma do artigo mencionado, requer a demonstração de falha na própria qualificação registral. Assim a norma faz alusão ao vício extrínseco ao título e inerente ao próprio ato registral. Nas hipóteses em que a averbação ou registro estão formalmente em ordem, a nulidade é postulada com fundamento em hipotético vício material do título, a ele intrínseco, logo o pleito de nulidade há de ser proposto na via judicial, com a incidência do contraditório e ampla defesa. Na lição de Narciso Orlandi: "É preciso distinguir nulidade direta do registro e nulidade do título, com reflexo no registro. O registro não pode ser cancelado por nulidade do titulo, salvo em processo contencioso de que participe o titular do direito inscrito. Em outras palavras, o art. 214 da Lei nº 6.015/73 é exceção. E como se sabe se o registro é ou não nulo de pleno direito? Sabe-se que o registro é ou não nulo de pleno direito examinando-o separadamente do titulo que lhe deu causa, apenas à luz dos princípios que regem o registro, a saber se foram cumpridos os requisitos formais. A indagação da nulidade do registro deve ficar restrita aos defeitos formais do assento,ligados à inobservância de formalidades essenciais da inscrição (Código Civil, arts.130 e 145,III)" (Afrânio de Carvalho, Retificação do Registro, in RDI 13, p.17). "(...) A nulidade a que se refere o art. 214 da Lei de Registros Públicos é exclusiva do registro, absolutamente independe do título, tanto que, uma vez declarada, permite que o mesmo título seja novamente registrado... A nulidade pode ser declarada diretamente independentemente de ação, é de direito formal, extrínseca. Ela não pode alcançar o título que subsiste íntegro e, em muitos casos, apto a, novamente, ingressar no registro... Problemas relativos ao consentimento das partes, dizem respeito ao título, tanto quanto sua representação e a elaboração material do instrumento" (Retificação do Registro de Imóveis, Ed. Oliveira Mendes, pág. 183/192). No caso em tela, houve equívoco de ambas as partes, tanto da instituição financeira, como do preposto da Serventia, sendo que em relação ao preposto foi a ausência de observação de que o imóvel não estava mais em nome de Fabio Okamoto, em virtude da doação realizada. Em relação ao banco, verifica-se do documento juntado à fl. 114 que foi expedido termo de quitação referente ao imóvel matriculado sob nº 207.570, sendo certo que o termo de quitação da obrigação constitui título hábil para reverter a propriedade plena para o nome do devedor fiduciante e consequentemente proceder ao cancelamento da alienação fiduciária registrada na matrícula, nos termos do item 231 do capítulo XX da NSCGJSP. Ao contrário do sustenta a instituição financeira, é dever do Oficial analisar os aspectos externos do título apresentado, ou seja, o aspecto formal, enquanto o erro relativo aos dados do imóvel deve ser imputado exclusivamente à instituição financeira. Fato é que a doação realizada pelo devedor fiduciante constitui ato jurídico perfeito, apto a produzir todos os efeitos a ele inerente. Neste contexto, causa até certa surpresa a este Juízo, o banco Santander somente ter percebido o equívoco decorrido nove meses da emissão do termo de quitação, sendo certo que para haver o restabelecimento da alienação fiduciária anteriormente cancelada, deverá o credor valer-se das vias ordinárias, com a incidência do contraditório e ampla defesa, vez que tal restabelecimento atingirá terceiro de boa fé, qual seja, a ex cônjuge do devedor fiduciante Mariana D'Agosto, donatária do imóvel em questão. De acordo com o artigo 138 do Código Civil: "São anuláveis os negócios jurídicos, quando as declarações de vontade emanarem de erro substancial que poderia ser percebido por pessoa de diligência normal, em face das circunstâncias do negócio". Todavia, a anulação do negócio jurídico e o restabelecimento do contrato anteriormente vigente, bem como a alegação de enriquecimento ilícito são matérias que fogem ao âmbito registrário, devendo ser objeto da respectiva ação junto ao Juízo Cível. Logo, mister o cancelamento da averbação nº 10, já que configurada sua nulidade. Por fim, resta a análise da conduta do Registrador. É fato que, ao realizar a qualificação do título apresentado, é dever do Oficial ou de seu preposto autorizado, conferir os aspectos extrínsecos do título, bem como a cadeia de atos anteriormente praticados na matrícula a fim de manter uma sequencia cronológica de procedimentos efetuados no fólio, em consonância com o zelo e presteza que devem ser observados nas atividades registrarias, bem como visando resguardar a segurança jurídica. Neste contexto, a cadeia cronológica foi quebrada com a averbação nº 10, em desrespeito ao princípio da continuidade, vez que o imóvel não mais pertencia a Fabio, não podendo a donatária ser atingida pelos efeitos do restabelecimento do contrato de alienação fiduciária ao qual nem fez parte. Pela apuração do ocorrido internamente na Serventia, denota-se que o funcionário que efetuou a averbação atacada praticou o ato sozinho, impedindo que o título fosse examinado, conferido, verificado e registrado pelos escreventes de cada setor, ficando apenas em sua posse. A corroborar tal fato, consta à fl. 42 que, questionado, o funcionário respondeu: "... 4º - Ainda durante o exame do titulo, chegou a consultar os responsáveis da Serventia sobre o assunto? Resp. Não, pois não entendi necessário". Ademais, o Registrador ao tomar conhecimento dos fatos tomou todas as providências cabíveis para coibir que tal prática ocorra novamente na Serventia, instaurando o respectivo procedimento de sindicância, que conclui pela ausência de má fé e grau de confiança depositada no funcionário, vez que presta serviço há mais de trinta anos na Serventia. Todavia, a fim de evitar que tal fato novamente ocorra todos os funcionários foram advertidos a tomarem maior cautela no exame de cancelamentos de hipotecas e alienações fiduciárias. Diante do exposto, julgo procedente o pedido de providências formulado pelo Oficial do 18º Registro de Imóveis da Capital, e consequentemente determino o cancelamento da averbação nº 10 da matrícula nº 207.570. Por fim, entendo pela ausência de conduta irregular praticada pelo Registrador, razão pela qual determino o arquivamento do feito neste aspecto. Deste procedimento não decorrem custas, despesas processuais e honorários advocatícios. P.R.I.C. - ADV: ULYSSES ECCLISSATO NETO (OAB 182700/SP), RICARDO RAMOS BENEDETTI (OAB 204998/ SP) (DJe de 25.08.2020 – SP)

Ementa: Sentença – Dúvida – Compra e Venda com pacto adjeto de Alienação Fiduciária – Impossibilidade – Procuração que não apresenta poderes especiais, nos termos do § 1°, do art. 661 do CC – Poderes apresentados que se consubstanciam naqueles definidos como expressos, mas não especiais, como se exige para a constituição de Alienação Fiduciária – Manutenção do óbice – Procedência

Processo 1020060-70.2020.8.26.0100

Dúvida – Notas – Joiceane Gonzaga dos Santos – Vistos. Trata-se de dúvida suscitada pelo Oficial do 5º Registro de Imóveis da Capital, a requerimento de Joiceane Gonzaga dos Santos, diante da negativa em se proceder ao registro do instrumento particular de compra e venda com alienação fiduciária em garantia, referente ao imóvel matriculado sob nº 64.155. O óbice registrário refere-se ao fato da procuração ser confeccionada de forma genérica, ou seja, não há informação de que o outorgante confere poderes específicos e expressos para a representar, adquirir e dar em garantia por alienação fiduciária o imóvel mencionado. Juntou documentos às fls. 05/58. A suscitada não apresentou impugnação, conforme certidão de fl. 59. O Ministério Público opinou pela procedência da dúvida (fls. 62/63). É o relatório. Passo a fundamentar e a decidir. Com razão o Registrador, bem como a D. Promotora de Justiça. A questão a ser analisada na presente hipótese envolve a representação processual outorgada por Enanes Correia dos Santos a Joiceane Gonzaga dos Santos (fl. 36). No referido instrumento não constou a informação de que o outorgante confere poderes especiais e expressos para sua representante adquirir e dar em garantia por alienação fiduciária o imóvel objeto da matrícula nº 64.155: "... bem como poderes para comprar quaisquer imóveis em todo território nacional em nome do outorgante, podendo assinar contratos e tudo que for relativo a compra de imóveis, podendo, para tanto, pagar o preço, receber quitação, assinar escrituras públicas e contratos de qualquer natureza públicos ou privados, fazer financiamentos imobiliários, inclusive junto à Caixa Econômica Federal, assinado tudo que for preciso, podendo dita procuradora transmitir domínio, direito, ação e posse, responder pela evicção de direito, liquidar dívidas hipotecárias, fiduciárias e tributos fiscais que incidam sobre o dito imóvel, ajustar o preço de venda, da cessão ou valor da hipoteca/alienação, receber, passar recibo e dar quitação total e irrevogável do preço ou valor, assinar opção de compra e venda, assinar e endossar cheques, dar,se necessário, referido imóvel em garantia de alienação fiduciária ou hipotecária do mútuo a ser contraído perante os bancos acima mencionados, combinar cláusulas e condições, assinando os contratos necessários, inclusive de rerratificação, pagar taxas e impostos, promover registros, averbações, cancelamentos e matrículas, prestar as declarações exigidas pelo decreto n° 93.240/86; enfim, praticar todos os atos necessários para o bom e fiel cumprimento do presente mandato, podendo substabelecer". O artigo 661, § 1º do Código Civil estabelece que: "Art. 661: O mandato em termos gerais só confere poderes de administração. § 1º Para alienar, hipotecar, transigir, ou praticar outros quaisquer atos que exorbitem da administração ordinária, depende a procuração de poderes especiais e expressos". Aqui cabe fazer uma distinção entre poderes expressos e especiais: Maria Helena Diniz (Curso e direito brasileiro, v.3. São Paulo, editora: Saraiva, 2002, p. 336), menciona que: "mandato expresso, específico daqueles casos que exigem procuração contendo poderes especiais (CC, art. 661, p. lo), pois a manifestação desses poderes deverá revelar-se de modo inequívoco". "mandato com poderes especiais, se envolver atos de alienação ou disposição, exorbitando dos poderes de administração ordinária (CC, art.661,p. 1° e 2°)". Assim, os poderes especificos são utilizados para além da administração ordinária (poderes especiais) e declarados de modo inequívoco (poderes expressos), razão pela qual a procuração abrangendo poderes especificos é cumulada com poderes expressos. Daí que para alienar ou onerar bens imóveis, a norma é clara ao exigir representação processual com poderes especiais e expressos, sendo certo que a procuração apresentada constou poderes expressos, porém não especiais. Tal questão foi objeto de análise pelo Egrégio Conselho Superior da Magistratura: "REGISTRO DE IMÓVEIS – CÉDULA DE CRÉDITO BANCÁRIO GARANTIDO POR ALIENAÇÃO FIDUCIÁRIA DE BEM IMÓVEL SACADA POR MEIO DE REPRESENTAÇÃO – EXISTÊNCIA DE PODERES EXPRESSOS MAS NÃO ESPECIAIS – ART. 661, P. 1º, DO CÓDIGO CIVIL – EXIGÊNCIA DE PODERES EXPRESSOS E ESPECIAIS – RECURSO NÃO PROVIDO" (Processo nº 0024552-06.2012.8.26.0100, Rel: Drº José Renato Nalini, Data de Julgamento: 07/02/2013, Data de Publicação:02/04/2013). Confira-se do corpo do Acórdão: "... Note-se que a lei menciona os poderes como sendo especiais E expressos, ou seja, as duas hipóteses cumulativamente. E há distinção entre ambas. Assim são os ensinamentos de Pontes de Miranda. Mandato expresso e mandato com poderes especiais são conceitos diferentes. E expresso o mandato em que se diz: "com poderes para alienar, hipotecar, prestar fiança". Porém não é especial. Por conseguinte, não satisfaz as duas exigências do art. 1.295, § 1º, do Código Civil (atual 661, § 1º) que fala de "poderes especiais e expressos". Cf. o Código Comercial, art. 134, "in fine", poderes expressos são os poderes que foram manifestados com explicitude. Poderes especiais são os poderes outorgados para a prática de algum ato determinado ou de alguns atos determinados. Não pode hipotecar o imóvel "a" o mandatário que tem procuração para hipotecar, sem se dizer qual o imóvel: recebeu poder expresso, mas poder geral, e não especial" (Tratado de Direito Privado, Parte Especial, Editor Borsoi, Rio de Janeiro, 1972. 3ª edição, reimpressão, Tomo XLIII, p. 35. 4) "...Conclui-se, pois, que os poderes especiais e os poderes expressos, referidos no § 1º do artigo 661 do Código Civil, têm significados diversos. Estes últimos são os referidos no mandato (exemplo: poderes para vender, doar, hipotecar, etc). Já aqueles correspondem à determinação específica do ato a ser praticado (exemplo: vender o imóvel "A". hipotecar o imóvel "B", etc). E o ordenamento jurídico, como já visto, exige a presença de ambos na procuração com o escopo de se alienar bens". Logo, a procuração apresentada não preenche os requisitos legais, razão pela qual é de rigor a manutenção do óbice. Diante do exposto, julgo procedente a dúvida suscitada pelo Oficial do 5º Registro de Imóveis da Capital, a requerimento de Joiceane Gonzaga dos Santos, e consequentemente mantenho o óbice registrário. Deste procedimento não decorrem custas, despesas processuais e honorários advocatícios. Oportunamente remetam-se os autos ao arquivo. P.R.I.C. – ADV: MACIEL LUIS DOS SANTOS SILVA (OAB 426914/SP) (DJe de 12.06.2020 – SP)

BEM DE FAMÍLIA

Ementa: Sentença – Dúvida – Instituição de Bem de Família – Impossibilidade – Existência de indisponibilidade que grava o imóvel – Não prospera a alegação de que a constrição foi realizada apenas sobre a parte ideal pertencente ao interessado, pois não é possível haver a cindibilidade, sob pena de esvaziamento da garantia – Manutenção do óbice – Procedência

Processo 1067433-97.2020.8.26.0100

Dúvida - Notas - Laurival Laércio Gabrielli Júnior - Vistos. Trata-se de dúvida suscitada pelo Oficial do 15º Registro de Imóveis da Capital, a requerimento de Laurival Laercio Gabrielli Júnior, tendo em vista a negativa em se proceder ao registro de escritura de instituição de bem de família lavrada pelo Tabelião de Notas de Campo Limpo Paulista, pela qual o suscitado e sua mulher instituem como bem de família destinado a residência deles e de sua filha Silvana Tapié Gabrielli o imóvel matriculado sob nº 2.098. O óbice registrário refere-se à existência de penhora (averbação nº 10) em favor da Fazenda Nacional, o que torna o imóvel indisponível, nos termos do artigo 53, § 1º, da Lei 8212/91, sendo necessário o seu cancelamento. Juntou documentos às fls. 06/124. Insurge-se o suscitado do óbice, sob o argumento de que a penhora foi impugnada por embargos à execução, que se encontram em fase de recurso de apelação, bem como a indisponibilidade abrangeria somente o quinhão do suscitado e não de sua cônjuge Elizabeth Tapie Gabrielli.

Apresentou documentos às fls. 134/211. O Ministério Público opinou pela procedência da dúvida (fls. 215/217). É o relatório. Passo a fundamentar e a decidir. Com razão o Registrador, bem como o D. Promotor de Justiça. Pelo teor do art. 53, §1º, da Lei 8.212/91, os bens penhorados em execução fiscal tornam-se imediatamente indisponíveis. As averbações realizadas ex officio relativas a indisponibilidade não têm caráter constitutivo, mas meramente declaratório, e sua realização atende os princípios da segurança jurídica e publicidade advindas dos registros públicos, permitindo que pessoa que tenha acesso a matrícula saiba não só que o bem encontra-se penhorado mas que, em razão do que previsto em lei, também está indisponível, permitindo que mesmo aqueles que desconhecem as peculiaridades da execução fiscal tomem conhecimento que a penhora ali determinadas tem efeitos mais amplos do que a mera presunção de fraude à execução. E se existente indisponibilidade, cabe ao requerente, nos termos da nota devolutiva, providenciar seu levantamento por meio de mandado judicial, junto ao Juízo que a determinou, não competindo a este Juízo administrativo a análise ou modificação de determinação expedida em âmbito judicial. Em outras palavras, a simples existência da averbação de penhora em favor da Fazenda Pública já obsta o registro pleiteado para a instituição de bem de família voluntário. Ressalto que a alegação de que a indisponibilidade do bem atingiu somente a fração ideal pertencente ao suscitado não afasta a exigência, vez que a penhorabilidade do imóvel torna a totalidade do bem indisponível, não sendo possível sua cindibilidade, sob pena de esvaziamento da garantia do imóvel para pagamento da divida. Destaco que a penhora e a indisponibilidade visam juntamente garantir o pagamento de dívidas fiscais. No presente caso, o registro da forma como pleiteado traria conflito vez que o imóvel gravado como bem de família seria impenhorável em total contraste com a penhorabilidade determinada em favor da Fazenda Nacional, na qualidade de credora. A pendência do julgamento dos embargos à execução não permite que se afaste a exigência, vez que não há qualquer decisão transitada em julgado desconstituindo o gravame, sendo que os atos que ingressam no fólio real não admitem decisões provisórias. Diante do exposto, julgo procedente a dúvida suscitada pelo Oficial do 15º Registro de Imóveis da Capital, a requerimento de Laurival Laercio Gabrielli Júnior, e consequentemente mantenho o óbice registrário, devendo o suscitado buscar o levantamento do gravame junto ao Juízo que o determinou para posterior registro do titulo. Deste procedimento não decorrem custas, despesas processuais e honorários advocatícios. Oportunamente remetam-se os autos ao arquivo. P.R.I.C. - ADV: ANDRE MANZOLI (OAB 172290/SP) (DJe de 23.09.2020 – SP)

BLOQUEIO DE MATRÍCULA

Ementa: Sentença – Retificação de Registro de Imóvel – Pedido de Providências – Desbloqueio da matrícula – Possibilidade – Premissas que justificavam o bloqueio da matrícula foram sanadas na via judicial, com a constatação do regime de casamento adotado pelo casal – Determinação do desbloqueio da matrícula – Procedência

Processo 1120928-90.2019.8.26.0100

Retificação de Registro de Imóvel – Registro de Imóveis – Disfer Distribuidora de Ferragens Ltda – Luzia Gimenez – Vistos. Trata-se de pedido de desbloqueio da matrícula nº 17.162 do 7º Registro de Imóveis da Capital, formulado por Disfer Distribuidora de Ferragens LTDA, representada por seu sócio Agostinho Gimenez Netto. Aduz a requerente que, por decisão expedida por este Juízo nos autos nº 1019960-86.2018.8.26.0100, foi determinado o registro perante o Cartório de Imóveis mencionado, do bem negociado que envolvem as mesmas partes e a mesma situação jurídica, razão pela qual, ante a caracterização do fato novo, faz-se imprescindível o desbloqueio. Juntou documentos às fls. 07/1187. O Registrador manifestou-se à fl. 1191, concordando com o desbloqueio da matrícula. Apresentou documento às fls. 1192/1195. Luzia Gimenez, na qualidade de terceira interessada, manifestou-se às fls. 1204/1205, discordando da pretensão da requerente. Salienta que nos autos nº 1019960-86.2018.8.26.0100, não houve a possibilidade do contraditório, bem como requereu a instauração de inquérito policial perante o 18º Distrito Policial para apuração de eventual falsidade ideológica da ata notarial apresentada no procedimento mencionado. Acerca das ponderações de Luzia, a requerente falou às fls. 1212/1215, reiterando os argumentos expostos na inicial. Juntou documentos às fls. 1216/1233 e 1235/1450. O Ministério Público opinou pela procedência do pedido, com o consequente desbloqueio da matrícula (fls. 1454/1456). É o relatório. Passo a fundamentar e a decidir. Primeiramente ressalto que a alegação de Luzia, sobre o cerceamento de defesa nos autos nº 1019960-86.2018.8.26.0100, deveria ter sido ventilada no mencionado feito em tempo oportuno ou em sede recursal, assim como a solicitação de instauração de inquérito policial para apuração de condutas irregulares envolvendo o advogado da parte contrária e falsidade ideológica de documento é matéria que foge ao âmbito administrativo, logo não serão consideradas para fins de julgamento deste feito. Pois bem, a fim de se estabelecer uma cronologia fática, observo que a matrícula nº 17.162 foi bloqueada nos autos nº 1001811-13.2016.8.26.0100, vez que se discutia a real intenção do casal em relação ao regime de bens a ser adotado, sendo o feito julgado improcedente em relação ao cancelamento da averbação nº 7, na data de 03.05.2017. Posteriormente em novo procedimento de dúvida suscitado pelo sócio da requerente Agostinho Gimenez (processo nº 1019960-86.2018.8.26.0100), foi pleiteado o registro da carta de sentença notarial extraída dos autos do inventário e partilha dos bens deixados por Pedro Gimenez, por meio do qual se buscou transmitir os bens imóveis matriculados sob nºs. 2.145 e 30.290. Neste contexto, em 05 de novembro de 2018, a dúvida foi julgada improcedente, reconhecendo que o regime de bens a ser adotado após a reconciliação do casal foi o da separação de bens, logo Pedro Gimenez passou a figurar como titular exclusivo dos imóveis em questão, e consequentemente foi determinado o registro do título. Com base nestas premissas, entendo que a razão para manutenção do gravame na matrícula não mais existe, sendo que o bloqueio tem caráter acautelatório. Assim, com o registro do título e a comprovação do regime da separação de bens quando do restabelecimento da sociedade conjugal, já ficou estabelecido que os bens atribuídos a cada um dos cônjuges na primeira separação continuam, após a segunda separação, pertencendo com exclusividade a cada um dos cônjuges. Logo, entendo que o boqueio determinado por este juízo perdeu sua razão de ser, face ao registro da carta de sentença notarial extraída dos autos do inventário e partilha dos bens deixados por Pedro Gimenez. Diante do exposto, julgo procedente o pedido de providências formulado por Disfer Distribuidora de Ferragens LTDA em face do Oficial do 7º Registro de Imóveis da Capital, e consequentemente determino o desbloqueio da matrícula nº 17.162. Deste procedimento não decorrem custas, despesas processuais e honorários advocatícios. Oportunamente remetam-se os autos ao arquivo. P.R.I.C. – ADV: ANTONIO VIEIRA CAMPOS (OAB 86848/SP), MARCUS MACHADO (OAB 122464/SP) (DJe de 06.04.2020 – SP)

Ementa: Sentença – Pedido de Providências – Pedido de retificação de matrícula – Existência de fortes indícios de fraude – Impossibilidade de deferimento da retificação pleiteada – Preservação do princípio da segurança jurídica – Determinação do bloqueio da matrícula supra mencionada até solução final da questão – Improcedência

Processo 1088080-50.2019.8.26.0100

Pedido de Providências – REGISTROS PÚBLICOS – 16º Oficio de Registro de Imoveis da Capital – Marilena Vicente – Vistos. Trata-se de pedido de providências formulado pela Oficial do 16º Registro de Imóveis da Capital, comunicando ter recebido pedido de retificação da matrícula nº 19.430, formulado por Edna dos Reis e Lúcio dos Reis, a fim de inclui-los como vendedores de parte do imóvel. Relata a Registradora que foi apresentada escritura de venda e compra lavrada no 21º Tabelião de Notas da Capital, pela qual os interessados pretendem a retificação, todavia, no documento que deu origem ao registro nº 12, não constaram os interessados na qualidade de vendedores, bem como na escritura apresentada figura somente a assinatura de Edna dos Reis, ausente a assinatura do seu marido Lúcio dos Reis, sendo que face ao regime de bens adotado, deveria ele comparecer. Por fim, destaca a delegatária que apurou que o título apresentado divergia da escritura inicialmente registrada na matrícula (fls. 07/09), em que não constava o nome do casal, configurando fortes indícios de fraude. Juntou documentos às fls. 03/23. Houve a manifestação do 21º Tabelião de Notas da Capital (fls. 50/51). Esclarece que somente a certidão juntada às fls. 11/15 reflete o ato praticado, sendo que o documento juntado às fls. 07/09, apresentado a registro, foi adulterado. Assim, conclui-se pela idoneidade da certidão e pela inidoneidade do traslado feito. O Ministério Público opinou pelo bloqueio da matrícula, a fim de se evitar maiores lesões a direitos dos envolvidos e de terceiros (fls. 57/59). Foi realizada a comunicação ao MMº Juízo da 2ª Vara de Registros Públicos acerca da proibição da expedição de certidões e traslados sem autorização da Corregedoria Permanente (fls. 63/66). É o relatório. Passo a fundamentar e a decidir. Primeiramente cabe pontuar que a qualificação realizada pelo registrador no momento da apresentação do título é livre, sem nenhum tipo de condicionamento, ressalvada a estrita observância aos principíos registrários. Neste sentido: "Na qualidade de titular de uma delegação de serviço público, o registrador de imóveis atua na esfera administrativa e, friso, no uso de sua autonomia funcional, analisa a presença dos aspectos extrínsecos necessários a cada título e sua coerência sistemática." Marcelo Fortes Barbosa Filho, O Registro de Imóveis, os títulos judiciais e as ordens judiciais", Doutrinas Essenciais Direito Registral, pag.1125, vol. II,

Revista dos Tribunais. Na presente hipótese, o título apresentado a registro, embora tenha fortes indícios de falsificação, estava formalmente apto ao ingresso no fólio real, vez que continha todos os requisitos extrínsecos necessários para a qualificação positiva. Pelo princípio da legitimação (eficácia do registro), os vícios reconhecíveis pela via administrativa são apenas aqueles comprováveis de pleno direito que resultem de erros evidentes extrínsecos ao título, sem necessidade de exames de outros documentos ou fatos (artigos 214, caput, e 252 da Lei 6.015/73). O vício intrínseco, derivado da existência de indícios de falsificação para a lavratura da mencionada escritura, deve ser reconhecido em procedimento contencioso cível, com a participação da outra parte que participou da venda e com ampla dilação probatória. Configurado o vício do contrato, o cancelamento do registro feito na matrícula do imóvel ocorrerá como consequência, conforme determina o artigo 216 da Lei 6.015/73. Logo, tendo este Juízo competência administrativa disciplinar, não pode analisar questões de direito material que envolvam o negócio jurídico. E ainda, tem-se a impossibilidade do deferimento da retificação pleiteada, vez que o ato que se pretende a correção padece de fortes indícios de fraude, sendo que a retificação corroboraria a prática do ato e o tornaria válido. Todavia, a fim de preservar o princípio da segurança jurídica, já que os elementos trazidos aos autos revelam que a superveniência de novos registros poderá causar danos de difícil reparação aos interessados e à terceiros de boa fé, por cautela, nos termos do artigo 214, § 3º da Lei 6015/75, recomenda-se o bloqueio da matrícula supra mencionada. Assim, determino o bloqueio da matrícula nº 19.430 do 16º Registro de Imóveis da Capital, até solução final da questão. Intime-se, com brevidade, os interessados para, querendo, ingressarem com as medidas cabíveis para o resguardo de seus interesses. Por fim, ante a ausência de conduta irregular praticada pela Registradora passível da instauração de procedimento administrativo disciplinar, determino o arquivamento do presente feito. Deste procedimento não decorrem custas, despesas processuais e honorários advocatícios. P.R.I.C. – ADV: RICARDO NOGUEIRA (OAB 211133/SP) (DJe de 02.03.2020 – SP)

CARTA DE ARREMATAÇÃO

Ementa: Sentença – Dúvida – Carta de Arrematação – Imóvel adquirido por leilão eletrônico – Impossibilidade – Óbice registrário referente à necessidade de apresentação de formal de partilha do antigo proprietário – Título judicial não afasta a qualificação registrária – Princípio da Continuidade – Manutenção do óbice – Procedência

Processo 1085457-76.2020.8.26.0100

Dúvida - Notas - Guilherme Almeida de Oliveira - Vistos. Trata-se de dúvida suscitada pelo Oficial do 5º Registro de Imóveis da Capital, a requerimento de Guilherme Almeida de Oliveira, diante da negativa em se proceder ao registro da carta de arrematação expedida pelo MMº Juízo da 8ª Vara Cível da Capital, nos autos da execução de título extrajudicial (processo nº 1071190-46.2013.8.26.0100), referente ao imóvel matriculado sob nº 57.557. O óbice registrário refere-se à necessidade de apresentação do formal de partilha de Eval da Silva, em consonância com o princípio da continuidade, vez que consta da matrícula mencionada que o imóvel foi adquirido a título oneroso por Suely da Silva casada pelo regime da comunhão de bens com Eval da Silva. Salienta o Registrador que a execução foi movida contra o casal, e na contestação Suely se diz viúva, alegando que era separada e divorciada de Eval, já falecido, e que adquiriu o bem sozinha. Foi homologada a desistência em face de Eval, tendo sido extinto o processo sem julgamento do mérito em relação a ele. Por fim, destaca que a arrematação é modo de aquisição derivado do direito de propriedade. Juntou documentos às fls. 06/83. O suscitado apresentou impugnação às fls. 84/88. Alega que arrematou o imóvel através de leilão eletrônico, sendo expedida a respectiva carta de arrematação em 20.02.2020. Destaca que não tem conhecimento da existência de partilha oriunda do falecimento ou divórcio de Eval, bem como não lhe compete perquirir sobre o tema, haja vista que a arrematação do imóvel constitui modo de aquisição originária da propriedade, inexistindo relação jurídica entre o arrematante e o proprietário anterior do bem. Entende que a dívida que originou a alienação forçada é propter rem, consequentemente há solidariedade entre os devedores, afastando a alegada violação ao principio da continuidade. Apresentou documentos às fls. 89/134. O Ministério Público opinou pela procedência da dúvida (fls. 137/140). É o relatório. Passo a fundamentar e a decidir. Preliminarmente, cumpre destacar que os títulos judiciais não estão isentos de qualificação, positiva ou negativa, para ingresso no fólio real. O Egrégio Conselho Superior da Magistratura já decidiu que a qualificação negativa do título judicial não caracteriza desobediência ou descumprimento de decisão judicial (Apelação cível n. 413-6/7). Neste sentido a apelação cível nº 464-6/9, de São José do Rio Preto: "Apesar de se tratar de título judicial, está ele sujeito à qualificação registrária. O fato de tratar-se o título de mandado judicial não o torna imune à qualificação registrária, sob o estrito ângulo da regularidade formal, O exame da legalidade não promove incursão sobre o mérito da decisão judicial, mas à apreciação das formalidades extrínsecas da ordem e à conexão de seus dados com o registro e a sua formalização instrumental." Nessa linha, também o E. Supremo Tribunal Federal já decidiu que: "REGISTRO PÚBLICO - ATUAÇÃO DO TITULAR- CARTA DE ADJUDICAÇÃO- DÚVIDA LEVANTADA - CRIME DE DESOBEDIÊNCIA - IMPROPRIEDADE MANIFESTA. O cumprimento do dever imposto pela Lei de Registros Públicos, cogitando-se de deficiência de carta de adjudicação e levantando-se dúvida perante o juízo de direito da vara competente, longefica de configurar ato passível de enquadramento no artigo 330 do Código Penal - crime de desobediência -, pouco importando o acolhimento, sob o ângulo judicial, do que suscitado" (HC85911 / MG - MINAS GERAIS, Relator: Min. MARCO AURÉLIO,j. 25/10/2005, Primeira Turma). Sendo assim, fica claro que não basta a existência de título proveniente de órgão jurisdicional para autorizar automaticamente o ingresso no registro tabular. Feitas estas considerações passo à análise do mérito. Por força do princípio da continuidade, uma inscrição subsequente só transfere um direito se ele efetivamente estiver compreendido, objetiva e subjetivamente, na inscrição antecedente, que lhe dá fundamento, ou seja, para que se faça a inscrição subsequente é necessário que o agente possa, objetiva e subjetivamente, dispor do direito. Afrânio de Carvalho, a propósito, explica que: "O princípio da continuidade, que se apóia no de especialidade, quer dizer que,em relação a cada imóvel, adequadamente individuado, deve existir um cadeia de titularidade à vista da qual só se fará a inscrição de um direito se o outorgante dele aparecer no registro como seu titular. Assim, as sucessivas transmissões, que derivam umas das outras, asseguram a preexistência do imóvel no patrimônio do transferente (Registro de Imóveis, Editora Forense, 4ª Ed., p. 254). Na presente hipótese, conforme verifica-se do registro nº 02 da matricula juntada às fls. 130/134, por escritura pública lavrada pelo 21º Cartório de Notas da Capital, o imóvel foi adquirido por Suely da Silva, casada pelo regime da comunhão de bens antes da Lei nº 6515/77. Logo, com a informação na ação executiva do falecimento de Eval, torna necessária a apresentação de seu formal de partilha, sendo que em razão de sua morte a porcentagem de seus bens é transmitida a seus eventuais herdeiros e a seu cônjuge, nos termos do artigo 1784 do CC. Ademais, a argumentação de Suely de que o imóvel foi adquirido com recursos próprios, deve ser reconhecida na via judicial, com a ampla produção probatória, sendo certo que o registro enquanto não cancelado produz seus efeitos legais. Convém ainda ressaltar que, as dividas condominiais, conforme bem exposto pelo suscitado, são propter rem, ou seja, o pagamento da taxa condominial vincula o proprietário que consta no registro imobiliário, sendo que no presente caso constam como proprietários Suely e Eval, vigorando a solidariedade em relação ao pagamento, tendo tal obrigação natureza solidária, e o credor poderá tanto cobrar de um como dos dois. Somado a estes fatos, prevalece o entendimento de que a arrematação é modo derivado de aquisição, o que reforça a necessidade de observação ao princípio da continuidade e identidade do elemento subjetivo na cadeia registrária. Neste sentido os julgados do Egrégio Conselho Superior da Magistratura: "Registro de Imóveis Carta de arrematação forma derivada de aquisição da propriedade executada que não figura como proprietária do imóvel na respectiva matrícula afronta ao princípio da continuidade Carta de adjudicação do imóvel previamente expedida emfavor da executada, mas não levada a registro, que não basta para permitir exceção à continuidade Recurso desprovido" (Apelação nº 1009832-65.2014.8.26.0223, Rel: Drº Manoel Pereira Calças, D.J. 30.09.2016). "Registro de Imóveis Carta de arrematação Título judicial sujeito à qualificação registral Forma derivada de aquisição de propriedade Desqualificação por ofensa ao princípio da continuidade Dúvida julgada procedente Recurso não provido" (Apelação nº 1001015-36.2019.8.26.0223, Rel: Drº Geraldo Francisco Pinheiro Franco, DJ19.09.2019). Assim, fica mantido o óbice, sendo que o registro da carta de arrematação, nos moldes almejados, ensejaria o rompimento da cadeia registrária, sem a consequentemente segurança jurídica que dos registros se espera. Diante do exposto, julgo procedente a dúvida suscitada pelo Oficial do 5º Registro de Imóveis da Capital, a requerimento de Guilherme Almeida de Oliveira, e consequentemente mantenho o óbice registrário. Deste procedimento, não decorrem custas, despesas processuais e honorários advocatícios. Oportunamente remetam-se os autos ao arquivo. P.R.I.C. - ADV: GUILHERME ALMEIDA DE OLIVEIRA (OAB 344018/SP) (DJe de 19.10.2020 – SP)

Ementa: Sentença – Pedido de Providências – Carta de arrematação – Impossibilidade – Violação ao princípio da disponibilidade – Erro cometido pelo averbação de decisão judicial que determinou a penhora do imóvel sobre 1/16 avos do imóvel, o que incluiu parte não pertencente ao devedor – Correção posterior do equívoco, o que permitiu o registro – Títulos judiciais que não estão isentos de qualificação registrária – Ausência de conduta irregular praticada pelo oficial – Desbloqueio da matrícula – Arquivamento do feito

Processo 0035613-14.2019.8.26.0100

Pedido de Providências - REGISTROS PÚBLICOS - Mauricio Pedrassi - Vistos. Trata-se de pedido de providências formulado por Maurício Pedrassi em face do Oficial do 15º Registro de Imóveis da Capital, indagando sobre procedimento efetuado na matrícula nº 89.054. Aduz o requerente que arrematou por leilão a parte ideal do mencionado imóvel, equivalente a 1/16 ou 6,25% do total, todavia o Oficial registrou apenas 3,125% do imóvel, sob o argumento de que a outra metade faz parte de um inventário ainda não finalizado. Salienta que apesar de ser plausível o argumento utilizado, foi arrematado 6,25% e pago o valor do ITBI sobre este percentual, razão pela qual acredita que foi lesado. O Registrador manifestou-se às fls. 03/05. Esclarece que a aquisição mencionada pelo interessado foi efetivada pelo registro nº 16, a teor da carta de arrematação expedida pelo MMº Juízo da 41ª Vara do Trabalho da Capital (processo nº 00479006420065020041), contra o Restaurante Ibiramar LTDA, por seu sócio Márcio Pedrassi, titular de 3,125% do imóvel objeto da matrícula nº 89.054. Destaca que o registro nº 16, ao indicar que transmissão, envolvia 3,125% do imóvel, corresponde ao percentual correto que o transmitente era detentor, vez que se tivesse praticado com o outro percentual estaria dispondo de mais direitos que possuía em ofensa ao princípio da disponibilidade registrária. Assim, o percentual da penhora averbada sob nº 10 na matrícula nº 89.054, não correspondia com a parte correta do executado Márcio Pedrassi. Assevera o delegatário, no propósito de ajustar a indicação da parte ideal correta, não somente da averbação nº 10, como também das constrições objeto do registro nº 02, averbações nºs 08 e 09, foi realizada a averbação nº 18 de ofício, tendo em vista estar configurado erro evidente, que independe de prova, em consonância com o artigo 213, I, "a" da Lei nº 6.015/73. Juntou documentos às fls. 06/35. Sobre as informações do registrador, o requerente manifestou-se às fls. 38/47, reiterando os argumentos expostos na inicial. Requer a retificação do registro nº 16, para que fique constando a fração ideal adquirida em hasta pública, equivalente a 6,25% do total do imóvel, e não 3,125%, extinguindo consequentemente a averbação nº 18. Apresentou documentos às fls. 48/52. O Ministério Público opinou pelo indeferimento da pretensão do requerente, tendo sido corretamente praticada de ofício a averbação nº 18. Como medida acautelatória, foi determinado o bloqueio da matrícula (fls. 58/59). Cientificados do bloqueio, os interessados não se manifestaram (certidão – fl. 114). É o relatório. Passo a fundamentar e a decidir. Em primeiro lugar, ressalto que a origem judicial do título não torna prescindível a qualificação registrária, conforme pacífico entendimento do Egrégio Conselho Superior da Magistratura: "Apesar de se tratar de titulo judicial, está ele sujeito à qualificação registrária. O fato de tratar-se o titulo de mandado judicial não o torna imune à qualificação registrária, sob o estrito angulo da regularidade formal. O exame da legalidade não promove a incursão sobre o mérito da decisão judicial, mas à apreciação das formalidades extrínsecas da ordem e à conexão de seus dados com o registro e a sua formalização instrumental" (Ap. Cível nº 31881-0/1) Assim, não há que se dizer que o registrador é obrigado a realizar o registro sem fazer a análise do título judicial. Na presente hipótese, de acordo com a matrícula juntada às fls. 06/21, os proprietários do imóvel eram Armando Pedrassi (percentual de 50%) e Antonio Luiz Pedrassi (percentual de 50%). Com o falecimento de Armando Pedrassi, a metade ideal foi transferida por herança a sua ex cônjuge Olga Pedrassi (meação de 25%); a sua herdeira filha Sueli Nadia Mazzonetto (fração de 12,5%); a seu herdeiro neto Márcio Pedrassi (fração de 3,125%); a sua herdeira neta Mônica Pedrassi (fração de 3,125%); a sua herdeira neta Mirela Pedrassi (fração de 3,125%) e a seu herdeiro neto Maurício Pedrassi (fração de 3,125%). Ocorre que, equivocadamente, o MMº Juízo da 25ª Vara Cível da Capital determinou o registro da penhora sobre a parte ideal de 1/16 do imóvel, proveniente da ação de despejo por falta de pagamento (processo nº 583.00.2003.160359-2), ou seja, houve a penhora de parte do imóvel não pertencente ao devedor (R.02). Neste contexto, houve averbações de novas penhoras equivalentes ao percentual de 6,25% do imóvel, determinadas pelos MMºs Juízos da 44ª, 33ª e 41ª Vara do Trabalho da Capital (Avs. 08, 09 e 10). Em razão da carta de arrematação expedida pelo MMº Juízo da 41ª Vara do Trabalho (processo nº 00479006420065020041), Maurício Pedrassi adquiriu de Márcio Pedrassi o percentual de 3,125% (R.16), ficando consequentemente cancelada a averbação nº 10 (Av.17). Por fim, foi realizada a averbação nº 18 de ofício pelo Registrador, com a finalidade de constar que as penhoras oriundas do registro nº 02 e averbações nºs 08, 09 e 10 recaem sobre o percentual de 3,125% do imóvel e não

6,25%. Daí que se conclui que do encadeamento de atos praticados na matrícula, bem como documentos juntados aos autos, e em consonância com o princípio da disponibilidade, Márcio Pedrasssi somente poderia transmitir a parte ideal que lhe cabia, ou seja, 3,125% e não conforme constou da carta de arrematação que faz menção de que foi levado a leilão 1/16 do imóvel (fls. 22/23). De acordo com a Lei nº 13.484/2017 que regulamentou o art. 110 da Lei de Registros Públicos: "O oficial retificará o registro, a averbação ou a anotação, de ofício ou a requerimento do interessado, mediante petição assinada pelo interessado, representante legal ou procurador, independentemente de prévia autorização judicial ou manifestação do Ministério Público, nos casos de: I – erros que não exijam qualquer indagação para a constatação imediata de necessidade de sua correção; II – erro na transposição dos elementos constantes em ordens e mandados judiciais, termos ou requerimento, bem como outros titulos a serem registrados, averbados ou anotados, e o documento utilizado para a referida averbação e/ou retificação dicará arquivado no registro no cartório; III – inexatidão da ordem cronológica e sucessiva referente à numeração do livro, da folha, da página, do termo, bem como da data do registro; IV – ausência de indicação do Município relativo ao nascimento ou naturalidade do registrado, nas hipóteses em que existir descrição precisa do endereço do local do nascimento; V – elevação de Distrito a Município ou alteração de suas nomenclaturas por força de lei. O erro evidente dos registros nºs 02 e averbações 08, 09 e 10 quanto ao percentual existente em nome de Márcio Pedrassi, o que levou a correta correção efetuada de oficio pelo registrador. Pois bem, analisando os elementos trazidos aos autos, verifico que não há elementos seguros e eficientes para demonstrar a ocorrência de falta funcional, a justificar a aplicação de qualquer sanção administrativa censório disciplinar. Preliminarmente, cumpre destacar que o registrador tem plena liberdade para proceder à qualificação, gozando de independência na atribuição do exercício de suas funções para a avaliação do título a ele apresentando, sendo que no caso de dúvida em relação ao vencimento, deverá recusar-se a efetuar o ato, observando as regras de prudência e zelo no exercício profissional. No caso em tela, analisado os aspectos extrínsecos dos títulos, o registrador entendeu como preenchidos todos os requisitos para ingresso no folio real, sendo que somente com o aditamento da carta de arrematação expedida pelo MMº Juízo da 41ª Vara do Trabalho, ficou reconhecido que Márcio Pedrassi detinha apenas 3,125% do imóvel, resultando consequentemente na averbação nº 18 realizada de oficio pelo delegatário. Por fim, entendo que o bloqueio determinado por este Juízo neste procedimento perdeu sua razão de ser, por ter natureza acautelatória, mais precisamente pelo eventual risco de prejuízo a terceiros de boa fé. Creio que esta precaução não é mais necessária, tendo em vista a efetivação da averbação nº 18, dando publicidade ao real percentual da parte ideal penhorada. Diante do exposto, julgo improcedente o pedido de providências formulado por Maurício Pedrassi em face do Oficial do 15º Registro de Imóveis da Capital, bem como afasto a prática de qualquer conduta irregular pelo delegatário, que agiu no regular exercício de suas funções, e determino o arquivamento do feito neste aspecto, e o desbloqueio da matrícula 89.054. Deste procedimento não decorrem custas, despesas processuais e honorários advocatícios. Oportunamente remetam-se os autos ao arquivo. P.R.I.C. – ADV: HUGO FERREIRA SAAR (OAB 201031/SP) (DJe de 30.03.2020 – SP)

Ementa: Sentença – Dúvida – Carta de Arrematação – Impossibilidade – Títulos judiciais que não estão isentos de qualificação registrária – Violação ao Princípio da continuidade – Necessidade de prévio registro da partilha oriunda de inventário do ex-cônjuge virago do executado – Procedência

Processo 1113528-25.2019

Dúvida 9º Oficial de Registro de Imóveis Angelo Cascarelli Neto Sentença (fls. 245/247): Vistos. Tratase de dúvida suscitada pelo Oficial do 9º Registro de Imóveis da Capital, a requerimento de Ângelo Cascarelli Neto, diante da negativa em se proceder ao registro da carta de arrematação expedida pelo MMº Juízo da 3ª Vara Cível do Foro Regional VIII Tatuapé (Processo nº 2089/98), oriunda da ação de execução movida pelo suscitado em face de José Bezerra de Menezes, referente ao imóvel matriculado sob nº 73.139. O óbice registrário refere-se à divergência do estado civil de José Bezerra de Menezes na ação de execução, vez que figurou como viúvo, sendo exigido o prévio registro do formal de partilha dos bens deixados por sua ex cônjuge Maria Gomes de Menezes, no qual constou o pagamento ao viúvo da integralidade do imóvel, com consonância com o princípio da continuidade. Juntou documentos às fls. 05/236. O suscitado não apresentou impugnação, conforme certidão de fl. 237. O Ministério Público opinou pela procedência da dúvida (fls. 240/243). É o relatório. Passo a fundamentar e a decidir. Em primeiro lugar, ressalto que a origem judicial do título não torna prescindível a qualificação registrária, conforme pacífico entendimento do Colendo Conselho Superior da Magistratura: "Apesar de se tratar de título judicial, está ele sujeito à qualificação registrária. O fato de tratar-se o título de mandado judicial não o torna imune à qualificação registrária, sob o estrito ângulo da regularidade formal. O exame da legalidade não promove incursão sobre o mérito da decisão judicial, mas à apreciação das formalidades extrínsecas da ordem e à conexão de seus dados com o registro e a sua formalização instrumental "(Ap. Cível nº 31881-0/1) Assim, não há que se dizer que o Registrador é obrigado a realizar o registro sem fazer a análise do título judicial. Superada a questão sobre o ingresso do título judicial, passa-se à análise do princípio da continuidade, explicado por Afrânio de Carvalho, da seguinte forma: O princípio da continuidade, que se apóia no de especialidade, quer dizer que, em relação a cada imóvel, adequadamente individuado, deve existir uma cadeia, de titularidade à vista da qual só se fará a inscrição de um direito se o outorgante dele aparecer no registro como seu titular. Assim, as sucessivas transmissões, que derivam umas das outras, asseguram a preexistência do imóvel no patrimônio do transferente (Registro de Imóveis, Editora Forense, 4ª Ed., p. 254). Ou seja, o título que se pretende registrar deve estar em conformidade com o inscrito na matrícula. Assim, de acordo com a matrícula de fl. 235, consta que o imóvel foi adquirido por José Bezerra de Menezes, no estado civil de casado com Maria Gomes de Menezes (R.01). Tendo em vista o falecimento do cônjuge, é necessário primeiramente o registro do formal de partilha, a fim de haver o encadeamento lógico, e posteriormente o registro da carta de adjudicação do imóvel. Destaco que é pacífico o entendimento de que a carta de arrematação é modo derivado de aquisição da propriedade (Apelação Cível: 9000002-19.2013.8.26.0531 CSMSP – Apelação Cível. Localidade: Santa Adélia. Data Julgamento: 02/09/2014 DATA DJ: 17/11/2014 Relator: Elliot Akel. Voto nº 34.029. Legislação: CC2002 – Código Civil de 2002 | 10.406/2002, ART: 1911 CTN – Código Tributário Nacional | 5.172/1966, ART: 130 LOSS – Lei Orgânica da Seguridade Social – 8.212/1991, art: 53, §1º): "REGISTRO DE IMÓVEIS – CARTA DE ARREMATAÇÃO – MODO DERIVADO DE AQUISIÇÃO DA PROPRIEDADE – FERIMENTO DOS PRINCÍPIOS DA CONTINUIDADE E DA ESPECIALIDADE OBJETIVA – RECURSO DESPROVIDO". Logo, não se tratando de aquisição originária, houve o rompimento do encadeamento sucessivo de titularidade, ferindo consequentemente o princípio da segurança jurídica que dos atos registrários se espera. Assim, até que haja o registro do respectivo formal de partilha de Maria Gomes de Menezes o óbice registrário deverá ser mantido. Diante do exposto, julgo procedente a dúvida suscitada pelo Oficial do 9º Registro de Imóveis da Capital, a requerimento de Ângelo Cascarelli Neto, e consequentemente mantenho o óbice registrário. Deste procedimento não decorrem custas, despesas processuais e honorários advocatícios. Oportunamente remetam-se os autos ao arquivo. P.R.I.C. São Paulo, 20 de janeiro de 2020. Tania Mara Ahualli Juiza de Direito (CP 612) (DJe de 23.01.2020 – SP)

CAUÇÃO

Ementa: Sentença – Dúvida – Carta de Arrematação – Imóvel adquirido por leilão eletrônico – Impossibilidade – Óbice registrário referente à necessidade de apresentação de formal de partilha do antigo proprietário – Título judicial não afasta a qualificação registrária – Princípio da Continuidade – Manutenção do óbice – Procedência

Processo 1085457-76.2020.8.26.0100

Dúvida - Notas - Guilherme Almeida de Oliveira - Vistos. Trata-se de dúvida suscitada pelo Oficial do 5º Registro de Imóveis da Capital, a requerimento de Guilherme Almeida de Oliveira, diante da negativa em se proceder ao registro da carta de arrematação expedida pelo MMº Juízo da 8ª Vara Cível da Capital, nos autos da execução de título extrajudicial (processo nº 1071190-46.2013.8.26.0100), referente ao imóvel matriculado sob nº 57.557. O óbice registrário refere-se à necessidade de apresentação do formal de partilha de Eval da Silva, em consonância com o princípio da continuidade, vez que consta da matrícula mencionada que o imóvel foi adquirido a título oneroso por Suely da Silva casada pelo regime da comunhão de bens com Eval da Silva. Salienta o Registrador que a execução foi movida contra o casal, e na contestação Suely se diz viúva, alegando que era separada e divorciada de Eval, já falecido, e que adquiriu o bem sozinha. Foi homologada a desistência em face de Eval, tendo sido extinto o processo sem julgamento do mérito em relação a ele. Por fim, destaca que a arrematação é modo de aquisição derivado do direito de propriedade. Juntou documentos às fls. 06/83. O suscitado apresentou impugnação às fls. 84/88. Alega que arrematou o imóvel através de leilão eletrônico, sendo expedida a respectiva carta de arrematação em 20.02.2020. Destaca que não tem conhecimento da existência de partilha oriunda do falecimento ou divórcio de Eval, bem como não lhe compete perquirir sobre o tema, haja vista que a arrematação do imóvel constitui modo de aquisição originária da propriedade, inexistindo relação juridica entre o arrematante e o proprietário anterior do bem. Entende que a dívida que originou a alienação forçada é propter rem, consequentemente há solidariedade entre os devedores, afastando a alegada violação ao principio da continuidade. Apresentou documentos às fls. 89/134. O Ministério Público opinou pela procedência da dúvida (fls. 137/140). É o relatório. Passo a fundamentar e a decidir. Preliminarmente, cumpre destacar que os títulos judiciais não estão isentos de qualificação, positiva ou negativa, para ingresso no fólio real. O Egrégio Conselho Superior da Magistratura já decidiu que a qualificação negativa do título judicial não caracteriza desobediência ou descumprimento de decisão judicial (Apelação cível n. 413-6/7). Neste sentido a apelação cível nº 464-6/9, de São José do Rio Preto: "Apesar de se tratar de título judicial, está ele sujeito à qualificação registrária. O fato de tratar-se o título de mandado judicial não o torna imune à qualificação registrária, sob o estrito ângulo da regularidade formal, O exame da legalidade não promove incursão sobre o mérito da decisão judicial, mas à apreciação das formalidades extrínsecas da ordem e à conexão de seus dados com o registro e a sua formalização instrumental." Nessa linha, também o E. Supremo Tribunal Federal já decidiu que: "REGISTRO PÚBLICO - ATUAÇÃO DO TITULAR- CARTA DE ADJUDICAÇÃO- DÚVIDA LEVANTADA - CRIME DE DESOBEDIÊNCIA - IMPROPRIEDADE MANIFESTA. O cumprimento do dever imposto pela Lei de Registros Públicos, cogitando-se de deficiência de carta de adjudicação e levantando-se dúvida perante o juízo de direito da vara competente, longefica de configurar ato passível de enquadramento no artigo 330 do Código Penal - crime de desobediência -, pouco importando o acolhimento, sob o ângulo judicial, do que suscitado" (HC85911 / MG - MINAS GERAIS, Relator: Min. MARCO AURÉLIO,j. 25/10/2005, Primeira Turma). Sendo assim, fica claro que não basta a existência de título proveniente de órgão jurisdicional para autorizar automaticamente o ingresso no registro tabular. Feitas estas considerações passo à análise do mérito. Por força do princípio da continuidade, uma inscrição subsequente só transfere um direito se ele efetivamente estiver compreendido, objetiva e subjetivamente, na inscrição antecedente, que lhe dá fundamento, ou seja, para que se faça a inscrição subsequente é necessário que o agente possa, objetiva e subjetivamente, dispor do direito. Afrânio de Carvalho, a propósito, explica que: "O princípio da continuidade, que se apóia no de especialidade, quer dizer que,em relação a cada imóvel, adequadamente individuado, deve existir um cadeia de titularidade à vista da qual só se fará a inscrição de um direito se o outorgante dele aparecer no registro como seu titular. Assim, as sucessivas transmissões, que derivam umas das outras, asseguram a preexistência do imóvel no patrimônio do transferente (Registro de Imóveis, Editora Forense, 4ª Ed., p. 254). Na presente hipótese, conforme verifica-se do registro nº 02 da matricula juntada às fls. 130/134, por escritura pública lavrada pelo 21º Cartório de Notas da Capital, o imóvel foi adquirido por Suely da Silva, casada pelo regime da comunhão de bens antes da Lei nº 6515/77. Logo, com a informação na ação executiva do falecimento de Eval, torna necessária a apresentação de seu formal de partilha, sendo que em razão de sua morte a porcentagem de seus bens é transmitida a seus eventuais herdeiros e a seu cônjuge, nos termos do artigo 1784 do CC. Ademais, a argumentação de Suely de que o imóvel foi adquirido com recursos próprios, deve ser reconhecida na via judicial, com a ampla produção probatória, sendo certo que o registro enquanto não cancelado produz seus efeitos legais. Convém ainda ressaltar que, as dividas condominiais, conforme bem exposto pelo suscitado, são propter rem, ou seja, o pagamento da taxa condominial vincula o proprietário que consta no registro imobiliário, sendo que no presente caso constam como proprietários Suely e Eval, vigorando a solidariedade em relação ao pagamento, tendo tal obrigação natureza solidária, e o credor poderá tanto cobrar de um como dos dois. Somado a estes fatos, prevalece o entendimento de que a arrematação é modo derivado de aquisição, o que reforça a necessidade de observação ao princípio da continuidade e identidade do elemento subjetivo na cadeia registrária. Neste sentido os julgados do Egrégio Conselho Superior da Magistratura: "Registro de Imóveis Carta de arrematação forma derivada de aquisição da propriedade executada que não figura como proprietária do imóvel na respectiva matrícula afronta ao princípio da continuidade Carta de adjudicação do imóvel previamente expedida em favor da executada, mas não levada a registro, que não basta para permitir exceção à continuidade Recurso desprovido" (Apelação nº 1009832-65.2014.8.26.0223, Rel: Drº Manoel Pereira Calças, D.J. 30.09.2016). "Registro de Imóveis Carta de arrematação Título judicial sujeito à qualificação registral Forma derivada de aquisição de propriedade Desqualificação por ofensa ao princípio da continuidade Dúvida julgada procedente Recurso não provido" (Apelação nº 1001015-36.2019.8.26.0223, Rel: Drº Geraldo Francisco Pinheiro Franco, DJ19.09.2019). Assim, fica mantido o óbice, sendo que o registro da carta de arrematação, nos moldes almejados, ensejaria o rompimento da cadeia registrária, sem a consequentemente segurança jurídica que dos registros se espera. Diante do exposto, julgo procedente a dúvida suscitada pelo Oficial do 5º Registro de Imóveis da Capital, a requerimento de Guilherme Almeida de Oliveira, e consequentemente mantenho o óbice registrário. Deste procedimento, não decorrem custas, despesas processuais e honorários advocatícios. Oportunamente remetam-se os autos ao arquivo. P.R.I.C. - ADV: GUILHERME ALMEIDA DE OLIVEIRA (OAB 344018/SP) (DJe de 19.10.2020 – SP)

Ementa: Sentença – Pedido de Providências – Carta de arrematação – Impossibilidade – Violação ao princípio da disponibilidade – Erro cometido pelo averbação de decisão judicial que determinou a penhora do imóvel sobre 1/16 avos do imóvel, o que incluiu parte não pertencente ao devedor – Correção posterior do equívoco, o que permitiu o registro – Títulos judiciais que não estão isentos de qualificação registrária – Ausência de conduta irregular praticada pelo oficial – Desbloqueio da matrícula – Arquivamento do feito

Processo 0035613-14.2019.8.26.0100

Pedido de Providências - REGISTROS PÚBLICOS - Mauricio Pedrassi – Vistos. Trata-se de pedido de providências formulado por Maurício Pedrassi em face do Oficial do 15º Registro de Imóveis da Capital, indagando sobre procedimento efetuado na matrícula nº 89.054. Aduz o requerente que arrematou por leilão a parte ideal do mencionado imóvel, equivalente a 1/16 ou 6,25% do total, todavia o Oficial registrou apenas 3,125% do imóvel, sob o argumento de que a outra metade faz parte de um inventário ainda não finalizado. Salienta que apesar de ser plausível o argumento utilizado, foi arrematado 6,25% e pago o valor do ITBI sobre este percentual, razão pela qual acredita que foi lesado. O Registrador manifestou-se às fls. 03/05. Esclarece que a aquisição mencionada pelo interessado foi efetivada pelo registro nº 16, a teor da carta de arrematação expedida pelo MMº Juízo da 41ª Vara do Trabalho da Capital (processo nº 004790064 20065020041), contra o Restaurante Ibiramar LTDA, por seu sócio Márcio Pedrassi, titular de 3,125% do imóvel objeto da matrícula nº 89.054. Destaca que o registro nº 16, ao indicar que transmissão, envolvia 3,125% do imóvel, corresponde ao percentual correto que o transmitente era detentor, vez que se tivesse praticado com o outro percentual estaria dispondo de mais direitos que possuía em ofensa ao princípio da disponibilidade registrária. Assim, o percentual da penhora averbada sob nº 10 na matrícula nº 89.054, não correspondia com a parte correta do executado Márcio Pedrassi. Assevera o delegatário, no propósito de ajustar a indicação da parte ideal correta, não somente da averbação nº 10, como também das constrições objeto do registro nº 02, averbações nºs 08 e 09, foi realizada a averbação nº 18 de oficio, tendo em vista estar configurado erro evidente, que independe de prova, em consonância com o artigo 213, I, "a" da Lei nº 6.015/73. Juntou documentos às fls. 06/35. Sobre as informações do registrador, o requerente manifestou-se às fls. 38/47, reiterando os argumentos expostos na inicial. Requer a retificação do registro nº 16, para que fique constando a fração ideal adquirida em hasta pública, equivalente a 6,25% do total do imóvel, e não 3,125%, extinguindo consequentemente a averbação nº 18. Apresentou documentos às fls. 48/52. O Ministério Público opinou pelo indeferimento da pretensão do requerente, tendo sido corretamente praticada de oficio a averbação nº 18. Como medida acautelatória, foi determinado o bloqueio da matrícula (fls. 58/59). Cientificados do bloqueio, os interessados não se manifestaram (certidão – fl. 114). É o relatório. Passo a fundamentar e a decidir. Em primeiro lugar, ressalto que a origem judicial do título não torna prescindível a qualificação registrária, conforme pacífico entendimento do Egrégio Conselho Superior da Magistratura: "Apesar de se tratar de titulo judicial, está ele sujeito à qualificação registrária. O fato de tratar-se o titulo de mandado judicial não o torna imune à qualificação registrária, sob o estrito angulo da regularidade formal. O exame da legalidade não promove a incursão sobre o mérito da decisão judicial, mas à apreciação das formalidades extrínsecas da ordem e à conexão de seus dados com o registro e a sua formalização instrumental" (Ap. Cível nº 31881-0/1) Assim, não há que se dizer que o registrador é obrigado a realizar o registro sem fazer a análise do titulo judicial. Na presente hipótese, de acordo com a matrícula juntada às fls. 06/21, os proprietários do imóvel eram Armando Pedrassi (percentual de 50%) e Antonio Luiz Pedrassi (percentual de 50%). Com o falecimento de Armando Pedrassi, a metade ideal foi transferida por herança a sua ex cônjuge Olga Pedrassi (meação de 25%); a sua herdeira filha Sueli Nadia Mazzonetto (fração de 12,5%); a seu herdeiro neto Márcio Pedrassi (fração de 3,125%); a sua herdeira neta Mônica Pedrassi (fração de 3,125%); a sua herdeira neta Mirela Pedrassi (fração de 3,125%) e a seu herdeiro neto Maurício Pedrassi (fração de 3,125%). Ocorre que, equivocadamente, o MMº Juízo da 25ª Vara Cível da Capital determinou o registro da penhora sobre a parte ideal de 1/16 do imóvel, proveniente da ação de despejo por falta de pagamento (processo nº 583.00.2003.160359-2), ou seja, houve a penhora de parte do imóvel não pertencente ao devedor (R.02). Neste contexto, houve averbações de novas penhoras equivalentes ao percentual de 6,25% do imóvel, determinadas pelos MMºs Juízos da 44ª, 33ª e 41ª Vara do Trabalho da Capital (Avs. 08, 09 e 10). Em razão da carta de arrematação expedida pelo MMº Juízo da 41ª Vara do Trabalho (processo nº 00479006420065020041), Maurício Pedrassi adquiriu de Márcio Pedrassi o percentual de 3,125% (R.16), ficando consequentemente cancelada a averbação nº 10 (Av.17). Por fim, foi realizada a averbação nº 18 de oficio pelo Registrador, com a finalidade de constar que as penhoras oriundas do registro nº 02 e averbações nºs 08, 09 e 10 recaem sobre o percentual de 3,125% do imóvel e não 6,25%. Daí que se conclui que do encadeamento de atos praticados na matrícula, bem como documentos juntados aos autos, e em consonância com o princípio da disponibilidade, Márcio Pedrasssi somente poderia transmitir a parte ideal que lhe cabia, ou seja, 3,125% e não conforme constou da carta de arrematação que faz menção de que foi levado a leilão 1/16 do imóvel (fls. 22/23). De acordo com a Lei nº 13.484/2017 que regulamentou o art. 110 da Lei de Registros Públicos: "O oficial retificará o registro, a averbação ou a anotação, de oficio ou a requerimento do interessado, mediante petição assinada pelo interessado, representante legal ou procurador, independentemente de prévia autorização judicial ou manifestação do Ministério Público, nos casos de: I– erros que não exijam qualquer indagação para a constatação imediata de necessidade de sua correção; II – erro na transposição dos elementos constantes em ordens e mandados judiciais, termos ou requerimento, bem como outros titulos a serem registrados, averbados ou anotados, e o documento utili zado para a referida averbação e/ou retificação dicará arquivado no registro no cartório; III – inexatidão da ordem cronológica e sucessiva referente à numeração do livro, da folha, da página, do termo, bem como da data do registro; IV – ausência de indicação do Município relativo ao nascimento ou naturalidade do registrado, nas hipóteses em que existir descrição precisa do endereço do local do nascimento; V – elevação de Distrito a Município ou alteração de suas nomenclaturas por força de lei. O erro evidente dos registros nºs 02 e averbações 08, 09 e 10 quanto ao percentual existente em nome de Márcio Pedrassi, o que levou a correta correção efetuada de oficio pelo registrador. Pois bem, analisando os elementos trazidos aos autos, verifico que não há elementos seguros e eficientes para demonstrar a ocorrência de falta funcional, a justificar a aplicação de qualquer sanção administrativa censório disciplinar. Preliminarmente, cumpre destacar que o registrador tem plena liberdade para proceder à qualificação, gozando de independência na atribuição do exercício de suas funções para a avaliação do título a ele apresentando, sendo que no caso de dúvida em relação ao vencimento, deverá recusarse a efetuar o ato, observando as regras de prudência e zelo no exercício profissional. No caso em tela, analisado os aspectos extrínsecos dos títulos, o registrador entendeu como preenchidos todos os requisitos para ingresso no folio real, sendo que somente com o aditamento da carta de arrematação expedida pelo MMº Juízo da 41ª Vara do Trabalho, ficou reconhecido que Márcio Pedrassi detinha apenas 3,125% do imóvel, resultando consequentemente na averbação nº 18 realizada de oficio pelo delegatário. Por fim, entendo que o bloqueio determinado por este Juízo neste procedimento perdeu sua razão de ser, por ter natureza acautelatória, mais precisamente pelo eventual risco de prejuízo a terceiros de boa fé. Creio que esta precaução não é mais necessária, tendo em vista a efetivação da averbação nº 18, dando publicidade ao real percentual da parte ideal penhorada. Diante do exposto, julgo improcedente o pedido de providências formulado por Maurício Pedrassi em face do Oficial do 15º Registro de Imóveis da Capital, bem como afasto a prática de qualquer conduta irregular pelo delegatário, que agiu no regular exercício de suas funções, e determino o arquivamento do feito neste aspecto, e o desbloqueio da matrícula 89.054. Deste procedimento não decorrem custas, despesas processuais e honorários advocatícios. Oportunamente remetam-se os autos ao arquivo. P.R.I.C. – ADV: HUGO FERREIRA SAAR (OAB 201031/SP) (DJe de 30.03.2020 – SP)

Ementa: Sentença – Dúvida – Carta de Arrematação – Impossibilidade – Títulos judiciais que não estão isentos de qualificação registrária – Violação ao Princípio da continuidade – Necessidade de prévio registro da partilha oriunda de inventário do ex-cônjuge virago do executado – Procedência

Processo 1113528-25.2019

Dúvida 9º Oficial de Registro de Imóveis Angelo Cascarelli Neto Sentença (fls. 245/247): Vistos. Tratase de dúvida suscitada pelo Oficial do 9º Registro de Imóveis da Capital, a requerimento de Ângelo Cascarelli Neto, diante da negativa em se proceder ao registro da carta de arrematação expedida pelo MMº Juízo da 3ª Vara Cível do Foro Regional VIII Tatuapé (Processo nº 2089/98), oriunda da ação de execução movida pelo suscitado em face de José Bezerra de Menezes, referente ao imóvel matriculado sob nº 73.139. O óbice registrário refere-se à divergência do estado civil de José Bezerra de Menezes na ação de execução, vez que figurou como viúvo, sendo exigido o prévio registro do formal de partilha dos bens deixados por sua ex cônjuge Maria Gomes de Menezes, no qual constou o pagamento ao viúvo da integralidade do imóvel, com consonância com o princípio da continuidade. Juntou documentos às fls. 05/236. O suscitado não apresentou impugnação, conforme certidão de fl. 237. O Ministério Público opinou pela procedência da dúvida (fls. 240/243). É o relatório. Passo a fundamentar e a decidir. Em primeiro lugar, ressalto que a origem judicial do título não torna prescindível a qualificação registrária, conforme pacífico entendimento do Colendo Conselho Superior da Magistratura: "Apesar de se tratar de título judicial, está ele sujeito à qualificação registrária. O fato de tratar-se o título de mandado judicial não o torna imune à qualificação registrária, sob o estrito ângulo da regularidade formal. O exame da legalidade não promove incursão sobre o mérito da decisão judicial, mas à apreciação das formalidades extrínsecas da ordem e à conexão de seus dados com o registro e a sua formalização instrumental "(Ap. Cível nº 31881-0/1) Assim, não há que se dizer que o Registrador é obrigado a realizar o registro sem fazer a análise do título judicial. Superada a questão sobre o ingresso do título judicial, passa-se à análise do princípio da continuidade, explicado por Afrânio de Carvalho, da seguinte forma: O princípio da continuidade, que se apóia no de especialidade, quer dizer que, em relação a cada imóvel, adequadamente individuado, deve existir uma cadeia, de titularidade à vista da qual só se fará a inscrição de um direito se o outorgante dele aparecer no registro como seu titular. Assim, as sucessivas transmissões, que derivam umas das outras, asseguram a preexistência do imóvel no patrimônio do transferente (Registro de Imóveis, Editora Forense, 4ª Ed., p. 254). Ou seja, o título que se pretende registrar deve estar em conformidade com o inscrito na matrícula. Assim, de acordo com a matrícula de fl. 235, consta que o imóvel foi adquirido por José Bezerra de Menezes, no estado civil de casado com Maria Gomes de Menezes (R.01). Tendo em vista o falecimento do cônjuge, é necessário primeiramente o registro do formal de partilha, a fim de haver o encadeamento lógico, e posteriormente o registro da carta de adjudicação do imóvel. Destaco que é pacífico o entendimento de que a carta de arrematação é modo derivado de aquisição da propriedade (Apelação Cível: 9000002-19.2013.8.26.0531 CSMSP – Apelação Cível. Localidade: Santa Adélia. Data Julgamento: 02/09/2014 DATA DJ: 17/11/2014 Relator: Elliot Akel. Voto nº 34.029. Legislação: CC2002 – Código Civil de 2002 | 10.406/2002, ART: 1911 CTN – Código Tributário Nacional | 5.172/1966, ART: 130 LOSS – Lei Orgânica da Seguridade Social – 8.212/1991, art: 53, §1º): "REGISTRO DE IMÓVEIS – CARTA DE ARREMATAÇÃO – MODO DERIVADO DE AQUISIÇÃO DA PROPRIEDADE – FERIMENTO DOS PRINCÍPIOS DA CONTINUIDADE E DA ESPECIALIDADE OBJETIVA – RECURSO DESPROVIDO". Logo, não se tratando de aquisição originária, houve o rompimento do encadeamento sucessivo de titularidade, ferindo consequentemente o princípio da segurança jurídica que dos atos registrários se espera. Assim, até que haja o registro do respectivo formal de partilha de Maria Gomes de Menezes o óbice registrário deverá ser mantido. Diante do exposto, julgo procedente a dúvida suscitada pelo Oficial do 9º Registro de Imóveis da Capital, a requerimento de Ângelo Cascarelli Neto, e consequentemente mantenho o óbice registrário. Deste procedimento não decorrem custas, despesas processuais e honorários advocatícios. Oportunamente remetam-se os autos ao arquivo. P.R.I.C. São Paulo, 20 de janeiro de 2020. Tania Mara Ahualli Juiza de Direito (CP 612) (DJe de 23.01.2020 – SP)

CÉDULAS

Ementa: Sentença – Dúvida – Cédula de crédito bancário – Impossibilidade – Necessidade de desconstituição do bem de família para posterior registro de cédula bancária – Instituição do imóvel como bem de família, conforme previsto no art. 1711 e ss do CC e Lei Federal n° 8.009/90 – Cédula de crédito bancário datada de 05 de dezembro de 2019 e instituição do bem de família datado de 20 de dezembro de 2019 – Registro da escritura pública posterior à alienação fiduciária – Privilégio da entidade familiar e dignidade da pessoa humana – Eventual desconstituição do registro do bem de família que deverá ser analisado na via ordinária – Manutenção do óbice – Procedência

Processo 1001840-24.2020.8.26.0100

Dúvida – Registro de Imóveis – Eliane Regina Coutinho Negri Soares – Vistos. Trata-se de dúvida inversa suscitada por Eliane Regina Coutinho Negri Soares, diante da negativa do Oficial do 5º Registro de Imóveis da Capital em proceder ao registro da cédula de crédito bancário em favor do Banco Santander S/A, na qual figura como emitente Marcelo Negri Soares, como garantidora a suscitante e como objeto da garantia da obrigação, o imóvel matriculado sob nº 60.365. Juntou documentos às fls. 06/28. O óbice registrário derivou de constar no registro da referida matrícula que o imóvel foi instituído por sua proprietária como bem de família, nos termos do art. 1711 a 1722 do Código Civil. O Ministério Público opinou pela procedência da dúvida (fls. 54/55). É o relatório. Passo a fundamentar e a decidir. Com razão o Registrador, bem como a D. Promotora de Justiça. Como é sabido, no direito brasileiro há duas espécies de bem de família: o legal, previsto na Lei nº 8.009/90,e o voluntário, previsto no artigo 1771 do Código Civil. O primeiro, denominado como bem de família legal, decorre da própria lei, recai sobre o imóvel em que reside o beneficiário e prescinde de qualquer instrumento público ou particular para ser constituído, já o segundo, denominado bem de família voluntário, não é automático, depende de instrumento que o institua e recai sobre parte do patrimônio do beneficiário. Na presente hipótese, de acordo com o registro nº 10 da matrícula nº 60.365 (fl. 36), a suscitante instituiu o imóvel como bem de família, conforme dispõe o artigo 1711 e ss do CC e Lei nº 8009/90, destinando-o a domicílio familiar. De acordo com o artigo 1717 do Código Civil: "Art. 1.717. O prédio e os valores mobiliários, constituídos como bem da família, não podem ter destino diverso do previsto no art. 1712ou serem alienados sem o consentimento dos interessados e seus representantes legais, ouvido o Ministério Público (g.N) E ainda verifica-se que a cédula de crédito bancário (fls. 18/28) está datada de 05 de dezembro de 2019, enquanto que a instituição do bem de família foi registrada em 20 de dezembro de 2019, ou seja, o registro da escritura pública foi realizado após o bem ser dado em garantia na alienação fiduciária, sendo certo que, no caso de eventual inadimplemento da dívida, o bem não poderá sofrer qualquer constrição, vez que se privilegia a entidade familiar e a dignidade humana acima de qualquer direito creditório. Situação semelhante foi analisada pelo Egrégio Conselho Superior da Magistratura, na Apelação Cível nº 003981-64.2011.8.26.0100, da lavra do então Corregedor Geral da Justiça Drº José Renato Nalini: "Registro de imóveis – Instituição de bem de família voluntário pelos proprietários – Registro da escritura pública depois da alienação fiduciária do bem imóvel dado em garantia de confissão de dívida. Negócio jurídico fiduciário. Registro do título recusado. Dúvida Procedente. Recurso improvido. Confira-se do corpo do Acórdão: "... É que, à época em que apresentada a alienação fiduciária a registro, preexistia o registro do bem de família. Em sede administrativa, descabido ao oficial e mesmo ao Corregedor isentar a parte de obter desfazimento judicial da instituição. Aplica-se à hipótese o teor do artigo 252 da Lei de Registros Públicos: o registro, enquanto não cancelado, produz todos os efeitos legais, ainda que, por outra maneira, se prove que o título está desfeito, anulado, extinto ou rescindido. A jurisdição poderá considerar ineficaz ou desconstituir o registro do bem de família. Inservível a tanto esta via administrativa, por sedutores possam parecer os argumentos em contrário". Logo, mister a manutenção do óbice, devendo ser desconstituído o bem de família nas vias ordinárias, para posterior registro da cédula de credito bancário. Diante do exposto, julgo procedente a dúvida inversa suscitada por Eliane Regina Coutinho Negri Soares e consequentemente mantenho o óbice registrário. Deste procedimento não decorrem custas, despesas processuais e honorários advocatícios. Oportunamente remetam-se os autos ao arquivo. P.R.I.C. – ADV: ELIANE REGINA COUTINHO NEGRI SOARES (OAB 254755/SP) (DJe de 07.04.2020 – SP)

CND

Ementa: Sentença – Dúvida – Carta de adjudicação – Apresentação de Certidão Negativa de Débito – CND Conjunta – Inexigibilidade da CND na seara administrativa, segundo o atual entendimento do E. CSM e da E. CGJ – Ausência de irregularidade na dispensa conforme entendimento do E. CNJ – Exigibilidade, contudo, conforme os preceitos legais que informam a matéria – Impossibilidade de o registrador de imóveis, de ofício, estender a fulminação constitucional que afligiu a Lei Federal nº 7.711/1988 – Ausência de declaração judicial expressa de que a Lei Federal nº 8.212/1991 padeça de inconstitucionalidade – Necessidade de que os oficiais observem o disposto no item 119.1, do Capítulo XX, das NSCGJ – Improcedência

Processo 1012583-93.2020.8.26.0100

Dúvida – Notas – Teruco Sato – Vistos. Trata-se de dúvida suscitada pelo Oficial do 5º Registro de Imóveis da Capital, a requerimento de Teruco Sato, diante da negativa em se proceder ao registro da carta de adjudicação expedida pelo MMº Juízo da 3ª Vara Cível do Foro Regional III – Jabaquara (processo nº 0001118-41.2019.8.26.0003), referente ao imóvel matriculado sob nº 97.054. O óbice registrário refere-se à ausência de apresentação das certidões negativas de débitos relativos às contribuições previdenciárias e de terceiros, bem como aos tributos federais e à dívida ativa da União. Esclarece o Oficial que até a presente data não foi declarada a inconstitucionalidade do artigo 47, I, "b" da Lei nº 8.212/91, sendo que de acordo com o artigo 48 da mencionada lei, a inobservância da certidão, acarretará responsabilidade solidária do registrador. Por fim, aduz que no Provimento CG 37/2013, que alterou as NSCGJ, não há quaisquer disposições que dispensem a apresentação da referida certidão em favor dos ofícios de registros de imóveis, ou seja, nas NSCGJ inexiste para o registrador autorização semelhante à destinada aos tabeliães de Notas. Juntou documentos às fls. 03/200. A suscitada apresentou impugnação às fls. 201/203. Alega que se tratando de pessoa jurídica, somente poderá realizar o requerimento o responsável ou preposto perante o cadastro, sendo que não possui nenhuma autorização da empresa para tal requerimento. Apresentou documentos às fls. 204/206. O Ministério Público opinou pela improcedência da dúvida (fls. 211/212). É o relatório. Passo a fundamentar e a decidir. Apesar do entendimento pessoal desta magistrada, no sentido de não ser possível declarar, em sede administrativa, a inconstitucionalidade dos dispositivos legais que exigem a apresentação da CND perante o registro imobiliário, reconheço ter sido pacificado o entendimento de que tal exigência não pode ser feita pelo Oficial. Neste sentido, além dos precedentes do E. Conselho Superior da Magistratura e da Corregedoria Geral da Justiça deste Tribunal, o Conselho Nacional de Justiça, nos autos do pedido de providências nº 000123082-.2015.2.00.0000, formulado pela União/AGU, entendeu não haver irregularidade na dispensa, por ato normativo, da apresentação de certidão negativa para registro de título no Registro de Imóveis: "CNJ: Pedido de Providências Provimento do TJ-RJ que determinou aos cartórios de registro de imóveis que deixem de exigir a certidão negativa de débito previdenciária (CND) Pedido formulado pela UNIÃO/AGU para a suspensão cautelar e definitiva dos efeitos do Provimento n. 41/2013, além da instauração de reclamação disciplinar contra os magistrados que participaram da concepção e realização do ato e ainda, que o CNJ expeça resolução ou recomendação vedando a todos os órgãos do Poder Judiciário a expedição de normas de conteúdo semelhante ao editado pela requerida Provimento CGJ n. 41/2013 editado pelo TJRJ está de acordo com a interpretação jurisprudencial do STF Ressalte-se que não houve qualquer declaração de inconstitucionalidade dos artigos 47 e 48 da Lei n. 8.212/91, mas sim fixação de norma de competência da Corregedoria Geral de Justiça local para regulamentar as atividades de serventias extrajudiciais vinculadas ao Tribunal de Justiça Pedido de providências improcedente" De acordo com o Acórdão: "... Ao contrário do que afirma a Advocacia-Geral da União, verifica-se que o Provimento CGJ n. 41/2013 editado pelo TJRJ está de acordo com a interpretação jurisprudencial do STF acerca da aplicabilidade dos artigos 47 e 48 da Lei n. 8.212/91 ao dispensar a exigência de apresentação de CND para o registro de imóveis. Confira-se: RECURSO EXTRAORDINÁRIO COM AGRAVO. REPERCUSSÃO GERAL. REAFIRMAÇÃO DE JURISPRUDÊNCIA. DIREITO TRIBUTÁRIO E DIREITO PROCESSUAL CIVIL. CLÁUSULA DA RESERVA DE PLENÁRIO. ART. 97 DA CONSTITUIÇÃO FEDERAL. JURISPRUDÊNCIA DO TRIBUNAL PLENO DO STF. RESTRIÇÕES IMPOSTAS PELO ESTADO. LIVRE EXERCÍCIO DA ATIVIDADE ECONÔMICA OU PROFISSIONAL. MEIO DE COBRANÇA INDIRETA DE TRIBUTOS. 1. A jurisprudência pacífica desta Corte, agora reafirmada em sede de repercussão geral, entende que é desnecessária a submissão de demanda judicial à regra da reserva de plenário na hipótese em que a decisão judicial estiver fundada em jurisprudência do Plenário do Supremo Tribunal Federal ou em Súmula deste Tribunal, nos termos dos arts. 97 da Constituição Federal, e 481, parágrafo único, do CPC. 2. O Supremo Tribunal Federal tem reiteradamente entendido que é inconstitucional restrição imposta pelo Estado ao livre exercício de atividade econômica ou profissional, quanto aquelas forem utilizadas como meio de cobrança indireta de tributos. 3. Agravo nos próprios autos conhecido para negar seguimento ao recurso extraordinário, reconhecida a inconstitucionalidade, incidental e com os efeitos da repercussão geral, do inciso III do §1º do artigo 219 da Lei 6.763/75 do Estado de Minas Gerais. (ARE 914045 RG, Relator(a): Min. EDSON FACHIN, julgado em 15/10/2015, ACÓRDÃO ELETRÔNICO REPERCUSSÃO GERAL MÉRITO DJe-232 DIVULG 18-11-2015 PUBLIC 19-11-2015)" Assim, devem os Oficiais observar o disposto no Cap. XX, item 117.1, das NSCGJ do Tribunal de Justiça de São Paulo, que assim dispõe: "119.1. Com exceção do recolhimento do imposto de transmissão e prova de recolhimento do laudêmio, quando devidos, nenhuma exigência relativa à quitação de débitos para com a Fazenda Pública, inclusive quitação de débitos previdenciários, fará o oficial, para o registro de títulos particulares, notariais ou judiciais" Deste modo, existindo norma expressa no sentido de que os Oficiais não podem exigir, para registro de título, qualquer documento relativo à débitos para com a Fazenda Pública, a exigência ora apresentada deve ser afastada. Diante do exposto, julgo improcedente a dúvida suscitada pelo Oficial do 5º Registro de Imóveis da Capital, a requerimento de Teruco Sato, determinando o registro do título.

Deste procedimento não decorrem custas, despesas processuais e honorários advocatícios. Oportunamente remetam-se os autos ao arquivo. P.R.I.C. - ADV: ROBERTO IZIDORIO PEREIRA (OAB 148805/SP) (DJe de 01.04.2020 - SP)

COMPRA E VENDA E COMPROMISSO

Ementa: Sentença – Pedido de Providências – Requerimento de lavratura da Escritura Pública de Venda e Compra – Óbice por ausência de poderes na Procuração Pública apresentada – Necessidade de poderes especiais e expressos – Art. 661, § 1º, do CC/02 – Recusa fundamentada na Recomendação CNJ 46/2020 – Sugestão pela Tabeliã do colhimento da assinatura da Representante em diligência, que seria realizada pessoalmente – Pedido de Desistência – Ausência de conduta irregular pela Delegatária – Determinação do bloqueio preventivo administrativo da aludida Procuração – Ofício à Promotoria de Justiça do Idoso – Arquivamento do feito – Ciência à Tabeliã e ao Interino – Improcedência

Processo 1097451-04.2020.8.26.0100

Pedido de Providências - Propriedade - M.T.P.S. - Juiz(a) de Direito: Dr(a). Marcelo Benacchio VISTOS, Cuida-se de mandado de segurança impetrado por M. T. P. S., em face da Senhora 23º Tabeliã de Notas da Capital, requerendo a imediata reversão da negativa, pela Notária, de lavrar Escritura Pública de Venda e Compra de imóvel, por entender que a Procuração Pública outorgada não continha poderes para a avença. O expediente foi recebido por este Juízo Censor como pedido de providências, conforme destacado à parte autora às fls. 31, em razão das atribuições administrativas desta Corregedoria Permanente. A Senhora Tabeliã prestou esclarecimentos, às fls. 34/35 Ato contínuo, a Representante pediu a extinção do pleito (fls. 46/47). O Ministério Público ofertou parecer às fls. 39/42, opinando pelo indeferimento do pedido e pela inexistência de indícios de ilícito funcional pela Senhora Tabeliã. Ademais, solicitou providências junto à Promotoria de Justiça do Idoso, para averiguação de eventual situação de vulnerabilidade da Senhora Representante. É o breve relatório. Decido. Tratam os autos de pedido de providências do interesse de M. T. P. S., em face da Senhora 23º Tabeliã de Notas da Capital, requerente a imediata reversão da negativa, pela Notária, de lavrar Escritura Pública de Venda e Compra de imóvel, por entender que a Procuração Pública outorgada aos advogados da interessa não continha poderes para a avença. A Senhora Tabeliã esclareceu que a negativa fundamenta-se na redação da indigitada procuração, que confere poderes gerais de administração e foro aos advogados da Senhora Representante, bem como deduz poderes para a venda de dois imóveis específicos, nada sendo declarado quanto à propriedade objeto do negócio jurídico que ora se pretende pactuar. Com efeito, apontou, ainda, como fundamentação para a recusa, que a Recomendação CNJ 46/2020 refere que os notários devem adotar medidas para coibir abusos financeiros contra pessoas idosas no período da pandemia. Por fim, indicou a ilustre Delegatária que foi sugerido aos Senhores Procuradores medidas para contornar a situação, como colheita da assinatura da Senhora Representante, em diligência, que seria realizada pessoalmente pela própria Tabeliã, com a observação de todos os protocolos de saúde. Todavia, a providência foi recusada pelos interessados. Pois bem. Pese embora o pedido de desistência apresentado pela parte autora, é certo que a atuação da Senhora Tabeliã merece considerações, haja vista a atribuição correicional deste Juízo. A redação do artigo 661, parágrafo 1º, do Código Civil indica a necessidade de poderes "especiais e expressos" para a alienação de bem imóvel, coadunando-se com a interpretação restritiva feita pela Senhora Tabeliã. Assim também o enunciado 183, emanado na III Jornada de Direito Civil CJF/STJ, que deduz que "para os casos em que o parágrafo primeiro do art. 661 exige poderes especiais, a procuração deve conter a identificação do objeto." Com efeito, na mesma linha de entendimento, recente julgado externado pelo Superior Tribunal de Justiça, no bojo do REsp 1.836.584 (MG - 2019/0266544-2), da relatoria da Ministra Nancy Adrighi: DIREITO CIVIL. RECURSO ESPECIAL. AÇÃO DECLARATÓRIA DE NULIDADE DE ESCRITURA PÚBLICA DE COMPRA E VENDA DE IMÓVEL. PROCURAÇÃO. OUTORGA DE PODERES EXPRESSOS PARA ALIENAÇÃO DE TODOS OS BENS DO OUTORGANTE. NECESSIDADE DE OUTORGA DE PODERES ESPECIAIS. 1. Ação declaratória de nulidade de escritura pública de compra e venda de imóvel cumulada com cancelamento de registro, tendo em vista suposta extrapolação de poderes por parte do mandatário. 2. Ação ajuizada em 16/07/2013. Recurso especial concluso ao gabinete em 10/09/2019. Julgamento: CPC/2015. 3. O propósito recursal é definir se a procuração que estabeleceu ao causídico poderes amplos, gerais e ilimitados (...) para 'vender, permutar, doar, hipotecar ou por qualquer forma alienar o(s) bens do(a)(s) outorgante(s)' atende aos requisitos do art. 661, § 1º, do CC/02, que exige poderes especiais e expressos para tal desiderato. 4. Nos termos do art. 661, § 1º, do CC/02, para alienar, hipotecar, transigir, ou praticar quaisquer atos que exorbitem da administração ordinária, depende a procuração de poderes especiais e expressos. 5. Os poderes expressos identificam, de forma explícita (não implícita ou tácita), exatamente qual o poder conferido (por exemplo, o poder de vender). Já os poderes serão especiais quando determinados, particularizados, individualizados os negócios para os quais se faz a outorga (por exemplo, o poder de vender tal ou qual imóvel). 6. No particular, de acordo com o delineamento fático feito pela instância de origem, embora expresso o mandato quanto aos poderes de alienar os bens do outorgante não se conferiu ao mandatário poderes especiais para alienar aquele determinado imóvel. 7. A outorga de poderes de alienação de todos os bens do outorgante não supre o requisito de especialidade exigido por lei que prevê referência e determinação dos bens concretamente mencionados na procuração. 8. Recurso especial conhecido e provido. A questão também foi objeto de análise anterior pelo Egrégio Conselho Superior da Magistratura: "REGISTRO DE IMÓVEIS CÉDULA DE CRÉDITO BANCÁRIO GARANTIDO POR ALIENAÇÃO FIDUCIÁRIA DE BEM IMÓVEL SACADA POR MEIO DE REPRESENTAÇÃO EXISTÊNCIA DEEXPRESSOS MAS NÃO ESPECIAIS ART. 661, P. 1º, DO CÓDIGO CIVIL EXIGÊNCIA DEEXPRESSOS E ESPECIAIS RECURSO NÃO PROVIDO"(Processo nº 0024552-06.2012.8.26.0100, Rel: Drº José Renato Nalini, Data de Julgamento: 07/02/2013, Data de Publicação:02/04/2013). Em didática argumentação, no corpo do referido julgado, o ilustre Relator declara: (...) Conclui-se, pois, que os poderes especiais e os poderes expressos, referidos no § 1º do artigo 661 do Código Civil, têm significados diversos. Estes últimos são os referidos no mandato (exemplo: poderes para vender, doar, hipotecar, etc). Já aqueles correspondem à determinação específica do ato a ser praticado (exemplo: vender o imóvel "A". hipotecar o imóvel "B", etc). E o ordenamento jurídico, como já visto, exige a presença de ambos na procuração com o escopo de se alienar bens. (...) Bem assim, é certo que a interpretação restritiva efetuada pela Senhora Notária vai ao encontro de sua atribuição precípua, que é a conferência de fé-pública aos atos praticados e a garantia da segurança jurídica aos usuários. Nesse sentido é a redação dos itens 1º e 1.1, do Capítulo XVI, das Normas de Serviço da Corregedoria Geral da Justiça, in verbis: 1. O Tabelião de Notas, profissional do direito dotado de fé pública, exercerá a atividade notarial que lhe foi delegada com a finalidade de garantir a eficácia da lei, a segurança jurídica e a prevenção de litígios. 1.1 Na atividade dirigida à consecução do ato notarial, atua na condição de assessor jurídico das partes, orientado pelos princípios e regras de direito, pela prudência e pelo acautelamento. Com efeito, a qualificação notarial negativa efetuada pela Senhora Titular se encontra regularmente inserida dentro de seu mister de atribuições, objetivando, exatamente, como descrito nas NSCGJ, "garantir a eficácia da lei, a segurança jurídica e a prevenção de litígios", em atuação que protege, inclusive, a própria representante. Ademais, destaque-se a pronta observação, pela Senhora Notária, da Recomendação CNJ 46/2020, protegendo o interesse de idosos, em eventual situação de vulnerabilidade. Desse modo, dentro de sua independência funcional, uma vez fundamentada a recusa, conforme nota devolutiva apresentada, não há que se falar em falha na prestação extrajudicial. Destarte, diante desse painel, reputo satisfatórias as explicações apresentadas pela ilustre Delegatária, não vislumbrando responsabilidade funcional apta a ensejar a instauração de procedimento administrativo, no âmbito disciplinar. Outrossim, nos termos em que requerido pela ilustre representante do Ministério Público, determino que se oficie, com cópia integral destes autos, servindo a presente sentença como ofício, à d. Promotoria de Justiça do Idoso, para apuração de eventual situação de vulnerabilidade da Senhora M. T. P. S.. Não menos, determino o bloqueio preventivo administrativo da referida Procuração da lavra do 12º Tabelionato de Notas da Capital, até posterior comprovação da segurança jurídica dos atos pretendidos. Nessas condições, à míngua de providência censório-disciplinar a ser adotada, diante do pedido de desistência do pleito e com a concordância do Ministério Público, determino o arquivamento dos autos. Ciência à Senhora Tabeliã, ao Senhor Interino do 12º Tabelionato de Notas da Capital e ao Ministério Público. P.I.C. - ADV: EDNILSON TOFOLI GONCALVES DE ALMEIDA (OAB 124538/SP), RAFAEL MUNHOZ NASTARI (OAB 42241/SP) (DJe de 16.12.2020 – SP)

Ementa: Sentença – Dúvida – Pedido do registro do Instrumento Particular de Venda e Compra – Imprescindibilidade da apresentação de Escritura Pública, em razão do valor venal do imóvel ser superior a trinta salários mínimos – Art. 108, do CC – Necessidade de considerar o valor venal do imóvel – Manutenção do óbice – Procedência

Processo 1105789-64.2020.8.26.0100

Dúvida - Notas - Gledys Aparecida Corazza Nieto Lutfi - Vistos. Trata-se de dúvida suscitada pelo Oficial do 4º Registro de Imóveis da Capital, a requerimento de Gledys Aparecida Corazza Nieto Lutfi, diante da negativa em se proceder ao registro do instrumento particular de venda e compra firmado entre Celso Paulo Nieto e a suscitada, tendo por objeto a fração de 43,481708% do imóvel objeto da matrícula nº 53.060. O óbice registrário refere-se à necessidade da apresentação de escritura pública como requisito de validade do negócio jurídico entabulado entre as partes, haja vista que o valor venal do imóvel é superior a 30 (trinta) salários mínimos, nos termos do artigo 108 do Código Civil. Juntou documentos às fls. 05/37. A suscitada apresentou impugnação às fls. 38/40. Salienta que não há ofensa ao determinado pela lei, bem como não se pretende registrar contrato particular por valor inferior ao determinado pelo Município, mas tão somente a compra parcial do imóvel, cuja parte adquirida, respeitando o valor atribuído pela Municipalidade, é inferior a 30 salários mínimos. O Ministério Público opinou pela procedência da dúvida (fls. 43/45). É o relatório. Passo a fundamentar e a decidir. Com razão o Registrador, bem como a D. Promotora de Justiça. De acordo com o instrumento particular de venda compra de imóvel, Celso Paulo Nieto vendeu à suscitada o percentual de 43,481708% do imóvel matriculado sob nº 53.060 do 4º RI, pelo valor de R$ 30.508.94 (trinta mil, quinhentos e oito reais e noventa e quatro centavos) fls. 24/27. Ocorre que o valor de referência para o imóvel é de R$ 70.165,00 (setenta mil, cento e sessenta e cinco reais) fl. 29, logo, ao contrário do que sustenta a suscitada, independente do montante entabulado entre as partes para realização do negócio jurídico, o valor a ser considerado para fins de aplicação do art. 108 do Código Civil será o valor de mercado ou constante no cadastro municipal para o cálculo do IPTU. Neste contexto, dispõe mencionado artigo: "Não dispondo a lei em contrário, a escritura pública é essencial à validade dos negócios jurídicos que visem à constituição, transferência, modificação ou renúncia de direitos reais sobre imóveis de valor superior a trinta vezes o maior salário mínimo vigente no País". Cumpre salientar que, em observância a forma prescrita em lei, o negócio jurídico envolvendo direitos reais é dotado em sua essencialidade de documento formal, sendo este pressuposto de validade. Logo, a transferência de propriedade não é válida se feita meramente por instrumento particular de venda, sendo indispensável a escritura pública para composição do ato. Neste sentido posicionou-se o Egrégio Conselho Superior da Magistratura na Apelação Cível nº 1000267- 95.2018.8.26.0204: "... Nos termos do artigo 108 e 166, inciso IV, do Código Civil, o contrato é nulo por vicio de forma, porquanto a manifestação de vontade deveria ocorrer por meio de instrumento público, quando o foi por escrito particular. Compete reiterar a compreensão do artigo 108 do Código Civil referir o valor do imóvel e não do contrato para fins de imposição de forma (nesse sentido, o precedente deste CSM constante da Apelação Cível nº 0007514-42.2010.8.26.0070)..." Logo, não importa o valor do negócio jurídico entabulado entre as partes, devendo ser levado em consideração o valor venal do imóvel. Diante do exposto, julgo procedente a dúvida suscitada pelo Oficial do 4º Registro de Imóveis da Capital, a requerimento de Gledys Aparecida Corazza Nieto Lutfi, e consequentemente mantenho o óbice registrário. Deste procedimento não decorrem custas, despesas processuais e honorários advocatícios. Oportunamente remetam-se os autos ao arquivo. P.R.I.C. - ADV: CAROLINE FRANCIELE BINO (OAB 320793/SP) (DJe de 14.12.2020 – SP)

Ementa: Sentença – Dúvida – Promessa de venda – Impossibilidade – Divergência entre os proprietários tabulares e aqueles que constam do título – Desrespeito ao princípio da continuidade – Necessidade de apresentação de alvará judicial que permita a venda do imóvel pelo espólio ou registro prévio da partilha – Não prospera a alegação da existência de cláusula resolutiva, pois o compromisso de compra e venda é direito real, que não admite situações transitórias – Exigências corretamente trazidas pelo Oficial – Manutenção do óbice – Procedência

Processo 1007591-89.2020.8.26.0100

Dúvida – REGISTROS PÚBLICOS – Start Up XII Empreendimentos Imobiliários Ltda. – Vistos. Trata-se de dúvida suscitada pelo Oficial do 11º Registro de Imóveis da Capital a requerimento de Star Up XII Empreendimentos Imobiliários Ltda., após recusa de registro de instrumento partícular de promessa de venda cujo objeto é o imóvel matriculado sob o nº 379.270 da citada serventia. O óbice se deu em razão de serem os titulares de domínio Pedro Basile e Filomena Lea Cimino Basile, enquanto o título tem como outorgantes, além de Pedro, o espólio de Filomena, representado pelo inventariante, e os herdeiros Salvador Peluso Basile Neto, sua esposa Sandra e Elenice Basile. Para ingresso do título, solicitou o Oficial alvará judicial autorizando a transação pelo espólio ou registro da partilha com aditamento do título, tudo em vista de observar o princípio da continuidade. Juntou documentos às fls. 04/41. O suscitado impugnou a dúvida às fls. 42/45. Alega que há no instrumento particular condição resolutiva relativa a partilha, de modo que o contrato deve ser qualificado positivamente já que, caso não ultimada a partilha, o contrato perderá a eficácia, sendo desnecessário o cumprimento do óbice desde logo. O Ministério Público opinou às fls. 59/61 pela procedência da dúvida. É o relatório. Decido. Com razão o Oficial e a D. Promotora. O princípio da continuidade registral é tratado pela Lei nº 6015/73 nos artigos 195 e 237, in verbis: "Art. 195 – Se o imóvel não estiver matriculado ou registrado em nome do outorgante, o oficial exigirá a prévia matrícula e o registro do título anterior, qualquer que seja a sua natureza, para manter a continuidade do registro."; e "Art. 237 – Ainda que o imóvel esteja matriculado, não se fará registro que dependa da apresentação de título anterior, a fim de que se preserve a continuidade do registro." Ainda, conforme esclarece Luiz Guilherme Loureiro: Segundo o princípio da continuidade, os registros devem ser perfeitamente encadeados, de forma que não haja vazios ou interrupções na corrente registrária. (...) Destarte, nenhum registro pode ser feito sem que se tenha previamente registrado o título anterior, do qual dependa. "(Registros Públicos – Teoria e Prática – 2ª ed. – Editora Método, pg.229) É dizer que, para ingresso do título no registro imobiliário, os outorgantes devem corresponder aos titulares de direito inscritos na matrícula. No presente caso, são titulares de domínio Pedro Basile e Filomena Lea Cimino Basile. Por outro lado, no título os transmitentes são Pedro, o espólio de Filomena, Salvador Peluso e Elenice Basile. Há, portanto, incongruências que levam ao desrespeito da continuidade: Salvador Peluso e Elenice Basile não podem constar como outorgantes pois não são titulares de nenhum direito inscrito sobre o bem. Para autorizar o ingresso de título em que são eles outorgantes, deve ser registrada a partilha para demonstrar que eles receberam o bem por herança ou legado, passando a ter sua disponibilidade. Além disso, sendo o espólio de Filomena um dos outorgantes, necessária a averbação de seu óbito. Com esse fato, poderá o espólio constar como outorgante, mas a transmissão do direito depende de alvará judicial que autorize o ato pelo inventariante, e neste caso Salvador e Elenice não podem constar como outorgantes, pois o bem nunca entrou em seu domínio. Corretas, portanto, as exigências trazidas pelo Oficial. E nem se diga que a cláusula resolutiva presente no instrumento permite seu registro. A uma porque o compromisso de compra e venda registrado caracteriza direito real, que não admite situações transitórias, não sendo possível o ingresso de título condicional, em que se diz que serão cumpridas as exigências posteriormente ao registro. Ora, se tais exigências não forem cumpridas, o título se demonstrará completamente inapto, e todo o período em que inscrito geraria insegurança jurídica, já que seria dada publicidade a direito real ineficaz desde sua origem. A duas porque o título diz que o imóvel "deve ser sobrepartilhado", já estabelecendo a meação e quinhões dos herdeiros. Ocorre que tal previsão não gera nenhum efeito legal, já que a partilha apenas ultima quando finalizada, seja judicial seja extrajudicialmente. Sem o registro da partilha, os herdeiros não tem qualquer disponibilidade sobre o bem, não sendo possível o ingresso de título em que os outorgantes se declaram futuros titulares de direito sobre o bem. Isso porque, apesar da intenção dos herdeiros e do viúvo, a partilha pode nem mesmo ser realizada desta forma, já que pode haver algum credor do de cujus ou de um dos herdeiros que se habilite e passe a ser titular de parte ideal do bem, ou mesmo pode ter havido omissão quanto a existência de outros herdeiros. Em outras palavras, sem o alvará judicial ou o registro prévio da partilha, não há certeza de que os outorgantes do título tem ou terão disponibilidade sobre os direitos para transmití-lo ao suscitante, razão pela qual o ingresso do instrumento particular deve ser obstado. Do exposto, julgo procedente a dúvida suscitada pelo Oficial do 11º Registro de Imóveis da Capital a requerimento de Star Up XII Empreendimentos Imobiliários Ltda., mantendo o óbice ao registro. Não há custas, despesas processuais nem honorários advocatícios decorrentes deste procedimento. Oportunamente, arquivem-se os autos. P.R.I.C. – ADV: LEANDRO MANZ VILLAS BOAS RAMOS (OAB 246728/SP) (DJe de 02.04.2020 – SP)

Ementa: Sentença – Dúvida – Compra e venda – Impossibilidade – Apartamento e vaga de garagem – Recolhimento do tributo em uma única guia, alegando que consta apenas um cadastro de contribuinte – Constatação de que o cadastro invocado não contempla a área total do imóvel acrescido da garagem – Existência de duas transmissões imobiliárias, sendo necessárias duas guias – Impossibilidade de alienação da garagem a pessoa que não seja proprietária de unidade autônoma – Art. 1331, § 1º, do CC – Manutenção dos óbices – Procedência

Processo 1010390-08.2020.8.26.0100

Dúvida – Notas – Augusto Melace – Vistos. Trata-se de dúvida suscitada pelo Oficial do 1º Registro de Imóveis da Capital a requerimento de Augusto Melace, após negativa de registro de duas escrituras de compra e venda relativas aos imóveis matriculados sob nºs 40.866 e 40.865 da mencionada serventia, relativos a garagem e apartamento em condomínio edilício. Dois foram os óbices apresentados. O primeiro diz respeito ao recolhimento de imposto pela transmissão da garagem, já que a guia apresentada diz respeito ao contribuinte vinculado ao apartamento e não engloba a área da garagem. O segundo impede o registro da venda do apartamento, já que, sem o ingresso concomitante do título relativo a garagem, esta ficaria na titularidade de pessoa estranha ao condomínio, o que violaria o Art. 1331, §1º, do Código Civil. Juntou documentos às fls. 06/66. O suscitado impugnou a dúvida à fl. 69, alegando que ambas as matrículas possuem o mesmo número do contribuinte, sendo correto o recolhimento efetuado, e que não pode o Oficial exigir recolhimento com base no valor de referência, declarado ilegal pela jurisprudência. O Ministério Público opinou às fls. 73/74 pela procedência da dúvida. O suscitado complementou suas razões às fls. 75/84. É o relatório. Decido. Com razão o Oficial e a D. Promotora. A vaga de garagem, apesar de constar em matrícula autônoma, faz parte do condomínio edilício, e só pode ser de propriedade de pessoa que também seja titular de unidade autônoma no condomínio, nos exatos termos do Art. 1.331, §1º, do Código Civil, que é expresso no sentido de que os abrigos de veículos "não poderão ser alienados ou alugados a pessoas estranhas ao condomínio, salvo autorização expressa na convenção de condomínio." Assim, inexistindo previsão na convenção de condomínio, não pode ingressar no registro a escritura que aliena o apartamento sem que haja ingresso concomitante da escritura de alienação da garagem, pois caso isso não ocorra a garagem será de titularidade de pessoa estranha ao condomínio, o que viola o dispositivo legal citado. Quanto ao óbice relativo ao imposto, de fato ambas as matrículas (fls. 63/64) indicam o mesmo número de contribuinte para o apartamento e para a garagem. Não se pode ignorar, todavia, que se tem notícia, por portal oficial do município, que tal situação cadastral já não mais corresponde a realidade. É dizer que, se quando houve a abertura da matrícula havia o mesmo contribuinte, tal situação foi alterada e deve ser averbada na matrícula, de modo que, pelo princípio da legitimidade, esta reflita exatamente a situação fiscal atual. Deste modo, se o apartamento (matrícula nº 40.865) tem 63,990 m^2 e o cadastro fiscal do imóvel (Contribuinte 009.044.0146-4) é relativo a 62m^2, então claramente tal número de contribuinte não engloba a garagem, que tem 48m^2 (matrícula nº 40.866), e da mesma forma o imposto de transmissão recolhido sobre o contribuinte 009.044.0146-4 não engloba toda a área transferida. Se são duas as transmissões imobiliárias (garagem e apartamento), então são dois os impostos de transmissão a serem recolhidos, relativos a cada operação, sendo evidente que a guia relativa ao contribuinte nº 009.044.0146-4 não engloba a garagem. Assim, para a solução da controvérsia, deve o interessado obter perante o município o nº do contribuinte relativo a garagem e retificar a escritura de compra e venda para constar tal número e o valor venal de tal imóvel, recolhendo o imposto devido pela transmissão. Apresentado o título em conjunto com a guia de recolhimento, o Oficial averbará na matrícula de nº 40.866 o novo número do contribuinte e registrará a compra e venda. Aqui, cumpre esclarecer que o valor venal da garagem deve constar na escritura de compra e venda conforme exigência normativa, tanto para controle da legitimidade do valor declarado da transação como para cálculo dos emolumentos devidos ao Oficial de registro. Mas, quando o Oficial exige a guia de recolhimento própria, em nenhum momento está a exigir que se utilize tal valor venal como base de cálculo, já que é pacífica a jurisprudência no sentido de que cabe ao Oficial verificar se houve recolhimento do tributo, mas não a correção de seu valor. Portanto, se o impugnante entende indevido o recolhimento com base no valor venal de referência, nada impede que recolha o tributo que achar devido pela transação da garagem, apresentando tal guia para fins de registro. O que não se pode aceitar é que seja apresentada guia única, relativa a metragem exclusiva do apartamento, pretendendo que englobe o ITBI das duas transações. Se foram duas compras e vendas, devem ser apresentadas guias de recolhimento que englobem ambas as transações, com indicação dos contribuintes existentes no cadastro municipal. Do exposto, julgo procedente a dúvida suscitada pelo Oficial do 1º Registro de Imóveis da Capital a requerimento de Augusto Melace, mantendo os óbices ao registro. Não há custas, despesas processuais nem honorários advocatícios decorrentes deste procedimento. Oportunamente, arquivem-se os autos. P.R.I.C. – ADV: AUGUSTO MELACE (OAB 22674/SP) (DJe de 02.04.2020 – SP)

Ementa: Sentença – Dúvida – Escritura de compra e venda – Divergências – Descrição da área do imóvel contida na escritura não coincide com a contida na transcrição – Amparo no princípio da especialidade objetiva – Impreterível a retificação do título – Manutenção do óbice registrário – Procedência

PROCESSO 1131076-63.2019.8.26.0100

Dúvida Suscite.: 17º Oficial de Registro de Imóveis Suscitdos.: Antonio Carlos Aguilera Campos (Procdor.: Celso de Oliveira) Deise Terezinha Aguilera Campos Sentença (fls. 113/115): Vistos. Trata-se de dúvida suscitada pelo Oficial do 17º Registro de Imóveis da Capital, a requerimento de Antonio Carlos Aguilera Campos, diante da negativa em se proceder ao registro da escritura pública de compra e venda envolvendo o imóvel objeto da transcrição nº 94.549, do 12º Registro de Imóveis da Capital. O óbice registrário refere-se à divergência na descrição contida na escritura e na mencionada transcrição. Aduz que, por meio de pesquisas realizadas nos cadastros da Serventia, foram localizadas as seguintes matrículas com origem na transcrição nº 94.459, 16.374, 16.381, 50.735 e 50.830, sendo realizada a retificação de registro para apuração de remanescente no 12º RI, todavia, por meio do referido procedimento, constatou-se que o remanescente do imóvel possui a área superficial de 892,03 m^2, o que não confere com o título apresentado. Assim, para o registro, é necessário que o título seja retificado, para que dele conste a área efetivamente alienada ou a origem do imóvel. Juntou documentos às fls. 06/103 e 105/106. O suscitado não apresentou impugnação, conforme certidão de fl. 107. O Ministério Público opinou pela procedência da dúvida (fls. 110/111). É o relatório. Passo a fundamentar e a decidir. Com razão o Registrador, bem como a D. Promotora de Justiça. A exigência formulada pelo Oficial tem amparo no princípio da especialidade objetiva (arts. 176 e 212 da Lei nº 6.015/73), cujas regras impedem o registro de títulos cujo objeto não seja exatamente aquele que consta do registro anterior, sendo necessário que a sua caracterização no negócio entabulado repita os elementos de descrição constantes do registro (Narciso Orlandi Neto, Retificação do Registro de Imóveis, Juarez de Oliveira, pág. 68). E ainda, conforme ensina o professor Luiz Guilherme Loureiro: "Em virtude do principio da legitimidade ou da presunção de veracidade, o Registro deve refletir a verdade não só no que se refere ao titular do direito registrado, mas também quanto à natureza e ao conteúdo deste direito. Assim, qualquer inexatidão do assento deve ser retificada a fim de que reflita perfeitamente a realidade". (Registros Públicos – Teoria e Prática – 2ª ed. – Editora Método). Na presente hipótese, de acordo com o título apresentado a registro, consta a descrição do imóvel objeto da compra e venda com área de 1.598,10 m^2 (fl. 11), todavia, na transcrição nº 94.459 do 12º RI (fls. 14/16), aponta que o imóvel possui inicialmente uma área de 1.289 m^2, ou seja, a descrição contida na escritura não coincide com a contida na transcrição, de modo a causar dúvida em relação à metragem correta. Logo, é imperiosa a retificação do título apresentado para que dele conste a área efetivamente alienada. A simples dúvida do registrador quanto a área a ser transmitida já basta para indicar a necessidade da apuração de remanescente, ou a retificação do título apresentado a registro. Diante do exposto, julgo procedente a dúvida suscitada pelo Oficial do 17º Registro de Imóveis da Capital, a requerimento de Antonio Carlos Aguilera Campos, consequentemente mantenho o óbice registrário. Deste procedimento não decorrem custas, despesas processuais e honorários advocatícios. Oportunamente remetam-se os autos ao arquivo. P.R.I.C São Paulo, 05 de março de 2020. Tania Mara Ahualli Juiza de Direito (CP 11) (DJe de 16.03.2020 – SP)

CONDOMÍNIO

Ementa: Sentença – Averbação de alteração da convenção de condomínio – Impossibilidade – Necessidade de aprovação da alteração pela Municipalidade, tendo em vista que será alterada a destinação do condomínio – Inobservância ao art. 1351 do CC que determina a aprovação unânime dos condôminos e não de 2/5, como apresentado pelo requerente – Ausência de requisitos formais, como assinatura de todos os condôminos e apresentação de duas vias originais – Manutenção do óbice – Improcedência

Processo 1120821-46.2019.8.26.0100

Pedido de Providências – Registro de Imóveis – Condomínio Residencial Inovarte – Vistos. Trata-se de pedido de providências formulado pelo Condomínio Residencial Inovarte, em face do Oficial do 15º Registro de Imóveis da Capital, pretendendo a averbação da alteração da convenção de condomínio. Esclarece que, conforme anterior convenção condominial, o condomínio era dividido em dois subcondomínios: setor residencial e comercial, denominado Condomínio Business And Residence. Após debates em assembleia, decidiu-se pela separação definitiva dos subcondominios, a fim de que cada setor tenha autonomia jurídica. Afirma que foi realizada assembleia geral extraordinária, em que a pretensão foi aprovada por unanimidade de 2/5 dos condôminos, tendo sido a nova convenção de condomínio aprovada e arquivada no 8º Registro de Títulos e Documentos da Capital. Salienta que não foi possível a inscrição de novo CNPJ, em razão da ausência de registro junto ao registro de imóveis. Juntou documentos às fls. 13/143. O Registrador manifestou-se às fls. 150/154 e 424/425. Esclarece que a qualificação negativa derivou: a) da necessidade da retificação do projeto junto a Municipalidade; b) da retificação do instrumento de instituição e especificação em condomínio; c) aprovação da totalidade dos condôminos; d) ausência de assinaturas dos condôminos com firma reconhecida; e) necessidade de constar na convenção a declaração de que o texto dos documentos, corresponde ao que foi aprovado em assembleia; f) convenção deve ser apresentada em duas vias, nos originais, assinadas pelo síndico, secretário e presidente da ata. O requerente manifestou-se às fls. 521/534 e 537/538, reiterando os argumentos expostos na inicial. O Ministério Público opinou pela improcedência do pedido (fls. 545/548). É o relatório. Passo a fundamentar e a decidir. Com razão o Registrador, bem como o D. Promotor de Justiça. No caso em tela, a pretensão do requerente caracterizará a modificação da instituição e especificação do condomínio, tendo em vista que o condomínio denominado "Condomínio Business And Residence" possui destinação mista, composto de três torres, duas de natureza residencial e uma comercial. A nova convenção apresentada pelo requerente (fls. 13/31) menciona apenas a destinação residencial, composta por duas torres, havendo omissão em relação à parte comercial do imóvel, ou seja, há uma modificação no aspecto substancial do empreendimento imobiliário. Assim, correto o óbice imposto pelo registrador, sendo imprescindível a aprovação da Municipalidade, bem como a retificação do instrumento de instituição e especificação do condomínio. Neste contexto, vale ressaltar que, para firmar o instrumento de retificação da instituição e especificação de condomínio, é necessária a concordância de todos os condôminos, nos termos do art. 1351 CC: "Depende da provação de 2/3 dos votos dos condôminos a alteraçãoda convenção; a mudança da destinação do edifício ou da unidade imobiliária, depende da aprovação da unanimidade dos condôminos". A propósito, cabe menção ao ensinamento de Luiz Antonio Scavone Júnior (Direito Imobiliário, 11ª ed., Rio de Janeiro: Forense, 2016, p. 871): "E a especificação de condomínio individualiza cada unidade condominial, sua identificação, destinação e discriminação. A este respeito, no Estado de São Paulo, as Normas de Serviço da Corregedoria Geral da Justiça dispõem: A alteraçãoda especificação exige a anuência da totalidade dos condôminos (item 74, cap. XX, atual item 84). Certo abrandamento dessa regra surge em razão do prolongado uso em desacordo com a convenção e com a especificação, consolidando o costume em razão da supressio, ou seja, conforme Luiz Rodrigues Wambier: A supressio significa o desaparecimento de um direito, não exercido por um lapso de tempo, de modo a gerar no outro contratante ou naquele que se encontra no outro polo da relação juridica a expectativa de que não seja mais exercido. Pode-se dizer que o que perdeu o direito teria abusado do direito de se omitir, mantendo comportamento reiteradamente omisso, seguido de um surpreendente ato comissivo, com que já legitimamente não contava a outra parte". No caso em exame, ao contrário do que faz crer o requerente, a aprovação deu-se pela maioria de 2/5 dos condôminos e não pela unanimidade, conforme preconiza o dispositivo legal. Por fim, entendo pertinente as demais exigências formuladas pelo Registrador, por estarem em consonância com o princípio da legalidade. Diante do exposto, julgo improcedente o pedido de providências formulado pelo Condomínio Residencial Inovarte em face do Oficial do 15º Registro de Imóveis da Capital, e mantenho os óbices. Deste procedimento não decorrem custas, despesas processuais e honorários advocatícios. Oportunamente remetam-se os autos ao arquivo. P.R.I.C. – ADV: SERGIO SIPERECK ELIAS (OAB 173570/SP) (DJe de 03.06.2020 – SP)

Ementa: Sentença – Pedido de Providências – Retificação do imóvel matriculado para adequação tributária – Impossibilidade de alteração da descrição da matrícula – Condomínio – Existência de várias unidades autônomas – Repercussão na propriedade de todas as demais unidades autônomas, uma vez que a descrição nas matrículas individuais deve ser harmônica – Amparo no item 84, do Cap. XX, das NSCGJ – Necessidade de elaboração de novas tabelas de áreas, além de aprovação de planta que viabilize a alteração da especificação de condomínio – IPTU – Impossibilidade – Matéria que foge ao âmbito registrário – Improcedência

Processo 1123785-12.2019.8.26.0100

Pedido de Providências – Registro de Imóveis – Colpar Participações S/A – Vistos. Trata-se de pedido de providências formulado pelo Oficial do 4º Registro de Imóveis da Capital, a requerimento de Colpar Participações S/A, que pretende a retificação da descrição de sua unidade condominial, para o fim de inserir a informação de outras áreas constantes do Quadro IX – Resumo da Divisão de Áreas por Unidades, documento este que integra o instrumento de especificação do condomínio, cuja instituição ocorreu em 02.07.2004. Cumprida parte das exigências, restou apenas uma, referente à necessidade de retificação da instituição de condomínio. A interessada não apresentou impugnação em juízo, conforme certidão de fl. 197, porém manifestou-se perante a Serventia Extrajudicial. Insurge-se do óbice, sob o argumento de que a matrícula indica somente a área total do imóvel, bem como aponta como área total de construção 865,24 m², extraída do Quadro IV, quando na realidade a área total construída é de 994,941 m², como se denota do Quadro IX, coluna 52. Afirma que a área indicada no Quadro IV e utilizada para fins de descrição da matricula, reflete uma porção de equivalência das unidades autônomas do empreendimento, obtida somente para ponderar custos. Assim, é necessária a complementação da descrição da matricula, para que a Municipalidade passe a considerar as informações corretas para fins tributários, tendo em vista que vem sendo considerado o destaque da metragem da área comum no lançamento do IPTU, sem qualquer alteração de sua fração ideal. Foram juntados documentos às fls. 07/196. Houve manifestação da interessada às fls. 210/211 e 232/234, corroborando os argumentos expostos na inicial. De acordo com o Registrador, o critério utilizado pelo instituidor está reproduzido na descrição das unidades autônomas, com a inclusão da área de construção mencionada no Quadro IV. Assim o requerimento implicaria na retificação da instituição e da especificação de condomínio, que deve ser subscrita pela unanimidade dos condôminos proprietários, com firmas reconhecidas e apresentação de nova convenção de condomínio. Por fim, destaca que caberia à Municipalidade de São Paulo realizar a medição da situação fática do imóvel, de maneira a apurar concretamente a natureza e dimensões de sua área (fls. 223/227). O Ministério Público opinou pela improcedência do pedido (fls. 206/208 e 230/231). É o relatório. Passo a fundamentar e a decidir. Com razão o Registrador, bem como a D. Promotora de Justiça. No caso em tela a requerente busca a retificação do imóvel matriculado sob nº 168.273, equivalente ao escritório nº 71 localizado no Edifício Maria Cecília Lara Campos, para adequação tributária, mais especificamente recolhimento do IPTU. Ocorre que, de acordo com o instrumento de especificação de condomínio (fls. 63/81), a instituidora/especificadora do empreendimento, Bueno Netto Empreendimentos Imobiliários, optou por fazer constar na matrícula de cada unidade autônoma somente a descrição das áreas totais, composta por área privativa total real de 519,84 m², área de uso comum real de 594,687 m², com a inclusão de 15 vagas de garagem, área total real de 1.114,527 m² e fração ideal no solo de 4,0412% e, por fim, a área total de construção, equivalente a 865,24 m² (fl. 58). Daí que a alteração da descrição da matrícula individualizada nº 168.273, provocaria a mudança da descrição das demais unidades autônomas, em total dissonância ao instrumento de especificação de condomínio. Em que pesem os fartos argumentos expostos pela interessada, as razões expostas pelo Registrador às fls. 223/227 são irretocáveis, encontrando amparo no item 84, do Cap. XX, das Normas de Serviço da Corregedoria Geral da Justiça. Neste contexto, vale ressaltar que para firmar o instrumento de retificação da instituição e especificação de condomínio, é necessária a concordância de todos os interessados. Entendo que a retificação pretendida irá repercutir na propriedade de todas as demais unidades autônomas, uma vez que a descrição nas matrículas individuais deve ser harmônica. Assim, imperativo que sejam elaboradas novas tabelas de áreas, além de ser aprovada planta que viabilize a alteração da especificação de condomínio. Por fim, em relação ao equívoco da cobrança do IPTU pela Municipalidade, a Lei Municipal nº 14.256/2006 é clara ao estabelecer que mencionado tributo é calculado sobre a área bruta construída e será obtida através da medição da situação fática do imóvel, de modo a calcular com efetividade as suas dimensões. Ressalto ainda que a questão envolvendo o cálculo do IPTU constitui matéria tributária e foge ao âmbito registrário. Como bem exposto pela D. Promotora de Justiça: "A questão tributária referente ao IPTU cobrado pela prefeitura não seria modificada pela averbação pretendida, pois não especificaria a natureza das áreas descobertas, devendo o município realizar a medição da situação fática do imóvel para apurar a natureza e dimensões de suas áreas". Diante do exposto, julgo improcedente o pedido de providências formulado pelo Oficial do 4º Registro de Imóveis da Capital, a requerimento de Colpar Participações S/A. Deste procedimento não decorrem custas, despesas processuais e honorários advocatícios. Oportunamente remetam-se os autos ao arquivo. P.R.I.C. – ADV: JOSE ROBERTO PIRAJA RAMOS NOVAES (OAB 146429/SP), RENATA DA SILVA VASCONCELOS (OAB 380125/SP) (DJe de 30.04.2020 – SP)

CONFERÊNCIA DE BENS

Ementa: Sentença – Dúvida – Conferência de bens – Necessidade de prenotação individualizada dos instrumento de conferência de bens e inventário – Necessidade de apresentação do contrato social em inteiro teor, bem como comprovação do recolhimento do ITBI – Informação posterior do oficial acerca do cumprimento das exigências – Perda do objeto – Extinção do feito

Processo 0035787-86.2020.8.26.0100

Dúvida - REGISTROS PÚBLICOS - Corregedoria Geral da Justiça - Fortes & Prado Sociedade de Advogados e outro - Vistos. Trata-se de dúvida inversa encaminhada a este Juízo pela Egrégia Corregedoria Geral da Justiça, suscitada por Fortes Prado Sociedade de Advogados, tendo em vista a negativa do Oficial do 5º Registro de Imóveis da Capital em realizar o registro do instrumento particular de conferencia de bens/ integralização de capital. Os óbices registrários referem-se à necessidade de prenotação individualizada dos dois títulos apesentados (formal de partilha e conferencia de bens), vez que, conforme protocolo nº 340.750, foi dado ingresso apenas no formal de partilha anexado com vários documentos incompletos relativos à conferencia de bens. Salienta o Registrador que o formal de partilha teve seu registro consumado e, em 29.07.2020, o instrumento particular de conferencia de bens/ integralização de capital foi apresentado somente para cálculo e exame. Todavia, presumindo a irresignação com a denegação de registro e visando atender ao princípio da economia processual, o registrador prenotou mencionado título. Em nova qualificação, desta vez apenas do documento referente à conferencia de bens, constatou-se os seguintes óbices: a) necessidade de apresentação de certidão de inteiro teor do contrato social de constituição expedida pela JUCESP no original e completa, para correto exame do título; b) apresentação da guia e do respectivo comprovante de pagamento relativos ao ITBI. Destaca o Oficial que o primeiro óbice poderia eventualmente ser superado se declarado, pelos interessados, que não possuem o título na sua integralidade, sendo possível diligenciar diretamente no site da JUCESP, possibilitando a emissão de certidão para confirmar a autenticidade do título. Todavia, permaneceria a exigência relativa à comprovação do pagamento do ITBI. O Ministério Público opinou pela procedência da dúvida (fls. 27/28). Em nova manifestação, o Registrador informou que o suscitante apresentou os documentos faltantes, possibilitando o registro (fl. 30), razão pela qual o Ministério Público opinou pela extinção do feito (fl. 35). É o relatório. Passo a fundamentar e a decidir. Com a informação do Registrador acerca do cumprimento das exigências pelo suscitante e consequente registro do título apresentado, não há o que decidir nos autos, tendo o feito perdido o seu objeto. Diante do exposto, julgo extinta a dúvida inversa suscitada por Fortes Prado Sociedade de Advogados, em face da negativa do Oficial do 5º Registro de Imóveis da Capital, com fulcro no artigo 485, IV do CPC. Deste procedimento não decorrem custas, despesas processuais e honorários advocatícios. Oportunamente remetam-se os autos ao arquivo, com as cautelas de praxe. Sem prejuízo, expeça-se ofício à Egrégia Corregedoria Geral da Justiça comunicando desta decisão. P.R.I.C. - ADV: ALINE MOREIRA DUARTE (OAB 403092/SP) (DJe de 17.09.2020 – SP)

Ementa: Sentença – Dúvida – Conferência de bens – Alegação de necessidade de recolhimento da diferença de valores do ITBI – Descabimento – Titular que tem a função de observar o recolhimento dos tributos, mas não o valor – Eventual divergência deve ser impugnada pela Municipalidade na via ordinária – Levantamento do óbice – Improcedência

Processo 1127269-35.2019.8.26.0100

Dúvida – REGISTROS PÚBLICOS – Unapart Administração e Participações Ltda. – Vistos. Trata-se de dúvida suscitada pelo Oficial do 14º Registro de Imóveis da Capital, a requerimento de Unipart Administradora e Participações LTDA, diante da negativa em se proceder ao registro do instrumento particular de conferência de bens datado de 29.07.2016, por intermédio da qual Rubens Aguiar Alvarez e sua mulher Jacqueline Garcia Burin e Alavarez transmitiram à suscitada o imóvel objeto da matrícula nº 222.194. O óbice registrário refere-se à divergência de datas do instrumento apresentado a registro (29.07.2016) e a guia do ITBI (05.11.2016), sendo que no comprovante de pagamento apresentado consta o dia 06.11.2019, consequentemente não foram recolhidos os encargos legais devidos pelo atraso do pagamento do referido imposto, infringindo o art. 142 do Decreto Municipal nº 52.703 de 05.10.2011. Logo, é necessário apresentar a guia complementar dos encargos devidos pelo atraso no pagamento. Juntou documentos às fls. 05/50. A suscitada apresentou impugnação às fls. 53/56. Salienta que o fato gerador do ITBI, na conferência de bens imóveis, somente se aperfeiçoa pelo registro do respectivo título, logo o pagamento foi efetuado quando da apresentação do documento para registro, não havendo que se falar em encargos pelo suposto atraso no pagamento. O Ministério Público opinou pela improcedência da dúvida (fls. 60/62). É o relatório. Passo a fundamentar e a decidir. Em que pesem o zelo e cautela do registrador, na presente hipótese o óbice não prospera É certo que ao Oficial de Registro cumpre fiscalizar o pagamento dos impostos devidos por força dos atos que lhe forem apresentados, em razão de seu ofício, nos termos do art.289 da Lei de Registros Públicos, sob pena de responsabilização pessoal do Delegatário. Todavia, acerca desta matéria o Egrégio Conselho Superior da Magistratura, já fixou entendimento no sentido de que a qualificação feita pelo registrador não vai além da aferição sobre a existência ou não de recolhimento do tributo, e não sobre a integralidade de seu valor, o qual abrange a incidência de juros, multa e correção monetária, que caracteriza os encargos legais da obrigação. Neste sentido: "Ao oficial de registro incumbe a verificação de recolhimento de tributos relativos aos atos praticados, não a sua exatidão." (Apel. Cív. 20522-0/9 – CSMSP – J.19.04.1995 – Rel. Antônio Carlos Alves Braga) "Todavia, este Egrégio Conselho Superior da Magistratura já fixou entendimento no sentido de que a qualificação feita pelo Oficial Registrador não vai além da aferição sobre a existência ou não de recolhimento do tributo, e não sobre a integralidade de seu valor." (Apel. Cív. 996-6/6 CSMSP J. 09.12.2008 Rel.Ruy Camilo) "Este Egrégio Conselho Superior da Magistratura já fixou entendimento no sentido de que a qualificação feita pelo Oficial Registrador não vai além da aferição sobre a existência ou não de recolhimento do tributo, e não sobre a integralidade de seu valor."(Ap. Civ. 0009480-97.2013.8.26.0114 – Campinas – j. 02.09.2014 – Rel. des. Elliot Akel) Neste contexto, a própria incidência da multa é de constitucionalidade duvidosa, na medida em que, como bem observado pela suscitada, a transmissão da propriedade, pelo princípio da inscrição (artigo 1.227 do CC), dá-se apenas com o registro do título. Nessa linha: "TRIBUTÁRIO. ITBI. FATO GERADOR, OCORRÊNCIA. REGISTRO DE TRANSMISSÃO DO BEM IMÓVEL. I Consoante se depreende do julgado do Tribunal de Origem, a hipótese dos autos é de transferência do bem imóvel a sociedade, para integralizar cota do capital, não sendo caso de cessão de direitos referente a transmissão. II Verifica-se que o acórdão vergastado está em consonância com o entendimento assentado por esta Corte, que em diversas oportunidades já se manifestou no sentido de que o fato gerador do ITBI só se aperfeiçoa com o registro da transmissão do bem imóvel. Precedentes: AdRg no Ag nº 448.245/DF, Rel. Min. Luiz Fuz, DJ de 09/12/2002, REsp nº 253.364/ DF, Rel. Min Humberto Gomes de Barros, DJ de 16/04/2001 e RMS nº 10.650/DF, Rel. Min. Francisco Peçanha Martins, DJ de 04/09/2000. III Agravo regimental improvido" (AgRg no REsp nº 798794/SP, Rel. Min. Francisco Falcão, j. 14/02/2006). Ressalto que tal questão foi recentemente objeto de análise pelo Egrégio Conselho Superior da Magistratura, nos autos nº 1046651-45.2015.8.26.0100, de relatoria do Des. Pereira Calças: "Registro de imóveis decisão da Juíza Corregedora Permanente que afastou o óbice para o registro de contrato social por meio do qual um dos sócios integraliza parte do seu capital social mediante a transferência de dois imóveis exigência de recolhimento de encargos moratórios relativos ao atraso no pagamento do ITBI Apelação imposta pelo registrador Inteligência do artigo 202 da Lei nº 6.015/73 e do item 41.6 do Capítulo XX das Normas de Serviço Ilegitimidade recursal Recurso não conhecido. Apelação interposta pela Municipalidade de São Paulo Legitimidade reconhecida Terceira prejudicada Discussão a respeito da incidência de encargos moratórios pelo atraso no recolhimento de ITBI Atuação que extrapola as atribuições do Oficial Dever de fiscalização que se limita ao recolhimento do tributo Discussão que deve ser travada em processo administrativo tributário ou sem execução fiscal Sentença de improcedência da dúvida mantida" Eventual valor a ser cobrado a título de encargos moratórios deve ser discutido na via judicial, com a participação do órgão municipal, interessado pelo eventual recebimento da complementação do valor a ser pago, não podendo o registrador desqualificar o título apresentado sob o fundamento de ausência de complemento de valores, caracterizando coação indireta do usuário. Logo, entendo que deva ser afastada a exigência imposta pelo Oficial. Diante do exposto, julgo improcedente a dúvida suscitada pelo Oficial do 14º Registro de Imóveis da Capital, a requerimento de Unipart Administradora e Participações LTDA, e consequentemente determino o registro do titulo apresentado. Deste procedimento não incidem custas, despesas processuais e honorários advocatícios. Oportunamente remetam-se os autos ao arquivo. P.R.I.C. – ADV: CLEIDIANE ANDRADE DOS SANTOS (OAB 188922/SP) (DJe de 10.02.2020 – SP)

DOAÇÃO

Ementa: Sentença – Dúvida – Conferência de bens – Necessidade de prenotação individualizada dos instrumento de conferência de bens e inventário – Necessidade de apresentação do contrato social em inteiro teor, bem como comprovação do recolhimento do ITBI – Informação posterior do oficial acerca do cumprimento das exigências – Perda do objeto – Extinção do feito

Processo 0035787-86.2020.8.26.0100

Dúvida - REGISTROS PÚBLICOS - Corregedoria Geral da Justiça - Fortes & Prado Sociedade de Advogados e outro - Vistos. Trata-se de dúvida inversa encaminhada a este Juízo pela Egrégia Corregedoria Geral da Justiça, suscitada por Fortes Prado Sociedade de Advogados, tendo em vista a negativa do Oficial do 5º Registro de Imóveis da Capital em realizar o registro do instrumento particular de conferencia de bens/ integralização de capital. Os óbices registrários referem-se à necessidade de prenotação individualizada dos dois títulos apesentados (formal de partilha e conferencia de bens), vez que, conforme protocolo nº 340.750, foi dado ingresso apenas no formal de partilha anexado com vários documentos incompletos relativos à conferencia de bens. Salienta o Registrador que o formal de partilha teve seu registro consumado e, em 29.07.2020, o instrumento particular de conferencia de bens/ integralização de capital foi apresentado somente para cálculo e exame. Todavia, presumindo a irresignação com a denegação de registro e visando atender ao princípio da economia processual, o registrador prenotou mencionado título. Em nova qualificação, desta vez apenas do documento referente à conferencia de bens, constatou-se os seguintes óbices: a) necessidade de apresentação de certidão de inteiro teor do contrato social de constituição expedida pela JUCESP no original e completa, para correto exame do título; b) apresentação da guia e do respectivo comprovante de pagamento relativos ao ITBI. Destaca o Oficial que o primeiro óbice poderia eventualmente ser superado se declarado, pelos interessados, que não possuem o título na sua integralidade, sendo possível diligenciar diretamente no site da JUCESP, possibilitando a emissão de certidão para confirmar a autenticidade do título. Todavia, permaneceria a exigência relativa à comprovação do pagamento do ITBI. O Ministério Público opinou pela procedência da dúvida (fls. 27/28). Em nova manifestação, o Registrador informou que o suscitante apresentou os documentos faltantes, possibilitando o registro (fl. 30), razão pela qual o Ministério Público opinou pela extinção do feito (fl. 35). É o relatório. Passo a fundamentar e a decidir. Com a informação do Registrador acerca do cumprimento das exigências pelo suscitante e consequente registro do título apresentado, não há o que decidir nos autos, tendo o feito perdido o seu objeto. Diante do exposto, julgo extinta a dúvida inversa suscitada por Fortes Prado Sociedade de Advogados, em face da negativa do Oficial do 5º Registro de Imóveis da Capital, com fulcro no artigo 485, IV do CPC. Deste procedimento não decorrem custas, despesas processuais e honorários advocatícios. Oportunamente remetam-se os autos ao arquivo, com as cautelas de praxe. Sem prejuízo, expeça-se ofício à Egrégia Corregedoria Geral da Justiça comunicando desta decisão. P.R.I.C. - ADV: ALINE MOREIRA DUARTE (OAB 403092/SP) (DJe de 17.09.2020 – SP)

Ementa: Sentença – Dúvida – Conferência de bens – Alegação de necessidade de recolhimento da diferença de valores do ITBI – Descabimento – Titular que tem a função de observar o recolhimento dos tributos, mas não o valor – Eventual divergência deve ser impugnada pela Municipalidade na via ordinária – Levantamento do óbice – Improcedência

Processo 1127269-35.2019.8.26.0100

Dúvida – REGISTROS PÚBLICOS – Unapart Administração e Participações Ltda. – Vistos. Trata-se de dúvida suscitada pelo Oficial do 14º Registro de Imóveis da Capital, a requerimento de Unipart Administradora e Participações LTDA, diante da negativa em se proceder ao registro do instrumento particular de conferência de bens datado de 29.07.2016, por intermédio da qual Rubens Aguiar Alvarez e sua mulher Jacqueline Garcia Burin e Alavarez transmitiram à suscitada o imóvel objeto da matrícula nº 222.194. O óbice registrário refere-se à divergência de datas do instrumento apresentado a registro (29.07.2016) e a guia do ITBI (05.11.2016), sendo que no comprovante de pagamento apresentado consta o dia 06.11.2019, consequentemente não foram recolhidos os encargos legais devidos pelo atraso do pagamento do referido imposto, infringindo o art. 142 do Decreto Municipal nº 52.703 de 05.10.2011. Logo, é necessário apresentar a guia complementar dos encargos devidos pelo atraso no pagamento. Juntou documentos às fls. 05/50. A suscitada apresentou impugnação às fls. 53/56. Salienta que o fato gerador do ITBI, na conferência de bens imóveis, somente se aperfeiçoa pelo registro do respectivo título, logo o pagamento foi efetuado quando da apresentação do documento para registro, não havendo que se falar em encargos pelo suposto atraso no pagamento. O Ministério Público opinou pela improcedência da dúvida (fls. 60/62). É o relatório. Passo a fundamentar e a decidir. Em que pesem o zelo e cautela do registrador, na presente hipótese o óbice não prospera É certo que ao Oficial de Registro cumpre fiscalizar o pagamento dos impostos devidos por força dos atos que lhe forem apresentados, em razão de seu ofício, nos termos do art.289 da Lei de Registros Públicos, sob pena de responsabilização pessoal do Delegatário. Todavia, acerca desta matéria o Egrégio Conselho Superior da Magistratura, já fixou entendimento no sentido de que a qualificação feita pelo registrador não vai além da aferição sobre a existência ou não de recolhimento do tributo, e não sobre a integralidade de seu valor, o qual abrange a incidência de juros, multa e correção monetária, que caracteriza os encargos legais da obrigação. Neste sentido: "Ao oficial de registro incumbe a verificação de recolhimento de tributos relativos aos atos praticados, não a sua exatidão." (Apel. Cív. 20522-0/9 – CSMSP – J.19.04.1995 – Rel. Antônio Carlos Alves Braga) "Todavia, este Egrégio Conselho Superior da Magistratura já fixou entendimento no sentido de que a qualificação feita pelo Oficial Registrador não vai além da aferição sobre a existência ou não de recolhimento do tributo, e não sobre a integralidade de seu valor." (Apel. Cív. 996-6/6 CSMSP J. 09.12.2008 Rel.Ruy Camilo) "Este Egrégio Conselho Superior da Magistratura já fixou entendimento no sentido de que a qualificação feita pelo Oficial Registrador não vai além da aferição sobre a existência ou não de recolhimento do tributo, e não sobre a integralidade de seu valor."(Ap. Civ. 0009480-97.2013.8.26.0114 – Campinas – j. 02.09.2014 – Rel. des. Elliot Akel) Neste contexto, a própria incidência da multa é de constitucionalidade duvidosa, na medida em que, como bem observado pela suscitada, a transmissão da propriedade, pelo princípio da inscrição (artigo 1.227 do CC), dá-se apenas com o registro do título. Nessa linha: "TRIBUTÁRIO. ITBI. FATO GERADOR, OCORRÊNCIA. REGISTRO DE TRANSMISSÃO DO BEM IMÓVEL. I Consoante se depreende do julgado do Tribunal de Origem, a hipótese dos autos é de transferência do bem imóvel a sociedade, para integralizar cota do capital, não sendo caso de cessão de direitos referente a transmissão. II Verifica-se que o acórdão vergastado está em consonância com o entendimento assentado por esta Corte, que em diversas oportunidades já se manifestou no sentido de que o fato gerador do ITBI só se aperfeiçoa com o registro da transmissão do bem imóvel. Precedentes: AdRg no Ag nº 448.245/DF, Rel. Min. Luiz Fuz, DJ de 09/12/2002, REsp nº 253.364/ DF, Rel. Min Humberto Gomes de Barros, DJ de 16/04/2001 e RMS nº 10.650/DF, Rel. Min. Francisco Peçanha Martins, DJ de 04/09/2000. III Agravo regimental impróvido" (AgRg no REsp nº 798794/SP, Rel. Min. Francisco Falcão, j. 14/02/2006). Ressalto que tal questão foi recentemente objeto de análise pelo Egrégio Conselho Superior da Magistratura, nos autos nº 1046651-45.2015.8.26.0100, de relatoria do Des. Pereira Calças: "Registro de imóveis decisão da Juíza Corregedora Permanente que afastou o óbice para o registro de contrato social por meio do qual um dos sócios integraliza parte do seu capital social mediante a transferência de dois imóveis exigência de recolhimento de encargos moratórios relativos ao atraso no pagamento do ITBI Apelação imposta pelo registrador Inteligência do artigo 202 da Lei nº 6.015/73 e do item 41.6 do Capítulo XX das Normas de Serviço Ilegitimidade recursal Recurso não conhecido. Apelação interposta pela Municipalidade de São Paulo Legitimidade reconhecida Terceira prejudicada Discussão a respeito da incidência de encargos moratórios pelo atraso no recolhimento de ITBI Atuação que extrapola as atribuições do Oficial Dever de fiscalização que se limita ao recolhimento do tributo Discussão que deve ser travada em processo administrativo tributário ou sem execução fiscal Sentença de improcedência da dúvida mantida" Eventual valor a ser cobrado a título de encargos moratórios deve ser discutido na via judicial, com a participação do órgão municipal, interessado pelo eventual recebimento da complementação do valor a ser pago, não podendo o registrador desqualificar o título apresentado sob o fundamento de ausência de complemento de valores, caracterizando coação indireta do usuário. Logo, entendo que deva ser afastada a exigência imposta pelo Oficial. Diante do exposto, julgo improcedente a dúvida suscitada pelo Oficial do 14º Registro de Imóveis da Capital, a requerimento de Unipart Administradora e Participações LTDA, e consequentemente determino o registro do titulo apresentado. Deste procedimento não incidem custas, despesas processuais e honorários advocatícios. Oportunamente remetam-se os autos ao arquivo. P.R.I.C. – ADV: CLEIDIANE ANDRADE DOS SANTOS (OAB 188922/ SP) (DJe de 10.02.2020 – SP)

ESCRITURA DE RETIFICAÇÃO

Ementa: Sentença – Pedido de Providências – Pedido de averbações de rerratificações, sem averbação de valor, sob o argumento de erros materiais e de digitação – Possibilidade – Nota explicativa 2.1, da Lei Estadual nº 11.331/02 – Ausência de alteração contratual que ensejaria a averbação com valor – Rerratificações que versaram sobre erros de digitação – Determinação para que se averbem as rerratificações – Procedência

Processo 1073014-93.2020.8.26.0100

Pedido de Providências - Registro de Imóveis - BANCO BRADESCO S/A - Vistos. Trata-se de pedido de providências formulado pelo Banco Bradesco S/A, em face do Oficial do 14º Registro de Imóveis da Capital, pretendendo que se proceda as averbações de rerratificações "sem averbação de valor", diante de erros materiais e de digitação. Esclarece a requerente que realizou com a empresa Valdac LTDA aditamento à cédula de crédito bancário, onde constou a substituição de hipoteca para garantia de alienação fiduciária de 12 imóveis, sendo oito de competência do 14º RI, dois do 4º RI, um do 11º RI e um do Cartório de Registro de Imóveis de Contagem/MG. Salienta que mencionada averbação foi realizada sem qualquer óbice, todavia, as demais Serventia exigiram algumas correções, que originaram três rerratificações datadas em 20.08.2019, 05.09.2019 e 18.09.2019. Assim, para que constem de todas as matrículas os registros iguais, a requerente solicita a averbação das três rerratificaçoes nas matrículas do 14º RI, sem averbação de valor, sob o argumento de se tratar de erros de digitação. Juntou documentos às fls. 04/57. O Registrador manifestou-se às fls. 72/74. Arguiu como preliminar a falta de legitimidade e interesse na propositura do presente procedimento. No mérito, entende que não houve equivoco nos registros, apesar das exigências dos outros registradores de rerratificação da alienação fiduciária. Argumenta que toda a alteração contratual, mesmo proveniente de erro de digitação, referente a valores, taxas de juros ou datas, é tratada como averbação de valor, nos termos da Tabelas de Custas e Emolumentos, item 2.1. Por fim, informa que o 4º titulo de rerratificação foi apresentado posteriormente, em 18.06.2020, sendo exigida a reapresentação e averbações dos aditamentos prenotados, em consonância com o princípio da continuidade. Apresentou documentos às fls. 75/172. O Ministério Público opinou pela improcedência do pedido (fls. 176/177). Nova manifestação da requerente à fl. 180. Informa que averbação do 4º aditamento datado de 25.05.2020, não faz parte do pedido inicial, vez que há necessidade das averbações dos aditamentos anteriores. Juntou documentos às fls. 181/218. É o relatório. Passo a fundamentar e a decidir. Afasto a preliminar de ilegitimidade e ausência de interesse de agir arguida pelo Registrador, tendo em vista que a instituição financeira figurou na qualidade de credora dos contratos entabulados, logo há interesse em que sejam realizadas as averbações para garantia do seu crédito. Em que pesem os argumentos do Registrador e do D. Promotor de Justiça, entendo que o pedido deve ser acolhido. De acordo com a nota explicativa 2.1, Lei nº 11.331/02: "Considera-se averbação com valor aquela referente à fusão, cisão ou incorporação de sociedades, cancelamento de direitos reais e outros gravames, bem como a que implica alteração de contrato, da dívida ou da coisa, inclusive retificação de área neste caso tomando-se como base de calculo o valor venal do imóvel" Entendo que a expressão alteração do contrato, estipulada pela nota explicativa, refere-se a modificação substancial do negócio jurídico, envolvendo a alteração da natureza juridica, das partes, do valor, prazo para quitação, dentre outros aspectos. Na presente hipótese, de acordo com as rerratificações ao aditamento à cédula de crédito bancário crédito pessoal efetuadas em 20.08.2019, 05.09.2019 e 18.09.2019 (fls. 30/53), tem-se que não houve a modificação do aspecto substancial do negócio jurídico, sendo certo que já houve o recolhimento das custas e emolumentos referentes ao registro do aditamento (fls. 04/28), sendo inconcebível a cobrança de averbação com valor declarado referente a meros erros de digitação constantes do contrato. Neste contexto, verifica-se que: A) a rerratificação emitida em 20.08.2019 (fls. 30/33), teve como finalidade retificar o número atual de contabilização da cédula de crédito bancário constante do cabeçalho e clausulas 1ª e 2ª do aditamento; B) a rerratificação emitida em 05.09.2019 (fls. 34/48), teve como finalidade retificar o preenchimento das alíneas "a" e "h" da clausula 3ª, vez que referia-se ao parágrafo único, quando o correto são parágrafos 1º e 2º, ou seja, não houve qualquer alteração das taxas de juros ou forma de pagamento, retificar o preenchimento do item 8 da clausula 1ª do aditamento, vez que não houve menção a averbação nº 05, introduzir as alterações do art.67 da Lei 13.465/2017 na clausula 16ª que trata do procedimento de consolidação da propriedade em caso de inadimplência; corrigir as omissões para constar os nome dos prorietários de cada um dos imóveis; C) a rerratificação emitida em 18.09.2019 (fls. 49/53), teve como finalidade corrigir a parte extensa da descrição dos juros remuneratórios, vez que divergiam da numeração, retificar a assinatura pois a empresa fiduciante esta qualificada como hipotecante. Daí concluo que as rerratificações versaram apenas sobre erros de digitação, não havendo alteração contratual propriamente dita, logo, entendo que não há razão para a averbação ser por valor declarado, mas apenas a cobrança pelo valor mínimo. Deixo de analisar a qualificação do 4º instrumento de aditamento datado de 25.05.2020, que tem por objetivo a prorrogação do pagamento das parcelas (fls. 181/216), haja vista que de acordo com o princípio da continuidade, que preserva a ordem cronológica dos fatos, faz-se necessário primeiramente a averbação das três rerratificações anteriores. Diante do exposto, levando-se em consideração a peculiaridade da questão, julgo procedente o pedido de providências formulado pelo Banco Bradesco S/A, em face do Oficial do 14º Registro de Imóveis da Capital, e consequentemente determino que se proceda as averbações das três rerratificações "sem averbação de valor". Deste procedimento não decorrem custas, despesas processuais e honorários advocatícios. Oportunamente remetam-se os autos ao arquivo. P.R.I.C. - ADV: SELMA BRILHANTE TALLARICO DA SILVA (OAB 144668/SP) (DJe de 04.11.2020 – SP)

Ementa: Sentença – Dúvida – Escritura de retificação, ratificação e aditamento – Conferência de bens – Impossibilidade – Ampliação do objeto da escritura ratificada – Inclusão de novo imóvel a título de conferência de bens – Ausência de recolhimento do ITBI correspondente – Necessidade de lavratura de novo ato com a participação de todos os envolvidos – Manutenção do óbice – Procedência

Processo 1081306-04.2019.8.26.0100

Dúvida – REGISTROS PÚBLICOS – 14º Oficial de Registro de Imóveis da Capital – Building Company Participação e Administração Ltda – Municipalidade de São Paulo – Vistos. Trata-se de dúvida suscitada pelo Oficial do 14º Registro de Imóveis da Capital, a requerimento de Building Company Participação e Administração LTDA, diante da negativa em se proceder ao registro da escritura pública de retificação, ratificação e aditamento, pela qual José Luiz da Silva e sua mulher Rosana Ronchesi e Meide Amélia Ronchesi transmitiram, a título de conferência de bens à suscitada, o imóvel matriculado sob nº 124.229. Juntamente com a escritura foram apresentadas a 1ª e 5ª alteração do contrato social, pretendendo a suscitada, pela mesma escritura, a retificação da conferência de bens registrada sob nº 04, na matrícula nº 124.230, para constar que o valor correto a ser conferido é de R$ 200.000,00. O óbice registrário refere-se à ampliação do objeto da escritura retificada, o que não é possível, vez que a escritura pública registrada constitui ato jurídico perfeito e acabado, devendo a interessada lavra nova escritura de conferência de bens, bem como efetuar o pagamento do ITBI. Juntou documentos às fls. 05/73. A suscitada não apresentou impugnação, conforme certidão de fl. 74, todavia manifestou-se perante a Serventia Extrajudicial (fls. 12/16). Salienta que equivocadamente na escritura pública, além do imóvel matriculado sob nº 124.230, deveria constar também a matrícula n º 124.229, razão pela qual foi feita a escritura de re-ratificação. Assevera que o imposto de transmissão foi recolhido sobre a soma do valor de ambos os imóveis. A Municipalidade manifestou-se às fls. 83/84, indicando que houve a regularidade no pagamento do ITBI em relação ao imóvel matriculado sob nº 124.230. Juntou documentos às fls. 85/87. Houve nova manifestação do Registrador, corroborando os argumentos da inicial (fls. 103/04). O Ministério Público opinou pela procedência da dúvida (fls. 107/110). É o relatório. Passo a fundamentar e a decidir. Ressalto que, em relação a averbação de retificação do valor da conferência de bens registrada sob nº 04, na matrícula nº 124.230, para constar que o valor correto a ser conferido é de R$ 200.000,00, não houve qualquer insurgência do Registrador. Verifico que a retificação da escritura pública, para constar também a integralização do imóvel matriculado sob nº 124.229, configura alterações de elementos essenciais do negócio jurídico, tendo em vista que por livre e espontânea vontade as partes interessadas transmitiram apenas um imóvel, qual seja, o matriculado sob nº 124.230, que foi registrado e produziu todos os seus efeitos jurídicos (R.04), logo não é possível a ampliação do objeto através da mesma escritura já registrada. Segundo o jurista Narciso Orlandi Neto: "Não há possibilidade de retificação de escritura sem que dela participem as mesmas pessoas que estiveram presentes no ato da celebração do negócio instrumentalizado. É que a escritura nada mais é que o documento, o instrumento escrito de um negócio jurídico; prova preconstituída da manifestação de vontade de pessoas, explicitada de acordo com a lei. Não se retifica manifestação de vontade alheia. Em outras palavras, uma escritura só pode ser retificada por outra escritura, com o comparecimento das mesmas partes que, na primeira, manifestaram sua vontade e participaram do negócio jurídico instrumentalizado." (Retificação do Registro de Imóveis, Juarez de Oliveira, pág. 90). A alegação da suscitada, acerca do recolhimento do ITBI sobre a soma do valor de ambos os imóveis, não prospera, vez que, de acordo com a manifestação do órgão municipal (fls. 83/84), houve o regular recolhimento do imposto somente em relação ao imóvel matriculado sob nº 124.230. Neste contexto, a lição de Leonardo Brandelli, mencionada pela D. Promotora de Justiça, que bem explica a questão posta a desate: "... O contrato que já esteja extinto pelo cumprimento (compra e venda registrada e paga, por exemplo) não pode ser mais retificado, embora continue exarando deveres secundários decorrentes da boa fé objetiva. Nesse sentido, se alguém vendo o imóvel A e, após receber o pagamento e registrar a escritura, percebe que errou, e que, em verdade, deveria ter sido vendido o imóvel B, não há mais possibilidade de retificação, pois o contrato já surtiu seus efeitos e já se extinguiu pelo cumprimento; haverá em tal caso, necessidade da celebração de um novo negócio jurídico" (Teoria Geral do Direito Notarial, 4º edição. São Paulo, ed: Saraiva – 2011, p.148). Logo, faz-se necessária a lavratura de nova escritura, como o respectivo recolhimento do ITBI em relação à nova integralização do imóvel matriculado sob nº 124.229. Diante do exposto, julgo procedente a dúvida suscitada pelo Oficial do 14º Registro de Imóveis da Capital, a requerimento de Building Company Participação e

Administração LTDA, e consequentemente mantenho o óbice registrário. Destes procedimento não decorrem custas, despesas processuais e honorários advocatícios. Oportunamente remetam-se os autos ao arquivo. P.R.I.C. – ADV: ICARO SORREGOTTI NEGRI (OAB 415583/SP) (DJe de 10.02.2020 – SP)

FORMAL DE PARTILHA

Ementa: Sentença - Pedido de Providências – Retificação de averbação de divórcio para constar a existência de condomínio entre os ex-cônjuges – Impossibilidade – Necessidade de apresentação de formal de partilha ou carta de sentença – Princípio da Continuidade e da Segurança Jurídica – Manutenção do óbice – Improcedência

Processo 1024687-20.2020.8.26.0100

Pedido de Providências - REGISTROS PÚBLICOS - 1º Oficial de Registro de Imóveis da Capital - Estevão Bugan - Vistos. Trata-se de pedido de providências formulado pelo Oficial do 1º Registro de Imóveis da Capital, a requerimento de Estevão Bugan, que pleiteia a retificação da averbação de seu divórcio (av.07) na matricula nº 16.163, para constar a existência de condomínio da propriedade dos ex cônjuges. A qualificação restou negativa tendo em vista a ausência de menção da partilha do imóvel quando da decretação do divórcio do interessado e sua ex- esposa Márcia, sendo necessária a apresentação do formal de partilha ou carta de sentença. Juntou documentos às fls. 05/52. Expedida intimação para manifestação acerca dos fatos expostos na inicial, bem como juntada de eventual partilha de bens junto ao juízo do divórcio, o interessado não foi localizado (fl. 63), enquanto seu patrono, devidamente intimado, quedou-se inerte (fl. 64). O Ministério Público opinou pela improcedência do pedido (fls. 69/70). É o relatório. Passo a fundamentar e a decidir. Ressalto que, apesar da ausência de juntada de procuração nos autos, e tendo sido intimado o interessado para tanto, por se tratar de procedimento administrativo é mitigado o rigor formal, sendo somente imprescindível a juntada da representação na hipótese da interposição de recurso. Assim, em que pese a irregularidade na representação processual do presente procedimento, passo à análise do mérito. Verifico que averbação n 07, efetuado na matrícula nº 16.163, não merece qualquer retificação, vez que espelhou fielmente o título que lhe deu origem, qual seja, a sentença proferida pelo MMº Juízo da 10ª Vara da Família e Sucessões da Capital, transitada em julgado, decretando o divórcio do casal (processo nº 1048069-81.2016.8.26.0100). Ocorre que no mencionado processo não houve menção a partilha de bens, logo, a averbação de que o imóvel pertence a ambos os cônjuges em condomínio deverá ser realizada mediante a apresentação de formal de partilha ou carta de sentença, permanecendo o bem em estado de mancomunhão. Como bem explana Philadelpho Azevedo: "Quando simultaneamente com o desquite não se faz a partilha dos bens, resta um período complementar, como acontece na herança, ou na sociedade que, depois de dissolvida, ainda entra em liquidação, fase que Carvalho de Mendonça chamava de agonia da sociedade, sem desaparecimento da personalidade jurídica". (AZEVEDO. Philadelpho. Um triênio de judicatura. Direito de Família. São Paulo: Max Limonad, [19], p. 347, voto 143. Tal questão foi objeto de decisão pelo Colendo Superior Tribunal de Justiça: "1. Rompida a sociedade conjugal sem a imediata partilha do patrimônio comum, ou como ocorreu na espécie, com um acordo prévio sobre os bens a serem partilhados, verifica-se - apesar da oposição do recorrente quanto a incidência do instituto - a ocorrência de mancomunhão . 2. Nessas circunstâncias, não se fala em metades ideais, pois o que se constara é a existência de verdadeira unidade patrimonial, fechada, e que dá acesso a ambos ex cônjuges, à totalidade dos bens" (RESP nº 1.537.107/PR, Rel. Min. Nancy Andrighi, 3ª T., DJE. 25.11.2016). Conclui-se que, sem a apresentação da partilha dos bens do casal, não há como averiguar se o imóvel permanece sob a titularidade de ambos os cônjuges em condomínio, ou se houve a partilha igualitaria dos bens, continuando o acervo patrimonial em sua totalidade à disposição de ambos os cônjuges. Logo, a fim de se preservar o princípio da continuidade e da segurança jurídica que dos registros públicos se espera, entendo correto o óbice imposto pelo Registrador, devendo haver a apresentação do formal de partilha ou da carta de sentença pelo Juízo da Familia e Sucessões. Diante do exposto, julgo improcedente o pedido de providências formulado pelo Oficial do 1º Registro de Imóveis da Capital, a requerimento de Estevão Bugan, mantendo o óbice registrário. Deste procedimento não decorrem custas, despesas processuais e honorários advocatícios. Oportunamente remetam-se os autos ao arquivo. P.R.I.C. - ADV: MARCIO GUSTAVO PEREIRA LIMA (OAB 206823/SP) (DJe de 05.10.2020 – SP)

Ementa: Sentença – Dúvida – Formal de Partilha – Impossibilidade – Ausência de apresentação da Carta de Sentença – Alegação da parte acerca da impossibilidade de cumprimento da exigência, tendo em vista o fechamento do fórum ocasionado pela Pandemia da Covid-19 – Interessado que não impugnou a exigência, mas apenas informou sobre a impossibilidade de cumpri-la, pedindo, inclusive para que fossem aceitas fotocópias do processo – Prejudicialidade da dúvida – Necessidade de apresentação do título original que se pretende registrar – Princípios da Legalidade e da Segurança Jurídica – Determinação para que a prenotação seja prorrogada até o retorno das atividades presenciais do Tribunal de Justiça – Dúvida prejudicada

Processo 1052812-95.2020.8.26.0100

Dúvida – Registro de Imóveis – Paulo de Tarso e Silva Borges – Vistos. Trata-se de dúvida inversa suscitada por Paulo de Tarso e Silva Borges em face da Oficial do 16º Registro de Imóveis da Capital, diante da negativa em proceder ao registro do formal de partilha expedido pelo MMº Juízo da 1ª Vara da Família e Sucessões do Foro Regional da Lapa (processo nº 0230680-85.1994.8.26.0004) nos autos de arrolamento dos bens deixados por Estevam Nagy Júnior, dentre os quais encontra-se o imóvel transcrito sob nº 20.876. O óbice registrário refere-se à necessidade de apresentação da carta de sentença no original, contendo as principais peças processuais, nos termos do art. 221, § 1º das NGCGJ -Tomo I. Juntou documentos às fls. 82/83. Salienta o suscitante que, para cumprimento da exigência mencionada, está na dependência da reabertura do Fórum da Lapa. Entende que situação deve ser vista com excepcionalidade, efetuando-se o registro do título com as cópias fotográficas sob a responsabilidade do patrono do requerente. Apresentou documentos às fls. 04/74 e 79/80. O Ministério Público opinou pela procedência da dúvida (fls. 86/87). É o relatório. Passo a fundamentar e a decidir. Na presente hipótese não houve impugnação à exigência, limitando-se o suscitante a argumentar que, para cumprimento do óbice, aguarda a reabertura do Fórum da Lapa. A concordância total ou parcial com as exigências do Oficial prejudica a dúvida, que só admite duas soluções: a determinação do registro do título protocolado e prenotado, que é analisado, em reexame da qualificação, tal como se encontrava no momento em que surgida dissensão entre a apresentante e o Oficial de Registro de Imóveis; ou a manutenção da recusa do Oficial. E no mérito a dúvida é procedente. Ressalto que este Juízo se compadece da situação do suscitante, tendo em vista que, por questões alheias à sua vontade, mais precisamente devido a uma situação de calamidade pública, encontra-se impossibilitado de cumprir a exigência imposta. Todavia, deve ser colocada acima desta situação a segurança jurídica que dos atos registrários se espera, bem como o princípio da legalidade que norteia o registro imobiliário. E neste aspecto, a jurisprudência do Egrégio Conselho Superior da Magistratura é pacífica no sentido de que a não apresentação da via original do título que se pretende registrar prejudica a dúvida, seja por conta do comando previsto no art. 2013, II da Lei nº 6.015/73 e no Cap. XX, item 41.1.1, com a redação que lhe deu o Provimento CGJ n. 11, de 16 de abril de 2013, art. 4º das Normas de Serviço da Corregedoria Geral da Justiça, seja pela necessidade de se examinar a sua autenticidade. Ademais a ausência de apresentação do original não permite ao registrador realizara qualificação do título apresentado. Neste sentido verifica-se os julgado das Apelações Cíveis nºs 2.177-0, 4.258-0, 4.283-0, 12.439-0/6, 1.820-0/2. "Ora, sem a apresentação do título original, não se admite a discussão do quanto mais se venha a deduzir nos autos, porque, o registro, em hipótese alguma, poderá ser autorizado,nos termos do art. 2013, I da Lei 6.015/73. Não é demasiado observar que, no tocante à exigência de autenticidade, o requisito da exibição imediata do original, diz respeito ao direito obtido com a prenotação do titulo, direito que não enseja prazo reflexo de saneamento extrajudicial de deficiências da documentação apresentada. Por conseguinte, não há como apreciar o fundamento da recusa, face à questão prejudicial" (Ap.Cível nº 30.728-0/7, Rel. Des. Márcio Martins Bonilha). Assim, a apresentação do documento em cópias fotográficas não constitui título hábil a registro, sendo mister a permanência do óbice. Todavia, em razão das dificuldades trazidas pela pandemia, entendo que, até que haja possibilidade de emissão do original do título, a prenotação deva ser prorrogada, evitando prejuízo no direito de prioridade da parte por razão de força maior insuperável. Veja-se inclusive que o Prov. CG 08/2020 já previu tal flexibilização do prazo de prenotação em seu Art. 7º. Cito: Art. 7º. As Centrais Eletrônicas poderão implantar módulos para o encaminhamento de documentos digitalizados que forem destinados ao protocolo de títulos, à emissão de certidões e aos cancelamentos de protestos, desde que isentos de taxas. § 1º. O apresentante será informado do prazo de quinze dias, contados do término do prazo da suspensão do serviço, para a entrega do documento original quando for requisito para o seu registro, pena de cancelamento do protocolo. § 2º. O acesso aos módulos que forem implantados pelas Centrais Eletrônicas, para o encaminhamento de documentos digitalizados, será gratuito e aberto a qualquer interessado que deverá fornecer os elementos indispensáveis para a sua identificação. § 3º. A autorização para o protocolo de documento digitalizado prevista neste artigo, que abrange os títulos não previstos nos itens 365 e seguintes do Capítulo XX do Tomo II das Normas de Serviço da Corregedoria Geral da Justiça, é restrita ao período de vigência deste Provimento. Ainda que estritamente o presente caso não trate de documento digitalizado, a aplicação analógica é possível, já que o apresentante possui cópias de originais que não podem ser apresentados justamente em razão da suspensão dos serviços presenciais do Poder Judiciário. Por tal razão, no presente caso, o prazo de prenotação deve ser prorrogado, facultando a parte a apresentação do original da carta de sentença em até 15 dias após o retorno das atividades presenciais da unidade judicial com competência para expedir a carta de sentença. Se houver necessidade de desarquivamento de autos físicos, o prazo deverá ser prorrogado até que haja retorno do serviço de desarquivamento do Tribunal de Justiça de São Paulo. Diante do exposto, julgo prejudicada a dúvida suscitada por Paulo de Tarso e Silva Borges, em face da Oficial do 16º Registro de Imóveis da Capital, com observação quanto ao prazo da prenotação. Deste procedimento não decorrem custas, despesas processuais e honorários advocatícios. Oportunamente remetam-se os autos ao arquivo. P.R.I.C. – ADV: CARLOS ALBERTO PEREIRA LEITE (OAB 107204/SP) (DJe de 29.07.2020 – SP)

HIPOTECA

Ementa: Sentença – Pedido de Providências – Pedido de cancelamento da hipoteca e das cédulas de crédito, sob a alegação de ocorrência de perempção – Informação do Registrador de que é necessário a apresentação de mandado judicial ou de instrumento de quitação, pois a perempção não autoriza o cancelamento das hipotecas e cédulas, apenas limita o direito do credor em relação aos devedores – Descabimento – Hipotecas constituídas há mais de trinta anos – Art. 1485 do CC – Prazo Decadencial – Extinção de pleno direito – Mitigação da exigência do art. 24, do Decreto-Lei 70/66 – Afastamento dos óbices – Procedência

Processo 1092150-76.2020.8.26.0100

Pedido de Providências - Por Remição - Marcos Chiorboli - Vistos. Trata-se de pedido de providencias formulado por Marcos Chiorboli em face do Oficial do 14º Registro de Imóveis da Capital, pretendendo o cancelamento da hipoteca dada a Banco Aurea de Investimento S/A e Aurea S/A Crédito Imobiliário, inscritos sob nºs 31.243 e 31.244 na transcrição nº 132.860, bem como das cédulas de crédito hipotecário de nºs 44- série A e 001.262 série A, sob a alegação da ocorrência de perempção. Aduz o requerente que seu genitor obteve autorização do liquidante Banco Econômico S/A para o cancelamento das hipotecas, bem como o Banco Aurea está extinto desde 1976, sem liquidante nomeado, não havendo alteração contratual ou cessão de direitos creditórios. Juntou documentos às fls. 09/48. O Registrador manifestou-se às fls. 57/58. Esclarece que a perempção não autoriza o cancelamento das hipotecas e respectivas cédulas, apenas limita o direito do credor em relação aos devedores, nos termos do art. 1.485 do Código Civil. Logo, entende que o cancelamento somente poderá ocorrer mediante instrumento de quitação ou mandado judicial. Os credores hipotecários não foram localizados (fls. 60/61). O Ministério Público opinou pela procedência do feito (fls. 65/67). É o relatório. Passo a fundamentar e a decidir. O pedido comporta integral acolhimento. Conforme se verifica da transcrição nº 132.860 houve constituição de hipoteca de 1º grau, em favor do Banco Áurea de Investimentos S/A. e hipoteca de 2º grau em favor de Áurea S/A Crédito Imobiliário, em 1975 ou seja, há mais de trinta anos (fls. 10/11). De acordo com o artigo 1485 do Código Civil: "Mediante simples averbação, requerida por ambas as partes, poderá prorrogar-se a hipoteca, até 30 (trinta) anos da data do contrato. Desde que perfaça esse prazo, só poderá subsistir o contrato de hipoteca reconstituindo-se por novo título e novo registro; e, nesse caso, lhe será mantida a precedência, que então lhe competir". Dado o lapso temporal, tem-se que as referidas hipotecas já ultrapassaram o prazo de decadência, uma vez que emitidas em 1975, há bem mais de 30 anos. Neste contexto, de acordo com o Desembargador Francisco Eduardo Loureiro: "O prazo de trinta anos é de natureza decadencial, de modo que não se aplicam as causas impeditivas, suspensivas e interruptivas aplicáveis à prescrição. Escoado o prazo, a hipoteca se extingue de pleno direito, ainda que antes do cancelamento junto ao registro imobiliário, cujo efeito é meramente regularizatório, a ser pedido pelo interessado ao oficial. Não se confundem perempção da hipoteca com prescrição da pretensão da obrigação garantida. Disso decorre a possibilidade da perempção da garantia ocorrer antes da prescrição da obrigação garantida, que se converterá em quirografária (...) Ultrapassado o prazo fatal de trinta anos, somente subsiste a garantia real mediante novo contrato de hipoteca e novo registro imobiliário" (Código Civil Comentado, Ministro Cezar Peluso coordenador; Barueri/SP: Manole, 2010, p. 1590). "Ultrapassado o prazo fatal de trinta anos, somente subsiste a garantia real mediante novo contrato de hipoteca e novo registro imobiliário" (Código Civil

Comentado, Ministro Cezar Peluso coordenador; Barueri/SP: Manole, 2010, p. 1590). Em relação ao cancelamento das cédulas hipotecárias sob nºs 44- série A e 001.262 série A, em se tratando de títulos de crédito, possuem como características essenciais a literalidade, autonomia, abstração e cartularidade. Nos termos do artigo 24 do Decreto-Lei 70/66que institui a cédula hipotecária: "Art.24: O cancelamento da averbação da cédula hipotecária e da inscrição da hipoteca respectiva, quando se trate de liquidação integral desta, far-se-ão: I - à vista das cédulas hipotecárias devidamente quitadas, exibidas pelo devedor ao Oficial do Registro Geral de Imóveis; ... III - por sentença judicial transitada em julgado" "Parágrafo Único: Se o devedor não possuir a cédula hipotecária quitada, poderá suprir a falta com a apresentação de declaração de quitação do emitente ou endossante em documento à parte" As cédulas de crédito existem em função de um negócio jurídico anterior, estando a ele vinculadas. No caso em tela, as averbações ocorreram em 1975, não havendo notícia de que alguém tenha reclamado o valor da dívida. Assim, pelo longo lapso temporal de emissão da cédula de crédito e pela probabilidade mínima de se causar dano a terceiro, pode ser mitigada a exigência do artigo 24 do Decreto-Lei 70/66. Logo, afasto os entraves levantados pelo Registrador para cancelamento dos gravames. Diante do exposto, julgo procedente o pedido de providências formulado por Marcos Chiorboli, em face do Oficial do 14º Registro de Imóveis da Capital, e consequentemente determino o cancelamento da hipoteca dada a Banco Aurea de Investimento S/A e Aurea S/A Crédito Imobiliário, inscritos sob nºs 31.243 e 31.244 na transcrição nº 132.860, bem como das cédulas de credito hipotecário sob nºs 44- série A e 001.262 série A. Deste procedimento não decorrem custas, despesas processuais e honorários advocatícios. Oportunamente remetam-se os autos ao arquivo. P.R.I.C. - ADV: RENATO LUIZ FORTUNA (OAB 196915/ SP) (DJe de 04.12.2020 – SP)

Ementa: Sentença – Pedido de Providências – Cancelamento de hipoteca – Alegação de que o instituto da perempção não autoriza o cancelamento e necessidade de apresentação do instrumento de quitação ou ordem judicial – Descabimento – Hipotecas constituídas há mais de trinta anos – Art. 1485 do CC – Prazo Decadencial – Extinção de pleno direito – Mitigação da exigência do art. 24, do Decreto-Lei 70/66 – Procedência

Processo 1007298-22.2020.8.26.0100

Pedido de Providências - Cancelamento de Hipoteca - Maria de Lourdes Rachid Vaz de Almeida - Vistos. Trata-se de pedido de providências formulado por Maria de Lourdes Rachid Vaz de Almeida, em face do Oficial do 14º Registro de Imóveis da Capital, pretendendo o cancelamento das hipotecas registradas sob nº 02, em favor da Companhia Imobiliária Ibitirama e das cédulas de crédito averbadas sob nº 03, em favor de Noroeste Crédito Imobiliário S/A, que gravam os imóveis matriculados sob nºs 81.825 e 81.826, sob a alegação da ocorrência de perempção. Juntou documentos às fls. 05/36. A empresa Companhia Imobiliária Ibitirama foi intimada do presente procedimento (fl. 49), enquanto a intimação do Noroeste Crédito Imobiliário S/A restou negativa pela ausência de localização (fls. 46, 50, 55 e 59). O Registrador manifestou-se às fls. 63/66. Esclarece que Noroeste Crédito Imobiliário S/A foi incorporada pelo Banco Santander S/A, bem como a perempção não autoriza o cancelamento das hipotecas e respectivas cédulas, apenas limita o direito do credor em relação aos devedores, nos termos do art. 1.485 do Código Civil. Logo, entende que o cancelamento somente poderá ocorrer mediante instrumento de quitação ou mandado judicial. O Ministério Público opinou pela procedência do pedido (fls. 69/71). É o relatório. Passo a fundamentar e a decidir. Entendo que na presente hipótese não há necessidade da intimação da incorporadora, vez que sua manifestação não interferirá no deslinde deste procedimento, apenas procrastinará a análise do mérito. O pedido comporta integral acolhimento. Conforme se verifica dos registros nº 02 das matrícula nºs 81.825 e 81.826 (fls. 22/23 e 35/36), as hipotecas foram constituídas em 1986, ou seja, há mais de trinta anos. De acordo com o artigo 1485 do Código Civil: "Mediante simples averbação, requerida por ambas as partes, poderá prorrogar-se a hipoteca, até 30 (trinta) anos da data do contrato. Desde que perfaça esse prazo, só poderá subsistir o contrato de hipoteca reconstituindo-se por novo título e novo registro; e, nesse caso, lhe será mantida a precedência, que então lhe competir. Dado o lapso temporal, tem-se que as referidas hipotecas já ultrapassaram o prazo de decadência, uma vez que emitidas em 1986, há bem mais de 30 anos. Neste contexto, de acordo com Francisco Eduardo Loureiro: "O prazo de trinta anos é de natureza decadencial, de modo que não se aplicam as causas impeditivas, suspensivas e interruptivas aplicáveis à prescrição. Escoado o prazo, a hipoteca se extingue de pleno direito, ainda que antes do cancelamento junto ao registro imobiliário, cujo efeito é meramente regularizatório, a ser pedido pelo interessado ao oficial. Não se confundem perempção da hipoteca com prescrição da pretensão da obrigação garantida. Disso decorre a possibilidade da perempção da garantia ocorrer antes da prescrição da obrigação garantida, que se converterá em quirografária (...) Ultrapassado o prazo fatal de trinta anos, somente subsiste a garantia real mediante novo contrato de hipoteca e novo registro imobiliário (Código Civil Comentado, Ministro Cezar Peluso coordenador; Barueri/SP: Manole, 2010, p. 1590). "Ultrapassado o prazo fatal de trinta anos, somente subsiste a garantia real mediante novo contrato de hipoteca e novo registro imobiliário" (Código Civil Comentado, Ministro Cezar Peluso coordenador; Barueri/SP: Manole, 2010, p. 1590). Em relação ao cancelamento das cédulas hipotecárias (averbações nº 03 das matrículas nºs 81.825 e 81.826), em se tratando de títulos de crédito, possuem como características essenciais a literalidade, autonomia, abstração e cartularidade. Nos termos do artigo 24 do Decreto-Lei 70/66que institui a cédula hipotecária: "Art.24: O cancelamento da averbação da cédula hipotecária e da inscrição da hipoteca respectiva, quando se trate de liquidação integral desta, far-se-ão: I - à vista das cédulas hipotecárias devidamente quitadas, exibidas pelo devedor ao Oficial do Registro Geral de Imóveis; ... III - por sentença judicial transitada em julgado" "Parágrafo Único: Se o devedor não possuir a cédula hipotecária quitada, poderá suprir a falta com a apresentação de declaração de quitação do emitente ou endossante em documento à parte" As cédulas de crédito existem em função de um negócio jurídico anterior, estando a ele vinculadas. No caso em tela, as averbações ocorreram no dia 23 de janeiro de 1986, não havendo notícia de que alguém tenha reclamado o valor da dívida. Assim, pelo longo lapso temporal de emissão da cédula de crédito e pela probabilidade mínima de se causar dano a terceiro, pode ser mitigada a exigência do artigo 24 do Decreto- Lei 70/66. Logo, afasto os entraves levantados pelo registrador para cancelamento dos gravames. Diante do exposto, julgo procedente o pedido de providências formulado por Maria de Lourdes Rachid Vaz de Almeida, em face do Oficial do 14º Registro de Imóveis da Capital, e consequentemente determino o cancelamento das hipotecas registradas sob nº 02 e das cédulas hipotecária averbadas sob nº 03 nas matrículas nºs 81.825 e 81.826. Deste procedimento não decorrem custas, despesas processuais e honorários advocatícios. Oportunamente remetam-se os autos ao arquivo. P.R.I.C. - ADV: HILTON LISTER PERRI JUVELE (OAB 227649/SP) (DJe de 27.10.2020 – SP)

Ementa: Sentença – Pedido de Providências – Pretensão do cancelamento do registro de hipoteca e cédulas hipotecárias – Possibilidade – Ocorrência da Decadência, extinguindo-se a hipoteca de pleno direito – Determinação do cancelamento– Procedência

Processo 1109980-89.2019.8.26.0100

Pedido de Providências – Por Remição – Maria José Linardi Barone – Transcontinental Empreendimentos Imobiliarios Ltda. e outro – Vistos. Trata-se de pedido de providências formulado por Maria José Linardi Barone, em face do Oficial do 14º Registro de Imóveis da Capital, pretendendo o cancelamento do registro de hipoteca e cédulas hipotecárias que gravam as matrículas nºs 30.493 e 30.494, tendo como favorecida a Sul Brasileiro SP – Crédito Imobiliário S/A. Relata a requerente que, após ter recebido seus haveres de forma integral, a beneficiária das hipotecas expediu carta de quitação datada de 02.08.1991, com a finalidade de que a interessada e seu falecido cônjuge fizessem as respectivas averbações de cancelamento. Todavia, o documento de quitação não foi apresentado na época oportuna para que produzisse os almejados fins. Destaca que o prazo trintenal, nos termos da lei, se esgotou, não havendo constituição de nova hipoteca, bem como a impossibilidade em se obter os documentos exigidos pelo registrador, seja pela inatividade da empresa credora ou pela inexistência dos mesmos. Juntou documentos às fls. 06/19. O Registrador manifestou-se às fls. 23/24. Esclarece que a perempção não autoriza o cancelamento da hipoteca e respectiva cédula, vez que apenas limita o direito do credor em relação aos devedores, logo o cancelamento só poderá ocorrer mediante apresentação do instrumento de quitação ou mandado judicial. Intimada, a credora hipotecária não se opôs ao cancelamento da hipoteca, tendo em vista a quitação do contrato (fl. 41). Apresentou documento à fl. 49. Levando-se em consideração a manifestação da credora, o delegatário reviu seu entendimento, concordando com o cancelamento do gravame (fl. 53). O Ministério Público opinou pela procedência do pedido (fls. 27/29 e 59). É o relatório. Passo a fundamentar e a decidir. O pedido comporta integral acolhimento. Conforme se verifica dos registros nº 02 das matrículas nº 30.493 e 30.494 (fls. 10 e 13), as hipotecas foram constituídas em 1979, ou seja, há mais de trinta anos. De acordo com o artigo 1485 do CC: "Mediante simples averbação, requerida por ambas as partes, poderá prorrogar-se a hipoteca, até 30 (trinta) anos da data do contrato. Desde que perfaça esse prazo, só poderá subsistir o contrato de hipoteca reconstituindo-se por novo título e novo registro; e, nesse caso, lhe será mantida a precedência, que então lhe competir". Dado o lapso temporal, as referidas cédulas hipotecárias já se encontram decaídas, uma vez que emitidas em 1979, há muito passado o prazo de 30 anos. Neste contexto, de acordo com o Des.Francisco Eduardo Loureiro: "O prazo de trinta anos é de natureza decadencial, de modo que não se aplicam as causas impeditivas, suspensivas e interruptivas aplicáveis à prescrição. Escoado o prazo, a hipoteca se extingue de pleno direito, ainda que antes do cancelamento junto ao registro imobiliário, cujo efeito é meramente regularizatório, a ser pedido pelo interessado ao oficial. Não se confundem perempção da hipoteca com prescrição da pretensão da obrigação garantida. Disso decorre a possibilidade da perempção da garantia ocorrer antes da prescrição da obrigação garantida, que se converterá em quirografária (...) Ultrapassado o prazo fatal de trinta anos, somente subsiste a garantia real mediante novo contrato de hipoteca e novo registro imobiliário" (Código Civil Comentado, Ministro Cezar Peluso coordenador; Barueri/SP: Manole, 2010, p. 1590). Ademais a própria credora hipotecária apresentou a sua concordância em liberar as constrições que pendem sobre o imóvel em questão, apresentando o respectivo documento de quitação integral do valor (fl. 49), cumprindo assim o requisito previsto no artigo 251, I da Lei de Registros Públicos, segundo o qual: "Art. 251: O Cancelamento da hipoteca só pode ser feito: I à vista de autorização ou quitação, outorgada pelo credor ou seu sucessor, em instrumento público ou particular ..." Em relação ao cancelamento das averbações 3 e 9, oriunda da emissão de cédula de crédito hipotecária, com razão o Registrador. Tendo em vista que as cédulas hipotecárias são títulos de crédito, possuem como características essenciais a literalidade, autonomia, abstração e cartularidade. Nos termos do artigo 234 do Decreto Lei 70/66 que institui a cédula hipotecária: "Art.24: O cancelamento da averbação da cédula hipotecária e da inscrição da hipoteca respectiva, quando se trate de liquidação integral desta, far-se-ão: I à vista das cédulas hipotecárias devidamente quitadas, exibidas pelo devedor ao Oficial do Registro Geral de Imóveis; ... II por sentença judicial transitada em julgado" Parágrafo Único: Se o devedor não possuir a cédula hipotecária quitada, poderá suprir a falta com a apresentação de declaração de quitação do emitente ou endossante em documento à parte" As cédulas de crédito existem em função de um negócio jurídico anterior, estando a ele vinculadas. Inobstante a regra estipulada no artigo supra mencionado, o caso em tela configura uma exceção. A averbação 03/30.493, referente a cédula da hipoteca nº 011/79 – Série AN foi realizada em 18.07.1979, e a averbação 09/30.494 foi realizada em 10.02.1982, ou seja, há mais de trinta anos, e até a presente data não há notícia de que alguém tenha reclamado o valor da dívida. Assim, pelo longo lapso temporal de emissão da cédula de crédito e pela probabilidade mínima de se causar dano a terceiro, pode ser mitigada a exigência do artigo 24 do Decreto Lei 70/66. Logo, afasto os entraves levantados pelo registrador para cancelamento dos gravames. Diante do exposto, julgo procedente o pedido de providências formulado por Maria José Linardi Barone, em face do Oficial do 14º Registro de Imóveis da Capital, e consequentemente determino o o cancelamento do registro de hipoteca e cédulas hipotecárias que gravam as matrículas nºs 30.493 e 30.494. Deste procedimento não decorrem custas, despesas processuais e honorários advocatícios. Oportunamente remetam-se os autos ao arquivo. P.R.I.C. – ADV: JULIANA RODRIGUES PEREIRA DA SILVA (OAB 311586/SP), JOAO ANTONIO FIORI DOTOLI (OAB 268426/SP) (DJe de 02.03.2020 – SP)

IMISSÃO NA POSSE

Ementa: Sentença – Pedido de Providências – Requerimento de averbação conversão da imissão da posse em propriedade definitiva na matrícula– Possibilidade – Imóvel desapropriado para realização de projeto habitacional de interesse público – Irreversibilidade da desapropriação – Desnecessidade de anuência de condôminos – Procedência

Processo 1113127-26.2019.8.26.0100

Pedido de Providências – Registro de Imóveis – Prefeitura do Município de São Paulo – Vistos. Trata-se de pedido de providências formulado pelo Município de São Paulo em face do Oficial do 5º Registro de Imóveis da Capital, requerendo seja averbada a conversão de imissão da posse em propriedade do imóvel matriculado sob o nº 104.432 da mencionada serventia. Narra a requerente que o imóvel é resultado de unificação de diversos outros imóveis, unificação esta feita em decorrência de imissões na posse em todos eles deferidas em ações de desapropriação, após declaração de utilidade pública por meio de decreto. Aduz que necessita da declaração de propriedade para dar continuidade a projeto de habitação social, e que há precedentes deste juízo autorizando a averbação da propriedade em casos de desapropriações para fins sociais. Informa que apenas uma das desapropriações não foi sentenciada, mas que tal fato não pode impedir o pedido, já que houve unificação e início de obras no imóvel, além de depósito do valor apurado em laudo prévio, sendo que a sentença somente não foi prolatada por não serem encontrados os promitentes compradores do imóvel. Foram juntados documentos às fls. 15/356. O Oficial manifestou-se às fls. 364/365, aduzindo pela impossibilidade de atender ao pedido pois este afronta o princípio da continuidade. O Ministério Público opinou às fls. 368/370 pela improcedência do pedido. O Município manifestou-se novamente às fls. 374/378, reiterando os argumentos anteriores e informando os valores das desapropriações, além de apontar a continuidade das obras. É o relatório. Decido. Este juízo já teve oportunidade de se manifestar sobre a possibilidade de declarar a propriedade do ente expropriante quando já houver sido deferida a imissão na posse, restando apenas a quitação da indenização para que a ação de desapropriação fosse finalizada. Cito o Proc. 1000858-15.2017.8.26.0100: "Isso porque foram juntados documentos (...) que comprovam a utilidade pública dos imóveis e imissão na posse em favor do Estado de São Paulo, com respectivas indenizações relativas às desapropriações já pagas ou em fase final de cumprimento. Além disso, relevante o Artigo 5,§ 3º do Decreto Lei nº 3.365, de 21.06.1941: "Art.5º: (...) §3º: Ao imóvel desapropriado de parcelamento para implantação de parcelamento popular, destinado às classes de menor renda, não se dará outra utilização nem haverá retrocessão" (Redação da Lei nº 9.785/1999). Destarte, está o Estado obrigado a realizar o projeto popular pretendido com as desapropriações, não havendo hipótese de reversibilidade. Impedir a realização do projeto devido a necessidade de anuência dos condôminos é contrário ao sentido da lei e desnecessária de realização diante da notícia já ocorrida nos autos das ações de desapropriação. Neste sentido, não há que se alegar prejuízo aos proprietários tabulares, pois o bem está afetado ao interesse público e a indenização já foi estabelecida. (...) Em primeiro lugar, já restou amplamente demonstrado o interesse público que engloba o projeto de habitação que está sendo realizado e que depende dos atos registrais propostos para sua conclusão. Também, restou afastada a alegação de prejuízo a terceiros advindo de tais atos, diante das ações de desapropriação já concluídas ou em fase final. Em segundo lugar, quanto à possibilidade da unificação requerida e da necessidade de se considerar a importância social do projeto a ser implantado, decidiu o MMº Juiz Marcelo Martins Berthe, nos autos do Processo nº 0026999-30.2013.8.26.0100: "Importante salientar que [o registro da imissão na posse] foi criada para atender ao interesse público, presente na construção de habitações para a população de baixa renda, abrindo caminho para a unificação, quando necessária, e o registro do parcelamento do solo, antes mesmo da sentença proferida nas ações de desapropriação, onde se esteja discutindo apenas o preço do imóvel desapropriado, não se justificando, portanto, retardar um empreendimento de interesse público apenas por esse motivo. Com a superveniência da Lei 11.977/2009, que tratou das questões relativas à regularização fundiária urbana, também foi contemplada a hipótese de abertura de matrícula decorrente de unificação de área destinada à regularização de ocupações de interesse social" Assim, a importância social do projeto deve ser considerada não para que se afastem as formalidades legais, mas para que o interesse público seja considerado e prevaleça, considerando-se as peculiaridades de cada caso. Finalmente, já decidiu anteriormente o MMº Juiz Titular desta Corregedoria, Drº Venício Antonio de Paula Salles, nos autos nº 000.03.044447-0, no sentido que a consolidação da propriedade em favor de ente público se dá com a realização do projeto habitacional: "A imissão, portanto, deve ser registrada no título dominial existente, mantendo-se o nome dos titulares expropriados. Contudo, no momento da consumação da AFETAÇÃO, com a destinação definitiva (que pode ocorrer em hipótese, (a) com o fracionamento da ÁREA aprovado pela própria MUNICIPALIDADE e implantado no solo, ou (b) com a realização do projeto habitacional com a efetivação das estruturas), o trespasse da PROPRIEDADE se consolida e se materializa, devendo gerar a inauguração do ASSENTO REGISTRAL novo, caso o domínio ainda esteja materializado por transcrição, ou determinar o descerramento de registro na matrícula existente, em nome do Poder Público expropriante". E as premissas acima também se encontram aqui presentes, pois os atos relativos à realização do projeto popular já estão sendo feitos pelo Município de São Paulo, sobretudo diante da notícia de que os imóveis foram desocupados, demolidos e tiveram iniciadas as obras de descontaminação e do empreendimento em si (fls. 380/391), sendo que durante todo este processo não houve impugnação de qualquer interessado nas ações de desapropriação quanto a tal ocupação fática. Assim, não está o Município apenas imitido na posse, mas pode-se dizer que a propriedade em seu favor já foi consolidada e é, por força da lei, irreversível senão para a venda aos novos proprietários das unidades habitacionais. A única discrepância quanto ao precedente citado é que uma das desapropriações que deram origem ao imóvel unificado ainda não foi sentenciada. Ocorre que, como bem relatado nestes autos, a sentença não se deu pois não foram encontrados os titulares de direitos, já que estes foram repassados por contratos não registrados há muitos anos. Sem prejuízo de tal fato, dois fatores são relevantes para permitir a procedência do pedido: em primeiro lugar, a indenização já foi depositada pelo Município e a imissão na posse deferida, o que representa, sobretudo diante do interesse social do imóvel, direcionado a moradia de pessoas de baixa renda, a irreversibilidade da medida, restando a possíveis interessados tão somente o opção de requerer perdas e danos, não sendo mais possível obter a reintegração na posse do imóvel, sobretudo com as obras iniciadas; em segundo lugar, como já dito, não houve qualquer contestação a ação de desapropriação ou as ações realizadas pelo Município no imóvel, o que permite concluir não só que o imóvel estava possivelmente abandonado (já que ninguém pleiteou qualquer direito após a ocupação do Município) como que há concordância tácita do expropriado com a propriedade definitiva do Município, o que permite a aplicação do Art. 34-A do Decreto-Lei 3.365/1941, inserido na legislação em 2017 e que expressamente permite a conversão da imissão da posse em propriedade. É dizer, em suma, que qualquer contestação individual a desapropriação ainda não sentenciada somente lidará com o valor da indenização pela desapropriação ou por perdas e danos, sendo irreversível a posse do ente expropriante, de modo que postergar a inevitável conversão em propriedade apenas trará prejuízos ao interesse público, em especial porque o interesse particular, de caráter meramente financeiro, está sempre garantido pelo regime constitucional de pagamento por precatórios, além do depósito judicial já realizado no valor apurado em perícia prévia. Quanto ao outro óbice, relativo a indicação do valor das indenizações, a informação emitida pelo Município às fls. 375/376 é suficiente para sua superação. Do exposto, julgo procedente o pedido de providências formulado pelo Município de São Paulo em face do Oficial do 5º Registro de Imóveis da Capital, determinando a averbação na matrícula de nº 104.432 da conversão da imissão da posse em propriedade definitiva. Não há custas, despesas processuais nem honorários advocatícios decorrentes deste procedimento. Oportunamente, arquivem-se os autos. P.R.I.C. – ADV: JOSE LUIZ GOUVEIA RODRIGUES (OAB 173028/SP) (DJe de 18.02.2020 – SP)

INDISPONIBILIDADE

Ementa: Sentença – Pedido de Providências – Pedidos de averbação para constar que o aludido imóvel é bem particular em sub-rogação a outro herdado pela requerente, bem como cancelamento das ordens de indisponibilidades em nome do conjugê – Descabimento – Alteração da titularidade do imóvel – Ausência de Cláusula de Incomunicabilidade – Indisponibilidade que deve ser levantada pelo juízo que determinou a constrição – Manutenção dos óbices – Improcedência

Processo 1081309-22.2020.8.26.0100

Pedido de Providências - Registro de Imóveis - Angela Cristina Quintilio Bernardes - Vistos. Trata-se de pedido de providências formulado por Angela Cristina Quintílio Bernardes, em face do Oficial do 10º Registro de Imóveis da Capital, pretendendo a averbação de que o imóvel, objeto da matrícula nº 128.101, é bem particular adquirido exclusivamente com o produto da venda de outro imóvel herdado pela requerente, bem como o cancelamento das ordens de indisponibilidades em nome do cônjuge da interessada que gravam a matrícula (averbações nºs 11 e 12). Esclarece a requerente que é casada com Luiz Guilherme Pires Bernardes, desde 13.08.2011, em regime da comunhão parcial de bens, sem pacto antenupcial, e ao lavrar a escritura de compra e venda do imóvel em 23.04.2020 foi informada pelo funcionário do 1º Tabelião de Notas da Capital que não poderia constar que a fonte de recurso utilizada para a compra do imóvel foi originária da venda do imóvel herdado pela interessada, mesmo com anuência do cônjuge. Salienta que, no dia 07.08.2020, compareceu novamente perante mencionado Tabelião de Notas para que o funcionário lavrasse a escritura de retificação e ratificação, e nela fizesse constar que o bem é particular, haja vista haver adquirido com recursos próprios e exclusivos, em sub-rogação ao bem herdado. Juntou documentos às fls. 26/126. O Registrador manifestou-se à fl. 131. Esclarece que o registro feito em 31.07.2020 observou os exatos termos da escritura lavrada em 23.04.2020. A partir da realização do registro, ficou configurado o ato jurídico perfeito e acabado, passando a produzir todos os seus efeitos erga omnes, não comportando a averbação pretendida, que resultaria na alteração da titularidade do imóvel. O Ministério Público opinou pela improcedência do pedido (fls. 135/136). É o relatório. Passo a fundamentar e a decidir. Com razão o Registrador, bem como o D. Promotor de Justiça. Na presente hipótese, o registro nº 09 da matrícula nº 128.101 (fl. 99), realizado em 31.07.2020, espelha fielmente o título apresentado (fls. 93/95), não constando qualquer ressalva de que o imóvel foi adquirido em sub-rogação do bem herdado pela requerente, bem como a anuência do cônjuge. Conforme se verifica do título juntado, consta expressamente que o bem foi adquirido em 23.04.2020 por Angela Cristina Quintílio Bernardes e seu cônjuge Luiz Guilherme Pires Bernardes, inexistindo qualquer cláusula de incomunicabilidade do imóvel ou a ressalva de que foi adquirido em sub-rogação de outro imóvel herdado. Ao que se denota, Luiz Guilherme figurou na qualidade de outorgado comprador (fl. 93), logo, a averbação pretendida resultaria na alteração da titularidade do imóvel. Somado a estes fatos, a escritura de rerratificação juntada às fls. 103/105, onde constou que a requerente pagou o imóvel, objeto deste procedimento, com seus próprios recursos, gravando o bem como particular, com a anuência expressa de seu cônjuge, foi realizada em 07.08.2020, ou seja, após a averbação das ordens de indisponibilidades dos bens de Luiz Guilherme expedidas pelos MMºs Juízos Trabalhistas, em 31.07.2020 (Avs. 11 e 12), logo, a averbação nos termos pleiteados na inicial, poderá configurar fraude à execução, prejudicando direitos dos credores, os quais teriam sua garantia esvaziada. Melhor dizendo, a ordem de indisponibilidade que grava a matrícula por si só já obsta a prática de qualquer ato registrário no folio real, devendo primeiramente a requerente buscar o levantamento do gravame perante os Juízos que as determinaram, não competindo a este Juízo administrativo a análise ou modificação de determinação expedida em âmbito judicial. Diante do exposto, julgo improcedente o pedido de providências formulado por Angela Cristina Quintílio Bernardes, em face do Oficial do 10º Registro de Imóveis da Capital, e consequentemente mantenho o entrave registrário. Deste procedimento não decorrem custas, despesas processuais e honorários advocatícios. Oportunamente remetam-se os autos ao arquivo. P.R.I.C. - ADV: DEBORA PAITZ COELHO (OAB 199349/SP), RUBENS SOUTO BARBOSA (OAB 375812/SP), THAÍS DA SILVA KUDAMATSU (OAB 374651/SP) (DJe de 16.10.2020 – SP)

INVENTÁRIO E PARTILHA

Ementa: Sentença – Pedido de Providências – Pedidos de averbação para constar que o aludido imóvel é bem particular em sub-rogação a outro herdado pela requerente, bem como cancelamento das ordens de indisponibilidades em nome do conjugê – Descabimento – Alteração da titularidade do imóvel – Ausência de Cláusula de Incomunicabilidade – Indisponibilidade que deve ser levantada pelo juízo que determinou a constrição – Manutenção dos óbices – Improcedência

Processo 1081309-22.2020.8.26.0100

Pedido de Providências - Registro de Imóveis - Angela Cristina Quintilio Bernardes - Vistos. Trata-se de pedido de providências formulado por Angela Cristina Quintílio Bernardes, em face do Oficial do 10º Registro de Imóveis da Capital, pretendendo a averbação de que o imóvel, objeto da matrícula nº 128.101, é bem particular adquirido exclusivamente com o produto da venda de outro imóvel herdado pela requerente, bem como o cancelamento das ordens de indisponibilidades em nome do cônjuge da interessada que gravam a matrícula (averbações nºs 11 e 12). Esclarece a requerente que é casada com Luiz Guilherme Pires Bernardes, desde 13.08.2011, em regime da comunhão parcial de bens, sem pacto antenupcial, e ao lavrar a escritura de compra e venda do imóvel em 23.04.2020 foi informada pelo funcionário do 1º Tabelião de Notas da Capital que não poderia constar que a fonte de recurso utilizada para a compra do imóvel foi originária da venda do imóvel herdado pela interessada, mesmo com anuência do cônjuge. Salienta que, no dia 07.08.2020, compareceu novamente perante mencionado Tabelião de Notas para que o funcionário lavrasse a escritura de retificação e ratificação, e nela fizesse constar que o bem é particular, haja vista haver adquirido com recursos próprios e exclusivos, em sub-rogação ao bem herdado. Juntou documentos às fls. 26/126. O Registrador manifestou-se à fl. 131. Esclarece que o registro feito em 31.07.2020 observou os exatos termos da escritura lavrada em 23.04.2020. A partir da realização do registro, ficou configurado o ato jurídico perfeito e acabado, passando a produzir todos os seus efeitos erga omnes, não comportando a averbação pretendida, que resultaria na alteração da titularidade do imóvel. O Ministério Público opinou pela improcedência do pedido (fls. 135/136). É o relatório. Passo a fundamentar e a decidir. Com razão o Registrador, bem como o D. Promotor de Justiça. Na presente hipótese, o registro nº 09 da matrícula nº 128.101 (fl. 99), realizado em 31.07.2020, espelha fielmente o título apresentado (fls. 93/95), não constando qualquer ressalva de que o imóvel foi adquirido em sub-rogação do bem herdado pela requerente, bem como a anuência do cônjuge. Conforme se verifica do título juntado, consta expressamente que o bem foi adquirido em 23.04.2020 por Angela Cristina Quintílio Bernardes e seu cônjuge Luiz Guilherme Pires Bernardes, inexistindo qualquer cláusula de incomunicabilidade do imóvel ou a ressalva de que foi adquirido em sub-rogação de outro imóvel herdado. Ao que se denota, Luiz Guilherme figurou na qualidade de outorgado comprador (fl. 93), logo, a averbação pretendida resultaria na alteração da titularidade do imóvel. Somado a estes fatos, a escritura de rerratificação juntada às fls. 103/105, onde constou que a requerente pagou o imóvel, objeto deste procedimento, com seus próprios recursos, gravando o bem como particular, com a anuência expressa de seu cônjuge, foi realizada em 07.08.2020, ou seja, após a averbação das ordens de indisponibilidades dos bens de Luiz Guilherme expedidas pelos MMºs Juízos Trabalhistas, em 31.07.2020 (Avs. 11 e 12), logo, a averbação nos termos pleiteados na inicial, poderá configurar fraude à execução, prejudicando direitos dos credores, os quais teriam sua garantia esvaziada. Melhor dizendo, a ordem de indisponibilidade que grava a matrícula por si só já obsta a prática de qualquer ato registrário no folio real, devendo primeiramente a requerente buscar o levantamento do gravame perante os Juízos que as determinaram, não competindo a este Juízo administrativo a análise ou modificação de determinação expedida em âmbito judicial. Diante do exposto, julgo improcedente o pedido de providências formulado por Angela Cristina Quintílio Bernardes, em face do Oficial do 10º Registro de Imóveis da Capital, e consequentemente mantenho o entrave registrário. Deste procedimento não decorrem custas, despesas processuais e honorários advocatícios. Oportunamente remetam-se os autos ao arquivo. P.R.I.C. - ADV: DEBORA PAITZ COELHO (OAB 199349/SP), RUBENS SOUTO BARBOSA (OAB 375812/SP), THAÍS DA SILVA KUDAMATSU (OAB 374651/SP) (DJe de 16.10.2020 – SP)

ITBI

Ementa: Sentença – Pedido de Providências – Pedidos de averbação para constar que o aludido imóvel é bem particular em sub-rogação a outro herdado pela requerente, bem como cancelamento das ordens de indisponibilidades em nome do conjugê – Descabimento – Alteração da titularidade do imóvel – Ausência de Cláusula de Incomunicabilidade – Indisponibilidade que deve ser levantada pelo juízo que determinou a constrição – Manutenção dos óbices – Improcedência

Processo 1081309-22.2020.8.26.0100

Pedido de Providências - Registro de Imóveis - Angela Cristina Quintilio Bernardes - Vistos. Trata-se de pedido de providências formulado por Angela Cristina Quintílio Bernardes, em face do Oficial do 10º Registro de Imóveis da Capital, pretendendo a averbação de que o imóvel, objeto da matrícula nº 128.101, é bem particular adquirido exclusivamente com o produto da venda de outro imóvel herdado pela requerente, bem como o cancelamento das ordens de indisponibilidades em nome do cônjuge da interessada que gravam a matrícula (averbações nºs 11 e 12). Esclarece a requerente que é casada com Luiz Guilherme Pires Bernardes, desde 13.08.2011, em regime da comunhão parcial de bens, sem pacto antenupcial, e ao lavrar a escritura de compra e venda do imóvel em 23.04.2020 foi informada pelo funcionário do 1º Tabelião de Notas da Capital que não poderia constar que a fonte de recurso utilizada para a compra do imóvel foi originária da venda do imóvel herdado pela interessada, mesmo com anuência do cônjuge. Salienta que, no dia 07.08.2020, compareceu novamente perante mencionado Tabelião de Notas para que o funcionário lavrasse a escritura de retificação e ratificação, e nela fizesse constar que o bem é particular, haja vista haver adquirido com recursos próprios e exclusivos, em sub-rogação ao bem herdado. Juntou documentos às fls. 26/126. O Registrador manifestou-se à fl. 131. Esclarece que o registro feito em 31.07.2020 observou os exatos termos da escritura lavrada em 23.04.2020. A partir da realização do registro, ficou configurado o ato jurídico perfeito e acabado, passando a produzir todos os seus efeitos erga omnes, não comportando a averbação pretendida, que resultaria na alteração da titularidade do imóvel. O Ministério Público opinou pela improcedência do pedido (fls. 135/136). É o relatório. Passo a fundamentar e a decidir. Com razão o Registrador, bem como o D. Promotor de Justiça. Na presente hipótese, o registro nº 09 da matrícula nº 128.101 (fl. 99), realizado em 31.07.2020, espelha fielmente o título apresentado (fls. 93/95), não constando qualquer ressalva de que o imóvel foi adquirido em sub-rogação do bem herdado pela requerente, bem como a anuência do cônjuge. Conforme se verifica do título juntado, consta expressamente que o bem foi adquirido em 23.04.2020 por Angela Cristina Quintílio Bernardes e seu cônjuge Luiz Guilherme Pires Bernardes, inexistindo qualquer cláusula de incomunicabilidade do imóvel ou a ressalva de que foi adquirido em sub-rogação de outro imóvel herdado. Ao que se denota, Luiz Guilherme figurou na qualidade de outorgado comprador (fl. 93), logo, a averbação pretendida resultaria na alteração da titularidade do imóvel. Somado a estes fatos, a escritura de rerratificação juntada às fls. 103/105, onde constou que a requerente pagou o imóvel, objeto deste procedimento, com seus próprios recursos, gravando o bem como particular, com a anuência expressa de seu cônjuge, foi realizada em 07.08.2020, ou seja, após a averbação das ordens de indisponibilidades dos bens de Luiz Guilherme expedidas pelos MMºs Juízos Trabalhistas, em

de veracidade, o Registro deve refletir a verdade não só no que se refere ao titular do direito registrado, mas também quanto à natureza e ao conteúdo deste direito. Assim, qualquer inexatidão do assento deve ser retificada a fim de que reflita perfeitamente a realidade". (Registros Públicos – Teoria e Prática – 2ª ed. – Editora Método). Logo, verificado o fim material do contrato de locação, merece provimento o pedido de averbação do seu cancelamento. Do exposto, julgo PROCEDENTE o pedido de providências formulado por José Daher Dibe, em face do Oficial do 4º Registro de Imóveis da Capital, determinando seja averbado o cancelamento das Av. 01 das matrículas 172.331, 172.332 e 172.333. Não há custas, despesas processuais ou honorários advocatícios decorrentes deste procedimento. Oportunamente, arquivem-se os autos. P.R.I.C. – ADV: FABIO DE OLIVEIRA PROENCA (OAB 151819/SP) (DJe de 22.04.2020 – SP)

Ementa: Sentença – Pedido de Providências – Pedido de cancelamento de registro de contrato de locação em matrícula – Possibilidade – Contrato findado há mais de trinta anos – Demonstração de que o contrato não produz mais seus efeitos e impossibilidade de colher a anuência do locatário – Procedência

Processo 1002846-66.2020.8.26.0100

Pedido de Providências – Registro de Imóveis – Paola Casalena – Zetta Niky Casalena – Vistos. Trata-se de pedido de providências requerido por Paola Casalena e Zetta Niky Casalena em face do 5° Oficial de Registro de Imóveis de São Paulo, a fim de cancelar o registro de contrato de locação (R.3) na matrícula de N° 7.730. As requerentes afirmam que o contrato de locação feito entre o antigo dono e a Drogaria Momacris Ltda, firmado em 01/08/1977 e com prazo de 48 meses, teve o prazo vencido em 31/07/1981. Desde então outros estabelecimentos comerciais ocuparam no mesmo local, mas o locatário não foi encontrado para assinar a resolução do contrato. O cancelamento foi negado pelo Oficial, que na nota devolutiva argumentou que era necessário encontrar a empresa por meio de seu representante, ou por pedido administrativo de providências. Juntou documentos às fls. 12/87. O Oficial manifestou-se às fls. 95 reiterando as mesmas informações que constam na nota devolutiva. O Ministério Publico opinou pela procedência do pedido (fls. 98/99). É o relatório. Decido. Pretendem as requerentes realizar o cancelamento do registro (R.3) correspondente a um contrato de locação entre os antigos titulares de dominio e a Drogaria Momacris Ltda, na matrícula N° 7.730. Compulsando os autos verifico que o contrato averbado venceu 31/07/1981, há mais de 39 anos. Apesar da previsão legal de renovação automática as requerentes demonstraram que a locatária não mais existe, conforme extrato da junta comercial (fls. 71), além disso demonstrou que o imóvel já foi locado para outras pessoas e não houve ajuizamento de ação de renovação de aluguel conforme certidão vintenária (fls. 73/84), de forma que presume-se que o contrato não produz mais efeitos, sendo inútil a manutenção do registro. Conforme ensina Luiz Guilherme Loureiro: "Em virtude do princípio da legitimidade ou da presunção de veracidade, o Registro deve refletir a verdade não só no que se refere ao titular do direito registrado, mas também quanto à natureza e ao conteúdo deste direito. Assim, qualquer inexatidão do assento deve ser retificada a fim de que reflita perfeitamente a realidade". (Registros Públicos – Teoria e Prática – 2ª ed. – Editora Método). Portanto, diante da ineficácia do contrato e da impossibilidade de se obter a concordância da locatária Drogaria o registro deve ser cancelado. Além disso, entendo que o cancelamento do registro não trará qualquer prejuízo contra terceiros de boa fé e pode ser realizado. Diante da fundamentação aqui trazida, julgo procedente o pedido de providências formulado por Paola Casalena e Zetta Niky Casalena em face do Oficial do 5º Registro de Imóveis da Capital, determinando consequentemente o cancelamento do registro 03 da matrícula 7.730. Não há custas, despesas processuais ou honorários advocatícios decorrentes deste procedimento. Oportunamente, arquivem-se os autos. P.R.I.C. – ADV: JULIO TAVARES SIQUEIRA (OAB 283202/SP), JOSE CARLOS ETRUSCO VIEIRA (OAB 41566/SP) (DJe de 26.02.2020 – SP)

LOTEAMENTO E DESMEMBRAMENTO

Ementa: Sentença – Retificação de Registro de Imóvel – Pedido de Providências – Averbação de desdobro – Impossibilidade – Necessidade da descrição completa do imóvel – Princípio da especialidade objetiva – Necessidade de que constem os números corretos dos imóveis, mediante apresentação de documento expedido pela Prefeitura, tendo em vista que as informações prestadas pela parte não são seguras – Princípio da Segurança jurídica – Improcedência

Processo 1094749-85.2020.8.26.0100

Retificação de Registro de Imóvel - Registro de Imóveis - Irma Camurri Antunes de Campos - Vistos. Trata-se de pedido de providências, formulado por Irma Camurri Antunes de Campos e Milton Antunes de Campos, em face do Oficial do 12º Registro de Imóveis da Capital, pretendendo a averbação de desdobro de lote e construções de novas residências nos lotes desdobrados. De acordo com o Registrador, a qualificação negativa derivou-se: a) o alvará e planta de desdobro aprovados pela Prefeitura de São Paulo, estão em desacordo com a descrição da matrícula nº 214.652, consequentemente é necessário novo apostilamento; b) nos autos de regularização apresentados, não constaram os números de cada imóvel construído nos lotes. Aduz que no requerimento foram informados os números dos prédios, todavia, não há prova que são oficiais, vez que não constam do auto de regularização. Juntou documentos às fls. 42/49. Insurgem-se os requerentes das exigências, sob o argumento de que as discrepâncias no desdobro se dão pelo fato de ter sido feito em data anterior ao levantamento técnico que apurou o remanescente do lote. Salientam que as diferenças são de pequena monta, bem como a exigência de apostilamento é impossível de ser atendida, o que imporia a necessidade de ingressar com novo pedido de desdobro. Em relação à numeração dos imóveis, ressaltam que os autos de regularização das edificações foram expedidos pela Municipalidade, quando da regularização das construções, sem numeração especifica, limitando-se a informar a localização das construções com base na numeração dos lotes desdobrados. Apresentaram documentos às fls. 10/36. O Ministério Público opinou pela improcedência do pedido (fls. 52/53). É o relatório. Passo a fundamentar e a decidir. Com razão o Registrador, bem como a D. Promotora de Justiça. Os óbices referem-se à necessidade da descrição completa do imóvel está baseada no princípio da especialidade objetiva, segundo o qual o imóvel deve ser devidamente caracterizado e identificado, permitindos sua exata localização e o controle sobre os atos realizados sobre si, com a existência de um único registro identificado com relação a ele. Conforme ensina Luiz Guilherme Loureiro: "Em virtude do principio da legitimidade ou da presunção de veracidade, o Registro deve refletir a verdade não só no que se refere ao titular do direito registrado, mas também quanto à natureza e ao conteúdo deste direito. Assim, qualquer inexatidão do assento deve ser retificada a fim de que reflita perfeitamente a realidade". (Registros Públicos - Teoria e Prática - 2ª ed. - Editora Método) No caso em análise, a matrícula nº 214.652 foi descerrada em decorrência de procedimento de retificação de área extrajudicial, que apurou um remanescente da transcrição nº 21.779, na data de 21.11.2018. Neste contexto, os próprios requerentes reconhecem expressamente a diferença de metragem entre planta de desdobro aprovados pela Prefeitura de São Paulo, com aquela constante na descrição da matrícula nº 214.652: "fl. 03: No comparativo de cada lote constante da planta de desdobro com a planta elaborada pela profissional habilitada, temos pequenas divergências" Daí que a averbação na forma como pretendida pelos interessados não é possível, sob pena de violação ao princípio da segurança jurídica e especialidade objetiva que norteiam os atos registrários. A simples dúvida do registrador quanto a área referente ao desdobro já basta para indicar a necessidade de nova apresentação de planta e memorial descritivo do projeto de desdobro, para adequar a exata localização do imóvel. Por fim, melhor sorte não obtiverem os requerentes em relação à segunda exigência, concernente à necessidade de constarem os números de cada imóvel construído nos lotes. Como bem exposto pelo registrador, no requerimento apresentado foram informados os números dos prédios, no entanto, não há prova segura que sejam oficiais, vez que não constam dos Autos de Regularização, devendo haver o apostilamento para inserção da numeração. Logo, a ausência de precisão dos dados característicos do imóvel contraria os principios da segurança juridica e da especialidade objetiva, bem como o artigo 225 da Lei de Registros Públicos. Diante do exposto, julgo improcedente o pedido de providências, formulado por Irma Camurri Antunes de Campos e Milton Antunes de Campos, em face do Oficial do 12º Registro de Imóveis da Capital. Deste procedimento não decorrem custas, despesas processuais e honorários advocatícios. Oportunamente remetam-se os autos ao arquivo. P.R.I.C. - ADV: RUBENS GOMES HENRIQUES (OAB 383120/SP) (DJe de 18.11.2020 – SP)

Ementa: Sentença – Pedido de Providências – Registro de loteamento, considerando planta emitida há mais de cinquenta anos – Impossibilidade – Possibilidade de alteração da situação fática da área, tendo em vista o decurso do tempo – Necessidade de levantamento técnico para indicar eventual área remanescente – Improcedência

Processo 1081820-54.2019.8.26.0100

Pedido de Providências – Registro de Imóveis – Antonio Tavolaro – Maria Felicia Tavolaro – Municipalidade de São Paulo – Vistos. Trata-se de pedido de providências formulado pelo Espólio de Antonio Tavolaro e Maria Felícia Tavolaro, representados pelo inventariante Dorival Tavolaro Miguel, em face do Oficial do 12º Registro de Imóveis da Capital, pretendendo o registro do loteamento denominado "Jardim Metropolitano", levando-se em consideração a planta depositada na Serventia no ano de 1966. Esclarecem os requerentes que são titulares de domínio de áreas no loteamento denominado Jardim Metropolitano, objeto da transcrição nº 7.819, que foi regularizado em 17.09.2010. Encontraram dificuldades para outorgar escrituras para os compromissários, em razão de divergência entre a planta regularizada e a original, depositada na Serventia. Juntaram documentos às fls. 04/64. O Registrador manifestou-se às fls. 74/76. Informa que, de acordo com a planta depositada na Serventia, as Ruas 28 e Santa Marina não foram regularmente averbadas à margem da transcrição, bem como constam registros de vendas efetuadas envolvendo cerca de 65% do parcelamento, com as medidas lineares e áreas consignadas na planta arquivada na Serventia, sendo necessário constar da nova planta a ser depositada os números das transcrições ou matrículas de todos os lotes já registrados, inclusive as abertas com base em ação de usucapião. Apresentou documento à fl. 76. A Municipalidade de São Paulo apresentou informações às fls. 91/92. Salienta que como a regularização registraria do loteamento não foi executada após a retificação da planta AU, e a Lei nº 13.465/2017 revogou as leis anteriores, passando a regular o processo de regularização urbana e rural, verificou-se a necessidade de documentos complementares, como por exemplo, a atualização da situação da infraestrutura da região perimetral sul, onde o Córrego Ponte Rasa surge circundado por residências, aparentemente consolidadas. Nova manifestação do registrador à fl. 106, reiterando os argumentos expostos na inicial. O Ministério Público opinou pelo indeferimento do pedido (fls. 110/112). É o relatório. Passo a fundamentar e a decidir. Com razão o Registrador, bem como a D. Promotor de Justiça. A planta depositada pelos requerentes na Serventia data do ano de 1966, logo pelo decurso do prazo de cinquenta anos, provavelmente ocorreu a modificação da situação fática, resultando consequentemente em divergências na metragem das áreas, bem como a ocorrência de alguns destacamentos. De acordo com a Prefeitura de São Paulo, foram constatados lotes não representados na área regularizada, razão pela qual houve a retificação para a inserção dos lotes usucapidos. A alegação dos interessados acerca da aplicação da Lei Federal nº 11.977/09, não se aplica a presente hipótese, tendo em vista que a regularização registrária não foi efetuada, bem como a planta retificada não foi registrada e a Lei Federal nº. 13.465/2017 revogou a legislação anterior, consequentemente deverá ser aplicada a regularização do loteamento pela legislação vigente, que exigiu a apresentação de documentos complementares, dentre os quais a averiguação técnica atual através de realização de vistoria e estudo técnico ambiental. Conforme ensina o professor Luiz Guilherme Loureiro: "Em virtude do principio da legitimidade ou da presunção de veracidade, o Registro deve refletir a verdade não só no que se refere ao titular do direito registrado, mas também quanto à natureza e ao conteúdo deste direito. Assim, qualquer inexatidão do assento deve ser retificada a fim de que reflita perfeitamente a realidade". (Registros Públicos – Teoria e Prática – 2ª ed. – Editora Método). Daí que o registro como na forma como pretendida pelos interessados não é possível, sob pena de violação ao principio da segurança juridica e especialidade objetiva que norteiam os atos registrários. A simples dúvida do registrador quanto a área a ser transmitida já basta para indicar a necessidade da apuração de remanescente, levando-se em conta várias áreas destacadas objeto de usucapião. Diante do exposto, julgo improcedente o pedido de providências formulado pelo Espólio de Antonio Tavolaro e Maria Felícia Tavolaro, representados pelo inventariante Dorival Tavolaro Miguel, em face do Oficial do 12º Registro de Imóveis da Capital, bem como determino a extração de cópia integral deste procedimento e remessa à Promotoria de Justiça de Habitação e Urbanismo da Capital, para as providências que entender cabíveis. Deste procedimento não decorrem custas, despesas processuais e honorários advocatícios. Oportunamente remetam-se os autos ao arquivo. P.R.I.C. – ADV: OSVALDO FIGUEIREDO MAUGERI (OAB 65994/SP), MARCOS ALBERTO PEREIRA (OAB 105132/SP) (DJe de 09.06.2020 – SP)

Ementa: Sentença – Pedido de Providências – Abertura de matrícula de imóvel correspondente a uma quota ideal – Impossibilidade – Caracterização de condomínio – Atenção ao princípio trazido no art. 176, § 1º da LRP – Necessidade de extinção do condomínio e emissão do Alvará de Desdobro de Lote, além da planta aprovada pela Municipalidade e memorial descritivo – Ausência de equívoco cometido pelo registrador – Manutenção do óbice – Improcedência

Processo 1001787-43.2020.8.26.0100

Pedido de Providências – REGISTROS PÚBLICOS – Ailda Dionisia Diamantino – Vistos. Trata-se de pedido de providências formulado pelo Oficial do 3º Registro de Imóveis da Capital, a requerimento de Ailda Dionisia Diamantino, que pretende a abertura de matrícula do imóvel objeto da transcrição nº 110.551, equivalente a 28% de um terreno situado na atual rua Dr. Gabriel Nicolau, lote nº 07, da quadra 11 – Vila Basileia, o qual foi extraído de área maior objeto da transcrição nº 52.890. Esclarece o Registrador que, posteriormente à transcrição nº 110.551, foi aberta a matrícula nº 3.651, em nome do titular de domínio da área maior, Cláudio de Souza Novaes e sua mulher Maria Apparecida Faria Novaes, compreendendo a totalidade do lote 7 da quadra 11, para a qual foram transportadas as vendas das frações ideais registradas anteriormente a sua abertura, nos termos das averbações nºs 01 e 02. Destaca que a situação do registro caracteriza-se como condomínio, sendo que para a abertura da matrícula é necessária a extinção do condomínio, bem como apresentação do competente alvará de desdobro e escritura de divisão, ou ainda por meio de regularização fundiária. Juntou documentos às fls. 03/27. A interessada apresentou impugnação às fls. 30/32. Argumenta que o equívoco foi do registrador, que ao invés de abrir uma matrícula correspondente à fração ideal de 28% da área total destacada da transcrição e levada a registro, abriu uma única matrícula em condomínio. O Ministério Público opinou pela improcedência do pedido (fls. 36/37). É o relatório. Passo a fundamentar e a decidir. Com razão o Registrador, bem como a D. Promotora de Justiça. O princípio da unitariedade da matrícula, que norteia os atos registrários, trazido no artigo 176, § 1º, I, da Lei de Registros Públicos, dispõe que a todo imóvel deve corresponder uma única matrícula, isto é, um imóvel não pode ser matriculado mais de uma vez. No caso em tela, posteriormente à transcrição nº 110.551, foi aberta uma única matrícula sob o nº 3.651 em nome do titular de domínio da área maior e de sua mulher, compreendendo a fração ideal de 28% da srª Ailda, sendo transportadas para esta matrícula a venda de todas as frações ideais registradas anteriormente a sua abertura, resultando: – Av.01: venda de 27,5% a Amelina de Cássia Souza, casada com Raymundo Augusto Bayrell (fl. 15); – Av.02: venda de 28% a Cecilio Bento Diamantino e Ailda Dionisia Diamantino (fl. 16); – R.03: venda de 23% a Enezilta dos Santos, casada com Raimundo Rodrigues dos Santos, os quais transmitiram mencionada fração a Sebastião de Gois da Silva Filho (R.05) (fls. 16/17); Por fim, a fração de 21,5% do mencionado lote 7, restou registrada em nome de Cláudio de Souza Novaes e sua mulher. Logo, observa-se que a propriedade é exercida em comum, sob a égide de quotas ideais, caracterizando o denominado "condomínio". Neste contexto, para a abertura de matrícula nos termos requeridos pela interessada, deve haver primeiramente a extinção do condomínio, sendo que o direito de pedir o desaparecimento da comunhão pode ser exercido por qualquer comunheiro a qualquer tempo. Após será necessária a presentação de alvará de desdobro devidamente aprovado pela Municipalidade de São Paulo. Destaco que para o desdobro de lote, em casos de parcelamento para fins urbanos, conforme Lei 9.413/81 e Decreto nº 44.418/04, é necessária a aprovação pelos órgão municipais competentes. Assim, é imprescindível a emissão do Alvará de Desdobro de Lote, além da planta aprovada pela Prefeitura do Município de São Paulo e memorial descritivo, para proceder a abertura da matrícula. As Normas da Egrégia Corregedoria Geral da Justiça, no Cap. XX, item 165.6, estabelecem que: "165.6. Em qualquer hipótese de desmembramento não subordinado ao registro especial do art. 18, da Lei nº 6.766, de 19 de dezembro de 1979, sempre se exigirá a prévia aprovação da Prefeitura Municipal". Por fim, ressalto que, ao contrário do afirmado pela interessada, não houve qualquer equívoco cometido pelo registrador ao proceder à abertura de uma única matrícula, com a transposição de todas as vendas das frações ideais, vez que é vedada a veiculação de vários imóveis em uma mesma matrícula ou a abertura de diversas matrículas para cada fração do bem. Diante do exposto, julgo improcedente o pedido de providências formulado pelo Oficial do 3º Registro de Imóveis da Capital, a requerimento de Ailda Dionisia Diamantino, consequentemente mantenho o óbice registrário. Deste procedimento não decorrem custas, despesas processuais e honorários advocatícios. Oportunamente remetam-se os autos ao arquivo. P.R.I.C. – ADV: DÉBORA CHECHE CIARAMICOLI DA MATA (OAB 183347/SP) (DJe de 09.03.2020 – SP)

MATRÍCULA

Ementa: Sentença – Pedido de Providências – Requerimento de averbação na matrícula para constar a informação de que os apartamentos possuem direito ao uso de vaga de garagem individualizada – Impossibilidade – Necessidade de alteração da convenção de condomínio, com a aprovação unânime dos condôminos – Item 82, do Capítulo XX, do Tomo II, das NSCGJ – Art. 1351 do CC – Situação que altera o projeto de construção – Improcedência

Processo 1083324-61.2020.8.26.0100

Pedido de Providências - REGISTROS PÚBLICOS - Rua dos Alpes Empreendimentos Imobiliários Ltda - Vistos. Trata-se de pedido de providências formulado por Rua dos Alpes Empreendimentos Imobiliários LTDA, em face do Oficial do 6º Registro de Imóveis da Capital, pretendendo a averbação, na matrícula nº 223.046, que os apartamentos Tipo 11 da Torre 01, têm direito ao uso de 01 vaga de garagem, bem como averbada tal disposição nas matrículas individualizadas destas unidades autônomas, quais sejam, nºs 239.539 a 239.672, sob o argumento de que tal informação foi omitida quando da elaboração do memorial de incorporação e de especificação de condomínio. Informa a requerente que anteriormente formulou pedido de providências junto a este Juízo (processo nº 1000450-19.2020.8.26.0100), pretendendo as mencionadas averbações, que foi julgado improcedente, todavia, por um equívoco, o pleito foi instruído e tramitou como retificação de incorporação, não havendo qualquer alteração do plano inicial. Juntou documentos às fls. 08/183. O Registrador manifestou-se às fls. 187/191. Esclarece que na descrição dos apartamentos da Torre 1 (tipo 11) não constou o direito ao uso de uma vaga de garagem indeterminada na garagem do condomínio, apesar de estarem as vagas computadas na área de uso comum de divisão não proporcional das referidas unidades autônomas, sendo que na descrição dos apartamentos da Torre 2 (tipo 08), que tem áreas idênticas, constou tal informação. Salienta que, apesar da razoabilidade e dos elementos robustos apresentados pela requerente, ficou impossibilitado de reexaminar o título, tendo em vista que o caso foi anteriormente submetido à apreciação deste Juízo, todavia, acredita na possibilidade de proceder à retificação ante a ausência de prejuízo a terceiros. Apresentou documentos às fls. 192/276. O Ministério Público opinou pelo indeferimento do pedido (fls. 280/281). É o relatório. Passo a fundamentar e a decidir. Primeiramente destaco que a insurgência acerca da sentença proferida no feito anterior, que tratou da mesma questão aqui exposta, deveria ter sido objeto de recurso administrativo. Contudo, tendo em vista que no âmbito administrativo não há a incidência da coisa julgada material, passo a analisar o mérito. Em que pesem os argumentos da requerente e do Registrador, entendo que não é possível a averbação da forma como pleiteada. Independentemente do procedimento anterior ter tramitado como retificação de incorporação, o cerne da questão referente a averbação de que os apartamentos tipo "11" da Torre "1", do empreendimento denominado Condomínio Living Resort, terão direito a uma vaga indeterminada na garagem coletiva do condomínio, foi amplamente analisado naquele feito. A simples alegação da existência de omissão à época do registro da incorporação imobiliária não tem o condão de afastar a qualificação negativa. Entendo que não há qualquer fato ou juntada de documentos novos a modificar a decisão proferida no anterior pedido de providências, de modo que corroboro integralmente os fundamentos ali expostos. Dispõe o vigente Código Civil, em seu art. 1.351: "Art. 1.351. Depende da aprovação de 2/3 (dois terços) dos votos dos condôminos a alteração da convenção; a mudança da destinação do edifício, ou da unidade imobiliária, depende da aprovação pela unanimidade dos condôminos." Ademais, determina o art. 43, inciso IV, da Lei nº 4.591/64: "IV - é vedado ao incorporador alterar o projeto, especialmente no que se refere à unidade do adquirente e às partes comuns, modificar as especificações, ou desviar-se do plano da construção, salvo autorização unânime dos interessados ou exigência legal;" Na presente hipótese a regularização pretendida, consistente em fazer constar que os apartamentos tipo "11" da Torre "1" do empreendimento Condomínio Living Resort terão direito a uma vaga indeterminada na garagem coletiva do condomínio, implicará em alteração do projeto, desviando-se do plano de construção. Logo, levando-se em conta a relevância da alteração ao atribuir uma vaga na garagem coletiva do condomínio apenas aos apartamentos tipo "11" da "Torre 1", para que haja a averbação nos termos pretendidos, é necessária a aprovação unânime dos condôminos, nos termos do Capítulo XX, item 82 das Normas de Serviço da Egrégia Corregedoria Geral da Justiça. Neste sentido, trecho do Parecer 83/2009-E exarado no Processo CG nº 2008/89332 pelo Juiz Auxiliar José Marcelo Tossi Silva, da E. Corregedoria Geral da Justiça: "Nisske Gondo e J. Nascimento Franco, em lição lembrada nas informações prestadas Sra. Oficial de Registro de Imóveis e, ainda, pelo Ministério Público e pelo MM. Juiz Corregedor Permanente, esclarecem que: "Uma vez registrado o instrumento de instituição do condomínio, exige-se a unanimidade dos co-proprietários, com anuência dos compromissários compradores ou promitentes cessionários de direitos à compra de unidades autónomas, para as alterações que importem em desdobramentos ou unificação de unidades, mudança na destinação das áreas privativas ou comuns, bem como na participação proporcional no terreno e coisas comuns; enfim, para as inovações que possam direta ou indiretamente repercutir sobre os direitos subjetivos dos condóminos com a finalidade a que inicialmente se destinou o edifício ou suas unidades autónomas, tal como a transformação da casa do zelador, ou de qualquer área comum, em unidade privativa" (Condomínio em edifícios, 5ª ed., São Paulo: Revista dos Tribunais, 1988, pág. 15)." Além da retificação da incorporação será necessária a realização das alterações da convenção de condomínio, tendo em vista que o condomínio encontra-se instituído nos termos do artigo 1351 do CC, que dispõe: "Depende da aprovação de 2/3 (dois terços) dos votos dos condôminos a alteração da convenção; a mudança da destinação do edifício, ou de unidade imobiliária, depende da aprovação pela unanimidade dos condôminos". Assim, para as alterações na convenção de condomínio deverão ser apresentados a) requerimento subscrito pelo síndico com firma reconhecida; b) ata de eleição do síndico devidamente registrada no Registro de Títulos e Documentos; c) ata da assembleia de alteração da convenção de condomínio; d) instrumento de convenção de condomínio com as devidas alterações a fim de proporcionar a regularização do condomínio. Logo, a averbação pretendida implica em alteração do projeto de construção, consequentemente há a necessidade de aprovação pelos condôminos e independentemente da ausência de prejuízo aos demais condôminos deve haver a estrita observância aos procedimentos legais. Diante do exposto, julgo improcedente o pedido de providências formulado por Rua dos Alpes Empreendimentos Imobiliários LTDA, em face do Oficial do 6º Registro de Imóveis da Capital. Deste procedimento não decorrem custas, despesas processuais e honorários advocatícios. Oportunamente remetam-se os autos ao arquivo. P.R.I.C. - ADV: MONAISA MARQUES DE CASTRO (OAB 249468/SP) (DJe de 12.11.2020 – SP)

PENHORA

Ementa: Sentença – Pedido de Providências – Pedido de reemissão de certidão do imóvel, sem qualquer custo, tendo em vista a presença de prenotação referente a penhora - Evidencia a requerente que não deveria existir a aludida prenotação na matrícula, tendo em vista a qualificação negativa do título, bem como o decurso de prazo – Art. 205, da LRP – Descabimento – Informação para precautelar prejuízo a terceiros – Princípio da Segurança Jurídica – Ausência de conduta irregular – Arquivamento do feito

Processo 1064970-85.2020.8.26.0100

Pedido de Providências - Registro de Imóveis - Constantino Com., Adm., Parts. e Empreends. Eireli Me. - Vistos. Trata-se de pedido de providências formulado por Constantino Comércio, Administração, Participações e Empreendimentos Eireli Me em face do Oficial do 17º Registro de Imóveis da Capital, pleiteando a reemissão da certidão do imóvel matriculado sob nº 52.942, sem qualquer custo, vez que na anteriormente emitida consta a existência da prenotação nº 219.289, de 01.11.2108, referente à penhora expedida pelo MMº Juízo da 3ª Vara Cível do Foro Regional de Santo André (processo nº 102781804-2017), na ação de execução civil em que são partes Magda Aparecida Lima Bianco Gerstler e Ruth Rocha Grenza, com a finalidade de garantir a dívida de R$ 72.195, 02 (setenta e dois mil, cento e noventa e cinco reais e dois centavos). Salienta a requerente que a prenotação não deveria constar da certidão da matrícula, vez que a qualificação do título restou negativa, bem como encerrou-se o prazo previsto no artigo 205 da Lei de Registros Públicos. Juntou documentos às fls. 05/18. O Registrador manifestou-se às fls. 24/28, 68/70. Esclarece que, mesmo ciente da inexistência da obrigatoriedade aos oficiais em certificar nas certidões expedidas a existência de títulos judiciais devolvidos, ou cujas prenotações estejam vencidas, entendeu que não existe irregularidade em aponta-las em casos específicos, vez que a publicidade terá a finalidade de evitar prejuízo para terceiros. Destaca que o processo de execução, no qual foi formalizada a penhora, está sob sigilo judicial, razão pela qual não foi possível obter informação de seu andamento, todavia, com a confirmação da sentença e de seu transito em julgado, nos termos dos documentos apresentados pelo suscitante, a Serventia deixará de informar a existência da referida penhora. Apresentou documentos às fls. 29/38 e 77/87. Acerca das informações do Registrador, o suscitante manifestou-se às fls. 41/44, 53/55, 56 e 71/72. Alega que não foi observado o princípio da legalidade, especificamente do artigo 205 da Lei de Registros Públicos, vez que a prenotação constante da certidão da matrícula do imóvel perdeu a eficácia pelo decurso de prazo. Assevera que não há obrigatoriedade do requerente apresentar a sentença do processo de execução junto a Serventia, o que fez por mera liberalidade. Juntou documentos às fls. 45/50, 57, 73. O Ministério Público opinou pelo arquivamento do feito, ante a ausência de conduta irregular do Registrador (fl. 90). É o relatório. Passo a fundamentar e a decidir. Levando em consideração as informações acompanhadas dos documentos juntados a este procedimento, entendo pela ausência de qualquer conduta irregular do Registrador passível da aplicação de medida disciplinar, bem como a desnecessidade de realização de correição junto à Serventia Extrajudicial. Embora tenha se esvaído o prazo da prenotação do título apresentado a registro (fl. 57), cessando automaticamente seus efeitos, nos termos do artigo 205 da Lei de Registros Públicos, entendo que o fato do registrador fazer constar na certidão do imóvel a existência da penhora determinada pelo Juízo da Execução não constitui ilícito. Pelo contrário, agiu o Oficial com zelo e cautela, haja vista que o título apresentado teve sua qualificação negativa em consonância com o principio da continuidade, estando o imóvel registrado em nome da empresa CAM EMPREENDIMENTOS IMOBILIÁRIOS EIRELI ME, que não figurou no polo passivo da ação. Ademais, a certidão noticiando a existência de execução civil ajuizada por Magda Aparecida Lima Bianco Gerstler em face de Ruth Rocha Grenza, com a finalidade de garantir a dívida de R$ 72.195, 02 (setenta e dois mil, cento e noventa e cinco reais e dois centavos), tem como escopo assegurar os direitos de terceiros interessados na hipótese de uma eventual fraude à execução, bem como dar ciência aos que tenham interesse no imóvel, em observância ao princípio da segurança jurídica que norteia os atos registrários. Neste contexto, não procede a alegação do requerente sobre a não obrigatoriedade do interessado apresentar a sentença que extinguiu a execução junto à Serventia, tendo em conta que, além do processo de execução civil encontrar-se sob sigilo judicial (fl. 70), não compete ao registrador acompanhar o tramite das ações judiciais, cabendo ao interessado apresentar os documentos para assegurar seus direitos. Na presente hipótese, a fim de corroborar os argumentos expostos, o requerente enviou a sentença transitada em julgado que extinguiu a execução (fls. 78/83), dando pleno conhecimento ao registrador (fl. 73), que deixará de informar a existência do gravame. Logo, entendo que não houve qualquer conduta dolosa ou ato ilícito praticado pelo delegatário, razão pela qual determino o arquivamento deste pedido de providências formulado por Constantino Comércio, Administração, Participações e Empreendimentos Eireli Me em face do Oficial do 17º Registro de Imóveis da Capital. Deste procedimento não decorrem custas, despesas processuais e honorários advocatícios. P.R.I.C. - ADV: RENATO CANHA CONSTANTINO (OAB 154374/SP) (DJe de 16.10.2020 – SP)

Ementa: Sentença – Pedido de Providências – Averbação de penhora – Necessidade de prévio registro de partilha – Alegação de que outra penhora fora registrada sem tal exigência – Descabimento – Título apresentado pela interessada que feria o Princípio da Continuidade, tendo em vista não constar a executada como proprietária do imóvel – Não cumprimento das exigência no trintídio legal, o que ocasionou o cancelamento da prenotação e consequentemente registro de outro título apresentado, formalmente correto – Ausência de conduta irregular do oficial – Arquivamento do feito

Processo 0025286-26.2020.8.26.0100

Pedido de Providências Juízo da 3ª Vara Cível de Jales/SP Sentença: Vistos. Trata-se de pedido de providências iniciado após comunicação pelo Juízo de Direito da 3º Vara Cível de Jales de possível irregularidade cometida pelo Oficial do 14º Registro de Imóveis da Capital quando negou-se a realizar averbação de penhora. Conforme documentação juntada à comunicação, o Oficial negou-se a averbar penhora no imóvel matriculado sob o nº 229.647 com a exigência de que fosse previamente registrado formal de partilha já prenotado. Todavia, em processo diverso, averbou penhora na mesma matrícula sem tal exigência, prejudicando a exequente da primeira ação na ordem de preferência. Documentos às fls. 03/44. O Oficial manifestou-se às fls. 113/114, tendo previamente respondido ao juízo de Jales com cópia a esta Corregedoria às fls. 45/110. Informa que a averbação da penhora não foi realizada pois havia título já prenotado com prioridade, além de que a decisão que determinou a penhora não previu responsabilização patrimonial do proprietário, o que violaria o princípio da continuidade, enquanto que a penhora registrada tinha prioridade do registro quando de sua prenotação, além de menção expressa quanto a responsabilidade patrimonial. O Ministério Público opinou pela improcedência do pedido de providências (fls. 127/128). É o relatório. Decido. O feito deve ser arquivado, por não vislumbrar qualquer irregularidade cometida pelo Oficial, tendo ele agido em conformidade com a legislação que rege suas funções. Como se vê no Proc. 000039-93.2018.8.26.0297, a parte executada é Marli Helena Lofrano, enquanto o imóvel matriculado sob o nº 229.647 tem como titular de direitos de aquisição Elvio Lofrano. Portanto, Marli não possuía direitos registrados sobre o bem, o que impossibilitaria sua penhora, em conformidade com o princípio da continuidade previsto nos Arts. 195 e 237 da Lei 6.015/73, de modo que era necessário o prévio registro de formal de partilha que transferisse os direitos de Elvio a Marli ou decisão expressa do juízo que determinou a penhora responsabilizando o titular de direitos pela dívida. Portanto, quando a exequente Rosangela Lansoni prenotou a penhora, foi apresentada nota de exigência que, se cumprida em 30 dias, garantiria o registro, caso contrário sua prenotação venceria, dando espaço para que outros títulos fossem registrados, caso regulares, conforme previsão dos Arts. 188 e seguintes da Lei de Registros Públicos. Como tal prazo transcorreu sem regularização do título ou contestação das exigências formuladas por meio de procedimento de dúvida, houve cancelamento da prenotação, sendo posteriormente prenotada penhora advinda de outro processo, cuja qualificação foi positiva. Veja-se que não houve qualificações divergentes quanto a títulos idênticos, o que demonstraria irregularidade cometida pelo Oficial. No termo de penhora de fls. 54/56, que foi registrado, há expressa menção sobre a decretação pelo Juiz do processo da responsabilidade patrimonial, o que permitiu a superação da continuidade registrária e o registro do título. Na decisão de fls. 60/63, houve inclusive menção a necessidade de registro da partilha para efeitos perante terceiros, determinando-se, todavia, a averbação da penhora antes disso para efeitos inter partes. Por outro lado, na penhora não averbada (fl. 40/42), não houve expressa menção a responsabilidade patrimonial, o que demonstra a diversidade entre os títulos e justificava os resultados diferentes em suas qualificações. Destaco, ainda, que tal certidão on-line de penhora também havia sido incorretamente preenchida, já que constaram ali como titulares de direitos pessoas diversas daquelas existentes na matrícula. Faço constar também que o Oficial também bem cumpriu seu dever de informação, tendo respondido ao juízo e ao interessado as razões pelas quais uma penhora foi aceita e outra não. Portanto, no âmbito desta Corregedoria Permanente, não há qualquer medida disciplinar a ser adotada, salientando sempre a competência jurisdicional do juízo da execução para determinar, se o caso, a consideração de data anterior ao protocolo que deu origem ao registro para delimitar as preferências na execução sobre o bem. Do exposto, por não vislumbrar irregularidade, determino o arquivamento do presente feito. Oficie-se a 3ª Vara Cível da Jales com cópia desta sentença. Não há custas, despesas processuais nem honorários advocatícios decorrentes deste procedimento. Oportunamente, arquivem-se os autos. P.R.I.C. (DJe de 06.08.2020 – SP)

PERMUTA

Ementa: Sentença – Pedido de Providências – Acesso registral negado a título denominado Instrumento Particular de Permuta de Direitos – Alegação do requerente de que recebera informações na serventia para continuasse prenotando o título mensalmente a fim de garantir a prioridade do registro, o que não ocorreu, pois outro título foi registrado nesse interim – Descabimento – Requerente que não cumpriu as exigências feitas pelo oficial, o que ocasionou o esgotamento das prenotações e, consequentemente, da prioridade – Informações controversas sobre a orientação recebido na serventia, mas não se mostra crível que o requerente tenha recebido a mesma nota devolutiva por três anos sem promover as alterações necessárias – Ausência de conduta irregular do registrador – Improcedência

Processo 0005231-04.2020.8.26.0100

Pedido de Providências - REGISTROS PÚBLICOS – Fernando Deboni – Vistos. Trata-se de pedido de providências formulado por Fernando Deboni face ao Oficial do 17º Registro de Imóveis da Capital. Informa que apresentou "Instrumento Particular de Permuta de Direitos" em 2017, cujo ingresso foi negado, mas que, sob orientação de funcionária da serventia, continuou prenotando o título mensalmente para garantir a prioridade de registro, já que o imóvel teria sido vendido a terceiros. Não obstante, outro título teria sido registrado em outubro de 2019, enquanto vigia sua prenotação, razão pela qual pede providências para que se apure a regularidade dos atos do cartório. O Oficial manifestou-se às fls. 03/07, com documentos às fls. 08/77. Informa que o instrumento particular de permuta foi lavrado em 2002 e tem por objeto os imóveis de matrículas nº 67.641 e 67.642 da serventia. O título teve o ingresso negado, pois o instrumento não consta no rol de títulos registráveis, além dos outorgantes não serem titulares de direito sobre o bem, e que o registro do título anterior, um compromisso de venda e compra, foi obstado já que não foi apresentado no original. Diz que não houve orientação quanto a prenotações sucessivas, já que tal ato não impede ao registro de outros títulos. Aduz que foram prenotados títulos em setembro de 2019, cujo registro foi realizado pois estavam aptos a tanto, além dos efeitos da prenotação do requerente terem expirado, não havendo qualquer irregularidade. Informa, finalmente, que o requerente foi contactado para que tomasse medidas cabíveis antes da expiração de sua prenotação, já que, caso vencido o prazo, título com direitos contraditórios seria registrado. Houve resposta do requerente às fls. 80/81 e manifestação final do Oficial às fls. 96/100. O Ministério Público ofertou parecer às fls. 104/106, pugnando pela improcedência do pedido de providências. É o relatório. Decido. Inicialmente, quanto ao registro realizado pelo Oficial, não houve qualquer irregularidade. A prioridade de registro caracteriza-se pela preferência dos títulos na ordem de sua prenotação, de modo que, apresentados títulos contraditórios, aquele com número de protocolo anterior será registrado. Caso esgotado o prazo da prenotação de 30 dias sem que tenham sido cumpridas as exigências, o título seguinte na ordem de prenotações será qualificado e, não havendo exigências, registrado. É o que dispõe a Lei 6.015/73:

Art. 182 – Todos os títulos tomarão, no Protocolo, o número de ordem que lhes competir em razão da seqüência rigorosa de sua apresentação. Art. 186 – O número de ordem determinará a prioridade do título, e esta a preferência dos direitos reais, ainda que apresentados pela mesma pessoa mais de um título simultaneamente. Art. 205 – Cessarão automaticamente os efeitos da prenotação se, decorridos 30 (trinta) dias do seu lançamento no Protocolo, o título não tiver sido registrado por omissão do interessado em atender às exigências legais. No presente caso, a prenotação do requerente de nº 226.210 foi feita em 12/08/2019, com vencimento em 11/09/2019, sendo nesta data feita nova prenotação de nº 227.010, com vencimento em 11/10/2019. Destaco que, vencida a prenotação anterior, a nova prenotação não representa extensão da anterior, com prorrogação de seu prazo, mas nova prenotação, como novo prazo para cumprimento de exigências, que não tem preferência sobre títulos contraditórios com prenotação anterior. Por tal razão, foram regulares os registros dos títulos contrários ao direito do requerente nas matrículas nº 67.641 e 67.642, pois prenotados sob os nºs 226.880 e 226.882 em 05/09/2019, de modo que, vencida a prenotação do requerente de nº 226.210, tinham prioridade sob a prenotação de nº 227.010, pois tinham número inferior. Em outras palavras, o título do autor foi apresentado e, durante a vigência de sua prenotação, foram apresentados títulos contraditórios. Assim, tinha o autor 30 dias para cumprir as exigências e garantir a prioridade. Não tendo procedido deste modo, sua prenotação perdeu efeitos e a prioridade passou aos títulos contraditórios, que foram registrados por preencherem os requisitos para tanto. E estes títulos tinha preferência sobre a nova prenotação do autor, já que a prenotação daqueles ocorreu em 05/09 enquanto a do autor em 11/09. Quanto a alegação relativa a possível orientação da serventia, há controvérsia sobre sua ocorrência, não tendo o reclamante demonstrado ou indicado provas aptas a comprovar o fato. Não obstante, as constantes prenotações realizadas de fato garantiam a prioridade, desde que cumpridas as exigências dentro de seu prazo. Houve, pela serventia, a informação de que foi protocolado título contraditório, não tendo o autor tomado qualquer medida para regularização dentro do prazo. Não é crível que o autor acreditasse que, com os sucessivos protocolos, garantiria qualquer direito além dos efeitos de publicidade da existência de título contraditório, em especial de que, agindo como fez, impediria qualquer alienação do imóvel. Por quase três anos recebeu a mesma nota de exigência, não tendo demonstrado que agiu para cumpri-la. Se não regularizou seu título, não pode culpar o Oficial por permitir o registro de compra e venda regularmente realizada, sendo que, se houve descumprimento contratual pelos permutantes, a questão limita-se ao direito obrigacional e deve ser resolvida nas vias judiciais próprias. Do exposto, não havendo irregularidade no registro realizado ou conduta irregular pelo Oficial, julgo improcedente o presente pedido de providências. Não há custas, despesas processuais nem honorários advocatícios decorrentes deste procedimento. Oportunamente, arquivem-se os autos. P.R.I.C – ADV: FELIPE AMARAL DEBONI (OAB 426341/SP) (DJe de 01.06.2020 – SP)

Ementa: Sentença – Dúvida – Permuta – Inviabilidade – Caracterização de típica doação – Cessão de patrimônio em favor de terceiro sem qualquer compensação financeira – Necessidade de recolhimento do ITCMD sobre a diferença do valor existente entre os imóveis – Ação correta a do registrador – Manutenção do óbice – Procedência

Processo 1007778-97.2020.8.26.0100

Dúvida – Notas – Francisco Carlos Fagionato – Vistos. Trata-se de dúvida suscitada pelo Oficial do 4º Registro de Imóveis da Capital, a requerimento de Francisco Carlos Fagionato, diante da negativa em se proceder ao registro da escritura pública por meio da qual o suscitado, sua mulher Marina Borges Fagionato e Guilherme Borges Fagionato, permutaram dois imóveis matriculados sob nºs 184.567 e 184.574 no 2º Registro de Imóveis de Ribeirão Preto/ SP, possuindo cada um deles valor venal de R$ 105.744,42 e valor atribuído para efeito de permuta de R$ 163.965,00 com os imóveis matriculados no 4º RI sob nºs 85.501 e 85.502, com valor venal de referência de R$ 362.399,00 e R$ 131.921,00 e valor atribuído para efeito de permuta de R$ 281.364,00 e R$ 46.566,00. Esclarece o Registrador que os permutantes atribuíram aos imóveis permutados o valor de R$ 327.930,00, razão pela qual não houve torna ou reposição. O óbice registrário refere-se à ausência de recolhimento da guia do ITCMD sobre a diferença do valor existente entre os imóveis, nos termos do art.1º, II, art.6º, II, "a" e arts. 13 e 16, todos do Decreto Estadual nº 46.655/2002. Juntou documentos às fls. 06/37. O suscitado apresentou impugnação às fls. 44/48. Salienta a existência entre as partes de livre vontade de atribuição de valor, sendo que no caso de permuta sem torna, as partes possuem duas opções, quais sejam: igualar o valor atualizando-os em relação ao que consta nas declarações do fisco de cada um, o que poderá gerar incidência de imposto sobre eventual ganho de capital, ou constar os valores dos imóveis de acordo com as suas declarações ao fisco, não havendo ganho de capital, mas apenas a troca do bem. Destaca que, de acordo com a escritura, não há qualquer renúncia expressa. O que ocorreu foi a transmissão e recebimento dos valores de custas e aquisição, ou seja, as partes aceitaram os ativos trocados sem exigência de torna, caracterizando a mais pura permuta. O Ministério Público opinou pela procedência da dúvida (fls. 53/55). É o relatório. Passo a fundamentar e a decidir. Com razão o Registrador, bem como a D. Promotora de Justiça. Insurge-se o suscitado no tocante à necessidade de recolhimento de ITCMD, em decorrência do registro da Escritura Pública de Permuta. É certo que ao Oficial de Registro cumpre fiscalizar o pagamento dos impostos devidos por força dos atos que lhe forem apresentados em razão do ofício, na forma do art. 289 da Lei nº 6.015/73, sob pena de responsabilização pessoal do Oficial Delegado, e dentre estes impostos se encontra o ITCMD, cuja prova de recolhimento deve instruir o requerimento de ingresso, salvo hipótese de isenção devidamente demonstrada, o que não é o caso. Diz o parágrafo 5º do artigo 1º do Decreto Estadual 46.655/02, que regula o ITCMD: Estão compreendidos na incidência do imposto os bens que, na divisão de patrimônio comum, na partilha ou adjudicação, forem atribuídos a um dos cônjuges, a um dos conviventes, ou a qualquer herdeiro, acima da respectiva meação ou quinhão. Logo, possuindo os imóveis permutados valores venais distintos, aquele que recebe o bem em valor superior sem qualquer reposição obtém acréscimo patrimonial de forma não onerosa, o que caracteriza típica doação, sendo irrelevante o valor atribuído pelos permutantes. Tal importe não é insignificante e supera o limite de isenção do ITCMD no Estado de São Paulo, de 2.500 UFESP de acordo com a Lei Estadual nº 10.705/00. Neste contexto, de acordo com os artigos 1º, 6º, 13 e 16 da Lei Estadual nº 140.705/00, regulamentada pelo Decreto Estadual nº 46.655/2002, dispõe que: Art. 1º: O imposto sobre a transmissão de qualquer bem ou direito havido: ... II – por doação Art.6º: Fica isento do imposto: ... II – a transmissão por doação: A) cujo valor não ultrapassar 2.500 (duas mil e quinhentas) UFESP's Art.13: O valor base de cálculo é considerado na data da abertura da sucessão, do contrato de doação ou da avaliação, devendo ser atualizado monetariamente, a partir do dia seguinte, segundo a variação da Unidade Fiscal do Estado de São Paulo – UFESP, até a data prevista na legislação tributária para o recolhimento do imposto. Art. 16: O valor da base de cálculo de bem imóvel ou direito a ele relativo será: I – em se tratando de: a) urbano, não inferior ao fixado para o lançamento do Imposto sobre a Propriedade Predial e Territorial Urbana – IPTU". No presente caso, ainda que o negócio jurídico tenha sido nomeado como permuta, tal cessão patrimonial caracteriza doação, um vez que houve cessão de patrimônio em favor de terceiro sem qualquer compensação financeira/patrimonial, nos termos do art. 538 do CC: "Art.538: Considera-se doação o contrato em que uma pessoa, por liberalidade, transfere do seu patrimônio bens ou vantagens para o de outra". Ressalto que não se exige que em toda permuta envolvendo bens imóveis deve ser feita entre bens de idêntico valor. Não se caracteriza doação tributável, por exemplo, quando a diferença for irrisória, ou até mesmo inferior ao limite de isenção previsto em lei estadual. Não se pode entender que alguém abra mão de R$ 282.831,16 sem fundamento. Assim, na análise do título apresentado, o Oficial qualificou corretamente o negócio jurídico como doação, exigindo a comprovação do respectivo imposto, nos termos do art. 289 da Lei nº 6.015/73. Destaca-se que cabe ao registrador analisar a natureza dos negócios apresentados a registro, evitando simulações ou até omissões culposas que tragam prejuízo ao fisco. Caso o suscitado entenda que não houve doação, deve buscar declaração neste sentido pela Fazenda Pública ou nas vias ordinárias, onde haverá a participação de todos os interessados no recolhimento do tributo. Questão semelhante foi analisada por este Juízo no procedimento de dúvida nº 1003262-68.2019.8.26.0100. Logo, correta a exigência do registrador. Diante do exposto, julgo procedente a dúvida suscitada pelo Oficial do 4º Registro de Imóveis da Capital, a requerimento de Francisco Carlos Fagionato, e consequentemente mantenho o óbice registrário. Deste procedimento não decorrem custas, despesas processuais e honorários advocatícios. Oportunamente remetam-se os autos ao arquivo. P.R.I.C. – ADV: FELIPE ZAMPIERI LIMA (OAB 297189/SP) (DJe de 10.03.2020 – SP)

REGIME DE BENS

Ementa: Sentença – Pedido de Providências – Pedido de nulidade do Regime de Bens da Comunhão Total que foi constado na Escritura Pública Declaratória de União Estável – Impossibilidade – Alegação pela Requerente de que o seu convivente não havia realizado a partilha do patrimônio relativo ao casamento anterior – Informação pela Oficial de que todos os documentos foram apresentados para a confecção da aludida Escritura, bem como não foi noticiado sobre a existência de bens relacionados ao matrimônio anterior do convivente – Incompetência do presente juízo administrativo para acolhimento da nulidade pretendida – Ausência de conduta irregular – Arquivamento do feito – Ciência à Tabeliã – Improcedência

Processo 0043665-62.2020.8.26.0100

Pedido de Providências - REGISTROS PÚBLICOS - C. G.J. - M.S.S. e outro - Juiz(a) de Direito: Dr(a). Marcelo Benacchio VISTOS, Cuida-se de representação encaminhada pela E. Corregedoria Geral da Justiça, do interesse da Senhora M. S. S., que requer a nulidade do regime de bens da comunhão total, declarado pelos conviventes quando da lavratura da Escritura Pública Constitutiva de União Estável, pela serventia afeta ao 10º Tabelionato de Notas da Capital, uma vez que, à data da confecção do instrumento notarial, o convivente varão não havia realizado a partilha do patrimônio relativo ao casamento anterior. A Senhora Tabeliã prestou esclarecimentos às fls. 24/25. A Senhora Representante manifestou-se, reiterando os termos de seu protesto inicial (fls. 30/32). O Ministério Público ofertou parecer conclusivo às fls. 44/46, opinando pelo indeferimento do pedido de nulidade do regime patrimonial, ante a não verificação de falha atribuível à serventia extrajudicial. É o breve relatório. Decido. Trata-se de representação encaminhada pela Senhora M. S. S., insurgindo-se contra falha na lavratura de Escritura Pública Declaratória de União Estável, pela serventia afeta ao 10º Tabelionato de Notas da Capital, da qual se fez constar como regime de bens a comunhão total, não obstante o convivente varão não houvesse realizado a partilha do patrimônio relativo ao casamento anterior. Pugna, ademais, a representante, pela nulidade do regime de bens escolhido, narrando que os prepostos responsáveis pelo ato não esclareceram devidamente os conviventes, quanto às especificidades e consequências do acordo patrimonial. A seu turno, a Senhora Tabeliã veio aos autos para esclarecer que, quando da lavratura da Escritura Pública de Constituição de União Estável, entre P. A. e E. A., foram apresentados todos os documentos necessários a sua confecção. No mais, não fora noticiada a existência de bens relativos ao casamento anterior do convivente, sendo certo que da certidão das núpcias apresentada à unidade, não se verifica a pendência de partilha entre os ex-cônjuges. Desse modo, aponta que o ato notarial foi inscrito de boa-fé pelos prepostos, que não tinham ciência dos fatos ora informados. No mesmo propósito, noticia a ilustre Notária que desde que assumiu a unidade, em 2017, posteriormente à confecção do ato debatido, instrui seus colaboradores a esclarecerem de forma minuciosa as questões patrimoniais relativas aos regimes de bens. Instada a se manifestar, a Senhora Representante reiterou os termos de sua insurgência inicial, afirmando que houve falha quando da lavratura da Escritura Pública, em razão da escolha do regime de bens. Pois bem. A Escritura Pública foi lavrada mediante a apresentação da documentação pertinente para a feitura do ato notarial, atendendo-se à vontade das partes. Assim, não haveria como o responsável pela inscrição do instrumento público ter conhecimento de fatos externos àqueles noticiados pelos signatários, de modo que a eventual falta de informação acerca da existência de bens não partilhados do relacionamento anterior do convivente, possivelmente a inviabilizar a escolha livre do acordo patrimonial, não pode ser debitada à falha da unidade. Destaco que, na União Estável o regime patrimonial é de livre escolha pelos consortes, nos termos do artigo 1.725 do Código Civil. Nessa ordem de ideias, respeitado o elevado entendimento da Senhora Representante, reputo satisfatórios os esclarecimentos prestados pela Senhora Titular, sendo forçoso convir que não há indícios de que a serventia correicionada tenha atuado em desacordo com as normas legais ou concorrido de forma maliciosa em prejuízo aos conviventes. Bem por isso, não vislumbro responsabilidade funcional apta a ensejar a instauração de procedimento administrativo, no âmbito disciplinar, em face da unidade correicionada, inclusive porque a Senhora Tabeliã assumiu a serventia em momento muito posterior ao fato ora analisado. Noutro turno, considerando-se a extensão do pedido, no que tange à eventual declaração de nulidade do regime de bens, certo é que tal requerimento reclama a observância de procedimento judicial, não podendo ser realizada nesta estreita via administrativa. Nesses termos, vale dizer que a pretensão, seja da declaração da nulidade ou eventual retificação do acordo patrimonial, não comporta acolhimento na via processual eleita, impondo-se a adoção de procedimento judicial para a finalidade almejada, razão pela qual indefiro o requerimento. Não obstante, faço a observação, à Senhora Titular, para que se mantenha atenta e zelosa na orientação e fiscalização dos prepostos sob sua responsabilidade pessoal, que devem ser cuidadosamente instruídos, certificando-se a Notária de que os colaboradores detêm conhecimentos jurídicos plenos relacionados aos atos que são autorizados a praticar, ressalvando-se, no mais, o dever de se consultarem com a própria Delegatária ou Substituto autorizado, em caso de dúvidas e afins. Destarte, à míngua de outra providência administrativa a ser adotada, determino o arquivamento dos autos. Ciência à Senhora Tabeliã e ao Ministério Público. Encaminhe-se cópia desta decisão, bem como de fls. 24/46, à E. Corregedoria Geral da Justiça, por e-mail, servindo a presente como ofício. P.I.C. São Paulo, 04 de dezembro de 2020. - ADV: MARCIA STELLA SANTI (OAB 205171/SP) (DJe de 11.12.2020 – SP)

Ementa: Sentença – Pedido de Providências – Alteração de regime de bens na matrícula do imóvel – Alegação de que o casamento ocorreu no estrangeiro, cujo país adota como regime oficial o da separação total de bens – Impossibilidade – Necessidade de requerimento e reconhecimento de firma de ambos os nubentes no ato notarial apresentado – Alteração que poderia ser feita administrativamente apenas no caso do comparecimento de todos os envolvidos no ato – Não aplicação da Súmula 377 do STF, sendo necessário o acesso à via ordinária – Manutenção dos óbices – Improcedência

Processo 1023809-95.2020.8.26.0100

Pedido de Providências – Notas – Henri Benezra – Vistos. Trata-se de pedido de providências formulado pelo Oficial do 13º Registro de Imóveis da Capital a requerimento de Henri Benzra, após negativa de averbação de alteração do regime de bens de seu matrimônio, quando da aquisição do imóvel. Alega o Oficial que o requerente, munido de ata notarial, demonstrou que, apesar de ter declarado na escritura de compra e venda o regime de comunhão parcial, na verdade era casado no regime de separação total de bens, pois o casamento ocorreu no Líbano onde tal regime é o único existente segundo declaração do Consulado. A alteração foi qualificada positivamente, mas foram feitas exigências quanto a procuração outorgada ao representante com reconhecimento de firma e declaração de ambos os nubentes informando o regime adotado. Como a esposa do requerente é falecida, a retificação poderia ser realizada no registro da partilha de bens, já que, mesmo no regime de separação, ela teria direitos sobre o imóvel, nos termos da Súmula 377 do STF, mas para isso deveriam ser apresentados, além do formal de partilha, as cédulas de identidade das partes, declaração do consulado do Líbano e certificados de naturalização. Informa que a primeira exigência, quanto a procuração, foi cumprida, mantidas as demais exigências. O interessado não se manifestou nos autos (fl. 23), mas perante a serventia (fl. 9) alegou ser inexigível reconhecimento de firma no pedido e desnecessária a declaração dos proprietários do imóvel. O Ministério Público opinou pela improcedência do pedido. É o relatório. Decido. O pedido é improcedente. Quanto a necessidade de reconhecimento de firma no requerimento, ainda que tal documento, em si, não seja título em sentido estrito (pois não é o requerimento que será averbado, mas o documento que o acompanha), a exigência se justifica na segurança jurídica, de modo a permitir a certeza de que a pessoa que requereu determinado ato na matrícula tinha competência para tanto, sendo garantia também aos proprietários, que na eventualidade de necessitar contestar o ato, terá certeza de que o subscritor do requerimento é a mesma pessoa cujo nome foi ali aposto. Caso afastada a exigência, haveria o risco de qualquer pessoa, apresentando requerimento sem reconhecimento de firma, requerer atos na matrícula sem a ciência do real interessado e em nome deste, o que traria insegurança, sendo que exceção a tal regra se dá apenas na hipótese que a subscrição do requerimento se der na presença do Oficial ou seu preposto, tudo em conformidade com o item 120 do Cap. XX das NSCGJ. Quanto as exigências para a averbação da alteração do regime de bens em si, além da ata notarial, exigiu o Oficial requerimento assinado por ambos os nubentes. E tal exigência também está bem justificada na segurança jurídica. Veja-se que as averbações, registros e retificações realizadas no âmbito puramente administrativo dependem sempre da concordância das partes envolvidas, inclusive nos casos de cancelamento (Art. 250, II, da Lei 6.015/73). No presente caso, do que consta do fólio real, Raymonde Benzra tem direitos sobre o bem, pois a escritura de origem foi lavrada constando a comunhão parcial como regime (fls. 12/13), não havendo retificação do título. O que há, aqui, é uma manifestação unilateral de Henri Benezra (fl. 21) aduzindo que o regime de bens era diverso. Assim, se permitido o registro sem que se demonstre a concordância da Raymonde (seja assinado em nome próprio, seja por seu espólio devidamente autorizado), estar-se-ia autorizando que ela, sem sua ciência, perdesse direitos que hoje tem sobre o imóvel, o que inadmissível em hipóteses em que não há certeza de que o regime de bens aplicável está de fato incorreto. Destaco, neste ponto, que não basta a declaração do Consulado do Líbano de que naquele país há apenas um regime legal, já que, para além do regime lá vigente, haveria de se demonstrar que o matrimônio se deu quando os dois eram ali residentes, nos termos do Art. 7§, §4º da LINDB, que prevê que "o regime de bens, legal ou convencional, obedece à lei do país em que tiverem os nubentes domicílio, e, se este for diverso, a do primeiro domicílio conjugal." De modo que apenas com a declaração de todos os interessados nos direitos envolvidos no sentido de reconhecer que o regime de bens aplicável era o da separação total de bens, ao contrário do que constou em escritura pública ainda válida, a averbação requerida pode ser feita administrativamente. Caso não se obtenha tal declaração, deverá o requerente, nas vias ordinárias e com contraditório de eventuais herdeiros e outros interessados, buscar o reconhecimento de que é o único titular de direitos sobre o bem. Cumpre, finalmente, destacar que o Oficial bem lembrou que, mesmo que seja averbado o novo regime de bens, Raymonde ainda teria direitos sobre o imóvel, nos termos da Súmula 377 do STF, o que demandaria que houvesse partilha de sua meação. Assim, caso houvesse tal partilha, o pedido poderia ser deferido sem manifestação de Raymonde, já que o direito de seus sucessores estaria garantido. Aqui, destaco que não houve impugnação específica às exigências do item 2.2 da nota devolutiva, razão pela qual entendo haver concordância tácita e deixo de me manifestar. Também nesse ponto, entendendo o requerente que não se aplica a Súmula 377, deverá buscar manifestação judicial no juízo competente que reconheça seus direitos exclusivos sobre o bem, atingindo seu objetivo de ver declarado ser o único proprietário, como parece desejar com a alteração do regime de bens. Do exposto, julgo improcedente o pedido de providências formulado pelo Oficial do 13º Registro de Imóveis da Capital a requerimento de Henri Benezra, mantendo as exigências para a averbação pleiteada. Não há custas, despesas processuais nem honorários advocatícios decorrentes deste procedimento. Oportunamente, arquivem-se os autos. P.R.I.C. – ADV: CHARLES TAKEYOSHI KIKUNAGA (OAB 172405/SP) (DJe de 05.08.2020 – SP)

Ementa: Sentença – Habilitação para Casamento – Adoção do regime da separação total de bens por casal maior de setenta anos e afastamento da regra contida na Súmula 377 do STF – Impossibilidade – Aplicação do art. 1641, II, do CC – Regime da separação legal de bens que é obrigatório para pessoas nessa condição, não podendo ser alterado por vontade das partes – Improcedência

Processo 1047631-16.2020.8.26.0100

Habilitação para Casamento – Registro Civil das Pessoas Naturais – C.R.C. – E.M.D.P. e outro – VISTOS, Trata-se de expediente encaminhado pelo Senhor Oficial de Registro Civil das Pessoas Naturais do 19º Subdistrito – Perdizes, desta Capital, no interesse de Luiz Adelino de Almeida Prado e Eliana Maria Daros Perini, que, mesmo diante da regra prevista no artigo 1.641, II, do Código Civil, pretendem por meio de pacto antenupcial optar pelo regime da separação total de bens, com o afastamento da incidência da súmula 377 do STF, para o futuro casamento. O D. Representante do Ministério Público ofereceu manifestação às fls. 40 e 54, pugnando pelo indeferimento do pedido. É o breve relatório. DECIDO. Trata-se de habilitação de casamento, encaminhada pelo Senhor Oficial de Registro Civil das Pessoas Naturais do 19º Subdistrito – Perdizes, desta Capital, no interesse de Luiz Adelino de Almeida Prado e Eliana Maria Daros Perini, que, mesmo diante da regra prevista no artigo 1.641, II, do Código Civil, pretendem por meio de pacto antenupcial optar pelo regime da separação total de bens, com o afastamento da incidência da súmula 377 do STF, para o futuro casamento. Diante do teor dos documentos exibidos, forçoso convir que a pretensão não comporta acolhimento. Da análise dos documentos, depreende-se que o nubente varão é maior de 70 anos. Assim, por determinação do art. 1.641 do Código Civil, a consequência legal para aquele que contrai núpcias sendo maior de 70 anos é a aplicação do regime da separação obrigatória. Desse modo, a despeito das elevadas considerações ofertadas pelo ilustre patrono dos contraentes, a idade dos nubentes ilide a liberdade de escolha do regime de bens, pois se trata imposição legal. Nesse sentido, ensina Paulo Lobo em "Direito Civil: Famílias (fls. 325/326)": "Em certas circunstâncias, consideradas relevantes pelo Direito, os nubentes não podem escolher livremente o regime de bens: quando ocorrer alguma causa suspensiva, quando o nubente for maior de 60 anos [maior de 70 anos, com a redação dada pela Lei nº 12.344, de 2010], quando o nubente necessitar de suprimento judicial para casar. O regime passa a ser obrigatório, não se aplicando nem o regime legal dispositivo nem outro escolhido por pacto antenupcial. (...) O regime obrigatório de bens é tipicamente um ônus: a pessoa, incluída em alguma das três hipóteses legais, escolhe entre casar ou não casar; se prefere casar, deverá suportar o ônus do regime obrigatório de bens. [Lôbo, Paulo. Direito civil: famílias. PP. 325/326. – 4ª ed. – São Paulo: Saraiva, 2011]. Por conseguinte, temos que não é possível aos nubentes alterarem o regime legal do casamento, cujos efeitos em casos de partilha e sucessão foram estabelecidos pelo legislador, não podendo ser modificados pela vontade privada das partes envolvidas. Ante o exposto, rejeito a pretensão dos interessados, devendo prevalecer o regime da separação obrigatória de bens, nos exatos termos do artigo 1641, II, do Código Civil. Ciência ao Senhor Oficial, aos interessados e ao Ministério Público. Oportunamente, arquivem-se os autos. I.C. – ADV: DOMICIO PACHECO E SILVA NETO (OAB 53449/SP) (DJe de 20.07.2020 – SP)

TERMO DE QUITAÇÃO

Ementa: Sentença – Dúvida – Transferência da propriedade – Impossibilidade – Apresentação de mero instrumento de quitação – Necessidade de apresentação de documento que constitua título translativo de domínio, sendo a quitação caso apenas de averbação da informação – Manutenção do óbice – Procedência

Processo 1036475-31.2020.8.26.0100

Dúvida – REGISTROS PÚBLICOS – Maria Helena da Silva Frias – Vistos. Recebo a petição de fl. 94 e documento de fl. 95 como emenda à inicial e defiro os benefícios da prioridade na tramitação do feito. Anote-se. Trata-se de dúvida suscitada pelo Oficial do 5º Registro de Imóveis da Capital, a requerimento de Maria Helena da Silva Frias, tendo em vista a negativa em proceder à transmissão de propriedade do imóvel matriculado sob nº 99.141. O óbice registrário refere-se ao fato de que o termo de quitação averbado não constitui título traslativo da domínio, havendo necessidade da apresentação de documento hábil para a tanto, além de tratar o caso de mera averbação. Juntou documentos às fls. 06/44. A suscitada apresentou impugnação às fls. 45/67. Salienta que o compromisso já representa o próprio negócio jurídico perfeito de compra e venda, acabado e irretratável, no qual se instrumentaliza a manifestação da vontade e consenso das partes, e, acarretará fatalmente a transferência de domínio, cabendo ao Egrégio Conselho Superior da Magistratura, realizar a adaptação das normas registrais à promoção da função social dos contratos, vez que apesar dos compromissários compradores deterem o termo de quitação não logram em receber o titulo de domínio em seu nome. Apresentou documentos às fls. 68/86. O Ministério Público opinou pela procedência da dúvida (fls. 89/90). É o relatório. Passo a fundamentar e a decidir. Com razão o Registrador, bem como D. Promotora de Justiça. De acordo com a matrícula juntada às fls. 22/23, consta como proprietária do imóvel Leonor Backeuser de Medeiros, que se comprometeu a vender o imóvel a Comercial Construtora Graça Couto Medeiros LTDA. Pelo registro nº 02, a suscitada arrematou os direitos e obrigações sobre o bem, sendo averbada a informação do pagamento integral do compromisso de compra e venda e dada quitação. Ao contrário do que faz crer a suscitada, o compromisso não representa o próprio negócio jurídico perfeito de compra e venda, acabado e irretratável, que traduz a manifestação da vontade e consenso das partes e acarretará fatalmente a transferência de domínio. De acordo com o artigo 1245 do CC, o promitente vendedor é dono da coisa enquanto não lavrada a escritura definitiva e seu respectivo registro, vez que a titularidade permanece inalterada. "Art. 1245 CC: Transfere-se entre vivos a propriedade mediante o registro do título translativo no Registro de Imóveis". Além disso, a simples averbação do termo de quitação por si só não é título hábil para a transferência de propriedade. A Lei nº 13.465/17, em seu artigo 7º, acrescentou o item 32 ao inciso II do art. 167 da Lei de Registros Públicos, o qual estipula: "item 32. do termo de quitação de contrato de compromisso de compra e venda registrado e do termo de quitação dos instrumentos públicos ou privados oriundos da implantação de empreendimentos ou de processo de regularização fundiária, firmado pelo empreendedor proprietário de imóvel ou pelo promotor do empreendimento ou da regularização fundiária objeto de loteamento, desmembramento, condomínio de qualquer modalidade ou de regularização fundiária, exclusivamente para fins de exoneração da sua responsabilidade sobre tributos municipais incidentes sobre o imóvel perante o Município, não implicando transferência de domínio ao compromissário comprador ou ao beneficiário da regularização. (g.n) Ou seja, o termo de quitação tem a exclusiva finalidade de exonerar o promitente vendedor dos impostos municipais incidentes sobre o imóvel. Esta Corregedoria Permanente teve oportunidade de analisar hipótese semelhante nos autos nº 1099908-43.2019.8.26.0100: "– ADV: MARIA AURELIA DOS SANTOS ROCHA (OAB 234102/SP)

Íntegra da decisão:

SENTENÇA

Processo Digital nº: **1036475-31.2020.8.26.0100**

Classe – Assunto **Dúvida – REGISTROS PÚBLICOS**

Suscitante: **5º Oficial de Registro de Imóveis da Capital**

Suscitado: **Maria Helena da Silva Frias**

Juiza de Direito: Dra. **Tania Mara Ahualli**

CONCLUSÃO

Em 03 de junho de 2020 faço estes autos conclusos a MMª Juíza de Direito **Drª Tania Mara Ahualli** da 1ª Vara de Registros Públicos. Eu, ___ Bianca Taliano Beraldo, escrev., digitei.

Vistos.

Recebo a petição de fl. 94 e documento de fl. 95 como emenda à inicial e defiro os benefícios da prioridade na tramitação do feito. Anote-se.

Trata-se de **dúvida** suscitada pelo **Oficial do 5º Registro de Imóveis da Capital**, a requerimento de **Maria Helena da Silva Frias**, tendo em vista a negativa em proceder à transmissão de propriedade do imóvel matriculado sob nº 99.141.

O óbice registrário refere-se ao fato de que o termo de quitação averbado não constitui título traslativo da domínio, havendo necessidade da apresentação de documento hábil para a tanto, além de tratar o caso de mera averbação. Juntou documentos às fls. 06/44.

A suscitada apresentou impugnação às fls. 45/67. Salienta que o compromisso já representa o próprio negócio jurídico perfeito de compra e venda, acabado e irretratável, no qual se instrumentaliza a manifestação da vontade e consenso das partes, e, acarretará fatalmente a transferência de domínio, cabendo ao Egrégio Conselho Superior da Magistratura, realizar a adaptação das normas registrais à promoção da função social dos contratos, vez que apesar dos compromissários compradores deterem o termo de quitação não logram em receber o titulo de domínio em seu nome. Apresentou documentos às fls. 68/86.

O Ministério Público opinou pela procedência da dúvida (fls. 89/90).

É o relatório.

Passo a fundamentar e a decidir.

Com razão o Registrador, bem como D. Promotora de Justiça.

De acordo com a matrícula juntada às fls. 22/23, consta como proprietária do imóvel Leonor Backeuser de Medeiros, que se comprometeu a vender o imóvel a Comercial Construtora Graça Couto Medeiros LTDA. Pelo registro nº 02, a suscitada arrematou os direitos e obrigações sobre o bem, sendo averbada a informação do pagamento integral do compromisso de compra e venda e dada quitação.

Ao contrário do que faz crer a suscitada, o compromisso não representa o próprio negócio jurídico perfeito de compra e venda, acabado e irretratável, que traduz a manifestação da vontade e consenso das partes e acarretará fatalmente a transferência de domínio.

De acordo com o artigo 1245 do CC, o promitente vendedor é dono da coisa enquanto não lavrada a escritura definitiva e seu respectivo registro, vez que a titularidade permanece inalterada.

"Art. 1245 CC: Transfere-se entre vivos a propriedade mediante o registro do título translativo no Registro de Imóveis".

Além disso, a simples averbação do termo de quitação por si só não é título hábil para a transferência de propriedade. A Lei nº 13.465/17, em seu artigo 7º, acrescentou o item 32 ao inciso II do art. 167 da Lei de Registros Públicos, o qual estipula:

"item 32. do termo de quitação de contrato de compromisso de compra e venda registrado e do termo de quitação dos instrumentos públicos ou privados oriundos da implantação de empreendimentos ou de processo de regularização fundiária, firmado pelo empreendedor proprietário de imóvel ou pelo promotor do empreendimento ou da regularização fundiária objeto de loteamento, desmembramento, condomínio de qualquer modalidade ou de regularização fundiária, exclusivamente para fins de exoneração da sua responsabilidade sobre tributos municipais incidentes sobre o imóvel perante o Município, não implicando transferência de domínio ao compromissário comprador ou ao beneficiário da regularização. (g.n)

Ou seja, o termo de quitação tem a exclusiva finalidade de exonerar o promitente vendedor dos impostos municipais incidentes sobre o imóvel.

Esta Corregedoria Permanente teve oportunidade de analisar hipótese semelhante nos autos nº 1099908-43.2019.8.26.0100:

"Além de todo o exposto, entendo que a expressão "para fins de exoneração da sua responsabilidade sobre tributos municipais incidentes sobre o imóvel" visa somente deixar claro que o termo de quitação não transfere a propriedade do bem, como bem explicitado ao final da alínea, ao contrário do que ocorre nos casos previstos no Art. 26, §6º da Lei 6.766/79. Em outras palavras, pode o loteador apresentar o termo de quitação com o objetivo de se eximir das obrigações tributárias, hipótese em que o registrador não exigirá comprovante de pagamento de ITBI, por não haver transferência de propriedade, bem como cobrará averbação sem valor. Já o compromissário comprador pode apresentar o termo de quitação, nas hipóteses previstas na Lei 6.766/79, havendo transferência de propriedade e incidência de imposto de transmissão, cujo pagamento ou isenção deve ser verificado pelo Oficial"

Logo, a averbação de quitação não autoriza qualquer modificação na titularidade do bem imóvel.

Diante do exposto, **julgo procedente dúvida** suscitada pelo **Oficial do 5º Registro de Imóveis da Capital**, a requerimento de **Maria Helena da Silva Frias**, e mantenho o óbice registrário.

Deste procedimento não decorrem custas, despesas processuais e honorários advocatícios.

Oportunamente remetam-se os autos ao arquivo.

P.R.I.C.

São Paulo, 03 de junho de 2020.

Tania Mara Ahualli

Juiza de Direito (DJe de 05.06.2020 – SP)

USUCAPIÃO

Ementa: Sentença – Dúvida – Negativa do pedido de Usucapião Extrajudicial – Defesa pelo Oficial de que é necessário se proceder ao pedido perante o juízo universal da falência, por ser a proprietária tabular empresa falida – Afastamento do impedimento – Necessidade de se realizar a notificação da referida proprietária, representada por meio de síndico ou administrador judicial, para garantia do contraditório – Possibilidade de seguimento na via extrajudicial – Análise do direito do Requerente em momento oportuno, pelo Registrador, após o cumprimento do devido procedimento – Procedência

Processo 1102195-42.2020.8.26.0100

Dúvida - REGISTROS PÚBLICOS - Paulo Mauricio Carvalho de Siqueira – Vistos em correição. Trata-se de dúvida suscitada pelo Oficial do 4º Registro de Imóveis da Capital a requerimento de Paulo Maurício Carvalho de Siqueira, após negativa de processamento de usucapião extrajudicial de apartamento e três vagas de garagem do edifício localizado à Alameda Joaquim Eugênio de Lima, 1.496. O Oficial, em síntese, alega que a proprietária tabular é empresa falida, o que exige que a usucapião seja processada perante o juízo universal da falência. Juntou documentos às fls. 07/66. O suscitado impugnou a dúvida às fls. 67/72, alegando preenchimento dos requisitos da usucapião antes da falência e desnecessidade de remessa à via judicial. O Ministério Público opinou às fls. 75/77 pela procedência da dúvida. É o relatório. Decido. A criação do procedimento extrajudicial de usucapião teve como um de seus fundamentos a desjudicialização, remetendo à via administrativa aqueles casos em que não há lide, especialmente porque a atuação jurisdicional somente se justifica quando há conflito a ser dirimido pelo estado-juiz, de modo que, inexistindo controvérsia, o seguimento pela serventia extrajudicial, ao garantir a regularidade procedimental, torna legítimo o reconhecimento da usucapião. E o juízo universal da falência também deve ser visto sob tal ângulo: sua provocação ocorre quando há discussão entre credores e massa falida, sendo plenamente possível ao administrador judicial tomar decisões, ainda que com autorização do juiz ou comitê, sem a necessidade de ajuizamento de ação própria, como por exemplo se dá na própria habilitação inicial de crédito, que somente tem manifestação judicial quando impugnada, ou nos casos do Art. 114 da Lei 11.101/05 (contratos de aluguel sobre bens da massa falida), Art. 117 (cumprimento de contratos bilaterais pelo administrador, o que inclusive pode permitir, no caso de construtoras, a outorga de escritura definitiva de compra e venda, quando pago o preço). Assim, com base em tais premissas, entendo que o fato do proprietário tabular ser empresa falida não necessariamente impede o seguimento extrajudicial da usucapião. Recebido o pedido e instruído com os documentos exigidos pela Lei de Registros Públicos e no Prov. 65/17 do CNJ, deverá o Oficial realizar a notificação do proprietário tabular, representado por meio do síndico ou administrador judicial. Comprovada a regularidade da notificação, caberá ao síndico impugnar o pedido. Sendo o representante legal da massa falida, seu silêncio ou anuência tem os mesmos efeitos de tais atos realizados por qualquer outro proprietário tabular, não cabendo ao Oficial verificar se o síndico informou o fato ao juízo falimentar ou requereu sua autorização, já que deve-se presumir, em razão do compromisso firmado, que os atos do administrador judicial estão em regularidade com seus poderes. E, caso haja impugnação, caberá ao Oficial verificar sua fundamentação e remeter a este Juízo Corregedor caso qualquer dos interessados recorra. Mantida a impugnação, caberá ao requerente ajuizar a ação judicial perante o juízo falimentar ou a vara de registros públicos, a quem caberá decidir sobre a competência jurisdicional. Em suma, deverá o Oficial processar normalmente o pedido de usucapião extrajudicial, não sendo impeditivo o fato da empresa proprietária tabular ser falida, devendo apenas o Oficial intimar o representante nomeado judicialmente para garantir o devido contraditório. Quanto a questão da suspensão do prazo prescricional, entendo não ser este o momento oportuno para análise. É que cabe ao Oficial somente ao final analisar o mérito do pedido, que inclui a verificação dos requisitos legais da usucapião. Se o requerente, mesmo ciente da possível causa suspensiva, requerer o seguimento do processamento, deverá o Oficial assim proceder e, se o caso, decidir pela improcedência ao final por não ter sido preenchido o prazo da usucapião, possibilitado recurso a este juízo. Faço ver que, não havendo impugnação do síndico, caberá apenas ao Oficial analisar o preenchimento dos requisitos legais da usucapião e possível fato suspensivo, atentando-se para a data da decretação da falência, que pode atrair a aplicação do Decreto-Lei 7.661/45 em detrimento da Lei 11.101/05. Novamente, contudo, tais questões de direito devem ser analisadas ao final do procedimento extrajudicial, após a notificação do síndico e somente no caso de inexistir impugnação ou esta ser declarada infundada. Concluo, portanto, que deverá ser dado seguimento ao procedimento extrajudicial, sem que esta decisão signifique reconhecer o direito da requerente, que será analisado em momento oportuno pelo registrador, caso não haja impugnação pelo representante da massa falida, ou judicialmente, caso haja controvérsia que impeça o seguimento administrativo. Do exposto, julgo procedente a dúvida suscitada pelo Oficial do 4º Registro de Imóveis da Capital a requerimento de Paulo Maurício Carvalho de Siqueira, nos termos acima. Não há custas, despesas processuais nem honorários advocatícios decorrentes deste procedimento. Oportunamente, arquivem-se os autos. P.R.I.C. - ADV: RUY CARDOZO DE MELLO TUCUNDUVA SOBRINHO (OAB 163339/SP) (DJe de 09.12.2020 – SP)

Ementa: Sentença – Dúvida – Procedimento Extrajudicial de Usucapião – Contestação às exigências solicitadas pelo Oficial – Pedido que deve ser feito para cada imóvel distinto – Descabimento – Possibilidade de um único pedido para os imóveis, caso o requerente almeje a abertura apenas de uma matrícula – Art. 4° § 11, do Provimento CNJ n° 65/2017 – Necessidade de apresentação de laudo técnico para cada lote, bem como a notificação do titular de domínio ou seus herdeiros – Item 418, do Capítulo XX, das NSCGJ – Ausência do protocolamento de alguns documentos – Necessidade de apresentar ao Oficial o memorial descritivo com as assinaturas colhidas dos confrontantes – Requerimento para o desbloqueio da referida matrícula deve ser realizado perante a autoridade responsável – Imprescindibilidade da apresentação de documentos para a pretensão de comprovação da posse contínua, bem como para analisar a necessidade de retificação da ata notarial – Procedência Parcial

Processo 1085263-76.2020.8.26.0100

Dúvida - Notas - Quality Fit Academia Ltda Me - Vistos. Trata-se de dúvida suscitada em procedimento extrajudicial de usucapião por Quality Fit Academia Ltda. Me. em face do Oficial do 14º Registro de Imóveis. Dentre as diversas exigências feitas pelo Oficial, a suscitante contesta: I- a determinação de que sejam feitos dois pedidos distintos para cada um dos imóveis usucapiendos, alegando que são imóveis contínuos e unificados no plano fático; II- exigência de laudo técnico único para cada imóvel, aduzindo novamente que a unidade dos imóveis permite laudo único; III- necessidade de notificação dos detentores do domínio e confrontantes, alegando que os confrontantes já assinaram a planta e que não há necessidade de notificação de toda a cadeia dominial, mas tão somente dos atuais proprietários que constam na matrícula, requerendo ainda que seja afastada a intimação por mão própria. IV- necessidade de retificação da ata notarial, aduzindo ser tal medida desnecessária face a outros elementos dos autos. Finalmente, requer o desbloqueio de uma das matrículas atingidas pela usucapião. O Oficial manifestou-se às fls. 334/337, juntando ainda documentos. Aduz que as incertezas e imprecisões quanto aos imóveis usucapiendos demandam pedidos únicos, arguindo que o laudo deve excluir as construções, a serem posteriormente averbadas. Fundamenta a exigência de notificação dos titulares constantes nas transcrições pois estas foram mencionadas nos documentos trazidos pela requerente. Quanto a anuência de confrontantes, informa que não recebeu documento com as assinaturas. Após, às fls. 612/614, o Oficial informa que alguns dos documentos juntados nos autos não foram protocolados nos procedimento extrajudicial. Resposta da requerente às fls. 617/621. Parecer do Ministério Público às fls. 629/631 por estar a dúvida prejudicada e, subsidiariamente, pela sua procedência. É o relatório. Decido. Afasto, de início, o argumento de que a dúvida está prejudicada. As peculiaridades da usucapião extrajudicial, procedimento complexo e que permite a prorrogação da prenotação por prazo superior a 30 dias - além do fato de que a dúvida pode ser suscitada no meio do procedimento, sem necessariamente resultar em registro do pedido ou cancelamento da prenotação a depender do resultado fazem com que haja espaço para flexibilização relativa a juntada de documentos ou concordância parcial. Não obstante, a natureza da dúvida, que se substancia na revisão hierárquica feita pelo Juízo Corregedor de exigências feitas pelo Oficial, continua a limitar o alcance da decisão a ser proferida, de modo que o juízo não pode rever a decisão do Oficial com base em documentos a que este não teve acesso quando proferiu a nota devolutiva. Dito isso, faço ver que os documentos de fls. 308/323 não foram juntados no procedimento extrajudicial. Não é possível saber se nunca foram apresentados ao Oficial, tendo a requerente recebido a nota devolutiva de fls. 599/600 e protocolado a presente dúvida, ou se foram apresentados e não foram aceitos/juntados pelo Oficial por qualquer razão. Importa, aqui, dizer que a nota devolutiva (datada de 27/08) foi formulada antes do conhecimento do registrador dos documentos juntados (datado de 09/07), não tendo havido sua análise e eventual nova nota devolutiva com base nestes. Por tal razão, os óbices serão analisados com base nos documentos em que se baseou a nota devolutiva, já que não é possível dizer que determinado óbice foi incorretamente imposto pelo Oficial se este não tinha, quando da emissão da nota devolutiva, ciência de determinados documentos trazidos somente no procedimento de dúvida. Quanto a necessidade de um ou dois procedimentos, o §11º do Art. 4º do Prov. 65/17 do CNJ é expresso: "Se o pedido da usucapião extrajudicial abranger mais de um imóvel, ainda que de titularidade diversa, o procedimento poderá ser realizado por meio de único requerimento e ata notarial, se contíguas as áreas." Portanto, o fato da área usucapienda abranger uma ou mais matrículas de titularidades diversas não impede que o procedimento seja único. Entendo que se a área objeto da usucapião é possuída de forma contínua, plenamente possível que seja aberta uma matrícula da área total em nome do possuidor ou possuidores. Bastará, no caso, que haja descrição da totalidade do terreno, com o memorial descritivo e planta descrevendo seus limites externos, devendo ser notificados os titulares de domínio das matrículas/transcrições atingidas, e após o registro de usucapião ser anotado naquelas o destaque de área usucapida ou seu cancelamento, caso haja usucapião da totalidade de área previamente registrada. Apenas serão necessários dois pedidos separados de usucapião se o requerente pretender a abertura de duas matrículas; se, por outro lado, pretender uma matrícula para toda a área, não há impeditivo, já que a posse é contínua, não sendo exigível que haja uma divisão ficta desta posse para que sejam abertas duas matrículas com posterior unificação. Assim, no caso concreto, se a requerente pretende a abertura de uma só matrícula o pedido de usucapião poderá ser único, devendo os documentos técnicos (planta e memorial) trazerem a descrição desta área unificada, apontando seus limites externos. Quanto a exigência de laudo técnico para cada lote, todavia, deve ser mantida. Se a descrição da totalidade é necessária para abertura de cada matrícula, a descrição de cada lote é necessária para os fins de permitir ao Oficial o correto controle de disponibilidade, desmembrando das matrículas atingidas cada uma da áreas. Como constou na nota devolutiva, o laudo deve esclarecer "as medidas do bem, sua exata localização e correspondência no registro, permitindo a abertura de matrícula da área usucapienda com as respectivas remissões nos registros anteriores". Como dito anteriormente, aqui se esta analisando somente a correção da exigência. Caberá ao Oficial, na análise dos documentos de fls. 308/323, informar se cumprem a exigência ou não. Como já dito no Proc. 1025135-90.2020.8.26.0100: "A regularidade do procedimento dependerá de apresentação de trabalho técnico pelo requerente que demonstre a real localização e origem do bem, trabalho este que poderá ser objeto de qualificação pelo Oficial, exigindo, se o caso, esclarecimentos adicionais, lembrando sempre a necessidade de Termo de Responsabilidade Técnica do profissional contratado, que evita eventual vício no laudo." Em outras palavras, caberá ao Oficial verificar o trabalho técnico e analisar se este permite a correta localização dos imóveis de origem, exigindo, se o caso, maiores esclarecimentos. Quanto ao ponto "c" da nota devolutiva, referente às construções, faço ver que não houve na inicial efetiva contestação da requerente, razão pela qual deixo de me manifestar, salientando ainda que, ao menos ao que parece, a descrição unificada de fl. 313 não inclui construções, permitindo a abertura de matrícula relativa ao terreno, cabendo a interessada, após o fim do procedimento, averbar a construção, se o caso. Todavia, se entender pela necessidade de abertura de matrícula já com a descrição da construção, deverá formular tal pedido expressamente, cabendo a este juízo a análise caso haja impugnação a eventual exigência do Oficial. Quanto ao ponto "d", restou decidido no procedimento anterior de dúvida: "O argumento do Oficial de que a suposta existência de mais de uma matrícula impede a localização do real titular de domínio para que se verifique a regularidade dos títulos apresentados como justificativa da cadeia possessória pode ser afastado no presente caso justamente pelo pedido ser na modalidade de usucapião extraordinária. Neste sentido, ainda que os títulos apresentados possam ser utilizados para fins de demonstrar a qualidade da posse quando do seu início, não são essenciais para o reconhecimento do pedido, já que o Art. 1.238 do CC não exige justo título ou boa-fé, de modo que, independentemente do titular de domínio, se o requerente demonstrar que possui o bem há 15 anos o direito há de ser reconhecido. E mesmo para o reconhecimento da *acessio possessionis*, basta a demonstração da existência de relação com o possuidor anterior, para transmissão do tempo e qualidade da posse por ele exercida, não sendo necessária, na usucapião extraordinária, a comprovação da relação entre o antigo possuidor e o titular de domínio." Assim, se a usucapião representa a perda de propriedade do proprietário tabular em favor do possuidor, é somente este proprietário que deve ser notificado. Não é necessária a notificação dos proprietários tabulares anteriores, já que se presume verdadeira a transmissão de propriedade registrada.

Portanto, se definido no trabalho técnico as matrículas/transcrições atingidas pelos pedidos, são somente os titulares de direitos reais constantes em tais registros que devem ser notificados Por outro lado, a notificação por "mão própria" deve ser mantida, com observação. Isso porque, para regularidade do procedimento e garantia do contraditório e ampla defesa, deve o Oficial garantir que a notificação foi recebida por aquele a quem endereçada ou seu representante, sendo que tal garantia não ocorre nas correspondências com AR, já que muitas vezes é assinada por ocupante do endereço sem que seja possível saber sua real identidade. Assim, a notificação deve ocorrer por meio que garanta maior segurança no recebimento, seja por notificador da serventia, seja por notificação do Registro de Títulos e Documentos, seja por outro meio que o Oficial entenda que cumpra com tal requisito de segurança, tudo em conformidade com o Art. 10 do Prov. 65/17 do CNJ. Somente assim haverá garantia de recebimento ou maiores detalhes quanto a localização do notificando, a permitir inclusive melhor análise do preenchimento dos requisitos para publicação de edital (pessoa não localizada, em local incerto, inacessível ou não sabido). Como já decidi no Proc. 1004529-41.2020.8.26.0100: Portanto, cabe aos requerentes indicar o nome da inventariante ou herdeiros, apresentando documentos aptos para tanto, como certidão de distribuição de ações de inventário no foro competente para sua abertura. Em caso de inexistência de ação de inventário, os próprios requerentes são partes legítimas para propô-la, bastando apresentar ao juízo competente justa causa para tanto, hipótese na qual serão realizados os trâmites processuais previstos em lei para localização de herdeiros, verificação da existência de testamento ou nomeação de inventariante dativo. Neste caso, poderão os requerentes demonstrarem o ajuizamento da ação, suspendendo o curso do procedimento extrajudicial de usucapião até que se nomeie inventariante apto a ser notificado. Em última hipótese, caso haja negativa pelo juízo competente de abertura do inventário, poderão os requerentes solicitarem a notificação dos herdeiros da titular de domínio por edital no procedimento extrajudicial. Fica aqui, portanto, a única observação quanto a nota devolutiva, no sentido de que, inexistindo inventário, mas desde que fundamentada tal inexistência, é possível o prosseguimento extrajudicial com a notificação por edital. O que não pode ocorrer, contudo, é o prosseguimento do pedido extrajudicial sem a notificação do titular de domínio ou seus herdeiros, como exigido pelo item 418 do Cap. XX das NSCGJ, principalmente quando inexista uma das hipóteses previstas no item 419 do mesmo capítulo para que tal notificação seja afastada, essencialmente quando exista justo título." Faço ver, ainda, que a previsão de carta com AR do §6º do citado Art. 10 se dá com relação aos confrontantes justamente porque neste caso não importa quem esteja recebendo a notificação, desde que esta seja encaminhada ao imóvel lindeiro. Quanto a notificação dos confrontantes (item "e" da nota devolutiva), parece não haver impugnação da requerente, pois diz que já colheu suas assinaturas no memorial descritivo (fl. 11), de modo que prejudicado o ponto, bastando apresentar tal documento ao Oficial. Todavia, caso não apresentado, fica mantida a exigência de notificação ou juntada de consentimento expresso, nos termos dos §6º, §7º e §8º do Art. 10 do Prov. 65/17 do CNJ. No ponto "f", cito o decidido no Proc. 1074288-29.2019.8.26.0100: Finalmente, o Oficial exigiu a apresentação de documentos que comprovem a posse por todo o período prescritivo, entendendo não ser suficientes os documentos apresentados. Ocorre que a comprovação da posse diz respeito ao próprio mérito do pedido e o Art. 4º, III, do Prov. 65/17 tem claro caráter exemplificativo: sendo requisito da usucapião a demonstração de posse contínua, cumpre ao requerente suprir o ônus de demonstrar a existência de tal fato, através dos documentos que entender aptos para tanto, incluindo declarações de testemunhas tomadas por tabelião de notas, dados constantes da ata notarial e outros documentos, como comprovantes de pagamento de impostos ou contas relativas ao imóvel. Em outras palavras, cumpre ao requerente fazer tal demonstração, cabendo ao Oficial, se entender necessário e no interesse de garantir a eficácia e utilidade do procedimento, exigir mais documentos ou realizar diligências, conforme autorizado no Art. 17 do Prov. 65/17. Tal exigência, contudo, não pode ser entendida como óbice intransponível ao seguimento do procedimento. É dizer que, informado pelo Oficial de que talvez não haja suficiência dos documentos comprobatórios da posse, pode o requerente optar por apresentar novas provas ou requerer diligências ou, se entender que os documentos são suficientes para o pedido, informar expressamente ao Oficial que dispensa a produção de novas provas, cabendo ao registrador, nesta hipótese, dar seguimento ao procedimento, com as respectivas notificações e outras etapas essenciais, se ainda não realizadas, julgando ao final o mérito do pedido com base nos documentos apresentados. Somente neste momento, ou seja, quando o Oficial der sua manifestação definitiva sobre o pedido, podendo entender inclusive pela insuficiência de documentos (Art. 17, §2º, Prov. 65/17), é que caberá manifestação desta Corregedoria se houver requerimento do interessado, nos termos do Art. 17, §5º, do citado provimento. Em suma, quanto ao último óbice relativo a nota devolutiva em análise nestes autos, manifesto-me apenas no sentido de que caberá ao requerente apresentar os documentos solicitados, requerer a realização de diligências (ou justificação administrativa) ou expressamente consignar que entende comprovada a posse, dispensando qualquer providência adicional para tal fim e requerendo o prosseguimento do pedido. Somente ao final, com a manifestação de mérito do Oficial, em caso de improcedência poderá ser suscitada dúvida para que esta Corregedoria analise se houve efetiva comprovação da posse e preenchimento de todos os requisitos necessários para a procedência do pedido. Com as devidas adequações ao presente feito, faço ver que cabe a requerente expor a forma de origem na posse e os atos possessórios realizados ao longo do tempo, tudo a permitir a correta qualificação da posse e seu tempo para que haja subsunção a legislação que rege a usucapião. Após, poderá o Oficial exigir mais elementos para formação de sua convicção, cabendo ao interessado cumprir a exigência ou dispensá-la, arguindo que está suficientemente demonstrada a posse ad usucapionem. A não complementação da documentação, portanto, não é impeditiva do seguimento, mas traz o risco de, ao final, levar ao julgamento de improcedência do pedido pelo Oficial, com possibilidade de recurso à Corregedoria Permanente. Quanto ao ponto "i" da nota devolutiva, conforme matrícula de fl. 325/326, houve determinação do bloqueio no pedido de providências de nº 583.00.2006.199267-9 (CP 694), que correu neste juízo. Não havendo discordância da exigência de desbloqueio, nada a analisar neste procedimento de dúvida, devendo o desbloqueio em si ser requerido nos autos em que determinado. Finalmente, quanto ao item "j", entendo prejudicado, já que somente após a apresentação de novos documentos perante o Oficial, conforme esta decisão, será possível estabelecer a necessidade ou não de retificação da ata notarial. Faço uma observação final. Assim como no procedimento anterior de dúvida relativo a esta mesma usucapião administrativa, houve grande confusão processual e desencontro de informações, com juntada de documentos não autuados e outros fatos que dificultaram a correta compreensão do dissenso entre registrador e usuário. Portanto, para fins de garantir o bom andamento dos procedimentos, após o trânsito em julgado da presente dúvida, caberá ao Oficial juntar esta sentença ao processo autuado de usucapião. Após, deverá a requerente juntar nova documentação e requerimentos. Somente após o Oficial deverá emitir nova nota devolutiva ou dar seguimento ao feito. No caso de emissão de nova nota devolutiva, este juízo recomenda fortemente que as partes busquem solução consensual. Em havendo intransigência, deverá a requerente dar preferência ao procedimento de dúvida direta, informando ao Oficial os pontos de discordância para que este traga ao juízo as razões da dúvida em conformidade com os fatos existentes na autuação no momento da discordância. Por óbvio não haverá impedimento a dúvida inversa, em respeito ao direito de ação e petição. Todavia, como já ocorreu neste feito e no anterior, a dúvida inversa suscitada tão logo seja recebida a nota devolutiva trouxe confusão processual indesejada, o que se pretende evitar caso adotado o procedimento acima. Do exposto, julgo parcialmente procedente a presente dúvida para, nos termos desta decisão, afastar o item "a" da nota devolutiva de fls. 599/600, caso a parte pretenda a abertura de matrícula única, manter o item "b" em sua integralidade, manter seus itens "c", "d", "e" e "f" com observação, considerar prejudicado o pedidos relativo ao item "j" e, quanto ao item "i", determinar que o pedido seja feito no processo que deu origem ao bloqueio. Não há custas, despesas processuais nem honorários advocatícios decorrentes deste procedimento. Oportunamente, arquivem-se os autos. P.R.I.C. - ADV: ELEN MAYRA FORTUNATO FRANK DE ABREU GOMES DOS SANTOS (OAB 280931/SP) (DJe de 25.11.2020 – SP)

Ementa: Sentença – Retificação de Registro de Imóvel – Procedimento de Usucapião – Impossibilidade de posse sobre parte ideal – Pretensão deve consistir na totalidade do imóvel ou sobre parte certa – Extinção do feito – Improcedência

Processo 1103611-79.2019.8.26.0100

Retificação de Registro de Imóvel - Registro de Imóveis - Maria da Gloria da Graca - Preambularmente, saliento que não é possível que a ação de usucapião verse sobre parte ideal de imóvel. A usucapião ajuizada por condôminos deve versar sobre a totalidade do bem ou sobre parte certa, ou seja, parte certa de determinada área. Pode o pleito versar sobre fração ideal, desde que delimitada, e somente nos casos em que o condômino exerce a posse sobre toda a coisa e busca consolidar o domínio sobre todo o bem, quando então é deferida a usucapião da fração restante. Neste sentido:

DIREITO CIVIL. COISAS. USUCAPIÃO EXTRAORDINÁRIA. Sentença de improcedência do pedido na origem. Recurso de Apelação dos coautores. Pretensão de usucapião ajuizada por condôminos. Admissibilidade em hipótese na qual o pleito versa sobre a integralidade do bem ou sobre parte certa, ou seja, de determinada área. Não cabe, todavia, a pretendida declaração de domínio pela usucapião de parte ideal não delimitada de imóvel pretendida por condômino em face dos demais condôminos. Situação de condomínio pro indiviso. Recurso de Apelação dos coautores não provido. (TJSP; Apelação Cível 0001970-15.2012.8.26.0196; Relator (a):Alexandre Bucci; Órgão Julgador: 9ª Câmara de Direito Privado; Foro de Franca -5ª. Vara Cível; Data do Julgamento: 26/04/2016; Data de Registro: 27/04/2016) Portanto, correta a sentença da ação 0140007- 58.2008.8.26.0100, que não atribuiu frações aos herdeiros, pois a usucapião versa acerca da posse direta sobre um bem determinado, não havendo que se falar em atribuição de proporções ideais da posse. O pedido da inicial, portanto, se torna incabível, pois a matrícula corresponde exatamente à situação fática constatada pelo processo que deu origem ao Registro. Ante o exposto, JULGO IMPROCEDENTE o pedido para a retificação da matrícula nº 173.387, do 16º RISP. DECRETO a extinção do processo com resolução do mérito (art. 487, I, do CPC). Custas e despesas pela parte autora. Oportunamente, ao arquivo. P.R.I. - ADV: PRISCILLA MALDONADO RODRIGUES (OAB 420704/SP) (DJe de 17.11.2020 – SP)

Ementa: Sentença – Dúvida – Usucapião – Impossibilidade – Óbice alusivo à ausência de dados do imóvel – Arts. 225 e 226, da LRP – Títulos judiciais que não estão isentos de qualificação registrária – Necessidade da descrição completa do imóvel – Princípios da Especialidade Objetiva e da Segurança Jurídica – Indispensabilidade de apresentação da planta e memorial descritivo do imóvel – Manutenção do óbice – Procedência

Processo 1085974-81.2020.8.26.0100

Dúvida - REGISTROS PÚBLICOS - Alexandre Navarro Nabeiro - Vistos. Trata-se de dúvida suscitada pelo Oficial do 6º Registro de Imóveis da Capital, a requerimento de Alexandre Navarro Nabeiro, diante da negativa em proceder ao registro da sentença declaratória da usucapião do imóvel localizado na Rua Tripuí, nº 176 Vila Alpina, cujo feito tramitou perante o MMº Juízo da 2ª Vara de Registros Públicos da Capital (processo nº 0206241-22.2008.8.26.0100). O óbice registrário refere-se à ausência da completa descrição perimetral do imóvel, dados característicos, confrontações, lados de deflexão, nos termos dos artigos 225 e 226 da Lei nº 6105/73. Juntou documentos às fls. 07/474. O suscitado apresentou impugnação às fls. 475/478. Aduz que, em virtude de não possuir planta do imóvel ou memorial descritivo, não se opôs à realização de perícia nos autos da ação de usucapião. Destaca que terminado o ciclo notificatório e ante a ausência de interesse da Municipalidade de São Paulo na produção de outras provas, o MM. Juiz competente proferiu decisão, desconsiderando o requerimento de prova pericial, ou por entender desnecessária tal providência. Esclarece que ante a negativa do registro, peticionou ao Juízo prolator da decisão para reconsiderar o transito em julgado e restabelecer os atos processuais, o que foi negado. Apresentou documento à fl. 479. O Ministério Público opinou pela procedência da dúvida (fls. 482/484). É o relatório. Passo a fundamentar e a decidir. Preliminarmente, cumpre destacar que os títulos judiciais não estão isentos de qualificação, positiva ou negativa, para ingresso no fólio real. O Egrégio Conselho Superior da Magistratura já decidiu que a qualificação negativa do título judicial não caracteriza desobediência ou descumprimento de decisão judicial (Apelação cível n. 413-6/7). Neste sentido a apelação cível nº 464-6/9, de São José do Rio Preto: "Apesar de se tratar de título judicial, está ele sujeito à qualificação registrária. O fato de tratar-se o título de mandado judicial não o torna imune à qualificação registrária, sob o estrito ângulo da regularidade formal, O exame da legalidade não promove incursão sobre o mérito da decisão judicial, mas à apreciação das formalidades extrínsecas da ordem e à conexão de seus dados com o registro e a sua formalização instrumental." Nessa linha, também o E. Supremo Tribunal Federal já decidiu que: "REGISTRO PÚBLICO - ATUAÇÃO DO TITULAR- CARTA DE ADJUDICAÇÃO- DÚVIDA LEVANTADA - CRIME DE DESOBEDIÊNCIA - IMPROPRIEDADE MANIFESTA. O cumprimento do dever imposto pela Lei de Registros Públicos,cogitando-se de deficiência de carta de adjudicação e levantando-se dúvida perante o juízo de direito da vara competente, longefica de configurar ato passível de enquadramento no artigo 330 do Código Penal - crime de desobediência -, pouco importando o acolhimento, sob o ângulo judicial, do que suscitado" (HC85911 / MG - MINAS GERAIS, Relator: Min. MARCO AURÉLIO,j. 25/10/2005, Primeira Turma). Sendo assim, fica claro que não basta a existência de título proveniente de órgão jurisdicional para autorizar automaticamente o ingresso no registro tabular. Feitas estas considerações passo à análise do mérito. O óbice referente à necessidade da descrição completa do imóvel, cuja usucapião foi reconhecida, está baseada no princípio da especialidade objetiva, segundo o qual o imóvel deve ser devidamente caracterizado e identificado, permitindos sua exata localização e o controle sobre os atos realizados sobre si, com a existência de um único registro identificado com relação a ele. Conforme ensina Luiz Guilherme Loureiro: "Em virtude do principio da legitimidade ou da presunção de veracidade, o Registro deve refletir a verdade não só no que se refere ao titular do direito registrado, mas também quanto à natureza e ao conteúdo deste direito. Assim, qualquer inexatidão do assento deve ser retificada a fim de que reflita perfeitamente a realidade. (Registros Públicos - Teoria e Prática - 2ª ed. - Editora Método). Daí que o registro na forma pretendida pelos interessados não é possível, sob pena de violação ao princípio da segurança jurídica e especialidade objetiva que norteiam os atos registrários. No mais, como bem mencionou o Registrador, há divergência na descrição do imóvel quanto à área, mencionada a fls. 54/55 e 157/158. Logo, a simples dúvida do oficial quanto a área a ser transmitida já basta para indicar a necessidade de apresentação de planta e memorial descritivo, para auferir a exata localização do imóvel. Diante do exposto, julgo procedente a dúvida suscitada pelo Oficial do 6º Registro de Imóveis da Capital, a requerimento de Alexandre Navarro Nabeiro, e consequentemente mantenho óbice registrário. Deste procedimento não decorrem custas, despesas processuais e honorários advocatícios. Oportunamente remetam-se os autos ao arquivo. P.R.I.C. - ADV: EVANDRO RIBEIRO DE LIMA (OAB 189535/SP) (DJe de 04.11.2020 – SP)

Ementa: Sentença – Dúvida – Procedimento de Usucapião Extrajudicial envolvendo a parte ideal de 1/3 sobre o imóvel – Impossibilidade – Inviabilidade de posse sobre parte ideal, bem como de usucapir área de garagem coletiva – Exceção em casos de terrenos – Manutenção do óbice – Procedência

Processo 1080532-37.2020.8.26.0100

Dúvida - Notas - Eduardo Mercadante - Vistos. Trata-se de suscitação de dúvida em procedimento extrajudicial de usucapião requerido por Eduardo Mercadante em face do Oficial do 1º Registro de Imóveis da São Paulo, que tem por objeto parte ideal de 1/3 do imóvel matriculado sob o nº 17.712 na serventia. Alega o Oficial a impossibilidade de processamento do pedido por não ser possível usucapir parte ideal de imóvel em condomínio ordinário. Narra que o requerente já é proprietário de 1/3, requerendo usucapião de 1/3 que teria sido a ele comprometido a venda, não havendo interesse na usucapião do 1/3 restante, que seria de propriedade de seu pai. O Oficial argumenta que a posse pro indiviso representa posse sobre todo o imóvel, e não parte materialmente dividida, o que faz com que inexista posse sobre parte ideal. Além disso, diz que não há possibilidade de usucapir área de garagem coletiva, já que a vaga é descrita como indeterminada. Juntou documentos às fls. 07/135. O requerente impugnou a dúvida às fls. 139/145. Alega que exerce posse sobre a área que pretende usucapir, incluindo a garagem, não havendo impeditivos para o pedido. O Ministério Público opinou às fls. 149/153 pela improcedência do pedido. É o relatório. Decido. O óbice deve ser mantido. A usucapião é método de aquisição de propriedade derivada da posse qualificada sobre o bem por determinado período de tempo. E a posse se dá no plano fático, com o uso, gozo ou fruição (exercício de um dos poderes inerentes à propriedade, conforme Art. 1.196 do CC) sobre área determinada, o que torna logicamente impossível o exercício de posse sobre "parte ideal" do bem. Trazendo o conceito para o presente caso, ou bem o requerente exerce posse sobre todo o apartamento utilizando-o em sua totalidade, ou mesmo locando-o por inteiro ou sobre ele não exerce posse. Não é possível dizer que o requerente exerce 1/3 de posse ou posse sobre 1/3 do bem. Levando o argumento ao extremo, já que trata-se de apartamento, seria possível a usucapião de parte do bem somente se a posse fosse exercida apenas sobre tal área, como um quarto, por exemplo, hipótese na qual tal cômodo seria destacado do imóvel, com matrícula própria em nome do possuidor, o que não se admite. A exceção seria o caso de grandes terrenos, em que há condôminos de partes ideais na matrícula e cada condômino exerce posse exclusiva sobre parte determinada do solo, o que permitiria a usucapião desta parte, abrindo-se nova matrícula em que extinto o condomínio. No geral, contudo, o condomínio, como bem lembrado pelo Oficial e pelo D. Promotor, representa posse de cada condômino sobre a totalidade do bem, apesar da divisão de propriedade em partes ideais, o que gera divisão proporcional de despesas e frutos, conforme Arts. 1.314 e seguintes do Código Civil, mas nem sempre há divisão no exercício da posse sobre partes determinadas no solo apesar da posse poder ser dividida no tempo, com o novo instituto da multipropriedade. Ademais, por impossibilidade lógica, não é possível dizer que o requerente exerce, exclusivamente, posse sobre "parte ideal" de 1/3 do bem. Quanto a vaga de garagem, a própria imprecisão existente em sua descrição na ata notarial demonstra que não há posse exclusiva sobre área determinada no solo. Vê-se, na verdade, que pretende o requerente o reconhecimento de que, sendo proprietário de unidade autônoma no edifício, tem direito a uso a vaga indeterminada de garagem. Ocorre que tal direito não é passível de usucapião, sendo acessório a propriedade de unidade autônoma conforme convenção do condomínio edilício, já que, novamente, não há efetiva posse sobre área de garagem, mas uso de área comum em conformidade com as normas condominiais. Aqui, novamente remeto aos precedentes do TJSP mencionados no parecer ministerial. Não obstante, entendo não haver prejuízo ao requerente, já que eventual reconhecimento de usucapião do apartamento levaria ao automático direito ao uso de vaga indeterminada na garagem, já que tal direito é reconhecido pelo próprio condomínio e publicizado nas matrículas das unidades autônomas. Aqui, a solução aventada pelo Oficial, de registro da usucapião na matrícula já existente, que contém informação sobre o uso de vaga, parece-me correta e suficiente. Portanto, para seguimento do pedido extrajudicial de usucapião, deverá o requerente adequar seu pedido, excluindo a "vaga indeterminada" de garagem e adequando a situação quanto a posse, seja requerendo a usucapião da totalidade do bem, seja incluindo, no polo ativo, os demais possuidores, hipótese na qual a propriedade será reconhecida em favor de todos os possuidores em partes iguais. Saliento, por fim, que a presente decisão não representa impeditivo ao requerente para que adquira a parte ideal que pretende: apenas não é possível o pedido, na forma em que feito, por meio de usucapião. Destaco que o Proc. 100175-75.2016.8.26.0100, em que houve pedido de adjudicação compulsória, foi extinto sem julgamento de mérito, constando da sentença que "vige no caso o princípio mors omnia solvit; era mister o ajuizamento da demanda em face do espólio ou contra seus sucessores", de modo que nada impede o ajuizamento da correta ação caso o requerente pretenda a aquisição de parte ideal, lembrando que eventuais credores de pessoas falecidas tem interesse processual para abertura de inventário com nomeação de inventariante dativo. Do exposto, julgo procedente a dúvida suscitada pelo Oficial do 1º Registro de Imóveis a requerimento de Eduardo Mercadante, mantendo os óbices ao pedido. Não há custas, despesas processuais nem honorários advocatícios decorrentes deste procedimento. Oportunamente, arquivem-se os autos. P.R.I.C. - ADV: ALESSANDRO LIMA PEREIRA DE ASSIS MUNHOZ (OAB 414320/SP) (DJe de 20.10.2020 – SP)

Ementa: Sentença – Dúvida – Usucapião Extrajudicial – Impossibilidade de seguimento do procedimento tendo em vista a existência de registros contraditórios e possível sobreposição de lotes – Descabimento – Existência de mais de um registro não impede o procedimento, uma vez que a Usucapião é meio originário de aquisição da propriedade – Regularização do procedimento depende de levantamento para apuração de eventual sobreposição de área – Em caso de negativa na realização da perícia, o pedido poderá ser negado e as partes deverão acessar a via ordinária – Procedência parcial

Processo 1025135-90.2020.8.26.0100

Dúvida – Notas – Quality Fit Academia Ltda ME – Vistos. Trata-se de dúvida inversa suscitada em procedimento extrajudicial de usucapião por Quality Fit Academia Ltda. ME em face do Oficial do 14º Registro de Imóveis da Capital, tendo por objeto os imóveis localizados a Rua Assungui nºs 57 e 81. Alega a requerente preencher os requisitos possessórios da área para reconhecimento da usucapião extraordinária. Protocolado o pedido, foi apresentada nota devolutiva em que entendeu o Oficial pela impossibilidade de seguimento extrajudicial do pedido, especialmente com relação ao imóvel de nº 81, por haver registros contraditórios e possível sobreposição de lotes, com antagonismo entre os titulares de domínio tabulares e os outorgantes dos documentos possessórios apresentados. Aduz que tal contradição não impede o pedido extrajudicial, bastando a notificação de todos os possíveis detentores de domínio, pedindo pelo afastamento do óbice. O Oficial manifestou-se às fls. 36/39, com documentos às fls. 40/244. Informa que "há divergência entre titulares de domínio (matrícula nº 6.766, cuja descrição do imóvel, informa localizar-se a 64,50m da esquina da Rua Santa Cruz e a transcrição nº 52.773 do 1º RI, informada em todos os documentos filiatórios)", ficando impossibilitado de prosseguir com o pedido, "tendo em vista os contraditórios de registros (...) podendo haver sobreposição de lotes, o que deverá ser discutido judicialmente." O Ministério Público opinou às fls. 248/250 pela procedência da dúvida. É o relatório. Decido. Nos termos do Art. 15, II, da Lei 13.465/17, é a usucapião extrajudicial instrumento de regularização fundiária. De fato, a usucapião se mostra como meio efetivo de garantir a regularização da propriedade imobiliária, dando ao bem imóvel a condição de legalidade e inserindo-o dentro do mercado, por meio do regular cadastro imobiliário, não por outra razão sendo tal instituto incluído na Constituição Federal nos casos de moradia do requerente. Assim, deve-se privilegiar a usucapião como instrumento legítimo de regularização fundiária, em especial a via administrativa, que concede celeridade ao procedimento ao mesmo tempo que desafoga o poder judiciário, que se limita às questões em que há efetivo conflito de interesse. Com base em tal premissa, a remessa do interessado a via judicial deve se dar exclusivamente quando há impugnação válida ao direito alegado ou quando indispensável a manifestação judicial de questão acidental encontrada no procedimento. E esta situação não se configura quando há divergência quanto a origem registral do bem, há menos que exista divergência entre Oficiais de competência territorial distinta. Isso porque é no registro imobiliário em que se encontram as informações necessárias sobre a base registral do imóvel, de modo que a realização de perícia judicial em nada divergiria de eventual trabalho técnico realizado por profissional contratado pelo requerente ou pelo Oficial de Registro. É dizer que, havendo incerteza quanto a inserção do imóvel na área existente em diferentes matrículas ou transcrições, a solução não depende necessariamente de remessa a via judicial. Pode o Oficial, neste caso, solicitar à parte apresentação de trabalho técnico, assinado por profissional competente que, para além do mero memorial descritivo e planta, esclareça as medidas do bem, sua exata localização e correspondência no registro, permitindo a abertura de matrícula da área usucapienda com as respectivas remissões nos registros anteriores. Cabem algumas observações. Em primeiro lugar, o argumento do Oficial de que a suposta existência de mais de uma matrícula impede a localização do real titular de domínio para que se verifique a regularidade dos títulos apresentados como justificativa da cadeia possessória pode ser afastado no presente caso justamente pelo pedido ser na modalidade de usucapião extraordinária. Neste sentido, ainda que os títulos apresentados possam ser utilizados para fins de demonstrar a qualidade da posse quando do seu início, não são essenciais para o reconhecimento do pedido, já que o Art. 1.238 do CC não exige justo título ou boa-fé, de modo que, independentemente do titular de domínio, se o requerente demonstrar que possui o bem há 15 anos o direito há de ser reconhecido. E mesmo para o reconhecimento da acessio possessionis, basta a demonstração da existência de relação com o possuidor anterior, para transmissão do tempo e qualidade da posse por ele exercida, não sendo necessária, na usucapião extraordinária, a comprovação da relação entre o antigo possuidor e o titular de domínio. Por outro lado, a existência de áreas possivelmente sobrepostas com indicação de titulares de domínio diversos pode levar a dúvida quanto a quem deve ser notificado do procedimento para apresentar impugnação. A solução apresentada pela recorrente, de que todos sejam notificados, resolveria a questão, já que com a indicação da área usucapienda na notificação, as partes interessadas poderiam manifestar-se quanto ao mérito de eventual impugnação, não havendo impedimento para que, por segurança jurídica, mais de uma parte seja notificada. Não obstante, tal solução não retira a necessidade de esclarecimento quanto a localização da área usucapienda. Isso porque, independentemente do titular de domínio, o deferimento do pedido levará a abertura de nova matrícula, sendo essencial a correta informação quanto a possíveis registros anteriores para que haja cancelamento ou destaque da área, evitando que o mesmo imóvel possua duas matrículas. Aqui, destaco que, se eventualmente constatado que o imóvel usucapiendo já possui mais de um registro, o procedimento extrajudicial pode continuar, sendo que, tratando-se de meio originário de aquisição da propriedade, a usucapião seria método apto a regularizar a situação, com a notificação de todos os titulares de domínio envolvidos e, no caso de deferimento, cancelamento das matrículas anteriores e abertura de nova em nome do requerente, levando assim à existência de somente um registro para a área. De todo o exposto, conclui-se que não há impossibilidade de prosseguimento extrajudicial do pedido em razão da dúvida quanto ao registro do imóvel, se referente a matrícula 6.766 do 14º RI ou da transcrição 52.773 do 1º RI. Todavia, a regularidade do procedimento dependerá de apresentação de trabalho técnico pelo requerente que demonstre a real localização e origem do bem, trabalho este que poderá ser objeto de qualificação pelo Oficial, exigindo, se o caso, esclarecimentos adicionais, lembrando sempre a necessidade de Termo de Responsabilidade Técnica do profissional contratado, que evita eventual vício no laudo. Se o trabalho técnico entender que o imóvel é representado por um ou outro registro, bastará que o procedimento siga normalmente com relação as informações registrais ali constantes, salientando que eventual divergência quanto ao título aquisitivo não é prejudicial ao pedido, tendo em vista a modalidade extraordinária. Caso o perito aponte sobreposição de área, todos os envolvidos devem ser notificados, e sendo procedente o pedido deverá ser aberta nova matrícula com cancelamento das anteriores ou destaque da área usucapida, de modo a permitir a regularidade registral de todos os imóveis envolvidos. Quanto a questão de necessidade de pedidos distintos com relação a cada um dos imóveis (de nº 81 e 57), não houve impugnação da suscitada, razão pela qual deixo de me manifestar, bem como com relação aos demais óbices relativos às notificações de confrontantes e herdeiros do titular de domínio do imóvel de nº 57. Para além disso, a nota devolutiva de fls. 243/244 é datada de 08/04/2020, posteriormente portanto à suscitação da dúvida inversa (feita em face da nota devolutiva de 16/03/20, fls. 30/31), de modo que o óbice relativo ao bloqueio da matrícula nº 6.761 também não foi contestado pela parte e deixará de ser analisada em seu mérito. Contudo, a título de orientação, cumpre dizer que, se o trabalho técnico entender que tal matrícula não engloba a área usucapienda, não há qualquer prejuízo ao seguimento extrajudicial. Caso contrário, poderá a parte pedir, perante esta Corregedoria Permanente e em posse do trabalho técnico, o desbloqueio da matrícula, permitindo as anotações necessárias após eventual deferimento do pedido extrajudicial de usucapião. Observo que, mesmo no pedido judicial, as alterações na matrícula também dependeriam do desbloqueio ou ordem expressa do juízo competente para que o bloqueio não fosse considerado para a realização do registro. Por fim, havendo discordância da parte em realizar o trabalho técnico necessário ao prosseguimento do pedido extrajudicial, este poderá então ser negado, sob o fundamento de impossibilidade de abertura de matrícula da área usucapienda sem a segurança jurídica necessária para que se garanta que não haverá mais de um registro para a mesma área, violando o princípio da unitariedade, cabendo ao Juiz, no procedimento judicial, decidir sobre tais questões, se o caso. Do exposto, julgo parcialmente procedente a dúvida suscitada, determinando o prosseguimento do pedido extrajudicial, nas condições acima delimitadas. Não há custas, despesas processuais nem honorários advocatícios decorrentes deste procedimento. Oportunamente, arquivem-se os autos. P.R.I.C. – ADV: ELEN MAYRA FORTUNATO FRANK DE ABREU GOMES DOS SANTOS (OAB 280931/SP) (DJe de 07.05.2020 – SP)

4.3.5 TABELIONATO DE PROTESTO

CANCELAMENTO

Ementa: Sentença – Pedido de Providências – Cancelamento de Protesto – Impossibilidade – Título que foi corretamente protestado – Tabelião que tem por obrigação observar apenas os aspectos extrínsecos do título apresentado – Desconhecimento da dívida que não se consubstancia como justo motivo para o cancelamento – Ausência de conduta irregular – Improcedência

Processo 1012799-54.2020.8.26.0100

Pedido de Providências – Tabelionato de Protestos de Títulos – Bomcobras Máquinas e Equipamentos para Petróleo e Gás Ltda. – Vistos. Trata-se de pedido de providências formulado por Bomcobras Máquinas e Equipamentos para Petróleo e Gás LTDA, em face do 5º Tabelião de Protesto de Letras e Títulos da Capital, sob o argumento da lavratura de protesto irregular em seu nome, no valor de R$ 2.350,00 (dois mil, trezentos e cinquenta reais), constando como sacador Cleidson Rangel Gomes Lopes. Relata a requerente que desconhece a cobrança, tendo em vista a ausência de contrato de prestação de serviços entre o representante e o sacador. Salienta que a duplicata foi protestada por indicação, ou seja, não há qualquer comprovante a ela anexado. Requer o cancelamento do título protestado e declaração da inexistência da cobrança referente ao título discriminado. Juntou documentos às fls. 05/09. O Tabelião manifestou-se às fls. 13/14. Esclarece que todo o regramento disciplinando o protesto de títulos e outros documentos de dívida confirma o correto procedimento observado na realização do ato, sendo que o cancelamento do protesto deverá ser pleiteado pelo interessado nas vias ordinárias. Apresentou documento à fl. 15. O Ministério Público opinou pelo indeferimento do pedido (fls. 21/22). É o relatório. Passo a fundamentar e a decidir. Na presente hipótese não houve a prática de qualquer conduta irregular por parte do 5º Tabelião de Protesto de Letras e Títulos da Capital. A Lei nº 9.492/97, que define a competência e regulamenta os serviços concernentes ao protesto de títulos e outros documentos de dívida, restringe, em seu artigo 9º, a análise do tabelião aos aspectos formais do título, vez que não é da competência do delegatário o conhecimento e análise das circunstâncias da transação que lhe deram origem, nos seguintes termos: "art. 9º: Todos os titulos e documentos de dívida protocolizados serão examinados em seus caracteres formais e terão curso se não apresentarem vícios, não cabendo ao Tabelião de Protesto investigar a ocorrência de prescrição ou caducidade". Neste contexto, após o recebimento e a verificação pelo tabelião da ausência de qualquer irregularidade, no aspecto formal, ocorreu a intimação do devedor, no endereço informado pelo apresentante, com o respectivo aviso de recebimento positivo (fl. 15). A Lei nº 5.474/68, em seu art. 13, dispõe sobre a apresentação de duplicatas a protesto, mediante simples indicação do portador, não havendo a necessidade de constar documentos da origem da dívida anexado à duplicata. Ainda, de acordo com o Cap. XV, item 38 das Normas de Serviço da E. Corregedoria Geral da Justiça: "Ao apresentante da duplicata mercantil ou de prestação de serviços, faculta-se a substituição da apresentação dos documentos relacionados no item anterior por simples declaração escrita do portador do título e apresentante, feita sob as penas da lei, assegurando que os documentos originais ou suas cópias autenticadas, comprobatórios da causa do saque, da entrega e do recebimento da mercadoria correspondente ou da efetiva prestação do serviço, são mantidos em seu poder, e comprometendo-se a exibi-los, sempre que exigidos, no lugar onde for determinado, especialmente se sobrevir sustação judicial do protesto" (g.n) Assim, tendo em vista a observação do procedimento previsto em lei entendo que não há que se falar em conduta irregular praticada pelo tabelião. A alegação de desconhecimento da dívida e consequente cancelamento do protesto lavrado, deverá ser pleiteado nas vias ordinárias, com a incidência do contraditório e ampla defesa, bem como participação da empresa credora, vez que a produção de provas no âmbito administrativo é mitigada e as decisões não fazem coisa julgada material. Diante do exposto julgo improcedente o pedido de providências formulado por Bomcobras Máquinas e Equipamentos para Petróleo e Gás LTDA em face do 5º Tabelião de Protesto de Letras e Títulos da Capital, e diante da ausência de conduta irregular pelo delegatário, determino o arquivamento dos autos neste aspecto. Deste procedimento não decorrem custas, despesas processuais e honorários advocatícios. Oportunamente remetam-se os autos ao arquivo. P.R.I.C. – ADV: JOÃO PAULO SILVEIRA LOCATELLI (OAB 242161/SP) (DJe de 07.07.2020 – SP)

PROTESTO DE TÍTULO EXECUTIVO EXTRAJUDICIAL

Ementa: Sentença – Pedido de Providências – Cancelamento de Protesto – Impossibilidade – Título que foi corretamente protestado – Tabelião que tem por obrigação observar apenas os aspectos extrínsecos do título apresentado – Desconhecimento da dívida que não se consubstancia como justo motivo para o cancelamento – Ausência de conduta irregular – Improcedência

Processo 1012799-54.2020.8.26.0100

Pedido de Providências – Tabelionato de Protestos de Títulos – Bomcobras Máquinas e Equipamentos para Petróleo e Gás Ltda. – Vistos. Trata-se de pedido de providências formulado por Bomcobras Máquinas e Equipamentos para Petróleo e Gás LTDA, em face do 5º Tabelião de Protesto de Letras e Títulos da Capital, sob o argumento da lavratura de protesto irregular em seu nome, no valor de R$ 2.350,00 (dois mil, trezentos e cinquenta reais), constando como sacador Cleidson Rangel Gomes Lopes. Relata a requerente que desconhece a cobrança, tendo em vista a ausência de contrato de prestação de serviços entre o representante e o sacador. Salienta que a duplicata foi protestada por indicação, ou seja, não há qualquer comprovante a ela anexado. Requer o cancelamento do título protestado e declaração da inexistência da cobrança referente ao título discriminado. Juntou documentos às fls. 05/09. O Tabelião manifestou-se às fls. 13/14. Esclarece que todo o regramento disciplinando o protesto de títulos e outros documentos de dívida confirma o correto procedimento observado na realização do ato, sendo que o cancelamento do protesto deverá ser pleiteado pelo interessado nas vias ordinárias. Apresentou documento à fl. 15. O Ministério Público opinou pelo indeferimento do pedido (fls. 21/22). É o relatório. Passo a fundamentar e a decidir. Na presente hipótese não houve a prática de qualquer conduta irregular por parte do 5º Tabelião de Protesto de Letras e Títulos da Capital. A Lei nº 9.492/97, que define a competência e regulamenta os serviços concernentes ao protesto de títulos e outros documentos de dívida, restringe, em seu artigo 9º, a análise do tabelião aos aspectos formais do título, vez que não é da competência do delegatário o conhecimento e análise das circunstâncias da transação que lhe deram origem, nos seguintes termos: "art. 9º: Todos os titulos e documentos de dívida protocolizados serão examinados em seus caracteres formais e terão curso se não apresentarem vícios, não cabendo ao Tabelião de Protesto investigar a ocorrência de prescrição ou caducidade". Neste contexto, após o recebimento e a verificação pelo tabelião da ausência de qualquer irregularidade, no aspecto formal, ocorreu a intimação do devedor, no endereço informado pelo apresentante, com o respectivo aviso de recebimento positivo (fl. 15). A Lei nº 5.474/68, em seu art. 13, dispõe sobre a apresentação de duplicatas a protesto, mediante simples indicação do portador, não havendo a necessidade de constar documentos da origem da dívida anexado à duplicata. Ainda, de acordo com o Cap. XV, item 38 das Normas de Serviço da E. Corregedoria Geral da Justiça: "Ao apresentante da duplicata mercantil ou de prestação de serviços, faculta-se a substituição da apresentação dos documentos relacionados no item anterior por simples declaração escrita do portador do título e apresentante, feita sob as penas da lei, assegurando que os documentos originais ou suas cópias autenticadas, comprobatórios da causa do saque, da entrega e do recebimento da mercadoria correspondente ou da efetiva prestação do serviço, são mantidos em seu poder, e comprometendo-se a exibi-los, sempre que exigidos, no lugar onde for determinado, especialmente se sobrevir sustação judicial do protesto" (g.n) Assim, tendo em vista a observação do procedimento previsto em lei entendo que não há que se falar em conduta irregular praticada pelo tabelião. A alegação de desconhecimento da dívida e consequente cancelamento do protesto lavrado, deverá ser pleiteado nas vias ordinárias, com a incidência do contraditório e ampla defesa, bem como participação da empresa credora, vez que a produção de provas no âmbito administrativo é mitigada e as decisões não fazem coisa julgada material. Diante do exposto julgo improcedente o pedido de providências formulado por Bomcobras Máquinas e Equipamentos para Petróleo e Gás LTDA em face do 5º Tabelião de Protesto de Letras e Títulos da Capital, e diante da ausência de conduta irregular pelo delegatário, determino o arquivamento dos autos neste aspecto. Deste procedimento não decorrem custas, despesas processuais e honorários advocatícios. Oportunamente remetam-se os autos ao arquivo. P.R.I.C. – ADV: JOÃO PAULO SILVEIRA LOCATELLI (OAB 242161/SP) (DJe de 07.07.2020 – SP)

4.4 DECISÕES DO ANO DE 2019

4.4.1 DECISÕES GERAIS E PERTINENTES A TODAS AS ESPECIALIDADES

DA EXTINÇÃO DA DELEGAÇÃO

Processo 0056869-47.2018.8.26.0100

Pedido de Providências - REGISTROS PÚBLICOS - J.D.V.R.P. - M.B.M. e outro - Juiz(a) de Direito: Dr(a). Leticia Fraga Benitez VISTOS. Trata-se de pedido de providências instaurado por este MM. Juízo da 2ª Vara de Registros Públicos, na sua atribuição de Corregedoria Permanente dos Cartórios de Registro Civil das Pessoas Naturais e Tabelionatos de Notas da Comarca da Capital, com o fim de delimitar a exata situação financeira do 3º Tabelionato de Notas da Capital, diante da extinção da delegação em razão da aposentadoria facultativa obtida pelo antigo Senhor Tabelião. Foi realizada perícia contábil (fls. 30/424). Manifestou-se o atual Interino, prestando esclarecimentos e indicando a efetiva regularização dos apontamentos levantados pela Senhora Perita (fls. 434/437, 441/445, 455/458, 462/464, 506/531, 576/581, 587/590, 668/676, 685/687, 704/705 e 716). O Ministério Público acompanhou o feito, manifestando-se, conclusivamente, às fls. 690 e 719. É o relatório. DECIDO. Cuidam os autos de expediente instaurado por este MM. Juízo da 2ª Vara de Registros Públicos, na sua atribuição de Corregedoria Permanente dos Cartórios de Registro Civil das Pessoas Naturais e Tabelionatos de Notas da Comarca da Capital, com o fim de delimitar a exata situação financeira do 3º Tabelião de Notas da Capital, haja vista a extinção da delegação em razão da aposentadoria do antigo Senhor Tabelião. A ilustre Perita Judicial apurou diversas irregularidades na gestão anterior, quais sejam: a) falta de repasse de verbas referentes ao INSS e IRRF, apresentando débitos, em 2017, no valor de R$ 156.679,25 e, em 2018, no importe de R$ 725.706,12, totalizando, sem correção, o montante de R$ 882.382,37; b) ausência de repasse para o Estado de São Paulo, IPESP e Santa Casa, apresentando débitos, no ano de 2016, de R$ 1.096.668,28, de R$ 675.755,89 e de R$ 39.198,65, respectivamente; c) cobrança excessiva a usuários sob a denominação "DAPP" (despesas autorizadas pela parte); d) inadimplência dos aluguéis pelo uso das instalações da Serventia, relativos aos meses de fevereiro e julho de 2018, no valor de R$ 39.975,29; e, e) valores pagos a maior referentes à ISS. Pois bem. Inicialmente, verifica-se superada a questão dos débitos fiscais e previdenciários atinentes ao período da titularidade anterior, consoante já decidido às fls. 597, não cabendo ao Sr. Interino, atualmente responsável pela delegação vaga, a regularização dos referidos débitos, tendo em vista o caráter personalíssimo da responsabilidade pela delegação. Ademais, foram expedidos, por este Juízo, ofícios aos órgãos e entidades interessados, com cópia do laudo pericial de fls. 68/70, comunicando-se a ausência de recolhimento pelo antigo Delegatário (fls. 469) para a tomada das devidas providencias. No tocante à cobrança excessiva a usuários sob a denominação "DAPP" (despesas autorizadas pela parte), esclareceu o Sr. Interino que tal prática não mais ocorre na Unidade, tendo orientado aos prepostos para que todas as despesas autorizadas sejam minuciosamente discriminadas e acompanhadas dos respectivos recibos emitidos pelos destinatários (fls. 437). Além disso, restou devidamente comprovada a restituição dos valores cobrados a maior dos usuários (fls. 506/531). Quanto à inadimplência dos aluguéis apurada pela Sra. Perita, foi realizado acordo para regularização dos valores devidos em fevereiro e julho de 2018, comprovando-se a quitação integral às fls. 567/568. Por fim, no que se tange aos valores de ISS recolhidos à maior pelo ex-delegatário, em face da infrutífera tentativa de regularização da situação do atual Designado diretamente perante a Municipalidade e, observando-se que eventuais créditos anteriores a 21 de julho de 2018 pertencem ao ex-tabelião, que deverá, se o caso, por meios próprios, buscar eventual restituição ou compensação, e que após a extinção da delegação, em 21 de julho de 2018, não houve pagamento em excesso a título de ISS (fls. 716), entendo por inexistentes outras providencias a serem adotadas. Ante todo o exposto, ausentes outras providências a serem adotadas por este Juízo Corregedor Permanente, determino o arquivamento do presente expediente. Ciência ao Senhor Interino e ao Ministério Público. Encaminhe-se cópia desta decisão a Egrégia Corregedoria Geral da Justiça, por e-mail, servindo a presente como ofício. I.C. - ADV: SIMONE FERNANDES MATTAR (OAB 173092/SP), TICIANA NASCIMENTO DE SOUZA SALGADO (OAB 175186/SP) (- DJe de 18.07.2019 - SP)

DOS DIREITOS E DEVERES

Processo 0001704-78.2019.8.26.0100

Pedido de Providências - REGISTROS PÚBLICOS - Corregedoria Geral da Justiça - Oficial de Registro de Títulos e Documentos e Civil de Pessoa Jurídica de São Paulo - Vistos. Trata-se de denuncia anônima formulada em face da Oficial do Registro de Títulos e Documentos e Civil de Pessoa Jurídica da Capital. Relata o denunciante que esteve na Serventia Extrajudicial nos dias 03.12.2018 e 04.12.2018, a fim de solicitar orientação à registradora, contudo, nos dois dias, a delegatária não se encontrava no cartório e os funcionários informaram que ela não atende os "clientes". A registradora manifestou-se às fls. 05/11. Pugna pelo arquivamento sumário da reclamação apresentada, sob a alegação de que se trata de denuncia anônima. No mérito, invoca a dificuldade da apresentação de defesa, uma vez que não consta qual o tipo de orientação que o denunciante buscava, bem como o nome dos funcionários que prestaram a informação de que a registradora não atende os usuários. Salienta que está ciente de suas responsabilidades e atribuições, sendo que jamais deixou de prestar o devido atendimento aos usuários, salvo em eventual impedimento ou ausência, por força maior e circunstancial, sendo que o seu atendimento ao público é atividade rotineira em sua Serventia. Destaca que disponibiliza canais de atendimento pessoal por telefone, bem como e-mail, divulgados através de placas instaladas na Serventia. Por fim, quando não comparece à Serventia por motivos relevantes, é representada por seu substituto, de modo que há sempre um responsável pelos trabalhos. É o relatório. Passo a fundamentar e a decidir. Primeiramente ressalto que a presente hipótese trata de denuncia anônima, o que por si só já dificulta uma defesa segura por parte da registradora. Somado ao anonimato do reclamante, tem-se que os fatos narrados na denúncia são genéricos e destituídos de fundamentação, uma vez que não houve esclarecimentos acerca dos horários que o interessado compareceu na Serventia, bem como a identificação dos funcionários que prestaram as informações de que a delegatária não atende os usuários. Neste contexto a indicação dos dados seria necessária para a apuração dos fatos. Cumpre pontuar que o registrador é delegatário de função pública, sendo que "entre o delegado e o Estado estabeleceu-se uma relação complexa, cujos aspectos fundamentais são a investidura, a fiscalização técnica e a disciplina" (Desembargador JOSÉ RENATO NALINI, in Registro de Imóveis e Notas - responsabilidade civil e disciplinar, RT, 1997, p. 85). Neste aspecto, a presença física da Oficial é muito importante, já que, como responsável pela Serventia, deve manter-se à frente do serviço. Todavia, em pesquisa no site da Serventia, é informado o e-mail de contato, bem como o telefone para que os usuários possam esclarecer eventuais dúvidas, sendo certo que na hipótese de ausência da delegatária no Cartório, o cidadão poderá solicitar informações junto ao substituto, que exercerá as mesmas funções do registrador. Por fim, não há outros registros de reclamações envolvendo a prestação de serviços do 10º Registro de Títulos e Documentos e Civil de Pessoa Jurídica da Capital junto a esta Corregedoria, bem como não houve qualquer comprovação referente à ausência reiterada da registradora à frente da Serventia. Diante do exposto, não havendo comprovação de conduta irregular ou falta funcional praticada, determino o arquivamento da presente denuncia. Deste procedimento não decorrem custas, despesas processuais e honorários advocatícios. Sem prejuízo, expeça-se ofício à Egrégia Corregedoria Geral da Justiça, comunicando desta decisão. P.R.I.C. - ADV: FRANCISCO ETTORE GIANNICO NETO (OAB 315285/SP) (DJe de 12.02.2019 - SP)

Processo 1103857-75.2019.8.26.0100

Pedido de Providências - Tabelionato de Notas - T.N. - I.S. e outro - Juiz(a) de Direito: Dr(a). Luiz Gustavo Esteves VISTOS. Trata-se de pedido de providências encaminhado pelo Sr. Oficial 20º Tabelião de Notas da Capital, consultando acerca da possibilidade de desconto ou abatimento total do valor de xerocópias, como é supostamente realizado em outras serventias extrajudiciais. O Sr. Titular juntou aos autos manifestação do usuário que requereu o desconto, fls. 07/10. A D. Representante do Ministério Público manifestou-se às fls. 13/15, opinando pelo indeferimento do pedido e consequente arquivamento dos autos. Posteriormente, reiterou seu parecer às fls. 56. O Banco Indusval

S/A, usuário que pediu a cortesia, esclareceu às fls. 53 que nenhum Tabelião de Notas oferece desconto de cópias em seu favor. É o relatório. DECIDO. Cuida-se de pedido de providências encaminhado pelo Sr. Oficial 20º Tabelião de Notas da Capital, consultando acerca da possibilidade de desconto ou abatimento total do valor de xerocópias, como é supostamente realizado em outras Serventias Extrajudiciais. Informou o Sr. Tabelião que recebeu de um usuário um pedido de que houvesse cortesia nas xerocópias, tendo em vista o oferecimento deste desconto por outros cartórios. (fls. 1/2) Instado para diligenciar junto ao usuário interessado o esclarecimento de quais serventias efetuam a cordialidade narrada, o Sr. Titular juntou aos autos resposta do cliente solicitando a desconsideração de seu pedido. (fls. 6/10)

Intimado para se manifestar acerca de que outras serventias não cobram pelas cópias reprográficas, o usuário Banco Indusval esclareceu que nenhum Tabelião de Notas oferece desconto de cópias em seu favor (fls. 53) Pois bem. De extrema pertinência ao tema, a nota explicativa 10.3 da Lei Estadual nº 11.331/02 a seguinte redação: "Nota 10.3. - Quando a cópia reprográfica for extraída em máquina própria da serventia, o Notário repassará o custo operacional à parte, até o máximo de 0,026 UFESPs. Se, entretanto, extraída em papel próprio da serventia que contenha requisitos de segurança, cobrar-se-á até, no máximo, 0,05 UFESPs. Neste caso, tal cópia deverá, necessariamente, ser autenticada de forma regular pelo Notário." Como bem aponta o Sr. Oficial em sua peça inicial, o texto legal acima dispõe nitidamente a obrigação do Notário de repassar ao usuário e, o custo operacional referente às cópias reprográficas que forem extraídas em máquina própria da serventia. Assim, compreendendo a imperatividade do comando da norma citada, não seria cabível admitir a possibilidade de desconto ou abatimento do valor de xerocópias. Ademais, consoante o entendimento exposto no parecer apresentado pela D. Representante do Ministério Público, o repasse de custo operacional consiste em emolumento. Fixada tal premissa, o que se pretende, em suma, com a concessão da gratuidade ora postulada é a outorga de isenção no pagamento dos emolumentos. Contudo, diante da natureza jurídica de taxa, certo é que eventual isenção somente poderá ser veiculada através de lei específica, conforme disposição expressa do art. 150, § 6º, da Constituição da República, o que inocorre no presente caso: "Qualquer subsídio ou isenção, redução de base de cálculo, concessão de crédito presumido, anistia ou remissão, relativos a impostos, taxas ou contribuições, só poderá ser concedido mediante lei específica, federal, estadual ou municipal, que regule exclusivamente as matérias acima enumeradas ou o correspondente tributo ou contribuição, sem prejuízo do disposto no art. 155, § 2.º, XII, g." Complementarmente, à luz do artigo 111 do Código Tributário Nacional, a legislação tributária que disponha sobre outorga de isenção deverá ser interpretada literalmente. De acordo com os ensinamentos de Eduardo Sabbag: "a interpretação literal nos leva à aplicação do método "restritivo" de exegese. Vale relembrar que tal método hermenêutico é contrário à interpretação ampliativa, não se permitindo a incidência da lei "além" da fórmula ou hipótese expressas em seu bojo" (Código Tributário Nacional comentado, 2ª Edição, p. 452, Editora Método). Nesse sentido, o entendimento do C. Superior Tribunal de Justiça sobre o tópico: TRIBUTÁRIO. RECURSO ESPECIAL REPRESENTATIVO DE CONTROVÉRSIA. ART. 543-C, DO CPC. IMPOSTO DE RENDA. ISENÇÃO. SERVIDOR PÚBLICO PORTADOR DE MOLÉSTIA GRAVE. ART. 6º DA LEI 7.713/88 COM ALTERAÇÕES POSTERIORES. ROL TAXATIVO. ART. 111 DO CTN. VEDAÇÃO À INTERPRETAÇÃO EXTENSIVA. 1. A concessão de isenções reclama a edição de lei formal, no afã de verificar-se o cumprimento de todos os requisitos estabelecidos para o gozo do favor fiscal 2. O conteúdo normativo do art. 6º, XIV, da Lei 7.713/88, com as alterações promovidas pela Lei 11.052/2004, é em conceder o benefício fiscal em favor dos aposentados portadores das seguintes moléstias graves: moléstia profissional, tuberculose ativa, alienação mental, esclerose múltipla, neoplasia maligna, cegueira, hanseníase, paralisia irreversível e incapacitante, cardiopatia grave, doença de Parkinson, espondiloartrose anquilosante, nefropatia grave, hepatopatia grave, estados avançados da doença de Paget (osteíte deformante), contaminação por radiação, síndrome da imunodeficiência adquirida, com base em conclusão da medicina especializada, mesmo que a doença tenha sido contraída depois da aposentadoria ou reforma. Por conseguinte, o rol contido no referido dispositivo legal é taxativo (numerus clausus), vale dizer, restringe a concessão de isenção às situações nele enumeradas. 3. Consectariamente, revela-se interditada a interpretação das normas concessivas de isenção de forma analógica ou extensiva, restando consolidado entendimento no sentido de ser incabível interpretação extensiva do aludido benefício à situação que não se enquadre no texto expresso da lei, em conformidade com o estatuído pelo art. 111, II, do CTN. (Precedente do STF: RE 233652 / DF [...]. Precedentes do STJ: EDcl no AgRg no REsp 957.455/RS [...]; REsp 1187832/RJ [...]; REsp

1035266/PR [...]; AR 4.071/CE [...]; REsp 1007031/RS [...]; REsp 819.747/CE [...]. 5. Recurso especial provido. Acórdão submetido ao regime do art. 543-C do CPC e da Resolução STJ 08/2008. (STJ. 1ª Seção de Julgamento. REsp 1.116.620/BA. Relator: Ministro Luiz Fux. Julgamento: 09/08/2010). Tratando-se os emolumentos de tributo de competência Estadual, caberá aos Estados e ao Distrito Federal a instituição – através de lei específica, com escopo exclusivo – de isenção a eles aplicável, nos limites da sua competência territorial. Consoante Luciano Amaro: "O objetivo visado com essa disposição é evitar que certas isenções ou figuras análogas seja aprovadas no bojo de leis que cuidam dos mais variados assuntos (proteção do menor e do adolescente), desenvolvimento de setores econômicos, relações de trabalho, partidos políticos, educação etc) e embutem preceitos tributários que correm o risco de ser aprovados sem que o legislativo lhes dedique específica atenção" (AMARO, Luciano. Direito Tributário Brasileiro. 15ª ed. São Paulo: Editora Saraiva, 2009, p. 114-115). Diante desse painel, demonstra-se clara a impossibilidade do Notário conceder desconto ou abatimento total do valor de xerocópias. Por fim, observando que o usuário se retratou nos autos, esclarecendo que nenhuma Serventia Extrajudicial irregularmente realiza a cortesia referida, não vislumbro outras providências que devem ser adotadas perante o presente feito. Nessas condições, à míngua de outra providência, determino o arquivamento dos autos. Ciência ao Tabelião e ao representante, por e-mail. Encaminhe-se cópia desta decisão à E. Corregedoria Geral da Justiça, por e-mail, servindo a presente como ofício. I.C. - ADV: RENATA CALIXTO ANDRADE (OAB 280901/SP), VANESSA SALEM EID (OAB 310078/SP), EDUARDO VITAL CHAVES (OAB 257874/SP) (– DJe de 10.12.2019 – SP)

EMOLUMENTOS E GRATUIDADE

Processo 1099884-49.2018.8.26.0100

Pedido de Providências - Alteração de nome - B.S.S.C.R.C.M.S.S. e outros – Juíza de Direito: Dra. Letícia Fraga Benitez VISTOS. Trata-se de expediente instaurado através de pedido de providências suscitado pela Defensoria Pública do Estado de São Paulo, objetivando a concessão de gratuidade para retificação extrajudicial dos assentos de nascimento de seus assistidos, nos termos do Provimento nº 16/208 da Egrégia Corregedoria Geral de Justiça deste Tribunal de Justiça. As Sras. Oficiais dos 1º e 14º Cartórios de Registro Civil das Pessoas Naturais da Capital manifestaram-se, respectivamente, às fls. 77/79 e 84/85. A Associação dos Registradores de Pessoas Naturais do Estado de São Paulo ARPEN/SP apresentou manifestação às fls. 80/83. O I. Representante do Ministério Público apresentou parecer conclusivo às fls. 110/132. É o breve relatório. DECIDO. Cuida-se de expediente instaurado em virtude de procedimento suscitado pela Defensoria Pública do Estado de São Paulo, em razão da negativa de gratuidade para a retificação extrajudicial dos assentos de nascimento de seus assistidos, transgêneros. Em suas manifestações, tanto as Sras. Oficiais dos 1º e 14º Cartórios de Registro Civil das Pessoas Naturais da Capital, quanto a ARPEN foram uníssonas no sentido de que não há previsão legal para que seja concedida a gratuidade requerida. Por outro lado, o I. Representante do Ministério Público manifestou-se pela procedência do pedido (fls. 110/132). Pois bem. Conforme amplamente debatido nos autos, a partir da decisão proferida pelo Supremo Tribunal Federal no julgamento da ADI 4275/DF, garantiu-se aos transgêneros o direito de alteração do prenome e do gênero diretamente nos cartórios de registro civil das pessoas naturais. Atualmente, referido entendimento encontra-se sedimentado e regulamentado pelos Provimentos nº 73/18 do CNJ e nº 16/208 da Egrégia Corregedoria-Geral de Justiça deste Tribunal de Justiça. A questão posta nos autos refere-se à concessão de gratuidade para a retificação extrajudicial dos assentos de nascimento dos transgêneros que comprovem a miserabilidade juridica. Cabe-nos, assim, de proêmio, analisar a natureza jurídica dos emolumentos. Filiamo-nos ao entendimento do autor Paulo de Barros Carvalho para quem os emolumentos notariais e registrais se enquadram tipicamente na figura jurídica tributária das taxas, em intelecção fulcrada no artigo 145, inciso II, da Constituição Federal: "Anuncio, desde logo, que perante a realidade instituída pelo direito positivo atual, parece-me Indiscutível a tese segundo a qual a remuneração dos serviços notariais e de registro, também denominada "emolumentos", apresenta natureza específica de taxa. O presente tributo se caracteriza por apresentar, na hipótese da norma, a descrição de um fato revelador de atividade estatal (prestação de serviços notariais e de registros públicos), direta e especificamente dirigida ao contribuinte; além disso, a análise de sua base de cálculo exibe a medida da intensidade da participação do Estado, confirmando tratar-se da espécie taxa. (...) As atividades notariais e de registros configuram prestação de serviço de natureza pública delegada a particulares. Essa delegação, porém, não tem o condão de alterar a natureza jurídica desse serviço, que permanece público. Trata-se de atividade administrativa consistente em garantir a publicidade, autenticidade, segurança e eficácia dos atos jurídicos (art. 1º da Lei n.º 8935/94), devendo, nos termos do art. 236, da Constituição da República, ser delegados a pessoas físicas, mediante concurso público de provas e de títulos, ou por meio de remoção, para os que já forem titulares de serventias" (CARVALHO, Paulo de Barros. Natureza jurídica e constitucionalidade dos valores exigidos a título de remuneração dos serviços notariais e de registro. Parecer exarado na data de 05/06/2007, a pedido do Sindicato dos Notários e Registradores do Estado de São Paulo - SINOREG/SP. Disponível pelo site: https://www.Anoregsp.Org.Br/pdf/Parecer_PaulodeBarrosCarvalho.Pdf.). Outro não é o entendimento jurisprudencial a respeito: "DIREITO CONSTITUCIONAL E TRIBUTÁRIO. CUSTAS E EMOLUMENTOS: SERVENTIAS JUDICIAIS E EXTRAJUDICIAIS. AÇÃO DIRETA DE INCONSTITUCIONALIDADE DA RESOLUÇÃO Nº 7, DE 30 DE JUNHO DE 1995, DO TRIBUNAL DE JUSTIÇA DO ESTADO DO PARANÁ: ATO NORMATIVO. (...) 4. O art. 145 admite a cobrança de "taxas, em razão do exercício do poder de polícia ou pela utilização, efetiva ou potencial, de serviços públicos específicos e divisíveis, prestados ao contribuinte ou postos a sua disposição". Tal conceito abrange não só as custas judiciais, mas, também, as extrajudiciais (emolumentos), pois estas resultam, igualmente, de serviço público, ainda que prestado em caráter particular (art. 236). Mas sempre fixadas por lei. No caso presente, a majoração de custas judiciais e extrajudiciais resultou de Resolução - do Tribunal de Justiça - e não de Lei formal, como exigido pela Constituição Federal. (...)" (ADI 1444, Relator Min. Sydney Sanches, Tribunal Pleno, julgado em 12/02/2003, DJ 11-04-2003). Fixada tal premissa, o que se pretende, em suma, com a concessão da gratuidade ora postulada é a outorga de isenção no pagamento dos emolumentos. Contudo, diante da natureza jurídica de taxa, certo é que eventual isenção somente poderá ser veiculada através de lei específica, conforme disposição expressa do art. 150, § 6º, da Constituição Federal, o que inocorre no presente caso: "Qualquer subsídio ou isenção, redução de base de cálculo, concessão de crédito presumido, anistia ou remissão, relativos a impostos, taxas ou contribuições, só poderá ser concedido mediante lei específica, federal, estadual ou municipal, que regule exclusivamente as matérias acima enumeradas ou o correspondente tributo ou contribuição, sem prejuízo do disposto no art. 155, § 2.º, XII, g." Tampouco se há falar em interpretação extensiva ao artigo 98, IX, do Código de Processo Civil e ao artigo 9º, II, da Lei Estadual nº 11.331/02, como pretende a Defensoria Pública, com o devido respeito. À luz do artigo 111 do Código Tributário Nacional, a legislação tributária que disponha sobre outorga de isenção deverá ser interpretada literalmente. De acordo com os ensinamentos de Eduardo Sabbag: "a interpretação literal nos leva à aplicação do método "restritivo" de exegese. Vale relembrar que tal método hermenêutico é contrário à interpretação ampliativa, não se permitindo a incidência da lei "além" da fórmula ou hipótese expressas em seu bojo" (Código Tributário Nacional comentado, 2ª Edição, p. 452, Editora Método). Não é outro o entendimento do C. Superior Tribunal de Justiça sobre o tema: TRIBUTÁRIO. RECURSO ESPECIAL REPRESENTATIVO DE CONTROVÉRSIA. ART. 543-C, DO CPC. IMPOSTO DE RENDA. ISENÇÃO. SERVIDOR PÚBLICO PORTADOR DE MOLÉSTIA GRAVE. ART. 6º DA LEI 7.713/88 COM ALTERAÇÕES POSTERIORES. ROL TAXATIVO. ART. 111 DO CTN. VEDAÇÃO À INTERPRETAÇÃO EXTENSIVA. 1. A concessão de isenções reclama a edição de lei formal, no afã de verificar-se o cumprimento de todos os requisitos estabelecidos para o gozo do favor fiscal 2. O conteúdo normativo do art. 6º, XIV, da Lei 7.713/88, com as alterações promovidas pela Lei 11.052/2004, é em conceder o benefício fiscal em favor dos aposentados portadores das seguintes moléstias graves: moléstia profissional, tuberculose ativa, alienação mental, esclerose múltipla, neoplasia maligna, cegueira, hanseníase, paralisia irreversível e incapacitante, cardiopatia grave, doença de Parkinson, espondiloartrose anquilosante, nefropatia grave, hepatopatia grave, estados avançados da doença de Paget (osteíte deformante), contaminação por radiação, síndrome da imunodeficiência adquirida, com base em conclusão da medicina especializada, mesmo que a doença tenha sido contraída depois da aposentadoria ou reforma. Por conseguinte, o rol contido no referido dispositivo legal é taxativo (numerus clausus), vale dizer, restringe a concessão de isenção às situações nele enumeradas. 3. Consectariamente, revela-se interditada a interpretação das normas concessivas de isenção de forma analógica ou extensiva, restando consolidado entendimento no sentido de ser incabível interpretação extensiva do aludido benefício à situação que não se enquadre no texto expresso da lei, em conformidade com o estatuído pelo art. 111, II, do CTN. (Precedente do STF: RE 233652 / DF [...]. Precedentes do STJ: EDcl no AgRg no REsp 957.455/RS [...]; REsp 1187832/RJ [...]; REsp 1035266/PR [...]; AR 4.071/CE [...]; REsp 1007031/RS [...]; REsp 819.747/CE [...]. 5. Recurso especial provido. Acórdão submetido ao regime do art. 543-C do CPC e da Resolução STJ

08/2008. (STJ. 1ª Seção de Julgamento. REsp 1.116.620/BA. Relator: Ministro Luiz Fux. Julgamento: 09/08/2010). Tratando-se os emolumentos de tributo de competência Estadual, caberá aos Estados e ao Distrito Federal a instituição - através de lei específica, com escopo exclusivo - de isenção a eles aplicável, nos limites da sua competência territorial. Consoante Luciano Amaro: "O objetivo visado com essa disposição é evitar que certas isenções ou figuras análogas seja aprovadas no bojo de leis que cuidam dos mais variados assuntos (proteção do menor e do adolescente), desenvolvimento de setores econômicos, relações de trabalho, partidos políticos, educação etc) e embutem preceitos tributários que correm o risco de ser aprovados sem que o legislativo lhes dedique específica atenção" (AMARO, Luciano. Direito Tributário Brasileiro. 15ª ed. São Paulo: Editora Saraiva, 2009, p. 114-115). Em consequência, ausente previsão legal quanto à isenção na hipótese em tela, incumbiria aos próprios Oficiais dos Registros suportar o recolhimento dos emolumentos devidos, o que não se afigura razoável. Na hipótese de ser instituída lei com finalidade específica de isenção, deverá, a mesma norma, por certo e como corolário, estipular mecanismo de ressarcimento aos Notários e Oficiais de Registro pelos atos isentos praticados. Ante todo o exposto, vejo por bem INDEFIRIR o pedido formulado, consignando, oportunamente, que o tema, conforme posto em controvérsia, refoge das atribuições desta Corregedoria Permanente, que desenvolve suas atividades em âmbito administrativo, com relação aos Tabelionatos de Notas e Registros Civis das Pessoas Naturais da Capital. Revela-se, pois, adequado, nestes moldes, o encaminhamento e submissão da questão posta, respeitosamente, ora em consulta, à Egrégia Corregedoria Geral da Justiça para apreciação e normatização, se o caso, nos termos da Lei Estadual n.º 11.331/02. I.C. São Paulo, 04 de fevereiro de 2019. - ADV: DEFENSORIA PÚBLICA DO ESTADO DE SÃO PAULO (OAB 999999/DF) (DJe de 06.02.2019 - SP)

Processo 0010809-79.2019.8.06.0100

Pedido de Providências Corregedoria Geral da Justiça Fernando Hidemi Uchiyama Sentença (fls. 268/271): Vistos. Trata-se de pedido de providências encaminhado a este Juízo pela Egrégia Corregedoria Geral da Justiça, formulado por Fernando Hidemi Uchiyama em face do Oficial do 8º Registro de Imóveis da Capital, sob o argumento de ter sido cobrado emolumentos acima do valor tabelado. Relata em o requerente que, por ser o seu primeiro imóvel, tinha direito a desconto de 50% no registro, todavia assevera que o cartório realizou cálculos irregulares. Acredita que, de acordo com a Tabela de Custas, o valor seria R$ 2.295,88, com a incidência do desconto passaria a ser R$ 1.147,94, todavia, o Cartório cobrou R$ 2.093,80. Juntou documentos às fls. 07/17. O Registrador manifestou-se às fls. 19/22, 69/72, 111/112 e 120/121. Esclarece que ao contrário do que faz crer o requerente, não houve cobrança a maior, tendo em vista que foram praticados três atos, uma vez que o imóvel encontrava-se alienado fiduciariamente ao Banco Santander (Brasil) S/A, que teve que autorizar o cancelamento do gravame, este ato foi praticado sem o desconto, pois fora do Sistema Financeiro de Habitação SFH, após houve o registro da compra e venda e por último o registro de nova garantia, constituída por alienação fiduciária em favor do Itaú Unibanco S/A, nestes dois últimos atos houve aplicação do desconto, nos termos do artigo 290 da Lei de Registros Públicos, bem como foi expedida certidão da matricula, também com desconto. Neste contexto, destaca que foi cobrado do interessado o valor de R$ 2.093,80, havendo na realidade uma cobrança a menor no importe de R$ 281,44. Aduz que ao verificar o cálculo, de acordo com o último entendimento acerca da aplicação do desconto de 50%, o escrevente equivocou-se e aplicou sobre o valor de R$ 1.661,18, o que resultou na cobrança a menor de R$ 4.830,59 e não o valor anteriormente informado. Afirma que para não causar prejuízo, foram providenciados os recolhimentos dos repasses da diferença para os entes públicos com a incidência dos encargos previstos nos artigos 16 e 17 da Lei Estadual nº 11.331/2002. Acerca do equivoco do cálculo, salienta que ocorreu durante a implantação do novo selo digital, que alterou substancialmente a rotina de trabalho, bem como a tabela de emolumentos, razão pela qual foi contratado um serviço de programação de sistema, que constatou que o problema ocorreu durante os meses de novembro e dezembro de 2018, bem como janeiro de fevereiro do corrente ano, sendo que foi realizado o ressarcimento aos entes públicos. Por fim, verificada a cobrança equivocada, houve o reforço do treinamento e esclarecimento dos funcionários quanto à nova sistemática a ser adotada em razão das modificações impostas pela referida implantação do selo digital, bem como passou-se a ter controle mais apurado por parte do oficial e de seus substitutos que subscrevem os atos no sentido de verificar a exata aplicação dos descontos previstos legalmente. Juntou documentos às fls. 23/58, 73/98 e 122/262. O Ministério Público opinou pelo arquivamento do feito (fls. 116/117 e 266). É o relatório. Passo a fundamentar e a decidir. Primeiramente, como exposto na decisão de fls. 65/66, deve ser refutada a argumentação do requerente de valor cobrado a maior para a efetivação do registro. Entendo que não houve cobrança em excesso de emolumentos pelo Oficial, além de serem observados os prazos legais atinentes à prenotação, haja vista que o imóvel encontrava-se alienado fiduciariamente ao Banco Santander, em razão de garantia dada pelos anteriores proprietários Anderson Pires de Almeida e Ana Regina Pires de Almeida, o que consequentemente impedia o registro do título apresentado. Logo, houve a necessidade de cancelar-se o gravame para posteriormente realizar o registro da escritura de compra e venda e nova averbação da alienação fiduciária do imóvel ao Banco Itaú, além de serem cobrados emolumentos com desconto para a emissão de uma certidão de matrícula, conforme solicitação do requerente (fl. 23). Das informações prestadas e documentos juntados, nota-se que houve cobrança a menor pelo registrador. Em relação a aplicação do desconto nos registros decorrente da primeira aquisição imobiliária pelo Sistema Financeiro de Habitação, a questão restou pacificada no pedido de providências nº 0083216-20.2018.8.26.0100, no qual foi dada ciência a todos os registradores. O desconto incide sobre os emolumentos devidos por todos os atos relacionados com a primeira aquisição, todavia a base de cálculo, do desconto de 50%, observará apenas o valor financiado. Assim, como exposto pelo registrador, o valor a menor cobrado equivale a R$ 830,59 (oitocentos e trinta reais e cinquenta e nove centavos), já que, por um lapso, o escrevente não considerou apenas a parte financiada. Em relação à conduta do Oficial, as informações prestadas por ele são suficientes para levar ao convencimento de que não há medida censória a ser adotada por esta Corregedoria Permanente. Não há elementos seguros e eficientes para demonstrar a ocorrência de falta funcional. Ressalto que o equívoco incorrido constitui caso isolado na Serventia, não havendo qualquer outro incidente envolvendo o mesmo aspecto, além de ser oriundo da implantação do novo selo digital que alterou a tabela de emolumentos. Ademais, ao tomar conhecimento dos fatos, o delegatário realizou a programação do sistema e apurou que o problema ocorreu nos meses de novembro/dezembro de 2018 e janeiro/fevereiro de 2019, razão pela qual houve o ressarcimento dos valores recolhidos a menor aos entes públicos, conforme documentos de fls. 96/98 e 128/262. Somados a estas providências, houve a modificação das rotinas internas, bem como a elaboração de novas tabelas de emolumentos com a inserção do código para controle dos selos, além do treinamento dos funcionários quanto a nova sistemática adotada e exercício de maior controle por parte do registrador e seu substituto acerca da aplicação dos descontos previstos legalmente. Logo, tomadas as providências cabíveis e ressarcidos os prejuízos causados, bem como sanada a irregularidade que decorreu de causa pontual e isolada, não há qualquer indício de descumprimento de dever funcional pelo delegatário, razão pela qual determino o arquivamento do presente processo. Deste procedimento não decorrem custas, despesas processuais e honorários advocatícios. Sem prejuízo, expeça-se ofício à Egrégia Corregedoria Geral da Justiça, comunicando desta decisão.

P.R.I.C. São Paulo, 06 de maio de 2019. Tania Mara Ahualli Juíza de Direito (CP 60) (DJe de 09.05.2019 - SP)

Processo 1039916-54.2019.8.26.0100

Pedido de Providências - Bloqueio de Matrícula - Marciano Antônio do Prado - Vistos. Indefiro o pedido de liminar. A matéria não comporta solução provisória, que ofenderia a segurança jurídica que dos registros públicos se espera. A publicidade registral enseja uma presunção de direito, típica do sistema, incompatível com situações provisórias, sob pena de atingir direitos de terceiros de boa fé. Em relação ao pedido de justiça gratuita, neste juízo administrativo não incidem custas, despesas processuais e honorários advocatícios, ressalvada eventual necessidade de prova pericial, que será analisada em momento oportuno. Ressalto que não há possibilidade de se determinar ao Oficial do 15º Registro de Imóveis da Capital que se abstenha de registrar as escrituras que acarretem a transferência da propriedade dos bens identificados nas transcrições nºs 20.963, 18.809 e 1.908, do 2º RI e nas transcrições 5.012, 5.429 e 5.430 do 12º RI, uma vez que sequer houve a apresentação de tais títulos, tratando-se de fatos hipotéticos. Além disso, é livre a qualificação dos títulos apresentados ao registrador, sendo que na dúvida competirá a ele suscitar o devido procedimento junto a esta Corregedoria, a quem compete a análise do caso concreto. No mais, as nulidades reconhecidas no âmbito administrativo equivalem àquelas de pleno direito, ou seja, que independem de ação, nos termos do artigo 214 da Lei 6.015/73, ressaltando que caso se trate de vício intrínseco, como a ocorrência de eventual falsidade, o pedido deverá ser formulado nas vias ordinárias, com a incidência do contraditório e ampla defesa. Por fim, eventual comunicação ao MMº Juízo da 2ª Vara Cível do Foro Regional I – Santana acerca deste procedimento é diligência que compete exclusivamente à parte interessada. Feitas estas considerações, remetam-se os autos aos Oficiais do 2º, 12º e 15º Registro de Imóveis da Capital para informações, no prazo de 15 (quinze) dias. Com a juntada da manifestação, abra-se vista ao Ministério Público e tornem os autos conclusos. Int. - ADV: FRANCISCO RIBEIRO DE ARAUJO (OAB 66365/SP) (DJe de 10.05.2019 - SP)

Processo 0049117-87.2019.8.26.0100

Pedido de Providências - REGISTROS PÚBLICOS - Corregedoria Geral da Justiça - Andréia Aparecida Chinalia Palmitesta e outro - Vistos. Trata-se de pedido de providências encaminhado a este Juízo pela Egrégia Corregedoria Geral da Justiça, formulado por Andreia Aparecida Chinalia Palmitesta, alegando excesso de burocracia do Oficial do 17º Registro de Imóveis da Capital ao exigir depósito prévio sem a ocorrência de fato gerador. Informa que apresentou um título que gerou nota de exigência para que se juntasse a CND/INSS, razão pela qual fez novo requerimento expondo os motivos pelos quais a exigência era incabível e apresentou novamente o título. Salienta que teve negado pelo cartório a reentrada por duas vezes, sendo que uma das vezes a Serventia forneceu um formulário, onde deveria cancelar a prenotação e dar entrada em outra. Por fim, aduz que é incabível a exigência de complemento do depósito prévio, impedindo que seja efetivada a prenotação do título sem o mencionado complemento. Solicita providências, diante da falta de eficiência e abusividade em se exigir o depósito e eventual complementação, bem como o cancelamento de prenotação no caso de reingresso do título. O Registrador manifestou-se às fls. 05/07 e 22/25. Esclarece que as alegações da requerente não correspondem ao atendimento prestado na Serventia, uma vez que existe tolerância em relação às diferenças que surgem nestes casos, sendo que a regra é a entrada do título com a promessa de que a diferença será complementada posteriormente. Destaca que o próprio protocolo da requerente contém a informação de que a prenotação de seu titulo se deu com a autorização da substituta do cartório, o que demonstra que o apresentante já veio com um cheque preenchido e em valor diferente daquele que seria devido efetivamente. Aduz que eventualmente ocorre a recusa em se informar o valor do depósito por meio de ligação telefônica, por falta de elementos necessários à estimativa dos emolumentos. Juntou documentos às fls. 26/36. O Ministério Público opinou pela improcedência do pedido (fls. 39/40). É o relatório. Passo a fundamentar e a decidir. Em que pese as frustrações da requerente, entendo que não houve a prática de qualquer conduta irregular por parte do Oficial do 17º Registro de Imóveis da Capital. Acerca da exigência da CND/ISS, tem-se que a questão foi resolvida no procedimento nº 1067545-03.2019.8.26.0100, afastando-se mencionado óbice. Resta a análise da exigência do depósito prévio de emolumentos, complementação do valor, bem como cancelamento da antiga prenotação para reingresso do título. Pois bem, a necessidade de depósito prévio está revisto no art.13 da Lei nº 11.331/02 e Cap. XX, item 26.4 das Normas de Serviço da Corregedoria Geral da Justiça que preveem: "art.13: Salvo disposição em contrário, os notários e registradores poderão exigir depósito prévio dos valores relativos aos emolumentos e das despesas pertinentes ao ato, fornecendo aos interessados, obrigatoriamente, recibo com especificação de todos os valores" (g.n) "item 26.4: Nenhuma exigência fiscal, ou dúvida, obstará a apresentação de um título e o seu lançamento no Protocolo, com o respectivo numero de ordem, salvo o depósito prévio de emolumentos, nas hipóteses em que há incidência deste". (g.n) Ao apresentar um título junto à Serventia Extrajudicial, é feito um rápido exame, com a intenção de detectar falhas visíveis ou a falta de algum documento, ocasião em que haverá um depósito prévio dos emolumentos, bem como a prenotação do título. Ressalte-se que na hipótese de não ocorrer o registro, o valor é devolvido ao interessado, já que o ato não se consumou. Este é o procedimento normal, seguido por todos os registradores da Capital. Neste contexto, é dever do registrador, dentre suas várias atribuições, proceder a qualificação dos documentos, baseando-se nos princípios norteadores do direito registrário. Realizada a análise pormenorizada, o registrador constatando a ausência de documentos ou algum óbice, emitirá a respectiva nota devolutiva para que a interessada cumpra as exigências, e consequentemente complemente as custas e emolumentos para efetivação do ato final. Por fim, o cancelamento da antiga prenotação para a reentrada do título está em consonância com o princípio da prioridade. Este princípio tem a finalidade de evitar conflitos de títulos contraditórios, que são aqueles incompatíveis entre si ou reciprocamente excludentes, referentes ao mesmo imóvel, sendo que a prioridade se apura no protocolo do Registro de Imóveis, de acordo com a ordem de seu ingresso. De acordo com a lição de Afrânio de Carvalho: "O princípio da prioridade significa que, num concurso de direitos reais sobre um imóvel, estes não ocupam todos o mesmo posto, mas se graduam ou classificam por uma relação de precedência fundada na ordem cronológica do seu aparecimento: prior tempore polior jure. Conforme o tempo em que surgirem, os direitos tomam posição no registro, prevalecendo os anteriormente estabelecidos sobre os que vierem depois". (Registro de Imóveis, 4a ed., Editora Forense, 1998, p. 181). Neste contexto, Afrânio de Carvalho na mesma obra acima mencionada sobre o princípio da prioridade pondera que: "A sua caracterização é originariamente registral, pois se funda na ordem cronológica de apresentação e prenotação dos títulos no protocolo, sendo irrelevante a ordem cronológica de sua feitura ou instrumentalização, vale dizer, a sequência da data dos títulos. A ordem de apresentação, comprovada pela numeração sucessiva do protocolo, firma, pois a posição registral do título relativamente a qualquer outro que já esteja ou venha a apresentar-se no registro. Se essa posição lhe assegurar prioridade, correlatamente lhe assegurará a inscrição, contando que o resultado final do exame da legalidade lhe seja favorável". (p. 182 e 183). Daí que não há que se falar em qualquer conduta irregular praticada pelo registrador que justifique a aplicação de medida disciplinar, consequentemente não deve ser devolvido o depósito prévio com correção monetária. Diante do exposto, julgo improcedente o pedido de providências formulado por Andreia Aparecida Chinalia Palmitesta, em face do Oficial do 17º Registro de Imóveis da Capital, bem como afasto a prática de qualquer conduta irregular praticada pelo delegatário, determinando o arquivamento do feito neste aspecto. Deste procedimento não decorrem custas, despesas processuais e honorários advocatícios. Sem prejuízo, oficie-se à Egrégia Corregedoria Geral da Justiça, comunicando desta decisão. Oportunamente remetam-se os autos ao arquivo. P.R.I.C. - ADV: ANDRÉIA APARECIDA CHINALIA PALMITESTA (OAB 150106/SP) (– DJe de 10.10.2019 – SP)

Processo 1053872-40.2019.8.26.0100

Pedido de Providências - Notas - Cristina Menossi Rodrigues - Vistos. Trata-se de pedido de providências formulado por Cristina Menossi Rodrigues em face do Oficial do 12º Registro de Imóveis da Capital, comunicando a recusa do Registrador em oferecer a gratuidade de registro do formal de partilha, embora fosse concedido tal benefício na ação de inventário. Salienta a requerente que tentou formalizar o pedido, mas lhe foi negado, sendo informada no balcão da Serventia de que não havia possibilidade de concessão da justiça gratuita pois não havia decisão judicial neste sentido nos autos do inventário, bem como não está previsto procedimento interno de requerimento para tal benefício. O registrador manifestou-se à fl. 18. Esclarece que em nome da requerente e com os elementos extraídos dos autos, não encontrou nos assentamentos da Serventia prenotação de título. O Ministério Público opinou pela improcedência do pedido (fls. 21/22). É o relatório. Passo a fundamentar e a decidir. Tendo em vista a ausência de apresentação do título a registro, consequentemente a ausência de prenotação, configura-se verdadeira consulta. É certo que tanto o pedido de dúvida com o de providências pressupõem irresignação contra alguma exigência formulada pelo Oficial em caso concreto (artigo 198 da Lei 6.015/73), sendo incabível a utilização de "casos semelhantes" para análise da questão, obstando o desenvolvimento válido do feito. Como é sabido, não cabe a este Juízo responder a consultas formuladas pelo interessado, pois a sua função primordial é solucionar conflitos e não figurar como consultor jurídico. Tal questão já foi objeto de análise pela Egrégia Corregedoria Geral da Justiça: "Conforme já decidiu a E. Corregedoria Geral da Justiça, em parecer exarado pelo então Juiz Auxiliar da Corregedoria, Dr. Hélio Lobo Júnior, no procedimento nº 27.435/88 (02/89) : "...é inconcebível e descabida consulta dirigida ao Judiciário, ainda que na sua função atípica de agente administrativo, sobre interpretação e aplicação, em tese, das leis e regulamentos (cf. ementa 10.2, das Decisões Administrativas da Corregedoria Geral da Justiça - Ed. RT, 1981/1982, p. 24). Neste mesmo sentido, manifestou-se o Dr. Aroldo Mendes Viotti, D. Juiz Auxiliar da Corregedoria, em parecer proferido nos autos do procedimento nº 113/90 (567/90), onde consta: "O comando emergente do dispositivo da r. sentença não pode - por isso - prevalecer, porquanto não é dado ao Juízo Corregedor Permanente emitir declaração positiva ou negativa de registro de título no Ofício Predial sem regular instauração de procedimento de dúvida, e sem que, consoante o devido procedimento de lei, se materialize o dissenso entre particular e registrador acerca daquele ato de registro. A atuação do Juízo da dúvida dirige-se tão- somente à revisão da atividade do registrador, devolvendo-se-lhe a tarefa de qualificação a este cabente em primeiro momento: não pode o Juízo administrativo, porém, substituir-se ao Oficial nessa primeira atividade, isto é, apreciar a registrabilidade de título sem que o responsável pelo Cartório Predial, em momento anterior, o faça. Por incômodo ou intrincado que se revele o ônus de qualificação dos títulos, dele deverá se desincumbir o Serventuário, nada justificando busque transferi-lo a terceiros. Também se presume detenha o titular da Serventia Imobiliária capacitação técnica não apenas para operacionalizar os comandos legais que disciplinam a questão da preferência a registro de títulos constitutivos de direitos reais reciprocamente contraditórios, como, igualmente, para conhecer os efeitos jurídicos que possam advir das medidas previstas nos arts. 867 e ss. (Seção X, Livro III) do CPC. Por isso, não cabia ao Juízo Corregedor fornecer resposta à consulta do Serventuário. Também não lhe era dado determinar registro de títulos à margem do procedimento legal, e sem que o registrador se houvesse previamente desincumbido de seu ônus de emitir juízo conclusivo a respeito de sua registrabilidade". Logo em se tratando de registro do formal de partilha, o procedimento a ser seguido é o de dúvida, devendo a interessada apresentar os documentos originais junto à Serventia, ocasião em que se procederá a prenotação do título, bem como expedida nota de devolução. Diante do exposto, tendo em vista que a medida judicial administrativa não expressa adequação para ensejar a tutela pretendida, entendo configurada a falta de interesse de agir, e consequentemente julgo extinto o feito, nos termos do artigo 485, VI do CPC. Deste procedimento não decorrem custas, despesas processuais e honorários advocatícios. Oportunamente remetam-se os autos ao arquivo. P.R.I.C. - ADV: VICTOR DUARTE DO CARMO (OAB 333572/SP) (- DJe de 16.07.2019 - SP)

Processo 1050184-70.2019.8.26.0100

Pedido de Providências - Tabelionato de Protestos de Títulos - Redpar Construtora e Incorporadora Ltda - Vistos. Trata-se de pedido de providências cumulado com tutela de urgência formulado por Redpar Construtora e Incorporadora EIRELLI, em face do 10º Tabelião de Protesto de Letras e Títulos da Capital, pretendendo a isenção dos emolumentos devidos em decorrência do cancelamento dos protestos lavrados em seu desfavor. Relata a requerente que não detém substrato financeiro para as custas incidentes, bem como, por ser sociedade de propósito especifico, não detém receita para este fim. Juntou documentos às fls. 05/16. A liminar foi indeferida à fl. 17. O Tabelião manifestou-se às fls. 20/21, mantendo o óbice imposto sob o argumento de que os emolumentos tem natureza de taxa. Acerca das informações do Tabelião, a requerente manifestou-se à fl. 28, corroborando as razões expostas na inicial. O Ministério Público opinou pelo indeferimento do pedido (fls. 31/34). É o relatório. Passo a fundamentar e a decidir. Com razão o Tabelião, bem como o D. Promotora de Justiça. Pretende a requerente a isenção dos emolumentos para o cancelamento do protesto lavrado em seu nome, sob a alegação de hipossuficiencia. Como é sabido, os serviços prestados pelas Serventias são remunerados pelos usuários com o pagamento dos respectivos emolumentos, cuja invidualização e cobrança, previstos no art.236, § 2º da Constituição da República, foram regulados pela Lei nº 10.169/200, que dispôs sobre as normas gerais para am fixação dos emolumentos no âmbitos dos Estados membros. De acordo com o entendimento do autor Paulo de Barros Carvalho, os emolumentos notariais e registrais se enquadram tipicamente na figura jurídica tributária das taxas, em intelecção fulcrada no artigo 145, inciso II da CF: "Anuncio, desde logo, que perante a realidade instituída pelo direitos positivo atual, parece-me indiscutível a tese segundo a qual a remuneração dos serviços notariais e de registro, também denominada emolumentos, apresenta natureza especifica de taxa. O presente tributo se caracteriza por apresentar, na hipótese da norma, a descrição de um fato revelador de atividade estatal (prestação de serviços notariais e de registros públicos), direta e especificamente dirigida ao contribuinte; além disso, a análise de sua base de cálculo exibe a medida da intensidade da participação do Estado, confirmando tratar-se da espécie taxa... ... Trata-se de atividade administrativa consistente em garantir a publicidade, autenticidade, segurança e eficácia dos atos jurídicos (art.1º da Lei nº 8.935/94), devendo, nos termos do art.236 da Constituição da República, ser delegados a pessoas físicas, mediante concurso público de provas e de titulos, ou por meio de remoção, para os que já forem titulares de Serventias" (Carvalho, Paulo de Barros. Natureza juridica e constitucionalidade dos valores exigidos a título de remuneração dos serviços notariais e de registro. Parecer exarado na data de 05.06.2007, a pedido do Sindicato dos Notários e Registradores do Estado de São Paulo -0 SINOREG). Outro não é o entendimento jurisprudencial a respeito: "Direito constitucional e tributário. Custas e emolumentos: Serventias Judiciais e Extrajudiciais. Ação direta de inconstitucionalidade da Resolução nº 7, de 30 de junho de 1995, do Tribunal de Justiça do Estado do Paraná: Ato Normativo. (...) 4. O art.145 admite a cobrança de taxas, em razão do exercício do poder de policia ou pela utilização, efetiva ou potencial, de serviços públicos específicos e divisíveis, prestados ao contribuinte ou postos a sua disposição". Tal conceito abrange não só as custas judiciais, mas também, as extrajudiciais (emolumentos), pois estas resultam, igualmente, se serviço público, ainda qu prestado em caráter particular (art.236). Mas sempre fixadas por lei. No caso presente, a majoração de custas judiciais e extrajudiciais resultou de Resolução do Tribunal de Justiça e não de Lei formal, com o exigido pela Constituição Federal... (ADI 1444, Rel: Min. Sydney Sanches, Tribunal Pleno, julgado em 12/02/2003, D.J. 11-04-2003). Assim, diante da natureza jurídica de taxa, certo é que eventual isenção somente poderá ser veiculada por lei específica, conforme disposição expressa do art. 150, § 6º, da CF, o que não ocorre no presente caso: "Qualquer subsídio ou isenção, redução de base de cálculo, concessão de crédito presumido, anistia ou remissão, relativos a impostos, taxas ou contribuições, só poderá ser concedido mediante lei específica, federal, estadual ou municipal, que regule exclusivamente as matérias acima enumeradas ou o correspondente tributo ou contribuição, sem prejuízo do disposto no art. 155, § 2.º, XII, g." À luz do artigo 111 do CTN, a legislação tributária que disponha sobre outorga de isenção deverá ser interpretada literalmente, não havendo a possibilidade de extensão da norma mencionada. Ressalto que, em se tratando os emolumentos de tributo de competência Estadual, caberá aos Estados e ao Distrito Federal a instituição - através de lei específica, com escopo exclusivo - de isenção a eles aplicável, nos limites da sua competência territorial. No presente caso, não houve a juntada de qualquer decisão judicial determinando a gratuidade do ato, bem como a requerente não está sendo representada pela Defensoria Pública, logo não há dispensar tal recolhimento, caso contrário se estaria violando o princípio da legalidade, que norteia os atos registrários. Por fim, a obrigação em pagar os emolumentos para cancelamento do protesto, decorre do item 6 das Notas Explicativas da Tabela de Emolumentos que assim estipula: "A apresentação a protesto, de títulos, documentos de dívidas e indicações, independe de prévio depósito dos valores dos emolumentos e de qualquer outra despesa, cujos valores serão pagos pelos respectivos interessados no ato elisivo do protesto ou, quando protestado o título, no ato do pedido do cancelamento do respectivo registro ou no da sustação judicial definitiva de seus efeitos, salvo na sustação judicial do protesto que serão cobrados do sucumbente quando tornada em caráter definitivo, hipóteses em que serão observados para o cálculo, cobrança e recolhimentos, os seguintes critérios: (...) b - por ocasião do pedido do cancelamento do protesto ou da determinação judicial da sustação definitiva do protesto ou de seus efeitos, com base nos valores da tabela e das despesas em vigor na data em que ocorrer os respectivos recebimentos, hipóteses em que, para fins do cálculo, será considerada a faixa de referência do título da data de sua protocolização para protesto;" Logo, correta a exigência do tabelião, não havendo qualquer falta funcional praticada pelo delegatário passível da aplicação de medida disciplinar. Diante do exposto, julgo improcedente o pedido de providências formulado por Redpar Construtora e Incorporadora EIRELLI, em face do 10º Tabelião de Protesto de Letras e Títulos da Capital, e consequentemente mantenho o óbice. Deste procedimento não decorrem custas, despesas processuais e honorários advocatícios. Oportunamente remetam-se os autos ao arquivo. P.R.I.C. - ADV: ANTONIO JOSE WAQUIM SALOMAO (OAB 94806/SP) (- DJe de 24.07.2019 - SP)

Processo 1029241-32.2019.8.26.0100

Pedido de Providências - Tabelionato de Protestos de Títulos - Cirleide Gomes de Jesus - Vistos. Trata-se de pedido de providências formulado por Cirleide Gomes de Jesus em face do Tabelião do 7º Protesto de Letras e Títulos de São Paulo. A interessada aduz, em síntese, ser hipossuficiente e, portanto, isenta do pagamento dos emolumentos devidos pelo cancelamento de dois protestos em seu nome. O Tabelião manifestou-se às fls. 31/37. Afirma não poder conferir isenção de emolumentos sem que haja lei expressa que o autorize ou decisão judicial nesse sentido. O Ministério Público opinou às fls. 40/42 pelo indeferimento do pedido. É o relatório. Decido. Como é sabido, os serviços prestados pelas serventias são remunerados, pelos usuários, com o pagamento dos respectivos emolumentos, cuja individualização e cobrança, previstos no art. 236, § 2º, da Constituição da República, foram regulamentados pela Lei no 10.169/2000, que dispôs sobre as normas gerais para a fixação dos emolumentos no âmbito dos Estados-membros. Assim, os emolumentos tem natureza de taxa, não cabendo a esta Corregedoria Permanente e nem ao Tabelião dispensar o recolhimento, podendo eventualmente tal isenção ser formulada e eventualmente deferida mediante determinação de juízo competente, ou administrativamente perante o órgão responsável pelo recolhimento do tributo. Na presente hipótese não houve comprovação da isenção tributária, o que denota a obrigatoriedade do recolhimento das custas e emolumentos exigidos pelo Tabelião. Ainda, conforme apontado pela Douta Promotora de Justiça, a isenção pleiteada só poderia ser regulamentada por lei específica, nos termos do art. 150 da Constituição Federal, de modo que não cabe ao Tabelião avaliar o caso, vez que está adstrito ao princípio da legalidade. Diante o exposto julgo improcedente o pedido de providências formulado por Cirleide Gomes de Jesus em face do Tabelião do 7º Protesto de Letras e Títulos de

São Paulo. Não há custas, despesas processuais ou honorários advocatícios decorrentes deste procedimento. Oportunamente, arquivem-se os autos. P.R.I.C. - ADV: CARLOS ALBERTO DE TOLEDO SOARES (OAB 18309/ SP) (DJe de 22.04.2019 - SP)

Processo 1014935-58.2019.8.26.0100

Dúvida - Consulta - Emolumentos - Nilva Ferreira Figueiredo - Vistos. Trata-se de dúvida inversa suscitada por Nilva Ferreira Figueiredo em face do Oficial do 8º Registro de Imóveis da Capital, tendo em vista a negativa em se proceder ao registro da escritura pública de inventário e adjudicação do Espólio de Plínio Carlos Figueiredo, tendo como objeto entre outros a parte correspondente a 1/8 da loja nº 41 da Rua Ibituruna, matriculada sob nº 73.095. Os óbices referem-se: a) violação ao principio da continuidade, tendo em vista a necessidade de se registrar, primeiramente, a partilha dos bens de Neuza Calzetta de Figueiredo, realizada através de escritura lavrada no 4º Tabelião de Notas de São Bernardo do Campo, fato este noticiado na escritura de inventário de Plínio; b) ausência de recolhimento dos emolumentos pela prática do ato registrário. Assevera que os registros em questão não guarda relação com o processo de cumprimento de sentença, em tramite perante o MMº Juízo da 1ª Vara Cível do Foro Regional III - Jabaquara. Apresentou documentos às fls. 55/90. Insurge-se a suscitada dos óbices impostos, sob a alegação de que operada a sucessão de Plínio, sua filha Silvana passou a ser titular do 1/8 do imóvel que outrora pertenceu àquele primeiro, logo, irrelevante para a transmissão desta parte do imóvel o registro da escritura pública de inventário de Neuza Calzetta Figueiredo. Em relação ao pagamento dos emolumentos, salienta que o artigo 98, IX do CPC, é expresso ao estender os benefícios da gratuidade dos emolumentos devidos aos notários ou registradores pela prática de ato necessário à efetivação de decisão judicial. Desta forma, sendo necessário à penhora determinado o registro do inventário de Plínio, referido ato notarial também merece ser abarcado pela gratuidade processual que favorece a suscitante. Apresentou documentos às fls. 08/44 e 97/103. O Ministério Público opinou pela procedência da dúvida (fls. 105/108). É o relatório. Passo a fundamentar e a decidir. Com razão o Registrador, bem como a D. Promotora de Justiça. No ordenamento jurídico pátrio, incumbe ao registrador, no exercício do dever de qualificar o título que lhe é apresentado, examinar o aspec to formal, extrínseco, e observar os princípios que regem e norteiam os registros públicos. Neste contexto, de acordo com o principio da continuidade, tratado nos artigos 195 e 237 da Lei de Registros Públicos, o imóvel deve ser matriculado em nome do outorgante, observando uma cadeia sucessiva de titulares, assim, apenas transmite o direito quem é o titular deste direito. Oportuno destacar a lição de Narciso Orlandi Neto, para quem: "No sistema que adota o princípio da continuidade, os registros têm de observar um encadeamento subjetivo. Os atos praticados têm de ter, numa das partes, a pessoa cujo nome já consta do registro. A pessoa que transmite um direito tem de constar do registro como titular desse direito, valendo para o registro o que vale para validade dos negócios" (Retificação do Registro de Imóveis, Editora Oliveira Mendes, p. 56). E ainda de acordo com a análise acerca do principio da continuidade feita por Afrânio de Carvalho: "O princípio da continuidade, que se apóia no de especialidade, quer dizer que, em relação a cada imóvel, adequadamente individuado, deve existir uma cadeia, de titularidade à vista da qual só se fará a inscrição de um direito se o outorgante dele aparecer no registro como seu titular. Assim, as sucessivas transmissões, que derivam umas das outras, asseguram a preexistência do imóvel no patrimônio do transferente" (Registro de Imóveis, Editora Forense, 4ª Ed., p. 254). Necessário, por conseguinte, que o titular de domínio seja o mesmo no título apresentado a registro e no registro de imóveis. Na presente hipótese, de acordo com o registro nº 01 da matrícula nº 73.095, parte do imóvel foi adquirida por Plínio e Neuza, casados sob o regime da comunhão universal de bens (fls. 41/44). Todavia, não consta da matrícula do imóvel em questão o registro do formal de partilha da cônjuge virago Neuza Calzetta Figueiredo, tendo seu falecimento ocorrido em 02.03.2010, ou seja, anteriormente a Plínio Carlos Figueiredo (05.07.2012). Consequentemente não houve a partilha de sua parte ideal, quebrando com isso a continuidade que dos registros públicos se espera, podendo atingir direitos de terceiros. Ora, essa omissão impede que o título apresentado a registro ingresse no fólio real, tendo em vista a impossibilidade de identificar se a fração pertencente a Neuza foi atribuída a Plínio ou a Silvana, afrontando a segurança juridica. Logo, é de rigor a manutenção do primeiro óbice, já que o respectivo formal de partilha não pode ter ingresso ao fólio real até que adequado à partilha do cônjuge pré morto, a permitir a perfeita formalização do ato registrário. Melhor sorte não teve a suscitada em relação insurgência acerca da cobrança de emolumentos. Nos termos do Capítulo XIII das Normas da Corregedoria Geral da Justiça, item 76: "São gratuitos os atos previstos em lei e os praticados em cumprimento de mandados judiciais expedidos em favor da parte beneficiária da justiça gratuita, sempre que assim for expressamente determinado pelo Juiz". A matéria já se encontra definida pelos precedentes da Egrégia Corregedoria Geral da Justiça (Proc. CG nº 11.238/2006 e Processos nºs 397/03, 3.908/99 e 18.236/95), no sentido de que deve ser respeitada a projeção da decisão judicial de isenção de custas à parte beneficiária da assistência judiciária gratuita, na esfera dos emolumentos atrelados aos serviços de registro delegados. Na questão posta a análise o registro dos inventários de Plínio e Neuza não decorrem de mandado judicial, não havendo qualquer ordem expressa para a aplicação da gratuidade para o ato registrário. Como bem exposto pelo registrador, os registros ainda que viabilizem a penhora determinada no cumprimento de sentença pelo MMº Juízo da 24ª Vara de São Bernardo do Campo, não guardam relação com o processo, haja vista que o objeto daqueles autos é a cobrança de dívida. Nota-se que a exigência feita pelo Registrador, de deferimento expresso da gratuidade pelo Juízo Cível para o registro do inventário do executado, é ato praticado de forma regular. Ressalto que não há como dispensar a cobrança da contraprestação por serviços prestados pelas Serventias Extrajudiciais sem ordem judicial expressa neste sentido. Assim, em se tratando de custas e emolumentos devidos aos serviços de notas e registro de taxas, como pacificado pelo Supremo Tribunal Federal e acolhido de modo tranquilo pela Egrégia Corregedoria Geral da Justiça do Estado de São Paulo, apenas a lei poderá conceder isenção. Por fim, entendo corretas as exigências formuladas pelo delegatário, visando a preservação do principio da continuidade e o correto recolhimento dos emolumentos. Diante do exposto, julgo procedente a dúvida inversa suscitada por Nilva Ferreira Figueiredo em face do Oficial do 8º Registro de Imóveis da Capital, e consequentemente mantenho os óbices registrários. Deste procedimento não decorrem custas, despesas processuais e honorários advocatícios. Oportunamente remetam-se os autos ao arquivo. P.R.I.C. - ADV: DANILO MARTINS STACCHINI FILHO (OAB 272634/SP) (DJe de 03.04.2019 - SP)

Processo 1012276-76.2019.8.26.0100

Pedido de Providências - Consulta - Emolumentos - Joao Costa Pinto - Vistos. Trata-se de pedido de providências formulado por João Costa Pinto, em face da Oficial do 6º Registro de Imóveis da Capital, pretendendo a retificação do valor cobrado a título de emolumentos para o registro da ação de usucapião que tramitou perante o MMº Juízo da 2ª Vara de Registros Públicos (processo nº 0025507-37.2012.8.26.0100), a qual foi julgada procedente. Relata o requerente que para a efetivação do ato registrário foi exigido o depósito de emolumentos no importe de R$ 2.348,15 (dois mil, trezentos e quarenta e oito reais e quinze centavos), sendo o cálculo efetuado sobre a integralidade do imóvel. Destaca que o valor deveria ser reduzido à metade, de modo a guardar equivalência com o objeto da ação, haja vista que a ação de usucapião visou a declaração de propriedade sobre 1/2 do imóvel descrito na inicial. Salienta que as custas processuais foram recolhidas com base no valor da metade do imóvel, com concordância expressa do Juízo, logo, em consonância com o principio da proporcionalidade o recolhimento dos emolumentos deve ser efetuado de forma proporcional ao objeto da ação de usucapião. Juntou documentos às fls. 03/16. A Registradora manifestou-se às fls. 20/21. Assevera que o cálculo está correto, tendo em vista que a sentença expressamente reconheceu a usucapião do bem todo, razão pela qual será aberta matrícula do imóvel e será registrada a sentença da usucapião do lote inteiro, sendo este o objeto da ação, a despeito das alegações do interessado. O Ministério Público opinou pela improcedência do pedido (fls. 24/25). É o relatório. Passo a fundamentar e a decidir. Com razão a Registradora bem como o D. Promotor de Justiça. A usucapião, em quaisquer de suas modalidades, é modo originário de aquisição de propriedade, sendo que a sentença é meramente declaratória de um direito de propriedade preexistente, logo, o seu registro não é constitutivo do direito real. Daí que a sentença e o registro, visam particularmente à regularização e a publicidade de uma situação já consolidada, e revelada pela posse prolongada no tempo somada a outros requisitos próprios de cada uma das espécies. Neste contexto, verifico que apesar da pretensão do requerente ser a parte ideal do imóvel ao formular a ação de usucapião em Juízo, sob a alegação de ser possuidor da outra metade, o registro, com a consequente abertura da matrícula, se dá sobre a totalidade do bem, consequentemente os emolumentos devidos sobre a efetivação do ato deverão ser calculado sobre o valor total. Ademais, a r sentença proferida às fls. 09/11 é bem clara ao declarar em favor dos interessados o domínio do imóvel, logo não há qualquer menção a fração ideal, mas sim a integralidade do bem: "... Julgo procedente o pedido inicial para declarar em favor dos autores o domínio do imóvel localizado à Rua Gílias nº 623, Vila Bela, nesta Capital, conforme transcrição sob nº 21.106 do 11º Oficial de Registro de Imóveis; planta do loteamento Vila Bela, quadra 27, lotes 1 e

2 (croquis sem escala de fls. 90 e 94) e planta de fls. 54, servindo esta sentença como mandado." Logo, correto o valor dos emolumentos, nos termos dos cálculos efetuados pela registradora. Diante do exposto, julgo improcedente o pedido de providências formulado por João Costa Pinto em face da Oficial do 6º Registro de Imóveis da Capital. Deste procedimento não decorrem custas, despesas processuais e honorários advocatícios. Oportunamente remetam-se os autos ao arquivo. P.R.I.C. - ADV: FÁBIO KUZDA COSTA PINTO (OAB 208469/SP) (DJe de 11.03.2019 - SP)

Processo 1103857-75.2019.8.26.0100

Pedido de Providências - Tabelionato de Notas - T.N. - I.S. e outro - Juiz(a) de Direito: Dr(a). Luiz Gustavo Esteves VISTOS. Trata-se de pedido de providências encaminhado pelo Sr. Oficial 20º Tabelião de Notas da Capital, consultando acerca da possibilidade de desconto ou abatimento total do valor de xerocópias, como é supostamente realizado em outras serventias extrajudiciais. O Sr. Titular juntou aos autos manifestação do usuário que requereu o desconto, fls. 07/10. A D. Representante do Ministério Público manifestou-se às fls. 13/15, opinando pelo indeferimento do pedido e consequente arquivamento dos autos. Posteriormente, reiterou seu parecer às fls. 56. O Banco Indusval S/A, usuário que pediu a cortesia, esclareceu às fls. 53 que nenhum Tabelião de Notas oferece desconto de cópias em seu favor. É o relatório. DECIDO. Cuida-se de pedido de providências encaminhado pelo Sr. Oficial 20º Tabelião de Notas da Capital, consultando acerca da possibilidade de desconto ou abatimento total do valor de xerocópias, como é supostamente realizado em outras Serventias Extrajudiciais. Informou o Sr. Tabelião que recebeu de um usuário um pedido de que houvesse cortesia nas xerocópias, tendo em vista o oferecimento deste desconto por outros cartórios. (fls. 1/2) Instado para diligenciar junto ao usuário interessado do esclarecimento de quais serventias efetuam a cordialidade narrada, o Sr. Titular juntou aos autos resposta do cliente solicitando a desconsideração de seu pedido. (fls. 6/10)

Intimado para se manifestar acerca de que outras serventias não cobram pelas cópias reprográficas, o usuário Banco Indusval esclareceu que nenhum Tabelião de Notas oferece desconto de cópias em seu favor (fls. 53) Pois bem. De extrema pertinência ao tema, a nota explicativa 10.3 da Lei Estadual nº 11.331/02 a seguinte redação: "Nota 10.3. - Quando a cópia reprográfica for extraída em máquina própria da serventia, o Notário repassará o custo operacional à parte, até o máximo de 0,026 UFESPs. Se, entretanto, extraída em papel próprio da serventia que contenha requisitos de segurança, cobrar-se-á até, no máximo, 0,05 UFESPs. Neste caso, tal cópia deverá, necessariamente, ser autenticada de forma regular pelo Notário." Como bem aponta o Sr. Oficial em sua peça inicial, o texto legal acima dispõe nitidamente a obrigação do Notário de repassar ao usuário e, o custo operacional referente às cópias reprográficas que forem extraídas em máquina própria da serventia. Assim, compreendendo a imperatividade do comando da norma citada, não seria cabível admitir a possibilidade de desconto ou abatimento do valor de xerocópias. Ademais, consoante o entendimento exposto no parecer apresentado pela D. Representante do Ministério Público, o repasse de custo operacional consiste em emolumento. Fixada tal premissa, o que se pretende, em suma, com a concessão da gratuidade ora postulada é a outorga de isenção no pagamento dos emolumentos. Contudo, diante da natureza jurídica de taxa, certo é que eventual isenção somente poderá ser veiculada através de lei específica, conforme disposição expressa do art. 150, § 6º, da Constituição da República, o que inocorre no presente caso: "Qualquer subsídio ou isenção, redução de base de cálculo, concessão de crédito presumido, anistia ou remissão, relativos a impostos, taxas ou contribuições, só poderá ser concedido mediante lei específica, federal, estadual ou municipal, que regule exclusivamente as matérias acima enumeradas ou o correspondente tributo ou contribuição, sem prejuízo do disposto no art. 155, § 2.º, XII, g." Complementarmente, à luz do artigo 111 do Código Tributário Nacional, a legislação tributária que disponha sobre outorga de isenção deverá ser interpretada literalmente. De acordo com os ensinamentos de Eduardo Sabbag: "a interpretação literal nos leva à aplicação do método "restritivo" de exegese. Vale relembrar que tal método hermenêutico é contrário à interpretação ampliativa, não se permitindo a incidência da lei "além" da fórmula ou hipótese expressas em seu bojo" (Código Tributário Nacional comentado, 2ª Edição, p. 452, Editora Método). Nesse sentido, o entendimento do C. Superior Tribunal de Justiça sobre o tópico: TRIBUTÁRIO. RECURSO ESPECIAL REPRESENTATIVO DE CONTROVÉRSIA. ART. 543-C, DO CPC. IMPOSTO DE RENDA. ISENÇÃO. SERVIDOR PÚBLICO PORTADOR DE MOLÉSTIA GRAVE. ART. 6º DA LEI 7.713/88 COM ALTERAÇÕES POSTERIORES. ROL TAXATIVO. ART. 111 DO CTN. VEDAÇÃO À INTERPRETAÇÃO EXTENSIVA. 1. A concessão de isenções reclama a edição de lei formal, no afã de verificar-se o cumprimento de todos os requisitos estabelecidos para o gozo do favor fiscal

2. O conteúdo normativo do art. 6º, XIV, da Lei 7.713/88, com as alterações promovidas pela Lei 11.052/2004, é em conceder o benefício fiscal em favor dos aposentados portadores das seguintes moléstias graves: moléstia profissional, tuberculose ativa, alienação mental, esclerose múltipla, neoplasia maligna, cegueira, hanseníase, paralisia irreversível e incapacitante, cardiopatia grave, doença de Parkinson, espondiloartrose anquilosante, nefropatia grave, hepatopatia grave, estados avançados da doença de Paget (osteíte deformante), contaminação por radiação, síndrome da imunodeficiência adquirida, com base em conclusão da medicina especializada, mesmo que a doença tenha sido contraída depois da aposentadoria ou reforma. Por conseguinte, o rol contido no referido dispositivo legal é taxativo (numerus clausus), vale dizer, restringe a concessão de isenção às situações nele enumeradas. 3. Consectariamente, revela-se interditada a interpretação das normas concessivas de isenção de forma analógica ou extensiva, restando consolidado entendimento no sentido de ser incabível interpretação extensiva do aludido benefício à situação que não se enquadre no texto expresso da lei, em conformidade com o estatuído pelo art. 111, II, do CTN. (Precedente do STF: RE 233652 / DF [...]. Precedentes do STJ: EDcl no AgRg no REsp 957.455/RS [...]; REsp 1187832/RJ [...]; REsp 1035266/PR [...]; AR 4.071/CE [...]; REsp 1007031/RS [...]; REsp 819.747/CE [...]. 5. Recurso especial provido. Acórdão submetido ao regime do art. 543-C do CPC e da Resolução STJ 08/2008. (STJ. 1ª Seção de Julgamento. REsp 1.116.620/BA. Relator: Ministro Luiz Fux. Julgamento: 09/08/2010). Tratando-se os emolumentos de tributo de competência Estadual, caberá aos Estados e ao Distrito Federal a instituição - através de lei específica, com escopo exclusivo - de isenção a eles aplicável, nos limites da sua competência territorial. Consoante Luciano Amaro: "O objetivo visado com essa disposição é evitar que certas isenções ou figuras análogas seja aprovadas no bojo de leis que cuidam dos mais variados assuntos (proteção do menor e do adolescente), desenvolvimento de setores econômicos, relações de trabalho, partidos políticos, educação etc) e embutem preceitos tributários que correm o risco de ser aprovados sem que o legislativo lhes dedique específica atenção" (AMARO, Luciano. Direito Tributário Brasileiro. 15ª ed. São Paulo: Editora Saraiva, 2009, p. 114-115). Diante desse painel, demonstra-se clara a impossibilidade do Notário conceder desconto ou abatimento total do valor de xerocópias. Por fim, observando que o usuário se retratou nos autos, esclarecendo que nenhuma Serventia Extrajudicial irregularmente realiza a cortesia referida, não vislumbro outras providências que devem ser adotadas perante o presente feito. Nessas condições, à míngua de outra providência, determino o arquivamento dos autos. Ciência ao Tabelião e ao representante, por e-mail. Encaminhe-se cópia desta decisão à E. Corregedoria Geral da Justiça, por e-mail, servindo a presente como ofício. I.C. - ADV: RENATA CALIXTO ANDRADE (OAB 280901/SP), VANESSA SALEM EID (OAB 310078/SP), EDUARDO VITAL CHAVES (OAB 257874/SP) (– DJe de 10.12.2019 – SP)

RESPONSABILIDADE

Processo 1013863-36.2019.8.26.0100

Pedido de Providências - Registro Civil das Pessoas Naturais - V.C.V. - R.T.D.J. e outro - Juiz(a) de Direito: Dr(a). Leticia Fraga Benitez Vistos. Trata-se de expediente instaurado a partir de reclamação apresentada por Verlandia Cavalcante Vieira, em face da Sra. Oficial e Tabeliã do Registro Civil e Tabelionato de Notas do Distrito de Jaraguá, Capital, alegando suposta irregularidade na celebração de casamento. A Sra. Oficial e Tabeliã manifestou-se às fls. 120/122. A D. Representante do Ministério Público manifestou-se conclusivamente às fls. 234/237. É o breve relatório. DECIDO. Inicialmente, importa ressaltar novamente que o âmbito de atribuições do exercício desta Corregedoria Permanente dos Registros Civis das Pessoas Naturais e Tabelionatos de Notas da Capital se desenvolve na esfera administrativa nesta 2ª Vara de Registros Públicos, limitado aos aspectos administrativos do serviço público delegado, com vistas a apurar eventual responsabilidade disciplinar do Delegatário. Vale dizer, não haverá formação de convencimento judicial para anulação dos atos notariais ou sobre responsabilidade civil. Feito este esclarecimento, de acordo com o narrado às fls. 01/10, a interessada foi companheira de José Geraldo Leite de Oliveira de dezembro de 2014 até seu falecimento em 10 de fevereiro de 2019. Alega que, posteriormente ao óbito de José Geraldo, foi surpreendida com a notícia de que seu companheiro casou-se novamente com sua ex-esposa, Sra. Valdete Braz da Costa, em 15 de setembro de 2019, perante o Registro Civil e Tabelionato de Notas do Distrito de Jaraguá, Capital. Contudo, aduz a interessada que, à época da celebração do casamento, José Geraldo apresentava quadro de encefalopatia hepática, ocasionado por cirrose hepática e não possuía condições de expressar sua vontade. Nos esclarecimentos prestados nos autos, a Senhora Registradora sustentou que todas as cautelas inerentes foram adotadas para a celebração do casamento em questão, tanto para orientação das partes como para a verificação de suas condições pessoais. Pois bem. Do estudo do acervo probatório carreado aos autos, forçoso é de convir que a reclamante não demonstrou a incapacidade de José Geraldo, ao tempo do ato (15 de setembro) ou, ainda, que a doença apresentada pelo contraente tivesse potencial para reduzir o seu discernimento. Da oitiva da testemunha Ricardo Lima Coelho, médico que atendeu o nubente José Geraldo, verifica-se que, quando de sua internação em 12 de setembro de 2018, não foi realizada qualquer menção no prontuário médico acerca de eventual confusão mental apresentada. De outro lado, na internação ocorrida em 19 de setembro do mesmo ano, José Geraldo apresentou quadro grave de encefalopatia hepática, do que se poderia inferir a incapacidade do nubente no momento do casamento. Contudo, conforme asseverou a própria testemunha, certo é que não se pode aferir, objetivamente, em que momento se iniciou o quadro de confusão mental do nubente. Ainda que em 19 de setembro apresentasse grave quadro de encefalopatia hepática, tecnicamente, não se pode dizer quando e em que velocidade o quadro de confusão mental teria se instalado, sendo impossível se afirmar que no dia 15 de setembro, data da celebração do casamento, o nubente apresentava qualquer nível de confusão mental. Ademais, referida testemunha ainda acrescentou que, caso José Geraldo no momento do ato apresentasse quadro de encefalopatia de grau leve, este poderia passar desapercebido por qualquer pessoa, justamente por não provocar, necessariamente, alguma alteração evidente. Em resumo, da prova oral colhida, infere-se que o nubente apresentava quadros de confusão mental oscilantes e intermitentes, não sendo constante na vida de José Geraldo. Alem disso, dos depoimentos das escreventes responsáveis pela habilitação de casamento, depreende-se uma cuidadosa atenção com o atendimento das pessoas que se habilitam para casamento naquela Serventia, uma vez que os esclarecimentos feitos aos celebrantes duram em média 40 minutos, ou seja, tempo suficiente para que seja constatada eventual ausência de capacidade cognitiva dos nubentes. Impende ressaltar, ainda, que, por diversas vezes, as circunstâncias que revelam eventual leve incapacidade da parte não são facilmente percebidas pelos profissionais dos Registros Civis, responsáveis tanto pela lavratura dos atos quanto pela celebração de casamentos, uma vez que funcionários, além de não possuírem conhecimento técnico para diagnosticar e constatar a enfermidade geradora de déficit de discernimento, desconhecem o histórico médico e familiar dos interessados. Ademais, consoante bem pontuado pela D. Representante do Ministério Público, mormente após a edição do Estatuto da Pessoa com Deficiência (Lei n.º 13.146/2015), a incapacidade decorrente de transtornos mentais, perenes ou transitórios, não é presumida. Desta feita, para dar ensejo à responsabilização disciplinar do Delegatário, a conduta deve ser avaliada a partir de critérios objetivos, em cada caso concreto, verificando-se se, em determinada circunstância, era prudente ou esperado que a Registradora empreendesse maiores diligências que as usualmente adotadas para a habilitação dos casamentos. Muito ao contrário, no caso em tela restou demonstrada a adoção das cautelas legais e previstas nas Normas de Serviço da Corregedoria Geral da Justiça, não havendo elemento probatório mínimo/suficiente a indicar que José Geraldo apresentasse quadro de confusão mental ou desorientação que obstasse a celebração do casamento. Bem por isso, a hipótese em exame não dá margem à adoção de providência censório-disciplinar em relação ao serviço correcionado, não se vislumbrando responsabilidade funcional hábil a ensejar procedimento administrativo, razão pela qual determino o arquivamento dos autos. Ciência ao reclamante, à Sra. Oficial e ao Ministério Público. Encaminhe-se cópia desta decisão à Egrégia Corregedoria Geral da Justiça, por e-mail, servindo a presente como ofício. Oportunamente, arquivem-se. I.C. - ADV: DIOGO GARCIA BISELLI (OAB 310429/SP), RUBENS HARUMY KAMOI (OAB 137700/SP), NATASSIA ABE KAMOI (OAB 274457/SP), LARISSA ABE KAMOI (OAB 307318/SP), RAFAEL GOMES DE ARAUJO (OAB 378287/SP) (DJe de 20.05.2019 - SP)

CASAMENTO

CONVERSÃO DE UNIÃO ESTÁVEL EM CASAMENTO

Processo 1007593-93.2019.8.26.0100

Pedido de Providências - Conversão de união estável em casamento - A.M.F. - VISTOS, Trata-se de expediente instaurado a partir de comunicação encaminhada por Antônio Marcos de Faria, noticiando a recusa da lavratura de escritura pública de dissolução de união estável, pelo 3º Tabelião de Notas da Capital. O Sr. Tabelião Interino manifestou-se às fls. 31/36. Vieram aos autos manifestação do Colégio Notarial do Brasil - Seção São Paulo às fls. 51/56. O D. Representante do Ministério Público manifestou-se conclusivamente às fls. 44/45. É o breve relatório. DECIDO. Cuida-se de expediente instaurado a partir de comunicação encaminhada por Antônio Marcos de Faria, noticiando a recusa da lavratura de escritura pública de dissolução de união estável, pelo 3º Tabelião de Notas da Capital, sob a alegação de que a procuração outorgada pelos conviventes Rosa Nayara de Jesus Barbosa e Carlos Alberto Pinheiro data de 23/11/18, ultrapassando, portanto, o prazo de 30 dias, previsto nas N.S.C.G.J. Alega o procurador, ora interessado, a ausência de previsão normativa que estabeleça o prazo de validade do instrumento público para lavratura de escritura pública de dissolução de união estável, frisando que a exigência prevista no item 88 das N.S.C.G.J. aplica-se somente à separação e ao divórcio. Pois bem. Respeitado entendimento contrário, de rigor a manutenção do óbice levantado pelo Sr. Tabelião Interino. Senão vejamos. Da análise do item 88 das Normas de Serviço da Corregedoria Geral de Justiça e do art. 36 da Resolução nº 35 do CNJ, extrai-se a possibilidade de lavratura de escritura pública de separação ou divórcio extrajudicial sem a necessidade de comparecimento pessoal das partes, quando forem representados por procurador, desde que apresentado instrumento público com prazo de validade não superior a 30 dias. Ocorre que, consoante bem apontado pelo Sr. Tabelião Interino (fls. 34/35), há recomendação, no âmbito do Conselho Nacional de Justiça, acerca da aplicação da Resolução nº 35 do CNJ à dissolução extrajudicial da união estável (Recomendação nº 22/2016), justamente em razão da vigência no Novo Código de Processo Civil (Lei 13.105/2015) que inseriu em nosso ordenamento jurídico a possibilidade de extinção consensual da união estável por escritura pública (art. 733). Com efeito, não se pode olvidar que o objetivo das referidas normas é exatamente respeitar a vontade atual dos interessados, que não rara as vezes, pode modificar-se em curto espaço de tempo, sendo recomendável, portanto, diante da lacuna normativa, a aplicação analógica do item 88 das Normas de Serviço da Corregedoria Geral de Justiça e do art. 36 da Resolução nº 35 do CNJ às hipóteses de extinção consensual de união estável. Ante o exposto, mantenho objeção apontada pelo Sr. Tabelião Interino do 3º Tabelionato de Notas da Capital, devendo o procurador apresentar novo instrumento público, com prazo de validade não superior a 30 dias, a fim de que seja lavrada escritura de dissolução da união estável de Rosa Nayara de Jesus Barbosa e Carlos Alberto Pinheiro. Ciência ao Sr. Tabelião Interino, ao Ministério Público e aos interessados. Encaminhe-se cópia desta decisão à E. Corregedoria Geral da Justiça, por e-mail, servindo a presente como ofício. Oportunamente, arquivem-se os autos. I.C. - ADV: ANTONIO MARCOS DE FARIA (OAB 194946/SP) (DJe de 10.04.2019 - SP)

DUPLA MATERNIDADE BIOLÓGICA

Processo 1065559-14.2019.8.26.0100

Pedido de Providências - Registro Civil das Pessoas Naturais - A.A.P. - R.A.G. - A.J.G. - Juiz(a) de Direito: Dr(a). Leticia Fraga Benitez Vistos, Cuida-se de expediente formulado por Arlete Alves Passos e Renata Aparecida de Gouveia, solicitando a averbação do assento de nascimento da menor Ana Julia Gouveia, para que dele passe a constar, em acréscimo ao nome da genitora, Renata, o nome de sua esposa, Arlete, reconhecendo-se assim a dupla maternidade biológica. O procedimento foi instruído, inicialmente, pelos documentos de fls. 20/71. O representante do Ministério Público manifestou-se pelo indeferimento do pedido às fls. 80/82. É o breve relatório. DECIDO. Trata-se de pedido de providências formulado por Arlete Alves Passos e Renata Aparecida de Gouveia, solicitando a averbação do assento de nascimento da menor Ana Julia Gouveia, para fazer dele constar, em acréscimo ao nome da genitora, Renata, o nome de sua esposa, Arlete, reconhecendo-se assim a dupla maternidade biológica. ARLETE pretende a inserção de seu nome no assento de nascimento da menor, nascida em 07 de fevereiro de 2019, cuja mãe é sua esposa, RENATA. Para tanto, apresentaram a Certidão de Casamento, que ocorreu em 14 de janeiro de 2017, data anterior à gestação da criança. Carreou-se aos autos, em adição, informações e fotos revelando que a família vive em harmonia, indicando-se a composição de um verdadeiro núcleo familiar. Ademais, noticiaram que o bebê foi planejado por ambas, tendo ARLETE participado de todos os procedimentos durante a gestação. Em especial, informaram que a inseminação foi realizada de maneira informal, com sêmen de um doador voluntário, que lhes apresentou todos os seus exames de saúde e concordou com a doação, entregando-lhes o material. Pois bem. À luz de toda a documentação carreada aos autos, observo que não se trata, na realidade, de inseminação artificial nos termos da Resolução 2121/2015 do Conselho Federal de Medicina, por meio de doação anônima de sêmen, tal qual se contrata por meio de clínicas especializadas. Por conseguinte, impedida fica a adoção do artigo 1.597 do Código Civil, pois forçoso reconhecer que há interesses de terceiros a serem discutidos. Por isso mesmo, nos termos do provimento 63/2018, do CNJ, verifica-se que os requerimentos para o reconhecimento da dupla maternidade não se encontram preenchidos, conforme se depreende de seu artigo 17, inciso II: Art. 17. Será indispensável, para fins de registro e de emissão da certidão de nascimento, a apresentação dos seguintes documentos: I - declaração de nascido vivo (DNV); II - declaração, com firma reconhecida, do diretor técnico da clínica, centro ou serviço de reprodução humana em que foi realizada a reprodução assistida, indicando que a criança foi gerada por reprodução assistida heteróloga, assim como o nome dos beneficiários; III - certidão de casamento, certidão de conversão de união estável em casamento, escritura pública de união estável ou sentença em que foi reconhecida a união estável do casal. Em suma, necessário convir que a matéria posta em controvérsia não comporta acolhimento, ao menos no limitado campo registrário, nesta esfera administrativa desempenhada pela Corregedoria Permanente. Assim, inviável a averbação do registro de nascimento desta criança fazendo dele constar, em adição ao nome da genitora, o nome de sua esposa. Impende ressaltar que não se nega, no presente expediente, o direito à parentalidade, mas indefere-se, tão somente, a via registraria para a consecução do objetivo pretendido. Desta maneira, a parte autora deve eleger a via correta para pleitear o que de direito. Ciência às interessada e ao Ministério Público. P.I.C. - ADV: YURI DO CARMO ALVES (OAB 316972/SP) (– DJe de 07.08.2019 – SP)

NASCIMENTO

Processo 1050139-66.2019.8.26.0100

Pedido de Providências - Registro Civil das Pessoas Naturais - J.C.B.O. - M.A.O. - M.A.O. - VISTOS. Cuida-se de pedido de providências formulado por José Carlos Brás de Oliveira, Marcos Antonio de Oliveira e Mércia Aparecida de Oliveira objetivando o registro tardio de nascimento de Gerson Brás de Oliveira, supostamente irmão dos autores e já falecido. Alegam que esse teria nascido por volta do ano de 1948/1949 e que sequer o conheceram, porque teria falecido com apenas seis meses de idade. Com a inicial (fls. 01/08), vieram documentos (fls. 09/18). Houve emendas à inicial (fls. 22/24, 50/54 e 61/65). Manifestou-se o Ministério Público pelo indeferimento do pedido (fls. 68/69). É o breve relatório. DECIDO. Cuida-se de pedido de registro tardio de nascimento proposta pelos autores em relação a seu suposto irmão, Gerson Brás de Oliveira, que teria nascido por volta do ano de 1948/1949, e falecido com seis meses de idade, antes do nascimento dos requerentes. Evidente, no caso, a ausência de dados que atestem a existência do falecido. De fato, não há qualquer informação capaz de basear a narrativa dos requerentes, como por exemplo o local do nascimento, se foi batizado e em que paróquia, ou o cemitério onde teria sido enterrado. Há apenas a alegação de que os autores teriam tido notícia da existência do irmão através de conversas com os pais no seio familiar, e a anotação na certidão de óbito dos genitores (fls. 62/65), valendo notar que em ambas o declarante foi o coautor José Carlos Braz de Oliveira. Ocorre que tais elementos, por si só, não autorizam o registro tardio de nascimento, hipótese prevista no art. 46 da Lei nº 6.015/73, como bem ponderado pelo Ministério Público em sua manifestação (fls. 68/69). Por tais razões, indefiro o pedido. Ciência aos representantes e ao Ministério Público. Comunique-se a decisão à Egrégia Corregedoria Geral da Justiça, por e-mail, servindo a presente sentença como ofício. R.I.C. - ADV: ROGERIO TADEU ROCHA (OAB 204860/SP) (– DJe de 11.11.2019 – SP)

Processo 1014788-32.2019.8.26.0100

Pedido de Providências - Assento de nascimento - J.R.C. - T.C.B. e outro - Juiz(a) de Direito: Dr(a). Leticia Fraga Benitez Vistos, Trata-se de dúvida suscitada pela Oficial de Registro Civil das Pessoas Naturais do 48º Subdistrito - Vila Nova Cachoeirinha, desta Capital, de interesse de Tatiane Conceição Biserra, relacionada com reconhecimento de sua paternidade por José Ribeiro da Costa O representante do Ministério Público ofertou parecer, opinando pelo indeferimento da averbação solicitada (fls. 39). É o relatório. DECIDO. Cuidam os autos de procedimento suscitado pela Oficial de Registro Civil das Pessoas Naturais do 48º Subdistrito - Vila Nova Cachoeirinha, desta Capital, noticiando o reconhecimento de paternidade de Tatiane Conceição Biserra por José Ribeiro da Costa, tendo sido, inclusive, apresentado teste de DNA confirmando a paternidade. No entanto, em contato com o José Ribeiro da Costa, constatou a Sra. Oficial a demonstração de falta de lucidez e acentuada dificuldade em se expressar. Pois bem. Como é sabido, a disciplina das capacidades no Código Civil, alicerçada na ideia de consciência sã voltada à autodeterminação (discernimento), sofreu drástica alteração pelo advento do Estatuto da Pessoa com Deficiência, que entrou em vigor em janeiro de 2.016, e criou, a partir daí, uma nova teoria das incapacidades. Em seu artigo 6º, o Estatuto estabelece que a deficiência não afeta a plena capacidade civil da pessoa, especialmente para a prática dos atos elencados nos incisos, os quais abarcam conteúdo existencial, cerne da proteção do estatuto, e relacionados aos direitos da personalidade. Ocorre que a Egrégia

Corregedoria Geral da Justiça de São Paulo, com a edição do Provimento nº 32/2016, normatizou o tratamento a ser dispensado às pessoas com deficiência, no âmbito do serviço extrajudicial, incluindo o item 42.5, no Capítulo XVII das N.S.C.G.J., o qual dispõe sobre a necessidade de jurisdicionalizar a questão do reconhecimento da paternidade nas hipóteses em que o reconhecedor não puder exprimir sua vontade: "Se o genitor ou a genitora não puder exprimir a vontade, qualquer que seja a causa, não poderá ser lavrado o reconhecimento de filho perante o serviço de registro civil, nem mesmo se de acordo estiver o curador ou apoiador". No caso em tela, não obstante a apresentação do exame de DNA em que se demonstrou a probabilidade de paternidade de 99,99%, restou constatado pela Sra. Oficial a ausência de compreensão de José Ribeiro da Costa para a realização do reconhecimento de paternidade. Ante o exposto, acolho a dúvida suscitada para rejeitar a averbação de reconhecimento de paternidade no assento de nascimento. Ciência à Oficial, aos interessados e ao Ministério Público. Comunique-se a decisão à Egrégia Corregedoria Geral da Justiça, por e-mail, servindo a presente sentença como ofício. Oportunamente, arquivem-se os autos. I.C. - ADV: DEFENSORIA PÚBLICA DO ESTADO DE SÃO PAULO (OAB 999999/DF) (DJe de 24.05.2019 - SP)

Processo 1122309-70.2018.8.26.0100

Retificação ou Suprimento ou Restauração de Registro Civil - Registro de Nascimento de Filho de Brasileiro Nascido no Exterior - Michel El Rachem - Vistos. Michel El Hachem, qualificado nos autos, pleiteia o suprimento da certidão de naturalização de seu genitor Namen Tanus Raya, também conhecido como Namen Tanus Hachem, com o fim de proceder à transcrição do seu registro de nascimento, realizado no Líbano. A inicial de fls. 01/07, veio instruída com documentos de fls. 08/48. O Ministério Público se manifestou a fls. 60 e 103. A fls. 72/91 foi juntado aos autos manifestação do RCPN, do 1.º Subdistrito - Sé, desta Capital. É o relato do necessário. DECIDO. Conforme destacado pelo Ministério Público, falece competência a esse Juízo para analisar a pretensão autoral, na medida em que o certificado de naturalização não se trata de registro público, tampouco se encontra previsto no art. 1.º, § 1.º, da Lei n.º 6.015/73. Assim, "deve o requerente formular pedido perante o Ministério da Justiça, órgão competente para análise da pretensão" (fls. 60). Ademais, tal pretensão já foi objeto de análise desse Juízo, conforme sentença prolatada no pedido de providências n.º 1101893-81.2018.8.26.0100, fls. 74/91, cujo teor, fls. 82/84, fica aqui reiterado. Pelo exposto, JULGO IMPROCEDENTE o pedido, com resolução do mérito, nos termos do artigo 487, I, do CPC. Custas pela parte autora. Com o trânsito, arquivem-se os autos. PRI. - ADV: ADNA SOARES COSTA (OAB 183998/SP) (DJe de 18.03.2019 - SP)

NOME

Processo 1102992-52.2019.8.26.0100

Pedido de Providências - Retificação de Nome - M.L.G.G.G. - Juiz(a) de Direito: Dr(a). Luiz Gustavo Esteves VISTOS. Trata-se de expediente instaurado a partir de suscitação de dúvida registral apresentada por Maria Luisa Guizela Gottschald Gonzalez em face do Ofício do Registro Civil de Pessoas Naturais e Tabelionato de Notas do 13º Subdistrito do Butantã Capital, pleiteando o reconhecimento de firma de sua assinatura, nos moldes em que se encontra seu nome no Aditamento Contratual do Instrumento Particular de Promessa de Compra e Venda e Outras Avenças (fls. 01/50). O Sr. Oficial do Registro Civil de Pessoas Naturais e Tabelião de Notas do 13º Subdistrito do Butantã da Capital manifestou-se às fls. 57/60. O Ministério Público ofertou parecer às fls. 68/70, pugnando pela procedência do pedido. É o relatório. Decido. Trata-se de pedido de providências no qual a parte interessada requer o reconhecimento de firma em aditamento contratual perante o Ofício de Registro Civil de Pessoas Naturais e Tabelionato de Notas do 13º Subdistrito do Butantã da Capital, alegando que houve recusa da Serventia em realizá-lo, em razão do nome da ficha não condizer com o nome do contrato no qual a firma está aposta. O Sr. Oficial do Registro Civil de Pessoas Naturais e Tabelião de Notas do 13º Subdistrito do Butantã da Capital afirmou que não houve recusa ao reconhecimento de firma, mas apenas foram tecidas considerações, tendo em vista que, no Instrumento Particular de Promessa de Venda e Compra e Outras Avenças, consta o nome de casada da Representante e, no aditamento a esse contrato, em que estava aposta a assinatura que ela visa reconhecer, está suprimido o patronímico Gonzalez. Aduz, assim, que a firma a ser reconhecida difere do nome constante no contrato e, em suas palavras, "poderia causar eventuais transtornos". Pois bem. Pela própria manifestação do Sr. Oficial/Tabelião, nota-se que não há dúvidas quanto ao reconhecimento da firma aposta no contrato de aditamento, restando certo que a assinatura pertence à Representante. As ditas "considerações" do Sr. Oficial/Tabelião - que resultaram na recusa do pleiteado reconhecimento consistem na existência de divergência entre o nome da interessada constante no Instrumento Particular de Promessa de Venda e Compra e Outras Avenças e o nome constante no Aditamento àquele contrato, pois neste foi utilizado o nome dela de solteira, enquanto naquele há em seu nome o patronímico de seu falecido cônjuge. Todavia, como se sabe, cabe ao Tabelião verificar apenas a forma do documento; no caso, analisar a veracidade da assinatura nele aposta, com o fito de identificar se corresponde à firma da pessoa informada. Destaca-se que eventual vício no conteúdo do contrato deve ser apreciado em ação judicial, pelo juízo competente. Quanto a essa questão, lecionam Kümpel e Ferrari: "A natureza do reconhecimento de firma é a atestação, fundada na fé pública notarial, da legitimidade ou veracidade da assinatura aposta no documento, de modo a declara a sua autoria. Observe-se que o reconhecimento de firma é ato secundário. Não constitui elemento ou requisito de validade de negócio jurídico, nem mesmo elemento de existência. O ato de reconhecimento reporta-se estritamente aos aspectos morfológicos da assinatura aposta no documento, de forma a não se relacionar ao conteúdo do mesmo. Nesse sentido, destaca a doutrina: 'a presunção de veracidade acobertada pela fé pública do oficial só atinge aos elementos de formação do ato e à autoria das declarações das partes, e não ao conteúdo destas mesmas declarações. Pela verdade das afirmações feitas perante o oficial, só mesmo os autores delas são os responsáveis. Há, destarte, que se distinguir, como faz Chiovenda, entre a verdade extrínseca e a verdade intrínseca, em matéria de documento público'. Logo, o reconhecimento de firma, embora revestido de publicidade, autenticidade, segurança e eficácia no que tange à autoria de assinatura, vinculando efetivamente o signatário ao negócio jurídico assinado, limita-se a isso, isto é, a garantir a autenticidade da identificação das pessoas envolvidas. Não tem o condão de convalidar o ato no qual a intervenção notarial foi realizada." (Kümpel, Vitor Frederico; Ferrari, Carla Modina. Tratado Notarial e Registral: Tabelionato de Notas. Volume III. 1ª ed. São Paulo: YK Editora, 2017. P. 1.107-1.108) Diante disso, como não há qualquer elemento a impedir o reconhecimento da assinatura da Representante, defiro o reconhecimento da firma de Maria Luisa Guizela Gottschald no documento original de aditamento contratual, cuja cópia encontra-se juntada às fls. 49/50. Ciência à Sra. Representante, ao Sr. Titular e ao Ministério Público. Comunique-se a decisão à Egrégia Corregedoria Geral da Justiça, por e-mail, servindo a presente como ofício. I.C. - ADV: MIRIAM RODRIGUES DE OLIVEIRA ARAUJO (OAB 199062/SP) (– DJe de 06.12.2019 – SP)

Processo 1108808-15.2019.8.26.0100

Pedido de Providências - Retificação de Nome - Associação dos Imigrantes da Guine-bissau em São Paulo - Vistos. Recebo a petição de fls. 43/47 como emenda à inicial, bem como pedido de providências. Anote-se. Em relação ao pedido de nomeação do administrador provisório Nicandro João Bate, esclareço que para a eleição de um administrador provisório é imprescindível a intervenção do Poder Judiciário, tendo em vista que não se discute apenas a situação registrária, mas a própria representação da pessoa jurídica, além da administração de seus vários interesses. Há de se notar que o Estatuto Social deve se adequar às disposições do Código Civil Brasileiro, e o administrador provisório deve ter poderes específicos para convocar e presidir Assembleia Geral Extraordinária. Neste raciocínio, importante examinar precedente da E. Corregedoria Geral da Justiça, cujo objeto é o mesmo desta demanda, valendo transcrever o voto do parecer nº 377/2017: "Isso porque a atual gestão da entidade não está formalmente constituída e não corresponde àquela que consta formalmente junto ao Registro Civil das Pessoas Jurídicas. Portanto, não tem legitimidade para convalidar atos da entidade e tampouco para convocar eleições. Sendo impossível, como informa a recorrente, obter regularização dos atos de gestão por aqueles que constam formalmente como membros da diretoria, imprescindível a nomeação judicial de administrador provisório para esse fim. A convocação de assembleia por pessoas que não figuram formalmente como membros da diretoria da entidade não tem qualquer valia, sendo correta a recusa do registrador, em consonância com o princípio da continuidade. Não se cuida de meras formalidades vazias, mas de exigências necessárias para a observância do principio registral acima indicado. Somente um administrador provisório nomeado judicialmente poderá promover a regularização do período compreendido entre o término do último mandato e sua (Recurso Administrativo nº 0004320-77.2013.8.26.0539. CGJSP. São Paulo, 09/11/2017 Relatora: Tatiana Magosso). No mais, o artigo 49 do Código Civil é claro ao estabelecer que: "Se a administração da pessoa jurídica vier a faltar, o juiz, a requerimento de qualquer interessado, nomear-lhe-á administrador provisório" Logo, ao dispor que somente o juiz poderá nomear administrador provisório, tem-se que é indispensável o requerimento na via judicial, perante uma das Varas Cíveis competentes, preservando-se o princípio da continuidade registrária. Assim, delimito o objeto do presente feito à análise da possibilidade do registro das alterações do Estatuto da requerente, bem como a ata da assembleia geral ordinária realizada em 12.01.2019. Ao Oficial do 9º Registro de Títulos e Documentos e Civil de Pessoa Jurídica da Capital para informações, no prazo de 15 (quinze) dias. Com a juntada da manifestação, abra-se vista ao Ministério Público e tornem os autos conclusos. Int. - ADV: JOSE CARLOS SOUZA SANTOS (OAB 241650/SP) (– DJe de 05.12.2019 – SP)

Processo 1055830-61.2019.8.26.0100

Retificação ou Suprimento ou Restauração de Registro Civil - Retificação de Nome - Irene Rodrigues Passos Gomes - Ante o exposto, com fundamento no artigo 487, inciso I, do Código de Processo Civil, julgo PROCEDENTE o pedido nos termos da inicial, valendo observar o disposto no artigo 139.4 do Cap. XVII das NSCGJ tomo II. Após o trânsito em julgado, expeça-se o necessário. Ficam concedidos os benefícios da JUSTIÇA GRATUITA nos termos do artigo 12 da Lei 1060/50, o que deve ser observado pelo Sr. Oficial da Unidade do Serviço de Registro Civil das Pessoas Naturais competente. Esta sentença servirá como mandado, desde que assinada digitalmente por esta Magistrada e acompanhada das cópias necessárias ao seu cumprimento, inclusive da certidão de trânsito em julgado, incumbindo ao Sr. Oficial da Unidade do Serviço de Registro Civil das Pessoas Naturais competente consultar, em caso de dúvida, os autos digitais no sistema informatizado do Tribunal de Justiça do Estado de São Paulo (deverá solicitar a senha de acesso aos autos digitais ao Ofício Judicial da 2ª Vara de Registros Públicos da Comarca da Capital). O Sr. Oficial da Unidade do Serviço de Registro Civil das Pessoas Naturais competente deverá comunicar este Juízo, em cinco dias, via ofício, o lançamento das averbações nos assentos, indicando-os expressamente. Outrossim, se aplicável, poderá nesta ser exarado o respeitável "CUMPRA-SE" do Excelentíssimo Senhor Doutor Juiz Corregedor Permanente competente, ordenando seu cumprimento pelo Senhor Oficial da respectiva Unidade do Serviço de Registro Civil das Pessoas Naturais. A parte autora fica expressamente ciente de que tem o dever processual de comprovar nesses autos o cumprimento integral desta sentença (artigo 77, inciso IV, do Novo Código de Processo Civil) e advertida de que o não cumprimento caracteriza ato atentatório à dignidade da justiça e, como tal, poderá ensejar, sem prejuízo das sanções criminais, civis e processuais cabíveis, aplicação de multa, nos termos do artigo 77 e parágrafos do Novo Código de Processo Civil. Ciência ao Ministério Público. Oportunamente, arquivem-se os autos. P.R.I. - ADV: DEFENSORIA PÚBLICA DO ESTADO DE SÃO PAULO (OAB 999999/DP)

Íntegra da decisão:

SENTENÇA

Vistos.

IRENE RODRIGUES PASSOS GOMES propõe ação com pedido de retificação do assento de casamento. Alega que, em razão de seu casamento, passou a adotar o nome atual, com o acréscimo do patronímico do esposo. Afirma que se divorciou em fevereiro de 2010, ocasião em que requereu a adoção de seu nome de solteira, "Irene Rodrigues Passos". Todavia, quando da averbação da sentença de divórcio em seu assento de casamento não constou a pretensão da autora de voltar a utilizar seu nome de solteira. Com a inicial foram juntados os documentos das fls. 05/30.

Foi determinada a juntada de documentos complementares (fls. 45/58)

O Ministério Público ofertou parecer, opinando pelo deferimento do pedido (fls. 96/97). É o relatório.

FUNDAMENTO E DECIDO.

O pedido é procedente.

O artigo 1.565, parágrafo 1º, do Código Civil estabelece que: *"qualquer dos nubentes, querendo, poderá acrescer ao seu o sobrenome do outro"*.

"Nubente", por sua vez, é o nome que se dá àquele ou àquela que está prestes a se unir a alguém através do vínculo matrimonial e, por definição, não se confunde com a pessoa do marido ou da esposa, figuras que surgem após a constituição de tal vínculo.

Neste ponto, é importante destacar que não se trata de um purismo do legislador ou de um rigorismo do julgador e sim da segurança jurídica que envolve a formação de uma família e a manifestação pública de que aqueles dois, que outrora eram pessoas totalmente apartadas, passam a se reger como uma sociedade conjugal, caracterizada, inclusive, pelo seu nome.

Ademais, é cabível recordar que, em tempos passados, era obrigatória a adoção do sobrenome marital por parte da esposa, uma vez que a visão da sociedade era patriarcal. Com o correr dos anos, foi suprimida tal imposição, tornando a adoção do nome do cônjuge uma faculdade dos nubentes a ser exercida justamente no momento em que deixam de ser noivos e se tornam esposos, sendo que o seu exercício, tal qual seu não exercício, implicam em uma escolha definitiva e que perdura até o divórcio ou o óbito do cônjuge, ou ainda no caso das demais hipóteses elencadas no artigo 1.571, parágrafo 2º, do Código Civil.

Assim tem entendido o E. Tribunal de Justiça de São Paulo:

RETIFICAÇÃO DE REGISTRO CIVIL (ASSENTO DE CASAMENTO) - Improcedência - Pedido de retificação que busca a supressão do patronímico do cônjuge - Inadmissibilidade - ***Opção exercida quando da celebração do casamento (art. 1.565, § 1º, do Código Civil) - Exclusão do referido patronímico somente nas hipóteses previstas no art. 1.571, § 2º, do mesmo diploma legal*** *- Ausência ainda de quaisquer situações excepcionais previstas nos artigos 56, 57 e 58 da Lei 6.015/73 (redação dada pela Lei 9.708/98) Alegadas desavenças com a família do cônjuge não autorizam a retificação pretendida - Precedentes - Sentença mantida - Recurso improvido. (TJSP; Apelação Cível 0002074-37.2009.8.26.0414; Relator (a): Salles Rossi; Órgão Julgador: 8ª Câmara de Direito Privado; Foro de Palmeira D'Oeste - Vara Única; Data do Julgamento: 15/09/2010; Data de Registro: 21/09/2010)*

Dessa forma, o direito de acrescer o patronímico do cônjuge por ocasião do casamento não induz, objetivamente, por paralelismo, a uma opção posterior de se lhe retirar, ressalvadas as hipóteses previstas no artigo 1.571, parágrafo 2º, do Código de Processo Civil.

"Uma vez realizada a opção no assento do casamento, o nome se torna imutável, aplicando-se o artigo 58 da LRP. Não poderá o marido ou a esposa pleitear a sua retirada sob alegação de transtorno (e.g. necessidade de modificar todos os documentos) ou mero descontentamento" (ARAUJO, Fabio Caldas in Lei de Registros Públicos Comentada, 2ª ed., 117/118).

O caso dos autos, contudo, é peculiar. Isso porque, apesar de ter sido decretado o divórcio da autora e de seu ex- marido, e ter a autora requerido a adoção de seu nome de solteira, tal informação não foi averbada em seu assento de casamento.

Ora, a Lei de Registros Públicos, ao estabelecer que os sobrenomes são imutáveis, consagra duas exceções: (i) no artigo 56, a alteração do prenome, pelo interessado, no primeiro ano após ter atingido a maioridade civil, desde que não haja prejuízo aos apelidos de família; e, (ii) no artigo 57, a alteração do nome, excepcional e motivadamente, mediante apreciação judicial, e após a oitiva do Ministério Público.

No caso em exame, a questão posta restringe-se à segunda hipótese de alteração do nome, e há prova cabal de que existe justa causa para a retificação pretendida, estando caracterizada uma hipótese excepcional que legitima a modificação do registro.

Dessa forma, tendo em vista que a modificação está amparada em justa causa e que não causará prejuízo a terceiros, bem como tendo o Ministério Público opinado pela procedência do pedido, a retificação pretendida merece ser deferida.

Ante o exposto, com fundamento no artigo 487, inciso I, do Código de Processo Civil, julgo **PROCEDENTE** o pedido nos termos da inicial, valendo observar o disposto no artigo 139.4 do Cap. XVII das NSCGJ tomo II.

Após o trânsito em julgado, expeça-se o necessário. Ficam concedidos os benefícios da **JUSTIÇA GRATUITA** nos termos do artigo 12 da Lei 1060/50, o que deve ser observado pelo Sr. Oficial da Unidade do Serviço de Registro Civil das Pessoas Naturais competente.

Esta sentença servirá como mandado, desde que assinada digitalmente por esta Magistrada e acompanhada das cópias necessárias ao seu cumprimento, inclusive da certidão de trânsito em julgado, incumbindo ao Sr. Oficial da Unidade do Serviço de Registro Civil das Pessoas Naturais competente consultar, em caso de dúvida, os autos digitais no sistema informatizado do Tribunal de Justiça do Estado de São Paulo (deverá solicitar a senha de acesso aos autos digitais ao Ofício Judicial da 2ª Vara de Registros Públicos da Comarca da Capital).

O Sr. Oficial da Unidade do Serviço de Registro Civil das Pessoas Naturais competente deverá comunicar este Juízo, em cinco dias, via ofício, o lançamento das averbações nos assentos, indicando-os expressamente.

Outrossim, se aplicável, **poderá nesta ser exarado o respeitável "CUMPRA-SE"** do Excelentíssimo Senhor Doutor Juiz Corregedor Permanente competente, ordenando seu cumprimento pelo Senhor Oficial da respectiva Unidade do Serviço de Registro Civil das Pessoas Naturais.

A parte autora fica expressamente ciente de que tem o dever processual de comprovar nesses autos o cumprimento integral desta sentença (artigo 77, inciso IV, do Novo Código de Processo Civil) e advertida de que o não cumprimento caracteriza ato atentatório à dignidade da justiça e, como tal, poderá ensejar, sem prejuízo das sanções criminais, civis e processuais cabíveis, aplicação de multa, nos termos do artigo 77 e parágrafos do Novo Código de Processo Civil.

Ciência ao Ministério Público. Oportunamente, arquivem-se os autos. P.R.I.

São Paulo, 21 de outubro de 2019.

Leticia Antunes Tavares

Juíza de Direito (– DJe de 23.10.2019 – SP)

Processo 1051087-76.2017.8.26.0100

Pedido de Providências - Registro Civil das Pessoas Naturais - M.P.E.S.P. - L.L.M. e outros - Juiz(a) de Direito: Dr(a). Leticia Fraga Benitez VISTOS. Trata-se de expediente instaurado a partir de representação SMA/MP nº 64.488.5849/17 do Ministério Público do Estado de São Paulo, solicitando providências acerca de possível falso assento de nascimento em nome de Luis Lee Ma, registrado no Livro 175-A, nº 106.405 fls. 279 vº, no Registro Civil das Pessoas Naturais do 2º Subdistrito da Capital Liberdade, realizado em 31 de janeiro de 1990, uma vez que quando da lavratura de referido assento, Luis já havia sido registrado na Coréia do Sul sob o nome de Dae Hwan Ma. A Sra. Oficial do Registro Civil das Pessoas Naturais do 2º Subdistrito da Capital Liberdade manifestou-se à fl. 15. Ouvido, em audiência, o interessado Luis Lee Ma, em suma, negou irregularidade em seu assento de nascimento (fl. 283). O D. Representante do Ministério Público manifestou-se, conclusivamente, às fls. 312/313, opinando pelo cancelamento do assento de nascimento do interessado lavrado perante o 2º RCPN da Capital. É o breve relatório. DECIDO. Cuida-se de expediente instaurado a partir de representação SMA/ MP nº 64.488.5849/17 do Ministério Público do Estado de São Paulo, solicitando providências acerca de possível falso assento de nascimento em nome de Luis Lee Ma, registrado no livro A- 175, nº 106.405 fls. 279 vº - no Registro Civil das Pessoas Naturais do 2º Subdistrito da Capital Liberdade, realizado em 31 de janeiro de 1990, uma vez que quando da lavratura de referido assento, Luis já havia sido registrado na Coréia do Sul sob o nome de Dae Hwan Ma. É dos autos que o expediente em tela teve origem na 4ª Promotoria de Justiça Criminal da Capital, com peças extraídas do Inquérito Policial nº 0003468-94.2015.8.26.0050 DIP 4.1.1 e que, segundo consta, Luis Lee Ma foi preso em flagrante por falsidade ideológica quando da tentativa de emissão de passaporte, oportunidade em que o sistema da Polícia Federal emitiu alerta notificando que suas digitais coincidiam com as de Dae Hwan Ma, nascido na Coréia do Sul. E, de referido Inquérito Policial consta que Luis teria confessado ao Delegado da Polícia Federal ter nascido na Coréia do Sul (fls. 26/27). Em laudo de perícia papiloscópica realizado pelo Instituto Nacional de Identificação da Polícia Federal concluiu-se que as impressões digitais de Luis apresentam pontos característicos e morfologia de linhas correspondentes às de Dae Hwan Ma, filho de Sang Yeoul Ma e Hae Sook Ma Lee, arquivadas no instituto sob Registro Nacional de Estrangeiro (RNE) Nº y0836460 e dados conforme Sistema Nacional de Estrangeiros SINCRE e Sistema de Consulta de Estrangeiros CGPI (fls. 62/68). Nos esclarecimentos prestados, a Sra. Oficial do Registro Civil das Pessoas Naturais do 2º Subdistrito da Capital Liberdade aduziu que o registro de nascimento de Luis Lee Ma foi lavrado na serventia aos 31 de janeiro de 1990, e que nele constou que o nascimento ocorreu aos 21 de novembro de 1981, nesta Capital. Disse, ainda, que não consta do referido registro se o nascimento ocorreu em estabelecimento de saúde ou no domicílio dos genitores e que não há documentos arquivados relativos ao assento em tela (fl. 15). O interessado, por seu turno, foi ouvido em juízo à fl. 283. Esclareceu que nasceu em domicílio, em São Paulo; que os pais são coreanos e ingressaram ilegalmente no país; que seu registro foi feito de forma tardia e que não possui registro na Coréia; e que seu pai é Sang Yeoul Ma e sua mãe Hae Sook Ma Lee. Pois bem. A partir da instrução probatória carreada ao feito, restou demonstrada a inveracidade dos dados que originaram a lavratura do assento de nascimento de Luis Lee Ma pelo Registro Civil das Pessoas Naturais do 2º Subdistrito da Capital Liberdade. Em que pese a negativa do interessado, certo é que robustas são as provas que demonstram ter ele nascido na Coréia do Sul. A comprovação de coincidentes impressões digitais entre Luis Lee Ma e Dae Hwan Ma (fls. 62/68); a identidade de filiação de ambos (fls. 71 e 232); a posse de Registro Nacional de Estrangeiro (fl. 283), bem como a confissão acerca do local de nascimento ao Delegado da Polícia Federal (fls. 26/27) autorizam a formação de convencimento no sentido da irregularidade da lavratura do assento de nascimento em comento. Nestes moldes, considerando a falsidade do registro de nascimento de Luis Lee Ma, que, em verdade, chama-se Dae Hwan Ma, a hipótese é de cancelamento do referido assento de nascimento, registrado no livro 175-A, nº 106.405 pág. 279 vº, no Registro Civil das Pessoas Naturais do 2º Subdistrito da Capital Liberdade, realizado em 31 de janeiro de 1990. Ademais, considerando que à época dos fatos, outro era o responsável pela Delegação, resta esvaziada a aplicação de qualquer sanção de cunho disciplinar/administrativo. Comunique-se a decisão à Egrégia Corregedoria Geral da Justiça, por e-mail, servindo a presente sentença como ofício. Finalmente, oficie-se ao DETRAN, ao IIRGD, ao TRE, ao Ministério da Defesa e à Polícia Federal, comunicando-se da presente decisão para a tomada das devidas providencias. Ciência ao interessado, à

Sra. Oficial e ao Ministério Público. Oportunamente, determino o arquivamento dos autos observadas as N.S.C.G.J. I.C. São Paulo, 19 de julho de 2019. - ADV: EDUARDO SIANO (OAB 217483/SP) (- DJe de 24.07.2019 - SP)

Processo 1098233-79.2018.8.26.0100

Retificação ou Suprimento ou Restauração de Registro Civil - Registro Civil das Pessoas Naturais - Lucelene Roxana Tremante Calegaro - Vistos. Fls. 110/111: Requer a parte autora lhe seja concedido novos números nos seus documentos de identidade (i.e., RG e CPF), visto que, apesar de terem sido retificados no que tange ao seu prenome, mantiveram os números de identificação antigos, de modo que a partir de tais números de identificação seria possível obter o nome antigo da autora, causando-lhe constrangimento. O Ministério Público ofertou parecer, opinando pelo indeferimento do pedido (fls. 117). Não assiste razão à parte autora. Isso porque os documentos apresentados às fls. 111 demonstram que houve a retificação do nome da autora, conforme decidido neste feito, pelos órgãos públicos competentes, nos documentos de identidade (RG e CPF) de sua titularidade. Ademais, a parte autora não se desincumbiu do seu ônus de demonstrar a alegação de que a busca por meio de tais números de identificação poderiam levar terceiros ao conhecimento do seu antigo nome, causando-lhe, doravante, constrangimento. E, mesmo que demonstrada tal hipótese, deve-se salientar que tal pedido ultrapassa a competência restritiva desta Vara de Registros Públicos, disciplinada pelo artigo 38 do Código Judiciário do Estado de São Paulo (Decreto-Lei Complementar nº 3, de 27/08/1969), que se atine a pedidos de retificação de assentos registrários conforme indicados no artigo 1º, § 1º, da Lei nº 6015/1973. Nota-se que o que a autora pretende, agora, que seja realizada retificação ou nova emissão de número de identidade em documento de identificação para que não lhe seja vinculado com o seu antigo nome. Ocorre que tal pedido não encontra amparo na Lei de Registros Públicos, conforme ementa a seguir: A LEI DE REGISTROS PÚBLICOS, EM SEUS ARTIGOS 109 E SEGUINTES, NÃO SE PRESTA À RETIFICAÇÃO DE DOCUMENTOS, MAS, SIM, EXCLUSIVAMENTE, À RETIFICAÇÃO DE ASSENTO DE NASCIMENTO. RETIFICAÇÕES DE RG, CNH, CTPS, CPF, ETC, DEVEM SER OBJETO DE CORREÇÃO ADMINISTRATIVA, COM REQUERIMENTO DIRETAMENTE APRESENTADO PELA INTERESSADA AOS ÓRGÃOS EMISSORES. FEITO EXTINTO COM BASE NO DISPOSTO NO INCISO VI, DO ARTIGO 267, DO CPC. APELO IMPROVIDO. (TJSP; Apelação Com Revisão 9106938-32.2001.8.26.0000; Relator (a):Luzia Galvão Lopes da Silva; Órgão Julgador: 6ª Câmara de Direito Privado; Foro de Ituverava -2. VARA CIVEL; Data do Julgamento: N/A; Data de Registro: 24/04/2002) Nesse sentido, eventual pedido de retificação de documento de identidade, quando não se tratar de registro civil (no caso, certidão de nascimento), deve ser dirigido aos órgãos que os emitem, não sendo competente para o seu conhecimento e julgamento as Varas de Registros Públicos. Confira o seguinte julgado: Conflito negativo de competência. Pedido de alteração de documentos em razão de data de nascimento em RG, CPF, CTPS, PIS e título de eleitor - Secretaria de Segurança Pública no polo passivo - Declínio de competência da Vara de Registros Públicos sob a alegação de que a questão envolve pessoa jurídica de direito público - Competente a 11ª Vara da Fazenda Pública para o julgamento da ação. (TJSP; Conflito de competência cível 0051057-04.2016.8.26.0000; Relator (a): Fernando Torres Garcia (Pres. Seção de Direito Criminal); Órgão Julgador: Câmara Especial; Foro Regional III - Jabaquara - 2ª Vara Cível; Data do Julgamento: 05/12/2016; Data de Registro: 07/12/2016) Ante o exposto, indefiro o pedido da parte autora. Efetivado o cumprimento da sentença de fls. 99/101, arquivem-se os autos, com as cautelas de praxe. Ciência ao Ministério Público. Intimem-se. - ADV: SEBASTIAO MARQUES GOMES (OAB 100344/SP) (-DJe de 19.06.2019 - SP)

Processo 1001072-74.2015.8.26.0100

Retificação ou Suprimento ou Restauração de Registro Civil - Retificação de Nome - JOSEFA CONSTÂNCIA DE SOUZA CASTRO - Vanusa Leite Galvão - Vistos. Josefa Constância de Souza Castro propõe ação com pedido de retificação do assento de óbito de Ailton de Souza Castro, para que neste registro deixe de constar informação de que o falecido teria deixado um filho de nome Miguel. Com a inicial foram juntados os documentos das fls. 04/10. O Ministério Público ofertou parecer, opinando inicialmente pela oitiva de Vanusa Leite Galvão, com quem o falecido vivia conjuntamente e genitora de Jhoniffer Miguel Galvão (fls. 15 e 28). Deferida a oitiva de Vanusa Leite Galvão no Juízo deprecado (fls. 56), esclareceu-se que Miguel designa a pessoa de seu filho Jhoniffer Miguel Galvão (que ostenta prenome composto), o qual é filho do falecido, embora este não o tenha registrado, acrescentando que há ação de investigação de paternidade em curso sob nº 1008412-73.2019.8.26.0506, junto à Vara da Família e das Sucessões de Ribeirão Preto. Ingresso espontâneo de Vanusa Leite Galvão no feito (fls. 178). Manifestação ministerial, determinado aguardar conclusão da ação de investigação de paternidade (fls. 202). É o relatório. FUNDAMENTO E DECIDO. É caso de julgamento conforme o estado do processo, nos termos do artigo 354 do Código de Processo Civil. Cuida-se de pedido de retificação de assento de óbito de Ailton de Souza Castro, para que dele deixe de constar informação errônea de que o falecido teria deixado um filho de nome Miguel. Não obstante, foi informado nos autos da existência de ação de investigação de paternidade de Jhoniffer Miguel Galvão em face de Josefa Constância de Souza Castro alegando ser filho de Ailton de Souza Castro. Dessumisse desse contexto fático, bem como da semelhança existente entre os prenomes "Miguel" e "Jhoniffer Miguel", que a parte autora não preenche uma das condições da ação, qual seja, interesse de agir, na modalidade utilidade, ante a notícia superveniente sobre a existência de ação de investigação de paternidade ajuizada por Jhoniffer Miguel para regularizar a questão da paternidade no seu assento de nascimento, sendo certo que tal filiação repercutirá inexoravelmente na informação contida no assento de óbito de Ailton de Souza Castro, e que se pretende retificar no presente feito. Nesse sentido, é patente o risco de decisões contraditórias entre este feito e o que se desenvolve no referente à investigação de paternidade, deixando evidente a existência de continência entre as ações, estando este contido naquele, notadamente em razão da impossibilidade deste Juízo conhecer (que detém competência absoluta) e declarar eventual pedido de reconhecimento de paternidade (que envolve ação de estado e que, portanto, deverá ser dirimida pelo Juízo da Família). De outro giro, a competência do juízo investigatório de paternidade terá o condão de promover a retificação do assento de nascimento de Jhoniffer Miguel, o que repercutirá no assento de óbito pleiteado, de modo que eventual necessidade de retificação registrária deverá ser analisada por aquele Juízo. Nesse sentido, a jurisprudência do E. Tribunal de Justiça já se manifestou, veja-se: RETFICAÇÃO DE REGISTRO CIVIL - Retificação - Paternidade – Necessidade de prévio reconhecimento judicial da paternidade em ação própria - Incidência da regra inserta no art. 113 da Lei n. 6.015/73 - Impossibilidade de se investigar a paternidade em mero procedimento administrativo, sendo imprescindível a utilização das vias ordinárias - A retificação decorre de mera conseqüência do pedido principal na ação declaratória de paternidade - Inicial indeferida - Extinção sem julgamento do mérito mantida - Recurso improvido. (TJSP; Feito não especificado 9218450-44.2006.8.26.0000; Relator(a): Salles Rossi; Órgão Julgador: Orgão Julgador Não identificado; Foro de Osasco -8. VARA CIVEL; Data do Julgamento: N/A; Data de Registro: 01/03/2007) RETIFICAÇÃO - REGISTRO CIVIL - ALTERAÇÃO DO PATRONÍMICO PARA CONSTAR O DAQUELE QUE SERIA O DO SUPOSTO PAI, QUE FIGURA NA CERTIDÃO APENAS COMO DECLARANTE - ACOLHIMENTO DO PEDIDO QUE IMPLICARIA RECONHECIMENTO DE PATERNIDADE QUE NÃO CONSTOU DO REGISTRO DE NASCIMENTO - MEDIDA A SER POSTULADA POR MEIO DE PROCEDIMENTO MAIS AMPLO QUE O DA SIMPLES VIA ADMINISTRATIVA - EXTINÇÃO DO FEITO DECRETADA - RECURSO IMPROVIDO. (TJSP; Apelação Com Revisão 9221822-40.2002.8.26.0000; Relator (a): Elliot Akel; Órgão Julgador: 1ª Câmara de Direito Privado; SÃO PAULO-REG PUBL -2. VARA REG PUBL; Data do Julgamento: N/A; Data de Registro: 04/11/2002) Ante o exposto, EXTINGO o processo, sem resolução do mérito, nos termos do artigo 485, V, do Código de Processo Civil. Custas ex lege. Ciência à parte autora. Oportunamente, arquivem-se. P.I. - ADV: VALERIA DOS SANTOS (OAB 143281/SP), ELIZALDO APARECIDO PENATI (OAB 68335/SP) (DJe de 11.06.2019 - SP)

Processo 1009760-83.2019.8.26.0100

Pedido de Providências - Alteração de nome - R.S.T. - C.E.S. - Vistos, Trata-se de expediente instaurado a partir de comunicação formulada pela Oficial de Registro Civil e Tabeliã do 22º Subdistrito - Tucuruvi, por meio da qual informa que, diante da formulação do requerimento por meio de procurador e ante a vasta quantidade de apontamentos judiciais em nome do requerente (conforme certidões), deixou de proceder à retificação do nome e gênero consoante pleiteado. A D. Representante do Ministério Público manifestou-se, conclusivamente, às fls. 72/73. É o breve relatório. Passo a deliberar. No que tange aos apontamentos judiciais em nome do requerente, a documentação de fls. 77/88 esclarece a questão, tratando-se, pois, de homônimos. Ultrapassado este ponto, respeitado o entendimento ministerial, a segunda questão em tela, apresenta, a nosso ver, óbice intransponível. Com efeito, a alteração do prenome e do gênero de pessoa transgênero no Registro Civil das Pessoas Naturais é procedimento relativo a direito personalíssimo, que deve ser resguardado pelas formalidades legais, especialmente no que diz respeito à necessidade da presença física da pessoa para a realização do ato. Não por outro motivo, o Provimento nº 73 de 2018 do CNJ, em seu artigo 4º, caput e parágrafo §3º aduz, in verbis: Art. 4º O procedimento será realizado com base na autonomia da pessoa requerente, que deverá declarar, perante o registrador do RCPN, a vontade de proceder à adequação da identidade mediante a averbação do prenome, do gênero ou de ambos. § 3º O requerimento será assinado pela pessoa requerente na presença do registrador do RCPN, indicando a alteração pretendida. (g.n.) De fato, não há nos Provimentos 73/2018 do CNJ e 16/2018 da CGJ vedação expressa acerca da possibilidade das alterações pretendidas serem efetivadas por meio de procurador. Contudo, de seu conteúdo se infere a necessidade do Registrador que recebe o pedido obrigatoriamente entrevistar a pessoa transexual, a qual não poderá, assim, ser representada para o ato, ainda que por meio de procuração pública. Ante o exposto, ratificada a impossibilidade de atendimento do pleito por meio de procuração, remetam-se os autos à Senhora Oficial e Tabeliã para ciência. Ciência ao interessado e ao Ministério Público. Com cópias de todo processado, oficie-se à Egrégia Corregedoria Geral da Justiça, por e-mail, servindo a presente como ofício. Intime-se. - ADV: CAROLINE NAVARRO DA SILVA (OAB 340251/SP) (DJe de 04.04.2019 - SP)

Processo 1052012-38.2018.8.26.0100

Pedido de Providências - Alteração de nome - F.S.P. - Vistos. Trata-se de pedido de providências encaminhado pela Oficial de Registro Civil das Pessoas Naturais e Tabeliã de Notas do Distrito de São Miguel Paulista, da Capital, suscitando dúvida referente ao pedido de reconhecimento de filiação socioafetiva, fundado no Provimento nº 63/2017. A Oficial aduz que o termo de reconhecimento em questão não foi lavrado na Serventia Extrajudicial, mas no Centro de Detenção Provisória de Guarulhos, e abonado pelo Diretor do Presídio. Por entender que não foi possível realizar uma minuciosa identificação do requerente, como determina o artigo 11, § 1º, do Provimento 63, a Registradora suscitou dúvida a esta Corregedoria Permanente, para análise da viabilidade da averbação do pedido. O ilustre representante do Ministério Público manifestou-se (fls. 36/39). É o breve relatório. DECIDO. Sob a perspectiva registrária, que tem como principal alicerce a segurança e a busca incessante pela sua realização, a dúvida levantada pela Oficial e Tabeliã deve ser acolhida. Isso porque, na peculiar situação retratada nos autos, em que a Registradora justificou a "impossibilidade de verificação da identidade, bem como da verificação da posse do estado de filho, uma vez que o requerente encontra-se detido no presídio" (fls. 03), se mostra suficiente para inviabilizar, nesta quadra administrativa, a averbação à margem do assento do registrado, sobrelevando a necessidade de jurisdicionalizar a pretensão com as regras de competência e os rigores formais do procedimento. De acordo com o disposto no artigo 11, § 1º, do referido Provimento: "... o registrador deverá proceder à minuciosa verificação da identidade do requerente, mediante coleta, em termo próprio, por escrito particular, conforme modelo constante no Anexo VI, de sua qualificação e assinatura". No caso telado, considerando que não foi possível a minuciosa verificação da identidade do requerente, por fatores externos que refogem ao expediente, e que a Registradora manifestou a impossibilidade de verificação da posse do estado de filho, forçoso convir que, na limitada esfera administrativa, não há como suplantar o óbice registrário levantado pela Oficial. Como é cediço, a responsabilidade de proceder à minuciosa verificação da identidade das partes e colheita de assinaturas dos interessados recai na pessoa do Registrador da Serventia que recepcionou o pedido. Daí, sobreleva importância o seu contato com as partes, pois é justamente neste instante de proximidade, em que as partes relatarão as circunstancias ensejadoras da "sócio afetividade", que o Registrador terá condições/elementos mínimos para suspeitar de fraude, falsidade, má-fé, vício de consentimento, simulação ou dúvida sobre a configuração do estado de posse de filho. Assim dispõe o artigo 12 do Provimento: "Suspeitando de fraude, falsidade, má-fé, vício de vontade, simulação ou dúvida sobre a configuração do estado de posse de filho, o registrador fundamentará a recusa, não praticará o ato e encaminhará o pedido ao juiz competente nos termos da legislação local". Em suma, acolho a dúvida da Oficial e Tabeliã, eis que a matéria posta em controvérsia, ao menos no limitado campo registrário, não comporta acolhimento na esfera administrativa desta Corregedoria Permanente. Ciência aos interessados, à Oficial e Tabeliã e ao Ministério Público. Em face da relevância das matérias aqui versadas e da evidente repercussão dos temas relacionados ao Provimento nº 63/2017 do CNJ, com potencial para extravasar o limitado campo das atribuições desenvolvidas nesta Corregedoria Permanente, revela-se adequado e prudente o encaminhamento do expediente para submissão da questão posta à elevada Egrégia Corregedoria Geral da Justiça para apreciação, se o caso. Encaminhe-se cópia de todo expediente à Egrégia Corregedoria Geral da Justiça, por e-mail, servindo a presente sentença como ofício. Oportunamente, arquivem-se os autos. P.I.C. - ADV: ALAN PAZINATTO RIBEIRO DA SILVA (OAB

392809/SP), CRISALINE DA SILVA GONZALEZ (OAB 394772/SP) (DJe de 11.03.2019 - SP)

Processo 1015199-75.2019.8.26.0100

Pedido de Providências - Registro Civil das Pessoas Naturais - R.S.V.M. - I.K.J. - VISTOS. Trata-se de expediente instaurado a partir de comunicação encaminhada pelo Sr. Oficial de Registro Civil das Pessoas Naturais do 9º Subdistrito Vila Mariana, Capital, de interesse de Isaac Kassardjian Jr., pleiteando o registro de seu filho com o nome de Isaac Kassardjian III. Vieram aos autos os documentos de fls. 03/06. O Sr. Interessado manifestou-se às fls. 09/10. O Representante do Ministério Público apresentou manifestação às fls. 14/15, opinando pelo deferimento do pedido. É o breve relatório. DECIDO. Cuida-se de expediente instaurado em razão de comunicação encaminhada pelo Sr. Oficial de Registro Civil das Pessoas Naturais do 9º Subdistrito - Vila Mariana, Capital, noticiando a pretensão de Isaac Kassardjian Jr. em registrar seu filho com o nome de Isaac Kassardjian III. Pois bem. A questão posta nos autos refere-se à possibilidade de adoção do agnome "III" (terceiro em numeral romano) no nome do registrando. À luz do artigo 55 da Lei de Registros Públicos, "os oficiais do registro civil não registrarão prenomes suscetíveis de expor ao ridículo os seus portadores. Quando os pais não se conformarem com a recusa do oficial, este submeterá por escrito o caso, independente da cobrança de quaisquer emolumentos, à decisão do Juiz competente". De fato, da leitura de referido dispositivo legal, infere-se que, consoante sustentado pelo I. Promotor de Justiça, a avaliação do registrador cinge-se à suposta exposição ao ridículo em razão de prenome e não de patronímicos ou partículas que integrem o nome. Ainda que assim não fosse, o agnome em questão não expõe o portador ao ridículo, porquanto o termo não discrepa do senso comum e tampouco configura potencial perspectiva de criar a indesejável situação de expor o portador a situações constrangedoras. Consoante entendimento de Leonardo Brandelli, in Nome Civil da Pessoa Natural, ed. Saraiva, 2012, o agnome "é comumente usado entre nós, como forma de perpetuar o nome de algum parente que tenha de certa maneira alguma significação especial, acrescentando-se o agnome para distinguir as pessoas e ao mesmo tempo estabelecer o parentesco entre elas. É o que ocorre, por exemplo, com o agnome Filho, Neto e Sobrinho" (p. 98). No ponto, oportuno frisar o já decidido em situação análoga pela E. Corregedoria Geral de Justiça no julgamento do processo nº 84538/88: "Possível, portanto, a utilização de numerais, no nome da pessoa natural, conforme o caso em exame, não se verificando, no exame da Lei 6.015/73, nos seus arts. 50 a 66, qualquer restrição a isso, não se podendo concluir pela aplicação do art. 55, parágrafo único, tanto por não se cuidar de prenome, como por não ser de se considerar como ridículo o uso doagnomejá citado. E de se notar, aliás, inexistir na Lei de Registros Públicos qualquer ressalva acerca da possibilidade de utilização dos demais agnomes já mencionados, expressamente, o que não impede, todavia, sua correntia aplicação. Por que distinguir na hipótese em exame? Salvo melhor juízo, nada autoriza conclusão diversa dessa. Antiga e conhecida a orientação no sentido de que o que não é proibido, presume-se permitido." Ante todo o exposto, DEFIRO o registro do menor como Isaac Kassardjian III, filho de Isaac Kassardjian Júnior e Talita Lahr Teixeira. Ciência ao Sr. Oficial e ao Ministério Público. Comunique-se a decisão à Egrégia Corregedoria Geral da Justiça, por e-mail, servindo a presente sentença como ofício. I.C. - ADV: ANSELMO VIEIRA DA SILVA (OAB 376539/SP) (DJe de 01.03.2019 - SP)

Processo 1014840-28.2019.8.26.0100

Retificação ou Suprimento ou Restauração de Registro Civil - Retificação de Nome - Erasmo Chagas - Diante do exposto, e com a concordância da representante do Ministério Público, determino: (i.) o cancelamento do assento de nascimento de José Erasmo Chagas Mendonça, filho de José Antonio Chagas Mendonça e Alderita Chagas Mendonça, com data de nascimento em 02 de junho de 1.938, lavrado perante o Registro Civil das Pessoas Naturais do 2º Distrito, Município de Recife, Pernambuco (fls. 11); (ii.) o transporte para o primeiro assento do nome pelo qual o requerente é conhecido e se identifica "José Erasmo Chagas Mendonça", bem como devendo ser acrescentado o patronímico "Mendonça" nos nomes dos pais e da avó paterna. Oportunamente, oficie-se ao IIRGD, comunicando o teor da sentença. Após o trânsito em julgado, expeça-se o necessário. Ficam concedidos os benefícios da JUSTIÇA GRATUITA nos termos do artigo 12 da Lei 1060/50, o que deve ser observado pelo Sr. Oficial da Unidade do Serviço de Registro Civil das Pessoas Naturais competente. Esta sentença servirá como mandado,desde que assinada digitalmente por esta Magistrada e acompanhada das cópias necessárias ao seu cumprimento,inclusive da certidão de trânsito em julgado, incumbindo ao Sr. Oficial da Unidade do Serviço de Registro Civil das Pessoas Naturais competente consultar, em caso de dúvida, os autos digitais no sistema informatizado do Tribunal de Justiça do Estado de São

Paulo (deverá solicitar a senha de acesso aos autos digitais ao Ofício Judicial da 2ª Vara de Registros Públicos da Comarca da Capital). O Sr. Oficial da Unidade do Serviço de Registro Civil das Pessoas Naturais competente deverá comunicar este Juízo, em cinco dias, via ofício, o lançamento das averbações nos assentos, indicando-os expressamente. Outrossim, se aplicável, poderá nesta ser exarado o respeitável "CUMPRA-SE" do Excelentíssimo Senhor Doutor Juiz Corregedor Permanente competente, ordenando seu cumprimento pelo Senhor Oficial da respectiva Unidade do Serviço de Registro Civil das Pessoas Naturais. A parte autora fica expressamente ciente de que tem o dever processual de comprovar nesses autos o cumprimento integral desta sentença (artigo 77, inciso IV, do Novo Código de Processo Civil) e advertida de que o não cumprimento caracteriza ato atentatório à dignidade da justiça e, como tal, poderá ensejar, sem prejuízo das sanções criminais, civis e processuais cabíveis, aplicação de multa, nos termos do artigo 77 e parágrafos do Novo Código de Processo Civil. Ciência ao Ministério Público. Oportunamente, arquivem-se os autos. P.R.I. São Paulo, 26 de fevereiro de 2019. Renata Pinto Lima Zanetta Juíza de Direito (assinado digitalmente) - ADV: DEFENSORIA PÚBLICA DO ESTADO DE SÃO PAULO (OAB 999999/DP) (DJe de 28.02.2019 - SP)

Processo 1007546-38.2018.8.26.0009

Pedido de Providências - Retificação de Nome - J.I.O. - Vistos. Cuida-se de expediente formulado por Josefa Ivete de Oliveira, solicitando habilitar-se para o casamento, a ser realizado por procuração por parte do nubente varão, perante o Oficial de Registro Civil das Pessoas Naturais do Distrito de Sapopemba. O ilustre Oficial esclareceu que a requerente não formalizou pedido de abertura de habilitação perante sua serventia, não havendo, portanto, qualquer nota devolutiva ou indeferimento do pedido ora sob análise, em sede extrajudicial. Bem assim, sendo que a habilitação de casamento é procedimento extrajudicial, cuja manifestação deste Juízo Censor ocorre somente em caso de dúvida ou óbice levantado pelo Registrador, foi determinado à parte, acolhendo-se cota do Ministério Público, que comprovasse eventual negativa da parte do Delegatário ou o protocolo do seu pedido junto à serventia extrajudicial (fls. 67 e 77). No entanto, a parte quedou-se inerte (fls. 70/72 e 79/80). Diante deste quadro, considerado o reiterado descumprimento pela parte solicitante das determinações dessa Corregedoria Permanente, verifico não haver outras providências a serem adotadas por este Juízo. Ressalto, ainda, a higidez das explicações apresentadas pelo ilustre Registrador, não vislumbrando responsabilidade funcional apta a ensejar a instauração de procedimento administrativo, no âmbito disciplinar. Posto isso, determino o arquivamento dos autos. Ciência ao Senhor Titular. P.I.C. - ADV: MIRELLA PIEROCCINI (OAB 276594/SP) (DJe de 11.02.2019 - SP)

Processo 1087525-33.2019.8.26.0100

Retificação ou Suprimento ou Restauração de Registro Civil - Reivindicação - Maria Cristina Rodrigues Peres - Vistos. MARIA CRISTINA RODRIGUES PERES propõe ação com pedido de retificação do assento de casamento, para incluir o patronímico paterno, que foi excluído quando de seu casamento. Afirmou ter se arrependido da exclusão, pretendendo homenagear o pai, já falecido, passando seu nome a ser Maria Cristina Rodrigues Peres Colaferro. Com a inicial foram juntados os documentos das fls. 06/21. Houve emenda à inicial às fls. 37 e 60, juntando a autora novos documentos (fls. 40/54). O Ministério Público ofertou parecer, opinando pelo deferimento do pedido, em razão da ausência de prejuízo (fls. 66). É o relatório. FUNDAMENTO E DECIDO. A ação é improcedente. O artigo 70 do Cap. XVII das NSCGJ- Tomo II estabelece que: "qualquer dos nubentes, querendo, poderá acrescer ao seu o sobrenome do outro, vedada a supressão total do sobrenome de solteiro". "Nubente", por sua vez, é o nome que se dá àquele ou àquela que está prestes a se unir a alguém através do vínculo matrimonial e, por definição, não se confunde com a pessoa do marido ou da esposa, figuras que surgem após a constituição de tal vínculo. Exercitada a faculdade legal pelos nubentes, no momento do casamento, a escolha torna-se definitiva, ressalvado o disposto no artigo 1.571, parágrafo 2º, do Código Civil. Nesse sentido: "Uma vez realizada a opção no assento do casamento, o nome se torna imutável, aplicando-se o artigo 58 da LRP. Não poderá o marido ou a esposa pleitear a sua retirada sob alegação de transtorno (e.g. necessidade de modificar todos os documentos) ou mero descontentamento" (ARAUJO, Fabio Caldas in Lei de Registros Públicos Comentada, 2ª ed., 117/118). Neste ponto, é importante destacar que não se trata de um purismo do legislador ou de um rigorismo do julgador e sim da segurança jurídica que envolve o nome. Ora, "a segurança das relações jurídicas exige a estabilidade das informações que estão depositadas no registro civil" (ARAUJO, Fabio Caldas in Lei de Registros Públicos Comentada, Ed. Forense, 2ª ed, p. 71). Por sua vez, a Lei de Registros Públicos, ao estabelecer que os sobrenomes são imutáveis, consagra duas exceções: (i) no artigo 56, a alteração do prenome, pelo interessado, no primeiro ano após ter atingido a maioridade civil, desde que não haja prejuízo aos apelidos de família; e, (ii) no artigo 57, a alteração do nome, excepcional e motivadamente, mediante apreciação judicial, e após a oitiva do Ministério Público. No caso em exame, a questão posta restringe-se à segunda hipótese de alteração do nome; entretanto, observo que nenhuma prova fora constituída de tal modo a se consubstanciar uma justa causa à retificação e o arrependimento posterior à alteração do nome, condição circunstancial eleita na inicial para justificar a pretendida modificação do nome adotado pela cônjuge, não se mostra condizente com a justificativa exigida pelo artigo 57 da Lei de Registros Públicos, que permite a modificação do patronímico adotado em situações justificadas, não caracterizando uma hipótese excepcional que legitime a modificação do registro. Na hipótese em análise, a alegação de que a exclusão do patronímico paterno se deu por um ímpeto de rebeldia, em razão da discordância dos pais da requerente com o seu casamento, não é fundamento relevante que permita nova alteração. Por corolário dos princípios da imutabilidade e indisponibilidade que regem o nome civil, a regra geral é a permanência da adoção do patronímico adotado na ocasião do casamento, enquanto o vinculo matrimonial existir, ou até que sobrevenha uma causa jurídica, ou seja, um motivo forte e efetivamente justificado para legitimar a mudança do nome realizada no momento do casamento, o que não se verifica no caso em testilha. Com efeito, a retificação do registro civil não é facultativa. Em casos semelhantes já decidiu o C. Tribunal de Justiça de São Paulo: RETIFICAÇÃO DE REGISTRO CIVIL. Pretendida a supressão de patronímico adotado pela autora em razão do matrimônio. Inadmissibilidade. Ato voluntário. Inviabilidade da alteração fora dos casos legais. Não comprovação da justificativa de seu requerimento. Alegação genérica de dificuldade na sua atuação empresarial. Requerimento após quatro anos da adoção do patronímico. Precedentes desta Corte. Sentença mantida. RECURSO DESPROVIDO. (TJSP; Apelação Cível 1087067-21.2016.8.26.0100; Relator (a):Beretta da Silveira; Órgão Julgador: 3ª Câmara de Direito Privado; Foro Central Cível -2ª Vara de Registros Públicos; Data do Julgamento: 29/08/2017; Data de Registro: 29/08/2017). REGISTRO CIVIL. Pedido de retificação de registro civil. Intenção da requerente de suprimir um dos patronímicos do marido. Inexistência de prova de fundado motivo a justificar a mudança pretendida. Prevalência do princípio da imutabilidade do nome. Situação de fato não identificada com as exceções legais a ensejar a alteração. Precedentes do TJSP. Adoção do sobrenome do marido por livre arbítrio. Ação improcedente. RECURSO PROVIDO.(TJSP; Apelação Cível 1027896-57.2017.8.26.0405; Relator (a):Alexandre Marcondes; Órgão Julgador: 3ª Câmara de Direito Privado; Foro de Osasco -5ª Vara Cível; Data do Julgamento: 22/01/2019; Data de Registro: 22/01/2019). REGISTRO CIVIL. Pretendida supressão de patronímico adotado pelo autor em razão de seu matrimônio. Inadmissibilidade. Acréscimo levado a efeito por ato voluntário. Inviabilidade da alteração fora dos casos legais e no curso da sociedade conjugal. Ausência de justificativa plausível de seu requerimento. Alegação genérica de dificuldade na sua atuação empresarial que não pode ser acolhida, sobretudo quando arguida após 13 anos da adoção do patronímico. Admissão como sócio na empresa ocorrida após o matrimônio. Erro ao fazer constar no contrato social seu nome de solteiro. Decisão mantida. RECURSO NÃO PROVIDO. (TJSP; Apelação Cível 1056590-78.2017.8.26.0100; Relator (a):Ana Maria Baldy; Órgão Julgador: 6ª Câmara de Direito Privado; Foro Regional I - Santana -3ª Vara Cível; Data do Julgamento: 10/08/2018; Data de Registro: 10/08/2018). Dessa forma, a despeito do respeitável parecer ministerial, observo que os documentos juntados não são aptos a demonstrar a justa causa necessária para relativizar a imutabilidade do nome, como requerido pela autora. Portanto, a retificação pretendida não merece ser deferida. Dessa forma, julgo IMPROCEDENTE o pedido formulado, com fulcro no artigo 487, inciso I, do Código de Processo Civil. Custas à parte autora. Ciência ao Ministério Público. Oportunamente, arquivem-se os autos. P.R.I. - ADV: RONALD STEVIS CASSIOLATO (OAB 378707/SP) (– DJe de 29.11.2019 – SP)

ÓBITO

Processo 1108113-61.2019.8.26.0100

Pedido de Providências - Assento de óbito - M.A.A. - Juiz(a) de Direito: Dr(a). Luiz Gustavo Esteves Vistos. Trata- se de expediente instaurado a partir de representação formulada por Maria Aparecida Arantes, informando a recusa do Ofício de Registro Civil de Pessoas Naturais do 2º Subdistrito da Liberdade Capital em promover a retificação do assento de óbito de Cintia Arantes Vieira Pereira, para afastar a declaração de união estável nela constante (fls. 01/24). O Sr. Tabelião do 19º Tabelionato de Notas de São Paulo SP e a Sra. Oficial do Registro Civil de Pessoas Naturais do 2º Subdistrito da Liberdade Capital manifestaram-se, respectivamente, às fls. 31/32 e 33. O Ministério Público do Estado de São

Paulo manifestou-se, conclusivamente, às fls. 27 e 36. É o breve relatório. DECIDO. Analisando detalhadamente os autos, verifica-se que o pedido instaurado a partir de representação formulada pela Sra. Maria Aparecida Arantes, representada por advogado devidamente constituído, tem fulcro na negativa da referida Sra. Oficial em proceder com a retificação do assento de óbito de Cintia Arantes Vieira Pereira, filha daquela, retirando a anotação de que esta vivia em união estável com Márcio Scharrenbroich Simão. Noticiou a representante que Márcio foi o declarante do óbito de Cintia e, no momento da lavratura dessa certidão, ele constou indevidamente como seu companheiro, apresentando escritura pública de declaração deste, na qual nega que vivia em união estável com a falecida. Afirmou, ainda, que há determinação do juízo da 8ª Vara da Família e Sucessões para retificar o referido assento. O Sr. Tabelião do 19º Tabelionato de Notas de São Paulo SP confirmou a veracidade da escritura pública de declaração de fls. 13/14. A Sra. Oficial do Registro Civil de Pessoas Naturais do 2º Subdistrito da Liberdade Capital manifestou-se pela impossibilidade de retificação do assento de óbito pela via administrativa, por não se tratar de erro cuja correção não exija qualquer indagação para sua constatação imediata, na hipótese do artigo 110, inciso I, da Lei 6.015/73. De início, esclarece-se que a decisão do juízo da 8ª Vara da Família e Sucessões de fl. 23 não determinou ao Ofício do Registro Civil de Pessoas Naturais a retificação do mencionado assento de óbito. Em verdade, trata-se de determinação à inventariante, para que providencie tal retificação. Desse modo, a negativa da Sra. Oficial não gerou descumprimento de decisão judicial. Em continuidade, verifica-se que a Sra. Oficial agiu com acerto ao negar a pleiteada retificação, pois, nos termos do citado inciso I do artigo 110 da Lei de Registros Públicos, para retificação sem prévia autorização judicial, a correção do erro não deve exigir qualquer indagação para constatação imediata de sua necessidade, o que não é o caso. Isso porque não se mostra evidente por si só a ocorrência de erro quanto à declarada união estável. Nestes moldes, não se vislumbra responsabilidade funcional apta a ensejar a instauração de procedimento administrativo. Por outro lado, como bem opinou o Ministério Público, possível a retificação requerida por meio do artigo 109 da citada lei. A anotação de união estável no assento de óbito tem natureza meramente declaratória e, no presente caso, tal informação foi declarada pelo próprio companheiro da falecida. Após, na escritura pública de fls. 13/14, cuja veracidade foi comprovada pelo 19º Tabelionato de Notas de São Paulo SP, essa mesma pessoa prestou nova declaração, afirmando, em sentido contrário, que não vivia em união estável com Cintia. Frente a essa retratação do declarante do óbito de Cintia, concernente a informação que diretamente lhe concerne e que não gera prejuízo a terceiros, cabível a retificação pretendida. Desse modo, acolho o pedido para determinar ao Ofício do Registro Civil das Pessoas Naturais do 2º Subdistrito Liberdade a retificação o assento de óbito de Cintia Arantes Vieira Pereira, para retirar a anotação de que ela vivia em união estável com Marcio Scharrenbroich Simão. Outrossim, diante da natureza do caso, que aparentemente se reveste de colorido penal, reputo conveniente a extração de peças de todo o expediente para encaminhamento à Central de Inquéritos Policiais e Processos CIPP, nos termos do artigo 40 do Código de Processo Penal. Ciência à interessada e aos Senhores Tabelião e Oficial. Comunique-se a decisão à Egrégia Corregedoria Geral da Justiça, por e-mail, servindo a presente sentença como ofício. Após, ao arquivo. I.C. - ADV: RENAN THOMAZINI GOUVEIA (OAB 358817/SP), ARAM MINAS MARDIROSSIAN (OAB 360105/SP) (– DJe de 22.11.2019 – SP)

Processo 1117437-12.2018.8.26.0100

Pedido de Providências - Doação de cadáver para estudo - R.T.D.I.P. - F.M.S.M. e outro - Vistos, Fls. 60/61: Aceito os esclarecimentos prestados. A Faculdade de Medicina Santa Marcelina requer autorização para lavratura do assento de óbito de Aumz e Silva, cujo cadáver será utilizado para fins de estudo e pesquisa científica. O pedido foi instruído com a guia de remessa de cadáver, declaração de óbito e publicação dos editais necessários. Manifestou-se a representante do Ministério Público favoravelmente ao pedido (fls. 53/54). É o breve relatório. DECIDO. Autorizo a lavratura do assento de óbito e a destinação do cadáver para a Faculdade de Medicina Santa Marcelina. No caso em exame, estão preenchidos os requisitos legais exigidos pelo Provimento CG 16/97, com observância do disposto no atual item 96.4, Capítulo XVII das Normas de Serviço da Corregedoria Geral da Justiça, relativamente à expedição de editais, de sorte que o deferimento do pedido é medida que se impõe. Por conseguinte, autorizo a lavratura do óbito, na forma requerida. Nos termos do subitem 96.4, do Capítulo XVII, do Tomo II das Normas de Serviço da Corregedoria Geral da Justiça, encaminhe-se cópia da presente decisão ao Núcleo de Criminologia - Programa de Localização e Identificação de Desaparecidos do Ministério Público do Estado de São Paulo. Ciência, encaminhando-se os autos ao Serviço de Registro Civil das Pessoas Naturais e Tabelionato de Notas do Distrito de Itaim Paulista - Capital. Ciência ao MP, arquivando-se oportunamente. P.I.C. - ADV: JULIO TAVARES SIQUEIRA (OAB 283202/SP) (DJe de 23.01.2019 - SP)

Processo 1113166-57.2018.8.26.0100

Pedido de Providências - Doação de cadáver para estudo - R.S.B.F. - A.S.M. e outro - Juíza de Direito: Letícia Fraga Benitez VISTOS. A Faculdade Santa Marcelina Unidade Itaquera requer autorização para lavratura do assento de óbito de WILSON PEREIRA ROCHA, falecido em 18 de março de 2017, cujo cadáver, não reclamado, será utilizado para fins de estudo e pesquisa científica. O pedido foi instruído com a declaração de óbito (fls. 09/10), a guia de remessa de cadáver (fls. 12), a recebimento e aceita da instituição (fls. 11) e publicação dos editais necessários (fls. 17/36). Manifestou-se a representante do Ministério Público favoravelmente ao pedido (fls. 73/74 e 92). É o breve relatório. DECIDO. No caso em exame, estão preenchidos os requisitos legais exigidos pelo Provimento CG 16/97, com observância do disposto no atual item 96.4, Capítulo XVII das Normas de Serviço da Corregedoria Geral da Justiça, relativamente à expedição de editais, de sorte que o deferimento do pedido é medida que se impõe. Por conseguinte, autorizo a lavratura do assento de óbito, com a destinação do cadáver para a Faculdade Santa Marcelina Unidade Itaquera, para fins de estudo e pesquisa científica. Ciência à Senhora Oficial, para a lavratura do assento, e ao Ministério Público, arquivando-se oportunamente. Após o sepultamento ou a cremação dos restos do cadáver utilizado em atividades de ensino e pesquisa, deverá ser comunicado o Cartório de Registro Civil, para a promoção da respectiva averbação. P.I.C. - ADV: JOSE CARLOS ETRUSCO VIEIRA (OAB 41566/SP), JULIO TAVARES SIQUEIRA (OAB 283202/SP) (DJe de 23.01.2019 - SP)

PUBLICIDADE

Processo 1091764-80.2019.8.26.0100 –

Pedido de Providências - Certidão de inteiro teor - R.S.C. - M.H.V.S. e outro - VISTOS, Trata-se de expediente instaurado a partir de comunicação encaminhada pela Sra. Oficial Interina do Registro Civil das Pessoas Naturais do 12º Subdistrito Cambuci, Capital, no interesse de M.H.V.S., objetivando a retificação de sua certidão de nascimento, com a supressão dos dados concernentes à ilegitimidade da filiação paterna, com posterior expedição de certidão em inteiro teor, O n. Representante do Ministério Público manifestou-se às fls. 41/42. É o breve relatório. Decido. Compulsando os autos, verifica-se que, aos 13 de dezembro de 1943, foi lavrado assento de nascimento de M.H.V.S, do qual constou a filiação paterna ilegítima, em razão de seus pais não serem casados. Sendo assim, a parte interessada solicita a retificação da sua certidão, para exclusão da menção referente à ilegitimidade de filiação, e posterior expedição de certidão de inteiro Pois bem. Como é cediço, em homenagem ao princípio da verdade registral, a certidão em inteiro teor tem o propósito de certificar o conteúdo integral do assento solicitado. Ademais, conforme ponderado pelo i. Representante do Ministério Público, o registro é retrato fidedigno do momento em que foi lavrado, nos termos da legislação vigente, aplicando-se ao Registros Públicos o princípio do tempus regit actum. Dessa forma, não é possível a sua retificação. De outro norte, dispõe o art. 227, §6º, da Constituição da República que "os filhos, havidos ou não da relação do casamento, ou por adoção, terão os mesmos direitos e qualificações, proibidas quaisquer designações discriminatórias relativas à filiação." Como se vê, a Constituição adotou o princípio da igualdade de direito entre os filhos, proibindo qualquer tipo de distinção ou tratamento discriminatório. Nessa esteira, prevê o art. 5º da Lei 8.560/92 que "no registro de nascimento não se fará qualquer referência à natureza da filiação, à sua ordem em relação a outros irmãos do mesmo prenome, exceto gêmeos, ao lugar e cartório do casamento dos pais e ao estado civil destes." Como ensina Luiz Guilherme Loureiro, "a preocupação do legislador é evitar que conste do registro do nascimento, e respectiva certidão, qualquer elemento ou dado que permita inferir a existência de filiação extramatrimonial ou não biológica, evitando discriminações odiosas e violação à vida privada da pessoa cujo nascimento é registrado" (Registro Públicos - Teoria e Prática, 8ª Edição, Editora Juspodvm, p. 192). Com base nessas premissas, entendo que, no caso sob análise, existem três princípios em colisão, quais sejam, da verdade registrária, do tempus regit actum e da igualdade de direito entre os filhos. Como se sabe, não há direito ou princípio fundamental absoluto, devendo-se, no caso concreto, balancear os valores em colisão (princípio da ponderação ou da cedência recíproca). À luz dos ensinamentos de Jairo Gilberto Schäfer e Nairane Decarli, "o princípio da proporcionalidade permite que o magistrado; diante da colisão de direitos fundamentais, decida de modo que se maximize a proteção constitucional, impedindo o excesso na atividade restritiva aos direitos fundamentais. O objetivo não é anular um ou outro princípio constitucional, mas encontrar a solução que mantenha os respectivos núcleos essenciais." (A colisão dos direitos à honra, à intimidade, à vida privada e à imagem versus a liberdade de expressão. Prisma Jurídico, São Paulo, v. 6, 2007). Sendo assim, pese embora à época do registro vigorasse a legislação permissiva de distinção entre filhos legitimos e ilegítimos, certo é que o atual ordenamento jurídico, inaugurado com a promulgação da Constituição Cidadã, não recepcionou tal tratamento discriminatório. Nesse sentido, já decidiu o Supremo Tribunal Federal: "A família, à luz dos preceitos constitucionais introduzidos pela Carta de 1988, apartou-se definitivamente da vetusta distinção entre filhos legítimos, legitimados e ilegítimos que informava o sistema do Código Civil de 1916, cujo paradigma em matéria de filiação, por adotar presunção baseada na centralidade do casamento, desconsiderava tanto o critério biológico quanto o afetivo. (...) A Constituição de 1988, em caráter meramente exemplificativo, reconhece como legítimos modelos de família independentes do casamento, como a união estável (art. 226, § 3º) e a comunidade formada por qualquer dos pais e seus descendentes, cognominada "família monoparental" (art. 226, § 4º), além de enfatizar que espécies de filiação dissociadas do matrimônio entre os pais merecem equivalente tutela diante da lei, sendo vedada discriminação e, portanto, qualquer tipo de hierarquia entre elas (art. 227, § 6º)." (RE 898060/SC, Rel. Min. Luiz Fux, DJe de 24/08/2017). Dessa feita, de rigor o acolhimento da pretensão da interessada, para que em sua certidão de inteiro teor seja suprimida a informação referente à ilegitimidade de sua filiação. Frise-se, contudo, que não se está a deferir a retificação do registro de nascimento para exclusão da informação, o que, de fato, não se mostra possível; mas, apenas, que tal dado não se replique em qualquer certidão referente ao assento da parte interessada, seja na de inteiro teor, seja na forma resumida. Contudo, visando resguardar o princípio da verdade registrária, deverá constar na certidão que dados foram omitidos por ordem judicial. Ante o exposto, acolho os motivos geradores da dúvida suscitada pela Oficial Interina do Registro Civil das Pessoas Naturais do 12º Subdistrito - Cambuci, Capital, a fim de que seja deferida, em parte, a pretensão da parte interessada, suprimindo-se a informação quanto à ilegitimidade de filiação nas certidões a serem expedidas pela Serventia Extrajudicial com base em seu registro de nascimento. Por outro lado, quando da expedição das referidas certidões, no campo atinente às observações, a Sra. Oficial Interina deverá fazer constar, de forma genérica, que informações foram suprimidas por determinação judicial. Ciência à Sra. Oficial Interina e ao Ministério Público. Encaminhe-se cópia desta decisão à Egrégia Corregedoria Geral da Justiça, por e-mail, servindo a presente sentença como ofício. Oportunamente, arquivem-se os autos. I.C. - ADV: VIVIANE CRISTINA ROSA (OAB 190351/SP), HENRIQUE FERRO (OAB 41262/SP) (– DJe de 09.10.2019 – SP)

Processo 1063104-76.2019.8.26.0100

Pedido de Providências - Registro Civil das Pessoas Naturais - R.H.S. - Juiz(a) de Direito: Dr(a). Luiz Gustavo Esteves Vistos, Cuida-se de expediente instaurado a partir de petição encaminhada por Roger Henri Schwarz, solicitando a autorização para expedição de certidão de inteiro teor do nascimento de Christina Moll Schwarz, registrada no Registro Civil das Pessoas Naturais do 28º Subdistrito - Jardim Paulista, desta Capital. A Sr. Oficial manifestou-se às fls. 38. O n. Representante do Ministério Público apresentou parecer conclusivo às fls. 58/59. É o breve relatório. DECIDO. Trata-se de pedido de autorização judicial de interesse de Roger Henri Schwarz, ante a suposta negativa da Sra. Oficial de Registro Civil das Pessoas Naturais do 28º Subdistrito - Jardim Paulista, desta Capital, a fim de se extrair certidão de inteiro teor do nascimento de Christina Moll Schwarz, a fim de instruir Inventário e Partilha Extrajudicial dos bens deixados por seu pai, Heinz Schwarz. Aduz o interessado que é irmão biológico da registrada, sendo que esta, assim como sua irmã Catharina Charlotte Schwarz, foram entregues para adoção. Em sua manifestação, esclareceu a Sra. Oficial que o registro de nascimento de Christina Moll Schwarz possui elementos sigilosos. Pois bem. Tendo em vista que o caráter sigiloso das informações contidas na certidão de inteiro teor almejada, mormente considerado ainda, no caso em tela, o fato da requisição ter sido realizada por terceira pessoa, sendo inviável a apresentação da anuência da registrada, nos termos das NSCGJ, Capítulo XVII, Seção IV, que aborda o tema da publicidade das certidões, de rigor a manutenção do óbice apresentado pela Sra. Oficial. Bem por isso, entendo que a hipótese dos autos não dá margem à adoção de providência censório-disciplinar em relação ao serviço correicionado, não se vislumbrando responsabilidade funcional apta a ensejar a instauração de procedimento administrativo. Ante o exposto, indefiro o pedido formulado pelo Interessado, mantendo-se o óbice apresentando pela Sr. Oficial de Registro Civil das Pessoas Naturais do 28º Subdistrito - Jardim Paulista, desta Capital. Oportunamente, determino o arquivamento dos autos. Ciência à Sra. Oficial, ao Interessado e ao Ministério Público. Comunique-se a decisão à Egrégia Corregedoria Geral da Justiça, por e-mail, servindo a presente sentença como ofício I.C. - ADV: LUIS PAULO TABACCHI CORREA LIMA (OAB 138968/ SP) (– DJe de 30.09.2019 – SP)

TRANSCRIÇÃO

Processo 1068222-33.2019.8.26.0100

Pedido de Providências - Registro Civil das Pessoas Naturais - M.S.M. - Juiz(a) de Direito: Dr(a). Leticia Fraga Benitez VISTOS. Cuida-se de pedido de providências formulado por Mohamad Said Mourad, objetivando a anulação de transcrição de casamento realizado no exterior. A ilustre Oficial do Registro Civil das Pessoas Naturais e de Interdições e Tutelas do Primeiro Subdistrito, Sé, Capital, manifestou-se, pugnando pela higidez da transcrição realizada (fls. 69/76). O Representante do Ministério Público acompanhou o feito, ofertando parecer final às fls. 79. É o breve relatório. Decido. Trata-se de expediente do interesse de Mohamad Said Mourad, que objetiva a anulação da transcrição de seu casamento realizado no exterior. Narra o requerente que contraiu matrimônio em 1978, no Líbano. Posteriormente, o casal, ao mudar para o Brasil, não providenciou a validação das núpcias em território nacional. Assim, em 2005, o postulante e Sahmar Abdul Rahman Mourad, com o fim de desconstituírem os laços que os uniam, realizaram acordo, homologado judicialmente, em que dissolveram a união estável e decidiram questões acessórias, como partilha e pensão alimentícia. Ocorre que, em 2012, a ex-esposa solicitou ao Registro Civil das Pessoas Naturais e de Interdições e Tutelas do Primeiro Subdistrito, Sé, Capital, a transcrição daquele matrimônio realizado no estrangeiro, em 1978, propondo, a seguir, ação em que pleiteava a nulidade do acordo previamente fixado e pugnava pela decretação do divórcio e partilha de bens. A referida ação de divórcio foi julgada extinta, com fulcro no art. 301, inc. VI e §2º do Código de Processo Civil de 1973, declarando o MM. Juízo da Família e Sucessões que o pedido posto naqueles autos estaria obstado em razão do reconhecimento da união estável e sua dissolução. Por seu turno, o Acórdão que confirmou a referida Sentença entendeu pela impossibilidade de processamento do divórcio, uma vez que "toda a situação já estava sedimentada quando a autora, agindo de forma temerária e com manifesta má-fé, postulou o registro de seu casamento unicamente para tentar rediscutir a partilha. No momento em que a apelante solicitou a transcrição do casamento no cartório, não havia mais nenhuma relação com o réu, pois transitada em julgado a decisão da ação de dissolução da sociedade de fato que ela mesma tinha intentado. Assim, como não havia mais casamento, a transcrição da certidão não pode ser considerada válida, ainda que formalmente adequada, pois ideologicamente não reputa situação fática verdadeira." (fls. 41 - grifo nosso). Pois bem. A solução para a questão posta nos autos, conforme evidenciado pelo n. Promotor de Justiça, encontra fundamento no já decidido pelo MM. Juízo de Família e E. Tribunal de Justiça, nos autos da ação de divórcio de nº 0027747-96.2012.8.26.0003. A r. Sentença reconheceu litispendência/coisa julgada entre a ação de dissolução de união estável e a ação de divórcio, entendendo o R. Segunda Instância que o matrimônio, à época da transcrição, já restava dissolvido, razão pela qual a transcrição não seria válida. Diante de todo o exposto, à luz das conclusões judiciais já lançadas, determino o cancelamento da transcrição do casamento estrangeiro inscrita sob a matrícula 12116001552012700781 511001872879, perante o Registro Civil das Pessoas Naturais e de Interdições e Tutelas do Primeiro Subdistrito, Sé, Capital. Ressalte-se, noutro turno, que não há que se falar em falha funcional da parte da ilustre Registradora, uma vez que a transcrição foi regularmente realizada, embasada na correta documentação que à época lhe foi apresentada, com fulcro no artigo 32 da Lei 6015/73 e Normas de Serviço da Corregedoria Geral de Justiça do Estado de São Paulo, Capítulo XVII. Ciência à Senhora Registradora e ao Ministério Público, arquivando-se oportunamente. I.C. - ADV: FABIO LUIS SA DE OLIVEIRA (OAB 130933/SP), DEBORA ROMANO (OAB 98602/SP) (– DJe de 03.09.2019 – SP)

Processo 1069510-16.2019.8.26.0100

Pedido de Providências - Registro Civil das Pessoas Naturais - S.R.C.P.N.I. - A.P. e outro - Juiz(a) de Direito: Dr(a). Leticia Fraga Benitez VISTOS. Cuida-se de expediente encaminhado pelo Registro Civil das Pessoas Naturais do 24º Subdistrito Indianópolis, Capital, suscitando dúvida quanto à negativa de averbação de transcrição de casamento e de divórcio estrangeiro no assento de casamento de Antonio Pita e Cleide Santello daquela Serventia. O D. Representante do Ministério Público ofereceu manifestação 375/376. É o breve relatório. DECIDO. Consta dos autos que Antonio Rodrigues Pita Júnior e Cleide Santello casaram-se em 11 de março de 1971, perante o Registro Civil das Pessoas Naturais do 24º Subdistrito - Indianópolis, consoante certidão de casamento juntada às fls. 17. Posteriormente, em 04 de outubro de 1971, sem a dissolução do matrimônio anterior, Antonio Rodrigues

Pita Júnior e Cleide Santello casaram-se novamente em Ontário, Canadá. Em 31 de dezembro de 1995 o casamento celebrado no Canadá foi dissolvido por sentença de divórcio proferida pelo Juízo de Ontário, consoante documento de fls. 87. Em 29 de janeiro de 2019 foi lavrada a transcrição do assento de casamento realizado no Canadá junto ao 1º Ofício de Registro Civil de Brasília, averbando-se o respectivo divórcio, decretado pela Autoridade Judicial canadense (fls. 05). Ao receber a comunicação de Casamento e divórcio estrangeiros, contudo, negou a Sra. Oficial Registro Civil das Pessoas Naturais do 24º Subdistrito - Indianópolis, Capital a anotação da transcrição, uma vez inexistente a dissolução do casamento celebrado no Brasil. Pois bem. De início, não há questionamento acerca da efetiva realização do casamento canadense. As questões são, contudo, de outra ordem: quanto à permissão legal de que pessoas casadas contraiam novo matrimônio naquele país estrangeiro, bem como quanto à validade da transcrição realizada pelo Sr. Oficial do 1º Registro Civil de Brasília. Com efeito, à época da celebração do casamento de Antonio Rodrigues Pita Júnior e Cleide Santello, em Ontário, Canadá, encontrava-se em vigor o Código Civil do Baixo-Canadá ("Code Civil du Bas Canada") - atualmente revogado pelo Código Civil de Quebec - que assim dispunha: "118. On ne peut contracter un second mariage avant la dissolution du premier." Verifica-se, portanto, que o matrimônio canadense foi contraído com infringência a impedimento expresso no Códex canadense, uma vez que os celebrantes já eram casados no Brasil. Nesses termos, independentemente do ocorrido no estrangeiro - o que não se questiona nos presentes autos -, o matrimônio contraído com inobservância dos impedimentos legais é ato que não pode ter eficácia em território nacional, posto que ofende à ordem pública. É, esse, o precisado pela Lei de Introdução às Normas do Direito brasileiro: "Art. 17. As leis, atos e sentenças de outro país, bem como quaisquer declarações de vontade, não terão eficácia no Brasil, quando ofenderem a soberania nacional, a ordem pública e os bons costumes." Neste contexto, não caberia a transcrição realizada pelo 1º Ofício de Registro Civil de Brasília, uma vez que o casamento realizado no estrangeiro não teria o condão de produzir qualquer efeito jurídico em território nacional. Em consequência, o óbice apresentado pela I. Registradora deverá ser mantido, restando indeferida a pretendida averbação, dado o caráter infringente às normas estabelecidas no direito nacional, devendo os interessados, se o caso, buscar a extinção do vínculo matrimonial pelas vias próprias. Ciência aos interessados, à Senhora Titular e ao Ministério Público. No mais, encaminhe-se cópia integral dos autos ao MM. Juízo Corregedor Permanente do 1º Registro Civil (Sede) do Distrito Federal, a fim de que tome conhecimento dos fatos apurados nestes autos. Encaminhe-se cópia desta decisão à E. Corregedoria Geral da Justiça, por e-mail, servindo a presente como ofício. I.C. - ADV: PATRÍCIA MARTINS PEREIRA (OAB 13561/GO) (– DJe de 26.08.2019 – SP)

Processo 1102466-22.2018.8.26.0100 –

Pedido de Providências - Registro Civil das Pessoas Naturais - A.M. - V.L.P.M. - Juíza de Direito: Letícia Fraga Benitez VISTOS. Cuidam os autos de pedido de providências formulado por Aparecido de Moraes e Virgínia Luísa Pea de Moraes, alegando óbice imposto pela Senhora Oficial de Registro Civil das Pessoas Naturais e d Interdições e Tutelas do Primeiro Subdistrito - Sé, Capital, quanto à transcrição de casamento estrangeiro realizado no Peru. A ilustre Registradora manifestou-se às fls. 36, esclarecendo os motivos do óbice levantado. O Ministério Público acompanhou o feito e ofertou parecer conclusivo às fls. 64/67, opinando pelo deferimento do pedido inicial. É o breve relatório. Decido. Trata-se de expediente formulado por Aparecido de Moraes e Virgínia Luísa Pea de Moraes, insurgindo-se contra negativa deduzida pela Senhora Oficial de Registro Civil das Pessoas Naturais e de Interdições e Tutelas do Primeiro Subdistrito - Sé, Capital, quanto à pedido de transcrição de casamento realizado no exterior. Consta dos autos que Aparecido de Moraes e Virgínia Luísa Pea de Moraes casaram-se em primeiro de fevereiro de 1986, em Paracas, Peru. A certidão de casamento foi devidamente registrada perante a Embaixada do Brasil em Lima, Peru. Ocorre que o cônjuge varão havia sido casado em primeiras núpcias, no Brasil, com Saturnina Alves do Espírito Santo Lima, em 28 de maio de 1966, separando-se judicialmente em 27 de março de 1985. A conversão da separação em divórcio teve lugar somente em 22 de janeiro de 2015. Assim, no ato do segundo matrimônio, o nubente ainda era casado, nos termos da legislação pátria em vigor à época dos fatos. Os requerentes fundamentam seu pedido de transcrição do matrimônio no artigo 32 da Lei de Registros Públicos, que indica que o casamento de brasileiro realizado no exterior será considerado autêntico, de acordo com os termos do lugar de realização do ato. Ainda, asseveram que a Lei de Introdução às Normas do Direito brasileiro, por seu artigo 7º, vai no mesmo sentido, indicando que é a lei do país estrangeiro, no qual domiciliada a pessoa, que rege as relações de direitos da personalidade e família. Pois bem. De início, esclarece-se que não pretende este Juízo suscitar dúvida quanto à efetiva realização do casamento, posto que tal ponto encontra-se mais do que esclarecido nos autos. O raciocínio aduzido é de outra ordem: quanto à permissão legal de que pessoas separadas judicialmente contraiam novo matrimônio naquele país estrangeiro. No entanto, acaso, como na legislação pátria, a condição de separado judicial seja óbice ao casamento no Peru, o resultado é que o matrimônio foi contraído com infringência a impedimento expresso no Códex peruano. É assim que indica o artigo 241, inserto naquele códice estrangeiro com o título de "Impedimentos Absolutos": Artículo 241º.- No pueden contraer matrimonio: (...) 5.- Los casados Nesses termos, independentemente do ocorrido no estrangeiro - o que não se questiona nos presentes autos -, as núpcias contraídas com inobservância dos impedimentos legais, resultando em bigamia, é ato que não pode ter eficácia em território nacional, posto que ofende à ordem pública e aos bons costumes. É esse o precisado pela Lei de Introdução às Normas do Direito brasileiro: Art. 17. As leis, atos e sentenças de outro país, bem como quaisquer declarações de vontade, não terão eficácia no Brasil, quando ofenderem a soberania nacional, a ordem pública e os bons costumes. Posto isso, tem-se que a transcrição pretendida, produtora de efeitos jurídicos do casamento estrangeiro em território nacional, não pode ser deferida. Ainda nessa senda, já decidiu este Juízo Corregedor, nos autos do pedido de providências nº 1032904-91.2016.8.26.0100, contrariamente à transcrição de certidão de casamento, cujo regime marital indicado referia poligamia, em patente discordância com o ordenamento jurídico pátrio Diante dos fatos narrados, ressaltando-se o óbice suscitado pela Registradora e respeitosamente discordando, com o devido respeito, do entendimento da ilustre Promotora de Justiça, indefiro a transcrição pretendida, dado seu caráter infringente às normas estabelecidas no direito nacional. Ciência aos interessados, à Senhora Titular e ao Ministério Público, arquivando-se oportunamente. P.I.C. - ADV: SANDRO DA COSTA SANTOS (OAB 161478/SP) (DJe de 04.04.2019 - SP)

4.4.3 REGISTRO DE TÍTULOS E DOCUMENTOS E PESSOA JURÍDICA

ADMINISTRADOR PROVISÓRIO

Processo 1095878-62.2019.8.26.0100

Pedido de Providências - Liminar - Décio Fantozzi - Vistos. Trata-se de ação de administrador provisório formulado por Decio Fantozzi em face da Federação Paulista de Motociclismo do Estado de São Paulo. Para a eleição de um administrador provisório é imprescindível a intervenção do Poder Judiciário, tendo em vista que não se discute apenas a situação registrária, mas a própria representação da pessoa jurídica, além da administração de seus vários interesses. Há de se notar que o Estatuto Social deve se adequar às disposições do Código Civil Brasileiro e, para tal deve o administrador provisório ter poderes específicos para convocar e presidir Assembleia Geral Extraordinária. Neste raciocínio importante examinar precedente da E. Corregedoria Geral da Justiça, cujo objeto é o mesmo desta demanda, valendo transcrever o voto do parecer nº 377/2017: "Isso porque a atual gestão da entidade não está formalmente constituída e não corresponde àquela que consta formalmente junto ao Registro Civil das Pessoas Jurídicas. Portanto, não tem legitimidade para convalidar atos da entidade e tampouco para convocar eleições. Sendo impossível, como informa a recorrente, obter regularização dos atos de gestão por aqueles que constam formalmente como membros da diretoria, imprescindível a nomeação judicial de administrador provisório para esse fim. A convocação de assembleia por pessoas que não figuram formalmente como membros da diretoria da entidade não tem qualquer valia, sendo correta a recusa do registrador, em consonância com o princípio da continuidade. Não se cuida de meras formalidades vazias, mas de exigências necessárias para a observância do principio registral acima indicado. Somente um administrador provisório nomeado judicialmente poderá promover a regularização do período compreendido entre o término do último mandato e sua (Recurso Administrativo nº 0004320-77.2013.8.26.0539. CGJSP. São Paulo, 09/11/2017 Relatora: Tatiana Magosso). No mais, o artigo 49 do CC é claro ao estabelecer que: "Se a administração da pessoa jurídica vier a faltar, o juiz, a requerimento de qualquer interessado, nomear-lhe-áadministrador provisório" Logo, ao dispor que somente o juiz poderá nomear administrador provisório, tem-se que é indispensável o requerimento na via judicial, perante uma das Varas Cíveis competentes, preservando-se assim, o princípio da continuidade registrária. Feitas estas considerações, em consonância com o princípio da celeridade que norteia os atos processuais e levando-se em consideração o endereçamento da inicial, determino encaminhamento dos autos, com urgência, ao distribuidor para redistribuição a uma das Varas Cíveis da Capital. Int. - ADV: DANIELLA MACHADO DOS SANTOS (OAB 218576/SP) (– DJe de 23.10.2019 – SP)

Processo 1063155-87.2019.8.26.0100

Pedido de Providências - Liminar - Vitor Braga Candido - Vistos. Trata-se de ação de nomeação de administrador provisório cumulada com antecipação de tutela, formulada por Vítor Braga Candido em face da Associação Espírita Miguel Arcanjo. Para a eleição de um administrador provisório é imprescindível a intervenção do Poder Judiciário, tendo em vista que não se discute apenas a situação registrária, mas a própria representação da pessoa jurídica, além da administração de seus vários interesses. Há de se notar que o Estatuto Social deve se adequar às disposições do Novo Código Civil Brasileiro e, para tal, deve o administrador provisório ter poderes específicos para convocar e presidir Assembléia Geral Extraordinária. Neste raciocínio, importante examinar precedente da E Corregedoria Geral da Justiça, cujo objeto é o mesmo desta demanda, valendo transcrever trecho do voto do parecer nº 377/2017 da E. Corregedoria Geral de Justiça: "Isso porque a atual gestão da entidade não está formalmente constituída e não corresponde àquela que consta formalmente junto ao Registro Civil de Pessoas Jurídicas. Portanto, não tem legitimidade para convalidar atos da entidade e tampouco para convocar eleições. Sendo impossível, como informa a recorrente, obter regularização dos atos de gestão por aqueles que constam formalmente como membros da diretoria, imprescindível a nomeação judicial de administrador provisório para esse fim. A convocação de assembleia por pessoas que não figuram formalmente como membros da diretoria da entidade não tem qualquer valia, sendo correta a recusa do Registrador, em consonância com o princípio da continuidade. Não se cuida de meras formalidades vazias, mas de exigências necessárias para a observância do princípio registrai acima indicado. Somente um administrador provisório nomeado judicialmente poderá promover a regularização do período compreendido entre o término do último mandato e sua nomeação." (Recurso Administrativo nº 0004320-77.2013.8.26.0530. CGJSP. São Paulo, 09/11/2017 Relatora: Tatiana Magosso) No mais, o artigo 49 do Código Civil é claro ao estabelecer que: "Se a administração da pessoa jurídica vier a faltar, o juiz, a requerimento de qualquer interessado, nomear-lhe-á administrador provisório". Logo, ao dispor que somente o juiz poderá nomear administrador provisório, tem-se que é indispensável o requerimento na via judicial, perante uma das Varas Cíveis competentes, preservando-se assim, o princípio da continuidade registrária. Por fim, ressalto que ao contrário do que afirmou o interessado, a redistribuição do feito não se trata de mera burocracia e inércia da Justiça, mas sim matéria de competência absoluta para apreciar as questões, nos termos da Lei de Organização Judiciária, assim, se houve algum engano é oriundo do endereçamento do feito. Feitas estas considerações, em consonância com o princípio da celeridade que norteia os atos processuais, determino o encaminhamento dos autos com urgência ao distribuidor para redistribuição a uma das Varas Cíveis da Capital. Int. - ADV: MILSON LUIZ BOYAGO (OAB 34792/SP) (- DJe de 05.08.2019 - SP)

Processo 1027594-02.2019.8.26.0100

Procedimento Comum Cível - Cristina Maria do Nascimento Viana Silva - Vistos. Trata-se de ação de nomeação de administrador provisório formulada por Cristina Maria do Nascimento Viana Silva em face do Centro Beneficente de Assistência Social. Conforme parecer deste Juízo, em decisão proferida pelo MMº Juiz de Direito Drº Josué Modesto Passos, que versava sobre a mesma questão posta a desate e cujo parecer coaduno: "... havendo solução de continuidade entre os atos da associação (por exemplo, por falta de eleições durante vários anos, como sucede in casu), o remédio legal é solicitação, na via contenciosa, de administrador provisório que reorganize a vida da associação; o que decididamente não tem lugar é cogitar que o registro civil de pessoas jurídicas possa, na atividade de qualificação, suprir o defeito e admitir a averbação de nova ata, sem a continuidade ou, pelo menos, a compatibilidade entre o novo ato associativo e aqueles que se encontram inscritos, ainda que haja força maior, como o desaparecimento ou a morte de anteriores diretores"... Para a eleição de um administrador provisório é imprescindível a intervenção do Poder Judiciário, tendo em vista que não se discute apenas a situação registrária, mas a própria representação da pessoa jurídica, além da administração de seus vários interesses. Há de se notar que o Estatuto Social deve se adequar às disposições do Novo Código Civil Brasileiro e, para tal, deve o administrador provisório ter poderes específicos para convocar e presidir Assembléia Geral Extraordinária. Tal entendimento está pacificado no âmbito da Egrégia Corregedoria Geral da Justiça: "REGISTRO CIVIL DE PESSOAS JURÍDICAS - Pretensão de averbação de ata de assembleia que tinha o escopo de regularizar a entidade - Impossibilidade, uma vez que haveria violação do princípio da continuidade. Necessidade de nomeação judicial de administrador provisório – Desqualificação do título mantida. Recurso não provido" (Processo nº 377/2017-E, Rel: Des. Manoel de Queiros Pereira Calças). No mais, o artigo 49 do CC é cristalino ao estabelecer que: "Se a administração da pessoa jurídica vier a faltar, o juiz, a requerimento de qualquer interessado, nomear-lhe-á administrador provisório". Logo, ao dispor que somente o juiz poderá nomear administrador provisório, tem-se que é indispensável o requerimento na via judicial, perante uma das Varas Cíveis competentes, preservando-se o princípio da continuidade registrária. Feitas estas considerações, em consonância com o principio da celeridade que norteia os atos processuais, remetam-se os autos ao distribuidor para encaminhamento a uma das Varas Cíveis da Capital, competente para análise da questão. Int. - ADV: HERON VIANA DA SILVA (OAB 392567/SP) (DJe de 05.04.2019 - SP)

Processo 1021520-29.2019.8.26.0100

Pedido de Providências - Odair dos Santos - Vistos. Trata-se de ação de nomeação de administrador provisório cumulada com tutela antecipada formulada por Odair dos Santos em face de Associação Umbandista e Casa de Caridade Pai João da Porteira e Caboclo Pena Branca. Conforme parecer deste Juízo, em decisão proferida pelo MMº Juiz de Direito Drº Josué Modesto Passos, que versava sobre a mesma questão posta a desate e cujo parecer coaduno: "... havendo solução de continuidade entre os atos da associação (por exemplo, por falta de eleições durante vários anos, como sucede in casu), o remédio legal é solicitação, na via contenciosa, de administrador provisório que reorganize a vida da associação; o que decididamente não tem lugar é cogitar que o registro civil de pessoas jurídicas possa, na atividade de qualificação, suprir o defeito e admitir a averbação de nova ata, sem a continuidade ou, pelo menos, a compatibilidade entre o novo ato associativo e aqueles que se encontram inscritos, ainda que haja força maior, como o desaparecimento ou a morte de anteriores diretores"... Para a eleição de um administrador provisório é imprescindível a intervenção do Poder Judiciário, tendo em vista que não se discute apenas a situação registrária, mas a própria representação da pessoa jurídica, além da administração de seus vários interesses. Há de se notar que o Estatuto Social deve se adequar às disposições do Novo Código Civil Brasileiro e, para tal, deve o administrador provisório ter poderes específicos para convocar e presidir Assembléia Geral Extraordinária. Tal entendimento está pacificado no âmbito da Corregedoria Geral da Justiça. Confira- se o julgado: "REGISTRO CIVIL DE PESSOAS JURÍDICAS - Pretensão de averbação de ata de assembleia que tinha o escopo de regularizar a entidade - Impossibilidade, uma vez que haveria violação do princípio da continuidade. Necessidade de nomeação judicial de administrador provisório - Desqualificação do titulo mantida - Recurso não provido" (Processo 377/217-E, Rel: Des. Manoel de Queiros Pereira Calças) No mais, o artigo 49 do CC é cristalino ao estabelecer que: "Se a administração da pessoa jurídica vier a faltar, o juiz, a requerimento de qualquer interessado, nomear-lhe-á administrador provisório". Logo, ao dispor que somente o juiz poderá nomear administrador provisório, tem-se que é indispensável o requerimento na via judicial, perante uma das Varas Cíveis competentes, preservando-se assim, o princípio da continuidade registrária. Feitas estas considerações e em consonância com o principio da celeridade que norteia os atos processuais, remetam-se os autos ao distribuidor para encaminhamento a uma das Varas Cíveis da Capital. Int. - ADV: JULIO CEZAR LIMA DE MOURA (OAB 370942/SP) (DJe de 08.04.2019 - SP)

Processo 1023347-75.2019.8.26.0100

Pedido de Providências - Liminar - Orlando Soares - Vistos. Trata-se de ação de nomeação de administrador provisório cumulada com pedido de tutela de urgência formulado por Orlando Soares em face da Associação dos Moradores do Conjunto Habitacional Recanto das Estrelas. Conforme parecer deste Juízo, em decisão proferida pelo MMº Juiz de Direito Drº Josué Modesto Passos, que versava sobre a mesma questão posta a desate e cujo parecer coaduno: "... havendo solução de continuidade entre os atos da associação (por exemplo, por falta de eleições durante vários anos, como sucede in casu), o remédio legal é solicitação, na via contenciosa, de administrador provisório que reorganize a vida da associação; o que decididamente não tem lugar é cogitar que o registro civil de pessoas jurídicas possa, na atividade de qualificação, suprir o defeito e admitir a averbação de nova ata, sem a continuidade ou, pelo menos, a compatibilidade entre o novo ato associativo e aqueles que se encontram inscritos, ainda que haja força maior, como o desaparecimento ou a morte de anteriores diretores"... Para a eleição de um administrador provisório é imprescindível a intervenção do Poder Judiciário, tendo em vista que não se discute apenas a situação registrária, mas a própria representação da pessoa jurídica, além da administração de seus vários interesses. Há de se notar que o Estatuto Social deve se adequar às disposições do Novo Código Civil Brasileiro e, para tal, deve o administrador provisório ter poderes específicos para convocar e presidir Assembléia Geral Extraordinária. Tal entendimento está pacificado no âmbito da Corregedoria Geral da Justiça.

Confira-se do julgado: "REGISTRO CIVIL DE PESSOAS JURÍDICAS - Pretensão de averbação de ata de assembleia que tinha o escopo de regularizar a entidade - Impossibilidade, uma vez que haveria violação do princípio da continuidade Necessidade de nomeação judicial de administrador provisório - Desqualificação do título mantida Recurso não provido". (Processo 377/2017-E, rel:Des. Manoel de Queiros Pereira Calças). No mais, o artigo 49 do CC é cristalino ao estabelecer que: "Se a administração da pessoa jurídica vier a faltar, o juiz, a requerimento de qualquer interessado, nomear-lhe-á administrador provisório". Logo, ao dispor que somente o juiz poderá nomear administrador provisório, tem-se que é indispensável o requerimento na via judicial, perante uma das Varas Cíveis competentes, preservando-se assim o princípio da continuidade registrária. Feitas estas considerações e em consonância com o principio da celeridade que norteia os atos processuais, remetam-se os autos ao distribuidor para encaminhamento a uma das Varas Cíveis da Capital. Int. - ADV: JAMES RICARDO MAZETTI (OAB 324745/SP), ADEMIR JOSE DE SOUZA (OAB 327936/SP) (DJe de 27.03.2019 - SP)

Processo 1117839-93.2018.8.26.0100

Pedido de Providências - Registro de Imóveis - Carrefour Comércio e Indústria LTDA - Vistos. Trata-se de pedido de providências formulado por Carrefour Comércio e Indústria LTDA em face do Oficial do 1º Registro de Títulos e Documentos e Civil de Pessoa Jurídica da Capital, pleiteando a averbação de sua nomeação como administrador provisório junto ao registro da pessoa jurídica Associação dos Lojistas do Shopping Butantã - ALSB, oriunda de decisão proferida pelo MMº Juízo da 3ª Vara Cível do Foro Regional XV - Butantã. O óbice registrário refere-se à necessidade de apresentação de ofício ou mandado de averbação em que constem informações do administrador nomeado. Insurge-se o requerente acerca da óbice imposto, sob a alegação de que peticionou junto ao Juízo da ação requerendo a expedição de oficio ou mandado para efetuação do registro, o que foi indeferido, consequentemente restou impossível o exercício da administração. Juntou documentos às fls. 07/62. O registrador manifestou-se às fls. 66/72 e 90/93, corroborando o óbice mencionado. Assevera que não se opõe ao cumprimento de decisão judicial, todavia, por questão de padronização, uniformização e segurança juridica, é necessário que as ordens judiciais sejam instrumentalizadas por meio de alvarás, mandados ou ofícios, que expressem seu alcance e conteúdo. Por fim, sugeriu como medida desburocratizante, a fim de se evitar a superposição e repetição de atos desnecessários, seja estendida a regra da Portaria Conjunta nº 01/2008 das 1ª e 2ª Varas de Registros Públicos, a todas as decisões judiciais sujeitas a registro ou averbação nos Registros Civis de Pessoas Jurídicas, quando não houver a expedição pelo escrivão do feito, de mandado para efetivação de decisão judicial. Apresentou documentos às fls. 73/80. O Ministério Público opinou pela parcial procedência do pedido (fls. 101/103). É o relatório. Passo a fundamentar e a decidir. Pleiteia a requerente a averbação de sua nomeação como administrador provisório da Associação dos Lojistas do Shopping Butantã - ALCB, em razão de sentença proferida pelo MMº Juízo da 3ª Vara Cível do Foro Regional XV - Butantã, com transito em julgado. Ocorre que ao requerer a expedição de oficio ou mandado a fim de materializar a decisão e consequentemente registrar o ato junto ao Cartório de Títulos e Documentos, teve seu pedido negado, o que faz com que esta questão seja excepcional e como tal será analisada. Primeiramente em relação à necessidade de apresentação de ofícios, mandados, ou alvarás para o registro do cumprimento de sentença pelo Oficial, entendo que apesar de não existir uma norma específica dispondo sobre a obrigatoriedade da apresentação, em consonância com o princípio da segurança jurídica e para resguardo do oficial, é de bom alvitre a exigência da apresentação da instrumentalização das decisões judiciais para a efetivação dos atos nela determinados. Ademais, dispõe o artigo 221, IV da Lei nº 6015/73: "art. 221: Somente são admitidos registro: ... IV - cartas de sentença, formais de partilha, certidões e mandados extraídos de autos do processo". Daí verifica-se a necessidade de materialização da ordem judicial para o exato cumprimento. No caso em exame, há negativa do MMº Juízo Cível em expedir mandado, oficio ou extração de carta de sentença (fl. 52). Diante disso, não há como se admitir que tal fato prejudique a requerente, considerando que, após diligências necessárias, teve negado seu ingresso por circunstancias a que não deu causa. Neste contexto, visando aprimorar os procedimentos, sem prejuízo da segurança jurídica que dos atos registrários se espera, bem como a fim de evitar a expedição de carta de sentença notarial, nos termos dos itens 213 e seguintes do Capítulo XIV das Normas de Serviço da Egrégia Corregedoria Geral da Justiça, o que traria a superposição de competências e repetições desnecessárias de serviços, bem como maiores gastos à requerente, acolho a sugestão do registrador, que na presente hipótese a medida mais eficaz seria a expedição de certidão a ser requerida pela interessada diretamente na

Serventia Judicial, na qual deverá constar todos os dados indispensáveis a efetivação do registro. No entanto, entendo não ser possível a extensão da Portaria nº 01/2008 das 1ª e 2ª Varas de registros Públicos a todas as situações em que há negativa do escrivão em expedir mandado para efetivação de decisão judicial, tendo em vista que a análise da negativa deve ser feita em cada caso concreto. Diante do exposto, julgo procedente pedido de providências formulado por Carrefour Comércio e Indústria LTDA em face do Oficial do 1º Registro de Títulos e Documentos e Civil de Pessoa Jurídica da Capital, para determinar, em caráter excepcional, que a averbação seja feita mediante a apresentação de certidão extraída pela Serventia Judicial do processo em que foi deferida a nomeação, devendo constar os dados de qualificação e elementos indispensáveis ao registro. Deste procedimento não decorrem custas, despesas processuais e honorários advocatícios. Oportunamente remetam-se os autos ao arquivo. P.R.I.C. - ADV: FERNANDA ATHANAGILDO CORREA (OAB 329750/SP), LUCIANA SANTOS CELIDONIO (OAB 183417/SP) (DJe de 01.02.2019 - SP)

ALTERAÇÃO CONTRATUAL

Processo 1091698-03.2019.8.26.0100

Pedido de Providências - Registro civil de Pessoas Jurídicas - Grupo Oriental Serviços & Eventos S/S - Vistos. Trata-se de pedido de providências formulado pelo Grupo Oriental Serviços Eventos S/S, sociedade simples, em face do Oficial do 2º Registro de Títulos e Documentos e Civil de Pessoa Jurídica da Capital, pretendendo a averbação do Instrumento de Alteração e Consolidação Contratual, que tem por finalidade alterar o ingresso e retirada de sócio de serviço. A qualificação negativa tem por fundamento a ausência de apresentação da certidão de casamento com a consequente informação do regime de bens adotado. Insurge-se o requerente acerca do óbice, sob o argumento de que os sócios de serviço não tem participação no capital social, não detendo cotas sociais, logo o art.977 do CC não se aplica ao caso. Juntou documentos às fls. 06/37 e 39. O Registrador manifestou-se às fls. 47/48, corroborando o óbice imposto, nos termos do art. 997, I do CC e Capítulo XVIII, item 9.3, "a", das Normas de Serviço da Corregedoria Geral da Justiça. O Ministério Público opinou pela improcedência do pedido (fls. 51/52). É o relatório. Passo a fundamentar e a decidir. Com razão o Registrador, bem como a D. Promotora de Justiça. De acordo com o artigo 997 do Código Civil: "A sociedade constitui-se mediante contrato escrito, particular ou público, que, além de cláusulas estipuladas pelas partes, mencionará: I - nome, nacionalidade, estado civil, profissão e residência dos sócios, se pessoais naturais, e a firma ou a denominação, nacionalidade e sede dos sócios, se jurídicas; (g.n) Mencionado dispositivo não faz referência à sociedades empresárias ou sociedades de pessoas, mas tem abrangência ampla, alcançando os vários tipos de sociedade constituídos, exigindo quando de tratar de pessoa física que conste o estado civil dos sócios, comprovado pela certidão de casamento, na qual conste o regime de bens adotados. De acordo com o jurista Marcelo Fontes Barbosa Filho, no comentário ao Código Civil, sob coordenação do Ministro Cezar Peluso, 11ª ed., Editora Manole: "O presente artigo discrimina, genericamente, os dados informativos imprescindíveis ao instrumento do contrato, lastreando- se nos elementos e nas características fundamentais a toda e qualquer sociedade, já examinados quando analisado o art.981, mas referindo-se, em particular, à sociedade simples Os sócios podem assumir deveres distintos perante a pessoa jurídica, admitindo-se, aqui, sócios de serviços, que não contribuem para a formação do capital social, mas em contrapartida, oferecem seu esforço individual, atuando com o uso de seu engenho, de suas habilidades". Todavia, ao contrário do que faz crer a requerente, não é pelo fato de serem sócios de serviço que não necessitarão apresentar a certidão de casamento, uma vez que não há qualquer ressalva legal para tanto. Neste mesmo sentido o Capítulo XVIII, item 9.3, "a", das Normas de Serviço da Egrégia Corregedoria Geral da Justiça: "9.3. Do índice constará, além do nome da pessoa jurídica, as seguintes informações: a) No caso de sociedades e EIRELI o nome completo dos sócios e dos administradores, com a indicação de sua nacionalidade, estado civil, profissão, endereço, identidade e CPF, em sendo pessoas físicas, o nome, endereço e CNPJ para o caso de pessoas jurídicas, bem como a quantidade de cotas e o valor da participação no capital social". Entendo que a simples alegação da requerente da não aplicabilidade do art.977 do CC aos sócios de serviços, deve ser afastada De acordo com mencionado dispositivo: "Faculta-se aos cônjuges contratar sociedade, entre si ou com terceiros, desde que não tenham casado no regime da comunhão universal de bens, ou no da separação obrigatória". Daí que não há qualquer vedação ao tipo de sociedade e as espécies de sócios, logo, a restrição atinge tanto os sócios de capital como os de serviço, bem como as sociedades empresárias e as simples. Diante do exposto, julgo improcedente o pedido de providências formulado pelo Grupo

Oriental Serviços Eventos S/S, sociedade simples, em face do Oficial do 2º Registro de Títulos e Documentos e Civil de Pessoa Jurídica da Capital, e consequentemente mantenho a exigência. Deste procedimento não decorrem custas, despesas processuais e honorários advocatícios. Oportunamente remetam-se os autos ao arquivo. P.R.I.C. - ADV: JOEL RODRIGUES CORRÊA (OAB 186390/SP) (– DJe de 22.11.2019 – SP)

Processo 0053574-65.2019.8.26.0100

Pedido de Providências - REGISTROS PÚBLICOS - Roberto de Souza Costa - 10º Oficial de Registro de Títulos e Documentos e Civil de Pessoa Jurídica de São Paulo - Vistos. Trata-se de pedido de providências formulado por Roberto de Souza Costa em face do Oficial do 10º Registro de Títulos e Documentos e Civil de Pessoa Jurídica da Capital, pleiteando a nulidade da averbação de alteração contratual da empresa Ampla Panfletagem LTDA - ME, diante da existência de fortes indícios da falsificação de sua assinatura e reconhecimento da firma, trazendo como consequência o seu ingresso na qualidade de sócio da mencionada empresa. Juntou documentos às fls. 02/06. A registradora manifestou- se às fls. 09/12. Destaca que o título apresentado foi analisado e registrado, uma vez que obedeceu todas as formalidades legais exigíveis, tratando-se de um documento formalmente perfeito e com todos os requisitos necessários, portanto apto ao registro. Afirma que a eventual falsificação na assinatura do sócio se trata de vício intrínseco, o que impossibilita a aferição por parte da Serventia. Apresentou documentos às fls. 13/61. O requerente apresentou impugnação às fls. 71/76, corroborando os fatos expostos na inicial. O Ministério Público opinou pelo indeferimento do pedido, com o posterior arquivamento dos autos, na ausência de qualquer conduta irregular praticada pela registradora (fls. 79/80). É o relatório. Passo a fundamentar e a decidir. Analisando os documentos e as informações prestadas pela registradora, verifico que se trata de vício intrínseco do título, consistente na falsificação da assinatura e reconhecimento de firma no instrumento apresentado a registro. Formalmente o ato está perfeito, constando o reconhecimento de firma do requerente pelo Cartório de Notas de Itaquera e selo validado pelo Portal Extrajudicial. Logo, não vislumbro irregularidades que devam ser reconhecidas por este Juízo. Pelo princípio da legitimação (eficácia do registro), os vícios reconhecíveis pela via administrativa são apenas aqueles comprováveis de pleno direito que resultem de erros evidentes extrínsecos ao título, sem necessidade de exames de outros documentos ou fatos (artigos 214, caput, e 252 da Lei 6.015/73). O vício intrínseco, derivado da existência de indícios de falsificação para a elaboração do titulo, deve ser reconhecido em procedimento contencioso cível, com a participação da outra parte que participou da venda e com ampla dilação probatória. Configurado o vício do contrato, o cancelamento do registro ocorrerá como consequência, conforme determina o artigo 216 da Lei 6.015/73. Logo, tendo este Juízo competência administrativa disciplinar, não pode analisar questões de direito material que envolvam o negócio jurídico. Por fim, resta a análise acerca da prática de eventual conduta irregular pela registradora. Analisando os elementos trazidos aos autos, entendo que não há elementos seguros e eficientes para demonstrar a ocorrência de falta funcional, a justificar a aplicação de qualquer sanção administrativa censório disciplinar. Não há que se falar em violação dos deveres funcionais da Oficial que autorizem a aplicação de qualquer sanção administrativa, razão pela qual determino o arquivamento do feito neste aspecto. Diante do exposto, julgo improcedente o pedido de providências formulado por Roberto de Souza Costa em face da Oficial do 10º Registro de Títulos e Documentos e Civil de Pessoa Jurídica da Capital, e afasto a prática de qualquer conduta irregular praticada pela registradora. Deste procedimento não decorrem custas, despesas processuais e honorários advocatícios. P.R.I.C. - ADV: JOSÉ CARLOS MARTINS (OAB 247454/SP), RICARDO SAMPAIO GONÇALVES (OAB 314885/SP) (– DJe de 02.10.2019 – SP)

Processo 1052941-37.2019.8.26.0100

Pedido de Providências - Registro civil de Pessoas Jurídicas - Outec Engenharia Ltda - Vistos. Trata-se de pedido de providências formulado por Outec Engenharia LTDA em face do Oficial do 1º Registro de Títulos e Documentos e Civil de Pessoa Jurídica da Capital, pretendo a averbação do registro de alteração do contrato social datada de 25.02.2019, no qual constou a admissão de novo sócio, Renato Akyra Oshiro, bem como a cessão para este de quotas do capital social de Rui Nobhiro Oyamada, no importe de R$ 150.000,00, sem qualquer alteração no valor total do capital (R$ 3.000.000,00). Juntou documentos às fls. 08/56. A negativa para a prática do ato decorreu da existência de indisponibilidade dos bens do sócio Fabio Takahiro Oyamada, decorrente do processo nº 00078796820164036114, em trâmite perante o MMº Juízo da 3ª Vara Federal de São Bernardo do Campo, averbada sob nº 436.623. Salienta o Registrador que, pelo Provimento CGJ nº 47/2016, determinou-se que o oficial de registro deve, obrigatoriamente, consultar o banco de dados da CNIB no desempenho regular de suas atividades e para a prática de atos de ofício, nos termo da lei e das normas específicas, bem como nos atos registrarios que tenham por objeto cotas sociais, após proceder à conferência e constatada a existência de mencionadas cotas, deverá prenotar e averbar a indisponibilidade no livro próprio (livro A). Apresentou documentos às fls. 63/80. O Ministério Público opinou pela procedência do pedido (fls. 84/87). É o relatório. Passo a fundamentar e a decidir. Pretende a requerente a averbação de sua alteração contratual pela qual teria havido a admissão de novo sócio. Como bem exposto pelo Registrador, o Provimento CG 47/2016, que incluiu a Seção V no Capítulo XVIII das Normas de Serviço da Corregedoria Geral da Justiça, e nos itens 38, 41, 41.2 e 41.4, tornou obrigatória a consulta, pelos Oficiais de Registro Civil de Pessoas Jurídicas, do banco de dados da Central Nacional de Indisponibilidade de Bens (CNIB), sendo que os ônus poderão alcançar quotas sociais que seriam transferidas através de atos praticados e levados a registro ou averbações nas Serventia Extrajudiciais. Da leitura do item 41, do Capítulo XVIII, das Normas de Serviço da Corregedoria Geral da Justiça: "Os Oficiais de Registro Civil das Pessoas Jurídicas, antes da prática de qualquer ato registral que tenha por objeto quotas sociais de sociedade simples, devem promover prévia consulta à base de dados da Central de Indisponibilidade de Bens CNIB"; Na presente hipótese, mesmo que a indisponibilidade atinja o patrimônio de Fábio, a alteração contratual não guarde relação com o patrimônio bloqueado, bem como não implica a transferência de bens. Como é sabido, a indisponibilidade visa coibir atos de dilapidação do patrimônio ou desvio de bens, evitando-se assim danos irreparáveis ou de difícil reparação aos credores. Todavia, no caso aventado, conforme denota-se da cláusula 1.1., houve apenas a cessão de quotas no importe de R$ 150.000,00 do sócio Rui ao novo sócio Renato, passando o primeiro a deter 2.849.997 cotas no valor de R$ 1,00 cada, ou seja, não houve qualquer alteração do valor das cotas de Fabio. Ademais, não há qualquer norma legal que impeça que o titular da empresa, mesmo estando com o patrimônio indisponível, efetue a modificação do contrato, desde que não afete a questão patrimonial. Como bem salientou o D. Promotor de Justiça: "Admitir o argumento do Ilustre Oficial, a indisponibilidade dos bens de qualquer sócio implicaria no completo congelamento das pessoas jurídicas das quais participa, uma vez que estaria vedada qualquer deliberação societária". Logo, entendo possível a averbação da alteração contratual, para admissão de novo sócio e cessão das quotas sociais, mantendo a averbação concernente à indisponibilidade de bens do sócio Fabio. Diante do exposto, julgo procedente o pedido de providências formulado por Outec Engenharia LTDA, em face do Oficial do 1º Registro de Títulos e Documentos e Civil de Pessoa Jurídica da Capital, e consequentemente determino a averbação da alteração contratual, mantendo a averbação concernente à indisponibilidade de bens do sócio Fabio. Deste procedimento não decorrem custas, despesas processuais e honorários advocatícios. Oportunamente remetam-se os autos ao arquivo. P.R.I.C. - ADV: ADRIANO KEITH YJICHI HAGA (OAB 187281/SP) (- DJe de 02.07.2019 - SP)

Processo 1023760-88.2019.8.26.0100

Pedido de Providências - Registro Civil das Pessoas Naturais - Jose Eduardo Alves e outro - Vistos. Recebo a petição de fl. 267, bem como os documentos de fls. 268/273 como emenda à inicial. Anote-se. Trata-se de pedido de providências formulado pela empresa Firenze Empreendimentos e Participações LTDA, em face do Oficial do 9º Registro de Títulos e Documentos e Civil de Pessoa Jurídica da Capital, pretendendo a averbação da 7ª alteração do contrato social, pela qual houve a redistribuição da composição societária em razão do óbito do sócio Antonio Teles, bem como a nomeação de Antonio Teles Júnior como novo e único sócio administrador. Juntou documentos às fls. 05/250. A qualificação registrária resultou negativa pela ausência de rubrica, assinatura e reconhecimento da respectiva firma da sócia/ herdeira Andressa Calixto Teles. Insurge-se o requerente do óbice imposto, sob o argumento de ser desnecessária a presença de Andressa no instrumento, pois a nova distribuição de cotas societárias ocorreu pelo fenômeno da saisine no processo de inventário de Antonio Teles e nele a ausente atuara como inventariante. Além disso, aduz que a alteração foi subscrita pelos demais sócios, que representam 90,1% do capital social, sendo aplicável na espécie as regras dos artigos 1071 e 1073, I do CC. O Ministério Público opinou pela procedência do pedido (fls. 262/264). É o relatório. Passo a fundamentar e a decidir. Como é sabido as sociedades simples exploram atividades de prestação de serviços e tem natureza essencialmente não mercantil exercendo dentre outras atividades representações comerciais. Neste contexto, tais sociedades podem ser de natureza simples puras, estabelecidas nos artigos 997 a 1038 CC, ou simples limitadas, elencadas nos artigos 1052 a 1087 do CC, nas quais os sócios respondem limitadamente ao valor do capital social, desde que totalmente integralizado. Pois bem, a presente hipótese trata de sociedade simples revestida da forma de sociedade limitada, logo aplicam-se a ela as normas da sociedade limitada, sendo que apenas supletivamente as normas da sociedade simples serão observadas. Questão semelhante já foi decidida pela Egrégia Corregedoria Geral da Justiça, no Processo nº 0011404-75.2014.8.26.0481, da lavra do Des. Manoel de Queiroz Pereira Calças: "Registro Civil das Pessoas Jurídicas - Sociedade simples revestida de sociedade limitada - Destituição de sócio designado para o cargo de administrador - Inaplicabilidade do art. 999 do CC - Incidência da regra do art. 1063, § 1º do CC - Ausência de clausula contratual condicionando a deposição ao consentimento unanime dos sócios – Demonstração do alcance do quorum exigido por lei (aprovação de titulares de quotas correspondentes a, no minio, dois terços do capital social) - Demissão confirmada - Averbação pertinente - Recurso desprovido, com observação" Confira-se do corpo do Acórdão: "... Em outras palavras, a solução do dissenso passa pelo art.1063, § 1º do CC, um dos que versa sobre a administração da sociedade limitada, e não pelo art. 999 do CC. Se esse, ao reverso, incidisse, a deposição de quaisquer dos responsáveis pela administração, definidos obrigatoriamente (porque clausula essencial) no contrato social (art. 997, VI do CC), demandaria aquiescência unanime de todos os sócios, não obstante as críticas endereçadas ao rigor legal, expressa em norma cogente, é verdade, mas incompatível com o dinamismo inerente às atividades econômicas desenvolvidas pelas sociedades" Logo a regra aplicável ao presente caso é do artigo 1076, I, do CC, que estabelece que no caso da modificação do contrato social, incorporação, fusão e dissolução da sociedade, ou a cessação do estado de liquidação, os votos deverão corresponder a, no mínimo, 3/4 do capital social, ou seja, 75%. Houve a alteração do contrato social para se adaptar às novas regras do Código Civil, cujo quorum de aprovação passou a ser 3/4 do capital social. O administrador nomeado, Antonio Teles Júnior, é sócio da pessoa jurídica o que consequentemente afasta a necessidade de concordância unânime, que somente tem espaço no caso de designação de administradores não sócios, enquanto o capital não estiver integralizado.

Conforme verifica-se à fl. 19, a despeito da ausência de uma das sócias, a alteração foi subscrita pelos demais sócios, que representam 90,1% do capital social, logo entendo que não há necessidade de haver concordância da srª Andressa Calisto Teles, tendo em vista que foi atingido o quórum para as alterações pleiteadas. Diante do exposto, julgo procedente o pedido de providências formulado pela empresa Firenze Empreendimentos e Participações LTDA, em face do Oficial do 9º Registro de Títulos e Documentos e Civil de Pessoa Jurídica da Capital, e consequentemente determino a averbação da 7ª alteração do contrato social. Deste procedimento não decorrem custas, despesas processuais e honorários advocatícios. Oportunamente remetam-se os autos ao arquivo. P.R.I.C. - ADV: JOSE EDUARDO ALVES (OAB 211610/SP) (DJe de 08.05.2019 - SP)

Processo 0093842-98.2018.8.26.0100

Pedido de Providências - REGISTROS PÚBLICOS - Corregedoria da Justiça – José Roberto Simões e outro - Vistos. Trata-se de pedido de providências encaminhado a este Juízo pela Egrégia Corregedoria Geral da Justiça, formulado por José Roberto Simões em face do CDT - Centro de Estudos e Distribuição de Títulos e Documentos de São Paulo e seus respectivos associados. Relata o requerente que, em assembleia geral extraordinária ocorrida em 18.12.2015, foi aprovada por unanimidade a alteração do estatuto social do CDT para prestação de um novo serviço, qual seja, a recepção de títulos e documentos pertinentes a outras comarcas da federação, com o oferecimento de intermediação de demandas de serviços de contratos entre partes que tenham domicílio fora de São Paulo e Oficiais de Registros de outras Comarcas. Aduz que a prestação de serviços de intermediação de registros em outras comarcas não está de acordo com o conjunto normativo que rege as atividades registrais, nos termos dos artigos 236 da CF, 25 e 30 da Lei nº 8.935/94, e que o CDT passou a exercer atividade econômica com fins lucrativos. Requer a suspensão dos serviços de intermediação de registros pelo CDT e sua respectiva cobrança ("custos de assessoria"), de modo que a distribuição em todo o território de São Paulo seja feita em nome do próprio Oficial de Registro competente ou, alternativamente, a dissolução do CDT. O CDT, através de seu presidente, manifestou-se às fls. 25/30 e 64/66. Assevera que os fatos narrados na inicial não se relacionam com atos registrais ou condutas praticadas pelos Oficiais de Registro, no exercício de suas funções públicas registrais. Aduz que a reclamação volta-se à autuação do CDT, que é pessoa jurídica autônoma, dotada de personalidade jurídica própria e distinta de seus associados. Ademais, embora seja uma associação privada sem fins lucrativos, nada obstaria que cobrasse valores necessários para o ressarcimentos de despesas vinculadas à consecução de seus objetivos institucionais. Esclarece que a disponibilização do CDT para auxiliar as partes no encaminhamento dos documentos de papel para os Oficiais de registro competentes decorreu da solidariedade prevista no Estatuto Social e dos esforço do Centro para engrandecer a classe registral. Destaca que não há qualquer previsão relacionada à atuação como despachante, mas apenas o encaminhamento dos documentos para o registrador competente, sem interferência no conteúdo ou processo de registro. Afirma que, para acabar com intermediários que se aproveitam das pessoas que precisam do serviço público registral, o CNJ determinou que fossem criadas em todos os Estados da Federação, Centrais Eletrônicas Registrais, visando resolver o problema do trânsito de documentos para registro. Neste contexto, foi editado o Provimento CNJ nº 48/2016, que estabelece a possibilidade de desmaterialização de documentos em papel para seu envio, em formato eletrônico, para o registrador competente situado em outras comarcas, dispensando o custo com os correios e o risco de perda dos documentos. Por fim, realça que a atividade da Central de Distribuição de títulos para os registradores da Capital é gratuita para os usuários, não sendo juridicamente admissível pretender sua extinção. Sobre as informações prestadas, o requerente manifestou-se às fls. 25/45, corroborando os argumentos expostos na inicial. Juntou documentos às fls. 46/60. O Ministério Público opinou pela concessão da liminar, vedando-se a prática dos serviços de assessoria e intermediação até o encerramento deste feito (fls. 71/73). Foi designada audiência (fl. 74), na qual foram colhidos esclarecimentos do presidente do CDT no tocante às atividades prestadas (fls. 85/87), sendo que o Centro de Distribuição mostrou-se disposto a suspender voluntariamente o serviço de intermediação apontado na inicial em razão da futura instalação da Central Estadual de Distribuição, vez que tal serviço deixará de ter utilidade. Nova manifestação do CDT às fls. 96/97. Informa que houve a publicação do Provimento nº 16/2019 da Corregedoria Geral da Justiça de São Paulo, que aprovou o início do funcionamento da Central Estadual de RTDPJ desenvolvida pelo IRTDPJ - SP, regulando alguns serviços registrais. Por conta desse provimento, o envio de documentos para outros cartórios passará a ser feito segundo as disposições dos itens 7, IV e 7.6 do Capítulo XIX das Normas de Serviço da Corregedoria Geral da Justiça. Afirma que ao receber documento em papel para envio a registro em outra Comarca, o documento será desmaterializado pelo cartório de entrada, que emitirá certidão eletrônica para envio, por meio da Central RTDPJ-SP, para cartório de destino efetuar o registro requerido. Por fim, destaca que a certidão eletrônica poderá ser substituída por certidão em papel que será enviada pelo próprio cartório de entra para o cartório de destino, consequentemente, deixou de haver a necessidade de atuação do CDT para envio dos documentos em papel pelos correios, perdendo o sentido do serviço anteriormente prestado e que foi objeto da presente demanda. O Ministério Público opinou pela extinção do feito, por perda de objeto (fl. 100). É o relatório. Passo a fundamentar e a decidir. Com a notícia da publicação do Provimento nº 16/2019 da Corregedoria Geral da Justiça de São Paulo, que instituiu a central eletrônica se serviços compartilhados do registro civil das pessoas jurídicas, o que dispensará o envio dos documentos em papel pelo CDT a outras comarcas, bem como a suspensão desta atividade pelo CDT, não há o que decidir nos autos, tendo o feito perdido o seu objeto. Diante do exposto, julgo extinto o processo, nos termos do artigo 485, IV do CPC. Deste procedimento não decorrem custas, despesas processuais e honorários advocatícios. Expeça-se ofício à Egrégia Corregedoria Geral da Justiça, comunicando desta decisão. P.R.I.C. - ADV: JOSÉ ROBERTO SIMÕES (OAB 178198/SP) (DJe de 15.05.2019 - SP)

Processo 1012036-87.2019.8.26.0100

Pedido de Providências - Registro civil de Pessoas Jurídicas - Pegazuz Gestoes e Participacoesltda - Vistos. Trata-se de pedido de providências suscitado pelo Oficial do 9º Registro de Títulos e Documentos e Civil de Pessoa Jurídica da Capital, a requerimento de PEGAZUS GESTÕES E PARTICIPAÇÕES LTDA., que pretende averbação de sua primeira alteração contratual. O Oficial relata que a interessada apresentou alteração contratual por meio da qual os sócios subscreveriam um imóvel cuja integralização, contudo, não se daria no capital social desta pessoa jurídica, mas de outra sociedade a ser formada no futuro. O Oficial qualificou negativamente a averbação, posto que não há qualquer previsão legal que dê base a tal procedimento. A interessada manifestou-se às fls. 46/68. Aduz que a negativa do registrador viola o princípio da autonomia de vontade das partes e as liberdades contratuais. O Ministério Público opinou às fls. 69/72 pela improcedência do pedido de providências. É o relatório. Decido. Assiste razão ao Registrador e a D Promotora de Justiça. O pedido da interessada não tem respaldo legal. A contrário do que afirma a requerente em suas manifestações, a negativa do Registrador em averbar a alteração contratual não viola os princípios da autonomia da vontade e da liberdade contratual. O exercício da atividade registraria é pautado precipuamente no princípio da legalidade, que traduz a necessidade de que o Oficial tenha sua atuação pautada diretamente pelos dispositivos legais. Os princípios citados pela requerente, embora de fato tenham grande relevância para o ordenamento jurídico brasileiro, por si só não são suficientes para admitir diferentes operações negociais que violem os princípios de constituição válida dos contratos. No caso, o pedido da interessada não se enquadra na legalidade, à medida que não há qualquer previsão para que a subscrição resulte em integralização no capital social de sociedade diversa daquela em que o imóvel foi subscrito, que sequer existe. Ainda que assim não fosse, o pedido ainda seria impossível de ser acolhido, vez que a interessada pretende que "o bem imóvel acima subscrito será integralizado diretamente no capital social de pessoa jurídica que esta sociedade vier a compor o quadro societário" (fls 8). Ora, além de solicitar que a integralização se dê no patrimônio de pessoa jurídica distinta, a requerente sequer especificou qual será a sociedade beneficiada, afirmando que o bem será integralizado em capital social de sociedade a ser formada. Desse modo, entendo que é o caso de improcedência do pedido e manutenção da qualificação negativa, conforme apontado pelo Oficial Registrador. Diante o exposto julgo improcedente o pedido de providências formulado pelo Oficial do 9º Registro de Títulos e Documentos e Civil de Pessoa Jurídica da Capital, a requerimento de PEGAZUS GESTÕES E PARTICIPAÇÕES LTDA. Não há custas, despesas processuais ou honorários advocatícios decorrentes deste procedimento. Oportunamente, arquivem-se os autos. P.R.I.C. - ADV: DOUGLAS ORTIZ DE LIMA (OAB 299160/SP), CLAUDENICE ALVES DIAS (OAB 323320/SP) (DJe de 01.04.2019 - SP)

Processo 1012030-80.2019.8.26.0100

Pedido de Providências - Registro civil de Pessoas Jurídicas - 9º Oficial de Registro de Títulos e Documentos e Civil de Pessoa Jurídica da Capital - Rita Ghirardelli e outro - Vistos. Trata-se de pedido de providências suscitado pelo Oficial do 9º Registro de Títulos e Documentos e Civil de Pessoa Jurídica da Capital, a requerimento de Olimpio Gestões e Participações LTDA, que pretende averbação de sua primeira alteração contratual. O Oficial relata que a interessada apresentou alteração contratual por meio da qual os sócios subscreveriam um imóvel cuja integralização, contudo, não se daria no capital social desta pessoa jurídica, mas de outra sociedade a ser formada no futuro. O Oficial qualificou negativamente a averbação, posto que não há qualquer previsão legal que dê base a tal procedimento. A interessada manifestou-se às fls. 51/73. Aduz que a negativa do registrador viola o princípio da autonomia de vontade das partes e as liberdades contratuais. O Ministério Público opinou às fls. 74/77 pela improcedência do pedido de providências. É o relatório. Decido. Assiste razão ao Registrador e à D Promotora de Justiça. O pedido da interessada não conta com respaldo legal. Ao contrário do que afirma a requerente em suas manifestações, a negativa do Registrador em averbar a alteração contratual não viola os princípios da autonomia da vontade e da liberdade contratual. O exercício da atividade registraria é pautado precipuamente no princípio da legalidade, que traduz a necessidade de que o Oficial tenha sua atuação pautada diretamente pelos dispositivos legais.

Os princípios citados pela requerente, embora de fato tenham grande relevância para o ordenamento jurídico brasileiro, por si só não são suficientes para admitir diferentes tipos de operações contratuais, posto que há regramentos específicos para cada espécie de contrato. No caso, o pedido da interessada não se enquadra na legalidade, a medida que não há qualquer previsão para que a subscrição resulte em integralização no capital social de sociedade diversa daquela em que o imóvel foi subscrito e ainda inexistente. Ainda que assim não fosse, o pedido ainda seria impossível de ser acolhido, vez que a interessada pretende que "o bem imóvel acima subscrito será integralizado diretamente no capital social de pessoa jurídica que esta sociedade vier a compor o quadro societário" (fls 12). Ora, além de solicitar que a integralização se dê no patrimônio de pessoa jurídica distinta, a requerente sequer especificou qual será a sociedade beneficiada, afirmando que o bem será integralizado em capital social de sociedade a ser formada. Desse modo, entendo que é o caso de improcedência do pedido e manutenção da qualificação negativa, conforme apontado pelo Oficial Registrador. Diante o exposto julgo improcedente o pedido de providências formulado pelo Oficial do 9º Registro de Títulos e Documentos e Civil de Pessoa Jurídica da Capital, a requerimento de Olimpio Gestões e Participações LTDA. Não há custas, despesas processuais ou honorários advocatícios decorrentes deste procedimento. Oportunamente, arquivem-se os autos. P.R.I.C. - ADV: EDILAINE ALVES RODRIGUES (OAB 409717/SP) (DJe de 29.03.2019 - SP)

Processo 1120533-35.2018.8.26.0100

Pedido de Providências - Registro civil de Pessoas Jurídicas - 9º Oficial de Registro de Títulos e Documentos e Civil de Pessoa Jurídica da Capital - S & R Holding Ltda - Vistos. Trata-se de pedido de providências suscitado pelo Oficial do 9º Registro de Títulos e Documentos e Civil de Pessoas Jurídicas da Capital a requerimento de S R HOLDING LTDA., que pretende averbar alteração contratual com redução de capital social. O Oficial entende que há necessidade de averbação de ata de assembleia em que a redução tenha sido aprovada, em cumprimento ao disposto no § 1º do artigo 1084 do Código Civil, não sendo possível averbar diretamente a alteração contratual contendo a redução. Juntou documentos às fls. 5/20. A interessada manifestou-se às fls. 23/28. Afirma que a alteração não requer assembleia, uma vez que a alteração contratual devidamente assinada por todos os sócios é suficiente. Aduz já ter efetuado todos os atos públicos para a validade da redução. Por fim, ressalta que o ato de alteração foi realizado nos termos exigidos pela Junta Comercial de São Paulo. O Ministério Público opinou pela procedência do pedido de providências, com base no artigo 1072 do Código Civil. É o relatório. Decido. Com razão a Promotora de Justiça. Conforme bem pontuado pelo Ministério Público, o artigo 1084 tem como escopo garantir a publicidade das decisões que alterem o capital social e não de exigir que tal decisão seja legitimada exclusivamente por assembleia. No caso, o dispositivo que melhor se aplicaria à situação de fato é o artigo 1072 do Código Civil, que dispõe: Art. 1.072. As deliberações dos sócios, obedecido o disposto no art. 1.010, serão tomadas em reunião ou em assembléia, conforme previsto no contrato social, devendo ser convocadas pelos administradores nos casos previstos em lei ou no contrato. § 1ºo A deliberação em assembléia será obrigatória se o número dos sócios for superior a dez. § 2º Dispensam-se as formalidades de convocação previstas no § 3º do art. 1.152, quando todos os sócios comparecerem ou se declararem, por escrito, cientes do local, data, hora e ordem do dia. § 3º A reunião ou a assembléia tornam-se dispensáveis quando todos os sócios decidirem, por escrito, sobre a matéria que seria objeto delas. § 4º No caso do inciso VIII do artigo antecedente, os administradores, se houver urgência e com autorização de titulares de mais da metade do capital social, podem requerer concordata preventiva. § 5º As deliberações tomadas de conformidade com a lei e o contrato vinculam todos os sócios, ainda que ausentes ou dissidentes. § 6º Aplica-se às reuniões dos sócios, nos casos omissos no contrato, o disposto na presente Seção sobre a assembleia. Desse modo, entendo ser razoável depreender que o documento levado à averbação (fls. 7/9) se enquadra nas exigências legais e pode ser averbado. Ademais, a interessada cumpriu todas as determinações do artigo 1084 com vistas a tornar a alteração pública, dando a chance de contestação para possíveis credores. Do exposto, julgo procedente o pedido de providências formulado pelo Oficial do 9º Registro de Títulos e Documentos e Civil de Pessoas Jurídicas da Capital a requerimento de S R HOLDING LTDA. para determinar a averbação da alteração contratual que contém a redução do capital social. Não há custas, despesas processuais, nem honorários advocatícios. Oportunamente, arquivem-se os autos. P.R.I.C. - ADV: WALKER ORLOVICIN CASSIANO TEIXEIRA (OAB 174465/SP), RAPHAEL BEZERRA DE CARVALHO (OAB 346419/SP) (DJe de 08.01.2019 - SP)

Processo 1043108-92.2019.8.26.0100

Pedido de Providências - Registro de Imóveis - Eayila 2 Participações Eireli - Vistos. Trata-se de pedido de providências formulado por Eayila 2 Participações EIRELI, em face do Oficial do 1º Registro de Títulos e Documentos e Civil de Pessoa Jurídica da Capital, pretendendo a averbação de sua 1ª alteração contratual, pela qual houve a comunicação de mudança de sede. A negativa para efetivação do ato registrário decorreu da existência de indisponibilidade dos bens do sócio José Roberto Iasbek Felício (processo nº 1008778320158260625), em trâmite perante a Vara da Fazenda Pública, averbada sob nº 441.111, em 16.06.2017. Salienta o registrador que, através do Provimento CGJ nº 47/2016, determinou-se que o oficial de registro deve, obrigatoriamente, consultar o banco de dados da CNIB no desempenho regular de suas atividades e para a prática de atos de oficio, nos termo da lei e das normas especificas, bem como nos atos registrarios que tenham por objeto cotas sociais, após proceder à conferencia e constatada a existência de mencionadas cotas, deverá prenotar e averbar a indisponibilidade no livro próprio (livro A). Por fim, afirma que havendo condição pendente de cumprimento precedente à prática da averbação pretendida, é necessária a manutenção do óbice. Juntou documentos às fls. 52/67 e 78/98. O Ministério Público opinou pela procedência do pedido (fls. 71/74). É o relatório. Passo a fundamentar e a decidir. Pretende a requerente a averbação de sua alteração contratual que pela qual teria havido a mudança de sua sede. Como bem exposto pelo Registrador, o Provimento CG 47/2016, que incluiu a Seção V no Capítulo XVIII das Normas de Serviço da Corregedoria Geral da Justiça, e nos itens 38, 41, 41.2 e 41.4, tornou obrigatória a consulta, pelos Oficiais de Registro Civil de Pessoas Jurídicas, do banco de dados da Central Nacional de Indisponibilidade de Bens (CNIB), sendo que os ônus poderão alcançar quotas sociais que seriam transferidas através de atos praticados e levados a registro ou averbações nas Serventia Extrajudiciais. Daí decorre que somente quem determinou a indisponibilidade poderá levantar o gravame, não cabendo a este Juízo administrativo intervir nas decisões ou ordens emanadas por outro Juízo, que detém competência exclusiva para modificar e analisar suas decisões. Logo, cabe à requerida buscar o Juízo competente para o levantamento pretendido, que deverá se dar diretamente pela Central de Indisponibilidade de Bens Imóveis. Todavia, entendo que a presente questão é peculiar e como tal será analisada. Da leitura do item41 do Capítulo XVIII das Normas de Serviço da Corregedoria Geral da Justiça: "Os Oficiais de Registro Civil das Pessoas Jurídicas, antes da prática de qualquer ato registral que tenha por objeto quotas sociais de sociedade simples, devem promover prévia consulta à base de dados da Central de Indisponibilidade de Bens - CNIB"; Na presente hipótese verifica-se que se trata de EIRELI, empresa individual de responsabilidade limitada, logo não há que se falar sequer em quotas sociais. Como é sabido, a indisponibilidade visa a prática de atos de dilapidação do patrimônio ou desvios dos bens, evitando-se assim danos irreparáveis ou de difícil reparação aos credores. Ocorre que no presente caso, a indisponibilidade atingiu apenas o patrimônio do sócio José Roberto, todavia, por se tratar de EIRELI, a indisponibilidade recai também sobre o patrimônio da empresa, porém, o ato que se pretende averbar diz respeito apenas a mudança de sede da empresa, ou seja da Avenida Paulista, nº 460 para a Alameda Santos, nº 2441, não havendo qualquer questão patrimonial envolvida e nem a transferência de bens a terceiros. Ressalto que, ao contrário do exposto, a averbação da alteração trará segurança jurídica aos credores para os terceiros que se relacionam com a empresa, permitindo que tenham amplo conhecimento de sua localização. Ademais, não há qualquer norma legal que impeça que o titular da empresa, mesmo estando com o patrimônio indisponível, efetue a modificação da sede, desde que não afete a questão patrimonial, vez que ele é o único administrador e sócio da pessoa juridica. Coimo bem salientou o D. Promotor de Justiça: "Admitir o argumento do Ilustre Oficial, a indisponibilidade dos bens de qualquer sócio implicaria no completo congelamento das pessoas jurídicas das quais participa, uma vez que estaria vedada qualquer deliberação societária". Logo, entendo possível a averbação da alteração contratual, exclusivamente para alteração da sede da empresa, mantendo a averbação concernente à indisponibilidade de bens do sócio. Diante do exposto, julgo procedente o pedido de providências formulado por Eayila 2 Participações EIRELI, em face do Oficial do 1º Registro de Títulos e Documentos e Civil de Pessoa Jurídica da Capital, e consequentemente determino a averbação da alteração contratual para mudança de sede da empresa, mantendo a averbação de indisponibilidade dos bens do sócio José Roberto Iasbek Felício. Deste procedimento não decorrem custas, despesas processuais e honorários advocatícios. Oportunamente remetam-se os autos ao arquivo. P.R.I.C. - ADV: LEONARDO LIMA CORDEIRO (OAB 221676/SP), EDUARDO AUGUSTO MEDEIROS DE OLIVEIRA (OAB 296228/SP) (- DJe de 26.06.2019 - SP)

Processo 1043090-71.2019.8.26.0100

Pedido de Providências - Registro de Imóveis - Eayila 1 Participações Eireli - Vistos. Trata-se de pedido de providências formulado por Eayila 1 Participações EIRELI em face do Oficial do 1º Registro de Títulos e Documentos e Civil de Pessoa Jurídica da Capital, pretendendo a averbação de sua 1ª alteração contratual, pela qual houve a comunicação de mudança de sede. A negativa para efetivação do ato registrário decorreu da existência de indisponibilidade dos bens da sócia Neide Iasbek Felício (processo nº 1008778320158260625), em trâmite perante a Vara da Fazenda Pública, averbada sob nº 441.111, em 16.06.2017. Salienta o registrador que, através do Provimento CGJ nº 47/2016, determinou-se que o oficial de registro deve, obrigatoriamente, consultar o banco de dados da CNIB no desempenho regular de suas atividades e para a prática de atos de ofício, nos termo da lei e das normas específicas, bem como nos atos registrarios que tenham por objeto cotas sociais, após proceder à conferência e constatada a existência de mencionadas cotas, deverá prenotar e averbar a indisponibilidade no livro próprio (livro A). Por fim, afirma que havendo condição pendente de cumprimento precedente à prática da averbação pretendida, é necessária a manutenção do óbice. Juntou documentos às fls. 52/67 e 78/99. O Ministério Público opinou pela procedência do pedido (fls. 71/74). É o relatório. Passo a fundamentar e a decidir. Pretende a requerente a averbação de sua alteração contratual que pela qual teria havido a mudança de sua sede. Como bem exposto pelo Registrador, o Provimento CG 47/2016, que incluiu a Seção V no Capítulo XVIII das Normas de Serviço da Corregedoria Geral da Justiça, e nos itens 38, 41, 41.2 e 41.4, tornou obrigatória a consulta, pelos Oficiais de Registro Civil de Pessoas Jurídicas, do banco de dados da Central Nacional de

Indisponibilidade de Bens (CNIB), sendo que os ônus poderão alcançar quotas sociais que seriam transferidas através de atos praticados e levados a registro ou averbações nas Serventia Extrajudiciais. Daí decorre que somente quem determinou a indisponibilidade poderá levantar o gravame, não cabendo a este Juízo administrativo intervir nas decisões ou ordens emanadas por outro Juízo, que detém competência exclusiva para modificar e analisar suas decisões. Logo, cabe à requerida buscar o Juízo competente para o levantamento pretendido, que deverá se dar diretamente pela Central de Indisponibilidade de Bens Imóveis. Todavia, entendo que a presente questão é peculiar e como tal será analisada. Da leitura do item41 do Capítulo XVIII das Normas de Serviço da Corregedoria Geral da Justiça: "Os Oficiais de Registro Civil das Pessoas Jurídicas, antes da prática de qualquer ato registral que tenha por objeto quotas sociais de sociedade simples, devem promover prévia consulta à base de dados da Central de Indisponibilidade de Bens CNIB"; Na presente hipótese se trata de EIRELI, empresa individual de responsabilidade limitada, logo não há que se falar sequer em quotas sociais. Como é sabido, a indisponibilidade visa a prática de atos de dilapidação do patrimônio ou desvios dos bens, evitando-se assim danos irreparáveis ou de difícil reparação aos credores. Ocorre que, no presente caso, a indisponibilidade atingiu apenas o patrimônio do sócio José Roberto, e por se tratar de EIRELI, a indisponibilidade recaiu também sobre o patrimônio da empresa. Entretanto, o ato que se pretende averbar diz respeito apenas à mudança de sede da empresa, ou seja da Avenida Paulista, nº 460 para a Alameda Santos, nº 2441, não havendo qualquer questão patrimonial envolvida e nem a transferência de bens a terceiros. Ressalto que, ao contrário do exposto, a averbação da alteração trará segurança jurídica aos credores para os terceiros que se relacionam com a empresa, permitindo que tenham conhecimento de sua atual localização. Ademais, não há qualquer norma legal que impeça que o titular da empresa, mesmo estando com o patrimônio indisponível, efetue a modificação da sede, desde que não afete a questão patrimonial, vez que ele é o único administrador e sócio da pessoa jurídica. Coimo bem salientou o D. Promotor de Justiça: "Admitir o argumento do Ilustre Oficial, a indisponibilidade dos bens de qualquer sócio implicaria no completo congelamento das pessoas jurídicas das quais participa, uma vez que estaria vedada qualquer deliberação societária". Logo, entendo possível a averbação da alteração contratual, exclusivamente para alteração da sede da empresa, mantendo a averbação concernente à indisponibilidade de bens do sócio. Diante do exposto, julgo procedente o pedido de providências formulado por Eayila 1 Participações EIRELI, em face do Oficial do 1º Registro de Títulos e Documentos e Civil de Pessoa Jurídica da Capital, e consequentemente determino a averbação da alteração contratual para mudança de sede da empresa, mantendo a averbação de indisponibilidade dos bens da sócia Neide Iasbek Felício. Deste procedimento não decorrem custas, despesas processuais e honorários advocatícios. Oportunamente remetam-se os autos ao arquivo. P.R.I.C. - ADV: EDUARDO AUGUSTO MEDEIROS DE OLIVEIRA (OAB 296228/SP), LEONARDO LIMA CORDEIRO (OAB 221676/SP) (- DJe de 27.06.2019 - SP)

Processo 1043134-90.2019.8.26.0100

Pedido de Providências - Registro de Imóveis - Eayila 3 Participações Eireli - Vistos. Trata-se de pedido de providências formulado por Eayila 3 Participações EIRELI em face do Oficial do 1º Registro de Títulos e Documentos e Civil de Pessoa Jurídica da Capital, pretendendo a averbação de sua 1ª alteração contratual, pela qual houve a comunicação de mudança de sede. A negativa para efetivação do ato registrário decorreu da existência de indisponibilidade dos bens do sócio Thiago Iasbek Felício (processo nº 10087783201582606 25), em trâmite perante a Vara da Fazenda Pública, averbada sob nº 441.111, em 16.06.2017. Salienta o Registrador que, através do Provimento CGJ nº 47/2016, determinou-se que o oficial de registro deve, obrigatoriamente, consultar o banco de dados da CNIB no desempenho regular de suas atividades e para a prática de atos de ofício, nos termo da lei e das normas específicas, bem como nos atos registrarios que tenham por objeto cotas sociais, após proceder à conferência e constatada a existência de mencionadas cotas, deverá prenotar e averbar a indisponibilidade no livro próprio (livro A). Por fim, afirma que havendo condição pendente de cumprimento precedente à prática da averbação pretendida, é necessária a manutenção do óbice. Juntou documentos às fls. 53/68 e 79/100. O Ministério Público opinou pela procedência do pedido (fls. 71/74). É o relatório. Passo a fundamentar e a decidir. Pretende a requerente a averbação de sua alteração contratual que pela qual teria havido a mudança de sua sede. Como bem exposto pelo Registrador, o Provimento CG 47/2016, que incluiu a Seção V no Capítulo XVIII das Normas de Serviço da Corregedoria Geral da Justiça, e nos itens 38, 41, 41.2 e 41.4, tornou obrigatória a consulta, pelos Oficiais de Registro Civil de Pessoas Jurídicas, do banco de dados da Central Nacional de

Indisponibilidade de Bens (CNIB), sendo que os ônus poderão alcançar quotas sociais que seriam transferidas através de atos praticados e levados a registro ou averbações nas Serventia Extrajudiciais. Daí decorre que somente quem determinou a indisponibilidade poderá levantar o gravame, não cabendo a este Juízo administrativo intervir nas decisões ou ordens emanadas por outro Juízo, que detém competência exclusiva para modificar e analisar suas decisões. Logo, cabe à requerida buscar o Juízo competente para o levantamento pretendido, que deverá se dar diretamente pela Central de Indisponibilidade de Bens Imóveis. Todavia, entendo que a presente questão é peculiar e como tal será analisada. Da leitura do item41 do Capítulo XVIII das Normas de Serviço da Corregedoria Geral da Justiça: "Os Oficiais de Registro Civil das Pessoas Jurídicas, antes da prática de qualquer ato registral que tenha por objeto quotas sociais de sociedade simples, devem promover prévia consulta à base de dados da Central de Indisponibilidade de Bens CNIB"; A presente hipótese trata de EIRELI, empresa individual de responsabilidade limitada, logo não há que se falar sequer em quotas sociais. Como é sabido, a indisponibilidade visa a prática de atos de dilapidação do patrimônio ou desvios dos bens, evitando-se assim danos irreparáveis ou de difícil reparação aos credores. Ocorre que a indisponibilidade atingiu apenas o patrimônio do sócio José Roberto, e por se tratar de EIRELI, a indisponibilidade recaiu também sobre o patrimônio da empresa, porém, o ato que se pretende averbar diz respeito apenas à mudança de sede, ou seja, da Avenida Paulista, nº 460 para a Alameda Santos, nº 2441, não havendo qualquer questão patrimonial envolvida e nem a transferência de bens a terceiros. Ressalto que, ao contrário do exposto, a averbação da alteração trará segurança jurídica aos credores para os terceiros que se relacionam com a empresa, permitindo que tenham conhecimento de sua atual localização. Ademais, não há qualquer norma legal que impeça que o titular da empresa, mesmo estando com o patrimônio indisponível, efetue a modificação da sede, desde que não afete a questão patrimonial, vez que ele é o único administrador e sócio da pessoa juridica. Coimo bem salientou o D. Promotor de Justiça: "Admitir o argumento do Ilustre Oficial, a indisponibilidade dos bens de qualquer sócio implicaria no completo congelamento das pessoas jurídicas das quais participa, uma vez que estaria vedada qualquer deliberação societária". Logo, entendo possível a averbação da alteração contratual, exclusivamente para alteração da sede da empresa, mantendo a averbação concernente à indisponibilidade de bens do sócio. Diante do exposto, julgo procedente o pedido de providências formulado por Eayila 3 Participações EIRELI, em face do Oficial do 1º Registro de Títulos e Documentos e Civil de Pessoa Jurídica da Capital, e consequentemente determino a averbação da alteração contratual para mudança de sede da empresa, mantendo a averbação de indisponibilidade dos bens do sócio Thiago lasbek Felício. Deste procedimento não decorrem custas, despesas processuais e honorários advocatícios. Oportunamente remetam-se os autos ao arquivo. P.R.I.C. - ADV: EDUARDO AUGUSTO MEDEIROS DE OLIVEIRA (OAB 296228/ SP), LEONARDO LIMA CORDEIRO (OAB 221676/SP) (- DJe de 27.06.2019 - SP)

ATA DA ASSEMBLEIA

Processo 1089150-05.2019.8.26.0100

Pedido de Providências - Sindicato dos Funcionários do Sistema Prisional do Estado de São Paulo - SIFUSPESP - Vistos. Trata-se de pedido de providências formulado pelo Sindicato dos Funcionários Públicos do Sistema Prisional do Estado de São Paulo em face do 1º Oficial de Registro de Títulos e Documentos e Civil de Pessoa Jurídica da Capital, após negativa de averbação de atas de assembleias realizadas pela entidade. Alega o requerente que após impugnação à eleição ocorrida na entidade, Fábio César Ferreira foi nomeado administrador provisório em processo judicial, decisão regularmente registrada. No exercício de suas funções, convocou diversas assembleias, onde se deliberou pela alteração do estatuto social e alienação de imóvel do sindicato, além de outros assuntos. O registro de tais atas foi negado sob o argumento de que extrapolam os poderes do administrador provisório. O sindicato aduz que o despacho deu amplos poderes para preservar os sindicalizados, e que as assembleias foram convocadas para cumprimento de tal obrigação. Pede o registro da ata das assembleias realizadas em 23 de janeiro de 2019. Juntou documentos às fls. 10/102. O Oficial manifestou-se às fls. 110/116, com documentos às fls. 117/174. Alega que não foram dados poderes especiais ao administrador provisório para alienar imóveis e alterar o estatuto, impossibilitando as averbações pretendidas. O Ministério Público opinou pela parcial procedência do pedido. Após, houve regularização da prenotação para viabilizar a análise do pedido (fls. 194/243). É o relatório. Decido. Com razão a D. Promotora. De início, pontuo que conforme o pedido inicial foram requeridas tão somente as averbações das atas das assembleias realizadas em 20 de janeiro de 2019. Assim, quanto aos títulos apresentados em outras oportunidades (fls. 117/120 e 170/174), deixo de me manifestar. Conforme certidão de fls. 32/39, consta averbado no registro da entidade a decisão de nomeação de administrador provisório colacionada às fls. 44/47, onde foram concedidos poderes para "tomar as medidas cabíveis atintentes às relações jurídicas com terceiros, a fim de preservar os sindicalizados, mediante a oportuna prestação de contas." Portanto, do que consta perante os registros públicos, foram concedidos poderes gerais de administração, com a finalidade de preservar os sindicalizados, apenas com o fim de manter o regular funcionamento da entidade até regularização de sua situação de acefalia. Assim, medidas mais drásticas, que extrapolem meros poderes de administração, objeto da nomeação provisória, dependem de autorização específica do juízo, já que tais atribuições devem, a rigor, ser exercidas pela diretoria regular do sindicato, e não através de administrador interino cuja função seja temporária e precária. Não se pode dizer que a alteração do Estatuto Social modificando a maneira de remuneração dos dirigentes e a alienação de imóveis diga respeito a medidas relativas a relações jurídicas com terceiros, tendo em vista que alteram a própria natureza da entidade ou comprometem seu patrimônio. Ainda que alguma das alterações se dê em razão de exigência de órgão fazendário, não se trata de ato de mera administração para manter a relação com terceiros, mas verdadeira alteração interna na entidade que extrapola os poderes de mera regularização da situação de acefalia do sindicato e manutenção das relações já existentes, dependendo, portanto, de concessão de poderes específicos. A existência de prestação de contas posterior não flexibiliza tais regras, já que tal ato visa tão somente verificar se os poderes foram exercidos de forma correta, não havendo impeditivo para que o Oficial impeça, preventivamente, o registro de atos contrários aos poderes concedidos, evitando ilegalidades. Deste modo, entendo que a ata juntada às fls. 57/58 pode ter seu ingresso permitido, tendo em vista que trata de assembleia de aprovação de contas, ato próprio da administração regular da pessoa jurídica. Veja-se que o próprio Oficial concordou com tal registro posteriormente (fl. 238), impedindo o ingresso do título tão somente em razão da prioridade. Uma vez que, com o presente julgamento, o ingresso do título anterior será negado e a prenotação cancelada, não haverá impeditivo para a averbação de tal assembleia. Melhor sorte, contudo, não tem a ata da assembleia de fls. 50/51, já que ali foi permitida a alienação de imóvel e alteração do estatuto social. Como dito, tais atos extrapolam os poderes concedidos pela decisão de nomeação de administrador provisório averbada, dependendo de concessão específica de poderes. Destaco que, na decisão juntada às fls. 48/49, foram concedidos poderes para realização de assembleia. Ocorre que tal decisão não foi averbada no registro da pessoa jurídica, de modo que tais poderes não constam expressamente no fólio registral. Assim, o ingresso da assembleia que deliberou pela alteração do estatuto com base na decisão anterior não observaria a lógica dos registros, que demandam um encadeamento entre os títulos averbados. Em outras palavras, seria contraditório constar no registro poderes de mera administração enquanto averbada ata realizada com extrapolação de tais poderes. E, mesmo que houvesse ingresso prévio da decisão de fls. 48/49, a ata de fls. 50/51 ainda não poderia ser averbada. Isso porque mencionada decisão autorizou a realização de assembleia para adequação do estatuto as exigências da Secretaria da Fazenda. Ocorre que, do que consta da ata, a alienação de imóvel não consta de tais exigências, de modo que não houve autorização específica para realização de assembleia visando alienare bens, o que contamina o ingresso de todo o título, ainda que alguma das deliberações ali realizadas houvessem sido permitida. Com isso, para regularização da situação, deverá o requerente obter decisão expressa que permita a realização de assembleia para deliberação sobre alteração de estatuto e alienação de bens, averbando tal decisão por meio do competente mandado, com posterior registro da ata, ou proceder a averbação da decisão de fls. 48/49 e realizar nova assembleia apenas para adequação às exigências da Fazenda, conforme expressamente autorizado, sem deliberar sobre outros temas, como alienação de imóveis. Do exposto, julgo parcialmente procedente o pedido de providências formulado pelo Sindicato dos Funcionários Públicos do Sistema Prisional do Estado de São Paulo em face do 1º Oficial de Registro de Títulos e Documentos e Civil de Pessoa Jurídica da Capital, mantendo a recusa ao ingresso da ata de fls. 50/51 e permitindo a averbação da ata de fls. 57/58 e documentos anexos. Não há custas, despesas processuais nem honorários advocatícios decorrentes deste procedimento. Oportunamente, arquivem-se os autos. P.R.I.C. - ADV: SERGIO LUIZ DE MOURA (OAB 234498/SP) (– DJe de 22.11.2019 – SP)

Processo 1072705-09.2019.8.26.0100

Pedido de Providências - Registro civil de Pessoas Jurídicas - Banesprev Fundo Banespa de Seguridade Social - Vistos. Trata-se de pedido de providências proposto por BANESPREV - Fundo Banespa de Seguridade Social em face do Oficial do 6º Registro de Títulos e Documentos e Civil de Pessoa Jurídica da Capital, buscando a averbação de Ata da Assembleia Geral Ordinária. Afirma que as alterações no presente estatuto decorreram de determinação do órgão fiscalizador do segmento do qual faz parte, orientado pelo Parecer nº 037/2015/CGIG/DITEC/PREVIC. Assim, identificando o caráter cogente da determinação da PREVIC e tendo a aprovação do referido órgão fiscalizador, defende a superação dos óbices apontados pelo Registrador e o decorrente registro. Juntou documentos às fls. 23/220. O Oficial informa (fls. 224/228) que, para a averbação das alterações pretendidas no estatuto social, é indispensável a apresentação de documentação que comprove a presença e aprovação das mudanças pelos demais associados. Ainda, afirma que mesmo com a aprovação da PREVIC e em sendo as alterações provenientes de determinação dessa agência reguladora, não teria ela competência para determinar quanto à constituição da entidade sem que os associados revalidassem a participação frente às posteriores alterações. Juntou documentos às fls. 229/247. Às fls. 265-267 o Ministério Público opinou pela improcedência do pedido. É o relatório. Decido. Com razão o Registrador e o Ministério Público. O requerente pretende o registro de Ata de Assembleia Geral sem a apresentação de documentação que comprove a anuência ou participação dos associados, como destacado na nota devolutiva (fls. 229). Assim, para sustentar a validade do referido ato e consequente averbação, o requerente argumenta no sentido de que a Portaria nº 156/2019, editada pela Superintendência Nacional de Previdência Complementar, em sua competência privativa, seria suficiente para imediata atualização do Estatuto. Entretanto, tal portaria não tem o condão de suplantar a participação dos associados quanto à validação da referida atualização estatutária. A competência conferida à PREVIC é norteada pelo disposto na Lei Complementar nº 109/2001 e o Decreto 8.992. Quanto a Lei Complementar nº 109/2001, vale destacar seu artigo 33: "Art. 33. Dependerão de prévia e expressa autorização do órgão regulador e fiscalizador: I - a constituição e o funcionamento da entidade fechada, bem como a aplicação dos respectivos estatutos, dos regulamentos dos planos de benefícios e suas alterações;" Tal regramento estabelece a obrigatoriedade de autorização do órgão regulador, entretanto não exclui ou afasta a necessidade da participação dos associados e a comprovação dessa participação quanto à anuência das alterações estatutárias pretendidas. Em relação ao Decreto nº 8.992, como bem apresentado pelo Douto Registrador, cabe a análise do artigo 22: "Art. 2º Compete à Previc: (...) IV - autorizar: a constituição e o funcionamento das entidades fechadas de previdência complementar e a aplicação dos respectivos estatutos e dos regulamentos de planos de benefícios; Novamente, a competência delegada à PREVIC centra-se na esfera da autorização, que difere da esfera de qualificação do ato frente aos registros públicos. Dentre os vários princípios que regem os registros públicos está o princípio da legalidade. Nos termos deste princípio, o Registrador deve agir sempre em consonância com a legislação vigente, limitando sua análise aos preceitos e dispositivos legais pertinentes. Desse modo, inafastáveis os ditames contidos no artigo 59, inciso II do Código Civil e nos artigos 20 e 24 do Estatuto em debate, sendo que as exigências apresentadas pelo Registrador na nota devolutiva se mostram pertinentes. Diante do exposto, julgo improcedente o pedido de providências formulado por BANESPREV - Fundo Banespa de Seguridade Social em face do Oficial do 6º Registro de Títulos e Documentos e Civil de Pessoa Jurídica da Capital. Não há custas, despesas processuais e nem honorários advocatícios decorrentes deste procedimento. Oportunamente, arquivem-se os autos. P.R.I.C. - ADV: MARCO ANTONIO BEVILAQUA (OAB 139333/SP), JULIANO NICOLAU DE CASTRO (OAB 292121/SP), VICTOR AUGUSTO AGUIAR MANFREDI (OAB 402453/SP) (– DJe de 25.10.2019 – SP)

Processo 1090334-93.2019.8.26.0100

Pedido de Providências - REGISTROS PÚBLICOS - Associação Auxiliadora das Classes Laboriosas - Vistos. Trata-se de pedido de providências formulado pelo Oficial do 1º Registro de Títulos e Documentos e Civil de Pessoa Jurídica da Capital, a requerimento da Associação Auxiliadora das Classes Laboriosas, que pretende a averbação de duas atas de assembleia realizadas em 12.12.2018 e 17.04.2019, referentes à reforma do estatuto social. Em relação ao primeiro título, entende o registrador a necessidade de promover averbações das atas de eleição e posse dos membros do Conselho Deliberativo, correspondentes às gestões 01.01.2014 a 31.12.2017 e 01.01.2018 a 31.12.2021, sendo que o mandato do Conselho terminou em 31.12.2013, bem como o parecer do mencionado órgão quanto às mudanças deliberadas, nos termos do artigo 71 do estatuto social vigente. No que se refere ao segundo título, verificou-se que não houve a inscrição de chapa para o Conselho Deliberativo, restando entre outras, ratificadas as deliberações da assembleia geral de 12.12.2018 e consolidado o estatuto vigente, logo para a averbação é imprescindível a solução da nota devolutiva referente ao anterior documento apresentado. Juntou documentos às fls. 06/150 e 152. A interessada apresentou impugnação às fls. 153/161. Argumenta que a eleição dos membros do Conselho Deliberativo das gestões 2014/2018 e 2018/2022, e o respectivo parecer em relação a reforma do estatuto, restaram prejudicadas ante a inexistência de interessados, razão pela qual foram efetivadas alterações do estatuto social levadas à consideração e aprovação da Assembleia Geral realizada em 17.04.2019. Assim, a fim de continuar em funcionamento, não restou outra alternativa senão convocar a assembleia geral extraordinária que aprovou a delegação das atribuições do Conselho Deliberativo por tempo determinado, dentre outras deliberações. Apresentou documentos às fls. 162/168. O Ministério Público opinou pela procedência do pedido (fls. 172/174). É o relatório. Passo a fundamentar e a decidir. Pretende a interessada a averbação da assembleia geral que deliberou, entre outros assuntos, a reforma de seu estatuto social sem que tenha havido parecer favorável do Conselho Deliberativo. Pois bem, de acordo com o Título VII, Capítulo I, artigo 71, do Estatuto Social vigente: "O presente estatuto é reformável, a qualquer tempo, por indicação da Diretoria Executiva ou do Conselho Deliberativo, mediante parecer do Conselho Deliberativo favorável à proposta apresentada de conformidade com o artigo 36, I, para deliberação da Assembleia Geral especialmente convocada para este fim " Logo, pela leitura do mencionado dispositivo fica claro que a reforma do estatuto social somente é possível pela aprovação do Conselho Deliberativo, todavia, trata-se de questão peculiar e como tal será analisada, vez que apesar de constar a necessidade do parecer favorável do Conselho, entendo que este óbice poderá ser superado, senão vejamos. No caso em exame, o Conselho Deliberativo teve cessada a sua atuação em 31.12.2013, e não houve a averbação das atas das eleições e posse dos membros correspondentes às gestões de 01.01.2014 a 31.12.2021, na forma dos artigos 27, 28, 31 e 43, "b", do estatuto em vigor. Ocorre que a falta destas averbações justifica-se pelo fato de inexistirem interessados para compor o órgão, razão pela qual houve a realização da segunda assembleia, cuja ata busca-se o registro, sendo que nesta última assembleia, a fim de resolver o impasse decorrente da ausência de membros que se interessassem em compor o órgão, deliberou-se que deveria ser reaberto o prazo para convocação e alteradas as funções do Conselho Deliberativo. Logo, a impossibilidade de reconstituição do Conselho por ausência de membros, e consequente negativa de averbações das assembleias, seria uma sanção à interessada que ficaria perpetuamente impossibilitada de funcionamento e de realizar suas transações comerciais. Neste contexto, tendo em vista que a Assembleia é o órgão máximo e soberano composto e integrado pelos associados, e havendo a concordância acerca dos assuntos colocados em votação, especialmente da manutenção por tempo indeterminado da delegação à Diretoria Executiva de tarefas específicas que antes cabiam ao Conselho Deliberativo, previstas nos arts.33, § 1º, "a", "b" e "d", 36, "a", "k", "l" e "m", 36, "j" e 68 e 69 do estatuto social, sendo certo que a convocação para a realização da segunda assembleia obedeceu os ditames legais e não há qualquer deliberação que afronte preceitos legais, entendo cabível o afastamento dos óbices impostos, permitindo a continuidade das atividades da associação com a modificação do estatuto social nos termos requerido. Diante do exposto, julgo procedente o pedido de providências formulado pelo Oficial do 1º Registro de Títulos e Documentos e Civil de Pessoa Jurídica da Capital, a requerimento da pessoa jurídica denominada Associação Auxiliadora das Classes Laboriosas, e consequentemente determino a averbação das atas de assembleia realizadas em 12.12.2018 e 17.04.2019. Deste procedimento não decorrem custas, despesas processuais e honorários advocatícios. Oportunamente remetam-se os autos ao arquivo. P.R.I.C. - ADV: LUIS HENRIQUE FAVRET (OAB 196503/SP) (– DJe de 23.10.2019 – SP)

Processo 1053136-22.2019.8.26.0100

Pedido de Providências - REGISTROS PÚBLICOS - Centro de Estudos Endodônticos Professor João Augusto Fleury Varella - Vistos. Trata-se de pedido de providências formulado pelo Oficial do 3º Registro de Títulos e Documentos e Civil de Pessoa Jurídica da Capital, a requerimento de Centro de Estudos Endodônticos Professor João Augusto Fleury Varella, pretendendo a averbação da Ata da Assembleia Geral Ordinária e Extraordinária de 08.05.2018, contendo, entre outras disposições, a eleição para a gestão 2018-2010 e alteração do Estatuto. A qualificação negativa referese: a) ausência de representação válida e formal desde fevereiro de 2004, quando vencidos os mandatos diretivos, sendo que a última ata de eleição foi averbada em setembro de 2003; b) a Assembleia fora convocada por tesoureiro, que não possui competência estatutária especifica; c) a convocação foi feita apenas para assuntos gerais, não sendo incluída a alteração do estatuto na ordem do dia: d) a pessoa jurídica não foi adaptada às disposições do Código Civil. Juntou documentos às fls. 04/54 e 58/84. O interessado não apresentou impugnação em Juízo, conforme certidão de fl. 87, contudo manifestou-se perante a Serventia Extrajudicial, insurgindo-se apenas no que toca à necessidade de regularização da representação e ilegitimidade do tesoureiro para a convocação da Assembleia. O Ministério Público opinou pela improcedência do pedido (fls. 90/92). É o relatório. Passo a fundamentar e a decidir. Com razão o Registrador, bem como a D. Promotora de Justiça. A obediência ao Estatuto Social garante os interesses próprios da associação, nos termos em que foi criada, a par da vontade de seus associados. É incontroversa a irregularidade na administração da Entidade após o encerramento do último mandato, em fevereiro de 2004, sendo que a última ata de eleição, para mandato de dois anos, foi averbada em 2003 (av.465.308), até a pretendida averbação da Assembléia Geral Ordinária e Extraordinária de 08.05.2018. O princípio da compatibilidade permite relativizar o princípio da continuidade caso haja correlação entre o registro antecedente e o subsequente, encadeando cronologicamente pessoas e atos jurídicos. Assim, seria imprescindível que a última diretoria fornecesse declaração de sucessão em favor da nova diretoria, com a subscrição de seus membros. Na presente hipótese faz-se necessária a nomeação de um administrador provisório na via judicial, sendo que não se discute apenas a situação registrária, mas a própria representação da pessoa jurídica, além da administração de seus vários interesses. Há de se notar que o Estatuto Social deve se adequar às disposições do Código Civil e, para tal, deve o administrador provisório ter poderes especificos para convocar e presidir Assembleia Geral Extraordinária. Daí que, diante do falecimento do Presidente e do Secretário, não é cabível seu tesoureiro, sob a alegação de que os substitui, convocar mencionada Assembleia, uma vez que a presente hipótese não trata de impedimento dos mencionados membros, mas sim a efetiva ausência de administradores para exercer os cargos, caracterizando uma lacuna na entidade. Logo, o tesoureiro da entidade não detém competência estatutária e legal para convocar Assembleias, bem como a forma pela qual foi realizada destoa daquela estabelecida no art. 59 do CC, vez que convocada para discussão de assuntos gerais, não havendo a especificação dos assuntos a serem tratados, dentre eles a eleição para os cargos de diretoria, o que por si só, gera a nulidade do ato praticado. Assim, diante da nulidade dos atos praticados pela falta de representação, bem como não observação às normas estabelecidas no Código Civil para convocação da Assembleia e diante da ausência de requisitos formais do título, mantenho o óbice do Registrador, remetendo a requerente para a via judicial, adequada para nomeação de um administrador provisório, em consonância com o princípio da legalidade. Diante do exposto, julgo improcedente o pedido de providências formulado pelo Oficial do 3º Registro de Títulos e Documentos e Civil de Pessoa Jurídica da Capital, a requerimento de Centro de Estudos Endodônticos Professor João Augusto Fleury Varella, e consequentemente mantenho os óbices registrários. Deste procedimento não decorrem custas, despesas processuais e honorários advocatícios. Oportunamente remetam-se os autos ao arquivo. P.R.I.C. - ADV: MARCUS RUBENS SIVIERO RÍPOLI (OAB 243800/SP). (– DJe de 10.09.2019 – SP)

Processo 1043095-93.2019.8.26.0100

Pedido de Providências - REGISTROS PÚBLICOS - Antenor Eiji Nakamura - Helio Rodrigues de Andrade - É o relatório. Decido. Com razão o Ministério Público e o Registrador. A averbação da Ata de eleição em análise demanda coerência quanto ao Estatuto Social do Sindicado. O Art. 11, que trata dos sócios remidos, dispõe que: "Art. 11 São critérios para a aquisição do direito a ser associado remido, com os mesmos direitos do sócio da ativa, com isenção do pagamento das mensalidades: a) Ter se aposentado e não manter vínculo empregatício com as empresas da categoria; b) Ter, no mínimo, 10 anos de contribuição para os sindicatos do ramo químico da CUT e no mínimo, cinco anos de contribuição para esse Sindicato e/ou; c) Ter, no mínimo, oito anos de contribuição para esses sindicato e, após seu desligamento da empresa, ter contribuído por mais dois anos para a Associação dos Aposentados dos Químicos e Plásticos de São Paulo." Ainda, merece observação o disposto no Art. 60 do mesmo estatuto, que versa sobre a inelegibilidade: "Art. 60 - Será inelegível, bem como fica vedado de permanecer no exercício de cargos eletivos, o associado que na data da inscrição na chapa: (...) III - Não tiver pelo menos 1 (um) ano de exercício na profissão em empresa pertencente a base territorial representada pelo Sindicato contínuos até data da inscrição na chapa: IV Não mantenha vínculo empregatício com empresa da categoria que exerça atividade na base territorial do sindicato, ressalvado ocaso de a manutenção do referido vínculo empregatício estar 'sub-judice" Da leitura dos mencionados artigos pode perceber-se que os eleitos na Ata e que se encontram aposentados (fls. 109/111), guardam seus direitos como sócios remidos, porém encontram-se inaptos para eleição. Por fim, ainda cabe o entendimento extraído do Art. 14 do Estatuto em estudo: "Art. 14 - A Diretoria colegiada é constituída de 43 (quarenta e três) membros trabalhadores em pleno gozo de seus direitos associativos." A sistemática apresentada pelo Estatuto Social atrela a elegibilidade ao exercício da atividade laboral. Quanto à ilegalidade defendida, pautando-se pelo disposto no art. 8º, inc VII, da Constituição Federal, em conjunto da Portaria 501/2019 do Ministério da Justiça e Segurança Pública, não cabe a este juízo tal análise. Tratando-se de procedimento administrativo, o Oficial de Registro está pautado pelas exigências estatutárias, não podendo afastá-las por argumento de incompatibilidades supervenientes com a legislação, e tampouco o magistrado pode reconhecer alegada inconstitucionalidade. Caso haja a intenção de anulação do Estatuto Social utilizado pelo sindicato, segundo o argumento de sua inconstitucionalidade e de nulidade, deve ser feito o pedido pela via judicial, ou mesmo de forma não litigiosa, por meio dos instrumentos que permitam alteração do estatuto. Ainda, cabe a observação de que os registros anteriores não convalidam novos vícios e não impedem uma nova qualificação pelo competente Oficial, como verificado no presente caso. Diante do exposto julgo improcedente o pedido de providências formulado por Antenor Eiji Nakamura e Hélio Rodrigues de Andrade, mantendo o óbice identificado pelo Oficial do 1º Registro de Títulos e Documentos e Civil de Pessoa Jurídica da Capital. Não há custas, despesas processuais ou honorários advocatícios decorrentes deste procedimento. Oportunamente, arquivem-se os autos. P.R.I.C. - ADV: ELAINE D'AVILA COELHO (OAB 97759/SP) (- DJe de 04.07.2019 - SP)

Processo 1037474-18.2019.8.26.0100

Pedido de Providências - Registro civil de Pessoas Jurídicas - Mauricio Roberto Hostyn Sabbi - Vistos. Trata-se de pedido de providências proposto por Maurício Roberto Hostyn Sabbi em face do Oficial do 1º Registro de Títulos e Documentos e Civil de Pessoa Jurídica da Capital, após negativa de registro de declaração em instrumento particular no qual o peticionante informa motivos pelos quais, mesmo tendo sido secretário de determinada assembleia, não assinara a respectiva ata. O requerente relata (fls. 01/06) que é integrante da organização religiosa denominada Movimento Gnóstico Cristão Universal do Brasil na Nova Ordem e que atuou como secretário da 42ª Assembleia Geral Ordinária desta Instituição. Ainda, alega que a ata da referida AGO fora alterada irregularmente, apresentando outra redação, assim, o pedido de registro do documento em questão se pauta na finalidade de informar a recusa do peticionário em assinar a ata em debate para limitar sua esfera de responsabilização. Neste contexto, requer a superação do óbice, identificado na Nota de Devolução (fls. 14/15), e averbação do referido título. Juntou documentos às fls. 10/48. O Oficial informa às fls. 56/58 que o documento apresentado para registro (fls. 10/13) não se configura como título hábil para prática ato de registro, por absoluta falta de previsão legal, reiterando o relatado na Nota Devolutiva. Ademais, pontua que, aos 23/05/2019, fora apresentada para averbação a referida ata, constando que o peticionário teria se recusado a assinar o documento. Conclui que a solução para o conflito alegado entre os membros da associação extrapola os limites da esfera administrativa, dependendo de pronunciamento judicial, por via contenciosa própria. Juntou documentos às fls. 59/93. O Ministério Público se manifestou (fls. 97/99), afirmando que o título apresentado pelo peticionário constitui "mera comunicação unilateral realizada por particular e endereçada ao Titular da delegação". Assim, sem capacidade de interferir na averbação da Ata relativa a não assinatura. Ainda, ressalta a obediência ao princípio da legalidade, pois o título do qual o peticionário busca registro não está abarcado pelo disposto no artigo 114 da Lei de Registros Públicos, portanto, não há previsão legal para sua averbação. Opinou pela improcedência do pedido. É o relatório. Decido. Com razão o Oficial e o Ministério Público. No caso em tela, o requerente busca resguardar-se legalmente frente à averbação de Ata da qual não reconhece legitimidade. Neste sentido, buscou registrar documento que informa irregularidades no processo de formação da ata da assembleia geral ordinária, relativa à associação da qual fora secretário, assim, justificando sua não assinatura. Ocorre que, como alegado pelo Oficial do 1º Registro de Títulos e Documentos e Civil de Pessoa Jurídica da Capital, bem como pelo membro do Ministério Público, não há respaldo legal para a averbação do documento apresentado. Portanto, em observação ao princípio da legalidade, não há menção ao título pretendido pelo peticionário no rol disposto no artigo 114 da Lei de Registros Públicos, que regra as inscrições no registro Civil de Pessoas Jurídicas. Mesmo que tal rol não seja taxativo quanto às averbações, os documentos aptos para ingresso devem ser capazes de alterar a situação registral da pessoa jurídica, o que não é o caso do documento em discussão. Cabe ainda menção à confusão feita pelo peticionário em relação ao Registro de Títulos e Documentos com o registro Civil das

Pessoas Jurídicas. O artigo 127 da Lei 6.015/73, com o qual o autor fundamenta o cabimento da pretendida averbação, refere-se ao Registro de Títulos e Documentos. Entretanto, o documento (fls. 10/13) fora dirigido ao 1º Cartório de Registro Civil de Pessoas Jurídicas. Deste modo, mesmo que podendo ser enquadrado no inciso VII do artigo 127 da mencionada lei, o pedido apresenta erro formal, impossibilitando o pretendido registro, tratando-se de diferentes âmbitos de atuação e com a produção de efeitos distintos. Saliento ainda que o registro para conservação não gera efeitos contra terceiros e, se o objetivo é resguardar direito, pode ser realizada notificação extrajudicial pelo RTD, além do autor poder recorrer às vias ordinárias para anular a mencionada assembleia, com consequentes reflexos no registro da pessoa jurídica. Diante do exposto, julgo improcedente o pedido de providências formulado por Mauricio Roberto Hostyn Sabbi, em face do Oficial do 1º Registro de Títulos e Documentos e Civil de Pessoa Jurídica da Capital, mantendo o óbice ao registro. Não há custas, despesas processuais e nem honorários advocatícios decorrentes deste procedimento. Oportunamente, arquivem-se os autos. P.R.I.C. - ADV: THIAGO DA SILVA CAVALLAZZI (OAB 39638/SC) (- DJe de 26.06.2019 - SP)

Processo 1043552-28.2019

Pedido de Providências 1º Oficial de Registro de Títulos e Documentos e Civil de Pessoa Jurídica da Capital Grupo Assistencial Esperança Sentença (fls. 64/66): Vistos. Trata-se de pedido de providências suscitado pelo Oficial do 1º Registro de Títulos e Documentos e Civil de Pessoa Jurídica da Capital a requerimento de João Lagheto, que pretende averbar ata de assembleia geral da pessoa jurídica Grupo Assistencial Esperança. O Registrador informa que a averbação da ata foi negada uma vez que seu conteúdo encontra discordância com o artigo 61 do Código Civil. Isso porque a assembleia alterou o conteúdo do artigo 30 do estatuto social, que tratava da destinação do patrimônio em caso de dissolução da associação, sendo que após a nova redação um imóvel componente do patrimônio seria destinado a João, o que descumpriria a determinação do citado artigo do Código Civil. O interessado manifestou-se às fls. 48/50 para pleitear pela procedência do pedido. Às fls. 60/62 o Ministério Público opinou pela improcedência do pedido de providências. É o relatório. Decido. Com razão o Registrador e o Ministério Público. Dentre os vários princípios que regem os registros públicos está o princípio da legalidade. Nos termos deste princípio, o Registrador deve agir sempre em consonância com a legislação vigente, limitando sua análise aos preceitos e dispositivos legais pertinentes. O interessado pretende que seja averbada ata de assembleia geral extraordinária que deliberou pela alteração do artigo 30 do estatuto social da pessoa jurídica Grupo Assistencial Esperança. Após a alteração, a redação do artigo determinava que os imóveis situados à Rua dos Trilhos, n°s 641 e 645, passariam ao patrimônio de João ou seus herdeiros quando da dissolução da associação. O artigo 61 do Código Civil assim prevê: Art. 61. Dissolvida a associação, o remanescente do seu patrimônio líquido, depois de deduzidas, se for o caso, as quotas ou frações ideais referidas no parágrafo único do art. 56, será destinado à entidade de fins não econômicos designada no estatuto, ou, omisso este, por deliberação dos associados, à instituição municipal, estadual ou federal, de fins idênticos ou semelhantes. § 1º Por cláusula do estatuto ou, no seu silêncio, por deliberação dos associados, podem estes, antes da destinação do remanescente referida neste artigo, receber em restituição, atualizado o respectivo valor, as contribuições que tiverem prestado ao patrimônio da associação. § 2º Não existindo no Município, no Estado, no Distrito Federal ou no Território, em que a associação tiver sede, instituição nas condições indicadas neste artigo, o que remanescer do seu patrimônio se devolverá à Fazenda do Estado, do Distrito Federal ou da União. De tal artigo, depreende-se que o patrimônio de uma associação, em caso de sua dissolução, deve ser destinado a outra associação sem fins econômicos, sendo que a única hipótese de destinação aos associados é o caso de restituição de contribuições patrimoniais feitas à associação. No caso, os imóveis não foram doados por João à associação e não representam contribuição que ele tenha feito à instituição. Assim, a alteração realizada no estatuto social viola a legislação pertinente, de modo que foi correta a negativa do Oficial em averbar o título. Diante do exposto, julgo improcedente o pedido de providências formulado por João Lagheto, em face do Oficial do 1º Registro de Títulos e Documentos e Civil de Pessoa Jurídica da Capital. Não há custas, despesas processuais e nem honorários advocatícios decorrentes deste procedimento. Oportunamente, arquivem-se os autos. P.R.I.C. São Paulo, 31 de maio de 2019. Tania Mara Ahualli Juiz de Direito (CP – 204) (DJe de 04.06.2019 - SP)

Processo 1039520-77.2019.8.26.0100

Pedido de Providências - REGISTROS PÚBLICOS - Sindicato Nacional dos Aposentados, Pensionitas e Idosos da Força Sindical - Carlos Andreu

Ortiz - Vistos. Trata-se de pedido de providências suscitado pelo Sindicato Nacional dos Aposentados, Pensionistas e Idosos da Força Sindical em face do Oficial do 1º Registro de Títulos e Documentos e Civil de Pessoa Jurídica da Capital, ante a negativa deste em proceder à averbação de ata de assembleia geral da requerente. A interessada relata, às fls. 1/3, que o presidente da entidade Marcos Jose Bulgarelli renunciou em 2017 ao cargo e seu vice presidente declinou da assunção de tal cargo. Desse modo a Diretoria Nacional teria indicado João Inocentini para substituí-lo. Foi convocada assembleia geral extraordinária para oficializar a assunção de João e a renúncia de Marcos, assembleia tal que deu origem ao título ora debatido. O Registrador manifestou-se às fls. 124/127. Informa que a negativa à averbação deu-se em razão da incompatibilidade do conteúdo do título com as determinações do estatuto social da requerente. Isso porque, nos termos do art. 72 do estatuto, em caso de vacância do cargo de Presidente o Vice Presidente tem o encargo de assumir e no prazo de 30 dias convocar assembleia a fim de eleger novo presidente. No caso, o vice presidente teria declinado de tal responsabilidade, de modo que não caberia à Diretoria Nacional Operativa proceder à eleição indireta de novo presidente. Às fls. 130/132 o Ministério Público opinou pela improcedência do pedido. Há nova manifestação da interessada às fls. 134/135. Houve manifestação de terceiro às fls. 136/137. É o relatório. Decido. Primeiramente, cumpre ressaltar que o presente procedimento não comporta manifestação de terceiro interessado. Com razão o Oficial. No presente caso, em vista da renúncia ao cargo de presidente do sindicato, e ao declínio de assunção provisória do cargo pelo vice presidente, foi indicado pela Diretoria Nacional Operativa presidente provisório. O Estatuto Social em seu artigo 72, em seu § 1º, disciplina como deve ser o procedimento de substituição do Presidente da entidade em caso de vacância deste cargo. Vejamos: Art. 72 Ao Diretor Vice Presidente Nacional compete: §1º Na hipótese de vacância do cargo de Presidente da Diretoria Nacional Operativa, o Diretor Vice Presidente assumirá e, no prazo de até trinta dias corridos deverá convocar Assembleia Geral Nacional Extraordinária para eleição do novo Presidente. Deste artigo depreende-se que, em caso de vacância do cargo da presidência, por qualquer motivo, o vice presidente tem o dever de assumir o cargo e convocar assembleia geral para nova eleição. Ainda, o artigo 73 do referido estatuto dispõe como segue: Art. 73 Ao Diretor Nacional Secretário Geral, compete: Substituir o Diretor Vice Presidente Nacional em seus impedimentos eventuais ou temporários, assim como em suas licenças por prazo indeterminado, observando estritamente o quanto disposto no §1º, do artigo 72. Observados tais dispositivos, entendo que o estatuto é claro quanto à necessidade de convocação de assembleia geral para que seja escolhido substituto ao Presidente. Isso porque não cabe nem mesmo ao Vice Presidente a assunção de tal cargo nos termos do artigo 72 vez que sua função em caso de vacância da presidência limita-se à substituição temporária e convocação de assembleia. Ainda, caso não houvesse vice-presidente o que não é o caso, vez que pelo que se depreende dos autos o vice-presidente simplesmente recusou-se à cumprir sua obrigação estatutária caberia ao Diretor Nacional Secretário Geral convocar a assembleia. Desse modo, o procedimento para substituição da presidência nacional se dá exclusivamente pela convocação de assembleia geral, em atenção à leitura conjunta dos dispositivos do estatuto social. Logo, ao caso não se aplica o artigo 66 citado pela requerente, uma vez que há procedimento específico para substituição do presidente, não cabendo argumentar que poderia ser utilizado o procedimento geral, que é subsidiário ao específico. Conforme aduzido pela requerente, ante à negativa do vice presidente em cumprir seu dever, a diretoria nacional escolheu substituto e posteriormente convocou assembleia geral extraordinária. Ora, além do procedimento escolhido estar eivado de erro, a assembleia não poderia ter sido mero ratificador da escolha feita pela diretoria. Nesse sentido, com razão o Ministério Público ao pontuar que não há previsão de eleição indireta da presidência em caso de vacância, como se deu neste caso, sendo obrigatória a convocação da assembleia para que seja escolhido novo presidente. Assim, mostra-se correta a negativa do Registrador em averbar a ata em questão, vez que incompatível com as determinações estatutárias da entidade. Diante o exposto julgo improcedente o pedido de providências formulado por Sindicato Nacional dos Aposentados, Pensionistas e Idosos da Força Sindical em face do Oficial do 1º Registro de Títulos e Documentos e Civil de Pessoa Jurídica da Capital. Não há custas, despesas processuais ou honorários advocatícios decorrentes deste procedimento. Oportunamente, arquivem-se os autos. P.R.I.C. - ADV: CARLOS GONÇALVES JUNIOR (OAB 183311/SP), RAFAEL RODRIGO BRUNO (OAB

221737/SP), TONIA ANDREA INOCENTINI GALLETI (OAB 177889/SP) (DJe de 29.05.2019 - SP)

Processo 1009624-86.2019.8.26.0100

Pedido de Providências - REGISTROS PÚBLICOS - Joel Lucas Vieira de Oliveira - Vistos. Trata-se de pedido de providências suscitado pelo Oficial do 1º Registro de Títulos e Documentos e Civil de Pessoa Jurídica da Capital a requerimento de Joel Lucas Vieira de Oliveira, que pretende averbação de três títulos no ato constitutivo da Federação Paulista de Atletismo que tratam da intervenção da Confederação Brasileira de Atletismo naquela pessoa jurídica. O Registrador emitiu notas devolutivas relatando que, em todos os casos, seria impossível a averbação, vez que o estatuto da Federação Paulista de Atletismo não prevê a possibilidade de tal intervenção. Ainda, há vícios formais quanto aos editais publicados acerca da assembleia geral que destituiu a Diretoria da Federação foi desatendido o quórum e não constou na ordem do dia a destituição do Conselho Fiscal realizada. São os títulos: 1º) ata de reunião de apresentação da intervenção da Confederação Brasileira de Atletismo na Federação Paulista de Atletismo, objeto da prenotação de nº 531.839; 2º) ata de reunião cujo conteúdo é a recusa da Federação em reconhecer a intervenção da Confederação, objeto da prenotação de nº 531.840; e 3º) ata de assembleia geral extraordinária da Federação sob intervenção da Confederação, que trata da destituição da Diretoria da Federação, objeto da prenotação nº 531.841. Juntou documentos às fls. 9/127. Joel manifestou-se às fls. 139/168. Afirma que o que se pretende é a averbação dos títulos para promover a destituição da diretoria, validar a intervenção feita pela Confederação e referendar a sua nomeação como interventor. Aduz que a previsão de intervenção existe no estatuto da Confederação, organização a que a Federação é filiada. O Ministério Público opinou às fls. 204/208 pela procedência parcial do pedido, com a manutenção do óbice referente à ausência de menção da destituição do Conselho Fiscal no edital publicado. Há manifestação da Federação Paulista de Atletismo, em que afirma haver processos judiciais que poderiam interferir no curso deste procedimento. Solicitou suspensão do procedimento por 90 dias. É o relatório. Decido. Primeiramente, não havendo justificativa ao pedido de suspensão do feito, nego a solicitação de fls. 233 e entendo que o procedimento está apto à sentença. Com razão a Promotora de Justiça. Conforme documentos de fls. 19/41, a intervenção realizada na Federação Paulista de Atletismo pela Confederação Brasileira de Atletismo ocorreu devido à ausência de prestação e aprovação das contas daquela pessoa jurídica nos exercícios de 2014, 2015, 2016 e 2017. A Lei 9.615/98, conhecida como Lei Pelé - que regulamenta, entre outros temas, a relação entre entidades de administração desportivas prevê em seu artigo 23: "Art. 23. Os estatutos ou contratos sociais das entidades de administração do desporto, elaborados de conformidade com esta Lei, deverão obrigatoriamente regulamentar, no mínimo: II - inelegibilidade, por dez anos, de seus dirigentes para desempenho de cargos e funções eletivas ou de livre nomeação de: c) inadimplentes na prestação de contas da própria entidade; § 1º Independentemente de previsão estatutária, é obrigatório o afastamento preventivo e imediato dos dirigentes, eleitos ou nomeados, caso incorram em qualquer das hipóteses do inciso II do caput deste artigo, assegurados o processo regular e a ampla defesa para a destituição." No caso, a Federação Paulista de Atletismo deixou de apresentar prestação e teve suas contas reprovadas. Nesse sentido, a Confederação a que a Federação é filiada (fls 109 art 1º do Estatuto Social da Federação) prevê a intervenção em seus artigos 14 a 16, conforme pontuado pela Douta Promotora de Justiça. Assim, a intervenção foi realizada em conformidade com a previsão estatutária, vez que mesmo que não haja menção expressa no estatuto da Federação, há subordinação ao estatuto da Confederação. Assim, tal óbice pode ser afastado e as atas das reuniões podem ser averbadas. Contudo, quanto à ata da assembleia geral que destituiu a Diretoria, não está apta ao ingresso no registro. Primeiramente, não há prova de que foi respeitado o direito à ampla defesa e contraditório dos dirigentes atuais, conforme exige o artigo 23 da Lei Pelé. Ainda, não foi mencionada no edital de convocação para a assembleia a destituição dos membros do Conselho Fiscal, o que desrespeita o art. 17, § único do Estatuto Social da Federação, que obriga o edital a informar a ordem do dia. Por fim, a exigência de quórum apontada pelo Oficial de fato não se aplica à hipótese de destituição dos administradores, vez que a exigência abrange os incisos I, III, IV e VII do art. 22, enquanto a destituição é prevista no inciso VIII. Diante o exposto julgo parcialmente procedente o pedido de providências formulado pelo Oficial do 1º Registro de Títulos e Documentos e Civil de Pessoa Jurídica da Capital a requerimento de Joel Lucas Vieira de Oliveira. Não há custas, despesas processuais ou honorários advocatícios decorrentes deste procedimento. Oportunamente, arquivem-se os autos. P.R.I.C. - ADV: CÉLIO OKUMURA FERNANDES (OAB 182588/SP) (DJe de 07.05.2019 - SP)

Processo 1001165-95.2019.8.26.0100

Pedido de Providências - REGISTROS PÚBLICOS - Jockey Club de São Paulo - Vistos. Trata-se de pedido de providências formulado pelo Oficial do 1º Registro de Títulos e Documentos e Civil de Pessoa Jurídica da Capital a requerimento do Jockey Club de São Paulo, após negativa de registro de ata de assembleia realizada pela requerida. Da nota devolutiva juntada aos autos, consta que não foi cumprido o es tatuto social da entidade, pois não constou na notificação aos membros a ordem do dia referente a alienação de potencial construtivo decidido em assembleia. O Oficial alega que, não tendo sido cumprido o estatuto social, a ata não pode ser averbada. Juntou documentos às fls. 06/148. O requerido manifestou-se às fls. 159/169, aduzindo pela legalidade da assembleia realizada, que apenas ratificou venda já aprovada em assembleia anterior. O Ministério Público opinou às fls. 178/180 pela procedência do pedido. É o relatório. Passo ao voto. Com razão a D. Promotora. Em que pese a elogiável cautela do Oficial na análise do título, as características do caso concreto permitem concluir pela possibilidade da averbação pleiteada. Conforme documentos de fls. 08/09, constou da convocação da assembleia a ordem do dia "Ratificação de deliberação tomada em AGE ocorrida em 29 de março de 2012". Portanto, foi dada a devida publicidade aos membros da entidade acerca da questão que seria tratada em assembleia. Ainda que a antiga AGE seja mencionada genericamente, era plenamente possível aos membros buscarem conhecer as questões ali tratadas, cuja ratificação seria posta em pauta na nova assembleia. E, no título apresentado (fls. 10/12), o ponto tratado foi justamente a ratificação da assembleia anterior. Mesmo que, reflexamente, tal ratificação trate de alienação de direitos do Jockey Club, não há ilegalidade que impeça a averbação pleiteada. Sob o aspecto formal, houve convocação de assembleia que tratou exatamente da ordem do dia anunciada, de modo que o estatuto social foi cumprido. Como bem posto pelo Ministério Público: Isso porque não se escondeu ou se negligenciou o tema proposto à deliberação, tampouco se decidiu matéria não contida no convocatório, estando cada um dos associados absolutamente livres para se inteirar, antes da assembleia, sobre a questão. Bastava consultar a ata da AGE mencionada na ordem do dia, que é pública e está registrada junto ao RCPJ, para se ter a noção exata da discussão, sem qualquer prejuízo. Tanto é assim que a ratificação ocorreu por unanimidade, tampouco havendo notícia de qualquer insurgência daqueles que compõem a pessoa jurídica. Destaco que, ainda que a ratificação tenha incluído outros atos da requerida para além da assembleia de 2012, todos estes atos diziam respeito ao cumprimento do anteriormente aprovado. Em outras palavras, a assembleia anterior aprovou a venda do potencial construtivo (fls. 143/148), tendo a nova assembleia apenas analisado os atos dos órgãos responsáveis pela execução de tal venda. Portanto, ao que compete ao Oficial e a este órgão Corregedor, não há vício que impeça o registro. A legalidade da venda em si não diz respeito ao RTDPJ, que deve se ater a legalidade da realização da assembleia e da ata que se pretende averbar. Eventuais prejudicados poderão pleitear, nas vias próprias, a declaração da nulidade da venda realizada, até mesmo pela impossibilidade de ratificação de atos em assembleia, mas tal nulidade decorre de questão intrínseca a organização da requerente, âmbito que foge da análise de legalidade realizada pelo Oficial de Registro. Do exposto, julgo procedente o pedido de providências formulado pelo Oficial do 1º Registro de Títulos e Documentos e Civil de Pessoa Jurídica da Capital a requerimento do Jockey Club de São Paulo, afastando o óbice que impedia a averbação pleiteada. - ADV: LEONARDO FRANCO DE LIMA (OAB 195054/SP), ALEXANDRE DE MELO (OAB 201860/SP) (DJe de 27.02.2019 - SP)

Processo 1127336-34.2018.8.26.0100

Tutela Antecipada Antecedente - Provas - Sindicato dos Motoristas e Trab. Em Transp. Rodov.urbano de São Paulo - Vistos. Trata-se de pedido de providências cumulado com tutelado antecipada antecedente formulado pelo Sindicato dos Motoristas e Trabalhadores em Transporte Rodoviário Urbano de São Paulo, em face do Oficial do 6º Registro de Títulos e Documentos e Civil de Pessoa Jurídica da Capital, pleiteando o registro das atas de apuração dos votos das eleições realizada em 29.05.2018, bem como da posse dos eleitos. O óbice registrário refere-se a certidão trabalhista expedida pelo MMº Juízo da 76ª Vara do Trabalho da Capital, informando a suspensão de todos os efeitos jurídicos decorrentes da eleição designada pelo requerente, ocorrida em 28 e 29 de maio de 2018, independente do resultado. Insurgese a interessada acerca do óbice imposto, sob o argumento de que em 14.09.2018, por sentença, foi a ação objeto da certidão mencionada julgada improcedente, consignando-se a reconsideração da decisão interlocutória que havia sustado os efeitos da eleição realizada. Juntou documentos às fls. 04/13 e 22/33. Ressalta o registrador que embora o requerente tenha juntado a decisão mencionada, não houve o recebimento de qualquer documento na Serventia, razão pela qual entende que deve ser mantido o óbice. Posteriormente o Sindicato deu reentrada com todas as peças de esteio à pretensão, dando origem ao registro nº 174.434 (fl. 34). O Ministério Público opinou pela extinção do feito pela perda de seu objeto (fl. 40). É o relatório. Passo a fundamentar e a decidir. Com a notícia do registrador referente a reapresentação do título acompanhado de todos os documentos, com a consequente realização do ato registrário almejado (fl. 34), não há o que decidir nos autos, tendo o feito perdido o seu objeto. Diante do exposto, julgo extinto o pedido de providências cumulado com tutelado antecipada antecedente formulado pelo Sindicato dos Motoristas e Trabalhadores em Transporte Rodoviário Urbano de São Paulo, em face do Oficial do 6º Registro de Títulos e Documentos e Civil de Pessoa Jurídica da Capital, com fundamento no artigo 485, IV do CPC e determino o arquivamento dos autos. Deste procedimento não incidem custas, despesas processuais e honorários advocatícios. P.R.I.C. - ADV: ANTONIO ROSELLA (OAB 33792/SP) (DJe de 16.01.2019 - SP)

Processo 1121922-55.2018.8.26.0100

Pedido de Providências - REGISTROS PÚBLICOS - Círculo de Trabalhadores Cristãos de Vila Ema - Vistos. Trata-se de pedido de providências formulado pelo Oficial do 1º Registro de Títulos e Documentos e Civil de Pessoa Jurídica de São Paulo, a requerimento de José Domingues Mota da Silva, referente à pessoa jurídica Círculo de Trabalhadores Cristãos de Vila Ema, que pretende averbação de ata de assembleia geral, a qual trata, entre outros assuntos, da destituição da diretoria da associação. O Registrador informa que qualificou negativamente o título pelos seguintes motivos: (i) há divergência quanto à lista de associados inadimplentes constantes do título a ser averbado e da ata de reunião da diretoria datada de 08/06/2018, averbada sob nº 451.431; (ii) houve descumprimento do prazo de notificação previsto no art. 7º §§ 1º e 2º do estatuto, que exige prazo de 30 dias do recebimento da notificação extrajudicial para que a destituição seja pauta de assembleia; e (iii) consta que Simone Oliveira dos Santos foi admitida em setembro de 2017, de modo que não cumpriu o prazo mínimo de três anos de admissão para estar apta à eleição em cargo estatutário foi admitida em outubro de 2015 e a assembleia data de setembro de 2018. Juntou documentos às fls. 6/149. A interessada manifestou-se às fls. 165/176. Aduz, em síntese, ser falsa a informação acerca da inadimplência dos associados. Informa ainda que a notificação dos destituídos respeitou o prazo exigido em estatuto. Por fim, relata que a data de admissão de Simone é, na verdade, setembro de 2015. O Ministério Público manifestou-se às fls. 349/352. Opina pelo afastamento do óbice relativo à inadimplência ou não dos associados. Quanto aos demais óbices, concorda com o Registrador. É o relatório. Decido. Com razão a Douta Promotora de Justiça. Em primeiro lugar, conforme aduzido pelo próprio Oficial no item constante da nota devolutiva, a existência de incongruências entre os dados constantes do registro e o título ora debatido, quanto à inadimplência ou não de certos associados, deve ser verificada por Juízo competente. O interessado aduz que a ata em que consta essa informação é fraudulenta. Contudo, tal afirmação não pode ser verificada de plano por este Juízo administrativo, sendo que o óbice só pode ser superado se anulado o registro da ata anterior superando-se a incompatibilidade por meio de processo adequado, com possibilidade de contraditório e demais garantias processuais ou se for averbado outro documento em que conste a superação da situação de inadimplência. Isso posto, passo à análise dos demais óbices. O art. 7º do estatuto social (fls. 134/149), em seu inciso I, traz a seguinte determinação: "São direitos dos associados, quites com suas obrigações sociais: I Votar (após 2 anos da admissão) e ser votado (após 3 anos da admissão) para os cargos eletivos." Conforme documento juntado às fls. 101 e averbado na serventia extrajudicial que contém a relação de associados, bem como a data de suas respectivas admissões a associada Simone Oliveira dos Santos foi admitida em outubro de 2015. A ata submetida à qualificação, que nomeou Simone para o cargo de Primeira Secretária, data de 16 de setembro de 2018. Desse modo, resta claro que não foi respeitado o prazo mínimo de 3 anos exigido para que um associado possa ser votado para cargo eletivo. Assim, tal óbice não pode ser superado. Quanto à destituição dos associados, restou comprovado que o procedimento foi efetuado em desacordo com o estatuto social. Conforme apontado pela Douta Promotora de Justiça, a destituição justificada em simples assembleia viola o disposto no item X do artigo 7º do Estatuto Social, que prevê a destituição somente quando houver justa causa apurada em procedimento disciplinar, o que não ocorreu. Ademais, as notificações juntadas não atendem aos requisitos do Estatuto. Conforme informado pelo Registrador (fls. 356/358), os documentos não cumprem a exigência do estatuto de que seja realizada notificação extrajudicial com 30 dias de antecedência da data da realização da assembleia de destituição. Os documentos juntados telegramas, e-mails e ARs não respeitam à exigência do estatuto, não cumprem o prazo de 30 dias e têm seu conteúdo impossível de ser verificado, mostrando-se insuficientes para fazer prova de que os diretores de fato foram informados acerca das pautas da assembleia. Ainda, as notificações juntadas descumprem diversas formalidades inclusive têm números distintos de envio e comprovante de recebimento não podendo ser utilizadas para suprir o aviso aos destituídos. Por fim, ressalto que as alegações do representante da interessada quanto à má gerência dos associados a serem destituídos não comportam análise neste Juízo administrativo, que avalia tão somente as questões de ordem formal. Ainda, entendo que não houve qualquer falha do Registrador que enseje ato de ordem correcional. Do exposto, julgo improcedente o pedido de providências formulado pelo Oficial do 1º Registro de Títulos e Documentos e Civil de Pessoa Jurídica de São Paulo a requerimento de José Domingues Mota da Silva, que representa os interesse da pessoa jurídica Círculo de Trabalhadores Cristãos de Vila Ema e mantenho os óbices registrários. Não há custas, despesas processuais, nem honorários advocatícios. Oportunamente, arquivem-se os autos. P.R.I.C. - ADV: ELIANE CARDOSO ALMEIDA BACHEGA (OAB 120666/SP) (DJe de 27.02.2019 - SP)

ENTIDADE RELIGIOSA

Processo 1046217-17.2019.8.26.0100

Pedido de Providências - Registro civil de Pessoas Jurídicas - Igreja do Evangelho Quadrangular - IEQ - Igreja Quadrangular Familia Global - Vistos. Trata-se de pedido de providências formulado pela Igreja do Evangelho Quadrangular - IEQ em face do Oficial do 4º Registro de Títulos e Documentos e Civil de Pessoa Jurídica da Capital, pretendendo o cancelamento do registro da entidade religiosa Igreja Quadrangular Familia Global, sob o argumento de similaridade da denominação. Esclarece a requerente que está sendo vítima da usurpação de seu prestígio, do nome e do direito de propriedade da marca "Quadrangular", sua doutrina, cores e símbolos. Aduz que o nome quadrangular é marca registrada da requerente e possui registro no INPI sob nº 818069198. Juntou documentos às fls. 06/161. O Registrador manifestou-se às fls. 167/171. Entende o delegatário que não que não há fundamentação jurídica apta a embasar a pretensão. Em relação à identidade de nomes, afirma que as denominações são muito diferentes e contam com elementos de distinção suficientes para evitar qualquer confusão ou dúvida dos usuários, bem como a requerente, ao contrário do alegado, não tem direito exclusivo ao uso da palavra "quadrangular", tendo em vista que não há prova de que tenha sido reconhecida pelo INPI como marca de alto renome. Destaca que a própria requerente admite que seu nome tem origem na denominação de outra igreja fundada nos Estados Unidos em 1923, o que evidencia que o uso da palavra quadrangular não foi criado pela interessada, mas sim copiado de outra entidade religiosa de origem estrangeira. Por fim, argumenta que o serviço registral consiste em atividade vinculada, cuja recusa de acesso depende de previsão legal expressa. A Igreja Quadrangular Família Global manifestou-se às fls. 180/191, concordando com as explanações do Registrador. Destaca que a requerente não conseguiu comprovar que é a detentora do nome, sendo que por várias vezes tentou junto ao INPI conseguir a titularidade e exclusividade do nome, contudo não obteve êxito em nenhuma delas. Apresentou documentos às fls. 192/245. Com relação às ponderações do registrador e da Igreja Quadrangular Familia Global, a requerente manifestou-se às fls. 248/260, corroborando os argumentos expostos na inicial. O Ministério Público opinou pela improcedência da pedido (fls. 263/265). É o relatório. Passo a fundamentar e a decidir. Com razão o Registrador, bem como o D. Promotor de Justiça. Ressalto primeiramente que as acusações referentes à denunciação caluniosa ou eventuais condutas ilícitas praticas pelo presidente da entidade religiosa requerente (pastor Mário de Oliveira), devem ser discutidas no âmbito criminal, sendo que tais alegações não terão interferência no deslinde deste procedimento. Pretende a requerente o cancelamento do registro da entidade religiosa Igreja Quadrangular Familia Global, sob o argumento de similaridade da denominação pelo uso da palavra "quadrangular". Pois bem, em primeiro lugar, não cabe a este Juízo administrativo analisar a legalidade da conduta da Igreja Quadrangular Família Global. Apesar dos indícios de irregularidade, levando-se em consideração a juntada do documento de fl. 258, que demonstra o registro da marca "quadrangular" no INPI sob nº 818069201, não há competência desta Vara para declarar a nulidade da denominação, uma vez que tal análise dependerá da ampla produção de provas e do contraditório, institutos mitigados no âmbito administrativo. A segunda razão é que a procedência do pedido somente ocorreria se fosse reconhecido vício no procedimento adotado pelo registrador, o que na presente hipótese não existe, senão vejamos: O item 3 da Seção I do Capítulo XVIII das Normas de

Serviço da Corregedoria Geral de Justiça é claro quanto ao tema: "3. É vedado, na mesma Comarca, o registro de pessoas jurídicas com nome empresarial (denominação social ou razão social) ou denominação idêntica ou semelhante a outra já existente, que possa ocasionar dúvida aos usuários do serviço." Constata-se que não é necessária a completa identidade entre as denominações, pois a norma utiliza-se do termo "semelhante", visando a prevenção de confusões que possam dificultar o acesso à informações tanto pelo poder público quanto pelos usuários. No caso ora em análise, a requerente apresenta a denominação "Igreja do Evangelho Quadrangular - IEQ", enquanto a denominação da outra entidade religiosa é "Igreja Quadrangular Família Global". Fica evidente que não há qualquer semelhança, pois os únicos termos iguais são "Igreja" e "Quadrangular", sendo certo que a palavra quadrangular é antecedida do termo "Evangelho", logo, entendo que fica afastada qualquer confusão ou dúvida dos usuários do serviço registral. Neste contexto, como acima mencionado, este procedimento visa a analise da utilização do termo quadrangular na composição do nome de uma outra organização religiosa. Como exposto pela propria requerente o seu nome "Igreja do Evangelho Quadrangular" originou-se do nome de outra Igreja fundada nos Estados Unidos em 1923, o que evidencia que o termo quadrangular não foi criado pela requerente, consequentemente não há que se falar em propriedade exclusiva de gozo. E ainda, como é sabido, a análise do registrador do cartório de títulos e documentos limita-se ao aspecto formal do título, dentre os quais se as normas estipuladas no Estatuto Social estão sem conformidade com o CC, se foi observado o princípio da legalidade, assinatura, dentre outros aspectos. Logo, questões envolvendo conflitos entre marca registrada, nome empresarial e nome de domínio, fogem ao âmbito administrativo, devendo a requerente valer-se das vias ordinárias obter a declaração de nulidade. Diante do exposto, julgo improcedente o pedido de providências formulado pela Igreja do Evangelho Quadrangular - IEQ em face do Oficial do 4º Registro de Títulos e Documentos e Civil de Pessoa Jurídica da Capital. Deste procedimento não decorrem custas, despesas processuais e honorários advocatícios. Oportunamente remetam-se os autos ao arquivo. P.R.I.C. - ADV: HUMBERTO MAZZA (OAB 263898/SP), DANIEL ROBERTO DA SILVA (OAB 168276/SP) (– DJe de 06.11.2019 – SP)

4.4.4 REGISTRO DE IMÓVEIS E TABELIONATO DE NOTAS

ADJUDICAÇÃO

Processo 1123368-93.2018.8.26.0100

Dúvida - Registro de Imóveis - Maria Otilia da Silva - Vistos. Trata-se de procedimento de dúvida suscitado pelo Oficial do 4º Registro de Imóveis da Capital, a requerimento de Maria Otilia da Silva, que pretende registro de carta de adjudicação expedida pela 6ª Vara de Família e Sucessões do Foro Central. A interessada pretende adjudicação dos direitos decorrentes da cessão de compromisso de compra e venda relativos aos imóveis matriculados sob nºs 73.138 e 73.139. Contudo, não consta das matrículas qualquer instrumento de promessa de compra e venda, sendo que os imóveis são de propriedade de Cimob Participações S/A (antiga Gomes de Almeida Fernandes S/A). Informa que, segundo documentos e informações prestadas pela interessada, os bens foram compromissados à venda pela proprietária tabular em favor de Luzia Cristina Contim Ferrato e Benedito José Pimenta Ferratto, em junho de 1984. Os compromissários compradores, por sua vez, cederam os direitos do referido compromisso a Felix Cauderer Gicherman, companheiro falecido da suscitada, por meio de escritura lavrada em janeiro de 1987. Os direitos desta última cessão foram a ela adjudicados na carta que pretende registrar. O Registrador entende que, pelos princípios da continuidade e disponibilidade, o registro da carta só será possível mediante prévio registro do compromisso de compra e venda celebrado anteriormente entre a titular de domínio e os primeiros compromissários compradores. Não há impugnação da suscitada no presente feito. Entretanto, manifestou-se na serventia extrajudicial para informar que não possui o primeiro compromisso de compra e venda, aduzindo serem suficientes os documentos que comprovam a relação jurídica entre as partes. O Ministério Público opinou pela procedência da dúvida e manutenção do óbice. É o relatório. Decido. Com razão o Oficial e o Ministério Público. No caso em tela, a interessada pretende registrar adjudicação dos direitos decorrentes da cessão de compromisso de compra e venda firmada por seu falecido companheiro. Contudo, não consta das matrículas qualquer compromisso de compra e venda, sendo que a titular de domínio tabular é a empresa Cimob Participações S/A. O Oficial exige o registro prévio dos compromissos de compra e venda, para que então a carta de adjudicação possa ter ingresso. Nos termos dos artigos 195 e 237 da Lei de Registros Públicos, os registros de imóveis são regidos, dentre outros, pelo princípio da continuidade. Tal princípio, traduz a necessidade de que os títulos submetidos a registro obedeçam a uma ordem lógica, da qual se possa depreender as informações necessárias sobre a titularidade do imóvel. Essa exigência tem por objetivo garantir a confiabilidade dos documentos registrados, de modo que haja segurança nas transações que envolvam imóveis. Nesse sentido, em comentário ao artigo 237 da LRP, dispõe o Desembargador Francisco Eduardo Loureiro: "Cria-se, em outras palavras, um encadeamento de titularidades, ou cadeia dominial, na qual o transmitente de um direito deve necessariamente constar do registro como seu titular. Funciona o registro imobiliário como os elos de uma corrente, um encadeado no outro, sem saltos nem soluções, de tal modo que toda titularidade sobre o imóvel apareça concatenada com a anterior e a sucessiva." (Lei de Registros Públicos Comentada editora Forense pág. 1219) Desse modo, em respeito aos dispositivos acima citados, é indispensável que primeiro seja registrado o compromisso de compra e venda em que o imóvel é prometido a Luzia Cristina Contim Ferrato e Benedito José Pimenta Ferratto para que depois possa ser registrada a cessão de tais direitos ao ex cônjuge da suscitada, sendo finalmente possível o registro da carta de adjudicação. Ademais, embora a suscitada tenha apresentado alguns documentos que de fato indiquem a relação jurídica entre as partes, é indispensável que seja registrado o título que deu origem ao compromisso, em sua via original, na serventia extrajudicial. Diante do exposto, julgo procedente a dúvida suscitada por pelo Oficial do 4º Registro de Imóveis da Capital a requerimento de Maria Otilia da Silva, mantendo o óbice registrário. Não há custas, despesas processuais ou honorários advocatícios advindas deste procedimento. Oportunamente, arquivem-se os autos. P.R.I.C. - ADV: CELIA DE GODOY DOMINGUES (OAB 296268/SP) (DJe de 01.02.2019 - SP)

Processo 1016878-13.2019.8.26.0100

Dúvida - Registro de Imóveis - Sandra Bertao e outros - Vistos.Trata-se de procedimento de dúvida suscitado pelo Oficial do 10º Registro de Imóveis da Capital a requerimento de Odette Fenzi Bertão e outros, que pretendem registro de Carta de Adjudicação Compulsória emitida pelo Juízo da 1ª Vara Cível do Foro Regional XI, pela qual o imóvel matriculado sob nº 88.087 foi adjudicado aos interessados. O Registrador informa que o título foi prenotado outras vezes e devolvido com o cumprimento das exigências. Da última prenotação, que deu origem ao presente procedimento, a exigência efetuada, contra a qual insurgiram-se os interessados, foi de apresentação da guia de recolhimento do ITBI, vez que o imóvel não se enquadraria nas hipóteses de isenção da Lei Municipal 13.402/02. Não há impugnação dos requerentes, mas manifestaram-se na serventia extrajudicial (fls. 17/18). Afirmam que o ITCMD foi recolhido, de modo que a exigência do ITBI configuraria dupla tributação. Aduzem ainda que não se trata de transmissão de bens, mas recebimento por herança, o que não acarretaria necessidade de recolhimento de tributo. Por fim, entendem que se for levada em conta a parte que cada interessado adquiriu do imóvel, não seria alcançado o valor mínimo de R$120.000 encontrado na Lei Municipal. O Ministério Público opinou às fls. 119/120 pela procedência da dúvida e manutenção do óbice. É o relatório. Decido. É certo que ao Oficial de Registro cumpre fiscalizar o pagamento dos impostos devidos por força dos atos que lhe forem apresentados em razão do ofício, na forma do art. 289 da Lei nº 6.015/73, sob pena de responsabilização pessoal do Oficial Delegado. Dentre estes impostos encontra-se o imposto de transmissão inter vivos, cuja prova de recolhimento deve instruir os documentos, salvo hipótese de isenção devidamente demonstrada. A contrário do que aduzem os requerentes, a exigência do recolhimento do ITBI, mesmo com o pagamento do ITCMD, não configura dupla tributação. O ITCMD recolhido era referente à transmissão dos direitos do compromisso de compra e venda, quando da partilha realizada. Por sua vez, a carta de adjudicação que se pretende registrar configura título de transmissão de imóvel e tal transação é fato gerador do ITBI. Este é imposto recolhido sempre que há transmissão de propriedade de bem imóvel e o Registrador deve verificar o recolhimento antes de proceder ao registro do título. Veja-se: Decreto Municipal 1.627/2010 Art. 29. Para lavratura, registro, inscrição, averbação e demais atos relacionados à transmissão de imóveis ou de direitos a eles relativos, ficam os notários, oficiais de Registro de Imóveis e seus prepostos obrigados a verificar: I a existência da prova do recolhimento do Imposto ou do reconhecimento administrativo da não incidência, da imunidade ou da concessão de isenção; Ainda, a Lei Municipal 11.154/91 inclui a adjudicação no rol de transmissões que ensejam recolhimento do ITBI: Art. 2º Estão compreendidos na incidência do imposto: V - A arrematação, a adjudicação e a remição; Ademais, a alegação de que devem ser levadas em conta separadamente as frações ideais adquiridas pelos requerentes também não merece acolhida. O valor a ser considerado para cálculo do tributo é o valor venal do imóvel em sua totalidade. Isso conforme a Lei Municipal 11.154/91: Art. 7º Para fins de lançamento do Imposto, a base de cálculo é o valor venal dos bens ou direitos transmitidos, assim considerado o valor pelo qual o bem ou direito seria negociado à vista, em condições normais de mercado. Desse modo, a exigência do Registrador encontra respaldo legal, devendo os interessados recolher o tributo ou comprovar a isenção. Diante do exposto, julgo procedente a dúvida suscitada pelo Oficial do 10º Registro de Imóveis da Capital, a requerimento de Odette Fenzi Bertão e outros, e mantenho o óbice registrário. Deste procedimento não decorrem custas, despesas processuais e honorários advocatícios. Oportunamente remetam-se os autos ao arquivo. P.R.I.C. - ADV: SANDRA BERTAO (OAB 84567/SP) (DJe de 05.04.2019 - SP)

Processo 1044945-85.2019.8.26.0100

Dúvida - Registro de Imóveis - Midori Satoh - Vistos. Trata-se de dúvida inversa suscitada por Midori Satoh, em face da negativa do Oficial do 2º Registro de Imóveis da Capital em proceder ao registro da carta de adjudicação, através da qual se buscou transmitir o imóvel localizado na Alameda Barros, nº 500. Após reiteradas qualificações do título, restou apenas um óbice concernente à necessidade de comprovação do recolhimento do ITBI, diante da ocorrência do fato gerador do tributo com a transmissão da propriedade. Insurge-se a suscitante do óbice imposto, sob o argumento de que foi deferida a total gratuidade, abrangendo o ITBI e os emolumentos na ação adjudicatória que tramitou perante o MMº Juízo da 17ª Vara Cível da Capital (processo nº 0071848-05.2004.8.26.0100). Juntou documentos às fls. 14/157, 173/185, 205/226, 248/257. Acerca das ponderações da interessada, o Oficial manifestou-se às fls. 258/259. Entende que somente a Municipalidade de São Paulo é que deve analisar se o caso de isenção ou não do recolhimento do imposto, expedindo a respectiva guia se for o caso. Apresentou documento às fls. 260/263. O Ministério Público opinou pela procedência da dúvida (fls. 267/269). É o relatório. Passo a fundamentar e a decidir. Com razão o Registrador, bem como a D. Promotora de Justiça. É certo que ao Oficial de Registro cumpre fiscalizar o pagamento dos impostos devidos por força dos atos que lhe forem apresentados em razão do ofício, na forma do art. 289 da Lei nº 6.015/73, sob pena de responsabilização pessoal do Oficial Delegado. Dentre estes impostos encontra-se o imposto de transmissão inter vivos, cuja prova de recolhimento deve instruir os documentos, salvo hipótese de isenção devidamente demonstrada. Como é sabido, o fato gerador do ITBI, no caso da transmissão do domínio, é o efetivo registro, pois somente ele tem o condão de transferir a propriedade, muito embora seja habitual o pagamento desse tributo já quando se celebra o negócio jurídico obrigacional. Neste sentido: "O art. 156, inciso II, da Constituição Federal estabelece a competência tributária para instituir e cobrar o ITBI - Imposto sobre Transmissão de Bens Imóveis, nos seguintes termos: "Compete aos Municípios instituir impostos sobre: II transmissão inter vivos, a qualquer título, por ato oneroso, de bens imóveis, por natureza ou acessão física, e de direitos reais sobre imóveis, exceto os de garantia, bem como cessão de direitos a sua aquisição". Sobre a aquisição da propriedade imóvel, dispõe o art. 1245, caput e § 1º, do Código Civil: "Transfere -se entre vivos a propriedade mediante o registro do título translativo no Registro de Imóveis. § 1º Enquanto não se registrar o título translativo, o alienante continua a ser havido como dono do imóvel". Com efeito, tal imposto é devido somente por ocasião do registro da transmissão da propriedade de bens ou direitos, a teor do disposto no art. 1245 do Código Civil (Agr. Reg. em Agr. Instr. n. 448.245-DF, Rel. Min. Luiz Fux), em que pese habitual e ilegítima exigência da prova do recolhimento do citado tributo antes da lavratura da escritura ou do contrato particular." (processo 0039993- 95.2009.8.26.0564 - TJSP - relator: Roberto Martins de Souza) (grifos no original) E ainda conforme estabelece o artigo 1.245 do CC: "Transfere-se entre vivos a propriedade mediante o registro do título translativo no Registro de Imóveis". Na presente hipótese, a carta de adjudicação que se pretende registrar, configura título de transmissão de imóvel e tal transação é fato gerador de ITBI, consequentemente o registrador deve verificar o recolhimento antes de proceder ao registro do título. De acordo com o Decreto Municipal nº 51.627/2010: "Art.29: Para a lavratura, registro, inscrição, averbação e demais atos relacional à transmissão de imóveis ou de direitos a eles relativos, ficam os notários, oficiais de Registro de Imóveis e seus prepostos obrigados a verificar: I - a existência da prova do recolhimento do imposto ou do recolhimento administrativo da não incidência, da imunidade ou da concessão da isenção;" Ainda, a Lei Municipal nº 11.154/91, inclui a adjudicação no rol da transmissões que ensejam o recolhimento do ITBI: "art. 2º: Estão compreendidos na incidência do imposto: ... V - a arrematação, a adjudicação e a remição;" Por fim, a alegação da suscitante de que a decisão proferida pelo Juízo Cível deferiu a isenção do pagamento das custas e emolumentos, bem como o recolhimento do ITBI não procede: Conforme se verifica da mencionada decisão (fl. 257), ficou esclarecido que a gratuidade da justiça deferida, abrange os emolumentos necessário à efetivação da sentença. Ou seja, aboliu-se a necessidade do depósito dos emolumentos para registro do título. Todavia, permanece a necessidade do recolhimento do imposto ITBI, uma vez que por se tratar de imposto municipal, somente a Municipalidade poderá analisar se é o caso de isenção, logo eventual insurgência da suscitante acerca do não pagamento do imposto deverá ser objeto de procedimento próprio nas vias ordinárias. Logo, mister a manutenção da exigência. Diante do exposto, julgo procedente a dúvida inversa suscitada por Midori Satoh, em face da negativa do Oficial do 2º Registro de Imóveis da Capital, e consequentemente mantenho o óbice registrário. Deste procedimento não decorrem custas, despesas processuais e honorários advocatícios. Oportunamente remetam-se os autos ao arquivo. P.R.I.C. - ADV: EMILIA SOARES DE SOUZA (OAB 53743/SP) (- DJe de 04.07.2019 - SP)

Processo 1072565-72.2019.8.26.0100

Dúvida - Cumprimento de mandado - Apostolos Spyroevangelos Vagenas - Dulci do Nacimento Fonseca Vagenas - Vistos. Trata-se de duvida inversa suscitada por Apostolos Spyroevangelos Vagenas e Dulci do Nascimento Fonseca Vagenas, diante da negativa do Oficial do 5º Registro de Imóveis da Capital em proceder ao registro da carta de adjudicação expedida pelo 2º Tabelião de Notas da Capital, extraída dos autos da ação ordinária nº 0195106- 08.2011.8.26.0100, que tramitou perante o MMº Juízo da 37ª Vara Cível da Capital, que tem por objeto o imóvel matriculado sob nº 23.473, em que figura como requerido Federal Seguros S/A e como adjudicantes os interessados. Os óbices registrários referem-se: a) necessidade de constar na carta o valor da adjudicação; b) apresentação da certidão negativa relativa a créditos tributários federais e à dívida ativa da União emitida pela Secretaria da receita federal do Brasil e pela Procuradoria Geral da Fazenda Nacional, em consonância com o art.47, I, "b", da Lei Federal nº 8.212/91. O registrador apresentou documentos às fls. 31/252. Insurgem-se os suscitantes apenas em relação ao segundo óbice, sob a alegação que a questão referente a dispensa das certidões é pacifica nesta Corregedoria Permanente, bem como na Corregedoria Geral da Justiça e Conselho Superior da Magistratura. Juntou documentos às fls. 05/21. O Ministério Público opinou pela prejudicialidade de dúvida e no mérito pela improcedência da dúvida (fls. 255/257). É o relatório. Passo a fundamentar e a decidir. Na presente hipótese houve impugnação parcial das exigências formuladas pelo Registrador. Observo que os suscitantes não demonstraram irresignação em relação à necessidade de constar na carta o valor da adjudicação, logo houve o reconhecimento desta exigência. A concordância parcial com as exigências do Oficial prejudica a dúvida, que só admite duas soluções: a determinação do registro do título protocolado e prenotado, que é analisado, em reexame da qualificação, tal como se encontrava no momento em que surgida dissensão entre a apresentante e o Oficial de Registro de Imóveis; ou a manutenção da recusa do Oficial. Para que se possa decidir se o título pode ser registrado ou não é preciso que todas as exigências e não apenas parte delas sejam reexaminadas pelo Corregedor Permanente. Nesse sentido, é pacífica a jurisprudência do Egrégio Conselho Superior. Ademais, no mérito verifico que a pretensão dos suscitantes é parcialmente procedente, senão vejamos. Entendo que deve ser mantido o primeiro óbice consistente na necessidade de constar na carta o valor da adjudicação, em consonância com o princípio da legalidade, especificado no artigo 176, § 1º, inciso III, item 5 da Lei nº 6015/73. Todavia, o segundo óbice referente a apresentação da certidão negativa relativa a créditos tributários federais e à dívida ativa da União emitida pela Secretaria da receita federal do Brasil e pela Procuradoria Geral da Fazenda Nacional, deverá ser afastado. Apesar do entendimento pessoal desta magistrada, no sentido de não ser possível declarar, em sede administrativa, a inconstitucionalidade dos dispositivos legais que exigem a apresentação da CND perante o registro imobiliário, reconheço ter sido pacificado o entendimento de que tal exigência não pode ser feita pelo Oficial. Neste sentido, além dos precedentes do E. Conselho Superior da Magistratura e da Corregedoria Geral da Justiça deste Tribunal, o Conselho Nacional de Justiça, nos autos do pedido de providências nº 000123082-.2015.2.00.0000, formulado pela União/AGU, entendeu não haver irregularidade na dispensa, por ato normativo, da apresentação de certidão negativa para registro de título no Registro de Imóveis: "CNJ: Pedido de Providências Provimento do TJ-RJ que determinou aos cartórios de registro de imóveis que deixem de exigir a certidão negativa de débito previdenciária (CND) Pedido formulado pela UNIÃO/AGU para a suspensão cautelar e definitiva dos efeitos do Provimento n. 41/2013, além da instauração de reclamação disciplinar contra os magistrados que participaram da concepção e realização do ato e ainda, que o CNJ expeça resolução ou recomendação vedando a todos os órgãos do Poder Judiciário a expedição de normas de conteúdo semelhante ao editado pela requerida Provimento CGJ n. 41/2013 editado pelo TJRJ está de acordo com a interpretação jurisprudencial do STF Ressaltese que não houve qualquer declaração de inconstitucionalidade dos artigos 47 e 48 da Lei n. 8.212/91, mas sim fixação de norma de competência da Corregedoria Geral de Justiça local para regulamentar as atividades de serventias extrajudiciais vinculadas ao Tribunal de Justiça Pedido de providências improcedente" De acordo com o Acórdão: "... Ao contrário do que afirma a Advocacia-Geral da União, verifica-se que o Provimento CGJ n. 41/2013 editado pelo TJRJ está de acordo com a interpretação jurisprudencial do STF acerca da aplicabilidade dos artigos 47 e 48 da Lei n. 8.212/91 ao dispensar a exigência de apresentação de CND para o registro de imóveis. Confira-se: RECURSO EXTRAORDINÁRIO COM AGRAVO. REPERCUSSÃO GERAL. REAFIRMAÇÃO DE JURISPRUDÊNCIA. DIREITO TRIBUTÁRIO E DIREITO PROCESSUAL CIVIL. CLÁUSULA DA RESERVA DE PLENÁRIO. ART. 97 DA CONSTITUIÇÃO FEDERAL. JURISPRUDÊNCIA DO TRIBUNAL PLENO DO STF. RESTRIÇÕES IMPOSTAS PELO ESTADO. LIVRE EXERCÍCIO DA ATIVIDADE ECONÔMICA OU PROFISSIONAL. MEIO DE COBRANÇA INDIRETA DE TRIBUTOS. 1. A jurisprudência pacífica desta Corte, agora reafirmada em sede de repercussão geral, entende que é desnecessária a submissão de demanda judicial à regra da reserva de plenário na hipótese em que a decisão judicial estiver fundada em jurisprudência do Plenário do Supremo Tribunal Federal ou em Súmula deste Tribunal, nos termos dos arts. 97 da Constituição Federal, e 481, parágrafo único, do CPC. 2. O Supremo Tribunal Federal tem reiteradamente entendido que é inconstitucional restrição imposta pelo Estado ao livre exercício de atividade econômica ou profissional, quanto aquelas forem utilizadas como meio de cobrança indireta de tributos. 3. Agravo nos próprios autos conhecido para negar seguimento ao recurso extraordinário, reconhecida a inconstitucionalidade, incidental e com os efeitos da repercussão geral, do inciso III do §1º do artigo 219 da Lei 6.763/75 do Estado de Minas Gerais.(ARE 914045 RG, Relator(a): Min. EDSON FACHIN, julgado em 15/10/2015, ACÓRDÃO ELETRÔNICO REPERCUSSÃO GERAL MÉRITO DJe-232 DIVULG 18-11-2015 PUBLIC 19-11-2015)" Assim, devem os Oficiais observar o disposto no Cap. XX, item 119.1, das NSCGJ do Tribunal de Justiça de São Paulo, que assim dispõe: "119.1. Com exceção do recolhimento do imposto de transmissão e prova de recolhimento do laudêmio, quando devidos, nenhuma exigência relativa à quitação de débitos para com a Fazenda Pública, inclusive quitação de débitos previdenciários, fará o oficial, para o registro de títulos particulares, notariais ou judiciais" Deste modo, existindo norma expressa no sentido de que os Oficiais não podem exigir, para registro de título, qualquer documento relativo à débitos para com a Fazenda Pública, a exigência ora apresentada deve ser afastada. Do exposto, julgo prejudicada a dúvida inversa suscitada por Apostolos Spyroevangelos Vagenas e Dulci do Nascimento Fonseca Vagenas, em face da negativa do Oficial do 5º Registro de Imóveis da Capital, com observação. Deste procedimento não decorrem custas, despesas processuais e honorários advocatícios. Oportunamente remetam-se os autos ao arquivo. P.R.I.C. - ADV: ERNANI JOSE DO PRADO (OAB 76795/SP). (– DJe de 05.09.2019 – SP)

Processo 1066022-53.2019.8.26.0100

Procedimento Comum Cível - Registro de Imóveis - Marie-Françoise Grimmer Saliba - Vistos. Trata-se de dúvida inversa suscitada por Marie- Françoise Grimmer Saliba em face da negativa do Oficial do 13º Registro de Imóveis da Capital em proceder ao registro da escritura pública de inventário e adjudicação dos bens deixados por Jean-Louis Pierre André Saliba, referente aos imóveis matriculados sob nºs 40.212 e 40.213. O óbice registrário referese à impossibilidade de transmissão integral dos bens à viúva meeira. Ainda que tenha havido modificação do regime de bens na França, não se aplicaria esta norma no Brasil, por importar em prejuízo aos demais herdeiros. Destaca o Registrador que não poderia ser afastada a ordem de vocação hereditária, matéria de ordem pública, nos termos do art.17 da LINDB, que estabelece os "limites" para aplicação de leis estrangeiras no Brasil. Apresentou documentos às fls. 230/249. Insurge-se a suscitante do óbice registrário, sob o argumento de que na data do falecimento, quando aberta a sucessão, bem como à época da assinatura da escritura extrajudicial de inventário, o regime de bens vigente era o da comunhão total de bens, logo não há como se aplicar o art.1639, § 2º, do Código Civil, pois o casamento e a alteração do regime aconteceram em Paris, aplicando-se, consequentemente, as leis da França. Juntou documentos às fls. 12/220 e 224. O Ministério Público opinou pela improcedência da dúvida (fls. 253/256). É o relatório. Passo a fundamentar e a decidir. Em que pese a cautela e zelo do Registrador, entendo que o óbice deve ser afastado, com o consequente registro do título. De acordo com o documento juntados às fls. 80/89, traduzido por tradutor público às fls. 90/98, a suscitante e seu cônjuge Jean Luis, domiciliados e residentes na França, modificaram o regime de bens do casamento para comunhão universal. Neste contexto, verifica-se da cláusula 5.1: "5.1 - Para o caso de falecimento ou declaração de ausência Os cônjuges estabelecem a título de acordo de casamento, conforme disposto nos artigos 1520, 1514 e 1525 do Código Civil, que em caso de dissolução da comunhão por falecimento ou declaração de ausência de um deles, e somente neste caso, todos os bens móveis e imóveis, todos os direitos de usufruto ou outros que comporão a dita comunhão sem exceção, pertencerão em propriedade plena ao cônjuge sobrevivente sem que os herdeiros ou representantes do pré falecido possa pretender ter direito a nenhuma recompensa ou á retomada dos aportes e capitais trazidos por este na comunhão para compor os bens colocados em comunhão através do presente instrumento" (g.n) Diz o parágrafo 4º do artigo 7º da lei de Introdução às Normas do Direito Brasileiro: "o regime de bens, legal ou convencional, obedece à lei do país em que tiverem os nubentes domicílio, e, se este for diverso, a do primeiro domicílio conjugal". Assim, sendo o casal domiciliado e residente na França, tendo a suscitante se casado naquele país e seu cônjuge ali falecido, é a lei francesa que deve ser aplicada ao caso, sendo certo que ela permite que a integralidade dos bens seja transferida ao cônjuge em caso de morte de um deles, além da alteração do regime de bens por instrumento público. A lei brasileira regula as hipóteses de sucessão no estrangeiro no art. 10 da Lei de Introdução, que determina: "Art. 10. A sucessão por morte ou por ausência obedece à lei do país em que domiciliado o defunto ou o desaparecido, qualquer que seja a natureza e a situação dos bens. § 1º A sucessão de bens de estrangeiros, situados no País, será regulada pela lei brasileira em benefício do cônjuge ou dos filhos brasileiros, ou de quem os represente, sempre que não lhes seja mais favorável a lei pessoal do de cujus. § 2º A lei do domicílio do herdeiro ou legatário regula a capacidade para suceder" (g.n) Na presente hipótese, estando os bens inventariado localizados no Brasil e oriundos de sucessão de estrangeiro, apenas se aplicaria a lei brasileira caso a lei francesa não fosse a mais favorável para a viúva. Somado a este fato, verifico que do casamento sobrevieram dois filhos, Frédéric Jean Louis Saliba e Bertrand Franlois Saliba, sendo apenas este último brasileiro e maior, sendo que, de acordo com a lei brasileira seria o principal beneficiário e eventual herdeiro prejudicado com a integral transferência de bens a sua genitora. Todavia, houve a anuência de Bertrand com os termos da partilha realizada, conforme documento juntado às fls. 113/123. Logo, entendo que não há qualquer irregularidade na escritura de inventário e adjudicação dos bens deixados por Jean-Louis Pierre André Saliba, lavrada perante o 14º Tabelião de Notas da Capital, afastando a exigência do Registrador acerca da necessidade de autorização judicial, vez que as partes envolvidas são maiores e plenamente capazes, bem como não há testamento. Diante do exposto, julgo improcedente a dúvida inversa suscitada por Marie- Françoise Grimmer Saliba, em face da negativa do Oficial do 13º Registro de Imóveis da Capital, e consequentemente determino o registro do título. Deste procedimento não decorrem custas, despesas processuais e honorários advocatícios. Oportunamente remetam-se os autos ao arquivo. P.R.I.C. - ADV: FERNANDO DE MATTOS AROUCHE PEREIRA (OAB 47353/SP) (– DJe de 02.10.2019 – SP)

Processo 1110831-31.2019.8.26.0100

Dúvida - Notas - Flávia Ida Zina Ciabattoni - Vistos. Trata-se de dúvida suscitada pelo Oficial do 5º Registro de Imóveis da Capital, a requerimento de Flavia Ida Zina Ciabattoni, diante da negativa em se proceder ao registro da carta de sentença extraída dos autos da ação de adjudicação compulsória referente ao imóvel matriculado sob nº 85.386. O óbice registrário refere-se à ausência das certidões negativas de débitos relativos às contribuições previdenciárias e de terceiros, bem como aos tributos federais e à dívida ativa da União, em consonância com o artigo 47, I, "b", da Lei Federal nº 8.212/91. A suscita apresentou impugnação às fls. 218/219. Esclarece que a empresa Colonizadora Norte de Mato Grosso encontra-se com o cadastro suspenso na Receita Federal, razão pela qual não é possível a emissão da referida certidão. Destaca que o Capítulo XX, subseção II das Normas da Egrégia Corregedoria Geral da Justiça, é claro em relação à dispensa da apresentação das mencionadas certidões. O oficial declarou ter ciência da atual jurisprudência dos Tribunais Superiores e desta Corregedoria Permanente no tocante a necessidade da apresentação das Certidões Negativas (item 119.1, do Cap. XX, das Normas Extrajudiciais de Serviço) e assevera que a matéria ainda enseja a controvérsia, tendo em vista que existe entendimento no sentido em que a alínea b, inciso I, do artigo 47, da Lei Federal nº 8.212/91, estaria em vigor, por não ter sido expressamente declarada inconstitucional. Salienta que a responsabilidade do registrador continua vigente, nos termos do artigo 48 e seu parágrafo 3º, da referida lei. Juntou documentos às fls. 03/214. O Ministério Público opinou pela improcedência da dúvida (fls. 223/224). É o relatório. Passo a fundamentar e a decidir. Apesar do entendimento pessoal desta magistrada, no sentido de não ser possível declarar, em sede administrativa, a inconstitucionalidade dos dispositivos legais que exigem a apresentação da CND perante o registro imobiliário, reconheço ter sido pacificado o entendimento de que tal exigência não pode ser feita pelo Oficial. Neste sentido, além dos precedentes do E. Conselho Superior da Magistratura e da Corregedoria Geral da Justiça deste Tribunal, o Conselho Nacional de Justiça, nos autos do pedido de providências nº 000123082-.2015.2.00.0000, formulado pela União/AGU, entendeu não haver irregularidade na dispensa, por ato normativo, da apresentação de certidão negativa para registro de título no Registro de Imóveis: "CNJ: Pedido de Providências Provimento do TJ-RJ que determinou aos cartórios de registro de imóveis que deixem de exigir a certidão negativa de débito previdenciária (CND) Pedido formulado pela UNIÃO/AGU para a suspensão cautelar e definitiva dos efeitos do Provimento n. 41/2013, além da instauração de reclamação disciplinar contra os magistrados que participaram da concepção e realização do ato e ainda, que o CNJ expeça resolução ou recomendação vedando a todos os órgãos do Poder Judiciário a expedição de normas de conteúdo semelhante ao editado pela requerida Provimento CGJ n. 41/2013 editado pelo TJRJ está de acordo com a interpretação jurisprudencial do STF Ressalte-se que não houve qualquer declaração de inconstitucionalidade dos artigos 47 e 48 da Lei n. 8.212/91, mas sim fixação de norma de competência da Corregedoria Geral de Justiça local para regulamentar as atividades de serventias extrajudiciais vinculadas ao Tribunal de Justiça Pedido de providências Improcedente" De acordo com o Acórdão: "... Ao contrário do que afirma a Advocacia-Geral da União, verifica-se que o Provimento CGJ n. 41/2013 editado pelo TJRJ está de acordo com a interpretação jurisprudencial do STF acerca da aplicabilidade dos artigos 47 e 48 da Lei n. 8.212/91 ao dispensar a exigência de apresentação de CND para o registro de imóveis. Confira-se: RECURSO EXTRAORDINÁRIO COM AGRAVO. REPERCUSSÃO GERAL. REAFIRMAÇÃO DE JURISPRUDÊNCIA. DIREITO TRIBUTÁRIO E DIREITO PROCESSUAL CIVIL. CLÁUSULA DA RESERVA DE PLENÁRIO. ART. 97 DA CONSTITUIÇÃO FEDERAL. JURISPRUDÊNCIA DO TRIBUNAL PLENO DO STF. RESTRIÇÕES IMPOSTAS PELO ESTADO. LIVRE EXERCÍCIO DA ATIVIDADE ECONÔMICA OU PROFISSIONAL. MEIO DE COBRANÇA INDIRETA DE TRIBUTOS. 1. A jurisprudência pacífica desta Corte, agora reafirmada em sede de repercussão geral, entende que é desnecessária a submissão de demanda judicial à regra da reserva de plenário na hipótese em que a decisão judicial estiver fundada em jurisprudência do Plenário do Supremo Tribunal Federal ou em Súmula deste Tribunal, nos termos dos arts. 97 da Constituição Federal, e 481, parágrafo único, do CPC. 2. O Supremo Tribunal Federal tem reiteradamente entendido que é inconstitucional restrição imposta pelo Estado ao livre exercício de atividade econômica ou profissional, quanto aquelas forem utilizadas como meio de cobrança indireta de tributos. 3. Agravo nos próprios autos conhecido para negar seguimento ao recurso extraordinário, reconhecida a inconstitucionalidade, incidental e com os efeitos da repercussão geral, do inciso III do §1º do artigo 219 da Lei 6.763/75 do Estado de Minas Gerais.(ARE 914045 RG, Relator(a): Min. EDSON FACHIN, julgado em 15/10/2015, ACÓRDÃO ELETRÔNICO REPERCUSSÃO GERAL MÉRITO DJe-232 DIVULG 18-11-2015 PUBLIC 19-11-2015)" Assim, devem os Oficiais observar o disposto no Cap. XX, item 119.1, das NSCGJ do Tribunal de Justiça de São Paulo, que assim dispõe: "119.1. Com exceção do recolhimento do imposto de transmissão e prova de recolhimento do laudêmio, quando devidos, nenhuma exigência relativa à quitação de débitos para com a Fazenda Pública, inclusive quitação de débitos previdenciários, fará o oficial, para o registro de títulos particulares, notariais ou judiciais" Deste modo, existindo norma expressa no sentido de que os Oficiais não podem exigir, para registro de título, qualquer documento relativo à débitos para com a Fazenda Pública, a exigência ora apresentada deve ser afastada. Diante do exposto, julgo improcedente a dúvida suscitada pelo Oficial do 5º Registro de Imóveis da Capital, a requerimento de Flavia Ida Zina Ciabattoni, e consequentemente determino o registro do título. Deste procedimento não decorrem custas, despesas processuais e honorários advocatícios. Oportunamente remetamse os autos ao arquivo. P.R.I.C. - ADV: SHIRLEY DE FASIO PINHEIRO (OAB 291824/SP) (– DJe de 22.11.2019 – SP)

Processo 1109462-02.2019.8.26.0100

Dúvida - Notas - Municipalidade de São Paulo - Vistos. Trata-se de dúvida suscitada pelo Oficial do 9º Registro de Imóveis da Capital, a requerimento da Municipalidade de São Paulo, tendo em vista a negativa em se proceder ao registro ma imissão da posse no imóvel, objeto da ação de desapropriação que tramita perante o MMº Juízo da 2ª Vara da Fazenda Pública da Capital (processo nº 0041345-64.2012.8.26.0053). O óbice registrário refere-se a ausência de formalização do título que daria suporte ao ato perseguido. Sugeriu o registrador na nota devolutiva expedida, a formalização de uma carta de adjudicação composta de abertura e encerramento, nos termos do art.221, § 1º, do Tomo I, das Normas de Serviço da Egrégia Corregedoria Geral da Justiça. Juntou documentos às fls. 06/294. O órgão municipal apresentou impugnação às fls. 295/298. Salienta que, ao contrário do alegado pelo Registrador, é admissível o registro do auto de imissão para obter a posse, em momento anterior ou posterior à sentença. Salienta que não pretende com o presente procedimento regularizar a propriedade, mas apenas solicitou o registro da posse, não cabendo ao cartório fazer digressões a respeito. Destaca que os atos emanados da Administração gozam de presunção de legitimidade e veracidade, de modo que, tanto a autenticidade das peças que instruem o requerimento administrativo como a numeração feita pela servidora municipal, desfrutam desse atributo. Por fim, afirma que outros cartórios de registros imobiliários realizaram o registro pretendido. Apresentou documentos às fls. 299/313. O Ministério Público opinou pela procedência da dúvida (fls. 316/318). É o relatório. Passo a fundamentar e a decidir. Ressalto primeiramente que este Juízo teve a oportunidade de analisar questão semelhante nos autos nº 1081441-16.2019.8.26.0100, sendo aberta oportunidade para manifestação de diversos registradores acerca da matéria, haja vista a divergência de procedimentos. A fim de sanar o dissenso mencionado quanto a possibilidade de realização do ato, o que por si só ocasiona insegurança aos usuários, que ficam a mercê da localização do imóvel para conseguirem ou não a pretensão, este Juízo harmonizou o procedimento a ser adotado pelas Serventia da Capital, a fim de facilitar o acesso dos titulos pela padronização dos atos. Pretende a Municipalidade de São Paulo o registro ma imissão da posse no imóvel, objeto da ação de desapropriação que tramita perante o MMº Juízo da 2ª Vara da Fazenda Pública da Capital (processo nº 0041345- 64.2012.8.26.0053). Reitero o posicionamento que adotei no mencionado feito, no sentido do afastamento do óbice. A imissão provisória na posse, de acordo com Celso Antonio Bandeira de Mello (RDP 9/24): "é a transferência da posse do bem objeto da expropriação para o expropriante, já no inicio da lide, obrigatoriamente concedido pelo juiz, se o Poder Público declarar urgência e depositar em juízo, em favor do proprietário, importância fixada segundo critério previsto em lei" De acordo com o artigo 167, item 36 da Lei de Registros Públicos: "Art.167: No registro de imóveis, além da matrícula serão feitos:... 36) da imissão provisória na posse, quando concedida à União, aos Estados, ao Distrito Federal, aos Municípios ou às suas entidades delegadas, e respectiva cessão e promessa de cessão (Redão dada pela Lei nº 12.424, de 2011) Assim, o artigo 167 da Lei de Registros Públicos, bem como o § 4º do art.15 do Decreto Lei nº 3.365/1941, apontam a possibilidade do registro da imissão na posse no Registro de Imóveis. Neste contexto, de acordo com o art.29 do mencionado Decreto, o título hábil para acessar o registro imobiliário é o mandado de imissão na posse, o qual assegurará a posse provisória do imóvel ao expropriante e posteriormente se convalidará no registro definitivo com a apresentação da carta de adjudicação. Para melhor entendimento, distingo duas etapas do procedimento: simples registro da posse, bastando para isso a formulação de um pedido administrativo instruído com os respectivos documentos, e o registro da propriedade do imóvel, que depende da apresentação do titulo hábil consistente na carta de adjudicação. Pretende a Municipalidade apenas a inscrição da imissão provisória da posse, que como bem exposto pelo órgão público, poderá ser registrada em momento anterior ou posterior à sentença, devendo para isso apresentar a decisão proferida em processo judicial de desapropriação, acompanhada da planta e memorial descritivo, nos termos do art.176, § 8º, da Lei nº 6.015/73. Anote-se que o dispositivo legal faz referência à decisão proferida em processo judicial e não em sentença, sendo que a sentença transitada em julgado permite o registro definitivo da carta de adjudicação. Em relação à necessidade de que as peças, que foram apresentadas em cópia e autenticadas pela Municipalidade, sejam autenticadas pelo escrivão judicial, bem como a juntada de termos de abertura e encerramento, entendo que também deve ser afastada, uma porque o presente título não é carta de adjudicação, mas simples decisão judicial, e outra porque deve-se levar em consideração a presunção de legitimidade e veracidade dos atos emanados pela Administração. Vale ressaltar os ilustres ensinamentos de Maria Silvia Zanella Di Pietro: "... A presunção de legitimidade diz respeito à conformidade do ato com a lei; em decorrência desse atributo, presumem-se, até prova em contrário, que os atos administrativos foram emitidos com observância da lei. A presunção de veracidade diz respeito aos fatos; em decorrência desse atributo, presumem-se verdadeiros os fatos alegado pela Administração. Assim ocorre com relação às certidões, atestados, declarações, informações por ela fornecidos, todos dotados de fé pública". (Direito Administrativo, 31ª edição, editora: Forense, págs.231/232) Logo, enquanto não decretada a invalidade do ato pela própria Administração ou pelo Judiciário, ele produzirá efeitos da mesma forma que o ato válido, consequentemente deverá ser cumprido. Conclui-se que a autenticidade das cópias pela Municipalidade (fls. 27/293) gozam dos atributos mencionados e, portanto, descabido o óbice. Diante do exposto, julgo improcedente a dúvida suscitada pelo Oficial do 9º Registro de Imóveis da Capital, a requerimento da Municipalidade de São Paulo, e consequentemente determino o registro da imissão na posse no imóvel objeto da ação de desapropriação que tramita perante o MMº Juízo da 2ª Vara da Fazenda Pública da Capital (processo nº 0041345-64.2012.8.26.0053). Deste procedimento não decorrem custas, despesas processuais e honorários advocatícios. Oportunamente remetam-se os autos ao arquivo. P.R.I.C. - ADV: RAFAEL MEDEIROS MARTINS (OAB 228743/SP), LUDMILA ANGELA ACQUATI VELLOSO DOS SANTOS (OAB 190450/SP) (– DJe de 18.11.2019 – SP)

Processo 1036218-40.2019.8.26.0100

Dúvida - Notas - Fernando José Cabeceiro - Vistos. Trata-se de dúvida suscitada pelo Oficial do 8º Registro de Imóveis da Capital, a requerimento de Fernando José Cabeceiro, tendo em vista a negativa em se proceder ao registro da carta de adjudicação expedida pelo MMº Juízo da 8ª Vara Cível da Capital (processo nº 1027805- 49.2016.8.26.0001), tendo como objeto o imóvel matriculado sob nº 193.676. O óbice registrário refere-se à violação ao princípio da continuidade registrária, sendo que o imóvel em questão pertence a José Alves de Oliveira Simões e sua mulher Adélia Scorcione Simões, que não figurou no pólo passivo da ação na qual resultou a adjudicação. Juntou documentos às fls. 07/385. O suscitado não apresentou impugnação nos autos, conforme certidão de fl. 387, todavia, manifestou-se perante a Serventia Extrajudicial às fls. 375/380. Argumenta a existência de decisão judicial transitada em julgado que atribuiu a propriedade do imóvel em questão ao suscitado, assim, não cumpre ao registrador questionar seu conteúdo, mas somente cumprir a ordem judicial expressa. O Ministério Público opinou pela procedência da dúvida (fls. 390/392). É o relatório. Passo a fundamentar e a decidir. Preliminarmente, cumpre destacar que os títulos judiciais não estão isentos de qualificação, positiva ou negativa, para ingresso no fólio real. O Egrégio Conselho Superior da Magistratura já assentou, inclusive, que a qualificação negativa do título judicial não caracteriza desobediência ou descumprimento de decisão judicial (Apelação cível n. 413-6/7). Cite-se, por todas a apelação cível nº 464-6/9, de São José do Rio Preto: "Apesar de se tratar de título judicial, está ele sujeito à qualificação registrária. O fato de tratar-se o título de mandado judicial não o torna imune à qualificação registrária, sob o estrito ângulo da regularidade formal, O exame da legalidade não promove incursão sobre o mérito da decisão judicial, mas à apreciação das formalidades extrínsecas da ordem e à conexão de seus dados com o registro e a sua formalização instrumental". Nessa linha, também o E. Supremo Tribunal Federal já decidiu que: "REGISTRO PÚBLICO - ATUAÇÃO DO TITULAR - CARTA DE ADJUDICAÇÃO - DÚVIDA LEVANTADA - CRIME DE DESOBEDIÊNCIA - IMPROPRIEDADE MANIFESTA. O cumprimento do dever imposto pela Lei de Registros Públicos, cogitando-se de deficiência de carta de adjudicação e levantando-se dúvida perante o juízo de direito da vara competente, longe fica de configurar ato passível de enquadramento no artigo 330 do Código Penal - crime de desobediência -, pouco importando o acolhimento, sob o ângulo judicial, do que suscitado" (HC 85911 / MG - MINAS GERAIS, Relator: Min. MARCO AURÉLIO, j. 25/10/2005, Primeira Turma). Sendo assim, fica claro que não basta a existência de título proveniente de órgão jurisdicional para autorizar automaticamente o ingresso no registro tabular. Portanto, superada a questão sobre o ingresso do título judicial, passa-se à análise do princípio da continuidade, explicado por Afrânio de Carvalho, da seguinte forma: "O princípio da continuidade, que se apóia no de especialidade, quer dizer que, em relação a cada imóvel, adequadamente individuado, deve existir uma cadeia, de titularidade à vista da qual só se fará a inscrição de um direito se o outorgante dele aparecer no registro como seu titular. Assim, as sucessivas transmissões, que derivam umas das outras, asseguram a preexistência do imóvel no patrimônio do transferente" (Registro de Imóveis, Editora Forense, 4ª Ed., p. 254). Ou seja, o título que se pretende registrar deve estar em conformidade com o inscrito na matrícula. Oportuno destacar, ainda, a lição de Narciso Orlandi Neto, para quem: "No sistema que adota o princípio da continuidade, os registros têm de observar um encadeamento subjetivo. Os atos praticados têm de ter, numa das partes, a pessoa cujo nome já consta do registro. A pessoa que transmite um direito tem de constar do registro como titular desse direito, valendo para o registro o que vale para validade dos negócios" (Retificação do Registro de Imóveis, Editora Oliveira Mendes, p. 56). Necessário, por conseguinte, que o titular de domínio seja o mesmo no título apresentado a registro e no registro de imóveis, sob pena de violação ao princípio da continuidade, previsto no art. 195, da Lei nº 6.015/73: "Se o imóvel não estiver matriculado ou registrado em nome do outorgante, o oficial exigirá a previa matrícula e o registro do titulo anterior, qualquer que seja a sua natureza, para manter a continuidade do registro". Conclui-se que os registros necessitam observar um encadeamento subjetivo, ou seja, o instrumento que pretende ingressar no registro tabular necessita estar em nome do outorgante, sendo assim apenas se transmite o direito quem é o titular do direito. Na presente hipótese, de acordo com a matrícula nº 193.676 (fls. 371/372), consta como proprietário tabular o srº José Alves de Oliveira Simões, que não integrou a lide, ou seja, não foi citado no processo que originou a carta de adjudicação, perdendo a sua propriedade sem sequer ter exercido o direito ao contraditório e ampla defesa. Tal questão já foi objeto de análise pela Egrégia Corregedoria Geral da Justiça: "Registro de Imóveis - Dúvida julgada procedente - Carta de sentença expedida em ação de adjudicação compulsória - Titular de domínio que não figurou no pólo passivo - Registro inadmissível - Princípio da continuidade - Embargos de declaração - Inexistência de contradição, obscuridade ou omissão – Finalidade infringente - Rejeição" (ED nº 994.09.231.632-5/500, Comarca: Taubaté, Rel: Corr. Geral: Munhoz Soares, dje. 22.11.2010). "Registro de Imóveis - Dúvida julgada procedente, impedindo-se o registro de carta de adjudicação - parte das exigências cumpridas no curso do procedimento - Ausência de inclusão de Espólio no polo passivo de ação de adjudicação compulsória - Quebrado do princípio da continuidade - Sentença de ação de adjudicação compulsória que não está imune ao exame dos requisitos para seu registro - Dúvida prejudicada - Recurso não conhecido". (Apelação nº 3007590-50.2013.8.26.0477, Comarca: Praia Grande, Rel: Corr. Geral: Manoel de Queiroz Pereira Calças). Destaco a parte final do Acórdão: "Ricardo Arcoverde Credie, em obra específica sobre o tema, observa: Uma primeira questão nos ocorre: os atos administrativos decorrentes das sentenças constitutivas, da assim dita execução imprópria destas sentenças (representados por certidões, mandados ou cartas de sentença), obrigam o oficial do registro de imóveis a proceder ao ato registral? Evidente que não. A sentença, de per si, não transfere o domínio, como os atos de expropriação de mesmo nome ocorrentes em outros procedimentos também não o transferem, posto que sempre dependentes do registro. Somente o efeitos translativo do registro imobiliário, como frisamos linhas atrás, é que efetivamente transfere a propriedade. Se o vendedor promete outorgar a escritura, na hipótese de descumprimento o Estado dó faz emitir a declaração de vontade com o mesmo efeito do ato não praticado É correto que, nessa ordem de ideias expedida carta de sentença, mandado ou simples ato decisório e respectivo transito em julgado, nã está o serventuário do Registro de imóveis obrigado a transcrever tal título. Se ocorrer qualquer circunstancia impediente, poderá ele solicitar que o interessado a supra, ou poderá ainda, fazer instaurar processo de duvida, sendo o caso" (Adjudicação Compulsória, 9ª edição, Malheiros, 2004, p.90). Logo, mostra-se correta a exigência do Registrador, em consonância com o principio da continuidade e segurança juridica que dos atos registrários se esperam. Diante do exposto, julgo procedente dúvida suscitada pelo Oficial do 8º Registro de Imóveis da Capital, a requerimento de Fernando José Cabeceiro, e consequentemente mantenho o óbice registrário. Deste procedimento não decorrem custas, despesas processuais e honorários advocatícios. Oportunamente remetam-se os autos ao arquivo, com as cautelas de praxe. P.R.I.C. - ADV: JOSÉ AUGUSTO VAZ NETO (OAB 162170/SP) (DJe de 05.06.2019 - SP)

ALIENAÇÃO FIDUCIÁRIA

Processo 1110258-27.2018.8.26.0100

Pedido de Providências - Registro de Imóveis - Redfactor Factoring e Fomento Comercial S/A - Vistos. Trata-se de pedido de providências formulado por REDFACTOR FACTORING E FOMENTO COMERCIA S/A, em face do Oficial do 11º Registro de Imóveis da Capital e CDT - Centro de Estudos e Distribuição de Documentos de São Paulo/SP, pretendendo a intimação por hora certa ou por edital da anuente e da devedora fiduciante, a fim de purgarem a mora do débito garantido pelo imóvel matriculado sob nº 348.071. Juntou documentos às fls. 07/53. O Registrador manifestou-se às fls. 58/66. Informa que foram realizadas 11 tentativas infrutíferas de notificações, sendo que na última dessas tentativas, feitas pelo Oficial do 3º Registro de Títulos e Documentos, foi expedida certidão de que não foi adotada a notificação por hora certa por não haver indícios de ocultação do notificando, apesar de terem sido realizadas várias tentativas e o notificando residir no endereço informado. Entende que há elementos que claramente configuram a "suspeita motivada de ocultação", o que justificaria a notificação por hora certa, nos termos do artigo 26, § 3º "a", da Lei nº 9.514/97, para que a anuente e a devedora fiduciante paguem a importância de R$ 5.447.485,27 (cinco milhões, quatrocentos e quarenta e sete mil, quatrocentos e oitenta e cinco reais e vinte e sete centavos). Apresentou documentos às fls. 67/85. O CDT, na pessoa de seu presidente, manifestou-se às fls. 88/94. Aduz que, em relação à notificação por edital, entende que não há impedimento. Já no que concerne à notificação por hora certa, acredita ser juridicamente inadmissível que um Oficial de Registro instaure um procedimento de investigação somente para atender o interesse de um particular em entregar uma notificação, passando a interrogar conhecidos e familiares, ou implementar sistemas ostensivos de vigilância. Informa que, na presente hipótese, foram realizada diversas diligências por diferentes registradores na tentativa de localizar os destinatários das notificações, todavia, não se obteve êxito. Salienta a impossibilidade da efetivação de notificação por hora certa, uma vez que não foi possível constatar indícios efetivos de ocultação. Por fim, afirma que com relação à pretensão de aplicação do artigo 26, § 3º-"B" da Lei nº 9.514/97, o pedido não comporta acolhimento, sendo que somente pode ser entregue ao porteiro a intimação prevista no § 3º A, dando ciência de que no dia seguinte o notificador retornará para efetivar a notificação por hora certa, desde que preenchidos os requisitos legais. Logo, a simples não localização do destinatário não é motivo suficiente para aplicação da notificação por hora certa, que depende da constatação da efetiva existência de suspeita de ocultação, que deve ser motivada. Sustenta que interpretação no sentido do cabimento da medida dependeria de normatização. Houve manifestação da requerente às fls. 97/98. Destaca que em data posterior à distribuição deste procedimento, as devedoras foram regularmente intimadas pelo registrador, decorrendo o prazo para purgação da mora, tendo o pedido formulado perdido o objeto. Juntou documentos à fl. 99. O Ministério Público opinou pela extinção do feito (fl. 101). É o relatório. Passo a fundamentar e a decidir. Tendo em vista a intimação das devedoras para purgação da mora, bem como decurso do prazo estipulado por lei, conforme certidão juntada à 99, não há o que decidir nos autos, tendo o feito perdido o seu objeto. Diante do exposto, julgo extinto o pedido de providências formulado por REDFACTOR FACTORING E FOMENTO COMERCIAL S/A, nem face do Oficial do 11º Registro de Imóveis da Capital e CDT - Centro de Estudos e Distribuição de Documentos de São Paulo/SP, com fundamento no artigo 485, IV do CPC. Deste procedimento não decorrem custas, despesas processuais e honorários advocatícios. Oportunamente remetam-se os autos ao arquivo. P.R.I.C. - ADV: CYLMAR PITELLI TEIXEIRA FORTES (OAB 107950/SP), FERNANDA ELISSA DE CARVALHO AWADA (OAB 132649/SP) (DJe de 21.01.2019 - SP)

Processo 1006191-74.2019.8.26.0100

Dúvida - REGISTROS PÚBLICOS - Tre Fratelli Administração de Patrimônio e Investimentos Ltda. - Vistos. Trata-se de dúvida suscitada pelo Oficial do 14º Registro de Imóveis da Capital a requerimento de Tre Fratelli Administração de Patrimônio e Investimentos Ltda, após negativa de registro de instrumento de alienação fiduciária dos imóveis matriculados sob os nºs 138.097 e 138.098. O óbice se deu pois a alienação fiduciária foi instituída sob parte ideal de 50% do bem, de titularidade do devedor fiduciante, sendo que o Oficial entende pela impossibilidade de instituição de tal garantia em parte ideal do imóvel, devendo os demais co- proprietários participar do instrumento, para o fim de alienar fiduciariamente a totalidade do bem. Sustenta o Oficial que a alienação de apenas 50% do bem não está prevista em lei e que traria problemas no processo de consolidação da propriedade. Juntou documentos às fls. 04/85. O suscitado manifestou-se às fls. 86/95, arguindo pela possibilidade de registro na forma em que requerido. O Ministério Público opinou às fls. 99/102 pela improcedência da dúvida. É o relatório. Decido. Com razão a D. Promotora. De início, repito a já mencionada doutrina de Melhim Namem Chalub sobre o tema: "Na medida em que visa, preponderantemente, a expansão do crédito imobiliário, em geral, a lei admite a alienação fiduciária de terreno ou de frações ideais de terreno, possibilitando larga aplicação nas incorporações imobiliárias, nas quais o contrato de alienação fiduciária terá como objeto a fração ideal do terreno objeto do financiamento e as acessões que sobre ela vierem a ser erigidas." (Negócio Fiduciário. 4. ed. rev. e atual. Rio de Janeiro: Ed. Renovar, 2009, p. 232) De fato, não há previsão específica na Lei 9.514/97 acerca da possibilidade de alienação fiduciária de parte ideal de imóvel. Todavia, assim dispõe o Art. 1.314 do Código Civil: "Art. 1.314. Cada condômino pode usar da coisa conforme sua destinação, sobre ela exercer todos os direitos compatíveis com a indivisão, reivindicá-la de terceiro, defender a sua posse e alhear a respectiva parte ideal, ou gravá-la. Parágrafo único. Nenhum dos condôminos pode alterar a destinação da coisa comum, nem dar posse, uso ou gozo dela a estranhos, sem o consenso dos outros." Da parte final do caput extrai-se a permissão legal para que a parte ideal seja gravada pelo condômino. Assim, sendo a alienação fiduciária espécie de garantia (Art. 17, IV, da Lei 9.514/97), poderá o condômino gravar sua parte ideal do imóvel por instrumento que institua a alienação fiduciária. Tampouco está presente a exceção prevista no parágrafo único do Art. 1.314 do CC, uma vez que na alienação fiduciária a posse direta, o gozo e o uso do bem permanecem com o devedor fiduciante. Além disso, não vejo necessidade de anuência ou ciência dos demais condôminos acerca da alienação fiduciária, seja porque o Art. 1.314 não o exige para que o bem seja gravado, seja porque o direito de preferência previsto no Art. 504 do CC diz respeito a "vender a sua parte a estranhos". Não se tratando a alienação fiduciária de compra e venda, e sim de instituição de garantia (ainda que a propriedade resolúvel seja transferida a terceiro), não entendo que o registrador deve exigir do apresentante tal ciência ou anuência. Não obstante, tal preferência é exercível quando do leilão do bem no caso de não purgação da mora pelo devedor. Nesta hipótese, o registro da arrematação somente pode ocorrer se comprovado que os demais condôminos foram notificados acerca da realização do leilão. Destaco, por fim, que o leilão da parte ideal não leva a extinção do condomínio, uma vez que a hasta terá por objeto parte ideal do bem, não havendo qualquer impedimento legal de que haja aquisição de parte ideal de imóvel em leilão extrajudicial. Pelo contrário, a realização de negócios jurídicos cujo objeto seja parte ideal de imóvel é comum na economia, sendo o entrave ora apresentado pelo Oficial indevido e contrário aos objetivos de livre circulação da propriedade no mercado. Do mais, poderão os antigos condôminos, se não exercerem o direito de preferência, manter o condomínio com o arrematante ou promover a alienação judicial de coisa comum ou sua divisão, a depender das características do imóvel. Do exposto, julgo improcedente a presente dúvida, determinando o registro do título apresentado. Não há custas, despesas processuais nem honorários advocatícios decorrentes deste procedimento. Oportunamente, arquivem-se os autos. P.R.I.C. - ADV: CARLOS ARTUR ANDRE LEITE (OAB 94555/SP), LUCIANE CASE COSTA (OAB 335976/SP) (DJe de 21.02.2019 - SP)

Processo 1072724-83.2017.8.26.0100

Dúvida - Alienação Fiduciária - Chauki Haddad - Luiz Gustavo de Abreu Ferezin - Caixa Econômica Federal e outro - Vistos. Trata-se de procedimento de dúvida inversa suscitado por Chauki Haddad em face da Oficial do 16º Registro de Imóveis diante da negativa de registro do cancelamento dos registros R5 e R6, com posterior registro de penhora do imóvel de matrícula nº 103.888. O interessado relata que moveu ação na 29ª Vara Cível do Foro Central da Comarca de São Paulo contra Katia Morales Garrido ME, que culminou com a desconsideração da personalidade jurídica e alcance dos bens da sócia Katia Morales. Em juízo, obteve declaração de ineficácia da transmissão do imóvel (R5 e R6 na matrícula 103.888), que tentou registrar junto ao 16º R.I. por três vezes, em todas recebendo exigências que foram cumpridas, até que na última recebeu informação de que o imóvel nunca esteve em nome de Katia, de modo que o cancelamento solicitado quebraria o princípio da continuidade. A Oficial manifestou-se às fls. 38/39. Afirma que a executada Katia Morales não vendeu o imóvel, uma vez que nem consta na matrícula como proprietária, mas apenas como indicadora cedente. Aduz que não é possível averbar a fraude porque não há registro da cessão, tampouco de compromisso de compra e venda em nome de Katia. Por fim, relata que há transmissões posteriores do imóvel, sendo que o último ato registro foi a alienação fiduciária para a Caixa Econômica Federal (R9). O Ministério Público opinou às fls. 43/44 pela manutenção do óbice registrário em atenção ao princípio da continuidade, posto que o domínio do imóvel nunca foi de Katia. A Caixa Econômica Federal manifestou-se às fls. 60/67 pugnando pela impossibilidade da realização da penhora do imóvel, enquanto não estiver quitada a dívida. Há manifestação dos adquirentes Luiz Gustavo de Abreu Ferezin e Elizane Kamilla dos Santos Ferrezin às fls. 74/79, que alienaram fiduciariamente o imóvel à CEF. Relatam que desconheciam a ação de execução que originou o tí tulo qualificado negativamente, o que contraria o § 4º do artigo 792 do CPC. Aduzem ainda que a titularidade do imóvel nunca foi de Katia, de modo que seria equivocado o cancelamento das transmissões. Às fls. 135/136 foi determinado o bloqueio da matrícula, a que a Oficial de Registro deu cumprimento (fls. 139/145). Foi informado ainda que o procedimento da Vara Cível encontra-se sob análise da Justiça Federal. É o relatório. Decido. Com razão a Oficial e a Promotora de Justiça. Conforme avaliado pela Registradora e pelo Ministério Público, o cancelamento das transmissões registradas sob nºs R5 e R6 na matrícula de nº 103.888 viola ao princípio da continuidade. Depreende-se dos dados informados, bem como dos documentos juntados que com a desconsideração da personalidade jurídica de Katia Morales Garrido ME, o patrimônio da sócia Katia Morales restou passível de ser atingido. Contudo, o imóvel em questão não integra tal patrimônio, vez que Katia não é e nunca foi proprietária de tal bem, conforme se depreende da matrícula juntada às fls. 49/53. Os registros de imóveis são regidos, dentre outros, pelo princípio da continuidade. Tal princípio, traduz a necessidade de que os títulos submetidos a registro obedeçam a uma ordem lógica, da qual se possa depreender as informações necessárias sobre a titularidade do imóvel. Desse modo, não sendo Katia titular de domínio, não há justificativa para que sejam canceladas as transmissões do imóvel. Ademais, independentemente da decisão obtida em Juízo federal, verifico que agiu com zelo e cautela a Registradora, vez que de fato o cancelamento das transmissões quebraria o princípio da continuidade, posto que não há na matrícula quaisquer elementos que façam parecer que Kátia Morales é proprietária do imóvel em questão. Não houve qualquer irregularidade na conduta da Oficial, que agiu em conformidade com a legalidade, não tendo praticado atos passíveis de correção. Por fim, a matrícula do imóvel deve permanecer bloqueada enquanto restar pendente a decisão da Justiça Federal e a alegada fraude nas transmissões deve ser avaliada por Juízo competente. Do exposto, julgo procedente a dúvida inversa suscitada por Chauki Haddad em face da Oficial do 16º Registro de Imóveis da Capital e mantenho o óbice registrário. Não há custas, despesas processuais, nem honorários advocatícios. Oportunamente, arquivem-se os autos. P.R.I.C. - ADV: GUSTAVO OUVINHAS GAVIOLI (OAB 163607/SP), RENATO VIDAL DE LIMA (OAB 235460/SP), VINYCIUS HERRERA VERAS (OAB 338789/SP), CHAUKI HADDAD (OAB 78589/SP) (DJe de 15.03.2019 - SP)

Processo 1016617-48.2019.8.26.0100

Pedido de Providências - Registro de Imóveis - Banco BMG S/A - Vistos. Trata-se de pedido de providências formulado pelo Oficial do 7º Registro de Imóveis da Capital, a requerimento do Banco BMG S/A, pretendendo que o registrador proceda a notificação dos devedores fiduciantes por edital, nos termos do art. 26, § 4º da Lei nº 9.514/97, diante da não localização pessoal das partes pelos 2º e 4º Registros de Títulos e Documentos e Civil de Pessoa Jurídica da Capital e pelo Cartório de Registro de Títulos e Documentos, Pessoas Jurídicas da Comarca de Serro, Estado de Minas Gerais. Esclarece o Registrador que, de acordo com as diligências efetuadas, os devedores não foram localizados para a notificação pessoal, não atendendo as convocações para o comparecimento nos respectivos Cartórios para ciência dos termos da intimação. Destaca que, nos termos das certidões fornecidas, não havia suspeita de ocultação, razão pela qual não foi adotado procedimento de notificação por hora certa, nos termos do art. 26, § 3º - A da Lei nº 9.514/97, bem com não há como se proceder a intimação por edital, tendo em vista que não há expressa menção de que a pessoa procurada se encontra em lugar incerto e não sabido. Juntou documentos às fls. 03/115. Intimados do procedimento adotado para a notificação, os Oficiais do 4º e 2º Registro de Títulos e Documentos e Civil de Pessoa Jurídica da Capital manifestaram-se às fls. 126/127 e 130/132. De acordo com as informações prestadas pelo 4º RTD, a entrada do edifício é feita por meio de porta privativa, cujo acesso é exclusivo aos moradores, o que tornou impossível aos notificadores entrarem no condomínio com a finalidade de chegar aos apartamentos dos destinatários, logo não houve meio de constatar indícios de ocultação, afastando a incidência do procedimento de notificação por hora certa. Por fim, afirma que em casos como o narrado, a viabilidade da notificação depende de autorização judicial para entrada forçada no condomínio, por meio de arrombamento da porta de controle de acesso, o que somente é possível na via judicial. Apresentou documento à fl. 128. Segundo o 2º RTD, o notificador se dirigiu ao endereço e deparou-se com um condomínio de três blocos, sem portaria, mas apenas com aparelho de interfone, sendo que o portão encontrava-se fechado, sem acesso ao interior do condomínio. Procedeu a 3 diligências em dias e horários diferentes, interfonando no apartamento e deixando avisos na caixa de correio, não conseguindo, porém, lograr êxito em encontrar os destinatários ou colher alguma informação sobre eles. Destaca que não houve suspeita de ocultação ou de estarem os notificandos em local incerto e não sabido, razão pela qual não coube a intimação com hora certa ou por edital. Por fim, aduz que o escrevente designado não conseguiu qualquer informação sobre o paradeiro dos destinatários das notificações por absoluta impossibilidade material, dadas as características do local (condomínio sem porteiro, sem acesso a não moradores e periculosidade). Apresentou documentos às fls. 133/134. Diante das informações prestadas, a instituição financeira requereu a citação judicial dos devedores, nos termos dos artigos 252 e 253 do CPC. O Ministério Público opinou pela notificação pela via judicial, na medida em que o Oficial de Justiça tem meios mais contundentes de buscar contato com os moradores, inclusive para adentrar no condomínio (fls. 139/140). É o relatório. Passo a fundamentar e a decidir. Com razão o Registrador, bem como a D. Promotora de Justiça. De acordo com as informações dos registradores a presente questão é excepcional, pelas características do condomínio em que residem os devedores, no qual não há porteiro, havendo somente uma porta privativa de acesso exclusivo dos moradores, bem como interfone, o qual não foi atendido pelos notificandos. E ainda deixadas correspondências na caixa localizada junto ao portão do edifício, não houve o comparecimento dos interessados junto à Serventia. Neste contexto, apesar das várias diligencias efetuadas, impossível concluir que os Geny e José Francisco estão se ocultando, vez que sequer os prepostos tiveram possibilidade de acesso às unidades, ou entrega das correspondências a um porteiro e ainda, de acordo com a imagem tirada do local e juntada à fl. 128, verifica-se que sequer há possibilidade de acesso a um vizinho, já que o condomínio é murado. Neste contexto, a certidão de ocultação, requisito essencial para a efetivação da notificação por hora certa, nos termos dos artigos 252 a 256 do CPC, não pode decorrer do simples fato de não se encontrar o destinatário em sua residência, especialmente em condomínios edilícios, em que não há um contato direito do notificador com o destinatário, por conta da inexistência de portaria. E ainda para a intimação por edital conforme pretendido pela requerente, é preciso que o devedor fiduciante se encontre em lugar incerto e não sabido, e não que esteja se ocultando, o que pela peculiaridade do caso é impossível haver tal certidão. Nos termos do Capítulo XX, item 253.2: "Considera-se razoável a suspeita baseada em atos concretos ou indicios de que o devedor está se furtando de ser intimado, circunstancias estas que deverão ser indicadas e certificadas de forma detalhada pelo Oficial". (g.n) Todavia, neste caso específico não houve a certificação por plena impossibilidade de se atestar ou não a ocultação dos devedores, o que obsta a notificação por hora certa ou que estão em local incerto ou não sabido, o que impede a a notificação por edital. Feitas estas considerações, deverá a instituição financeira valer-se das vias ordinárias para alcançar sua pretensão, já que o Oficial de Justiça dispõe dos meios legais para entrar em contato com os moradores nestas situações. Diante do exposto, julgo improcedente o pedido de providências formulado pelo Oficial do 7º Registro de Imóveis da Capital, a requerimento do Banco BMG S/A, devendo a interessada buscar a via adequada para satisfação de sua pretensão. Deste procedimento não decorrem custas, despesas processuais e honorários advocatícios. Oportunamente remetam-se os autos ao arquivo. P.R.I.C. - ADV: FLAVIA ALMEIDA MOURA DI LATELLA (OAB 428935/SP) (DJe de 23.05.2019 - SP)

Processo 1112126-40.2018.8.26.0100

Pedido de Providências - REGISTROS PÚBLICOS - Décimo Cartório de Registro de Imóveis - Vistos. Trata-se de pedido de providências formulado pelo Oficial do 10º Registro de Imóveis a requerimento do Banco Bradesco S/A, após negativa de averbação de leilões negativos no imóvel matriculado sob o nº 138.161. O óbice apresentado diz respeito à necessidade de realização de leilão no local da situação do imóvel, conforme precedente desta 1ª Vara de Registros Públicos, o que não foi observado pela requerida, já que o leilão foi realizado em São Luis, Estado do Maranhão, sendo que o imóvel localiza-se em São Paulo, tendo sido aqui publicados os editais. Documentos às fls. 04/64. O Banco Bradesco deixou de se manifestar neste procedimento (fl. 68), mas perante a serventia extrajudicial aduziu que não há qualquer exigência legal acerca do local de realização do leilão, além deste ter sido realizado em ambiente eletrônico, fato pelo qual torna-se irrelevante o local físico em que se deu. O Ministério Público opinou às fls. 72/73 pela improcedência do pedido. É o relatório. Decido. A questão dos presentes autos é idêntica aquela decidida no Proc. Nº 1007423-92.2017.8.26.0100 desta 1ª Vara de Registros Públicos, razão pela qual cito os argumentos lançados naquele feito: "A Lei 9.514/97 disciplina a alienação fiduciária em garantia e os procedimentos em caso de inadimplemento. Neste teor, seu Art. 27 determina que, consolidada a propriedade, deve o credor fiduciário realizar leilão do bem. Tal previsão tem o escopo de garantir que o objeto da garantia não seja o bem em si, mas seu valor em dinheiro. Isso para que a instituição financeira não tenha um ativo imobilizado numeroso, que desrespeite o regulamento administrativo e evite questões problemáticas, sobretudo no âmbito concorrencial e de monopólios. Por outro lado, o leilão também é realizado tendo em vista proteger, de certa forma, o devedor fiduciário. Este, ao não pagar sua dívida, terá seu imóvel vendido, com o saldo remanescente devolvido pelo credor (Art. 27, §4º), evitando que todo o valor do imóvel seja revertido em favor deste último em valor superior à dívida, com claro enriquecimento ilícito. Assim, o leilão existe como método de garantir que o bem seja vendido pelo maior valor possível, garantido que a dívida seja paga e que o devedor não tenha seu bem alienado por valor infímo, com perda patrimonial. Vê-se, portanto, o interesse público existente no procedimento previsto na Lei 9.514/97, que por um lado garante ao devedor fiduciário que não haverá abuso por parte da instituição financeira com a alienação do bem por valor inferior ao de mercado, e por outro, garante que a instituição financeira não ficará, imediatamente, com a propriedade do imóvel, pelas razões acima expostas. Destarte, tal procedimento é essência do negócio jurídico, não podendo as partes transigirem quanto a estas exigências legais. Assim, seu descumprimento acarreta em nulidade da garantia fiduciária, por descumprimento de preceito legal. Pois bem. Diz o Art. 24 da Lei 9.514/97: "Art. 24. O contrato que serve de título ao negócio fiduciário conterá: (...) VII - a cláusula dispondo sobre os procedimentos de que trata o art. 27." O Art. 27 trata do leilão extrajudicial, e, como visto acima, o correto cumprimento da legislação é requisito de validade dos atos. Portanto, se a lei determina que o contrato disporá sobre o procedimento do leilão, o procedimento previsto no título tem que ser cumprido, sob pena de nulidade do leilão. E, neste sentido, a Cédula de Crédito Comercial que deu origem à alienação fiduciária dispõe em seu item 17 (fl. 172): "O público leilão (primeiro e segundo) será anunciado mediante edital único com prazo de 10 (dez) dias, contados da primeira divulgação, publicado em um dos jornais de maior circulação no local do(s) imóvel(is) ou noutro de comarca de fácil acesso, se, no local do(s) imóvel(is), não houver imprensa com circulação diária." (g.N) Portanto, o contrato é claro sobre o local de realização do leilão. Estando os bens situados em São Paulo, e não sendo hipótese da exceção prevista quando inexiste imprensa, nesta comarca deveria ser realizado o leilão. Portanto, inviável o registro do título quando o leilão foi realizado em Vitória/ES. Veja-se que a razão de ser de tal previsão está em perfeita consonância com o espírito da Lei 9.514/97: o leilão realizado no local de situação dos bens tem mais chances de ser bem sucedido, garantindo uma venda por valor de mercado e evitando que este seja deserto, com alienação particular posterior, como foi feito, que pode trazer prejuízos ao devedor, uma vez que o bem é vendido por valor determinado pelo banco, com saldo remanescente baixo. E, se irregular o leilão, irregular também a quitação de dívida posteriormente dada, tendo em vista não haver saldo remanescente de leilão, conforme dispõe o §4º do Art. 27. Por tais razões, correto o óbice apresentado, não sendo possível o registro." No presente caso, há semelhante disposição contratual (fl. 35): "10.1.1 - Os públicos leiloes serão anunciados mediante edital único com prazo de 15 (quinze) dias, contados da primeira divulgação, publicado por 3 (três) dias, ao menos, em um dos jornais de maior circulação no local do imóvel ou em outro de comarca de fácil acesso, se, no local do imóvel, não houver imprensa com circulação diária." Portanto, aplicam-se ao presente caso os fundamentos acima expostos, no sentido da necessidade de realização do leilão no mesmo local em que foi publicado o edital. Destaco que tal decisão foi confirmada pelo E. Conselho Superior da Magistratura, em decisão assim ementada: "Registro de Imóveis - Alienação Fiduciária em garantia - Ausência de prova da publicação do edital dos leiloes no local da situação do imóvel - Leilão realizado em local diverso daquele em que situado o imóvel, sem previsão legal ou contratual - Registro inviável - Recurso não provido" Apenas saliento que não há obrigatoriedade legal no sentido de que o leilão seja realizado no local do imóvel. A lei apenas exige que sejam cumpridos os procedimentos previstos no contrato de alienação fiduciária. Uma vez que o contrato celebrado no presente caso previa a publicação de edital no local da situação do imóvel, ali deveria ter sido realizado o leilão, pelos fundamentos acima expostos. Todavia, devem os Oficiais atentarem-se para o fato de que o contrato pode dispor de outra forma, não havendo ilegalidade no leilão realizado em local diverso se assim previsto entre as partes. Tal conclusão não é alterada pelo fato do leilão se dar eletronicamente, pois conforme consta das atas de fls. 24/25, foram realizados atos presenciais em São Luis - Maranhão, como apregoamento do devedor e leitura do edital e esclarecimentos, o que por si só afasta o argumento da requerida no sentido de que o leilão eletrônico impediria eventuais prejuízos advindos da realização do leilão em comarca diversa da situação do imóvel. Do exposto, julgo improcedente o pedido de providências formulado pelo Oficial do 10º Registro de Imóveis a requerimento do Banco Bradesco S/A, mantendo o óbice à averbação. Não há custas, despesas processuais nem honorários advocatícios decorrentes deste procedimento. Oportunamente, arquivem-se os autos. P.R.I.C. - ADV: DANIEL DE CASTRO CORREA (OAB 291854/SP) (DJe de 07.06.2019 - SP)

Processo 0006570-32.2019.8.26.0100

Pedido de Providências - REGISTROS PÚBLICOS - Corregedoria Geral da Justiça - Caixa Econômica Federal - Superintendência Regional Paulista e outro - Vistos. Trata-se de pedido de providências encaminhando a este Juízo pela Egrégia Corregedoria Geral da Justiça, formulado pela Caixa Econômica Federal em face do Oficial do 11º Registro de Imóveis da Capital, pretendendo a intimação por hora certa ou edital das empresas jurídicas Amsterdan Incorporadora LTDA, na qualidade de devedora e Horácio Alves Empreendimentos SPE LTDA, na qualidade de fiduciante, ambas representadas por Ada Garcia Brunello, proprietária dos imóveis matriculados sob nºs 409.227 e 409.238, a fim de finalizar a execução extrajudicial e consolidar a propriedade dos imóveis, caso não ocorra a purgação da mora. Relata a requerente que foram expedidas intimações nas seguintes datas: 26.03.2018, 28.03.2018, 07.05.2018, 26.06.2018, 07.08.2018, 28.09.2018, 12.11.2018, 08.01.2019. Afirma que todas as 27 visitas aos endereços residencial e comercial conhecidos, obtiveram a mesma resposta: "diligências efetuadas para esta intimação restaram infrutíferas, tendo sido deixados comunicados específicos para comparecimento ao cartório, até a presente data não foram atendidas as convocações, não havendo indícios de ocultação, não se adotou o procedimento por hora certa". Salienta a ocorrência de ocultação, pois a srª Ada reside no endereço mencionado, como confirmando mais de uma vez pelos vizinhos, para o representante do cartório e para empregados da CEF, bem como no endereço comercial estão cadastradas três empresas: a devedora Amsterdam, a fiduciante Horácio Alves e outra empresa do grupo, MWM Engenharia e Construções, a qual foi notificada em procedimento semelhante de execução extrajudicial em 10.05.2018, no mesmo endereço comercial. O registrador manifestou-se às fls. 09/14. Esclarece que foram realizadas 12 tentativas infrutíferas de notificação por meio de diferentes Cartórios de Registro de Títulos e Documentos, já que na época não existia previsão normativa para que as notificações fossem reiteradas pelo mesmo Cartório. Todavia, tendo em vista que a questão relacionada com a intimação por hora certa foi resolvida nos autos do pedido de providencias nº 0077310-83.2017.8.26.0100, informa o registrador que a credora encaminhou nova planilha atualizada do débito e que o novo procedimento está distribuído, desde 14.02.2019, ao CDT. No tocante às informações do Oficial, a CEF manifestou-se às fls. 19/20. Argumenta que não precisaria o registrador ter esperado a orientação proferida no mencionado feito para ter agido com presteza e eficiência nos serviços prestados. Requer a aplicação de medida sancionatória pelos atos praticados já que não houve eficácia na intimação do devedor. Apresentou documentos às fls. 23/24. Nova manifestação do delegatário às fls. 33/43. Ressalta, quanto ao procedimento de intimação, que quaisquer providências diversas daquelas por ele tomadas, antes do transito em julgado da decisão normativa, afrontaria a Lei nº 9.514/97 que em seu art.26, § 3º-A, exige expressamente como requisito para a notificação por hora certa, a constatação de suspeita motivada de ocultação, sendo certo que esta suspeita motivada não poderia decorrer do simples fato de não se encontrar o destinatário em sua residência especialmente em condomínios edilícios, em que não há contato direto do notificador com a residência do destinatário. Por fim, assevera que tem cumprido com eficiência a prestação do serviço que lhe foi delegado. Juntou documentos às fls. 60/96. O Ministério Público opinou pela validade das notificações expedidas, bem como afastamento de qualquer conduta irregular praticada pelo registrador que enseje a aplicação de medida disciplinar. À fl. 106, a instituição financeira reiterou os argumentos expostos na inicial. É o relatório. Passo a fundamentar e a decidir. Primeiramente torne a z. Serventia sem efeito a petição de fls. 54/57, sendo que não diz respeito aos presentes autos. Ressalto que o objeto deste feito é a pretensão da CEF da realização da intimação da devedora por hora certa ou edital. Logo, as alegações de "enriquecimento pessoal indecoroso", "nítido objetivo de arrecadar mais dinheiro do solicitante", "incapacidade gerencial", ou atos envolvendo a ARISP ou ANOREG, serão desconsideradas, devendo a requerente se abster de usar tais expressões, tendo em vista que não dizem respeito a sua pretensão e em nada contribuem para o deslinde do presente feito. Sentindo-se prejudicada em seus direitos, deverá a instituição financeira formular a ação competente junto as vias ordinárias, ou perante o órgão competente pela arrecadação dos Oficiais e requerer o que entender de direito. Feitas estas considerações passo à apreciação do mérito. Analisando os documento juntados à inicial, verifico a evidente tentativa de ocultação da srª Ada Garcia Brunello para não ser notificada, vez que o notificador dirigiu-se aos diversos endereços da devedora em diferentes ocasiões. Neste contexto, denota-se que nas diligências efetuadas: A) nos dias 01.03.2018, 06.03.2018 e 09.03.2018, foi deixado aviso solicitando o comparecimento da representante legal da firma destinatária ou de pessoa habilitada (fl. 82); B) no dia 03.04.2018, foi deixado com o funcionário da empresa, que não quis se identificar, aviso específico para comparecimento (fl. 81); C) nos dias 12.04.2018 e 20.04.2018, o notificador foi atendido pela funcionária Tamires Sodré que informou que a representante da empresa srª Ada não se encontrava no momento, razão pela qual foi deixado aviso específico para comparecimento nesta serventia, o que não ocorreu (fl. 78); D) no dia 25.04.2018, foi deixado especifico para comparecimento da devedora (fl. 78); E) nos dias 25.05.2018, 02.06.2018 e 11.06.2018, a representante legal não foi encontrada e com o sr. Marcos, funcionário e na caixa de correio foram deixados avisos para comparecimento em cartório, o que não ocorreu (fl. 76); F) nos dias 04.07.2018, 11.07.2018 e 19.07.2018 o sr. Marcos, funcionário da empresa informou que Ada se encontrava hospitalizada há aproximadamente quatro meses sem previsão de alta médica (fl. 74); G) no dia 05.10.2018, o notificador foi atendido pelo funcionário Paulo, o qual informou que a representante legal encontrava-se viajando, com retorno previsto para 08.10.2018, razão pela qual tentou deixar o convite para comparecimento ao Cartório e retirada da notificação, o qual foi recusado, ocasião em que deixou o aviso na caixa de correspondência (fl. 70); H) no dia 29.10.2018, o funcionário Paulo informou a ausência de Ada e novamente recusou-se a ficar com outro convite (fl. 70); I) nos dias 11.01.2019 e 02.02.2019, encontrou o imóvel fechado, e não conseguiu contato com o vizinho para confirmar se Ada reside no local, razão pela qual deixou na caixa externa correspondência com aviso específico para comparecimento (fl. 66); Além disso, a empresa do grupo MWB Engenharia e Construções foi notificada em procedimento semelhante de execução extrajudicial em 10.05.2018, no mesmo endereço comercial. Entendo que especificamente, nesta hipótese, apesar de não constar das certidões expedidas a existência de indícios de ocultação, a devedora foi notificada para comparecimento na Serventia, sendo por duas ocasiões deixados os avisos para comparecimento à Serventia com seus funcionários. Em relação à questão atinente à intimação por hora certa e edital, este Juízo teve a oportunidade de proferir decisão no feito nº 0077310-83.2017.8.26.0100, a qual serve de orientação aos registradores. Ressalto que no mencionado feito ficou consignado que na hipótese de ser necessária a repetição da notificação negativa, o pedido deverá ser direcionado ao mesmo Oficial de Registro de Títulos e Documentos que realizou as diligências anteriores, valendo-se do histórico das visitas realizadas anteriormente, possibilitando a melhor identificação de ocultação do devedor. A primeira diligência deverá ser realizada no prazo de 10 (dez) dias, contados da apresentação do documento. Na hipótese da certidão negativa, deverá o mesmo RTD realizar uma nova tentativa de citação no mesmo endereço informado, certificando o resultado. Em sendo negativo, o requerente poderá solicitar nova tentativa de localização em novo endereço a ser informado e mediante pagamento adicional no valor previsto na Lei de emolumentos (Lei nº 11.331/2002). Em relação à dificuldade de ingresso dos notificadores nos condomínios edilícios ou em lugares onde o acesso é controlado, bem como recusa do porteiro em assinar o recebimento da correspondência, deve-se observar o procedimento estabelecido no Código de Processo Civil (artigos 252/253 e 256), aplicado subsidiariamente aos feitos administrativos na ausência de norma reguladora. Logo, entendo válida a notificação realizada para intimação da srª Ada Garcia Brunello, para purgação da mora. Resta a análise de eventual conduta irregular praticada pelo registrador, passível da aplicação de sanção disciplinar. Como bem exposto pelo registrador, o procedimento adotado para a efetivação das intimações foi anterior à publicação e trânsito em julgado da sentença que analisou a questão concernente a intimação por hora certa, vez que a decisão foi proferida em 04 de fevereiro de 2019 e transitou em julgado em 22.02.2019, logo não houve conduta irregular do Oficial, vez que não havia qualquer determinação, sendo que o procedimento efetuado observou estritamente a Lei nº 9.514/97, que determina que somente será adotado o procedimento de intimação por hora certa quando expressamente constar da certidão a suspeita de ocultação do devedor. Logo, tem-se que estão desprovidas de qualquer fundamento as alegações da requerente acerca da conduta irregular praticada, consequentemente não há que se falar em violação dos deveres funcionais do registrador que autorizem a aplicação de sanção administrativa. Diante do exposto, julgo parcialmente procedente o pedido de providências formulado pela Caixa Econômica Federal em face da Oficial do 11º Registro de Imóveis da Capital, e consequentemente declaro válida a notificação das empresas jurídicas Amsterdan Incorporadora LTDA, na qualidade de devedora e Horácio Alves Empreendimentos SPE LTDA, na qualidade de fiduciante, ambas representadas por Ada Garcia Brunello, por hora certa, neste caso concreto. E ainda, afasto a alegação de conduta irregular praticada pelo delegatário. Deste procedimento não incidem custas, despesas processuais e honorários advocatícios. Oportunamente remetam-se os autos ao arquivo. P.R.I.C. - ADV: FERNANDA MAGNUS SALVAGNI (OAB 277746/ SP), EDISON BALDI JUNIOR (OAB 206673/ SP) (- DJe de 26.06.2019 - SP)

Processo 1047845-41.2019.8.26.0100

Dúvida - Registro de Imóveis - Alta Performance Assessoria Contábil e Empresarial - Eireli - Vistos. Trata-se de dúvida suscitada pelo Oficial do 7º Registro de Imóveis da Capital a requerimento de Alta Performance Assessoria Contábil e Empresarial EIRELI EPP, após negativa de registro de instrumento particular de quitação de ônus, compra e venda, consórcio imobiliário, confissão de dívida, constituição de alienação fiduciária e outras avenças. Foram apresentados três óbices ao registro: I - necessidade de apresentação de guia de recolhimento quitada do ITBI devido pela Venda e Compra instrumentalizada pelo título; II - regularização do instrumento, por não haver continuidade entre suas folhas; III – Reconhecimento de firma dos representantes do interveniente. Aduz o Oficial que houve transmissão onerosa de bem imóvel (venda e compra), sendo devido o ITBI, não sendo hipótese de não incidência relativa à integralização de capital, em razão de tratar-se de atos distintos. Quanto aos demais óbices, aduz a necessidade de continuidade do instrumento apresentado, bem como existência de previsão legal acerca do reconhecimento de firmas. Juntou documentos às fls. 06/96. A suscitada apresentou impugnação às fls. 97/110, alegando não ser devido ITBI pela integralização de seu capital, bem como não caber ao Oficial a análise de incidência ou não de imposto pelo ato. Aduziu que cumpriu com as demais exigências apresentadas. Juntou documentos às fls. 111/150. O Ministério Público opinou às fls. 153/157, aduzindo estar a dúvida prejudicada, com observação sobre a pertinência do primeiro óbice. É o relatório. Decido. A dúvida deve ser julgada prejudicada, por não haver impugnação contra todas exigências feitas pelo Oficial. A concordância parcial com as exigências do Oficial prejudica a dúvida, que só admite duas soluções: a determinação do registro do título protocolado e prenotado, que é analisado, em reexame da qualificação, tal como se encontrava no momento em que surgida dissensão entre a apresentante e o Oficial de Registro de Imóveis; ou a manutenção da recusa do Oficial. Para que se possa decidir se o título pode ser registrado ou não é preciso que todas as exigências - e não apenas parte delas - sejam reexaminadas pelo Corregedor Permanente. Nesse sentido, é pacífica a jurisprudência do Egrégio Conselho Superior da Magistratura, inclusive quanto a impossibilidade de cumprimento das exigências durante o procedimento. Contudo, a análise do óbice restante mostra-se pertinente, tendo em vista que o título poderá ser novamente prenotado. Neste ponto, com razão o Oficial e a D. Promotora. Das matrículas (fls. 91/96) objeto do instrumento apresentado a registro (fls. 17/48), consta como proprietária Majore Empreendimentos Imobiliários LTDA. Tal pessoa jurídica é considerada no instrumento particular como vendedora dos imóveis, sendo a suscitada a compradora, tendo pago pelos imóveis o valor de R$ 582.210,00. Portanto, incontestável que houve transmissão onerosa dos imóveis, sendo devido o ITBI pela operação, nos termos do Art. 2º, I, do Decreto Municipal nº 55196/14, devendo ainda ser comprovado seu recolhimento para permitir o registro, nos termos do item 119.1 do Cap. XX das NSCGJ e do Art. 289 da Lei 6.015/73. Não se ignora que a suscitada pretende integralizar seu capital social com os imóveis, conforme instrumento de fls. 49/54, operação em que não há incidência do ITBI, conforme documentos de fls. 75/77. Ocorre que não é possível a integralização do capital social com bens próprios. Tal operação se caracteriza pela transmissão de bens ao patrimônio da pessoa jurídica com o fim de realizar o capital social subscrito pelo sócio, sendo que o antigo proprietário, ao transferir o bem para integralizar o capital social da pessoa jurídica, integraliza o capital subscrito e passa a deter as respectivas cotas. Assim, ou bem o sócio da EIRELI adquiria os imóveis em nome próprio, recolhendo o ITBI, e integralizava o capital posteriormente, transmitindo os bens a EIRELI sem pagar qualquer tributo, ou adquiria o bem em nome da EIRELI, como fez, mas sem aumentar o capital social da empresa, uma vez que o bem passaria a ser do patrimônio da empresa, não podendo ser usado pelo sócio para integralizar o capital subscrito, já que não haveria acréscimo ao patrimônio da empresa em razão de injeção de recursos pelo sócio subscritor da cotas. Destaco que a personalidade jurídica da EIRELI não se confunde com a do seu único sócio. Veja-se, ainda, que no parágrafo único da cláusula primeira do instrumento de fls. 49/54 consta que o titular e subscritor Cleiton confere os imóveis à sociedade, o que não condiz com a realidade, já que a compra se deu diretamente pela EIRELI, não tendo os imóveis passado em nenhum momento pelo patrimônio de Cleiton. Destarte, se a suscitada pretende o registro do instrumento de fls. 17/48, deve recolher o ITBI, constando na matrícula como compradora, não podendo se dizer em integralização do capital social com os bens. Se assim pretende o sócio da EIRELI, deve retificar o instrumento, para constar como comprador, e posteriormente apresentar o instrumento de fls. 49/54, transmitindo o bem à sociedade para o fim de integralizar o capital. Do exposto, julgo prejudicada a dúvida suscitada pelo Oficial do 7º Registro de Imóveis da Capital a requerimento de Alta Performance Assessoria Contábil e Empresarial EIRELI EPP, com observação. Não há custas, despesas processuais nem honorários advocatícios decorrentes deste procedimento. Oportunamente, arquivem-se os autos.

P.R.I.C. - ADV: GUILHERME OLIVEIRA DE ALMEIDA (OAB 285661/SP) (- DJe de 26.06.2019 - SP)

Processo 1081123-33.2019.8.26.0100

Pedido de Providências - Registro de Imóveis - Juliana da Silva Marques - Vistos. Através de uma petição confusa, pretende a requerente a anulação do negócio jurídico consistente no instrumento particular de venda e compra e alienação fiduciária em garantia, firmado entre os genitores de seu ex cônjuge (Mário Sérgio Marques e Silvia Aparecida Scachetti Marques), com o consequente cancelamento dos registros n°s 04 e 05 da matrícula nº 115.326 do 16º Registro de Imóveis da Capital, para constar como adquirente do imóvel Ricardo Aparecido Scachetti Marques. Aduz a requerente que, por ocasião do divórcio, seu ex cônjuge alegou que não havia bens a partilhar, tendo em vista que o mencionado imóvel fora comprado por seus genitores. Juntou documentos às fls. 09/39. A competência desta via administrativa limita-se à análise unilateral e administrativa de vícios registrários, de ordem formal, o que parece não ser o caso. No caso em exame não se discute apenas a situação registrária, mas a própria validade do negócio jurídico, o que escapa da competência deste Juízo. A propósito, ensina Narciso Orlando que: "Problemas relativos ao consentimento das partes, diz respeito ao título quanto sua representação e a elaboração material do instrumento. Assim, se houve fraude, se a assinatura do transmitente foi falsificada, se o instrumento público não consta dos livros de nenhum notário, se a procuração que serviu na representação de uma das partes é falsa, se o consentimento do alienante foi obtido com violência, são todos problemas atinentes ao título. Podem afetar o registro, mas obliquamente. Só podem determinar o cancelamento do registro, em cumprimento de sentença que declare a nulidade do título e, em conseqüência, do registro..." (Retificação do Registro de Imóveis, Ed. Oliveira Mendes, pág. 183/192). Apenas na via jurisdicional, com ampla produção de provas e garantido o contraditório, é que se poderá buscar a anulação do título, sendo esta Corregedoria Permanente incompetente para tanto. Posto isso, em consonância com o princípio da celeridade que norteia os atos processuais, bem como o estipulado pelo artigo 113, § 2º CPC, em razão da incompetência absoluta deste Juízo para análise da questão posta a desate nos termos da fundamentação da decisão proferida, faz-se mister a redistribuição do feito ao Juízo competente. Diante do exposto, redistribua-se o presente feito a uma das Varas Cíveis da Capital, com as cautelas e anotações de praxe. Int. - ADV: MARIA FERNANDA RIBEIRO DOS SANTOS (OAB 328004/SP) (– DJe de 29.08.2019 – SP)

Processo 0018421-05.2018.8.26.0100

Pedido de Providências - REGISTROS PÚBLICOS - Corregedoria Geral da Justiça - Caixa Econômica Federal e outro - Vistos. Trata-se de pedido de providências encaminhado a este Juízo pela Egrégia Corregedoria Geral da Justiça, formulado pela Caixa Econômica Federal em face do Oficial do 11º Registro de Imóveis da Capital. Relata a requerente que solicitou a intimação de Robson Vasconcelos Oliveira, na qualidade de proprietária do imóvel matriculado sob nº 243.138, para purgação da mora. Salienta que foram expedidas intimações nas seguintes datas: 23.01.2017, 13.03.2017, 24.04.2017, 16.06.2017, 01.08.2017, 12.09.2017, 25.10.2018 e 11.01.2018, todavia, todas as intimações obtiveram a mesma resposta: "Diligencias efetuadas para esta intimação restaram-se infrutíferas, o imóvel foi encontrado fechado, não havendo suspeita de ocultação, não se adotou o procedimento por hora certa". O Registrador manifestou-se às fls. 09/11. Esclarece que não foi adotada a intimação por hora certa, por não haver indícios de ocultação do devedor, nos termos do art. 26 da Lei nº 9514/97. Salienta que não houve a recusa em proceder a publicação editalícia mas, dentro do prazo legal, buscou junto ao credor fiduciário mais elementos e endereços para esgotar as notificações, cautelas essa adotada em casos análogos. Juntou documentos às fls. 12/47 e 77/82. Neste contexto, tendo em vista que se encontrava em tramite perante este Juízo outro feito versando sobre a mesma questão, a fim de se evitar decisões conflitantes, o presente procedimento foi suspenso. Com o deslinde do mencionado feito, o delegatário apresentou novas informações (fls. 148/151 e 165/167). Esclarece que o procedimento de intimação do devedor que se encontrava em tramite perante o 6º Cartório de Títulos e Documentos da Capital, restou infrutífero, tendo sido entregue ao controlador de acesso sr. Ivanildo avisos solicitando ao referido destinatário que comparecesse à Serventia para retirada da intimação que lhe foi dirigida, todavia o destinatário não compareceu. Salienta que determinou a realização de diligências, as quais resultaram positivas através de intimação por hora certa às 17:50 do dia 20.05.2019, na pessoa do sr. José Francisco Martins, controlador de acesso do condomínio. A partir da intimação por hora certa, foi enviada carta ao devedor, recebida também por José Francisco em 28.05.2019, iniciando consequentemente, o prazo para purgação da mora e, ante a inércia do devedor, abriu-se em favor da instituição financeira o prazo para a consolidação da propriedade do imóvel em seu nome. Apresentou documentos às fls. 168/173. O Ministério Público opinou pela extinção do feito por perda do objeto (fl. 179). É o relatório. Passo a fundamentar e a decidir. Tendo em vista a informação do registrador que o devedor fiduciante foi intimado e não purgou a mora, restando a instituição financeira prosseguir com as diligências cabíveis para consolidação da propriedade, ressaltando que houve a notificação da CEF para promover os atos ulteriores cabíveis, entendo que não há o que decidir nos autos, tendo o feito perdido o seu objeto. Diante do exposto, julgo extinto o pedido de providências formulado pela Caixa Econômica Federal, em face do Oficial do 11º Registro de Imóveis da Capital, com fulcro no artigo 485, IV do CPC, e consequentemente determino o arquivamento do feito. Deste procedimento não decorrem custas, despesas processuais e honorários advocatícios. Sem prejuízo, expeça-se ofício à Egrégia Corregedoria Geral da Justiça, comunicando desta decisão. P.R.I.C. - ADV: WILLIAN DE MATOS (OAB 276157/SP), HELENA YUMY HASHIZUME (OAB 230827/SP). . (– DJe de 11.09.2019 – SP)

Processo 1121498-13.2018.8.26.0100

Dúvida - Notas - Marco Antonio Quilici Rabelo - Vistos. Trata-se de procedimento de dúvida suscitado pelo Oficial do 15º Registro de Imóveis da Capital, a requerimento Marco Antônio Quilici Rabelo, que pretende o registro de escritura de compra e venda pela qual adquire do Banco Bradesco S/A. o imóvel matriculado sob nº 232.858. O Oficial informa que a titularidade dominial ao transmitente Banco Bradesco se deu na averbação de nº 5 da matrícula, por meio da consolidação da propriedade em virtude da não purgação da mora da devedora fiduciante ASAA Comércio de Aromatizantes LTDA. Na citada averbação, o banco ficou responsável por efetuar os leilões extrajudiciais (fls. 112). Entretanto, quando da tentativa de registro da compra e venda por leilão, o Registrador emitiu nota devolutiva informando da necessidade da apresentação do comunicado ao devedor mediante correspondência dirigida ao endereço eletrônico e a todos os endereços físicos constantes do contrato, posto que o comunicado apresentado (fls. 16/18) não engloba nem o endereço eletrônico, nem o endereço do próprio imóvel leiloado o que representa violação ao art. 27 da Lei 9514/97, acrescido pela Lei 13.465/17, que prevê a obrigatoriedade da comunicação e direito de preferência ao fiduciante no caso de leilões. Citou como precedente o processo julgado nesta vara sob nº 1078401-60.2018.8.26.0100. O interessado manifestou-se às fls. 114/120. Afirma que o presente procedimento não versa sobre a mesma questão tratada no processo citado pelo Registrador, uma vez que aquele tratava da aplicação do artigo 27 da referida lei. Nesse caso, entende que o artigo foi cumprido pela intimação dos devedores nos endereços constantes do contrato, sendo de responsabilidade do devedor a atualização do contrato com a informação de possíveis novos endereços. O Banco Bradesco S/A juntou impugnação às fls. 122/133. Aduz que o objetivo de comunicar o devedor é apenas de dar ciência das datas designadas para leilão. Afirma ainda que a exigência de comprovação de recebimento da comunicação para averbação dos leilões é exigência desarrazoada do Registrador. O Ministério Público juntou parecer às fls. 181/185, opinando pela procedência da dúvida e manutenção do óbice ao registro. É o relatório. Decido. Com razão o Ministério Público e o Oficial. Ao contrário do que afirma o interessado, o caso em questão em muito se assemelha ao procedimento avaliado por este Juízo. Isso porque além da discussão acerca da aplicação ou não do artigo 27 da Lei 9514/97, traz ainda o debate da tentativa efetiva de comunicação do devedor em todos os endereços disponíveis. Assim, cito trecho da decisão anterior: "Desse modo, o leilão deveria ter sido feito em conformidade ao citado dispositivo, que traz em seu conteúdo o que segue: Art. 27. Uma vez consolidada a propriedade em seu nome, o fiduciário, no prazo de trinta dias, contados da data do registro de que trata o § 7º do artigo anterior, promoverá público leilão para a alienação do imóvel. (...) § 2º-A. Para os fins do disposto nos §§ 1º e 2º deste artigo, as datas, horários e locais dos leilões serão comunicados ao devedor mediante correspondência dirigida aos endereços constantes do contrato, inclusive ao endereço eletrônico. (Incluído pela Lei nº 13.465, de 2017) § 2º-B. Após a averbação da consolidação da propriedade fiduciária no patrimônio do credor fiduciário e até a data da realização do segundo leilão, é assegurado ao devedor fiduciante o direito de preferência para adquirir o imóvel por preço correspondente ao valor da dívida, somado aos encargos e despesas de que trata o § 2º deste artigo, aos valores correspondentes ao imposto sobre transmissão inter vivos e ao laudêmio, se for o caso, pagos para efeito de consolidação da propriedade fiduciária no patrimônio do credor fiduciário, e às despesas inerentes ao procedimento de cobrança e leilão, incumbindo, também, ao devedor fiduciante o pagamento dos encargos tributários e despesas exigíveis para a nova aquisição do imóvel, de que trata este parágrafo, inclusive custas e emolumentos. (Incluído pela Lei nº 13.465, de 2017) Isso posto, a notificação ao devedor deve ocorrer em conformidade com a Lei vigente. Correto está o

Oficial em exigir o estrito cumprimento do procedimento legal para efetivação do registro. No caso em debate, a notificação ao devedor deu-se somente em um dos endereços, quando o artigo acima referido exige que a correspondência seja dirigida aos endereços constantes no contrato, pelo que deduzo que todos os endereços contidos no documento devem ser incluídos. "(Processo nº 1078401-60.2018.8.26.0100) Em suma, permanece o entendimento de que há necessidade de tentativas efetivas de comunicação ao devedor, para que este tenha ciência, mas, acima disso, para que possa optar por exercer ou não seu direito de preferência no leilão. Assim, infundada a alegação de que a simples comunicação sem a apresentação de comprovante e sem a tentativa de intimação em todos os endereços possíveis, inclusive o endereço do próprio imóvel é suficiente para assegurar o direito do devedor. Desse modo, correto o Registrador ao exigir comprovantes de comunicação em todos os endereços disponíveis, com vistas a respeitar o disposto no art. 27 da Lei Federal. Diante do exposto, julgo procedente a dúvida suscitada pelo Oficial do 15º Registro de Imóveis a requerimento de Marco Antônio Quilici Rabelo, mantendo o óbice registrário. Não há custas, despesas processuais ou honorários advocatícios advindas deste procedimento. Oportunamente, arquivem-se os autos. P.R.I.C. - ADV: CRISTIANO FRANCO BIANCHI (OAB 180557/SP) (DJe de 11.01.2019 - SP)

Processo 1112126-40.2018

Pedido de Providências 10º Cartório de Registro de Imóveis Sentença (fls. 74/78): Vistos. Trata-se de pedido de providências formulado pelo Oficial do 10º Registro de Imóveis a requerimento do Banco Bradesco S/A, após negativa de averbação de leilões negativos no imóvel matriculado sob o nº 138.161. O óbice apresentado diz respeito à necessidade de realização de leilão no local da situação do imóvel, conforme precedente desta 1ª Vara de Registros Públicos, o que não foi observado pela requerida, já que o leilão foi realizado em São Luis, Estado do Maranhão, sendo que o imóvel localiza-se em São Paulo, tendo sido aqui publicados os editais. Documentos às fls. 04/64. O Banco Bradesco deixou de se manifestar neste procedimento (fl. 68), mas perante a serventia extrajudicial aduziu que não há qualquer exigência legal acerca do local de realização do leilão, além deste ter sido realizado em ambiente eletrônico, fato pelo qual torna-se irrelevante o local físico em que se deu. O Ministério Público opinou às fls. 72/73 pela improcedência do pedido. É o relatório. Decido. A questão dos presentes autos é idêntica aquela decidida no Proc. Nº 1007423-92.2017.8.26.0100 desta 1ª Vara de Registros Públicos, razão pela qual cito os argumentos lançados naquele feito: "A Lei 9.514/97 disciplina a alienação fiduciária em garantia e os procedimentos em caso de inadimplemento. Neste teor, seu Art. 27 determina que, consolidada a propriedade, deve o credor fiduciário realizar leilão do bem. Tal previsão tem o escopo de garantir que o objeto da garantia não seja o bem em si, mas seu valor em dinheiro. Isso para que a instituição financeira não tenha um ativo imobilizado numeroso, que desrespeite o regulamento administrativo e evite questões problemáticas, sobretudo no âmbito concorrencial e de monopólios. Por outro lado, o leilão também é realizado tendo em vista proteger, de certa forma, o devedor fiduciário. Este, ao não pagar sua dívida, terá seu imóvel vendido, com o saldo remanescente devolvido pelo credor (Art. 27, §4º), evitando que todo o valor do imóvel seja revertido em favor deste último em valor superior à dívida, com claro enriquecimento ilícito. Assim, o leilão existe como método de garantir que o bem seja vendido pelo maior valor possível, garantido que a dívida seja paga e que o devedor não tenha seu bem alienado por valor infímo, com perda patrimonial. Vê-se, portanto, o interesse público existente no procedimento previsto na Lei 9.514/97, que por um lado garante ao devedor fiduciário que não haverá abuso por parte da instituição financeira com a alienação do bem por valor inferior ao de mercado, e por outro, garante que a instituição financeira não ficará, imediatamente, com a propriedade do imóvel, pelas razões acima expostas. Destarte, tal procedimento é essência do negócio jurídico, não podendo as partes transigirem quanto a estas exigências legais. Assim, seu descumprimento acarreta em nulidade da garantia fiduciária, por descumprimento de preceito legal. Pois bem. Diz o Art. 24 da Lei 9.514/97: "Art. 24. O contrato que serve de título ao negócio fiduciário conterá: (...) VII - a cláusula dispondo sobre os procedimentos de que trata o art. 27." O Art. 27 trata do leilão extrajudicial, e, como visto acima, o correto cumprimento da legislação é requisito de validade dos atos. Portanto, se a lei determina que o contrato disporá sobre o procedimento do leilão, o procedimento previsto no título tem que ser cumprido, sob pena de nulidade do leilão. E, neste sentido, a Cédula de Crédito Comercial que deu origem à alienação fiduciária dispõe em seu item 17 (fl. 172): "O público leilão (primeiro e segundo) será anunciado mediante edital único com prazo de 10 (dez) dias, contados da primeira divulgação, publicado em um dos jornais de maior circulação no local do(s) imóvel(is) ou noutro de comarca de fácil acesso, se, no local do(s) imóvel(is), não houver imprensa com circulação diária." (g.N) Portanto, o contrato é claro sobre o local de realização do leilão. Estando os bens situados em São Paulo, e não sendo hipótese da exceção prevista quando inexiste imprensa, nesta comarca deveria ser realizado o leilão. Portanto, inviável o registro do título quando o leilão foi realizado em Vitória/ES. Veja-se que a razão de ser de tal previsão está em perfeita consonância com o espírito da Lei 9.514/97: o leilão realizado no local de situação dos bens tem mais chances de ser bem sucedido, garantindo uma venda por valor de mercado e evitando que este seja deserto, com alienação particular posterior, como foi feito, que pode trazer prejuízos ao devedor, uma vez que o bem é vendido por valor determinado pelo banco, com saldo remanescente baixo. E, se irregular o leilão, irregular também a quitação de dívida posteriormente dada, tendo em vista não haver saldo remanescente de leilão, conforme dispõe o §4º do Art. 27. Por tais razões, correto o óbice apresentado, não sendo possível o registro." No presente caso, há semelhante disposição contratual (fl. 35): "10.1.1 - Os públicos leiloes serão anunciados mediante edital único com prazo de 15 (quinze) dias, contados da primeira divulgação, publicado por 3 (três) dias, ao menos, em um dos jornais de maior circulação no local do imóvel ou em outro de comarca de fácil acesso, se, no local do imóvel, não houver imprensa com circulação diária." Portanto, aplicam-se ao presente caso os fundamentos acima expostos, no sentido da necessidade de realização do leilão no mesmo local em que foi publicado o edital. Destaco que tal decisão foi confirmada pelo E. Conselho Superior da Magistratura, em decisão assim ementada: "Registro de Imóveis - Alienação Fiduciária em garantia Ausência de prova da publicação do edital dos leiloes no local da situação do imóvel - Leilão realizado em local diverso daquele em que situado o imóvel, sem previsão legal ou contratual Registro inviável Recurso não provido" Apenas saliento que não há obrigatoriedade legal no sentido de que o leilão seja realizado no local do imóvel. A lei apenas exige que sejam cumpridos os procedimentos previstos no contrato de alienação fiduciária. Uma vez que o contrato celebrado no presente caso previa a publicação de edital no local da situação do imóvel, ali deveria ter sido realizado o leilão, pelos fundamentos acima expostos. Todavia, devem os Oficiais atentarem-se para o fato de que o contrato pode dispor de outra forma, não havendo ilegalidade no leilão realizado em local diverso se assim previsto entre as partes. Tal conclusão não é alterada pelo fato do leilão se dar eletronicamente, pois conforme consta das atas de fls. 24/25, foram realizados atos presenciais em São Luis Maranhão, como apregoamento do devedor e leitura do edital e esclarecimentos, o que por si só afasta o argumento da requerida no sentido de que o leilão eletrônico impediria eventuais prejuízos advindos da realização do leilão em comarca diversa da situação do imóvel. Do exposto, julgo improcedente o pedido de providências formulado pelo Oficial do 10º Registro de Imóveis a requerimento do Banco Bradesco S/A, mantendo o óbice à averbação. Não há custas, despesas processuais nem honorários advocatícios decorrentes deste procedimento. Oportunamente, arquivem-se os autos. P.R.I.C. São Paulo, 14 de janeiro de 2019. Tania Mara Ahualli Juiz de Direito (CP – 525) (DJe de 17.01.2019 - SP)

ARRESTO

Processo 1087496-80.2019.8.26.0100

Pedido de Providências - Registro de Imóveis - Thuany Administração e Participações Ltda. e outro - Vistos. Trata-se de pedido de providências formulado pelo Oficial do 7º Registro de Imóveis da Capital a requerimento de Thuany Administração e Participações LTDA, a qual pretende o cancelamento do registro de arresto na matrícula nº 15.401. Esclarece o Oficial que o registro de arresto foi objeto de determinação judicial, acompanhado da sentença proferida pelo MMº Juízo da 15ª Vara Cível de Porto Alegre/RS, nos autos da ação ordinária formulada por Iran Espartel da Cunha e outros em face de Casa das Guias Comércio Atacadista LTDA e outros. Salienta que, mesmo na hipótese do registro de arresto ser nulo de pleno direito, não poderia ser cancelado pelo registrador. Juntou documentos às fls. 09/67. A interessada apresentou impugnação às fls. 73/78. Argumenta que a averbação em relação à ineficácia foi efetivada sem ordem judicial, sendo que o MMº Juízo Cível somente ordenou o registro do arresto. O Ministério Público opinou pela improcedência do pedido (fls. 81/82). É o relatório. Passo a fundamentar e a decidir. Como é sabido, o arresto é uma medida cautelar que se destina a assegurar a efetividade de uma execução contra devedor solvente, na medida em que retira bens da esfera de disponibilidade do devedor, impedindo a alienação ou desvio. Verifico que os argumentos da interessada acerca da inexistência de ordem para a realização da averbação nº 24 na matrícula nº 15.401, não procedem. Da atenta leitura da decisão proferida pelo MMº Juízo Cível da Comarca do Rio Grande do Sul (fls. 29/34), a ordem de registro de arresto derivou da ineficácia da transação averbada sob nº

22, sendo que a averbação nº 24 apenas corroborou o ato anteriormente efetivado. "fl. 34: Em razão do exposto, autorizo o arresto do imóvel de matrícula 15.401 do 7º Cartório de Registro de Imóveis de São Paulo, o qual foi alienado a Thauany Administração e Participações LTDA., tendo sido declarada a ineficácia da transação em 14 de abril de 2016, porquanto a parte exequente já detém título executivo hábil a amparar a ação executiva e há fundado receio de que ocorra uma diminuição ou dilapidação do executado. O feito tramita há longa data, não logrando a parte credora a satisfação de seu crédito. Oficie-se ao registro de imóveis competente, com brevidade". Ademais, diante de uma ordem judicial expressa, o Registrador só poderá se recusar a dar cumprimento quando restar caracterizada absoluta impossibilidade ou manifesta ilegalidade, sendo que não cabe a este Juízo, que detém competência administrativa, questionar seu conteúdo, devendo o interessado buscar junto ao Juízo que proferiu a decisão seu cancelamento. Ao que parece, a interessada busca desconstituir a ordem de arresto e reaver o bem pelo esvaziamento da garantia, através desta via administrativa, o que é impossível. Havendo nulidade na decisão que deferiu o arresto proveniente da declaração de ineficácia proveniente de outra ação, deverá tal gravame ser desconstituído pelo Juízo que o determinou, não cabendo ao registrador a análise de aspectos intrínsecos do título, sob pena de se adentar no mérito da questão. Logo, entendo que não houve qualquer falta funcional praticada pelo Delegatário, vez que houve o estrito cumprimento da ordem judicial emanada pelo Juízo da 15ª Vara Cível do Rio Grande do Sul. Ademais, ao realizar a averbação e o registro, o Oficial comunicou os atos realizados ao mencionado Juízo, não havendo notícia da expedição de uma contra ordem, bem como não há qualquer providencia administrativa a ser tomada na presente hipótese. Diante do exposto, julgo improcedente o pedido de providências formulado pelo Oficial do 7º Registro de Imóveis da Capital, a requerimento de Thuany Administração e Participações LTDA. Deste procedimento não decorrem custas, despesas processuais e honorários advocatícios. Oportunamente remetam-se os autos ao arquivo. P.R.I.C. - ADV: VANESSA PLINTA (OAB 204006/SP) (– DJe de 23.10.2019 – SP)

ARROLAMENTO

Processo 1087496-80.2019.8.26.0100

Pedido de Providências - Registro de Imóveis - Thuany Administração e Participações Ltda. e outro - Vistos. Trata-se de pedido de providências formulado pelo Oficial do 7º Registro de Imóveis da Capital a requerimento de Thuany Administração e Participações LTDA, a qual pretende o cancelamento do registro de arresto na matrícula nº 15.401. Esclarece o Oficial que o registro de arresto foi objeto de determinação judicial, acompanhado da sentença proferida pelo MMº Juízo da 15ª Vara Cível de Porto Alegre/RS, nos autos da ação ordinária formulada por Iran Espartel da Cunha e outros em face de Casa das Guias Comércio Atacadista LTDA e outros. Salienta que, mesmo na hipótese do registro de arresto ser nulo de pleno direito, não poderia ser cancelado pelo registrador. Juntou documentos às fls. 09/67. A interessada apresentou impugnação às fls. 73/78. Argumenta que a averbação em relação à ineficácia foi efetivada sem ordem judicial, sendo que o MMº Juízo Cível somente ordenou o registro do arresto. O Ministério Público opinou pela improcedência do pedido (fls. 81/82). É o relatório. Passo a fundamentar e a decidir. Como é sabido, o arresto é uma medida cautelar que se destina a assegurar a efetividade de uma execução contra devedor solvente, na medida em que retira bens da esfera de disponibilidade do devedor, impedindo a alienação ou desvio. Verifico que os argumentos da interessada acerca da inexistência de ordem para a realização da averbação nº 24 na matrícula nº 15.401, não procedem. Da atenta leitura da decisão proferida pelo MMº Juízo Cível da Comarca do Rio Grande do Sul (fls. 29/34), a ordem de registro de arresto derivou da ineficácia da transação averbada sob nº 22, sendo que a averbação nº 24 apenas corroborou o ato anteriormente efetivado. "fl. 34: Em razão do exposto, autorizo o arresto do imóvel de matrícula 15.401 do 7º Cartório de Registro de Imóveis de São Paulo, o qual foi alienado a Thauany Administração e Participações LTDA., tendo sido declarada a ineficácia da transação em 14 de abril de 2016, porquanto a parte exequente já detém título executivo hábil a amparar a ação executiva e há fundado receio de que ocorra uma diminuição ou dilapidação do executado. O feito tramita há longa data, não logrando a parte credora a satisfação de seu crédito. Oficie-se ao registro de imóveis competente, com brevidade". Ademais, diante de uma ordem judicial expressa, o Registrador só poderá se recusar a dar cumprimento quando restar caracterizada absoluta impossibilidade ou manifesta ilegalidade, sendo que não cabe a este Juízo, que detém competência administrativa, questionar seu conteúdo, devendo o interessado buscar junto ao Juízo que proferiu a decisão seu cancelamento. Ao que parece, a interessada busca desconstituir a ordem de arresto e reaver o bem pelo esvaziamento da garantia, através desta via administrativa, o que é impossível. Havendo nulidade na decisão que deferiu o arresto proveniente da declaração de ineficácia proveniente de outra ação, deverá tal gravame ser desconstituído pelo Juízo que o determinou, não cabendo ao registrador a análise de aspectos intrínsecos do título, sob pena de se adentar no mérito da questão. Logo, entendo que não houve qualquer falta funcional praticada pelo Delegatário, vez que houve o estrito cumprimento da ordem judicial emanada pelo Juízo da 15ª Vara Cível do Rio Grande do Sul. Ademais, ao realizar a averbação e o registro, o Oficial comunicou os atos realizados ao mencionado Juízo, não havendo notícia da expedição de uma contra ordem, bem como não há qualquer providencia administrativa a ser tomada na presente hipótese. Diante do exposto, julgo improcedente o pedido de providências formulado pelo Oficial do 7º Registro de Imóveis da Capital, a requerimento de Thuany Administração e Participações LTDA. Deste procedimento não decorrem custas, despesas processuais e honorários advocatícios. Oportunamente remetam-se os autos ao arquivo. P.R.I.C. - ADV: VANESSA PLINTA (OAB 204006/SP) (– DJe de 23.10.2019 – SP)

BEM DE FAMÍLIA

Processo 1127552-92.2018.8.26.0100

Retificação de Registro de Imóvel - Registro de Imóveis - Aracy Witt de Pinho Spínola - Vistos. Trata-se de ação de extinção de clausula de bem de família voluntário cumulada com tutela de urgência, formulada por Aracy Witt de Pinho Spinola. Relata em síntese que é proprietária do imóvel matriculado sob nº 45.727 e em 20.10.2006, juntamente com seu cônjuge, visando resguardar direitos, instituíram sobre mencionado imóvel clausula de bem de família, averbada sob nº 07. Informa que em razão de divórcio consensual realizado por ocasião da partilha dos bens, a requerente passou a ser a única proprietária do imóvel. No entanto, em razão de grave doença, a autora visando custear seus tratamentos médicos necessita cancelar a clausula instituída de bem de família e consequentemente vender o bem ou alternativamente requer o deferimento da sub-rogação da clausula de bem de família para outro imóvel também de propriedade da interessada, matriculado sob nº 79.775 do Cartório de Registro de Imóveis de Cotia. Juntou documentos às fls. 19/37. É o relatório. Passo a fundamentar e a decidir. Pretende a requerente a ação de extinção de clausula de bem de família voluntário, ou alternativamente a sub-rogação da clausula de bem de família para outro imóvel também de propriedade da interessada, matriculado sob nº 79.775 do cartório de Registro de Imóveis de Cotia. A competência do Juízo de Registros Públicos esta afeta às questões diretamente ligadas ao ato de registro, inclusive do bem de família. Todavia, escapa à sua competência a matéria de fundo, referente ao interesse na desconstituição da cláusula que instituiu o bem de família, que constitui matéria de direito material, sendo que a manutenção ou extinção desse vínculo levará em conta o interesse familiar e a vontade do estipulante. Com acerto o art. 21, do Decreto-Lei nº 3.200/41, prevê que somente o juiz poderá eliminar a cláusula da instituição do bem de família, tendo em vista a necessidade de dilação probatória e intervenção do Ministério Público. Assim, versando o pedido sobre a causa do registro, a competência para a extinção do vínculo será do Juízo de Família (art. 37 do Código Judiciário do Estado de São Paulo) o qual determinará ou não a desconstituição da cláusula imposta, com eventual alteração no registro de imóveis como consequência. Logo, reserva-se para o Juízo de Registros Públicos o exame da regularidade formal do registro, reservando-se ao Juízo de Família o exame da matéria relacionada com a causa do registro. Neste sentido se posicionou a Egrégia Câmara Especial do Tribunal de Justiça de São Paulo ao decidir Conflito de Competência: "Competência ação de desconstituição de cláusula instituidora de bem de família competência para conhecimento da Vara da Família, tendo em vista versar a ação a respeito da causa justificadora e não da regularidade formal do ato registrário atacado. (Conflito de Competência 37.391-0/9). Em relação à sub-rogação de vínculo, verifica-se também a incompetência deste Juízo. De acordo com o artigo 725, II do CPC, os pedidos de sub-rogação irão ser processados através de procedimento judicial, ou seja, depende de uma análise criteriosa do juiz e do proferimento de uma sentença judicial, com a incidência do contraditório e ampla defesa. Ainda há que se notar que em situações análogas de cancelamento de cláusulas de indisponibilidade que gravam as matrículas imobiliárias, segundo o pacífico entendimento da E. Corregedoria Geral de Justiça, o cancelamento das cláusulas restritivas compete a órgão com função jurisdicional, no qual se investigará a vontade dos instituidores, e não ao juízo administrativo. Em outras palavras, impossível nos estritos limites do campo de atuação administrativa perquirir causa que não seja automática de extinção do vínculo. No caso em questão o argumento que embasa o pedido diz respeito ao direito material subjacente e deve ser deduzido na esfera jurisdicional. Portanto, a pretensão da requerente depende de prestação jurisdicional adequada, na qual haverá cognição exauriente, tanto formal como material, e que não pode ser obtida na via administrativa. Feitas estas considerações, remetam-se os autos com urgência ao distribuidor para redistribuição do presente procedimento a uma das Varas da Família e Sucessões da Capital. Int. - ADV: ANDERSON BRANDÃO DA SILVA (OAB 48993/PR) (DJe de 08.01.2019 - SP)

Processo 1018356-90.2018.8.26.0100

Dúvida - Registro de Imóveis - Teresa Salera de Castro - Municipalidade de São Paulo - Vistos. Trata-se de dúvida suscitada pelo Oficial do 5º Registro de Imóveis da Capital, a requerimento de Teresa Salera de Castro, tendo em vista a negativa em se proceder à abertura de matrícula na qual figure como proprietária a interessada, tendo como objeto um imóvel localizado na Rua Felisberto de Carvalho, nº 53 - Canindé/SP. O óbice registrário refere-se ao não preenchimento dos requisitos legais, nos termos dos artigos 195, 197, 237 e 260 a 265 da Lei nº 6015/73, do Decreto nº 3.200/41 e dos artigos 1711 a 1722 do Código Civil. Esclarece o Registrador que, tratando-se de aquisição originária da propriedade, a abertura da matrícula exige a apresentação de título hábil a inaugurar cadeia filiatória, em consonância ao principio da continuidade registrária. Não consta a aquisição do imóvel pela Municipalidade de São Paulo, mas somente a inscrição de compromisso de venda e compra firmado pelo órgão municipal em favor de Giacomino Salera. Juntou documentos às fls. 08/68, 72/134. A suscitada apresentou impugnação às fls. 137/141. Informa que foram tomadas todas as providencias cabíveis a fim de obter a certidão de propriedade aquisitiva do imóvel pela Prefeitura de São Paulo, sendo que percorreu vários departamentos da Municipalidade, Tabelionatos e Registros de Imóveis da Capital, sem obter êxito. Destaca que outros imóveis localizados na Rua Felisberto de Carvalho - Canindé, igualmente adquiridos pela Municipalidade através de várias Leis Estaduais de Organização Municipal, bem como Decreto Lei Complementar Estadual nº 9, de 31.12.1969, foram devidamente registrados perante o Oficial do 5º Registro de Imóveis da Capital, a exemplo dos registros sob as matrículas nºs 8.978 e 48.084. Juntou documentos às fls. 142/154. A Municipalidade de São Paulo (fls. 195/197) alega que a área onde se insere o imóvel é de propriedade do Município de São Paulo por força de Leis Estaduais de Organização Municipal e corresponde a parte de gleba devoluta. Esclarece que a gleba não possuía registro, e com a finalidade de possibilitar a alienação dos imóveis, requereu perante este Juízo a abertura das respectivas matrículas, sendo o pedido indeferido. Salienta que a Lei Federal nº 11.977/09, já revogada, alterou substancialmente o regime de regularização fundiária, tendo seu artigo 71 previsto a possibilidade de se registrar o parcelamento do solo em glebas sem registro, e portanto sem a cadeia filiatória definida, tendo como exigências somente a implantação anterior a 1979, e a integração à cidade. Assim, é possível a regularização de parcelamento sem registro, sendo certo que a interessada adquiriu parcela desta gleba nos termos do compromisso de compra e venda, inexiste óbice para a abertura da matrícula pretendida. O Registrador prestou esclarecimentos às fls. 208/213, corroborando os argumentos expostos na inicial. Assevera que este procedimento não satisfaz os requisitos indicados na legislação aplicável para a regularização fundiária, bem como a área desta quadra encontra-se picotada por alienações sucessivas, razão pela qual algumas foram registradas e outras não. Logo, seria necessário apurar em procedimento próprio de regularização fundiária quais são os lotes alienados e quais não o foram atentando-se para as discrepâncias verificadas entre a descrição dos lotes matriculados e os dados da própria municipalidade. O Ministério Público opinou pela procedência da dúvida (fls. 176 e 217). É o relatório. Passo a fundamentar e a decidir. Com razão o registrador bem como a D. Promotora de Justiça. Conforme exposto pela Municipalidade de São Paulo, a área em que se insere o imóvel não possui registro, sendo que o órgão municipal formulou perante este Juízo pedido administrativo a abertura das respectivas matrículas (processo nº 0001989-18.2012.8.26.100), sendo a pretensão julgada improcedente, por ausência de apresentação do título aquisitivo. Confira- se o trecho do julgado da lavra do MMº Juiz Marcelo Martins Berthe: "... Para a alienação dos imóveis pela Municipalidade de São Paulo pressupõe-se que haja prévio domínio tabular. E no caso não há. A abertura de matrícula não pode ser feita sem título hábil que inaugurará uma cadeia filiatória, uma vez que se trata de aquisição originária da propriedade. O título que se prestará à abertura dessas matrículas apenas poderá advir da ação própria para demarcação e discriminação das terras devolutas, o qual terá natureza declaratória do direito real da Municipalidade de São Paulo" Pois bem, para a abertura da matrícula pleiteada é imprescindível a apresentação de título hábil a registro, em consonância com o principio da continuidade, previsto nos artigos 195 e 273 da Lei de Registros Públicos, segundo o qual os registros devem ser perfeitamente encadeados, de modo a preservar a cadeia filiatória. Ocorre que na presente hipótese não consta a aquisição do imóvel pela Prefeitura de São Paulo, mas somente a inscrição de compromisso de venda e compra firmado entre a Municipalidade e Giacomino Gillo Salera. Neste contexto, a simples alegação de domínio decorrente de terras devolutas não prospera, uma vez que é necessária a discriminação da área transferido para o patrimônio público, o que é feito através da respectiva ação discriminatória a ser formulada na esfera judicial. Tal questão já foi objeto de análise perante o Egrégio Conselho Superior da Magistratura: "Abertura de matrícula e registro de imóvel em favor do Município - Terras devolutas - necessidade de ação discriminatória administrativa ou judicial para formação do título - Recurso não provido" (Apelação Cível nº 0001989-18.2012.8.26.0100, rel: Des. José Renato Nalini). Confira-se do corpo do Acórdão: "... Conforme precedente administrativo, as terras devolutas não prescindem de ação discriminatória administrativa ou judicial para a abertura de matrícula e registro em nome da municipalidade. Há necessidade da formação do titulo para a realização do registro. Essa compreensão consta do trecho do voto do Exmo. Sr. Des. Gilberto Passos de Freitas, Corregedor Geral da Justiça à época, na Ap. n. 612-6/5, j. 22/02/2007, conforme segue: Não se diga, por outro lado, como faz a Apelante, que o fato de se tratar de terra devoluta dispensa prévio registro no serviço imobiliário, a autorizar que se inaugure, agora, com o ingresso da escritura de doação, nova matrícula. Isso porque, embora a situação juridica de terra devoluta se apresenta, realmente, como modo originário de aquisição de domínio, o certo é que ela não dispensa a necessária discriminação da área transferida para o patrimônio público, seja pela cia administrativa ou judicial Bem por isso, há que se compreender que a nova cadeia dominial, nesses casos, se inicia com o registro do título gerado pela discriminação da terra devoluta, sem o que o ente público não pode dispor do bem, ou, pelo menos, o ato de disposição praticado pelo ente público não tem acesso ao fólio real" Fato é que a abertura de matrícula indiscriminadamente, sem apresentação do titulo aquisitivo, gerará insegurança juridica que atos registrários se espera, visando a estabilidade das relações jurídicas, a justificar o formalismo moderado que os delegatários realizam na qualificação dos documentos apresentados. Ressalto que o fato de que outros imóveis localizados na mesma rua e adquiridos na mesma forma serem registrados, por si só não induz a abertura da matrícula, tendo em vista a atualização dos julgados e da jurisprudência que com base no mencionado princípio da segurança juridica interrompeu a prática dos registros somente com base em leis e decretos, logo, eventuais condutas equivocadas não justificam a prática de novos erros. Por fim, a alegação da possibilidade de regularização fundiária pelo órgão municipal não é objeto do presente procedimento, sendo que tal questão poderá ser aventada e formulada em procedimento específico com o fim de regularizar o parcelamento da área adquirida pela interessada a partir do registro do compromisso de compra e venda. Logo entendo que deve ser mantido o óbice imposto pelo delegatário. Diante do exposto, julgo procedente a dúvida suscitada pelo Oficial do 5º Registro de Imóveis da Capital, a requerimento de Teresa Salera de Castro, e consequentemente mantenho o óbice para abertura de matrícula. Deste procedimento não decorrem custas, despesas processuais e honorários advocatícios. Oportunamente remetam-se os autos ao arquivo. P.R.I.C. - ADV: MARCIA HALLAGE VARELLA GUIMARAES (OAB 98817/SP), SIMONE COSTA NAZIOZENO (OAB 283962/SP) (DJe de 06.03.2019 - SP)

Processo 1111985-84.2019.8.26.0100

Pedido de Providências - Registro de Imóveis - Thiago Ramos Pignalosa - Vistos em correição. Trata-se de pedido de providências formulado pelo Oficial do 4º Registro de Imóveis da Capital, a requerimento de Thiago Ramos Pignalosa, diante da pretensão de averbação, à margem da matrícula nº 174.726, que referido imóvel constitui bem de família, sendo portanto, garantida a sua impenhorabilidade. A qualificação negativa derivou-se da ausência de observação dos artigos 1771 e seguintes do CC cc artigos 260 e seguintes da Lei de Registros Públicos, em se tratando de bem de família convencional. Salienta ainda o Registrador que o bem de familia decorrente da Lei nº 8.009/90 não é passível de registro. Juntou documentos às fls. 05/26. O interessado não apresentou impugnação em Juízo, limitando-se a juntar a representação processual (fl. 32), todavia, manifestou-se perante a Serventia Extrajudicial (fls. 05/11). Argumenta que os artigos mencionados na nota devolutiva foram revogados pela Lei nº 13.015/2015, não havendo que se falar em descumprimento. Por fim, destaca que a Lei de Registros Públicos não sujeita a instituição de bem de família a qualquer manifestação externa ao registro de imóveis. O Ministério Público opinou pela improcedência do pedido (fls. 35/36). É o relatório. Passo a fundamentar e a decidir: Com razão o Registrador, bem como o D. Promotor de Justiça. A controvérsia dos autos versa sobre a possibilidade da instituição do imóvel como bem de família por simples requerimento formulado pelo interessado perante a Serventia Extrajudicial. Como é sabido, no direito brasileiro há duas espécies de bem de família: o legal, previsto na Lei nº 8.009/90 e o voluntário, previsto no artigo 1771 do CC. O primeiro, denominado como bem de família legal, decorre da própria lei, recai sobre o imóvel em que reside o beneficiário e prescinde de qualquer instrumento público ou particular para ser constituído, já o segundo, denominado voluntário, não é automático, depende de instrumento que o institua e recai sobre parte do patrimônio do beneficiário. São institutos diversos com regras próprias. Todavia, apesar das diferentes regras que os regem, em nenhum dos dois tipos de bem de família há a possibilidade de instituição por mero requerimento protocolado diretamente na Serventia Extrajudicial. Neste contexto, apenas o bem de família convencional tem previsão expressa no art.167 da Lei de Registros Públicos, desde que rigorosamente obedecida a forma estipulada pelo mencionado dispositivo, qual seja, a apresentação de escritura pública. Tal questão já foi objeto de análise pela Egrégia Corregedoria Geral da Justiça nos autos nº CG nº 39.751/2015, cujo parecer foi aprovado pelo Des. Hamilton Elliot Akel: "... O rol do art. 167 da Lei de Registros Públicos é taxativa. E nele não consta a previsão de se registrar o bem de família legal; apenas o voluntário. O rol dos atos suscetíveis de registro é taxativo, quer dizer, a enumeração é numerus clausus, razão pela qual apenas os atos expressamente previstos em lei, ainda que fora da lista do artigo 167, I, da Lei nº 6015/73, são passíveis de registro. Logo, o único registro que pode ser feito é o do bem de família voluntário, previsto no art. 167, I, 1, da Lei de Registros Públicos, desde que obedecida a forma escrita pública. Não é isso o que a recorrente deseja. Ela quer a averbação - não o registro - do bem de familia legal ou involuntário, aquele previsto na Lei 8009/90. Diz que não há vedação legal à sua pretensão. Olvidou-se a recorrente, contudo, de que o Registrador deve agir segundo o princípio da legalidade. O rol de direitos passíveis de inscrição no folio real é taxativo. Não fica a critério do interessado ou do Registrador escolher quais títulos ou direitos registrar ou averbar. Aqui, não vale a regra de que o que não é vedado por lei é permitido. Ao contrário, no direito registral, no que respeita aos atos de registro ou averbação, só são permitidos aqueles expressamente previstos por lei. A averbação de bem de família não está prevista em lei. E isso deriva do mero fato de que a proteção do bem de familia não decorre de sua inscrição no folio real, mas da própria Lei 8.009/90. Daí porque o legislador não se preocupou senão com o registro do bem de família voluntário esse sim previsto no art. 167, I, 1, da Lei 6015/73, e sujeito a requisitos próprios". A previsão editada pela lei n. 8.009/90 teve como escopo justamente proteger a residência familiar. Nas lições do professor Álvaro Villaça de Azevedo: "O instituidor é o próprio Estado, que impõe o bem de família, por norma de ordem pública, em defesa da célula familial. Nessa lei emergencial, não fica a família à mercê de proteção, por seus integrantes, mas é defendida pelo próprio Estado, de que é fundamento." (Álvaro Villaça de Azevedo - Bem de Família - 5ª ed. 2009). Dispõe, com efeito, o art. 1º da lei supracitada: "O imóvel residencial próprio do casal, ou da entidade familiar, é impenhorável e não responderá por qualquer tipo de dívida civil, comercial, fiscal, previdenciária ou de outra natureza, contraída pelos cônjuges ou pelos pais ou filhos que sejam seus proprietários e nele residam, salvo nas hipóteses previstas nesta Lei". Por fim, intimado, o interessado a apresentar as razões pelas quais entende que o óbice deve ser afastado, não houve qualquer manifestação. Assim, não há como o registrador averbar a instituição de bem de família sem apresentação de Escritura Pública em consonância com o princípio da legalidade, que norteia os atos registrários. Diante do exposto, julgo improcedente o pedido de providências formulado pelo Oficial do 4º Registro de Imóveis da Capital, a requerimento de Thiago Ramos Pignalosa. Deste procedimento não decorrem custas, despesas processuais e honorários advocatícios. Oportunamente remetam-se os autos ao arquivo. P.R.I.C. - ADV: DANIEL RAMOS MAPRELIAN (OAB 395895/SP) (– DJe de 09.12.2019 – SP)

Processo 1107266-93.2018.8.26.0100

Dúvida - Notas - Cilmara Solange Soares - Vistos. Trata-se de dúvida suscitada pela Oficial do 6º Registro de Imóveis da Capital, a requerimento de Cilmara Solange Soares, diante da negativa em se proceder ao registro da carta de sentença expedida pelo MMº Juízo da 9ª Vara do Trabalho da Capital (processo nº 00508- 0048.2008.5.02.0009), em que foi reconhecido que o imóvel, matriculado sob nº 110.129, se enquadra como bem de família, nos termos da Lei nº 8.009/90. O óbice registrário refere-se à ausência de previsão legal para o registro de bem de família legal ou involuntário. Esclarece que o artigo 167, I, "1", da Lei nº 6015/73, prevê que o registro da instituição de bem de família deve ser feito por escritura pública, logo, não há previsão para a averbação ou registro em matrícula de imóvel que a lei considera impenhorável, por ser bem de família. Juntou documentos às fls. 04/216. A suscitada apresentou impugnação às fls. 229/230. Argumenta que o mencionado artigo faculta o registro do bem de família, sem qualquer exclusividade ou restrição, que coibisse o registro de outros tipos de bens de família. Assevera que se trata de lei arcaica, cabendo ao Poder Judiciário dar nova interpretação, permitindo que se dê o registro com o intuito de proporcionar publicidade do direito, evitando-se novas penhoras sobre o mesmo imóvel. O Ministério Público opinou pela procedência da dúvida (fls. 239/242). É o relatório. Passo a fundamentar e a decidir. Com razão a D. Promotora de Justiça, bem como a Registradora. Preliminarmente, cumpre destacar que os títulos judiciais não estão isentos de qualificação (positiva ou negativa), para ingresso no fólio real. O Egrégio Conselho Superior da Magistratura já decidiu que a qualificação negativa do título judicial não caracteriza desobediência ou descumprimento de decisão judicial (Apelação Cível n. 413-6/7). Nessa linha, também o E. Supremo Tribunal Federal entendeu que: "REGISTRO PÚBLICO - ATUAÇÃO DO TITULAR - CARTA DE ADJUDICAÇÃO - DÚVIDA LEVANTADA - CRIME DE DESOBEDIÊNCIA - IMPROPRIEDADE MANIFESTA. O cumprimento do dever imposto pela Lei de Registros Públicos, cogitando-se de deficiência de carta de adjudicação e levantando-se dúvida perante o juízo de direito da vara competente, longe fica de configurar ato passível de enquadramento no artigo 330 do Código Penal - crime de desobediência - pouco importando o acolhimento, sob o angulo judicial, do que suscitado" (HC 85911/MG - MINAS GERAIS, Relator: Min. MARCO AURÉLIO, j. 25/10/2005, Primeira Turma) Assim, não basta a existência de título proveniente de órgão jurisdicional para autorizar automaticamente o ingresso no registro tabular. Feitas estas considerações, passo a análise do mérito. A controvérsia dos autos versa sobre a possibilidade da instituição da residência familiar como bem de família, derivada de decisão proferida pelo MMº Juízo da 9ª Vara do Trabalho e o óbice imposto pela Oficial, que sustenta que a proteção definida pela Lei nº 8.009/90, se dá por força do estabelecido na própria norma, sem previsão de qualquer indicação no fólio registral. No Direito brasileiro há duas espécies de bem de família: o legal, previsto na Lei nº 8.009/90, e o voluntário, previsto no artigo 1711 do Código Civil. O primeiro (legal) decorre da própria lei, recai sobre o imóvel em que reside o beneficiário e prescinde de qualquer instrumento público ou particular para ser constituído, o segundo (voluntário) não é automático, depende de instrumento que o institua e recai sobre parte do patrimônio do beneficiário. São institutos diversos com regras próprias. Tal questão já foi objeto de análise pela Egrégia Corregedoria Geral da Justiça nos autos nº CG nº 39.751/2015, cujo parecer foi aprovado pelo Des. Hamilton Elliot Akel, e fez constar a impossibilidade do ingresso do bem de familia legal no registro de imóveis: "... O rol do art. 167, da Lei de Registros Públicos é taxativo. E nele não consta a previsão de se registrar o bem de família legal; apenas o voluntário. O rol dos atos suscetíveis de registro é taxativo, quer dizer, a enumeração é numerus clausus, razão pela qual apenas os atos expressamente previstos em lei, ainda que fora da lista do artigo 167, I, da Lei nº 6015/73, são passíveis de registro. - ADV: ANIZIO FIDELIS (OAB 45934/SP) (DJe de 06.02.2019 - SP)

BLOQUEIO DE MATRÍCULA

Processo 1125688-19.2018.8.26.0100

Tutela Antecipada Antecedente - Liminar - Paulo Sergio Feuz - Vistos. Trata-se de pedido de providencias cumulada com tutela de urgência formulada por Paulo Sérgio Feuz e Samantha Martins Feuz em face do Oficial do 2º Registro de Imóveis da Capital, pleiteando a nulidade da consolidação de propriedade averbada sob nº 09 na matrícula nº 107.365. Relatam os requerentes que adquiriram da empresa Patrimônio Construções e Empreendimentos Imobiliários S/A, por escritura pública de venda e compra de imóvel com transação e pacto adjeto de alienação fiduciária em garantia, o imóvel mencionado. Em março de

2018, a credora fiduciária formulou junto à Serventia Extrajudicial pedido de execução da alienação fiduciária. Salientam que a intimação enviada em junho de 2018, é nula de pleno direito, razão pela qual não poderia ter gerado o direito à consolidação da propriedade, pois realizada com erros grosseiros e vícios insanáveis que afrontam as normas legais, dentre os quais: a) ausência do valor a ser pago; b) estipulação da efetivação do pagamento para uma credora fiduciária estranha ao procedimento, Caixa Econômica Federal; c) falta de informação dos valores dos emolumentos e custas do cartório. Asseveram que o procedimento de alienação judiciária não permite que a intimação inicial possua erros, pois ela se assemelha a citação em um processo judicial, sendo que os vícios insanáveis na intimação tornam nula a consolidação da propriedade. Assim, requerem em sede de liminar a suspensão da consolidação da propriedade (averbação nº 09 da matrícula nº 107.365), para que não surta qualquer efeito, e no mérito o cancelamento do mencionado ato registrário. Juntou documentos às fls. 13/57. É o relatório. Passo a fundamentar e a decidir. Pretendem os requerentes, em sede liminar, a suspensão dos efeitos da consolidação da propriedade e, no mérito, o cancelamento da averbação nº 09 na matrícula nº 107.365. Analisando os fatos e documentos apresentados na inicial, verifico que se trata de vicio intrínseco do título, consistente na eventual nulidade da intimação para purgação da mora expedida pelo registrador, vez que não constou os elementos indispensáveis, elencados nas Normas de Serviço da Egrégia Corregedoria Geral da Justiça, bem como constou que o pagamento deveria ser efetuado em favor da credora fiduciária CEF, estranha ao procedimento. Formalmente o ato praticado pelo Oficial do 2º Registro de Imóveis da Capital está perfeito. Vale ressaltar que cabe ao Oficial somente proceder à intimação do devedor para purgação de mora, nos termos do artigo 26, § 7º da Lei nº 9.514/97, sendo que a transação acerca dos valores é diligência que compete às partes interessadas, bem como o montante da dívida não é elemento que compõe a carta de intimação, vez que diz respeito a questão que envolve unicamente as partes, sendo o registrador mero portador da cobrança. A notificação de mora e posterior consolidação deu-se conforme prevista pelo artigo 26, § 7º, da lei 9.514/97, tal qual segue transcrito: "Art. 26. Vencida e não paga, no todo ou em parte, a dívida e constituído em mora o fiduciante, consolidar-se-á, nos termos deste artigo, a propriedade do imóvel em nome do fiduciário. (...) § 7º Decorrido o prazo de que trata o § 1º sem a purgação da mora, o oficial do competente Registro de Imóveis, certificando esse fato, promoverá a averbação, na matrícula do imóvel, da consolidação da propriedade em nome do fiduciário, à vista da prova do pagamento por este, do imposto de transmissão inter vivos e, se for o caso, do laudêmio. (...)". Portanto, tendo ocorrido sem purgação a notificação da mora feita pelo Oficial competente do Registro de Imóveis, este deve proceder à averbação, em conformidade com a norma, deste ato decorrendo todos os efeitos atinentes a esta modalidade de garantia. Não pode a averbação ser cancelada se o procedimento se deu de forma correta, sendo que eventual equívoco, como obstáculo para quitação do débito ou ausência de informações sobre o valor, são alheios à capacidade de cognição do Oficial. A ação de anulação de consolidação da propriedade, com o pagamento de eventual indenização, deve ser intentada nas vias jurisdicionais adequadas, visto que o procedimento administrativo se destina à análise de uma situação pré-ordenada, não se permitindo a produção de provas ou juntada ulterior de documentos. Logo, tendo este Juízo competência administrativa disciplinar, não pode analisar questões de direito material que envolvam o negócio jurídico. Por fim, no tocante à conduta do Oficial, entendo que não há medida censório disciplinar a ser adotada por esta Corregedoria Permanente, inexistindo indícios da ocorrência de falta funcional. Diante do exposto, julgo improcedente pedido de providencias cumulada com tutela de urgência formulada por Paulo Sérgio Feuz e Samantha Martins Feuz em face do Oficial do 2º Registro de Imóveis da Capital, devendo os interessados buscar a via ordinária para resolução do impasse. Deste procedimento não decorrem custas, despesas processuais e honorários advocatícios. Oportunamente remetam-se os autos ao arquivo. P.R.I.C. - ADV: CECILIA MARIAN DE BARROS BARTHOLOMEU (OAB 319728/SP) (DJe de 08.01.2019 - SP)

Processo 0060656-75.2004.8.26.0100

(000.04.060656-2) - Pedido de Providências - REGISTROS PÚBLICOS - 9 º Oficial de Registro de Imóveis - Cleide Reatto Natal - Vistos. Trata-se de pedido de desbloqueio das matrículas nºs 29.275 e 29.276, formulado por Cleide Reatto Natal, realizado de ofício pelo Delegatário do 9º Registro de Imóveis da Capital, sob a alegação da ausência de duplicidade antinômica das mencionadas matrículas com a transcrição nº 43.985 de

24.03.1954 e inscrição nº 11.552 de 20.10.1955. Informa ainda a requerente que houve a prescrição das obrigações decorrentes do contrato que deu origem à inscrição nº 11.552. Juntou documentos às fls. 51/53. O Oficial manifestou-se às fls. 57/58. Aduz que o bloqueio em análise decorreu da constatação de registro antinômicos sobre os mesmos imóveis, uma vez que em 24.03.1954, Renato Bifano adquiriu os lotes 12 e 13 do Loteamento São Mateus através da transcrição nº 43.985. Em 20.10.1955, foi inscrita escritura pela qual Renato e sua mulher prometeram vender os lotes a Donato Pássaro (inscrição nº 11.552). Todavia, por um equívoco, foi registrada uma outra aquisição dos referidos lotes em favor de Renato, com origem na escritura datada de 20.01.1954, resultando na matrícula nº 28.233, permitindo-se consequentemente o registro das vendas feitas por Renato e sua mulher à Sebastião Meschino Natal e Cleide Reatto Natal, resultando nas matrículas nºs 29.275 e 29.276. Salienta o Oficial que o defeito registrário foi praticado em 21.11.1978, na gestão anterior, razão pela qual foi procedido o bloqueio das matrículas. Porém, com a evolução dos precedentes jurisprudenciais, atualmente a questão é tratada sob outro aspecto, vez que a nulidade não é decretada se atingir terceiro de boa fé que preencher as condições de usucapião do imóvel. Por fim, afirma que em recente posicionamento do Egrégio Conselho Superior da Magistratura restou pacificado que a existência de promessa anterior não impede a alienação do imóvel a terceiro, restando ao compromissário comprador questionar a eficácia da transmissão que não o contemplou, mas não a sua validade (Apelação nº 1057235-74.2015.8.26.0100). O Ministério Público opinou pela procedência do pedido (fls. 61/62). É o relatório. Passo a fundamentar e a decidir. Compulsando os presente autos verifica-se que o bloqueio das matrículas nº 29.275 e 29.276, foi realizada pelo registrador, como medida acautelatória, face a constatação de duplicidade antinômica com a transcrição nº 43.985 de 24.03.1954 e inscrição nº 11.552 de 20.10.1955. Neste contexto, como bem exposto pelo Oficial, atualmente com as novas atualizações e estudos realizados, foi dado novo entendimento à questão. Fato é que com a nova redação dada ao artigo 214, § 5º da Lei de Registros Públicos, há a possibilidade da não decretação da nulidade se atingir terceiro de boa fé que preencher as condições de usucapião do imóvel, o que se verifica na presente hipótese, vez que os imóveis adquiridos pela requerente e seu ex cônjuge datam de 1978. Ainda, conforme decisão proferida pelo Egrégio Conselho Superior da Magistratura, a existência de promessa de compra e venda anterior não impede a alienação do imóvel a terceiros. Por fim, entendo que para fins de identificação dos registros anteriores, em observância a cadeia filiatória, deverá ser averbada nas matrículas nºs 29.275 e 29.276 que ambas possuem origem na transcrição nº 43.985. Diante do exposto, defiro o desbloqueio das matrículas nºs 29.275 e 29.276, formulado por Cleide Reatto Natal, com observação. Int. (CP - 523) - ADV: ODAIR DE MORAES JUNIOR (OAB 200488/SP), CYBELLE GUEDES CAMPOS (OAB 246662/SP) (DJe de 11.01.2019 - SP)

Processo 1007313-25.2019.8.26.0100

Procedimento Comum - Registro de Imóveis - L.M. - Vistos. Trata-se de pedido de providências formulado por Luiza Matheus em face do Oficial do 15º Registro de Imóveis da Capital, pleiteando o cancelamento do registro nº 07 na matrícula nº 159.229, bem como o bloqueio da mencionada matrícula, sob a alegação de falsidade de sua assinatura no instrumento particular de cessão e transferência de direitos e obrigações sobre imóvel, lavrado perante o 1º Tabelião de Notas da Capital, no qual figura a requerente na qualidade de cedente e a empresa Atlante Desenvolvimento Imobiliário LTDA, na qualidade de cessionária. Juntou documentos às fls. 03/29. É o relatório. Passo a fundamentar e a decidir. Primeiramente em relação à justiça gratuita, tendo em vista que este Juízo detém competência administrativa, não incidem custas, despesas processuais e honorários advocatícios, o que prejudicada o pedido. Analisando os documentos e informações prestadas pela requerente, verifico que se trata de vício intrínseco do título, consistente na falsificação da sua assinatura na documentação utilizada para a cessão e transferência de direitos e obrigações sobre o imóvel matriculado sob nº 159.229. Formalmente o ato está perfeito, decorrente de instrumento particular com as assinaturas devidamente reconhecidas. Logo, não vislumbro irregularidades que devam ser reconhecidas por este Juízo. Pelo princípio da legitimação (eficácia do registro), os vícios reconhecíveis pela via administrativa são apenas aqueles comprováveis de pleno direito que resultem de erros evidentes extrínsecos ao título, sem necessidade de exames de outros documentos ou fatos (artigos 214, caput, e 252 da Lei 6.015/73). O vício intrínseco, derivado da existência de indícios de falsificação para a lavratura da mencionada escritura, deve ser reconhecido em procedimento contencioso cível, com a participação da outra parte que participou da venda e com ampla dilação probatória. Configurado o vício do contrato, o cancelamento do registro feito na matrícula do imóvel ocorrerá como consequência, conforme determina o artigo 216 da Lei 6.015/73. Fato é que a interessada, manifestou seu interesse de posteriormente formular ação de anulação de negócio jurídico e imissão na posse em face da empresa Atlante Desenvolvimento Imobiliário LTDA. Ressalto que a apuração de eventual conduta irregular praticada pelo 1º Tabelião de Notas da Capital deve ser objeto de apuração através de procedimento a ser formulado diante do MMº Juízo da 2ª Vara de Registros Públicos. Feitas estas considerações, delimito o objeto deste feito ao bloqueio da matrícula nº 159.229. Tendo em vista a urgência da questão, remetam-se os autos ao Oficial do 15º Registro de Imóveis da Capital para informações, no prazo de 05 (cinco) dias. Com a juntada da manifestação, abra-se vista ao Ministério Público e tornem os autos conclusos. Int. - ADV: PRISCILA APARECIDA DE OLIVEIRA LACHI (OAB 293914/SP) (DJe de 06.02.2019 - SP)

Processo 1007313-25.2019.8.26.0100

Pedido de Providências - Registro de Imóveis - L.M. - Vistos. Trata-se de pedido de providências formulado por Luiza Matheus em face do Oficial do 15º Registro de Imóveis da Capital, pleiteando o cancelamento do registro nº 07 na matrícula nº 159.229, bem como o bloqueio da mencionada matrícula, sob a alegação de falsidade de sua assinatura no instrumento particular de cessão e transferência de direitos e obrigações sobre imóvel, lavrado perante o 1º Tabelião de Notas da Capital, no qual figura na qualidade de cedente e a empresa Atlante Desenvolvimento Imobiliário LTDA na qualidade de cessionária. Juntou documentos às fls. 03/29. A decisão de fls. 30/32 delimitou o objeto do presente feito ao bloqueio da mencionada matrícula. O Registrador manifestou- se às fls. 35/36. Esclarece que, após proceder à qualificação do título, entendeu que se encontrava apto a registro, uma vez que obedeceu as formalidades legais e substanciais, bem como não houve ofensa aos princípios norteadores da Lei de Registros Públicos. Salienta que o vício que compromete a validade do ato jurídico (cessão), refoge a atividade qualificadora registrária por envolver elementos intrínsecos. O Ministério Público opinou pelo bloqueio da matrícula e posterior arquivamento do feito (fls. 40/41). É o relatório. Passo a fundamentar e a decidir. Conforme exposto na decisão de fls. 30/32, cujos fundamentos adoto, o objeto deste feito limita-se ao bloqueio da matrícula nº 159.229. Tendo este Juízo competência administrativa disciplinar, não pode analisar questões de direito material que envolvam o negócio jurídico. Todavia, a fim de preservar o princípio da segurança jurídica, já que os elementos trazidos aos autos atinentes aos fortes indícios da falsidade do reconhecimento de firma de Luiza, revelam que a superveniência de novos registros poderá causar danos de difícil reparação aos interessados e à terceiros de boa fé, por cautela, nos termos do artigo 214, § 3º da Lei 6015/75, recomenda-se o bloqueio da matrícula supra mencionada. No mais, em relação à conduta do registrador, entendo que não houve qualquer irregularidade, uma vez que efetuada a qualificação do título apresentado, este mostrou--se extrinsecamente apto à ingressar no fólio real, em consonância com os princípios que norteiam os atos registrários. Cumpre destacar que o registrador tem plena liberdade para proceder à qualificação, gozando de independência na atribuição do exercício de suas funções para a avaliação do título a ele apresentando, sendo que no caso de dúvida em relação ao vencimento, deverá recusarse a efetuar o ato, observando as regras de prudência e zelo no exercício profissional. Diante do exposto, determino o bloqueio da matrícula nº 159.229 do 15º Registro de Imóveis da Capital, até solução final da questão. Intime-se, com brevidade, os interessados para, querendo, ingressarem com as medidas cabíveis para o resguardo de seus interesses. Por fim, ante a ausência de conduta irregular praticada pelo Registrador passível da instauração de procedimento administrativo disciplinar, determino o arquivamento do presente feito. Deste procedimento não decorrem custas, despesas processuais e honorários advocaticios. P.R.I.C. - ADV: PRISCILA APARECIDA DE OLIVEIRA LACHI (OAB 293914/SP) (DJe de 27.02.2019 - SP)

Processo 1029557-45.2019.8.26.0100

Pedido de Providências - Registro de Imóveis - Expedito Amâncio de Souza e outro - Vistos. Trata-se de pedido de desbloqueio da matrícula nº 17.606 do 7º Registro de Imóveis da Capital, formulado por Expedido Amâncio de Souza e Lucimar de Carvalho Souza, sob a alegação de que mencionada matrícula deve prevalecer sob a de nº 24.284, resolvendo-se consequentemente a duplicidade antinômica. Juntou documentos às fls. 17/133. O Registrador manifestou-se às fls. 138/145. Esclarece que promoveu o bloqueio das matriculas nºs 17.606 e 24.284, por ordem deste Juízo, tendo em vista a constatação de que ambas retratavam o mesmo imóvel, com a ocorrência de duplicidade antinômica. Salienta que a duplicidade já havia ocorrido no 9º Registro de Imóveis da Capital, envolvendo as transcrições nºs 32.614 e 55.568, que originaram a abertura das mencionadas matrículas. Por fim, entende que este juízo é incompetente para processamento do feito e sugere a ação de usucapião para resolução do impasse. Juntou documentos às fls. 140/145. O Ministério Público opinou pela improcedência do pedido (fls. 148/151). É o relatório. Passo a fundamentar e a decidir. Conforme se verifica dos documentos juntados pelo Registrador (fls. 140/145), as matrículas nºs 17.606 e 24.284 foram bloqueadas em virtude de duplicidade antinômica, haja vista que as transcrições das quais derivaram têm a mesma origem tabular, tendo sido mantido o gravame à fl. 144. Como bem exposto pelo registrador, este juízo administrativo não detém competência para análise da questão. Em caso de duplicidade de registros, como o presente, as matrículas devem ser bloqueadas e os interessados remetidos às vias ordinárias para que se decida pela prevalência de uma ou outra. Narciso Orlandi Neto preleciona que: "Quando dois direitos sobre o mesmo imóvel não podem coexistir, não podem gravar simultaneamente o mesmo objeto, não podem ter titulares diferentes, diz- se que são contraditórios. No processo de qualificação podem também ser considerados contraditórios direitos cuja preferência será dada pela ordem da inscrição (hipotecas simultaneamente constituídas sem declaração de grau). Interessa aqui aquela primeira espécie de contradição. Os princípios que informam o Registro de Imóveis não permitem que direitos contraditórios permaneçam simultaneamente registrados. E quando ocorre duplicidade, há erro suscetível de retificação pelo prejudicado que, em princípio, é qualquer um dos dois titulares. A simples coexistência dos direitos no registro a ambos prejudica e legitima para a retificação. No sistema de matrículas, salvo erro grosseiro, não há possibilidade de duplicidade de registros na mesma matrícula. O que pode existir é: a) duplicidade de transcrições; b) duplicidade de matrículas; c) transcrição e matrícula contraditórias, quando a última não tem origem na primeira, Há quem entenda que, havendo duplicidade de transcrições ou de matrículas, pode e deve ser cancelada, até na via administrativa, a que foi feita por último. Foi o que decidiu o Conselho Superior da Magistratura de São Paulo, no julgamento de apelação em processo de dúvida: "O caminho correto, ocorrendo duplicidade de registros, é a decretação da nulidade do efetivado em último lugar. Essa providência pode ser adotada na via administrativa, com fulcro no art. 214 da Lei n. 6.015/73"(RT 592/88). A solução é correta para as hipóteses referidas por Gilberto Valente da Silva, isto é, existência de duplicidade de matrícula por inofensivo erro interno, por exemplo, por falta de remissão da abertura da primeira na transcrição anterior. A solução é o cancelamento da segunda, com transporte dos atos nela praticados para a primeira, com fundamento no art. 213, caput, já que há erro evidente (A Matrícula, trabalho apresentado no XX Encontro dos Oficiais de Registro de Imóveis do Brasil, 1993). No mesmo sentido, Celestino A. Cano Tello, Iniciación al Estúdio de Derecho Hipotecario, Editorial Civitas, Madrid, 1982, p. 284). Mais adiante, depois de reafirmar que o duplo registro faz desaparecer a presunção relativa de verdade de seu conteúdo, conclui que sua restauração depende da eliminação da duplicidade pelo o titular, por meio do cancelamento do registro contraditório nas vias ordinárias. Na presente hipótese as matrículas encontram-se bloqueadas, devendo os interessados discutir a questão da duplicidade e consequente desbloqueio da matrícula nas vias ordinárias, mediante ampla dilação probatória e incidência do contraditório e ampla defesa. Com relação a esta matéria, a Egrégia Corregedoria Geral da Justiça já firmou entendimento: "Pedido de Providências - Registro de Imóveis - Alegada duplicidade de matrículas e sobreposição de áreas - Ausência de provas - Remessa dos interessados às vias ordinárias – Arquivamento do expediente" (Processo CG nº 27727/2018, Rel: Des. Geraldo Francisco Pinheiro Franco). Por fim, não existindo qualquer fato novo que justifique o desbloqueio das matrículas, a manutenção é medida de rigor, devendo os requerentes valer-se das vias ordinárias para satisfação de sua pretensão, podendo formular ação de usucapião como sugestionado pelo Registrador. Diante do exposto, julgo improcedente o pedido de desbloqueio da matrícula nº 17.606, do 7º Registro de Imóveis da Capital, formulada por Expedido Amâncio de Souza e Lucimar de Carvalho Souza. Deste procedimento não decorrem custas, despesas processuais e honorários advocatícios. Oportunamente remetam-se os autos ao arquivo. P.R.I.C. - ADV: THAISE IANELLI LEITE (OAB 250560/SP) (DJe de 25.04.2019 - SP)

Processo 1064294-74.2019.8.26.0100

Procedimento Comum Cível - Registro de Imóveis - R.A.E. - L.A.S.C. – Vistos Trata-se de ação de anulação de matrícula, cumulada com tutela de urgência, formulada por Rosalina Aparecida Eduardo e Luiza Aparecida de Souza Campos, representadas por Miriam Eduardo em face do Oficial do 18º Registro de Imóveis da Capital, pretendendo o bloqueio da matrícula nº 2.234 e, no mérito, a declaração de nulidade da mencionada matrícula. A despeito dos argumentos das interessadas, o pedido não comporta acolhimento por esta Corregedoria Permanente, por inexistir, na espécie, a nulidade de pleno direito referida no art. 214, da Lei nº 6015/73. Sobre os limites de aferição da nulidade de pleno direito do art. 214, da Lei nº 6015/73, Narciso Orlandi Neto lembra que: "É preciso distinguir nulidade direta do registro e nulidade do título, com reflexo no registro. O registro não pode ser cancelado por nulidade do título, salvo em processo contencioso de que participe o titular do direito inscrito. Em outras palavras, o art. 214 da Lei n. 6015/73 é exceção. E como se sabe se o registro é ou não nulo de pleno direito? Sabe-se que o registro é ou não nulo de pleno direito examinando-o separadamente do título que lhe deu causa, apenas à luz dos princípios que regem o registro, a saber se foram cumpridos os requisitos formais. A indagação da nulidade do registro deve ficar restrita aos "defeitos formais do assento, ligados à inobservância de formalidades essenciais da inscrição" (Código Civil, arts. 130 e 145, III)" (Afrânio de Carvalho, Retificação do Registro, in RDI 13, p. 17). (g.n) A nulidade a que se refere o art. 214 da Lei de Registros Públicos é exclusiva do registro, absolutamente independente do título, tanto que, uma vez declarada, permite que o mesmo título seja novamente registrado. A nulidade que pode ser declarada diretamente, independentemente de ação, é de direito formal, extrínseca. Ela não pode alcançar o negócio ou ato jurídico, que subsiste íntegro e, em muitos casos, apto a novamente ingressar no registro. Problemas relativos ao consentimento das partes diz respeito à constituição do direito, tanto quanto a regularidade da representação e elaboração material do instrumento. Pelo princípio da legitimação (eficácia do registro), os vícios reconhecíveis pela via administrativa são apenas aqueles comprováveis de pleno direito que resultem de erros evidentes extrínsecos ao título, sem necessidade de exames de outros documentos ou fatos (artigos 214, caput, e 252 da Lei 6.015/73). O vício intrínseco, derivado da existência de indícios de falsidade, deve ser reconhecido em procedimento contencioso cível, com a participação da outra parte que participou da venda e com ampla dilação probatória. Configurado o vício do contrato, o cancelamento do registro feito na matrícula do imóvel ocorrerá como consequência, conforme determina o artigo 216 da Lei 6.015/73. Logo, tendo este Juízo competência administrativa disciplinar, não pode analisar questões de direito material que envolvam o negócio jurídico, devendo as requerentes buscar a satisfação de sua pretensão nas vias ordinárias. Todavia, a fim de preservar o princípio da segurança jurídica, já que os elementos trazidos aos autos revelam que a superveniência de novos registros poderá causar danos de difícil reparação aos interessados e à terceiros de boa fé, delimito o objeto do presente procedimento ao eventual bloqueio da matrícula em questão. Ao Oficial do 18º Registro de Imóveis da Capital para informações, no prazo de 05 (cinco) dias. Com a juntada da manifestação, abra-se vista ao Ministério Público e tornem os autos conclusos. Por fim, ressalto que este Juízo sendo administrativo não incidem custas, despesas processuais e honorários advocatícios, logo resta prejudicado o item "e" do pedido inicial. Int. - ADV: LEDA MARCIA DE OLIVEIRA (OAB 62934/SP) (DJe de 12.07.2019 - SP)

Processo 1064294-74.2019.8.26.0100

Procedimento Comum Cível - Registro de Imóveis - R.A.E. - L.A.S.C. - Vistos. Trata-se de pedido de anulação da matrícula nº 2.234 do 18º Registro de Imóveis da Capital, cumulada com tutela de urgência, bem como o seu bloqueio, formulado por Rosalina Aparecida Eduardo e Luiza Aparecida de Souza Campos, sob o argumento da existência de várias irregularidades expostas na inicial. Juntaram documentos às fls. 20/123. De acordo com os fundamentos expostos na decisão de fls. 125/127, não houve o acolhimento do pedido referente à anulação da matrícula, delimitando o pedido deste feito ao eventual bloqueio. O Registrador manifestou-se às fls. 138/142. Esclarece que a matrícula nº 2.234 foi aberta com documentos falsos e posteriormente houve a retificação do registro. Também foram abertas as matrículas nºs 2.235 e 2.236 referentes às faixas de terra ocupadas por servidões, bem como ocorreram outras averbações decorrentes da desapropriação para construção da Rodovia dos Bandeirantes e nova retificação por cumprimento de ordem judicial. Destaca que o processo de retificação foi ajuizado antes da propositura da ação de usucapião e que as requerentes não esclarecem os motivos do indeferimento do reconhecimento da usucapião administrativa. Apresentou documentos às fls. 143/188. O Ministério Público opinou pela improcedência do pedido (fls. 192/193). É o relatório. Passo a fundamentar e a decidir. A questão relativa à anulação da matrícula encontra-se superada pelos fundamentos expostos na decisão de fls. 125/127, logo resta a análise referente ao bloqueio da mencionada matrícula. O artigo 214, § 3º da Lei de Registros Públicos prescreve: "§ 3º - Se o juiz entender que a superveniência de novos registros poderá causar danos de difícil reparação poderá determinar de ofício, a qualquer momento, ainda que sem oitiva das partes, o bloqueio do imóvel" Na presente hipótese não há qualquer risco da ocorrência de danos de difícil reparação, bem como eventual prejuízo a terceiros, pelo contrário houve a improcedência da ação de usucapião, o que por si só já demonstra a necessidade de discussão na via judicial. E ainda, a Egrégia Corregedoria Geral da Justiça, analisando questão semelhante, decidiu: "Registro de Imóveis Pedido de bloqueio de matrícula Alegação inadimplemento contratual Matéria que extrapola o âmbito de cognição na via administrativa - Ausência dos pressupostos previstos no art.214, § 3º, da LRP Recurso não provido". Confira-se do corpo do Acórdão: "... O fato alegado, ainda que existente, tem natureza contratual e não registral, de modo que não autoriza nem o cancelamento nem o bloqueio nesta via administrativa, por se tratar de um vício intrínseco e não extrínseco ao título, sendo este último o único passível de exame pelo art. 214, da Lei de Registros Públicos. Feitas estas considerações, ausente o caráter cautelar do bloqueio, entendo que a questão deve ser discutida nas vias ordinárias, com ampla dilação probatória. Diante do exposto, julgo improcedente a ação de anulação da matrícula nº 2.234 do 18º Registro de Imóveis da Capital cumulada com tutela de urgência, formulada por Rosalina Aparecida Eduardo e Luiza Aparecida de Souza Campos, e consequentemente indefiro o boqueio da matrícula, devendo as interessadas buscar as vias ordinárias para satisfação de seus direitos. Deste procedimento não decorrem custas, despesas processuais e honorários advocatícios. Oportunamente remetam-se os autos ao arquivo. P.R.I.C. - ADV: LEDA MARCIA DE OLIVEIRA (OAB 62934/SP) (- DJe de 02.08.2019 - SP)

Processo 1036748-44.2019.8.26.0100

Pedido de Providências - Bloqueio de Matrícula - Floriano Ribeiro Filho - Vistos. Trata-se de pedido de providências formulado por Floriano Ribeiro Filho em face do Oficial do 11º Registro de Imóveis da Capital, pleiteando a declaração de nulidade da inscrição nº 25.527, referente ao compromisso de compra e venda celebrado por escritura em 13.09.1947, lavrada pelo Tabelião de Notas do Município de Planalto - Comarca de Monte Aprasível, através da qual Antonio Perricelli comprometeu-se a vender a Leoncio Tinoco Funchal o lote 26 da Quadra K, no loteamento denominado "Paraisópolis" - Morumbi, e posteriormente os direitos de compromissário foram transferidos de Leoncio para Walter Nanni Lopes, o qual transferiu para Edmundo Paschoal Carlota e por último a Alfredo dos Santos. Sustenta o requerente a inexistência do título casual, sendo que a referida negociação, em sua origem, é inexistente. Juntou documentos às fls. 09/36. O Registrador manifestou-se às fls. 41/48. Esclarece que foi apresentada a registro, em 30.11.1961, a escritura de compromisso de venda e compra lavrada em 13.09.1941, pelo Tabelião do Município de Planalto, Comarca de Monte Aprazível, subscrita pela tabeliã interina Maria Aparecida Moraes, pela qual Antonio Perricelli, comprometeu-se a vender referido imóvel para Leoncio Tinoco Funchal, sendo que os assentamentos registrários foram ensejados em consonância com os títulos causais - escritura pública - sob a égide do Regulamento de Registros Públicos e o Decreto nº 4.857/39. Alega que o imóvel está inserido no loteamento denominado Paraisópolis, que se situa nas divisas entre as circunscrições imobiliárias de competências do 11º, 15º e 18º RI's. Por fim, informa que o caso em questão não se enquadra dentre aqueles que ensejam o cancelamento por nulidade de pleno direito, sob o fundamento do artigo 214 da Lei de Registros Públicos. Apresentou documentos às fls. 46/48. O Oficial do 15º Registro de Imóveis da Capital prestou informações às fls. 64/65 e o Oficial do 18º Registro de Imóveis à fl. 79, no sentido de que não consta registro ou matrícula do referido imóvel nas mencionadas Serventias. Nova manifestação do Oficial do 11º RI às fls. 80/83. Informa que atualmente a competência territorial é do 18º RI, todavia, no período de 07.10.1939 a 31.12.1971, a competência esteve vinculada à 11ª Circunscrição Imobiliária. Acerca das informações do Registrador, o requerente manifestou-se às fls. 55/57, 60/63, 90/95 e 116/119, corroborando os argumentos expostos na inicial.

O Ministério Público opinou pelo indeferimento do pedido (fls. 51/52, 86 e 126). É o relatório. Passo a fundamentar e a decidir. Em relação à competência para o ato registrário, verifico que, à época da apresentação do título, ou seja, em meados de 07.10.1939 a 31.12.1971, a competência esteve vinculada à 11ª Circunscrição Imobiliária, logo não há qualquer indício de que o ato registrário seja nulo em virtude da circunscrição diversa da atual do imóvel. Feita esta consideração, analisando os documentos e as informações prestadas pelo Registrador, entendo que se trata de vício intrínseco do título, consistente da eventual inexistência do causal do título. Formalmente o ato está perfeito, decorrente de instrumento público lavrado em 1941 pelo Tabelião do Município de Planalto - Comarca de Monte Aprazível, subscrita por José Antonio de Freitas, livro 16, fls. 15, e reproduzida por certidão de 26.10.1961, subscrita por Maria Aparecida Moraes, tabeliã interina. Logo, não vislumbro irregularidades que devam ser reconhecidas por este Juízo. Pelo princípio da legitimação (eficácia do registro), os vícios reconhecíveis pela via administrativa são apenas aqueles comprováveis de pleno direito que resultem de erros evidentes extrínsecos ao título, sem necessidade de exames de outros documentos ou fatos (artigos 214, caput, e 252 da Lei 6.015/73). O vício intrínseco, derivado da existência de indícios de falsificação para a lavratura da mencionada escritura, deve ser reconhecido em procedimento contencioso cível, com a participação da outra parte que participou da venda e com ampla dilação probatória. Configurado o vício do contrato, o cancelamento do registro feito na matrícula do imóvel ocorrerá como consequência, conforme determina o artigo 216 da Lei 6.015/73. O interesse processual é composto da necessidade e da adequação. No caso posto, a despeito da necessidade, ausente o quesito da adequação, sendo que este juízo tem competência censório disciplinar e, portanto, não pode analisar questões de direito material que envolvam o negócio jurídico. Outrossim, não há como o registrador, no âmbito da qualificação registral, dar solução à questão de direito material não decidida, ou cuja decisão não ficou demonstrada, porque o exame de qualificação é atividade meramente administrativa, não protegida pela segurança da coisa julgada. E ainda é clara a informação prestada pelo registrador às fls. 41/48: "... os assentamentos registrários em questão foram ensejados em consonância com os titulos causais - escrituras públicas - sob a égide do Regulamento de Registros Públicos..." Logo, tendo este Juízo competência administrativa disciplinar, não pode analisar questões de direito material que envolvam o negócio jurídico, bem como os vícios referentes à ausência de título causal, a quem incumbe exclusivamente o exame dos aspectos extrínsecos do título, razão pela qual o requerente deverá valer-se das vias ordinárias, com a incidência do contraditório e ampla defesa para alcançar sua pretensão. Diante do exposto, julgo improcedente o pedido de providências formulado por Floriano Ribeiro Filho em face do Oficial do 11º Registro de Imóveis da Capital, e consequentemente mantenho o óbice registrário. Deste procedimento não decorrem custas, despesas processuais e honorários advocatícios. Oportunamente remetam-se os autos ao arquivo. P.R.I.C. - ADV: FLORIANO RIBEIRO NETO (OAB 183385/SP). (– DJe de 09.09.2019 – SP)

CANCELAMENTO DE REGISTRO

Processo 1125688-19.2018.8.26.0100

Tutela Antecipada Antecedente - Liminar - Paulo Sergio Feuz - Vistos. Trata-se de pedido de providencias cumulada com tutela de urgência formulada por Paulo Sérgio Feuz e Samantha Martins Feuz em face do Oficial do 2º Registro de Imóveis da Capital, pleiteando a nulidade da consolidação de propriedade averbada sob nº 09 na matrícula nº 107.365. Relatam os requerentes que adquiriram da empresa Patrimônio Construções e Empreendimentos Imobiliários S/A, por escritura pública de venda e compra de imóvel com transação e pacto adjeto de alienação fiduciária em garantia, o imóvel mencionado. Em março de 2018, a credora fiduciária formulou junto à Serventia Extrajudicial pedido de execução da alienação fiduciária. Salientam que a intimação enviada em junho de 2018, é nula de pleno direito, razão pela qual não poderia ter gerado o direito à consolidação da propriedade, pois realizada com erros grosseiros e vícios insanáveis que afrontam as normas legais, dentre os quais: a) ausência do valor a ser pago; b) estipulação da efetivação do pagamento para uma credora fiduciária estranha ao procedimento, Caixa Econômica Federal; c) falta de informação dos valores dos emolumentos e custas do cartório. Asseveram que o procedimento de alienação judiciária não permite que a intimação inicial possua erros, pois ela se assemelha a citação em um processo judicial, sendo que os vícios insanáveis na intimação tornam nula a consolidação da propriedade. Assim, requerem em sede de liminar a suspensão da consolidação da propriedade (averbação nº 09 da matrícula nº

107.365), para que não surta qualquer efeito, e no mérito o cancelamento do mencionado ato registrário. Juntou documentos às fls. 13/57. É o relatório. Passo a fundamentar e a decidir. Pretendem os requerentes, em sede liminar, a suspensão dos efeitos da consolidação da propriedade e, no mérito, o cancelamento da averbação nº 09 na matrícula nº 107.365. Analisando os fatos e documentos apresentados na inicial, verifico que se trata de vicio intrínseco do título, consistente na eventual nulidade da intimação para purgação da mora expedida pelo registrador, vez que não constou os elementos indispensáveis, elencados nas Normas de Serviço da Egrégia Corregedoria Geral da Justiça, bem como constou que o pagamento deveria ser efetuado em favor da credora fiduciária CEF, estranha ao procedimento. Formalmente o ato praticado pelo Oficial do 2º Registro de Imóveis da Capital está perfeito. Vale ressaltar que cabe ao Oficial somente proceder à intimação do devedor para purgação de mora, nos termos do artigo 26, § 7º da Lei nº 9.514/97, sendo que a transação acerca dos valores é diligência que compete às partes interessadas, bem como o montante da dívida não é elemento que compõe a carta de intimação, vez que diz respeito a questão que envolve unicamente as partes, sendo o registrador mero portador da cobrança. A notificação de mora e posterior consolidação deu-se conforme prevista pelo artigo 26, § 7º, da lei 9.514/97, tal qual segue transcrito: "Art. 26. Vencida e não paga, no todo ou em parte, a dívida e constituído em mora o fiduciante, consolidar-se-á, nos termos deste artigo, a propriedade do imóvel em nome do fiduciário. (...) § 7º Decorrido o prazo de que trata o § 1º sem a purgação da mora, o oficial do competente Registro de Imóveis, certificando esse fato, promoverá a averbação, na matrícula do imóvel, da consolidação da propriedade em nome do fiduciário, à vista da prova do pagamento por este, do imposto de transmissão inter vivos e, se for o caso, do laudêmio. (...)". Portanto, tendo ocorrido sem purgação a notificação da mora feita pelo Oficial competente do Registro de Imóveis, este deve proceder à averbação, em conformidade com a norma, deste ato decorrendo todos os efeitos atinentes a esta modalidade de garantia. Não pode a averbação ser cancelada se o procedimento se deu de forma correta, sendo que eventual equívoco, como obstáculo para quitação do débito ou ausência de informações sobre o valor, são alheios à capacidade de cognição do Oficial. A ação de anulação de consolidação da propriedade, com o pagamento de eventual indenização, deve ser intentada nas vias jurisdicionais adequadas, visto que o procedimento administrativo se destina à análise de uma situação pré-ordenada, não se permitindo a produção de provas ou juntada ulterior de documentos. Logo, tendo este Juízo competência administrativa disciplinar, não pode analisar questões de direito material que envolvam o negócio jurídico. Por fim, no tocante à conduta do Oficial, entendo que não há medida censório disciplinar a ser adotada por esta Corregedoria Permanente, inexistindo indícios da ocorrência de falta funcional. Diante do exposto, julgo improcedente pedido de providencias cumulada com tutela de urgência formulada por Paulo Sérgio Feuz e Samantha Martins Feuz em face do Oficial do 2º Registro de Imóveis da Capital, devendo os interessados buscar a via ordinária para resolução do impasse. Deste procedimento não decorrem custas, despesas processuais e honorários advocatícios. Oportunamente remetam-se os autos ao arquivo. P.R.I.C. - ADV: CECILIA MARIAN DE BARROS BARTHOLOMEU (OAB 319728/SP) (DJe de 08.01.2019 - SP)

Processo 0060656-75.2004.8.26.0100 (000.04.060656-2) - Pedido de Providências - REGISTROS PÚBLICOS - 9 º Oficial de Registro de Imóveis - Cleide Reatto Natal - Vistos. Trata-se de pedido de desbloqueio das matrículas nºs 29.275 e 29.276, formulado por Cleide Reatto Natal, realizado de ofício pelo Delegatário do 9º Registro de Imóveis da Capital, sob a alegação da ausência de duplicidade antinômica das mencionadas matrículas com a transcrição nº 43.985 de 24.03.1954 e inscrição nº 11.552 de 20.10.1955. Informa ainda a requerente que houve a prescrição das obrigações decorrentes do contrato que deu origem à inscrição nº 11.552. Juntou documentos às fls. 51/53. O Oficial manifestou-se às fls. 57/58. Aduz que o bloqueio em análise decorreu da constatação de registro antinômicos sobre os mesmos imóveis, uma vez que em 24.03.1954, Renato Bifano adquiriu os lotes 12 e 13 do Loteamento São Mateus através da transcrição nº 43.985. Em 20.10.1955, foi inscrita escritura pela qual Renato e sua mulher prometeram vender os lotes a Donato Pássaro (inscrição nº 11.552). Todavia, por um equívoco, foi registrada uma outra aquisição dos referidos lotes em favor de Renato, com origem na escritura datada de 20.01.1954, resultando na matrícula nº 28.233, permitindo-se consequentemente o registro das vendas feitas por Renato e sua mulher à Sebastião Meschino Natal e Cleide Reatto Natal, resultando nas matrículas nºs

29.275 e 29.276. Salienta o Oficial que o defeito registrário foi praticado em 21.11.1978, na gestão anterior, razão pela qual foi procedido o bloqueio das matrículas. Porém, com a evolução dos precedentes jurisprudenciais, atualmente a questão é tratada sob outro aspecto, vez que a nulidade não é decretada se atingir terceiro de boa fé que preencher as condições de usucapião do imóvel. Por fim, afirma que em recente posicionamento do Egrégio Conselho Superior da Magistratura restou pacificado que a existência de promessa anterior não impede a alienação do imóvel a terceiro, restando ao compromissário comprador questionar a eficácia da transmissão que não o contemplou, mas não a sua validade (Apelação nº 1057235-74.2015.8.26.0100). O Ministério Público opinou pela procedência do pedido (fls. 61/62). É o relatório. Passo a fundamentar e a decidir. Compulsando os presente autos verifica-se que o bloqueio das matrículas nº 29.275 e 29.276, foi realizada pelo registrador, como medida acautelatória, face a constatação de duplicidade antinômica com a transcrição nº 43.985 de 24.03.1954 e inscrição nº 11.552 de 20.10.1955. Neste contexto, como bem exposto pelo Oficial, atualmente com as novas atualizações e estudos realizados, foi dado novo entendimento à questão. Fato é que com a nova redação dada ao artigo 214, § 5º da Lei de Registros Públicos, há a possibilidade da não decretação da nulidade se atingir terceiro de boa fé que preencher as condições de usucapião do imóvel, o que se verifica na presente hipótese, vez que os imóveis adquiridos pela requerente e seu ex cônjuge datam de 1978. Ainda, conforme decisão proferida pelo Egrégio Conselho Superior da Magistratura, a existência de promessa de compra e venda anterior não impede a alienação do imóvel a terceiros. Por fim, entendo que para fins de identificação dos registros anteriores, em observância a cadeia filiatória, deverá ser averbada nas matrículas nºs 29.275 e 29.276 que ambas possuem origem na transcrição nº 43.985. Diante do exposto, defiro o desbloqueio das matrículas nºs 29.275 e 29.276, formulado por Cleide Reatto Natal, com observação. Int. (CP - 523) - ADV: ODAIR DE MORAES JUNIOR (OAB 200488/SP), CYBELLE GUEDES CAMPOS (OAB 246662/SP) (DJe de 11.01.2019 - SP)

Processo 1007313-25.2019.8.26.0100

Procedimento Comum - Registro de Imóveis - L.M. - Vistos. Trata-se de pedido de providências formulado por Luiza Matheus em face do Oficial do 15º Registro de Imóveis da Capital, pleiteando o cancelamento do registro nº 07 na matrícula nº 159.229, bem como o bloqueio da mencionada matrícula, sob a alegação de falsidade de sua assinatura no instrumento particular de cessão e transferência de direitos e obrigações sobre imóvel, lavrado perante o 1º Tabelião de Notas da Capital, no qual figura a requerente na qualidade de cedente e a empresa Atlante Desenvolvimento Imobiliário LTDA, na qualidade de cessionária. Juntou documentos às fls. 03/29. É o relatório. Passo a fundamentar e a decidir. Primeiramente em relação à justiça gratuita, tendo em vista que este Juízo detém competência administrativa, não incidem custas, despesas processuais e honorários advocatícios, o que prejudicada o pedido. Analisando os documentos e informações prestadas pela requerente, verifico que se trata de vício intrínseco do título, consistente na falsificação da sua assinatura na documentação utilizada para a cessão e transferência de direitos e obrigações sobre o imóvel matriculado sob nº 159.229. Formalmente o ato está perfeito, decorrente de instrumento particular com as assinaturas devidamente reconhecidas. Logo, não vislumbro irregularidades que devam ser reconhecidas por este Juízo. Pelo princípio da legitimação (eficácia do registro), os vícios reconhecíveis pela via administrativa são apenas aqueles comprováveis de pleno direito que resultem de erros evidentes extrínsecos ao título, sem necessidade de exames de outros documentos ou fatos (artigos 214, caput, e 252 da Lei 6.015/73). O vício intrínseco, derivado da existência de indícios de falsificação para a lavratura da mencionada escritura, deve ser reconhecido em procedimento contencioso cível, com a participação da outra parte que participou da venda e com ampla dilação probatória. Configurado o vício do contrato, o cancelamento do registro feito na matrícula do imóvel ocorrerá como consequência, conforme determina o artigo 216 da Lei 6.015/73. Fato é que a interessada, manifestou seu interesse de posteriormente formular ação de anulação de negócio jurídico e imissão na posse em face da empresa Atlante Desenvolvimento Imobiliário LTDA. Ressalto que a apuração de eventual conduta irregular praticа pelo 1º Tabelião de Notas da Capital deve ser objeto de apuração através de procedimento a ser formulado diante do MMº Juízo da 2ª Vara de Registros Públicos. Feitas estas considerações, delimito o objeto deste feito ao bloqueio da matrícula nº 159.229. Tendo em vista a urgência da questão, remetam-se os autos ao Oficial do 15º Registro de Imóveis da Capital para informações, no prazo de 05 (cinco) dias. Com a juntada da manifestação, abra-se vista ao Ministério Público e tornem os autos conclusos. Int. - ADV: PRISCILA APARECIDA DE OLIVEIRA LACHI (OAB 293914/SP) (DJe de 06.02.2019 - SP)

Processo 1007313-25.2019.8.26.0100

Pedido de Providências - Registro de Imóveis - L.M. - Vistos. Trata-se de pedido de providências formulado por Luiza Matheus em face do Oficial do 15º Registro de Imóveis da Capital, pleiteando o cancelamento do registro nº 07 na matrícula nº 159.229, bem como o bloqueio da mencionada matrícula, sob a alegação de falsidade de sua assinatura no instrumento particular de cessão e transferência de direitos e obrigações sobre imóvel, lavrado perante o 1º Tabelião de Notas da Capital, no qual figura na qualidade de cedente e a empresa Atlante Desenvolvimento Imobiliário LTDA na qualidade de cessionária. Juntou documentos às fls. 03/29. A decisão de fls. 30/32 delimitou o objeto do presente feito ao bloqueio da mencionada matrícula. O Registrador manifestou- se às fls. 35/36. Esclarece que, após proceder à qualificação do título, entendeu que se encontrava apto a registro, uma vez que obedeceu as formalidades legais e substanciais, bem como não houve ofensa aos princípios norteadores da Lei de Registros Públicos. Salienta que o vício que compromete a validade do ato jurídico (cessão), refoge a atividade qualificadora registrária por envolver elementos intrínsecos. O Ministério Público opinou pelo bloqueio da matrícula e posterior arquivamento do feito (fls. 40/41). É o relatório. Passo a fundamentar e a decidir. Conforme exposto na decisão de fls. 30/32, cujos fundamentos adoto, o objeto deste feito limita-se ao bloqueio da matrícula nº 159.229. Tendo este Juízo competência administrativa disciplinar, não pode analisar questões de direito material que envolvam o negócio jurídico. Todavia, a fim de preservar o princípio da segurança jurídica, já que os elementos trazidos aos autos atinentes aos fortes indícios da falsidade do reconhecimento de firma de Luiza, revelam que a superveniência de novos registros poderá causar danos de difícil reparação aos interessados e à terceiros de boa fé, por cautela, nos termos do artigo 214, § 3º da Lei 6015/75, recomenda-se o bloqueio da matrícula supra mencionada. No mais, em relação à conduta do registrador, entendo que não houve qualquer irregularidade, uma vez que efetuada a qualificação do título apresentado, este mostrou--se extrinsecamente apto à ingressar no fólio real, em consonância com os princípios que norteiam os atos registrários. Cumpre destacar que o registrador tem plena liberdade para proceder à qualificação, gozando de independência na atribuição do exercício de suas funções para a avaliação do título a ele apresentando, sendo que no caso de dúvida em relação ao vencimento, deverá recusarse a efetuar o ato, observando as regras de prudência e zelo no exercício profissional. Diante do exposto, determino o bloqueio da matrícula nº 159.229 do 15º Registro de Imóveis da Capital, até solução final da questão. Intime-se, com brevidade, os interessados para, querendo, ingressarem com as medidas cabíveis para o resguardo de seus interesses. Por fim, ante a ausência de conduta irregular praticada pelo Registrador passível da instauração de procedimento administrativo disciplinar, determino o arquivamento do presente feito. Deste procedimento não decorrem custas, despesas processuais e honorários advocatícios. P.R.I.C. - ADV: PRISCILA APARECIDA DE OLIVEIRA LACHI (OAB 293914/SP) (DJe de 27.02.2019 - SP)

Processo 1029557-45.2019.8.26.0100

Pedido de Providências - Registro de Imóveis - Expedito Amâncio de Souza e outro - Vistos. Trata-se de pedido de desbloqueio da matrícula nº 17.606 do 7º Registro de Imóveis da Capital, formulado por Expedido Amâncio de Souza e Lucimar de Carvalho Souza, sob a alegação de que mencionada matrícula deve prevalecer sob a de nº 24.284, resolvendo-se consequentemente a duplicidade antinômica. Juntou documentos às fls. 17/133. O Registrador manifestou-se às fls. 138/145. Esclarece que promoveu o bloqueio das matriculas nºs 17.606 e 24.284, por ordem deste Juízo, tendo em vista a constatação de que ambas retratavam o mesmo imóvel, com a ocorrência de duplicidade antinômica. Salienta que a duplicidade já havia ocorrido no 9º Registro de Imóveis da Capital, envolvendo as transcrições nºs 32.614 e 55.568, que originaram a abertura das mencionadas matrículas. Por fim, entende que este juízo é incompetente para processamento do feito e sugere a ação de usucapião para resolução do impasse. Juntou documentos às fls. 140/145. O Ministério Público opinou pela improcedência do pedido (fls. 148/151). É o relatório. Passo a fundamentar e a decidir. Conforme se verifica dos documentos juntados pelo Registrador (fls. 140/145), as matrículas nºs 17.606 e 24.284 foram bloqueadas em virtude de duplicidade antinômica, haja vista que as transcrições das quais derivaram têm a mesma origem tabular, tendo sido mantido o gravame à fl. 144. Como bem exposto pelo registrador, este juízo administrativo não detém competência para análise da questão. Em caso de duplicidade de registros, como o presente, as matrículas devem ser bloqueadas e os interessados remetidos às vias ordinárias para que se decida pela prevalência de uma ou outra. Narciso Orlandi Neto preleciona que: "Quando dois direitos sobre o mesmo imóvel não podem coexistir, não podem gravar simultaneamente o mesmo objeto, não podem ter titulares diferentes, diz- se que são contraditórios. No processo de qualificação podem também ser considerados contraditórios direitos cuja preferência será dada pela ordem da inscrição (hipotecas simultaneamente constituídas sem declaração de grau). Interessa aqui aquela primeira espécie de contradição. Os princípios que informam o Registro de Imóveis não permitem que direitos contraditórios permaneçam simultaneamente registrados. E quando ocorre duplicidade, há erro suscetível de retificação pelo prejudicado que, em princípio, é qualquer um dos dois titulares. A simples coexistência dos direitos no registro a ambos prejudica e legitima para a retificação. No sistema de matrículas, salvo erro grosseiro, não há possibilidade de duplicidade de registros na mesma matrícula. O que pode existir é: a) duplicidade de transcrições; b) duplicidade de matrículas; c) transcrição e matrícula contraditórias, quando a última não tem origem na primeira, Há quem entenda que, havendo duplicidade de transcrições ou de matrículas, pode e deve ser cancelada, até na via administrativa, a que foi feita por último. Foi o que decidiu o Conselho Superior da Magistratura de São Paulo, no julgamento de apelação em processo de dúvida: "O caminho correto, ocorrendo duplicidade de registros, é a decretação da nulidade do efetivado em último lugar. Essa providência pode ser adotada na via administrativa, com fulcro no art. 214 da Lei n. 6.015/73"(RT 592/88). A solução é correta para as hipóteses referidas por Gilberto Valente da Silva, isto é, existência de duplicidade de matrícula por inofensivo erro interno, por exemplo, por falta de remissão da abertura da primeira na transcrição anterior. A solução é o cancelamento da segunda, com transporte dos atos nela praticados para a primeira, com fundamento no art. 213, caput, já que há erro evidente (A Matrícula, trabalho apresentado no XX Encontro dos Oficiais de Registro de Imóveis do Brasil, 1993). No mesmo sentido, Celestino A. Cano Tello, Iniciación al Estúdio de Derecho Hipotecario, Editorial Civitas, Madrid, 1982, p. 284). Mais adiante, depois de reafirmar que o duplo registro faz desaparecer a presunção relativa de verdade de seu conteúdo, conclui que sua restauração depende da eliminação da duplicidade pelo o titular, por meio do cancelamento do registro contraditório nas vias ordinárias. Na presente hipótese as matrículas encontram-se bloqueadas, devendo os interessados discutir a questão da duplicidade e consequente desbloqueio da matrícula nas vias ordinárias, mediante ampla dilação probatória e incidência do contraditório e ampla defesa. Com relação a esta matéria, a Egrégia Corregedoria Geral da Justiça já firmou entendimento: "Pedido de Providências - Registro de Imóveis - Alegada duplicidade de matrículas e sobreposição de áreas - Ausência de provas - Remessa dos interessados às vias ordinárias – Arquivamento do expediente" (Processo CG nº 27727/2018, Rel: Des. Geraldo Francisco Pinheiro Franco). Por fim, não existindo qualquer fato novo que justifique o desbloqueio das matrículas, a manutenção é medida de rigor, devendo os requerentes valer-se das vias ordinárias para satisfação de sua pretensão, podendo formular ação de usucapião como sugestionado pelo Registrador. Diante do exposto, julgo improcedente o pedido de desbloqueio da matrícula nº 17.606, do 7º Registro de Imóveis da Capital, formulada por Expedido Amâncio de Souza e Lucimar de Carvalho Souza. Deste procedimento não decorrem custas, despesas processuais e honorários advocatícios. Oportunamente remetam-se os autos ao arquivo. P.R.I.C. - ADV: THAISE IANELLI LEITE (OAB 250560/SP) (DJe de 25.04.2019 - SP)

Processo 1064294-74.2019.8.26.0100

Procedimento Comum Cível - Registro de Imóveis - R.A.E. - L.A.S.C. – Vistos Trata-se de ação de anulação de matrícula, cumulada com tutela de urgência, formulada por Rosalina Aparecida Eduardo e Luiza Aparecida de Souza Campos, representadas por MIrIam Eduardo em face do Oficial do 18º Registro de Imóveis da Capital, pretendendo o bloqueio da matrícula nº 2.234 e, no mérito, a declaração de nulidade da mencionada matrícula. A despeito dos argumentos das interessadas, o pedido não comporta acolhimento por esta Corregedoria Permanente, por inexistir, na espécie, a nulidade de pleno direito referida no art. 214, da Lei nº 6015/73. Sobre os limites de aferição da nulidade de pleno direito do art. 214, da Lei nº 6015/73, Narciso Orlandi Neto lembra que: "É preciso distinguir nulidade direta do registro e nulidade do título, com reflexo no registro. O registro não pode ser cancelado por nulidade do título, salvo em processo contencioso de que participe o titular do direito inscrito. Em outras palavras, o art. 214 da Lei n. 6015/73 é exceção. E como se sabe se o registro é ou não nulo de pleno direito? Sabe-se que o registro é ou não nulo de pleno direito examinando-o separadamente do título que lhe deu causa, apenas à luz dos princípios que regem o registro, a saber se foram cumpridos os requisitos formais. A indagação da nulidade do registro deve ficar restrita aos "defeitos formais do assento, ligados à inobservância de formalidades essenciais da inscrição" (Código Civil, arts. 130 e 145, III)" (Afrânio de Carvalho, Retificação do Registro, in RDI 13, p. 17). (g.n) A nulidade a que se refere o art. 214 da Lei de Registros Públicos é exclusiva do registro, absolutamente independente do título, tanto que, uma vez declarada, permite que o mesmo título seja novamente registrado. A nulidade que pode ser declarada diretamente, independentemente de ação, é de direito formal, extrínseca. Ela não pode alcançar o negócio ou ato jurídico, que subsiste íntegro e, em muitos casos, apto a novamente ingressar no registro. Problemas relativos ao consentimento das partes diz respeito à constituição do direito, tanto quanto a regularidade da representação e elaboração material do instrumento. Pelo princípio da legitimação (eficácia do registro), os vícios reconhecíveis pela via administrativa são apenas aqueles comprováveis de pleno direito que resultem de erros evidentes extrínsecos ao título, sem necessidade de exames de outros documentos ou fatos (artigos 214, caput, e 252 da Lei 6.015/73). O vício intrínseco, derivado da existência de indícios de falsidade, deve ser reconhecido em procedimento contencioso cível, com a participação da outra parte que participou da venda e com ampla dilação probatória. Configurado o vício do contrato, o cancelamento do registro feito na matrícula do imóvel ocorrerá como consequência, conforme determina o artigo 216 da Lei 6.015/73. Logo, tendo este Juízo competência administrativa disciplinar, não pode analisar questões de direito material que envolvam o negócio jurídico, devendo as requerentes buscar a satisfação de sua pretensão nas vias ordinárias. Todavia, a fim de preservar o princípio da segurança jurídica, já que os elementos trazidos aos autos revelam que a superveniência de novos registros poderá causar danos de difícil reparação aos interessados e à terceiros de boa fé, delimito o objeto do presente procedimento ao eventual bloqueio da matrícula em questão. Ao Oficial do 18º Registro de Imóveis da Capital para informações, no prazo de 05 (cinco) dias. Com a juntada da manifestação, abra-se vista ao Ministério Público e tornem os autos conclusos. Por fim, ressalto que este Juízo sendo administrativo não incidem custas, despesas processuais e honorários advocatícios, logo resta prejudicado o item "e" do pedido inicial. Int. - ADV: LEDA MARCIA DE OLIVEIRA (OAB 62934/SP) (DJe de 12.07.2019 - SP)

Processo 1064294-74.2019.8.26.0100

Procedimento Comum Cível - Registro de Imóveis - R.A.E. - L.A.S.C. - Vistos. Trata-se de pedido de anulação da matrícula nº 2.234 do 18º Registro de Imóveis da Capital, cumulada com tutela de urgência, bem como o seu bloqueio, formulado por Rosalina Aparecida Eduardo e Luiza Aparecida de Souza Campos, sob o argumento da existência de várias irregularidades expostas na inicial. Juntaram documentos às fls. 20/123. De acordo com os fundamentos expostos na decisão de fls. 125/127, não houve o acolhimento do pedido referente à anulação da matrícula, delimitando o pedido deste feito ao eventual bloqueio. O Registrador manifestou-se às fls. 138/142. Esclarece que a matrícula nº 2.234 foi aberta com documentos falsos e posteriormente houve a retificação do registro. Também foram abertas as matrículas nºs 2.235 e 2.236 referentes às faixas de terra ocupadas por servidões, bem como ocorreram outras averbações decorrentes da desapropriação para construção da Rodovia dos Bandeirantes e nova retificação por cumprimento de ordem judicial. Destaca que o processo de retificação foi ajuizado antes da propositura da ação de usucapião e que as requerentes não esclarecem os motivos do indeferimento do reconhecimento da usucapião administrativa. Apresentou documentos às fls. 143/188. O Ministério Público opinou pela improcedência do pedido (fls. 192/193). É o relatório. Passo a fundamentar e a decidir. A questão relativa à anulação da matrícula encontra-se superada pelos fundamentos expostos na decisão de fls. 125/127, logo resta a análise referente ao bloqueio da mencionada matrícula. O artigo 214, § 3º da Lei de Registros Públicos prescreve: "§ 3º - Se o juiz entender que a superveniência de novos registros poderá causar danos de difícil reparação poderá determinar de ofício, a qualquer momento, ainda que sem oitiva das partes, o bloqueio do imóvel" Na presente hipótese não há qualquer risco da ocorrência de danos de difícil reparação, bem como eventual prejuízo a terceiros, pelo contrário houve a improcedência da ação de usucapião, o que por si só já demonstra a necessidade de discussão na via judicial. E ainda, a Egrégia Corregedoria Geral da Justiça, analisando questão semelhante, decidiu: "Registro de Imóveis Pedido de bloqueio de matrícula Alegação inadimplemento contratual Matéria que extrapola o âmbito de cognição na via administrativa - Ausência dos pressupostos previstos no art.214, § 3º, da LRP Recurso não provido". Confira-se do corpo do Acórdão: "... O fato alegado, ainda que existente, tem natureza contratual e não registral, de modo que não autoriza nem o cancelamento nem o bloqueio nesta via administrativa, por se tratar de um vício intrínseco e não extrínseco ao título, sendo este último o único passível de exame pelo art. 214, da Lei de Registros Públicos. Feitas estas considerações, ausente o caráter cautelar do bloqueio, entendo que a questão deve ser discutida nas vias ordinárias, com ampla dilação probatória. Diante do exposto, julgo improcedente a ação de anulação da matrícula nº 2.234 do 18º Registro de Imóveis da Capital cumulada com tutela de urgência, formulada por Rosalina Aparecida Eduardo e Luiza Aparecida de Souza Campos, e consequentemente indefiro o boqueio da matrícula, devendo as interessadas buscar as vias ordinárias para satisfação de seus direitos. Deste procedimento não decorrem custas, despesas processuais e honorários advocatícios. Oportunamente remetam-se os autos ao arquivo. P.R.I.C. - ADV: LEDA MARCIA DE OLIVEIRA (OAB 62934/SP) (- DJe de 02.08.2019 - SP)

Processo 1036748-44.2019.8.26.0100

Pedido de Providências - Bloqueio de Matrícula - Floriano Ribeiro Filho - Vistos. Trata-se de pedido de providências formulado por Floriano Ribeiro Filho em face do Oficial do 11º Registro de Imóveis da Capital, pleiteando a declaração de nulidade da inscrição nº 25.527, referente ao compromisso de compra e venda celebrado por escritura em 13.09.1947, lavrada pelo Tabelião de Notas do Município de Planalto - Comarca de Monte Aprasível, através da qual Antonio Perricelli comprometeu-se a vender a Leoncio Tinoco Funchal o lote 26 da Quadra K, no loteamento denominado "Paraisópolis" - Morumbi, e posteriormente os direitos de compromissário foram transferidos de Leoncio para Walter Nanni Lopes, o qual transferiu para Edmundo Paschoal Carlota e por último a Alfredo dos Santos. Sustenta o requerente a inexistência do título casual, sendo que a referida negociação, em sua origem, é inexistente. Juntou documentos às fls. 09/36. O Registrador manifestou-se às fls. 41/48. Esclarece que foi apresentada a registro, em 30.11.1961, a escritura de compromisso de venda e compra lavrada em 13.09.1941, pelo Tabelião do Município de Planalto, Comarca de Monte Aprazível, subscrita pela tabeliã interina Maria Aparecida Moraes, pela qual Antonio Perricelli, comprometeu-se a vender referido imóvel para Leoncio Tinoco Funchal, sendo que os assentamentos registrários foram ensejados em consonância com os títulos causais - escritura pública - sob a égide do Regulamento de Registros Públicos e o Decreto nº 4.857/39. Alega que o imóvel está inserido no loteamento denominado Paraisópolis, que se situa nas divisas entre as circunscrições imobiliárias de competências do 11º, 15º e 18º RI's. Por fim, informa que o caso em questão não se enquadra dentre aqueles que ensejam o cancelamento por nulidade de pleno direito, sob o fundamento do artigo 214 da Lei de Registros Públicos. Apresentou documentos às fls. 46/48. O Oficial do 15º Registro de Imóveis da Capital prestou informações às fls. 64/65 e o Oficial do 18º Registro de Imóveis à fl. 79, no sentido de que não consta registro ou matrícula do referido imóvel nas mencionadas Serventias. Nova manifestação do Oficial do 11º RI às fls. 80/83. Informa que atualmente a competência territorial é do 18º RI, todavia, no período de 07.10.1939 a 31.12.1971, a competência esteve vinculada à 11ª Circunscrição Imobiliária. Acerca das informações do Registrador, o requerente manifestou-se às fls. 55/57, 60/63, 90/95 e 116/119, corroborando os argumentos expostos na inicial. O Ministério Público opinou pelo indeferimento do pedido (fls. 51/52, 86 e 126). É o relatório. Passo a fundamentar e a decidir. Em relação à competência para o ato registrário, verifico que, à época da apresentação do título, ou seja, em meados de 07.10.1939 a 31.12.1971, a competência esteve vinculada à 11ª Circunscrição Imobiliária, logo não há qualquer indício de que o ato registrário seja nulo em virtude da circunscrição diversa da atual do imóvel. Feita esta consideração, analisando os documentos e as informações prestadas pelo Registrador, entendo que se trata de vício intrínseco do título, consistente da eventual inexistência do causal do título. Formalmente o ato está perfeito, decorrente de instrumento público lavrado em 1941 pelo Tabelião do Município de Planalto - Comarca de Monte Aprazível, subscrita por José Antonio de Freitas, livro 16, fls. 15, e reproduzida por certidão de 26.10.1961, subscrita por Maria Aparecida Moraes, tabeliã interina. Logo, não vislumbro irregularidades que devam ser reconhecidas por este Juízo. Pelo princípio da legitimação (eficácia do registro), os vícios reconhecíveis pela via administrativa são apenas aqueles comprováveis de pleno direito que resultem de erros evidentes extrínsecos ao título, sem necessidade de exames de outros documentos ou fatos (artigos 214, caput, e 252 da Lei 6.015/73). O vício intrínseco, derivado da existência de indícios de falsificação para a lavratura da mencionada escritura, deve ser reconhecido em procedimento contencioso cível, com a participação da outra parte que participou da venda e com ampla dilação probatória. Configurado o vício do contrato, o cancelamento do registro feito na matrícula do imóvel ocorrerá como consequência, conforme determina o artigo 216 da Lei 6.015/73. O interesse processual é composto da necessidade e da adequação. No caso posto, a despeito da necessidade, ausente o quesito da adequação, sendo que este juízo tem competência censório disciplinar e, portanto, não pode analisar questões de direito material que envolvam o negócio jurídico. Outrossim, não há como o registrador, no âmbito da qualificação registral, dar solução à questão de direito material não decidida, ou cuja decisão não ficou demonstrada, porque o exame de qualificação é atividade meramente administrativa, não protegida pela segurança da coisa julgada. E ainda é clara a informação prestada pelo registrador às fls. 41/48: "... os assentamentos registrários em questão foram ensejados em consonância com os titulos causais - escrituras públicas - sob a égide do Regulamento de Registros Públicos..." Logo, tendo este Juízo competência administrativa disciplinar, não pode analisar questões de direito material que envolvam o negócio jurídico, bem como os vícios referentes à ausência de título causal, a quem incumbe exclusivamente o exame dos aspectos extrínsecos do título, razão pela qual o requerente deverá valer-se das vias ordinárias, com a incidência do contraditório e ampla defesa para alcançar sua pretensão. Diante do exposto, julgo improcedente o pedido de providências formulado por Floriano Ribeiro Filho em face do Oficial do 11º Registro de Imóveis da Capital, e consequentemente mantenho o óbice registrário. Deste procedimento não decorrem custas, despesas processuais e honorários advocatícios. Oportunamente remetam-se os autos ao arquivo. P.R.I.C. - ADV: FLORIANO RIBEIRO NETO (OAB 183385/SP). (– DJe de 09.09.2019 – SP)

CARTA DE ARREMATAÇÃO

Processo 0063765-09.2018.8.26.0100

Pedido de Providências - REGISTROS PÚBLICOS - Corregedoria Geral da Justiça - Luciana Cupini e outro - Vistos. Trata-se de reclamação formulada por Luciana Cupini em face do Oficial do 14º Registro de Imóveis da Capital, aduzindo que o registrador não cumpriu ordem de cancelamento de arrematação prenotada, causando prejuízos a seus clientes Publio Cupini Júnior e Patrícia Fátima Medeiros Cupini. Alega também que o registrador está retendo os títulos prenotados e se recusa a devolver emolumentos depositados, mesmo sem a realização do registro. Juntou documentos às fls. 09/13. Houve manifestação do Oficial às fls. 15/19, com documentos às fls. 20/69. Aduz que a questão do cancelamento já foi tratada em dois procedimentos de dúvida desta 1ª Vara de Registros Públicos, não havendo ilegalidade em seus atos. Quanto à retenção do título, informa que este encontra-se na serventia judicial para retirada desde a prolação de sentença no procedimento de dúvida deste juízo. No que diz respeito aos emolumentos, sustenta que estes estão disponíveis para retirada, mas nunca houve solicitação de devolução pelos interessados. Por decisão de fls. 70/71, complementada às fls. 115/116 e 136/137, excluiu-se do feito a análise do Oficial quanto ao registro e cancelamento da arrematação, tendo em vista que este ponto já havia sido tratado em procedimento de dúvida anterior. A reclamante apresentou manifestação às fls. 73/86, 120/121, 148/151 e 163/165, pugnando pela ilegalidade dos atos do registrador, com resposta do Oficial às fls. 122/135. O Ministério Público, às fls. 171/172, ofereceu parecer pelo arquivamento da reclamação. É o relatório. Decido. Novamente, como já salientado em decisões anteriores, a presente reclamação não abordará o tema da legalidade dos registros realizados pelo Oficial, já que tais questões foram amplamente tratadas nas dúvidas 0031718-89.2012.8.26.0100 e 1013804-24.2014.8.26.0100, onde se apurou a correção da recusa em se registrar a adjudicação prenotada por Publio Cupini Júnior e Patrícia Fátima Medeiros Cupini. Em entendendo que, mesmo com base em tais procedimentos, o Oficial trouxe prejuízos indenizáveis aos representados pela reclamante, deverá ajuizar a medida judicial cabível no juízo competente. Quanto as questões restantes, não há irregularidade na conduta do Oficial. Os títulos originais apresentados na dúvida 1013804- 24.2014.8.26.0100 não foram retidos, aguardando apenas a retirada pelos interessados, que foram intimados pelo DJE (fl. 127) acerca de tal disponibilização, situação que permanece a mesma conforme certidão de fl. 167. Nem se diga que, tendo prenotado o título originalmente na serventia extrajudicial, deveria ser disponibilizado naquele local para retirada, uma vez que o pedido de suscitação de dúvida, requerido pela reclamante, levou ao encaminhamento dos documentos a este juízo para anexação ao processo, ficando a ele vinculados e, consequentemente, devendo ser aqui requerido o desentranhamento, não tendo o registrador qualquer influência sobre tal questão. Quanto aos emolumentos, ausente solicitação de devolução do depósito prévio, não se pode dizer que houve recusa injustificada pelo Oficial em restituir os valores, o que levaria a apuração disciplinar de sua conduta. Ainda, não há qualquer previsão legal ou normativa no sentido de ser o Oficial obrigado a procurar pelo interessado pra que este retire o depósito prévio. Ora, é do próprio interesse do usuário do serviço reaver as quantias a que faz jus, devendo procurar a serventia, após o prazo da prenotação ou fim do procedimento de dúvida, para que verifique se há valores a serem restituídos, seja por excesso do depósito prévio, seja pela não realização do registro. Só não pode o Oficial, mesmo decorrido longo prazo após o depósito sem retirada, apropriar-se do valor depositado como renda da serventia, devendo manter o numerário sempre disponível para devolução, conforme controle realizado em livro próprio, conforme o item 44.1 do Cap. XIII das NSCGJ. Tendo sido esta a conduta do Oficial, não houve qualquer irregularidade. Em verdade, surpreende a atitude da reclamante que, alegando ser alto e relevante o valor depositado, em nenhum momento procurou reavê-lo, apresentando a questão subsidiariamente nesta reclamação, voltada, ao que parece, a tentar reaver os danos causados por negócio jurídico que lhe trouxe prejuízos. Tanto é assim que, mesmo tendo o Oficial informado que o depósito está disponível para retirada neste feito, a reclamante continua alegando que há retenção indevida, não mostrando qualquer atitude com o fim de reavê-los, buscando apenas a sanção do delegatário. Do exposto, não havendo falta funcional a ser apurada, determino o arquivamento da presente reclamação. Oficie-se a E. CGJ com cópia desta sentença. Não há custas, despesas processuais nem honorários advocatícios decorrentes deste procedimento. Oportunamente, arquivem se os autos. P.R.I.C. - ADV: LUCIANA CUPINI (OAB 215682/SP) (DJe de 30.01.2019 - SP)

Processo 1046713-46.2019.8.26.0100

Dúvida Suscitc.: 8º Oficial de Registro de Imóveis Suscitda.: Mariana Pestana Kitazono Sentença (fls. 138/143): Vistos. Trata-se de dúvida suscitada pelo Oficial do 8º Registro de Imóveis da Capital, a requerimento de MARIANA PESTANA KITAZONO, diante da negativa em se proceder ao registro da carta de arrematação expedida nos autos de reclamação trabalhista movida por Rosângela Aparecida dos Santos (processo nº 0261100-27.2001.5.02.0043), que tramitou perante o Juízo da 43ª Vara do Trabalho de São Paulo, tendo como objeto a vaga de garagem matriculada sob nº 80.604 e registrada em nome da reclamada. O óbice registrário refere-se a eventual ofensa ao disposto no artigo 1.331, § 1º, do Código Civil, uma vez que o título judicial tem como adquirente pessoa estranha ao condomínio, o que não é permitido pela legislação, além de nada constar a respeito na convenção condominial. Juntou documentos às fls. 09/130. A suscitada não apresentou impugnação (fl. 131), existindo, porém, sua manifestação, com juntada de documentos, junto à serventia extrajudicial, informando (fls. 127/128) que a suscitada é filha de proprietário de apartamento pertencente ao condomínio, o que permitiria a aquisição. O Ministério Público opinou pela improcedência da dúvida (fls. 134/136). É o relatório. Passo a fundamentar e a decidir. Em que pesem os argumentos expostos pelo Registrador, o óbice para o registro deve ser afastado. Preliminarmente, cumpre destacar que os títulos judiciais não estão isentos de qualificação, positiva ou negativa, para ingresso no fólio real. O Egrégio Conselho Superior da Magistratura já decidiu que a qualificação negativa do título judicial não caracteriza desobediência ou descumprimento de decisão judicial (Apelação cível n. 413-6/7). Neste sentido a apelação cível nº 464-6/9, de São José do Rio Preto: "Apesar de se tratar de título judicial, está ele sujeito à qualificação registrária. O fato de tratar-se o título de mandado judicial não o torna imune à qualificação registrária, sob o estrito ângulo da regularidade formal, O exame da legalidade nao promove incursão sobre o mérito da decisão judicial, mas à apreciação das formalidades extrínsecas da ordem e à conexão de seus dados com o registro e a sua formalização instrumental". Nessa linha, também o E. Supremo Tribunal Federal já decidiu que: "REGISTRO PÚBLICO - ATUAÇÃO DO TITULAR - CARTA DE ADJUDICAÇÃO - DÚVIDA LEVANTADA - CRIME DE DESOBEDIÊNCIA - IMPROPRIEDADE MANIFESTA. O cumprimento do dever imposto pela Lei de Registros Públicos, cogitando-se de deficiência de carta de adjudicação e levantando-se dúvida perante o juízo de direito da vara competente, longe fica de configurar ato passível de enquadramento no artigo 330 do Código Penal - crime de desobediência -, pouco importando o acolhimento, sob o ângulo judicial, do que suscitado" (HC 85911 / MG - MINAS GERAIS, Relator: Min. MARCO AURÉLIO, j. 25/10/2005, Primeira Turma). Sendo assim, fica claro que não basta a existência de título proveniente de órgão jurisdicional para autorizar automaticamente o ingresso no registro tabular. A questão posta a desate, como bem abordado nas razões da dúvida suscitada, é controvertida tanto na doutrina como na jurisprudência, e o tema não se encontra inteiramente pacificado. No caso em exame, aduz a Oficial que o registro da carta de arrematação constitui ofensa ao disposto no artigo 1331, § 1º, do Código Civil, já que o adquirente é pessoa estranha ao condomínio, o que não é permitido pela legislação, além de nada constar a respeito na convenção condominial. Como é sabido a arrematação é modo derivado de aquisição de propriedade, nos termos do atual entendimento do Conselho Superior da Magistratura (Apelação Cível nº 9000002-19.2013.8.26.0531), in verbis: "A arrematação constitui forma de alienação forçada, e que, segundo ARAKEN DE ASSIS, revela negócio jurídico entre o Estado, que detém o poder de dispor e aceita a declaração de vontade do adquirente (Manual da Execução. 14ª edição. São Paulo, Editora Revista dos Tribunais, 2012, p. 819). É ato expropriatório por meio do qual "o órgão judiciário transfere coativamente os bens penhorados do patrimônio do executado para o credor ou para outra pessoa. O fato de inexistir relação jurídica ou negocial entre o antigo proprietário (executado) e o adquirente (arrematante ou adjudicante) não afasta, contudo, o reconhecimento de que há aquisição derivada da propriedade. Nesse sentido, destaca-se a observação feita por Josué Modesto Passos, no sentido de que "a arrematação não pode ser considerada um fundamento autônomo do direito que o arrematante adquire. A arrematação é ato que se dá entre o Estado (o juízo) e o maior lançador (arrematante), e não entre o mais lançador (arrematante) e o executado; isso, porém, não exclui que se exija - como de fato se exige -, no suporte fático da arrematação (e, logo, no suporte fático da aquisição imobiliária fundada na arrematação), a existência do direito que, perdido para o executado, é então objeto de disposição em favor do arrematante. Ora, se essa existência do direito anterior está pressuposta e é exigida, então - quod erat demonstrandum - a aquisição é derivada (e não originária)" (op. cit., p. 118). A propósito, não há como simplesmente apagar as ocorrências registrarias anteriores ao ato de transmissão coativa, quando é da essência do registro público justamente resguardar as situações anteriores, situação que não se confunde com mecanismos de modulação dos efeitos da transmissão coativa, para atingir ou mesmo resguardar direitos de terceiros. Em suma: a arrematação não constitui modo originário de aquisição da propriedade, caindo por terra as alegações formuladas pelo recorrente." (g.n) Destarte, relevantes as restrições convencionais e legais para a análise da validade do ato. Entendo que as hipóteses estabelecidas no artigo 1331 e 1339 do Código Civil referem-se à alienação voluntária, não se aplicando nos casos de arrematação, que se caracteriza por uma alienação forçada, proveniente de ordem judicial em processo de execução, de modo que coercitivamente é transferida a propriedade do devedor ao credor pela inadimplência de uma obrigação. Por tal razão, inaplicáveis os precedentes desta 1ª Vara de Registros Públicos, que proibiam a alienação individual de unidade autônoma quando o negócio jurídico fosse voluntário. Acaso seja impedido o ingresso do título, teria-se que declarar inválido o leilão judicial, o que se mostra inviável. A vaga objeto de matrícula própria, sendo bem autonomô, pode ser penhorada individualmente, conforme a necessidade da execução da dívida. Observa-se que a jurisprudência dos Tribunais Superiores reconhece a possibilidade de penhora da garagem: "PROCESSO CIVIL. EXECUÇÃO. PENHORA DE VAGA DE GARAGEM COM MATRÍCULA PRÓPRIA, DISTINTA DAQUELA DO IMÓVEL RESIDENCIAL DO DEVEDOR. POSSIBILIDADE. PRECEDENTES. 1. É possível a penhora de vaga de garagem com matrícula própria, por tratar-se de unidade autônoma, distinta daquela que integra o imóvel residencial do devedor. Hipótese que não se enquadra no art. 1º, da Lei nº 9.009/90. Precedentes. 2. Recurso especial não provido (RESP 977004, RELATOR MINISTRO CASTRO MEIRA RECORRENTE: DAILCE MARIA LEITE MIOTTO ADVOGADO: ANA CRISTINA TESSER RECORRIDO: ESTADO DO RIO GRANDE DO SUL PROCURADOR: LUCIANE FABBRO E OUTRO(S)) "PROCESSO CIVIL. AGRAVO REGIMENTAL NO AGRAVO EM RECURSO ESPECIAL. EXECUÇÃO. PENHORA. VAGA DE GARAGEM COM MATRÍCULA PRÓPRIA NO REGISTRO DE IMÓVEIS. SÚMULA N. 449/STJ. INCIDÊNCIA. JURISPRUDÊNCIA PACIFICADA. SÚMULA N. 83/STJ. DECISÃO MANTIDA. 1. Conforme a orientação consolidada na Súmula n. 449/STJ, "a vaga de garagem que possui matrícula própria de registro de imóveis não constitui bem de família para efeito de penhora". 2. Estando o acórdão recorrido em harmonia com o entendimento desta Corte, correta a incidência da Súmula n. 83/STJ, que se aplica tanto aos recursos interpostos com base na alínea "c" quanto àqueles fundamentados pela alínea "a" do permissivo constitucional. 3. Agravo regimental improvido" (AgRg no AREsp 805.687/RS, Quarta Turma, Rel. Min. Antônio Carlos Ferreira, j. 10.03.16). Ainda, de acordo com a Súmula 449 do STJ: "A vaga de garagem que possui matrícula própria no registro de imóveis não constitui bem de família para efeito de penhora". E, uma vez reconhecida a possibilidade de penhora da garagem de forma autônoma, deve-se entender que sua alienação forçada levaria a existência de aquisição da propriedade por terceiro estranho ao condomínio, sem que o registro pudesse ser impedido. Em outras palavras, se permitida pela jurisprudência a penhora da garagem, não se pode impedir o ingresso do título utilizando-se do argumento de que o arrematante não pertence ao condomínio, sob pena de tornar sem efeito a penhora, beneficiando o devedor. Não se ignora que na convenção do condomínio não há qualquer autorização para que as garagens autônomas possam ser alienadas a terceiros estranhos, contudo, tal situação não é apta a impedir o ingresso do título. Neste sentido, como bem expôs o Douto Promotor de Justiça, cujo posicionamento coaduno: "Ressalto, porém, que a proprietária do abrigo para veículos somente poderá vender, permutar e ceder tal bem para os demais condôminos, sob pena de violação da vedação insculpida no artigo 1339, § 2º CC". Logo, o óbice registrário imposto pelo Oficial deverá ser afastado, para que se proceda o registro do título apresentado. Diante do exposto, julgo improcedente a dúvida suscitada pelo Oficial do 8º Registro de Imóveis da Capital, a requerimento de MARIANA PESTANA KITAZONO, e consequentemente determino que se proceda ao registro da carta de arrematação. Deste procedimento não decorrem custas, despesas processuais e honorários advocatícios. Oportunamente remetam-se os autos ao arquivo. P.R.I.C. São Paulo, 24 de junho de 2019. Tania Mara Ahualli Juiza de Direito (CP 246) (- DJe de 27.06.2019 - SP)

Processo 1082780-10.2019

Dúvida 16º Oficio de Registro de Imóveis da Capital Rafael Mendes da Silva Sentença (fls. 83/86): Vistos. Trata-se de dúvida suscitada pela Oficial do 16º Registro de Imóveis da Capital, a requerimento de Rafael Mendes da Silva, tendo em vista a negativa em se proceder ao registro da carta de arrematação dos direitos do contrato particular de promessa de venda e compra, referente ao imóvel matriculado sob nº 125.145. O óbice registrário refere-se à necessidade de primeiramente se registrar o contrato de compromisso mencionado no título. Houve a reapresentação da carta de arrematação com cópia autenticada do contrato de compromisso, sendo que cópia, mesmo autenticada, não é título hábil para o registro. Juntou documentos às fls. 05/75. Não houve apresentação de impugnação, conforme certidão de fl. 76. O Ministério Público opinou pela prejudicialidade da dúvida e consequente manutenção do óbice (fls. 80/81). É o relatório. Passo a fundamentar e a decidir. Decerto, para o registro da carta de arrematação dos direitos do contrato particular de promessa de venda e compra, faz-se necessário primeiramente o registro do compromisso, a fim de se estabelecer um encadeamento registrário, razão pela qual será analisado o óbice concernente à ausência de registro do compromisso. A jurisprudência do Egrégio Conselho Superior da Magistratura é pacífica no sentido de que a não apresentação da via original do título que se pretende registrar prejudica a dúvida, seja por conta do comando previsto no art. 2013, II da Lei nº 6.015/73 e no Cap. XX, item 41.1.1, com a redação que lhe deu o Provimento CGJ n. 11, de 16 de abril de 2013, art. 4º das Normas de Serviço da Corregedoria Geral da Justiça, seja pela necessidade de se examinar a sua autenticidade. Ademais a ausência de apresentação do original não permite ao registrador realizar a qualificação do título apresentado. Neste sentido verifica-se os julgado das Apelações Cíveis nºs 2.177-0, 4.258-0, 4.283-0, 12.439-0/6, 1.820-0/2. "Ora, sem a apresentação do título original, não se admite a discussão do quanto mais se venha a deduzir nos autos, porque, o registro, em hipótese alguma, poderá ser autorizado, nos termos do art. 2013, I da Lei 6.015/73. Não é demasiado observar que, no tocante à exigência de autenticidade, o requisito da exibição imediata do original, diz respeito ao direito obtido com a prenotação do titulo, direito que não enseja prazo reflexo de saneamento extrajudicial de deficiências da documentação apresentada. Por conseguinte, não há como apreciar o fundamento da recusa, face à questão prejudicial" (Ap. Cível nº 30.728-0/7, Rel. Des. Márcio Martins Bonilha) No caso em exame foi apresentado apenas a cópia autenticada do instrumento particular de promessa de venda e compra e outras avenças, na qual figura como promitente compradora a empresa Con crearte Empreiteiros Associados e Engenharia LTDA. Além disso, houve a prenotação da carta de arrematação apresentada a registro que ficou condicionada ao registro do compromisso. Ocorre que não se deu sequer a prenotação do compromisso de compra e venda, o que também prejudica a dúvida, uma vez que, sem a prenotação, não há como saber se já houve o registro de outro título - contraditório ao ora apresentado - de sorte que eventual improcedência da dúvida, com a subsequente determinação de registro do título, colocaria em risco a segurança jurídica da qual os registros públicos não podem prescindir. Contudo, a prejudicialidade da dúvida pela ausência da apresentação do documento original não obsta o exame em tese das duas exigências formuladas, a fim de orientar futura prenotação. Nos autos da Apelação Cível nº 018645- 08.2012.8.26.0114, o Egrégio Conselho Superior da Magistratura, ao interpretar a redação do art.221 do CC, concluiu pela prescindibilidade de o instrumento particular estar assinado por duas testemunhas para poder ingressar no registro de imóveis. Contudo, deve prevalecer a necessidade em relação ao reconhecimento das firmas que todas as partes que comparecerem no título, em consonância com o princípio da legalidade, bem como a qualificação dos representantes da empresa Ivo Zarzur Administração e Participações LTDA e da adquirente Concrearte Empreiteiros Eng. LTDA. Diante do exposto, julgo prejudicada dúvida suscitada pela Oficial do 16º Registro de Imóveis da Capital, a requerimento de Rafael Mendes da Silva, com observação. Deste procedimento não decorrem custas, despesas processuais e honorários advocatícios. Oportunamente remetam-se os autos ao arquivo. P.R.I.C. São Paulo, 02 de outubro de 2019. Tania Mara Ahualli Juiza de Direito (CP-442) (– DJe de 10.10.2019 – SP)

Processo 1022573-45.2019.8.26.0100

Dúvida - Notas - Maria Cristina Dell'amore - Vistos. Trata-se de dúvida suscitada pelo Oficial do 4º Registro de Imóveis da Capital, a requerimento de Maria Cristina Dell'Amore, tendo em vista a negativa em se proceder ao registro da carta de arrematação extraída dos autos da ação de procedimento sumário - despesas condominiais (processo nº 0062413-12.2001.8.26.0100), que tramitou perante o MMº Juízo da 24ª Vara Cível da Capital, pelo qual a suscitada arrematou os direitos que o executado possuía sobre os imóveis matriculados sob nºs 123.776 e 134.063, oriundos do compromisso de venda e compra. O óbice registrario refere-se à violação ao principio da continuidade, tendo em vista que a ação foi movida em face de Augusto Araujo Giacometti, que não consta como titular de qualquer direito registrado nas matrículas mencionadas, sendo que os imóveis são de propriedade da Construtora Cappellano. Logo, é necessário o prévio registro do título aquisitivo dos direitos de compromissário comprador, para formar o encadeamento dos atos registrários. Juntou documentos às fls. 04/63. Insurge-se a suscitada do óbice imposto, sob o argumento de que a arrematação é modo de aquisição originário da propriedade, corroborado pela decisão proferida pelo MMº Juízo Cível, assim, desfaz-se a cadeia de proprietários anteriores (fls. 64/71). O Ministério Público opinou pela procedência da dúvida (fls. 75/77). É o relatório. Passo a fundamentar e a decidir. Preliminarmente, cumpre destacar que os títulos judiciais não estão isentos de qualificação, positiva ou negativa, para ingresso no fólio real, como já está pacificado pelo Egrégio Conselho Superior da Magistratura. Nesse sentido a decisão do Conselho Superior da Magistratura (Apelação Cível 464-6/9, São José do Rio Preto): "Apesar de se tratar de título judicial, está ele sujeito à qualificação registrária. O fato de tratar-se o título de mandado judicial não o torna imune à qualificação registrária, sob o estrito ângulo da regularidade formal, o exame da legalidade não promove incursão sobre o mérito da decisão judicial, mas à apreciação das formalidades extrínsecas da ordem e à conexão de seus dados com o registro e a sua formalização instrumental". Sendo assim, fica claro que não basta a existência de título proveniente de órgão jurisdicional para autorizar automaticamente o ingresso no registro tabular. Feitas estas considerações, passo a análise do mérito. Importante destacar o entendimento de Francisco Eduardo Loureiro, em Código Civil Comentado: "O princípio da continuidade, também chamado trato sucessivo e trato contínuo, está previsto nos arts. 195 e 237 da Lei n. 6.105/73. Expressa a regra que ninguém pode dispor de direitos que não tem, ou de direitos de qualidade e quantidade diversa dos quais é titular. Diz que, em relação a cada imóvel, deve haver uma cadeia de titulares, à vista da qual só se fará a inscrição de um direito se o outorgante dele aparecer no registro como seu titular. Não se encontram sujeitos a tal princípio os títulos que expressam modos originários de aquisição da propriedade, como a usucapião e a desapropriação". Sobre o tema merece ser citado Narciso Orlandi, para quem: "No sistema que adota o princípio da continuidade, os registros têm de observar um encadeamento subjetivo. Os atos praticados têm de ter, numa das partes, a pessoa cujo nome já consta do registro. A pessoa que transmite um direito tem de constar do registro como titular desse direito, valendo para o registro o que vale para validade dos negócios" (Retificação do Registro de Imóveis, Editora Oliveira Mendes, p. 56). Portanto, o título que se pretende registrar deve estar em conformidade com o inscrito na matrícula, caso contrário traria insegurança jurídica ao Registro de Imóveis. É certo que os títulos originários não estão sujeitos ao princípio da continuidade por sua natureza constitutiva, pois nesta forma de aquisição da propriedade não há a transmissão de um sujeito para outro. Todavia, a matéria restou pacificada pelo Egrégio Conselho Superior da Magistratura, que reconheceu a arrematação como forma derivada de aquisição da propriedade: "REGISTRO DE IMÓVEIS - Carta de Arrematação- Título judicial que não escapa à qualificação registral - Forma derivada de aquisição de propriedade - Desqualificação por ofensa ao princípio da continuidade - Cancelamento objetivado, com a finalidade de possibilitar a inscrição do título, que não comporta exame na via administrativa - Dúvida julgada procedente - Recurso não provido" (APELAÇÃO CÍVEL: 1061979-44.2017.8.26.0100, DATA DE JULGAMENTO: 23/04/2018 DATA DJ:23/05/2018, Rel: Des. RELATOR: Geraldo Francisco Pinheiro Franco). "REGISTRO DE IMÓVEIS - CARTA DE ARREMATAÇÃO - FORMA DERIVADA DE AQUISIÇÃO DA PROPRIEDADE - EXECUTADA QUE NÃO FIGURA COMO PROPRIETÁRIA DO IMÓVEL NA RESPECTIVA MATRÍCULA - AFRONTA AO PRINCÍPIO DA CONTINUIDADE - RECURSO DESPROVIDO" (TJSP; Apelação 1047731-10.2016.8.26.0100; Relator: Des. Pereira Calças; Órgão Julgador: Conselho Superior de Magistratura; Foro Central Cível - 1ª Vara de Registros Públicos; Data do Julgamento: 29/09/2017; Data de Registro: 16/10/2017) Como destaca o MMº Juiz de Direito Drº Josué Modesto Passos, "diz-se originária a aquisição que, em seu suporte fático, é independente da existência de um outro direito; derivada, a que pressupõe, em seu suporte fático, a existência do direito por adquirir. A inexistência de relação entre titulares, a distinção entre o conteúdo do direito anterior e o do direito adquirido originariamente, a extinção de restrições e limitações, tudo isso pode se passar, mas nada disso é da essência da aquisição originária" (PASSOS, Josué Modesto. A arrematação no registro de imóveis: continuidade do registro e natureza da aquisição. São Paulo: Editora Revista dos Tribunais, 2014, pp. 111- 112). E ainda, de acordo com a observação feita pelo mencionado magistrado, "a arrematação não pode ser considerada um fundamento autônomo do direito que o arrematante adquire. A arrematação é ato que se dá entre o Estado (o juízo) e o maior lançador (arrematante), e não entre o mais lançador (arrematante) e o executado; isso, porém, não exclui que se exija - como de fato se exige -, no suporte fático da arrematação (e, logo, no suporte fático da aquisição imobiliária fundada na arrematação), a existência do direito que, perdido para o executado, é então objeto de disposição em favor do arrematante. Ora, se essa existência do direito anterior está pressuposta e é exigida, então - quod erat demonstrandum - a aquisição é derivada (e não originária)" (op. cit., p. 118). Logo, na presente hipótese, não se tratando de aquisição originária, houve o rompimento do encadeamento sucessivo de titularidade, ferindo consequentemente o princípio da segurança juridica que dos atos registrários se espera. Assim, tendo em vista que o objeto da arrematação são os direitos de compromissário comprador de titularidade do executado Augusto Araujo Giacometti, é necessário que o titulo aquisitivo em seu nome esteja registrado nas matrículas dos imóveis e para que posteriormente Maria Cristina Dell'Amore passe a integrar a cadeia de titularidade registrária do bem. Por fim, apesar do MMº Juízo da 24ª Vara Cível da Capital ter reconhecido na decisão proferida que a arrematação é modo de aquisição originário, há uma ressalva que em caso de recusa no registro, caberá à interessada suscitar dúvida ao Juiz Corregedor do Cartório, o que por si só não implica no registro automático, como faz crer a suscitada. Diante do exposto, julgo procedente a dúvida suscitada pelo Oficial do 4º Registro de Imóveis da Capital, a requerimento de Maria Cristina Dell'Amore e consequentemente mantenho o óbice registrário. Deste procedimento não decorre custas, despesas processuais e honorários advocatícios. Oportunamente remetam-se os autos ao arquivo. P.R.I.C. - ADV: VIVIAN DO VALLE SOUZA LEÃO MIKUI (OAB 102195/SP) (DJe de 01.04.2019 - SP)

Processo 1000190-73.2019.8.26.0100

Dúvida - REGISTROS PÚBLICOS - JSP Administradora e Participações Ltda. - Vistos. Trata-se de dúvida suscitada pelo Oficial do 14º Registro de Imóveis da Capital, a requerimento de JSP Administradora e Participações LTDA, tendo em vista a negativa de ingresso da escritura lavrada perante o 14º Tabelião de Notas da Capital, pela qual Tupi Transportes Urbanos Piratininga LTDA transmitiu à suscitada, a título de dação em pagamento, o imóvel matriculado sob nº 6.065. O óbice registrário refere-se à indisponibilidade que grava o bem, oriunda de decisão emanada pelo MMº Juiz da 25ª Vara da Justiça Federal, nos autos da ação civil pública nº 2003.61.00036130-8, conforme averbação nº 16. Esclarece que mencionado imóvel foi arrematado nos autos da ação de procedimento sumário nº 583.00.2008.217395-0, movida pelo condomínio Edifico Firenze/Venezia em face de Sérgio Chiamarelli Júnior, casado com Maria Fernandes Peixoto Chiamarelli, pela ora requerente. Juntou documentos às fls. 04/45. A suscitada aduz que, de acordo com as decisões da Egrégia Corregedoria Geral da Justiça e Egrégio Conselho Superior da Magistratura, a averbação de indisponibilidade que grava o imóvel não tem o condão de impedir que o bem seja adquirido através de arrematação, o que acarreta o registro da respectiva carta de arrematação (fls. 48/54). O Ministério Público opinou pela improcedência da dúvida (fls. 57/59). É o relatório. Passo a fundamentar e a decidir. Em que pese a cautela do registrador em qualificar negativamente o título, entendo que a dúvida é improcedente. Atualmente está pacífico o entendimento de que a arrematação é modo coercitivo e derivado de aquisição. Confira -se do julgamento da Apelação Cível nº 9000002-19.2013.8.26.0531: "A arrematação constitui forma de alienação forçada, e que, segundo ARAKEN DE ASSIS, revela negócio jurídico entre o Estado, que detém o poder de dispor e aceita a declaração de vontade do adquirente (Manual da Execução. 14ª edição. São Paulo, Editora Revista dos Tribunais, 2012, p. 819). É ato expropriatório por meio do qual "o órgão judiciário transfere coativamente os bens penhorados do patrimônio do executado para o credor ou para outra pessoa. O fato de inexistir relação jurídica ou negocial entre o antigo proprietário (executado) e o adquirente (arrematante ou adjudicante) não afasta, contudo, o reconhecimento de que há aquisição derivada da propriedade. Nesse sentido, destaca-se a observação feita por Josué Modesto Passos, no sentido de que "a arrematação não pode ser considerada um fundamento autônomo do direito que o arrematante adquire. A arrematação é ato que se dá entre o Estado (o juízo) e o maior lançador (arrematante), e não entre o mais lançador (arrematante) e o executado; isso, porém, não exclui que se exija - como de fato se exige -, no suporte fático da arrematação (e, logo, no suporte fático da aquisição imobiliária fundada na arrematação), a existência do direito que, perdido para o executado, é então objeto de disposição em favor do arrematante. Ora, se essa existência do direito anterior está pressuposta e é exigida, então - quod erat demonstrandum - a aquisição é derivada (e não originária)" (op. cit., p. 118). A propósito, não há como simplesmente apagar as ocorrências registrarias anteriores ao ato de transmissão coativa, quando é da essência do registro público justamente resguardar as situações anteriores, situação que não se confunde com mecanismos de modulação dos efeitos da transmissão coativa, para atingir ou mesmo resguardar direitos de terceiros. Em suma: a arrematação não constitui modo originário de aquisição da propriedade, caindo por terra as alegações formuladas pelo recorrente." (g.n) Ressalto que as hipóteses estabelecidas no artigo 1331 e 1339 do Código Civil se referem à alienação voluntária, não se aplicando nos casos de arrematação, que se caracteriza por uma alienação forçada, proveniente de ordem judicial em processo de execução, de modo que coercitivamente é transferida a propriedade do devedor ao credor pela inadimplência de uma obrigação. Na presente hipótese, a alienação judicial derivou da arrematação pela suscitada, no curso da ação de cobrança de condomínio movida contra o antecessor dominial Sérgio Chmarelli Júnior, logo entendo que a indisponibilidade não obsta a alienação forçada e nem o registro da respectiva carta de arrematação. A questão já foi objeto de análise pelo Egrégio Conselho Superior da Magistratura, nos autos nº 0006122-61.2016.8.26.0198, de relatoria do Des. Manoel Pereira Calças: "REGISTRO DE IMÓVEIS - Prévia anotação de indisponibilidade de bem imóvel. Registro de carta de adjudicação-Possibilidade - Alienação forçada - Precedentes do Conselho Superior da Magistratura - Recurso provido". Confira-se do corpo do Acórdão: "... Este E. Conselho Superior da Magistratura consolidou o entendimento no sentido de que a indisponibilidade obsta a alienação voluntária, mas não a forçada, em harmonia com a jurisprudência do Egrégio Superior Tribunal de Justiça (Resp. 512.398). ... Referido entendimento está em consonância com o item 405 do Capítulo XX das NSCGJ: 405. As indisponibilidades averbadas nos termos do Provimento CG 13/2012, e na forma do § 1º, do art. 53, da Lei nº 8.212, de 24 de julho de 1991, não impedem a alienação, oneração e constrição judiciais do imóvel". Nesse sentido, precedentes deste E. Conselho Superior: Registro de Imóveis. Dúvida. Carta de arrematação. Imóvel gravado com registro de hipoteca. Penhora em favor do credor em execução hipotecária, penhora em execução fiscal da fazenda nacional, e averbação de indisponibilidade determinada em ação de falência. Recusa do registro sob o fundamento de necessidade de prévio cancelamento dos ônus que gravam o imóvel. Alienação forçada. Registro viável de acordo com os precedentes do Conselho Superior da Magistratura. Recurso Parcialmente provido. Dúvida Procedente. (CSMSP - Apelação Cível:3001116-49.2013.8.26.0223, Rel. Des. Elliot Akel. j. 18/11/2014). "Registro de Imóveis. Dúvida. Arrematação de imóvel em hasta pública. Forma originária de aquisição de propriedade. Inexistência de relação jurídica entre o arrematante e o anterior proprietário do bem. Imóvel penhorado com base no art. 53, §1º, da Lei 8.121/91. Indisponibilidade que obsta apenas a alienação voluntária. Incidência de ITBI nas arrematações judiciais por expressa determinação legal - Recurso não provido". (CSMSP - Apelação Cível: 0007969-54.2010.8.26.0604, Rel. Des. José Renato Nalini. j. 10/05/2012). Portanto, o óbice registrário imposto pelo oficial deverá ser afastado, para que se proceda o registro do titulo apresentado. Diante do exposto, julgo improcedente a dúvida suscitada pelo Oficial do 14º Registro de Imóveis da Capital, a requerimento de JSP Administradora e Participações LTDA, e consequentemente determino o registro do título. Deste procedimento não decorrem custas, despesas processuais e honorários advocatícios. Oportunamente remetam-se os autos ao arquivo. P.R.I.C. - ADV: HENRIQUE RATTO RESENDE (OAB 216373/SP) (DJe de 06.03.2019 - SP)

CAUÇÃO

Processo 0063765-09.2018.8.26.0100

Pedido de Providências - REGISTROS PÚBLICOS - Corregedoria Geral da Justiça - Luciana Cupini e outro - Vistos. Trata-se de reclamação formulada por Luciana Cupini em face do Oficial do 14º Registro de Imóveis da Capital, aduzindo que o registrador não cumpriu ordem de cancelamento de arrematação prenotada, causando prejuízos a seus clientes Publio Cupini Júnior e Patrícia Fátima Medeiros Cupini. Alega também que o registrador está retendo os títulos prenotados e se recusa a devolver emolumentos depositados, mesmo sem a realização do registro. Juntou documentos às fls. 09/13. Houve manifestação do Oficial às fls. 15/19, com documentos às fls. 20/69. Aduz que a questão do cancelamento já foi tratada em dois procedimentos de dúvida desta 1ª Vara de Registros Públicos, não havendo ilegalidade em seus atos. Quanto à retenção do título, informa que este encontra-se na serventia judicial para retirada desde a prolação de sentença no procedimento de dúvida deste juízo. No que diz respeito aos emolumentos, sustenta que estes estão disponíveis para retirada, mas nunca houve solicitação de devolução pelos interessados. Por decisão de fls. 70/71, complementada às fls. 115/116 e 136/137, excluiu-se do feito a análise do Oficial quanto ao registro e cancelamento da arrematação, tendo em vista que este ponto já havia sido tratado em procedimento de dúvida anterior. A reclamante apresentou manifestação às fls. 73/86, 120/121, 148/151 e 163/165, pugnando pela ilegalidade dos atos do registrador, com resposta do Oficial às fls. 122/135. O Ministério Público, às fls. 171/172, ofereceu parecer pelo arquivamento da reclamação. É o relatório. Decido. Novamente, como já salientado em decisões anteriores, a presente reclamação não abordará o tema da legalidade dos registros realizados pelo Oficial, já que tais questões foram amplamente tratadas nas dúvidas 0031718-89.2012.8.26.0100 e 1013804-24.2014.8.26.0100, onde se apurou a correção da recusa em se registrar a adjudicação prenotada por Publio Cupini Júnior e Patrícia Fátima Medeiros Cupini. Em entendendo que, mesmo com base em tais procedimentos, o Oficial trouxe prejuízos indenizáveis aos representados pela reclamante, deverá ajuizar a medida judicial cabível no juízo competente. Quanto as questões restantes, não há irregularidade na conduta do Oficial. Os títulos originais apresentados na dúvida 1013804- 24.2014.8.26.0100 não foram retidos, aguardando apenas a retirada pelos interessados, que foram intimados pelo DJE (fl. 127) acerca de tal disponibilização, situação que permanece a mesma conforme certidão de fl. 167. Nem se diga que, tendo prenotado o título originalmente na serventia extrajudicial, deveria ser disponibilizado naquele local para retirada, uma vez que o pedido de suscitação de dúvida, requerido pela reclamante, levou ao encaminhamento dos documentos a este juízo para anexação ao processo, ficando a ele vinculados e, consequentemente, devendo ser aqui requerido o desentranhamento, não tendo o registrador qualquer influência sobre tal questão. Quanto aos emolumentos, ausente solicitação de devolução do depósito prévio, não se pode dizer que houve recusa injustificada pelo Oficial em restituir os valores, o que levaria a apuração disciplinar de sua conduta. Ainda, não há qualquer previsão legal ou normativa no sentido de ser o Oficial obrigado a procurar pelo interessado pra que este retire o depósito prévio. Ora, é do próprio interesse do usuário do serviço reaver as quantias a que faz jus, devendo procurar a serventia, após o prazo da prenotação ou fim do procedimento de dúvida, para que verifique se há valores a serem restituídos, seja por excesso do depósito prévio, seja pela não realização do registro. Só não pode o Oficial, mesmo decorrido longo prazo após o depósito sem retirada, apropriar-se do valor depositado como renda da serventia, devendo manter o numerário sempre disponível para devolução, conforme controle realizado em livro próprio, conforme o item 44.1 do Cap. XIII das NSCGJ. Tendo sido esta a conduta do Oficial, não houve qualquer irregularidade. Em verdade, surpreende a atitude da reclamante que, alegando ser alto e relevante o valor depositado, em nenhum momento procurou reavê-lo, apresentando a questão subsidiariamente nesta reclamação, voltada, ao que parece, a tentar reaver os danos causados por negócio jurídico que lhe trouxe prejuízos. Tanto é assim que, mesmo tendo o Oficial informado que o depósito está disponível para retirada neste feito, a reclamante continua alegando que há retenção indevida, não mostrando qualquer atitude com o fim de reavê-los, buscando apenas a sanção do delegatário. Do exposto, não havendo falta funcional a ser apurada, determino o arquivamento da presente reclamação. Oficie-se a E. CGJ com cópia desta sentença. Não há custas, despesas processuais nem honorários advocatícios decorrentes deste procedimento. Oportunamente, arquivem se os autos. P.R.I.C. - ADV: LUCIANA CUPINI (OAB 215682/SP) (DJe de 30.01.2019 - SP)

Processo 1046713-46.2019.8.26.0100

Dúvida Suscite.: 8º Oficial de Registro de Imóveis Suscitda.: Mariana Pestana Kitazono Sentença (fls. 138/143): Vistos. Trata-se de dúvida suscitada pelo Oficial do 8º Registro de Imóveis da Capital, a requerimento de MARIANA PESTANA KITAZONO, diante da negativa em se proceder ao registro da carta de arrematação expedida nos autos de reclamação trabalhista movida por Rosângela Aparecida dos Santos (processo nº 0261100-27.2001.5.02.0043), que tramitou perante o Juízo da 43ª Vara do Trabalho de São Paulo, tendo como objeto a vaga de garagem matriculada sob nº 80.604 e registrada em nome da reclamada. O óbice registrário refere-se a eventual ofensa ao disposto no artigo 1.331, § 1º, do Código Civil, uma vez que o título judicial tem como adquirente pessoa estranha ao condomínio, o que não é permitido pela legislação, além de nada constar a respeito na convenção condominial. Juntou documentos às fls. 09/130. A suscitada não apresentou impugnação (fl. 131), existindo, porém, sua manifestação, com juntada de documentos, junto à serventia extrajudicial, informando (fls. 127/128) que a suscitada é filha de proprietário de apartamento pertencente ao condomínio, o que permitiria a aquisição. O Ministério Público opinou pela improcedência da dúvida (fls. 134/136). É o relatório. Passo a fundamentar e a decidir. Em que pesem os argumentos expostos pelo Registrador, o óbice para o registro deve ser afastado. Preliminarmente, cumpre destacar que os títulos judiciais não estão isentos de qualificação, positiva ou negativa, para ingresso no fólio real. O Egrégio Conselho Superior da Magistratura já decidiu que a qualificação negativa do título judicial não caracteriza desobediência ou descumprimento de decisão judicial (Apelação cível n. 413-6/7). Neste sentido a apelação cível nº 464-6/9, de São José do Rio Preto: "Apesar de se tratar de título judicial, está ele sujeito à qualificação registrária. O fato de tratar-se o título de mandado judicial não o torna imune à qualificação registrária, sob o estrito ângulo da regularidade formal, O exame da legalidade não promove incursão sobre o mérito da decisão judicial, mas à apreciação das formalidades extrínsecas da ordem e à conexão de seus dados com o registro e a sua formalização instrumental". Nessa linha, também o E. Supremo Tribunal Federal já decidiu que: "REGISTRO PÚBLICO - ATUAÇÃO DO TITULAR - CARTA DE ADJUDICAÇÃO - DÚVIDA LEVANTADA - CRIME DE DESOBEDIÊNCIA - IMPROPRIEDADE MANIFESTA. O cumprimento do dever imposto pela Lei de Registros Públicos, cogitando-se de deficiência de carta de adjudicação e levantando-se dúvida perante o juízo de direito da vara competente, longe fica de configurar ato passível de enquadramento no artigo 330 do Código Penal - crime de desobediência -, pouco importando o acolhimento, sob o ângulo judicial, do que suscitado" (HC 85911 / MG - MINAS GERAIS, Relator: Min. MARCO AURÉLIO, j. 25/10/2005, Primeira Turma). Sendo assim, fica claro que não basta a existência de título proveniente de órgão jurisdicional para autorizar automaticamente o ingresso no registro tabular. A questão posta a desate, como bem abordado nas razões da dúvida suscitada, é controvertida tanto na doutrina como na jurisprudência, e o tema não se encontra inteiramente pacificado. No caso em exame, aduz a Oficial que o registro da carta de arrematação constitui ofensa ao disposto no artigo 1331, § 1º, do Código Civil, já que o adquirente é pessoa estranha ao condomínio, o que não é permitido pela legislação, além de nada constar a respeito na convenção condominial. Como é sabido a arrematação é modo derivado de aquisição de propriedade, nos termos do atual entendimento do Conselho Superior da Magistratura (Apelação Cível nº 9000002-19.2013.8.26. 0531), in verbis: "A arrematação constitui forma de alienação forçada, e que, segundo ARAKEN DE ASSIS, revela negócio jurídico entre o Estado, que detém o poder de dispor e aceita a declaração de vontade do adquirente (Manual da Execução. 14ª edição. São Paulo, Editora Revista dos Tribunais, 2012, p. 819). É ato expropriatório por meio do qual "o órgão judiciário transfere coativamente os bens penhorados do patrimônio do executado para o credor ou para outra pessoa. O fato de inexistir relação jurídica ou negocial entre o antigo proprietário (executado) e o adquirente (arrematante ou adjudicante) não afasta, contudo, o reconhecimento de que há aquisição derivada da propriedade. Nesse sentido, destaca-se a observação feita por Josué Modesto Passos, no sentido de que "a arrematação não pode ser considerada um fundamento autônomo do direito que o arrematante adquire. A arrematação é ato que se dá entre o Estado (o juízo) e o maior lançador (arrematante), e não entre o mais lançador (arrematante) e o executado; isso, porém, não exclui que se exija - como de fato se exige -, no suporte fático da arrematação (e, logo, no suporte fático da aquisição imobiliária fundada na arrematação), a existência do direito que, perdido para o executado, é então objeto de disposição em favor do arrematante. Ora, se essa existência do direito anterior está pressuposta e é exigida, então - quod erat demonstrandum - a aquisição é derivada (e não originária)" (op. cit., p. 118). A propósito, não há como simplesmente apagar as ocorrências registrarias anteriores ao ato de transmissão coativa, quando é da essência do registro público justamente resguardar as situações anteriores, situação que não se confunde com mecanismos de modulação dos efeitos da transmissão coativa, para atingir ou mesmo resguardar direitos de terceiros. Em suma: a arrematação não constitui modo originário de aquisição da propriedade, caindo por terra as alegações formuladas pelo recorrente." (g.n) Destarte, relevantes as restrições convencionais e legais para a análise da validade do ato. Entendo que as hipóteses estabelecidas no artigo 1331 e 1339 do Código Civil referem-se à alienação voluntária, não se aplicando nos casos de arrematação, que se caracteriza por uma alienação forçada, proveniente de ordem judicial em processo de execução, de modo que coercitivamente é transferida a propriedade do devedor ao credor pela inadimplência de uma obrigação. Por tal razão, inaplicáveis os precedentes desta 1ª Vara de Registros Públicos, que proibiam a alienação individual de unidade autônoma quando o negócio jurídico fosse voluntário. Acaso seja impedido o ingresso do título, teria-se que declarar inválido o leilão judicial, o que se mostra inviável. A vaga objeto de matrícula própria, sendo bem autonômo, pode ser penhorada individualmente, conforme a necessidade da execução da dívida. Observa-se que a jurisprudência dos Tribunais Superiores reconhece a possibilidade de penhora da garagem: "PROCESSO CIVIL. EXECUÇÃO. PENHORA DE VAGA DE GARAGEM COM MATRÍCULA PRÓPRIA, DISTINTA DAQUELA DO IMÓVEL RESIDENCIAL DO DEVEDOR. POSSIBILIDADE. PRECEDENTES. 1. É possível a penhora de vaga de garagem com matrícula própria, por tratar-se de unidade autônoma, distinta daquela que integra o imóvel residencial do devedor. Hipótese que não se enquadra no art. 1º, da Lei nº 9.009/90. Precedentes. 2. Recurso especial não provido (RESP 977004, RELATOR MINISTRO CASTRO MEIRA RECORRENTE: DAILCE MARIA LEITE MIOTTO ADVOGADO: ANA CRISTINA TESSER RECORRIDO: ESTADO DO RIO GRANDE DO SUL PROCURADOR: LUCIANE FABBRO E OUTRO(S)) "PROCESSO CIVIL. AGRAVO REGIMENTAL NO AGRAVO EM RECURSO ESPECIAL. EXECUÇÃO. PENHORA. VAGA DE GARAGEM COM MATRÍCULA PRÓPRIA NO REGISTRO DE IMÓVEIS. SÚMULA N. 449/STJ. INCIDÊNCIA. JURISPRUDÊNCIA PACIFICADA. SÚMULA N. 83/STJ. DECISÃO MANTIDA. 1. Conforme a orientação consolidada na Súmula n. 449/STJ, "a vaga de garagem que possui matrícula própria de registro de imóveis não constitui bem de família para efeito de penhora". 2. Estando o acórdão recorrido em harmonia com o entendimento desta Corte, correta a incidência da Súmula n. 83/STJ, que se aplica tanto aos recursos interpostos com base na alínea "c" quanto àqueles fundamentados pela alínea "a" do permissivo constitucional. 3. Agravo regimental impróvido" (AgRg no AREsp 805.687/RS, Quarta Turma, Rel. Min. Antônio Carlos Ferreira, j. 10.03.16). Ainda, de acordo com a Súmula 449 do STJ: "A vaga de garagem que possui matrícula própria no registro de imóveis não constitui bem de família para efeito de penhora". E, uma vez reconhecida a possibilidade de penhora da garagem de forma autônoma, deve-se entender que sua alienação forçada levaria a existência de aquisição da propriedade por terceiro estranho ao condomínio, sem que o registro pudesse ser impedido. Em outras palavras, se permitida pela jurisprudência a penhora da garagem, não se pode impedir o ingresso do título utilizando-se do argumento de que o arrematante não pertence ao condomínio, sob pena de tornar sem efeito a penhora, beneficiando o devedor. Não se ignora que na convenção do condomínio não há qualquer autorização para que as garagens autônomas possam ser alienadas a terceiros estranhos, contudo, tal situação não é apta a impedir o ingresso do título. Neste sentido, como bem expôs o Douto Promotor de Justiça, cujo posicionamento coaduno: "Ressalto, porém, que a proprietária do abrigo para veículos somente poderá vender, permutar e ceder tal bem para os demais condôminos, sob pena de violação da vedação insculpida no artigo 1339, § 2º CC". Logo, o óbice registrário imposto pelo Oficial deverá ser afastado, para que se proceda o registro do título apresentado. Diante do exposto, julgo improcedente a dúvida suscitada pelo Oficial do 8º Registro de Imóveis da Capital, a requerimento de MARIANA PESTANA KITAZONO, e consequentemente determino que se proceda ao registro da carta de arrematação. Deste procedimento não decorrem custas, despesas processuais e honorários advocatícios. Oportunamente remetam-se os autos ao arquivo. P.R.I.C. São Paulo, 24 de junho de 2019. Tania Mara Ahualli Juiza de Direito (CP 246) (- DJe de 27.06.2019 - SP)

Processo 1082780-10.2019

Dúvida 16º Oficio de Registro de Imóveis da Capital Rafael Mendes da Silva Sentença (fls. 83/86): Vistos. Trata-se de dúvida suscitada pela Oficial do 16º Registro de Imóveis da Capital, a requerimento de Rafael Mendes da Silva, tendo em vista a negativa em se proceder ao registro da carta de arrematação dos direitos do contrato particular de promessa de venda e compra, referente ao imóvel matriculado sob nº 125.145. O óbice registrário refere-se à necessidade de primeiramente se registrar o contrato de compromisso mencionado no título. Houve a reapresentação da carta de arrematação com cópia autenticada do contrato de compromisso, sendo que cópia, mesmo autenticada, não é título hábil para o registro. Juntou documentos às fls. 05/75. Não houve apresentação de impugnação, conforme certidão de fl. 76. O Ministério Público opinou pela prejudicialidade da dúvida e consequente manutenção do óbice (fls. 80/81). É o relatório. Passo a fundamentar e a decidir. Decerto, para o registro da carta de arrematação dos direitos do contrato particular de promessa de venda e compra, faz-se necessário primeiramente o registro do compromisso, a fim de se estabelecer um encadeamento registrário, razão pela qual será analisado o óbice concernente à ausência de registro do compromisso. A jurisprudência do Egrégio Conselho Superior da Magistratura é pacífica no sentido de que a não apresentação da via original do ttulo que se pretende registrar prejudica a dúvida, seja por conta do comando previsto no art. 2013, II da Lei nº 6.015/73 e no Cap. XX, item 41.1.1, com a redação que lhe deu o Provimento CGJ n. 11, de 16 de abril de 2013, art. 4º das Normas de Serviço da Corregedoria Geral da Justiça, seja pela necessidade de se examinar a sua autenticidade. Ademais a ausência de apresentação do original não permite ao registrador realizar a qualificação do título apresentado. Neste sentido verifica-se os julgado das Apelações Cíveis nºs 2.177-0, 4.258-0, 4.283-0, 12.439-0/6, 1.820-0/2. "Ora, sem a apresentação do título original, não se admite a discussão do quanto mais se venha a deduzir nos autos, porque, o registro, em hipótese alguma, poderá ser autorizado, nos termos do art. 2013, I da Lei 6.015/73. Não é demasiado observar que, no tocante à exigência de autenticidade, o requisito da exibição imediata do original, diz respeito ao direito obtido com a prenotação do titulo, direito que não enseja prazo reflexo de saneamento extrajudicial de deficiências da documentação apresentada. Por conseguinte, não há como apreciar o fundamento da recusa, face à questão prejudicial" (Ap. Cível nº 30.728-0/7, Rel. Des. Márcio Martins Bonilha) No caso em exame foi apresentado apenas a cópia autenticada do instrumento particular de promessa de venda e compra e outras avenças, na qual figura como promitente compradora a empresa Concrearte Empreiteiros Associados e Engenharia LTDA. Além disso, houve a prenotação da carta de arrematação apresentada a registro que ficou condicionada ao registro do compromisso. Ocorre que não se deu sequer a prenotação do compromisso de compra e venda, o que também prejudica a dúvida, uma vez que, sem a prenotação, não há como saber se já houve o registro de outro título - contraditório ao ora apresentado - de sorte que eventual improcedência da dúvida, com a subsequente determinação de registro do título, colocaria em risco a segurança jurídica da qual os registros públicos não podem prescindir. Contudo, a prejudicialidade da dúvida pela ausência da apresentação do documento original não obsta o exame em tese das duas exigências formuladas, a fim de orientar futura prenotação. Nos autos da Apelação Cível nº 018645- 08.2012.8.26.0114, o Egrégio Conselho Superior da Magistratura, ao interpretar a redação do art.221 do CC, concluiu pela prescindibilidade de o instrumento particular estar assinado por duas testemunhas para poder ingressar no registro de imóveis. Contudo, deve prevalecer a necessidade em relação ao reconhecimento das firmas que todas as partes que comparecerem no título, em consonância com o princípio da legalidade, bem como a qualificação dos representantes da empresa Ivo Zarzur Administração e Participações LTDA e da adquirente Concrearte Empreiteiros Eng. LTDA. Diante do exposto, julgo prejudicada dúvida suscitada pela Oficial do 16º Registro de Imóveis da Capital, a requerimento de Rafael Mendes da Silva, com observação. Deste procedimento não decorrem custas, despesas processuais e honorários advocatícios. Oportunamente remetam-se os autos ao arquivo. P.R.I.C. São Paulo, 02 de outubro de 2019. Tania Mara Ahualli Juiza de Direito (CP-442) (- DJe de 10.10.2019 – SP)

Processo 1022573-45.2019.8.26.0100

Dúvida - Notas - Maria Cristina Dell'amore - Vistos. Trata-se de dúvida suscitada pelo Oficial do 4º Registro de Imóveis da Capital, a requerimento de Maria Cristina Dell'Amore, tendo em vista a negativa em se proceder ao registro da carta de arrematação extraída dos autos da ação de procedimento sumário - despesas condominiais (processo nº 0062413-12.2001.8.26.0100), que tramitou perante o MMº Juízo da 24ª Vara Cível da Capital, pelo qual a suscitada arrematou os direitos que o executado possuía sobre os imóveis matriculados sob nºs 123.776 e 134.063, oriundos do compromisso de venda e compra. O óbice registrario refere-se à violação ao principio da continuidade, tendo em vista que a ação foi movida em face de Augusto Araujo Giacometti, que não consta como titular de qualquer direito registrado nas matrículas mencionadas, sendo que os imóveis são de propriedade da Construtora Cappellano. Logo, é necessário o prévio registro do título aquisitivo dos direitos de compromissário comprador, para formar o encadeamento dos atos registrários. Juntou documentos às fls. 04/63. Insurge-se a suscitada do óbice imposto, sob o argumento de que a arrematação é modo de aquisição originário da propriedade, corroborado pela decisão proferida pelo MMº Juízo Cível, assim, desfaz-se a cadeia de proprietários anteriores (fls. 64/71). O Ministério Público opinou pela procedência da dúvida (fls. 75/77). É o relatório. Passo a fundamentar e a decidir. Preliminarmente, cumpre destacar que os títulos judiciais não estão isentos de qualificação, positiva ou negativa, para ingresso no fólio real, como já está pacificado pelo Egrégio Conselho Superior da Magistratura. Nesse sentido a decisão do Conselho Superior da Magistratura (Apelação Cível 464-6/9, São José do Rio Preto): "Apesar de se tratar de título judicial, está ele sujeito à qualificação registrária. O fato de tratar-se o título de mandado judicial não o torna imune à qualificação registrária, sob o estrito ângulo da regularidade formal, o exame da legalidade não promove incursão sobre o mérito da decisão judicial, mas à apreciação das formalidades extrínsecas da ordem e à conexão de seus dados com o registro e a sua formalização instrumental". Sendo assim, fica claro que não basta a existência de título proveniente de órgão jurisdicional para autorizar automaticamente o ingresso no registro tabular. Feitas estas considerações, passo a análise do mérito. Importante destacar o entendimento de Francisco Eduardo Loureiro, em Código Civil Comentado: "O princípio da continuidade, também chamado trato sucessivo e trato contínuo, está previsto nos arts. 195 e 237 da Lei n. 6.105/73. Expressa a regra que ninguém pode dispor de direitos que não tem, ou de direitos de qualidade e quantidade diversa dos quais é titular. Diz que, em relação a cada imóvel, deve haver uma cadeia de titulares, à vista da qual só se fará a inscrição de um direito se o outorgante dele aparecer no registro como seu titular. Não se encontram sujeitos a tal princípio os títulos que expressam modos originários de aquisição da propriedade, como a usucapião e a desapropriação". Sobre o tema merece ser citado Narciso Orlandi, para quem: "No sistema que adota o princípio da continuidade, os registros têm de observar um encadeamento subjetivo. Os atos praticados têm de ter, numa das partes, a pessoa cujo nome já consta do registro. A pessoa que transmite um direito tem de constar do registro como titular desse direito, valendo para o registro o que vale para validade dos negócios" (Retificação do Registro de Imóveis, Editora Oliveira Mendes, p. 56). Portanto, o título que se pretende registrar deve estar em conformidade com o inscrito na matrícula, caso contrário traria insegurança jurídica ao Registro de Imóveis. É certo que os títulos originários não estão sujeitos ao princípio da continuidade por sua natureza constitutiva, pois nesta forma de aquisição da propriedade não há a transmissão de um sujeito para outro. Todavia, a matéria restou pacificada pelo Egrégio Conselho Superior da Magistratura, que reconheceu a arrematação como forma derivada de aquisição da propriedade: "REGISTRO DE IMÓVEIS - Carta de Arrematação- Título judicial que não escapa à qualificação registral - Forma derivada de aquisição de propriedade - Desqualificação por ofensa ao princípio da continuidade - Cancelamento objetivado, com a finalidade de possibilitar a inscrição do título, que não comporta exame na via administrativa - Dúvida julgada procedente - Recurso não provido" (APELAÇÃO CÍVEL: 1061979-44.2017.8.26.0100, DATA DE JULGAMENTO: 23/04/2018 DATA DJ:23/05/2018, Rel: Des. RELATOR:

Geraldo Francisco Pinheiro Franco). "REGISTRO DE IMÓVEIS - CARTA DE ARREMATAÇÃO- FORMA DERIVADA DE AQUISIÇÃO DA PROPRIEDADE - EXECUTADA QUE NÃO FIGURA COMO PROPRIETÁRIA DO IMÓVEL NA RESPECTIVA MATRÍCULA - AFRONTA AO PRINCÍPIO DA CONTINUIDADE - RECURSO DESPROVIDO" (TJSP; Apelação 1047731-10.2016.8.26.0100; Relator: Des. Pereira Calças; Órgão Julgador: Conselho Superior de Magistratura; Foro Central Cível - 1ª Vara de Registros Públicos; Data do Julgamento: 29/09/2017; Data de Registro: 16/10/2017) Como destaca o MMº Juiz de Direito Drº Josué Modesto Passos, "diz-se originária a aquisição que, em seu suporte fático, é independente da existência de um outro direito; derivada, a que pressupõe, em seu suporte fático, a existência do direito por adquirir. A inexistência de relação entre titulares, a distinção entre o conteúdo do direito anterior e o do direito adquirido originariamente, a extinção de restrições e limitações, tudo isso pode se passar, mas nada disso é da essência da aquisição originária" (PASSOS, Josué Modesto. A arrematação no registro de imóveis: continuidade do registro e natureza da aquisição. São Paulo: Editora Revista dos Tribunais, 2014, pp. 111- 112). E ainda, de acordo com a observação feita pelo mencionado magistrado, "a arrematação não pode ser considerada um fundamento autônomo do direito que o arrematante adquire. A arrematação é ato que se dá entre o Estado (o juízo) e o maior lançador (arrematante), e não entre o mais lançador (arrematante) e o executado; isso, porém, não exclui que se exija - como de fato se exige -, no suporte fático da arrematação (e, logo, no suporte fático da aquisição imobiliária fundada na arrematação), a existência do direito que, perdido para o executado, é então objeto de disposição em favor do arrematante. Ora, se essa existência do direito anterior está pressuposta e é exigida, então - quod erat demonstrandum - a aquisição é derivada (e não originária)" (op. cit., p. 118). Logo, na presente hipótese, não se tratando de aquisição originária, houve o rompimento do encadeamento sucessivo de titularidade, ferindo consequentemente o princípio da segurança juridica que dos atos registrários se espera. Assim, tendo em vista que o objeto da arrematação são os direitos de compromissário comprador de titularidade do executado Augusto Araujo Giacometti, é necessário que o titulo aquisitivo em seu nome esteja registrado nas matrículas dos imóveis e para que posteriormente Maria Cristina Dell'Amore passe a integrar a cadeia de titularidade registrária do bem. Por fim, apesar do MMº Juízo da 24ª Vara Cível da Capital ter reconhecido na decisão proferida que a arrematação é modo de aquisição originário, há uma ressalva que em caso de recusa no registro, caberá à interessada suscitar dúvida ao Juiz Corregedor do Cartório, o que por si só não implica no registro automático, como faz crer a suscitada. Diante do exposto, julgo procedente a dúvida suscitada pelo Oficial do 4º Registro de Imóveis da Capital, a requerimento de Maria Cristina Dell'Amore e consequentemente mantenho o óbice registrário. Deste procedimento não decorre custas, despesas processuais e honorários advocatícios. Oportunamente remetam-se os autos ao arquivo. P.R.I.C. - ADV: VIVIAN DO VALLE SOUZA LEÃO MIKUI (OAB 102195/SP) (DJe de 01.04.2019 - SP)

Processo 1000190-73.2019.8.26.0100

Dúvida - REGISTROS PÚBLICOS - JSP Administradora e Participações Ltda. - Vistos. Trata-se de dúvida suscitada pelo Oficial do 14º Registro de Imóveis da Capital, a requerimento de JSP Administradora e Participações LTDA, tendo em vista a negativa de ingresso da escritura lavrada perante o 14º Tabelião de Notas da Capital, pela qual Tupi Transportes Urbanos Piratininga LTDA transmitiu à suscitada, a título de dação em pagamento, o imóvel matriculado sob nº 6.065. O óbice registrário refere-se à indisponibilidade que grava o bem, oriunda de decisão emanada pelo MMº Juiz da 25ª Vara da Justiça Federal, nos autos da ação civil pública nº 2003.61.00036130-8, conforme averbação nº 16. Esclarece que mencionado imóvel foi arrematado nos autos da ação de procedimento sumário nº 583.00.2008.217395-0, movida pelo condomínio Edifico Firenze/Venezia em face de Sérgio Chiamarelli Júnior, casado com Maria Fernandes Peixoto Chiamarelli, pela ora requerente. Juntou documentos às fls. 04/45. A suscitada aduz que, de acordo com as decisões da Egrégia Corregedoria Geral da Justiça e Egrégio Conselho Superior da Magistratura, a averbação de indisponibilidade que grava o imóvel não tem o condão de impedir que o bem seja adquirido através de arrematação, o que acarreta o registro da respectiva carta de arrematação (fls. 48/54). O Ministério Público opinou pela improcedência da dúvida (fls. 57/59). É o relatório. Passo a fundamentar e a decidir. Em que pese a cautela do registrador em qualificar negativamente o título, entendo que a dúvida é improcedente. Atualmente está pacífico o entendimento de que a arrematação é modo coercitivo e derivado de aquisição. Confira -se do julgamento da Apelação Cível nº 9000002-19.2013.8.26.0531: "A arrematação constitui forma de alienação forçada, e que, segundo ARAKEN DE ASSIS, revela negócio jurídico entre o Estado, que detém o poder de dispor e aceita a declaração de vontade do adquirente (Manual da Execução. 14ª edição. São Paulo, Editora Revista dos Tribunais, 2012, p. 819). É ato expropriatório por meio do qual "o órgão judiciário transfere coativamente os bens penhorados do patrimônio do executado para o credor ou para outra pessoa. O fato de inexistir relação jurídica ou negocial entre o antigo proprietário (executado) e o adquirente (arrematante ou adjudicante) não afasta, contudo, o reconhecimento de que há aquisição derivada da propriedade. Nesse sentido, destaca-se a observação feita por Josué Modesto Passos, no sentido de que "a arrematação não pode ser considerada um fundamento autônomo do direito que o arrematante adquire. A arrematação é ato que se dá entre o Estado (o juízo) e o maior lançador (arrematante), e não entre o mais lançador (arrematante) e o executado; isso, porém, não exclui que se exija - como de fato se exige -, no suporte fático da arrematação (e, logo, no suporte fático da aquisição imobiliária fundada na arrematação), a existência do direito que, perdido para o executado, é então objeto de disposição em favor do arrematante. Ora, se essa existência do direito anterior está pressuposta e é exigida, então - quod erat demonstrandum - a aquisição é derivada (e não originária)" (op. cit., p. 118). A propósito, não há como simplesmente apagar as ocorrências registrarias anteriores ao ato de transmissão coativa, quando é da essência do registro público justamente resguardar as situações anteriores, situação que não se confunde com mecanismos de modulação dos efeitos da transmissão coativa, para atingir ou mesmo resguardar direitos de terceiros. Em suma: a arrematação não constitui modo originário de aquisição da propriedade, caindo por terra as alegações formuladas pelo recorrente." (g.n) Ressalto que as hipóteses estabelecidas no artigo 1331 e 1339 do Código Civil se referem à alienação voluntária, não se aplicando nos casos de arrematação, que se caracteriza por uma alienação forçada, proveniente de ordem judicial em processo de execução, de modo que coercitivamente é transferida a propriedade do devedor ao credor pela inadimplência de uma obrigação. Na presente hipótese, a alienação judicial derivou da arrematação pela suscitada, no curso da ação de cobrança de condomínio movida contra o antecessor dominial Sérgio Chmarelli Júnior, logo entendo que a indisponibilidade não obsta a alienação forçada e nem o registro da respectiva carta de arrematação. A questão já foi objeto de análise pelo Egrégio Conselho Superior da Magistratura, nos autos nº 0006122-61.2016.8.26.0198, de relatoria do Des. Manoel Pereira Calças: "REGISTRO DE IMÓVEIS - Prévia anotação de indisponibilidade de bem imóvel. Registro de carta de adjudicação- Possibilidade - Alienação forçada - Precedentes do Conselho Superior da Magistratura - Recurso provido". Confira-se do corpo do Acórdão: "... Este E. Conselho Superior da Magistratura consolidou o entendimento no sentido de que a indisponibilidade obsta a alienação voluntária, mas não a forçada, em harmonia com a jurisprudência do Egrégio Superior Tribunal de Justiça (Resp. 512.398). ... Referido entendimento está em consonância com o item 405 do Capítulo XX das NSCGJ: 405. As indisponibilidades averbadas nos termos do Provimento CG 13/2012, e na forma do § 1º, do art. 53, da Lei nº 8.212, de 24 de julho de 1991, não impedem a alienação, oneração e constrição judiciais do imóvel". Nesse sentido, precedentes deste E. Conselho Superior: Registro de Imóveis. Dúvida. Carta de arrematação. Imóvel gravado com registro de hipoteca. Penhora em favor do credor em execução hipotecária, penhora em execução fiscal da fazenda nacional, e averbação de indisponibilidade determinada em ação de falência. Recusa do registro sob o fundamento de necessidade de prévio cancelamento dos ônus que gravam o imóvel. Alienação forçada. Registro viável de acordo com os precedentes do Conselho Superior da Magistratura. Recurso Parcialmente provido. Dúvida Procedente. (CSMSP - Apelação Cível: 3001116-49.2013.8.26.0223, Rel. Des. Elliot Akel. j. 18/11/2014). "Registro de Imóveis. Dúvida. Arrematação de imóvel em hasta pública. Forma originária de aquisição de propriedade. Inexistência de relação jurídica entre o arrematante e o anterior proprietário do bem. Imóvel penhorado com base no art. 53, §1º, da Lei 8.121/91. Indisponibilidade que obsta apenas a alienação voluntária. Incidência de ITBI nas arrematações judiciais por expressa determinação legal - Recurso não provido". (CSMSP - Apelação Cível:0007969-54.2010.8.26.0604, Rel. Des. José Renato Nalini. j. 10/05/2012). Portanto, o óbice registrário imposto pelo oficial deverá ser afastado, para que se proceda o registro do titulo apresentado. Diante do exposto, julgo improcedente a dúvida suscitada pelo Oficial do 14º Registro de Imóveis da Capital, a requerimento de JSP Administradora e Participações LTDA, e consequentemente determino o registro do título. Deste procedimento não decorrem custas, despesas processuais e honorários advocatícios. Oportunamente remetam-se os autos ao arquivo. P.R.I.C.

- ADV: HENRIQUE RATTO RESENDE (OAB 216373/SP) (DJe de 06.03.2019 - SP)

CÉDULAS

Processo 1083768-31.2019.8.26.0100

Pedido de Providências - Registro de Imóveis - Marcio Calfa Antonio - Vistos. Trata-se de pedido de providências formulado por Márcio Calfa Antonio em face do Oficial do 14º Registro de Imóveis da Capital, requerendo seja revista a cobrança de emolumentos para cancelamento de registro de Cédula de Crédito Bancário no Livro 3 - Registro Auxiliar. Alega o requerente que referida cédula tem por valor R$ 9.554.573,37, com garantia real formalizada por meio de hipoteca de 21 imóveis, sendo 5 registrados no 14º RI. Assim, o cancelamento do registro da cédula deveria considerar apenas o valor garantido pelos imóveis matriculados na citada circunscrição, e não o valor total da cédula. Juntou documentos às fls. 06/85. O Oficial manifestou-se às fls. 89/90, alegando que a divisão de valores por imóvel foi utilizado para cancelamento da hipoteca nas matrículas, mas que tal forma de cálculo não se aplica ao cancelamento do registro auxiliar da cédula. Veio aos autos o parecer do Ministério Público às fls. 94/95 pela improcedência. Informação do requerente à fl. 98, alegando que não registrou a Cédula de Crédito Bancário em outra serventia imobiliária. A ARISP ofertou parecer às fls. 103/105. É o relatório. Decido. O pedido é improcedente. A cédula de crédito bancário foi matriculada sob o nº 10.383 do Livro nº 3 - Registro Auxiliar para fins de divulgação de seu conteúdo. Como bem lembrado pela ARISP: "Nesse passo, a lei de regência não exige como pressuposto de validade e eficácia da CCB o registro perante o Livro nº 3 do Registro de Imóveis, mas apenas das garantias reais que eventualmente constem da cédula, ao contrário do que ocorre com as outas cédulas por expressa previsão neste sentido. Por outro lado, nada impede que o interessado requeira o registro da cédula no Livro nº 3, sem prejuízo do seu registro no Livro nº 2, por expressa previsão no artigo 178, VII, da Lei de Registros Públicos e no item 80, f, do Cap. XX, das Normas de Serviço do Extrajudicial." Assim, o registro no livro 3 não tem por finalidade constituir a garantia real, que é feita por meio do registro no livro 2. O registro no livro 3, feito de forma facultativa, tem por finalidade dar publicidade a todo o conteúdo de cédula, sem qualquer distinção quanto aos imóveis matriculados na serventia em que registrada a cédula. Por tal razão, não há que se dizer que o registro no livro 3 tem por valor econômico somente os imóveis dados em garantia na circunscrição imobiliária, o que permitira aplicar a técnica prevista no Item 1.2 das Notas Explicativas da Tabela de Custas do Estado. Ora, a justificativa para que o valor seja dividido pelo número de imóveis é de que o mútuo está garantido parcialmente por cada um deles, o que impediria a cobrança do valor total. Como o registro no Livro 3 não tem por objetivo constituir a garantia, mas dar publicidade ao conteúdo total do instrumento, incabível qualquer divisão pelo número de imóveis, sendo correta a aplicação das custas previstas no item "x" da Tabela 2 de Registro de Imóveis, referente a averbação com valor declarado entre R$ 9.285.500,01 até R$ 10.612.000,00. Assim, entendo correta a cobrança efetuada. Do exposto, julgo improcedente o pedido de providências formulado por Márcio Calfa Antonio em face do Oficial do 14º Registro de Imóveis da Capital. Não há custas, despesas processuais nem honorários advocatícios decorrentes deste procedimento. Oportunamente, arquivem-se os autos. P.R.I.C. - ADV: RICARDO CHAMMA RIBEIRO (OAB 204996/SP), DIRCEU HELIO ZACCHEU JUNIOR (OAB 162998/SP) (– DJe de 08.11.2019 – SP)

CESSÃO DE DIREITOS

Processo 1046153-07.2019.8.26.0100

Dúvida Reqte.: 14º Oficial de Registro de Imóveis da Capital Reqdo.: Bruno Henrique Vieira Escute Sentença (fls. 39/43): Vistos. Trata-se de dúvida suscitada pelo Oficial do 14º Registro de Imóveis da Capital, a requerimento de Bruno Henrique Vieira Escute, diante da negativa em se proceder ao registro do instrumento particular de cessão de direitos e obrigações, com assunção de dívida de financiamento no SFH, garantida por alienação fiduciária e liquidação da dívida com FGTS, através do qual o suscitado, com anuência da CEF, cedeu e transmitiu à sua mulher Carolina Beraldo Costa Escute 50% dos direitos sobre a consolidação da propriedade fiduciária, concernente ao imóvel matriculado sob nº 208.241. Os óbices registrários referem-se: a) cedente e cessionária são casados sob o regime da comunhão parcial de bens, o que acarreta a comunicabilidade da fração transmitida, logo, é vedada a transferência do patrimônio comum entre os cônjuges; b) necessidade de comprovação do pagamento do ITBI. Juntou documentos às fls. 04/28. O suscitado não apresentou impugnação neste feito, conforme certidão de fl. 29, porém, manifestou-se perante a Serventia Extrajudicial (fls. 07/08). Entende que a utilização do FGTS entre cônjuges ou companheiros é permitida desde que a outra parte figure no contrato como coadquirente. Salienta que a transação contou a anuência da CEF, bem como o imóvel a princípio, é de propriedade particular do cônjuge, uma vez que foi adquirido antes do casamento. O Ministério Público opinou pela parcial procedência do pedido (fls. 33/38). É o relatório. Passo a fundamentar e a decidir. Na presente hipótese houve impugnação parcial das exigências formuladas pelo Registrador. Observo que o suscitado não demonstrou irresignação em relação ao recolhimento do valor a título de ITBI. A concordância parcial com as exigências do Oficial prejudica a dúvida, que só admite duas soluções: a determinação do registro do título protocolado e prenotado, que é analisado, em reexame da qualificação, tal como se encontrava no momento em que surgida dissensão entre a apresentante e o Oficial de Registro de Imóveis; ou a manutenção da recusa do Oficial. Para que se possa decidir se o título pode ser registrado ou não é preciso que todas as exigências e não apenas parte delas sejam reexaminadas pelo Corregedor Permanente. Nesse sentido, é pacífica a jurisprudência do Egrégio Conselho Superior. E ainda que assim não fosse, no mérito a dúvida é parcialmente procedente. Conforme se verifica da matrícula de fls. 04/06, Bruno Henrique adquiriu o mencionado imóvel no estado civil de solteiro e o deu em garantia na mesma condição (Av.01), sendo que o casamento ocorreu em 01.09.2018 (fl. 17). Logo, a obrigação em relação ao pagamento deu-se exclusivamente em nome do conjunge varão, razão pela qual não há a possibilidade da comunicação das obrigações adquiridas antes do casamento, nos termos do artigo 1659, I e II, do Código Civil, que assim estipula: "art. 659: Excluem-se da comunhão: I - os bens que cada cônjuge possuir ao casar, e os que lhe sobrevierem, na constância do casamento, por doação ou sucessão, e os subrogados em seu lugar; II - os bens adquiridos com valores exclusivamente pertencentes a um dos cônjuges em sub-rogação dos bens particulares" Neste contexto, a alienação fiduciária de bem imóvel em garantia, nos termos do art. 22 da Lei nº 9.514/97, é o negócio jurídico pelo qual o devedor, ou fiduciante, com escopo de garantia, contrata a transferência ao credor, ou fiduciário, da propriedade resolúvel de coisa imóvel. Ao devedor é conferida a posse direta sobre a coisa. Daí que uma vez extinta a condição resolutiva, há o retorno dos envolvidos ao status quo ante, de maneira retroativa. Na presente hipótese, não há como afirmar que o fato do suscitado ter celebrado matrimônio resulte na comunicação do imóvel ao cônjuge, uma vez que o contrato de alienação fiduciária deu-se somente em seu nome, na qualidade de solteiro. Ademais, não há qualquer prova de haver esforço comum para a quitação do imóvel, sendo certo que tal prova somente é cabível nas vias ordinárias com a presença do contraditório e ampla defesa. Logo, concluindo-se pela incomunicabilidade do imóvel, o qual pertence exclusivamente ao suscitado, sendo possível a transferência de 50% dos direitos sobre a consolidação da propriedade fiduciária a sua esposa, cuja alienação é admitida nos termos do artigo 499 do Código Civil. Superada a questão relativa à possibilidade da cessão, resta a análise atinente a incidência do ITBI. O Imposto Municipal sobre transmissão onerosa inter vivos de direitos imobiliários (ITBI) incide no caso de compra e venda de imóvel, bem como na cessão de direitos de compromisso de compra e venda, conforme estabelecido nos artigos 1º, II, e 2º, VIII do Decreto Municipal nº 51.627: "Art. 1º O Imposto sobre Transmissão "Inter Vivos", a qualquer título, por ato oneroso, de bens imóveis, por natureza ou acessão física, e de direitos reais sobre imóveis, exceto os de garantia, bem como cessão de direitos à sua aquisição ITBI-IV tem como fato gerador: ... II a cessão, por ato oneroso, de direitos relativos à aquisição de bens imóveis". "Art. 2º: Estão compreendidos na incidência do Imposto: ... VIII a cessão de direitos do arrematante ou adjudicatário, depois de assinado o auto de arrematação ou adjudicação" Conforme verifica-se dos autos, o instrumento de cessão de direitos e obrigações (fls. 09/16) configura transação onerosa do negócio jurídico entabulado entre as partes, constando o valor da cessão da fração ideal do direito de posse (R$ 36.609,15). Por fim, tem-se que incumbe ao Oficial de Registro fiscalizar o pagamento dos impostos devidos por força dos atos que lhe forem apresentados em razão do ofício, na forma do artigo 289 da Lei nº 6.015/73, sob pena de responsabilização pessoal do oficial delegado, e dentre estes impostos se encontra o ITBI, cuja prova de recolhimento deve instruir os títulos apresentados a registro, salvo hipótese de isenção devidamente demonstrada, o que não é o caso. O Egrégio Conselho Superior da Magistratura já fixou entendimento de que a qualificação feita pelo registrador não vai além da aferição sobre a existência ou não de recolhimento do tributo. Logo, entendo que a exigência imposta pelo Registrador em relação a apresentação da guia do recolhimento do imposto mencionado mostra-se correta. Diante do exposto, julgo prejudicada a dúvida suscitada pelo Oficial do 14º Registro de Imóveis da

Capital, a requerimento de Bruno Henrique Vieira Escute, com observação. Deste procedimento não decorrem custas, despesas processuais e honorários advocatícios. Oportunamente remetam-se os autos ao arquivo. P.R.I.C. São Paulo, 03 de julho de 2019. Tania Mara Ahualli Juiza de Direito (CP 232) (- DJe de 10.07.2019 - SP)

CND

Processo 1045726-10.2019.8.26.0100

Pedido de Providências - Registro de Imóveis - M.k.a Locações e Participações Ltda - Vistos. Trata-se de pedido de providências formulado por M.K.A Locações e Participações LTDA, em face do Oficial do 10º Registro de Imóveis da Capital, pretendendo a averbação de construção junto à matrícula nº 82.918, nos termos do auto de regularização expedido pela Prefeitura Municipal de São Paulo. Juntou documentos às fls. 04/33. O registrador manifestou-se às fls. 37/38. Esclarece que a negativa para efetivação do ato se deu pela ausência de apresentação da respectiva certidão negativa de débito do INSS. O oficial declara ter ciência da atual jurisprudência dos Tribunais Superiores e desta Corregedoria Permanente no tocante a necessidade da apresentação das Certidões Negativas (item 119.1, do Cap. XX, das Normas Extrajudiciais de Serviço) e assevera que a matéria ainda enseja a controvérsia, tendo em vista que existe entendimento no sentido em que a alínea b, inciso I, do artigo 47, da Lei Federal nº 8.212/91, estaria em vigor, por não ter sido expressamente declarada inconstitucional. Apresentou documentos às fls. 39/42. O Ministério Público opinou pela procedência do pedido (fls. 46/47). É o relatório. Passo a fundamentar e a decidir. Apesar do entendimento pessoal desta magistrada, no sentido de não ser possível declarar, em sede administrativa, a inconstitucionalidade dos dispositivos legais que exigem a apresentação da CND perante o registro imobiliário, reconheço ter sido pacificado o entendimento de que tal exigência não pode ser feita pelo Oficial. Neste sentido, além dos precedentes do E. Conselho Superior da Magistratura e da Corregedoria Geral da Justiça deste Tribunal, o Conselho Nacional de Justiça, nos autos do pedido de providências nº 000123082-.2015.2.00.0000, formulado pela União/AGU, entendeu não haver irregularidade na dispensa, por ato normativo, da apresentação de certidão negativa para registro de título no Registro de Imóveis: "CNJ: Pedido de Providências Provimento do TJ-RJ que determinou aos cartórios de registro de imóveis que deixem de exigir a certidão negativa de débito previdenciária (CND) Pedido formulado pela UNIÃO/AGU para a suspensão cautelar e definitiva dos efeitos do Provimento n. 41/2013, além da instauração de reclamação disciplinar contra os magistrados que participaram da concepção e realização do ato e ainda, que o CNJ expeça resolução ou recomendação vedando a todos os órgãos do Poder Judiciário a expedição de normas de conteúdo semelhante ao editado pela requerida Provimento CGJ n. 41/2013 editado pelo TJRJ está de acordo com a interpretação jurisprudencial do STF Ressalte-se que não houve qualquer declaração de inconstitucionalidade dos artigos 47 e 48 da Lei n. 8.212/91, mas sim fixação de norma de competência da Corregedoria Geral de Justiça local para regulamentar as atividades de serventias extrajudiciais vinculadas ao Tribunal de Justiça Pedido de providências improcedente" De acordo com o Acórdão: "... Ao contrário do que afirma a Advocacia- Geral da União, verifica-se que o Provimento CGJ n. 41/2013 editado pelo TJRJ está de acordo com a interpretação jurisprudencial do STF acerca da aplicabilidade dos artigos 47 e 48 da Lei n. 8.212/91 ao dispensar a exigência de apresentação de CND para o registro de imóveis. Confira-se: RECURSO EXTRAORDINÁRIO COM AGRAVO. REPERCUSSÃO GERAL. REAFIRMAÇÃO DE JURISPRUDÊNCIA. DIREITO TRIBUTÁRIO E DIREITO PROCESSUAL CIVIL. CLÁUSULA DA RESERVA DE PLENÁRIO. ART. 97 DA CONSTITUIÇÃO FEDERAL. JURISPRUDÊNCIA DO TRIBUNAL PLENO DO STF. RESTRIÇÕES IMPOSTAS PELO ESTADO. LIVRE EXERCÍCIO DA ATIVIDADE ECONÔMICA OU PROFISSIONAL. MEIO DE COBRANÇA INDIRETA DE TRIBUTOS. 1. A jurisprudência pacífica desta Corte, agora reafirmada em sede de repercussão geral, entende que é desnecessária a submissão de demanda judicial à regra da reserva de plenário na hipótese em que a decisão judicial estiver fundada em jurisprudência do Plenário do Supremo Tribunal Federal ou em Súmula deste Tribunal, nos termos dos arts. 97 da Constituição Federal, e 481, parágrafo único, do CPC. 2. O Supremo Tribunal Federal tem reiteradamente entendido que é inconstitucional restrição imposta pelo Estado ao livre exercício de atividade econômica ou profissional, quanto aquelas forem utilizadas como meio de cobrança indireta de tributos. 3. Agravo nos próprios autos conhecido para negar seguimento ao recurso extraordinário, reconhecida a inconstitucionalidade, incidental e com os efeitos da repercussão geral, do inciso III do §1º do artigo 219 da Lei 6.763/75 do Estado de Minas Gerais. (ARE 914045 RG, Relator(a): Min. EDSON FACHIN, julgado em 15/10/2015, ACÓRDÃO ELETRÔNICO

REPERCUSSÃO GERAL MÉRITO DJe-232 DIVULG 18-11-2015 PUBLIC 19- 11-2015)" Assim, devem os Oficiais observar o disposto no Cap. XX, item 119.1, das NSCGJ do Tribunal de Justiça de São Paulo, que assim dispõe: "119.1. Com exceção do recolhimento do imposto de transmissão e prova de recolhimento do laudêmio, quando devidos, nenhuma exigência relativa à quitação de débitos para com a Fazenda Pública, inclusive quitação de débitos previdenciários, fará o oficial, para o registro de títulos particulares, notariais ou judiciais" Neste contexto, como bem exposto pela D Promotora de Justiça: "A impropriedade da exigência deve ser estendia ao citado inciso II, uma vez que ainda que a averbação da construção (ou demolição) não signifique transferência de bens, é ela meio de regularização da situação registral do imóvel. O que não pode ficar obstado por qualquer débito tributário existente, sob pena da mesma odiosa cobrança de dívidas fiscais por via transversa". Diante do exposto, julgo procedente o pedido de providências formulado por M.K.A Locações e Participações LTDA, em face do Oficial do 10º Registro de Imóveis da Capital, e consequentemente determino a averbação de construção junto à matrícula nº 82.918. Deste procedimento não decorrem custas, despesas processuais e honorários advocatícios. Oportunamente remetam-se os autos ao arquivo. P.R.I.C. - ADV: RENATO LAPORTA DELPHINO (OAB 220765/SP) (DJe de 13.06.2019 - SP)

Processo 1047183-77.2019

Dúvida 5º Oficial de Registro de Imóveis Luzia Helena de Lorenzo Pape Sentença (fls. 953/956): Vistos. Trata-se de dúvida suscitada pelo Oficial do 5º Registro de Imóveis da Capital, a requerimento de Luzia Helena de Lorenzo Pape, tendo em vista a negativa em se proceder ao registro da carta de adjudicação expedida pelo MMº Juízo da 17ª Vara Cível da Capital (processo nº 0210809-47.2009.8.26.0100), referente a dois imóveis objeto das matrículas nº s 82.476 e 82.483, em que figuram como requeridos: a) Empreendimentos e Participações Unitas LTDA; b) Arena Construtora LTDA; c) Gath Empreendimentos e Participações S/C LTDA; d) Lídia Lopes Santos Richter e e) Marcos Dissei Varella e como adjudicantes Francisco Paulo Pape e Luzia Helena de Lorenzo Pape. O óbice registrário refere-se à falta de apresentação das certidões negativas de débitos relativos às contribuições previdenciárias e de terceiros, bem como aos tributos federais e à dívida ativa da União, nos termos do art.47, I, "b" da Lei nº 8.212/91. Esclarece o registrador que tem conhecimento da atual jurisprudência dos Tribunais Superiores e desta Corregedoria Permanente no tocante a necessidade da apresentação das Certidões Negativas (item 119.1, do Cap. XX, das Normas Extrajudiciais de Serviço) e assevera que a matéria ainda enseja a controvérsia, tendo em vista que existe entendimento no sentido em que a alínea b, inciso I, do artigo 47, da Lei Federal nº 8.212/91, estaria em vigor, por não ter sido expressamente declarada inconstitucional, sendo que a responsabilidade do oficial registrador continua vigente, nos termos do art.48 da mencionada lei. Juntou documentos às fls. 03/945. A suscitada não apresentou impugnação nestes autos, conforme certidão de fl. 946, porém, manifestou-se perante a Serventia Extrajudicial (fls. 937/940). O Ministério Público opinou pela improcedência da dúvida (fls. 950/952). É o relatório. Passo a fundamentar e a decidir. Apesar do entendimento pessoal desta magistrada, no sentido de não ser possível declarar, em sede administrativa, a inconstitucionalidade dos dispositivos legais que exigem a apresentação da CND perante o registro imobiliário, reconheço ter sido pacificado o entendimento de que tal exigência não pode ser feita pelo Oficial. Neste sentido, além dos precedentes do E. Conselho Superior da Magistratura e da Corregedoria Geral da Justiça deste Tribunal, o Conselho Nacional de Justiça, nos autos do pedido de providências nº 000123082-.2015.2.00.0000, formulado pela União/AGU, entendeu não haver irregularidade na dispensa, por ato normativo, da apresentação de certidão negativa para registro de título no Registro de Imóveis: CNJ: Pedido de Providências Provimento do TJ-RJ que determinou aos cartórios de registro de imóveis que deixem de exigir a certidão negativa de débito previdenciária (CND) Pedido formulado pela UNIÃO/AGU para a suspensão cautelar e definitiva dos efeitos do Provimento n. 41/2013, além da instauração de reclamação disciplinar contra os magistrados que participaram da concepção e realização do ato e ainda, que o CNJ expeça resolução ou recomendação vedando a todos os órgãos do Poder Judiciário a expedição de normas de conteúdo semelhante ao editado pela requerida Provimento CGJ n. 41/2013 editado pelo TJRJ está de acordo com a interpretação jurisprudencial do STF Ressalte-se que não houve qualquer declaração de inconstitucionalidade dos artigos 47 e 48 da Lei n. 8.212/91, mas sim fixação de norma de competência da Corregedoria Geral de Justiça local para regulamentar as atividades de serventias extrajudiciais vinculadas ao Tribunal de Justiça Pedido de providências improcedente De acordo com o Acórdão: ... Ao contrário do que afirma a Advocacia-Geral da União, verifica-se que o Provimento CGJ n. 41/2013 editado pelo TJRJ está de acordo com a interpretação jurisprudencial do STF acerca da aplicabilidade dos artigos 47 e 48 da Lei n. 8.212/91 ao dispensar a exigência de apresentação de CND para o registro de imóveis. Confira-se: RECURSO EXTRAORDINÁRIO COM AGRAVO. REPERCUSSÃO GERAL. REAFIRMAÇÃO DE JURISPRUDÊNCIA. DIREITO TRIBUTÁRIO E DIREITO PROCESSUAL CIVIL. CLÁUSULA DA RESERVA DE PLENÁRIO. ART. 97 DA CONSTITUIÇÃO FEDERAL. JURISPRUDÊNCIA DO TRIBUNAL PLENO DO STF. RESTRIÇÕES IMPOSTAS PELO ESTADO. LIVRE EXERCÍCIO DA ATIVIDADE ECONÔMICA OU PROFISSIONAL. MEIO DE COBRANÇA INDIRETA DE TRIBUTOS. 1. A jurisprudência pacífica desta Corte, agora reafirmada em sede de repercussão geral, entende que é desnecessária a submissão de demanda judicial à regra da reserva de plenário na hipótese em que a decisão judicial estiver fundada em jurisprudência do Plenário do Supremo Tribunal Federal ou em Súmula deste Tribunal, nos termos dos arts. 97 da Constituição Federal, e 481, parágrafo único, do CPC. 2. O Supremo Tribunal Federal tem reiteradamente entendido que é inconstitucional restrição imposta pelo Estado ao livre exercício de atividade econômica ou profissional, quanto aquelas forem utilizadas como meio de cobrança indireta de tributos. 3. Agravo nos próprios autos conhecido para negar seguimento ao recurso extraordinário, reconhecida a inconstitucionalidade, incidental e com os efeitos da repercussão geral, do inciso III do §1º do artigo 219 da Lei 6.763/75 do Estado de Minas Gerais. (ARE 914045 RG, Relator(a): Min. EDSON FACHIN, julgado em 15/10/2015, ACÓRDÃO ELETRÔNICO REPERCUSSÃO GERAL MÉRITO DJe-232 DIVULG 18-11-2015 PUBLIC 19-11-2015) Assim, devem os Oficiais observar o disposto no Cap. XX, item 119.1, das NSCGJ do Tribunal de Justiça de São Paulo, que assim dispõe: 119.1. Com exceção do recolhimento do imposto de transmissão e prova de recolhimento do laudêmio, quando devidos, nenhuma exigência relativa à quitação de débitos para com a Fazenda Pública, inclusive quitação de débitos previdenciários, fará o oficial, para o registro de títulos particulares, notariais ou judiciais Deste modo, existindo norma expressa no sentido de que os Oficiais não podem exigir, para registro de título, qualquer documento relativo à débitos para com a Fazenda Pública, a exigência ora apresentada deve ser afastada. Diante do exposto, julgo improcedente a dúvida suscitada pelo Oficial do 5º Registro de Imóveis da Capital, a requerimento de Luzia Helena de Lorenzo Pape, e consequentemente afasto o óbice registrário. Deste procedimento não decorrem custas, despesas processuais e honorários advocatícios. Oportunamente remetam-se os autos ao arquivo. P.R.I.C. São Paulo, 14 de junho de 2019. Tania Mara Ahualli Juiza de Direito (CP – 249) (- DJe de 19.06.2019 - SP)

Processo 1067545-03.2019.8.26.0100

Pedido de Providências - REGISTROS PÚBLICOS - 17º Oficial de Registro de Imóveis - FLAVIO SEIKITI KAMIYA - Vistos. Trata-se de pedido de providências formulado pelo Oficial do 17º Registro de Imóveis da Capital, a requerimento de Flávio Seikiti Kamiya, que pretende a averbação de demolição e construção e posterior desdobro do imóvel matriculado sob nº 10.348. O óbice refere-se à necessidade de apresentação da certidão negativa de débitos (CND do INSS) relativa à obra. O Oficial declara ter ciência da atual jurisprudência dos Tribunais Superiores e desta Corregedoria Permanente no tocante à necessidade da apresentação das Certidões Negativas (item 119.1, do Cap. XX, das Normas Extrajudiciais de Serviço) e assevera que a matéria ainda enseja a controvérsia, tendo em vista que existe entendimento no sentido em que a alínea b, inciso I, do artigo 47, da Lei Federal nº 8.212/91, estaria em vigor, por não ter sido expressamente declarada inconstitucional. Juntou documentos às fls. 05/39. O interessado apresentou impugnação às fls. 48/50. Argumenta a existência de reiteras decisões desta Corregedoria sobre o tema, onde restou pacificado que o Estado não pode utilizar-se de formas obliquas para efetuar a cobrança de dívidas fiscais, bem como decisão proferida pelo CNJ no processo nº 0000123082-2015.2.00.0000, que determinou aos cartórios de registro de imóveis que deixem de exigir a certidão negativa de débito. O Ministério Público opinou pela procedência do pedido (fls. 60/62). É o relatório. Passo a fundamentar e a decidir. Apesar do entendimento pessoal desta magistrada, no sentido de não ser possível declarar, em sede administrativa, a inconstitucionalidade dos dispositivos legais que exigem a apresentação da CND perante o registro imobiliário, reconheço ter sido pacificado o entendimento de que tal exigência não pode ser feita pelo Oficial. Neste sentido, além dos precedentes do E. Conselho Superior da Magistratura e da Corregedoria Geral da Justiça deste Tribunal, o Conselho Nacional de Justiça, nos autos do pedido de providências nº 000123082-.2015.2.00.0000, formulado pela União/AGU, entendeu não haver irregularidade na dispensa, por ato normativo, da apresentação de certidão negativa para registro de título no Registro de Imóveis: "CNJ: Pedido de Providências Provimento do

TJ-RJ que determinou aos cartórios de registro de imóveis que deixem de exigir a certidão negativa de débito previdenciária (CND) Pedido formulado pela UNIÃO/AGU para a suspensão cautelar e definitiva dos efeitos do Provimento n. 41/2013, além da instauração de reclamação disciplinar contra os magistrados que participaram da concepção e realização do ato e ainda, que o CNJ expeça resolução ou recomendação vedando a todos os órgãos do Poder Judiciário a expedição de normas de conteúdo semelhante ao editado pela requerida Provimento CGJ n. 41/2013 editado pelo TJRJ está de acordo com a interpretação jurisprudencial do STF Ressalte-se que não houve qualquer declaração de inconstitucionalidade dos artigos 47 e 48 da Lei n. 8.212/91, mas sim fixação de norma de competência da Corregedoria Geral de Justiça local para regulamentar as atividades de serventias extrajudiciais vinculadas ao Tribunal de Justiça Pedido de providências improcedente" De acordo com o Acórdão: "... Ao contrário do que afirma a Advocacia- Geral da União, verifica-se que o Provimento CGJ n. 41/2013 editado pelo TJRJ está de acordo com a interpretação jurisprudencial do STF acerca da aplicabilidade dos artigos 47 e 48 da Lei n. 8.212/91 ao dispensar a exigência de apresentação de CND para o registro de imóveis. Confira-se: RECURSO EXTRAORDINÁRIO COM AGRAVO. REPERCUSSÃO GERAL. REAFIRMAÇÃO DE JURISPRUDÊNCIA. DIREITO TRIBUTÁRIO E DIREITO PROCESSUAL CIVIL. CLÁUSULA DA RESERVA DE PLENÁRIO. ART. 97 DA CONSTITUIÇÃO FEDERAL. JURISPRUDÊNCIA DO TRIBUNAL PLENO DO STF. RESTRIÇÕES IMPOSTAS PELO ESTADO. LIVRE EXERCÍCIO DA ATIVIDADE ECONÔMICA OU PROFISSIONAL. MEIO DE COBRANÇA INDIRETA DE TRIBUTOS. 1. A jurisprudência pacífica desta Corte, agora reafirmada em sede de repercussão geral, entende que é desnecessária a submissão de demanda judicial à regra da reserva de plenário na hipótese em que a decisão judicial estiver fundada em jurisprudência do Plená rio do Supremo Tribunal Federal ou em Súmula deste Tribunal, nos termos dos arts. 97 da Constituição Federal, e 481, parágrafo único, do CPC. 2. O Supremo Tribunal Federal tem reiteradamente entendido que é inconstitucional restrição imposta pelo Estado ao livre exercício de atividade econômica ou profissional, quanto aquelas forem utilizadas como meio de cobrança indireta de tributos. 3. Agravo nos próprios autos conhecido para negar seguimento ao recurso extraordinário, reconhecida a inconstitucionalidade, incidental e com os efeitos da repercussão geral, do inciso III do §1º do artigo 219 da Lei 6.763/75 do Estado de Minas Gerais.(ARE 914045 RG, Relator(a): Min. EDSON FACHIN, julgado em 15/10/2015, ACÓRDÃO ELETRÔNICO REPERCUSSÃO GERAL MÉRITO DJe-232 DIVULG 18-11-2015 PUBLIC 19-11-2015)" Assim, devem os Oficiais observar o disposto no Cap. XX, item 119.1, das NSCGJ do Tribunal de Justiça de São Paulo, que assim dispõe: "119.1. Com exceção do recolhimento do imposto de transmissão e prova de recolhimento do laudêmio, quando devidos, nenhuma exigência relativa à quitação de débitos para com a Fazenda Pública, inclusive quitação de débitos previdenciários, fará o oficial, para o registro de títulos particulares, notariais ou judiciais" Deste modo, existindo norma expressa no sentido de que os Oficiais não podem exigir, para registro de título, qualquer documento relativo à débitos para com a Fazenda Pública, a exigência ora apresentada deve ser afastada. Neste contexto, a dispensa da certidão de débito deve também ser estendida às averbações de construção ou demolição. Conforme decisão já proferida pela Egrégia Corregedoria Geral da Justiça, no Processo nº 2012/00100270: "Recurso Administrativo Averbação de construção que acarreta modificação da área do imóvel Impossibilidade Falta de CND referentes às modificações anteriores Questão já considerada em decisão anterior pelo D Corregedor Geral da Justiça, que modificou entendimento anterior pela dispensa das certidões Discrepância das medidas apresentadas que demanda esclarecimentos Parecer pelo não provimento" Como bem exposto pela D Promotora de Justiça: "A impropriedade da exigência deve ser estendia ao citado inciso II, uma vez que ainda que a averbação da construção (ou demolição) não signifique transferência de bens, é ela meio de regularização da situação registral do imóvel. O que não pode ficar obstado por qualquer débito tributário existente, sob pena da mesma odiosa cobrança de dívidas fiscais por via transversa". Diante do exposto, julgo procedente o pedido de providências formulado pelo Oficial do 17º Registro de Imóveis da Capital, a requerimento de Flávio Seikiti Kamiya, e consequentemente determino que se proceda a averbação de demolição e construção, nos termos pretendidos na inicial. Deste procedimento não decorrem custas, despesas processuais e honorários advocatícios. Oportunamente remetam-se os autos ao arquivo. P.R.I.C. - ADV: ANDRÉIA APARECIDA CHINALIA PALMITESTA (OAB 150106/SP) (– DJe de 29.08.2019 – SP)

Processo 1106065-32.2019.8.26.0100

Dúvida - Notas - B.I.T.G.L. Empreendimentos Participações e Locações Ltda. - Vistos. Trata-se de dúvida suscitada pela Oficial do 6º Registro de Imóveis da Capital, a requerimento de B.I.T.G.L. - Empreendimentos Participações e Locações LTDA, tendo em vista a negativa em se proceder ao registro da escritura pública de venda e compra referente aos imóveis matriculados sob nº s 209.595 e 209.667. O óbice registrário refere-se à ausência de apresentação das certidões negativas relativas a créditos tributários federais e à divida ativa da União emitida pela Secretaria da Receita Federal do Brasil e pela Procuradoria Geral da Fazenda Nacional, em consonância com o art.47, I, "b" da Lei Federal nº 8.212/91. Apresentou documentos às fls. 04/60. A suscitada apresentou impugnação às fls. 61/65. Argumenta que a questão encontra-se pacificada pela Egrégia Corregedoria Geral da Justiça e Egrégio Conselho Superior da Magistratura, acerca da dispensa da exigibilidade das mencionadas certidões. O Ministério Público opinou pela improcedência da dúvida (fls. 68/69). É o relatório. Passo a fundamentar e a decidir. Apesar do entendimento pessoal desta magistrada, no sentido de não ser possível declarar, em sede administrativa, a inconstitucionalidade dos dispositivos legais que exigem a apresentação da CND perante o registro imobiliário, reconheço ter sido pacificado o entendimento de que tal exigência não pode ser feita pelo Oficial. Neste sentido, além dos precedentes do E. Conselho Superior da Magistratura e da Corregedoria Geral da Justiça deste Tribunal, o Conselho Nacional de Justiça, nos autos do pedido de providências nº 000123082-.2015.2.00.0000, formulado pela União/AGU, entendeu não haver irregularidade na dispensa, por ato normativo, da apresentação de certidão negativa para registro de título no Registro de Imóveis: "CNJ: Pedido de Providências Provimento do TJ-RJ que determinou aos cartórios de registro de imóveis que deixem de exigir a certidão negativa de débito previdenciária (CND) Pedido formulado pela UNIÃO/AGU para a suspensão cautelar e definitiva dos efeitos do Provimento n. 41/2013, além da instauração de reclamação disciplinar contra os magistrados que participaram da concepção e realização do ato e ainda, que o CNJ expeça resolução ou recomendação vedando a todos os órgãos do Poder Judiciário a expedição de normas de conteúdo semelhante ao editado pela requerida Provimento CGJ n. 41/2013 editado pelo TJRJ está de acordo com a interpretação jurisprudencial do STF Ressalte-se que não houve qualquer declaração de inconstitucionalidade dos artigos 47 e 48 da Lei n. 8.212/91, mas sim fixação de norma de competência da Corregedoria Geral de Justiça local para regulamentar as atividades de serventias extrajudiciais vinculadas ao Tribunal de Justiça Pedido de providências improcedente" De acordo com o Acórdão: "... Ao contrário do que afirma a Advocacia-Geral da União, verifica-se que o Provimento CGJ n. 41/2013 editado pelo TJRJ está de acordo com a interpretação jurisprudencial do STF acerca da aplicabilidade dos artigos 47 e 48 da Lei n. 8.212/91 ao dispensar a exigência de apresentação de CND para o registro de imóveis. Confira-se: RECURSO EXTRAORDINÁRIO COM AGRAVO. REPERCUSSÃO GERAL. REAFIRMAÇÃO DE JURISPRUDÊNCIA. DIREITO TRIBUTÁRIO E DIREITO PROCESSUAL CIVIL. CLÁUSULA DA RESERVA DE PLENÁRIO. ART. 97 DA CONSTITUIÇÃO FEDERAL. JURISPRUDÊNCIA DO TRIBUNAL PLENO DO STF. RESTRIÇÕES IMPOSTAS PELO ESTADO. LIVRE EXERCÍCIO DA ATIVIDADE ECONÔMICA OU PROFISSIONAL. MEIO DE COBRANÇA INDIRETA DE TRIBUTOS. 1. A jurisprudência pacífica desta Corte, agora reafirmada em sede de repercussão geral, entende que é desnecessária a submissão de demanda judicial à regra da reserva de plenário na hipótese em que a decisão judicial estiver fundada em jurisprudência do Plenário do Supremo Tribunal Federal ou em Súmula deste Tribunal, nos termos dos arts. 97 da Constituição Federal, e 481, parágrafo único, do CPC. 2. O Supremo Tribunal Federal tem reiteradamente entendido que é inconstitucional restrição imposta pelo Estado ao livre exercício de atividade econômica ou profissional, quanto aquelas forem utilizadas como meio de cobrança indireta de tributos. 3. Agravo nos próprios autos conhecido para negar seguimento ao recurso extraordinário, reconhecida a inconstitucionalidade, incidental e com os efeitos da repercussão geral, do inciso III do §1º do artigo 219 da Lei 6.763/75 do Estado de Minas Gerais.(ARE 914045 RG, Relator(a): Min. EDSON FACHIN, julgado em 15/10/2015, ACÓRDÃO ELETRÔNICO REPERCUSSÃO GERAL MÉRITO DJe-232 DIVULG 18-11-2015 PUBLIC 19-11-2015)" Assim, devem os Oficiais observar o disposto no Cap. XX, item 119.1, das NSCGJ do Tribunal de Justiça de São Paulo, que assim dispõe: "119.1. Com exceção do recolhimento do imposto de transmissão e prova de recolhimento do laudêmio, quando devidos, nenhuma exigência relativa à quitação de débitos para com a Fazenda Pública, inclusive quitação de débitos previdenciários, fará o oficial, para o registro de títulos particulares, notariais ou judiciais" Deste modo, existindo norma expressa no sentido de que os Oficiais não podem exigir, para registro de título, qualquer documento relativo à débitos para com a Fazenda Pública, a exigência ora apresentada deve ser afastada. Do exposto, julgo improcedente a dúvida suscitada pela Oficial do 6º Registro de Imóveis da Capital, a requerimento de B.I.T.G.L. - Empreendimentos Participações e Locações LTDA, e consequentemente determino o registro do titulo. Deste procedimento não decorrem custas, despesas processuais e honorários advocatícios. Oportunamente remetam-se os autos ao arquivo. P.R.I.C. - ADV: DANIELA CRISTINA VOLPATO ALVES (OAB 252179/SP), ERIK GUEDES NAVROCKY (OAB 240117/SP) (– DJe de 08.11.2019 – SP)

COMPRA E VENDA E COMPROMISSO

Processo 1101247-71.2018.8.26.0100

Pedido de Providências - REGISTROS PÚBLICOS - Ana Maria Gauchat Dias - Antonio Carlos Dias Mary - Vistos. Trata-se de procedimento de dúvida inversa suscitado pelo espólio de Antonio Carlos Dias Mary, representado por Ana Maria Gauchat Dias, em face do Oficial do 7º Registro de Imóveis da Capital. O interessado pretende registrar escritura pública de compra e venda, cujo objeto é o imóvel matriculado sob nº 13.254. A interessada informa que adquiriu, em conjunto com seu falecido cônjuge, os direitos e obrigações do imóvel acima descrito da Empresa CIA. Hering por meio de instrumento particular de promessa de compra e venda, firmado em 1997. Em 2008 a promitente vendedora outorgou escritura de compra e venda, com o recolhimento dos impostos devidos. A escritura foi levada a registro, tendo o Oficial devolvido o título afirmando que na matrícula do imóvel consta como proprietária a empresa CIA Hering S/A, inscrita no CNPJ sob nº 82.639.139/0001-44; entretanto, na escritura de compra e venda a empresa está qualificada com número distinto de inscrição no CNPJ, a saber nº 78.876.950/0001-71. Desse modo, depreendeu-se que ocorreu uma incorporação com transferência do patrimônio de bens imóveis da incorporadora para a incorporada, de modo que seria necessária averbação dos originais das atas das assembleias, entre outros documentos. Afirma que apresentou ao registro cópias das atas, obtidas perante a Junta Comercial de Santa Catarina. O Registrador, contudo, emitiu nova nota devolutiva, exigindo: 1) documentos que comprovem a incorporação, com a devida qualificação da incorporada e incorporadora (incluídos os CNPJs de cada uma); 2) laudo de avaliação em que conste menção expressa ao imóvel transferido e 3) guia de recolhimento (ou comprovante de isenção) do ITBI na transferência de patrimônio. A requerente aduz que as exigências são impossíveis de serem cumpridas, por tratar-se de transações antigas, de difícil comprovação. O Oficial manifestou-se às fls. 149/151, para reafirmar a necessidade de cumprimento das exigências para averbação da incorporação. Por fim, o Ministério Público opinou pela procedência da dúvida e manutenção dos óbices, com base em julgados anteriores. É o relatório. Decido. Com razão o Oficial e a Promotora de Justiça. Em primeiro lugar, quanto à necessidade da discriminação do CNPJ no documento a ser averbado, trata-se de exigência indispensável. Isso porque, do princípio da especialidade subjetiva, depreende-se a imprescindibilidade de uma descrição precisa dos sujeitos envolvidos nas transações envolvendo imóveis. No caso de pessoa jurídica, o CNPJ é requisito mínimo de qualificação, não podendo ser dispensado (item 64, capítulo XX, NSCGJ). Quanto ao laudo de avaliação, conforme bem pontuado pela Promotoria de Justiça, trata-se de documento indispensável ao cálculo de tributos e de emolumentos devidos ao Registrador, conforme já decidido anteriormente por este Juízo. Nesse sentido, há decisão desta vara nos autos do processo nº 0049033-14.2004.8.26.0100. Por fim, sobre a necessidade de guia de recolhimento do ITBI ou comprovante de isenção, correto está o Registrador. É certo que ao Oficial de Registro cumpre fiscalizar o pagamento dos impostos devidos por força dos atos que lhe forem apresentados em razão do ofício, na forma do art. 289 da Lei nº 6.015/73, sob pena de responsabilização pessoal do Oficial Delegado, e dentre estes impostos se encontra o ITBI, cuja prova de recolhimento deve instruir os documentos, salvo hipótese de isenção devidamente demonstrada. Desse modo, não cabe a este Juízo discutir a dispensa (ou não) do citado imposto. A interessada deve dispor dos meios adequados para contestar a exigibilidade do tributo nesse caso específico. Do exposto, julgo procedente a dúvida inversa suscitada por espólio de Antonio Carlos Dias Mary, representado por Ana Maria Gauchat Dias em face do Oficial do 7º Registro de Imóveis da Capital, para manter os óbices apontados pelo Registrador. Não há custas, despesas processuais nem honorários advocatícios decorrentes deste procedimento. Oportunamente, arquivem-se os autos. P.R.I.C. - ADV: ANGELA VALENTE MONTEIRO DA FONSECA (OAB 253088/SP) (DJe de 08.01.2019 - SP)

Processo 1125688-19.2018.8.26.0100

Tutela Antecipada Antecedente - Liminar - Paulo Sergio Feuz - Vistos. Trata-se de pedido de providencias cumulada com tutela de urgência formulada por Paulo Sérgio Feuz e Samantha Martins Feuz em face do Oficial do 2º Registro de Imóveis da Capital, pleiteando a nulidade da consolidação de propriedade averbada sob nº 09 na matrícula nº 107.365. Relatam os requerentes que adquiriram da empresa Patrimônio Construções e Empreendimentos Imobiliários S/A, por escritura pública de venda e compra de imóvel com transação e pacto adjeto de alienação fiduciária em garantia, o imóvel mencionado. Em março de 2018, a credora fiduciária formulou junto à Serventia Extrajudicial pedido de execução da alienação fiduciária. Salientam que a intimação enviada em junho de 2018, é nula de pleno direito, razão pela qual não poderia ter gerado o direito à consolidação da propriedade, pois realizada com erros grosseiros e vícios insanáveis que afrontam as normas legais, dentre os quais: a) ausência do valor a ser pago; b) estipulação da efetivação do pagamento para uma credora fiduciária estranha ao procedimento, Caixa Econômica Federal; c) falta de informação dos valores dos emolumentos e custas do cartório. Asseveram que o procedimento de alienação judiciária não permite que a intimação inicial possua erros, pois ela se assemelha a citação em um processo judicial, sendo que os vícios insanáveis na intimação tornam nula a consolidação da propriedade. Assim, requerem em sede de liminar a suspensão da consolidação da propriedade (averbação nº 09 da matrícula nº 107.365), para que não surta qualquer efeito, e no mérito o cancelamento do mencionado ato registrário. Juntou documentos às fls. 13/57. É o relatório. Passo a fundamentar e a decidir. Pretendem os requerentes, em sede liminar, a suspensão dos efeitos da consolidação da propriedade e, no mérito, o cancelamento da averbação nº 09 na matrícula nº 107.365. Analisando os fatos e documentos apresentados na inicial, verifico que se trata de vicio intrínseco do título, consistente na eventual nulidade da intimação para purgação da mora expedida pelo registrador, vez que não constou os elementos indispensáveis, elencados nas Normas de Serviço da Egrégia Corregedoria Geral da Justiça, bem como constou que o pagamento deveria ser efetuado em favor da credora fiduciária CEF, estranha ao procedimento. Formalmente o ato praticado pelo Oficial do 2º Registro de Imóveis da Capital está perfeito. Vale ressaltar que cabe ao Oficial somente proceder à intimação do devedor para purgação de mora, nos termos do artigo 26, § 7º da Lei nº 9.514/97, sendo que a transação acerca dos valores é diligência que compete às partes interessadas, bem como o montante da dívida não é elemento que compõe a carta de intimação, vez que diz respeito a questão que envolve unicamente as partes, sendo o registrador mero portador da cobrança. A notificação de mora e posterior consolidação deu-se conforme prevista pelo artigo 26, § 7º, da lei 9.514/97, tal qual segue transcrito: "Art. 26. Vencida e não paga, no todo ou em parte, a dívida e constituído em mora o fiduciante, consolidar-se-á, nos termos deste artigo, a propriedade do imóvel em nome do fiduciário. (...) § 7º Decorrido o prazo de que trata o § 1º sem a purgação da mora, o oficial do competente Registro de Imóveis, certificando esse fato, promoverá a averbação, na matrícula do imóvel, da consolidação da propriedade em nome do fiduciário, à vista da prova do pagamento por este, do imposto de transmissão inter vivos e, se for o caso, do laudêmio. (...)". Portanto, tendo ocorrido sem purgação a notificação da mora feita pelo Oficial competente do Registro de Imóveis, este deve proceder à averbação, em conformidade com a norma, deste ato decorrendo todos os efeitos atinentes a esta modalidade de garantia. Não pode a averbação ser cancelada se o procedimento se deu de forma correta, sendo que eventual equívoco, como obstáculo para quitação do débito ou ausência de informações sobre o valor, são alheios à capacidade de cognição do Oficial. A ação de anulação de consolidação da propriedade, com o pagamento de eventual indenização, deve ser intentada nas vias jurisdicionais adequadas, visto que o procedimento administrativo se destina à análise de uma situação pré-ordenada, não se permitindo a produção de provas ou juntada ulterior de documentos. Logo, tendo este Juízo competência administrativa disciplinar, não pode analisar questões de direito material que envolvam o negócio jurídico. Por fim, no tocante à conduta do Oficial, entendo que não há medida censório disciplinar a ser adotada por esta Corregedoria Permanente, inexistindo indícios da ocorrência de falta funcional. Diante do exposto, julgo improcedente pedido de providencias cumulada com tutela de urgência formulada por Paulo Sérgio Feuz e Samantha Martins Feuz em face do Oficial do 2º Registro de Imóveis da Capital, devendo os interessados buscar a via ordinária para resolução do impasse. Deste procedimento não decorrem custas, despesas processuais e honorários advocatícios. Oportunamente remetam-se os autos ao arquivo. P.R.I.C. - ADV: CECILIA MARIAN DE BARROS BARTHOLOMEU (OAB 319728/SP) (DJe de 08.01.2019 - SP)

Processo 1105389-21.2018.8.26.0100

Dúvida - Registro de Imóveis - 15º Oficial de Registro de Imóveis de São Paulo - Pérsio Bruno de Souza e outro - Vistos. Trata-se de procedimento de dúvida suscitado pelo Oficial do 15º Registro de

Imóveis da Capital a requerimento de Pérsio Bruno de Souza, que pretende registro de compromisso de compra e venda na matrícula de nº 205.604. Informa o Oficial que o título foi prenotado em mais de uma ocasião, sendo que a prenotação de nº 836.156 deu origem ao presente procedimento. O título foi qualificado negativamente devido aos seguintes óbices: (i) o domínio do imóvel foi adquirido pelos promitentes vendedores - José Ricardo de Souza Pinheiro e Tania Rodrigues Santos - no estado civil de solteiros e no título consta que estão casados "sob regime de união estável"; (ii) faltam informações acerca do casamento do promitente comprador Pérsio data de casamento e regime de bens; e (iii) se os promitentes vendedores estão sujeitos ou não à Lei Previdenciária nº 8.212/91. Relata ainda que há prenotado sob nº 836.799 título contraditório, que consiste em escritura de compra e venda pela qual os titulares de domínio transmitem o imóvel a outro casal. O suscitado manifestou-se às fls. 51/60. Afirma que as exigências do Registrador referentes ao estado civil dos promitentes vendedores e dos promitentes compradores são devidamente supridas pelos documentos anexados. Aduz que a escritura pública de compra e venda citada - contraditória ao compromisso de compra e venda que pretende registrar - traz a informação de que os promitentes vendedores não estão sujeitos à Lei Previdenciária, sendo que este dado pode ser utilizado pelo Oficial para suprir esta exigência. Por fim, relata que lavrou boletim de ocorrência para apurar possível estelionato, uma vez que o imóvel de fato foi negociado duas vezes. Há manifestação do Ministério Público às fls. 71/72 opinando pelo bloqueio da matrícula. Após novas diligências, manifestou-se novamente (fls. 81/82) pela desnecessidade do bloqueio, bem como pela procedência da dúvida. É o relatório. Decido. Com razão o Oficial e a Promotoria de Justiça. O título não pode ingressar no fólio real, posto que contêm erros de qualificação que violam o princípio da especialidade subjetiva, que rege os registros públicos. Trata-se de situação que não pode ser suprida por informações constantes de documentos diversos do título a ser registrado o título precisa ser corrigido. O princípio da especialidade subjetiva no direito registral tem como objetivo garantir que a qualificação dos envolvidos nas matrículas de imóveis se dê com a maior completude possível, conferindo segurança e credibilidade aos registros. Consta da matrícula do imóvel que os promitentes vendedores são solteiros, contudo a escritura pública os qualifica como casados em "regime de união estável". Há ainda, no título, informação de que Pérsio promitente comprador é casado, mas falta especificação acerca do regime de bens e da data do casamento. Assim, o título necessita de correções que tragam as modificações devidas para que seus dados correspondam à realidade fática dos envolvidos no negócio jurídico em questão. Nesse sentido dispõe o item artigo 215 do Código Civil de 2002: Art. 215. A escritura pública, lavrada em notas de tabelião, é documento dotado de fé pública, fazendo prova plena. § 1º Salvo quando exigidos por lei outros requisitos, a escritura pública deve conter: (...) III - nome, nacionalidade, estado civil, profissão, domicílio e residência das partes e demais comparecentes, com a indicação, quando necessário, do regime de bens do casamento, nome do outro cônjuge e filiação; Desse modo, encontra respaldo legal a negativa do Oficial em registrar o título de promessa de compra e venda. Ademais, entendo que não é o caso de bloqueio da matrícula. No caso, foram prenotados dois títulos com conteúdo divergente, sendo o primeiro uma promessa de compra e venda e o segundo uma escritura de compra e venda. O artigo 186 da Lei de Registros Públicos consagra a o princípio da prioridade, regido pela ordem de prenotação dos títulos (art. 182 LRP). Há, assim, uma ordem de registro a ser seguida de acordo com a sequência das prenotações. Se o prazo da prenotação de número menor for vencido - seja porque o título não estava apto, seja pelo fim do procedimento de dúvida julgado procedente - a prenotação anterior perde a validade e a próxima adquire a prioridade para ingresso no registro. O interessado deve, assim, buscar nas vias cabíveis a apuração de possível crime cometido pelos proprietários do imóvel. Diante do exposto, julgo procedente a dúvida suscitada por pelo Oficial do 15º Registro de Imóveis a requerimento de Pérsio Bruno de Souza, mantendo o óbice registrário. Não há custas, despesas processuais ou honorários advocatícios advindas deste procedimento. Oportunamente, arquivem-se os autos. P.R.I.C. - ADV: APARECIDA ANGELA DOS SANTOS NOVELLO (OAB 214978/SP), MAURO AL MAKUL (OAB 98875/SP) (DJe de 06.02.2019 - SP)

Processo 1131195-58.2018.8.26.0100

Dúvida 1º Oficial de Registro de Imóveis de São Paulo Herivelto de Paula e Geane Pereira Costa de Paula Sentença (fls. 38/41): Vistos. Trata-se de dúvida suscitada pelo Oficial do 1º Registro de Imóveis da Capital, a requerimento de Herivelto de Paula, tendo em vista a negativa em se proceder ao registro da escritura de venda e compra lavrada perante o 16º Tabelião de Notas da Capital, referente ao imóvel matriculado sob nº 90.009. O óbice registrário refere-se à necessidade de apresentação da certidão de débitos relativos a créditos tributários federais e á dívida ativa da União, em nome da vendedora KHRYS - LAB COMÉRCIO E DISTRIBUIÇÃO LTDA. O Oficial declara ter ciência da atual jurisprudência dos Tribunais Superiores e desta Corregedoria Permanente no tocante a necessidade da apresentação das Certidões Negativas (item 119.1, do Cap. XX, das Normas Extrajudiciais de Serviço) e assevera que a matéria ainda enseja a controvérsia, tendo em vista que existe entendimento no sentido em que a alínea b, inciso I, do artigo 47, da Lei Federal nº 8.212/91, estaria em vigor, por não ter sido expressamente declarada inconstitucional. Juntou documentos às fls. 04/25. O suscitado não apresentou impugnação, conforme certidão de fl. 32. O Ministério Público opinou pela improcedência da dúvida (fls. 36/37). É o relatório. Passo a fundamentar e a decidir. Apesar do entendimento pessoal desta magistrada, no sentido de não ser possível declarar, em sede administrativa, a inconstitucionalidade dos dispositivos legais que exigem a apresentação da CND perante o registro imobiliário, reconheço ter sido pacificado o entendimento de que tal exigência não pode ser feita pelo Oficial. Neste sentido, além dos precedentes do E. Conselho Superior da Magistratura e da Corregedoria Geral da Justiça deste Tribunal, o Conselho Nacional de Justiça, nos autos do pedido de providências nº 000123082-.2015.2.00.0000, formulado pela União/AGU, entendeu não haver irregularidade na dispensa, por ato normativo, da apresentação de certidão negativa para registro de título no Registro de Imóveis: "CNJ: Pedido de Providências Provimento do TJ-RJ que determinou aos cartórios de registro de imóveis que deixem de exigir a certidão negativa de débito previdenciária (CND) Pedido formulado pela UNIÃO/AGU para a suspensão cautelar e definitiva dos efeitos do Provimento n. 41/2013, além da instauração de reclamação disciplinar contra os magistrados que participaram da concepção e realização do ato e ainda, que o CNJ expeça resolução ou recomendação vedando a todos os órgãos do Poder Judiciário a expedição de normas de conteúdo semelhante ao editado pela requerida Provimento CGJ n. 41/2013 editado pelo TJRJ está de acordo com a interpretação jurisprudencial do STF Ressalte-se que não houve qualquer declaração de inconstitucionalidade dos artigos 47 e 48 da Lei n. 8.212/91, mas sim fixação de norma de competência da Corregedoria Geral de Justiça local para regulamentar as atividades de serventias extrajudiciais vinculadas ao Tribunal de Justiça Pedido de providências improcedente" De acordo com o Acórdão: "... Ao contrário do que afirma a Advocacia-Geral da União, verifica-se que o Provimento CGJ n. 41/2013 editado pelo TJRJ está de acordo com a interpretação jurisprudencial do STF acerca da aplicabilidade dos artigos 47 e 48 da Lei n. 8.212/91 ao dispensar a exigência de apresentação de CND para o registro de imóveis. Confira-se: RECURSO EXTRAORDINÁRIO COM AGRAVO. REPERCUSSÃO GERAL. REAFIRMAÇÃO DE JURISPRUDÊNCIA. DIREITO TRIBUTÁRIO E DIREITO PROCESSUAL CIVIL. CLÁUSULA DA RESERVA DE PLENÁRIO. ART. 97 DA CONSTITUIÇÃO FEDERAL. JURISPRUDÊNCIA DO TRIBUNAL PLENO DO STF. RESTRIÇÕES IMPOSTAS PELO ESTADO. LIVRE EXERCÍCIO DA ATIVIDADE ECONÔMICA OU PROFISSIONAL. MEIO DE COBRANÇA INDIRETA DE TRIBUTOS. 1. A jurisprudência pacífica desta Corte, agora reafirmada em sede de repercussão geral, entende que é desnecessária a submissão de demanda judicial à regra da reserva de plenário na hipótese em que a decisão judicial estiver fundada em jurisprudência do Plenário do Supremo Tribunal Federal ou em Súmula deste Tribunal, nos termos dos arts. 97 da Constituição Federal, e 481, parágrafo único, do CPC. 2. O Supremo Tribunal Federal tem reiteradamente entendido que é inconstitucional restrição imposta pelo Estado ao livre exercício de atividade econômica ou profissional, quanto aquelas forem utilizadas como meio de cobrança indireta de tributos. 3. Agravo nos próprios autos conhecido para negar seguimento ao recurso extraordinário, reconhecida a inconstitucionalidade, incidental e com os efeitos da repercussão geral, do inciso III do §1º do artigo 219 da Lei 6.763/75 do Estado de Minas Gerais. (ARE 914045 RG, Relator(a): Min. EDSON FACHIN, julgado em 15/10/2015, ACÓRDÃO ELETRÔNICO REPERCUSSÃO GERAL MÉRITO DJe-232 DIVULG 18-11-2015 PUBLIC 19-11-2015)" Assim, devem os Oficiais observar o disposto no Cap. XX, item 119.1, das NSCGJ do Tribunal de Justiça de São Paulo, que assim dispõe: "119.1. Com exceção do recolhimento do imposto de transmissão e prova de recolhimento do laudêmio, quando devidos, nenhuma exigência relativa à quitação de débitos para com a Fazenda Pública, inclusive quitação de débitos previdenciários, fará o oficial, para o registro de títulos particulares, notariais ou judiciais" Deste modo, existindo norma expressa no sentido de que os Oficiais não podem exigir, para registro de título, qualquer documento relativo à débitos para com a Fazenda Pública, a exigência ora apresentada deve ser afastada. Diante do exposto, julgo improcedente a dúvida suscitada pelo Oficial do 1º Registro de Imóveis da Capital, a requerimento de

Herivelto de Paula, e consequentemente determino o registro da escritura de compra e venda referente ao imóvel matriculado sob nº 90.009. Deste procedimento não decorrem custas, despesas processuais e honorários advocatícios. Oportunamente remetam-se os autos ao arquivo. P.R.I.C. São Paulo, 18 de fevereiro de 2019. Tania Mara Ahualli Juiz de Direito (CP 641) (DJe de 22.02.2019 - SP)

Processo 1134302-13.2018.8.26.0100

Dúvida - Registro de Imóveis - Mello e Benavides Bar e Restaurante Ltda. EPP - Vistos. Trata-se de dúvida suscitada pelo 10º Oficial de Registro de Imó veis de São Paulo, requerida ante a qualificação negativa de escritura de compra e venda pela qual Benavides Bar e Restaurante LTDA vendeu a Claudio Avilla Pierini o imóvel matriculado sob nº 125.333. Segundo relatado pelo Oficial, o título recebeu qualificação negativa, em face da ausência das certidões negativas de débitos relativos às contribuições previdenciárias e de terceiros, bem como aos tributos federais e à dívida ativa da União (Lei 8.212, de 24 de julho de 1991, art. 47, I, b). O Registrador declara ter ciência da atual jurisprudência dos Tribunais Superiores e desta Corregedoria Permanente no tocante a necessidade da apresentação das Certidões Negativas (item 119.1, do Cap. XX, das Normas Extrajudiciais de Serviço) e assevera que a matéria ainda enseja a controvérsia, tendo em vista que existe entendimento no sentido em que a alínea b, inciso I, do artigo 47, da Lei Federal nº 8.212/91, estaria em vigor, por não ter sido expressamente declarada inconstitucional. A Promotora de Justiça opinou pela improcedência da dúvida. É o relatório. Decido. Cumpre primeiramente consignar que acompanho o entendimento do MM Juiz Josúe Modesto Passos, que em recente decisão proferida à frente desta 1ª Vara de Registros Públicos, declarou que, no que diz respeito à sua convicção pessoal, "no juízo administrativo não cabe aplicar a inconstitucionalidade declarada sobre a Lei 7.711, de 22 de setembro de 1988, art. 1º, I, III e IV, e §§ 11º-3º (cf. ações diretas de inconstitucionalidade 173-6 e 394-1) para, por identidade de razão, dar por inconstitucional a Lei 8.212/1991, art. 47, I, b. Além disso, na arguição 0139256-75.2011.8.26.0000 foi declarada apenas a inconstitucionalidade da Lei 8.212/1991, art. 47, I, d, e - repita-se - na via administrativa não há estender a eficácia dessa decisão também para o art. 47, I, b. Finalmente, as NSCGJ, II, XIV, 59.2, são de alcance algo duvidoso, porque dispensam os tabelionatos (frise-se) de exigir as certidões para a lavratura de escrituras públicas de negócios jurídicos concernentes a direitos reais imobiliários, é verdade; porém, as próprias NSCGJ não puseram dispensa semelhante em favor dos ofícios de registro de imóveis, mesmo na redação dada pelo Provimento CG 37, de 26 de novembro de 2013, em vigor a partir de 28 de janeiro de 2014". De resto, já decidiu o E. Tribunal de Justiça (apelação 0015621-88.2011.8.26.0604 - Sumaré, 11ª Câmara de Direito Público, Rel. Des. Ricardo Dip, j. 22.01.2013): Nesse quadro, avista-se, com efeito, que a exigência, na espécie, de apresentação de certidões negativas para que a carta de adjudicação acedesse ao fólio real tem por fundamento a Lei nº 8.212/1991, e, embora a Lei nº 7.711/1988 também verse a necessidade de apresentação das aludidas certidões, o fato é que o Registrador Imobiliário, na qualificação do título apresentado a registro, adstrita ao princípio da legalidade, tomou amparo na Lei nº 8.212. À falta de declaração judicial expressa de que a Lei nº 8.212/1991 padeça de inconstitucionalidade, não pode o Registrador de imóveis estender-lhe a fulminação que afligiu a Lei nº 7.711/1988. Frise-se, além disso, que o art. 48 da Lei nº 8.212, de 1991, enuncia que o registrador é solidariamente responsável pela prática de atos com inobservância de seu art. 47: "Art. 48. A prática de ato com inobservância do disposto no artigo anterior, ou o seu registro, acarretará a responsabilidade solidária dos contratantes e do oficial que lavrar ou registrar o instrumento, sendo o ato nulo para todos os efeitos. (...) § 3º O servidor, o serventuário da Justiça, o titular de serventia extrajudicial e a autoridade ou órgão que infringirem o disposto no artigo anterior incorrerão em multa aplicada na forma estabelecida no art. 92, sem prejuízo da responsabilidade administrativa e penal cabível." Note-se que nesse aresto ficou aventada a possibilidade de a corregedoria permanente (e, por maior força de razão, a Corregedoria Geral) dispensar as certidões, mas somente nos casos de difficultas praestandi, de absoluta impossibilidade de satisfazer a exigência (Lei 6.015, de 31 de dezembro de 1973 - LRP/1973, art. 198, verbis "ou não a podendo satisfazer") - e não de modo geral e abstrato." Feitas essas observações, é necessário, porém observar que, justamente porque aqui se trata de um juízo administrativo, não há liberdade senão para cumprir o que tenham decidido as autoridades superiores, i. e., a Corregedoria Geral da Justiça (CGJ) e o Conselho Superior da Magistratura (CSM) - as quais, é bom ver, desde o julgamento da Apel. Cív. 0003435-42.2011.8.26.0116, em 13.12.2012 (DJ 30.01.2013), mandam que se dispensem as certidões negativas de dívidas tributárias federais e previdenciárias federais. Nesse sentido, confiram-se: (a) para a CGJ: Proc. 62.779/2013, j. 30/07/2013, DJ 07/08/2013; e Proc. 100.270/2012, j. 14/01/2013 (b) para o CSM: as Ap. Cív. 0015705-56.2012.8.26.0248, j. 06.11.2013, DJ 06.11.2013; 9000004-83.2011.8.26.0296, j. 26.09.2013, DJ 14.11. 2013; 0006907-12.2012.8.26.0344, 23.05.2013, DJ 26.06.2013; 0013693-47.2012.8.26.0320, j 18.04. 2013, DJ 24.05.2013; 0019260-93.2011.8.26.0223, j. 18.04.2013, DJ 24.05.2013; 0021311- 24.2012. 8.26.0100, j. 17.01.2013, DJ 21.03.2013; 0013759-77.2012.8.26.0562, j. 17.01.2013, DJ 21.03.2013; 0018870-06.2011.8.26.0068, j. 13.12.2012, DJ 26.02. 2013; 9000003-22.2009.8.26.0441, j. 13.12.2012, DJ 27.02.2013; 0003611-12.2012.8.26.0625, j. 13.12.2012, DJ 01.03.2013; e 0013479-23.2011.8.26.0019, j. 13.12.2012, DJ 30.01.2013.

Assim, esta corregedoria permanente não pode senão afastar o óbice levantado pelo 10º RISP, para que se proceda ao registro. Do exposto, julgo IMPROCEDENTE a dúvida suscitada pelo 10º Ofício do Registro de Imóveis de São Paulo a requerimento de Mello e Benavides Bar e Restaurante. Não há custas, despesas processuais ou honorários advocatícios. Oportunamente, arquivem-se os autos. P.R.I.C - ADV: RODRIGO CABRERA GONZALES (OAB 158960/SP) (DJe de 27.02.2019 - SP)

Processo 1095827-85.2018.8.26.0100

Pedido de Providências - REGISTROS PÚBLICOS - Cimob Participações S/A - Claudia Lopes - Ricardo de Carvalho Ferreira Alves e outros - Vistos. Trata-se de pedido de providências formulado por CIMOB PARTICIPAÇÕES S/A (atual denominação de GAFISA PARTICIPAÇÕES S/A) em face do Oficial do 11º Registro de Imóveis da Capital, pleiteando o cancelamento dos registros nºs 12 e 13 e anulação da averbação nº 15 da matrícula nº 269.411, sob a alegação de que foi tolhido do seu direito de propriedade inscrito no fólio real em virtude de arrematação judicial. Relata a requerente que celebrou compromisso de compra e venda do mencionado imóvel com Domingos Mei Júnior e Rosangela Fragnam Mei, que em razão de dívida condominial foram acionados e executados pelo Condomínio Vila de Toledo, sendo que o feito tramitou perante o MMº Juízo da 1ª Vara Cível do Foro Regional de Santo Amaro (processo nº 002.04.015796-4), resultando na procedência do pedido. Aduz que, naquela execução, os direitos de compromissário comprador que os executados possuíam sobre o imóvel foram penhorados e posteriormente arrematados por Ricardo de Carvalho Ferreira Alves e Mariana Antunes de Oliveira Ferreira Alves, com a expedição da competente carta de arrematação. Todavia, a requerente foi surpreendida ao descobrir que os arrematantes dos direitos de compromissário comprador do imóvel venderam o bem a Cláudia Lopes e Antonio Pereira dos Santos, com financiamento garantido por alienação fiduciária à Caixa Econômica Federal, o qual foi registrado sob nº s 12 e 13, restando evidente a nulidade de tais registros. Juntou documentos às fls. 12/181. Como medida acautelatória, foi determinado o bloqueio da matrículas (fls. 197/198). O registrador manifestou-se às fls. 185/190 e 212/219. Argumenta que a arrematação era considerada à época modo originário de aquisição da propriedade, sendo que a requerente tentou sem sucesso obter judicialmente a invalidade do negócio jurídico e consequentemente a retomada do bem. Apresentou documentos às fls. 220/394. Ricardo de Carvalho Ferreira Alves e Mariana Antunes de Oliveira Ferreira Alves sustentam a ausência de interesse jurídico da requerente, uma vez que a matrícula reflete substancialmente a realidade da sucessão de atos jurídicos perfeitos e acabados, seja pela natureza originária da arrematação, seja pela aplicação por analogia do disposto no artigo 26, § 6º da Lei nº 6.766/1979. Salienta que a interessada ajuizou ação de rescisão contratual cumulada com reintegração de posse e indenização, que tramitou perante o MMº Juízo da 7ª Vara Cível do Foro Regional de Santo Amaro, buscando a satisfação de parcelas em atraso desde 05.10.2007, sendo a ação julgada improcedente, o que torna o presente procedimento totalmente infundado (fls. 398/410 e 411/739). O Ministério Público opinou pelo cancelamento dos registros nºs 13 e 14 e das averbações nºs 14 e 15 da matrícula nº 269.411, por reputa-los nulos de pleno direito, bem como posterior desbloqueio da mencionada matrícula (fls. 744/755 e 864). Houve manifestação dos compradores do imóvel (Antonio Pereira dos Santos e Cláudia Lopes). Asseveram que as condutas adotas pelas partes envolvidas até seu deslinde com a venda do imóvel, atenderam o rigor legal, sendo o bem adquirido através de leilão, com a incidência dos requisitos da requisição originária da propriedade, tornando o bem desprovido de qualquer vicio. Argumentam que a requerente não é mais titular do direito real, sendo que o imóvel foi arrematado por Ricardo, constituindo a arrematação modo originário de aquisição da propriedade. Por fim, asseveram que são adquirentes de boa fé. Apresentaram documentos às fls. 770/857. É o relatório. Passo a fundamentar e a decidir. À luz do artigo 214 da Lei 6.015/73: "Art.214: As nulidades de pleno direito do registro, uma vez provadas, invalindam-no, independentemente de ação direta." A decretação da nulidade de pleno direito da averbação/registro, na forma do artigo mencionado, requer - ADV: ISIDORO ANTUNES MAZZOTINI (OAB 115188/SP),

DOUGLAS RIBEIRO NEVES (OAB 238263/SP), DURAID BAZZI (OAB 242306/SP)

Íntegra da decisão:

SENTENÇA

ProcessoDigitalnº:1095827-85.2018.8.26.0100

Classe - Assunto **Pedido de Providências - REGISTROS PÚBLICOS**

Requerente: **Cimob Participações S/A**:

Juiza de Direito: Dra. **Tania Mara Ahualli**

CONCLUSÃO

Em 21 de fevereiro de 2019 faço estes autos conclusos a MMª Juíza de Direito **Drª Tania Mara Ahualli** da 1ª Vara de Registros Públicos. Eu,___Bianca Taliano Beraldo, escrev., digitei.

Vistos.

Trata-se de **pedido de providências** formulado por **CIMOB PARTICIPAÇÕES S/A** (atual denominação de GAFISA PARTICIPAÇÕES S/A) em face do **Oficial do 11º Registro de Imóveis da Capital**, pleiteando o cancelamento dos registros nºs 12 e 13 e anulação da averbação nº 15 da matrícula nº 269.411, sob a alegação de que foi tolhido do seu direito de propriedade inscrito no fólio real em virtude de arrematação judicial.

Relata a requerente que celebrou compromisso de compra e venda do mencionado imóvel com Domingos Mei Júnior e Rosangela Fragnam Mei, que em razão de dívida condominial foram acionados e executados pelo Condomínio Vila de Toledo, sendo que o feito tramitou perante o MMº Juizo da 1ª Vara Cível do Foro Regional de Santo Amaro (processo nº 002.04.015796-4), resultando na procedência do pedido.

Aduz que, naquela execução, os direitos de compromissário comprador que os executados possuíam sobre o imóvel foram penhorados e posteriormente arrematados por Ricardo de Carvalho Ferreira Alves e Mariana Antunes de Oliveira Ferreira Alves, com a expedição da competente carta de arrematação.

Todavia, a requerente foi surpreendida ao descobrir que os arrematantes dos direitos de compromissário comprador do imóvel venderam o bem a Cláudia Lopes e Antonio Pereira dos Santos, com financiamento garantido por alienação fiduciária à Caixa Econômica Federal, o qual foi registrado sob nº s 12 e 13, restando evidente a nulidade de tais registros.

Juntou documentos às fls. 12/181.

Como medida acautelatória, foi determinado o bloqueio da matrículas (fls. 197/198).

O registrador manifestou-se às fls. 185/190 e 212/219. Argumenta que a arrematação era considerada à época modo originário de aquisição da propriedade, sendo que a requerente tentou sem sucesso obter judicialmente a invalidade do negócio jurídico e consequentemente a retomada do bem. Apresentou documentos às fls. 220/394.

Ricardo de Carvalho Ferreira Alves e Mariana Antunes de Oliveira Ferreira Alves sustentam a ausência de interesse jurídico da requerente, uma vez que a matrícula reflete substancialmente a realidade da sucessão de atos jurídicos perfeitos e acabados, seja pela natureza originária da arrematação, seja pela aplicação por analogia do disposto no artigo 26, § 6º da Lei nº 6.766/1979. Salienta que a interessada ajuizou ação de rescisão contratual cumulada com reintegração de posse e indenização, que tramitou perante o MMº Juízo da 7ª Vara Cível do Foro Regional de Santo Amaro, buscando a satisfação de parcelas em atraso desde 05.10.2007, sendo a ação julgada improcedente, o que torna o presente procedimento totalmente infundado (fls. 398/410 e 411/739).

O Ministério Público opinou pelo cancelamento dos registros nºs 13 e 14 e das averbações nºs 14 e 15 da matrícula nº 269.411, por reputa-los nulos de pleno direito, bem como posterior desbloqueio da mencionada matrícula (fls. 744/755 e 864).

Houve manifestação dos compradores do imóvel (Antonio Pereira dos Santos e Cláudia Lopes). Asseveram que as condutas adotas pelas partes envolvidas até seu deslinde com a venda do imóvel, atenderam o rigor legal, sendo o bem adquirido através de leilão, com a incidência dos requisitos da requisição originária da propriedade, tornando o bem desprovido de qualquer vicio.

Argumentam que a requerente não é mais titular do direito real, sendo que o imóvel foi arrematado por Ricardo, constituindo a arrematação modo originário de aquisição da propriedade. Por fim, asseveram que são adquirentes de boa fé. Apresentaram documentos às fls. 770/857.

É o relatório.

Passo a fundamentar e a decidir.

À luz do artigo 214 da Lei 6.015/73:

"Art.214: As nulidades de pleno direito do registro, uma vez provadas, invalindamno, independentemente de ação direta."

A decretação da nulidade de pleno direito da averbação/registro, na forma do artigo mencionado, requer a demonstração de falha na própria qualificação registral. Assim a norma faz alusão ao vício extrínseco ao título e inerente ao próprio ato registral. Nas hipóteses em que a averbação ou registro estão formalmente em ordem, a nulidade é postulada com fundamento em hipotético vício material do título, a ele intrínseco, logo o pleito de nulidade há de ser proposto na via judicial, com a incidência do contraditório e ampla defesa.

Na lição de Narciso Orlandi:

"É preciso distinguir nulidade direta do registro e nulidade do título, com reflexo no registro.

O registro não pode ser cancelado por nulidade do título, salvo em processo contencioso de que participe o titular do direito inscrito. Em outras palavras, o art. 214 da Lei nº 6.015/73 é exceção. E como se sabe se o registro é ou não nulo de pleno direito? Sabe-se que o registro é ou não nulo de pleno direito examinando-o separadamente do titulo que lhe deu causa, apenas à luz dos princípios que regem o registro, a saber se foram cumpridos os requisitos formais. A indagação da nulidade do registro deve ficar restrita aos defeitos formais do assento, ligados à inobservância de formalidades essenciais da inscrição (Código Civl, arts.130 e 145, III)" (Afrânio de Carvalho, Retificação do Registro, in RDI 13, p.17).

"(...) A nulidade a que se refere o art. 214 da Lei de Registros Públicos é exclusiva do registro, absolutamente independe do título, tanto que, uma vez declarada, permite que o mesmo título seja novamente registrado... A nulidade pode ser declarada diretamente independentemente de ação, é de direito formal, extrínseca. Ela não pode alcançar o título que subsiste íntegro e, em muitos casos, apto a, novamente, ingressar no registro... Problemas relativos ao consentimento das partes, dizem respeito ao título, tanto quanto sua representação e a elaboração material do instrumento" (Retificação do Registro de Imóveis, Ed. Oliveira Mendes, pág. 183/192).

Na presente hipótese, os registros 12 e 13, bem como as averbações nºs 14 e 15 da matrícula nº 269.411, padecem de nulidade de pleno direito, sendo que Domingos Mei Júnior e Rosangela Fragnam Mei nunca foram proprietários do imóvel e sim promitentes compradores, conforme se verifica do registro nº 07 da mencionada matrícula. Logo, Ricardo de Carvalho Ferreira e Mariana Antunes de Oliveira Ferreira Alves jamais poderiam ter arrematado os direitos e obrigações do imóvel em ato derivado da ação judicial de despesas condominiais movidas pelo Condomínio Vila Toledo em face de Domingos e Rosangela, em ofensa aos princípios da continuidade e disponibilidade.

Ao contrário do que faz crer o registrador, as decisões judiciais não se referem a aquisição da propriedade pelos arrematantes, mas sim dos direitos dos compromissários compradores (fls. 253, 257, 263, 271, 287, 304 e 310). Ainda para corroborar a assertiva, consta à fl. 34 o termo de retificação do auto de penhora:

"... Lavro a presente Retificação do auto de penhora de fls. 184, lavrado em 17/17/2010 do imóvel localizado na Av. Nossa Sra. Do Bom Conselho, 439, casa 11, matriculado sob nº 269.411 do 11º Cartório do Registro de Imóveis para constar que ***a constrição recai sobre os direitos que o executado, Domingos Mei Júnior, possui sobre o bem imóvel*** *acima indicado, melhor descrito nos autos de penhora de fls. 194".*

Daí conclui-se que a arrematação realizada por Ricardo de Carvalho Ferreira Alves e Mariana Antunes de Oliveira Ferreira Alves refere-se aos direitos sobre o imóvel.

Sem amparo jurídico as alegações dos arrematantes referentes à ausência de interesse jurídico da requerente pela improcedência da ação de rescisão contratual cumulada com reintegração de posse e indenização, confirmada em sede de apelação. No feito mencionado discutiu-se obrigação derivada do adimplemento do débito existente entre a requerente e os compromissários compradores, não guardando este fato qualquer relação com o direito de propriedade que envolve o imóvel em questão. Ou seja, o fato da decisão ser improcedente no âmbito cível não interfere no registro errôneo praticado pelo Oficial que resultou na perda do direito de propriedade.

Neste contexto, de acordo com o V. Acórdão (fls. 431/439):

"...

Como bem se apura no edital de leilão (fls. 91), apura-se que os apelados adquiriram em hasta pública os direitos que o executado possui sobre o imóvel – matrícula nº 269.411 do 11º Cartório de Registro de Imóveis de São Paulo/SP – ou seja: os direitos (pessoais, de índole obrigacional) dos compromissários compradores originários...

...

Repita-se: não adquiriram diretamente o direito real de propriedade, mas o direito obrigacional de exigir a transferência da propriedade do imóvel objeto da promessa originária.

Mais. Se a dívida cobrada por esta via realmente existir, será indubitavelmente de índole pessoal (pois decorre da relação contratual estabelecida pelo compromisso de compra e venda)"

Logo, o objeto da ação que tramitou perante o MMº Juízo Cível não se refere aos direitos reais decorrentes do imóvel, mas apenas a obrigações de cunho pessoal entre as partes envolvidas. Assim como a alegação da ocorrência de desconsideração da personalidade jurídica, que condenou a requerente ao pagamento de certa importância, trata-se de argumento que refoge ao âmbito administrativo e à questão que está sendo discutida neste procedimento.

Não prospera a alegação do registrador de que na época dos fatos vigorava o entendimento pelo Egrégio Conselho Superior da Magistratura de que a arrematação era considerado modo de aquisição originário da propriedade.

Decerto, é recente a decisão proferida pelo Egrégio Conselho Superior da Magistratura (Apelação Cível: 9000002- 19.2013.8.26.0531 CSMSP - Apelação Cível. Localidade: Santa Adélia. Data Julgamento: 02/09/2014 DATA DJ: 17/11/2014 Relator: Elliot Akel. Voto nº 34.029. Legislação: CC2002 - Código Civil de 2002 | 10.406/2002, ART: 1911 CTN – Código Tributário Nacional | 5.172/1966, ART: 130 LOSS - Lei Orgânica da Seguridade Social - 8.212/1991, art: 53, §1º), que reconheceu a arrematação como forma derivada de aquisição da propriedade:

"REGISTRO DE IMÓVEIS - CARTA DE ARREMATAÇÃO - MODO DERIVADO DE AQUISIÇÃO DA PROPRIEDADE - FERIMENTO DOS PRINCÍPIOS DA CONTINUIDADE E DA ESPECIALIDADE OBJETIVA - RECURSO DESPROVIDO".

Todavia, como bem exposto pela D. Promotora de Justiça, jamais o Egrégio Conselho da Magistratura acatou que a arrematação de direitos do compromissário comprador transmudasse em aquisição de propriedade, uma vez que isso violaria os princípios da disponibilidade e da continuidade.

O registro nº 08 referente à arrematação do imóvel foi realizado em 24.01.2014 (fls. 18/19), contudo em julgados anteriores a esta data proferidos pelo Egrégio Conselho Superior da Magistratura atinentes à arrematação decidiu-se:

"Registro de imóveis – Dúvida – Arrematação dos direitos decorrentes do compromisso de compra e venda que não se confunde com aquisição de domínio – Impossibilidade de registro da arrematação do domínio sobre o imóvel quando o título e os demais atos que o precederam referem expressamente os direitos sobre o imóvel - Irrelevância do fato da execução decorrer de cobrança de despesas condominiais – Princípio da continuidade – Recurso não provido" (Apelação nº 3014340-07.2013.8.26.0562, Rel: Des. Elliot Akel).

"Registro de imóvel – Dúvida – Carta de arrematação extraída dos autos de ação de cobrança de condomínio – direitos decorrentes de compromisso de compra e venda não registrado – Exame formal e qualificação do título à luz dos princípios que regem os registros públicos – ofensa aos princípios da legalidade, da continuidade e da especialidade subjetiva – Recurso não provido" (Apelação nº 0019507-22.2014.8.26.0562, Rel: Des. Elliot Akel).

Daí que é incontroverso o erro praticado pelo Oficial na época em que registrou o instrumento particular com força de escritura pública de venda e compra em que Ricardo e sua mulher Mariana venderam o imóvel a Cláudia e Antonio, e que a nulidade constatada está relacionada com o mecanismo de registro e não do título, situação que autoriza o cancelamento pretendido, nos termos do artigo 214 da Lei de Registros Públicos.

Daí que o erro não está na qualificação do título oriundo da carta de arrematação realizada pelo Delegatário (R.08 e Av.10), mas sim no registro do instrumento de compra e venda (R.12), que ocasionou a transferência da propriedade aos arrematantes.

Ainda, rejeito a alegação tanto dos arrematantes como dos adquirentes do imóvel sobre a ausência de prejuízo, uma vez que caracterizada a nulidade de pleno direito, derivada do equívoco praticado pelo Oficial, a requerente teve usurpado seu direito de propriedade.

Saliento que todos os interessados foram intimados, não apresentando qualquer fundamento para a superação da nulidade.

Por fim, ressalto que a justificativa dos atos do Oficial será melhor analisada em processo disciplinar que será autuado em conjunto com a presente decisão.

Diante do exposto, **julgo procedente o pedido de providências** formulado por **CIMOB PARTICIPAÇÕES S/A** (atual denominação de GAFISA PARTICIPAÇÕES S/A), em face do **Oficial do 11º Registro de Imóveis da Capital**, declaro a **nulidade** dos registros nºs 12 e 13 e das averbações nºs 14 e 15 da matrícula nº 269.411, uma vez que nulos de pleno direito, nos termos do artigo 214 da Lei de Registros Públicos, bem como determino o **desbloqueio** da matrícula, devendo os atos serem realizados após o transito em julgado desta decisão, devidamente comprovado.

Quanto a condutado do Oficial, instauro Portaria para aplicação de eventual medida censório administrativo disciplinar, que segue anexa.

Deste procedimento não decorrem custas, despesas processuais e honorários advocatícios. Oportunamente remetam-se os autos ao arquivo.

P.R.I.C.

São Paulo, 26 de fevereiro de 2019.

Tania Mara Ahualli

Juiza de Direito (DJe de 28.02.2019 - SP)

Processo 1128549-75.2018.8.26.0100

Pedido de Providências - Retificação de Área de Imóvel - T.S. - O.S. - Juíza de Direito: Dra. Letícia Fraga Benitez Vistos. Trata-se de pedido de providências formulado por Tibor Simcsik e Ombretta Simcsik, objetivando a retificação da escritura pública de venda e compra lavrada pelo 9º Tabelião de Notas da Capital, no intuito de incluir a aquisição de uma vaga de garagem . Com a inicial, vieram os documentos (fls. 14/16). O Tabelião manifestou-se (fls. 124/126). A representante do Ministério Público ofertou parecer (fls. 130/133). É o breve relatório. DECIDO. Cuida-se de pedido de retificação de escritura pública de venda e compra lavrada em 27 de abril de 1979, perante o 9º Tabelião de Notas da Capital, objetivando alterar a descrição do imóvel, objeto do negócio jurídico, que figurou na redação do documento como "unidade autônoma nº 204 (duzentos e quatro), localizada no 20º andar ou 21º pavimento do "Edifício Santos", situado na Alameda Santos, nº 663, no 17º Subdistrito - bela vista (...)", para que seja acrescentado que à referida unidade autônoma cabe o direito a uma vaga de garagem coletiva do prédio. Pese embora a argumentação deduzida na inicial, forçoso é convir, na espécie, que o ato notarial que se pretende retificar já está aperfeiçoado e consumado, inexistindo possibilidade jurídica, no âmbito administrativo, para a alteração pretendida. Não se deve perder de vista que escritura pública é ato notarial que reflete a vontade das partes na realização de negócio jurídico, observados os parâmetros fixados pela Lei e pelas Normas de Serviço da Corregedoria Geral da Justiça, reproduzindo, portanto, exatamente aquilo que os outorgantes e outorgados declararam ao Escrivão ou ao Escrevente. A retificação administrativa da escritura pública é, portanto, juridicamente inviável. O Tabelião, ao lavrar o ato de venda e compra, apenas reveste a manifestação de vontade das partes da forma prescrita em lei (artigos 134, II e 145, III, ambos do Código Civil). De qualquer forma, inviável a retificação. O óbice está em se dotar o Notário, Registrador ou mesmo o Juiz Corregedor Permanente, como tal atuando no âmbito administrativo, de poder retificatório unilateral. Nesse sentido, já se decidiu que: "permitir essas correções, ainda que indícios apontem no sentido da ausência de prejuízo potencial a terceiros, seria munir o agente administrativo de poderes que não dispõe, capazes de interferir com a manifestação da vontade da parte que já a deixou consignada formalmente no título causal" (in Decisões Administrativas da Corregedoria Geral da Justiça, ed. RT 1989, p. 242, nº 127). Interessante ressaltar, ainda, que, consoante sustentado pela Nobre Representante do Ministério Público, o deferimento do pedido dos interessados seria "permitir a utilização de escritura de retificação e ratificação para desnaturar completamente a natureza de ato jurídico, inclusive dando-se azo a situações em que o ato retificatório serviria para burlar as exigências tributárias e obrigacionais" (fls. 131). Bem por isso, não se legitima o acolhimento da pretensão deduzida pelos requerentes nesta via administrativa. Afinal, aberta está a via jurisdicional para a tutela do interesse indevidamente manifestado nesta esfera. Diante de todo o exposto, INDEFIRO o pleito inicial. Oportunamente, arquivem-se os autos. Ciência ao Tabelião e ao Ministério Público. Encaminhe-se cópia desta decisão à Egrégia Corregedoria Geral da Justiça, por e-mail, servindo a presente como ofício. I.C. - ADV: RAPHAEL GONÇALVES SIMCSIK (OAB 346557/SP), ROGERIO PEREIRA SIMCSIK (OAB 109931/SP) (DJe de 28.02.2019 - SP)

Processo 1130046-27.2018.8.26.0100

Pedido de Providências - Registro de Imóveis - H.K.N. - Juíza de Direito: Letícia Fraga Benitez Vistos. Trata-se de pedido de providências formulado por Espólio de Marco Nakama, representado por Helena Kina Nakama, objetivando a retificação de duas escrituras públicas de venda e compra lavradas pelo 19º Tabelião de Notas da Capital, no intuito de corrigir o nº do CPF de Marcos Nakama e a área do imóvel. Com a inicial, vieram os documentos (fls. 07/85). O Tabelião manifestou-se às fls. 92/94. A D. Representante do Ministério Público ofertou parecer (fls. 101/104). É o breve relatório. DECIDO. Cuida-se de pedido de retificação de duas escrituras públicas de venda e compra lavradas em 21 de maio de 1987, perante o 19º Tabelião de Notas da Capital, objetivando a correção do CPF de Marcos Nakama, bem como sejam alteradas as medidas do imóvel conforme o decidido na ação de retificação de área nº 0167174-60.2002.8.26.0100, a qual tramitou perante a 1ª Vara de Registro Públicos da Capital. Pois bem. Pese embora a argumentação deduzida na inicial, forçoso é convir, na espécie, que os atos notariais que se pretendem retificar já estão aperfeiçoados e consumados, inexistindo possibilidade jurídica, no âmbito administrativo, para a alteração da descrição da área do imóvel. Não se deve perder de vista que escritura pública é ato notarial que reflete a vontade das partes na realização de negócio jurídico, observados os parâmetros fixados pela Lei e pelas Normas de Serviço da Corregedoria Geral da Justiça, reproduzindo, portanto, exatamente aquilo que outorgantes e outorgados declararam ao Escrivão ou ao Escrevente. A retificação administrativa das escrituras públicas, em relação à área do imóvel, é, portanto, juridicamente inviável. O Tabelião, ao lavrar o ato de venda e compra, apenas reveste a manifestação de vontade das partes da forma prescrita em lei (artigos 134, II e 145, III, ambos do Código Civil). De qualquer forma, inviável a retificação. O óbice está em se dotar o Notário, Registrador ou mesmo o Juiz Corregedor Permanente, como tal atuando no âmbito administrativo, de poder retificatório unilateral. Nesse sentido, já se decidiu que: "permitir essas correções, ainda que indícios apontem no sentido da ausência de prejuízo potencial a terceiros, seria munir o agente administrativo de poderes que não dispõe, capazes de interferir com a manifestação da vontade da parte que já a deixou consignada formalmente no título causal" (in Decisões Administrativas da Corregedoria Geral da Justiça, ed. RT 1989, p. 242, nº 127). Sendo assim, não obstante o deferimento da retificação da área pela via jurisdi cional, certo é que o julgamento da ação nº 0167174-60.2002.8.26.0100 ocorreu somente em 09 de novembro de 2004, ou seja, após a lavratura das escrituras de compra e venda, tendo o Registrador inserido nos referidos atos notariais apenas os dados existentes à época e em conformidade com a manifestação das partes. Por outro lado, deverá ser acolhida a pretensão dos interessados no que diz respeito à correção do nº do CPF de Marcos Nakama, nos termos dos itens 53 e 53.1, alínea "d", do Capítulo XIV das Normas de Serviço da Corregedoria Geral de Justiça, consoante oportunamente sustentado pela Nobre Representante do Ministério Público (fls. 101). Diante de todo o exposto, DEFIRO PARCIALMENTE o pleito inicial, para que seja efetivada a correção apenas do nº do CPF de Marcos Nakama por meio de ata retificativa (item 53, Capítulo XIV das NSCGJ), restando, no mais, indeferido o pedido. Oportunamente, arquivem- se os autos. Ciência ao Tabelião e ao Ministério Público. Encaminhe-se cópia desta decisão à Egrégia Corregedoria Geral da Justiça, por e-mail, servindo a presente como ofício. I.C. - ADV. LUIZ AUGUSTO DE ANDRADE MARQUES (OAB 90063/SP) (DJe de 28.02.2019 - SP)

Processo 1035847-76.2019

Dúvida 17º Oficial de Registro de Imóveis Marcos Koskis Vianna Sentença (fls. 46/49): Vistos. Trata-se de dúvida suscitada pelo Oficial do 17º Registro de Imóveis da Capital, a requerimento de Marcos Koskis Vianna, tendo em vista a negativa em se proceder ao registro da escritura de venda e compra lavrada em 27.09.2018, pelo 4º Tabelião de Notas de Guarulhos, cujo objeto é o imóvel matriculado sob nº 57.356. O óbice registrário refere-se a necessidade de apresentação da guia relativa ao recolhimento do ITBI, acompanhada do respectivo comprovante de pagamento, incidente na cessão d direitos formalizada entre Cláudio Moreira do Nascimento e o suscitado, uma vez que embora não registrada, foi mencionada na escritura. Juntou documentos às fls. 05/34 e 36/38. O suscitado não apresentou impugnação, conforme certidão de fl. 39, todavia manifestou-se perante a Serventia Extrajudicial (fl. 09). Assevera que de acordo com a jurisprudencia do STF o fato gerador para incidência da cobrança do ITBI é o devido registro do bem, logo, incabível o recolhimento nas hipóteses de cessão de direitos. O Ministério Público opinou pela procedência da dúvida (fls. 42/44). É o relatório. Passo a fundamentar e a decidir. Com razão o registrador bem como a D. Promotora de Justiça. O Imposto Municipal sobre transmissão onerosa inter vivos de direitos imobiliários (ITBI) incide no caso de compra e venda de imóvel, bem como na cessão de direitos de compromisso de compra e venda, conforme estabelecido nos artigos 1º, II, e 2º, VIII do Decreto Municipal nº 51.627: "Art. 1º O Imposto sobre Transmissão "Inter Vivos", a qualquer título, por ato oneroso, de bens imóveis, por natureza ou acessão física, e de direitos reais sobre imóveis, exceto os de garantia, bem como cessão de direitos à sua aquisição ITBI-IV tem como fato gerador: ... II a cessão, por ato oneroso, de direitos relativos à aquisição de bens imóveis". "Art. 2º: Estão compreendidos na incidência do Imposto:... VIII a cessão de direitos do arrematante ou adjudicatário, depois de assinado o auto de arrematação ou adjudicação" Conforme se verifica dos autos, na escritura pública de compra e venda (fls. 14/24) constou expressamente a cessão de direitos, com a indicação do valor, o que configura a transação onerosa do negócio jurídico entabulado entre as partes, que muito embora não tenham sido registradas, foram levadas ao conhecimento dos adquirentes. Daí a configuração de dois fatos geradores diversos do imposto, com ganho econômico distintos. Neste contexto: "fl. 18: Clausula Sexta Dos Compromissos: A presente escritura de venda e compra, é feita em cumprimento aos seguintes instrumentos: a) De Promessa de Compra e Venda de Imóvel e outras avenças, elaborado entre a vendedora e comprador datado de 18 de junho de 2013, pelo valor de R$ 574.024,00, já quitado, elaborado entre a ora Vendedora e Cláudio Moreira do Nascimento b) de cessão de direitos de compromisso, datado de 21 de setembro de 2018, pelo valor de R$ 574.024,00 já quitado, elaborado entre Cláudio Moreira do Nascimento (RG 10.634.423-7 SSP-SP CPF/MF 663.075.968-53) e o ora outorgado comprador, ambos não inscritos e nem averbados no competente registro imobiliário..." O suscitado apenas comprovou o recolhimento da guia do ITBI relativa à compra e venda, havendo omissão em relação à cessão de direitos (fls. 27/28). Não sendo possível questionar a constitucionalidade da lei municipal na esfera administrativa, deve-se examinar sua estrita legalidade. Assim ausente o recolhimento do imposto relativo a cessão de direitos, conforme preconizado na norma legal supra mencionada, inviável o acesso do registro do título no fólio real. Tal questão já foi objeto de análise perante o Egrégio Conselho Superior da Magistratura: "Registro de Imóveis Dúvida julgada procedente, impedindo-se o registro de escritura pública de venda e compra, englobando cessão - Ausência de recolhimento de imposto ITBI que é devido pela cessão e pela venda e compra impossibilidade de reconhecimento de inconstitucionalidade e de decadência ou prescrição pela via administrativa Recurso desprovido" (Apelação Cível nº 1123982-06.2015.8.26.0100, Conselho Superior da Magistratura, Rel. Cor. Pereira Calças). Ademais, embora a cessão não tenha sido registrada, deve ser objeto de análise pelo registrador, uma vez que devem ser observados os princípios da legalidade, continuidade e disponibilidade que regem os atos registrários, de forma que a permissão do registro do título apresentado permitiria que os suscitados se furtassem ao recolhimento dos impostos de transmissão, bem como realizassem outros negócios jurídicos envolvendo os imóveis, sem recolhimentos das respectivas guias de imposto. Por fim, tem-se que o incumbe ao Oficial de Registro fiscalizar o pagamento dos impostos devidos por força dos atos que lhe forem apresentados em razão do ofício, na forma do artigo 289 da Lei nº 6.015/73, sob pena de responsabilização pessoal do oficial delegado, e dentre estes impostos se encontra o ITBI, cuja prova de recolhimento deve instruir os títulos apresentados a registro, salvo hipótese de isenção devidamente demonstrada, o que não é o caso. O Egrégio Conselho Superior da Magistratura já fixou entendimento de que a qualificação feita pelo registrador não vai além da aferição sobre a existência ou não de recolhimento do tributo. Logo, entendo que a exigência imposta pelo registrador mostra-se correta. Diante do exposto, julgo procedente a dúvida suscitada pelo Oficial do 17º Registro de Imóveis da Capital, a requerimento de Marcos Koskis Vianna, e consequentemente mantenho o óbice registrário. Deste procedimento não decorrem custas, despesas processuais e honorários advocatícios. Oportunamente remetam-se os autos ao arquivo. P.R.I.C. São Paulo, 28 de maio de 2019. Tania Mara Ahualli Juiza de Direito (CP 171) (DJe de 04.06.2019 - SP)

Processo 1131651-08.2018

Dúvida 10º Registro de Imóveis Richard Curti Junior Sentença (fls. 67/69): Vistos. Trata-se de dúvida suscitada pelo Oficial do 10º Registro de Imóveis da Capital, a requerimento de Richard Curti Júnior, tendo em vista a negativa em se proceder ao registro da escritura de venda e compra da metade da parte ideal dos imóveis objetos das matrículas nºs 34.467 e 34.468. O óbice registrário refere-se à divergência entre o preço do imóvel (R$ 190.000,00) e o valor pago (R$ 180.000,00). Reapresentada, a escritura novamente foi qualificada negativamente, por ter sido rerratificada unilateralmente pelo comprador, em razão do falecimento da outorgante vendedora, ou seja, não houve a devida representação do Espólio de Anna Flora Laudanna Curti. Juntou documentos às fls. 04/43. O suscitado não apresentou impugnação, conforme certidão de fl. 44. Intimado dos fatos expostos, o 14º Tabelião de Notas da Capital manifestou-se à fl. 52. Salienta que em razão do erro na soma das parcelas que compuseram o preço da parte ideal objeto da compra e venda, a escritura deve ser retificada com a assinatura da inventariante nomeada pelos herdeiros de Anna Flora. Por fim, informa que os herdeiros da vendedora já foram contatados e estão providenciando a documentação para a escritura de nomeação de inventariante, uma vez que não houve processo nem escritura de inventário dos bens da falecida, possibilitando a assinatura da escritura de retificação. Intimado das ponderações do Tabelião, o suscitado não se manifestou, conforme certidão de fl. 60. O Ministério Público opinou pela procedência da dúvida (fls. 64/65). É o relatório. Passo a fundamentar e a decidir. Com razão o Registrador bem como a D. Promotora de Justiça. O contrato para configurar compra e venda deve possuir as seguintes características: o consentimento, a coisa e o preço. Da análise da escritura de venda e compra (fls. 20/25), verifica-se da clausula 3º que o preço certo e ajustado entre as partes foi de R$ 190.000,00 (cento e noventa mil reais), todavia, constou que a vendedora declara e confessa receber: R$ 110.000,00 pagos anteriormente em boa e corrente moeda nacional; R$ 40.000,00 neste ato, a título de dação em pagamento e R$ 30.000,00 a serem pagos através de 10 parcelas no valor de R$ 3.000,00, totalizando R$ 180.000,00 (cento e oitenta mil reais). Ou seja, houve uma divergência entre o preço do imóvel e o valor pago. Neste contexto, é mister a rerratificação do título para esclarecer a divergência mencionada, retificando a escritura em relação ao elementos essencial do negócio jurídico, qual seja, o preço. Todavia, para a retificação pretendida deve ser lavrada escritura de rerratificação, figurando todas as partes que entabularam o negócio jurídico. Na presente hipótese, diante do falecimento da vendedora Anna Flora, seu Espólio deve ser representado por um inventariante. Ressalto que a escritura pública é ato formal de manifestação de vontade das partes, que não pode ser retificada por intervenção administrativa ou judicial. Nessa linha, de acordo com o Capítulo XIV, item 54 das Normas de Serviço da Corregedoria Geral da Justiça: "item 54. Os erros, as inexatidões materiais e as irregularidades, quando insuscetíveis de saneamento mediante ata retificativa, podem ser remediados por meio de escritura de retificação ratificação, que deve ser assinada pelas partes e pelos demais comparecentes do ato rerratificado e subscrita pelo Tabelião de Notas ou pelo substituto legal". Destaca-se que o próprio tabelião, ao constatar o erro, entrou em contato com os herdeiros da vendedora, que estão providenciando a escritura de nomeação de inventariante, o que por si só confirma a imprescindibilidade da necessidade de representação do Espólio. Diante do exposto, julgo procedente a dúvida suscitada pelo Oficial do 10º Registro de Imóveis da Capital, a requerimento de Richard Curti Júnior, e consequentemente mantenho o óbice registrário. Deste procedimento não decorrem custas, despesas processuais e honorários advocatícios. Oportunamente remetam-se os autos ao arquivo. P.R.I.C. São Paulo, 30 de maio de 2019. Tania Mara Ahualli Juiza de Direito (CP 643) (DJe de 04.06.2019 - SP)

Processo 1090184-83.2017.8.26.0100

Dúvida - Registro de Imóveis - 4º Oficial de Registro de Imóveis de São Paulo - Maria de Fátima Batista dos Santos - Vistos em correição.Trata-se de dúvida suscitada pelo Oficial do 4º Registro de Imóveis da Capital, a requerimento de Maria de Fátima Batista dos Santos, tendo em vista a negativa em se proceder ao registro da escritura de venda e compra, lavrada no Tabelião de Notas do Município de Jesuitas, Comarca de Formosa do Oeste/Paraná, referente ao imóvel objeto da transcrição nº 107.446, pela qual Evelina Edwige Santista Marcaccini transmite a propriedade para Maria de Fátima Batista Santos. Os óbices registrários referem-se: a) a escritura apresentada em forma de certidão, não teve a confirmação de autenticidade do Tabelionato da Comarca de Formosa do Oeste; b) o número do contribuinte contido na escritura diverge do imóvel descrito na transcrição; c) ausência de comprovação de que o pagamento complementar do ITBI foi recebido pela Municipalidade de São Paulo. Juntou documentos às fls. 05/24. A suscitada não apresentou impugnação em Juízo (certidão - fl. 35), contudo manifestou-se perante a Serventia Extrajudicial, argumentando que os óbices exigidos pelo Registrador são infundados (fls. 05/06). O Ministério Público opinou pela procedência da dúvida (fls. 39/41). É o relatório. Passo a fundamentar e a decidir. Pretende a suscitada o registro de uma suposta escritura de compra e venda lavrada no Tabelião de Notas do Município de Jesuitas, Comarca de Formosa do Oeste/Paraná, referente ao imóvel objeto da transcrição nº 107.446. Ocorre que o documento apresentado não pode ser considerado como título apto a registro, haja vista que não preenche os requisitos de documento público, ou seja, apesar de mencionar ser da lavra do Tabelião de Notas (fls. 12/15), não teve o reconhecimento da sua autenticidade pelo Notário imputado. De acordo com as informações do Notário da Comarca do Paraná (fls. 09/16), o ato que resultou no título apresentado a registro foi forjado, uma vez que não há como reconhecer o sinal público de alguém que não pertence aos quadros de funcionários do Cartório há sete anos. Tal fato por si só já obsta o ingresso do título e prejudicada a análise da dúvida, ante o princípio da segurança jurídica que norteia os atos registrários. Na presente hipótese, agiu com zelo e presteza o Oficial ao entrar em contato com o Tabelião de Notas de Jesuitas para confirmar a autenticidade da escritura. O Notário esclareceu que no livro 59-E da Serventia, foi abarcado atos praticados no período de 30 de janeiro de 2006 a 20 de julho de 2007, de modo que não seria possível ter realizado o ato na data consignada no documento apresentado para registro, ou seja, 22 de julho de 2008. E ainda que assim não fosse, o numero do contribuinte indicado na escritura refere-se a outro imóvel, ferindo consequentemente o princípio da especialidade objetiva. Além disso, os documentos juntados à fl. 17, referente ao eventual recolhimento do imposto ITBI, não deu entrada nos cofres da Municipalidade de São Paulo, conforme denota o documento juntado à fl. 18, o que torna- se mais um fator a impossibilitar o registro almejado. Por fim, tendo em vista que os fatos noticiados configuram crime de uso de documento público, nos termos do artigo 304 do Código Penal, bem como falsificação da guia de recolhimento do ITBI, determino nos termos do artigo 40 do CPP que se encaminhe cópia integral dos autos à autoridade policial para adoção das medidas cabíveis. Diante do exposto, julgo prejudicada a dúvida suscitada pelo Oficial do 4º Registro de Imóveis da Capital, a requerimento de Maria de Fátima Batista dos Santos, com observação. Deste procedimento não decorrem custas, despesas processuais e honorários advocatícios. Oportunamente remetam-se os autos ao arquivo, com as cautelas de praxe. P.R.I.C. - ADV: JOSÉ ANTÔNIO IJANC (OAB 268078/SP) (- DJe de 01.07.2019 - SP)

Processo 0034365-13.2019.8.26.0100

Dúvida Reqte.: Corregedoria Geral da Justiça Interessados.: Wilson Elias dos Santos 12º Oficial de Registros de Imóveis Sentença (fls. 57/60): Vistos. Trata-se de dúvida inversa encaminhada a este Juízo pela Egrégia Corregedoria Geral da Justiça, suscitada por Wilson Elias dos Santos, em face da negativa do Oficial do 12º Registro de Imóveis da Capital em proceder ao registro da escritura de compromisso de compra e venda realizada entre Augusta de Jesus Gama e Alcides Elias dos Santos, referente ao imóvel transcrito sob nº 92.311. Os óbices registrários referem-se: a) necessidade de retificação da escritura para constar o nome e a qualificação do cônjuge de Alcides Elias dos Santos, bem como a data e o regime de bens, nos termos do art. 176, § 1º, III, "a" da Lei nº 6.015/73; b) necessidade de qualificação da vendedora, em consonância com o princípio da especialidade subjetiva; c) apresentar em seu original ou cópia autenticada a certidão de casamento atualizada de Alcides, se o casamento foi realizado em outra Comarca, deverá ser reconhecida a firma da assinatura do subscritor da certidão na Comarca de origem do documento ou na Comarca de São Paulo, nos termos do Cap. XX, item 122.1 das Normas da Corregedoria Geral da Justiça. Apresentou documentos às fls. 14/15, 21/37 e 51/52. Insurge-se o suscitante do primeiro óbice, sob o argumento de que Alcides faleceu em 2016, no estado civil de solteiro. Solicitou a alteração na qualificação do estado civil, inclusão de RG e CPF de seu genitor. Juntou documentos às fls. 03, 05, 07/08. O Ministério Público opinou pela procedência da dúvida (fls. 40/42). É o relatório. Passo a fundamentar e a decidir. Na presente hipótese houve impugnação parcial das exigências formuladas pelo Registrador. Observo que a suscitante não demonstrou irresignação em relação à necessidade de qualificação da vendedora, bem como apresentação em seu original ou cópia autenticada da certidão de casamento atualizada de Alcides. A concordância parcial com as exigências do Oficial prejudica a dúvida, que só admite duas soluções: a determinação do registro do título protocolado e prenotado, que é analisado, em reexame da qualificação, tal como se encontrava no momento em que surgida dissensão entre a apresentante e o Oficial de Registro de Imóveis; ou a manutenção da recusa do Oficial. Para que se possa decidir se o título pode ser registrado ou não, é preciso que todas as exigências, e não apenas parte delas, sejam reexaminadas pelo Corregedor Permanente. Nesse sentido é pacífica a jurisprudência do Egrégio Conselho Superior. Ademais, no mérito a pretensão do suscitante é improcedente. De acordo com a escritura apresentada a registro, consta que Alcides, na qualidade de comprador do imóvel, era casado, sem identificar o nome do cônjuge, qualificação e o regime de bens adotado. Na certidão do casamento religioso juntada à fl. 03, não consta a qualificação do cônjuge. Ademais, o pedido de alteração do estado civil, com o acréscimo do RG e CPF formulado pelo suscitante na inicial, deverá ser objeto de procedimento próprio, denominado pedido de providências, a ser formulado perante este Juízo. Logo, com razão o Oficial em exigir de retificação da escritura para constar o nome e a qualificação do cônjuge de Alcides Elias dos Santos, bem como a data e o regime de bens, nos termos do art. 176, § 1º, III, "a" da Lei nº 6.015/73, em consonância com o princípio da segurança juridica que dos atos registrários se espera, sob pena de eventual prejuízo a direitos de terceiros, já que, se casado, o imóvel deveria ser objeto da respectiva partilha. Tal exigência encontra amparo no item 63, Capítulo XX das Normas de Serviço da Corregedoria Geral da Justiça, que ao tratar da qualificação do proprietário nas matrículas imobiliárias, impõe que conste "o nome e a qualificação do cônjuge e o regime de bens no casamento como este se realizou antes ou depois da Lei nº 6.515, de 26 de dezembro de 1977". Neste contexto, como bem observado pelo órgão ministerial, para comprovar o estado civil de solteiro, necessária a juntada de certidão de casamento atualizada ou eventual busca negativa no sentido de que casamento religioso não fora registrado. Em relação à necessidade de qualificação da vendedora, tal exigência encontra amparo no princípio da continuidade, explicitado no artigo 195 da Lei nº 6015/93 que dispõe: "Art. 195 Se o imóvel não estiver matriculado ou registrado em nome do outorgante, o oficial exigirá a prévia matrícula e o registro do título anterior, qualquer que seja a sua natureza, para manter a continuidade do registro." Assim, bem agiu o Oficial ao exigir do suscitante a regularização da qualificação da vendedora, pois é este encadeamento sucessivo de titularidade que garante a segurança necessária ao registro, bem como ninguém poderá transmitir mais bens ou direitos do que possui. Por último, deverá ser apresentada em seu original ou cópia autenticada a certidão de casamento atualizada de Alcides, ressaltando-se que se o casamento foi realizado em outra Comarca, deverá ser reconhecida a firma da assinatura do subscritor da certidão na Comarca de origem do documento ou na Comarca de São Paulo, nos termos do Cap. XX, item 122.1 das Normas da Corregedoria Geral da Justiça. Logo, os óbices apontados pelo Oficial Registrador deverão ser mantidos. Diante do exposto, julgo prejudicada dúvida inversa encaminhada a este Juízo pela Egrégia Corregedoria Geral da Justiça, suscitada por Wilson Elias dos Santos, em face da negativa do Oficial do 12º Registro de Imóveis da Capital, com observação. Deste procedimento não decorrem custas, despesas processuais e honorários advocatícios. Sem prejuízo, expeça-se oficio à Egrégia Corregedoria Geral da Justiça, comunicando desta decisão. Oportunamente remetam-se os autos ao arquivo. P.R.I.C. São Paulo, 30 de julho de 2019. Tania Mara Ahualli Juiza de Direito (CP – 235) (- DJe de 05.08.2019 - SP)

Processo 1049195-64.2019.8.26.0100

Dúvida - REGISTROS PÚBLICOS - Maria Fátima Pires Bolsoni - Vistos. Trata-se de dúvida suscitada pelo Oficial do 14º Registro de Imóveis da Capital, a requerimento de Maria de Fátima Pires Bolsoni, diante da negativa em se proceder ao registro da escritura pública de venda e compra lavrada no 7º Tabelionato de Notas da Capital, pela qual Amancio Almeida Pires e sua mulher Joaquina Ruas transmitiram à suscitada, casada no regime da comunhão universal de bens com Benedito Rubens Bolsoni, o imóvel matriculado sob nº 15.345. O óbice registrário refere-se à necessidade de apresentação da certidão informativa da Prefeitura de São Paulo, constando expressamente a alteração do contribuinte nº 048.245.0006-0 para o atual nº 048.245.0035-4. Salienta que é indispensável a mencionada certidão, em consonância com o principio da especialidade objetiva, nos termos do artigo 225, § 2º da Lei nº 6.015/73. Destaca o Oficial que a inscrição no cadastro municipal é exigência da Lei nº 10.819/89, sendo obrigatória a inscrição, bem como a indicação do cadastro no registro. Assim, havendo mudança ou cancelamento, tal fato deve ser objeto de averbação. Juntou documentos às fls. 04/44. A suscitada apresentou impugnação às fls. 47/50. Salienta que requereu ao Diretor da Secretaria de Finanças da Municipalidade de São Paulo a expedição da certidão exigida pelo delegatário, no entanto, o funcionário Ricardo Luiz negou-se a receber o requerimento, alegando que os cartórios de registro de imóveis devem se adequar à Portaria Instersecretarial SF/ SEL/SMSP nº 06 de 14.12.2016, que retirou da Prefeitura de São Paulo a obrigação de expedir a certidão de dados cadastrais informando o desdobro de contribuinte. Apresentou documentos às fls. 51/151. Intimada, a Municipalidade de São Paulo juntou a certidão pretendida (fl. 161). Diante do documento juntado pelo órgão municipal, o registrador não ofereceu oposição à averbação da alteração do contribuinte (fl. 169). O Ministério Público opinou pela prejudicialidade da dúvida e consequente extinção do feito (fl. 173). É o relatório. Passo a fundamentar e a decidir. Destaco que a jurisprudência do Egrégio Conselho Superior da Magistratura é pacífica no sentido de que a concordância com qualquer das exigências feitas pelo registrador ou o atendimento delas no curso da dúvida ou de seu recurso a prejudica: A dúvida registrária não se presta para o exame parcial das exigências formuladas e não comporta o atendimento de exigência depois de sua suscitação,pois a qualificação do título é feita, integralmente, no momento em que é apresentado para registro. Admitir o atendimento de exigência no curso do procedimento da dúvida teria como efeito a indevida prorrogação do prazo de validade da prenotação e, em consequência, impossibilitaria o registro de eventuais outros títulos representativos de direitos reais contraditórios que forem apresentados no mesmo período. Em razão disso, a aquiescência do apelante com uma das exigências formuladas prejudica a apreciação das demais matérias que se tornaram controvertidas. Neste sentido decidiu este Colendo Conselho Superior da Magistratura na Apelação Cível n° 60.460-0/8, da Comarca de Santos, em que foi relator o Desembargador Sérgio Augusto Nigro Conceição, e na Apelação Cível n° 81.685-0/8, da Comarca de Batatais, em que foi relator o Desembargador Luís de Macedo(Apelação Cível n° 220.6/6-00, grifou-se). De fato, a dúvida é procedente, devendo manter o óbice imposto pelo registrador acerca da necessidade da averbação para alteração do número de contribuinte, em consonância com o principio da especialidade objetiva, que norteia os atos registrários, para posterior ingresso da escritura de compra e venda no fólio real. Ocorre que, da análise do procedimento, entendo que se trata de hipótese peculiar, vez que, ao se dirigir à Municipalidade de São Paulo para obtenção da certidão, a suscitada não teve sequer protocolizado o pedido, sob o argumento de que os registradores devem se adequar à Portaria Intersecretarial nº 06 de 14.12.2016, que retirou do órgão municipal a obrigação de expedir a certidão. Todavia, com a juntada do mencionado documento pela Municipalidade de São Paulo e concordância do Oficial, entendo como superado o óbice registrário, devendo primeiramente ocorrer a averbação da alteração do número de contribuinte, nos termos da certidão de fl. 161, para posterior ingresso da escritura de compra e venda no fólio real. Diante do exposto, julgo prejudicada a dúvida suscitada pelo Oficial do 14º Registro de Imóveis da Capital, a requerimento de Maria de Fátima Pires Bolsoni, com observação. Deste procedimento não decorrem custas, despesas processuais e honorários advocatícios. Oportunamente, remetam- se os autos ao arquivo. P.R.I.C. - ADV: IVENS RODRIGUES LOIOLA (OAB 48984/SP), JOSE OSWALDO DE PAULA SANTOS (OAB 9453/SP) (– DJe de 07.08.2019 – SP)

Processo 0052988-28.2019.8.26.0100

Pedido de Providências Reqte.: Juízo de Direito da 2ª Vara de Registros Públicos - Interesdo.: 13º Registro de Imóveis - Interesda.: Brasilia de Souza Sentença (fls. 106/108): Vistos. Trata-se de pedido de providências encaminhado a este Juízo pelo MMº Juízo da 2ª Vara de Registros Públicos, formulado por Brasília de Souza, que pretende o cancelamento/bloqueio do registro nº 12, efetivado na matrícula nº 63.202, do 13º Registro de Imóveis da Capital, sob a alegação de que o compromisso de compra e venda que o originou foi forjado, sendo que nunca manteve contato com o apontado comprador, Ismael de Paula, bem como não recebeu a importância constante do instrumento particular levado a registro e não possui firma no 28º Tabelião de Notas da Capital. Foram juntados documentos às fls. 02/58 e 89/99. O Registrador manifestou-se às fls. 70/71. Informa que, após proceder à devida qualificação do título apresentado, considerou o documento formalmente apto a registro. Juntou documentos às fls. 72/87. O Ministério Público opinou pelo bloqueio da matrícula e posterior arquivamento do feito, tendo em vista a ausência de conduta irregular praticada pelo registrador. É o relatório. Passo a fundamentar e a decidir. Analisando as informações e documentos juntados nos autos, verifico que se trata de vicio intrínseco do título, consistente na falsificação da documentação utilizada para a venda do imóvel matriculado sob nº 63.202. Formalmente o ato está perfeito, decorrente de instrumento particular de 10.03.2019, no qual a requerente comprometeu-se a vender o imóvel em caráter irrevogável e irretratável a Ismael de Paula, constando o reconhecimento de firma de todas as partes interessadas. Logo, não vislumbro irregularidades que devam ser reconhecidas por este Juízo. Pelo princípio da legitimação (eficácia do registro), os vícios reconhecíveis pela via administrativa são apenas aqueles comprováveis de pleno direito que resultem de erros evidentes extrínsecos ao título, sem necessidade de exames de outros documentos ou fatos (artigos 214, caput, e 252 da Lei 6.015/73). O vício intrínseco, derivado da existência de indícios de falsificação para a lavratura do mencionado documento, deve ser reconhecido em procedimento contencioso cível, com a participação da outra parte que participou da venda e com ampla dilação probatória. Configurado o vício do contrato, o cancelamento do registro feito na matrícula do imóvel ocorrerá como consequência, conforme determina o artigo 216 da Lei 6.015/73. Tendo este Juízo competência administrativa disciplinar, não pode analisar questões de direito material que envolvam o negócio jurídico. Todavia, a fim de preservar o princípio da segurança jurídica, já que os elementos trazidos aos autos revelam que a superveniência de novos registros poderá causar danos de difícil reparação aos interessados e à terceiros de boa fé, por cautela, nos termos do artig o 214, § 3º da Lei 6015/75, recomenda-se o bloqueio da matrícula supra mencionada. Assim, determino o bloqueio da matrícula nº 63.202, do 13º Cartório de Imóveis da Capital, até solução final da questão. Intime-se, com brevidade, os interessados para, querendo, ingressarem com as medidas cabíveis para o resguardo de seus interesses. Por fim, concluo pela a ausência de qualquer conduta irregular praticada pelo registrador. Cumpre destacar que o delegatário tem plena liberdade para proceder à qualificação, gozando de independência na atribuição do exercício de suas funções para a avaliação do título a ele apresentado, sendo que no caso de dúvida, deverá recusar-se a efetuar o ato, observando as regras de zelo e prudência no exercício profissional. No caso em tela, o Oficial conferiu a presença de todos os requisitos necessários à validade do título, bem como a observância aos princípios que norteiam os atos registrários, resultando na aptidão formal do título, razão pela qual entendo pela ausência da aplicação de qualquer medida disciplinar, determinando o arquivamento do presente processo. Deste procedimento não decorrem custas, despesas processuais e honorários advocatícios. P.R.I.C. São Paulo, 26 de agosto de 2019. Tania Mara Ahualli Juiza de Direito (CP – 396) (– DJe de 30.08.2019 – SP)

Processo 1132584-78.2018.8.26.0100

Dúvida - Notas - Marlene Ferigatto Vardasca e outro - Vistos. Trata-se de dúvida suscitada pelo Oficial do 5º Registro de Imóveis da Capital, a requerimento de Marlene Ferigatto Vardasca e Fernanda Ferigatto Vardasca, diante da negativa de ingresso a registro da escritura pública de venda e compra de imóvel e quitação de benfeitorias lavrada perante o 14º Tabelião de Notas da Capital, por meio da qual se buscou transmitir a fração ideal de terreno objeto da matrícula nº 43.254. O óbice registrário refere-se à ausência da comprovação do recolhimento da complementação do imposto quanto às benfeitorias ou o demonstrativo de sua isenção. As suscitadas apresentaram impugnação às fls. 53/63 e 71/72. Aduzem que a escritura de compra e venda refere-se somente à fração ideal do imóvel, sendo que as benfeitorias teriam sido adquiridas diretamente pelos compromissários compradores dos fornecedores, pelo sistema de "preço de custo", não havendo assim transmissão de benfeitorias e, consequentemente, não incidindo ITBI. O Ministério Público opinou pela procedência da dúvida (fls. 76/79). É o relatório. Passo a fundamentar e a decidir. Com razão o Registrador, bem como a D Promotora de Justiça. Preliminarmente, de acordo com o princípio tempus regit actum, à qualificação do título aplicam-se as exigências legais contemporâneas ao registro, e não as que vigoravam ao tempo de sua lavratura. O Conselho Superior da Magistratura tem considerado que, para fins de registro, não importa o momento da celebração do contrato, em atenção ao princípio "tempus regit actum", sujeitando-se o título à lei vigente ao tempo de sua apresentação (Apelação Cível nº, 115-6/7, rel. José Mário Antonio Cardinale, nº 777-6/7, rel. Ruy Camilo, nº 530-6/0, rel. Gilberto Passos de Freitas, e, mais recentemente, nº 0004535-52.2011.8.26.0562, relatada por V. Exa.). Logo, desconsidera-se o momento em que foi lavrada a escritura, incidindo a qualificação no momento da apresentação do título para ingresso no fólio real. No caso a parte interessada aduz que não incide imposto de transmissão sobre as benfeitorias, posto que foram adquiridas a preço de custo, diretamente com o fornecedor. Contudo, como bem pontuou o Oficial, tal hipótese deve ser aferida pela autoridade fiscalizadora municipal, não podendo ser analisada diretamente pelo Registro de Imóveis, tampouco por esta Corregedoria. Nesse sentido, o art 7º - em especial o §4º- do Decreto Municipal nº 55.196 assim dispõe: "Art. 7º: A base de cálculo do Imposto é o valor venal dos bens ou direitos transmitidos, assim considerado o valor pelo qual o bem ou direito seria negociado à vista, em condições normais de mercado. § 1º. Na apuração do valor venal do bem transmitido ou do seu respectivo direito, considera-se o valor das benfeitorias e construções nele incorporadas" (g.n) (...) § 4º Não se considera na apuração da base de cálculo do Imposto o valor das benfeitorias e construções incorporadas ao bem imóvel pelo adquirente ou cessionário, desde que comprovada, à Administração Tributária, na forma e condições estabelecidas pela Secretaria Municipal de Finanças e Desenvolvimento Econômico, que a incorporação foi efetivada por tais agentes." Assim, para que seja dispensada do pagamento do imposto sobre as benfeitorias realizadas no imóvel, é necessário que as interessadas apresentem a devida comprovação de dispensa emitida pela Municipalidade. Por fim, em relação à fiscalização do recolhimento dos impostos pelo Registrador, trata-se de matéria já enfrentada pelo E. Conselho Superior da Magistratura que, no v. Acórdão nº 996-6/6, observou que: "É certo que ao Oficial de Registro cumpre fiscalizar o pagamento dos impostos devidos por força dos atos que lhe forem apresentados em razão do ofício, na forma do art. 289 da Lei nº 6.015/73, sob pena de responsabilização pessoal do Oficial Delegado, e dentre estes impostos se encontra o ITCMD, cuja prova de recolhimento deve instruir o formal de partilha, salvo hipótese de isenção devidamente demonstrada". Desse modo, encontra respaldo legal a análise do Oficial quanto à quitação de impostos. Diante do exposto, julgo procedente a dúvida suscitada pelo Oficial do 5º Registro de Imóveis da Capital, a requerimento de Marlene Ferigatto Vardasca e Fernanda Ferigatto Vardasca, e mantenho o óbice registrário. Deste procedimento não decorrem custas, despesas processuais e honorários advocatícios. Oportunamente remetam-se os autos ao arquivo. P.R.I.C. - ADV: LUIS SARTORATO (OAB 114415/SP) (DJe de 12.02.2019 - SP)

Processo 1114803-43.2018

Dúvida 1º Oficial de Registro de Imóveis da Capital Janio Teixeira Pinheiro Sentença (fls. 63/66): Vistos. Trata-se de dúvida suscitada pelo Oficial do 1º Registro de Imóveis da Capital, a requerimento de Jânio Teixeira Pinheiro, diante da negativa em se proceder ao registro da escritura pública de compra e venda de nua propriedade e de constituição de usufruto, constante de escritura notarial de 14.06.2018, lavrada no 5º Ofício de Notas da Cidade do Rio de Janeiro, referente ao imóvel matriculado sob nº 88.972. O óbice registrário refere-se à ausência da comprovação do valor correto de recolhimento do ITBI, diante da base de cálculo utilizada, qual seja, o valor do negócio, que é inferior àquela determinada judicialmente (valor venal de alienação). Esclarece o Oficial que a sentença proferida no Mandado de Segurança (processo nº 1032035-07.2018.8.26.0053), foi explícita: "Assim, é necessário que haja um critério objetivo a quantificar o valor do imposto que é justamente a base de cálculo do IPTU". Por fim, esclarece que a base de cálculo (valor venal) para fins de lançamento do IPTU é R$

293.713,00 ao passo que o recolhimento do ITBI foi com base no valor do negócio jurídico (alienação), ou seja, R$ 198.000,00. Juntou documentos às fls. 03/49 e 54. O suscitado não apresentou impugnação, conforme certidão de fl. 55, contudo manifestou-se perante a Serventia Extrajudicial (fl. 03/06). Argumenta que o valor venal é aquele pelo qual o imóvel foi comercializado, assim, para os casos de aquisição em alienação judicial, o valor venal é o mesmo da arrematação, equivalente a uma compra e venda e venda à vista, não tendo lugar a estimativa fiscal, o que demonstra estar correto o recolhimento do ITBI. O Ministério Público opinou pela improcedência da dúvida (fls. 59/62). É o relatório. Passo a fundamentar e a decidir. Em que pesem as razões do Registrador, bem como sua louvável cautela na verificação do recolhimento dos impostos, evitando eventual incidência de responsabilidade solidária, entendo que a presente dúvida é improcedente. A incidência do Imposto de Transmissão de Bens Imóveis (ITBI) na arrematação de imóvel vem sendo objeto de discussões doutrinárias e jurisprudenciais. Em termos legais, a legislação tributária municipal, de modo uniforme, considera a arrematação como fato gerador do ITBI, e por força dessa obrigatoriedade os cartórios de registro imobiliário exigem a comprovação de recolhimento do imposto para promover o ato de transmissão. Todavia, é pacífico o entendimento de que a fiscalização dos impostos realizada pelo registrador não vai além da aferição sobre a existência ou não do recolhimento do tributo, e não sobre se houve o correto recolhimento do valor, sendo tal atribuição exclusiva do órgão municipal. Logo, eventual insurgência acerca do valor recolhido deverá ser objeto de respectiva ação a ser proposta pela Municipalidade de São Paulo. Neste aspecto já decidiu o Egrégio Conselho Superior da Magistratura: "Registro de Imóveis - Escritura pública de dação em pagamento - Qualificação negativa - Questionamento a respeito da base de cálculo utilizada para recolhimento do imposto sobre transmissão de bens móveis ITBI - Análise pela oficial registradora, na matéria concernente ao imposto de transmissão, que deve se ater ao seu recolhimento, sem alcançar o valor - Não configuração de flagrante irregularidade no recolhimento - Recolhimento antecipado de ITBI que não afronta as NSCGJ - Precedente do C. Conselho Superior da Magistratura - Dúvida julgada improcedente para afastar a exigência de recolhimento de alegada diferença do imposto devido à Municipalidade - Apelação não provida" (Apelação nº 1024222-11.2015.8.26.0577, Rel. Des. Geraldo Francisco Pinheiro Franco, data de julgamento: 24.05.2018, data DJ: 26.07.2018). Confira-se do corpo do Acórdão: "... Não foi atacada a regularidade formal do título nem mesmo a temporalidade do recolhimento ou o ato em si. Ao contrário, a exigência envolve exame substancial do montante do pagamento do imposto devido, que é atribuição dos órgão fazendário competentes, sendo que seu questionamento mereceria a participação da Fazenda Pública, principal interessada. Ao Oficial cabe fiscalizar, sob pena de responsabilização pessoal, a existência da arrecadação do imposto previsto e a oportunidade em que foi efetuada. O montante, desde que não seja flagrantemente equivocado, extrapola a sua função" E ainda: "Registro de Imóveis Registro de escritura pública de dação em pagamento Desqualificação Suposta incorreção da base de cálculo utilizada para o recolhimento do ITBI Dúvida julgada improcedente Apelação interposta pelo Ministério Público Atuação que extrapola as atribuições do Oficial Dever de fiscalização que se limita ao recolhimento do tributo e à razoabilidade da base de cálculo Recolhimento antecipado do ITBI que não afronta as NSCGJ nem a legislação municipal Recurso a que se nega provimento" (Apelação nº 1024158- 98.2015.8.26.0577; Rel. Des. Manoel de Queiroz Pereira Calças, data de julgamento: 25.08.2017, data DJ: 19.09.2017). Como bem exposto pela D. Promotora de Justiça: "... ainda que a base de cálculo eleita pelos interessados divirja daquela apontada na r. decisão de fls. 18/21, é ela plenamente razoável, uma vez que consiste no valor efetivo da transação imobiliária, como, aliás reconheceu o delegatário". Daí entendo que se houve o recolhimento a menor, deverá o Município de São Paulo formular a ação cabível para complementação do valor que entender cabível, devendo consequentemente ser afastado o óbice registrário. Diante do exposto, julgo improcedente a dúvida suscitada pelo Oficial do 1º Registro de Imóveis da Capital, a requerimento de Jânio Teixeira Pinheiro, e determino o registro do título. Deste procedimento não decorrem custas, despesas processuais e honorários advocatícios. Oportunamente remetam-se os autos ao arquivo. P.R.I.C. São Paulo, 8 de janeiro de 2018. Tania Mara Ahualli Juiza de Direito (CP – 562) (DJe de 11.01.2019 - SP)

CONDOMÍNIO

Processo 1101247-71.2018.8.26.0100

Pedido de Providências - REGISTROS PÚBLICOS - Ana Maria Gauchat Dias - Antonio Carlos Dias Mary - Vistos. Trata-se de procedimento de dúvida inversa suscitado pelo espólio de Antonio Carlos

Dias Mary, representado por Ana Maria Gauchat Dias, em face do Oficial do 7º Registro de Imóveis da Capital. O interessado pretende registrar escritura pública de compra e venda, cujo objeto é o imóvel matriculado sob nº 13.254. A interessada informa que adquiriu, em conjunto com seu falecido cônjuge, os direitos e obrigações do imóvel acima descrito da Empresa CIA. Hering por meio de instrumento particular de promessa de compra e venda, firmado em 1997. Em 2008 a promitente vendedora outorgou escritura de compra e venda, com o recolhimento dos impostos devidos. A escritura foi levada a registro, tendo o Oficial devolvido o título afirmando que na matrícula do imóvel consta como proprietária a empresa CIA Hering S/A, inscrita no CNPJ sob nº 82.639.139/0001-44; entretanto, na escritura de compra e venda a empresa está qualificada com número distinto de inscrição no CNPJ, a saber nº 78.876.950/0001-71. Desse modo, depreendeu-se que ocorreu uma incorporação com transferência do patrimônio de bens imóveis da incorporadora para a incorporada, de modo que seria necessária averbação dos originais das atas das assembleias, entre outros documentos. Afirma que apresentou ao registro cópias das atas, obtidas perante a Junta Comercial de Santa Catarina. O Registrador, contudo, emitiu nova nota devolutiva, exigindo: 1) documentos que comprovem a incorporação, com a devida qualificação da incorporada e incorporadora (incluídos os CNPJs de cada uma); 2) laudo de avaliação em que conste menção expressa ao imóvel transferido e 3) guia de recolhimento (ou comprovante de isenção) do ITBI na transferência de patrimônio. A requerente aduz que as exigências são impossíveis de serem cumpridas, por tratar-se de transações antigas, de difícil comprovação. O Oficial manifestou-se às fls. 149/151, para reafirmar a necessidade de cumprimento das exigências para averbação da incorporação. Por fim, o Ministério Público opinou pela procedência da dúvida e manutenção dos óbices, com base em julgados anteriores. É o relatório. Decido. Com razão o Oficial e a Promotora de Justiça. Em primeiro lugar, quanto à necessidade da discriminação do CNPJ no documento a ser averbado, trata-se de exigência indispensável. Isso porque, do princípio da especialidade subjetiva, depreende-se a imprescindibilidade de uma descrição precisa dos sujeitos envolvidos nas transações envolvendo imóveis. No caso de pessoa jurídica, o CNPJ é requisito mínimo de qualificação, não podendo ser dispensado (item 64, capítulo XX, NSCGJ). Quanto ao laudo de avaliação, conforme bem pontuado pela Promotoria de Justiça, trata-se de documento indispensável ao cálculo de tributos e de emolumentos devidos ao Registrador, conforme já decidido anteriormente por este Juízo. Nesse sentido, há decisão desta vara nos autos do processo nº 0049033-14.2004.8.26.0100. Por fim, sobre a necessidade de guia de recolhimento do ITBI ou comprovante de isenção, correto está o Registrador. É certo que ao Oficial de Registro cumpre fiscalizar o pagamento dos impostos devidos por força dos atos que lhe forem apresentados em razão do ofício, na forma do art. 289 da Lei nº 6.015/73, sob pena de responsabilização pessoal do Oficial Delegado, e dentre estes impostos se encontra o ITBI, cuja prova de recolhimento deve instruir os documentos, salvo hipótese de isenção devidamente demonstrada. Desse modo, não cabe a este Juízo discutir a dispensa (ou não) do citado imposto. A interessada deve dispor dos meios adequados para contestar a exigibilidade do tributo nesse caso específico. Do exposto, julgo procedente a dúvida inversa suscitada por espólio de Antonio Carlos Dias Mary, representado por Ana Maria Gauchat Dias em face do Oficial do 7º Registro de Imóveis da Capital, para manter os óbices apontados pelo Registrador. Não há custas, despesas processuais nem honorários advocatícios decorrentes deste procedimento. Oportunamente, arquivem-se os autos. P.R.I.C. - ADV: ANGELA VALENTE MONTEIRO DA FONSECA (OAB 253088/SP) (DJe de 08.01.2019 - SP)

Processo 1125688-19.2018.8.26.0100

Tutela Antecipada Antecedente - Liminar - Paulo Sergio Feuz - Vistos. Trata-se de pedido de providencias cumulada com tutela de urgência formulada por Paulo Sérgio Feuz e Samantha Martins Feuz em face do Oficial do 2º Registro de Imóveis da Capital, pleiteando a nulidade da consolidação de propriedade averbada sob nº 09 na matrícula nº 107.365. Relatam os requerentes que adquiriram da empresa Patrimônio Construções e Empreendimentos Imobiliários S/A, por escritura pública de venda e compra de imóvel com transação e pacto adjeto de alienação fiduciária em garantia, o imóvel mencionado. Em março de 2018, a credora fiduciária formulou junto à Serventia Extrajudicial pedido de execução da alienação fiduciária. Salientam que a intimação enviada em junho de 2018, é nula de pleno direito, razão pela qual não poderia ter gerado o direito à consolidação da propriedade, pois realizada com erros grosseiros e vícios insanáveis que afrontam as normas legais, dentre os quais: a) ausência do valor a ser pago; b) estipulação da efetivação do pagamento para uma credora fiduciária estranha ao procedimento, Caixa Econômica Federal; c) falta de informação dos valores dos emolumentos e custas do cartório. Asseveram que o procedimento de alienação judiciária não permite que a intimação inicial possua erros, pois ela se assemelha a citação em um processo judicial, sendo que os vícios insanáveis na intimação tornam nula a consolidação da propriedade. Assim, requerem em sede de liminar a suspensão da consolidação da propriedade (averbação nº 09 da matrícula nº 107.365), para que não surta qualquer efeito, e no mérito o cancelamento do mencionado ato registrário. Juntou documentos às fls. 13/57. É o relatório. Passo a fundamentar e a decidir. Pretendem os requerentes, em sede liminar, a suspensão dos efeitos da consolidação da propriedade e, no mérito, o cancelamento da averbação nº 09 na matrícula nº 107.365. Analisando os fatos e documentos apresentados na inicial, verifico que se trata de vicio intrínseco do título, consistente na eventual nulidade da intimação para purgação da mora expedida pelo registrador, vez que não constou os elementos indispensáveis, elencados nas Normas de Serviço da Egrégia Corregedoria Geral da Justiça, bem como constou que o pagamento deveria ser efetuado em favor da credora fiduciária CEF, estranha ao procedimento. Formalmente o ato praticado pelo Oficial do 2º Registro de Imóveis da Capital está perfeito. Vale ressaltar que cabe ao Oficial somente proceder à intimação do devedor para purgação de mora, nos termos do artigo 26, § 7º da Lei nº 9.514/97, sendo que a transação acerca dos valores é diligência que compete às partes interessadas, bem como o montante da dívida não é elemento que compõe a carta de intimação, vez que diz respeito a questão que envolve unicamente as partes, sendo o registrador mero portador da cobrança. A notificação de mora e posterior consolidação deu-se conforme prevista pelo artigo 26, § 7º, da lei 9.514/97, tal qual segue transcrito: "Art. 26. Vencida e não paga, no todo ou em parte, a dívida e constituído em mora o fiduciante, consolidar-se-á, nos termos deste artigo, a propriedade do imóvel em nome do fiduciário. (...) § 7º Decorrido o prazo de que trata o § 1º sem a purgação da mora, o oficial do competente Registro de Imóveis, certificando esse fato, promoverá a averbação, na matrícula do imóvel, da consolidação da propriedade em nome do fiduciário, à vista da prova do pagamento por este, do imposto de transmissão inter vivos e, se for o caso, do laudêmio. (...)". Portanto, tendo ocorrido sem purgação a notificação da mora feita pelo Oficial competente do Registro de Imóveis, este deve proceder à averbação, em conformidade com a norma, deste ato decorrendo todos os efeitos atinentes a esta modalidade de garantia. Não pode a averbação ser cancelada se o procedimento se deu de forma correta, sendo que eventual equívoco, como obstáculo para quitação do débito ou ausência de informações sobre o valor, são alheios à capacidade de cognição do Oficial. A ação de anulação de consolidação da propriedade, com o pagamento de eventual indenização, deve ser intentada nas vias jurisdicionais adequadas, visto que o procedimento administrativo se destina à análise de uma situação pré-ordenada, não se permitindo a produção de provas ou juntada ulterior de documentos. Logo, tendo este Juízo competência administrativa disciplinar, não pode analisar questões de direito material que envolvam o negócio jurídico. Por fim, no tocante à conduta do Oficial, entendo que não há medida censório disciplinar a ser adotada por esta Corregedoria Permanente, inexistindo indícios da ocorrência de falta funcional. Diante do exposto, julgo improcedente pedido de providencias cumulada com tutela de urgência formulada por Paulo Sérgio Feuz e Samantha Martins Feuz em face do Oficial do 2º Registro de Imóveis da Capital, devendo os interessados buscar a via ordinária para resolução do impasse. Deste procedimento não decorrem custas, despesas processuais e honorários advocatícios. Oportunamente remetam-se os autos ao arquivo. P.R.I.C. - ADV: CECILIA MARIAN DE BARROS BARTHOLOMEU (OAB 319728/SP) (DJe de 08.01.2019 - SP)

Processo 1105389-21.2018.8.26.0100

Dúvida - Registro de Imóveis - 15º Oficial de Registro de Imóveis de São Paulo - Pérsio Bruno de Souza e outro - Vistos. Trata-se de procedimento de dúvida suscitado pelo Oficial do 15º Registro de Imóveis da Capital a requerimento de Pérsio Bruno de Souza, que pretende registro de compromisso de compra e venda na matrícula de nº 205.604. Informa o Oficial que o título foi prenotado em mais de uma ocasião, sendo que a prenotação de nº 836.156 deu origem ao presente procedimento. O título foi qualificado negativamente devido aos seguintes óbices: (i) o domínio do imóvel foi adquirido pelos promitentes vendedores - José Ricardo de Souza Pinheiro e Tania Rodrigues Santos - no estado civil de solteiros e no título consta que estão casados "sob regime de união estável"; (ii) faltam informações acerca do casamento do promitente comprador Pérsio data de casamento e regime de bens; e (iii) se os promitentes vendedores estão sujeitos ou não à Lei Previdenciária nº 8.212/91. Relata ainda que há prenotado sob nº 836.799 título contraditório, que consiste em escritura de compra e venda pela qual os titulares de domínio transmitem o imóvel a outro casal. O suscitado manifestou-se às fls. 51/60. Afirma que as exigências do Registrador referentes ao estado civil dos promitentes vendedores e dos promitentes compradores são devidamente supridas pelos documentos anexados. Aduz que a escritura pública de compra e venda citada - contraditória ao compromisso de compra e venda que pretende registrar - traz a informação de que os promitentes vendedores não estão sujeitos à Lei Previdenciária, sendo que este dado pode ser utilizado pelo Oficial para suprir esta exigência. Por fim, relata que lavrou boletim de ocorrência para apurar possível estelionato, uma vez que o imóvel de fato foi negociado duas vezes. Há manifestação do Ministério Público às fls. 71/72 opinando pelo bloqueio da matrícula. Após novas diligências, manifestou-se novamente (fls. 81/82) pela desnecessidade do bloqueio, bem como pela procedência da dúvida. É o relatório. Decido. Com razão o Oficial e a Promotoria de Justiça. O título não pode ingressar no fólio real, posto que contêm erros de qualificação que violam o princípio da especialidade subjetiva, que rege os registros públicos. Trata-se de situação que não pode ser suprida por informações constantes de documentos diversos do título a ser registrado o título precisa ser corrigido. O princípio da especialidade subjetiva no direito registral tem como objetivo garantir que a qualificação dos envolvidos nas matrículas de imóveis se dê com a maior completude possível, conferindo segurança e credibilidade aos registros. Consta da matrícula do imóvel que os promitentes vendedores são solteiros, contudo a escritura pública os qualifica como casados em "regime de união estável". Há ainda, no título, informação de que Pérsio promitente comprador é casado, mas falta especificação acerca do regime de bens e da data do casamento. Assim, o título necessita de correções que tragam as modificações devidas para que seus dados correspondam à realidade fática dos envolvidos no negócio jurídico em questão. Nesse sentido dispõe o item artigo 215 do Código Civil de 2002: Art. 215. A escritura pública, lavrada em notas de tabelião, é documento dotado de fé pública, fazendo prova plena. § 1º Salvo quando exigidos por lei outros requisitos, a escritura pública deve conter: (...) III - nome, nacionalidade, estado civil, profissão, domicílio e residência das partes e demais comparecentes, com a indicação, quando necessário, do regime de bens do casamento, nome do outro cônjuge e filiação; Desse modo, encontra respaldo legal a negativa do Oficial em registrar o título de promessa de compra e venda. Ademais, entendo que não é o caso de bloqueio da matrícula. No caso, foram prenotados dois títulos com conteúdo divergente, sendo o primeiro uma promessa de compra e venda e o segundo uma escritura de compra e venda. O artigo 186 da Lei de Registros Públicos consagra a o princípio da prioridade, regido pela ordem de prenotação dos títulos (art. 182 LRP). Há, assim, uma ordem de registro a ser seguida de acordo com a sequência das prenotações. Se o prazo da prenotação de número menor for vencido - seja porque o título não estava apto, seja pelo fim do procedimento de dúvida julgado procedente - a prenotação anterior perde a validade e a próxima adquire a prioridade para ingresso no registro. O interessado deve, assim, buscar nas vias cabíveis a apuração de possível crime cometido pelos proprietários do imóvel. Diante do exposto, julgo procedente a dúvida suscitada por pelo Oficial do 15º Registro de Imóveis a requerimento de Pérsio Bruno de Souza, mantendo o óbice registrário. Não há custas, despesas processuais ou honorários advocatícios advindas deste procedimento. Oportunamente, arquivem-se os autos. P.R.I.C. - ADV: APARECIDA ANGELA DOS SANTOS NOVELLO (OAB 214978/SP), MAURO AL MAKUL (OAB 98875/SP) (DJe de 06.02.2019 - SP)

Processo 1131195-58.2018.8.26.0100

Dúvida 1º Oficial de Registro de Imóveis de São Paulo Herivelto de Paula e Geane Pereira Costa de Paula Sentença (fls. 38/41): Vistos. Trata-se de dúvida suscitada pelo Oficial do 1º Registro de Imóveis da Capital, a requerimento de Herivelto de Paula, tendo em vista a negativa em se proceder ao registro da escritura de venda e compra lavrada perante o 16º Tabelião de Notas da Capital, referente ao imóvel matriculado sob nº 90.009. O óbice registrário referese à necessidade de apresentação da certidão de débitos relativos a créditos tributários federais e á dívida ativa da União, em nome da vendedora KHRYS - LAB COMÉRCIO E DISTRIBUIÇÃO LTDA. O Oficial declara ter ciência da atual jurisprudência dos Tribunais Superiores e desta Corregedoria Permanente no tocante a necessidade da apresentação das Certidões Negativas (item 119.1, do Cap. XX, das Normas Extrajudiciais de Serviço) e assevera que a matéria ainda enseja a controvérsia, tendo em vista que existe entendimento no sentido em que a alínea b, inciso I, do artigo 47, da Lei Federal nº 8.212/91, estaria em vigor, por não ter sido expressamente declarada inconstitucional. Juntou documentos às fls. 04/25. O suscitado não apresentou impugnação, conforme certidão de fl. 32. O Ministério Público opinou pela improcedência da dúvida (fls. 36/37). É o relatório. Passo a fundamentar e a decidir. Apesar do entendimento pessoal desta magistrada, no sentido de não ser possível declarar, em sede administrativa, a inconstitucionalidade dos dispositivos legais que exigem a apresentação da CND perante o registro imobiliário, reconheço ter sido pacificado o entendimento de que tal exigência não pode ser feita pelo Oficial. Neste sentido, além dos precedentes do E. Conselho Superior da Magistratura e da Corregedoria Geral da Justiça deste Tribunal, o Conselho Nacional de Justiça, nos autos do pedido de providências nº 000123082-.2015.2.00.0000, formulado pela União/AGU, entendeu não haver irregularidade na dispensa, por ato normativo, da apresentação de certidão negativa para registro de título no Registro de Imóveis: "CNJ: Pedido de Providências Provimento do TJ-RJ que determinou aos cartórios de registro de imóveis que deixem de exigir a certidão negativa de débito previdenciária (CND) Pedido formulado pela UNIÃO/AGU para a suspensão cautelar e definitiva dos efeitos do Provimento n. 41/2013, além da instauração de reclamação disciplinar contra os magistrados que participaram da concepção e realização do ato e ainda, que o CNJ expeça resolução ou recomendação vedando a todos os órgãos do Poder Judiciário a expedição de normas de conteúdo semelhante ao editado pela requerida Provimento CGJ n. 41/2013 editado pelo TJRJ está de acordo com a interpretação jurisprudencial do STF Ressalte-se que não houve qualquer declaração de inconstitucionalidade dos artigos 47 e 48 da Lei n. 8.212/91, mas sim fixação de norma de competência da Corregedoria Geral de Justiça local para regulamentar as atividades de serventias extrajudiciais vinculadas ao Tribunal de Justiça Pedido de providências improcedente" De acordo com o Acórdão: "... Ao contrário do que afirma a Advocacia-Geral da União, verifica-se que o Provimento CGJ n. 41/2013 editado pelo TJRJ está de acordo com a interpretação jurisprudencial do STF acerca da aplicabilidade dos artigos 47 e 48 da Lei n. 8.212/91 ao dispensar a exigência de apresentação de CND para o registro de imóveis. Confira- se: RECURSO EXTRAORDINÁRIO COM AGRAVO. REPERCUSSÃO GERAL. REAFIRMAÇÃO DE JURISPRUDÊNCIA. DIREITO TRIBUTÁRIO E DIREITO PROCESSUAL CIVIL. CLÁUSULA DA RESERVA DE PLENÁRIO. ART. 97 DA CONSTITUIÇÃO FEDERAL. JURISPRUDÊNCIA DO TRIBUNAL PLENO DO STF. RESTRIÇÕES IMPOSTAS PELO ESTADO. LIVRE EXERCÍCIO DA ATIVIDADE ECONÔMICA OU PROFISSIONAL. MEIO DE COBRANÇA INDIRETA DE TRIBUTOS. 1. A jurisprudência pacífica desta Corte, agora reafirmada em sede de repercussão geral, entende que é desnecessária a submissão de demanda judicial à regra da reserva de plenário na hipótese em que a decisão judicial estiver fundada em jurisprudência do Plenário do Supremo Tribunal Federal ou em Súmula deste Tribunal, nos termos dos arts. 97 da Constituição Federal, e 481, parágrafo único, do CPC. 2. O Supremo Tribunal Federal tem reiteradamente entendido que é inconstitucional restrição imposta pelo Estado ao livre exercício de atividade econômica ou profissional, quanto aquelas forem utilizadas como meio de cobrança indireta de tributos. 3. Agravo nos próprios autos conhecido para negar seguimento ao recurso extraordinário, reconhecida a inconstitucionalidade, incidental e com os efeitos da repercussão geral, do inciso III do §1º do artigo 219 da Lei 6.763/75 do Estado de Minas Gerais. (ARE 914045 RG, Relator(a): Min. EDSON FACHIN, julgado em 15/10/2015, ACÓRDÃO ELETRÔNICO REPERCUSSÃO GERAL MÉRITO DJe-232 DIVULG 18-11-2015 PUBLIC 19-11-2015)" Assim, devem os Oficiais observar o disposto no Cap. XX, item 119.1, das NSCGJ do Tribunal de Justiça de São Paulo, que assim dispõe: "119.1. Com exceção do recolhimento do imposto de transmissão e prova de recolhimento do laudêmio, quando devidos, nenhuma exigência relativa à quitação de débitos para com a Fazenda Pública, inclusive quitação de débitos previdenciários, fará o oficial, para o registro de títulos particulares, notariais ou judiciais" Deste modo, existindo norma expressa no sentido de que os Oficiais não podem exigir, para registro de título, qualquer documento relativo à débitos para com a Fazenda Pública, a exigência ora apresentada deve ser afastada. Diante do exposto, julgo improcedente a dúvida suscitada pelo Oficial do 1º Registro de Imóveis da Capital, a requerimento de Herivelto de Paula, e consequentemente determino o registro da escritura de compra e venda referente ao imóvel matriculado sob nº 90.009. Deste procedimento não decorrem custas, despesas processuais e honorários advocatícios. Oportunamente remetam-se os autos ao arquivo. P.R.I.C. São Paulo, 18 de fevereiro de 2019. Tania Mara Ahualli Juiz de Direito (CP 641) (DJe de 22.02.2019 - SP)

Processo 1134302-13.2018.8.26.0100

Dúvida - Registro de Imóveis - Mello e Benavides Bar e Restaurante Ltda. EPP - Vistos. Trata-se de dúvida suscitada pelo 10º Oficial de Registro de Imó veis de São Paulo, requerida ante a qualificação negativa de escritura de compra e venda pela qual Benavides Bar e Restaurante LTDA vendeu a Claudio Avilla Pierini o imóvel matriculado sob nº

125.333. Segundo relatado pelo Oficial, o título recebeu qualificação negativa, em face da ausência das certidões negativas de débitos relativos às contribuições previdenciárias e de terceiros, bem como aos tributos federais e à dívida ativa da União (Lei 8.212, de 24 de julho de 1991, art. 47, I, b). O Registrador declara ter ciência da atual jurisprudência dos Tribunais Superiores e desta Corregedoria Permanente no tocante a necessidade da apresentação das Certidões Negativas (item 119.1, do Cap. XX, das Normas Extrajudiciais de Serviço) e assevera que a matéria ainda enseja a controvérsia, tendo em vista que existe entendimento no sentido em que a alínea b, inciso I, do artigo 47, da Lei Federal nº 8.212/91, estaria em vigor, por não ter sido expressamente declarada inconstitucional. A Promotora de Justiça opinou pela improcedência da dúvida. É o relatório. Decido. Cumpre primeiramente consignar que acompanho o entendimento do MM Juiz Josúe Modesto Passos, que em recente decisão proferida à frente desta 1ª Vara de Registros Públicos, declarou que, no que diz respeito à sua convicção pessoal, "no juízo administrativo não cabe aplicar a inconstitucionalidade declarada sobre a Lei 7.711, de 22 de setembro de 1988, art. 1º, I, III e IV, e §§ 11º-3º (cf. ações diretas de inconstitucionalidade 173-6 e 394-1) para, por identidade de razão, dar por inconstitucional a Lei 8.212/1991, art. 47, I, b. Além disso, na arguição 0139256-75.2011.8.26.0000 foi declarada apenas a inconstitucionalidade da Lei 8.212/1991, art. 47, I, d, e - repita-se - na via administrativa não há estender a eficácia dessa decisão também para o art. 47, I, b. Finalmente, as NSCGJ, II, XIV, 59.2, são de alcance algo duvidoso, porque dispensam os tabelionatos (frise-se) de exigir as certidões para a lavratura de escrituras públicas de negócios jurídicos concernentes a direitos reais imobiliários, é verdade; porém, as próprias NSCGJ não puseram dispensa semelhante em favor dos ofícios de registro de imóveis, mesmo na redação dada pelo Provimento CG 37, de 26 de novembro de 2013, em vigor a partir de 28 de janeiro de 2014". De resto, já decidiu o E. Tribunal de Justiça (apelação 0015621-88.2011.8.26.0604 - Sumaré, 11ª Câmara de Direito Público, Rel. Des. Ricardo Dip, j. 22.01.2013): Nesse quadro, avista-se, com efeito, que a exigência, na espécie, de apresentação de certidões negativas para que a carta de adjudicação acedesse ao fólio real tem por fundamento a Lei nº 8.212/1991, e, embora a Lei nº 7.711/1988 também verse a necessidade de apresentação das aludidas certidões, o fato é que o Registrador Imobiliário, na qualificação do título apresentado a registro, adstrita ao princípio da legalidade, tomou amparo na Lei nº 8.212. À falta de declaração judicial expressa de que a Lei nº 8.212/1991 padeça de inconstitucionalidade, não pode o Registrador de imóveis estender-lhe a fulminação que afligiu a Lei nº 7.711/1988. Frise-se, além disso, que o art. 48 da Lei nº 8.212, de 1991, enuncia que o registrador é solidariamente responsável pela prática de atos com inobservância de seu art. 47: "Art. 48. A prática de ato com inobservância do disposto no artigo anterior, ou o seu registro, acarretará a responsabilidade solidária dos contratantes e do oficial que lavrar ou registrar o instrumento, sendo o ato nulo para todos os efeitos. (...) § 3º O servidor, o serventuário da Justiça, o titular de serventia extrajudicial e a autoridade ou órgão que infringirem o disposto no artigo anterior incorrerão em multa aplicada na forma estabelecida no art. 92, sem prejuízo da responsabilidade administrativa e penal cabível." Note-se que nesse aresto ficou aventada a possibilidade de a corregedoria permanente (e, por maior força de razão, a Corregedoria Geral) dispensar as certidões, mas somente nos casos de difficultas praestandi, de absoluta impossibilidade de satisfazer a exigência (Lei 6.015, de 31 de dezembro de 1973 - LRP/1973, art. 198, verbis "ou não a podendo satisfazer") - e não de modo geral e abstrato." Feitas essas observações, é necessário, porém observar que, justamente porque aqui se trata de um juízo administrativo, não há liberdade senão para cumprir o que tenham decidido as autoridades superiores, i. e., a Corregedoria Geral da Justiça (CGJ) e o Conselho Superior da Magistratura (CSM) - as quais, é bom ver, desde o julgamento da Apel. Cív. 0003435-42.2011.8.26.0116, em 13.12.2012 (DJ 30.01.2013), mandam que se dispensem as certidões negativas de dívidas tributárias federais e previdenciárias federais. Nesse sentido, confiram-se: (a) para a CGJ: Proc. 62.779/2013, j. 30/07/2013, DJ 07/08/2013; e Proc. 100.270/2012, j. 14/01/2013 (b) para o CSM: as Ap. Cív. 0015705-56.2012.8.26.0248, j. 06.11.2013, DJ 06.11.2013; 9000004-83.2011.8.26.0296, j. 26.09.2013, DJ 14.11.2013; 0006907-12.2012.8.26.0344, 23.05.2013, DJ 26.06.2013; 0013693-47.2012.8.26.0320, j 18.04.2013, DJ 24.05.2013; 0019260-93.2011.8.26.0223, j. 18.04.2013, DJ 24.05.2013; 0021311- 24.2012.8.26.0100, j. 17.01.2013, DJ 21.03.2013; 0013759-77.2012.8.26.0562, j. 17.01.2013, DJ 21.03.2013; 0018870-06.2011.8.26.0068, j. 13.12.2012, DJ 26.02.2013; 9000003-22.2009.8.26.0441, j. 13.12.2012, DJ 27.02.2013; 0003611-12.2012.8.26.0625, j. 13.12.2012, DJ 01.03.2013; e 0013479-23.2011.8.26.0019, j. 13.12.2012, DJ 30.01.2013.

Assim, esta corregedoria permanente não pode senão afastar o óbice levantado pelo 10º RISP, para que se proceda ao registro. Do exposto, julgo IMPROCEDENTE a dúvida suscitada pelo 10º Ofício do Registro de Imóveis de São Paulo a requerimento de Mello e Benavides Bar e Restaurante. Não há custas, despesas processuais ou honorários advocatícios. Oportunamente, arquivem-se os autos. P.R.I.C - ADV: RODRIGO CABRERA GONZALES (OAB 158960/SP) (DJe de 27.02.2019 - SP)

Processo 1095827-85.2018.8.26.0100

Pedido de Providências - REGISTROS PÚBLICOS - Cimob Participações S/A - Claudia Lopes - Ricardo de Carvalho Ferreira Alves e outros - Vistos. Trata-se de pedido de providências formulado por CIMOB PARTICIPAÇÕES S/A (atual denominação de GAFISA PARTICIPAÇÕES S/A) em face do Oficial do 11º Registro de Imóveis da Capital, pleiteando o cancelamento dos registros nºs 12 e 13 e anulação da averbação nº 15 da matrícula nº 269.411, sob a alegação de que foi tolhido do seu direito de propriedade inscrito no fólio real em virtude de arrematação judicial. Relata a requerente que celebrou compromisso de compra e venda do mencionado imóvel com Domingos Mei Júnior e Rosangela Fragnam Mei, que em razão de dívida condominial foram acionados e executados pelo Condomínio Vila de Toledo, sendo que o feito tramitou perante o MMº Juízo da 1ª Vara Cível do Foro Regional de Santo Amaro (processo nº 002.04.015796-4), resultando na procedência do pedido. Aduz que, naquela execução, os direitos de compromissário comprador que os executados possuíam sobre o imóvel foram penhorados e posteriormente arrematados por Ricardo de Carvalho Ferreira Alves e Mariana Antunes de Oliveira Ferreira Alves, com a expedição da competente carta de arrematação. Todavia, a requerente foi surpreendida ao descobrir que os arrematantes dos direitos de compromissário comprador do imóvel venderam o bem a Cláudia Lopes e Antonio Pereira dos Santos, com financiamento garantido por alienação fiduciária à Caixa Econômica Federal, o qual foi registrado sob nº s 12 e 13, restando evidente a nulidade de tais registros. Juntou documentos às fls. 12/181. Como medida acautelatória, foi determinado o bloqueio da matrículas (fls. 197/198). O registrador manifestou-se às fls. 185/190 e 212/219. Argumenta que a arrematação era considerada à época modo originário de aquisição da propriedade, sendo que a requerente tentou sem sucesso obter judicialmente a invalidade do negócio jurídico e consequentemente a retomada do bem. Apresentou documentos às fls. 220/394. Ricardo de Carvalho Ferreira Alves e Mariana Antunes de Oliveira Ferreira Alves sustentam a ausência de interesse jurídico da requerente, uma vez que a matrícula reflete substancialmente a realidade da sucessão de atos jurídicos perfeitos e acabados, seja pela natureza originária da arrematação, seja pela aplicação por analogia do disposto no artigo 26, § 6º da Lei nº 6.766/1979. Salienta que a interessada ajuizou ação de rescisão contratual cumulada com reintegração de posse e indenização, que tramitou perante o MMº Juízo da 7ª Vara Cível do Foro Regional de Santo Amaro, buscando a satisfação de parcelas em atraso desde 05.10.2007, sendo a ação julgada improcedente, o que torna o presente procedimento totalmente infundado (fls. 398/410 e 411/739). O Ministério Público opinou pelo cancelamento dos registros nºs 13 e 14 e das averbações nºs 14 e 15 da matrícula nº 269.411, por reputa-los nulos de pleno direito, bem como posterior desbloqueio da mencionada matrícula (fls. 744/755 e 864). Houve manifestação dos compradores do imóvel (Antonio Pereira dos Santos e Cláudia Lopes). Asseveram que as condutas adotas pelas partes envolvidas até seu deslinde com a venda do imóvel, atenderam o rigor legal, sendo o bem adquirido através de leilão, com a incidência dos requisitos da requisição originária da propriedade, tornando o bem desprovido de qualquer vicio. Argumentam que a requerente não é mais titular do direito real, sendo que o imóvel foi arrematado por Ricardo, constituindo a arrematação modo originário de aquisição da propriedade. Por fim, asseveram que são adquirentes de boa fé. Apresentaram documentos às fls. 770/857. É o relatório. Passo a fundamentar e a decidir. À luz do artigo 214 da Lei 6.015/73: "Art.214: As nulidades de pleno direito do registro, uma vez provadas, invalindam-no, independentemente de ação direta." A decretação da nulidade de pleno direito da averbação/registro, na forma do artigo mencionado, requer - ADV: ISIDORO ANTUNES MAZZOTINI (OAB 115188/SP), DOUGLAS RIBEIRO NEVES (OAB 238263/SP), DURAID BAZZI (OAB 242306/SP)

Íntegra da decisão:

SENTENÇA

Processo Digital nº: 1095827-85.2018.8.26.0100

Classe - Assunto **Pedido de Providências - REGISTROS PÚBLICOS**

Requerente: **Cimob Participações S/A**:

Juiza de Direito: Dra. **Tania Mara Ahualli**

CONCLUSÃO

Em 21 de fevereiro de 2019 faço estes autos conclusos a MMª Juíza de Direito **Drª Tania Mara Ahualli** da 1ª Vara de Registros Públicos. Eu,___Bianca Taliano Beraldo, escrev., digitei.

Vistos.

Trata-se de **pedido de providências** formulado por **CIMOB PARTICIPAÇÕES S/A** (atual denominação de GAFISA PARTICIPAÇÕES S/A) em face do **Oficial do 11º Registro de Imóveis da Capital**, pleiteando o cancelamento dos registros nºs 12 e 13 e anulação da averbação nº 15 da matrícula nº 269.411, sob a alegação de que foi tolhido do seu direito de propriedade inscrito no fólio real em virtude de arrematação judicial.

Relata a requerente que celebrou compromisso de compra e venda do mencionado imóvel com Domingos Mei Júnior e Rosangela Fragnam Mei, que em razão de dívida condominial foram acionados e executados pelo Condomínio Vila de Toledo, sendo que o feito tramitou perante o MMº Juízo da 1ª Vara Cível do Foro Regional de Santo Amaro (processo nº 002.04.015796-4), resultando na procedência do pedido.

Aduz que, naquela execução, os direitos de compromissário comprador que os executados possuíam sobre o imóvel foram penhorados e posteriormente arrematados por Ricardo de Carvalho Ferreira Alves e Mariana Antunes de Oliveira Ferreira Alves, com a expedição da competente carta de arrematação.

Todavia, a requerente foi surpreendida ao descobrir que os arrematantes dos direitos de compromissário comprador do imóvel venderam o bem a Cláudia Lopes e Antonio Pereira dos Santos, com financiamento garantido por alienação fiduciária à Caixa Econômica Federal, o qual foi registrado sob nº s 12 e 13, restando evidente a nulidade de tais registros.

Juntou documentos às fls. 12/181.

Como medida acautelatória, foi determinado o bloqueio da matrículas (fls. 197/198).

O registrador manifestou-se às fls. 185/190 e 212/219. Argumenta que a arrematação era considerada à época modo originário de aquisição da propriedade, sendo que a requerente tentou sem sucesso obter judicialmente a invalidade do negócio jurídico e consequentemente a retomada do bem. Apresentou documentos às fls. 220/394.

Ricardo de Carvalho Ferreira Alves e Mariana Antunes de Oliveira Ferreira Alves sustentam a ausência de interesse jurídico da requerente, uma vez que a matrícula reflete substancialmente a realidade da sucessão de atos jurídicos perfeitos e acabados, seja pela natureza originária da arrematação, seja pela aplicação por analogia do disposto no artigo 26, § 6º da Lei nº 6.766/1979. Salienta que a interessada ajuizou ação de rescisão contratual cumulada com reintegração de posse e indenização, que tramitou perante o MMº Juízo da 7ª Vara Cível do Foro Regional de Santo Amaro, buscando a satisfação de parcelas em atraso desde 05.10.2007, sendo a ação julgada improcedente, o que torna o presente procedimento totalmente infundado (fls. 398/410 e 411/739).

O Ministério Público opinou pelo cancelamento dos registros nºs 13 e 14 e das averbações nºs 14 e 15 da matrícula nº 269.411, por reputa-los nulos de pleno direito, bem como posterior desbloqueio da mencionada matrícula (fls. 744/755 e 864).

Houve manifestação dos compradores do imóvel (Antonio Pereira dos Santos e Cláudia Lopes). Asseveram que as condutas adotas pelas partes envolvidas até seu deslinde com a venda do imóvel, atenderam o rigor legal, sendo o bem adquirido através de leilão, com a incidência dos requisitos da requisição originária da propriedade, tornando o bem desprovido de qualquer vicio.

Argumentam que a requerente não é mais titular do direito real, sendo que o imóvel foi arrematado por Ricardo, constituindo a arrematação modo originário de aquisição da propriedade. Por fim, asseveram que são adquirentes de boa fé. Apresentaram documentos às fls. 770/857.

É o relatório.

Passo a fundamentar e a decidir.

À luz do artigo 214 da Lei 6.015/73:

> *"Art.214: As nulidades de pleno direito do registro, uma vez provadas, invalindamno, independentemente de ação direta."*

A decretação da nulidade de pleno direito da averbação/registro, na forma do artigo mencionado, requer a demonstração de falha na própria qualificação registral. Assim a norma faz alusão ao vício extrínseco ao título e inerente ao próprio ato registral. Nas hipóteses em que a averbação ou registro estão formalmente em ordem, a nulidade é postulada com fundamento em hipotético vício material do título, a ele intrínseco, logo o pleito de nulidade há de ser proposto na via judicial, com a incidência do contraditório e ampla defesa.

Na lição de Narciso Orlandi:

> *"É preciso distinguir nulidade direta do registro e nulidade do título, com reflexo no registro.*
>
> *O registro não pode ser cancelado por nulidade do titulo, salvo em processo contencioso de que participe o titular do direito inscrito. Em outras palavras, o art. 214 da Lei nº 6.015/73 é exceção. E como se sabe se o registro é ou não nulo de pleno direito? Sabe-se que o registro é ou não nulo de pleno direito examinando-o separadamente do titulo que lhe deu causa, apenas à luz dos princípios que regem o registro, a saber se foram cumpridos os requisitos formais. A indagação da nulidade do registro deve ficar restrita aos defeitos formais do assento, ligados à inobservância de formalidades*

essenciais da inscrição (Código Civl, arts.130 e 145, III)" (Afrânio de Carvalho, Retificação do Registro, in RDI 13, p.17).

"(...) A nulidade a que se refere o art. 214 da Lei de Registros Públicos é exclusiva do registro, absolutamente independe do título, tanto que, uma vez declarada, permite que o mesmo título seja novamente registrado... A nulidade pode ser declarada diretamente independentemente de ação, é de direito formal, extrínseca. Ela não pode alcançar o título que subsiste íntegro e, em muitos casos, apto a, novamente, ingressar no registro... Problemas relativos ao consentimento das partes, dizem respeito ao título, tanto quanto sua representação e a elaboração material do instrumento" (Retificação do Registro de Imóveis, Ed. Oliveira Mendes, pág. 183/192).

Na presente hipótese, os registros 12 e 13, bem como as averbações nºs 14 e 15 da matrícula nº 269.411, padecem de nulidade de pleno direito, sendo que Domingos Mei Júnior e Rosangela Fragnam Mei nunca foram proprietários do imóvel e sim promitentes compradores, conforme se verifica do registro nº 07 da mencionada matrícula. Logo, Ricardo de Carvalho Ferreira e Mariana Antunes de Oliveira Ferreira Alves jamais poderiam ter arrematado os direitos e obrigações do imóvel em ato derivado da ação judicial de despesas condominiais movidas pelo Condomínio Vila Toledo em face de Domingos e Rosangela, em ofensa aos princípios da continuidade e disponibilidade.

Ao contrário do que faz crer o registrador, as decisões judiciais não se referem a aquisição da propriedade pelos arrematantes, mas sim dos direitos dos compromissários compradores (fls. 253, 257, 263, 271, 287, 304 e 310). Ainda para corroborar a assertiva, consta à fl. 34 o termo de retificação do auto de penhora:

"... Lavro a presente Retificação do auto de penhora de fls. 184, lavrado em 17/17/2010 do imóvel localizado na Av. Nossa Sra. Do Bom Conselho, 439, casa 11, matriculado sob nº 269.411 do 11º Cartório do Registro de Imóveis para constar que ***a constrição recai sobre os direitos que o executado, Domingos Mei Júnior, possui sobre o bem imóvel*** *acima indicado, melhor descrito nos autos de penhora de fls. 194".*

Daí conclui-se que a arrematação realizada por Ricardo de Carvalho Ferreira Alves e Mariana Antunes de Oliveira Ferreira Alves refere-se aos direitos sobre o imóvel.

Sem amparo jurídico as alegações dos arrematantes referentes à ausência de interesse jurídico da requerente pela improcedência da ação de rescisão contratual cumulada com reintegração de posse e indenização, confirmada em sede de apelação. No feito mencionado discutiu-se obrigação derivada do adimplemento do débito existente entre a requerente e os compromissários compradores, não guardando este fato qualquer relação com o direito de propriedade que envolve o imóvel em questão. Ou seja, o fato da decisão ser improcedente no âmbito cível não interfere no registro errôneo praticado pelo Oficial que resultou na perda do direito de propriedade.

Neste contexto, de acordo com o V. Acórdão (fls. 431/439):

"...

Como bem se apura no edital de leilão (fls. 91), apura-se que os apelados adquiriram em hasta pública os direitos que o executado possui sobre o imóvel – matrícula nº 269.411 do 11º Cartório de Registro de Imóveis de São Paulo/SP – ou seja: os direitos (pessoais, de índole obrigacional) dos compromissários compradores originários...

...

Repita-se: não adquiriram diretamente o direito real de propriedade, mas o direito obrigacional de exigir a transferência da propriedade do imóvel objeto da promessa originária.

Mais. Se a dívida cobrada por esta via realmente existir, será indubitavelmente de índole pessoal (pois decorre da relação contratual estabelecida pelo compromisso de compra e venda)"

Logo, o objeto da ação que tramitou perante o MMº Juízo Cível não se refere aos direitos reais decorrentes do imóvel, mas apenas a obrigações de cunho pessoal entre as partes envolvidas. Assim como a alegação da ocorrência de desconsideração da personalidade jurídica, que condenou a requerente ao pagamento de certa importância, trata-se de argumento que refoge ao âmbito administrativo e à questão que está sendo discutida neste procedimento.

Não prospera a alegação do registrador de que na época dos fatos vigorava o entendimento pelo Egrégio Conselho Superior da Magistratura de que a arrematação era considerado modo de aquisição originário da propriedade.

Decerto, é recente a decisão proferida pelo Egrégio Conselho Superior da Magistratura (Apelação Cível: 9000002- 19.2013.8.26.0531 CSMSP - Apelação Cível. Localidade: Santa Adélia. Data Julgamento: 02/09/2014 DATA DJ: 17/11/2014 Relator: Elliot Akel. Voto nº 34.029. Legislação: CC2002 - Código Civil de 2002 | 10.406/2002, ART: 1911 CTN – Código Tributário Nacional | 5.172/1966, ART: 130 LOSS - Lei Orgânica da Seguridade Social - 8.212/1991, art: 53, §1º), que reconheceu a arrematação como forma derivada de aquisição da propriedade:

"REGISTRO DE IMÓVEIS - CARTA DE ARREMATAÇÃO - MODO DERIVADO DE AQUISIÇÃO DA PROPRIEDADE

- FERIMENTO DOS PRINCÍPIOS DA CONTINUIDADE E DA ESPECIALIDADE OBJETIVA - RECURSO DESPROVIDO".

Todavia, como bem exposto pela D. Promotora de Justiça, jamais o Egrégio Conselho da Magistratura acatou que a arrematação de direitos do compromissário comprador transmudasse em aquisição de propriedade, uma vez que isso violaria os princípios da disponibilidade e da continuidade.

O registro nº 08 referente à arrematação do imóvel foi realizado em 24.01.2014 (fls. 18/19), contudo em julgados anteriores a esta data proferidos pelo Egrégio Conselho Superior da Magistratura atinentes à arrematação decidiu-se:

> *"Registro de imóveis – Dúvida – Arrematação dos direitos decorrentes do compromisso de compra e venda que não se confunde com aquisição de domínio – Impossibilidade de registro da arrematação do domínio sobre o imóvel quando o título e os demais atos que o precederam referem expressamente os direitos sobre o imóvel - Irrelevância do fato da execução decorrer de cobrança de despesas condominiais – Princípio da continuidade – Recurso não provido" (Apelação nº 3014340-07.2013.8.26.0562, Rel: Des. Elliot Akel).*

> *"Registro de imóvel – Dúvida – Carta de arrematação extraída dos autos de ação de cobrança de condomínio – direitos decorrentes de compromisso de compra e venda não registrado – Exame formal e qualificação do título à luz dos princípios que regem os registros públicos – ofensa aos princípios da legalidade, da continuidade e da especialidade subjetiva – Recurso não provido" (Apelação nº 0019507-22.2014.8.26.0562, Rel: Des. Elliot Akel).*

Daí que é incontroverso o erro praticado pelo Oficial na época em que registrou o instrumento particular com força de escritura pública de venda e compra em que Ricardo e sua mulher Mariana venderam o imóvel a Cláudia e Antonio, e que a nulidade constatada está relacionada com o mecanismo de registro e não do título, situação que autoriza o cancelamento pretendido, nos termos do artigo 214 da Lei de Registros Públicos.

Daí que o erro não está na qualificação do título oriundo da carta de arrematação realizada pelo Delegatário (R.08 e Av.10), mas sim no registro do instrumento de compra e venda (R.12), que ocasionou a transferência da propriedade aos arrematantes.

Ainda, rejeito a alegação tanto dos arrematantes como dos adquirentes do imóvel sobre a ausência de prejuízo, uma vez que caracterizada a nulidade de pleno direito, derivada do equívoco praticado pelo Oficial, a requerente teve usurpado seu direito de propriedade.

Saliento que todos os interessados foram intimados, não apresentando qualquer fundamento para a superação da nulidade.

Por fim, ressalto que a justificativa dos atos do Oficial será melhor analisada em processo disciplinar que será autuado em conjunto com a presente decisão.

Diante do exposto, **julgo procedente o pedido de providências** formulado por **CIMOB PARTICIPAÇÕES S/A** (atual denominação de GAFISA PARTICIPAÇÕES S/A), em face do **Oficial do 11º Registro de Imóveis da Capital**, declaro a **nulidade** dos registros nºs 12 e 13 e das averbações nºs 14 e 15 da matrícula nº 269.411, uma vez que nulos de pleno direito, nos termos do artigo 214 da Lei de Registros Públicos, bem como determino o **desbloqueio** da matrícula, devendo os atos serem realizados após o transito em julgado desta decisão, devidamente comprovado.

Quanto a condutado do Oficial, instauro Portaria para aplicação de eventual medida censório administrativo disciplinar, que segue anexa.

Deste procedimento não decorrem custas, despesas processuais e honorários advocatícios. Oportunamente remetam-se os autos ao arquivo.

P.R.I.C.

São Paulo, 26 de fevereiro de 2019.

Tania Mara Ahualli

Juiza de Direito (DJe de 28.02.2019 - SP)

Processo 1128549-75.2018.8.26.0100

Pedido de Providências - Retificação de Área de Imóvel - T.S. - O.S. - Juíza de Direito: Dra. Letícia Fraga Benitez Vistos. Trata-se de pedido de providências formulado por Tibor Simcsik e Ombretta Simcsik, objetivando a retificação da escritura pública de venda e compra lavrada pelo 9º Tabelião de Notas da Capital, no intuito de incluir a aquisição de uma vaga de garagem . Com a inicial, vieram os documentos (fls. 14/16). O Tabelião manifestou-se (fls. 124/126). A representante do Ministério Público ofertou parecer (fls. 130/133). É o breve relatório. DECIDO. Cuida-se de pedido de retificação de escritura pública de venda e compra lavrada em 27 de abril de 1979, perante o 9º Tabelião de Notas da Capital, objetivando alterar a descrição do imóvel, objeto do negócio jurídico, que figurou na redação do documento como "unidade autônoma nº 204 (duzentos e quatro), localizada no 20º andar ou 21º pavimento do "Edifício Santos", situado na Alameda Santos, nº 663, no 17º Subdistrito - bela vista (...)", para que seja acrescentado que à referida unidade autônoma cabe o direito a uma vaga de garagem coletiva do prédio. Pese embora a argumentação deduzida na inicial, forçoso é convir, na espécie, que o ato notarial que se pretende retificar já está aperfeiçoado e consumado, inexistindo possibilidade jurídica, no âmbito administrativo, para a alteração pretendida. Não se deve perder de vista que escritura pública é ato notarial que reflete a vontade das partes na realização de negócio jurídico, observados os parâmetros fixados pela Lei e pelas Normas de Serviço da Corregedoria Geral da Justiça, reproduzindo, portanto, exatamente aquilo que os outorgantes e outorgados declararam ao Escrivão ou ao Escrevente. A retificação administrativa da escritura pública é, portanto, juridicamente inviável. O Tabelião, ao lavrar o ato de venda e compra, apenas reveste a manifestação de vontade das partes da forma prescrita em lei (artigos 134, II e 145, III, ambos do Código Civil). De qualquer forma, inviável a retificação. O óbice está em se dotar o Notário, Registrador ou mesmo o Juiz Corregedor Permanente, como tal atuando no âmbito administrativo, de poder retificatório unilateral. Nesse sentido, já se decidiu que: "permitir essas correções, ainda que indícios apontem no sentido da ausência de prejuízo potencial a terceiros, seria munir o agente administrativo de poderes que não dispõe, capazes de interferir com a manifestação da vontade da parte que já a deixou consignada formalmente no título causal" (in Decisões Administrativas da Corregedoria Geral da Justiça, ed. RT 1989, p. 242, nº 127). Interessante ressaltar, ainda, que, consoante sustentado pela Nobre Representante do Ministério Público, o deferimento do pedido dos interessados seria "permitir a utilização de escritura de retificação e ratificação para desnaturar completamente a natureza de ato jurídico, inclusive dando-se azo a situações em que o ato retificatório serviria para burlar as exigências tributárias e obrigacionais" (fls. 131). Bem por isso, não se legitima o acolhimento da pretensão deduzida pelos requerentes nesta via administrativa. Afinal, aberta está a via jurisdicional para a tutela do interesse indevidamente manifestado nesta esfera. Diante de todo o exposto, INDEFIRO o pleito inicial. Oportunamente, arquivem-se os autos. Ciência ao Tabelião e ao Ministério Público. Encaminhe-se cópia desta decisão à Egrégia Corregedoria Geral da Justiça, por e-mail, servindo a presente como ofício. I.C. - ADV: RAPHAEL GONÇALVES SIMCSIK (OAB 346557/SP), ROGERIO PEREIRA SIMCSIK (OAB 109931/SP) (DJe de 28.02.2019 - SP)

Processo 1130046-27.2018.8.26.0100

Pedido de Providências - Registro de Imóveis - H.K.N. - Juíza de Direito: Letícia Fraga Benitez Vistos. Trata-se de pedido de providências formulado por Espólio de Marco Nakama, representado por Helena Kina Nakama, objetivando a retificação de duas escrituras públicas de venda e compra lavradas pelo 19º Tabelião de Notas da Capital, no intuito de corrigir o nº do CPF de Marcos Nakama e a área do imóvel. Com a inicial, vieram os documentos (fls. 07/85). O Tabelião manifestou-se às fls. 92/94. A D. Representante do Ministério Público ofertou parecer (fls. 101/104). É o breve relatório. DECIDO. Cuida-se de pedido de retificação de duas escrituras públicas de venda e compra lavradas em 21 de maio de 1987, perante o 19º Tabelião de Notas da Capital, objetivando a correção do CPF de Marcos Nakama, bem como sejam alteradas as medidas do imóvel conforme o decidido na ação de retificação de área nº 0167174-60.2002.8.26.0100, a qual tramitou perante a 1ª Vara de Registro Públicos da Capital. Pois bem. Pese embora a argumentação deduzida na inicial, forçoso é convir, na espécie, que os atos notariais que se pretendem retificar já estão aperfeiçoados e consumados, inexistindo possibilidade jurídica, no âmbito administrativo, para a alteração da descrição da área do imóvel. Não se deve perder de vista que escritura pública é ato notarial que reflete a vontade das partes na realização de negócio jurídico, observados os parâmetros fixados pela Lei e pelas Normas de Serviço da Corregedoria Geral da Justiça, reproduzindo, portanto, exatamente aquilo que outorgantes e outorgados declararam ao Escrivão ou ao Escrevente. A retificação administrativa das escrituras públicas, em relação à área do imóvel, é, portanto, juridicamente inviável. O Tabelião, ao lavrar o ato de venda e compra, apenas reveste a manifestação de vontade das partes da forma prescrita em lei (artigos 134, II e 145, III, ambos do Código Civil). De qualquer forma, inviável a retificação. O óbice está em se dotar o Notário, Registrador ou mesmo o Juiz Corregedor Permanente, como tal atuando no âmbito administrativo, de poder retificatório unilateral. Nesse sentido, já se decidiu que: "permitir essas correções, ainda que indícios apontem no sentido da ausência de prejuízo potencial a terceiros, seria munir o agente administrativo de poderes que não dispõe, capazes de interferir com a manifestação da vontade da parte que já a deixou consignada formalmente no título causal" (in Decisões Administrativas da Corregedoria Geral da Justiça, ed. RT 1989, p. 242, nº 127). Sendo assim, não obstante o deferimento da retificação da área pela via jurisdicional, certo é que o julgamento da ação nº 0167174-60.2002.8.26.0100 ocorreu somente em 09 de novembro de 2004, ou seja, após a lavratura das escrituras de compra e venda, tendo o Registrador inserido nos referidos atos notariais apenas os dados existentes à época e em conformidade com a manifestação das partes. Por outro lado, deverá ser acolhida a pretensão dos interessados no que diz respeito à correção do nº do CPF de Marcos Nakama, nos termos dos itens 53 e 53.1, alínea "d", do Capítulo XIV das Normas de Serviço da Corregedoria Geral de Justiça, consoante oportunamente sustentado pela Nobre Representante do Ministério Público (fls. 101). Diante de todo o exposto, DEFIRO PARCIALMENTE o pleito inicial, para que seja efetivada a correção apenas do nº do CPF de Marcos Nakama por meio de ata retificativa (item 53, Capítulo XIV das NSCGJ), restando, no mais, indeferido o pedido. Oportunamente, arquivem- se os autos. Ciência ao Tabelião e ao Ministério Público. Encaminhe-se cópia desta decisão à Egrégia Corregedoria Geral da Justiça, por e-mail, servindo a presente como ofício. I.C. - ADV: LUIZ AUGUSTO DE ANDRADE MARQUES (OAB 90063/SP) (DJe de 28.02.2019 - SP)

Processo 1035847-76.2019

Dúvida 17º Oficial de Registro de Imóveis Marcos Koskis Vianna Sentença (fls. 46/49): Vistos. Trata-se de dúvida suscitada pelo Oficial do 17º Registro de Imóveis da Capital, a requerimento de Marcos Koskis Vianna, tendo em vista a negativa em se proceder ao registro da escritura de venda e compra lavrada em 27.09.2018, pelo 4º Tabelião de Notas de Guarulhos, cujo objeto é o imóvel matriculado sob nº 57.356. O óbice registrário refere-se a necessidade de apresentação da guia relativa ao recolhimento do ITBI, acompanhada do respectivo comprovante de pagamento, incidente na cessão d direitos formalizada entre Cláudio Moreira do Nascimento e o suscitado, uma vez que embora não registrada, foi mencionada na escritura. Juntou documentos às fls. 05/34 e 36/38. O suscitado não apresentou impugnação, conforme certidão de fl. 39, todavia manifestou-se perante a Serventia Extrajudicial (fl. 09). Assevera que de acordo com a jurisprudencia do STF o fato gerador para incidência da cobrança do ITBI é o devido registro do bem, logo, incabível o recolhimento nas hipóteses de cessão de direitos. O Ministério Público opinou pela procedência da dúvida (fls. 42/44). É o relatório. Passo a fundamentar e a decidir. Com razão o registrador bem como a D. Promotora de Justiça. O Imposto Municipal sobre transmissão onerosa inter vivos de direitos imobiliários (ITBI) incide no caso de compra e venda de imóvel, bem como na cessão de direitos de compromisso de compra e venda, conforme estabelecido nos artigos 1º, II, e 2º, VIII do Decreto Municipal nº 51.627: "Art. 1º O Imposto sobre Transmissão "Inter Vivos", a qualquer título, por ato oneroso, de bens imóveis, por natureza ou acessão física, e de direitos reais sobre imóveis, exceto os de garantia, bem como cessão de direitos à sua aquisição ITBI-IV tem como fato gerador: ... II a cessão, por ato oneroso, de direitos relativos à aquisição de bens imóveis". "Art. 2º: Estão compreendidos na incidência do Imposto:... VIII a cessão de direitos do arrematante ou adjudicatário, depois de assinado o auto de arrematação ou adjudicação" Conforme se verifica dos autos, na escritura pública de compra e venda (fls. 14/24) constou expressamente a cessão de direitos, com a indicação do valor, o que configura a transação onerosa do negócio jurídico entabulado entre as partes, que muito embora não tenham sido registradas, foram levadas ao conhecimento dos adquirentes. Daí a configuração de dois fatos geradores diversos do imposto, com ganho econômico distintos. Neste contexto: "fl. 18: Clausula Sexta Dos Compromissos: A presente escritura de venda e compra, é feita em cumprimento aos seguintes instrumentos: a) De Promessa de Compra e Venda de Imóvel e outras avenças, elaborado entre a vendedora e comprador datado de 18 de junho de 2013, pelo valor de R$ 574.024,00, já quitado, elaborado entre a ora Vendedora e Cláudio Moreira do Nascimento b) de cessão de direitos de compromisso, datado de 21 de setembro de 2018, pelo valor de R$ 574.024,00 já quitado, elaborado entre Cláudio Moreira do Nascimento (RG 10.634.423-7 SSP-SP CPF/MF 663.075.968-53) e o ora outorgado comprador, ambos não inscritos e nem averbados no competente registro imobiliário..." O suscitado apenas comprovou o recolhimento da guia do ITBI relativa à compra e venda, havendo omissão em relação à cessão de direitos (fls. 27/28). Não sendo possível questionar a constitucionalidade da lei municipal na esfera administrativa, deve-se examinar sua estrita legalidade. Assim ausente o recolhimento do imposto relativo a cessão de direitos, conforme preconizado na norma legal supra mencionada, inviável o acesso do registro do título no fólio real. Tal questão já foi objeto de análise perante o Egrégio Conselho Superior da Magistratura: "Registro de Imóveis Dúvida julgada procedente, impedindo-se o registro de escritura pública de venda e compra, englobando cessão - Ausência de recolhimento de imposto ITBI que é devido pela cessão e pela venda e compra impossibilidade de reconhecimento de inconstitucionalidade e de decadência ou prescrição pela via administrativa Recurso desprovido" (Apelação Cível nº 1123982-06.2015.8.26.0100, Conselho Superior da Magistratura, Rel. Cor. Pereira Calças). Ademais, embora a cessão não tenha sido registrada, deve ser objeto de análise pelo registrador, uma vez que devem ser observados os princípios da legalidade, continuidade e disponibilidade que regem os atos registrários, de forma que a permissão do registro do título apresentado permitiria que os suscitados se furtassem ao recolhimento dos impostos de transmissão, bem como realizassem outros negócios jurídicos envolvendo os imóveis, sem recolhimentos das respectivas guias de imposto. Por fim, tem-se que o incumbe ao Oficial de Registro fiscalizar o pagamento dos impostos devidos por força dos atos que lhe forem apresentados em razão do ofício, na forma do artigo 289 da Lei nº 6.015/73, sob pena de responsabilização pessoal do oficial delegado, e dentre estes impostos se encontra o ITBI, cuja prova de recolhimento deve instruir os títulos apresentados a registro, salvo hipótese de isenção devidamente demonstrada, o que não é o caso. O Egrégio Conselho Superior da Magistratura já fixou entendimento de que a qualificação feita pelo registrador não vai além da aferição sobre a existência ou não de recolhimento do tributo. Logo, entendo que a exigência imposta pelo registrador mostra-se correta. Diante do exposto, julgo procedente a dúvida suscitada pelo Oficial do 17º Registro de Imóveis da Capital, a requerimento de Marcos Koskis Vianna, e consequentemente mantenho o óbice registrário. Deste procedimento não decorrem custas, despesas processuais e honorários advocatícios. Oportunamente remetam-se os autos ao arquivo. P.R.I.C. São Paulo, 28 de maio de 2019. Tania Mara Ahualli Juiza de Direito (CP 171) (DJe de 04.06.2019 - SP)

Processo 1131651-08.2018

Dúvida 10º Registro de Imóveis Richard Curti Junior Sentença (fls. 67/69): Vistos. Trata-se de dúvida suscitada pelo Oficial do 10º Registro de Imóveis da Capital, a requerimento de Richard Curti Júnior, tendo em vista a negativa em se proceder ao registro da escritura de venda e compra da metade da parte ideal dos imóveis objetos das matrículas nºs 34.467 e 34.468. O óbice registrário refere-se à divergência entre o preço do imóvel (R$ 190.000,00) e o valor pago (R$ 180.000,00). Reapresentada, a escritura novamente foi qualificada negativamente, por ter sido rerratificada unilateralmente pelo comprador, em razão do falecimento da outorgante vendedora, ou seja, não houve a devida representação do Espólio de Anna Flora Laudanna Curti. Juntou documentos às fls. 04/43. O suscitado não apresentou impugnação, conforme certidão de fl. 44. Intimado dos fatos expostos, o 14º Tabelião de Notas da Capital manifestou-se à fl. 52. Salienta que em razão do erro na soma das parcelas que compuseram o preço da parte ideal objeto da compra e venda, a escritura deve ser retificada com a assinatura da inventariante nomeada pelos herdeiros de Anna Flora. Por fim, informa que os herdeiros da vendedora já foram contatados e estão providenciando a documentação para a escritura de nomeação de inventariante, uma vez que não houve processo nem escritura de inventário dos bens da falecida, possibilitando a assinatura da escritura de retificação. Intimado das ponderações do Tabelião, o suscitado não se manifestou, conforme certidão de fl. 60. O Ministério Público opinou pela procedência da dúvida (fls. 64/65). É o relatório. Passo a fundamentar e a decidir. Com razão o Registrador bem como a D. Promotora de Justiça. O contrato para configurar compra e venda deve possuir as seguintes características: o consentimento, a coisa e o preço. Da análise da escritura de venda e compra (fls. 20/25), verifica-se da clausula 3º que o preço certo e ajustado entre as partes foi de R$ 190.000,00 (cento e noventa mil reais), todavia, constou que a vendedora declara e confessa receber: R$ 110.000,00 pagos anteriormente em boa e corrente moeda nacional; R$ 40.000,00 neste ato, a título de dação em pagamento e R$ 30.000,00 a serem pagos através de 10 parcelas no valor de R$ 3.000,00, totalizando R$ 180.000,00 (cento e oitenta mil reais). Ou seja, houve uma divergência entre o preço do imóvel e o valor pago. Neste contexto, é mister a rerratificação do título para esclarecer a divergência mencionada, retificando a escritura em relação ao elementos essencial do negócio jurídico, qual seja, o preço. Todavia, para a retificação pretendida deve ser lavrada escritura de rerratificação, figurando todas as partes que entabularam o negócio jurídico. Na presente hipótese, diante do falecimento da vendedora Anna Flora, seu Espólio deve ser representado por um inventariante. Ressalto que a escritura pública é ato formal de manifestação de vontade das partes, que não pode ser retificada por intervenção administrativa ou judicial. Nessa linha, de acordo com o Capítulo XIV, item 54 das Normas de Serviço da Corregedoria Geral da Justiça: "item 54. Os erros, as inexatidões materiais e as irregularidades, quando insuscetíveis de saneamento mediante ata retificativa, podem ser remediados por meio de escritura de retificação ratificação, que deve ser assinada pelas partes e pelos demais comparecentes do ato rerratificado e subscrita pelo Tabelião de Notas ou pelo substituto legal". Destaca-se que o próprio tabelião, ao constatar o erro, entrou em contato com os herdeiros da vendedora, que estão providenciando a escritura de nomeação de inventariante, o que por si só confirma a imprescindibilidade da necessidade de representação do Espólio. Diante do exposto, julgo procedente a dúvida suscitada pelo Oficial do 10º Registro de Imóveis da Capital, a requerimento de Richard Curti Júnior, e consequentemente mantenho o óbice registrário. Deste procedimento não decorrem custas, despesas processuais e honorários advocatícios. Oportunamente remetam-se os autos ao arquivo. P.R.I.C. São Paulo, 30 de maio de 2019. Tania Mara Ahualli Juiza de Direito (CP 643) (DJe de 04.06.2019 - SP)

Processo 1090184-83.2017.8.26.0100

Dúvida - Registro de Imóveis - 4º Oficial de Registro de Imóveis de São Paulo - Maria de Fátima Batista dos Santos - Vistos em correição. Trata-se de dúvida suscitada pelo Oficial do 4º Registro de Imóveis da Capital, a requerimento de Maria de Fátima Batista dos Santos, tendo em vista a negativa em se proceder ao registro da escritura de venda e compra, lavrada no Tabelião de Notas do Município de Jesuitas, Comarca de Formosa do Oeste/ Paraná, referente ao imóvel objeto da transcrição nº 107.446, pela qual Evelina Edwige Santista Marcaccini transmite a propriedade para Maria de Fátima Batista Santos. Os óbices registrários referem-se: a) a escritura apresentada em forma de certidão, não teve a confirmação de autenticidade do Tabelionato da Comarca de Formosa do Oeste; b) o número do contribuinte contido na escritura diverge do imóvel descrito na transcrição; c) ausência de comprovação de que o pagamento complementar do ITBI foi recebido pela Municipalidade de São Paulo. Juntou documentos às fls. 05/24. A suscitada não apresentou impugnação em Juízo (certidão - fl. 35), contudo manifestou-se perante a Serventia Extrajudicial, argumentando que os óbices exigidos pelo Registrador são infundados (fls. 05/06). O Ministério Público opinou pela procedência da dúvida (fls. 39/41). É o relatório. Passo a fundamentar e a decidir. Pretende a suscitada o registro de uma suposta escritura de compra e venda lavrada no Tabelião de Notas do Município de Jesuitas, Comarca de Formosa do Oeste/ Paraná, referente ao imóvel objeto da transcrição nº 107.446. Ocorre que o documento apresentado não pode ser considerado como título apto a registro, haja vista que não preenche os requisitos de documento público, ou seja, apesar de mencionar ser da lavra do Tabelião de Notas (fls. 12/15), não teve o reconhecimento da sua autenticidade pelo Notário imputado. De acordo com as informações do Notário da Comarca do Paraná (fls. 09/16), o ato que resultou no título apresentado a registro foi forjado, uma vez que não há como reconhecer o sinal público de alguém que não pertence aos quadros de funcionários do Cartório há sete anos. Tal fato por si só já obsta o ingresso do título e prejudicada a análise da dúvida, ante o princípio da segurança jurídica que norteia os atos registrários. Na presente hipótese, agiu com zelo e presteza o Oficial ao entrar em contato com o Tabelião de Notas de Jesuitas para confirmar a autenticidade da escritura. O Notário esclareceu que no livro 59-E da Serventia, foi abarcado atos praticados no período de 30 de janeiro de 2006 a 20 de julho de 2007, de modo que não seria possível ter realizado o ato na data consignada no documento apresentado para registro, ou seja, 22 de julho de 2008. E ainda que assim não fosse, o numero do contribuinte indicado na escritura refere-se a outro imóvel, ferindo consequentemente o princípio da especialidade objetiva. Além disso, os documentos juntados à fl. 17, referente ao eventual recolhimento do imposto ITBI, não deu entrada nos cofres da Municipalidade de São Paulo, conforme denota o documento juntado à fl. 18, o que torna- se mais um fator a impossibilitar o registro almejado. Por fim, tendo em vista que os fatos noticiados configuram crime de uso de documento público, nos termos do artigo 304 do Código Penal, bem como falsificação da guia de recolhimento do ITBI, determino nos termos do artigo 40 do CPP que se encaminhe cópia integral dos autos à autoridade policial para adoção das medidas cabíveis. Diante do exposto, julgo prejudicada a dúvida suscitada pelo Oficial do 4º Registro de Imóveis da Capital, a requerimento de Maria de Fátima Batista dos Santos, com observação. Deste procedimento não decorrem custas, despesas processuais e honorários advocatícios. Oportunamente remetam-se os autos ao arquivo, com as cautelas de praxe. P.R.I.C. - ADV: JOSÉ ANTÔNIO IJANC (OAB 268078/SP) (- DJe de 01.07.2019 - SP)

Processo 0034365-13.2019.8.26.0100

Dúvida Reqte.: Corregedoria Geral da Justiça Interessados.: Wilson Elias dos Santos 12º Oficial de Registros de Imóveis Sentença (fls. 57/60): Vistos. Trata-se de dúvida inversa encaminhada a este Juízo pela Egrégia Corregedoria Geral da Justiça, suscitada por Wilson Elias dos Santos, em face da negativa do Oficial do 12º Registro de Imóveis da Capital em proceder ao registro da escritura de compromisso de compra e venda realizada entre Augusta de Jesus Gama e Alcides Elias dos Santos, referente ao imóvel transcrito sob nº 92.311. Os óbices registrários referem-se: a) necessidade de retificação da escritura para constar o nome e a qualificação do cônjuge de Alcides Elias dos

Santos, bem como a data e o regime de bens, nos termos do art. 176, § 1º, III, "a" da Lei nº 6.015/73; b) necessidade de qualificação da vendedora, em consonância com o princípio da especialidade subjetiva; c) apresentar em seu original ou cópia autenticada a certidão de casamento atualizada de Alcides, se o casamento foi realizado em outra Comarca, deverá ser reconhecida a firma da assinatura do subscritor da certidão na Comarca de origem do documento ou na Comarca de São Paulo, nos termos do Cap. XX, item 122.1 das Normas da Corregedoria Geral da Justiça. Apresentou documentos às fls. 14/15, 21/37 e 51/52. Insurge-se o suscitante do primeiro óbice, sob o argumento de que Alcides faleceu em 2016, no estado civil de solteiro. Solicitou a alteração na qualificação do estado civil, inclusão de RG e CPF de seu genitor. Juntou documentos às fls. 03, 05, 07/08. O Ministério Público opinou pela procedência da dúvida (fls. 40/42). É o relatório. Passo a fundamentar e a decidir. Na presente hipótese houve impugnação parcial das exigências formuladas pelo Registrador. Observo que a suscitante não demonstrou irresignação em relação à necessidade de qualificação da vendedora, bem como apresentação em seu original ou cópia autenticada da certidão de casamento atualizada de Alcides. A concordância parcial com as exigências do Oficial prejudica a dúvida, que só admite duas soluções: a determinação do registro do título protocolado e prenotado, que é analisado, em reexame da qualificação, tal como se encontrava no momento em que surgida dissensão entre a apresentante e o Oficial de Registro de Imóveis; ou a manutenção da recusa do Oficial. Para que se possa decidir se o título pode ser registrado ou não, é preciso que todas as exigências, e não apenas parte delas, sejam reexaminadas pelo Corregedor Permanente. Nesse sentido é pacífica a jurisprudência do Egrégio Conselho Superior. Ademais, no mérito a pretensão do suscitante é improcedente. De acordo com a escritura apresentada a registro, consta que Alcides, na qualidade de comprador do imóvel, era casado, sem identificar o nome do cônjuge, qualificação e o regime de bens adotado. Na certidão do casamento religioso juntada à fl. 03, não consta a qualificação do cônjuge. Ademais, o pedido de alteração do estado civil, com o acréscimo do RG e CPF formulado pelo suscitante na inicial, deverá ser objeto de procedimento próprio, denominado pedido de providências, a ser formulado perante este Juízo. Logo, com razão o Oficial em exigir de retificação da escritura para constar o nome e a qualificação do cônjuge de Alcides Elias dos Santos, bem como a data e o regime de bens, nos termos do art. 176, § 1º, III, "a" da Lei nº 6.015/73, em consonância com o princípio da segurança juridica que dos atos registrários se espera, sob pena de eventual prejuízo a direitos de terceiros, já que, se casado, o imóvel deveria ser objeto da respectiva partilha. Tal exigência encontra amparo no item 63, Capítulo XX das Normas de Serviço da Corregedoria Geral da Justiça, que ao tratar da qualificação do proprietário nas matrículas imobiliárias, impõe que conste "o nome e a qualificação do cônjuge e o regime de bens no casamento como este se realizou antes ou depois da Lei nº 6.515, de 26 de dezembro de 1977". Neste contexto, como bem observado pelo órgão ministerial, para comprovar o estado civil de solteiro, necessária a juntada de certidão de casamento atualizada ou eventual busca negativa no sentido de que casamento religioso não fora registrado. Em relação à necessidade de qualificação da vendedora, tal exigência encontra amparo no princípio da continuidade, explicitado no artigo 195 da Lei nº 6015/93 que dispõe: "Art. 195 Se o imóvel não estiver matriculado ou registrado em nome do outorgante, o oficial exigirá a prévia matrícula e o registro do título anterior, qualquer que seja a sua natureza, para manter a continuidade do registro." Assim, bem agiu o Oficial ao exigir do suscitante a regularização da qualificação da vendedora, pois é este encadeamento sucessivo de titularidade que garante a segurança necessária ao registro, bem como ninguém poderá transmitir mais bens ou direitos do que possui. Por último, deverá ser apresentada em seu original ou cópia autenticada a certidão de casamento atualizada de Alcides, ressaltando-se que se o casamento foi realizado em outra Comarca, deverá ser reconhecida a firma da assinatura do subscritor da certidão na Comarca de origem do documento ou na Comarca de São Paulo, nos termos do Cap. XX, item 122.1 das Normas da Corregedoria Geral da Justiça. Logo, os óbices apontados pelo Oficial Registrador deverão ser mantidos. Diante do exposto, julgo prejudicada dúvida inversa encaminhada a este Juízo pela Egrégia Corregedoria Geral da Justiça, suscitada por Wilson Elias dos Santos, em face da negativa do Oficial do 12º Registro de Imóveis da Capital, com observação. Deste procedimento não decorrem custas, despesas processuais e honorários advocatícios. Sem prejuízo, expeça-se ofício à Egrégia Corregedoria Geral da Justiça, comunicando desta decisão. Oportunamente remetam-se os autos ao arquivo. P.R.I.C. São Paulo, 30 de julho de 2019. Tania Mara Ahualli Juiza de Direito (CP – 235) (- DJe de 05.08.2019 - SP)

Processo 1049195-64.2019.8.26.0100

Dúvida - REGISTROS PÚBLICOS - Maria Fátima Pires Bolsoni - Vistos. Trata-se de dúvida suscitada pelo Oficial do 14º Registro de Imóveis da Capital, a requerimento de Maria de Fátima Pires Bolsoni, diante da negativa em se proceder ao registro da escritura pública de venda e compra lavrada no 7º Tabelionato de Notas da Capital, pela qual Amancio Almeida Pires e sua mulher Joaquina Ruas transmitiram à suscitada, casada no regime da comunhão universal de bens com Benedito Rubens Bolsoni, o imóvel matriculado sob nº 15.345. O óbice registrário refere-se à necessidade de apresentação da certidão informativa da Prefeitura de São Paulo, constando expressamente a alteração do contribuinte nº 048.245.0006-0 para o atual nº 048.245.0035-4. Salienta que é indispensável a mencionada certidão, em consonância com o princípio da especialidade objetiva, nos termos do artigo 225, § 2º da Lei nº 6.015/73. Destaca o Oficial que a inscrição no cadastro municipal é exigência da Lei nº 10.819/89, sendo obrigatória a inscrição, bem como a indicação do cadastro no registro. Assim, havendo mudança ou cancelamento, tal fato deve ser objeto de averbação. Juntou documentos às fls. 04/44. A suscitada apresentou impugnação às fls. 47/50. Salienta que requereu ao Diretor da Secretaria de Finanças da Municipalidade de São Paulo a expedição da certidão exigida pelo delegatário, no entanto, o funcionário Ricardo Luiz negou-se a receber o requerimento, alegando que os cartórios de registro de imóveis devem se adequar à Portaria Instersecretarial SF/ SEL/SMSP nº 06 de 14.12.2016, que retirou da Prefeitura de São Paulo a obrigação de expedir a certidão de dados cadastrais informando o desdobro de contribuinte. Apresentou documentos às fls. 51/151. Intimada, a Municipalidade de São Paulo juntou a certidão pretendida (fl. 161). Diante do documento juntado pelo órgão municipal, o registrador não ofereceu oposição à averbação da alteração do contribuinte (fl. 169). O Ministério Público opinou pela prejudicialidade da dúvida e consequente extinção do feito (fl. 173). É o relatório. Passo a fundamentar e a decidir. Destaco que a jurisprudência do Egrégio Conselho Superior da Magistratura é pacífica no sentido de que a concordância com qualquer das exigências feitas pelo registrador ou o atendimento delas no curso da dúvida ou de seu recurso a prejudica: A dúvida registrária não se presta para o exame parcial das exigências formuladas e não comporta o atendimento de exigência depois de sua suscitação,pois a qualificação do tituloé feita, integralmente, no momento em que é apresentado para registro. Admitir o atendimento de exigência no curso do procedimento da dúvida teria como efeito a indevida prorrogação do prazo de validade da prenotação e, em consequência, impossibilitaria o registro de eventuais outros títulos representativos de direitos reais contraditórios que forem apresentados no mesmo período. Em razão disso, a aquiescência do apelante com uma das exigências formuladas prejudica a apreciação das demais matérias que se tornaram controvertidas. Neste sentido decidiu este Colendo Conselho Superior da Magistratura na Apelação Cível n° 60.460-0/8, da Comarca de Santos, em que foi relator o Desembargador Sérgio Augusto Nigro Conceição, e na Apelação Cível n° 81.685-0/8, da Comarca de Batatais, em que foi relator o Desembargador Luís de Macedo(Apelação Cível n° 220.6/6-00, grifou-se). De fato, a dúvida é procedente, devendo manter o óbice imposto pelo registrador acerca da necessidade da averbação para alteração do número de contribuinte, em consonância com o principio da especialidade objetiva, que norteia os atos registrários, para posterior ingresso da escritura de compra e venda no fólio real. Ocorre que, da análise do procedimento, entendo que se trata de hipótese peculiar, vez que, ao se dirigir à Municipalidade de São Paulo para obtenção da certidão, a suscitada não teve sequer protocolizado o pedido, sob o argumento de que os registradores devem se adequar à Portaria Intersecretarial nº 06 de 14.12.2016, que retirou do órgão municipal a obrigação de expedir a certidão. Todavia, com a juntada do mencionado documento pela Municipalidade de São Paulo e concordância do Oficial, entendo como superado o óbice registrário, devendo primeiramente ocorrer a averbação da alteração do número de contribuinte, nos termos da certidão de fl. 161, para posterior ingresso da escritura de compra e venda no fólio real. Diante do exposto, julgo prejudicada a dúvida suscitada pelo Oficial do 14º Registro de Imóveis da Capital, a requerimento de Maria de Fátima Pires Bolsoni, com observação. Deste procedimento não decorrem custas, despesas processuais e honorários advocatícios. Oportunamente, remetam- se os autos ao arquivo. P.R.I.C. - ADV: IVENS RODRIGUES LOIOLA (OAB 48984/SP), JOSE OSWALDO DE PAULA SANTOS (OAB 9453/SP) (– DJe de 07.08.2019 – SP)

Processo 0052988-28.2019.8.26.0100

Pedido de Providências Reqte.: Juízo de Direito da 2ª Vara de Registros Públicos - Interesdo.: 13º Registro de Imóveis - Interesda.: Brasilia de Souza Sentença (fls. 106/108): Vistos. Trata-se de pedido de providências encaminhado a este Juízo pelo MMº Juízo da 2ª Vara de Registros Públicos, formulado por Brasília de Souza, que pretende o cancelamento/bloqueio do registro nº 12, efetivado na matrícula nº 63.202, do 13º Registro de Imóveis da Capital, sob a alegação de que o compromisso de compra e venda que o originou foi forjado, sendo que nunca manteve contato com o apontado comprador, Ismael de Paula, bem como não recebeu a importância constante do instrumento particular levado a registro e não possui firma no 28º Tabelião de Notas da Capital. Foram juntados documentos às fls. 02/58 e 89/99. O Registrador manifestou-se às fls. 70/71. Informa que, após proceder à devida qualificação do título apresentado, considerou o documento formalmente apto a registro. Juntou documentos às fls. 72/87. O Ministério Público opinou pelo bloqueio da matrícula e posterior arquivamento do feito, tendo em vista a ausência de conduta irregular praticada pelo registrador. É o relatório. Passo a fundamentar e a decidir. Analisando as informações e documentos juntados nos autos, verifico que se trata de vicio intrínseco do título, consistente na falsificação da documentação utilizada para a venda do imóvel matriculado sob nº 63.202. Formalmente o ato está perfeito, decorrente de instrumento particular de 10.03.2019, no qual a requerente comprometeu-se a vender o imóvel em caráter irrevogável e irretratável a Ismael de Paula, constando o reconhecimento de firma de todas as partes interessadas. Logo, não vislumbro irregularidades que devam ser reconhecidas por este Juízo. Pelo princípio da legitimação (eficácia do registro), os vícios reconhecíveis pela via administrativa são apenas aqueles comprováveis de pleno direito que resultem de erros evidentes extrínsecos ao título, sem necessidade de exames de outros documentos ou fatos (artigos 214, caput, e 252 da Lei 6.015/73). O vício intrínseco, derivado da existência de indícios de falsificação para a lavratura do mencionado documento, deve ser reconhecido em procedimento contencioso cível, com a participação da outra parte que participou da venda e com ampla dilação probatória. Configurado o vício do contrato, o cancelamento do registro feito na matrícula do imóvel ocorrerá como consequência, conforme determina o artigo 216 da Lei 6.015/73. Tendo este Juízo competência administrativa disciplinar, não pode analisar questões de direito material que envolvam o negócio jurídico. Todavia, a fim de preservar o princípio da segurança jurídica, já que os elementos trazidos aos autos revelam que a superveniência de novos registros poderá causar danos de difícil reparação aos interessados e à terceiros de boa fé, por cautela, nos termos do artig o 214, § 3º da Lei 6015/75, recomenda-se o bloqueio da matrícula supra mencionada. Assim, determino o bloqueio da matrícula nº 63.202, do 13º Cartório de Imóveis da Capital, até solução final da questão. Intime-se, com brevidade, os interessados para, querendo, ingressarem com as medidas cabíveis para o resguardo de seus interesses. Por fim, concluo pela a ausência de qualquer conduta irregular praticada pelo registrador. Cumpre destacar que o delegatário tem plena liberdade para proceder à qualificação, gozando de independência na atribuição do exercício de suas funções para a avaliação do título a ele apresentado, sendo que no caso de dúvida, deverá recusar-se a efetuar o ato, observando as regras de zelo e prudência no exercício profissional. No caso em tela, o Oficial conferiu a presença de todos os requisitos necessários à validade do título, bem como a observância aos princípios que norteiam os atos registrários, resultando na aptidão formal do título, razão pela qual entendo pela ausência da aplicação de qualquer medida disciplinar, determinando o arquivamento do presente processo. Deste procedimento não decorrem custas, despesas processuais e honorários advocatícios. P.R.I.C. São Paulo, 26 de agosto de 2019. Tania Mara Ahualli Juiza de Direito (CP – 396) (– DJe de 30.08.2019 – SP)

Processo 1132584-78.2018.8.26.0100

Dúvida - Notas - Marlene Ferigatto Vardasca e outro - Vistos. Trata-se de dúvida suscitada pelo Oficial do 5º Registro de Imóveis da Capital, a requerimento de Marlene Ferigatto Vardasca e Fernanda Ferigatto Vardasca, diante da negativa de ingresso a registro da escritura pública de venda e compra de imóvel e quitação de benfeitorias lavrada perante o 14º Tabelião de Notas da Capital, por meio da qual se buscou transmitir a fração ideal de terreno objeto da matrícula nº 43.254. O óbice registrário refere-se à ausência da comprovação do recolhimento da complementação do imposto quanto às benfeitorias ou o demonstrativo de sua isenção. As suscitadas apresentaram impugnação às fls. 53/63 e 71/72. Aduzem que a escritura de compra e venda refere-se somente à fração ideal do imóvel, sendo que as benfeitorias teriam sido adquiridas diretamente pelos compromissários compradores dos fornecedores, pelo sistema de "preço de custo", não havendo assim transmissão de benfeitorias e, consequentemente, não incidindo ITBI. O Ministério Público opinou pela procedência da dúvida (fls. 76/79). É o relatório. Passo a fundamentar e a decidir. Com razão o Registrador, bem como a D Promotora de Justiça.

Preliminarmente, de acordo com o princípio tempus regit actum, à qualificação do título aplicam-se as exigências legais contemporâneas ao registro, e não as que vigoravam ao tempo de sua lavratura. O Conselho Superior da Magistratura tem considerado que, para fins de registro, não importa o momento da celebração do contrato, em atenção ao princípio "tempus regit actum", sujeitando-se o título à lei vigente ao tempo de sua apresentação (Apelação Cível nº, 115-6/7, rel. José Mário Antonio Cardinale, nº 777-6/7, rel. Ruy Camilo, nº 530-6/0, rel. Gilberto Passos de Freitas, e, mais recentemente, nº 0004535-52.2011.8.26.0562, relatada por V. Exa.). Logo, desconsidera-se o momento em que foi lavrada a escritura, incidindo a qualificação no momento da apresentação do título para ingresso no fólio real. No caso a parte interessada aduz que não incide imposto de transmissão sobre as benfeitorias, posto que foram adquiridas a preço de custo, diretamente com o fornecedor. Contudo, como bem pontuou o Oficial, tal hipótese deve ser aferida pela autoridade fiscalizadora municipal, não podendo ser analisada diretamente pelo Registro de Imóveis, tampouco por esta Corregedoria. Nesse sentido, o art 7º - em especial o §4º- do Decreto Municipal nº 55.196 assim dispõe: "Art. 7º: A base de cálculo do Imposto é o valor venal dos bens ou direitos transmitidos, assim considerado o valor pelo qual o bem ou direito seria negociado à vista, em condições normais de mercado. § 1º. Na apuração do valor venal do bem transmitido ou do seu respectivo direito, considera-se o valor das benfeitorias e construções nele incorporadas" (g.n) (...) § 4º Não se considera na apuração da base de cálculo do Imposto o valor das benfeitorias e construções incorporadas ao bem imóvel pelo adquirente ou cessionário, desde que comprovada, à Administração Tributária, na forma e condições estabelecidas pela Secretaria Municipal de Finanças e Desenvolvimento Econômico, que a incorporação foi efetivada por tais agentes." Assim, para que seja dispensada do pagamento do imposto sobre as benfeitorias realizadas no imóvel, é necessário que as interessadas apresentem a devida comprovação de dispensa emitida pela Municipalidade. Por fim, em relação à fiscalização do recolhimento dos impostos pelo Registrador, trata-se de matéria já enfrentada pelo E. Conselho Superior da Magistratura que, no v. Acórdão nº 996-6/6, observou que: "É certo que ao Oficial de Registro cumpre fiscalizar o pagamento dos impostos devidos por força dos atos que lhe forem apresentados em razão do ofício, na forma do art. 289 da Lei nº 6.015/73, sob pena de responsabilização pessoal do Oficial Delegado, e dentre estes impostos se encontra o ITCMD, cuja prova de recolhimento deve instruir o formal de partilha, salvo hipótese de isenção devidamente demonstrada". Desse modo, encontra respaldo legal a análise do Oficial quanto à quitação de impostos. Diante do exposto, julgo procedente a dúvida suscitada pelo Oficial do 5º Registro de Imóveis da Capital, a requerimento de Marlene Ferigatto Vardasca e Fernanda Ferigatto Vardasca, e mantenho o óbice registrário. Deste procedimento não decorrem custas, despesas processuais e honorários advocatícios. Oportunamente remetam-se os autos ao arquivo. P.R.I.C. - ADV: LUIS SARTORATO (OAB 114415/SP) (DJe de 12.02.2019 - SP)

Processo 1114803-43.2018

Dúvida 1º Oficial de Registro de Imóveis da Capital Janio Teixeira Pinheiro Sentença (fls. 63/66): Vistos. Trata-se de dúvida suscitada pelo Oficial do 1º Registro de Imóveis da Capital, a requerimento de Jânio Teixeira Pinheiro, diante da negativa em se proceder ao registro da escritura pública de compra e venda de nua propriedade e de constituição de usufruto, constante de escritura notarial de 14.06.2018, lavrada no 5º Ofício de Notas da Cidade do Rio de Janeiro, referente ao imóvel matriculado sob nº 88.972. O óbice registrário refere-se à ausência da comprovação do valor correto de recolhimento do ITBI, diante da base de cálculo utilizada, qual seja, o valor do negócio, que é inferior àquela determinada judicialmente (valor venal de alienação). Esclarece o Oficial que a sentença proferida no Mandado de Segurança (processo nº 1032035-07.2018.8.26.0053), foi explícita: "Assim, é necessário que haja um critério objetivo a quantificar o valor do imposto que é justamente a base de cálculo do IPTU". Por fim, esclarece que a base de cálculo (valor venal) para fins de lançamento do IPTU é R$ 293.713,00 ao passo que o recolhimento do ITBI foi com base no valor do negócio jurídico (alienação), ou seja, R$ 198.000,00. Juntou documentos às fls. 03/49 e 54. O suscitado não apresentou impugnação, conforme certidão de fl. 55, contudo manifestou-se perante a Serventia Extrajudicial (fl. 03/06). Argumenta que o valor venal é aquele pelo qual o imóvel foi comercializado, assim, para os casos de aquisição em alienação judicial, o valor venal é o mesmo da arrematação, equivalente a uma compra e venda e venda à vista, não tendo lugar a estimativa fiscal, o que demonstra estar correto o recolhimento do ITBI. O Ministério Público opinou pela improcedência da dúvida (fls. 59/62). É o relatório. Passo a fundamentar e a decidir. Em que pesem as razões do Registrador, bem como sua louvável cautela na verificação do recolhimento dos impostos, evitando eventual incidência de responsabilidade solidária, entendo que a presente dúvida é improcedente. A incidência do Imposto de Transmissão de Bens Imóveis (ITBI) na arrematação de imóvel vem sendo objeto de discussões doutrinárias e jurisprudenciais. Em termos legais, a legislação tributária municipal, de modo uniforme, considera a arrematação como fato gerador do ITBI, e por força dessa obrigatoriedade os cartórios de registro imobiliário exigem a comprovação de recolhimento do imposto para promover o ato de transmissão. Todavia, é pacífico o entendimento de que a fiscalização dos impostos realizada pelo registrador não vai além da aferição sobre a existência ou não do recolhimento do tributo, e não sobre se houve o correto recolhimento do valor, sendo tal atribuição exclusiva do órgão municipal. Logo, eventual insurgência acerca do valor recolhido deverá ser objeto de respectiva ação a ser proposta pela Municipalidade de São Paulo. Neste aspecto já decidiu o Egrégio Conselho Superior da Magistratura: "Registro de Imóveis - Escritura pública de dação em pagamento - Qualificação negativa - Questionamento a respeito da base de cálculo utilizada para recolhimento do imposto sobre transmissão de bens móveis ITBI - Análise pela oficial registradora, na matéria concernente ao imposto de transmissão, que deve se ater ao seu recolhimento, sem alcançar o valor - Não configuração de flagrante irregularidade no recolhimento - Recolhimento antecipado de ITBI que não afronta as NSCGJ - Precedente do C. Conselho Superior da Magistratura - Dúvida julgada improcedente para afastar a exigência de recolhimento de alegada diferença do imposto devido à Municipalidade - Apelação não provida" (Apelação nº 1024222-11.2015.8.26.0577, Rel. Des. Geraldo Francisco Pinheiro Franco, data de julgamento: 24.05.2018, data DJ: 26.07.2018). Confira-se do corpo do Acórdão: "... Não foi atacada a regularidade formal do título nem mesmo a temporalidade do recolhimento ou o ato em si. Ao contrário, a exigência envolve exame substancial do montante do pagamento do imposto devido, que é atribuição dos órgão fazendário competentes, sendo que seu questionamento mereceria a participação da Fazenda Pública, principal interessada. Ao Oficial cabe fiscalizar, sob pena de responsabilização pessoal, a existência da arrecadação do imposto previsto e a oportunidade em que foi efetuada. O montante, desde que não seja flagrantemente equivocado, extrapola a sua função" E ainda: "Registro de Imóveis Registro de escritura pública de dação em pagamento Desqualificação Suposta incorreção da base de cálculo utilizada para o recolhimento do ITBI Dúvida julgada improcedente Apelação interposta pelo Ministério Público Atuação que extrapola as atribuições do Oficial Dever de fiscalização que se limita ao recolhimento do tributo e à razoabilidade da base de cálculo Recolhimento antecipado do ITBI que não afronta as NSCGJ nem a legislação municipal Recurso a que se nega provimento" (Apelação nº 1024158-98.2015.8.26.0577; Rel. Des. Manoel de Queiroz Pereira Calças, data de julgamento: 25.08.2017, data DJ: 19.09.2017). Como bem exposto pela D. Promotora de Justiça: "... ainda que a base de cálculo eleita pelos interessados divirja daquela apontada na r. decisão de fls. 18/21, é ela plenamente razoável, uma vez que consiste no valor efetivo da transação imobiliária, como, aliás reconheceu o delegatário". Daí entendo que se houve o recolhimento a menor, deverá o Município de São Paulo formular a ação cabível para complementação do valor que entender cabível, devendo consequentemente ser afastado o óbice registrário. Diante do exposto, julgo improcedente a dúvida suscitada pelo Oficial do 1º Registro de Imóveis da Capital, a requerimento de Jânio Teixeira Pinheiro, e determino o registro do título. Deste procedimento não decorrem custas, despesas processuais e honorários advocatícios. Oportunamente remetam-se os autos ao arquivo. P.R.I.C. São Paulo, 8 de janeiro de 2018. Tania Mara Ahualli Juiza de Direito (CP – 562) (DJe de 11.01.2019 - SP)

CONFERÊNCIA DE BENS

Processo 1046153-07.2019.8.26.0100

Dúvida Reqte.: 14º Oficial de Registro de Imóveis da Capital Reqdo.: Bruno Henrique Vieira Escute Sentença (fls. 39/43): Vistos. Trata-se de dúvida suscitada pelo Oficial do 14º Registro de Imóveis da Capital, a requerimento de Bruno Henrique Vieira Escute, diante da negativa em se proceder ao registro do instrumento particular de cessão de direitos e obrigações, com assunção de dívida de financiamento no SFH, garantida por alienação fiduciária e liquidação da dívida com FGTS, através do qual o suscitado, com anuência da CEF, cedeu e transmitiu à sua mulher Carolina Beraldo Costa Escute 50% dos direitos sobre a consolidação da propriedade fiduciária, concernente ao imóvel matriculado sob nº 208.241. Os óbices registrários referem-se: a) cedente e cessionária são casados sob o regime da comunhão parcial de bens, o que acarreta a comunicabilidade da fração transmitida, logo, é vedada a transferência do patrimônio comum entre os cônjuges; b) necessidade de comprovação do pagamento do ITBI. Juntou documentos às fls. 04/28.

O suscitado não apresentou impugnação neste feito, conforme certidão de fl. 29, porém, manifestou-se perante a Serventia Extrajudicial (fls. 07/08). Entende que a utilização do FGTS entre cônjuges ou companheiros é permitida desde que a outra parte figure no contrato como coadquirente. Salienta que a transação contou a anuência da CEF, bem como o imóvel a princípio, é de propriedade particular do cônjuge, uma vez que foi adquirido antes do casamento. O Ministério Público opinou pela parcial procedência do pedido (fls. 33/38). É o relatório. Passo a fundamentar e a decidir. Na presente hipótese houve impugnação parcial das exigências formuladas pelo Registrador. Observo que o suscitado não demonstrou irresignação em relação ao recolhimento do valor a título de ITBI. A concordância parcial com as exigências do Oficial prejudica a dúvida, que só admite duas soluções: a determinação do registro do título protocolado e prenotado, que é analisado, em reexame da qualificação, tal como se encontrava no momento em que surgida dissensão entre a apresentante e o Oficial de Registro de Imóveis; ou a manutenção da recusa do Oficial. Para que se possa decidir se o título pode ser registrado ou não é preciso que todas as exigências e não apenas parte delas sejam reexaminadas pelo Corregedor Permanente. Nesse sentido, é pacífica a jurisprudência do Egrégio Conselho Superior. E ainda que assim não fosse, no mérito a dúvida é parcialmente procedente. Conforme se verifica da matrícula de fls. 04/06, Bruno Henrique adquiriu o mencionado imóvel no estado civil de solteiro e o deu em garantia na mesma condição (Av.01), sendo que o casamento ocorreu em 01.09.2018 (fl. 17). Logo, a obrigação em relação ao pagamento deu-se exclusivamente em nome do conjunge varão, razão pela qual não há a possibilidade da comunicação das obrigações adquiridas antes do casamento, nos termos do artigo 1659, I e II, do Código Civil, que assim estipula: "art. 659: Excluem-se da comunhão: I - os bens que cada cônjuge possuir ao casar, e os que lhe sobrevierem, na constância do casamento, por doação ou sucessão, e os subrogados em seu lugar; II - os bens adquiridos com valores exclusivamente pertencentes a um dos cônjuges em sub-rogação dos bens particulares" Neste contexto, a alienação fiduciária de bem imóvel em garantia, nos termos do art. 22 da Lei nº 9.514/97, é o negócio jurídico pelo qual o devedor, ou fiduciante, com escopo de garantia, contrata a transferência ao credor, ou fiduciário, da propriedade resolúvel de coisa imóvel. Ao devedor é conferida a posse direta sobre a coisa. Daí que uma vez extinta a condição resolutiva, há o retorno dos envolvidos ao status quo ante, de maneira retroativa. Na presente hipótese, não há como afirmar que o fato do suscitado ter celebrado matrimônio resulte na comunicação do imóvel ao cônjuge, uma vez que o contrato de alienação fiduciária deu-se somente em seu nome, na qualidade de solteiro. Ademais, não há qualquer prova de haver esforço comum para a quitação do imóvel, sendo certo que tal prova somente é cabível nas vias ordinárias com a presença do contraditório e ampla defesa. Logo, concluindo-se pela incomunicabilidade do imóvel, o qual pertence exclusivamente ao suscitado, sendo possível a transferência de 50% dos direitos sobre a consolidação da propriedade fiduciária a sua esposa, cuja alienação é admitida nos termos do artigo 499 do Código Civil. Superada a questão relativa à possibilidade da cessão, resta a análise atinente a incidência do ITBI. O Imposto Municipal sobre transmissão onerosa inter vivos de direitos imobiliários (ITBI) incide no caso de compra e venda de imóvel, bem como na cessão de direitos de compromisso de compra e venda, conforme estabelecido nos artigos 1º, II, e 2º, VIII do Decreto Municipal nº 51.627: "Art. 1º O Imposto sobre Transmissão "Inter Vivos", a qualquer título, por ato oneroso, de bens imóveis, por natureza ou acessão física, e de direitos reais sobre imóveis, exceto os de garantia, bem como cessão de direitos à sua aquisição ITBI-IV tem como fato gerador: ... II a cessão, por ato oneroso, de direitos relativos à aquisição de bens imóveis". "Art. 2º: Estão compreendidos na incidência do Imposto: ... VIII a cessão de direitos do arrematante ou adjudicatário, depois de assinado o auto de arrematação ou adjudicação" Conforme verifica-se dos autos, o instrumento de cessão de direitos e obrigações (fls. 09/16) configura transação onerosa do negócio jurídico entabulado entre as partes, constando o valor da cessão da fração ideal do direito de posse (R$ 36.609,15). Por fim, tem-se que incumbe ao Oficial de Registro fiscalizar o pagamento dos impostos devidos por força dos atos que lhe forem apresentados em razão do ofício, na forma do artigo 289 da Lei nº 6.015/73, sob pena de responsabilização pessoal do oficial delegado, e dentre estes impostos se encontra o ITBI, cuja prova de recolhimento deve instruir os títulos apresentados a registro, salvo hipótese de isenção devidamente demonstrada, o que não é o caso. O Egrégio Conselho Superior da Magistratura já fixou entendimento de que a qualificação feita pelo registrador não vai além da aferição sobre a existência ou não de recolhimento do tributo. Logo, entendo que a exigência imposta pelo Registrador em relação a apresentação da guia do recolhimento do imposto mencionado mostra-se correta.

Diante do exposto, julgo prejudicada a dúvida suscitada pelo Oficial do 14º Registro de Imóveis da Capital, a requerimento de Bruno Henrique Vieira Escute, com observação. Deste procedimento não decorrem custas, despesas processuais e honorários advocatícios. Oportunamente remetam-se os autos ao arquivo. P.R.I.C. São Paulo, 03 de julho de 2019. Tania Mara Ahualli Juiza de Direito (CP 232) (- DJe de 10.07.2019 - SP)

DESAPROPRIAÇÃO

Processo 1109397-07.2019.8.26.0100

Dúvida - Notas - Municipalidade de São Paulo - Vistos. Trata-se de dúvida suscitada pelo Oficial do 9º Registro de Imóveis da Capital, a requerimento da Municipalidade de São Paulo, tendo em vista a negativa em se proceder ao registro ma imissão da posse no imóvel, objeto da ação de desapropriação que tramita perante o MMº Juízo da 11ª Vara da Fazenda Pública da Capital (processo nº 0041351-71.2012.8.26.0053). O óbice registrário refere-se a ausência de formalização do título que daria suporte ao ato perseguido. Sugeriu o registrador na nota devolutiva expedida, a formalização de uma carta de adjudicação composta de abertura e encerramento, nos termos do art.221, § 1º, do Tomo I, das Normas de Serviço da Egrégia Corregedoria Geral da Justiça. Juntou documentos às fls. 05/461. O órgão municipal apresentou impugnação às fls. 462/465. Salienta que, ao contrário do alegado pelo Registrador, é admissível o registro do auto de imissão para obter a posse, em momento anterior ou posterior à sentença. Salienta que não pretende com o presente procedimento regularizar a propriedade, mas apenas solicitou o registro da posse, não cabendo ao cartório fazer digressões a respeito. Destaca que os atos emanados da Administração gozam de presunção de legitimidade e veracidade, de modo que, tanto a autenticidade das peças que instruem o requerimento administrativo como a numeração feita pela servidora municipal, desfrutam desse atributo. Por fim, afirma que outros cartórios de registros imobiliários realizaram o registro pretendido. Apresentou documentos às fls. 466/480. O Ministério Público opinou pela procedência da dúvida (fls. 482/487). É o relatório. Passo a fundamentar e a decidir. Ressalto primeiramente que este Juízo teve a oportunidade de analisar questão semelhante nos autos nº 1081441-16.2019.8.26.0100, sendo aberta oportunidade para manifestação de diversos registradores acerca da matéria, haja vista a divergência de procedimentos. A fim de sanar o dissenso mencionado quanto a possibilidade de realização do ato, o que por si só ocasiona insegurança aos usuários, que ficam a mercê da localização do imóvel para conseguirem ou não a pretensão, este Juízo harmonizou o procedimento a ser adotado pelas Serventia da Capital, a fim de facilitar o acesso dos titulos pela padronização dos atos. Pretende a Municipalidade de São Paulo o registro ma imissão da posse no imóvel, objeto da ação de desapropriação que tramita perante o MMº Juízo da 11ª Vara da Fazenda Pública da Capital (processo nº 0041351- 71.2012.8.26.0053). Reitero o posicionamento que adotei no mencionado feito, no sentido do afastamento do óbice. A imissão provisória na posse, de acordo com Celso Antonio Bandeira de Mello (RDP 9/24): "é a transferência da posse do bem objeto da expropriação para o expropriante, já no inicio da lide, obrigatoriamente concedido pelo juiz, se o Poder Público declarar urgência e depositar em juízo, em favor do proprietário, importância fixada segundo critério previsto em lei" De acordo com o artigo 167, item 36 da Lei de Registros Públicos: "Art.167: No registro de imóveis, além da matrícula serão feitos: ... 36) da imissão provisória na posse, quando concedida à União, aos Estados, ao Distrito Federal, aos Municípios ou às suas entidades delegadas, e respectiva cessão e promessa de cessão (Redão dada pela Lei nº 12.424, de 2011) Assim, o artigo 167 da Lei de Registros Públicos, bem como o § 4º do art.15 do Decreto Lei nº 3.365/1941, apontam a possibilidade do registro da imissão na posse no Registro de Imóveis. Neste contexto, de acordo com o art.29 do mencionado Decreto, o título hábil para acessar o registro imobiliário é o mandado de imissão na posse, o qual assegurará a posse provisória do imóvel ao expropriante e posteriormente se convalidará no registro definitivo com a apresentação da carta de adjudicação. Para melhor entendimento, distingo duas etapas do procedimento: simples registro da posse, bastando para isso a formulação de um pedido administrativo instruído com os respectivos documentos, e o registro da propriedade do imóvel, que depende da apresentação do titulo hábil consistente na carta de adjudicação. Pretende a Municipalidade apenas a inscrição da imissão provisória da posse, que como bem exposto pelo órgão público, poderá ser registrada em momento anterior ou posterior à sentença, devendo para isso apresentar a decisão proferida em processo judicial de desapropriação, acompanhada da planta e memorial descritivo, nos termos do art.176, § 8º, da Lei nº 6.015/73. Anote-se que o dispositivo legal faz referência à decisão proferida em processo judicial e não em sentença, sendo que a sentença transitada em julgado permite o registro definitivo da carta de adjudicação. Em relação à necessidade de que as peças, que foram apresentadas em cópia e autenticadas pela Municipalidade, sejam autenticadas pelo escrivão judicial, bem como a juntada de termos de abertura e encerramento, entendo que também deve ser afastada, uma porque o presente título não é carta de adjudicação, mas simples decisão judicial, e outra porque deve-se levar em consideração a presunção de legitimidade e veracidade dos atos emanados pela Administração. Vale ressaltar os ilustres ensinamentos de Maria Silvia Zanella Di Pietro: "... A presunção de legitimidade diz respeito à conformidade do ato com a lei; em decorrência desse atributo, presumem-se, até prova em contrário, que os atos administrativos foram emitidos com observância da lei. A presunção de veracidade diz respeito aos fatos; em decorrência desse atributo, presumem-se verdadeiros os fatos alegado pela Administração. Assim ocorre com relação às certidões, atestados, declarações, informações por ela fornecidos, todos dotados de fé pública". (Direito Administrativo, 31ª edição, editora: Forense, págs.231/232) Logo, enquanto não decretada a invalidade do ato pela própria Administração ou pelo Judiciário, ele produzirá efeitos da mesma forma que o ato válido, consequentemente deverá ser cumprido. Conclui-se que a autenticidade das cópias apresentadas pela Municipalidade gozam dos atributos mencionados e, portanto, descabido o óbice. Diante do exposto, julgo improcedente a dúvida suscitada pelo Oficial do 9º Registro de Imóveis da Capital, a requerimento da Municipalidade de São Paulo, e consequentemente determino o registro da imissão na posse no imóvel objeto da ação de desapropriação que tramita perante o MMº Juízo da 11ª Vara da Fazenda Pública da Capital (processo nº 0041351-71.2012.8.26.0053). Deste procedimento não decorrem custas, despesas processuais e honorários advocatícios. Oportunamente remetam-se os autos ao arquivo. P.R.I.C. - ADV: RAFAEL MEDEIROS MARTINS (OAB 228743/SP), LUDMILA ANGELA ACQUATI VELLOSO DOS SANTOS (OAB 190450/SP) (– DJe de 18.11.2019 – SP)

DOAÇÃO

Processo 1120715-21.2018.8.26.0100

Dúvida - REGISTROS PÚBLICOS - Kelly Cristina Felippe Machado - Vistos. Trata-se de dúvida suscitada pelo Oficial do 4º Registro de Imóveis da Capital, a requerimento de Kelly Cristina Felippe Machado, tendo em vista a negativa em se proceder ao registro da escritura de doação lavrada em 30.04.2018 pelo 30º Tabelião de Notas da Capital, por meio da qual Marcelo Augusto Paiva Pereira transmitiu por doação à sua mulher, ora suscitada, o imóvel matriculado sob nº 54.798. O título restou qualificado negativamente, tendo em vista tratar-se de doação entre cônjuges de imóvel clausulado com incomunicabilidade. Informa que Marcelo recebeu 50% do imóvel por doação de seus genitores, que impuseram as cláusulas de impenhorabilidade e incomunicabilidade, declarando na mencionada escritura que visavam com este ato que o imóvel permanecesse na família dos doadores. A outra metade foi recebida à titulo de permuta com sua irmã, permanecendo entretanto, as cláusulas restritivas mencionadas, por expressa sub-rogação do vínculo. De acordo com o Oficial, o registro do título afrontaria a vontade dos genitores de Marcelo, que instituíram os gravames. Juntou documentos à fls. 05/64. A suscitada não apresentou impugnação, conforme certidão de fl. 65, todavia, manifestou-se perante a Serventia Extrajudicial (fls. 05/16). Argumenta que o imóvel não está gravado com a cláusula de inalienabilidade, apenas com a incomunicabilidade e impenhorabilidade, logo, o donatário não estaria impedido de doar o respectivo imóvel, estando afastada a incidência das exceções previstas no parágrafo único do art. 1911 do Código Civil ao feito em testilha. O Ministério Público opinou pela improcedência da dúvida (fls. 69/71). É o relatório. Passo a fundamentar e a decidir. Em que pesem o zelo e argumentos expostos pelo Registrador no presente procedimento, entendo que o óbice registrário deve ser afastado. Conforme consta da averbação nº 18 da matrícula nº 54.798, o imóvel foi gravado com as cláusulas de incomunicabilidade e impenhorabilidade, nos termos da escritura datada de 18.08.2008 (fls. 45/46) por José Paiva Pereira e Olímpia Appendino Paiva Pereira, os quais transmitiram o imóvel por doação aos filhos Marcelo Augusto Paiva Pereira e Eliana Paiva Pereira Silveira Conceição, casada sob o regime da comunhão universal de bens com Luiz Fernandes Silveira Conceição. Neste contexto, Eliana, com anuência de seu marido, transmitiu por permuta a Marcelo, a parte ideal de 50% do imóvel pelo valor de R$ 50.500,00, nos termos do registro nº 20 (fl. 46). Ora, como é sabido a cláusula de impenhorabilidade estabelece que o bem não pode ser objeto de penhora por dívidas contraídas pelo seu titular e a de incomunicabilidade tem o efeito de manter o bem separado, impedindo que o imóvel integre automaticamente o patrimônio do outro cônjuge como um dos efeitos do casamento. Verifica-se que a vontade dos instituidores, genitores do doador, foi de resguardar o patrimônio da familia, impedindo que o bem fosse transmitido automaticamente e por causas alheias à vontade do donatário, fato é que se abstiveram de gravar o imóvel com a cláusula de inalienabilidade, o que pressupõe que não há qualquer impedimento para que o donatário disponha do imóvel por livre vontade. Decerto que a cláusula de inalienabilidade implica necessariamente a impenhorabilidade e a incomunicabilidade, todavia, estas não importam necessariamente naquela. Tal matéria foi tratada no Boletim do IRIB, nº 37, Seção "Perguntas e Respostas", p.3) e mencionada pelo ilustre Drº Ademar Fioranelli (registrador do 7º RI) em "Direito Registral Imobiliário, Coleção IRIB em Debate, Coordenador: Sérgio Jacomino: "Pergunta: Pode ser vendido um imóvel gravado com as clausulas de incomunicabilidade e de impenhorabilidade sem o cancelamento prévio dessas clausulas? Resposta: A resposta é afirmativa. O proprietário de um imóvel gravado tão somente com as clausulas de incomunicabilidade e de impenhorabilidade pode vendê-lo, sem necessidade do cancelamento prévio de tais clausulas. Essas duas clausulas tem interpretação restritiva. Não importam na de inalienabilidade e, tampouco, a toda evidência, impedem a alienação ou transmissão, a outra pessoa do imóvel de sua propriedade. Se o doador ou o testador (pois tais clausulas só podem ser impostas nos atos de doação ou em testamento)quisesse impedir a alienação ou a transmissão do imóvel, teria imposto a clausula de inalienabilidade. Se impôs apenas as clausulas de incomunicabilidade e de impenhorabilidade, evidentemente, não quis restringir a faculdade de dispor do móvel por parte do donatário. A cláusula de incomunicabilidade consiste em impedir que o imóvel doado ou testado integre a comunhão estabelecida com o casamento. Não repercute, evidentemente, sobre a outra clausula mais ampla. O titular do direito de propriedade de bem incomunicável nenhuma limitação sofre no poder de disposição (Orlando Gomes, Sucessões, n. 139). A cláusula de impenhorabilidade objetiva tão somente, impedir que o imóvel doado ou legado venha a ser tomado por dívidas contraídas pelo donatário. Não impede, que ele venha a ser alienado espontaneamente. A alienação, portanto, de imóvel gravado com a clausula de impenhorabilidade ou com a de incomunicabilidade é livre e não depende do cancelamento de qualquer delas" (g.n) Logo, entendo que a doação do imóvel realizada por Marcelo não afronta a vontade dos instituidores do gravame, uma vez que se quisessem que o imóvel não pudesse ser alienado, instituiriam a clausula de inalienabilidade, o que não ocorreu. Diante do exposto, julgo improcedente a dúvida suscitada pelo Oficial do 4º Registro de Imóveis da Capital, a requerimento de Kelly Cristina Felippe Machado, e determino o registro do título. Deste procedimento não decorrem custas, despesas processuais e honorários advocatícios. Oportunamente remetam-se os autos ao arquivo. P.R.I.C. - ADV: DIEGO DA SILVA SOARES (OAB 278729/SP) (DJe de 11.01.2019 - SP)

Processo 1032495-13.2019.8.26.0100

Pedido de Providências - Registro de Imóveis - Giuliana Vautier Giongo Pesoa Sartori - Carolina Vautier Teixeira Giongo - Patrizia Vautier Teixeira Giongo - Vistos. Trata-se de ação de revogação de cláusula de impenhorabilidade cumulada com tutela de evidência, formulada por Giuliana Vautier Giongo Pesoa Sartori, Carolina Vautier Teixeira Giongo e Patrizia Vautier Teixeira Giongo, que gravam o imóvel matriculado sob nº 53.851 do 15º Registro de Imóveis da Capital. Relatam as requerentes que o imóvel foi adquirido por doação de José Rocha Giongo Júnior e sua esposa Florisa Vautier Teixeira Giongo, sendo que mencionado bem encontra-se gravados com as cláusulas de incomunicabilidade e impenhorabilidade (R.08 e Av.10, respectivamente). Em novembro de 2018, as requerentes iniciaram tratativas de venda do imóvel com a locatária, que havia manifestado interesse em sua aquisição, ocasião em que as partes acordaram a venda pelo preço de R$ 2.250.000,00, sendo que R$ 450.000,00 seria pago com recursos próprios da compradora e R$ 1.800.000,00 mediante financiamento bancário. Todavia, foram surpreendidas com a existência das cláusula que gravam a matrícula mencionada, razão pela qual não foi possível o financiamento. Juntaram documentos às fls. 13/39. É o relatório. Passo a fundamentar e a decidir. As requerentes pretendem cancelar, no âmbito administrativo, as cláusulas restritivas que gravam o imóvel de sua propriedade, objeto da matrícula 53.851 do 15º Registro de Imóveis da Capital. Segundo o pacífico entendimento da E. Corregedoria Geral de Justiça, o cancelamento das cláusulas restritivas compete a órgão com função jurisdicional, no qual se investigará a vontade dos instituidores, e não ao juízo administrativo. Em outras palavras, impossível nos estritos limites do campo de atuação administrativa perquirir causa que não seja automática de extinção do vínculo. O argumento que embasa o pedido, de que está a restrição contrastando com a finalidade para o qual foi instituída, diz respeito ao direito material subjacente e deve ser deduzido na esfera jurisdicional. Nesse sentido o precedente da Egrégia Corregedoria Geral de Justiça: Registro de Imóveis - Cláusulas de inalienabilidade, incomunicabilidade e impenhorabilidade instituídas em testamento - Cancelamento administrativo - Necessidade de interpretação da vontade do testador - Inadmissibilidade - Provocação da atividade jurisdicional que se mostra imprescindível - Recurso não provido (CGJSP - PROCESSO: 1.109/2005 CGJSP - DATA JULGAMENTO: 20/02/2006 - Relator: Álvaro Luiz Valery Mirra). Como mencionado no precedente acima citado, na esteira das decisões da Corregedoria: "ao MM. Juiz Corregedor Permanente, exercendo função atípica de verdadeiro agente da administração, falece competência para decidir sobre a validade das relações jurídicas contidas no título causal e sobre a eventual temporariedade da eficácia das cláusulas nele instituídas, pois invadiria o campo de atuação da atividade jurisdicional" (Proc. CG. 120/84 - Decisões Administrativas da Corregedoria Geral da Justiça do Estado de São Paulo, 1984/1985, RT, ementa nº 60). Portanto, a pretensão das requerentes depende de prestação jurisdicional adequada, na qual haverá cognição exauriente, tanto formal como material, e que não pode ser obtida na via administrativa. Ante o exposto, julgo improcedente a ação de revogação de clausula de impenhorabilidade cumulada com tutela de evidencia formulado por formulada por Giuliana Vautier Giongo Pesoa Sartori, Carolina Vautier Teixeira Giongo e Patrizia Vautier Teixeira Giongo, devendo as interessadas buscar as vias ordinárias para a formulação do pedido. Não há custas, despesas processuais ou honorários advocatícios decorrentes deste procedimento. Oportunamente, arquivem-se os autos. P.R.I.C. - ADV: RODRIGO TAMBUQUE RODRIGUES (OAB 259905/SP) (DJe de 24.04.2019 - SP)

Processo 1032278-67.2019.8.26.0100

Pedido de Providências - Registro de Imóveis - Evelise Feres - Vistos. Trata-se de ação de nulidade de escritura pública de doação e seu registro, formulada por Elise Feres em face de Edelson Feres. Relata a requerente que as partes, bem como Eloise Feres, são filhos de Myrna Donga Feres, a qual está sofrendo processo de interdição (processo nº 1008865-44.2018.8.26.0008), em trâmite perante o MMº Juízo da 2ª Vara Da Família e Sucessões do Foro Regional VIII - Tatuapé. Informa que Myrna é viúva e proprietára de três imóveis matriculados sob nºs 49.889 do 9º RI, 34.153 do 2º RI e 24.728 do 5º RI. Ocorre que a genitora doou a nua propriedade ao filho Edelson dos imóveis matriculados sob nºs 34.153 e 24.728, reservando para si o usufruto vitalício, após a constatação da doença de Alzheimer que a acometia, razão pela qual tais doações devem ser consideradas nulas, assim como os registros. Afirma que seu irmão incitou sua genitora a doar outros bens de seu patrimônio, em que não existia copropriedade, pois após a doação poderia vende-los sem a participação de suas irmãs. Logo, para resguardar o patrimônio, a requerente promoveu a ação de nulidade de escritura pública. Juntou documentos às fls. 06/45 e 49/63. É o relatório. Passo a fundamentar e a decidir. A ação deve ser extinta, com o indeferimento da petição inicial, em razão da inadequação da via eleita. A interessada pugna pela nulidade da escritura pública de doação com reserva de usufruto atinente a dois imóveis, lavrada por sua genitora em prol de um dos herdeiros, sob o argumento de que à época da lavratura já se encontrava em trâmite a ação de interdição, vez que a doadora sofre da doença de Alzheimer. Pois bem, os registros nºs 4 do 2º RI (fls. 22/25) e 7 do 5º RI (fls. 28/32), tiveram por base a escritura pública de doação com reserva de usufruto (fls. 49/54). Referido título foi formalmente qualificado pelos Oficiais de Registro da Capital, que não encontraram qualquer óbice para o registro. As razões expostas pela requerente para embasar o pedido tratam de vício intrínseco do título que deu origem ao registro. Formalmente o ato está perfeito, decorrente de instrumento público devidamente lavrado, e não encontra irregularidades que esta 1ª Vara de Registros Públicos deva reconhecer. Pelo princípio da legitimação (eficácia do registro), os vícios reconhecíveis pela via administrativa são apenas aqueles comprováveis de pleno direito que resultem de erros evidentes extrínsecos ao título, sem necessidade de exame de outros documentos ou fatos (artigos 214, caput, e 252 da Lei 6.015/73). O vício intrínseco, derivado do reconhecimento da nulidade do ato jurídico, deve ser reconhecido em procedimento contencioso cível, com a participação da outra parte que participou da doação e com ampla dilação probatória. Configurado o vício do negócio, o cancelamento do registro feito na matrícula do imóvel ocorrerá como consequência, assim como determina o artigo 216 da Lei 6.015/73. Sabe-se que o interesse processual é composto da necessidade e da adequação. No caso posto, a despeito da necessidade, verifica-se a ausência do quesito da adequação, sendo que este juízo tem competência censório disciplinar e, portanto, não pode analisar questões de direito material que envolvam o negócio jurídico. De acordo com Narciso Orlandi Neto: "É preciso distinguir nulidade direta do registro e nulidade do título, com reflexo no registro. O registro não pode ser cancelado por nulidade do título, salvo em processo contencioso de que participe o titular do direito inscrito. Em outras palavras, o art. 214 da Lei 6.015/73 é exceção. E como se sabe se o registro é ou não nulo de pleno direito? Sabe -se que o registro é ou não nulo de pleno direito examinando-o separadamente do título que lhe deu causa, apenas à luz dos princípios que regem o registro, a saber se foram cumpridos os requisitos formais. A indagação da nulidade do registro deve ficar restrita aos "defeitos formais do assento, ligados à inobservância de formalidades essenciais da inscrição (Código Civil, arts. 130 e 145, III)" (Afrânio de Carvalho, Retificação do Registro, in RDI 13, p. 17). A nulidade a que se refere o art. 214 da Lei de Registros Públicos é exclusiva do registro, absolutamente independente do título, tanto que, uma vez declarada, permite que o mesmo título seja novamente registrado. ... A nulidade que pode ser declarada diretamente independentemente de ação, é de direito formal, extrínseca. Ela não pode alcançar o título, que subsiste íntegro e, em muitos casos, apto a, novamente, ingressar no registro. ... Problemas relativos ao consentimento das partes, diz respeito ao título, tanto quanto sua representação e a elaboração material do instrumento. Assim, se houve fraude, se a assinatura do transmitente foi falsificada, se o instrumento público não consta dos livros de nenhum notário, se a procuração que serviu na representação de uma das partes é falsa, se o consentimento do alienante foi obtido com violência, são todos problemas atinentes ao título. Podem afetar o registro, mas obliquamente. Só podem determinar o cancelamento do registro, em cumprimento de sentença que declare a nulidade do título e, em conseqüência, do registro..." (Retificação do Registro de Imóveis, Ed. Oliveira Mendes, pág. 183/192). Outrossim, não há como o registrador no âmbito da qualificação registral dar solução à questão de direito material não decidida, ou cuja decisão não ficou demonstrada, porque o exame de qualificação é atividade meramente administrativa, não protegida pela segurança da coisa julgada. Logo, nenhuma medida restará a ser adotada por esta Corregedoria Permanente, cuja natureza é meramente administrativa e somente faz coisa julgada formal. Por fim, não verifico qualquer violação nas condutas dos Oficiais do 2º e 5º Registro de Imóveis da Capital ao efetuar o registro do doação com reserva de usufruto entabulado entre as partes. Diante do exposto, por inadequada a via eleita, INDEFIRO a petição inicial, e julgo extinto o processo, na forma do art. 485, I, c.c. 330, III, ambos do Código de Processo Civil. Deste procedimento não decorrem custas, despesas processuais e honorários advocatícios. Oportunamente remetam-se os autos ao arquivo. P.R.I.C. - ADV: CORA HELENA LUPATELLI ALFONSO (OAB 203621/SP) (DJe de 14.05.2019 - SP)

Processo 1041937-03.2019.8.26.0100

Dúvida Suscite.: 4º Oficial de Registro de Imóveis de São Paulo Suscitdo.: Jair Kaczinski Sentença (fls. 47/50): Vistos. Trata-se de procedimento de dúvida suscitado pelo Oficial do 4º Registro de Imóveis da Capital a requerimento de Jair Kaczinski, que pretende registro de escritura de doação em que transmite a seus filhos 50% do imóvel matriculado sob nº 9.504. O Registrador informa que o título foi qualificado negativamente vez que, em respeito aos princípios da continuidade e da disponibilidade, havia necessidade de registrar primeiro a partilha do imóvel, que foi adquirido pelo suscitado em conjunto com sua ex companheira com quem era casado em regime de comunhão universal de bens, para que então pudesse ser registrada a doação. Isso porque, até que seja realizada a partilha, o imóvel encontra-se em estado de mancomunhão. Não houve impugnação neste procedimento, mas o suscitado manifestou-se na serventia extrajudicial (fls. 25), para informar que pelo procedimento de divórcio foi atribuída a cada cônjuge a propriedade de 50% do referido imóvel. Aduz ainda que sua ex companheira concordou expressamente com a doação. Desse modo, o óbice deveria ser afastado. O Ministério Público opinou às fls. 42/45 pela procedência da dúvida e manutenção do óbice ao registro. É o relatório. Decido. É controvertida a natureza jurídica do estado dos bens do casal que se separa judicialmente ou se divorcia sem ultimar a partilha. Há entendimento no sentido de que, antes da partilha, os bens continuam a pertencer a ambos os cônjuges em estado de mancomunhão, em situação semelhante à que ocorre com a herança, mas sem que nenhum deles possa alienar ou gravar seus direitos. Para essa corrente, até a partilha prevalece o estado de mancomunhão; depois, caso se estabeleça um quinhão a cada um dos cônjuges, passaria para o regime de condomínio. Já a segunda corrente sustenta que, mesmo antes da partilha, o patrimônio comum subsiste sob a forma de condomínio. O acordo homologado no divórcio mostra a possibilidade de que o bem tenha passado ao regime de condomínio. Destaco (fl. 28): "quando for alienado [o imóvel], o valor arrecadado com a alienação será partilhado em partes iguais (sendo 50% para a requerente Delphine Michele Spitalnik Kaczinski e 50% para o requerente Jair Kaczinski)" Tal determinação tem correspondência com os seguintes julgados: STJ/RE 983.450 Rel. Ministra Nancy Andrighi "Como se vê, as bases fáticas firmadas no acórdão recorrido são claras no sentido de que ainda não houve a partilha de bens do casal que, por acordo homologado em Juízo, relegou a divisão do patrimônio comum para momento posterior. Todavia, o recorrente e a recorrida fizeram constar do mencionado acordo de separação consensual, que o imóvel, objeto deste litígio, seria vendido e que a divisão do produto se daria em partes iguais, estabelecendo inclusive preço mínimo. Dimas Messias de Carvalho (in Direito de Família, 2ª ed., Belo Horizonte: Del Rey, 2009, p. 211/212) distingue o estado de mancomunhão do estado de condomínio, com as seguintes considerações: 'Os bens não partilhados após a separação ou divórcio, pertencem ao casal, semelhante ao que ocorre com a herança, entretanto, nenhum deles pode alienar ou gravar seus direitos na comunhão antes da partilha, sendo ineficaz a cessão, posto que o direito à propriedade e posse é indivisível, ficando os bens numa situação que a doutrina denomina de estado de mancomunhão. Não raras vezes, entretanto, quando os bens estão identificados na ação de separação ou divórcio, são partilhados na fração ideal de 50% (cinquenta por cento) para cada um, em razão da meação, importa em estado de condomínio entre o casal e não mais estado de mancomunhão. Tratando-se de condomínio, pode qualquer um dos cônjuges alienar ou gravar seus direitos, observando a preferência do outro, podendo ainda requerer a extinção por ação de divisão ou alienação judicial, não se cogitando a nova partilha e dispensando a abertura de inventário.' Como se percebe, no processo em julgamento, constou do acordo homologado em Juízo a manifestação expressa da vontade de ambos os ex-cônjuges no sentido de vender o referido imóvel, sendo o produto dessa venda dividido na fração ideal de 50% para cada um, o que, por consequência, importa em reconhecer o estado de condomínio entre o casal quanto ao bem que pretende o recorrente receber valor correspondente a locativos. Dessa forma, cessada a comunhão universal pela separação judicial, o patrimônio comum subsiste sob a forma de condomínio, enquanto não ultimada a partilha. Nesse sentido, o REsp 254.190/SP, de minha relatoria, DJ de 4/2/2002." CSMSP/APELAÇÃO CÍVEL: 079158-0/3 - Rel: Luís de Macedo "O recurso merece provimento. A recorrente, após sua separação judicial, adquiriu de seu ex-marido a metade ideal do imóvel residencial matriculado sob nº 41.629 no 8º Registro de Imóveis da Capital, havido em comum. Apresentada a registro a respectiva escritura pública de venda e compra instruída com certidão de casamento mencionando a separação judicial consensual, o Oficial exigiu o prévio ingresso no registro imobiliário da partilha dos bens comuns, providência, no seu entender, necessária à extinção da comunhão oriunda do regime matrimonial de bens, tese essa acolhida na sentença, ora atacada. Sem razão, porém. A jurisprudência deste Conselho Superior da Magistratura atualmente é no sentido de que a separação judicial põe termo ao regime de bens, transformando a comunhão até então existente em condomínio, permitindo a alienação dos bens pelos coproprietários, desde que averbada a alteração no estado civil, independentemente de prévio ingresso no fólio real da partilha dos bens comuns." Na Apelação Cível, percebe-se uma interpretação mais ampla, no sentido que sempre que houver o divórcio, há a transformação da comunhão em condomínio. Já no Recurso Especial, há um entendimento mais restrito, onde a Eminente Ministra exige a existência de acordo homologado que divida a parte ideal. Assim, a inexistência desta cláusula manteria o regime de mancomunhão. Neste sentido: 1VRPSP - PROCESSO: 0026408-39.2011.8.26.0100 MMº Gustavo Henrique Bretas Marzagão "No caso em exame, nenhuma informação há nos autos no sentido de que a intenção dos titulares de domínio era vender o imóvel e dividir em 50% o produto da venda. Inviável, à luz do v acórdão supra, falar -se em condomínio, prevalecendo o estado da mancomunhão." Portando, tanto o entendimento mais amplo como o mais restrito se aplicam ao caso em análise, ou seja, o bem passou ao regime de condomínio entre os ex-cônjuges. Assim, entendo ser possível o registro da Escritura de Doação apresentada pelo suscitado. Do exposto, julgo improcedente a dúvida suscitada pelo Oficial do 4º Registro de Imóveis da Capital, a requerimento de Jair Kaczinski, afastando o óbice registrário. Não há custas, despesas processuais ou honorários advocatícios decorrentes deste procedimento. Oportunamente, arquivem-se os autos. P.R.I.C. São Paulo, 13 de maio de 2019. Tania Mara Ahualli Juíza de Direito (CP 194) (DJe de 16.05.2019 - SP)

Processo 1041935-33.2019.8.26.0100

Dúvida Reqte.: 4º Oficial de Registro de Imóveis de São Paulo Reqdo.: Jair Kaczinski Sentença (fls. 49/52): Vistos. Trata-se de procedimento de dúvida suscitado pelo Oficial do 4º Registro de Imóveis da Capital a requerimento de Jair Kaczinski, que pretende registro da escritura de doação em que transmite a seus filhos 50% do imóvel matriculado sob nº 9.503 . O Registrador informa que o título foi qualificado negativamente vez que, em respeito aos princípios da continuidade e da disponibilidade, havia necessidade de registrar primeiro a partilha do imóvel, que foi adquirido pelo suscitado em conjunto com sua ex esposa, com quem era casado em regime de comunhão universal de bens, para que então pudesse ser registrada a doação. Isso porque até que seja realizada a partilha o imóvel encontra-se em estado de mancomunhão. Não houve impugnação neste procedimento, mas o suscitado manifestou-se na serventia extrajudicial (fls. 25), para informar que pelo procedimento de divórcio foi atribuída a cada cônjuge a propriedade de 50% do referido imóvel. Aduz ainda que sua ex esposa concordou expressamente com a doação. Desse modo, o óbice deveria ser afastado. O Ministério Público opinou às fls. 44/47 pela procedência da dúvida e manutenção do óbice ao registro. É o relatório. Decido. É controvertida a natureza jurídica do estado dos bens do casal que se separa judicialmente ou se divorcia sem ultimar a partilha. Há entendimento no sentido de que, antes da partilha, os bens continuam a pertencer a ambos os cônjuges em estado de mancomunhão, em situação semelhante à que ocorre com a herança, mas sem que nenhum deles possa alienar ou gravar seus direitos. Para essa corrente, até a partilha prevalece o estado de mancomunhão; depois, caso se estabeleça um quinhão a cada um dos cônjuges, passaria para o regime de condomínio. Já a segunda corrente sustenta que, mesmo antes da partilha, o patrimônio comum subsiste sob a forma de condomínio. O acordo homologado no divórcio mostra a possibilidade de que o bem tenha passado ao regime de condomínio. Destaco (fl. 28): "quando for alienado [o imóvel], o valor arrecadado com a alienação será partilhado em partes iguais (sendo 50% para a requerente Delphine Michele Spitalnik Kaczinski e 50% para o requerente Jair Kaczinski)" Tal determinação tem correspondência com os seguintes julgados: STJ/RE 983.450 Rel. Ministra Nancy Andrighi "Como se vê, as bases fáticas firmadas no acórdão recorrido são claras no sentido de que ainda não houve a partilha de bens do casal que, por acordo homologado em Juízo, relegou a divisão do patrimônio comum para momento posterior. Todavia, o recorrente e a recorrida fizeram constar do mencionado acordo de separação consensual, que o imóvel, objeto deste litígio, seria vendido e que a divisão do produto se daria em partes iguais, estabelecendo inclusive preço mínimo. Dimas Messias de Carvalho (in Direito de Família, 2ª ed., Belo Horizonte: Del Rey, 2009, p. 211/212) distingue o estado de mancomunhão do estado de condomínio, com as seguintes considerações: 'Os bens não partilhados após a separação ou divórcio, pertencem ao casal, semelhante ao que ocorre com a herança, entretanto, nenhum deles pode alienar ou gravar seus direitos na comunhão antes da partilha, sendo ineficaz a cessão, posto que o direito à propriedade e posse é indivisível, ficando os bens numa situação que a doutrina denomina de estado de mancomunhão. Não raras vezes, entretanto, quando os bens estão identificados na ação de separação ou divórcio, são partilhados na fração ideal de 50% (cinquenta por cento) para cada um, em razão da meação, importa em estado de condomínio entre o casal e não mais estado de mancomunhão. Tratando-se de condomínio, pode qualquer um dos cônjuges alienar ou gravar seus direitos, observando a preferência do outro, podendo ainda requerer a extinção por ação de divisão ou alienação judicial, não se cogitando a nova partilha e dispensando a abertura de inventário.' Como se percebe, no processo em julgamento, constou do acordo homologado em Juízo a manifestação expressa da vontade de ambos os excônjuges no sentido de vender o referido imóvel, sendo o produto dessa venda dividido na fração ideal de 50% para cada um, o que, por consequência, importa em reconhecer o estado de condomínio entre o casal quanto ao bem que pretende o recorrente receber valor correspondente a locativos. Dessa forma, cessada a comunhão universal pela separação judicial, o patrimônio comum subsiste sob a forma de condomínio, enquanto não ultimada a partilha. Nesse sentido, o REsp 254.190/SP, de minha relatoria, DJ de 4/2/2002." CSMSP/APELAÇÃO CÍVEL: 079158-0/3 - Rel: Luís de Macedo "O recurso merece provimento. A recorrente, após sua separação judicial, adquiriu de seu ex-marido a metade ideal do imóvel residencial matriculado sob nº 41.629 no 8º Registro de Imóveis da Capital, havido em comum. Apresentada a registro a respectiva escritura pública de venda e compra instruída com certidão de casamento mencionando a separação judicial consensual, o Oficial exigiu o prévio ingresso no registro imobiliário da partilha dos bens comuns, providência, no seu entender, necessária à extinção da comunhão oriunda do regime matrimonial de bens, tese essa acolhida na sentença, ora atacada. Sem razão, porém. A jurisprudência deste Conselho Superior da Magistratura atualmente é no sentido de que a separação judicial põe termo ao regime de bens, transformando a comunhão até então existente em condomínio, permitindo a alienação dos bens pelos co-proprietários, desde que averbada a alteração no estado civil, independentemente de prévio ingresso no fólio real da partilha dos bens comuns." Na Apelação Cível, percebe-se uma interpretação mais ampla, no sentido que sempre que houver o divórcio, há a transformação da comunhão em condomínio. Já no Recurso Especial, há um entendimento mais restrito, em que a Eminente Ministra exige a existência de acordo homologado que divida a parte ideal. Assim, a inexistência desta cláusula manteria o regime de mancomunhão. Neste sentido: 1VRPSP - PROCESSO: 0026408-39.2011.8.26.0100 MMº Gustavo Henrique Bretas Marzagão "No caso em exame, nenhuma informação há nos autos no sentido de que a intenção dos titulares de domínio era vender o imóvel e dividir em 50% o produto da venda. Inviável, à luz do v acórdão supra, falar-se em condomínio, prevalecendo o estado da mancomunhão." Portando, tanto o entendimento mais amplo como o mais restrito se aplicam ao caso em análise, ou seja, o bem passou ao regime de condomínio entre os ex-cônjuges. Assim, entendo ser possível o registro da Escritura de Doação apresentada pelo suscitado. Do exposto, julgo improcedente a dúvida suscitada pelo Oficial do 4º Registro de Imóveis da Capital, a requerimento de Jair Kaczinski, afastando o óbice registrário. Não há custas, despesas processuais ou honorários advocatícios decorrentes deste procedimento. Oportunamente, arquivem-se os autos. P.R.I.C. São Paulo, 17 de maio de 2019. Tania Mara Ahualli Juíza de Direito (CP – 202) (DJe de 22.05.2019 - SP)

Processo 1047405-45.2019.8.26.0100

Pedido de Providências - Registro de Imóveis - Socinvest Factoring Fomento Mercantil Ltda - Vistos. Trata-se de pedido de providências formulado pelo Oficial do 8º Registro de Imóveis da Capital, a requerimento de Socinvest Factoring Fomento Mercantil LTDA, pretendendo o cumprimento do v. Acórdão proferido na carta de sentença extraídos dos autos nº 0010873-22.2001.8.26.0100, relacionado aos imóveis matriculados sob nºs 18.580 e 19.091. A qualificação negativa derivou da ausência de clareza do v. Acórdão, ou seja se o ato a ser praticado refere-se a "declaração de ineficácia" ou "cancelamento" das doações registradas nos mencionados imóveis. Salienta que os referidos atos produzem efeitos diversos. Juntou documentos às fls. 05/193. A interessada manifestou-se às fls. 196/202. Argumenta que a função do registrador é verificar os aspectos extrínsecos do título e não adentrar no mérito da decisão judicial. Esclarece que o Acórdão em questão faz referencia ao cancelamento dos registros. O Ministério Público opinou pela improcedência do pedido (fls. 205/208). É o relatório. Passo a fundamentar e a decidir. Preliminarmente, cumpre destacar que os títulos judiciais não estão isentos de qualificação, positiva ou negativa, para ingresso no fólio real. O Egrégio Conselho Superior da Magistratura já decidiu que a qualificação negativa do título judicial não caracteriza desobediência ou descumprimento de decisão judicial (Apelação Cível n. 413-6/7). No ordenamento jurídico pátrio, incumbe ao Registrador, no exercício do dever de qualificar o título que lhe é apresentado, examinar o aspecto formal, extrínseco, e observar os princípios que regem e norteiam os registros públicos, dente eles, o da legalidade, que consiste na aceitação para registro somente do título que estiver de acordo com a lei. A análise do título deve obedecer a regras técnicas e objetivas, o desempenho dessa função atribuída ao Registrador, deve ser exercida com independência, exigindo largo conhecimento jurídico. Existe importante diferença entre ineficácia dos atos de doação e cancelamento do registro. De acordo com Marcos Bernardes de Mello (Teoria do Fato Jurídico: Plano da Eficácia, Saraiva, 4ª Ed., 2008, pgs. 04/05): "Pontes de Miranda [propôs] a estruturação do mundo jurídico em três planos: da existência, da validade e da eficácia, nos quais se desenvolve a vida dos fatos jurídicos, consideradas todas as vicissitudes a que estão sujeitos. No plano da existência entram todos os fatos que recebem a incidência juridicizante de norma jurídica. Portanto, concretizando suficientemente o suporte fático, a norma jurídica que o prevê incide e lhe dá entrada no mundo jurídico no plano da existência, sem exceção. Em se tratando de atos jurídicos lícitos, lato sensu, estes passam para o plano da validade, onde será aferida a sua perfeição: se são válidos ou se são inválidos. Sendo válido, o ato jurídico passa ao plano da eficácia, onde, estando apto, produzirá seus efeitos específicos. Do mesmo modo, têm acesso ao plano da eficácia os atos jurídicos nulos a que o ordenamento jurídico atribua certos efeitos (putatividade) e os anuláveis (que produzem, plenamente, sua eficácia até serem desconstituídos ou continuarão a produzi-la se vierem a tornar-se definitivos, por força de convalidação ou sanção). O nulo a que não se atribui eficácia putativa não passa do plano da validade, nele morrendo, por assim dizer. Já os fatos jurídicos stricto sensu, os atos-fatos jurídicos e os fatos jurídicos ilícitos lato sensu vão diretamente do plano da existência ao plano da eficácia, não passando pelo plano da validade." Daí conclui-se que mesmo um ato eivado de vícios produzirá efeitos jurídicos, ou seja, terá repercussão no plano da eficácia. E completa o autor: "Há ineficácia relativa quando os efeitos do negócio jurídico não se produzem em relação a algum, ou alguns sujeitos de direito, mas se irradiam relativamente a outro, ou outros. Em geral, a interferência não autorizada na esfera jurídica de terceiro acarreta a ineficácia relativa do ato jurídico, quando não há nulidade" (Idem, pg. 65). Daí ser possível concluir que a declaração de ineficácia, com relação a um sujeito de direito, não acarreta nulidade do negócio, que resultaria no cancelamento do registro. De acordo com o v. Acórdão (fls. 66/84): "Assim, dá-se provimento ao recurso para julgar procedente a ação pauliana, com a declaração de ineficácia das doações dos imóveis objeto das matrículas nºs 18.580 e 19.091, do 8º Cartório de Registro de Imóveis de São Paulo. Por força da sucumbência, ficam os réus condenados no pagamento das despesas do processo, bem como na verba honorária do patrono da autora, fixada, por equidade, em R$ 2.000,00, nos moldes do art. 20, §4º do CPC, tendo em conta o trabalho realizado e exigido do profissional, fica determinada a averbação do cancelamento da doação nas matriculas dos imóveis sub judice. Em face do exposto, ao recurso é dado provimento para julgar procedente a ação pauliana". (g.n) Ora se o ato a ser praticado for a declaração de ineficácia das doações, estaremos no plano da eficácia do ato jurídico, haja vista que a o ato ineficaz não produz qualquer efeito em relação à ação, da qual decorreu a decretação, possibilitando a alienação do bem pelo proprietário até a declaração da nulidade de todos os atos. Todavia, se considerarmos que o ato a ser praticado é o cancelamento da doação excluirá o negócio do mundo jurídico, possibilitando o aproveitamento a outros exequentes em concurso com o requerente da ação pauliana, surgindo neste aspecto novo óbice à averbação pretendida, uma vez que, após as doações, houve a alienação dos imóveis em questão. No que se refere à matrícula 18.580, o bem foi vendido para Nillo Participações e Emprendimentos LTDA (R.19 - fls. 144/145). Em relação à matrícula nº 19.901, Livia realizou a venda da sua perte para Neuza Maria Scattolini, que alienou-a a ISQ - 9 Empreendimento Imobiliário SPE LTDA (R.09), gerando a matrícula nº 190.959, onde foi registrada a incorporação imobiliária do condomínio Tao Conceição, dando-o em hipoteca ao Itaú Unibanco S/A. Ocorre que tais pessoas não constam do polo passivo da ação e sofrerão os efeitos da decisão, o que traria como consequência a violação ao princípio da continuidade, que norteia os atos registrários. Entendo, pelo motivos expostos, que a interessada deverá aditar a carta de sentença, a fim de aclarar a decisão proferida, sem a qual faz-se mister a manutenção do entrave registrário. Diante do exposto, julgo improcedente o pedido de providências formulado pelo Oficial do 8º Registro de Imóveis da Capital, a requerimento de Socinvest Factoring Fomento Mercantil LTDA, e consequentemente mantenho o óbice registrário. Deste procedimento não decorrem custas, despesas processuais e honorários advocatícios. Oportunamente remetam-se os autos ao arquivo. P.R.I.C. - ADV: MAURICIO NANARTONIS (OAB 84807/SP) (- DJe de 16.07.2019 - SP)

Processo 1065195-45.2019.8.26.0002

Pedido de Providências - Garantias Constitucionais - Sonia Regina Malfi - Vistos. Trata-se de mandado de segurança impetrado por Sonia Regina Malfi, em face do Oficial do 3º Registro de Imóveis da Capital, tendo em vista a negativa em se proceder ao registro da escritura pública de doação de seu respectivo quinhão referente ao imóvel matriculado sob nº 38.917. Com efeito, a insurgência contra a exigência formulada na nota devolutiva (fls. 82/83) deveria ter sido veiculada por meio de procedimento de dúvida (art. 198 da Lei 6075/73) e não com a impetração de mandado de segurança. Neste sentido: "Mandado de Segurança. Autoridade coatora. Oficial do Cartório de Registro de Imóveis. Inadmissibilidade. Impetrado que não pode ser considerado autoridade para fins de mandado de segurança. Hipótese em que há procedimento específico a ser observado contra tais atos. Caso de ilegitimidade passiva. Petição inicial indeferida. Segurança denegada, prejudicado o julgamento do agravo" (TJSP Agravo de Instrumento n° 0245921- 18.2011.8.26.0000 Rel. Des. Vito Gugliemi). "Mandado de Segurança contra ato de Oficial de Registro de imóveis que indeferiu pedido de averbação da construção de apartamento. Impossibilidade. Via eleita inadequada. Questão que poderia ser solucionada na via administrativa. Entendimento de que o Oficial do Cartório não é autoridade para efeito de Mandado de Segurança. Sentença mantida. Recurso improvido" (TJSP Apelação n° 994.01.042790-8, j. 18/11/2010, Rel. José Joaquim dos Santos). Para bem compreender a situação posta no mandamus, cumpre realçar a função do registrador público e não há como escapar da conclusão de ser ele titular de cargo público (delegado de função pública), sendo que "entre o delegado e o Estado estabeleceu-se uma relação complexa, cujos aspectos fundamentais são a investidura, a fiscalização técnica e a disciplina" (Desembargador JOSÉ RENATO NALINI, in Registro de Imóveis e Notas responsabilidade civil e disciplinar, RT, 1997, p. 85). Significa que o delegado, como agente público que é, deverá exercer a atividade delegada seguindo a legislação, bem como as normas e decisões normativas que são emitidas para disciplinar a prática do serviço, exatamente porque a uniformidade de procedimentos busca a almejada estabilidade jurídica que concede a segurança para o usuário. Todavia, em razão do princípio da economicidade processual, uma vez que a extinção do presente feito pela inadequação da via eleita ocasionará nova propositura de ação perante esta Corregedoria, bem como levando-se em consideração que a ausência de prejuízo a terceiros interessados, recebo o presente procedimento como dúvida inversa. Anote-se. Indefiro o pedido de tutela. A matéria não comporta solução provisória, que ofenderia a segurança jurídica que dos registros públicos se espera. A publicidade registral enseja uma presunção de direito, típica do sistema, incompatível com situações provisórias, sob pena de atingir direitos de terceiros de boa fé. Defiro à interessada a prioridade na tramitação do feito. Anote-se, tarjando os autos. Em relação ao pedido de justiça gratuita, ressalto que neste juízo administrativo não incidem custas, despesas processuais e honorários advocatícios, logo resta prejudicada tal pretensão. No mais, tendo em vista o escoamento do trintídio legal da prenotação do título, deverá a suscitante apresentar junto à Serventia Extrajudicial, no prazo de 05 (cinco) dias, o original do documento que pretende registrar, sob pena de extinção e arquivamento. Ficará ao encargo do Oficial Registrador a comunicação nestes autos sobre o recebimento e prenotação, bem como suas razões de recusa, quando da entrega do documento ou no prazo de 15 (quinze) dias, na hipótese de inércia da parte. Os originais permanecerão na guarda da Serventia Extrajudicial até o deslinde da demanda. Após, ao Ministério Público e conclusos. Int. - ADV: SHEILA SHIMADA (OAB 322241/SP) (– DJe de 17.12.2019 – SP) interino em exercício no 10º Ofício de Registro de Títulos e Documentos e Civil da Pessoa Jurídica da Capital, Srº Luis Fernando Junqueira Franco, para que compareça a este Juízo no dia 21 de outubro de 2014, às 15:00 horas. Int. - ADV: JULIANA LISBOA LIMA (OAB 232091/SP), RAFAEL WILLIAM RIBEIRINHO STURARI (OAB 248612/SP) (– DJe de 18.12.2019 – SP)

HABEAS DATA

Processo 1090181-60.2019.8.26.0100

Procedimento Comum Cível - Atos Administrativos - Leandro Cardoso dos Santos - Vistos. Trata-se de habeas data interposto por Leandro Cardoso dos Santos em face do Oficial do 7º Registro de Imóveis da Capital, requerendo a retificação dos dados constantes na matrícula nº 174.085, por não exprimirem a verdade ao constar que o imóvel foi por ele adquirido em conjunto com sua esposa, quando ele foi o único adquirente, conforme instrumento de retificação e ratificação. É o relatório. Decido. Conheço do pedido, vez que o Art. 20, "f", da Lei 9.507/97 prevê a competência de juiz estadual para os casos em que a autoridade não esteja elencada nas demais alíneas. Competente o juiz estadual e sendo tendo o coator domicílio na Capital, aplica-se o Art. 38, I, do Decreto Lei-Complementar 03/69, já que o pedido é diretamente ligado aos registros públicos, não havendo mera alteração reflexa do registro com o pedido, sendo seu objeto a retificação direta dos dados. Ainda, sendo o pedido análogo à retificação de registro imobiliário, seria temerário o reconhecimento de competência de juízo diverso, já que daria ensejo a decisões contraditórias ou até mesmo escolha de jurisdição pelo impetrante, a depender da ação escolhida. Ainda, o Parágrafo Único do Art. 1º da lei 9.507/97 define como de caráter público "todo registro ou banco de dados contendo informações que sejam ou que possam ser transmitidas a terceiros ou que não sejam de uso privativo do órgão ou entidade produtora ou depositária das informações", definição que abarca o registro imobiliário, trazendo, em tese, a incidência da lei. Não obstante, a natureza e particularidades do registro imobiliário fazem com que as hipóteses de cabimento de habeas data sejam muito restritas, se não inexistentes. Isso porque a Lei 6.015/73 prevê diversos instrumentos tanto para ciência como para retificação dos dados constantes dos registros, e sua inobservância pode levar a sanções disciplinares previstas na Lei 8.935/94. Veja- se que o Art. 16 da Lei 6.015/73 já prevê o dever de informação pelo Oficiais de Registro, norma muito anterior à inserção do habeas data em nosso ordenamento. A negativa de conceder certidão, se de modo não justificado, levaria a sanções disciplinares, e, havendo justificativa, está será sempre baseada na legislação, de modo que não caberia habeas data por haver legislação expressa que impede o fornecimento das informações. Já quanto a retificação, o art. 213 da Lei 6.015/73 prevê as hipóteses em que tal ato poderá ser realizado. Pontuo que a relevância do registro imobiliário, principalmente quanto a constituição da propriedade e outros direitos reais, deve levar a uma interpretação restritiva da legislação. É dizer que não se pode estender as hipóteses de retificação, sob pena de trazer inseguran ça jurídica ao sistema. Dito isso, o Art. 4º da Lei 9.507/97 prevê o cabimento de retificação através de habeas data quando houver "inexatidão de qualquer dado a seu respeito (do interessado)", hipótese ainda mais restrita que a alínea "g" do inciso I do Art. 213 da LRP, que permite a modificação de dados de qualquer das partes. Ou seja, o habeas data é cabível tão somente quando houver inexatidão quanto aos dados do impetrante. Nestes autos, contudo, não logrou êxito o impetrante em demonstrar tal inexatidão a permitir a concessão da ordem. Isso porque, conforme a inicial, pretende que seja retificada a matrícula do imóvel para que conste como único comprador, e não em conjunto com sua esposa, como atualmente consta da matrícula. Ora, não há nenhum dado incorreto a respeito do impetrante: seu nome, qualificação e outros dados pessoais estão corretos. Se o erro alegado realmente existe, este diz respeito a informação sobre quem é o titular do imóvel e se há condomínio/mancomunhão ou propriedade única. Assim, sendo o objeto do pedido a retificação quanto a propriedade do bem, e não dados do próprio requerente, a improcedência da ação é de rigor. Ainda que assim não fosse, o Art. 7º, II, da Lei 9.507/97 prevê o cabimento do habeas data para retificação de dados quando não se prefira fazê-lo por outro meio, seja processo administrativo, judicial ou sigiloso, o que representa dizer que o habeas data não é ação alternativa, o que permitiria seu ajuizamento quando ação judicial ou administrativa anteriormente ajuizada fosse julgada, como é o caso do mandado de segurança e da ação de conhecimento. É dizer que, tendo optado o autor por ajuizar ação judicial ou administrativa, perde o habeas data seu objeto, pois já houve manifestação anterior quanto ao mérito por órgão competente. Sendo assim, tendo o impetrante proposto o Proc. 1087321-57.2017.8.26.0100, com mérito julgado e transitado em julgado, negando a retificação pleiteada, não pode agora, por via diversa, pleitear o mesmo pedido através do habeas data. Por tais razões, demonstrada a impropriedade do habeas data para que seja realizada a retificação pleiteada, é caso de seu indeferimento desde logo, como autorizado pelo Art. 10 da Lei 9.507/97. Do exposto, nos termos do Art. 10 da Lei 9.507/97, indefiro a inicial e julgo extinto o presente habeas data. Ação gratuita, nos termos do Art. 21 da mesma lei. P.R.I.C. - ADV: ROBERTO CARDONE (OAB 196924/SP) (– DJe de 22.10.2019 – SP)

HIPOTECA

Processo 1116960-86.2018

Dúvida 8º Oficial de Registro de Imóveis Bianca Grubisich Sentença (fls. 111/113): Vistos. Trata-se de dúvida suscitada pelo Oficial do 8º Registro de Imóveis da Capital a requerimento de Bianca Grubisich, após negativa de registro de hipoteca judiciária na matrícula de nº 159.966 da mencionada serventia. O registro foi negado pelo Oficial pois a executada Zarif Zaiden Iorio não é proprietária do bem, pois o transferiu em alienação fiduciária à empresa Portland Incorporadora LTDA. Documentos às fls. 05/102. A suscitada não apresentou impugnação neste procedimento, mas perante a serventia extrajudicial alegou que não há incompatibilidade entre a hipoteca judiciária e a alienação fiduciária, sendo possível a hipoteca dos direitos da executada sobre o bem. Do mais, aduz que a dívida fiduciária já se encontra paga, não havendo a reversão da propriedade pela devedora com fins de defesa na execução. O Ministério Público opinou pela procedência da dúvida. É o relatório. Decido. Com razão o Oficial e a D. Promotora. A hipoteca judiciária prevista no Art. 495 do CPC, por justamente se tratar de modalidade de hipoteca, deve ser interpretada em conjunto com as regras gerais existentes no Código Civil relativas a esta espécie de garantia. E assim prevê o Art. 1.420 do Código Civil: Art. 1.420. Só aquele que pode alienar poderá empenhar, hipotecar ou dar em anticrese; só os bens que se podem alienar poderão ser dados em penhor, anticrese ou hipoteca. Portanto, só poderá ser dado em hipoteca o bem que possa ser alienado pelo devedor hipotecário. No presente caso, tendo o imóvel sido alienado fiduciariamente, a executada Zarif não é proprietária do bem, ou seja, não pode aliená-lo e, por consequência, não pode graválo com hipoteca. Mesmo que se diga que a hipoteca judiciária não é forma de garantia voluntária, pois o devedor não dá o bem em hipoteca, mas o bem é gravado por requerimento do credor, ainda assim não se pode conceber pela possibilidade do registro, uma vez que o proprietário resolúvel do bem (Portland Incorporadora) não é devedor no processo de execução, não podendo ver sua propriedade gravada por dívida de terceiro. Também não é possível considerar o pedido da suscitada para que a hipoteca seja realizada nos direitos de Zarif sobre o imóvel, pois como bem lembrado pela D. Promotora, o rol do Art. 1.473 do Código Civil prevê possíveis objetos de hipoteca, não havendo previsão acerca dos direitos do devedor fiduciante. Por fim, não pode ser analisada nesta via administrativa a argumentação relativa a possível fraude da executada por não requerer a resolução da propriedade em seu favor após pagamento da dívida, visto que a dúvida se limita aos termos do óbice apresentado em face do título, sem possibilidade de dilação probatória ou enfrentamento de questões extrínsecas. Faculta-se a suscitada, contudo, solicitar ao juiz do processo de execução que analise tal questão e dê provimento jurisdicional, se o caso, no sentido de ser Zarif a real proprietária do bem, possibilitando assim a hipoteca. Do exposto, julgo procedente a dúvida suscitada pelo Oficial do 8º Registro de Imóveis da Capital a requerimento de Bianca Grubisich, mantendo o óbice ao registro. Não há custas, despesas processuais nem honorários advocatícios decorrentes deste procedimento. Oportunamente, arquivem-se os autos. P.R.I.C. São Paulo, 14 de janeiro de 2019. Tania Mara Ahualli Juiz de Direito (CP 563) (DJe de 17.01.2019 - SP)

Processo 1114232-72.2018.8.26.0100

Pedido de Providências - REGISTROS PÚBLICOS - Soo Hyun Kim - Vistos. Trata-se de reclamação suscitada por SOO HYUN KIM em face do Oficial do 2º Registro de Imóveis da Capital, com objetivo de questionar o cancelamento de hipoteca e posterior registro de escritura de venda e compra do imóvel de sua propriedade, matriculado sob nº 57.034. O reclamante aduz que tanto o cancelamento da hipoteca, quanto a escritura de compra e venda foram falsificados, uma vez que ele, o titular de domínio do imóvel, nunca realizou tais transações. Afirma que o Oficial Registrador foi negligente ao não conferir a veracidade das informações dos títulos que ingressaram no fólio, que, segundo ele, contêm erros facilmente verificáveis. O Registrador prestou esclarecimentos às fls. 19/20. Aduz que não houve equívoco na averbação do termo de cancelamento de hipoteca, nem no registro da escritura de compra e venda do imóvel, uma vez que tais títulos foram qualificados segundo suas características extrínsecas e respeitaram todas as exigências legais, inclusive com a juntada de comprovantes de pagamento dos impostos devidos, bem como com a qualificação precisa dos envolvidos nas transações. Entende, por fim, que se houve de fato prática do crime de falsificação, deve ser apurado nas vias próprias. Juntou documentos às fls. 21/33. O Ministério Público manifestou-se às fls. 37 para solicitar que o Registrador do 2º RI esclarecesse se foram conferidas as autenticidades dos selos apostos nos reconhecimentos de firma dos títulos. O Registrador informou às fls. 41/42 que o sistema de verificação de assinatura dos Tabeliães CENSEC foi criado somente em 2012, sendo que os títulos ora debatidos datam de 2003. Relatou, ainda, que ao proceder à qualificação dos títulos, verifica se possuem o reconhecimento de firma por extenso e o selo notarial, não havendo meios de verificar a autenticidade e numeração dos selos. Foi solicitado ao 2º Tabelião de Notas de Osasco que esclarecesse se o selo contido nos títulos correspondia ao utilizado por aquela serventia, a que a resposta dada foi negativa. O Ministério Público opinou às fls. 56/57 pelo arquivamento dos autos. É o relatório. Decido. Analisando os títulos acostados aos autos, bem como levando em consideração os relatos do Oficial Registrador, entendo que é o caso de arquivamento dos autos. De fato, com as informações prestadas pelo requerente e pelo Tabelião de Notas de Osasco, há grande probabilidade de que os títulos tenham sido fraudados. Contudo, tal debate não cabe a este Juízo, que se responsabiliza tão somente por analisar os vícios extrínsecos dos títulos, ou seja, sua adequação quanto às formalidades exigidas por lei para que ingressem no Registro de Imóveis. No caso, entendo que o Registrador procedeu em conformidade com a lei quando da qualificação dos títulos, observando os princípios registrários da continuidade, disponibilidade e especialidade subjetiva. Os títulos contêm informações suficientes e enquadram-se na formalidade, fazendo parecer que estão em plena conformidade com a realidade fática. Ainda, à época da averbação e registro efetuados, a verificação da veracidade dos selos e reconhecimento de firma era bem mais dificultosa do que hoje, vez que não havia plataformas digitais que permitissem a consulta instantaneamente, como pontuado pela Promotora de Justiça. Desse modo, não há medidas correcionais a serem tomadas por esta Corregedoria. Contudo, o Oficial deve orientar seus prepostos a utilizarem-se do Portal Extrajudicial para aferir a autenticidade dos selos dos Tabeliães, a fim de evitar a ocorrência de fraudes, como sugerido pela Promotoria. Por fim, quanto ao bloqueio da matrícula acredito que não é o caso. A suposta fraude ocorreu há 16 anos, sem qualquer manifestação do proprietário do imóvel, o que demonstra que não há caráter de urgência no caso que enseje o bloqueio. Ante o exposto, não verificada violação funcional na conduta do Oficial do 2º Registro de Imóveis, julgo improcedente a reclamação e determino o arquivamento dos autos. P.R.I.C. - ADV: EVÂNIA MARIA SANTA CRUZ HASEGAWA (OAB 283618/SP) (DJe de 07.03.2019 - SP)

Processo 1019742-24.2019.8.26.0100

Pedido de Providências - Registro de Imóveis - José Alexandre Romagnolo - Vistos. Trata-se de pedido de providências formulado por José Alexandre Romagnolo em face do Oficial do 14º Registro de Imóveis da Capital, pretendendo o cancelamento do registro de hipoteca (R.02) e da cédula de crédito imobiliário (Av.03), que gravam a matrícula nº 70.239, sob a alegação da ocorrência de perempção, tendo em vista o decurso do prazo de 35 (trinta e cinco) anos desde a sua constituição, sem que tenham sido renovadas. Juntou documentos às fls. 05/14. O registrador manifestou-se às fls. 18/19. Informa que a perempção não autoriza o cancelamento da hipoteca e respectiva cédula, apenas limita o direito do credor em relação ao devedor, nos termos do artigo 1485 CC, portanto, o cancelamento somente poderá ocorrer mediante instrumento de quitação ou mandado judicial. Intimadas da pretensão inicial, a credora hipotecária bem com a cessionária da cédula permaneceram inertes, conforme certidão de fl. 32. O Ministério Público opinou pela procedência do pedido (fls. 35/38). É o relatório. Passo a fundamentar e a decidir. Com razão a Douta Promotora de Justiça. Entendo não haver óbice ao cancelamento pretendido, isto porque não houve qualquer oposição da credora hipotecária e da cessionária da cédula acerca da pretensão, sendo que a inércia pressupõe concordância com a liberação das constrições que pendem sobre o imóvel em questão, cumprindo assim, o requisito previsto no artigo 251, I da Lei de Registros Públicos, segundo o qual: "Art. 251: O Cancelamento da hipoteca só pode ser feito: I à vista de autorização ou quitação, outorgada pelo credor ou seu sucessor, em instrumento público ou particular ..." Além disso, verifico que a hipoteca foi registrada há mais de 30 (trinta anos), sendo facultado o cancelamento do gravame pela incidência de perempção. De acordo com o artigo 1485 do CC: "Mediante simples averbação, requerida por ambas as partes, poderá prorrogar-se a hipoteca, até 30 (trinta) anos da data do contrato. Desde que perfaça esse prazo, só poderá subsistir o contrato de hipoteca reconstituindo-se por novo título e novo registro; e, nesse caso, lhe será mantida a precedência, que então lhe competir". Neste contexto, de acordo com Des. Francisco Eduardo Loureiro: "O prazo de trinta anos é de natureza decadencial, de modo que não se aplicam as causas impeditivas, suspensivas e interruptivas aplicáveis à prescrição. Escoado o prazo, a hipoteca se extingue de pleno direito, ainda que antes do cancelamento junto ao registro imobiliário, cujo efeito é meramente regularizatório, a ser pedido pelo interessado ao oficial. Não se confundem perempção da hipoteca com prescrição da pretensão da obrigação garantida. Disso decorre a possibilidade da perempção da garantia ocorrer antes da prescrição da obrigação garantida, que se converterá em quirografária (...) Ultrapassado o prazo fatal de trinta anos, somente subsiste a garantia real mediante novo contrato de hipoteca e novo registro imobiliário" (Código Civil Comentado, Ministro Cezar Peluso coordenador; Barueri/SP: Manole, 2010, p. 1590). Em relação ao cancelamento da Av.03, oriunda da emissão de cédula de crédito hipotecária, o procedimento legal é diverso. Tendo em vista que as cédulas hipotecárias são títulos de crédito, possuem como características essenciais a literalidade, autonomia, abstração e cartularidade. Nos termos do artigo 234 do Decreto Lei 70/66 que institui a cédula hipotecária: "Art.24: O cancelamento da averbação da cédula hipotecária e da inscrição da hipoteca respectiva, quando se trate de liquidação integral desta, far-se-ão: I à vista das cédulas hipotecárias devidamente quitadas, exibidas pelo devedor ao Oficial do Registro Geral de Imóveis; ... II por sentença judicial transitada em julgado" Parágrafo Único: Se o devedor não possuir a cédula hipotecária quitada, poderá suprir a falta com a apresentação de declaração de quitação do emitente ou endossante em documento à parte" As cédulas de crédito existem em função de um negócio jurídico anterior, estando a ele vinculadas. Inobstante a regra estipulada no artigo supra mencionado, a hipótese em tela configura uma exceção. A averbação 03, referente a cédula da hipoteca nº 222/83, Série "CO", foi realizada em 12.04.1984, ou seja, há mais de trinta anos, e até a presente data não há notícia de que alguém tenha reclamado o valor da dívida. Assim, pelo longo lapso temporal de emissão da cédula de crédito e pela probabilidade mínima de se causar dano a terceiro, pode ser mitigada a exigência do artigo 24 do Decreto Lei 70/66. Logo, afasto os entraves levantados pelo registrador para cancelamento dos gravames. Diante do exposto, julgo procedente o pedido de providências formulado por José Alexandre Romagnolo, em face do Oficial do 14º Registro de Imóveis da Capital, e consequentemente determino o cancelamento do registro de hipoteca (R.02) e da cédula de crédito imobiliário (Av.03) que gravam a matrícula nº 70.239. Deste procedimento não decorrem custas, despesas processuais e honorários advocatícios. Oportunamente remetam-se os autos ao arquivo. P.R.I.C. - ADV: JOÃO RAFAEL FRANCO LISBOA (OAB 373862/SP) (DJe de 23.05.2019 - SP)

Processo 1056908-90.2019.8.26.0100

Dúvida - Cancelamento de Hipoteca - Luiz Pedroso dos Santos - Vistos. Trata-se de dúvida inversa suscitada por Luiz Pedroso dos Santos em face do Oficial do 3º Registro de Imóveis da Capital, tendo em vista a negativa em se proceder ao registro da carta de arrematação extraída do processo nº 0012996-56.2008.28.26.0100, que tramitou perante o MMº Juízo da 20ª Vara Cível da Capital, ajuizada pelo Edifício e Condomínio Brás IX em face de Paulo Jorge Arruda Mitoso, na qualidade de compromissário comprador sem título registrado, referente ao imóvel objeto da matrícula nº 126.270. O óbice registrário refere-se à violação ao princípio da continuidade registrária, tendo em vista que o executado não é proprietário do imóvel, não havendo prova de que Companhia Metropolitana de Habitação de São Paulo - COHAB, atual titular de domínio, tenha sido intimada nos mencionados autos. Insurge-se o suscitante acerca do óbice registrário sob o argumento de que a COHAB não outorgou escritura definitiva ao compromissário e tendo em vista que não houve o pagamento foi proposta ação de cobrança sem sucesso, contudo, por se tratar de débitos condominiais, que constituem obrigação propter rem, o imóvel respondeu pelas dívidas e, levado a leilão judicial, foi arrematado pelo suscitante. Juntou documentos às fls. 74/107. O Ministéri Público opinou pela procedência da dúvida (fls. 119/122). É o relatório. Passo a fundamentar e a decidir. Preliminarmente, cumpre destacar que os títulos judiciais não estão isentos de qualificação, positiva ou negativa, para ingresso no fólio real, como já está pacificado pelo Egrégio Conselho Superior da Magistratura. Nesse sentido a decisão do Conselho Superior da Magistratura (Apelação Cível 464-6/9, São José do Rio Preto): "Apesar de se tratar de título judicial, está ele sujeito à qualificação registrária. O fato de tratar-se o título de mandado judicial não o torna imune à qualificação registrária, sob o estrito ângulo da regularidade formal, o exame da legalidade não promove incursão sobre o mérito da decisão judicial, mas à apreciação das formalidades extrínsecas da ordem e à conexão de seus dados com o registro e a sua formalização instrumental". Sendo assim, fica claro que não basta a existência de título proveniente de órgão jurisdicional para autorizar automaticamente o ingresso no registro tabular. Feitas estas considerações, passo a análise do mérito. Importante destacar o entendimento de Francisco Eduardo Loureiro, em Código Civil Comentado: "O princípio da continuidade, também chamado trato sucessivo e trato contínuo, está previsto nos arts. 195 e 237 da Lei n. 6.105/73. Expressa a regra que ninguém pode dispor de direitos que não tem, ou de direitos de qualidade e quantidade diversa dos quais é titular. Diz que, em relação a cada imóvel, deve haver uma cadeia de titulares, à vista da qual só se fará a inscrição de um direito se o outorgante dele aparecer no registro como seu titular. Não se encontram sujeitos a tal princípio os títulos que expressam modos originários de aquisição da propriedade, como a usucapião e a desapropriação". Sobre o tema merece ser citado Narciso Orlandi, para quem: "No sistema que adota o princípio da continuidade, os registros têm de observar um encadeamento subjetivo. Os atos praticados têm de ter, numa das partes, a pessoa cujo nome já consta do registro. A pessoa que transmite um direito tem de constar do registro como titular desse direito, valendo para o registro o que vale para validade dos negócios" (Retificação do Registro de Imóveis, Editora Oliveira Mendes, p. 56). Portanto, o título que se pretende registrar deve estar em conformidade com o inscrito na matrícula, caso contrário traria insegurança jurídica ao Registro de Imóveis. Na presente hipótese, conforme verifica-se da matrícula de fls. 105/106, a titular de domínio é a COHAB, a qual não figurou no pólo passivo da ação, que originou a arrematação do imóvel em questão, logo, em consonância com o princípio da continuidade devem primeiro ser registrados os títulos que levaram Paulo Jorge a adquirir o domínio, para posteriormente ter ingresso a carta de arrematação. Assim deve haver um encadeamento entre os registros na matrícula ou transcrição do imóvel, de modo que determinado direito só pode ser alienado ou transferido caso seu titular dele tenha disponibilidade, assim constatado no fólio registral, a evitar que qualquer pessoa transmita a terceiros mais direitos do que possui. No mais, é certo que os títulos originários não estão sujeitos ao princípio da continuidade por sua natureza constitutiva, pois nesta forma de aquisição da propriedade não há a transmissão de um sujeito para outro. Todavia, a matéria restou pacificada pelo Egrégio Conselho Superior da Magistratura, que reconheceu a arrematação como forma derivada de aquisição da propriedade: "REGISTRO DE IMÓVEIS - Carta de Arrematação Título judicial que não escapa à qualificação registral Forma derivada de aquisição de propriedade - Desqualificação por ofensa ao princípio da continuidade – Cancelamento objetivado, com a finalidade de possibilitar a inscrição do título, que não comporta exame na via administrativa - Dúvida julgada procedente Recurso não provido" (APELAÇÃO CÍVEL:1061979-44.2017.8.26.0100, DATA DE JULGAMENTO: 23/04/2018 DATA DJ: 23/05/2018, Rel: Des. RELATOR: Geraldo Francisco Pinheiro Franco). "REGISTRO DE IMÓVEIS CARTA DE ARREMATAÇÃO FORMA DERIVADA DE AQUISIÇÃO DA PROPRIEDADE EXECUTADA QUE NÃO FIGURA COMO PROPRIETÁRIA DO IMÓVEL NA RESPECTIVA MATRÍCULA AFRONTA AO PRINCÍPIO DA CONTINUIDADE RECURSO DESPROVIDO" (TJSP; Apelação 1047731-10.2016.8.26.0100; Relator: Des. Pereira Calças; Órgão Julgador: Conselho Superior de Magistratura; Foro Central Cível - 1ª Vara de Registros

Públicos; Data do Julgamento: 29/09/2017; Data de Registro: 16/10/2017) Como destaca o MMº Juiz de Direito Drº Josué Modesto Passos, "diz-se originária a aquisição que, em seu suporte fático, é independente da existência de um outro direito; derivada, a que pressupõe, em seu suporte fático, a existência do direito por adquirir. A inexistência de relação entre titulares, a distinção entre o conteúdo do direito anterior e o do direito adquirido originariamente, a extinção de restrições e limitações, tudo isso pode se passar, mas nada disso é da essência da aquisição originária" (PASSOS, Josué Modesto. A arrematação no registro de imóveis: continuidade do registro e natureza da aquisição. São Paulo: Editora Revista dos Tribunais, 2014, pp. 111-112). E ainda, de acordo com a observação feita pelo mencionado magistrado, "a arrematação não pode ser considerada um fundamento autônomo do direito que o arrematante adquire. A arrematação é ato que se dá entre o Estado (o juízo) e o maior lançador (arrematante), e não entre o mais lançador (arrematante) e o executado; isso, porém, não exclui que se exija - como de fato se exige -, no suporte fático da arrematação (e, logo, no suporte fático da aquisição imobiliária fundada na arrematação), a existência do direito que, perdido para o executado, é então objeto de disposição em favor do arrematante. Ora, se essa existência do direito anterior está pressuposta e é exigida, então - quod erat demonstrandum – a aquisição é derivada (e não originária)" (op. cit., p. 118). Logo, na presente hipótese, não se tratando de aquisição originária, houve o rompimento do encadeamento sucessivo de titularidade, ferindo consequentemente o princípio da segurança jurídica que dos atos registrários se espera. Por fim, conforme observado pelo D. Promotor de Justiça, o instrumento juntado às fls. 80/85, refere-se a compromisso de venda e compra, que não constitui título translativo da propriedade, logo, mesmo que registrado, o suscitante não poderia adquirir o domínio do bem, mas apenas os direitos do compromissário comprador. Diante do exposto, julgo procedente a dúvida inversa suscitada por Luiz Pedroso dos Santos, em face do Oficial do 3º Registro de Imóveis da Capital, e consequentemente mantenho o óbice registrário. Deste procedimento não decorrem custas, despesas processuais e honorários advocatícios. Oportunamente remetam-se os autos ao arquivo. P.R.I.C. - ADV: PRISCILA MARIA DE SOUZA MONTEIRO (OAB 331933/SP) (- DJe de 24.07.2019 - SP)

Processo 1103087-87.2016.8.26.0100

Retificação de Registro de Imóvel - Propriedade - Aparecida Zaccanini - Vistos. Trata-se de pedido de providências formulado por Aparecida Zaccanini em face do Oficial do 5º Registro de Imóveis da Capital, pleiteando o cancelamento da hipoteca registrada sob nº 06 na matrícula nº 13.438, sob alegação da ocorrência de perempção, tendo em vista o decurso de prazo de mais de 30 (trinta) anos. Juntou documentos às fls. 13/29. A inicial foi emendada à fl. 32 para adequar o polo passivo do feito, bem como foram prestadas informações pelo registrador às fls. 36/37. Esclarece o Oficial que a interessada comprou o imóvel do sr. José Rebouças Rodrigues (R.05) e pela mesmo escritura o imóvel foi hipotecado ao vendedor para garantia de pagamento de parte do preço. Aduz que o prazo de perempção da hipoteca é de natureza decadencial e entende que somente mediante mandado ou ordem judicial poderá efetuar o cancelamento almejado. Foi determinada a intimação do credor hipotecário, nos termos do artigo 251, II da Lei de Registros Públicos, cuja carta precatório foi expedida às fls. 55/56. Houve decisão do MMº Juízo da 1ª Vara Cível da Comarca de Praia Grande, determinando o recolhimento das custas de distribuição da precatória (fl. 66), todavia, em razão da inércia da requerente, foi declarada a extinção do feito sem resolução do mérito (fl. 67). Intimada a requerente para comprovar a distribuição da carta (fls. 104 e 106), bem como intimada pessoalmente para tomar as providências que lhe competiam, manteve-se inerte, conforme certidão de fls. 110 e 113. O Ministério Público opinou pela extinção do feito (fl. 119). Foi proferida sentença às fls. 120/122, extinguindo-se o feito, com fundamento no artigo 485, III do CPC. Às fls. 129/130 houve pedido de reconsideração da sentença, sob o argumento de que houve a contratação de novos patronos para representação dos interesses da requerente. Tendo em vista que a ausência de prejuízo a terceiros, a decisão foi reconsiderada, seguindo o procedimento em seus ulteriores termos. Houve a juntada da carta precatória às fls. 181/236, a qual restou infrutífera (fl. 226). Expedido edital (fl. 248), decorreu o prazo sem qualquer manifestação do credor (fl. 255). O Ministério Público opinou pela procedência do pedido (fls. 240/241). É o relatório. Passo a fundamentar e a decidir. O pedido comporta integral acolhimento. Conforme se verifica do registro nº 06 da matrícula nº 13.438 (fl. 22), a hipoteca foi constituída em 1983, ou seja, há mais de trinta anos. De acordo com o artigo 1485 do CC: "Mediante simples averbação, requerida por ambas as partes, poderá prorrogar-se a hipoteca, até 30 (trinta) anos da data do contrato. Desde que perfaça esse prazo, só poderá subsistir o contrato de hipoteca reconstituindo-se por novo título e novo registro; e, nesse caso, lhe será mantida a precedência, que então lhe competir". Neste contexto, de acordo com Francisco Eduardo Loureiro: "O prazo de trinta anos é de natureza decadencial, de modo que não se aplicam as causas impeditivas, suspensivas e interruptivas aplicáveis à prescrição. Escoado o prazo, a hipoteca se extingue de pleno direito, ainda que antes do cancelamento junto ao registro imobiliário, cujo efeito é meramente regularizatório, a ser pedido pelo interessado ao oficial. Não se confundem perempção da hipoteca com prescrição da pretensão da obrigação garantida. Disso decorre a possibilidade da perempção da garantia ocorrer antes da prescrição da obrigação garantida, que se converterá em quirografária (...) Ultrapassado o prazo fatal de trinta anos, somente subsiste a garantia real mediante novo contrato de hipoteca e novo registro imobiliário" (Código Civil Comentado, Ministro Cezar Peluso coordenador; Barueri/SP: Manole, 2010, p. 1590). E realizadas diversas tentativas de intimação do credor hipotecário, foram todas infrutiferas, bem como escoou o prazo para manifestação do edital expedido às fls. 248 e 254, o que corrobora a ausência de oposição à pretensão inicial. Logo, possível o cancelamento da hipoteca que grava o imóvel. Diante do exposto, julgo procedente o pedido de providências formulado por Aparecida Zaccanini em face do Oficial do 5º Registro de Imóveis da Capital, e consequentemente determino o cancelamento da hipoteca registrada sob nº 06 na matrícula nº 13.438. Deste procedimento não decorrem custas, despesas processuais e honorários advocatícios. Oportunamente remetam-se os autos ao arquivo. P.R.I.C. - ADV: TIAGO BATISTA ABAMBRES (OAB 254683/SP) (– DJe de 30.09.2019 – SP)

Processo 1018457-30.2018.8.26.0003

Pedido de Providências - Propriedade - Carmen Pernia Auli - Almir Antonio dos Santos e outros - Vistos. Trata-se de pedido de providências formulado por Carmen Pernia Auli em face do Oficial do 14º Registro Imóveis da Capital, pretendendo o cancelamento do registro de hipoteca (R.07) que grava a matrícula nº 31.181, sob a alegação da ocorrência de perempção. O Registrador manifestou-se às fls. 109/114. Esclarece que a perempção não autoriza o cancelamento da hipoteca, apenas limita o direito do credor em relação ao devedor, nos termos do art.1485 do CC. Destaca que para a efetivação do cancelamento pretendido é necessária a expedição de mandado por este Juízo. Juntou documentos às fls. 111/114. Em contrapartida, a requerente sustenta que a negativa não merece acolhida, por ter sido a hipoteca constituída há mais de 30 anos, tendo se dado a perempção sobre esta, já que não houve a prorrogação ou nova constituição de hipoteca nesta mesma matrícula. Alega ter resgatado todas as notas promissórias com quitação integral da hipoteca e que não tem mais contato com os credores. Foi determinada a intimação dos credores hipotecários (fls. 120/121), sendo que Almir Antonio dos Santos não se opôs à pretensão (fls. 127/128), enquanto Maria do Socorro de Souza e/ou sucessores foram intimados por edital (fl. 141), decorrendo o prazo sem qualquer manifestação (certidão - fl. 143). O Ministério Público opinou pela procedência do pedido (fls. 146/147). É o relatório. Passo a fundamentar e a decidir. O pedido comporta integral acolhimento. Conforme se verifica do registro nº 07 da matrícula nº 31.181 (fl. 21), a hipoteca foi constituída em 1983, ou seja, há mais de trinta anos. De acordo com o artigo 1485 do CC: "Mediante simples averbação, requerida por ambas as partes, poderá prorrogar-se a hipoteca, até 30 (trinta) anos da data do contrato. Desde que perfaça esse prazo, só poderá subsistir o contrato de hipoteca reconstituindo-se por novo título e novo registro; e, nesse caso, lhe será mantida a precedência, que então lhe competir". Dado o lapso temporal, tem-se que a referida cédula hipotecária já se encontra decaída, uma vez que emitida em 1983, há muito passado o prazo de 30 anos. Neste contexto, de acordo com o ilustre Des. Francisco Eduardo Loureiro: "O prazo de trinta anos é de natureza decadencial, de modo que não se aplicam as causas impeditivas, suspensivas e interruptivas aplicáveis à prescrição. Escoado o prazo, a hipoteca se extingue de pleno direito, ainda que antes do cancelamento junto ao registro imobiliário, cujo efeito é meramente regularizatório, a ser pedido pelo interessado ao oficial. Não se confundem perempção da hipoteca com prescrição da pretensão da obrigação garantida. Disso decorre a possibilidade da perempção da garantia ocorrer antes da prescrição da obrigação garantida, que se converterá em quirografária (...) Ultrapassado o prazo fatal de trinta anos, somente subsiste a garantia real mediante novo contrato de hipoteca e novo registro imobiliário" (Código Civil Comentado, Ministro Cezar Peluso coordenador; Barueri/SP: Manole, 2010, p. 1590). Logo, presente as hipóteses do artigo 251 da Lei de Registros Públicos, bem como levando em consideração a ausência de prejuízo às terceiros, determino o cancelamento do registro da hipoteca. Diante do exposto, julgo procedente o pedido de providências formulado por Carmen Pernia Aull, em face do Oficial do 14º Registro Imóveis da Capital, e consequentemente determino o cancelamento do registro de hipoteca (R.07), que grava a matrícula nº 31.181. Deste procedimento não decorrem custas, despesas processuais e honorários advocatícios. Oportunamente remetam-se os autos ao arquivo. P.R.I.C. - ADV: DANIELE DE FÁTIMA CARLOS (OAB 412707/SP), SILVAR SILVA SILVEIRA (OAB 89605/SP) (– DJe de 04.11.2019 – SP)

Processo 1068182-51.2019.8.26.0100

Pedido de Providências - Cancelamento de Hipoteca - Ruth Ferreira - Vistos. Trata-se de pedido de providências formulado por Ruth Ferreira em face do Oficial do 5º Registro de Imóveis da Capital, pretendendo o cancelamento da hipoteca averbada sob nº 01 na matrícula nº 43.769, sob a alegação de ocorrência de perempção, tendo em vista o decurso de mais de 35 (trinta e cinco) anos de sua quitação. Juntou documentos às fls. 03/08. O Oficial manifestouse à fl. 12. Esclarece que não é permitido ao Registrador o reconhecimento e cancelamento da perempção, sem que decisão judicial o determine, nos termos do artigo 250, I da Lei nº 6015/73. Apresentou documento às fls. 13/15. Intimados os credores hipotecários, Euclides e sua mulher Jandira Peinado não se opuseram à pretensão (fl. 57), enquanto os credores hipotecários intimados por edital (fl. 67) deixaram transcorrer o prazo in albis para eventual manifestação (certidão - fl. 68). O Ministério Público opinou pela procedência do pedido (fl. 61). É o relatório. Passo a fundamentar e a decidir. O pedido comporta integral acolhimento. Conforme se verifica da averbação nº 01 da matrícula nº 43.769 (fl. 13), a hipoteca foi constituída em 1984, ou seja, há mais de trinta anos. De acordo com o artigo 1485 do CC: "Mediante simples averbação, requerida por ambas as partes, poderá prorrogar-se a hipoteca, até 30 (trinta) anos da data do contrato. Desde que perfaça esse prazo, só poderá subsistir o contrato de hipoteca reconstituindo-se por novo título e novo registro; e, nesse caso, lhe será mantida a precedência, que então lhe competir". Dado o lapso temporal, tem-se que a referida cédula hipotecária já se encontra decaída, uma vez que emitida em 1978, há muito passado o prazo de 30 anos. Neste contexto, de acordo com Des. Francisco Eduardo Loureiro: "O prazo de trinta anos é de natureza decadencial, de modo que não se aplicam as causas impeditivas, suspensivas e interruptivas aplicáveis à prescrição. Escoado o prazo, a hipoteca se extingue de pleno direito, ainda que antes do cancelamento junto ao registro imobiliário, cujo efeito é meramente regularizatório, a ser pedido pelo interessado ao oficial. Não se confundem perempção da hipoteca com prescrição da pretensão da obrigação garantida. Disso decorre a possibilidade da perempção da garantia ocorrer antes da prescrição da obrigação garantida, que se converterá em quirografária (...) Ultrapassado o prazo fatal de trinta anos, somente subsiste a garantia real mediante novo contrato de hipoteca e novo registro imobiliário" (Código Civil Comentado, Ministro Cezar Peluso coordenador; Barueri/SP: Manole, 2010, p. 1590). Por fim, não houve qualquer oposição dos credores hipotecários quanto ao cancelamento, em consonância com o disposto no artigo 251, I da Lei de Registros Públicos, razão pela qual é possível o levantamento do gravame. Diante do exposto, julgo procedente o pedido de providências formulado por Ruth Ferreira, em face do Oficial do 5º Registro de Imóveis da Capital, e consequentemente determino o cancelamento da hipoteca averbada sob nº 01 na matrícula nº 43.769. Deste procedimento não decorrem custas, despesas processuais e honorários advocatícios. Oportunamente remetam-se os autos ao arquivo. P.R.I.C. - ADV: ENIVAN GENTIL BARRAGAN (OAB 28852/SP) (– DJe de 22.11.2019 – SP)

Processo 1095070-57.2019.8.26.0100

Pedido de Providências - Registro de Imóveis - Elisa Maria Mascaro Simões - Vistos. Trata-se de pedido de providências formulado pelo Espólio de Elisa Maria Mascaro Simões, representado por seu inventariante Leonardo Augusto Arruda Mascaro Simões, em face do Oficial do 14º Registro de Imóveis da Capital, pretendendo o cancelamento da hipoteca registrada sob nº 02 na matrícula nº 11.080, sob a alegação da ocorrência de perempção, tendo em vista o decurso de mais de 40 anos de sua constituição. Juntou documentos às fls. 05/19. O Registrador manifestou-se às fls. 23/24. Informa a impossibilidade da prática do ato, uma vez que a perempção não autoriza o cancelamento da hipoteca e respectiva cédula, apenas o limita o direito do credor em relação aos devedores, nos termos do art.1485 do CC, logo o cancelamento somente ocorrerá mediante instrumento de quitação ou mandado judicial. Expedido mandado de intimação para eventual manifestação do credor hipotecário acerca da pretensão inicial, o AR retornou negativamente (fl. 35). O requerente juntou a certidão de óbito do credor (fl. 38). O Ministério Público opinou pela procedência do pedido (fls. 27/29 e 43). É o relatório. Passo a fundamentar e a decidir. O pedido comporta integral acolhimento. Conforme se verifica do registro nº 02 da matrícula nº 11.080 (fl. 09), a hipoteca foi constituída em 1979, ou seja, há mais de trinta anos. De acordo com o artigo 1485 do CC: "Mediante simples averbação, requerida por ambas as partes, poderá prorrogar-se a hipoteca, até 30 (trinta) anos da data do contrato. Desde que perfaça esse prazo, só poderá subsistir o contrato de hipoteca reconstituindo-se por novo título e novo registro; e, nesse caso, lhe será mantida a precedência, que então lhe competir". Dado o lapso temporal, tem-se que a referida cédula hipotecária já se encontra decaída, uma vez que emitida em 1978, há muito passado o prazo de 30 anos. Neste contexto, de acordo com Francisco Eduardo Loureiro: "O prazo de trinta anos é de natureza decadencial, de modo que não se aplicam as causas impeditivas, suspensivas e interruptivas aplicáveis à prescrição. Escoado o prazo, a hipoteca se extingue de pleno direito, ainda que antes do cancelamento junto ao registro imobiliário, cujo efeito é meramente regularizatório, a ser pedido pelo interessado ao oficial. Não se confundem perempção da hipoteca com prescrição da pretensão da obrigação garantida. Disso decorre a possibilidade da perempção da garantia ocorrer antes da prescrição da obrigação garantida, que se converterá em quirografária (...) Ultrapassado o prazo fatal de trinta anos, somente subsiste a garantia real mediante novo contrato de hipoteca e novo registro imobiliário" (Código Civil Comentado, Ministro Cezar Peluso coordenador; Barueri/SP: Manole, 2010, p. 1590). Ademais, o credor hipotecário faleceu em 20.01.2000 (fl. 38), sendo que tal gravame não se transmite aos herdeiros. Logo, estando presentes os requisitos do artigo 250, II da Lei de Registros Públicos, mister o levantamento da hipoteca que grava a matrícula. Diante do exposto, julgo procedente o pedido de providências formulado pelo Espólio de Elisa Maria Mascaro Simões, representado por seu inventariante Leonardo Augusto Arruda Mascaro Simões, em face do Oficial do 14º Registro de Imóveis da Capital, e consequentemente determino o cancelamento da hipoteca registrada sob nº 02 na matrícula nº 11.080. Deste procedimento não decorrem custas, despesas processuais e honorários advocatícios. Oportunamente remetam-se os autos ao arquivo. P.R.I.C. - ADV: FRANCISCO ANTONIO SIQUEIRA RAMOS (OAB 48533/SP) (– DJe de 25.11.2019 – SP)

IMISSÃO DA POSSE

Processo 1109486-30.2019.8.26.0100

Dúvida - Notas - Municipalidade de São Paulo - Vistos. Trata-se de dúvida suscitada pelo Oficial do 9º Registro de Imóveis da Capital, a requerimento da Municipalidade de São Paulo, tendo em vista a negativa em se proceder ao registro na imissão da posse no imóvel, objeto da ação de desapropriação que tramita perante o MMº Juízo da 14ª Vara da Fazenda Pública da Capital (processo nº 0041347-34.2012.8.26.0053). O óbice registrário refere-se a ausência de formalização do título que daria suporte ao ato perseguido. Sugeriu o registrador na nota devolutiva expedida, a formalização de uma carta de adjudicação composta de abertura e encerramento, nos termos do art.221, § 1º, do Tomo I, das Normas de Serviço da Egrégia Corregedoria Geral da Justiça. Juntou documentos às fls. 06/311. O órgão municipal apresentou impugnação às fls. 312/315. Salienta que, ao contrário do alegado pelo Registrador, é admissível o registro do auto de imissão para obter a posse, em momento anterior ou posterior à sentença. Salienta que não pretende com o presente procedimento regularizar a propriedade, mas apenas solicitou o registro da posse, não cabendo ao cartório fazer digressões a respeito. Destaca que os atos emanados da Administração gozam de presunção de legitimidade e veracidade, de modo que, tanto a autenticidade das peças que instruem o requerimento administrativo como a numeração feita pela servidora municipal, desfrutam desse atributo. Por fim, afirma que outros cartórios de registros imobiliários realizaram o registro pretendido. Apresentou documentos às fls. 316/330. O Ministério Público opinou pela procedência da dúvida (fls. 333/335). É o relatório. Passo a fundamentar e a decidir. Ressalto primeiramente que este Juízo teve a oportunidade de analisar questão semelhante nos autos nº 1081441-16.2019.8.26.0100, sendo aberta oportunidade para manifestação de diversos registradores acerca da matéria, haja vista a divergência de procedimentos. A fim de sanar o dissenso mencionado quanto a possibilidade de realização do ato, o que por si só ocasiona insegurança aos usuários, que ficam a mercê da localização do imóvel para conseguirem ou não a pretensão, este Juízo harmonizou o procedimento a ser adotado pelas Serventia da Capital, a fim de facilitar o acesso dos titulos pela padronização dos atos. Pretende a Municipalidade de São Paulo o registro ma imissão da posse no imóvel, objeto da ação de desapropriação que tramita perante o MMº Juízo da 14ª Vara da Fazenda Pública da Capital (processo nº 0041347- 34.2012.8.26.0053). Reitero o posicionamento que adotei no mencionado feito, no sentido do afastamento do óbice. A imissão provisória na posse, de acordo com Celso Antonio Bandeira de Mello (RDP 9/24): "é a transferência da posse do bem objeto da expropriação para o expropriante, já no inicio da lide, obrigatoriamente concedido pelo juiz, se o Poder Público declarar urgência e depositar em juízo, em favor do proprietário, importância fixada segundo critério previsto em lei" De acordo com o artigo 167, item 36 da Lei de Registros Públicos: "Art.167: No registro de imóveis, além da matrícula serão feitos:... 36) da imissão provisória na posse, quando concedida à União, aos Estados, ao Distrito Federal, aos Municípios ou às suas entidades delegadas, e respectiva cessão e promessa de cessão (Redão dada pela Lei nº 12.424, de 2011) Assim, o artigo 167 da Lei de Registros Públicos, bem como o § 4º do art.15 do Decreto Lei nº 3.365/1941, apontam a possibilidade do registro da imissão na posse no Registro de Imóveis. Neste contexto, de acordo com o art.29 do mencionado Decreto, o título hábil para acessar o registro imobiliário é o mandado de imissão na posse, o qual assegurará a posse provisória do imóvel ao expropriante e posteriormente se convalidará no registro definitivo com a apresentação da carta de adjudicação. Para melhor entendimento, distingo duas etapas do procedimento: simples registro da posse, bastando para isso a formulação de um pedido administrativo instruído com os respectivos documentos, e o registro da propriedade do imóvel, que depende da apresentação do titulo hábil consistente na carta de adjudicação. Pretende a Municipalidade apenas a inscrição da imissão provisória da posse, que como bem exposto pelo órgão público, poderá ser registrada em momento anterior ou posterior à sentença, devendo para isso apresentar a decisão proferida em processo judicial de desapropriação, acompanhada da planta e memorial descritivo, nos termos do art.176, § 8º, da Lei nº 6.015/73. Anote-se que o dispositivo legal faz referência à decisão proferida em processo judicial e não em sentença, sendo que a sentença transitada em julgado permite o registro definitivo da carta de adjudicação. Em relação à necessidade de que as peças, que foram apresentadas em cópia e autenticadas pela Municipalidade, sejam autenticadas pelo escrivão judicial, bem como a juntada de termos de abertura e encerramento, entendo que também deve ser afastada, uma porque o presente título não é carta de adjudicação, mas simples decisão judicial, e outra porque deve-se levar em consideração a presunção de legitimidade e veracidade dos atos emanados pela Administração. Vale ressaltar os ilustres ensinamentos de Maria Silvia Zanella Di Pietro: "... A presunção de legitimidade diz respeito à conformidade do ato com a lei; em decorrência desse atributo, presumem-se, até prova em contrário, que os atos administrativos foram emitidos com observância da lei. A presunção de veracidade diz respeito aos fatos; em decorrência desse atributo, presumem-se verdadeiros os fatos alegado pela Administração. Assim ocorre com relação às certidões, atestados, declarações, informações por ela fornecidos, todos dotados de fé pública". (Direito Administrativo, 31ª edição, editora: Forense, págs.231/232) Logo, enquanto não decretada a invalidade do ato pela própria Administração ou pelo Judiciário, ele produzirá efeitos da mesma forma que o ato válido, consequentemente deverá ser cumprido. Conclui-se que a autenticidade das cópias apresentadas pela Municipalidade gozam dos atributos mencionados e, portanto, descabido o óbice. Diante do exposto, julgo improcedente a dúvida suscitada pelo Oficial do 9º Registro de Imóveis da Capital, a requerimento da Municipalidade de São Paulo, e consequentemente determino o o registro da imissão na posse no imóvel objeto da ação de desapropriação que tramita perante o MMº Juízo da 14ª Vara da Fazenda Pública da Capital (processo nº 0041347-34.2012.8.26.0053). Deste procedimento não decorrem custas, despesas processuais e honorários advocatícios. Oportunamente remetam-se os autos ao arquivo. P.R.I.C. - ADV: RAFAEL MEDEIROS MARTINS (OAB 228743/SP), LUDMILA ANGELA ACQUATI VELLOSO DOS SANTOS (OAB 190450/SP) (– DJe de 18.11.2019 – SP)

Processo 1109498-44.2019.8.26.0100

Dúvida - Notas - Municipalidade de São Paulo - Vistos. Trata-se de dúvida suscitada pelo Oficial do 9º Registro de Imóveis da Capital, a requerimento da Municipalidade de São Paulo, tendo em vista a negativa em se proceder ao registro ma imissão da posse no imóvel, objeto da ação de desapropriação que tramita perante o MMº Juízo da 1ª Vara da Fazenda Pública da Capital (processo nº 0041346-49.2012.8.26.0053). O óbice registrário refere-se a ausência de formalização do título que daria suporte ao ato perseguido. Sugeriu o registrador na nota devolutiva expedida, a formalização de uma carta de adjudicação composta de abertura e encerramento, nos termos do art.221, § 1º, do Tomo I, das Normas de Serviço da Egrégia Corregedoria Geral da Justiça. Juntou documentos às fls. 05/220. O órgão municipal apresentou impugnação às fls. 221/224. Salienta que, ao contrário do alegado pelo Registrador, é admissível o registro do auto de imissão para obter a posse, em momento anterior ou posterior à sentença. Salienta que não pretende com o presente procedimento regularizar a propriedade, mas apenas solicitou o registro da posse, não cabendo ao cartório fazer digressões a respeito. Destaca que os atos emanados da Administração gozam de presunção de legitimidade e veracidade, de modo que, tanto a autenticidade das peças que instruem o requerimento administrativo como a numeração feita pela servidora municipal, desfrutam desse atributo. Por fim, afirma que outros cartórios de registros imobiliários realizaram o registro pretendido. Apresentou documentos às fls. 225/239 O Ministério Público opinou pela procedência da dúvida (fls. 242/244). É o relatório. Passo a fundamentar e a decidir. Ressalto primeiramente que este Juízo teve a oportunidade de analisar questão semelhante nos autos nº 1081441-16.2019.8.26.0100, sendo aberta oportunidade para manifestação de diversos registradores acerca da matéria, haja vista a divergência de procedimentos. A fim de sanar o dissenso mencionado quanto a possibilidade de realização do ato, o que por si só ocasiona insegurança aos usuários, que ficam a mercê da localização do imóvel para conseguirem ou não a pretensão, este Juízo harmonizou o procedimento a ser adotado pelas Serventia da Capital, a fim de facilitar o acesso dos titulos pela padronização dos atos. Pretende a Municipalidade de São Paulo o registro ma imissão da posse no imóvel, objeto da ação de desapropriação que tramita perante o MMº Juízo da 1ª Vara da Fazenda Pública da Capital (processo nº 0041346-49.2012.8.26.0053). Reitero o posicionamento que adotei no mencionado feito, no sentido do afastamento do óbice. A imissão provisória na posse, de acordo com Celso Antonio Bandeira de Mello (RDP 9/24): "é a transferência da posse do bem objeto da expropriação para o expropriante, já no inicio da lide, obrigatoriamente concedido pelo juiz, se o Poder Público declarar urgência e depositar em juízo, em favor do proprietário, importância fixada segundo critério previsto em lei" De acordo com o artigo 167, item 36 da Lei de Registros Públicos: "Art.167: No registro de imóveis, além da matrícula serão feitos: ... 36) da imissão provisória na posse, quando concedida à União, aos Estados, ao Distrito Federal, aos Municípios ou às suas entidades delegadas, e respectiva cessão e promessa de cessão (Redão dada pela Lei nº 12.424, de 2011) Assim, o artigo 167 da Lei de Registros Públicos, bem como o § 4º do art.15 do Decreto Lei nº 3.365/1941, apontam a possibilidade do registro da imissão na posse no Registro de Imóveis. Neste contexto, de acordo com o art.29 do mencionado Decreto, o título hábil para acessar o registro imobiliário é o mandado de imissão na posse, o qual assegurará a posse provisória do imóvel ao expropriante e posteriormente se convalidará no registro definitivo com a apresentação da carta de adjudicação. Para melhor entendimento, distingo duas etapas do procedimento: simples registro da posse, bastando para isso a formulação de um pedido administrativo instruído com os respectivos documentos, e o registro da propriedade do imóvel, que depende da apresentação do titulo hábil consistente na carta de adjudicação. Pretende a Municipalidade apenas a inscrição da imissão provisória da posse, que como bem exposto pelo órgão público, poderá ser registrada em momento anterior ou posterior à sentença, devendo para isso apresentar a decisão proferida em processo judicial de desapropriação, acompanhada da planta e memorial descritivo, nos termos do art.176, § 8º, da Lei nº 6.015/73. Anote-se que o dispositivo legal faz referência à decisão proferida em processo judicial e não em sentença, sendo que a sentença transitada em julgado permite o registro definitivo da carta de adjudicação. Em relação à necessidade de que as peças, que foram apresentadas em cópia e autenticadas pela Municipalidade, sejam autenticadas pelo escrivão judicial, bem como a juntada de termos de abertura e encerramento, entendo que também deve ser afastada, uma porque o presente título não é carta de adjudicação, mas simples decisão judicial, e outra porque deve-se levar em consideração a presunção de legitimidade e veracidade dos atos emanados pela Administração. Vale ressaltar os ilustres ensinamentos de Maria Silvia Zanella Di Pietro: "... A presunção de legitimidade diz respeito à conformidade do ato com a lei; em decorrência desse atributo, presumem-se, até prova em contrário, que os atos administrativos foram emitidos com observância da lei. A presunção de veracidade diz respeito aos fatos; em decorrência desse atributo, presumem-se verdadeiros os fatos alegado pela Administração. Assim ocorre com relação às certidões, atestados, declarações, informações por ela fornecidos, todos dotados de fé pública". (Direito Administrativo, 31ª edição, editora: Forense, págs.231/232) Logo, enquanto não decretada a invalidade do ato pela própria Administração ou pelo Judiciário, ele produzirá efeitos da mesma forma que o ato válido, consequentemente deverá ser cumprido. Conclui-se que a autenticidade das cópias apresentadas pela Municipalidade gozam dos atributos mencionados e, portanto, descabido o óbice. Diante do exposto, julgo improcedente a dúvida suscitada pelo Oficial do 9º Registro de Imóveis da Capital, a requerimento da Municipalidade de São Paulo, e consequentemente determino o o registro da imissão na posse no imóvel objeto da ação de desapropriação que tramita perante o MMº Juízo da 1ª Vara da Fazenda Pública da Capital (processo nº 0041346-49.2012.8.26.0053). Deste procedimento não decorrem custas, despesas processuais e honorários advocatícios. Oportunamente remetam-se os autos ao arquivo. P.R.I.C. - ADV: RAFAEL MEDEIROS MARTINS (OAB 228743/

SP), LUDMILA ANGELA ACQUATI VELLOSO DOS SANTOS (OAB 190450/SP) (– DJe de 18.11.2019 – SP)

Processo 1081441-16.2019.8.26.0100

Dúvida - Notas - Municipalidade de São Paulo - Vistos. Trata-se de dúvida suscitada pelo Oficial do 17º Registro de Imóveis da Capital, a requerimento da Municipalidade de São Paulo, tendo em vista a negativa em proceder ao registro da imissão na posse no imóvel com origem nas transcrições nºs 7.960 e 10.223, ambas do 3º Registro de Imóveis da Capital. Os óbices registrários referem-se à necessidade da apresentação pela Municipalidade de São Paulo de cópias autenticadas pelo escrivão judicial com a respectiva autuação judicial e juntada de termos de abertura e encerramento. Juntou documentos às fls. 05/188. O órgão municipal apresentou impugnação às fls. 191/193. Salienta que, ao contrário do alegado pelo Registrador, é admissível o registro do auto de imissão para obter a posse, em momento anterior ou posterior à sentença. Salienta que não pretende com o presente procedimento regularizar a propriedade, mas apenas solicitou o registro da posse, não cabendo ao cartório fazer digressões a respeito. Destaca que os atos emanados da Administração gozam de presunção de legitimidade e veracidade, de modo que, tanto a autenticidade das peças que instruem o requerimento administrativo como a numeração feita pela servidora municipal, desfrutam desse atributo. Por fim, afirma que outros cartórios de registros imobiliários realizaram o registro pretendido. Apresentou documentos às fls. 194/208. Acerca das ponderações da Municipalidade de São Paulo, o Oficial manifestou-se às fls. 216/217, corroborando os óbices apresentados. O Ministério Público opinou pela procedência da dúvida (fls. 220/221 e 267). Os Registradores da Capital prestaram informações às fls. 226/264. É o relatório. Passo a fundamentar e a decidir. Preliminarmente, cumpre destacar que os delegatários tem plena liberdade para proceder à qualificação, gozando de independência na atribuição do exercício de suas funções para a avaliação do título a eles apresentado. No caso de dúvida, deverão recusar-se a efetuar o ato, observando as regras de prudência e zelo no exercício profissional. Logo, não é pelo fato de outras Serventias terem registrado o mesmo documento que vincule o Oficial a realizar o ato, ao contrário de seu entendimento. Todavia, entendo que não é aconselhável que ocorra dissenso entre as Serventias da Capital quanto à possibilidade de realização de um ato, ocasionando insegurança e tratamento diferenciado aos usuários, que ficarão à mercê da localização do imóvel para conseguirem ou não o registro. Por esta razão, com a finalidade de harmonizar o procedimento a ser adotado pelas Serventias da Capital e facilitar o acesso dos títulos pela padronização dos atos, passo a analisar a presente hipótese. Pretende a Municipalidade de São Paulo o registro da imissão da posse no imóvel com origem nas transcrições nºs 7.960 e 10.223, ambas do 3º Registro de Imóveis. Em que pese o entendimento do ilustre Registrador, entendo que os óbices apresentados deverão ser afastados. A imissão provisória na posse, de acordo com Celso Antonio Bandeira de Mello (RDP 9/24): "é a transferência da posse do bem objeto da expropriação para o expropriante, já no inicio da lide, obrigatoriamente concedido pelo juiz, se o Poder Público declarar urgência e depositar em juízo, em favor do proprietário, importância fixada segundo critério previsto em lei" De acordo com o artigo 167, item 36 da Lei de Registros Públicos: "Art.167: No registro de imóveis, além da matrícula serão feitos: ... 36) da imissão provisória na posse, quando concedida à União, aos Estados, ao Distrito Federal, aos Municípios ou às suas entidades delegadas, e respectiva cessão e promessa de cessão (Redão dada pela Lei nº 12.424, de 2011) Assim, o artigo 167 da Lei de Registros Públicos, bem como o § 4º do art.15 do Decreto Lei nº 3.365/1941, apontam a possibilidade do registro da imissão na posse no Registro de Imóveis. Neste contexto, de acordo com o art.29 do mencionado Decreto, o título hábil para acessar o registro imobiliário é o mandado de imissão na posse, o qual assegurará a posse provisória do imóvel ao expropriante e posteriormente se convalidará no registro definitivo com a apresentação da carta de adjudicação. Para melhor entendimento, distingo duas etapas do procedimento: simples registro da posse, bastando para isso a formulação de um pedido administrativo instruído com os respectivos documentos, e o registro da propriedade do imóvel, que depende da apresentação do titulo hábil consistente na carta de adjudicação. Pretende a Municipalidade apenas a inscrição da imissão provisória da posse, que como bem exposto pelo órgão público, poderá ser registrada em momento anterior ou posterior à sentença, devendo para isso apresentar a decisão proferida em processo judicial de desapropriação, acompanhada da planta e memorial descritivo, nos termos do art.176, § 8º, da Lei nº 6.015/73. Anote-se que o dispositivo legal faz referência à decisão proferida em processo judicial e não em sentença, sendo que a sentença transitada em julgado permite o registro definitivo da carta de adjudicação. Em relação à necessidade de que as peças, que foram apresentadas em cópia e autenticadas pela Municipalidade, sejam autenticadas pelo escrivão judicial, bem como a juntada de termos de abertura e encerramento, entendo que também deve ser afastada, uma porque o presente título não é carta de adjudicação, mas simples decisão judicial, e outra porque deve-se levar em consideração a presunção de legitimidade e veracidade dos atos emanados pela Administração. Vale ressaltar os ilustres ensinamentos de Maria Silvia Zanella Di Pietro: "... A presunção de legitimidade diz respeito à conformidade do ato com a lei; em decorrência desse atributo, presumem-se, até prova em contrário, que os atos administrativos foram emitidos com observância da lei. A presunção de veracidade diz respeito aos fatos; em decorrência desse atributo, presumem-se verdadeiros os fatos alegado pela Administração. Assim ocorre com relação às certidões, atestados, declarações, informações por ela fornecidos, todos dotados de fé pública". Logo, enquanto não decretada a invalidade do ato pela própria Administração ou pelo Judiciário, ele produzirá efeitos da mesma forma que o ato válido, consequentemente deverá ser cumprido. Conclui-se que a autenticidade das cópias pela Municipalidade (fls. 07/179) gozam dos atributos mencionados e, portanto, descabido o óbice. Diante do exposto, julgo improcedente a dúvida suscitada pelo Oficial do 17º Registro de Imóveis da Capital, a requerimento da Municipalidade de São Paulo, e determino o registro da imissão na posse no imóvel com origem nas transcrições nºs 7.960 e 10.223, ambas do 3º Registro de Imóveis. Deste procedimento não decorrem custas, despesas processuais e honorários advocatícios. Oportunamente remetam-se os autos ao arquivo. P.R.I.C. - ADV: JOSE LUIZ GOUVEIA RODRIGUES (OAB 173028/SP), RAFAEL MEDEIROS MARTINS (OAB 228743/SP) (– DJe de 14.11.2019 – SP)

INDISPONIBILIDADE

Processo 1100256-61.2019.8.26.0100

Dúvida - Notas - Ralph Conrad - Vistos. Trata-se de dúvida suscitada pelo Oficial do 11º Registro de Imóveis da Capital, a requerimento de Ralph Conrad, diante da negativa em se proceder ao registro da carta de sentença expedida pelo MMº Juízo da 4ª Vara da Família e Sucessões - Foro Regional de Santo Amaro, nos autos nº 0164480-63.1998.8.26.0002, que decretou o divórcio consensual do casal Heidi Ursula Conrad e Ralph Conrad, homologando a partilha dos bens e a renúncia ao direito de recorrer. Os óbices registrários referem-se à existência de averbações de indisponibilidades sob nºs 15, 19 e 22, bem como penhora averbada sob nº 21. Informa que a penhora refere-se a ação de execução fiscal ajuizada em 26.01.1988, ou seja, em momento anterior à distribuição do pedido de divórcio, que ocorreu em 27.08.1998, razão pela qual aplica-se no presente caso o art.53, § 1º da Lei nº 8.212/91, segundo o qual os bens penhorados provenientes de execução judicial da dívida ativa da União, suas autarquias e fundações, ficam desde logo indisponíveis. Por fim, destaca que as indisponibilidades não permitem o registro da partilha. Juntou documentos às fls. 06/71. O suscitado apresentou impugnação às fls. 72/78. Assevera que as averbações de indisponibilidade datam de 14.12.2010, 05.06.2018, 21.05.2019 e 12.03.2019, portanto muito tempo depois do transito em julgado da sentença de divórcio homologatória da partilha de bens, logo a sentença está acobertada pela coisa julgada material, razão pela qual o registro do título é medida que se impõe ao caso concreto. Em relação às indisponibilidades, afirma que as ações que as originaram ocorreram em data posterior à homologação da partilha de bens, não cabendo ao registrador analisar o mérito das demandas. Juntou documentos às fls. 79/94. O Ministério Público opinou pela procedência da dúvida (fls. 97/99). É o relatório. Passo a fundamentar e a decidir. Com razão o Registrador bem como a D. Promotora de Justiça. Preliminarmente, cumpre destacar que os títulos judiciais não estão isentos de qualificação, positiva ou negativa, para ingresso no fólio real. O Egrégio Conselho Superior da Magistratura já decidiu que a qualificação negativa do título judicial não caracteriza desobediência ou descumprimento de decisão judicial (Apelação Cível n. 413-6/7). No ordenamento jurídico pátrio, incumbe ao registrador, no exercício do dever de qualificar o título que lhe é apresentado, examinar o aspecto formal, extrínseco, e observar os princípios que regem e norteiam os registros públicos, dente eles, o da legalidade, que consiste na aceitação para registro somente do título que estiver de acordo com a lei. A análise do título deve obedecer a regras técnicas e objetivas, o desempenho dessa função atribuída ao Registrador, deve ser exercida com independência, exigindo largo conhecimento jurídico. Neste contexto, de acordo com o princípio tempus regit actum, à qualificação do título aplicam-se as exigências legais contemporâneas ao registro, e não as que vigoravam ao tempo de sua lavratura. O Egrégio Conselho Superior da Magistratura tem considerado que, para fins de registro, não importa o momento da celebração do contrato, em atenção ao princípio "tempus regit actum", sujeitando-se o título à lei vigente ao tempo de sua apresentação (Apelação Cível nº,

115-6/7, rel. José Mário Antonio Cardinale, nº 777-6/7, rel. Ruy Camilo, nº 530-6/0, rel. Gilberto Passos de Freitas, e, o de nº 0004535-52.2011.8.26.0562). Assim, a qualificação do título é feita no momento de sua apresentação e não quando expedida a carta de sentença oriunda do divórcio consensual do suscitado, onde coube o imóvel exclusivamente ao cônjuge virago. Ora, conforme observa-se da matrícula juntada às 79/87, em razão de várias ações fiscal (Av.15), trabalhista (Avs.19 e 22) proposta em face do ex cônjuge, o imóvel tornou-se indisponível, resultando na impossibilidade da prática de qualquer ato na mencionada matrícula, ressalvada decisão judicial determinando o levantamento dos gravames. Note-se que a questão já foi objeto de análise pelo Egrégio Conselho Superior da Magistratura: "Registro de Imóveis Divórcio Formal de partilha Título apresentado após a averbação da indisponibilidade Tempus regit actum - Jurisprudência do CSM Registro indeferido Dúvida procedente Recurso não provido" (Apelação nº 0000884-32.2015.8.26.0025, rel. Des. Dr. Manoel de Queiroz Pereira Calças). "Registro de Imóveis Dúvida Escritura Pública de separação consensual lavrada antes da averbação da indisponibilidade de bens, porém, apresentada para registro posteriormente - impossibilidade do registro, em observância ao princípio tempus regit actum necessidade de prévio cancelamento da averbação autorizado por quem a decretou - recusa correta da oficial - Dúvida procedente Recurso não provido" (Apelação nº 0001748-75.2013.26.0337, rel. Des. Elliot Akel). Daí conclui-se que as indisponibilidades que recaem sobre o imóvel impedem a alienação ou qualquer ato de registro ou averbação, devendo o interessada buscar junto ao Juízo Trabalhista ordem para levantamento do gravame. Logo, faz-se mister a manutenção dos óbices registrários. Diante do exposto, julgo procedente a dúvida suscitada pelo Oficial do 11º Registro de Imóveis da Capital, a requerimento de Ralph Conrad, e consequentemente mantenho os óbices registrários. Deste procedimento não decorrem custas, des pesas processuais e honorários advocatícios. Oportunamente remetam-se os autos ao arquivo. P.R.I.C. - ADV: CERES TOSOLD (OAB 210872/SP), VERA LUCIA SCHMIDT TOSOLD (OAB 26119/SP) (– DJe de 04.11.2019 – SP)

Processo 1099693-67.2019.8.26.0100

Dúvida - Notas - Renan Lopes Machado - Vistos. Trata-se de dúvida suscitada pelo Oficial do 4º Registro de Imóveis da Capital, a requerimento de Renan Lopes Machado, diante da negativa em se proceder ao registro da escritura de doação lavrada pelo 9º Tabelião de Notas da Capital, pela qual Edgar Oswaldo Schwantes, com a anuência de sua mulher Neuza Schawantes, transmite o imóvel da matrícula nº 66.390 ao suscitado. O óbice registrário referese à existência de ordem de indisponibilidade dos bens de Neuza Schwantes, emitida pelo MMº Juízo da 6ª Vara da Execuções Federais, nos autos nº 20006182O642266, logo, para que possa proceder ao registro da doação, é necessário que a declaração contida na escritura, mencionando que o imóvel é bem exclusivo do doador Edgar, seja reconhecida pelo Juízo que determinou a indisponibilidade. Destaca ainda que, se superada tal exigência, resta um saldo remanescente a ser recolhido, a título de custas e emolumentos, no valor de R$ 3.737,49. Juntou documentos às fls. 06/38. Insurge-se o suscitado do óbice imposto, sob os argumentos: a) o imóvel é de exclusiva propriedade do doador por força do regime de bens adotado no casamento; b) há declaração da anuente de que o recurso para a aquisição do bem foram advindos exclusivamente de recursos próprios do doador antes do casamento; c) o juízo que decretou a indisponibilidade não tem competência para reconhecer que o bem pertence exclusivamente a Edgar Oswaldo Schwantes. Contudo, não houve qualquer manifestação acerca da existência de um saldo remanescente a ser depositado para a efetivação do ato. O Ministério Público opinou pela procedência da dúvida (fls. 54/57). É o relatório. Passo a fundamentar e a decidir. Na presente hipótese houve impugnação parcial das exigências formuladas pelo Registrador. Observo que o suscitado não demonstrou irresignação em relação à necessidade do recolhimento do valor de R$ 3.737,49, atinente a custas e emolumentos, logo houve o reconhecimento da necessidade de atendimento desta exigência. A concordância parcial com as exigências do Oficial prejudica a dúvida, que só admite duas soluções: a determinação do registro do título protocolado e prenotado, que é analisado, em reexame da qualificação, tal como se encontrava no momento em que surgida dissensão entre a apresentante e o Oficial de Registro de Imóveis; ou a manutenção da recusa do Oficial. Para que se possa decidir se o título pode ser registrado ou não é preciso que todas as exigências e não apenas parte delas sejam reexaminadas pelo Corregedor Permanente. Nesse sentido, é pacífica a jurisprudência do Egrégio Conselho Superior. E ainda que assim não fosse, no mérito a pretensão é improcedente. Em que pese a ponderação do suscitado sobre a aplicação da Súmula 377 do STF, entendo que esta não foi revogada, devendo ser considerada na alienação de bens imóveis de pessoas casadas sob o regime de separação legal de bens. De fato, tal Súmula é causa de debates doutrinários e jurisprudenciais, mas as peculiaridades do presente caso, não permitem que sua aplicação seja afastada neste procedimento de dúvida. Uma vez que o procedimento de dúvida não admite ampla dilação probatória tampouco a possibilidade de intervenção de terceiros interessados, a presunção de comunicabilidade do bem só pode ser afastada em situações excepcionais, com a comprovação de que o bem foi adquirido com esforço próprio dos cônjuges. No caso em tela, a única prova juntada de que o imóvel foi adquirido com esforço próprio está na declaração da escritura de doação, que foi produzida após a ordem de indisponibilidade, não havendo qualquer menção ao título que embasou a aquisição do imóvel. A negativa de ingresso é medida de rigor, a fim de se resguardar a segurança dos registros públicos e de se preservar o princípio da presunção, evitando-se que a superveniência de novos atos de registro produzam danos de difícil reparação a terceiros. Tal questão já foi objeto de análise por este Juízo: "Regime da separação legal de bens - Sumula do 377 STF - aquisição a título oneroso - comunicação dos aquestos. Imóvel adquirido a titulo oneroso na constância do casamento celabrado no regime da separação legal de bens. Não demonstrada a ocorrência de esforço unilateral (por provas produzidas nas vias ordinárias), presume-se a comunicação do bem. Observância do principio da continuidade". (Processo: 1027173- 17.2016.8.26.0100, j. 30.05.2016). O levantamento da indisponibilidade deve ser pleiteado junto ao Juízo que expediu a ordem, não detendo este Juízo competência para análise e reforma da decisão proterida pelo MMº Juízo da 6ª Vara da Execuções Federais. Ressalto que diante de uma ordem judicial expressa, o Registrador só poderá se recusar a dar cumprimento quando restar caracterizada absoluta impossibilidade ou manifesta ilegalidade. Logo, mantenho os óbices registrários. Diante do exposto, julgo prejudicada a dúvida suscitada pelo Oficial do 4º Registro de Imóveis da Capital, a requerimento de Renan Lopes Machado, com observação. Deste procedimento não decorrem custas, despesas processuais e honorários advocatícios. Oportunamente remetam-se os autos ao arquivo. P.R.I.C. - ADV: CARLOS MANOEL LEITE GOMES FLORENTINO (OAB 222111/SP), RENATO FERMIANO TAVARES (OAB 236172/SP), FILIPE MIGUEL ARANTES (OAB 305581/SP) (– DJe de 11.11.2019 – SP)

INVENTÁRIO E PARTILHA

Processo 0064527-25.2018.8.26.0100

Pedido de Providências - REGISTROS PÚBLICOS - C.G.J. - A.C.S.S. e outro – Juíza de Direito: Letícia Fraga Benitez VISTOS, Trata-se de expediente instaurado a partir de comunicação encaminhada pela Egrégia Corregedoria Geral de Justiça, noticiando a reclamação de Antonio César da Silva Santos em face do Oficial de Registro Civil das Pessoas Naturais e Tabelião de Notas do 30º Subdistrito Ibirapuera, Capital, em razão de suposta recusa do Sr. Oficial e Tabelião em inserir "direito de lavra de água mineral" em escritura pública de inventário e partilha de bens. O Sr. Oficial e Tabelião manifestou-se às fls. 90/94. O ilustre representante do Ministério Público manifestou-se às fls. 104, 121, 166, 178 e 187. É o relatório. DECIDO. Cuida-se de representação formulada por Antonio César da Silva Santos em face do Oficial de Registro Civil das Pessoas Naturais e Tabelião de Notas do 30º Subdistrito - Ibirapuera, Capital, alegando a recusa do Notário em inserir "direito de lavra de água mineral" em escritura pública de inventário e partilha de bens. Na manifestação prestada nos autos, o Sr. Oficial e Tabelião afirmou que somente deixou de inserir o direito minerário na escritura de inventário e partilha, em razão "da ausência de parâmetro seguro para a aferição da base imponível do referido direito" (fls. 93), mas que os demais bens do espólio foram objeto de escritura de inventário e partilha lavrada em 30 de agosto de 2017. Pois bem. Com razão a negativa do o Sr. Oficial e Tabelião, isto porque, consoante manifestação da Agência Nacional de Mineração às fls. 173/174, o autor da herança somente possuía expectativa de direito à futura concessão de lavra. Ademais, a Agência Reguladora em questão informou a impossibilidade de aferição monetária ao eventual direto minerário. Além disso, finalmente instado a se manifestar, o representante quedou-se inerte (fls. 183). Diante desse painel, prestados os devidos esclarecimentos e ante a inércia do usuário, não vislumbro responsabilidade funcional apta a instaurar procedimento correcional, no âmbito disciplinar. À míngua de outra providência, determino o arquivamento dos autos. Ciência ao Oficial, ao representante e ao Ministério Público. Encaminhe-se cópia desta decisão à E. Corregedoria Geral da Justiça, por e-mail, servindo a presente como ofício. I.C. - ADV: RICARDO PEREIRA RIBEIRO (OAB 154393/SP) (DJe de 18.03.2019 - SP)

Processo 1030114-32.2019.8.26.0100

Dúvida - Registro de Imóveis - José Carlos Mardegan - Vistos. Trata-se de procedimento de dúvida suscitado pelo Oficial do 10º Registro de Imóveis da Capital a requerimento de José Carlos Mardegan, que deseja registrar escritura pública de inventário e partilha dos bens deixados por Antonio Mardegan, na qual consta o imóvel matriculado sob nº 147.909. O Oficial informa que o título foi qualificado negativamente, vez que seria necessária complementação ao valor recolhido de ITCMD por ter sido utilizada base de cálculo inferior à exigida no Decreto Estadual de nº 55.002/09 foi utilizado o valor venal para cálculo de IPTU e deveria ter sido utilizado o valor de referência para cálculo do ITBI. O interessado manifestou-se às fls. 45/47. Relata que impetrou mandado de segurança contra a Fazenda Estadual para recolher o ITCMD utilizando como base de cálculo o valor venal de referência do IPTU, tendo a segurança sido concedida. O Ministério Público opinou às fls. 55/58 pela improcedência da dúvida e afastamento do óbice. É o relatório. Decido. No presente caso, o Oficial Registrador emitiu nota devolutiva ao entender que o pagamento do ITCMD efetuado pelo interessado foi feito utilizando-se de base de cálculo diversa da exigida legalmente. À vista da semelhança entre este procedimento e o dos autos de nº 1126705-61.2016.8.26.0100, colaciono aqui entendimento exarado por este Juízo naquele processo: Não obstante estar pautado na legalidade, o pagamento do ITCMD foi aferido em nota de devolução óbice para o registro, determinando que o interessado complementasse o valor, com fundamento no Decreto do Estado de São Paulo nº 55.002/09, que se refere ao "valor venal de referência". Em que pese o entendimento do Oficial Registrador exposto em sua exordial, tal questão não é nova, e já vem sendo enfrentada pelos Tribunais. A alteração trazida pelo referido decreto, como devidamente salientado pelo Ministério Público, ofendeu o princípio da legalidade, uma vez que só poderia se dar na forma da lei. Assim, como se infere do artigo 97, II, do Código Tributário Nacional, a majoração de tributo só é admitida por lei, sendo que o tributo só será instituído, ou aumentado, por esta via, com exceção das hipóteses previstas na Constituição Federal. A lei que rege o imposto de transmissão causa mortis e doações no Estado de São Paulo é a Lei Estadual nº 10.705/00, com alterações da Lei nº 10.992/2001, que determina o quanto segue: Artigo 9º - A base de cálculo do imposto é o valor venal do bem ou direito transmitido, expresso em moeda nacional ou em UFESPs (Unidades Fiscais do Estado de São Paulo). § 1º - Para os fins de que trata esta lei, considera-se valor venal o valor de mercado do bem ou direito na data da abertura da sucessão ou da realização do ato ou contrato de doação. (...) Artigo 13 - No caso de imóvel, o valor da base de cálculo não será inferior: I - em se tratando de imóvel urbano ou direito a ele relativo, ao fixado para o lançamento do Imposto sobre a Propriedade Predial e Territorial Urbana - IPTU; II - em se tratando de imóvel rural ou direito a ele relativo, ao valor total do imóvel declarado pelo contribuinte para efeito de lançamento do Imposto sobre a Propriedade Territorial Rural - ITR. Tem-se, portanto, que (I) a base de cálculo do ITCMD é o valor venal do bem transmitido; (II) considera-se valor venal o valor de mercado do bem na data da realização do ato ou contrato de doação e (III) no caso de imóvel urbano, o valor da base de cálculo não será inferior ao valor fixado para o lançamento do IPTU. O Decreto Estadual nº 46.655/02, que regulamentava o recolhimento do imposto previsto na referida lei, foi alterado pelo Decreto Estadual nº 55.002/09, que prevê o uso do valor venal de bem imóvel como sendo o "valor venal de referência do Imposto sobre Transmissão de Bens Imóveis ITBI". O novo Decreto, portanto, possibilita que seja adotada base de cálculo diversa da estabelecida pela lei, com alteração do valor venal, o que nitidamente viola o princípio da legalidade. Assim como também infere a Constituição Federal, em seu artigo 150, I: Art. 150. "Sem prejuízo de outras garantias asseguradas ao contribuinte, é vedado a União, aos Estados, ao Distrito Federal e aos Municípios: I - exigir ou aumentar tributo sem lei anterior que o estabeleça". A jurisprudência vem se posicionando favoravelmente ao suscitado em casos semelhantes: "TRIBUTÁRIO IMPOSTO SOBRE TRANSMISSÃO CAUSA MORTIS E DOAÇÃO DE QUAISQUER BENS OU DIREITOS (ITCMD) BASE DE CÁLCULO: A base de incidência do ITCMD, segundo a lei paulista de regência, é o valor venal do bem ou direito transmitido, assim se reputando o valor de mercado do bem ou direito na data da abertura da sucessão, com atualização monetária até a data do pagamento. Não provimento da apelação." (Apelação Cível nº 720.640-5-9 Relator: Desembargador Ricardo Dip j. 3.3.2008). "Ação ordinária. Imposto sobre Transmissão "Causa Mortis" e Doação de quaisquer bens ou direitos (ITCMD). Fisco que atribui para os bens imóveis transmitidos valor de referência adotado pela legislação do ITBI, e notifica os contribuintes a recolher a diferença.

Inadmissibilidade. Decreto regulamentador que não poderia inovar em relação à lei. Recurso improvido" (Apelação nº 0003355- 10.2010.8.26.0053, 11ª Câmara de Direito Público, Rel. Des. Aroldo Viotti, j. 14/05/13). "Mandado de Segurança Carência da ação Inocorrência - Impetração com o objetivo de afastar notificação que determina a retificação da declaração e pagamento de ITCMD para utilizar como base de cálculo o valor venal de referência do ITBI - Ato de efeitos concretos - Ausência de impugnação contra lei em tese - Mérito - A base de cálculo do ITCMD, no caso em apreço, deve ser o valor venal do imóvel lançado para fins de IPTU, seja em razão da ocorrência do fato gerador anterior ao Decreto 55.002/09, seja em razão da ilegalidade do referido diploma - Inteligência do art. 97, inciso II, §1º, do CTN e da Lei 10.705/2000 Sentença concessiva mantida - Recurso desprovido" (Apelação nº 0014312-70.2010.8.26.0053, 11ª Câmara de Direito Público, Rel. Des. Oscild de Lima Junior, j. 19/03/13). Como leciona Alberto Xavier, no que concerne ao princípio da tipicidade tributária relacionada com a legalidade: "é a expressão mesma deste princípio quando se manifesta na forma de uma reserva absoluta de lei, ou seja, sempre que se encontre construído por estritas considerações de segurança jurídica." (XAVIER, 1972, p. 310). Ressalto, ainda, que a função do Registrador é fiscalizar o efetivo recolhimento do imposto e não verificar o valor a ser recolhido, sobretudo quando existe questão controversa de direito envolvida. Tal posicionamento já foi firmado pelo Egrégio Conselho Superior da Magistratura: "É certo que ao Oficial de Registro cumpre fiscalizar o pagamento dos impostos devidos por força dos atos que lhe forem apresentados em razão do ofício, na forma do art. 289 da Lei nº 6.015/73, sob pena de responsabilização pessoal do Oficial Delegado, e dentre estes impostos se encontra o ITCMD, cuja prova de recolhimento deve instruir o formal de partilha, salvo hipótese de isenção devidamente demonstrada. Todavia, este Egrégio Conselho Superior da Magistratura já fixou entendimento no sentido de que a qualificação feita pelo Oficial Registrador não vai além da aferição sobre a existência ou não de recolhimento do tributo, e não sobre a integralidade de seu valor. Tal é o que se verifica "verbi gratia" do V. Acórdão proferido na Apelação Cível nº 28.382-0/7, da Comarca da Capital, em que figurou como relator o E. Desembargador Antônio Carlos Alves Braga, cuja ementa é a seguinte: "Registro de Imóveis - Dúvida - Formal de partilha extraído de autos de arrolamento - Verificação, pelo Oficial, de recolhimento de imposto, mas não de seu valor - Recurso provido." Outro não foi o entendimento adotado na Apelação Cível nº 22.679-0/9, da Comarca da Capital, em que também figurou como relator o E. Desembargador Antônio Carlos Alves Braga, cuja ementa é a que segue: "Registro de Imóveis - Dúvida Imobiliária Imposto de Transmissão 'mortis causa' Fiscalização do pagamento pelo registrador Dever que se limita à averiguação do recolhimento, sem que possa indagar acerca do valor devido - Recurso provido" Logo, a dúvida imobiliária não é o procedimento próprio para discussão de valores do tributo relativo a transmissão de bens. Cumpre ao órgão público, se for de seu interesse, promover a cobrança de eventual diferença. Diante do exposto, julgo improcedente a dúvida suscitada pelo Oficial do 10º Registro de Imóveis da Capital a requerimento de José Carlos Mardegan, e consequentemente afasto o óbice levantado. Deste procedimento não decorrem custas, despesas processuais e honorários advocatícios. Oportunamente remetam-se os autos ao arquivo. P.R.I.C. - ADV: ANDREA MADEIRA (OAB 128743/SP) (DJe de 08.05.2019 - SP)

Processo 1096523-87.2019.8.26.0100

Pedido de Providências - REGISTROS PÚBLICOS - José Costa de Oliveira - Vistos. Trata-se de pedido de providências formulado por José Costa de Oliveira em face do Oficial do 15º Registro de Imóveis da Capital, pretendendo a averbação, nas matrículas nºs 215.844 e 106.218, de que os bens integram seu patrimônio particular, não se comunicando com sua falecida esposa Izabel Rita de Macedo Oliveira. Esclarece o requerente que, por escritura lavrada perante o 23º Tabelião de Notas da Capital, juntamente com as herdeiras filhas do de cujus, procederam à abertura do inventário e partilha de seus bens. Destaca que a escritura consistiu na atribuição da parte ideal de 25% do imóvel, objeto da matrícula nº 66.274, ou seja, 12,50% a cada uma das herdeiras, Kellen Rita da Silva Gontijo e Katia Cristina da Silva. Após a partilha do bem do Espólio, o Tabelião constou do ato notarial a disposição segundo a qual os outorgantes reconheciam expressamente o patrimônio particular e exclusivo do requerente, representado pelos imóvel matriculados sob nº 215.844 e 106.218, contudo a averbação foi negada sob o argumento de que o reconhecimento de bem exclusivo deveria ter sido trazido ao conhecimento do registrador quando das primitivas escrituras aquisitivas, razão pela qual foi exigida a sobrepartilha dos referidos imóveis, entendendo o delegatário aplicável no presente caso a Súmula 377 do Colendo Supremo Tribunal Federal, uma vez caracterizada a aquisição onerosa. Juntou documentos às fls. 11/51. O

Registrador manifestou-se às fls. 55/58, corroborando os argumentos expostos para qualificação negativa do título. Apresentou documentos às fls. 59/70. O Ministério Público opinou pela improcedência do pedido (fls. 73/75). É o relatório. Passo a fundamentar e a decidir. Com razão o Registrador, bem como o D. Promotor de Justiça. Em que pese a ponderação do requerente sobre a aplicação da Súmula 377 do STF, aponto que não houve sua revogação. De fato, tal Súmula é causa de debates doutrinários e jurisprudenciais, mas as peculiaridades do presente caso não permitem que sua aplicação seja afastada neste procedimento. Uma vez que no âmbito administrativo não se admite ampla dilação probatória e tampouco a possibilidade de intervenção de terceiros interessados, a presunção de comunicabilidade do bem só pode ser afastada em situações excepcionais, com a comprovação de que o bem foi adquirido com esforço próprio dos cônjuges. Na hipótese ora analisada, a única menção do suposto esforço próprio do requerente decorre da escritura e partilha dos bens de Izabel, não havendo qualquer menção aos títulos que embasaram as aquisições, logo a negativa de ingresso é medida de rigor, a fim de se resguardar a segurança dos registros públicos e de se preservar o princípio da presunção, evitando-se que a superveniência de novos atos de registros produzam danos de difícil reparação a terceiros. Como bem exposto pelo Registrador, é imprescindível a sobrepartilha dos referidos bens, ou a prova nas vias ordinárias de que foram adquiridos exclusivamente com esforço próprio do requerente. Anoto que este Juízo teve a oportunidade de enfrentar questão semelhante nos autos nº 1076890-61.2017.8.26.0100: "Registro Formal de Partilha - regime da separação obrigatória de bens - incidência da Sumula 377 STF - aquisição do imóvel a titulo oneroso - não consta do titulo a partilha relativa ao cônjuge pré morto - não comprovação de que o imóvel foi adquirido somente pela cônjuge virago - violação do principio da continuidade - Dúvida procedente." Desta decisão ressalta-se que: "... Neste sentido, caberia provar a contribuição unilateral para a evolução patrimonial. Todavia, não houve a juntada de qualquer prova neste sentido, o que não afasta a presunção mencionada, devendo o interessado, comprovar que o imóvel foi adquirido por apenas um dos cônjuges, nas vias ordinárias, com ampla dilação probatória." Logo, necessária a manutenção do óbice registrário. Diante do exposto, julgo procedente o pedido de providências formulado por José Costa de Oliveira, em face do Oficial do 15º Registro de Imóveis da Capital, e consequentemente entendo pela manutenção do óbice. Deste procedimento não decorrem custas, despesas processuais e honorários advocatícios. Oportunamente remetam-se os autos ao arquivo. P.R.I.C. - ADV: GUSTAVO ARAUJO DA SILVA ROZA (OAB 358923/SP) (– DJe de 06.11.2019 – SP)

Processo 1099865-09.2019.8.26.0100

Retificação de Registro de Imóvel - Registro de Imóveis - Amaro Elias Maciel - Vistos. Trata-se de pedido de providências formulado por Amaro Elias Maciel em face do Oficial do 8º Registro de Imóveis da Capital, pleiteando a retificação do estado civil de sua genitora Maria Rosa Maciel junto à matrícula nº 49.180 (R.06), vez que constou como viúva ao invés de solteira. Esclarece o requerente que, juntamente com sua ex cônjuge Rosemary Maria da Silva Maciel, adquiriu mencionado imóvel. Todavia, em razão da separação judicial, o imóvel foi dividido na proporção de 50% para cada cônjuge. Neste contexto, fizeram uma doação do bem a Dayane da Silva Maciel, filha do casal, e Maria Rosa Maciel, mãe do requerente. Em 09.05.2011, Maria faleceu não deixando outros bens além da metade do imóvel, logo, há necessidade da retificação do estado civil para se proceder ao inventário extrajudicial. Juntou documentos às fls. 09/26. O Registrador manifestou-se às fls. 30/31. Esclarece que o registro nº 06, refletiu os dados trazidos pela carta de sentença expedida pelo MMº Juízo da 2ª Vara da Família e Sucessões do Foro Regional IV - Lapa (processo nº 0241891- 94.1989.8.26.0004). Destaca que a retificação só será possível judicialmente, uma vez que não existe documento oficial competente a ser apresentado como prova. Juntou documentos às fls. 32/37 e 45/47. O Ministério Público opinou pela procedência do pedido (fls. 50/51). É o relatório. Passo a fundamentar e a decidir. A Lei 6.015, de 31 de dezembro de 1973, em seus arts. 213 e 214, I, g, permite a retificação do registro de imóveis sempre que se fizer necessária inserção ou modificação dos dados de qualificação pessoal das partes, comprovada por documentos oficiais, ou mediante despacho judicial quando houver necessidade de produção de outras provas. Na presente hipótese apesar do registro nº 06, refletir fielmente os termos da carta de sentença expedida pelo MMº Juízo da 2ª Vara da Família e Sucessões do Foro Regional IV - Lapa (processo nº 0241891-94.1989.8.26.0004), verifico que há um conjunto de documentos que permitem afirmar que houve um equívoco, constando erroneamente o estado civil de viúva ao invés de solteira. Conforme a certidão de nascimento de fl. 18, não consta qualquer averbação da existência do casamento de Maria Rosa, assim como na certidão de óbito (fl. 23), onde constou seu estado civil como solteira. Somado a estes documentos, houve a juntada de pesquisa negativa efetuada junto às Serventias Extrajudiciais do Estado de São Paulo acerca da existência de eventual casamento (fls. 45/47). Logo, entendo que os documentos apresentados são aptos a comprovar que o estado civil de Maria Rosa é solteira, podendo eventualmente ter vivido em união estável, o que configura um situação de fato. E ainda que assim não fosse, tem-se a ausência de prejuízo a direitos de terceiros de boa fé, sendo que não há qualquer menção ao eventual cônjuge, conforme documentos pessoais dos filhos juntados à fl. 26. No ensinamento de Luiz Guilherme Loureiro: "O registro de imóveis é fundamentalmente um instrumento de publicidade, portanto, é necessário que as informações nele contidas coincidam com a realidade para que não se converta em elemento de difusão de inexatidões e fonte de insegurança jurídica." (LOUREIRO, Luiz Guilherme. Registros Públicos: teoria e Prática. 2. ed. ver. e atual. Rio de Janeiro: Forense; São Paulo: Método, 2011, p. 230.)" Diante do exposto, julgo procedente o pedido de providências formulado por Amaro Elias Maciel, em face do Oficial do 8º Registro de Imóveis da Capital, e consequentemente determino a retificação do estado civil de Maria Rosa Maciel junto à matrícula nº 49.180, para constar como solteira. Deste procedimento não decorrem custas, despesas processuais e honorários advocatícios. Oportunamente remetam-se os autos ao arquivo. P.R.I.C. - ADV: CLAUDETE CAMILIO RAMALHO ANDRADE (OAB 234969/SP) (– DJe de 05.12.2019 – SP)

Processo 1065613-14.2018.8.26.0100

Processo Administrativo - Tabelionato de Notas - V.J.R. - J.D.V.R.P. - H.S. e outro - Vistos, Por intermédio da Portaria 36/2.018-TN, editada por este Juízo, instaurou-se processo administrativo contra o 12º Tabelião de Notas da Capital, Senhor Homero Santi, sendo-lhe imputada a prática de falta funcional consistente em lavratura de escritura pública de inventário e adjudicação dos bens deixados por Simon Kaufmann, em que figurou como outorgante e reciprocamente outorgada a suposta companheira do extinto, Senhora Ionana Igna, em afronta ao disposto nos itens 44, "b", 112, 117, Capítulo XIV, das Normas de Serviço da Corregedoria Geral da Justiça, artigo 18 da Resolução 35, violando o deverde observância das normas técnicas a que se refere o artigo 30, inciso XIV da Lei nº 8935/94, cujo comportamento configura infração disciplinar capitulada nos incisos I (inobservância das prescrições legais ou normativas), II (conduta atentatória às instituições notariais e de registro) e V (descumprimento de quaisquer dos deveres descritos no artigo 30) do artigo 31 da Lei nº 8.935/94. O Tabelião foi citado e interrogado (fls. 93). Às fls. 104/105 comunicou o Senhor Tabelião que renunciou à delegação. Determinada a realização de perícia médica, sobreveio o laudo de fls. 172/190. Nomeado Curador Especial ao Senhor Tabelião, sobreveio a apresentação de defesa prévia (fls. 217/218). Designada audiência, foram tomados os depoimentos do Tabelião Interino, Sr. José Nicola Sposito e do escrevente Valter Baratti. O Senhor Tabelião às fls. 237/241, manifestou- se em alegações finais, pugnando por sua absolvição, aplicando-se analogicamente o artigo 386, VI do Código de Processo Penal. É o relatório. DECIDO. Cuida-se de processo administrativo instaurado contra o 12º Tabelião de Notas da Capital, por afronta ao disposto no artigo 31, I, II e V, da Lei nº 8.935/94. No caso em espeque, no dia 08 de março de 2.018, os prepostos do 12º Tabelião de Notas da Capital promoveram a lavratura de escritura pública de inventário e adjudicação, dispondo sobre a totalidade dos bens do "de cujus" para a única comparecente ao ato, Senhora Ionana Igna, que se qualificou como sendo companheira e única herdeira do "de cujus", munida apenas de uma declaração unilateral de união estável por ela mesma firmada em data posterior ao óbito do extinto. De pronto consigno que, embora o Delegatário tenha renunciado à Delegação no curso do processo administrativo (fls. 104), ensejando a extinção da delegação, conforme dispõe o inciso IV do artigo 39 da Lei 8.245/94, as infrações disciplinares capituladas neste processo administrativo remetem a período anterior à data da renúncia. Nesse sentido, embora trate de hipótese de aposentadoria voluntária, prevalece o r. entendimento exarado no r. Parecer nº 89/2016-E, aprovado pelo então Excelentíssimo Senhor Corregedor Geral da Justiça, Desembargador Manoel de Queiroz Pereira Calças, atinente ao julgamento do Recurso Administrativo no Processo nº 2.016/38.426, nos seguintes termos: "É cediço que no âmbito disciplinar aplicam-se subsidiariamente à Lei nº 8.935/94 (Lei dos Notários e dos Registradores) a Lei nº 8.112/90, que dispõe sobre o regime jurídico dos servidores públicos civis da União, das autarquias e das fundações públicas federais, e a Lei Estadual nº 10.261/68 (Estatuto dos Funcionários Públicos Civis do Estado de São Paulo), pois, o registrador e o notário são delegados do Estado, e, nesta condição, atuam como se fossem o próprio Estado a serviço dos particulares, com a finalidade de tutelar e proteger os interesses destes com relevância e reflexos para a sociedade e para o próprio

Estado. Nesta linha de raciocínio, estão sujeitos aos princípios da administração e que são os da legalidade, da impessoalidade, da moralidade, da publicidade e da eficiência. Assim sendo, se de um lado é certo que a causa da aposentadoria do recorrente foi o tempo de contribuição previdenciária, e que o ato administrativo que a concedeu não poderá ser atingido pela decisão final deste processo administrativo disciplinar, pois, não há possibilidade de cassação da aposentadoria, de outro lado, é certo que a razão (fundamento) que possibilita a continuidade deste processo administrativo disciplinar para fatos ocorridos antes do ato de aposentação, é a de evitar que simplesmente sejam apagados eventuais ilícitos cometidos, e, com isso, blindar e brindar o prestador do serviço público, que ficaria incólume de responsabilização." Assim, a extinção da delegação afeta ao 12º Tabelião de Notas da Capital decorrente da renúncia, de modo superveniente à instauração do processo administrativo, não acarreta a perda de objeto do feito. Nada obstante, na específica situação telada, os elementos probatórios coligidos, com destaque para o judicioso trabalho técnico elaborado pelo Perito nomeado pelo Juízo (laudo às fls. 172/190), Dr. Gilberto Ochman da Silva, médico neurologista e neurocirurgião da Divisão de Neurocirurgia do Hospital das Clínicas da Faculdade de Medicina da Universidade de São Paulo, fornecem indicativos de que, no período compreendido entre a data da lavratura da malsinada escritura e subsequentes desdobramentos, o Titular já apresentava incapacidade total e definitiva para os atos da vida civil, o que impede, nesta quadra, a sua responsabilização administrativa. Ao tecer suas considerações técnicas iniciais sobre o caso em exame, o Perito Judicial pontuou: "De acordo com a documentação contida nos autos, verifica- se que o tema médico da presente perícia está centrado na avaliação do quadro neurológico do periciando e de sua capacitação laborativa e para atos de vida civil. A avaliação do periciando e o acesso às informações fornecidas pelo genro permitiram observar que há comprometimento neurológico, principalmente da esfera cognitiva" (fls. 178). Nas discussões traçadas fundamentadamente no laudo, o expert aclarou: "No presente caso, o exame neurológico, notadamente a avaliação das funções cognitivas, revelou importante comprometimento da compreensão, tendo o periciando dificuldade para compreender alguns comandos e solicitações simples relacionadas a questões de localização temporal e espacial, memória e calculo (...) As informações disponibilizadas, notadamente aquelas provenientes do familiar do periciando, atestam quadro progressivo de deterioração cognitiva, cuja cronologia de instalação e progressão dos sintomas neurológicos conduzem para etiologia degenerativa. A real causa das doenças neurodegenerativas, como os quadros demenciais, onde se destaca a doença de alzheimer, ainda não foi desvendada, ainda que tenha havido grandes avanços nas pesquisas vinculadas ao tema nas últimas décadas. (fls. 185). Bem por isso, o Perito Judicial assim concluiu: "Periciando com longo histórico de atividade laborativa em cartório, apresenta quadro neurológico compatível com diagnostico de demência (CID - 10: F02), a qual impõe incapacidade total e definitiva para o exercício da atividade laborativa pregressa e para atos de vida civil" (fls. 186). Ademais, ao responder os quesitos formulados pelo Juízo, o Especialista, embora não tenha conseguido afirmar com precisão a data do início da enfermidade, consignou que "a incapacidade em casos como a do periciando instala-se de forma insidiosa e progressiva" (fls. 187), a indicar que, por ocasião da lavratura do ato em questão, em 08 de março de 2.018, o Senhor Tabelião já apresentava quadro demencial. À ratificar esta a prova oral (fls. 223/225) por meio da qual tanto o Sr. Tabelião Interino, quanto o escrevente Valter Baratti, indicaram a incapacidade do Senhor então Titular da delegação. Deste modo, sob a perspectiva do procedimento incidente instaurado para dirimir sobre a capacidade de compreensão pelo requerido, o resultado da perícia judicial elaborada pelo médico neurologista e neurocirurgião comprovou suficientemente que, à época da lavratura da escritura pública e seus desdobramentos, o Notário já apresentava quadro de neurológico, marcadamente cognitivo Assim, a reconhecida ausência de capacidade de compreensão do ilícito ou de determinação de acordo com esse entendimento à época dos fatos, impossibilita a condenação e a consequente aplicação de penalidade administrativa ao Tabelião, por aplicação subsidiária do disposto no artigo 386, inciso VI, do Código de Processo Penal. Portanto, muito embora as imputações remetam a período anterior à data da renúncia à delegação, o incidente de incapacidade instaurado merece ser acolhido, diante da existência de circunstância (incapacidade total e definitiva) que obsta a responsabilização administrativa, impondo-se, pois, o decreto de absolvição. Pelos fundamentos expostos e por tudo mais que nos autos consta, acolho o incidente de incapacidade instaurado, para julgar improcedente a portaria e absolver o Senhor Homero Santi das imputações descritas na inicial, com fundamento no artigo 386, inciso VI, do Código de Processo Penal. Comunique-se a presente decisão, por e-mail, à Egrégia Corregedoria Geral da Justiça. I.C. - ADV: FABIANA FERREIRA TAVARES DE MATOS (OAB 274298/SP), SERGIO RICARDO FERRARI (OAB 76181/SP) (DJe de 20.05.2019 - SP)

Processo 1025652-32.2019.8.26.0100

Dúvida - Notas - Luis Yomoguita - Vistos. Trata-se de dúvida inversa suscitada por Luis Yomoguita em face do Oficial do 15º Registro de Imóveis da Capital, tendo em vista a negativa em se proceder ao registro do formal de partilha extraído dos autos do inventário e partilha dos bens de Iara Tomoguita, que tramitou perante o MMº Juízo da 10ª Vara da Família e Sucessões do Foro Regional II - Santo Amaro (processo nº 105434850.2017.8.26.0002). Relata o requerente que a falecida era casada com Luiz Tochiphico Yomoguita, tendo sido referido imóvel adquirido pelo casal na constância do seu casamento. Ocorre que a escritura foi realizada em 30.07.1970 e levada a transcrição em 27.04.1973, ou seja, após o falecimento de Iara (19.01.1969), ocasião em que seu ex cônjuge havia contraído novo matrimonio, razão pela qual consta na escritura o nome da segunda esposa. Salienta que no corpo da escritura consta que a propriedade foi adquirida na constância do primeiro casamento, em 29.04.1965, portanto os 50% do imóvel em questão eram do de cujus, objeto a ser inventariado por seu único filho. Juntou documentos às fls. 12/167. Os óbices registrários referem-se: a) necessidade de apresentação da via original da escritura de 30.07.1970, acompanhada da guia de ITBI; b) a inventariada faleceu antes da lavratura da escritura mencionada e da inscrição, logo, o bem jamais pertenceu à falecida; c) apresentar o registro do formal de partilha de Luiz Tochiphico Yomoguita. Apresentou documentos às fls. 177/312. O Ministério Público opinou pela procedência da dúvida, com a consequente manutenção dos óbices (fls. 316/318). É o relatório. Passo a fundamentar e a decidir. Com razão o Oficial Registrador e a D Promotora de Justiça. Preliminarmente, importante destacar que o tema sobre a qualificação dos títulos judiciais pelo Oficial já foi decidido pelo o E. Conselho Superior da Magistratura, nos autos da Apelação Cível 464-6/9, de São José do Rio Preto: "O fato de tratar-se o título de mandado judicial não o torna imune à qualificação registraria, sob o estrito ângulo da regularidade formal, o exame da legalidade não promove incursão sobre o mérito da decisão judicial, mas à apreciação das formalidades extrínsecas da ordem e à conexão de seus dados com o registro e a sua formalização instrumental". Assim, os títulos judiciais não estão isentos de qualificação registral para ingresso no fólio real. A qualificação negativa não caracteriza desobediência ou descumprimento de decisão judicial. Portanto, não basta a existência de título proveniente de órgão judicial para autorizar automaticamente o ingresso no registro tabular. Superada a questão sobre o ingresso do título judicial, passa-se à análise do princípio da continuidade, explicado por Afrânio de Carvalho, da seguinte forma: "O princípio da continuidade, que se apoia no de especialidade, quer dizer que, em relação a cada imóvel, adequadamente individuado, deve existir uma cadeia, de titularidade à vista da qual só se fará a inscrição de um direito se o outorgante dele aparecer no registro como seu titular. Assim, as sucessivas transmissões, que derivam umas das outras, asseguram a preexistência do imóvel no patrimônio do transferente" (Registro de Imóveis, Editora Forense, 4ª Ed., p. 254). Ou seja, o título que se pretende registrar deve estar em conformidade com o inscrito na matrícula. Oportuno destacar, ainda, a lição de Narciso Orlandi Neto, para quem: "No sistema que adota o princípio da continuidade, os registros têm de observar um encadeamento subjetivo. Os atos praticados têm de ter, numa das partes, a pessoa cujo nome já consta do registro. A pessoa que transmite um direito tem de constar do registro como titular desse direito, valendo para o registro o que vale para validade dos negócios" (Retificação do Registro de Imóveis, Editora Oliveira Mendes, p. 56). Necessário, por conseguinte, que o titular de domínio seja o mesmo no título apresentado a registro e no registro de imóveis, pena de violação ao princípio da continuidade, previsto no art. 195, da Lei nº 6.015/73: "Se o imóvel não estiver matriculado ou registrado em nome do outorgante, o oficial exigirá a previa matrícula e o registro do titulo anterior, qualquer que seja a sua natureza, para manter a continuidade do registro". Conclui-se, assim, que os registros necessitam observar um encadeamento subjetivo, ou seja, o instrumento que pretende ingressar no registro tabular necessita estar em nome do outorgante, sendo assim apenas se transmite o direito quem é o titular do direito. Compulsando os presentes autos verifico que nos termos da escritura de venda e compra apresentada às fls. 36/43, constou que o imóvel foi adquirido em 30.07.1970, por Luiz Tochiphico Yomoguita, casado sob o regime da comunhão de bens com Enide Yomoguita, ou seja, quando Iara já havia falecido (certidão de óbito - fls. 88/89). Neste contexto, não há como se afirmar com convicção que o imóvel em questão foi adquirido por Iara e Luiz, haja vista que de acordo com o princípio da inscrição, a transmissão da propriedade dáse com o registro do título. Ressalto que, se houve equívoco na escritura lavrada perante o 13º Tabelião de Notas, tal negócio jurídico deverá ser desconstituído por ação de nulidade a ser proposta nas vias ordinárias, com a incidência do contraditório e ampla defesa, e ainda somado a isso, a declaração unilateral juntada às fls. 49/50, em que a srª Eneida "abre mão da sua parte no imóvel", não surge qualquer efeito jurídico nos termos da principio da legalidade, vez que o título apresentado à qualificação permanece hígido, vez que não houve qualquer vício de consentimento, além do que, o cancelamento do registro da forma pleiteada poderá constituir em prejuízo aos direitos dos filhos que sobrevieram à segunda núpcias. Logo, não detendo qualquer fração ideal do imóvel, Iara não pode transmitir a sua fração a seus herdeiros, sob pena de violação ao princípio da continuidade. Diante do exposto, julgo procedente a dúvida inversa suscitada por Luis Yomoguita, em face do Oficial do 15º Registro de Imóveis da Capital, e consequentemente mantenho o óbice registrário. Deste procedimento não decorrem custas, despesas processuais e honorários advocatícios. Oportunamente remetam-se os autos ao arquivo. P.R.I.C. - ADV: WELSON COUTINHO CAETANO (OAB 151883/SP) (DJe de 15.05.2019 - SP)

Processo 1111333-04.2018.8.26.0100

Dúvida - Notas - Marilucia Fanganiello de Oliveira Michelotti - Vistos. Trata-se de duvida suscitada pelo Oficial do 17º Registro de Imóveis da Capital, a requerimento de Marilucia Fanganiello de Oliveira Michelotti, diante da negativa em se proceder ao registro da escritura pública de inventário e partilha lavrada pelo Oficial de Registro Civil das Pessoas Naturais e Tabelião de Notas de Buri, Comarca de Itapeva, referente aos imóveis matriculados sob nºs 39.946 e 40.174. Informa o Oficial que referida escritura refere-se à partilha da parte ideal de 1/60 que Ricardo Fanganiello de Carvalho Fernandes possuía nos aludidos imóveis. O óbice registrário refere-se à necessidade de apresentação da certidão negativa de tributos ou certidão positiva com efeitos de negativa de tributos em relação ao imóvel matriculado sob nº 39.946. Juntou documentos às fls. 05/96. A suscitada apresentou impugnação às fls. 103/104. Aduz que a área foi objeto de desapropriação em junho de 2009 (mandado de imissão na posse - fl. 15) e que a CDHU não procedeu a transferência do cadastro do IPTU, a fim de que a companhia figurasse como titular do imóvel. Por fim, afirma que a Lei nº 14.865 isenta os imóveis da CDHU do pagamento de IPTU, todavia, o cadastro se faz necessário. Houve manifestação da Municipalidade de São Paulo às fls. 118/121. Concorda com a exigência imposta pelo registrador acerca da necessidade da certidão de regularidade fiscal - CND ou CPDEN. Esclarece que o imóvel possui débitos inscritos de IPTU referentes aos exercícios de 2011 a 2018, bem como não é possível reconhecer com segurança jurídica qual parcela do imóvel foi de fato desapropriada e qual em tese teria permanecido sob o domínio da interessada. Apresentou documentos às fls. 122/124. O Ministério Público opinou pela improcedência da dúvida (fls. 108/110 e 127). É o relatório. Passo a fundamentar e a decidir. Primeiramente ressalto que a argumentação da Municipalidade no tocante à existência de débitos em atraso em relação ao IPTU, não obsta o registro pleiteado, tendo em vista que a existência de débitos e valores relativos a tributos municipais devem ser discutido nas vias ordinárias, com ampla dilação probatória e incidência do contraditório e ampla defesa, sendo certo que tal providência está sendo tomada pelo órgão municipal (fl. 123). Ademais, o próprio ente municipal sequer soube esclarecer qual parcela do imóvel foi de fato desapropriada e qual teria ficado sob o domínio da suscitada, fato este que, de acordo com a interessada, leva à divergência no real valor a ser cobrado a título de imposto. Todavia, o que se denota da presente dúvida, é que a exigência feita pelo Oficial para registro do título apresentado refere-se à necessidade de apresentação da certidão negativa de tributos ou certidão positiva com efeitos de negativa de tributos em relação ao imóvel matriculado sob nº 39.946. Apesar do entendimento pessoal desta magistrada, no sentido de não ser possível declarar, em sede administrativa, a inconstitucionalidade dos dispositivos legais que exigem a apresentação da CND perante o registro imobiliário, reconheço ter sido pacificado o entendimento de que tal exigência não pode ser feita pelo Oficial. Neste sentido, além dos precedentes do E. Conselho Superior da Magistratura e da Corregedoria Geral da Justiça deste Tribunal, o Conselho Nacional de Justiça, nos autos do pedido de providências nº 000123082-.2015.2.00.0000, formulado pela União/AGU, entendeu não haver irregularidade na dispensa, por ato normativo, da apresentação de certidão negativa para registro de título no Registro de Imóveis: "CNJ: Pedido de Providências Provimento do TJ-RJ que determinou aos cartórios de registro de imóveis que deixem de exigir a certidão negativa de débito previdenciária (CND) Pedido formulado pela UNIÃO/AGU para a suspensão cautelar e definitiva dos efeitos do Provimento n. 41/2013, além da instauração de reclamação disciplinar contra os magistrados que participaram da concepção e realização do ato e ainda, que o CNJ expeça resolução ou recomendação vedando a todos os órgãos do Poder Judiciário a expedição de normas de conteúdo semelhante ao editado pela requerida Provimento CGJ n. 41/2013 editado pelo TJRJ está de acordo com a interpretação jurisprudencial do STF Ressalte-se que não houve qualquer declaração de inconstitucionalidade dos artigos 47 e 48 da Lei n. 8.212/91, mas sim fixação de norma de competência da Corregedoria Geral de Justiça local para regulamentar as atividades de serventias extrajudiciais vinculadas ao Tribunal de Justiça Pedido de providências improcedente" De acordo com o Acórdão: "... Ao contrário do que afirma a Advocacia-Geral da União, verifica-se que o Provimento CGJ n. 41/2013 editado pelo TJRJ está de acordo com a interpretação jurisprudencial do STF acerca da aplicabilidade dos artigos 47 e 48 da Lei n. 8.212/91 ao dispensar a exigência de apresentação de CND para o registro de imóveis. Confira-se: RECURSO EXTRAORDINÁRIO COM AGRAVO. REPERCUSSÃO GERAL. REAFIRMAÇÃO DE JURISPRUDÊNCIA. DIREITO TRIBUTÁRIO E DIREITO PROCESSUAL CIVIL. CLÁUSULA DA RESERVA DE PLENÁRIO. ART. 97 DA CONSTITUIÇÃO FEDERAL. JURISPRUDÊNCIA DO TRIBUNAL PLENO DO STF. RESTRIÇÕES IMPOSTAS PELO ESTADO. LIVRE EXERCÍCIO DA ATIVIDADE ECONÔMICA OU PROFISSIONAL. MEIO DE COBRANÇA INDIRETA DE TRIBUTOS. 1. A jurisprudência pacífica desta Corte, agora reafirmada em sede de repercussão geral, entende que é desnecessária a submissão de demanda judicial à regra da reserva de plenário na hipótese em que a decisão judicial estiver fundada em jurisprudência do Plenário do Supremo Tribunal Federal ou em Súmula deste Tribunal, nos termos dos arts. 97 da Constituição Federal, e 481, parágrafo único, do CPC. 2. O Supremo Tribunal Federal tem reiteradamente entendido que é inconstitucional restrição imposta pelo Estado ao livre exercício de atividade econômica ou profissional, quanto aquelas forem utilizadas como meio de cobrança indireta de tributos. 3. Agravo nos próprios autos conhecido para negar seguimento ao recurso extraordinário, reconhecida a inconstitucionalidade, incidental e com os efeitos da repercussão geral, do inciso III do §1º do artigo 219 da Lei 6.763/75 do Estado de Minas Gerais.(ARE 914045 RG, Relator(a): Min. EDSON FACHIN, julgado em 15/10/2015, ACÓRDÃO ELETRÔNICO REPERCUSSÃO GERAL MÉRITO DJe-232 DIVULG 18-11-2015 PUBLIC 19-11-2015)" Assim, devem os Oficiais observar o disposto no Cap. XX, item 119.1, das NSCGJ do Tribunal de Justiça de São Paulo, que assim dispõe: "119.1. Com exceção do recolhimento do imposto de transmissão e prova de recolhimento do laudêmio, quando devidos, nenhuma exigência relativa à quitação de débitos para com a Fazenda Pública, inclusive quitação de débitos previdenciários, fará o oficial, para o registro de títulos particulares, notariais ou judiciais" Deste modo, existindo norma expressa no sentido de que os Oficiais não podem exigir, para registro de título, qualquer documento relativo à débitos para com a Fazenda Pública, ou Municipalidade de São Paulo, logo a exigência ora apresentada deve ser afastada. Diante do exposto, julgo improcedente a dúvida suscitada pelo Oficial do 17º Registro de Imóveis da Capital, a requerimento de Marilucia Fanganiello de Oliveira Michelotti, e consequentemente determino o registro do título. Deste procedimento não decorrem custas, despesas processuais e honorários advocatícios. Oportunamente remetam-se os autos ao arquivo. P.R.I.C. - ADV: ZELMA FARIA MIRAGAIA SCHMIEGELOW (OAB 70962/SP) (DJe de 20.02.2019 - SP)

IPTU

Processo 1080147-60.2018.8.26.0100

Pedido de Providências - Por Terceiro Prejudicado - João Alves de Lima - Vistos. Trata-se de pedido de providências formulado por João Alves de Lima em face do Oficial do 11º Registro de Imóveis da Capital, pleiteando o cancelamento do registro nº 04 na matrícula nº 103.105. Esclarece em síntese o requerente que foi surpreendido pela notificação acerca da existência de débito fiscal (IPTU), enviado pela Prefeitura de São paulo, tendo como fato gerador o imóvel mencionado. Alega que ao solicitar a certidão, constou que o imóvel foi objeto de uma ação de adjudicação que tramitou perante o MMº Juízo da 7ª Vara Cível do Foro Regional de Santo Amaro em que uma pessoa, com o mesmo nome do requerente, porém casada com terceira pessoa desconhecida, utilizou-se do numero do seu CPF. Juntou documentos às fls. 02/28. O registrador manifestou-se às fls. 32/40. Informa que referido ato foi efetuado pela apresentação, em 15.02.2013, da carta de adjudicação expedida pelo MMº Juízo da 7ª Vara Cível do Foro Regional II - Santo Amaro e após efetuada a qualificação positiva, o título teve ingresso no fólio real. Aduz que é pacífico o entendimento de que não tramita na esfera administrativa o cancelamento de registro por nulidade de pleno direito, quando se trata de nulidade intrínseca do titulo causal, sendo que na presente hipótese, foram observados todos os elementos de qualificação, de forma que não há erro no registro realizado, haja vista estar em consonância com o título causal. Apresentou documentos às fls. 41/84. Intimados para eventual impugnação, a notificação de Neusa Soares da Silva Lima restou positiva (fl. 104), enquanto a de João Alves de Lima foi devolvida em razão de seu falecimento (fl. 114). O Ministério Público opinou pela deferimento da retificação do registro (fls. 109/110). Houve manifestação do requerente acerca do desconhecimento de eventuais herdeiros ou a abertura de inventário (fls. 121/122). É o relatório. Passo a fundamentar e a decidir. Em que pesem os argumentos expostos pela D. Promotora de Justiça, entendo que na presente hipótese deve ser indeferido o pedido. Pleiteia o requerente o cancelamento do registro nº 04 junto à matrícula nº 103.105, sob o argumento de que em razão da existência de homonimia, outra pessoa utilizou o numero de seu CPF para registrar a carta de adjudicação expedida pelo MMº Juízo da 7ª Vara Cível do Foro Regional de Santo Amaro. Ressalto que o registro de imóveis tem como finalidade primordial zelar pela segurança jurídica, e o faz ao exprimir no fólio registral a realidade fática. Portanto, deve-se sempre buscar essa coincidência entre informação e realidade. Contudo, não se admitem meios que não respeitem as formalidades exigidas, sob o risco de afronta à lei. O registro foi realizado pelo Oficial de acordo com a documentação levada ao Cartório, estando fiel ao título que lhe deu origem, apesar de estar em desacordo com a situação fática, logo, está caracterizado o vicio intrínseco consistente na utilização de documento alheio como sendo próprio. Formalmente o ato praticado pelo Oficial do 11º Cartório de Imóveis da Capital está perfeito. Deve-se salientar que, no ordenamento jurídico pátrio, incumbe ao Registrador, no exercício do dever de qualificar o título que lhe é apresentado, examinar o aspecto formal, extrínseco, e observar os princípios que regem e norteiam os registros públicos, dentre eles, o da legalidade, que consiste na aceitação para registro somente do título que estiver de acordo com a lei. A análise do título deve obedecer a regras técnicas e objetivas, sendo que o desempenho dessa função atribuída ao Registrador deve se dar com independência. No mais, consta do registro o correto nome dos adquirentes e documentos pessoais citados na carta de adjudicação expedida (fl. 49), note-se que desde a inicial do feito constou o CPF de João Alves de Lima como nº 565.102.508-10, assim como o instrumento particular de compromisso de venda e compra que deu origem à carta de adjudicação (fls. 69/73). Logo, correta a qualificação do título apresentado, já que ao registrador cabe a verificação de aspectos formais e não de eventuais vícios intrínsecos. Pelo princípio da legitimação (eficácia do registro), os vícios reconhecíveis pela via administrativa são apenas aqueles comprováveis de pleno direito, que resultem de erros evidentes extrínsecos ao título, sem necessidade de exame de outros documentos ou fatos (artigos 214, caput, e 252 da Lei 6.015/73). Ademais, o vício intrínseco, derivado do reconhecimento de eventual equívoco constante da ação de adjudicação e respectiva carta que tramitou perante a 7ª Vara Cível do Foro de Santo Amaro deve ser solucionado junto àquele Juízo, seja requerendo retificação ou anulação, com eventual reflexo sobre o registro imobiliário, não cabendo ao Oficial discutir o conteúdo da ordem judicial expedida. Discorrendo sobre o tema, Narciso Orlandi Neto faz a distinção entre vicio intrínseco e extrínseco: "É preciso distinguir o distinguir nulidade direta do registro e nulidade do título, com reflexo no registro. O registro não pode ser cancelado por nulidade do título, salvo em processo contencioso de que participe o titular do direito inscrito. Em outras palavras, o art. 214 da Lei n. 6.015/73 é exceção. E como se sabe se o registro é ou não nulo de pleno direito? Sabe-se que o registro é ou não nulo de pleno direito examinando-o separadamente do título que lhe deu causa, apenas à luz dos princípios que regem o registro, a saber se foram cumpridos os requisitos formais. A indagação da nulidade do registo deve ficar restrita aos defeitos formais do assento, ligados à inobservância de formalidades essenciais da inscrição (Código Civil, arts. 130 e 145, III) (Afrânio de Carvalho, Retificação do Registro, in RDI 13, p.17). ... A nulidade a que se refere o art. 214 da Lei de Registros Públicos é exclusiva do registro, absolutamente independente do título, tanto que, uma vez declarada, permite que o mesmo título seja novamente registrado. ... A nulidade que pode ser declarada, diretamente independentemente de ação, é de direito formal, extrínseca. Ela não pode alcançar o título, que subsiste íntegro e, em muitos casos, apto a, novamente, ingressar no registro Problemas relativos ao consentimento das partes, diz respeito ao título, tanto quanto sua representação e a elaboração material do instrumento. Assim, se houve fraude, se a assinatura do transmitente foi falsificada, se o instrumento público não consta dos livros de nenhum notário, se a procuração que serviu na representação de uma das partes é falsa, se o consentimento do alienante foi obtido com violência, são todos problemas atinentes ao título. Podem afetar o registro, mas obliquamente. Só podem determinar o cancelamento do registro, em cumprimento de sentença que declare a nulidade do título e, em consequência, do registro" (Retificação do Registro de Imóveis, Ed. Oliveira Mendes, pág. 183/192). Em que pesem as alegações da D. Promotora de Justiça, acerca da possibilidade de retificação do registro, entendo que não há como aplicar as disposições da Lei de Registros Públicos, Lei 6.015/73, mais especificamente seu artigo 213, em que estão elencadas as situações onde o Oficial retificará o registro, conforme o caso em questão, ou averbação. O pressuposto da retificação do registro é a sua imprecisão, seu erro, o que, no caso inexiste, haja vista que o registro reflete o teor do título que lhe deu causa. Ressalto que em vários julgados proferidos por esta Corregedoria Permanente tem-se possibilidade a retificação dos dados qualificativos das partes, com base no abrandamento do principio da especialidade subjetiva e consequentemente, do rigor formal, desde que haja elementos contundentes capazes de provar que o equivoco. Ocorre que na presente questão não é possível afirmar com precisão que o CPF do "verdadeiro" adquirente do imóvel srº João Alves de Lima é nº 130.591.188-17, conforme pesquisas feitas pela D. Promotora de Justiça, uma vez que há divergência quanto ao mês de nascimento indicado no IIRGD como 09.06.1946 e no Denatran como 09.07.1946. Ainda deve-se levar em conta que intimada a srª Neusa, na qualidade de ex cônjuge de João Alves, não houve qualquer manifestação, não havendo como pressupor nesta hipótese a sua concordância, assim como não há qualquer notícia acerca da existência de herdeiros em virtude o falecimento do suposto adquirente. Logo, havendo dúvida não há como se aplicar o abrandamento do princípio da especialidade subjetiva, sob pena de violação a eventual direitos de terceiros, devendo o requerente buscar nas vias ordinárias a desconstituição do título que deu causa ao registro. Diante do exposto, julgo improcedente o pedido de providências formulado por João Alves de Lima em face do Oficial do 11º Registro de Imóveis da Capital. Deste procedimento não decorrem custas, despesas processuais e honorários advocatícios. Oportunamente remetam-se os autos ao arquivo. P.R.I.C. - ADV: BRUNO YEPES PEREIRA (OAB 123839/SP), JACKELYNE FORNOS PEREIRA (OAB 346699/SP) (DJe de 06.02.2019 - SP)

ITBI

Processo 0037554-33.2018

Pedido de Providências Corregedoria Geral da Justiça Municipio de São Paulo Oficial do 2º Registro de Imóveis da Capital Sentença (fls. 112/115): Vistos. Trata-se de comunicação feita pelo Município de São Paulo à E. CGJ, com encaminhamento a esta Corregedoria Permanente, noticiando a imposição de multa ao Oficial do 2º Registro de Imóveis da Capital por não solicitar comprovação de recolhimento de ITBI para registro de título na matrícula de nº 28.050 da serventia. O Oficial manifestou-se às fls. 14/15, com documentos às fls. 16/54. Alega que o registro de Carta de Arrematação na matrícula se deu por força de liminar concedida em Mandado de Segurança, que determinou que a base de cálculo do ITBI seria o valor da arrematação. Entende pela regularidade de seus atos, tendo apresentado impugnação a autuação fiscal. O Município sustenta que o registro se deu tão apenas com a comprovação do depósito judicial do valor do ITBI, e não de seu recolhimento (fls. 58/60). O Ministério Público opinou às fls. 65/68 pelo arquivamento do procedimento. Informação do Município de fls. 101/106 aponta que a impugnação administrativa foi julgada improcedente. É o relatório. Decido. Neste procedimento se analisará apenas se há indícios de falta funcional pelo Oficial que enseje eventual apuração específica, não cabendo a esta Corregedoria analisar se a multa aplicada pelo Município é ou não pertinente. Pois bem. Do que consta dos autos, Carolina Lourençao Brighenti e André Vasconcellos de Souza Lima impetraram Mandado de Segurança contra o Diretor de Rendas da Fazenda Municipal após exigência deste de que a guia de recolhimento do ITBI devido por arrematação de imóvel se desse com base no valor venal de referência do bem. Entendendo tal cobrança ilegal, solicitaram a concessão da ordem para que o imposto fosse cobrado sobre o valor de arrematação. O juízo da Fazenda Pública concedeu liminar (fls. 39/49), constando do dispositivo da decisão apenas o seguinte: "Posto isso, concedo a medida liminar, oficiando-se imediatamente a autoridade impetrada e o respectivo cartório de registro de imóveis para cumprimento da presente decisão judicial". Assim, da leitura de tal decisão, não se entende, sem sombra de dúvidas, qual foi o objeto da liminar: permitir o recolhimento do imposto a menor ou seu depósito judicial, com posterior registro, ou impedir, por completo, a cobrança de imposto enquanto não decidido o mérito, determinando o registro desde logo. A primeira interpretação se dá com a análise do próprio pedido de liminar (fl. 36), para que fosse "considerado para a base de cálculo o valor da arrematação". Já a segunda interpretação decorre da ordem para que fosse oficiado o registro de imóveis: ora, se não era impetrado, para que foi emitido o ofíc io, se não para determinar o registro que vinha sendo obstado? Além disso, poder-se-ia interpretar que o ofício teria a finalidade de dar ciência ao registrador para que cobrasse o imposto apenas com base no valor da arrematação. Assim também entendeu a D. Promotora: "Aliás, não é por outro motivo que o d. Juízo responsável pelo mandado de segurança expediu ofício à serventia predial, uma vez que visava garantir a prática do ato de registro sem a necessidade de comprovação do recolhimento do tributo com a base de cálculo apresentada pela PMSP." De qualquer modo, os impetrantes, com base na liminar, depositaram em juízo o valor do imposto devido e apresentaram comprovante de tal depósito a serventia extrajudicial, que realizou o registro do título. O Município entende que não foi efetivamente recolhido o imposto, mas apenas depositado judicialmente, o que impediria o registro do título. E, de fato, com base na Lei Municipal 11.154/91, em seu Art. 19, o registro só pode ser feito com a prova do recolhimento do imposto ou de prova de sua não incidência ou isenção. Portanto, o Oficial descumpriu tal legislação. Contudo, entendo que não há qualquer sanção a ser aplicada por esta Corregedoria. Isso porque, como exposto, a liminar concedida e o ofício enviado à serventia geraram dúvidas sobre a natureza da decisão judicial, sendo a interpretação dada pelo Oficial (de que o registro deveria ser realizado por força da liminar) razoável, não implicando qualquer espécie de dolo ou culpa em violar a legislação municipal, elementos necessários para instauração de processo administrativo disciplinar. Ainda, não houve qualquer prejuízo, uma vez que o Mandado de Segurança foi concedido, com conversão em rendado depósito judicial ao Município, ou seja, o imposto foi efetivamente pago, não havendo danos advindos dos atos do Oficial. Por fim, saliento apenas quanto ao Art. 151 do CTN que este juízo entende que a suspensão da exigibilidade do crédito tributário permite ao Oficial o registro do título sem a comprovação do recolhimento do tributo, já que se não exigível, não pode ser utilizado como condição para exercício do direito de propriedade. Neste sentido, o Proc. 1117163-82.2017.8.26.0100. Todavia, no mesmo processo decidiu-se que existindo legislação municipal específica que determina a comprovação do recolhimento para o registro, não pode o Oficial ou esta Corregedoria afastá-la, de modo que o registrador deve sempre observar o disposto na já citada Lei Municipal 11.154/91, a menos que haja decisão judicial específica permitindo o registro com o depósito judicial. Assim, devem os Oficiais atentar-se para que seja comprovado o recolhimento do imposto, permitindo o registro quando houver apenas comprovação do depósito judicial somente quando assim autorizado por decisão judicial. Havendo incerteza quanto ao alcance da decisão, deverá suscitar dúvida ou consultar o juízo no qual realizado o depósito. No presente caso, contudo, diante dos termos da decisão liminar do Mandado de Segurança e do ofício emitido ao registrador, entendo que o registro realizado não representa falta funcional. Do exposto, determino o arquivamento do presente procedimento. Oficie-se a E. CGJ com cópia desta decisão e de fls. 102/106. Não há custas, despesas processuais nem honorários advocatícios decorrentes deste procedimento. Oportunamente, arquivem-se os autos. P.R.I.C. São Paulo, 14 de março de 2019. Tania Mara Ahualli Juiz de Direito (CP – 256) (DJe de 19.03.2019 - SP)

Processo 0037554-33.2018.8.26.0100

Pedido de Providências - REGISTROS PÚBLICOS - Corregedoria Geral da Justiça - Prefeitura de São Paulo - Setor de Fiscalização SF/SUREM/DEFIS e outro - Trata-se de comunicação feita pelo Município de São Paulo à E. CGJ, com encaminhamento a esta Corregedoria Permanente, noticiando a imposição de multa ao Oficial do 2º Registro de Imóveis da Capital por não solicitar comprovação de recolhimento de ITBI para registro de título na matrícula de nº 28.050 da serventia. O Oficial manifestou-se às fls. 14/15, com documentos às fls. 16/54. Alega que o registro de Carta de Arrematação na matrícula se deu por força de liminar concedida em Mandado de Segurança, que determinou que a base de cálculo do ITBI seria o valor da arrematação. Entende pela regularidade de seus atos, tendo apresentado impugnação a autuação fiscal. O Município sustenta que o registro se deu tão apenas com a comprovação do depósito judicial do valor do ITBI, e não de seu recolhimento (fls. 58/60). O Ministério Público opinou às fls. 65/68 pelo arquivamento do procedimento. Informação do Município de fls. 101/106 aponta que a impugnação administrativa foi julgada improcedente. É o relatório. Decido. Neste procedimento se analisará apenas se há indícios de falta funcional pelo Oficial que enseje eventual apuração específica, não cabendo a esta Corregedoria analisar se a multa aplicada pelo Município é ou não pertinente. Pois bem. Do que consta dos autos, Carolina Lourençao Brighenti e André Vasconcellos de Souza Lima impetraram Mandado de Segurança contra o Diretor de Rendas da Fazenda Municipal após exigência deste de que a guia de recolhimento do ITBI devido por arrematação de imóvel se desse com base no valor venal de referência do bem. Entendendo tal cobrança ilegal, solicitaram a concessão da ordem para que o imposto fosse cobrado sobre o valor de arrematação. O juízo da Fazenda Pública concedeu liminar (fls. 39/49), constando do dispositivo da decisão apenas o seguinte: "Posto isso, concedo a medida liminar, oficiando-se imediatamente a autoridade impetrada e o respectivo cartório de registro de imóveis para cumprimento da presente decisão judicial". Assim, da leitura de tal decisão, não se entende, sem sombra de dúvidas, qual foi o objeto da liminar: permitir o recolhimento do imposto a menor ou seu depósito judicial, com posterior registro, ou impedir, por completo, a cobrança de imposto enquanto não decidido o mérito, determinando o registro desde logo. A primeira interpretação se dá com a análise do próprio pedido de liminar (fl. 36), para que fosse "considerado para a base de cálculo o valor da arrematação". Já a segunda interpretação decorre da ordem para que fosse oficiado o registro de imóveis: ora, se não era impetrado, para que foi emitido o ofício, se não para determinar o registro que vinha sendo obstado? Além disso, poder-se-ia interpretar que o ofício teria a finalidade de dar ciência ao registrador para que cobrasse o imposto apenas com base no valor da arrematação. Assim também entendeu a D. Promotora: "Aliás, não é por outro motivo que o d. Juízo responsável pelo mandado de segurança expediu ofício à serventia predial, uma vez que visava garantir a prática do ato de registro sem a necessidade de comprovação do recolhimento do tributo com a base de cálculo apresentada pela PMSP." De qualquer modo, os impetrantes, com base na liminar, depositaram em juízo o valor do imposto devido e apresentaram comprovante de tal depósito a serventia extrajudicial, que realizou o registro do título. O Município entende que não foi efetivamente recolhido o imposto, mas apenas depositado judicialmente, o que impediria o registro do título. E, de fato, com base na Lei Municipal 11.154/91, em seu Art. 19, o registro só pode ser feito com a prova do recolhimento do imposto ou de prova de sua não incidência ou isenção. Portanto, o Oficial descumpriu tal legislação. Contudo, entendo que não há qualquer sanção a ser aplicada por esta Corregedoria. Isso porque, como exposto, a liminar concedida e o ofício enviado à serventia geraram dúvidas sobre a natureza da decisão judicial, sendo a interpretação dada pelo Oficial (de que o registro deveria ser realizado por força da liminar) razoável, não implicando qualquer espécie de dolo ou culpa em violar a legislação municipal, elementos necessários para instauração de processo administrativo disciplinar. Ainda, não houve qualquer prejuízo, uma vez que o Mandado de Segurança foi concedido, com conversão em rendado depósito judicial ao Município, ou seja, o imposto foi efetivamente pago, não havendo danos advindos dos atos do Oficial. Por fim, saliento apenas quanto ao Art. 151 do CTN que este juízo entende que a suspensão da exigibilidade do crédito tributário permite ao Oficial o registro do título sem a comprovação do recolhimento do tributo, já que se não exígivel, não pode ser utilizado como condição para exercício do direito de propriedade. Neste sentido, o Proc. 1117163-82.2017.8.26.0100. Todavia, no mesmo processo decidiu-se que existindo legislação municipal específica que determina a comprovação do recolhimento para o registro, não pode o Oficial ou esta Corregedoria afastá-la, de modo que o registrador deve sempre observar o disposto na já citada Lei Municipal 11.154/91, a menos que haja decisão judicial específica permitindo o registro com o depósito judicial. Assim, devem os Oficiais atentar-se para que seja comprovado o recolhimento do imposto, permitindo o registro quando houver apenas comprovação do depósito judicial somente quando assim autorizado por decisão judicial. Havendo incerteza quanto ao alcance da decisão, deverá suscitar dúvida ou consultar o juízo no qual realizado o depósito. No presente caso, contudo, diante dos termos da decisão liminar do Mandado de Segurança e do ofício emitido ao registrador, entendo que o registro realizado não representa falta funcional. Do exposto, determino o arquivamento do presente procedimento. Oficie-se a E. CGJ com cópia desta decisão e de fls. 102/106. Não há custas, despesas processuais nem honorários advocatícios decorrentes deste procedimento. Oportunamente, arquivemse os autos. P.R.I.C. - ADV:

SERGIO EDUARDO TOMAZ (OAB 352504/SP) (DJe de 20.03.2019 - SP)

Processo 1025490-37.2019.8.26.0100

Dúvida - Registro de Imóveis - Luiz Roberto Antunes e outro - Vistos. Trata-se de dúvida suscitada pelo Oficial do 10º Registro de Imóveis da Capital, a requerimento de Luiz Roberto Antunes e Elizabeth Nieves Russo Antunes, tendo em vista a negativa em se proceder ao registro da carta de sentença expedida pelo CEJUSC - Justiça Expressa do Foro Cível desta Capital (processo nº 0051836-76.2018.8.26.0100), no qual foi homologado o divórcio dos suscitados. Realizada a qualificação, o título foi devolvido para cumprimento de três exigências, sendo duas delas integralmente cumpridas, restando apenas um óbice, concernente à necessidade da comprovação do recolhimento do imposto de transmissão (ITBI), sendo que na partilha homologada a suscitada recebeu patrimônio acima de sua cota parte, o que caracteriza excesso de meação, tendo sido a diferença igualada através da tradição de bens móveis, incluindo valor em espécie. Juntou documentos às fls. 05/104. O suscitados apresentaram impugnação às fls. 105/108. Insurgem-se do óbice imposto sob o argumento de que houve divisão patrimonial igualitária entre as partes interessadas, vez que o cônjuge virago, apesar de ter recebido patrimônio maior que Luiz Roberto, repôs com outros bens do importe tido "a maior". Logo não há que se falar em transmissão de bem imóvel por ato oneroso, na medida em que cada consorte continuou titular dos mesmos direitos que antes já possuía. O Ministério Público opinou pela procedência da dúvida (fls. 112/113). É o relatório. Passo a fundamentar e a decidir. Com razão o Registrador, bem como o D. Promotor de Justiça. Conforme demonstram os documentos juntados aos autos (fls. 22/25), o patrimônio do casal consistia em um imóvel matriculado sob nº 105.989 do 10º RI, no valor de R$ 1.342.509,00 (um milhão, trezentos e quarenta e dois mil, quinhentos e nove reais); um imóvel matriculado sob nº 26.513 do 10º RI, no importe de R$ 365.334,00 (trezentos e sessenta e cinco mil, trezentos e trinta e quatro reais); 50% dos direitos de posse dos lotes de terreno unificados de nºs 21, 22 e 23 da Quadra HI da Gleba VI do Loteamento de Terras de Santa Cristina - Município de Paranapanema, correspondendo a parte a ser partilhada o valor de R$ 68.415,45 (sessenta e oito mil, quatrocentos e quinze reais e quarenta e cinco centavos); dois veículos que perfazem o montante de R$ 110.864,63 (cento e dez mil, oitocentos e sessenta e quatro reais e sessenta e três centavos); cotas sociais da empresa denominada LRA Serviços de Apoio LTDA, no valor total de R$ 100.000,00 (cem mil reais); 7,97% das cotas sociais da empresa denominada Alpha Comércio e Participações LTDA, no importe de R$ 272,00 (duzentos e setenta e dois reais); 41.311 das cotas sociais da empresa denominada Rio Maso Participações LTDA, totalizando o valor de R$ 41.311,00 (quarenta e um mil, trezentos e onze reais); aplicação financeira em VGBL no banco Itaú Unibanco S/A no importe de R$ 116.499,60 (cento e dezesseis mil, quatrocentos e noventa e nove reais e sessenta centavos); conta corrente no Banco Itaú no montante de R$ 99,19 (noventa e nove reais e dezenove centavos); conta corrente no Banco Bradesco, no valor de R$ 17.580,47 (dezessete mil, quinhentos e oitenta reais e quarenta e sete centavos) e dinheiro em espécie depositado no cofre no valor de R$ 657.500,00 (seiscentos e cinquenta e sete mil e quinhentos reais), totalizando o patrimônio de R$ 2.820.385,34, logo o quinhão de cada divorciado equivale a R$ 1.410.192,67 (um milhão, quatrocentos e dez mil, cento e noventa e dois reais e sessenta e sete centavos). Na partilha esposa ficou com o imóvel matriculado sob nº sob nº 105.989 do 10º RI, no valor de R$ 1.342.509,00 (um milhão, trezentos e quarenta e dois mil, quinhentos e nove reais), logo, R$ 488.587,50 a mais que o valor que lhe caberia por ocasião da meação, enquanto o imóvel matriculado sob nº 26.513 do 10º RI, no importe de R$ 365.334,00 (trezentos e sessenta e cinco mil, trezentos e trinta e quatro reais) coube ao varão, sendo que a partilha restou igualada pelos bens móveis e dinheiro em espécie, o que caracteriza a onerosidade da transição e consequentemente o excesso de meação. De acordo com a doutrina, sobre o ITBI: "O que se tributa é a transmissão da propriedade de bem imóvel realizada através de um negócio jurídico oneroso, tais como compra e venda, dação em pagamento ou permuta." (Registro Imobiliário: dinâmica registral / Ricardo Dip, Sérgio Jacomino, organizadores. - São Paulo: Editora Revista dos Tribunais, 2011. - (Coleção doutrinas essenciais: direito registral; v.6 - p. 1329 - g.n) Assim diz o Regulamento do Imposto sobre Transmissão "Inter Vivos" (Anexo do Decreto Municipal 55.196/14): "Art. 2º Estão compreendidos na incidência do Imposto: (...) VI - o valor dos imóveis que, na divisão de patrimônio comum ou na partilha, forem atribuídos a um dos cônjuges separados ou divorciados, ao cônjuge supérstite ou a qualquer herdeiro, acima da respectiva meação ou quinhão, considerando, em conjunto, apenas os bens imóveis constantes do patrimônio comum ou monte-mor;" - ADV: MICHELLE AGUIAR ARAUJO (OAB 201828/SP), ZUMA GASPAR NASTRI ANTUNES (OAB 60197/SP) (DJe de 11.04.2019 - SP)

Processo 0032437-27.2019

Pedido de Providências Prefeitura do Municipio de São Paulo Oficial do 13º Registro de Imóveis da Capital Sentença (fls. 30/33): Vistos. Trata-se de pedido de providências encaminhado a este Juízo pela Egrégia Corregedoria Geral da Justiça, formulado pela Prefeitura do Município de São Paulo em face do Oficial do 13º Registro de Imóveis da Capital, comunicando a lavratura de três autos de infração (nºs 006.754.053-8, 006.754.054-6 e 006.754.055-4) concernentes à existência de registro de transmissão imobiliária sem a prova do correto recolhimento do ITBI, infringindo o artigo 19 da Lei Municipal nº 11.154/1991. O Registrador manifestou-se às fls. 04/05. Salienta que, ao compulsar as matrículas dos imóveis e os cálculos para os recolhimentos do imposto, observa-se que a interessada declarou valores diferentes, o que teria ocasionado recolhimentos em valores menores. Informa que não cabe à Serventia proceder a fiscalização do valor do recolhimento, cingindo-se sua atribuição somente à verificação se houve ou não o pagamento do imposto. Em relação ao auto de infração nº 006.754.053-8, o imposto foi recolhido de forma parcelada, nos termos do PPI (Programa de Parcelamento Incentivado). Juntou documentos às fls. 06/22. O Ministério Público opinou pelo arquivamento dos autos (fls. 27/29). É o relatório. Passo a fundamentar e a decidir. É certo que ao Oficial de Registro cumpre fiscalizar o pagamento dos impostos devidos por força dos atos que lhe forem apresentados, em razão de seu ofício, nos termos do art.289 da Lei de registros Públicos, sob pena de responsabilização pessoal do Delegatário. Todavia, acerca desta matéria, o Egrégio Conselho Superior da Magistratura já fixou entendimento no sentido de que a qualificação feita pelo registrador não vai além da aferição sobre a existência ou não de recolhimento do tributo, e não sobre a integralidade de seu valor, o qual abrange a incidência de juros, multa e correção monetária, que caracteriza os encargos legais da obrigação. Neste sentido: "Ao oficial de registro incumbe a verificação de recolhimento de tributos relativos aos atos praticados, não a sua exatidão." (Apel. Cív. 20522-0/9- CSMSP - J.19.04.1995 - Rel. Antônio Carlos Alves Braga) "Todavia, este Egrégio Conselho Superior da Magistratura já fixou entendimento no sentido de que a qualificação feita pelo Oficial Registrador não vai além da aferição sobre a existência ou não de recolhimento do tributo, e não sobre a integralidade de seu valor." (Apel. Cív. 996-6/6 CSMSP J. 09.12.2008 Rel. Ruy Camilo) "Este Egrégio Conselho Superior da Magistratura já fixou entendimento no sentido de que a qualificação feita pelo Oficial Registrador não vai além da aferição sobre a existência ou não de recolhimento do tributo, e não sobre a integralidade de seu valor." (Ap. Civ. 0009480-97.2013.8.26.0114 - Campinas - j. 02.09.2014 - Rel. des. Elliot Akel) Ressalto que tal questão foi recentemente objeto de análise pelo Egrégio Conselho Superior da Magistratura, nos autos nº 1046651- 45.2015.8.26.0100, de relatoria do Des. Manoel Pereira Calças: "Registro de imóveis decisão da Juíza Corregedora Permanente que afastou o óbice para o registro de contrato social por meio do qual um dos sócios integraliza parte do seu capital social mediante a transferência de dois imóveis exigência de recolhimento de encargos moratórios relativos ao atraso no pagamento do ITBI Apelação imposta pelo registrador Inteligência do artigo 202 da Lei nº 6.015/73 e do item 41.6 do Capítulo XX das Normas de Serviço Ilegitimidade recursal Recurso não conhecido. Apelação interposta pela Municipalidade de São Paulo Legitimidade reconhecida Terceira prejudicada Discussão a respeito da incidência de encargos moratórios pelo atraso no recolhimento de ITBI Atuação que extrapola as atribuições do Oficial Dever de fiscalização que se limita ao recolhimento do tributo Discussão que deve ser travada em processo administrativo tributário ou sem execução fiscal Sentença de improcedência da dúvida mantida" Eventual valor a ser cobrado a título de encargos moratórios deve ser discutido na via judicial, não podendo o registrador desqualificar o título apresentado sob o fundamento de ausência de complemento de valores, caracterizando coação indireta do usuário. Todavia, apesar de não ser atribuição do registrador tal fiscalização, o delegatário comprovou o pagamento dos valores concernentes à autuação, extinguindo qualquer obrigação perante a Municipalidade (fls. 11/22). Logo, as informações prestadas por ele são suficientes para levar ao convencimento de que não há medida disciplinar a ser adotada por esta Corregedoria Permanente. Não há elementos seguros e eficientes para demonstrar a ocorrência de falta funcional, razão pela qual determino o arquivamento deste processo. Deste procedimento não decorrem custas, despesas processuais e honorários advocatícios. P.R.I.C. São Paulo, 11 de junho de 2019. Tania Mara Ahualli Juiza de Direito (CP 219) (- DJe de 19.06.2019 - SP)

Processo 1042413-41.2019

Dúvida 10º Cartório de Registro de Imóveis Sentença (fls. 107/110): Vistos. Trata-se de dúvida suscitada pelo Oficial do 10º Registro de Imóveis da Capital, a requerimento de Marcia Navarro Cameshi Tiossi e Reginaldo Alves Tiossi, tendo em vista a negativa em se proceder ao registro da carta de sentença expedida pelo Tabelião de Notas do Distrito de Ermelino Matarazzo, extraída dos autos de divórcio consensual (processo nº 1007985-69.2015.8.26.0004) que tramitou perante o MMº Juízo da 1ª Vara da Família e Sucessões do Foro Regional IV Lapa. O óbice registrário refere-se à ausência de recolhimento do ITBI, tendo em vista que, levando-se em consideração apenas o bem imóvel do casal, que na partilha ficou pertencendo exclusivamente o cônjuge virago, com contrapartida de outros bens, há necessidade de recolhimento do mencionado imposto, calculado sobre a metade ideal do imóvel. Juntou documentos às fls. 03/98. Os suscitados não apresentaram impugnação, conforme certidão de fl. 99, contudo manifestaram-se perante a Serventia Extrajudicial (fls. 10/11). Argumentam que deve ser considerada a totalidade do patrimônio e não somente os imóveis objeto da partilha, vez que o ITBI incide apenas sobre a transmissão onerosa de bens imóveis. Salienta que a partilha dos bens foi consensual e igualitária, consequentemente não há onerosidade. Apresentou documentos às fls. 12/98. O Ministério Público opinou pela improcedência da dúvida, com o consequente afastamento do óbice (fls. 103/106). É o relatório. Passo a fundamentar e a decidir. Em que pesem os argumentos expostos pelo D. Promotor de Justiça, entendo que o óbice imposto pelo registrador deve ser mantido. Conforme demonstram os documentos juntados aos autos (fls. 13/96), o patrimônio do casal consistia em um imóvel matriculado sob nº 113.579 do 10º Registro de Imóveis da Capital, no valor de R$ 577.414,00 (quinhentos e setenta e sete mil, quatrocentos e quatorze reais) e cota social na empresa Vivra Incorporadora LTDA, no importe de R$ 30.000,00 (trinta mil reais). Na partilha o cônjuge virago ficou com o imóvel, enquanto o cônjuge varão ficou com a cota social da empresa. Logo, considerando-se que o imóvel que pertenceu exclusivamente à requerente, recebendo o ex cônjuge em compensação e pagamento de sua meação a totalidade das cotas sociais da empresa, está caracterizada a onerosidade do ato, consequentemente há necessidade da apresentação do comprovante de recolhimento do ITBI calculado sobre a metade ideal do imóvel. De acordo com a doutrina, sobre o ITBI: "O que se tributa é a transmissão da propriedade de bem imóvel realizada através de um negócio jurídico oneroso, tais como compra e venda, dação em pagamento ou permuta. (Registro Imobiliário: dinâmica registral / Ricardo Dip, Sérgio Jacomino, organizadores. - São Paulo: Editora Revista dos Tribunais, 2011. - (Coleção doutrinas essenciais: direito registral; v.6 - p. 1329 - g.n) Assim diz o Regulamento do Imposto sobre Transmissão Inter Vivos (Anexo do Decreto Municipal 55.196/14): "Art. 2º Estão compreendidos na incidência do Imposto: (...) VI - o valor dos imóveis que, na divisão de patrimônio comum ou na partilha, forem atribuídos a um dos cônjuges separados ou divorciados, ao cônjuge supérstite ou a qualquer herdeiro, acima da respectiva meação ou quinhão, considerando, em conjunto, apenas os bens imóveis constantes do patrimônio comum ou monte-mor;" Logo, a incidência do ITBI se verifica quando há reposição, ou seja, transferência de outro bem para igualar a partilha, o que daria caráter oneroso à transação. Como bem mencionado pelo registrador, de acordo com o ensinamento de Yussef Cahali (Divórcio e Separação, 9º ed., RT, 2000, pg.164): a) "quando os interessados (cônjuges) recebem partes iguais, constitui a partilha (na separação amigável) ato meramente declarativo da propriedade. Mas se um recebe acima do que lhe caberia em sua meação, sem dúvida, ocorre transmissão de propriedade imobiliária e devido é o respectivo tributo fiscal" ; b) "o fato gerador do imposto ora analisado é a diferença nos quinhões e meação sobre bens imóveis. Se a partilha dos bens imóveis fosse feita, igual por igual, inexistiria tributação. Esta incide apenas sobre as diferenças nos quinhões e meação. No caso somam-se os valores dos imóveis. Metade a metade em meação aos cônjuges. Se houver valor acima da respectiva meação o imposto incidirá sobre a diferença. A lei tributa a diferença recebida a mais em imóveis" (op. cit., pág. 167)" Por fim, vale ressaltar que cumpre ao registrador fiscalizar o pagamentos dos impostos devidos por força dos atos que lhe forem apresentados em razão do ofício, na forma do art. 289 da Lei nº 6.015/73, sob pena de responsabilização pessoal do Oficial Delegado, e dentre estes impostos se encontra o ITBI, cuja prova de recolhimento deve instruir a carta de sentença, salvo hipótese de isenção devidamente demonstrada. Diante do exposto, julgo procedente a dúvida suscitada pelo Oficial do 10º Registro de Imóveis da Capital a requerimento de Marcia Navarro Cameshi Tiossi e Reginaldo Alves Tiossi, e consequentemente mantenho o óbice registrário. Deste procedimento não decorrem custas, despesas processuais e honorários advocatícios. Oportunamente remetam-se os autos ao arquivo. P.R.I.C. São Paulo, 12 de junho de 2019. Tania Mara Ahualli Juiza de Direito (CP 212) (- DJe de 19.06.2019 - SP)

Processo 1054634-56.2019.8.26.0100

Dúvida Suscite.: 10º Oficial de Registro de Imóveis da Capital Suscitdo..: Mauro Vicente de Azevedo Pereira dos Santos Sentença (fls. 34/35): Vistos. Trata-se de procedimento de dúvida suscitado pelo Oficial do 10º Registro de Imóveis da Capital a requerimento de Mauro Vicente de Azevedo dos Santos, que pretende registro de escritura de compra e venda na matrícula nº 144.463 daquela serventia extrajudicial. O Registrador informa que qualificou negativamente o título uma vez que não foi comprovado o recolhimento do ITBI ou sua isenção relativa a cessão de direitos constante no título apresentado. Juntou documentos às fls. 03/26. Decorrido o prazo para manifestação, o suscitado permaneceu inerte (fl. 27), restando somente as declarações enviadas à serventia extrajudicial (fls. 08/09), afirmando que o pagamento do ITBI não deveria ser exigido como condição para a efetivação do registro do imóvel, constando do título que o outorgado eximia o Oficial de qualquer responsabilidade. O Ministério Público opinou às fls. 30/32 pela procedência da dúvida e manutenção do óbice. É o relatório. Decido. É certo que ao Oficial de Registro cumpre fiscalizar o pagamento dos impostos devidos por força dos atos que lhe forem apresentados em razão do ofício, na forma do art. 289 da Lei nº 6.015/73, sob pena de responsabilização pessoal do Oficial Delegado. Dentre estes impostos encontra-se o imposto de transmissão "inter vivos", cuja prova de recolhimento deve instruir os documentos, salvo hipótese de isenção devidamente demonstrada. No presente caso, questiona-se a própria cobrança do ITBI, sustentando o interessado que o pagamento do referido imposto só seria devido caso "solicitado pela Prefeitura Municipal de São Paulo". O questionamento apresentado pelo suscitante não merece acolhimento. Como bem pontuado pelo Ministério Público, não cabe ao Registrador ou ao juízo afastar a incidência dos dispositivos legais municipais ou estaduais. Cabe a parte, em caso de verificação de incoerência sistêmica da norma aplicável, socorrer-se das vias ordinárias. A dispensa do recolhimento foge à esfera de discricionariedade do Oficial, salientando-se que a disposição presente na escritura não exime o Oficial de cumprir com as obrigações previstas em lei. Assim, bem aplicado o óbice identificado pelo Oficial, sendo necessária a comprovação do recolhimento ou isenção do imposto para permitir o registro. Diante do exposto, julgo procedente a dúvida suscitada pelo Oficial do 10º Registro de Imóveis da Capital a requerimento de Mauro Vicente de Azevedo dos Santos, mantendo o óbice levantado. Deste procedimento não decorrem custas, despesas processuais e honorários advocatícios. Oportunamente remetam-se os autos ao arquivo. P.R.I.C. São Paulo, 03 de julho de 2019. Tania Mara Ahualli Juiza de Direito (CP – 297) (- DJe de 10.07.2019 - SP)

Processo 1054634-56.2019.8.26.0100

Dúvida - Registro de Imóveis - 10º Oficial de Registro de Imóveis da Capital – Mauro Vicente de Azevedo Pereira dos santos - Vistos. Trata-se de procedimento de dúvida suscitado pelo Oficial do 10º Registro de Imóveis da Capital a requerimento de Mauro Vicente de Azevedo dos Santos, que pretende registro de escritura de compra e venda na matrícula nº 144.463 daquela serventia extrajudicial. O Registrador informa que qualificou negativamente o título uma vez que não foi comprovado o recolhimento do ITBI ou sua isenção relativa a cessão de direitos constante no título apresentado. Juntou documentos às fls. 03/26. Decorrido o prazo para manifestação, o suscitado permaneceu inerte (fl. 27), restando somente as declarações enviadas à serventia extrajudicial (fls. 08/09), afirmando que o pagamento do ITBI não deveria ser exigido como condição para a efetivação do registro do imóvel, constando do título que o outorgado eximia o Oficial de qualquer responsabilidade. O Ministério Público opinou às fls. 30/32 pela procedência da dúvida e manutenção do óbice. É o relatório. Decido. É certo que ao Oficial de Registro cumpre fiscalizar o pagamento dos impostos devidos por força dos atos que lhe forem apresentados em razão do ofício, na forma do art. 289 da Lei nº 6.015/73, sob pena de responsabilização pessoal do Oficial Delegado. Dentre estes impostos encontra-se o imposto de transmissão "inter vivos", cuja prova de recolhimento deve instruir os documentos, salvo hipótese de isenção devidamente demonstrada. No presente caso, questiona-se a própria cobrança do ITBI, sustentando o interessado que o pagamento do referido imposto só seria devido caso "solicitado pela Prefeitura Municipal de São Paulo". O questionamento apresentado pelo suscitante não merece acolhimento. Como bem pontuado pelo Ministério Público, não cabe ao Registrador ou ao juízo afastar a incidência dos dispositivos legais municipais ou estaduais. Cabe a parte, em caso de verificação de incoerência sistêmica da norma aplicável, socorrer-se das vias ordinárias. A dispensa do recolhimento foge à esfera de discricionariedade do Oficial, salientando-se que a disposição presente na escritura não exime o Oficial de cumprir com as obrigações previstas em lei. Assim, bem aplicado o óbice identificado pelo Oficial, sendo necessária a comprovação do recolhimento ou isenção do imposto para permitir o registro. Diante do exposto, julgo procedente a dúvida suscitada pelo Oficial do 10º Registro de Imóveis da Capital a requerimento de Mauro Vicente de Azevedo dos Santos, mantendo o óbice levantado. Deste procedimento não decorrem custas, despesas processuais e honorários advocatícios. Oportunamente remetam-se os autos ao arquivo. P.R.I.C. - ADV: JOAO ALVES DOS SANTOS (OAB 89588/SP) (- DJe de 01.08.2019 - SP)

Processo 1066146-36.2019.8.26.0100

Dúvida - REGISTROS PÚBLICOS - Marcos Sérgio Sartori - Evelin de Cassia Mocarzel - Vistos. Trata-se de dúvida suscitada pelo Oficial do 5º Registro de Imóveis da Capital, a requerimento de Marcos Sérgio Sartori e Evelin de Cássia Mocarzel, diante da negativa em se proceder ao registro da carta de arrematação, extraída dos autos da ação de execução derivada de despesas condominiais (processo nº 0200851-32.2012.8.26.0100), que tramitou perante o MMº Juízo da 1ª Vara Cível da Capital, referente ao imóvel matriculado sob nº 97.738. O óbice registrário refere-se à necessidade de apresentação da guia de ITBI devidamente recolhida. Juntou documentos às fls. 05/494. Os suscitados apresentaram impugnação às fls. 495/506. Entendem que não incide mencionado imposto, uma vez que arremataram em hasta pública os direitos decorrentes do compromisso de compra e venda do mencionado imóvel, logo, não houve a transferência da propriedade. Salientam ainda que, em relação à exigência relativa à apresentação de requerimento para cancelamento da penhora que deu origem à arrematação, é ela dispensável, concordando no registros sem o levantamento da averbação. Apresentaram documentos às fls. 507/509. O Ministério Público opinou pela procedência da dúvida (fls. 519/521). É o relatório. Passo a fundamentar e a decidir. Primeiramente ressalto que o único óbice imposto pelo Registrador diz respeito à ausência de recolhimento do ITBI, conforme nota devolutiva de fls. 467/468. Não há qualquer exigência de requerimento para cancelamento da penhora. Feita esta observação, passou à análise do mérito. Com razão o Registrador, bem como a D. Promotora de Justiça. O Imposto Municipal sobre transmissão onerosa inter vivos de direitos imobiliários (ITBI) incide no caso de compra e venda de imóvel, bem como na cessão de direitos de compromisso de compra e venda, conforme estabelecido nos artigos 1º, II, e 2º, VIII do Decreto Municipal nº 51.627: "Art. 1º O Imposto sobre Transmissão "Inter Vivos", a qualquer título, por ato oneroso, de bens imóveis, por natureza ou acessão física, e de direitos reais sobre imóveis, exceto os de garantia, bem como cessão de direitos à sua aquisição ITBI-IV tem como fato gerador: ... II a cessão, por ato oneroso, de direitos relativos à aquisição de bens imóveis". "Art. 2º: Estão compreendidos na incidência do Imposto: ... VIII a cessão de direitos do arrematante ou adjudicatário, depois de assinado o auto de arrematação ou adjudicação" Conforme se verifica dos autos de arrematação (fl. 375), constou expressamente os direitos e obrigações decorrentes do compromisso de compra e venda, com a indicação do valor, o que configura a transação onerosa do negócio jurídico, que muito embora não tenha sido registrada, foram levadas ao conhecimento dos demais interessados. Não sendo possível questionar a constitucionalidade da lei municipal na esfera administrativa, deve-se examinar sua estrita legalidade. Assim ausente o recolhimento do imposto relativo a cessão de direitos, conforme preconizado na norma legal supra mencionada, inviável o acesso do registro do título no fólio real. Tal questão já foi objeto de análise perante o Egrégio Conselho Superior da Magistratura: "Registro de Imóveis Dúvida julgada procedente, impedindo-se o registro de escritura pública de venda e compra, englobando cessão - Ausência de recolhimento de imposto ITBI que é devido pela cessão e pela venda e compra impossibilidade de reconhecimento de inconstitucionalidade e de decadência ou prescrição pela via administrativa Recurso desprovido" (Conselho Superior da Magistratura, Rel. Cor. Pereira Calças). Como bem exposto pela D. Promotora de Justiça, embora a cessão não tenha sido registrada, deve ser objeto de análise pelo registrador, uma vez que devem ser observados os princípios da legalidade, continuidade e disponibilidade que regem os atos registrários, de forma que a permissão do registro do título apresentado permitiria que os suscitados se furtassem ao recolhimento dos impostos de transmissão, bem como realizassem outros negócios jurídicos envolvendo os imóveis, sem recolhimentos das respectivas guias de imposto. Por fim, tem-se que o incumbe ao Oficial de Registro fiscalizar o pagamento dos impostos devidos por força dos atos que lhe forem apresentados em razão do ofício, na forma do artigo 289 da Lei nº 6.015/73, sob pena de responsabilização pessoal do oficial delegado, e dentre estes impostos se encontra o ITBI, cuja prova de recolhimento deve instruir os títulos apresentados a registro, salvo hipótese de isenção devidamente demonstrada, o que não é o caso. O Egrégio Conselho Superior da Magistratura já fixou entendimento de que a qualificação feita pelo registrador não vai além da aferição sobre a existência ou não de recolhimento do tributo. Logo, entendo que a exigência imposta pelo registrador mostra-se correta. Diante do exposto, julgo procedente a dúvida suscitada pelo Oficial do 5º Registro de Imóveis da Capital, a requerimento de Marcos Sérgio Sartori e Evelin de Cássia Mocarzel, e consequentemente mantenho o óbice registrário. Deste procedimento não decorrem custas, despesas processuais e honorários advocatícios. Oportunamente remetam-se os autos ao arquivo. P.R.I.C. - ADV: EVELIN DE CASSIA MOCARZEL (OAB 92960/SP) (- DJe de 02.08.2019 - SP)

Processo 1102366-33.2019.8.26.0100

Dúvida - Notas - José Carlos Ricardo - Vistos. Trata-se de dúvida suscitada pela Oficial do 6º Registro de Imóveis da Capital a requerimento de José Carlos Ricardo, diante da negativa em se proceder ao registro da carta de adjudicação extraída dos autos da ação de execução de título extrajudicial (processo nº 1017956- 66.2015.8.26.0008), que tramitou perante o MMº Juízo da 5ª Vara Cível do Foro Regional VIII - Tatuapé, referente ao imóvel matriculado sob nº 33.738. O óbice registrário refere-se à ausência de apresentação da guia do ITBI, devidamente recolhida, acompanhada do comprovante de pagamento. Juntou documentos às fls. 05/33. O suscitante apresentou impugnação às fls. 34/45. Aduz que carta de adjudicação deve ser registrada independentemente do recolhimento do imposto, por se tratar de título judicial, além da não incidência do mencionado imposto sobre a transação. O Ministério Público opinou pela procedência da dúvida (fls. 78/80). É o relatório. Passo a fundamentar e a decidir. Com razão a Registradora, bem como a D. Promotora de Justiça. A determinação dada pelo artigo 289 da Lei 6.015/73 deve ser interpretada no sentido de que incumbe ao Oficial apenas confirmar se foi recolhido o tributo, relativo à operação a ser registrada, sem ater-se à exatidão do valor ou à incidência de juros ou multa, tarefa esta de interesse das fazendas públicas, no caso em exame, da Fazenda Municipal. Neste sentido: "Ao oficial de registro incumbe a verificação de recolhimento de tributos relativos aos atos praticados, não a sua exatidão" (Apel. Cív. 020522-0/9- CSMSP j. 19.04.1995 Rel. Antônio Carlos Alves Braga) O fato gerador do ITBI, no caso da transmissão do domínio, é o efetivo registro, pois somente ele tem o condão de transferir a propriedade, muito embora seja habitual o pagamento desse tributo já quando se celebra o negócio jurídico obrigacional. Não é demais transcrever trechos de julgados neste sentido: "O registro do título é o fato gerador do tributo. Enquanto não apresentado para registro, os direitos decorrentes limitam-se à esfera pessoal, afastando a ocorrência do fato gerador" (Apel. Cív. 020522-0/9- CSMSP - j. 19.04.1995 Rel. Antônio Carlos Alves Braga) "O art. 156, inciso II, da Constituição Federal estabelece a competência tributária para instituir e cobrar o ITBI - Imposto sobre Transmissão de Bens Imóveis, nos seguintes termos: "Compete aos Municípios instituir impostos sobre: II transmissão inter vivos, a qualquer título, por ato oneroso, de bens imóveis, por natureza ou acessão física, e de direitos reais sobre imóveis, exceto os de garantia, bem como cessão de direitos a sua aquisição". Sobre a aquisição da propriedade imóvel, dispõe o art. 1245, caput e § 1º, do Código Civil: "Transfere-se entre vivos a propriedade mediante o registro do título translativo no Registro de Imóveis. § 1º Enquanto não se registrar o título translativo, o alienante continua a ser havido como dono do imóvel". Com efeito, tal imposto é devido somente por ocasião do registro da transmissão da propriedade de bens ou direitos, a teor do disposto no art. 1245 do Código Civil (Agr. Reg. em

Agr. Instr. n. 448.245-DF, Rel. Min. Luiz Fux), em que pese habitual e ilegítima exigência da prova do recolhimento do citado tributo antes da lavratura da escritura ou do contrato particular." (processo 0039993-95.2009.8.26.0564 - TJSP - relator: Roberto Martins de Souza) (grifos no original) E ainda conforme estabelece o artigo 1.245 do CC: "Transfere-se entre vivos a propriedade mediante o registro do título translativo no Registro de Imóveis". A alegação de que a dívida tem caráter alimentar não afasta a incidência do imposto. No presente caso não houve a juntada de qualquer decisão judicial determinando a gratuidade do ato, bem como o requerente não está sendo representado pela Defensoria Pública, logo não há como dispensar tal recolhimento, caso contrário estaria-se violando o princípio da legalidade que norteia os atos registrários. A isenção do pagamento do mencionado imposto deverá ser requerida nas vias ordinárias, devendo figurar no polo passivo a Municipalidade de São Paulo, não detendo este Juízo competência para analisar a questão. Diante do exposto, julgo procedente a dúvida suscitada pela Oficial do 6º Registro de Imóveis da Capital, a requerimento de José Carlos Ricardo, e consequentemente mantenho o óbice registrário. Deste procedimento não decorre custas, despesas processuais e honorários advocatícios. Oportunamente remetam-se os autos ao arquivo. P.R.I.C. - ADV: JOSÉ CARLOS RICARDO (OAB 216381/SP) (– DJe de 11.11.2019 – SP)

Processo 1091955-28.2019.8.26.0100

Dúvida - Notas - C.C.C. Incorporadora Vila Maria Tower Ltda - Vistos. Trata-se de dúvida suscitada pelo Oficial do 17º Registro de Imóveis da Capital a requerimento de Gustavo Araujo da Silva Roza, na qualidade de patrono da empresa CCC Incorporadora Vila Maria Tower LTDA, em face da negativa em se proceder ao registro da venda e compra da fração ideal do terreno objeto da matrícula nº 4.672, realizada ente CCC Incorporadora Vila Maria Tower LTDA" e "Cassiopar Holding S/A" Os óbices registrários referem-se: a) necessidade da apresentação da renovação dos alvarás de incorporação; b) ausência de apresentação do recolhimento do ITBI e do cancelamento ou anuência dos adquirentes. Juntou documentos às fls. 09/88. A suscitada apresentou impugnação às fls. 89/98. Argumenta a desnecessidade da renovação dos alvarás, vez que o edifício foi concluído, logo encontra-se consolidada a situação, pendente somente de acabamento e de questões burocráticas. Afirma que o descumprimento da exigência do artigo 33 da Lei nº 4.591/64 não deve servir de empecilho para o registro do título, sendo que o imóvel nele negociado não é mais de propriedade do incorporador. Em relação à necessidade de recolhimento da guia do ITBI, argumenta a falta de previsão legal, estando afastada a obrigação acessória relativa ao recolhimento ou complementação do tributo. Destaca que cabe ao Município verificar a idoneidade do recolhimento e, se necessário, buscar a complementação por meio de expediente próprio. Por fim, assevera que deve ser superada a exigência da necessidade de prévio cancelamento ou anuência dos adquirentes quanto ao registro nº 06, atinente ao contrato de locação, tendo em vista que o dever de observância do contrato de locação haveria de se dar na sua vigência, não produzindo atualmente qualquer efeito, vez que o ajuste se encerrou no dia 14.08.1983. Apresentou documentos às fls. 99/101. O Ministério Público opinou pela procedência da dúvida (fls. 104/107). É o relatório. Passo a fundamentar e a decidir. Com razão o Registrador e a D. Promotora de Justiça. Pretende a suscitada o registro da escritura de compra e venda referente à venda da fração ideal de 0,15054% do conjunto nº 76 do Edifico Vila Maria Tower, em que figurou como transmitente CCC. Incorporadora Vila Maria Tower LTDA e como adquirente Cássiopar Holding S/A. Entendo pela necessidade da apresentação da renovação dos alvarás de incorporação. De acordo com o ilustre jurista Caio Mário da Silva, o incorporador é um empreendedor que busca uma opção para a aquisição de um terreno, encomenda o projeto e orçamento "calcula o aspecto econômico do negócio (participação do proprietário, custo da obra, beneficio do construtor e lucro) e oferece à venda as unidades" (Condomínio e incorporações. Ed. Rio de Janeiro: Forense, 1995, pág.232) Neste contexto, para que se possa exercer o direito de vender unidades sem que estejam prontas, de acordo com a legislação, o empreendedor deve obter as aprovações legais municipais para a execução das obras, dentre as quais alvarás e licenças ambientais, logo deve ser criteriosamente seguido o estabelecido no artigo 32 ,da Lei nº 4.591/64, segundo o qual: "Art. 32. O incorporador somente poderá negociar sobre unidades autônomas após ter arquivado, no cartório competente de Registro de Imóveis, os seguintes documentos: a) título de propriedade de terreno, ou de promessa, irrevogável e irretratável, de compra e venda ou de cessão de direitos ou de permuta do qual conste cláusula de imissão na posse do imóvel, não haja estipulações impeditivas de sua alienação em frações ideais e inclua consentimento para demolição e construção, devidamente registrado; b) certidões negativas de impostos federais, estaduais e municipais, de protesto de títulos de ações cíveis e criminais e de ônus reais relativamente ao imóvel, aos alienantes do terreno e ao incorporador; c) histórico dos títulos de propriedade do imóvel, abrangendo os últimos 20 anos, acompanhado de certidão dos respectivos registros; d) projeto de construção devidamente aprovado pelas autoridades competentes; e) cálculo das áreas das edificações, discriminando, além da global, a das partes comuns, e indicando, para cada tipo de unidade a respectiva metragem de área construída; f) certidão negativa de débito para com a Previdência Social, quando o titular de direitos sobre o terreno for responsável pela arrecadação das respectivas contribuições; g) memorial descritivo das especificações da obra projetada, segundo modelo a que se refere o inciso IV, do art. 53, desta Lei; h) avaliação do custo global da obra, atualizada à data do arquivamento, calculada de acordo com a norma do inciso III, do art. 53 com base nos custos unitários referidos no art. 54, discriminando-se, também, o custo de construção de cada unidade, devidamente autenticada pelo profissional responsável pela obra; i) discriminação das frações ideais de terreno com as unidades autônomas que a elas corresponderão; j) minuta da futura Convenção de condomínio que regerá a edificação ou o conjunto de edificações; l) declaração em que se defina a parcela do preço de que trata o inciso II, do art. 39; m) certidão do instrumento público de mandato, referido no § 1º do artigo 31; n) declaração expressa em que se fixe, se houver, o prazo de carência (art. 34); o) atestado de idoneidade financeira, fornecido por estabelecimento de crédito que opere no País há mais de cinco anos; p) declaração, acompanhada de plantas elucidativas, sabre o número de veículos que a garagem comporta e os locais destinados à guarda dos mesmos. (Alínea incluída pela Lei nº 4.864, de 29.11.1965) § 1º A documentação referida neste artigo, após o exame do Oficial de Registro de Imóveis, será arquivada em cartório, fazendo-se o competente registro" Em uma leitura atenta do dispositivo, nota-se o rigor da imposição de várias exigências, dente as quais a aprovação do projeto de construção pelas autoridades competentes, para que após haja a autorização da comercialização das unidades. Nos termos do artigo 29, I da Lei Municipal nº 16.642: "Art. 29. O Alvará de Execução para edificação nova, reforma, requalificação e reconstrução de edificação perde a eficácia:I - caso a obra não tenha sido iniciada, em 2 (dois) anos a contar da data da publicação do despacho de deferimento do pedido; E ainda art. 22, § 2º do Decreto Municipal nº 57.776/2017: "... § 2º O prazo de vigência dos Alvarás de Aprovação e Execução, expedidos em conjunto ou não, totalizará 4 (quatro) anos". Na presente hipótese, referidos alvarás de aprovação da edificação e de execução datam de 20.01.2010 e 18.05.2010, respectivamente e a nota fiscal apresentada foi emitida em 07.03.2014, concluindo-se assim que ao tempo do início da construção os alvarás estavam vencidos. Em relação à necessidade de revalidação da incorporação o Capitulo XX, item 223 das Normas de Serviço da Egrégia Corregedoria Geral da Justiça é claro: "223. Para fins do artigo 33 da Lei nº 4.591/64, considera-se concretizada a incorporação em caso de venda ou promessa de venda de ao menos uma das unidades autônomas, contratação da construção, obtenção de financiamento à produção ou decorrência do prazo de carência previsto no registro do empreendimento sem que a incorporação tenha sido denunciada pelo incorporador. Nesta última hipótese, será necessária a revalidação da incorporação se, decorrido o prazo de validade do alvará de aprovação ou de execução da obra, nenhuma das outras primeiras hipóteses tenha ocorrido ou a obra não tenha sido iniciada" (g.n) Como bem exposto pela D. Promotora de Justiça, tal questão já foi objeto de análise pelo Egrégio Conselho Superior da Magistratura, nos autos da Apelação Cível nº 525.6/8, j. 25.05.2006, Caraguatatuba: "Se a incorporação não foi concretizada dentro do prazo de validade, não se pode registrar instrumentos de compra e venda celebrados posteriormente. Deve-se exigir primeiramente a revalidação da incorporação". Em relação ao óbice concernente à apresentação da declaração firmada pelo adquirente ou o seu cancelamento, verifico que tal exigência encontra-se em consonância com o princípio da continuidade, previsto nos arts. 195 e 237, da Lei nº 6.015/73: "Art. 195 - Se o imóvel não estiver matriculado ou registrado em nome do outorgante, o oficial exigirá a prévia matrícula e o registro do título anterior, qualquer que seja a sua natureza, para manter a continuidade do registro.; e Art. 237 - Ainda que o imóvel esteja matriculado, não se fará registro que dependa da apresentação de título anterior, a fim de que se preserve a continuidade do registro". Por tal princípio, deve haver um encadeamento entre os registros na matrícula ou transcrição do imóvel, de modo que determinado direito só pode ser alienado ou transferido caso seu titular dele tenha disponibilidade, assim constatado no fólio registral, a evitar que qualquer pessoa transmita a terceiros mais direitos do que possui. Assim, deve ser apresentada a declaração de ciência com firma reconhecida firmada pelo adquirente, relativa ao registro do contrato de locação firmado entre a empresa Traspavi - Codrasa S/A e Walter Aparecido Pavanello. Por fim, resta a análise do recolhimento da guia do ITBI sobre as acessões e benfeitorias, tendo em vista que a suscitada apenas recolheu o imposto com base na fração ideal do tereno. Como é sabido, em relação à fiscalização do recolhimento dos impostos pelo registrador, trata-se de matéria já enfrentada pelo E. Conselho Superior da Magistratura que, no v. Acórdão nº 996-6/6, observou que: "É certo que ao Oficial de Registro cumpre fiscalizar o pagamento dos impostos devidos por força dos atos que lhe forem apresentados em razão do ofício, na forma do art. 289 da Lei nº 6.015/73, sob pena de responsabilização pessoal do Oficial Delegado, e dentre estes impostos se encontra o ITCMD, cuja prova de recolhimento deve instruir o formal de partilha, salvo hipótese de isenção devidamente demonstrada". Todavia, a qualificação feita pelo registrador não vai além da aferição sobre a existência ou não do recolhimento do tributo, e não sobre a integralidade de seu valor. Vale ressaltar que tal questão encontra-se normatizada pelo Decreto Municipal nº 55.196 de 11.06.2014: "Art. 1º: O Imposto sobre Transmissão "Inter Vivos", a qualquer título, por ato oneroso, de bens imóveis, por natureza ou acessão física, e de direitos reais sobre imóveis, exceto os de garantia, bem como cessão de direitos à sua aquisição ITBIIV tem como fato gerador: I a transmissão "inter vivos", a qualquer título, por ato oneroso: a) de bens imóveis, por natureza ou acessão física; b) de direitos reais sobre bens imóveis, exceto os de garantia e as servidões; II a cessão, por ato oneroso, de direitos relativos à aquisição de bens imóveis ... Art. 7º: A base de cálculo do Imposto é o valor venal dos bens ou direitos transmitidos, assim considerado o valor pelo qual o bem ou direito seria negociado à vista, em condições normais de mercado. § 1º. Na apuração do valor venal do bem transmitido ou do seu respectivo direito, considera-se o valor das benfeitorias e construções nele incorporadas" (g.n) Como bem exposto pelo Registrador, o recolhimento do ITBI deve observar a Instrução Normativa SF/SUREM nº 13 de 24.08.2018, a qual disciplina o recolhimento do tributo nos casos de construção por administração ou preço de custo, sendo certo, que de acordo com consulta à Prefeitura Municipal de São Paulo, corroborou-se a exigência formulada (fls. 12/13). Logo, mister a manutenção desta exigência, sob pena de responsabilização do registrador. Diante do exposto, julgo procedente a dúvida suscitada pelo Oficial do 17º Registro de Imóveis da Capital, a requerimento de Gustavo Araujo da Silva Roza, e consequentemente mantenho os óbices registrários. Deste procedimento não decorrem custas, despesas processuais e honorários advocatícios. Oportunamente remetam-se os autos ao arquivo. P.R.I.C. - ADV: GUSTAVO ARAUJO DA SILVA ROZA (OAB 358923/SP) (– DJe de 01.11.2019 – SP)

LOCAÇÃO

Processo 1030892-70.2017.8.26.0100

Pedido de Providências - REGISTROS PÚBLICOS - Maria Lucia Lopes Botelho - Vistos. Pretende o requerente o cancelamento da averbação nº 03 na matrícula nº 99.720, referente à direito de preferência constante no contrato de locação com Helena da Silva Prado que cedeu e transferiu todos os direitos e obrigações a empresa Virtec Brasil Comércio e Serviços de Tecnologia LTDA. Todavia, em razão do falecimento da locadora, a locatária deixou o local e nenhum de seus sócios foi localizado para assinar o termo de rescisão do contrato, impossibilitando o cancelamento da averbação. Por fim, assevera que desconhece se o imóvel está ou não locado. Expedido mandado de constatação, o Oficial certificou que no local funciona a Escola de Inglês Fisk Perdizes e, segundo sua proprietária Heloisa Jassous, a empresa está sediada no local há 2 anos, com contrato de aluguel. Em relação à certidão juntada à fl. 97, o requerente afirma que há pessoa interessada na locação do bem, todavia, a locação não foi concretizada devida à necessidade de pequenos reparos, os quais serão efetivados após o cancelamento da averbação da preferência referente ao antigo locador. É o relatório. As hipóteses de cancelamento dos atos registrários estão previstas no artigo 250 da Lei de Registros Públicos que dispõe: "Art. 250: Far-se-á o cancelamento: I- em cumprimento de decisão judicial transitada em julgado; II- a requerimento unânime das partes que tenham participado do ato registrado, se capazes, com as firmas reconhecidas por tabelião; III- A requerimento do interessado, instruído com documento hábil. IV- a requerimento da Fazenda Pública, instruído com certidão de conclusão de processo administrativo que declarou, na forma da lei, a rescisão do título de domínio ou de concessão de direito real de uso de imóvel rural, expedido para fins de regularização fundiária, e a reversão do imóvel ao patrimônio público. (Incluído pela Lei nº 11.952, de 2009)". Grifei. Na presente hipótese, diante da ausência de manifestação da outra parte, resta ao requerente a apresentação de documento hábil comprobatório da rescisão contratual. Ocorre que inexplicavelmente afirma o interessado que o imóvel encontra-se desocupado, aguardando o cancelamento da averbação pretendida para proceder a nova locação (fl. 124), enquanto, segundo certidão do Oficial de Justiça, o imóvel está locado há dois anos para a escola de inglês Fisk Perdizes, com contrato formal de aluguel. Logo, a fim de encontrar uma solução para o impasse e eventual existência de novo contrato de locação, constitui documento hábil para o cancelamento pretendido, bem como em consonância com o princípio da veracidade, em que o registro deve refletir a verdade em relação à natureza e conteúdo do direito, sendo que qualquer inexatidão do assente deve ser retificada a fim de refletir a realidade, determino a intimação da Escola de Idiomas Fisk Perdizes (razão social: HM 7 Cursos de Idiomas, LTDA, CNPJ nº 24.475.665/0001-10), em nome de sua proprietária Heloisa Jassous, para que junte aos autos o contrato de locação referente ao imóvel, objeto do presente feito. Com a juntada da documentação, tornem os autos conclusos. Int. - ADV: THEREZA CHRISTINA VICENTE DE AZEVEDO FONTES GARCIA (OAB 42758/SP) (DJe de 16.01.2019 - SP)

Processo 1030892-70.2017.8.26.0100

Pedido de Providências - REGISTROS PÚBLICOS - Maria Lucia Lopes Botelho - Vistos. Trata-se de pedido de providências formulado pelo Espólio de Maria Lúcia Lopes Botelho, representado por seu inventariante Francisco de Paula Simões Vicente de Azevedo, em face do Oficial do 2º Registro de Imóveis da Capital, pleiteando o cancelamento da averbação nº 03 da matrícula nº 99.720, referente ao direito de preferência constante no contrato de locação com Helena da Silva Prado, a qual cedeu e transferiu os direitos e obrigações a empresa Virtec Brasil Comércio e Serviços de Tecnologia LTDA. Todavia, em virtude o falecimento da locadora, a locatária deixou o local e nenhum dos sócios foi localizado para assinar o termo de rescisão do contrato, impossibilitando, consequentemente, o cancelamento da averbação. Esclarece que tentou por diversas ocasiões a localização da empresa ou de seus representantes legais, sem obter êxito, bem como não há débito pendente. Juntou documentos às fls. 03/33. Intimada a empresa locatária através de sua representante legal Lucimar Custódio de Oliveira, decorreu o prazo para manifestação acerca dos fatos expostos, conforme certidão de fl. 50. O registrador manifestou-se às fl. 41. Informa que o último ato praticado na mencionada matrícula foi a averbação nº 03. O Ministério Público opinou pelo indeferimento do pedido de providências (fls. 54,92 e 118/120). Foi expedido mandado de constatação de desocupação do imóvel, cuja certidão juntada à fl. 97, apontou que no local funciona, há dois anos, a Escola de Inglês Fisk Perdizes, de propriedade de Heloisa Jassous. Acerca do mandado positivo, o requerente manifestou-se à fl. 115. Salienta que desconhece se existe ou não outra locação efetuada ou planejada para o imóvel, bem como entende desnecessário estar novamente o imóvel locado ou prometido à locação para que seja deferido o pedido. Em nova manifestação (fl. 124), o requerente afirmou que existe uma pessoa interessada na locação, que não foi concretizada em decorrência do gravame que incide na matrícula, bem como necessidade de alguns pequenos reparos necessários. Corrobora o argumento da desnecessidade do imóvel estar locado ou prometido à locação para deferimento do pedido. Intimada a atual locatária Heloisa Jassous, destacou que, em 10.05.2016, firmou com a srª Maria Lúcia Lopes Botelho contrato de locação não residencial do imóvel matriculado sob nº 99.720, pelo prazo de 36 meses, com início em 12.05.2016 e término em 12.05.2019. Aduz que desde o inicio da locação cumpre com suas obrigações contratuais, exercendo mansa e pacificamente a posse do imóvel e após o falecimento da locadora, ocorrido em dezembro de 2016, todos os encargos contratuais são recolhidos à administradora da nova proprietária. Juntou documento às fls. 132/141. O requerente confirmou a existência da locação vigente, juntando documento às fls. 143/152. O Ministério Público opinou pela procedência do pedido (fls. 155/157). É o relatório. Passo a fundamentar e a decidir. As hipóteses de cancelamento dos atos registrários estão previstas no artigo 250 da Lei de Registros Públicos que dispõe: "Art. 250: Far-se-á o cancelamento: I - em cumprimento de decisão judicial transitada em julgado; II - a requerimento unânime das partes que tenham participado do ato registrado, se capazes, com as firmas reconhecidas por tabelião; III - A requerimento do interessado, instruído com documento hábil. IV - a requerimento da Fazenda Pública, instruído com certidão de conclusão de processo administrativo que declarou, na forma da lei, a rescisão do título de domínio ou de concessão de direito real de uso de imóvel rural, expedido para fins de regularização fundiária, e a reversão do imóvel ao patrimônio público. (Incluído pela Lei nº 11.952, de 2009)". Grifei Segundo Flauzilino Araújo dos Santos, ao abordar acerca do princípio da legalidade no Registro de Imóveis, tal princípio diz respeito ao comportamento do Registrador, ao permitir o acesso ao álbum registral apenas para os títulos juridicamente válidos para esse fim e que reúnam os requisitos legais para sua registrabilidade e a conseqüente interdição provisória daqueles que carecem de aditamentos ou retificações e definitiva, daqueles que possuem defeitos insanáveis. Essa subordinação a pautas legais previamente fixadas para manifestação de condutas que criem, modifiquem ou extingam situações juridicamente postas não é exclusiva da temática registral, mas resulta da própria aspiração humana por estabilidade, confiança, paz e certeza de que todo o comportamento para obtenção de um resultado regulamentado para a hipótese terá a legalidade como filtro, vetor e limite. Na presente hipótese, ao contrário do que faz crer o requerente, é imprescindível a apresentação de documento hábil para o cancelamento da averbação, nos termos do artigo 250, III da Lei dos Registros Públicos. De acordo com o desembargador Francisco Loureiro: "Documento hábil é aquele que preenche requisitos formais e substanciais. Deve ser qualificado pelo Oficial nos dois sentidos, mediante aferição do preenchimento de requisito fr forma e verificação se contém aptidão para realizar o cancelamento almejado pelo requerente, em observância as normas materiais e processuais. Não há necessidade de o documento hábil ser apresentado no original, sendo suficiente cópia autenticada, podendo o Oficial, no caso de dúvida fundada, solicitar a matriz para conferencia" (Lei de Registros Públicos Comentada, editora: Forense, 2014, pág.1319). Daí em consonância com o princípio da legalidade é imprescindível a apresentação de um novo contrato de locação ou alguma minuta de locação para o deferimento do pleiteado. Ocorre o requerente a princípio afirmou a inexistência de locação, sendo que o imóvel encontrava-se locado desde 10.05.2016, tendo inclusive o interessado após expedido mandado de constatação por este Juízo apresentado o contrato às fls. 143/152, caracterizando má fé processual do requerente ao faltar com a verdade. Dispõe o artigo 17 do CPC: "Art. 17. Reputa-se litigante de má-fé aquele que: ... II - alterar a verdade dos fatos" E ainda: "Art. 18. O juiz ou tribunal, de ofício ou a requerimento, condenará o litigante de má-fé a pagar multa não excedente a um por cento sobre o valor da causa e a indenizar a parte contrária dos prejuízos que esta sofreu, mais os honorários advocatícios e todas as despesas que efetuou". Ora, bastava que o requerente apresentasse o novo contrato de locação em vigor assinado por Maria Lúcia Lopes Botelho, na qualidade de locadora e HM7 Cursos de Idiomas LTDA perante a Serventia Extrajudicial para realização do cancelamento pleiteado, eis que tal documento constitui título hábil a possibilitar o cancelamento. Deixo de aplicar a pena de litigância de má fé por não ter havido qualquer prejuízo a terceiros, haja vista que o pedido de cancelamento foi voluntário. Diante do exposto, julgo procedente o pedido de providências formulado pelo Espólio de Maria Lúcia Lopes Botelho, representado por seu inventariante Francisco de Paula Simões Vicente de Azevedo, em face do Oficial do 2º Registro de Imóveis da Capital, e consequentemente determino o cancelamento da averbação nº 03 da matrícula nº 99.720. Deste procedimento não decorrem custas, despesas processuais e honorários advocatícios. Oportunamente remetam-se os autos ao arquivo. P.R.I.C. - ADV: THEREZA CHRISTINA VICENTE DE AZEVEDO FONTES GARCIA (OAB 42758/SP) (DJe de 20.02.2019 - SP)

Processo 1020975-56.2019.8.26.0100

Pedido de Providências - Registro de Imóveis - Trides Companhia Imobiliária Administradora - Vistos. Trata-se de pedido de providências formulado por TRIDES COMPANHIA IMOBILIÁRIA ADMINISTRADORA, em face do Oficial do 2º Registro de Imóveis da Capital, pleiteando o cancelamento da averbação que se refere a contrato de locação firmado com José Mantelmacherna na transcrição de nº 82.339. A interessada informa que o contrato de locação referente à averbação teve fim em dezembro de 1964. Relata ainda que existe um novo contrato de locação em vigência no mesmo local, firmado com a empresa

MFR Comércio Varejista de Produtos Alimentícios LTDA - EPP. O Oficial manifestou-se às fls. 25 afirmando que a interessada não apresentou para qualificação registraria título com vistas a cancelar a averbação. Afirma que o ato questionado continua em vigor, bem como que é necessário seu cancelamento para que seja averbado novo contrato de locação. O Ministério Público opinou pela procedência do pedido (fls. 29/30). É o relatório. Decido. Pretende a interessada o cancelamento da averbação do contrato de locação na transcrição de nº 82.339 do 2º Registro de Imóveis da Capital, pelo qual o imóvel em questão foi alugado à José Mantelmacher. Compulsando os autos verifico que a informação prestada pela interessada de que o contrato averbado venceu em dezembro de 1964 é verídica. Desse modo, o contrato findou-se há mais de 54 anos, de forma que não produz mais efeitos, sendo inútil a manutenção da averbação. É sabido que atestar somente a extinção do contrato, não acarreta na possibilidade de se proceder ao cancelamento do registro, em atenção ao artigo 250 da Lei de Registros Públicos. No caso em tela, entretanto, o contrato era previsto para terminar há mais de 50 anos. Além disso, foi demonstrado que o imóvel já foi até mesmo alugado novamente para a empresa MFR Comércio Varejista de Produtos Alimentícios LTDA, desde 2005, nos termos dos documentos de fls. 35/61. Ainda, por diligências feitas por este cartório (fls. 67/69) não foi localizado o endereço do locatário José Mantelmacher, de modo que não há mais buscas a serem efetuadas. Conforme ensina Luiz Guilherme Loureiro: "Em virtude do principio da legitimidade ou da presunção de veracidade, o Registro deve refletir a verdade não só no que se refere ao titular do direito registrado, mas também quanto à natureza e ao conteúdo deste direito. Assim, qualquer inexatidão do assento deve ser retificada a fim de que reflita perfeitamente a realidade". (Registros Públicos - Teoria e Prática - 2ª ed. - Editora Método). Desse modo, entendo que o cancelamento da averbação não produziria quaisquer efeitos contra terceiros de boa fé e pode ser realizado. Diante da fundamentação aqui trazida, julgo procedente o pedido de providências formulado por TRIDES COMPANHIA IMOBILIÁRIA ADMINISTRADORA, em face do Oficial do 2º Registro de Imóveis da Capital, determinando consequentemente o cancelamento da averbação. Não há custas, despesas processuais ou honorários advocatícios decorrentes deste procedimento. Oportunamente, arquivem-se os autos. P.R.I.C. - ADV: NATHALY GUEDES TORRES RICCIARDI (OAB 307675/SP) (DJe de 08.04.2019 - SP)

Processo 1050566-63.2019.8.26.0100

Pedido de Providências - REGISTROS PÚBLICOS - Herculano de Almeida Atividades Imobiliárias Ltda - Vistos. Trata-se de pedido de providências formulado por Herculano de Almeida Atividades Imobiliárias LTDA em face do Oficial do 5º Registro de Imóveis da Capital, pretendendo o cancelamento das inscrições nºs: a) 27.385, noticiada na Av. 1 da matrícula nº 41.349 e respectivas renovações sob R.02, Av.03, 04 e 05, todas na mesma matrícula; b) 13.722 e renovações inscritas sob nº 21.632; 27.385, todas mencionadas nos itens "B" até "E" da Av.01 da matrícula nº 104.752; c) 13.783, mencionada no item "F" da Av.1 da matrícula nº 104.752. Entende o Registrador ser necessária a produção de provas, tendo em vista que os argumentos expostos pela requerente não são capazes de afastar a taxatividade do art. 250 da Lei de Registros Públicos (fls. 92/93). Juntou documentos às fls. 94/110. Insurge-se a requerente da qualificação negativa, aduzindo o rompimento do vínculo locatício, a idade avançada da locadora, a aquisição dos imóveis desocupados há mais de dois anos, bem como a realização de obras, com alteração da destinação do imóvel, ou seja, de comercial para residencial. Apresentou documentos às fls. 09/76. O Ministério Público opinou pela procedência do pedido (fls. 113/114). É o relatório. Passo a fundamentar e a decidir. Pretende a requerente o cancelamento das inscrições nºs: a) 27.385, noticiada na Av. 1 da matrícula nº 41.349 e respectivas renovações sob R.02, Av.03, 04 e 05, todas na mesma matrícula; b) 13.722 e renovações inscritas sob nº 21.632; 27.385, todas mencionadas nos itens "B" até "E" da Av.01 da matrícula nº 104.752; c) 13.783, mencionada no item "F" da Av.1 da matrícula nº 104.752., referentes à locações, cuja averbação mais recente ocorreu em 07.02.1994 (fl. 96), com vencimento em 30.06.1998, portanto findos há mais de 20 anos, de forma que não produzem mais efeitos, sendo consequentemente inútil a manutenção. Ademais, levando-se em consideração o lapso temporal sem qualquer notícia do aditamento do contrato de locação, bem como mudança na destinação do condomínio, que passou de comercial para residencial, nos termos da ata notarial lavrada pelo 2º Tabelião de Notas de São Paulo (fls. 21/22), mostra-se plenamente cabível o cancelamento pretendido. Mas atestar, tão somente, a extinção do contrato, não acarreta na possibilidade de se proceder ao cancelamento, antes é necessário que se tenha a anuência dos locatários. De acordo com a manifestação de fls. 71/76, houve expressa concordância do sucesso do Banco do Estado do Rio de Janeiro, sendo que em relação à locatária Turbil, impossível a sua notificação, sendo que está inativa desde 2009. Uma vez que não houve por parte dos antigo locatário qualquer óbice, entendo que não haveria qualquer lesão à terceiros advinda do cancelamento das averbações. Conforme ensina Luiz Guilherme Loureiro: "Em virtude do principio da legitimidade ou da presunção de veracidade, o Registro deve refletir a verdade não só no que se refere ao titular do direito registrado, mas também quanto à natureza e ao conteúdo deste direito. Assim, qualquer inexatidão do assento deve ser retificada a fim de que reflita perfeitamente a realidade". (Registros Públicos - Teoria e Prática - 2ª ed. - Editora Método). Por fim, destaco que este Juízo teve oportunidade de analisar questão semelhante nos autos nº 1015153-86.2019.8.26.0100. Diante do exposto, julgo procedente o pedido de providências formulado por Herculano de Almeida Atividades Imobiliárias LTDA em face do Oficial do 5º Registro de Imóveis da Capital, e consequentemente determino o cancelamento das inscrições discriminadas na inicial. Deste procedimento não decorrem custas, despesas processuais e honorários advocatícios. Oportunamente remetam-se os autos ao arquivo. P.R.I.C. - ADV: PAULA IANNONE (OAB 154662/SP) (- DJe de 25.07.2019 - SP)

Processo 1039152-68.2019.8.26.0100

Pedido de Providências - Registro de Imóveis - Pedro Paulo Giaxa Canedo – Delga Participações S/A - Vistos. Trata-se de pedido de providências formulado por Pedro Paulo Giaxa Canedo em face do Oficial do 1º Registro de Imóveis da Capital, pleiteando o cancelamento da averbação de caução em contrato de locação, referente ao imóvel matriculado sob nº 76.384, sob o argumento de que mencionada garantia encontra-se extinta pelo decurso do prazo de validade da locação, iniciando-se em 12.11.2001 e encerrando-se em 11.11.2003. Salienta que, com o decurso desse prazo bienal, ocorrido há mais de dez anos, e ainda com a substituição por outros contratos de locação, inafastável o reconhecimento da extinção da caução de pleno direito. Aduz que foi entabulado com a empresa locadora novo contrato de locação, objeto de ação de rescisão com despejo promovida pela pessoa jurídica, encontrando-se o feito em trâmite perante o MMº Juízo da 2ª Vara Cível do Foro Regional do Ipiranga, todavia, apesar da mencionada ação envolver as mesmas partes e o mesmo imóvel do antigo contrato caucionado, trata-se de caução averbada diversa. Juntou documentos às fls. 06/329. A qualificação negativa derivou da: a) necessidade da apresentação do documento hábil que comprove a autorização da locadora Delga Participações S/A, para o cancelamento da caução (Av. nº 03); b) regularizar a cópia da procuração outorgada por Pedro Paulo Giaxa Canedo, com a respectiva autenticação, bem como o reconhecimento de firma do signatário; c) o reconhecimento da prescrição com o consequente cancelamento da averbação não pode ser examinado nesta via administrativa. Afirma que, no estreito limite da qualificação registral, é defeso desenvolver o raciocínio desejado pelo requerente quanto ao perecimento da garantia averbada, à vista de novo contrato de locação. A locadora manifestou-se às fls. 337/342, alegando, preliminarmente, a ilegitimidade de parte ativa, tendo em vista que consta da matrícula nº 76.384 que os proprietários são Francisco Roberto Franco Canedo, casado com Maria Aparecida Balkis Giaxa Canedo. No mérito, postula pela improcedência da demanda. Alega que a) o requerente firmou contrato de locação no dia 08.11.2001 e um segundo contrato no dia 02.03.2007, na qualidade de representante da empresa Seletiva - Coleta de Recicláveis LTDA; b) quando o requerente assinou o segundo contrato na condição de fiador, era proprietário de dois imóveis, contudo, desfez-se do objeto da matrícula nº 75.628 no dia 16.05.2018; d) existência de uma dívida considerável a título de alugueres, impostos, custas processuais e verba honorária, face ao não cumprimento do segundo contrato de locação, firmado no dia 02.03.2007, constituindo firme propósito em protelar o pagamento dos encargos, que se arrasta desde 25.01.2009, bem como transferir o imóvel para um terceiro. Apresentou documentos às fls. 343/355. O Ministério Público opinou pelo não acolhimento da preliminar e pela improcedência do pedido (fls. 358/359 e 373/375). É o relatório. Passo a fundamentar e a decidir. Tendo em vista a juntada da matrícula nº 76.384, referente ao imóvel dado em caução (fls. 381/383), reconsidero em parte a decisão de fl. 377 em relação à juntada das matrículas pertencentes aos imóveis localizados na Rua Auriverde e Rua Almirante Lobo. Afasto a preliminar de ilegitimidade de parte arguida pela locadora, tendo em vista que no âmbito administrativo qualquer interessado poderá formular pedido com o objetivo de resguardar os princípios que regem o direito registrário, primando pela eficiência e zelo na prestação dos serviços aos usuários. Ainda observo que, de acordo com o principio da veracidade, conforme ensina o ilustre professor Luiz Guilherme Loureiro: "Em virtude do principio da legitimidade ou da presunção de veracidade, o Registro deve refletir a verdade não só no que se refere ao titular do direito registrado, mas também quanto à natureza e ao conteúdo deste direito. Assim, qualquer inexatidão do assento deve ser retificada a fim de que reflita perfeitamente a realidade". (Registros Públicos - Teoria e Prática - 2ª ed. - Editora Método). Questão semelhante foi analisada por este Juízo, no processo nº 0007813-89.2011.8.26.0100, mencionado pela D. Promotora de Justiça à fl. 374: "Registro de imóveis - pedido de providências - nulidade e cancelamento de matrícula (LRP/1973, arts. 214, caput, e 233, I) - "legitimidade" de qualquer do povo para representar irregularidade da matrícula (CF/1988, art. 5º, XXXIV, a; NSCGJ, II, XIII, 2) - necessária cautela da corregedoria permanente, para que dessas representações não decorram canseiras e despesas desnecessárias para os ofícios de registro de imóveis e os titulares de direitos inscritos - de qualquer forma, o autor da representação litiga há anos sobre a área objeto da matrícula - abertura de matrícula para área que estava precariamente descrita em transcrição - errônea dispensa da retificação bilateral (LRP/1973, art. 213, II) - ofensa ao princípio da especialidade objetiva (LRP/1973, art. 176, § 1º, II, 3, a e b) - decreto de nulidade e ordem de cancelamento - pedido de providências procedente". Feitas estas considerações passo à análise do mérito. Na presente hipótese houve impugnação parcial das exigências formuladas pelo Registrador. Observo que o requerente não demonstrou irresignação em relação à necessidade de regularização da cópia da procuração, com a respectiva autenticação e reconhecimento de firma do signatário, bem como impossibilidade de reconhecimento da prescrição, logo houve o reconhecimento destas exigências. A concordância parcial com as exigências do Oficial prejudica o procedimento, que só admite duas soluções: a determinação da prática do ato registrário, que é analisado, em reexame da qualificação, tal como se encontrava no momento em que surgida dissensão entre a apresentante e o Oficial de Registro de Imóveis; ou a manutenção da recusa do Oficial. Para que se possa decidir se o título pode ser registrado ou não é preciso que todas as exigências e não apenas parte delas sejam reexaminadas pelo Corregedor Permanente. Nesse sentido, é pacífica a jurisprudência do Egrégio Conselho Superior. E ainda que assim não fosse, no mérito a pretensão do suscitante é improcedente. Pretende o requerente o cancelamento da averbação da caução em contrato de locação, referente ao imóvel matriculado sob nº 76.384, sob o argumento de que mencionada garantia encontra-se extinta pelo decurso do prazo de validade da locação, qual seja, dois anos. Ressalto que a caução do imóvel é garantia que se oferece para o cumprimento de uma obrigação ou de um dever legal ou convencional. O proprietário, que oferece um imóvel, na sua totalidade para garantir o cumprimento de uma obrigação, está constituindo a favor do credor, um direito real de garantia sobre o seu imóvel. Neste contexto, imprescindível a anuência do interessado e a apresentação do termo de quitação da dívida garantida, o que não se verificou no caso em tela. A simples alegação do requerente acerca da existência de um segundo contrato versando sobre caução diversa não gera automaticamente o cancelamento da antiga averbação da caução, prestada no primeiro contrato de locação com vencimento em 2003. Somado a estes fatos, há notícia nos autos de que as partes litigam em relação ao inadimplemento do pagamento dos aluguéis. O artigo 250 da Lei de Registros Públicos dispõe que: "Art. 250- Far-se-á o cancelamento: (incluído pela Lei nº 6.216, de 1975) I- em cumprimento de decisão judicial transitada em julgado; (incluído pela Lei nº 6.216, de 1975); II- a requerimento unânime das partes que tenham participado do ato registrado, se capazes, com as firmas reconhecidas por tabelião; (incluído pela Lei nº 6.216, de 1975); III- A requerimento do interessado, instruído com documento hábil. (incluído pela Lei nº 6.216, de 1975); IV- a requerimento da Fazenda Pública, instruído com certidão de conclusão de processo administrativo que declarou, na forma da lei, a rescisão do título de domínio ou de concessão de direito real de uso de imóvel rural, expedido para fins de regularização fundiária, e a reversão do imóvel ao patrimônio público. (Incluído pela Lei nº 11.952, de 2009)". (g.n) O cancelamento da averbação da caução esvaziaria a garantia que a locadora dispõe para o adimplemento da obrigação. Ademais, não cabe ao Registrador, e nem detém competência este juízo administrativo, a análise da questão relacionada ao perecimento da garantia ou prescrição para fins do cancelamento pretendido, devendo tal insurgência ser objeto da ação competente a ser formulada nas vias ordinárias, com a incidência do contraditório e ampla defesa. Logo, corretas as exigências lançadas pelo Registrador. Diante do exposto, julgo prejudicado o pedido de providências formulado por Pedro Paulo Giaxa Canedo em relação ao Oficial do 1º Registro de Imóveis da Capital, com observação. Deste procedimento não decorrem custas, despesas processuais e honorários advocatícios. Oportunamente remetam-se os autos ao arquivo. P.R.I.C. - ADV: ANTONIO CARLOS DA CUNHA GARCIA (OAB 62950/SP), JANAINA DO MONTE SERRAT GONÇALVES AMADEO (OAB 204698/SP), LAEDES GOMES DE SOUZA (OAB 110143/SP) (- DJe de 31.07.2019 - SP)

Processo 1066670-33.2019.8.26.0100

Dúvida - REGISTROS PÚBLICOS - 2º Oficial de Registro de Imoveis da Capital - Maria José Bresciani de Abreu Sampaio - Vistos. Trata-se de dúvida suscitada pelo Oficial do 2º Registro de Imóveis da Capital, a requerimento de Maria José Bresciani de Abreu Sampaio, diante da negativa em se proceder ao registro do contrato de locação residencial datado de 07.06.2018, referente ao imóvel matriculado sob nº 1.521. O óbice registrário refere-se à violação do principio da continuidade, vez que o imóvel em questão não mais pertence à locadora Maria Celina Silveira Dammann, em virtude do falecimento do primitivo proprietário Hans Franz Theo Dammann, casado sob o regime da comunhão universal com a locadora, sendo que na partilha, lavrada pelo 14º Tabelião de Notas da Capital, constou que o imóvel passou a pertencer, com exclusividade, à sua filha Camila Silveira Dammann Salles, casada sob o regime da comunhão parcial de bens com Célio Pereira Salles. Logo, há necessidade de se aditar o contrato de locação para que figure como locadora a atual proprietária do imóvel. Juntou documentos às fls. 03/32. A suscitada apresentou impugnação às fls. 33/39. Argumenta que, com a partilha dos bens, a herdeira filha tornou-se proprietária e locadora do imóvel, havendo a sucessão hereditária da locadora, nos termos do art.10 da lei de locação. Destaca que a sucessão é automática, não exigindo a lei qualquer formalidade para se opere. Apresentou documentos às fls. 40/69. O Ministério Público opinou pela procedência da dúvida (fls. 72/73). É o relatório. Passo a fundamentar e a decidir. Com razão o Registrador, bem como o D. Promotor de Justiça. De acordo com a matrícula de fls. 49/60, verifica-se que de acordo com o registro nº 12, o imóvel foi adjudicado a Hans Granz Theo Dammann, casado sob o regime da comunhão universal de bens com Maria Celina Silveira Dammann. Ocorre que, em 04.11.2016, houve o falecimento de Hans. Neste contexto, firmado o negócio jurídico de locação pelas partes em 07.06.2018, figurou Maria Celina como locatária do bem e a suscitada como locadora. Todavia, com o término da partilha, em 11.10.2018, o bem passou a pertencer exclusivamente à filha do casal, Camila, passando esta a figurar como exclusiva proprietária do imóvel. Decerto que com a morte do locador, a locação transmite-se automaticamente aos herdeiros, todavia, em consonância com o principio da continuidade que norteia os atos registrarios, deve haver um aditamento ao contrato de locação, para constar como Camila, na qualidade de locadora do bem, já que o imóvel foi transmitido com exclusividade a ela por ocasião da partilha. Assim, correta a nota devolutiva apresentada pelo Oficial, baseada no princípio da continuidade, previsto nos arts. 195 e 237, da Lei nº 6.015/73: "Art. 195 - Se o imóvel não estiver matriculado ou registrado em nome do outorgante, o oficial exigirá a prévia matrícula e o registro do título anterior, qualquer que seja a sua natureza, para manter a continuidade do registro.; e Art. 237 - Ainda que o imóvel esteja matriculado, não se fará registro que dependa da apresentação de título anterior, a fim de que se preserve a continuidade do registro". De acordo com o princípio tempus regit actum, à qualificação do título aplicam-se as exigências legais contemporâneas ao registro, e não as que vigoravam ao tempo de sua lavratura. O Conselho Superior da Magistratura tem considerado que, para fins de registro, não importa o momento da celebração do contrato, em atenção ao princípio "tempus regit actum", sujeitando-se o título à lei vigente ao tempo de sua apresentação (Apelação Cível nº, 115-6/7, rel. José Mário Antonio Cardinale, nº 777-6/7, rel. Ruy Camilo, nº 530-6/0, rel. Gilberto Passos de Freitas, e, mais recentemente, nº 0004535-52.2011.8.26.0562, relatada por V. Exa.). Logo, apesar de referido contrato ser celebrado antes do término da partilha, o título foi apresentado posteriormente, sendo qualificado no momento da apresentação. Assim, é mister a manutenção do óbice registrário, já que nome do titular diverge daquele que consta no documento. Diante do exposto, julgo procedente a dúvida suscitada pelo Oficial do 2º Registro de Imóveis da Capital, a requerimento de Maria José Bresciani de Abreu Sampaio, e consequentemente mantenho o óbice registrário. Deste procedimento não decorrem custas, despesas processuais e honorários advocatícios. Oportunamente remetam-se os autos ao arquivo. P.R.I.C. - ADV: RAUL FELIPE DE ABREU SAMPAIO (OAB 53182/SP), MARIA PAULA CHEIBUB MACEDO (OAB 297637/SP) (– DJe de 07.08.2019 – SP)

Processo 1083772-68.2019.8.26.0100

Dúvida - Registro de Imóveis - Luciana Alves Fleming George e outro - Vistos. Trata-se de dúvida suscitada pelo Oficial do 10º Registro de Imóveis da Capital a requerimento de Luciana Alves Fleming George, diante da negativa em se proceder ao registro do instrumento particular de contrato de locação de imóvel não residencial, firmado entre Maria Verônica Lakatos e José Roberto Lakatos, na qualidade de locadores, e Buffet Spasso Dourado Eirelli ME, como locatária. Os óbices registrários referem-se: a) necessidade de reconhecimento das firmas das testemunhas; b) apresentação do laudo de vistoria (original), mencionado na cláusula 2º do contrato de locação; c) necessidade de constar do mencionado contrato referencia expressa e inequívoca da matricula do imóvel, seu número e cartório; d) o contrato de locação deve ser aditado para constar o estado civil do locador ou apresentar certidão de nascimento/casamento atualizada; e) apresentação de cópia autenticada dos documentos pessoais dos locadores; f) exibir prova de representação atualizada, válida para a data do contrato, qual seja, 15.05.2017, da locatária Buffet Spasso Dourado Eirelli ME a sua representante Luciana Alves Fleming George. Juntou documentos às fls. 04/63. A suscitada apresentou impugnação às fls. 64/72. Argumenta que as exigências solicitadas para o devido registro do contrato, para publicidade da cláusula de vigência e validade contra eventual adquirente do imóvel, dependem exclusivamente da ação dos locadores, os quais não se recusam a cumprir com os seus deveres. Salienta que, ainda que assim não fosse, as exigências são eminentemente subjetivas, vez que não possuem amparo legal para a sua aplicação. Apresentou documentos às fls. 74/77. Vieram aos autos novas informações do Registrador, às fls. 86/88, corroborando as exigências mencionadas. O Ministério Público opinou pela procedência da dúvida (fls. 91/93). É o relatório. Passo a fundamentar e a decidir. Com razão o Registrador, bem como a D. Promotora de Justiça. As exigências do Oficial para o registro do título apresentado baseiam-se nos princípios da legalidade, especialidade subjetiva e segurança jurídica, que norteiam os atos registrários. Em relação à necessidade do reconhecimento de firma das testemunhas, a Lei de Registros Públicos, no art. 221, II, determina que os escritos particulares tragam reconhecidas as firmas das partes e testemunhas. As razões do Oficial são ponderáveis, por terem fundamento na necessidade de segurança jurídica. De acordo com os ensinamentos de Walmir Pontes: "O reconhecimento de firmas, no sistema dos registros públicos, somente pode ser exigido pelo oficial, como no caso das escrituras particulares, por efeito de disposição expressa de lei" (PONTES, Walmir. Registro de Imóveis. São Paulo: Saraiva, 1982, p. 148). Em prestígio ao princípio da segurança registraria e da formalidade do registro de imóveis, a exigência do reconhecimento de firma de todos os contratantes não se mostra excessiva, vez que, além de prevista legalmente, confirma de forma mínima a identidade dos titulares do direito que se pretende transigir e registrar. A necessidade de apresentação do laudo de vistoria original, é oriunda cláusula 2º do contrato de locação que estipula: "... No prazo de 90 (noventa) dias, os locadores ou quem estes indicarem, procederão à vistoria do imóvel, para verificação da conclusão das benfeitorias relacionadas acima, época esta em que será formalizado laudo de vistoria inicial bem como registros fotográficos do local, que passarão a fazer parte deste instrumento". Logo, denota-se que o laudo de vistoria é parte integrante do contrato. A expressa referência ao cartório e número da matrícula do imóvel, tem amparo no princípio da especialidade objetiva (artigos 176 e 212 da Lei 6.015/73), cujas regras impedem o registro de títulos cujo objeto não seja exatamente aquele que consta do registro anterior, sendo necessário que a caracterização do objeto do negócio repita os elementos de descrição constantes do registro (Narciso Orlandi Neto, Retificação do Registro de Imóveis, Juarez de Oliveira, pág. 68). E ainda a necessidade de constar o estado civil do locador ou apresentação da certidão de nascimento ou casamento atualizada, pauta-se no princípio da especialidade subjetiva elencado no artigo 176, II, 4, a e b e art. 176, III, 2, a e b. Ao Oficial Registrador cabe a qualificação dos títulos que lhes são apresentados, justamente para evitar a prática de atos atentatórios aos princípios básicos do direito registral ou que tornem insegura e não concatenada a escrituração. Neste contexto, a falta da qualificação do locador viola o princípio da segurança jurídica que norteia os atos registrários, uma vez que gera a ocorrência de dúvida em relação à real identidade dele. A exigência de apresentação de cópia autentica dos documentos pessoais dos locadores, justifica-se pelos argumentos expostos pelo registrador, qual seja, coibir o ingresso de instrumentos particulares inidôneos, valendo-se subsidiariamente das normas destinadas aos Tabeliães de Notas. Por fim, tratando-se de pessoa jurídica, deverá ser apresentada a representação atualizada a fim de conferir se o signatário tem poderes de representação, assumindo as responsabilidades provenientes dos atos a serem praticados em nome da empresa. Assim, fica evidente a impossibilidade de se proceder ao registro do título em questão. O simples argumento de que cabe exclusivamente aos locadores a apresentação dos documentos ao cartório, não serve para afastar as exigências, sendo necessária a apresentação de um aditivo contratual. Diante do exposto, julgo procedente a dúvida suscitada pelo Oficial do 10º Registro de Imóveis da Capital, a requerimento de Luciana Alves Fleming George, e consequentemente mantenho os óbices registrários. Deste procedimento não decorrem custas, despesas processuais e honorários advocatícios. Oportunamente remetam-se os autos ao arquivo. P.R.I.C. - ADV: RAFAEL TSUHAW YANG (OAB 240976/SP) (– DJe de 23.10.2019 – SP)

LOTEAMENTO E DESMEMBRAMENTO

Processo 1132531-97.2018.8.26.0100

Retificação de Registro de Imóvel - REGISTROS PÚBLICOS - Adalto Jacinto - Vistos. Trata-se de ação anulatória da matrícula nº 241.289, formulada por Adalto Jacinto, em face do Oficial do 18º Registro de Imóveis da Capital. Relata o requerente que, em 11.01.2018, o imóvel constituído pelo "lote 22", da Quadra M, com frente para a Rua Tomas Martinez, denominado "Conjunto Residencial Nova Esperança" foi registrado a pedido de sua ex cônjuge, srª Sonia Maria de Oliveira, junto ao 18º Registro de Imóveis da Capital e teve a aprovação do Poder Público, por meio da Lei Federal nº 13.465/2017. Salienta que o referido registro de aquisição da propriedade foi obtido de maneira errônea, uma vez que o verdadeiro possuidor do loteamento é o requerente que adquiriu o imóvel através de contrato de compra e venda coletiva realizada em 21.08.1991 pela Associação de Conjunto Habitacional Parque Esperança. Afirma que, por ocasião do divórcio (processo nº 0021037-28.2010.8.26.0004), o imóvel adquirido pelo requerente anteriormente à união, foi partilhado, sendo homologado o acordo que a futura escritura seria lavrada em nome dos três filhos, ficando a ex cônjuge somente com o direito de uso do imóvel, jamais a propriedade. Assim, requer como medida acautelatória o bloqueio da matrícula. Juntou documentos às fls. 05/15. É o relatório. Passo da fundamentar e a decidir. Em relação à justiça gratuita, ressalto que neste Juízo administrativo não incidem custas, despesas processuais e honorários advocatícios, logo resta prejudicado o pedido. Verifico que o pedido de anulação da matrícula nº 241.289 em nome da ex cônjuge do requerente tem como fundamento o próprio domínio do imóvel, vez que o interessado afirma que o bem teria sido adquirido exclusivamente por ele e partilhado por ocasião do divórcio, sendo acordado que a escritura seria em nome dos filhos provenientes na união conjugal. Ocorre que tal pretensão não tem como ser atendida neste procedimento administrativo, de estreita dilação probatória, não havendo como solucionar matéria conflituosa, que inclusive refoge à questão registral e a própria competência do Juízo, em sede de Corregedoria Permanente. Apenas em processo contencioso a matéria que diz respeito ao domínio poderá ser dirimida, com a incidência do contraditório e ampla defesa. Neste contexto, tem-se que o procedimento administrativo se destina à análise de uma situação pré ordenada, não se permitindo a produção de provas ou juntada ulterior de documentos, devendo o requerente satisfazer sua pretensão nas vias ordinárias. Feitas estas considerações delimito o objeto do presente procedimento ao bloqueio da matrícula nº 241.289. Ao Oficial do 18º Registro de Imóveis da Capital para informações, no prazo de 05 (cinco) dias. Com a juntada da manifestação, abra-se vista ao Ministério Público e tornem os autos conclusos, com urgência. Int. - ADV: GISELE GONCHARENCO CORREIA SILVA (OAB 371339/SP) (DJe de 10.01.2019 - SP)

Processo 1108204-59.2016.8.26.0100

Retificação de Registro de Imóvel - Retificação de Área de Imóvel - Mário Capobianco e outro - Ignês Mitiko Makiyama Fujii - Municipalidade de São Paulo e outro - Vistos. Trata-se de retificação de registro dos imóveis matriculados sob nºs 99.833, 99.934 e 99.835 encaminhado a este Juízo pelo Oficial do 11º Registro de Imóveis da Capital, em virtude de impugnação de Ignês Mitiko Makiyama Fujii, na qualidade de confrontante da área retificanda, sob a alegação de haver interferência da divisa do lote retificando com a sua área. A priori entendeu o registrador infundada a impugnação, haja vista que a confrontante se limitava a alegar que a retificação acarretaria avanço na sua propriedade sem identificar onde e de que forma isso ocorreria. Por outro lado, os requerentes da retificação Mário Capobianco e Tereza Pires Capobianco esclareceram que não é a retificação de área proposta que causa a diminuição da medida perimetral do imóvel, mas sim a implantação e asfaltamento da Rua Canterbury, a qual afetou ambos os imóveis que confrontam com a mencionada rua, razão pela qual os autos foram enviados para análise da impugnação. Houve concordância da Municipalidade ao pedido de retificação (fl. 82), bem como foram juntados documentos às fls. 03/148. Intimada a impugnante para esclarecer sobre a exata sobreposição de áreas, haja que a pretensão dos requerentes encontra-se embasada em trabalho realizado por profissional habilitado, houve manifestação às fls. 160/161. Corrobora que com a retificação pleiteada sofrerá grande perda de área, cujo terreno passará de 325,89 m^2 para 226,01 m^2, com frente de 1,13 m, quando na verdade sua frente é de 3,89 m, inviabilizando qualquer construção em seu lote, isto em decorrência do equívoco das medições realizadas pelos requerentes, que deixaram de considerar os pontos certos para as medições corretas. Apresentou documento à fl. 162. Foi determinada a realização da prova pericial (fls. 178/179), cujo laudo pericial foi juntado às fls. 221/254. Acerca da perícia a Municipalidade manifestou desinteresse no feito (fl. 258), enquanto os requerentes e a impugnante apresentaram parcial discordância (fls. 259/283 e 289/298 respectivamente). Foram apresentados esclarecimentos complementares às fls. 319/320, dos quais houve manifestação das partes às fls. 323/324 (impugnante) e 325/327 (requerentes), solicitando novas informações e correções no laudo apresentado. Nova planta e memorial descritivo apresentado às fls. 335/345, do qual houve concordância da impugnante às fls. 348/349, dos requerentes (fl. 359), do registrador (fl. 361) e da Municipalidade de São Paulo (fl. 368). O Ministério Público opinou pela procedência do pedido (fl. 372). É o relatório. Passo a fundamentar e a decidir. Pleiteiam os requerentes a retificação dos imóveis matriculados sob n°s 99.833, 99.934 e 99.935, sendo que os autos foram encaminhados a este Juízo pelo registrador em razão da impugnação da confrontante Ignes, sob o argumento de interferência com o lote 12 de sua propriedade. Neste contexto, a nova planta e memorial descritivo apresentados às fls. 335/345, concluiu que a retificação é intra muros, havendo concordância expressa dos requerentes (fls.), da impugnante (fls.) e da Municipalidade (fls.). Dentro da esfera desta Corregedoria Permanente, examina-se apenas se a impugnação é ou não fundamentada, nos termos do § 5º, do art. 213, da Lei nº 6015/73. Em caso positivo, o procedimento é extinto, e as partes, remetidas às vias ordinárias, pois nada de contencioso se resolve aqui; em caso negativo, acolher-se-á o pedido da requerente. Como se vislumbra da presente hipótese, a concordância da impugnante acerca da retificação, supera o óbice para o procedimento tenha seu prosseguimento na via extrajudicial, somando a este fato houve concordância expressa das outras partes envolvidas, logo, é mister o deferimento da retificação da descrição dos imóveis, adotados a planta e memorial descritivos juntados às fls. 335/345. Diante do exposto, havendo expressa concordância da impugnante Ignes com a retificação, julgo procedente o pedido de providências formulado pelo Oficial do 11º Registro de Imóveis da Capital, devendo o pedido ter prosseguimento na via extrajudicial, levando-se em consideração o trabalho pericial de fls. 335/345. Deste procedimento não decorrem custas, despesas processuais e honorários advocatícios. Oportunamente remetam-se os autos ao arquivo. P.R.I.C. - ADV: MARCELO PIRES CAPOBIANCO (OAB 163639/SP), SANDRO ALFREDO DOS SANTOS (OAB 177847/SP), FABIANA DOS SANTOS SIMÕES (OAB 234538/SP), LILIANA MARIA CREGO FORNERIS (OAB 100212/SP), MARCIO ALEXANDRE PESCE DE CARA (OAB 242146/SP) (DJe de 27.02.2019 - SP)

Processo 1034018-60.2019.8.26.0100

Pedido de Providências - Liminar - Nobuo Asato - Mary Miyagi Asato - Hatsuko Kudeken - Isao Kudeken - Vistos. Trata-se de pedido de providencias formulada por Isao Kudeken, Hatsuko Hudeken, Nobuo Asato, Mary Miyagi Asato, em face do Oficial do 12º Registro de Imóveis da Capital, pretendendo a unificação das matrículas n°s 87.946, 90.909, 90.912, 93.717 e 93.718 e posterior desmembramento, em 18 lotes. Esclarecem que obtiveram junto a Prefeitura de São Paulo o Alvará de Remembramento e Desdobro de Lote em 26.05.2005, com validade de 180 dias, bem como que foi efetuado o apostilamento em 31.10.2007, com a finalidade de prorrogar o prazo mencionado. Aduzem que na ocasião o Código de Obras e Parcelamento do Solo da Cidade de São Paulo possibilitava o apostilamento, todavia, com as alterações da Lei nº 57.558/16, atual Código de Edificações e Leis de Zoneamento vigente, novo pedido de apostilamento foi indeferido, com fundamento nos artigos 35 e 36 da referida lei, logo encontra-se esgotado o prazo previsto no alvará concedido pela Municipalidade. Juntou documentos às fls. 11/93. O Registrador manifestou-se às fls. 100/102. Esclarece que os requerentes apresentaram a autorização do registro de unificação das matrículas mencionadas, bem como o desmembramento da área unificada em 18 lotes. Todavia, em 2006 não era permitido a averbação do desdobro de parcelamento superior a 10 lotes, razão pela qual o requerimento foi analisado a luz do artigo 18 da Lei nº 6.766/79 como registro de Desmembramento, resultando entre outras exigências a revalidação do Alvará de Remembramento e Desdobro emitido em 03.06.2005. Salienta que ao cotejar a cópia autenticada do apostilamento emitido em

06.11.2007 com o original, deparou-se com a rasura no prazo de validade "10 anos". Por fim, informa que os requerentes retiraram toda a documentação em 10.09.2018. Apresentou documentos às fls. 103/106 e 134/218. Acerca das informações do Oficial, os requerentes manifestaram-se às fls. 113/121. Argumentam sobre a impossibilidade de cumprimento das exigências, tendo em vista que as construções existentes atualmente nos lotes desmembrados não foram feitas pelos requerentes, mas pelos atuais proprietários. Destacam que devido às várias e novas exigências do Oficial, o prazo de revalidação do alvará esgotou-se e novo pedido de apostilamento foi indeferido pela Prefeitura Municipal em 11.12.2017, com fundamentos nos artigos 35 e 36 da Lei nº 57.558/16. Afirmam que a intransigência do registrador em abrir as matrículas individualizadas de cada lote obrigaria os interessados a ingressar com novo processo junto à Prefeitura. O Ministério Público opinou pela improcedência do pedido (fls. 222/223). É o relatório. Passo a fundamentar e a decidir. Com razão o Registrador, bem como o D. Promotor de Justiça. Para o desdobro de lote, em casos de parcelamento para fins urbanos, conforme Lei 9.413/81 e Decreto nº 44.418/04, é necessária a aprovação pelos órgão municipais competentes. Assim, é imprescindível a emissão do Alvará de Desdobro de Lote, além da planta aprovada pela Prefeitura do Município de São Paulo e memorial descritivo, para proceder a abertura das matrículas. Cito o seguinte precedente deste Juízo: "No mais, o disposto no item 170.6, Cap. XX, das Normas de Serviço da Egrégia Corregedoria Geral da Justiça, aponta como requisito essencial, na presente hipótese, a aprovação do desdobro, em consideração ao interesse urbanístico: Em qualquer hipótese de desmembramento não subordinado ao registro especial do artigo 18, da Lei nº 6.766, de 19 de dezembro de 1979, sempre se exigirá a prévia aprovação da Prefeitura Municipal. Assim, caberá à interessada obter a autorização perante a Municipalidade, com a consequente expedição do alvará de aprovação, como já mencionado". (Processo nº 1082986-63.2015.8.26.0100 1ª VRP/SP) O precedente se assemelha à hipótese dos autos, pois há o mesmo óbice relacionado à prévia autorização da Municipalidade para dar prosseguimento à abertura das matrículas. Verifico que é necessária a apresentação do alvará de remembramento e desdobro de lote dentro do prazo de sua validade para surtir os efeitos nele mencionados. Ocorre que, de acordo com o apostilamento de alvará de remembramento e desdobro de lote juntado à fl. 67, existe a seguinte observação: "Apostilamento para fazer constar que o prazo de 180 dias para submeter o alvará citado, ao cartório de registro de imóveis é de 180 dias após a emissão deste apostilamento" E ao final do documento consta a data de emissão como 06.11.2007, ou seja, os requerentes tinham até meados do mês de maio de 2008 para apresentação do mencionado requerimento, sob pena de caducidade da aprovação. Neste contexto, a demora na finalização do procedimento perante a Serventia Extrajudicial decorreu única e exclusivamente da demora dos requerentes no cumprimento das exigências, não havendo que se falar na prática de conduta irregular pelo registrador. Somado a este fato, ao analisar a cópia autenticada do apostilamento emitido em 06.11.2007, deparou-se o registrador com a rasura no prazo de validade, logo, o que por si só beira a má fé dos requerentes, vez que cientes do esgotamento da validação do documento. Logo correto o óbice imposto pelo delegatário, diante da ineficácia do alvará apresentado. Diante do exposto, julgo improcedente pedido de providencias formulada por Isao Kudeken, Hatsuko Hudeken, Nobuo Asato, Mary Miyagi Asato, em face do Oficial do 12º Registro de Imóveis da Capital, e consequentemente mantenho a negativa de realização do ato registrário. Deste procedimento não decorrem custas, despesas processuais e honorários advocatícios. Oportunamente remetam-se os autos ao arquivo. P.R.I.C. - ADV: WALKIRIA KANAGUSKO MIYAGI (OAB 49394/ SP) (- DJe de 27.06.2019 - SP)

Processo 1057371-32.2019.8.26.0100

Pedido de Providências - Registro de Imóveis - Luiz Alfredo Caramelo Cerca - Artur Eduardo Caramelo Cerca - Maria Ressur Caramelo Simões Cerca - Municipalidade de São Paulo - Vistos. Trata-se de pedido de providências formulado por Luiz Lafredo Caramelo Cerca, Artur Eduardo Caramelo Cerca e Maria Ressur Caramelo Simões Cerca em face do Oficial do 2º Registro de Imóveis da Capital, requerendo o cancelamento da restrição do loteador constante na matrícula nº 107.113 da citada serventia. Alegam os requerentes que pretendem alienar o imóvel à empresa, que também pretende a aquisição dos imóveis contíguos para realizar incorporação imobiliária. Aduzem que consta restrição na matrícula do imóvel que limita as construções possíveis de serem realizadas, o que impede a realização do empreendimento. Argumentam que a restrição é contrária ao plano diretor da cidade, está descaracterizada, e que, por ter sido realizada pelo vendedor há vários anos, não poderia vincular terceiros. O Oficial do 2º Registro de Imóveis manifestou-se às fls. 21/29. Alega que a matrícula foi aberta conforme transcrição originária do 5º Registo de Imóveis, na qual constava restrições existentes no contrato padrão do loteamento. O Município de São Paulo, às fls. 32/34, não se opôs ao requerimento, alegando que as restrições convencionais não obrigam o Município e que a zona em que está inserido o imóvel, conforme Lei Municipal de Uso e Ocupação do Solo, permite construções de modo mais amplo que o constante na matrícula. O Oficial do 5º Registro de Imóveis manifestou-se às fls. 52/56. Aduz que o loteamento "Chácara Formosa" foi inscrito conforme o Decreto-Lei 58/1937, e que seu contrato-tipo previa cláusulas restritivas. Demonstra que nem todas às cláusulas do contrato-tipo foram transportadas para a transcrição dos lotes. O Ministério Público opinou às fls. 72/75 pela improcedência do pedido. Vieram aos autos informações complementares do 2º RI, às fls. 80/81. É o relatório. Decido. As cláusulas restritivas impostas pelo loteador, como bem lembrado pelo Oficial do 5º Registro de Imóveis, citando o Min. Herman Benjamin no REsp 302.906, são "mais rígidas que as restrições legais, correspondem a inequívoco direito dos moradores de um bairro ou região de optarem por espaços verdes, controle do adensamento e da verticalização, melhoria da estética urbana e sossego". Portanto, desde sua origem, as cláusulas urbanísticas convencionais visam a valorização do loteamento, ao trazer limites ao direito de propriedade dos compradores com a finalidade de promover o bem estar comum, otimizando a utilização daquele espaço urbano. Ainda que não haja o dever do registrador verificar o cumprimento da restrição, conforme item 191 do Cap. XX das NSCGJ, uma vez inseridas na transcrição ou matrícula do imóvel, tais cláusulas passam a ser de conhecimento público, não podendo os adquirentes alegar desconhecimento ou que trata-se de convenção particular, não extensível a novos compradores, justamente porque o registro público gera a presunção de legitimidade dos dados dele constantes até que seja cancelado. Por tal razão, ainda que haja incongruências entre contrato padrão e transcrição do imóvel, deve-se considerar que houve inscrição de tais dados e não há qualquer indício de nulidade de pleno direito que permitiria seu cancelamento com base em tal fundamento. É dizer que, na análise da legalidade da cláusula em si, não foi apontado qualquer fundamento que permita a este juízo administrativo autorizar seu cancelamento. Veja-se, neste ponto, que a Lei Municipal 16.402/16 não autoriza o cancelamento das cláusulas, mas regulamenta tão somente o agir dos órgãos municipais quanto a análise da ocupação do solo no âmbito de sua competência. Em outras palavras, tal lei nada diz quanto a validade do registro das cláusulas restritivas, mas apenas quanto a sua aplicação para que determinado imóvel seja compatível com o zoneamento urbano. Como já citado, não cabe ao registrador controlar o cumprimento da restrição: é o município que, dentro de suas competências urbanísticas, poderá analisar se a restrição do loteador deve ou não ser considerada quando for aprovar determinada obra, uso ou ocupação do solo. Todavia, a legalidade da criação da cláusula de restrição convencional, seu registro em conjunto com o loteamento bem como sua inclusão nas matrículas dos lotes, não pode ser feita por lei municipal, vez que o Art. 22, XXV, da Constituição Federal prevê a competência privativa da União para legislar sobre registros públicos. Deste modo, o Município pode até mesmo ignorar a cláusula restritiva do loteador para fins de autorizações e aprovações urbanísticas, mas não pode restringir a inclusão ou regulamentar o cancelamento de tais cláusulas do registro de imóveis por fugir de sua competência legislativa. No caso de autorização municipal contrária aos limites impostos, caberá aos interessados buscar as vias judiciais para garantir o cumprimento das limitações, ou até mesmo declaração quanto sua validade. Não obstante a impossibilidade do cancelamento por nulidade de pleno direito no presente caso, cumpre mencionar que a E. Corregedoria Geral de Justiça já permitiu o cancelamento administrativo quando efetivamente demonstrada a descaracterização do loteamento, fazendo com que as cláusulas já não tenham mais eficácia. Cito o processo nº 791/04, de relatoria do então MMº Juiz Assessor Luís Paulo Aliende Ribeiro: "Registro de Imóveis - Averbação - Pretensão de cancelamento de restrição convencional constante do contrato padrão inscrito em face da descaracterização da proposta inicial do loteamento - Situação de fato, referente a parcelamento antigo, comprovada, no caso, por elementos tabulares inequívocos - Desnecessidade de dilação probatória e demonstração da inocorrência de ofensa a interesse de terceiros que viabilizam, na hipótese, a excepcional utilização da via administrativa - Recurso não provido. 'Esta é a orientação geral, cuja manutenção se impõe, pois somente na via jurisdicional, mediante contraditório, é que, em regra, se viabiliza a constatação desses dois requisitos, quais sejam, a comprovação da descaracterização da proposta inicial do parcelamento e a inocorrência de ofensa ao direito de terceiros. A situação fática e registrária expressa nos presentes autos revela, no entanto, seja por estar tabular e documentalmente comprovada, de modo a evidenciar a desnecessidade de produção de outras provas, a flagrante descaracterização, na referida quadra, da proposta inicial do loteamento, seja em função dos termos em que redigida a própria restrição convencional, expressa no sentido de que instituída em favor dos terrenos contíguos, limitando aos terrenos da mencionada quadra o interesse na manutenção da restrição, excepcional hipótese de viabilidade da utilização da via administrativa para o reconhecimento da descaracterização da proposta inicial do empreendimento, a autorizar o atendimento da pretensão da recorrida e o levantamento, na quadra, da restrição imposta, há quase meio século, pelo loteador.' Como visto, são requisitos essenciais para o cancelamento administrativo a comprovação inequívoca da descaracterização da proposta de parcelamento e inexistência de prejuízos a terceiros. E tais requisitos, no presente caso, não foram comprovados. O requerente apenas alega que houve ampla verticalização do bairro, mas não traz qualquer prova neste sentido. Ainda, em pesquisa rápida na ferramenta "google street view", verifica-se que em 2018 a quadra em que localizado o imóvel era majoritariamente composta por casas, havendo apenas 1 edifício, de 4 andares. Imagens de satélite da ferramenta "google maps", de 2019, mostram que não houve alteração de tal situação fática. Não houve, portanto, efetiva comprovação de descaracterização da região, de modo que as restrições impostas na matrícula, referentes a limitações de construção no imóvel parecem ainda ser eficazes, impedindo seu cancelamento administrativos. Por fim, saliento que ainda que as restrições não tenham sido impostas em todos os imóveis vizinhos, sua existência em outros, conforme apontado às fls. 80/81, denota que houve efetivo planejamento pelo loteador de características urbanísticas na região que, ao menos em análise superficial, podem ter sido consideradas pelos adquirentes como elemento essencial para valorização de seus imóveis, de modo que não se pode, neste caso, presumir inexistência de prejuízo a terceiros, que podem ter interesse em não ver construídos em sua quadra empreendimentos imobiliários de grande vulto. Portanto, o pedido deve ser indeferido nesta via administrativa. Isso não impede, contudo, que os requerentes busquem a via judicial para declarar a nulidade da restrição, onde haverá participação de todos os possíveis interessados com amplo contraditório e dilação probatória, inviáveis neste juízo. Do exposto, julgo improcedente pedido de providências formulado por Luiz Lafredo Caramelo Cerca e outros em face do Oficial do 2º Registro de Imóveis da Capital. Não há custas, despesas processuais nem honorários advocatícios decorrentes deste procedimento. Oportunamente, arquivem-se os autos. P.R.I.C. - ADV: MARCIA HALLAGE VARELLA GUIMARAES (OAB 98817/ SP), GUILHERME MÜLLER LOPES (OAB 328862/SP) (– DJe de 12.12.2019 – SP)

MATRÍCULA

Processo 1055862-03.2018.8.26.0100

Retificação de Registro de Imóvel - Registro de Imóveis - Ramiro Manfre – Elaine Cristina Manfré e outros - Vistos. Trata-se de ação de retificação de registro ajuizada por Ramiro Manfre em face do Oficial do 14º Registro de Imóveis da Capital, requerendo a alteração do R. 04 da matrícula nº 220.397. Narra o requerente que no imóvel matriculado há duas casas, de nºs 538 e 528, e que por razão de sucessão da antiga proprietária a ele foi legado a totalidade da casa 538 e ½ da casa 528, sendo a outra metade pertencente a Horácio Jurandir Manfre. Não obstante, após prenotar o formal de partilha, foi registrado que o imóvel foi partilhado na proporção de ¾ para Ramiro e ¼ para Horácio, resultando em metragens diversas daquelas constantes do formal de partilha. Assim, requer a retificação do registro, para que conste que é proprietário de 307,80m^2, e que Horácio possui 56,10m^2. Juntou documentos às fls. 07/41. O Oficial manifestou-se às fls. 45/47, aduzindo que a partilha se deu sobre construções existentes no imóvel e que não eram correspondentes à matrícula. Por tal razão, após dispensa do requerente de averbação das construções, registrou o formal de partilha nas proporções atribuídas a cada herdeiro com referência ao valor de cada quinhão, resultando nas partes ideais de ¾ e ¼. Foram juntados documentos às fls. 48/71. Houve nova manifestação do requerente, informando que não concordou com o registro do modo em que realizado, e que a autorização dada ao Oficial visava apenas facilitar o registro e não alterar a partilha. O Ministério Público opinou às fls. 88/100 pelo cancelamento dos registros realizados pelo Oficial e abertura de processo administrativo disciplinar. Por decisão de fls. 102/103 foram bloqueadas as matrículas nº 220.397 e 225.913 do 14º RI. O Oficial respondeu às fls. 112/115, com documentos às fls. 116/215, alegando que os registros foram realizados de acordo com aquilo que decidido pelo juiz da partilha. Os herdeiros de Horácio Manfré peticionaram às fls. 222/226, pugnando pela improcedência da ação. O Ministério Público reiterou seu parecer às fls.

237/238, bem como o requerente seu pedido inicial, às fls. 243/245. É o relatório. Decido. Pelo testamento de Joaquina Rodrigues (fls. 11/13), quatro casas localizadas na Rua Dom Sebastião do Rego foram legadas, cada qual para um de seus sobrinhos. Todavia, dois destes sobrinhos faleceram, tendo os imóveis de nº 528 e 452 retornado ao monte-mor e tendo sido partilhados entre os dois sobrinhos restantes, como parte da legítima. Disso resultou que, conforme formal de partilha levado a registro (fls. 22/25), Ramiro Manfré recebeu a totalidade do imóvel localizado na Rua Dom Sebastião do Rego, nº 538, e metade dos imóveis localizados na mesma rua, de nºs 528 e 452. Já Horácio Jurandyr Manfré recebeu a totalidade do imóvel de nº 454 e a outra metade dos imóveis de nº 528 e 452. Ocorre que as casas não eram individualizadas no registro imobiliário. As de nº 528 e 538 estavam transcritas sob o nº 24.257 do 1º RI, descritas como "Lote 32 da Gleba N", enquanto as casas de nº 452 e 454 estavam transcritas sob o nº 24.390 do 14º RI, descritas como "Lote 25 da Gleba N". Vê-se, portanto, que não havia correspondência entre o título apresentado, em que foram partilhadas as áreas específicas referentes a cada uma das casas, e os registros anteriores, cujas descrições se referiam a terrenos que englobavam mais de uma casa. Por tal razão, em vista dos princípios da continuidade e da especialidade objetiva, o título não poderia ingressar no registro. Duas soluções seriam possíveis: ou se retificava o título, para que constasse do formal de partilha não a divisão das casas, mas dos próprios terrenos na forma em que transcritos, ou se realizaria o desdobro dos lotes, abrindo-se 4 novas matrículas (uma para cada terreno referente as casas), permitindo o registro da partilha na forma em que realizada. Pois bem. Quanto ao lote 32, referente às casas 528 e 538, o Oficial qualificou o título positivamente, procedendo a abertura da matrícula nº 220.397 (fls. 48/51) em 16 de outubro de 2015 e registrando a partilha sob o R. 04, conferindo a Ramiro ¾ do bem e a Horacio ¼. Não obstante, na qualificação do mesmo título, em dezembro de 2015, mas com referência ao lote 25 (casas 452 e 454), o Oficial apresentou nota devolutiva (fl. 146), exigindo exatamente aquilo acima apontado (necessidade de desdobro ou retificação da partilha). Após manifestações do juízo da partilha, mas em especial a declaração do espólio de Horácio de que realizaria o desdobro oportunamente (fl. 65), foi aberta a matrícula nº 225.913 (fls. 116/119) em 22 de junho de 2017, em que pelo R. 04 foi conferido a Horacio ¾ do bem e a Ramiro ¼. Com base em tais fatos já é possível descartar, de plano, a alegação do Oficial de que os registros realizados se deram em conformidade com a manifestação do juízo da partilha. Isso porque, ao menos a abertura da matrícula nº 220.397 se deu em 2015, antes, portanto, das manifestações judiciais de fls. 124/126, todas posteriores a esta data. Em verdade, a ação de inventário e partilha foi arquivada em 2013 e desarquivada em março de 2016 (fl. 130), de modo que, quando da apresentação do título, apenas o formal de partilha anteriormente homologado foi utilizado para qualificação. Mesmo a abertura da matrícula nº 225.913 e seu R. 04, contudo, não se encontram amparados pelas manifestações judiciais. Do que consta nestes autos, diante da nota devolutiva, o Espólio de Horácio buscou a retificação da partilha (fls. 31/34), que foi negada pelo partidor (fl. 35), pois não representaria a vontade da testadora. Em outra manifestação (fl. 39), o partidor recomendou o desdobro ou nova redistribuição dos bens da falecida. Diante do requerimento do Espólio de Horácio, Ramiro se manifestou (fls. 135/139), pugnando pelo indeferimento da retificação da partilha, além da retificação da matrícula nº 220.397. Isso demonstra a confusão causada pelos atos do Oficial: negou o registro quanto a um dos lotes, levando o interessado a pleitear a retificação da partilha, e realizou o registro referente ao outro lote de forma contrária a partilha, levando o outro interessado a pleitear a retificação do registro. Após tais eventos processuais, o MMº Juiz Andre Solomon Tudisco prolatou em 30 de maio de 2017 a decisão de fls. 157, que ora transcrevo, por ser essencial a resolução do presente feito: "Como bem observado pelo oficial de registro de imóveis, somente será possível o registro do formal de partilha caso sejam tomadas duas providências: retificação do formal de partilha, com atribuição a cada uma [sic] dos herdeiros de metade ideal do imóvel descrito na transcrição a fls. 115, em observância à disposição testamentária; ou o desdobramento, caso seja possível. Assim, digam os herdeiros sobre interesse no exercício da inventariança, para que possa ser tomada uma daquelas medidas, ficando desde já autorizada a realização do desdobramento, expedindo-se alvará para isso". De tal decisão tiramos diversas conclusões. Em primeiro lugar, o juízo confirmou as exigências do Oficial, ou seja, vinculou o registro da partilha ao desdobro do lote ou retificação da partilha. Não permitiu ou determinou o registro do título, postergando o desdobro para momento posterior, mas condicionou o ato registral a divisão dos imóveis. Para além disso, disse que o desdobro deveria ser realizado se possível; caso tal ato não fosse possível, a retificação da partilha seria de rigor. Veja-se que, se nem o desdobro nem a retificação da partilha fossem possíveis, caberia ao juízo determinar aquilo que de direito, como a impossibilidade de realização da partilha prevista em testamento, realizando nova partilha. Não se autorizou, contudo, o registro da partilha de forma diversa pelo Oficial: se foram divididos imóveis específicos (com determinação das respectivas áreas), não cabia ao registrador adaptar a partilha conforme o valor de cada imóvel para registrar partes ideais com base nos quinhões, correspondentes a áreas diversas, sob pena de desrespeitar a vontade da testadora homologada pelo juízo competente. Portanto, não cabia ao Oficial alterar a partilha realizada para facilitar o registro do título. Alega o Oficial que a PMSP não concederia o desdobro do bem por diversas razões. De início, como apontado em sua nota devolutiva e na decisão supracitada, a impossibilidade de desdobro não era impeditiva do registro, já que havia outra opção (retificação da partilha), além de que não houve negativa expressa do Município. E mesmo que o desdobro fosse negado por não serem os requerentes proprietários tabulares ou pelo imóvel estar transcrito, não poderia o Oficial realizar ato ilegal apenas com o fim de permitir o requerimento administrativo do desdobro pelos interessados. Também, ao que parece, os óbices não eram insuperáveis: não havia impeditivo para que o Oficial abrisse matrícula com base na transcrição anterior, se a parte demonstrasse interesse em tal ato, mesmo que não houvesse novo título apto para registro. Além disso, houve expedição de alvará (fl. 125) pelo juízo da partilha para que o inventariante representasse o proprietário no pedido de desdobro. Já a decisão de fl. 126 foi prolatada em abril de 2018, posteriormente a abertura das duas matrículas. Nela, quando o juiz questiona acerca do desdobro da matrícula, parece estar ainda se referindo a superação do óbice anterior para registro da partilha, e não confirmando o registro realizado pelo Oficial, feito anteriormente à divisão do lote. Diante de tal cronologia, ao que parece, o registrador abriu uma matrícula irregularmente e utilizou-se das decisões judiciais posteriores para justificar tal ato, bem como para a abertura de outra matrícula. A justificativa para os atos do Oficial, contudo, será melhor analisada em processo disciplinar que será aberto em conjunto com a presente decisão. O mais relevante, neste feito, é a regularidade dos registros realizados. E, pelas razões expostas acima, não foram observados os princípios registrais quando da qualificação, pois o título apresentado não correspondia ao que constava anteriormente no fólio registral. Trata-se, portanto, de nulidade de pleno direito, que permite o cancelamento na via administrativa, conforme o Art. 214 da Lei 6.015/73. Saliento que todos os interessados foram intimados, não apresentando qualquer fundamento para que a nulidade fosse superada. Do mais, quanto as matrículas nº 220.397 e 225.913, constato que as respectivas averbações 1, 2 e 3 não padecem de qualquer vício, devendo ser mantidas. Todavia, os R. 04 de ambas as matrículas devem ser cancelados, pois não realizado em conformidade com o título. Em consequência, também devem ser cancelados os registros e averbações posteriores ao R. 04 das duas matrículas, pois dependentes de tal registro, bem como desbloqueadas. Para reingresso do formal de partilha decorrente da morte de Joaquina no fólio registral, deverá ser observada a nota devolutiva de fl. 146. Do exposto, declaro a nulidade do R. 04 e Av. 5 da matrícula nº 225.913 e do R. 04, Av. 05, Av. 06, R. 07 e Av. 08 da matrícula nº 220.397, devendo ser cancelados pelo Oficial, com devolução dos emolumentos pagos, bem como determinar o desbloqueio das matrículas, devendo todos os atos ser realizados após o trânsito em julgado do presente feito, prejudicado o pedido inicial de retificação de registro. Quanto a responsabilidade administrativa do Oficial, abro portaria, que segue anexa. Oficie-se o juízo da 8ª Vara da Família e Sucessões do Foro Central, com referência ao Proc. 0153878-68.2002.8.26.0100, com cópia desta sentença. Não há custas, despesas processuais nem honorários advocatícios decorrentes deste procedimento. Oportunamente, arquivem-se os autos. P.R.I.C. - ADV: PATRICIA SCATENA BRESSER RIBEIRO (OAB 158320/SP), PRISCILLA APARECIDA UIEDA (OAB 273891/SP), KELLY CRISTIANE DE CARVALHO FIGUEIREDO MENEZES (OAB 351391/SP) (DJe de 28.02.2019 - SP)

Processo 1017881-03.2019.8.26.0100

Procedimento Comum Cível - Registro de Imóveis - M.X. - Vistos. Trata- se de ação declaratória de nulidade de negócio jurídico cumulada com antecipação de tutela, formulada por Maria Xavier em face do Oficial do 11º Registro de Imóveis da Capital. Relata a requerente que adquiriu de Flávio Cautella o imóvel matriculado sob nº 1.858, tendo sido a matrícula posteriormente desmembrada, originando as matrículas nºs 73.590 e 88.815. Informa que a matrícula nº 88.815 foi devidamente registrada em seu nome, todavia, o imóvel matriculado sob nº 73.590 foi vendido a Antonio Damasceno Neto, o que foi objeto de processo de fraude à execução, que tramitou perante o MMº Juízo da 34ª Vara Cível da Capital, ficando demonstrado que o mencionado imóvel foi adquirido de forma fraudulenta. Destaca que atualmente está sofrendo prejuízos, uma vez que o imóvel está ocupado por comércio irregular. Juntou documentos às fls. 08/92. Tendo em vista o documento de fl. 10, defiro à requerente a prioridade na tramitação do feito. Anote-se, tarjando os autos. Analisando os documentos e informações prestadas pela requerente, verifico que se trata de vicio intrínseco do título, consistente na falsificação da documentação utilizada para a venda do imóvel matriculado sob nº 73.590, havendo inclusive reconhecimento de fraude à execução na ação que tramitou perante o MMº Juízo da 34ª Vara Cível da Capital (processo nº 000.96.634674-9/001). Formalmente o ato está perfeito, decorrente de instrumento público devidamente lavrado perante o Cartório de Registro Civil das Pessoas Naturais do 27º Subdistrito - Tatuapé. Logo, não vislumbro irregularidades que devam ser reconhecidas por este Juízo. Pelo princípio da legitimação (eficácia do registro), os vícios reconhecíveis pela via administrativa são apenas aqueles comprováveis de pleno direito que resultem de erros evidentes extrínsecos ao título, sem necessidade de exames de outros documentos ou fatos (artigos 214, caput, e 252 da Lei 6.015/73). O vício intrínseco, derivado da existência de indícios de falsificação para a lavratura da mencionada escritura, deve ser reconhecido em procedimento contencioso cível, com a participação da outra parte que participou da venda e com ampla dilação probatória. Configurado o vício do contrato, o cancelamento do registro feito na matrícula do imóvel ocorrerá como consequência, conforme determina o artigo 216 da Lei 6.015/73. Tendo este Juízo competência administrativa disciplinar, não pode analisar questões de direito material que envolvam o negócio jurídico. Feitas estas considerações, delimito o objeto do presente procedimento ao bloqueio da matrícula nº 73.590. Levando em consideração a gravidade dos fatos narrados, remetam-se os autos ao Oficial do 11º Registro de Imóveis da Capital para informações, no prazo de 5 dias. Com a juntada da manifestação, abra-se vista com urgência ao Ministério Público e tornem os autos conclusos. Int. - ADV: HELENA CRISTINA ARRIGO MARTINEZ GOMEZ (OAB 347517/SP), MARIAN ASSEM GOSSEM (OAB 350166/SP) (DJe de 12.03.2019 - SP) somente do Sr. Tabelião do 19º Tabelionato de Notas da Capital, quando da lavratura da Escritura, excluindo-se, porquanto, L.R.F.S. do pólo passivo. 2. Nesta senda, igualmente, refoge do âmbito de atribuições do exercício desta Corregedoria Permanente da Comarca da Capital, de caráter exclusivamente administrativo, a análise do pedido de declaração de nulidade de certidão de casamento, tampouco o pedido de retificação da Matrícula do Registro de Imóveis, os quais deverão ser dirimidos, respectivamente, se o caso, na esfera cível por meio de ação própria, e na 1ª Vara de Registros Públicos desta Capital, competente a tanto. 3. Delimitado o alcance do procedimento, colha-se manifestação do Sr. Tabelião do 19º Tabelionato de Notas. 4. Com o cumprimento, intime-se o Sr. Interessado para se manifestar, no prazo de 05 (cinco) dias. 5. A seguir, abra-se vista dos autos ao Ministério Público. Int. - ADV: MANOEL IRIS FERNANDES DOS SANTOS (OAB 193719/SP) (DJe de 12.03.2019 - SP)

Processo 1003775-36.2019.8.26.0100

Retificação de Registro de Imóvel - Registro de Imóveis - Felícia Nowak - Marcos Aurélio Nowak - Vistos. Trata-se de pedido de providências formulado por Felícia Nowak e Marcos Aurélio Nowak em face do Oficial do 8º Registro de Imóveis da Capital, com objetivo de retificar as matrículas de nºs 46.657 e 46.658, para que a proprietária Helena Nowak tenha seu estado civil alterado de casada para solteira. Os interessados relatam que seus pais Paul e Helene Nowak casaram-se sob rito religioso na Polônia e encerraram o matrimônio também em rito religioso, sendo que o casamento nunca foi legalizado no Brasil. Afirmam ainda que foi reconhecido pela 2ª Vara de Registros Públicos da Capital o fato de ambos serem solteiros por meio de duas ações, uma proposta em 1983 (retificação da certidão de óbito de Paul) e outra em 2018 (retificação da certidão de óbito de Helene). O Registrador manifestou-se às fls. 47/48. Relata que é impossível pelos documentos juntados e fatos relatados saber se houve ou não comunicação do bem ao companheiro Paul Nowak. Aduz ainda que a escritura pública de compra e venda pela qual Helene adquiriu o imóvel foi lavrada em 1980 e a qualifica como casada, contrariando a declaração de Helene datada de 1982 em que afirma que o divórcio havia ocorrido há mais de vinte anos (fls. 13). O Ministério Público manifestou -se às fls. 55/56 pela improcedência do pedido, em vista da decisão poder afetar a segurança jurídica do registro e trazer prejuízo a terceiros. Há nova manifestação dos interessados às fls. 58/59 e 67/68, em que informam serem os únicos herdeiros do casal, de modo que não haveria risco a terceiros. Relatam ainda que a declaração de que eram casados foi equivocada, sendo irrelevante se havia ou não união estável entre ambos. Por fim, afirmam que a não retificação do estado civil feriria coisa julgada, vez que há sentença judicial reconhecendo o fato. O Registrador, às fls. 110/111, ressalta que mesmo com o reconhecimento de que Helene tinha estado civil de solteira quando adquiriu os imóveis, resta a dúvida quanto à comunicação dos bens ao seu companheiro. É o relatório. Decido. A Lei 6.015, de 31 de dezembro de 1973 (LRP), arts. 213 e 214, I, g, permite a retificação do registro de imóveis sempre que se fizer necessária inserção ou modificação dos dados de qualificação pessoal das partes, comprovada por documentos oficiais, ou mediante despacho judicial quando houver necessidade de produção de outras provas. No caso, os interessados pretendem que sejam retificadas as matrículas de nºs 46.657 e 46.658 do 8º Registro de Imóveis da Capital, para que o estado civil da adquirente Helene Nowak seja alterado de casada em regime de comunhão de bens para solteira. Instruem o pedido com as sentenças judiciais lavradas pela 2ª Vara de Registros Públicos que alteraram o estado civil de Helene e de seu companheiro Paul em suas respectivas certidões de óbito. O pedido dos interessados, contudo, é impossível de ser atendido por este Juízo. Conforme bem exposto pelo Oficial Registrador a alteração do estado civil de Helene ultrapassa o simples rigor formal da retificação da matrícula. Isso porque, embora haja indícios de que ambos não fossem casados formalmente (existem matrículas em outros Registros de Imóveis que datam de épocas parecidas nas quais Helene foi qualificada como solteira), a existência de união estável implicaria em comunicação do bem, nos termos do art. 1725 e 1658 do Código Civil: Art. 1.725. Na união estável, salvo contrato escrito entre os companheiros, aplica-se às relações patrimoniais, no que couber, o regime da comunhão parcial de bens. Art. 1.658. No regime de comunhão parcial, comunicam-se os bens que sobrevierem ao casal, na constância do casamento, com as exceções dos artigos seguintes. Assim, entendo que reconhecer a modificação do estado civil de Helene implicará em violação ao princípio da segurança jurídica que norteia os atos registrários, trazendo consequências na partilha dos bens, podendo atingir terceiros de boa fé, vez que há aparência de que ela vivia com seu companheiro em união estável de modo que os bens teriam se comunicado. Ainda, embora os interessados se apresentem como únicos herdeiros do casal o que afastaria o risco a terceiros tal alegação tem caráter unilateral e somente poderia ser apurada em procedimento adequado. Por fim, ressalte-se que a não retificação do registro não implica em desconsideração das decisões judiciais que alteraram as certidões de óbito de Paul e Helene. Isso porque tais sentenças determinaram tão somente a alteração formal da certidão para indicar que à época do falecimento ambos eram solteiros. Contudo, não há avaliação quanto à existência de união estável, de modo que o óbice seria mantido. Diante o exposto julgo improcedente o pedido de providências formulado por Felícia Nowak e Marcos Aurélio Nowak em face do Oficial do 8º Registro de Imóveis da Capital. Não há custas, despesas processuais ou honorários advocatícios decorrentes deste procedimento. Oportunamente, arquivem-se os autos. P.R.I.C. - ADV: BRUNO HELISZKOWSKI (OAB 234601/SP) (DJe de 08.04.2019 - SP)

Processo 1004790-40.2019.8.26.0100

Pedido de Providências - Notas - Gilberto Augusto - Rosa Maria Alba Augusto - Vistos. Trata-se de pedido de providências formulado por Gilberto Augusto e sua mulher Rosa Maria Alba Augusto em face do Oficial do 8º Registro de Imóveis da Capital, pretendendo a unificação dos terrenos e consequentemente a fusão das matrículas nºs 48.469 e 48.470, com a abertura de nova matrícula. Juntou documentos às fls. 07/14. A qualificação restou negativa em virtude da configuração dos imóveis constante das referidas matrículas não se mostrou coincidente à do pedido inicial, razão pela qual entende o registrador que primeiramente deve ser providenciada a retificação da área dos imóveis por procedimento próprio, previsto no artigo 213, II da Lei de Registros Públicos. Juntou documentos às fls. 20/47. Foi determinada a apresentação da planta e memorial descritivo, devidamente assinados por profissional habilitado, a fim de evitar a produção de prova pericial, ou caso contrário seria imprescindível a realização de perícia para elucidar a disposição qualitativa e geodésica dos imóveis. Insurgem-se os requerentes acerca da realização da perícia, sob o argumento de que a fusão as matrículas em nada altera a situação preexistente nas descrições lançadas no fólio real. Salientam que a fusão nada mais é do que a soma dos segmentos em linha contínua. Juntaram um "croquis elucidativo", feito próprios interessados, sem apreciação técnica (fl. 60). O Ministério Público opinou pela improcedência do pedido (fls. 73/74). É o relatório. Passo a fundamentar e a decidir. Verifico que o objeto do presente procedimento é idêntico àquele analisado no pedido de providencias nº 1101198-30.2018.8.26.0100, no qual foi homologado o pedido de desistência formulado pelos requerentes. Como exaustivamente exposto nas decisões proferidas naqueles autos, assim como no presente feito, para deferimento da pretensão dos requerente deve- se levar em consideração não somente a disposição aritmética, proveniente da soma do perímetro das áreas das matrículas nºs 48.469 e 48.470, representada por singelo "desenho" apresentado pelos requerentes à fl. 60, mas também a disposição qualitativa e geodésica dos imóveis. Para tanto é imprescindível a apresentação de memorial descritivo e planta devidamente elaborados e assinados por profissional técnico habilitado, onde constarão as medidas e ângulos de deflagração, em consonância com os princípios da segurança jurídica e da especialidade objetiva (artigos 176 e 212 da Lei 6.015/73), cujas regras impedem o registro de títulos cujo objeto não seja exatamente aquele que consta do registro anterior, sendo necessário que a caracterização no negócio entabulado repita os elementos de descrição constantes do registro (Narciso Orlandi Neto, Retificação do Registro de Imóveis, Juarez de Oliveira, pág. 68). E ainda, conforme ensina Luiz Guilherme Loureiro: "Em virtude do principio da legitimidade ou da presunção de veracidade, o Registro deve refletir a verdade não só no que se refere ao titular do direito registrado, mas também quanto à natureza e ao conteúdo deste direito. Assim, qualquer inexatidão do assento deve ser retificada a fim de que reflita perfeitamente a realidade". (Registros Públicos - Teoria e Prática - 2ª ed. - Editora Método). Logo, é imperiosa a realização de levantamento técnico, necessário para a apuração da real metragem dos lotes, conforme previsto na Lei de Registros Públicos, oportunidade em que serão produzidas as provas, com a juntada de levantamento topográfico e memorial descritivo para a correta especificação do imóvel. A presente hipótese não trata de retificação unilateral, prevista no artigo 213, I, "e" da Lei de Registros Públicos, possível por singelo cálculo aritmético. O Registrador tem dúvidas, haja vista que o desenho apresentado pelos requerentes retrata deflexão não aferível à leitura perimétrica encontrada nas matrículas mencionadas, o que poderia eventualmente ocasionar sobreposição de áreas e a necessidade de chamamento de terceiros ao feito. Penso que primeiramente as requerentes deveriam ingressar com ação própria pleiteando a retificação da descrição dos imóveis, nos termos do artigo 213, II da Lei de Registros Públicos, para posteriormente requererem a unificação dos terrenos e a abertura de uma nova matrícula. Assim, não resta outra alternativa a não ser manter as exigências formuladas pelo registrador. Diante do exposto, julgo improcedente o pedido providências formulado por Gilberto Augusto e sua mulher Rosa Maria Alba Augusto, em face do Oficial do 8º Registro de Imóveis da Capital, e consequentemente mantenho o óbice registrário. Deste procedimento não decorrem custas, despesas processuais e honorários advocatícios. Oportunamente remetam-se os autos ao arquivo. P.R.I.C. - ADV: RUBENS GOMES HENRIQUES (OAB 383120/SP) (DJe de 20.03.2019 - SP)

Processo 1039916-54.2019.8.26.0100

Pedido de Providências - Bloqueio de Matrícula - Marciano Antônio do Prado - Vistos. Trata-se de pedido de providências cumulado com tutela de urgência formulado pelos Espólios de Marciano Antonio do Prado, Catharina Maria Cândida, Benedita Maria Cândida, Glicério Antonio do Prado, Maria Biagi do Prado, João do Prado, Bertilha Ferreira do Prado, representados por seu inventariante Daniel do Prado e Walid Khaled El Hindi, em face dos Oficiais do 2º, 12º e 15º Registro de Imóveis da Capital, pretendendo o cancelamento de vários registros das matrículas 25.069, 25.070 e 25.071 do 15º RI e seus títulos aquisitivos descritos nas transcrições nºs 20.963, 18.809, 1.908 do 2º RI, 5.012, 5.429 e 5.430 do 12º RI. Em uma petição confusa que beira a inépcia, narram os requerentes que diversos registros foram efetuados com a apresentação de documentos simulados, bem como a ocorrência de vícios intrínsecos nos títulos que tiveram ingresso nos fólios reais, trazendo como consequência a invalidade do negócio jurídico. Juntaram documentos às fls. 12/175 e 186/188. A liminar foi indeferida às fls. 190/191, bem como foram apresentadas informações pelos registradores às fls. 194/201. Alegam que os registros foram baseados em títulos qualificados positivamente, já que formalmente continham todos os requisitos. Sobre as informações dos registradores os requerentes se manifestaram às fls. 256/264, reiterando os argumentos da inicial. Afirmam que os Oficiais pretendem alterar a verdade dos fatos, com informações e afirmações contraditórias, a fim de implantar documentos simulados de transcrições e matrículas imobiliárias ausente de origem sobre terras denominada em escritura pública de partilha amigável. Vieram aos autos os documentos de fls. 265/287. O Ministério Público opinou pela improcedência do pedido, com o consequente arquivamento do feito na medida em que não há irregularidade na conduta dos delegatários (fls. 291/292). É o relatório. Passo a fundamentar e a decidir. Analisando os documentos e as informações prestadas pelos registradores, verifico que se trata de vícios intrínsecos do título, consistente na falsificação e simulação dos documentos apresentados a registro. Formalmente o ato está perfeito, decorrente de instrumentos públicos devidamente lavrados perante os 3º e 11º Tabeliães de Notas da Capital. Logo, não vislumbro irregularidades que devam ser reconhecidas por este Juízo. Pelo princípio da legitimação (eficácia do registro), os vícios reconhecíveis pela via administrativa são apenas aqueles comprováveis de pleno direito que resultem de erros evidentes extrínsecos ao título, sem necessidade de exames de outros documentos ou fatos (artigos 214, caput, e 252 da Lei 6.015/73). O vício intrínseco, derivado da existência de indícios de falsificação para a lavratura da mencionada escritura, deve ser reconhecido em procedimento contencioso cível, com a participação da outra parte que participou da venda e com ampla dilação probatória. Configurado o vício do contrato, o cancelamento do registro feito na matrícula do imóvel ocorrerá como consequência, conforme determina o artigo 216 da Lei 6.015/73. Sabe-se que o interesse processual é composto da necessidade e da adequação. No caso posto, a despeito da necessidade, verifica-se a ausência do quesito da adequação, sendo que este juízo tem competência censório disciplinar e, portanto, não pode analisar questões de direito material que envolvam o negócio jurídico. Outrossim, não há como o registrador no âmbito da qualificação registral dar solução à questão de direito material não decidida, ou cuja decisão não ficou demonstrada, porque o exame de qualificação é atividade meramente administrativa, não protegida pela segurança da coisa julgada. Logo, tendo este Juízo competência administrativa disciplinar, não pode analisar questões de direito material que envolvam o negócio jurídico. Quanto à conduta dos delegatários, as informações prestadas por eles são suficientes para levar ao conhecimento de que não há medida disciplinar a ser adotada por esta Corregedoria Permanente. Não há elementos seguros e eficientes para demonstrar a ocorrência de falta funcional. Diante do exposto julgo improcedente o pedido de providências cumulado com tutela de urgência formulado pelos Espólios de Marciano Antonio do Prado, Catharina Maria Cândida, Benedita Maria Cândida, Glicério Antonio do Prado, Maria Biagi do Prado, João do Prado, Bertilha Ferreira do Prado, representados por seu inventariante Daniel do Prado e Walid Khaled El Hindi, em face dos Oficiais do 2º, 12º e 15º Registro de Imóveis da Capital, devendo os interessados buscarem as vias ordinárias com a incidência de ampla dilação probatória, para satisfação de sua pretensão. Deste procedimento não decorrem custas, despesas processuais e honorários advocatícios. Oportunamente remetam-se os autos ao arquivo. P.R.I.C. - ADV: FRANCISCO RIBEIRO DE ARAUJO (OAB 66365/SP) (- DJe de 02.07.2019 - SP)

Processo 1070005-94.2018.8.26.0100

Dúvida - REGISTROS PÚBLICOS - 16º Oficio de Registro de Imoveis da Capital - Vistos. Trata-se de dúvida suscitada pela Oficial do 16º Registro de Imóveis da Capital a requerimento do Espólio de Manuel Soares de Melo Júnior, representado por sua inventariante Maria Margarida Melo do Amaral, diante da negativa em se proceder ao registro do Formal de Partilha referente ao imóvel objeto da transcrição nº 28.751. O óbice registrário refere-se à divergência em relação ao nome do proprietário, uma vez que consta na transcrição como titular do domínio Manoel Soares de Melo, e no título apresentado a registro Manuel Soares de Melo Júnior. Esclarece a Registradora que no título aquisitivo anterior, escritura pública datada de 16.12.1961, figura como adquirente Manoel Soares de Melo, português, casado, mas sem menção do nome da esposa, o que possibilitaria a comprovação de sua identidade. Salienta que foi apresentada cópia reprográfica de seu RNE, do qual consta o nome do pai como sendo Manuel Soares de Melo, além destas mesmas informações constarem da certidão de casamento, estabelecendo a possibilidade do imóvel ter sido adquirido por seu pai e não propriamente por ele. Juntou documentos às fls. 02/175. O suscitado não apresentou impugnação, conforme certidão de fl. 176, todavia, manifestou-se perante a Serventia Extrajudicial às fls. 06/08. Argumenta que equivocadamente constou como adquirente Manoel Soares de Mello, quando a grafia correta de seu nome é Manuel Soares de Melo Júnior, bem como ser uma pessoa semianalfabeta. Por fim, aduz que a antiga denominação da via pública Estrada Municipal, foi alterada para a atual Avenida dos Remédios. O Ministério Público opinou pela procedência da dúvida (fls. 180/181). Foi juntada a transcrição do imóvel à fl. 185. É o relatório. Passo a fundamentar e a decidir. Preliminarmente, importante destacar que o tema sobre a qualificação dos títulos judiciais pelo Oficial já foi decidido pelo o E. Conselho Superior da Magistratura, nos autos da Apelação Cível 464-6/9, de São José do Rio Preto: "O fato de tratar-se o título de mandado judicial não o torna imune à qualificação registraria, sob o estrito ângulo da regularidade formal, o exame da legalidade não promove incursão sobre o mérito da decisão judicial, mas à apreciação das formalidades extrínsecas da ordem e à conexão de seus dados com o registro e a sua formalização instrumental". Assim, os títulos judiciais não estão isentos de qualificação registral para ingresso no fólio real. A qualificação negativa não caracteriza desobediência ou descumprimento de decisão judicial. Portanto, não basta a existência de título proveniente de órgão judicial para autorizar automaticamente o ingresso no registro tabular. Feita esta consideração, a Lei 6.015, de 31 de dezembro de 1973 (LRP), arts. 213 e 214, I, g, permite a retificação do registro de imóveis sempre que se fizer necessária inserção ou modificação dos dados de qualificação pessoal das partes, comprovada por documentos oficiais, ou mediante despacho judicial quando houver necessidade de produção de outras provas. No presente caso, não se trata apenas de correção de eventual erro registrário, uma vez que a transcrição refletiu os exatos termos do título apresentado, qual seja, a escritura de venda e compra datada de 16.12.1961, lavrada pelo 21º Tabelião de Notas da Capital. Ademais os documentos juntados aos autos não fazem prova segura de que Manoel Soares de Mello e Manuel Soares de Melo Júnior são a mesma pessoa, uma vez que além dos nomes destoarem não há outros elementos tanto na escritura (fls. 59/64), como na transcrição (fl. 185), que permitem assegurar o equívoco. Reconhecer a identidade das pessoas, somente com os documentos apresentados traria sérias consequências jurídicas, podendo prejudicar direitos de terceiros de boa fé, ao arrepio do princípio da segurança juridica que norteia os atos registrários. Neste contexto há fortes indícios de que o imóvel tenha sido adquirido pelo pai do "de cujus", sr. Manuel Soares de Melo (fl. 152), sem qualquer menção da existência de partilha. Ademais, o imóvel mencionado pelo requerente na inicial está lançado em nome do contribuinte Manoel Soares de Mello (fl. 95), sendo omitido o agnome "Júnior". No ensinamento de Luiz Guilherme Loureiro: "O registro de imóveis é fundamentalmente um instrumento de publicidade, portanto, é necessário que as informações nele contidas coincidam com a realidade para que não se converta em elemento de difusão de inexatidões e fonte de insegurança jurídica." (LOUREIRO, Luiz Guilherme. Registros Públicos: teoria e Prática. 2. ed. ver. e atual. Rio de Janeiro: Forense; São Paulo: Método, 2011, p. 230.)" Por fim, como bem exposto pela D. Promotora de Justiça: "em todos os documentos de Manuel Júnior e sua filha, o nome foi grafado com o agnome, somente sendo omitido nos documentos do imóvel". Diante do exposto, julgo procedente a dúvida suscitada pela Oficial do 16º Registro de Imóveis da Capital, a requerimento do Espólio de Manuel Soares de Melo Júnior, e consequentemente mantenho o óbice registrário. Deste procedimento não decorrem custas, despesas processuais e honorários advocatícios. Oportunamente remetam-se os autos ao arquivo. P.R.I.C. - ADV: MANUEL JOAQUIM MARQUES NETO (OAB 51311/SP), CONCEICAO APARECIDA F DA ROCHA MASHKI (OAB 85897/SP) (- DJe de 24.07.2019 - SP)

Processo 1102183-96.2018.8.26.0100

Dúvida - Notas - 12° Oficial de Registros de Imóveis - Luciana Pereira dos Santos - Vistos. Trata-se de dúvida suscitada pelo Oficial do 12º Registro de Imóveis da Capital, a requerimento de Luciana Pereira dos Santos, tendo em vista a negativa em se proceder ao registro da escritura de compra e venda lavrada pelo 2º Tabelião de Notas de Osasco, pela qual a empresa Comercial Brasil Rural LTDA vendeu a José Pereira dos Santos Filho, Luciana Pereira dos Santos, Vagner Pereira dos Santos, Valmir Pereira dos Santos e Wilma Pereira Nascimento Santos casada com Claudionor Nascimento dos Santos, o imóvel transcrito sob nº 39.358. Após a nova apresentação do título, restaram dois óbices: a) ausência das medidas laterais na escritura; b) a área total do imóvel mencionada no titulo está em desacordo com planta arquivada na Serventia Extrajudicial. A suscitada não apresentou impugnação neste Juízo, conforme certidão de fl. 61, todavia, manifestou-se junto à Serventia Extrajudicial (fl. 09). Sustenta que nos registros anteriores não constam as medidas laterais do imóvel, bem como compete ao registrador corrigir os erros evidentes, enunciando as medidas laterais omitidas no título. Esclarece o oficial que o loteamento em tela está inscrito sob nº 68 no 3º Registro de Imóveis da Capital, sendo que a certidão apresentada como título menciona apenas a área do lote, qual seja 218 m^2, sem especificar confrontações e características do imóvel. Ressalta ainda que a área mencionada na referida certidão do 3º RI está em desacordo com a planta particular arquivada na Serventia para controle de disponibilidade. Juntou documentos às fls. 03/60. O Ministério Público opinou pela procedência da dúvida (fls. 65/66). É o relatório. Passo a fundamentar e a decidir. Com razão o Registrador, bem como o D. Promotor de justiça. A exigência formulada pelo Oficial tem amparo no princípio da especialidade objetiva (artigos 176 e 212 da Lei 6.015/73), cujas regras impedem o registro de títulos cujo objeto não seja exatamente aquele que consta do registro anterior, sendo necessário que a sua caracterização no negócio entabulado repita os elementos de descrição constantes do registro . E ainda conforme ensina o professor Luiz Guilherme Loureiro: "Em virtude do principio da legitimidade ou da presunção de veracidade, o Registro deve refletir a verdade não só no que se refere ao titular do direito registrado, mas também quanto à natureza e ao conteúdo deste direito. Assim, qualquer inexatidão do assento deve ser retificada a fim de que reflita perfeitamente a realidade". (Registros Públicos - Teoria e Prática - 2ª ed. - Editora Método). Pois bem, de acordo com a escritura de compra e venda juntada às fls. 10/13, verifica-se que a área total do imóvel equivale a 218 m², enquanto o memorial descritivo e planta arquivados em cartório (fls. 15/16), encerra uma área de 224 m². Somado a este fato, tem-se a ausência das medidas laterais, sendo certo que o título apresentado somente aponta as medidas da frente (8,50 ms) e dos fundos (8,00 ms), de modo a causar dúvida em relação às metragens corretas. Logo, é imperiosa a realização de levantamento técnico, necessário para a apuração do saldo remanescente, conforme previsto na Lei de Registros Públicos, oportunidade em que serão produzidas as provas, com a juntada de levantamento topográfico e memorial descritivo para a correta especificação do imóvel. Como é sabido, a simples dúvida do registrador em relação à área a ser transmitida, bem como ausência de elementos de descrição do imóvel, já basta para indicar a necessidade da realização do levantamento planimétrico. Sem a perfeita identificação do bem em questão, não há com registrar a escritura de venda e compra, devendo a suscitada valer-se do procedimento adequado para apuração das medidas. Por fim, ao contrário do alegado pela suscitada, não cabe ao Registrador de ofício corrigir tais erros, sendo que não são evidentes. Diante do exposto, julgo procedente a dúvida suscitada pelo Oficial do 12º Registro de Imóveis da Capital, a requerimento de Luciana Pereira dos Santos, e consequentemente mantenho os óbices registrários. Deste procedimento não decorrem custas, despesas processuais e honorários advocatícios. Oportunamente remetam-se os autos ao arquivo. P.R.I.C. - ADV: NILSON FERIOLI ALVES (OAB 131414/SP) (– DJe de 21.08.2019 – SP)

Processo 1055862-03.2018.8.26.0100

Retificação de Registro de Imóvel - Registro de Imóveis - Ramiro Manfre – Elaine Cristina Manfré e outros - Vistos. Trata-se de ação de retificação de registro ajuizada por Ramiro Manfre em face do Oficial do 14º Registro de Imóveis da Capital, requerendo a alteração do R. 04 da matrícula nº 220.397. Narra o requerente que no imóvel matriculado há duas casas, de nºs 538 e 528, e que por razão de sucessão da antiga proprietária a ele foi legado a totalidade da casa 538 e ½ da casa 528, sendo a outra metade pertencente a Horácio Jurandir Manfre. Não obstante, após prenotar o formal de partilha, foi registrado que o imóvel foi partilhado na proporção de ¾ para Ramiro e ¼ para Horácio, resultando em metragens diversas daquelas constantes do formal de partilha. Assim, requer a retificação do registro, para que conste que é proprietário de 307,80m², e que Horácio possui 56,10m². Juntou documentos às fls. 07/41. O Oficial manifestou-se às fls. 45/47, aduzindo que a partilha se deu sobre construções existentes no imóvel e que não eram correspondentes à matrícula. Por tal razão, após dispensa do requerente de averbação das construções, registrou o formal de partilha nas proporções atribuídas a cada herdeiro com referência ao valor de cada quinhão, resultando nas partes ideais de ¾ e ¼. Foram juntados documentos às fls. 48/71. Houve nova manifestação do requerente, informando que não concordou com o registro do modo em que realizado, e que a autorização dada ao Oficial visava apenas facilitar o registro e não alterar a partilha. O Ministério Público opinou às fls. 88/100 pelo cancelamento dos registros realizados pelo Oficial e abertura de processo administrativo disciplinar. Por decisão de fls. 102/103 foram bloqueadas as matrículas nº 220.397 e 225.913 do 14º RI. O Oficial respondeu às fls. 112/115, com documentos às fls. 116/215, alegando que os registros foram realizados de acordo com aquilo que decidido pelo juiz da partilha. Os herdeiros de Horácio Manfré peticionaram às fls. 222/226, pugnando pela improcedência da ação. O Ministério Público reiterou seu parecer às fls. 237/238, bem como o requerente seu pedido inicial, às fls. 243/245. É o relatório. Decido. Pelo testamento de Joaquina Rodrigues (fls. 11/13), quatro casas localizadas na Rua Dom Sebastião do Rego foram legadas, cada qual para um de seus sobrinhos. Todavia, dois destes sobrinhos faleceram, tendo os imóveis de nº 528 e 452 retornado ao monte-mor e tendo sido partilhados entre os dois sobrinhos restantes, como parte da legítima. Disso resultou que, conforme formal de partilha levado a registro (fls. 22/25), Ramiro Manfré recebeu a totalidade do imóvel localizado na Rua Dom Sebastião do Rego, nº 538, e metade dos imóveis localizados na mesma rua, de nºs 528 e 452. Já Horácio Jurandyr Manfré recebeu a totalidade do imóvel de nº 454 e a outra metade dos imóveis de nº 528 e 452. Ocorre que as casas não eram individualizadas no registro imobiliário. As de nº 528 e 538 estavam transcritas sob o nº 24.257 do 1º RI, descritas como "Lote 32 da Gleba N", enquanto as casas de nº 452 e 454 estavam transcritas sob o nº 24.390 do 14º RI, descritas como "Lote 25 da Gleba N". Vê-se, portanto, que não havia correspondência entre o título apresentado, em que foram partilhadas as áreas específicas referentes a cada uma das casas, e os registros anteriores, cujas descrições se referiam a terrenos que englobavam mais de uma casa. Por tal razão, em vista dos princípios da continuidade e da especialidade objetiva, o título não poderia ingressar no registro. Duas soluções seriam possíveis: ou se retificava o título, para que constasse do formal de partilha não a divisão das casas, mas dos próprios terrenos na forma em que transcritos, ou se realizaria o desdobro dos lotes, abrindo-se 4 novas matrículas (uma para cada terreno referente as casas), permitindo o registro da partilha na forma em que realizada. Pois bem. Quanto ao lote 32, referente às casas 528 e 538, o Oficial qualificou o título positivamente, procedendo a abertura da matrícula nº 220.397 (fls. 48/51) em 16 de outubro de 2015 e registrando a partilha sob o R. 04, conferindo a Ramiro ¾ do bem e a Horacio ¼. Não obstante, na qualificação do mesmo título, em dezembro de 2015, mas com referência ao lote 25 (casas 452 e 454), o Oficial apresentou nota devolutiva (fl. 146), exigindo exatamente aquilo acima apontado (necessidade de desdobro ou retificação da partilha). Após manifestações do juízo da partilha, mas em especial a declaração do espólio de Horácio de que realizaria o desdobro oportunamente (fl. 65), foi aberta a matrícula nº 225.913 (fls. 116/119) em 22 de junho de 2017, em que pelo R. 04 foi conferido a Horacio ¾ do bem e a Ramiro ¼. Com base em tais fatos já é possível descartar, de plano, a alegação do Oficial de que os registros realizados se deram em conformidade com a manifestação do juízo da partilha. Isso porque, ao menos a abertura da matrícula nº 220.397 se deu em 2015, antes, portanto, das manifestações judiciais de fls. 124/126, todas posteriores a esta data. Em verdade, a ação de inventário e partilha foi arquivada em 2013 e desarquivada em março de 2016 (fl. 130), de modo que, quando da apresentação do título, apenas o formal de partilha anteriormente homologado foi utilizado para qualificação. Mesmo a abertura da matrícula nº 225.913 e seu R. 04, contudo, não se encontram amparados pelas manifestações judiciais. Do que consta nestes autos, diante da nota devolutiva, o Espólio de Horácio buscou a retificação da partilha (fls. 31/34), que foi negada pelo partidor (fl. 35), pois não representaria a vontade da testadora. Em outra manifestação (fl. 39), o partidor recomendou o desdobro ou nova redistribuição dos bens da falecida. Diante do requerimento do Espólio de Horácio, Ramiro se manifestou (fls. 135/139), pugnando pelo indeferimento da retificação da partilha, além da retificação da matrícula nº 220.397. Isso demonstra a confusão causada pelos atos do Oficial: negou o registro quanto a um dos lotes, levando o interessado a pleitear a retificação da partilha, e realizou o registro referente ao outro lote de forma contrária a partilha, levando o outro interessado a pleitear a retificação do registro. Após tais eventos processuais, o MMº Juiz Andre Solomon Tudisco prolatou em 30 de maio de 2017 a decisão de fls. 157, que ora transcrevo, por ser essencial a resolução do presente feito: "Como bem observado pelo oficial de registro de imóveis, somente será possível o registro do formal de partilha caso sejam tomadas duas providências: retificação do formal de partilha, com atribuição a cada uma [sic] dos herdeiros de metade ideal do imóvel descrito na transcrição a fls. 115, em observância à disposição testamentária; ou o desdobramento, caso seja possível. Assim, digam os herdeiros sobre interesse no exercício da inventariança, para que possa ser tomada uma daquelas medidas, ficando desde já autorizada a realização do desdobramento, expedindo-se alvará para isso". De tal decisão tiramos diversas conclusões. Em primeiro lugar, o juízo confirmou as exigências do Oficial, ou seja, vinculou o registro da partilha ao desdobro do lote ou retificação da partilha. Não permitiu ou determinou o registro do título, postergando o desdobro para momento posterior, mas condicionou o ato registral a divisão dos imóveis. Para além disso, disse que o desdobro deveria ser realizado se possível; caso tal ato não fosse possível, a retificação da partilha seria de rigor. Veja-se que, se nem o desdobro nem a retificação da partilha fossem possíveis, caberia ao juízo determinar aquilo que de direito, como a impossibilidade de realização da partilha prevista em testamento, realizando nova partilha. Não se autorizou, contudo, o registro da partilha de forma diversa pelo Oficial: se foram divididos imóveis específicos (com determinação das respectivas áreas), não cabia ao registrador adaptar a partilha conforme o valor de cada imóvel para registrar partes ideais com base nos quinhões, correspondentes a áreas diversas, sob pena de desrespeitar a vontade da testadora homologada pelo juízo competente. Portanto, não cabia ao Oficial alterar a partilha realizada para facilitar o registro do título. Alega o Oficial que a PMSP não concederia o desdobro do bem por diversas razões. De início, como apontado em sua nota devolutiva e na decisão supracitada, a impossibilidade de desdobro não era impeditiva do registro, já que havia outra opção (retificação da partilha), além de que não houve negativa expressa do Município. E mesmo que o desdobro fosse negado por não serem os requerentes proprietários tabulares ou pelo imóvel estar transcrito, não poderia o Oficial realizar ato ilegal apenas com o fim de permitir o requerimento administrativo do desdobro pelos interessados. Também, ao que parece, os óbices não eram insuperáveis: não havia impeditivo para que o Oficial abrisse matrícula com base na transcrição anterior, se a parte demonstrasse interesse em tal ato, mesmo que não houvesse novo título apto para registro. Além disso, houve expedição de alvará (fl. 125) pelo juízo da partilha para que o inventariante representasse o proprietário no pedido de desdobro. Já a decisão de fl. 126 foi prolatada em abril de 2018, posteriormente a abertura das duas matrículas. Nela, quando o juiz questiona acerca do desdobro da matrícula, parece estar ainda se referindo a superação do óbice anterior para registro da partilha, e não confirmando o registro realizado pelo Oficial, feito anteriormente à divisão do lote. Diante de tal cronologia, ao que parece, o registrador abriu uma matrícula irregularmente e utilizou-se das decisões judiciais posteriores para justificar tal ato, bem como para a abertura de outra matrícula. A justificativa para os atos do Oficial, contudo, será melhor analisada em processo disciplinar que será aberto em conjunto com a presente decisão. O mais relevante, neste feito, é a regularidade dos registros realizados. E, pelas razões expostas acima, não foram observados os princípios registrais quando da qualificação, pois o título apresentado não correspondia ao que constava anteriormente no fólio registral. Trata-se, portanto, de nulidade de pleno direito, que permite o cancelamento na via administrativa, conforme o Art. 214 da Lei 6.015/73. Saliento que todos os interessados foram intimados, não apresentando qualquer fundamento para que a nulidade fosse superada. Do mais, quanto as matrículas nº 220.397 e 225.913, constato que as respectivas averbações 1, 2 e 3 não padecem de qualquer vício, devendo ser mantidas. Todavia, os R. 04 de ambas as matrículas devem ser cancelados, pois não realizado em conformidade com o título. Em consequência, também devem ser cancelados os registros e averbações posteriores ao R. 04 das duas matrículas, pois dependentes de tal registro, bem como desbloqueadas. Para reingresso do formal de partilha decorrente da morte de Joaquina no fólio registral, deverá ser observada a nota devolutiva de fl. 146. Do exposto, declaro a nulidade do R. 04 e Av. 5 da matrícula nº 225.913 e do R. 04, Av. 05, Av. 06, R. 07 e Av. 08 da matrícula nº 220.397, devendo ser cancelados pelo Oficial, com devolução dos emolumentos pagos, bem como determinar o desbloqueio das matrículas, devendo todos os atos ser realizados após o trânsito em julgado do presente feito, prejudicado o pedido inicial de retificação de registro. Quanto a responsabilidade administrativa do Oficial, abro portaria, que segue anexa. Oficie-se o juízo da 8ª Vara da Família e Sucessões do Foro Central, com referência ao Proc. 0153878-68.2002.8.26.0100, com cópia desta sentença. Não há custas, despesas processuais nem honorários advocatícios decorrentes deste procedimento. Oportunamente, arquivem-se os autos. P.R.I.C. - ADV: PATRICIA SCATENA BRESSER RIBEIRO (OAB 158320/SP), PRISCILLA APARECIDA UIEDA (OAB 273891/SP), KELLY CRISTIANE DE CARVALHO FIGUEIREDO MENEZES (OAB 351391/SP) (DJe de 28.02.2019 - SP)

Processo 1017881-03.2019.8.26.0100

Procedimento Comum Cível - Registro de Imóveis - M.X. - Vistos. Trata- se de ação declaratória de nulidade de negócio jurídico cumulada com antecipação de tutela, formulada por Maria Xavier em face do Oficial do 11º Registro de Imóveis da Capital. Relata a requerente que adquiriu de Flávio Cautella o imóvel matriculado sob nº 1.858, tendo sido a matrícula posteriormente desmembrada, originando as matrículas nºs 73.590 e 88.815. Informa que a matrícula nº 88.815 foi devidamente registrada em seu nome, todavia, o imóvel matriculado sob nº 73.590 foi vendido a Antonio Damasceno Neto, o que foi objeto de processo de fraude à execução, que tramitou perante o MMº Juízo da 34ª Vara Cível da Capital, ficando demonstrado que o mencionado imóvel foi adquirido de forma fraudulenta. Destaca que atualmente está sofrendo prejuízos, uma vez que o imóvel está ocupado por comércio irregular. Juntou documentos às fls. 08/92. Tendo em vista o documento de fl. 10, defiro à requerente a prioridade na tramitação do feito. Anote-se, tarjando os autos. Analisando os documentos e informações prestadas pela requerente, verifico que se trata de vicio intrínseco do título, consistente na falsificação da documentação utilizada para a venda do imóvel matriculado sob nº 73.590, havendo inclusive reconhecimento de fraude à execução na ação que tramitou perante o MMº Juízo da 34ª Vara Cível da Capital (processo nº 000.96.634674-9/001). Formalmente o ato está perfeito, decorrente de instrumento público devidamente lavrado perante o Cartório de Registro Civil das Pessoas Naturais do 27º Subdistrito - Tatuapé. Logo, não vislumbro irregularidades que devam ser reconhecidas por este Juízo. Pelo princípio da legitimação (eficácia do registro), os vícios reconhecíveis pela via administrativa são apenas aqueles comprováveis de pleno direito que resultem de erros evidentes extrínsecos ao título, sem necessidade de exames de outros documentos ou fatos (artigos 214, caput, e

252 da Lei 6.015/73). O vício intrínseco, derivado da existência de indícios de falsificação para a lavratura da mencionada escritura, deve ser reconhecido em procedimento contencioso cível, com a participação da outra parte que participou da venda e com ampla dilação probatória. Configurado o vício do contrato, o cancelamento do registro feito na matrícula do imóvel ocorrerá como consequência, conforme determina o artigo 216 da Lei 6.015/73. Tendo este Juízo competência administrativa disciplinar, não pode analisar questões de direito material que envolvam o negócio jurídico. Feitas estas considerações, delimito o objeto do presente procedimento ao bloqueio da matrícula nº 73.590. Levando em consideração a gravidade dos fatos narrados, remetam-se os autos ao Oficial do 11º Registro de Imóveis da Capital para informações, no prazo de 5 dias. Com a juntada da manifestação, abra-se vista com urgência ao Ministério Público e tornem os autos conclusos. Int. - ADV: HELENA CRISTINA ARRIGO MARTINEZ GOMEZ (OAB 347517/SP), MARIAN ASSEM GOSSEM (OAB 350166/SP) (DJe de 12.03.2019 - SP) somente do Sr. Tabelião do 19º Tabelionato de Notas da Capital, quando da lavratura da Escritura, excluindo-se, porquanto, L.R.F.S. do pólo passivo. 2. Nesta senda, igualmente, refoge do âmbito de atribuições do exercício desta Corregedoria Permanente da Comarca da Capital, de caráter exclusivamente administrativo, a análise do pedido de declaração de nulidade de certidão de casamento, tampouco o pedido de retificação da Matrícula do Registro de Imóveis, os quais deverão ser dirimidos, respectivamente, se o caso, na esfera cível por meio de ação própria, e na 1ª Vara de Registros Públicos desta Capital, competente a tanto. 3. Delimitado o alcance do procedimento, colha-se manifestação do Sr. Tabelião do 19º Tabelionato de Notas. 4. Com o cumprimento, intime-se o Sr. Interessado para se manifestar, no prazo de 05 (cinco) dias. 5. A seguir, abra-se vista dos autos ao Ministério Público. Int. - ADV: MANOEL IRIS FERNANDES DOS SANTOS (OAB 193719/SP) (DJe de 12.03.2019 - SP)

Processo 1003775-36.2019.8.26.0100

Retificação de Registro de Imóvel - Registro de Imóveis - Felícia Nowak - Marcos Aurélio Nowak - Vistos. Trata-se de pedido de providências formulado por Felícia Nowak e Marcos Aurélio Nowak em face do Oficial do 8º Registro de Imóveis da Capital, com objetivo de retificar as matrículas de nºs 46.657 e 46.658, para que a proprietária Helena Nowak tenha seu estado civil alterado de casada para solteira. Os interessados relatam que seus pais Paul e Helene Nowak casaram-se sob rito religioso na Polônia e encerraram o matrimônio também em rito religioso, sendo que o casamento nunca foi legalizado no Brasil. Afirmam ainda que foi reconhecido pela 2ª Vara de Registros Públicos da Capital o fato de ambos serem solteiros por meio de duas ações, uma proposta em 1983 (retificação da certidão de óbito de Paul) e outra em 2018 (retificação da certidão de óbito de Helene). O Registrador manifestou-se às fls. 47/48. Relata que é impossível pelos documentos juntados e fatos relatados saber se houve ou não comunicação do bem ao companheiro Paul Nowak. Aduz ainda que a escritura pública de compra e venda pela qual Helene adquiriu o imóvel foi lavrada em 1980 e a qualifica como casada, contrariando a declaração de Helene datada de 1982 em que afirma que o divórcio havia ocorrido há mais de vinte anos (fls. 13). O Ministério Público manifestou -se às fls. 55/56 pela improcedência do pedido, em vista da decisão poder afetar a segurança jurídica do registro e trazer prejuízo a terceiros. Há nova manifestação dos interessados às fls. 58/59 e 67/68, em que informam serem os únicos herdeiros do casal, de modo que não haveria risco a terceiros. Relatam ainda que a declaração de que eram casados foi equivocada, sendo irrelevante se havia ou não união estável entre ambos. Por fim, afirmam que a não retificação do estado civil feriria coisa julgada, vez que há sentença judicial reconhecendo o fato. O Registrador, às fls. 110/111, ressalta que mesmo com o reconhecimento de que Helene tinha estado civil de solteira quando adquiriu os imóveis, resta a dúvida quanto à comunicação dos bens ao seu companheiro. É o relatório. Decido. A Lei 6.015, de 31 de dezembro de 1973 (LRP), arts. 213 e 214, I, g, permite a retificação do registro de imóveis sempre que se fizer necessária inserção ou modificação dos dados de qualificação pessoal das partes, comprovada por documentos oficiais, ou mediante despacho judicial quando houver necessidade de produção de outras provas. No caso, os interessados pretendem que sejam retificadas as matrículas de nºs 46.657 e 46.658 do 8º Registro de Imóveis da Capital, para que o estado civil da adquirente Helene Nowak seja alterado de casada em regime de comunhão de bens para solteira. Instruem o pedido com as sentenças judiciais lavradas pela 2ª Vara de Registros Públicos que alteraram o estado civil de Helene e de seu companheiro Paul em suas respectivas certidões de óbito. O pedido dos interessados, contudo, é impossível de ser atendido por este Juízo. Conforme bem exposto pelo Oficial Registrador a alteração do estado civil de Helene ultrapassa o simples rigor formal da retificação da matrícula. Isso porque, embora haja indícios de que ambos não fossem casados formalmente (existem matrículas em outros Registros de Imóveis que datam de épocas parecidas nas quais Helene foi qualificada como solteira), a existência de união estável implicaria em comunicação do bem, nos termos do art. 1725 e 1658 do Código Civil: Art. 1.725. Na união estável, salvo contrato escrito entre os companheiros, aplica-se às relações patrimoniais, no que couber, o regime da comunhão parcial de bens. Art. 1.658. No regime de comunhão parcial, comunicam-se os bens que sobrevierem ao casal, na constância do casamento, com as exceções dos artigos seguintes. Assim, entendo que reconhecer a modificação do estado civil de Helene implicará em violação ao princípio da segurança jurídica que norteia os atos registrários, trazendo consequências na partilha dos bens, podendo atingir terceiros de boa fé, vez que há aparência de que ela vivia com seu companheiro em união estável de modo que os bens teriam se comunicado. Ainda, embora os interessados se apresentem como únicos herdeiros do casal o que afastaria o risco a terceiros tal alegação tem caráter unilateral e somente poderia ser apurada em procedimento adequado. Por fim, ressalte-se que a não retificação do registro não implica em desconsideração das decisões judiciais que alteraram as certidões de óbito de Paul e Helene. Isso porque tais sentenças determinaram tão somente a alteração formal da certidão para indicar que à época do falecimento ambos eram solteiros. Contudo, não há avaliação quanto à existência de união estável, de modo que o óbice seria mantido. Diante o exposto julgo improcedente o pedido de providências formulado por Felícia Nowak e Marcos Aurélio Nowak em face do Oficial do 8º Registro de Imóveis da Capital. Não há custas, despesas processuais ou honorários advocatícios decorrentes deste procedimento. Oportunamente, arquivem-se os autos. P.R.I.C. - ADV: BRUNO HELISZKOWSKI (OAB 234601/SP) (DJe de 08.04.2019 - SP)

Processo 1004790-40.2019.8.26.0100

Pedido de Providências - Notas - Gilberto Augusto - Rosa Maria Alba Augusto - Vistos. Trata-se de pedido de providências formulado por Gilberto Augusto e sua mulher Rosa Maria Alba Augusto em face do Oficial do 8º Registro de Imóveis da Capital, pretendendo a unificação dos terrenos e consequentemente a fusão das matrículas nºs 48.469 e 48.470, com a abertura de nova matrícula. Juntou documentos às fls. 07/14. A qualificação restou negativa em virtude da configuração dos imóveis constante das referidas matrículas não se mostrou coincidente à do pedido inicial, razão pela qual entende o registrador que primeiramente deve ser providenciada a retificação da área dos imóveis por procedimento próprio, previsto no artigo 213, II da Lei de Registros Públicos. Juntou documentos às fls. 20/47. Foi determinada a apresentação da planta e memorial descritivo, devidamente assinados por profissional habilitado, a fim de evitar a produção de prova pericial, ou caso contrário seria imprescindível a realização de perícia para elucidar a disposição qualitativa e geodésica dos imóveis. Insurgem-se os requerentes acerca da realização da perícia, sob o argumento de que a fusão as matrículas em nada altera a situação preexistente nas descrições lançadas no fólio real. Salientam que a fusão nada mais é do que a soma dos segmentos em linha contínua. Juntaram um "croquis elucidativo", feito próprios interessados, sem apreciação técnica (fl. 60). O Ministério Público opinou pela improcedência do pedido (fls. 73/74). É o relatório. Passo a fundamentar e a decidir. Verifico que o objeto do presente procedimento é idêntico àquele analisado no pedido de providencias nº 1101198-30.2018.8.26.0100, no qual foi homologado o pedido de desistência formulado pelos requerentes. Como exaustivamente exposto nas decisões proferidas naqueles autos, assim como no presente feito, para deferimento da pretensão dos requerente deve- se levar em consideração não somente a disposição aritmética, proveniente da soma do perímetro das áreas das matrículas nºs 48.469 e 48.470, representada por singelo "desenho" apresentado pelos requerentes à fl. 60, mas também a disposição qualitativa e geodésica dos imóveis. Para tanto é imprescindível a apresentação de memorial descritivo e planta devidamente elaborados e assinados por profissional técnico habilitado, onde constarão as medidas e ângulos de deflagração, em consonância com os princípios da segurança juridica e da especialidade objetiva (artigos 176 e 212 da Lei 6.015/73), cujas regras impedem o registro de títulos cujo objeto não seja exatamente aquele que consta do registro anterior, sendo necessário que a caracterização no negócio entabulado repita os elementos de descrição constantes do registro (Narciso Orlandi Neto, Retificação do Registro de Imóveis, Juarez de Oliveira, pág. 68). E ainda, conforme ensina Luiz Guilherme Loureiro: "Em virtude do principio da legitimidade ou da presunção de veracidade, o Registro deve refletir a verdade não só no que se refere ao titular do direito registrado, mas também quanto à natureza e ao conteúdo deste direito. Assim, qualquer inexatidão do assento deve ser retificada a fim de que reflita perfeitamente a realidade". (Registros Públicos - Teoria e Prática - 2ª ed. - Editora Método). Logo, é imperiosa a realização de levantamento técnico, necessário para a apuração da real metragem dos lotes, conforme previsto na Lei de Registros Públicos, oportunidade em que serão produzidas as provas, com a juntada de levantamento topográfico e memorial descritivo para a correta especificação do imóvel. A presente hipótese não trata de retificação unilateral, prevista no artigo 213, I, "e" da Lei de Registros Públicos, possível por singelo cálculo aritmético. O Registrador tem dúvidas, haja vista que o desenho apresentado pelos requerentes retrata deflexão não aferível à leitura perimética encontrada nas matrículas mencionadas, o que poderia eventualmente ocasionar sobreposição de áreas e a necessidade de chamamento de terceiros ao feito. Penso que primeiramente as requerentes deveriam ingressar com ação própria pleiteando a retificação da descrição dos imóveis, nos termos do artigo 213, II da Lei de Registros Públicos, para posteriormente requererem a unificação dos terrenos e a abertura de uma nova matrícula. Assim, não resta outra alternativa a não ser manter as exigências formuladas pelo registrador. Diante do exposto, julgo improcedente o pedido providências formulado por Gilberto Augusto e sua mulher Rosa Maria Alba Augusto, em face do Oficial do 8º Registro de Imóveis da Capital, e consequentemente mantenho o óbice registrário. Deste procedimento não decorrem custas, despesas processuais e honorários advocatícios. Oportunamente remetam-se os autos ao arquivo. P.R.I.C. - ADV: RUBENS GOMES HENRIQUES (OAB 383120/SP) (DJe de 20.03.2019 - SP)

Processo 1039916-54.2019.8.26.0100

Pedido de Providências - Bloqueio de Matrícula - Marciano Antônio do Prado - Vistos. Trata-se de pedido de providências cumulado com tutela de urgência formulado pelos Espólios de Marciano Antonio do Prado, Catharina Maria Cândida, Benedita Maria Cândida, Glicério Antonio do Prado, Maria Biagi do Prado, João do Prado, Bertilha Ferreira do Prado, representados por seu inventariante Daniel do Prado e Walid Khaled El Hindi, em face dos Oficiais do 2º, 12º e 15º Registro de Imóveis da Capital, pretendendo o cancelamento de vários registros das matrículas 25.069, 25.070 e 25.071 do 15º RI e seus títulos aquisitivos descritos nas transcrições nºs 20.963, 18.809, 1.908 do 2º RI, 5.012, 5.429 e 5.430 do 12º RI. Em uma petição confusa que beira a inépcia, narram os requerentes que diversos registros foram efetuados com a apresentação de documentos simulados, bem como a ocorrência de vícios intrínsecos nos títulos que tiveram ingresso nos fólios reais, trazendo como consequência a invalidade do negócio jurídico. Juntaram documentos às fls. 12/175 e 186/188. A liminar foi indeferida às fls. 190/191, bem como foram apresentadas informações pelos registradores às fls. 194/201. Alegam que os registros foram baseados em títulos qualificados positivamente, já que formalmente continham todos os requisitos. Sobre as informações dos registradores os requerentes se manifestaram às fls. 256/264, reiterando os argumentos da inicial. Afirmam que os Oficiais pretendem alterar a verdade dos fatos, com informações e afirmações contraditórias, a fim de implantar documentos simulados de transcrições e matrículas imobiliárias ausente de origem sobre terras denominada em escritura pública de partilha amigável. Vieram aos autos os documentos de fls. 265/287. O Ministério Público opinou pela improcedência do pedido, com o consequente arquivamento do feito na medida em que não há irregularidade na conduta dos delegatários (fls. 291/292). É o relatório. Passo a fundamentar e a decidir. Analisando os documentos e as informações prestadas pelos registradores, verifico que se trata de vícios intrínsecos do título, consistente na falsificação e simulação dos documentos apresentados a registro. Formalmente o ato está perfeito, decorrente de instrumentos públicos devidamente lavrados perante os 3º e 11º Tabeliães de Notas da Capital. Logo, não vislumbro irregularidades que devam ser reconhecidas por este Juízo. Pelo princípio da legitimação (eficácia do registro), os vícios reconhecíveis pela via administrativa são apenas aqueles comprováveis de pleno direito que resultem de erros evidentes extrínsecos ao título, sem necessidade de exames de outros documentos ou fatos (artigos 214, caput, e 252 da Lei 6.015/73). O vício intrínseco, derivado da existência de indícios de falsificação para a lavratura da mencionada escritura, deve ser reconhecido em procedimento contencioso cível, com a participação da outra parte que participou da venda e com ampla dilação probatória. Configurado o vício do contrato, o cancelamento do registro feito na matrícula do imóvel ocorrerá como consequência, conforme determina o artigo 216 da Lei 6.015/73. Sabe-se que o interesse processual é composto da necessidade e da adequação. No caso posto, a despeito da necessidade, verifica-se a ausência do quesito da adequação, sendo que este juízo tem competência censório disciplinar e, portanto, não pode analisar questões de direito material que envolvam o negócio jurídico. Outrossim, não há como o registrador no âmbito da qualificação registral dar solução à questão de direito material não decidida, ou cuja decisão não ficou demonstrada, porque o exame de qualificação é atividade meramente administrativa, não protegida pela segurança da coisa julgada. Logo, tendo este Juízo competência administrativa disciplinar, não pode analisar questões de direito material que envolvam o negócio jurídico. Quanto à conduta dos delegatários, as informações prestadas por eles são suficientes para levar ao conhecimento de que não há medida disciplinar a ser adotada por esta Corregedoria Permanente. Não há elementos seguros e eficientes para demonstrar a ocorrência de falta funcional. Diante do exposto julgo improcedente o pedido de providências cumulado com tutela de urgência formulado pelos Espólios de Marciano Antonio do Prado, Catharina Maria Cândida, Benedita Maria Cândida, Glicério Antonio do Prado, Maria Biagi do Prado, João do Prado, Bertilha Ferreira do Prado, representados por seu inventariante Daniel do Prado e Walid Khaled El Hindi, em face dos Oficiais do 2º, 12º e 15º Registro de Imóveis da Capital, devendo os interessados buscarem as vias ordinárias com a incidência de ampla dilação probatória, para satisfação de sua pretensão. Deste procedimento não decorrem custas, despesas processuais e honorários advocatícios. Oportunamente remetam-se os autos ao arquivo. P.R.I.C. - ADV: FRANCISCO RIBEIRO DE ARAUJO (OAB 66365/SP) (- DJe de 02.07.2019 - SP)

Processo 1070005-94.2018.8.26.0100

Dúvida - REGISTROS PÚBLICOS - 16º Oficio de Registro de Imoveis da Capital - Vistos. Trata-se de dúvida suscitada pela Oficial do 16º Registro de Imóveis da Capital a requerimento do Espólio de Manuel Soares de Melo Júnior, representado por sua inventariante Maria Margarida Melo do Amaral, diante da negativa em se proceder ao registro do Formal de Partilha referente ao imóvel objeto da transcrição nº 28.751. O óbice registrário refere-se à divergência em relação ao nome do proprietário, uma vez que consta na transcrição como titular do domínio Manoel Soares de Melo, e no título apresentado a registro Manuel Soares de Melo Júnior. Esclarece a Registradora que no título aquisitivo anterior, escritura pública datada de 16.12.1961, figura como adquirente Manoel Soares de Melo, português, casado, mas sem menção do nome da esposa, o que possibilitaria a comprovação de sua identidade. Salienta que foi apresentada cópia reprográfica de seu RNE, do qual consta o nome do pai como sendo Manuel Soares de Melo, além destas mesmas informações constarem da certidão de casamento, estabelecendo a possibilidade do imóvel ter sido adquirido por seu pai e não propriamente por ele. Juntou documentos às fls. 02/175. O suscitado não apresentou impugnação, conforme certidão de fl. 176, todavia, manifestou-se perante a Serventia Extrajudicial às fls. 06/08. Argumenta que equivocadamente constou como adquirente Manoel Soares de Mello, quando a grafia correta de seu nome é Manuel Soares de Melo Júnior, bem como ser uma pessoa semianalfabeta. Por fim, aduz que a antiga denominação da via pública Estrada Municipal, foi alterada para a atual Avenida dos Remédios. O Ministério Público opinou pela procedência da dúvida (fls. 180/181). Foi juntada a transcrição do imóvel à fl. 185. É o relatório. Passo a fundamentar e a decidir. Preliminarmente, importante destacar que o tema sobre a qualificação dos títulos judiciais pelo Oficial já foi decidido pelo o E. Conselho Superior da Magistratura, nos autos da Apelação Cível 464-6/9, de São José do Rio Preto: "O fato de tratar-se o título de mandado judicial não o torna imune à qualificação registraria, sob o estrito ângulo da regularidade formal, o exame da legalidade não promove incursão sobre o mérito da decisão judicial, mas à apreciação das formalidades extrínsecas da ordem e à conexão de seus dados com o registro e a sua formalização instrumental". Assim, os títulos judiciais não estão isentos de qualificação registral para ingresso no fólio real. A qualificação negativa não caracteriza desobediência ou descumprimento de decisão judicial. Portanto, não basta a existência de título proveniente de órgão judicial para autorizar automaticamente o ingresso no registro tabular. Feita esta consideração, a Lei 6.015, de 31 de dezembro de 1973 (LRP), arts. 213 e 214, I, g, permite a retificação do registro de imóveis sempre que se fizer necessária inserção ou modificação dos dados de qualificação pessoal das partes, comprovada por documentos oficiais, ou mediante despacho judicial quando houver necessidade de produção de outras provas. No presente caso, não se trata apenas de correção de eventual erro registrário, uma vez que a transcrição refletiu os exatos termos do título apresentado, qual seja, a escritura de venda e compra datada de 16.12.1961, lavrada pelo 21º Tabelião de Notas da Capital. Ademais os documentos juntados aos autos não fazem prova segura de que Manoel Soares de Mello e Manuel Soares de Melo Júnior são a mesma pessoa, uma vez que além dos nomes destoarem não há outros elementos tanto na escritura (fls. 59/64), como na transcrição (fl. 185), que permitem assegurar o equívoco. Reconhecer a identidade das pessoas, somente com os documentos apresentados traria sérias consequências jurídicas, podendo prejudicar direitos de terceiros de boa fé, ao arrepio do princípio da segurança juridica que norteia os atos registrários. Neste contexto há fortes indícios de que o imóvel tenha sido adquirido pelo pai do "de cujus", sr. Manuel Soares de Melo (fl. 152), sem qualquer menção da existência de partilha. Ademais, o imóvel mencionado pelo requerente na inicial está lançado em nome do contribuinte Manoel Soares de Mello (fl. 95), sendo omitido o agnome "Júnior". No ensinamento de Luiz Guilherme Loureiro: "O registro de imóveis é fundamentalmente um instrumento de publicidade, portanto, é necessário que as informações nele contidas coincidam com a realidade para que não se converta em elemento de difusão de inexatidões e fonte de insegurança jurídica." (LOUREIRO, Luiz Guilherme. Registros Públicos: teoria e Prática. 2. ed. ver. e atual. Rio de Janeiro: Forense; São Paulo: Método, 2011, p. 230.)" Por fim, como bem exposto pela D. Promotora de Justiça: "em todos os documentos de Manuel Júnior e sua filha, o nome foi grafado com o agnome, somente sendo omitido nos documentos do imóvel". Diante do exposto, julgo procedente a dúvida suscitada pela Oficial do 16º Registro de Imóveis da Capital, a requerimento do Espólio de Manuel Soares de Melo Júnior, e consequentemente mantenho o óbice registrário. Deste procedimento não decorrem custas, despesas processuais e honorários advocatícios. Oportunamente remetam-se os autos ao arquivo. P.R.I.C. - ADV: MANUEL JOAQUIM MARQUES NETO (OAB 51311/SP), CONCEICAO APARECIDA F DA ROCHA MASHKI (OAB 85897/SP) (- DJe de 24.07.2019 - SP)

Processo 1102183-96.2018.8.26.0100

Dúvida - Notas - 12° Oficial de Registros de Imóveis - Luciana Pereira dos Santos - Vistos. Trata-se de dúvida suscitada pelo Oficial do 12º Registro de Imóveis da Capital, a requerimento de Luciana Pereira dos Santos, tendo em vista a negativa em se proceder ao registro da escritura de compra e venda lavrada pelo 2º Tabelião de Notas de Osasco, pela qual a empresa Comercial Brasil Rural LTDA vendeu a José Pereira dos Santos Filho, Luciana Pereira dos Santos, Vagner Pereira dos Santos, Valmir Pereira dos Santos e Wilma Pereira Nascimento Santos casada com Claudionor Nascimento dos Santos, o imóvel transcrito sob nº 39.358. Após a nova apresentação do título, restaram dois óbices: a) ausência das medidas laterais na escritura; b) a área total do imóvel mencionada no titulo está em desacordo com planta arquivada na Serventia Extrajudicial. A suscitada não apresentou impugnação neste Juízo, conforme certidão de fl. 61, todavia, manifestou-se junto à Serventia Extrajudicial (fl. 09). Sustenta que nos registros anteriores não constam as medidas laterais do imóvel, bem como compete ao registrador corrigir os erros evidentes, enunciando as medidas laterais omitidas no título. Esclarece o oficial que o loteamento em tela está inscrito sob nº 68 no 3º Registro de Imóveis da Capital, sendo que a certidão apresentada como título menciona apenas a área do lote, qual seja 218 m^2, sem especificar confrontações e características do imóvel. Ressalta ainda que a área mencionada na referida certidão do 3º RI está em desacordo com a planta particular arquivada na Serventia para controle de disponibilidade. Juntou documentos às fls. 03/60. O Ministério Público opinou pela procedência da dúvida (fls. 65/66). É o relatório. Passo a fundamentar e a decidir. Com razão o Registrador, bem como o D. Promotor de justiça. A exigência formulada pelo Oficial tem amparo no princípio da especialidade objetiva (artigos 176 e 212 da Lei 6.015/73), cujas regras impedem o registro de títulos cujo objeto não seja exatamente aquele que consta do registro anterior, sendo necessário que a sua caracterização no negócio entabulado repita os elementos de descrição constantes do registro . E ainda conforme ensina o professor Luiz Guilherme Loureiro: "Em virtude do principio da legitimidade ou da presunção de veracidade, o Registro deve refletir a verdade não só no que se refere ao titular do direito registrado, mas também quanto à natureza e ao conteúdo deste direito. Assim, qualquer inexatidão do assento deve ser retificada a fim de que reflita perfeitamente a realidade". (Registros Públicos - Teoria e Prática - 2ª ed. - Editora Método). Pois bem, de acordo com a escritura de compra e venda juntada às fls. 10/13, verifica-se que a área total do imóvel equivale a 218 m^2, enquanto o memorial descritivo e planta arquivados em cartório (fls. 15/16), encerra uma área de 224 m^2. Somado a este fato, tem-se a ausência das medidas laterais, sendo certo que o título apresentado somente aponta as medidas da frente (8,50 ms) e dos fundos (8,00 ms), de modo a causar dúvida em relação às metragens corretas. Logo, é imperiosa a realização de levantamento técnico, necessário para a apuração do saldo remanescente, conforme previsto na Lei de Registros Públicos, oportunidade em que serão produzidas as provas, com a juntada de levantamento topográfico e memorial descritivo para a correta especificação do imóvel. Como é sabido, a simples dúvida do registrador em relação à área a ser transmitida, bem como ausência de elementos de descrição do imóvel, já basta para indicar a necessidade da realização do levantamento planimétrico. Sem a perfeita identificação do bem em questão, não há com registrar a escritura de venda e compra, devendo a suscitada valer-se do procedimento adequado para apuração das medidas. Por fim, ao contrário do alegado pela suscitada, não cabe ao Registrador de ofício corrigir tais erros, sendo que não são evidentes. Diante do exposto, julgo procedente a dúvida suscitada pelo Oficial do 12º Registro de Imóveis da Capital, a requerimento de Luciana Pereira dos Santos, e consequentemente mantenho os óbices registrários. Deste procedimento não decorrem custas, despesas processuais e honorários advocatícios. Oportunamente remetam-se os autos ao arquivo. P.R.I.C. - ADV: NILSON FERIOLI ALVES (OAB 131414/SP) (– DJe de 21.08.2019 – SP)

PACTO ANTENUPCIAL

Processo 1105025-49.2018.8.26.0100

Dúvida - REGISTROS PÚBLICOS - Ricardo da Silva Dias - Vistos. Trata-se de dúvida inversa suscitada por Ricardo da Silva Dias em face do Oficial do 13º Registro de Imóveis da Capital, diante da negativa em se proceder ao registro do formal de partilha dos bens deixados por Maria Alice da Silva Dias Cardoso, expedido pelo MMº Juízo da 7ª Vara da Família e Sucessões da Capital (processo nº 0068030-64.2012.8.26.0100), referente ao imóvel matriculado sob nº 27.133. Após a superação do óbice concernente à necessidade de apresentação da certidão do registro da escritura de pacto antenupcial da herdeira Jupira de Ramos Dias Sanches, restou apenas uma exigência, a ausência de apresentação do formal de partilha dos bens deixados por seu cônjuge pré morto, Plínio Paes Barreto Cardoso, uma vez que apesar de serem casados sob o regime da separação obrigatória de bens (artigo 258, parágrafo único, II do CC/1916), os bens adquiridos na constância do casamento se comunicariam, nos termos da Súmula 377 do STF. Juntou documentos às fls. 121/360. Insurge-se o suscitante do óbice imposto, sob o argumento de que o imóvel mencionado foi adquirido única e exclusivamente por Maria Alice, casada à época da aquisição no regime da separação obrigatória de bens, sendo que não constou da escritura a nomenclatura "compradores". Apresentou documentos às fls. 17/111. O Ministério Público opinou pela improcedência da dúvida, autorizando consequentemente o registro pretendido (fls. 364/367). É o relatório. Passo a fundamentar e a decidir. Tendo em vista o documento juntado à fl. 18, defiro ao requerente a prioridade na tramitação do feito. Anote-se, tarjando os autos. Em que pesem os argumentos expostos pela D. Promotora de Justiça, entendo que na presente hipótese deverá ser mantido o óbice registrário. Preliminarmente, cumpre destacar que os títulos judiciais não estão isentos de qualificação, positiva ou negativa, para ingresso no fólio real. O Egrégio Conselho Superior da Magistratura já assentou, inclusive, que a qualificação negativa do título judicial não caracteriza desobediência ou descumprimento de decisão judicial (Apelação cível n. 413-6/7). Cite-se, por todas a Apelação Cível nº 464-6/9, de São José do Rio Preto: "Apesar de se tratar de título judicial, está ele sujeito à qualificação registrária. O fato de tratar-se o título de mandado judicial não o torna imune à qualificação registrária, sob o estrito ângulo da regularidade formal, O exame da legalidade não promove incursão sobre o mérito da decisão judicial, mas à apreciação das formalidades extrínsecas da ordem e à conexão de seus dados com o registro e a sua formalização instrumental". Nessa linha, também o E. Supremo Tribunal Federal já decidiu que: "REGISTRO PÚBLICO - ATUAÇÃO DO TITULAR - CARTA DE ADJUDICAÇÃO - DÚVIDA LEVANTADA - CRIME DE DESOBEDIÊNCIA - IMPROPRIEDADE MANIFESTA. O cumprimento do dever imposto pela Lei de Registros Públicos, cogitando-se de deficiência de carta de adjudicação e levantando-se dúvida perante o juízo de direito da vara competente, longe fica de configurar ato passível de enquadramento no artigo 330 do Código Penal - crime de desobediência -, pouco importando o acolhimento, sob o ângulo judicial, do que suscitado" (HC 85911 / MG - MINAS GERAIS, Relator: Min. MARCO AURÉLIO, j. 25/10/2005, Primeira Turma). Sendo assim, fica claro que não basta a existência de título proveniente de órgão judicial para autorizar automaticamente o ingresso no registro tabular. Portanto, superada a questão sobre o ingresso do título judicial, passa-se à análise do princípio da continuidade, explicado por Afrânio de Carvalho, da seguinte forma: "O princípio da continuidade, que se apóia no de especialidade, quer dizer que, em relação a cada imóvel, adequadamente individuado, deve existir uma cadeia, de titularidade à vista da qual só se fará a inscrição de um direito se o outorgante dele aparecer no registro como seu titular. Assim, as sucessivas transmissões, que derivam umas das outras, asseguram a preexistência do imóvel no patrimônio do transferente" (Registro de Imóveis, Editora Forense, 4ª Ed., p. 254). Ou seja, o título que se pretende registrar deve estar em conformidade com o inscrito na matrícula. Oportuno destacar, ainda, a lição de Narciso Orlandi Neto, para quem: "No sistema que adota o princípio da continuidade, os registros têm de observar um encadeamento subjetivo. Os atos praticados têm de ter, numa das partes, a pessoa cujo nome já consta do registro. A pessoa que transmite um direito tem de constar do registro como titular desse direito, valendo para o registro o que vale para validade dos negócios" (Retificação do Registro de Imóveis, Editora Oliveira Mendes, p. 56). Necessário, por conseguinte, que o titular de domínio seja o mesmo no título apresentado a registro e no registro de imóveis, pena de violação ao princípio da continuidade, previsto no art. 195, da Lei nº 6.015/73: "Se o imóvel não estiver matriculado ou registrado em nome do outorgante, o oficial exigirá a previa matrícula e o registro do titulo anterior, qualquer que seja a sua natureza, para manter a continuidade do registro". Conclui-se, assim, que os registros necessitam observar um encadeamento subjetivo, ou seja, o instrumento que pretende ingressar no registro tabular necessita estar em nome do outorgante, sendo assim apenas se transmite o direito quem é o titular do direito. No caso em tela, embora casados sob o regime da separação obrigatória de bens, de acordo com a escritura de venda e compra (fls. 355/357), o imóvel objeto da matrícula nº 27.133 foi adquirido na constância do casamento a título oneroso, presumindo-se a ocorrência de esforço comum dos cônjuges e consequentemente a incidência da Súmula 377 do STF, segundo a qual: "No regime de separação legal de bens, comunicam-se os adquiridos na constância do casamento". Neste contexto entendo que a simples alegação do suscitante de ter constado na escritura a nomenclatura de "compradora", por si só não afasta a comunicação, sendo que caberia a ela provar a sua contribuição unilateral para a evolução patrimonial. Não houve a juntada de qualquer prova neste sentido, o que não afasta a presunção mencionada, devendo o interessado, como bem observado pelo Registrador, comprovar que o imóvel foi adquirido por apenas um dos cônjuges, nas vias ordinárias, com ampla dilação probatória. Ressalto que tal tema foi objeto de recente decisão proferida pela Egrégia Corregedoria Geral da Justiça, nos autos do Recurso Administrativo nº 1065469- 74.2017.8.26.0100, cujo parecer foi expedido MMº Juiz Assessor da Corregedoria Drº Iberê de Castro Dias: "Registro Civil de Pessoas Naturais - Casamento pacto antenupcial - separação obrigatória - estipulação de afastamento da Súmula 377 do STF - Possibilidade. Nas hipóteses em se impõe o regime de separação obrigatória de bens (art.1641 do CC), é dado aos nubentes, por pacto antenupcial, prever a incomunicabilidade absoluta dos aquestos, afastando a incidência da Súmula 377 do Excelso Pretório, desde que mantidas todas as demais regras o regime de separação obrigatória. Situação que não se confunde com a pactuação para alteração do regime da separação obrigatória, para o de separação convencional de bens, que se mostra inadmissível". Não houve a juntada de qualquer documento, ou pacto antenupcial, afastando a incidência da Sumula 377 STF ou estipulando que o bem não se comunicaria. Logo, o respectivo formal de partilha não pode ter ingresso ao fólio real até que adequado à partilha do cônjuge pré morto, a permitir a perfeita formalização do ato registrário. Diante do exposto, julgo procedente a dúvida suscitada por Ricardo da Silva Dias em face do Oficial do 13º Registro de Imóveis da Capital, e consequentemente mantenho o óbice registrário. Deste procedimento não decorrem custas, despesas processuais e honorários advocatícios. Oportunamente remetam-se os autos ao arquivo. P.R.I.C. - ADV: LUCIANO DE FREITAS SIMÕES FERREIRA (OAB 167780/SP) (DJe de 15.01.2019 - SP)

PARTILHA

Processo 1079195-18.2017.8.26.0100

Dúvida - Registro de Imóveis - Giuseppe Petrone - Vistos. Trata-se de dúvida suscitada pelo Oficial do 14º Registro de Imóveis da Capital, a requerimento de Giuseppe Petrone, Ana Maria Petrone da Silva, Wagner Davini da Silva e Eliseu José Petrone, diante da negativa em se proceder ao registro da escritura de partilha e sobrepartilha, nas quais o suscitado, juntamente com sua esposa, renunciaram à herança deixada por sua genitora, srª Domingas Therezinha Ruoco Petrone, referente aos imóveis matriculados sob nºs 65.431 e 65.432. O óbice registrário referese à existência de indisponibilidade dos bens do suscitado, determinada pelo Banco Central, uma vez que ele foi administrador do Banco Santos S/A, sendo necessário a apresentação do cancelamento de tal ordem, podendo a renúncia encobrir uma alienação disfarçada. Juntou documentos às fls. 04/70. O suscitado Eliseu apresentou impugnação às fls. 79/81. Alega que os imóveis em questão foram adquiridos por seus genitores, Giuseppe Petrone e Domingas Therezinha Ruoco Petrone e com a abertura de sua sucessão em 06.05.2015, entendeu viável o filho herdeiro Eliseu José Petrone renunciar ao seu direito, voltando sua quota parte ao Espólio para que fosse partilhados entre o meeiro e a então única herdeira Ana Maria. Ressalta que com a renúncia, os imóveis jamais fizeram parte dos bens particulares do suscitado ao contrário dos demais que à época foram abrangidos pelo decreto de indisponibilidade e devidamente gravado nas respectivas matrículas perante os órgão competentes. Foram expedidos ofícios ao MMº Juízo da 2ª Vara de Falência e Recuperação Judicial, solicitando informações acerca da Ação Civil Pública (processo nº 0099371-55.2005.8.26.0100). Foi esclarecido que o cancelamento da constrição decretada pelo Juízo Falimentar se efetivou apenas sobre um dos imóveis de propriedade do suscitado, localizado na Av. Professor Alceu Maybardd Araujo, nº 443, bloco 3, aptº 72 - Vila Cruzeiro, tendo em vista que restou constatada a natureza de bem de família (fls. 105/114). O Ministério Público opinou pela improcedência da dúvida (fls. 120/121). Foi juntada cópia do instrumento público de renúncia da herança lavrado em 23.10.2015 pelo 15º Tabelião de Notas da Capital (fl. 139/142). É o relatório. Passo a fundamentar e a decidir. Em que pesem o zelo e diligência do Oficial, entendo que a dúvida é improcedente. Compulsando os presentes autos, verifico que a ordem de indisponibilidade derivou da Ação Civil Pública (processo nº 000.05.099371-2), formulada pelo Ministério Público, para apuração da responsabilidade civil dos administradores, membros do Conselho de Administração e administradores de fato do Banco Santos S/A, que sofreu intervenção do Banco Central do Brasil em 12.11.2004, em virtude da deterioração de sua situação econômico financeira, culminando com a decretação de sua liquidação extrajudicial em 04.05.2005. Tendo em vista a apuração dos desvio de recursos do banco para país estrangeiro e diante da possibilidade de desaparecimento de bens que poderiam vir a constituir garantia aos diversos credores, foi determinado o arresto de bens dos administradores, dentre os quais o do ora suscitado, em sentença proferida em 2005. Assim, nos termos do mandado de arresto, remoção e citação (fls. 109) foram arrestados: a) veículo Fiat Alfa Romeo 166 ano 99/99, placa nº CVC 4862/SP; b) veículo Sport 99/00, placa nº CTB 7533/SP; 50% dos imóveis referente a um apartamento residência própria situado na Av. Professor Alceu Maynard Araujo, nº 443, bloco 03, aptº 72 - Vila Cruzeiro; 02 lotes de terreno situados no loteamento Juréia de São Sebastião/SP; lotes 27 e 28 da Quadra 13; 172.404 do capital da Sociedade Asserção Organizacional LTDA; participação correspondente a 39,96 % do capital total da referida sociedade. Todavia, de acordo com a decisão de fl. 113, foi excluída a constrição do imóvel por se tratar de bem de família. Os imóveis objeto de partilha e sobrepartilha, matriculados sob nºs 65.431 e 65.432 (fls. 08/13), foram adquiridos exclusivamente pelos genitores do suscitado, Giuseppe Petrone e Domingas Therezinha Ruoco, tanto é que não foram abarcados pela indisponibilidade decretada na Ação Civil Pública. Corroborando os fatos expostos, ao lavrar a escritura de renuncia de herança, o 15º Tabelião de Notas da Capital procedeu a consulta na base de dados da "Central de Indisponibilidade de Bens", obtendo o resultado negativo para os CPFS dos interessados (fl. 140). Nos ensinamentos de Giselda Maria Fernandes Novaes Hironaka: "A sucessão considera-se aberta no instante mesmo ou no instante presumido da morte de alguém, fazendo nascer o direito hereditário e operando a substituição do falecido por seus sucessores a título universal nas relações jurídicas em que aquele figurava. Não se confundem, todavia. A morte é antecedente lógico, é pressuposto e causa. A transmissão é consequente, é efeito da morte. Por força de ficção legal, coincidem em termos cronológicos, (1) presumindo a lei que o próprio de cujus investiu seus herdeiros, (2) no domínio e na posse indireta, (3) de seu patrimônio, porque este não pode restar acéfalo. Esta é a formula do que se convenciona denominar droit de saisine" (HIRONAKA, Giselda Maria Fernandes Novaes.Direito das Sucessões brasileiro: disposições gerais e sucessão legítima. Destaque para dois pontos de irrealização da experiência jurídica à face da previsão contida no novo Código Civil). Logo, os bens do de cujus são transmitidos automaticamente aos herdeiros no momento de sua morte, dependendo da aceitação ou renuncia a estes direitos, retroagindo seus efeitos à data da abertura da sucessão, ou seja, "ex tunc". Na presente hipótese tem-se que os imóveis, objeto das matrículas nºs 65.431 e 65.432 não ingressaram no patrimônio do suscitado, bem como não foram incluídos dentre os bens atingidos pela indisponibilidade. Entendo que a alegação do registrador de que a renúncia pode encobrir alienação disfarçada, deverá ser aventada pelos credores nos autos da Ação Civil Pública, tratando-se de matéria estranha ao procedimento administrativo. Logo, o óbice registrário imposto pelo Oficial deverá ser afastado, para que se proceda o registro do título apresentado. Diante do exposto, julgo improcedente a dúvida suscitada pelo Oficial do 14º Registro de Imóveis da Capital, a requerimento de Giuseppe Petrone, Ana Maria Petrone da Silva, Wagner Davini da Silva e Eliseu José Petrone, e consequentemente determino o registro do documento apresentado. Deste procedimento não decorrem custas, despesas processuais e honorários advocatícios. Oportunamente remetam-se os autos ao arquivo. P.R.I.C. - ADV: SONIA REGINA MONTEIRO MARCONDES RODRIGUES (OAB 74082/SP) (DJe de 08.01.2019 - SP)

Processo 1115439-09.2018.8.26.0100

Dúvida - REGISTROS PÚBLICOS - Manoel Valtevar Poladian - Vistos. Trata-se de dúvida suscitada pelo Oficial do 10º Registro de Imóveis da Capital, a requerimento de Manoel Valtevar Poladian, tendo em vista a negativa em se proceder ao registro da carta de sentença expedida nos autos do divórcio de Haigazun Sanazar e Ana Luiza Kalaydjianb Sanazar, referente à partilha do imóvel matriculado sob nº 72.269, atribuído exclusivamente à cônjuge virago. O óbice registrário refere-se à existência de duas ordens de indisponibilidades dos bens em nome de Haigazun, averbadas sob nºs 05 e 09, impedindo consequentemente o registro do título. Apresentou documentos às fls. 03/87. O suscitado não apresentou impugnação, conforme certidão de fl. 88, todavia, manifestou-se perante a Serventia Extrajudicial (fl. 10). Argumenta que a determinação judicial de indisponibilidade deu-se em data posterior à sentença que decretou o divórcio, tornando Ana Luiza a única proprietária do imóvel. O Ministério Público opinou pela procedência da dúvida (fls. 91/93). É o relatório. Passo a fundamentar e a decidir. Com razão o Registrador, bem como a D. Promotora de Justiça. Preliminarmente, cumpre destacar que os títulos judiciais não estão isentos de qualificação, positiva ou negativa, para ingresso no fólio real. O Egrégio Conselho Superior da Magistratura já decidiu que a qualificação negativa do título judicial não caracteriza desobediência ou descumprimento de decisão judicial (Apelação Cível n. 413-6/7). No ordenamento jurídico pátrio, incumbe ao Registrador, no exercício do dever de qualificar o título que lhe é apresentado, examinar o aspecto formal, extrínseco, e observar os princípios que regem e norteiam os registros públicos, dente eles, o da legalidade, que consiste na aceitação para registro somente do título que estiver de acordo com a lei. A análise do título deve obedecer a regras técnicas e objetivas, o desempenho dessa função atribuída ao Registrador, deve ser exercida com independência, exigindo largo conhecimento jurídico. Neste contexto, de acordo com o princípio tempus regit actum, à qualificação do título aplicam-se as exigências legais contemporâneas ao registro, e não as que vigoravam ao tempo de sua lavratura. O Conselho Superior da Magistratura tem considerado que, para fins de registro, não importa o momento da celebração do contrato, em atenção ao princípio "tempus regit actum", sujeitando-se o título à lei vigente ao tempo de sua apresentação (Apelação Cível nº, 115-6/7, rel. José Mário Antonio Cardinale, nº 777-6/7, rel. Ruy Camilo, nº 530-6/0, rel. Gilberto Passos de Freitas, e, mais recentemente o procedimento de dúvida nº 0001748-75.2013.8.26.0337). Assim, a qualificação do título é feita no momento de sua apresentação e não quando homologada a partilha e o divórcio por sentença proferida pelo Juízo do feito em 26.06.2017, ocasião em que os interessados deixaram de promover o respectivo registro. Logo, apesar da partilha ser homologada antes da decretação da indisponibilidade dos bens do cônjuge (01.08.2017 e 30.05.2018 - fls. 06 e 08), o título foi apresentado posteriormente, sendo certo que o gravame impede o registro da carta de sentença, devendo primeiramente os interessados formularem pedido de levantamento da ordem de indisponibilidade perante o Juízo Trabalhista que a decretou para posterior registro da transmissão da propriedade. Diante do exposto, julgo procedente a dúvida suscitada pelo Oficial do 10º Registro de Imóveis da Capital, a requerimento de Manoel Valtevar Poladian, e consequentemente mantenho o óbice registrário. Deste procedimento não decorrem custas, despesas processuais e honorários advocatícios. Oportunamente remetam-se os autos ao arquivo. P.R.I.C. - ADV: MANOEL VALTEVAR POLADIAN (OAB 17010/SP) (DJe de 11.01.2019 - SP)

Processo 1088538-04.2018.8.26.0100

Pedido de Providências - Registro de Imóveis - 17º Oficial de Registro de Imóveis de São Paulo - Yeda D'ambrosio - Lola Collarile Ferreira - Yeda D'Ambrosio e s/m Rafael Cassio D'Ambrosio e outros - Vistos. Trata-se de pedido de providências formulado pelo Oficial do 17º Registro de Imóveis da Capital, a requerimento de Yeda D'Ambrósio, pleiteando a retificação dos registros nºs 02 e 03 da matrícula nº 46.222, sob a alegação de inobservância ao Formal de Partilha, expedido pelo MMº Juízo da 10ª Vara da Família e Sucessões da Capital (processo nº 21.961), referente aos bens deixados pelo falecimento de Ignez Maria Collarile e Miguel Collarille. Verifica-se que houve a homologação da partilha dos imóveis sem que estes estivessem constituídos na matricula, tampouco houvesse a instituição de condomínio edilício, todavia, por requerimento expresso dos herdeiros, foram efetivados os registros acima mencionados, considerando-se apenas as frações ideais de cada beneficiário, sem referência a apartamentos e lojas por eles herdados (fl. 15). Contudo após treze anos do registro, instituiu-se o condomínio edilício "Ignez Maria Collarile" (R.14), sendo abertas as matrículas das unidades autônomas em nome de todos os herdeiros, consistentes em um salão comercial, correspondente à fração ideal de 13, 7766%, um bar (16,335%), uma sala comercial (20,3174%) e os apartamentos 01 (14,9476%), 02 (19,9813%) e 03 (14,643%). Logo, os herdeiros não se tornaram proprietários exclusivos das unidades autônomas, nos termos do Formal de Partilha, sendo atualmente titulares de todos os bens, bem como as frações não guardam relação com as indicadas no inventário. Primeiramente ressalto que a conduta do Oficial do 17º Registro de Imóveis da Capital será analisada por ocasião da apreciação do mérito. Compulsando os presentes autos, verifico que, na matrícula, não há qualquer informação quanto à individualização das frações ideais atribuídas a cada uma dos herdeiros, nos termos do Formal de Partilha homologado (fls. 71/73). Ocorre que tal ausência da atribuição das partes ideais dos condôminos, derivou-se da falta da instituição do condomínio edilício, sendo que as unidades juridicamente não existiam. Em tese, para a resolução da questão, seria necessária a declaração de nulidade dos registros efetuados eis que eivados de nulidade, bem como dos demais atos posteriores praticados. Ocorre que considero tal medida extrema, uma vez que constitui um meio oneroso aos envolvidos e ocasionaria o prolongamento da solução para a questão. Neste contexto, levando-se ainda em consideração a concordâncias das partes envolvidas e da D. Promotora de Justiça, coaduno com a sugestão do registrador, que salientou a aplicação excepcional da decisão firmada pelo Egrégio Conselho Superior da Magistratura nos autos nº 3001656-72.2013.8.26.0296 (rel: Des. Elliot Akel), referindo-se a questão semelhante ao presente procedimento, no qual ficou assentado: "Registro de Imóveis - Aditamento de Instrumento Particular de Instituição, especificação e convenção de condomínio - Atribuição das unidades autônomas que deve ocorrer no momento da instituição do condomínio - Regra não absoluta - Caso peculiar e excepcional - Recurso Provido". Confira do corpo do Acórdão: "... O curto espaço de tempo decorrido ente o registro da instituição do condomínio e a apresentação do aditamento permite a afirmação de que a vontade do legislador restou atendida, na medida em que, conquanto a atribuição das unidades não tenha ocorrido no mesmo momento da instituição, ela veio lodo em seguida e diante de situação registral inalterada, haja vista que, após a instituição, nenhum outro ato foi praticado em todas as matrículas (mãe e das unidades autônomas). Outro fato relevante a ser considerado é que o aditamento que ora se persegue visa apenas a suprir omissão existente no primeiro título e não modificar atribuição voluntária anterior, o que evidencia a ocorrência de erro. Não há motivo para impedir que, por aditamento, os instituidores do condomínio aperfeiçoem e complementem a instituição de condomínio". Logo, havendo a anuência de todos os condôminos acerca da retificação, e diante da inexistência de registros posteriores ao da instituição de condomínio, entendo aplicável o mencionado parecer. Feitas estas considerações, apresentem os requerentes, no prazo de 20 (vinte) dias, a carta de anuência dos condôminos acerca da retificação pleiteada. Em não sendo possível, expeça-se mandado de intimação para eventual impugnação, no prazo de 15 (quinze) dias. Int. - ADV: MARLI DA SILVA RUSSO MARTINS PINTO (OAB 51562/SP), MANUEL GONCALVES PACHECO (OAB 22358/SP) (DJe de 28.01.2019 - SP)

Processo 1125824-16.2018.8.26.0100

Pedido de Providências - Registro de Imóveis - Priscila Heleno Monoz - Vistos. Tendo em vista que o objeto do presente feito é a averbação do divórcio da requerente junto à matrícula nº 195.043, torno sem efeito o primeiro parágrafo da decisão de fls. 22/23 e recebo presente procedimento como pedido de providências. Anote-se. Trata-se de pedido de providências formulado por Priscila Heleno Monoz, em face do Oficial do 14º Registro de Imóveis da Capital, pleiteando a averbação de seu casamento e posterior divórcio junto à matrícula nº 195.043. O ato registrário foi negado sob o fundamento de que houve a comunicabilidade do imóvel em razão do casamento da requerente com Marcos Roberto Palucci Borges, razão pela qual há a necessidade da apresentação da carta de sentença devidamente formalizada ou escritura de partilha de bens do casal. Insurge-se a requerente do óbice imposto, sob o argumento de que referido imóvel foi adquirido no estado civil de solteira, aos 21.09.2009 (R.04). Pelo mesmo instrumento público, o bem foi dado em alienação fiduciária à Caixa Econômica Federal para garantia do financiamento no valor de R$ 90.251,00, pagável em 300 prestações mensais e sucessivas no importe de R$ 752,09 (R.05). Informa que, após a aquisição do imóvel, em 23.01.2010, contraiu matrimonio com Marcos, sob o regime da comunhão parcial de bens, e em 03.12.2013 separou-se, mediante acordo de divórcio consensual, cujos autos tramitaram perante o MMº Juízo da 3ª Vara da Família e Sucessões do Foro Regional do Jabaquara, ocasião em qua os interessados reconheceram que o patrimônio de cada um era composto por bens próprios adquiridos antes do casamento, logo incabível a exigência formulada pelo registrador. Juntou documentos às fls. 10/21. O oficial manifestou- se às fls. 30/31, corroborando os argumentos da exigência acima mencionados. Apresentou documentos às fls. 32/47. O Ministério Público opinou pela procedência do pedido (fls. 51/54). É o relatório. Passo a fundamentar e a decidir. Pleiteia a requerente a averbação de seu casamento e posterior divórcio na matrícula nº

195.043, ou seja, não há qualquer comunicação envolvendo a transmissão do bem. Neste contexto, a Lei 6.015/73, em seus arts. 212 e 213, I, g, permite a retificação do registro de imóveis sempre que se fizer necessária inserção ou modificação dos dados de qualificação pessoal das partes, comprovada por documentos oficiais, ou mediante despacho judicial quando houver necessidade de produção de outras provas. De acordo com a certidão de casamento juntada à fl. 14, consta a averbação do divórcio da requerente, por sentença proferida pelo MMº Juízo da 3ª Vara da Família e Sucessões do Foro Regional III - Jabaquara, transitada em julgada em 13.01.2014, logo em consonância como principio da segurança juridica que norteia os atos registrários, entendo ser incabível a exigência da apresentação de carta de sentença para a realização da averbação. Analisando a questão por outro angulo, observo que a requerente adquiriu o imóvel em 21.09.2009, no estado civil de solteira (registro nº 04 - fl. 12). Na data mencionada, deu imóvel em alienação fiduciária à Caixa Econômica Federal para garantia do financiamento no valor de R$ 90.251,00, pagável em 300 prestações mensais e sucessivas no valor de R$ 752,09, vencendo a primeira em 12.09.2019. A alienação fiduciária de bem imóvel em garantia, nos termos do art. 22 da Lei nº 9.514/97, é o negócio jurídico pelo qual o devedor, ou fiduciante, com escopo de garantia, contrata a transferência ao credor, ou fiduciário, da propriedade resolúvel de coisa imóvel. Ao devedor é conferida a posse direta sobre a coisa. Daí que uma vez extinta a condição resolutiva, há o retorno dos envolvidos ao "status quo ante", de maneira retroativa. No presente caso, não há como afirmar que o fato do posterior casamento após a assinatura do instrumento de alienação fiduciária, resulte na comunicação do imóvel ao cônjuge, uma vez que a escritura de compra e venda, bem como a constituição do gravame deuse comente em nome de Priscila na qualidade de solteira. Ademais, não há qualquer prova de ter havido esforço comum para o pagamento das prestações restantes, sendo que tal prova somente é cabível nas vias ordinárias com a presença do contraditório e ampla defesa. Ademais, o próprio cônjuge, na qualidade de principal interessado com a comunicabilidade, concordou que a cônjuge virago continuará na titularidade dos bens próprios, dentre os quais, o imóvel objeto do presente feito (fl. 17), indicando a ausência de qualquer conflito de interesses. Ressalto ainda que a obrigação em relação ao pagamento deu-se exclusivamente em nome da requerente, consequentemente, não há possibilidade da comunicação das obrigações adquiridas antes do casamento, nos termos do artigo 1659, I e II do CC: "Art. 1659. Excluem-se da comunhão: I os bens que cada cônjuge possuir ao casar, e os que lhe sobrevierem, na constância do casamento, por doação ou sucessão, e os subrogados em seu lugar; II os bens adquiridos com valores exclusivamente pertencentes a um dos cônjuges em subrogação dos bens particulares" E ainda neste sentido: "DIVÓRCIO DIRETO LITIGIOSO - PARTILHA DE IMÓVEL - BEM ADQUIRIDO ANTES DO CASAMENTO POR FINANCIAMENTO BANCÁRIO - PRESTAÇÕES PAGAS NA CONSTÂNCIA DA SOCIEDADE CONJUGAL - DIREITO DE PARTILHA QUANTO AOS VALORES PAGOS - AUSÊNCIA DE CONTRIBUIÇÃO MONETÁRIA NÃO COMPROVADA. SENTENÇA MANTIDA. 1) - SE O IMÓVEL ADQUIRIDO ANTES DO CASAMENTO FOI FINANCIADO MEDIANTE O PAGAMENTO DE PRESTAÇÕES DE TRATO SUCESSIVO QUE SE PROLONGARAM DURANTE A CONSTÂNCIA DO CASAMENTO, TEM A RECORRIDA O DIREITO À METADE DOS VALORES PAGOS NA VIGÊNCIA DA SOCIEDADE CONJUGAL.2) - NÃO TENDO O RECORRENTE COMPROVADO QUE A RECORRIDA NÃO EXERCIA QUALQUER ATIVIDADE REMUNERADA DURANTE O CASAMENTO PARA CONTRIBUIR COM O PAGAMENTO DAS PRESTAÇÕES, NÃO HÁ COMO SE AFASTAR A PRESUNÇÃO DE QUE TAL PAGAMENTO FOI FEITO COM O ESFORÇO COMUM.3) - RECURSO CONHECIDO E NÃO PROVIDO" (Apelação nº 20120910076898 DF 0007508-81.2012.8.07.0009, 5ª Turma Cível, Publicação no DJE: 01/08/2013, pag. 137, julgamento: 29 de julho de 2013, Relator: Luciano Moreira Vasconcellos) "AÇÃO DE RECONHECIMENTO E DISSOLUÇÃO DE UNIÃO ESTÁVEL HOMOAFETIVA. INSURGÊNCIA DA AUTORA. INCONFORMISMO COM A PARTILHA DE BENS. SENTENÇA QUE EXCLUIU DA PARTILHA UM TERRENO URBANO BEM COMO OS VALORES PAGOS PELA RÉ MEDIANTE SUB ROGAÇÃO DE BENS QUE HAVIA ADQUIRIDO ANTES DA UNIÃO ESTÁVEL. AUSÊNCIA DE PROVAS NO SENTIDO DE QUE O TERRENO URBANO TERIA SIDO ADQUIRIDO PELA RÉ APÓS A UNIÃO ESTÁVEL. DOCUMENTOS COMPROVANDO QUE A RÉ EFETUOU SAQUE DE SEU FGTS PARA FINANCIAMENTO DOS MATERIAIS A SEREM UTILIZADOS NA CONSTRUÇÃO DO IMÓVEL. INCOMUNICABILIDADE DE BENS POR FORÇA DO ARTIGO 1659, INCISO I DO CÓDIGO CIVIL. AUTORA QUE NÃO COMPROVOU QUE O VALOR REFERENTE A VENDA DO LOTE Nº 179 NÃO FOI UTILIZADO NA CONSTRUÇÃO DO IMÓVEL. SENTENÇA MANTIDA. RECURSO CONHECIDO E IMPROVIDO". "Em obediência ao regime da comunhão parcial de bens, aplicável para o caso de união estável, o bem adquirido exclusivamente por um dos conviventes antes do início da união estável não é objeto de partilha com a dissolução da união, bem como exclui-se da comunhão os valores pagos mediante sub-rogação de bem pertencente exclusivamente a um dos consortes, nos termos do art.1659, I do CC/2002" (Processo nº AC 20120354319 SC 2012.035431-9, 3ª Câmara de Direito Civil Julgado.

Apelante: S. E., Advogados: Fernando da Veiga (25087/SC) e outro, Apelada: B. C. da S., Advogados: Luiz Eduardo Cleto Righetto (18453/SC) e outro, Julgamento: 27 de agosto de 2012, Relator: Saul Steil). Logo tem-se que deve ser afastada a exigência do registrador, haja vista que por qualquer angulo que se analise a questão, a propriedade do imóvel permanecerá exclusivamente em nome da requerente. Diante do exposto, julgo procedente o pedido de providências formulado por Priscila Heleno Monoz, em face do Oficial do 14º Registro de Imóveis da Capital, e consequentemente determino a averbação do casamento e do divórcio da interessada. Deste procedimento não decorrem custas, despesas processuais e honorários advocatícios. Oportunamente remetam-se os autos ao arquivo. P.R.I.C. - ADV: ALESSANDRA PERIN FARIAS (OAB 284762/SP) (DJe de 12.02.2019 - SP)

Processo 1133314-89.2018.8.26.0100

Dúvida 17º Oficial de Registro de Imóveis Jose Roberto Catapano Carboni ME Sentença (fls. 194/198): Vistos. Trata-se de dúvida suscitada pelo Oficial do 17º Registro de Imóveis da Capital, a requerimento de José Roberto Catapano Carbone, diante da negativa em se efetuar o registro do Formal de Partilha extraído dos autos de arrolamento dos bens deixados em razão do falecimento de Salvatore Catapano, que tramitou perante o MMº Juízo da 2ª Vara da Família e Sucessões do Foro Regional VIII - Tatuapé (processo nº 738/98), pelo qual se buscou transmitir o imóvel transcrito sob nº 70.453 do 12º Registro de Imóveis da Capital. Os óbices registrários referem-se: a) necessidade da apresentação da certidão atualizada da mencionada transcrição, com negativa de ônus e alienações; b) certidão de casamento de Salvatore e Luísa de Simone Catapano legalizada ou apostilada, traduzida e registrada perante o RTD, em observação ao princípio da especialidade subjetiva. Juntou documentos às fls. 09/183. A suscitada não apresentou impugnação, conforme certidão de fl. 187, contudo manifestouse perante a Serventia Extrajudicial à fl. 11. Argumenta que não tem meios de cumprir o item "b"acima mencionado, sendo informada por um parente próximo que um incêndio tomou parte do arquivo do Cartório da cidade, destruindo os documentos mais antigos. O Ministério Público opinou pela prejudicialidade do procedimento e no mérito, pela improcedência da dúvida, pela ausência de impugnação total das exigências (fls. 191/193). É o relatório. Passo a fundamentar e a decidir. Na presente hipótese houve impugnação parcial das exigências formuladas pelo Registrador. Observo que o suscitado não demonstrou irresignação em relação à necessidade da apresentação da certidão atualizada da mencionada transcrição, com negativa de ônus e alienações, logo houve o reconhecimento desta exigência. A concordância parcial com as exigências do Oficial prejudica a dúvida, que só admite duas soluções: a determinação do registro do título protocolado e prenotado, que é analisado, em reexame da qualificação, tal como se encontrava no momento em que surgida dissensão entre a apresentante e o Oficial de Registro de Imóveis; ou a manutenção da recusa do Oficial. Para que se possa decidir se o título pode ser registrado ou não é preciso que todas as exigências e não apenas parte delas sejam reexaminadas pelo Corregedor Permanente. Nesse sentido, é pacífica a jurisprudência do Egrégio Conselho Superior. No mérito, entendo que a dúvida é parcialmente procedente. Em relação à necessidade da apresentação da certidão atualizada da mencionada transcrição, com negativa de ônus e alienações, entendo correto o óbice, uma vez que de acordo com o principio da especialidade cada imóvel deve ser adequadamente individualizado, devendo existir uma cadeia de titularidade, à vista da qual só se fará a inscrição de um direito se o outorgante dele aparecer no registro como seu titular. Todavia, no que se refere à apresentação certidão de casamento de Salvatore e Luísa de Simone Catapano legalizada ou apostilada, traduzida e registrada perante o RTD, penso que pelas particulares que envolvem o caso, o óbice deverá ser superado. Ressalto que o registrador agiu com zelo ao negar o registro em consonância com o princípio da especialidade subjetiva, entretanto penso que os documentos acostados aos autos permitem o abrandamento do rigor da especialidade. Verifica-se que às fls. 36, 174 foi juntada a certidão do matrimonio realizado em Napoles do srº Salvatore e Luísa de Simone Catapano, com tradução juramentada às fls. 35 e 176. Decerto, de acordo com o Capítulo XX, item 110, alínea "c" das Normas da Corregedoria Geral da Justiça: "item 110. Somente serão admitidos a registro: ... C) atos autenticos de países estrangeiros, com força de instrumento público, legalizados e traduzidos na forma da lei, e registrados no Registro de Títulos e Documentos, assim como as sentença proferidas por tribunais estrangeiros, após homologação pelo Superior Tribunal de Justiça". Como acima mencionado, entendo que a hipótese analisada é excepcional, já que a certidão italiana apresentada e devidamente traduzida por tradutor juramento é suficiente para o deferimento da pretensão. O eminente magistrado Marcelo Martins Berthe tratou com muita propriedade da questão: "Não fogem à regra as normas de natureza jurídico-registral. Embora sejam sempre norteadas pelo rigor da forma, não podem elas passar ao largo dos fatos, desprezando a realidade, em nome de uma pseudo-segurança. Quando, como no caso, não se vislumbra prejuízo a terceiro, nem a qualquer princípio registrário; e sendo possível a superação do óbice formal como se viu, não há porque deixar de atender aos legítimos interesses de todas as partes envolvidas. Não se justifica a forma, pela forma apenas. Aquela só tem cabimento no superior interesse público, que no caso não estará afrontado. Verificado isso, considerando a excepcionalidade e as peculiaridades de cada caso, cabe ao Juiz deliberar pela solução mais adequada, de modo que não se alcance desfecho iníquo, sem nada que justificasse tal apego a esse formalismo, que se revelaria estéril" (proc. 504/1991, 1ª Vara de Registros Públicos). Importante lembrar os ensinamentos do professor Luiz Guilherme Loureiro: "Em virtude do principio da legitimidade ou da presunção de veracidade, o Registro deve refletir a verdade não só no que se refere ao titular do direito registrado, mas também quanto à natureza e ao conteúdo deste direito. Assim, qualquer inexatidão do assento deve ser retificada a fim de que reflita perfeitamente a realidade". (Registros Públicos - Teoria e Prática - 2ª ed. - Editora Método). Ademais, considerando que se trata de documento antigo, lavrado em 1948, em que não respeitava o rigor atual da Lei de Registros Públicos, promulgada vinte anos depois da realização do casamento e tendo em vista que há época não se primava pela especialidade subjetiva, é o caso de abrandamento do rigor da especialidade, sendo que a prova apresentada é suficiente a demonstrar o necessário. Por fim, o suscitado realizou todas as diligências cabíveis para o cumprimento da exigência, sem contudo obter êxito, sendo inclusive informado por um parente da ocorrência de incêndio que queimou os documentos antigos. Logo, entendo que o segundo óbice deveria ser afastado. Diante do exposto, julgo prejudicada a dúvida suscitada pelo Oficial do 17º Registro de Imóveis da Capital, a requerimento de José Roberto Catapano Carbone, com observação. Deste procedimento não decorrem custas, despesas processuais e honorários advocatícios. Oportunamente remetam-se os autos ao arquivo. P.R.I.C. São Paulo, 18 de fevereiro de 2019. Tania Mara Ahualli Juiz de Direito (CP – 650) (DJe de 22.02.2019 - SP)

Processo 1129308-39.2018.8.26.0100

Dúvida - Registro de Imóveis - Maria de Fatima Rodrigues Monteiro - João Carlos Rodrigues - Vistos. Trata-se de dúvida inversa suscitada em face do Oficial do 14º Registro de Imóveis por Maria de Fátima Rodrigues Monteiro e João Carlos Rodrigues Monteiro, diante da negativa do registro de formal de partilha expedido pela 1ª Vara de Família e Sucessões do Foro Regional do Jabaquara, referente ao arrolamento de bens deixados por Clemencia Rodrigues Monteiro. Instado a se manifestar, o Oficial Registrador informa que o título transmite a propriedade da fração ideal de 50% do imóvel. Contudo, Clemência não era titular de domínio, mas tão somente compromissária compradora, de modo que é impossível o registro do formal de partilha, posto que violaria o princípio da continuidade. Afirma ainda que os comprovantes de quitação do compromisso de compra e venda não substituem a necessidade do título aquisitivo. Desse modo seria necessário ou o registro da escritura aquisitiva, ou a retificação do título judicial apresentado a registro, para constar transmissão de direitos e obrigações e não de propriedade. Os interessados afirmam ser impossível localizar os vendedores para a obtenção da escritura de compra e venda. Relatam ainda que não tem os comprovantes de quitação do compromisso. Aduzem que a cláusula de irrevogabilidade do compromisso de compra e venda é suficiente para salvaguardar o direito da compromissária compradora sobre o imóvel. A Promotora de Justiça opinou pela procedência da dúvida e manutenção do óbice registrário. É o relatório. Decido. Com razão o Oficial e a D Promotora de Justiça. Primeiramente ressalto que a origem judicial do título não dispensa a qualificação registral, relativamente à apreciação das formalidades extrínsecas da ordem e à conexão de seus dados com o registro e a sua formalização instrumental. Conforme se depreende do A1 da matrícula 61.544 o imóvel foi prometido a Clemencia Rodrigues Monteiro e seu marido Manuel da Silva Monteiro. Com a morte de Manuel, 50% dos direitos e obrigações sobre o imóvel foram transmitidos à Clemencia e o restante partilhado entre os herdeiros. Da morte de Clemencia surgiu necessidade de nova partilha, pela qual sua parte de 50% de direitos sobre o imóvel seria transmitida aos seus herdeiros, ora peticionários neste procedimento.

Da matrícula resta claro que não foi registrada escritura de compra e venda, de modo que a de cujus tendo quitado ou não as obrigações decorrentes do compromisso firmado permanece como compromissária compradora, uma vez que a transmissão da titularidade ocorre somente com o devido registro do título aquisitivo. Nesse sentido, assim dispõe o art. 1245 do Código Civil de 2002: "Transfere-se entre vivos a propriedade mediante o registro do título translativo no Registro de Imóveis. § 1º Enquanto não se registrar o título translativo, o alienante continua a ser havido como dono do imóvel." Nos termos dos artigos 195 e 237 da Lei de Registros Públicos, os registros de imóveis são regidos, dentre outros, pelo princípio da continuidade. Tal princípio, traduz a necessidade de que os títulos submetidos a registro obedeçam a uma ordem lógica, da qual se possa depreender as informações necessárias sobre o domínio do imóvel. Essa exigência tem por objetivo garantir a confiabilidade dos documentos registrados, de modo que haja segurança nas transações que envolvam bens imóveis. Nesse sentido, em comentário ao artigo 237 da LRP, dispõe o Desembargador Francisco Eduardo Loureiro: "Cria-se, em outras palavras, um encadeamento de titularidades, ou cadeia dominial, na qual o transmitente de um direito deve necessariamente constar do registro como seu titular. Funciona o registro imobiliário como os elos de uma corrente, um encadeado no outro, sem saltos nem soluções, de tal modo que toda titularidade sobre o imóvel apareça concatenada com a anterior e a sucessiva." (Lei de Registros Públicos Comentada editora Forense pág. 1219). Desse modo, a transmissão da titularidade do imóvel por meio do formal de partilha apresentado resta obstada, pois fere o princípio da continuidade, posto que a falecida não era titular de domínio, mas tão somente compromissária compradora. Ora, se não era titular de domínio não há possibilidade de transferir a propriedade. Assim, os interessados tem a opção de retificar o título para constar transmissão dos direitos e obrigações sobre o imóvel ou de apresentar o título aquisitivo para registro. Ainda, conforme pontuado pelo Oficial e pela Promotora de Justiça, há possibilidade de pleitear prescrição aquisitiva, uma vez a documentação juntada sugere que posse antiga e animus domini. Diante do exposto, julgo procedente a dúvida suscitada inversamente por Maria de Fátima Rodrigues Monteiro e João Carlos Rodrigues Monteiro em face do Oficial do 14º Registro de Imóveis, mantendo o óbice registrário. Não há custas, despesas processuais ou honorários advocatícios advindas deste procedimento. Oportunamente, arquivem-se os autos. P.R.I.C. - ADV: THEODOSIO ZABCZUK (OAB 48826/SP) (DJe de 27.02.2019 - SP)

Processo 1132645-36.2018.8.26.0100

Dúvida - Registro de Imóveis - Dulce Cordeiro Vaz - Vistos. Trata-se de procedimento de dúvida inversa suscitado por Dulce Cordeiro Vaz em face do Oficial do 4º Registro de Imóveis da Capital, ante a negativa de registro do formal de partilha dos bens de Maria Palmeira de Paula, lavrado pela 3ª Vara de Família e Sucessões do Foro Central de São Paulo. O Oficial emitiu nota devolutiva exigindo que fosse apresentado primeiro o formal de partilha do falecido marido de Maria, Benedito Palmeira de Paula, uma vez que o imóvel a ser partilhado matrícula nº 17.111 foi adquirido na constância do casamento, em regime de comunhão universal de bens, o que ocasionou a comunicação do bem ao cônjuge. Ademais, exigiu, pelo princípio da especialidade subjetiva, que fossem apresentadas declarações com firma reconhecida com os nomes dos cônjuges dos herdeiros e suas respectivas qualificações, além das certidões de casamento e de óbito. A interessada aduz, em síntese, que (i) não há inventário dos bens deixados por Benedito; (ii) há decisão judicial reconhecendo que quando a de cujus adquiriu o imóvel Benedito estava em união estável com outra pessoa e, portanto, não houve comunicação do bem a ele; (iii) o formal de partilha já contém as informações necessárias para registro da transmissão e qualificação dos envolvidos; e (iv) o formal de partilha, de origem judicial, não pode ser contestado pelo Registrador e é documento hábil para registro da transmissão. O Ministério Público opinou às fls. 209/211 pela procedência da dúvida e manutenção do óbice registrário, com base nos princípios da continuidade e especialidade subjetiva. É o relatório. Decido. Com razão o Registrador e a D Promotora de Justiça. Primeiramente, ressalto que a origem judicial do título não dispensa a qualificação registral, relativamente à apreciação das formalidades extrínsecas da ordem e à conexão de seus dados com o registro e a sua formalização instrumental. No caso, ao contrário do que aduz a interessada, o Oficial não contesta o teor do documento de ordem judicial, mas tão somente exige que o título levado a registro esteja em consonância com as exigências legais. Isso posto, passo à análise dos óbices. Nos termos dos artigos 195 e 237 da Lei de Registros Públicos, os registros de imóveis são regidos, dentre outros, pelo princípio da continuidade. Tal princípio, traduz a necessidade de que os títulos submetidos a registro obedeçam a uma ordem lógica, da qual se possa depreender as informações necessárias sobre a titularidade do imóvel. Essa exigência tem por objetivo garantir a confiabilidade dos documentos registrados, de modo que haja segurança nas transações que envolvam imóveis. Nesse sentido, em comentário ao artigo 237 da LRP, dispõe o Desembargador Francisco Eduardo Loureiro: "Cria-se, em outras palavras, um encadeamento de titularidades, ou cadeia dominial, na qual o transmitente de um direito deve necessariamente constar do registro como seu titular. Funciona o registro imobiliário como os elos de uma corrente, um encadeado no outro, sem saltos nem soluções, de tal modo que toda titularidade sobre o imóvel apareça concatenada com a anterior e a sucessiva." (Lei de Registros Públicos Comentada editora Forense pág. 1219) No caso, o imóvel foi adquirido por Maria Palmeira de Paula na qualidade de casada em regime de comunhão de bens, conforme consta da certidão de matrícula do imóvel, às fls. 202/203. Desse modo, do regime de bens decorreu a comunicabilidade da titularidade do imóvel ao cônjuge (art. 216 CC 1916/ art. 1667 CC 2002), tornando o casal igualmente proprietário. Nesse sentido: "De acordo com o regime da comunhão universal de bens, estatuto patrimonial eleito pelos cônjuges, o patrimônio comum compreende todos os bens, exceto os insuscetíveis de comunicação. Tal conjunto de relações jurídicas aferíveis economicamente constitui um patrimônio coletivo, enfim, um único patrimônio sob a titularidade de dois sujeitos de direito". (Apelação Cível nº 0037763-38.2010.8.26.0114) Desse modo, pela qualificação de Maria na matrícula do imóvel, depreende-se que foi adquirido na constância do casamento, de modo que Benedito também seria proprietário do imóvel, o que ensejou a exigência de que fosse primeiro registrada a partilha de bens decorrente da morte de Benedito, para que então pudesse ingressar no fólio real o título apresentado por Dulce. Ademais, muito embora a interessada tenha juntado documentos que indiquem que o imóvel foi adquirido quando Maria e Benedito já estavam separados de fato, tal informação não consta do título levado a registro. Neste juízo administrativo, não cabe reconhecimento da separação de fato do casal, sendo que a análise limita-se aos aspectos formais do título apresentado. Contudo, conforme pontuado pelo Registrador, a interessada pode solicitar o aditamento do formal de partilha para que - caso o juízo competente entenda que de fato o imóvel foi adquirido quando Maria já estava separada - conste tal informação no título. Pode ainda a interessada ingressar com ação declaratória em juízo competente a fim de obter declaração de que o bem não se comunicou ao falecido marido de Maria, procedendo então à averbação de tal informação na matrícula do imóvel. Por fim, quanto à qualificação dos herdeiros, esta deve se dar de forma completa, nos termos exigidos pelo Registrador, em respeito ao princípio da especialidade subjetiva, conforme item 63 do capítulo XX das Normas de Serviço dos Cartórios Extrajudiciais da Corregedoria Geral da Justiça. Diante do exposto, julgo procedente a dúvida suscitada inversamente por Dulce Cordeiro Vaz em face do Oficial do 4º Registro de Imóveis, mantendo os óbices registrários. Não há custas, despesas processuais ou honorários advocatícios advindas deste procedimento. Oportunamente, arquivem-se os autos. P.R.I.C. - ADV: RODRIGO JOSE ACCACIO (OAB 239813/SP) (DJe de 27.02.2019 - SP)

Processo 1124561-46.2018.8.26.0100

Pedido de Providências Reqte.: 8º Oficial de Registro de Imóveis Interesdos.: Fazenda Municipal de São Paulo Veruska Hernandes Campos Maria Luiz Antonio Gazotto Junior Sentença (fls. 300/303): Vistos. Trata-se de pedido de providências formulado pelo Oficial do 8º Registro de Imóveis da Capital, comunicando a negativa em efetivar o registro da carta de sentença oriunda do divórcio consensual em que figuram como partes Veruska Hernandes Campos Maria e Luiz Antonio Gazotto Júnior, na qual foram partilhados diversos bens, dentre os quais, o imóvel matriculado sob nº 148.481, bem como das vagas de garagem matriculadas sob nºs 148.563 e 148.565 e o depósito matriculado sob nº 148.659. A negativa para efetivação do registro derivou-se: a) da vedação ao CEJUSC em realizar autocomposição versando sobre partilha de bens, conforme Ptoc. CG nº 2017/1123797; B) ausência de informação quanto ao recolhimento do ITBI incidentes sobre a partilha, haja vista que a cônjuge virago tornou-se proprietária exclusiva da totalidade do imóvel. Informa que após a qualificação negativa, mencionado título foi novamente apresentado, acompanhado de ofício expedido pelo CEJUSC – Foro Regional I - Santana, determinando o registro, sob pena de desobediência, razão pela qual o documento ingressou no folio real (fl. 138). Juntou documentos às fls. 03/279. Intimada a Fazenda Municipal, bem como as partes envolvidas, acerca da possibilidade de declaração da nulidade, tendo em vista a ausência da observação do decidido no Proc. 2017/1123797 da CGJ, não houve manifestação, conforme certidão de fl. 299. O Ministério Público opinou pelo arquivamento do feito, ante a ausência de qualquer conduta irregular do registrador (fls. 286/288). É o relatório. Passo a fundamentar e a decidir. Preliminarmente, cumpre destacar que os títulos judiciais não estão isentos de qualificação, positiva ou negativa, para ingresso no fólio real, como já está pacificado pelo Egrégio Conselho Superior da Magistratura. Nesse sentido a decisão do Conselho Superior da Magistratura (Apelação Cível 464-6/9, São José do Rio Preto): "Apesar de se tratar de título judicial, está ele sujeito à qualificação registrária. O fato de tratar-se o título de mandado judicial não o torna imune à qualificação registrária, sob o estrito ângulo da regularidade formal, o exame da legalidade não promove incursão sobre o mérito da decisão judicial, mas à apreciação das formalidades extrínsecas da ordem e à conexão de seus dados com o registro e a sua formalização instrumental". Sendo assim, fica claro que não basta a existência de título proveniente de órgão jurisdicional para autorizar automaticamente o ingresso no registro tabular. Neste contexto, é dever do registrador dentre as várias atribuições, proceder a qualificação dos documentos, baseando-se nos princípios norteadores do direito registrário. Realizada a análise pormenorizada, o registrador verificou a não observação do Proc. 2017/1123797 da CGJ, segundo o qual: "CEJUSC não pode fazer acordos envolvendo partilha de bens celebrados no âmbito PRÉ- PROCESSUAL na área de direito de sucessões e nas ações de divórcio, separação ou dissolução de divórcio ou união estável. A autocomposição extrajudicial, nesses feitos, por expressa imposição legal, deve obedecer a formalidade de ser realizada perante Cartórios de Notas/Escritura Pública. Trata-se de condição de validade dos referidos negócios jurídicos". Consequentemente a ausência de observação da norma, poderá vir a anular a decisão proferida, vez que constituiu condição de validade do negócio jurídico. Somado a este fato, não houve a ausência de recolhimento do ITBI derivado da partilha dos bens. De acordo com a doutrina, sobre o ITBI: "O que se tributa é a transmissão da propriedade de bem imóvel realizada através de um negócio jurídico oneroso, tais como compra e venda, dação em pagamento ou permuta." (Registro Imobiliário: dinâmica registral / Ricardo Dip, Sérgio Jacomino, organizadores. - São Paulo: Editora Revista dos Tribunais, 2011. - (Coleção doutrinas essenciais: direito registral; v.6 - p. 1329 - g.N). Logo, caberá a Municipalidade de São Paulo, que já foi intimada do presente procedimento (fl. 296), formular pretensão em Juízo para reaver o valor do tributo. Neste contexto, agiu com zelo e presteza o Oficial ao comunicar àquele Juízo as irregularidades, ocasião em foi reiterada a ordem para registro do titulo (fl. 138). Ora, não cabe ao registrador questionar o conteúdo da decisão. Diante de uma ordem judicial, o registrador só poderá se recusar a dar cumprimento quando restar caracterizado caso de absoluta impossibilidade e manifesta ilegalidade. Ademais, não cabe ao Juízo administrativo analisar ou rever as decisões proferidas no âmbito judicial. Assim, entendo que não houve qualquer conduta irregular praticada pelo Oficial a ensejar a aplicação de medida censória disciplinar, razão pela qual determino o arquivamento do presente feito. Deste procedimento não decorrem custas, despesas processuais e honorários advocatícios. Sem prejuízo, expeça-se ofício à Egrégia Corregedoria Geral da Justiça comunicando desta decisão. P.R.I.C. São Paulo, 01 de março de 2019. Tania Mara Ahualli Juiza de Direito (CP – 606) (DJe de 08.03.2019 - SP)

Processo 1095366-16.2018.8.26.0100

Dúvida - REGISTROS PÚBLICOS - Adelene Virginia Lasalvia - Vistos. Trata-se de procedimento de dúvida suscitado pelo Oficial do 4º Registro de Imóveis da Capital a requerimento de Adélène Virginia Lasalvia, que pretende registrar o formal de partilha de bens de Carlos Maria D'Andrea, que abrange o imóvel matriculado sob nº 9.274 na citada serventia extrajudicial. O Registrador informa que o título foi qualificado negativamente, sendo as exigências para registro as seguintes: (i) juntar certidão de casamento de Carlos Maria D'Andrea; (ii) apresentar para análise e registro o formal de partilha de bens deixados por Maria Picazio D'Andrea (foi apresentada cópia da carta de adjudicação extraída dos autos do inventário, deveria ter sido apresentado em original); e (iii) apresentar documentos que completem a qualificação dos adquirentes e de seus cônjuges. Aduz que, sem o cumprimento de tais exigências, seriam violados os princípios da continuidade vez que é necessário o registro da transferência da totalidade do bem imóvel a Carlos, antes que seja transmitido - e da especialidade subjetiva. Juntou documentos às fls. 6/187. A interessada apresentou impugnação às fls. 188/191. Afirma que o inventário de Maria não foi localizado, vez que o processo, ocorrido há 73 anos, não mais existe. Ainda, aduz não ter conseguido encontrar os documentos dos herdeiros, solicitados pelo Registrador. O Ministério Público opinou pela procedência da dúvida e manutenção dos óbices. É o relatório. Decido. Assiste razão ao Oficial e ao Ministério Público. Primeiramente ressalto que a origem judicial do título não dispensa a qualificação registral, relativamente à apreciação das formalidades extrínsecas da ordem e à conexão de seus dados com o registro e a sua formalização instrumental. Em primeiro lugar, é necessário que seja averbada a certidão de casamento de Carlos com Maria, a fim de que seja comprovada a comunicabilidade do bem em decorrência do matrimônio. Com a averbação de tal certidão e da confirmação de que o imóvel foi adquirido na constância do casamento, passa a ser possível o registro do formal de partilha de bens de Maria, em que é adjudicada a totalidade do imóvel a Carlos. Tal exigência tem vistas a garantir o respeito ao princípio da continuidade dos registros, disposto no artigo 195 da Lei de Registros Públicos: "Se o imóvel não estiver matriculado ou registrado em nome do outorgante, o oficial exigirá a prévia matrícula e o registro do título anterior, qualquer que seja a sua natureza, para manter a continuidade do registro." Nesse sentido, em comentário ao artigo 237 da LRP, dispõe o Desembargador Francisco Eduardo Loureiro: "Cria-se, em outras palavras, um encadeamento de titularidades, ou cadeia dominial, na qual o transmitente de um direito deve necessariamente constar do registro como seu titular. Funciona o registro imobiliário como os elos de uma corrente, um encadeado no outro, sem saltos nem soluções, de tal modo que toda titularidade sobre o imóvel apareça concatenada com a anterior e a sucessiva." (Lei de Registros Públicos Comentada editora Forense pág. 1219). Razoável, portanto, a exigência do Oficial. Ademais a carta de adjudicação a ser registrada extraída do inventário de Maria deve, necessariamente, ser apresentada em sua via original, como já pacificado pelo Conselho Superior da Magistratura. Nesses termos, veja-se: REGISTRO DE IMÓVEIS. Necessidade de apresentação da via original do título cujo ingresso no fólio real se pretende. Formalidade a ser cumprida no momento da protocolização, sem possibilidade de atendimento no curso do procedimento de dúvida, sob pena de se dilatar indevidamente o prazo legal de preferência decorrente da prenotação. Hipótese, ademais, de irresignação parcial contra as exigências constantes da nota devolutiva, o que não se admite. Recurso não provido. (Apelação Cível nº 0000002- 61.2010.8.26.0602) REGISTRO DE IMÓVEIS Dúvida inversa Prenotação Necessidade Título Cópia Inadmissibilidade Condomínio Aquisição de unidade autônoma como meio de solução de dívida condominial Possibilidade em tese Recurso não provido. (Apelação Cível nº 0004264-56.2011.8.26.0590) Por fim, a exigência da qualificação completa dos adquirentes não pode ser afastada. O princípio da especialidade subjetiva no direito registral tem como objetivo garantir que a qualificação dos envolvidos nas matrículas de imóveis se dê com a maior completude possível, conferindo segurança e credibilidade aos registros. Nesse sentido dispõe o item 63 do capítulo XX das Normas de Serviço dos Cartórios Extrajudiciais da Corregedoria Geral da Justiça: "A qualificação do proprietário, quando se tratar de pessoa física, referirá ao seu nome civil completo, sem abreviaturas, nacionalidade, estado civil, profissão, residência e domicílio, número de inscrição no Cadastro das Pessoas Físicas do Ministério da Fazenda (CPF), número do Registro Geral (RG) de sua cédula de identidade ou, à falta deste, sua filiação e, sendo casado, o nome e qualificação do cônjuge e o regime de bens no casamento, bem como se este se realizou antes ou depois da Lei nº 6.515, de 26 de dezembro de 1977." A interessada, conforme apontado pelo Ministério Público, não demonstrou ter esgotado as possibilidades de obter tais documentos, assim como os demais exigidos. Os registros públicos obedecem a uma série de princípios com vistas a garantir a segurança jurídica de terceiros que desejem transacionar imóveis. Desse modo, não é possível flexibilizar tais princípios sem que haja comprovação concreta da impossibilidade de cumprir as exigências, o que não foi o caso. Diante do exposto, julgo procedente a dúvida suscitada pelo Oficial do 4º Registro de Imóveis da Capital, a requerimento de Adélène Virginia Lasalvia, e mantenho os óbices registrários. - ADV: JEREMIAS ALVES PEREIRA FILHO (OAB 33868/SP), ADELENE VIRGINIA LASALVIA (OAB 253792/SP) (DJe de 07.05.2019 - SP)

Processo 1089909-03.2018.8.26.0100

Pedido de Providências - Registro de Imóveis - Egleide Alves da Silva - Vicente de Aquino Calemi - José da Costa Fontes - Vistos. Trata-se de pedido de providências formulado por Egleide Alves da Silva em face do Oficial do 11º Registro de Imóveis da Capital, pretendendo a retificação das averbações nºs 08 e 09 da matrícula nº 71.757, para que conste a parte exata cabível a cada ex cônjuge, em decorrência do divórcio entre a requerente e José da Costa Fontes. Relata a requerente que foi efetuada a averbação parcial do formal de partilha, expedido pelo MMº Juízo da 3ª Vara da Família e Sucessões do Foro Regional II - Santo Amaro (processo nº 0003002- 55.2012.8.26.0002), no qual ficou estipulado que ela teria direito a 11,16% do terreno e 50% da edificação, enquanto seu ex cônjuge ficaria com 88,84% do terreno e 50% da edificação. Insurge-se da averbação efetuada, sob o argumento de que o registrador não observou o Acórdão prolatado, razão pela qual seu único imóvel está sendo penhorado indevidamente pelo ex marido. Juntou documentos às fls. 07/41. O registrador manifestou-se às fls. 46/52, 62/67, 350/354 e 415/426. Esclarece que as benfeitorias não tinham sido averbadas, de modo que não poderiam constar do ato registrário referente ao terreno, em consonância com o princípio da continuidade. Salienta que por requerimento de 20.07. 2018, devidamente averbado sob nºs 09 e 10, consignou-se a regularização das edificações existentes sobre o terreno, consistentes em dois prédios de nºs 36 e 40 da Rua José Zeferino Peixoto, ato continuo procedeu-se à averbação da decisão com a finalidade de dar publicidade da presumida comunicabilidade das benfeitorias. Aduz que apesar da existência de duas casas ocupadas separadamente pelos condôminos, é impossível constar na matrícula que uma das casas, qual seja, a de nº 36 pertence à requerente, enquanto a de nº 40, pertence a José da Costa Fontes, uma vez que se mostra inviável o desdobro do imóvel nos termos da partilha homologada. Entende que sendo os condôminos detentores de frações ideais divergentes entre o principal (terreno) e o acessório (benfeitoria), a extinção do condomínio ou sua manutenção dar-se-á por indenização ou por transação, e no caso de venda o outro proprietário terá a preferência de compra. Destaca que não há omissões nos assentamentos registrários, razão pela qual não cabem providencias para habilitar eventual ação de liquidação da sentença, se for o caso. E ainda, esclarece o Egrégio Conselho Superior da Magistratura tem admitido a cindibilidade do título, permitindo que dele sejam extraídos elementos que poderão ingressar de imediato no fólio real desconsiderando aqueles que demandem outras providências. Intimado da pretensão, José da Costa Fontes apresentou impugnação às fls. 259/263 e 411/414. Afirma que a requerente apossou-se indevidamente do imóvel do autor e desde então ali vem mantendo residência, razão pela qual o impugnante ingressou com ação de reintegração de posse cumulada com arbitramento de aluguéis, a qual foi julgada procedente para condenar a requerente ao pagamento dos aluguéis. Informa que a requerente ingressou com ação rescisória (processo nº 2184881-54.2018.8.26.0000 em tramite perante a 5ª Câmara de Direito Privado), cuja inicial foi indeferida, a fim de desconstituir a decisão oriunda do divórcio e partilha de bens. Nesta ação rescisória a requerente buscou exatamente o pretendido nesta ação, ou seja, que ela teria contribuído para a construção da edificação, porém, conforme consta da própria matrícula, a edificação ocorreu em 18.08.1995 e não em 2002 como quer fazer crer. Por fim, afirma que a requerente na verdade insiste em rediscutir o que já está consolidado, pois incontroversa a propriedade de José da Costa, equivalente a 88,84% do imóvel, objeto da ação. Juntou documentos às fls. 264/341. Com referência à impugnação, a requerente manifestou-se às fls. 362/376. Corrobora os argumentos expostos na inicial, enfatizando que a Serventia em vez de se ater para a formalidade da sentença, colaborou com seu ex cônjuge, efetuando a cisão da sentença judicial com o registro dos percentuais do terreno. Juntou documentos às fls. 377/396. O Ministério Público opinou pelo cancelamento das averbações nºs 08 e 11 da matrícula nº 71.757, uma vez que nulas de pleno direito, bem como a instauração de procedimento administrativo disciplinar em face do registrador pela inobservância das prescrições legais e normativas (art.31, I da Lei dos Notários e Registradores). É o relatório. Passo a fundamentar e a decidir. Preliminarmente, importante destacar que o tema sobre a qualificação dos títulos judiciais pelo Oficial já foi decidido pelo o E. Conselho Superior da Magistratura, nos autos da Apelação Cível 464-6/9, de São José do Rio Preto: "O fato de tratar-se o título de mandado judicial não o torna imune à qualificação registraria, sob o estrito ângulo da regularidade formal, o exame da legalidade não promove incursão sobre o mérito da decisão judicial, mas à apreciação das formalidades extrínsecas da ordem e à conexão de seus dados com o registro e a sua formalização instrumental". Assim, os títulos judiciais não estão isentos de qualificação registral para ingresso no fólio real. A qualificação negativa não caracteriza desobediência ou descumprimento de decisão judicial. Portanto, não basta a existência de título proveniente de órgão judicial para autorizar automaticamente o ingresso no registro tabular. A presente hipótese constitui questão excepcional e como tal será analisada. Primeiramente, em relação à cindibilidade do título, em que pesem as alegações do registrador e as decisões proferidas pelo Egrégio Conselho Superior da Magistratura, que tem admitido a cindibilidade, permitindo que do título sejam extraídos elementos que poderão ingressar de imediato no fólio real, desconsiderando outros que demandem providencias diversas, entendo que não se aplica ao caso em exame. Assim dispõe o Art. 79 do CC: "São bens imóveis o solo e tudo quanto se lhe incorporar natural ou artificialmente". Nos termos do Código Civil, portanto, o imóvel se caracteriza não só pelo solo, mas por suas acessões. Aqui cabe fazer uma diferença entre acessão e benfeitorias, pois apesar de ambas comumente serem confundidas na prática, seus conceitos e consequências advindas ao direito são diferentes. De acordo com o ilustre Desembargador Nelson

Duarte: "Benfeitorias são despesas e obras destinadas à conservação (necessárias), melhoramentos ou melhor utilização (úteis) e aformoseamento (voluptuárias) de uma coisa. Não se devem confundir benfeitorias com acessões, embora em muitas circunstâncias recebam tratamento assemelhado. A acessão se caracteriza pela aquisição de coisa nova, enquanto a benfeitoria se faz sobre coisa já existente". (Código Civil Comentado, coord: Ministro Cezar Peluso, 11ª ed., 2017, editora: Manole). Ao que parece há uma confusão feita pelo delegatário envolvendo os conceitos, vez que ao qualificar o título apresentado tratou as acessões como benfeitorias, considerando benfeitorias as casas que ainda não haviam sido averbadas na matrícula. Disso se conclui que torna-se inviável a cindibilidade do título para constar na matrícula que a requerente detém 11,16% do terreno e 50% referentes à construção, enquanto seu ex-cônjuge detém 88,84% do terreno e 50% da construção, vez que o solo incorpora as acessões. Logo, deve ser considerado o terreno e a construção como um só imóvel, devendo a partilha determinar a fração total a cada cônjuge, considerando-se o solo e acessões como coisa única, pois a distinção de partes ideais entre solo e construção não comporta acesso ao fólio imobiliário. Em que pese a alegação de que na época da apresentação do titulo não haviam sido averbadas as construções, entendo que o modo pelo qual foram realizados os atos registrários não foi regular, vez que as frações ideais divergem em relação ao terreno e o imóvel construído sobre ele, devendo conforme acima mencionado ser considerado ambos solo e acessão como um todo. Como bem exposto pelo delegatário em decisão proferida pela 6ª Câmara Cível do Tribunal de Justiça do Estado do Rio Grande do Sul, no Agravo de Instrumento nº 70043483130, relatoria: Des. Ricardo Moreira Lins Pastl: "Agravo de instrumento. Inventário. Pedido de partilha de casas supostamente edificadas no terreno, porém não averbadas. Duvida acerca da titularidade da propriedade. Questão a ser resolvida em ação própria. Existindo dúvida acerca da titularidade da edificação existente sobre o terreno, construção que sequer está averbada, não há como inclui- la na partilha dos bens deixados pelo de cujus. Discussão que deve ser solvida em ação própria". E ainda: "Caso de construção de casa não averbada na matrícula. Não há como partilhar no inventário casa construída, mas não averbada na matrícula, se não houver consenso entre os herdeiros . Até mesmo porque, sequer há consenso acerca de qual das partes efetivamente construiu a casa ou em que medida colaborou para construção. Razão pela qual, a melhor solução é realmente homologar a partilha tal qual proposta pelo viúvo/inventariante deixando os terrenos em condomínio de acordo com os quinhões hereditários, pois o debate acerca de qual parte construiu a casa e em que medida contribuiu para a construção, demanda contraditório e debate de alta indagação, que por certo, não encontra no procedimento de inventário o palco processual adequado. Negaram provimento. (Ap. Cível nº 70076943638, 8ª Câmara Cível, TJ do RS, Rel: Des. Rui Portanova, j. 19.07.2018). Analisada a impossibilidade de terem sido efetuadas as averbações nos moldes como constam da matrícula, resta a análise de dois aspectos, a possibilidade do cancelamento dos atos registrários nesta esfera administrativa, bem como a apuração de eventual responsabilidade do oficial a ensejar a instauração do respectivo procedimento administrativo disciplinar. Pois bem, na esfera administrativa o cancelamento da averbação ou registro, oriundo de vício registrário depende da demonstração de nulidade de pleno direito, nos termos da Lei de Registros Públicos. À luz do artigo 214 da Lei 6.015/73: "Art.214: As nulidades de pleno direito do registro, uma vez provadas, invalindam-no, independentemente de ação direta." A decretação da nulidade de pleno direito da averbação/ registro, na forma do artigo mencionado, requer a demonstração de falha na própria qualificação registral. Assim a norma faz alusão ao vício extrínseco ao título e inerente ao próprio ato registral. Estando a averbação ou registro formalmente em ordem, a nulidade é postulada com fundamento em hipotético vício material do título, a ele intrínseco, logo o pleito de nulidade há de ser proposto na via judicial, com a incidência do contraditório e ampla defesa. Na lição de Narciso Orlandi: "É preciso distinguir nulidade direta do registro e nulidade do título, com reflexo no registro. O registro não pode ser cancelado por nulidade do titulo, salvo em processo contencioso de que participe o titular do direito inscrito. Em outras palavras, o art. 214 da Lei nº 6.015/73 é exceção. E como se sabe se o registro é ou não nulo de pleno direito? Sabe-se que o registro é ou não nulo de pleno direito examinando-o separadamente do título que lhe deu causa, apenas à luz dos princípios que regem o registro, a saber se foram cumpridos os requisitos formais. A indagação da nulidade do registro deve ficar restrita aos defeitos formais do assento, ligados à inobservância de formalidades essenciais da inscrição (Código Civl, arts.130 e 145, III)" (Afrânio de Carvalho, Retificação do Registro, in RDI 13, p.17). "(...) A nulidade a que se refere o art. 214 da Lei de Registros Públicos é exclusiva do registro, absolutamente independe do título, tanto que, uma vez declarada, permite que o mesmo título seja novamente registrado... A nulidade pode ser declarada diretamente independentemente de ação, é de direito formal, extrínseca. Ela não pode alcançar o título que subsiste íntegro e, em muitos casos, apto a, novamente, ingressar no registro... Problemas relativos ao consentimento das partes, dizem respeito ao título, tanto quanto sua representação e a elaboração material do instrumento" (Retificação do Registro de Imóveis, Ed. Oliveira Mendes, pág. 183/192). Entendo aqui pela impossibilidade a cindibilidade do título para ingressar apenas as frações ideais atinentes ao terreno, sem levar em consideração as acessões, caracterizadas pelas construções das casas, o que resultaria consequentemente em fração diversa daquela informada na matrícula. Neste contexto, como bem exposto pelo registrador, corroborado pela Douta Promotora de Justiça "sequer é possível a interpretação analógica dos dispositivos relativos aos condomínios edilícios (em que, de fato, há frações distintas para o terreno e para as unidades), na medida em que o imóvel, da forma como hoje é registrador, é impossível de desmembramento ou divisão". Destarte faz-se mister o cancelamento das averbações nºs 08 e 11, que padecem de vício registrário, devendos as partes interessadas se valer das vias ordinárias para resolução do impasse. Repito, mostra-se incabível a permanência dos atos registrários da forma como efetivados na matrícula. Por fim, resta a análise da responsabilidade do registrador e consequente aplicação de medida administrativa disciplinar. Analisando os elementos trazidos aos autos, entendo que apesar dos atos praticados padecerem de nulidade, não houve a ocorrência de falta funcional, a justificar a aplicação de qualquer sanção disciplinar. Ressalto que houve o cumprimento da decisão judicial, parcialmente modificada pelo V. Acórdão, sendo certo que o registrador transcreveu literalmente a decisão judicial na averbação nº 11 (fls. 21/23). O registrador tem plena liberdade para proceder à qualificação, gozando de independência na atribuição do exercício de suas funções para a avaliação do título a ele apresentando, sendo que no caso de dúvida em relação ao vencimento, deverá recusar-se a efetuar o ato, observando as regras de prudência e zelo no exercício profissional. Neste sentido, vale a transcrição de abalizada abordagem do tema: "Consoante se verifica do exposto, é da tradição do direito brasileiro conferir ao registrador a tarefa de apreciar e decidir, concretamente, acerca de uma inscrição que lhe é demandada. Isso afasta o registrador de uma função meramente executiva e subalterna, para engastá-lo numa dimensão jurídica e independente, enquanto no plano decisório. Esse é o dúplice aspecto de fundo da função de qualificação registral: a) um, que põe à mostra a natureza juris prudencial não jurisdicional da atuação do registrador, que é um operador jurídico, aptificado a decidir, a emitir um juízo sobre a inscrição, hic et nunc, de determinado título; b) outro, que revela a independência decisória do oficial registrador, no limite primário da apreciação e decisão acerca do registro de um título singularizado." (Ricardo Henry Marques Dip Sobre a qualificação no registro de imóveis, pag. 939, Doutrinas Essenciais Direito Registral, vol. VI, Revista dos Tribunais) E também: "Na qualidade de titular de uma delegação de serviço público, o registrador de imóveis atua na esfera administrativa e, friso, no uso de sua autonomia funcional, analisa a presença dos aspectos extrínsecos necessários a cada título e sua coerência sistemática." Marcelo Fortes Barbosa Filho, O Registro de Imóveis, os títulos judiciais e as ordens judiciais", Doutrinas Essenciais Direito Registral, pag.1125, vol. II, Revista dos Tribunais Entendo que o ocorrido não configura falta funcional, sendo que a avaliação jurídica está inserida na esfera de independência do Oficial, em especial devido as peculiaridades do caso concreto, onde o registro realizado, apesar de irregular, era justificável. Desta forma, não há providencias a serem tomadas quanto a atuação do registrador. Eventual responsabilidade civil extrapola a competência deste Juízo. Diante do exposto, julgo improcedente o pedido de providências formulado por Egleide Alves da Silva em face do Oficial do 11º Registro de Imóveis da Capital, pretendendo a retificação das averbações nºs 08 e 09 da matrícula nº 71.757, e consequentemente determino o cancelamento das averbações nºs 08 e 11 da matrícula mencionada, eis que configurada a nulidade de pleno direito, devendo os interessados valerem-se das vias ordinárias, com a incidência do contraditório e ampla defesa para resolução da questão atinente à partilha dos bens. Deste procedimento não decorrem custas, despesas processuais e honorários advocatícios. Oportunamente remetam-se os autos ao arquivo. Sem prejuízo, expeça-se ofício à Egrégia Corregedoria Geral da Justiça, comunicando desta decisão. P.R.I.C. - ADV: TANIA MARTINS DA CONCEIÇÃO (OAB 259671/ SP), HEDY LAMARR VIEIRA DOUCA (OAB 93953/SP) (DJe de 23.05.2019 - SP)

Processo 1105488-59.2016.8.26.0100

Pedido de Providências - Registro de Imóveis - Valeria Maria Monteiro da Fonseca - Sônia Maria Cavasan Dias - Edgard Guilherme Quandt e outros - Municipalidade de São Paulo e outro - Izabel

Bernardes Carbonieri - Oblatos de Maria Imaculada e outros - Vistos. Trata-se de pedido de providências formulado por Valeria Maria Monteiro da Fonseca em face do Oficial do 14º Registro de Imóveis da Capital, pretendendo a averbação da área remanescente do terreno objeto da transcrição nº 43.510, oriundo da transmissão de parte do imóvel, pelo destaque e abertura da matrícula nº 65.257 do 8º RI. Juntou documentos às fls. 05/52. O Registrador manifestou-se às fls. 56/57 e 63/64, indicando os confrontantes do imóvel. Apresentou documentos às fls. 58/62 e 65/69. Salienta que, após a apuração do remanescente, deverá a interessada apresentar o formal de partilha junto ao 8º RI. A fim de se auferir a real metragem da área remanescente, foi determinada a realização de prova pericial (fls. 85/86), cujo laudo foi apresentado às fls. 133/178, bem como esclarecimentos complementares às fls. 364/377, contando com expressa concordância da interessada (fls. 182 e 185). Intimados os confrontantes, não houve qualquer oposição, bem como houve desinteresse da Municipalidade de São Paulo, desde que adotados os memoriais descritivos e planta constantes do laudo pericial apresentado. O Ministério Público opinou pela procedência do pedido (fls. 325/326 e 414). É o relatório. Passo a fundamentar e a decidir. Pretende a requerente a apuração da área remanescente do terreno, objeto da transcrição nº 43.510. Dentro da esfera desta Corregedoria Permanente, examina-se apenas se a impugnação é ou não fundamentada, nos termos do § 5º, do art. 213, da Lei nº 6015/73. Em caso positivo, o procedimento é extinto, e as partes, remetidas às vias ordinárias, pois nada de contencioso se resolve aqui; em caso negativo, acolher-se-á o pedido da requerente. Conforme ensina Luiz Guilherme Loureiro: "Em virtude do principio da legitimidade ou da presunção de veracidade, o Registro deve refletir a verdade não só no que se refere ao titular do direito registrado, mas também quanto à natureza e ao conteúdo deste direito. Assim, qualquer inexatidão do assento deve ser retificada a fim de que reflita perfeitamente a realidade". (Registros Públicos - Teoria e Prática - 2ª ed. - Editora Método). Para que o registro imobiliário exprima a realidade fática, vem admitindo a jurisprudência a retificação de área em casos tais: "CIVIL E PROCESSUAL CIVIL - AÇÃO DE RETIFICAÇÃO DE REGISTRO IMOBILIÁRIO - ARTS. 212 E 213 DA LEI 6.015/73 - ACRÉSCIMO DA ÁREA REPORTADA AO IMÓVEL SEM EXTRAPOLAR AS DIVISAS - ADEQUAÇÃO DO REGISTRO CARTORÁRIO À REALIDADE FÁTICA - AUSÊNCIA DE IMPUGNAÇÃO DOS CONFRONTANTES - PREJUÍZO A TERCEIROS NÃO EVIDENCIADO - IMPOSSIBILIDADE JURÍDICA DO PEDIDO AFASTADA - PRECEDENTES DO STJ - JULGAMENTO DO MÉRITO - APLICABILIDADE DO ART. 515, § 3º, DO CPC – RETIFICAÇÃO PROCEDENTE - RECURSO PROVIDO". "Na linha de precedentes da Corte, é possível a retificação do registro, para acréscimo de área, de modo a refletir a área real do imóvel, desde que não haja, como no caso, impugnação dos demais interessados" (Resp n.º 203205, Min. Carlos Alberto Menezes Direito). (Ap. Cív. n., de Indaial, rel. Marcus Tulio Sartorato, 3ª Câmara Direito Civil, em 27/01/06). Na presente hipótese, o laudo técnico (fls. 133/178), complementado às fls. 364/377, bem como a realização do levantamento planimétrico da área em questão, concluiu que não há indícios de interferência ou invasão relacionadas aos demais confrontantes da área retificanda, motivo pelo qual a presente retificação pode ser considerada intra muros. Ressalta ainda o D. Perito a existência de remanescente na transcrição nº 43.510 do 14º RI, tendo em vista o desfalque ocorrido (matricula nº 65.257 do 8º RI), razão pela qual faz-se necessária a retificação pleiteada pela requerente. Conclui-se que a alteração não acarretará prejuízo ao atingirá direitos de terceiros de boa fé. Por fim, não houve qualquer oposição dos confrontantes e do órgão municipal acerca da pretensão, afastando-se assim, o óbice imposto pelo Registrador. Diante do exposto, julgo procedente o pedido de providências formulado por Valeria Maria Monteiro da Fonseca em face do Oficial do 14º Registro de Imóveis da Capital, e consequentemente determino a averbação da área remanescente do terreno, objeto da transcrição nº 43.510, nos termos do laudo pericial apresentado aos autos às fls. 133/178 e 364/377. Deste procedimento não decorrem custas, despesas processuais e honorários advocatícios. Oportunamente remetam-se os autos ao arquivo. P.R.I.C. - ADV: MANOELA VASCONCELOS CAMELO (OAB 370966/SP), MELINA DA FONSECA QUANDT (OAB 377422/SP), FLÁVIA YASMIN SANTOS ROCHA (OAB 380905/SP), CINARA GRASIELA MESSIAS BRAVIN (OAB 294293/SP), OSVALDO FIGUEIREDO MAUGERI (OAB 65994/SP), MARCIA HALLAGE VARELLA GUIMARAES (OAB 98817/SP), ILDEFONSO DE ARAUJO (OAB 64271/SP), TIAGO SALATINO ZANARDO (OAB 309933/SP), JOSE ANTONIO DIAS NETO (OAB 128365/SP) (– DJe de 07.08.2019 – SP)

Processo 1071747-23.2019.8.26.0100

Dúvida - Registro de Imóveis - Maria Hadjine Campelo Araújo Ribeiro - Vistos. Trata-se de dúvida suscitada pelo Oficial do 14º Registro de Imóveis da Capital, a requerimento de Maria Hadjine Campelo

Araujo Ribeiro, diante da negativa em se proceder ao registro da carta de sentença extraída dos autos da separação consensual de José Araujo Ribeiro e da suscitada, na qual houve a partilha do imóvel objeto da matrícula nº 19.802, com a atribuição exclusiva ao cônjuge virago. O óbice registrário refere-se a) existência da averbação de indisponibilidade dos bens de José e bloqueio da matrícula; b) ausência de apresentação da guia de recolhimento do imposto devido. Foram juntados documentos às fls. 63/111. Insurge-se a suscitada apenas em relação ao primeiro óbice, sob a alegação de que a partilha foi realizada anteriormente às ordens judiciais de constrição do bem. Juntou documentos às fls. 05/52. O Ministério Público opinou pela prejudicialidade do procedimento e no mérito pela procedência da dúvida (fls. 114/117). É o relatório. Passo a fundamentar e a decidir. Na presente hipótese houve impugnação parcial das exigências formuladas pelo Registrador. Observo que a suscitante não demonstrou irresignação em relação à necessidade de comprovação do recolhimento do imposto de transmissão de bens imóveis, logo houve o reconhecimento desta exigência. A concordância parcial com as exigências do Oficial prejudica a dúvida, que só admite duas soluções: a determinação do registro do título protocolado e prenotado, que é analisado, em reexame da qualificação, tal como se encontrava no momento em que surgida dissensão entre a apresentante e o Oficial de Registro de Imóveis; ou a manutenção da recusa do Oficial. Para que se possa decidir se o título pode ser registrado ou não é preciso que todas as exigências e não apenas parte delas sejam reexaminadas pelo Corregedor Permanente. Nesse sentido, é pacífica a jurisprudência do Egrégio Conselho Superior. Ademais, no mérito verifico que o pretensão da suscitante é improcedente. Preliminarmente, cumpre destacar que os títulos judiciais não estão isentos de qualificação, positiva ou negativa, para ingresso no fólio real. O Egrégio Conselho Superior da Magistratura já decidiu que a qualificação negativa do título judicial não caracteriza desobediência ou descumprimento de decisão judicial (Apelação Cível n. 413-6/7). Deve-se salientar que, no ordenamento jurídico pátrio, incumbe ao Registrador, no exercício do dever de qualificar o título que lhe é apresentado, examinar o aspecto formal, extrínseco, e observar os princípios que regem e norteiam os registros públicos, dentre eles, o da legalidade, que consiste na aceitação para registro somente do título que estiver de acordo com a lei. A análise do título deve obedecer a regras técnicas e objetivas, o desempenho dessa função atribuída ao Registrador, deve ser exercida com independência, exigindo largo conhecimento jurídico. Ademais, de acordo com o princípio tempus regit actum, à qualificação do título aplicam-se as exigências legais contemporâneas ao registro, e não as que vigoravam ao tempo de sua lavratura. O Conselho Superior da Magistratura tem considerado que, para fins de registro, não importa o momento da celebração do contrato, em atenção ao princípio "tempus regit actum", sujeitando-se o título à lei vigente ao tempo de sua apresentação (Apelação Cível nº, 115-6/7, rel. José Mário Antonio Cardinale, nº 777-6/7, rel. Ruy Camilo, nº 530-6/0, rel. Gilberto Passos de Freitas, e, mais recentemente, nº 0004535- 52.2011.8.26.0562, relatada por V. Exa.). Assim, não se sustenta o argumento da suscitada de que a homologação da sentença da partilha ocorreu anteriormente às ordens judiciais de indisponibilidade e bloqueio da matrícula, uma vez que a qualificação do título é feito no momento da apresentação, sendo certo que o simples bloqueio da matrícula por si só já impede qualquer ato registrário. Por fim, após o cancelamento das constrições legais, deverá ser apresentado a guia de recolhimento do ITBI relativa à partilha homologada e consequente transmissão da propriedade, nos termos do art.156, II da Constituição Federal. Diante do exposto, julgo prejudicada a dúvida suscitada pelo Oficial do 14º Registro de Imóveis da Capital, a requerimento de Maria Hadjine Campelo Araujo Ribeiro, com observação. Deste procedimento não decorrem custas, despesas processuais e honorários advocatícios. Oportunamente remetam-se os autos ao arquivo. P.R.I.C. - ADV: ANTONIO CARLOS CASTILHO GARCIA (OAB 101774/SP) (– DJe de 30.08.2019 – SP)

Processo 1121216-72.2018.8.26.0100

Dúvida - Notas - Jose Carlos Dunder - Vistos. Trata-se de dúvida suscitada pelo Oficial do 17º Registro de Imóveis da Capital a requerimento de José Carlos Dunder, após negativa de registro de formal de partilha na matrícula de nº 62.162 da citada serventia. O Oficial alega que consta do formal de partilha que foi transferida parte ideal de 1/2 do imóvel, quando a inventariada era titular apenas dos direitos e obrigações sobre o bem, não sendo sua proprietária, o que viola o princípio da continuidade. Entendendo tratar-se de erro material no título, possibilitou ao suscitado declarar que tinha conhecimento de que seriam transferidos apenas os direitos sobre o bem. Juntou documentos às fls. 06/174. O suscitado se manifestou às fls. 178/180, alegando que o compromisso de compra e venda que deu origem aos direitos da inventariada foi quitado, entendendo que a partilha adjudicou a propriedade plena do imóvel, tratando-se de coisa julgada que não poderia ser revista pelo Oficial. O Ministério Público opinou às fls. 203/205 pela procedência da dúvida. Resposta do suscitado às fls. 206/208. É o relatório. Passo a fundamentar e decidir. Inicialmente, o fato de ser o título judicial não o exime de qualificação pelo Oficial, porquanto é pacífico o entendimento jurisprudencial de que a ele cabe a análise formal, das peculiaridades extrínsecas do título, para verificação do cumprimento dos princípios registrais. Nesse sentido: "Apesar de se tratar de título judicial, está ele sujeito à qualificação registrária. O fato de tratar-se o título de mandado judicial não o torna imune à qualificação registrária, sob o estrito ângulo da regularidade formal. O exame da legalidade não promove incursão sobre o mérito da decisão judicial, mas à apreciação das formalidades extrínsecas da ordem e à conexão de seus dados com o registro e a sua formalização instrumental "(Ap. Cível nº 31881-0/1) Portanto, o Formal de Partilha, ainda que de origem judicial, deve ser qualificado para verificar-se se está de acordo com a legislação pertinente. Neste ponto, o título apresentado, mesmo que formalmente em ordem, deve seguir o princípio da continuidade, previsto nos arts. 195 e 237, da Lei nº 6.015/73: "Art. 195 - Se o imóvel não estiver matriculado ou registrado em nome do outorgante, o oficial exigirá a prévia matrícula e o registro do título anterior, qualquer que seja a sua natureza, para manter a continuidade do registro.; e Art. 237 - Ainda que o imóvel esteja matriculado, não se fará registro que dependa da apresentação de título anterior, a fim de que se preserve a continuidade do registro". Assim, por tal princípio, deve haver um encadeamento entre os registros na matrícula ou transcrição do imóvel, de modo que determinado direito só pode ser alienado ou transferido caso seu titular dele tenha disponibilidade, assim constatado no fólio registral, a evitar que qualquer pessoa transmita a terceiros mais direitos do que possui. Neste sentido, do que se extrai da matrícula do imóvel (fls. 163/174), Alice Alves Dunder é titular de "metade ideal dos direitos sobre o imóvel". Não é proprietária, portanto, mas apenas detentora dos direitos relativos ao compromisso de compra e venda noticiado na Av. 01. Deste modo, o plano de partilha não observou a realidade registral quando expôs que o de cujus era proprietária de 50% do imóvel (fl. 23), de modo que o formal de partilha homologado e apresentado para registro não está em consonância com o que consta na matrícula, impossibilitando o registro com base nos artigos acima citados. Nem se diga que com a quitação do compromisso de compra e venda a inventariada tornou-se proprietária. Isso porque não havendo registro, na matrícula, de tal fato, este não produz efeito perante terceiros e não tem o condão de transmitir a propriedade do bem, conforme teor do Art. 1.245 do Código Civil. Veja-se, neste sentido, que o compromisso de compra e venda acompanhado de prova de quitação não vale por si mesmo como título de propriedade, mas como título para o registro, conforme dispõe o §6º do Art. 26 da Lei 6.766/79. Ou seja, ainda que o compromisso esteja quitado, é necessário seu registro para que o promitente comprador passe a ser considerado proprietário. Na hipótese dos autos, não havendo este registro, o compromissário comprador assim deve ser considerado, sendo a inventariada titular tão apenas dos direitos advindos desse negócio jurídico. Nada impede que os titulares de direitos sobre o bem apresentem a prova de quitação perante o Oficial de Registro para qualificação da possibilidade de transferência da propriedade, conforme permite a Lei 6.766/79, hipótese na qual, acaso qualificado positivamente, o formal de partilha poderia ser registrado em cumprimento ao princípio da continuidade. Não é essa, contudo, a questão a ser analisada na presente dúvida, razão pela qual deixo de me manifestar sobre a possibilidade de tal registro. Nem se diga que na ação de inventário e partilha o juízo teria, ao homologar o plano, validado a declaração de propriedade do bem, levando à adjudicação a inventariada, permitindo o registro do formal de partilha na forma em que requerido. Isso porque, além de não ser o meio processual adequado para tal adjudicação, não participou do feito a titular de domínio e, mais importante, tal questão não foi expressamente analisada pelo magistrado, que apenas homologou o plano na forma em que apresentado, ou seja, com erro no tocante à titularidade do bem pela inventariada. Em outras palavras, não pode ser registrado formal de partilha que adjudicou bem que não era de propriedade do de cujus. Finalmente, revendo a nota devolutiva apresentada (fl. 07), deve-se afastar o entendimento do Oficial de que houve erro material no formal de partilha. O formal de partilha (fl. 23) é claro no sentido de que a inventariada era ti tular de 50% do bem. Quanto ao outro imóvel partilhado, constou expressamente a titularidade dos direitos e obrigações. Portanto, se do título apresentado consta uma propriedade inexistente, não pode ser ele interpretado, sob fundamento de erro material, que o que se está a partilhar é outra coisa. Tratando-se do núcleo do título (o próprio objeto partilhado), este deve ser interpretado literalmente, de modo que, ao contrário do sugerido pelo registrador, não basta a solicitação do suscitante para que o registro seja feito "considerando que foram partilhados a pare ideal", pois não é isso que consta do título apresentado. Para a realização do registro, deve o suscitante buscar a retificação do próprio formal de partilha, para que dele conste a realidade registrária acerca da titularidade de direitos sobre o bem ou, como exposto acima, buscar o registro da transferência definitiva da propriedade, para então registrar o formal de partilha do modo em que homologado, preservando assim a continuidade do registro. Do exposto, julgo procedente a dúvida suscitada pelo Oficial do 17º Registro de Imóveis da Capital a requerimento de José Carlos Dunder para manter a negativa de registro do título, com observação. Não há custas, despesas processuais nem honorários advocatícios decorrentes deste procedimento. Oportunamente, arquivem-se os autos. P.R.I.C. - ADV: JOSE CARLOS DUNDER (OAB 67594/SP) (DJe de 11.01.2019 - SP)

Processo 1124580-52.2018.8.26.0100

Dúvida - REGISTROS PÚBLICOS - Manoel Francisco dos Santos - Vistos. Trata-se de dúvida formulado pelo Oficial do 10º Registro de Imóveis da Capital, a requerimento de Manoel Francisco dos Santos, tendo em vista a negativa em se efetivar o registro do Formal de Partilha expedido nos autos de inventário dos bens deixados por Joaquim Rodrigues Goulart. O óbice registrário refere-se à necessidade de apresentação da certidão de propriedade expedida pelo Registro de Imóveis em nome do "de cujus" Joaquim Rodrigues Goulart. Esclarece o delegatário que, desde 1973, inúmeras foram as tentativas de registro de cartas de sentença/formais de partilha/cartas de adjudicação, extraídas dos mesmos autos em favor de pessoas diversas, bem como escrituras de transmissão, não tendo igualmente logrado registro pela falta de comprovação da propriedade. Destaca que foi apresentada somente a declaração de posse de terras feita por Joaquim, registrada sob nº 140, fls. 56v e 57 no Livro de Registros Paroquiais de Santa Ifigenia. Juntou documentos às fls. 06/1029. O suscitado apresentou impugnação às fls. 1030/1071. Argumenta que diante da inexistência de registro da propriedade em nome do falecido o título sequer foi qualificado. Aduz que além do registro paroquial de Santa Ifigenia há várias transcrições de parte da mesma área no 1º Registro de Imóveis da Capital, o que permitiria o registro pleiteado. Apresentou documentos às fls. 1072/1085. O Ministério Público opinou pela procedência da dúvida (fls. 1089/1090 e 1099). Houve manifestação do Oficial do 1º Registro de Imóveis da Capital à fl. 1094. Salienta que a apresentação do título aquisitivo seria suficiente para fundamentar e abertura de matrícula, bem como que eventual registro da partilha demandaria prévia apuração do remanescente. É o relatório. Passo a fundamentar e a decidir. Com razão o D. Promotor de Justiça e o Registrador. Compulsando os autos, verifico que a requerente busca comprovar o domínio e a posse mediante a apresentação da declaração de posse de terras feita por Joaquim, registrada sob nº 140, fls. 56v e 57 no Livro de Registros Paroquiais de Santa Ifigenia (fls. 1018/1021). O registro paroquial, também conhecido como registro do vigário, foi criado pelo Decreto nº 1.318, de 30.01.1854 e tinha fins meramente estatísticos em relação à posse dos bens imóveis. O artigo 91 do supracitado regulamento previa que todos os possuidores de terras, qualquer que fosse o seu título de propriedade ou posse, seriam obrigados a registrar as terras. E ainda estabelecia que a incumbência para receber as declarações para o registro de terras, ficaria a cargo dos vigários de cada uma das freguesias do império, podendo os vigários nomear livremente seus escreventes, exercendo mais a função de notário do que propriamente de registrador. No presente caso tem-se que há apenas uma declaração de posse no registro paroquial, mesmo que uma parte da área esteja transcrita junto ao 1º Registro de Imóveis da Capital, não substitui a prova de registro da propriedade. Tal questão foi objeto de análise pela 4ª Turma do Colendo Superior Tribunal de Justiça no Resp nº 389.372/SC, de relatoria do Ministro Luis Felipe Salomão: "Recurso Especial. Direito das coisas. Ação declaratória de domínio pleno. Ilha costeira. Não demonstração do cumprimento das condições impostas pela Lei nº 601 de 1850 (Lei de Terras). Sumula 07 do STJ. Registro Paroquial. Documento imprestável à comprovação de propriedade. Juntada de documento novo em sede de recurso especial. Impossibilidade. Recurso especial. Não conhecido." 3. A origem da propriedade particular no Brasil ora advém das doações de sesmarias, ora é proveniente de ocupações primárias. Ambas, para se transformarem em domínio pleno, deveria passar pelo crivo da revalidação ou, quanto às posses de fato, da legitimação, procedimentos previstos, respectivamente, nos artigos 4º e 5º da Lei 601, de 18 de setembro de 1850 (Lei de Terras). Neste contexto, manifestou-se o Conselho Superior da Magistratura no CGJSP nº 10.819/96, de relatoria do Des. Marcelo Fortes Barbosa Filho "REGISTRODE

IMÓVEIS - Transcrição - Cancelamento -Registro-paroquial- Inviabilidade de seu reconhecimento como título aquisitivo de direito real - Natureza causal do Registro- Recurso não provido." Confira-se do corpo do Acórdão: "... 11. Não se pode pretender, a partir das disposições legais examinadas, que o direito de propriedade fosse conferido por uma simples declaração. A declaração feita pelo possuidor ao vigário jamais foi eleita como modo de aquisição da propriedade, mas era uma fórmula encontrada para que fosse realizado um cadastramento dos "possuidores de terras", tendo em conta até mesmo a ligação íntima entre o Estado e a Igreja Católica Romana persistente no período imperial. Assim, afirma F. Whitaker (Terras - Divisões e Demarcações, 5ª ed., O Estado de S. Paulo, São Paulo, 1926, p. 90, nota nº 2) que: "Os registros dos vigários não são títulos de jus in re." Daí que não há direito de propriedade vinculado a registro paroquial, haja vista a ausência de comprovação da cadeia filiatória. Há apenas indícios de que o requerente recebeu a posse de parte das terras feitas por Joaquim Rodrigues Goulart, que teria adquirido o terreno através da declaração de posse registrada no Livro de Registros Paroquiais de Santa Ifigenia. Todavia, conforme analisado no Acórdão mencionado, o registro não tem o poder de atribuir o domínio ao ocupante da terra, uma vez que não confere publicidade. De acordo com o Formal de Partilha apresentado, tem-se que os bens deixados pelo "de cujus", foram transmitidos em favor do herdeiro Belarmino, correspondente a uma parte ideal da chácara ou terrenos situados no Bairro da Água Branca. Logo, pode-se dizer que o requerente exerce a posse da área, que caracteriza uma situação de fato não passível de ingresso no folio real. Por fim, por qualquer ângulo que se analise a questão, seja como declaração de posse de terras feita por Joaquim, registrada sob nº 140, fls. 56v e 57 no Livro de Registros Paroquiais de Santa Ifigenia ou simplesmente meio de prova do fato da posse, não há como conferir o alcance pretendido, já que esse registro não pode completar a cadeia dominial, viciada desde a origem. Diante do exposto, julgo procedente a dúvida formulado pelo Oficial do 10º Registro de Imóveis da Capital, a requerimento de Manoel Francisco dos Santos, e mantenho o óbice registrário. Deste procedimento não decorrem custas, despesas processuais e honorários advocatícios. Oportunamente remetam-se os autos ao arquivo. P.R.I.C. - ADV: SANDRA REGINA GOMES BELAS (OAB 215923/SP) (DJe de 07.02.2019 - SP)

PENHORA

Processo 1077188-82.2019

Pedido de Providências 2º Oficial de Registro de Títulos e documentos e Civil de Pessoa Jurídica da Capital Sentença (fls. 93/95): Vistos. Trata-se de pedido de providências formulado pelo Oficial do 2º Registro de Títulos e Documentos e Civil de Pessoa Jurídica da Capital comunicando o recebimento de um oficio expedido pelo MMº Juízo do 1º Juizado Especial Cível de Cascavel Projudi Comarca de Cascavel/PR, determinando a penhora das cotas sociais ou participação social do executado Jobelino Vitoriano Locatelli, até o limite do crédito exequendo no valor de R$ 51.419,24. Esclarece que em 02.05.2018, Jobelino retirou-se da sociedade Grant Thornthon Consulting Services, anteriormente denominada Pryor Consulting Services LTDA, cedendo a título gratuito a totalidade das suas cotas a Douglas Vitoriano Locatelli, reservando-se apenas o usufruto, nos termos da alteração contratual averbada sob nº 145.042 à margem do registro nº 71.075 da referida sociedade, razão pela qual informou o Juízo os motivos da negativa da averbação da penhora. Relata que neste interim, mais precisamente em 04.04.2019, foi averbado sob nº 148.625 à margem do registro nº 71.075, da sociedade Grant Thornthon Consulting Services, uma ata de reunião de sócios, deliberando sobre o cancelamento do usufruto das cotas de Jobelino (usufrutuário), com seu expresso consentimento, renunciando ao seu direito sobre o usufruto constituído. Por fim, informa que recebeu novo ofício do mencionado Juízo, determinando alguns esclarecimentos sobre a averbação determinada. Juntou documentos às fls. 05/75. Tendo em vista a ausência de qualificação exaustiva do título, embora apresentado pelo registrador motivos suficientes para sustentar que a qualificação seria negativa, foi aberta nova vista ao Delegatário, o qual informou que melhor analisando a determinação judicial, entendeu pela superação do óbice anteriormente constatado e procedeu à averbação do ofício-mandado, juntamente com a sentença e despacho sob nº 150.509 em 28.08.2019, implicando na perda do objeto do presente pedido de providências (fl. 83). O Ministério Público opinou pela extinção do feito, tendo em vista que o pedido restou prejudicado (fl. 91). É o relatório. Passo a fundamentar e a decidir. Tendo em vista a informação do registrador acerca da averbação da penhora das cotas sociais ou participação social do executado Jobelino Vitoriano Locatelli, até o limite do crédito exequendo no valor de R$ 51.419,24, nos termos da determinação do MMº Juízo do 1º Juizado Especial Cível de Cascavel Projudi Comarca de Cascavel/ PR, não há o que decidir nos autos, tendo o feito perdido o seu objeto. Diante do exposto, julgo extinto o pedido de providências formulado pelo Oficial do 2º Registro de Títulos e Documentos e Civil de Pessoa Jurídica da Capital, com fundamento no artigo 485, IV do CPC. Deste procedimento não decorrem custas, despesas processuais e honorários advocatícios. Sem prejuízo, expeça-se ofício ao MMº Juízo do 1º Juizado Especial Cível de Cascavel Projudi Comarca de Cascavel/PR, comunicando desta decisão. Oportunamente, remetam-se os autos ao arquivo. P.R.I.C. São Paulo, 09 de setembro de 2019. Tania Mara Ahualli Juiza de Direito (CP 408) (– DJe de 01.10.2019 – SP)

Processo 0088114-76.2018.8.26.0100

Pedido de Providências Reqte: Juízo da Vara do Trabalho de Taquaritinga TRT 15ª Região Interesdo.: 15º Oficial de Registro de Imóveis Sentença (fls. 38/39): Vistos. Trata-se de comunicação enviada a esta Corregedoria Permanente pelo MMº Juízo da Vara do Trabalho de Taquaritinga, acerca da negativa do Oficial do 15º Registro de Imóveis da Capital em proceder ao registro da penhora on line, referente ao processo nº 0000146 - 78.2011.5.15.0142, no qual figuram como exequente Basílio Antonio Del Vechio e executada Rápido Transporte Guido LTDA, tendo sido penhorados os imóveis objeto das matrículas nºs 98.865 e 98.866 de propriedade de São Paulo Urbanismo - SP Urbanismo, antes denominada Empresa Municipal de Urbanização - EMURB. Juntou documentos às fls. 02/10. A negativa se deu por não constar a executada Rápido Transporte como detentora de direitos sobre os imóveis mencionados. Esclarece o Registrador que a atual titular dos bens penhorados é São Paulo Urbanismo - SP Urbanismo, logo, a realização do ato registrário feriria o princípio da continuidade. Todavia, com a posterior decisão do MMº Juiz do Trabalho, declarando que a responsabilidade patrimonial com relação ao titular dos imóveis em questão é da empresa São Paulo Urbanismo - SP Urbanismo (fls. 06/09), entende o registrador que é possível proceder as averbações das penhoras. Apresentou documentos às fls. 15/33. O Ministério Público opinou pela extinção do feito pela perda do objeto (fl. 37). É o relatório. Passo a fundamentar e a decidir. Tendo em vista a concordância do Oficial em proceder ao registro da penhora on line após a decisão do MMº Juízo da Vara do Trabalho de Taquartinga, reconhecendo ser da empresa São Paulo Urbanismo - SP Urbanismo, atual proprietária dos imóveis penhorados, a responsabilidade patrimonial (fls. 12/14), não há o que decidir nos autos, tendo o feito perdido o seu objeto. Ressalto que em relação à conduta do registrador, não há medida censória a ser adotada por esta Corregedoria Permanente, uma vez que o Delegatário zelou pelos princípios que norteiam os atos registrários, dentre eles o da continuidade, segundo o qual só se fará a inscrição de um direito se o outorgante dele aparecer no registro como seu titular. Diante do exposto, julgo extinto o feito, nos termos do artigo 485, IV do CPC, e determino o arquivamento dos autos. Deste procedimento não decorrem custas, despesas processuais e honorários advocatícios. Sem prejuízo, expeça-se ofício ao MMº Juízo da Vara do Trabalho de Taquaritinga - TRT da 15ª Região, comunicando desta decisão. P.R.I.C. São Paulo, 09 de janeiro de 2019. Tania Mara Ahualli Juiza de Direito (CP – 569) (DJe de 15.01.2019 - SP)

Processo 1121449-69.2018.8.26.0100

Pedido de Providências - Registro de Imóveis - 4º Oficial de Registro de Imóveis de São Paulo - Sociedade Beneficente de Senhoras do Hospital Sirio-Libanes - Vistos. Trata-se de pedido de providências formulado pelo Oficial do 4º Registro de Imóveis da Capital a requerimento de Sociedade Beneficente de Senhoras Hospital Sírio Libanês, diante da negativa em se proceder à averbação do mandado de penhora expedido pelo MMº Juízo da 23ª Vara Cível da Capital (processo nº 0164277-20.2006.8.26.0100), no qual figura como exequente a Sociedade Beneficente de Senhoras Hospital Sírio Libanês e como executados Spyridion Stefan Chortis e Jacques Chortis, tendo como obejto o imóvel matriculado sob nº 17.820. A negativa para efetivação do ato registrário justifica-se por figurar como proprietários do imóvel Herwing Oskar Erich Petschenig e sua mulher Meire Petschenig, os quais não constam como partes integrantes da execução, não havendo qualquer registro translativo ou constitutivo de direito real em favor dos executados na demanda mencionada. Assim, entende o Registrador que o ato estaria em dissonância com os princípios da continuidade e disponibilidade. Juntou documentos às fls. 05/106. Insurge-se a interessada do óbice registrário, sob os argumentos de que: a) levando em consideração o processo de execução, no qual o executado alega que adquiriu o imóvel, bem como os lançamentos de IPTU desde 2012 e imposto de renda, conclui-se que o imóvel está efetivamente na posse de Spyridion; b) o Acórdão proferido nos autos de execução, reconheceu que o Spyridion é o proprietário do imóvel, mantendo assim a constrição e afastando a impenhorabilidade alegada, vez que a vaga de garagem é unidade autônoma do apartamento e não pode ser considerada bem de família; c) por se tratarem de direitos possessórios possuem valor econômico, portanto, passíveis de penhora. O Ministério Público opinou pela improcedência do pedido (fls. 110/112). É o relatório. Passo a fundamentar e a decidir. Com razão o Registrador, bem como a D. Promotora de Justiça. Preliminarmente, importante destacar que o tema sobre a qualificação dos títulos judiciais pelo Oficial já foi decidido pelo o E. Conselho Superior da Magistratura, nos autos da Apelação Cível 464-6/9, de São José do Rio Preto: "O fato de tratar-se o título de mandado judicial não o torna imune à qualificação registraria, sob o estrito ângulo da regularidade formal, o exame da legalidade não promove incursão sobre o mérito da decisão judicial, mas à apreciação das formalidades extrínsecas da ordem e à conexão de seus dados com o registro e a sua formalização instrumental". Assim, os títulos judiciais não estão isentos de qualificação registral para ingresso no fólio real. A qualificação negativa não caracteriza desobediência ou descumprimento de decisão judicial. Portanto, não basta a existência de título proveniente de órgão judicial para autorizar automaticamente o ingresso no registro tabular. Para corroborar a independência do registrador na qualificação registrária, no mandado de penhora expedido constou a disposição: "... eventual nova recusa de averbação deverá ser debatida pelo interessado perante o MM. Juiz Corregedor do CRI competente" (fl. 94). Superada a questão sobre o ingresso do título judicial, passa-se à análise do princípio da continuidade, explicado por Afrânio de Carvalho, da seguinte forma: "O princípio da continuidade, que se apóia no de especialidade, quer dizer que, em relação a cada imóvel, adequadamente individuado, deve existir uma cadeia, de titularidade à vista da qual só se fará a inscrição de um direito se o outorgante dele aparecer no registro como seu titular. Assim, as sucessivas transmissões, que derivam umas das outras, asseguram a preexistência do imóvel no patrimônio do transferente" (Registro de Imóveis, Editora Forense, 4ª Ed., p. 254). Dai conclui-se que o título que se pretende registrar deve estar em conformidade com o inscrito na matrícula. Compulsando os presentes autos verifico que na matrícula nº 17.820 (fls. 95/106) a titularidade do imóvel é de Herwig O E. Petschenig, que também assina Herwig Oskar Erich Petschenig e sua mulher Meire Petschenig (registro nº 21). Assim, como bem ponderou o Oficial, não há como averbar o título, sendo que os proprietários constantes da matrícula sequer participaram ou transferiram direito do imóvel aos executados que figuraram nos autos nº 0164277-20.2006.8.26.0100. Assim em consonância com o princípio da continuidade, deve haver a apresentação de algum titulo constando os executados como possuidores de direitos ou proprietários do imóvel em questão, para posteriormente ser averbado o mandado de penhora. Ressalte-se que tal questão já foi objeto de análise por esta Corregedoria Permanente nos autos nº 1085346-63.2018.8.26.0100: "Execução extrajudicial. Penhora sobre direitos. Compromisso de compra e venda não registrado. Título original - cópia - pedido improcedente". Confira-se do corpo da decisão: "... Conforme disposto no artigo acima citado, os registros de imóveis são regidos, dentre outros, pelo princípio da continuidade. Tal princípio traduz a necessidade de que os títulos submetidos a registro obedeçam a uma ordem lógica, da qual seja possível depreender as informações necessárias sobre a titularidade do imóvel. Essa exigência tem por objetivo garantir que não haja lacunas nos títulos, reforçando a confiabilidade dos registros. Nesse sentido, em comentário ao artigo 237 da LRP, dispõe Francisco Eduardo Loureiro: Cria-se, em outras palavras, um encadeamento de titularidades, ou cadeia dominial, na qual o transmitente de um direito deve necessariamente constar do registro como seu titular. Funciona o registro imobiliário como os elos de uma corrente, um encadeado no outro, sem saltos nem soluções, de tal modo que toda titularidade sobre o imóvel apareça concatenada com a anterior e a sucessiva." (Lei de Registros Públicos Comentada editora Forense pág. 1219). Razoável, portanto, a exigência do Oficial, de modo que primeiro deve ser apresentado a registro o título que transmite ao executado os direitos sobre o imóvel, para que então possa ser registrada a penhora. Por fim, o documento a ser levado a registro necessariamente deve ser o original, como já pacificado pelo Conselho Superior da Magistratura" Por fim, a simples alegação da interessada de constar o nome dos executados no imposto de renda, ou no pagamento de IPTU, não basta para afastar o óbice, uma vez que a constituição de direitos reais dá-se a partir do registro do título no fólio real, gerando consequentemente a oposição contra terceiros e conhecimento "erga omnes". Assim, mostra-se correto o óbice imposto. Diante do exposto, julgo improcedente o pedido de providências formulado pelo Oficial do 4º Registro de Imóveis da Capital, a requerimento de Sociedade Beneficente de Senhoras Hospital Sírio Libanês, e consequentemente mantenho o óbice imposto. Deste procedimento não decorrem custas, despesas processuais e honorários advocatícios. Oportunamente remetam-se os autos ao arquivo. P.R.I.C. - ADV: ELIAS FARAH JUNIOR (OAB 176700/SP), THAMIRYS DE SOUZA MARCHESI (OAB 393472/SP) (DJe de 05.02.2019 - SP)

Processo 1019039-93.2019

Pedido de Providências 2º Oficial de Registro de Imóveis da Capital Sentença (fls. 33/36): Vistos. Trata-se de pedido de providências formulado pelo Oficial do 2º Registro de Imóveis da Capital, após encaminhamento de ofício pelo Juízo da 3ª Vara da Família e Sucessões do Foro Regional do Jabaquara. Segundo aduz o Oficial, inicialmente foi encaminhado mandado eletrônico de penhora cujo objeto era o imóvel matriculado sob o nº 102.251 na mencionada serventia. O mandado teve qualificação negativa, pois o executado não constava na matrícula como proprietário ou titular de direitos. Informado de tal negativa, o juízo expediu ofício direcionado a esta Corregedoria Permanente para que fosse determinada a inscrição na forma legal. Juntou documentos às fls. 02/25. O Ministério Público opinou às fls. 28/31 pela improcedência do pedido. É o relatório. Decido. Do que consta dos autos, o imóvel matriculado sob nº 102.251 está inscrito em nome de Gafisa S/A (fl. 6). Já o mandado de penhora (fls. 02/03) foi emitido em nome do executado Nelson Antonio de Oliveira. Assim, correta a nota devolutiva apresentada inicialmente pelo Oficial (fl. 05), baseada no princípio da continuidade, previsto nos arts. 195 e 237, da Lei nº 6.015/73: "Art. 195 - Se o imóvel não estiver matriculado ou registrado em nome do outorgante, o oficial exigirá a prévia matrícula e o registro do título anterior, qualquer que seja a sua natureza, para manter a continuidade do registro.; e Art. 237 - Ainda que o imóvel esteja matriculado, não se fará registro que dependa da apresentação de título anterior, a fim de que se preserve a continuidade do registro". Assim, por tal princípio, deve haver um encadeamento entre os registros na matrícula ou transcrição do imóvel, de modo que determinado direito só pode ser alienado ou transferido caso seu titular dele tenha disponibilidade, assim constatado no fólio registral, a evitar que qualquer pessoa transmita a terceiros mais direitos do que possui. Portanto, não poderia o imóvel da Gafisa ser penhorado por dívida de Nelson, até que este constasse como titular de direitos na matrícula. Pois bem. Após tal negativa, a MMª Juíza proferiu a decisão de fl. 07, onde constou: "A penhora do bem não foi levada a efeito pelo 2º Cartório de Registro de Imóveis da Comarca de São Paulo, sob a justificativa que o bem não está em nome do executado, mas sim em nome da vendedora Gafisa (fl. 707). Assim, determino seja expedido no Ofício/Certidão de Penhora, nos termos do anterior (fls. 687/9), para o Juiz Corregedor do 2º Cartório de Registro de Imóveis da Comarca de São Paulo SP com a informação destacada para que o Oficial de Registro providencie a averbação ou outro ato registral competente, com observação da penhora dos direitos da parte executada à futura aquisição da propriedade do bem alienado fiduciariamente." (grifos no original). Analisando tal decisão, parece que foi direcionada a esta Corregedoria Permanente, para que determinasse ao Oficial o que de direito para garantir a averbação da penhora. A natureza jurídica de tal decisão, contudo, há de ser analisada. Como se sabe, no direito registral diferencia-se ordem judicial de título judicial. O primeiro se caracteriza pela natureza obrigatória, em que ato jurisdicional de juiz demanda a realização de determinado ato, sob pena de descumprimento, independentemente da verificação de requisitos legais pelo Oficial, salvo excepcionalmente quando houver manifesta incompetência em razão da matéria. Já os títulos judiciais, apesar de sua origem judicial, são passíveis de qualificação, porquanto é pacífico o entendimento jurisprudencial de que a ele cabe a análise formal, das peculiaridades extrínsecas do título, para verificação do cumprimento dos princípios registrais. Nesse sentido: "Apesar de se tratar de título judicial, está ele sujeito à qualificação registrária. O fato de tratar-se o título de mandado judicial não o torna imune à qualificação registrária, sob o estrito ângulo da regularidade formal. O exame da legalidade não promove incursão sobre o mérito da decisão judicial, mas à apreciação das formalidades extrínsecas da ordem e à conexão de seus dados com o registro e a sua formalização instrumental "(Ap. Cível nº 31881-0/1) O mandado de penhora caracteriza-se como título judicial, de modo que a negativa exarada pelo Oficial não representou ilegalidade. Por isso, com base na decisão supracitada, não caberia a este juízo corregedor rever tal negativa, se não em procedimento próprio de dúvida ou pedido de providências que, de todo o modo, levaria a manutenção da negativa devido ao princípio da continuidade. Portanto, visto sob este ângulo, não poderia este juízo cumprir com a determinação do juízo da família para que fosse revista a negativa do Oficial. De outro modo, não pode a decisão ser interpretada como ordem judicial, uma vez que direcionada a este juízo, que não se sujeitaria a determinações de outro órgão jurisdicional de mesma hierarquia. Resta, assim, a interpretação de que a decisão seria novo título judicial, condicionado a "cumpra-se" proferido pela Corregedoria Permanente. Todavia, não é possível tal ordem de cumprimento, uma vez que não se coaduna ao princípio da continuidade o ingresso no fólio registral de ordem de penhora onde o executado não consta na matrícula sob qualquer título. Tampouco pode-se aceitar, administrativamente, averbação condicional, nos moldes propostos, em que constaria que eventuais direitos futuros a serem registrados estariam penhorados. Tal averbação inviabilizaria a circulação econômica do bem que, tabularmente, pertence a Gafisa, já que o contrato de fls. 08/21 não produz efeito contra terceiros enquanto não registrado, além de não haver qualquer notícia de alienação fiduciária, como exposto na decisão. Assim, para superação do óbice, deve a escritura ser registrada, voluntariamente ou por decisão judicial, com posterior penhora dos direitos de Nelson, ou a emissão de ordem judicial, pelo juízo da família, direcionado ao próprio Oficial de Registro, em que expressamente seja afastado o princípio da continuidade, permitindo assim a averbação da penhora pelo Oficial com a notícia de que a inscrição se deu por força de decisão judicial, com notificação da proprietária Gafisa, preservando a segurança jurídica esperada dos registros públicos. Se Nelson não realizou o registro do bem em seu nome para fraudar seus credores, apenas o juízo que executa eventual dívida pode reconhecer tal fato, com as inscrições registrarias competentes, não sendo possível a esta Corregedoria determinar a averbação pretendida de modo contrário à Lei 6.015/73. Do exposto, julgo improcedente o presente pedido de providências. Oficie-se a 3ª Vara da Família e Sucessões do Foro Regional III Jabaquara, com referência ao Proc. 1019254-74.2016.8.26.0003, com cópia desta decisão e do parecer de fls. 28/31. Não há custas, despesas processuais nem honorários advocatícios decorrentes deste procedimento. Oportunamente, arquivem-se os autos. P.R.I.C. São Paulo, 27 de março de 2019. Tania Mara Ahualli Juiz de Direito (CP – 84) (DJe de 03.04.2019 - SP)

Processo 1112642-60.2018.8.26.0100

Retificação de Registro de Imóvel - Registro de Imóveis - Maria Amélia Lopes - Vistos. Trata-se de pedido de providências formulado por Maria Amélia Lopes em face do Oficial do 9º Registro de Imóveis da Capital, pretendendo a inclusão da qualificação de Mário Fernandes, adquirente do imóvel objeto da transcrição nº 46.739. Relata a requerente que é exequente no processo que tramita perante o MMº Juízo da 4ª Vara Cível do Foro Regional VIII - Tatuapé (processo nº 1010507-57.2015.8.26.0008), no qual foi determinada a penhora do imóvel mencionado. Ocorre que, para apresentar o pedido de registro da penhora, foi necessário registrar primeiramente o formal de partilha do falecido proprietário Mário Fernandes, cujo inventário tramitou perante o MMº Juízo da 2ª Vara da Família e Sucessões do Foro Regional VIII - Tatuapé. Salienta que, formalizado o competente formal e requerido o seu registro juntamente como da penhora, houve recusa do Oficial, sob a alegação de ausência de qualificação do executado, uma vez que por se tratar de nome comum é passível de homonímia. Juntou documentos às fls. 04/18. O registrador manifestou-se às fls. 22/23. Aduz que na transcrição retificanda o titular de domínio Mário Fernandes foi qualificado apenas como "brasileiro, casado, bancário, residente à Rua São Jorge, nº 591, nesta Capital", sem quaisquer outros elementos de indicação pessoal do titular. Informa que as buscas no indicador pessoal da Serventia revelam que existem outras pessoas com o nome de Mário Fernandes, mas que são identificadas com documentos que não são os mesmos informados no requerimento inicial, razão pela qual foi solicitada a apresentação da via original do título que deu origem ao registro retificando, bem como cópias autenticadas dos documentos que se pretende inserir no registro. Afirma que, na ausência da via original do título aquisitivo, admite-se que o interessado apresente certidão atualizada da escritura que deu origem ao registro, obtida por cópia reprográfica do livro de notas, a fim de se confrontar a assinatura do outorgado com a constante de outro documentos idôneo de identificação pessoal. Por fim, justifica a exigência com base no artigo 213, I, "g" da Lei de Registros Públicos. A requerente juntou a cópia da escritura de compra e venda, lavrada no 19º Tabelião de Notas da Capital, a fim de se confrontar a assinatura de Mário Fernandes (fls. 31/32). Contudo, entendeu o registrador que continua faltando juntar documento de identificação pessoal (fl. 33). Expedido ofício ao IIRGD para remessa da cópia das fichas cadastrais de Mário Fernandes, foram juntados documentos pessoais às fls. 62/66. Acerca dos novos documentos apresentados, o registrador manifestou-se às fls. 74/75, constatando a semelhança entre a assinatura lançada na escritura aquisitiva e o prontuário de Mário Fernandes, consequentemente demonstrou ser favorável ao pedido da requerente. O Ministério Público opinou pela procedência do pedido (fl. 79). É o relatório. Passo a fundamentar e a decidir. A Lei 6.015, de 31 de dezembro de 1973, em seus arts. 213 e 214, I, g, permite a retificação do registro de imóveis sempre que se fizer necessária inserção ou modificação dos dados de qualificação pessoal das partes, comprovada por documentos oficiais, ou mediante despacho judicial quando houver necessidade de produção de outras provas. É essa a hipótese dos autos, para a qual houve a juntada de documentos que permitem a inserção complementar dos dados qualificativos de Mário Fernandes. Conforme se verifica da escritura de compra e venda (fls. 31/32) a assinatura do sr. Mário Fernandes é semelhante aos dados cadastrais arquivados no IIRGD (fls. 61/66), o que possibilita a afirmação de tratar-se da mesma pessoa. Ademais, com a juntada dos novos documentos, o próprio registrador demonstrou estar de acordo com o pedido da requerente. Diante do exposto, julgo procedente o pedido de providências formulado por Maria Amélia Lopes, em face do Oficial do 9º Registro de Imóveis da Capital, para que conste como titular da transcrição do imóvel nº 46.739 o sr. Mário Fernandes, brasileiro, portador da cédula de identidade RG nº 3.540.556, inscrito no CPF/MF nº 051.452.958-04, casado sob o regime da comunhão de bens em 26.05.1951 com Thereza Olivia Rodrigues, inscrita no CPF/MF nº 076.130.748-62. Deste procedimento não decorrem custas, despesas processuais e honorários advocatícios. Oportunamente remetam-se os autos ao arquivo.

P.R.I.C. - ADV: CLAUDIA RAQUEL VASCONCELOS (OAB 312504/SP) (DJe de 07.05.2019 - SP)

Processo 0032439-94.2019

Pedido de Providências Corregedoria Geral da Justiça 12º Registro de Imóveis da Capital Sentença (fls. 33/35): Vistos. Trata-se de pedido de providências encaminhado a este Juízo pela Egrégia Corregedoria Geral da Justiça, formulado pelo MMº Juízo da 4ª Vara Cível da Capital, comunicando a negativa do Oficial do 12º Registro de Imóveis da Capital em proceder ao cancelamento da averbação premonitória requerida pela credora. Foram juntados documentos às fls. 03/16. O Registrador esclarece que foi prenotado, sob nº 535.251, requerimento de cancelamento das averbações ºs 04 e 05 da matrícula nº 115.524, que noticiavam a existência de ações de execução. Esclarece que o escrevente que qualificou o requerimento exigiu a apresentação de mandado judicial para o cancelamento, tendo em vista a ausência de conhecimento de que outros bens tivessem sido penhorados, ou de eventual extinção da execução, razão pela qual foi reapresentado o requerimento no prazo de validade da prenotação, acompanhado da decisão do Juízo Cível, ocasião em que foi reexaminada a pretensão e canceladas as mencionadas averbações (fls. 18/19). Destaca que o motivo da devolução do pedido foi o excesso de cautela do escrevente que fez a qualificação, uma vez que não se atentou para o fato de que o cancelamento da averbação premonitória não se encontra dentre as hipóteses do art.250 da Lei de Registros Públicos, consequentemente foge à regra de que os cancelamentos são feitos por ordem judicial. Salienta que não houve dolo ou má fé do escrevente que fez a exigência. Por fim, ressalta que orientou todos os escreventes sobre a possibilidade de cancelamento de averbações de existência de ação requerido pela mesma pessoa que promoveu o ato. Juntou documentos às fls. 20/26. O Ministério Público opinou pelo arquivamento dos autos, ante a ausência de conduta irregular (fl. 32). É o relatório. Passo a fundamentar e a decidir. Verifico que na presente hipótese não houve a prática de qualquer conduta irregular por parte do Oficial do 12º Registro de Imóveis da Capital. Nota-se que a negativa de qualificação do documento apresentado deu-se em razão do excesso de zelo do escrevente que executou a qualificação, não havendo qualquer prejuízo à interessada, vez que reapresentado o título dentro do prazo da prenotação o ato de cancelamento foi realizado. Ademais, a fim de evitar novas ocorrências envolvendo a mesma questão, o registrador orientou todos os escreventes acerca do correto procedimento em se tratando de cancelamento de averbação premonitória, o qual dispensa a ordem judicial. Ressalto que na presente hipótese o escrevente responsável agiu de maneira individual, solitária, sem possibilidade de controle pelo delegatário. Logo, neste caso específico era impossível ao registrador controlar integralmente a qualificação pelo escrevente. Destarte, seja porque a ele era impossível fiscalizar imediatamente a irregularidade praticada pelo preposto, seja porque, assim que dela ficou ciente, tomou as providências cabíveis e necessárias, entendo que não é razoável a aplicação de medida disciplinar. Diante do exposto, não havendo qualquer indício de descumprimento de dever funcional por parte do Oficial, determino o arquivamento dos autos. Deste procedimento não decorrem custas, despesas processuais e honorários advocatícios. Sem prejuízo, expeça-se ofício à Egrégia Corregedoria Geral da Justiça, comunicando desta decisão. P.R.I.C. São Paulo, 27 de junho de 2019. Tania Mara Ahualli Juiza de Direito (CP – 221) (- DJe de 04.07.2019 - SP)

Processo 0044097-18.2019.8.26.0100

Pedido de Providências - REGISTROS PÚBLICOS - Corregedoria Geral da Justiça – 18° Oficial de

Registro de Imóveis da Capital - Uninove - Associação Educacional Nove de Julho - Vistos. Trata-se de pedido de providências encaminhado a este Juízo pela Egrégia Corregedoria Geral da Justiça, a requerimento da Associação Educacional Nove de Julho, mantenedora da Universidade Nove de Julho, em face do Oficial do 18º Registro de Imóveis da Capital, salientando o inconformismo na negativa em se levar a termo o cancelamento da penhora, e consequente indisponibilidade, averbada sob nº 09 na matrícula nº 231.562. Aduz a requerente que obteve ordem judicial favorável nos autos do Agravo de Instrumento nº 5003062-74.2019.4.03.0000, determinando a antecipação dos efeitos da tutela recursal a fim de determinar o levantamento da penhora incidente sobre os imóveis das matrículas nºs 41.557, 87.900, 165.302, 165.303, 165.304 e 165.305, as quais foram unificadas na matrícula nº 231.562. Destaca que o D. Juízo da 5ª Vara das Execuções Fiscais, ao receber o comunicado do Tribunal, deu efetivo cumprimento ao comando, emanando ordem para que o 18º Cartório de Imóveis fizesse as averbações determinadas em sede de liminar, contudo a Serventia deixou de dar o efetivo cumprimento ao exigir de forma arbitrária certidão do trânsito em julgado de decisão proferida a título liminar. Foram juntados documentos às fls. 05/25. Acerca das informações do Registrador, a interessada manifestou-se às fls. 34/37. Argumenta que o mandado de levantamento de penhora está na posse do Oficial de Justiça desde 18.07.2019, a fim de que seja cumprida de forma efetiva a ordem emanada pelo MMº Juízo da 5ª Vara Federal - Fiscal, razão pela qual requereu o arquivamento da reclamação pela perda do objeto. Em relação à conduta do registrador em exigir a certidão do trânsito em julgado, entende incabível, vez que protocolizou notificação extrajudicial no dia 02.05.2019, bem como noticiou o Juízo da Vara das Execuções Fiscais o descumprimento da liminar em 06.05.2019, ocasião que foi determinada a expedição do mandado de cancelamento de penhora. Por fim, foi expedido novo mandado de cancelamento de penhora em 18.07.2019 a fim de que seja cumprido efetivamente a decisão liminar. Apresentou documentos às fls. 38/43. O Ministério Público opinou pelo arquivamento deste feito, ante a ausência de qualquer conduta irregular (fls. 46/47). É o relatório. Passo a fundamentar e a decidir. Na presente hipótese não houve a prática de qualquer conduta irregular por parte do Oficial do 18º Registro de Imóveis da Capital. Se procedermos uma análise cuidadosa dos princípios registrários, chegaremos à conclusão que todos, sem exceção, têm por finalidade trazer ao álbum imobiliário a segurança necessária que o direito espera e necessita para estabilidade das relações jurídicas, segurança essa que até justifica o emprego de formalismo moderado. Ao aplicar qualquer dos princípios registrários deve o Oficial Registrador sempre zelar pela segurança jurídica, que pode ser considerada o alicerce do Registro de Imóveis, pois sem ela os atos por ele praticados não serão revestidos da certeza e presunção de veracidade. Os princípios registrários e a formalidade foram criados em benefício dos cidadãos e devem se sobrepor ao direito de propriedade garantido pela Constituição Federal quando a segurança jurídica estiver ameaçada. No caso em tela, para o cancelamento almejado, há a necessidade da apresentação de título hábil, sendo que a simples atualização do andamento processual não basta para o cumprimento da decisão judicial, haja vista que o registrador não tem acesso ao sistema do Tribunal de Justiça, sendo imprescindível a apresentação do mandado de cancelamento expedido pelo Juízo competente, fato que foi observado pela decisão expedida pelo MMº Juízo da 5ª Vara de Execuções (fl. 36), encontrando- se o título de posse do Oficial de Justiça para o devido cumprimento. Logo, agiu o registrador dentro da estrita legalidade, sendo certo que a requerente providenciou a expedição do título hábil para o cancelamento da penhora, razão pela qual entendo pelo arquivamento dos autos. Deste procedimento não decorrem custas, despesas processuais e honorários advocatícios. P.R.I.C. - ADV: VICTOR DA SILVA MAURO (OAB 264288/SP) (– DJe de 30.08.2019 – SP)

Processo 1039378-73.2019.8.26.0100

Pedido de Providências - Registro de Imóveis - Rufiya Fomento Mercantil Eireli - Vistos. Trata-se de pedido de providências formulado por Rufiya Fomento Mercantil EIRELI em face do Oficial do 15º Registro de Imóveis da Capital, pretendendo a averbação da penhora do imóvel matriculado sob nº 191.366, figurando como proprietário Álvaro Ivan Bunster Ramirez, nos termos do mandado de penhora expedido pelo MMº Juízo da 24ª Vara Cível da Capital, nos autos da execução nº 1094969-25.2016.8.26.0100. Juntou documentos às fls. 05/12. O Registrador manifestou-se às fls. 18/22. Esclarece que consta da mencionada matrícula (R.13) a cédula de crédito bancário e o termo de constituição de garantia - alienação fiduciária de bens imóveis, pelos quais o proprietário alienou fiduciariamente o bem à CEF, para garantia da dívida de R$ 525.502,27. Destaca que consta da averbação nº 17 que Álvaro está com seus bens indisponíveis, nos termos da decisão da Vara do Trabalho de Cravinhos/SP, e na Av.18 consta a penhora em nome do proprietário. Aduz que o título apresentado foi qualificado negativamente tendo em vista que o imóvel penhorado foi alienado fiduciariamente a CEF e existe prenotação, de nº 814.703, na qual a fiduciária solicita a intimação do fiduciante para purgar a mora do valor em atraso, nos termos da Lei nº 9.514/97. Ressalta que caso ocorra a purgação da mora pelo fiduciante, a pretendida averbação da penhora pode ser qualificada positivamente. Juntou documentos às fls. 23/48. Sobre a manifestação do registrador, a requerente pediu subsidiariamente a penhora sobre o direito real de aquisição do referido imóvel (fls. 57/60), havendo expressa concordância do registrador acerca da efetivação do ato (fls. 75/76). O Ministério Público opinou pela improcedência do pedido (fls. 81/82). É o relatório. Passo a fundamentar e a decidir. Com razão o D. Promotor de Justiça. Apesar da concordância do Registrador na possibilidade da penhora sobre o direito real de aquisição do imóvel, em razão da existência de procedimento em curso para intimação do fiduciante, com a finalidade de purgar a mora, entendo que o título apresentado e submetido à qualificação registrária é o termo de penhora do imóvel do imóvel matriculado sob nº 191.366, conforme o "item II" da decisão de fl. 09. Assim, almejar a averbação da penhora sobre o direito de aquisição extrapolaria os limites estabelecidos pela decisão proferida pelo MMº Juízo Cível. Passo então a analisar a qualificação negativa do título apresentado à qualificação, qual seja, do termo de penhora sobre o mencionado imóvel. Como é sabido a penhora não obsta a consolidação da propriedade fiduciária, desde que o cancelamento da averbação seja efetivada por ordem judicial, a fim de garantir os direitos dos interessados. Tal questão já foi objeto de análise pela Egrégia Corregedoria Geral da Justiça no Processo nº 2015/00167424 (Parecer nº 418/2015 - E), cuja ementa restou redigida: "Alienação fiduciária. Consolidação da propriedade em nome do credor fiduciário. Indisponibilidade de bens. Penhora - Cancelamento prévio". Somado a este fato encontra-se em tramitação perante a Serventia Extrajudicial procedimento de intimação do devedor fiduciante para purgação da mora, requerido pela CEF e prenotado sob nº 814.703, sendo certo que até a finalização do procedimento há a prorrogação da prenotação, nos termos da Normas de Serviço da Corregedoria Geral da Justiça, capítulo XX, itens 110.1 e 110.2. Daí que, como bem exposto pelo registrador, tal título apresentado pela fiduciária terá prioridade de registro caso haja a consolidação da propriedade em nome da instituição financeira, uma vez que o princípio da prioridade que regem os atos registrários, tem a finalidade de evitar conflitos de títulos contraditórios, que são aqueles incompatíveis entre si ou reciprocamente excludentes, referentes ao mesmo imóvel, sendo que a prioridade se apura no protocolo do Registro de Imóveis, de acordo com a ordem de seu ingresso. Feitas estas considerações, deverá a requerente aditar o título judicial expedido pelo MMº Juízo Cível, a fim de constar a penhora do direito real de aquisição e não a penhora do imóvel, conforme constou, a fim de se evitar nova nota devolutiva quando da apresentação do título. Diante do exposto, julgo improcedente o pedido de providências formulado por Rufiya Fomento Mercantil EIRELI, em face do Oficial do 15º Registro de Imóveis da Capital, e consequentemente mantenho o óbice registrário. Deste procedimento não decorrem custas, despesas processuais e honorários advocatícios. Oportunamente remetam-se os autos ao arquivo. P.R.I.C. - ADV: MARCEL BORTOLUZZO PAZZOTO (OAB 307336/SP). (– DJe de 10.09.2019 – SP)

Processo 1125080-21.2018.8.26.0100

Dúvida - Notas - Internacional Finance Corporation - Vistos. Trata-se de pedido de providências suscitado pelo Oficial do 4º Registro de Imóveis da Capital a requerimento de Intenational Finance Corporation, que pretende averbação de termo de penhora judicial, lavrado nos autos da execução de título extrajudicial nº 26123-25.2018.4.01.3400 pela 18ª Vara Federal da Seção Judiciária do Distrito Federal. O Registrador informa que o título tem por objeto a penhora de 50% dos direitos fiduciários de titularidade de Aroldo Silva Amorim Filho, decorrentes da alienação fiduciária de nº 8, na matrícula nº 141.443 da vaga de garagem. Quando da tentativa de averbação o título foi impedido de ingressar no fólio real, uma vez que Aroldo figura na matrícula como casado sob regime de comunhão parcial de bens com Ana Amélia Pires Amorim; entretanto, na petição inicial que acompanha o termo de penhora, foi qualificado como divorciado. Desse modo, entende o Oficial ser necessária a atualização da matrícula para constar o novo estado civil de Aroldo, bem como o registro da partilha decorrente da dissolução do matrimônio, em respeito aos princípios registrários da especialidade subjetiva, disponibilidade e continuidade artigos 195 e 237 da Lei de Registros Públicos. Aduz ainda que consentiu que a parte utilizasse peças do processo a fim de suprir elementos faltantes no título, tendo assim verificado a existência da contradição. A interessada manifestou-se às fls. 108/116. Afirma que os princípios registrais se aplicam quando da transmissão da propriedade, o que não é o caso, posto que a averbação da penhora tem por objetivo tão somente dar publicidade acerca da situação do imóvel a terceiros. Entende, ainda, que a negativa do Oficial além de contestar a legitimidade da decisão judicial afronta os princípios da segurança jurídica e publicidade. Por fim, afirma ser impossível o cumprimento das exigências posto que não detém informações acerca do matrimônio de Aroldo. O Ministério Público opinou pela improcedência do pedido de providências. É o relatório. Decido. Com razão o Registrador Primeiramente ressalto que a origem judicial do título não dispensa a qualificação registral, relativamente à apreciação das formalidades extrínsecas da ordem e à conexão de seus dados com o registro e a sua formalização instrumental. No caso, ao contrário do que aduz a interessada, o Oficial não se recusa ao cumprimento de ordem judicial, mas tão somente exige que o título levado a registro esteja em consonância com as exigências legais. Os princípios da continuidade e da especialidade subjetiva, bem como da disponibilidade, regem as atividades registrarias justamente para assegurar que os títulos averbados ou registrados estejam em consonância com a realidade fática, garantindo a confiabilidade e segurança jurídica das informações disponíveis no RI. Desse modo, o Registrador faz cumprir seu dever ao avaliar as possíveis contradições existentes entre o que consta no Registro de Imóveis e o conteúdo dos títulos. A averbação da penhora, embora de fato não transmita a propriedade, segue a mesma lógica dos demais títulos. Assim, é necessário que seja atualizado o estado civil de Aroldo e, consequentemente, que seja averbada a partilha para esclarecer a situação dos direitos sobre a vaga de garagem após a separação. Nesse sentido, já foi decidido pela Corregedoria Geral da Justiça: "O inconformismo manifestado pelo recorrente não prospera: a penhora recaiu sobre parte ideal do bem imóvel descrito na matrícula n.° 55086 do Registro de Imóveis de Indaiatuba, constando o executado, titular do domínio, como casado; todavia, a qualificação lançada no título judicial em desfavor do executado, qualifica-o como divorciado, motivo bastante a justificar a exigência formulada pelo Oficial de Registro. O Conselho Superior da Magistratura, ao apreciar situação semelhante à presente, por ocasião do julgamento da Apelação Cível n.° 27.269-0/4, em 15 de dezembro de 1995, relator Desembargador António Carlos Alves Braga, à época Corregedor Geral da Justiça, assim decidiu: 'A averbação do casamento do titular do domínio é imprescindível para que o mandado de penhora possa ter acesso à tábua predial. A sucessividade dos registros visa a segurança do serviço. Se o titular do domínio consta no assento aquisitivo como solteiro, e no título apresentado figura como separado, importa fazer constar o nome do cônjuge e o regime de bens do casamento. Conforme for o caso também será necessário perquirir acerca da partilha de bens. Na verdade, considerado o regime de bens adotado no casamento, a partir de eventual partilha realizada na separação, o bem até poderia não ter cabido ao atual proprietário tabular. Noticiado no título, portanto, estado civil diverso daquele que consta do registro suporte, indispensável a averbação, que deverá ser realizada pelo meio próprio, para a preservação da continuidade.' "(Proc. n.°2013/00039765) Ainda, veja-se: REGISTRO DE IMÓVEIS - Averbação -Penhora Certidão de inteiro teor - Estado civil do proprietário tabular - Divergência entre a matrícula e o título judicial - Princípios da continuidade e especialidade - Desqualificação registraria mantida - Recurso desprovido. (Processo. n° 2012/00027174) Recurso Administrativo - Averbação de penhora - Divergência entre a matrícula e o título judicial – Princípios da continuidade e especialidade - Desqualificação registraria mantida - Recurso não provido. (Proc n.°2013/00039765) Ademais, quanto à alegação de que a análise do Registrador deve se limitar ao conteúdo exclusivamente do título apresentado uma vez que a informação acerca do estado civil do executado foi obtida por meio de outros documentos apresentados conjuntamente com o título não altera em nada a necessidade de que seja atualizada a matrícula para constar a alteração do estado civil de Aroldo, posto que o Registrador não pode simplesmente ignorar as divergências extraídas dos documentos apresentados. Do exposto, julgo improcedente o pedido de providências formulado pelo Oficial do 4° Registro de Imóveis da Capital a requerimento de Intenational Finance Corporation e mantenho o óbice registrário. Altere a z. Serventia a classe da ação, uma vez que constou equivocadamente como dúvida. Não há custas, despesas processuais, nem honorários advocatícios. Oportunamente, arquivemse os autos. P.R.I.C. - ADV: CARLOS FERNANDO COUTO DE OLIVEIRA SOUTO (OAB 27622/RS) (DJe de 17.01.2019 - SP)

PERMUTA

Processo 1047284-17.2019.8.26.0100

Dúvida - Notas - Leonas Antunes de Melo e outro - Vistos. Trata-se de dúvida suscitada pelo Oficial do 4° Registro de Imóveis da Capital a requerimento de Leonas Antunes de Melo, tendo em vista a negativa em se proceder ao registro da escritura de permuta lavrada pelo 2º Tabelião de Notas e Protesto de Letras e Títulos de Itapetininga, pela qual houve a permuta do imóvel de sua propriedade, objeto da matrícula nº 13.791 do Registro de Imóveis de Itapetininga, com valor venal de R$ 113.873,73 (cento e treze mil, oitocentos e setenta e três reais e setenta e três centavos), com o bem matriculado sob o nº 54.798 do 4º RI, de propriedade de Kelly Cristina Felippe Machado, com valor venal de R$ 357.572,00 (trezentos e cinquenta e sete mil, quinhentos e setenta e dois reais) e valor venal de referência de R$ 537.092,00 (quinhentos e trinta e sete mil e noventa e dois reais). Esclarece que os permutandos atribuíram o valor de R$ 150.000,00 (cento e cinquenta mil reais) para cada imóvel, razão pela qual não houve torna ou reposição. O óbice registrário refere-se à ausência de apresentação da guia de ITCMD sobre o valor existente entre os imóveis, diante da existência de acréscimo patrimonial de forma não onerosa daquele que recebeu bem de valor superior sem qualquer compensação, o que caracterizaria doação. Argumenta que, embora as partes tenham atribuído valor idêntico aos imóveis permutados, a legislação em vigor estabelece como critério de avaliação o valor venal atribuído pela Municipalidade. Juntou documentos às fls. 06/41. O suscitado apresentou impugnação às fls. 50/54. Alega a inexistência da diferença de valores na permuta realizada, tendo em vista que foi atribuído o valor de R$ 150.000,00 a ambos os imóveis e os valores do ITBI foram calculados sobre a base de cálculo do valor venal dos imóveis, ou seja, sobre R$ 537.092,00 e R$ 150.000,00, logo, a exigência do recolhimento de ITCMD sobre a diferença dos valores caracterizaria bis in idem. O Ministério Público opinou pela procedência da dúvida (fls. 57/59). É o relatório. Passo a fundamentar e a decidir. Com razão o Registrador, bem como o D. Promotor de Justiça. Primeiramente é mister esclarecer que o fato do suscitado ter recolhido o ITBI sobre o valor venal dos imóveis, não exclui o pagamento do ITCMD, sendo que derivam de fatos geradores diversos. De acordo com a doutrina, sobre o ITBI: "O que se tributa é a transmissão da propriedade de bem imóvel realizada através de um negócio jurídico oneroso, tais como compra e venda, dação em pagamento ou permuta." (Registro Imobiliário: dinâmica registral / Ricardo Dip, Sérgio Jacomino, organizadores. - São Paulo: Editora Revista dos Tribunais, 2011. - (Coleção doutrinas essenciais: direito registral; v.6 - p. 1329 - g.N). Já o ITCMD deriva do fato dos imóveis permutados terem valores venais distintos, ou seja, aquele que recebeu o bem de valor venal superior sem qualquer compensação está obtendo acréscimo patrimonial de foram não onerosa, configurando consequentemente verdadeira doação. Vê-se, portanto, que com relação ao imóvel matriculado no Registro de Imóveis de Itapetininga, houve um acréscimo patrimonial no total de R$ 121.849,13, sendo irrelevante o valor atribuído pelos permutantes. Tal importe não é insignificante e supera o limite de isenção do ITCMD no Estado de São Paulo, de 2.500 UFESP de acordo com a Lei Estadual nº 10.705/00. Neste contexto, ainda que o negócio jurídico tenha sido nomeado como permuta, tal cessão patrimonial, a princípio caracteriza doação, um vez que houve cessão de patrimônio em favor de terceiro sem qualquer compensação financeira/patrimonial, nos termos do art. 538 do CC: "Art.538: Considera-se doação o contrato em que uma pessoa, por liberalidade, transfere do seu patrimônio bens ou vantagens para o de outra". Ressalto que não se exige que toda permuta entre bens imóveis deve ser feita entre bens de idêntico valor. Não se caracteriza doação tributável, por exemplo, quando a diferença for irrisória, ou até mesmo inferior ao limite de isenção previsto em lei estadual. No presente caso, contudo, a cessão patrimonial é relevante, presumindo-se a doação. Não se pode entender que alguém abra mão de R$ R$ 121.849,13 sem fundamento. Assim, na análise do título apresentado, o Oficial qualificou corretamente o negócio jurídico como doação, exigindo a comprovação do respectivo imposto, nos termos do art. 289 da Lei nº 6.015/73. Destaca-se que cabe ao registrador analisar a natureza dos negócios apresentados a registro, evitando simulações ou até omissões culposas que tragam prejuízo ao fisco. Caso o suscitado entenda que não houve doação, deve buscar declaração neste sentido pela Fazenda Pública ou através das vias ordinárias, onde haverá a participação de todos os interessados no recolhimento do tributo. Questão semelhante foi analisada por este Juízo no procedimento de dúvida nº 1003262-68.2019.8.26.0100. Logo, correta a exigência do registrador. Diante do exposto, julgo procedente a dúvida suscitada pelo Oficial do 4º Registro de Imóveis da Capital, a requerimento de Leonas Antunes de Melo, e consequentemente mantenho o óbice registrário. Deste procedimento não decorrem custas, despesas processuais e honorários advocatícios. Oportunamente remetam-se os autos ao arquivo. P.R.I.C. - ADV: DIEGO DA SILVA SOARES (OAB 278729/SP) (- DJe de 10.07.2019 - SP)

Processo 1003262-68.2019.8.26.0100

Dúvida - Notas - Hsu Fun Chang - Vistos. Trata-se de dúvida suscitada pelo Oficial do 5º Registro de Imóveis da Capital a requerimento de Hsu Fun Chang após negativa de registro de escritura de permuta na matrícula nº 38.356 da mencionada serventia. Aduz o Oficial que pelo referido instrumento foram permutadas partes ideais de diferentes imóveis cujos valores era discrepantes, resultando em aumento patrimonial ao suscitado, caracterizando doação e a respectiva incidência de ITCMD. Assim, exige o Oficial a comprovação do recolhimento do referido imposto para que possa realizar o registro. Juntou documentos às fls. 04/60. O suscitado apresentou impugnação às fls. 61/66, aduzindo que a mera distinção de valores entre os imóveis permutados não caracteriza doação, que depende de vontade expressa neste sentido. O Ministério Público opinou às fls. 70/73 pela procedência da dúvida. É o relatório. Decido. De início, cito o resumo realizado pela D. Promotora acerca da permuta realizada: "Como se vê da documentação juntada, HSU FUN CHANG e sua mulher CHANG YI ING são proprietários de metade dos imóveis indicados sob nºs 1.1 (matrícula nº 25.504 do 16º RI da Capital, avaliado em R$ 180.000,00) e 1.2 (matrícula nº 54.085 do 16º RI da Capital, avaliado em R$ 450.000,00) na escritura de permuta. Ou seja, o valor a eles correspondente alcança R$ 315.000,00. Já ATILIO CLAUDIO HSU é dono de metade dos imóveis indicados sob nºs 1.2 (matrícula nº 54.085 do 16º RI da Capital, avaliado em R$ 450.000,00) e 1.3 (matrícula nº 38.356 do 5º RI da Capital, avaliado em R$ 395.000,00). Logo, sua parcela, monetariamente, equivale a R$ 422.500,00. Finalmente, LIGIA REGINA HSU tem a titularidade da metade dos imóveis indicados sob nºs 1.1 (matrícula nº 25.504 do 16º RI da Capital, avaliado em R$ 180.000,00) e 1.3 (matrícula nº 38.356 do 5º RI da Capital, avaliado em R$ 395.000,00). Em suma, detém R$ 287.500,00. Com as permutas realizadas, HSU e CHANG passaram a ser proprietários unicamente da integralidade do imóvel de nº 1.3, cujo valor declarado é de R$ 395.000,00. Ou seja, tiveram acréscimo patrimonial de R$ 80.000,00. Por sua vez, ATILIO adquiriu a totalidade do imóvel de nº 1.1, com valor de R$ 180.000,00. Logo, teve redução de R$ 242.500,00. Finalmente, LIGIA passou a ser proprietária apenas do imóvel de nº 1.2, que vale R$ 450.000,00. Acrescentou, pois, R$ 162.500,00 ao seu patrimônio." Vê-se, portanto, que com relação ao imóvel matriculado no 5º RI, adquirido pelo suscitado, houve acréscimo patrimonial no total de R$ 80.000,00. Tal valor não é insignificante e supera o limite de isenção do ITCMD no Estado de São Paulo, de 2.500 UFESP, de acordo com a Lei Estadual 10.705/00. Ainda que o negócio jurídico realizado tenha sido nomeado como permuta, tal cessão patrimonial, a princípio, caracteriza doação, uma vez que houve cessão de patrimônio em favor de terceiro sem qualquer compensação financeira/patrimonial, nos termos do Art. 538 do Código Civil. Não se está aqui a exigir que toda permuta entre bens imóveis deve ser feita entre bens de idêntico valor. Não se caracteriza doação tributável, por exemplo, quando tal diferença for irrisória, ou até mesmo inferior ao limite de isenção previsto em lei estadual. No presente caso, contudo, a cessão patrimonial é relevante, presumindo-se a doação. Não se pode entender que alguém abra mão de R$ 80.000,00 sem fundamento. Assim, na análise do título apresentado, o Oficial qualificou corretamente o negócio jurídico como doação, exigindo a comprovação do respectivo imposto, nos termos do Art. 289 da Lei 6.015/73. De fato, cabe ao registrador analisar a natureza dos negócios apresentados a registro, evitando simulações ou até omissões culposas que tragam prejuízo ao fisco. Se o suscitado entende que não houve doação, deve buscar declaração neste sentido pela Fazenda Pública ou no poder judiciário, onde haverá a participação de todos os interessados no recolhimento do tributo. Neste âmbito administrativo, contudo, cabe apenas uma análise superficial do título, e, nessa análise, se conclui pela existência de doação, pelas razões expostas acima. Do exposto, julgo procedente a dúvida suscitada pelo Oficial do 5º Registro de Imóveis da Capital a requerimento de Hsu Fun Chang, mantendo o óbice ao registro. Não há custas, despesas processuais nem honorários advocatícios decorrentes deste procedimento. Oportunamente, arquivem-se os autos. P.R.I.C. - ADV: SIMONE LIU (OAB 312791/SP) (DJe de 27.02.2019 - SP)

PRINCÍPIO DA CONTINUIDADE

Processo 1014739-93.2016.8.26.0100

Dúvida - REGISTROS PÚBLICOS - José Ferreira de Lima - Municipalidade de São Paulo - Vistos. Trata-se de dúvida inversa suscitada por José Ferreira de Lima em face do Oficial do 8º Registro de Imóveis, diante da recusa ao registro de edificação de prédio residencial no imóvel, bem como de documento que convencionou o Condomínio Edifício JFL na matrícula nº 179.954. O interessado aduz que os projetos foram aprovados pelo Município e a documentação está em acordo com a legalidade.

Juntou documentos às fls. 10/154. O Oficial manifestou-se às fls. 170/177. Enumera diversas correções a serem feitas nos títulos apresentados, que podem ser realizadas mediante instrumento retificatório apresentado na Serventia. O óbice maior reside em incompatibilidades entre os dados do registro e os dados dos títulos, principalmente quanto à área do lote, uma vez que parte do imóvel foi desapropriada pelo Município em 1980 no registro consta área de 839,98 m² decorrente da retificação, contudo os certificados expedidos pelo Município trazem a área de 1.135,60 m². Afirma, ainda, que o próprio interessado concorda que a área do imóvel é de 839,98 m², até mesmo porque procedeu à retificação administrativa da área, conforme matrícula às fls. 68. Há manifestação do Ministério Público às fls. 268/269, em que concorda com os óbices impostos pelo Registrador, com base na necessidade de o registro exprimir a realidade fática dos imóveis. A Municipalidade manifestou-se às fls. 318/320. Afirma que o alvará de aprovação e execução da obra foi emitido quando o terreno estava registrado com a área de 1.369,50 m², ou seja, antes da abertura de nova matrícula que retificou a área do lote. Isso porque o imóvel estava registrado na matrícula nº 38.065 com essa área, e foi este o registro que instruiu o alvará. Em nova manifestação às fls. 328/332, a Municipalidade esclarece que há dois procedimentos com pedidos de retificação de área pelo interessado, que datam de 2003 e 2008, sendo que em ambos foi constatada invasão de área pública, o que prova que o interessado já tinha ciência da área do imóvel quando apresentou o projeto. Requereu a intimação do interessado para esclarecimentos. O interessado aduziu às fls. 414/418 que se utilizou da documentação disponibilizada pelo Município quando da preparação do projeto e que foi informado de que a área do imóvel, já reduzida, corresponderia a 1.135,60m². A que a Municipalidade respondeu às fls. 591/596 reafirmando que a responsabilidade sobre a documentação apresentada é do interessado, por força do Código de Obras e Edificações. Convidado à nova manifestação, o interessado requereu diversos prazos para lograr a retificação dos alvarás, o que o Município já havia informado ser inviável (fls. 622/623). Às fls. 631 o requerente aduz que a única solução apresentada pelo Município para retificar o projeto seria demolir a parte excedente do edifício. Pediu novo prazo. Sendo intimado pela última vez em novembro de 2018 (fls. 673), sem resposta (fls. 674). O Ministério Público opinou pela extinção do procedimento por inércia do requerente. É o relatório. Decido. Com razão a Promotora de Justiça. De acordo com o Código de Processo Civil de 2015 o não cumprimento de determinações no curso no processo resulta em sua extinção sem julgamento de mérito. No caso, o interessado requereu prazos longos por diversas vezes, não cumprindo as diligências e atrasando o julgamento do feito. Ainda, sendo intimado pessoalmente, continuou inerte. Desse modo, cabível a extinção do procedimento por inércia. Nesse sentido: Art. 485. O juiz não resolverá o mérito quando: III - por não promover os atos e as diligências que lhe incumbir, o autor abandonar a causa por mais de 30 (trinta) dias Ainda que assim não fosse, a dúvida seria julgada procedente. O interessado pretende registro de títulos cujo conteúdo está em desconformidade com as informações constantes na matrícula do imóvel. Pelo princípio da continuidade, que rege as atividades registrarias, as informações dos títulos devem seguir um encadeamento lógico com os dados já constantes do Registro de Imóveis, garantindo segurança jurídica aos negócios realizados com terceiros. No caso, os títulos já se encontram em desconformidade com os dados do Registro e para isso não há solução a ser tomada por este juízo - se estão em desconformidade, não podem ingressar no fólio real. Ainda, sendo impossível o cumprimento de diligências durante o procedimento de dúvida conforme pontuado pela Promotora de Justiça (item 41.1.2 do Cap. XX das NSCGJ), não é admitida a apresentação de novo título com os dados corrigidos e por isso a dúvida já estaria prejudicada. Isso posto, pela inércia da parte e conforme o art. 485, inciso II do CPC julgo extinto o feito sem julgamento do mérito. Não há custas, despesas processuais e nem honorários advocatícios decorrentes deste procedimento. Oportunamente, arquivem-se os autos. P.R.I.C. - ADV: ALEX SANDRO RIBEIRO (OAB 197299/SP), ZULMIRA MONTEIRO DE ANDRADE LUZ (OAB 62145/SP) (DJe de 27.02.2019 - SP)

Processo 0087063-30.2018.8.26.0100

Dúvida - REGISTROS PÚBLICOS - Corregedoria Geral da Justiça - Eros Antonio de Godoy Franca - Municipalidade de São Paulo e outro - Vistos. Trata-se de duvida inversa encaminhada a este Juízo pela Egrégia Corregedoria Geral da Justiça, suscitada por Márcio Yoshihide Sinzato, diante da negativa do Oficial do 4º Registro de Imóveis da Capital em proceder ao registro da carta de sentença expedida pelo MMº Juízo da 10ª Vara da Família e Sucessões da Capital, referente a 50% do imóvel, objeto da matrícula nº 132.506. O óbice registrário refere-se à ausência de correspondência entre os titulares do domínio do imóvel e aqueles considerados no acordo homologado pelo Juízo da Familia e

Sucessões, ofendendo consequentemente, o princípio da continuidade e disponibilidade. Esclarece o Oficial que o bem é de propriedade de Sonia Portnoi Jawetz (25%), Fanny Portnoi Renyi (25%) e Márcio Yoshihide Sinzato (50%), todavia, o acordo refere-se aos 50% que seriam de propriedade de Pavel Kudis, que faleceu sem deixar sucessor legítimo ou testamentário, devendo em tese sua parte ser atribuída à Municipalidade de São Paulo. A inicial foi emendada às fls. 166/168, com a juntada de documentos às fls. 169/172. A Municipalidade de São Paulo manifestou-se às fls. 187/193. Salienta que, ao contrário do que faz crer o registrador, o acordo celebrado nos autos apensos à ação de herança jacente (processo nº 0036016-71.2005.8.26.0100), não envolvia a premissa de que a propriedade de 50% do imóvel da matrícula em questão estaria em nome de Pavel Kudis. Decorreu de um contexto mais amplo, envolvendo seis imóveis diferentes em regime de condomínio, bem como a renúncia de crédito das cunhadas, Sonia e Fanny, do falecido Pavel em face de sua herança jacente. Esclarece que o acordo não teve por pressuposto a premissa de que a metade do imóvel da matrícula nº 132.506 fosse de titularidade da herança jacente, o que deixou de ocorrer com o registro da carta de adjudicação da metade que era de Pavel ao credor de Márcio. Assim, o acordo teve por objeto a metade de titularidade das cunhadas do falecido, a quem foi atribuída a herança jacente, sendo que esta metade é que deve ser registrada, consignando-se no registro que ela foi atribuída à herança jacente em razão de acordo judicial homologado e que posteriormente, em razão da declaração de vacância, foi atribuído ao Município de São Paulo. Por fim, salienta que o fato de a metade ideal de titularidade da herança jacente ter sido adjudicada ao credor de Márcio Yoshihide Sinzato, em 2008, não afetou a higidez do acordo, pois este tinha por pressupostos fatos mais amplos do que o apontado pelo delegatário, quais sejam, o encerramento de condomínio de seis imóveis e a renúncia de um crédito em desfavor da herança jacente e não apenas o encerramento do condomínio do imóvel matriculado sob nº 132.506, logo não há qualquer violação ao princípio da continuidade. Diante da concordância da Municipalidade, entende o Registrador que o óbice foi superado, informando que o título será objeto de registro. (fl. 211). O Ministério Público opinou pela extinção do feito (fl. 214). É o relatório. Passo a fundamentar e a decidir. Com a informação do registrador acerca da superação do óbice (fl. 211), bem como levando-se em consideração a concordância da Municipalidade de São Paulo, não há o que decidir nos autos, por ter o feito perdido o seu objeto. Diante do exposto, julgo extinta a duvida inversa encaminhada a este Juízo pela Egrégia Corregedoria Geral da Justiça, suscitada por Márcio Yoshihide Sinzato, nos termos do artigo 485, IV do CPC. Deste procedimento não decorrem custas, despesas processuais e honorários advocatícios. Oportunamente remetam-se os autos ao arquivo. Sem prejuízo, expeça-se ofício á Egrégia Corregedoria Geral da Justiça, comunicando desta decisão. P.R.I.C. - ADV: EROS ANTONIO DE GODOY FRANCA (OAB 122725/SP), ALINE ROCHA GORGA (OAB 219482/SP), SILVANA NAVES DE OLIVEIRA SILVA ROSA (OAB 78610/SP) (DJe de 23.05.2019 - SP)

Processo 1041488-45.2019.8.26.0100

Dúvida - Registro de Imóveis - Mohamad Abdo Khalil - Vistos. Trata-se de dúvida suscitada pelo Oficial do 12º Registro de Imóveis da Capital a requerimento de Mohamad Abdo Khalil, diante da negativa em se proceder ao registro da carta de arrematação expedida pelo MMº Juízo da 3ª Vara Cível do Foro Regional V – São Miguel Paulista (processo nº 0111228-53.2009.8.26.0005), nos autos de execução de título extrajudicial movida por Condomínio Conjunto Habitacional Amaralinas em face de Roberto Gomes, cujo objeto é o imóvel matriculado sob nº 148.634. O óbice registrário refere-se à violação ao princípio da continuidade, tendo em vista que Roberto Gomes não é titular de qualquer direito sobre o imóvel, constando da matrícula que o proprietário é o Instituto de Previdência do Estado de São Paulo - IPESP. Juntou documentos às fls. 04/68. O suscitado apresentou impugnação às fls. 69/70. Argumenta que não existe o título aquisitivo anterior e, pela arrematação, o imóvel foi transferido diretamente do IPESP para o arrematante, sem qualquer oposição. Por fim, salienta que o próprio Juízo reconheceu a possibilidade da transferência, por ser a arrematação modo originário de aquisição da propriedade. Apresentou documentos às fls. 71/75. O Ministério Público opinou pela procedência da dúvida (fls. 78/81). É o relatório. Passo a fundamentar e a decidir. Exclua a z. Serventia a tarja de segredo de justiça, tendo em vista que a presente hipótese não se encontra entre aquelas elencadas no artigo 189 do CPC. Preliminarmente, cumpre destacar que os títulos judiciais não estão isentos de qualificação, positiva ou negativa, para ingresso no fólio real, como já está pacificado pelo Egrégio Conselho Superior da Magistratura. Nesse sentido a decisão do Conselho Superior da Magistratura (Apelação Cível 464-6/9, São José do Rio Preto): "Apesar de se tratar de título judicial, está ele sujeito à qualificação registrária. O fato de tratar-se o título de mandado judicial não o torna imune à qualificação registrária, sob o estrito ângulo da regularidade formal, o exame da legalidade não promove incursão sobre o mérito da decisão judicial, mas à apreciação das formalidades extrínsecas da ordem e à conexão de seus dados com o registro e a sua formalização instrumental". Sendo assim, fica claro que não basta a existência de título proveniente de órgão jurisdicional para autorizar automaticamente o ingresso no registro tabular. Superada a questão sobre o ingresso do título judicial, passa-se à análise do princípio da continuidade, explicado por Afrânio de Carvalho, da seguinte forma: "O princípio da continuidade, que se apóia no de especialidade, quer dizer que, em relação a cada imóvel, adequadamente individuado, deve existir uma cadeia, de titularidade à vista da qual só se fará a inscrição de um direito se o outorgante dele aparecer no registro como seu titular. Assim, as sucessivas transmissões, que derivam umas das outras, asseguram a preexistência do imóvel no patrimônio do transferente" (Registro de Imóveis, Editora Forense, 4ª Ed., p. 254). Ou seja, o título que se pretende registrar deve estar em conformidade com o inscrito na matrícula. Compulsando os presentes autos, verifico que na matrícula nº 148.634 (fls. 10/12) a titularidade do imóvel é do Instituto de Previdência do Estado de São Paulo (IPESP). Assim, como bem ponderou o Oficial, não há como registrar um título sem qualquer relação entre o proprietário tabular e o executado, que sequer tinha título aquisitivo, ou se tivesse nunca foi registrado. Ressalto ainda que a origem do título expedido na arrematação não afasta a necessidade de ser cumprido o princípio da continuidade, por ser forma derivada de aquisição da propriedade. Neste sentido: "A propósito, não há como simplesmente apagar as ocorrências registrarias anteriores ao ato de transmissão coativa, quando é da essência do registro público justamente resguardar as situações anteriores, situação que não se confunde com mecanismos de modulação dos efeitos da transmissão coativa, para atingir ou mesmo resguardar direitos de terceiros.Em suma: a arrematação não constitui modo originário de aquisição da propriedade, caindo por terra as alegações formuladas pelo recorrente." (CSM - Apelação Cível nº 9000002-19.2013.8.26.0531 Rel. Elliot Akel). Como destaca o MMº Juiz de Direito Drº Josué Modesto Passos, "diz-se originária a aquisição que, em seu suporte fático, é independente da existência de um outro direito; derivada, a que pressupõe, em seu suporte fático, a existência do direito por adquirir. A inexistência de relação entre titulares, a distinção entre o conteúdo do direito anterior e o do direito adquirido originariamente, a extinção de restrições e limitações, tudo isso pode se passar, mas nada disso é da essência da aquisição originária" (PASSOS, Josué Modesto. A arrematação no registro de imóveis: continuidade do registro e natureza da aquisição. São Paulo: Editora Revista dos Tribunais, 2014, pp. 111-112). E ainda de acordo com a observação feita pelo mencionado magistrado "a arrematação não pode ser considerada um fundamento autônomo do direito que o arrematante adquire. A arrematação é ato que se dá entre o Estado (o juízo) e o maior lançador (arrematante), e não entre o mais lançador (arrematante) e o executado; isso, porém, não exclui que se exija - como de fato se exige -, no suporte fático da arrematação (e, logo, no suporte fático da aquisição imobiliária fundada na arrematação), a existência do direito que, perdido para o executado, é então objeto de disposição em favor do arrematante. Ora, se essa existência do direito anterior está pressuposta e é exigida, então - quod erat demonstrandum – a aquisição é derivada (e não originária)" (op. cit., p. 118). Logo, na presente hipótese, não se tratando de aquisição originária, houve o rompimento do encadeamento sucessivo de titularidade, ferindo consequentemente o princípio da segurança jurídica que dos atos registrários se espera. Assim, até que Roberto Gomes passe a integrar a cadeia de titularidade registrária do bem, o óbice registrário deverá ser mantido. Diante do exposto, julgo procedente a dúvida suscitada pelo Oficial do 12º Registro de Imóveis da Capital, a requerimento de Mohamad Abdo Khalil, e consequentemente mantenho o óbice registrários. Deste procedimento não decorrem custas, despesas processuais e honorários advocatícios. Oportunamente remetam-se os autos ao arquivo. P.R.I.C. - ADV: CLEIDE SANTOS DE SANTANA PEREIRA (OAB 218408/SP) (DJe de 23.05.2019 - SP)

Processo 1067779-82.2019.8.26.0100

Dúvida - REGISTROS PÚBLICOS - 16ª Oficial de Registro de Imóveis da Capital - Eliana Maria Ottoboni da Silva - Bernard Ottoboni de Andrade - Vistos. Trata-se de dúvida suscitada pela Oficial do 16º Registro de Imóveis da Capital, a requerimento de Eliana Maria Ottoboni e Bernard Ottoboni de Andrade, diante da negativa em proceder ao registro do formal de partilha dos bens deixados pelo falecimento de Fioravanti Ottoboni, expedido pelo MMº Juízo da 2ª Vara da Família e Sucessões da Capital, referente aos imóveis transcritos sob nºs 72.640, 72.462 e 72.707 do 9º RI. O título foi qualificado negativamente tendo em vista a violação do principio da continuidade, tendo em vista que o de cujus, falecido em 2009, deixou como herdeiras duas filhas, sendo que uma delas, Gisleine, faleceu em 2011, ou seja, após seu genitor, logo essencial primeiramente a partilha dos bens deste para que o herdeiro de Gisleine Bernard Ottoboni de Andrade receba a parte advinda do avô. Salienta a Registradora que constatou pelas peças do inventário dos bens deixados por Gisleine, que estes foram adjudicados a seu único filho, ou seja, não foi arrolado o quinhão que Gisleine deveria ter recebido no inventário do pai, o que caracterizaria sucessão "per saltum", sendo que o neto, que não era herdeiro, recebeu quinhão igual ao da outra filha do autor da herança, consequentemente houve o recolhimento de apenas um imposto ITCMD proveniente da sucessão da mãe de Bernard. Juntou documentos às fls. 03/458. Os suscitados apresentaram impugnação (fls. 459/468). Argumentam que a sentença que reconheceu a validade das declarações e dos documentos apresentados, determinando consequentemente a partilha dos bens de Fioravante, transitou em julgado em 24.05.2013, assim, a registradora não tem competência para analisar as decisões judiciais. Por fim, alegam a ocorrência de decadência em relação ao recolhimento do imposto devido. O Ministério Público opinou pela procedência da dúvida (fls. 476/479). É o relatório. Passo a fundamentar e a decidir. Com razão a Registradora, bem como o D. Promotor de Justiça. Preliminarmente, cumpre destacar que os títulos judiciais não estão isentos de qualificação, positiva ou negativa, para ingresso no fólio real. O Egrégio Conselho Superior da Magistratura já assentou, inclusive, que a qualificação negativa do título judicial não caracteriza desobediência ou descumprimento de decisão judicial (Apelação cível n. 413- 6/7). Cite-se, por todas a apelação cível nº 464-6/9, de São José do Rio Preto: "Apesar de se tratar de título judicial, está ele sujeito à qualificação registrária. O fato de tratar-se o título de mandado judicial não o torna imune à qualificação registrária, sob o estrito ângulo da regularidade formal, O exame da legalidade não promove incursão sobre o mérito da decisão judicial, mas à apreciação das formalidades extrínsecas da ordem e à conexão de seus dados com o registro e a sua formalização instrumental". Nessa linha, também o E. Supremo Tribunal Federal já decidiu que: "REGISTRO PÚBLICO - ATUAÇÃO DO TITULAR - CARTA DE ADJUDICAÇÃO - DÚVIDA LEVANTADA - CRIME DE DESOBEDIÊNCIA - IMPROPRIEDADE MANIFESTA. O cumprimento do dever imposto pela Lei de Registros Públicos, cogitando-se de deficiência de carta de adjudicação e levantando-se dúvida perante o juízo de direito da vara competente, longe fica de configurar ato passível de enquadramento no artigo 330 do Código Penal - crime de desobediência -, pouco importando o acolhimento, sob o ângulo judicial, do que suscitado" (HC 85911 / MG - MINAS GERAIS, Relator: Min. MARCO AURÉLIO, j. 25/10/2005, Primeira Turma). Sendo assim, fica claro que não basta a existência de título proveniente de órgão jurisdicional para autorizar automaticamente o ingresso no registro tabular. Portanto, superada a questão sobre o ingresso do título judicial, passa-se à análise do princípio da continuidade, explicado por Afrânio de Carvalho, da seguinte forma: "O princípio da continuidade, que se apóia no de especialidade, quer dizer que, em relação a cada imóvel, adequadamente individuado, deve existir uma cadeia, de titularidade à vista da qual só se fará a inscrição de um direito se o outorgante dele aparecer no registro como seu titular. Assim, as sucessivas transmissões, que derivam umas das outras, asseguram a preexistência do imóvel no patrimônio do transferente" (Registro de Imóveis, Editora Forense, 4ª Ed., p. 254). Ou seja, o título que se pretende registrar deve estar em conformidade com o inscrito na matrícula. Oportuno destacar, ainda, a lição de Narciso Orlandi Neto, para quem: "No sistema que adota o princípio da continuidade, os registros têm de observar um encadeamento subjetivo. Os atos praticados têm de ter, numa das partes, a pessoa cujo nome já consta do registro. A pessoa que transmite um direito tem de constar do registro como titular desse direito, valendo para o registro o que vale para validade dos negócios" (Retificação do Registro de Imóveis, Editora Oliveira Mendes, p. 56). Necessário, por conseguinte, que o titular de domínio seja o mesmo no título apresentado a registro e no registro de imóveis, pena de violação ao princípio da continuidade, previsto no art. 195, da Lei nº 6.015/73: "Se o imóvel não estiver matriculado ou registrado em nome do outorgante, o oficial exigirá a previa matrícula e o registro do titulo anterior, qualquer que seja a sua natureza, para manter a continuidade do registro". Conclui-se, assim, que os registros necessitam observar um encadeamento subjetivo, ou seja, o instrumento que pretende ingressar no registro tabular necessita estar em nome do outorgante, sendo assim apenas se transmite o direito quem é o titular do direito. Na presente hipótese, por ocasião do falecimento de Fioravanti Ottoboni sua herança foi transmitida automaticamente a suas duas filhas, Eliana e Gislene, na proporção de 50% para cada. Questão similar foi analisada por este Juízo, no procedimento de dúvida nº 1036533-44.2014. 8.26.0100, cuja ementa restou assim redigida:

"Registro de Formal de Partilha aquisição do imóvel a título oneroso - não consta do título a partilha relativa ao cônjuge pré morto passando diretamente à sucessão da cônjuge virago, cuja partilha se pretende registrar violação ao princípio da continuidade dúvida procedente" A ausência do registro do formal de partilha dos bens de Fioravanti para Gislene e após de Gislene para seu filho, resultou da ausência do recolhimento de ITCMD, já que do encadeamento dos fatos deveria ter sido recolhido mencionado imposto por duas ocasiões. A argumentação dos suscitados acerca da ocorrência de decadência para o recolhimento do tributo deve ser afastada, vez que cabe ao Oficial fiscalizar o pagamento dos impostos devidos, por razão do ofício, na forma do art. 289 da Lei nº 6.015/73, sob pena de responsabilização. Neste sentido é pacífico o entendimento do Egrégio Conselho Superior da Magistratura: "Ao oficial de registro cumpre fiscalizar o pagamento dos impostos devidos por força dos atos que lhe forem apresentados em razão do ofício, na forma do art. 289 da Lei nº 6.015/73, e dentre estes impostos se encontra o de transmissão causa mortis, cuja prova do recolhimento, ou isenção, deve instruir o formal de partilha. Inexistente tal prova, correta a recusa manifestada pelo Sr. Oficial ao registro do título porque não tem, entre suas atribuições, a de reconhecer prescrição de crédito tributário. Neste sentido o seguinte trecho do v. acórdão prolatado por este C. Conselho Superior da Magistratura na Apelação Cível nº 154-6/4, da Comarca de Lorena, que relatei: 'O art. 289 da Lei de Registros Públicos é categórico ao estabelecer que cumpre aos oficiais de registro fazer rigorosa fiscalização do pagamento dos impostos devidos por força dos atos que lhes forem apresentados em razão do ofício. Por outro lado, não lhes compete, evidentemente, o reconhecimento de eventual prescrição de créditos tributários, matéria estranha, de todo, à atividade registrária. Cogita- se de questão que só pode ser objeto de discussão e decisão em esfera própria, a qual, sem dúvida, não coincide com o restrito âmbito de atuação dos registradores.' É inviável, ademais, o reconhecimento da prescrição neste procedimento de dúvida porque, a par da natureza administrativa, dele não participa o credor tributário que é o titular do direito cuja pretensão a apelada pretende seja declarada extinta. O mesmo ocorre com arguição de decadência, pois a certidão de inexistência de inscrição de dívida ativa em nome do de cujus que foi apresentada pela apelada (fls. 49) não é suficiente para demonstrar a inexistência da constituição definitiva do tributo e de sua cobrança contra a herdeira". (acórdão do Conselho Superior da Magistratura de São Paulo na Ap. Cív. 460-6/0 - São Paulo, j. 15.12.05, Rel. José Mário Antonio Cardinale). A análise da ocorrência de prescrição ou decadência para o pagamento do ITCMD, gerando a extinção do débito é matéria que deve ser discutida na esfera judicial, não cabendo ao registrador.. Daí que os suscitados devem demonstrar o adimplemento do imposto de transmissão ou a decisão judicial que extinguiu a obrigação, caso contrário, permanece o óbice para o registro que se pretende. Conclui-se que devem ser mantidas as exigências lançadas, impossibilitando o registro almejado. Diante do exposto, julgo procedente a dúvida suscitada pela Oficial do 16º Registro de Imóveis da Capital, a requerimento de Eliana Maria Ottoboni e Bernard Ottoboni de Andrade, e consequentemente mantenho os óbices registrários. Deste procedimento não decorrem custas, despesas processuais e honorários advocatícios. Oportunamente remetam-se os autos ao arquivo. P.R.I.C. - ADV: RODRIGO OTÁVIO BARIONI (OAB 163666/SP) (– DJe de 29.08.2019 – SP)

Processo 1037175-41.2019.8.26.0100

Pedido de Providências - Notas - Francisco Alves de Souza - Francisco Florencio de Souza - Vistos. Trata-se de pedido de providências formulado por FRANCISCO ALVES DE SOUZA e FRANCISCO FLORENCIO DE SOUZA ante a negativa do 9º OFICIAL REGISTRO DE IMÓVEIS DA CAPITAL em proceder ao desdobro da matrícula nº 56.986, sob o argumento de falta de título hábil para análise e qualificação registraria. Os requerentes afirmam (fls. 01/05, 41/44 e 57/60) que são os únicos herdeiros de Florencio de Souza e Valderice Alves de Souza, condôminos, juntamente com Severino Ferreira da Silva, do imóvel agora em debate. Ainda, informam que tais condôminos já teriam providenciado a divisão e regularização do terreno em análise, desdobrando-se em dois imóveis distintos (fls. 15/18). Tal procedimento contou com a aprovação da Prefeitura de São Paulo, sendo realizado sobre a égide da lei de Regularização de Edificações em Situação Irregular (10.199/86). Desse modo, defendem que a presente questão não se trata de extinção de condomínio, mas da averbação de desdobro, realizado há 30 anos e consolidado na situação fática. Juntaram documentos às fls. 09/28. O Oficial se manifestou às fls. 36/38 e 53/54, sustentando que as alegações dos requerentes direcionam-se para obtenção do registro individual de imóvel que se encontra, segundo a realidade registral extraída da pertinente matrícula, em situação de condomínio. Dessa forma, os requerentes desejam realizar a prévia extinção do condomínio, entretanto, sem a apresentação de título hábil para validar a divisão. Assim, defende a negativa de registro efetivada pela serventia em relação ao documento elaborado unilateralmente pelos próprios requerentes. Quanto ao alegado desdobro, já habilitado pela municipalidade, informa que a documentação se encontra hábil para efetivação do parcelamento. Porém, as matrículas abertas deverão respeitar os registros anteriores, assim, ambos os imóveis preservariam a condição condominial. O Ministério Público opinou pela improcedência do pedido, mantendo-se o óbice registrário (fls. 64/66). É o relatório. Passo a fundamentar e a decidir. Com razão o Registrador, bem como o D. Promotor de Justiça. O imóvel identificado pela matrícula nº 56.986 apresenta evidente desatualização em relação à averbação das alterações de titularidade e das ocorrências relatadas pelos requerentes. A notícia sobre o falecimento dos dois condôminos não deu origem à averbação relativa ao processo de sucessão da titularidade do presente imóvel. Dessa forma, na ausência de qualquer identificação de manifestação de vontade proveniente dos titulares dominiais quanto ao fim do condomínio, por meio de título hábil, não pode ser unilateralmente extinto por parte ilegítima. O término da relação condominial encontra-se regulado pelo disposto nos artigos 1.320 e 1.321 do Código Civil. A divisão da coisa comum só pode se dar de forma amigável (por escritura pública, no caso do imóvel ter valor superior a 30 salários mínimos) ou judicial (por carta de sentença de ação de extinção de condomínio). Ainda, o parágrafo único do artigo 1.314 do mesmo código dita: "Nenhum dos condôminos pode alterar a destinação da coisa comum, nem dar posse, uso ou gozo dela a estranhos, sem o consenso dos outros". O condomínio em questão, como mostra a matrícula nº 56.986 (fls. 09/10), se dá entre Severino Ferreira da Silva e Florêncio de Souza. Em respeito ao princípio da continuidade registral, verifica-se a necessidade de atualização dos dados relativos à titularidade do imóvel, assim como das ocorrências informadas pelos requerentes. Segundo o disposto no artigo 195 da Lei de Registros Públicos: "Se o imóvel não estiver matriculado ou registrado em nome do outorgante, o oficial exigirá a prévia matrícula e o registro do título anterior, qualquer que seja a sua natureza, para manter a continuidade do registro." Nesse sentido, em comentário ao artigo 237 da LRP, dispõe o Desembargador Francisco Eduardo Loureiro: "Cria-se, em outras palavras, um encadeamento de titularidades, ou cadeia dominial, na qual o transmitente de um direito deve necessariamente constar do registro como seu titular. Funciona o registro imobiliário como os elos de uma corrente, um encadeado no outro, sem saltos nem soluções, de tal modo que toda titularidade sobre o imóvel apareça concatenada com a anterior e a sucessiva." (Lei de Registros Públicos Comentada editora Forense pág. 1219). Quanto à alegação de já ter sido realizado desdobro do imóvel frente à análise da municipalidade, a documentação apresentada às fls. 15/24 demonstra-se hábil para instruir a regularização registral em relação à respectiva matrícula. Entretanto, como bem indicado pelo Oficial, tal documentação precisa ser apresentada à serventia registral, passando pelo necessário exame de legalidade dos documentos e inserindo-se a averbação pertinente. Por fim, cabe ainda a ponderação de que mesmo com a regularização do desdobro, as novas matrículas não teriam o condão de alterar a situação condominial. Ambos os imóveis permaneceriam em condomínio na proporção de 50% a Severino Ferreira da Silva, solteiro, e 50% a Florencio de Souza, enquanto o devido procedimento de extinção do condomínio não se concretize. Do exposto, JULGO IMPROCEDENTE o pedido de providências formulado por Francisco Alves de Souza e Francisco Florencio de Souza em face do Oficial do 9º Registro de Imóveis da Capital, mantendo-se o óbice registrário. Não há custas, despesas processuais ou honorários advocatícios advindas deste procedimento. Oportunamente, arquivem-se os autos. P.R.I.C. - ADV: EUNEIDE PEREIRA DE SOUZA (OAB 51887/SP), VICTOR HENRIQUE BRANDINO (OAB 418265/SP) (– DJe de 30.08.2019 – SP)

Processo 1070704-51.2019.8.26.0100

Dúvida - Notas - Barbara dos Santos de Sá - Vistos. Trata-se de dúvida suscitada pela Oficial do 16º Registro de Imóveis da Capital a requerimento de Barbara dos Santos de Sá, diante da negativa em se proceder ao registro da carta de arrematação expedida pelo MMº Juízo da 69ª Vara do Trabalho da Capital, movida por Odair de Almeida Amaro em face de Nova Giovanna Comércio de Produtos Alimentícios LTDA, Maria Odete Alves Menezes, Gerson Adriano de Paiva Bezerra, Eli Geneti Alves, Heliana Alves Ribeiro dos Santos e Aparecida Rita Moralis, tendo por objeto o imóvel matriculado sob nº 111.340. O óbice registrário refere-se à violação do princípio da continuidade, tendo em vista que os executados não figuram como proprietários do imóvel. Informa a Registradora que a executada Heliana Alves Ribeiro dos Santos e seu marido Antonio Ribeiro dos Santos Filho foram proprietários, mas pelo registro nº 07, transmitiram o imóvel para Juliana Gonçalves Santos e Jaiane Gonçalves dos Santos, que não aparecem entre os executados.

Juliana e Jaine alienaram fiduciariamente o imóvel para a Caixa Econômica Federal (R.08). Juntou documentos às fls. 03/22. A suscitada apresentou impugnação às fls. 23/25. Aduz que a declaração de ineficácia da alienação registrada sob nº 07 se deu em razão de fraude, pois o processo trabalhista foi ajuizado em 2003 e a alienação se deu em 18.12.2008, portanto quando o feito já tramitava há mais de cinco anos. Ressalta que a declaração de ineficácia do registro faz com que os demais atos praticados e relacionados com a alienação ali constante fiquem prejudicados, resultando no entendimento do Juízo do Trabalho de determinar o registro independentemente do cancelamento. O Ministério Público opinou pela procedência da dúvida (fls. 29/32). É o relatório. Passo a fundamentar e a decidir. Pretende a suscitada o registro da carta de arrematação expedida pelo MMº Juízo da 69ª Vara do Trabalho da Capital, referente ao imóvel matriculado sob nº 111.340. Em que pesem os relevantes argumentos da Registradora, bem como do D. Promotor de Justiça, entendo que o óbice deve ser afastado. Primeiramente faz-se mister estabelecer a diferença entre a eficácia e a validade do negócios jurídico. De acordo com Marcos Bernardes de Mello (Teoria do Fato Jurídico: Plano da Eficácia, Saraiva, 4ª Ed., 2008, pgs. 04/05 e 65): "Pontes de Miranda [propôs] a estruturação do mundo jurídico em três planos: da existência, da validade e da eficácia, nos quais se desenvolve a vida dos fatos jurídicos, consideradas todas as vicissitudes a que estão sujeitos. No plano da existência entram todos os fatos que recebem a incidência juridicizante de norma jurídica. Portanto, concretizando suficientemente o suporte fático, a norma jurídica que o prevê incide e lhe dá entrada no mundo jurídico no plano da existência, sem exceção. Em se tratando de atos jurídicos lícitos, lato sensu, estes passam para o plano da validade, onde será aferida a sua perfeição: se são válidos ou se são inválidos. Sendo válido, o ato jurídico passa ao plano da eficácia, onde, estando apto, produzirá seus efeitos específicos. Do mesmo modo, têm acesso ao plano da eficácia os atos jurídicos nulos a que o ordenamento jurídico atribua certos efeitos (putatividade) e os anuláveis (que produzem, plenamente, sua eficácia até serem desconstituídos ou continuarão a produzi-la se vierem a tornar-se definitivos, por força de convalidação ou sanção). O nulo a que não se atribui eficácia putativa não passa do plano da validade, nele morrendo, por assim dizer. Já os fatos jurídicos stricto sensu, os atos-fatos jurídicos e os fatos jurídicos ilícitos lato sensu vão diretamente do plano da existência ao plano da eficácia, não passando pelo plano da validade." "Há ineficácia relativa quando os efeitos do negócio jurídico não se produzem em relação a algum, ou alguns sujeitos de direito, mas se irradiam relativamente a outro, ou outros. Em geral, a interferência não autorizada na esfera jurídica de terceiro acarreta a ineficácia relativa do ato jurídico, quando não há nulidade". (Idem, pg. 65). Daí ser possível concluir que a declaração de ineficácia, com relação a um sujeito de direito, não acarreta nulidade do negócio, o que resultaria no cancelamento do registro. Neste contexto, a transferência da propriedade permanece existente e válida, deixando apenas de produzir efeitos, consequentemente não exigindo o cancelamento do registro nº 07, em que houve a transmissão do imóvel à Juliana e Jaiane, para o ingresso da carta de arrematação. Em relação à quebra do princípio da continuidade, entendo que a alegação deve ser afastada, uma vez que o ato de disposição do bem não produz efeitos em relação à arrematante. Tal questão já foi objeto de julgado por este Juízo, nos autos nº 1474/97: "Registro Desnecessidade do cancelamento do registro da alienação em que se caracterizou fraude a execução. Para o registro de carta de adjudicação, não há necessidade do cancelamento do registro anterior em fraude à execução, porquanto a alienação ou oneração de bens em fraude à execução é ineficaz em relação ao exequente, embora válida quanto aos demais. Averbação Desnecessidade de exibição de mandado específico, se da Carta de Adjudicação consta a decisão judicial que reconheceu a alienação fraudulenta. Constando da própria Carta de Adjudicação a decisão judicial que declarou a ineficácia da alienação anterior em fraude a execução, desnecessário, para seu registro, mandado específico daquela decisão." E ainda o Egrégio Conselho Superior da Magistratura tratou da questão na Apelação nº 0005288- 85.2013.8.26.0223, Rel. Des. Elliot Akel): "Registro de Imóveis Dúvida Pretensão de registro de carta de adjudicação negativa, em razão de quebra do princípio da continuidade fraude à execução ineficácia da renuncia ao direito de propriedade declarada expressamente pelo juízo da execução desnecessidade de cancelamento da averbação - ausência de quebra da continuidade Recurso Provido". Ressalto que o reconhecimento da fraude à execução não contamina o registro, já que não lhe tira a validade. Logo, deve permanecer na matrícula o registro nº 07 que, apesar de declarada ineficaz em virtude de fraude à execução em relação ao exequente, continua válida em relação aos demais. Diante do exposto, julgo improcedente a dúvida suscitada pela Oficial do 16º Registro de Imóveis da Capital, a requerimento de Barbara dos Santos de Sá, e consequentemente determino o registro da carta de arrematação. Deste procedimento não decorrem custas, despesas processuais e honorários advocatícios. Oportunamente remetam-se os autos ao arquivo. P.R.I.C. - ADV: ANTONIO CARLOS MARASSI (OAB 44725/SP) (– DJe de 02.09.2019 – SP)

Processo 1061765-82.2019.8.26.0100

Pedido de Providências - Registro de Imóveis - Wanderley Teno Ruiz e outro - Vistos. Trata-se de pedido de providências formulado pelo Oficial do 7º Registro de Imóveis da Capital, a requerimento de Wanderley Teno Ruiz e Maria Aparecida Ruiz, diante da solicitação de retificação de diversos registros efetuados nas matrículas nºs 149.586 e 193.101 a 193.097. Assevera o Registrador que os atos praticados nas mencionadas matrículas se revestiram de total legalidade, estando fiéis aos títulos apresentados ao Cartório e em consonância com os princípios registrários, notadamente aos da continuidade e disponibilidade. Esclarece que os títulos relacionados no requerimento não foram trazidos pelos, interessados razão pela qual não foram levados a registro. Ademais, foram outorgados mandatos pelos titulares do terreno, na época da incorporação, para a construtora e incorporadora Jolete Participações e Empreendimentos Imobiliários LTDA, conferindo poderes necessários para incorporação do empreendimento e para negociar futuras unidades autônomas. Destaca que a incorporação registrada sob nº 02, na matrícula nº 149.586, foi aperfeiçoada com a averbação da construção da edificação e o registro da instituição e especificação condominial, logo, entende que não há como retroagir e permitir o ingresso dos instrumentos que os interessados buscam registrar. Juntou documentos às fls. 05/145 e 165/188. Os interessados apresentaram impugnação às fls. 146/152 e 195/197. Afirmam que não houve a outorga de procuração à incorporadora Jolete Participações e Empreendimentos Imobiliários LTDA para incorporação do empreendimento e para negociar futuras unidades autônomas, nos termos do artigo 32 da Lei nº 4.591/64. Aduzem a inobservância do artigo 31 da lei mencionada, sendo que a empresa Jolete Participações e Empreendimentos Imobiliários LTDA não se enquadra na qualidade de construtora ou corretora de imóveis. Afirmam que a incorporadora assinou com os proprietários do terreno um contrato de promessa de permuta, enquadrando-se na hipótese mencionada no art.31, "a", logo, há a necessidade de haver o registro do referido contrato perante a matrícula, o que na presente hipótese não ocorreu, causando graves consequências para a cadeia registrária. Em 15.03.2011, foi celebrado contrato de cessão do contrato de incorporação com a empresa Hélio Soffiatti EPP, na qual a empresa Jolete se retira do empreendimento transferindo-o à cessionária, todavia, não houve o registro do contrato, logo o domínio das unidades autônomas estaria incorreto. O Ministério Público opinou pela improcedência do pedido (fls. 200/2013). É o relatório. Passo a fundamentar e a decidir. Pleiteiam os requerentes retificações em diversos registros efetuados nas matrículas nºs 149.586 e 193.101 a 193.097. De acordo com o artigo 213 da Lei de Registros Públicos: "Art. 213: O oficial retificará o registro ou a averbação: I de ofício ou a requerimento do interessado nos casos de: A) omissão ou erro cometido na transposição de qualquer elemento do título; B) indicação ou atualização de confrontação; C) alteração de denominação de logradouro público, comprovada por documento oficial; D) retificaçãos que vise a indicação de rumos, angulos de deflexão ou inserção de coordenadas georreferenciais, em que não haja alteração das medidas perimetrais; E) alteração ou inserção que resulta de mero cálculo matemático feito a partir das medidas perimetrais constantes do registro; F) reprodução de descrição de linha divisória de imóvel confrontante que já tenha sido objeto de retificação; G) inserção ou modificação dos dados de qualificação pessoal das partes, comprovada por documentos oficiais, ou mediante despacho judicial quando houver necessidade de produção de outras provas" No caso em tela nenhum dos requisitos se configurou, o que denota que não se trata de mera retificação das matrículas. Analisando os documentos juntados aos autos, verifico que não houve qualquer irregularidade praticada pelo Registrador, já que as matrículas espelham o teor dos títulos apresentados. De acordo com o princípio da inscrição, que norteia os atos registrários, a transmissão de direitos reais se opera mediante registro do título. Neste contexto é bem explicito o art. 1227 CC: "art.1227: Os direitos reais sobre imóveis constituídos, ou transmitidos por atos entre vivos, só se adquirem com o registro no Cartório de Registro de Imóveis dos referidos títulos (arts.1245 a 1247), salvo os casos expressos neste Código". Neste contexto, como bem ilustra o Des. Francisco Loureiro (Código Civil Comentado, 11ª edição, editora: Manole, 2017): "O registro é que converte o título, simples gerador de crédito, em direito real" Logo, diante da ausência da qualificação dos títulos discriminados pelo interessados, que sequer foram apresentados e qualificados para registro à época da incorporação, é incabível, sob a alegação da incorreção do ato praticado pelo registrador, a anulação de todos os atos praticados para permitir o ingressos dos mencionados instrumentos na matrícula. Ademais, somado a este fato, como bem exposto pelo registrador, a incorporação registrada sob nº 02 na matrícula nº 149.586, foi aperfeiçoada com a averbação da edificação e o registro da instituição e especificação condominial, produzindo os efeitos da individualização e discriminação das unidades autônomas, possibilitando a abertura das respectivas matrículas. A insurgência demonstrada pelos interessados referem-se a fatos ocorridos antes da instituição condominial, com a consequente abertura das unidades autônomas. Ressalto que a pretensão viola literalmente o principio da continuidade, ou seja, em relação a cada imóvel, adequadamente individuado, deve existir uma cadeia, de titularidade à vista da qual só se fará a inscrição de um direito se o outorgante dele aparecer no registro como seu titular. Dai conclui-se que o título que se pretende registrar deve estar em conformidade com o inscrito na matrícula. Inexiste irregularidade pela não observação do artigo 31, "b" e § 1º Lei nº 4.591/64, tendo em vista os documentos juntados às fls. 165/188, que demonstram a outorga de procurações dos antigos titulares à incorporadora Jolete - Participações e Empreendimentos Imobiliários LTDA para praticar todos os atos e termos referentes à Incorporação Imobiliária de um conjunto exclusivamente residencial denominado "Edifício Pádova". Assim, eventual vício registrário, refere-se ao aspecto intrínsecos dos títulos apresentados a registro, devendo a desconstituição dos atos serem formulados perante as vias ordinárias, com a incidência do contraditório e ampla defesa, vez que a retificação da matrícula, na forma como almejada atingirá eventuais direitos de terceiros interessados. Assim, agiu com acerto o Registrador ao qualificar negativamente o título. Diante do exposto, julgo improcedente o pedido de providências formulado pelo Oficial do 7º Registro de Imóveis da Capital a requerimento de Wanderley Teno Ruiz e Maria Aparecida Ruiz. Deste procedimento não decorrem custas, despesas processuais e honorários advocatícios. Oportunamente remetam-se os autos ao arquivo. P.R.I.C. - ADV: NELSON FERREIRA GOMES (OAB 102775/SP), ILZA LEONATO (OAB 44575/SP). (– DJe de 10.09.2019 – SP)

PROCURAÇÃO

Processo 1043215-39.2019.8.26.0100

Retificação de Registro de Imóvel - Registro de Imóveis - Victória Belini Liger - Lucas Albuquerque Liger - Vistos. Trata-se de ação de reconhecimento de nulidade de procuração pública e escritura pública cumulada com cancelamento de registros imobiliário, formulada por Victória Belini Liger e Lucas Albuquerque Liger, em face de Abel Martins e Renato Martins Vieira. Relatam em síntese que o genitor dos requerentes era proprietário de 50% da parte ideal dos imóveis matriculados sob nºs 18.874 e 18.875 e faleceu em 30.01.2000. Ocorre que, após o falecimento, foi lavrada procuração perante o 3º Tabelião de Notas da Comarca de Piracicaba/SP, onde constou Ariovaldo como outorgante e Abel Martins como outorgado. Destacam que de posse da procuração, Abel lavrou duas escrituras de compra e venda perante o 8º Tabelião de Notas da Capital, e vendeu os imóveis mencionados a Renato Martins Vieira, razão pela qual devem ser consideradas nulas as escrituras e a procuração. Juntaram documentos às fls. 08/59. É o relatório. Passo a fundamentar e a decidir. A ação deve ser extinta, com o indeferimento da petição inicial, em razão da inadequação da via eleita. Os interessados pugnam pela nulidade da procuração e escritura pública de venda e compra atinente a dois imóveis, sob o argumento de ocorrência de falsidade, tendo em vista que o outorgante já estava falecido à época da lavratura da procuração. Pois bem, os registros referentes à transmissão dos dois imóveis (fls. 11/43) tiveram por base a escritura pública de venda e compra, lavrada perante o 8º Tabelião de Notas da Capital. Referido título foi formalmente qualificado pelo Oficial de Registro da Capital, que não encontrou qualquer óbice para o registro. As razões expostas pelos requerentes para embasar o pedido tratam de vício intrínseco do título que deu origem ao registro. Formalmente o ato está perfeito, decorrente de instrumento público devidamente lavrado, e não encontra irregularidades que esta 1ª Vara de Registros Públicos deva reconhecer. Pelo princípio da legitimação (eficácia do registro), os vícios reconhecíveis pela via administrativa são apenas aqueles comprováveis de pleno direito que resultem de erros evidentes extrínsecos ao título, sem necessidade de exame de outros documentos ou fatos (artigos 214, caput, e 252 da Lei 6.015/73). O vício intrínseco, derivado do reconhecimento da nulidade do ato jurídico, deve ser reconhecido em procedimento contencioso cível, com a participação da outra parte que participou da doação e com ampla dilação probatória. Configurado o vício do negócio, o cancelamento do registro feito na matrícula do imóvel ocorrerá como consequência, assim como determina o artigo 216 da Lei 6.015/73. Sabe-se que o interesse processual é composto da necessidade e da adequação. No caso posto, a despeito da necessidade, verifica-se a ausência do quesito da adequação, sendo que este juízo tem competência censório disciplinar e, portanto, não pode analisar questões de direito material que envolvam o negócio jurídico. De acordo com Narciso Orlandi Neto: "É preciso distinguir nulidade direta do registro e nulidade do título, com reflexo no registro. O registro não pode ser cancelado por nulidade do título, salvo em processo contencioso de que participe o titular do direito inscrito. Em outras palavras, o art. 214 da Lei 6.015/73 é exceção. E como se sabe se o registro é ou não nulo de pleno direito? Sabe-se que o registro é ou não nulo de pleno direito examinando-o separadamente do título que lhe deu causa, apenas à luz dos princípios que regem o registro, a saber se foram cumpridos os requisitos formais. A indagação da nulidade do registro deve ficar restrita aos "defeitos formais do assento, ligados à inobservância de formalidades essenciais da inscrição (Código Civil, arts. 130 e 145, III)" (Afrânio de Carvalho, Retificação do Registro, in RDI 13, p. 17) A nulidade a que se refere o art. 214 da Lei de Registros Públicos é exclusiva do registro, absolutamente independente do título, tanto que, uma vez declarada, permite que o mesmo título seja novamente registrado A nulidade que pode ser declarada diretamente independentemente de ação, é de direito formal, extrínseca. Ela não pode alcançar o título, que subsiste íntegro e, em muitos casos, apto a, novamente, ingressar no registro Problemas relativos ao consentimento das partes, diz respeito ao título, tanto quanto sua representação e a elaboração material do instrumento. Assim, se houve fraude, se a assinatura do transmitente foi falsificada, se o instrumento público não consta dos livros de nenhum notário, se a procuração que serviu na representação de uma das partes é falsa, se o consentimento do alienante foi obtido com violência, são todos problemas atinentes ao título. Podem afetar o registro, mas obliquamente. Só podem determinar o cancelamento do registro, em cumprimento de sentença que declare a nulidade do título e, em conseqüência, do registro " (Retificação do Registro de Imóveis, Ed. Oliveira Mendes, pág. 183/192). Outrossim, não há como o registrador no âmbito da qualificação registral dar solução à questão de direito material não decidida, ou cuja decisão não ficou demonstrada, porque o exame de qualificação é atividade meramente administrativa, não protegida pela segurança da coisa julgada. Logo, nenhuma medida restará a ser adotada por esta Corregedoria Permanente, cuja natureza é meramente administrativa e somente faz coisa julgada formal. Por fim, não verifico qualquer violação na conduta do Oficial do 15º Registro de Imóveis da Capital ao efetuar o registro do negócio jurídico entabulado entre as partes. Diante do exposto, por inadequada a via eleita, INDEFIRO a petição inicial, e julgo extinto o processo, na forma do art. 485, I, c.c. 330, III, ambos do Código de Processo Civil, devendo os requerentes valerem-se das vias ordinárias para satisfação de suas pretensão. Deste procedimento não decorrem custas, despesas processuais e honorários advocatícios. Oportunamente remetam-se os autos ao arquivo. P.R.I.C. - ADV: CLEITON LIBERATO FERNANDES (OAB 35764/DF), ANDREA MARIA DEALIS (OAB 109550/SP), ALEX CARVALHO REGO (OAB 32399/DF) (DJe de 15.05.2019 - SP)

Processo 1128741-08.2018.8.26.0100

Pedido de Providências - Tabelionato de Notas - T.N. - Juíza de Direito: Letícia Fraga Benitez VISTOS. Cuidam os autos de expediente instaurado a partir de comunicação encaminhada pelo 19º Tabelião de Notas da Capital, noticiando irregularidades na lavratura de escritura pública de procuração, inscrita no livro 4276, página 279/280, datada de 22 de março de 2018. Os autos foram instruídos com os documentos de fls. 04/302. Foi determinado o bloqueio do ato notarial (fls. 303). A ilustre Representante do Ministério Público acompanhou o feito, manifestando-se conclusivamente às fls. 323/325 pelo arquivamento do expediente. É o relatório. Decido. Positivou- se, na espécie, a ocorrência de falsidade no tocante à lavratura de escritura pública de procuração perante o 19º Tabelião de Notas da Capital, inscrita no livro 4276, página 279/280, datada de 22 de março de 2018, por meio da qual José Carlos Dias e Luciene Maia dos Santos Dias outorgaram poderes a Imara Dias Vicente Lopes para a negociação de imóvel pertencente à circunscrição territorial do 12º Oficial de Registro de Imóveis. Nesses termos, narra o Tabelião que foi procurado por advogada que contestava a veracidade de tal instrumento público de suas notas, uma vez que José Carlos falecera oito anos antes da prática do ato e a assinatura de Luciene restava completamente diversa daquela aposta no documento público (conforme comprovou o laudo grafotécnico encomendado pelo Notário). No mais, as partes não possuem cartão de firma arquivado na unidade. Consta, ainda, dos autos que o ato notarial em comento foi lavrado pelo escrevente Rodrigo Tomazini, cuja participação em outros atos espúrios já foi analisada por esta Corregedoria Permanente, em especial nos autos de nº 1050807-71.2018; 1052957-25.2018; 1057379-43.2018; 1045048- 29.2018 e outros. O preposto já não faz mais parte do quadro funcional da unidade, tendo ele solicitado a rescisão de seu contrato de trabalho tão logo as apurações relativas às falsidades noticiadas se iniciaram. Narra o Senhor Tabelião que, em procedimento interno, com vistas a apurar o ocorrido, constatou-se, a prática de diversas irregularidades pelo escrevente, que agiu indo de encontro às orientações do Notário e com o âmbito de fraudar a fiscalização aplicada ao serviço interno da unidade. Indicou, nessa senda, que foi o próprio escrevente, aproveitando-se da função de confiança que exercia, que conferiu o ato, inclusive apondo, falsamente, o carimbo e a assinatura do Substituto do Tabelião (laudo grafotécnico de fls. 26). Por fim, noticiou o Delegatário que, em decorrência dos fatos apurados por meio da sindicância interna, "ilicitudes como a que aqui é noticiada não têm mais lugar, dada a adoção de providências que reforçam e dão segurança à conferência e fechamento de atos notariais, dispostos em circulares de serviço já repercutidas a essa MM. Vara Corregedora Permanente, bem como a adoção de mais mecanismos de controle: duplo grau de controle dos materiais de segurança, aperfeiçoamento do sistema informático necessário ao devido controle e difusão de mais câmeras de segurança a fim de intimidar atitudes criminosas." (fls. 03). Pois bem. Nos termos da manifestação da ilustre representante do Ministério Público e à luz dos elementos carreados ao feito, não se pode afirmar, com segurança e certeza, de que modo se deu a fraude e, tampouco, se houve desídia de parte do Tabelião na função de orientar e fiscalizar os escreventes sob sua pena. Neste passo, afigura-se verossímil a versão de que o escrevente Rodrigo Tomazini tenha ele próprio conferido o ato e aposto a assinatura, falsamente, e o carimbo do substituto. Ainda assim, o que se tem de concreto nos autos é o fato de que o Delegatário empenhou enormes esforços com vistas a esclarecer a questão e colaborar com este Juízo, sendo correto afirmar que, diante da gravidade da situação telada, comprovou que procedeu à renovação das orientações e melhoria do sistema de controle interno dos atos praticados pela serventia. Posto isso, certo é que não se pode atribuir, com certeza, responsabilidade administrativa ao Tabelião, relativamente à falta de fiscalização ou orientação dos prepostos, haja vista que, no caso telado, o ocorrido pode ser atribuível à atuação espúria do escrevente, que deixou de cumprir com as normas técnicas impostas a sua função, em aparente atuação dolosa da parte do preposto. Assim, ao cabo da dilação probatória ordenada, forçoso é convir que não há nos autos elementos aptos para identificar ocorrência de falha funcional, de tudo se inferindo que a fraude não contou, à evidência, com a falta de fiscalização ou orientação da parte do Senhor Tabelião. Bem por isso, a hipótese dos autos não dá margem à adoção de providência censório-disciplinar em relação ao serviço correicionado, não se vislumbrando responsabilidade apta a ensejar procedimento administrativo. Ante o exposto, estando suficientemente demonstrada a fraude praticada, determino o bloqueio definitivo do ato notarial em questão, vedada a extração de certidões ou traslados, sem a autorização desta Corregedoria Permanente. Encaminhe-se cópia integral dos autos, nos termos do artigo 40 do Código de Processo Penal, à Central de Inquéritos Policiais e Processos CIPP, para ciência e eventuais providências cabíveis. Ciência ao Tabelião e ao Ministério Público. Comunique-se à Egrégia Corregedoria Geral da Justiça, por e-mail, servindo a presente sentença como ofício. I.C. - ADV: SERGIO RICARDO FERRARI (OAB 76181/SP) (DJe de 06.03.2019 - SP)

RECONHECIMENTO DE FIRMA

Processo 1072960-64.2019.8.26.0100

Pedido de Providências - Tabelionato de Notas - M.N.C.L. - Juiz(a) de Direito: Dr(a). Leticia Fraga Benitez VISTOS. Cuidam os autos de expediente formulado por Mário Newton de Carvalho Leme, solicitando providências junto ao 9º Tabelião de Notas da Capital. O pedido foi instruído com os documentos de fls. 05/37. O Senhor 9º Tabelião de Notas manifestou-se às fls. 44/47, juntando pertinente documentação. O Ministério Público ofertou parecer, pugnando pelo indeferimento do pleito inicial (fls. 50/52). É o relatório. Decido. Trata-se de pedido de providências instaurado a partir de representação encaminhada por Mário Newton de Carvalho Leme, que solicita providências junto ao Senhor 9º Tabelião de Notas da Capital, com vistas a obter o reconhecimento de firma em compromisso de compra e venda firmado em 10 de maio de 2001. Noticia o requerente que o referido instrumento particular, lavrado em 2001, não teve, à época dos fatos, as firmas lá apostas devidamente reconhecidas. Esclarece, no mais, que o compromisso foi devidamente cumprido e quitado. Entretanto, alega que o comprador não pode, posteriormente, ser localizado, para a realização da prenotação no registro de imóveis ou outorga da escritura definitiva. Ocorre que o imóvel objeto da compra e venda, em razão de fatos alheios aos presentes autos, vem trazendo prejuízos ao requerente, uma vez que o bem ainda consta sob sua propriedade. Assim, uma vez que o comprador não pode ser localizado, requer autorização deste

Juízo para que o Senhor 9º Tabelião proceda ao reconhecimento da firma do outorgado, naquele documento particular, com base em ficha-padrão pertencente ao acervo deixado pelo 8º Tabelião de Notas da Capital, para que então se possa seguir com a devida averbação da transação imobiliária junto ao Cartório competente. Pois bem. De início, esclareço que não há óbice algum em se reconhecer firma em documento de lavra antiga, haja vista que não há qualquer objeção para tanto na normativa legal que incide sobre a matéria. No entanto, no caso concreto dos autos, após a detida análise do Senhor 9º Tabelião, detentor do acervo deixado pelo 8º Tabelião de Notas, serventia na qual o comprador mantinha firma aberta, restou apontado que a assinatura aposta no compromisso e aquela inscrita no cartão-padrão não são suficientemente assemelhadas a ponto de se permitir o reconhecimento. Assim, corretamente, pugna o Tabelião pela necessidade de renovação da ficha de firma, com a correta identificação do signatário. Bem assim, a partir de todo o narrado, indefiro o pleito inicial, não autorizando o reconhecimento da firma de Charles dos Reis Araújo no compromisso de venda e compra e outras avenças, reproduzido às fls. 05/09. Ciência ao Senhor Tabelião e ao Ministério Público, arquivando-se oportunamente. P.I.C. - ADV: ADRIANA DE OLIVEIRA GOMES (OAB 140844/SP) (– DJe de 19.08.2019 – SP)

RETIFICAÇÃO DE ESCRITURA PÚBLICA

Processo 1036543-15.2019.8.26.0100

Pedido de Providências - Registro de Imóveis - M. G.A.S. - Juiz(a) de Direito: Dr(a). Leticia Fraga Benitez VISTOS. Trata-se de expediente instaurado a partir de pedido de retificação de escritura de venda e compra de fls. 12/16, lavrada pelo 3º Tabelião de Notas da Capital, em que a interessada pretende inserir e excluir diversas informações. O Sr. Tabelião Interino do 3º Tabelionato de Notas da Capital manifestou-se às fls. 34/48. A D. Representante do Ministério Público manifestou-se às fls. 56/59, opinando pela improcedência do pedido. É o breve relatório. DECIDO. Trata-se de pedido objetivando retificação de escritura pública de venda e compra, com vistas a incluir o valor da compra; a informação de que sua lavratura deu-se em razão de instrumento particular de venda e compra celebrado em 16 de abril de 1991 e de que a requerente e o outorgado comprador eram casados sob o regime de separação obrigatória de bens. Pretende, ainda, que tais informações sejam retificadas na matrícula do imóvel. Pese embora a argumentação deduzida nos autos, forçoso convir, na espécie, que o ato notarial que se pretende retificar já está aperfeiçoado e consumado, inexistindo possibilidade jurídica, no âmbito administrativo, para a alteração pretendida ante ao conteúdo das declarações de vontade. Não se deve perder de vista que escritura pública é ato notarial que reflete a vontade das partes na realização de negócio jurídico, observados os parâmetros fixados pela Lei e pelas Normas de Serviço da Corregedoria Geral da Justiça, reproduzindo, portanto, exatamente aquilo que outorgantes e outorgados manifestaram ao preposto da serventia. Qualquer falha ou erro em escritura pública só pode ser emendado com a participação das mesmas partes, mediante a lavratura de novo ato. Nesse sentido, já se decidiu que: "permitir essas correções, ainda que indícios apontem no sentido da ausência de prejuízo potencial a terceiros, seria munir o agente administrativo de poderes que não dispõe, capazes de interferir com a manifestação da vontade da parte que já a deixou consignada formalmente no título causal" (in Decisões Administrativas da Corregedoria Geral da Justiça, ed. RT 1989, p. 242, nº 127). Diante de todo o exposto, indefiro o pleito inicial. Oportunamente, arquivem-se os autos. Ciência à Sra. Representante, ao Sr. Tabelião Interino do 3º Tabelião de Notas da Capital e ao Ministério Público. Encaminhe-se cópia desta decisão à E. Corregedoria Geral da Justiça para conhecimento. I.C. São Paulo, 15 de maio de 2019. - ADV: VALDOMIRO DE SOUZA (OAB 147586/SP) (DJe de 20.05.2019 - SP)

RETIFICAÇÃO IMOBILIÁRIA

Processo 1092826-29.2017.8.26.0100

Retificação de Registro de Imóvel - Registro de Imóveis - Aliomar Correia da Silva - Vistos. Trata-se de pedido de providências formulado por Aliomar Correia da Silva em face do Oficial do 12º Registro de Imóveis da Capital, pretendendo a retificação da matrícula nº 50.323, para constar a área correta do imóvel, nos termos do memorial descritivo apresentado. Juntou documentos às fls. 07/54. O registrador manifestou-se às fls. 61/62. Esclarece que o requerente autorizou a Serventia a proceder a retificação na matrícula nº 50.323, para constar a área correta do imóvel, por mero cálculo aritmético, nos termos os artigos 212 e 213, inciso I da Lei de Registros Públicos. Informa que parte do bem mencionado foi usucapida, juntamente com parte dos lotes 38, 31 e 32 da Quadra 38, totalizando a área de 359,24 m², que deu origem à matrícula nº 162.056. O laudo pericial, extraído os autos da ação de usucapião, não determinou, entretanto, a área que desfalcou o imóvel objeto da matrícula nº 50.323, devendo ser apurado o remanescente, em nova prova técnica. Apresentou documentos às fls. 63/92. Foi determinada a realização de prova pericial (fls. 101/103), com laudo apresentado às fls. 131/143, concluindo-se que a retificação pretendida não é intramuros. Acerca do laudo pericial o requerente manifestou-se às fls. 162/165. Concorda sobre a inadequação da via eleita, vez que a retificação pretendida processa-se "extra muros", todavia assevera que possui os requisitos necessários para a aquisição originária do imóvel, por ser proprietário desde 24.06.1981. Assim, requer a conversão do presente procedimento para usucapião, ou subsidiariamente a homologação do laudo para utilização em eventual ação de usucapião a ser proposta. O Ministério Público opinou pela improcedência do pedido em razão da inadequação da via eleita (fl. 193). É o relatório. Passo a fundamentar e a decidir. Em um primeiro momento pretendeu o requerente através do presente procedimento a retificação do imóvel matriculado sob nº 50.323, para constar a área correta do imóvel, tendo em vista que parte do mencionado imóvel foi usucapido, juntamente com partes dos lotes 38, 31 e 32 da Quadra 38, totalizando a área de 359,24 m², que deu origem a matrícula nº 162.056, consequentemente houve a necessidade da realização da prova pericial para apuração do remanescente. Neste contexto, o laudo técnico juntado às fls. 130/143, com a realização do levantamento planimétrico da área, conclui que o imóvel retificando ocupa uma parcela de área destinada a abertura da Rua Jeticarana, consequentemente a retificação pleiteada não é "intra muros". A retificação almejada poderá acarretar prejuízo ou atingir direito de terceiros de boa fé, denotando com isso a eventual existência de lide, o que não poderá ser analisado nos estreitos limites deste feito, de natureza administrativa e unilateral. Logo, indispensável a busca das medidas adequadas nas vias ordinárias, sendo certo que o próprio requerente concordou sobre a inadequação da via eleita (fls. 162/165). Todavia, em que pesem as razões expostas pelo interessado, especialmente da economia processual, não é possível a conversão do presente procedimento em ação de usucapião, tendo em vista a natureza e objeto do procedimento administrativo, bem como a mitigação em relação aos princípios do contraditório e ampla defesa e produção probatória, além dos tramites processuais serem totalmente diversos. Todavia, poderá o requerente utilizar-se do laudo pericial elaborado neste feito em eventual ação de usucapião a ser proposta no Juízo competente. Por fim, entendo que não é o caso de homologação do trabalho pericial apresentado, que será analisado na ação judicial. Diante do exposto, julgo improcedente o pedido de providências formulado por Aliomar Correia da Silva em face do Oficial do 12º Registro de Imóveis da Capital, pela inadequação da via eleita, devendo o interessado valer-se do correto procedimento para atingir sua pretensão. Deste procedimento não decorrem custas, despesas processuais e honorários advocatícios. Oportunamente remetam-se os autos ao arquivo. P.R.I.C. - ADV: ELIANE FEDERZONI (OAB 163005/SP) (DJe de 14.01.2019 - SP)

Processo 1035594-25.2018.8.26.0100

Retificação de Registro de Imóvel - Registro de Imóveis - Zilda Caldeira Sobrado - Geni Rodrigues Pontes - Municipalidade de São Paulo e outro - Vistos. Trata-se de pedido de retificação de registro proposto por Espólio de Zilda Caldeira Sobrado em face do Oficial do 12º Registro de Imóveis da Capital. Relata o interessado que levou a registro carta de adjudicação contendo consolidação da propriedade dos imóveis herdados em decorrência da morte de seu cônjuge. Contudo, foi informado da necessidade de retificar o registro da área das transcrições nº 60.679 e 62.669, uma vez que estão em duplicidade com a transcrição matrícula 113.250 (antiga transcrição 62.998). Afirma que a duplicidade foi causada por erro de registro, uma vez que a matrícula descreve o lote 8 da quadra 2 mas o classifica como o lote 6, enquanto as transcrições referem-se ao real lote 6 da quadra 2, de sua titularidade. Quando da tentativa de correção, recebeu nota devolutiva do Oficial, que aduziu ser impossível a retificação de ofício, havendo necessidade de análise judicial. O Oficial manifestou-se às fls. 96/99 para informar que o imóvel matriculado sob nº 113.250 de fato está descrito como pertencendo ao lote 6. Entretanto, ao verificar o número do contribuinte cadastrado no Fisco Municipal (nº 059.193.0025-6) há informação de que se trata do lote 8 da quadra 2. Há manifestação do Ministério Público para pedir esclarecimentos ao Oficial e para solicitar intimação da Municipalidade e dos proprietários constantes na matrícula 113.250, a que o Oficial respondeu às fls. 108/110 para informar que há duplicidade de registro entre as transcrições 60.679 e 62.998. Relata ainda que levando em consideração o lançamento tributário e número do prédio (nº 51) a parte do lote 8 de fato corresponderia ao imóvel matriculado sob nº 113.250. Às fls. 130/132 há manifestação da proprietária do imóvel de matrícula nº 113.250, que informa desconhecer erro material no registro e relata ter adquirido o imóvel de Anis Hassun. Às fls. 162/163 a Municipalidade apresentou impugnação aduzindo que a retificação implica em avanço sobre os próprios municipais. O interessado às fls. 168 concordou com as ponderações da Municipalidade e juntou plantas e Memorial com as retificações solicitadas (fls. 169/173). A Municipalidade (fls. 188/189), o Oficial (fls. 198/199) e a proprietária do imóvel de matrícula 113.250 (fls. 205) concordaram com a retificação. O Promotor de Justiça opinou pela procedência do pedido (fls. 209/210). É o relatório. Decido. Pretende o requerente a retificação da descrição do imóvel matriculado sob nº 113.250 . Dentro da esfera desta Corregedoria Permanente, examina-se apenas se a impugnação é ou não fundamentada, nos termos do § 5º, do art. 213, da Lei nº 6015/73. Em caso positivo, o procedimento é extinto, e as partes, remetidas às vias ordinárias, pois nada de contencioso se resolve aqui; em caso negativo, acolher-se-á o pedido da requerente. Conforme ensina Luiz Guilherme Loureiro: "Em virtude do principio da legitimidade ou da presunção de veracidade, o Registro deve refletir a verdade não só no que se refere ao titular do direito registrado, mas também quanto à natureza e ao conteúdo deste direito. Assim, qualquer inexatidão do assento deve ser retificada a fim de que reflita perfeitamente a realidade". (Registros Públicos – Teoria e Prática - 2ª ed. - Editora Método). Para que o registro imobiliário exprima a realidade fática, vem admitindo a jurisprudência a retificação de área em casos tais: "CIVIL E PROCESSUAL CIVIL - AÇÃO DE RETIFICAÇÃO DE REGISTRO IMOBILIÁRIO - ARTS. 212 E 213 DA LEI 6.015/73 - ACRÉSCIMO DA ÁREA REPORTADA AO IMÓVEL SEM EXTRAPOLAR AS DIVISAS - ADEQUAÇÃO DO REGISTRO CARTORÁRIO À REALIDADE FÁTICA - AUSÊNCIA DE IMPUGNAÇÃO DOS CONFRONTANTES - PREJUÍZO A TERCEIROS NÃO EVIDENCIADO - IMPOSSIBILIDADE JURÍDICA DO PEDIDO AFASTADA – PRECEDENTES DO STJ - JULGAMENTO DO MÉRITO - APLICABILIDADE DO ART. 515, § 3º, DO CPC - RETIFICAÇÃO PROCEDENTE - RECURSO PROVIDO".

"Na linha de precedentes da Corte, é possível a retificação do registro, para acréscimo de área, de modo a refletir a área real do imóvel, desde que não haja, como no caso, impugnação dos demais interessados" (Resp n.º 203205, Min. Carlos Alberto Menezes Direito). (Ap. Cív. n., de Indaial, rel. Marcus Tulio Sartorato, 3ª Câmara Direito Civil, em 27/01/06). Na presente hipótese, restou comprovado que o imóvel de matrícula nº 113.250 descrito como pertencente ao lote 6, na verdade pertence ao lote nº 8, de modo que é necessária a retificação para que o registro corresponda à realidade fática. Uma vez que houve notificação dos confrontantes, bem como da Municipalidade e que não há impugnação ao pedido, não resta óbice à retificação. Diante do exposto, julgo procedente o pedido formulado por Espólio de Zilda Caldeira Sobrado em face do Oficial do 12º Registro de Imóveis da Capital, e consequentemente determino a retificação da matrícula 113.250 para constar que pertence ao lote 8 do loteamento Vila Maluf. Deste procedimento não decorrem custas, despesas processuais e honorários advocatícios. Oportunamente remetam-se os autos ao arquivo. P.R.I.C. - ADV: EDUARDO MIKALAUSKAS (OAB 179867/SP), RENATA LUCAS GUERATTO (OAB 309375/SP), ROSELI FATIMA ALVES LUCAS GUERATTO (OAB 77198/SP), OSVALDO FIGUEIREDO MAUGERI (OAB 65994/SP), WILSON ROBERTO MACHADO (OAB 287734/SP) (DJe de 15.01.2019 - SP)

Processo 0075480-24.2013.8.26.0100

Retificação de Registro de Imóvel - Retificação de Área de Imóvel - Emilia de Jesus Marques Simões Prederico - Municipalidade de São Paulo na pessoa de seu procurador e outros - Vistos. Trata-se de pedido de retificação de área de imóvel solicitado por Emilia de Jesus Marques Simões e Arthur Lundgren Tecidos S/A Casas Pernambucanas. Quando da notificação dos titulares de domínio dos imóveis confrontantes, houve impugnação, pelo que o 14º Oficial suscitou o presente procedimento. Às fls. 96 há manifestação da Municipalidade de São Paulo, em que solicita a realização de perícia para que seja apurada eventual interferência em área municipal. Às fls. 120/121 a confrontante G. Christofe Comércio e Empreendimentos LTDA solicita que seja excluído do polo passivo Guilherme Christofe, posto que a titularidade do imóvel pertence atualmente à empresa. Ademais, reitera o pedido de perícia formulado pela Municipalidade. Às fls. 151/153 o procedimento foi julgado extinto sem resolução de mérito por falta de juntada de instrumento de representação processual. Foram interpostos recursos pelo que às fls. 208/216 foi anulada a sentença e determinado o prosseguimento do feito. Às fls. 225/226 foi deferida a realização de prova pericial. O laudo foi juntado pelo perito às fls. 273/313. O laudo foi contestado por assistente técnico da interessada a que o perito respondeu às fls. 338/340. Às fls. 319 G. Christofe Comércio e Empreendimentos LTDA concorda com os termos do laudo pericial. A Municipalidade concorda com a retificação desde que se dê nos termos da planta de fls. 309 e memorial de fls. 306/307. O Oficial apresentou concordância às fls. 348. O Promotor de Justiça opinou pela procedência do pedido de retificação, uma vez que há concordância entre as partes interessadas. É o relatório. Passo a fundamentar e a decidir. Pretende a requerente a retificação do imóvel matriculado sob nº 11.877. Conforme ensina Luiz Guilherme Loureiro: "Em virtude do principio da legitimidade ou da presunção de veracidade, o Registro deve refletir a verdade não só no que se refere ao titular do direito registrado, mas também quanto à natureza e ao conteúdo deste direito. Assim, qualquer inexatidão do assento deve ser retificada a fim de que reflita perfeitamente a realidade". (Registros Públicos - Teoria e Prática - 2ª ed. - Editora Método). Para que o registro imobiliário exprima a realidade fática, vem admitindo a jurisprudência a retificação de área em casos tais: "CIVIL E PROCESSUAL CIVIL - AÇÃO DE RETIFICAÇÃO DE REGISTRO IMOBILIÁRIO - ARTS. 212 E 213 DA LEI 6.015/73 - ACRÉSCIMO DA ÁREA REPORTADA AO IMÓVEL SEM EXTRAPOLAR AS DIVISAS - ADEQUAÇÃO DO REGISTRO CARTORÁRIO À REALIDADE FÁTICA - AUSÊNCIA DE IMPUGNAÇÃO DOS CONFRONTANTES - PREJUÍZO A TERCEIROS NÃO EVIDENCIADO - IMPOSSIBILIDADE JURÍDICA DO PEDIDO AFASTADA - PRECEDENTES DO STJ - JULGAMENTO DO MÉRITO - APLICABILIDADE DO ART. 515, § 3º, DO CPC – RETIFICAÇÃO PROCEDENTE - RECURSO PROVIDO". "Na linha de precedentes da Corte, é possível a retificação do registro, para acréscimo de área, de modo a refletir a área real do imóvel, desde que não haja, como no caso, impugnação dos demais interessados" (Resp n.º 203205, Min. Carlos Alberto Menezes Direito). (Ap. Cív. n., de Indaial, rel. Marcus Tulio Sartorato, 3ª Câmara Direito Civil, em 27/01/06). Na presente hipótese, quando da realização da perícia houve concordância dos confrontantes citados, desde que a retificação se dê na forma da planta de fls. 309 e do memorial de fls. 306/307. Desse modo, não havendo impugnação entendo que não há óbice ao registro. Ademais, conforme certidão de fls. 353 o ciclo notificatório dos autos foi devidamente encerrado (fls. 111/113) com a notificação de todos os confrontantes do imóvel, bem como da Municipalidade. Por fim, tendo a interessada concordado com a retificação nos termos propostos pela Municipalidade, não há impedimentos para que seja retificada a matrícula. Diante do exposto, julgo procedente o pedido formulado por Emilia de Jesus Marques Simões e Arthur Lundgren Tecidos S/A Casas Pernambucanas em face do Oficial do 14º Registro de Imóveis da Capital, e consequentemente determino a retificação da matrícula do imóvel nos limites definidos na planta de fls 309 e memorial de fls. 306/307. Deste procedimento não decorrem custas, despesas processuais e honorários advocatícios. Oportunamente remetam-se os autos ao arquivo. P.R.I.C. (CP - 440) - ADV: EVANCELSO DE LIMA CONDE (OAB 184965/SP), OSVALDO FIGUEIREDO MAUGERI (OAB 65994/SP), DENIS BERENCHTEIN (OAB 256883/SP) (DJe de 08.02.2019 - SP)

Processo 1045558-76.2017.8.26.0100

Retificação de Registro de Imóvel - Retificação de Área de Imóvel - Maxcorp Assessoria e Participações S/c Ltda - Municipalidade de São Paulo - Vistos. Trata-se de pedido de providências formulado pelo Oficial do 4º Registro de Imóveis da Capital, a requerimento de Maxcorp Assessoria e Participações S/C LTDA, pleiteando a apuração do remanescente do imóvel matriculado sob nº 15.481. O procedimento foi encaminhado a esta Corregedoria Permanente em virtude da impugnação apresentada pela Municipalidade de São Paulo, que aponta interferência do imóvel retificando com área de domínio público municipal, consistente no antigo leito do córrego do Uberaba, que teve seu curso deslocado em razão das obras de canalização promovidas pelo órgão municipal, logo, a área pertencente ao antigo álveo da corrente passou a integrar o domínio público, nos termos do artigo 27 do Código de Águas. Salientou ainda haver interferência em área desapropriada objeto da matrícula nº 192.372. Insurge-se a requerente, alegando que a apuração da área remanescente não implica na alteração de suas medidas e confrontações, uma vez que a presente apuração decorre justamente da desapropriação de área promovida pela Municipalidade. Aduz que o antigo leito do Córrego Uberaba não pertence ao Município, sendo que não houve compensação com despesas feita a título de indenização por desapropriação, consequentemente inaplicável o artigo 27 do Código de Águas. Neste contexto, os argumentos da requerente não foram acatados pela Municipalidade que reiterou os termos da impugnação. Foram juntados documentos às fls. 03/165. Foi determinada a produção de prova pericial (fls. 196/198), cujo laudo foi apresentado às fls. 242/269. A requerente manifestou concordância ao trabalho pericial (fl. 272), enquanto a Prefeitura de São Paulo apresentou impugnação, argumentando que, em relação à interferência apontada com o antigo leito do córrego Uberaba, apresentou o perito nova sobreposição, considerando o limite do curso das águas em linha diversa. Todavia, mesmo considerando o novo limite do curso das águas, restou uma linha de interferência com o leito, devendo ser excluída, já que indiscutível a realização de obras de canalização por parte do órgão municipal. Apresentou documento à fl. 277. Sobre as ponderações da Municipalidade de São Paulo, o expert apresentou nova planta e novo memorial descritivo, contendo a exclusão da área de interferência reclamada (fls. 283/284). Em relação ao novo trabalho apresentado, a Municipalidade de São Paulo demonstrou desinteresse (fl. 287), assim como a requerente e o registrador concordaram com os seus termos (fls. 300 e 309 respectivamente). O Ministério Público opinou pela procedência do pedido (fls. 313/314). É o relatório. Passo a fundamentar e a decidir. A nova planta e memorial descritivo (fls. 283/284) afastaram eventuais dúvidas sobre a interferência do imóvel retificando com área de domínio público municipal, consistente no antigo leito do córrego Uberaba que teve seu curso de águas alterado, haja vista a realização de obras de canalização por parte do Município. A Municipalidade de São Paulo expressou seu desinteresse no feito, desde que adotados o memorial e plantas apresentados pelo perito (fl. 287). Dentro da esfera desta Corregedoria Permanente, examina-se apenas se a impugnação é ou não fundamentada, nos termos do § 5º, do art.213, da Lei nº 6015/73. Em caso positivo, o procedimento é extinto, e as partes remetidas às vias ordinárias, pois nada de contencioso se resolve aqui; em caso negativo, acolher-se-á o pedido da requerente. O novo laudo pericial apresentado às fls. 283/284, que contou com levantamento planimétrico da área em questão, excluiu a área de interferência em relação ao domínio público reclamada pela Municipalidade, bem como concluiu pela necessidade de retificação da área do imóvel, correspondendo assim, à situação fática do local. No mais, houve a concordância da Prefeitura com a nova descrição pretendida, afastando-se assim, o óbice imposto pelo registrador, além de haver expressa concordância da requerente, do delegatário com a retificação e ausência de oposição dos confrontantes. Diante do exposto, julgo procedente o pedido de providências formulado pelo Oficial do 4º Registro de Imóveis da Capital, a requerimento de Maxcorp Assessoria e Participações S/C LTDA, para que seja averbada a apuração do remanescente do imóvel matriculado sob nº 15.481, nos termos do memorial descritivo e planta de fls. 282/284. Deste procedimento não decorrem custas, despesas processuais e honorários advocatícios. Oportunamente remetam-se os autos ao arquivo. P.R.I.C. - ADV: LILIANA MARIA CREGO FORNERIS (OAB 100212/SP), ANTONIO HAMILTON DE C ANDRADE JR (OAB 71797/SP) (DJe de 12.02.2019 - SP)

Processo 1006869-89.2019.8.26.0100

Pedido de Providências - Registro de Imóveis - Luiz Alfredo Pacheco - Vistos. Trata-se de pedido de providências formulado por Luiz Alfredo Pacheco, em face do Oficial do 2º Registro de Imóveis da Capital, pleiteando a retificação do registro nº 15 da matrícula nº 34.561, para constar apenas o nome do requerente sobre a parte do imóvel que adquiriu sozinho, uma vez que se encontrava separado de fato quando a compra foi realizada e de direito quando o registro foi efetuado. Relata em síntese o requerente que adquiriu unilateralmente o imóvel acima mencionado, todavia quando do registro, equivocadamente considerou-se o interessado como casado em regime de comunhão parcial com Leani Cledi Ruppel Pacheco, o que gerou a titularidade somente da fração ideal. Aduz que tal fato é oriundo da apresentação da certidão de casamento desatualizada, haja vista que a averbação do divórcio na certidão deu-se em 03.06.2011 e o registro de compra do imóvel em 10.05.2011, logo à época do registro, o requerente já estava divorciado. Juntou documentos às fls. 08/37. O registrador manifestou-se às fls. 41/42. Informa que o registro está correto, tendo em vista que obedeceu rigorosamente a escritura de 15.04.2011, lavrada perante o 7º Tabelião de Notas da Capital, onde constou que o requerente e Leani Cledi Ruppel Pacheco eram casados. Salienta que embora o registro tenha sido feito em 10.05.2011, o ato jurídico da compra se iniciou com a lavratura da escritura em 15.04.2011, razão pela qual há necessidade da apresentação da carta de sentença de divórcio para verificação da partilha dos bens relativos a 2/21 adquiridas pelo casal, em consonância com o principio da continuidade. Por fim, ressalta que da referida escritura de compra e venda, não há qualquer referencia à separação do casal ou ainda que a compra da parte ideal do imóvel estava sendo realizada exclusivamente pelo varão Luiz Alfredo Pacheco, com recursos próprios, nos termos do artigo 1659, II do CC. Juntou documentos às fls. 43/96. O Ministério Público opinou pela improcedência do pedido (fls. 100/101). É o relatório. Passo a fundamentar e a decidir. Com razão o registrador bem como o D. Promotor de Justiça. Compulsando os presentes autos, verifico que não há irregularidades no registro tabular que mereçam ser retificadas, isto porque o registro nº 15 (fls. 63/65) espelha fielmente o titulo apresentado (fls. 89/93), sendo certo que de acordo com a escritura de venda e compra Zilda Santin do Nascimento, Marcia de Fátima do Nascimento, Marisa do Nascimento Couto, Marcos Denis Couto, Marlene do

Nascimento Marsolla, Ronaldo Matiussi Marsolla, Emília Querin Santin, Eder Luis Querin Santin, Maria Fátima Pereira Alves Santin e Elaine Querin Santin vendeu o imóvel a Cristina Santin Pacheco casada com Mauro Roberto Sansoni, Gisela Santin Pacheco Bartholomeu casada com Oswaldo Bartholomeu Júnior e Luiz Alfredo Pacheco casado sob o regime da comunhão parcial de bens com Leani Cledi Ruppel Pacheco. Logo, não se trata de retificação do registro imobiliário, mas sim da escritura de compra e venda que deu origem ao mencionado registro, sendo certo que o saneamento de eventual equivoco, deverá ser providenciado junto ao MMº Juízo da 2ª Vara de Registros Públicos que detém competência para análise dos atos praticados pelos tabeliães da Capital. Observo que a escritura pública é ato notarial que reflete a vontade das partes na realização do negócio jurídico, observados os parâmetros fixados pela Lei e pelas Normas de Serviço da Corregedoria Geral da Justiça, reproduzindo, portanto, exatamente aquilo que os outorgantes e outorgados declararam ao escrivão ou ao escrevente. Segundo o ilustre jurista Narciso Orlandi Neto: "Não há possibilidade de retificação de escritura sem que dela participem as mesmas pessoas que estiveram presentes no ato da celebração do negócio instrumentalizado. É que a escritura nada mais é que o documento, o instrumento escrito de um negócio jurídico; prova preconstituída da manifestação de vontade de pessoas, explicitada de acordo com a lei. Não se retifica manifestação de vontade alheia. Em outras palavras, uma escritura só pode ser retificada por outra escritura, com o comparecimento das mesmas partes que, na primeira, manifestaram sua vontade e participaram do negócio jurídico instrumentalizado." (Retificação do Registro de Imóveis, Juarez de Oliveira, pág. 90). E ainda segundo Pontes de Miranda: "falta qualquer competência aos Juízes para decretar sanações e, até, para retificar erros das escrituras públicas: escritura pública somente se retifica por outra escritura pública, e não por mandamento judicial" (Cfr. R.R. 182/754 - Tratado de Direito Privado, Parte Geral, Tomo III, 3ª ed., 1970, Borsoi, § 338, pág. 361). Ressalte-se ainda que quando da lavratura do mencionada escritura o requerente ostentava o estado civil de casado sob o regime da comunhão parcial de bens, logo, houve a comunicabilidade do bem a sua ex cônjuge, uma vez que não há qualquer observação que a compra do imóvel estava sendo realizada exclusivamente pelo cônjuge varão com recursos próprios ou a exclusão do bem da comunhão. E caso assim não o fosse far-se-ia necessária a manifestação da sua ex cônjuge Leoni Cledi Ruppel Pacheco anuindo com tal pretensão, o que não apresentado aos autos. Daí se conclui que não houve qualquer irregularidade no registrou ou ofensa aos principios registrais no presente caso. Diante do exposto, julgo improcedente o pedido de providências formulado por Luiz Alfredo Pacheco, em face do Oficial do 2º Registro de Imóveis da Capital, devendo o requerente proceder à retificação do título que deu origem ao registro nº 15, ou apresentar algum documento que exclua a comunicação do imóvel. Deste procedimento não decorrem custas, despesas processuais e honorários advocatícios. Oportunamente remetam-se os autos ao arquivo. P.R.I.C. - ADV: GUILHERME CUNTO LIMA DE AZEVEDO E SILVA (OAB 409115/SP) (DJe de 01.03.2019 - SP)

Processo 1015467-32.2019.8.26.0100

Pedido de Providências - Registro de Imóveis - Maria Mercedes Scarpinella de Oliveira - 14º Oficial de Registro de Imóveis da Capital - Municipalidade de São Paulo - Vistos. Trata-se de pedido de providências encaminhado a este Juízo pelo Oficial do 14º Registro de Imóveis da Capital, formulado por Maria Mercedes Scarpinella de Oliveira, que pretende a retificação da área remanescente do imóvel transcrito sob nº 44.675, nos termos do artigo 213 da Lei nº 6.015/73. Tal procedimento foi encaminhado a esta Corregedoria Permanente tendo em vista a impugnação da Municipalidade de São Paulo (fls. 93/94). Entende o órgão municipal que a interessada não apresentou um levantamento topográfico do local e sim uma planta simplificada com as medidas e angulos arredondados e sem amarrações suficientes para garantir o seu posicionamento na quadra, bem como memorial sem angulação. Intimada da impugnação, a requerente informou que não ocorreram mudança na localização geográfica do lote remanescente e alteração do traçado da via pública, consequentemente não houve avanço do lote na avenida. Foram juntados documentos às fls. 03/94. O Ministério Público opinou pela improcedência do pedido (fls. 100/101). É o relatório. Passo a fundamentar e a decidir. Como é sabido, neste feito examina-se apenas se a impugnação é ou não fundamentada, nos termos do que dispõe o § 5º, do art. 213, da Lei nº 6015/73. Em caso positivo, isto é, se fundamentada, o procedimento é extinto remetendo-se as partes às vias ordinárias, pois nada de contencioso se resolve aqui; em caso negativo, prossegue-se na retificação com a devolução dos autos ao Oficial de Registro de Imóveis. Narciso Orlandi Neto, in Retificação do Registro de Imóveis, Ed. Oliveira Mendes, págs. 161/165, lembra que a lei não esclarece o que é impugnação fundamentada, e que não é nada fácil defini-la nem estabelecer regra prática para distingui-la. Sem embargo, afirma que basta que os termos da impugnação coloquem no julgador dúvida a respeito da viabilidade e da inofensividade da pretensão para que ela seja considerada fundamentada, não se exigindo que o impugnante demonstre cabalmente o efetivo prejuízo que o deferimento do pedido poderá trazer-lhe. E prossegue afirmando que fundamenta é aquela que não permite decisão sem o exame do direito das partes, e que denota a existência de uma lide, em que o direito alegado pelo impugnante se contrapõe ao alegado pelo requerente. Observa, porém, que ela tem de ser razoável, não bastando ao impugnante se opor à pretensão sem dizer em que ela atingirá seu direito, isto é, não é suficiente a mera alegação de que a retificação causará avanço em sua propriedade, sendo de rigor que se diga onde e de que forma isso ocorrerá. Mais adiante, depois de citar precedente em que o E. Tribunal de Justiça de São Paulo decidiu que o juiz pode determinar perícia para apreciar se a impugnação era fundamentada, observou que o processo administrativo não comporta perícia no imóvel do confrontante que impugnou o pedido alegando invasão de divisas, de modo que, se a descrição do imóvel confrontante permite a alegação, com seriedade suficiente para deixar o juiz em dúvida, o caso é de encerramento da via não contenciosa. Verificadas essas premissas, passa-se ao exame do caso posto. No caso concreto, as manifestações da Municipalidade à fl. 94 estão baseadas em dados que afastam a presunção de que a retificação não interferirá na via pública, afetando consequentemente eventuais direitos dos munícipes, sem que os argumentos contrários sejam suficientes para o entendimento de que a impugnação é infundada. Primeiramente o croquis apresentado pela requerente, à fl. 03, foi elaborado de forma unilateral, não constando a assinatura de um profissional técnico, bem como consta dois pontos de interrogação referentes à metragem dos fundos e à área destacada, o que caracteriza a necessidade da retificação da área. Posteriormente foi juntado o memorial descritivo e o levantamento planialtimétrico da área remanescente (fls. 71/74). Ocorre que no levantamento apresentado não constam angulos de deflexões, pontos de amarração, largura das ruas, apenas a metragem do terreno de 118.85 m^2, o que impossibilita aferir o exato posicionamento do lote na quadra. A simples argumentação da requerente de que não houve avanço do lote na via pública é genérica, vez que não houve qualquer comprovação desta alegação, o que poderá ocasionar diferença na metragem do terreno, bem como interferir de maneira significante nas dimensões e medidas dos imóveis confinantes e causar desfalques ou perdas. Deste modo, este juízo administrativo não pode acatar o pedido de retificação, havendo necessidade de dilação probatória que respeite o contraditório e ampla defesa, devendo a lide ser levada a julgamento perante as vias ordinárias. Do exposto, julgo fundamentada a impugnação apresentada pela Municipalidade de São Paulo, sendo improcedente a retificação realizada de forma administrativa. Deste procedimento não decorrem custas, despesas processuais e honorários advocatícios. Oportunamente remetam-se os autos ao arquivo. P.R.I.C. - ADV: MARCIA HALLAGE VARELLA GUIMARAES (OAB 98817/SP) (DJe de 13.03.2019 - SP)

Processo 1017079-05.2019.8.26.0100

Pedido de Providências - Retificação de Área de Imóvel - Antonio Carlos Firmino e outros - 8º Oficial de Registro de Imóveis - Condomínio Edifício Dora I e II - Municipalidade de São Paulo e outros - Vistos. Trata-se de pedido de providências formulado pelo Oficial do 8º Registro de Imóveis da Capital, a requerimento de Antonio Carlos Fermino e Regina Ohnmachft Fermino, que pleiteiam a retificação extrajudicial da descrição do imóvel remanescente, transcrito sob nº 9.453 do 1º Registro de Imóveis da Capital, a fim de possibilitar o registro das escrituras públicas de seus antecessores e dos próprios requerentes. O presente procedimento foi encaminhado a este Juízo em virtude da impugnação do Condomínio Edifício Dora I e II, por seu síndico Marcelo Sawaya Sakamoto, bem como Cláudia Regina Andrade Marques e Mário dos Santos Marques. Alegam os impugnantes a existência de litispendência em razão da ação de usucapião proposta por Cláudia e Mário, a qual tramite perante este Juízo sob o nº 1070789-47.2013.8.26.0100. Instados a se manifestar acerca da impugnação, os requerentes afirmaram que se trata de invasores, cuja posse está sendo contestada em juízo, e que o Condomínio age por amizade aos invasores, logo a impugnação deve ser indeferida. Intimada, a Municipalidade de São Paulo não se opôs à retificação, bem como foram notificados fictamente os confrontantes Nelson Ferreira Rosa Gonçalves e Marcelo Ferreira Gonçalves. Foram juntados documentos às fls. 05/476. O Ministério Público opinou pela improcedência do pedido, por reputar a impugnação como fundamentada (fls. 479/480). É o relatório. Passo a fundamentar e a decidir. Como é sabido, neste feito examina-se apenas se a impugnação é ou não fundamentada, nos termos do que dispõe o § 5º, do art. 213, da Lei nº 6015/73. Em caso positivo, isto é, se fundamentada, o procedimento é extinto remetendo-se as partes às vias ordinárias, pois nada de contencioso se resolve aqui; em caso negativo, prossegue-se na retificação com a devolução dos autos ao Oficial de Registro de Imóveis. Narciso Orlandi Neto, in Retificação do Registro de Imóveis, Ed. Oliveira Mendes, págs. 161/165, lembra que a lei não esclarece o que é impugnação fundamentada, e que não é nada fácil defini-la nem estabelecer regra prática para distingui-la. Sem embargo, afirma que basta que os termos da impugnação coloquem no julgador dúvida a respeito da viabilidade e da inofensividade da pretensão para que ela seja considerada fundamentada, não se exigindo que o impugnante demonstre cabalmente o efetivo prejuízo que o deferimento do pedido poderá trazer-lhe. E prossegue afirmando que fundamentada é aquela que não permite decisão sem o exame do direito das partes, e que denota a existência de uma lide, em que o direito alegado pelo impugnante se contrapõe ao alegado pelo requerente. Observa, porém, que ela tem de ser razoável, não bastando ao impugnante se opor à pretensão sem dizer em que ela atingirá seu direito, isto é, não é suficiente a mera alegação de que a retificação causará avanço em sua propriedade, sendo de rigor que se diga onde e de que forma isso ocorrerá. Mais adiante, depois de citar precedente em que o E. Tribunal de Justiça de São Paulo decidiu que o juiz pode determinar perícia para apreciar se a impugnação era fundamentada, observou que o processo administrativo não comporta perícia no imóvel do confrontante que impugnou o pedido alegando invasão de divisas, de modo que, se a descrição do imóvel confrontante permite a alegação, com seriedade suficiente para deixar o juiz em dúvida, o caso é de encerramento da via não contenciosa. Verificadas essas premissas, passo ao exame do caso posto. Como bem exposto pelo Registrador, diante da existência de ação de usucapião, tramitando na esfera judicial, não há como nesta estrita esfera administrativa apreciar a impugnação e muito menos afastá-la. Neste contexto, a usucapião é modo de adquisição originária do domínio, com a perda do antigo dono, cujo direito sucumbe em face da aquisição, ou seja, não há qualquer transmissão de seus caracteres, vícios ou limitações. Havendo ação de usucapião em tramite perante este Juízo, a matrícula a ser aberta para o imóvel em questão deverá observar as descrições contidas no laudo pericial, ou memorial descritivo e planta apresentados naquele feito, que torna o presente procedimento de retificação extrajudicial por si só prejudicado. Ademais, diante da existência de litigio sobre o domínio do bem imóvel, o qual será definido na ação pendente de julgamento, o juízo administrativo não tem competência para avaliar a fundo qualquer impugnação contrária à retificação de área, sendo necessário apenas argumento plausível para que a impugnação seja aceita. Destaco que as manifestações do Condomínio Edifico Dora I e II, bem como Cláudia Regina Andrade Marques e Mário dos Santos Marques, estão baseadas em dados que afastam a presunção de que a retificação não alcança interesse de terceiros, sem que os argumentos contrários sejam suficientes para que o entendimento de que a impugnação é infundada. Deste modo, este juízo administrativo não pode acatar o pedido de retificação pleiteada. Saliento ainda que a ação de usucapião mencionada, encontra-se em fase de julgamento, com o qual irá se definir quem detém o domínio do imóvel, e após a abertura da matrícula nos termos do mandado expedido, haverá eventual interesse na retificação da área do remanescente do lote. Diante do exposto, fundamentada a impugnação, sendo improcedente a retificação realizada de forma administrativa. Deste procedimento não decorrem custas, despesas processuais e honorários advocatícios. Oportunamente remetam-se os autos ao arquivo. P.R.I.C. - ADV: LUIZ ROBERTO SABBATO (OAB 41764/SP), OSVALDO FIGUEIREDO MAUGERI (OAB 65994/SP) (DJe de 18.03.2019 - SP)

Processo 1107152-62.2015.8.26.0100

Retificação de Registro de Imóvel - Registro de Imóveis - Nova Gasometro S/A - Municipalidade de São Paulo e outro - Vistos. Trata-se de pedido de providências formulado pelo Oficial do 17º Registro de Imóveis da Capital, a requerimento de Nova Gasômetro S/A, a qual pretende a retificação administrativa cumulada com apuração de remanescente do imóvel matriculado sob nº 32.019. Tal feito foi encaminhado a este Juízo em razão da impugnação apresentada pela Municipalidade de São Paulo, que alega interferência da área retificanda com área desapropriada pela Prefeitura, objeto do Decreto Municipal nº 6.888. Foram juntados documentos às fls. 05/1497. Foi determinada a realização de prova pericial (fls. 1556/1558), cujo laudo inicial foi apresentado às fls. 1602/1678, com a ressalva que os trabalhos não foram concluídos em razão da impossibilidade do perito e sua equipe entrar na área pública correspondente à área de interferência que ensejou a impugnação. Acerca do laudo apresentado, a requerente manifestou-se às fls. 1682/1689, concordando com o trabalho técnico, que concluiu inadequada a sobreposição realizada pelo técnico da Municipalidade que motivou a impugnação. Apresentou parecer concordante às fls. 1690/1770 e documentos às fls. 1771/1773. Houve manifestação da Municipalidade de São Paulo às fls. 1784/1785, permitindo o acesso para realização da perícia. Assevera o perito que teve acesso ao interior do parque confrontante, porém não foi autorizado a promover medições e fotografar a área da região da divisa. Entende que resta dispensada diligencia para medições, uma vez ser possível analisar a situação fática cadastral somente pelos dados e imagens obtidos pelo Mapa Digital da Cidade, que retrata a situação física real com alto grau de resolução e consistente exatidão de informações (fls. 1794/1802). A requerente concordou com os esclarecimentos prestados (fls. 1805/1807), enquanto a Prefeitura de São Paulo solicitou que o trabalho fosse refeito, em atendimento ao disposto no artigo 213, II da Lei nº 6.015/73. Juntou documentos às fls. 1809/1810. Foi juntada a complementação das informações do laudo pericial às fls. 1821/1826, bem como memorial descritivo e plantas (fls. 1837/1839). A Municipalidade apresentou nova impugnação à fl. 1841, diante dos novos esclarecimentos, juntando documentos às fls. 1842/1846. Nova manifestação do perito às fls. 1856/1860, afastando a impugnação apresentada, sob o argumento da ausência de descrição e da exata localização do polígono que encerra o imóvel, bem como a indicação de todos os confrontantes no texto descritivo, em consonância com os critérios legais de especialidade objetiva. Intimado o órgão municipal reiterou sua impugnação, solicitando que o perito promova nova descrição e planta do imóvel retificando, com a exclusão das áreas de interferência com bens públicos municipais. Apresentou documentos às fls. 1904/1906. Vieram aos autos nova planta e memorial descritivo, em que foram destacadas as áreas reclamadas como públicas (fls. 1911/1913), sobre estes documentos houve concordância da requerente (fls. 1924/1925 e 1936), enquanto a Municipalidade de São Paulo demonstrou insurgência (fls. 1921/1923). Novos esclarecimentos do perito (fls. 1929/1933). Destaca que a Municipalidade não observou as alterações juntadas pela perícia às fls. 1911/1913. Por fim, o órgão municipal manifestou- se às fls. 1937 demonstrando desinteresse no feito, desde que adotados os memoriais descritivos de fls. 1911/1912 e planta de fl. 1913. O Ministério Público opinou pela extinção do feito, ou alternativamente pela notificação dos demais confrontantes. É o relatório. Passo a fundamentar e a decidir. Pretende a requerente a retificação administrativa cumulada com apuração de remanescente do imóvel matriculado sob nº 32.019. Dentro da esfera desta Corregedoria Permanente, examina-se apenas se a impugnação é ou não fundamentada, nos termos do § 5º, do art. 213, da Lei nº 6015/73. Em caso positivo, o procedimento é extinto, e as partes, remetidas às vias ordinárias, pois nada de contencioso se resolve aqui; em caso negativo, acolher-se-á o pedido da requerente. Pois bem, o presente feito foi encaminhado a este Juízo diante da impugnação apresentada pela Municipalidade de São Paulo, sob o argumento da existência de interferência da área retificanda com área desapropriada pela Prefeitura, objeto do Decreto Municipal nº 6.888. Como se vislumbra na presente hipótese após os novos esclarecimentos prestados pelo perito, que destacou a área de interferência e apresentou nova planta e memorial descritivo do imóvel (fls. 1911/1913), havendo concordância de ambas as partes acerca do laudo apresentado, entendo superada a impugnação que motivou a remessa do procedimento a este Juízo, devendo os autos retornarem ao Oficial de Registro de Imóveis para prosseguimento das notificações faltantes. Diante do exposto, julgo extinto o feito, nos termos do artigo 485, IV do CPC. Deste procedimento não decorrem custas, despesas processuais e honorários advocatícios. Oportunamente arquivem-se os autos. P.R.I.C. - ADV: ALVARO CELSO DE SOUZA JUNQUEIRA (OAB 161807/SP), EDUARDO MIKALAUSKAS (OAB 179867/SP), JOSE DE MELLO JUNQUEIRA (OAB 18789/SP), MARCIA HALLAGE VARELLA GUIMARAES (OAB 98817/SP) (DJe de 01.04.2019 - SP)

Processo 1019673-89.2019.8.26.0100

Pedido de Providências - Registro de Imóveis - Sylvia Maria Ferreira dos Santos - Olvison da Silva Pinto - Vistos. Trata-se de pedido de providências formulado por Sylvia Maria Ferreira dos Santos e Olvison da Silva Pinto, em face do Oficial do 7º Registro de Imóveis da Capital, pretendendo a retificação das matrículas nºs 116.101 e 116.102 para constar a exclusividade da propriedade em nome da primeira requerente. Relatam que foram casados de 25.09.1971 até 12.06.1985, sob o regime da comunhão universal de bens, quando se divorciaram. Ocorre que, em 04.02.2006, voltaram a se relacionar com novo casamento civil sob o regime da comunhão parcial de bens. Esclarecem que em 23.04.2001 a requerente Sylvia comprou dois imóveis, objeto das matrículas mencionadas, sendo que na data da aquisição os interessado estavam divorciados. Todavia, Olvison foi avalista de Sylvia, constando no contrato tal dado. Salientam que os imóveis foram parcelados até o dia 05.09.2011, ou seja, quando da quitação os requerentes já estavam casados novamente, porém afirmam que a única que pagou pelos imóveis foi Sylvia. Quando os imóveis foram quitados, houve a averbação junto ao registro de imóveis, constando o nome do requerente Olvison como casado em comunhão parcial de bens com Sylvia. Destacam que em meados de fevereiro do corrente ano dirigiram-se ao Cartório para registro do contrato de 2001, no qual constava apenas o nome da requerente, o que foi negado pelo delegatário. Apresentou documentos às fls. 07/42. O registrador manifestou-se às fls. 46/48. Esclarece que o registro espelhou a escritura pública lavrada perante o 2º Tabelião de Notas da Capital, onde constou que Sylvia Maria Ferreira dos Santos é casada sob o regime da comunhão parcial de bens, na vigência da Lei nº 6.515/77, com Olvison da Silva Pinto. Argumenta que não houve a apresentação de qualquer título de aquisição em nome exclusivo da requerente, bem como não é possível corrigir os elementos do contrato após a publicidade registral já de conhecimento de terceiros. Apresentou documentos às fls. 49/54. O Ministério Público opinou pela improcedência do pedido (fls. 57/58). É o relatório. Passo a fundamentar e a decidir. Com razão o Registrador, bem como o D. Promotor de Justiça. Compulsando os presentes autos verifico que não há irregularidades no registro tabular que mereçam ser retificadas, isto porque os registros nº 05 nas matrículas nºs 116.101 e 116.102 apenas espelharam o título apresentado, sendo certo que, de acordo com a escritura de venda e compra lavrada perante o 2º Tabelião de Notas da Capital, constou como compradores Sylvia Maria ferreira dos Santos, casada sob o regime da comunhão parcial de bens com Olvison da Silva Pinto. Daí que não há qualquer prova juntada aos autos do acordo mencionado pelos requerentes na inicial de que os imóveis ficariam apenas para a cônjuge virago. Ressalto ainda que se houvesse tal acordo não seria da competência do registrador proceder a sua análise, vez que a qualificação registral restringe-se exclusivamente aos aspectos formais do título e não ao seu conteúdo. O que causa surpresa no caso em tela é que, após oito anos da efetivação do registro, os requerentes se insurgem pretendendo a retificação do registro com base nos instrumentos particular de compromisso de venda e compra datados de 2001/2002 (fls. 13/24), ou seja, muito anterior a escritura pública de compra de venda datada de 2011 (fls. 37/39). Logo, o saneamento de eventual erro constante na escritura deverá ser providenciado junto à Corregedoria Permanente do Cartório de Notas da Capital. Observo que a escritura pública é ato notarial que reflete a vontade das partes na realização do negócio jurídico, observados os parâmetros fixados pela Lei e pelas Normas de Serviço da Corregedoria Geral de Justiça, reproduzindo, portanto, exatamente aquilo que os outorgantes e outorgados declararam ao Escrivão ou ao Escrevente. Segundo o ilustre jurista Narciso Orlandi Neto: "Não há possibilidade de retificação de escritura sem que dela participem as mesmas pessoas que estiveram presentes no ato da celebração do negócio instrumentalizado. É que a escritura nada mais é que o documento, o instrumento escrito de um negócio jurídico; prova preconstituída da manifestação de vontade de pessoas, explicitada de acordo com a lei. Não se retifica manifestação de vontade alheia. Em outras palavras, uma escritura só pode ser retificada por outra escritura, com o comparecimento das mesmas partes que, na primeira, manifestaram sua vontade e participaram do negócio jurídico instrumentalizado." (Retificação do Registro de Imóveis, Juarez de Oliveira, pág. 90). E ainda segundo Pontes de Miranda: "falta qualquer competência aos Juízes para decretar sanações e, até, para retificar erros das escrituras públicas: escritura pública somente se retifica por outra escritura pública, e não por mandamento judicial" (Cfr. R.R. 182/754 - Tratado de Direito Privado, Parte Geral, Tomo III, 3ª ed., 1970, Borsoi, § 338, pág. 361). Logo, diante da ausência de titulo aquisitivo em nome exclusivo da requerente, faz-se mister a manutenção da negativa em se efetivar a retificação pleiteada, devendo a prova de que o bem foi adquirido com esforço próprio pela requerente ser objeto de futura ação nas vias ordinárias. Diante do exposto, julgo improcedente o pedido de providências formulado por Sylvia Maria Ferreira dos Santos e Olvison da Silva Pinto, em face do Oficial do 7º Registro de Imóveis da Capital.

Deste procedimento não decorrem custas, despesas processuais e honorários advocatícios. Oportunamente remetam-se os autos ao arquivo. P.R.I.C. - ADV: WASHINGTON LUIZ MOURA (OAB 374273/SP) (DJe de 03.04.2019 - SP)

Processo 1032278-67.2019.8.26.0100

Pedido de Providências - Registro de Imóveis - Evelise Feres - Vistos. Trata-se de ação de nulidade de escritura pública de doação e seu registro, formulada por Elise Feres em face de Edelson Feres. Relata a requerente que as partes, bem como Eloise Feres, são filhos de Myrna Donga Feres, a qual está sofrendo processo de interdição (processo nº 1008865-44.2018.8.26.0008), em trâmite perante o MMº Juízo da 2ª Vara Da Família e Sucessões do Foro Regional VIII - Tatuapé. Informa que Myrna é viúva e proprietára de três imóveis matriculados sob nºs 49.889 do 9º RI, 34.153 do 2º RI e 24.728 do 5º RI. Ocorre que a genitora doou a nua propriedade ao filho Edelson dos imóveis matriculados sob nºs 34.153 e 24.728, reservando para si o usufruto vitalício, após a constatação da doença de Alzheimer que a acometia, razão pela qual tais doações devem ser consideradas nulas, assim como os registros. Afirma que seu irmão incitou sua genitora a doar outros bens de seu patrimônio, em que não existia copropriedade, pois após a doação poderia vende-los sem a participação de suas irmãs. Logo, para resguardar o patrimônio, a requerente promoveu a ação de nulidade de escritura pública. Juntou documentos às fls. 06/45 e 49/63. É o relatório. Passo a fundamentar e a decidir. A ação deve ser extinta, com o indeferimento da petição inicial, em razão da inadequação da via eleita. A interessada pugna pela nulidade da escritura pública de doação com reserva de usufruto atinente a dois imóveis, lavrada por sua genitora em prol de um dos herdeiros, sob o argumento de que à época da lavratura já se encontrava em trâmite a ação de interdição, vez que a doadora sofre da doença de Alzheimer. Pois bem, os registros nºs 4 do 2º RI (fls. 22/25) e 7 do 5º RI (fls. 28/32), tiveram por base a escritura pública de doação com reserva de usufruto (fls. 49/54). Referido título foi formalmente qualificado pelos Oficiais de Registro da Capital, que não encontraram qualquer óbice para o registro. As razões expostas pela requerente para embasar o pedido tratam de vício intrínseco do título que deu origem ao registro. Formalmente o ato está perfeito, decorrente de instrumento público devidamente lavrado, e não encontra irregularidades que esta 1ª Vara de Registros Públicos deva reconhecer. Pelo princípio da legitimação (eficácia do registro), os vícios reconhecíveis pela via administrativa são apenas aqueles comprováveis de pleno direito que resultem de erros evidentes extrínsecos ao título, sem necessidade de exame de outros documentos ou fatos (artigos 214, caput, e 252 da Lei 6.015/73). O vício intrínseco, derivado do reconhecimento da nulidade do ato jurídico, deve ser reconhecido em procedimento contencioso cível, com a participação da outra parte que participou da doação e com ampla dilação probatória. Configurado o vício do negócio, o cancelamento do registro feito na matrícula do imóvel ocorrerá como consequência, assim como determina o artigo 216 da Lei 6.015/73. Sabe-se que o interesse processual é composto da necessidade e da adequação. No caso posto, a despeito da necessidade, verifica-se a ausência do quesito da adequação, sendo que este juízo tem competência censório disciplinar e, portanto, não pode analisar questões de direito material que envolvam o negócio jurídico. De acordo com Narciso Orlandi Neto: "É preciso distinguir nulidade direta do registro e nulidade do título, com reflexo no registro. O registro não pode ser cancelado por nulidade do título, salvo em processo contencioso de que participe o titular do direito inscrito. Em outras palavras, o art. 214 da Lei 6.015/73 é exceção. E como se sabe se o registro é ou não nulo de pleno direito? Sabe -se que o registro é ou não nulo de pleno direito examinando-o separadamente do título que lhe deu causa, apenas à luz dos princípios que regem o registro, a saber se foram cumpridos os requisitos formais. A indagação da nulidade do registro deve ficar restrita aos "defeitos formais do assento, ligados à inobservância de formalidades essenciais da inscrição (Código Civil, arts. 130 e 145, III)" (Afrânio de Carvalho, Retificação do Registro, in RDI 13, p. 17). A nulidade a que se refere o art. 214 da Lei de Registros Públicos é exclusiva do registro, absolutamente independente do título, tanto que, uma vez declarada, permite que o mesmo título seja novamente registrado. ... A nulidade que pode ser declarada diretamente independentemente de ação, é de direito formal, extrínseca. Ela não pode alcançar o título, que subsiste íntegro e, em muitos casos, apto a, novamente, ingressar no registro. ... Problemas relativos ao consentimento das partes, diz respeito ao título, tanto quanto sua representação e a elaboração material do instrumento. Assim, se houve fraude, se a assinatura do transmitente foi falsificada, se o instrumento público não consta dos livros de nenhum notário, se a procuração que serviu na representação de uma das partes é falsa, se o consentimento do alienante foi obtido com violência, são todos problemas atinentes ao título. Podem afetar o registro, mas obliquamente. Só podem determinar o cancelamento do registro, em cumprimento de sentença que declare a nulidade do título e, em conseqüência, do registro..." (Retificação do Registro de Imóveis, Ed. Oliveira Mendes, pág. 183/192). Outrossim, não há como o registrador no âmbito da qualificação registral dar solução à questão de direito material não decidida, ou cuja decisão não ficou demonstrada, porque o exame de qualificação é atividade meramente administrativa, não protegida pela segurança da coisa julgada. Logo, nenhuma medida restará a ser adotada por esta Corregedoria Permanente, cuja natureza é meramente administrativa e somente faz coisa julgada formal. Por fim, não verifico qualquer violação nas condutas dos Oficiais do 2º e 5º Registro de Imóveis da Capital ao efetuar o registro do doação com reserva de usufruto entabulado entre as partes. Diante do exposto, por inadequada a via eleita, INDEFIRO a petição inicial, e julgo extinto o processo, na forma do art. 485, I, c.c. 330, III, ambos do Código de Processo Civil. Deste procedimento não decorrem custas, despesas processuais e honorários advocatícios. Oportunamente remetam-se os autos ao arquivo. P.R.I.C. - ADV: CORA HELENA LUPATELLI ALFONSO (OAB 203621/SP) (DJe de 14.05.2019 - SP)

Processo 1037040-29.2019.8.26.0100

Pedido de Providências - Registro de Imóveis - Christiano Jorge Santos e outro - Cynthia Torres Cristofaro - Condomínio Edifício Obelisco e outro - Vistos. Trata-se de pedido de providências iniciado pelo Oficial do 1º Registro de Imóveis da Capital, após impugnação apresentada por diversos interessados em face da retificação administrativa requerida por Christiano Jorge Santos na matrícula nº 3.692 da mencionada serventia. A retificação foi solicitada para que fosse alterada a descrição tabular de unidade autônoma, para constar a expressão "triplex" onde consta "duplex". A justificativa apresentada pelo requerente é a própria descrição do imóvel, que ocuparia o "10º andar, parte do 11º andar e a cobertura", acompanhada de laudo técnico. Notificado, o Condomínio Edilício, por meio de sua síndica, bem como outros condôminos, apresentaram impugnação, aduzindo que a retificação pleiteada representaria adicionar novo andar ao imóvel, alterando sua área total e seus reflexos na área comum, trazendo prejuízo aos demais condôminos. O Oficial (fls. 443/447) entendeu que, por não haver maiores interferências com relação a ocupação do imóvel, mas mera alteração na descrição do apartamento, a impugnação era infundada e deferiu a retificação. Contra tal decisão, recorreram os impugnantes para esta Corregedoria Permanente, manifestando-se às fls. 938/941. O Ministério Público opinou pela improcedência da impugnação (fls. 935/937). É o relatório. Decido. Entendo que, em que pese a aparente simplicidade na retificação solicitada, a questão é mais complexa, de modo que a litigiosidade apresentada não permite sua solução administrativa. Consta da impugnação apresentada (fls. 269/273) que o condomínio vinha buscando perante o requerente solução consensual quanto à ocupação de determinadas áreas do prédio. Aparentemente o requerente propôs a retificação ora em análise para contornar o problema. Digo aparentemente pois não há prova de tal motivação, e nem poderia haver em procedimento administrativo, mas os diversos laudos juntados aos autos bem como a combatividade das partes bem demonstram que, sob a justificativa de alterar a denominação de "duplex" para "triplex" está se pretendendo algo diferente, com maiores reflexos práticos do que aqueles inicialmente vislumbrados pelo Oficial e pelo D. Promotor. A descrição atual do imóvel assim prevê: "O aptº duplex nº 101 no 10º andar, parte do 11º andar e a cobertura do Edifício Obelisco (...)". Tal descrição está em consonância com a caracterização da unidade no instrumento de instituição e especificação do condomínio (fls. 25/27). Não obstante, o termo "cobertura" utilizado causa dúvidas. No vernáculo comum, o termo, quando se refere a edifícios, normalmente diz respeito ao apartamento localizado no último pavimento, constituindo unidade autônoma própria. Todavia, o termo também pode se referir simplesmente ao espaço logo acima do último pavimento, ou seja, a "laje" do edifício, em que não há benfeitorias ou espaço usufruível, mas apenas espaço pavimentado a céu aberto. Neste último caso, não se considera existir um "andar", mas apenas o "teto" do apartamento imediatamente anterior, o que não permite considerar que a unidade autônoma ocupa três andares, mas apenas dois. Diferenciar no caso concreto, portanto, triplex e duplex representa apurar se (i) a "cobertura" mencionada na matrícula representa um andar ocupável ou (ii) por vício da descrição e pela configuração do edifício, que tem formato não retangular, diz respeito apenas a "laje" do 10º andar que confronta com o 11º andar, e não a laje deste último, que seria área comum, nos termos do Art. 3º da Lei 4.591/1964. Ainda que se entendesse que a "cobertura" se refere a laje do 11º andar, sua ocupação pelo proprietário do imóvel e o uso possível seria contestável, já que poderia inviabilizar o acesso ao ático, que abriga benfeitorias essenciais ao funcionamento do condomínio. Portanto, a alteração da descrição do bem, apenas por tais elementos, já seria problemática e levaria a interferências na vida condominial. Junte-se a isso o fato de não haver na especificação do condomínio (fl. 19) menção à cobertura como andar próprio, mas apenas como algo vinculado a unidade 101, sendo o último pavimento, conforme tal instrumento, o 11º andar. Portanto, qualquer ocupação da "cobertura", considerada como 12º andar e que permita a conclusão de existir um triplex, seria contraditória a tal convenção. Saliento que a determinação do espaço referido como "cobertura" na matrícula é essencial para determinar os direitos de seu proprietário. Incluir a última laje como cobertura representa maior espaço ocupável, que pode não refletir exatamente ao espaço descrito como área útil na matrícula. Conforme o laudo juntado pelo próprio requerente (fl. 77): "Pelos desenhos e quadros de área das plantas aprovadas é impossível comparar as medidas que constam na descrição tabular - a planta sequer indica individualmente a metragem quadrada do apartamento 101, e o quadro do carimbo mistura área da laje de cobertura com área do apartamento do zelador. Assim, não se pode afirmar com a devida segurança, a partir das tabelas de resumo de áreas das plantas, onde estariam fisicamente 365m^2 de área útil registrados." (grifei) O laudo juntado pelos impugnantes (fls. 423/437) prevê que tal área diz respeito apenas ao 10 e 11º andar, não incluindo a ocupação da última laje, o que corrobora com o entendimento de que há incertezas sobre a descrição do imóvel. Em resumo, o termo "cobertura" constante na matrícula, a depender de sua interpretação, pode acarretar em ocupação de áreas úteis diversas, trazendo conflito com a área útil descrita na matrícula que, como se sabe, traz reflexos com relação a fração ideal do terreno de propriedade do titular da unidade autônoma e, consequentemente, a todos os demais condôminos. Assim, há clara contradição na matrícula: ou bem o termo cobertura inclui a laje adjacente ao átrio, e a área útil descrita na matrícula está incorreta, ou o seu proprietário tem direito a área útil descrita e o termo cobertura está incorretamente inserido na matrícula ou refere-se a área diversa da mencionada laje. Qualquer que seja a hipótese, há conflito entre os interesses do condomínio e do requerente, com vantagens e desvantagens para cada qual a depender da interpretação, o que afasta a possibilidade de solução administrativa. Denominar o apartamento como triplex, por via indireta, representaria dizer que há ocupação regular e legítima de três andares, o que não é passível de certeza em face de tudo que foi acima exposto. Devem as partes, portanto, buscar as vias ordinárias para solucionar o imbróglio, determinando- se, com ampla produção probatória, qual a área ocupável pelo requerente conforme seu título de propriedade, procedendo-se as competentes retificações necessárias após tal conclusão judicial. Do exposto, julgo procedente o recurso administrativo dos impugnantes para indeferir a retificação administrativa pleiteada, remetendo as partes às vias ordinárias. Não há custas, despesas processuais nem honorários advocatícios decorrentes deste procedimento. Oportunamente, arquivem-se os autos. P.R.I.C. - ADV: JOSÉ ANTÔNIO COSTA ALMEIDA (OAB 256530/SP), WALKER ORLOVICIN CASSIANO TEIXEIRA (OAB 174465/SP), CARLOS EDUARDO DE GÁSPARI VALDEJÃO (OAB 112204/SP) (DJe de 23.05.2019 - SP)

Processo 1047447-94.2019.8.26.0100

Pedido de Providências - Retificação de Área de Imóvel - C.C. - J.H.C. - Juiz(a) de Direito: Dr(a). Leticia Fraga Benitez VISTOS. Trata-se de expediente instaurado a partir de requerimento formulado por Carlo Carotenuto e Jamal Haddad Carotenuto em face do 15º Tabelião de Notas da Capital, pugnando pela retificação de escritura pública de cessão de direitos hereditários. Vieram aos autos os documentos de fls. 05/140. A n. representante do Ministério Público manifestou-se às fls. 146/148. É o breve relatório. DECIDO. Trata-se de pedido objetivando a retificação de escritura pública de cessão de direitos hereditários, em que constam como cedentes Diolino Ramos do Espírito Santo e Claudino Ramos do Espirito Santo, e como cessionários Carlos Carotenuto e sua mulher Jamal Haddad Carotenuto. Alegam os interessados, em síntese, que o cedente Claudino Ramos dos Espírito Santo não ostenta a condição de herdeiro da autora da herança, Sra. Maria Chistina do Espirito Santo, razão pela qual pretendem a retificação da escritura de cessão de direitos hereditários para que passe a constar como escritura de compra e venda. Pois bem. Pese embora a argumentação deduzida nos autos, forçoso convir, na espécie, que o ato notarial que se pretende retificar já está aperfeiçoado e consumado, inexistindo possibilidade jurídica, no âmbito administrativo, para a alteração pretendida ante ao conteúdo das declarações de vontade. Não se deve perder de vista que escritura pública é ato notarial que reflete a vontade das partes na realização de negócio jurídico, observados os parâmetros fixados pela Lei e pelas Normas de Serviço da Corregedoria Geral da Justiça, reproduzindo, portanto, exatamente aquilo que outorgantes e outorgados manifestaram ao preposto da serventia. Qualquer falha ou erro em escritura pública só pode ser emendado com a participação das mesmas partes, mediante a lavratura de novo ato. Nesse sentido, já se decidiu que: "permitir essas correções, ainda que indícios apontem no sentido da ausência de prejuízo potencial a terceiros, seria munir o agente administrativo de poderes que não dispõe, capazes de interferir com a manifestação da vontade da parte que já a deixou consignada formalmente no título causal" (in Decisões Administrativas da Corregedoria Geral da Justiça, ed. RT 1989, p. 242, nº 127). Diante de todo o exposto, inviável a retificação pretendida, razão porque indefiro o pleito inicial. Encaminhe-se cópia desta decisão à Egrégia Corregedoria Geral da Justiça, por e-mail, inclusive disponibilizando- se a senha de acesso aos autos pela DICOGE, viabilizando o acompanhamento integral deste expediente. Oportunamente, arquivem-se os autos, observadas as N.S.C.G.J. Ciência aos Representantes e ao Ministério Público.

I.C. - ADV: LEONITA FATIMA SANCHEZ SILVA (OAB 53943/ SP) (DJe de 05.06.2019 - SP)

Processo 1013202-57.2019.8.26.0100

Retificação de Registro de Imóvel - Registro de Imóveis - Aide Rodrigues Alves - Municipalidade de São Paulo - Vistos. Trata-se de pedido de providências formulado por Aide Rodrigues Alves Martins em face do Oficial do 15º Registro de Imóveis da Capital, pretendendo a retificação do sobrenome de seu genitor, suprimindo a expressão "Dos Santos" para fazer constar somente "Américo Alves", junto à transcrição nº 28.960. Juntou documentos às fls. 03/09. A inicial foi emendada à fl. 12, com a juntada de novos documentos às fls. 13/18. O Registrador manifestou-se às fls. 22/23. Argumenta ser a via judicial a única possível para a retificação pleiteada, tendo em vista que o procedimento administrativo diretamente à Serventia importaria em eventual prejuízo a terceiros. Para comprovar os fatos alegados, a requerente apresentou novos documentos às fls. 32/33 e 41/48. Tendo em vista a divergência em relação ao número do CPF constante dos documentos pessoais e aquele informado no carne do IPTU, a Municipalidade foi intimada para esclarecimentos. Salienta que a inserção do numero do CPF foi feita exclusivamente por comparação de bases de dados e não incluído a partir de documento apresentado pelo interessado. Logo, permanece a dúvida quanto a titularidade do domínio do imóvel. Juntou documentos às fls. 62/64. O Ministério Público opinou pela procedência do pedido (fls. 70/71). É o relatório. Passo a fundamentar e a decidir. A Lei 6.015, de 31 de dezembro de 1973, em seus arts. 213 e 214, I, g, permite a retificação do registro de imóveis sempre que se fizer necessária inserção ou modificação dos dados de qualificação pessoal das partes, comprovada por documentos oficiais, ou mediante despacho judicial quando houver necessidade de produção de outras provas. É essa a hipótese dos autos para a qual há um conjunto de documentos que permitem afirmar que houve erro material no registro imobiliário, constando erroneamente o nome Américo Alves dos Santos, quando o correto é Américo Alves. Verifica-se da certidão de óbito (fl. 08), bem como dos documentos de identidade CPF (fl. 06) e RG (fls. 06 e 13), que o nome verdadeiro do genitor da requerente é Américo Alves. Neste contexto, entendo que o proprietário do imóvel transcrito sob nº 28.960 é o genitor da interessada, tendo em vista a juntada dos documentos originais da escritura de compra e venda (fls. 40/47) e o comprovante do pagamento do imposto de transmissão e carne do IPTU 2018, onde, apesar de constar Américo Alves dos Santos, denota-se o mesmo endereço constante na escritura de compra e venda. Em relação à divergência do CPF constante no carne do IPTU, a Municipalidade esclareceu que a inserção ocorreu de forma automática, por meio de buscas no site da Receita Federal com a coincidência do nome cadastrado com o CPF fornecido, ou seja, não houve a apresentação de qualquer documento pelo interessado. Logo, pelos documentos trazidos aos autos, ficou provado o erro material que se pretende corrigir. Ressalto ainda que a requerente deverá providenciar administrativamente, junto à Prefeitura de São Paulo, a alteração do número do CPF e correção do nome do proprietário que consta do sistema daquele órgão, para a correta emissão do carne do IPTU. Diante do exposto, julgo procedente o pedido de providências formulado por Aide Rodrigues Alves Martins, em face do Oficial do 15º Registro de Imóveis da Capital, e consequentemente determino a retificação da transcrição nº 28.960, para alterar o nome do proprietário, para que passe a constar Américo Alves, incluindo os dados referentes aos documentos pessoais, quais sejam, portador do RG nº 5.895.957-9 e CPF nº 205.974.018-53. Deste procedimento não decorrem custas, despesas processuais e honorários advocatícios. Oportunamente remetam-se os autos ao arquivo. P.R.I.C. - ADV: ZULMIRA MONTEIRO DE ANDRADE LUZ (OAB 62145/SP), MIRELLA FRAGALLE (OAB 316882/SP) (DJe de 06.06.2019 - SP)

Processo 1064070-78.2015.8.26.0100

Retificação de Registro de Imóvel - Retificação de Área de Imóvel - Maria Panzuto Di Siervi - Municipalidade de São Paulo e outros - Vistos. Trata-se de ação de pedido de retificação da descrição do objeto da matrícula n. 25.201 do 15º Oficial de RISP. Foram colhidas informações do Registro de Imóveis (fls. 11/65). Foi realizada perícia (fls. 159/198). Citados os confrontantes e o Município, houve oposição inicial ao pedido por parte do ente federativo. Contudo, uma vez feitos os esclarecimentos (fls. 319/323), não houve mais resistência (fl. 349). O Ministério Público opinou pela procedência do pedido. É o relatório. DECIDO. Presentes pressupostos processuais e condições da ação, no mérito, o pedido é parcialmente procedente. Isso porque se constatou que o título registrário da área identificada na petição inicial não é a matrícula n. 25.201 indicada na petição inicial, conforme informações do i. Oficial às fls. 11, com confirmação posterior do Perito. De todo modo, identificou-se que não há prejuízo a terceiros se adotado o memorial descritivo de fls. 319 e planta de fls. 323 como identificação da área. Bem observou o i. Oficial, contudo, que a retificação deverá previamente ser efetivada à margem da transcrição n. 3.047 do 2º Oficial de RISP, nos moldes do artigo 213, II, parágrafo sétimo da Lei n. 6.015/73, para que, posteriormente, se busque o registro da pretendida escritura, promovendo-se o registro em conformidade com a nova descrição. É possível a retificação, portanto, desde que observados os moldes bem expostos pelo i. Oficial. Ante o exposto, JULGO PARCIALMENTE PROCEDENTE o pedido para a retificação da área, nos exatos termos identificados pelo i. Oficial de RISP às fls. 413/414, observando-se memorial descritivo de fls. 319 e planta de fls. 323. DECRETO a extinção do processo com resolução do mérito (art. 487, I, do CPC). Nos termos da Portaria Conjunta 01/2008 das Varas de Registros Públicos da Capital, esta sentença servirá como mandado para registro, desnecessária a expedição de novos documentos. Custas e despesas pela parte autora. Oportunamente, ao arquivo. P.I.C. - ADV: EDUARDO MIKALAUSKAS (OAB 179867/SP), MARIA CRISTINA DE MORAES AGUIAR (OAB 79337/SP) (-DJe de 25.06.2019 - SP)

Processo 1116584-71.2016.8.26.0100

Retificação de Registro de Imóvel - Registro de Imóveis - Aguinaldo José Berloffe e outros - Municipalidade de São Paulo - Lucius - Empreendimentos Imobiliarios Ltda. e outro - Vistos. Trata-se de pedido de providências formulado pelo Oficial do 4º Registro de Imóveis da Capital a requerimento de Aguinaldo José Berloffe, Brasilina Aulicino Berloffe, Nadia Elisabeth Berloffe Pagnani, Patrícia Berloffe Pagnani Hohagen, Victor Raul Haya Hohagen Filho, Priscila Berloffe Pagnani Rigonatti, Edson Marqueto Rigonatti e Rodrigo Berloffe Pagnani, pretendendo a retificação do imóvel matriculado sob nº 98.512. Foram juntados documentos às fls. 04/238. O procedimento foi encaminhado a este Juízo, tendo em vista a impugnação apresentada pela Municipalidade de São Paulo, aduzindo que há interferência do imóvel retificando com a área de domínio público municipal, consistente no antigo leito do córrego do Uberaba, o qual teve seu curso deslocado em razão das obras de canalização promovidas pela Municipalidade, sendo que a área pertencente ao antigo álveo da corrente teria passado a integrar o domínio público, nos termos do artigo 27 do Código de Águas. Insurgem-se os interessados da impugnação (fls. 244/252), sob a alegação de que o fato do terreno ocupar área pertencente ao antigo leito do córrego Uberaba não autorizaria a transferência automática ao domínio do Poder Público. Por fim, requerem a realização de prova pericial. Apresentaram documentos às fls. 253/256. Foi deferida a prova técnica (fls. 276/277), cujo laudo foi juntado às fls. 303/350. Concluiu o perito que a retificação é intra muros, bem como não existem indícios de que o imóvel em questão esteja interferindo nos imóveis vizinhos e no logradouro público. Concorda com a Municipalidade de São Paulo no tocante à passagem do antigo leito do Córrego Uberaba na área retificando e afirma que, ao que tudo indica, as obras de mudança de curso do rio foram realizada pela Administração Pública. Acerca do laudo pericial os requerentes manifestaram sua concordância (fls. 355/356), enquanto a Municipalidade de São Paulo discordou (fls. 357/359). Aduz a Prefeitura que, nos termos do artigo 27 do Código de Águas, o leito abandonado em decorrência de obra passa a pertencer ao expropriante, no caso a própria Municipalidade. Sobre as considerações tecidas pela Municipalidade o perito manifestou-se às fls. 416/418, retificando o levantamento planimétrico topográfico apresentado anteriormente (fls. 419/430). A Municipalidade de São Paulo, novamente requereu a correção dos Anexos I, II e III para incluir a descrição do segmento "C" e retificar o confrontante, conforme indicado pelo setor técnico do Departamento do órgão municipal (fls. 447/448). Foram juntados novos memoriais descritivos e levantamento planimétrico topográfico devidamente retificados (fls. 470/481), dos quais a Municipalidade de São Paulo demonstrou desinteresse, desde que adotados o levantamento topográfico juntados às fls. 467/480, ou seja, se houver a exclusão da área do imóvel retificando, enquanto os requerentes reiteraram os argumentos da inicial, ressaltando que se trata de retificação "intra muros" (fls. 492/497). O Ministério Público opinou pela procedência do pedido (fls. 522/524). É o relatório. Passo a fundamentar e a decidir. Em que pesem os fundamentos expostos pelo D. Promotor de Justiça, entendo que a pretensão retificatória não pode ser atendida neste procedimento de jurisdição voluntária. O feito mencionado no parecer do órgão ministerial (processo nº 1065681-95.2017.8.26.0100), apesar de guardar semelhança com o presente caso, constou de seu dispositivo pela improcedência do pedido, sendo esta decisão confirmada em sede de recurso pela Egrégia Corregedoria Geral da Justiça. Feitas estas considerações, analisando a impugnação da Municipalidade, entendo que ocorre conflito envolvendo domínio da área retificanda. Isto porque há fortes indícios de que se trata de área que correspondia ao antigo leito do córrego Uberaba, de modo que há possibilidade de ser região de titularidade municipal. Neste contexto, o artigo 213, § 6º da Lei de Registros Públicos, prevê expressamente a remessa da retificação às vias ordinárias, em havendo impugnação fundamentada: "§ 6º Havendo impugnação e se as partes não tiverem formalizado transação amigável para solucioná-la, o oficial remeterá o processo ao juiz competente, que decidirá de plano ou após instrução sumária, salvo se a controvérsia versar sobre o direito de propriedade de algumas das partes, hipótese em que remeterá o interessado para as vias ordinárias". (g.n) A impugnação da Municipalidade é complexa, devendo a insurgência ser dirimida nas vias ordinárias, vez que na esfera administrativa é mitigada a produção probatória. Ademais, o procedimento de jurisdição voluntária não comporta decisão que tenha força de coisa julgada material. Por isso, não há como solucionar matéria conflituosa, que refoge à questão registral e à própria competência do Juízo em sede de Corregedoria Permanente. Ressalto que este Juízo teve recentemente oportunidade de analisar questão semelhante, nos autos nº 102010-38.2017.8.26.0100. Diante do exposto, julgo improcedente o pedido de providências, formulado pelo Oficial do 4º Registro de Imóveis da Capital a requerimento de Aguinaldo José Berloffe, Brasilina Aulicino Berloffe, Nadia Elisabeth Berloffe Pagnani, Patrícia Berloffe Pagnani Hohagen, Victor Raul Haya Hohagen Filho, Priscila Berloffe Pagnani Rigonatti, Edson Marqueto Rigonatti e Rodrigo Berloffe Pagnani, devendo os interessados buscar as vias ordinárias para satisfação de sua pretensão. Deste procedimento não decorrem custas, despesas processuais e honorários advocatícios. Oportunamente remetam-se os autos ao arquivo. P.R.I.C. - ADV: ARTHUR LISKE (OAB 220999/SP), LEANDRO CRASS VARGAS (OAB 215834/SP), MARCIA HALLAGE VARELLA GUIMARAES (OAB 98817/SP) (- DJe de 27.06.2019 - SP)

Processo 1025469-20.2017.8.26.0007

Pedido de Providências - Retificação de Área de Imóvel - Julia Laudelina de Souza - Vistos. Trata-se de pedido de retificação de registro imobiliário requerido por Júlia Laudelina de Souza, buscando a correção do nome e da qualificação de Francisco Joaquim de Souza na matrícula nº 78.769, do 9º Ofício de Registro de Imóveis da Capital (fls. 01/05). Juntou documentos às fls. 06/31. O 9º Oficial do Registro de Imóveis da Capital manifestou-se às fls. 47/50, sustentando que a documentação apresentada pela requerente não seria suficiente para sanar a incompatibilidade identificada na matrícula do imóvel. Afirma que os dados presentes no título da escritura aquisitiva, de onde foram extraídas as informações constantes na escritura, encontram-se em concordância aos dispostos no registro questionado. Assim, alega a inexistência de irregularidade registral e a improcedência do pretensão da requerente. O Ministério Público opinou pela procedência do pedido (fls. 161/163). É o relatório. Decido. Verificados pressupostos processuais e condições da ação, no mérito, o pedido é procedente. A pretensão da requerente centra-se no reconhecimento da efetiva titularidade constante na matrícula nº 78.769 e sua a posterior retificação. O referido registro apresenta como proprietário do imóvel Francisco Joaquim de Souza, enquanto a requerente, Júlia Laudelina de Souza, afirma que o imóvel em debate seria de propriedade de seu falecido marido, Francisco de Souza. Assim, quando Julia buscou a transferência da titularidade dos bens deixados por seu marido, foi apontada a discrepância entre o nome registrado na matrícula do imóvel e o nome do falecido. Como bem destacado pela douta representante do Ministério Público, a documentação presente nos autos permite confirmar que o pedido da requerente merece acolhimento. Em resposta à decisão de fls. 56/57, o Tabelião responsável pela lavratura da escritura de aquisição do imóvel juntou cópia, na qual Francisco Joaquim de Souza" declara-se casado com Juliana Laudelina de Souza. Ainda, foi juntado o termo de casamento de Francisco (fl. 68), no qual é referido somente como "FRANCISCO DE SOUZA", assim como em sua certidão de nascimento (fl. 72), sendo registrado somente como "FRANCISCO DE SOUZA". Inobstante a incongruência relativa às diferentes qualificações do titular do imóvel, o CPF constante na matrícula em tela, segundo apresentado pela Receita Federal (fl. 81), não apresenta identificação do nome da mãe, naturalidade ou título eleitoral constantes no cadastro, enquanto o CPF apresentado pela requerente encontra vinculação com o RG de número nº 12.312.532-5. Tal número de RG encontra dados congruentes em relação aos apresentados na petição inicial. Deste modo, entendo suficientes os elementos trazidos aos autos para comprovação da identificação do proprietário do imóvel, afastando o óbice quanto à retificação pretendida pela requerente. Ante o exposto, JULGO PROCEDENTE o pedido de retificação da matrícula nº 78.769, do 9º Registro de Imóveis da Capital, para alterar o nome do titular dominial de FRANCISCO JOAQUIM DE SOUZA para FRANCISCO DE SOUZA. Não há custas, despesas processuais ou honorários advocatícios decorrentes deste procedimento. Oportunamente, arquivem-se os autos. P.R.I - ADV: DEFENSORIA PÚBLICA DO ESTADO DE SÃO PAULO (OAB 999999/DP) (- DJe de 25.07.2019 - SP)

Processo 1047479-02.2019.8.26.0100

Pedido de Providências - Registro de Imóveis - José Lopes Rodrigues - Vistos. Trata-se de pedido de retificação de registro requerido por JOSÉ LOPES RODRIGUES, relativo ao nome dos proprietários do imóvel transcrito sob nº 83.146 no 10º Oficial de Registro de Imóveis da Capital. O requerente informa que o imóvel encontra-se na titularidade tabular de seus pais, sendo que eles teriam mudado de nome no decorrer da vida, sem que tais alterações fossem averbadas na respectiva matrícula. Dessa forma, com o falecimento dos genitores, o requerente pretende a regularização da cadeia sucessória do bem frente à serventia registral. Juntou documentos às fls. 08/24. O Registrador relata que, ao solicitar a regularização registral, o requerente teria apresentado escritura de cessão de direitos hereditários e documentação pessoal de seus pais nas quais constam incongruências em relação ao disposto na matrícula. Assim, entende que o aperfeiçoamento da qualificação relativa aos proprietários do imóvel deve ser promovido perante o presente juízo. O Ministério Público opinou às fls. 62/64 pela a procedência do pedido. É o relatório. Decido. A Lei 6.015, de 31 de dezembro de 1973, em seus arts. 213 e 214, I, g, permite a retificação do registro de imóveis sempre que se fizer necessária inserção ou modificação dos dados de qualificação pessoal das partes, comprovada por documentos oficiais, ou mediante despacho judicial quando houver necessidade de produção de outras provas. É essa a hipótese dos autos em relação à retificação do nome de MANOEL, para a qual há um conjunto de documentos que permitem afirmar que se verifica uma qualificação precária na matrícula de nº 83.146. Nesse sentido, o requerente apresentou documentação que permite identificar, com suficiente grau de certeza, que MANOEL RODRIGUES e MANOEL RODRIGUES BICHO são a mesma pessoa, como constante pelo RNE de fl. 59 e a certidão de casamento de fls. 57/58. Por outro lado, quanto à MARIA JOSÉ, o mesmo não se verifica. A identificação presente na matrícula informa o nome MARIA JOSÉ CARVALHO LOPES e, como bem pontuado pelo D. Oficial, a documentação apresentada não permite confirmar que MARIA JOSÉ CARVALHO LOPES é a mesma pessoa que MARIA JOSÉ DA SILVA LOPES. Sem o devido lastro documental que permita confirmar a alegada alteração, permitir tal registro configuraria ameaça ao princípio da segurança jurídica, um dos grandes norteadores da atividade registraria. Saliento, neste ponto, a possibilidade de que o requerente busque a retificação da escritura de inventário e adjudicação (fls. 11/15), para que constem ali todos os nomes pelos quais Maria José era conhecida, conforme constou na escritura de cessão de direitos hereditários (incluindo a qualificação como Maria Jose de Carvalho Lopes), de modo que o título corresponda ao que consta na matrícula. Diante do exposto, JULGO PARCIALMENTE PROCEDENTE retificação proposta por José Lopes Rodrigues, e determino a retificação na matrícula nº 83.146 do 10º Registro de Imóveis da Capital, a fim de alterar o nome do MANOEL RODRIGUES para MANOEL RODRIGUES BICHO. Deste procedimento não decorrem custas, despesas processuais e honorários advocatícios. Oportunamente remetam-se os autos ao arquivo. P.R.I.C. - ADV: RITA DE CASSIA BUENO (OAB 265713/SP) (– DJe de 30.08.2019 – SP)

Processo 1014640-89.2017.8.26.0003

Pedido de Providências - Retificação de Área de Imóvel - Adalgisa Ramos Siqueira - Vistos. Trata-se de pedido de providências formulada por Adalgisa Ramos Siqueira em face do Oficial do 8º Registro de Imóveis da Capital, pleiteando a retificação do estado civil de sua genitora Marcionilia Ramos de Cerqueira, falecida em 29.09.2004, para constar como solteira ao invés de viúva, junto à matricula nº 41.038. Relata a requerente que é inventariante do Espólio de Marcionilia Ramos de Cerqueira, todavia, não consegue registrar a partilha tendo em vista constar equivocadamente na matrícula que a falecida era viúva, sendo que na certidão de óbito consta que era solteira. Juntou documentos às fls. 05/164, 191/194 O Registrador manifestou-se às fls. 174/175. Esclarece que o registro espelha o que constou da escritura à época apresentada, razão pela qual a retificação pleiteada desafia o manejo da via administrativa judicial diante da necessidade de produção de outras provas diversas da documental. Assevera a requerente que, caso sua genitora tivesse casado, tal informação deveria constar em seu assento de nascimento (fls. 221/222). Foi deferida a expedição de ofícios à Corregedoria Geral de Justiça da Bahia, bem como Corregedoria Geral da Justiça da Capital, solicitando esclarecimentos sobre a existência de casamento em nome de Marcionilia ou Marcionila (fls. 243/244). Vieram aos autos informações da Egrégia Corregedoria Geral da Justiça da Capital (fls. 248/251), tendo sido infrutíferas as buscas a partir de 01.01.1970. A Corregedoria Geral de Justiça da Bahia prestou esclarecimentos à fl. 276. Salienta a impossibilidade de efetuar a pesquisa, em razão da insuficiência dos dados, devendo ser informado data e local do casamento. A requerente manifestou-se às fl. 283, corroborando os argumentos da inicial. Destaca a impossibilidade de informar a data e local de casamento. O Ministério Público opinou pelo indeferimento do pedido (fls. 266/267). É o relatório. Passo a fundamentar e a decidir. Com razão o Registrador, bem como a D. Promotora de Justiça. A Lei 6.015, de 31 de dezembro de 1973 (LRP), arts. 213 e 214, I, g, permite a retificação do registro de imóveis sempre que se fizer necessária inserção ou modificação dos dados de qualificação pessoal das partes, comprovada por documentos oficiais, ou mediante despacho judicial quando houver necessidade de produção de outras provas. Na presente hipótese, a requerente pretende a retificação do estado civil de sua genitora na matrícula nº 41.038, para constar como solteira ao invés de viúva. Os documentos apresentados, consistentes nas certidões de óbito e nascimento, não são suficientes para comprovar o estado civil de Marcionilia, vez que a declaração do estado civil na certidão de óbito é feita por qualquer pessoa denominada declarante, não tendo valor probatório se considerada isoladamente. Neste contexto, as informações das Corregedorias Geral da Justiça da Bahia e de São Paulo são inconclusivas em relação à existência de casamento em nome de Marcionilia ou Marcionila, razão pela qual o pedido da interessada é impossível de ser atendido por este Juízo. A alteração do estado civil da genitora da interessada ultrapassa o simples rigor formal da retificação na matrícula. Isso porque, embora haja indícios de que não fosse casada formalmente, poderia haver a existência de união estável, que embora não seja uma estado civil, traz implicações em relação à comunicação do imóvel em questão, nos termos do art. 1725 e 1658 do Código Civil: "Art. 1.725. Na união estável, salvo contrato escrito entre os companheiros, aplica-se às relações patrimoniais, no que couber, o regime da comunhão parcial de bens. Art. 1.658. No regime de comunhão parcial, comunicam-se os bens que sobrevierem ao casal, na constância do casamento, com as exceções dos artigos seguintes". Assim, entendo que reconhecer a modificação do estado civil de Marcionilia implicará em violação ao princípio da segurança jurídica que norteia os atos registrários, trazendo consequências na partilha dos bens, podendo atingir terceiros de boa fé, vez que poderia estar configurada a união estável e consequentemente os bens teriam se comunicado. Ainda, embora a interessada e seus irmãos se apresentem como únicos herdeiros, o que afastaria o risco a terceiros, tal alegação tem caráter unilateral e somente poderia ser apurada em procedimento adequado. Logo, deverá a requerente valer-se da via judicial adequada, com ampla dilação probatória para alcançar sua pretensão, vez que via administrativa a produção de provas é mitigada. Diante do exposto, julgo improcedente o pedido de providências formulada por Adalgisa Ramos Siqueira, em face do Oficial do 8º Registro de Imóveis da Capital, e consequentemente mantenho o entrave registrário. Deste procedimento não decorrem custas, despesas processuais e honorários advocatícios. Oportunamente remetam-se os autos ao arquivo. P.R.I.C. - ADV: DEFENSORIA PÚBLICA DO ESTADO DE SÃO PAULO (OAB 999999/DP). (– DJe de 10.09.2019 – SP)

TESTAMENTO

Processo 0038236-51.2019.8.26.0100

Pedido de Providências - REGISTROS PÚBLICOS - J.D.V.R.P.C.C. - D.A. e outros - Juiz(a) de Direito: Dr(a). Leticia Fraga Benitez VISTOS. Trata-se de expediente instaurado a partir de determinação deste Juízo, nos autos do pedido de providencias nº 1055336-40.2019.8.26.0100, tendo em vista a alegação de suposta irregularidade na lavratura de testamento público de Ruth Tini de Araújo pelo Sr. 4º Tabelião de Notas da Capital, em virtude de suposta incapacidade da testadora. O 4º Tabelião de Notas da Capital manifestou-se às fls. 49/58. Designada audiência, foi tomado o depoimento do preposto Antonio Canheu Filho (fls. 119/122). A D. Representante do Ministério Público ofertou parecer, pugnando pelo arquivamento do feito (fls. 106/108, 119 e 130/131). É o breve relatório. DECIDO. Inicialmente, impende ressaltar que o âmbito de atribuições do exercício desta Corregedoria Permanente dos Tabelionatos de Notas da Capital se desenvolve na esfera administrativa nesta 2ª Vara de Registros Públicos, limitado aos aspectos administrativos do serviço público delegado, com vistas a apurar eventual responsabilidade disciplinar do Titular da Delegação. Vale dizer, não haverá formação de convencimento judicial para anulação dos atos notariais ou sobre eventual responsabilidade civil. Fixada esta premissa, consta dos autos que em 06 de maio de 2019, perante o 4º Tabelião de Notas da Capital, foi lavrado o testamento de Ruth Tini de Araújo. De acordo com as alegações dos interessados Silvio Tini de Araújo e Darci de Araújo, há anos, a irmã Ruth Tini de Araújo já apresenta a saúde debilitada, não apresentando discernimento e tomada de decisões por si própria, o que comprometeria o testamento lavrado perante o 4º Tabelião de Notas da Capital. Nos esclarecimentos prestados nos autos, o Senhor Notário, por seu turno, sustentou que todas as cautelas inerentes ao seu mister foram adotadas antes da lavratura do testamento. Ressaltou que a testadora não apresentava nenhum indício de desorientação ou confusão mental que obstasse a manifestação de sua vontade, mas apenas dificuldade motora para assinar, razão pela qual foi colhida sua impressão digital. Pois bem. Do estudo do acervo probatório carreado aos autos, forçoso é convir que não há demonstração da incapacidade da testadora, ao tempo do ato. Com efeito, em seu depoimento, o escrevente responsável pelo ato, Antonio Canheu Filho, esclareceu que por ocasião da lavratura do testamento, a Senhora Ruth Tini de Araújo encontrava-se em pleno gozo de suas faculdades mentais, sendo certo que em nenhum momento houve qualquer dúvida acerca da intenção da testadora em dispor de seus bens. E, como bem ponderado pela n. Promotora de Justiça, o atestado médico de fls. 125, acostado aos autos pelos interessados, não anuncia qualquer falta de discernimento de Ruth Tini de Araújo, mas apenas elenca os comprometimentos físicos que a acometem. Além disso, as declarações de Adrelina Magalhães, João Batista, Denise Machado e Marcelo, por si, também não trazem certeza de que a testadora estava incapacidade para manifestar desejo de última vontade quando da lavratura do ato. Relevante destacar que, a incapacidade civil não decorre, por si só, de idade avançada, de dificuldade de locomoção e tampouco do uso de aparelho respiratório, tornando-se, assim, imprescindível a demonstração concreta de que a testadora estaria com o entendimento comprometido ao tempo da prática do ato notarial, o que, contudo, não ocorreu. Ainda que assim não fosse, é cediço que, por diversas vezes, as circunstâncias que revelam eventual incapacidade da parte não são facilmente percebidas pelos profissionais do Tabelionato responsáveis pela lavratura dos atos, uma vez que funcionários, além de não possuírem conhecimento técnico para diagnosticar e constatar a enfermidade geradora de déficit de discernimento, desconhecem o histórico médico e familiar dos interessados. Ademais, a disciplina das capacidades no Código Civil, alicerçada na ideia de consciência sã voltada à autodeterminação (discernimento), sofreu drástica alteração pelo advento do Estatuto da Pessoa com Deficiência, que entrou em vigor em janeiro de 2.016, e criou, a partir daí, uma nova teoria das incapacidades. A alteração no conceito das incapacidades introduzida pelo Estatuto da Pessoa com Deficiência, na esteira da inclusão social em prol da dignidade do indiví duo, desatrelou os conceitos de deficiência (física, mental e intelectual) e de incapacidade, aclarando que a deficiência não gera, a priori, incapacidade absoluta ou relativa. Portanto, a partir da recente edição do precipitado Estatuto, que já vigorava à época da lavratura do ato, a incapacidade civil decorrente de enfermidade ou transtorno mental, permanente ou transitório, não pode ser presumida. Desta feita, para dar ensejo à responsabilização disciplinar do Delegatário, a conduta deve ser avaliada a partir de critérios objetivos, em cada caso concreto, verificando-se se, em determinada circunstância, era prudente ou esperado que o Tabelião empreendesse maiores diligencias que as usualmente adotadas para a lavratura do ato notarial. No caso em tela, contudo, como acima já explicitado, não há elemento probatório mínimo/suficiente a indicar que, no momento da lavratura do testamento, a Senhora Ruth Tini de Araújo apresentasse quadro de confusão mental ou desorientação que obstasse a realização do ato pelo escrevente responsável. Finalmente, conquanto algumas Serventias Extrajudiciais, exijam documentos comprobatórios da sanidade mental dos interessados em determinadas situações, não há regramento legal ou normativo que imponha tal obrigatoriedade. Bem por isso, a hipótese em exame não dá margem à adoção de providência censório disciplinar em relação ao serviço correcionado, não se vislumbrando responsabilidade funcional hábil a ensejar procedimento administrativo. Por conseguinte, à míngua de medida correcional a ser instaurada, determino o arquivamento dos autos. Ciência ao Sr. Notário, aos Interessados e ao Ministério Público. Encaminhe-se cópia desta decisão à Egrégia Corregedoria Geral da Justiça, por e-mail, servindo a presente como ofício. I.C. - ADV: CARLOS AUGUSTO REIS DE ATHAYDE FERNANDES (OAB 234083/SP), GABRIELA ROLLER CURI (OAB 339674/SP) (– DJe de 30.08.2019 – SP)

USUCAPIÃO

Processo 1134486-66.2018.8.26.0100

Dúvida - REGISTROS PÚBLICOS - Praça Vila Mariana Empreendimentos e Participações Ltda. - Vistos. Trata-se de dúvida suscitada pelo Oficial do 14º Registro de Imóveis da Capital a requerimento de Praça Vila Mariana Empreendimentos e Participações Ltda., após terem sido levantados óbices ao pedido extrajudicial de usucapião. Da nota devolutiva (fl. 72) constam as seguintes exigências, reiteradas pelo Oficial na petição que deu início a este procedimento: 1- Necessidade de apresentação do endereço do titular de domínio ou herdeiros para notificação. 2- Indeferimento do pedido de dispensa da notificação dos confrontantes.

3- Notificação dos herdeiros de Benedicto Rocha. 4- Juntada de documentos que demonstrem os requisitos da usucapião, além de certidões do imóvel usucapiendo. Juntados documentos às fls. 05/78. A suscitada manifestou-se às fls. 81/84, aduzindo a impossibilidade de localização do proprietário, requerendo a dispensa de sua notificação ou que seja feita por edital; a desnecessidade de notificação dos confrontantes conforme normativa do CNJ bem como dos herdeiros de Benedicto Rocha, tendo em vista que há nos autos prova da transmissão dos direitos sobre o bem. O Ministério Público opinou às fls. 89/95 pelo afastamento dos óbices 2,3 e 4 e pela citação por edital do proprietário tabular. É o relatório. Decido. Pugnam os suscitados pela dispensa de notificação do proprietário Andrew Allen Robotton com base no Art. 13 do Prov. 65/17 do CNJ, que assim dispõe: Art. 13. Considera-se outorgado o consentimento mencionado no caput do art. 10 deste provimento, dispensada a notificação, quando for apresentado pelo requerente o justo título ou instrumento que demonstre a existência de relação jurídica com o titular registral, acompanhado de prova da quitação das obrigações e de certidão do distribuidor cível expedida até trinta dias antes do requerimento que demonstre a inexistência de ação judicial contra o requerente ou contra seus cessionários envolvendo o imóvel usucapiendo. Todavia, como bem pontuado pela D. Promotora, a dispensa da notificação deve ser interpretada restritivamente, uma vez que o procedimento de usucapião representa a perda da propriedade do imóvel, ou seja, apenas em excepcionais hipóteses pode ser afastada a notificação dos proprietários tabulares e, consequentemente, mitigar seu direito de defesa no processo de usucapião. Assim, o consentimento ficto previsto no artigo supramencionado depende da apresentação de documento que demonstre a existência de relação jurídica com o titular registral, prova de quitação das obrigações e certidão do distribuidor. Na presente hipótese, tais requisitos não foram preenchidos: a suscitada não demonstrou relação jurídica direta com o titular registral, mas apenas com os promitentes compradores do bem. Para além disso, não juntou qualquer prova de quitação das obrigações. Destaco que, sendo este último requisito expresso na norma, não se aplica qualquer presunção de que a inexistência de impugnação judicial representa o adimplemento das obrigações. Por tais razões, de rigor a manutenção da exigência de notificação do titular de domínio ou seus herdeiros. Além disso, no momento não é possível deferir a notificação por edital, sendo que não há nos autos qualquer documento que demonstre não ser possível a localização do titular de domínio ou seus herdeiros. Em verdade, na certidão de fls. 38/41, há notícia de existência da ação de inventário do titular Andrew Allen Robotton (Proc. 0000002- 43.1951.8.26.0048), onde poderão ser localizados endereços de herdeiros ou inventariante para a devida notificação. Apenas se infrutífera tal diligência poderá ser requisitada a notificação por edital, pedido que deverá ser oportunamente apreciado pelo Oficial, com possível recurso a esta corregedoria. Quanto à notificação dos confrontantes, assim dispõe o Art. 10, §10, do Prov. 65/17 do CNJ: "10. Se o imóvel usucapiendo for matriculado com descrição precisa e houver perfeita identidade entre a descrição tabular e a área objeto do requerimento da usucapião extrajudicial, fica dispensada a intimação dos confrontantes do imóvel, devendo o registro da aquisição originária ser realizado na matrícula existente." Em que pesem as possíveis críticas acerca da legalidade e pertinência da citada previsão normativa, ela é vigente e eficaz, não podendo ser afastada por esta Corregedoria Permanente e tampouco pelo Oficial. Destarte, se o pedido de usucapião refere-se exatamente ao imóvel descrito em matrícula, com correspondência entre memorial descritivo e descrição tabular (fls. 5 e 51), a dispensa de intimação dos confrontantes é de rigor, devendo o Oficial observar, ainda, que eventual registro deve ocorrer na mesma matrícula. Deste modo, afasta-se a preocupação do Oficial no sentido de poder haver invasão de fato, já que o registro será relativo apenas ao imóvel já matriculado, não havendo interesse dos confrontantes, que restarão protegidos pelas competentes ações possessórias em caso de ocupação irregular de sua propriedade, a despeito daquilo que constante no registro imobiliário. Quanto ao terceiro óbice, tendo em vista que os instrumentos públicos de fls. 32/41 demonstram que todos os titulares de direitos registrados de promissários compradores, incluindo herdeiros, cederam-nos à requerente, não há razão para sua notificação, uma vez que pode-se inferir destes documentos a outorga do consentimento ao pedido de usucapião, nos termos do Art. 13, caput e §1º, do Prov. 65/17 do CNJ, havendo nestes títulos declaração no sentido de quitação das obrigações. Finalmente, quanto ao ponto 4, o requerimento genérico de juntada de documentos não foi impugnado especificamente, não podendo esta Corregedoria analisar a questão. De qualquer forma, a análise dos requisitos materiais da usucapião ocorre ao fim do procedimento administrativo, após as diligências requeridas pelo Oficial, ocasião em que eventual impugnação do requerente deverá ocorrer. Sem prejuízo, desde logo declaro indevida a exigência de juntada de certidões da matrícula do imóvel usucapiendo e seus confrontantes, por reputar desnecessário requerer do usuário certidão que será expedida pela própria serventia que processa o pedido de usucapião, que já tem conhecimento do conteúdo dos livros ali existentes para instrução do procedimento. Do exposto, dou parcial provimento a dúvida suscitada pelo Oficial do 14º Registro de Imóveis da Capital a requerimento de Praça Vila Mariana Empreendimentos e Participações Ltda., mantendo o óbice 1 da nota devolutiva de fl. 72, afastando os óbices 2 e 3 e prejudicada a análise do óbice 4, com observação quanto a exigência de certidões de registros da própria serventia. Não há custas, despesas processuais nem honorários advocatícios decorrentes deste procedimento. Oportunamente, arquivem-se os autos. P.R.I.C. - ADV: FELIPE TOLEDO CONTIERO (OAB 392521/SP), MARCOS SAYEG (OAB 298876/SP) (DJe de 06.02.2019 - SP)

Processo 1120962-02.2018.8.26.0100

Retificação de Registro de Imóvel - Registro de Imóveis - Paulo Antonio Sarmento Gondim e outro - Maria Rita Costa - Municipalidade de São Paulo e outro - Vistos. Trata-se de pedido de providências formulado pelo Oficial do 8º Registro de Imóveis da Capital, a requerimento de Paulo Antonio Sarmento Gondim, o qual pleiteia a correção da medida do imóvel matriculado sob nº 34.684. Houve impugnação da confrontante Maria Rita Costa, alegando que formulou pedido de usucapião, tendo como objeto a área retificanda, bem como a existência de processo de imissão de posse ajuizada pelo requerente em face da impugnante, interesse do incapaz Miguel Costa da Rocha, interesse da União, sobreposição à área da usucapião e divergência no laudo técnico. A Municipalidade de São Paulo demonstrou desinteresse no feito (fl. 139). É a síntese do feito. Afasto a alegação de ilegitimidade de parte suscitada pela impugante, tendo em vista que o requerente é titular do domínio, consoante certidão de matrícula apresentada (fls. 13/25). A existência de interesse da União, bem como do incapaz não constitui óbice à retificação administrativa, bastando a notificação da União e a intervenção do Ministério Público como fiscal da lei para preservação dos direitos. No mais verifico que a existência da ação de usucapião ou de imissão na posse também não constituem óbices para a questão, tendo em vista que trata se de objetos e procedimentos diferentes, ou seja, o deslinde da ação de retificação em nada vai interferir no tramite da ação de usucapião. Vale notar que no registro imobiliário deve constar a situação fática, em consonância com o principio da veracidade. A questão crucial a ser enfrentada nestes autos é se a retificação é intra muros ou não, haja vista que de acordo com o trabalho técnico apresentado pelo requerente a divergência da descrição encerra uma área de 1.145,76 m^2. Logo entendo que é imprescindível a realização de prova pericial para deslinde da demanda. Ocorre que, a ação de usucapião em tramite perante este Juízo (processo nº 0009395-61.2010.8.26.0100) encontrasse na fase de produção de prova pericial para correta descrição do imóvel, aguardando-se o depósito dos honorários periciais. Assim, visando o dispêndio de maiores gastos, entendo de bom alvitre a suspensão deste feito até a realização da prova pericial nos autos da ação de usucapião, cujo laudo poderá ser utilizado neste procedimento para espargir qualquer dúvida em relação à metragem do imóvel. Feitas estas considerações, suspendo o presente feito pelo prazo de 60 (sessenta) dias, devendo as partes comunicarem a realização do trabalho técnico, juntando cópia do laudo técnico. Int. - ADV: FÁBIO SANTOS NOGUEIRA (OAB 265304/SP), DANIEL TADEU COSTA DA ROCHA (OAB 363167/SP), MARCIA HALLAGE VARELLA GUIMARAES (OAB 98817/SP) (DJe de 08.02.2019 - SP)

Processo 1095411-20.2018.8.26.0100

Dúvida - REGISTROS PÚBLICOS - Elke Cwiertnia - Vistos. Trata-se de dúvida suscitada pelo Oficial do 1º Registro de Imóveis da Capital, a requerimento de Elke Cwiertnia, diante da negativa em se proceder ao registro de usucapião extrajudicial do imóvel matriculado sob nº 87.885. O óbice registrário refere -se à necessidade de intimação dos coprietários Wubke Heyne e de seu marido Joachim Karl Arno Heyne, residentes na Alemanha, haja vista que a suscitada é titular de domínio de 2/3 do imóvel. Entende o Registrador que a notificação dos mencionados coproprietários deverá ser judicial, sendo que inexiste regulamentação para a cooperação juridica internacional, nos termos do artigo 27 do CPC. Juntou documentos às fls. 06/64. A suscitada apresentou impugnação às fls. 71/75. Pugna pela notificação mediante AR e, em caso negativo, pela publicação de edital em veículo de grande circulação. Salienta que por intermédio do Departamento de Cooperação Jurídica Internacional da Secretaria Nacional de Justiça (DRCI/SNJ), através do contato da coordenação geral de cooperação juridica internacional, o Ministério da Justiça atua como autoridade central brasileira tanto para feitos no Brasil, como aqueles recebidos no exterior. Expedido ofício ao Departamento de Cooperação

Jurídica Internacional da Secretaria Nacional de Justiça, foram juntadas informações às fls. 88/90. Destaca que não há tratado específico de cooperação entre Brasil e Alemanha que regule a matéria, sendo que a tramitação dos pedidos de cooperação ocorreram com base em reciprocidade, pela via diplomática. Salienta que o artigo 7º da Portaria Interministerial nº 501/2012 do Ministério da Justiça e do Ministério das Relações Exteriores contém os requisitos para a elaboração da carta rogatória, bem como a tradução oficial ou juramentada deve ser providenciada pelas partes interessadas. Foram apresentados documentos às fls. 91/95. Acerca das informações do Departamento de Cooperação Jurídica Internacional da Secretaria Nacional de Justiça, a suscitada manifestou-se às fls. 102/104. Salienta que diante da regulamentação específica ditada pela Coordenação Geral de Cooperação Jurídica Internacional, o registrador é competente para a realização das notificações dos titulares de domínio, zelando pela segurança jurídica do procedimento da usucapião extrajudicial afastando qualquer causa de nulidade da declaração de domínio. Por fim, afirma que em conformidade com o artigo 11 do Provimento CNJ 65, de 14.12.2017, se as notificações resultarem infrutíferas em razão dos notificando estarem em local incerto, não sábio ou inacessível, o registrador certificará o ocorrido e promoverá a notificação por edital. Manifestação do registrador à fl. 121, corroborando os argumentos expostos na inicial. O Ministério Público opinou pela procedência da dúvida, devendo a notificação ocorrer pela via judicial (fls. 99 e 125). É o relatório. Passo a fundamentar e a decidir. O óbice registrário deve ser mantido. Nos termos do Provimento nº 65/2017 é requisito essencial para o prosseguimento do pedido extrajudicial a intimação dos titulares de domínio ou de seus herdeiros, não sendo qualquer justificativa suficiente para afastar tal exigência. A presente hipótese trata de questão peculiar, uma vez que os coproprietários que devem ser notificados residem em outro país. De acordo com as informações prestadas pelo Departamento de Cooperação Jurídica Internacional da Secretaria Nacional de Justiça (DRCI/SNJ), inexiste tratado específico de cooperação entre Brasil e Alemanha que regule a matéria, sendo a questão regulada pela Portaria Interministerial nº 501 de 21.03.2012 do Ministério da Justiça, especificamente pelos artigos 7º e 8º, que regula o procedimento a ser observado na tramitação de cartas rogatórias e pedido de auxílio direito, ativos e passivos, em matéria penal e civil. Como bem explanado pelo Registrador, a expedição de carta com AR é um modelo adotado pelos correios do Brasil, caracterizando como uma citação ficta, o que revela-se temerário, ante o risco de nulidade absoluta, tendo em vista que não há como se afirmar que notificação foi recebida pelos notificandos, devendo a tradução juramentada ser de responsabilidade da interessada. Entendo que na presente hipótese deve ser aplicado subsidiariamente o artigo 40 do CPC: "Art. 40. A cooperação jurídica internacional para execução de decisão estrangeira dar-se- á por meio de carta rogatória ou de ação de homologação de sentença estrangeira, de acordo com o art.960" Ressalte-se que na via extrajudicial é impossível a expedição da carta rogatória, bem como não é a hipótese da notificação por edital, já que não preenchidos os requisitos do artigo 257 do CPC, dispondo os coproprietários e endereço certo. Alternativamente, poderá a suscitada apresentar carta de anuência com firmas reconhecidas e tradução juramentada. Diante do exposto, julgo procedente a dúvida suscitada pelo Oficial do 1º Registro de Imóveis da Capital, a requerimento de Elke Cwiertnia, consequentemente mantenho o óbice, devendo a suscitada buscar a resolução do impasse nas vias judiciais. Deste procedimento não decorrem custas, despesas processuais e honorários advocatícios. Oportunamente remetam-se os autos ao arquivo. P.R.I.C. - ADV: LUCIANO GEBARA DAVID (OAB 236094/SP) (DJe de 13.02.2019 - SP)

Processo 1095394-81.2018.8.26.0100

Dúvida - REGISTROS PÚBLICOS - Elke Cwiertnia - Vistos. Trata-se de dúvida suscitada pelo Oficial do 1º Registro de Imóveis da Capital, a requerimento de Elke Cwiertnia, diante da negativa em se proceder ao registro de usucapião extrajudicial do imóvel matriculado sob nº 32.394. O óbice registrário refere -se à necessidade de intimação dos coprietários Wubke Heyne e de seu marido Joachim Karl Arno Heyne, residentes na Alemanha, tendo em vista que a suscitada é titular de domínio de 2/3 do imóvel. Entende o Registrador que a notificação dos mencionados coproprietários deverá ser judicial, sendo que inexiste regulamentação para a cooperação juridica internacional, nos termos do artigo 27 do CPC. Juntou documentos às fls. 06/65. A suscitada apresentou impugnação às fls. 74/78 e 85/86. Pugna pela notificação mediante AR e, em caso negativo, pela publicação de edital em veículo de grande circulação. Salienta que por intermédio do Departamento de Cooperação Jurídica Internacional da Secretaria Nacional de Justiça (DRCI/SNJ), através do contato da coordenação geral de cooperação juridica internacional, o Ministério da Justiça atua como autoridade central brasileira tanto para feitos no Brasil, como aqueles recebidos no exterior. Expedido ofício ao Departamento de Cooperação Jurídica Internacional da Secretaria Nacional de Justiça, foram juntadas informações às fls. 103/104. Destaca que não há tratado específico de cooperação entre Brasil e Alemanha que regule a matéria, sendo que a tramitação dos pedidos de cooperação ocorreram com base em reciprocidade, pela via diplomática. Salienta que o artigo 7º da Portaria Interministerial nº 501/2012 do Ministério da Justiça e do Ministério das Relações Exteriores contém os requisitos para a elaboração da carta rogatória, bem como a tradução oficial ou juramentada deve ser providenciada pelas partes interessadas. Foram apresentados documentos às fls. 105/110. Acerca das informações do Departamento de Cooperação Jurídica Internacional da Secretaria Nacional de Justiça, a suscitada manifestou-se às fls. 111/113. Salienta que diante da regulamentação específica ditada pela Coordenação Geral de Cooperação Jurídica Internacional, o registrador é competente para a realização das notificações dos titulares de domínio, zelando pela segurança jurídica do procedimento da usucapião extrajudicial afastando qualquer causa de nulidade da declaração de domínio. Por fim, afirma que em conformidade com o artigo 11 do Provimento CNJ 65, de 14.12.2017, se as notificações resultarem infrutíferas em razão dos notificando estarem em local incerto, não sábio ou inacessível, o registrador certificará o ocorrido e promoverá a notificação por edital. Manifestação do registrador à fl. 121, corroborando os argumentos expostos na inicial. O Ministério Público opinou pela procedência da dúvida, devendo a notificação ocorrer pela via judicial (fl. 135). É o relatório. Passo a fundamentar e a decidir. Conforme analisado no feito nº 1095411-20.2018.8.26.0100, o óbice registrário deve ser mantido. Nos termos do Provimento nº 65/2017 é requisito essencial para o prosseguimento do pedido extrajudicial a intimação dos titulares de domínio ou de seus herdeiros, não sendo qualquer justificativa suficiente para afastar tal exigência. A presente hipótese trata de questão peculiar, uma vez que os coproprietários que devem ser notificados residem em outro país. De acordo com as informações prestadas pelo Departamento de Cooperação Jurídica Internacional da Secretaria Nacional de Justiça (DRCI/ SNJ), inexiste tratado específico de cooperação entre Brasil e Alemanha que regule a matéria, sendo a questão regulada pela Portaria Interministerial nº 501 de 21.03.2012 do Ministério da Justiça, especificamente pelos artigos 7º e 8º, que regula o procedimento a ser observado na tramitação de cartas rogatórias e pedido de auxílio direito, ativos e passivos, em matéria penal e civil. Como bem explanado pelo Registrador, a expedição de carta com AR é um modelo adotado pelos correios do Brasil, caracterizando como uma citação ficta, o que revela-se temerário, ante o risco de nulidade absoluta, tendo em vista que não há como se afirmar que notificação foi recebida pelos notificandos, devendo a tradução juramentada ser de responsabilidade da interessada. Entendo que na presente hipótese deve ser aplicado subsidiariamente o artigo 40 do CPC: "Art. 40. A cooperação jurídica internacional para execução de decisão estrangeira dar-se-á por meio de carta rogatória ou de ação de homologação de sentença estrangeira, de acordo com o art.960" Ressalte-se que na via extrajudicial é impossível a expedição da carta rogatória, bem como não é a hipótese da notificação por edital, já que não preenchidos os requisitos do artigo 257 do CPC, dispondo os coproprietários e endereço certo. Alternativamente, poderá a suscitada apresentar carta de anuência com firmas reconhecidas e tradução juramentada. É certo que de acordo com o artigo 11 do Provimento CNJ 65, de 14.12.2017, se as notificações resultarem infrutíferas em razão dos notificando estarem em local incerto, não sabido ou inacessível, o registrador certificará o ocorrido e promoverá a notificação por edital. Todavia, na presente hipótese, o endereço dos coproprietários é conhecido, não se justificando a notificação por edital. Neste contexto, em recente decisão no julgamento do Agravo de Instrumento nº 2132656-57.2018.8.26.0000, de relatoria do Des. PAULO CELSO AYROSA M. ANDRADE: "PRESTAÇÃO DE SERVIÇOS HONORÁRIOS ADVOCATÍCIOS EXECUÇÃO PEDIDO PARA QUE A CITAÇÃO DA EXECUTADA, EMPRESA ESTRANGEIRA, SEJA REALIZADA NA PESSOA DE SUA CONTROLADA NACIONAL IMPOSSIBILIDADE EXECUTADA QUE NÃO POSSUI FILIAL OU REPRESENTANTE LEGAL EM TERRITÓRIO NACIONAL ENDEREÇO DA RÉ CONHECIDO NO EXTERIOR DECISÃO QUE DETERMINA A CITAÇÃO POR CARTA ROGATÓRIA MANTIDA RECURSO NÃO PROVIDO. Considerando-se que a executada não possui filial ou representante legal em território nacional, aliado ao fato que seu endereço no exterior é conhecido e que a citação é o mais importante ato a ser realizado no curso do processo, garantindo o direito de ampla defesa e contraditório, de rigor, que seja realizada por carta rogatória". (g.n.) Daí tem-se que a citação por edital é medida excepcional, que somente pode ser deferida ao citando residente no exterior se ele estiver em local incerto e não sabido, pois do contrário, a citação será feita por carta rogatória. Diante do exposto, julgo procedente a dúvida suscitada pelo Oficial do 1º

Registro de Imóveis da Capital, a requerimento de Elke Cwiertnia, consequentemente mantenho o óbice, devendo a suscitada buscar a resolução do impasse nas vias judiciais. Deste procedimento não decorrem custas, despesas processuais e honorários advocatícios. Oportunamente remetam-se os autos ao arquivo. P.R.I.C. - ADV: LUCIANO GEBARA DAVID (OAB 236094/SP) (DJe de 27.02.2019 - SP)

Processo 1134484-96.2018.8.26.0100

Dúvida - REGISTROS PÚBLICOS - Praça Vila Mariana Empreendimentos e Participações Ltda. - Vistos. Trata-se de dúvida suscitada pelo Oficial do 14º Registro de Imóveis da Capital a requerimento de Praça Vila Mariana Empreendimentos e Participações Ltda., após terem sido levantados óbices a pedido extrajudicial de usucapião. Da nota devolutiva (fl. 200), constam as seguintes exigências, reiteradas pelo Oficial na petição que deu início a este procedimento: 1- Necessidade de apresentação do endereço do titular do domínio ou herdeiros para notificação; 2- Indeferimento do pedido de intimação dos confrontantes; 3- Juntada de inventários que comprovem as sucessões de direito para possibilitar a notificação; 4- Juntada de documentos que demonstrem os requisitos da usucapião, além de certidões do imóvel usucapiendo. Documentos às fls. 05/203. Parecer do Ministério Público às fls. 209/210. Impugnação da suscitada às fls. 211/218, com documentos à fls. 219/258, aduzindo pela desnecessidade de intimação do titular do domínio, ou subsidiariamente a intimação por edital, bem como pelo afastamento das demais exigências. É o relatório. Decido. A presente dúvida em muito se assemelha ao decidido no Proc. 1134486-66.2018.8.26.0100, pois possui o mesmo requerente e titular de domínio, tratando-se apenas de imóvel diverso, mas pertencente a mesma circunscrição imobiliária. Quanto a necessidade de intimação do titular de domínio, ratifico os argumentos antes expostos: "Pugnam os suscitados pela dispensa de notificação do proprietário Andrew Allen Robotton com base no Art. 13 do Prov. 65/17 do CNJ, que assim dispõe: Art. 13. Considera-se outorgado o consentimento mencionado no caput do art. 10 deste provimento, dispensada a notificação, quando for apresentado pelo requerente o justo título ou instrumento que demonstre a existência de relação jurídica com o titular registral, acompanhado de prova da quitação das obrigações e de certidão do distribuidor cível expedida até trinta dias antes do requerimento que demonstre a inexistência de ação judicial contra o requerente ou contra seus cessionários envolvendo o imóvel usucapiendo. Todavia, como bem pontuado pela D. Promotora, a dispensa da notificação deve ser interpretada restritivamente, uma vez que o procedimento de usucapião representa a perda da propriedade do imóvel, ou seja, apenas em excepcionais hipóteses pode ser afastada a notificação dos proprietários tabulares e, consequentemente, mitigar seu direito de defesa no processo de usucapião. Assim, o consentimento ficto previsto no artigo supramencionado depende da apresentação de documento que demonstre a existência de relação jurídica com o titular registral, prova de quitação das obrigações e certidão do distribuidor. Na presente hipótese, tais requisitos não foram preenchidos: a suscitada não demonstrou relação jurídica direta com o titular registral, mas apenas com os promitentes compradores do bem. Para além disso, não juntou qualquer prova de quitação das obrigações. Destaco que, sendo este último requisito expresso na norma, não se aplica qualquer presunção de que a inexistência de impugnação judicial representa o adimplemento das obrigações. Por tais razões, de rigor a manutenção da exigência de notificação do titular de domínio ou seus herdeiros. Além disso, no momento não é possível deferir a notificação por edital, uma vez que não há nos autos qualquer documento que demonstre não ser possível a localização do titular de domínio ou seus herdeiros. Em verdade, na certidão de fls. 38/41, há notícia de existência da ação de inventário do titular Andrew Allen Robotton (Proc. 0000002-43.1951.8.26.0048), onde poderão ser localizados endereços de herdeiros ou inventariante para a devida notificação. Apenas se infrutífera tal diligência poderá ser requisitada a notificação por edital, pedido que deverá ser oportunamente qualificado pelo Oficial com possível recurso a esta corregedoria." Apenas pontuo, quanto a este óbice, que a requerente juntou provas da quitação (fls. 219/257), mas tais documentos não permitem o afastamento da exigência, seja porque ainda não preenchido o requisito referente a relação direta com o titular de domínio, seja pela impossibilidade de juntada de novos documentos no procedimento de dúvida. Ainda, fica mantida a negativa de autorização de citação por edital, pelas razões já expostas, reiterando a possibilidade de novo pedido a ser realizado ao Oficial se demonstrado que as diligências para localização do inventariante foram infrutíferas. Já no que diz respeito aos demais óbices, as mesmas razões expostas na dúvida anterior devem ser reiteradas: "Quanto a notificação dos confrontantes, assim dispõe o Art. 10, §10, do Prov. 65/17 do CNJ: "10. Se o imóvel usucapiendo for matriculado com descrição precisa e houver perfeita identidade entre a descrição tabular e a área objeto do requerimento da usucapião extrajudicial, fica dispensada a intimação dos confrontantes do imóvel, devendo o registro da aquisição originária ser realizado na matrícula existente." Em que pesem as possíveis críticas acerca da legalidade e pertinência da citada previsão normativa, ela é vigente e eficaz, não podendo ser afastada por esta Corregedoria Permanente e tampouco pelo Oficial. Destarte, se o pedido de usucapião refere-se exatamente ao imóvel descrito em matrícula, com correspondência entre memorial descritivo e descrição tabular (fls. 5 e 51), a dispensa de intimação dos confrontantes é de rigor, devendo o Oficial observar, ainda, que eventual registro deve ocorrer na mesma matrícula. Deste modo, afasta-se a preocupação do Oficial no sentido de poder haver invasão de fato, uma vez que o registro será relativo apenas ao imóvel já matriculado, não havendo interesse dos confrontantes, que restarão protegidos pelas competentes ações possessórias em caso de ocupação irregular de sua propriedade, a despeito daquilo que constante no registro imobiliário. Quanto ao terceiro óbice, tendo em vista que os instrumentos públicos de fls. 32/41 demonstram que todos os titulares de direitos registrados de promissários compradores, incluindo herdeiros, cederam nos à requerente, não há razão para sua notificação, uma vez que pode-se inferir destes documentos a outorga do consentimento ao pedido de usucapião, nos termos do Art. 13, caput e §1º, do Prov. 65/17 do CNJ, havendo nestes títulos declaração no sentido de quitação das obrigações. Finalmente, quanto ao ponto 4, o requerimento genérico de juntada de documentos não foi impugnado especificamente, não podendo esta Corregedoria analisar a questão. De qualquer forma, a análise dos requisitos materiais da usucapião ocorre ao fim do procedimento administrativo, após as diligências requeridas pelo Oficial, ocasião em que eventual impugnação do requerente deverá ocorrer. Sem prejuízo, desde logo declaro indevida a exigência de juntada de certidões da matrícula do imóvel usucapiendo e seus confrontantes, uma vez que desnecessário requerer do usuário certidão que será expedida pela própria serventia que processa o pedido de usucapião, que já tem conhecimento do conteúdo dos livros ali existentes para instrução do procedimento." No presente pedido de usucapião, também se verifica a correspondência entre memorial descritivo e descrição tabular (fls. 5 e 48/51), o que permite a dispensa de notificação dos confrontantes. Além disso, foi apresentada escritura públicas que demonstra que os promissários compradores cederam seus direitos a requerente (fls. 34/39), o que dispensa também a notificação destes. Do exposto, dou parcial provimento a dúvida suscitada pelo Oficial do 14º Registro de Imóveis da Capital a requerimento de Praça Vila Mariana Empreendimentos e Participações Ltda., mantendo o óbice 1 da nota devolutiva de fl. 200, afastando os óbices 2 e 3 e prejudicada a análise do óbice 4, com observação quanto a exigência de certidões de registros da própria serventia. Não há custas, despesas processuais nem honorários advocatícios decorrentes deste procedimento. Oportunamente, arquivem-se os autos. P.R.I.C. - ADV: FELIPE TOLEDO CONTIERO (OAB 392521/SP) (DJe de 27.02.2019 - SP)

Processo 1094332-06.2018.8.26.0100

Dúvida - REGISTROS PÚBLICOS - Vitor Rangel Botelho Martins - Vistos. Trata-se de dúvida suscitada pelo Oficial do 14º Registro de Imóveis da Capital a requerimento de Vítor Rangel Botelho Martins, após negativa de seguimento de pedido extrajudicial de usucapião. Da nota devolutiva apresentada constam dois óbices: a) impossibilidade do pedido, por existir indisponibilidade não registrada dos bens do cedente e b) não cumprimento dos requisitos da petição do Prov. 65/17 do CNJ. De acordo com o Oficial, a indisponibilidade impossibilita o pedido de usucapião, uma vez que a cessão de direitos ao requerente não poderia ter ocorrido, sendo o pedido meio de burla ao gravame. Do mais, diz que os requisitos do Provimento 65/2017 devem ser cumpridos para o prosseguimento. Juntou documentos às fls. 04/78. O suscitado apresentou contestação às fls. 81/84, aduzindo que a indisponibilidade não impede o pedido de usucapião, seja por se tratar de modo originário de aquisição, seja por não constar na matrícula, não produzindo efeitos perante terceiros. Em adição, às fls. 97/103, junta documentos para cumprimento das exigências relativas ao Prov. 65/17. Manifestação do Ministério Público às fls. 117/121 pela procedência da dúvida. Foram juntados ofícios (fls. 128 e 138) informando que as indisponibilidades ainda subsistem. É o relatório. Decido. O procedimento extrajudicial de usucapião deve seguir rito próprio, previsto especialmente no Art. 216- A da Lei 6.015/73, no Prov. 65/17 do CNJ e na Seção XII do Cap. XX das NSCGJ. Em breve resumo, o requerente deve apresentar petição com a explanação do requerimento e documentos anexos, como ata notarial. Formalmente regular a petição, deve o Oficial proceder com as notificações de entes públicos, titulares de direito, confrontantes e terceiros interessados, quando não dispensada a notificação pelas hipóteses normativas. Apresentada impugnação, o Oficial deve julgar se infundada ou não. Havendo recurso, promover conciliação que, se infundada, deverá ser remetida ao Juízo Corregedor. Afastada a impugnação ou inexistindo, o Oficial analisa o mérito do pedido - a existência dos requisitos legais - solicitando novos documentos, realizando o registro ou negando-o fundamentadamente, possibilitada sempre a interposição de recurso. Neste rito, portanto, há momento determinado para manifestação quanto ao mérito do pedido: ao final do procedimento, quando todas as notificações já foram realizadas. E a razão de ser de tal momento é possibilitar, ao juízo corregedor em caso de recurso, análise completa do pedido, com registro do pedido em caso de procedência. Ainda, em caso de improcedência, todas as notificações já foram realizadas, de modo que eventual conversão do pedido extrajudicial em judicial será muito simplificado, reduzindo custos e tempo do requerente, caso busque provimento jurisdicional definitivo sobre a questão. Sobre a oportunidade de manifestação quanto ao mérito somente ao final do pedido, já decidi no Proc. 1008143-25.2018.8.26.0100: "Em qualquer dos casos, a apresentação de óbices a usucapião, quanto a seu mérito, deve se dar com o procedimento já autuado. Se o óbice for relativo a impugnação por titulares de direitos reais sobre o imóvel usucapiendo ou dos imóveis confinantes, por algum dos entes públicos ou por terceiro interessado, o Oficial observará o item 429 e ss. do Capítulo XX das NSCGJ, bem como o decidido no Processo nº 1000162-42.2018.8.26.0100. Já quando o óbice disser respeito a insuficiência de documentos ou mesmo a falta de preenchimento dos requisitos legais da usucapião, deverá observar o disposto no Art. 17 do Provimento 65/2017 do CNJ, que assim dispõe: "Art. 17. Para a elucidação de quaisquer dúvidas, imprecisões ou incertezas, poderão ser solicitadas ou realizadas diligências pelo oficial de registro de imóveis ou por escrevente habilitado. § 1º No caso de ausência ou insuficiência dos documentos de que trata o inciso IV do caput do art. 216-A da LRP, a posse e os demais dados necessários poderão ser comprovados em procedimento de justificação administrativa perante o oficial de registro do imóvel, que obedecerá, no que couber, ao disposto no § 5ºdo art. 381 e ao rito previsto nos arts. 382 e 383, todos do CPC. § 2º Se, ao final das diligências, ainda persistirem dúvidas, imprecisões ou incertezas, bem como a ausência ou insuficiência de documentos, o oficial de registro de imóveis rejeitará o pedido mediante nota de devolução fundamentada. § 3º A rejeição do pedido extrajudicial não impedirá o ajuizamento de ação de usucapião no foro competente. § 4º Com a rejeição do pedido extrajudicial e a devolução de nota fundamentada, cessarão os efeitos da prenotação e da preferência dos direitos reais determinada pela prioridade, salvo suscitação de dúvida. § 5º A rejeição do requerimento poderá ser impugnada pelo requerente no prazo de quinze dias, perante o oficial de registro de imóveis, que poderá reanalisar o pedido e reconsiderar a nota de rejeição no mesmo prazo ou suscitará dúvida registral nos moldes dos art. 198 e seguintes da LRP." Destaca-se o §2º do mencionado artigo, que prevê que o Oficial rejeitará o pedido, nos casos ali previstos, "ao final das diligências". Deste modo, previu o C. CNJ que, autuado o processo, o Oficial preferencialmente realizará as diligências, inclusive citatórias, para só depois negar o pedido. Observado este procedimento, as impugnações ocorrerão antes mesmo da análise do mérito pelo registrador." Dito isso, entendo que a questão da indisponibilidade diz respeito ao próprio mérito do pedido. É dizer que, havendo indisponibilidade de bens, registrada ou não, a análise de seus efeitos sobre o pedido formulado deve se dar ao fim do procedimento, quando o Oficial julgará se o gravame representa ou não vício que impede o reconhecimento da usucapião. Em princípio, todavia, a indisponibilidade não impede o processamento do pedido extrajudicial, de modo que sua mera existência não justifica nota devolutiva no início do procedimento. Isso porque, sendo a usucapião modo originário de aquisição de propriedade, não pode o requerente que preencha os requisitos legais ser prejudicado por indisponibilidade que afeta terceiro. No mesmo sentido, o Art. 14 do Prov. 65/17 do CNJ assim prevê: "Art. 14. A existência de ônus real ou de gravame na matrícula do imóvel usucapiendo não impedirá o reconhecimento extrajudicial da usucapião." E se a existência de gravame registrado não impede o reconhecimento da usucapião, muito menos gravame não registrado pode produzir tal efeito, tendo em vista que o registro imobiliário tem como uma de suas funções a publicidade. Ora, se gravame já publicizado não é impedimento, aquele que não foi divulgado não pode o ser. A corroborar com tal intepretação, o inciso III do Art. 54 da Lei 13.097/15 prevê que indisponibilidades não registradas são ineficazes contra terceiros. Em suma, a indisponibilidade não impede o prosseguimento do pedido, de modo que o óbice apresentado pelo Oficial deve ser afastado. Aqui, faço importante observação: se, por um lado, a indisponibilidade não inviabiliza o prosseguimento do pedido, nada impede que sua existência seja fundamento utilizado pelo Oficial para impedir, na análise do mérito, seu registro. Isso porque, em diversas modalidades de usucapião, a boa-fé é requisito essencial. Assim, pode o Oficial, analisando todo o procedimento, entender que houve má-fé na cessão de direitos por pessoa que os tinha indisponíveis, indeferindo o registro pleiteado. Ainda, no caso da usucapião extraordinária, em que a boa-fé não é requisito, poderia indeferir o pedido caso entenda que o vício da indisponibilidade de alguma forma contamina os demais requisitos legais da prescrição aquisitiva. Tudo isso, novamente, deve ser argumentado ao fim do pedido, com possibilidade de revisão pelo juízo corregedor permanente em caso de recurso. Se realizado o registro, a prudência recomenda que o Oficial oficie os juízos que determinaram a indisponibilidade, comunicando o deferimento da usucapião, permitindo a ciência e tomada de eventuais providências. Em suma, o primeiro óbice apresentado deve ser afastado, para que se determine o prosseguimento do procedimento extrajudicial, possibilitando o Oficial que, ao fim, utilize da indisponibilidade como fundamento para indeferimento, de modo fundamentado e considerando os requisitos legais da usucapião. Quanto ao segundo óbice, sua procedência é de rigor. O requerimento de fl. 09 e a ata notarial juntada não preenchem os requisitos previstos nos Arts. 3º e 4º do Prov. 65/17 do CNJ. Pontuo ainda que, nos termos do item 41.1.2 do Cap. XX das NSCGJ, não é possível o cumprimento de exigências no procedimento de dúvida. Como decidi nos processos 1008143- 25.2018.8.26.0100 e 1004203-52.2018.8.26.0100, a inépcia da inicial não permite a autuação do pedido de usucapião, devendo o Oficial exigir o preenchimento dos requisitos formais para dar início ao procedimento. Cito este último: "[O] requerimento (...) é insuficiente para dar início ao procedimento de usucapião extrajudicial, pois não preenche os requisitos da petição inicial prevista no Art. 319 do Código de Processo Civil. Conforme Art. 3º do Provimento 65/2017 do CNJ, tais requisitos devem ser observados para que seja feita a autuação do pedido e para que haja regular prosseguimento do feito." Contudo, preenchidos tais requisitos, a autuação seria obrigatória. No presente caso, portanto, não deveria o Oficial ter procedido a autuação, mas requerido a emenda dos documentos para que houvesse regularidade formal. Não obstante, para evitar prejuízo, deverá ser mantida a autuação, oportunizando ao requerente que apresente, perante a serventia extrajudicial, petição e documentos que preencham os requisitos normativos, com eventual nova nota devolutiva e dúvida, em caso de irregularidades. Tal regularização deverá se dar em 15 dias, que poderão ser dilatados pelo Oficial justificadamente, evitando assim a prorrogação indefinida da prenotação. Do exposto, julgo parcialmente procedente a dúvida suscitada pelo Oficial do 14º Registro de Imóveis da Capital a requerimento de Vítor Rangel Botelho Martins, permitindo o prosseguimento do pedido extrajudicial de usucapião após o cumprimento dos requisitos dos Arts. 3º e 4º do Prov. 65/17 do CNJ, afastando o óbice referente a indisponibilidade de direitos do cedente, com observação quanto a possibilidade do uso de tal fato quando do julgamento do mérito do pedido. Não há custas, despesas processuais nem honorários advocatícios decorrentes deste procedimento. Oportunamente, arquivem-se os autos. P.R.I.C. - ADV: LUIS RODRIGO MARGARIDO PIRES DE ALMEIDA (OAB 258520/SP) (DJe de 01.04.2019 - SP)

Processo 0039707-49.2012.8.26.0100

Procedimento Comum Cível - Registro de Imóveis - Manoel Rocha Alves e outro - Juíza de Direito: Dra. Renata Pinto Lima Zanetta Vistos. Trata-se de ação anulatória ajuizada por Ermogênea de Moraes Vieira, Eulálio Rodrigues da Silva, Carolina da Silva Moraes e Inez Rodrigues da Silva Moraes em face de Manoel Rocha Alves, Antônio Eduardo Rocha Alves e Maria Toneti Alves. Alegam os autores, em apertada síntese, que a sentença proferida nos autos da ação de usucapião n. 583.00.2005.050921-7 (000.05.050921-7), que tramitou perante este Juízo, é eivada de nulidade insanável, uma vez que os autores seriam herdeiros do titular de domínio do imóvel usucapiendo (Joaquim Rodrigues da Silva e de Paula Augusta de Oliveira) e não foram citados naquele feito. Aduzem ainda que os requeridos, na ação de usucapião, ocultaram maliciosamente a identidade e o domicílio do titular de domínio do imóvel usucapiendo e de seus herdeiros, apesar de existirem documentos nos autos que já mencionam a identidade do proprietário do imóvel em questão, e, ainda, pelo fato de terem juntado matrícula de imóvel diverso daquele que pediam a declaração da usucapio. Demonstram que as citações realizadas na ação sub judice não incluíram o titular de domínio do imóvel usucapiendo, não tendo sido tentada sua citação pessoal, nem por meio de edital, visto que inserido em tais atos processuais apenas menção aos confrontantes. Por fim, alegam que o patrono dos requeridos na ação de usucapião conhecia pessoalmente o titular de domínio do imóvel usucapiendo, visto ter comparecido com este em Tabelionato de Notas para ratificar as primeiras declarações de inventário do irmão deste, não cabendo a alegação dos requeridos na ação de usucapião de que o legítimo proprietário do imóvel usucapiendo era desconhecido. No mérito, requereu, em tutela de urgência, expedição de ofício ao 11ºOficial de Registro de Imóveis da Capital para fins de bloqueio da matrícula nº 366.853, referente ao imóvel usucapido, e, no principal, pugnou pela declaração de nulidade do decisório, com o decorrente cancelamento da matrícula do bem, e condenação dos requeridos em perdas e danos (fls. 02/33). Apresentou documentos (fls. 34/352). Informes cartorários juntados (fls. 355/362). Averbação na matrícula deferida (fl. 391). Regularmente citada (fls. 418), a requerida ofereceu contestação (fls. 425/441). Aduziu, em preliminares, carência de ação visto terem os requeridos preenchido os requisitos para a declaração de usucapião do imóvel e, no mérito, ausência de dolo por desconhecimento efetivo do titular de domínio do imóvel usucapiendo, visto que não haveria fartas menções ao nome do proprietário do imóvel nos autos, mas somente nos carnês de IPTU, na planta topográfica e na matricula do imóvel confinante, documentos estes que não fornecem qualquer dado qualificador. Ademais, aduzem que não possuíam nenhum documento emitido pelo Cartório de Registro de Imóveis referente ao imóvel em questão e que na manifestação do Oficial do Registro de Imóveis competente nos autos da usucapião, houve retorno negativo das buscas efetuadas com relação a eventual proprietário de referido imóvel. Ainda, afastam a alegação de conhecimento do patrono dos requeridos do titular de domínio ao alegar que tal responsabilidade recairia ao advogado e não aos requeridos, terceiros estranhos a tal relação. Por fim, aduzem incabível o pedido condenatório visto a ausência de comprovação de culpa e de dano decorrente da posse do imóvel usucapido. Sobreveio réplica (456/457) e especificação de provas (fls. 461/462 e 464). Foi determinada a produção de prova pericial, para fins de aferir se o imóvel mencionado na inicial correspondia ao imóvel outrora usucapido (fls. 466). Laudo pericial apresentado (fls. 485/554), atestando que "(...) não foi possível constatar se a mesma [Transcrição de nº 7.948, do 11º Cartório de Registro de Imóveis da Capital] coincide com o registro do imóvel usucapido (...)", mas concluindo, por sua vez, que "(...) o imóvel usucapido pela requerida é o mesmo constante da inicial (...)" (fls. 537). É o relatório. FUNDAMENTO E DECIDO. O processo comporta julgamento antecipado, sendo desnecessária dilação probatória suplementar (art. 355, inciso I, do Código de Processo Civil). Em razão da consequência extrema da declaração de usucapião, que ocasiona ao seu titular tabular a perda da propriedade, e com intuito de preservação da segurança jurídica ativa e passiva, torna-se imperativa a sua citação pessoal, sob pena de que seja configurada nulidade insanável no processo, conforme artigo 239 do Código de Processo Civil. Sendo a citação ato essencial para a validade do processo, sua ausência não é passível de preclusão, cabendo declarar ineficaz a sentença proferida em processo com semelhante vício. Nesse sentido, ensinamento de Fábio Caldas de Araújo, para quem: "O proprietário em cujo nome esteja registrado o imóvel litigioso deverá ser citado, obrigatoriamente. A matrícula que será formada exigirá a destruição da anterior, uma vez que a propriedade do usucapiente se forma ex novo. Caso o autor não providencie o ato, e mesmo assim obtenha sentença favorável, será caso de ineficácia do julgado - que não poderá atingir quem não foi parte no processo -, passível de arguição, por ação declaratória, pois se trata de querela nullitatis insanabilis" (Araújo, Fábio Caldas de. Usucapião. 3ª ed., Malheiros: São Paulo, 2015). A análise da íntegra dos autos da ação de usucapião, juntada aos autos, leva à conclusão de que o vício alegado pelo autor está devidamente configurado, uma vez que não consta citação nominal ao títular de domínio (mencionado incidentalmente nos documentos acostados naquele feito - isto é, carnês de IPTU (fls. 48/50), planta topográfica (fls. 132) e na matricula do imóvel confinante (fls. 130/131)) ou de seus herdeiros. Em sua contestação, os requeridos não negam a inexistência de citação pessoal, mas apenas aduzem carência de ação dos autores, e se defendem da alegação de má-fé em sua conduta, na medida em que "os réus não possuíam nenhum documento emitido pelo Cartório de Registro de Imóveis referente ao imóvel usucapiendo e apto a informar quem seria o seu proprietário" (fl. 433). Com relação à carência de ação, deve ela ser afastada, visto que preenchidos os requisitos processuais (legitimidade, interesse de agir e possibilidade jurídica do pedido). Conforme aduzido na inicial, os autores comprovaram ser herdeiros do Sr.Joaquim Rodrigues da Silva e de sua esposa Paula Augusta de Oliveira (255/336), possuindo legitimidade para pleitear nulidade de ação de usucapião de imóvel que lhes toca em herança. O interesse de agir, consubstanciado nos tipos interesse-necessidade e interesse-adequação, encontrasse preenchido, visto que a ação anulatória apresenta-se como único meio cabível para a realização da pretensão inicial. Possibilidade jurídica presente, visto que cabível decretação de nulidade de sentença sem observação dos pressupostos necessários para formação da relação processual. Com relação aos argumentos trazidos no mérito pelos requeridos em contestação, de que não agiram com dolo ou maliciosamente, nota-se que eles não afastam a nulidade do feito processual em decorrência de ausência de citação do titular de domínio do imóvel usucapiendo. Nesse sentido, há julgados do E. Tribunal de Justiça de São Paulo: AÇÃO DECLARATÓRIA DE NULIDADE DE ATO JURÍDICO- "QUERELLA NULITATIS" - Vício na citação em ação de usucapião ajuizada pelo apelante em face da apelada - Sentença que a julgou procedente - Recurso do requerido - Alegação de que a nulidade não se deu por sua culpa - Irrelevância - "Querella nulitatis" que tem lugar ante vício processual insanável e absoluto, pouco importando quem seja o responsável - Nulidade confirmada - Ratificação dos fundamentos da sentença - RECURSO DESPROVIDO. (TJSP; Apelação Cível 1005793-22.2016.8.26.0266; Relator (a): Miguel Brandi; Órgão Julgador: 7ª Câmara de Direito Privado; Foro de Itanhaém - 1ª Vara; Data do Julgamento: 27/04/2018; Data de Registro: 27/04/2018) Compulsando os autos da ação de usucapião, nota-se que houve apenas a expedição de cartas de citação aos confrontantes do imóvel usucapiendo (fls. 108/110, 127, 143 e 166), havendo uma delas indevidamente indicado a citação de titular de domínio quando na verdade se tratava de um dos confrontantes (fls. 127), que posteriormente ingressou nos autos e se manifestou no como tal (fls. 128). Ademais, a busca de endereços realizada não incluiu Joaquim Rodrigues da Silva ou Paula Augusta de Oliveira, mas tão somente os confrontantes conhecidos (fls. 136/137). A citação por edital, por sua vez, apesar de realizada, deixou de mencionar o nome de Joaquim Rodrigues da Silva ou Paula Augusta de Oliveira e eventuais herdeiros (fls. 179). Ainda que todas essas evidências não fossem suficientes para atestar a inexistência de citação do titular de domínio, oportuno acrescentar uma informação relevante trazida pelo i. Perito Judicial às fls. 533: "O Signatário percorreu a vizinhança, colhendo a seguinte declaração: o Sr. Jair de Almeida, proprietário do imóvel localizado à Travessa Senador Dantas, nº 51, confrontante pelo lado esquerdo, declarou ter ciência de que os autores alugaram o imóvel para o Sr. Manoel Rocha Alves há, aproximadamente, 25 (vinte e cinco) anos. Informou ainda que a edificação que existia no local foi invadida, e virou uma espécie de cortiço, diante da situação, o Sr. Manoel Rocha Alves providenciou a remoção dos invasores". Nesta esteira, é de se declarar a nulidade processual e a ineficácia da sentença proferida na ação de usucapião acima indicada. Como consequência, os efeitos registrários da sentença também são declarados nulos. A ação de usucapião deverá retomar seu curso a partir da fase citatória, com oportunidade para que os demandantes do presente feito apresentem resposta. Os atos processuais que não prejudiquem o direito de defesa dos ora requerentes deverão ser preservados, o que será objeto de deliberação na ação de usucapião. Com relação ao pedido condenatório, indefiro-o, visto que não devidamente comprovados os elementos fundamentais do ato ilícito (culpa, nexo de causalidade e dano). O contexto dos requeridos terem indicado desconhecer o titular de domínio do imóvel usucapiendo na ação de usucapião e a presença de documentos nos autos que indicavam incidentalmente Joaquim Rodrigues da Silva e Paula Augusta de Oliveira como proprietário não é capaz, por si só, de demonstrar a existência de culpa ou dolo dos requeridos em tal omissão. O argumento apresentado pelos requeridos de que "não possuíam nenhum documento emitido pelo Cartório de Registro de Imóveis referente ao imóvel usucapiendo e apto a informar quem seria o seu proprietário" (fl. 433) se mostra plausível, ainda mais se analisarmos que as pesquisas cartorárias realizadas na ação de usucapião resultaram de fato negativas (fls. 76/77). Ademais, não haveria também falar no cabimento de indenização pelo período em que os requeridos passaram a ter total uso e gozo do imóvel usucapido, privando os requerentes de seu aproveitamento. O preenchimento dos requisitos da usucapião, em si mesma, demonstra que os eventuais titulares de domínio do imóvel usucapido não lhe tinham a posse e se mantiveram inertes com relação à ocupação do imóvel pelos requeridos, de modo que não haveria falar em dano, visto ausência de nexo de causalidade entre tais fatos. A inércia dos titulares de domínio em reaver a posse do imóvel usucapido é a causa principal de seu alegado dano. No mais, com a declaração da usucapião e do domínio agora em nome dos requeridos, não há ato ilícito por sua parte no uso do imóvel, por estarem no exercício regular de um direito reconhecido, conforme artigo 188, inciso I, do Código Civil. Portanto, não encontro elementos capazes de demonstrar eventual ocorrência de ato ilícito indenizável, nos termos do art. 186 do Código Civil. Ante o exposto, JULGO PARCIALMENTE PROCEDENTE o pedido formulado pelo autor, para declarar nula a r. sentença proferida nos autos da ação de usucapião acima indicada e seus respectivos efeitos registrários, extinguindo o processo com fundamento no art.487, inciso I, do Código de Processo Civil. Condeno a parte requerida ao pagamento de custas e despesas processuais e verba honorária ao patrono da autora, equivalente a 10%

do valor da causa, nos termos dos artigos 85 e 86 do Código de Processo Civil. Com o trânsito em julgado, certifique-se o teor da presente sentença nos autos da ação de usucapião, prosseguindo-se, após, naqueles autos. Por cautela, a matrícula do bem permanecerá bloqueada até solução definitiva da ação de usucapião. Publique-se. Registre-se. Intimem-se. - ADV: GRAZIELA DE SOUZA JUNQUEIRA (OAB 177073/SP), CAIO AUGUSTO NUNES DE CARVALHO (OAB 302130/SP), PAULO NELSON DO REGO (OAB 87559/SP), ANDRE LUIZ MARCONDES PONTES (OAB 271890/SP), BRUNO ANGELI PERELLI (OAB 316078/SP), MARCELO RUIZ (OAB 325093/SP) (DJe de 11.04.2019 - SP)

Processo 1016363-75.2019.8.26.0100

Retificação de Registro de Imóvel - Registro de Imóveis - Lilian Marra - Vistos. Trata-se de pedido de providências, formulado por Lilian Marra em face do Oficial do 11º Registro de Imóveis da Capital, pretendendo a retificação do registro nº 01 da matrícula nº 417.298, para que seja excluído como proprietário seu ex cônjuge, Rogério Fonseca Nunes, sendo que ele erroneamente constou como autor na ação de usucapião que originou mencionado registro. Relata a requerente que, quando da propositura da ação, no ano de 2009, já estava divorciada de Rogério, sendo que por um equívoco do advogado constou seu nome como autor, embora não tenha assinado a procuração. Salienta que o divórcio, ocorrido em 17.08.2007, tramitou perante o MMº Juízo da 2ª Vara da Familia e Sucessões do Foro Regional da Lapa e da carta de sentença não constou que o imóvel, objeto da ação de usucapião, tenha figurado da relação de bens a partilhar, o que comprova que não pertencia ao casal, à época, logo, deve se proceder a exclusão de Rogerio como titular de domínio de parte do imóvel, cujo quinhão deve ser atribuído à requerente. Juntou documentos às fls. 07/120. O Registrador manifestou-se às fls. 128/132. Esclarece que a retificação do registro não poderá ser feita por simples requerimento, vez que o registro da usucapião foi levado a efeito rigorosamente em consonância com o título causal. Juntou documentos às fls. 130/132. O Ministério Público opinou pela improcedência do pedido (fls. 135/139). É o relatório. Passo a fundamentar e a decidir. Com razão o Registrador, bem como o D. Promotor de Justiça. Ressalto que o registro de imóveis tem como um de seus fins zelar pela segurança jurídica, e o faz ao exprimir no fólio registrário a realidade fática. Neste sentido o ensinamento de Luiz Guilherme Loureiro: "O registro de imóveis é fundamentalmente um instrumento de publicidade, portanto, é necessário que as informações nele contidas coincidam com a realidade para que não se converta em elemento de difusão de inexatidões e fonte de insegurança jurídica." (LOUREIRO, Luiz Guilherme. Registros Públicos: teoria e Prática. 2. ed. ver. e atual. Rio de Janeiro: Forense; São Paulo: Método, 2011, p. 230.)" Portanto, deve-se sempre buscar essa coincidência entre informação e realidade. Contudo, não se pode chegar a este fim utilizando-se de meios que não respeitem as formalidades exigidas, sob o risco de prejuízo à própria segurança jurídica. Ainda que fosse demonstrado eventual erro praticado pelo patrono da requerente na ação de usucapião, a retificação pleiteada deixa de configurar mera correção do registro e passa a ser verdadeira alteração da titularidade de domínio. Saliento que discussões sobre a real titularidade fogem da competência desse Juízo, vez que aqui apenas se analisa a regularidade da matrícula, com base no título apresentado, bem como a aplicação dos princípios que regem os registros públicos. Na presente hipótese, a matrícula nº 417.298 espelha fielmente o teor do título apresentado, que estabeleceu como titulares de domínio, dentre outros, Rogério Fonseca Nunes (fls. 102/104). No mais, a ação foi proposta em 2009 e sentenciada apenas em 2014, ou seja, cinco anos, sem que os requerentes se pronunciassem acerca da eventual ilegitimidade de parte de Rogerio para figurar no polo ativo e, ainda depois de quatro anos da efetivação do registro da usucapião (18.03.2015), a interessada requer a retificação da matrícula na via administrativa. Logo, o saneamento de eventual erro proferido na sentença de usucapião deverá ser alvo do competente recurso nas vias ordinárias, com a presença do contraditório e ampla defesa, bem como ampla dilação probatória, vez que neste Juízo administrativo analisa-se situação pré ordenada. Daí se conclui que não houve qualquer irregularidade no registro ou ofensa aos princípios registrais no presente caso. Diante do exposto, julgo improcedente o pedido de providências, formulado por Lilian Marra em face do Oficial do 11º Registro de Imóveis da Capital, devendo a interessada valer-se das vias ordinárias para satisfação de sua pretensão. Deste procedimento não decorrem custas, despesas processuais e honorários advocatícios. Oportunamente remetam-se os autos ao arquivo. P.R.I.C. - ADV: CARLOS ALBERTO ESCOBAR MARCOS (OAB 89067/SP), RENATA BASILE NETTO (OAB 246793/SP) (DJe de 09.05.2019 - SP)

Processo 1063962-10.2019.8.26.0100

Pedido de Providências - Registro de Imóveis - E.B. - T.B.F. - S.H.F. - Vistos. Primeiramente exclua a z. Serventia a tarja de segredo de justiça, tendo em vista que a presente hipótese não se encontra entre aquelas elencadas no artigo 189 do CPC. Trata-se de pedido de providências formulado por Elisabeth Baptistin e Thais Baptistin Fernandes, em face do Oficial do 8º Registro de Imóveis da Capital, pretendendo a reabertura do procedimento administrativo de usucapião extrajudicial, para que possam complementar seu pedido e juntar os documentos faltantes, além de verem reapreciadas as custas cobradas. Relatam as interessadas que ingressaram com pedido de usucapião administrativa junto ao 8º RI, pleiteando o usufruto em favor da primeira e a nua propriedade a favor da segunda, todavia, em razão da opinião desfavorável do registrador quanto a possibilidade do reconhecimento da usucapião na forma pretendida, optaram as requerentes pela suscitação de dúvida. Neste contexto, tramitou perante este Juízo o procedimento nº 1036238-31.2019.8.26.0100, o qual foi julgado procedente, mantendo-se consequentemente o óbice ao reconhecimento simultâneo da usucapião e nua propriedade e do usufruto, possibilitando as requerentes retificarem o pedido, de modo a observar a legalidade e a situação fática constantes dos demais documentos, razão pela qual os documentos foram entregues e cobrado o valor de R$ 1.027,83, referentes aos emolumentos. É o relatório. Passo a fundamentar e a decidir. O feito que originou a presente dúvida (1036238- 31.2019.8.26.0100) foi julgado procedente, mantendo-se os óbices impostos pelo Registrador. A faculdade das requerentes em retificarem o pedido, constante do dispositivo da sentença expedida no mencionado processo, significa a propositura de novo procedimento de usucapião administrativa. Não obstante, deve-se discutir qual o procedimento a ser adotado quando julgada válida a impugnação. Assim consta da Normas de Serviço da Corregedoria Geral da Justiça, Capítulo XX, Tomo II: "429.4. Se a impugnação for fundamentada, depois de ouvir o requerente o Oficial de Registro de Imóveis encaminhará os autos ao juízo competente. 429.5. Em qualquer das hipóteses acima previstas, os autos da usucapião serão encaminhados ao juízo competente que, de plano ou após instrução sumária, examinará apenas a pertinência da impugnação e, em seguida, determinará o retorno dos autos ao Oficial de Registro de Imóveis, que prosseguirá no procedimento extrajudicial se a impugnação for rejeitada, ou o extinguirá em cumprimento da decisão do juízo que acolheu a impugnação e remeteu os interessados às vias ordinárias, cancelando-se a prenotação." Como se vê, conforme as normas da Corregedoria deste Tribunal de Justiça, o juiz deverá, independentemente do resultado da impugnação, determinar o retorno dos autos ao Oficial. No caso de impugnação infundada, o Oficial deve prosseguir o procedimento extrajudicial. Quando fundamentada a impugnação, o Oficial extinguirá o procedimento, cancelando a prenotação. Logo, incabível a determinação para a reabertura do procedimento administrativo de usucapião, já que exaurido o procedimento. Todavia, diante da insurgência das requerentes acerca da cobrança dos emolumentos, no valor de R$ 1.027,83, entendo de bom alvitre que o Delegatário informe no prazo de 15 (quinze) dias, os parâmetros utilizados para a cobrança de tal valor. Com a juntada das informações, intimem-se as interessadas para eventual manifestação, manifestação no prazo de 10 (dez) dias. Por fim, abra-se vista ao Ministério Público e tornem os autos conclusos. Int. - ADV: MARCUS MACHADO (OAB 122464/SP) (- DJe de 15.07.2019 - SP)

Processo 1006202-91.2019.8.26.0007

Pedido de Providências - Propriedade - Maria Helena Ferrara - Vistos. Trata-se de pedido de providências formulado por Maria Helena Ferrara, em face do Oficial do 7º Registro de Imóveis da Capital, pretendendo o cancelamento do usucapião averbado erroneamente na matrícula nº 26.265. Relata a requerente que propôs ação de usucapião (processo nº 017004011-63.2006.8.26.0100), que tramitou perante o MMº Juízo da 2ª Vara de Registros Públicos, resultando na procedência da demanda e na abertura de nova matrícula, sob nº 169.732. Salienta que reside no imóvel localizado na Rua Márcio Beck Machado, nº 100, contudo, foi averbado o usucapião referente ao imóvel localizado na Rua Márcio Beck, nº 96, ou seja, o imóvel vizinho ao da interessada. Juntou documentos às fls. 07/48. O Registrador manifestou-se às fls. 54/91. Esclarece que, pela análise do processo de usucapião mencionado, constatou-se que na inicial a descrição do imóvel pleiteado se identifica perfeitamente com o que consta da matrícula nº 26.265, com idênticas metragens e confrontações, sendo que não houve contestação quanto ao trabalho pericial realizado e analisado judicialmente. Destaca que nas informações prestadas pela Serventia no processo foi indicada a proprietária do imóvel na mesma matrícula, Maria Helena Ferrara, figurando ela no trabalho pericial como uma das testemunhas, não havendo qualquer manifestação sobre o pedido que, ao ser deferido, ocasionou a averbação do encerramento da matrícula nº 26.265, que agora se pretende cancelar. Juntou documentos às fls. 56/91. Acerca das informações do Oficial, a requerente manifestou-se à fl. 98, reiterando os argumentos da inicial. O Ministério Público opinou pela improcedência do pedido (fls. 101/102). É o relatório. Passo a fundamentar e a decidir. Com razão o Registrador, bem como o D. Promotor de Justiça. Ressalto que o registro de imóveis tem como um de seus fins zelar pela segurança jurídica, e o faz ao exprimir no fólio registrário a realidade fática. Neste sentido o ensinamento de Luiz Guilherme Loureiro: "O registro de imóveis é fundamentalmente um instrumento de publicidade, portanto, é necessário que as informações nele contidas coincidam com a realidade para que não se converta em elemento de difusão de inexatidões e fonte de insegurança jurídica." (LOUREIRO, Luiz Guilherme. Registros Públicos: teoria e Prática. 2. ed. ver. e atual. Rio de Janeiro: Forense; São Paulo: Método, 2011, p. 230.)" Portanto, deve-se sempre buscar essa coincidência entre informação e realidade. Contudo, não se pode chegar a este fim utilizando-se de meios que não respeitem as formalidades exigidas, sob o risco de prejuízo à própria segurança jurídica. Ainda que demonstrada nos autos a boa fé da requerente e a presença de fortes evidencias de que, de fato, o registro não se apresenta conforme o que atualmente se constata em relação à localização do imóvel onde reside a interessada, a retificação nos termos pleiteados não é possível. Em primeiro lugar, a abertura de nova matrícula, e consequente cancelamento da primitiva, teve como base a descrição técnica apresentada com o laudo pericial, do qual houve concordância da requerente, servindo de embasamento para a r sentença proferida no mencionado processo. Neste contexto, verifica-se do laudo pericial juntado às fls. 83/91: "fl. 83: ... O imóvel usucapiendo apresenta-se como uma área localizada na Rua Márcio Beck Machado, nº 96, Cidade Tiradentes, São Paulo - SP, encerrando uma área de 525,43 m^2..." "fl. 88: item 7 – Memorial Descritivo O prédio e seu respectivo terreno situados na Rua Márcio Baeck Machado, nº 96, Cidade Tiradentes, São Paulo, SP..." E de acordo com a sentença proferida nos autos do usucapião, com transito em julgado em 13.11.2012 (fl. 59) tem-se: ". ajuizou ação de usucapião extraordinário, em que pede a declaração de domínio sobre o imóvel localizado à Rua Márcio Beck Machado, nº 96, Cidade Tiradentes, nesta Capital e Comarca Julgo procedente o pedido, nos termos do artigo 269, I, do Código de Processo Civil, e declaro em favor do outro o domínio sobre o imóvel localizado à Rua Márcio Beck Machado, nº 96, Cidade Tiradentes, nesta Capital e Comarca, melhor descrito no laudo pericial de fls. 174/200, servindo esta sentença como mandado". Logo, eventual insurgência sobre o disposta na sentença proferida deveria ser objeto do respectivo recurso, sendo inviável depois de passado quase cinco anos do trânsito em julgado a requerente querer rediscutir a decisão. Ademais, o ato registrário reproduziu exatamente os termos do título que lhe deu origem, devendo a interessada valer-se das vias ordinárias, com a incidência do contraditório e ampla defesa, para o cancelamento pleiteado, razão pela qual é mister a manutenção do óbice registrário. Diante do exposto, julgo improcedente o pedido de providências formulado por Maria Helena Ferrara, em face do Oficial do 7º Registro de Imóveis da Capital, e consequentemente mantenho o óbice registrário. Deste procedimento não decorrem custas, despesas processuais e honorários advocatícios. Oportunamente remetam-se os autos ao arquivo. P.R.I.C. - ADV: ELISÂNGELA XAVIER GRANJEIRO (OAB 195003/SP) (- DJe de 31.07.2019 - SP)

Processo 1063962-10.2019.8.26.0100

Pedido de Providências - Registro de Imóveis - Elisabeth Baptistin - Thais Baptistin Fernandes - Solis Henrique Fernandes - Vistos. Adotando o relatório de fls. 247/249, acrescento que em relação ao valor cobrado a título de emolumentos, o registrador manifestou-se às fls. 252/255. Esclarece que o processamento no valor de R$ 808,90 (oitocentos e oito reais e noventa centavos) seguiu rigorosamente o que determina o Provimento nº 65/2017, artigo 26, II: "... II - no registro de imóveis, pelo processamento da usucapião, serão devidos emolumentos equivalentes a 50% do valor previsto na tabela de emolumentos para o registro e, caso seja deferido, também serão devidos emolumentos pela aquisição da propriedade..." Salienta que já restou reconhecido, em reiteradas decisões, que não é dado ao registrador de imóveis dispensar a cobrança de emolumentos, tendo em vista que estão incluídas verbas devidas aos entes públicos. Todavia, ressalta que havendo autorização expressa deste Juízo, concorda na concessão do desconto do importe cobrado pelo processamento a título de emolumentos devidos no novo procedimento a ser eventualmente intentado pelas requerentes. Por fim, destaca que os documentos e peças poderão ser aproveitados no novo pedido de usucapião extrajudicial, se não forem incompatíveis com os elementos fáticos e estiverem dentro de sua vigência legal. Juntou documentos às fls. 256/273 e 278. Acerca das informações do registrador, as interessadas manifestaram-se às fls. 279/280, corroborando os argumentos expostos na inicial. O Ministério Público opinou pela improcedência do pedido, com o posterior arquivamento dos autos, ante a ausência de qualquer conduta irregular praticada pelo delegatário (fls. 283/286). É o relatório. Passo a fundamentar e a decidir. Ressalto primeiramente que a questão referente à impossibilidade de reabertura do procedimento de dúvida nº 1036238-31.2019.8.26.0100, que tramitou perante este Juízo, foi analisada e amplamente fundamentada na decisão de fls. 247/249, restando apenas a análise concernente à cobrança dos emolumentos oriundos do processamento da usucapião extrajudicial. Os serviços prestados pelas Serventias Extrajudiciais são remunerados pelos usuários com o pagamento dos respectivos emolumentos, cuja invidualização e cobrança, previstos no art.236, § 2º da Constituição da República, foram regulados pela Lei nº 10.169/2000, que dispôs sobre as normas gerais para fixação dos emolumentos no âmbito dos Estados membros. De acordo com o entendimento do autor Paulo de Barros Carvalho, os emolumentos notariais e registrais se enquadram tipicamente na figura jurídica tributária das taxas, em intelecção fulcrada no artigo 145, inciso II da Constituição Federal: "Anuncio, desde logo, que perante a realidade instituída pelo direitos positivo atual, parece-me indiscutível a tese segundo a qual a remuneração dos serviços notariais e de registro, também denominada emolumentos, apresenta natureza especifica de taxa. O presente tributo se caracteriza por apresentar, na hipótese da norma, a descrição de um fato revelador de atividade estatal (prestação de serviços notariais e de registros públicos), direta e especificamente dirigida ao contribuinte; além disso, a análise de sua base de cálculo exibe a medida da intensidade da participação do Estado, confirmando tratar-se da espécie taxa... Trata-se de atividade administrativa consistente em garantir a publicidade, autenticidade, segurança e eficácia dos atos jurídicos (art.1º da Lei nº 8.935/94), devendo, nos termos do art.236 da Constituição da República, ser delegados a pessoas físicas, mediante concurso público de provas e de titulos, ou por meio de remoção, para os que já forem titulares de Serventias" (Carvalho, Paulo de Barros. Natureza juridica e constitucionalidade dos valores exigidos a título de remuneração dos serviços notariais e de registro. Parecer exarado na data de 05.06.2007, a pedido do Sindicato dos Notários e Registradores do Estado de São Paulo -0 SINOREG). Outro não é o entendimento jurisprudencial a respeito: "Direito constitucional e tributário. Custas e emolumentos: Serventias Judiciais e Extrajudiciais. Ação direta de inconstitucionalidade da Resolução nº 7, de 30 de junho de 1995, do Tribunal de Justiça do Estado do Paraná: Ato Normativo. (...) 4. O art.145 admite a cobrança de taxas, em razão do exercício do poder de policia ou pela utilização, efetiva ou potencial, de serviços públicos específicos e divisíveis, prestados ao contribuinte ou postos a sua disposição". Tal conceito abrange não só as custas judiciais, mas também, as extrajudiciais (emolumentos), pois estas resultam, igualmente, se serviço público, ainda qu prestado em caráter particular (art.236). Mas sempre fixadas por lei. No caso presente, a majoração de custas judiciais e extrajudiciais resultou de Resolução do Tribunal de Justiça e não de Lei formal, com o exigido pela Constituição Federal... (ADI 1444, Rel: Min. Sydney Sanches, Tribunal Pleno, julgado em 12/02/2003, D.J. 11-04-2003). Assim, diante da natureza jurídica de taxa, certo é que eventual isenção somente poderá ser veiculada através de lei específica, conforme disposição expressa do art. 150, § 6º, da CF, o que não ocorre no presente caso: "Qualquer subsídio ou isenção, redução de base de cálculo, concessão de crédito presumido, anistia ou remissão, relativos a impostos, taxas ou contribuições, só poderá ser concedido mediante lei específica, federal, estadual ou municipal, que regule exclusivamente as matérias acima enumeradas ou o correspondente tributo ou contribuição, sem prejuízo do disposto no art. 155, § 2.º, XII, g." À luz do artigo 111 do CTN, a legislação tributária que disponha sobre outorga de isenção deverá ser interpretada literalmente, não havendo a possibilidade de extensão da norma mencionada. Logo, a simples argumentação do registrador da concordância no valor do desconto cobrado pelo processamento, ou seja R$ 808,09 nos emolumentos devidos no novo procedimento, uma vez que não causaria prejuízo aos entes públicos, deverá ser afastada, em consonância com o principio da legalidade, que norteia os atos registrários, não sendo da competência deste Juízo administrativo deferir o desconto no valor dos emolumentos ou a isenção, logo, deverão as requerentes formular tal pretensão nas vias ordinárias. Como bem destacou a D. Promotora de Justiça: "... Em face do encerramento do procedimento anterior, eventual ingresso de novo pedido de usucapião extrajudicial terá novo numero de prenotação, gerando um novo procedimento e, por não haver previsão legal para que haja o desconto de emolumentos, entendo não ser pertinente a autorização sugerida pelo registrador". Por fim, tem-se que estão desprovidas de qualquer fundamento as alegações das requerentes e não há que se falar me violação dos deveres funcionais do oficial que autorizem a aplicação de qualquer sanção administrativa. Diante do exposto, julgo improcedente o pedido de providências formulado por Elisabeth Baptistin e Thais Baptistin Fernandes em face do Oficial do 8º Registro de Imóveis da Capital. Deste procedimento não decorrem custas, despesas processuais e honorários advocatícios. Oportunamente remetam-se os autos ao arquivo. P.R.I.C. - ADV: MARCUS MACHADO (OAB 122464/SP) (– DJe de 16.08.2019 – SP)

Processo 0048161-71.2019.8.26.0100

Pedido de Providências - REGISTROS PÚBLICOS - J.D.V.R.P.C. - S.K.Y.S. e outros - Juiz(a) de Direito: Dr(a). Leticia Fraga Benitez VISTOS. Trata-se de expediente instaurado a partir de comunicação encaminhada pelo Juiz Auxiliar desta 2ª Vara de Registros Públicos da Capital, noticiando as supostas negativas dos Srs. 5º, 6º, 8º, 9º, 10º e 26 Tabeliães de Notas da Capital em lavrar ata notarial de usucapião extrajudicial solicitada por Sayuri Kelly Yoshida, autora da ação de usucapião nº 1122097-49.2018.8.26.0100. Os Tabeliães apresentaram manifestações às fls. 24, 25/27, 82/83, 84/85 e 86/87 e 89. A n. Representante do Ministério Público apresentou parecer conclusivo às fls. 97/98. É o relatório. DECIDO. Consta dos autos que na ação nº 1122097-49.2018.8.26.0100, em tramite perante esta Vara, facultou-se à autora Sayuri Kelly Yoshida a opção de solucionar a usucapião pela via extrajudicial. Contudo, verificou-se naqueles autos suposta negativa dos Srs. 5º, 6º, 8º, 9º, 10º e 26 Tabeliães de Notas da Capital em atender à solicitação da requerente Sayuri Kelly Yoshida, a fim de que fosse lavrada ata notarial de usucapião extrajudicial. Pois bem. Com o advento do Código de Processo Civil de 2.015, instituiu-se, em nosso ordenamento jurídico, a usucapião extrajudicial dos direitos reais imobiliários. O artigo 216-A da Lei de Registros Públicos, que trata do procedimento extrajudicial da usucapião, assim dispõe: "sem prejuízo da via jurisdicional, é admitido o pedido de reconhecimento extrajudicial de usucapião, que será processado diretamente perante o Cartório de Registro de Imóveis da Comarca em que estiver situado o imóvel usucapiendo, a requerimento do interessado, representado por meio de advogado", incumbindo-lhe instruir o pedido administrativo com os documentos elencados nos incisos de referido artigo. Com efeito, a usucapião extrajudicial, inserida no fenômeno da desjudicialização, verificado a partir da Emenda Constitucional 45/04, exsurge da necessidade de desafogar o Poder Judiciário e evidencia a tendência legislativa de impulsionar aos serviços notariais e registrais a solução dos conflitos (relacionados a direitos disponíveis). Deste modo, a usucapião extrajudicial consagra-se como um importante instrumento disposto a minimizar os efeitos danosos decorrentes da judicialização excessiva, na medida em que possibilita a migração de uma atribuição (antes exclusiva) do Poder Judiciário aos serviços notariais e registrais e propicia a obtenção de solução simples, desburocratizada e, por conseguinte, mais célere, em benefício da parte interessada. A recente alteração legislativa da matéria (a Lei 13.465/17 que alterou o 216-A da Lei de Registros Públicos) deixou evidente a preocupação do legislador em impulsionar a solução da usucapião pela via extrajudicial. Sendo crível ponderar que a tramitação pela via judicial, a partir de agora, sem embargo do princípio da inafastabilidade da jurisdição, deve-se restringir às hipóteses de litígio ou inviabilidade do reconhecimento do direito pela via extrajudicial. Nesta senda, o Conselho Nacional de Justiça editou o Provimento nº 65/2017, a fim de estabelecer diretrizes para o procedimento da usucapião extrajudicial no âmbito dos serviços notariais e de registro de imóveis. Conforme bem apontado pela n. Promotora de Justiça, à época das solicitações realizadas pela Interessada, em março de 2018, ainda era encontrada certa dificuldade por parte dos Tabelionatos de Notas em proceder à lavratura das atas notariais, em razão do ineditismo da matéria. Contudo, atualmente, consoante manifestações dos Srs. Delegatários, verifica-se superada a dificuldade e a insegurança iniciais, uma vez que a matéria vem sendo incorporada e aprimorada gradativamente à rotina das Serventias Extrajudiciais. Portanto, diante da situação telada, entendo que a hipótese dos autos não dá margem à adoção de providência censório-disciplinar em relação aos serviços correicionados, não se vislumbrando responsabilidade funcional apta a ensejar a instauração de procedimento administrativo. Dessa feita, à míngua de medida correcional a ser instaurada, determino o arquivamento dos autos. Ciência aos Srs. Tabeliães, à Interessada e ao Ministério Público. Comunique-se a decisão à Egrégia Corregedoria Geral da Justiça, por e-mail, servindo a presente sentença como ofício. I.C. - ADV: JOSE MARIA PEREIRA ALVARES (OAB 83850/MG) (– DJe de 29.08.2019 – SP)

Processo 1014399-87.2018.8.26.0001

Retificação de Registro de Imóvel - Retificação de Área de Imóvel - Maria Aparecida Caetano dos Santos - Municipalidade de São Paulo - Vistos. Trata-se de pedido de providências formulado por Maria Aparecida Caetano dos Santos em face do Oficial do 8º Registro de Imóveis da Capital, pretendendo a retificação das medidas do imóvel matriculado sob nº 13.803, decorrente de erro no registro de sentença de usucapião do imóvel. Juntou documentos às fls. 08/89. O Registrador esclarece que, de acordo com a perícia efetuada na ação de usucapião, concluiu-se que o Município cometeu equívocos aos desmembrar o lote 003-2 em três partes, sendo que o lote da requerente não é constituído por dois lotes mas apenas por um, medindo 10 m de frente (fls. 106/107). A Municipalidade de São Paulo manifestou-se às fls. 127/131. Salienta que a questão deve cingir-se à retificação do registro e apuração do remanescente, razão pela qual é imprescindível a realização de prova pericial. Apresentou documentos às fls. 132/133. Foi deferida a prova pericial (fls. 145/147), cujo laudo foi apresentado às fls. 199/230, com esclarecimentos complementares à fl. 251. Quanto à prova técnica produzida, houve concordância da requerente (fl. 240), do Oficial (fls. 282/283), desinteresse da Municipalidade (fls. 241/242), bem como ausência de oposição dos confrontantes (certidão- fl. 274). O Ministério Público opinou pela procedência do pedido (fls. 286/287). É o relatório. Passo a fundamentar e a decidir. A planta e memorial descritivo (fls. 199/230) afastaram eventuais dúvidas sobre a necessidade de retificação do lote 14, objeto da transcrição nº 13.803, em razão do desfalque sofrido. A Municipalidade expressou seu desinteresse no feito, desde que adotados o memorial e planta apresentados pela perita às fls. 216/220. Dentro da esfera desta Corregedoria Permanente, examina-se apenas se a impugnação é ou não fundamentada, nos termos do § 5º, do art. 213, da Lei nº 6015/73. Em caso positivo, o procedimento é extinto, e as partes, remetidas às vias ordinárias, pois nada de contencioso se resolve aqui; em caso negativo, acolher-se-á o pedido da requerente. Como se vislumbra na presente hipótese, tem-se que o laudo de fls. 199/230, através da realização do levantamento planimétrico da área em questão, concluiu que a retificação é intra muros, tendo em vista que não há interferências com áreas públicas. No mais, houve concordância da Municipalidade com a nova descrição pretendida, afastando-se assim, o óbice imposto pelo Registrador. Por fim, conforme ensina o ilustre professor Luiz Guilherme Loureiro: "Em virtude do principio da legitimidade ou da presunção de veracidade, o Registro deve refletir a verdade não só no que se refere ao titular do direito registrado, mas também quanto à natureza e ao conteúdo deste direito. Assim, qualquer inexatidão do assento deve ser retificada a fim de que reflita perfeitamente a realidade". (Registros Públicos - Teoria e Prática - 2ª ed. - Editora Método). Logo, tratando- se de retificação intra muros, em que não há qualquer prejuízo a terceiros de boa fé, bem como diante da necessidade de retificação apenas da parcela que atinge o lote 14, afasto o óbice imposto. Diante do exposto, julgo procedente o pedido de providências formulado por Maria Aparecida Caetano dos Santos em face do Oficial do 8º Registro de Imóveis da Capital, e consequentemente determino a retificação pleiteada. Deste procedimento não decorrem custas, despesas processuais e honorários advocatícios. Oportunamente remetam-se os autos ao arquivo. P.R.I.C. - ADV: ZULMIRA MONTEIRO DE ANDRADE LUZ (OAB 62145/SP), DEFENSORIA PUBLICA ESTADO DE SÃO PAULO (OAB 9999/DP) (– DJe de 25.10.2019 – SP)

Processo 1104096-79.2019.8.26.0100

Dúvida - Registro de Imóveis - Leonor Selva Barbosa - Vistos. Trata-se de dúvida suscitada pelo 18º Oficial de Registro de Imóveis da Capital a requerimento de Leonor Selva Barbosa após negativa de registro de usucapião extrajudicial. A requerente protocolou pedido administrativo de usucapião na modalidade extraordinária tendo por objeto o imóvel matriculado sob o nº 66.181 do 18º Registro de Imóveis da Capital. Alega que era usufrutuária do imóvel, mas que tal condição alterou-se quando celebrou união estável, pois com tal fato o usufruto teria cessado por cláusula resolutiva, sendo que passou a exercer posse como se proprietária fosse, além de preencher os demais requisitos para declaração da prescrição aquisitiva. Regularmente instruído e autuado o procedimento, foram realizadas as notificações previstas em lei e não foi apresentada qualquer impugnação, com exceção da publicação de edital, que não foi publicado pois o Oficial vislumbrou óbice na natureza da posse da requerente, por ser ela usufrutuária do imóvel, usufruto este que tinha por condição resolutiva o casamento da requerente. Como esta não se casou e o usufruto não foi cancelado, continua a ser usufrutuária do imóvel, inexistindo posse justa que fundamente a usucapião (fls, 642/644). A requerente pediu reconsideração da decisão ou remessa dos autos a este juízo (fls. 656/690), aduzindo que não houve impugnação ao pedido, que a ata notarial atestou a posse com animus domini, que a modalidade extraordinária dispensa comprovação de justo título e boa-fé e que houve transmudação do caráter da posse. O Ministério Público opinou às fls. 699/701 pela procedência da dúvida, mantendo a negativa ao registro. É o relatório. Decido. A presente dúvida tem por fundamento o Art. 17, §5º, do Prov. 65/17 do CNJ, que permite a suscitação de dúvida em face de decisão do Oficial de Registro de Imóveis que rejeitar requerimento de usucapião extrajudicial. Nestes termos, cumpre a este juízo analisar se preenche a requerente os requisitos da usucapião, lembrando sempre que o procedimento extrajudicial tem cognição limitada e não impede rediscussão pela via judicial, conforme Art. 216-A, §9º, da Lei de Registros Públicos. Dito isso, esclareço que a mera inexistência de impugnação não leva ao automático reconhecimento do pedido. Tratando-se de meio de aquisição de propriedade (e consequente perda pelo proprietário tabular), cumpre ao Oficial de Registro de Imóveis garantir que estão preenchidos os requisitos legais que autorizam o reconhecimento da prescrição aquisitiva, impedindo o reconhecimento quando o requerente, apesar de não sofrer qualquer oposição, não tem direito a aquisição da propriedade pela via do usucapião. Assim, fica desde logo afastado o argumento da requerente quanto ao silêncio do proprietário tabular, que apesar de fazer presumir sua anuência, não obriga o Oficial a reconhecer pedido inapto por outros fatores. Quanto a ata notarial, em que pese seu inegável valor probatório, a simples afirmação em seu conteúdo de que foram preenchidos os requisitos possessórios não vincula o Oficial de Registro. Isso porque foi a este último que a legislação incumbiu de realizar os trâmites para a declaração de usucapião, com análise de todos os documentos protocolados que, em seu conjunto, incluindo a ata notarial, permitem reconhecer o preenchimento dos requisitos legais. A ata notarial sem dúvida expressa a percepção sensorial do Tabelião quanto aos fatos verificados, não podendo ser desconsiderada principalmente quanto aos fatos relativos a situação contemporânea do imóvel. Assim, se o Tabelião atesta que o requerente ocupa o imóvel, que não há sinais de oposição a posse e que o requerente é conhecido na região pelos vizinhos, tais fatos não podem ser simplesmente afastados pelo registrador, dado sua presunção de veracidade. Todavia, aqueles elementos constantes da ata notarial relativos a fatos passados ou mera descrição de alegações e documentos trazidos pelo próprio requerente são passíveis de reavaliação pelo registrador, principalmente quando confrontados com outros documentos e impugnações trazidos ao processo administrativo que corre perante a serventia imobiliária. No presente caso, a ata notarial de fato comprova que a requerente tem posse atual sobre o imóvel, como se denota da autorização dada a Tabeliã para ingresso no imóvel. Todavia, as alegações referentes a posse passada foram apenas descritas em conformidade com o pedido da requerente, sendo citados os documentos apresentados. Veja-se que não há nenhuma manifestação conclusiva pela Tabeliã acerca da natureza da posse. Na ata consta apenas que "a requerente declara que a posse que exerce desde o início da União Estável é exercida com animus domini, sendo mansa, pacífica, contínua e de boa fé há mais de 15 (quinze) anos, o que caracterizaria os requisitos para a concessão da Usucapião Extraordinária". Ou seja, a ata faz prova tão somente de que a requerente fez tais declarações, mas não que os fatos declarados são necessariamente verdadeiros, permitindo uma reavaliação pelo Oficial de Registro. Não por outra razão, consta da ata: "A requerente foi ainda cientificada de que esta ata não tem valor de confirmação ou estabelecimento de propriedade, servindo apenas para a instrução de requerimento extrajudicial de usucapião para processamento perante o registro de imóveis competente." Fica, portanto, afastado o argumento de que a ata notarial comprovaria a posse ad usucapionem da requerente. Quanto a modalidade de usucapião, de fato o Art. 1.238 do Código Civil dispensa a necessidade de boa-fé e justo título para reconhecimento da usucapião extraordinária. Todavia, o requisito do animus domini continua existente, pois o requerente deve "possuir como seu" o imóvel. Ou seja, não basta a mera posse, mas a posse exercida como se proprietário fosse. Por tal razão, superado também o argumento de que a modalidade de usucapião representaria seu reconhecimento com o mero exercício da posse por prazo de 15 anos, já que tal posse deve ser qualificada com o animus de proprietário. Resta, por fim, o argumento relativo a transmudação da propriedade. E, aqui, a posse precária, a título de usufruto, não foi alterada. O R. 3 da matrícula nº 66.181 é claro: a requerente, Leonor Selva Barbosa, em virtude de separação judicial, passou a ter o usufruto do bem, até que "venha a se casar novamente", hipótese na qual o usufruto seria extinto e o imóvel restituído ao detentor da nua propriedade. Além disso, a requerente foi obrigada a habitar o imóvel com os filhos até que estes atingissem 21 anos. A leitura de tais cláusulas deixa claro que, quando da separação, o usufruto restou atribuído à separanda visando garantir que esta e seus filhos não fossem privados de moradia digna, com "diminuição no seu padrão de vida", como consta da matrícula. Todavia, fica claro também a natureza passageira de tal usufruto, sendo que a propriedade plena retornaria ao nu proprietário tão logo a usufrutuária se casasse novamente. Ou seja, a requerente tinha ciência de que, casando-se, teria que restituir o imóvel a seu ex-marido, não sendo sua proprietária. Prejudicado, assim, o animus domini necessário ao reconhecimento da usucapião. E nem se diga que, com a união estável, a natureza da posse seria alterada. Isso porque, em que pese a união estável dever ser pública para restar caracterizada, tal publicidade não é ampla em nem gera efeito de presunção de reconhecimento por toda a sociedade. É dizer que não houve prova de que o ex-marido sabia da união e por isso aquiesceu com a utilização da propriedade por ela. A cláusula é clara quanto a necessidade de casamento, e não mera relação com outra pessoa. E o casamento é solenidade pública, com publicação de proclamas e registro com ampla publicidade perante terceiros no registro civil. Assim, até poder-se-ia considerar que, mesmo casando, e não havendo qualquer ato pelo nu proprietário visando reaver a propriedade, a natureza da posse seria alterada, pois este saberia que o usufruto estaria extinto e assim não agiu, já que o casamento de fato gera presunção de ciência por terceiros devido a sua publicidade inerente, advinda do registro e demais formalidades. Com a união estável, contudo, não há tal presunção. Por isso, não há que se dizer que o nu proprietário omitiu-se em reaver a propriedade, já que não houve efetiva existência do fato necessário a realização da cláusula resolutiva, transmudando-se a natureza da propriedade. A requerente não se casou, podendo usufruir do bem, e tenta agora adquirir sua propriedade quando sabidamente não ocupava o bem como proprietária, mas como usufrutuária. Na lição de Benedito Silvério Ribeiro: "A posse, sendo a mera detenção material da coisa, não vai além dessa relação de fato (disposição física), a intenção não ultrapassa a vontade de não abandonar a coisa. É o caso do locatário, do usufrutuário, do comodatário, que detém a coisa em lugar do proprietário" (Tratado de Usucapião, vol. 1, p. 601). Portanto, a requerente não exerce a posse com animus domini pois sabe, e sempre soube, que era usufrutuária do bem, e não sua proprietária. Casando-se, ou com sua morte, o usufruto será extinto, e o bem revertido ao nu proprietário (ou seus herdeiros). Mas a propriedade plena não poderá ser adquirida pela requerente se não por negócio jurídico com o nu proprietário, pois não preenche os requisitos necessários a obtenção da propriedade por usucapião. Lembro, por fim, que tais conclusões são tomadas com os elementos presentes nestes autos, não havendo impedimento para que a requerente busque a via judicial com o fim de produzir outras provas e buscar a alteração do entendimento aqui exarado. Do exposto, julgo procedente a dúvida suscitada pelo 18º Oficial de Registro de Imóveis da Capital a requerimento de Leonor Selva Barbosa e mantenho o óbice referente ao pedido extrajudicial de usucapião. Não há custas, despesas processuais nem honorários advocatícios decorrentes deste procedimento. Oportunamente, arquivem-se os autos. P.R.I.C. - ADV: RUBENS GOMES HENRIQUES (OAB 383120/SP) (– DJe de 11.11.2019 – SP)

USUFRUTO

Processo 1120534-20.2018.8.26.0100

Pedido de Providências - Registro de Imóveis - Elizabeth dos Ramos Teixeira - Vistos. Trata-se de pedido de providências formulado por Elizabeth dos Ramos Teixeira em face do Oficial do 8º Registro de Imóveis da Capital, pleiteando o cancelamento dos usufrutos registrados nas matrículas nºs 5.647, 59.075, 72.462, 137.691, 137.712 e 139.137, tendo em vista o falecimento dos usufrutuários. Juntou documentos às fls. 16/88. O título restou qualificado negativamente, pela exigência da apresentação da guia devidamente recolhida do ITCMD relativo ao cancelamento do usufruto, tendo em vista que, por ocasião da doação, referido imposto foi pago apenas sobre o valor de 2/3 do imóvel, restando o saldo remanescente sobre 1/3. Apresentou documentos às fls. 96/100. Insurge-se a requerente do óbice apontado, sob a alegação de que não há previsão legal para o recolhimento exigido pela Registrador e que o Decreto Estadual nº 46.655/02 extrapolou os limite da sua competência legislativa, instituindo novo critério de tributação, o que é vedado pelos artigos 150, I CF e 97, I, CTN. Invoca várias decisões proferidas pela Egrégia Corregedoria Geral da Justiça, afastando o óbice imposto. O Ministério Público opinou pela improcedência do pedido (fls. 103/107). É o relatório. Passo a fundamentar e a decidir. Em que pesem os respeitáveis argumentos do registrador e da D Promotora de Justiça, bem a decisão deste Juízo no feito nº 1066337-86.2016.8.26.0100, referente à necessidade do recolhimento de 1/3 na instituição do usufruto por ato não oneroso, este entendimento foi recentemente reformado pela Egrégia Corregedoria Geral da Justiça no Recurso Administrativo CGJ 0010952 - 51/2017-E, rel: Corregedor Geral da Justiça: Manoel Pereira Calças, in verbis: "Registro de Imóveis - Averbação de Cancelamento de usufruto pela morte da usufrutuária - Consolidação da propriedade do bem em nome do nu proprietário - Exigência de complementação do ITCMD, calculado e recolhido sobre 2/3 do valor do bem por ocasião da doação da nua propriedade - Exigência mantida pela Juíza Corregedora Permanente - Consolidação da propriedade que não caracteriza hipótese de incidência do tributo – Precedente desta Corregedoria Geral - Decreto

Regulamentar nº 46.655/2002, que, na espécie extrapola seus limites - parecer pelo provimento do recurso" Conforme constou no corpo do mencionado Acórdão: ". Em situação idêntica, o então Juiz Assessor da Corregedoria, Dr. Álvaro Luiz Valery Mirra, apresentou parecer, devidamente aprovado Pelo Corregedor Geral da Justiça, Des. Luiz Elias Tâmbara: O recurso comporta provimento, merecendo acolhida os argumentos expedindos pela recorrente, em conformidade, inclusive, com decisão normativa do Ilustríssimo Senhor Coordenador da Administração Tributária do Estado de São Paulo, recentemente proferida (Decisão Normativa CAT - 10, de 22.06.2009 - DOE 23.06.2009, p.14). De acordo com a referida decisão normativa, que aprovou entendimento expresso na Resposta à Consulta nº 152/2008, de 13.05.2009: I – Oficial de Registro de Imóveis, Títulos e Documentos e Civil de pessoa Jurídica, tendo em vista os requerimentos de averbação de cancelamento de usufruto decorrente de óbito do usufrutuário, indaga se as isenções do ITCM referentes à transmissão de imóveis e valores, previstas no artigo 6º, I, alíneas "a" e "b", e I, alínea"a" da Lei nº 10.705/2000 aplicam-se à extinção do usufruto. 2 - para melhor entendimento da matéria transcrevemos o dispositivo constitucional que outorga aos Estados e ao Distrito Federal a competência para a instituição do Imposto sobre Transmissão 'Causa Mortis' e Doação de Quaisquer Bens ou Direitos - ITCMD, nos seguintes termos: Art. 155 - Compete aos Estados e ao Distrito Federal instituir impostos sobre: I - transmissão causa mortis e doação, de quaisquer bens ou direitos; 3 - No exercício desta competência, o estado de São Paulo instituiu o importo por meio da Lei nº 10.705/2000, que em seu artigo 2º dispõe: Art. 2º - O imposto incide sobre a transmissão de qualquer bem ou direito havido: I - por sucessão legítima ou testamentária, inclusive a sucessão provisória II - por doação; 4 - Conforme se verifica, no que se refere à transmissão em decorrência da morte, para a lei paulista, somente ocorre o fato gerador do ITCMD quando o de cujus transmitir bens ou direitos aos seus herdeiros, sejam eles legítimos ou testamentários, ou ao legatário. Tanto é assim que a Lei 10.705/2000, ao tratar dos contribuintes do imposto na transmissão causa mortis somente se refere ao herdeiro e ao legatário (artigo 7º, inciso I), não havendo qualquer previsão de exigência do imposto em relação àquele que recebe bem ou direito em decorrência da morte de outrem sem, no entanto, ser seu sucessor hereditário, ou em razão de testamento. 5 - É importante destacar que o usufruto é sempre temporário, sendo que por força do artigo 1410, I, do Código Civil, no máximo será vitalício. Assim, sem prejuízo do disposto nos artigos 1.411 e 1.946 do Código Civil, o usufrutuário não transmite, por sucessão hereditária ou testamentária, o direito de usufruto. 6 - Neste sentido, com a morte do usufrutuário do imóvel, a propriedade plena se consolida na pessoa do nu proprietário. E na legislação paulista, não há previsão de incidência do ITCMD quando da consolidação da propriedade plena, ou quando da extinção do usufruto. 7 - Vale lembrar que o direito de propriedade, embora possa ser cindido quanto ao ser exercício, é uno. Em virtude da própria natureza temporária do usufruto, o verdadeiro proprietário do bem, em última análise, é o titular da nua propriedade, já que a extinção do usufruto é inevitável. 8 - Releva considerar também que, mesmo que se considere a consolidação da propriedade pela extinção do usufruto como uma transmissão de direitos, não se trata de transmissão hereditária ou testamentária de modo a ensejar a cobrança de ITCMD, ainda que, coincidentemente, o nu proprietário seja herdeiro legitimo ou usufrutuário. 9 - Assim, em conclusão, na situação apresentada não há incidência do ITCMD "(autos nº 2009/38005). Finalmente: "...Não há dúvida de que o artigo 31 do Decreto nº 46.655/2002, que regulamenta a Lei Estadual nº 10.705/2000, expressamente prevê a necessidade de complementação do ITCMD, por ocasião da consolidação da propriedade plena na pessoa do nu proprietário. Essa hipótese de incidência, todavia, diante dos limites estabelecidos pela Constituição Federal (artigo 155, 1, da CF3) e do silêncio absoluto da Lei Estadual que o instituiu, não poderia ser criada por decreto regulamentar". Ainda acerca da presente questão, o Egrégio Tribunal de Justiça da Capital já firmou posicionamento de não ser devido o recolhimento do imposto: "Apelação Cível. Mandado de Segurança. ITCMD. Cancelamento de usufruto, sem recolhimento do imposto. Admissibilidade. Tributo que deve incidir apenas nos casos de transmissão causa mortis e doação, nos termos do art. 155 da CF. Concessão da segurança em primeiro grau. Manutenção da r. Sentença. Precedente. Recurso não provido" (Apelação Cível nº 1018585-65.2016.8.26.0053. Rel: Des. Antonio Celso Faria - 8ª Camara de Direito Público, j: 19.10.2016). Em suma, a inconstitucionalidade do Decreto Estadual não é analisada nesta esfera administrativa, sendo certo que a exceção de limites estabelecidos viola o princípio da legalidade tributária, uma vez que não é possível exigir o pagamento de tributo sem lei que o institua. Por fim, deixo de dar caráter normativo à presente questão, já que a pretendida normatização deve ser realizada, se entender conveniente, pela Egrégia Corregedoria Geral da Justiça. Logo, mostra-se incabível que seja dado caráter normativo e geral da forma requerida pelo Registrador. Diante do exposto, julgo procedente o pedido de providências formulado por Elizabeth dos Ramos Teixeira em face do Oficial do 8º Registro de Imóveis da Capital, e consequentemente determino o cancelamento dos usufrutos registrados nas matrículas nºs 5.647, 59.075, 72.462, 137.691, 137.712 e 139.137. Deste procedimento não decorrem custas, despesas processuais e honorários advocatícios. Oportunamente remetam-se os autos ao arquivo. P.R.I.C. - ADV: ANTONIO ANGELO FARAGONE (OAB 20112/SP), VALDECI CODIGNOTO (OAB 41731/SP) (DJe de 11.01.2019 - SP)

Processo 1061813-41.2019.8.26.0100

Pedido de Providências - Registro de Imóveis - Emae - Empresa Metropolitana de Águas e Energia S/A - Municipalidade de São Paulo - Vistos. Tendo em vista que o objeto deste feito é o reconhecimento extrajudicial de usucapião, recebo o presente procedimento como dúvida. Anote-se, retificando a autuação. Trata-se de dúvida suscitada pelo Oficial do 11º Registro de Imóveis da Capital, a requerimento de EMAE - Empresa Metropolitana de Águas e Energia S/A, após negativa de seguimento de pedido extrajudicial de usucapião, derivada da apresentação de impugnação pela Municipalidade de São Paulo, que foi considerada fundamentada pelo Oficial, diante da complexidade e extensão da área usucapienda, o que demandaria uma análise mais detalhada para se apurar eventuais desapropriações, leito de córrego e vias de circulação internas do lote. Foram apresentados documentos às fls. 04/75. Às fls. 76/80, o Delegatário comunicou o desinteresse da Municipalidade de São Paulo no procedimento (fls. 77/78), afastando consequentemente qualquer impugnação ao pedido de usucapião extrajudicial. O Ministério Público opinou pelo retorno dos autos à Serventia para continuidade ao procedimento (fls. 84/85). É o relatório. Passo a fundamentar e a decidir. O procedimento extrajudicial de usucapião deve seguir rito próprio, previsto especialmente no art.216-A da Lei nº 6.015/73, no Provimento nº 65/17 do CNJ e na Seção XIII do Cap. XX das Normas de Serviço da Corregedoria Geral da Justiça. Conforme o item 429.5, nos pedidos de usucapião extrajudicial, após impugnação considerada fundamentada, os autos serão encaminhados ao juízo competente, que poderá, de plano, julgar a pertinência da impugnação. Na presente hipótese os presentes autos foram encaminhados a esta Corregedoria em razão da impugnação apresentada pela Municipalidade de São Paulo, a qual foi considerada fundamentada pelo registrador. Ocorre que diante do desinteresse do órgão municipal acerca do procedimento, restou afastada qualquer impugnação e consequentemente prejudicada a dúvida. Logo, retornem os autos ao 11º Registro de Imóveis da Capital para dar prosseguimento no procedimento extrajudicial de usucapião. Não há custas, despesas processuais e honorários advocatícios. Oportunamente, arquivem-se os autos. P.R.I.C. - ADV: GISELE HELOISA CUNHA (OAB 75545/SP), VALÉRIA CAMPOS SANTOS (OAB 222676/SP) (- DJe de 16.07.2019 - SP)

Processo 0092613-06.2018.8.26.0100

Dúvida - Notas - Jose de Souza Lima - Vistos. Trata-se de procedimento de dúvida inversa suscitado em face do Oficial do 15º Registro de Imóveis da Capital por José de Souza Lima, que pretende o registro de contrato de compra e venda de propriedade nua com reserva de usufruto, por meio do qual Gilmar Mendes dos Santos Vereda transmite a nua propriedade do imóvel transcrito sob nº 10.545. O interessado manifestou-se às fls. 3/5. Afirma que há processo de adjudicação compulsória do imóvel, porém não foi emitida carta de adjudicação, vez que o imóvel não tem matrícula. Relata, ainda, que a compra é antiga e os títulos de transmissão foram perdidos, restando tão somente os comprovantes de pagamento. O Registrador relata que o requerente pretende registro de instrumento particular de compra e venda com reserva de usufruto, celebrado em 2013. Contudo, resta impossibilitado o registro pelos princípios (i) da continuidade - não há registro do título aquisitivo da parte vendedora Gilmar dos Santos Vereada; (ii) da especialidade subjetiva - há óbices quanto à assinaturas e dados das partes que negociaram o imóvel, bem como quanto à representação da compradora menor; (iii) da especialidade objetiva - o imóvel está precariamente descrito no título, devendo ser apresentadas novas plantas com descrição da área remanescente e da área alienada; e (iv) da legalidade registraria o negócio jurídico deveria ser celebrado por instrumento público. Informa, ainda, que a ação de adjudicação compulsória foi extinta sem resolução de mérito e encontra-se em fase de apelação. Por fim, relata que o interessado tentou realizar abertura de matrícula e, posteriormente, prenotou retificação da área, que foi impugnada pela Municipalidade. O Ministério Público manifestou-se às fls. 127/128 para informar que o procedimento de retificação da área do imóvel está atualmente sob análise desta Vara, o que já prejudicaria o pedido em vista da violação ao princípio da especialidade objetiva. Há nova manifestação do interessado às fls. 141/143 e às fls. 172/175, pugnando pela continuação do feito e informando que concorda com necessidade de retificação da transcrição. O Ministério Público opinou às fls. 188/191 pelo julgamento da dúvida como prejudicada, vez que há concordância do interessado. É o relatório. Decido. Em primeiro lugar cumpre destacar que é pacífico o entendimento jurisprudencial de que a dúvida deve ser suscitada contra a totalidade dos óbices impostos pelo Registrador. O interessado às fls. 172/175 apresentou concordância com algumas das exigências impostas pelo Oficial. A irresignação parcial com as exigências do Oficial prejudica a dúvida. Para que se possa decidir se o título pode ser registrado ou não é preciso que todas as exigências e não apenas parte delas sejam reexaminadas pelo Corregedor Permanente. Nesse sentido, há consolidada jurisprudência do Egrégio Conselho Superior. Isso posto, analiso o mérito. Com razão o Oficial e a Promotora de Justiça. Em primeiro lugar, não pode ser afastado o óbice quanto à descrição do imóvel. Como concorda o próprio interessado, a transcrição conta com descrição precária, que carece de detalhes indispensáveis à identificação do imóvel. Quanto à necessidade de registro do título aquisitivo do vendedor do imóvel, também é indispensável. Nos termos dos artigos 195 e 237 da Lei de Registros Públicos, os registros de imóveis são regidos, dentre outros, pelo princípio da continuidade. Tal princípio, traduz a necessidade de que os títulos submetidos a registro obedeçam a uma ordem lógica, da qual se possa depreender as informações necessárias sobre a titularidade do imóvel. Essa exigência tem por objetivo garantir a confiabilidade dos documentos registrados, de modo que haja segurança nas transações que envolvam imóveis. Assim, é necessário que o título a ser registro esteja compatível com a cadeia de titularidade do registro, o que não é o caso. Ainda, o título a ser registrado deve ser instrumento público, nos termos do artigo 108 do Código Civil "Não dispondo a lei em contrário, a escritura pública é essencial à validade dos negócios jurídicos que visem à constituição, transferência, modificação ou renúncia de direitos reais sobre imóveis de valor superior a trinta vezes o maior salário mínimo vigente no País." Assim, o simples instrumento particular de compra e venda não atende aos requisitos legais para ingresso no fólio real, vez que o valor do imóvel excede o de 30 salários mínimos (fls. 14). Ademais, os óbices quanto à representação da menor de idade, bem como a indicação de que o vendedor está incurso - ou não - nas restrições da legislação previdenciária encontram respaldo no princípio da especialidade subjetiva e não podem ser superados sem o cumprimento das exigências. Por fim, a título de sugestão e conforme apontado pelo Registrador e pela Promotora de Justiça, a usucapião parece ferramenta mais adequada para que o interessado obtenha a propriedade do bem imóvel. Diante do exposto, julgo prejudicada a dúvida suscitada pelo Oficial do 10º Registro de Imóveis da Capital a requerimento de José de Souza Lima, com observação. Não há custas, despesas processuais e nem honorários advocatícios decorrentes deste procedimento. Oportunamente, arquivem-se os autos. P.R.I.C. - ADV: IRIO BENEDITO DA SILVA (OAB 99204/SP) (DJe de 04.04.2019 - SP)

Processo 0092613-06.2018.8.26.0100

Dúvida - Notas - Jose de Souza Lima - Vistos. Trata-se de procedimento de dúvida inversa suscitado em face do Oficial do 15º Registro de Imóveis da Capital por José de Souza Lima, que pretende o registro de contrato de compra e venda de propriedade nua com reserva de usufruto, por meio do qual Gilmar Mendes dos Santos Vereda transmite a nua propriedade do imóvel transcrito sob nº 10.545. O interessado manifestou-se às fls. 3/5. Afirma que há processo de adjudicação compulsória do imóvel, porém não foi emitida carta de adjudicação, vez que o imóvel não tem matrícula. Relata, ainda, que a compra é antiga e os títulos de transmissão foram perdidos, restando tão somente os comprovantes de pagamento. O Registrador relata que o requerente pretende registro de instrumento particular de compra e venda com reserva de usufruto, celebrado em 2013. Contudo, resta impossibilitado o registro pelos princípios (i) da continuidade - não há registro do título aquisitivo da parte vendedora Gilmar dos Santos Vereada; (ii) da especialidade subjetiva - há óbices quanto à assinaturas e dados das partes que negociaram o imóvel, bem como quanto à representação da compradora menor; (iii) da especialidade objetiva - o imóvel está precariamente descrito no título, devendo ser apresentadas novas plantas com descrição da área remanescente e da área alienada; e (iv) da legalidade registraria o negócio jurídico deveria ser celebrado por instrumento público. Informa, ainda, que a ação de adjudicação compulsória foi extinta sem resolução de mérito e encontra-se em fase de apelação. Por fim, relata que o interessado tentou realizar abertura de matrícula e, posteriormente, prenotou retificação da área, que foi impugnada pela Municipalidade. O Ministério

Público manifestou-se às fls. 127/128 para informar que o procedimento de retificação da área do imóvel está atualmente sob análise desta Vara, o que já prejudicaria o pedido em vista da violação ao princípio da especialidade objetiva. Há nova manifestação do interessado às fls. 141/143 e às fls. 172/175, pugnando pela continuação do feito e informando que concorda com necessidade de retificação da transcrição. O Ministério Público opinou às fls. 188/191 pelo julgamento da dúvida como prejudicada, vez que há concordância do interessado. É o relatório. Decido. Em primeiro lugar cumpre destacar que é pacífico o entendimento jurisprudencial de que a dúvida deve ser suscitada contra a totalidade dos óbices impostos pelo Registrador. O interessado às fls. 172/175 apresentou concordância com algumas das exigências impostas pelo Oficial. A irresignação parcial com as exigências do Oficial prejudica a dúvida. Para que se possa decidir se o título pode ser registrado ou não é preciso que todas as exigências e não apenas parte delas sejam reexaminadas pelo Corregedor Permanente. Nesse sentido, há consolidada jurisprudência do Egrégio Conselho Superior. Isso posto, analiso o mérito. Com razão o Oficial e a Promotora de Justiça. Em primeiro lugar, não pode ser afastado o óbice quanto à descrição do imóvel. Como concorda o próprio interessado, a transcrição conta com descrição precária, que carece de detalhes indispensáveis à identificação do imóvel. Quanto à necessidade de registro do título aquisitivo do vendedor do imóvel, também é indispensável. Nos termos dos artigos 195 e 237 da Lei de Registros Públicos, os registros de imóveis são regidos, dentre outros, pelo princípio da continuidade. Tal princípio, traduz a necessidade de que os títulos submetidos a registro obedeçam a uma ordem lógica, da qual se possa depreender as informações necessárias sobre a titularidade do imóvel. Essa exigência tem por objetivo garantir a confiabilidade dos documentos registrados, de modo que haja segurança nas transações que envolvam imóveis. Assim, é necessário que o título a ser registro esteja compatível com a cadeia de titularidade do registro, o que não é o caso. Ainda, o título a ser registrado deve ser instrumento público, nos termos do artigo 108 do Código Civil "Não dispondo a lei em contrário, a escritura pública é essencial à validade dos negócios jurídicos que visem à constituição, transferência, modificação ou renúncia de direitos reais sobre imóveis de valor superior a trinta vezes o maior salário mínimo vigente no País." Assim, o simples instrumento particular de compra e venda não atende aos requisitos legais para ingresso no fólio real, vez que o valor do imóvel excede o de 30 salários mínimos (fls. 14). Ademais, os óbices quanto à representação da menor de idade, bem como a indicação de que o vendedor está incurso - ou não - nas restrições da legislação previdenciária encontram respaldo no princípio da especialidade subjetiva e não podem ser superados sem o cumprimento das exigências. Por fim, a título de sugestão e conforme apontado pelo Registrador e pela Promotora de Justiça, a usucapião parece ferramenta mais adequada para que o interessado obtenha a propriedade do bem imóvel. Diante do exposto, julgo prejudicada a dúvida suscitada pelo Oficial do 10º Registro de Imóveis da Capital a requerimento de José de Souza Lima, com observação. Não há custas, despesas processuais e nem honorários advocatícios decorrentes deste procedimento. Oportunamente, arquivem-se os autos. P.R.I.C. - ADV: IRIO BENEDITO DA SILVA (OAB 99204/SP) (DJe de 04.04.2019 - SP)

VAGA DE GARAGEM

Processo 1066328-22.2019.8.26.0100

Dúvida - REGISTROS PÚBLICOS - Ângelo de Paiva Teixeira - Taciana Santos Miziara - Renato Franco Correa da Costa - Vistos. Trata-se de dúvida suscitada pelo Oficial do 4º Registro de Imóveis da Capital, a requerimento de ÂNGELO DE PAIVA TEIXEIRA, após negativa de registro de escritura de compra e venda cujo objeto é a vaga de garagem da matrícula nº 115.585. O óbice se deu por conta do comprador da vaga de garagem não possuir a propriedade de unidade autônoma no condomínio edilício e pelo fato do suscitado, o vendedor da vaga, encontrar-se em situação de indisponibilidade de seus bens, como verificado em averbação localizada à fl. 39. O Oficial juntou documentos às fls. 04/68. Houve impugnação às fls. 69/74. O suscitado alegou que a vaga de garagem, objeto da escritura qualificada negativamente, seria uma unidade autônoma, assim, não se aplicaria a restrição regulada pelo artigo 1.331, § 1º do Código Civil. Ainda, alega que a indisponibilidade em questão resta prejudicada, uma vez que a dívida correlata foi quitada. Juntou documentos às fls. 76/103. O Ministério Público opinou, às fls. 113/115, pela procedência da dúvida. É o relatório. Decido. Com razão o Oficial e a D. Promotora de Justiça. Primeiramente, como bem pontuado pelo Ministério Público em seu parecer, existe norma específica que regula a alienação de vaga de garagem a não-condômino. O legislador, em 2012, alterou o §1º do art. 1.331 do Código Civil, estabelecendo que: "§1º As partes suscetíveis de utilização independente, tais como apartamentos, escritórios, salas, lojas e sobrelojas, com as respectivas frações ideais no solo e nas outras partes comuns, sujeitam-se a propriedade exclusiva, podendo ser alienadas e gravadas livremente por seus proprietários, exceto os abrigos para veículos, que não poderão ser alienados ou alugados a pessoas estranhas ao condomínio, salvo autorização expressa na convenção de condomínio." (grifo nosso) Portanto, a regra é clara no sentido da impossibilidade de terceiro não condômino adquirir vaga de garagem. Saliento que mesmo que a vaga de garagem tenha sido criada antes de 2012, quando houve alteração legal, a aplicação do dispositivo impede todas as vendas posteriores a terceiros estranhos, independentemente do tempo em que criada a vaga, já que a única exceção legal já está prevista na lei, e diz respeito a autorização expressa na convenção do condomínio. A finalidade da lei é clara: preservar a segurança da vida condominial, uma vez que permitir que pessoa estranha ao condomínio utilize o espaço da garagem acarretaria riscos aos moradores. Para tanto, houve a limitação da disposição de vaga de garagem à pessoas não-condôminas. Apenas uma exceção é aberta, quando a convenção de condomínio expressamente tratar do tema e permitir que as vagas possam ser alienadas a terceiros. Contudo, na convenção juntada aos autos (fls. 43/68), não há tal previsão, de forma que fica, naquele condomínio, impossibilitada a existência de proprietário de vaga de garagem que não seja proprietário também de unidade autônoma residencial. Quanto ao óbice relativo à questão da indisponibilidade dos bens de Angelo de Paiva Teixeira, o apontamento levantado pelo Oficial mostra-se pertinente. Mesmo com a posterior quitação da dívida, como alegado pelo suscitante, imperiosa a necessidade de atualização da matrícula. Do exposto, julgo PROCEDENTE a dúvida suscitada pelo Oficial do 4º Registro de Imóveis da Capital, a requerimento de Ângelo de Paiva Teixeira, mantendo o óbice registrário. Não há custas, despesas processuais ou honorários advocatícios decorrentes deste procedimento. Oportunamente, arquivem-se os autos. P.R.I.C. - ADV: ORLANDO QUINTINO MARTINS NETO (OAB 227702/SP) (– DJe de 30.08.2019 – SP)

Processo 1070781-60.2019.8.26.0100

Dúvida - Notas - Antônio Fernando da Silva - Vistos. Trata-se de dúvida suscitada pelo Oficial do 4º Registro de Imóveis da Capital, a requerimento de ANTONIO FERNANDO DA SILVA, após negativa de registro de escritura de compra e venda cujo objeto é a vaga de garagem retratada na matrícula nº 77.011. O óbice se deu em razão do comprador, identificado na escritura de compra e venda que se tenta registrar, não possuir a propriedade de unidade autônoma no condomínio edilício. Assim, o Oficial identificou ofensa ao disposto no artigo 1.331, § 1º, do Código Civil, uma vez que o registro em questão tem como adquirente pessoa estranha ao condomínio, o que não é permitido pela legislação, além de nada constar a respeito na convenção condominial. O Oficial juntou documentos às fls. 04/27. O suscitado apresentou impugnação (fl. 34/36) alegando que a vaga de garagem, objeto da escritura qualificada negativamente, seria em si uma unidade autônoma, assim, não se aplicaria a restrição regulada pelo artigo 1.331, § 1º, do Código Civil. Ainda, informa que, pelo fato de também não possuir imóvel no edifício em análise, não sendo condômino, colocaria a vaga de garagem em condição diferenciada, o que permitiria o registro pretendido. O Ministério Público opinou pela procedência da dúvida (fls. 31/32). É o relatório. Decido. Com razão o Oficial e a D. Promotor de Justiça. Primeiramente, existe norma específica que regula a alienação de vaga de garagem a não-condômino. O legislador, em 2012, alterou o §1º do art. 1.331 do Código Civil, estabelecendo que: "§1º As partes suscetíveis de utilização independente, tais como apartamentos, escritórios, salas, lojas e sobrelojas, com as respectivas frações ideais no solo e nas outras partes comuns, sujeitam-se a propriedade exclusiva, podendo ser alienadas e gravadas livremente por seus proprietários, exceto os abrigos para veículos, que não poderão ser alienados ou alugados a pessoas estranhas ao condomínio, salvo autorização expressa na convenção de condomínio." (grifo nosso) Portanto, a regra é clara no sentido da impossibilidade de terceiro não condômino adquirir vaga de garagem. A finalidade da lei é a preservação da segurança do condomínio, uma vez que permitir que pessoa estranha ao condomínio utilize o espaço da garagem acarretaria riscos aos moradores. Para tanto, houve a limitação da disposição de vaga de garagem à pessoas não- condôminas. Podem ocorrer apenas duas exceções: quando a convenção de condomínio expressamente tratar do tema e permitir que as vagas possam ser alienadas a terceiros ou quando o título que se busca registro seja diretamente proveniente de arrematação judicial. Contudo, na convenção juntada aos autos (fls. 53/74), não há a referida previsão, de forma que fica, naquele condomínio, impossibilitada a existência de proprietário de vaga de garagem que não seja proprietário também de unidade autônoma residencial.

Ainda, não se verifica o cenário de registro de arrematação. Do exposto, julgo PROCEDENTE a dúvida suscitada pelo Oficial do 4º Registro de Imóveis da Capital, a requerimento de ANTONIO FERNANDO DA SILVA, mantendo o óbice registrário. Não há custas, despesas processuais ou honorários advocatícios decorrentes deste procedimento. Oportunamente, arquivem-se os autos. P.R.I.C. - ADV: JACQUELINE FERNANDA DA SILVA (OAB 417939/SP) (– DJe de 11.09.2019 – SP)

Processo 1034896-82.2019.8.26.0100

Dúvida - Notas - Allpark Empreendimentos, Participações e Serviços S.a - Vistos. Trata-se de procedimento de dúvida inversamente suscitado por ALLPARK EMPREENDIMENTOS, PARTICIPAÇÕES E SERVIÇOS S/A em face do Oficial do 4º Registro de Imóveis da Capital, diante da negativa em proceder ao registro de escritura de compra e venda de unidades autônomas vagas de garagem em empreendimento comercial de matrícula nº 181.338, no qual a interessada não figura como proprietária. A interessada manifestou-se às fls. 1/9. Aduz que não há na Convenção de Condomínio vedação à alienação de unidades autônomas a terceiros e que a Convenção estabelece, ainda, diversificados tipos de vagas de garagens, sendo que as unidades autônomas grupos vagas de garagem e unidades autônomas vagas de garagem individuais seriam independentes de outras unidades do empreendimento, podendo ser comercializadas. Por fim, afirma que a requerente integra o condomínio na qualidade de Condômina e Administradora da Garagem, não podendo ser considerada "estranha ao condomínio". O Oficial manifestou-se às fls. 147/151. Informa que não há autorização expressa na Convenção de Condomínio que permita a alienação dos abrigos para veículos. Ainda, a lei que institui tal exigência não compreende exceções baseadas na vontade das partes ou intenção dos contratantes. Assim, o registro de tal escritura violaria ao princípio da legalidade. O Ministério Público opinou às fls. 155/156 pela procedência da dúvida. Mais informações pelo requerente às fls. 158/160. É o relatório. Decido. Com razão o Oficial e o Ministério Público. O artigo 1331 do Código Civil de 2002 é taxativo ao afirmar: "§ 1º As partes suscetíveis de utilização independente, tais como apartamentos, escritórios, salas, lojas e sobrelojas, com as respectivas frações ideais no solo e nas outras partes comuns, sujeitam-se a propriedade exclusiva, podendo ser alienadas e gravadas livremente por seus proprietários, exceto os abrigos para veículos, que não poderão ser alienados ou alugados a pessoas estranhas ao condomínio, salvo autorização expressa na convenção de condomínio." A única possibilidade de que os abrigos para veículos sejam alienados a pessoas estranhas ao condomínio e aqui leia-se pessoas que não sejam proprietárias de unidades componentes do condomínio é a existência de autorização expressa na convenção de condomínio que permita tal alienação. No presente caso, a despeito do alegado pela interessada, tal autorização não consta da convenção. Ressalto que a não vedação não implica em autorização. Desse modo, o título não atende às exigências legais para que possa ingressar no registro, de modo que deve permanecer a qualificação negativa feita pelo Registrador. Nesse sentido: Registro de imóveis Dúvida procedente Condomínio edilício Vagas de garagem Alienação para pessoa que não é proprietária de unidade autônoma Ausência de autorização na Convenção do Condomínio Registro negado Recurso não provido. (...) O fato de se revestir da forma de unidade autônoma com matrícula exclusiva, contudo, não torna a garagem livremente alienável quando não integrar edifício garagem, isto é, edifício destinado à guarda de veículos. Ao contrário, nos demais condomínios edilícios, não consistentes em edifícios-garagem, a alienação de vaga de garagem a quem não for proprietário de unidade autônoma depende de expressa autorização na convenção do condomínio, como previsto na parte final do § 1º do art. 1.331 do Código Civil (Apelação n.º 1090191-75.2017.8.26.0100 - RELATOR: Corregedor Geraldo Francisco Pinheiro Franco) Ademais, observe-se que não cabe ao Oficial ou a este Juízo realizar interpretação diversa da disposta expressamente em lei. As alegações da interessada no sentido de que a qualificação negativa não respeita a intenção do legislador e não faz boa interpretação do conteúdo legal não merecem prosperar, uma vez que não cabe ao Oficial conjecturar acerca das intenções dos dispositivos legais, mas tão somente analisa-los em sua literalidade e verificar se os títulos apresentados correspondem às exigências normativas. Diante do exposto, julgo procedente a dúvida inversa suscitada por ALLPARK EMPREENDIMENTOS, PARTICIPAÇÕES E SERVIÇOS S/A em face do Oficial do 4º Registro de Imóveis da Capital, e mantenho o óbice registrário. Não há custas, despesas processuais ou honorários advocatícios decorrentes deste procedimento. Oportunamente, arquivem-se os autos. P.R.I.C. - ADV: GUSTAVO CLEMENTE VILELA (OAB 220907/SP) (DJe de 10.05.2019 - SP)

4.4.5 TABELIONATO DE PROTESTO

CANCELAMENTO

Processo 1086343-12.2019.8.26.0100

Pedido de Providências - Cancelamento de Protesto - Paulo Henrique Antones Figueiredo - Vistos. Trata-se de pedido de providências formulado por Paulo Henrique Antones Figueiredo em face dos 1º, 2º, 4º, 7º e 8º Tabeliães de Protesto de Letras e Títulos da Capital, requerendo o cancelamento dos protestos lavrados em seu nome, sem o depósito das respectivas custas e emolumentos, sob a alegação de ser beneficiário da justiça gratuita, sendo que a sentença proferida pelo MMº Juízo da 3ª Vara Cível da Comarca de Caraguatatuba/SP serviu como ofício para as medidas cabíveis. Alega o requerente que, em meados de maio de 2019, de posse da cópia da sentença que serviu de ofício para baixa do protesto, dirigiu-se às mencionadas Serventias, todavia, houve a recusa em se efetuar o cancelamento dos protestos sem o pagamento dos emolumentos. Juntou documentos às fls. 04/24. Os 1º, 2º, 4º e 8º Tabeliães de Protesto manifestaram-se às fls. 29/32. Aduzem que o requerente não apresentou comprovação de que em meados de maio houve a protocolização da decisão judicial e, ao tomarem conhecimento da determinação por meio deste procedimento, constataram que os benefícios da justiça gratuita não se encontravam no corpo da sentença judicial datada de 10.10.2018, mas sim no despacho inicial datado de 15.05.2017. Por fim, destacam que receberam cópia de uma das folhas da sentença nas datas de 17 e 18 do corrente mês, porém somente agora visualizaram que o requerente era beneficiário da justiça gratuita, razão pela qual os protestos foram cancelados. Apresentaram documentos às fls. 33/37. O 7º Tabelião de Protesto manifestou-se às fls. 38/40, corroborando os argumentos expostos pelos outros delegatários. Juntou documentos às fls. 42/45. O Ministério Público opinou pela extinção do feito pela perda do objeto (fl. 48). É o relatório. Passo a fundamentar e a decidir. Com a informação dos tabeliães acerca do cancelamento dos protestos lavrados em desfavor do requerente (fls. 29/32 e 38/40), não há o que decidir nos autos, por ter o feito perdido o seu objeto. Resta a análise da prática de eventual conduta irregular pelos delegatários. Como é sabido, os serviços prestados pelas Serventias são remunerados pelos usuários com o pagamento dos respectivos emolumentos, cuja individualização e cobrança, previstos no art.236, § 2º da Constituição da República, foram regulados pela Lei nº 10.169/200, que dispôs sobre as normas gerais para a fixação dos emolumentos no âmbitos dos Estados membros. De acordo com o entendimento da doutrina majoritária, como do autor Paulo de Barros Carvalho, os emolumentos notariais e registrais se enquadram tipicamente na figura jurídica tributária das taxas, em intelecção com fulcro no artigo 145, inciso II da CF: "Anuncio, desde logo, que perante a realidade instituída pelo direitos positivo atual, parece-me indiscutível a tese segundo a qual a remuneração dos serviços notariais e de registro, também denominada emolumentos, apresenta natureza especifica de taxa. O presente tributo se caracteriza por apresentar, na hipótese da norma, a descrição de um fato revelador de atividade estatal (prestação de serviços notariais e de registros públicos), direta e especificamente dirigida ao contribuinte; além disso, a análise de sua base de cálculo exibe a medida da intensidade da participação do Estado, confirmando tratar-se da espécie taxa Trata-se de atividade administrativa consistente em garantir a publicidade, autenticidade, segurança e eficácia dos atos jurídicos (art.1º da Lei nº 8.935/94), devendo, nos termos do art.236 da Constituição da República, ser delegados a pessoas físicas, mediante concurso público de provas e de titulos, ou por meio de remoção, para os que já forem titulares de Serventias" (Carvalho, Paulo de Barros. Natureza juridica e constitucionalidade dos valores exigidos a título de remuneração dos serviços notariais e de registro. Parecer exarado na data de 05.06.2007, a pedido do Sindicato dos Notários e Registradores do Estado de São Paulo -0 SINOREG). Ressalto que, em se tratando os emolumentos de tributo de competência Estadual, caberá aos Estados e ao Distrito Federal a instituição - através de lei específica, com escopo exclusivo - de isenção a eles aplicável, nos limites da sua competência territorial. No presente caso, apesar de ter sido proferida sentença declarando inexigível e consequentemente cancelando as duplicatas em nome do requerente, não constou que o interessado era beneficiário da justiça gratuita, o que por si só obstou o cancelamento pretendido, em consonância com o princípio da legalidade, sendo que os tabeliães somente tomaram conhecimento do deferimento de tal benefício através deste procedimento, logo, afasto a ocorrência de qualquer conduta ilícita praticada, bem como a aplicação de medida censório disciplinar e determino o arquivamento do processo. Diante do exposto, julgo extinto o pedido de providências formulado por Paulo Henrique Antones Figueiredo em face dos 1º, 2º, 4º, 7º e 8º Tabeliães de Protesto de Letras e Títulos da Capital, com fundamento do artigo 485,

IV do CPC e afasto a prática de qualquer conduta irregular, arquivando-se os autos. Deste procedimento não decorrem custas, despesas processuais e honorários advocatícios. Oportunamente remetam-se os autos ao arquivo. P.R.I.C. - ADV: ISMAEL MESSIAS LOLIS (OAB 92820/SP). (– DJe de 27.09.2019 – SP)

Processo 1050132-74.2019.8.26.0100

Pedido de Providências - Tabelionato de Protestos de Títulos - Redpar Construtora e Incorporadora Ltda - Vistos. Trata-se de pedido de providências formulado por Redpar Construtora e Incorporadora EIRELLI cumulada com liminar de urgência, em face do 6º Tabelião de Protesto de Letras e Títulos da Capital, pretendendo a isenção dos emolumentos devidos em decorrência do cancelamento dos protestos lavrados em seu desfavor. Relata a requerente que não detém substrato financeiro para as custas incidentes, bem como, por ser sociedade de propósito especifico, não detém receita para este fim. Juntou documentos às fls. 05/17. A liminar foi indeferida às fls. 18/19. O Tabelião manifestou-se às fls. 22/29. Esclarece que as custas e emolumentos devidos pelo protesto de títulos não mais dependem de prévio depósito e serão pagos pelo interessado em seu cancelamento. Salienta que os registradores e notários estão adstritos em seus atos ao cumprimento da Lei nº 11.331 e suas tabelas, caracterizando infração disciplinar a inobservância dessas prescrições. Assim somente expressa disposição legal poderia isentar a requerente desse pagamento, não cabendo ao tabelião nem tampouco à decisão judicial essa faculdade. Destaca que é encargo do devedor a obrigação do pagamento das taxas devidas, o que se tem de observar e cumprir. O Ministério Público opinou pela improcedência do pedido (fls. 32/33). É o relatório. Passo a fundamentar e a decidir. Com razão o Tabelião, bem como a D. Promotora de Justiça. Pretende a requerente a isenção dos emolumentos para o cancelamento do protesto lavrado em seu nome, sob a alegação de hipossuficiencia. Como é sabido, os serviços prestados pelas Serventias são remunerados pelos usuários com o pagamento dos respectivos emolumentos, cuja invidualização e cobrança, previstos no art.236, § 2º da Constituição da República, foram regulados pela Lei nº 10.169/200, que dispôs sobre as normas gerais para am fixação dos emolumentos no âmbitos dos Estados membros. De acordo com o entendimento do autor Paulo de Barros Carvalho, os emolumentos notariais e registrais se enquadram tipicamente na figura jurídica tributária das taxas, em intelecção fulcrada no artigo 145, inciso II da CF: "Anuncio, desde logo, que perante a realidade instituída pelo direitos positivo atual, parece-me indiscutível a tese segundo a qual a remuneração dos serviços notariais e de registro, também denominada emolumentos, apresenta natureza especifica de taxa. O presente tributo se caracteriza por apresentar, na hipótese da norma, a descrição de um fato revelador de atividade estatal (prestação de serviços notariais e de registros públicos), direta e especificamente dirigida ao contribuinte; além disso, a análise de sua base de cálculo exibe a medida da intensidade da participação do Estado, confirmando tratar-se da espécie taxa Trata-se de atividade administrativa consistente em garantir a publicidade, autenticidade, segurança e eficácia dos atos jurídicos (art.1º da Lei nº 8.935/94), devendo, nos termos do art.236 da Constituição da República, ser delegados a pessoas físicas, mediante concurso público de provas e de titulos, ou por meio de remoção, para os que já forem titulares de Serventias" (Carvalho, Paulo de Barros. Natureza juridica e constitucionalidade dos valores exigidos a título de remuneração dos serviços notariais e de registro. Parecer exarado na data de 05.06.2007, a pedido do Sindicato dos Notários e Registradores do Estado de São Paulo -0 SINOREG). Outro não é o entendimento jurisprudencial a respeito: "Direito constitucional e tributário. Custas e emolumentos: Serventias Judiciais e Extrajudiciais. Ação direta de inconstitucionalidade da Resolução nº 7, de 30 de junho de 1995, do Tribunal de Justiça do Estado do Paraná: Ato Normativo. (.) 4. O art.145 admite a cobrança de taxas, em razão do exercício do poder de policia ou pela utilização, efetiva ou potencial, de serviços públicos específicos e divisíveis, prestados ao contribuinte ou postos a sua disposição". Tal conceito abrange não só as custas judiciais, mas também, as extrajudiciais (emolumentos), pois estas resultam, igualmente, se serviço público, ainda que prestado em caráter particular (art.236). Mas sempre fixadas por lei. No caso presente, a majoração de custas judiciais e extrajudiciais resultou de Resolução do Tribunal de Justiça e não de Lei formal, com o exigido pela Constituição Federal (ADI 1444, Rel: Min. Sydney Sanches, Tribunal Pleno, julgado em 12/02/2003, D.J. 11-04-2003). Assim, diante da natureza jurídica de taxa, certo é que eventual isenção somente poderá ser veiculada através de lei específica, conforme disposição expressa do art. 150, § 6º, da CF, o que não ocorre no presente caso: "Qualquer subsídio ou isenção, redução de base de cálculo, concessão de crédito presumido, anistia ou remissão, relativos a impostos, taxas ou contribuições, só poderá ser concedido mediante lei específica, federal, estadual ou municipal, que regule exclusivamente as matérias acima enumeradas ou o correspondente tributo ou contribuição, sem prejuízo do disposto no art. 155, § 2.º, XII, g." À luz do artigo 111 do CTN, a legislação tributária que disponha sobre outorga de isenção deverá ser interpretada literalmente, não havendo a possibilidade de extensão da norma mencionada. Ressalto que em se tratando de emolumentos de tributo de competência Estadual, caberá aos Estados e ao Distrito Federal a instituição - por lei específica, com escopo exclusivo - de isenção a eles aplicável, nos limites da sua competência territorial. No presente caso, não houve a juntada de qualquer decisão judicial determinando a gratuidade do ato, bem como a requerente não está sendo representada pela Defensoria Pública, logo não há dispensar tal recolhimento, caso contrário estaria-se violando o princípio da legalidade, que norteia os atos registrários. Por fim, a obrigação em pagar os emolumentos para cancelamento do protesto, decorre do item 6 das Notas Explicativas da Tabela de Emolumentos que assim estipula: "A apresentação a protesto, de títulos, documentos de dívidas e indicações, independe de prévio depósito dos valores dos emolumentos e de qualquer outra despesa, cujos valores serão pagos pelos respectivos interessados no ato elisivo do protesto ou, quando protestado o título, no ato do pedido do cancelamento do respectivo registro ou no da sustação judicial definitiva de seus efeitos, salvo na sustação judicial do protesto que serão cobrados do sucumbente quando tornada em caráter definitivo, hipóteses em que serão observados para o cálculo, cobrança e recolhimentos, os seguintes critérios: (...) b - por ocasião do pedido do cancelamento do protesto ou da determinação judicial da sustação definitiva do protesto ou de seus efeitos, com base nos valores da tabela e das despesas em vigor na data em que ocorrer os respectivos recebimentos, hipóteses em que, para fins do cálculo, será considerada a faixa de referência do título da data de sua protocolização para protesto;" Logo, correta a exigência do tabelião, não havendo qualquer falta funcional praticada pelo delegatário passível da aplicação de medida disciplinar. Destaco que este Juízo já teve oportunidade de analisar questão semelhante nos autos do pedido de providências nº 1050151-80.2019.8.26.0100. Diante do exposto, julgo improcedente o pedido de providências formulado por Redpar Construtora e Incorporadora EIRELLI, em face do 6º Tabelião de Protesto de Letras e Títulos da Capital, e consequentemente mantenho o óbice. Deste procedimento não decorrem custas, despesas processuais e honorários advocatícios. Oportunamente remetam-se os autos ao arquivo. P.R.I.C. - ADV: ANTONIO JOSE WAQUIM SALOMAO (OAB 94806/SP) (- DJe de 02.07.2019 - SP)

Processo 1050176-93.2019.8.26.0100

Pedido de Providências - Tabelionato de Protestos de Títulos - Redpar Construtora e Incorporadora Ltda - Vistos. Trata-se de pedido de providências cumulada com liminar de urgência formulado por Redpar Construtora e Incorporadora EIRELLI, em face do 8º Tabelião de Protesto de Letras e Títulos da Capital, pretendendo a isenção dos emolumentos devidos em decorrência do cancelamento dos protestos lavrados em seu desfavor. Relata a requerente que não detém substrato financeiro para as custas incidentes, bem como, por ser sociedade de propósito específico, não detém receita para este fim. Juntou documentos às fls. 05/16. A liminar foi indeferida à fl. 17. O Tabelião manifestou-se à fl. 20. Esclarece que a alegação de que o devedor está impossibilitado de pagar as custas e emolumentos esbarra nos limites das atribuições do tabelionato. O Ministério Público opinou pelo indeferimento do pedido (fls. 24/26). É o relatório. Passo a fundamentar e a decidir. Com razão o Tabelião, bem como a D. Promotora de Justiça. Pretende a requerente a isenção dos emolumentos para o cancelamento do protesto lavrado em seu nome, sob a alegação de hipossuficiencia. Como é sabido, os serviços prestados pelas Serventias são remunerados pelos usuários com o pagamento dos respectivos emolumentos, cuja invidualização e cobrança, previstos no art.236, § 2º da Constituição da República, foram regulados pela Lei nº 10.169/200, que dispôs sobre as normas gerais para a fixação dos emolumentos no âmbitos dos Estados membros. De acordo com o entendimento do autor Paulo de Barros Carvalho, os emolumentos notariais e registrais se enquadram tipicamente na figura jurídica tributária das taxas, em intelecção fulcrada no artigo 145, inciso II da CF: "Anuncio, desde logo, que perante a realidade instituída pelo direitos positivo atual, parece-me indiscutível a tese segundo a qual a remuneração dos serviços notariais e de registro, também denominada emolumentos, apresenta natureza especifica de taxa. O presente tributo se caracteriza por apresentar, na hipótese da norma, a descrição de um fato revelador de atividade estatal (prestação de serviços notariais e de registros públicos), direta e especificamente dirigida ao contribuinte; além disso, a análise de sua base de cálculo exibe a medida da intensidade da participação do Estado, confirmando tratar-se da espécie taxa... ... Trata-se de atividade administrativa consistente em garantir a publicidade, autenticidade, segurança e eficácia dos atos jurídicos (art.1º da Lei nº 8.935/94), devendo, nos termos do art.236 da Constituição da República, ser delegados a pessoas físicas, mediante concurso público de provas e de títulos, ou por meio de remoção, para os que já forem titulares de Serventias" (Carvalho, Paulo de Barros. Natureza jurídica e constitucionalidade dos valores exigidos a título de remuneração dos serviços notariais e de registro. Parecer exarado na data de 05.06.2007, a pedido do Sindicato dos Notários e Registradores do Estado de São Paulo -0 SINOREG). Outro não é o entendimento jurisprudencial a respeito: "Direito constitucional e tributário. Custas e emolumentos: Serventias Judiciais e Extrajudiciais. Ação direta de inconstitucionalidade da Resolução nº 7, de 30 de junho de 1995, do Tribunal de Justiça do Estado do Paraná: Ato Normativo. (...) 4. O art.145 admite a cobrança de taxas, em razão do exercício do poder de policia ou pela utilização, efetiva ou potencial, de serviços públicos específicos e divisíveis, prestados ao contribuinte ou postos a sua disposição". Tal conceito abrange não só as custas judiciais, mas também, as extrajudiciais (emolumentos), pois estas resultam, igualmente, se serviço público, ainda que prestado em caráter particular (art.236). Mas sempre fixadas por lei. No caso presente, a majoração de custas judiciais e extrajudiciais resultou de Resolução do Tribunal de Justiça e não de Lei formal, com o exigido pela Constituição Federal... (ADI 1444, Rel: Min. Sydney Sanches, Tribunal Pleno, julgado em 12/02/2003, D.J. 11-04-2003). Assim, diante da natureza jurídica de taxa, certo é que eventual isenção somente poderá ser veiculada através de lei específica, conforme disposição expressa do art. 150, § 6º, da CF, o que não ocorre no presente caso: "Qualquer subsídio ou isenção, redução de base de cálculo, concessão de crédito presumido, anistia ou remissão, relativos a impostos, taxas ou contribuições, só poderá ser concedido mediante lei específica, federal, estadual ou municipal, que regule exclusivamente as matérias acima enumeradas ou o correspondente tributo ou contribuição, sem prejuízo do disposto no art. 155, § 2.º, XII, g." À luz do artigo 111 do CTN, a legislação tributária que disponha sobre outorga de isenção deverá ser interpretada literalmente, não havendo a possibilidade de extensão da norma mencionada. Ressalto que, em se tratando de emolumentos de tributo de competência Estadual, caberá aos Estados e ao Distrito Federal a instituição, através de lei específica, com escopo exclusivo de isenção a eles aplicável, nos limites da sua competência territorial. No presente caso, não houve a juntada de qualquer decisão judicial determinando a gratuidade do ato, bem como a requerente não está sendo representada pela Defensoria Pública, logo não há dispensar tal recolhimento, caso contrário se estaria violando o principio da legalidade, que norteia os atos registrários. Por fim, a obrigação em pagar os emolumentos para cancelamento do protesto, decorre do item 6 das Notas Explicativas da Tabela de Emolumentos que assim estipula: "A apresentação a protesto, de títulos, documentos de dívidas e indicações, independe de prévio depósito dos valores dos emolumentos e de qualquer outra despesa, cujos valores serão pagos pelos respectivos interessados no ato elisivo do protesto ou, quando protestado o título, no ato do pedido do cancelamento do respectivo registro ou no da sustação judicial definitiva de seus efeitos, salvo na sustação judicial do protesto que serão cobrados do sucumbente quando tornada em caráter definitivo, hipóteses em que serão observados para o cálculo, cobrança e recolhimentos, os seguintes critérios: (...) b - por ocasião do pedido do cancelamento do protesto ou da determinação judicial da sustação definitiva do protesto ou de seus efeitos, com base nos valores da tabela e das despesas em vigor na data em que ocorrer os respectivos recebimentos, hipóteses em que, para fins do cálculo, será considerada a faixa de referência do título da data de sua protocolização para protesto;" Ressalto que recentemente houve julgado idêntico por este Juízo, nos autos nº 1050151- 80.2019.8.26.0100, em ação interposta pela requerente. Logo, correta a exigência do tabelião, não havendo qualquer falta funcional praticada pelo delegatário passível de aplicação de medida disciplinar. Diante do exposto, julgo improcedente o pedido de providências formulado por Redpar Construtora e Incorporadora EIRELLI, em face do 8º Tabelião de Protesto de Letras e Títulos da Capital, e consequentemente mantenho o óbice. Deste procedimento não decorrem custas, despesas processuais e honorários advocatícios. Oportunamente remetam-se os autos ao arquivo.

P.R.I.C. - ADV: ANTONIO JOSE WAQUIM SALOMAO (OAB 94806/SP) (- DJe de 19.06.2019 - SP)

Processo 1050151-80.2019.8.26.0100

Pedido de Providências - Cancelamento de Protesto - Redpar Construtora e Incorporadora Ltda - Vistos. Trata-se de pedido de providências cumulada com liminar de urgência formulado por Redpar Construtora e Incorporadora EIRELLI, em face do 7º Tabelião de Protesto de Letras e Títulos da Capital, pretendendo a isenção dos emolumentos devidos em decorrência do cancelamento dos protestos lavrados em seu desfavor. Relata a requerente que não detém substrato financeiro para as custas incidentes, bem como por ser sociedade de propósito específico, não possuir receita para este fim. Juntou documentos às fls. 05/16. A liminar foi indeferida à fl. 17. O Tabelião manifestou-se às fls. 20/25. Esclarece que o cancelamento do protesto está condicionado ao prévio pagamento das custas e emolumentos e somente será dispensado quando do mandado constar ordem expressa neste sentido ou sendo a parte interessada beneficiária da justiça gratuita, nos termos do Cap. XV, item 63, subitem 63.1 das Normas de Serviço da Corregedoria Geral da Justiça. Destaca que não pode dispensar o recolhimento das custas e emolumentos, cuja natureza juridica é de taxa, sem que haja previsão legal expressa ou determinação judicial para tanto. O Ministério Público opinou pelo indeferimento do pedido (fls. 28/30). É o relatório. Passo a fundamentar e a decidir. Com razão o Tabelião, bem como a *D.* Promotora de Justiça. Pretende a requerente a isenção dos emolumentos para o cancelamento do protesto lavrado em seu nome, sob a alegação de hipossuficiência. Como é sabido, os serviços prestados pelas Serventias são remunerados pelos usuários com o pagamento dos respectivos emolumentos, cuja individualização e cobrança, previstos no art.236, § 2º da Constituição da República, foram regulados pela Lei nº 10.169/200, que dispôs sobre as normas gerais para a fixação dos emolumentos no âmbitos dos Estados membros. De acordo com o entendimento do autor Paulo de Barros Carvalho, os emolumentos notariais e registrais se enquadram tipicamente na figura jurídica tributária das taxas, em intelecção fulcrada no artigo 145, inciso II da CF: "Anuncio, desde logo, que perante a realidade instituída pelo direitos positivo atual, parece-me indiscutível a tese segundo a qual a remuneração dos serviços notariais e de registro, também denominada emolumentos, apresenta natureza especifica de taxa. O presente tributo se caracteriza por apresentar, na hipótese da norma, a descrição de um fato revelador de atividade estatal (prestação de serviços notariais e de registros públicos), direta e especificamente dirigida ao contribuinte; além disso, a análise de sua base de cálculo exibe a medida da intensidade da participação do Estado, confirmando tratar-se da espécie taxa... ... Trata-se de atividade administrativa consistente em garantir a publicidade, autenticidade, segurança e eficácia dos atos jurídicos (art.1º da Lei nº 8.935/94), devendo, nos termos do art.236 da Constituição da República, ser delegados a pessoas físicas, mediante concurso público de provas e de títulos, ou por meio de remoção, para os que já forem titulares de Serventias" (Carvalho, Paulo de Barros. Natureza jurídica e constitucionalidade dos valores exigidos a título de remuneração dos serviços notariais e de registro. Parecer exarado na data de 05.06.2007, a pedido do Sindicato dos Notários e Registradores do Estado de São Paulo -0 SINOREG). Outro não é o entendimento jurisprudencial a respeito:

"Direito constitucional e tributário. Custas e emolumentos: Serventias Judiciais e Extrajudiciais. Ação direta de inconstitucionalidade da Resolução nº 7, de 30 de junho de 1995, do Tribunal de Justiça do Estado do Paraná: Ato Normativo. (...) 4. O art.145 admite a cobrança de taxas, em razão do exercício do poder de policia ou pela utilização, efetiva ou potencial, de serviços públicos específicos e divisíveis, prestados ao contribuinte ou postos a sua disposição". Tal conceito abrange não só as custas judiciais, mas também, as extrajudiciais (emolumentos), pois estas resultam, igualmente, se serviço público, ainda que prestado em caráter particular (art.236). Mas sempre fixadas por lei. No caso presente, a majoração de custas judiciais e extrajudiciais resultou de Resolução - do Tribunal de Justiça - e não de Lei formal, com o exigido pela Constituição Federal... (ADI 1444, Rel: Min. Sydney Sanches, Tribunal Pleno, julgado em 12/02/2003, D.J. 11-04-2003). Assim, diante da natureza jurídica de taxa, certo é que eventual isenção somente poderá ser veiculada através de lei específica, conforme disposição expressa do art. 150, § 6º, da CF, o que não ocorre no presente caso: "Qualquer subsídio ou isenção, redução de base de cálculo, concessão de crédito presumido, anistia ou remissão, relativos a impostos, taxas ou contribuições, só poderá ser concedido mediante lei específica, federal, estadual ou municipal, que regule exclusivamente as matérias acima enumeradas ou o correspondente tributo ou contribuição, sem prejuízo do disposto no art. 155, § 2.º, XII, g." À luz do artigo 111 do CTN, a legislação tributária que disponha sobre outorga de isenção deverá ser interpretada literalmente, não havendo a possibilidade de extensão da norma mencionada. Ressalto que, em se tratando de emolumentos de tributo de competência Estadual, caberá aos Estados e ao Distrito Federal a instituição - através de lei específica, com escopo exclusivo - de isenção a eles aplicável, nos limites da sua competência territorial. No presente caso, não houve a juntada de qualquer decisão judicial determinando a gratuidade do ato, bem como a requerente não está sendo representada pela Defensoria Pública, logo não há dispensar tal recolhimento, caso contrário estaria-se violando o princípio da legalidade, que norteia os atos registrários. Por fim, a obrigação em pagar os emolumentos para cancelamento do protesto, decorre do item 6 das Notas Explicativas da Tabela de Emolumentos, que assim estipula: "A apresentação a protesto, de títulos, documentos de dívidas e indicações, independe de prévio depósito dos valores dos emolumentos e de qualquer outra despesa, cujos valores serão pagos pelos respectivos interessados no ato elisivo do protesto ou, quando protestado o título, no ato do pedido do cancelamento do respectivo registro ou no da sustação judicial definitiva de seus efeitos, salvo na sustação judicial do protesto que serão cobrados do sucumbente quando tornada em caráter definitivo, hipóteses em que serão observados para o cálculo, cobrança e recolhimentos, os seguintes critérios: (...) b - por ocasião do pedido do cancelamento do protesto ou da determinação judicial da sustação definitiva do protesto ou de seus efeitos, com base nos valores da tabela e das despesas em vigor na data em que ocorrer os respectivos recebimentos, hipóteses em que, para fins do cálculo, será considerada a faixa de referência do título da data de sua protocolização para protesto;" Logo, correta a exigência do tabelião, não havendo qualquer falta funcional praticada pelo delegatário passível da aplicação de medida disciplinar. Diante do exposto, julgo improcedente o pedido de providências formulado por Redpar Construtora e Incorporadora EIRELLI, em face do 7º Tabelião de Protesto de Letras e Títulos da Capital, e consequentemente mantenho o óbice. Deste procedimento não decorrem custas, despesas processuais e honorários advocatícios. Oportunamente remetam-se os autos ao arquivo. P.R.I.C. - ADV: ANTONIO JOSE WAQUIM SALOMAO (OAB 94806/SP) (- DJe de 17.06.2019 - SP)

CERTIDÃO

Processo 0037680-49.2019.8.26.0100

Pedido de Providências - REGISTROS PÚBLICOS - Corregedoria Geral da Justiça - Francisco Silva e outro - Vistos. Trata-se de pedido de providências encaminhado a este Juízo pela Egrégia Corregedoria Geral da Justiça, formulado por Francisco da Silva em face dos 10 Tabeliães de Protesto de Letras e Títulos da Capital. Esclarece o requerente que solicitou a emissão de certidões nos Cartórios de Protesto em nome do interessado Ronaldo Della Mônica Silva, portador do CPF nº 151.624.078-28, mediante o pagamento de R$ 133,30. Todavia, por erro dos cartórios, as certidões foram emitidas com incorreção, suprimindo o patronímico "Silva". Informa que, ao se dirigir no Cartório distribuidor, foi informado que deveria solicitar novo pedido. Juntou documentos às fls. 03/14. Os Tabeliães manifestaram- se às fls. 16/18. Informam a inexistência de erro, uma vez que as certidões foram expedidas em conformidade com o requerimento, sendo que o interessado informou o nome a ser pesquisado como "Ronaldo Della Mônica", sem o sobrenome "Silva", ou seja, o erro deve ser atribuído somente ao requerente. Afirmam que é nula a possibilidade do mesmo erro de expedição ter sido cometido por todos os protestadores da Capital. Por fim, salientam que cabe ao interessado refazer o requerimento e recolher as custas e emolumentos correspondentes, conforme art.17 do Provimento CG nº 30/2018. Juntou documentos às fls. 19/20. Acerca das informações prestadas, o requerente manifestou-se à fl. 23, reiterando os argumentos da inicial. Apresentou documentos às fls. 24/25. O Ministério Público opinou pelo arquivamento do feito, ante a ausência de qualquer conduta irregular praticada (fls. 29/30). É o relatório. Passo a fundamentar e a decidir. Na presente hipótese não houve a prática de qualquer conduta irregular por parte dos Tabeliães de Protesto. Compete ao Tabelião, ao examinar o título distribuído, ater-se somente aos aspectos formais, ou seja, a presença de todos os requisitos essenciais, clareza das informações, ausência de rasuras, se constam as datas de vencimento e emissão, assinaturas, dentre outros, sendo certo que a responsabilidade pela veracidade das informações e preenchimento correto do requerimento cabe exclusivamente ao requerente. Neste contexto, conforme documentos de fls. 19/20, o pedido de certidões foi feito pelo requerente através do site da Central de Protesto, onde consta da solicitação o nome "Ronaldo Della Mônica", não havendo menção ao sobrenome "Silva", ou seja, não há qualquer erro por parte dos tabeliães, devendo o interessado refazer o requerimento e recolher as custas e emolumentos pertinentes. Logo, tem-se que estão desprovidas de qualquer fundamento as alegações do requerente e não há que se falar em violação dos deveres funcionais que autorizem a aplicação de qualquer sanção administrativa ou o refazimento do ato, razão peça qual determino o arquivamento do presente feito. Deste procedimento não decorrem custas, despesas processuais e honorários advocatícios. Sem prejuízo, expeça-se ofício à Egrégia Corregedoria Geral da Justiça, comunicando desta decisão. P.R.I.C. - ADV: FRANCISCO SILVA (OAB 29977/ SP) (- DJe de 02.07.2019 - SP)

DECLARAÇÃO DE ANUÊNCIA

Processo 1105112-05.2018.8.26.0100

Pedido de Providências 10º Tabelião de Protesto de Letras e Títulos da Capital Sentença (fls. 37/38): Vistos. Trata-se de pedido de providências formulado por 10º Tabelião de Protesto de Letras e Títulos da Capital, comunicando sobre a apresentação de um documento supostamente falso pelo requerente Fabio Valadares, representando a empresa Pacific Word Trading Comércio e Manutenção S/A, visando o cancelamento de um protesto lavrado em desfavor de R4 Holding e Participações LTDA. Esclarece que no exame da declaração de anuência, consultado o apresentante do título, Banco Santander S/A, este se opôs ao cancelamento do protesto, informando que o débito ainda persiste e o título apresentado não é verdadeiro. Juntou documento às fls. 03/24. Comunicada, a autoridade policial informou sobre a instauração de inquérito policial para apuração dos fatos expostos na inicial (fl. 31). O Ministério Público opinou pelo cancelamento da prenotação (fl. 35/36). É o relatório. Passo a fundamentar e a decidir. Verifico que na presente hipótese não houve qualquer falta funcional praticada pelo Oficial, que agiu com zelo e presteza ao comunicar o fato à autoridade policial para a apuração do ocorrido, nos termos da Ordem de Serviço nº 02/2014, item 4, deste Juízo, resultando na instauração do competente inquérito policial para apuração dos fatos noticiados (IP nº 1323/2018). Ademais, a falsidade do título impede que seja efetuado o ato registrário, não havendo como suprir a qualificação negativa do documento. Logo, faz-se mister o cancelamento da prenotação. Por fim, não havendo qualquer violação dos deveres funcionais do Tabelião que autorizem a aplicação de sanção administrativa, determino o arquivamento do presente feito, com as cautelas de praxe. Deste procedimento não decorrem custas, despesas processuais e honorários advocatícios. P.R.I.C. São Paulo, 30 de janeiro de 2019. Tania Mara Ahualli Juiz de Direito (CP – 510) (DJe de 01.02.2019 - SP)

INTIMAÇÃO

Processo 0019973-68.2019

Pedido de Providências Corregedoria Geral da Justiça 3º Tabelião de Protesto de Letras e Títulos da Capital (Sentença fls. 25/28): Vistos. Trata-se de pedido de providências encaminhado a este Juízo pela Egrégia Corregedoria Geral da Justiça, formulado pelo Grupo Geomack, em face do 3º Tabelião de Protesto de Letras e Títulos da Capital, pretendendo o protesto de uma duplicata de serviço por indicação. Relata o requerente que, ao entrar em contato com o Tabelionato, foi informado pelo funcionário Francisco, que o prazo para protesto seria de até 7 (sete) dias úteis, caso a empresa devedora não pagasse. Todavia, passado o prazo mencionado e não sendo o título protestado, entrou em contato com o substituto do Tabelião, sr. Conrado Mariano Júnior, sendo informado que em razão do devedor residir em outro Estado poderia demorar até 15 (quinze) para efetivação do protesto. Por fim, ao entrar em contato com o Tabelião, teve conhecimento de que o documento estaria suspenso por ordem judicial. O Delegatário manifestou-se às fls. 05/08. Esclarece que, em 28.02.2019, foi levada a protesto pela requerente a duplicata de serviço por indicação de nº 0044, emitida em face da empresa Josapar Joaquim Oliveira S/A Participações, com endereço na Comarca de Pelotas/RS, na data de 18.02.2019, com vencimento para o mesmo dia, cujo documento era pagável em São Paulo no valor de R$ 33.700,00. Salienta que emitiu intimação do protestou e enviou através dos correios no mesmo dia da apresentação, ou seja, em 27.02.2019. Neste contexto, o substituto prestou informações preliminares ao requerente, elucidando que, como o endereço do devedor era fora da Comarca da Capital, deveria aguardar o prazo de 10 dias úteis para o retorno da intimação, que poderia ser renovada e aguardado o prazo de mais cinco dias úteis. Destaca que constatada a devolução do AR em 14.03.2019, devidamente cumprido em 08.032.2019, diante da falta de pagamento, lavrou o protesto da duplicata em 15.03.2019. Ocorre que, em 21.03.2019, recebeu decisão que serviu de ofício, expedida pelo MMº Juízo da 13ª Vara Cível da Capital (processo nº 1022362-09.2019.8.26.0100), com o deferimento de liminar sustando os efeitos do protesto do título em questão, determinação esta que foi prontamente acolhida pelo Tabelião, logo acredita que não houve falha no procedimento. Juntou documentos às fls. 09/15. Intimado das informações, o requerente permaneceu silente, conforme certidão de fl. 19. O Ministério Público opinou pelo arquivamento do feito (fls. 22/23). É o relatório. Passo a fundamentar e a decidir. Em que pese o inconformismo do requerente, de acordo com os documentos juntados aos autos e informações fornecidas pelo Tabelião, não há qualquer conduta irregular passível da aplicação de sanção administrativa por esta Corregedoria. De acordo com o Capítulo XV, itens 45 e 48.1 das

Normas de Serviço da Egrégia Corregedoria Geral da Justiça: "45. A intimação ao devedor ou ao sacado será expedida pelo Tabelião para o endereço inicialmente fornecido pelo apresentante do título ou documento de dívida, mesmo se localizado em Comarca diversa da circunscrição territorial do tabelionato, considerando-se cumprida quando comprovada sua entrega naquele endereço ou, à vista do previsto no item 52 deste Capítulo, no que for encontrado". "48.1. A renovação da intimação, exigida pela não devolução do aviso de recepção (AR), dar-se-á em dez dias úteis, contados da remessa da primeira intimação, se dirigida essa para Comarca estranha à circunscrição territorial do Tabelionato competente, e caso o endereço do devedor ou sacado não se localize em uma das Comarcas agrupadas nos termos da Resolução n.º 93/1995 do Tribunal de Justiça de São Paulo e da Lei Estadual n.º 3.396/1982". Pois bem, sendo de inteira responsabilidade do apresentante o preenchimento dos dados constantes do título ofertado a protesto, e verificado que a empresa devedora localizava-se na Comarca de Pelotas RS, foi estritamente observado o procedimento específico adotado para os casos de intimação de devedores residentes fora da Comarca da Capital, nos termos dos itens das Normas da Corregedoria Geral a Justiça acima mencionados, ainda foi verificado o recebimento do AR com a assinatura e nome legível da pessoa que recepcionou a intimação do protesto. Neste contexto, diante da ausência de pagamento, foi lavrado o respectivo protesto no décimo dia útil após o envio da carta, ou seja, dentro do prazo legal. Como é sabido, a sustação é o impedimento da lavratura do protesto, mediante ordem judicial liminar concedida nos autos de medida cautelar. É utilizada como medida preparatória a propositura de ação ordinária de anulação de título. Pelo que se denota dos autos, após seis dias da efetivação do protesto, foi recepcionada ordem judicial expedida pelo MMº Juízo da 13ª Vara Cível da Capital, determinando a sustação dos efeitos do ato. Ora, o Tabelião, bem como qualquer Delegatário é condicionado às ordens judiciais e somente poderá deixar de descumpri-las quando manifestamente ilegais, razão pela qual houve o imediato cumprimento da decisão, logo, havendo alguma insurgência do interessado, esta deverá ser ventilada na esfera cível. Daí verifico que as informações prestadas são suficientes para levar ao convencimento de que não há medida disciplinar a ser adotada por esta Corregedoria Permanente, uma vez que observados todos os procedimentos atinentes à sustação do título. Não há elementos seguros e eficientes para demonstrar a ocorrência de falta funcional. Por fim, ciente dos esclarecimentos apresentados, o requerente manteve-se silente, o que pressupõe sua concordância em relação a eles (certidão fl. 19). Diante do exposto, determino o arquivamento do presente feito. Deste procedimento não decorrem custas, despesas processuais e honorários advocatícios. Sem prejuízo, expeça-se ofício à Egrégia Corregedoria Geral da Justiça, comunicando desta decisão. Junte ao ofício cópia de fls. 05/15, 19 e 22/23. P.R.I.C. São Paulo, 27 de maio de 2019. Tania Mara Ahualli Juiza de Direito (CP 122) (DJe de 30.05.2019 - SP)

Processo 0019973-68.2019

Pedido de Providências Corregedoria Geral da Justiça 3º Tabelião de Protesto de Letras e Títulos da Capital (Sentença fls. 25/28): Vistos. Trata-se de pedido de providências encaminhado a este Juízo pela Egrégia Corregedoria Geral da Justiça, formulado pelo Grupo Geomack, em face do 3º Tabelião de Protesto de Letras e Títulos da Capital, pretendendo o protesto de uma duplicata de serviço por indicação. Relata o requerente que, ao entrar em contato com o Tabelionato, foi informado pelo funcionário Francisco, que o prazo para protesto seria de até 7 (sete) dias úteis, caso a empresa devedora não pagasse. Todavia, passado o prazo mencionado e não sendo o título protestado, entrou em contato com o substituto do Tabelião, sr. Conrado Mariano Júnior, sendo informado que em razão do devedor residir em outro Estado poderia demorar até 15 (quinze) para efetivação do protesto. Por fim, ao entrar em contato com o Tabelião, teve conhecimento de que o documento estaria suspenso por ordem judicial. O Delegatário manifestou-se às fls. 05/08. Esclarece que, em 28.02.2019, foi levada a protesto pela requerente a duplicata de serviço por indicação de nº 0044, emitida em face da empresa Josapar Joaquim Oliveira S/A Participações, com endereço na Comarca de Pelotas/RS, na data de 18.02.2019, com vencimento para o mesmo dia, cujo documento era pagável em São Paulo no valor de R$ 33.700,00. Salienta que emitiu intimação do protestou e enviou através dos correios no mesmo dia da apresentação, ou seja, em 27.02.2019. Neste contexto, o substituto prestou informações preliminares ao requerente, elucidando que, como o endereço do devedor era fora da Comarca da Capital, deveria aguardar o prazo de 10 dias úteis para o retorno da intimação, que poderia ser renovada e aguardado o prazo de mais cinco dias úteis. Destaca que constatada a devolução do AR em 14.03.2019, devidamente cumprido em 08.032.2019, diante da falta de pagamento, lavrou o protesto da duplicata em 15.03.2019. Ocorre que, em 21.03.2019, recebeu decisão que serviu de ofício, expedida pelo MMº Juízo da 13ª Vara Cível da Capital (processo nº 1022362-09.2019.8.26.0100), com o deferimento de liminar sustando os efeitos do protesto do título em questão, determinação esta que foi prontamente acolhida pelo Tabelião, logo acredita que não houve falha no procedimento. Juntou documentos às fls. 09/15. Intimado das informações, o requerente permaneceu silente, conforme certidão de fl. 19. O Ministério Público opinou pelo arquivamento do feito (fls. 22/23). É o relatório. Passo a fundamentar e a decidir. Em que pese o inconformismo do requerente, de acordo com os documentos juntados aos autos e informações fornecidas pelo Tabelião, não há qualquer conduta irregular passível da aplicação de sanção administrativa por esta Corregedoria. De acordo com o Capítulo XV, itens 45 e 48.1 das Normas de Serviço da Egrégia Corregedoria Geral da Justiça: "45. A intimação ao devedor ou ao sacado será expedida pelo Tabelião para o endereço inicialmente fornecido pelo apresentante do título ou documento de dívida, mesmo se localizado em Comarca diversa da circunscrição territorial do tabelionato, considerando-se cumprida quando comprovada sua entrega naquele endereço ou, à vista do previsto no item 52 deste Capítulo, no que for encontrado". "48.1. A renovação da intimação, exigida pela não devolução do aviso de recepção (AR), dar-se-á em dez dias úteis, contados da remessa da primeira intimação, se dirigida essa para Comarca estranha à circunscrição territorial do Tabelionato competente, e caso o endereço do devedor ou sacado não se localize em uma das Comarcas agrupadas nos termos da Resolução n.º 93/1995 do Tribunal de Justiça de São Paulo e da Lei Estadual n.º 3.396/1982". Pois bem, sendo de inteira responsabilidade do apresentante o preenchimento dos dados constantes do título ofertado a protesto, e verificado que a empresa devedora localizava-se na Comarca de Pelotas RS, foi estritamente observado o procedimento específico adotado para os casos de intimação de devedores residentes fora da Comarca da Capital, nos termos dos itens das Normas da Corregedoria Geral a Justiça acima mencionados, ainda foi verificado o recebimento do AR com a assinatura e nome legível da pessoa que recepcionou a intimação do protesto. Neste contexto, diante da ausência de pagamento, foi lavrado o respectivo protesto no décimo dia útil após o envio da carta, ou seja, dentro do prazo legal. Como é sabido, a sustação é o impedimento da lavratura do protesto, mediante ordem judicial liminar concedida nos autos de medida cautelar. É utilizada como medida preparatória a propositura de ação ordinária de anulação de título. Pelo que se denota dos autos, após seis dias da efetivação do protesto, foi recepcionada ordem judicial expedida pelo MMº Juízo da 13ª Vara Cível da Capital, determinando a sustação dos efeitos do ato. Ora, o Tabelião, bem como qualquer Delegatário é condicionado às ordens judiciais e somente poderá deixar de descumpri-las quando manifestamente ilegais, razão pela qual houve o imediato cumprimento da decisão, logo, havendo alguma insurgência do interessado, esta deverá ser ventilada na esfera cível. Daí verifico que as informações prestadas são suficientes para levar ao convencimento de que não há medida disciplinar a ser adotada por esta Corregedoria Permanente, uma vez que observados todos os procedimentos atinentes à sustação do título. Não há elementos seguros e eficientes para demonstrar a ocorrência de falta funcional. Por fim, ciente dos esclarecimentos apresentados, o requerente manteve-se silente, o que pressupõe sua concordância em relação a eles (certidão fl. 19). Diante do exposto, determino o arquivamento do presente feito. Deste procedimento não decorrem custas, despesas processuais e honorários advocatícios. Sem prejuízo, expeça-se ofício à Egrégia Corregedoria Geral da Justiça, comunicando desta decisão. Junte ao ofício cópia de fls. 05/15, 19 e 22/23. P.R.I.C. São Paulo, 27 de maio de 2019. Tania Mara Ahualli Juiza de Direito (CP 122) (DJe de 30.05.2019 - SP)

PROTESTO DE CDA

Processo nº 0079202-56.2019.8.26.0100

Pedido de Providências. Requerente: Corregedoria Geral da Justiça. Vistos. Trata-se de pedido de providências encaminhado a este Juízo pela Egrégia Corregedoria Geral da Justiça, formulado por Eliane de Fátima Varela Ramos em face do 4º Tabelião de Protesto de Letras e Títulos da Capital, sob a alegação de que houve o indevido protesto do título em seu desfavor, no valor de R$ 1.326,68 (um mil, trezentos e vinte e seis reais e sessenta e oito centavos). O Tabelião manifestou-se às fls. 04/08. Esclarece que mencionado protesto teve como origem a certidão de dívida ativa, oriunda do não pagamento de IPVA do exercício de 2017, sendo que a ordem de protesto foi emitida por meio magnético pela Procuradora Geral do Estado. Destaca que o domicílio da devedora declarado pelo credor é Rua Indaiá, nº 108, aptº 132 - Vila Prudente, sendo que o preposto intimador não obteve êxito na notificação, bem como foi informado que a devedora era desconhecida no local, razão pela qual procedeu-se a intimação por edital, nos termos do art.15 da Lei nº 9.492/97. Por fim, aduz que constam das informações do título protestado autorização do credor para cancelamento do protesto em balcão pela interessada, concedida em 14 de março do corrente ano, contudo para a efetivação do ato é necessário o prévio recolhimento das custas e emolumentos pelo cancelamento. Juntou documentos às fls. 09/14. Intimada das informações do Tabelião, a requerente reiterou os argumentos expostos na inicial (fl. 17). O Ministério Público opinou pelo indeferimento do pedido (fls. 20/21). É o relatório. Passo a fundamentar e a decidir. Verifico que apesar do inconformismo da requerente com a efetivação do protesto, não há medida censório disciplinar a ser adotada por esta Corregedoria Permanente, bem como não há elementos seguros e eficientes para demonstrar a ocorrência de falta funcional no presente caso. De acordo com o Capítulo VI, das Normas de Serviço Extrajudiciais da E Corregedoria Geral da Justiça, intitulado "Da Intimação": "Art. 14. Protocolizado o título ou documento de dívida, o Tabelião de Protesto expedirá a intimação ao devedor, no endereço fornecido pelo apresentante do título ou documento, considerando-se cumprida quando comprovada a sua entrega no mesmo endereço §2º A intimação deverá conter nome e endereço do devedor, elementos de identificação do título ou documento de dívida, e prazo limite para cumprimento da obrigação no Tabelionato, bem como número do protocolo e valor a ser pago" (g.n) Neste contexto, conforme se verifica do documento apresentado à fl. 11, consta como endereço da devedora a Rua Indaiá, nº 108, aptº 132 - Vila Prudente/SP, sendo que preposto intimador não obteve êxito no endereço indicado pela apresentante, sendo informado que a mesma era desconhecida no lugar (fl. 13), razão pela qual houve a realização da intimação por edital, nos termos do Cap. XV, item 54 das Normas de Serviço da Egrégia Corregedoria Geral da Justiça (fl. 14). Daí que houve a estrita observância dos ditames legais, não havendo que se falar em protesto doloso e indevido. Por fim, tendo em vista a autorização da credora para cancelamento do protesto, é de responsabilidade da devedora o prévio recolhimentos das custas e emolumentos para o levantamento. No caso em tela há prática de dois atos distintos, um relativo ou protesto, ou seja, a solicitação para a efetivação do protesto pela Procuradora Geral do Estado, e outro referente ao pedido de cancelamento, incidindo a cobrança dúplice de custas e emolumentos. Como é sabido, os serviços prestados pelas serventias são remunerados, pelos usuários, com o pagamento dos respectivos emolumentos, cuja individualização e cobrança, previstos no art. 236, § 2º, da Constituição da República, foram regulamentados pela Lei no 10.169/2000, que dispôs sobre as normas gerais para a fixação dos emolumentos no âmbito dos Estados-membros. Assim, os emolumentos tem natureza de taxa, não cabendo a esta Corregedoria Permanente e nem ao Tabelião dispensar o recolhimento, podendo eventualmente tal isenção ser formulada e eventualmente deferida mediante determinação judicial, ou administrativamente perante o órgão responsável pelo recolhimento do imposto. Não houve comprovação da isenção tributária, o que denota a obrigatoriedade do recolhimento das custas e emolumentos exigidos pelo Tabelião. Neste sentido a Egrégia Corregedoria Geral da Justiça já firmou entendimento, na consulta relacionada com a presente questão (Processo CG nº 24.720/2006): "Tabelionato de Protesto Sustação definitiva e cancelamento de protestos por determinação judicial - Exigência de prévio pagamento dos emolumentos para o cumprimento dos atos - Admissibilidade, em princípio, à luz do disposto no item 6 das Notas Explicativas da Tabela IV da Lei Estadual n. 11.331/2002 - Ressalva, porém, das hipóteses em que da ordem judicial consta ser o favorecido beneficiário da assistência judiciária gratuita ou dever o ato ser cumprido independentemente do pagamento de emolumentos, quando não se admitirá prévia exigência destes - Precedentes desta Corregedoria Geral da Justiça - Consulta conhecida, com revisão parcial da orientação traçada pela Corregedoria Permanente". (Parecer nº 318/06-E, j. em 24/08/2006) Anoto que este Juízo teve oportunidade de analisar questão semelhante nos autos nº 1050151-80.2019.8.26.0100, destacando-se que: "... A obrigação em pagar os emolumentos para cancelamento do protesto, decorre do item 6 das Notas Explicativas da Tabela de Emolumentos que assim estipula: A apresentação a protesto, de títulos, documentos de dívidas e indicações, independe de prévio depósito dos valores dos emolumentos e de qualquer outra despesa, cujos valores serão pagos pelos respectivos interessados no ato elisivo do protesto ou, quando protestado o título, no ato do pedido do cancelamento do respectivo registro ou no da sustação judicial definitiva de seus efeitos, salvo na sustação judicial do protesto que serão cobrados do sucumbente quando tornada em caráter definitivo, hipóteses em que serão observados para o cálculo, cobrança e recolhimentos, os seguintes critérios: (.) b - por ocasião do pedido do cancelamento do protesto ou da determinação judicial da sustação definitiva do protesto ou de seus efeitos, com base nos valores da tabela e das despesas em vigor na data em que ocorrer os respectivos recebimentos, hipóteses em que, para fins do cálculo, será considerada a faixa de referência do título da data de sua protocolização para protesto;" A argumentação de que o protesto se deu irregularmente é matéria que foge ao âmbito administrativo deste juízo, devendo o requerente valer-se das vias ordinárias para eventual ressarcimento dos prejuízo sofridos. Logo, correta a exigência do delegatário, não havendo qualquer falta funcional praticada passível da aplicação de medida disciplinar. Diante do exposto, julgo improcedente o pedido de providências formulado por Eliane de Fátima Varela Ramos, em face do 4º Tabelião de Protesto de Letras e Títulos da Capital, e em relação à conduta do tabelião determino o arquivamento do feito por entender a ausência da prática de qualquer ato irregular. Deste procedimento não decorrem custas, despesas processuais e honorários advocatícios. Oportunamente remetam-se os autos ao arquivo. Sem prejuízo, expeça-se ofício à Egrégia Corregedoria Geral da Justiça, comunicando desta decisão. P.R.I.C. São Paulo, 09 de dezembro de 2019. Tania Mara Ahualli, Juíza de Direito. (– DJe de 11.12.2019 – SP)

Processo 1036077-21.2019.8.26.0100

Pedido de Providências - REGISTROS PÚBLICOS - Nokia Solutions And Networks do Brasil Telecomunicações Ltda - Municipalidade de São Paulo - Vistos. Trata-se de "ação para retificação de registro de título" ajuizada por Nokia Solutions and Networks do Brasil Telecomunicações Ltda. em face dos 4º, 5º, 7º e 10º Tabeliães de Protesto de Letras e Títulos de São Paulo. Alega a requerente que foi intimada em dezembro de 2017 de que foram indicadas a protesto diversas CDAs emitidas pelo Município de São Paulo, todas com vencimento em 07/11/2017. Aduz que tal data diz respeito unicamente ao termo de inscrição de dívida, e não das Certidões de Dívida Ativa, que foram emitidas em 23/02/2018, havendo, portanto, informação incorreta nos registros de protesto, pretendendo a retificação dos dados. Documentos às fls. 07/170. O pedido de tutela de evidência foi negado à fl. 183. O 4º Tabelião de Protestos manifestou- se às fls. 192/194, com documentos às fls. 195/201, aduzindo que realizou os protestos com base na indicação dos dados da CDA feita por meio eletrônico pelo credor, onde constava a emissão em 07/11/2017. Informa que o protesto só ocorreu em 05/10/2018, pois havia sustação cautelar anterior em ação judicial, posteriormente revertida. No mesmo sentido manifestaram-se o 7º Tabelião (fls. 202/206), 5º Tabelião (fls. 210/211) e 10º Tabelião (fls. 212/213). O Município de São Paulo (fls. 245/249) arguiu a legalidade das CDAs e respectivos protestos, complementando suas alegações às fls. 252/253. Houve requerimento da Nokia às fls. 254/257, pugnando por informações complementares do Município. O parecer do Ministério Público foi pela improcedência do pedido (fls. 276/278). É o relatório. Decido. Diante do que consta dos autos, entendo estar o feito apto a ser sentenciado, razão pela qual entendo desnecessária qualquer solicitação adicional ao Município quanto às CDAs. Isto porque, diante da competência deste juízo administrativo-disciplinar, cabe apenas a produção mínima de provas para que seja julgada a correção dos atos da serventia extrajudicial, sendo que a solicitação da requerente para que sejam esclarecidas as informações relativas às CDAs, é desnecessária para a solução do pedido, como melhor será esclarecido adiante. Como já reconhecido na decisão de fl. 250, de fato há uma incongruência entre as Certidões de Dívida Ativa, que conforme documentos de fls. 130/170 foram emitidas em 23/02/2018, e a data de emissão e vencimento constante nos protestos realizados, 07/11/2017. Uma vez que o Art. 1º, Par. Único, da Lei 9.492/97 permite o protesto das certidões de dívida ativa, é este o título apto para desencadear o procedimento previsto na Lei, e não o mero Termo de Inscrição previsto no §5º do Art. 2º da Lei 6.830/80. Assim, diante das informações contidas nos autos, há indícios de irregularidades nas indicações a protesto feito pelo Município, que teria encaminhado os dados das CDAs antes de emiti-las, com base apenas no Termo de Inscrição de Dívida Ativa. Por duas razões, contudo, o pedido inicial é improcedente. Em primeiro lugar, não cabe a este juízo analisar a legalidade da conduta do Município. Apesar dos indícios de irregularidade, não há competência desta Vara para declarar nulidade ou outros vícios nos atos administrativos da municipalidade, até pelas limitações já expostas quanto a produção de provas e contraditório. A competência deste Juízo Corregedor se limita à controvérsia entre as serventias extrajudiciais e seus usuários. A participação do Município, neste procedimento, visou tão somente esclarecer melhor os fatos ocorridos, mas não pode se estender para que se verifique o cumprimento da legislação referente a procedimentos internos para inscrição na dívida ativa de valores devidos e sua eventual cobrança. Deste modo, se houve ilícito administrativo no encaminhamento de dados de diversas Certidões de Dívida Ativa a Tabelionatos de Protesto, por envio de dados relativos a certidões inexistentes, tal irregularidade e suas consequências devem ser reconhecidas pelo Juízo da Fazenda Pública, incluindo aí os reflexos nos protestos realizados. A segunda razão é que eventual procedência do pedido só ocorreria se fosse reconhecido vício no procedimento adotado pelos Tabelionatos de Protesto. E tal vício inexiste. Como esclarecido neste feito, o protesto de CDAs se dá por meio de convênio entre o Município de São Paulo e o IEPTB, pelo qual os dados são encaminhados por meio eletrônico, com base no documento de crédito em poder do credor. Veja-se que tal procedimento está autorizado pelo item 21.1 do Cap. XV das NSCGJ, que prevê a apresentação das CDAs por meio eletrônico ou simples indicação dos dados pelo órgão público, com declaração de inscrição regular, cabendo aos Tabeliães apenas a análise formal de tais dados para dar início ao procedimento de protesto. E tal análise formal não inclui a verificação da veracidade dos dados indicados pelo ente público, até porque seus atos administrativos são beneficiados pela presunção de legitimidade advinda dos atos da administração pública, incluindo a declaração de regularidade, além da responsabilidade exclusiva do credor pelos dados fornecidos, ex vi dos Art. 5º, Par. Único e Art. 8º, Par. Único da Lei 9.492/97. Assim, cumpre ao Tabelião verificar apenas a existência de todos os dados necessários à realização do protesto, como valor da dívida, data do vencimento e discriminação do devedor. Estando presentes tais dados, não pode negar o ingresso do título, devendo notificar o devedor para pagamento ou realizar o protesto. Destarte, a exemplo dos documentos de fls. 195/196, as CDAs foram encaminhadas a protesto com todos os dados necessários, incluindo o vencimento em 07/11/2017, não havendo qualquer irregularidade no procedimento dos Tabelionatos que demande retificação dos protestos, como pedido na inicial, ou qualquer outra previdência que poderia ser tomada por este juízo, como seu cancelamento por vício formal. Novamente, não se ignora a existência dos documentos trazidos pela requerente a indicar que as CDAs tinham datas diversas das indicadas pelo Município aos Tabelionatos. Mas a regularidade intrínseca de tais títulos, incluindo aí a validade da data de emissão neles constante, não pode ser analisada por este juízo, cabendo a requerente solicitar, no juízo competente, a declaração da nulidade do ato administrativo de indicação dos títulos a protesto por vício, como a falsidade alegada. Pontuo que parece não ter sido este o objeto do Proc. 1058815-18.2017.8.26.0053, que discutiu somente a possibilidade jurídica abstrata de protesto de CDAs. Em conclusão, neste feito deve-se privilegiar a presunção de legitimidade da indicação realizada. Por isso, se o Município indicou a data de 07/11/2017 como de emissão e vencimento dos títulos e tal data foi utilizada na lavratura dos protestos, não há retificação a ser determinada nesta via administrativa. Do exposto, julgo improcedente a presente ação. Não há custas, despesas processuais nem honorários advocatícios decorrentes deste procedimento. Oportunamente, arquivem-se os autos. P.R.I.C. - ADV: MARCOS BRANDAO WHITAKER (OAB 86999/SP), BRUNO OTAVIO COSTA ARAUJO (OAB 249352/SP), JOSÉ LUIS RIBEIRO BRAZUNA (OAB 165093/SP) (– DJe de 02.10.2019 – SP)

Processo 1036077-21.2019.8.26.0100

Pedido de Providências - REGISTROS PÚBLICOS - Nokia Solutions And Networks do Brasil Telecomunicações Ltda - Municipalidade de São Paulo - Vistos. Trata-se de "ação para retificação de registro de título" ajuizada por Nokia Solutions and Networks do Brasil Telecomunicações Ltda. em face dos 4º, 5º, 7º e 10º Tabeliães de Protesto de Letras e Títulos de São Paulo. Alega a requerente que foi intimada em dezembro de 2017 de que foram indicadas a protesto diversas CDAs emitidas pelo Município de São Paulo, todas com vencimento em 07/11/2017. Aduz que tal data diz respeito unicamente ao termo de inscrição de dívida, e não das Certidões de Dívida Ativa, que foram emitidas em 23/02/2018, havendo, portanto, informação incorreta nos registros de protesto, pretendendo a retificação dos dados. Documentos às fls. 07/170. O pedido de tutela de evidência foi negado à fl. 183. O 4º Tabelião de Protestos manifestou- se às fls. 192/194, com documentos às fls. 195/201, aduzindo que realizou os protestos com base na indicação dos dados da CDA feita por meio eletrônico pelo credor, onde constava a emissão em 07/11/2017. Informa que o protesto só ocorreu em 05/10/2018, pois havia sustação cautelar anterior em ação judicial, posteriormente revertida. No mesmo sentido manifestaram-se o 7º Tabelião (fls. 202/206), 5º Tabelião (fls. 210/211) e 10º Tabelião (fls. 212/213). O Município de São Paulo (fls. 245/249) arguiu a legalidade das CDAs e respectivos protestos, complementando suas alegações às fls. 252/253. Houve requerimento da Nokia às fls. 254/257, pugnando por informações complementares do Município. O parecer do Ministério Público foi pela improcedência do pedido (fls. 276/278). É o relatório. Decido. Diante do que consta dos autos, entendo estar o feito apto a ser sentenciado, razão pela qual entendo desnecessária qualquer solicitação adicional ao Município quanto às CDAs. Isto porque, diante da competência deste juízo administrativo-disciplinar, cabe apenas a produção mínima de provas para que seja julgada a correção dos atos da serventia extrajudicial, sendo que a solicitação da requerente para que sejam esclarecidas as informações relativas às CDAs, é desnecessária para a solução do pedido, como melhor será esclarecido adiante. Como já reconhecido na decisão de fl. 250, de fato há uma incongruência entre as Certidões de Dívida Ativa, que conforme documentos de fls. 130/170 foram emitidas em 23/02/2018, e a data de emissão e vencimento constante nos protestos realizados, 07/11/2017. Uma vez que o Art. 1º, Par. Único, da Lei 9.492/97 permite o protesto das certidões de dívida ativa, é este o título apto para desencadear o procedimento previsto na Lei, e não o mero Termo de Inscrição previsto no §5º do Art. 2º da Lei 6.830/80. Assim, diante das informações contidas nos autos, há indícios de irregularidades nas indicações a protesto feito pelo Município, que teria encaminhado os dados das CDAs antes de emiti-las, com base apenas no Termo de Inscrição de Dívida Ativa. Por duas razões, contudo, o pedido inicial é improcedente. Em primeiro lugar, não cabe a este juízo analisar a legalidade da conduta do Município. Apesar dos indícios de irregularidade, não há competência desta Vara para declarar nulidade ou outros vícios nos atos administrativos da municipalidade, até pelas limitações já expostas quanto a produção de provas e contraditório. A competência deste Juízo Corregedor se limita à controvérsia entre as serventias extrajudiciais e seus usuários. A participação do Município, neste procedimento, visou tão somente esclarecer melhor os fatos ocorridos, mas não pode se estender para que se verifique o cumprimento da legislação referente a procedimentos internos para inscrição na dívida ativa de valores devidos e sua eventual cobrança. Deste modo, se houve ilícito administrativo no encaminhamento de dados de diversas Certidões de Dívida Ativa a Tabelionatos de Protesto, por envio de dados relativos a certidões inexistentes, tal irregularidade e suas consequências devem ser reconhecidas pelo Juízo da Fazenda Pública, incluindo aí os reflexos nos protestos realizados. A segunda razão é que eventual procedência do pedido só ocorreria se fosse reconhecido vício no procedimento adotado pelos Tabelionatos de Protesto. E tal vício inexiste. Como esclarecido neste feito, o protesto de CDAs se dá por meio de convênio entre o Município de São Paulo e o IEPTB, pelo qual os dados são encaminhados por meio eletrônico, com base no documento de crédito em poder do credor. Veja-se que tal procedimento está autorizado pelo item 21.1 do Cap. XV das NSCGJ, que prevê a apresentação das CDAs por meio eletrônico ou simples indicação dos dados pelo órgão público, com declaração de inscrição regular, cabendo aos Tabeliães apenas a análise formal de tais dados para dar início ao procedimento de protesto. E tal análise formal não inclui a verificação da veracidade dos dados indicados pelo ente público, até porque seus atos administrativos são beneficiados pela presunção de legitimidade advinda dos atos da administração pública, incluindo a declaração de regularidade, além da responsabilidade exclusiva do credor pelos dados fornecidos, ex vi dos Art. 5º, Par. Único e Art. 8º, Par. Único da Lei 9.492/97. Assim, cumpre ao Tabelião verificar apenas a existência de todos os dados necessários à realização do protesto, como valor da dívida, data do vencimento e discriminação do devedor. Estando presentes tais dados, não pode negar o ingresso do título, devendo notificar o devedor para pagamento ou realizar o protesto. Destarte, a exemplo dos documentos de fls. 195/196, as CDAs foram encaminhadas a protesto com todos os dados necessários, incluindo o vencimento em 07/11/2017, não havendo qualquer irregularidade no procedimento dos Tabelionatos que demande retificação dos protestos, como pedido na inicial, ou qualquer outra previdência que poderia ser tomada por este juízo, como seu cancelamento por vício formal. Novamente, não se ignora a existência dos documentos trazidos pela requerente a indicar que as CDAs tinham datas diversas das indicadas pelo Município aos Tabelionatos. Mas a regularidade intrínseca de tais títulos, incluindo aí a validade da data de emissão neles constante, não pode ser analisada por este juízo, cabendo a requerente solicitar, no juízo competente, a declaração da nulidade do ato administrativo de indicação dos títulos a protesto por vício, como a falsidade alegada. Pontuo que parece não ter sido este o objeto do Proc. 1058815-18.2017.8.26.0053, que discutiu somente a possibilidade jurídica abstrata de protesto de CDAs. Em conclusão, neste feito deve-se privilegiar a presunção de legitimidade da indicação realizada. Por isso, se o Município indicou a data de 07/11/2017 como de emissão e vencimento dos títulos e tal data foi utilizada na lavratura dos protestos, não há retificação a ser determinada nesta via administrativa. Do exposto, julgo improcedente a presente ação. Não há custas, despesas processuais nem honorários advocatícios decorrentes deste procedimento. Oportunamente, arquivem-se os autos. P.R.I.C. - ADV: MARCOS BRANDAO WHITAKER (OAB 86999/SP), BRUNO OTAVIO COSTA ARAUJO (OAB 249352/SP), JOSÉ LUIS RIBEIRO BRAZUNA (OAB 165093/SP) (– DJe de 02.10.2019 – SP)

Processo 1040621-52.2019

Pedido de Providências 3º Tabelião de Protesto de Letras e Títulos da Capital Sentença (fls. 22/23): Vistos. Trata- se de pedido de providências formulado pelo 3º Tabelião de Protesto de Letras e Títulos da Capital, comunicando o recebimento de ordem judicial expedida pelo MMº Juízo da 2ª Vara Cível da Comarca de Mairiporã/SP, com a finalidade de sustar os efeitos do protesto em nome do devedor Leonardo Alves dos Santos, proveniente da CDA no valor de R$ 4.448,26, pela ausência do pagamento do débito do IPVA 2016. Esclarece que, ao examinar a decisão, ficou em dúvida da autenticidade do documento, tendo em vista que a formatação do texto encontrava-se fora dos padrões das Serventias Judicial do Estado de São Paulo, bem como havia ausência do código à margem direita para conferência da autenticidade junto ao site do TJSP, razão pela qual entrou em contato com a Serventia Judicial, sendo informando acerca da fraude. Neste contexto, absteve-se da prática do ato e noticiou os fatos à autoridade policial para as providências cabíveis. Juntou documentos às fls. 03/09. Comunicada, a autoridade policial informou sobre a instauração de inquérito policial para apuração dos fatos expostos na inicial (fl. 16). O Ministério Público opinou pelo arquivamento do feito, ante a ausência de qualquer conduta irregular praticada pelo Registrador (fls. 20/21). É o relatório. Passo a fundamentar e a decidir. Na presente hipótese não houve qualquer falta funcional praticada pelo Oficial, que agiu com zelo e presteza ao comunicar o fato à autoridade policial, nos termos da Ordem de Serviço nº 02/2014, item 4 deste Juízo, resultando na instauração do respectivo inquérito policial (IP nº 2134931-72.2019.010101) para apuração dos fatos narrados na inicial. Ademais, a falsidade do título impede que seja efetuado o cancelamento do apontamento, não havendo como suprir a qualificação negativa do documento. Logo, faz-se mister o cancelamento da prenotação. Por fim, não havendo qualquer violação dos deveres funcionais do registrador que autorizem a aplicação de sanção administrativa, determino o arquivamento do presente feito, com as cautelas de praxe. Deste procedimento não decorrem custas, despesas processuais e honorários advocatícios. P.R.I.C. São Paulo, 16 de setembro de 2019. Tania Mara Ahualli Juiza de Direito (CP 186) (– DJe de 01.10.2019 – SP)

Processo 1084464-67.2019.8.26.0100

Pedido de Providências - Tabelionato de Protestos de Títulos - Hisato Washimi - Vistos. Trata-se de pedido de providências formulado pelo 1º Tabelião de Protesto de Letras e Títulos da Capital, a requerimento da Defensoria Pública da Capital, pleiteando a isenção dos emolumentos pelo cancelamento do protesto da CDA oriunda de dívida decorrente do não pagamento do IPVA do ano de 2011, lavrado em desfavor de Hisato Washimi, alegando tratar-se de pessoa hipossuficiente. Esclarece o Tabelião que informou à requerente a impossibilidade da concessão da isenção e do parcelamento dos emolumentos, sendo que o interessado poderia obter a isenção pretendida mediante ordem judicial específica. Além disso, foi esclarecido que, por ter sido lavrado o protesto há mais de cinco anos, o nome do devedor já não mais consta nos cadastros dos órgãos de restrição ao crédito, embora o ato continue válido. Juntou documentos às fls. 03/21. A Defensoria Pública manifestou-se à fl. 27, reiterando os argumentos expostos na inicial. O Ministério Público opinou pelo indeferimento do pedido e posterior arquivamento do feito, tendo em vista a ausência da prática de qualquer conduta irregular pelo delegatário. É o relatório. Passo a fundamentar e a decidir. Com razão o Tabelião, bem como a D. Promotora de Justiça. Pretende o requerente a isenção dos emolumentos para o cancelamento do protesto lavrado em seu nome, sob a alegação de hipossuficiencia. Como é sabido, os serviços prestados pelas Serventias são remunerados pelos usuários com o pagamento dos respectivos emolumentos, cuja individualização e cobrança, previstos no art.236, § 2º da Constituição da República, foram regulados pela Lei nº 10.169/200, que dispôs sobre as normas gerais para fixação no âmbitos dos Estados membros. De acordo com o entendimento majoritário da doutrina, como o do autor Paulo de Barros Carvalho, os emolumentos notariais e registrais se enquadram tipicamente na figura jurídica tributária das taxas, em intelecção fulcrada no artigo 145, inciso II da CF: "Anuncio, desde logo, que perante a realidade instituída pelo direitos positivo atual, parece-me indiscutível a tese segundo a qual a remuneração dos serviços notariais e de registro, também denominada emolumentos, apresenta natureza especifica de taxa. O presente tributo se caracteriza por apresentar, na hipótese da norma, a descrição de um fato revelador de atividade estatal (prestação de serviços notariais e de registros públicos), direta e especificamente dirigida ao contribuinte; além disso, a análise de sua base de cálculo exibe a medida da intensidade da participação do Estado, confirmando tratar-se da espécie taxa... ... Trata-se de atividade administrativa consistente em garantir a publicidade, autenticidade, segurança e eficácia dos atos jurídicos (art.1º da Lei nº 8.935/94), devendo, nos termos do art.236 da Constituição da República, ser delegados a pessoas físicas, mediante concurso público de provas e de titulos, ou por meio de remoção, para os que já forem titulares de Serventias" (Carvalho, Paulo de Barros. Natureza juridica e constitucionalidade dos valores exigidos a título de remuneração dos serviços notariais e de registro. Parecer exarado na data de 05.06.2007, a pedido do Sindicato dos Notários e Registradores do Estado de São Paulo -0 SINOREG). Outro não é o entendimento jurisprudencial a respeito: "Direito constitucional e tributário. Custas e emolumentos: Serventias Judiciais e Extrajudiciais. Ação direta de inconstitucionalidade da Resolução nº 7, de 30 de junho de 1995, do Tribunal de Justiça do Estado do Paraná: Ato Normativo. (...) 4. O art.145 admite a cobrança de taxas, em razão do exercício do poder de policia ou pela utilização, efetiva ou potencial, de serviços públicos específicos e divisíveis, prestados ao contribuinte ou postos a sua disposição". Tal conceito abrange não só as custas judiciais, mas também, as extrajudiciais (emolumentos), pois estas resultam, igualmente, se serviço público, ainda qu prestado em caráter particular (art.236). Mas sempre fixadas por lei. No caso presente, a majoração de custas judiciais e extrajudiciais resultou de Resolução do Tribunal de Justiça e não de Lei formal, com o exigido pela Constituição Federal... (ADI 1444, Rel: Min. Sydney Sanches, Tribunal Pleno, julgado em 12/02/2003, D.J. 11-04-2003). Assim, diante da natureza jurídica de taxa, certo é que eventual isenção somente poderá ser veiculada por lei específica, conforme disposição expressa do art. 150, § 6º, da CF, o que não ocorre no presente caso: "Qualquer subsídio ou isenção, redução de base de cálculo, concessão de crédito presumido, anistia ou remissão, relativos a impostos, taxas ou contribuições, só poderá ser concedido mediante lei específica, federal, estadual ou municipal, que regule exclusivamente as matérias acima enumeradas ou o correspondente tributo ou contribuição, sem prejuízo do disposto no art. 155, § 2.º, XII, g." À luz do artigo 111 do CTN, a legislação tributária que disponha sobre outorga de isenção deverá ser interpretada literalmente, não havendo a possibilidade de extensão da norma mencionada. Ressalto que, em se tratando emolumentos de tributo de competência Estadual, caberá aos Estados e ao Distrito Federal a instituição - através de lei específica, com escopo exclusivo - de isenção a eles aplicável, nos limites da sua competência territorial. No caso em tela não houve a juntada de qualquer decisão judicial determinando a gratuidade do ato e apesar de estar o requerente sendo representado pela Defensoria Pública, ressalta-se que o artigo 9º da Lei Estadual 11.331/02, que dispõe sobre a gratuidade dos emolumentos relativos aos atos praticados, delimitou a isenção aos serviços notariais e de registro. "São gratuitos: I - os atos previstos em lei; II - os atos praticados em cumprimento de mandados judiciais expedidos em favor da parte beneficiária da justiça gratuita, sempre que assim for expressamente determinado pelo Juízo" Logo não há como esta Corregedoria Permanente dispensar tal recolhimento, caso contrário estaria-se violando o princípio da legalidade. Ademais, a obrigação em pagar os emolumentos para cancelamento do protesto, decorre do item 6 das Notas Explicativas da Tabela de Emolumentos que assim estipula: "A apresentação a protesto, de títulos, documentos de dívidas e indicações, independe de prévio depósito dos valores dos emolumentos e de qualquer outra despesa, cujos valores serão pagos pelos respectivos interessados no ato elisivo do protesto ou, quando protestado o título, no ato do pedido do cancelamento do respectivo registro ou no da sustação judicial definitiva de seus efeitos, salvo na sustação judicial do protesto que serão cobrados do sucumbente quando tornada em caráter definitivo, hipóteses em que serão observados para o cálculo, cobrança e recolhimentos, os seguintes critérios: (...) b - por ocasião do pedido do cancelamento do protesto ou da determinação judicial da sustação definitiva do protesto ou de seus efeitos, com base nos valores da tabela e das despesas em vigor na data em que ocorrer os respectivos recebimentos, hipóteses em que, para fins do cálculo, será considerada a faixa de referência do título da data de sua protocolização para protesto;" Por fim, em relação ao parcelamento dos emolumentos, entendo que se trata de uma faculdade que dispõe o Tabelião em casos envolvendo pessoas patrocinadas pela Defensoria Pública, o que por si só gera o pressuposto de hipossuficiencia. A corroborar tal possibilidade o CNJ expediu o Provimento nº 86 de 29.08.2019, que dispõe sobre a possibilidade de pagamento postergado de emolumentos, acréscimos legais e demais despesas, devidos pela apresentação de títulos ou outros documentos de dívida para protesto. Conforme dispõe o art.5º do mencionado Provimento: "Ficam os tabeliães de protesto ou os responsáveis interinos pelo expediente da serventia autorizados a conceder parcelamento de emolumentos e demais acréscimos legais aos interessados " Daí que se trata de uma faculdade do delegatário conceder o parcelamento dos emolumentos ou não, o que será analisado a cada caso. Logo, não houve qualquer falta funcional praticada pelo delegatário passível da aplicação de medida disciplinar. Diante do exposto, julgo improcedente o pedido de providências formulado pelo 1º Tabelião de Protesto de Letras e Títulos da Capital, a requerimento da Defensoria Pública da Capital. Deste procedimento não decorrem custas, despesas processuais e honorários advocatícios. Oportunamente remetam-se os autos ao arquivo. P.R.I.C. - ADV: DEFENSORIA PÚBLICA DO ESTADO DE SÃO PAULO (OAB 999999/DP) (– DJe de 26.09.2019 – SP)

PROTESTO DE CHEQUE

Processo 0075660-64.2018.8.26.0100

Pedido de Providências - REGISTROS PÚBLICOS - José Carlos dos Santos - 6º Tabelião de Protesto de Letras e Títulos - Vistos. Trata-se de pedido de providências formulado por José Carlos dos Santos em face do Oficial do 6º Tabelionato de Protesto de Letras e Títulos da Comarca da Capital, com objetivo de questionar o protesto de dois cheques emitidos pelo interessado. O requerente aduz, em síntese, não ter sido devidamente notificado do protesto. Relata que reside num local com diversos moradores, que sempre recebem as correspondências uns dos outros, sendo impossível que ninguém tenha tomado ciência da intimação. Questiona, ainda, a possibilidade de o título ser protestado após seu vencimento, uma vez que o cheque venceu em 2012 e o protesto data de 2014. Afirma, ademais, que os cheques não foram pagos por irregularidades na emissão de nota fiscal. O Tabelião manifestou-se às fls. 8/12. Relata que os cheques foram devolvidos por falta de fundos. Aduz que foram realizadas duas tentativas de intimação do requerente, sendo as duas frustradas, de modo que foi feita a intimação por edital. Juntou documentos às fls. 14/30. Há nova manifestação do requerente às fls. 35/36. Reafirma os termos anteriormente apontados. Solicita, entretanto, o encerramento do feito por falta de interesse em prosseguir. O Ministério Público opinou às fls. 40/41 pelo arquivamento do procedimento. É o relatório. Decido. Tendo em vista que este procedimento tem o mesmo requerente e a mesma causa de pedir do Pedido de Providências que tramitou nesta Vara sob nº 0075659- 79.2018.8.26.0100, reitero os termos da decisão anterior: "Assim dispunha o item 16 do Cap. XV do Tomo II das Normas de Serviço da Corregedoria Geral da Justiça até dezembro de 2018: "16. Na qualificação dos títulos e outros documentos de dívida apresentados a protesto, cumpre ao Tabelião de Protesto de Títulos examiná-los em seus caracteres formais, não lhe cabendo investigar a ocorrência da prescrição ou caducidade." Destarte, quando da apresentação do título para protesto, em 2014, não havia qualquer impedimento para sua lavratura, uma vez que não cabia ao Tabelião verificar a data do vencimento do título, só lhe sendo possível negar o protesto quando verificado abuso de direito, nos termos do item 34 do Cap. XV das NSCGJ. Não estando presente qualquer destas hipóteses, não verifico qualquer irregularidade no protesto dos cheques mencionados na inicial. Destaco que o item 16 foi recentemente alterado pelo Prov. CG nº 43/2018, retirando a proibição da análise da prescrição. Não obstante, a nova norma não se aplica aos protestos já lavrados em consonância com a norma vigente quando da prenotação, em conformidade com o princípio tempus regit actum. Quanto ao argumento do requerente de que "não pagou a dívida por questão de desacordo com a emissão da nota fiscal", trata-se de questão atinente ao fundamento da dívida declarada no cheque, que foge a qualificação do Tabelião, devendo ser arguida, oportunamente, no juízo competente para desconstituir a obrigação assumida. O mesmo se deve dizer quanto a inscrição de seu nome nos órgãos de proteção ao crédito, que não se encontram na competência desta corregedoria. Por fim, não vislumbro qualquer vício na intimação realizada pelo Tabelião. Os AR juntados (fls. 16/17) foram devidamente encaminhados ao endereço do autor, inclusive com indicação da casa em que residia no conjunto habitacional. Na inicial, o autor limita-se a arguir que "nessas residências sempre tem alguém", não indicando qualquer prova que pudesse desconstituir a fé pública existente no ato de notificação. Do mais, o argumento de que "todos recebem correspondência uns dos outros" não é suficiente para declaração de nulidade do procedimento, uma vez que havia indicação expressa do endereço a ser notificado (casa 1), de modo que não podia o notificador entregar o AR em endereço diverso, conforme prevê o Art. 15 da Lei 9.492/97, que prevê a intimação por edital quando "ninguém se dispuser a receber a intimação no endereço fornecido pelo apresentante". Em outras palavras, tendo sido indicado o endereço com inclusão do complemento "casa 1", não havia como se aceitar o recebimento em casa diversa, sob pena de nulidade do protesto, que não pode ser lavrado quando a intimação se der em endereço diverso do devedor para terceiro não autorizado a recebêla." Desse modo, o AR de fls. 20/21 faz prova das tentativas frustradas de notificação do requerente. Ademais, considerando a manifestação de fls. 35/36 em que o interessado aduz não ter mais interesse no prosseguimento do feito, entendo que é o caso de arquivamento dos autos. Do exposto, não vislumbro ilegalidade no protesto lavrado, sendo o caso de arquivamento dos autos. Não há custas, despesas processuais nem honorários advocatícios decorrentes deste procedimento. Oportunamente, arquivem-se os autos. P.R.I.C. - ADV: JOSE DE MELLO JUNQUEIRA (OAB 18789/SP) (DJe de 28.02.2019 - SP)

Processo 1027517-27.2018.8.26.0100

Pedido de Providências - Tabelionato de Protestos de Títulos - Colegio Alfa Omega Ltda - Vistos. Trata-se de pedido de providências formulado pelo Colégio Alfa Ômega LTDA, em face do 2º Tabelião de Protesto de Letras e Títulos da Capital, pleiteando o protesto de dois cheques emitidos por José Wagner Aguiar de Figueiredo, ambos no valor de R$ 1.491,20 (um mil, quatrocentos e noventa e um reais e vinte centavos) com datas de emissão em 20.06.2017 e 20.07.2017, apresentados a Tabeliã em 20.02.2018. Juntou documentos às fls. 04/28. A negativa para efetivação do protesto derivou-se da perda de eficácia executiva dos cheques, haja vista que as cártulas foram emitidas em 20.07.2017 e 20.06.2017, portanto com prazo de apresentação até 19.08.2017, todavia apresentados a protesto somente em 20.02.2018, quando ultrapassados os seis meses para manejo da ação de execução. Salienta a Tabeliã que adotou o entendimento mencionado, em razão da revogação pelo Órgão Especial do TJSP, da Súmula 17 do TJSP, que entendeu: "... Quando o credor não dispuser de ação executiva, respeitado o direito de se alcançar o crédito por outra via judicial, o protesto não poderá ser tirado, pena de significar abusivo constrangimento ao devedor." Houve manifestação do Instituto de Estudos de Protesto de Letras e Títulos do Brasil - Seção São Paulo (IEPTB-SP) às fls. 58/59 e 65/66, requerendo o sobrestamento do feito, tendo em vista estar a matéria pendente de regulamentação perante a Egrégia Corregedoria Geral da Justiça, o que geraria eventual conflito de decisões. Em relação à conduta do Tabelião, entende que não há reparo a ser feito no procedimento adotado pelo 2º Tabelião de Protesto, que agiu dentro de sua liberdade de qualificação. Juntou documentos às fls. 68/109. Submetido à normatização, o tema foi objeto de análise pela Egrégia Corregedoria Geral da Justiça no Processo CG nº 2018/51452, sendo aprovado o Parecer nº 519/2018-E, da lavra da MM. Juíza de Direito Assessora Drª Stefania Costa Amorim Requena, culminando com a edição do Provimento CG nº 43/2018, que alterou o item 16 do Capítulo XV das Normas de Serviço (fls. 122/135). O Ministério Público opinou pela improcedência do pedido (fls. 160/164). É o relatório. Passo a fundamentar e a decidir. O reconhecimento da prescrição do cheque levado a protesto constitui um tema tormentoso, razão pela qual entendo que a análise deverá ser feita em cada caso concreto, com as peculiaridades a ele atinentes. O primeiro impasse em relação ao assunto é relativo à Lei 11.280/06, que acrescentou ao §5º ao Art. 219 do Código de Processo Civil o seguinte ditame: "O Juiz pronunciará, de ofício, a prescrição" A lei se refere expressamente ao "Juiz", e não ao Tabelião. Interpretar a norma de forma ampla, levando ao entendimento de que a prescrição deve ser reconhecida quando do protesto do título, é um ato temerário, pois existem diversas causas impeditivas e suspensivas da prescrição que não podem ser analisadas de plano, em caráter administrativo. Assim, não havendo menção expressa na Lei 11.280/06 da revogação do Art. 9º da Lei 9.492/97, este continuaria vigente, nos seguintes termos: "Art. 9º Todos os títulos e documentos de dívida protocolizados serão examinados em seus caracteres formais e terão curso se não apresentarem vícios, não cabendo ao Tabelião de Protesto investigar a ocorrência de prescrição ou caducidade." (g.n), redação esta verificada no antigo item 16 do Capítulo XV, Seção III das Normas de Serviço da Corregedoria Geral da Justiça: "16. Na qualificação dos títulos e outros documentos de dúvida apresentadas a protesto, cumpre ao Tabelião de Protesto de Títulos examiná-los em seus caracteres formais, não lhe cabendo investigar a ocorrência da prescrição ou caducidade". Todavia, com o julgamento do Resp nº 1.423.464 S/C pelo Superior Tribunal de Justiça e o julgamento do Incidente de Resolução de Demandas Repetitivas - IRDR (Processo nº 82.816/2017), adotou-se novo entendimento da matéria, qual seja, que a ocorrência da prescrição atinge diretamente os aspectos formais do título, retirando dele sua força executiva e consequentemente a certeza e exigibilidade: "Súmula nº 17 desta Corte. Título sem eficácia executiva. Possibilidade de protesto. Cancelamento. Novo posicionamento do Colendo Superior Tribunal de Justiça. Distinção entre o direito de perseguir crédito pendente e o de fixar a mora cambiária. Imperiosidade de extinção do verbete. Homenagem ao princípio da segurança jurídica. Revogação aprovada." Daí que caberia ao protestador apontar a ocorrência de prescrição, mesmo estando em vigor o artigo 9º da Lei nº 9.492/97. Pois bem, diante de tal impasse, a questão foi posta a análise pela Egrégia Corregedoria Geral da Justiça, que entendeu que a saída para a resolução seria apurar a existência de abuso de direito na apresentação do cheque despido de força executiva e, a fim de adequar o procedimento do protesto à decisão do Superior Tribunal de Justiça, deu nova redação ao mencionado item 16, excluindo o trecho que impede o Tabelião de Protestos de investigar a ocorrência de prescrição ou caducidade. No caso em tela foram apresentados a protesto, em 20.02.2018, dois cheques emitidos por José Wagner Aguiar de Figueiredo, datados de 20.06.207 e 20.07.2017. De acordo com os artigos 33, 59 e 61, da Lei nº 7357/85: "Art. 33: O cheque deve ser apresentado para pagamento, a contar do dia da emissão, no prazo de 30 (trinta) dias, quando emitido no lugar onde houver de ser pago; e de 60 (sessenta) dias, quando emitido em outro lugar do País ou no exterior". "Art. 59: Prescrevem em 6 (seis) meses, contados da expiração do prazo de apresentação, a ação que o art. 47 desta Lei assegura ao portador". "Art . 61 A ação de enriquecimento contra o emitente ou outros obrigados, que se locupletaram injustamente com o não-pagamento do cheque, prescreve em 2 (dois) anos, contados do dia em que se consumar a prescrição prevista no art. 59 e seu parágrafo desta Lei". Logo, tendo em vista que na presente hipótese o prazo de apresentação é de 30 (trinta) dias a contar da emissão, os cheques deveriam ser apresentados em 20.07.2017 e 20.08.2017, bem como o prazo de prescrição para a ação executiva terminaria em 20.01.2018 e 20.02.2018, todavia tendo em vista que somente houve o requerimento em 20.02.2018, em tese o cheque emitido em 20.06.2017 estaria sem força executiva, consequentemente não seria permitido o protesto. Ocorre que, de acordo com o julgamento do RESP nº 1.423.464 S/C, pela Segunda Seção do STJ, adotou-se a possibilidade de protesto dentro do prazo para inicio do processo de execução. Segundo o entendimento do Ministro Luis Felipe Salomão: "Em se tratando de cheque, é de 6 (seis) meses o lapso prescricional para a execução após o prazo de apresentação, que é de 30 (trinta) dias a contar da emissão, se da mesma praça, ou de 60 (sessenta) dias, também a contar da emissão, se consta no título como sacado em praça diversa, isto é, em município distinto daquele em que se situa a agencia pagadora. Se ocorre a prescrição para execução do cheque, o artigo 61 da Lei do Cheque prevê, no prazo de 2 (dois) anos a contar da prescrição, a possibilidade de ajuizamento de ação de locupletamento ilícito. Expirado o prazo para o ajuizamento da ação por enriquecimento sem causa, o artigo 62 do mesmo Diploma legal ressalva a possibilidade de ajuizamento de ação fundada na relação causal. (...) Com efeito, é fora de dúvida que o réu procedeu ao apontamento do protesto no prazo para a ação cambial de execução, isto é, na ocasião o cheque mantinha caráter de título executivo". Resta claro que para se evitar o locupletamento ilícito, coibindo benefícios aos devedores contumazes, possibilitou-se um prazo adicional após o término daquele previsto para a ação executória. Por outra vertente, como bem evidenciou o parecer da Egrégia Corregedoria Geral da Justiça, necessária a análise da ocorrência de abuso de direito na apresentação a protesto do título despido de força executiva. De acordo com o Capitulo XV, itens 34 e 34.1, Seção II das Normas de Serviço: "34. É inadmissível o protesto facultativo de cheque quando evidenciado o abuso de direito por parte do apresentante. 34.1. Entre outras circunstancias indiciárias de abuso de direito, verificam-se as seguintes: a) cheques emitidos há mais de cinco anos; b) cheques de valores irrisórios ou que sejam expressos em unidade nometária que não seja o real; c) apresentação dos cheques por terceiros que não sejam seus beneficiários originais; d) indicação de endereço onde não reside o emitente de modo a inviabilizar sua intimação pessoal; e) apresentação em lotes. Entendo que não incide qualquer das causa caracterizadoras do abuso de direito na apresentação dos dois cheques a protesto, sendo que o decurso de prazo para o exercício da ação executória, somente no tocante a um dos cheques, decorreu há um mês, configurando um prazo bem pequeno de decurso. Logo, no presente caso, afasto o óbice oposto pela delegatária, sob pena favorecimento ao mau pagador. Diante do exposto, julgo procedente o pedido de providências formulado pelo Colégio Alfa Ômega LTDA em face do 2º Tabelião de Protesto de Letras e Títulos da Capital, e consequentemente determino o protesto dos dois cheques emitidos por José Wagner Aguiar de Figueiredo, ambos no valor de R$ 1.491,20 (um mil, quatrocentos e noventa e um reais e vinte centavos). Deste procedimento não decorrem custas, despesas processuais e honorários advocatícios. Oportunamente remetam-se os autos ao arquivo. P.R.I.C. - ADV: DANILO MARINS ROCHA (OAB 377611/SP) (DJe de 04.02.2019 - SP)

PROTESTO DE DUPLICATA

Processo nº 0066150-90.2019.8.26.0100

Pedido de Providências. Requerente: Nutrimaq Manutenção Industrial Eirelli. Vistos. Trata-se de pedido de providências encaminhado a este Juízo pela Egrégia Corregedoria Geral da Justiça, formulado por Nutrimaq Manutenção Industrial Eirelli, em face do 4º Tabelião de Protesto de Letras e Títulos da Capital, comunicando a prática de eventual conduta irregular na lavratura do protesto da duplicata de prestação de serviços por indicação (DSI), tendo por devedora a empresa Glencane Bioenergia S/A, consistente na ilegal dilação de prazo para sua lavratura. Juntou documentos às fls. 05/10. Esclarece a interessada que o título foi distribuído à mencionada Serventia em 29.08.2019, todavia até a data da reclamação, qual seja, 13.09.2019, o protesto ainda não havia sido levantado, retardando consequentemente as medidas executivas. Por fim, alega que entrou em contato com o delegatário por diversas vezes, sendo informando que o protesto teria sido adiado,uma vez que a devedora pleiteou a extensão do prazo para a efetivação do pagamento. O Tabelião manifestouse às fls. 14/15. Assevera que a praça de pagamento do título remetido pela interessada é de São Paulo, mas o endereço da devedora encontra-se na Comarca de Junqueirópolis, logo foi considerado o prazo de 15 (quinze) dias úteis para a devolução do AR. Neste contexto, recebido o título do apresentante em 28 de agosto e expedido o AR para intimação, o protesto foi lavrado em 13 de setembro, ou seja 12 dias depois. Por fim, afirma o tabelião que nenhuma conversa foi entabulada com o diretor da empresa e jamais feita referencia a extensão ou dilação de prazos. Apresentou documentos às fls. 27/28. O Ministério Público opinou pelo arquivamento do feito, ante a ausência de qualquer conduta irregular (fls. 33/34). É o relatório. Passo a fundamentar e a decidir. Tendo em vista as informações e documentos juntados pelo Tabelião (fls. 27/28), verifico que não houve a prática de qualquer conduta irregular, vez que foi rigorosamente observado o procedimento para realização da intimação da devedora. Neste contexto, como bem esclareceu o Tabelião, a sede da empresa devedora é em Comarca diversa e distante de São Paulo, qual seja, Junqueirópolis, logo, cabe a rigor a observância do item 54.1 das Normas de Serviço da Egrégia Corregedoria Geral da Justiça, que dispõe: "54.1: Considera-se frustrada a intimação por meio postal quando o aviso de recepção (AR) não for devolvido pela Empresa Brasileira de Correios e Telégrafos (EBCT) no prazo de quinze dias úteis, contado da remessa da primeira intimação." De acordo com o termo de protesto (fl. 28) consta a data da distribuição 28.08.2019 e a data de devolução do AR positivo consta 12.09.2019 (fl. 27), sendo o protesto lavrado em 13.09.2019, ou seja, no prazo de 12 dias úteis, respeitando consequentemente o estipulado no item 54.1 das NSCGJ. Logo, entendo que estão destituídas de fundamento as alegações da requerente no tocante ao retardamento da lavratura do protesto e dilação do prazo para pagamento. Ressalte-se ainda que intimada a interessada acerca das informações do tabelião, esta ficou silente, o que pressupõe sua concordância acerca das explanações. Diante do exposto, entendo que não houve a prática de qualquer conduta irregular pelo tabelião, vez que observou-se rigorosamente o procedimento legal para a lavratura do protesto, consequentemente afasto a aplicação de qualquer medida disciplinar e determino o arquivamento do feito. Deste procedimento não decorrem custas, despesas processuais e honorários advocatícios. Sem prejuízo, expeça-se ofício à Egrégia Corregedoria Geral da Justiça, comunicando desta decisão. P.R.I.C. São Paulo, 02 de dezembro de 2019. Tania Mara Ahualli, Juíza de Direito. (– DJe de 11.12.2019 – SP)

Processo 1064132-16.2018.8.26.0100

Pedido de Providências - Tabelionato de Protestos de Títulos - Antonio da Silva Moreira - Vistos. Trata-se de pedido de providências formulado por Antonio da Silva Moreira em face do 5º Tabelião de Protestos de Letras e Títulos da Capital, pleiteando o protesto de três duplicatas emitidas contra a empresa Elecnor do Brasil LTDA, todas com vencimento em 24 de março de 2003, com valores de R$ 345.905,85; R$ 507.826,01 e R$ 355.587,24. Juntou documentos às fls. 08/27. A negativa para efetivação dos protestos derivou da perda da eficácia executiva das duplicatas, uma vez que os títulos encontram-se vencidos há mais de 15 (quinze) anos, o que poderia ensejar indenização por dano moral in re ipsa. Submetido à normatização, o tema foi objeto de análise pela Egrégia Corregedoria Geral da Justiça no Processo CG nº 2018/51452, sendo aprovado o Parecer nº 519/2018-E, da lavra da MM. Juíza de Direito Assessora Drª Stefania Costa Amorim Requena, culminando com a edição do Provimento CG nº 43/2018, que alterou o item 16 do Capítulo XV das Normas de Serviço. O Ministério Público opinou pela improcedência do pedido (fls. 73/77). É o relatório. Passo a fundamentar e a decidir. O reconhecimento da prescrição não somente do cheque, mas dos titulos de crédito em geral levados a protesto, constitui um tema tormentoso, razão pela qual entendo que a análise deverá ser feita em cada caso concreto, com as peculiaridades a eles atinentes. O primeiro impasse em relação ao assunto é relativo à Lei 11.280/06, que acrescentou ao §5º ao Art. 219 do Código de Processo Civil o seguinte ditame: "O Juiz pronunciará, de ofício, a prescrição" A lei se refere expressamente ao "Juiz", e não ao Tabelião. Interpretar a norma de forma ampla, levando ao entendimento de que a prescrição deve ser reconhecida quando do protesto do título, é um ato temerário, pois existem diversas causas impeditivas e suspensivas da prescrição que não podem ser analisadas de plano, em caráter administrativo. Assim, não havendo menção expressa na Lei 11.280/06 da revogação do Art. 9º da Lei 9.492/97, este continuaria vigente, nos seguintes termos: "Art. 9º Todos os títulos e documentos de dívida protocolizados serão examinados em seus caracteres formais e terão curso se não apresentarem vícios, não cabendo ao Tabelião de Protesto investigar a ocorrência de prescrição ou caducidade." (g.n), redação esta verificada no antigo item 16 do Capítulo XV, Seção III das Normas de Serviço da Corregedoria Geral da Justiça: "16. Na qualificação dos títulos e outros documentos de dúvida apresentadas a protesto, cumpre ao Tabelião de Protesto de Títulos examiná-los em seus caracteres formais, não lhe cabendo investigar a ocorrência da prescrição ou caducidade". Todavia, com o julgamento do Resp nº 1.423.464 S/C pelo Superior Tribunal de Justiça e o julgamento do Incidente de Resolução de Demandas Repetitivas - IRDR (Processo nº 82.816/2017), adotou-se novo entendimento da matéria, qual seja, que a ocorrência da prescrição atinge diretamente os aspectos formais do título, retirando dele sua força executiva e consequentemente a certeza e exigibilidade: "Súmula nº 17 desta Corte. Título sem eficácia executiva. Possibilidade de protesto. Cancelamento. Novo posicionamento do Colendo Superior Tribunal de Justiça. Distinção entre o direito de perseguir crédito pendente e o de fixar a mora cambiária. Imperiosidade de extinção do verbete. Homenagem ao princípio da segurança juridica. Revogação aprovada." Daí que caberia ao protestador apontar a ocorrência de prescrição, mesmo estando em vigor o artigo 9º da Lei nº 9.492/97. Pois bem, diante de tal impasse, a questão foi posta a análise pela Egrégia Corregedoria Geral da Justiça, que entendeu que a saída para a resolução seria apurar a existência de abuso de direito na apresentação do cheque despido de força executiva e, a fim de adequar o procedimento do protesto à decisão do Superior Tribunal de Justiça, deu nova redação ao mencionado item 16, excluindo o trecho que impede o Tabelião de Protestos de investigar a ocorrência de prescrição ou caducidade. Entendo que apesar do precedente ter se referido a cheque despido de força executiva, analogicamente o entendimento deverá ser aplicado para todos os títulos de crédito. Analisando o caso em tela, o que causa surpresa é que em meados de dezembro de 2003, houve a apresentação à protesto junto ao 9º Tabelionato de Protesto de Letras e Títulos da Capital, uma duplicata no valor de R$ 443.122,94, e após ajuizamento de medida cautelar de sustação de protesto e posterior ação anulatória de titulo de crédito, que tramitou perante o MMº Juízo da 11ª Vara Cível da Capital, o requerente recebeu seu crédito, todavia, na mesma ocasião, não houve a apresentação das outras três duplicatas a que o interessado afirma ter direito ao recebimento, sendo tais títulos vencido em 24.03.2003, somente apresentados em 2018. De acordo com o artigo 18 da Lei nº 6.458/77: "Art.18: A pretensão à execução da duplicata prescreve: I - contra o sacado e respectivos avalistas, em 3 (três) anos, contados da data do vencimento do título; II - contra endossante e seus avalistas, em 1 (um) ano, contado da data do protesto; III - de qualquer dos coobrigados contra os demais, em 1 (um) ano, contado da data em que haja sido efetuado o pagamento do titulo" Convém ressaltar que o portador não perde, por falta do oportuno protesto, o direito de ação cambial executiva contra o sacado, enquanto não prescrita a correspondente pretensão, pois o sacado não é devedor de regresso, mas devedor principal. Logo, tendo em vista que na presente hipótese o prazo de apresentação é de três anos a partir do vencimento, as duplicatas deveriam ser apresentadas até 24.03.2006, bem como o prazo de prescrição para a ação executiva terminaria 24.09.2006, todavia tendo em vista que somente houve o requerimento em 21.05.2018, as duplicatas vencidas em 24.03.2003 encontram-se sem força executiva, consequentemente não é permitido o protesto. Na no caso em tela o requerente apresentou três duplicatas após quinze anos de vencimento, o que configura-se verdadeiro abuso de direito. Como bem evidenciou o parecer da Egrégia Corregedoria Geral da Justiça, necessária a análise da ocorrência de abuso de direito na apresentação a protesto do título despido de força executiva. De acordo com o Capitulo XV, itens 34 e 34.1, Seção II das Normas de Serviço: "34. É inadmissível o protesto facultativo de cheque quando evidenciado o abuso de direito por parte do apresentante. 34.1. Entre outras circunstancias indiciárias de abuso de direito, verificam-se as seguintes:

a) cheques emitidos há mais de cinco anos; b) cheques de valores irrisórios ou que sejam expressos em unidade nometária que não seja o real; c) apresentação dos cheques por terceiros que não sejam seus beneficiários originais; d) indicação de endereço onde não reside o emitente de modo a inviabilizar sua intimação pessoal; e) apresentação em lotes. Segundo explanação do jurista Silvio de Salvo Venosa (Direito Civil, Parte Geral, 3ª ed, 2003, editora: Atlas, p. 603/604): "Juridicamente, abuso de direito pode ser entendido como fato de usar de um poder, de uma faculdade, de um direito ou mesmo de uma coisa, além do razoavelmente o Direito e a Sociedade permitem. O titular de prerrogativa jurídica, de direito subjetivo, que atua de modo tal que sua conduta contraria a boa-fé, a moral, os bons costumes, os fins econômicos e sociais da norma, incorre no ato abusivo. Nesta situação, o ato é contrário ao direito e ocasiona responsabilidade". Ainda de acordo com o artigo 187 do CC: "Também, comete ato ilícito o titular de um direito que, ao exerce-lo, excede manifestamente os limites impostos pelo seu fim econômico ou social, pela boa fé ou pelos bons costumes". Neste contexto, para reforçar a desídia do interessados, ainda que apliquemos por analogia o artigo 61 da Lei do Cheque que prevê, no prazo de 2 (dois) anos a contar da prescrição, a possibilidade de ajuizamento de ação de locupletamento ilícito, na presente hipótese as duplicatas seriam apresentadas depois de corridos treze anos do vencimento. A verdade é que por qualquer angulo que se analise, a questão posta a desate configura verdadeiro abuso de direito a obstar a efetivação do protesto almejado. Logo, no presente caso, mantenho o óbice oposto pelo delegatário. Diante do exposto, julgo improcedente o pedido de providências formulado por Antonio da Silva Moreira em face do 5º Tabelião de Protestos de Letras e Títulos da Capital, e consequentemente mantenho o óbice. Deste procedimento não decorrem custas, despesas processuais e honorários advocatícios. Oportunamente remetam-se os autos ao arquivo. P.R.I.C. - ADV: MAURO ORTEGA (OAB 99911/SP) (DJe de 07.02.2019 - SP)

PROTESTO DE NOTA PROMISSÓRIA

Processo 0004129-78.2019.8.26.0100

Pedido de Providências - REGISTROS PÚBLICOS - Corregedoria Geral da Justiça - Sul Invest Serviços Financeiros S/A e outro - Vistos. Trata-se de pedido de providências encaminhado a este Juízo pela Egrégia Corregedoria Geral da Justiça, formulada por Sul Invest Serviços Financeiros S/A, em face da 2º Tabeliã de Protesto de Letras e Títulos da Capital, pleiteando o protesto da nota promissória emitida em 18.09.2015 por Peeqflex Indústria e Comércio, no valor de R$ 1.500.000,00 (um milhão e quinhentos mil reais). Juntou documentos às fls. 04/12. A Tabeliã esclareceu que a qualificação do título restou negativa em razão da perda de sua eficácia executiva, nos termos do artigo 70 da LUG, já que, sendo omisso quanto à data de pagamento, teve seu vencimento considerado de pronto, nos moldes do artigo 76 da LUG, ou seja, em 13.09.2015 (fls. 20/21). Salienta a delegatária que a aplicabilidade ou não do art. 34 da LUG, em interpretação combinada com o art.70 do mesmo diploma legal, extrapola suas atribuições na esfera administrativa. A requerente salienta que, no caso em tela, não há dúvidas quanto ao local de pagamento, restringindo-se a controvérsia ao prazo prescricional, sendo este atrelado diretamente ao vencimento do título. Destaca que uma nota promissória sem data de pagamento expressa no próprio título possui vencimento no prazo de um ano, a contar de sua emissão, termo inicial do prazo prescricional de três anos. Por fim, entende que o título emitido em 18.09.2015, sem data de vencimento especificada, nos termos da lei, apenas prescreverá em 18.09.2019 (fls. 31/32). O Ministério Público opinou pela improcedência do pedido, com a consequente manutenção do óbice (fls. 36/41). É o relatório. Passo a fundamentar e a decidir. O reconhecimento da prescrição, não somente do cheque mas dos títulos de crédito em geral levados a protesto, constitui um tema tormentoso, razão pela qual entendo que a análise deverá ser feita em cada caso concreto, com as peculiaridades a ele atinentes. O primeiro impasse em relação ao assunto é relativo à Lei 11.280/06, que acrescentou ao §5º ao Art. 219 do Código de Processo Civil o seguinte ditame: "O Juiz pronunciará, de ofício, a prescrição" A lei se refere expressamente ao "Juiz", e não ao Tabelião. Interpretar a norma de forma ampla, levando ao entendimento de que a prescrição deve ser reconhecida quando do protesto do título, é um ato temerário, pois existem diversa causas impeditivas e suspensivas da prescrição que não podem ser analisadas de plano, em caráter administrativo pelo delegatário. Assim, não havendo menção expressa na Lei 11.280/06 da revogação do Art. 9º da Lei 9.492/97, este continuaria vigente, nos seguintes termos: "Art. 9º Todos os títulos e documentos de dívida protocolizados serão examinados em seus caracteres formais e terão curso se não apresentarem vícios, não cabendo ao Tabelião de Protesto investigar a ocorrência de prescrição ou caducidade." (g.n), redação esta verificada no antigo item 16 do Capítulo XV, Seção III das Normas de Serviço da Corregedoria Geral da Justiça: "16. Na qualificação dos títulos e outros documentos de dúvida apresentadas a protesto, cumpre ao Tabelião de Protesto de Títulos examiná-los em seus caracteres formais, não lhe cabendo investigar a ocorrência da prescrição ou caducidade". Todavia, com o julgamento do Resp nº 1.423.464 S/C pelo Superior Tribunal de Justiça e o julgamento do Incidente de Resolução de Demandas Repetitivas IRDR (Processo nº 82.816/2017), adotou-se novo entendimento da matéria, qual seja, que a ocorrência da prescrição atinge diretamente os aspectos formais do título, retirando dele sua força executiva e consequentemente a certeza e exigibilidade: "Súmula nº 17 desta Corte. Título sem eficácia executiva. Possibilidade de protesto. Cancelamento. Novo posicionamento do Colendo Superior Tribunal de Justiça. Distinção entre o direito de perseguir crédito pendente e o de fixar a mora cambiária. Imperiosidade de extinção do verbete. Homenagem ao princípio da segurança juridica. Revogação aprovada." Daí que caberia ao protestador apontar a ocorrência de prescrição, mesmo estando em vigor o artigo 9º da Lei nº 9.492/97. Pois bem, diante de tal impasse, a questão foi posta a análise pela Egrégia Corregedoria Geral da Justiça, que entendeu que a saída para a resolução seria apurar a existência de abuso de direito na apresentação do cheque despido de força executiva e, a fim de adequar o procedimento do protesto à decisão do Superior Tribunal de Justiça, deu nova redação ao mencionado item 16, excluindo o trecho que impede o Tabelião de Protestos de investigar a ocorrência de prescrição ou caducidade. Entendo que apesar do precedente ter se referido a cheque despido de força executiva, analogicamente o entendimento deverá ser aplicado para nota promissória. Analisando o caso em tela, ao contrário do que faz crer a interessada, uma nota promissória sem data de emissão, de acordo com o artigo 76 da Lei Uniforme de Genebra, é considerada à vista e prescreve no prazo de 4 anos, a contar de sua data, ou seja, 1 ano para apresentação do título, nos moldes do artigo 34, somados aos três anos de prescrição - arts.70 e 77. Neste contexto, como bem exposto pela D. Promotora de Justiça, tal conclusão não leva à contagem automática do prazo prescricional em quatro anos, uma vez que deve ser lavado em consideração a efetiva data de apresentação do título, sendo que o documento poderá ser apresentado antes de um ano. De acordo do com a expressa manifestação da requerente, o título venceu em 18.09.2015, o que pressupõe ser esta a data de apresentação da nota promissória. Portanto, aplicando-se os artigos supra mencionados, operou-se a prescrição em 19.09.2018. Todavia, de acordo com entendimento so STJ, no Agravo em Recurso Especial: AResp 978532 ES 2016/0234869-3, de relatoria da Ministra Maria Isabel Galotti, mesmo prescrita a ação de execução, permanece o direito a cobrança da dívida, por meio de ação de locupletamento ilícito ou enriquecimento sem causa prevista no artigo 48 do Decreto 2044/1986. Ou seja, o prazo de três anos para manejo da ação nas vias ordinárias e contado a partir da prescrição da pretensão de cobrança do título de crédito pela via executiva. Confira-se: "Processual Civil e Empresarial. Notas Promissórias prescritas. Ação de locupletamento ilícito. Prazo para ajuizamento. Nos termos do art.70 da Lei Uniforme de Genebra ("LUG") o prazo para execução de notas promissórias e letras de cambio é de três anos a contar do vencimento se proposta ação contra o emitente da nota ou o aceitante da letra. Em se tratando de nota promissória, prescrita a ação de execução, permanece o direito a cobrança da dívida, por meio de ação monitória, ação de cobrança ou através da denominada ação de locupletamento ilícito ou enriquecimento sem causa. A ação de locupletamento ilícito está prevista no artigo 48 do Decreto 2044/1908, que define letra de cambio e nota promissória e regula as operações cambiais, em vigor em razão da reserva prevista no artigo 15 do Anexo I da LUG (Decreto nº 57.663/66). O artigo 48 do Decreto 2044/1908 não estabelece o prazo prescricional da ação de enriquecimento sem causa (locupletamento ilícito). Assim aplica-se à mesma o prazo prescricional previsto no artigo 206, § 3º inciso IV do Código Civil. O prazo prescricional de três anos deve ser contado a partir do fato que enseja o enriquecimento de um e o empobrecimento de outro, ou seja, a partir da prescrição da pretensao de cobrança do título de crédito pela via executiva. A contagem do prazo trienal de prescrição, previsto no artigo 206, § 3º, IV do CC, tem inicio no dia seguinte ao fim do prazo prescricional de 3 (três) anos, previsto no artigo 70 da Lei Uniforme de Genebra ("LUG"), para a execução de notas promissórias. Recurso desprovido. Os embargos de declaração opostos na origem foram rejeitados. Nas razões do especial, a agravante alegou violação ao art. 535 do Código de Processo Civil de 1973, ao argumento de que o tribunal de origem não se manifestou sobre os argumentos apresentados nos embargos de declaração, em especial a aplicação do princípio da actio nata. Apontou ofensa ao artigo 886 do Código Civil, aduzindo que a ação de enriquecimento sem causa é subsidiária e, no caso, era possível o ajuizamento da ação monitória e ação de cobrança. Indicou, também divergência jurisprudencial e contrariedade aos artigos 189 e 206, § 5º do CC, sustentando que, pelo principio da actio nata, o prazo prescricional começa a contar do vencimento do título e não pode ser superior a cinco anos. Assim, posta a questão, passo a decidir. No tocante às alegações de ofensa ao artigo 535, II, do Código de Processo Civil de 1973, verifico que essas não merecem prosperar. Isso porque, consoante o entendimento consolidado desta Corte, o recorrente não possui o direito de ter todos os argumentos alegados rebatidos, cabendo ao tribunal analisar e debater as questões principais para o deslinde da controvérsia. Com efeito, não confira omissão ou negativa de prestação jurisdicional o fato do acórdão ter sido proferido em sentido contrário ao desejado pela agravante. O Tribunal de origem informou que o agravado ajuizou, em 07.11.2013, ação de locupletamento ilícito para cobrança de valores constantes em duas notas promissórias, vencidas em 12.11.2007 e 30.11.2007. Considerou que não ocorreu a prescrição, pois o prazo de três anos para o manejo da ação teve inicio após o fim do prazo de três anos para a execução. O entendimento está em consonância com a jurisprudência desta Corte, que, em precedente recente entendeu que é cabível ação de locupletamento ilícito com fundamento no artigo 48 do Decreto 2.044/1908 para cobrança de valores constantes de nota promissória sem força executiva e o prazo prescricional de três tem inicio no dia em que consumar a prescrição da ação de execução: Recurso Especial. Ação de locupletamento. Nota promissória prescrita. Duvida quanto ao fundamento da ação: art. 884 do Código Civil ou art. 48 do Decreto nº 2.044/1908. Brocardo da Mihi Factum Dabo Tibi Ius. Aplicação do segundo dispositivo legal. Ausência de prescrição. Desnecessidade de comprovação do negócio jurídico subjacente. Presunção juris tantum do locupletamento pela só apresentação do título, acompanhado do protesto pela falta de pagamento. Violação do art. 333, I, do CPC reconhecida. O juiz não está adstrito aos nomes jurídicos nem a artigos de lei indicados pelas partes, devendo atribuir aos fatos apresentados o enquadramento jurídico adequado. Aplicação do brocardo da mihi factum dabo tibi ius. A existência da ação de locupletamento amparada em nota promissória prescrita, prevista no art. 48 do Decreto nº 2044/1908 (aplicável às notas promissórias por força do art.56 do mesmo diploma legal), desautoriza o cabimento da ação de enriquecimento sem causa amparada no art. 884 do Código Civil, por força do art.886 seguinte. Considerando que o art.48 do Decreto nº 2044/1908 não prevê prazo específico para ação de locupletamento amparada em letra de cambio ou nota promissória, utiliza-se o prazo de 3 (três) anos previsto no art. 206, § 3º, IV, do Código Civil, contado do dia em que se consumar a prescrição da ação executiva. Na ação de locupletamento prevista da legislação de regência dos títulos de crédito, a só apresentação da cártula prescrita já é suficiente para embasar a ação, visto que a posse do título não pago pelo portador gera a presunção juris tantum de locupletamento do emitente, nada obstante assegurada a amplitude de defesa do réu. Recurso especial conhecido e parcialmente provido. (Resp 1323468/DF, Rel. Ministro João Otávio de Noronha, Terceira Turma, julgado em 17.03.2016, DJE 28.03.20160. Sendo assim não cabe falar em ação subsidiária por força do artigo 886 do Código Civil, pois a ação é regulada pelo Decreto 2.044/1908, norma mais específica. Considerando as datas informadas pelo Tribunal de origem, se as notas promissórias venceram em 12.11.2007 e 30.11.2007, na data do ajuizamento da ação 07.11.2013, ainda não havia se consumado a prescrição. Em face do exposto, nego provimento ao agravo". Dai que na presente hipótese, levando-se em consideração a ausência de data de vencimento, o título tornou-se à vista e prescreveu em 19.09.2018. Ocorre que a ação de locupletamento ilícito, nos termos do artigo 48 do Decreto nº 2044/1908, poderá ser formulada até 19.09.2021. Assim, entendo que o protesto do título apresentado é cabível. Como bem evidenciou o parecer da Egrégia Corregedoria Geral da Justiça, necessária a análise da ocorrência de abuso de direito na apresentação a protesto do título despido de força executiva. Segundo explanação do jurista Silvio de Salvo Venosa (Direito Civil, Parte Geral, 3ª ed, 2003, editora: Atlas, p. 603/604): "Juridicamente, abuso de direito pode ser entendido como fato de usar de um poder, de uma faculdade, de um direito ou mesmo de uma coisa, além do razoavelmente o Direito e a Sociedade permitem. O titular de prerrogativa jurídica, de direito subjetivo, que atua de modo tal que sua conduta contraria a boa-fé, a moral, os bons costumes, os fins econômicos e sociais da norma, incorre no ato abusivo. Nesta situação, o ato é contrário ao direito e ocasiona responsabilidade". Ainda de acordo com o artigo 187 do CC: "Também, comete ato ilícito o titular de um direito que, ao exercelo, excede manifestamente os limites impostos pelo seu fim econômico ou social, pela boa fé ou pelos bons costumes". Neste contexto, entendo que no caso posto a desate, não houve abuso de direito do credor, vez que foi solicitado o protesto em 13.12.2018 (fl. 13). Logo, no presente caso, afasto o óbice oposto pela Oficial. Diante do exposto, julgo procedente o pedido de providências formulado por Sul Invest Serviços Financeiros S/A, em face da 2º Tabeliã de Protesto de Letras e Títulos da Capital, e determino o protesto para fins falimentares da empresa Peeqflex Industria e Comércio LTDA, lastreado pela nota promissória nº 01, no valor de R$ 1.500.000,00 (um milhão e quinhentos mil reais). Deste procedimento não decorrem custas, despesas processuais e honorários advocatícios. Oportunamente remetam-se os autos ao arquivo. Sem prejuízo, expeça-se ofício à Egrégia Corregedoria Geral da Justiça, comunicando desta decisão. P.R.I.C. - ADV: RODOLFHO COSTA RICIERI (OAB 69513/PR) (DJe de 26.03.2019 - SP)

PROTESTO DE CONTRATO DE HONORÁRIOS ADVOCATÍCIOS

Processo 1027493-62.2019.8.26.0100

Pedido de Providências - Tabelionato de Protestos de Títulos - Samuel Paulino - Vistos. Trata-se de pedido de providencias formulado por Samuel Paulino em face do 4º Tabelião de Protesto de Letras e Títulos da Capital, pretendendo o protesto do contrato de honorários advocatícios, com vencimento em 25.08.2018, no importe de R$ 3.746,48 (três mil, setecentos e quarenta e seis reais e quarenta e oito centavos). A qualificação negativa derivou da ausência das assinaturas de duas testemunhas, nos termos do artigo 784, III do CPC, com a finalidade de conferir executividade aos instrumentos particulares assinados por devedores. Esclarece que o Comunicado CGJ 2.383/2017, referente ao protesto dos contratos de honorários, é silente quanto à dispensa da assinatura de testemunhas, razão pela qual entende ser aplicável a regra do Código de Processo Civil. Insurge-se o requerente do óbice imposto, sob a alegação de que os contratos de honorários advocatícios possuem força executiva, sendo submetidos a legislação especial, logo, não precisam ser assinados por testemunhas. Juntou documentos às fls. 07/16. O Ministério Público opinou pela procedência do pedido (fls. 26/27). É o relatório. Passo a fundamentar e a decidir. Em que pese o zelo e cautela do Tabelião, verifico que a pretensão deve ser deferida. De acordo com o recente Comunicado da Egrégia Corregedoria Geral da Justiça CG nº 2.383/2017: "A Corregedoria Geral da Justiça comunica aos senhores Tabeliães de Protesto de Letras e Títulos que nos termos do parecer supra, fica autorizada a recepção a protesto de contrato de honorários advocatícios, desde que acompanhado de declaração firmada pelo advogado do apresentante sob sua exclusiva responsabilidade, de que tentou, sem sucesso, receber amigavelmente a quantia que alega inadimplida". (DJe de 26.10.2017 - SP). Daí que basta que o contrato venha acompanhado da declaração firmada pelo advogado acerca da tentativa de recebimento amigável da dívida, vez que o contrato de honorários por si só já possui força executiva, nos termos do artigo 24 da Lei 8.906/94. Tal questão foi objeto de análise pela Egrégia Corregedoria Geral da Justiça, no processo nº 1016833-88.2016.8.26.0625, de relatoria do Des. Geraldo Francisco Pinheiro Franco Neto: "Protesto - Contrato de Honorários Advocatícios - Nova redação do art.52 do Código de Ética e Disciplina da Ordem dos Advogados do Brasil - Art. 24 da Lei 8.906/94 - Admissibilidade do protesto, desde que o contrato esteja acompanhado de declaração firmada pelo advogado, sob sua responsabilidade, de que tentou receber amigavelmente a quantia de que se diz credor". Confira-se do corpo do Acórdão: "À luz do art.52 do Código de Ética e Disciplina da Ordem dos Advogados do Brasil: Art.52: O crédito por honorários advocatícios, seja do advogado autônomo, seja de sociedade de advogados, não autoriza o saque de duplicatas ou qualquer outro título de crédito de natureza mercantil, podendo, apenas, ser emitida fatura, quando o cliente assim pretender, com fundamento no contrato de prestação de serviços, a qual, porém, não poderá ser levada a protesto. Parágrafo único: Pode, todavia, ser levado a protesto o cheque ou a nota promissória emitido pelo cliente em favor do advogado, depois de frustrada a tentativa de recebimento amigável. A norma em comento, que passou a vigorar em 01/09/16, prevê, às expressas, a possibilidade de protesto de cheque ou nota promissória emitidos pelo cliente do advogado. Inovou, pois, em relação ao artigo 42 do Código de Ética que vigia até então, cujos termos eram os seguintes: Art.42: O crédito por honorários advocatícios, seja do advogado autônomo, seja de sociedade de advogados, não autoriza o saque de duplicatas ou qualquer outro título de crédito de natureza mercantil, exceto a emissão de fatura, desde que constitua exigência do constituinte ou assistido, decorrente de contrato escrito, vedada a tiragem de protesto. ... Note-se, neste passo, e a reforçar a viabilidade do protesto, que o contrato de honorários advocatícios é per si, título executivo extrajudicial, nos moldes do art.24 da Lei 8.906/94. ... A jurisprudência pátria aliás, firmou-se no sentido de que a executividade do contrato de honorários advocatícios prescinde da assinatura de duas testemunhas, requisito não versado no art.24

retromencionado". (g.n). Logo, ao contrário do que sustenta o Tabelião, a única ressalva imposta pela Egrégia Corregedoria Geral da Justiça é a apresentação da declaração firmada pelo advogado de que não obteve êxito no recebimento amigável da quantia que entender cabível. Por fim, a execução dos contratos de honorários advocatícios é regulada pelo Estatuto da Advocacia, Lei nº 8.906/94, e nesta lei especial não há qualquer disposição da necessidade da assinatura, prevalecendo sobre a norma geral. Diante do exposto, julgo procedente o pedido de providências formulado por Samuel Paulino em face do 4º Tabelião de Protesto de Letras e Títulos da Capital, e consequentemente determino o protesto do título apresentado. Deste procedimento não decorrem custas, despesas processuais e honorários advocatícios. Oportunamente remetam-se os autos ao arquivo. P.R.I.C. - ADV: SAMUEL PAULINO (OAB 140476/SP) (DJe de 24.04.2019 - SP)

PROTESTO DO CONTRATO DE LOCAÇÃO

Processo 1027124-68.2019.8.26.0100

Pedido de Providências - Tabelionato de Protestos de Títulos - Fernando Luiz Cavalcanti de Brito - Vistos. Trata-se de pedido de providências formulado por Fernando Luiz Cavalcanti de Brito em face da 2ª Tabeliã de Protesto de Letras e Títulos da Capital, diante da qualificação negativa envolvendo parcelas vencidas do contrato de locação firmado entre ele e sua esposa Aparecida Braz de Moura Cavalcanti e a empresa Sena Construções e Comércio EIRELLI - ME. Relata o requerente que o título foi devolvido em fevereiro de 2019, tendo em vista que o CPF de sua esposa estava errado, todavia, isso ocorreu em várias ocasiões, sem qualquer oposição por parte do Tabelionato. Salienta que, desde novembro de 2018, a Serventia nega-se a proceder a inclusão do valor da multa contratual no valor a ser protestado, entendendo tal procedimento como irregular. Juntou documentos às fls. 07/76. A Tabeliã manifestou-se às fls. 80/82 e 391. Esclarece que, com a finalidade de evitar o protesto de título qualificado como irregular, existe no cartório conferência previa realizada no momento da recepção, bem como reconferencia desses mesmos documentos antes da lavratura dos protestos. Ressalta que no presente caso, com relação à parcela vencida em janeiro de 2019, a conferência prévia realizada na recepção dos títulos falhou e permitiu que fosse expedida intimação ao devedor, resultando no pagamento. Tendo em vista o pagamento efetuado, não houve devolução na reconferencia. Ressalta que, em relação à parcela vencida em dezembro/2018, houve correção de próprio punho para do número do CPF de Aparecida Braz de Moura Cavalcanti de Brito. No tocante à parcela vencida em novembro/2018, houve a devolução como irregular de forma equivocada, uma vez que a multa contratual por atraso no pagamento tem previsão expressa. Por fim, informa que, ao identificar o equívoco, aumentou o rigor na conferência prévia, alem de dar a devida orientação e explicações detalhadas aos prepostos da Serventia, a fim de evitar novos erros. Apresentou documentos às fls. 83/371. Acerca das informações prestadas, o requerente manifestou-se às fls. 379/380. Argumenta que não se justifica a devolução do título pela incidência do erro no número do CPF, uma vez que é irrelevante para o protocolo e procedimento. Afirma que a Serventia sempre interpreta as normas em favor do devedor e em prejuízo dos credores. O Ministério Público opinou pelo arquivamento do feito, tendo em vista a inexistência de descumprimento de dever funcional (fls. 384/386). É o relatório. Passo a fundamentar e a decidir. Conforme se depreende dos fatos expostos na inicial, a qualificação negativa se deu pelo preenchimento errôneo do número do CPF da esposa do requerente, bem como a não inclusão da multa contratual pelo atraso no pagamento do aluguel, constando tal penalidade expressa no contrato entabulado entre as partes. Pois bem, em relação ao equívoco no preenchimento do número do CPF, apesar da alegação do requerente de que em outras ocasiões houve também o preenchimento errado e ter havido a intimação e pagamento do valor, não afasta sua responsabilidade pela falha nos dados de identidade de sua esposa, não podendo insurgir-se perante a Serventia Extrajudicial por um erro seu. Ademais, é de inteira responsabilidade do apresentante o correto preenchimento do formulário apresentado a protesto e dos dados nele inseridos, tanto é que há a declaração de que o fornecimento intencional de qualquer informação ou dados inverídicos ou incorretos constantes do pedido de protesto, especialmente no que se referem aos números do CPF/CNPJ e endereços do credor e do devedor, acarretará sua responsabilidade civil por perdas e danos materiais e morais e também sua responsabilidade penal, nos termos do art. 15, § 2º da Lei nº 9.492/1997. Daí que o próprio requerente admitiu o erro em relação ao CPF de sua esposa, acentuando que em relação à parcela vencida em dezembro/2018 houve correção de próprio punho. Neste contexto, o erro da Serventia consistiu em aceitar o formulário preenchido erroneamente em outras ocasiões e por ter havido o pagamento pela devedora não houve a reconferencia, além de não ter havido a inclusão da multa contratual pelo atraso. A tabeliã reconheceu o erro, salientando que os prepostos foram orientados como proceder à qualificação em situações semelhantes, sendo advertidos. Observo que tal acontecimento foi pontual, não havendo outras reclamações envolvendo a mesma questão. Denota-se ainda que de acordo com a informação da tabeliã, o cartório recebe uma média de 800 título por dia, totalizando 16.000 títulos por mês, ou seja, é impossível a delegatária fiscalizar diretamente a qualificação efetuada pelos escreventes. Logo, entendo que apesar do erro praticado pelos prepostos todas as medidas atinentes à tabeliã foram tomadas de modo a se evitar novas situações semelhantes, consequentemente deve ser afastada a incidência da aplicação de qualquer medida censório disciplinar. Diante do exposto, determino o arquivamento do presente procedimento. Deste procedimento não decorrem custas, despesas processuais e honorários advocatícios.

P.R.I.C. - ADV: FERNANDO LUIZ CAVALCANTI DE BRITO (OAB 66240/SP) (DJe de 11.06.2019 - SP)

QUALIFICAÇÃO

Processo 0033179-52.2019

Pedido de Providências Absolut Bank Fomento Comercial 2º Tabelião de Protesto de Letras e Títulos da Capital Sentença (fls. 23/24): Vistos. Trata-se de pedido de providências formulado por Absolut Bank Fomento Comercial em face da Interina do 2º Tabelião de Protesto de Letras e Títulos da Capital, pretendendo o protesto da nota promissória emitida por G. Pereira da Silva Artesanatos, no valor de R$ 35.000,00 (trinta e cinco mil reais). Relata a requerente que negativa para a efetivação do ato decorreu da divergência do número do CNPJ. Informou a interessada que a empresa G. Pereira da Silva Artesanatos ME foi transformada em Criativa Móveis Artesanais EIRELLI em 04.10.2018, porém permanece com o mesmo CNPJ, restando demonstrada a razão da divergência quanto a razão social. Por fim, salienta que negar a efetivação do protesto é favorecer os inadimplentes. Juntou documentos às fls. 02/08. A interina manifestou-se à fl. 10. Esclarece que a conferência da nota promissória é procedimento padrão na Serventia, incluindo a análise da exatidão do número de inscrição no CNPJ e a razão social no site da receita Federal, ocasião em que foi constatada que a razão social da empresa devedora divergia daquela indicada no título, sendo o título devolvido como irregular. Afirma que não cabe ao Tabelião, em sede administrativa, dar interpretação diferente dos dados que constaram no título. Acerca das informações da interina, a requerente manifestou-se à fl. 13, reiterando as argumentos expostos na inicial. O Ministério Público opinou pela procedência do pedido (fls. 20/21). É o relatório. Passo a fundamentar e a decidir. De acordo com o art.9º, caput, da Lei nº 9.492/97, ao Tabelião compete exclusivamente analisar os aspectos formais dos títulos e documentos de dívida, assinatura, o preenchimento do CPF/CNPJ, rasura, dentre outros não sendo de sua responsabilidade as questões relacionadas à origem dos mesmos, sendo de inteira responsabilidade do apresentante os dados nele contido. Neste contexto, não houve qualquer conduta irregular da interina ao devolver o título apresentado a protesto, tendo em vista a divergência entre a razão social da empresa devedora com aquela indicada no título. Ocorre que, analisando a ficha cadastral da empresa na JUCESP (fls. 05/06), tem-se que houve a alteração da empresa "G. Pereira da Silva Artesanatos" em 04.10.2018, com a transformação da sociedade para o NIRE 35602359774. Neste contexto, a ficha de fls. 07/08 com o mesmo CNPJ e mesmo NIRE, indica a empresa Criativa Móveis Artesanais EIRELLI, que compõe o título e pedido de protesto. Logo, entendo que se trata da mesma pessoa jurídica, apenas com a alteração da denominação. Por fim, deverá ser acatada a sugestão do D. Promotor de Justiça, para melhor garantia da publicidade registrária, devem ser indicados no termo de protesto ambas as denominações, "Criativa Móveis Artesanais EIRELLI", atual denominação de "G. Pereira da Silva Artesanatos". Logo, entendo como superado o entrave, garantindo-se os direitos da credora em reaver seu crédito. Diante do exposto, julgo procedente pedido de providências formulado por Absolut Bank Fomento Comercial, em face da Interina do 2º Tabelião de Protesto de Letras e Títulos da Capital, e consequentemente determino o protesto do título. Deste procedimento não decorrem custas, despesas processuais e honorários advocatícios. Oportunamente remetam-se os autos ao arquivo. P.R.I.C. São Paulo, 05 de julho de 2019. Tania Mara Ahualli Juiza de Direito (CP 222) (- DJe de 16.07.2019 - SP)

SUSTAÇÃO

Processo 1030139-45.2019.8.26.0100

Pedido de Providências Reqte.: 3º Tabelião de Protesto de Letras e Títulos da Capital Sentença (fls. 21/23): Vistos. Trata-se de pedido de providências formulado pelo 3º Tabelião de Protesto de Letras e Títulos da Capital, comunicando o recebimento de e-mail supostamente enviado pelo MMº Juízo da 2ª Vara Cível da Comarca de Itu/ SP, com a finalidade de sustar os efeitos do protesto em nome da devedora OM Materiais para Construção EIRELLI, oriundo da duplicata de venda mercantil por indicação de nº 0000035068, no valor de R$ 6.716,40, sacada por Polimix Concretos. Esclarece o tabelião que, ao ser recepcionada a correspondência eletrônica e examinada a decisão e ordem de exclusão de apontamento, foram constados vários indícios de falsidade, dentre eles: a) formatação do texto fora dos padrões das Serventias Judiciais do Estado de São Paulo; b) documentos supostamente expedidos pelo MMº Juízo da 2ª Vara Cível da Comarca de Itu/SP, todavia constando como local de emissão, que antecede a data, a cidade de Piracicaba/SP; c) data de expedição de ofício de exclusão de apontamento anterior à data da decisão que lhe deu origem; d) o número do processo impresso à margem direita dos documentos, que são utilizados para conferência de autenticidade junto ao site do Tribunal de Justiça, são diferentes daqueles constantes das referencias mencionadas no inicio de cada um dos documentos. Salienta que acessou o site do Tribunal de Justiça a fim de verificar a autenticidade dos documentos, que não ficou confirmada, ocasião em que entrou em contato com a Serventia Judicial, sendo informado que a ordem não partiu daquele Juízo, bem como os dados do processo e das partes não conferem. Juntou documentos às fls. 03/12. Comunicada, a autoridade policial informou ter instaurado inquérito policial para apuração dos fatos expostos na inicial (fl. 15). O Ministério Público opinou pelo arquivamento do feito (fls. 18/19). É o relatório. Passo a fundamentar e a decidir. Não vislumbro qualquer falta funcional praticada pelo Tabelião, que agiu com zelo e presteza, uma vez que, ao constatar indícios de falsidade, entrou em contato com o MMº Juízo da 2ª Vara Cível da Comarca de Itu, a fim de confirmar a autenticidade do documento expedido, e ao ser informado da falsidade, comunicou o fato à autoridade policial para apuração do ocorrido, nos termos da ordem de Serviço nº 02/2014, item 4 deste Juízo, resultando na instauração do inquérito policial (IP nº 192/2019). Ademais, a falsidade do título impede que seja efetuado qualquer ato registrário, não havendo como suprir a qualificação negativa do documento. Logo faz-se mister o cancelamento da prenotação. Por fim, não havendo qualquer violação dos deveres funcionais do delegatário que autorizem a aplicação de qualquer sanção administrativa, determino o arquivamento do presente processo, com as cautelas de praxe. Deste procedimento não decorrem custas, despesas processuais e honorários advocatícios. P.R.I.C.

São Paulo, 13 de maio de 2019. Tania Mara Ahualli Juíza de Direito (CP 138) (DJe de 16.05.2019 - SP)

4.5 DECISÕES DO ANO DE 2018

4.5.1 DECISÕES GERAIS E PERTINENTES A TODAS AS ESPECIALIDADES

Processo 0072995-12.2017.8.26.0100 –

Processo Administrativo - Registro Civil das Pessoas Naturais - C.R.T. e outros - T.N. - E.A. e outros - Juíza de Direito: Dra. Renata Pinto Lima Zanetta Vistos, Por intermédio da Portaria nº 16/2.018-TN, editada por este Juízo, instaurou-se processo administrativo contra o Tabelião de Notas da Capital, sendo-lhe imputadas faltas funcionais consistentes no extravio da folha 373/374 do Livro de Notas 10.820, a qual foi posteriormente localizada em outra Serventia Extrajudicial; lavratura de inúmeras procurações públicas envolvendo a empresa Zurich Brasil Seguro, com a indicação de local diverso daquele em que efetivamente realizados os atos; inobservância dos emolumentos devidos em razão da prática dos atos notariais em diligência, caracterizando cobrança parcial de emolumentos e ensejando estratégia mercadológica de captação de clientela, mediante transgressão das prescrições legais e normativas que regem o serviço notarial, em afronta ao disposto nos itens 42, 54, do Capítulo XIII, itens 3, 3.1, 5.1, 52.2, 57, Capítulo XIV, das Normas de Serviço da Corregedoria Geral da Justiça, aos artigos 30, incisos I, V, VIII, XI e XIV e 46, da Lei nº 8.935/94, ao artigo 19 e Nota Explicativa 8.1, ambos da Lei Estadual nº 11.331/2.002. O Senhor Tabelião foi citado e interrogado (fls. 623/624). Ofertou defesa prévia, pugnando pela improcedência do processo administrativo disciplinar (fls. 629/637). Houve a produção de prova oral para inquirição das testemunhas (fls. 667, 674/675, 684/685 e 686/687). Ao cabo da instrução probatória, foram oferecidas razões finais (fls. 701/713). Na aludida peça, o Tabelião refuta a imputação feita, pleiteando a absolvição, indicando não restar configurada a falha funcional apontada na portaria e noticiando que sempre agiu de maneira a bem orientar e fiscalizar os atos praticados por seus funcionários. É o relatório. Decido. Cuida-se de processo administrativo instaurado contra o Tabelião de Notas da Capital, por afronta ao disposto no artigo 31, incisos I, II, III e V da Lei nº 8.935/94. O expediente foi iniciado com suporte na documentação encaminhada pelo Colégio Notarial do Brasil Seção São Paulo, noticiando o resultado do procedimento que tramitou perante a Comissão de Ética Profissional da entidade, com vistas a analisar a atuação do Tabelião de Notas da Capital, diante do extravio da folha nº 374, do Livro 10.820 do referido Notário, a qual foi localizada dentro de outra Serventia Extrajudicial. Consta que aos 29 de agosto de 2.017, recepcionou-se no Registro Civil das Pessoas Naturais e Tabelionato de Notas do Subdistrito - Ibirapuera, da Capital, uma solicitação oriunda da empresa Zurich Seguros, para a prática de ato de reconhecimento de firma. Ocorre, contudo, que a assinatura a ser reconhecida estava aposta numa folha de livro notarial pertencente ao Tabelião de Notas da Capital, consubstanciada em procuração pública que teria sido lavrada na sede do Tabelionato, aos 16 de agosto de 2.017, e que estava assinada pelo outorgante, Carlos Roberto Toledo, mas não contava com a assinatura do escrevente autorizado e, tampouco, subscrição do Tabelião ou substituto. Em face desta situação anômala, o Registrador do Subdistrito submeteu o ocorrido ao Colégio Notarial do Brasil que, por sua vez, instaurou o procedimento de apuração ética e, ao final, a competente Comissão deliberou pelo encaminhamento dos fatos ao crivo deste Juízo Corregedor Permanente. Pois bem. De acordo com a portaria inaugural, as condutas irregulares atribuídas ao Tabelião de Notas da Capital, encontram-se assim descritas: (i) extravio da folha de nº 374, do Livro 10.820 daquelas Notas, captada pelo outro Delegatário, além da permanência reiterada de folhas do livro notarial fora da Serventia Extrajudicial, de um dia para outro; (ii) assinatura das procurações públicas fora da Unidade de Serviço, sem qualquer ressalva no título; (iii.) inobservância dos emolumentos devidos em razão da prática dos atos em diligência; (iv) cobrança parcial de emolumentos, de maneira usual em relação a "cliente mensalista", e outras comodidades disponibilizadas à referida empresa (como remessa de folha de livro de notas via malote à empresa; permanência reiterada de folha de livro na sede da pessoa jurídica; colheita de assinaturas de partes sem a presença de preposto da Unidade; prática de cobrança reduzida de emolumentos nos atos praticados em diligência), mediante transgressão das prescrições legais e normativas que regem o serviço notarial, evidenciando estratégia mercadológica de captação de clientela e ensejando concorrência desleal. Inicialmente, no que tange à permanência de folhas do livro notarial fora da Serventia Extrajudicial, de um dia para outro, os elementos probatórios coligidos ao feito, destacando-se a prova oral colhida em audiência, se mostraram suficientemente aptos para comprovar que os aludidos papéis de segurança pernoitavam na sede da empresa Zurich Seguros, de um dia para outro, aguardando a assinatura do Diretor de Recursos Humanos, Senhor Carlos Roberto Toledo. Os funcionários da seguradora, inquiridos pelo Juízo, esclareceram que as procurações foram assinadas na empresa e que permaneciam, usualmente, na Zurich de um dia para o outro, à espera da assinatura de seu representante. No depoimento prestado mediante compromisso, o Diretor de Recursos Humanos, Senhor Carlos Roberto Toledo (fls. 60/61, 667), afirmou que: "desconhece o Tabelião de Notas. Que normalmente é um representante do tabelião que vem à empresa. Que normalmente faz isso por meio da secretária. Que normalmente não tem contato com o escrevente. (...) Que não conhece (H)amilton Carlos de Carvalho. (...) Que a secretária do depoente quem leva as folhas para ele assinar." Desse modo, o relato do representante da empresa Zurich Seguros Brasil que assinou a grande maioria das procurações públicas, conforme se infere dos documentos juntados pelo Notário às fls. 127/506, é no sentido de que desconhece o Tabelionato de Notas, normalmente não tem contato com o escrevente, já que "faz isso por meio da secretária" e, frise-se, não conhece Hamilton Carlos de Carvalho. Ocorre que, da leitura os instrumentos notariais em questão, constata-se que Hamilton Carlos de Carvalho, declaradamente desconhecido do Diretor, nada mais é do que o próprio escrevente autorizado que lavrou as procurações assinadas pela testemunha e, segundo a redação conferida aos atos, foi ele (Hamilton) quem realizou pessoalmente a qualificação e colheu, também pessoalmente em diversas ocasiões, a assinatura da testemunha Carlos Roberto Toledo. A secretária Eni Aydar, no primeiro depoimento judicial (fls. 75), sustentou: "Que é secretária executiva e cerca de duas vezes por mês ia uma pessoa do jurídico levar documentos com folhas do cartório para ao diretor, Carlos Roberto, assinar. Que a pessoa do jurídico ou do cartório não acompanhava a assinatura do documento. (...) Que essa folha era entregue em um dia e assinada no outro. Que ficava a noite inteira na gaveta da depoente. Que os documentos que lhe eram entregues eram similares aos da folha 13 (procuração do Tabelião)." Posteriormente, no segundo depoimento, disse: "que não se recorda com que cartórios a Zurich trabalha. Que não sabe afirmar com certeza que o Tabelião trabalha com a Zurich. Que cerca de duas vezes por mês, o jurídico entrega documentos para assinatura. Que só sabe dizer se era documento de cartório se o escrevente estivesse junto. Que quando havia urgência, o escrevente do cartório acompanhava a assinatura, na Zurich. Que quando não era urgente, os documentos ficavam com ela aguardando assinatura, algumas vezes, inclusive, na gaveta". (fls. 684/685). Muito embora a testemunha, na ocasião da segunda audiência, tenha demonstrado certa hesitação em relatar os fatos com a mesma firmeza de outrora, vez que deixou de mencionar que os instrumentos que pernoitavam em sua gaveta pertenciam ao Tabelião de Notas, o conjunto probatório coligido - com ênfase para os relatos do Diretor de Recursos Humanos, da advogada e da funcionária do Departamento Jurídico da Zurich - permite concluir que se referem apenas ao Tabelionato de Notas, e não a outra Serventia Extrajudicial da Comarca da Capital. Nesta senda, a advogada do Departamento Jurídico da Zurich, Dra. Ariane Viana Menezes (fls. 86), esclareceu que: "sabe que com a nova assistente jurídica passou a ocorrer que as folhas foram deixadas de um dia para o outro na empresa. Que esse procedimento de deixar a folha na empresa foi sugerido pelo próprio cartório, pelo escrevente Hamilton." Como dito, Hamilton é escrevente autorizado do Tabelião de Notas, responsável por atender a empresa. A confirmação dos fatos veio à tona também pelo testemunho da assistente do Departamento Jurídico, Bruna Santos Lacerda (fls. 87), a qual ratificou: "Que seu contato é o Hamilton Carvalho. Que no início, de junho até setembro, Hamilton deixava as folhas com a depoente, que entregava para a secretária, que levava para assinatura. Que o escrevente não acompanhava a assinatura e as folhas permaneciam na empresa de um dia para o outro. (...) Que era um portador de Hamilton que retirava os atos na empresa. Que a depoente não sabe o nome do portador, pois a depoente deixava os atos na expedição e eles que entregavam ao portador." Ainda de acordo com a sobredita funcionária: "Que por volta de setembro, houve um telefonema de uma pessoa de nome Alcides, do RCPN. Que Alcides tinha recebido um livro público no cartório e gostaria de saber o que ocorreu. Que a depoente disse que houve um erro, pois a folha que foi para o RCPN era a folha do Tabelião que tinha sido deixada na empresa e era para ser devolvida para o e por engano foi entregue ao RCPN" (fls. 87). Os depoimentos prestados pelos funcionários da empresa Zurich Seguros, mediante o compromisso de dizerem a verdade, se mostraram coerentes, fortes e seguros, autorizando a formação de convencimento judicial no sentido de que as procurações públicas confeccionadas pelo Tabelionato de Notas da Capital eram encaminhadas à empresa Zurich Seguros e, frequentemente, pernoitavam, no local, de um dia para outro, aguardando a assinatura do Diretor de Recursos Humanos, Senhor Carlos Roberto Toledo. A prova cabal que confirma o pernoite de folha fora da Serventia Extrajudicial, sem qualquer supervisão de escrevente autorizado, advém da localização fortuita da folha de nº 374, do Livro 10.820, pertencente ao Tabelião de Notas, nas dependências do Registro Civil das Pessoas Naturais e Tabelionato de Notas do Subdistrito - Ibirapuera, da Capital, no dia 29 de agosto de 2.017. Da análise do referido instrumento captado, detecta-se a existência de outras ordens de irregularidades, assim identificadas: na procuração pública consta que fora lavrada na sede do Tabelião de Notas, aos 16 de agosto de 2.017, isto é, 13 (treze) dias antes de ter sido localizada dentro da outra Unidade; o documento se encontrava assinado pelo representante da empresa Zurich, mas não contava com a assinatura do escrevente autorizado e, tampouco, subscrição do Tabelião ou substituto. Além disso, à vista dos atos notariais juntados pelo Notário às fls. 127/506, verifica-se que, usualmente, a data da cobrança dos emolumentos sempre foi feita no dia útil seguinte à data da provável lavratura escriturada do termo, indicando que, ordinariamente, o retorno da folha ao Tabelionato não ocorria no mesmo dia. O Sr. Notário, por sua vez, durante o interrogatório, confirmou a inexistência de um suficiente controle dos papéis de segurança depois que são entregues aos escreventes, sustentando: "Que cada escrevente, que lavra escritura e procuração, tem seu próprio livro, sendo um livro por escrevente. (...) Que no tocante à folha que pernoitou fora da unidade, encontrada em outra serventia extrajudicial, o controle é difícil, uma vez que o escrevente tem 30 dias para colher todas as assinaturas. Que assim, não se pode saber se os papéis estão com o escrevente, aguardando assinaturas ou sem a confecção de atos, ou se deveriam ter sido devolvidos." (fls. 623). Sendo assim, o cenário fático-probatório reunido comprova que as condutas praticadas pelo Tabelião de Notas da Capital encerram violação do dever de segurança, ordem e conservação dos livros e documentos sob a guarda do Notário, em afronta aos artigos 30, inciso I e 46, ambos da Lei nº 8.935/94, item 42, do Capítulo XIII, e item 57, Capítulo XIV, ambos das Normas de Serviço da Corregedoria Geral da Justiça. Ademais, urge recomendar que o Tabelião de Notas providencie a imediata implantação de mecanismos eficientes e seguros, por meio do sistema informatizado, voltados a uma rotina de controle ininterrupto dos papéis de segurança, selos e demais documentos, em todas as fases da lavratura do ato (desde o momento em que são adquiridos da empresa que os fornece até a derradeira encadernação no livro), cujo atendimento passará a ser acompanhado por esta Corregedoria Permanente. Com relação à lavratura das procurações públicas com indicação de local diverso daquele do qual efetivamente realizado o ato, tenho que as provas dos autos atestam o descumprimento do disposto nos itens 5.1 e 52.2, do Capítulo XIV das Normas de Serviço da Corregedoria Geral da Justiça. Nesta senda, os sobreditos depoimentos dos funcionários da empresa Zurich confirmam que Carlos Roberto Toledo, Diretor de Recursos Humanos, nunca compareceu ao Tabelionato de Notas para a prática de qualquer ato, isto é, nunca se dirigiu à Unidade para assinar as malsinadas procurações. Logo, todas as procurações foram assinadas fora da Serventia Extrajudicial. Os instrumentos notariais encontram-se assim identificados: livro nº 10316 - folhas nº 121; livro nº 10316 - folhas nº 135; livro nº 10329 - folhas nº 71; livro nº 10329 - folhas nº 73; livro nº 10329 - folhas nº 75; livro nº 10329 - folhas nº 77; livro nº 10329 - folhas nº 79; livro nº 10340 - folhas nº 393; livro nº 10340 - folhas nº 397; livro nº 10343 - folhas nº 53; livro nº 10352 - folhas nº 117; livro nº 10352 - folhas nº 119; livro nº 10352 - folhas nº 219; livro nº 10367 - folhas nº 217; livro nº 10388 - folhas nº 145; livro nº 10388 - folhas nº 149; livro nº 10388 - folhas nº 155; livro nº 10388 - folhas nº 157; livro nº 10388 - folhas nº 165; livro nº 10397 - folhas nº 227; livro nº 10397 - folhas nº 229; livro nº 10397 - folhas nº 365; livro nº 10397 - folhas nº 369; livro nº 10413 - folhas nº 215; livro nº 10419 - folhas nº 61; livro nº 10419 - folhas nº 63; livro nº 10419 - folhas nº 67; livro nº 10419 - folhas nº 71; livro nº 10419 - folhas nº 277; livro nº 10431 - folhas nº 175; livro nº 10431 - folhas nº 183; livro nº 10442 - folhas nº 197; livro nº

10442 - folhas nº 297; livro nº 10442 - folhas nº 301; livro nº 10442 - folhas nº 303; livro nº 10442 - folhas nº 307; livro nº 10442 - folhas nº 311 e livro nº 10442 - folhas nº 315 (fls. 127/506). Depreende-se desses atos notariais, realizados para a seguradora ou para as pessoas que sejam integrantes da empresa, e cujas assinaturas foram colhidas na sede da Zurich, situada à Avenida Jornalista Roberto Marinho, nº 85, Brooklin Novo (fls. 127/506), que, em quase todos, consta que o ato foi praticado nas dependências da Serventia Extrajudicial, não existindo qualquer ressalva em outro sentido. Instado a prestar esclarecimentos em Juízo, o escrevente Hamilton Carlos de Carvalho, responsável pelas procurações públicas à empresa, afirmou: "que todos os atos da Zurich são praticados na empresa. Que jamais realizou qualquer procuração por instrumento público da Zurich no cartório. (...) Que quando consta o local do ato das procurações públicas da Zurich, consta que realizou em cartório. Que tem consciência que a declaração que faz, de que é no cartório o ato, quando na realizada é na sede da empresa, sabe que a declaração é falsa. Que o Dr. Paulo tem conhecimento desse fato. Que o Tabelião autorizou porque são poucas as procurações da Zurich." (fls. 98/99). Logo, a confissão levada a cabo pelo escrevente responsável por atender a "cliente mensalista", inclusive esclarecendo que o próprio Notário não apenas tem conhecimento das irregularidades como autoriza, por considerar "são poucas as procurações da Zurich", deixa evidente a configuração do ilícito administrativo, por afronta aos itens 5.1 e 52.2, do Capítulo XIV das Normas de Serviço da Corregedoria Geral da Justiça. Não bastasse a ausência de ressalva do lugar em que as firmas foram apostas nas procurações, isto é, que os atos foram lavrados em diligência, a análise dos instrumentos notariais não demonstra, outrossim, a cobrança de emolumentos em dobro, como deveria ter ocorrido, atestando a prática vedada de cobrança parcial de emolumentos. Como é sabido, a Lei Estadual nº 11.331/2.002, que disciplina os emolumentos relativos aos atos praticados pelos serviços notariais e de registro no Estado de São Paulo, em sua Nota Explicativa 8.1, assim dispõe: 8.1.- Nos atos sem valor declarado, lavrados fora do horário normal ou fora do tabelionato, exceto quando do interesse dos órgãos públicos em geral, os emolumentos serão cobrados em dobro, fazendo o tabelião circunstanciada menção na escritura, sem prejuízo do reembolso das despesas com condução. No caso telado, positivou-se a inobservância dos emolumentos devidos, eis que, como visto, todas as procurações foram assinadas no endereço da empresa Zurich, ou seja, em diligência, fora da sede do Tabelionato, e, por isso, a cobrança dos emolumentos deveria ter sido feita em dobro, e não de forma simples, como ocorreu. Sobre o tema, confira-se a assertiva doutrina de Luiz Guilherme Loureiro: "Por outro lado, é possível, se assim estiver previsto na lei estadual, a cobrança a maior dos emolumentos por atos praticados fora da sede de serviços (obviamente dentro dos limites territoriais da sede notarial). A saída do preposto da sede de serviço desfalca o quadro de funcionários para o atendimento normal dos usuários e, por isso, obrigada à contratação de escrevente excedente para suprir tal falta. Por isso é justificada a cobrança a maior dos emolumentos em tal hipótese, pois a quantia a maior visa minimizar o efeito desse aumento de despesas no equilíbrio econômico- financeiro". Por corolário do princípio da legalidade, nas hipóteses em que o ato notarial for praticado fora da Serventia, em diligência, institui-se ao Tabelião a obrigatória cobrança dos emolumentos em dobro, tratando-se, pois, de uma verdadeira imposição legal, não sendo facultado ao Notário, nesses casos, deliberar se irá realizar, ou não, a cobrança dobrada dos emolumentos devidos pelo usuário. Na hipótese vertente, os elementos coligidos revelam que o Tabelião não observou a normativa prevista na Nota Explicativa 8.1, eis que não consignou nas procurações que os representantes da seguradora assinaram os atos notariais fora do Tabelionato, em diligência, e, ainda, realizou a cobrança simples (parcial) dos emolumentos devidos pela empresa Zurich Brasil, quando, na realidade, deveria tê-la feito em dobro, na consideração de que os emolumentos pelos serviços notariais e de registro têm natureza jurídica de tributo, o que os vinculam ao princípio da legalidade. Com isso, em todas as procurações públicas lavradas para a empresa Zurich, restam pendentes os recolhimentos e repasses das parcelas de emolumentos aos entes públicos e às entidades beneficiadas, nos termos do artigo 19, da Lei nº 11.331/2.002. Pese os judiciosos esforços na tese levantada pela D. Defesa, sustentando que a cobrança em dobro somente seria devida se a "lavratura" e a colheita de assinaturas fossem feitas fora do Tabelionato, por entender que o momento da "lavratura" do ato, que compreende o exame de documentos, a adequação jurídica e sua redação, é distinto do momento da colheita das assinaturas das partes, respeitosamente, não merece ser acolhida. É certo que em obediência ao princípio da unicidade do ato notarial, impõe-se ao Notário, com exceção de casos específicos e peculiares não incidentes na espécie dos autos, o início e a finalização do termo notarial no mesmo momento. Não se olvida que o item 52.2, do Cap. XIV, das N.S.C. G.J., autoriza a coleta de assinaturas das partes em até trinta dias da lavratura da escritura pública. Entretanto, a sobredita normativa, ao regulamentar a possibilidade de coleta de assinatura em momentos (data e local) distintos da lavratura, exige que: "nessas hipóteses as partes deverão apor ao lado de sua firma a data e o local (o mesmo da lavratura ou o endereço completo se for diverso) da respectiva subscrição". No caso em exame, nenhuma dessas informações obrigatórias foi consignada de maneira expressa nos instrumentos notariais. Logo, negou-se vigência não só ao item 52.2, do Cap. XIV, das N.S.C.G.J., como à Nota Explicativa 8.1. e artigo 19 da Lei Estadual 11.331/2.002, afigurando-se inaceitável a distorcida interpretação apresentada pelo Tabelião, vez que representa um desprestígio à segurança jurídica e à veracidade das informações e, por conseguinte, se dissocia do regramento da atividade notarial. Por corolário do princípio da legalidade, a ninguém é permitido atuar se esquivando dos limites da legalidade e, no concernente ao notário, o exercício da fundamental independência qualificadora encontra demarcação nas normas objetivas. Nesse sentido, importa trazer à baila os preciosos ensinamentos do Eminente Desembargador Ricardo Dip, na excelente Obra "Notas sobre notas: (e outras notas)": "A liberdade na qualificação notarial não se confunde com o mero arbítrio de uma consciência que se estadeie de modo absoluto, fruindo, implícita ou intencionalmente, de uma ilegítima objetivação normativa. Se, por um lado, o respeito à independência jurídica iniba interferências ablatórias, no todo ou em parte, da qualificação notarial, tem de considerar-se, por outro lado, que o submetimento à legalidade é um dos princípios da atuação tabelioa. Este binômio tensivo exige discreto acercamento, para evitar que, a pretexto de controle superior da legalidade, haja intervenções supressivas da independência do notário, mas, por igual, para também evitar que, sob a escusa dessa mesma independência, um notário sinta-se à margem da legalidade, ou acima dela, desleixando de seu dever de atuar em forma regrada (in publicá forma) e com a experienciada e costumeira aptidão de seu ofício: os notários hão de ser sempre "eruditos das leis e da boa opinião" notarii legibus eruditi et bon opinionis". Em suma, na consideração de que os atos notariais examinados consubstanciam simples procurações lavradas à empresa "cliente mensalista" do Cartório, e muitas com a assinatura de apenas um outorgante, tenho que eventual circunstância fática passível de ensejar flexibilização (intencional) ao princípio da unicidade do ato (como a colheita de assinatura da parte em local distinto daquele em que o documento foi elaborado, fora da Serventia, ou em datas diversas) deveria, necessariamente, ter sido mencionada de forma circunstanciada pelo Tabelião no instrumento notarial, conforme lhe obrigam o preceito legal e normativo que regem a matéria. De mais a mais, cumpre registrar que na oitiva judicial, o preposto Aremildo Zelante Neto informou que: "(...) atende várias empresas com procurações e escrituras. Que a empresa para a qual mais lavra procurações é a Spal. Que as assinaturas são colhidas na empresa. Que nos atos em diligência, ele faz constar a diligência. Que quando é assinado fora, declara-se que foi fora do cartório. Que quando é realizado o ato no cartório, declara que é no cartório. Que 98% dos atos que realiza com a empresa Spal são em diligência." (fls. 96). Tal depoimento, a bem da verdade, desconstrói a tese defendida pelo Titular sobre a não configuração de ato em diligência quando a assinatura é colhida na sede da empresa, haja vista que o escrevente Aremildo, que atende "várias empresas com procurações", disse que "quando é assinado fora, declara-se que foi fora do Cartório". Outrossim, indica que cada escrevente do Tabelião atua de maneira diversa em relação ao tema, sendo que cada funcionário atua de maneira independente, procedendo cada qual a sua maneira, inexistindo um adequado tratamento e orientação dos prepostos pelo Delegatário. Sendo assim, restou bem demonstrada a inobservância dos emolumentos devidos pela prática dos atos notariais em diligência (a cobrança simples, quando deveria ter ocorrido em dobro), a qual caracteriza cobrança parcial de emolumentos que, além de constituir, por si só, prática vedada pelo item 54, do Capítulo XIII, das Normas de Serviço da Corregedoria Geral da Justiça, também traduz estratégia mercadológica de captação de clientela, na medida em que a redução dos custos operacionais envolvidos (notadamente a irregular cobrança reduzida de emolumentos) torna o referido Tabelionato mais atrativo para o usuário que elege utilizar os seus serviços, por serem mais vantajosos, em detrimento dos outros Notários que cumprem corretamente as normas sobre a matéria. Sob esta perspectiva, o forte e uníssono conjunto probatório coligido aos autos, com destaque para os depoimentos dos funcionários (Diretor de Recursos Humanos, Secretária Executiva, Advogada do Departamento Jurídico, Assistente do Departamento Jurídico) da empresa Zurich Seguros, comprova uma alarmante rotina de comodidades arbitrariamente oferecidas à empresa (que foi designada pelos escreventes ouvidos em audiência como "cliente mensalista" do Tabelionato), mediante transgressão das prescrições legais e normativas que regem o serviço notarial, tais como a remessa de folha de livro de notas via malote à empresa; permanência reiterada de folha de livro na sede da pessoa jurídica; colheita de assinaturas de partes sem a presença de preposto da Unidade; prática de cobrança reduzida de emolumentos nos atos praticados em diligência (a fim de tornar os custos operacionais mais baixos e fidelizar a empresa, para que essa continue a utilizar o serviço do Tabelionato), as quais evidenciam o objetivo claro de utilização de estratégia mercadológica desleal, de captação e fidelização de clientela, em prejuízo dos demais Notários da Comarca da Capital que cumprem as normas que regem a atividade notarial. Aí está delineada a responsabilidade do Sr. Tabelião, bem considerada a existência das irregularidades apontadas o que se faz por meio de todos os depoimentos prestados ao longo do processado e demais documentos encartados e o seu dever de observar rigorosamente as prescrições normativas (artigo 31, incisos I, II, III e V, da Lei nº 8.935/94, artigo 19 e Nota Explicativa 8.1, da Lei Estadual nº 11.331/2.002). Em face da sistemática adotada pelo Tabelião de Notas da Capital, no sentido de não controlar, fiscalizar e orientar os atos praticados os prepostos, por ele nomeados, foram produzidos inúmeros atos notariais irregulares por longo período e, também, não foram cobrados os emolumentos em dobro devidos, deixando de repassar, com isso, os correspondentes valores às entidades beneficiárias pelas parcelas dos emolumentos, em desrespeito aos princípios da legalidade, da fé pública, da segurança dos registros e em prejuízo ao erário público. No concernente à falha na orientação e fiscalização dos atos confeccionados pelos prepostos, importante salientar que, inobstante o Titular tenha apresentado uma cópia do procedimento disciplinar em que apenou com uma "advertência" o escrevente Hamilton, tal documento se contrapõe ao que foi dito pelo próprio funcionário durante a audiência em Juízo. Na ocasião, Hamilton declarou: "que o Tabelião não instaurou procedimento administrativo por conta do extravio da folha, mas o depoente levou bronca do Tabelião. Que jamais foi punido em processo interno da serventia". Logo, tenho que, se verdadeiramente houve punição disciplinar do Titular ao escrevente autorizado responsável pelos atos irregulares, por certo, a pena imposta não se mostrou proporcional, adequada ou suficiente, haja vista que o próprio preposto declarou em Juízo que não sofreu punição. No mais, a ocorrência de práticas vedadas como a cobrança parcial de emolumentos e a utilização de estratégia mercadológica de captação de clientela, como verificado, importaram em concorrência desleal pelo Tabelião de Notas da Capital em detrimentos de outros Notários, em afronta ao item 3.1, Capítulo XIV, das Normas de Serviço da Corregedoria Geral da Justiça. A captação irregular de clientela pode ser aferida das inúmeras comodidades que foram oferecidas pelo Tabelionato, mediante transgressão das prescrições legais e normativas atinentes ao serviço notarial, em benefício do "cliente mensalista", notadamente a permissão de permanência da folha do livro na sede da seguradora para ser assinada no momento em que o interessado (parte no ato) entender mais conveniente. De igual modo, deixar de cobrar emolumentos em dobro pelos atos realizados em diligência à empresa "cliente mensalista" configura evidente concorrência desleal, na medida em que torna mais atrativo para o usuário (aqui especialmente consideradas as características da "cliente mensalista", que é uma seguradora multinacional que, natural e legitimamente, busca incessantemente reduzir os custos operacionais e, ao mesmo tempo, busca conferir velocidade às etapas operacionais que refletirão na maior vazão de sua atividade comercial) a utilização dos serviços daquele Tabelionato, obviamente se comparado às demais Unidades de Serviços que cumprem rigorosamente os preceitos legais e normativos que regem a matéria. Tais episódios, suficientemente comprovados por intermédio dos depoimentos prestados ao longo do processado e demais documentos encartados, comprometem a segurança registral, a fé pública, constituindo afronta à manutenção em ordem dos livros, à solenidade que deve nortear a lavratura de um ato notarial, abalando a segurança jurídica e violando o dever de eficiência e de observância das normas técnicas a que se referem os incisos I, V, VIII, XI e XIV do artigo 30 da Lei nº 8.935/94. Destarte, bem configurado o ilícito administrativo, passo à fixação da sanção disciplinar. Aliás, para a configuração do ilícito administrativo, basta a prestação ineficiente do serviço público, em desacordo com as normas técnicas que o regem. Sob o prisma do elemento subjetivo como requisito do ilícito administrativo, as sistemáticas falhas em questão revelam a ocorrência de atos culposos e dolosos do Notário, eis que, além de deixar de observar as prescrições legais e normativas na prestação da atividade notarial (as quais, se existissem, evitariam a ocorrência de anomalia dessa natureza), houve falha no exercício de seu poder/dever de fiscalização e hierarquia em relação aos prepostos (princípio da pessoalidade da sanção) e não realizou a cobrança e o repasse dos emolumentos devidos, segundo o escrevente Hamilton Carlos de Carvalho declarou em Juízo, o Tabelião não apenas tinha conhecimento, como também autorizava a prática dos atos objurgados. Frise-se que o Delegatário no desempenho de suas funções responde pelos atos de seus prepostos. O Tabelião tem o dever de exercer a atividade notarial com eficiência e velar pela rígida observância das normas técnicas, de modo a dignificar as instituições notariais, o que inocorreu, a ensejar a penalidade pela falha apurada, com afronta ao disposto no artigo 31, incisos I, II, III e V, da Lei Federal nº 8.935/94. Desta feita, a aplicação da penalidade, voltada à retribuição do Estado pelos ilícitos administrativos perpetrados e prevenção de novas infrações funcionais, é medida que se impõe. O Titular, apesar de registrar ocorrência (fls. 608/618), não conta com antecedente funcional comprometedor. De qualquer forma, a solução adequada à espécie é a aplicação da pena de multa, a título de reprimenda pelos graves procedimentos irregulares de Paulo Roberto Fernandes, sopesada a inobservância das prescrições legais e normativas, a conduta atentatória às instituições notariais, a cobrança reduzida de emolumentos, a potencial lesão à segurança jurídica criada, a utilização de estratégia mercadológica desleal e a captação e fidelização de clientela, em detrimento dos outros Notários. No tocante ao valor da sanção pecuniária, deve ser considerada a elevada culpabilidade do Notário, não só pelo descumprimento das prescrições legais ou normativas cabíveis na espécie, mas, principalmente, pela cobrança parcial de emolumentos, com a intenção de se beneficiar através da fidelização da empresa Zurich como "cliente mensalista" do Tabelionato, o que acarretou prejuízo aos entes públicos, já que deixou de cobrar e efetuar o recolhimento e repasse do valor cor - ADV: VICTOR JOSE PETRAROLI NETO (OAB 31464/SP), ANA RITA DOS REIS PETRAROLI (OAB 130291/SP), DIEGO MARABESI FERRARI (OAB 339254/SP), WENIO DOS SANTOS TEIXEIRA (OAB 377921/SP), LUCAS MARABESI FERRARI (OAB 388526/SP), SERGIO RICARDO FERRARI (OAB 76181/SP), FABIANA FERREIRA TAVARES DE MATOS (OAB 274298/SP) (DJe de 05.12.2018 - SP)

DOS DIREITOS E DEVERES

Processo 0008532-27.2018.8.26.0100

Pedido de Providências - Registro Civil das Pessoas Naturais - J.D.V.R.P. - T.N.S.P. e outro - Vistos,1. Da análise perfunctória dos autos, extrai-se que a apuração e o esclarecimento de eventuais divergências entre os lançamentos no Livro Diário e o Relatório de Atos Praticados, em cotejo com a Tabela de Emolumentos, envolvem conhecimentos técnico-contábeis, tornando imprescindível a elaboração de perícia contábil que, por sua vez, deverá ser realizada por profissional habilitada que goza da confiança deste Juízo. Por oportuno, cumpre ressaltar que sobreleva importância a total transparência na relação entre delegatários e o ente público, a fim de que não recaiam dúvidas sobre a regularidade na prestação das obrigações devidas em razão do serviço público delegado. Em vista disto, o Tabelião poderá apresentar as explicações e os documentos que reputar cabíveis, os quais serão devidamente apreciados. Acrescente-se, ainda, que os contadores da DICOGE que acompanham as correições nas Serventias Extrajudiciais do Estado de São Paulo (são parcos os contadores da DICOGE, diga-se) não atuam junto às Varas de Registros Públicos da Comarca da Capital, somente perante à Egrégia Corregedoria Geral da Justiça. Logo, a necessidade de nomeação da Perita - que goza da confiança deste Juízo - também se justifica porque o Tribunal de Justiça de São Paulo não tem setor com funcionários suficientemente competentes para a elaboração do levantamento em questão. Ante o exposto e por tudo mais que nos autos consta, mantenho a decisão que determinou a realização da perícia por profissional habilitada que conta com a confiança deste Juízo.2. Uma vez comprovado o depósito às fls. 86/87, intime-se a expert para início dos trabalhos, nos termos do outrora determinado.3. Ciência ao Ministério Público.4. Comunique-se a presente decisão à Egrégia Corregedoria Geral da Justiça, por e-mail, servindo esta como ofício. Intime- se. - ADV: HELIO LOBO JUNIOR (OAB 25120/SP), ASSUERO RODRIGUES NETO (OAB 238420/SP), NARCISO ORLANDI NETO (OAB 191338/SP), ANA PAULA MUSCARI LOBO (OAB 182368/SP) (DJe de 16.03.2018 - SP)

Processo 1125908-22.2015.8.26.0100

Pedido de Providências - REGISTROS PÚBLICOS - Anderson Henrique Teixeira Nogueira e outro - Vistos,Cuida-se de expediente de interesse do Tabelião do 2º Tabelionato de Notas da Capital, contendo requerimento de autorização para mudança de endereço da serventia bem como acompanhamento das adequações das instalações físicas do novo local, qual seja, Rua Rego Freitas, 133, 137 e 143, São Paulo, Capital. Foram acostados aos autos os documentos de fls. 04/37, dentre os quais, o laudo de acessibilidade favorável, deferindo-se, ademais, sucessivos prazos para que o delegatário providenciasse a juntada do Alvará de Funcionamento da Prefeitura Municipal de São Paulo e do Auto de Vistoria dos Bombeiros, sendo este último, posteriormente acostado à fl. 99. No decorrer dos trâmites processuais, inobstante o não cumprimento pelo Tabelião do artigo 21.3, seção II, Capítulo XIII das Normas de Serviço dos Cartórios Extrajudiciais, Tomo II, haja vista a ausência de comunicação à esta Corregedoria Permanente, porquanto, sem a respectiva autorização judicial, houve a efetivação da mudança de endereço, a qual, para fins de regularização, fora comunicada à Egrégia Corregedoria Geral da Justiça (fls. 110/113). No mais, após reiteradas concessões de prazos, bem como de diligências efetuadas, inclusive por este Juízo, junto ao órgão competente, adveio o Alvará de Funcionamento emitido pela Prefeitura Municipal de São Paulo (fls. 286/289). Destarte, conforme bem evidenciado pela nobre representante do Ministério Público na cota retro, ao cabo das vistorias realizadas, verifica-se que a serventia apresenta acessibilidade em relação ao passeio público, estacionamento, entrada e saída principal, acesso, sanitários, adequação de mobiliário e equipamentos públicos, balcões de atendimento e sanitários, certo que já atingidas as condições de acessibilidade, atingindo um bom nível nos itens avaliados. Os elementos coligidos evidenciam, dentro do princípio da razoabilidade, que a unidade ostenta acessibilidade. Por conseguinte, aprovo o funcionamento da Unidade no tocante à acessibilidade e determino o arquivamento do expediente, sem prejuízo de nova avaliação do local, na hipótese de motivo justificado, a exemplo do que vem sendo decidido nos demais expedientes envolvendo outras serventias afetas a esta Corregedoria Permanente. Com cópia da presente decisão, oficie-se à Egrégia Corregedoria Geral da Justiça, por e-mail, servindo esta como ofício. Ciência ao Ministério Público e ao Tabelião. P.R.I.C. - ADV: HERICK BERGER LEOPOLDO (OAB 225927/SP) (DJe de 22.03.2018 - SP)

4.5.2 REGISTRO CIVIL DAS PESSOAS NATURAIS

Processo 1034496-05.2018.8.26.0100

Pedido de Providências - Certidão de inteiro teor - R.T.D.I. - R.C.C.M. - Juíza de Direito: Dra. Renata Pinto Lima ZanettaVistos,Cuida-se de expediente encaminhado pelo Oficial do Registro Civil das Pessoas Naturais do Distrito de Itaquera, da Capital, de interesse de Rita de Cássia Cabrera Matos, objetivando expedição de certidão de inteiro teor de nascimento, contendo os dados das alterações havidas com a adoção, sem mencionar a sua origem biológica. Vieram aos autos os documentos de fls. 04/12. O representante do Ministério Público opinou pelo indeferimento do pedido (fls. 31/33). É o breve relatório. Decido. À luz do contido na averbação da escritura pública de adoção à margem do assento de nascimento lavrado sob o número 17378, às folhas 095-F, do Livro A-10 do Registro Civil das Pessoas Naturais do Distrito de Itaquera, da Capital, reproduzido às fls. 05/08, depreende-se que a interessada, ainda sob a égide do Código Civil de 1.916, foi adotada por Miguel Cabrera Fernandes e Maria Aparecida Cabrera. Da redação conferida ao ato, praticado na vigência do Código de Menores (Lei nº 6.697/79), constata-se que a modalidade de adoção eleita foi a prevista nos artigos 368 a 378 do Código Civil de 1.916, a denominada "adoção simples" (escritura pública, sem necessidade de procedimento judicial, nos termos dos artigos 368 e seguintes do CC). Como é sabido, a adoção simples caracteriza-se como ato de vontade, dotado de natureza jurídica de contrato de direito de família, à semelhança do casamento, o qual se forma a partir do consentimento de ambas as partes (adotante e adotado), tendo o seu conteúdo fixado por lei, de maneira cogente, sem que possa ser subordinado a qualquer das modalidades do negócio jurídico. Sob o aspecto do parentesco resultante da adoção simples, o artigo 376, do Código Civil revogado, assim dispunha: "o parentesco resultante da adoção (art. 336) limita-se ao adotante e ao adotado, salvo quanto aos impedimentos matrimoniais, a cujo respeito se observará o disposto no artigo 183, III e IV." Por sua vez, o artigo 378, do Código Civil revogado, estabelecia: "os direitos e deveres que resultam do parentesco natural não se extinguem pela adoção, exceto o pátrio poder, que será transferido do pai natural para o adotivo."Desta forma, diferentemente do que se dá hoje com o instituto da adoção concebido pelo Estatuto da Infância e Juventude, a adoção simples estabelecia apenas um liame de filiação civil restrito entre adotante e adotado, convergindo seus efeitos às referidas partes, mas sem abarcar aptidão para destruir os vínculos de filiação preexistentes. Sendo assim, na situação dos autos, a adoção simples deu ensejo à junção do vínculo adotivo aos vínculos familiares biológicos, entretanto, restringiu seus efeitos às partes negociais, mantendo os laços consanguíneos entre a adotada e a família natural, os quais permaneceram intactos para todos os efeitos legais daí decorrentes (sucessão, alimentos, etc). Neste cenário, considerando que a adoção simples em questão não rompeu a filiação natural da autora com os pais biológicos, afigura- se inviável a expedição de certidão com os dados resultantes da averbação da adoção, sem a respectiva remissão, eis que aqueles ficariam desconstruídos e não refletiriam a realidade do assento, notadamente na modalidade pretendida, inteiro teor. De acordo com o disposto no artigo 19 da Lei de Registros Públicos, a certidão poderá ser expedida, a critério do interessado, em inteiro teor, resumida, ou em relatório, conforme quesitos formulados. O pedido de expedição de certidão em inteiro teor, pela abrangência, impede que se contorne, suprima ou mesmo deixe de divulgar, na íntegra, os dados do assento. Finalmente, ainda que se analise o tema sob a ótica dos direitos fundamentais invocados, o pretendido sigilo não se compatibiliza com a modalidade da certidão em inteiro teor pretendida. Diante desse painel, rejeito o pedido formulado pela interessada às fls. 16/18, mantendo a decisão de fls. 13/14. Ciência ao Oficial, à interessada e ao Ministério Público. Comuniquese a decisão à Egrégia Corregedoria Geral da Justiça, por e-mail. I.C. São Paulo, 03 de maio de 2018. Renata Pinto Lima Zanetta Juíza de Direito - ADV: DOUGLAS PEREIRA MELGAR (OAB 200597/SP) (DJe de 07.05.2018 - SP)

CASAMENTO

Processo 1122029-36.2017.8.26.0100

Pedido de Providências - Assento de casamento - R.G. - VISTOS,Cuida-se de requerimento formulado pelo interessado R. G., qualificado na inicial, que busca tutela judicial favorável no sentido de ser lavrado o assento tardio de casamento de seus avós paternos L. G. e R. B., ambos falecidos, para o fim de atender exigências do Consulado Italiano. A inicial veio instruída com as peças de fls. 06/16. A representante do Ministério Público ofereceu manifestação (fls. 20/21). É o relatório. DECIDO. Inviável a lavratura do assento tardio de casamento de Luiz Ganassin e Rosa Berneccoli. Com efeito, não há prova nos autos capaz de gerar a formação de convencimento judicial no sentido de que o casamento fora realizado, tampouco qual o regime de bens adotado. Diversamente do nascimento ou óbito, que admitem a lavratura dos assentos tardios, o casamento, em razão das formalidades e solenidades do ato, não permite a cogitação de assentamento na forma almejada, ausente a previsão legal para a hipótese versada na inicial. É certo que o casamento implica na identificação dos cônjuges, verificação da aptidão jurídica dos contraentes, definição do regime de bens a ser adotado, nome que a mulher passará a usar, etc., de tudo se inferindo que não há documentos aptos para autorizar a lavratura de assento tardio de casamento com base nos parcos elementos trazidos aos autos. A certidão de casamento religioso e demais certidões trazidas nos autos não são suficientes para gerar a conseqüência jurídica almejada, ao menos no âmbito limitado da atribuição desta Corregedoria Permanente. Em suma, à míngua de base legal para a lavratura do ato, cujo objetivo é atender exigências do Consulado Italiano, forçoso convir que a matéria posta em controvérsia não comporta acolhimento, certo que a documentação carreada aos autos ostenta apenas indícios da qualificação de casados. Assim, rejeito o pedido formulado pelo interessado, acolhida a impugnação ministerial retro (fls. 20/21). Ciência ao MP e ao interessado arquivando-se oportunamente. P.R.I.C. - ADV: ANTONIO CELSO PEREIRA SAMPAIO (OAB 270784/SP) (DJe de 08.01.2018 - SP)

Processo 1119290-90.2017.8.26.0100

Pedido de Providências - Registro Civil das Pessoas Naturais - R.S.P. - C.C.R.M. - L.C.P. - Vistos,Trata-se de pedido de providências instaurado a partir de expediente encaminhado pela Interina do Registro Civil das Pessoas Naturais do 19º Subdistrito - Perdizes, Capital, noticiando pedido de anulação da averbação da separação consensual extrajudicial de Cláudia Cristina Rodrigues de Mendonça e Luiz Carlos do Prado, no respectivo assento de casamento. Os autos foram instruídos com os documentos de fls. 03/10. O representante do Ministério Público ofertou parecer, opinando pelo indeferimento do pedido de anulação (fls. 22/24). É o breve relatório.Decido. Cuida-se de pedido de providências encaminhado pela Interina do Registro Civil das Pessoas Naturais do 19º Subdistrito - Perdizes, Capital, comunicando ter realizado a averbação da separação consensual extrajudicial de Cláudia Cristina Rodrigues de Mendonça e Luiz Carlos do Prado junto ao assento de casamento, efetuando as comunicações necessárias. Consta que, no mesmo dia da efetivação do ato, em 01 de dezembro de 2.017, os interessados compareceram à Unidade e pleitearam a anulação da averbação, invocando motivos de cunho pessoal. Houve a negativa do pedido dos interessados, ante o aperfeiçoamento do ato de averbação. Afiguro acertada a recusa. Segundo o disposto no artigo 733, § 1º, do Código de Processo Civil, a escritura pública de separação consensual extrajudicial caracteriza-se como um título hábil para qualquer ato de registro, independentemente de homologação judicial.O ato de averbação da separação, judicial ou extrajudicial, no assento de casamento tem a finalidade de conferir a necessária publicidade do ato a terceiros e ensejar a produção de plenos efeitos ao término da sociedade conjugal. Nesta perspectiva, a averbação que torna público o ato já existente e válido assume uma conotação meramente declarativa, sem qualquer aptidão para criar ou extinguir direitos. Na situação telada, a sociedade conjugal dos interessados não foi rompida pela averbação da separação extrajudicial no assento de casamento, posto que já se encontrava dissolvida desde o momento da lavratura da correspondente escritura pública de separação consensual. Sob o enfoque da averbação aperfeiçoada e consumada que, no aspecto formal, seguiu fielmente o título apresentado, mostra-se acertada a recusa do pedido de anulação ou cancelamento pela Interina do Registro Civil. Ademais, na linha do parecer do ilustre representante do Ministério Público, não há possibilidade de anulação ou cancelamento da averbação, vez que não derivou de qualquer vício e tampouco há previsão legal para que os interessados, mesmo no dia seguinte à sua efetivação, desistam do pedido. Uma vez inscrita no Registro Civil, a separação já obteve publicidade plena, sendo impossível retornar o status quo ante. Por conseguinte, acolho a acertada recusa oposta pela Interina do Registro Civil das Pessoas Naturais do 19º Subdistrito - Perdizes, mantendo a averbação tal como realizada. Ciência à Interina e ao Ministério Público, arquivando-se oportunamente. P.R.I.C. - ADV: ANDRESSA MENDONÇA PRADO (OAB 331726/SP) (DJe de 23.01.2018 - SP)

Processo 1129554-06.2016.8.26.0100

Pedido de Providências - Registro Civil das Pessoas Naturais - R.B. - M.A.L. e outro - Vistos,Trata-se de expediente de habilitação de casamento encaminhado pelo Oficial de Registro Civil das Pessoas Naturais do 40º Subdistrito - Brasilândia, desta Capital, noticiando a oposição de impedimento na habilitação de casamento de José Carlos Garcia e Marli Aparecida Leite pelo 3º Promotor de Justiça Cível de Santana. Designada audiência de instrução, foram colhidos os depoimentos do contraentes, aos 30 de março de 2.017 (fls. 73/75). Sobreveio aos autos o teor do laudo pericial realizado pelo Instituto de Medicina Social e de Criminologia de São Paulo - IMESC (fls. 123/127). A ilustre representante do Ministério Público ofertou parecer, opinando pelo acolhimento do impedimento para negar prosseguimento à habilitação (fls. 60/63 e 131). É o breve relato. DECIDO. Consta dos autos que o ilustre 3º Promotor de Justiça Cível de Santana opôs impedimento ao casamento de José Carlos Garcia e Marli Aparecida Leite, fundado no fato do nubente ser interditado e sua irmã e curadora, Maria de Lúcia Vicente, não concordar com o matrimônio. Depreende-se do assento de nascimento do contraente a anotação de sua interdição, declarada através de sentença proferida em 01 de dezembro de 2.003, pelo r. Juízo da 3ª Vara de Família e Sucessões do Foro Regional de Santana, Capital, figurando, atualmente, como sua curadora nomeada, Maria de Lúcia Vicente, conforme comunicação do Registro Civil das Pessoas Naturais do 1º Subdistrito - Sé, Capital (fls. 08). A curadora do nubente, Maria de Lúcia Vicente, aduziu que o casamento não pode ser celebrado, porquanto a nubente não dispensará os cuidados de que José Carlos Garcia necessita, já que a noiva o convenceu a parar de tomar os remédios prescritos (fls. 17/18). A pretendente, por seu turno, negou o quanto alegado pela curadora, ressaltando que seu relacionamento com o contraente é longo e estável (fls. 25/27). No curso do processamento, em audiência de instrução, os nubentes foram inquiridos e reafirmaram o desejo de contrair o matrimônio. A contraente sustentou que o casal já vive maritalmente e que dispensa todos os cuidados necessitados pelo companheiro. O nubente aduziu que vive com Marli, porém, não soube precisar há quanto tempo, asseverando seu desejo de ser feliz ao lado da companheira. A ilustre representante do Ministério Público, em seu parecer, salientou que as conclusões traçadas no laudo pericial (fls. 48/56 e 123/127) demonstram que o pretendente não tem condições mínimas de manifestar livremente sua vontade, circunstancia que o enquadra no artigo 4º, inciso III, do Código Civil. Desta feita, opina pelo acolhimento do impedimento para negar prosseguimento à habilitação. Pois bem. Como é sabido, a disciplina das capacidades no Código Civil, alicerçada na ideia de consciência sã voltada à autodeterminação (discernimento), sofreu drástica alteração pelo advento do Estatuto da Pessoa com Deficiência, que entrou em vigor em janeiro de 2.016, e criou, a partir daí, uma nova teoria das incapacidades. O precipitado Estatuto introduziu, no plano interno, os valores preconizados na Convenção Internacional sobre os Direitos das Pessoas com Deficiência e de seu Protocolo Facultativo, reconhecendo e efetivando os direitos das pessoas com deficiência na legislação pátria. Dessa forma, não há dúvida da situação jurídica de direito humano e dos avanços concedidos às pessoas com deficiência com o advento da referida lei. Como é sabido, a alteração no conceito das incapacidades introduzida pelo Estatuto da Pessoa com Deficiência, na esteira da inclusão social em prol da dignidade do individuo, desatrelou os conceitos de deficiência (física, mental e intelectual) e de incapacidade, aclarando que a deficiência não gera, a priori, incapacidade absoluta ou relativa. Em seu artigo 6º, o Estatuto estabelece que a deficiência não afeta a plena capacidade civil da pessoa, especialmente para a prática dos atos elencados nos incisos, os quais abarcam conteúdo existencial, cerne da proteção do estatuto, e relacionados aos direitos da personalidade. Todavia, importante notar que o rol do artigo 6º não consagra que a incapacidade decorrente da ausência do comprometimento de autodeterminação (discernimento) não afeta (ou preserva) a autonomia privada na esfera negocial e patrimonial do indivíduo. Logo, os dispositivos do Estatuto devem ser interpretados teleológica e sistematicamente, a fim de que alcancem seu verdadeiro objetivo e se compatibilizem com as demais normas do ordenamento jurídico. No caso telado, as assertivas traçadas pelo Perito Médico Oficial do Instituto de Medicina Social e de Criminologia de São Paulo - IMESC, às fls. 123/127, atestam o fato de que José Carlos Garcia não demonstra suficiente noção das implicações do casamento, do que se depreende a ausência de discernimento suficiente para prática do ato em questão. Tendo em vista que o fim do procedimento de habilitação é aferir a aptidão jurídica dos nubentes para o casamento, é certo que o José Carlos Garcia não está apto para o ato, porquanto mesmo que celebrado seria nulo. Em suma, mesmo afastada a impugnação inicialmente ofertada pela curadora, as conclusões do Perito Médico Oficial do Instituto de Medicina Social e de Criminologia de São Paulo - IMESC - são suficientes para comprovar a falta de discernimento do nubente. Diante do exposto, acolho a impugnação ministerial e rejeito o prosseguimento do expediente, considerando que a incapacidade civil obsta a celebração do casamento. Ciência ao Ministério Público, ao Oficial, que deverá intimar o casal, comunicando a decisão. Por cautela, e atendendo à solicitação da representante do Ministério Público, determino remessa de cópia integral dos autos, por e-mail, ao Juízo da 3ª Vara da Família e das Sucessões do Foro de Santana, responsável pela interdição do nubente, servindo a presente sentença como ofício. Arquivem-se, oportunamente. R.I.C. - ADV: RAFAEL CONDE MACEDO (OAB 249809/SP), BRUNA GIUDICE BARRELLA (OAB 323631/SP) (DJe de 06.02.2018 - SP)

Processo 1008385-81.2018.8.26.0100

Pedido de Providências - Assento de casamento - R.S.S.I. - R.G. e outros - Juíza de Direito: Dra. Renata Pinto Lima Zanetta Vistos. Trata-se de expediente encaminhado pela Oficial de Registro Civil das Pessoas Naturais do 5º Subdistrito Santa Efigênia, da Capital, suscitando dúvida a respeito do cumprimento do mandado judicial expedido pelo r. Juízo da 5ª Vara Cível do Foro Regional de Pinheiros, nos autos do Processo nº 1009084-82.2017.8.26.0011. Sem intenção de afrontar ordem judicial, a Registradora emitiu nota devolutiva (fls. 26/28) e não cumpriu o mandado, uma vez que, ao efetuar a qualificação registral, constatou que o título judicial determinou o registro tardio de casamento religioso, sem observância das formalidades legais. O representante do Ministério Público ofertou parecer, opinando pela procedência da dúvida, mantendo-se o óbice registrário (fls. 61/64). É o breve relatório. DECIDO. Versam os autos sobre dúvida suscitada pela Oficial de Registro Civil das Pessoas Naturais do 5º Subdistrito Santa Efigênia, da Capital, relacionada com o cumprimento de mandado judicial oriundo da r. 5ª Vara Cível do Foro de Pinheiros, em que foi determinada a lavratura de registro tardio de casamento, sem a observância das formalidades legais e normativas. Incensurável a recusa oposta pela Oficial no tocante à lavratura do registro tardio de casamento, tendo em vista a ausência de previsão legal e normativa para o assentamento em questão. Longe de constituir desobediência ou afronta ao comando judicial, assinalo que a materialização do presente expediente traduz o lícito exercício da atuação pertinente à qualificação registrária do título (judicial ou não), desempenhada pela Oficial, em estreita obediência ao princípio da legalidade. No ordenamento jurídico vigente, não existe previsão para lavratura de registro tardio de casamento, eis que, como se infere do Provimento nº 28 do CNJ e do item 92.1 do Capítulo XVII das Normas de Serviço da Corregedoria Geral da Justiça, os procedimentos de registro extemporâneo dizem respeito apenas a nascimento e óbito. Diversamente do nascimento ou óbito, que admitem a lavratura dos assentos tardios, o casamento, em razão das formalidades e solenidades do ato, não permite a cogitação de assentamento na forma almejada, ausente a previsão legal para a hipótese versada na inicial. É certo que o casamento implica na identificação dos cônjuges, verificação da aptidão jurídica dos contraentes, definição do regime de bens a ser adotado, nome que a mulher passará a usar, etc., de tudo se inferindo que não há documentos aptos para autorizar a lavratura de assento tardio de casamento com base nos parcos elementos trazidos aos autos. Incide, na hipótese telada, o disposto no artigo 74, da Lei de Registros Públicos: "O casamento religioso, celebrado sem a prévia habilitação, perante o oficial de registro público, poderá ser registrado desde que apresentados pelos nubentes, com o requerimento de registro, a prova do ato religioso e os documentos exigidos pelo Código Civil, suprindo eles eventual falta de requisitos nos termos da celebração". Sob este prisma, depreende-se da r. Sentença emanada da r. 5ª Vara Cível do Foro de Pinheiros que, a despeito de conferir efeitos civis ao matrimônio religioso celebrado no ano de 1.892 entre Pietro Giovannoni e Luigia Gnaccarini, não houve proclamação judicial acerca dos requisitos legais insculpidos no precipitado artigo 74 da Lei de Registros Públicos e, ainda, nos artigos 226, §2º, da Constituição Federal e artigo 1.516, §2º, do Código Civil. A propósito, como já restou decidido, no âmbito do Processo nº 1087216-80.2017, pelo MMº Juiz Titular desta 2ª Vara de Registros Públicos da Capital, Doutor Marcelo Benacchio: "De fato, nos termos do art. 1º da Lei 1.110/1950, o casamento religioso equivale ao civil, mas tão somente se observadas as prescrições legais, atualmente indicadas na Lei de Registros Públicos. Vale ressaltar que o casamento é ato personalíssimo e, desta feita, cabe aos nubentes habilitarem-se e requererem seu registro, nos termos do indicado na mencionada Lei nº 6.015/1973: Art. 74.". - ADV: JONATHAN PAZ COSTA TURETTA (OAB 304903/SP) (DJe de 03.05.2018 - SP)

Processo 1049135-28.2018.8.26.0100

Pedido de Providências - Registro Civil das Pessoas Naturais - R.S.S. - V.C.N. e outro - Juíza de Direito: Dra. Renata Pinto Lima ZanettaVistos. Trata-se de expediente encaminhado pela Oficial de Registro Civil das Pessoas Naturais e de Interdições e Tutelas do Primeiro Subdistrito Sé, da Capital, de interesse de Valdemar Costa Neto e Maria Christina Mendes Caldeira, suscitando dúvida a respeito da averbação da sentença estrangeira de anulação de casamento, oriunda dos Estados Unidos da América, devidamente homologada pelo Superior Tribunal de Justiça, junto à transcrição da certidão de casamento lavrada na Serventia Extrajudicial. Com a inicial, vieram documentos (fls. 05/38). A representante do Ministério Público ofertou parecer, concordando com o cumprimento da averbação da sentença estrangeira (fls. 47/50). É o relatório. Decido. Versa a dúvida suscitada pela Oficial de Registro Civil das Pessoas Naturais e de Interdições e Tutelas do Primeiro Subdistrito Sé, da Capital, sobre o pedido de averbação de sentença estrangeira de anulação de casamento à margem da transcrição da certidão de casamento. De acordo com a ilustre Oficial de Registro, a Unidade recepcionou e-mail em que a advogada da nubente noticiava a interposição de agravo interno e de ação rescisória em face da execução da sentença estrangeira já homologada pelo Superior Tribunal de Justiça que internalizou a decisão estrangeira que anulou o casamento, o que, na interpretação da patrona, impediria a pretendida averbação. Consta, ainda, que, posteriormente, sobreveio o protocolo do pedido de averbação, devidamente acompanhado da carta de sentença nº 283/2018-CEJU, na qual o Superior Tribunal de Justiça homologou a aludida sentença estrangeira nº 13.223-US, oriunda dos Estados Unidos da América. Pois bem. Da análise do discorrido, infiro que a sentença estrangeira de anulação do casamento foi proferida por autoridade judicial norte-americana e já transitou em julgado naquele país. Tais circunstâncias constaram expressamente no decidido pelo Superior Tribunal de Justiça, como bem observou a culta representante do Ministério Público. Além disso, os elementos coligidos ao feito revelam que a decisão homologatória da Superior Instância, que internalizou o "decisum" alienígena, igualmente transitou em julgado, inclusive justificando, de modo fundamentado, a expedição da carta de sentença que instrumentalizou o pedido de averbação. Portanto, em face do aperfeiçoamento do trânsito em julgado da decisão que anulou o casamento, seja no Brasil, seja nos Estados Unidos da América, não há que se falar na existência de sentenças de anulação de casamento sujeitas a recurso, nos termos do artigo 100, § 2º, da Lei de Registros Públicos. Isto posto e por tudo mais que nos autos consta, com destaque para o parecer favorável da ilustre representante do Ministério Público (fls. 47/50), afasto a oposição colocada para autorizar a averbação de sentença estrangeira de anulação de casamento junto à transcrição da certidão de casamento de Valdemar Costa Neto e Maria Christina Mendes Caldeira, em consonância com a carta de sentença expedida pelo Superior Tribunal de Justiça. Ciência à Oficial, aos interessados e ao Ministério Público. Oportunamente, arquivem-se os autos. P.I.C. - ADV: JOEL DE SOUZA BAPTISTA (OAB 257264/SP) (DJe de 04.06.2018 - SP)

NASCIMENTO

Processo 1004942-25.2018.8.26.0100

Pedido de Providências - Registro de nascimento após prazo legal - R.T.F. - R.P.F. e outro - Vistos,Cuida-se de expediente encaminhado pelo Registro Civil das Pessoas Naturais do 22º Subdistrito Tucuruvi, Capital, de interesse de Raphael Tadeu de Figueiredo, objetivando o registro de nascimento tardio de sua bisavó materna, Rosalina Pereira de

Faro, para o fim de obtenção de cidadania italiana. A inicial veio instruída com as peças de fls. 02/26. A representante do Ministério Público ofereceu manifestação (fls. 30/31). É o breve relatório.DECIDO. Inviável a lavratura do assento tardio de nascimento de Rosalina Pereira de Faro, bisavó do requerente. Com efeito, não há prova nos autos capaz de gerar a formação de convencimento judicial no sentido de que a bisavó do requerente tenha, de fato, nascido em São Paulo. Além disso, a documentação carreada enseja dúvidas acerca de algumas informações prestadas, circunstância que, inclusive, obstou a lavratura do assento pela Oficial de Registro Civil. Nada obstante, na linha do parecer da ilustre representante do Ministério Público, ainda que as questões duvidosas, em tese, possam vir a ser dirimidas pela juntada de novos documentos, certo é que a medida ocasionará inevitável repercussão registrária nos assentos dos descendentes, o que impede, nesta quadra, a apreciação do pedido na esfera administrativa. Vale dizer, a lavratura do assento de nascimento da bisavó do interessado desencadeará a intransponível necessidade de se proceder às correções e erros nos assentos dos descendentes em linha reta de Rosalinda, em estreita observância aos princípios anterioridade, continuidade, uniformidade e veracidade dos registros públicos. Portanto, se mostra necessário jurisdicionalizar a pretensão com as regras de competência e os rigores formais do procedimento, nos moldes do artigo 109 da Lei de Registros Públicos. Por conseguinte, nos termos da manifestação ministerial retro, à míngua de outras peculiaridades, rejeito o pedido para a lavratura do assento tardio de nascimento de Rosalina Pereira de Faro. Ciência à Oficial, ao interessado e ao Ministério Público. Oportunamente, arquivem-se os autos. P.R.I. - ADV: ANDERSON RIBEIRO DA FONSECA (OAB 243159/SP) (DJe de 19.02.2018 – SP)

Processo 1121023-91.2017.8.26.0100

Pedido de Providências - Registro de Nascimento de Filho de Brasileiro Nascido no Exterior - N.M.P. - Vistos,1. Cuida-se de ação de pedido de retificação de registro civil, proposta por Nathalia Marques Pires, em face da Oficial de Registro Civil das Pessoas Naturais do Primeiro Subdistrito - Sé, pretendendo fazer constar da transcrição de seu assento de nascimento estrangeiro a opção pela nacionalidade brasileira. De início, imperioso ressaltar que a transcrição da certidão de nascimento estrangeira da requerente, realizada pela Oficial do Registro Civil das Pessoas Naturais e de Interdições do Primeiro Subdistrito Sé (fl. 25/26) apresenta-se rigorosamente correta. Noutro turno, estribada nos documentos que instruem o feito (fls. 05/35), verifico que a interessada teve negado seu pedido, diante da Justiça Federal, de opção pela nacionalidade brasileira, nos termos do art. 12, I, "c", da Constituição Federal. Nesse sentido, entendeu a nobre Vara Cível Federal que o fato de a interessada haver procedido a registro consular, perante autoridade brasileira, tornava desnecessária a opção, sendo ela, já, brasileira nata. No entanto, ocorre que o documento de nascimento que a interessada possui, com validade em território nacional, é a transcrição efetuada perante a Oficial de Registro Civil das Pessoas Naturais e de Interdições e Tutelas do Primeiro Subdistrito Sé, Capital, não de um assento de nascimento consular, mas de registro de nascença estrangeiro, cuja tradução juramentada foi apresentada à Registradora, para inscrição em seus livros, anteriormente à lavratura de do assento consular. Bem assim, nos termos do indicado no Manual do Serviço Consular e Jurídico do Ministério das Relações Exteriores, no item 5.1.9 do Capítulo Quinto, abaixo copiado, verifica-se que, uma vez existente transcrição de registro estrangeiro que condicione a nacionalidade à opção, após atingida a maioridade, não poderá ser efetuado registro consular de nascimento: 5.1.9 A confirmação da nacionalidade brasileira em definitivo dos nascidos no exterior, filhos de pai brasileiro ou de mãe brasileira, que tiveram o registro de nascimento estrangeiro transcrito diretamente em cartório competente no Brasil, permanece condicionada à exigência da opção pela nacionalidade brasileira dos interessados que atingiram a maioridade. Constando de documento público a condicionante de opção, essa exigência deverá ser observada antes de se proceder qualquer ato legal. Ressalta-se que, nesses casos, nos termos da NSCJ 4.4.6, não poderá ser lavrado novo registro consular de nascimento, devendo a Repartição Consular alertar os interessados do disposto na citada norma. No entanto, foi exatamente isso que ocorreu no presente caso concreto. Um registro consular foi efetuado posteriormente à transcrição de registro estrangeiro. Dessa maneira, com vistas a regularizar sua situação registrária, a interessada requereu à Oficial que promovesse a transcrição de seu assento consular, o que a faria figurar como brasileira nata, independente da necessidade de opção. Contudo, o pedido foi rejeitado pela Registradora, isto porque geraria uma duplicidade de assentos, dada a existência de transcrição anterior. Assim, chega-se ao impasse narrado nos autos. Para solucionar a questão registrária imposta, a ilustre representante do Ministério Público indica que se averbe a existência da certidão de nascimento consular na transcrição do nascimento estrangeiro. No entanto, entendo que a solução proposta pelo Ministério Público não pode ser admitida, por falta de amparo legal. Com efeito, as hipóteses de anotação em documentos desta natureza são taxativas e não há previsão para tal. Nessa senda, estribada no brevemente discorrido, vejo que para permitir à interessada o pleno exercício de sua cidadania brasileira e regularizar sua situação em território nacional, e considerando o já decidido pela Justiça Federal, necessário se faz o cancelamento da transcrição da certidão estrangeira, permitindo assim o ingresso da transcrição da certidão consular.2. Feitas estas considerações, manifeste-se a interessada quanto à solução aventada por este Juízo, juntando aos autos eventual documentação faltante que venha a permitir o ingresso registrário nos termos em que propostos. Fixo o prazo de dez dias, sob pena de extinção.3. Após, manifeste-se a Oficial Registradora, informando se os documentos apresentados pela interessada encontram-se em termos para ser efetuada a transcrição.4. Por fim, manifeste-se o Ministério Público. Intimem-se - ADV: SIMONE SOARES RODRIGUES (OAB 266757/SP) (DJe de 22.02.2018 - SP)

Processo 1085678-64.2017.8.26.0100

Retificação ou Suprimento ou Restauração de Registro Civil - Registro Civil das Pessoas Naturais - Yann Grzywacz - Vistos. Assiste razão ao D. Representante do Ministério Público, razão porque indefiro o pleito de fls. 76. Com efeito, em prestígio ao princípio da veracidade dos registros públicos não há como se acolher o requerido já que o ato lavrado exprime, com exatidão, o que verdadeiramente ocorreu, tendo sido a genitora de Yann a declarante do nascimento. Sob este prisma, cumpre destacar que a própria Lei de Registros Públicos, em seu artigo 52, item 1º, dispõe que são obrigados a fazer declaração de nascimento o pai ou a mãe, isoladamente ou em conjunto, não merecendo guarida o argumento de que a expressão "Foi declarante a mãe" indicaria se tratar de filho reconhecido posteriormente. Assim, como bem destacado pelo I. Membro de Ministério Público, pelo princípio da verdade registral, se foi a genitora a responsável pelo registro, apenas ela deve constar como declarante (e não os pais, como busca o suplicante), sendo também vedada a omissão de tal informação, ante a ausência de motivação suficiente. Intime- se. - ADV: JULIANA CAMPOS VOLPINI PASCHOALI E BARBOSA (OAB 171247/SP) (DJe de 23.02.2018 - SP)

Processo 1108554-13.2017.8.26.0100

Pedido de Providências - Registro de Nascimento de Filho de Brasileiro Nascido no Exterior - F.B.J. - J.P.C. - Vistos,Cuidam os autos de pedido de retificação dos registros de nascimento formulado por Benjamim Botelho Montalvo e Mia Botelho Montalvo, menores impúberes, representado pelo genitor Flávio Botelho Júnior, objetivando corrigir os nomes de seus genitores nos respectivos assentos consulares de nascimento, para suprimir o nome da doadora voluntária do útero utilizado na gestação por substituição e incluir o nome do genitor Jean Pierre Ciporkin. Aduzem que Flávio Botelho Júnior e Jean Pierre Ciporkin, casados, planejaram a concepção da prole e se ampararam em técnica de reprodução assistida heteróloga de gestação por substituição. Afirmam que a doadora voluntária do útero é mexicana, reside no exterior, e, por tal motivo, as crianças nasceram no México, em 08 de julho de 2.017. Ocorre que, como a legislação mexicana não permite que estrangeiros se valham de útero por substituição, o Consulado Geral do Brasil no México, à luz da certidão de nascimento mexicana, alegou que os registros dos infantes não poderiam ser feitos nos termos do Provimento nº 52/2.016 do CNJ e, assim, promoveu a lavratura dos assentos consulares, fazendo incluir o nome da doadora do útero. Em vista disto, pleiteiam a retificação dos respectivos assentos consulares de nascimento, para suprimir o nome da doadora temporária do útero utilizado na gestação por substituição e incluir o nome do genitor Jean Pierre Ciporkin. Pedem, ainda, a alteração dos nomes para Benjamim Ciporkin Botelho e Mia Ciporkin Botelho. Com a inicial, vieram os documentos. Houve aditamento (fls. 25/63 e 74/103). O Ministério Público ofertou parecer, opinando pelo deferimento do pedido de retificação dos assentos consultares, tal como formulado (fls. 120/123). É o relatório. DECIDO. Estribada no conjunto probatório carreado ao feito, extraio que as crianças foram geradas com a utilização de material genético de seu pai, Flávio Botelho Filho, e óvulos doados de forma anônima e altruísta, por meio de técnica de reprodução assistida heteróloga (fls. 25/29; 36/55), sendo que a participação da doadora do útero se restringiu a gestar os embriões implantados, voluntariamente. Nesta senda, os documentos reproduzidos às fls. 30/31, 35, 74/92 comprovam a relação marital existente entre Flávio Botelho Filho e Jean Pierre Ciporkin, convertida em casamento em 05 de abril de 2.017, e que juntos planejaram, ativamente, a concepção desta prole, para sedimentar e expandir os vínculos de amor e afeto do núcleo familiar já formado pelo casal. O procedimento de reprodução assistida em questão desenvolveu-se regularmente, em observância à legislação brasileira, e todas as pessoas envolvidas apresentaram declaração de anuência expressa. A esse respeito, na declaração firmada pela doadora do útero e por seu marido (fls. 93/103 e 108/116), consta, de modo expresso, o reconhecimento de que não têm qualquer direito sobre os menores gestados. Portanto, de rigor que, por corolário do princípio da verdade registral, os assentos de nascimento das crianças expressem a real situação de fato, suprimindo-se a informação que não corresponde à realidade. Como bem pontuou a ilustre representante do Ministério Público, em homenagem aos mesmos princípios e considerando circunstancia análoga, à época do nascimento, o Conselho Nacional de Justiça havia editado o Provimento nº 52/2.016, regulamentando a lavratura de assentos de nascimento oriundos de técnicas de reprodução assistida. De acordo com o disposto no artigo 2º, §2º, do referido Provimento, "na hipótese de gestação por substituição, não constará do registro o nome da parturiente, informado na declaração de nascido vivo DNV". Recentemente, o Conselho Nacional de Justiça editou o Provimento nº 63/2.017, que estabelece: "Artigo 17, §1º Na hipótese de gestação por substituição, não constará do registro o nome da parturiente, informado na declaração de nascido vivo, devendo ser apresentado termo de compromisso firmado pela doadora temporária do útero, esclarecendo a questão da filiação."As Normas de Serviço da Corregedoria Geral da Justiça do Egrégio Tribunal de Justiça de São Paulo, no item 42-B, do Capítulo XVII, regulamentou o tema do registro em caso de gestação por substituição, elencando os documentos indispensáveis para fins de lavratura do assento da criança, sem o nome da parturiente. Desta feita, o cumprimento de todos os requisitos legais e normativos, na situação telada, autoriza a formação de convencimento judicial no sentido de transportar para os assentos consulares de nascimento das crianças a realidade. Assim, as retificações pretendidas merecem ser deferidas. Isto posto e por tudo mais que nos autos consta, com destaque para o parecer favorável da ilustre representante do Ministério Público (fls. 120/123), julgo procedente o pedido de retificação dos assentos consulares de nascimento dos autores, para determinar: (i.) a exclusão do nome da doadora voluntária do útero utilizado na gestação por substituição, e dos avós maternos, (ii.) a inclusão do nome do genitor Jean Pierre Ciporkin, e dos avós paternos (iii.) a alteração dos nomes dos registrados para Benjamim Ciporkin Botelho e Mia Ciporkin Botelho. Por fim, observo que a Oficial Registradora agiu corretamente, impondo-se o indeferimento do item "ii." da petição inicial. Após o trânsito em julgado, expeça-se o necessário. Esta sentença servirá como mandado,desde que assinada digitalmente por esta Magistrada e acompanhada das cópias necessárias ao seu cumprimento,inclusive da certidão de trânsito em julgado, incumbindo ao Sr. Oficial da Unidade do Serviço de Registro Civil das Pessoas Naturais competente consultar, em caso de dúvida, os autos digitais no sistema informatizado do Tribunal de Justiça do Estado de São Paulo. Oficie-se ao Ministério das Relações Exteriores, via Itamaraty, para cumprimento da sentença. Ciência aos interessados e ao Ministério Público. Comunique-se a decisão à Egrégia Corregedoria Geral da Justiça, por e-mail. Oportunamente, arquivem-se os autos. P.I.C. - ADV: RENATA FELDMAN HARARI (OAB 269448/SP) (DJe de 23.03.2018 - SP)

Processo 1121023-91.2017.8.26.0100

Pedido de Providências - Registro de Nascimento de Filho de Brasileiro Nascido no Exterior - N.M.P. - Vistos. Trata-se de pedido de providências instaurado por Nathalia Marques Pires, solicitando a este Juízo que determine ao Registro Civil das Pessoas Naturais do 1º Subdistrito - Sé, desta Capital, anotar a confirmação da opção da nacionalidade brasileira da interessada à margem da transcrição do nascimento estrangeiro. A inicial veio instruída com os documentos de fls. 05/35. Colheu-se manifestação da Oficial de Registro Civil das Pessoas Naturais do 1º Subdistrito - Sé (fls. 43 e 61). A representante do Ministério Público ofertou parecer às fls. 38. É o breve relatório. DECIDO. Cuidam os autos de pedido veiculado por Nathalia Marques Pinto, em razão da nota devolutiva emitida pela Oficial de Registro Civil das Pessoas Naturais do 1º Subdistrito Sé, da Capital, solicitando as providencias necessárias para fazer constar, na transcrição do nascimento estrangeiro, a opção pela nacionalidade brasileira. A ilustre Registradora rejeitou o requerimento, ao argumento que geraria uma duplicidade de registros de transcrição. Inicialmente, importa salientar que a transcrição do nascimento estrangeiro da requerente, lavrada pela Oficial do Registro Civil das Pessoas Naturais e de Interdições do 1º Subdistrito Sé, desta Capital, encontra-se perfeita. Da análise detida dos autos, extrai-se que a opção pela nacionalidade brasileira formulada pela interessada foi negada pela justiça federal, Segundo constou na fundamentação do referido decisum, a existência de registro consular (do nascimento) perante autoridade brasileira, por si só, enseja a nacionalidade da registrada como brasileira nata e, por isso, torna desnecessária a opção perante a justiça federal. Em que pese o teor da r. sentença da justiça federal, forçoso é de convir que a certidão da transcrição de nascimento utilizada pela interessada no Brasil, com validade no território nacional, é justamente a transcrição do registro de nascença alienígena que foi lavrada pelo Registro Civil das Pessoas Naturais e de Interdições e Tutelas do 1º Subdistrito à luz da tradução juramentada do registro estrangeiro. Vale dizer, não se trata de transcrição de assento consular de nascimento. Com efeito, nos termos do item 5.1.9 do Capítulo Quinto do Manual do Serviço Consular e Jurídico do Ministério das Relações Exteriores, uma vez existente transcrição de registro estrangeiro que condicione a nacionalidade à opção, após atingida a maioridade civil, não poderá ser efetuado registro consular de nascimento. Todavia, foi exatamente o que ocorreu no caso em questão: um registro consular foi formalizado após a transcrição do registro estrangeiro. Por esta razão, a requerente recorreu ao Registro Civil das Pessoas Naturais e de Interdições e Tutelas do 1º Subdistrito Sé, desta Capital, para transcrição de seu assento consular, o que a tornaria brasileira nata, independente de opção. Ocorre que, como já mencionado, a Registradora emitiu nota devolutiva para evitar a duplicidade de registros, ante a existência de transcrição prévia. A sugestão apresentada pela representante do Ministério Público, no sentido de que se averbe a existência da certidão de nascimento consular na transcrição do nascimento estrangeiro, respeitosamente, não pode ser acatada, por ausência de previsão legal. Nada obstante, no intuito de propiciar à interessada, a um só tempo, o pleno exercício da cidadania brasileira e regularizar o registro civil no território nacional, a despeito do já decidido pela justiça federal, tenho que o cancelamento da transcrição do registro estrangeiro é a medida que se impõe ao caso, pois, somente com isto, se tornará possível a efetiva transcrição do assento consular para constar a nacionalidade da requerente como brasileira nata. Pelo exposto, à vista do parecer favorável do Ministério Público e da concordância da requerente, autorizo o cancelamento da transcrição do registro estrangeiro de Nathalia Marques Pires pelo Registro Civil das Pessoas Naturais do 1º Subdistrito - Sé, desta Capital. Após o trânsito em julgado, expeça-se o necessário. ESTA SENTENÇA SERVIRÁ COMO MANDADO, desde que por cópia extraída pelo setor de reprografia do Tribunal de Justiça, assinada digitalmente por este Magistrado e acompanhada das cópias necessárias ao seu cumprimento, inclusive da certidão de trânsito em julgado, todas numeradas e rubricadas, com certidão abaixo preenchida pela Sra. Coordenadora à Sra. Oficial da Unidade do Serviço de Registro Civil das Pessoas Naturais do 1º Subdistrito da Capital para que proceda ao cancelamento determinado. COM ISENÇÃO DE CUSTAS, tendo em vista a natureza do procedimento. Ciência à interessada, à Oficial e ao Ministério Público. Oportunamente, arquivem-se os autos. P.I.C. - ADV: SIMONE SOARES RODRIGUES (OAB 266757/SP) (DJe de 02.04.2018 - SP)

Processo 1100551-06.2016.8.26.0100

Pedido de Providências - Registro de nascimento após prazo legal - C.R.C.P.N.S.B. - F.F.S. - Vistos. Trata-se de expediente encaminhado pelo Oficial de Registro Civil das Pessoas Naturais do 13º Subdistrito Butantã, da Capital, relacionado com pedido de registro de assento de nascimento, na modalidade tardia, em nome de Francisco Ferreira da Silva. Foram juntados documentos (fls. 225/415; 423/501; 513/515; 518/524). O representante do Ministério Público ofertou parecer, opinando pela lavratura do assento tardio de nascimento, com as informações constantes na ficha de identificação de fls. 514 (fls. 182/185; 193/194; 215/216; 526/527). É o breve relatório. DECIDO. Cuidam os autos de pedido de providências encaminhado pelo Oficial de Registro Civil das Pessoas Naturais do 13º Subdistrito Butantã, da Capital, requerendo autorização para lavratura de registro de nascimento de Francisco Ferreira da Silva, na modalidade tardia. Consta que o requerente nasceu na cidade de Caucaia, estado do Ceará, em 04 de abril de 1948 e contraiu matrimônio, no mesmo local, quando tinha cerca de 30 anos de idade. Contudo, as buscas realizadas para localizar os assentos de nascimento e casamento resultaram negativas, consoante as certidões negativas reproduzidas às fls. 31, 54, 139, 140, 143 e 145. Depreende-se das fichas de identificação referentes aos RGs. nº 15.969.265 e 17.502.324, ambos em nome do requerente (fls. 513/515), as quais foram encaminhadas pelo Instituto de Identificação Ricardo Gumbleton Daunt - IIRGD, que Francisco Ferreira da Silva utilizou o certificado de reservista para obtenção do documento em 1.981. Destarte, à vista dos elementos probatórios coligidos aos autos, com destaque para a manifestação favorável da representante do Ministério Público, autorizo a lavratura do assento de nascimento de Francisco Ferreira da Silva, na modalidade tardia, com as informações constantes na ficha de identificação de fls. 514. Ao Oficial do Registro Civil das Pessoas Naturais do 13º Subdistrito Butantã, da Capital, para lavratura do ato. Encaminhe-se cópia desta sentença ao Instituto de Identificação Ricardo Gumbleton Daunt – IIRGD, juntamente com cópias de fls. 513/515, e ao MMº Juízo da 2ª Vara Cível do Foro Regional do Butantã, servindo a presente como ofício. Ciência ao Oficial, ao interessado e ao Ministério Público. Oportunamente, arquivem-se os autos. P.I.C. - ADV: DEFENSORIA PÚBLICA DO ESTADO DE SÃO PAULO (OAB 999999/DP) (DJe de 02.05.2018 - SP)

Processo 1056329-79.2018.8.26.0100

Pedido de Providências - Assento de nascimento - R.S.V.M. - M.P.S.S. - Juíza de Direito: Dra. Renata Pinto Lima Zanetta Vistos. Cuida-se de dúvida suscitada pela Oficial de Registro Civil das Pessoas Naturais do 36º Subdistrito - Vila Maria, da Capital, relacionada com o pedido formulado por Marcos Paulo Souza dos Santos, para lavratura do assento de nascimento de sua filha com o nome de "Antônia Viegas Souza dos Santos", acrescendo o sobrenome de sua avó paterna, qual seja, "Viegas", mas de forma a intercalar o sobrenome paterno no meio do sobrenome materno. A Oficial Registradora segue o entendimento no sentido de que não se mostra correta a intercalação dos patronímicos entre si. Em vista disto, suscita a dúvida. Com a inicial, vieram documentos (fls. 04/10). O genitores da criança, Apoliane Lima Alves Souza dos Santos e Marcos Paulo Souza dos Santos, manifestaram-se nos autos, insistindo no registro do nascimento da filha como nome "Antônia Viegas Souza dos Santos" (fls. 18/21). Posteriormente, a Promotora de Justiça ofertou parecer conclusivo, não se opondo ao deferimento do pedido (fls. 29). É o breve relatório. DECIDO. Os autos veiculam dúvida levantada pela Oficial de Registro Civil das Pessoas Naturais do 36º Subdistrito - Vila Maria, da Capital, relacionada com o pedido formulado por Marcos Paulo Souza dos Santos, para lavratura do assento de nascimento de sua filha com o nome de "Antônia Viegas Souza dos Santos", acrescendo o sobrenome de sua avó paterna, qual seja, "Viegas", mas de forma a intercalar o sobrenome paterno no meio do sobrenome materno. A Oficial Registradora segue o entendimento no sentido de que não se mostra correta a intercalação dos patronímicos entre si. Em vista disto, suscita a dúvida. Pois bem. É cediço que, além de se tratar de um direito, a inclusão de patronímicos na composição do nome do indivíduo permite uma melhor identificação do ramo familiar ao qual pertence. Entretanto, isso não pode ocorrer de maneira aleatória e desordenada, sob pena de prejudicar a identificação dos ramos familiares paterno e materno. Ora, certo é que não há previsão no ordenamento jurídico que imponha uma ordem obrigatória dos sobrenomes que comporão o nome, estabelecendo que o sobrenome materno deva necessariamente anteceder o paterno ou vice-versa. Em que pese haver a liberdade de escolha quanto ao nome do rebento, entendo que não se afigura correta a intercalação dos patronímicos entre si, na medida em que a intercalação prejudica claramente a identificação com o ramo familiar a que pertence, emergindo daí o óbice. Nesse sentido, leciona Reinaldo Velloso dos Santos: "Na composição do sobrenome, pode ser adotado apenas o sobrenome do pai ou da mãe; pode haver a mescla de sobrenomes da mãe e do pai; ou até mesmo de avós, ainda que não integrem o nome dos pais. A liberdade de composição do sobrenome se estende à ordem dos sobrenomes, podendo constar primeiramente o do pai ou o da mãe. Nesse sentido, dispõe o item 35.2 do Capítulo XVII das NSCGJ que poderão ser adotados sobrenomes do pai, da mãe, ou de ambos, em qualquer ordem. Ou seja, é livre a definição da ordem de sobrenomes, desde que não haja intercalação de sobrenome materno no meio de sobrenome paterno e vice-versa" (Registro Civil das Pessoas Naturais, 2006, p. 74). Isso posto, acolho a dúvida fomentada pela Oficial Registradora, e indefiro o pedido de intercalação dos sobrenomes da avó paterna, materno e paterno. Ciência à Oficial, que deverá cientificar os interessados, e ao Ministério Público. Encaminhe-se cópia da sentença à Egrégia Corregedoria Geral da Justiça, por e-mail, para conhecimento e eventuais providências tidas por pertinentes no exercício do Poder Hierárquico ao qual está submetida esta Corregedoria Permanente, servindo a presente como ofício. Oportunamente, arquivem-se os autos. P.I.C. - ADV: GLEICE GAVRANIC GUDE (OAB 379551/SP) (DJe de 05.07.2018 - SP)

Processo 1101374-09.2018.8.26.0100

Retificação ou Suprimento ou Restauração de Registro Civil - Registro Civil das Pessoas Naturais - Itala Olga Albizzati - Vistos. Itala Olga Albizzati propôs a presente ação com pedido de retificação no seu assento de nascimento, com vista à obtenção de cidadania italiana, pleiteando a exclusão da palavra "legítima", que adjetiva sua qualificação como filha dos genitores nela constantes, e o acréscimo do nome de seu pai Ítalo Albizzati como também declarante desse ato de registro. Com a inicial foram juntados os documentos das fls. 08/43. Houve emenda à inicial (fl. 47). O Ministério Público ofertou parecer, opinando pelo parcial deferimento do pedido, apenas para retirar a palavra "legítima" da certidão de nascimento (fls. 72/73).

Sobre tal parecer a parte autora se manifestou a fls. 75/79. É o relatório. FUNDAMENTO E DECIDO. De início, esclarece-se que a distinção entre filhos legítimos e não legítimos é inconstitucional. Desse modo, a menção da expressão "filha legítima" no assento de nascimento da autora em nada influi no ordenamento jurídico pátrio. No entanto, a parte autora justificou devidamente seu interesse processual na exclusão da palavra adjetiva "legítima". Ela afirmou que a legislação italiana considera que filhos legítimos são aqueles havidos dentro de um matrimônio e, em seu caso, tal não foi a situação, tendo em vista que seus pais viviam em união estável, o que devidamente comprovou a fl. 11 destes autos. Por outro lado, não há óbice legal a essa pretensão e a Lei 6.015 de 1973 abarca a retificação pleiteada. Ademais, o Ministério Público opina pela procedência de tal pedido. Sendo assim, demonstrado está que a retirada da palavra "legítima" do assento em questão merece ser deferida. Por outro lado, descabe o pedido de inclusão do nome de seu genitor como declarante do registro de seu nascimento. Verificase que essa alteração não se trata de retificação do referido assento, pois a autora em momento algum informou nos autos que seu pai esteve presente, juntamente com sua genitora, no ato de registro de seu nascimento. Logo, não é possível realizar a correção pleiteada, sendo que essa situação não ocorreu - seu genitor não estava presente naquele fato passado. Deduz-se que o que a parte autora verdadeiramente pretende é a inclusão da informação de que seu pai, posteriormente, também declarou que ele e Guiomar Ferreira Neves são os genitores da requerente. Contudo, além desse acréscimo não gerar qualquer efeito sobre o reconhecimento da paternidade por Ítalo Albizzati - que consta como genitor da autora desde o registro de seu nascimento, não havendo a informação de qualquer pedido de desconstituição desse ato por ele -, o pedido em questão sequer foi provado. O documento de fl. 09 não é suficiente para comprovar que Ítalo declarou a filiação da autora no cartório onde registrado o assento de nascimento desta, tendo em vista que não há tal informação no Registro Civil, especialmente na certidão em questão. Posto isso, julgo PARCIALMENTE PROCEDENTE o pedido, para excluir a palavra "legítima", que adjetiva a qualificação "filha", da certidão de nascimento da autora. Custas à parte autora. Esta sentença servirá como mandado,desde que assinada digitalmente por este Magistrado e acompanhada das cópias necessárias ao seu cumprimento,inclusive da certidão de trânsito em julgado, incumbindo ao Sr. Oficial da Unidade do Serviço de Registro Civil das Pessoas Naturais competente consultar, em caso de dúvida, os autos digitais no sistema informatizado do Tribunal de Justiça do Estado de São Paulo. O Sr. Oficial da Unidade do Serviço de Registro Civil das Pessoas Naturais competente deverá comunicar este Juízo, em cinco dias, via ofício, o lançamento das averbações nos assentos, indicando-os expressamente. Outrossim, se aplicável, poderá nesta ser exarado o respeitável "CUMPRA-SE" do Excelentíssimo Senhor Doutor Juiz Corregedor Permanente competente, ordenando seu cumprimento pelo Senhor Oficial da respectiva Unidade do Serviço de Registro Civil das Pessoas Naturais. A parte autora fica expressamente ciente de que tem o dever processual de comprovar nesses autos o cumprimento integral desta sentença (artigo 77, inciso IV, do Novo Código de Processo Civil) e advertida de que o não cumprimento caracteriza ato atentatório à dignidade da justiça e, como tal, poderá ensejar, sem prejuízo das sanções criminais, civis e processuais cabíveis, aplicação de multa, nos termos do artigo 77 e parágrafos do Novo Código de Processo Civil. Ciência ao Ministério Público. Oportunamente, arquivem-se os autos. P.R.I. - ADV: WANESKA PELAGIA ALBIZZATI FIGUEIREDO (OAB 188299/SP) (DJe de 30.10.2018 - SP)

NOME

Processo 1014102-11.2017.8.26.0100

Retificação ou Suprimento ou Restauração de Registro Civil - Retificação de Nome - Vanusa Bianca de Oliveira - Vistos.Vanusa Bianca de Oliveira propõe ação com pedido de retificação de seu assento de nascimento, bem como dos assentos de nascimento de suas filhas, Marcelle Paulus e Natalle Paulus, em que pretende a exclusão do primeiro nome "Vanusa" e a inclusão do sobrenome de seu marido "Paulus", passando a se chamar Bianca de Oliveira Paulus. Com a inicial foram juntados os documentos das fls. 8/41. Emenda à inicial às fls. 118. O Ministério Público manifestou-se pelo deferimento do pedido nas fls. 121. É o relatório. FUNDAMENTO E DECIDO.Narra a autora que, desde tenra idade, seu prenome lhe rende momentos de constrangimento, zombarias e chacotas. Por isso, passou a se apresentar apenas como "Bianca" e, hoje, assim é conhecida publicamente, conforme atestam as declarações de fls. 80/91, 101/103 e 109/111. O prenome Vanusa, de fato, não é usual e é potencialmente constrangedor.No mais, as certidões demonstram que a retificação pretendida não implica prejuízo a terceiros. No que tange à inclusão do patronímico do companheiro da autora ao seu nome, o pedido tem apoio nos §§ 2º e 3º do art. 57, da Lei 6.015/73, com a redação da Lei 6.216/75, que dizem: '§ 2º A mulher solteira, desquitada ou viúva, que viva com homem solteiro, desquitado ou viúvo, excepcionalmente e havendo motivo ponderável, poderá requerer ao juiz competente que, no registro de nascimento, seja averbado o patronímico de seu companheiro, sem prejuízo dos apelidos próprios, de família, desde que haja impedimento legal para o casamento, decorrente do estado civil de qualquer das partes ou de ambas. § 3º O juiz competente somente processará o pedido, se tiver expressa concordância do companheiro, e se da vida em comum houverem decorrido, no mínimo, 5 (cinco) anos ou existirem filhos da união. Não há óbice legal à pretensão e a Lei 6.015 de 1973 abarca as retificações pleiteadas. Ademais, o Ministério Público opina pela procedência do pedido.Posto isso, julgo PROCEDENTE o pedido nos termos da inicial e emenda de fls. 118, passando a autora a se chamar Bianca de Oliveira Paulus.Custas à parte autora. Esta sentença servirá como mandado, desde que assinada digitalmente por esta Magistrada e acompanhada das cópias necessárias ao seu cumprimento, inclusive da certidão de trânsito em julgado, incumbindo ao Sr. Oficial da Unidade do Serviço de Registro Civil das Pessoas Naturais competente consultar, em caso de dúvida, os autos digitais no sistema informatizado do Tribunal de Justiça do Estado de São Paulo.Outrossim, se aplicável, poderá nesta ser exarado o respeitável "CUMPRA-SE" do Excelentíssimo Senhor Doutor Juiz Corregedor Permanente competente, ordenando seu cumprimento pelo Senhor Oficial da respectiva Unidade do Serviço de Registro Civil das Pessoas Naturais.A parte autora fica expressamente ciente de que tem o dever processual de comprovar nesses autos o cumprimento integral desta sentença (artigo 77, inciso IV, do Novo Código de Processo Civil) e advertida de que o não cumprimento caracteriza ato atentatório à dignidade da justiça e, como tal, poderá ensejar, sem prejuízo das sanções criminais, civis e processuais cabíveis, aplicação de multa, nos termos do artigo 77 e parágrafos do Novo Código de Processo Civil. Ciência ao Ministério Público. Oportunamente, arquivem-se os autos. P.R.I. - ADV: RAFAEL LUIZ BARBOSA MAGRI (OAB 301473/SP)

Íntegra da decisão:

SENTENÇA

Processo nº: **1014102-11.2017.8.26.0100**

Classe - Assunto **Retificação Ou Suprimento Ou Restauração de Registro Civil - Retificação de Nome**

Requerente: **Vanuza Bianca de Oliveira**

Juíza de Direito: Dra. **LETÍCIA FRAGA BENITEZ**

Vistos.

Vanusa Bianca de Oliveira propõe ação com pedido de retificação de seu assento de nascimento, bem como dos assentos de nascimento de suas filhas, Marcelle Paulus e Natalle Paulus, em que pretende a exclusão do primeiro nome "Vanusa" e a inclusão do sobrenome de seu marido "Paulus", passando a se chamar Bianca de Oliveira Paulus. Com a inicial foram juntados os documentos das fls. 8/41.

Emenda à inicial às fls. 118.

O Ministério Público manifestou-se pelo deferimento do pedido nas fls. 121. É o relatório.

FUNDAMENTO E DECIDO.

Narra a autora que, desde tenra idade, seu prenome lhe rende momentos de constrangimento, zombarias e chacotas. Por isso, passou a se apresentar apenas como "Bianca" e, hoje, assim é conhecida publicamente, conforme atestam as declarações de fls. 80/91, 101/103 e 109/111.

O prenome Vanusa, de fato, não é usual e é potencialmente constrangedor.

No mais, as certidões demonstram que a retificação pretendida não implica prejuízo a terceiros. No que tange à inclusão do patronímico do companheiro da autora ao seu nome, o pedido tem apoio nos §§ 2º e 3º do art. 57, da Lei 6.015/73, com a redação da Lei 6.216/75, que dizem:

'§ 2º A mulher solteira, desquitada ou viúva, que viva com homem solteiro, desquitado ou viúvo, excepcionalmente e havendo motivo ponderável, poderá requerer ao juiz competente que, no registro de nascimento, seja averbado o patronímico de seu companheiro, sem prejuízo dos apelidos próprios, de família, desde que haja impedimento legal para o casamento, decorrente do estado civil de qualquer das partes ou de ambas.

§ 3º O juiz competente somente processará o pedido, se tiver expressa concordância do companheiro, e se da vida em comum houverem decorrido, no mínimo, 5 (cinco) anos ou existirem filhos da união.

Não há óbice legal à pretensão e a Lei 6.015 de 1973 abarca as retificações pleiteadas. Ademais, o Ministério Público opina pela procedência do pedido.

Posto isso, julgo **PROCEDENTE** o pedido nos termos da inicial e emenda de fls. 118, passando a autora a se chamar Bianca de Oliveira Paulus.

Custas à parte autora.

Esta sentença servirá como mandado, desde que assinada digitalmente por esta Magistrada e acompanhada das cópias necessárias ao seu cumprimento, inclusive da certidão de trânsito em julgado, incumbindo ao Sr. Oficial da Unidade do Serviço de Registro Civil das Pessoas Naturais competente consultar, em caso de dúvida, os autos digitais no sistema informatizado do Tribunal de Justiça do Estado de São Paulo.

Outrossim, se aplicável, **poderá nesta ser exarado o respeitável**

"CUMPRA-SE" do Excelentíssimo Senhor Doutor Juiz Corregedor Permanente competente, ordenando seu cumprimento pelo Senhor Oficial da respectiva Unidade do Serviço de Registro Civil das Pessoas Naturais.

A parte autora fica expressamente ciente de que tem o dever processual de comprovar nesses autos o cumprimento integral desta sentença (artigo 77, inciso IV, do Novo Código de Processo Civil) e advertida de que o não cumprimento caracteriza ato atentatório à dignidade da justiça e, como tal, poderá ensejar, sem prejuízo das sanções criminais, civis e processuais cabíveis, aplicação de multa, nos termos do artigo 77 e parágrafos do Novo Código de Processo Civil.

Ciência ao Ministério Público. Oportunamente, arquivem-se os autos. P.R.I.

São Paulo, 18 de dezembro de 2017.

Letícia Fraga Benitez

Juiz(a) de Direito (DJe de 08.01. 2018 - SP)

Processo 1077384-23.2017.8.26.0100

Retificação ou Suprimento ou Restauração de Registro Civil - Retificação de Nome - Glauco Venicius Ductra Padula - Posto isso, julgo PROCEDENTE o pedido subsidiário, para deferir a retificação do nome do autor que passará a chamar-se "Glauco Venicius Ductra Lucas Padula". Custas à parte autora.Esta sentença servirá como mandado,desde que assinada digitalmente por esta Magistrada e acompanhada das cópias necessárias ao seu cumprimento,inclusive da certidão de trânsito em julgado, incumbindo ao Sr. Oficial da Unidade do Serviço de Registro Civil das Pessoas Naturais competente consultar, em caso de dúvida, os autos digitais no sistema informatizado do Tribunal de Justiça do Estado de São Paulo.O Sr. Oficial da Unidade do Serviço de Registro Civil das Pessoas Naturais competente deverá comunicar este Juízo, em cinco dias, via ofício, o lançamento das averbações nos assentos, indicando-os expressamente. Outrossim, se aplicável, poderá nesta ser exarado o respeitável "CUMPRA-SE" do Excelentíssimo Senhor Doutor Juiz Corregedor Permanente competente, ordenando seu cumprimento pelo Senhor Oficial da respectiva Unidade do Serviço de Registro Civil das Pessoas Naturais.A parte autora fica expressamente ciente de que tem o dever processual de comprovar nesses autos o cumprimento integral desta sentença (artigo 77, inciso IV, do Novo Código de Processo Civil) e advertida de que o não cumprimento caracteriza ato atentatório à dignidade da justiça e, como tal, poderá ensejar, sem prejuízo das sanções criminais, civis e processuais cabíveis, aplicação de multa, nos termos do artigo 77 e parágrafos do Novo Código de Processo Civil.Ciência ao Ministério Público. Oportunamente, arquivem-se os autos.P.R.I. - ADV: GUSTAVO CREMA CARDOZO (OAB 359442/SP)

Íntegra da decisão:

SENTENÇA

Processo nº: **1077384-23.2017.8.26.0100**

Classe - Assunto **Retificação Ou Suprimento Ou Restauração de Registro Civil - Retificação de Nome**

Requerente: **Glauco Venicius Ductra Padula**

Tipo Completo da Parte Passiva Principal << Informação indisponível >>:

Nome da Parte Passiva Principal << Informação indisponível >>

Juíza de Direito: Dra. **Renata Pinto Lima Zanetta**

Vistos.

Glauco Venicius Ductra Padula propõe ação com pedido de retificação dos assentos de nascimento e casamento, para alterar a grafia do nome "Venicius", excluir o patronímico avoengo "Ductra" e incluir o sobrenome materno "Lucas".

Subsidiariamente, pleiteou a retificação do nome para "Glauco Venicius Ductra Lucas Padula". Justifica os pedidos. Com a inicial foram juntados os documentos das fls. 07/31.

Houve emenda à inicial (fls. 34/37; 47/48; 57/59; 68/87).

O Ministério Público ofertou parecer, opinando pelo deferimento parcial do pedido (fls. 42/44; 53; 62/64). É o relatório.

FUNDAMENTO E DECIDO.

O pedido principal, tal como formulado, deve ser indeferido.

Isso porque, como bem destacou o ilustre representante do Ministério Público às fls. 42/44, não há qualquer retificação a ser feita, na medida em que o assento, atualmente, espelha, com fidelidade, os prenomes e sobrenomes corretos do autor, na ordem e grafia escolhidos por quem o registrou (exceto o sobrenome "Ductra", que não estava grafado corretamente).

No Direito Brasileiro, para conferir segurança e estabilidade às relações sociais, impera a regra geral da imutabilidade e definitividade do nome civil que é regido pelos princípios da imutabilidade e indisponibilidade.

A Lei de Registros Públicos, ao estabelecer que os sobrenomes são imutáveis, consagra duas exceções: no artigo 56, a alteração do prenome, pelo interessado, no primeiro ano após ter atingido a maioridade civil, desde que não haja prejuízo aos apelidos de família; e, no artigo 57, a alteração do nome, excepcional e motivadamente, mediante apreciação judicial, e após a oitiva do Ministério Público.

No caso em exame, a questão posta restringe-se à segunda hipótese de alteração do nome, na medida em que o autor alega que a r. Sentença proferida na ação de retificação anterior teria determinado a alteração de seu nome para uma forma que não era do seu desejo, sendo que durante toda sua vida o requerente se fez conhecido com o nome que pretende adotar.

Do estudo dos autos, concluo que o fundamento declinado na inicial pelo autor não representa uma circunstancia excepcional que justifique a regra da imutabilidade e permita a retificação do registro.

Ora, a sentença de retificação anterior somente foi cumprida depois que transitou em julgado, significando que o autor aceitou a alteração de seu nome para "Glauco Venicius Ductra Padula" e, como não recorreu no momento oportuno, não se afigura pertinente a alegação de que foi prejudicado.

Ainda que se considere o erro no cumprimento da sentença, é de se notar que, por iniciativa do próprio requerente, em 2.011, foi feita nova averbação, dessa feita corrigindo-se o registro anterior (fls. 16/17). Apenas em 2.013, dois anos depois, o autor buscou reaver o nome a si concedido pela incúria no cumprimento do mandado, o mesmo que agora pretende adotar (fls. 30/31). Portanto, ante a incerteza do requerente quanto à própria denominação, não há como encampar o motivo declinado na inicial.

Destarte, ausente motivo que justifique o acolhimento do pedido principal, o mesmo deve ser indeferido. Nada obstante, no que tange ao pedido subsidiário veiculado no item ii de fls. 58, comporta ser deferido.

O pedido comporta acolhimento, para que seja incluído o patronímico materno ao nome do autor. É que, além de se tratar de um direito, o acréscimo permite melhor identificação do ramo familiar ao qual pertence.

As certidões apresentadas demonstram que a alteração do nome não causará prejuízos a terceiro. Não há óbice legal à pretensão e a Lei 6.015 de 1973 abarca as retificações pleiteadas. Ademais, o Ministério Público opina pela procedência do pedido.

Posto isso, **julgo PROCEDENTE o pedido subsidiário, para deferir a retificação do nome do autor que passará a chamar-se "Glauco Venicius Ductra Lucas Padula".**

Custas à parte autora.

Esta sentença servirá como mandado, desde que assinada digitalmente por esta Magistrada e acompanhada das cópias necessárias ao seu cumprimento, inclusive da certidão de trânsito em julgado, incumbindo ao Sr. Oficial da Unidade do Serviço de Registro Civil das Pessoas Naturais competente consultar, em caso de dúvida, os autos digitais no sistema informatizado do Tribunal de Justiça do Estado de São Paulo.

O Sr. Oficial da Unidade do Serviço de Registro Civil das Pessoas Naturais competente deverá comunicar este Juízo, em cinco dias, via ofício, o lançamento das averbações nos assentos, indicando-os expressamente.

Outrossim, se aplicável, **poderá nesta ser exarado o respeitável**

"CUMPRA-SE" do Excelentíssimo Senhor Doutor Juiz Corregedor Permanente competente, ordenando seu cumprimento pelo Senhor Oficial da respectiva Unidade do Serviço de Registro Civil das Pessoas Naturais.

A parte autora fica expressamente ciente de que tem o dever processual de comprovar nesses autos o cumprimento integral desta sentença (artigo 77, inciso IV, do Novo Código de Processo Civil) e advertida de que o não cumprimento caracteriza ato atentatório à dignidade da justiça e, como tal, poderá ensejar, sem prejuízo das sanções criminais, civis e processuais cabíveis, aplicação de multa, nos termos do artigo 77 e parágrafos do Novo Código de Processo Civil.

Ciência ao Ministério Público. Oportunamente, arquivem-se os autos. P.R.I.

São Paulo, 18 de dezembro de 2017.

Renata Pinto Lima Zanetta

Juíza de Direito (DJe de 08.01.2018 - SP)

Processo 1099458-71.2017.8.26.0100

Retificação ou Suprimento ou Restauração de Registro Civil - Retificação de Nome - Lucca Mendes Guarino - Vistos.Lucca Mendes Guarino propõe ação com pedido de retificação de seu assento nascimento a fim de incluir o sobrenome de seu padrasto, Maurício César Zilio, passando a se chamar

"Lucca Mendes Guarino Zilio". Com a inicial foram juntados os documentos das fls. 7/38. O Ministério Público manifestou- se pelo deferimento do pedido, nas fls. 57/58. É o relatório. FUNDAMENTO E DECIDO. Os documentos juntados demonstram que a retificação pretendida merece ser deferida. O autor comprovou que, além de sua genitora e seu padrasto serem efetivamente casados (fls. 16), possui vinculo afetivo com Maurício César Zilio. A presente demanda não obsta a identificação das estirpes familiares às quais pertence o requerente e permite homenagem a uma figura por quem o autor sente apreço. Ademais, o Ministério Público opina pela procedência do pedido. Nos termos do artigo 57, §8º da Lei de Registros Públicos (Lei 6.016/73), "o enteado ou a enteada, havendo motivo ponderável e na forma dos §§ 2º e 7º deste artigo, poderá requerer ao juiz competente que, no registro de nascimento, seja averbado o nome da família de seu padrasto ou de sua madrasta, desde que haja expressa concordância destes, sem prejuízo de seus apelidos de família". Antes mesmo da novidade legislativa autorizando expressamente a retificação requerida, inserida em nosso ordenamento jurídico pela Lei 11.249/09, já havia farta jurisprudência nesse sentido: "Não há como negar a uma criança o direito de ter alterado seu registro de nascimento para que dele conste o mais fiel retrato da sua identidade, sem descurar que uma das expressões concretas do princípio fundamental da dignidade da pessoa humana é justamente ter direito ao nome, nele compreendido o prenome e patronímico". (STJ - 3ª Turma, REsp 1069864/DF, Ministra NANCY ANDRIGHI, j. 18/12/2008). Posto isso, julgo PROCEDENTE o pedido nos termos da inicial. Custas à parte autora. Esta sentença servirá como mandado, desde que assinada digitalmente por esta Magistrada e acompanhada das cópias necessárias ao seu cumprimento, inclusive da certidão de trânsito em julgado, incumbindo ao Sr. Oficial da Unidade do Serviço de Registro Civil das Pessoas Naturais competente consultar, em caso de dúvida, os autos digitais no sistema informatizado do Tribunal de Justiça do Estado de São Paulo. Outrossim, se aplicável, poderá nesta ser exarado o respeitável "CUMPRA-SE" do Excelentíssimo Senhor Doutor Juiz Corregedor Permanente competente, ordenando seu cumprimento pelo Senhor Oficial da respectiva Unidade do Serviço de Registro Civil das Pessoas Naturais. A parte autora fica expressamente ciente de que tem o dever processual de comprovar nesses autos o cumprimento integral desta sentença (artigo 77, inciso IV, do Novo Código de Processo Civil) e advertida de que o não cumprimento caracteriza ato atentatório à dignidade da justiça e, como tal, poderá ensejar, sem prejuízo das sanções criminais, civis e processuais cabíveis, aplicação de multa, nos termos do artigo 77 e parágrafos do Novo Código de Processo Civil. Ciência ao Ministério Público. Oportunamente, arquivem-se os autos. P.R.I. São Paulo, 13 de dezembro de 2017. - ADV: DENISE DE CASSIA ZILIO (OAB 90949/SP) (DJe de 08.01.2018 - SP)

Processo 1046485-42.2017.8.26.0100

Retificação ou Suprimento ou Restauração de Registro Civil - Registro Civil das Pessoas Naturais - Gabriela Moreno do Rego Barros - Vistos. Gabriela Moreno do Rego Barros propõe ação com pedido de retificação de sua transcrição de nascimento a fim de suprimir a observação "A condição da nacionalidade brasileira depende de opção, a qualquer tempo, perante o Juízo Federal". Com a inicial foram juntados os documentos das fls. 7/11. O Ilustre Oficial do RCPN do 1º Subdistrito - Sé manifestou-se às fls. 37/39 pelo indeferimento do pedido. O Ministério Público manifestou-se pelo indeferimento do pedido às fls. 48/52. É o relatório. FUNDAMENTO E DECIDO. A autora, filha de pais brasileiros, nasceu na cidade de Evanston, Illinois, nos Estados Unidos da América, em 1997. Providenciou, em 2004, a transcrição de sua certidão de nascimento junto ao RCPN do 1º Subdistrito - Sé. Para tanto, apresentou uma tradução juramentada de sua certidão de nascimento lavrada no Registro Civil de Evanston - Illinois, devidamente legalizada em repartição consular. Em síntese, alega que nasceu entre as Emendas Constitucionais 3 (1994) e 54 (2007). Por isso, no seu caso, bastaria o registro em autoridade consular ou o traslado do assento de nascimento estrangeiro na serventia brasileira para a obtenção da nacionalidade, prescindindo a opção. Em sua manifestação, o Ilustre Oficial do RCPN do 1º Subdistrito justificou o porquê da observação no registro da requerente com base do art. 12, parágrafos 1º e 2º, da Resolução nº 155 do CNJ (16 de julho de 2012). Esse artigo trata dos assentos consulares de nascimento, ou seja, aqueles assentos lavrados junto ao Consulado Brasileiros no exterior. No caso em tela, o disposto nesse artigo não se aplica à requerente porque não apresentou junto ao RCPN da Sé assento consular de nascimento, mas sim tradução juramentada do assento de nascimento estrangeiro. Além disso, como acertadamente foi apontado pela Ilustre Representante do Ministério Público, apesar do texto constitucional ter sido, por vezes, alterado, jamais foi admitida a aquisição de cidadania brasileira pelo simples traslado do assento de nascimento estrangeiro sem residência no Brasil e sem opção.

As alterações, justamente, versam sobre à necessidade de residência no país - antes ou depois da maioridade - e da opção de nacionalidade. Não há se confundir, registro de nascimento com legalização de documento pelo Consulado Brasileiro. No primeiro caso, o Consulado lavra o assento de nascimento de criança nascida no exterior, filha de pais brasileiros, como forma de oficializar a obtenção, por ela, da nacionalidade brasileira. Já "a legalização efetuada por autoridade consular brasileira consiste no reconhecimento da assinatura de notário ou autoridade estrangeira competente aposta em documento original ou fotocópia autenticada ou na declaração de autenticidade de documento original não assinado, nos termos do regulamento consular", conforme dispõem o artigo 2º, § 2º, da Resolução nº 155/2012 do Conselho Nacional de Justiça, e o item 150.1.2 do Capítulo XVII das Normas de Serviço da Corregedoria Geral da Justiça do Estado de São Paulo. Nestes moldes, com a procedência do pedido estaria sendo concedida à autora a condição de brasileira nata, excluindo-se a observação supra mencionada, o que é de competência da Justiça Federal, afigurando-se absolutamente incompetente este Juízo de Registros Públicos. Posto isso, julgo IMPROCEDENTE o pedido nos termos da inicial. Custas à parte autora. Ciência ao Ministério Público. Oportunamente, arquivem-se os autos. P.R.I. - ADV: DAY NEVES BEZERRA NETO (OAB 303483/SP) (DJe de 01.02.2018 - SP)

Processo 1053083-75.2018.8.26.0100

Pedido de Providências - Retificação de Nome - R.F. - Juíza de Direito: Dra. Renata Pinto Lima Zanetta Vistos. Trata-se de pedido de providências instaurado por Rogério Firmino, pleiteando a supressão dos nomes de seus genitores biológicos no seu assento de nascimento. Com a inicial, vieram documentos (fls. 07/52). O representante do Ministério Público ofertou parecer, opinando pela improcedência do pedido (fls. 55/57). É o breve relatório. Decido. À luz do contido na averbação da escritura pública de adoção no assento de nascimento lavrado sob o número 121.615, às folhas 75-v, do Livro A-161 do Registro Civil das Pessoas Naturais e Tabelionato de Notas do Distrito de São Miguel Paulista, da Capital, reproduzido às fls. 09, depreende-se que o interessado, ainda sob a égide do Código Civil de 1.916, foi adotado por Mario Firmino e Hermelinda Rebellato Firmino. Da redação conferida ao ato, praticado na vigência do Código de Menores (Lei nº 6.697/79), constata-se que a modalidade de adoção eleita foi a prevista nos artigos 368 a 378 do Código Civil de 1.916, a denominada "adoção simples" (escritura pública, sem necessidade de procedimento judicial, nos termos dos artigos 368 e seguintes do CC). Como é sabido, a adoção simples caracteriza-se como ato de vontade, dotado de natureza jurídica de contrato de direito de família, à semelhança do casamento, o qual se forma a partir do consentimento de ambas as partes (adotante e adotado), tendo o seu conteúdo fixado por lei, de maneira cogente, sem que possa ser subordinado a qualquer das modalidades do negócio jurídico. Sob o aspecto do parentesco resultante da adoção simples, o artigo 376, do Código Civil revogado, assim dispunha: "o parentesco resultante da adoção (art. 336) limita-se ao adotante e ao adotado, salvo quanto aos impedimentos matrimoniais, a cujo respeito se observará o disposto no artigo 183, III e IV." Por sua vez, o artigo 378, do Código Civil revogado, estabelecia: "os direitos e deveres que resultam do parentesco natural não se extinguem pela adoção, exceto o pátrio poder, que será transferido do pai natural para o adotivo." Desta forma, diferentemente do que se dá hoje com o instituto da adoção concebido pelo Estatuto da Infância e Juventude, a adoção simples estabelecia apenas um liame de filiação civil restrito entre adotante e adotado, convergindo seus efeitos às referidas partes, mas sem abarcar aptidão para destruir os vínculos de filiação preexistentes. Sendo assim, na situação dos autos, a adoção simples deu ensejo à junção do vínculo adotivo aos vínculos familiares biológicos, entretanto, restringiu seus efeitos às partes negociais, mantendo os laços consanguíneos entre o adotado e a família natural, os quais permaneceram intactos para todos os efeitos legais daí decorrentes (sucessão, alimentos, etc). Neste cenário, considerando que a adoção simples em questão não rompeu a filiação natural do autor com os pais biológicos, afigura-se inviável a supressão dos nomes dos genitores de seu assento de nascimento ou, ainda, da respectiva certidão, eis que os dados ficariam desconstruídos e não refletiriam a realidade do assento. De acordo com o disposto no artigo 19 da Lei de Registros Públicos, a certidão poderá ser expedida, a critério do interessado, em inteiro teor, resumida, ou em relatório, conforme quesitos formulados. O pedido de expedição de certidão em inteiro teor, pela abrangência, impede que se contorne, suprima ou mesmo deixe de divulgar, na íntegra, os dados do assento. Finalmente, ainda que se analise o tema sob a ótica dos direitos fundamentais invocados, o pretendido sigilo não se compatibiliza com a modalidade da certidão em inteiro teor pretendida. Diante desse painel, rejeito o pedido formulado pelo interessado. Ciência ao interessado e ao Ministério Público. Comunique-se a decisão à Egrégia Corregedoria Geral da Justiça, por e-mail. I.C. - ADV: RAFAEL LUIZ BARBOSA MAGRI (OAB 301473/SP) (DJe de 21.06.2018 - SP)

Processo 1092625-03.2018.8.26.0100

Retificação ou Suprimento ou Restauração de Registro Civil - Registro Civil das Pessoas Naturais - Ricardo Ribeiro Lowe - Renato Ribeiro Lowe - Vistos. Renato Ribeiro Lowe e Ricardo Ribeiro Lowe propuseram a presente ação com pedido de retificação nos assentos de nascimento e óbito de seu genitor, bem como nos assentos de suas respectivas certidões de nascimento, para constar o nome do pai como John Harry Lowe e que ele era natural de Florença, na Itália. Com a inicial foram juntados os documentos das fls. 05/19. Houve emendas à inicial (fls. 35/47, 54/59 e 65/66). O Ministério Público ofertou parecer, opinando pelo deferimento do pedido (fls. 71/72). É o relatório. FUNDAMENTO E DECIDO. Os documentos juntados demonstram que as retificações pretendidas merecem ser deferidas, bem como deve ser determinado o cancelamento da certidão de nascimento de John Harry Gabriel Lowe (fls. 59), ante a duplicidade existente. Não há óbice legal à pretensão e a Lei 6.015 de 1973 abarca as retificações pleiteadas. Ademais, o Ministério Público opina pela procedência do pedido. Posto isso, julgo PARCIALMENTE PROCEDENTE o pedido nos termos da inicial e emendas, bem como determino o cancelamento da certidão de nascimento de John Harry Gabriel Lowe (fls. 59). Custas à parte autora. Esta sentença servirá como mandado,desde que assinada digitalmente por esta Magistrada e acompanhada das cópias necessárias ao seu cumprimento,inclusive da certidão de trânsito em julgado, incumbindo ao Sr. Oficial da Unidade do Serviço de Registro Civil das Pessoas Naturais competente consultar, em caso de dúvida, os autos digitais no sistema informatizado do Tribunal de Justiça do Estado de São Paulo. O Sr. Oficial da Unidade do Serviço de Registro Civil das Pessoas Naturais competente deverá comunicar este Juízo, em cinco dias, via ofício, o lançamento das averbações nos assentos, indicando-os expressamente. Outrossim, se aplicável, poderá nesta ser exarado o respeitável "CUMPRA-SE" do Excelentíssimo Senhor Doutor Juiz Corregedor Permanente competente, ordenando seu cumprimento pelo Senhor Oficial da respectiva Unidade do Serviço de Registro Civil das Pessoas Naturais. A parte autora fica expressamente ciente de que tem o dever processual de comprovar nesses autos o cumprimento integral desta sentença (artigo 77, inciso IV, do Novo Código de Processo Civil) e advertida de que o não cumprimento caracteriza ato atentatório à dignidade da justiça e, como tal, poderá ensejar, sem prejuízo das sanções criminais, civis e processuais cabíveis, aplicação de multa, nos termos do artigo 77 e parágrafos do Novo Código de Processo Civil. Ciência ao Ministério Público. Oportunamente, arquivem-se os autos. P.R.I. - ADV: ALEXANDRE QUINTANILHA COELHO DE PAULA (OAB 194915/SP) (DJe de 26.10.2018 - SP)

Processo 1100636-21.2018.8.26.0100

Retificação ou Suprimento ou Restauração de Registro Civil - Retificação de Nome - João Alexandre Audi Alves Lima - Posto isso, julgo IMPROCEDENTE o pedido nos termos do artigo 487, I, do Código de Processo Civil. Finalmente, como requerido pela D. Representante do Ministério Público, por cautela e a fim de preservar a segurança jurídica que dos registros públicos se espera, defiro os oficiamentos pretendidos, expedindo-se o necessário com presteza. Custas à parte autora, o que deverá ser providenciado no prazo de cinco dias, sob pena de inscrição em dívida ativa. Esta sentença servirá como mandado,desde que assinada digitalmente por esta Magistrada e acompanhada das cópias necessárias ao seu cumprimento,inclusive da certidão de trânsito em julgado, incumbindo ao Sr. Oficial da Unidade do Serviço de Registro Civil das Pessoas Naturais competente consultar, em caso de dúvida, os autos digitais no sistema informatizado do Tribunal de Justiça do Estado de São Paulo. O Sr. Oficial da Unidade do Serviço de Registro Civil das Pessoas Naturais competente deverá comunicar este Juízo, em cinco dias, via ofício, o lançamento das averbações nos assentos, indicando-os expressamente. Outrossim, se aplicável, poderá nesta ser exarado o respeitável "CUMPRA-SE" do Excelentíssimo Senhor Doutor Juiz Corregedor Permanente competente, ordenando seu cumprimento pelo Senhor Oficial da respectiva Unidade do Serviço de Registro Civil das Pessoas Naturais. A parte autora fica expressamente ciente de que tem o dever processual de comprovar nesses autos o cumprimento integral desta sentença (artigo 77, inciso IV, do Novo Código de Processo Civil) e advertida de que o não cumprimento caracteriza ato atentatório à dignidade da justiça e, como tal, poderá ensejar, sem prejuízo das sanções criminais, civis e processuais cabíveis, aplicação de multa, nos termos do artigo 77 e parágrafos do Novo Código de Processo Civil. Ciência ao Ministério Público. Oportunamente, arquivem-se os autos. P.R.I. - ADV: ANDRÉ LEOPOLDO BIAGI (OAB 197317/SP)

Íntegra da decisão:

SENTENÇA

Processo nº: **1100636-21.2018.8.26.0100**

Classe - Assunto **Retificação Ou Suprimento Ou Restauração de Registro Civil - Retificação de Nome**

Requerente: **João Alexandre Audi Silvério** Juíza de Direito: Dra. **Leticia Fraga Benitez** Vistos.

João Alexandre Audi Alves Lima propõe ação com pedido de retificação de seu assento de nascimento a fim de retificar seu nome para "João Alexandre Audi Silvério". Com a inicial foram juntados os documentos das fls. 06/18.

O Ministério Público ofertou parecer, opinando pelo indeferimento do pedido (fls. 31/32). É o relatório.

FUNDAMENTO E DECIDO.

De rigor a improcedência da ação.

Consta dos autos que o requerente chamava-se João Alexandre Audi Silvério e no ano de 2013, após processo de adoção unilateral em que foi adotado pelo companheiro de sua genitora, passou a se chamar "João Alexandre Audi Alves Lima".

Pretende, pois, retomar seu antigo nome, sob o argumento de que não houve a retificação de seus documentos pessoais e sempre foi conhecido pelo nome que pretende voltar a adotar.

Contudo, certo é que, efetivada a adoção unilateral, houve a desconstituição de vínculos de parentesco com o genitor biológico, Geraldo Silvério, excluindo-se, pois, do assento de nascimento do requerente o nome do pai biológico e avós paternos, constituindo-se os vínculos de filiação entre João Alexandre e Fernando de Almeida Alves Lima.

Nestes termos, considerando que com a mencionada adoção a ascendência paterna biológica passou a inexistir, não há mais vínculo com o patronímico que o autor pretende voltar a adotar.

Em resumo, não há supedâneo jurídico para a retomada do patronímico "Silvério".

Tampouco merece guarida o argumento de que o autor não providenciou a retificação de seu nome em seus documentos pessoais, observando-se, de outro lado, incorreção na omissão do autor.

A adoção restou efetivamente consolidada, com trânsito em julgado, devendo-se cumprir o *decisum*.

Posto isso, julgo **IMPROCEDENTE** o pedido nos termos do artigo 487, I, do Código de Processo Civil.

Finalmente, como requerido pela D. Representante do Ministério Público, por cautela e a fim de preservar a segurança jurídica que dos registros públicos se espera, defiro os oficiamentos pretendidos, expedindo-se o necessário com presteza.

Custas à parte autora, o que deverá ser providenciado no prazo de cinco dias, sob pena de inscrição em dívida ativa.

Esta sentença servirá como mandado, desde que assinada digitalmente por esta Magistrada e acompanhada das cópias necessárias ao seu cumprimento, inclusive da certidão de trânsito em julgado, incumbindo ao Sr. Oficial da Unidade do Serviço de Registro Civil das Pessoas Naturais competente consultar, em caso de dúvida, os autos digitais no sistema informatizado do Tribunal de Justiça do Estado de São Paulo.

O Sr. Oficial da Unidade do Serviço de Registro Civil das Pessoas Naturais competente deverá comunicar este Juízo, em cinco dias, via ofício, o lançamento das averbações nos assentos, indicando-os expressamente.

Outrossim, se aplicável, **poderá nesta ser exarado o respeitável "CUMPRA-SE"** do Excelentíssimo Senhor Doutor Juiz Corregedor Permanente competente, ordenando seu cumprimento pelo Senhor Oficial da respectiva Unidade do Serviço de Registro Civil das Pessoas Naturais.

A parte autora fica expressamente ciente de que tem o dever processual de comprovar nesses autos o cumprimento integral desta sentença (artigo 77, inciso IV, do Novo Código de Processo Civil) e advertida de que o não cumprimento caracteriza ato atentatório à dignidade da justiça e, como tal, poderá ensejar, sem prejuízo das sanções criminais, civis e processuais cabíveis, aplicação de multa, nos termos do artigo 77 e parágrafos do Novo Código de Processo Civil.

Ciência ao Ministério Público. Oportunamente, arquivem-se os autos. P.R.I.

São Paulo, 23 de outubro de 2018.

Leticia Fraga Benitez

Juíza de Direito (DJe de 30.10.2018 - SP)

Processo 1032322-23.2018.8.26.0100 -

Pedido de Providências - Registro Civil das Pessoas Naturais - R.S.V.M. - A.M.M. - Juíza de Direito: Dra. Renata Pinto Lima Zanetta Vistos. Cuida-se de pedido de providências encaminhado pelo Registro Civil das Pessoas Naturais do 9º Subdistrito Vila Mariana, desta Capital, suscitando dúvida em razão do pedido de retificação administrativa de registro civil, visando alterar nome e gênero, formulado por pessoa transgênero, com fundamento na Ação Direta de Inconstitucionalidade nº 4275. O interessado manifestou-se (fls. 45/113). A representante do Ministério Público ofertou parecer, opinando pelo indeferimento da retificação extrajudicial do registro em caso de transgênero, por ausência de normatização da questão no âmbito administrativo e, ainda, em função da competência absoluta da Vara de Família e Sucessões para julgar ações atinentes ao estado da pessoa (fls. 43/44 e 117). É o breve relatório. DECIDO. Versam os autos sobre dúvida suscitada pelo Registro Civil das Pessoas Naturais do 9º Subdistrito Vila Mariana, desta Capital, em razão do pedido de retificação administrativa de registro civil, visando alterar nome e gênero, formulado por pessoa transgênero, com fundamento na Ação Direta de Inconstitucionalidade nº 4275. Inicialmente, importa ressaltar que o âmbito de atribuições do exercício desta Corregedoria Permanente se desenvolve na esfera administrativa, e não jurisdicional. Em vista visto, cediço é que não há, até o presente momento, regulamentação específica da matéria atinente ao procedimento de retificação administrativa (frise-se: na via extrajudicial) de registro civil de pessoa transgênero. Como bem pontuado pela representante do Ministério Público, o Acórdão proferido pelo Supremo Tribunal de Justiça na Ação Direta de Inconstitucionalidade ainda não foi sequer publicado, não sendo possível verificar sua repercussão. Ademais, no que pertine ao pedido de retificação de gênero, importa ressaltar que as ações concernentes ao estado da pessoa são de competência absoluta da Vara de Família e Sucessões. Cumpre salientar, por oportuno, que não se nega, no presente expediente, o direito da pessoa transgênero de buscar e concretizar uma correlação entre a sua identidade gênero e a identidade constante em sua documentação, em homenagem aos princípios da dignidade da pessoa humana e veracidade registrária. O que se indefere aqui, tão somente, é a via registrária (extrajudicial) eleita para a consecução do objetivo pretendido, notadamente porque, como dito, o procedimento de retificação administrativa do registro civil de pessoa transgênero, até a presente data, ainda não foi normatizado e, por isso, não poderá ser realizado (princípio da legalidade). Desta feita, para satisfazer a sua pretensão de retificar o registro civil, a parte interessada poderá optar pelo ajuizamento de ação judicial, perante o Juízo competente, ou, ainda, aguardar a possível normatização da retificação administrativa de registro de pessoa transgênero. Em suma, acolho a dúvida do Oficial, eis que a matéria posta em controvérsia, ao menos no limitado campo registrário, não comporta acolhimento na esfera administrativa desta Corregedoria Permanente. Ciência ao Oficial, ao interessado e ao Ministério Público. Não obstante, a questão extravasa as limitadas atribuições desta Corregedoria Permanente, daí revelar-se adequado o encaminhamento e submissão da questão posta em consulta à Egrégia Corregedoria Geral da Justiça para apreciação, se o caso. Oportunamente, arquivem-se os autos. P.I.C. - ADV: MARCELO MARTINS XIMENEZ GALLEGO (OAB 191499/SP) (DJe de 10.04.2018 - SP)

ÓBITO

Processo 0029298-43.2014.8.26.0100

Pedido de Providências - Registro Civil das Pessoas Naturais - O.R.C.P.N.S.J.A. - K.P.C.S. - Vistos,Trata-se de expediente encaminhado pela Oficial do Registro Civil das Pessoas Naturais do 20º Subdistrito Jardim América, da Capital, solicitando as providências necessárias para regularizar o registro do óbito lavrado na Unidade e posteriormente cancelado por ordem judicial, no sentido de ser autorizada a lavratura do novo assento tardio de óbito, com a identidade verdadeira do falecido. Segundo a Oficial, recepcionou a carta precatória oriunda da r. 2ª Vara de Bragança, Estado do Pará, determinando o cancelamento do assento de óbito de Carlos Augusto Gomes Calil, lavrado na Serventia aos 04 de dezembro de 2.009, porquanto se comprovou que o interessado se encontra vivo. Com a inicial, vieram documentos. Durante o processamento do expediente, foram determinadas diligencias, tais como inquirição de testemunhas e a realização de exame de DNA. Sobreveio aos autos o laudo de fls. 106/115, confirmando a identidade do falecido, bem como a nova declaração de óbito de nº 26568616 -4, indicando o local do falecimento e a qualificação correta do extinto, qual seja, Jorge Luis Calil da Silva (fls. 418). O ilustre representante do Ministério Público ofertou parecer, opinando pela lavratura de novo assento de óbito (fls. 23, 117, 413). É o relatório. Decido. Depreende-se dos autos que, aos 04 de dezembro de 2009, foi lavrado, pela Oficial do Registro Civil das Pessoas Naturais do 20º Subdistrito Jardim América, Capital, o óbito de Carlos Augusto Gomes Calil, filho de Prospero Afonso Calil e Zilda Gomes Calil, nascido aos 04 de agosto de 1959, R.G. 3683206-5-SP, a partir da Declaração de Óbito nº 014534742 e Declaração do Serviço Funerário nº 330746 (fls. 04). Ocorre que, posteriormente, aos 27 de junho de 2.014, a Oficial recepcionou a carta precatória oriunda da r. 2ª Vara de Bragança, Estado do Pará, determinando o cancelamento do assento de óbito de Carlos Augusto Gomes Calil, lavrado na Serventia aos 04 de dezembro de 2.009, porquanto se comprovou que o interessado se encontra vivo. Ao cabo da dilação probatória realizada verifica-se, na espécie, ter havido indevida lavratura de assento de óbito, conforme farta prova documental coligida nos autos, em quadro onde os elementos probatórios indicam a verdadeira identidade do falecido: trata-se de Jorge Luis Calil da Silva (fls. 106/115; 401; 418). Isto posto, à mostra dos elementos probatórios coligidos nos autos, com destaque para a manifestação favorável do ilustre representante do Ministério Público, autorizo a lavratura assento de óbito de Jorge Luis Calil da Silva, na modalidade tardia, com os dados constantes às fls. 418 e demais informações referidas na cota de fls. 413/414, que ora é acolhida. À Oficial do Registro Civil das Pessoas Naturais do 20º Subdistrito Jardim América, da Capital, para lavratura do ato. Ciência ao Ministério Público. Oportunamente, arquivem-se os autos. I.C. São Paulo, 30 de maio de 2018. - ADV: SARAIVA ONÉSMO FITTIPALDI SARAIVA DOS SANTOS (OAB287641/ SP) (DJe de 21.06.2018 - SP)

RECONHECIMENTO DE PATERNIDADE

Processo 1061764-34.2018.8.26.0100

Pedido de Providências - Registro Civil das Pessoas Naturais - D.B.M.G. - G.B.B. - E.M.G. - Vistos. Cuida-se de ação declaratória de reconhecimento de paternidade socioafetiva ajuizada por Davi Brandão Marinho Gustavo, menor impúbere, representado por sua genitora, objetivando a proclamação judicial para reconhecimento do vínculo de paternidade socioafetiva, fazendo constar em seu assento de nascimento o nome de Iranilson Araújo dos Santos como seu genitor. Depreende-se que a hipótese telada na ação judicial, em que não consta a manifestação de vontade do genitor biológico do infante, não tratando de procedimento iniciado perante Serventia Extrajudicial competente, não se coaduna com o Provimento 63/2.017. Em verdade, a apreciação da presente ação, visando a declaração judicial sobre o reconhecimento de paternidade socioafetiva, de natureza jurisdicional, refoge do âmbito de atribuições do exercício da Corregedoria Permanente, que se desenvolve na esfera administrativa nesta 2ª Vara de Registros Públicos. Frise-se que a 2ª Vara de Registros Públicos, além de processar ações de usucapião e retificações de assentos de nascimento, casamento e óbito, detém a Corregedoria Permanente dos Tabelionatos de Notas e Registros Civis das Pessoas Naturais da Capital, orientando, fiscalizando e, conforme o caso, aplicando sanções administrativas às serventias, observadas as formalidades legais e normativas. A questão posta em controvérsia envolve processo de conhecimento, cujo palco para dirimi-lo é a Vara da Família e das Sucessões, nos termos do artigo 37, inciso I, alínea "a", do Código Judiciário do Estado de São Paulo e conforme bem evidenciado pela D. representante do Ministério Público (fls. 27). Por conseguinte, em razão da natureza jurisdicional do pedido veiculado, redistribua-se o presente feito a uma das Varas da Família e das Sucessões do Foro Regional de Santo Amaro, da Capital, observadas as formalidades necessárias. - ADV: GUILHERME OLIVEIRA ATENCIO (OAB 369295/ SP) (DJe de 05.07.2018 - SP)

Processo 1002678-69.2017.8.26.0100

Pedido de Providências - Registro Civil das Pessoas Naturais - J.R.P.P. - Vistos,Trata-se de expediente encaminhado pelo Oficial do Registro Civil das Pessoas Naturais do 9º Subdistrito Vila Mariana, Capital, suscitando dúvida quanto à averbação do reconhecimento de paternidade no assento de nascimento de Emylly Yummy Ikeda, que pretende alterar o nome para "Emylly Yummy Nakashima Pinto". O representante do Ministério Público ofertou parecer, opinando pelo deferimento do pedido formulado (fls. 65/66 e 108). É o breve relatório. DECIDO. Cuidam os autos de dúvida suscitada pelo Oficial do Registro Civil das Pessoas Naturais do 9º Subdistrito Vila Mariana, Capital, relacionada à averbação do reconhecimento de paternidade realizado por José Ricardo Patriota Pinto, em relação à Emylly Yummy Ikeda, que pretende adotar o nome "Emylly Yummy Nakashima Pinto". Depreende-se dos elementos carreados ao feito que a interessada, nascida aos 03 de julho de 1.990, foi registrada pela genitora, Lúcia Nakashima Ikeda, e por Jorge Masao Ikeda que, na época de seu nascimento, era casado com sua mãe (fls. 04). Posteriormente, sobreveio a sentença proferida pelo MMº Juízo da 1ª Vara da Comarca de Embu, transitada em julgado, determinando a exclusão da paternidade atribuída a Jorge Masao Ikeda, bem como a exclusão dos avós paternos do assento de nascimento da registrada. A averbação foi cumprida em 28 de agosto de 2.006. No presente expediente, devidamente instruído pelo termo de reconhecimento de paternidade firmado por José Ricardo Patriota Pinto, que contou com anuência expressa da reconhecida, pretende-se ultimar a correlata averbação à margem do assento de nascimento de Emylly Yummy Ikeda e, além disso, alterar o nome da registrada para "Emylly Yummy Nakashima Pinto". Pois bem. De início, no que concerne ao reconhecimento de paternidade em questão, infere-se que o exame de DNA de fls. 61/62 confirmou a paternidade biológica e, por conseguinte, a averbação do reconhecimento deverá ser feita no assento de nascimento. De outro lado, contudo, diante da natureza administrativa que norteia este expediente, forçoso convir que a única alteração de nome que comporta ser acolhida é para incluir o novo patronímico paterno "Pinto". As demais modificações de nome pretendidas pela interessada, para excluir o sobrenome "Ikeda" e incluir o sobrenome materno "Nakashima", reclamam a observância do procedimento judicial previsto no artigo 109 da Lei de Registros Públicos, e não podem ser decididos nesta via administrativa. Cumpre salientar que, como o mandado judicial expedido pelo MM. Juízo da 1ª Vara da Comarca de Embu não determinou, de modo expresso, a exclusão do sobrenome "Ikeda" do nome da registrada, a despeito da ordem para a exclusão do vínculo de filiação paterno, concretamente, Emylly continuou utilizando o referido patronímico que, diga-se, até a presente data é o único que compõe o seu nome. Portanto, inobstante a averbação no assento de nascimento, realizada em 2.006, que excluiu a paternidade, certo é que, ao longo desses onze anos, Emylly continuou utilizando normalmente o sobrenome "Ikeda", ciente de que Jorge não figurava mais como pai no seu registro e que, dessa forma, não havia mais justificativa para que mantivesse aquele patronímico atrelado ao seu nome. Ainda que se argumente que à data da averbação Emylly era relativamente incapaz, não se pode olvidar que, ao atingir a maioridade civil, em julho de 2008, ela continuou usando o sobrenome "Ikeda" e não adotou providencia para adequar seu nome à realidade de sua filiação. Tanto que, em 11 de fevereiro de 2.017 (fls. 98), utilizou-se de sua certidão de nascimento com o sobrenome "Ikeda" para a emissão de documento de identificação. Nesta mesma toada, no que tange ao pedido para inclusão do sobrenome materno "Nakashima", não pode ser deferido nesta via administrativa. A matéria abordada no Provimento nº 16 do CNJ, que tratou especificamente do reconhecimento voluntário de filho pelo genitor biológico, não abarcou qualquer situação que dispense de apreciação judicial o pedido de acréscimo do patronímico da genitora. Destarte, impõe-se o indeferimento do pedido de exclusão do sobrenome "Ikeda" e inclusão do sobrenome "Nakashima" nesta via administrativa, devendo a interessada, se o caso, buscar a via adequada, em observância ao artigo 109 da Lei de Registros Públicos.Assim, na forma em que concebida a alteração, forçoso concluir que a situação induz à averbação no assento de nascimento nos exatos termos da realidade contida no registro de nascimento, com inserção da filiação paterna.Pelo exposto e por tudo mais que nos autos consta, isso, determino a averbação do reconhecimento de paternidade no assento de nascimento de Emylly Yummy Ikeda, que passará a chamar-se "Emylly Yummy Ikeda Pinto". Ao Oficial do Registro Civil das Pessoas Naturais do 9º Subdistrito Vila Mariana, Capital, para a averbação do reconhecimento de paternidade, nos moldes em que determinado. Ciência ao Oficial e ao Ministério Público. Oportunamente, arquivem-se os autos.R.I.C. - ADV: AURINO SOUZA XAVIER PASSINHO (OAB 116219/SP), ELIAS POLUBOIARINOV (OAB 122820/SP) (DJe de 24.01.2018 - SP)

Processo 1013441-95.2018.8.26.0100

Retificação ou Suprimento ou Restauração de Registro Civil - Retificação de Nome - Victor Rabello Gonçalves Cunha - Victor Rabello Gonçalves Cunha, menor representado por sua genitora Andrea Gonçalves da Silva Squilassi, propõe ação com pedido de retificação de seu assento de nascimento a fim de incluir ao seu nome o patronímico de seu padrasto "Squilassi", passando a se chamar Victor Rabello Gonçalves Cunha Squilassi. Com a inicial foram juntados os documentos de fls. 7/25. A declaração de anuência do pai biológico do autor foi juntada nas fls. 41 e a do padrasto nas fls. 42. O Ministério Público ofertou parecer, opinando pelo deferimento do pedido (fls. 46). É o relatório. FUNDAMENTO E DECIDO. Os documentos juntados demonstram que a retificação pretendida merece ser deferida. Com efeito, compete ao juízo de família o reconhecimento da relação socioafetiva, que é uma das formas de criação do vínculo paternofilial. Nos presentes autos, não adveio notícia de que teria havido tal reconhecimento, contudo, o parágrafo oitavo do artigo 57, da Lei de Registros Públicos, com redação dada pela Lei nº 11.924/09, autoriza a averbação pretendida, consistente tão somente no acréscimo, ao nome do autor, do sobrenome daquele que foi e é seu padrasto. E, no caso dos autos, o documento de fls. 18 comprova que a genitora e o padrasto do autor são casados. Posto isso, julgo PROCEDENTE o pedido nos termos da inicial. Custas à parte autora. Esta sentença servirá como mandado,desde que assinada digitalmente por esta Magistrada e acompanhada das cópias necessárias ao seu cumprimento,inclusive da certidão de trânsito em julgado, incumbindo ao Sr. Oficial da Unidade do Serviço de Registro Civil das Pessoas Naturais competente consultar, em caso de dúvida, os autos digitais no sistema informatizado do Tribunal de Justiça do Estado de São Paulo. O Sr. Oficial da Unidade do Serviço de Registro Civil das Pessoas Naturais competente deverá comunicar este Juízo, em cinco dias, via ofício, o lançamento das averbações nos assentos, indicando-os expressamente. Outrossim, se aplicável, poderá nesta ser exarado o respeitável "CUMPRA-SE" do Excelentíssimo Senhor Doutor Juiz Corregedor Permanente competente, ordenando seu cumprimento pelo Senhor Oficial da respectiva Unidade do Serviço de Registro Civil das Pessoas Naturais. A parte autora fica expressamente ciente de que tem o dever processual de comprovar nesses autos o cumprimento integral desta sentença (artigo 77, inciso IV, do Novo Código de Processo Civil) e advertida de que o não cumprimento caracteriza ato atentatório à dignidade da justiça e, como tal, poderá ensejar, sem prejuízo das sanções criminais, civis e processuais cabíveis, aplicação de multa, nos termos do artigo 77 e parágrafos do Novo Código de Processo Civil. Ciência ao Ministério Público. P.I. Oportunamente, arquivem-se os autos. São Paulo, 13 de abril de 2018. - ADV: ANA PAULA DOS SANTOS (OAB 275426/SP)

Íntegra da decisão:

SENTENÇA

Processo nº: **1013441-95.2018.8.26.0100**

Classe - Assunto **Retificação Ou Suprimento Ou Restauração de Registro Civil - Retificação de Nome**

Requerente: **Victor Rabello Gonçalves Cunha**

Tipo Completo da Parte Passiva Principal

<< Informação indisponível >>:

Nome da Parte Passiva Principal << Informação indisponível >>

Juíza de Direito: Dra. **Ana Paula Mendes Carneiro**

Vistos.

Victor Rabello Gonçalves Cunha, menor representado por sua genitora **Andrea Gonçalves da Silva Squilassi**, propõe ação com pedido de retificação de seu assento de nascimento a fim de incluir ao seu nome o patronímico de seu padrasto "**Squilassi**", passando a se chamar **Victor Rabello Gonçalves Cunha Squilassi**. Com a inicial foram juntados os documentos de fls. 7/25.

A declaração de anuência do pai biológico do autor foi juntada nas fls. 41 e a do padrasto nas fls. 42. O Ministério Público ofertou parecer, opinando pelo deferimento do pedido (fls. 46).

É o relatório.

FUNDAMENTO E DECIDO.

Os documentos juntados demonstram que a retificação pretendida merece ser deferida.

Com efeito, compete ao juízo de família o reconhecimento da relação socioafetiva, que é uma das formas de criação do vínculo paternofilial.

Nos presentes autos, não adveio notícia de que teria havido tal reconhecimento, contudo, o parágrafo oitavo do artigo 57, da Lei de Registros Públicos, com redação dada pela Lei nº 11.924/09, autoriza a averbação pretendida, consistente tão somente no acréscimo, ao nome do autor, do sobrenome daquele que foi e é seu padrasto.

E, no caso dos autos, o documento de fls. 18 comprova que a genitora e o padrasto do autor são casados. Posto isso, julgo **PROCEDENTE** o pedido nos termos da inicial.

Custas à parte autora.

Esta sentença servirá como mandado, desde que assinada digitalmente por esta Magistrada e acompanhada das cópias necessárias ao seu cumprimento, inclusive da certidão de trânsito em julgado, incumbindo ao Sr. Oficial da Unidade do Serviço de Registro Civil das Pessoas Naturais competente consultar, em caso de dúvida, os autos digitais no sistema informatizado do Tribunal de Justiça do Estado de São Paulo.

O Sr. Oficial da Unidade do Serviço de Registro Civil das Pessoas Naturais competente deverá comunicar este Juízo, em cinco dias, via ofício, o lançamento das averbações nos assentos, indicando-os expressamente.

Outrossim, se aplicável, **poderá nesta ser exarado o respeitável**

"CUMPRA-SE" do Excelentíssimo Senhor Doutor Juiz Corregedor Permanente competente, ordenando seu cumprimento pelo Senhor Oficial da respectiva Unidade do Serviço de Registro Civil das Pessoas Naturais.

A parte autora fica expressamente ciente de que tem o dever processual de comprovar nesses autos o cumprimento integral desta sentença (artigo 77, inciso IV, do Novo Código de Processo Civil) e advertida de que o não cumprimento caracteriza ato atentatório à dignidade da justiça e, como tal, poderá ensejar, sem prejuízo das sanções criminais, civis e processuais cabíveis, aplicação de multa, nos termos do artigo 77 e parágrafos do Novo Código de Processo Civil.

Ciência ao Ministério Público. P.I.

Oportunamente, arquivem-se os autos. São Paulo, 13 de abril de 2018.

Ana Paula Mendes Carneiro Juíza de Direito (assinado digitalmente) (DJe de 17.04.2018 - SP)

Processo 1061764-34.2018.8.26.0100

Pedido de Providências - Registro Civil das Pessoas Naturais - D.B.M.G. - G.B.B. - E.M.G. - Vistos. Cuida-se de ação declaratória de reconhecimento de paternidade socioafetiva ajuizada por Davi Brandão Marinho Gustavo, menor impúbere, representado por sua genitora, objetivando a proclamação judicial para reconhecimento do vínculo de paternidade socioafetiva, fazendo constar em seu assento de nascimento o nome de Iranilson Araújo dos Santos como seu genitor. Depreende-se que a hipótese telada na ação judicial, em que não consta a manifestação de vontade do genitor biológico do infante, não tratando de procedimento iniciado perante Serventia Extrajudicial competente, não se coaduna com o Provimento 63/2.017. Em verdade, a apreciação da presente ação, visando a declaração judicial sobre o reconhecimento de paternidade socioafetiva, de natureza jurisdicional, refoge do âmbito de atribuições do exercício da Corregedoria Permanente, que se desenvolve na esfera administrativa nesta 2ª Vara de Registros Públicos. Frise-se que a 2ª Vara de Registros Públicos, além de processar ações de usucapião e retificações de assentos de nascimento, casamento e óbito, detém a Corregedoria Permanente dos Tabelionatos de Notas e Registros Civis das Pessoas Naturais da Capital, orientando, fiscalizando e, conforme o caso, aplicando sanções administrativas às serventias, observadas as formalidades legais e normativas. A questão posta em controvérsia envolve processo de conhecimento, cujo palco para dirimi-lo é a Vara da Família e das Sucessões, nos termos do artigo 37, inciso I, alínea "a", do Código Judiciário do Estado de São Paulo e conforme bem evidenciado pela D. representante do Ministério Público (fls. 27). Por conseguinte, em razão da natureza jurisdicional do pedido veiculado, redistribua-se o presente feito a uma das Varas da Família e das Sucessões do Foro Regional de Santo Amaro, da Capital, observadas as formalidades necessárias. - ADV: GUILHERME OLIVEIRA ATENCIO (OAB 369295/SP) (DJe de 05.07.2018 - SP)

TRANSCRIÇÃO

Processo 1009721-23.2018.8.26.0100 - Pedido de Providências - Registro Civil das Pessoas Naturais - R.S.S. - G.S.S. - Vistos. Trata-se de expediente encaminhado pela Oficial do Registro Civil das Pessoas Naturais e de Interdições e Tutelas do 1º Subdistrito - Sé, Capital, suscitando dúvida quanto ao requerimento apresentado por Gabriel Silvério Silva. Aduz que o interessado solicitou a transcrição do assento de nascimento lavrado em Portugal, nascido aos 29 de junho de 1.991, conforme certidão expedida pela Conservatória do Registro Civil de Lisboa. Entretanto, consta que o referido, Gabriel Silvério Silva, em 01 de abril de 1.992, foi registrado no Registro Civil das Pessoas Naturais de Uberada - 1º Ofício de Minas Gerais. Em face da situação peculiar, a Oficial suscitou dúvida. O procedimento foi instruído pelos documentos de fls. 03/24. O interessado, Gabriel Silvério Silva, interveio no feito (fls. 03/04; 28; 33/36). A representante do Ministério Público ofertou parecer, opinando pela autorização do cancelamento do assento de nascimento brasileiro (fls. 30/31). É o breve relatório. DECIDO. Consta dos autos que Gabriel Silvério Silva protocolou, junto ao Registro Civil das Pessoas Naturais e de Interdições e Tutelas do 1º Subdistrito - Sé, desta Capital, o pedido de transcrição de assento de nascimento lavrado em repartição estrangeira. De acordo com as declarações apresentadas pelo interessado, à época de seu nascimento, aos 29 de junho de 1.991, seus pais residiam em Portugal e, por desconhecimento das leis, houve a lavratura do assento de nascimento português na Conservatória do Registro Civil de Seixal. Posteriormente, quando a família retornou ao Brasil, também por desconhecimento e comodidade, acabaram fazer lavrar um novo registro brasileiro, em 01 de abril de 1.992, constando falsa informação sobre o local de nascimento na cidade de Uberaba, Estado de Minas Gerais. À vista da duplicidade de assentos de nascimento, deve ser cancelado aquele lavrado em segundo lugar, em respeito ao princípio da anterioridade, de modo a prevalecer o assento primitivo. Conforme já se decidiu: "ocorrendo a duplicidade de registros de nascimento, prevalece o primeiro, dada a nulidade do segundo" (RT 551/230). Diante do exposto, e com a concordância da representante do Ministério Público, determino o cancelamento do assento de nascimento de Gabriel Silvério Silva, lavrado em 01 de abril de 1.992, sob o nº 141166, fls. 217, do livro A-195, pelo Registro Civil das Pessoas Naturais de Uberaba - 1º Ofício Minas Gerais. Como bem ressaltado pela D. Promotora de Justiça (fls. 30/31; 40), uma vez cancelado o assento brasileiro, os documentos do interessado deverão ser recolhidos, vez que há notícia de identidade nacional e passaporte brasileiro. Assim, com a comunicação do cumprimento desta sentença pelo Sr. Oficial de Registro Civil das Pessoas Naturais de Uberaba - 1º Ofício Minas Gerais, que deverá fazê-lo no prazo de cinco dias contados do recebimento do mandado de cancelamento, oficie-se à Secretaria de Segurança Pública/SP, IIRGD e Polícia Federal, servindo a presente como ofício, para as providencias cabíveis. Por fim, uma vez confirmado o efetivo cancelamento do registro brasileiro, restará superado o óbice à pretendida transcrição do assento de nascimento lavrado em Portugal pela ilustre Oficial do Registro Civil das Pessoas Naturais e de Interdições e Tutelas do 1º Subdistrito - Sé, Capital. Após o trânsito em julgado, expeça-se o necessário. ESTA SENTENÇA SERVIRÁ COMO MANDADO, desde que por cópia extraída pelo setor de reprografia do Tribunal de Justiça, assinada digitalmente por este Magistrado e acompanhada das cópias necessárias ao seu cumprimento, inclusive da certidão de trânsito em julgado, todas numeradas e rubricadas, com certidão abaixo preenchida pela Sra. Coordenadora à Sra. Oficial da Unidade do Serviço de Registro Civil das Pessoas Naturais competente para que proceda ao cancelamento deferido. Custas pelo interessado. Ciência ao interessado, à Oficial e ao Ministério Público. Oportunamente, arquivem-se os autos. R.I.C. - ADV: AMANDA PRETZEL CLARO (OAB 345927/SP) (DJe de 23.02.2018 - SP)

4.5.3 REGISTRO DE TÍTULOS E DOCUMENTOS E PESSOA JURÍDICA

ADMINISTRADOR PROVISÓRIO

Processo 1038613-39.2018.8.26.0100

Pedido de Providências - Registro civil de Pessoas Jurídicas - Associação Brasileira de Agências de Viagens - Abav Nacional - Vistos. Trata-se de pedido de providências formulado por Associação Brasileira de Agências de Viagens - ABAV Nacional em face da negativa do Oficial do 1º Registro de Títulos e Documentos e Civil de Pessoa Jurídica da Capital em proceder à averbação da Ata de Assembleia Geral Eleitoral do Conselho Nacional da entidade, realizada em 19 de março de 2018, que visava ratificar processo eleitoral realizado em 12 de dezembro de 2017. Alega a requerente que o título foi qualificado negativamente sob a justificativa de que deve ser realizado novo pleito, diante de manifestação contrária à ratificação da eleição ocorrida. Informa que, para não exercer irregularmente suas atividades, foi ajuizado pedido de nomeação de administrador provisório, com a nomeação de Marcelo Marcos de Oliveira nos autos do processo nº 1035017- 47.2018.8.26.0100. Juntou documentos a fls. 9/153. O Registrador se manifestou a fls. 157/164, com documentos a fls. 165/555. Aduz não ter a entidade cumprido o disposto no art. 30, letra "a" do estatuto em vigor, pois não apresentou no prazo estatutário a relação nominal completa da Composição do Conselho Nacional para todas as associadas ativas. Menciona outras prenotações e exigências cumpridas parcialmente pela requerente. O Ministério Público opinou pela improcedência do pedido (fls. 559/561). É o relatório. Passo a fundamentar e a decidir. Preliminarmente, a decisão que define Marcelo Marcos de Oliveira como administrador provisório de fato não constitui ofício ou mandado. No entanto, do processo nº 1035017-47.2018.8.26.0100 constam diversos despachos ratificando a nomeação do administrador provisório. No caso em análise, o óbice se constitui por não ter sido recebido pelo Oficial mandado com origem na 8º Vara Cível do Foro Central. Todavia, tendo em vista evitar o prolongamento deste feito e diante das claras razões que determinaram a nomeação de administrador provisório, é hipótese deste juízo corregedor determinar a averbação de Marcelo Marcos de Oliveira, brasileiro, casado, advogado, portador do RG nº 20.514.603-x e do CPF 261.429.648-11, inscrito na OAB/SP sob o nº 179.168 como administrador provisório da Associação Brasileira de Agências de Viagens - ABAV Nacional, pessoa jurídica de direito privado, inscrita no CNPJ nº 27.287.283/0001-50, sediada na Av. São Luís, nº 165, 1º andar, Conjunto 1B, Centro, São Paulo/SP, com poderes de representação de tal entidade perante os órgãos competentes, pelo prazo de 6 (seis) meses contados a partir do dia 04 de abril de 2018, nos termos da decisão exarada nos autos do processo nº 1035017 - 47.2018.8.26.0100 em 04 de abril de 2018, pelo Juízo da 8ª Vara Cível do Foro Central da Capital, conforme consta de fls. 33 do presente feito. No mais, a Associação pretende o registro da Ata da Assembleia Geral realizada em 19/03/18, a fim de suprir o desatendimento ao disposto no artigo 30 do Estatuto vigente da entidade, de acordo com nota de devolução de fls. 415. O óbice consignado na última prenotação, de nº 523.261 de 23/04/2018, diz respeito à necessidade de se abrir novo processo eleitoral em decorrência de manifestações contrárias à ratificação da eleição, com base no entendimento do Parecer aprovado nos autos do Processo 04/13-E, da E. Corregedoria Geral de Justiça do Estado de São Paulo. Diz a mencionada decisão: "E como o edital de fls. 24 nada diz sobre realização de nova eleição, limitando-se a mencionar a validação da passada, maculada por desrespeitar o estatuto, não se podem reputar atendidos o estatuto e a r. Decisão proferida nos autos do pedido de providências nº, da Corregedoria Permanente ." (sic) Dos elementos acostados aos autos, de maneira oposta ao debatido no julgado utilizado, comprova-se a consulta aos associados sobre a possibilidade e necessidade de novo pleito, como consta de fls. 81/92. Na votação eletrônica realizada em 19 de março de 2018, havia duas possibilidades de resposta à pergunta "neste momento é necessária esta Assembleia para registrar que este órgão soberano da entidade através de sua manifestação": a) "ratifica todos os atos do procedimento eleitoral e a eleição por aclamação da chapa INOVA ABAV de 12.12.207" ou b) "entende a necessidade de novo procedimento eleitoral". Se a deliberação culminou na aprovação da eleição ocorrida em 12/12/17, consequentemente a opção de realização de novo pleito restou rechaçada pelos membros associados. Ilógico conjecturar que aqueles que escolheram ratificar os atos do procedimento eleitoral opinariam, ao mesmo tempo, por nova eleição, caso a assembleia se desse de outro modo, com a votação de uma pauta por vez. Nesse sentido, a exigência manifesta pelo Oficial Registrador, com a devida vênia, constitui formalidade excessiva. Logo, entendo plenamente cumpridas as exigências formuladas pelo Oficial Registrador a fls. 525/526 e 418/419, sendo possível o ingresso da ata da Assembleia Geral Eleitoral do Conselho Nacional, devidamente ratificada pela ata da Assembleia Geral Extraordinária de 19 de março de 2018. Diante do exposto, julgo procedente o pedido de providências formulado pela Associação Brasileira de Agências de Viagens - ABAV Nacional em face do Oficial do 1º Registro de Títulos e Documentos e Civil de Pessoa Jurídica da Capital, afastando os óbices apresentados. Esta sentença servirá de mandado para registro, sendo desnecessária a expedição de novo documento, nos termos da Portaria Conjunta n.º 01/2008 das Varas de Registros Públicos da Capital. Não há custas, despesas processuais nem honorários advocatícios decorrentes deste procedimento. Oportunamente, arquivem-se os autos. P.R.I.C. - ADV: MARCOS PAULO GUIMARÃES MACEDO (OAB 175647/SP) (DJe de 07.06.2018 - SP)

Processo 1083887-26.2018.8.26.0100

Pedido de Providências - Intervenção de Terceiros - Andréa de Souza - Vistos. Trata-se de nomeação de administrador provisório cumulada com antecipação de tutela formulada por Andrea de Souza, em face da Associação Amigos Unidos do Jardim Jaraguá e Parque Anhanguera. Para a eleição de um administrador provisório é imprescindível a intervenção do Poder Judiciário, tendo em vista que não se discute apenas a situação registrária, mas a própria representação da pessoa jurídica, além da administração de seus vários interesses. Há de se notar que o Estatuto Social deve se adequar às disposições do Novo Código Civil Brasileiro e, para tal, deve o administrador provisório ter poderes específicos para convocar e presidir Assembléia Geral Extraordinária. Tal entendimento está pacificado no âmbito da Corregedoria Geral da Justiça (Processos n°s 1.283/2003, 206/2004, 610/2004, 611/2004, 959/2006 e 11.901/2007). Há de se observar a decisão referente a mesma questão posta a desate, da qual coaduno, proferida pelo MMº Juiz Josué Modesto Passos: "... havendo solução de continuidade entre os atos da associação (por exemplo, por falta de eleições durante vários anos, como sucede in casu), o remédio legal é solicitação, na via contenciosa, de administrador provisório que reorganize a vida da associação; o que decididamente não tem lugar é cogitar que o registro civil de pessoas jurídicas possa, na atividade de qualificação, suprir o defeito e admitir a averbação de nova ata, sem a continuidade ou, pelo menos, a compatibilidade entre o novo ato associativo e aqueles que se encontram inscritos, ainda que haja força maior, como o desaparecimento ou a morte de anteriores diretores". (Processo nº 0030234-05.2013.8.26.0100) Neste contexto, transcrevo trecho do voto do parecer nº 377/2017 da E. Corregedoria Geral de Justiça: "Isso porque a atual gestão da entidade não está formalmente constituída e não corresponde àquela que consta formalmente junto ao Registro Civil de Pessoas Jurídicas. Portanto, não tem legitimidade para convalidar atos da entidade e tampouco para convocar eleições. Sendo impossível, como informa a recorrente, obter regularização dos atos de gestão por aqueles que constam formalmente como membros da diretoria, imprescindível a nomeação judicial de administrador provisório para esse fim. A convocação de assembleia por pessoas que não figuram formalmente como membros da diretoria da entidade não tem qualquer valia, sendo correta a recusa do Registrador, em consonância com o princípio da continuidade. Não se cuida de meras formalidades vazias, mas de exigências necessárias para a observância do princípio registrai acima indicado. Somente um administrador provisório nomeado judicialmente poderá promover a regularização do período compreendido entre o término do último mandato e sua nomeação." (Recurso Administrativo nº 0004320-77.2013.8.26.0530. CGJSP. São Paulo, 09/11/2017 Relatora: Tatiana Magosso) No mais, o artigo 49 do CC é cristalino ao estabelecer que: "Se a administração da pessoa jurídica vier a faltar, o juiz, a requerimento de qualquer interessado, nomear-lhe-á administrador provisório". Logo, ao dispor que somente o juiz poderá nomear administrador provisório, tem-se que é indispensável o requerimento na via judicial, perante uma das Varas Cíveis competentes, preservando-se assim, o princípio da continuidade registrária. Feitas estas considerações, em consonância com o princípio da celeridade que norteia os atos processuais, remetam-se os autos ao distribuidor para redistribuição a uma das Varas Cíveis da Capital, que detém competência absoluta para análise da questão. Int. - ADV: VALMIR DE JESUS LIMA (OAB 210419/SP) (DJe de 20.08.2018 - SP)

ALTERAÇÃO CONTRATUAL

Processo 1074451-77.2017.8.26.0100

Pedido de Providências - Registro civil de Pessoas Jurídicas - Rsm Brasil Bpo S.s. - Vistos. Trata-se de pedido de providências formulado por RSM BRASIL BPO S/S em face do Oficial do 4º Registro de Títulos e Documentos e Civil de Pessoa Jurídica da Capital, pretendendo a averbação da 46ª alteração contratual, que versa sobre a mudança de endereço da sede da sociedade. De acordo com as informações do Registrador (fls. 71/72), o óbice para a averbação consiste na existência de cláusula que prevê a exclusão extrajudicial de sócio por justa causa. Entende que tem prevalecido na jurisprudência o entendimento de que, no âmbito das sociedades simples puras, a exclusão de sócio minoritário depende de ação judicial, nos termos do artigo 1030 do Código Civil, não sendo possível a exclusão extrajudicial por iniciativa dos sócios majoritários. Salienta que não se pode interpretar extensivamente a regra do artigo 1085 do Código Civil para abranger as sociedades simples puras, bem como aplicar subsidiariamente as regras das sociedades limitadas, ou associações, uma vez que o legislador propositalmente estabeleceu um regime diferenciado para as sociedades simples. Insurge-se a requerente do entrave, sob o argumento que a cláusula foi incluída há cinco anos, não sendo questionada por qualquer dos cartórios de registro civil de pessoas jurídicas, bem como que o objeto da deliberação da alteração contratual refere-se exclusivamente à mudança de endereço da requerente. Aduz que a IV Jornada de Direito Civil, promovida em 2006, editou o Enunciado 280, concluindo que em virtude da omissão e da possibilidade expressa de se aplicar às sociedades simples as regras previstas na parte geral sobre as associações, é possível haver exclusão extrajudicial de sócio por justa causa. Juntou documentos às fls. 11/63. O Ministério Público opinou pela improcedência do pedido (fls. 76/77). É o relatório. Passo a fundamentar e a decidir. Com razão o Registrador, bem como a D Promotora de Justiça. De fato pretende a requerente a averbação da alteração contratual somente para mudança da sede da empresa, todavia é dever do registrador proceder à qualificação completa do título apresentado, e não estando ele completamente apto, negar o ato registrário, independentemente de outros cartórios terem aceito, vez que o Oficial não fica vinculado a atos praticados em outras unidades extrajudiciais. A qualificação é livre se embasa na convicção pessoal do Registrador. No mais, no caso das sociedades simples, a exclusão dos sócios só se pode dar pela via judicial, nos termos do artigos 1004 e 1030 do Código Civil. "Art. 1004: Os sócios são obrigados, na forma e prazo previstos, às contribuições estabelecidas no contrato social, e aquele que deixar de fazê-lo, nos trinta dias seguintes ao da notificação pela sociedade, responderá perante esta pelo dano emergente da mora. Parágrafo único: Verificada a mora, poderá a maioria dos demais sócios proferir, à indenização, a exclusão do sócio remisso, ou reduzir-lhe a quota ao montante já realizado, aplicando-se, em ambos os casos, o disposto no § 1º do art. 1031". "Art. 1030: Ressalvado o disposto no art. 1004 e seu parágrafo único, pode o sócio ser excluído judicialmente, mediante iniciativa da maioria dos demais sócios, por falta grave no cumprimento de suas obrigações, ou, ainda, por incapacidade superveniente". Logo, é necessária a propositura de ação, de rito ordinário, na qual será concedida a oportunidade de ampla defesa do sócio excluído. No mais, havendo disposições expressas, o artigo 57 do Código Civil não pode ser aplicado subsidiariamente, a despeito da previsão do art. 44, § 2º do mesmo diploma legal. Tal questão não é nova, é já foi enfrentada por este Juízo, nos autos nº 0025694-79.2011.8.26.0100, em sentença proferida pelo MM. Juiz Gustavo Henrique Bretas Marzagão: "A exclusão do sócio da sociedade simples é disciplinada no art. 1030 do CC, segundo o qual: Ressalvado o disposto no art.1004 e seu parágrafo único, pode o sócio ser excluído judicialmente, mediante iniciativa da maioria dos demais sócios, por falta grave, no cumprimento de suas obrigações, ou ainda, por incapacidade superveniente. Como se vê, a norma exige de forma expressa que a exclusão do sócio, de serviço ou não, ocorra por meio de processo judicial por iniciativa da maioria dos demais. Trata-se, como bem ponderou o Oficial em suas bem fundadas informações, de norma especial que cuida de maneira específica do modo pelo qual o sócio da sociedade simples pode ser excluído. Ora, havendo norma específica sobre o tema, não há como se invocar a incidência do art. 44, § 2º, do Código Civil, para sustentar a aplicação subsidiária do art.57, sob pena de se fazer letra morta do 1030. "E ainda, de acordo com o precedente da Egrégia Corregedoria Geral da Justiça: "Registro Civil de Pessoas Jurídicas Sociedade simples - averbação de alteração contratual que contém cláusula de exclusão extrajudicial de sócio - impossibilidade - art. 1.030 do Código

Civil - regra específica que afasta a incidência do art. 44, § 2º, Código Civil - Recurso não provido" (Processo CG 2013/133553). Desta forma, indevida a cláusula questionada pelo Registrador, que macula o título levado a registro. Diante do exposto, julgo improcedente o pedido de providências formulado por RSM BRASIL BPO S/S em face do Oficial do 4º Registro de Títulos e Documentos e Civil de Pessoa Jurídica da Capital, e mantenho o óbice imposto. Deste procedimento não decorre custas, despesas processuais e honorários advocatícios. Oportunamente remetam-se os autos ao arquivo. P.R.I.C. - ADV: DANIELLY DE FARIAS BERNARDINO (OAB 186724/RJ) (DJe de 06.02.2018 - SP)

Processo 1116555-84.2017.8.26.0100

Pedido de Providências - Registro civil de Pessoas Jurídicas - A S I Serviços de Administração Empresarial S/c Ltda - Vistos. Trata-se de pedido de providências formulado por A S I - Serviços de Administração Empresarial SC LTDA em face do Oficial do 9º Registro de Títulos e Documentos e Civil de Pessoa Jurídica da Capital, pretendendo a averbação da alteração de seu contrato social, referente a mudança de sede para a Capital, bem como a extinção da pessoa jurídica. Esclarece a requerente que seu contrato social foi registrado perante o Oficial do 2º Registro de Títulos e Documentos de Osasco/SP, em 29.07.1999 e em 03.09.1999 foi apresentada alteração do contrato social relativa à mudança de endereço da Rua Domingos de Mambro - Osasco, para Av. Antonio de Souza Noschese - Parque Continental/SP, todavia, não foi apresentado perante o Oficial de Registro de Títulos e Documentos de São Paulo mencionada alteração. Salienta que em 2002, não havendo mais interesse na manutenção da sociedade civil e das atividades da empresa, os sócios resolveram dissolver a sociedade, porém, não realizaram as devidas averbações perante o Oficial competente nas épocas devidas, apenas realizaram sua extinção junto à Prefeitura de São Paulo. Juntou documentos às fls. 06/26. O registrador manifestou-se às fls. 30/32. Assevera que o distrato social nunca foi apresentado na Serventia, mas apenas ao 2º Registro de Imóveis, Títulos e Documentos e Civil de Pessoa Jurídica de Osasco, sendo apontados somente os instrumentos de contrato social e alteração contratual referente a mudança de sede, cujo registro e averbação foram adiados devido ao longo período sem atividade registral da sociedade, bem como necessidade de adequação ao Código Civil, com a conversão da S/C para sociedade simples. O Ministério Público opinou pela improcedência do pedido (fls. 36/38). Acerca das ponderações do registrador, bem como cota ministerial, a requerente manifestou-se às fls. 41/44, juntando documentos às fls. 45/49. É o relatório. Passo a fundamentar e a decidir. Em que pesem as alegações da requerente, verifica-se que a empresa não possuiu registro na Comarca da Capital, sendo que os atos constitutivos estão registrados no 2º Registro Civil de Pessoa Jurídica de Osasco (fl. 26). Daí que em consonância com o princípio da concentração dos atos registrarias, bem como da continuidade, deve- se obedecer a um encadeamento de regularidade na representação da empresa. E ainda que assim não o fosse a requerente encontra-se irregular, sendo que o último ato registrário foi praticado há mais de dez anos, bem como é necessária sua adequação do CC, logo tais irregularidades constituem óbice à averbação do distrato. Ademais, conforme acima exposto, este Juízo detém competência para análise referentes a questões envolvendo os atos registrários praticados na Comarca da Capital, não havendo qualquer inscrição junto ao 9º RTD, deverá a questão ser analisada e resolvida perante o Cartório onde a empresa tem seus atos constitutivos registrados, qual seja, Osasco. Diante do exposto, em consonância com o princípio da celeridade que norteia os atos processuais, determino a redistribuição do presente feito à Corregedoria Permanente de Osasco, para solução do impasse, ressaltando que eventual conflito negativo de competência deverá ser suscitado por aquele Juízo. Int. - ADV: LUCIANA MACEDO AUGUSTO BACCARELLI (OAB 177793/SP) (DJe de 02.03.2018 - SP)

ASSOCIAÇÃO

Processo 1113266-12.2018.8.26.0100

Pedido de Providências - Registro Civil das Pessoas Naturais - R.G.T. - Vistos. Trata-se de ação de nomeação de administrador provisório formulada por Ricardo Gabriel Teodoro em face da Associação Brasileira de Enfermagem em Nefrologia (SOBEN), tendo em vista que, desde dezembro de 2014, não houve mais a formalização periódica de novas eleições de diretoria. Conforme parecer deste Juízo, nos autos nº 0030234-05.2013.8.26.0100 em decisão proferida pelo MMº Juiz de Direito Drº Josué Modesto Passos, que versava sobre a mesma questão posta a desate e cujo parecer coaduno: "... havendo solução de continuidade entre os atos da associação (por exemplo, por falta de eleições durante vários anos, como sucede in casu), o remédio legal é solicitação, na via contenciosa, de administrador provisório que reorganize a vida da associação; o que decididamente não tem lugar é cogitar que o registro civil de pessoas jurídicas possa, na atividade de qualificação, suprir o defeito e admitir a averbação de nova ata, sem a continuidade ou, pelo menos, a compatibilidade entre o novo ato associativo e aqueles que se encontram inscritos, ainda que haja força maior, como o desaparecimento ou a morte de anteriores diretores". Para a eleição de um administrador provisório é imprescindível a intervenção do Poder Judiciário, tendo em vista que não se discute apenas a situação registrária, mas a própria representação da pessoa jurídica, além da administração de seus vários interesses. Há de se notar que o Estatuto Social deve se adequar às disposições do Novo Código Civil Brasileiro e, para tal, deve o administrador provisório ter poderes específicos para convocar e presidir Assembléia Geral Extraordinária. Tal entendimento está pacificado no âmbito da Corregedoria Geral da Justiça (Processos nº 105/2018-E; 377/2017-E; 356/2017-E; 173/2016-E). No mais, o artigo 49 do CC é cristalino ao estabelecer que: "Se a administração da pessoa jurídica vier a faltar, o juiz, a requerimento de qualquer interessado, nomear-lhe-á administrador provisório". Logo, ao dispor que somente o juiz poderá nomear administrador provisório, tem-se que é indispensável o requerimento na via judicial, perante uma das Varas Cíveis competentes, preservando-se o princípio da continuidade registrária. Por fim, em consonância com o princípio da celeridade, que norteia os atos processuais, e sendo este Juízo incompetente para análise da questão, remetam-se os autos ao distribuidor para redistribuição a uma das Varas Cíveis da Capital. Int. - ADV: MARCIA SILVA GUARNIERI (OAB 137695/SP) (DJe de 12.12.2018 - SP)

Processo 1123532-92.2017.8.26.0100

Procedimento Comum - Registro de Imóveis - Dori Edson Spina Lucas - Vistos. Trata-se de ação de nomeação de administrador provisório formulada por Dori Edson Spina Lucas em face da Associação Familiar e Beneficente da Vila Mará e Adjacências. Conforme parecer deste Juízo, em decisão proferida pelo MMº Juiz de Direito Drº Josué Modesto Passos, que versava sobre a mesma questão posta a desate e cujo parecer coaduno: "... havendo solução de continuidade entre os atos da associação (por exemplo, por falta de eleições durante vários anos, como sucede in casu), o remédio legal é solicitação, na via contenciosa, de administrador provisório que reorganize a vida da associação; o que decididamente não tem lugar é cogitar que o registro civil de pessoas jurídicas possa, na atividade de qualificação, suprir o defeito e admitir a averbação de nova ata, sem a continuidade ou, pelo menos, a compatibilidade entre o novo ato associativo e aqueles que se encontram inscritos, ainda que haja força maior, como o desaparecimento ou a morte de anteriores diretores"...Para a eleição de um administrador provisório é imprescindível a intervenção do Poder Judiciário, tendo em vista que não se discute apenas a situação registrária, mas a própria representação da pessoa jurídica, além da administração de seus vários interesses. Há de se notar que o Estatuto Social deve se adequar às disposições do Novo Código Civil Brasileiro e, para tal, deve o administrador provisório ter poderes específicos para convocar e presidir Assembléia Geral Extraordinária. Tal entendimento está pacificado no âmbito da Corregedoria Geral da Justiça (Processos nºs 1.283/2003, 206/2004, 610/2004, 611/2004, 959/2006 e 11.901/2007). No mais, o artigo 49 do CC é cristalino ao estabelecer que: "Se a administração da pessoa jurídica vier a faltar, o juiz, a requerimento de qualquer interessado, nomear-lhe-á administrador provisório". Logo, ao dispor que somente o juiz poderá nomear administrador provisório, tem-se que é indispensável o requerimento na via judicial, perante uma das Varas Cíveis competentes, preservando-se assim, o princípio da continuidade registrária. Feitas estas considerações, em consonância com o princípio da celeridade, que norteia os atos processuais, redistribua-se o presente feito a uma das Varas Cíveis da Capital, que detém competência absoluta para apreciação da questão. Int. - ADV: IVETE DOS REIS (OAB 77159/SP) (DJe de 24.01.2018 - SP)

Processo 1044810-10.2018.8.26.0100

Procedimento Comum - Tabelionato de Protestos de Títulos - M.A.F. - Vistos. Trata-se de ação de nomeação de administrador provisório cumulada com tutela antecipada, formulada por Maristela do Amaral Freitas em face de ACTESP (Associação dos Conselheiros Tutelares do Estado de São Paulo). Conforme parecer deste Juízo, em decisão proferida pelo MMº Juiz de Direito Drº Josué Modesto Passos, que versava sobre a mesma questão posta a desate e cujo parecer coaduno: "... havendo solução de continuidade entre os atos da associação (por exemplo, por falta de eleições durante vários anos, como sucede in casu), o remédio legal é solicitação, na via contenciosa, de administrador provisório que reorganize a vida da associação; o que decididamente não tem lugar é cogitar que o registro civil de pessoas jurídicas possa, na atividade de qualificação, suprir o defeito e admitir a averbação de nova ata, sem a continuidade ou, pelo menos, a compatibilidade entre o novo ato associativo e aqueles que se encontram inscritos, ainda que haja força maior, como o desaparecimento ou a morte de anteriores diretores"...Para a eleição de um administrador provisório é imprescindível a intervenção do Poder Judiciário, tendo em vista que não se discute apenas a situação registrária, mas a própria representação da pessoa jurídica, além da administração de seus vários interesses. Há de se notar que o Estatuto Social deve se adequar às disposições do Novo Código Civil Brasileiro e, para tal, deve o administrador provisório ter poderes específicos para convocar e presidir Assembléia Geral Extraordinária. Tal entendimento está pacificado no âmbito da Corregedoria Geral da Justiça (Processos nºs 1.283/2003, 206/2004, 610/2004, 611/2004, 959/2006 e 11.901/2007). No mais, o artigo 49 do CC é cristalino ao estabelecer que: "Se a administração da pessoa jurídica vier a faltar, o juiz, a requerimento de qualquer interessado, nomear-lhe-á administrador provisório". Logo, ao dispor que somente o juiz poderá nomear administrador provisório, tem-se que é indispensável o requerimento na via judicial, perante uma das Varas Cíveis competentes, preservando-se assim, o princípio da continuidade registrária. Feitas estas considerações, em consonância com o principio da celeridade, que rege os atos processuais, redistribua-se o presente procedimento a uma das Varas Cíveis da Capital, que detém competência exclusiva para apreciação da questão. Int. - ADV: FABIO CLEITON ALVES DOS REIS (OAB 218884/SP) (DJe de 04.05.2018 - SP)

Processo 1076910-18.2018.8.26.0100

Pedido de Providências - REGISTROS PÚBLICOS - 1º Oficial de Registro de Títulos e Documentos e Civil de Pessoa Jurídica da Capital de São Paulo - Grêmio Recreativo Escola de Samba Nenê de Vila Matilde - Vistos. Trata-se de Pedido de Providências apresentado pelo Oficial do 1º Registro de Títulos e Documentos da Capital a requerimento de Rogério Márcio de Oliveira, em nome da entidade denominada GRÊMIO RECREATIVO ESCOLA DE SAMBA NENÊ DE VILA MATILDE. O requerente apresentou para averbação ata de assembleia geral extraordinária realizada em 07/04/2018. Na qualificação, o Oficial encontrou irregularidades e emitiu nota devolutiva com a relação dos documentos essenciais para que a ata se adeque ao disposto no Estatuto Social em seu artigo 19º, parágrafos 1º, 2º e 3º. O artigo, que dispõe sobre as regras de assembleias cuja pauta inclua destituição de administradores, exige notificação extrajudicial aos destituídos e publicação do edital de convocação no Diário Oficial do Estado de São Paulo documentos estes que não foram entregues ao Registrador. Ademais, a lista dos presentes na assembleia não incluiu os associados registrados na Serventia. O suscitado, por sua vez, pugna pela averbação da ata. Afirma que o rito seguiu a previsão do art. 11º do Estatuto Social. Alega ainda que o artigo 19º, citado pelo Oficial, trata de um outro tipo de destituição, a que ocorre por justa causa, que não é o caso. Por fim, aduz que todas as atas de assembleias apresentaram divergências na relação de associados e foram registradas, o que invalidaria este óbice. O Ministério Público manifestou-se pela improcedência do pedido de providências. É o relatório. Decido. Assiste razão ao Registrador e à D Promotora. Ao contrário do entendimento do requerente, existe apenas uma forma de destituir membros da diretoria aquela prevista no artigo 19º do Estatuto Social. O citado artigo é claro ao afirmar que a destituição ocorrerá somente quando houver justa causa e se dará nos termos dos parágrafos 1º, 2º e 3º. Vejamos: "Artigo 19 – A destituição dos administradores do "GRES NENÊ DE VILA MATILDE", será determinada pela Assembleia Geral Extraordinária, sendo admissível somente havendo justa causa, assim reconhecida em procedimento disciplinar, quando ficar comprovado: (...) Parágrafo Primeiro: Definida a justa causa, o administrador será comunicado através de notificação extrajudicial dos fatos a ele imputados, para que apresente sua defesa prévia à Diretoria Executiva, no prazo de 30 (trinta) dias, contados do recebimento da comunicação. Parágrafo Segundo Após o decurso do prazo descrito no parágrafo anterior, independentemente da apresentação de defesa, a representação será submetida à Assembléia Geral Extraordinária, devidamente convocada para esse fim, com 30 (trinta) dias de antecedência, através do Diário Oficial do Estado de São Paulo, composta de associados efetivos em dia com suas obrigações associativas, onde será garantido ao destituído, o tempo de 1(uma) hora para replica, não podendo ela deliberar sem voto concorde de 2/3 (dois terços) dos presentes, sendo em primeira chamada, com a totalidade dos associados, e em segunda chamada, uma hora após a primeira, com a presença de, no mínimo, 2/3 (dois terços) dos associados efetivos."(grifei) Do disposto acima, entendo que não há dúvida quanto à necessidade da notificação extrajudicial dos destituídos, bem como da publicação de convocação de assembleia no DOE. Não há, ademais, referência à qualquer outra modalidade de destituição, sendo claro que ela ocorre somente quando há justa causa, ou seja, a destituição em quaisquer outros termos é vedada. Às fls. 107 o requerente reconhece que a Assembleia que decidiu pela destituição da diretoria e do conselho fiscal não foi convocada em conformidade com o artigo 19º do Estatuto. Reitera que a convocação se deu nos termos do artigo 11º. Contudo, analisando o Estatuto Social em seu conjunto é simples depreender que o artigo 11º trata de disposições gerais acerca da convocação de assembleias ordinárias e extraordinárias, enquanto o artigo 19º dispõe especificamente sobre a assembleia que destituirá membros da administração da associação, sendo esta uma modalidade específica daquela. A interpretação em contrário fere o Princípio da Legalidade, consoante bem apontado pela Promotora de Justiça. Ainda em análise aos óbices, quanto à incompatibilidade de assinaturas entre os associados registrados na serventia e os que convocaram a assembleia, sigo em concordância com o Registrador. Tal conflito gera insegurança jurídica, na medida em que, ainda conforme apontado pelo Ministério Público, não há prova alguma de que os presentes na assembleia deliberativa sejam de fato associados. Por fim, conforme Frederico de Castro Y Bravo (La persona jurídica. Madrid: Civitas, 1991, p. 280), o Estatuto da Associação encerra o conjunto de vontades de seus membros (pactum associationis) e lei para suas relações sociais (lex societatis). Apesar da força semântica da expressão utilizada (lei), ressalta-se a importância da obediência do estatuto social como ato de autonomia privada coletiva. A obediência ao Estatuto Social garante os interesses próprios da associação, nos termos em que foi criada, a par da vontade de seus associados. Desse modo, imprescindível que se cumpra o que foi expressamente disposto no Estatuto Social, o que resulta na manutenção dos óbices registrários enumerados pelo Oficial. Do exposto, indefiro o pedido de providências formulado por Rogério Márcio de Oliveira interessado na averbação de título em nome de GRES NENÊ DE VILA MATILDE em face do Oficial do 1º Registro Civil das Pessoas Jurídicas da Capital e mantenho os óbices registrários. Não há custas, despesas processuais, nem honorários advocatícios. Oportunamente, arquivem-se os autos.. P.R.I.C. - ADV: VALDO DE OLIVEIRA FARIAS (OAB 335731/SP) (DJe de 05.09.2018 - SP)

ATA DE ASSEMBLEIA

Processo 1071784-21.2017.8.26.0100

Pedido de Providências - REGISTROS PÚBLICOS - Sindicato das Empresas e Proprietários de Serviços de Reboque, Resgate, Guincho e Remoção de Veículos do Estado de S.p. - Vistos. Trata-se de pedido de providências formulado pelo Oficial do 7º Registro de Títulos e Documentos e Civil da Pessoa Jurídica da Capital a pedido de SEGRESP - Sindicato das Empresas e Proprietários de Serviços de Reboque, Resgate, Guincho e Remoção de Veículos do Estado de São Paulo, diante da negativa de averbação de duas atas de assembleias gerais realizadas pela entidade. Os óbices dizem respeito a irregularidades na convocação, realização e pauta da assembleia geral extraordinária realizada em 23/09/2016, prenotada sob nº 78.581. Na ata correspondente consta menção à anulação de assembleia realizada em 25/08/2016, que não foi averbada na Serventia. A segunda ata, prenotada sob nº 78.584, foi qualificada negativamente por depender do cumprimento da prenotação anterior, além de terem sido elencados outros óbices, cuja análise aqui restará prejudicada em respeito à ordem de prenotação. Informa o Oficial Registrador que as atas não estão em conformidade. As notas devolutivas encontram-se às fls. 43 e 122. Juntou documentos às fls. 3/293. Aduz o interessado, em seu pedido à Serventia, que a mencionada assembleia do dia 25/08/2016 foi anulada antes mesmo de seu registro. Alega que os óbices apresentados para a ata de 23/09/2016 são repelidos no acórdão de 03/07/2017, nos autos do processo nº 1018108-95.2016.8.26.0003, com trânsito em julgado. Com relação aos associados adimplentes, afirma não ser possível manter em cartório tal relação atualizada. Por fim, alega ter sido o pedido de suscitação de dúvida negado pelo Oficial. Ofertou impugnação às fls. 300/304, 341/348 e 351/361. Em cumprimento à decisão de fl. 321, manifestou-se novamente o Oficial (fls. 324/334), informando que o pedido do interessado ocorreu em julho de 2017 e o presente procedimento foi distribuído em 21/07/2017. Alega nunca ter questionado a decisão judicial que declarou válida a assembleia geral, o que não dispensa a qualificação do título devolvido. Reitera os argumentos apresentados na nota devolutiva. Reafirmou sua tese às fls. 382/387. O Ministério Público opinou, às fls. 319/320 e 392/396, pela manutenção do óbice registrário. É o relatório. Decido. Inicialmente, o fato de ser o acórdão - que qualifica a assembleia de 23/09/2016 como legítima - um título judicial, não o exime de qualificação pelo Oficial, porquanto é pacífico o entendimento jurisprudencial de que a ele cabe análise formal, das peculiaridades extrínsecas do título, para verificação do cumprimento dos princípios registrais. Nesse sentido: "Apesar de se tratar de título judicial, está ele sujeito à qualificação registrária. O fato de tratar-se o título de mandado judicial não o torna imune à qualificação registrária, sob o estrito ângulo da regularidade formal. O exame da legalidade não promove incursão sobre o mérito da decisão judicial, mas à apreciação das formalidades extrínsecas da ordem e à conexão de seus dados com o registro e a sua formalização instrumental "(Ap. Cível nº 31881-0/1) A averbação pretendida viola o princípio da continuidade, pelo fato de não ter sido apresentada para registro a ata da assembleia de 25/08/2016, anulada pela assembleia do dia 23/09/2016. O referido acórdão não constitui ordem judicial, permitindo e sendo de incumbência do Registrador, no exercício do dever de qualificar o título que foi apresentado, examinar o aspecto formal, extrínseco, e observar os princípios que regem e norteiam os registros públicos, dentre eles, o da legalidade, que consiste na aceitação para registro somente do título que estiver de acordo com a lei. A análise do título deve obedecer a regras técnicas e objetivas, e o desempenho dessa função atribuída ao Registrador deve ser exercido com independência, exigindo largo conhecimento jurídico. Nesse ponto, a regra fundamental das pessoas jurídicas é a publicidade, o que ocorre por meio do registro público de seus atos constitutivos e averbações das modificações supervenientes, como consta do art. 45 do Código Civil. O ato constitutivo da pessoa jurídica é um negócio jurídico formal e deve ser observado o princípio da continuidade de maneira que a inscrição subsequente encontre sua procedência na antecedente, e assim por diante. Essa situação é fundamental à segurança jurídica concedida pelos registros públicos. A ausência de formalização e inscrição das decisões tomadas em anteriores assembleias pela entidade autora impede a verificação da regularidade e legitimidade da convocação da reunião cuja ata se busca averbar. Deste modo, impossível falar em veto pela última assembleia dos atos anteriores praticados, sem a possibilidade de aferição da realização de tal reunião. Quanto à análise da prenotação nº 78.584, fica prejudicada em respeito à ordem de prenotação e ao princípio da prioridade. Do exposto, julgo improcedente o pedido de providências formulado por SEGRESP - Sindicato das Empresas e Proprietários de Serviços de Reboque, Resgate, Guincho e Remoção de Veículos do Estado de São Paulo em face do Oficial do 7º RTD, mantendo o óbice à averbação da ata da assembleia geral extraordinária realizada em 23/09/2016. Não há custas, despesas processuais ou honorários advocatícios decorrentes deste procedimento. Oportunamente, arquivem-se os autos. P.R.I.C. - ADV: ROBSON ALVES ZAKEVICIUS (OAB 333139/SP) (DJe de 06.02.2018 - SP)

Processo 1112286-02.2017.8.26.0100

Pedido de Providências - Registro civil de Pessoas Jurídicas - J.L.R. - Vistos. Trata-se de pedido de providências formulado por Jarim Lopes Roseira em face do Oficial do 1º Registro de Títulos e Documentos e Civil de Pessoa Jurídica da Capital, pretendendo a anulação da averbação de ata de assembleia geral extraordinária da Seção Brasil da International Police Association - IPA. Juntou documentos às fls. 10/95. Segundo o Oficial, a negativa para a prática do ato registrário derivou-se do cumprimento de mandado de averbação expedido pelo MMº Juízo da 18ª Vara Cível da Capital (processo nº 1032727-30.2016.8.26.0100), em que restou referendado o processo eleitoral da entidade IPA, para o quadriênio 2015/2019, ocorrido na assembleia geral extraordinária realizada em 15.12.2015. Aduz que o exame da pretensão anulatória do ato jurídico exige processo jurisdicional, devido e legal, submetido a garantias constitucionalmente protegidas. Apresentou documentos às fls. 117/562. O Ministério Público opinou pelo indeferimento do pedido ante a incompetência da análise da questão na esfera administrativa (fls. 566/567). É o relatório. Passo a fundamentar e a decidir. Com razão o Registrador, bem como o D Promotor de Justiça. Analisando os fatos e documentos juntados na inicial, verifico que após qualificação feita pelo registrador, o título apresentado mostrou- se apto a registro, além do que o mandado de averbação em questão foi oriundo de decisão proferida pelo MMº Juízo do 18º Cível da Capital, no feito nº 1032727-30.2016.8.26.0100. Daí que, diante de uma ordem judicial expressa, o registrador só poderá se recusar a dar cumprimento quando restar caracterizada absoluta impossibilidade ou manifesta ilegalidade. Logo, não vislumbro irregularidades que devam ser reconhecidas por este Juízo. Como é sabido, pelo princípio da legitimação (eficácia do registro), os vícios reconhecíveis pela via administrativa são apenas aqueles comprováveis de pleno direito que resultem de erros evidentes extrínsecos ao título, sem necessidade de exames de outros documentos ou fatos (artigos 214, caput, e 252 da Lei 6.015/73). Todavia, este Juízo sendo administrativo, não detém competência para analisar ou modificar decisão emanada pelo Juízo Cível, devendo o interessado valer-se das vias ordinárias, com a incidência do contraditório e ampla defesa para atacar a decisão judicial que ordenou a averbação. Logo, não havendo qualquer vício extrínseco que macule o título, entendo que o óbice deve ser mantido. Diante do exposto, julgo improcedente o pedido de providências formulado por Jarim Lopes Roseira em face do Oficial do 1º Registro de Títulos e Documentos e Civil de Pessoa Jurídica da Capital, devendo o requerente valer-se das vias ordinárias. Deste procedimento não decorrem custas, despesas processuais e honorários advocatícios. Oportunamente remetam-se os autos ao arquivo. P.R.I.C. - ADV: MARCOS FERNANDO ANDRADE (OAB 203802/SP) (DJe de 21.02.2018 - SP)

Processo 1123681-88.2017.8.26.0100

Pedido de Providências - Revisão de Tutela Antecipada Antecedente – Agostinho Teodoro de Oliveira - Vistos. Trata-se de pedido de providências formulado por Agostinho Teodoro de Oliveira em face do Oficial do 3º Registro de Títulos e Documentos e Civil de Pessoa Jurídica da Capital, pretendendo a averbação da Assembleia Geral Extraordinária da pessoa jurídica Sociedade Amigos Unidos das Vilas - S.A.U.V, realizada em 14.10.2017, através da qual foi reformado o estatuto e foi eleita a nova diretoria. Relata que a sociedade encontra-se sem representante e sem atividades há aproximadamente vinte e dois anos, por motivos alheios a vontade dos associados, sendo que foi eleito para ocupar o cargo de segundo vice presidente em 10.12.1989. Argumenta que a assembleia foi convocada nos termos do Estatuto Social vigente desde abril de 1969 e que, como componente da última diretoria eleita, teria legitimidade para convocar a reunião. Pleiteia alternativamente a nomeação de um administrador provisório, nos termos do artigo 49 do CC. Juntou documentos às fls. 17/96. O registrador manifestou-se às fls. 101/105. Informa que a ata, resultante da assembleia de 14.10.2017, foi rejeitada diante da ostensiva descontinuidade administrativa por 25 anos, o que remete à necessidade de aplicação do artigo 49 do CC. Por fim, salienta que a presença de apenas um membro que compunha a Diretoria eleita em 1989 é insuficiente para caracterizar encadeamento. O Ministério Público opinou pela improcedência do pedido (fls. 109/110). É o relatório. Passo a fundamentar e a decidir. Com razão o Registrador e o D. Promotor de Justiça. A obediência ao Estatuto Social garante os interesses próprios da associação, nos termos em que foi criada, a par da vontade de seus associados. Conforme verifica-se dos documento juntados aos autos a pessoa jurídica encontra-se acéfala desde janeiro de 1992, ou seja, há mais de vinte e cinco anos, logo é imprescindível a nomeação de um administrador provisório, para reorganizar os interesses da associação. Neste contexto conforme Conforme parecer deste Juízo, em decisão proferida pelo MMº Juiz de Direito Drº Josué Modesto Passos, que versava sobre a mesma questão posta a desate e cujo parecer coaduno: "... havendo solução de continuidade entre os atos da associação (por exemplo, por falta de eleições durante vários anos, como sucede in casu), o remédio legal é solicitação, na via contenciosa, de administrador provisório que reorganize a vida da associação; o que decididamente não tem lugar é cogitar que o registro civil de pessoas jurídicas possa, na atividade de qualificação, suprir o defeito e admitir a averbação de nova ata, sem a continuidade ou, pelo menos, a compatibilidade entre o novo ato associativo e aqueles que se encontram inscritos, ainda que haja força maior, como o desaparecimento ou a morte de anteriores diretores"...Para a eleição de um administrador provisório é imprescindível a intervenção do Poder Judiciário, tendo em vista que não se discute apenas a situação registrária, mas a própria representação da pessoa jurídica, além da administração de seus vários interesses. Há de se notar que o Estatuto Social deve se adequar às disposições do Novo Código Civil Brasileiro e, para tal, deve o administrador provisório ter poderes específicos para convocar e presidir Assembléia Geral Extraordinária. Tal entendimento está pacificado no âmbito da Corregedoria Geral da Justiça (Processos nºs 1.283/2003, 206/2004, 610/2004, 611/2004, 959/2006 e 11.901/2007). No mais, o artigo 49 do CC é cristalino ao estabelecer que: "Se a administração da pessoa jurídica vier a faltar, o juiz, a requerimento de qualquer interessado, nomear-lhe-á administrador provisório". Logo, ao dispor que somente o juiz poderá nomear administrador provisório, tem-se que é indispensável o requerimento na via judicial, perante uma das Varas Cíveis competentes, preservando-se assim, o princípio da continuidade registrária. E ainda há que observar que a ausência de representação jurídica no período de 1992 a 2017, bem como a presença de apenas um membro que compôs a Diretoria anterior traz como consequência a ausência de encadeamento cronológico, que vincula as pessoas e atos jurídicos praticados. Tal questão já foi objeto de decisão no processo nº 10517443-67.2016.8.26.0100, perante este Juízo, em questão similar formulada pelo 9º RTDCPJ: "Como é sabido, nos registros públicos é de fundamental importância o encadeamento cronológico que vincula pessoas e atos jurídicos, de modo que fique perfeitamente descrita, nos assentos, a sucessão dos atos jurídicos perfeitos e os responsáveis por tais atos. À regra que manda guardar esse encadeamento dá-se o nome de princípio da continuidade. No caso posto nos autos este princípio basilar não foi respeitado, pois há uma lacuna a ser preenchida nos atos jurídicos praticados pela entidade requerente. Encerrado em julho de 2012 o mandato da diretoria e do conselho fiscal eleitos em julho de 2010, não havia representação legal da entidade nem como determinar se foi regularmente convocada a assembleia geral em que se deu a nova eleição. Ademais, como bem ponderou o oficial registrador, nos termos de anterior decisão deste juízo:'Para constituição do elo é preciso que a última diretoria - que não se resume na pessoa de seu presidente - reconheça por declaração formal a sucessão até os atos presentes indicando os sucessores os quais também devem subscrevê-la' (1ª Vara de Registros Públicos, autos0005024-20.2011.8.26.0100, j. 18.04.2011). Daí a qualificação negativa do título apresentado, apresentando-se como genérica e destituída de fundamento a impugnação ofertada."Portanto, correto o óbice apresentado pelo Oficial, uma vez que, entre os anos de 1992 a 2017 a associação não teve representação eficaz. Logo, a nova eleição não foi convocada de forma regular, sendo a solução cabível a nomeação de administrador provisório para convocar novas eleições ou ratificação dos atos praticados pelos membros da antiga e nova diretoria. Assim mostra-se correto o óbice registrário imposto pelo Registrador. Diante do exposto, julgo improcedente o pedido de providências formulado por Agostinho Teodoro de Oliveira em face do Oficial do 3º Registro de Títulos e Documentos e Civil de Pessoa Jurídica da Capital, e consequentemente mantenho o óbice registrário. Deste procedimento não decorrem custas, despesas processuais e honorários advocatícios. Oportunamente remetam-se os autos ao arquivo. P.R.I.C. - ADV: ANTONIO AUGUSTO MARTINS ANDRADE (OAB 167286/SP) (DJe de 13.03.2018 - SP)

Processo 1010498-08.2018.8.26.0100

Pedido de Providências - REGISTROS PÚBLICOS - Sociedade Amigos Residencial Jau - Vistos. Trata-se de pedido de providências formulado pela Oficial Designada do 7º Registro de Títulos e Documentos e Civil de Pessoa Jurídica da Capital, a requerimento da Sociedade Amigos Residencial Jau - SARJ, que pretende a averbação da Ata de Assembleia Geral Extraordinária realizada em 06.10.2016, versando sobre a alteração no Estatuto Social da entidade e eleições. Esclarece a Registradora que a princípio o título foi devolvido para que a interessada intentasse na via ordinária a nomeação de administrador provisório, nos termos do artigo 49 do Código Civil, uma vez que o mandato da diretoria executiva e conselho fiscal haviam encerrado em 03.07.2011, bem como devido ao posterior falecimento do então presidente e do vice presidente, Adelino da Silveira e Carlos Roberto da Silveira. Ocorre que, intentada a ação na esfera cível, foi negada a nomeação de administrador provisório, bem como o Acórdão negou provimento ao recurso. Afirma a Oficial que a entidade continua em situação irregular desde 03.07.2011, uma vez que não foi observado princípio da continuidade registrária, bem como foram elencadas diversas correções a ser realizados nos documentos apresentados, dentre as quais a data da realização da assembleia (que não confere com o documento juntado), divergência no nome social lançado na documentação, omissões no Estatuto, dentre outras irregularidades. Juntou documentos às fls. 07/56. Não houve impugnação neste feito, conforme certidão de fl. 65, todavia a entidade manifestou-se perante a Serventia Extrajudicial (fl. 12/29), insurgindo-se somente em relação ao primeiro óbice, referente a nomeação de administrador provisório, afirmando que já foi intentada ação perante o Juízo Cível, mas esta foi julgada improcedente. O Ministério Público opinou pela prejudicialidade do feito e no mérito pela improcedência do pedido (fls. 69/73). É o relatório. Passo a fundamentar e a decidir. Com razão a Oficial bem como o D. Promotor de Justiça. Verifica-se na presente hipótese que houve impugnação parcial das exigências formuladas pela Registradora. Observo que a interessada apenas demonstrou irresignação em relação a necessidade de nomeação de administrador provisório, logo houve o reconhecimento da necessidade da correção das demais irregularidades apontadas no título. .A concordância parcial com as exigências do Oficial prejudica a dúvida, que só admite duas soluções: a determinação do registro do título protocolado e prenotado, que é analisado, em reexame da qualificação, tal como se encontrava no momento em que surgida dissensão entre a apresentante e o Oficial de Registro de Imóveis; ou a manutenção da recusa do Oficial. Para que se possa decidir se o título pode ser registrado ou não é preciso que todas as exigências e não apenas parte delas sejam reexaminadas pelo Corregedor Permanente. Nesse sentido, é pacífica a jurisprudência do Egrégio Conselho Superior. Ademais, no mérito verifico que o pretensão da interessada é improcedente. A sociedade pretende o registro da Ata da Assembleia Geral Extraordinária realizada em 06.10.2016, em desconformidade com a legislação civil. Conforme Frederico de Castro Y Bravo (La persona jurídica. Madrid: Civitas, 1991, p. 280), o Estatuto da Associação encerra o conjunto de vontades de seus membros (pactum associationis) e lei para suas relações sociais (lex societatis). Apesar da força semântica da expressão utilizada (lei), ressalta-se a importância da obediência do estatuto social como ato de autonomia privada coletiva. A obediência ao Estatuto Social garante os interesses próprios da associação, nos termos em que foi criada, a par da vontade de seus associados. É incotroversa a irregularidade na administração após o encerramento do mandato da diretoria executiva e conselho fiscal, ou seja, desde 03.07.2011, somando a este fato o falecimento de seu presidente e vice presidente em 31.07.2012 e 29.08.2013, respectivamente, até a pretendida averbação da Assembléia Extraordinária ocorrida em 06.10.2016. Não podem os integrantes de uma sociedade criar regra ou dispor, mesmo em assembléia, senão exatamente conforme situação prevista no estatuto social. Passado o prazo para a convocação da assembléia, tudo que veio posteriormente é irregular e não obedece o estatuto, porque não regularmente convocado. Há de se observar a recente decisão referente a mesma questão posta a desate, da qual coaduno, proferida pelo MMº Juiz Josué Modesto Passos: "... havendo solução de continuidade entre os atos da associação (por exemplo, por falta de eleições durante vários anos, como sucede in casu), o remédio legal é solicitação, na via contenciosa, de administrador provisório que reorganize a vida da associação; o que decididamente não tem lugar é cogitar que o registro civil de pessoas jurídicas possa, na atividade de qualificação, suprir o defeito e admitir a averbação de nova ata, sem a continuidade ou, pelo menos, a compatibilidade entre o novo ato associativo e aqueles que se encontram inscritos, ainda que haja força maior, como o desaparecimento ou a morte de anteriores diretores". (Processo nº 0030234-05.2013.8.26.0100) Daí que se verifica que um dos componentes da pessoa jurídica intentou ação na esfera judicial pleiteando a nomeação de administrador provisório (fls. 24/29), sendo o feito extinto sem apreciação do mérito, por ausência de legitimidade ou interesse processual, sendo a decisão confirmada pelo V. Acórdão proferido pela 5ª Câmara de Direito Privado (fls. 27/29). Todavia, tendo em vista que a sentença judicial extinguiu o feito sem apreciação do mérito, o que resulta em coisa julgada formal, deverá a interessada novamente ingressar com ação na via ordinária corrigindo o equivoco anteriormente verificado, bem como juntando a documentação atinente a fim de comprovar a impossibilidade de eleição de nova diretoria sem a intervenção judicial, nos termos do artigo 49 do Código Civil. No mais, ainda que assim não fosse prevalece os demais óbices registrários referentes a várias incorreções no documento apresentado e elencados na nota devolutiva. Diante do exposto, julgo prejudicado pedido de providências formulado pela Oficial Designada do 7º Registro de Títulos e Documentos e Civil de Pessoa Jurídica da Capital, a requerimento da Sociedade Amigos Residencial Jau - SARJ, com observação. Deste procedimento não decorrem custas, despesas processuais e honorários advocatícios. Oportunamente remetam-se os autos ao arquivo. P.R.I.C. - ADV: VANDERLEI CARLOS THEO DE ALMEIDA (OAB 191090/SP) (DJe de 17.04.2018 - SP)

Processo 1035131-83.2018.8.26.0100

Pedido de Providências - Revisão de Tutela Antecipada Antecedente – Federação Nacional das Associações e Entidades de Diabetes - Vistos. Trata-se de pedido de providências formulado por Federação Nacional das Associações e Entidades de Diabetes em face da negativa do Oficial do 3º Registro de Títulos e Documentos e Civil de Pessoa Jurídica da Capital em proceder à averbação da Ata de Assembleia Geral Ordinária realizada em 27 de julho de 2017, que visava ratificar os atos de assembleia ordinária de 28 de julho de 2016. Informa a requerente que o título foi qualificado negativamente sob a justificativa de que sua averbação viola o princípio da continuidade, entretanto, o que se pretende é regularizar as formalidades estatutárias quanto à convocação postal com aviso de recebimento e às procurações originais, óbices previamente levantados pelo Oficial ao analisar a Ata da Assembleia Geral Ordinária de 28 de julho de 2016. Alega que está exercendo irregularmente suas atividades desde a eleição de 2016, pois se encontra impedida de averbar seus atos, em razão da ausência de ingresso na Serventia das assembleias de 2016 e 2017. Juntou documentos a fls. 14/78. O Registrador aduz que a entidade não apresentou a ata que estava sendo ratificada, daí porque adiada mais uma vez a prática do ato, violado assim o princípio da continuidade. A requerente apresentou impugnação a fls. 165/168. Declara não ter apresentado a ata objeto de ratificação em decorrência de evidente confusão documental por parte da Serventia, que chegou a receber em outra oportunidade o documento instrutório como título a ser averbado. Argumenta que, se não é possível averbar a ata de assembleia de 2017, pela impossibilidade de se averbar ata de 2016; do mesmo modo, não será possível averbar ata de eleição de 2016/2019 pela impossibilidade de averbação de ata ratificadora, permanecendo a entidade em estado de ilegitimidade. O Ministério

Público opinou pela improcedência do pedido (fls. 169/171). É o relatório. Passo a fundamentar e a decidir. Sem razão a autora. A Associação pretende o registro da Ata da Assembleia Geral Ordinária realizada em 27/07/2017, em desconformidade com a legislação civil. É certo que a requerente possui natureza de associação, de modo que é regida por seu Estatuto Social, por Regimento Interno e pelas decisões proferidas na Assembleia Geral, que é órgão de poder soberano, competindo-lhe, assim, referendar qualquer deliberação. No entanto, a regra fundamental das pessoas jurídicas é a publicidade, o que ocorre por meio do registro público de seus atos constitutivos e averbações das modificações supervenientes, como consta do art. 45 do Código Civil. O ato constitutivo da pessoa jurídica é um negócio jurídico formal e deve ser observado o princípio da continuidade de maneira que a inscrição subsequente encontre sua procedência na antecedente, e assim por diante. Essa situação é fundamental à segurança jurídica concedida pelos registros públicos. A averbação pretendida viola o princípio da continuidade, pelo fato de existir lacuna temporal entre as realizações das Assembleias, sem a formalização de anteriores deliberações. A última ata averbada foi realizada em julho de 2013, referente à assembleia em que houve a eleição da diretoria executiva e conselhos fiscal e consultivo da entidade, além de outros atos. Conforme o estatuto social da associação, o mandato da diretoria nacional tem duração de três anos (art. 18 - fls. 49), de modo que não houve continuidade registral no que concerne à administração da pessoa jurídica. Considerando ainda o art. 60 do Código Civil, a Assembleia realizada é notoriamente irregular por ignorar o art. 34 do estatuto social da entidade, por ter a convocação sido realizada por Fadlo Fraige Filho, não mais presidente da associação em razão do término de seu mandato. Nem se alegue que ela foi convocada para que a associação não exercesse irregularmente suas atividades, a despeito da legislação ordinária e do estatuto, uma vez que o art. 49 do Código Civil determina a nomeação de administrador provisório, a ser obtida na via jurisdicional. A verdade é que, além de destituído de fundamentos seu inconformismo no presente procedimento, a procuração de fls. 14 sequer foi regularmente firmada, já que o representante Fadlo Fraige Filho não detém poderes específicos para representação da pessoa jurídica. Assim, diante da nulidade dos atos praticados pela falta de representação e da não observância ao Estatuto Social, bem como diante da ausência de requisitos formais do título, mantenho o óbice do Registrador, remetendo a requerente para a via judicial, adequada para nomeação de um administrador provisório, em consonância com o princípio da legalidade. Nomeado o administrador provisório, poderá a requerente romper os óbices relativos à continuidade, com a realização de novas assembleias em conformidade com o estatuto, no que tange às regras de convocação de assembleias gerais e representação da entidade. Por fim, imprescindível frisar que a nomeação deverá ocorrer na esfera jurisdicional, conforme entendimento firmado na Corregedoria Geral da Justiça (Processos nºs 1.283/2003, 206/2004, 610/2004, 611/2004, 959/2006 e 11.901/2007, entre outros); não na esfera administrativa da Corregedoria Permanente (Processo CG nº 2010/99461). Do exposto, julgo improcedente o pedido de providências formulado pela Federação Nacional das Associações e Entidades de Diabetes de São Paulo em face do Oficial do 3º Registro de Títulos e Documentos e Civil de Pessoa Jurídica da Capital, mantendo os óbices apresentados. Deste procedimento não decorrem custas, despesas processuais e honorários advocatícios. Oportunamente remetam-se os autos ao arquivo. P.R.I.C. - ADV: CYNTHIA MARIA BASSOTTO CURY MELLO (OAB 177662/SP) (DJe de 09.05.2018 - SP)

Processo 1089231-22.2017.8.26.0100

Pedido de Providências - REGISTROS PÚBLICOS - Sindicato Nacional dos Empregados em Fontes Mag e Ionizantes - Sinclair Lopes de Oliveira - Vistos. Trata-se de pedido de providências formulado pela Oficial do 10º Registro de Títulos e Documentos e Civil de Pessoa Jurídica da Capital, a requerimento de Robson Sérgio Martins Leal e Sinclair Lopes de Oliveira, ambos membros do Sindicato Nacional dos Empregados em Fontes Magnéticas e Ionizantes (SINDFONTES), diante da negativa em se proceder à averbação de duas atas de assembleias gerais realizadas em datas diversas. O primeiro título, apresentado por Robson, refere-se à Ata de Assembleia Geral Extraordinária realizada em 20.04.2017, que versou sobre assuntos de chamamento de edital devidamente publicado em jornal de circulação nacional e teve como óbices: a) esclarecer a referência da anulação da eleição para o mandato de 2016/2021, a ratificação da Ata da Assembleia realizada em 22.10.2013, bem como a anulação da Assembleia realizada em 18.07.2015; b) retificar o endereço da sede social mencionado no requerimento; c) juntar os documentos mencionados no Estatuto vigente, em seu artigo 69, letra "b". Referido documento foi prenotado sob nº 50.727, sendo que desta prenotação derivaram duas outras, de nº 51.189 e 51.696. O segundo título apresentado, por Sinclair, refere-se à Ata de Assembleia Geral Extraordinária realizada em 18.04.2017, ocasião em que foi anulada a assembleia realizada em 18.07.2015, ratificando a ata da assembleia realizada em 22.10.2013, ocasião em que foram excluídos do quadro associativo do sindicato Robson Sérgio Martins Leal e Marcelo da Silva Menezes, por não pertencerem à categoria, diante do descumprimento do artigo 1º do Estatuto. Os óbices registrários referem-se à necessidade de se aguardar a solução da nota devolutiva da prenotação nº 50.727, em face do princípio da continuidade registral, nos termos do art.45 da Lei 10.406/02 e item 14 da Seção II do Capítulo XVIII das Normas de Serviços da Egrégia Corregedoria Geral da Justiça. Referido título foi prenotado sob nº 50.856, do qual derivaram várias outras prenotações, sob nºs 51.019, 51.020, 51.021, 51.450, 51.453, 51.641, 51.642, 51.643, 51.818 e 51.819. De acordo com a Registradora, os dois títulos apresentados, referentes à mesma entidade, são concorrentes e contraditórios, sendo que, no exame de qualificação formal, a conduta do Oficial deve pautar-se pela estrita observância das prescrições legais e normativas, sem espaço para discricionariedade. Assevera que a presente hipótese envolve o exame de aspectos intrínsecos, matéria que foge à seara registral. Juntou documentos às fls. 27/132, 233/268, 278/388, 408/614. O Sindicato Nacional dos Empregados em Fontes Magnéticas e Ionizantes, representado por seu presidente Robson Sérgio Martins Leal, apresentou impugnação às fls. 163/172. Alega preliminarmente a inépcia da inicial por ausência de documentos essenciais à demanda. No mérito, aduz que a anulação da eleição para o mandato 2016/2017, ratificação da ata de assembleia do dia 22.10.2016 e anulação da assembleia do dia 18.07.2015, tratam de "narrativas faladas" naquele ato pelo presidente, a fim de ilustrar e noticiar aos associados e trabalhadores da categoria o que continha o edital publicado. Ressalta que na ata de assembleia geral extraordinária foram observadas todas as normas previstas no estatuto da entidade. Informa que na ocasião do exame dos esclarecimentos feitos pela Registradora para a averbação do título, foi requerido perante a Serventia a averbação de um título consistente na ata de reunião extraordinária para eleger uma "comissão de eleição eleitoral" por pessoa estranha ao sindicato, sr. Sinclair Lopes de Oliveira. Esclarece que está com mandato vigente e em pleno gozo de seu mandato eletivo para fins de gerenciar a entidade em todos os âmbitos. Requer o cancelamento das prenotações dos títulos apócrifos apresentados por Sinclair e consequentemente a averbação da ata de assembleia extraordinária, realizada em 20.04.2017. Houve impugnação por Sinclair Lopes de Oliveira às fls. 221/232. Assevera que os documentos apresentados por Robson não guardam congruência com o Estatuto do Sindicato. Aduz que foi proposta ação por Robson (processo nº 46000.005406/1995-04), com o objetivo de anular a assembleia de 18.04.2017, a qual foi julgada extinta sem apreciação do mérito, logo ainda encontra-se válida a referida ata. Salienta que na mencionada decisão a juízo anulou a audiência onde homologado acordo para anular a assembleia que destituiu Robson por entender que estava ocorrendo lide simulada. Esclarece que Robson não atendeu nenhuma das notas de devolução, sendo que em 06.04.2017 ocorreu uma reunião interna da diretoria ratificando a exclusão de Robson e Marcelo da Silva, conforme assembleia realizada em 22.10.2013. Referida ata representou a vontade da maioria dos diretores presentes. Juntou documentos às fls. 233/268. O Ministério Público opinou pela improcedência do pedido, com a manutenção dos óbices impostos (fls. 149/150, 218, 273). É o relatório. Passo a fundamentar e a decidir. Ressalto primeiramente que a preliminar de inépcia da inicial por ausência de documentos, confunde-se com o mérito da questão e será analisada por ocasião do julgamento do feito. Feitas estas considerações, passo a análise da demanda. Conforme Frederico de Castro Y Bravo (La persona jurídica. Madrid: Civitas, 1991, p. 280), o Estatuto da Associação encerra o conjunto de vontades de seus membros (pactum associationis) e lei para suas relações sociais (lex societatis). Apesar da força semântica da expressão utilizada (lei), ressalta-se a importância da obediência do estatuto social como ato de autonomia privada coletiva. A obediência ao Estatuto Social garante os interesses próprios da associação, nos termos em que foi criada, a par da vontade de seus associados. Observo que foram apresentados para averbação dois títulos contraditórios referentes a duas assembleias realizadas em 20.04.2017, apresentada por Robson e 18.04.2017, apresentada por Sinclair, das quais derivaram várias prenotações. Na verdade, trata-se de irregularidades relativas a aspectos intrínsecos, bem como aspectos formais dos títulos apresentados, sendo certo que a qualificação realizada pelos Oficiais dizem respeito exclusivamente ao aspecto formal, concernente a estrita observância aos preceitos legais e normativos, enquanto os vícios atinentes aos aspectos intrínsecos devem ser objeto de ação própria a ser formulado na via judicial. Como é sabido, em consonância com o princípio da compatibilidade, é permitido relativizar o princípio da continuidade caso haja correlação entre o registro antecedente e o subsequente, encadeando cronologicamente pessoas e atos jurídicos. Assim, seria imprescindível que a última diretoria fornecesse declaração de sucessão em favor da nova diretoria, com a subscrição de seus membros. Todavia, no primeiro título apresentado houve a anulação de atos praticados pela antiga diretoria, afastamento de alguns membros diretivos, "devolução" dos diretores aos respectivos locais de trabalho, em desacordo com o Estatuto Social (fls. 410/414), além de não haver a retificação do endereço da sede social, nos termos do registro nº 38.908, o que gera insegurança jurídica. O segundo título apresentado refere-se ao entendimento da maioria da Diretoria Colegiada pela necessidade da anulação da assembleia e ata realizada em 18.07.2015 que reintegrou os associados Robson e Marcelo, anulando-se consequentemente os mandatos de 2016/2021. Referida Assembleia foi convocada por pessoa que não tem legitimidade para o ato, uma vez que deveria ter sido formulada pelo representante legal da empresa que tem seu mandato vigente até o dia 26.02.2021. Conforme bem exposto pela D Promotora de Justiça, "para assunção da presidência na assembleia pelo sucessor é necessária a regular renuncia do representante legal da pessoa juridica. Vale dizer, a renuncia ou a destituição deve estar devidamente formalizada para que se possa considerar a pessoa juridica legalmente representada quando da assembleia cuja ata de pretende registrar". Ao que parece, existem divergências internas referentes à presidência da entidade, sendo que tal assunto deverá ser objeto de apreciação nas vias judiciais próprias, nas quais as partes deverão pleitear a anulação de uma das assembleias. Conforme expressamente manifestado pelo sr. Sinclair, foi proposta ação anulatória, extinta sem apreciação do mérito, o que possibilita nova propositura. Ainda, mediante a apresentação de dois títulos contraditórios, a qualificação deve-se pautar-se estritamente nos ditames legais, em obediência ao principio da segurança juridica que norteia os atos registrários. Daí que os atos de renúncia, destituição e convocação da assembleia devem ser realizados com base no Estatuto Social ou as partes deverão valer-se das vias ordinárias para sanar os vícios intrínsecos presentes nas atas. Diante do exposto, julgo improcedente o pedido de providências formulado por Robson Sérgio Martins Leal e Sinclair Lopes de Oliveira, membros do Sindicato Nacional dos Empregados em Fontes Magnéticas e Ionizantes (SINDFONTES), e mantenho os óbices registrários. Deste procedimento não decorrem custas, despesas processuais e honorários advocatícios. Oportunamente remetam-se os autos ao arquivo. P.R.I.C. - ADV: WILLIAM JOSE REZENDE GONÇALVES (OAB 214023/SP), LUIZ CARLOS LEGUI (OAB 94332/SP) (DJe de 08.05.2018 - SP)

Processo 1034583-58.2018.8.26.0100

Pedido de Providências - REGISTROS PÚBLICOS - 1º Oficial de Registro de Títulos e Documentos e Civil de Pessoa Jurídica da Capital de São Paulo - Instituto Educacional do Estado de São Paulo - IESP - Vistos. Trata-se de pedido de providências formulado pelo Oficial do 1º Registro de Títulos e Documentos e Civil de Pessoa Jurídica da Capital a requerimento do Instituto Educacional do Estado de São Paulo - IESP, diante da negativa em proceder à averbação da Ata de Assembleia Geral Extraordinária, realizada no dia 08 de dezembro de 2017. Aduz o Oficial que a ata de assembleia, que reverteu a transformação da natureza jurídica de sociedade para associação, não poderá ser averbada por restrição de indisponibilidade de bens em relação ao nome de José Fernando Pinto da Costa e Cláudia Aparecida Pereira, consignados como diretores da associação no título apresentado a registro. Informa que pautou sua conduta em atenção aos itens 38, 41, 41.2 e 41.4 do Provimento CGJ nº 47/2016, não havendo espaço para discricionariedade e inobservância às prescrições legais e normativas. Juntou documentos a fls. 6/100. O requerente apresentou impugnação a fls. 101/103. Alega, em síntese, que não houve registro da transformação de associação sem fins lucrativos para sociedade limitada perante à JUCESP e à Receita Federal do Brasil. Argumenta que as indisponibilidades de bens dos diretores estão prestes a serem levantadas. O Ministério Público opinou pela procedência do pedido (fls. 143/145). É o relatório. Decido. Sem razão o autor. O ato de transformação das associações em sociedades, ou o contrário, por não haver dispositivo legal que discorra especificamente a respeito do tema, será analisado em analogia a partir da interpretação do art. 1.113 do Código Civil. Preliminarmente, no caso em análise, indispensável discutir se a transformação da associação em sociedade empresária foi concluída, sobretudo na seara registrária. Nesse sentido, o ensinamento de Marcelo Fortes Barbosa Filho, em Código Civil Comentado (Coord. Cezar Peluso, 11ª ed., Manole, São Paulo, 2017, p. 1.031): "A nova inscrição, feita de acordo com as formalidades atinentes ao novo tipo escolhido, assume a função de fator de eficácia da transformação; quaisquer efeitos da transformação, seja internamente (perante os próprios sócios), seja externamente (perante terceiros), só se produzem após a consecução do ato registrário referido." (grifei) A averbação no Registro Civil da ata que modifica a natureza jurídica para Sociedade Empresária e, posteriormente, o arquivamento na Junta Comercial dos documentos formalmente exigidos - que no caso dos autos, não ocorreu - são atos que produzem efeitos distintos. O primeiro, diz respeito à publicidade dos atos registrados e à segurança jurídica das pessoas envolvidas e terceiros, regido pela Lei de Registros Públicos, Código Civil e leis adjacentes; o segundo, ao registro dos atos jurídicos das empresas mercantis, regulado majoritariamente pela Lei nº 8.934/94 e Código Civil. Ambos carregam princípios paralelos e em comum, como o da publicidade e da continuidade, essenciais à questão posta a desate. Na perspectiva dos registros públicos, a regra fundamental das pessoas jurídicas é manifestamente a publicidade, o que ocorre por meio do registro de seus atos constitutivos e averbações das modificações supervenientes, como consta do art. 45 do Código Civil. O ato constitutivo da pessoa jurídica é um negócio jurídico formal e deve ser observado o princípio da continuidade de maneira que a inscrição subsequente encontre sua procedência na antecedente, e assim por diante, não sendo permitidas lacunas ou incoerências em relação a uma determinada cadeia registral. Essa situação é fundamental à segurança jurídica concedida pelos registros públicos. Por mais que não se tenha aperfeiçoado a transformação da associação Instituto Educacional do Estado de São Paulo em sociedade limitada perante a Junta Comercial do Estado de São Paulo, os efeitos da transformação se consumaram com a averbação da ata de 21/07/2016 no 1º Registro Civil de Pessoa Jurídica da Capital em 15/12/2016, conforme trecho de doutrina supramencionada, com a qual coaduno. Isto é, inconcebível desconsiderar a averbação de 15/12/2016 e determinar não ter ocorrido a transformação da associação em sociedade empresária limitada, o que constituiria evidente afronta aos princípios da publicidade e continuidade. Do mesmo modo, impossível a pretendida averbação e o retorno à natureza de associação sem a devida análise do título. Conclui-se que as alegações do requerente não perpassam qualquer vício extrínseco no título que deu origem à averbação da ata de transformação, citando apenas fatos para embasar o ingresso ao fólio registral da ata de reversão sem que exercida a qualificação pelo Oficial, porquanto é pacífico o entendimento jurisprudencial de que a ele cabe a análise formal, das peculiaridades extrínsecas do título, para verificação do cumprimento dos princípios registrais. Nesse sentido, agiu com acerto o Registrador ao cumprir os termos do Provimento CGJ nº 47/2016, não cabendo a ele realizar análise de elementos conjunturais e intrínsecos atrelados à entidade. Assim, afastando-se a matéria em discussão da esfera estritamente registraria (ou administrativa, ou correcional), poderá ser discutida nas vias ordinárias, assegurando a ampla defesa e o contraditório, bem como direitos de terceiros. Do exposto, julgo improcedente o pedido de providências formulado pelo Oficial do 1º Registro de Títulos e Documentos e Civil de Pessoa Jurídica da Capital a requerimento do Instituto Educacional do Estado de São Paulo - IESP, mantendo os óbices apresentados. Deste procedimento não decorrem custas, despesas processuais e honorários advocatícios. Oportunamente remetam-se os autos ao arquivo. P.R.I.C. - ADV: VINICIUS VISTUE DA SILVA (OAB 273219/SP) (DJe de 28.05.2018 - SP)

Processo 1027932-10.2018.8.26.0100

Pedido de Providências - Registro civil de Pessoas Jurídicas - Clube da Comunidade Ana Gonçalves de Souza - Vistos. Trata-se de pedido de providências formulado por Clube da Comunidade Ana Gonçalves de Souza em face do Oficial do 3º Registro de Títulos e Documentos e Civil da Pessoa Jurídica da Capital, após negativa de averbação de ata de assembleia geral extraordinária realizada em 24/10/2017. Os óbices dizem respeito à ausência de requerimento firmado pelo representante legal da entidade solicitando o registro, à qualificação incompleta da pessoa jurídica por não constar do título seu número de inscrição do CNPJ e à falta de firmas reconhecidas de todos os diretores na ata. Alega a requerente na inicial que, com exceção do ex diretor Rosalino Santos Siqueira, os demais não possuem firma em cartório. Aduz que a ausência de representação regular impede a inscrição da associação no CNPJ. Requer alternativamente seja nomeado administrador provisório. Juntou documentos a fls. 5/40. O Oficial alega que o reconhecimento das assinaturas foi exigido como medida de cautela e segurança jurídica, com base no item 32.1 do Capítulo XIII das NSCGJSP. Relata divergências nos traços dos autógrafos de Júlio César Alves dos Santos, Florisvaldo José dos Santos, Michael Alves Ferreira de Souza e Diogo Alves de Souza. O Ministério Público opinou a fls. 59/61 pela improcedência do pedido, mantendo-se os óbices. É o relatório. Decido. Preliminarmente, correto o óbice apresentado pelo Oficial no que diz respeito à irregularidade na representação da entidade, abordado no item 01 da nota devolutiva, uma vez que, desde maio de 2014 a associação não possui representação eficaz. Assim, solução cabível é a nomeação de administrador provisório para convocar novas eleições ou ratificação dos atos pelos membros da antiga e nova diretoria. Para a eleição de um administrador provisório é imprescindível a intervenção do Poder Judiciário, tendo em vista que não se discute apenas a situação registrária, mas a própria representação da pessoa jurídica, além da administração de seus vários interesses. Há de se notar que o Estatuto Social deve se adequar às disposições do Código Civil Brasileiro e, para tal, deve o administrador provisório ter poderes específicos para convocar e presidir Assembleia Geral Extraordinária. Tal entendimento está pacificado no âmbito da Corregedoria Geral da Justiça (Processos nºs 1.283/2003, 206/2004, 610/2004, 611/2004, 959/2006 e 11.901/2007). No mais, o artigo 49 do CC é cristalino ao estabelecer que: "Se a administração da pessoa jurídica vier a faltar, o juiz, a requerimento de qualquer interessado, nomear-lhe-á administrador provisório". Logo, ao dispor que somente o juiz poderá nomear administrador provisório, tem-se que é indispensável o requerimento na via judicial, perante uma das Varas Cíveis competentes, preservando-se assim, o princípio da continuidade registrária. Quanto ao segundo óbice da nota devolutiva de fls. 39/40, a obrigatoriedade de inscrição das entidades no Cadastro Nacional da Pessoa Jurídica se deu com a publicação da Instrução Normativa RFB nº 1.183, em 19 de agosto de 2011. A associação Clube da Comunidade Ana Gonçalves de Souza, apesar de até o presente momento não se encontrar cadastrada perante a Receita Federal, obteve qualificação positiva de ata averbada em 2012, quando a referida Instrução Normativa já estava em vigor. Esperava-se do Oficial de Registro, naquela ocasião, que solicitasse o número de sua inscrição no CNPJ ou a certidão narrativa da inexistência de inscrição. Não obstante, permanecendo ainda vigente tal disposição, atualmente regida pela Instrução Normativa RFB nº 1.634 de 06 de maio de 2016, acertado o atual óbice imposto pelo Oficial no que tange a qualificação da pessoa jurídica. Com relação ao reconhecimento de firmas de toda a diretoria da entidade na ata de ratificação, notórias as alterações dos traços autográficos de Júlio César Alves dos Santos, Florisvaldo José dos Santos, Michael Alves Ferreira de Souza e Diogo Alves de Souza. Assim, prudente o Oficial ao agir com cautela, invocando a disposição do item 32.1 do Capítulo XIII das Normas Extrajudiciais da Corregedoria Geral da Justiça, visando confirmar a veracidade das assinaturas de todos os membros da diretoria. Diante do exposto, julgo improcedente o pedido de providências formulado por Clube da Comunidade Ana Gonçalves de Souza em face do Oficial do 3º Registro de Títulos e Documentos e Civil da Pessoa Jurídica da Capital. Não há custas, despesas processuais ou honorários advocatícios decorrentes deste procedimento. Oportunamente, arquivem-se os autos. P.R.I.C. - ADV: WILLIAM SARAN DOS SANTOS (OAB 192841/SP) (DJe de 07.06.2018 - SP)

Processo 1052217-67.2018.8.26.0100

Pedido de Providências - Registro civil de Pessoas Jurídicas - 4º Oficial de Registro de Títulos e Documentos e Civil de Pessoa Jurídicas - Sintraresp - Sindicato dos Empregados Em Restaurantes e Empresas do Comércio e Serviço de Alimentação Preparada e Bebida - Vistos. Trata-se de pedido de providências formulado pelo Oficial do 4º Registro de Títulos e Documentos e Civil de Pessoa Jurídica da Capital a requerimento de SINTRARESP – Sindicato dos Empregados Em Restaurantes e Empresas do Comércio e Serviço de Alimentação Preparada e Bebida, após negativa de averbação de duas atas de Assembleias Gerais Extraordinárias ocorridas em 15/12/2017 e 26/02/2018. O Oficial aduz que a assembleia ocorrida em 15 de dezembro violou o art. 62 do Estatuto Social da Entidade, pois deliberou pela eliminação de associados do quadro de diretores desrespeitando o prazo de 10 dias para exercício de amplo direito de defesa dos acusados, após o recebimento da notificação. Alega que a assembleia de 26 de fevereiro, que buscava ratificar os atos da anterior, comporta vícios atinentes ao art. 62 do Estatuto, também relativos ao prazo de 10 dias para exercício de ampla defesa dos acusados. Juntou documentos a fls. 6/130. A requerente apresentou impugnação a fls. 135/140, com documentos a fls. 141/160. Argumenta, em síntese, que os vícios apontados pelo Oficial representam aspectos de natureza intrínseca, sendo as decisões das Assembleias Gerais soberanas. O Ministério Público opinou pela improcedência do pedido (fls. 168/170). É o relatório. Decido. Com razão o Oficial e a D. Promotora. Inicialmente, quanto aos óbices apresentados pelo Oficial, ressalto que esse tem autonomia para qualificar os títulos apresentados. Segundo Flauzilino Araújo dos Santos ao abordar acerca do princípio da legalidade no Registro de Imóveis, elucida que tal princípio diz respeito ao comportamento do Registrador, ao permitir o acesso ao álbum registral apenas para os títulos juridicamente válidos para esse fim e que reúnam os requisitos legais para sua registrabilidade e a conseqüente interdição provisória daqueles que carecem de aditamentos ou retificações e definitiva, daqueles que possuem defeitos insanáveis. Essa subordinação a pautas legais previamente fixadas para manifestação de condutas que criem, modifiquem ou extingam situações juridicamente postas não é exclusiva da temática registral, mas resulta da própria aspiração humana por estabilidade, confiança, paz e certeza de que todo o comportamento para obtenção de um resultado regulamentado para a hipótese terá a legalidade como filtro, vetor e limite. Quanto ao cerne do caso, assim dispõe o Art. 58 do Código Civil: Art. 58. Nenhum associado poderá ser impedido de exercer direito ou função que lhe tenha sido legitimamente conferido, a não ser nos casos e pela forma previstos na lei ou no estatuto. Portanto, é claro o Código Civilista no sentido de que a destituição dos administradores só pode ser realizada pela forma prevista no estatuto. Nesse sentido, dispõe o art. 62 do estatuto social da entidade: "Art. 62. A perda do mandato será declarada pela assembleia geral. Parágrafo único - A destituição de cargo administrativo ou de representação será precedida de notificação por escrito, com AR, assegurado ao acusado amplo direito de defesa, no prazo de 10 dias." Conforme consta dos documentos de fls. 53/70, as notificações enviadas aos diretores destituídos na primeira assembleia datam de 18/12/2017, três dias após a deliberação, cumprindo papel apenas de anunciar-lhes as destituições. Nota-se evidente violação do estatuto e, igualmente, da legislação civil, segundo art. 58 do CC/02. A ata de assembleia de ratificação, do mesmo modo, está impedida de ingressar em fólio registral por violar os arts. 62 e 12 do estatuto da associação. Isso porque, além de ter deliberado ratificar a perda dos mandatos dos diretores sem a devida comprovação da notificação dos acusados com AR e antecedência de 10 dias, a assembleia decidiu por excluir-lhes, inclusive, do quadro associativo do sindicato ignorando as disposições do art. 12 do estatuto: Art. 12. Os associados estão sujeitos às seguintes penalidades: [...] III - de eliminação, quando: a) violarem gravemente o estatuto; b) já suspensos, reincidirem nas faltas previstas nos itens I e II deste artigo; c) atentarem contra o patrimônio moral ou material do sindicato; d) reincidirem na hipótese da alínea "d" do inciso II anterior; e) deixarem de ressarcir o sindicato por empréstimos recebidos, na forma ajustada; f) oporem-se ou recusarem desconto de contribuições aprovadas pela assembleia geral; g) Estiverem em atraso com suas mensalidades associativas por mais de 90 (noventa) dias. [...] §2º. Tomando conhecimento do ato praticado pelo associado, o diretor presidente fará notificá-lo por via postal, com AR, no endereço que constar de seus assentamentos para, no prazo de 10 dias, contado do recebimento, oferecer sua defesa. Caso não seja localizado, a notificação será afixada na sede, sub sedes e no site do sindicato, correndo o prazo a partir deste momento. (grifei) Portanto, entendo corretos os óbices levantados pelo Oficial. Destarte, no que tange ao registro dos atos da entidade, permanecem como membros da diretoria e, consequentemente, do quadro associativo do sindicato, Valdir Farias da Silva, Francisco Erivaldo Bertoldo Mendes, Elisabete dos Santos Cordeiro, Honorato Soares Moura, Everaldo de Barros e José Ivan da Silva, independentemente da vontade emanada pelas assembleias gerais, até que o sindicato cumpra o disposto em seu estatuto e na legislação civil. Do exposto, julgo improcedente o pedido de providências formulado pelo Oficial do 4º Registro de Títulos e Documentos e Civil de Pessoa Jurídica da Capital a requerimento de SINTRARESP - Sindicato dos Empregados em Restaurantes e Empresas do Comércio e Serviço de Alimentação Preparada e Bebida, mantendo os óbices apresentados. Não há custas, despesas processuais nem honorários advocatícios decorrentes deste procedimento. Oportunamente, arquivem-se os autos. - ADV: GUILHERME SIMAO DOS SANTOS (OAB 144757/SP) (DJe de 20.06.2018 - SP)

Processo 1025596-38.2015.8.26.0100

Pedido de Providências - REGISTROS PÚBLICOS - 1º Oficial de Registro de Títulos e Documentos e Civil de Pessoa Jurídica da Capital de São Paulo - Centro Esportivo e Cultural do Taboão - Arice Miyaji – Luís Carlos Oshiro - Vistos. Trata-se de pedido de providências formulado pelo Oficial do 1º Registro de Títulos e Documentos e Civil de Pessoa Jurídica da Capital a requerimento de Centro Esportivo e Cultural do Taboão, após negativa de averbação de duas atas de Assembleias Gerais Extraordinárias, ocorridas em 30/03/14 e 08/02/2015, prenotadas respectivamente sob os números 479.661 e 479.662. Os óbices atribuídos às duas atas apontam, preliminarmente, a necessidade de se aguardar o deslinde do processo nº 1040665.50.2014.8.26.0002, ora em trâmite perante a 4ª Vara Cível do Foro Regional II - Santo Amaro, Comarca de São Paulo, que analisou a destituição dos conselheiros fiscais da entidade, que poderia influenciar na regularidade das convocações das assembleias em análise. Quanto a primeira ata, de 30/03/14, o Oficial aduz que restou desatendido o disposto nos arts. 27 e 34, letra "f", ambos do estatuto social em vigor, prevendo que a presidência das assembleias gerais da entidade compete ao Presidente do Conselho Deliberativo ou ao Presidente da Diretoria Executiva; e não foi apresentado requerimento em via original assinado pelo representante legal da entidade. Com relação a ata de 08/02/15, alega o Oficial que novo mandato dos atuais diretores e conselheiros (fls. 117/126) somente poderia ter início em 16/02/15, em respeito ao princípio da continuidade registral; a destituição dos administradores da entidade somente seria possível por decisão de assembleia geral convocada especificamente para tal finalidade; a exclusão de associados do quadro social deveria ser apreciada pela Diretoria Executiva e pelo Conselho Deliberativo, em conjunto, cabendo recurso para a Assembleia Geral, nos termos do art. 10, §§ 3º e 4º do estatuto social da entidade; não é possível a ratificação da reforma estatutária anteriormente aprovada na assembleia geral realizada em 30/03/14, pois naquela assembleia geral restou desatendido o disposto nos artigos. 27 e 34, letra "f", ambos do estatuto em vigor. Juntou documentos a fls. 7/154. O processo ficou suspenso por força das decisões de fls. 186 e requerimentos do Ministério Público de fls. 177/178 e 487/488, até que fosse julgado e transitado em julgado o processo nº 1040665.50.2014.8.26.0002, em trâmite na 6ª Vara Cível do Foro Regional de Santo Amaro, bem como os autos a ele conexos, de nº 1004638-96.2014.8.26.0704. Os interessados se manifestaram a fls. 159/161, 182/1851 188/193, 209/213, 220/230, 276/286, 288/289, 300/301, 304/343, 347/356, 357/414 e 485/486. Alegaram, em síntese, razões voltadas a rotina e embate internos da entidade. Como consta da decisão de fls. 489/490, foi nomeado administrador provisório no processo nº 1007907-13.207.8.26.0002, sendo ao final nomeado o sr. Dárcio Fumio Nishio, com mandato vigente até o registro da ata de reunião do conselho deliberativo realizada em 19/02/2017 ou até 18/02/2019, o que ocorrer primeiro. Destarte, a associação deixou de estar irregular a partir de 26.04.2017. O Ministério Público opinou pela improcedência do pedido (fls. 533/539). É o relatório. Decido. A preliminar, relacionada ao processo nº 1040665-50.2014.8.26.0002, que buscava anulação da assembleia geral que destituiu os Conselheiros Fiscais foi julgada improcedente e deve ser afastada, denotando a regularidade da convocação das assembleias em exame. Ademais, o processo nº 1004638-96.2014.8.26.0704, que versava sobre a averbação forçada da ata da AGE de prenotação nº 479.661, foi julgado improcedente, restando a este Juízo analisar os aspectos extrínsecos do título. No tocante à assembleia realizada em 30/03/2014, de prenotação nº 479.661, tem-se o seguinte óbice: no artigo 18 do estatuto social que se pretende registrar, consta que a assembleia geral poderia ser solicitada somente por 1/3 dos associados. Assim dispõe o Art. 60 do Código Civil: "Art. 60. A convocação dos órgãos deliberativos far-se-á na forma do estatuto, garantido a 1/5 (um quinto) dos associados o direito de promovê-la." Não restam quaisquer dúvidas acerca da ilegalidade da previsão trazida no estatuto, que restringe o direito da minoria dos associados em promover assembleias, contrariamente ao escopo do legislador. O art. 24, letra "b", do estatuto dispõe que o Conselho Deliberativo se reunirá de dois em dois anos para eleição de seu presidente e secretário, bem como o presidente da Diretoria Executiva, a quem caberá nomear demais componentes da Diretoria Executiva e os Membros do Conselho Fiscal. Contudo, como bem demonstrado pelo Registrador, de modo contraditório, o art. 41 prevê que o Conselho Fiscal será eleito por todo o Conselho Deliberativo. Como bem pontuado pelo D. Promotor, a pretendida alteração produziu apenas confusão no texto do estatuto. O art. 45 do estatuto, tema de outro óbice da primeira nota devolutiva em estudo, não indica a entidade que receberá as quotas ou frações ideais em caso de dissolução, um dos caminhos oferecidos pelo art. 61 do Código Civil. Contudo, possível é a deliberação da assembleia geral sobre a destinação do patrimônio social naquela hipótese, desde que o órgão obedeça o disposto em lei, devendo escolher entidade de fins idênticos ou semelhantes aos seus. Assim, a omissão não constitui ilegalidade, sendo até prevista pelo diploma legal. Nesse sentido, Nestor Duarte elucida: "A destinação do que remanescer pode ou não estar definida no estatuto. Se estiver, observam-se suas disposições. Se não estiver, deliberará a assembleia, que, entretanto, está limitada por lei a encaminhá-lo para instituição de âmbito municipal, estadual ou federal de fins idênticos ou assemelhados, nesta ordem." (Código civil comentado: doutrina e jurisprudência: Lei n. 10.406, de 10.01.2002 - coordenador Ministro Cezar Peluso. 11ª ed - Barueri, SP: Manole, 2017 - p. 63) Portanto, entendo adequado o afastamento do óbice 2.3 da nota de fls. 43. Acertado, no entanto, o óbice 2.4, uma vez que o art. 52 do estatuto está em evidente divergência com o art. 59, inciso I do Código Civil, que diz competir à assembleia geral destituir os administradores. Por fim, a ata da Assembleia Geral de 30/03/2014 está irregular, pois a assembleia não foi presidida nos termos de seu estatuto, conforme disposto nos seus artigos 27 e 34, letra "f". Acertado, igualmente, o óbice que diz respeito ao requerimento realizado por representante legal da entidade, nos termos do art. 121 da Lei de Registros Públicos e art. 34, letra "b" do estatuto social da associação. Passo ao exame da prenotação nº 479.662. Quanto à questão do término do mandato dos diretores e conselheiros, consta dos autos (fls. 107/132) o término desses mandatos em 15/02/2015. Todavia, os termos de posse de fls. 56/62 expõem mandatos com início em 8 de fevereiro de 2015, firmando significativa afronta ao princípio da continuidade, fundamental à segurança jurídica concedida pelos registros públicos. No tocante aos óbices 2.2 e 2.3, assim dispõe o Código Civil: "Art. 59. Compete privativamente à assembléia geral: I destituir os administradores; II alterar o estatuto." Portanto, é claro o Código Civilista no sentido de que a destituição dos administradores só pode ser realizada por meio de assembleia geral. As destituições do presidente do Conselho Deliberativo e do presidente da Diretoria Executiva se deram exclusivamente em procedimento administrativo referendado pelo Conselho Fiscal, conforme trecho de ata de fls. 49 "o Senhor SHOICHI ARIAKE esclarece que ambos foram excluídos do quadro social da entidade, após conclusão do inquérito administrativo no dia vinte e hum de novembro de dois mil e quatorze, e, assim, dada a ausência constatada de ambos nesta Assembleia Geral Extraordinária, os presentes deliberaram, por unanimidade, confirmando a decisão proferida no inquérito administrativo por nós membros do Conselho Fiscal", contrário a expressa determinação legal, inderrogável e também ao próprio estatuto (art. 10, §§ 3º e 4º). Deste modo, a averbação da ata não poderá ser realizada. Ante o exposto, cumpre reafirmar as preliminares relacionadas ao deslinde dos processos nº 1040665-50.2014.8.26.0002 e 1004638-96.2014.8.26.0704, cujos trânsitos em julgado afastam automaticamente os óbices de nº 1 das duas notas de devolução analisadas neste procedimento. Além disso, como dito anteriormente, o óbice 2.3 da nota da prenotação nº 479.661 deve ser afastado, como exposto acima. Todos os outros óbices deverão ser mantidos. Nesses termos, julgo PARCIALMENTE PROCEDENTE o pedido de providências formulado pelo Oficial do 1º Registro de Títulos e Documentos e Civil de Pessoa Jurídica da Capital a requerimento de Centro Esportivo e Cultural do Taboão. Não há custas, despesas processuais nem honorários advocatícios decorrentes deste procedimento. Oportunamente, arquivem- se os autos.. P.R.I.C. - ADV: BARBARA MAIA ALVES (OAB 356894/SP), GUILHERME SARTORI TESTA (OAB 298035/SP), CARLOS SÉRGIO ALAVARCE DE MEDEIROS (OAB 184042/SP) (DJe de 06.07.2018 - SP)

DOCUMENTO ESTRANGEIRO

Processo 1000723-66.2018.8.26.0100

Pedido de Providências - Registro civil de Pessoas Jurídicas - Conselho Greco Católica Melkita de São Paulo - Vistos. Trata-se de pedido de providências formulado pelo Oficial do 4º Registro de Títulos e Documentos e Civil de Pessoa Jurídica da Capital - SP, a requerimento do Conselho Greco Católico Melkita de São Paulo ("Conselho"), após negativa do pedido de que fossem transferidos os registros efetuados no âmbito do Registro de Títulos e Documentos para o âmbito de Registro Civil de Pessoa Jurídica, com efeitos retroativos. Aduz o Oficial que houve o registro de uma tradução de documento estrangeiro no Registro de Títulos e Documentos, em 1999. Tal documento teria instituído uma entidade religiosa, e, por isso, deveria ter sido registrada no Registro Civil de Pessoa Jurídica. Em razão do erro, a apresentante pretende que todos os documentos averbados perante o RTD sejam considerados como se tivesse havido o registro de nova pessoa jurídica. O Oficial sustenta a ausência de amparo legal para a pretensão, juntando documentos às fls. 09/194. Foi apresentada impugnação às fls. 204/235. O "Conselho" explicitou o funcionamento da entidade; aduziu que o registro perante o RTD permitiu o registro de outros atos em outras serventias, causando problemas na administração; que este registro foi um erro, pois buscava-se constituir uma nova pessoa jurídica; que este erro permitiu o registro de pessoa jurídica diversa e que há irregularidades no registro de um imóvel perante o 11º Registro de Imóveis da Capital. Juntou documentos às fls. 238/300. O Ministério Público opinou às fls. 303/307 pela improcedência do pedido. É o relatório. Decido. Em primeiro lugar, deixo de analisar as questões levantadas acerca das consequências advindas dos diversos registros realizados, que teriam permitido que membros da entidade requerida agissem de forma a extrapolar seus poderes estatutários, tendo em vista que elas fogem da competência desta Corregedoria Permanente, além de já estarem sendo discutidas no processo 1062797- 30.2016.8.26.0100. Ainda, quanto a eventual procedimento incorreto do Oficial do 11º Registro de Imóveis, deverão ser requeridas providências em feito próprio. Quanto ao mérito do presente pedido de providências, o cerne da questão já foi resolvido no processo nº 0035061- 54.2016.8.26.0100. No processo mencionado restou decidido que, à época do registro da bula papal, não havia entendimento consolidado quanto à competência para registro das entidades religiosas, de modo que não houve erro no registro no âmbito do Registro de Títulos e Documentos. E, tendo sido ali registrado, seus efeitos seriam aqueles próprios do tipo de registro, como a publicidade e conservação dos documentos. Contudo, não houve a criação da pessoa jurídica, na forma em que prevista na lei brasileira. Tal criação se deu posteriormente, perante o 3º RTDCPJ, considerada válida no processo acima citado. Assim, não havendo erro no registro realizado perante o 4º RTD, não há qualquer correção a ser realizada, como a pretendida "conversão" da entidade com efeitos retroativos. Como bem lembrado pelo D. Promotor, decidiu a E. Corregedoria Geral da Justiça que: "[N] ota-se a profunda diferença entre o ato de registro de títulos e documentos e o de registro de pessoa jurídica. Enquanto o primeiro tem o escopo de assegurar a autenticidade, segurança, publicidade e eficácia de atos e negócios jurídicos diversos, inclusive para o fim de sua conservação perpétua, o segundo tem a finalidade de registrar a pessoa jurídica, formalizando sua existência no âmbito nacional. Somente o registro da pessoa jurídica no Registro Civil de Pessoa Jurídica proporciona a regularidade de sua constituição perante o ordenamento jurídico brasileiro. (...) Os registros havidos junto ao 4º RTD ocorreram no âmbito dos títulos e documentos, não emprestando aos atos registrados e averbados os efeitos jurídicos pretendidos pelo recorrente. Por esse motivo, não houve qualquer desrespeito ao princípio da continuidade e não havia qualquer razão para que o 3º RTD pesquisasse, no âmbito de títulos e documentos, eventuais registros dos documentos que representam os atos constitutivos da entidade religiosa."Em suma, o registro no 4º RTD não teve o condão de constituir a entidade, nos termos da legislação brasileira. Se é esse o interesse do requerido, deve fazê-lo perante o Registro Civil de Pessoas Jurídicas, tendo como data da constituição a data do novo registro. Se pretende a declaração de que sua constituição se deu anteriormente, deve buscar provimento judicial próprio, em ação declaratória, que não pode ser realizada perante esse juízo administrativo. Do exposto, julgo improcedente o pedido de providências formulado pelo Oficial do 4º Registro de Títulos e Documentos e Civil de Pessoa Jurídica da Capital - SP, a requerimento do Conselho Greco Católico Melkita de São Paulo. Não há custas, despesas processuais nem honorários advocatícios decorrentes deste procedimento. Oportunamente, arquivem-se os autos. P.R.I.C. São Paulo, 13 de março de 2018. Tania Mara AhualliJuiz de Direito - ADV: MARCO ANTONIO CURI (OAB 193033/SP) (DJe de 19.03.2018 - SP)

FUNDAÇÃO

Processo nº 1123658-45.2017.8.26.0100

Pedido de Providências - 6º Registro de Imóveis X Fundação Luiz Decourt - Sentença: Vistos. Trata-se de pedido de providências formulado pelo Oficial do 6º Registro de Títulos e Documentos e Civil de Pessoas Jurídicas da Capital, comunicando a constatação de registro (sob º 166.289) de filial da Fundação Luiz Décourt, sem a haver a autorização do Ministério Público da Comarca da Capital. Juntou documentos às fls. 03/100. A interessada esclarece desconhecer sobre a necessidade de autorização do Ministério Público da Capital, comprometendo-se a protocolar perante este juízo a autorização para abertura da filial. Salienta que não houve qualquer ato que caracterize má fé (fls. 104/114 e 106/114). O Ministério Público de Fundações opinou pelo cancelamento do ato registral, tendo em vista a existência de nulidade insanável, além da ausência de esclarecimentos quanto à viabilidade do pedido e o exercício válido da Fundação nesta unidade da Federação (fls. 124/136 e 137/193). O Ministério Público de Registros Públicos manifestou-se às fls. 200/203, corroborando os argumentos expostos pelo D. Promotor de Fundações e o consequente cancelamento do registro realizado. Intimada acerca dos pareceres ministeriais, a interessada (fls. 207/208) concordou com o cancelamento o registro da abertura da filial da fundação (fl. 207). Juntou documento à fl. 208. É o relatório. Passo a fundamentar e a decidir. De acordo com o artigo 66 do Código Civil, cabe ao Ministério Público velar pelos atos praticados pelas Fundações, desde a sua constituição até a extinção. Velar pelas fundações, conforme concluiu a 1ª Turma do Supremo Tribunal Federal, significa "exercer toda a atividade fiscalizadora, de modo efetivo e eficiente, em ação continua e constante, a fim de verificar se realizam seus órgãos dirigentes proveitosa gerencia da Fundação de modo a alcançar, de forma mais completa, a vontade do instituidor" Assim, as fundações só podem ser levadas a registro com a aprovação dos seus estatutos pelo Ministério Público, o qual autorizará, por escrito, a lavratura da escritura definitiva pelo Tabelião de Notas de livre escolha do instituidor que, contando com a indispensável presença do Promotor de justiça Curador de Fundações, como interveniente, fará nascer a nova entidade funcional, logo, é imprescindível a autorização do Ministério Público. Na presente hipótese, tem-se que a fundação encontra-se registrada no Município e Comarca de Belém e objetivou a criação de uma filial no Estado de São Paulo, obtendo a autorização do Promotor de Justiça da mencionada Comarca. Ocorre que, ao qualificar o título positivamente, entendo que o registrador equivocou-se, tendo em vista que para a constituição de uma filial em outro Estado, é necessária tanto a autorização do órgão do Ministério Público onde a Fundação mantém sua sede, como do órgão ministerial onde será instalada a sua filial. De acordo com o Capítulo XVIII, itens 1.2 e 18 das Normas de Serviço da Corregedoria Geral da Justiça, a autorização da D. Curadoria de Fundações é requisito fundamental para os registros e averbações junto ao Registro Civil das Pessoas Jurídicas: "1.2. O registro de atos relativos a uma fundação só será feito se devidamente autorizado pelo Ministério Público.18. As averbações referentes às fundações dependerão da anuência do Ministério Público, exceto em se tratando de fundação previdenciária, cuja anuência será dada pelo órgão regulador e fiscalizador vinculado ao Ministério Público da Previdência Social" Todavia, de acordo com parecer do Ministério Público das Fundações (fls. 124/136), concluiu-se que da forma como o título foi apresentado, não está em condições de ser aprovado: ... Analisando todos os documentos que acompanharam o requerimento apresentado, identificou-se que há, ao mesmo em uma análise superficial, inconsistências no que tange a algumas condutas praticadas pela Fundação. Ao se confrontar o quanto consta das versões do Estatuto apresentadas pela entidade, com as Atas de Reunião juntadas, notou-se que: A) os membros da Diretoria Executiva não possuem mandato a termo certo, ou seja, em tese, exercer os cargos indefinidamente; B) alguns membros do Conselho Curador se encontram há bastante tempo exercendo as funções em tal órgão, a despeito da previsão estatutária de que respectivos mandatos tem prazo máximo de 4 (quatro) anos, admitindo-se apenas uma única recondução; C) a despeito de o Estatuto prever que o Conselho Curador é composto por 7 (sete) Conselheiros, nota-se que em diversas deliberações, por exemplo, as realizadas em 25/11/2015 e 05/07/2016, as Atas apontam a presença de 10 (dez) e 8 (oito) Conselheiros, respectivamente; D) não constam informações, ou qualquer registro, de que as Atas referentes às reuniões realizadas em Belém foram apresentadas para a necessária aprovação e autorização da Promotoria de Justiça de Fundações de Belém, embora haja informação de que foram efetivamente registradas no respectivo Cartório; E) da da mesma forma, as Atas de Reunião realizadas em São Paulo, por exemplo a do dia 14/02/2018, não consta ter sido submetida à Promotoria de Justiça de Fundações de Belém; F) na na referida ata de 14/02/2018, nota-se que as deliberações contaram apenas com a presença de 2 (dois) Diretores e 5 (cinco) Conselheiros, embora referidos órgãos internos sejam compostos, respectivamente, por 3 (três) e 7 (sete) membros, sem que houvesse qualquer anotação quanto a tais ausências ou, sequer, ao fato de ter havido eventual convocação; g) na reunião de 14/11/2017, deliberou-se pela alteração da composição da Diretoria executiva e do Conselho Curador, sendo que o conselheiro José Laska deixou sua função de Conselheiro e assumiu a função de Diretor Executivo, bem como que o Diretor Raimundo de Vasconcelos Oliveira, deixou a Diretoria para assumir o cargo no Conselho. h) não houve a indicação, de forma específica, em qual Comarca do Estado de São Paulo a Fundação pretendia criar sua filial, pois, tanto na Ata de Reunião quanto na autorização conferida pela PJ de Fundações de Belém, consta a manifestação genérica; i) não há especificação, em nenhuma das Atas qual é o membro do Conselho Curador que representa os empregados da Fundação, não obstante tal previsão conste expressamente no artigo 21, inciso III do Estatuto". Além das irregularidades apontadas em relação ao aspecto formal, outras atinentes à ausência de informações e documentos impossibilitaram a análise pela Promotoria de Justiça da Capital da regularidade da Fundação (fl. 135). Pelo princípio da legitimação (eficácia do registro), os vícios reconhecíveis pela via administrativa são apenas aqueles comprováveis de pleno direito que resultem de erros evidentes extrínsecos ao título, sem necessidade de exame de outros documentos ou fatos (artigos 214, caput, e 252 da Lei 6.015/73). E ainda sobre os limites de aferição da nulidade de pleno direito do art. 214, da Lei nº 6015/73, Narciso Orlandi Neto lembra que: "É preciso distinguir nulidade direta do registro e nulidade do título, com reflexo no registro. O registro não pode ser cancelado por nulidade do título, salvo em processo contencioso de que participe o titular do direito inscrito. Em outras palavras, o art. 214 da Lei n. 6015/73 é exceção. E como se sabe se o registro é ou não nulo de pleno direito? Sabe-se que o registro é ou não nulo de pleno direito examinando-o separadamente do título que lhedeu causa, apenas à luz dos princípios que regem o registro, a saber se foram cumpridos os requisitos formais. A indagação da nulidade do registro deve ficar restrita aos "defeitos formais do assento, ligados à inobservância de formalidades essenciais da inscrição (Código Civil, arts. 130 e 145, III)" (Afrânio de Carvalho, Retificação do Registro, in RDI 13, p. 17). (g.n) A nulidade a que se refere o art. 214 da Lei de Registros Públicos é exclusiva do registro, absolutamente independente do título, tanto que, uma vez declarada, permite que o mesmo título seja novamente registrado. A nulidade que pode ser declarada diretamente, independentemente de ação, é de direito formal, extrínseca. Ela não pode alcançar o negócio ou ato jurídico, que subsiste íntegro e, em muitos casos, apto a, novamente, ingressar no registro. Problemas relativos ao consentimento das partes, diz respeito à constituição do direito, tanto quanto a regularidade da representação e elaboração material do instrumento. Na presente questão, a ausência da anuência ministerial, traz como consequência a nulidade plena do registro efetuado, pela inobservância do principio da legalidade. Por fim, a interessada informou que realizou o distrato do contrato de locação da sala onde estava localizada a sua filial, concordando com o cancelamento do registro da abertura de filial (fls. 207/208). Diante do exposto, julgo procedente o pedido de providências formulado pelo Oficial do 6º Registro de Títulos e Documentos e Civil de Pessoas Jurídicas da Capital e determino o cancelamento do registro realizado sob nº 166.289. Deste procedimento não decorrem custas, despesas processuais e honorários advocatícios. Oportunamente remetam-se os autos ao arquivo.. P.R.I.C." (DJe de 20.06.2018 - SP)

SOCIEDADE

Processo 1089222-26.2018.8.26.0100

Pedido de Providências - REGISTROS PÚBLICOS - 1º Oficial de Registro de Imóveis de São Paulo - Sociedade Beneficente Israelita Brasileira Hospital Albert Einstein - Vistos. Trata-se de procedimento de dúvida suscitado pelo Oficial do 1º Registro de Imóveis a requerimento de Sociedade Beneficente Israelita Brasileira Hospital Albert Einstein. A interessada pretende a retificação da denominação do proprietário da transcrição de nº 26.516 para mudar de ASYLO DOS VELHOS SOCIEDADE BENEFICENTE para SOCIEDADE RELIGIOSA ISRAELITA ASYLO DOS VELHOS; depois para SOCIEDADE RELIGIOSA E BENEFICENTE ISRAELITA LAR DOS VELHOS e, por fim, averbação da incorporação da última pela SOCIEDADE BENEFICENTE ISRAELITA BRASILEIRA HOSPITAL ALBERT EINSTEIN. Relata o Oficial que a requerente apresentou documentos suficientes para realizar todas as averbações, exceto a primeira retificação que seria a alteração da denominação de ASYLO DOS VELHOS SOCIEDADE BENEFICENTE para SOCIEDADE RELIGIOSA ISRAELITA ASYLO DOS VELHOS. Afirma que a escritura de compra e venda do imóvel data de 29/07/1938, sendo que o outorgado ASYLO DOS VELHOS SOCIEDADE BENEFICENTE foi representado por José Taperman e outro. A SOCIEDADE RELIGIOSA ISRAELITA ASYLO DOS VELHOS, por sua vez, foi organizada como pessoa jurídica somente em 1942 em assembleia presidida pelo mesmo José Taperman. Por fim, alega que, mesmo havendo forte indício de veracidade do alegado, traz a questão a juízo nos termos do art. 198 da LRP. Há manifestação da interessada às fls. 341/346 em que afirma ser impossível atender à exigência formulada. Relata que após efetuar diversas diligências não logrou encontrar documento de comprovação, entretanto relata que o ASYLO DOS VELHOS SOCIEDADE BENEFICENTE é a própria SOCIEDADE RELIGIOSA ISRAELITA ASYLO DOS VELHOS. Explica que a sociedade foi constituída no momento em que o Brasil vivia o Estado Novo de modo que as organizações judias no país sofriam perseguição. Ademais, relata que em documentos da sociedade há menção ao fato de sua constituição ter ocorrido em 1937. Por fim, reitera que a finalidade, representação legal e endereço de ambas as instituições são idênticos. O Ministério Público solicitou às fls. 378 manifestação do Oficial do 1º Registro de Títulos e Documentos e Civil de Pessoa Jurídica da Capital para dizer acerca de existência de registro anterior ao datado de abril de 1942 da pessoa jurídica SOCIEDADE RELIGIOSA ISRAELITA ASYLO DOS VELHOS. Pelo que o Oficial respondeu às fls. 382 não haver registro. Por fim, a Promotoria opinou pela improcedência da dúvida e afastamento do óbice registrário, posto que há indícios suficientes da veracidade dos fatos. É o relatório. Decido. Com razão a D Promotora de Justiça. A interessada deseja retificação do registro imobiliário para constar o histórico das alterações de titularidade. Dos documentos juntados aos autos e da argumentação constante na impugnação juntada, entendo que há verossimilhança suficiente para que se depreenda que ASYLO DOS VELHOS SOCIEDADE BENEFICENTE é a SOCIEDADE RELIGIOSA ISRAELITA ASYLO DOS VELHOS. Além da denominação semelhante, dos autos podemos observar que a diretoria da sociedade (fls. 277) é composta pelos mesmos representantes do adquirente do imóvel (fls. 92/97). Ademais, o imóvel transcrito é ocupado atualmente pela interessada e os atos jurídicos da mesma consideram sua fundação como datando de outubro de 1937. Por fim, o objeto de atuação é idêntico, o que fortalece a argumentação de que a SOCIEDADE RELIGIOSA ISRAELITA ASYLO DOS VELHOS é a formalização do ASYLO DOS VELHOS SOCIEDADE BENEFICENTE. Assim, nos termos propostos pelo Ministério Público, entendo que se trata do caso de afastar o óbice e permitir o registro, uma vez que a documentação juntada aos autos em conjunto com a argumentação trazida pela requerente são suficientemente plausíveis para justificar a averbação. Diante do exposto, julgo improcedente a dúvida suscitada pelo Oficial do 1º Registro de Imóveis da Capital a requerimento de Sociedade Beneficente Israelita Brasileira Hospital Albert Einstein, e consequentemente determino a averbação da retificação do nome constante na transcrição nº 26.516. Deste procedimento não decorrem custas, despesas processuais e honorários advocatícios. Oportunamente remetam-se os autos ao arquivo.. P.R.I.C. - ADV: RICARDO ZAMARIOLA JUNIOR (OAB 224324/SP), LUCIANO DE SOUZA GODOY (OAB 258957/SP) (DJe de 29.10.2018 - SP)

4.5.4 REGISTRO DE IMÓVEIS E TABELIONATO DE NOTAS

ADJUDICAÇÃO

Processo 1100426-04.2017.8.26.0100

Dúvida - Registro de Imóveis - Renata de Sousa Andrade - Andre Fernando de Andrade - Alessandra Yuri Osiro de Andrade - Marcelo Sousa Carvalho de Andrade - Ronaldo Vilela Barros - Anibal Carvalho de Andrade - Alexandre de Sousa Andrade - Andrea Garrote Sousa Andrade - Ricardo de Souza Andrade - Maria Otilia Correia de Andrade - Luciane Bressan de Andrade - Vistos. Trata-se de dúvida inversa suscitada por Aníbal Carvalho de Andrade em face do Oficial do 18º Registro de Imóveis da Capital, após negativa de registro da Carta de Adjudicação proveniente do processo nº 0007244-88.2016.8.26.0011, relativa ao imóvel da transcrição nº 54.477 e inscrição nº 123, de 18 de junho de 1964. O suscitante, na inicial, alega que o Registrador recusou o ingresso do título pelo não recolhimento do ITBI e ausência das certidões atualizadas de propriedade com negativa de ônus e alienações, essas acostadas em requerimento explicativo após a nota devolutiva. Afirma que o ITBI foi recolhido por ocasião da lavratura da Escritura de Cessão de Direitos de Compromisso de Venda e Compra, no 9º Ofício de Notas no Livro 819, fl. 95vº de 5.11.1970, levado a registro no 10º Registro de Imóveis da Capital. O Oficial manifestou-se às fls. 62/64, com documentos às fls. 65/166. Aduz que houve dois fatos geradores distintos: o primeiro quando à cessão de direitos feita pelo promitente comprador para seus falecidos pais; o segundo na transmissão consubstanciada na carta de adjudicação. Informa, portanto, não ter se dado o recolhimento antecipado do imposto. O Ministério Público opinou pela procedência da dúvida (fls. 170/171). É o relatório. Decido. Nesses autos, insurge-se o suscitante no tocante à necessidade de recolhimento de ITBI, em virtude da adjudicação do imóvel. É certo que ao Oficial de Registro cumpre fiscalizar o pagamento dos impostos devidos por força dos atos que lhe forem apresentados em razão do ofício, na forma do art. 289 da Lei nº 6.015/73, sob pena de responsabilização pessoal do Oficial Delegado, e dentre estes impostos se encontra o ITBI, cuja prova de recolhimento deve instruir os documentos, salvo hipótese de isenção devidamente demonstrada, o que não é o caso. Considerando que o recolhimento do ITBI aludido pelo suscitante foi realizado pelos seus pais, na ocasião do registro da escritura de cessão de direitos de compromisso de venda e compra, correto é o entendimento do Ministério Público e do Oficial Registrador, objeto de disposição expressa do artigo 16, do Decreto nº 51.627/2010:Art. 16. Na arrematação, adjudicação ou remição, o Imposto deverá ser pago dentro de 15 (quinze) dias desses atos, antes da assinatura da respectiva carta e mesmo que esta não seja extraída. Parágrafo único. Caso oferecidos embargos, o prazo será de 10 (dez) dias, a contar do trânsito em julgado da sentença que os rejeitar. O registro da carta de adjudicação constitui novo fato gerador, não se confundindo com o recolhimento do tributo no momento da cessão de direitos de compromisso de venda e compra. Diante do exposto, julgo PROCEDENTE a dúvida. Não há custas ou honorários decorrentes deste procedimento. Oportunamente, arquivem-se os autos. P.R.I.C. - ADV: HERLYN ENGEL CINTRA (OAB 181700/SP) (DJe de 19.02.2018 - SP)

Processo 1009450-14.2018.8.26.0100

Dúvida - REGISTROS PÚBLICOS - ARTUR RUFINO FILHO - Daniela Andrade - Vistos. Trata-se de dúvida suscitada pelo Oficial do 9º Registro de Imóveis da Capital a requerimento dos herdeiros de João Pinheiro, tendo em vista a negativa em se proceder ao registro da carta de sentença expedida nos autos nº 1047238-04.2014.8.26.0100, resultante da adjudicação compulsória movida por João Pinheiro e sua esposa Sueli Andrade Barbosa Pinheiro em desfavor da Companhia Internacional de Seguros, em cujos autos o imóvel matriculado sob nº 244.222 foi adjudicado aos interessados em cumprimento ao compromisso de venda e compra datado de 10.11.2000 e cessão em favor dos autores datada de 08.05.2006. O óbice registrário refere-se à necessidade de apresentação da guia de recolhimento do imposto de transmissão inter vivos - ITBI, a ser pago em favor da Municipalidade de São Paulo. Esclarece que a carta de adjudicação tem a função exclusiva de substituir a vontade das partes, que na sua origem decorre de contrato oneroso, sendo que na presente hipótese houve a ocorrência de dois fatos geradores distintos, qual seja, na primeira transmissão de Cia Internacional, para João Pinheiro, incide imposto "inter vivos" e na segunda incide imposto "causa mortis", oriunda da transmissão de João Pinheiro para seus herdeiros. Juntou documentos às fls. 03/251. Daniela Andrade, na qualidade de herdeira de João Pinheiro, apresentou impugnação às fls. 252/267. Argumenta que não incide o ITBI nas transferências de imóveis nos inventários e partilha de bens para "de cujus", sendo que a exigência configura bis in idem, haja vista que já houve o pagamento de ITCMD pela transmissão do bem de João Pinheiro a seus herdeiros. Apresentou documentos às fls. 268/275. O Ministério Público opinou pela procedência da dúvida (fls. 279/281). É o relatório. Passo a fundamentar e a decidir. Preliminarmente, cumpre destacar que os títulos judiciais não estão isentos de qualificação, positiva ou negativa, para ingresso no fólio real. O Egrégio Conselho Superior da Magistratura já decidiu que a qualificação negativa do título judicial não caracteriza desobediência ou descumprimento de decisão judicial (Apelação Cível n. 413-6/7). Na presente hipótese, ao contrário do alegado pela suscitada, além da incidência do ITCMD, devido em decorrência do falecimento de João Pinheiro, também incide o imposto de transmissão "inter vivos", decorrente do ato oneroso proveniente da transferência de domínio da Companhia Internacional de Seguros para João e sua esposa (processo de adjudicação). O fato gerador do ITBI, no caso da transmissão do domínio, é o efetivo registro, pois somente ele tem o condão de transferir a propriedade, muito embora seja habitual o pagamento desse tributo já quando se celebra o negócio jurídico obrigacional. De acordo com a doutrina, sobre o ITBI: "O que se tributa é a transmissão da propriedade de bem imóvel realizada através de um negócio jurídico oneroso, tais como compra e venda, dação em pagamento ou permuta." (Registro Imobiliário: dinâmica registral / Ricardo Dip, Sérgio Jacomino, organizadores. - São Paulo: Editora Revista dos Tribunais, 2011. - (Coleção doutrinas essenciais: direito registral; v.6 - p. 1329 - g. N). Não é demais transcrever trechos de julgados neste sentido: "O registro do título é o fato gerador do tributo. Enquanto não apresentado para registro, os direitos decorrentes limitam-se à esfera pessoal, afastando a ocorrência do fato gerador" (Apel. Cív. 020522-0/9- CSMSP - j. 19.04.1995 Rel. Antônio Carlos Alves Braga)"O art. 156, inciso II, da Constituição Federal estabelece a competência tributária para instituir e cobrar o ITBI - Imposto sobre Transmissão de Bens Imóveis, nos seguintes termos: "Compete aos Municípios instituir impostos sobre: II transmissão inter vivos, a qualquer título, por ato oneroso, de bens imóveis, por natureza ou acessão física, e de direitos reais sobre imóveis, exceto os de garantia, bem como cessão de direitos a sua aquisição". Sobre a aquisição da propriedade imóvel, dispõe o art. 1245, caput e § 1º, do Código Civil: "Transfere-se entre vivos a propriedade mediante o registro do título translativo no Registro de Imóveis. § 1º Enquanto não se registrar o título translativo, o alienante continua a ser havido como dono do imóvel". Com efeito, tal imposto é devido somente por ocasião do registro da transmissão da propriedade de bens ou direitos, a teor do disposto no art. 1245 do Código Civil (Agr. Reg. em Agr. Instr. n. 448.245-DF, Rel. Min. Luiz Fux), em que pese habitual e ilegítima exigência da prova do recolhimento do citado tributo antes da lavratura da escritura ou do contrato particular." (processo 0039993-95.2009.8.26.0564 - TJSP - relator: Roberto Martins de Souza) (grifos no original) E ainda, conforme estabelece o artigo 1.245 do Código Civil: "Transfere-se entre vivos a propriedade mediante o registro do título translativo no Registro de Imóveis". Logo, cabe ao suscitado a apresentação do comprovante de recolhimento de ITBI ou a guia de isenção expedida pela Municipalidade de São Paulo, órgão competente pela arrecadação do imposto em questão. Como bem exposto pela D. Promotora de Justiça: "Caso fosse considerada apenas sua sucessão (em que incidente o ITCMD), o que seus herdeiros adquiririam seria apenas os direitos sobre o compromisso, tendo que propor a competente ação de adjudicação para obterem a propriedade (com o consequente recolhimento do ITBI). Logo, ao contrário do afirmado pela suscitada, não que se falar em bis in idem eis a incidência de dois fatores geradores distintos. Por fim, de acordo com o artigo 289 da Lei 6015/73 incumbe ao registrador apenas confirmar se foi recolhido o tributo, relativo à operação a ser registrada, sem ater-se à exatidão do valor ou à incidência de juros ou multa, tarefa esta de interesse das fazendas públicas, no caso em exame, da Fazenda Municipal, salvo hipótese de isenção devidamente demonstrada. Neste sentido: "Ao oficial de registro incumbe a verificação de recolhimento de tributos relativos aos atos praticados, não a sua exatidão" (Apel. Cív. 020522-0/9- CSMSP - j. 19.04.1995 - Rel. Antônio Carlos Alves Braga). Diante do exposto, julgo procedente a dúvida suscitada pelo Oficial do 9º Registro de Imóveis da Capital a requerimento dos herdeiros de João

Pinheiro, e consequentemente, mantenho o óbice registrário. Deste procedimento não decorrem custas, despesas processuais e honorários advocatícios. Oportunamente remetam-se os autos ao arquivo. P.R.I.C. - ADV: ARTUR RUFINO FILHO (OAB 168186/SP) (DJe de 03.04.2018 - SP)

Processo 1087267-57.2018.8.26.0100

Dúvida - Registro de Imóveis - 12° Oficial de Registros de Imóveis - Ailton Guidi - Vistos. Trata-se de dúvida suscitada pelo Oficial do 12º Registro de Imóveis da Capital, a requerimento de Ailton Guidi, tendo em vista a negativa em se proceder ao registro da carta de adjudicação compulsória expedida pelo MMº Juízo da 30ª Vara Cível da Capital (processo nº 0216718-12.2005.8.26.0100), nos autos do procedimento sumário movida pelo suscitado e sua mulher Vania Climaco Guidi, em face de José Custódio da Silva e sua mulher Maria Joana da Silva. Os óbices registrários referem-se: a) necessidade de apresentação, em seu original ou cópia da certidão de casamento atualizada de José Custódio da Silva. Se realizado em outra Comarca deverá ser reconhecida a firma do subscritor da certidão na Comarca de origem do documentos ou nesta capital; b) apresentar, em seu original, o instrumento de cessão de direitos de 50% do imóvel feita por Josino Ventura a José Custodio da Silva, c) citação da proprietária do imóvel Sociedade Popular LTDA; d) aditar a carta de adjudicação para constar a descrição completa do imóvel com área de 199 m^2; e) apresentar o alvará de desdobro e planta aprovada pela Prefeitura de São Paulo, em seus originais ou cópias autenticadas; f) necessidade de certidão de propriedade atualizada pelo Oficial do 3º Registro de Imóveis e certidões negativas do 7º e 9º Oficial de Registro de Imóveis. Juntou documentos às fls. 04/72. O suscitado apresentou impugnação às fls. 73/79. Aduz que tentou exaustivamente a obtenção dos documentos solicitados, porém não obteve êxito, sendo que desconhece o paradeiro do srº José Custódio e de sua esposa srª Maria Joana da Si lva. Apresentou documentos às fls. 81/421. O Ministério Público opinou pela procedência da dúvida (fls. 424/425). É o relatório. Passo a fundamentar e a decidir. Com razão o Registrador, bem como o D. Promotor de Justiça. Preliminarmente, cumpre destacar que os títulos judiciais não estão isentos de qualificação, positiva ou negativa, para ingresso no fólio real. O Egrégio Conselho Superior da Magistratura já decidiu que a qualificação negativa do título judicial não caracteriza desobediência ou descumprimento de decisão judicial (Apelação cível n. 413-6/7). Neste sentido a apelação cível nº 464-6/9, de São José do Rio Preto: "Apesar de se tratar de título judicial, está ele sujeito à qualificação registrária. O fato de tratar-se o título de mandado judicial não o torna imune à qualificação registrária, sob o estrito ângulo da regularidade formal, O exame da legalidade não promove incursão sobre o mérito da decisão judicial, mas à apreciação das formalidades extrínsecas da ordem e à conexão de seus dados com o registro e a sua formalização instrumental". Nessa linha, também o E. Supremo Tribunal Federal já decidiu que: "REGISTRO PÚBLICO - ATUAÇÃO DO TITULAR - CARTA DE ADJUDICAÇÃO - DÚVIDA LEVANTADA – CRIME DE DESOBEDIÊNCIA - IMPROPRIEDADE MANIFESTA. O cumprimento do dever imposto pela Lei de Registros Públicos, cogitando-se de deficiência de carta de adjudicação e levantando-se dúvida perante o juízo de direito da vara competente, longe fica de configurar ato passível de enquadramento no artigo 330 do Código Penal - crime de desobediência -, pouco importando o acolhimento, sob o ângulo judicial, do que suscitado" (HC 85911 / MG - MINAS GERAIS, Relator: Min. MARCO AURÉLIO, j. 25/10/2005, Primeira Turma). Sendo assim, fica claro que não basta a existência de título proveniente de órgão jurisdicional para autorizar automaticamente o ingresso no registro tabular. Portanto, superada a questão sobre o ingresso do título judicial, passa-se à análise do princípio da continuidade, explicado por Afrânio de Carvalho, da seguinte forma: "O princípio da continuidade, que se apóia no de especialidade, quer dizer que, em relação a cada imóvel, adequadamente individuado, deve existir uma cadeia, de titularidade à vista da qual só se fará a inscrição de um direito se o outorgante dele aparecer no registro como seu titular. Assim, as sucessivas transmissões, que derivam umas das outras, asseguram a preexistência do imóvel no patrimônio do transferente" (Registro de Imóveis, Editora Forense, 4ª Ed., p. 254). Ou seja, o título que se pretende registrar deve estar em conformidade com o inscrito na matrícula. Como bem ponderou o Registrador, a titular de domínio que consta na transcrição nº 42.228 do 3º Registro de Imóveis da Capital é a empresa Sociedade Popular LTDA, a qual prometeu vender o lote 17 da quadra 67 - Jardim Popular à Irma Quandt, sendo que a promitente compradora cedeu seus direitos (averbação 717) a Josino Ventura e José Custódio da Silva. Todavia, a ação de adjudicação foi proposta contra José Custódio, tendo como objeto o lote mencionado, sem descrição das divisas e sem indicação dos confrontantes. Ora, a ausência no pólo passivo da ação da proprietária do imóvel por si só impede o ingresso do título no fólio real. Neste contexto, não há como registrar a carta de adjudicação enquanto os réus da ação, ora adjudicados, não constarem na respectiva matrícula como titulares de direitos. Somado a isto, tem-se que sequer consta da averbação de compromisso o nome da esposa de José Custódio, nem a data do casamento e regime de bens adotado, o que além de ferir o princípio da continuidade, também fere o princípio da disponibilidade, uma vez que ninguém pode transmitir mais do tem, só pode transmitir aquele que é detentor de um direito assentado no fólio e nos exatos limites desse direito. Os princípios determinam que o registrador forme uma cadeia dos titulares do domínio dos bens imóveis sob sua circunscrição, sendo-lhe vedado registrar qualquer título que rompa essa sequencia ou implique na sobreposição de registros. Ademais, outros fatores impedem o registro almejado, dentre os quais a ausência da descrição do imóvel, juntamente da aprovação do desdobro pela Municipalidade de São Paulo. Tal exigência tem amparo no princípio da especialidade objetiva (artigos 176 e 212 da Lei 6.015/73), cujas regras impedem o registro de títulos cujo objeto não seja exatamente aquele que consta do registro anterior, sendo necessário que a caracterização do objeto do negócio repita os elementos de descrição constantes do registro (Narciso Orlandi Neto, Retificação do Registro de Imóveis, Juarez de Oliveira, pág. 68). Daí tem-se que os bens devem estar perfeitamente descritos, de modo a possibilitar sua individualização, bem como coincidir com os dados constantes na matrícula, o que na presente hipótese não se observou. Por fim, os demais óbices estão pautados no princípio da legalidade e especialidade subjetiva, devendo constar a qualificação dos cônjuges dos cessionários, com a comprovação da certidão de casamento no seu original. Logo, entendo que todos os óbices devem ser mantidos, em consonância com os princípios que regem os atos registrários. Diante do exposto, julgo procedente a dúvida suscitada pelo Oficial do 12º Registro de Imóveis da Capital, a requerimento de Ailton Guidi, e consequentemente mantenho os óbices registrários. Deste procedimento não decorrem custas, despesas processuais e honorários advocatícios. Oportunamente remetam-se os autos ao arquivo.. P.R.I.C. - ADV: ALINE NUNES DAL SOGLIO GUIDI (OAB 387736/SP) (DJe de 29.10.2018 - SP)

ALIENAÇÃO FIDUCIÁRIA

Processo 1077836-96.2018.8.26.0100

Pedido de Providências - Registro Civil das Pessoas Naturais - Moacir Monteiro - Vistos. Trata-se de pedido de providências formulado por Moacir Monteiro em face do Oficial do 10º Registro de Imóveis da Capital, pretendendo a suspensão do procedimento de notificação e consolidação da propriedade relativo a alienação fiduciária do imóvel matriculado sob nº 13.476 da citada Serventia, sob o argumento da ausência de observância do devido processo legal para a consolidação em nome da instituição financeira. Juntou documentos às fls. 16/1340. O Registrador esclarece que a negativa do cancelamento da garantia fiduciária, bem como a suspensão do procedimento de intimação e/ou consolidação da propriedade em nome do credor, somente pode ter acesso ao registro de imóveis por meio de mandado expedido nas vias judiciais. Aduz que os proprietários Moacir Monteiro e sua mulher Maria Adelaide Oliveira Monteiro alienaram fiduciariamente o imóvel ao Banco Bradesco S/A, em garantia da dívida lastreada pela cédula de crédito bancário emitida por Centro Automotivo Anastácio LTDA (fls. 1345/1346) Salienta que, no dia 12.06.2018, a instituição financeira solicitou que os fiduciantes e a emitente da cédula intimados a pagar o valor indicado, em virtude da mora verificada em 24.02.2018, razão pela qual o procedimento foi autuado e encontra-se em andamento, aguardando somente a intimação de maria Adelaide, já encaminhada ao CDT. Apresentou documentos à fls. 1347/1387. Acerca das informações do Delegatário, o requerente manifestou-se às fls. 1388/1390, corroborando os fatos expostos na inicial. Intimado, o Banco Bradesco manteve-se inerte, conforme certidão de fl. 1392. O Ministério Público opinou pela improcedência do pedido (fls. 1396/1398). É o relatório. Passo a fundamentar e a decidir. Com razão o Registrador, bem como a D. Promotora de Justiça. Este Juízo tem competência administrativa disciplinar para analisar a higidez dos atos realizados pelo Oficial, verificando se houve o cumprimento das formalidades legais em seus atos. E, no presente caso, não há qualquer irregularidade nas notificações para a purgação da mora. Do que consta da matrícula nº 13.476 (fls. 1381/1387 - registro nº 14), o imóvel foi alienado fiduciariamente ao Banco Bradesco, para garantia da importância de R$ 390.000,00 (trezentos e noventa mil reais), pagável em 36 parcelas, vencendo-se a primeira em 30.06.2016. Verifica-se ainda a existência de dois aditamentos (averbações nºs 15 e 16), referentes a cédula de crédito bancário que deu origem a alienação fiduciária, objeto do registro nº 14, constando do último aditamento a empresa emitente Centro Automotivo Anastácio LTDA e os garantidores maria Adelaide e Moacir Monteiro, bem como o credo Banco

Bradesco S/A, cujo saldo devedor representa o valor de 435.500,00, pagável por meio de 72 parcelas mensais, vencendo-se a primeira em 24.08.2017. Permanece, portanto, válido o negócio jurídico entabulado pelas partes, podendo o credor executar a dívida na forma do artigo 26 da Lei 9.514/97. Ainda o artigo 25 da mesma lei, prevê que a propriedade fiduciária resolve-se com o pagamento da dívida, o que na presente hipótese não ocorreu. Todavia, busca o requerente, de forma genérica e destituída de fundamentação, o reconhecimento de que o processo notificatório não observou o devido processo legal, uma vez que parte da dívida que está sendo cobrada já foi paga, além das altas taxas de juros, razão pela qual formularam ação revisional cumulada com repetição de indébito, que se encontra em tramite perante o Juízo do Foro Regional IV - Lapa (processo nº 1000214-35.2018.8.26.0004), tendo sido indeferidas as liminares pleiteadas. Em suma, todas as alegações do requerente dizem respeito a aspectos externos ao âmbito registral, ora alegando que o notificação não obedeceu aos ditames legais, ora que parte da dívida cobrada já foi paga. Contudo, conforme consta da matrícula do imóvel, a propriedade fiduciária encontra-se perfeitamente válida, podendo ser realizado o procedimento de consolidação de propriedade, não sendo as alegações trazidas aptas a afastar o procedimento, que só se suspende com a purgação da mora. Ressalta-se ainda que nos autos do processo em tramite perante o MMº Juízo da 2ª Vara Cível do Foro Regional da Lapa, não existe nenhuma decisão judicial determinando o cancelamento da alienação fiduciária em garantia, nem mesmo ordenando a suspensão ou encerramento do procedimento extrajudicial de cobrança. No caso de haver eventual cobrança indevida da dívida, ou revisão das clausulas contratuais pela incidência de juros abusivos, deverão tais questionamentos serem feitos no Juízo Cível, nos autos da ação revisional. Ainda verifico que tal questão já foi objeto de análise perante a Egrégia Corregedoria Geral da Justiça: "Registro de Imóveis - Procedimento administrativo - Alienação fiduciária em garantia registrada na matrícula do imóvel - Pretensão de suspensão, pelo Oficial de Registro de Imóveis, do procedimento de intimação do devedor fiduciante para purgar a mora sob pena de consolidação da propriedade do imóvel em favor do credor fiduciário - Inexistência de previsão legal para a pretensão deduzida pelo devedor fiduciante - Ajuizamento de ação contenciosa que não afasta a possibilidade de intimação do devedor e de consolidação da propriedade em favor do credor, em caso de não purgação da mora, como previsto nos arts.26 e seguintes da Lei nº 9.514/97 - Procedimento administrativo que não se mostra adequado para a apreciação da alegação de substituição da garantia por penhora, mediante alteração do contrato celebrado entre credor e devedor - Necessidade de recurso às vias ordinárias para solução do litígio relativo à validade, no todo ou em parte, do contrato de alienação fiduciária em garantia, bem como a obtenção de medida de natureza cautelar - Recurso não provido" (Parecer nº 274/2018 - E, rel. Des. Dr. Pinheiro Franco). Por fim, quanto à conduta do Oficial, as informações prestadas por ele são suficientes para levar ao convencimento de que não há medida censória a ser adotada por esta Corregedoria Permanente. Não há elementos seguros e eficientes para demonstrar a ocorrência de falta funcional. Diante do exposto, julgo improcedente o pedido de providências formulado por Moacir Monteiro em face do Oficial do 10º Registro de Imóveis da Capital, e consequentemente mantenho a negativa para efetivação do ato. Deste procedimento não decorrem custas, despesas processuais e honorários advocatícios. Oportunamente remetam-se os autos ao arquivo.. P.R.I.C. - ADV: VALTER RAIMUNDO DA COSTA JUNIOR (OAB 108337/SP) (DJe de 03.10.2018 - SP)

Processo 1110650-98.2017.8.26.0100

Pedido de Providências - Registro civil de Pessoas Jurídicas - Edcar Locação de Bens S/c Ltda - Vistos. Trata-se de pedido de providências formulado por Edcar Locação de Bens S/C Ltda. em face da negativa do Oficial do 4º Registro de Títulos e Documentos e Civil de Pessoa Jurídica da Capital em proceder à averbação da Ata de Assembleia Geral Ordinária e Extraordinária, realizadas em 20 de julho de 2017. Informa a requerente que o título foi qualificado negativamente sob a justificativa de que o espólio de Edda Multedo Pareto não detém personalidade jurídica para figurar como sócio, devendo proceder à regularização do quadro diretivo da associação. Argumenta que o espólio é sujeito de direitos e o inventariante é responsável por todos os seus atos. Juntou documentos a fls. 10/41. O Registrador alega que o espólio possui apenas capacidade processual, nos termos do art. 75, VII do CPC, não podendo ser sujeito de direitos. Aduz que a pretensão da requerente, de deixar suspensa a situação societária à espera da conclusão do inventário, viola o princípio da continuidade da empresa. O Ministério Público opinou pela improcedência do pedido (fls. 77/79). Em cumprimento à decisão de fls. 80, o Oficial voltou a se manifestar a fls. 83/85. Informa ter admitido o ingresso do Espólio de Carlo Ernesto Maria Pareto no quadro societário da Edcar Locação de Bens S/c Ltda. em 2004. Relata que tal situação era provisória, mas nunca foi regularizada, além de que, em 2015, a pendência foi agravada pela morte de outra sócia, Edda Multedo Pareto. Alega ter adotado novo posicionamento no sentido da impossibilidade de manutenção do de cujus como sócio da sociedade ou do ingresso do espólio como sócio, ante a falta de personalidade jurídica. É o relatório. Decido. A requerente pretende o registro da Ata da Assembleia Geral Ordinária e Extraordinária realizada em 20 de julho de 2017, em desconformidade com a legislação civil. É certo que a requerente possui natureza de Sociedade Limitada, de modo que é regida por seu Contrato Social, por Regimento Interno e pelas decisões proferidas na Assembleia Geral, que é órgão de poder soberano, competindo-lhe, assim, referendar qualquer deliberação. No entanto, a tese apresentada pela requerente, de que os sócios acordaram sobre o ingresso do espólio na sociedade, não possui qualquer coincidência com as hipóteses previstas em lei. O artigo 600 do Código de Processo Civil apenas confirma que o espólio possui capacidade processual, como já ressaltado pelo Oficial Registrador. O dispositivo está longe de disciplinar o ingresso de espólio na qualidade de sócio na pessoa jurídica, até porque, a norma inserta no Código de Processo Civil, é processual e não material. Quanto ao que consta disciplinado no Código Civil: Art. 1028. No caso de morte de sócio, liquidar-se-á sua quota, salvo: I se o contrato dispuser diferentemente; II se os sócios remanescentes optarem pela dissolução da sociedade; III se, por acordo com os herdeiros, regular-se a substituição do sócio falecido. (grifei) Traz a requerente referência ao inciso I deste artigo ao ressaltar a Cláusula V do Contrato Social da Sociedade, afirmando que o contrato social prevê o exercício dos direitos do "de cujus" pelo espólio, em caso de falecimento de qualquer sócio. Contudo, no caso em análise, tem-se que o mencionado item do ato constitutivo não é suficiente para determinar o ingresso do espólio como sócio, ou mesmo a figura do inventariante. Isso porque a atuação do inventariante deve se dar em caráter transitório, não culminando em alteração de contrato social, pois esta deve ser formalizada somente após a liquidação das quotas e seu pagamento. Isto é, o inciso I do art. 1.028 exprime como sua finalidade o princípio da preservação da empresa, escapando do modelo rígido do código anterior, oferecendo outras possibilidades que não a direta liquidação das quotas; não significando, contudo, a flexibilização da personalidade jurídica da sociedade e da natureza personalíssima das relações estabelecidas em uma sociedade de pessoas. No sentido da transitoriedade do papel do espólio da sociedade, a lição de Sérgio Campinho (O direito de empresa à luz do código civil. 12ª edição, Rio de Janeiro: Renovar, 2011. P. 210): "Ocorrendo a sucessão do sócio falecido, os direitos derivados da condição de sócio serão exercidos perante a sociedade pelo inventariante do espólio até que se ultime a partilha" Nessa esteira, entendo que o óbice levantado pelo Oficial possui raízes não somente nas cláusulas em que consta expressamente o espólio de Edda Multedo Pareto como sócio, mas também no item do contrato social que, a despeito da legislação civil, prevê o ingresso de inventariante ou espólio como sócio (os termos da cláusula V não são claros), sem o desenvolvimento de regras concretas que regulem, de modo convencional, a admissão de determinado sucessor, herdeiros ou ainda, de terceiros, operando em substituição do falecido, como dispõe o inciso III do artigo 1.028 CC/02, grifado anteriormente. Ademais, se buscava o contrato social fornecer segurança jurídica quanto a futuros procedimentos, há grave falha em não mencionar na cláusula V (fls. 28) o período enquanto durar a partilha em que se prevê o exercício de direitos sociais pelo espólio representado pelo inventariante. Intenta-se, daí, um caráter permanente da atuação direta do inventariante sobre a administração da pessoa jurídica, originando, de maneira oposta, insegurança jurídica no âmbito da sociedade, uma vez que disposições convencionais genéricas não são capazes de definir a vontade coletiva consolidada em cada caso concreto. Considerando ainda a existência de affectio societatis, oportuno mencionar o processo nº 1090735-68.2014.8.26.0100 em trâmite perante a 33ª Vara Cível do Foro Central Cível da Capital, que se refere à dissolução parcial da sociedade, figurando como partes sócios que constam no título que se pretende registrar. Em função dos motivos expostos, entendo não ser possível o ingresso da Ata de Assembleia Geral Ordinária e Extraordinária junto ao registro da sociedade. Diante do exposto, julgo IMPROCEDENTE o pedido de providências formulado por Edcar Locação de Bens S/C Ltda. em face do Oficial do 4º Registro de Títulos e Documentos e Civil de Pessoa Jurídica da Capital. Deste procedimento não decorrem custas, despesas processuais e honorários advocatícios. Oportunamente remetam-se os autos ao arquivo. P.R.I.C. - ADV: BRUNO OLIVEIRA MAGGI (OAB 252385/SP) (DJe de 22.06.2018 - SP)

Processo 1101751-14.2017.8.26.0100

Pedido de Providências - Registro de Imóveis - Cáucaso Construtora Ltda - Vistos. Trata-se de pedido de providências formulado por Cáucaso Construtora LTDA em face do Oficial do 14º Registro de Imóveis da Capital, diante da recusa em expedir certidão e dar inicio ao prazo de purgação da mora em alienação fiduciária, referente ao imóvel matriculado sob nº 200.095, uma vez que a notificação dos devedores foi frutífera. Relata a requerente que, através de escritura de compra e venda com alienação fiduciária em garantida, vendeu aos devedores fiduciantes o imóvel mencionado. Aduz que os devedores fiduciantes deixaram de honrar o pagamento, razão pela qual foi distribuída notificação judicial para constituição da mora, culminado com a realização das notificações por hora certa. Concretizada a notificação, a requerente apresentou requerimento ao Registrador, para que fosse iniciado o prazo de purgação da mora, o que foi negado. Juntou documentos às fls. 8/50. O registrador informa que o procedimento adotado foi regular, uma vez que o pagamento deve ser realizada junto à Serventia Extrajudicial, devendo o Oficial expedir intimação a ser cumprida em cada um dos endereços fornecidos pelo credor fiduciário e, caso os devedores se ocultem, abre-se a possibilidade de notifica-los judicialmente. Esclarece que é possível o credor, em vez da execução extrajudicial de alienação fiduciária, optar pela execução judicial, todavia, não há a possibilidade de optar-se por iniciar a notificação judicial e após requerer ao registrador que certifique o decurso de prazo, devendo nesta hipótese, a purgação da mora ser feita em juízo (fls. 58/60). O Ministério Público opinou pela improcedência do pedido (fls. 70/72). É o relatório. Passo a fundamentar e a decidir. Com razão o Registrador, bem como a D Promotora de Justiça. A alienação fiduciária é regulamentada por lei específica, qual seja, a Lei nº 9514/97. Neste contexto, o interessado pode optar por iniciar o procedimento de notificação ou na via judicial ou na via administrativa, sendo certo que os procedimento são divergentes. Na presente hipótese, houve a opção pela execução extrajudicial ao pretender a purgação da mora no Registro de Imóveis, devendo portanto ser observado o procedimento estabelecido no Cap. XX, Seção IX, itens 230 a 262. Logo, a notificação deveria iniciar-se junto à Serventia Extrajudicial, seguindo todos os requisitos legais estabelecidos nas Normas de Serviço da Egrégia Corregedoria Geral da Justiça e, caso as diligências resultassem negativas, o credor poderia valer-se da notificação judicial, após a qual abrir-se-ia o prazo no Registro de Imóveis para o devedor purgar a mora. Neste contexto, como bem exposto pelo Registrador: "A notificação judicial, sem o ingresso do procedimento de execução extrajudicial no Registro de Imóveis, não tem serventia nenhuma para cumprir os ditames da Lei nº 9514/97". Daí que não há como estabelecer-se uma foram híbrida entre o procedimento judicial e o extrajudicial para purgação da mora. E ainda que assim não fosse, comprovou-se a fls. 37/50, que se encontra em tramite ação de rescisão contratual cumulada com pedido de antecipação de tutela formulada pelos devedores em face da requerente, solicitando a suspensão dos pagamentos das parcelas vencidas e vincendas, o que prejudica a pretensão da interessada até o deslinde judicial da questão. Logo, deve ser mantido o óbice registrário, uma vez que foi adotado procedimento vicioso em relação à notificação judicial dos devedores e execução extrajudicial. Diante do exposto, julgo improcedente o pedido de providências formulado por Cáucaso Construtora LTDA em face do Oficial do 14º Registro de Imóveis da Capital, e mantenho o óbice registrário. Deste procedimento não decorrem custas, despesas processuais e honorários advocatícios. Oportunamente remetam-se os autos ao arquivo. P.R.I.C. São Paulo, 16 de janeiro de 2018. Tania Mara Ahualli Juiza de Direito - ADV: MARIO SERGIO TOGNOLLO (OAB 66324/SP) (DJe de 02.02.2018 - SP)

Processo 1083707-44.2017.8.26.0100

Pedido de Providências - Registro de Imóveis - BANCO SANTANDER (BRASIL) S/A - Vistos. Trata-se de pedido de providências formulado por Banco Santander (Brasil) S/A, em face do Oficial do 18º Registro de Imóveis da Capital, pleiteando o cancelamento da averbação de consolidação da propriedade (Av.08) e consequente restauração da alienação fiduciária (R.07) junto à matrícula nº 148.959, tendo em vista a purgação da mora pelos devedores fiduciantes, antes da realização do leilão. Juntou documentos às fls. 08/35. O registrador manifestou-se às fls. 46/50 e 57/59. Informa que a negativa baseou-se em precedentes desta Corregedoria Permanente e da Egrégia Corregedoria Geral da Justiça. Aduz a impossibilidade do restabelecimento da condição resolutiva, uma vez que constituiria em novo direito real ao devedor fiduciante. O Ministério Público opinou pela improcedência do pedido (fls. 54/56). É o relatório. Passo a fundamentar e a decidir. A notificação de mora e posterior consolidação deu-se conforme previsto no artigo 26, § 7º, da lei 9.514/97, tal qual segue transcrito: "Art. 26. Vencida e não paga, no todo ou em parte, a dívida e constituído em mora o fiduciante, consolidar-se-á, nos termos deste artigo, a propriedade do imóvel em nome do fiduciário.(...) § 7º Decorrido o prazo de que trata o § 1º sem a purgação da mora, o oficial do competente Registro de Imóveis, certificando esse fato, promoverá a averbação, na matrícula do imóvel, da consolidação da propriedade em nome do fiduciário, à vista da prova do pagamento por este, do imposto de transmissão inter vivos e, se for o caso, do laudêmio. (...)". Portanto, tendo ocorrido sem purgação a notificação da mora feita pelo Oficial competente do Registro de Imóveis, este deve proceder à averbação, em conformidade com a norma, deste ato decorrendo todos os efeitos atinentes a esta modalidade de garantia. Não pode a averbação ser cancelada se o procedimento se deu de forma correta, tendo em vista que o erro, qual seja, a quitação do débito em local diverso do estabelecido, e o lapso informativo no expediente da requerente, são alheios às capacidades de cognição do Oficial. Portanto, a averbação está formalmente em ordem, não podendo ser cancelada alegando-se mero erro imputável apenas à requerente. Cabe ressaltar que o disposto na Lei de Registros Públicos, nº 6.015/73, em seu artigo 250, inciso II, não se aplica à hipótese. Conforme decidido no Processo 1043214-93.2015.8.26.0100 desta 1ª VRP, a consolidação da propriedade é constitutiva de direito, não sendo o cancelamento de tal ato possível por simples vontade das partes, para o retorno ao estado anterior. A questão só poderá ser resolvida com a realização de um novo negócio jurídico entre as partes, que suportarão seus custos, para a renovação da garantia ou alteração da propriedade. Neste sentido, recente decisão do Colendo Superior Tribunal de Justiça, no julgamento do RECURSO ESPECIAL Nº 1.462.210-RS (2014/0149511-0), de relatoria do E. Ministro Ricardo Villas Bôas Cueva, acatado por unanimidade pela turma julgadora. Cabe destacar parte do voto: "(...) os prejuízos advindos com a posterior purgação da mora são suportados exclusivamente pelo devedor fiduciante, que arcará com todas as despesas referentes à "nova" transmissão da propriedade e também com os gastos despendidos pelo fiduciário com a consolidação da propriedade (ITBI, custas cartorárias, etc.)". Ademais, tal questão já foi objeto de análise perante a Egrégia Corregedoria Geral da Justiça, no Recurso Administrativo nº 1113134-57.2015.8.26.0100, Parecer nº 240/2016-E, de relatoria do Des. Pereira Calças: "Registro de Imóveis – Alienação Fiduciária em garantia Mora Consolidação da propriedade em nome da fiduciária Alegação de que os valores em atraso foram pagos diretamente à credora fiduciária Pedido de cancelamento da averbação que consolidou a propriedade impossibilidade Purgação da mora que deve ocorrer no Registro de Imóveis Inteligência dos artigos 26, § 5º, da Lei 9.514/97 e 327 do Código Civil Purgação que, ademais não foi comunicada pela fiduciária, que requereu a consolidação da propriedade do bem em seu nome- Recurso a que se nega provimento "Conforme se verifica-se no corpo do Acórdão: "... Dessa forma, observado todo o procedimento traçado pela Lei nº 9.514/97, a consolidação da propriedade em nome da fiduciária se tornou ato perfeito e acabado, não havendo razão que justifique o cancelamento da averbação. Repactuada a dívida, resta aos interessados celebrar novo negócio jurídico, com o pagamento de todos os encargos decorrentes desse ato". Logo, tem-se que averbação da consolidação da propriedade em nome do credor fiduciário tem efeito constitutivo de direito. Portanto, se houver pelas partes o desejo de nova transferência, esta se dará por outro ato de transmissão. Diante do exposto, julgo improcedente o pedido de providências formulado por Banco Santander (Brasil) S/A, em face do Oficial do 18º Registro de Imóveis da Capital, afastando a pretensão de cancelamento da averbação. Deste procedimento não decorrem custas, despesas processuais e honorários advocatícios. Oportunamente remetam-se os autos ao arquivo. P.R.I.C. - ADV: EDUARDO AUGUSTO MENDONÇA DE ALMEIDA (OAB 101180/SP) (DJe de 05.02.2018 - SP)

Processo 1084068-95.2016.8.26.0100

Pedido de Providências - Propriedade - Gerson do Nascimento e outro – ITAU UNIBANCO S.A. e outro - Vistos. Trata-se de pedido de providências formulado por Gerson do Nascimento e Eliane de Fátima Varela Ramos em face da Oficial do 6º Registro de Imóveis da Capital, pretendendo o cancelamento de todos os atos realizados posteriormente ao registro da alienação fiduciária efetuados na matrícula nº 131.727 ou, subsidiariamente, a averbação da existência de processos judiciais em trâmite perante os MMº Juízos da 38ª e 41ª Varas Cíveis da Capital (processos nºs 1010827-07.2015.8.26.0009 e 1006676-95.2015.8.26.0009), nos quais se discutem as cláusulas do financiamento imobiliário com o Banco Itaú. Sustentam os requerentes a abusividade das taxas de juros, correção monetária e multa incidentes no contrato de financiamento, razão pela qual ingressaram com ação revisional e ação de consignação em pagamento, sendo que a primeira foi extinta sem apreciação do mérito por identidade de objeto. Esclarecem que, apesar de se encontrar em trâmite ação para discutir o contrato, o Banco Itaú iniciou procedimento extrajudicial de cobrança da dívida, que culminou com a consolidação da propriedade. Juntaram documentos às fls. 19/33 e 38/48. O Registrador informa que a questão já foi objeto de análise no feito nº 0006918-55.2016.8.26.0100, que tramitou perante esta Corregedoria, que ao final foi julgado improcedente (fls. 51/53). Apresentou documentos às fls. 54/141. O Banco Itaú apresentou impugnação às fls. 146/166. Arguiu, em preliminar, a existência de litispendência e coisa julgada com o feito nº 0006918-55.2016.8.26.0100 e, no mérito, sustentou que não foi cometida qualquer irregularidade, vez que o procedimento de consolidação da propriedade observou o estabelecido na Lei nº 9.514/97, logo, não há que se falar em retificação ou cancelamento dos atos registrários. O Ministério Público opinou pela improcedência do pedido (fls. 260/264). É o relatório. Passo a fundamentar e a decidir. Afasto a preliminar de coisa julgada, bem como a de litispendência, arguidas pela Registradora e pelo Banco ITAÚ, tendo em vista que, apesar de constarem as mesmas partes e pedido em relação ao feito nº 0006918-55.2016.8.26.0100, a causa de pedir é diversa. Verifico que naquele feito o requerente pleiteava o cancelamento das averbações e registros efetuados na matrícula nº 131.727 subsequentes ao registro da alienação fiduciária, em decorrência de vício no ato notificatório. No presente procedimento o pedido é semelhante, mas diz respeito ao cancelamento em decorrência das alterações unilaterais efetuadas pela instituição financeira após o registro da alienação fiduciária, concernentes à abusividade de juros, correção monetária e multa. Feitas estas considerações, passo à análise do mérito. As hipóteses de cancelamento dos atos registrários estão previstas no artigo 250 da Lei de Registros Públicos, que dispõe: "Art. 250: Far-se-á o cancelamento: I- em cumprimento de decisão judicial transitada em julgado; II- a requerimento unânime das partes que tenham participado do ato registrado, se capazes, com as firmas reconhecidas por tabelião; III- A requerimento do interessado, instruído com documento hábil. IV- a requerimento da Fazenda Pública, instruído com certidão de conclusão de processo administrativo que declarou, na forma da lei, a rescisão do título de domínio ou de concessão de direito real de uso de imóvel rural, expedido para fins de regularização fundiária, e a reversão do imóvel ao patrimônio público. (Incluído pela Lei nº 11.952, de 2009)". A presente hipótese não se enquadra nas causas estabelecidas pelo dispositivo legal mencionado. Apesar de não ter sido objeto dos feitos anteriormente formulados pelo requerente (processo nº 0006918-55.2016.8.26.0100, apensado ao de nº 0049072.25.2015.8.26.0100), a questão foi abarcada naqueles autos, tendo inclusive parecer da Egrégia Corregedoria Geral da Justiça, decorrente de recurso administrativo interposto pelo interessado: "Registro de Imóveis – Alienação judiciária em garantia - Intimações para fins de purgação da mora - Regularidade reconhecida. Descartado o exame a respeito da validade e eventual abusividade de clausulas contratuais impugnadas pelos devedores fiduciantes recorrentes - Cancelamentos pretendidos desautorizados -Ausência de decisão judicial para averbação da existência de processo revisional em curso" (Recurso Administrativo nº 0006918-55.2016.8.26.0100, Rel: Pereira Calças) Decerto a ação revisional interposta pelo interessado (processo nº 1010827-07.2015.8.26.009) foi julgada extinta sem apreciação do mérito, uma vez que os fatos estavam sendo discutidos na ação de consignação em pagamento (processo nº 1006676-95.2015.8.26.0009 - fls. 246/252), tendo em vista a identidade de objeto. Observe-se que deste último processo não houve sentença, ou deferimento de qualquer liminar pelo MMº Juízo da 41ª Vara Cível da Capital que determinasse o cancelamento dos registros feitos posteriormente à alienação fiduciária, a suspensão do procedimento de consolidação da propriedade ou ainda a averbação da existência de processos em tramite junto aos MMºs Juízos da 38º e 41ª Varas Cíveis da Capital. Logo não há qualquer justificativa para a extinção da eficácia dos registros pretendidos, bem como a suspensão do procedimento de consolidação da propriedade. Por fim, o pedido subsidiário da averbação de existência de processo revisional, deve ser formulado nas vias ordinárias, junto aos Juízos onde se encontram em tramite os feitos. Por fim, advirto os requerentes que é dever da parte não formular pretensão quando ciente de que é destituída de fundamento, sob pena de incidência de litigância de má fé, nos termos do artigo 80, III do CPC. Diante do exposto, julgo improcedente o pedido de providências formulado por Gerson do Nascimento e Eliane de Fátima Varela Ramos em face da Oficial do 6º Registro de Imóveis da Capital. Deste procedimento não decorrem custas, despesas processuais e honorários advocatícios. Oportunamente remetam-se os autos ao arquivo. P.R.I.C. - ADV: JOSE MANOEL DE ARRUDA ALVIM NETTO (OAB 12363/SP), ALEXSANDRO VIEIRA DE ANDRADE (OAB 338821/SP), EDUARDO PELLEGRINI DE ARRUDA ALVIM (OAB 118685/SP) (DJe de 14.03.2018 - SP)

Processo 1002137-02.2018.8.26.0100

Dúvida - REGISTROS PÚBLICOS - SANDRA GOLDMAN LEWKOWICZ e outro - Vistos. Trata-se de dúvida suscitada pelo 2º Oficial de Registros de Imóveis da Capital a requerimento de Sandra Goldman Lewkowicz, após negativa de registro de instrumento particular de alienação fiduciária relativa ao imóvel de matrícula nº 74.229 da mencionada serventia. Os óbices apresentados dizem respeito à determinação do juízo da 2ª Vara Judicial do Foro de Embu das Artes para averbação do restabelecimento da hipoteca registrada sob nº 3, prenotado em 01/12/2018, quatro dias após a prenotação do instrumento de alienação fiduciária. O Oficial justifica os óbices com base na necessidade de dar publicidade à ordem judicial, sendo que o registro de manutenção da hipoteca não constituiu ato superveniente, mas apenas restabeleceu garantia anterior à apresentação do título. Alega ser o caso de direitos reais contraditórios, devendo ser decidido pelo Juízo que emanou a ordem. A suscitada apresentou impugnação (fls. 32/37), aduzindo que a negativa da averbação pretendida infringe os princípios da publicidade e da prioridade. Requer a preservação dos direitos que a H. Motors possuía quando da prenotação datada de 30/11/2017, com a averbação do instrumento particular com garantia de alienação fiduciária. O Ministério Público opinou às fls. 55/59 pela procedência da dúvida. É o relatório. Decido. O registro de cancelamento da hipoteca recaiu sobre imóvel não consignado nos pedidos do autor nos autos do processo nº 1005782-35.2017.8.26.0176 em trâmite perante a 2ª Vara Judicial do Foro de Embu das Artes, cujo juízo competente equivocadamente deferiu a antecipação dos efeitos da tutela determinando a baixa na hipoteca averbada no de matrícula nº 74.229. Nesse sentido, a priori, ausentes os elementos do item 135 do Cap. XX das NSCGJ na decisão supramencionada: 135. O cancelamento de hipoteca só poderá ser feito:a) à vista de autorização expressa ou quitação outorgada pelo credor ou seu sucessor, em instrumento público ou particular; b) em razão de procedimento administrativo ou contencioso, no qual o credor tenha sido intimado; (grifo nosso) c) na conformidade da legislação referente às cédulas hipotecárias. Tal desacerto resultou na interposição, pelo réu naquele feito, de AI nº 2232992-06.2017.8.26.0000, o que indica, certamente, que o cancelamento de hipoteca também não resultou de decisão com trânsito em julgado, como prevê a alínea "a" do item 134 do Cap. XX das NSCGJ. Sobrevindo a ordem judicial de 16 de novembro de 2017, apresentada à Serventia anteriormente ao ingresso do instrumento de alienação fiduciária no fólio real, o Oficial agiu acertadamente ao acatar o disposto no título, priorizando a urgência determinada pelo órgão jurisdicional e procedendo em prol da satisfação da decisão judicial. Assim, a conduta do Registrador primou pelo princípio da segurança jurídica esperada dos Registros Públicos, tendo agido de forma correta ao qualificar positivamente o título judicial expedido pela 2ª Câmara Reservada de Direito Empresarial do TJSP nos autos processo nº 1005782-35.2017.8.26.0176. Estando o título judicial formalmente em ordem, e contendo ordem judicial expressa, não resta outra alternativa ao Oficial senão permitir o seu ingresso, no sentido de manter hipoteca previamente existente. Não vislumbro qualquer falha na atitude do Registrador, que regularmente procedeu à averbação da manutenção da hipoteca. Do exposto, julgo procedente a dúvida suscitada pelo Oficial do 2º Registro de Imóveis, a pedido de Sandra Goldman Lewkowicz, para manter os óbices impostos. Não há custas, despesas processuais ou honorários advocatícios decorrentes deste procedimento. Oportunamente, arquivem-se os autos. P.R.I.C. - ADV: CESAR RODRIGO NUNES (OAB 260942/SP) (DJe de 22.03.2018 - SP)

Processo 1112463-63.2017.8.26.0100

Pedido de Providências - Registro de Imóveis - Leandro Carlos Mazzei - Caroline Helena Billo - Vistos. Trata-se de pedido de providências formulado por Leandro Carlos Mazzei e sua companheira Caroline Helena Billo, em face do Oficial do 15º Registro de Imóveis da Capital, pleiteando o cancelamento do registro nº 15 da matrícula 91.877, tendo em vista a quitação do débito e consequente consolidação da propriedade em nome dos requerentes. A inicial foi emendada às fls. 38/39, com a juntada de documentos às fls. 40/88. Segundo o Registrador (fls. 92/94), a negativa para a prática ocorreu por constar no termo de quitação, fornecido pela instituição financeira, apenas o nome de Leandro, sendo omisso em relação a Caroline, que também era devedora fiduciante. Juntou documentos às fls. 95/106. O Ministério Público opinou pela procedência do pedido (fls. 112/114). Intimada para manifestação (fl. 124), a instituição financeira quedou-se inerte, conforme certidão de fl. 125. É o relatório. Passo a fundamentar e a decidir. Em que pese a cautela do zeloso Registrador em proceder ao cancelamento da averbação do registro nº 15, consistente na alienação fiduciária do imóvel matriculado sob nº 91.877 ao Banco do Brasil, entendo tratar- se de hipótese excepcional e como tal será analisada. De acordo com os documentos de fls.

43/88, os requerentes Leandro e Caroline, conviventes em união estável, conjuntamente entabularam o instrumentos particular, com efeito de escritura pública de compra e venda e financiamento de imóvel, com alienação fiduciária em garantia, de acordo com as normas do sistema financeiro da habitação (SFH) e outras avenças. Neste contexto, a instituição financeira deu plena quitação do valor devido, consequentemente autorizando o cancelamento do registro (fl. 06). Logo, apesar de não constar o nome de Caroline do termo, é certo que houve a extinção da obrigação com o pagamento integral do débito, sendo que nos termos do artigo 275 do CC, a extinção da obrigação aproveita aos demais devedores, não constando qualquer observação da existência de alguma pendência em nome da companheira"Art. 275: O credor tem direito a exigir e receber de um ou de alguns dos devedores, parcial ou totalmente, a dívida comum; se o pagamento tiver sido parcial, todos os demais devedores continuam obrigados, solidariamente pelo resto". Ademais, quando da alienação fiduciária o casal já vivia em união estável, o que presume-se que o bem adquirido na constância da relação, comunica-se ao outro, exceto havendo prova em contrário, o que deverá ser discutido nas vias judiciais, com a presença do contraditório e ampla defesa, sendo certo que aplica-se à união estável o regime da comunhão parcial de bens (artigo 1658 do CC). Logo, eventual e futura demanda envolvendo a pessoa e o valor do pagamento do débito, caracteriza-se como obrigação pessoal e deverá ser proposta nas vias próprias entre as partes envolvidas, não havendo que se falar em direito real, vez que houve a total concordância da instituição financeira com o cancelamento do ato registrário. Diante do exposto, julgo procedente o pedido de providências formulado por Leandro Carlos Mazzei e sua companheira Caroline Helena Billo, em face do Oficial do 15º Registro de Imóveis da Capital, e consequentemente determino o cancelamento do registro nº 15 da matrícula nº 91.877, com a consequente consolidação da propriedade em nome dos requerentes. Deste procedimento não decorrem custas, despesas processuais e honorários advocatícios. Oportunamente remetam-se os autos ao arquivo. P.R.I.C. - ADV: CARLOS HENRIQUE GALLUCCI (OAB 271198/SP), ALEXANDRA PINA (OAB 284382/SP), NELSON DE SOUZA PINTO NETO (OAB 280190/SP) (DJe de 07.06.2018 - SP)

Processo 1060989-19.2018.8.26.0100

Dúvida - Notas - 13º Oficial de Registro de Imóveis de São Paulo - Maria do Rosario Fischer - Vistos. Trata-se de dúvida suscitada pelo Oficial do 13º Registro de Imóveis da Capital, a requerimento de Flávio Castro Nogueira da Gama, representante legal da srª Maria do Rosário Fischer, tendo em vista a negativa em se proceder ao registro do contrato de locação datado de 01.07.2017, tendo por objeto os imóveis matriculados sob nºs 83.382, 83.551, 83.552 e 83.553, pelo prazo de 30 (trinta) meses, no qual figuram como locadora Tereza do Rego Barros Meira de Araujo e como locatária Maria do Rosário Fischer. Os óbices registrários referem-se: a) necessidade de apresentação do instrumento de cancelamento das locações objeto dos registros nºs 1 e 9, devidamente formalizados; b) aditar o mencionado instrumento para constar a anuência do credor fiduciário Banco Santander (Brasil) S/A, nos termos do artigo 37-B da Lei nº 9.514/97. Posteriormente reconheceu o registrador a desnecessidade do cancelamento direto do registro nº 1, nos termos da nota devolutiva, uma vez que se encontra indiretamente cancelado quando promovido o registro nº 09, tendo em contra tratar-se, em ambos os registros, da mesma locatária. Juntou documentos às fls. 06/55. O suscitado apresentou impugnação às fls. 56/61. Argumenta que em relação ao primeiro óbice, este se encontra superado, conforme reconheceu o registrador em suas ponderações. Em relação à concordância do credor fiduciário, assevera que a qualidade de possuidor direto confere legitimidade ao fiduciante para contratar a locação do imóvel a terceiros, a qualquer tempo, independentemente da concordância do fiduciário. Salienta que a anuência do credor fiduciário não é elemento de existência, nem requisito de validade do contrato de locação, o qual existe, é válido e eficaz entre locador e locatário. Apresentou documentos às fls. 63/72. O Ministério Público opinou pela procedência da dúvida (fls. 76/77). É o relatório. Passo a fundamentar e a decidir. Em relação ao primeiro óbice, referente à necessidade de apresentação do instrumento de cancelamento das locações objeto dos registros nºs 01 e 09, conforme reconhecido pelo registrador, não há necessidade do cancelamento direto do registro nº 1, uma vez que se encontra indiretamente cancelado quando promovido o registro nº 09, tendo em conta serem referentes à locatária. No que se refere ao registro nº 09, verificasse que o prazo de vigência do contrato de locação atingiu seu termo final, bem como a ausência de notícia de prorrogação do prazo ou de eventual formulação de ação renovatória, aliada ao fato da locatária estar habitando o imóvel desde 01.07.2017, ficando afastada a necessidade de apresentação do instrumento de cancelamento das locações objeto dos registros nºs 1 e 9, devidamente formalizados.

Todavia, entendo que o segundo entrave deverá ser mantido. Como é sabido, ao se constituir a alienação fiduciária, tanto por instrumento público ou particular, a propriedade do imóvel é transferida para o credor, ficando o devedor na posse direta do imóvel durante o período em que vigorar o financiamento. Na presente hipótese, o imóvel, objeto do contrato de locação (fls. 12/24) encontra-se alienado fiduciariamente ao Banco Santander (Brasil) S/A, como garantia de dívida no valor de R$ 1.950.000,00 (R.17 - fls. 34/35). De acordo com o artigo 37 -B da Lei 9.514/97: "Será considerada ineficaz, e sem qualquer efeito perante o fiduciário ou seus sucessores, a contratação ou a prorrogação de locação de imóvel alienado fiduciariamente por prazo superior a um ano sem concordância por escrito do fiduciário" (g. n) Ora, de acordo com o contrato de locação entabulado pelas partes, o período de vigência foi estabelecido em 30 (trinta) meses, ou seja, dois anos e seis meses, com início em 1º de julho de 2017 e término em 31 de dezembro de 2019 (cláusula 2º - fl. 13). Logo, é indispensável a anuência expressa do credor fiduciário. A matéria já foi objeto de decisão proferida pelo Colendo Conselho Superior da Magistratura, na Apelação nº 0065836-57.2013.8.26.0100 (Voto nº 34.705), corroborando a necessidade de aquiescência do credor fiduciário para o registro de locação relativa a imóveis alienados fiduciariamente, cujo contrato de locação extrapole o prazo de um ano: "Registro de imóveis Dúvida Contrato de locação com clausula de vigência superior a um ano Alienação fiduciária sobre o imóvel locado Necessidade a anuência do credor fiduciário para o registro da locação Artigo 37 B da Lei nº 9.514/97 Recusa do oficial adequada Recurso não provido". Ademais, o registro sem anuência do credor fiduciário fere o princípio da continuidade registrária, segundo o qual somente poderá transmitir um direito aquele que for detentor do domínio, ou seja, aquele que constar do registro como titular desse direito. Diante do exposto, julgo parcialmente procedente a dúvida suscitada pelo Oficial do 13º Registro de Imóveis da Capital, a requerimento de Flávio Castro Nogueira da Gama, representante legal da srª Maria do Rosário Fischer, e mantenho o segundo óbice, concernente à necessidade de anuência do credor fiduciário. Deste procedimento não decorrem custas, despesas processuais e honorários advocatícios. Oportunamente remetam-se os autos ao arquivo. P.R.I.C. - ADV: PEDRO BOUERI (OAB 140569/RJ), FLAVIO CASTRO NOGUEIRA DA GAMA (OAB 104841/RJ), CAIO CEZAR DELGADO DE ANDRADE (OAB 215911/RJ) (DJe de 06.07.2018 - SP)

Processo 1127279-50.2017.8.26.0100

Dúvida - REGISTROS PÚBLICOS - Companhia de Desenvolvimento Habitacional e Urbano do Estado de São Paulo - CDHU - Vistos. Trata-se de dúvida suscitada pelo Oficial do 1º Registro de Imóveis da Capital a requerimento da CDHU (Companhia de Desenvolvimento Habitacional e Urbano do Estado de São Paulo), tendo em vista a negativa do registro de instrumento particular de venda e compra de imóvel com financiamento imobiliário e pacto adjeto de alienação fiduciária em garantia pelo Sistema Financeiro da Habitação e outras avenças, tendo como objeto o imóvel matriculado sob nº 123.934. O óbice registrário refere-se à ausência de apresentação do título em que a propriedade dos imóveis foi transferida à CDHU, tendo ocorrido somente imissão na posse, sem mudança de domínio, o que feriria o princípio da continuidade. Alega o Oficial que a suscitada deve obter as concordâncias dos expropriados, na forma do art. 34-A do Decreto-Lei nº 3.364/1941, incluído pela Lei nº 13.465/17. Juntou documentos a fls. 5/46 Insurge-se a suscitada em impugnação a fls. 49/56, aduzindo se tratar de bem expropriado para a implantação de parcelamento popular, sem possibilidade de retrocessão, portanto, descabidas as exigências do Oficial. Argumenta que o domínio não conta em favor do proprietário do imóvel desapropriado, no caso de prévia imissão do poder público na posse do bem. Em cumprimento a decisão de fls. 101, foram juntadas cópias da decisão que determinou imissão na posse do imóvel e de Certidão de Objeto e Pé do processo nº 0600406-32.2008.8.26.0053. O Ministério Público opinou pela improcedência da dúvida (fls. 93/100), com afastamento do óbice. É o relatório. Passo a fundamentar e a decidir. Em que pesem os argumentos expostos pelo D Registrador, entendo que a dúvida é improcedente. Em princípio, conforme se verifica das matrículas juntadas a fls. 88/89, não houve o registro da transferência definitiva da propriedade dos imóveis para a Companhia de Desenvolvimento Habitacional e Urbano do Estado de São Paulo, apenas a imissão na posse, o que poderia caracterizar a quebra da continuidade registral caso o instrumento particular em comento fosse levado ao fólio. Todavia, as peculiaridades que envolvem o caso, em especial a desapropriação com fim de interesse social, permitem o registro do título. Em primeiro lugar, cumpre dizer que a desapropriação é forma originária de aquisição de propriedade. Nas palavras de Celso Antônio Bandeira de Mello: "Diz- se originária a forma de aquisição de propriedade quando a causa que atribui a propriedade a alguém não se vincula a qualquer título anterior(...) É causa autônoma, bastante, por si mesma, para gerar, por força própria, o título constitutivo da propriedade. Dizer-se que a desapropriação é forma originária de aquisição de propriedade significa que ela é, por si mesma, suficiente para instaurar a propriedade em favor do Poder Público, independentemente de qualquer vinculação com o título jurídico do anterior proprietário. É a só vontade do Poder Público e o pagamento do preço que constituem propriedade do Poder Público sobre o bem expropriado" (Curso de Direito Administrativo, 16ª edição, pág. 740) Daí decorrem duas consequências iniciais: a desapropriação independe da situação anterior do imóvel, podendo ocorrer mesmo quando decair sobre ele qualquer ônus e, uma vez ocorrida, a propriedade em favor do poder público não pode ser contestada, até mesmo se o poder público indenizar erroneamente pessoa que não for legítima proprietária. Nas palavras de Bandeira de Mello, "a propriedade estará, de qualquer forma, adquirida pelo Poder Público". No caso em análise, o trâmite processual está quase completo, pois houve imissão na posse e sentença de procedência do pedido da administração pública. Falta apenas a emissão da carta de desapropriação, pois pendente pagamento de parte final da indenização, conforme últimos despachos do processo na 13ª Vara da Fazenda. Contudo, já houve imissão na posse, momento em que há a perda do objeto por parte do expropriado, conforme lê-se de despacho a fls. 116: "O pólo passivo comunica, a folhas 646/650, que a expropriante já se imitiu na posse do imóvel." (Processo nº 0600406- 32.2008.8.26.0053) Assim, reconhecida também a propriedade em favor da administração pública, sendo tal fato irreversível. Poder-se-ia dizer que a CDHU ainda pode desistir da desapropriação, negando a indenização e havendo retrocessão do bem aos expropriados. Contudo, assim rege o artigo 5º,§ 3º do Decreto Lei nº 3.365, de 21.06.1941: "Art.5º: (...) §3º: Ao imóvel desapropriado de parcelamento para implantação de parcelamento popular, destinado às classes de menor renda, não se dará outra utilização nem haverá retrocessão" (Redação da Lei nº 9.785/1999). É esta a hipótese presente, pois foi realizada a desapropriação para fins de instituição de moradia popular. Portanto, não há qualquer possibilidade de reversão da desapropriação: esta está consolidada de fato e pendente apenas da expedição de carta judicial para que se complete. Em outras palavras, a desapropriação já ocorreu, com registro da imissão na posse, não podendo ser, de qualquer modo, cancelada pelo poder expropriante. Neste sentido, não há que se alegar prejuízo aos proprietários tabulares, pois o bem está afetado ao interesse público e a indenização já foi estabelecida, estando em fase final de execução. Neste conjunto fático, o registro do instrumento particular de venda e compra de imóvel pela CDHU se mostra como fator essencial para a consolidação do projeto de interesse social que justificou a desapropriação. Já decidiu anteriormente o MMº Juiz Marcelo Martins Berthe, nos autos do Processo nº 0026999- 30.2013.8.26.0100, sobre a importância social do reconhecimento da desapropriação mesmo antes da sentença definitiva em ação que discute apenas o valor indenizatório. In verbis: "Importante salientar que [o registro da imissão na posse] foi criada para atender ao interesse público, presente na construção de habitações para a população de baixa renda, abrindo caminho para a unificação, quando necessária, e o registro do parcelamento do solo, antes mesmo da sentença proferida nas ações de desapropriação, onde se esteja discutindo apenas o preço do imóvel desapropriado, não se justificando, portanto, retardar um empreendimento de interesse público apenas por esse motivo." Em conclusão, não se faz aqui qualquer tipo de afrouxamento das formalidades necessárias ao registro do título. Na verdade, apenas se reconhece o interesse público justificante da desapropriação e a situação fática existente, que demanda a transferência dos bens, reconhecidamente de propriedade da CDHU, para que haja a consolidação do projeto de moradias populares, tão necessárias à população paulistana. Diante do exposto, julgo improcedente a dúvida suscitada pelo Oficial do 1º Registro de Imóveis da Capital a requerimento da CDHU (Companhia de Desenvolvimento Habitacional e Urbano do Estado de São Paulo), determinando o registro do título apresentado. Deste procedimento não decorrem custas, despesas processuais ou honorários advocatícios. Oportunamente remetam-se os autos ao arquivo.. P.R.I.C. - ADV: ANA LUCIA FERNANDES ABREU ZAOROB (OAB 81487/SP) (DJe de 18.07.2018 - SP)

Processo 1117163-82.2017.8.26.0100

Dúvida - REGISTROS PÚBLICOS - F.R.M. - Municipalidade de São Paulo - Vistos. Trata-se de dúvida inversa suscitada por Fabio Ryodi Matsui em face do Oficial do 10º Registro de Imóveis da Capital, após negativa de ingresso de instrumento particular de compra e venda com pacto adjeto de alienação fiduciária cujo objeto é o imóvel matriculado sob o nº 142.274 na respectiva serventia, sob o argumento de q ue seria necessário o recolhimento de ITBI para registro do título. Alega o suscitante que a dívida relativa ao ITBI foi parcelada perante o ente tributante, razão pela qual não pode comprovar sua quitação, estando sua exigibilidade suspensa. Juntou documentos às fls. 09/22. O Oficial respondeu à fl. 28, com documentos às fls. 29/82. Alega a exigência da Lei de Registros Públicos de que verifique o pagamento de tributos, aduzindo que o parcelamento não substitui a quitação. Além disso, diz não haver certeza de que o parcelamento apresentado diz respeito ao ITBI devido pelo registro ora pretendido. O suscitante respondeu às fls. 85/89, aduzindo que o fato gerador do tributo surge com o registro, não havendo que se dizer em comprovação de seu pagamento antes do ingresso do título no fólio real. O Ministério Público opinou às fls. 99/101 pela procedência da dúvida. O Município de São Paulo manifestou-se às fls. 111/113, aduzindo que o parcelamento da dívida tributária não substitui a prova de quitação. É o relatório. Decido. Primeiramente, afasto a alegação do suscitante quanto a inexistência de dever de recolhimento do ITBI. Ainda que seja passível de discussão judicial a legalidade de que se considere o imposto exigível desde a transação imobiliária, e não do registro do título (i.e. discutir a legitimidade de que o tributo seja pago sem a ocorrência de seu fato gerador, incidindo encargos desde a transação), não há impeditivo para que seja exigido no momento de sua ocorrência, ou seja, que o pagamento do tributo se dê de forma simultânea a seu fato gerador, sendo legítima a exigência de que se comprove o pagamento do tributo no momento do ingresso do título. Neste sentido, bem lembrou a D. Promotora: "Por outro lado, não há que se falar que o tributo só seria devido após o registro, não havendo motivo para a recusa do Registrador, pois há previsão normativa neste sentido e, conforme entendimento jurisprudencial pacificado, é necessária a prova da quitação do tributo para o ingresso no fólio real. Assim decidiu o Conselho Superior da Magistratura do Tribunal de Justiça de São Paulo nos autos da Apelação nº0001607-49.2017.8.26.0100: Á luz do item 119.1, Capítulo XX, Tomo II, das NSCGJ: 119.1. Com exceção do recolhimento do imposto de transmissão e prova do recolhimento do laudêmio, quando devidos, nenhuma exigência relativa à quitação de débitos para com a Fazenda Pública, inclusive quitação de débitos previdenciários, fará o oficial, para o registro de títulos particulares, notariais ou judiciais. A explícita previsão normativa deixa evidente a exigibilidade de comprovação do recolhimento do ITBI, imposto de transmissão, para o registro do título..." Superado este ponto, entendo que o parcelamento da dívida tributária, a princípio, permitiria o ingresso do título. Assim dispõe o Art. 289 da LRP: "Art. 289. No exercício de suas funções, cumpre aos oficiais de registro fazer rigorosa fiscalização do pagamento dos impostos devidos por força dos atos que lhes forem apresentados em razão do ofício." Também o já citado item 119.1 do Capítulo XX das NSCGJ: "119.1. Com exceção do recolhimento do imposto de transmissão e prova do recolhimento do laudêmio, quando devidos, nenhuma exigência relativa à quitação de débitos para com a Fazenda Pública, inclusive quitação de débitos previdenciários, fará o oficial, para o registro de títulos particulares, notariais ou judiciais." Note-se, em ambos os dispositivos, a presença da expressão devidos. Exige-se a comprovação da quitação quando devido o imposto, devendo-se entender por imposto devido aquele em que haja certeza e exigibilidade. Neste ponto, prevê o Art. 151 do CTN: "Art. 151. Suspendem a exigibilidade do crédito tributário: (...) VI - o parcelamento" Assim, parcelado o crédito tributário, sua exigibilidade fica suspensa. É dizer que, acordado o parcelamento entre contribuinte e fisco, este último não pode exigir o cumprimento da obrigação tributária como condição para os atos do devedor. Levando tal entendimento ao registro imobiliário, estando suspensa a exigibilidade do ITBI, não se pode exigir prova de sua quitação para o registro do título, pois a quitação não é exigível, já que o ente tributante acatou que seu pagamento fosse diferido no tempo. Entender de forma contrária levaria ao absurdo de que o contribuinte possa parcelar o ITBI devido pela compra de um bem em 120 parcelas mensais, só permitindo o ingresso do título ao final. Ou seja, por 10 anos alguém pagaria um tributo sem ter ocorrido seu fato gerador, sem poder contar com as garantias e segurança jurídica advinda do registro da transação na matrícula do imóvel. Portanto, se o Município entendeu por bem parcelar o tributo, não há que se exigir prova de sua quitação para o registro, visto que suspensa sua exigibilidade. Nem se diga haver prejuízo no caso de não pagamento, uma vez que o inadimplemento torna o crédito novamente exigível, podendo o fisco utilizar-se dos meios necessários para ver seu crédito satisfeito, inclusive utilizando- se do imóvel registrado para tanto. Este o entendimento geral, partindo da análise apenas das normas do CTN e da LRP. Todavia, na presente hipótese, tal entendimento não pode ser aplicado. Isso porque o Art. 14 da Lei Municipal 14.256/06 assim dispõe: "Art. 14. Quando o PAT incluir débitos do ITBI, não serão lavrados, registrados, inscritos ou averbados pelos notários, oficiais de Registro de Imóveis, ou seus prepostos, os atos e termos relacionados à transmissão de bens imóveis ou de direitos a eles relativos, sem o pagamento integral do referido acordo de parcelamento." Ainda que o artigo diga respeito ao programa de parcelamento PAT, possível sua aplicação analógica ao PPI. A semelhança entre os dois programas, que permite essa analogia, é fortificada pela possibilidade de transferência da dívida entre eles, como se vê na Lei Municipal nº 16.680/17. Portanto, há previsão legal expressa de que o registro não será feito antes da quitação total do parcelamento, o que leva a conclusão de que regulares as exigências do Oficial. Poder-se-ia alegar pela inconstitucionalidade da Lei Municipal, seja por ser contrária ao próprio CTN (incidindo em violação a sua competência legislativa, que não podem violar normas gerais de competência da União), seja por legislar sobre registros públicos (competência privativa da União, Art. 22, XXV, CF). Não obstante, não é este juízo administrativo competente para declarar eventual inconstitucionalidade. Cito o decidido na Apelação nº 1123982-06.2015.8.26.0100, j. 18/10/16, Rel. Pereira Calças: "Registro de Imóveis - Dúvida julgada procedente, impedindo-se o registro de Escritura Pública de venda e compra, englobando cessão - Ausência de recolhimento de imposto - ITBI que é devido pela cessão e pela venda e compra - impossibilidade de reconhecimento deinconstitucionalidadee de decadência ou prescrição pela via administrativa – Recurso desprovido." (grifei) Ou seja, ficou ali estabelecido que não pode o juízo administrativo declarar inconstitucionalidade de lei, assim como em outros precedentes (cf. AC0038442-73.2011, AC43.694-0/0e AC18.671-0/8). Portanto, deve-se observar a lei municipal que rege a questão, impedindo o registro do título. Acaso entender de modo contrário, pode o suscitante valer-se das vias contenciosas, pois prevê o Art. 204 da LRP que "a decisão da dúvida tem natureza administrativa e não impede o uso do processo contencioso competente." Do exposto, julgo procedente a dúvida inversa suscitada por Fabio Ryodi Matsui em face do Oficial do 10º Registro de Imóveis da Capital, mantendo o óbice ao registro. Não há custas, despesas processuais nem honorários advocatícios decorrentes deste procedimento. Oportunamente, arquivem-se os autos.. P.R.I.C.. – REPUBLICADO POR TER SAÍDO COM INCORREÇÃO - ADV: ALEXANDRE DE CALAIS (OAB 128086/SP), JANSEN FRANCISCO MARTIN ARROYO (OAB 210922/SP) (DJe de 26.07.2018 - SP)

Processo 1075541-86.2018.8.26.0100

Dúvida Reqte: 9º Oficial de Registro de Imóveis de São Paulo Int.: Hilton Ricardo Dispatto Sentença (fls. 67/70): Vistos. Trata-se de procedimento de dúvida suscitado pelo Oficial do 9º Registro de Imóveis da Capital a requerimento de Hilton Ricardo Dispatto. O interessado pretende que se registre instrumento particular de compra e venda e alienação fiduciária do imóvel matriculado sob nº 299.846. Entretanto, o Oficial emitiu nota devolutiva, na qual informa não ser possível o registro de tal título, tendo em vista a existência de ordem de indisponibilidade sobre os bens do suscitado. Aduz que tal ordem, embora não impeça o registro da compra e venda, obsta a inscrição da alienação fiduciária. O Registrador entende, contudo, que seria possível o registro do título desde que contasse com ciência expressa das partes sobre a existência da indisponibilidade. O suscitado não juntou impugnação, mas há manifestação na serventia extrajudicial (fls. 39/60). Afirma que a ordem judicial é anterior à aquisição do bem e não há indicação de que atingiria aquisições posteriores à decisão. Ademais, aduz que a instituição bancária aprovou o financiamento após realizar todas as medidas que asseguram seus direitos, de modo que não há justificativa para impedimento do registro. O Ministério Público opinou pela procedência da dúvida e manutenção do óbice registrário. Entende, ainda, que mesmo com a anuência da instituição bancária, a indisponibilidade impossibilita o registro da alienação fiduciária sem que haja autorização expressa do Juízo emissor da ordem. É o relatório. Decido. Com razão o Oficial e a Promotora de Justiça. Não há óbices quanto ao registro da compra e venda, como bem apontado pela Douta Promotora. Tendo a vendedora a plena disponibilidade do bem, sua transmissão é plenamente possível. Entretanto, quanto à alienação fiduciária, o óbice deve ser mantido. A indisponibilidade de bens decretada, embora permita a aquisição de bens, impede que sejam dados em garantia. Conforme disposto nas Normas de Serviço dos Cartórios Extrajudiciais, no capítulo XX, item 421.3: "Em caso de aquisição de imóvel por pessoa cujos bens foram atingidos por indisponibilidade, deverá o oficial, imediatamente após o lançamento do registro aquisitivo na matrícula, promover a averbação da indisponibilidade, independentemente de prévia consulta ao adquirente." Desse modo, o bem se torna indisponível assim que passa a compor o patrimônio do suscitado, de forma que não é passível de ser dado em garantia por meio da alienação fiduciária. Nesse sentido, em concordância com o arguido pelo Ministério Público, entendo que nem mesmo a anuência do credor fiduciário torna possível a alienação voluntária, uma vez que o gravame em questão restringe as ações sobre o bem. Em situação semelhante, quando da tentativa de consolidação pela credora fiduciária em caso de indisponibilidade de bens do devedor fiduciante foi decidido pela impossibilidade, nos seguintes termos: REGISTRO DE IMÓVEIS - ALIENAÇÃO FIDUCIÁRIA DE BEM IMÓVEL - CONSOLIDAÇÃO DA PROPRIEDADE EM NOME DA CREDORA FIDUCIÁRIA, EM FACE DA REGULAR INTIMAÇÃO E DA MORA DOS DEVEDORES FIDUCIANTES - AVERBAÇÕES DE INDISPONIBILIDADES CONTRA OS FIDUCIANTES, QUE IMPEDEM A CONSOLIDAÇÃO – NECESSIDADE DE LEVANTAMENTO MEDIANTE ORDEM DOS JUÍZOS DE ONDE EMANARAM - RECURSO DESPROVIDO. (Processo n° 2015/00154498) O instituto da alienação fiduciária de imóveis foi pensado como forma de dar uma garantia ao credor de modo que caso a dívida não seja devidamente quitada, haja a possibilidade de consolidação da propriedade. Como visto acima, a indisponibilidade do bem objeto de financiamento impede a consolidação, de modo que ocorre o esvaziamento da alienação fiduciária. Desse modo, fica obstada a averbação de tal garantia quando já existe restrição de bens do devedor. Ademais, quanto à cindibilidade dos títulos, entendo que não é possível, tendo em vista que há relação de dependência entre o compromisso de compra e venda e a alienação fiduciária. Por fim, a ordem de indisponibilidade de bens, ao contrário do aduzido pelo suscitado, atinge os bens adquiridos anterior e posteriormente à decisão. Desse modo, para que se efetue o registro, deve ser obtido o levantamento da restrição junto ao Juízo emissor da ordem. Diante do exposto, julgo procedente a dúvida suscitada por pelo Oficial do 9º Registro de Imóveis a requerimento de Hilton Ricardo Dispatto, mantendo o óbice registrário. Não há custas, despesas processuais ou honorários advocatícios advindas deste procedimento. Oportunamente, arquivem-se os autos.. P.R.I.C. São Paulo, 10 de setembro de 2018. Tania Mara Ahualli Juiza de Direito (CP 359). (DJe de 21.09.2018 - SP)

ARROLAMENTO

Processo 1052587-46.2018.8.26.0100

Dúvida - Registro civil de Pessoas Jurídicas - Albino Miras Fernandes - Vistos. Trata-se de dúvida inversa suscitada por Albino Miras Fernandes em face da negativa do Oficial do 12º Registros de Imóveis da Capital em se proceder ao registro da escritura de arrolamento e sobrepartilha, lavrada perante o 17º Tabelião de Notas da Capital, onde constou dentre outros bens, o imóvel matriculado sob nº 16.360. O óbice registrário refere-se à necessidade de prévia apuração do remanescente do imóvel em questão, tendo em vista que originalmente o lote media 253 m^2, todavia, foi parcialmente desapropriado, perdendo 33,30 m^2. Informa que a escritura mencionou essas circunstancias, mas não descreveu o remanescente, razão pela qual foi exigida a prévia apuração, uma vez que sua especialização restou prejudicada. Apresentou documentos às fls. 39/104. O suscitante não discordou do óbice imposto e requereu a apuração do remanescente na via extrajudicial, todavia, devida à demora na conclusão do procedimento e sobrevindo fato extraordinário, teme que seu filho não tenha legitimidade para proceder à regularização do imóvel. Juntou documentos às fls. 06/26. O Ministério Público opinou pela procedência da dúvida (fls. 108/111). É o relatório. Passo a fundamentar e a decidir. Com razão o Registrador, bem como o D. Promotor de Justiça. A exigência formulada pelo Oficial tem amparo no princípio da especialidade objetiva (artigos 176 e 212 da Lei 6.015/73), cujas regras impedem o registro de títulos cujo objeto não seja exatamente aquele que consta do registro anterior, sendo necessário que a caracterização do objeto do negócio repita os elementos de descrição constantes do registro (Narciso Orlandi Neto, Retificação do Registro de Imóveis, Juarez de Oliveira, pág. 68). E ainda conforme ensina o ilustre professor Luiz Guilherme Loureiro: "Em virtude do principio da legitimidade ou da presunção de veracidade, o Registro deve refletir a verdade não só no que se refere ao titular do direito registrado, mas também quanto à natureza e ao conteúdo deste direito. Assim, qualquer inexatidão do assento deve ser retificada a fim de que reflita perfeitamente a realidade". (Registros Públicos - Teoria e Prática - 2ª ed. - Editora Método). Pois bem, de acordo com a escritura de arrolamento e sobrepartilha, lavrado pelo 17º Tabelião de Notas da Capital, dentre os bens arrolados por ocasião do falecimento de Clara Villaverde Miras, encontra-se: "... 7) uma casa situada na Rua Dr. Assis Ribeiro, nºs 7882 e 7884, e respectivo terreno constituído pelo lote 8 da quadra 2, do Jardim Veronia, no distrito de Ermelino Matarazzo, no Município, Comarca e 12º Oficial de Registro de Imóveis desta Cidade de São Paulo, CEP 03827-000, tendo o terreno a área de 253,00 m^2, descrito e caracterizado na matrícula nº 16.360 do referido oficial registrador; adquirido pela autora por compra feita de Antonio Vítor e sua mulher, através de escritura lavrada em 17/10/1977, pelo Tabelião de Notas de Ermelino Matarazzo, nesta Capital, à folha 42 do livro 176, registrada sob nº 3 (três) na citada matrícula. Do imóvel foi desapropriada pela Municipalidade de São Paulo, uma área de 33,30 m², nos termos da carta de adjudicação expedida em 22/12/1986 pelo cartório do 1º Ofício dos Feitos da Fazenda Municipal, averbada sob nº 4 (quatro) na matrícula nº 16.360. Para a área desapropriada foi aberta a matrícula nº 100.434 do mesmo registro imobiliário..." Daí que, observa-se que em virtude do processo de desapropriação a área sofreu um desfalque de 33,30 m², sem contudo haver a descrição do remanescente, de modo a causar dúvidas em relação à metragem correta do imóvel. Assim, como bem observou o registrador, imperiosa a realização do levantamento técnico, necessário para apuração do saldo remanescente, conforme previsto na Lei de Registros Públicos, oportunidade em que será feita a juntada do levantamento topográfico e memorial descritivo para a correta especificação do imóvel. Fato é que o suscitante não discordou da necessidade da realização de tal procedimento, sendo que o mesmo encontra-se em tramite na Serventia Extrajudicial. Entendo que as razões expostas pelo suscitante para justificar a suscitação do presente procedimento são genéricas e infundadas, uma vez que a legitimidade para a regularização do imóvel é verificada pelo interesse manifestado pela parte e não pelo direito real advindo do bem. Logo, o filho do suscitado poderia ingressar a qualquer tempo com o pedido de regularização do imóvel em questão, na qualidade de herdeiro, o que por si só justifica o seu interesse na adequação da área do imóvel à realidade fática. Logo, entendo que o óbice deve ser mantido, uma vez que sem a perfeita identificação do imóvel em questão, não há como registrar a escritura apresentada. Diante da idade do requerente, solicito à Serventia Extrajudicial que dê prioridade ao procedimento retificatório. Diante do exposto, julgo procedente a dúvida inversa suscitada por Albino Miras Fernandes em face da negativa do Oficial do 12º Registros de Imóveis da Capital, e consequentemente mantenho o óbice registrário, determinando prioridade no cumprimento do processo extrajudicial em curso. Deste procedimento não decorrem custas, despesas processuais e honorários advocatícios. Oportunamente remetam-se os auto ao arquivo.. P.R.I.C. - ADV: OSWALDO SIQUEIRA CAMPANELLI (OAB 80044/ SP) (DJe de 26.07.2018 - SP)

AVERBAÇÃO PREMONITÓRIA

Processo 1081330-66.2018.8.26.0100

Pedido de Providências - Registro de Imóveis - 10º Oficial de Registro de Imóveis da Capital - José Nelson Barretta Filho - Vistos. Trata-se de pedido de providências formulado pelo Oficial do 10º Registro de Imóveis da Capital, a requerimento de José Nelson Barretta Filho, pleiteando a averbação premonitória junto à matrícula nº 15.279, tendo em vista a execução de título extrajudicial em tramite perante o MMº Juízo da 33ª Vara Cível da Capital (processo nº 1016847-61.8.26.0100), referente a dívida caucionada pelo mencionado bem. A negativa do Registrador para a efetivação do ato refere-se à violação do princípio da continuidade, uma vez que consta como proprietária do imóvel Fátima Ahmad Ali, enquanto que a ação foi proposta em face da executada 3 JMB Produções e Eventos LTDA. Juntou documentos às fls. 03/21. O interessado não apresentou impugnação em juízo, todavia, manifestou-se perante a Serventia Extrajudicial (fls. 10/21). Argumenta que se tratando de contrato de locação com garantia real, inviável a inclusão da proprietária do imóvel oferecido em caução no polo passivo da ação de cobrança dos débitos locatícios, pois na demanda somente deverão figurar as partes que integram a relação locatícia. Aduz que a finalidade da certidão premonitória é dar publicidade à pretensa constrição, preservando-se consequentemente os terceiros de boa fé. O Ministério Público opinou pela procedência do pedido (fls. 26/28). É o relatório. Passo a fundamentar e a decidir. Apesar dos argumentos expostos pelo Oficial e da cautela acerca da preservação do princípio da continuidade que rege os atos registrários, entendo que a presente questão envolve hipótese excepcional e como tal será analisada. A averbação premonitória encontra-se prevista no artigo 828 do CPC e tem como finalidade dar publicidade das demandas judiciais através dos registros públicos, especialmente a existência de ações de execuções por quantia certa contra devedor solvente, coibindo assim a fraude à execução. Neste contexto, a averbação pretendida reforça o princípio da segurança juridica e eficácia dos atos jurídicos levados a registro. Daí que a efetivação da averbação premonitória não obsta que o bem seja alienado posteriormente ou modifica a titularidade do imóvel, mas somente se presta a dar publicidade aos terceiros de boa fé dos riscos do negócio jurídico concernentes ao imóvel, dado em garantia, que poderá ser objeto de alienação na ação executiva. Na presente hipótese, ao contrário do exposto pelo registrador, entendo que a proprietária do imóvel, ora caucionante do bem dado em garantia de locação (averbação nº 12 - fl. 08), não deve obrigatoriamente figurar no pólo passivo da ação de execução, por não ser a parte principal da relação juridica entabulada com o locador, uma vez que o contrato de locação foi firmado entre

José Nelson Barretta Filho e 3 JMB Produções e Eventos LTDA. Todavia, ao dar o imóvel em garantia, a proprietária assumiu os riscos da ausência de pagamento. Diante da certidão de fl. 21, é claro o risco de que o imóvel seja alcançado para o pagamento, sendo que a dívida perfaz o montante de R$ 482.672,66 (quatrocentos e oitenta e dois mil, seiscentos e setenta e dois reais e sessenta e seis centavos). Logo, entendo que deva ser afastado o óbice imposto pelo registrador, a fim de proporcionar a devida publicidade a terceiros quanto a situação do imóvel em questão, não havendo que se falar em inobservância ao princípio da continuidade. Como bem observado pela D. Promotora da Justiça: "Não haveria, propriamente, em se falar em ofensa ao princípio da continuidade, posto que, ao fim, a caucionante poderá, inclusive, ser intimada naqueles autos no caso de eventual penhora (que, frise-se, será posterior à averbação premonitória). Diante do exposto, julgo procedente o pedido de providências formulado pelo Oficial do 10º Registro de Imóveis da Capital, a requerimento de José Nelson Barretta Filho, determinando que se proceda a averbação premonitória junto à matrícula nº 15.279, nos termos da certidão de fl. 21. Deste procedimento não decorrem custas, despesas processuais e honorários advocatícios. Oportunamente remetam-se os autos ao arquivo.. P.R.I.C. - ADV: RODRIGO VIEIRA DE SOUZA (OAB 367559/SP), FERNANDO BRANDAO WHITAKER (OAB 105692/SP). (DJe de 11.09.2018 - SP)

BLOQUEIO DE MATRÍCULA

Processo 1124203-18.2017.8.26.0100

Pedido de Providências - Registro de Imóveis - Marisa Del Santo - Vistos. Trata-se de bloqueio da matrícula nº 8.983 do 16º Registro de Imóveis da Capital, requerido por Marisa Del Santos. Conforme decisão de fls. 38/39, tendo este Juízo competência administrativa, não pode analisar questões de direito material que envolvam o negócio jurídico, sendo que o vício intrínseco derivado da existência de indicios de falsificação para a lavratura de escritura pública de alienação fiduciária em nome da requerente e de sua irmã (fls. 15/22 e 28/31), que deu origem ao registro nº 08 da mencionada matrícula, deverá ser veiculada através das vias ordinárias. Ocorre que na presente hipótese houve o bloqueio pelo MMº Juízo Corregedor do Tabelionato de Notas responsável pela lavratura da escritura em questão, bem como o cancelamento das fichas das assinaturas utilizadas no ato (processo nº 1119263-10.2017.8.26.0100), o que denota a comprovação da falsidade. Logo, a fim de preservar o princípio da segurança jurídica, já que os elementos trazidos aos autos revelam que a superveniência de novos registros poderá causar danos de difícil reparação aos interessados e à terceiros de boa fé, por cautela, nos termos do artigo 214, § 3º da Lei 6015/75, recomenda-se o bloqueio da matrícula supra mencionada. Assim, determino o bloqueio da matrícula nº 8.983, do 16º Cartório de Imóveis da Capital, até solução final da questão. Intime-se, com brevidade, os interessados para, querendo, ingressarem com as medidas cabíveis para o resguardo de seus interesses. Por fim, ante a ausência de conduta irregular praticada pelo Registrador passível da instauração de procedimento administrativo disciplinar, uma vez que realizada a qualificação do título, esta restou positiva, observando assim todos os aspectos formais do título apresentado, determino o arquivamento do presente feito. Deste procedimento não decorrem custas, despesas processuais e honorários advocatícios. P.R.I.C. - ADV: LUCIANO HIDEKAZU MORI (OAB 149275/SP) (DJe de 23.02.2018 - SP)

Processo 1083749-93.2017.8.26.0100

Pedido de Providências - Bloqueio de Matrícula - Sylvio Augusto Moraes Serra - Vistos. Trata-se de ação declaratório de nulidade de registro público formulada por Sylvio Augusto de Moraes Serra em face de Geracina de Oliveira, pleiteando o bloqueio das matrículas nºs 118.220, 55.526 do 3º e 2º Registro de Imóveis da Capital, bem como das transcrições nº s 112.473 e 23.793, do 3º e 5º Registro de Imóveis da Capital, sob o argumento da ocorrência de irregularidades e ilegalidades nas partilhas registradas. Juntou documentos às fls. 06/19 e 25/37. Os Registradores manifestaram-se às fls. 41/46, opondo-se ao bloqueio da matrícula e sustentando a regularidade dos atos registrários, uma vez que respeitados os aspectos formais dos títulos, embasados em decisão judicial. Apresentaram documentos às fls. 47/78. O Ministério Público opinou pelo indeferimento do pedido de bloqueio (fls. 82/84). É o relatório. Passo a fundamentar e a decidir. Recebo a petição de fls. 92/93 como aditamento à inicial. Anote- se o nome do novo patrono constituído pelo autor (fl. 93). Conforme os fundamentos da decisão de fls. 20/21, pelo princípio da legitimação (eficácia do registro), os vícios reconhecíveis pela via administrativa são apenas aqueles comprováveis de pleno direito que resultem de erros evidentes extrínsecos ao título, sem necessidade de exames de outros documentos ou fatos (artigos 214, caput, e 252 da Lei 6.015/73). O vício intrínseco, derivado da existência de indícios de nulidade do instrumento de venda e compra efetivado, bem como a nulidade da doação praticado pelo autor a favor de Elizama Batista Galvão, deve ser reconhecido em procedimento contencioso cível, com a participação da outra parte que participou da venda e com ampla dilação probatória. Configurado o vício do contrato, o cancelamento do registro feito na matrícula do imóvel ocorrerá como consequência, conforme determina o artigo 216 da Lei 6.015/73. - ADV: PAULO ARMANDO RIBEIRO DOS SANTOS HOFLING (OAB 295727/SP) (DJe de 12.03.2018 - SP)

Processo 1118316-53.2017.8.26.0100

Retificação de Registro de Imóvel - Registro de Imóveis - Lia Odete do Amaral Nunes Pereira - Marcelle Lisabel Nunes Pereira - Ive Daniela Nunes Pereira - Andrea Augusta Nunes Pereira - Vistos. Trata-se de pedido de providências formulado por Lia Odete do Amaral Nunes Pereira, Marcelle Lisabel Nunes Pereira, Ive Daniela Nunes Pereira e Andrea Augusta Nunes Pereira, em face do Oficial do 9º Registro de Imóveis da Capital, pleiteando o desbloqueio da matrícula nº 36.368. Relatam que o bloqueio da mencionada matrícula derivou da lavratura em duplicidade de matrículas, caracterizando duplicidade antinômica, tendo em vista que na inscrição do loteamento nº 62 consta como proprietário do imóvel o sr. Frederioco Piatzeck, o qual também consta como proprietário na transcrição nº 46.806 de 24.12.1954. Aduzem que este fato constitui erro do oficial de registro de imóveis e não pode ser a elas imputado, vez que não possuem qualquer dado a respeito do mencionado proprietário, bem como a posse do imóvel esteve sob a guarda do sr. Antonio Alves Pereira. Requerem subsidiariamente a conversão do presente procedimento em usucapião extraordinária. Juntaram documentos às fls. 07/182. O registrador manifestou-se às fls. 193/194. Informa que o bloqueio decorreu da constatação de registros antinômicos sobre o mesmo imóvel, sendo que o lote 6 da quadra 6 do Loteamento Jardim Imperador foi criado com suporte na transcrição nº 46.806, de propriedade de Manoel Negro Vidal. Esclarece que aos 30.10.1958 (Av. 1 da inscrição de loteamento 62), todo o loteamento foi compromissado à Companhia Hispano Suissa de Administração e Urbanização S/A, que por sua vez, em 06.05.1959 (Av.08), cedeu e transferiu os direitos e obrigações relativos ao lote 06 da quadra 06 em favor de Frederico Platzeck. Ressalta que mesmo estando o bem compromissado a Frederico e sua mulher Pilar, com anuência da Companhia Hispano Suissa de Urbanização e Administração o lote 06 da quadra 06 foi alienado à Maria da Silva, nos termos da Transcrição nº 73.705, através da escritura de dação em pagamento datada de 05.03.1959. Por sua vez, a adquirente Maria da Silva também alienou o lote 06 sem respeitar o compromisso anterior em favor de Altino Borges Ferreira. Daí surgiram duas correntes de registro sobre um mesmo imóvel. A primeira originária da inscrição de loteamento, na qual o referido lote está prometido à venda em favor de Frederico Platzec e a segunda, decorrente da dação em pagamento feita a Maria da Silva, com origem na transcrição nº 73.705, que deu origem à matrícula nº 36.368. Assevera que o defeito registrário causador do bloqueio foi praticado em 18.09.1961, na gestão do anterior Oficial. Todavia, em razão da evolução da matéria, alterações legislativas, especialmente a Lei 10.931/2004 e precedentes jurisprudenciais, permitem tratar atualmente a questão de maneira diferente da época em que o defeito foi descoberto. Aduz que a nulidade que contamina o caso concreto não seria decretada se atingisse terceiro de boa fé que já tivesse preenchido as condições de usucapião do imóvel. Por fim, argumenta que de acordo com o atual posicionamento do Egrégio Conselho Superior da Magistratura (Apelação Cível nº 1057235-74.2015.8.26.0100), a existência de promessa anterior não impede a alienação do imóvel a terceiro, restando ao compromissário comprador eventualmente questionar a eficiência da transmissão que não o contemplou, mas não sua validade. Logo, se a duplicidade registrária fosse analisada com base no atual cenário, provavelmente não seria caso para bloqueio, uma vez que os interessados já teriam preenchido as condições de usucapião do imóvel, bem como tratar-se de conflito entre promessa de venda e compra e propriedade, direitos reais autônomos e individualmente controlados. Apresentou documentos às fls. 195/205. O Ministério Público opinou pelo desbloqueio da matrícula com o cancelamento da averbação nº 04 (fls. 217/218). É o relatório. Passo a fundamentar e a decidir. Com a informação do registrador acerca da possibilidade do desbloqueio da matrícula nº 36.368, levando-se em consideração que a duplicidade deu-se somente nos registros, à revelia das partes, caracterizando-se falta grave do antigo registrador que não exigiu a apresentação do distrato do compromisso anterior, não há o que decidir nos autos, por ter o feito perdido o seu objeto. Ressalto que conforme bem exposto pela D Promotora de Justiça, o erro no registro somente poderá ser corrigido mediante autorização judicial, preponderando a transmissão do direito real ocorrido no ano de 1961, bem como a titularidade e toda a cadeia dominial dela decorrente. Diante do exposto, julgo extinto o feito, nos termos do artigo 485, IV do CPC e determino o seu arquivamento. Deste procedimento não decorrem custas, despesas processuais e honorários advocatícios.. P.R.I.C. - ADV: RICARDO RAMOS BORGES (OAB 282952/SP) (DJe de 03.04.2018 - SP)

Processo 1013483-18.2016.8.26.0100

Pedido de Providências - REGISTROS PÚBLICOS - Priscilla Pimenta de Lima Horta - Vistos. Trata-se de pedido de providências formulado por Priscilla Pimenta de Lima Horta em face do Oficial do 10º Registro de Imóveis da Capital, após negativa de averbação de decisão judicial que determinava fosse dada publicidade ao fato de que o imóvel de matrícula nº 138.604, da mencionada serventia, estava sob litígio. O título foi devolvido sob o argumento de que outros títulos tinham prioridade de registro, devido a ordem de prenotação. A requerente alega que o título não precisaria respeitar a ordem de prioridade, por se tratar de decisão judicial. Juntou documentos às fls. 06/82. O Oficial manifestou-se às fls. 86/92, aduzindo que havia prioridade de dois títulos, um que alienava a mesma fração ideal de interesse da requerente, e outro que determinava seu bloqueio. Por tais razões, seu título só poderia ser qualificado e averbado após o trintídio legal dos títulos com prioridade. Tendo em vista a contradição entre os títulos, o Oficial oficiou à 1ª Vara Cível do Foro Regional XI Pinheiros e à 34ª Vara Cível Central, consultando se as ordens judiciais teriam prioridade sobre o título anteriormente prenotado. Todavia, não houve resposta para tais ofícios. Após requerimento do Ministério Público (fl. 96), a decisão de fl. 97, de 28/03/16, determinou que fossem oficiados novamente os juízos acima mencionados, dado que, a depender da ordem judicial, haveria a prejudicialidade do feito. Os ofícios reiterados foram encaminhados em 04/04/16 (fls. 99/100). Às fls. 101/106, com documentos às fls. 107/459, a requerente informa que foram prenotados outros títulos para ingresso na matrícula do imóvel, além de alegar nulidade no R. 11 da mesma matrícula, sob o argumento de que o Oficial não teria exigido os documentos necessários ao registro da incorporação imobiliária. Houve resposta ao ofício encaminhado ao Foro Regional de Pinheiros (fls. 454/459), em que o juízo comunicou a determinação para que fosse levantado o bloqueio sobre fração ideal antes determinado. Houve nova manifestação do Oficial (fls. 469/499), esclarecendo quais os títulos prenotados e aduzindo pela higidez do registro da incorporação imobiliária. A resposta do Ofício encaminhado à 34ª Vara Cível Central foi dada em 28/07/2016 (fl. 505) O Ministério Público (fls. 522/527) opinou pela improcedência do pedido, com arquivamento dos autos. Após notícia do processamento da recuperação judicial da Construtora e Incorporadora Atlântica LTDA, empresa que tem relações com o imóvel objeto desta ação, foi determinado o envio de ofício a 2ª Vara de Falências e Recuperações Judiciais da Capital, em 18/10/2016 (fls. 528 e 530). O ofício foi reiterado em 09/01/17 (fl. 531) com resposta à fl. 532, informando que não houve redirecionamento de ações àquele juízo. Veio aos autos a informação de que o empreendimento da R. Fidalga, objeto da matrícula nº 138.604, foi excluído da recuperação judicial da Construtora Atlântica, posteriormente convertida em falência. Não obstante, teria sido determinado o bloqueio da referida matrícula (fls. 535/557). Novos ofícios endereçados a 34ª Vara Cível Central e a 5ª Vara Cível do Foro Regional de Pinheiros (fls. 558/559). Com a notícia da ordem de bloqueio, foram solicitadas novas informações ao Oficial (fl. 574), que respondeu (fls. 577/631) que não recebeu qualquer ordem advinda do juízo de falências, além de prestar novas informações a respeito da existência de novas prenotações relativas à mesma matrícula. Diante do não recebimento da ordem de bloqueio, foi novamente oficiada a 2ª Vara de Falências e Recuperações Judiciais da Capital, em 31/05/2017 (fls. 653). Após diversas reiterações, o ofício foi respondido em 05/04/18, informando-se que a matrícula nº 138.604 continuava bloqueada cautelarmente. Veio aos autos manifestação final do Ministério Público (fl. 676), reiterando parecer de fls. 522/527. É o relatório. Decido. Inicialmente, consigno que a presente ação teve longo trâmite devido aos diversos ofícios expedidos e fatos supervenientes, como a recuperação judicial e falência da incorporadora do imóvel objeto deste pedido. Quanto ao mérito, o fato de se pretender o ingresso de título judicial no fólio registral não o exime de qualificação pelo Oficial, porquanto é pacífico o entendimento jurisprudencial de que a ele cabe a análise formal, das peculiaridades extrínsecas do título, para verificação do cumprimento dos princípios registrais. Nesse sentido: "Apesar de se tratar de título judicial, está ele sujeito à qualificação registrária. O fato de tratar-se o título de mandado judicial não o torna imune à qualificação registrária, sob o estrito ângulo da regularidade formal. O exame da legalidade não promove incursão sobre o mérito da decisão judicial, mas à apreciação das formalidades extrínsecas da ordem e à conexão de seus dados com o registro e a sua formalização instrumental "(Ap. Cível nº 31881-0/1). Portanto, a decisão prenotada, ainda que de origem judicial, deve ser analisada em conformidade com os princípios registrais, incluindo o princípio da prioridade, esculpido nos arts. 186 e 191 da Lei 6.015/73, de modo que, havendo título anteriormente prenotado, a análise do título com número de prenotação mais alto dependerá do prévio registro (stricto sensu) ou do fim do trintídio legal do título de número de ordem mais baixo. Exceção à tal regra se dá quando se tratar de ordem expressa, que, por força da vinculação deste tipo de expressão jurisdicional, não pode ser descumprida pelo Oficial, sob pena de responsabilização, incluindo nas esferas administrativas e penais. Ordem expressa, contudo, não se confunde com qualquer decisão ou mandado. Enquanto os títulos judiciais genéricos estão sujeitos a qualificação pelo Oficial, devendo obedecer aos princípios que regem o direito registral, os últimos devem ser cumpridos, mesmo que o Oficial vislumbre eventual irregularidade. Todavia, justamente por representar um afastamento do poder de qualificação do Oficial, tais ordens devem ser claras, no sentido de expressar com clareza o afastamento dos mencionados princípios. Não por outra razão, as Normas de Serviço da Corregedoria Geral da Justiça preveem no item 110.3 do capítulo XX que "quando se tratar de ordem genérica de indisponibilidade de determinado bem imóvel, sem indicação do título que a ordem pretende atingir, não serão sustados os registros dos títulos que já estejam tramitando, porque estes devem ter assegurado o seu direito de prioridade. Contudo, os títulos que forem posteriormente protocolados terão suas prenotações suspensas como previsto no item 110.2",Ou seja, ordens genéricas não afastam a ordem de prenotação, só tendo prioridade quando expressamente dispor neste sentido. Neste sentido, a Apelação nº 0041267- 84.2016. 8.26.0100, j. 28/03/2018, Rel. Pinheiro Franco: "A ordem de bloqueio será protocolada e seguirá a ordem de prioridade, ou seja, caso haja outro título já protocolado, aguardando ingresso no Registro Imobiliário, ele será registrado antes que ocorra o trancamento da matrícula, salvo se a ordem judicial fizer expressa menção a ele."No caso ora em análise, o Oficial agiu de maneira prudente: entendendo tratar-se de ordem genérica, prenotou o título em respeito a ordem de prioridade. Todavia, devido ao conteúdo da ordem, houve por bem oficiar o juízo emitente para se certificar se o bloqueio teria prioridade ou não sobre os títulos anteriormente prenotados. Destaco, aqui, que a decisão de fls. 32/33 realmente parece ser genérica, não emitindo qualquer ordem ao Oficial, determinando mera emissão de ofício para protocolo. Portanto, tratava-se de título judicial, e não mandado com força vinculante, tendo agido o Oficial de maneira correta em sua qualificação. Assim, quanto ao pedido inicial constante nestes autos, não vislumbro qualquer irregularidade no procedimento adotado. Quanto à alegação de nulidade do R. 11 da matrícula nº 138.604, bem colocou o D. Promotor: "No que toca à insurgência da requerente quanto ao registro da incorporação imobiliária, os documentos de fls. 152/271 demonstram que o Ilustre Oficial seguiu integralmente o disposto na Lei nº 4.591/64, na medida em que a única incorporadora é a Fidalga Incorporação SPE Ltda, proprietária do imóvel (consoante matrícula de fls. 34/63), sendo que a Construtora e Incorporadora Atlântica Ltda foi apenas a responsável técnica da obra. Demais disso, todos os documentos exigidos por Lei foram apresentados, fazendo-se ver que o registro da incorporação deu-se anteriormente à ação de recuperação judicial citada pela autora, que, aliás, refere-se tão somente à responsável técnica pela obra."Dito isso, não se pode ignorar os fatos apresentados nos presentes autos relativos a atitude da incorporadora no empreendimento da Rua Fidalga, cuja incorporação diz respeito ao imóvel objeto desta ação, de matrícula nº 138.604. Foi noticiado que a incorporadora alienou a mesma unidade autônoma do empreendimento (ainda sem matrículas únicas) a diversas pessoas, dando origem a diversas ações judiciais. Na matrícula do imóvel (fls. 580/631) constam diversas averbações noticiando disputas judiciais e bloqueios referentes as futuras unidades autônomas (Av. 85, Av. 86, Av. 87, Av. 94, Av. 95, Avs. 100-140). Tal situação, por si só, já recomendaria o bloqueio de toda a matrícula, evitando-se que a fraude se perpetuasse e trouxesse prejuízos a ainda mais adquirentes. Ainda, há ação judicial (Proc. 0029677-76.2017.8.26.0100) em que se discute se o empreendimento Fidalga deve fazer parte da ação de falência da incorporadora Atlântica, tendo em vista diversos indícios de confusão patrimonial entre o patrimônio de afetação do empreendimento e o patrimônio da empresa falida. Até o julgamento de tal ação, foi determinado pelo juízo de falências o bloqueio da matrícula nº 138.604 (fl. 669). Ocorre que a ordem deste bloqueio não foi recebida pelo Oficial. Todavia, tendo em vista evitar o prolongamento deste feito e diante das claras razões que determinaram os diversos bloqueios judiciais (tanto das frações ideais como da matrícula), é hipótese deste juízo corregedor determinar o bloqueio, com prioridade sobre as demais prenotações. Isso porque, como noticiado pelo Oficial, estão prenotados diversos títulos que transferem direitos reais sobre o bem, aguardando o deslinde deste feito. Permitir o ingresso de qualquer título com efeitos reais, diante dos fatos expostos, seria temerário, devendo haver o bloqueio da matrícula até que se decida acerca do patrimônio de afetação, em definitivo. Veja-se que o bloqueio suspende as prenotações, nos termos do item 110.1 e 110.2 do Capítulo XX das NSCGJ, não havendo prejuízo aos adquirentes, já que, após o levantamento do bloqueio, os títulos terão seguimento normalmente, obedecendo-se a ordem de prenotação. Ainda, eventual disputa sobre quem é o titular de determinada fração ideal deverá ser dirimida nas vias ordinárias, com amplo contraditório. Recomenda-se ao Oficial que, mesmo diante do bloqueio, mantenha rigoroso controle dos títulos prenotados, para que o auxílio de ações judiciais se dê de forma efetiva. Ainda, saliente-se que eventuais interessados poderão requerer, nos juízos em que tramitem ações, ordem expressas para que se averbe a notícia de tais ações na matrícula do imóvel, apesar do bloqueio. Deste modo, preserva- se a segurança jurídica, ao evitar a alienação do bem no ambiente de incerteza criado pela incorporadora, ao mesmo tempo em que a publicidade restará preservada, permitindo aos adquirentes terem notícia acerca de eventual disputa sobre a unidade autônoma vendida mais de uma vez. Em conclusão, não houve qualquer irregularidade cometida pelo Oficial, tendo agido corretamente ao impedir o ingresso do título, que não merece ingresso no fólio real com qualquer prioridade. Ainda, em razão dos fatos, determina-se o bloqueio da matrícula do imóvel, devendo eventual interessado em averbar a existência de ação judicial peticionar perante o respectivo juízo para que ordene tal averbação, devendo expressamente determinar que a averbação se dará apesar do bloqueio. Os demais títulos serão prenotados na ordem de apresentação, cujo prazo de vencimento ficará suspenso enquanto perdurar o bloqueio. Do exposto, julgo improcedente o pedido de providências formulado por Priscilla Pimenta de Lima Horta em face do Oficial do 10º Registro de Imóveis da Capital. Determino o bloqueio da matrícula nº 138.604 da mencionada serventia, que deverá ser realizado em detrimento de todos os títulos prenotados, permitindo-se a realização de atos registrais apenas quando expressamente determinados por ordem judicial que afaste o bloqueio com relação àquela ordem. Dado o tempo de tramitação do presente feito, comunique-se o Oficial para cumprimento imediato, independentemente do trânsito em julgado desta sentença, tendo o bloqueio caráter liminar até que ocorra o trânsito. Oficie-se a 2ª Vara de Falências e Recuperações Judiciais, no processo nº 0036581-49.2016.8.26.0100, com o teor desta decisão. Não há custas, despesas processuais nem honorários advocatícios decorrentes deste procedimento. Oportunamente, arquivem-se os autos. P.R.I.C. São Paulo, 23 de maio de 2018. Tania Mara Ahualli Juiz de Direito - ADV: CHARLES EDOUARD KHOURI (OAB 246653/SP) (DJe de 25.05.2018 - SP)

Processo 0013996-96.1999.8.26.0100

Procedimento Comum - REGISTROS PÚBLICOS - Colossos - Incorporação e Construção Ltda - Helcio Caruso e outros - Vistos. De acordo com a decisão de fl. 95, confirmada pela sentença proferida às fls. 224/229, foi determinado o bloqueio das matriculas referentes as unidades habitacionais do Conjunto Residencial Colossos de Santa Inês referente aos apartamentos 41, 72, 191, 202, 61, 124 e 94, todos integrantes do empreendimento situado na Av. Santa Ines, nº 881 - Alto do Mandaqui, tendo em vista a existência de títulos conflitantes consistente na escritura pública de dação em pagamento, registrada em favor do Banco Bradesco S/A, e a existência de instrumentos particulares de compromisso de venda e compra, envolvendo os mesmos imóveis. Neste contexto, formulada ação cominatória por Hélcio Caruso e Outros em face de Colossos - Incorporação e Construção LTDA, o feito foi julgado parcialmente procedente para impor à empresa a outorga das escrituras de venda e compra aos autores dos imóveis matriculados sob nºs 107.735 (apartamento 41 - fls. 299/302) e 86.961 (apartamento 94 - fls. 333/337), bem como anular os compromissos referentes as matrículas nºs 86.960 (fls. 303/308 - apartamento 72), 86.962 (fls. 309/314 - apartamento 191), 86.963 (fls. 315/320 - apartamento 202), 86.959 (fls. 321/326 - apartamento 61) e 107.738 (fls. 327/332 - apartamento 124), com a consequente revogação da liminar deferida. Assim, informe o Oficial do 3º Registro de Imóveis da Capital, no prazo de 15 (quinze) dias, sobre o cumprimento da sentença, bem como da possibilidade de desbloqueio das matrículas nºs 86.960, 86.962, 86.963 e 86.959, vez que não há mais dúvida acerca da titularidades destes imóveis. No tocante à matrícula nº 86.961, apesar de ter sido determinada a lavratura da escritura definitiva, ao que parece, não houve a anulação da transmissão do bem ao Banco Bradesco S/A, conforme Registro nº 01/86.961 (fls. 113/113vº). Assim, diga o Registrador, no prazo mencionado, sobre a possibilidade do registro da outorga da escrituras de venda e compra referente ao mencionado imóvel. Em relação às matrículas 107.735 (unidade 41) e 107.738 (unidade 124), há que ser feitas algumas ressalvas, uma vez que não houve dação em pagamento em relação a estes imóveis, como apontado no parecer do D Promotor de Justiça. Como por ele ponderado, referente à matrícula nº 107.738, apesar da decisão ter determinado a anulação do instrumento particular, com o consequente desbloqueio, não há comprovação nos autos de que ele tenha ocorrido. Assim, junte o Oficial do 3º Registro de Imóveis da Capital cópia da mencionada matrícula, manifestando-se acerca do cumprimento. Por fim, analisando a matrícula nº 107.735 (unidade 41) às fls. 338/340, parece que o imóvel não foi objeto de dação em pagamento, todavia foi determinada pela r sentença a outorga da escritura definitiva. Logo, com razão o Registrador ao afirmar que eventual desbloqueio da matrícula geraria insegurança juridica, sendo que não garantiria o registro da citada escritura em favor de Hélio Caruso. Logo, para atender o melhor interesse das partes envolvidas, qual seja de Hélio em obter o registro do instrumento particular de compra e venda, uma vez que a escritura definitiva ainda não foi realizada, e da empresa Colossos em obter o desbloqueio da matrícula, manifeste-se a pessoa jurídica, bem como o Espólio de Hélio Caruso, no prazo concomitante de 15 (quinze) dias, quanto ao interesse em registrar o instrumento particular. Após, tornem os autos conclusos. Int. CP 85. - ADV: HELAINE MARI BALLINI MIANI (OAB 66507/SP), MARCOS DE DEUS DA SILVA (OAB 129071/ SP), ADRIANA ALVES ROSSI DE OLIVEIRA (OAB 158046/SP), LIGIA DORIA DOS SANTOS NASCIMENTO (OAB 211938/SP), ANTONIA DE FATIMA FARIAS MACHADO (OAB 239834/SP), MARCOS DE DEUS DA SILVA (OAB 129071/SP) (DJe de 18.06.2018 - SP)

Processo 1119705-39.2018

Pedido de Providências 12º Oficial de Registro de Imóveis Sentença (fls. 47/51): Vistos. Trata- se de pedido de providências formulado pelo Oficial do 12º Registro de Imóveis da Capital, comunicando a constatação de duplicidade de registro do mesmo imóvel na transcrição nº 63.196 e matrícula nº 213.417, haja vista a precariedade da descrição do imóvel constantes na mencionada transcrição, que foi feita em 26.04.1961, pela qual Abramas Arnoldo Felmanas e sua mulher Fanny Tabacow Felmanas transmitiram o imóvel a Alvarina Maria Lopes. Juntou documentos às fls. 05/42. O Ministério Público opinou pelo bloqueio da matrícula (fl. 46). É o relatório. Passo a fundamentar e a decidir. Cumpra a z. Serventia a decisão de fl. 43. Tendo em vista a comunicação do Registrador acerca da ocorrência de duplicidade entre a transcrição nº 63.196 e a matrícula nº 213.417, é imprescindível o bloqueio de ambos os atos, devendo os interessados serem remetidos às vias ordinárias para que se decida pela prevalência de um ou outro. Ensina Narciso Orlandi Neto que: Quando dois direitos sobre o mesmo imóvel não podem coexistir, não podem gravar simultaneamente o mesmo objeto, não podem ter titulares diferentes, diz-se que são contraditórios. No processo de qualificação podem também ser considerados contraditórios direitos cuja preferência será dada pela ordem da inscrição (hipotecas simultaneamente constituídas sem declaração de grau). Interessa aqui aquela primeira espécie de contradição. Os princípios que informam o Registro de Imóveis não permitem que direitos contraditórios permaneçam simultaneamente registrados. E quando ocorre duplicidade, há erro suscetível de retificação pelo prejudicado que, em princípio, é qualquer um dos dois titulares. A simples coexistência dos direitos no registro a ambos prejudica e legitima para a retificação. No sistema de matrículas, salvo erro grosseiro, não há possibilidade de duplicidade de registros na mesma matrícula. O que pode existir é: a) duplicidade de transcrições; b) duplicidade de matrículas; c) transcrição e matrícula contraditórias, quando a última não tem origem na primeira, Há quem entenda que, havendo duplicidade de transcrições ou de matrículas, pode e deve ser cancelada, até na via administrativa, a que foi feita por último. Foi o que decidiu o Conselho Superior da Magistratura de São Paulo, no julgamento de apelação em processo de dúvida: "O caminho correto, ocorrendo duplicidade de registros, é a decretação da nulidade do efetivado em último lugar. Essa providência pode ser adotada na via administrativa, com fulcro no art. 214 da Lei n. 6.015/73" (RT 592/88). A solução é correta para as hipóteses referidas por Gilberto Valente da Silva, isto é, existência de duplicidade de matrícula por inofensivo erro interno, por exemplo, por falta de remissão da abertura da primeira na transcrição anterior. A solução é o cancelamento da segunda, com transporte dos atos nela praticados para a primeira, com fundamento no art. 213, caput, já que há erro evidente (A Matrícula, trabalho apresentado no XX Encontro dos Oficiais de Registro de Imóveis do Brasil, 1993). No mesmo sentido, Celestino A. Cano Tello, Iniciación al Estúdio de Derecho Hipotecario, Editorial Civitas, Madrid, 1982, p. 284). Mas não será diversa a solução se, na segunda matrícula, aberta inadvertidamente, tiver sido registrado um direito real incompatível com aquele registrado na primeira matrícula, v. g., a hipoteca constituída por quem alienara o imóvel? Com certeza a duplicidade não será irrelevante, inofensiva. Será temerária uma solução simplista, que não atente para a possibilidade de prevalecer o direito inscrito na segunda matrícula. É discutível? Sim. Bem por isso, a solução tem de ser encontrada na via contenciosa. A duplicidade de registros não leva necessariamente à conclusão de que um deles é nulo de pleno direito. Devem ser separadas as duas anomalias... As conseqüências da duplicidade de registros foram bem expostas pelo Conselho Superior da Magistratura de São Paulo. Decidiu o órgão, em caso de duplicidade de registros: "A regra do art. 859 do Código Civil, autorizadora do princípio da presunção, não pode ser chamada por nenhum daqueles titulares dos registros duplos. A presunção de que o direito pertence àquele em cujo nome está registrado não pode conviver com o duplo registro... Em outras palavras, a presunção de veracidade do registro desaparece quando há duplicidade." E prossegue: "a consequência é a impossibilidade de prática de qualquer ato em qualquer das correntes filiatórias, até que, na via adequada, se decida pela prevalência de uma ou de outra (Ap. 4.094, j. Em 24-6-1985, RT 599/99). Observe-se que o duplo bloqueio, subentendido na decisão, seria consequência lógica da perda da presunção de que o direito pertence àquele em cujo nome está registrado. Realmente, dois registros contraditórios não podem gozar da presunção de que, ao mesmo tempo, são exatos, porque expressam a verdade. Ou eles não são contraditórios, ou um deles está errado... Estará correto o duplo bloqueio? Sim. É o único bloqueio correto, legítimo. Mais adiante, depois de reafirmar que o duplo registro faz desaparecer a presunção relativa de verdade de seu conteúdo, conclui que sua restauração depende da eliminação da duplicidade pelo o titular, por meio do cancelamento do registro contraditório nas vias ordinárias. E adverte que o registro nulo de pleno direito tem de ser cancelado, mas ressalva que nem sempre o segundo registro será nulo de pleno direito. Assim: "O cancelamento na via administrativa, quase sempre sem ciência do titular, priva-o do direito ao devido processo legal. Para quem entende que só o titular de direito inscrito tem legitimidade para atacar, com ação real, outra inscrição, o cancelamento do registro do prejudicado será fatal para a pretensão retificatória. Fique bem claro que não estamos cuidando aqui da nulidade de pleno direito, mas de conflito de interesses baseado no Registro de Imóveis. O cancelamento do registro por motivo que não seja a nulidade de pleno direito, depende sempre de processo contencioso, exatamente porque implica, para o titular do registro cancelado, a perda do direito real. E no processo contencioso deve ser cancelado, não o registro feito por último, mas aquele cuja corrente filiatória não está perfeita. O juiz examinará as duas linhas das transmissões, verificará se têm a mesma origem, quando ocorreu a bifurcação, qual o motivo e qual a que, dentro dos princípios que informam o registro, deve prevalecer. O registro cuja linha desrespeitou o princípio da continuidade, por exemplo, não sobreviverá. Essa solução é indiscutível quando da existência de duas correntes filiatórias distintas. A outra, de cancelamento administrativo do último registro, pode ser admitida, mas quando a contradição está na mesma matrícula. O titular de direito já o transmitiu, mas ele aparece em outro registro, como transmitente. Neste caso há evidente violação do princípio da disponibilidade: o transmitente já transmitira tudo o que tinha. Aqui sim, está presente a nulidade de pleno direito, justificando o cancelamento. Quando as duas correntes filiatórias estão em matrículas diversas, não há como cancelar-se administrativamente uma delas. O efeito da duplicidade é o desaparecimento da presunção do registro e da disponibilidade do titular, e ambos os registros são atingidos. Mesmo na via contenciosa, o simples exame dos registros pode não ser suficiente para uma conclusão segura. Qualquer das partes litigantes pode alegar, em seu favor, o usucapião ordinário. Se estiver na posse do imóvel há mais de dez anos, de boa fe, não se lhe negará a aquisição por usucapião, ainda que o registro em seu nome não venha de uma linha filiatória perfeita e não resista a um confronto com a outra linha. Mas é exatamente para isso que serve o usucapião ordinário." (Narciso Orlandi Neto. Retificação do Registro de Imóveis, Ed. Oliveira Mendes, págs. 102/108 grifou-se). E conclui, afinal, que "fora das vias ordinárias, é temerário o cancelamento do registro, porque privasse o titular do direito constitucional de defender seu direito, não podendo o juiz supor que o titular do registro a cancelar não tem nenhum direito a defender" (pág. 108). Assim, constatada a duplicidade de registros envolvendo a transcrição nº 63.196 e matrícula nº 213.417, ambas do 12º Registro de Imóveis da Capital, defiro o bloqueio pleiteado pelo Registrador, até que seja resolvido o impasse na via ordinária. Intime-se os interessados acerca do bloqueio, para eventual providência que entenderem cabíveis. Deste procedimento não decorrem custas, despesas processuais e honorários advocatícios. Oportunamente arquivem-se os autos com as cautelas de praxe.. P.R.I.C. São Paulo, 05 de dezembro de 2018. Tania Mara Ahualli Juiza de Direito (CP – 573) (DJe de 12.12.2018 - SP)

CARTA DE ARREMATAÇÃO

Processo 1118891-61.2017.8.26.0100

Pedido de Providências - Registro de Imóveis - 06º Cartorio de Registro de Imoveis da Capital-sp - Jaziel Martins Alfonso - Vistos. Trata-se de pedido de providências formulado pela Oficial do 6º Registro de Imóveis da Capital, a requerimento de Jaziel Martins Alfonso, tendo em vista a negativa em se proceder à averbação do desdobro do imóvel objeto da matrícula nº 53.440. De acordo com a Registradora, o título recebeu qualificação negativa, em face da ausência da certidão de débitos previdenciários relativas às obras de construção civil (demolição e edificação), discriminadas no certificado de conclusão. Na peça vestibular, a Registradora declara ter ciência da atual jurisprudência dos Tribunais Superiores e desta Corregedoria Permanente, no tocante à necessidade da apresentação das Certidões Negativas (item 119.1, do Cap. XX, das Normas Extrajudiciais de Serviço) e assevera que a matéria ainda enseja controvérsia, tendo em vista que existe entendimento no sentido em que a alínea b, inciso I, do artigo 47, da Lei Federal nº 8.212/91 estaria em vigor, por não ter sido expressamente declarada inconstitucional. Juntou documentos às fls. 04/21. O interessado apresentou impugnação às fls. 24/26. Sustenta que há vários precedentes deste Juízo e da Egrégia Corregedoria Geral da Justiça dispensando a apresentação da certidão negativa de débitos tributários. O Ministério Público opinou pelo afastamento do óbice registrário (fls. 30/31). É o relatório. Passo a fundamentar e a decidir. Cumpre primeiramente consignar que acompanho o entendimento do MM Juiz Josué Modesto Passos, que em recente decisão proferida à frente desta 1ª Vara de Registros Públicos, declarou que, no que diz respeito à sua convicção pessoal, "no juízo administrativo não cabe aplicar a inconstitucionalidade declarada sobre a Lei 7.711, de 22 de setembro de 1988, art. 1º, I, III e IV, e §§ 11º-3º (cf. ações diretas de inconstitucionalidade 173-6 e 394-1) para, por identidade de razão, dar por inconstitucional a Lei 8.212/1991, art. 47, I, b. Além disso, na arguição 0139256-75.2011. 8.26.0000 foi declarada apenas a inconstitucionalidade da Lei 8.212/1991, art. 47, I, d, e - repita-se - na via administrativa não há estender a eficácia dessa decisão também para o art. 47, I, b. Finalmente, as NSCGJ, II, XIV, 59.2, são de alcance algo duvidoso, porque dispensam os tabelionatos (frise-se) de exigir as certidões para a lavratura de escrituras públicas de negócios jurídicos concernentes a direitos reais imobiliários, é verdade; porém, as próprias NSCGJ não puseram dispensa semelhante em favor dos ofícios de registro de imóveis, mesmo na redação dada pelo Provimento CG 37, de 26 de novembro de 2013, em vigor a partir de 28 de janeiro de 2014". De resto, já decidiu o E. Tribunal de Justiça (apelação 0015621-88.2011.8.26.0604 - Sumaré, 11ª Câmara de Direito Público, Rel. Des. Ricardo Dip, j. 22.01.2013): "Nesse quadro, avista-se, com efeito, que a exigência, na espécie, de apresentação de certidões negativas para que a carta de adjudicação acedesse ao fólio real tem por fundamento a Lei nº 8.212/1991, e, embora a Lei nº 7.711/1988 também verse a necessidade de apresentação das aludidas certidões, o fato é que a Registradora imobiliária, na qualificação do título apresentado a registro, adstrita ao princípio da legalidade, tomou amparo na Lei nº 8.212. À falta de declaração judicial expressa de que a Lei nº 8.212/1991 padeça de inconstitucionalidade, não pode o Registrador de imóveis estender-lhe a fulminação que afligiu a Lei nº 7.711/1988. Frise-se, além disso, que o art. 48 da Lei nº 8.212, de 1991, enuncia que o registrador é solidariamente responsável pela prática de atos com inobservância de seu art. 47: "Art. 48. A prática de ato com inobservância do disposto no artigo anterior, ou o seu registro, acarretará a responsabilidade solidária dos contratantes e do oficial que lavrar ou registrar o instrumento, sendo o ato nulo para todos os efeitos. (...) § 3º O servidor, o serventuário da Justiça, o titular de serventia extrajudicial e a autoridade ou órgão que infringirem o disposto no artigo anterior incorrerão em multa aplicada na forma estabelecida no art. 92, sem prejuízo da responsabilidade administrativa e penal cabível. "Note-se que nesse aresto ficou aventada a possibilidade de a corregedoria permanente (e, por maior força de razão, a Corregedoria Geral) dispensar as certidões, mas somente nos casos de difficultas praestandi, de absoluta impossibilidade de satisfazer a exigência (Lei 6.015, de 31 de dezembro de 1973 - LRP/1973, art. 198, verbis "ou não a podendo satisfazer") – e não de modo geral e abstrato." Feitas essas observações, é necessário, porém observar que, justamente porque aqui se trata de um juízo administrativo, não há liberdade senão para cumprir o que tenham decidido as autoridades superiores, i. e., a Corregedoria Geral da Justiça (CGJ) e o Conselho Superior da Magistratura (CSM) - as quais, é bom ver, desde o julgamento da Apel. Cív. 0003435-42.2011.8.26.0116, em 13.12.2012 (DJ 30.01.2013), mandam que se dispensem as certidões negativas de dívidas tributárias federais e previdenciárias federais. Nesse sentido, confiram-se: (a) para a CGJ: Proc. 62.779/2013, j. 30/07/2013, DJ 07/08/2013; e

Proc. 100.270/2012, j. 14/01/2013 (b) para o CSM: as Ap. Cív. 0015705-56.2012.8.26.0248, j. 06.11.2013, DJ 06.11.2013; 9000004-83.2011.8.26.0296, j. 26. 09.2013, DJ 14.11.2013; 0006907-12.2012.8.26.0344, 23.05.2013, DJ 26.06.2013; 0013693-47.2012. 8.26.0320, j 18.04.2013, DJ 24.05.2013; 0019260-93.2011.8.26.0223, j. 18.04.2013, DJ 24.05.2013; 0021311-24.2012.8.26.0100, j. 17.01.2013, DJ 21. 03.2013; 0013759-77.2012.8.26.0562, j. 17.01.2013, DJ 21.03.2013; 0018870-06.2011.8.26.0068, j. 13. 12.2012, DJ 26.02.2013; 9000003-22.2009.8.26.0441, j. 13.12.2012, DJ 27.02.2013; 0003611-12.2012. 8.26.0625, j. 13.12.2012, DJ 01.03.2013; e 0013479-23.2011.8.26.0019, j. 13.12.2012, DJ 30.01.2013. Ressalto, ainda, que em recente decisão proferida pelo Conselho Nacional de Justiça, nos autos do pedido de providências nº 000123082-.2015. 2.00.0000, formulado pela União/AGU, foi determinado aos cartórios de imóveis que deixem de exigir a certidão negativa de débito previdenciário: "CNJ: Pedido de Providências Provimento do TJ-RJ que determinou aos cartórios de registro de imóveis que deixem de exigir a certidão negativa de débito previdenciária (CND) Pedido formulado pela UNIÃO/AGU para a suspensão cautelar e definitiva dos efeitos do Provimento n. 41/2013, além da instauração de reclamação disciplinar contra os magistrados que participaram da concepção e realização do ato e ainda, que o CNJ expeça resolução ou recomendação vedando a todos os órgãos do Poder Judiciário a expedição de normas de conteúdo semelhante ao editado pela requerida Provimento CGJ n. 41/2013 editado pelo TJRJ está de acordo com a interpretação jurisprudencial do STF Ressalte-se que não houve qualquer declaração de inconstitucionalidade dos artigos 47 e 48 da Lei n. 8.212/91, mas sim fixação de norma de competência da Corregedoria Geral de Justiça local para regulamentar as atividades de serventias extrajudiciais vinculadas ao Tribunal de Justiça Pedido de providências improcedente"De acordo com o Acórdão: "... Ao contrário do que afirma a Advocacia-Geral da União, verifica-se que o Provimento CGJ n. 41/2013 editado pelo TJRJ está de acordo com a interpretação jurisprudencial do STF acerca da aplicabilidade dos artigos 47 e 48 da Lei n. 8.212/91 ao dispensar a exigência de apresentação de CND para o registro de imóveis. Confira- se: RECURSO EXTRAORDINÁRIO COM AGRAVO. REPERCUSSÃO GERAL. REAFIRMAÇÃO DE JURISPRUDÊNCIA. DIREITO TRIBUTÁRIO E DIREITO PROCESSUAL CIVIL. CLÁUSULA DA RESERVA DE PLENÁRIO. ART. 97 DA CONSTITUIÇÃO FEDERAL. JURISPRUDÊNCIA DO TRIBUNAL PLENO DO STF. RESTRIÇÕES IMPOSTAS PELO ESTADO. LIVRE EXERCÍCIO DA ATIVIDADE ECONÔMICA OU PROFISSIONAL. MEIO DE COBRANÇA INDIRETA DE TRIBUTOS. 1. A jurisprudência pacífica desta Corte, agora reafirmada em sede de repercussão geral, entende que é desnecessária a submissão de demanda judicial à regra da reserva de plenário na hipótese em que a decisão judicial estiver fundada em jurisprudência do Plenário do Supremo Tribunal Federal ou em Súmula deste Tribunal, nos termos dos arts. 97 da Constituição Federal, e 481, parágrafo único, do CPC. 2. O Supremo Tribunal Federal tem reiteradamente entendido que é inconstitucional restrição imposta pelo Estado ao livre exercício de atividade econômica ou profissional, quanto aquelas forem utilizadas como meio de cobrança indireta de tributos. 3. Agravo nos próprios autos conhecido para negar seguimento ao recurso extraordinário, reconhecida a inconstitucionalidade, incidental e com os efeitos da repercussão geral, do inciso III do §1º do artigo 219 da Lei 6.763/75 do Estado de Minas Gerais.(ARE 914045 RG, Relator(a): Min. EDSON FACHIN, julgado em 15/10/2015, ACÓRDÃO ELETRÔNICO REPERCUSSÃO GERAL MÉRITO DJe-232 DIVULG 18-11-2015 PUBLIC 19-11-2015) Cabe salientar que a exigência da certidão negativa de débitos previdenciários deve ser analisada pelo oficial do registro de imóveis nos termos do próprio artigo 48 da Lei n. 8.212/91 que assim dispõe: "a prática de ato com inobservância do disposto no artigo anterior, ou o seu registro, acarretará a responsabilidade solidária dos contratantes e do oficial que lavrar ou registrar o instrumento, sendo o ato nulo para todos os efeitos". (Corregedor Nacional de Justiça: Ministro João Otávio de Noronha, assinado eletronicamente em 22.09.2016). Assim, esta Corregedoria Permanente não pode senão afastar o óbice levantado pela Oficial do 6º Registro de Imóveis da Capital, para que se proceda à averbação, dispensada a necessidade de apresentação da certidão negativa de débitos previdenciários relativas às obras de construção civil. Diante do exposto, julgo improcedente o pedido de providências formulado pela Oficial do 6º Registro de Imóveis da Capital, a requerimento de Jaziel Martins Alfonso, determinando consequentemente a averbação do desdobro do imóvel, objeto da matrícula nº 53.440. Deste procedimento não decorrem custas, despesas processuais e honorários advocatícios. Oportunamente remetam-se os autos ao arquivo. P.R.I.C. - ADV: NEIDE GOMES DA SILVA (OAB 69383/SP) (DJe de 05.02.2018 - SP)

Processo 1003300-17.2018.8.26.0100

Dúvida - REGISTROS PÚBLICOS - Lucio Wu - Vistos. Trata-se de dúvida suscitada pelo Oficial do 13º Registro de Imóveis da Capital, a requerimento de

Lúcio Wu, tendo em vista a negativa em se proceder ao registro da carta de arrematação, expedida pelo Setor Unificado de Cartas Precatórias Cíveis desta Capital, tendo por objeto o imóvel matriculado sob nº 31.627. Argumenta o Registrador não ser possível o registro, tendo me vista que foi arrematado somente o apartamento, permanecendo a vaga de garagem em nome da antiga proprietária, razão pela qual violaria a vedação estabelecida nos artigos 1331, § 1º e 1339 do Código Civil, que impede a alienação da vaga de garagem à pessoa estranha ao condomínio. Salienta que não apresentada autorização em assembleia de condôminos. Juntou documentos às fls. 09/90. O suscitado apresentou impugnação às fls. 91/97. Argumenta que foram observados os princípios da continuidade e da especialidade objetiva, bem como recolhido o tributo devido. Alega que não há base legal para a negativa, tendo em vista que a jurisprudência admite a penhora de vaga de garagem desvinculada do apartamento, nos termos da Súmula 449 do STJ. Por fim, salienta que a vaga de garagem tem matrícula autônoma (nº 31.628), logo, recebe tratamento de unidade autônoma, conforme a convenção de condomínio, sendo que somente há vedação de locação a terceiros. O Ministério Público opinou pela improcedência da dúvida (fls. 108/112 e 122). É o relatório. Passo a fundamentar e a decidir. Em que pesem os argumentos expostos pelo Registrador, o óbice para o registro deve ser afastado. Preliminarmente, cumpre destacar que os títulos judiciais não estão isentos de qualificação, positiva ou negativa, para ingresso no fólio real. O Egrégio Conselho Superior da Magistratura já decidiu que a qualificação negativa do título judicial não caracteriza desobediência ou descumprimento de decisão judicial (Apelação cível n. 413-6/7). Neste sentido a apelação cível nº 464-6/9, de São José do Rio Preto: "Apesar de se tratar de título judicial, está ele sujeito à qualificação registrária. O fato de tratar-se o título de mandado judicial não o torna imune à qualificação registrária, sob o estrito ângulo da regularidade formal, O exame da legalidade não promove incursão sobre o mérito da decisão judicial, mas à apreciação das formalidades extrínsecas da ordem e à conexão de seus dados com o registro e a sua formalização instrumental". Nessa linha, também o E. Supremo Tribunal Federal já decidiu que: "REGISTRO PÚBLICO - ATUAÇÃO DO TITULAR - CARTA DE ADJUDICAÇÃO - DÚVIDA LEVANTADA - CRIME DE DESOBEDIÊNCIA - IMPROPRIEDADE MANIFESTA. O cumprimento do dever imposto pela Lei de Registros Públicos, cogitando-se de deficiência de carta de adjudicação e levantando-se dúvida perante o juízo de direito da vara competente, longe fica de configurar ato passível de enquadramento no artigo 330 do Código Penal - crime de desobediência -, pouco importando o acolhimento, sob o ângulo judicial, do que suscitado" (HC 85911 / MG - MINAS GERAIS, Relator: Min. MARCO AURÉLIO, j. 25/10/2005, Primeira Turma). Sendo assim, fica claro que não basta a existência de título proveniente de órgão jurisdicional para autorizar automaticamente o ingresso no registro tabular. Feitas estas considerações, passo a análise do feito. De fato, a questão posta a desate é controvertida tanto na doutrina como na jurisprudência e o tema não se encontra inteiramente pacificado. No caso em exame, aduz o Oficial que, de acordo com o § 2º, do art. 1339, do Código Civil, a carta de arrematação não pode ser registrada em virtude da vedação da cláusula IX, da especificação do condomínio, que veda a alienação de vagas de garagem a terceiros estranhos ao quadro de condôminos. Como é sabido a arrematação é modo derivado de aquisição de propriedade, nos termos do atual entendimento do Conselho Superior da Magistratura (Apelação Cível nº 9000002-19.2013.8. 26.0531), in verbis: "A arrematação constitui forma de alienação forçada, e que, segundo ARAKEN DE ASSIS, revela negócio jurídico entre o Estado, que detém o poder de dispor e aceita a declaração de vontade do adquirente (Manual da Execução. 14ª edição. São Paulo, Editora Revista dos Tribunais, 2012, p. 819). É ato expropriatório por meio do qual "o órgão judiciário transfere coativamente os bens penhorados do patrimônio do executado para o credor ou para outra pessoa. O fato de inexistir relação jurídica ou negocial entre o antigo proprietário (executado) e o adquirente (arrematante ou adjudicante) não afasta, contudo, o reconhecimento de que há aquisição derivada da propriedade. Nesse sentido, destaca-se a observação feita por Josué Modesto Passos, no sentido de que "a arrematação não pode ser considerada um fundamento autônomo do direito que o arrematante adquire. A arrematação é ato que se dá entre o Estado (o juízo) e o maior lançador (arrematante), e não entre o mais lançador (arrematante) e o executado; isso, porém, não exclui que se exija - como de fato se exige -, no suporte fático da arrematação (e, logo, no suporte fático da aquisição imobiliária fundada na arrematação), a existência do direito que, perdido para o executado, é então objeto de disposição em favor do arrematante. Ora, se essa existência do direito anterior está pressuposta e é exigida, então - quod erat demonstrandum – a aquisição é derivada (e não originária)" (op. cit., p. 118). A propósito, não há como simplesmente apagar as ocorrências registrarias anteriores ao ato de transmissão coativa, quando é da essência do registro público justamente resguardar as situações anteriores, situação que não se confunde com mecanismos de modulação dos efeitos da transmissão coativa, para atingir ou mesmo resguardar direitos de terceiros. Em suma: a arrematação não constitui modo originário de aquisição da propriedade, caindo por terra as alegações formuladas pelo recorrente." (g.n) Assim, entendo que as hipóteses estabelecidas no artigo 1331 e 1339 do CC referem-se a alienação voluntária, não se aplicando nos casos de arrematação, que se caracteriza por uma alienação forçada, proveniente de ordem judicial em processo de execução, de modo que coercitivamente é transferida a propriedade do devedor ao credor pela inadimplência de uma obrigação. Por tal razão, inaplicáveis na hipótese os precedentes desta 1ª Vara de Registros Públicos, que proibiam a alienação individual do apartamento quando o negócio jurídico fosse voluntário. Acaso seja impedido o ingresso do título, teria-se que declarar inválido o leilão judicial, exigindo-se que fosse levado a hasta pública tanto a garagem como o apartamento, o que se mostra inviável, uma vez que sendo os bens autonômos, podem eles ser penhorados individualmente, conforme a necessidade da execução da dívida. Observa-se que a jurisprudência dos Tribunais Superiores reconhece a possibilidade de penhora da garagem: "PROCESSO CIVIL. EXECUÇÃO. PENHORA DE VAGA DE GARAGEM COM MATRÍCULA PRÓPRIA, DISTINTA DAQUELA DO IMÓVEL RESIDENCIAL DO DEVEDOR. POSSIBILIDADE. PRECEDENTES. 1. É possível a penhora de vaga de garagem com matrícula própria, por tratar-se de unidade autônoma, distinta daquela que integra o imóvel residencial do devedor. Hipótese que não se enquadra no art. 1º, da Lei nº 9.009/90. Precedentes. 2. Recurso especial não provido (RESP 977004, RELATOR: MINISTRO CASTRO MEIRA RECORRENTE: DAILCE MARIA LEITE MIOTTO ADVOGADO: ANA CRISTINA TESSER RECORRIDO: ESTADO DO RIO GRANDE DO SUL PROCURADOR: LUCIANE FABBRO E OUTRO(S)) "PROCESSO CIVIL. AGRAVO REGIMENTAL NO AGRAVO EM RECURSO ESPECIAL. EXECUÇÃO. PENHORA. VAGA DE GARAGEM COM MATRÍCULA PRÓPRIA NO REGISTRO DE IMÓVEIS. SÚMULA N. 449/STJ. INCIDÊNCIA. JURISPRUDÊNCIA PACIFICADA. SÚMULA N. 83/STJ. DECISÃO MANTIDA. 1. Conforme a orientação consolidada na Súmula n. 449/STJ, "a vaga de garagem que possui matrícula própria de registro de imóveis não constitui bem de família para efeito de penhora". 2. Estando o acórdão recorrido em harmonia com o entendimento desta Corte, correta a incidência da Súmula n. 83/STJ, que se aplica tanto aos recursos interpostos com base na alínea "c" quanto àqueles fundamentados pela alínea "a" do permissivo constitucional. 3. Agravo regimental improvido" (AgRg no AREsp 805.687/RS, Quarta Turma, Rel. Min. Antônio Carlos Ferreira, j. 10.03.16). Ainda, de acordo com a Súmula 449 do STJ: "A vaga de garagem que possui matrícula própria no registro de imóveis não constitui bem de família para efeito de penhora". E, uma vez reconhecida a possibilidade de penhora da garagem de forma autônoma, deve-se entender que sua alienação forçada levaria a existência de aquisição da propriedade por terceiro estranho ao condomínio, sem que o registro pudesse ser impedido. Em outras palavras, se permitida pela jurisprudência a penhora da garagem, não se pode impedir o ingresso do título utilizando-se do argumento de que o arrematante não pertence ao condomínio, sob pena de tornar sem efeito a penhora, beneficiando o devedor. E, permitida a arrematação da garagem de forma autônoma, deve- se permitir também a alienação do apartamento individualmente. Não se ignora que na convenção do condomínio não há qualquer autorização para que as garagens autônomas possam ser alienadas a terceiros estranhos. Ainda, alienado apenas o imóvel, os devedores deixariam de ser proprietários do apartamento e permaneceriam com a vaga de garagem, sem poder utilizá-la, por não serem mais proprietários da unidade autônoma. Contudo, tal situação não é apta a impedir o ingresso do título, cabendo ao proprietário da vaga de garagem buscar sua alienação, já que não poderá utilizá-la. Neste sentido, como bem expôs o Doutor Promotor de Justiça, cujo posicionamento coaduno: "Ressalto, porém, que a proprietária do abrigo para veículos somente poderá vender, permutar e ceder tal bem para os demais condôminos, sob pena de violação da vedação insculpida no artigo 1339, § 2º CC". Logo, o óbice registrário imposto pelo Oficial deverá ser afastado, para que se proceda o registro do título apresentado. Diante do exposto, julgo improcedente a dúvida suscitada pelo Oficial do 13º Registro de Imóveis da Capital, a requerimento de Lúcio Wu, e consequentemente determino que se proceda ao registro da carta de arrematação. Deste procedimento não decorrem custas, despesas processuais e honorários advocatícios. Oportunamente remetam-se os autos ao arquivo. P.R.I.C. - ADV: PEDRO PAULO DE SIQUEIRA VARGAS (OAB 296894/SP) (DJe de 04.04.2018 - SP)

Processo 1001246-78.2018.8.26.0100

Dúvida - Registro de Imóveis - Thiago Maggi Quartiero - Vistos. Trata- se de dúvida suscitada pelo Oficial do 17º Registro de Imóveis da Capital a requerimento de Thiago Maggi Quartiero, após negativa de registro de Carta de Arrematação expedida pelo MMº Juízo da 42ª Vara Cível da Capital, nos autos de Execução de Título Extrajudicial (nº 0129159-80.2006.8.26.0100) referente ao imóvel matriculado sob nº 53.876. O óbice diz respeito ao recebimento, pelo Registrador, de ordem judicial determinando a suspensão da carta de arrematação, expedida nos autos do processo nº 1105291-41.2015.8.26.0100 da 42ª Vara Cível da Capital. O Oficial Registrador informa que, ao receber uma ordem judicial de suspensão da carta de arrematação, considera ter o título perdido a aptidão para a produção de quaisquer novos efeitos. Alega que permitir seu ingresso no fólio real seria descumprir ordem judicial. Juntou documentos a fls. 5/133. O suscitado se insurge contra os óbices mencionados (fls. 5/7 e 138/146), invocando o princípio da prioridade, em razão da ordem de prenotação dos títulos. Informa que o título de arrematação foi prenotado em 27/11/2017, enquanto que a prenotação da ordem judicial data de 12/12/2017. O Ministério Público, a fls. 152/154, opinou pela procedência da dúvida. Sobreveio manifestação do Registrador a fls. 158/163, informando que o suscitado solicitou a devolução do título de adjudicação, sem qualificação e o respectivo registro. Declara ser necessário, em respeito ao princípio da continuidade, além da revogação da ordem judicial de suspensão dos efeitos da carta de arrematação, o prévio registro da Carta de Adjudicação extraída dos autos nº 0136471-07.1992.8.26.0001, da 3ª Vara de Sucessões do Foro Regional I Santana. Nova manifestação do Ministério Público a fls. 182, opinando pela prejudicialidade da dúvida. É o relatório. Passo a fundamentar e a decidir. Com razão o Oficial Registrador e a D Promotora de Justiça. Verifica-se que houve solicitação de devolução de título de adjudicação, essencial à análise do presente feito. No caso em exame, o registro do título de adjudicação da parte ideal do imóvel, objeto de leilão público, é ato que viabiliza um posterior registro de carta de arrematação. Tendo em vista que as notas devolutivas apresentadas pelo Registrador, cujos óbices foram impugnados pelo suscitado, não mais se conectam à realidade fática do imóvel e, além disso, novo óbice foi provocado quando da devolução da carta de adjudicação (fls. 158/163), entendo que a dúvida restou prejudicada. Isso porque se deve observar o princípio da continuidade, previsto nos artigos 195 e 237 da Lei de Registros Públicos. Segundo Narciso Orlandi Neto: "No sistema que adota o princípio da continuidade, os registros têm de observar um encadeamento subjetivo. Os atos têm de ter, numa das partes, a pessoa cujo nome já consta do registro. A pessoa que transmite um direito tem de constar do registro como titular desse direito, valendo para o registro o que vale para validade dos negócios: nemo dat quod non habet" (Retificação do Registro de Imóveis, Juarez de Oliveira, pág. 55/56). Na presente hipótese, no caso de julgada dúvida que meramente analisa o mérito da carta de arrematação e da ordem judicial em questão, há evidente quebra do princípio da continuidade, previsto nos arts. 195 e 237, da Lei nº 6.015/73: "Art. 195 - Se o imóvel não estiver matriculado ou registrado em nome do outorgante, o oficial exigirá a prévia matrícula e o registro do título anterior, qualquer que seja a sua natureza, para manter a continuidade do registro.; eArt. 237 - Ainda que o imóvel esteja matriculado, não se fará registro que dependa da apresentação de título anterior, a fim de que se preserve a continuidade do registro". O quadro ora delineado demonstra a impossibilidade de se efetivar registro de carta de arrematação, uma vez que o imóvel não se encontrará registrado em nome dos executados. Nessa linha, diante do pedido do suscitado em se devolver a carta de adjudicação, julgo prejudicada a dúvida suscitada pelo Oficial do 17º Registro de Imóveis da Capital a requerimento de Thiago Maggi Quartiero. Deste procedimento não decorrem custas, despesas processuais e honorários advocatícios. Oportunamente remetam-se os autos ao arquivo. P.R.I.C. - ADV: HENRIQUE RIBOTTA NETO (OAB 398192/SP), GUSTAVO ARAUJO DA SILVA ROZA (OAB 358923/SP) (DJe de 19.04.2018 - SP)

Processo 1034754-15.2018.8.26.0100

Dúvida - Registro de Imóveis - Paulo Roberto Ferrato - Vistos. Trata-se de dúvida suscitada pela Oficial Interina do 6º Registro de Imóveis da Capital, a requerimento de Paulo Roberto Ferrato, tendo em vista a negativa em se proceder ao registro da carta de arrematação expedida nos autos de execução fiscal movida pela Fazenda Pública (processo nº 0019839-31.2004.403.6182), que tramitou perante o MMº Juízo da 10ª Vara de Execuções Fiscais, tendo como objeto a vaga de garagem matriculada sob nº 5.286 e registrada em nome dos executados. O óbice registrário refere-se a eventual ofensa ao disposto no artigo 1.331, § 1º, do Código Civil, uma vez que o título judicial tem como adquirente pessoa estranha ao condomínio, o que não é permitido pela legislação, além de nada constar a respeito na convenção condominial. Juntou documentos às fls. 04/103. O suscitado apresentou impugnação às fls. 104/116. Alega que, ao contrário do que faz crer a registradora, a presente hipótese trata de arrematação proveniente de hasta pública, que é uma operação expropriatória por determinação judicial e não uma compra e venda. Assevera que no processo executório foram observadas as cautelas necessárias antes da arrematação, levando em consideração a espécie de vaga de garagem, não sendo caso de aplicação da vedação legal. Apresentou documentos às fls. 118/180. O Ministério Público opinou pela improcedência da demanda (fls. 184/186). É o relatório. Passo a fundamentar e a decidir. Em que pesem os argumentos expostos pela Registradora, o óbice para o registro deve ser afastado. Preliminarmente, cumpre destacar que os títulos judiciais não estão isentos de qualificação, positiva ou negativa, para ingresso no fólio real. O Egrégio Conselho Superior da Magistratura já decidiu que a qualificação negativa do título judicial não caracteriza desobediência ou descumprimento de decisão judicial (Apelação cível n. 413-6/7). Neste sentido a apelação cível nº 464-6/9, de São José do Rio Preto: "Apesar de se tratar de título judicial, está ele sujeito à qualificação registrária. O fato de tratar-se o título de mandado judicial não o torna imune à qualificação registrária, sob o estrito ângulo da regularidade formal, O exame da legalidade não promove incursão sobre o mérito da decisão judicial, mas à apreciação das formalidades extrínsecas da ordem e à conexão de seus dados com o registro e a sua formalização instrumental". Nessa linha, também o E. Supremo Tribunal Federal já decidiu que: "REGISTRO PÚBLICO - ATUAÇÃO DO TITULAR - CARTA DE ADJUDICAÇÃO - DÚVIDA LEVANTADA - CRIME DE DESOBEDIÊNCIA - IMPROPRIEDADE MANIFESTA. O cumprimento do dever imposto pela Lei de Registros Públicos, cogitando-se de deficiência de carta de adjudicação e levantando-se dúvida perante o juízo de direito da vara competente, longe fica de configurar ato passível de enquadramento no artigo 330 do Código Penal - crime de desobediência -, pouco importando o acolhimento, sob o ângulo judicial, do que suscitado" (HC 85911 / MG - MINAS GERAIS, Relator: Min. MARCO AURÉLIO, j. 25/10/2005, Primeira Turma). Sendo assim, fica claro que não basta a existência de título proveniente de órgão jurisdicional para autorizar automaticamente o ingresso no registro tabular. A questão posta a desate, como bem abordado nas razões da dúvida suscitada, é controvertida tanto na doutrina como na jurisprudência, e o tema não se encontra inteiramente pacificado. No caso em exame, aduz a Oficial que o registro da carta de arrematação constitui ofensa ao disposto no artigo 1331, § 1º, do Código Civil, já que o adquirente é pessoa estranha ao condomínio, o que não é permitido pela legislação, além de nada constar a respeito na convenção condominial. Como é sabido a arrematação é modo derivado de aquisição de propriedade, nos termos do atual entendimento do Conselho Superior da Magistratura (Apelação Cível nº 9000002-19.2013.8.26.0531), in verbis: "A arrematação constitui forma de alienação forçada, e que, segundo ARAKEN DE ASSIS, revela negócio jurídico entre o Estado, que detém o poder de dispor e aceita a declaração de vontade do adquirente (Manual da Execução. 14ª edição. São Paulo, Editora Revista dos Tribunais, 2012, p. 819). É ato expropriatório por meio do qual "o órgão judiciário transfere coativamente os bens penhorados do patrimônio do executado para o credor ou para outra pessoa. O fato de inexistir relação jurídica ou negocial entre o antigo proprietário (executado) e o adquirente (arrematante ou adjudicante) não afasta, contudo, o reconhecimento de que há aquisição derivada da propriedade. Nesse sentido, destaca-se a observação feita por Josué Modesto Passos, no sentido de que "a arrematação não pode ser considerada um fundamento autônomo do direito que o arrematante adquire. A arrematação é ato que se dá entre o Estado (o juízo) e o maior lançador (arrematante), e não entre o mais lançador (arrematante) e o executado; isso, porém, não exclui que se exija - como de fato se exige -, no suporte fático da arrematação (e, logo, no suporte fático da aquisição imobiliária fundada na arrematação), a existência do direito que, perdido para o executado, é então objeto de disposição em favor do arrematante. Ora, se essa existência do direito anterior está pressuposta e é exigida, então - *quod erat demonstrandum* - a aquisição é derivada (e não originária)" (op. cit., p. 118). A propósito, não há como simplesmente apagar as ocorrências registrarias anteriores ao ato de transmissão coativa, quando é da essência do registro público justamente resguardar as situações anteriores, situação que não se confunde com mecanismos de modulação dos efeitos da transmissão coativa, para atingir ou mesmo resguardar direitos de terceiros. Em suma: a arrematação não constitui modo originário de aquisição da propriedade, caindo por terra as alegações formuladas pelo recorrente." (g.n) Destarte, relevantes as restrições convencionais e legais para a análise da validade do ato. Entendo que as hipóteses estabelecidas no artigo 1331 e 1339 do Código Civil referem-se à alienação voluntária, não se aplicando nos casos de arrematação, que se caracteriza por uma alienação forçada, proveniente de ordem judicial em processo de execução, de modo que coercitivamente é transferida a propriedade do devedor ao credor pela inadimplência de uma obrigação. Por tal razão, inaplicáveis os precedentes desta 1ª Vara de Registros Públicos, que proibiam a alienação individual de unidade autônoma quando o negócio jurídico fosse voluntário. Acaso seja impedido o ingresso do título, teria-se que declarar inválido o leilão judicial, o que se mostra inviável. A vaga objeto de matrícula própria, sendo bem autonômo, pode ser penhorada individualmente, conforme a necessidade da execução da dívida. Observa-se que a jurisprudência dos Tribunais Superiores reconhece a possibilidade de penhora da garagem: "PROCESSO CIVIL. EXECUÇÃO. PENHORA DE VAGA DE GARAGEM COM MATRÍCULA PRÓPRIA, DISTINTA DAQUELA DO IMÓVEL RESIDENCIAL DO DEVEDOR. POSSIBILIDADE. PRECEDENTES. 1. É possível a penhora de vaga de garagem com matrícula própria, por tratar-se de unidade autônoma, distinta daquela que integra o imóvel residencial do devedor. Hipótese que não se enquadra no art. 1º, da Lei nº 9.009/90. Precedentes. 2. Recurso especial não provido (RESP 977004, RELATOR: MINISTRO CASTRO MEIRA RECORRENTE: DAILCE MARIA LEITE MIOTTO ADVOGADO: ANA CRISTINA TESSER RECORRIDO: ESTADO DO RIO GRANDE DO SUL PROCURADOR: LUCIANE FABBRO E OUTRO(S)) "PROCESSO CIVIL. AGRAVO REGIMENTAL NO AGRAVO EM RECURSO ESPECIAL. EXECUÇÃO. PENHORA. VAGA DE GARAGEM COM MATRÍCULA PRÓPRIA NO REGISTRO DE IMÓVEIS. SÚMULA N. 449/STJ. INCIDÊNCIA. JURISPRUDÊNCIA PACIFICADA. SÚMULA N. 83/STJ. DECISÃO MANTIDA. 1. Conforme a orientação consolidada na Súmula n. 449/STJ, "a vaga de garagem que possui matrícula própria de registro de imóveis não constitui bem de família para efeito de penhora". 2. Estando o acórdão recorrido em harmonia com o entendimento desta Corte, correta a incidência da Súmula n. 83/STJ, que se aplica tanto aos recursos interpostos com base na alínea "c" quanto àqueles fundamentados pela alínea "a" do permissivo constitucional. 3. Agravo regimental improvido" (AgRg no AREsp 805.687/RS, Quarta Turma, Rel. Min. Antônio CarlosFerreira, j. 10.03.16). Ainda, de acordo com a Súmula 449 do STJ: "A vaga de garagem que possui matrícula própria no registro de imóveis não constitui bem de família para efeito de penhora". E, uma vez reconhecida a possibilidade de penhora da garagem de forma autônoma, deve-se entender que sua alienação forçada levaria a existência de aquisição da propriedade por terceiro estranho ao condomínio, sem que o registro pudesse ser impedido. Em outras palavras, se permitida pela jurisprudência a penhora da garagem, não se pode impedir o ingresso do título utilizando-se do argumento de que o arrematante não pertence ao condomínio, sob pena de tornar sem efeito a penhora, beneficiando o devedor. Não se ignora que na convenção do condomínio não há qualquer autorização para que as garagens autônomas possam ser alienadas a terceiros estranhos, contudo, tal situação não é apta a impedir o ingresso do título. Neste sentido, como bem expôs o Douto Promotor de Justiça, cujo posicionamento coaduno: "Ressalto, porém, que a proprietária do abrigo para veículos somente poderá vender, permutar e ceder tal bem para os demais condôminos, sob pena de violação da vedação insculpida no artigo 1339, § 2º CC". Logo, o óbice registrário imposto pelo Oficial deverá ser afastado, para que se proceda o registro do título apresentado. Diante do exposto, julgo improcedente a dúvida suscitada pelo Oficial do 6º Registro de Imóveis da Capital, a requerimento de Paulo Roberto Ferrato, e consequentemente determino que se proceda ao registro da carta de arrematação. Deste procedimento não decorrem custas, despesas processuais e honorários advocatícios. Oportunamente remetam-se os autos ao arquivo. P.R.I.C. - ADV: RENATA TOLEDO VICENTE (OAB 143733/SP) (DJe de 22.06.2018 - SP)

CÉDULAS

Processo 1115608-30.2017.8.26.0100

Pedido de Providências - Registro de Imóveis - I.S.S. - Vistos. Trata- se de pedido de providências formulado por Isec Securitizadora S/A em face do Oficial do 10º Registro de Imóveis da Capital pretendendo a intimação das devedoras Esser Holding e Esser Noronha para pagamento da débito em aberto, considerando o vencimento antecipado da dívida, bem como excussão de qarantia, referente ao imóvel matriculado sob nº 137.132. Esclarece que, em 05.11.2014, a Esser Holding LTDA emitiu cédula de crédito bancário nº ESSER01 em favor da CHB - Companhia Hipotecária Brasileira, em relação ao financiamento imobiliário no valor de R$ 55.000.000,00. Paralelamente, as partes celebraram o instrumento particular de cessão de créditos imobiliários e outras avenças, pelo qual a credora cedeu à requerente os créditos imobiliários advindos de tal instrumento. Na qualidade de titular dos créditos imobiliários oriundos do contrato de financiamento, emitiu 5 cédulas de créditos imobiliários e duas séries de certificados recebíveis imobiliários, os quais foram distribuídos e negociados no mercado de capitais, conforme regulamentado e fiscalização da Comissão de

Valores Mobiliários - CVM. Entre estes títulos, tem-se a cédula de crédito imobiliário com constituição de alienação fiduciária em garantia da série 01, de nº 05, no valor de R$ 14.828.333, registrada na 10º RI, na qual a Esser Noronha Empreendimentos Imobiliários LTDA, instituiu em favor da requerente a alienação fiduciária do imóvel. Assevera que, em razão do inadimplemento das obrigações assumidas, declarou vencimento antecipado da dívida e apresentou pedido de excussão da garantia em face do Esser Holding e Esser Noronha, porém o Registrador emitiu nota devolutiva, exigindo a apresentação de planilha que indique as parcelas vencidas e vincendas, entendendo que é vedada a inclusão de valores que correspondam ao vencimento antecipado da obrigação no demonstrativo de débito ou na projeção da dívida. Apresentou documentos às fls. 10/201 e 206/210. O Registrador informa que somente foi protocolado procedimento de intimação para pagamento das parcelas vencidas em 30.10.2017, que encontra-se em andamento (fls. 212 e 213/215). O Ministério Público opinou pela extinção do feito pela perda do objeto, uma vez que o interessado optou pelo procedimento de intimação para pagamento apenas das parcelas vencidas (fl. 219). Intimada para manifestação referente ao prosseguimento do presente procedimento, a requerente manteve-se silente, conforme certidão de fl. 222. É o relatório. Passo a fundamentar e a decidir. Existe notícia do Registrador acerca da opção da requerente pelo procedimento de intimação para pagamento apenas das parcelas vencidas, que já se encontra em andamento. Deve-se atentar que a excussão da garantia derivada da inadimplência do débito deve ser pleiteada nas vias ordinárias, vez que o direito real e a alienação fiduciária não se confundem com o direito obrigacional. Se houve a violação do exercício do direito decorrente da obrigação entabulada entre as partes interessadas, tal violação foge da competência do Oficial Registrador, uma vez que essa questão é atinente a aspectos do negócio jurídico celebrado e não do registro. Logo não há o que decidir nos autos, tendo o feito perdido o seu objeto. Diante do exposto, julgo extinto o pedido de providências formulado por Isec Securitizadora S/A em face do Oficial do 10º Registro de Imóveis da Capital, nos termos do artigo 485, IV do CPC e determino o arquivamento dos autos. Deste procedimento não decorrem custas, despesas processuais e honorários advocatícios. Oportunamente remetam-se os autos ao arquivo. P.R.I.C. - ADV: FLAVIO ANTONIO ESTEVES GALDINO (OAB 256441/SP) (DJe de 12.03.2018 - SP)

Processo 1004281-46.2018.8.26.0100

Dúvida - REGISTROS PÚBLICOS - BANCO DO BRASIL S/A - Vistos. Trata-se de dúvida suscitada pelo Oficial do 17º Registro de Imóveis da Capital, a requerimento de Cassiano Augusto de Almeida, diante da negativa em se proceder ao registro da Cédula de Crédito Bancário nº 495.701.775. O título foi dado em garantia de operação no valor de R$ 2.628.904,43, juntamente com outros imóveis, além da hipoteca cedular de segundo grau, tendo como favorecido Banco do Brasil S/A, que recaiu sobre o imóvel de propriedade de Carolina Boud Hors, matriculado sob nº 8.270. O óbice registrário refere-se à necessidade de assinatura de todos os contratantes, com firma reconhecida, sendo que o título foi emitido apenas pelo devedor e pelos garantidores, sem qualquer manifestação do credor. Juntou documentos às fls. 07/102. O suscitado não apresentou impugnação, conforme certidão de fl. 110, todavia, manifestou-se perante a Serventia Extrajudicial (fls. 10/14), argumentando que a exigência ofende ao princípio da legalidade, uma vez que o título levado a registro atende todas as formalidades previstas na Lei 10.931/04, bem como possui eficácia de título executivo extrajudicial. O Ministério Público opinou pela procedência da dúvida (fls. 114/116). É o relatório. Passo a fundamentar e a decidir. A cédula de crédito bancário é um título executivo extrajudicial que representa dívida em dinheiro, sendo esta certa, líquida e exigível. A Lei nº 10.931/2004, em seu art. 29, elenca os requisitos necessários para a Cédula de Crédito Bancário (CCB): "Art. 29. A Cédula de Crédito Bancário deve conter os seguintes requisitos essenciais: I a denominação 'Cédula de Crédito Bancário'; II a promessa do emitente de pagar a dívida em dinheiro, certa, líquida e exigível no seu vencimento ou, no caso de dívida oriunda de contrato de abertura de crédito bancário, a promessa do emitente de pagar a dívida em dinheiro, certa, líquida e exigível, correspondente ao crédito utilizado; III a data e o lugar do pagamento da dívida e, no caso de pagamento parcelado, as datas e os valores de cada prestação, ou os critérios para essa determinação; IV o nome da instituição credora, podendo conter cláusula à ordem; V a data e o lugar de sua emissão; e VI a assinatura do emitente e, se for o caso, do terceiro garantidor da obrigação, ou de seus respectivos mandatários. "De fato, pela leitura do dispositivo mencionado, em nenhum inciso se determina a assinatura do credor, ressalvada hipótese dele constar do instrumento. Todavia, ao contrário do que faz crer a impugnante, o que se registra no Registro de Imóveis é a constituição dessa garantia, que pode ser feita através de alienação fiduciária ou hipoteca, e não a cédula de crédito bancário em si. Logo, para que ingresse no fólio real deverá cumprir todos os requisitos a ela inerentes, dentre os quais a concordância dos credores, devedores e garantidores da dívida, que lançarão suas assinaturas com firma reconhecida. Ainda, de acordo com o artigo 221, II, da Lei nº 6015/73: "art. 221 - Somente são admitidos registro: ...II - escritos particulares autorizados por lei, assinados pelas partes e testemunhas, com as firmas reconhecidas, dispensado o reconhecimento quando se tratar de atos praticados por entidades vinculadas ao Sistema Financeiro de Habitação". Assim, em prestígio ao principio da segurança registraria e da formalidade do registro de imóveis, a exigência do reconhecimento de firma de todos os contratantes não se mostra excessiva, vez que além de previsto legalmente, confirma de forma mínima a identidade dos titulares do direito que se pretende transigir e registrar. Como bem ponderado pelo Douto Promotor de Justiça: "E, como é cediço, para que se institua garantia real, imprescindível a aquiescência dos credores, devedores e dos garantidores, na medida em que a instituição da hipoteca constitui contrato, sendo que a manifestação de vontade de todas as partes é essencial à avença". Correta, portanto, a exigência formulada pelo Registrador. Diante do exposto, julgo procedente dúvida suscitada pelo Oficial do 17º Registro de Imóveis da Capital, a requerimento de Cassiano Augusto de Almeida, e mantenho o óbice o registrário. Deste procedimento não decorrem custas, despesas processuais e honorários advocatícios. Oportunamente remetam-se os autos ao arquivo. P.R.I.C. - ADV: ANNA CAROLLINE NEVES RIBEIRO (OAB 404944/SP) (DJe de 03.04.2018 - SP)

Processo 0052069-73.2018.8.26.0100

Pedido de Providências - REGISTROS PÚBLICOS - Corregedoria Geral da Justiça - Caixa Econômica Federal e outro - Vistos. Trata-se de reclamação encaminhada pela Egrégia Corregedoria Geral da Justiça a este Juízo, formulada pela Caixa Econômica Federal (CEF), referente a várias intimações negativas da empresa Mercearia Domínio LTDA e dos representantes legais da emitente da cédula de crédito e fiduciantes, Roberto Kioshi Tsutsumi e Cristina YurikoImanishi Tsutsumi. Relata a reclamante que, em contato telefônico com a Serventia Extrajudicial e a ARISP, solicitou intimação por hora certa em todos os endereços, excluindo- se apenas aqueles que retornaram em virtude de "mudança" nas tentativas anteriores. Aduz que nos dias 27.02.2018 e 25.04.2018, constam novas tentativas de intimações, as quais restaram negativas. Salienta que embora tenham sido efetuadas várias diligencias e deixados comunicados para comparecimento à Serventia, todos foram ignorados, razão pela qual não há que falar em ocultação, sendo evidente a omissão dos destinatários. Assim, requer a intimação por hora certa na pessoa do funcionário da empresa, ou do porteiro, uma vez que o registrador entende que a intimação deve ser feita por hora certa, todavia, de acordo com a lei, a prerrogativa é do Cartório de Registro de Títulos e Documentos vinculado. O Registrador manifestou-se às fls. 09/16. Esclarece que das intimações encaminhadas a Roberto e Cristina que voltaram negativas não foi possível configurar a hipótese da hora certa tendo em vista não haver indícios razoáveis de suspeita de ocultação. Afirma que por dever de cautela e com vistas a efetivamente localizar os devedores e assegurar que o procedimento de execução não constitua alvo de questionamentos, procedeu a pesquisa por meio da internet, em ferramentas de busca, sites do Tribunal de Justiça, Jucesp e sistema ARISP, na tentativa de localizar outros endereços. Por fim, destaca que por meio dos endereços obtidos pela Serventia, foi possível constatar que em ao menos um deles os devedores poderiam ser localizados, como de fato o foram, sendo que o funcionário da Serventia que deixou aviso aos fiduciantes. Tais avisos surtiram efeito e fizeram com que ambos comparecessem ao Cartório, tendo sido intimados pessoalmente. O prazo para purgarem a mora transcorreu "in albis", razão pela qual a credora requereu a consolidação da propriedade. Juntou documento às fls. 15/16. Sobre as informações do Registrador, a instituição financeira manifestou-se às fls. 20/21, requerendo a extinção do feito pela perda do objeto. O Ministério Público opinou pela extinção do procedimento (fls. 26/27). É o relatório. Passo a fundamentar e a decidir. Tendo em vista a informação do registrador da intimação positiva dos devedores para purgação da mora, sendo que eles se mantiveram inertes, resultando o requerimento de consolidação da propriedade pela credora (fls. 15/16), não há o que decidir nos autos, tendo o feito perdido o seu objeto. Diante do exposto, julgo extinto o processo, nos termos do artigo 485, IV do CPC e determino o arquivamento dos autos. Deste procedimento não decorrem custas, despesas processuais e honorários advocatícios. Expeça-se ofício à Egrégia Corregedoria Geral da Justiça, comunicando desta decisão.. P.R.I.C. - ADV: FERNANDA MAGNUS SALVAGNI (OAB 277746/SP). (DJe de 12.09.2018 - SP)

CENSEC

Processo 1002194-20.2018.8.26.0100

Pedido de Providências - Tabelionato de Notas - I.F.O. - Vistos,Observo que a matéria ventilada no presente pedido de providências, relacionada com pedido de expedição de alvará judicial para pesquisa de procuração pública junto à Central Notarial de Serviços Eletrônicos Compartilhados - CENSEC-, refoge do limitado campo de atuação administrativa que se desenvolve perante esta Corregedoria Permanente. Esclareço à interessada que o requerimento para pesquisa sobre a existência de procuração pública, a seu critério, deverá ser direcionado: (i.) diretamente ao Colégio Notarial do Brasil, que administra a Central Notarial de Serviços Eletrônicos Compartilhados - CENSEC; (ii.) por meio de petição física a ser protocolada diretamente no balcão desta 2ª Vara de Registros Públicos (não em meio eletrônico), requerendo a expedição de edital de buscas atinentes à Comarca da Capital; (iii.) ou ainda, poderá insistir na expedição de alvará judicial, o que deverá se dar pela via jurisdicional competente (não na via administrativa desta Corregedoria Permanente). Feitos esses esclarecimentos, rejeito o requerimento formulado e determino o arquivamento dos autos, com as cautelas de praxe. Intime-se. - ADV: ROBERTO LUIZ HERBST (OAB 236629/SP) (DJe de 29.01.2018 - SP)

CERTIDÃO DE INCORPORAÇÃO, FUSÃO E CISÃO

Processo 1001717-94.2018.8.26.0100

Dúvida - Registro de Imóveis - Sanprev - Santander Associação de Previdência e outro - Vistos. Trata-se de dúvida suscitada pelo Oficial do 13º Registro de Imóveis da Capital a requerimento de SANPREV Santander Associação de Previdência, em face dos óbices levantados para o ingresso de título de seu interesse. Relata o Oficial que foi apresentada para registro documentação que relata a transferência de gestão de planos de benefícios previdenciários da SANPREV para BANESPREV, que acarretava a transferência de ativos de uma entidade para outra, inclusive imóveis. No requerimento, alegou a suscitada que os bens integram o patrimônio afetado à garantia das reservas matemáticas, fundos e provisões, que representam as obrigações atinentes aos planos de benefícios que a "Banesprev" passou a gerir. Esclarece o Oficial, ainda, que na presente hipótese, é indispensável o instrumento de transmissão, legalmente formalizado, acompanhado de prova do recolhimento do imposto de transmissão ou documento que comprove sua imunidade. Juntou documentos a fls. 8/317. A suscitada apresentou impugnação (fls. 318/337). Aduz que a natureza do negócio enquadra-se nas regras da incorporação de imóveis, devendo assim ser aplicado por analogia o artigo 234 da Lei nº 6.404/76. O Ministério Público opinou pela procedência da dúvida (fls. 341/344). É o relatório. Passo a fundamentar e a decidir. Com razão o D. Oficial e a D Promotoria de Justiça. Preliminarmente cumpre destacar que se submetem os títulos levados a registro ao rigor do princípio da legalidade. A Lei nº 6.015/73 determina, em seu art. 221, que: Art. 221 - Somente são admitidos a registro: I - escrituras públicas, inclusive as lavradas em consulados brasileiros;II - escritos particulares autorizados em lei, assinados pelas partes e testemunhas, com as firmas reconhecidas, dispensado o reconhecimento quando se tratar de atos praticados por entidades vinculadas ao Sistema Financeiro de Habitação;III - atos autênticos de países estrangeiros, com força de instrumento público, legalizados e traduzidos na forma da lei, e registrados no cartório de Registro de Títulos e Documentos, assim como sentenças proferidas por tribunais estrangeiros após homologação pelo Supremo Tribunal Federal;IV - cartas de sentença, formais de partilha, certidões e mandados extraídos de autos de processo. Segundo Flauzilino Araújo dos Santos, o princípio da legalidade norteia o comportamento do Registrador, que deve permitir o acesso ao álbum registral apenas dos títulos juridicamente válidos para esse fim e que reúnam os requisitos legais para sua registrabilidade e a conseqüente interdição provisória daqueles que carecem de aditamentos ou retificações e definitiva, daqueles que possuem defeitos insanáveis. Essa subordinação a pautas legais previamente fixadas para manifestação de condutas que criem, modifiquem ou extingam situações juridicamente postas, não é exclusiva da temática registral, mas resulta da própria aspiração humana por estabilidade, confiança, paz e certeza de que todo o comportamento para obtenção de um resultado regulamentado para a hipótese terá a legalidade como filtro, vetor e limite. Verifico que os títulos que se pretende registrar (dentre eles o Termo de Rescisão do Convênio de Adesão e Transferência de Gerenciamento do Plano de Benefícios I) são atípicos, pois configuram meramente a transferência de carteira de planos de previdência e consequentemente de todos os ativos a ela relacionados, e não incorporação de imóveis, prevista no artigo 227 da Lei nº 6.404/76, como quer fazer crer a suscitada. Conforme exposto pela própria interessada, a operação realizada entre as sociedades não é típica, configurando negócio jurídico que apenas por analogia se enquadraria na regra prevista no artigo 234 da Lei nº 6.404/76. Ora, raciocinar por analogia significa julgar pela semelhança dos fatos, ou seja, o mesmo que aplicar a norma existente no ordenamento jurídico a um caso não previsto na norma jurídica, desde que eles guardem semelhanças reais. A Lei de Introdução às Normas do Direito Brasileiro, em seu art. 4º, prevê o uso da analogia como um meio de integração do direito, desde que o caso em concreto obedeça alguns requisitos tais quais: - inexistência de dispositivo legal prevendo ou disciplinando a hipótese do caso concreto. - semelhança entre o caso concreto e a situação não regulada. - identidade de fundamentos lógico/jurídico no ponto comum às duas situações. Todavia, no regime dos registros públicos impera a legalidade estrita, de sorte que não se admite a utilização de dispositivos legais por analogia, mormente os de exceção. Disso decorre que o artigo 234 da Lei nº 6.404/76, que se refere apenas às certidões das juntas comerciais sem qualquer ressalva quanto às oriundas do registro civil das pessoas jurídicas, não pode ser aplicado por analogia a fim de dispensar a escritura pública para os atos de transmissão dos imóveis da sociedade incorporada para a incorporadora. Incide, assim, o art. 108, do Código Civil, em sua plenitude: "Não dispondo a lei em contrário, a escritura pública é essencial à validade dos negócios jurídicos que visem à constituição, transferência, modificação ou renúncia de direitos reais sobre imóveis de valor superior a trinta vezes o maior salário mínimo vigente no País. "Portanto, para o registro dos documentos que dispõem sobre a transferência de carteira de planos de previdência, gerando consequentemente a transferência de todos os ativos garantidores, inclusive bens imóveis, é imprescindível a elaboração de escritura pública, elencando todos os direitos e obrigações das partes envolvidas. Nestes termos: "REGISTRO DE IMÓVEIS Extinção de sociedade impossibilidade de transferência de bens imóveis por instrumento particular ante a falta da prova de valor inferior a trinta salários mínimos não aplicação do disposto no art. 64 da Lei n. 8.934/94 para além da hipótese de transferência de bens dos sócios à sociedade Recurso não provido" (Ap. n. 0001644-10.2010.8.26.026, j. 28/07/2011, Rel. Des. Maurício Vidigal). "Registro de Imóveis Dúvida julgada procedente - Negativa de acesso ao registro de instrumento particular de distrato social de pessoa jurídica, com transferência de bens imóveis da sociedade para os sócios Inviável o registro à luz do disposto no art. 134, II, § 6º, do Código Civil de 1916 e no art. 108 do novo Código Civil Indispensabilidade da transferência dos bens por intermédio de escritura pública Não incidência, no caso, da norma do art. 64 da Lei nº 8.934/1994 Recurso não provido" (Ap. Civ. n. 491-6/1, j. 11/05/2006, Rel. Des. Gilberto Passos de Freitas). Como dito no artigo 221 da Lei nº 6.015/73, somente os casos expressamente previstos têm ingresso para registro. Assim, em se tratando de título não previsto em lei, a recusa é de ser mantida, por ofensa ao princípio da legalidade. Do exposto, julgo procedente a dúvida suscitada pelo Oficial do 13º Registro de Imóveis da Capital a requerimento de SANPREV Santander Associação de Previdência e mantenho o óbice registrário. Não há custas, despesas processuais ou honorários advocatícios. Oportunamente, arquivem-se os autos. P.R.I.C. - ADV: JULIANO NICOLAU DE CASTRO (OAB 292121/SP), MARCO ANTONIO BEVILAQUA (OAB 139333/SP) (DJe de 19.03.2018 - SP)

CLÁUSULAS

Processo 1032518-90.2018.8.26.0100

Procedimento Comum - Propriedade - Carlos Frederico Volpini Fust - Vistos. Trata-se de ação de alienação e sub-rogação de cláusula de inalienabilidade formulada por Carlos Frederico Volpini Fust. Esclarece que os imóveis, objeto das matrículas nºs 52.533 e 52.534 do 2º Registro de Imóveis da Capital, foram doados por seu pai, Jorge Arne Frederico Fust, com cláusulas de incomunicabilidade e inalienabilidade, esta última pelo prazo de 25 anos a partir da data da escritura, que ocorreu em 18.07.1995. Informa que na época da doação o requerente contava com 23 anos, e a intenção não declarada visava somente proteger o patrimônio e garantir a moradia ao donatário. Ocorre que o requerente pretende vender os referidos imóveis, uma vez que deixou de atender as necessidades da moradia, razão pela qual o interessado adquiriu o imóvel matriculado sob nº 146.434 do 10º RI, financiando parte do valor junto a instituição financeira. Pretende com a alienação do imóvel gravado, liquidar o financiamento, subrogando os vínculos de inalenalibilidade e incomunicabilidade, ou seja, pretende a transposição do vínculo para este bem de valor superior àquele que se encontra gravado. Juntou documentos às fls. 09/120. É o relatório. Passo a fundamentar e a decidir. A competência absoluta desta 1ª Vara de Registros Públicos (Decreto-lei Complementar 3, de 27 de agosto de 1969 - Cód. Judiciário, art. 38, I) existe apenas quando o feito contencioso concerne a ato de registro, em sentido estrito e próprio, e não - o que é diferente - a atos praticados pelos ofícios de registro, como sucede no caso destes autos, em que a parte não discute a existência, validade ou eficácia de uma inscrição imobiliária, e sim a sua causa. Nessa hipótese, a competência é de uma das varas cíveis. De acordo com o artigo 725, II do CPC, os pedidos de sub-rogação irão ser processados por procedimento judicial, ou seja, depende de uma análise criteriosa do juiz e do proferimento de uma sentença judicial, com a incidência do contraditório e ampla defesa. Ainda há que se notar que, em situações análogas de cancelamento de cláusulas de indisponibilidade que gravam as matrículas imobiliárias, segundo o pacífico entendimento da E. Corregedoria Geral de Justiça, o cancelamento das cláusulas restritivas compete a órgão com função jurisdicional, no qual se investigará a vontade dos instituidores, e não ao juízo administrativo. Em outras palavras, impossível nos estritos limites do campo de atuação administrativa perquirir causa que não seja automática de extinção do vínculo. No caso em questão o argumento que embasa o pedido diz respeito ao direito material subjacente e deve ser deduzido na esfera jurisdicional. Neste sentido as decisões da Egrégia Corregedoria Geral da Justiça: "ao MM. Juiz Corregedor Permanente, exercendo função atípica de verdadeiro agente da administração, falece competência para decidir sobre a validade das relações jurídicas contidas no título causal e sobre a eventual temporariedade da eficácia das cláusulas nele instituídas, pois invadiria o campo de atuação da atividade jurisdicional" (Proc. CG. 120/84 - Decisões Administrativas da Corregedoria Geral da Justiça do Estado de São Paulo, 1984/1985, RT, ementa nº 60). Portanto, a pretensão do requerente depende de prestação jurisdicional adequada, na qual haverá cognição exauriente, tanto formal como material, e que não pode ser obtida na via administrativa. Em havendo entendimento contrário deverá o MMº Juízo da 7ª Vara Cível da Capital, suscitar o conflito de incompetência. Feitas estas considerações, redistribua-se o presente feito ao Juízo competente para as providências cabíveis, com nossas homenagens e cautelas de praxe. Int. - ADV: BEATRIZ KOTCHETKOFF (OAB 399696/SP), GUILHERME FELDMANN (OAB 254767/SP) (DJe de 13.04.2018 -SP)

Processo 1041226-32.2018.8.26.0100

Procedimento Comum - Registro de Imóveis - Marcus Junqueira de Oliveira - Vistos. Trata-se de ação declaratória de cancelamento de cláusulas de inalienabilidade, impenhorabilidade e incomunicabilidade formulada por Marcus Junqueira de Oliveira, que recaem sobre o imóvel transcrito sob nº 77.838 do 5º Registro de Imóveis da Capital. Esclarece o requerente que recebeu o bem mencionado a título de doação de seus pais, Oswaldo de Oliveira e Diva Junqueira de Oliveira, já falecidos. Informa que da leitura da escritura de doação o imóvel foi gravado com as cláusulas de inalienabilidade, impenhorabilidade e incomunicabilidade, extensiva aos frutos e rendimentos, sendo certo que em razão do falecimento não mais persiste o usufruto vitalício. Assevera que as clausulas que serviram para a proteção de sua subsistência, não servem mais para esta função, o que acabam gerando alto custo mensal com encargos. Juntou documentos às fls. 10/22. É o relatório. Passo a fundamentar e a decidir. O requerente pretende cancelar, no âmbito administrativo, as cláusulas restritivas de inalienabilidade, impenhorabilidade e incomunicabilidade que gravam o imóvel de sua propriedade, objeto da transcrição nº 77.838 do 5º Registro de Imóveis da Capital. Segundo o pacífico entendimento da Egrégia Corregedoria Geral da Justiça, o cancelamento das clausulas restritivas compete a órgão com função jurisdicional, no qual se investigará a vontade dos instituidores, e não ao juízo administrativo. Em outras palavras, impossível nos estritos limites do campo de atuação administrativa perquirir causa que não seja automática de extinção do vínculo. O argumento que embasa o pedido, de que está a restrição contrastando com a finalidade para o qual foi instituída, diz respeito ao direito material subjacente e deve ser deduzido na esfera jurisdicional. Nesse sentido o precedente da Egrégia Corregedoria Geral de Justiça: "Registro de Imóveis - Cláusulas de inalienabilidade, incomunicabilidade e impenhorabilidade instituídas em testamento - Cancelamento administrativo - Necessidade de interpretação da vontade do testador - Inadmissibilidade - Provocação da atividade jurisdicional que se mostra imprescindível - Recurso não provido" (CGJSP - PROCESSO: 1.109/2005 CGJSP - DATA JULGAMENTO: 20/02/2006 - Relator: Álvaro Luiz Valery Mirra). Como mencionado no precedente acima citado, na esteira das decisões da Corregedoria: "ao MM. Juiz Corregedor Permanente, exercendo função atípica de verdadeiro agente da administração, falece competência para decidir sobre a validade das relações jurídicas contidas no título causal e sobre a eventual temporariedade da eficácia das cláusulas nele instituídas, pois invadiria o campo de atuação da atividade jurisdicional" (Proc. CG. 120/84 - Decisões Administrativas da Corregedoria Geral da Justiça do Estado de São Paulo, 1984/1985, RT, ementa nº 60). Portanto, a pretensão do requerente depende de prestação jurisdicional adequada, na qual haverá cognição exauriente, tanto formal como material, e que não pode ser obtida na via administrativa. Ante o exposto, julgo improcedente a ação declaratória de cancelamento de cláusulas de inalienabilidade, impenhorabilidade e incomunicabilidade formulada por Marcus Junqueira de Oliveira, devendo o requerente valer-se das vias ordinárias. Não há custas, despesas processuais ou honorários advocatícios decorrentes deste procedimento. Oportunamente, arquivem-se os autos. P.R.I.C. - ADV: MICHEL GUERRERO DE FREITAS (OAB 170873/SP) (DJe de 19.04.2018 - SP)

Processo 1048277-94.2018.8.26.0100

Retificação de Registro de Imóvel - Registro de Imóveis - Carmela Sammut - Vistos. Trata-se de pedido de providências formulado por Carmela Sammut representada por suas filhas Viviane Sammut e Therese Sammut Lagranha, em face do Oficial do 14º Registro de Imóveis da Capital, pleiteando o cancelamento da cláusula de inalienabilidade que grava o imóvel matriculado sob nº 86.170. Relata que, em decorrência do formal de partilha, expedido nos autos do inventário dos bens deixados por Oswaldo Sammut e em cumprimento do testamento, o imóvel mencionado foi partilhado à requerente e suas filhas. Aduz que no testamento constou a cláusula de inalienabilidade temporária em relação à legítima das filhas herdeiras, contudo a requerente encontra-se com a saúde debilitada e idade avançada, razão pela qual não conseguirá suportar os custos referentes ao bem. Assim, requer o cancelamento do gravame, para possibilitar a venda do imóvel, destacando-se que as filhas estão de acordo com a alienação da parte ideal de 1/8 que possuem. Juntou documentos às fls. 07/36. O registrador manifestou-se às fls. 40/41. Esclarece que a via administrativa não é a adequada para o ato de cancelamento, devendo a interessada valer-se da jurisdição voluntária, perante a Vara da Família e Sucessões. O Ministério Público opinou pelo indeferimento do pedido (fls. 44/45). É o relatório. Passo a fundamentar e a decidir. Com razão o Oficial e o Ministério Público. A requerente pretende cancelar, no âmbito administrativo, a cláusula restritiva de inalienabilidade que grava o imóvel objeto da matrícula 86.170 do 14º Registro de Imóveis da Capital (fls. 15/19). Segundo o pacífico entendimento da E. Corregedoria Geral de Justiça, o cancelamento das cláusulas restritivas compete a órgão com função jurisdicional, no qual se investigará a vontade dos instituidores, e não ao juízo administrativo. Em outras palavras, impossível nos estritos limites do campo de atuação administrativa perquirir causa que não seja automática de extinção do vínculo. O argumento que embasa o pedido, de que está a restrição contrastando com a finalidade para o qual foi instituída, bem como as dificuldades financeiras em a requerente arcar com os encargos do imóvel, diz respeito ao direito material subjacente e deve ser deduzido na esfera jurisdicional. Nesse sentido o precedente da Egrégia Corregedoria Geral de Justiça: Registro de Imóveis – Cláusulas de inalienabilidade, incomunicabilidade e impenhorabilidade instituídas em testamento - Cancelamento administrativo - Necessidade de interpretação da vontade do testador - Inadmissibilidade - Provocação da atividade jurisdicional que se mostra imprescindível - Recurso não provido (CGJSP - PROCESSO: 1.109/2005 CGJSP - DATA JULGAMENTO: 20/02/2006 - Relator: Álvaro Luiz Valery Mirra). Como mencionado no precedente acima citado, na esteira das decisões da Corregedoria: "ao MM. Juiz Corregedor Permanente, exercendo função atípica de verdadeiro agente da administração, falece competência para decidir sobre a validade das relações jurídicas contidas no título causal e sobre a eventual temporariedade da eficácia das cláusulas nele instituídas, pois invadiria o campo de atuação da atividade jurisdicional" (Proc. CG. 120/84 - Decisões Administrativas da Corregedoria Geral da Justiça do Estado de São Paulo, 1984/1985, RT, ementa nº 60). Portanto, a pretensão da requerente depende de prestação jurisdicional adequada, na qual haverá cognição exauriente, tanto formal como material, e que não pode ser obtida na via administrativa. Diante do exposto, julgo improcedente o pedido de providências formulado por Carmela Sammut representada por suas filhas Viviane Sammut e Therese Sammut Lagranha, em face do Oficial do 14º Registro de Imóveis da Capital. Não há custas, despesas processuais ou honorários advocatícios decorrentes deste procedimento. Oportunamente, arquivem-se os autos. P.R.I.C. - ADV: ERASTO SOARES VEIGA (OAB 13056/SP) (DJe de 07.06.2018 - SP)

Processo 1062132-43.2018.8.26.0100

Retificação de Registro de Imóvel - Registro de Imóveis - Angela Isabel Prado Scuoppo - Vistos. Trata-se de ação de cancelamento de clausula de inalienabilidade, impenhorabilidade e incomunicabilidade, que grava os imóveis matriculados sob nºs 93.599, 93.600, 93.601 e 93.602, formulada por Angela Isabel Prado Scuoppo em face do Oficial do 4º Registro de Imóveis da Capital. Relata a requerente que os imóveis mencionados foram adquiridos pelos seus ascendentes e por eles habitado durante quase 30 anos da vida conjugal, ocasião em que, já idosos, transferiram a nua propriedade de cada um dos três imóveis aos filhos, resguardando o usufruto para si, bem como estabeleceram cláusulas restritivas constantes da escritura de doação com reserva de usufruto e imposição de cláusula restritiva. Ocorre que, com o falecimento da genitora da requerente, seu pai não deseja mais morar no imóvel e, mediante renúncia, liberou os 50% da parte que lhe pertenciam sobre a integralidade do usufruto, visando permitir à filha, na condição de donatária, gozar do patrimônio construído pela familia. Todavia, a requerente não tem intenção de habitar o imóvel e está arcando com altas despesas, sem condições de vender o bem, em razão do gravames que nele incide. Assevera que as clausulas não fazem mais sentido, pois vão contra a vontade dos instituidores, razão pela qual requer o cancelamento. Juntou documentos às fls. 15/27. A inicial foi emendada à fl. 30, com a juntada da representação processual (fl. 31). É o relatório. Passo a fundamentar e a decidir. Primeiramente inclua a z. Serventia o Oficial do 4º Registro de Imóveis da Capital, no pólo passivo do feito. A requerente pretende cancelar, no âmbito administrativo, as cláusulas restritivas de inalienabilidade, impenhorabilidade e incomunicabilidade que gravam os imóveis objeto das matrículas nºs 93.599, 93.600, 93.601 e 93.602 do 4º Registro de Imóveis da Capital. Segundo o pacífico entendimento da E. Corregedoria Geral de Justiça, o cancelamento das cláusulas restritivas compete a órgão com função jurisdicional, no qual se investigará a vontade dos instituidores, e não ao juízo administrativo. Em outras palavras, impossível nos estritos limites do campo de atuação administrativa perquirir causa que não seja automática de extinção do vínculo. O argumento que embasa o pedido, de que está a restrição contrastando com a finalidade para o qual foi instituída, diz respeito ao direito material subjacente e deve ser deduzido na esfera jurisdicional. Nesse sentido o precedente da Egrégia Corregedoria Geral de Justiça: "Registro de Imóveis - Cláusulas de inalienabilidade, incomunicabilidade e impenhorabilidade instituídas em testamento - Cancelamento administrativo - Necessidade de interpretação da vontade do testador - Inadmissibilidade - Provocação da atividade jurisdicional que se mostra imprescindível - Recurso não provido" (CGJSP - PROCESSO: 1.109/2005 CGJSP - DATA JULGAMENTO: 20/02/2006 - Relator: Álvaro Luiz Valery Mirra). Como mencionado no precedente acima citado, na esteira das decisões da Corregedoria: "ao MM. Juiz Corregedor Permanente, exercendo função atípica de verdadeiro agente da administração, falece competência para decidir sobre a validade das relações jurídicas contidas no título causal e sobre a eventual temporariedade da eficácia das cláusulas nele instituídas, pois invadiria o campo de atuação da atividade jurisdicional" (Proc. CG. 120/84 - Decisões Administrativas da Corregedoria Geral da Justiça do Estado de São Paulo, 1984/1985, RT, ementa nº 60). Portanto, a pretensão da requerente depende de prestação jurisdicional adequada, na qual haverá cognição exauriente, tanto formal como material, e que não pode ser obtida na via administrativa. Ante o exposto, julgo improcedente a ação de cancelamento de cláusula de inalienabilidade, impenhorabilidade e incomunicabilidade formulada por Angela Isabel Prado Scuoppo, devendo a interessada buscar as vias ordinárias, para satisfação de sua pretensão. Deste procedimento não decorrem custas, despesas processuais e honorários advocatícios. Oportunamente remetam-se os autos ao arquivo.. P.R.I.C. - ADV: MARCUS VINICIUS DE ABREU SAMPAIO (OAB 78364/SP) (DJe de 22.06.2018 - SP)

Processo 1059946-47.2018.8.26.0100

Pedido de Providências - REGISTROS PÚBLICOS - Dinorah Gomes de Oliveira Hornstein e outro - Vistos. Trata-se de ação de extinção de clausula de impenhorabilidade, inalienabilidade, incomunicabilidade e reserva de usufruto cumulada com pedido de tutela antecipada que gravam o imóvel matriculado sob nº 34.101 do 4º Registro de Imóveis da Capital, formulada por Flávio Augusto Hornstein e Dinorah Gomes de Oliveira Hornstein. Relatam em síntese que 26.06.1979, Sérgio Raymundo Hornstei, genitor e esposo dos requerentes, adquiriu o imóvel mencionado, transmitindo-o por doação ao filho, bem como gravou-o com as clausulas restritivas. Na mesma data institui reserva de usufruto de 50% do imóvel para si e 50% para a esposa. Informam que em 02.06.2014, o nu proprietário faleceu, permanecendo o usufruto do imóvel somente em favor de sua esposa. Ocorre que, em razão da situação econômica da família ter se alterado, e os elevados gastos com o imóvel, é necessária a venda do imóvel, o que está sendo impedida pelas restrições na matrícula. Juntou documentos às fls. 09/66 e 73/84. É o relatório. Passo a fundamentar e a decidir. Os requerentes pretendem cancelar, no âmbito administrativo, as clausulas restritivas de inalienabilidade, incomunicabilidade, impenhorabilidade e reserva de usufruto que gravam o imóvel de sua propriedade, objeto da matrícula nº 34.101 do 4º Registro de Imóveis da Capital. Segundo o pacífico entendimento da Egrégia Corregedoria Geral da Justiça, o cancelamento das clausulas restritivas compete a órgão com função jurisdicional, no qual se investigará a vontade dos instituidores, e não ao juízo administrativo. Em outras palavras, impossível nos estrit os limites do campo de atuação administrativa perquirir causa que não seja automática de extinção do vínculo. Em outras palavras, impossível nos estritos limites do campo de atuação administrativa perquirir causa que não seja automática de extinção do vinculo. O argumento que embasa o pedido, de que estão as restrições contratando com a finalidade para a qual foram instituída, diz respeito ao direito material subjacente e deve ser deduzido na esfera jurisdicional. Neste sentido o precedente da Egrégia Corregedoria Geral de Justiça: "Registro de Imóveis - Cláusulas de inalienabilidade, incomunicabilidade e impenhorabilidade instituídas em testamento - Cancelamento administrativo - Necessidade de interpretação da vontade do testador - Inadmissibilidade - Provocação da atividade jurisdicional que se mostra imprescindível - Recurso não provido" (CGJSP - PROCESSO: 1.109/2005 CGJSP - DATA JULGAMENTO: 20/02/2006 - Relator: Álvaro Luiz Valery Mirra). Como mencionado no precedente acima citado, na esteira das decisões da Egrégia Corregedoria: "ao MM. Juiz Corregedor Permanente, exercendo função atípica de verdadeiro agente da administração, falece competência para decidir sobre a validade das relações jurídicas contidas no título causal e sobre a eventual temporariedade da eficácia das cláusulas nele instituídas, pois invadiria o campo de atuação da atividade jurisdicional" (Proc. CG. 120/84 - Decisões Administrativas da Corregedoria Geral da Justiça do Estado de São Paulo, 1984/1985, RT, ementa nº 60). Portanto, a pretensão dos requerentes depende de prestação jurisdicional adequada, na qual haverá cognição exauriente, tanto formal como material, e que não pode ser obtida na via administrativa. Ante o exposto, julgo improcedente a ação de extinção de clausula de impenhorabilidade, inalienabilidade, incomunicabilidade e reserva de usufruto, formulada por Flávio Augusto Hornstein e Dinorah Gomes de Oliveira Hornstein, devendo os interessados valerem-se da via jurisdicional para a satisfação de seus direitos. Deste procedimento não decorrem custas, despesas processuais e honorários advocatícios. Oportunamente remetam-se os autos ao arquivo.. P.R.I.C. - ADV: FILIPE MATZEMBACHER STOCKER (OAB 253874/SP) (DJe de 06.07.2018 - SP)

Processo 1067642-37.2018.8.26.0100

Retificação de Registro de Imóvel - Registro de Imóveis - Janete dos Santos Vieira - Vistos. Trata-se de anulação de inventário extrajudicial formulada por Janete dos Santos Vieira em face de Maria da Conceição Mesquita, Raissa Piscila Mesquita de Arruda e Thomas Atreio Mesquita de Arruda. Alega em síntese a requerente que adquiriu o imóvel matriculado sob nº 73.516 do 5º Registro de Imóvel da Capital do srº Amilton Jesus de Arruda Pereira da Silva pelo valor de R$ 72.000,00 (setenta e dois mil reais), gravado com a clausula de incomunicabilidade. Com o falecimento do vendedor a sua ex esposa Maria da Conceição Mesquita ingressou com ação de reintegração de posse perante a 6ª Vara Cível da Capital (processo nº 1055108-32.2016.8.26.0100), sendo julgada improcedente. Aduz que a srª Maria da Conceição Mesquita e seus filhos, ingressaram com inventário extrajudicial no Ofício de Notas da Comarca de São Tomé/RN, o qual foi averbado na matrícula do referido imóvel. Assevera que o bem na ocasião do falecimento do vendedor já estava vendido, logo não deve prevalecer o imóvel que se encontra declarado no Imposto de Renda da requerente. Juntou documentos às fls. 10/64. É o relatório. Passo a fundamentar e a decidir. A ação deve ser extinta, com o indeferimento da petição inicial, em razão da inadequação da via eleita. As razões expostas pela requerente para embasar o pedido tratam de vício intrínseco do título que deu origem ao registro. Formalmente o ato está perfeito, decorrente de instrumento público devidamente lavrado, e não encontra irregularidades que esta 1ª Vara de Registros Públicos deva reconhecer. Pelo princípio da legitimação (eficácia do registro), os vícios reconhecíveis pela via administrativa são apenas aqueles comprováveis de pleno direito que resultem de erros evidentes extrínsecos ao título, sem necessidade de exame de outros documentos ou fatos (artigos 214, caput, e 252 da Lei 6.015/73). O vício intrínseco, derivado da nulidade do inventário extrajudicial, uma vez que o imóvel foi vendido antes da partilha, deve ser reconhecido em procedimento contencioso cível, com a participação da outra parte que assinou a escritura pública. Configurado o vício do instrumento, o cancelamento do registro feito na matrícula do imóvel ocorrerá como consequência, assim como determina o artigo 216 da Lei 6.015/73. Sabe-se que o interesse processual é composto da necessidade e da adequação. No caso posto, a despeito da necessidade, verifica-se a ausência do quesito da adequação, sendo que este juízo tem competência censório disciplinar e, portanto, não pode analisar questões de direito material que envolvam o negócio jurídico. Outrossim, não há como o registrador no âmbito da qualificação registral dar solução à questão de direito material não decidida, ou cuja decisão não ficou demonstrada, porque o exame de qualificação é atividade meramente administrativa, não protegida pela segurança da coisa julgada. Posto isso, por inadequada a via eleita, indefiro a petição inicial, e julgo extinto o processo, na forma do art. 485, I, c.c. 330, III ambos do CPC. Deste procedimento não decorrem custas, despesas processuais e honorários advocatícios. Oportunamente remetam-se os autos ao arquivo.. P.R.I.C. - ADV: VALDECITE ALVES DA SILVA (OAB 179803/SP) (DJe de 12.07.2018 - SP)

Processo 1085482-60.2018.8.26.0100

Procedimento Comum - Registro de Imóveis - Associação Feminina Beneficente e Instrutiva Anália Franco - Vistos. Trata-se de ação de cancelamento/extinção de cláusulas de inalienabilidade, impenhorabilidade, incomunicabilidade e hipoteca, que gravam o imóvel objeto da transcrição nº 51.199 do 1º Registro de Imóveis da Capital, formulada por Associação Feminina Beneficente e Instrutiva Anália Franco, representada por sua diretora Maria Emília Veríssimo Braga. Segundo o pacífico entendimento da E. Corregedoria Geral de Justiça, o cancelamento das cláusulas restritivas compete a órgão com função jurisdicional, no qual se investigará a vontade dos instituidores, e não ao juízo administrativo. Em outras palavras, impossível nos estritos limites do campo de atuação administrativa perquirir causa que não seja automática de extinção do vínculo. O argumento que embasa o pedido, de que está a restrição contrastando com a finalidade para o qual foi instituída, diz respeito ao direito material subjacente e deve ser deduzido na esfera jurisdicional. Nesse sentido o precedente da Egrégia Corregedoria Geral de Justiça: Registro de Imóveis - Cláusulas de inalienabilidade, incomunicabilidade e impenhorabilidade instituídas em testamento - Cancelamento administrativo - Necessidade de interpretação da vontade do testador - Inadmissibilidade - Provocação da atividade jurisdicional que se mostra imprescindível - Recurso não provido (CGJSP - PROCESSO: 1.109/2005 CGJSP - DATA JULGAMENTO: 20/02/2006 - Relator: Álvaro Luiz Valery Mirra). Como mencionado no precedente acima citado, na esteira das decisões da Corregedoria: "ao MM. Juiz Corregedor Permanente, exercendo função atípica de verdadeiro agente da administração, falece competência para decidir sobre a validade das relações jurídicas contidas no título causal e sobre a eventual temporariedade da eficácia das cláusulas nele instituídas, pois invadiria o campo de atuação da atividade jurisdicional" (Proc. CG. 120/84 - Decisões Administrativas da Corregedoria Geral da Justiça do Estado de São Paulo, 1984/1985, RT, ementa nº 60). Portanto, a pretensão da requerente depende de prestação jurisdicional adequada, na qual haverá cognição exauriente, tanto formal como material, e que não pode ser obtida na via administrativa. Diante do exposto, julgo improcedente a ação de cancelamento/extinção de cláusulas de inalienabilidade, impenhorabilidade, incomunicabilidade e hipoteca, que gravam o imóvel objeto da transcrição nº 51.199 do 1º Registro de Imóveis da Capital, formulada por Associação Feminina Beneficente e Instrutiva Anália Franco, representada por sua diretora Maria Emília Veríssimo Braga, devendo a interessada valer-se das vias ordinárias para satisfação de seus interesses. Deste procedimento não decorrem custas, despesas processuais e honorários advocatícios. Oportunamente remetam-se os autos ao arquivo.. P.R.I.C. - ADV: REINE DE SA CABRAL (OAB 266815/SP) (DJe de 24.08.2018 - SP)

CND

Processo 1118891-61.2017.8.26.0100

Pedido de Providências - Registro de Imóveis - 06º Cartorio de Registro de Imoveis da Capital-sp - Jaziel Martins Alfonso - Vistos. Trata-se de pedido de providências formulado pela Oficial do 6º Registro de Imóveis da Capital, a requerimento de Jaziel Martins Alfonso, tendo em vista a negativa em se proceder à averbação do desdobro do imóvel objeto da matrícula nº 53.440. De acordo com a Registradora, o título recebeu qualificação negativa, em face da ausência da certidão de débitos previdenciários relativas às obras de construção civil (demolição e edificação), discriminadas no certificado de conclusão. Na peça vestibular, a Registradora declara ter ciência da atual jurisprudência dos Tribunais Superiores e desta Corregedoria Permanente, no tocante à necessidade da apresentação das Certidões Negativas (item 119.1, do Cap. XX, das Normas Extrajudiciais de Serviço) e assevera que a matéria ainda enseja controvérsia, tendo em vista que existe entendimento no sentido em que a alínea b, inciso I, do artigo 47, da Lei Federal nº 8.212/91 estaria em vigor, por não ter sido expressamente declarada inconstitucional. Juntou documentos às fls. 04/21. O interessado apresentou impugnação às fls. 24/26. Sustenta que há vários precedentes deste Juízo e da Egrégia Corregedoria Geral da Justiça dispensando a apresentação da certidão negativa de débitos tributários. O Ministério Público opinou pelo afastamento do óbice registrário (fls. 30/31). É o relatório. Passo a fundamentar e a decidir. Cumpre primeiramente consignar que acompanho o entendimento do MM Juiz Josué Modesto Passos, que em recente decisão proferida à frente desta 1ª Vara de Registros Públicos, declarou que, no que diz respeito à sua convicção pessoal, "no juízo administrativo não cabe aplicar a inconstitucionalidade declarada sobre a Lei 7.711, de 22 de setembro de 1988, art. 1º, I, III e IV, e §§ 1º-3º (cf. ações diretas de inconstitucionalidade 173-6 e 394-1) para, por identidade de razão, dar por inconstitucional a Lei 8.212/1991, art. 47, I, b. Além disso, na arguição 0139256-75.2011.8.26.0000 foi declarada apenas a inconstitucionalidade da Lei 8.212/1991, art. 47, I, d, e - repita-se - na via administrativa não há estender a eficácia dessa decisão também para o art. 47, I, b. Finalmente, as NSCGJ, II, XIV, 59.2, são de alcance algo duvidoso, porque dispensam os tabelionatos (frise-se) de exigir as certidões para a lavratura de escrituras públicas de negócios jurídicos concernentes a direitos reais imobiliários, é verdade; porém, as próprias NSCGJ não puseram dispensa semelhante em favor dos ofícios de registro de imóveis, mesmo na redação dada pelo Provimento CG 37, de 26 de novembro de 2013, em vigor a partir de 28 de janeiro de 2014". De resto, já decidiu o E. Tribunal de Justiça (apelação 0015621-88.2011.8.26.0604 - Sumaré, 11ª Câmara de Direito Público, Rel. Des. Ricardo Dip, j. 22.01.2013): "Nesse quadro, avista-se, com efeito, que a exigência, na espécie, de apresentação de certidões negativas para que a carta de adjudicação acedesse ao fólio real tem por fundamento a Lei nº 8.212/1991, e, embora a Lei nº 7.711/1988 também verse a necessidade de apresentação das aludidas certidões, o fato é que a Registradora imobiliária, na qualificação do título apresentado a registro, adstrita ao princípio da legalidade, tomou amparo na Lei nº 8.212. À falta de declaração judicial expressa de que a Lei nº 8.212/1991 padeça de inconstitucionalidade, não pode o Registrador de imóveis estender-lhe a fulminação que afligiu a Lei nº 7.711/1988. Frise-se, além disso, que o art. 48 da Lei nº 8.212, de 1991, enuncia que o registrador é solidariamente responsável pela prática de atos com inobservância de seu art. 47: "Art. 48. A prática de ato com inobservância do disposto no artigo anterior, ou o seu registro, acarretará a responsabilidade solidária dos contratantes e do oficial que lavrar ou registrar o instrumento, sendo o ato nulo para todos os efeitos. (...) § 3º O servidor, o serventuário da Justiça, o titular de serventia extrajudicial e a autoridade ou órgão que infringirem o disposto no artigo anterior incorrerão em multa aplicada na forma estabelecida no art. 92, sem prejuízo da responsabilidade administrativa e penal cabível. "Note-se que nesse aresto ficou aventada a possibilidade de a corregedoria permanente (e, por maior força de razão, a Corregedoria Geral) dispensar as certidões, mas somente nos casos de difficultas praestandi, de absoluta impossibilidade de satisfazer a exigência (Lei 6.015, de 31 de dezembro de 1973 - LRP/1973, art. 198, verbis "ou não a podendo satisfazer") – e não de modo geral e abstrato." Feitas essas observações, é necessário, porém observar que, justamente porque aqui se trata de um juízo administrativo, não há liberdade senão para cumprir o que tenham decidido as autoridades superiores, i. e., a Corregedoria Geral da Justiça (CGJ) e o Conselho Superior da Magistratura (CSM) - as quais, é bom ver, desde o julgamento da Apel. Cív. 0003435-42.2011.8.26.0116, em 13.12.2012 (DJ 30.01.2013), mandam que se dispensem as certidões negativas de dívidas tributárias federais e previdenciárias federais. Nesse sentido, confiram-se: (a) para a CGJ: Proc. 62.779/2013, j. 30/07/2013, DJ 07/08/2013; e Proc. 100.270/2012, j. 14/01/2013 (b) para o CSM: as Ap. Cív. 0015705-56.2012.8.26.0248, j. 06.11.2013, DJ 06.11.2013; 9000004-83.2011.8.26.0296, j. 26.09.2013, DJ 14.11.2013; 0006907-12.2012.8.26.0344, 23.05.2013, DJ 26.06.2013; 0013693-47.2012.8.26.0320, j 18.04.2013, DJ 24.05.2013; 0019260-93.2011.8.26.0223, j. 18.04.2013, DJ 24.05.2013; 0021311-24.2012.8.26.0100, j. 17.01.2013, DJ 21.03.2013; 0013759-77.2012.8.26.0562, j. 17.01.2013, DJ 21.03.2013; 0018870-06.2011.8.26.0068, j. 13.12.2012, DJ 26.02.2013; 9000003-22.2009.8.26.0441, j. 13.12.2012, DJ 27.02.2013; 0003611-12.2012.8.26.0625, j. 13.12.2012, DJ 01.03.2013; e 0013479-23.2011.8.26.0019, j. 13.12.2012, DJ 30.01.2013. Ressalto, ainda, que em recente decisão proferida pelo Conselho Nacional de Justiça, nos autos do pedido de providências nº 000123082-.2015.2.00.0000, formulado pela União/AGU, foi determinado aos cartórios de imóveis que deixem de exigir a certidão negativa de débito previdenciário: "CNJ: Pedido de Providências Provimento do TJ-RJ que determinou aos cartórios de registro de imóveis que deixem de exigir a certidão negativa de débito previdenciária (CND) Pedido formulado pela UNIÃO/AGU para a suspensão cautelar e definitiva dos efeitos do Provimento n. 41/2013, além da instauração de reclamação disciplinar contra os magistrados que participaram da concepção e realização do ato e ainda, que o CNJ expeça resolução ou recomendação vedando a todos os órgãos do Poder Judiciário a expedição de normas de conteúdo semelhante ao editado pela requerida Provimento CGJ n. 41/2013 editado pelo TJRJ está de acordo com a interpretação jurisprudencial do STF Ressalte-se que não houve qualquer declaração de inconstitucionalidade dos artigos 47 e 48 da Lei n. 8.212/91, mas sim fixação de norma de competência da Corregedoria Geral de Justiça local para regulamentar as atividades de serventias extrajudiciais vinculadas ao Tribunal de Justiça Pedido de providências improcedente"De acordo com o Acórdão: "... Ao contrário do que afirma a Advocacia-Geral da União, verifica-se que o Provimento CGJ n. 41/2013 editado pelo TJRJ está de acordo com a interpretação jurisprudencial do STF acerca da aplicabilidade dos artigos 47 e 48 da Lei n. 8.212/91 ao dispensar a exigência de apresentação de CND para o registro de imóveis. Confira- se: RECURSO EXTRAORDINÁRIO COM AGRAVO. REPERCUSSÃO GERAL. REAFIRMAÇÃO DE JURISPRUDÊNCIA. DIREITO TRIBUTÁRIO E DIREITO PROCESSUAL CIVIL. CLÁUSULA DA RESERVA DE PLENÁRIO. ART. 97 DA CONSTITUIÇÃO FEDERAL. JURISPRUDÊNCIA DO TRIBUNAL PLENO DO STF. RESTRIÇÕES IMPOSTAS PELO ESTADO. LIVRE EXERCÍCIO DA ATIVIDADE ECONÔMICA OU PROFISSIONAL. MEIO DE COBRANÇA INDIRETA DE TRIBUTOS. 1. A jurisprudência pacífica desta Corte, agora reafirmada em sede de repercussão geral, entende que é desnecessária a submissão de demanda judicial à regra da reserva de plenário na hipótese em que a decisão judicial estiver fundada em jurisprudência do Plenário do Supremo Tribunal Federal ou em Súmula deste Tribunal, nos termos dos arts. 97 da Constituição Federal, e 481, parágrafo único, do CPC. 2. O Supremo Tribunal Federal tem reiteradamente entendido que é inconstitucional restrição imposta pelo Estado ao livre exercício de atividade econômica ou profissional, quanto aquelas forem utilizadas como meio de cobrança indireta de tributos. 3. Agravo nos próprios autos conhecido para negar seguimento ao recurso extraordinário, reconhecida a inconstitucionalidade, incidental e com os efeitos da repercussão geral, do inciso III do §1º do artigo 219 da Lei 6.763/75 do Estado de Minas Gerais. (ARE 914045 RG, Relator(a): Min. EDSON FACHIN, julgado em 15/10/2015, ACÓRDÃO ELETRÔNICO REPERCUSSÃO GERAL MÉRITO DJe-232 DIVULG 18-11-2015 PUBLIC 19-11-2015) Cabe salientar que a exigência da certidão negativa de débitos previdenciários deve ser analisada pelo oficial do registro de imóveis nos termos do próprio artigo 48 da Lei n. 8.212/91 que assim dispõe: "a prática de ato com inobservância do disposto no artigo anterior, ou o seu registro, acarretará a responsabilidade solidária dos contratantes e do oficial que lavrar ou registrar o instrumento, sendo o ato nulo para todos os efeitos". (Corregedor Nacional de Justiça: Ministro João Otávio de Noronha, assinado eletronicamente em 22.09.2016). Assim, esta Corregedoria Permanente não pode senão afastar o óbice levantado pela Oficial do 6º Registro de Imóveis da Capital, para que se proceda à averbação, dispensada a necessidade de apresentação da certidão negativa de débitos previdenciários relativas às obras de construção civil. Diante do exposto, julgo improcedente o pedido de providências formulado pela Oficial do 6º Registro de Imóveis da Capital, a requerimento de Jaziel Martins Alfonso, determinando consequentemente a averbação do desdobro do imóvel, objeto da matrícula nº 53.440. Deste procedimento não decorrem custas, despesas processuais e honorários advocatícios. Oportunamente remetam-se os autos ao arquivo. P.R.I.C. - ADV: NEIDE GOMES DA SILVA (OAB 69383/SP) (DJe de 05.02.2018 - SP)

Processo 1002859-36.2018.8.26.0100

Dúvida - Registro de Imóveis - Banco do Brasil S/A - Vistos. Trata-se de dúvida suscitada pelo Oficial do 10º Registro de Imóveis da Capital, a requerimento do Banco do Brasil, diante da negativa em se proceder ao registro da cédula de crédito bancário emitida por Telemática Sistemas Inteligentes LTDA, pela qual ICA Telecomunicações LTDA deu em hipoteca os imóveis objeto das matrículas nº 87.742 e 87.743 ao Banco do Brasil S/A.O óbice registrário refere-se à necessidade da apresentação de prova de regularidade fiscal perante a Fazenda Nacional, nos termos do artigo 47, I, b, da Lei nº 8.212/91 da empresa ICA Telecomunicações LTDA, nos termos da Portaria conjunta PGFN/RFB nº 1.751 de 02/10/2014. Na peça vestibular, o Registrador declara ter ciência da atual jurisprudência dos Tribunais Superiores e desta Corregedoria Permanente no tocante a necessidade da apresentação das Certidões Negativas (item 119.1, do Cap. XX, das Normas Extrajudiciais de Serviço) e assevera que a matéria ainda enseja a controvérsia, tendo em vista que existe entendimento no sentido em que a alínea b, inciso I, do artigo 47, da Lei Federal nº 8.212/91, estaria em vigor, por não ter sido expressamente declarada inconstitucional. Juntou documentos às fls. 04/89. O suscitado apresentou impugnação às fls. 90/98. Insurge-se do óbice imposto sob o argumento de que o STF reconheceu a inconstitucionalidade da comprovação da quitação de créditos tributários, de contribuições federais e de outras imposições pecuniárias compulsórias quando do registro na Serventia de imóveis dos negócios jurídicos realizados. Apresentou documentos às fls. 105/128. O Ministério Público opinou pela improcedência da dúvida (fls. 131/132). É o relatório. Passo a fundamentar e a decidir.

Cumpre primeiramente consignar que acompanho o entendimento do MM Juiz Josúe Modesto Passos, que em decisão proferida à frente desta 1ª Vara de Registros Públicos, declarou que, no que diz respeito à sua convicção pessoal, "no juízo administrativo não cabe aplicar a inconstitucionalidade declarada sobre a Lei 7.711, de 22 de setembro de 1988, art. 1º, I, III e IV, e §§ 1º-3º (cf. ações diretas de inconstitucionalidade 173-6 e 394-1) para, por identidade de razão, dar por inconstitucional a Lei 8.212/1991, art. 47, I, b. Além disso, na arguição 0139256-75.2011.8.26.0000 foi declarada apenas a inconstitucionalidade da Lei 8.212/1991, art. 47, I, d, e - repita-se - na via administrativa não há estender a eficácia dessa decisão também para o art. 47, I, b. Finalmente, as NSCGJ, II, XIV, 59.2, são de alcance algo duvidoso, porque dispensam os tabelionatos (frise-se) de exigir as certidões para a lavratura de escrituras públicas de negócios jurídicos concernentes a direitos reais imobiliários, é verdade; porém, as próprias NSCGJ não puseram dispensa semelhante em favor dos ofícios de registro de imóveis, mesmo na redação dada pelo Provimento CG 37, de 26 de novembro de 2013, em vigor a partir de 28 de janeiro de 2014". De resto, já decidiu o E. Tribunal de Justiça (apelação 0015621-88.2011.8.26.0604 - Sumaré, 11ª Câmara de Direito Público, Rel. Des. Ricardo Dip, j. 22.01.2013): "Nesse quadro, avista-se, com efeito, que a exigência, na espécie, de apresentação de certidões negativas para que a carta de adjudicação acedesse ao fólio real tem por fundamento a Lei nº 8.212/1991, e, embora a Lei nº 7.711/1988 também verse a necessidade de apresentação das aludidas certidões, o fato é que a Registradora imobiliária, na qualificação do título apresentado a registro, adstrita ao princípio da legalidade, tomou amparo na Lei nº 8.212. À falta de declaração judicial expressa de que a Lei nº 8.212/1991 padeça de inconstitucionalidade, não pode o Registrador de imóveis estender-lhe a fulminação que afligiu a Lei nº 7.711/1988. Frise-se, além disso, que o art. 48 da Lei nº 8.212, de 1991, enuncia que o registrador é solidariamente responsável pela prática de atos com inobservância de seu art. 47: "Art. 48. A prática de ato com inobservância do disposto no artigo anterior, ou o seu registro, acarretará a responsabilidade solidária dos contratantes e do oficial que lavrar ou registrar o instrumento, sendo o ato nulo para todos os efeitos. (...) § 3º O servidor, o serventuário da Justiça, o titular de serventia extrajudicial e a autoridade ou órgão que infringirem o disposto no artigo anterior incorrerão em multa aplicada na forma estabelecida no art. 92, sem prejuízo da responsabilidade administrativa e penal cabível. "Note-se que nesse aresto ficou aventada a possibilidade de a corregedoria permanente (e, por maior força de razão, a Corregedoria Geral) dispensar as certidões, mas somente nos casos de difficultas praestandi, de absoluta impossibilidade de satisfazer a exigência (Lei 6.015, de 31 de dezembro de 1973 - LRP/1973, art. 198, verbis "ou não a podendo satisfazer") - e não de modo geral e abstrato." Feitas essas observações, é necessário, porém observar que, justamente porque aqui se trata de um juízo administrativo, não há liberdade senão para cumprir o que tenham decidido as autoridades superiores, i. e., a Corregedoria Geral da Justiça (CGJ) e o Conselho Superior da Magistratura (CSM) - as quais, é bom ver, desde o julgamento da Apel. Cív. 0003435-42.2011.8.26.0116, em 13.12.2012 (DJ 30.01.2013), mandam que se dispensem as certidões negativas de dívidas tributárias federais e previdenciárias federais. Nesse sentido, confiram-se: (a) para a CGJ: Proc. 62.779/2013, j. 30/07/2013, DJ 07/08/2013; e Proc. 100.270/2012, j. 14/01/2013 (b) para o CSM: as Ap. Cív. 0015705-56.2012.8.26.0248, j. 06.11.2013, DJ 06.11.2013; 9000004-83.2011.8.26.0296, j. 26.09. 2013, DJ 14.11.2013; 0006907-12.2012.8.26.0344, 23.05.2013, DJ 26.06.2013; 0013693-47.2012.8.26. 0320, j 18.04.2013, DJ 24.05.2013; 0019260- 93.2011. 8.26.0223, j. 18.04.2013, DJ 24.05.2013; 0021311-24.2012.8.26.0100, j. 17.01.2013, DJ 21.03.2013; 0013759-77.2012.8.26.0562, j. 17.01.2013, DJ 21.03. 2013; 0018870-06.2011.8.26.0068, j. 13.12.2012, DJ 26.02.2013; 9000003-22.2009.8.26.0441, j. 13.12.2012, DJ 27.02.2013; 0003611-12.2012.8.26.0625, j. 13.12. 2012, DJ 01.03.2013; e 0013479-23.2011.8.26.0019, j. 13.12.2012, DJ 30.01.2013. Ressalto ainda que, em recente decisão proferida pelo Conselho Nacional de Justiça, nos autos do pedido de providências nº 000123082-.2015.2.00.0000, formulado pela União/AGU, foi determinado aos cartórios de imóveis que deixem de exigir a certidão negativa de débito previdenciário: "CNJ: Pedido de Providências Provimento do TJ-RJ que determinou aos cartórios de registro de imóveis que deixem de exigir a certidão negativa de débito previdenciária (CND) Pedido formulado pela UNIÃO/AGU para a suspensão cautelar e definitiva dos efeitos do Provimento n. 41/2013, além da instauração de reclamação disciplinar contra os magistrados que participaram da concepção e realização do ato e ainda, que o CNJ expeça resolução ou recomendação vedando a todos os órgãos do Poder Judiciário a expedição de normas de conteúdo semelhante ao editado pela requerida Provimento CGJ n. 41/2013 editado pelo TJRJ está de acordo com a interpretação jurisprudencial do STF Ressalte-se que não houve qualquer declaração de inconstitucionalidade dos artigos 47 e 48 da Lei n. 8.212/91, mas sim fixação de norma de competência da Corregedoria Geral de Justiça local para regulamentar as atividades de serventias extrajudiciais vinculadas ao Tribunal de Justiça Pedido de providências improcedente"De acordo com o Acórdão: "... Ao contrário do que afirma a Advocacia-Geral da União, verifica-se que o Provimento CGJ n. 41/2013 editado pelo TJRJ está de acordo com a interpretação jurisprudencial do STF acerca da aplicabilidade dos artigos 47 e 48 da Lei n. 8.212/91 ao dispensar a exigência de apresentação de CND para o registro de imóveis. Confira- se: RECURSO EXTRAORDINÁRIO COM AGRAVO. REPERCUSSÃO GERAL. REAFIRMAÇÃO DE JURISPRUDÊNCIA. DIREITO TRIBUTÁRIO E DIREITO PROCESSUAL CIVIL. CLÁUSULA DA RESERVA DE PLENÁRIO. ART. 97 DA CONSTITUIÇÃO FEDERAL. JURISPRUDÊNCIA DO TRIBUNAL PLENO DO STF. RESTRIÇÕES IMPOSTAS PELO ESTADO. LIVRE EXERCÍCIO DA ATIVIDADE ECONÔMICA OU PROFISSIONAL. MEIO DE COBRANÇA INDIRETA DE TRIBUTOS. 1. A jurisprudência pacífica desta Corte, agora reafirmada em sede de repercussão geral, entende que é desnecessária a submissão de demanda judicial à regra da reserva de plenário na hipótese em que a decisão judicial estiver fundada em jurisprudência do Plenário do Supremo Tribunal Federal ou em Súmula deste Tribunal, nos termos dos arts. 97 da Constituição Federal, e 481, parágrafo único, do CPC. 2. O Supremo Tribunal Federal tem reiteradamente entendido que é inconstitucional restrição imposta pelo Estado ao livre exercício de atividade econômica ou profissional, quanto aquelas forem utilizadas como meio de cobrança indireta de tributos. 3. Agravo nos próprios autos conhecido para negar seguimento ao recurso extraordinário, reconhecida a inconstitucionalidade, incidental e com os efeitos da repercussão geral, do inciso III do §1º do artigo 219 da Lei 6.763/75 do Estado de Minas Gerais. (ARE 914045 RG, Relator(a): Min. EDSON FACHIN, julgado em 15/10/2015, ACÓRDÃO ELETRÔNICO REPERCUSSÃO GERAL MÉRITO DJe-232 DIVULG 18-11-2015 PUBLIC 19-11-2015) Cabe salientar que a exigência da certidão negativa de débitos previdenciários deve ser analisada pelo oficial do registro de imóveis nos termos do próprio artigo 48 da Lei n. 8.212/91 que assim dispõe: "a prática de ato com inobservância do disposto no artigo anterior, ou o seu registro, acarretará a responsabilidade solidária dos contratantes e do oficial que lavrar ou registrar o instrumento, sendo o ato nulo para todos os efeitos". (Corregedor Nacional de Justiça: Ministro João Otávio de Noronha, assinado eletronicamente em 22.09. 2016). Assim, esta Corregedoria Permanente não pode senão afastar o óbice levantado pelo Oficial do 10º Registro de Imóveis da Capital, para que se proceda ao registro. Diante do exposto, julgo improcedente a dúvida suscitada pelo Oficial do 10º Registro de Imóveis da Capital, a requerimento do Banco do Brasil, e consequentemente determino o registro do título apresentado. Deste procedimento não decorrem custas, despesas processuais e honorários advocatícios. Oportunamente remetam-se os autos ao arquivo. P.R.I.C. - ADV: FLAVIO CRAVEIRO FIGUEIREDO GOMES (OAB 256559/SP), GLAUBER ROCHA ISHIYAMA (OAB 265127/SP) (DJe de 14.03.2018 - SP)

Processo 1123582-21.2017.8.26.0100

Dúvida 17 Oficial de Registro de Imóveis Sentença: Vistos. Trata-se de dúvida suscitada pelo Oficial do 17º Registro de Imóveis da Capital a requerimento de DCA Distribuidora de Cosméticos Atual, tendo em vista a negativa em se proceder ao registro da carta de sentença expedida pelo MMª Juízo da 1ª Vara Cível do Foro Regional de Santana (processo nº 1005533-95.2015.8.26.0001/01). Dentre as várias exigências, restou apenas um óbice, qual seja, ausência das certidões negativas de débitos relativos às contribuições previdenciárias e de terceiros, bem como aos tributos federais e à dívida ativa da União (Lei 8.212, de 24 de julho de 1991, art. 47, I, b). Na peça vestibular, o registrador declara ter ciência da atual jurisprudência dos Tribunais Superiores e desta Corregedoria Permanente no tocante a necessidade da apresentação das Certidões Negativas (item 119.1, do Cap. XX, das Normas Extrajudiciais de Serviço) e assevera que a matéria ainda enseja a controvérsia, tendo em vista que existe entendimento no sentido em que a alínea b, inciso I, do artigo 47, da Lei Federal nº 8.212/91, estaria em vigor, por não ter sido expressamente declarada inconstitucional. Juntou documentos às fls. 15/83. Intimada a suscitada não apresentou impugnação, conforme certidão de fl. 86, contudo manifestou-se perante a Serventia Extrajudicial (fls. 15/18). Ressalta que tal exigência afronta determinação judicial para registro, não está amparado pela legislação vigente, bem como é pacífico o entendimento do Conselho Nacional de Justiça e do Conselho Superior da Magistratura que é dispensável a apresentação das mencionadas certidões. O Ministério Público opinou pela improcedência da dúvida (fls. 89/90). É o relatório. Passo a fundamentar e a decidir. Cumpre primeiramente consignar que acompanho o entendimento do MM Juiz Josúe Modesto Passos, que em decisão proferida à frente desta 1ª Vara de Registros Públicos, declarou que, no que diz respeito à sua convicção pessoal, "no juízo administrativo não cabe aplicar a inconstitucionalidade declarada sobre a Lei 7.711, de 22 de setembro de 1988, art. 1º, I, III e IV, e §§ 11º-3º (cf. ações diretas de inconstitucionalidade 173-6 e 394-1) para, por identidade de razão, dar por inconstitucional a Lei 8.212/1991, art. 47, I, b. Além disso, na arguição 0139256- 75.2011.8.26.0000 foi declarada apenas a inconstitucionalidade da Lei 8.212/1991, art. 47, I, d, e - repita-se - na via administrativa não há estender a eficácia dessa decisão também para o art. 47, I, b. Finalmente, as NSCGJ, II, XIV, 59.2, são de alcance algo duvidoso, porque dispensam os tabelionatos (frise-se) de exigir as certidões para a lavratura de escrituras públicas de negócios jurídicos concernentes a direitos reais imobiliários, é verdade; porém, as próprias NSCGJ não puseram dispensa semelhante em favor dos ofícios de registro de imóveis, mesmo na redação dada pelo Provimento CG 37, de 26 de novembro de 2013, em vigor a partir de 28 de janeiro de 2014. De resto, já decidiu o E. Tribunal de Justiça (apelação 0015621-88.2011.8.26.0604 - Sumaré, 11ª Câmara de Direito Público, Rel. Des. Ricardo Dip, j. 22.01.2013): Nesse quadro, avista-se, com efeito, que a exigência, na espécie, de apresentação de certidões negativas para que a carta de adjudicação acedesse ao fólio real tem por fundamento a Lei nº 8.212/1991, e, embora a Lei nº 7.711/1988 também verse a necessidade de apresentação das aludidas certidões, o fato é que a Registradora imobiliária, na qualificação do título apresentado a registro, adstrita ao princípio da legalidade, tomou amparo na Lei nº 8.212. À falta de declaração judicial expressa de que a Lei nº 8.212/1991 padeça de inconstitucionalidade, não pode o Registrador de imóveis estender-lhe a fulminação que afligiu a Lei nº 7.711/1988. Frise-se, além disso, que o art. 48 da Lei nº 8.212, de 1991, enuncia que o registrador é solidariamente responsável pela prática de atos com inobservância de seu art. 47: Art. 48. A prática de ato com inobservância do disposto no artigo anterior, ou o seu registro, acarretará a responsabilidade solidária dos contratantes e do oficial que lavrar ou registrar o instrumento, sendo o ato nulo para todos os efeitos. (...) § 3º O servidor, o serventuário da Justiça, o titular de serventia extrajudicial e a autoridade ou órgão que infringirem o disposto artigo anterior incorrerão em multa aplicada na forma estabelecida no art. 92, sem prejuízo a responsabilidade administrativa e penal cabível. Note-se que nesse aresto ficou aventada a possibilidade de a corregedoria permanente (e, por maior força razão, a Corregedoria Geral) dispensar as certidões, mas somente nos casos de difficultas praestandi, de absoluta impossibilidade de satisfazer a exigência (Lei 6.015, de 31 de dezembro de 1973 - LRP/1973, art. 198, verbis ou não a podendo satisfazer) – e não de modo geral e abstrato." Feitas essas observações, é necessário, porém observar que, justamente porque aqui se trata de um juízo administrativo, não há liberdade senão para cumprir o que tenham decidido as autoridades superiores, i. e., a Corregedoria Geral da Justiça (CGJ) e o Conselho Superior da Magistratura (CSM) - as quais, é bom ver, desde o julgamento da Apel. Cív. 0003435-42.2011.8.26.0116, em 13.12. 2012 (DJ 30.01.2013), mandam que se dispensem as certidões negativas de dívidas tributárias federais e previdenciárias federais. Nesse sentido, confiram-se: (a) para a CGJ: Proc. 62.779/2013, j. 30/ 07/2013, DJ 07/08/2013; e Proc. 100.270/2012, j. 14/01/2013 (b) para o CSM: as Ap. Cív. 0015705-56.2012.8.26.0248, j. 06.11.2013, DJ 06.11.2013; 9000004-83.2011.8.26.0296, j. 26.09.2013, DJ 14.11.2013; 0006907- 12.2012.8.26.0344, 23.05.2013, DJ 26.06.2013; 0013693-47.2012.8.26.0320, j 18.04. 2013, DJ 24.05.2013; 0019260- 93.2011.8.26.0223, j. 18.04.2013, DJ 24.05.2013; 0021311-24.2012.8.26. 0100, j. 17.01.2013, DJ 21.03.2013; 0013759-77. 2012.8.26.0562, j. 17.01.2013, DJ 21.03.2013; 0018870-06.2011.8.26.0068, j. 13.12.2012, DJ 26. 02.2013; 9000003-22.2009.8.26.0441, j. 13.12.2012, DJ 27.02.2013; 0003611-12.2012.8.26.0625, j. 13.12. 2012, DJ 01.03.2013; e 0013479- 23.2011.8.26.0019, j. 13.12.2012, DJ 30.01.2013. Ressalta-se ainda que em recente decisão proferida pelo Conselho Nacional de Justiça, nos autos do pedido de providências nº 000123082-.2015.2.00.0000, formulado pela União/AGU, foi determinado aos cartórios de imóveis que deixem de exigir a certidão negativa de débito previdenciário: CNJ: Pedido de Providências Provimento do TJ-RJ que determinou aos cartórios de registro de imóveis que deixem de exigir a certidão negativa de débito previdenciária (CND) Pedido formulado pela UNIÃO/AGU para a suspensão cautelar e definitiva dos efeitos do Provimento n. 41/2013, além da instauração de reclamação disciplinar contra os magistrados que participaram da concepção e realização do ato e ainda, que o CNJ expeça resolução ou recomendação vedando a todos os órgãos do Poder Judiciário a expedição de normas de conteúdo semelhante ao editado pela requerida Provimento CGJ n. 41/2013 editado pelo TJRJ está de acordo com a interpretação jurisprudencial do STF Ressalte-se que não houve qualquer declaração de inconstitucionalidade dos artigos 47 e 48 da Lei n. 8.212/91, mas sim fixação de norma de competência da Corregedoria Geral de Justiça local para regulamentar as atividades de serventias extrajudiciais vinculadas ao Tribunal de

Justiça Pedido de providências improcedente De acordo com o Acórdão:... Ao contrário do que afirma a Advocacia- Geral da União, verifica-se que o Provimento CGJ n. 41/2013 editado pelo TJRJ está de acordo com a interpretação jurisprudencial do STF acerca da aplicabilidade dos artigos 47 e 48 da Lei n. 8.212/91 ao dispensar a exigência de apresentação de CND para o registro de imóveis. Confira-se: RECURSO EXTRAORDINÁRIO COM AGRAVO. REPERCUSSÃO GERAL. REAFIRMAÇÃO DE JURISPRUDÊNCIA. DIREITO TRIBUTÁRIO E DIREITO PROCESSUAL CIVIL. CLÁUSULA DA RESERVA DE PLENÁRIO. ART. 97 DA CONSTITUIÇÃO FEDERAL. JURISPRUDÊNCIA DO TRIBUNAL PLENO DO STF. RESTRIÇÕES IMPOSTAS PELO ESTADO. LIVRE EXERCÍCIO DA ATIVIDADE ECONÔMICA OU PROFISSIONAL. MEIO DE COBRANÇA INDIRETA DE TRIBUTOS. 1. A jurisprudência pacífica desta Corte, agora reafirmada em sede de repercussão geral, entende que é desnecessária a submissão de demanda judicial à regra da reserva de plenário na hipótese em que a decisão judicial estiver fundada em jurisprudência do Plenário do Supremo Tribunal Federal ou em Súmula deste Tribunal, nos termos dos arts. 97 da Constituição Federal, e 481, parágrafo único, do CPC. 2. O Supremo Tribunal Federal tem reiteradamente entendido que é inconstitucional restrição imposta pelo Estado ao livre exercício de atividade econômica ou profissional, quanto aquelas forem utilizadas como meio de cobrança indireta de tributos. 3. Agravo nos próprios autos conhecido para negar seguimento ao recurso extraordinário, reconhecida a inconstitucionalidade, incidental e com os efeitos da repercussão geral, do inciso III do §1º do artigo 219 da Lei 6.763/75 do Estado de Minas Gerais.(ARE 914045 RG, Relator(a): Min. EDSON FACHIN, julgado em 15/10/2015, ACÓRDÃO ELETRÔNICO REPERCUSSÃO GERAL MÉRITO DJe-232 DIVULG 18-11-2015 PUBLIC 19- 11-2015) Cabe salientar que a exigência da certidão negativa de débitos previdenciários deve ser analisada pelo oficial do registro de imóveis nos termos do próprio artigo 48 da Lei n. 8.212/91 que assim dispõe: a prática de ato com inobservância do disposto no artigo anterior, ou o seu registro, acarretará a responsabilidade solidária dos contratantes e do oficial que lavrar ou registrar o instrumento, sendo o ato nulo para todos os efeitos. (Corregedor Nacional de Justiça: Ministro João Otávio de Noronha, assinado eletronicamente em 22.09.2016). Assim, esta Corregedoria Permanente não pode senão afastar o óbice levantado pelo Oficial do 17º Registro de Imóveis da Capital, para que se proceda ao registro. Diante do exposto, julgo improcedente a dúvida suscitada pelo Oficial do 17º Registro de Imóveis da Capital a requerimento de DCA Distribuidora de Cosméticos Atual, e consequentemente determino o registro do título apresentado. Deste procedimento não decorrem custas, despesas processuais e honorários advocatícios. Oportunamente remetam-se os autos ao arquivo.. P.R.I.C. (DJe de 15.03.2018 - SP)

COMPRA E VENDA E COMPROMISSO

Processo 1072344-60.2017.8.26.0100

Pedido de Providências - Registro de Imóveis - Ana Maria Dominguez Bellizia - Vistos. Trata-se de pedido de providências formulado por Ana Maria Dominguez Bellizia em face da Oficial do 6º Registro de Imóveis da Capital, pleiteando o cancelamento da averbação do compromisso de compra e venda entabulado entre os então proprietários e Alberto de Nicolau. Relata a requerente que o imóvel foi adquirido por partilha e legado, em virtude do falecimento de Aida Matuck Domingues, que recebeu o bem a título de meação por ocasião do falecimento de Secundino Alonso Dominguez, que também assinava Secundino Domingues Filho. Esclarece que vem exercendo atos de posse do imóvel, todavia está impossibilitada de regularizar a matrícula vez que não foi localizado o contrato que deu origem a averbação, em virtude do lapso temporal, bem como não há qualquer informação adicional e qualificação completa do promitente comprador. Ressalta por fim, que já decorreu sessenta e cinco anos da averbação do compromisso sem que fosse reclamada ou perfeita a aquisição. Juntou documentos às fls. 05/27. A Registradora manifestou-se às fls. 31/32. Informa que nos termos do art. 11, § 1º do Decreto Lei nº 58/1937, os contratos eram lavrados em duas vias assinadas pelas partes e por duas testemunhas reconhecidas às firmas por tabelião, sendo que ambas as vias eram apresentadas ao Oficial para averbação e posteriormente restituídas às partes com as devidas anotações, razão pela qual não logrou êxito na localização do contrato, bem como na localização do endereço do interessado. Apresentou documentos às fls. 33/39. Expedida notificação por edital para manifestação do srº Alberto Nicolau (fl. 55), transcorreu o prazo "in albis", conforme certidão de fl. 62. O Ministério Público opinou pela improcedência do pedido (fls. 66/69). É o relatório. Passo a fundamentar e a decidir. As hipóteses de cancelamento dos atos registrários estão previstas no artigo 250 da Lei de Registros Públicos que dispõe: "Art. 250: Far-se-á o cancelamento: I- em cumprimento de decisão judicial transitada em julgado; II- a requerimento unânime das partes que tenham participado do ato registrado, se capazes, com as firmas reconhecidas por tabelião; III- A requerimento do interessado, instruído com documento hábil. IV- a requerimento da Fazenda Pública, instruído com certidão de conclusão de processo administrativo que declarou, na forma da lei, a rescisão do título de domínio ou de concessão de direito real de uso de imóvel rural, expedido para fins de regularização fundiária, e a reversão do imóvel ao patrimônio público. (Incluído pela Lei nº 11.952, de 2009)". Grifei. A presente hipótese não se enquadra nas causas estabelecidas pelo dispositivo legal mencionado, tendo em vista que para a realização do cancelamento pleiteado é imprescindível a concordância expressa do promitente comprador, segundo estipulado no inciso II do artigo 250 da Lei de Registros Públicos. Todavia, não havendo qualquer localização do contrato que deu origem à averbação nº 01, bem como decorrido o prazo do edital sem qualquer manifestação do interessado permanece o contrato hígido em todos os seus termos, podendo a requerente pleitear a desconstituição do negócio jurídico entabulado através das vias ordinárias, uma vez que foge ao âmbito administrativo a análise da questão de direito material, ou seja, não há qualquer vício formal a ser reconhecido na esfera administrativa. Há que se ressaltar que o argumento do lapso temporal da assinatura do contrato, não constitui causa de cancelamento da averbação de compromisso de compra e venda, uma vez que não foram cumpridos os requisitos previstos em lei para o cancelamento solicitado, sendo certo que de acordo com o dispositivo há necessidade de anuência expressa do interessado quanto ao pedido formulado. Diante do exposto, julgo improcedente o pedido de providências formulado Ana Maria Dominguez Bellizia em face da Oficial do 6º Registro de Imóveis da Capital, devendo a requerente valer-se das vias ordinárias para desconstituição do título. Deste procedimento não decorrem custas, despesas processuais e honorários advocatícios. Oportunamente remetam-se os autos ao arquivo. P.R.I.C. - ADV: CAROLINA RAFAELLA FERREIRA (OAB 198133/SP) (DJe de 05.02.2018 - SP)

Processo 1114495-41.2017.8.26.0100

Dúvida - Registro de Imóveis - Vera Maria Barbosa Gallane - Vistos. Trata-se de dúvida suscitada pelo Oficial do 15º Registro de Imóveis da Capital, a requerimento de Vera Maria Barbosa Gallane, diante da negativa de ingresso a registro da certidão de escritura pública de venda e compra pela qual se buscou transmitir o imóvel matriculado sob nº 9.539. O óbice registrário refere-se ao fato do ato notarial ser declarado incompleto pela ausência da assinatura de uma das testemunhas instrumentárias (srº. Wilson José Flausino Alves). Esclarece o Registrador que a suscitada ingressou com pedido de providências junto ao MMº Juízo da 2ª Vara de Registros Públicos (processo nº 0015476-21.2013.8.26.0100), requerendo a convalidação do ato jurídico declarado incompleto, sendo a pretensão rejeitada. Juntou documentos às fls. 06/38. Insurge-se a suscitada, sob o argumento de que a assinatura de uma das testemunhas é dispensável, nos termos do artigo 134, § 5º, do Código Civil de 1916 e Cap. XIV, item 30 das Normas de Serviço da Corregedoria geral da Justiça. Aduz que no caso em tela, de acordo com a certidão de escritura de venda e compra, expedida por autorização judicial, constou expressamente logo após a qualificação das partes: "os presentes meus conhecidos...", em razão disso, nenhuma irregularidade existe a impedir o registro do título. Apresentou documentos às fls. 47/49. O Ministério Público opinou pela improcedência da dúvida (fls. 53/56). É o relatório. Passo a fundamentar e a decidir. Em que pesem os argumentos da suscitada e parecer do Douto Promotor de Justiça, tenho que a dúvida é procedente. De fato, de acordo com o artigo 134, § 5º, do Código Civil de 1916, dispositivo que vigorava à época da lavratura da escritura, as testemunhas instrumentárias eram indispensáveis na hipótese do Tabelião não conhecer ou não puder identificar as partes presentes na lavratura do ato: "Art. 134: É, outro sim, da substância do ato do instrumento público:...§5º: Se algum dos comparecentes não for conhecido do tabelião, nem puder identificar-se por documento, deverão participar do ato pelo menos 2 (duas) testemunhas que o conheçam e atestem sua identidade". Todavia, a presente questão é peculiar, uma vez que foi declarada na própria certidão expedida por autorização judicial, que no ato notarial lavrado foi constatada a ausência de testemunha instrumental, e ainda instado o Juízo Corregedor Permanente do 27º Tabelião de Notas a se manifestar acerca da convalidação do ato, sendo que a r sentença proferida foi de indeferimento, com fundamento na ausência de previsão legal ou normativa que possibilitasse o reaproveitamento do ato formalizado na escritura apresentada. De acordo com a decisão do MMº Juízo da 2ª Vara de Registros Públicos: "Diante do teor dos documentos exibidos, forçoso convir que a pretensão deduzida na inicial nã comporta acolhimento. O ato notarial já foi declarado incompleto, em virtude da ausência de assinatura de uma das testemunhas instrumentárias - Wilson José Flausino Alves (cf. fls. 08), certo que a reabertura e convalidação do ato notarial representa inconcebível retrocesso.... É princípio assente que qualquer falha ou erro em escritura pública só pode ser emendado mediante a lavratura de novo ato, com a participação das mesmas partes outorgantes e outorgadas....Em suma, não há previsão legal ou normativa, na espécie, possibilitando o reaproveitamento do ato, impondo-se, por conseguinte, o indeferimento do pedido. "Daí que a ausência de convalidação do ato jurídico entabulado entre as partes não possibilita o registro do título apresentado, em dissonância com o princípio da legalidade que norteia os atos registrários. Ademais, restando a presente questão definitivamente decidida pela Corregedoria Permanente dos Tabeliães de Notas, com trânsito em julgado em 10.03.2011, este Juízo não detém competência para rever ou modificar a sentença proferida por outro Juízo, impondo-se a lavratura de novo ato, com a participação das mesmas partes outorgantes e outorgadas. Por conseguinte, entendo que o óbice deverá ser mantido. Diante do exposto, julgo procedente a dúvida suscitada pelo Oficial do 15º Registro de Imóveis da Capital, a requerimento de Vera Maria Barbosa Gallane, e consequentemente mantenho o óbice registrário. Deste procedimento não decorrem custas, despesas processuais e honorários advocatícios. Oportunamente remetam-se os autos ao arquivo. P.R.I.C. - ADV: JANAINA APARECIDA VASSOLE DOS SANTOS (OAB 331840/SP) (DJe de 19.02.2018 - SP)

Processo 1133520-74.2016.8.26.0100

Dúvida - Registros Públicos - Joaquim Cardoso - Municipalidade de São Paulo e outro - Vistos. Trata-se de dúvida suscitada pelo Oficial do 7º Registro de Imóveis da Capital, a requerimento de Dorival Antonio Biella, tendo em vista a negativa em se proceder ao registro da escritura pública de venda e compra, lavrada em 11.12.1984, referente a dois terrenos situados no Distrito de Guainazes. O óbice registrário refere-se ao fato dos imóveis estarem localizados em área maior daquelas descritas nas transcrições nºs 88.929 e 88.930 do 9º Registro de Imóveis da Capital. Esclarece o registrador acerca da necessidade de regularização da unificação dos imóveis transcritos no 9º RI, uma vez que as áreas descriminas no título correspondem a frações certas e determinadas das transcrições. Ainda exigiu-se a apresentação da aprovação municipal urbanística do desdobro da área resultante da fusão, vez que um dos fracionamentos resulta em área com 96 m^2, ou seja, inferior a legalmente autorizada pela Lei 6.766/79. Juntou documentos às fls. 05/54. O Ministério Público opinou pela procedência da dúvida (fls. 59/61). O suscitado apresentou impugnação às fls. 62/64. Aduz que o artigo 2º da Lei Municipal nº 7.785/72 trata da anistia das edificações das vias públicas não oficiais e de loteamentos não aprovados, assim a metragem do lote não impede o registro pretendido. Sustenta que para os imóveis constam alvarás de conservação e Auto de Regularização, sendo que tais documentos já comprovam a aprovação de desdobro de lotes. Juntou documentos às fls. 132/136 e 141/142. A Municipalidade de São Paulo manifestou-se às fls. 146/148. Salienta que ao contrario do que faz crer o suscitado, o Auto de Conservação não corresponde à aprovação do desdobro de lotes, assim como o Auto de Regularização expedido com base na Lei nº 9.602/93, regularizava apenas as edificações e não o desdobro. Todavia, o certificado de regularidade de edificação, posteriormente expedido com base no art. 7º da lei nº 11.522/94, considerou regulares os imóveis, objeto do presente feito, com as mesmas áreas anteriormente regularizadas. Ressalta que reconhece a regularidade do desdobro dos lotes perante a legislação municipal, contudo, diante da existência remanescente na área titulada, em que é desconhecida a destinação, caso os proprietários pleitearem a regularização registrária dessa parcela, será necessária a apresentação da documentação e das peças gráficas demonstrando a situação pretendida. Apresentou documentos às fls. 149/150. Houve manifestação do registrador às fls. 154/163, 177/179 e do suscitado às fls. 168/172, 182/185 corroborando os argumentos expostos na inicial e na impugnação. Foi designada audiência, cujo termo foi juntado à fl. 193. O Oficial aduz que o requerimento de unificação elaborado pelo interessado deverá ser retificado, tendo em vista que o todo unificado sofreu desmembramentos decorrentes de registros de duas ações de usucapião, com a abertura das matrículas nºs 177.699 e 178.939, sendo que os imóveis usucapidos integravam o todo unificado (fls. 218/221). À fl. 224, o suscitado acolheu a sugestão do Registrador e peticionou junto ao cartório para unificação das transcrições. O Ministério Público opinou pela extinção do feito pela perda do objeto, tendo em vista que o suscitado está providenciando o necessário para o registro pretendido (fl. 228). É o relatório. Passo a fundamentar e a decidir. Com razão o registrador e a D. Promotora de Justiça. Conforme parecer da Municipalidade de São Paulo, foi reconhecida a regularidade do desdobro dos lotes perante a legislação municipal, todavia, há áreas remanescentes pendentes de regularização registrária pelos proprietários, razão pela qual é necessária a apresentação de documentação e peças gráficas demonstrando a situação pretendida. Neste contexto, ficou estabelecido em audiência realizada neste Juízo que seria necessário primeiramente haver a unificação das áreas das transcrições para abertura de matrícula única, possibilitando assim o desmembramento dos lotes pelos interessados, solução esta aceita por todas as partes envolvidas neste procedimento. Ademais, verifica-se que o suscitado concordou com a sugestão do registrador (fls. 219) e está providenciando o necessário para o registro pretendido. Todavia, vale ressaltar que no procedimento de dúvida não é permitido o suscitado juntar documentos durante a tramitação do feito, o que leva a prejudicialidade da dúvida, sendo que nova divergência em relação ao óbice imposto, deverá ser objeto de novo procedimento. Diante do exposto, julgo prejudicada a dúvida suscitada pelo Oficial do 7º Registro de Imóveis da Capital, a requerimento de Dorival Antonio Biella, com observação. Deste procedimento não decorrem custas, despesas processuais e honorários advocatícios. Oportunamente remetam-se os autos ao arquivo. P.R.I.C. - ADV: ZULMIRA MONTEIRO DE ANDRADE LUZ (OAB 62145/SP), DORIVAL ANTONIO BIELLA (OAB 72417/SP) (DJe de 21.02.2018 - SP)

Processo 1121789-47.2017.8.26.0100

Dúvida - Registro de Imóveis - Arpecma Artefatos e Peças de Madeiras Ltda. - Vistos. Trata-se de dúvida inversa suscitada por ARPECMA Artefatos e Peças de Madeira, em face do Oficial do 5º Registro de Imóveis da Capital, tendo em vista a negativa em se proceder ao registro da escritura de venda e compra, referente ao imóvel localizado na Avenida São Luiz, nº 258 - Consolação. O título recebeu qualificação negativa, em face da ausência das certidões negativas de débitos relativos às contribuições previdenciárias e de terceiros, bem como aos tributos federais e à dívida ativa da União (Lei 8.212, de 24 de julho de 1991, art. 47, I, b). Insurge-se o suscitante acerca do óbice imposto, sob o argumento de que a questão encontra-se pacificada através de vários precedentes do Egrégio Conselho Superior da Magistratura que reconheceu que a ausência das certidões mencionadas não constitui óbice ao registro. Juntou documentos às fls. 11/37. O registrador manifestou-se à fl. 45, corroborando o óbice imposto, bem como informando acerca do cancelamento da antiga prenotação de nº 308.369, passando a vigorar a prenotação de nº 313.339. O Ministério Público opinou pela improcedência da dúvida (fls. 49/50). É o relatório. Passo a fundamentar e a decidir. Cumpre primeiramente consignar que acompanho o entendimento do MM Juiz Josué Modesto Passos, que em decisão proferida à frente desta 1ª Vara de Registros Públicos, declarou que, no que diz respeito à sua convicção pessoal, "no juízo administrativo não cabe aplicar a inconstitucionalidade declarada sobre a Lei 7.711, de 22 de setembro de 1988, art. 1º, I, III e IV, e §§ 11º-3º (cf. ações diretas de inconstitucionalidade 173-6 e 394-1) para, por identidade de razão, dar por inconstitucional a Lei 8.212/1991, art. 47, I, b. Além disso, na arguição 0139256-75.2011.8.26.0000 foi declarada apenas a inconstitucionalidade da Lei 8.212/1991, art. 47, I, d, e - repita-se - na via administrativa não há estender a eficácia dessa decisão também para o art. 47, I, b. Finalmente, as NSCGJ, II, XIV, 59.2, são de alcance algo duvidoso, porque dispensam os tabelionatos (frise-se) de exigir as certidões para a lavratura de escrituras públicas de negócios jurídicos concernentes a direitos reais imobiliários, é verdade; porém, as próprias NSCGJ não puseram dispensa semelhante em favor dos ofícios de registro de imóveis, mesmo na redação dada pelo Provimento CG 37, de 26 de novembro de 2013, em vigor a partir de 28 de janeiro de 2014". De resto, já decidiu o E. Tribunal de Justiça (apelação 0015621-88.2011.8.26.0604 - Sumaré, 11ª Câmara de Direito Público, Rel. Des. Ricardo Dip, j. 22.01.2013): Nesse quadro, avista-se, com efeito, que a exigência, na espécie, de apresentação de certidões negativas para que a carta de adjudicação acedesse ao fólio real tem por fundamento a Lei nº 8.212/1991, e, embora a Lei nº 7.711/1988 também verse a necessidade de apresentação das aludidas certidões, o fato é que a Registradora imobiliária, na qualificação do título apresentado a registro, adstrita ao princípio da legalidade, tomou amparo na Lei nº 8.212. À falta de declaração judicial expressa de que a Lei nº 8.212/1991 padeça de inconstitucionalidade, não pode o Registrador de imóveis estender-lhe a fulminação que afligiu a Lei nº 7.711/1988. Frise-se, além disso, que o art. 48 da Lei nº 8.212, de 1991, enuncia que o registrador é solidariamente responsável pela prática de atos com inobservância de seu art. 47: "Art. 48. A prática de ato com inobservância do disposto no artigo anterior, ou o seu registro, acarretará a responsabilidade solidária dos contratantes e do oficial que lavrar ou registrar o instrumento, sendo o ato nulo para todos os efeitos. (...) § 3º O servidor, o serventuário da Justiça, o titular de serventia extrajudicial e a autoridade ou órgão que infringirem o disposto no artigo anterior incorrerão em multa aplicada na forma estabelecida no art. 92, sem prejuízo da responsabilidade administrativa e penal cabível. "Note-se que nesse aresto ficou aventada a possibilidade de a corregedoria permanente (e, por maior força de razão, a Corregedoria Geral) dispensar as certidões, mas somente nos casos de difficultas praestandi, de absoluta impossibilidade de satisfazer a exigência (Lei 6.015, de 31 de dezembro de 1973 - LRP/1973, art. 198, verbis "ou não a podendo satisfazer") – e não de modo geral e abstrato." Feitas essas observações, é necessário, porém observar que, justamente porque aqui se trata de um juízo administrativo, não há liberdade senão para cumprir o que tenham decidido as autoridades superiores, i. e., a Corregedoria Geral da Justiça (CGJ) e o Conselho Superior da Magistratura (CSM) – as quais, é bom ver, desde o julgamento da Apel. Cív. 0003435-42.2011.8.26.0116, em 13.12.2012 (DJ 30.01.2013), mandam que se dispensem as certidões negativas de dívidas tributárias federais e previdenciárias federais. Nesse sentido, confiram-se: (a) para a CGJ: Proc. 62.779/2013, j. 30/07/2013, DJ 07/08/2013; e Proc. 100.270/2012, j. 14/01/2013 (b) para o CSM: as Ap. Cív. 0015705-56.2012.8.26.0248, j. 06.11.2013, DJ 06.11.2013; 9000004-83.2011.8.26.0296, j. 26.09.2013, DJ 14.11.2013; 0006907-12.2012.8.26.0344, 23.05.2013, DJ 26.06.2013; 0013693-47.2012.8.26.0320, j 18.04.2013, DJ 24.05.2013; 0019260-93.2011.8.26.0223, j. 18.04.2013, DJ 24.05.2013; 0021311-24.2012.8.26.0100, j. 17.01.2013, DJ 21.03.2013; 0013759- 77.2012.8.26.0562, j. 17.01.2013, DJ 21.03.2013; 0018870-06.2011.8.26.0068, j. 13.12.2012, DJ 26.02.2013; 9000003-22.2009.8.26.0441, j. 13.12.2012, DJ 27.02.2013; 0003611-12.2012.8.26.0625, j. 13.12.2012, DJ 01.03.2013; e 0013479-23.2011.8.26.0019, j. 13.12.2012, DJ 30.01.2013. Ressalta-se ainda que em recente decisão proferida pelo Conselho Nacional de Justiça, nos autos do pedido de providências nº 000123082-.2015.2.00.0000, formulado pela União/AGU, foi determinado aos cartórios de imóveis que deixem de exigir a certidão negativa de débito previdenciário: "CNJ: Pedido de Providências Provimento do TJ-RJ que determinou aos cartórios de registro de imóveis que deixem de exigir a certidão negativa de débito previdenciária (CND) Pedido formulado pela UNIÃO/AGU para a suspensão cautelar e definitiva dos efeitos do Provimento n. 41/2013, além da instauração de reclamação disciplinar contra os magistrados que participaram da concepção e realização do ato e ainda, que o CNJ expeça resolução ou recomendação vedando a todos os órgãos do Poder Judiciário a expedição de normas de conteúdo semelhante ao editado pela requerida Provimento CGJ n. 41/2013 editado pelo TJRJ está de acordo com a interpretação jurisprudencial do STF Ressalte-se que não houve qualquer declaração de inconstitucionalidade dos artigos 47 e 48 da Lei n. 8.212/91, mas sim fixação de norma de competência da Corregedoria Geral de Justiça local para regulamentar as atividades de serventias extrajudiciais vinculadas ao Tribunal de Justiça Pedido de providências improcedente"De acordo com o Acórdão: "... Ao contrário do que afirma a Advocacia- Geral da União, verifica-se que o Provimento CGJ n. 41/2013 editado pelo TJRJ está de acordo com a interpretação jurisprudencial do STF acerca da aplicabilidade dos artigos 47 e 48 da Lei n. 8.212/91 ao dispensar a exigência de apresentação de CND para o registro de imóveis. Confira-se: RECURSO EXTRAORDINÁRIO COM AGRAVO. REPERCUSSÃO GERAL. REAFIRMAÇÃO DE JURISPRUDÊNCIA. DIREITO TRIBUTÁRIO E DIREITO PROCESSUAL CIVIL. CLÁUSULA DA RESERVA DE PLENÁRIO. ART. 97 DA CONSTITUIÇÃO FEDERAL. JURISPRUDÊNCIA DO TRIBUNAL PLENO DO STF. RESTRIÇÕES IMPOSTAS PELO ESTADO. LIVRE EXERCÍCIO DA ATIVIDADE ECONÔMICA OU PROFISSIONAL. MEIO DE COBRANÇA INDIRETA DE TRIBUTOS. 1. A jurisprudência pacífica desta Corte, agora reafirmada em sede de repercussão geral, entende que é desnecessária a submissão de demanda judicial à regra da reserva de plenário na hipótese em que a decisão judicial estiver fundada em jurisprudência do Plenário do Supremo Tribunal Federal ou em Súmula deste Tribunal, nos termos dos arts. 97 da Constituição Federal, e 481, parágrafo único, do CPC. 2. O Supremo Tribunal Federal tem reiteradamente entendido que é inconstitucional restrição imposta pelo Estado ao livre exercício de atividade econômica ou profissional, quanto aquelas forem utilizadas como meio de cobrança indireta de tributos. 3. Agravo nos próprios autos conhecido para negar seguimento ao recurso extraordinário, reconhecida a inconstitucionalidade, incidental e com os efeitos da repercussão geral, do inciso III do §1º do artigo 219 da Lei 6.763/75 do Estado de Minas Gerais. (ARE 914045 RG, Relator(a): Min. EDSON FACHIN, julgado em 15/10/2015, ACÓRDÃO ELETRÔNICO REPERCUSSÃO GERAL MÉRITO DJe-232 DIVULG 18-11-2015 PUBLIC 19- 11-2015) Cabe salientar que a exigência da certidão negativa de débitos previdenciários deve ser analisada pelo oficial do registro de imóveis nos termos do próprio artigo 48 da Lei n. 8.212/91 que assim dispõe: "a prática de ato com inobservância do disposto no artigo anterior, ou o seu registro, acarretará a responsabilidade solidária dos contratantes e do oficial que lavrar ou registrar o instrumento, sendo o ato nulo para todos os efeitos". (Corregedor Nacional de Justiça: Ministro João Otávio de

Noronha, assinado eletronicamente em 22.09. 2016). Assim, esta Corregedoria Permanente não pode senão afastar o óbice imposto pelo Oficial do 5º Registro de Imóveis da Capital, para que se proceda ao registro. Diante do exposto, julgo improcedente a dúvida inversa suscitada por ARPECMA Artefatos e Peças de Madeira, em face do Oficial do 5º Registro de Imóveis da Capital, e consequentemente determino o registro do título. Deste procedimento não decorrem custas, despesas processuais e honorários advocatícios. Oportunamente remetam-se os autos ao arquivo. P.R.I.C. - ADV: RENAN BERNEGOSSO SANTOS (OAB 392144/ SP) (DJe de 22.02.2018 - SP)

Processo 1003451-80.2018.8.26.0100

Dúvida - REGISTROS PÚBLICOS - Galhetas Empreendimentos Imobiliários SPE LTDA - Vistos. Trata-se de dúvida suscitada pelo Oficial do 10º Registro de Imóveis da Capital, a requerimento de Galhetas Empreendimentos Imobiliários SPE LTDA., após negativa de registro de instrumento particular de compra e venda na matrícula do imóvel de nº 89.421. Aduz o Oficial que, após diversas prenotações, restou como óbice o fato de que a promitente vendedora, FRESA EMPREENDIMENTOS IMOBILIÁRIOS S/A, foi representada pela Comissão de Representantes dos Condôminos, Adquirentes e Demais Titulares de Direito às Frações Ideias e Respectivas Unidades Autônomas do Futuro Condomínio Edilício "Edifício Galhetas" (Comissão), que por sua vez tem como representantes os sócios da promitente compradora, GALHETAS EMPREENDIMENTOS IMOBILIÁRIOS SPE LTDA. Deste modo, haveria celebração de "contrato consigo mesmo", tornando o negócio anulável, o que impediria o ingresso do título no fólio registral, por falta de autorização expressa dos representados (Art. 117 do Código Civil). Juntou documentos às fls. 05/155. O suscitado apresentou impugnação às fls. 156/168. Alega que a Comissão consta como promitente vendedora pois representa o interesse dos condôminos em face de condômino inadimplente (FRESA), exercendo o direito de leiloar o bem daquele que não honrou com as obrigações condominiais. Tendo o bem sido levado a hasta pública, foi arrematado Galhetas, que tem como sócios os mesmos membros da Comissão. Não obstante, alega que os representantes respondem por pessoas jurídicas diferentes, além de que a compra das unidades é do interesse comum do condomínio. Por fim, aduz que, sendo o negócio anulável, não cabe ao registrador negar seu ingresso, pois considerasse válido e eficaz até que seja declarada sua nulidade. O Ministério Público opinou às fls. 172/174 pela improcedência da dúvida. É o relatório. Passo ao voto. Em que pese a respeitável cautela apresentada pelo Oficial, a dúvida deve ser julgada improcedente. Aduz que o título é anulável, uma vez que outorgante e outorgado são representados pelas mesmas pessoas, com base no Art. 117 do Código Civil, que assim dispõe: "Art. 117. Salvo se o permitir a lei ou o representado, é anulável o negócio jurídico que o representante, no seu interesse ou por conta de outrem, celebrar consigo mesmo. "Quanto a anulabilidade, dispõe o mesmo Código: "Art. 177. A anulabilidade não tem efeito antes de julgada por sentença, nem se pronuncia de ofício; só os interessados a podem alegar, e aproveita exclusivamente aos que a alegarem, salvo o caso de solidariedade ou indivisibilidade"Portanto, a anulabilidade não tem efeito até que sentença a declare, não sendo possível, ao Oficial, negar o registro do título por esta razão. Como bem lembrado pelo D. Promotor, também neste sentido os precedentes do E. Conselho Superior da Magistratura: REGISTRO DE IMÓVEIS - DÚVIDA - ESCRITURA DE COMPRA E VENDA DE IMÓVEL – VENDEDOR REPRESENTADO PELO PROPRIO COMPRADOR - NULIDADE RELATIVA - INVIABILIDADE DE RECONHECIMENTO DE OFÍCIO - RECURSO PROVIDO. (Ap. Cível nº 3002501-95.2013.8.26.0590, Rel. Des. Elliot Akel, j. 07/10/14) No mesmo sentido, quanto a impossibilidade de reconhecimento da anulabilidade de ofício: REGISTRO DE IMÓVEIS - Compromisso de compra e venda celebrado sem anuência dos demais descendentes - Negócio jurídico anulável - Interesse privado - Inviabilidade do exame da validade do contrato em processo administrativo - Necessidade de processo jurisdicional - Cabimento do registro - Recurso não provido (Apelação 0029136-53.2011.8.26.0100, Conselho Superior da Magistratura de São Paulo, j. 31.05.2012). Do mais, não vislumbro qualquer risco em permitir-se o registro. Isso porque, ainda que haja o "contrato consigo mesmo", o bem foi levado a hasta pública por leiloeiro autorizado, de modo que diminui-se o risco de conflito de interesses dos representantes, pois qualquer um poderia dar seu lance. Na hipótese, contudo, o lance vencedor foi dado por empresa em que seus sócios são os mesmos condôminos que representam o condomínio. Por tais razões, é caso de afastar-se o óbice e permitir o ingresso do título. Do exposto, julgo improcedente a dúvida suscitada pelo Oficial do 10º Registro de Imóveis da Capital, a requerimento de Galhetas Empreendimentos Imobiliários SPE LTDA, afastando o óbice apresentado. Não há custas, despesas processuais nem honorários advocatícios decorrentes deste procedimento. Oportunamente, arquivem-se os autos. P.R.I.C. São Paulo, 12 de março de 2018. Tania Mara Ahualli Juiz de Direito - ADV: LUIZ AUGUSTO HADDAD FIGUEIREDO (OAB 235594/SP), RODOLFO BUENO MARANGON (OAB 401822/SP) (DJe de 16.03.2018 - SP)

Processo 1079673-26.2017.8.26.0100

Dúvida - Registro de Imóveis - Décimo Cartório de Registro de Imóveis – José Aristides Salce - Municipalidade de São Paulo - Vistos. Trata-se de dúvida suscitada pelo Oficial do 10º Registro de Imóveis da Capital, a requerimento de José Aristides Salce, após negativa de registro de escritura de venda e compra relativa ao imóvel de matrícula nº 96.847 da mencionada serventia. O óbice diz respeito à necessidade de comprovação de recolhimento ou isenção de ITBI relativo a operação societária, na qual a proprietária do bem foi incorporada pela outorgante da escritura. Aduz o Oficial que, não obstante a possibilidade de registro, foi instaurado procedimento perante a Corregedoria Geral da Justiça, sob iniciativa do Município de São Paulo, em que se apura hipótese semelhante, de modo que não efetuará averbações até solução final. Juntou documentos às fls. 03/111. O suscitado não apresentou impugnação (fl. 112), mas aduziu, na solicitação de suscitação (fls. 06/09), que adquiriu o imóvel em 1997 por compromisso de compra e venda não registrado, que foi devidamente quitado em 2002. Contudo, a proprietária tabular foi incorporada pela outorgante da escritura definitiva, mas não incluiu o imóvel na relação de bens incorporados, uma vez que não mais fazia parte de seu "ativo circulante". Assim, não foi recolhido ITBI pela incorporação, não sendo exigível sua comprovação para registro do título ora em análise, pois a outorgante apenas assumiu a obrigação de lavrar a escritura definitiva. O Município manifestou-se às fls. 131/135, aduzindo pela incidência do imposto na hipótese. O Ministério Público opinou às fls. 139/142 pela procedência da dúvida. É o relatório. Decido. Como apontado pelo Oficial, após realização de registro em caso semelhante sem a exigência do ITBI, foi instaurado procedimento administrativo perante a E. CGJ, dando origem ao Processo 0052991-85.2016.8.26.0100 nesta Corregedoria Permanente. Em sentença publicada no DJe de 22/11/17 decidiu-se que: "[P]ara evitar-se a insegurança jurídica de ser realizado um registro sem exigência de recolhimento de tributo, mas com posterior cobrança pelo Fisco, uma vez que não há jurisprudência consolidada pela inexigibilidade do tributo em tais operações, seria prudente que o Oficial solicitasse a comprovação do pagamento do ITBI ou de sua isenção, naqueles atos em que o compromissário vendedor passe por transformações societárias e que, por razão de ter sido o compromisso inteiramente quitado, não incluiu tais imóveis na relação do patrimônio transferido. "E a hipótese se adequa aquela existente nestes autos. Conforme consta da matrícula do imóvel (fl. 4), seu proprietário tabular é a Construtora Lotux Ltda. Já no título que se pretende registrar (fls. 09/14), o vendedor é Padoca Administradora de Bens Ltda., que teria incorporado a Lotus. Assim, falta um ato para que o princípio da continuidade, previsto nos arts. 195 e 237 da Lei 6.015/73, seja observado. E tal ato, na hipótese, é a transferência do bem entre a Lotus e a Padoca. Não se trata de mera averbação de mudança de nomenclatura, uma vez que houve incorporação societária, conforme consta da própria escritura de venda e compra. E, em se tratando de transmissão de bem imóvel, a princípio o ITBI deve ser recolhido. Não se ignora o argumento de que, tratando-se de compromisso de compra e venda quitado, o bem já não estaria mais no patrimônio da incorporada, não se podendo dizer em transferência à incorporadora. Contudo, como exposto no decisão do procedimento administrativo, não pode tal argumento ser acatado sem jurisprudência prévia que reconheça a não incidência do imposto, uma vez que é dever do registrador verificar o recolhimento de tributos devidos pelos atos realizados perante si. Cito o ali decidido: "Por óbvio, não é o Oficial autoridade tributária para que decida se um tributo é o não devido. Por outro lado, diariamente lhe são apresentados centenas de títulos para que faça o registro, devendo qualificá-los diante de sua natureza e realizar o ato previsto em lei. Diversos destes títulos representam operações com imóveis que, muitas vezes, escapam da natureza dos negócios jurídicos realizados cotidianamente, cabendo ao Oficial, nestes casos, qualificá-los para que verifique quais suas consequências e quais as exigências a serem cumpridas para que passem a ter efeito perante o Registro Público, como por exemplo o recolhimento de impostos. (...)[Sobre o tema], decidiu o juízo da Fazenda Pública nos autos que discutem a legitimidade do tributo no caso ora em tela, em decisão que analisava pedido liminar (Processo 1003342-47.2017.8.26.0053): "Em uma primeira abordagem da questão, que me parece complexa, a exigência fiscal não pode ser tida por absurda. O compromisso de venda e compra irretratável e irrevogável,averbado ou não na matrícula do bem imóvel, com quitação do preço, confere ao compromissário comprador direito real, na forma do entendimento dominante do âmbito do Superior Tribunal de Justiça (Súmula 239). Nesse sentido, em nada ele difere do contrato de venda e compra propriamente dito, já que em ambos a obrigação de transferir a propriedade mostra-se como fato certo e irretratável. Porém, a propriedade continuou em poder da autora, que somente se desvincula da condição de proprietária dos bens imóveis com a transmissão da propriedade a partir da outorga da escritura definitiva de venda e compra e com o registro da matricula de cada bem imóvel. Assim, parece-me que a obrigação do recolhimento do ITBI pela autora em relação a operação de transmissão do patrimônio a partir da cisão da empresa DUETO é certa e não pode ser considerada afastada por conta da celebração prévia de um compromisso de venda e compra com terceiro. "Portanto, deve ser recolhido o ITBI ou comprovada sua isenção para que se registre a incorporação da Lotus pela Padoca, para após ser registrada a escritura de compra e venda em que a Padoca vende o imóvel a José Aristides Salce e Fadua Tanus Salce. Se o interessado discorda com tal exigência, deve requerer declaração judicial de que inexistente obrigação tributária na hipótese. Do exposto, julgo procedente a dúvida suscitada pelo Oficial do 10º Registro de Imóveis da Capital, a requerimento de José Aristides Salce, mantendo o óbice ao registro. Não há custas, despesas processuais nem honorários advocatícios decorrentes deste procedimento. Oportunamente, arquivem-se os autos. P.R.I.C.. São Paulo, 20 de março de 2018. Tania Mara Ahualli Juiz de Direito - ADV: CLOVIS FAUSTINO DA SILVA (OAB 198610/SP) (DJe de 27.03.2018 - SP)

Processo 1006203-25.2018.8.26.0100

Dúvida - REGISTROS PÚBLICOS - Edvaldo Soares Bonfim - Edvaldo Soares Bonfim - Vistos. Trata-se de dúvida suscitada pela Oficial do 16º Registro de Imóveis da Capital, a requerimento de Edvaldo Soares Bonfim. O requerimento se deu após negativa da Oficial em proceder ao registro de Escritura de Venda e Compra referente à parte do imóvel transcrito sob nº 14.050 da 2ª Circunscrição Imobiliária da Capital. O óbice diz respeito à regularização do parcelamento, pois o imóvel é parte de área maior. Aduz a Registradora que o óbice é impeditivo do ato, já que a irregularidade do parcelamento e da via criam imprecisões incompatíveis com os registros públicos. Informa que o lançamento individual do imposto municipal não permite a regularização do desmembramento. Juntou documentos a fls. 05/82. O suscitado apresentou impugnação a fls. 83/88, com documentos a fls. 89/92. Alegou ter sido realizada a regularização da área e desmembramento do lote, aprovados pela Municipalidade. O Ministério Público opinou pela procedência da dúvida (fls. 96/99 e 123). Intimada, a Municipalidade apresentou os documentos de fls. 104/119, informando que não há e não consta ter havido qualquer parcelamento irregular e/ou regularizado pela Secretaria de Habitação. O Ministério Público opinou pela improcedência da dúvida (fl. 309). É o relatório. Decido. O título apresentado apresenta clara desconformidade com os princípios registrários. Como ponderado pela representante do Ministério Público, a pretensão do suscitado afronta o princípio da especialidade objetiva (artigos 176 e 212 da Lei 6.015/73), cujas regras impedem o registro de títulos cujo objeto não seja exatamente aquele que consta do registro anterior, sendo necessário que a caracterização do objeto do negócio repita os elementos de descrição constantes do registro (Narciso Orlandi Neto, Retificação do Registro de Imóveis, Juarez de Oliveira, pág. 68). E ainda, conforme ensina o professor Luiz Guilherme Loureiro: "Em virtude do principio da legitimidade ou da presunção de veracidade, o Registro deve refletir a verdade não só no que se refere ao titular do direito registrado, mas também quanto à natureza e ao conteúdo deste direito. Assim, qualquer inexatidão do assento deve ser retificada a fim de que reflita perfeitamente a realidade". (Registros Públicos - Teoria e Prática - 2ª ed. - Editora Método). Pois bem, observa-se que a área em análise foi destacada de área original maior, de modo a causar dúvida em relação às metragens corretas, constantes das transcrições anteriores. Logo, imperiosa a realização de levantamento técnico, necessário para a apuração do saldo remanescente, conforme previsto na Lei de Registros Públicos, oportunidade em que serão produzidas as provas, com a juntada de levantamento topográfico e memorial descritivo para a correta especificação dos imóveis. No mais, tem-se que em razão da não individualização do bem, não há como se auferir o respeito aos terrenos limítrofes, sendo imprescindível a anuência dos confinantes e da Municipalidade. Ademais, cabe observar que o lançamento individualizado do IPTU é irrelevante para o ingresso do título no fólio real, pois o interesse tributário do Município não se confunde com o aspecto urbanístico. Sem a perfeita identificação do imóvel em questão não há como registrar a escritura de venda e compra. De fato, relativamente à especialidade objetiva, é de rigor o prévio parcelamento. Diante do exposto, JULGO PROCEDENTE a dúvida.. P.R.I.C. - ADV: EDVALDO SOARES BONFIM (OAB 106404/SP) (DJe de 04.05.2018 - SP)

Processo 1002238-39.2018.8.26.0100

Dúvida - REGISTROS PÚBLICOS - Roberto Mello de Carvalho Rocha - Vistos. Trata-se de dúvida suscitada pelo Oficial do 2º Registro de Imóveis da Capital a requerimento de Roberto Mello de Carvalho Rocha, tendo em vista a negativa de registro da escritura pública de venda e compra lavrada perante o 18º Ofício de Notas do Rio de Janeiro - RJ, pela qual se buscou transmitir os imóveis matriculados sob nºs 79.959 e 79.960. Superados alguns óbices registrários, restou apenas um, qual seja, apresentação de autorização do Juízo falimentar para a prática do registro, com rerratificação do instrumento público, tendo em vista que a vendedora Urupês Unida S/A Construção e Habitação encontra-se em processo falimentar. Juntou documentos às fls. 06/31. O suscitado apresentou impugnação às fls. 32/38. Argumenta que a escritura foi lavrada em 23.08.1995, ou seja, em momento muito anterior à decretação da falência da transmitente Urupês, que teria ocorrido em 07.05.1997, e com o aval do síndico concordatário à época, o que demonstra que a massa de credores em nada foi prejudicada. Aduz ainda que, se ao contrário fosse, a massa já teria ajuizado a competente ação revocatória, ou seja, tendo decorrido o prazo prescricional de um ano, portando o negócio jurídico encontra-se consolidado em virtude da decadência. Por fim, afirma que está patente a possibilidade de formular pedido de usucapião em face da massa falida, bem como em 02.06.1989 foi concedida concordata suspensiva, com a nomeação do sindico dativo Luiz Augusto de Souza Queiroz Ferraz, sendo que, em 1995, quando ocorreu a escritura, a situação da empresa falida era de concordatária. Apresentou documentos às fls. 39/49. O Ministério Público opinou pela procedência da dúvida (fls. 55/57). É o relatório. Passo a fundamentar e a decidir. No ordenamento jurídico pátrio, incumbe ao Registrador, no exercício do dever de qualificar o título que lhe é apresentado, examinar o aspecto formal, extrínseco, e observar os princípios que regem e norteiam os registros públicos, dente eles, o da legalidade, que consiste na aceitação para registro somente do título que estiver de acordo com a lei. A análise do título deve obedecer a regras técnicas e objetivas, o desempenho dessa função atribuída ao Registrador, deve ser exercida com independência, exigindo largo conhecimento jurídico. Neste contexto, de acordo com o princípio tempus regit actum, à qualificação do título aplicam-se as exigências legais contemporâneas ao registro, e não as que vigoravam ao tempo de sua lavratura. O Conselho Superior da Magistratura tem considerado que, para fins de registro, não importa o momento da celebração do contrato, em atenção ao princípio "tempus regit actum", sujeitando-se o título à lei vigente ao tempo de sua apresentação (Apelação Cível nº, 115-6/7, rel. José Mário Antonio Cardinale, nº 777-6/7, rel. Ruy Camilo, nº 530-6/0, rel. Gilberto Passos de Freitas, e, mais recentemente, nº 0004535-52.2011.8.26.0562, relatada por V. Exa.). Assim a qualificação do título é feita no momento de seu apresentação e não quando lavrada a escritura, isto é, em 23.08.1995 (fls. 12/16), ocasião em que o interessado deixou de promover o respectivo registro. Ora, desde a expedição do título de aquisição a situação do imóvel sofreu modificação, com a decretação da falência da empresa transmitente, consequentemente em razão da "vis attractiva", o Juízo da falência detêm competência absoluta para emitir autorização para a rerratificação da escritura pública que se pretende registrar. Como bem exposto pelo registrador, a transmissão da propriedade somente ocorre mediante o registro do título translativo no registro de imóveis, e, enquanto não registrado o título, o alienante continua a ser considerado como dono do imóvel. Neste sentido, de acordo com o artigo 215 das Lei de Registros Públicos: "São nulos os registros efetuados após a sentença de abertura de falência ou do termo legal fixado, salvo se a apresentação tiver sido feita anteriormente". A matéria falimentar é regulada pela Lei nº 11.101/2005 que dispõe em seu artigo 99: "A sentença que decretar a falência do devedor, dentre outras determinações: (...) VI - proibirá a prática de qualquer ato de disposição ou oneração de bens do falido, submetendo-os preliminarmente à autorização judicial e o Comitê, se houver, ressalvados os bens cuja venda faça parte das atividades normais do devedor se autorizada a continuação provisória nos termos do inciso XI do caput deste artigo". No caso em questão, o título foi apresentado posteriormente à decretação da falência, logo é necessária autorização do Juízo falimentar para o registro. Por fim, a alegação de prescrição para a formulação de ação revocatória e a possibilidade de usucapião, são alegações que fogem da análise da esfera administrativa e devem ser veiculadas na esfera judicial, por tratarem de matéria alheia à análise registrária. Diante do exposto, julgo procedente a dúvida suscitada pelo Oficial do 2º Registro de Imóveis da Capital a requerimento de Roberto Mello de Carvalho Rocha, e consequentemente mantenho o óbice registrário. Deste procedimento não decorrem custas, despesas processuais e honorários advocatícios. Oportunamente remetam-se os autos ao arquivo. P.R.I.C. - ADV: PAULA PIVOTO (OAB 327748/SP), LUIZ RODOLFO CABRAL (OAB 168499/SP) (DJe de 07.06.2018 - SP)

Processo 1064330-53.2018.8.26.0100

Procedimento Comum - Registro de Imóveis - Ana Maria Dominguez Bellizia - Vistos. Trata-se de pedido de providências formulado por Ana Maria Dominguez Bellizia em face da Oficial do 6º Registro de Imóveis da Capital, pretendendo o cancelamento da averbação do compromisso de compra e venda entabulado entre os então proprietários e Alberto de Nicolau. Relata a requerente que o imóvel foi adquirido por partilha e legado, em virtude do falecimento de Aida Matuck Domingues, que recebeu o bem a título de meação por ocasião do falecimento de Secundino Alonso Dominguez, que também assinava Secundino Domingues Filho. Esclarece que vem exercendo atos de posse do imóvel, todavia está impossibilitada de regularizar a matrícula vez que não foi localizado o contrato que deu origem a averbação, em virtude do lapso temporal, bem como não há qualquer informação adicional e qualificação completa do promitente comprador. Juntou documentos às fls. 09/122. É o relatório. Passo a fundamentar e a decidir. Entendo configurada a falta de interesse de agir. A medida judicial administrativa não expressa adequação para ensejar a tutela pretendida. Sobre o tema anoto lição de Humberto Theodoro Júnior: "Mesmo que a parte esteja na iminência de sofrer um dano em seu interesse material, não se pode dizer que exista interesse processual, se aquilo que se reclama do órgão judicial não será útil juridicamente para evitar a temida lesão" (Curso de Direito Processual Civil - Volume 1- 50ª edição - Ed. Forense - p. 63). A questão posta a desate já foi objeto de análise por este Juízo através do procedimento anteriormente formulado (processo nº 1072344-60.2017.8.26.0100), que julgou improcedente o pedido pela inadequação da via eleita, devendo a interessada socorrer-se das vias ordinárias para a desconstituição do título, fato é que a requerente formulou a competente ação perante uma das Varas Cíveis (fls. 126/127). Neste contexto, é certo que a procedência do pedido na esfera cível, gerará como consequência o cancelamento do ato pratico na esfera registrária, não havendo que se falar em suspensão do presente feito até o julgamento da ação judicial proposta. Feitas estas considerações, não existindo qualquer fato novo que justifique a reapreciação do caso já analisado por este Juízo, necessária a extinção deste feito, por falta de interesse processual e incidência de coisa julgada. Diante do exposto, julgo extinto o pedido de providências formulado por Ana Maria Dominguez Bellizia em face da Oficial do 6º Registro de Imóveis da Capital, nos termos do artigo 485, VI do CPC. Deste procedimento não decorrem custas, despesas processuais e honorários advocatícios. Oportunamente remetam-se os autos ao arquivo.. P.R.I.C. - ADV: CAROLINA RAFAELLA FERREIRA (OAB 198133/ SP) (DJe de 19.07.2018 - SP)

Processo 1051635-67.2018.8.26.0100

Dúvida - Registro de Imóveis - Maria Luiza Silva - Vistos. Trata-se de dúvida inversa suscitada por Maria Luiza Silva em face do Oficial do 4º Registro de Imóveis da Capital, após negativa de registro de escritura de compra e venda e cessão, cujo objeto é o imóvel matriculado sob o nº 162.589 da mencionada serventia. No referido título, Mauro José Lintz Meyer cedeu seus direitos sobre o bem a suscitante, que após, e no mesmo título, comprou o bem do proprietário Paulo Roberto de Freitas Araújo. Inicialmente, foram apresentados três óbices, relativos a necessidade de apresentação da certidão de casamento de Paulo, pacto antenupcial de Mauro e formal de partilha dos bens da esposa de Mauro, Marília. Com a apresentação do título neste procedimento de dúvida inversa, restou pendente apenas o óbice relativo ao formal de Marília. A suscitante aduz que Marília não possuía bens a inventariar, bem como não poderia promover a partilha de seus bens, caso fosse necessário. Diz que comprou o imóvel de Mário, que representou o vendedor Pedro na escritura, não havendo vícios. Junto documentos às fls. 05/25. O Oficial manifestou-se às fls. 32/34, aduzindo que Mário teria se casado com Marília sob o regime de comunhão universal, de modo que seus direitos teriam se comunicado. Com a morte de Marília, a partilha sobre os direitos deveria ser realizada, para preservar a continuidade do registro. Houve resposta da suscitante às fls. 45/47. O Ministério Público opinou pela improcedência da dúvida (fls. 64/67). É o relatório. Decido. Com razão o Oficial. Não se desconhece os precedentes trazidos pela D. Promotora, em que o E. Conselho Superior da Magistratura estabeleceu o entendimento de que, quando há sucessivas cessões de direitos sobre bem imóvel, basta que o último cessionário da cadeia negocie o bem com o promitente vendedor para que a o registro esteja hígido, sendo desnecessária a exigência de que cada compromisso existente na matrícula seja cumprido. Todavia, naqueles precedentes, todas as promessas de cessão estavam registradas em matrícula, de modo que havia, de fato, um direito real do último compromissário comprador de exigir o cumprimento do compromisso. A presente hipótese é diversa. Consta da matrícula (fl. 09), apenas o compromisso de Paulo Roberto de vender o bem a Mauro José. Ainda que mitigada a continuidade nos precedentes mencionados pela D. Promotora, não foi completamente afastada a necessidade de sua aplicação. Assim, necessário constar, no registro, toda a cadeia de cessões de direitos, para só assim possibilitar que a venda e compra seja realizada entre proprietário e promitente comprador. Ou seja: na matrícula do imóvel ora em análise, Paulo está obrigado a vender o bem a Mauro, e somente a ele. Para que se possibilite que a venda se dê a terceiro, necessário o registro do instrumento que deu a este terceiro, no caso a suscitante Maria, direitos de adquirir o bem. Assim, para a concretização da venda e compra que se pretende registrar, há um ato intermediário a ser registrado: a cessão de direitos feita por Mauro em favor de Maria. Tal ato foi realizado na escritura que se pretende registrar. Ocorre que, em tal escritura, Mauro se declarou como viúvo, enquanto na matrícula seu estado civil é de solteiro. Portanto, para preservação da continuidade (Arts. 195 e 237 da Lei 6.015/73), necessária a averbação e registro dos atos que completem a cadeia de registro. O primeiro ato seria a averbação do casamento entre Mauro e Marília. Uma vez que a união se deu sob o regime de comunhão universal, o direito que Mauro possuía (compromissário comprador) se comunicou, ou seja, Marília passou a possuir tal direito. Com sua morte, tal direito deveria ser partilhado, não sendo verdadeira a alegação de que a de cujus não tinha bens ou direitos a partilhar. Realizada a partilha, necessário seu registro, para ser possível concluir que Mauro possuía 100% dos direitos de compromissário comprador. Somente nessa hipótese Mauro teria, quando lavrada a escritura de fls. 10/15, os direitos de ceder seu direito de compromissário comprador, possibilitando a venda e compra realizada entre Paulo e Maria. Acaso não realizada a partilha, impossível concluir que Mauro tinha disponibilidade sobre os direitos que cedeu. E, se não há certeza que poderia ceder seus direitos a Maria, não se pode concluir que esta poderia comprar o bem de Paulo. Isso porque, na eventualidade de Marília possuir herdeiros, estes teriam o direito de compra sobre o bem que, repito, está registrado na matrícula. Nesta hipótese, Mauro não poderia dispor destes direitos, sendo que o registro violaria a disponibilidade, pois ninguém pode alienar mais direitos do que possuí. Em outras palavras, para cumprimento da continuidade, deve-se averbar o casamento de Mauro e Marília, bem como o falecimento desta. Registrada a partilha dos direitos sobre o bem (que Marília obteve com o regime adotado no casamento), poderá se concluir, se Mauro for seu único herdeiro, que este tinha disponibilidade para cedê-los em sua totalidade. Assim, seria registrada a cessão em favor de Maria, possibilitando o registro da compra e venda realizada entre esta e o proprietário Paulo. Por outro lado, se na partilha os direitos de Marília não passarem ao patrimônio de Mauro, então algum terceiro teria os direitos de compromissário comprador sobre metade do bem, o que impede que Maria adquira a totalidade do imóvel. A solução desta incerteza quanto aos herdeiros, contudo, só se dará com a apresentação do formal de partilha, razão pela qual o óbice apresentado pelo Oficial se demonstra correto. Do exposto, julgo procedente a dúvida inversa suscitada por Maria Luiza Silva em face do Oficial do 4º Registro de Imóveis da Capital, mantendo o óbice referente a necessidade de apresentação de formal de partilha. Não há custas, despesas processuais nem honorários advocatícios decorrentes deste procedimento. Oportunamente, arquivem-se os autos.. P.R.I.C. - ADV: ADRIANA ALVES MIRANDA (OAB 158443/SP) (DJe de 13.08.2018 - SP)

Processo 1077073-95.2018.8.26.0100

Dúvida - Registro de Imóveis - 5º Oficial de Registro de Imóveis - Later Administração de Bens Ltda e outros - Vistos. Trata-se de dúvida suscitada pelo Oficial do 5º Registro de Imóveis da Capital, a requerimento de Later Administração de Bens LTDA, Educare Administração de Bens LTDA e Gaurama Administração de Bens LTDA, tendo em vista a negativa em se proceder ao registro do instrumento particular de compromisso de venda e compra, referente aos imóveis matriculados sob nºs 51.086 e 53.495, nos quais figura como promitente vendedora a empresa Intelserv Inteligência em Serviços LTDA e como promissárias compradoras as suscitadas. O óbice registrário refere-se à ausência das certidões negativas de débitos relativos às contribuições previdenciárias e de terceiros, bem como aos tributos federais e à dívida ativa da União (Lei 8.212, de 24 de julho de 1991, art. 47, I, b). Salienta que não há quaisquer disposições que dispensem a apresentação da referida certidão em favor dos ofícios de registros de imóveis, sendo que nas Normas de Serviço da Corregedoria Geral da Justiça, inexiste para o Registrador autorização semelhante à destinada aos Tabeliães de Notas. Entende que não declaração de inconstitucionalidade da letra "b" do inciso I, do art.47, da Lei nº 8.212/91, subsistindo a responsabilidade solidária do registrador pela prática dos atos que venham a dispensar a apresentação da CND. Juntou documentos às fls.

03/60. As suscitadas apresentaram impugnação às fls. 61/65. Afirmam que a questão encontra-se pacificada pelo Egrégio Conselho Superior da Magistratura, que reconheceu a inexigibilidade de apresentação da certidão negativa para registro da escritura ou qualquer outro registro de título que transmita o direito real de imóveis. Argumentam que o Colendo Supremo Tribunal Federal tem reitera e sistematicamente reconhecido a inconstitucionalidade de leis e atos normativos do poder Público que tragam em si sanções políticas, isto é, normas que visam constranger o contribuinte, por vias obliquas, ao recolhimento do crédito tributário. Apresentou documentos às fls. 66/129. O Ministério Público opinou pela improcedência da dúvida (fls. 132/133). É o relatório. Passo a fundamentar e a decidir. Cumpre primeiramente consignar que acompanho o entendimento do MM Juiz Josúe Modesto Passos, que em recente decisão proferida à frente desta 1ª Vara de Registros Públicos, declarou que, no que diz respeito à sua convicção pessoal, "no juízo administrativo não cabe aplicar a inconstitucionalidade declarada sobre a Lei 7.711, de 22 de setembro de 1988, art. 1º, I, III e IV, e §§ 11º-3º (cf. ações diretas de inconstitucionalidade 173-6 e 394-1) para, por identidade de razão, dar por inconstitucional a Lei 8.212/1991, art. 47, I, b. Além disso, na arguição 0139256-75.2011.8.26.0000 foi declarada apenas a inconstitucionalidade da Lei 8.212/1991, art. 47, I, d, e - repita-se - na via administrativa não há estender a eficácia dessa decisão também para o art. 47, I, b. Finalmente, as NSCGJ, II, XIV, 59.2, são de alcance algo duvidoso, porque dispensam os tabelionatos (frise-se) de exigir as certidões para a lavratura de escrituras públicas de negócios jurídicos concernentes a direitos reais imobiliários, é verdade; porém, as próprias NSCGJ não puseram dispensa semelhante em favor dos ofícios de registro de imóveis, mesmo na redação dada pelo Provimento CG 37, de 26 de novembro de 2013, em vigor a partir de 28 de janeiro de 2014". De resto, já decidiu o E. Tribunal de Justiça (apelação 0015621-88.2011.8.26.0604 - Sumaré, 11ª Câmara de Direito Público, Rel. Des. Ricardo Dip, j. 22.01.2013): "Nesse quadro, avista-se, com efeito, que a exigência, na espécie, de apresentação de certidões negativas para que a carta de adjudicação acedesse ao fólio real tem por fundamento a Lei nº 8.212/1991, e, embora a Lei nº 7.711/1988 também verse a necessidade de apresentação das aludidas certidões, o fato é que a Registradora imobiliária, na qualificação do título apresentado a registro, adstrita ao princípio da legalidade, tomou amparo na Lei nº 8.212. À falta de declaração judicial expressa de que a Lei nº 8.212/1991 padeça de inconstitucionalidade, não pode o Registrador de imóveis estender-lhe a fulminação que afligiu a Lei nº 7.711/1988. Frise-se, além disso, que o art. 48 da Lei nº 8.212, de 1991, enuncia que o registrador é solidariamente responsável pela prática de atos com inobservância de seu art. 47: "Art. 48. A prática de ato com inobservância do disposto no artigo anterior, ou o seu registro, acarretará a responsabilidade solidária dos contratantes e do oficial que lavrar ou registrar o instrumento, sendo o ato nulo para todos os efeitos. (...) § 3º O servidor, o serventuário da Justiça, o titular de serventia extrajudicial e a autoridade ou órgão que infringirem o disposto no artigo anterior incorrerão em multa aplicada na forma estabelecida no art. 92, sem prejuízo da responsabilidade administrativa e penal cabível." Note-se que nesse aresto ficou aventada a possibilidade de a corregedoria permanente (e, por maior força de razão, a Corregedoria Geral) dispensar as certidões, mas somente nos casos de difficultas praestandi, de absoluta impossibilidade de satisfazer a exigência (Lei 6.015, de 31 de dezembro de 1973 - LRP/1973, art. 198, verbis "ou não a podendo satisfazer") - e não de modo geral e abstrato." Feitas essas observações, é necessário, porém observar que, justamente porque aqui se trata de um juízo administrativo, não há liberdade senão para cumprir o que tenham decidido as autoridades superiores, i. e., a Corregedoria Geral da Justiça (CGJ) e o Conselho Superior da Magistratura (CSM) - as quais, é bom ver, desde o julgamento da Apel. Cív. 0003435-42.2011.8.26.0116, em 13.12.2012 (DJ 30.01.2013), mandam que se dispensem as certidões negativas de dívidas tributárias federais e previdenciárias federais. Nesse sentido, confiram-se: (a) para a CGJ: Proc. 62.779/2013, j. 30/07/2013, DJ 07/08/2013; e Proc. 100.270/2012, j. 14/01/2013 (b) para o CSM: as Ap. Cív. 0015705-56.2012.8.26.0248, j. 06.11.2013, DJ 06.11.2013; 9000004-83.2011.8.26.0296, j. 26.09.2013, DJ 14.11.2013; 0006907-12.2012.8.26.0344, 23.05.2013, DJ 26.06.2013; 0013693-47.2012.8.26.0320, j 18.04.2013, DJ 24.05.2013; 0019260-93.2011.8.26.0223, j. 18.04.2013, DJ 24.05.2013; 0021311- 24.2012.8.26.0100, j. 17.01.2013, DJ 21.03.2013; 0013759-77.2012.8.26.0562, j. 17.01.2013, DJ 21.03.2013; 0018870-06.2011.8.26.0068, j. 13.12.2012, DJ 26.02.2013; 9000003-22.2009.8.26.0441, j. 13.12.2012, DJ 27.02.2013; 0003611-12.2012.8.26.0625, j. 13.12.2012, DJ 01.03.2013; e 0013479-23.2011.8.26.0019, j. 13.12.2012, DJ 30.01.2013. Ressalta-se ainda que em recente decisão proferida pelo Conselho Nacional de Justiça, nos autos do pedido de providências nº 000123082-.2015.2.00.0000, formulado pela União/AGU, foi determinado aos cartórios de imóveis que deixem de exigir a certidão negativa de débito previdenciário: "CNJ: Pedido de Providências Provimento do TJ-RJ que determinou aos cartórios de registro de imóveis que deixem de exigir a certidão negativa de débito previdenciária (CND) Pedido formulado pela UNIÃO/AGU para a suspensão cautelar e definitiva dos efeitos do Provimento n. 41/2013, além da instauração de reclamação disciplinar contra os magistrados que participaram da concepção e realização do ato e ainda, que o CNJ expeça resolução ou recomendação vedando a todos os órgãos do Poder Judiciário a expedição de normas de conteúdo semelhante ao editado pela requerida Provimento CGJ n. 41/2013 editado pelo TJRJ está de acordo com a interpretação jurisprudencial do STF Ressalte-se que não houve qualquer declaração de inconstitucionalidade dos artigos 47 e 48 da Lei n. 8.212/91, mas sim fixação de norma de competência da Corregedoria Geral de Justiça local para regulamentar as atividades de serventias extrajudiciais vinculadas ao Tribunal de Justiça Pedido de providências improcedente" De acordo com o Acórdão: "... Ao contrário do que afirma a Advocacia-Geral da União, verifica-se que o Provimento CGJ n. 41/2013 editado pelo TJRJ está de acordo com a interpretação jurisprudencial do STF acerca da aplicabilidade dos artigos 47 e 48 da Lei n. 8.212/91 ao dispensar a exigência de apresentação de CND para o registro de imóveis. Confira-se: RECURSO EXTRAORDINÁRIO COM AGRAVO. REPERCUSSÃO GERAL. REAFIRMAÇÃO DE JURISPRUDÊNCIA. DIREITO TRIBUTÁRIO E DIREITO PROCESSUAL CIVIL. CLÁUSULA DA RESERVA DE PLENÁRIO. ART. 97 DA CONSTITUIÇÃO FEDERAL. JURISPRUDÊNCIA DO TRIBUNAL PLENO DO STF. RESTRIÇÕES IMPOSTAS PELO ESTADO. LIVRE EXERCÍCIO DA ATIVIDADE ECONÔMICA OU PROFISSIONAL. MEIO DE COBRANÇA INDIRETA DE TRIBUTOS. 1. A jurisprudência pacífica desta Corte, agora reafirmada em sede de repercussão geral, entende que é desnecessária a submissão de demanda judicial à regra da reserva de plenário na hipótese em que a decisão judicial estiver fundada em jurisprudência do Plenário do Supremo Tribunal Federal ou em Súmula deste Tribunal, nos termos dos arts. 97 da Constituição Federal, e 481, parágrafo único, do CPC. 2. O Supremo Tribunal Federal tem reiteradamente entendido que é inconstitucional restrição imposta pelo Estado ao livre exercício de atividade econômica ou profissional, quanto aquelas forem utilizadas como meio de cobrança indireta de tributos. 3. Agravo nos próprios autos conhecido para negar seguimento ao recurso extraordinário, reconhecida a inconstitucionalidade, incidental e com os efeitos da repercussão geral, do inciso III do §1º do artigo 219 da Lei 6.763/75 do Estado de Minas Gerais.(ARE 914045 RG, Relator(a): Min. EDSON FACHIN, julgado em 15/10/2015, ACÓRDÃO ELETRÔNICO REPERCUSSÃO GERAL MÉRITO DJe-232 DIVULG 18-11-2015 PUBLIC 19-11-2015) Cabe salientar que a exigência da certidão negativa de débitos previdenciários deve ser analisada pelo oficial do registro de imóveis nos termos do próprio artigo 48 da Lei n. 8.212/91 que assim dispõe: "a prática de ato com inobservância do disposto no artigo anterior, ou o seu registro, acarretará a responsabilidade solidária dos contratantes e do oficial que lavrar ou registrar o instrumento, sendo o ato nulo para todos os efeitos". (Corregedor Nacional de Justiça: Ministro João Otávio de Noronha, assinado eletronicamente em 22.09.2016). Por fim, nos termos do item 119.1 do Capítulo XX das NSCGJ: 119.1. Com exceção do recolhimento do imposto de transmissão e prova de recolhimento do laudêmio, quando devidos, nenhuma exigência relativa à quitação de débitos para com a Fazenda Pública, inclusive quitação de débitos previdenciários, fará o oficial, para o registro de títulos particulares, notariais ou judiciais. Assim, esta Corregedoria Permanente não pode senão afastar o óbice levantado pelo Oficial do 5º Registro de Imóveis da Capital, para que se proceda ao registro. Diante do exposto, julgo improcedente a dúvida suscitada pelo Oficial do 5º Registro de Imóveis da Capital, a requerimento de Later Administração de Bens LTDA, Educare Administração de Bens LTDA e Gaurama Administração de Bens LTDA, e consequentemente determino o registro do título apresentado. Deste procedimento não decorrem custas, despesas processuais e honorários advocatícios. Oportunamente remetam-se os autos ao arquivo.. P.R.I.C. - ADV: ALESSANDRO LIMA PEREIRA DE ASSIS MUNHOZ (OAB 414320/SP) (DJe de 13.08.2018 - SP)

Processo 1078401-60.2018.8.26.0100

Dúvida - Registro de Imóveis - Antonio Pedro Festa e outro - Vistos. Trata-se de procedimento de dúvida suscitado pelo Oficial do 15º Registro de Imóveis da Capital, a requerimento de Antonio Pedro Festa e Genoveva Festa que pretendem o registro de escritura de compra e venda pela qual adquirem do Banco Bradesco S/A. o imóvel matriculado sob nº 226.818. O Oficial informa que a transferência da titularidade dominial ao Banco Bradesco se deu pela averbação de nº 5 da matrícula, por meio da consolidação da propriedade em virtude da não purgação da mora do devedor fiduciante João Grabriel Laurentino dos Santos. Na citada averbação, o banco ficou responsável por efetuar os leilões extrajudiciais (fls. 66/67). Entretanto, quando da tentativa de registro da compra e venda por leilão, o Registrador emitiu nota devolutiva informando acerca da necessidade da apresentação do comunicado ao devedor mediante correspondência dirigida ao endereço eletrônico e a todos os endereços físicos constantes do contrato, posto que o comunicado apresentado (fls. 55/57) só declara a tentativa de intimação em um dos endereços o que representa violação ao art. 27 da Lei 9514/97, acrescido pela Lei 13.465/17, que prevê a obrigatoriedade da comunicação e direito de preferência ao fiduciante no caso de leilões. O interessado juntou contestação às fls. 69/74. Relata que a consolidação da propriedade se deu anteriormente ao acréscimo do artigo 27 à Lei 9514/97, de modo que não se aplica ao procedimento em questão, sendo válido o leilão realizado. Aduz ainda que a dívida do fiduciante é de longa data e este não demonstrou qualquer tipo de interesse na compra do imóvel. Por fim, entende que não cabe ao Registrador a análise de tais fatores, posto que fogem à sua incumbência. O Ministério Público juntou parecer às fls. 84/87, opinando pela procedência da dúvida e manutenção do óbice ao registro. É o relatório. Decido. Com razão o Ministério Público e o Oficial. Muito embora a consolidação da propriedade tenha ocorrido anteriormente à entrada em vigor do artigo 27 da Lei 9514/97, o leilão ocorreu na vigência do citado dispositivo, de modo que deve respeitar aos parâmetros exigidos por ele, sendo que a lei entrou em vigor quando de sua publicação, nos termos de seu artigo 108. Desse modo, o leilão deveria ter sido feito em conformidade ao citado dispositivo, que traz em seu conteúdo o que segue: Art. 27. Uma vez consolidada a propriedade em seu nome, o fiduciário, no prazo de trinta dias, contados da data do registro de que trata o § 7º do artigo anterior, promoverá público leilão para a alienação do imóvel. (...) § 2º-A. Para os fins do disposto nos §§ 1º e 2º deste artigo, as datas, horários e locais dos leilões serão comunicados ao devedor mediante correspondência dirigida aos endereços constantes do contrato, inclusive ao endereço eletrônico. (Incluído pela Lei nº 13.465, de 2017) § 2º-B. Após a averbação da consolidação da propriedade fiduciária no patrimônio do credor fiduciário e até a data da realização do segundo leilão, é assegurado ao devedor fiduciante o direito de preferência para adquirir o imóvel por preço correspondente ao valor da dívida, somado aos encargos e despesas de que trata o § 2º deste artigo, aos valores correspondentes ao imposto sobre transmissão inter vivos e ao laudêmio, se for o caso, pagos para efeito de consolidação da propriedade fiduciária no patrimônio do credor fiduciário, e às despesas inerentes ao procedimento de cobrança e leilão, incumbindo, também, ao devedor fiduciante o pagamento dos encargos tributários e despesas exigíveis para a nova aquisição do imóvel, de que trata este parágrafo, inclusive custas e emolumentos. (Incluído pela Lei nº 13.465, de 2017) Isso posto, a notificação ao devedor deve ocorrer em conformidade com a Lei vigente. Correto está o Oficial em exigir o estrito cumprimento do procedimento legal para efetivação do registro. No caso em debate, a notificação ao devedor deu-se somente em um dos endereços, enquanto o artigo acima referido exige que a correspondência seja dirigida aos endereços constantes no contrato, pelo que deduzo que todos os endereços listados no documento devem ser incluídos, inclusive o endereço do próprio imóvel objeto de leilão. Ademais, a alegação de desinteresse do devedor fiduciante no imóvel não restou comprovada e, de qualquer modo, não exime a instituição financeira de notificá-lo devidamente quando da realização do leilão. Diante do exposto, julgo procedente a dúvida suscitada por pelo Oficial do 15º Registro de Imóveis a requerimento de Antonio Pedro Festa e Genoveva Festa, e mantendo o óbice registrário. Não há custas, despesas processuais ou honorários advocatícios advindas deste procedimento. Oportunamente, arquivem-se os autos.. P.R.I.C. - ADV: DANIELE CRISTIANE FESTA (OAB 239779/SP) (DJe de 31.10.2018 - SP)

CONDOMÍNIO

Processo 1116244-93.2017

Pedido de Providências 1º Oficial de Registro de Títulos e Documentos e Civil de Pessoa Jurídica da Comarca de São Paulo Regional Empresa de Serviços Especiais LTDA Sentença (fls. 111/112): Vistos. Trata- se de dúvida suscitada pelo Oficial do 3º Registro de Imóveis da Capital a requerimento do Condomínio Edifício Jacarandá, diante da negativa em se proceder ao registro da escritura de venda e compra para transmissão da propriedade dos imóveis matriculados sob nºs 107.426 e 107.427. O óbice registrário refere-se à ausência de personalidade jurídica do requerente, sendo consequentemente vedada a aquisição de imóveis, exceto nas hipóteses previstas no artigo 63, § 3º da Lei nº 4.591/64. Juntou documentos às fls. 03/26. O suscitado apresentou impugnação às fls. 34/40. Insurge-se contra o óbice registrário sob o argumento de que a aquisição atenderá aos interesses dos condôminos, bem como foi aprovada em

Assembleia realizada para este fim. Apresentou documentos às fls. 42/129. O Ministério Público opinou pela improcedência da dúvida (fls. 133/136). É o relatório. Passo a fundamentar e a decidir. Em que pesem as argumentações expostas pelo Registrador, entendo que o caso em tela deve ser tratado de forma excepcional. De fato, dentro da perspectiva defendida pela maior parte dos doutrinadores, falece ao condomínio edilício a capacidade jurídica para a aquisição imobiliária por ausência de personalidade, sendo certo que apenas os condôminos são sujeitos de direitos e obrigações. Todavia, tal regra permite exceção prevista na Lei nº 4.591/64, que regula os condomínios, na hipótese de inadimplência de algum condomínio na fase de constrição. Prevê o artigo 63, § 3º: "Art. 63: É lícito estipular no contrato, sem prejuízo de outras sanções, que a falta de pagamento, por parte do adquirente ou contratante, de 3 prestações do preço da construção, quer estabelecidas inicialmente, quer alteradas ou criadas posteriormente, quando for o caso, depois de prévia notificação com o prazo de 10 dias para purgação da mora, implique na rescisão do contrato, conforme nele se fixar, ou que, na falta de pagamento, pelo débito respondem os direitos à respectiva fração ideal de terreno e à parte construída adicionada, na forma abaixo estabelecida, se outra forma não fixar o contrato. ... § 3º No prazo de 24 horas após a realização do leilão final, o condomínio, por decisão unânime de Assembléia-Geral em condições de igualdade com terceiros, terá preferência na aquisição dos bens, caso em que serão adjudicados ao condomínio" Como bem exposto pelo Registrador, a presente questão não se coaduna com a exceção prevista, todavia, deve ser analisada segundo suas peculiaridades. A tese do suscitado, devidamente comprovada nos autos, a compra e venda das duas vagas de garagem foi aprovada por unanimidade na Assembleia realizada para este fim (fls. 46/47), e consequentemente atende aos interesses de todos os condomínios, uma vez que visa incorporar a área pertencente ao condomínio. Ressalta-se que tais vagas não dão acesso à parte interna do edifício e nem portão que as isole da rua, conforme fotografia de fl. 36, sendo certo que a área está sendo utilizada como descarte ilegal de entulho, drogas, banheiro dos transeuntes e dormitório de moradores de rua, o que caracteriza maior onerosidade ao condomínio que teve que instalar câmeras de monitoramento naquele espaço. Daí que a aquisição de tais vagas trará benefícios a todos os interessados e não prejudicará interesse de terceiros, uma vez que se transmutará em área para aproveitamento interno do condomínio, resolvendo as questões atinentes à segurança dos moradores. Ademais, deve-se observar que a possibilidade da compra de imóveis por condomínios já foi enfrentada pelo Egrégio Conselho Superior da Magistratura (Proc. nº 0019910- 77.2012.8.26.0071; apelante - Condomínio Bauru Shopping Center, apelado - 1º Oficial de Registro de Imóveis, Títulos e Documentos e Civil de Pessoa Jurídica da Comarca de Bauru, Voto nº 21.240, Des José Renato Nalini, Corregedor Geral da Justiça e Relator): "REGISTRO DE IMÓVEIS Escritura pública de venda e compra Aquisição de bens imóveis para ampliação das vagas de estacionamento Negócio jurídico relacionado com atividade-fim do Condomínio Aprovação pela unanimidade dos condôminos presentes em assembleia Proveito dos condôminos evidenciado Risco de sanção administrativa Inconveniente prático da exigência relativa ao consentimento de todos os condôminos Instrumentalidade registral Ausência de personalidade jurídica não é óbice, in concreto, ao registro Pertinência do assento pretendido Dúvida improcedente Recurso provido. "O Conselho Superior da Magistratura do Tribunal de Justiça de São Paulo compartilha o mesmo entendimento: no entanto, ao descartar a personalidade jurídica, reconhece que o condomínio edilício tem aptidão para adquirir bens imóveis, vale dizer, para ser titular do direito real de propriedade, na hipótese versada do § 3º do artigo 63 da Lei nº 4.591/64 e nos casos envolvendo a alienação judicial de unidades autônomas pertencentes a condôminos que deixaram de pagar as contribuições condominiais. A questão restou bem sintetizada no julgamento da Apelação Cível nº 880-6/7, ocorrido em 07.10.2008, relator Desembargador Ruy Camilo: ..., este Conselho Superior da Magistratura já firmou entendimento de que o condomínio, diversamente do sustentado pelo recorrente, não tem personalidade jurídica. Como consequência, não se tem admitido possa o condomínio adquirir propriedade imóvel. Trata-se, no tema, de regra geral, a qual, porém, comporta duas exceções de interpretação estrita. A primeira delas está prevista no art. 63, § 3º da Lei n. 4.591/1964, em que se afigura possível a aquisição de imóvel pelo condomínio diante da inadimplência do adquirente no pagamento do preço da construção. A segunda corresponde à hipótese de aquisição, em hasta pública, de unidade autônoma pelo condomínio, como forma de satisfazer o crédito decorrente do não pagamento, pelo condômino, das despesas condominiais, por força da aplicação analógica do disposto no referido art. 63, § 3º, da Lei n. 4.591/1964. Nada obstante a situação enfrentada não se encaixe nas exceções mencionadas, convém suavizar ainda mais o rigor legal. Isto é, focada a instrumentalidade dos registros públicos e a atuação do condomínio edilício na vida negocial participando de diversas operações econômicas como centro unitário de direitos e deveres -, impõe franquear-lhe a aquisição de imóveis em casos similares ao aqui examinado. Em outras palavras: é razoável, também, permitir ao condomínio edilício a aquisição de bens imóveis direcionados à ampliação das vagas de estacionamento, voltados ao aumento da área de garagem, desde que autorizada pela unanimidade dos condôminos presentes em assembleia, revelada a pertinência da incorporação patrimonial, quando confrontada com atividade-fim do condomínio, e evidenciada a sua reversão em benefício de todos os condôminos. A solução mais se justifica quando considerada a noticiada imposição estatal e, portanto, o risco de sanção administrativa decorrente do número insuficiente de vagas para estacionamento, bem como os inconvenientes práticos que certamente adviriam da necessidade de obter o consentimento de todos os condôminos para formalização do negócio jurídico. Em resumo: desautorizada, pela ordem jurídica, a irrestrita e incondicional atribuição de personalidade jurídica ao condomínio, contraindicada, também, em função da tutela do patrimônio dos condôminos minoritários, é de rigor, em contrapartida, dialogando com a realidade fática, combustível da vitalidade do direito, força viva em perene atualização, temperar a proibição legal". Logo, havendo motivação suficiente, entendo que o óbice registrário deve ser superado, a fim de permitir o ingresso da escritura no fólio real. Diante do exposto, julgo improcedente a dúvida suscitada pelo Oficial do 3º Registro de Imóveis da Capital a requerimento do Condomínio Edifício Jacarandá, e determino o registro da escritura de venda e compra, para transmissão da propriedade dos imóveis matriculados sob nºs 107.426 e 107.427. Deste procedimento não decorrem custas, despesas processuais e honorários advocatícios. Oportunamente remetam-se os autos ao arquivo.. P.R.I.C. (CP – 552) (DJe de 23.02.2018 - SP)

Processo 1011403-38.2017.8.26.0006

Pedido de Providências - Propriedade - Condomínio Edifício Holanda - Vistos. Trata-se de ação de jurisdição voluntária formulada por Condomínio Edifício Holanda em face do Oficial do 12º Registro de Imóveis da Capital, pretendendo a averbação da retificação do registro da convenção condominial realizada no Livro 3 - Registro Auxiliar, sob nº 13.034. O feito foi distribuído ao MMº Juízo da 2ª Vara Cível do Foro Regional VI - Penha de França, tendo em vista que a questão já foi objeto de apreciação por este Juízo (processo nº 1034610-12.2016.8.26.0100) que reconheceu que o suprimento de algumas exigências e formalidades derivada da nota de devolução e que foram mantidas diante da nova qualificação do título (fls. 206/207), deveriam ser objeto de análise na esfera judicial, haja vista que no âmbito administrativo não incidem o contraditório e ampla defesa, bem como a necessidade de alteração de algumas clausulas da convenção. Ocorre que ao ingressar com ação no Juízo Cível do Foro Regional de Penha de França/SP, visando o suprimento de algumas exigências e formalidades legais que o Cartório apresenta no título prenotado, mencionado Juízo determinou a redistribuição do feito a esta Corregedoria Permanente (fls. 183/187). É o relatório. Passo a fundamentar e a decidir. Primeiramente verifico que a questão envolvendo a retificação das deliberações de Assembléia Condominial apresentadas a registro, foi enfrentada no processo nº 1034610-12.2016.8.26.0100, que se deu perante este Juízo, tendo sido julgado prejudicado o feito diante da impugnação parcial apresentada pela requerente e no mérito, pela improcedência da ação, devendo a interessa discutir as questões nas vias ordinárias cabíveis, com trânsito em julgado em 17.06.2016 (cópia da sentença em anexo). Logo, já havendo decisão transitada em julgado, bem como concordância da interessada (fls. 379/382) e não tendo nenhum fato novo que justifique a reapreciação do caso já analisado por este Juízo, remetam-se os autos ao MMº Juízo da 2ª Vara Cível do Foro Regional VI - Penha de França que detém competência exclusiva para apreciação da matéria. Eventual conflito negativo de competência deverá ser suscitado por aquele Juízo. Int. - ADV: YOLANDA ESTELLA ELIAS (OAB 380206/SP) (DJe de 20.04.2018 - SP)

Processo 1056068-51.2017.8.26.0100

Dúvida - Registro de Imóveis - Bubion Administração e Participações Ltda - Municipalidade de São Paulo - Vistos. Trata-se de dúvida suscitada pelo 7º. Oficial de Registro de Imóveis da Capital, a requerimento de Bubion Administração e Participações Ltda..O ingresso do título no fólio real foi negado pelo Oficial, pois ausentes elementos caracterizadores do condomínio edilício. No terreno em tela, sobre o qual se pretende instituir, há um galpão com 8 depósitos para armazenagem de mercadorias, alguns com mezanino, e um prédio de 4 pavimentos, contendo escritório e 2 apartamentos, além de uma faixa de terreno nos fundos do galpão destinada a desvio da estrada de ferro existente no local sobre o qual se pretende instituir o "Condomínio Bubion" (fls. 01/04). O título já havia sido devolvido anteriormente, sendo que o óbice principal apontado, que ainda persiste, foi a ausência de parede divisória entre os depósitos 1 e 2 e entre os depósitos 3 e 4, sendo que entre os demais depósitos existe um trecho de ligação. Ademais, de acordo com as plantas apresentadas, em um trecho da parede divisória entre os depósitos 6 e 7 consta a informação "a regularizar", demonstrando não existir ou não ter existido fechamento entre eles. O Registrador menciona o art. 1º da Lei nº 4.591/64 e o art. 1.332, I do Código Civil, alegando que as unidades autônomas devem ser isoladas e estremadas umas das outras. Aduz que a independência das unidades decorrerá de obras que alterem o projeto apresentado, sendo indispensável a aprovação da planta modificativa pela Municipalidade de São Paulo. Alega, ainda, que a folha 2/2 da planta não está atualizada, por conter desvio e estrada de ferro no interior do imóvel, que não mais existem. Juntou documentos a fls. 5/114. Preliminarmente, o interessado declara que o Oficial Registrador não tratou do óbice relativo à constituição do escritório em unidade autônoma, conforme primeira nota devolutiva, ratificada na nota objeto desse procedimento (fls. 115/126). Informa que apenas o escritório localizado entre os depósitos 4 e 5, suscetível de utilização independente, é especificado como unidade autônoma. Argumenta que a individualização das unidades se dá pelas vigas de sustentação do telhado comum que partem do nível do chão, não sendo possível a separação por paredes, por prejudicar possíveis manobras de caminhões e impossibilitar a devida ventilação e iluminação nos depósitos. Com relação ao desvio da estrada de ferro, alega ser a área classificada como comum, não resultando em alteração no quadro de áreas que instrui o pedido de especificação em condomínio edilício da edificação. A Municipalidade, em observância à decisão de fls. 142, manifestou-se a fls. 157/159. Confirma as informações prestadas pelo Oficial acerca do não isolamento físico dos depósitos. Alega que o cerne da questão refere-se a conflito registral, e não de matriz urbanística; e que, para que ocorra o isolamento entre as unidades, novo Auto de Regularização deverá ser expedido, tendo em vista a reforma necessária para a edificação. Houve impugnação do suscitado a fls. 169/176, apontando que o Auto de Regularização não se destina a determinar a disposição interna do imóvel. O Ministério Público opinou pela procedência da dúvida (fls. 207/210). É o relatório. Decido. O interessado pretende registrar instrumento particular de instituição e especificação de condomínio. No entanto, a obra não possui divisórias entre os depósitos que se pretendem caracterizar como unidades autônomas, que as isolem e façam ser enquadradas no conceito técnico de condomínio edilício. No tocante aos elementos estruturais do imóvel, as unidades de propriedade exclusiva devem ser, nos termos da legislação vigente, isoladas entre si (art. 1º da Lei nº 4.591/64) e estremadas uma das outras e das partes comuns (art. 1.332, I do Código Civil). Francisco Eduardo Loureiro, ao tecer comentários sobre o art. 1.332 do Código Civil (Código Civil comentado: doutrina e jurisprudência: Lei n. 10.406, de 10.01.2002 coordenador Ministro Cezar Peluso. 11ª ed - Barueri, SP: Manole, 2017 - p.1272/1273), elucida: "As unidades autônomas devem ser numeradas e individualizadas, de modo a tornarem-se inconfundíveis com outras. Deve constar a área privativa da unidade, sem haver necessidade, porém, de descrição dos cômodos. Também a fração ideal da unidade no terreno e nas comuns deve ser fixada em fração ou percentual". Em sua obra "Condomínios e Incorporações" (11ª ed. Rio de Janeiro: Forense, 2014 p. 43), Caio Mário da Silva afirma assinalarem a autonomia das unidades, cumulativamente, sua identificação numérica ou alfabética, acesso à via pública e quota ou fração ideal correspondente. Conforme a descrição da edificação existente, presente no título objeto do procedimento (fls. 24/44), as unidades autônomas estão perfeitamente descritas e individualizadas no item 4.2. Ademais, conforme a planta disponibilizada nos autos, verifica-se não haver qualquer elemento que indique confusão quanto às unidades destinadas às partes de propriedade exclusiva, como a sobreposição de áreas ou ausência de acesso independente para a via pública. No entanto, de fato, não há paredes divisórias entre os depósitos, sendo que a separação é feita unicamente por vigas de sustentação ou paredes descontínuas, forma que a requerente afirma ser indispensável para, entre outros motivos (ventilação adequada, iluminação e normas de segurança do trabalho), que a operação de maquinários e manobras de caminhões possam ser bem-sucedidas. Em que pese a constatação da requerente, a necessidade de espaço amplo para manobras de caminhões ou até mesmo para se prover condições adequadas de salubridade, atrelada à possibilidade de se interferir nas áreas de propriedade exclusiva confrontantes, descaracteriza a autonomia e a independência das unidades, condições essenciais para a instituição de condomínio. Além de tudo, tal fato confere manifesta afronta à segurança jurídica dos condôminos. Nessa esteira, segundo Carlos Alberto Dabus Maluf, em Direito Imobiliário Atual coordenador Daniel Aureo de Castro. (2º ed. - Rio de Janeiro: Forense, 2013): "A propriedade exclusiva ou privativa constitui-se pelas unidades ou apartamentos autônomos, delimitados pelas paredes divisórias. Cada proprietário tem domínio único e exclusivo sobre suas partes ou dependências. Com relação a estas, como diz Capitant, seus direitos são quase tão completos e absolutos quanto os do proprietário único de sua casa" (grifei) Apesar de ser admissível a instituição do condomínio edilício sobre depósitos e galpões, é necessário que seja respeitado o regime dos artigos 1.331 e ss, do Código Civil e do Título I da Lei nº 4.591/64. Ademais, muito embora o projeto tenha sido aprovado pela Prefeitura de São Paulo em 1995, isso não enseja o registro do título para a finalidade proposta de abertura de matrículas das unidades autônomas. Sendo indispensável a reforma da edificação para adequação aos termos da legislação civil e de registros públicos, novo Auto de Regularização deverá ser expedido. Pertinente os óbices impostos pelo Registrador, que ficam mantidos. No mais, estando parte do condomínio irregular, resta prejudicada a análise relativa ao óbice atribuído ao escritório e à menção do desvio e estrada de ferro no interior do imóvel. Do exposto, julgo PROCEDENTE a dúvida suscitada pelo 7º Oficial de Registro de Imóveis da Capital, a requerimento de Bubion Administração e Participações Ltda. Não há custas, despesas processuais nem honorários advocatícios decorrentes deste procedimento. Encaminhe-se à Serventia Extrajudicial os documentos originais, após o trânsito em julgado desta decisão, que deverão ser retirados pelo interessado no prazo de 15 dias. Oportunamente, arquivem-se os autos. P.R.I.C. - ADV: RODRIGO FIRMO DA SILVA PONTES (OAB 249253/SP), LILIANA MARIA CREGO FORNERIS (OAB 100212/SP), PEDRO AUGUSTO MACHADO CORTEZ (OAB 24432/SP) (DJe de 02.05.2018 - SP)

Processo 1090945-17.2017.8.26.0100

Pedido de Providências - Registro de Imóveis - 8º Oficial de Registro de Imóveis - Juvenal Cabral Olim - Municipalidade de São Paulo - Vistos. Trata-se de pedido de providências formulado pelo Oficial do 8º Registro de Imóveis da Capital, a requerimento de Juvenal Cabral Olim, sendo que este pretende o registro da instituição de condomínio do prédio edificado sobre o lote de terreno situado na Av. Jabaquara, nº 1808, objeto da matrícula nº 14.165. O óbice registrário refere-se à existência de suspeita de adulteração da planta que alicerça a pretensão, haja vista que o instrumento foi apresentado várias vezes com documentos que foram adequados para superar as exigências. Esclarece que a última e atual prenotação sob o nº 690.017 será devolvido em reiteração as exigências anteriores, quais sejam, a) o requerimento deveria ser formulado também pelo outro proprietário, Salvador Sudano Filho e sua mulher Mônica Sabim Morano Sudano, em razão da aquisição de fração, nos termos do registro 11 da citada matrícula; b) apresentação dos quadrados III e IV e pequenas correções no instrumento de especificação quanto às áreas das unidades. Argumenta que foram apresentadas cópias do processo autenticadas por Cristiano da Silva Santos, porém, baseadas em outro processo. Informa que realizou consultas no site da Municipalidade com a numeração de processo constante das autenticações que demonstram tratar-se de imóvel distinto, razão pela qual há fundado receio de que a instituição de condomínio está alicerçada em documento modificado, vez que as plantas modificadas foram autenticadas com base em outro processo de imóvel diverso. Juntou documentos às fls. 05/101. O interessado manifestou-se às fls. 107/109. Em relação a planta modificada, alega que através de seu patrono, compareceu pessoalmente na Prefeitura de São Paulo, identificou o processo e solicitou as cópias que foram apresentadas na Serventia. Quanto a questão da numeração do processo que se refere a outro imóvel, aduz que diligenciou perante o órgão municipal e foi informado de que os processos antigos eram numerados tomando por base o nome do proprietário e atualmente o processamento se dá pelo número do SQL. Apresentou documentos às fls. 110/132 e 146. Manifestação da Municipalidade de São Paulo às fls. 179/180. Esclarece que os processos administrativos nº 1998-0.075.208-0 e nº 780.952/72, tratam da mesma matéria, qual seja, alvará de conservação. O expediente original nº 780.952/72 datado de 1972, foi apenas renumerado para se adequar ao sistema de gerenciamento de processos, posteriormente, implantado pela Prefeitura. Ressalta que da mesma forma, o expediente nº 605.134/76 que trata do alvará de reforma foi renumerado e passou a tramitar como PA nº 2012-0.251.634-0, sendo que o numero inicial do processo indica o ano da conservação do processo e não de sua autuação. Afirma que analisando o processo administrativo nº 780.952/72, correspondente ao alvará de conservação, tem-se que corresponde a uma planta na qual os salões apresentam 4,15m de frente e as escadas para pavimento superior estão isoladas por uma parede, sendo que na planta apresentada originalmente constava que esses salões possuíam 5,50m de frente. Essa planta foi extraída do PA nº

605.134/76 que trata do alvará de reforma e originalmente, também integrava o PA nº 780.952/72. Dái que ambas as plantas instruíram o PA nº 780.952/72. Por fim, aduz que não há condições técnicas de precisar a origem desta divergência entre as plantas que indicam essa modificação, mas ressalta que na década de 1990, em caso de pequenos erros, era comum a realização de correções diretamente sobre as cópias apresentadas à Municipalidade. Juntou documento às fls. 181/182. Houve nova manifestação do órgão municipal à fl. 200. Relata que submetidos os documentos à análise do assistente técnico, foi possível concluir que a planta constante do processo administrativo mais antigo, qual seja o de nº 780.952/72, renumerado como 1998-0.075.208-0, é a versão original do projeto aprovado pela Municipalidade, razão pela qual deverá ser considerada para fins registrários. Juntou documento à fl. 201. Acerca das informações da Prefeitura, o registrador manifestou concordância sobre a possibilidade de atender à pretensão do interessado mediante apresentação dos documentos (fls. 209/210 e 213/214). O Ministério Público opinou pela extinção do feito, tendo em vista a perda de seu objeto (fl. 218). É o relatório. Passo a fundamentar e a decidir. Com a notici a do oficial registrador, sobre a superação os motivos impedientes apontados na nota de exigência, especificamente com relação à higidez das plantas apresentadas (fls. 213/214), não o que decidir nos autos, tendo o feito perdido o seu objeto. Diante do exposto, julgo extinto o pedido de providências formulado pelo Oficial do 8º Registro de Imóveis da Capital, a requerimento de Juvenal Cabral Olim, nos termos do artigo 485, IV do CPC. Sem prejuízo, deverá o interessado retirar os documentos depositados em pasta física junto à Serventia Judicial, no prazo de 10 (dez) dias, mediante assinatura do termo de recebimento.. P.R.I.C. - ADV: RUBENS GOMES HENRIQUES (OAB 383120/SP), SANDRA MAYUMI HOSAKA SHIBUYA (OAB 113559/SP) (DJe de 29.10.2018 - SP)

DAÇÃO EM PAGAMENTO

Processo 1067900-47.2018.8.26.0100

Dúvida - Registro de Imóveis - 17º Oficial de Registro de Imóveis de São Paulo - JET BR Logistica e Comércio Ltda - Vistos. Trata-se de dúvida suscitada pelo Oficial do 17º Registro de Imóveis da Capital, a requerimento de Jeferson Ricardo Breno Pereira da Silva, representante da empresa JET BR Logística e Comércio LTDA, tendo em vista a negativa em se efetuar o registro da escritura de dação em pagamento lavrada pelo 3º Tabelião de Notas da Capital, referente à transmissão dos imóveis matriculados sob nºs 14.969 e 23.219. O óbice registrário refere-se à necessidade de apresentação de certidão negativa relativas a créditos tributários federais e à dívida ativa da União emitida pela Secretaria Federal do Brasil e pela Procuradoria Geral da Fazenda Nacional, tendo em vista que a transmitente à época da aquisição do imóvel, não enquadrava nas hipóteses da exceção prevista no art.17 da Portaria Conjunta RFB 1.715/14. Juntou documentos às fls. 13/54. Esclarece o Registrador que tem ciência da atual jurisprudência dos Tribunais Superiores e desta Corregedoria Permanente no tocante à desnecessidade da apresentação das certidões negativas, todavia a matéria é controversa, vez que há entendimento em sentido que a alínea "b", inciso I, do artigo 47, da Lei Federal nº 8.212/91, estaria em vigor, por não ter sido expressamente declarada inconstitucional. O suscitado apresentou impugnação às fls. 78/81. Aduz que a matéria encontra-se normatizada no âmbito administrativo e perante o Colendo Supremo Tribunal Federal, que tem reiterada e sistematicamente reconhecido a inconstitucionalidade de leis e atos do Poder Público que tragam sanções políticas, isto é, normas que visam constranger o contribuinte, por vias oblíquas ao recolhimento do crédito tributário. O Ministério Público opinou pela improcedências da dúvida (fls. 86/88). É o relatório. Passo a fundamentar e a decidir. Cumpre primeiramente consignar que acompanho o entendimento do MM Juiz Josúe Modesto Passos, que em decisão proferida à frente desta 1ª Vara de Registros Públicos, declarou que, no que diz respeito à sua convicção pessoal, "no juízo administrativo não cabe aplicar a inconstitucionalidade declarada sobre a Lei 7.711, de 22 de setembro de 1988, art. 1º, I, III e IV, e §§ 11º-3º (cf. ações diretas de inconstitucionalidade 173-6 e 394-1) para, por identidade de razão, dar por inconstitucional a Lei 8.212/1991, art. 47, I, b. Além disso, na arguição 0139256-75.2011.8.26.0000 foi declarada apenas a inconstitucionalidade da Lei 8.212/1991, art. 47, I, d, e - repita-se - na via administrativa não há estender a eficácia dessa decisão também para o art. 47, I, b. Finalmente, as NSCGJ, II, XIV, 59.2, são de alcance algo duvidoso, porque dispensam os tabelionatos (frise-se) de exigir as certidões para a lavratura de escrituras públicas de negócios jurídicos concernentes a direitos reais imobiliários, é verdade; porém, as próprias NSCGJ não puseram dispensa semelhante em favor dos ofícios de registro de imóveis, mesmo na redação dada pelo Provimento CG 37, de 26 de novembro de 2013, em vigor a partir de 28 de janeiro de 2014". De resto, já decidiu o E. Tribunal de Justiça (apelação 0015621- 88.2011.8.26.0604 - Sumaré, 11ª Câmara de Direito Público, Rel. Des. Ricardo Dip, j. 22.01.2013): "Nesse quadro, avista-se, com efeito, que a exigência, na espécie, de apresentação de certidões negativas para que a carta de adjudicação acedesse ao fólio real tem por fundamento a Lei nº 8.212/1991, e, embora a Lei nº 7.711/1988 também verse a necessidade de apresentação das aludidas certidões, o fato é que a Registradora imobiliária, na qualificação do título apresentado a registro, adstrita ao princípio da legalidade, tomou amparo na Lei nº 8.212. À falta de declaração judicial expressa de que a Lei nº 8.212/1991 padeça de inconstitucionalidade, não pode o Registrador de imóveis estender-lhe a fulminação que afligiu a Lei nº 7.711/1988. Frise-se, além disso, que o art. 48 da Lei nº 8.212, de 1991, enuncia que o registrador é solidariamente responsável pela prática de atos com inobservância de seu art. 47: "Art. 48. A prática de ato com inobservância do disposto no artigo anterior, ou o seu registro, acarretará a responsabilidade solidária dos contratantes e do oficial que lavrar ou registrar o instrumento, sendo o ato nulo para todos os efeitos. (...) § 3º O servidor, o serventuário da Justiça, o titular de serventia extrajudicial e a autoridade ou órgão que infringirem o disposto no artigo anterior incorrerão em multa aplicada na forma estabelecida no art. 92, sem prejuízo da responsabilidade administrativa e penal cabível." Note-se que nesse aresto ficou aventada a possibilidade de a corregedoria permanente (e, por maior força de razão, a Corregedoria Geral) dispensar as certidões, mas somente nos casos de difficultas praestandi, de absoluta impossibilidade de satisfazer a exigência (Lei 6.015, de 31 de dezembro de 1973 - LRP/1973, art. 198, verbis "ou não a podendo satisfazer") - e não de modo geral e abstrato." Feitas essas observações, é necessário, porém observar que, justamente porque aqui se trata de um juízo administrativo, não há liberdade senão para cumprir o que tenham decidido as autoridades superiores, i. e., a Corregedoria Geral da Justiça (CGJ) e o Conselho Superior da Magistratura (CSM) - as quais, é bom ver, desde o julgamento da Apel. Cív. 0003435-42.2011.8.26.0116, em 13.12.2012 (DJ 30.01.2013), mandam que se dispensem as certidões negativas de dívidas tributárias federais e previdenciárias federais. Nesse sentido, confiram-se: (a) para a CGJ: Proc. 62.779/2013, j. 30/07/2013, DJ 07/08/2013; e Proc. 100.270/2012, j. 14/01/2013 (b) para o CSM: as Ap. Cív. 0015705-56.2012.8.26.0248, j. 06.11.2013, DJ 06.11.2013; 9000004-83.2011.8.26.0296, j. 26.09.2013, DJ 14.11.2013; 0006907- 12.2012.8.26.0344, 23.05.2013, DJ 26.06.2013; 0013693-47.2012.8.26.0320, j 18.04.2013, DJ 24.05.2013; 0019260-93.2011.8.26.0223, j. 18.04.2013, DJ 24.05.2013; 0021311-24.2012.8.26.0100, j. 17.01.2013, DJ 21.03.2013; 0013759- 77.2012.8.26.0562, j. 17.01.2013, DJ 21.03.2013; 0018870-06.2011.8.26.0068, j. 13.12.2012, DJ 26.02.2013; 9000003-22.2009.8.26.0441, j. 13.12.2012, DJ 27.02.2013; 0003611-12.2012.8.26.0625, j. 13.12.2012, DJ 01.03.2013; e 0013479-23.2011.8.26.0019, j. 13.12.2012, DJ 30.01.2013. Ressalta-se ainda que em recente decisão proferida pelo Conselho Nacional de Justiça, nos autos do pedido de providências nº 000123082-.2015.2.00.0000, formulado pela União/AGU, foi determinado aos cartórios de imóveis que deixem de exigir a certidão negativa de débito previdenciário: "CNJ: Pedido de Providências Provimento do TJ-RJ que determinou aos cartórios de registro de imóveis que deixem de exigir a certidão negativa de débito previdenciária (CND) Pedido formulado pela UNIÃO/AGU para a suspensão cautelar e definitiva dos efeitos do Provimento n. 41/2013, além da instauração de reclamação disciplinar contra os magistrados que participaram da concepção e realização do ato e ainda, que o CNJ expeça resolução ou recomendação vedando a todos os órgãos do Poder Judiciário a expedição de normas de conteúdo semelhante ao editado pela requerida Provimento CGJ n. 41/2013 editado pelo TJRJ está de acordo com a interpretação jurisprudencial do STF Ressalte-se que não houve qualquer declaração de inconstitucionalidade dos artigos 47 e 48 da Lei n. 8.212/91, mas sim fixação de norma de competência da Corregedoria Geral de Justiça local para regulamentar as atividades de serventias extrajudiciais vinculadas ao Tribunal de Justiça Pedido de providências improcedente" De acordo com o Acórdão: "... Ao contrário do que afirma a Advocacia-Geral da União, verifica-se que o Provimento CGJ n. 41/2013 editado pelo TJRJ está de acordo com a interpretação jurisprudencial do STF acerca da aplicabilidade dos artigos 47 e 48 da Lei n. 8.212/91 ao dispensar a exigência de apresentação de CND para o registro de imóveis. Confira-se: RECURSO EXTRAORDINÁRIO COM AGRAVO. REPERCUSSÃO GERAL. REAFIRMAÇÃO DE JURISPRUDÊNCIA. DIREITO TRIBUTÁRIO E DIREITO PROCESSUAL CIVIL. CLÁUSULA DA RESERVA DE PLENÁRIO. ART. 97 DA CONSTITUIÇÃO FEDERAL. JURISPRUDÊNCIA DO TRIBUNAL PLENO DO STF. RESTRIÇÕES IMPOSTAS PELO ESTADO. LIVRE EXERCÍCIO DA ATIVIDADE ECONÔMICA OU PROFISSIONAL. MEIO DE COBRANÇA INDIRETA DE TRIBUTOS. 1. A jurisprudência pacífica desta Corte, agora reafirmada em sede de repercussão geral, entende que é desnecessária a submissão de demanda judicial à regra da reserva de plenário na hipótese em que a decisão judicial estiver fundada em jurisprudência do Plenário do Supremo Tribunal Federal ou em Súmula deste Tribunal, nos termos dos arts. 97 da Constituição Federal, e 481, parágrafo único, do CPC. 2. O Supremo Tribunal Federal tem reiteradamente entendido que é inconstitucional restrição imposta pelo Estado ao livre exercício de atividade econômica ou profissional, quanto aquelas forem utilizadas como meio de cobrança indireta de tributos. 3. Agravo nos próprios autos conhecido para negar seguimento ao recurso extraordinário, reconhecida a inconstitucionalidade, incidental e com os efeitos da repercussão geral, do inciso III do §1º do artigo 219 da Lei 6.763/75 do Estado de Minas Gerais. (ARE 914045 RG, Relator(a): Min. EDSON FACHIN, julgado em 15/10/2015, ACÓRDÃO ELETRÔNICO REPERCUSSÃO GERAL MÉRITO DJe-232 DIVULG 18-11-2015 PUBLIC 19-11-2015) Cabe salientar que a exigência da certidão negativa de débitos previdenciários deve ser analisada pelo oficial do registro de imóveis nos termos do próprio artigo 48 da Lei n. 8.212/91 que assim dispõe: "a prática de ato com inobservância do disposto no artigo anterior, ou o seu registro, acarretará a responsabilidade solidária dos contratantes e do oficial que lavrar ou registrar o instrumento, sendo o ato nulo para todos os efeitos". (Corregedor Nacional de Justiça: Ministro João Otávio de Noronha, assinado eletronicamente em 22.09.2016). Por fim, nos termos do item 119.1 do Capítulo XX das NSCGJ: 119.1. Com exceção do recolhimento do imposto de transmissão e prova de recolhimento do laudêmio, quando devidos, nenhuma exigência relativa à quitação de débitos para com a Fazenda Pública, inclusive quitação de débitos previdenciários, fará o oficial, para o registro de títulos particulares, notariais ou judiciais. Por fim, tendo em vista a alteração do objeto social da empresa para compra e venda de imóveis, a requerente atualmente enquadra-se no caso da exceção prevista no artigo 17, I da Portaria Conjunta RFB 1.751/14. "Art. 17. Fica dispensada a apresentação de comprovação da regularidade fiscal: I - na alienação ou oneração, a qualquer título, de bem imóvel ou direito a ele relativo, que envolva empresa que explore exclusivamente atividade de compra e venda de imóveis, locação, desmembramento ou loteamento de terrenos, incorporação imobiliária ou construção de imóveis destinados à venda, desde que o imóvel objeto da transação esteja contabilmente lançado no ativo circulante e não conste, nem tenha constado, do ativo permanente da empresa; II - nos atos relativos à transferência de bens envolvendo a arrematação, a desapropriação de bens imóveis e móveis de qualquer valor, bem como nas ações de usucapião de bens móveis ou imóveis nos procedimentos de inventário e partilha decorrentes de sucessão causa mortis; III - nos demais casos previstos em lei". Assim, esta Corregedoria Permanente não pode senão afastar o óbice levantado pelo Oficial do 17º Registro de Imóveis da Capital, para que se proceda ao registro. Diante do exposto, julgo improcedente a dúvida suscitada pelo Oficial do 17º Registro de Imóveis da Capital, a requerimento de Jeferson Ricardo Breno Pereira da Silva, e consequentemente determino o registro da escritura de dação em pagamento dos imóveis matriculados sob nºs 14.969 e 23.219. Deste procedimento não decorrem custas, despesas processuais e honorários advocatícios. Oportunamente remetam-se os autos ao arquivo.. P.R.I.C. - ADV: RODOLFO MALAVACCI (OAB 236186/ SP) (DJe de 01.08.2018 - SP)

DIVÓRCIO

Processo 1029961-33.2018.8.26.0100

Dúvida - Registro de Imóveis - Plácido Futoshi Katayama - Mari Tomita Katayama - Vistos. Trata-se de dúvida suscitada pelo Oficial do 10º Registro de Imóveis da Capital, a requerimento de Plácido Futoshi Katayama e Mari Tomita Katayama, tendo em vista a negativa em se proceder ao registro de escritura pública de divórcio consensual com partilha de bens referente ao imóvel matriculado sob nº 41.218, prenotada em 6 de fevereiro de 2018 sob nº 483.601. O óbice registrário refere-se à existência de duas penhoras registradas na matrícula, levando a indisponibilidade do bem, que não permite o registro do divórcio, sendo necessária a apresentação dos respectivos mandados de levantamento para que se cancelem as penhoras, permitindo o ingresso do título. Ocorre que, dentro do prazo legal da prenotação, foi apresentada nova ordem de penhora, advinda de um terceiro juízo. Tal ordem foi protocolada, ficando seu registro suspenso até resolução da prenotação anterior. Após esta segunda prenotação, os mandados de levantamento inicialmente exigidos foram apresentados, e também prenotados. Aduz o Oficial que a análise dos mandados de levantamento dependem da fim do prazo legal das prenotações anteriores, devido ao princípio da prioridade, prevista no art. 186 da Lei de Registros Públicos. Juntou documentos a fls. 3/55. Os suscitados apresentaram impugnação a fls. 56/61, com documentos a fls. 62/75. Alegam que os mandados judiciais comunicando a baixa das penhoras devem ser analisados em conjunto com o título inicialmente apresentado, e não colocados na fila de prenotações. O Ministério Público opinou pela improcedência da dúvida (fls. 82/86). É o relatório. Passo a fundamentar e a decidir. A dúvida é improcedente. Conforme se verifica dos presentes autos, recaem quatro prenotações sobre o mesmo imóvel: a escritura de divórcio prenotada sob nº 483.601 em 06/02/2018; a certidão de penhora on-line prenotada sob nº 483.886 em 15/02/2018; e os mandados de cancelamento das penhoras que impedem o registro da escritura, prenotados sob nº 484.178 e 484.179 em 20/02/2018. Em que pese o zelo do Oficial Registrador, a pretensão dos suscitados deve ser atendida. Isso porque a apresentação dos mandados de cancelamento era exatamente a exigência do Oficial para registro da escritura (fls. 31/32). Ou seja, os apresentantes tinham o prazo legal para que fosse cumprida a exigência, podendo, para tanto, apresentar os títulos necessários para atingirem seu interesse final. A presente celeuma se deu pois os mandados foram prenotados, recebendo números mais altos que a prenotação da escritura, sendo que também existe título contraditório entre eles. Tais prenotações só ocorreram pois chegaram por meio de Oficial de Justiça, tendo o Oficial devidamente recepcionado os títulos de origem judicial para análise. Todavia, tais prenotações não impedem que os suscitados, cujo título esteja prenotado com prioridade, apresentem os mesmos documentos para o fim de superarem o óbice apresentado, desde que o façam dentro do prazo de sua prenotação. Assim, por exemplo, pode-se prenotar escritura de compra e venda, sendo apresentado óbice relativo a necessidade de averbar-se o casamento dos compradores. Dentro do prazo legal, outra escritura é prenotada, sendo outro o comprador, recebendo número de prenotação maior. Nessa hipótese, o primeiro comprador pode apresentar a certidão de casamento anteriormente exigida, permitindo sua averbação e registro da escritura, não havendo que se dizer em nova prenotação da certidão de casamento, impedindo o registro da primeira escritura. Com as devidas adaptações, é esta a hipótese dos autos. Os títulos ao fim prenotados não ficam impedidos de serem apresentados pelos interessados na primeira prenotação, como modo de cumprirem as exigências anteriormente apresentadas. Assim, o Oficial averbará o cancelamento da penhora (tal como, no exemplo, averbaria o casamento) e então procederá ao registro da escritura. Com isso, poderá analisar as prenotações posteriores, que poderão ter seu ingresso recusado por não cumprirem as exigências legais, ou por estar seu registro prejudicado (como as prenotações relativas ao mandado estarão quando estes forem averbados em conjunto com a escritura). Como bem colocado pela D. Promotora: "Em outras palavras, de maneira sucinta, a qualificação do primeiro título deve englobar a análise dos mandados apresentados no prazo de sua prenotação, sendo que, apenas ao final desta, será considerada a certidão de penhora apresentada. Destarte, se houve satisfação da exigência inicialmente colocada, dentro do prazo da prenotação, fica autorizado o registro do título apresentado, com o cancelamento anterior da indisponibilidade." Posto isso, julgo improcedente a dúvida suscitada pelo Oficial do 10º Registro de Imóveis da Capital a requerimento de Plácido Futoshi Katayama e Mari Tomita Katayama e determino o registro dos mandados de levantamento de penhora e escritura de divórcio dos suscitados. Não há custas, despesas processuais, nem honorários advocatícios decorrentes deste procedimento. Oportunamente, arquivem-se os autos.. P.R.I.C. - ADV: MARCOS PEREIRA OSAKI (OAB 138979/SP) (DJe de 21.06.2018 - SP)

Processo 1067171-21.2018.8.26.0100

Dúvida - Propriedade - 4º Oficial de Registro de Imóveis de São Paulo - Erika Pires Ramos e outro - Vistos. Trata-se de dúvida suscitada pelo Oficial do 4º Registro de Imóveis da Capital, a requerimento de Erika Pires Ramos e Fernando Gaspar Neisser, tendo em vista a negativa em se proceder ao registro da carta de sentença expedida nos autos do divórcio consensual, que tramitou perante o MMº Juízo da 12ª Vara da Família e Sucessões do Capital (processo nº 1124351-29.2017.8.26.0100), referente à partilha envolvendo, dentre outros bens, os imóveis matriculados sob nºs 48.195 e 148.196. O óbice registrário refere-se à necessidade de comprovação do pagamento do ITBI, incidente sobre o valor relativo à reposição a ser realizada pela suscitada ao seu ex cônjuge, para igualar a partilha, no valor de R$ 214.011,96 (duzentos e quatorze mil e onze reais e noventa e seis centavos), ou o aditamento da carta de sentença com decisão judicial expressa afastando a referida incidência tributária. Juntou documentos às fls. 05/215. Os suscitantes apresentaram impugnação às fls. 216/224, aduzindo que inexiste fato gerador para a incidência do imposto, uma vez que a partilha de bens foi igualitária, não havendo excesso de meação, sendo que o aditamento da carta com decisão judicial afastando a incidência tributária é medida equivocada. Sustentam que a reposição a que se obrigou a suscitada, no importe de R$ 214.011,96 será feita com a utilização dos próprios bens que lhe couberam em meação, e não de eventuais recursos extras e/ ou particulares a caracterizar eventual transmissão onerosa. Por fim, aduzem que o simples fato da integralidade do imóvel matriculado sob nº 48.195 e sua respectiva vaga de garagem matriculada sob nº 48.196 terem sido atribuídos à suscitada Erika, não se mostra suficiente para caracterizar o fato gerador do ITBI, vez que deve ser considerada a universalidade do patrimônio a ser dividido, e não a natureza de cada bem, assim considerado de forma isolada. O Ministério Público opinou pela procedência da dúvida (fls. 227/228). É o relatório Passo a fundamentar e a decidir. Com razão o Registrador, bem como o D. Promotor de Justiça. Conforme demonstram os documentos juntados aos autos (fls. 24/27), o patrimônio do casal consistia em um apartamento matriculado sob nº 48.195 e sua respectiva vaga de garagem matriculada sob nº 48.196, ambos no 4º Registro de Imóveis da Capital no valor de R$ 913.429,90 (novecentos e treze mil, quatrocentos e vinte e nove reais e noventa centavos), um automóvel no valor de R$ 86.571,00 (oitenta e seis mil, quinhentos e setenta e um reais), saldo de conta corrente na CEF no valor de R$ 1.020,01 (um mil e vinte reais e um centavo), saldo de poupança no importe de R$ 47.421,37 (quarenta e sete mil, quatrocentos e vinte e um reais e trinta e sete centavos), título de capitalização no montante de R$ 2.850,96 (dois mil, oitocentos e cinquenta reais e noventa e seis centavos), plano de previdência privada com saldo de R$ 102.475,36 (cento e dois mil, quatrocentos e setenta e cinco reais e trinta e seis centavos), fundo de investimento BB, com saldo de R$ 57.217,12 (cinquenta e sete mil, duzentos e dezessete reais e doze centavos), certificado de operações, certificado de operações estruturadas - IPCA com valor nominal de R$ 15.000,00 (quinze mil reais), certificado de operações estruturadas - Ibovespa com valor nominal de R$ 25.000,00 (vinte e cinco mil reais), certificado de operações estruturadas - Dólar com valor nominal de R$ 40.000,00 (quarenta mil reais), fundo de investimento Select Multiestrategia, com saldo de R$ 55.381,50 (cinquenta e cinco mil, trezentos e oitenta e um reais e cinquenta centavos), CDB DI Select, no importe de R$ 23.246,38 (vinte e três mil, duzentos e quarenta e seis reais e trinta e oito centavos), CDB Progressivo 10 M, com saldo de R$ 49.047,45 (quarenta e nove mil e quarenta e sete reais e quarenta e cinco centavos), LCI carência 361 dias no importe de R$ 301.626,23 (trezentos e um mil, seiscentos e vinte e seis reais e vinte e três centavos), plano de previdência privada cujo montante é R$ 181.329,66 (cento e oitenta e um mil, trezentos e vinte e nove reais e sessenta e seis centavos) e saldo em conta corrente no valor de R$ 92.329,68 (noventa e dois mil, trezentos e vinte nove reais e sessenta e oito centavos), totalizando o patrimônio de R$ 1.993.945,72, logo o quinhão de cada divorciado equivale a R$ 996.972,86 (novecentos e noventa e seis mil, novecentos e setenta e dois reais e oitenta e seis centavos). Contudo, na partilha o valor dos bens atribuídos à suscitada totalizou o valor de R$ 1.210.948,82, enquanto que para seu ex cônjuge totalizou R$ 782.960,90, caracterizando consequentemente excesso de meação, fato este corroborado com o comprometimento da interessada em realizar a torna do montante de R$ 214.011,96 ao seu ex cônjuge, para igualar a partilha. De acordo com a doutrina, sobre o ITBI: "O que se tributa é a transmissão da propriedade de bem imóvel realizada através de um negócio jurídico oneroso, tais como compra e venda, dação em pagamento ou permuta." (Registro Imobiliário: dinâmica registral / Ricardo Dip, Sérgio Jacomino, organizadores. - São Paulo: Editora Revista dos Tribunais, 2011. - (Coleção doutrinas essenciais: direito registral; v.6 - p. 1329 - g.n) Logo, a incidência do ITBI se verifica quando há reposição, ou seja, transferência de outro bem para igualar a partilha, o que daria caráter oneroso à transação. Na presente hipótese, conforme acima mencionado com o intuito de equilibrar a partilha, a suscitada comprometeu-se a pagar a diferença apurada ao seu cônjuge no valor de R$ 214.011,96, a ser realizado em conta corrente de titularidade do divorciado. Assim, foi estipulado no acordo homologado que haveria a reposição de valores, caracterizando a onerosidade do ato e a incidência de ITBI. Questão semelhante foi enfrentada por este Juízo, nos autos nº 1000422-90.2016.8.26.0100: "Divórcio - partilha acima da meação acordo homologado em que se estipula reposição futura do monte-mor caracterização da onerosidade do ato - incidência de ITBI dúvida procedente" Por fim, vale ressaltar que cumpre ao registrador fiscalizar o pagamentos dos impostos devidos por força dos atos que lhe forem apresentados em razão do ofício, na forma do art. 289 da Lei nº 6.015/73, sob pena de responsabilização pessoal do Oficial Delegado, e dentre estes impostos se encontra o ITBI, cuja prova de recolhimento deve instruir a carta de sentença, ocorrendo o excesso de meação, salvo hipótese de isenção devidamente demonstrada. Logo, correto o óbice imposto pela Oficial. Diante do exposto, julgo procedente a dúvida suscitada pelo Oficial do 4º Registro de Imóveis da Capital, a requerimento de Erika Pires Ramos e Fernando Gaspar Neisser, e consequentemente mantenho o óbice registrário. Deste procedimento não decorrem custas, despesas processuais a honorários advocatícios. Oportunamente remetam-se os autos ao arquivo.. P.R.I.C. - ADV: MARCELA FERRAUCHE SMOLKA (OAB 328234/SP), ALEX COSTA PEREIRA (OAB 182585/SP) (DJe de 25.07.2018 - SP)

Processo 1063684-43.2018.8.26.0100

Pedido de Providências - Registro de Imóveis - Luis Fernando Ferreira Devisate Rodrigues - Luis Fernando Ferreira Devisate Rodrigues - Vistos. Trata-se de pedido de providências formulado por Luis Fernando Ferreira Devisate Rodrigues em face do Oficial do 14º Registro de Imóveis da Capital, pretendendo a averbação do divórcio de Aldo Zerbinatti Neto e Olice Diniz de Moraes. Esclarece o requerente que, na qualidade de advogado do locador José Miranda de Souza, requereu junto à Serventia Extrajudicial a averbação do divórcio de um dos caucionantes. Aduz que a Serventia negou-se a aceitar o pedido, sob a alegação de que deveria apresentar a partilha de bens decorrente do divórcio ou declaração dos divorciandos de que os bens não foram partilhados. Insurge-se contra o óbice, alegando que não compete ao registrador questionar a existência ou não da partilha, uma vez que na ausência da documentação, o imóvel continua em condomínio entre os divorciandos. Salienta ser impossível a obtenção da declaração quando o divórcio é litigioso, bem como nos termos da certidão de casamento, houve a alteração do nome da ex cônjuge, devendo portanto, ser obrigatoriamente averbado o ato para alteração do nome. Por fim, alega que não foi fornecida a nota devolutiva. Juntou documentos às fls. 02/04. A inicial foi emendada às fls. 10/16. O registrador manifestou-se às fls. 20/22. Esclarece que não houve recusa no recebimento da documentação, mas confusão do patrono em relação às matrículas. Aduz que não há como praticar o ato pretendido sem ter conhecimento do que ocorreu com o imóvel, o que poderá trazer prejuízos a eventual adquirente. Presume-se que com o divórcio o bem tenha sido partilhado em 50% para cada cônjuge, todavia, não há como afirmar que isto aconteceu de fato, logo é imprescindível a apresentação da carta de sentença ou escritura de divórcio. Por fim, solicita o Oficial que seja apresentado a procuração do proprietário do imóvel, já que o requerimento foi feito em nome do advogado. Juntou documentos às fls. 23/49. Instado a se manifestar acerca das ponderações do registrador, bem como apresentar os documentos comprobatórios dos fatos, além da procuração com poderes para representar o locador (fls. 65/66), o requerente manteve-se inerte (fl. 69). O Ministério Público opinou pela extinção e posterior arquivamento do feito (fl. 75). É o relatório. Passo a fundamentar e a decidir. Pretende o requerente, na qualidade de advogado do locador José Miranda de Souza, averbação do divórcio de Aldo Zerbinatti Neto e Olice Diniz de Moraes. Todavia, como exposto na decisão de fls. 65/66, o advogado está pleiteando em nome próprio direito alheio, ou seja, não há qualquer procuração do sr. Aldo ou srª Olice outorgando-lhe poderes para pleitear a averbação do divórcio. Conforme se constata dos parcos elementos trazidos aos autos, o requerente através de uma inicial bastante confusa apenas mencionou que não houve a partilha dos bens, sem contudo apresentar qualquer documento que comprove os fatos alegados, dentre os quais a carta de sentença ou escritura de divórcio. Pelo princípio da segurança jurídica que norteia os atos registrários, não há como efetuar a averbação sem ao menos ter alguma prova da ausência da partilha do bem e o consequente condomínio entre as partes, preservando o direito de terceiros de boa fé que eventualmente desejarem entabular negócio envolvendo o imóvel em questão. Neste contexto, embora intimado para regularizar a representação processual, que constitui pressuposto de validade dos atos processuais, bem como apresentar os documentos indispensáveis para qualificação, o requerente manteve-se inerte, não se desincumbindo satisfatoriamente do ônus de deduzir de modo correto sua pretensão, consumindo, em detrimento de outros, os limitados recursos disponíveis ao Judiciário para que atenda com presteza e eficiência os que perante ele comparecem responsavelmente em busca de solução para seus conflitos. Diante do exposto, nos termos do artigo 321, parágrafo único do CPC, não sanados os defeitos que obstam o recebimento da petição inicial, indefiro-a e julgo extinto o processo, sem apreciação de mérito nos termos do artigo 485, I do CPC. Deste procedimento não decorrem custas, despesas processuais e honorários advocatícios. Oportunamente remetam-se os autos ao arquivo.. P.R.I.C. - ADV: LUIS FERNANDO FERREIRA DEVISATE RODRIGUES (OAB 45346/SP). (DJe de 12.09.2018 - SP)

DOAÇÃO

Processo 1076588-32.2017.8.26.0100

Dúvida - Registro de Imóveis - Karpov Landgraf Rodrigues - Trata-se de dúvida inversa suscitada por Karpov Landgraf Rodrigues em face do Oficial do 8º Registro de Imóveis da Capital, após negativa de registro de Carta de Sentença extraída do processo nº 707/83, da 1ª Vara Distrital da Lapa, que tem por objeto a separação consensual de Ubiratan

José Antonio de Oliveira Rodrigues e Rosa Maria Vilela Landgraf, genitores do suscitante, em que consta a doação do imóvel da matrícula nº 60.203. A recusa se deu por não constarem os proprietários tabulares do imóvel como parte da ação que deu origem à doação, já que o imóvel pertence a Ubiratan José Antonio de Oliveira Rodrigues e Maria Cavalcante de Lima Rodrigues, conforme registro nº 8 da citada matrícula. O suscitante aduz que a Lei de Registros Públicos, em seu artigo 216, dispõe que o registro pode ser retificado ou anulado por sentença em processo contencioso. Assim, pretendia a anulação do registro R.8 e a averbação da carta de sentença. Alega o Registrador que isto atenta contra o princípio da continuidade registrária. Com relação à adjudicação oriunda do inventário do pai do suscitante, afirma ter negado acesso em razão de afronta ao mesmo princípio, pois na ocasião da aquisição da propriedade era casado com Maria Cavalcante de Lima Rodrigues, cujo inventário não incluiu o bem. Destarte, argumenta ser essencial o reconhecimento de que o bem pertencia exclusivamente ao meeiro, na Vara de Família e Sucessões perante a qual foi processado o inventário, considerando ainda as provas da incomunicabilidade como robustas. Juntou documentos às fls. 74/155. O Ministério Público opinou pela procedência da dúvida (fls. 252/254) referente à carta de sentença, entretanto sustentou entendimento de que o interessado deveria requerer o aditamento do pedido para prosseguir com o registro da carta de adjudicação. O suscitante voltou a se manifestar às fls. 256/257, requerendo o reconhecimento da incomunicabilidade do imóvel, com manifestação do Oficial às fls. 264/265 reiterando os argumentos anteriores. O Ministério Público manteve o parecer preliminar (fl. 269). É o relatório. Decido. Os títulos judiciais não são imunes à qualificação pelo Oficial de Registro de Imóveis. Conforme ampla e pacífica jurisprudência, a origem do título se estes serão respeitados com o registro do título. Isto posto, a carta de adjudicação expedida nos autos de inventário de Ubiratan José Antonio de Oliveira Rodrigues, não observa os princípios da continuidade e da especialidade objetiva. Quanto ao primeiro, diz a Lei 6.015/73: "Art. 195 - Se o imóvel não estiver matriculado ou registrado em nome do outorgante, o oficial exigirá a prévia matrícula e o registro do título anterior, qualquer que seja a sua natureza, para manter a continuidade do registro."; e "Art. 237 - Ainda que o imóvel esteja matriculado, não se fará registro que dependa da apresentação de título anterior, a fim de que se preserve a continuidade do registro. "E aqui se observa que a Lei não será cumprida caso o registro seja feito. Isto porque, como bem observa o Registrador à fl. 179, a carta de adjudicação demonstra ter sido o imóvel de propriedade exclusiva de Ubiratan Jose Antonio de Oliveira Rodrigues. Por outro lado, segundo a matrícula de fls. 61/65, o imóvel é de propriedade de Ubiratan Jose Antonio de Oliveira Rodrigues e Maria Cavalcante de Lima Rodrigues, sua segunda esposa, que eram casados sob o regime da comunhão parcial de bens no momento do registro de aquisição do imóvel, conforme registro nº 8 da referida matrícula. Ou seja, o imóvel não está registrado somente em nome do pai do suscitante, sendo correta a exigência do registro de título que regularize a situação para que se adeque ao princípio da continuidade. A alegação de que existem títulos que comprovam a doação ou adjudicação do imóvel não é suficiente para afastar a exigência, diante do disposto no art. 1.245 do Código Civil: "Art. 1.245. Transfere-se entre vivos a propriedade mediante o registro do título translativo no Registro de Imóveis. § 1º Enquanto não se registrar o título translativo, o alienante continua a ser havido como dono do imóvel. "Deve-se salientar que, no ordenamento jurídico pátrio, incumbe ao Registrador, no exercício do dever de qualificar o título que lhe é apresentado, examinar o aspecto formal, extrínseco, e observar os princípios que regem e norteiam os registros públicos, dentre eles, o da legalidade, que consiste na aceitação para registro somente do título que estiver de acordo com a lei. A análise do título deve obedecer a regras técnicas e objetivas, o desempenho dessa função atribuída ao Registrador, deve ser exercida com independência, exigindo largo conhecimento jurídico. Nesse ponto, ainda de acordo com a argumentação do Registrador às fls. 178/181, a carta de adjudicação só poderá ser registrada após constar no fólio registral que a propriedade do imóvel pertenceu unicamente àquele citado nos títulos apresentados pelo suscitante, sendo uma possibilidade o reconhecimento judicial de que não houve comunicação do imóvel com o patrimônio de Maria Cavalcante de Lima Rodrigues. Assim, apesar da convicção do Oficial e do Ministério Público, é de rigor buscar esse reconhecimento nas vias ordinárias, permitindo ampla defesa e contraditório aos possíveis herdeiros de direitos da falecida. Do exposto, julgo procedente a dúvida inversa suscitada por Karpov Landgraf Rodrigues em face do Oficial do 8º Registro de Imóveis da Capital, mantendo o óbice registral. Não há custas, despesas processuais nem honorários advocatícios decorrentes deste procedimento. Oportunamente, arquivem-se os autos. - ADV: ISAQUE DOS SANTOS (OAB 163686/SP) (DJe de 02.02.2018 - SP)

Processo 1060190-73.2018.8.26.0100

Dúvida - Registro de Imóveis - Nelly Maluf Chamma - Vistos. Trata-se de procedimento de dúvida inversa suscitado por Nelly Maluf Chamma em face do Oficial do 14º Registro de Imóveis. Alega a requerente que tentou realizar registro de escritura pública de doação do imóvel matriculado sob nº 67.365, tendo recebido nota de devolução do Registrador com exigências a serem observadas para que fosse possível a averbação. A princípio, foi solicitada certidão emitida pelo Município constando a alteração do nº de contribuinte do imóvel. Após, quando da apresentação da certidão solicitada, o Oficial emitiu nova nota devolutiva, sustentando que a certidão apresentada revela o englobamento dos contribuintes dos imóveis de matrículas nºs 86.277 e 67.635 e que, portanto, deveria ser solicitada a unificação dos imóveis. Afirma ainda a suscitante que a construção de seu imóvel avança sobre o terreno vizinho só em relação à cabine primária e, por conta disso, a Municipalidade procedeu de ofício ao englobamento para fins tributários, entretanto os proprietários dos imóveis são distintos e não há pretensão de unificação. O Oficial informa que, por serem os imóveis de titularidades diferentes, fica obstada a unificação registrária, da mesma forma que se impossibilita a averbação do novo nº de contribuinte, vez que tal ato fere ao princípio da continuidade. Assim, aduz que não existindo homogeneidade dominial, a escritura só terá acesso ao registro por ordem judicial. Ainda ressalta que, no lapso temporal entre a tentativa de registro da escritura e a apresentação do presente procedimento, o imóvel foi caucionado judicialmente, devendo a escritura ser retificada para constar tal ônus. A Municipalidade, por sua vez, informa que de fato houve a unificação do número de contribuinte das duas matrículas, uma vez que há edificação construída sobre a área de terrenos diversos. Nesse caso, o Cadastro Imobiliário Fiscal reflete a situação fática, para que seja possível aferir adequadamente a base de cálculo do IPTU. Entretanto, não há qualquer legislação que obrigue a unificação das matrículas num único título, posto que a alteração do nº de contribuinte não interfere no título dominial. O Ministério Público, em parecer final, opinou pela improcedência da dúvida e afastamento dos óbices registrários. O Promotor entende que não há necessidade de unificação dos imóveis, tendo em vista a distinta titularidade. Por fim, sugere que para que se efetue a regularização da situação observando ao princípio da continuidade seja averbado o novo número de contribuinte em ambas as matrículas, para que depois a escritura seja registrada. Finalmente, o Oficial propôs condições que possibilitariam o registro. É o relatório. Decido. Primeiramente, cumpre destacar que a apreciação deste Juízo se restringe aos termos apresentados à dúvida inicial, não sendo possível a análise de novas proposições, nem mesmo de outros possíveis óbices ao registro. Desse modo, impossível atender ao requerimento do i. Oficial, juntado às fls. 128, em analogia ao Capítulo XX, seção III, item 41.1.2 das Normas de Serviço dos Cartórios Extrajudiciais: "No caso de irresignação parcial contra as exigências, o procedimento deverá ser convertido em diligência, ouvindo-se, no prazo igual e sucessivo de 10 (dez) dias, o Oficial do Registro de Imóveis e o suscitante, para que seja definido o objeto da dissensão, vedado o cumprimento de exigências durante o procedimento." Quanto ao mérito, procedente a dúvida. A alteração do número de contribuinte sem a inscrição na matrícula dos imóveis afetados fere aos princípios da continuidade e da especialidade objetiva, como bem apontado pelo D Promotor. O número do cadastro de contribuinte para fins tributários é fato relevante para a devida qualificação do imóvel matriculado. Tal qualificação, por sua vez, deve se manter em constância, sendo que cada alteração nas características do imóvel deve ser informada e averbada em sua matrícula, a fim de que se mantenha atualizado seu registro (art. 246 LRP). No caso, a unificação dos contribuintes foi realizada de ofício pelo município. Entretanto, caberia aos titulares de domínio que procedessem à atualização da matrícula junto ao cartório competente, de modo a promover a manutenção da atualidade do registro. Conforme aduzido pelo Registrador, a indicação do número de cadastro no registro é obrigatória, nos termos do art. 176, § 1º, III, 3, b da Lei 6.015/73 "II – são requisitos da matrícula (...) 3) a identificação do imóvel, que será feita com indicação(...) b - se urbano, de suas características e confrontações, localização, área, logradouro, número e de sua designação cadastral, se houver." Desse modo, para que se proceda à averbação da escritura pública de doação, necessário que se realize a averbação do novo número de contribuinte nas matrículas dos imóveis cujo cadastro foi modificado, como sugerido pelo Ministério Público. Ademais, dispensável a exigência do Oficial para que se unifiquem as matrículas dos imóveis cujos cadastros foram substituídos. Sendo os titulares dos imóveis pessoas distintas, não se justifica a unificação dominial, como bem citado pela Municipalidade. A unificação do número de contribuinte para fins de recolhimento tributário tem razão específica, qual seja possibilitar o adequado cálculo do Imposto Predial e Territorial Urbano - IPTU. Entretanto, em nada interfere na titularidade dos imóveis unificados, pelo que não é necessário que se unifiquem os títulos de propriedade. Por fim, quanto às sugestões do Oficial para que seja possibilitado o registro, fica a critério da requerente cumpri-las com vistas a possibilitar o ingresso do título. Do exposto, julgo procedente a dúvida suscitada por Nelly Maluf Chamma em face do Oficial do 14º Registro de Imóveis da Capital. Oportunamente, cumpra-se a Lei n. 6.015/73, art. 203, I, e arquivem-se os autos.. P.R.I.C. - ADV: MARCIO LUIS MAIA (OAB 82513/SP), THAMIRES SOARES RIBEIRO GIOVANETTI (OAB 382910/SP) (DJe de 05.09.2018 - SP)

Processo 1066650-76.2018.8.26.0100

Dúvida - Registro de Imóveis - 12° Oficial de Registros de Imóveis - Felipe Di Mario Neto - Vistos. Trata-se de procedimento de dúvida suscitado pelo Oficial do 12º Registro de Imóveis da Capital a requerimento de Marlene Aparecida Santos, representando Felipe Di Mário Neto. O objeto da dúvida é o registro do formal de partilha dos bens deixados por ILDA IERVOLINO DI MARIO, extraído dos autos de nº 1008675- 95.2015.8.26.005, homologado pelo 1º Ofício da 1ª Vara da Família e Sucessões do Foro Regional de São Miguel Paulista. Segundo informado pelo Registrador, a partilha foi homologada por sentença que adjudicou ao herdeiro Felipe Di Mário Neto a totalidade do imóvel objeto de matrícula nº 78.897 e homologou a doação da parcela do imóvel pertencente à Brasiliana Di Maria Sartorato. Entretanto, da citada matrícula consta que somente 50% do imóvel pertenciam à Ilda, sendo que o restante pertence aos seus herdeiros na proporção de 25% de Felipe e sua esposa e 25% de Brasiliana e seu esposo. Assim, adjudicação de todo o imóvel a Felipe quebraria o princípio da continuidade. Desse modo, o Oficial emitiu nota devolutiva afirmando que: deve ser aditado o formal de partilha para que conste o auto de adjudicação contendo somente a porcentagem do imóvel que corresponde à titularidade da de cujus; e a doação da parcela pertencente à Brasiliana deve ser feita por Escritura Pública lavrada por Tabelião de Notas, constando comprovante de recolhimento dos impostos de transmissão devidos. O interessado apresentou impugnação às fls. 116/124. Afirma que os atos passíveis de registro foram todos homologados judicialmente, de modo que estão em conformidade com a lei, sendo, portanto, desnecessária a formalização do ato de doação por escritura pública. Por fim, o Ministério Público opinou pela procedência parcial da dúvida, afastando-se a necessidade de formalização da doação por escritura pública, com a manutenção da exigência do comprovante de recolhimento do imposto, bem como do aditamento do formal de partilha para que conte a transmissão dos 50% pertencente à Ilda e dos 25% doados por Brasiliana. É o relatório. Decido. Assiste razão à Douta Promotora de Justiça. Em primeiro lugar, entendo que a homologação da doação pelo Juízo competente supre a necessidade da celebração do ato por Escritura Pública. Embora o imóvel se enquadre no caso do art. 108 do Código Civil que exige a lavratura de escritura pública, a jurisprudência tem afastado tal procedimento quando há homologação judicial. Nesse sentido: "EMBARGOS DE TERCEIRO - Penhora de imóvel objeto de doação -Nulidade da penhora - Ocorrência - Doação realizada por acordo celebrado quando da separação judicial do executado e sua ex-mulher - Acordo regularmente homologado por sentença transitada em julgado – Ato jurídico perfeito e acabado - Desnecessidade de escritura pública para efetivar a doação - Sentença que merece ser mantida - Recurso desprovido." (Apelação nº 0142845-12.2010.8.26.0000, Rel. Des. João Batista Vilhena, j. em 14/08/2014) Registro de Imóveis Dúvida julgada procedente, impedindo- se o registro de Carta de Sentença, oriunda de separação judicial, com doação de imóvel a filha menor Desnecessidade de escritura pública Precedentes Desnecessidade de aceitação da donatária (art. 543 do Código Civil) Não incidência de emolumentos, por haver gratuidade expressamente exposta no título - Necessidade, contudo, de recolhimento dos tributos Dúvida prejudicada e recurso não conhecido. (Apelação nº 1000762-62.2014.8.26.0663, Rel. Des. Pereira Calças, julgado em 24/05/2016) Desse modo, suficiente a sentença homologatória para que se registre a doação. Por outro lado, para efetivação do registro indispensável o recolhimento do imposto devido pela doação (ITCMD) ou a prova da isenção de tal tributo, vez que a homologação judicial não dispensa o interessado de cumprir com as despesas tributárias, sendo dever do Oficial fiscalizar o pagamento dos impostos dos atos que a ele são apresentados para registro (art. 289 da LRP), como bem apontado pela Promotora de Justiça. Quanto à necessidade do aditamento do formal de partilha, com razão o Registrador. O artigo 195 da Lei de Registros Públicos assim aduz: "Se o imóvel não estiver matriculado ou registrado em nome do outorgante, o oficial exigirá a prévia matrícula e o registro do título anterior, qualquer que seja a sua natureza, para manter a continuidade do registro." Conforme leciona Luiz Guilherme Loureiro: "Segundo o princípio da continuidade, os registros devem ser perfeitamente encadeados, de forma que não haja vazios ou interrupções na corrente registrária. (...) Destarte, nenhum registro pode ser feito sem que se tenha previamente registrado o título anterior, do qual dependa." (Registros Públicos – Teoria e Prática - 2ª ed. - Editora Método, pg.229) O princípio da continuidade tem por objetivo evitar que lacunas surjam no registro, revestindo de confiabilidade o documento. No presente caso, o imóvel era de propriedade de Ilda (50%), Felipe (25%) e Brasilina (25%). Assim, quando do falecimento de Ilda a porcentagem do imóvel que restou disponível para partilha foi de 50%. Tendo Brasilina renunciado à sua parte nos autos do processo de inventário, os 50% passaram à titularidade de Felipe. Após, com a homologação da doação, os 25% restantes que pertenciam ainda à Brasilina também foram transferidos para Felipe, ficando este com a totalidade do imóvel. Em respeito ao princípio da continuidade se faz necessário que se registre individualmente cada ato. Isso porque a adjudicação de 100% a Felipe quebra a continuidade do registro, visto que ele já era proprietário de 25% do imóvel. A ele podem ser adjudicados somente os 50% herdados e os 25% doados por Brasilina. Desse modo, indispensável que seja aditado o formal de partilha para que constem as duas transmissões. Cumpre destacar, por fim, que a análise da regularidade dos documentos a serem registrados é dever do Oficial. No caso, não houve descumprimento de decisão judicial, mas tão somente a conferência da documentação por parte do Registrador para analisar se estava em conformidade com a legislação. Diante do exposto, julgo parcialmente procedente a dúvida suscitada pelo Oficial do 12º Registro de Imóveis da Capital, a requerimento de Felipe Di Mario Neto, para manter a exigência de comprovante de recolhimento de ITCMD e de aditamento do formal de partilha para especificar as transmissões de propriedade. Não há custas, despesas processuais ou honorários advocatícios decorrentes deste procedimento. Oportunamente, arquivem-se os autos.. P.R.I.C.- ADV: MARLENE APARECIDA SANTOS (OAB 261405/SP). (DJe de 10.09.2018 - SP)

EMOLUMENTOS

Processo 1008581-51.2018.8.26.0100 - Procedimento Comum - REGISTROS PÚBLICOS - T.E.P.E. - Municipalidade de São Paulo - Vistos. Trata-se de pedido de providências formulado pela empresa Trama Enterprise Participações Eirelli, em face do Oficial do 9º Registro de Imóveis da Capital, pleiteando a apuração de eventual conduta do Registrador em relação à cobrança de custas e emolumentos pagos para efetivação do registro nº 17 na matrícula nº 119.233, concernente à instituição do Condomínio Residencial Evangelista. Relata a requerente que para o cálculo das custas e emolumentos o registrador não aplicou o desconto de 50% previsto no artigo 7º da Lei nº 13.290/08, uma vez que o empreendimento é considerado habitação de interesse social - HIS. Juntou documentos às fls. 15/74. O registrador informa que é descabida a alegação no sentido de que agiu de modo deliberado, com má fé, ou ainda que tenha praticado erro grosseiro. Salienta que a qualificação do título foi realizada por escrevente especialmente designado para a análise dos instrumentos condominiais, bem como as buscas realizadas no momento do ingresso do título demonstraram que o imóvel, objeto do presente procedimento não se encontra em Zona Especial de Interesse Social - Zeis. Aduz que deverá ser afastada a alegação de urgência mencionada na inicial, bem como houve o pagamento dos emolumentos calculados sem qualquer questionamento (fls. 78/83 e 94/99). O Ministério Público opinou pelo arquivamento do feito (fls. 102/106 e 124). A Municipalidade de São Paulo, às fls. 111/114, argumenta que o imóvel, objeto do presente feito, localiza-se na zona de uso ZEUP - Zona Eixo de Estruturação da Transformação Urbana Previsto. Acerca das ponderações da Prefeitura, a requerente manifestou-se às fls. 118/121, corroborando os fatos aduzidos na inicial. É o relatório. Passo a fundamentar e a decidir. Primeiramente afasto a aplicação do CDC na presente hipótese. Como é sabido, a relação de consumo é caracterizada pelo oferecimento do serviço no mercado de consumo e a possibilidade do consumidor optar pelos serviços prestados, visando o preço e maior vantagem oferecida. Ocorre que nos serviços de registro imobiliário não há concorrência entre os delegatários, vez que a circunscrição atinente a cada Serventia é determinada pela lei de Organização Judiciaria Estadual, logo não há qualquer liberdade de escolha do usuário. Ademais de acordo com o artigo 236: "Os serviços notariais e de registro são exercidos em caráter privado, por delegação do Poder Público. § 1º Lei regulará as atividades, disciplinará a responsabilidade civil e criminal dos notários, dos oficiais de registro e de seus prepostos e definirá a fiscalização de seus atos pelo Poder Judiciário". Daí verifica-se que a norma mencionada afasta a incidência do CDC, remetendo à Lei Ordinária, mais precisamente à Lei nº 8.935/94, a responsabilidade civil do registradores. Neste contexto, dispõe o artigo 22 da mencionada lei:

"Os notários e oficiais de registro são civilmente responsáveis por todos os prejuízos que causarem a terceiros, por culpa ou dolo, pessoalmente, pelos substitutos que designarem ou escreventes que autorizarem, assegurado o direito de regresso". Logo, afasta-se a aplicação da relação consumerista e consequentemente do ressarcimento em dobro do valor pago. Em relação a produção probatória, tem-se que o procedimento administrativo se destina à análise de uma situação pré ordenada, assim, não se permite a produção de provas ou juntada ulterior de documentos, sendo mitigado o princípio do contraditório e ampla defesa. Feitas estas considerações, passo a análise do mérito. Pretende a requerente o ressarcimento do valor cobrado indevidamente pelo registrador, uma vez que não houve a observância do artigo 7º da Lei 13.290/2008, que prevê o desconto de 50% no valor das custas e emolumentos pelo empreendimento ser considerado como habitação de interesse social - HIS, sendo que houve a incidência de dolo, erro grosseiro e má fé por parte do Oficial. Pois bem, analisando os fatos e documentos juntados à inicial, é possível concluir que a situação em tela, decorreu de falha das duas partes envolvidas. As Leis 11.331/2002 e 13.290/08 dispõem sobre as normas relativas a cobrança de emolumentos para os atos praticados pelos serviços notariais e de registro. De acordo com os artigos 1º e 7º da Lei 13.290/08: "Art. 1º: Esta lei dispõe sobre custas e emolumentos por atos praticados pelos serviços notariais e de registro referentes à regularização fundiária nas áreas de interesse social e aos empreendimentos efetuados na execução de programas de habitação de interesse social para o atendimento à população de baixa renda". "Art. 7º: Nos atos que envolvam a aquisição do terreno pelo empreendedor, retificação, registro de parcelamento de solo, incorporação, averbação da construção, instituição de condomínio ou parcelamento do solo, relativos a empreendimentos de interesse social localizado em Zona Especial de Interesse Social - ZEIS, ou de outra forma definido pelo Município como de interesse social, serão as custas e emolumentos do Registro de Imóveis e do Tabelião de Notas reduzidos em 50% (cinquenta por cento)" (g.n) Na presente hipótese apesar do imóvel em questão estar localizado na zona de uso ZEUP - Zona de Eixo de Estruturação da Transformação Urbana Previsto (fls. 112/113), a Municipalidade de São Paulo emitiu o certificado de conclusão para a área licenciada pelo Alvará 2016/13572-00, publicado em 15.07.2016 (fl. 94/95), onde expressamente constou que a categoria de uso do empreendimento seria destinado a habitação de interesse social, logo, as custas e emolumentos do registro de imóveis devem ser reduzidos em 50%.Tanto é que na primeira apresentação do requerimento o título foi protocolado sob o nº 572.839 e prenotado em 10.07.2017, com a exigência da efetivação do depósito de R$ 4.700,00 referente às custas e emolumentos, ressalvando-se que o valor para a base de cálculo foi determinado pelo HIS (fl. 96 e 99), valor este pago pela requerente através do cheque nº 34113900319. Ocorre que equivocadamente o registrador exigiu o complemento do valor, ou seja R$ 4.700,00 para a efetivação do ato, montante este pago pela interessada (fl. 69), sem qualquer questionamento. Daí que por um lado não procede a alegação do Oficial da inexistência de cobrança indevida, vez que apesar de não estar localizado em Zona Especial de Interesse Social - ZEIS, foi descrito pela Municipalidade de São Paulo como habitação de interesse social, incidindo o desconto previsto no artigo 7º da Lei 13.290/08. Por outro lado, não procede a alegação de urgência da requerente, vez que anteriormente o título havia sido apresentado na Serventia pela prenotação nº 561.205 em 18.07.2017 e devolvido em 31.07.2017, e somente em 11.12.2017 foi reapresentado para nova prenotação nº 572.839, quando foi registrado sob nº 17 na matrícula nº 119.233, ou seja, após cinco meses, o que vai de encontro a alegação de urgência na obtenção do registro. Ademais, deveria a requerente ter se insurgido contra o valor cobrado a maior quando da exigência para complementação e não ter efetivado o recolhimento e ainda, somente após a efetivação do registro, ter formulado sua pretensão em Juízo. Assim, entendo que apesar do erro cometido pelo registrador, este não se caracterizou como grosseiro, bem como não houve a incidência de dolo ou má fé, devendo o Oficial primar pelo dever de prudência e melhor orientar seus funcionários para a adequada cobrança dos emolumentos, logo, entendo como indevida a devolução em décuplo da quantia indevida. Neste contexto a exemplo do extrato do parecer do Dr. Gustavo Henrique Bretas Marzagão, MM Juiz Assessor da Corregedoria no processo n. 2012/ 00061322, conforme segue: "Inviável, destarte, a aplicação da multa e da devolução do décuplo previstos no art. 32 e § 3°. da Lei Estadual n° 1 1.331/02. Conforme a atual orientação desta Corregedoria Geral: A jurisprudência desta Corregedoria Geral é firme no sentido de que a devolução do décuplo do valor cobrado a maior e a instauração de procedimento disciplinar pela cobrança indevida dependem da verificação de dolo. má-fé ou erro grosseiro: "Como já se decidiu no âmbito da Corregedoria Geral da Justiça, a restituição em décuplo tem cabida somente quando a cobrança de importância indevida ou excessiva advém de erro grosseiro, dolo ou má-fé. Nesse sentido decisão exarado em 1º de março de 2004 pelo cuido Corregedor Geral da Justiça, Desembargador José Mário Antônio Cardinale no processo n. 80/04, em que aprovado parecer elaborado pelo MM. Juiz Auxiliar da Corregedoria José Marcelo Tossi Silva, com a seguinte ementa: 'Emolumentos - Oficial de Registro de Imóveis - Cobrança em excesso - Ausência de dolo. ou má-fé - Devolução em décuplo indevida - Recurso não provido'". (Proc. CG 2010/34918) Por fim, a fim de se evitar o locupletamento ilícito, deverá o registrador devolver a quantia paga a maior pela requerente, no valor de R$ 4.647,73, acrescido de juros de 1% ao mês a contar da citação e correção monetária a contar do efetivo desembolso do valor. Diante do exposto, julgo parcialmente procedente o pedido de providências formulado pela empresa Trama Enterprise Participações Eirelli, em face do Oficial do 9º Registro de Imóveis da Capital, devendo o registrador proceder à devolução da quantia paga a maior pela requerente, no valor de R$ 4.647,73, acrescido de juros de 1% ao mês a contar da citação e correção monetária a contar do efetivo desembolso do valor. Deste procedimento não decorrem custas, despesas processuais e honorários advocatícios. Oportunamente remetam-se os autos ao arquivo. P.R.I.C. - ADV: LUCIANA CECILIO DE BARROS (OAB 173301/SP), DANIELA MONTEZEL (OAB 218574/SP) (DJe de 07.06.2018 - SP)

ESCRITURA PÚBLICA DE UNIÃO ESTÁVEL

Processo 1044002-05.2018

Dúvida 5º Oficial de Registro de Imóveis Sentença (fls. 59/62): Vistos. Trata-se de dúvida suscitada pelo Oficial do 5º Registro de Imóveis da Capital, a requerimento de Patrícia Laczynski de Souza, após negativa de registro de escritura pública de compra e venda (livro 2.737, fls. 89/91), lavrada pelo 2º Tabelião de Notas desta Capital. Alega o Oficial que, tendo a interessada optado por lavrar escritura pública de declaração de união estável com regulação do regime de bens- obrigou-se a efetuar registro de tal escritura, tanto no Registro Civil, quanto no Registro de Imóveis, em observância ao que dispõem os itens 11, a-11, 85 e 85.1 do Capítulo XX das Normas da Corregedoria Geral da Justiça de São Paulo. Juntou documentos às fls. 2/40. Manifestou-se a suscitada, às fls. 34/40, pelo afastamento dos óbices. Opinou o Ministério Público, às fls. 53/58, pela procedência da dúvida e consequente manutenção do óbice registrário. É o relatório. Decido. As exigências apresentados no presente caso não devem prosperar. Primeiramente, cabe breve reflexão acerca do instituto da união estável em nosso ordenamento. Conforme disposto no Código Civil pátrio, em seu Art. 1.723.: É reconhecida como entidade familiar a união estável entre o homem e a mulher, configurada na convivência pública, contínua e duradoura e estabelecida com o objetivo de constituição de família. De tal dispositivo, depreende-se que a união estável caracteriza-se por uma situação de fato, reconhecida legalmente e capaz de produzir efeitos jurídicos para os envolvidos, independente de celebração formal. Desse modo, ao contrário do casamento, a união estável prescinde de documento público que a comprove ou a institua, podendo ser alegada quando existir concordância dos envolvidos. Sendo assim, embora recomendável, a escritura pública de declaração de união estável é um documento opcional e, por isso, não pode ser exigida para formalização do citado registro de compra e venda. Isso porque, conforme disposto em seu artigo 5º, inciso II, a Constituição da República garante que ninguém será obrigado a fazer ou deixar de fazer alguma coisa senão em virtude de lei. Nesse mesmo sentido, a decisão do Conselho Superior de Magistratura do Tribunal de Justiça de São Paulo, em acórdão proferido em abril desse mesmo ano, como segue: Os requisitos enumerados no Código Civil para a constituição de união estável não contemplam a celebração de ato formal, ou a realização de cerimônia revestida de formalidades específicas. Diante disso, e ao contrário do casamento, a união estável tem como característica própria a informalidade, ou informalismo, para a sua formação. A ausência de formalismo, ademais, é apontada por Euclides de Oliveira como um dos requisitos da união estável ("União Estável: do concubinato ao casamento: antes e depois do Código Civil", 6º ed., São Paulo: Editora Método, 2003, p. 122), esclarecendo o autor: "A união estável é tipicamente livre na sua formação. Independe de qualquer formalidade, bastando o fato em si, de optarem, homem e mulher, por estabelecer vida em comum. Bem o diz ANTONIO CARLOS MATHIAS COLTRO, assinalando que a união de fato se instaura 'a partir do instante em que resolvem seus integrantes iniciara convivência como se fossem casados, renovando dia a dia tal conduta, e recheando-a de afinidade e afeição, com vistas à manutenção da intensidade. Na união estável basta o mútuo consentimento dos conviventes, que se presume do seu comportamento convergente e da contínua renovação pela permanência" (Euclides de Oliveira, obra citada, p. 124). (Apelação nº 1101111-45.2016.8.26.0100, da Comarca de São Paulo Relator: Pinheiro Franco) E é justamente por essa razão que o Art. 1º da Resolução 37 do CNJ prevê que é facultativo o registro da união estável (...) Assim, pode-se concluir que a exigência de registro de escritura pública para a validade da declaração das partes de que convivem em união estável não condiz com as exigências legais, sendo tal ato opcional, com vistas a dar maior publicidade à relação. Por fim, ainda de acordo com o disposto em acórdão acima citado, para efetivação de registro é necessária a descrição expressa de estado civil de cada companheiro e declaração de ambos confirmando a existência de união estável. Nesse sentido: "É também necessário que conste no título o real estado civil do titular do direito, ou seja, solteiro, casado, viúvo, separado ou divorciado. Não sendo casado, não há vedação para que o titular de direito inscrito seja qualificado conforme seu estado civil, com indicação de que mantém união estável desde que também constem no registro o nome do respectivo companheiro e o restante de sua qualificação. Verifico, dos documentos juntados ao processo, que não há impedimentos para a união estável dos companheiros, sendo um divorciado e outro solteiro. Na escritura de compra e venda, ora apresentada a registro, tal situação foi comprovada perante o Tabelião de Notas, que detém fé pública, sendo suficiente para comprovação da união estável. Concluo, portanto, não ser obrigatório o registro da escritura pública de união no "Livro E", sendo tal procedimento, como já demonstrado, facultativo. Do exposto, JULGO IMPROCEDENTE a presente dúvida, com as observações acima expostas. Deste procedimento não decorrem custas, despesas processuais e honorários advocatícios. Oportunamente remetam-se os autos ao arquivo.. P.R.I.C. (CP 209) (DJe de 14.08.2018 - SP)

HIPOTECA

Processo 1032687-77.2018.8.26.0100

Pedido de Providências - Registro de Imóveis - Andre Ryo Hayashi - Andre Ryo Hayashi - Vistos. Trata-se de pedido de providências formulado por André Ryo Hayashi em face da negativa do Oficial do 14º Registro de Imóveis da Capital pleiteando o cancelamento do registro de hipoteca (R.01) que grava a matricula nº 56.217, sob a alegação da ocorrência de perempção. Juntou documentos às fls. 05/30. O Registrador informa que a perempção não autoriza o cancelamento da hipoteca, apenas limita o direito do credor em relação ao devedor, logo o cancelamento só poderá ocorrer mediante instrumento de quitação ou mandado judicial (fls. 34/35). Intimada da pretensão, a instituição financeira manteve-se silente, conforme certidão de fl. 40. O Ministério Público opinou pela procedência do pedido (fls. 44/46). É o relatório. Passo a fundamentar e a decidir. Com razão o D. Promotor de Justiça. Entendo não haver óbice ao cancelamento pretendido, isto porque apesar da instituição financeira manter-se silente acerca da pretensão, houve o cumprimento do requisito previsto no artigo 251, II da Lei de Registros Públicos, segundo o qual: "Art.251: O cancelamento da hipoteca só pode ser feito: ... II - em razão de procedimento administrativo ou contencioso, no qual o credor tenha sido intimado (art.698 CC) "Além disso, a hipoteca foi registrada há mais de 30 (trinta) anos, ou seja, em 27 de setembro de 1982 (fl. 05), sendo facultado o cancelamento do gravame pela incidência de perempção. De acordo com o artigo 1485 do CC: "Mediante simples averbação, requerida por ambas as partes, poderá prorrogar-se a hipoteca, até 30 (trinta) anos da data do contrato. Desde que perfaça esse prazo, só poderá subsistir o contrato de hipoteca reconstituindo-se por novo título e novo registro; e, nesse caso, lhe será mantida a precedência, que então lhe competir". Neste contexto, de acordo com o ilustre doutrinador Francisco Eduardo Loureiro: "O prazo de trinta anos é de natureza decadencial, de modo que não se aplicam as causas impeditivas, suspensivas e interruptivas aplicáveis à prescrição. Escoado o prazo, a hipoteca se extingue de pleno direito, ainda que antes do cancelamento junto ao registro imobiliário, cujo efeito é meramente regularizatório, a ser pedido pelo interessado ao oficial. Não se confundem perempção da hipoteca com prescrição da pretensão da obrigação garantida. Disso decorre a possibilidade da perempção da garantia ocorrer antes da prescrição da obrigação garantida, que se converterá em quirografária (...) Ultrapassado o prazo fatal de trinta anos, somente subsiste a garantia real mediante novo contrato de hipoteca e novo registro imobiliário" (Código Civil Comentado, Ministro Cezar Peluso coordenador; Barueri/SP: Manole, 2010, p. 1590). Por fim, o artigo 24 do Decreto Lei nº 70/66 mencionado pelo registrador, não se aplica a presente hipótese, uma vez que não há qualquer averbação na matrícula da existência de cédulas hipotecárias e das hipotecas de que se originaram. Logo, afasto o entrave levantado pelo registrador para cancelamento do gravame. Diante do exposto, julgo procedente o pedido de providências formulado por André Ryo Hayashi, em face da negativa do Oficial do 14º Registro de Imóveis da Capital, e consequentemente determino o cancelamento do registro de hipoteca (R.01) que grava a matricula nº 56.217. Deste procedimento não decorrem custas, despesas processuais e honorários advocatícios. Oportunamente remetam-se os autos ao arquivo. P.R.I.C. - ADV: ANDRE RYO HAYASHI (OAB 105826/SP) (DJe de 07.06.2018 - SP)

Processo 1086740-42.2017.8.26.0100

Pedido de Providências - Cancelamento de Hipoteca - Dario Guerra - Vistos. Trata-se de dúvida suscitada pelo Espólio de Dário Guerra representado por sua inventariante Sonia Yara Guerra Villaça, em face da negativa do Oficial do 14º Registro de Imóveis da Capital, em proceder ao cancelamento da hipoteca que grava os imóveis matriculados sob nº s 26.676 e 26.675, sob o argumento da ocorrência de perempção. Esclarece o registrador que a suscitante pretende o cancelamento da hipoteca registrada sob nº 02 e averbada sob nº 03, nas mencionadas matrículas, todavia, juntou termo de quitação expedido pela credora Nossa Caixa Nosso Banco S/A, atual Banco do Brasil S/A. Apresenta como sugestão a solicitação pela suscitante do instrumento atualizado, pela instituição financeira, atualizado e assinado por seus representantes, com reconhecimento de firma. Acerca das ponderações do Oficial, a suscitante manifestou-se às fls. 37/38. Afirma que tentou em duas agencias do Banco do Brasil a obtenção do termo de quitação, recebendo a informação de que não mantinham mais os arquivos referentes ao financiamento, por serem muito antigos. A instituição financeira (fl. 50) comunica que se encontra à disposição da suscitante outra via da autorização do levantamento da hipoteca, sendo que não foi encaminhado o termo ao Cartório de Imóveis competente em razão das custas a serem pagas pelo ato, que é de responsabilidade dos mutuários. Juntou documentos às fls. 51/60. Oficiado, o Banco do Brasil encaminhou a este Juízo a via de autorização do levantamento da hipoteca (fls. 77/87). De posse da documentação e após o encaminhamento ao 14º Registro de Imóveis da Capital, foi realizada a averbação de cancelamento, conforme noticiou a suscitante às fls. 97/98, com a apresentação de documentos às fls. 97/107. O Ministério Público opinou pela extinção do feito (fl. 113). É o relatório. Passo a fundamentar e a decidir. De acordo com a manifestação da suscitante e documentos juntados (fls. 95/107), tem-se que a interessada obteve êxito no cancelamento das hipotecas que gravavam os imóveis matriculados sob nºs 26.676 e 26.675, entendo que todas as providências atinentes ao âmbito administrativo foram tomadas, logo não há o que decidir nos autos, tendo o feito perdido o seu objeto, havendo inclusive concordância da interessada. Diante do exposto, julgo extinta a dúvida suscitada pelo Espólio de Dário Guerra representado por sua inventariante Sonia Yara Guerra Villaça, nos termos do artigo 485, IV e VI do CPC. Deste procedimento não decorrem custas, despesas processuais e honorários advocatícios.. P.R.I.C. - ADV: TATIANA CRISTINA MEIRE DE MORAES DOS SANTOS (OAB 182691/SP) (DJe de 11.07.2018 - SP)

INDISPONIBILIDADE

Processo 1120423-70.2017.8.26.0100

Pedido de Providências - Averbação ou registro de sentença na matrícula do imóvel - João Moreira da Silva - Vistos. Trata-se de pedido de providências formulado por João Moreira da Silva em face do Oficial do 1º Registro de Imóveis a Capital, requerendo o cancelamento de averbações de indisponibilidade de vários bens, dentre as quais a averbação nº 15 da matrícula 15.152, sob o argumento de que não fazia parte da diretoria da Companhia Seguradora Cruzeiro do Sul, que atualmente encontra-se em liquidação. Juntou documentos às fls. 08/73. O Registrador informa que a circunstância aventada pelo requerente ultrapassa o limite da esfera registral, bem como entende que a dificuldade do requerente diz respeito à comprovação de sua qualidade ou não de ex diretor da Companhia Seguradora Cruzeiro do Sul (fl. 77). À fl. 79, o interessado requereu a intimação da empresa na pessoa do seu liquidante. O Ministério Público opinou pela improcedência do pedido (fls. 85/87). É o relatório. Passo a fundamentar e a decidir. O pedido de intimação da empresa ré se confundirá com o mérito da questão e com ele será analisado. Primeiramente ressalto que esta Corregedoria Permanente detém competência para análise das questões envolvendo os imóveis localizados Capital, sendo que os demais deverão ser objeto de procedimento perante os Juízos das Comarcas onde estão localizados. Feitas estas considerações, passo à análise do pedido, concernente ao cancelamento da indisponibilidade do bem averbado sob nº 15 na matrícula nº 15.152 (fl. 20). O artigo 250 da Lei de Registros Públicos elenca as possibilidade de cancelamento dos atos registrários: "art. 250: Far-se-á o cancelamento: I – em cumprimento de decisão judicial transitada em julgado;II - a requerimento unanime das partes que tenham participado do ato registrado, se capazes, com as firmas reconhecidas por tabelião;III - a requerimento do interessado, instruído com documento hábil; IV - a requerimento da Fazenda Pública, instruído com certidão de conclusão de processo administrativo que declarou, na forma da lei, a rescisão do título de domínio ou de concessão de direito real de uso do imóvel rural, expedido para fins de regularização fundiária, e a reversão do imóvel ao patrimônio público (incluído pela Lei nº 11.952/2009). Ocorre que o requerente não logrou comprovar qualquer das hipóteses mencionadas. Compulsando os autos, verifico que a indisponibilidade do bem do requerente, que originou a averbação nº 15, decorreu de decisão emanada da SUSEP. Assim, a Egrégia Corregedoria Geral da Justiça do Estado de São Paulo, ao receber ofício pedindo cumprimento da referida decisão, não fez mais que dar cumprimento à ordem administrativa de indisponibilidade dos bens decretado SUSEP, valendo-se, para isso, dos Juízos Corregedores Permanentes de cada Comarca. Assim, é mister o indeferimento do pedido, uma vez que não partiu deste Juízo a ordem que impôs a indisponibilidade dos bens do requerente. Este Juízo Corregedor, na esfera eminentemente administrativa, apenas deu cumprimento por solicitação da Egrégia Corregedoria Geral da Justiça do Estado de São Paulo à ordem emanada do ofício nº 066/94 (processo nº 163/94) - fls. 38/55. Logo, deverá o interessado buscar o Juízo competente para o levantamento da indisponibilidade, que poderá se dar diretamente pela Central de Indisponibilidade de Bens Imóveis. Diante do exposto, julgo improcedente o pedido de providências formulado por João Moreira da Silva em face do Oficial do 1º Registro de Imóveis a Capital. Deste procedimento não decorrem custas, despesas processuais e honorários advocatícios. Oportunamente remetam-se os autos ao arquivo. P.R.I.C. - ADV: ANTONIO AUGUSTO GUIMARÃES DE SOUZA (OAB 39124/SP) (DJe de 20.02.2018 -SP)

Processo 1124188-49.2017.8.26.0100

Dúvida - Registro de Imóveis - Juzélia Martins Teixeira - Vistos. Trata- se de dúvida suscitada pelo Oficial do 3º Registro de Imóveis da Capital, a requerimento de Juzélia Martins Teixeira, diante da negativa em se proceder ao registro da carta de sentença, pela qual foi transmitido o imóvel objeto da matrícula nº 60.562. Os óbices registrários referem-se: a) existência de indisponibilidade dos bens em nome do proprietário e ex cônjuge Djun Suzuki (50% do imóvel); b) a necessidade da suscitada declarar ciência da existência de ação trabalhista em face de Djun, nos termos da Recomendação nº 03/2012 do CNJ. Foram juntados documentos às fls. 03/71. Insurge-se a suscitada, sob o argumento de que a execução fiscal é do ano de 1997, ou seja, posterior à transferência realizada com a partilha, por ocasião da separação judicial ocorrida em 1990. Assim, a penhora ou indisponibilidade aventada pelo registrador não pode retroagir a fatos pretéritos. Em relação à declaração de ciência da existência de ação trabalhista, reputa infundada e ilegal, por não estar prevista na lei. O Ministério Público opinou pela procedência da dúvida (fls. 88/91). É o relatório. Passo a fundamentar e a decidir. Preliminarmente, cumpre destacar que os títulos judiciais não estão isentos de qualificação, positiva ou negativa, para ingresso no fólio real. O Egrégio Conselho Superior da Magistratura já decidiu que a qualificação negativa do título judicial não caracteriza desobediência ou descumprimento de decisão judicial (Apelação cível n. 413-6/7). Neste sentido a apelação cível nº 464-6/9, de São José do Rio Preto: "Apesar de se tratar de título judicial, está ele sujeito à qualificação registrária. O fato de tratar-se o título de mandado judicial não o torna imune à qualificação registrária, sob o estrito ângulo da regularidade formal, O exame da legalidade não promove incursão sobre o mérito da decisão judicial, mas à apreciação das formalidades extrínsecas da ordem e à conexão de seus dados com o registro e a sua formalização instrumental". Nessa linha, também o E. Supremo Tribunal Federal já decidiu que: "REGISTRO PÚBLICO - ATUAÇÃO DO TITULAR - CARTA DE ADJUDICAÇÃO - DÚVIDA LEVANTADA – CRIME DE DESOBEDIÊNCIA - IMPROPRIEDADE MANIFESTA. O cumprimento do dever imposto pela Lei de Registros Públicos, cogitando-se de deficiência de carta de adjudicação e levantando-se dúvida perante o juízo de direito da vara competente, longe fica de configurar ato passível de enquadramento no artigo 330 do Código Penal - crime de desobediência -, pouco importando o acolhimento, sob o ângulo judicial, do que suscitado" (HC 85911 / MG - MINAS GERAIS, Relator: Min. MARCO AURÉLIO, j. 25/10/2005, Primeira Turma). Sendo assim, fica claro que não basta a existência de título proveniente de órgão jurisdicional para autorizar automaticamente o ingresso no registro tabular. Feitas estas considerações, cabe ressaltar que, de acordo com o princípio tempus regit actum, à qualificação do título aplicam-se as exigências legais contemporâneas ao registro, e não as que vigoravam ao tempo de sua lavratura. O Conselho Superior da Magistratura tem considerado que, para fins de registro, não importa o momento da celebração do contrato, em atenção ao princípio "tempus regit actum", sujeitando-se o título à lei vigente ao tempo de sua apresentação (Apelação Cível nº, 115-6/7, rel. José Mário Antonio Cardinale, nº 777-6/7, rel. Ruy Camilo, nº 530-6/0, rel. Gilberto Passos de Freitas, e, ainda, nº 0004535-52.2011.8.26.0562, relatada por V. Exa.). Assim, a qualificação do título, ao contrário do que faz crer a suscitada, é feita no momento da apresentação do título na Serventia e não quando da realização a partilha, isto é, em 1990. Daí que a presença de indisponibilidade do bem, conforme averbação nº 02 (fl. 70), por si só impede a prática de qualquer ato registrário, devendo tal ônus ser primeiramente levantado pelo MMº Juízo da Vara Judicial da Comarca de Cachoeira Paulista, nos autos da Execução Fiscal movida pela Fazenda Nacional, para posterior ingresso do título no fólio real. Tal questão já foi objeto de análise pelo Egrégio Conselho Superior da Magistratura: "Registro de Imóveis - Dúvida - Escritura Pública de Separação consensual lavrada antes da averbação da indisponibilidade de bens, porém, apresentada para registro posteriormente - impossibilidade do registro, em observância ao princípio "tempus regit actum" - Necessidade de prévio cancelamento da averbação, autorizado por quem a decretou - recusa correta da Oficial - Dúvida Procedente - Recurso Não Provido." (CSMSP - Apelação Cível: 0001748-75.2013.8.26.0337. Localidade: Mairinque. Data de Julgamento: 19/12/2014 Data DJ: 09/02/2015. Relator: Elliot Akel) Confira-se do corpo do Acórdão: "Está sedimentado neste Conselho Superior da Magistratura que, para fins de registro, o que importa é a data da apresentação do título para tal fim, porque é nesse momento que será feita a análise e qualificação, em atenção ao princípio "tempus regit actum", sujeitando-se o título à lei vigente ao tempo da sua apresentação. Assim sendo, embora a escritura pública tenha sido lavrada em data anterior à da averbação da indisponibilidade, ao tempo de sua apresentação perante o registro de Imóveis a averbação já estava inscrita na matrícula, impedindo o registro. Neste sentido: "...A indisponibilidade de bens é forma especial de inalienabilidade e impenhorabilidade, impedindo o acesso de títulos de disposição ou oneração, ainda que formalizados anteriormente à decretação da inalienabilidade" (Conselho Superior da Magistratura, Apelação Cível nº 29.886-0/4, São Paulo, Rel. Des. Márcio Martins Bonilha, fls. 28/29 e 53/54). E ainda: "Registro de Imóveis - Escritura de Compra e Venda lavrada antes da averbação da indisponibilidade, mas apresentado a registro depois dela - Impossibilidade de registro até que a indisponibilidade seja cancelada por quem a decretou - Tempus regit actum - Precedentes do CSM - Recurso não provido". (Apelação Cível nº 0015089-03.2012.8.26.0565 - Rel. José Renato Nalini). Logo, deverá ser mantido o primeiro óbice. Em relação à necessidade da suscitada declarar ciência da existência de ação trabalhista em face de Djun, acredito que, de acordo com a impugnação apresentada, tem ela total conhecimento da possibilidade de reconhecimento de fraude à execução, cumprindo-se assim os termos da Recomendação nº 03 do CNJ, de 15.03.2012. Todavia, esta ciência deve ser formal e só se evidenciou com este procedimento administrativo. Saliento que tal Recomendação dispõe sobre a cientificação prévia das partes, nos atos notariais que especifica, quanto à possibilidade de obterem Certidão Negativa de Débitos Trabalhistas - CNDT, nos casos de :I - alienação ou oneração, a qualquer título de bem imóvel ou direito a ele relativo;II - partilha de bens imóveis em razão de separação, divorcio ou dissolução de união estável. Diante do exposto, julgo procedente a dúvida suscitada pelo Oficial do 3º Registro de Imóveis da Capital, a requerimento de Juzélia Martins Teixeira, e mantenho os óbices impostos. Deste procedimento não decorrem custas, despesas processuais ou honorários advocatícios. Oportunamente remetam-se os autos ao arquivo. P.R.I.C. - ADV: ARNALDO MARTINEZ C DA SILVA (OAB 65690/SP) (DJe de 20.02.2018 - SP)

Processo 1034251-91.2018.8.26.0100

Dúvida - Registro de Imóveis - Paulo Henrique Perini - Vistos. Trata-se de dúvida suscitada pelo Oficial do 15º Registro de Imóveis da Capital, a requerimento de Paulo Henrique Perini, que pretende o registro de escritura de inventário e adjudicação dos bens deixados por Nestor Perini, lavrada pelo 4º Tabelião de Notas de São Paulo, no registro do imóvel da matrícula nº 210.476, no qual recai registro de indisponibilidade, conforme decisão proferida nos autos do processo nº 00006712520125040403, da 3ª Vara do Trabalho de Caxias do Sul/RS - TRT4. O óbice justifica-se, em síntese, em razão do princípio tempus regit actum, pois o título deverá ser registrado conforme a lei ao tempo de sua apresentação, não importando a data do óbito. Por esse motivo, entende o Oficial ser imprescindível o cancelamento da averbação de indisponibilidade. Juntou documentos a fls. 8/47. O suscitado apresentou impugnação a fls. 48/53. Alega que o patrimônio do de cujus se transferiu de modo automático no momento do falecimento, sendo o registro ato que apenas formalizará situação de fato já consolidada. Argumenta, ainda, que a transmissão causa mortis não constitui ato de disposição da propriedade. O Ministério Público se manifestou a fls. 57/60 pela improcedência da dúvida. É o relatório. Decido. Sabe-se que, de acordo com o princípio da saisine, transfere- se a propriedade dos bens aos herdeiros com o evento morte, como disposto no art. 1784 do Código Civil. Nota-se, além disso, que o registro de imóveis tem como um de seus fins zelar pela segurança jurídica, e o faz ao exprimir no fólio registrário a realidade fática. Neste sentido o ensinamento de Luiz Guilherme Loureiro: "O registro de imóveis é fundamentalmente um instrumento de publicidade, portanto, é necessário que as informações nele contidas coincidam com a realidade para que não se converta em elemento de difusão de inexatidões e fonte de insegurança jurídica." (LOUREIRO, Luiz Guilherme. Registros Públicos: teoria e Prática. 2. ed. ver. e atual. Rio de Janeiro: Forense; São Paulo: Método, 2011, p. 230.)" Portanto, deve-se sempre buscar essa coincidência entre informação e realidade. No caso dos autos, não é acertado que o de cujus continuasse a ser titular do domínio tabular. Descabida, portanto, a tese que não há a possibilidade de registro da Escritura de Inventário e Adjudicação, por ser de mero caráter declarativo o registro do domínio em nome do suscitado. Quanto à averbação de indisponibilidade, entendo desnecessário seu cancelamento na referida matrícula, pois o bem permanecerá indisponível, até ordem posterior do Juízo competente, mas registrado em nome de seu verdadeiro proprietário, sem qualquer prejuízo para a indisponibilidade determinada. Cumpre salientar que, com a transmissão da propriedade ex vi legis, como ocorreu por motivo da sucessão, não se dará qualquer ato de disposição da propriedade, ora impedido pela ordem de indisponibilidade. Diante do exposto, julgo improcedente a dúvida suscitada pelo Oficial do 15º Registro de Imóveis da Capital, a requerimento de Paulo Henrique Perini, no sentido de afastar o óbice relativo ao registro da Escritura de Inventário e Adjudicação, devendo permanecer o imóvel indisponível.. P.R.I.C. - ADV: LEONARDO MATRONE (OAB 242165/SP) (DJe de 20.06.2018 - SP)

INSTRUMENTO PARTICULAR

Processo 1095041-41.2018.8.26.0100

Dúvida - Notas - Vevax Incorporadora Ltda. - Emanuel Valmir Bezerra do Nascimento - Maria Elienita de Oliveira Nascimento - Elias Roseling - Stela Maris do Prado Roseling - Vistos. Trata-se de dúvida inversa suscitada por Vevax Incorporadora LTDA, representada por sua sócia Vera Lúcia Pires de Oliveira, Emanuel Valmir Bezerra do Nascimento, Maria Elienita de Oliveira Nascimento e Elias Roseling, Stela Maris do Prado Roseling, em face da Oficial do 16º Registro de Imóveis da Capital, diante da negativa em se proceder ao registro de instrumento particular de retificação e ratificação, pelo qual buscou alterar os proprietários dos imóveis matriculados sob nºs 154.603 e 154.604. Relatam os requerentes que, em cumprimento à regularização determinada na sentença proferida nos autos nº 1009983- 18.2014.8.26.0006, em trâmite perante o MMº Juízo da 3ª Vara Civil do Foro Regional de Distrital VI -Penha de França, os suscitantes e a credora fiduciária CEF providenciaram minuta de instrumento particular de retificação e ratificação, com caráter de escritura pública, devidamente assinada pelas partes. Esclarecem que ao apresentar o título junto à Serventia, foi negado seguimento por inadequação da via eleita, ocasião em que foi proposta à instituição financeira a celebração da escritura de permuta de imóveis, ratificação de contrato de financiamento e constituição de alienação fiduciária, o que se tornou inviável devido ao alto custo, de aproximadamente R$ 20.000,00. Juntou documentos às fls. 04/47. A Registradora esclarece que, ao contrário do alegado pelos suscitantes, não se trata de erro material, visto que a pretensão não é simplesmente alterar o número da casa. Argumenta que o lote 7-A da quadra 65 foi desmembrado e os imóveis resultantes foram vendidos para pessoas diferentes. A instituição financeira, ao elaborar os contratos, trocou os bens. Salienta que a solução proposta, qual seja, permuta, era correta, todavia, em razão do alto custo, as partes não realizaram novo negócio jurídico (fls. 66/68). Argumenta que teriam que ser cancelados todos os atos praticados na matrícula nº 154.604, que seriam transportados para a matrícula do outro imóvel, que supostamente, é ocupado pelos adquirentes. Assim, o registro foi feito corretamente, de acordo com o título. Apresentou documentos às fls. 69/72. O Ministério Público opinou pela procedência da dúvida (fls. 76/79). É o relatório. Passo a fundamentar e a decidir. Com razão a Registradora, bem como a D. Promora de Justiça. Ressalto que o registro de imóveis tem como finalidade primordial zelar pela segurança jurídica, e faz ao exprimir no fólio registral a realidade fática. Neste sentido o ensinamento de Luiz Guilherme Loureiro: "O registro de imóveis é fundamentalmente um instrumento de publicidade, portanto, é necessário que as informações nele contidas coincidam com a realidade para que não se converta em elemento de difusão de inexatidões e fonte de insegurança jurídica." (LOUREIRO, Luiz Guilherme. Registros Públicos: teoria e Prática. 2. ed. ver. e atual.

Rio de Janeiro: Forense; São Paulo: Método, 2011, p. 230.)" Portanto, deve-se sempre buscar essa coincidência entre informação e realidade. Contudo, não se admite meios que não respeitam as formalidades exigidas, sob o risco de afronta à lei. Ainda que demonstrada nos autos a boa fé dos suscitantes em pleitear a retificação e a presença de fortes evidencias de que, de fato, o registro não se apresenta conforme a posse da área desdobrado, os registros nas matrículas n°s 154.603 e 154.604, exprimem fielmente o constante dos títulos que lhes deu origem, ou seja, o instrumento particular de compra e venda de imóvel residencial quitado, mútuo e alienação fiduciária em garantia, carta de crédito com recursos do SBPE no âmbito do sistema Financeiro da Habitação - SFH, com data de assinatura de 12.12.2012. Nos termos do item 54, do Capítulo XIV, das Normas de Serviço da Egrégia Corregedoria Geral da Justiça, permite-se que os erros, inexatidões materiais, bem como as irregularidades, quando não possível a correição mediante ata retificativa, podem ser sanadas por meio de escritura de retificação ratificação, assinada pelas partes e subscrita pelo Tabelião de Notas. Logo, a solução proposta pelos suscitantes à instituição financeira, qual seja a elaboração de novo instrumento, seria a via correta para a resolução do impasse, o que não foi levado a efeito devido ao alto custo. Daí, tem-se que o erro não se refere à escritura de compra e venda, mas sim à ocupação dos imóveis, logo, não há qualquer equívoco na escritura pública levada a registro, razão pela qual as partes deverão lavrar escritura de permuta. Neste contexto de acordo com Narciso Orlandi Neto: Não se pode, à guisa de corrigir erros, modificar o negócio jurídico celebrado, substituindo-o por outro, como seria a transformação de uma venda e compra numa doação, ou vice-versa. Erro dessa espécie, que pode ter acontecido, pode ser corrigido, mas com a celebração do negócio realmente pretendido e a satisfação das exigências legais. (Ata Notarial e a Retificação do Registro Imobiliário in Ata Notarial. Amaro Moraes e Silva Neto et al.; coord. Leonardo Brandelli Porto Alegre: Instituto de Registro Imobiliários do Brasil: S. A. Fabris, 2004, p. 151/183). Ressalto que questão semelhante já foi objeto de decisão pela Egrégia Corregedoria Geral da Justiça: "Registro de Imóveis - Registro de escritura de divisão amigável - Título e registro que atribuem aos interessados os bens de modo invertido (imóvel X para A e imóvel Y para B, quando o correto seria, segundo o apelante, Imóvel X para B e imóvel Y para A) - Escritura de retificação e ratificação elaborada cinte e cinco anos depois para corrigir o equívoco - Título levado a registro trinta e quatro anos depois do ingresso registral da escritura de divisão - Ausência de erro no registro - Registro efetuado há mais de trinta anos conforme escritura apresentada - Impossibilidade de retificação da escritura - Situação que extrapola as específicas hipóteses de retificação previstas nas NSCGJ (itens 53 e 54 do Capítulo XIV das NSCGJ) e que implicaria modificação da declaração de vontade das partes e da substancia do negócio jurídico realizado - Recurso desprovido" (Recurso Administrativo nº 1035699- 70.2016.8.26.0100, Parecer 218/2016 -E, Cor. Des. Pereira Calças, DJE. 21.11.2016). Por fim, apesar da autorização pelo MMº Juízo da 3º Vara Cível do Foro Regional VI - Penha de França acerca da possibilidade da retificação pretendida, entendo que os títulos judiciais não estão isentos de qualificação registral para ingresso no fólio real e como bem exposto pela D. Promotora de Justiça: "Não é o d. Juízo competente para decidir sobre eventual pedido de retificação, recaindo tal incumbência a esta e. Vara. A dois, porque tal entendimento não encontra respaldo na jurisprudência da e. Corregedoria Geral da Justiça, como já mencionado, uma vez que não há erro imputável ao registro, que obedeceu fielmente aos títulos apresentados". Diante do exposto, julgo procedente a dúvida inversa suscitada por Vevax Incorporadora LTDA, representado por sua sócia Vera Lúcia Pires de Oliveira, Emanuel Valmir Bezerra do Nascimento, Maria Elienita de Oliveira Nascimento, Elias Roseling, Stela Maris do Prado Roseling, em face da Oficial do 16º Registro de Imóveis da Capital, e consequentemente mantenho o óbice registrário. Deste procedimento não decorrem custas, despesas processuais e honorários advocatícios. Oportunamente remetam-se os autos ao arquivo. P.R.I.C. - ADV: LAYSA WALERIA QUEIROZ DE OLIVEIRA (OAB 336666/SP), VALÉRIA SILVEIRA SKAFF SCALON (OAB 227217/SP) (DJe de 12.11.2018 - SP)

INVENTÁRIO E PARTILHA

Processo 1062481-80.2017.8.26.0100

Dúvida - Registro de Imóveis - Walquíria Dias Franco Cunha - Municipalidade de São Paulo - Vistos. Trata-se de dúvida suscitada pelo Oficial do 5º Registro de Imóveis da Capital, a requerimento de Walquiria Dias Franco Cunha tendo em vista a negativa em se proceder ao registro da escritura pública e rerratificação de sobrepartilha de inventário, pela qual transmitiu-se o imóvel objeto da transcrição nº 39.497 do 15º Registro de Imóveis da Capital (atualmente de competência do 5º RI), com abertura de nova matrícula. O óbice registrário refere-se à existência de divergências entre as descrições constantes na mencionada transcrição, nos instrumentos públicos e nos cadastros municipais, uma vez que, nos termos da escritura, o imóvel partilhado está cadastrado pela Prefeitura Municipal com o contribuinte nº 017.088.0039-5, todavia conforme planta fiscal apresentada pela Municipalidade, o nº 919 da Rua Barão de Ladário é lançado somente no imóvel vizinho (lado direito), não fazendo parte do imóvel em tela, o que ofenderia o princípio da especialidade objetiva. Esclarece o Registrador que para efeito de abertura de matrículas, existe a possibilidade de ocorrer a duplicidade de registros quanto ao número mencionado. Aduz que não é possível deduzir, com a segurança jurídica necessária, se o imóvel objeto da partilha corresponde ao contribuinte nº 017.088.0039-5 ou se além desse inclui também parte do contribuinte nº 017.088.0040-9, gerando dúvidas também quanto aos cálculos dos emolumentos. Juntou documentos às fls. 05/28. A suscitada manifestou-se à fl. 32, juntando croquis de localização dos imóveis às fls. 33/34, bem como documentos às fls. 41/81. Instada a se manifestar sobre os fatos expostos, a Municipalidade deixou transcorrer o prazo "in albis", conforme certidão de fl. 95. O Ministério Público opinou pela procedência da dúvida (fls. 99/101). É o relatório. Passo a fundamentar e a decidir. A exigência formulada pelo Oficial tem amparo no princípio da especialidade objetiva (artigos 176 e 212 da Lei 6.015/73), cujas regras impedem o registro de títulos cujo objeto não seja exatamente aquele que consta do registro anterior, sendo necessário que a caracterização do objeto do negócio repita os elementos de descrição constantes do registro (Narciso Orlandi Neto, Retificação do Registro de Imóveis, Juarez de Oliveira, pág. 68). E ainda, conforme ensina Luiz Guilherme Loureiro: "Em virtude do principio da legitimidade ou da presunção de veracidade, o Registro deve refletir a verdade não só no que se refere ao titular do direito registrado, mas também quanto à natureza e ao conteúdo deste direito. Assim, qualquer inexatidão do assento deve ser retificada a fim de que reflita perfeitamente a realidade". (Registros Públicos - Teoria e Prática - 2ª ed. - Editora Método). Apesar da ausência de manifestação da Municipalidade, o que traria melhores elementos técnicos para a análise da questão, tem-se que não é imprescindível, bem como a juntada de planta ou memorial descritivo pela suscitada, uma vez que não há a possibilidade neste procedimento da análise da retificação da descrição imobiliária ou mesmo dos cadastros municipais. Como exposto pelo Registrador, não há certeza da área do imóvel que se busca abrir a matrícula, sendo que a numeração do prédio, qual seja nº 919 é a mesma do seu confrontante, não havendo como se auferir se foi desmembrado, originando dois numeros de contribuintes distintos (nºs 017.088.0039-5 e 017.088.0040-9), o que fere o principio da especialidade objetiva nos termos do artigo 176, § 1º, II, item 3, alínea "b" da Lei de Registros Públicos. Logo, é imperiosa a realização de levantamento técnico, conforme previsto na Lei de Registros Públicos, oportunidade em que serão produzidas as provas, com a juntada de levantamento topográfico e memorial descritivo para a correta especificação do imóvel. A simples dúvida do registrador quanto a área a ser transmitida ou localização do imóvel já basta para indicar a necessidade de retificação. Desta forma, sem a perfeita identificação do imóvel em questão, não há como registrar os títulos apresentados, devendo a suscitado valer-se do procedimento adequado para retificação, nos termos do artigo 213, II, da Lei 6015/73, e só após será possível a abertura da matrícula pretendida. Assim, não resta outra alternativa a não ser manter a exigência formulada pelo Registrador. Diante do exposto, julgo procedente a dúvida suscitada pelo Oficial do 5º Registro de Imóveis da Capital, a requerimento de Walquiria Dias Franco Cunha, e mantenho o óbice registrário. Deste procedimento não decorrem custas, despesas processuais e honorários advocatícios. Oportunamente remetam-se os autos ao arquivo. P.R.I.C. - ADV: PEDRO GUEDES DE SOUZA CAMPANELLA (OAB 235109/SP), LILIANA MARIA CREGO FORNERIS (OAB 100212/SP) (DJe de 17.04.2018 - SP)

Processo 1018190-58.2018.8.26.0100

Dúvida - Registro de Imóveis - Helenara Marleide Moroni e outro - Vistos. Trata-se de dúvida suscitada pelo Oficial do 10º Registro de Imóveis da Capital, a requerimento de Helenara Marleide Moroni e outros, após negativa de registro de escritura pública de inventário e partilha, decorrente do falecimento de Lourdes Maria Moroni, tendo por objeto diversos imóveis matriculados na mencionada serventia. O óbice se deu por não ter a escritura considerado o companheiro da de cujus como herdeiro necessário, nos termos do decidido nos Recursos Extraordinários 646.721 e 878.694, julgados pelo Supremo Tribunal Federal. O Oficial aduz que, uma vez decidido que não pode haver distinção entre o regime sucessório atribuído ao casamento e à união estável, seria então o companheiro herdeiro necessário, de modo que o testamento deixado pela de cujus não poderia dispor de todo seu patrimônio em favor de terceiros. Ainda, argumenta que a escritura, por ter sido lavrada após o julgamento pelo Colendo Supremo Tribunal Federal, teria que se adequar ao ali decidido. Juntou documentos às fls. 09/247. Os suscitados impugnaram a dúvida às fls. 248/252, com documentos às fls. 253/270. Alegam que todos os bens inventariados já são de titularidade do companheiro na proporção de 50%, que os adquiriu juntamente com a de cujus enquanto conviviam em união estável, reconhecida contratualmente. Aduzem também que o testamento foi lavrado obedecendo o Código Civil vigente, anteriormente ao pronunciamento do Supremo Tribunal Federal. Por fim, informam que o mesmo título deu origem a registros em outros cartórios de imóveis da capital. Documentos às fls. 253/270. O Ministério Público opinou às fls. 274/281 pela improcedência da dúvida. É o relatório. Decido. Em que pese a cautela do Oficial, o óbice deve ser afastado. No julgamento dos REx nº 646.721 e 878.694 pelo Supremo Tribunal Federal, foi declarada a inconstitucionalidade do Art. 1.790 do Código Civil, que disciplinava a sucessão dos conviventes em união estável, estabelecendo-se a tese de que "No sistema constitucional vigente, é inconstitucional a distinção de regimes sucessórios entre cônjuges e companheiros, devendo ser aplicado, em ambos os casos, o regime estabelecido no art. 1.829 do CC/2002. "Não se discutiu, naqueles autos, especificamente a questão da condição do companheiro como herdeiro necessário. Em outras palavras, disciplinou-se apenas que os conviventes têm os mesmos direitos dos cônjuges, na ordem legítima de sucessão, sem ficar expressamente decidido se uma parcela da herança deve ser reservada ao convivente. Em outras palavras, não se garantiu a reserva de patrimônio aos companheiros, mas apenas que, havendo bens a serem partilhados na ordem da legítima, estes devem ser equiparados aos cônjuges. Não se ignora que, nos termos da tese acima descrita, parece ter havido uma equiparação total entre cônjuges e companheiros, de modo que o Art. 1.845 do Código Civil, ao disciplinar que o cônjuge é herdeiro necessário, deveria ser estendido também aos companheiros. Tal tese é, inclusive, compatível com a ratio decidendi dos mencionados precedentes do Supremo Tribunal Federal, que pretende garantir ao companheiro uma quota dos bens do falecido, justamente pela convivência entre eles e para garantia de seu bem estar. Nos termos do voto do eminente Ministro Roberto Barroso: "Se o Direito Sucessório brasileiro tem como fundamento a proteção da família, por meio da transferência de recursos para que os familiares mais próximos do falecido possam levar suas vidas adiante de forma digna, é incompatível com a ordem de valores consagrada pela Constituição de 1988 definir que cônjuges e companheiros podem receber maior ou menor proteção do Estado simplesmente porque adotaram um ou outro tipo familiar." (grifei) De tais premissas pode-se concluir pela improcedência da presente dúvida. Em primeiro lugar, não houve declaração sobre a necessidade de garantia da legítima aos conviventes em união estável, na condição de herdeiros necessários. Em diversos precedentes, estabeleceu-se que este juízo administrativo não pode reconhecer inconstitucionalidade de lei (cf. AC0038442-73.2011, AC43.694-0/0e AC18.671-0/8). Pela mesma lógica, e até que se estabeleça uma jurisprudência mais firme acerca de tal tema, não se poderia aqui estender os termos do decidido pelo C. STF para além do que foi expressamente decidido ali. No silêncio, quanto o Art. 1.845 do Código Civil, este juízo administrativo não detém competência para reconhecer a inconstitucionalidade da não inclusão dos companheiros no rol de herdeiros necessários. Apenas saliente-se, quanto a este ponto, que a cautela do Oficial se mostrou em sintonia com a evolução jurisprudencial e com uma correta interpretação sistêmica do que foi julgado pelo Supremo. Exatamente por esta razão, o tema certamente voltará a ser rediscutido, não devendo a presente decisão ser interpretada como uma negativa da condição do companheiro como herdeiro necessário. Como dito acima, contudo, a questão ainda é recente, e necessita de uma maior uniformização doutrinária e jurisprudencial para que a leitura do Art. 1.845 do Código Civil possa ser feita de modo mais extensivo no âmbito dos registros públicos. Além disso, ainda que se afaste este último argumento, o presente caso possibilita o afastamento do óbice por outra razão. A tese estabelecida pelo C STF deve ser lida em conjunto com as razões da decisão, que como já exposto dizem respeito à garantia ao companheiro de que possa levar uma vida digna após a perda de um membro da sua família. Aqui, o companheiro já possui 50% de todos os bens partilhados, pois, ainda em vida, os conviventes planejaram seu patrimônio em consonância com o Código Civil vigente, adquirindo os bens em condomínio já sabendo que, na sucessão, o regime seria feito de forma diferenciada. Não por outra razão, a de cujus deixou testamento dispondo de todos os seus bens, garantindo ao seu companheiro apenas o direito de usufruto incidente sobre um dos imóveis, e tal testamento nunca foi contestado, sendo inclusive emitida ordem de cumprimento nos autos do Proc. nº 1048701-73.2017.8.26.0100, posterior a decisão do Supremo e transitada em julgado antes da lavratura da escritura. Ainda, o companheiro é um dos suscitados nesta ação de dúvida, concordando com o teor do testamento e requerendo o registro da partilha, não exigindo para si qualquer parte do monte partilhável. Neste sentido, seria contraditório exigir a retificação da escritura de inventário e partilha para que se garantisse a legítima do companheiro, sendo que este poderia renunciá-la, alcançando o mesmo resultado que teria o afastamento do óbice, com exceção do usufruto, que de qualquer modo poderia vir a ser garantido a ele pelos demais legatários. Finalmente, na modulação dos efeitos de sua decisão, o Supremo estabeleceu que "com a finalidade de preservar a segurança jurídica, o entendimento ora firmado é aplicável apenas aos inventários judiciais em que não tenha havido trânsito em julgado da sentença de partilha, e às partilhas extrajudiciais em que ainda não haja escritura pública. "Não obstante, como bem exposto pelo D. Promotor: "Seria possível, aliás, que a abertura do testamento e a lavratura da escritura de inventário tivessem ocorrido antes da publicação do citado acórdão, oportunidade em que não haveria qualquer óbice ao ingresso do título ao fólio real, vez que não atingido pela modulação de efeitos. Neste caso, vislumbra-se, pois, dois efeitos jurídicos distintos para a mesma situação, sendo que, apenas por uma questão de data da lavratura da citada escritura, passaria o companheiro a possuir mais direitos do que anteriormente. "Assim, pela própria segurança jurídica, que pretendeu o STF garantir com a modulação dos efeitos, a presente sucessão deve ser garantida na forma em que lavrada a escritura de inventário e partilha, garantindo-se ainda a preservação da vontade do testador, princípio interpretativo previsto no Art. 1.899 do Código Civil. Do exposto, julgo improcedente dúvida suscitada pelo Oficial do 10º Registro de Imóveis da Capital, a requerimento de Helenara Marleide Moroni e outros, determinando o registro do título. Não há custas, despesas processuais nem honorários advocatícios decorrentes deste procedimento. Oportunamente, arquivem-se os autos. P.R.I.C. São Paulo, 20 de abril de 2018. Tania Mara Ahualli Juiz de Direito - ADV: ANTONIO CARLOS MARASSI (OAB 44725/SP) (DJe de 25.04.2018 - SP)

Processo 0017047-51.2018.8.26.0100

Pedido de Providências - REGISTROS PÚBLICOS - Paulo Rogerio Biasini – Paulo Rogerio Biasini - Vistos. Trata-se de reclamação formulada por Paulo Rogério Biasini em face do Oficial do 9º Registro de Imóveis da Capital, sob o argumento de não ter recebido atendimento preferencial, em razão de sua idade, quando solicitou ao Oficial o registro da partilha. Juntou documento à fl. 02. O registrador manifestou-se às fls. 04/06. Esclarece que a insatisfação do usuário é direcionada exclusivamente ao serviço de recepção de títulos. Com relação aos demais serviços, como por exemplo, pedidos de certidões, as retiradas de documentos registrados, dentre outros, a Serventia disponibiliza senha específica para atendimento preferencial a idosos, gestantes e portadores de necessidades especiais. Salienta que a Egrégia Corregedoria Geral da Justiça, através da edição do Provimento 39/2012, pacificou a questão, conforme item 88, b do Capítulo XIII das Normas de Serviço do Extrajudicial, estabelecendo que a prioridade às pessoas com deficiência, gestantes, lactantes, pessoas com criança de colo e obesos, exceto no que se refere à prioridade de registro. Por fim, aduz que consta do saguão da Serventia placa indicativa disponível apontando o atendimento preferencial, observando estritamente as normas legais. Apresentou documento à fl. 06. Intimado das informações do Oficial, o reclamante manifestou-se à fl. 09. Assevera que requereu atendimento preferencial, com base no Estatuto do Idoso, todavia, foi informado que para registro do título não há respeito à ordem de preferência, tendo em vista que os escritórios que realizam registro de títulos para terceiros, contratam idosos para levar os títulos ao Cartório, a fim de se beneficiar do direito de preferência, em detrimento dos demais usuários. O Oficial apresentou informações complementares às fls. 13/20. Esclareceu que a Serventia faz constantes investimentos na área de atendimento, com a finalidade de manter um espaço amplo, cômodo, organizado e adequado à quantidade de usuários. Informa que há 28 cadeiras de espera além das 12 de atendimento, distribuídas nos 9 guichês, totalizando 40 assentos, além da placa informativa da prioridade no atendimento e providenciou a indicação expressa em 4 assentos. Afirma que a Serventia disponibiliza de funcionários para auxiliar usuários preferenciais na sua comodação, bem como corroborou os argumentos expostos às fls. 04/06. Juntou documentos às fls. 15/20. Nova manifestação do reclamante à fl. 23. Aduz que a providencia de assentos preferências é um passo no cumprimento do direito de prioridade, no entanto é necessário orientar os atendentes a estarem atentos na hipótese de haver mais de quatro pessoas com direito a atendimento preferencial. É o relatório. Passo a fundamentar e a decidir. Primeiramente há que se fazer duas distinções em relação ao atendimento prioritário realizado nas Serventias Extrajudiciais: a prioridade assegurada às pessoas em razão de sua idade e condição física e a eventual prioridade em razão à apresentação de títulos para registro. Pois bem, em relação à primeira questão envolvendo à idade e condição física dos usuários, a Lei nº 10.048/2000, modificada parcialmente pela Lei nº 13.145/20015, é bem clara ao estabelecer em seu artigo 1º: "As pessoas com deficiência, os idosos com idade igual ou superior a 60 (sessenta) anos, as gestantes, as lactantes, as pessoas com crianças de colo e os obesos terão atendimento prioritário, nos termos desta Lei". E ainda de acordo com o artigo 88, item b das Normas de Serviço da Egrégia Corregedoria Geral da Justiça: "Na prestação dos serviços, os notários e registradores devem:...b) atender por ordem de chegada, assegurada prioridade às pessoas com deficiência, aos idosos com idade igual ou superior a 60 (sessenta) anos, às gestantes, às lactantes, às pessoas com crianças de colo e aos obesos, exceto no que se refere à prioridade de registro prevista em lei" "88.2. No caso da alínea "b", ressalvado o prudente critério do notário ou registrador, não se concederá a prioridade quando houver indícios de abuso de direito". Pois bem, na presente hipótese, de acordo com as informações e documentos juntados pelo Registrador, a Serventia Extrajudicial dispõe de placa indicativa do atendimento preferencial no saguão do prédio (fls. 06 e 19), bem como providenciou a indicação expressa em quatro assentos (fl. 20), além de dispor de funcionários para auxiliar o atendimento dos usuários preferenciais em sua acomodação. Entendo que, pelo fluxo de usuários, o local de espera encontra-se em consonância com a demanda de pessoas que buscam o atendimento e, pelos documentos juntados às fls. 15/20, não se observa usuários aguardando o atendimento "em pé". Ao que parece, o reclamante insurgiu-se pela ausência de prioridade na análise do título apresentado à registro. Ocorre que no registro de imóveis vigora o princípio da prioridade no ingresso do título, a qual é apurada no momento do protocolo na Serventia Extrajudicial, de acordo com a ordem de chegada. Ora, permitir que as pessoas preferenciais tenham um atendimento especial também em relação à apresentação do título para qualificação, equivale a protocolar o documento sem observar a ordem de ingresso do título, caracterizando preferência sobre os demais que ulteriormente derem entrada. A fim de afastar tal dúvida, o artigo 88, item b "in fine", estabelece a prioridade exceto no registro previsto em lei. De acordo com a lição de Afrânio de Carvalho: "O princípio da prioridade significa que, num concurso de direitos reais sobre um imóvel, estes não ocupam todos o mesmo posto, mas se graduam ou classificam por uma relação de precedência fundada na ordem cronológica do seu aparecimento: prior tempore polior jure. Conforme o tempo em que surgirem, os direitos tomam posição no registro, prevalecendo os anteriormente estabelecidos sobre os que vierem depois". (Registro de Imóveis, 4ª ed., Editora Forense, 1998, p. 181). Neste contexto, Afrânio de Carvalho na mesma obra acima mencionada sobre o princípio da prioridade pondera que: "A sua caracterização é originariamente registral, pois se funda na ordem cronológica de apresentação e prenotação dos títulos no protocolo, sendo irrelevante a ordem cronológica de sua feitura ou instrumentalização, vale dizer, a sequência da data dos títulos. A ordem de apresentação, comprovada pela numeração sucessiva do protocolo, firma, pois a posição registral do título relativamente a qualquer outro que já esteja ou venha a apresentar-se no registro. Se essa posição lhe assegurar prioridade, correlatamente lhe assegurará a inscrição, contando que o resultado final do exame da legalidade lhe seja favorável". (p. 182 e 183). E ainda de acordo com o artigo 11 da Lei de Registros Públicos: "Os oficiais adotarão o melhor regime interno de modo a assegurar às partes a ordem de precedência na apresentação dos seus títulos, estabelecendo-se, sempre, o número de ordem geral". Logo, entendo que a prioridade refere-se exclusivamente à serviços que não envolvam a apresentação dos títulos para registro, sendo que nestes casos os usuários preferenciais deverão retirar senha "normal" e aguardar o atendimento, em observâncias às nomas legais. Por fim, não havendo qualquer violação dos deveres funcionais do registrador que autorizem a aplicação de qualquer sanção administrativa, determino o arquivamento do presente feito com as cautelas de praxe. Deste procedimento não decorrem custas, despesas processuais e honorários advocatícios. P.R.I.C. - ADV: PAULO ROGERIO BIASINI (OAB 150074/SP) (DJe de 07.06.2018 - SP)

Processo 1109859-32.2017.8.26.0100

Dúvida - REGISTROS PÚBLICOS - Sirarpie Kolanian - Vistos. Trata-se de dúvida inversa suscitada por Sirapie Kolanian em face da negativa do Oficial do 7º Registro de Imóveis da Capital em proceder aos registros do Formal de Partilha, expedido pelo MMº Juízo da 6ª Vara da Família e Sucessões da Capital, referente aos bens deixados por ocasião do falecimento de Minas Kolanian (processo nº 962/88), bem como da escritura de venda e compra lavrado pelo 26º Tabelião de Notas da Capital, pela qual a suscitante transmitiu por venda o imóvel, objeto da transcrição nº 91.452 à empresa Euka Administradora de Patrimônio LTDA. Apresentou documentos às fls. 15/124. Foi superado o primeiro óbice concernente à necessidade de apresentação das cópias autenticadas das cédulas de identidade (RG) de Minas Kolanian e sua mulher Sirapie Kolanian, em observância ao princípio da especialidade subjetiva. Todavia, no que tange ao segundo título, qual seja, a escritura de venda e compra, o ato ficaria condicionado ao seu registro prévio, em observância ao trato sucessivo. Esclarece o registrador que ambos os títulos referem-se a propriedade plena do imóvel adquirido por Minas Kolanian e sua mulher, sendo que a compra e venda foi celebrada com pacto comissório, assim imprescindível o cancelamento prévio da cláusula resolutiva, com a apresentação de requerimento firmado pelos vendedores como prova do pagamento contratado, uma vez que enquanto pendente a condição estaria impedido o registro da nova transcrição, caso contrário os adquirentes teriam apenas o domínio resolúvel do bem, inviabilizando o registro do Formal de Partilha e consequentemente da escritura de compra e venda. Juntou documentos às fls. 135/136. O Ministério Público opinou pela improcedência da dúvida (fls. 141/144 e 177). Tendo em vista os óbitos dos vendedores Leonel Costacurta e Marcy Maria Margarida Gagliardi Costacurta (fl. 160), a suscitada juntou a declaração dos únicos herdeiros, Leonel Costacurta Júnior e Marco Antonio Gagliardi Costacurta, da ausência de oposição da referida baixa, bem como concordância da pretensão, com a final regularização do procedimento junto ao 7º RI (fl. 159). Diante dos novos documentos apresentados aos autos, o Oficial à fl. 164 concordou pelo afastamento do pacto comissório inserido na escritura de compra e venda, uma vez que as demais exigências foram cumpridas pela suscitante, possibilitando os registros dos títulos submetidos à qualificação. É o relatório. Passo a fundamentar e a decidir. Restringe-se o óbice da presente dúvida à exigência de cancelamento da cláusula resolutiva, consistente no pacto comissório presente na transcrição nº 91.453, sendo que tal gravame inviabilizaria os registros do formal de partilha e da escritura de compra e venda. De acordo com o artigo 1.163 do CC de 1916, não havendo artigo correspondente com o atual CC: "Ajustado que se desfaça a venda, não se pagando o preço até certo dia, poderá o vendedor, não pago, desfazer o contrato, ou pedir o preço". Daí que, enquanto não adimplida a obrigação, a propriedade não é plena, mas sim resolúvel, sendo que, na hipótese de inadimplemento da obrigação, poderá o credor executar a nota promissória representativa do saldo devedor ou ingressar com ação de reintegração de posse cumulada com rescisão do negócio efetuado. Compulsando os autos, verifico que o contrato foi celebrado há cinquenta anos e não há qualquer notícia do ajuizamento de ação repersecutória em relação ao imóvel, sendo que ainda deve-se levar em consideração o prazo prescricional para cobrança de valores pendentes, o que denota ser desnecessária a manutenção do gravame. Ademais, devidamente intimados, os únicos herdeiros dos vendedores, na qualidade de interessados no cancelamento, concordaram com o afastamento do pacto comissório, tendo em vista a plena quitação da dívida, levando consequentemente ao afastamento do óbice imposto pelo registrador. Por fim, diante da plena quitação da dívida, o Oficial reviu seu posicionamento, concordando com o cancelamento da cláusula resolutiva e a possibilidade dos registros dos títulos submetidos à qualificação. Diante do exposto, julgo improcedente a dúvida inversa suscitada por Sirapie Kolanian em face da negativa do Oficial do 7º Registro de Imóveis da Capital, e consequentemente determino os registros dos títulos apresentados. Deste procedimento não decorrem custas, despesas processuais e honorários advocatícios. Oportunamente remetam-se os autos ao arquivo. P.R.I.C. - ADV: RIVALDO TEIXEIRA SANTOS DE AZEVEDO (OAB 195117/SP) (DJe de 07.06.2018 - SP)

Processo 1018503-19.2018.8.26.0100

Pedido de Providências - Registro de Imóveis - 5º Oficial de Registro de Imóveis - Adriana Vergasta Fernandes Silva - Carlos Roberto dos Santos Silva - Vistos. Trata-se de dúvida suscitada pelo Oficial do 5º Registro de Imóveis da Capital, a requerimento de Adriana Vergasta Fernandes Silva, após negativa de registro de escritura pública de inventário e partilha dos bens em razão do falecimento de Neise Vergasta Fernandes, entre eles o imóvel matriculado sob nº 42.758 na citada serventia. O óbice se deu pois não consta na Certidão de Casamento da suscitada se o regime de separação de bens é obrigatória, convencional ou ambas. O Oficial aduz que o óbice visa preservar eventuais direitos de terceiros, resguardados dentro dos procedimentos legais de inventário da proprietária falecida.. A suscitada apresentou impugnação a fls. 14/17, com documentos a fls. 18/43. Alega que a separação de bens outra não poderia ser, senão a obrigatória, uma vez que o estado civil de Carlos Roberto dos Santos Silva era o de viúvo quando ocorreu a união, na vigência do Código Civil de 1916. O Ministério Público opinou a fls. 51/53 pela improcedência da dúvida. É o relatório. Decido. Apesar das fundamentadas razões apresentadas pelo Oficial, o óbice deve ser afastado. O Código Civil de 1916 admitia os seguintes regimes de bens: comunhão universal (arts. 262 a 268), comunhão parcial (arts. 269 a 275), separação (legal e convencional, arts. 276 e 277) e dotal (arts. 278 a 311). Conforme previsão do art. 258, parágrafo único, inciso I do Código Civil de 1916, não havendo contrato entre as partes, o casamento do viúvo que tivesse filhos do cônjuge falecido, enquanto não fizesse inventário dos bens do casal e der partilha aos herdeiros, era regido pela separação obrigatória de bens. Como consta de fls. 18, apesar de não ser presumível se a situação do ora nubente enquadrava-se rigorosamente na hipótese do inciso XIII do art. 183 do CC/16, não há qualquer menção de convenção celebrada entre Carlos e Adriana, restando assim, como única forma possível de "separação de bens" vinculada ao estado civil do nubente, o regime da separação obrigatória. Outro importante elemento que enseja o afastamento do óbice é a própria escritura de inventário e partilha do espólio de Neise Vergasta Fernandes, na qual está consignado o regime de separação obrigatória de bens (fls. 28/30). Como bem salientado pelo D. Promotor, tem-se que o trabalho do Tabelião é dotado de fé pública, como disciplina ainda o art. 3º da Lei 8.935/1994, podendo presumir-se corretos os dados por ele transcritos. Com isso, fica solucionada a preocupação do Oficial, constante na nota devolutiva, de que "será necessário fazer constar o correto regime de bens do casamento da referida herdeira", pois nesse caso o casamento seria regido pela separação obrigatória de bens. Portanto não vislumbro vícios no título apresentado, devendo os óbices apresentados pelo Oficial ser afastados. Do exposto, julgo improcedente a presente dúvida. Deste procedimento não decorrem custas, despesas processuais e honorários advocatícios. Oportunamente remetam-se os autos ao arquivo.. P.R.I.C. - ADV: JANETE PAPAZIAN (OAB 114158/SP) (DJe de 20.06.2018 - SP)

Processo 1049309-37.2018.8.26.0100

Pedido de Providências - Registro de Imóveis - Alessandro Ferrari de Santis – Caixa Econômica Federal - CEF e outro - Vistos. Uma vez que o presente procedimento visa a averbação de escritura de união estável, objeto de averbação, para posterior registro da partilha do imóvel, recebo o feito como pedido de providências. Trata-se de ação ajuizada por Alessandro Ferrari de Santis e Cristina Luzia Moreira Marques em face do Oficial do 14º Registro de Imóveis da Capital, após negativa de registro de Escritura Pública de Dissolução de União Estável com Partilha de Bens, cujos objetos eram os imóveis matriculados sob os nºs 146.109 e 146.110 na mencionada serventia. A negativa se deu pois consta das matrículas que os imóveis foram adquiridos por Alessandro, na condição de solteiro, não sendo possível partilhar o bem de sua exclusiva propriedade, exigindo o Oficial que fosse retificado o título pelo qual Alessandro adquiriu os bens, para ali constar a união estável. Os requerentes aduzem que já mantinham união estável, declarada por escritura pública, quando os bens foram adquiridos, mas que tal situação não constou no instrumento causal, sendo que não é possível cumprir a exigência do Oficial, pois a Caixa Econômica Federal, outorgante do instrumento, alega que não pode realizar a retificação pretendida, uma vez que a venda já foi celebrada e quitada. Alegam que os imóveis sempre foram tratados como de patrimônio comum, razão pela qual o incluíram na partilha da dissolução da união estável. Requerem o registro da partilha. Juntaram documentos às fls. 08/35. O Oficial manifestou-se às fls. 44/46, com documentos às fls. 47/91. Aduz que no instrumento particular de venda e compra apenas Alessandro consta como comprador, sendo necessária a reratificação deste para alterar a matrícula do imóvel e possibilitar o registro da partilha. A Caixa Econômica Federal manifestou-se às fls. 93/94, informando que à época do negócio o comprador se declarou como solteiro, não havendo qualquer interesse ou possibilidade de se alterar o instrumento. O Ministério Público opinou às fls. 101/104, pela qualificação positiva dos títulos. É o relatório. Decido. Os títulos merecem ingresso no fólio registral. Acerca da união estável perante o registro imobiliário, assim decidi no Proc. 1035377-16.2017.8.26.0100: "Não há óbice em dizer que uma vez que se declararam solteiros à época da compra, não se pode agora dizer que estavam em união estável: como se sabe, por muitos anos apenas eram reconhecidos os estados civis de solteiro, casado, separado, divorciado ou viúvo. Não era aceita a declaração do estado civil "em união estável", condição que vem sendo reconhecida apenas mais recentemente, inclusive constando em escrituras públicas. Ora, não podendo se declarar conviventes, declararam-se solteiros, sem prejuízo a possibilidade de reconhecimento futuro da existência da união estável quando adquiriam o bem, havendo assim a comunicação. Como dito, não importa que tal reconhecimento seja feito após a morte de um deles, vez que há permissão normativa para que seja realizado pelos herdeiros em comum acordo." No mesmo sentido, decidiu o Conselho Superior da Magistratura, no Proc. 1101111- 45.2016.8.26.0100, j. 10/04/2018, Rel. Pinheiro Franco: "[P]ara efeito de registro deverá ser entendimento como estado civil o de solteiro, casado, viúvo, separado e divorciado, não o constituindo,portanto, o de "companheiro", embora possa essa qualidade ser indicada tanto em atos e negócios jurídicos como nos documentos e registros que deles decorrerem. Portanto, para efeito de registro imobiliário, permanece aplicável a lição de Irineu Antonio Pedrotti: "A qualificação do homem e da mulher compreende nacionalidade, naturalidade, filiação, estado civil, RG, CPF/MF, domicílio, residência, e outros caracteres subsidiários. Como estado civil pode dizer que é solteiro, casado, viúvo, separado consensual ou judicialmente(anteriormente desquitado amigável ou judicialmente), divorciado amigável ou judicialmente. Mas, agora, com a Constituição de 1988, não poderá dizer unido estavelmente? E, esse estado não demonstra a entidade familiar dada pela nova norma constitucional? O concubinato e/ou a sociedade de fato, e/ou a união estável não cria, em verdade um estado civil e nem modifica a condição jurídica que a pessoa tem. Tratando-se que alguém que viva more uxório será considerado concubino, companheiro, unido estavelmente, por se encontrar configurada essa situação jurídica. Pode-se usar a expressão unido estavelmente para demonstrar a existência de uma entidade familiar,autorizada pelo preceito constitucional..." ("Concubinato - União Estável", 4º ed., São Paulo: LEUD, 1999, p. 203/204). (...) Desse modo, ou titular do direito é qualificado no Registro de Imóveis como solteiro, viúvo, separado ou divorciado e mantendo união estável, do que não decorrerá eventual direito conflitante entre eventual cônjuge e companheiro,ou é casado e, em consequência, não poderá ser qualificado também como "em união estável", pois neste caso os direitos do cônjuge e do companheiro poderão ser incompatíveis entre si, exceto se o reconhecimento da união estável decorrer de ação judicial que atinja o imóvel." O conjunto dos trechos acima possibilita concluir que não há qualquer alteração a ser realizada no instrumento que gerou os R. 05 nas matrículas nº 146.109 e 146.110, uma vez que o estado civil de Alessandro era solteiro e assim foi declarado. A condição de manter união estável, contudo, foi omitida, e um dos fatores para isso, como acima mencionado, é o fato da condição de união estável não ser comumente declarada na lavratura de negócios jurídicos, tendo em vista sua informalidade. Assim, tanto o registro como o instrumento estão corretos, não sendo o caso de qualquer retificação, até porque já declarado pela Caixa a impossibilidade de realizá-la. Ocorre que a união estável gera efeitos patrimoniais, como a comunicação do bem entre os companheiros, sendo necessária uma solução para a controvérsia. Se por um lado não é possível a alteração do título de compra e venda, por outro não parece haver óbice à averbação da escritura de declaração de união estável. Veja-se que, na hipótese de pessoa solteira adquirir bem, contraindo posteriormente matrimônio no regime de comunhão universal, a averbação do casamento também é feita após o registro de compra e venda, com comunicação do bem. Isso a demonstrar a possibilidade de averbação posterior alterar a titularidade do bem. Por analogia, portanto, pode-se entender como viável a averbação da união estável no presente caso, levando a comunicação do bem, possibilitando assim o registro de sua partilha. Não vislumbro, ainda, qualquer tentativa de simulação, fraude ou prejuízo a terceiros, uma vez que a escritura de fl. 10, que declara a união estável, foi lavrada já em 2002, anteriormente à aquisição dos imóveis, além de ambos os companheiros terem feito parte da escritura de partilha, declarando que os bens foram adquiridos na constância da união estável. Ainda, no silêncio, presume-se o regime da comunhão parcial de bens. Conforme o já citado precedente Proc. 1101111- 45.2016.8.26.0100: "(...) deverá constar no registro do imóvel o regime de bens adotado caso diverso da comunhão parcial de bens que é o regime legal (art. 1.725 do Código Civil), sendo que no silêncio presumir-se-á o regime de comunhão parcial." Finalmente, como bem exposto pela D. Promotora: "Vale dizer, aliás, que a ausência de indicação de CRISTINA no instrumento particular de compra e venda é irrelevante, uma vez que a citada comunhão é compulsória e abrange todos os bens adquiridos por eles na constância da união estável (com exceção, claro, daqueles indicados no artigo 1.659 do CC, o que não é o caso). (...) Anote-se, outrossim, que os atos a serem praticados não vulneram o interesse de qualquer das partes (sendo que todos concordam com a comunhão dos bens entre o casal), ao passo que as exigências formuladas pelo Oficial não servem a garantir mais segurança do que a já existente com a averbação e o registro das escrituras. Em suma, tanto a retificação do instrumento que ocasionou o registro, quanto a averbação da união estável são suficientes a aclarar a real titularidade do bem, permitindo-se, ato contínuo, o registro da partilha." Portanto, deve o Oficial averbar a declaração de união estável, fazendo constar a qualificação da companheira e o fato do bem ter sido adquirido na constância da união, comunicando-se. Preservada, assim, a continuidade, a escritura de partilha também poderá ingressar no fólio real. Veja-se que, acaso julgado improcedente o pedido, as partes teriam que buscar provimento jurisdicional, chegando ao mesmo resultado aqui alcançado, pois ambos os companheiros concordam que houve a comunicação dos imóveis e pretendem sua partilha amigável. Do exposto, julgo procedente o pedido de providências formulado por Alessandro Ferrari de Santis e Cristina Luzia Moreira Marques em face do Oficial do 14º Registro de Imóveis da Capital, permitindo a averbação da declaração de união estável e registro da escritura de dissolução e partilha. Não há custas, despesas processuais nem honorários advocatícios decorrentes deste procedimento. Oportunamente, arquivem-se os autos.. P.R.I.C.- ADV: MARLENE FERRARI DOS SANTOS (OAB 96965/SP), HELENA YUMY HASHIZUME (OAB 230827/SP) (DJe de 26.07.2018 - SP)

ITBI

Processo 1022073-13.2018.8.26.0100

Dúvida - Registro de Imóveis - Graciani Lovato Jorge - Vistos. Trata-se de dúvida suscitada pelo Oficial do 6º Registro de Imóveis da Capital, a requerimento de Graciani Lovato Jorge, diante da negativa em se proceder ao registro da carta de sentença extraída dos autos do divórcio consensual (processo nº 1003271-77.2017.8.26.0100) que tramitou perante o MMº Juízo da 1ª Vara da Família e Sucessões do Foro Regional X - Ipiranga. O óbice registrário refere-se à necessidade da comprovação do recolhimento do imposto de transmissão (ITBI), tendo em vista que na partilha homologada a suscitada recebeu patrimônio acima de sua cota parte, o que caracteriza como excesso de meação. Todavia, para equilibrar os valores, a suscitada comprometeu-se a pagar ao ex cônjuge a diferença apurada em 129 (cento e vinte e nove) parcelas mensais e sucessivas. Juntou documentos às fls. 04/103. A suscitada apresentou impugnação às fls. 106/116. Argumenta que, em se tratando de casamento sob o regime da comunhão parcial de bens, ambos dos cônjuges detém a totalidade do patrimônio, logo, havendo a devida reposição patrimonial pela suscitada em relação ao excesso de meação, ensejou a partilha igualitária, não havendo que se falar na incidência de imposto de transmissão, por não ter se dado o fato gerador do tributo. Apresentou documentos às fls. 117/122. O Ministério Público opinou pela procedência da dúvida (fls. 126/128). É o relatório. Passo a fundamentar e a decidir. Com razão o Registrador e o D. Promotor de Justiça. Conforme demonstram os documentos juntados aos autos (fls. 18/22) o patrimônio do casal consistia em dois veículos no valor de R$ 88.096,00 (oitenta e oito mil e noventa e seis reais); 5.000 cotas da empresa Jorge e Lauer Clinica Médica LTDA, no valor de R$ 5.000,00 (cinco mil reais); um apartamento matriculado sob nº 169.919 do 6º RI, no importe de R$ 712.483,00 (setecentos e doze mil, quatrocentos e oitenta e três reais); uma sala comercial matriculada sob nº 91.438 do 1º RI, no importe de R$ 321.228,00 (trezentos e vinte e um mil reais, duzentos e vinte e oito reais); fração ideal correspondente a 50% do imóvel matriculado sob nº 15.726 do 1º RI, o qual encontra-se em litigio judicial, no montante de R$ 483.193,00 (quatrocentos e oitenta e três mil, cento e noventa e três reais), totalizando o patrimônio de R$ 1.610.000,00, logo o quinhão de cada divorciado equivale a R$ 805.000,00 (oitocentos e cinco mil reais). Contudo, na partilha a suscitada ficou com um veículo, o apartamento, a sala comercial e a fração de 50% do imóvel, totalizando o importe de R$ 1.573.401,00, enquanto seu ex cônjuge permaneceu com as cotas da empresa e um veículo, totalizando o importe de R$ 36.598,50 caracterizando consequentemente excesso de meação. Diz o parágrafo 5º, do artigo 1º, do Decreto Estadual 46.655/02, que regula o ITCMD: "Estão compreendidos na incidência do imposto os bens que, na divisão de patrimônio comum, na partilha ou adjudicação, forem atribuídos a um dos cônjuges, a um dos conviventes, ou a qualquer herdeiro, acima da respectiva meação ou quinhão. "De acordo com a doutrina, sobre o ITBI: "O que se tributa é a transmissão da propriedade de bem imóvel realizada através de um negócio jurídico oneroso, tais como compra e venda, dação em pagamento ou permuta." (Registro Imobiliário: dinâmica registral / Ricardo Dip, Sérgio Jacomino, organizadores. - São Paulo: Editora Revista dos Tribunais, 2011. - (Coleção doutrinas essenciais: direito registral; v.6 - p. 1329 - g.n) Logo, a incidência do ITBI se verifica quando há reposição, ou seja, transferência de outro bem para igualar a partilha, o que daria caráter oneroso à transação, enquanto o ITCMD incide na hipótese em que um dos cônjuges deliberadamente aceita a partilha acima da meação, sem reposição. Na presente hipótese, com o intuito de equilibrar a partilha, a suscitada comprometeu-se a pagar a diferença apurada ao seu ex cônjuge no valor de R$ 768.401,00 em 129 parcelas consecutivas, sendo a primeira de R$ 401,00 no ato da assinatura do acordo e as demais no valor de R$ 6.000,00, sucessivamente (fls. 23). Assim, foi estipulado no acordo homologado que haveria reposição de valores, caracterizando a onerosidade do ato e a incidência de ITBI. Questão semelhante foi enfrentada por este Juízo, nos autos nº 1000422-90.2016.8.26.0100: "Divórcio - partilha acima da meação - acordo homologado em que se estipula reposição futura do monte-mor - caracterização da onerosidade do ato - incidência de ITBI - dúvida procedente". Por fim, vale ressaltar que cumpre ao registrador fiscalizar o pagamentos dos impostos devidos por força dos atos que lhe forem apresentados em razão do ofício, na forma do art. 289 da Lei nº 6.015/73, sob pena de responsabilização pessoal do Oficial Delegado, e dentre estes impostos se encontra o ITBI, cuja prova de recolhimento deve instruir o Formal de Partilha, salvo hipótese de isenção devidamente demonstrada. Logo, correto o óbice imposto pela Oficial. Diante do exposto, julgo procedente a dúvida suscitada pelo Oficial do 6º Registro de Imóveis da Capital, a requerimento de Graciani Lovato Jorge, e consequentemente mantenho o óbice registrário. Deste procedimento não decorrem custas, despesas processuais e honorários advocatícios. Oportunamente remetam-se os autos ao arquivo. P.R.I.C. - ADV: ROBERTA DE VASCONCELLOS OLIVEIRA RAMOS (OAB 146229/SP), FABIANA DE SOUZA RAMOS (OAB 140866/SP) (DJe de 10.04.2018 - SP)

Processo 1026231-14.2018.8.26.0100

Dúvida - Registro de Imóveis - Orlede dos Santos Silva e outro - Vistos. Trata-se de dúvida suscitada pelo Oficial do 14º Registro de Imóveis da Capital, a requerimento de Orlede dos Santos Silva e José Antonio Teixeira Alves, diante da negativa em se proceder ao registro da escritura de compra e venda lavrado no Registro Civil das Pessoas naturais e Tabelião de Notas do Distrito de Jardim Silveira, Comarca de Barueri/SP, através do qual os suscitados adquiriram de humberto da Silva Cancelinha e sua mulher Angelina Madalozo, o imóvel matriculado sob nº 47.028. O óbice registrário refere-se à necessidade de comprovação do recolhimento dos encargos legais pelo atraso no recolhimento do imposto de transmissão do imóvel (ITBI), haja vista que o pagamento se deu após a efetivação do contrato, ou seja, segundo o entendimento do Oficial deveria ser pago antes da efetivação do mencionado ato. Aduz que é dever dos registradores a realização de fiscalização do pagamento dos impostos devidos por força dos atos que lhes foram apresentados, sendo que tal fiscalização não se coaduna com a aceitação de recolhimento sem todos os acréscimos legais pelo deslocamento indevido do termo inicial do fato gerador. Juntou documentos às fls. 04/38. Os suscitados não apresentaram impugnação neste feito, conforme certidão de fl. 46, contudo manifestaram-se perante a Serventia Extrajudicial. Argumentam que o imposto somente é devido quando se transfere o domínio, nos termos dos artigos 1227 e 1245 do Código Civil, razão pela qual não procede a exigência do Oficial no tocante ao pagamento de multa e juros. O Ministério Público opinou pela improcedência da dúvida (fls. 50/52). É o relatório. Passo a fundamentar e a decidir. Em que pesem o zelo e cautela do Registrador, verifico que na presente hipótese o óbice não prospera. É certo que ao Oficial de Registro cumpre fiscalizar o pagamento dos impostos devidos por força dos atos que lhe forem apresentados, em razão de seu ofício, nos termos do art.289 da Lei de registros Públicos, sob pena de responsabilização pessoal do Delegatário. Todavia, acerca desta matéria o Egrégio Conselho Superior da Magistratura, já fixou entendimento no sentido de que a qualificação feita pelo registrador não vai além da aferição sobre a existência ou não de recolhimento do tributo, e não sobre a integralidade de seu valor, o qual abrange a incidência de juros, multa e correção monetária, que caracteriza os encargos legais da obrigação. Neste sentido: "Ao oficial de registro incumbe a verificação de recolhimento de tributos relativos aos atos praticados, não a sua exatidão." (Apel. Cív. 20522-0/9- CSMSP - J.19.04.1995 - Rel. Antônio Carlos Alves Braga) "Todavia, este Egrégio Conselho Superior da Magistratura já fixou entendimento no sentido de que a qualificação feita pelo Oficial Registrador não vai além da aferição sobre a existência ou não de recolhimento do tributo, e não sobre a integralidade de seu valor." (Apel. Cív. 996-6/6 - CSMSP - J. 09.12.2008 - Rel. Ruy Camilo) "Este Egrégio Conselho Superior da Magistratura já fixou entendimento no sentido de que a qualificação feita pelo Oficial Registrador não vai além da aferição sobre a existência ou não de recolhimento do tributo, e não sobre a integralidade de seu valor." (Ap. Civ. 0009480-97.2013.8.26.0114 - Campinas - j. 02.09.2014 - Rel. des. Elliot Akel) Como bem observou a D. Promotora de Justiça: "a própria incidência da multa pe de constitucionalidade duvidosa, na medida em que, como bem observado pela suscitada, a transmissão da propriedade, pelo princípio da inscrição (artigo 1.227 do CC), dá-se apenas com o registro do título. Nessa linha: "TRIBUTÁRIO. ITBI. FATO GERADOR, OCORRÊNCIA. REGISTRO DE TRANSMISSÃO DO BEM IMÓVEL.I - Consoante se depreende do julgado do Tribunal de Origem, a hipótese dos autos é de transferência do bem imóvel a sociedade, para integralizar cota do capital, não sendo caso de cessão de direitos referente a transmissão. II - Verifica-se que o acórdão vergastado está em consonância com o entendimento assentado por esta Corte, que em diversas oportunidades já se manifestou no sentido de que o fato gerador do ITBI só se aperfeiçoa com o registro da transmissão do bem imóvel. Precedentes: AdRg no Ag nº 448.245/DF, Rel. Min. Luiz Fuz, DJ de 09/12/2002, REsp nº 253.364/DF, Rel. Min Humberto Gomes de Barros, DJ de 16/04/2001 e RMS nº 10.650/DF, Rel. Min. Francisco Peçanha Martins, DJ de 04/09/2000. III - Agravo regimental impróvido" (AgRg no REsp nº 798794/SP, Rel. Min. Francisco Falcão, j. 14/02/2006). Ressalto que tal questão foi recentemente objeto de análise pelo Egrégio Conselho Superior da Magistratura, nos autos nº 1046651-45.2015.8.26.0100, de relatoria do Des. Pereira Calças: "Registro de imóveis - decisão da Juíza Corregedora Permanente que afastou o óbice para o registro de contrato social por meio do qual um dos sócios integraliza parte do seu capital social mediante a transferência de dois imóveis - exigência de recolhimento de encargos moratórios relativos ao atraso no pagamento do ITBI - Apelação imposta pelo registrador - Inteligência do artigo 202 da Lei nº 6.015/73 e do item 41.6 do Capítulo XX das Normas de Serviço - Ilegitimidade recursal - Recurso não conhecido. Apelação interposta pela Municipalidade de São Paulo - Legitimidade reconhecida - Terceira prejudicada - Discussão a respeito da incidência de encargos moratórios pelo atraso no recolhimento de ITBI - Atuação que extrapola as atribuições do Oficial - Dever de fiscalização que se limita ao recolhimento do tributo - Discussão que deve ser travada em processo administrativo tributário ou sem execução fiscal - Sentença de improcedência da dúvida mantida"Eventual valor a ser cobrado a título de encargos moratórios deve ser discutido na via judicial, não podendo o registrador desqualificar o título apresentado sob o fundamento de ausência de complemento de valores, caracterizando coação indireta do usuário. Logo, entendo que deva ser afastada a exigência imposta pelo Oficial. Diante do exposto, julgo Improcedente a dúvida suscitada pelo Oficial do 14º Registro de Imóveis da Capital, a requerimento de Orlede dos Santos Silva e José Antonio Teixeira Alves, e determino o registro do título apresentado. Deste procedimento não decorrem custas, despesas processuais e honorários advocatícios. Oportunamente remetam-se os autos ao arquivo. P.R.I.C. - ADV: LAERTE POLIZELLO (OAB 95159/MG) (DJe de 27.04.2018 - SP)

Processo 1092322-86.2018.8.26.0100

Dúvida - REGISTROS PÚBLICOS - Ricardo Jorge Viscardi e outro - Vistos. Trata se de dúvida suscitada pelo Oficial do 10º Registro de Imóveis da Capital, a requerimento de Ricardo Jorge Viscardi e Milene Esteves Mirabelli Viscardi, tendo em vista a negativa em se proceder ao registro da escritura pública de venda e compra, através da qual a proprietária São José Desenvolvimento Imobiliário 23 LTDA pretende transmitir ao suscitado os imóveis matriculados sob nºs 140.578 e 140.579. Em uma primeira qualificação, o título foi devolvido com as seguintes exigências: a) necessidade de rerratificação da escritura, tendo em vista ter constado a denominação da vendedora como São José Desenvolvimento Imobiliário XXIII LTDA, divergindo da matrícula e da alteração do contrato social ocorrido em 21.03.2013; b) necessidade de apresentação da cópia autenticada do CPF dos cedentes Fernando César Viscardi e Romina Rangel Viscardi, para aperfeiçoamento da qualificação na referida matrícula; c) apresentação das guias de imposto de transmissão de bens imóveis (ITBI), bem como respectivos comprovantes de pagamentos com os acréscimos legais (multa, juros e atualização monetária), com relação à cessão de direitos mencionados no título. Todavia, no dia 29.08.2018, o interessado reapresentou o título e em atendimento ao item "2, juntou cópias das cédulas de identidade dos cedentes Fernando César Viscardi e Romina Rangel Viscardi. Foram juntados documentos às fls. 04/101. Os suscitados apresentaram impugnação às fls. 102/126, insurgindo-se apenas em relação à necessidade de apresentação das guias de imposto de transmissão de bens imóveis (ITBI), bem como respectivos comprovantes de pagamentos com os acréscimos legais (multa, juros e atualização monetária), com relação à cessão de direitos mencionados no título. Aduzem que a cessão de direitos de unidade futura a ser construída e não efetivamente constituída à época da cessão, não gera a obrigação tributária de recolhimento do imposto sobre transmissão imobiliária, além do que a simples cessão de promessa de venda e compra não levada a registro equivale a regular transferência de imóvel, único fato gerador capaz da incidência do ITBI. O Ministério Público opinou pela prejudicialidade do feito, e no mérito, pela procedência da dúvida. É o relatório. Passo a fundamentar e a decidir. Na presente hipótese houve impugnação parcial das exigências formuladas pelo registrador. Os suscitantes demonstraram irresignação apenas contra a ausência de apresentação das guias de imposto de transmissão de bens imóveis (ITBI), bem como respectivos comprovantes de pagamentos com os acréscimos legais (multa, juros e atualização monetária), com relação à cessão de direitos mencionados no título. A nota devolutiva indicou, além do item mencionado, a necessidade de rerratificação da escritura, tendo em vista ter constado a denominação da vendedora como São José Desenvolvimento Imobiliário XXIII LTDA, ao invés de São José Desenvolvimento

Imobiliário 23 LTDA, logo houve o reconhecimento da necessidade de atendimento desta exigência. A concordância parcial com as exigências do Oficial prejudica a dúvida, que só admite duas soluções: a determinação do registro do título protocolado e prenotado, que é analisado, em reexame da qualificação, tal com se encontrava no momento em que surgida dissensão entre os apresentantes e o Oficial de Registro de Imóveis; ou a manutenção da recusa do Oficial. Para que se possa decidir se o título pode ser rejeitado ou não é preciso que todas as exigências - e não apenas parte delas - sejam reexaminadas pelo Corregedor Permanente. Nesse sentido, é pacífica a jurisprudência do Egrégio Conselho Superior da Magistratura. Feitas estas considerações, passo a análise do mérito. Com razão o registrador, bem como a D. Promotora de Justiça. O Imposto Municipal sobre transmissão onerosa inter vivos de direitos imobiliários (ITBI) incide no caso de compra e venda de imóvel, bem como na cessão de direitos de compromisso de compra e venda, conforme estabelecido nos artigos 1º, II, e 2º, VIII do Decreto Municipal nº 51.627: "Art. 1º O Imposto sobre Transmissão "Inter Vivos", a qualquer título, por ato oneroso, de bens imóveis, por natureza ou acessão física, e de direitos reais sobre imóveis, exceto os de garantia, bem como cessão de direitos à sua aquisição ITBI-IV tem como fato gerador: ... II a cessão, por ato oneroso, de direitos relativos à aquisição de bens imóveis". "Art. 2º: Estão compreendidos na incidência do Imposto: ... VIII a cessão de direitos do arrematante ou adjudicatário, depois de assinado o auto de arrematação ou adjudicação" Conforme verifica-se dos autos, na escritura pública de compra e venda (fls. 39/43) constou expressamente a cessão de direitos, com a indicação do valor, o que configura a transação onerosa do negócio jurídico entabulado entre as partes, que muito embora não tenham sido registradas, foram levadas ao conhecimento dos adquirentes. Neste contexto: "fl. 41 - item 2 – Da Promessa de venda e compra e cessão: A outorgante vendedora São José Desenvolvimento Imobiliário XXIII LTDA comprometeu-se a vender para Fernando César Viscardi e Romina Rangel Viscardi (casados pelo regime da comunhão parcial de bens), por contrato de compromisso de venda e compra de unidade autônoma e outros pactos datado de 02.12.2011, não registrado, os imóveis descritos e caracterizados acima pelo preço certo e ajustado de R$ 593.768,40 (quinhentos e nove e três mil, setecentos e sessenta e oito reais e quarenta centavos), sendo R$ 296.884,20 (duzentos e noventa e seis mil, oitocentos e oitenta e quatro reais e vinte centavos) o valor correspondente de cada escritório..." Neste contexto, os suscitados apenas comprovaram o recolhimento da guia do ITBI relativa à compra e venda, havendo omissão em relação à cessão de direitos (fls. 44/48). Não sendo possível questionar a constitucionalidade da lei municipal na esfera administrativa, deve-se examinar sua estrita legalidade. Assim ausente o recolhimento do imposto relativo a cessão de direitos, conforme preconizado na norma legal supra mencionada, inviável o acesso do registro do título no fólio real. Tal questão já foi objeto de análise perante o Egrégio Conselho Superior da Magistratura: "Registro de Imóveis - Dúvida julgada procedente, impedindo-se o registro de escritura pública de venda e compra, englobando cessão - Ausência de recolhimento de imposto - ITBI que é devido pela cessão e pela venda e compra - impossibilidade de reconhecimento de inconstitucionalidade e de decadência ou prescrição pela via administrativa - Recurso desprovido" (Conselho Superior da Magistratura, Rel. Cor. Pereira Calças). Como bem exposto pela D. Promotora de Justiça, embora a cessão não tenha sido registrada, deve ser objeto de análise pelo registrador, uma vez que devem ser observados os princípios da legalidade, continuidade e disponibilidade que regem os atos registrários, de forma que a permissão do registro do título apresentado permitiria que os suscitados se furtassem ao recolhimento dos impostos de transmissão, bem como realizassem outros negócios jurídicos envolvendo os imóveis, sem recolhimentos das respectivas guias de imposto. Por fim, tem-se que o incumbe ao Oficial de Registro fiscalizar o pagamento dos impostos devidos por força dos atos que lhe forem apresentados em razão do ofício, na forma do artigo 289 da Lei nº 6.015/73, sob pena de responsabilização pessoal do oficial delegado, e dentre estes impostos se encontra o ITBI, cuja prova de recolhimento deve instruir os títulos apresentados a registro,s alvo hipótese de isenção devidamente demonstrada, o que não é o caso. O Egrégio Conselho Superior da Magistratura já fixou entendimento de que a qualificação feita pelo registrador não vai além da aferição sobre a existência ou não de recolhimento do tributo. Logo, entendo que a exigência imposta pelo registrador mostra-se correta. Diante do exposto, julgo prejudicada a dúvida suscitada pelo Oficial do 10º Registro de Imóveis da Capital, a requerimento de Ricardo Jorge Viscardi e Milene Esteves Mirabelli Viscardi, com observação. Deste procedimento não decorrem custas, despesas processuais e honorários advocatícios. Oportunamente remetam-se os autos ao arquivo.. P.R.I.C. - ADV: ANTONIO CARLOS PORTANTE (OAB 101075/SP) (DJe de 09.10.2018 - SP)

LOCAÇÃO

Processo 1069688-33.2017.8.26.0100

Pedido de Providências - Registro de Imóveis - Sei Rio Branco Empreendimento Imobiliário Spe Ltda. - Edgard Magalhães dos Santos - Ezio Pastore Junior e outros - Vistos. Trata-se de pedido de providências formulado por Sei Rio Branco Empreendimento Imobiliário SPE em face do Oficial do 5º Registro de Imóveis da Capital, pretendendo o cancelamento dos itens "b" e "c", da averbação nº 01, da matrícula nº 76.231, referente a um contrato de locação entabulado entre o então proprietário e os locatários Ezio Pastore e Edgard Magalhães dos Santos, com previsão de término em 30..07.1967. Esclarece a requerente que, visando comprovar a extinção da relação contratual, foi apresentada ata notarial lavrada perante o 16º Tabelionato de Notas desta Capital, certificando que atualmente o imóvel é explorado comercialmente por um estacionamento e os antigos locatários sequer eram conhecidos pelos atuais ocupantes do imóvel. Juntou documentos às fls. 07/87. Intimados, os antigos locatários não se opuseram ao pedido formulado na inicial (fls. 111 e 115). O Registrador manifestou-se às fls. 119/120. Informa que a ata notarial apenas materializou a existência de um estacionamento comercial em parte do local abrangido, cujo único atendente ouvido desconhece o nome das três pessoas reportadas na matrícula. Assim, faz-se necessária a apreciação da matéria na via judicial. O Ministério Público opinou pela procedência do pedido (fls. 124/125). É o relatório. Passo a fundamentar e a decidir. O pedido merece ser deferido. Isto porque os documentos trazidos aos autos são suficientes para demonstrar que os contratos de aluguel averbados sob nº 1, itens "b" e "c", na matrícula nº 76.231 do 5º Registro de Imóveis não produz mais seus efeitos. Na própria averbação consta que o fim do contrato se deu 30.07.1967, estando ambos findos há cinquenta anos, de forma que não produzem mais efeitos, consequentemente inútil a manutenção destas averbações. Mas atestar, tão somente, a extinção do contrato, não acarreta na possibilidade de se proceder ao cancelamento. É necessária, em regra, que se tenha a anuência dos locatários, fato observado no processo, uma vez que constou expressa concordância dos antigos locatários com relação ao cancelamento pretendido (fls. 111 e 115). Uma vez que não houve por parte dos antigos locatários qualquer óblce, entendo que não haveria qualquer lesão à terceiros advinda do cancelamento dos itens "b" e "c" da averbação nº 01 da matrícula nº 76.231. E ainda, o documento juntado às fls. 62/69, comprova que o imóvel está atualmente locado a outra empresa, JL Parking Estacionamentos S/S LTDA, sem qualquer oposição. Neste sentido, este Juízo em casos semelhantes já decidiu: "Registro de Imóveis - pedido de providência - cancelamento de averbação - caução - contrato de locação antigo já extinto - procedente" (Processo nº 1097854-46.2015.8.26.0100) Logo, não há qualquer óbice ao cancelamento da averbação. Diante do exposto, julgo procedente o pedido de providências formulado por Sei Rio Branco Empreendimento Imobiliário SPE, em face do Oficial do 5º Registro de Imóveis da Capital, pretendendo o cancelamento dos itens "b" e "c" da averbação nº 01 da matrícula nº 76.231. Deste procedimento não decorrem custas, despesas processuais e honorários advocatícios. Oportunamente remetam-se os autos ao arquivo. P.R.I.C. - ADV: ALISSON DOS SANTOS KRUGER (OAB 289614/ SP), FLAVIA DE SOUZA ESTRELA CURY (OAB 292217/SP), FLAVIA DE SOUZA ESTRELA CURY (OAB 292297/ SP), REGINA HELENA SANTOS MOURAO (OAB 69237/SP) (DJe de 02.02.2018 - SP)

Processo 1110894-27.2017.8.26.0100

Pedido de Providências - Registro de Imóveis - Olívia Oseas Matar - Vistos. Trata-se de pedido de providências formulado por Olívia Oseas Matar em face do Oficial do 14º Registro de Imóveis da Capital, pleiteando a averbação de contrato de locação, no qual a locatária Carmen Lúcia Bueno Martins deu em caução o imóvel matriculado sob nº 25.001. O Registrador emitiu nota devolutiva, exigindo a anuência da usufrutuária do bem, necessária para que a plena propriedade seja dada em garantia, ou a alteração do contrato para que conste apenas que a nua propriedade é dada em caução, tendo em vista a existência de usufruto vitalício. Juntou documentos às fls. 26/39. Insurge-se a requerente acerca do óbice imposto, sob o argumento da inexistência de base legal, bem como por se tratar de institutos distintos. O Ministério Público opinou pela improcedência do pedido (fls. 42/44). É o relatório. Passo a fundamentar e a decidir. Com razão o Registrador bem como o D Promotor de Justiça. No usufruto a propriedade se desmembra entre dois sujeitos: o nu proprietário e o usufrutuário. De acordo com Melhim Namem Chalhub (Direitos Reais, 2ª ed., Revista dos Tribunais, p.192) e Lafayette Rodrigues Pereira (Direito das Coisas, editora:Rio, p. 303): "Na configuração dessa figura jurídica destacam-se a substancia e o proveito da coisa objeto do usufruto, pois pelo usufruto, o proprietário transfere a outrem (usufrutuário) o direito de usar e fruir da coisa, mas conserva a substância da coisa e do domínio que tem sobre ela. Assim, o direito de usar a coisa e perceber seus frutos são destacados da pessoa do proprietário e investidos na pessoa de terceiro. Disso resulta a coexistência de duas ordens de direitos sobre a mesma coisa, isto é, o direito do proprietário, de conservar o domínio, na sua substância, e os direitos do usufrutuário, de retirar o proveito da coisa. O proprietário é chamado nu proprietário porque é despido do direito de usar e perceber os frutos da coisa, enquanto perdurar o usufruto; sua propriedade, despojada que é o direito de percepção dos seus frutos, denomina-se nua propriedade". Daí que ao contrário do que faz crer a requerente, apesar de se tratarem de instituo diferentes, ambos se relacionam, haja vista o usufrutuário e o nu proprietário serem titulares simultâneos de direitos sobre a coisa, consequentemente para a caução fornecida por Carmen, referente à totalidade do imóvel, na qualidade de nua proprietária, é imprescindível a anuência da usufrutuária Anna. E ainda, verifica-se que a caução fornecida viola o princípio da continuidade e disponibilidade, uma vez que foi dada em garantia a totalidade de um imóvel em que se detém somente a nua propriedade, não sendo lícito alguém dar mais do que possui. Acerca do princípio da continuidade, leciona Luiz Guilherme Loureiro: "Segundo o princípio da continuidade, os registros devem ser perfeitamente encadeados, de forma que não haja vazios ou interrupções na corrente registrária. (...) Destarte, nenhum registro pode ser feito sem que se tenha previamente registrado o título anterior, do qual dependa." (Registros Públicos - Teoria e Prática - 2ª ed. - Editora Método, pg.229) A Lei 6015/73, que em seu artigo 195, dispõe: "Art. 195 Se o imóvel não estiver matriculado ou registrado em nome do outorgante, o oficial exigirá a prévia matrícula e o registro do título anterior, qualquer que seja a sua natureza, para manter a continuidade do registro. "Assim, bem agiu o Oficial ao exigir o aditamento do contrato para ou a locatária dar em caução apenas a nua propriedade e não a totalidade do imóvel; ou a locatária, juntamente com a usufrutuária, dar em caução o imóvel. Diante do exposto, julgo improcedente o pedido de providências formulado por Olívia Oseas Matar em face do Oficial do 14º Registro de Imóveis da Capital, e consequentemente mantenho o óbice. Deste procedimento não decorrem custas, despesas processuais e honorários advocatícios. Oportunamente remetam-se os autos ao arquivo. P.R.I.C. - ADV: CARLOS HENRIQUE GALLUCCI (OAB 271198/SP), NELSON DE SOUZA PINTO NETO (OAB 280190/SP), ALEXANDRA PINA (OAB 284382/SP) (DJe de 05.02.2018 - SP)

Processo 0020736-40.2017.8.26.0100

Pedido de Providências - REGISTROS PÚBLICOS - José Geraldo Barbosa Duarte Júnior e outro - Ari Rodrigues dos Santos - EAL Administradora de Bens e Imóveis e outros - Vistos. Trata-se de pedido de providências formulado por José Geraldo Barbosa Duarte Júnior em face do Oficial do 18º Registro de Imóveis da Capital, pleiteando o cancelamento da averbação nº 11, realizada junto à matrícula nº 1.181, na qual o imóvel foi dado em garantia do contrato de locação entabulado com Ary Rodrigues dos Santos e Celia Prado Genofre Rodrigues dos Santos. Alega o requerente ter sido vítima de uma fraude, decorrente de falsificação de seus documentos pessoais, tendo os falsificadores se apresentado como fiadores em contratos de locação. Juntou documentos às fls. 03/18. O Registrador manifestou-se às fls. 21/23. Ressalta que não há irregularidade no registro, mas no título; destarte, o cancelamento da averbação depende do reconhecimento da nulidade da caução. Intimado, o locador Ary Rodrigues dos Santos esclarece que ele e sua esposa são coproprietários dos imóveis que constituem os espólios das famílias Ribeiro da Luz e Rodrigues dos Santos, sendo o bem caucionado integrante um deles. Afirma que a atual administradora do imóvel é a empresa EAL Administradora LTDA. EPP (fls. 41/42) A empresa EAL Administradora LTDA. EPP, esclarece que o imóvel atualmente está locado a terceiro, sem qualquer vínculo com a demanda (fl. 65). O Ministério Público opinou pela procedência do pedido (fls. 104/107). É o relatório. Decido. Pretende o requerente o cancelamento da caução datada de 27.12.1996 (Av.11), junto à matrícula nº 1.181, referentes à garantia de locação com término em 26 de junho de 1999. Compulsando os autos, verifico que o contrato de locação referente à Av. 11 está findo há mais de 15 anos, de forma que não produz mais efeitos. A extinção do contrato não acarreta, por si só, o cancelamento da averbação, sendo necessária a anuência dos locadores. Tal fato é observado no processo, uma vez que constam dos autos as manifestações dos então locadores, junto à matrícula do imóvel em questão, e da atual administradora, que confirmaram a não prorrogação do contrato original, bem como sua extinção. Não havendo por parte dos locadores qualquer óbice, entendo que não haveria qualquer lesão à terceiros advinda do cancelamento da averbação. Conforme ensina Luiz Guilherme Loureiro: "Em virtude do princípio da legitimidade ou da presunção de veracidade, o Registro deve refletir a verdade não só no que se refere ao titular do direito registrado, mas também quanto à natureza e ao conteúdo deste direito. Assim, qualquer inexatidão do assento deve ser retificada a fim de que reflita perfeitamente a realidade". (Registros Públicos - Teoria e Prática - 2ª ed. - Editora Método). Diante do exposto, julgo procedente o pedido de providências formulado por José Geraldo Barbosa Duarte Júnior, em face do Oficial do 18º Registro de Imóveis da Capital, determinando o cancelamento da averbação. Não há custas, despesas processuais ou honorários advocatícios decorrentes deste procedimento. Oportunamente, arquivem-se os autos. P.R.I.C. - ADV: CAROLINA RODRIGUES DOS SANTOS (OAB 217474/SP), CARLOS EDUARDO GONÇALVES (OAB 215716/SP), ANNA PAULA VIEIRA DE MELLO RUDGE (OAB 202715/SP) (DJe de 07.02.2018 - SP)

Processo 1125887-75.2017.8.26.0100

Dúvida - REGISTROS PÚBLICOS - Hallim Feres Neto - Vistos. Trata-se de dúvida suscitada pelo Oficial do 15º Registro de Imóveis da Capital, a requerimento de Hallim Feres Neto, diante da recusa em se proceder ao registro do contrato de locação do imóvel matriculado sob nº 139.659, em que figuram como locadores Cristiano Alcântara de Souza e sua mulher Flávia Gontijo Albernaz Alcântara de Souza e como locatário o suscitado. Após cumpridas as exigências apresentadas, restou apenas um óbice concernente na necessidade de solicitação do cancelamento da alienação fiduciária, registrada sob nº 08 ou a anuência do credor fiduciário, HSBC Bank Brasil S/A - Banco Múltiplo, no contrato de locação. Esclarece o Registrador que mencionada exigência é fundamentada no artigo 37-B da Lei nº 9.514/97. Juntou documentos às fls. 07/29. Não houve apresentação de impugnação, conforme certidão de fl. 30, contudo o suscitado manifestou-se perante a Serventia Extrajudicial. Aduz que a alienação fiduciária não impede o registro do contrato de locação com cláusula de vigência. Salienta que o artigo 37-B da Lei 9514/97 prevê que a única consequência, em não havendo anuência do credor fiduciário para contratos celebrados por prazo superior a um ano, é a ineficácia perante o credor e seus sucessores. O Ministério Público opinou pela procedência da dúvida (fls. 33/35). É o relatório. Passo a fundamentar e a decidir. Com razão o Registrador e o D. Promotor de Justiça. Como é sabido, ao se constituir a alienação fiduciária, tanto por instrumento público ou particular, a propriedade do imóvel é transferida para o credor, ficando o devedor na posse direta do imóvel durante o período em que vigorar o financiamento. Na presente hipótese, o imóvel, objeto do contrato de locação (fls. 13/19), encontra-se alienado fiduciariamente ao Banco HSBC Bank Brasil S/A - Banco Múltiplo, coma garantia de dívida (R.08 - fls. 27/28). De acordo com o artigo 37 –B da Lei 9.514/97: "Será considerada ineficaz, e sem qualquer efeito perante o fiduciário ou seus sucessores, a contratação ou a prorrogação de locação de imóvel alienado fiduciariamente por prazo superior a um ano sem concordância por escrito do fiduciário" (g. n) Ora, de acordo com o contrato de locação entabulado pelas partes, o período de vigência foi estabelecido em 36 (trinta e seis) meses, ou seja, três anos, com início em 1º de dezembro de 2016 e término em 30 de novembro de 2019 (cláusula 2º - fl. 14). Logo, é indispensável a anuência expressa do credor fiduciário. A matéria já foi objeto de recente decisão proferida pelo Colendo Conselho Superior da Magistratura, na Apelação nº 0065836-57.2013.8.26.0100 (Voto nº 34.705), corroborando a necessidade de aquiescência do credor fiduciário para o registro de locação relativa a imóveis alienados fiduciariamente, cujo contrato de locação extrapole o prazo de um ano: "Registro de imóveis Dúvida Contrato de locação com clausula de vigência superior a um ano Alienação fiduciária sobre o imóvel locado Necessidade a anuência do credor fiduciário para o registro da locação Artigo 37 B da Lei nº 9.514/97 Recusa do oficial adequada Recurso não provido". Ademais, o registro sem anuência do credor fiduciário fere o princípio da continuidade registrária, segundo o qual somente poderá transmitir um direito aquele que for detentor do domínio, ou seja, aquele que constar do registro como titular desse direito. Logo, deverá ser mantido o óbice registrário. Diante do exposto, julgo procedente dúvida suscitada pelo Oficial do 15º Registro de Imóveis da Capital, a requerimento de Hallim Feres Neto, e mantenho o óbice registrário. Deste procedimento não decorrem custas, despesas processuais e honorários advocatícios. Oportunamente remetam-se os autos ao arquivo. P.R.I.C. - ADV: PEDRO LUIS OBERG FERES (OAB 235645/SP) (DJe de 09.03.2018 - SP)

Processo 1006847-65.2018.8.26.0100

Pedido de Providências - REGISTROS PÚBLICOS - Tuneko Ikejiri - Hikotoshi Ikejiri - Vistos. Trata-se de pedido de providências formulado por Tuneko Ikejiri e Hikotoshi Ikejiri em face do Oficial do 5º Registro de Imóveis da Capital, pretendendo o cancelamento da averbação nº 03 da matrícula nº 61.958, referente a um contrato de locação entre a anterior proprietária, Maria Angelica Carvalhaes Bonilha, e a locatária MTG Indústria e Comércio LTDA. Relatam que mencionado contrato de locação teve prazo de vigência de 24 meses, iniciando- se em

20.09.1993 e com término em 19.09.1995, ou seja, findou-se antes da aquisição pelos requerentes. Esclarecem que a locatária é massa falida, com averbação perante a JUCESP em sessão de 01.06.1995, bem como a antiga proprietária faleceu em outubro de 1996, logo após a venda do imóvel aos interessados. Por fim, informam que tramitou ação de despejo por falta de pagamento da locatária perante o MMº Juízo da 17ª Vara Cível da Capital (processo nº 2361/1995), culminando com a decretação do despejo, por sentença transitada em julgado em 01.12.1995. Juntaram documentos às fls. 07/38. O Registrador aduz que a pretensão dos requerentes não encontra amparado nas hipóteses previstas em lei para o cancelamento do registro, bem como a necessidade de produção de provas (fl. 86). O Ministério Público opinou pela procedência do pedido (fls. 92/93). É o relatório. Passo a fundamentar e a decidir. Primeiramente reconsidero a decisão de fl. 39, concernente à intimação da locatária, uma vez que dentre os demais elementos trazidos aos autos, ficou comprovada a decretação da falência da empresa, bem como determinado seu despejo, por sentença transitada em julgada em 1995, ou seja, antes da aquisição do imóvel. Logo, entendo que a intimação da pessoa jurídica através de seu síndico, iria procrastinar o andamento do presente procedimento, sendo que a ausência de manifestação não trará qualquer prejuízo a direito de terceiros. Feita esta consideração, passo a análise do pedido. Pretendem os requerentes o cancelamento da averbação nº 03 da matrícula nº 61.958, atinente a um contrato de locação entre a anterior proprietária, Maria Angelica Carvalhaes Bonilha e a locatária MTG Indústria e Comércio LTDA, com término em 19.09.1995, portanto, findo há mais de vinte anos. Ademais, verifico que o imóvel foi adquirido em 17.01.1996, ou seja, posteriormente ao transito em julgado da sentença que deferiu a ação de despejo promovida pela antiga proprietária em face da locatária (fls. 47/85 e 68/73), não havendo qualquer notícia da elaboração de novo contrato de locação neste interregno entre a expedição do mandado de despejo e a venda do imóvel, consequentemente a relação locatícia se extinguiu com a desocupação do imóvel pela empresa. Ressalto ainda que a pessoa jurídica teve sua falência decretada antes do término do prazo da locação e da aquisição do imóvel pelos requerentes. Assim, entendo que há provas suficientes da extinção do contrato averbado, findo há mais de vinte anos. Conforme ensina Luiz Guilherme Loureiro: "Em virtude do principio da legitimidade ou da presunção de veracidade, o Registro deve refletir a verdade não só no que se refere ao titular do direito registrado, mas também quanto à natureza e ao conteúdo deste direito. Assim, qualquer inexatidão do assento deve ser retificada a fim de que reflita perfeitamente a realidade". (Registros Públicos - Teoria e Prática - 2ª ed. - Editora Método). A questão já foi objeto de análise por este Juízo, no feito nº 1006290- 83.2015.8.26.100: "Pedido de providências - cancelamento de averbação de contrato de locação - documentos que comprovam a extinção da relação jurídica - procedência"Do exposto, considerando a ausência de lesividade a direitos de terceiros de boa fé, bem como os documentos juntados que comprovam a extinção da locação, julgo procedente o pedido de providências formulado por Tuneko Ikejiri e Hikotoshi Ikejiri em face do Oficial do 5º Registro de Imóveis da Capital, e determino o cancelamento da averbação nº 03 da matrícula nº 61.958. Deste procedimento não decorrem custas, despesas processuais e honorários advocatícios. Oportunamente remetam-se os autos ao arquivo. P.R.I.C. - ADV: VALDIR TELES DE OLIVEIRA (OAB 140275/SP) (DJe de 03.04.2018 - SP)

Processo 1045691-84.2018.8.26.0100

Dúvida - REGISTROS PÚBLICOS - Oruam Empreendimentos e Participações Ltda. - Vistos. Trata-se de pedido de providências formulado pelo Oficial do 5º Registro de Imóveis da Capital, a requerimento de Oruam Empreendimentos e Participações LTDA, a qual pleiteia o cancelamento das averbações nºs 01 e 07 e registros nºs 02 e 03 da matrícula nº 975. Segundo informações do registrador o cancelamento exige decisão judicial transitada em julgado, tendo em vista a falta de elementos e documentos que autorizem extrajudicialmente a pretensão. Juntou documentos às fls. 03/162. Insurge-se o requerente acerca da negativa, sob o argumento da existência de vasta documentação que comprovam a extinção das locações, dentre os quais os contratos de locação em vigor, ação judicial para continuidade do contrato, ata notarial comprovando a plena atividade econômica da empresa locatária, além da inatividade das empresas que figuraram como locatária anteriores ao ano de 1985. Apresentou documento à fl. 170. O Ministério Público opinou pela procedência do pedido (fls. 174/175). É o relatório. Passo a fundamentar e a decidir. Pretende a requerente o cancelamento das averbações nºs 01 e 07 e registros nºs 02 e 03 da matrícula nº 975. De acordo com o registro nº 03, verifica-se que o contrato de locação teve vigência por cinco anos, com término em 30.06.1985, ou seja, há mais de quarenta anos, de forma que não produzem mais efeitos, consequentemente inútil a manutenção destas averbações. É certo que de acordo com o artigos 39 e 46, § 1º da Lei nº 8.245/91, presumem- se prorrogadas por prazo indeterminado as locações, na hipótese do locatário permanecer no imóvel por mais de 30 dias. Porém, na presente hipótese, tem-se que não há qualquer noticia referente a aditamento do contrato ou ação renovatória de aluguel, sendo que o imóvel atualmente encontra-se locado para nova empresa. No mais, há vários documentos juntados que comprovam a extinção do negócio jurídico entabulado pelas partes, dentre as quais a ata notarial, lavrada pelo 14º Tabelião de Notas da Capital (fls. 152/155), onde foi contatada a existência de apenas uma locatária no local, qual seja, um estabelecimento com o nome no letreiro TREVO, bem como verificadas as fichas cadastrais completas emitidas via internet, no site da JUCESP, constatou-se que as empresas Irmãos Pereira da Costa S/A Restaurantes e Comércio e Rodolfo Fierz, no item Titular/Sócios como não cadastrados, o que se denota que a empresa encontra-se inativa, corroborado com o documento juntado à fl. 156/160. Logo, entendo não haver qualquer lesão à terceiros advinda do cancelamento das averbações e registros. Conforme ensina Luiz Guilherme Loureiro: "Em virtude do principio da legitimidade ou da presunção de veracidade, o Registro deve refletir a verdade não só no que se refere ao titular do direito registrado, mas também quanto à natureza e ao conteúdo deste direito. Assim, qualquer inexatidão do assento deve ser retificada a fim de que reflita perfeitamente a realidade". (Registros Públicos - Teoria e Prática - 2ª ed. - Editora Método). Por fim, tal questão já foi objeto de análise e decisão por este Juízo, conforme verifica- se nos feitos nº 1097854-46.2015.8.26.0100 e 1006290-83.2015.8.26.0100. Diante do exposto, julgo procedente o pedido de providências formulado pelo Oficial do 5º Registro de Imóveis da Capital, a requerimento de Oruam Empreendimentos e Participações LTDA, e consequentemente o cancelamento das averbações nºs 01 e 07 e registros nºs 02 e 03 da matrícula nº 975. Deste procedimento não decorrem custas, despesas processuais e honorários advocatícios. Oportunamente remetam-se os autos ao arquivo. P.R.I.C. - ADV: ANDRE SEABRA CARVALHO MIRANDA (OAB 222799/SP) (DJe de 07.06.2018 - SP)

Processo 1019039-30.2018.8.26.0100

Dúvida - REGISTROS PÚBLICOS - Tv Ômega Ltda - Vistos. Trata-se de dúvida suscitada pelo Oficial do 4º Registro de Imóveis da Capital, a requerimento de TV Ômega LTDA, tendo em vista a negativa de registro do contrato de locação para fins comerciais e seus aditamentos, pelos quais Roberto de Mello Oliveira Gasparian e Dayse Casciano Gasparian deram em locação os imóveis matriculados sob nºs 624, 633, 668, 675, 676 e 677 à suscitada, assegurando à locatária o direito de vigência da locação, nos moldes previstos no art. 8º da Lei de Locação. Os óbices registrários referem-se: a) ausência da prova de representação da locatária TV Ômega, com validade na data do contrato de locação celebrado em 28.12.2007 e dos instrumentos de aditamento de 28.12.2010; 01.01.2016 e 16.01.2017; b) necessidade de apresentação de procuração outorgada por Dayse Casciano Gasparian a Roberto de Mello Oliveira Gasparian, válida na data do aditamento datado de 28.12.2010; c) necessidade do reconhecimento de firma nos contratos datados de 28.12.2007, 28.12.2010, 1º.01.2016 e 16.01.2017; e) providenciar o cancelamento dos registros de locação já existentes nas citadas matrículas. Juntou documentos às fls. 05/132. A suscitada apresentou impugnação em Juízo às fls. 136/137, corroborando os argumentos expostos junto à Serventia Extrajudicial (fls. 08/14). Argumenta que não possui o instrumento de representação da locatária à época do contrato, todavia, os procuradores ratificam o teor nos termos dos poderes a eles atualmente outorgados. Afirma que nos termos do artigo 3º da Lei de Locações, não é necessária a venda conjugal para os contratos de locação com prazo inferior a 10 (dez) anos, bem como o Decreto Estadual nº 52.658/2008 proíbe exigir o reconhecimento de firmas pelos órgãos e entidades da Administração Pública. Por fim, em relação ao cancelamento dos contratos de locação, aduz que houve o término do prazo de vigência, o que presume que não houve renovação. O Ministério Público opinou pela parcial procedência da dúvida (fls. 158/161). É o relatório. Passo a fundamentar e a decidir. Analisando os óbices registrários verifico que a existência de registros de locações anteriores impede o ingresso de nova locação, na eventual hipótese da dúvida ser improcedente. O simples fato do término da vigência do contrato não induz a presunção da ausência de renovação, é mister a formulação de pedido de cancelamento das locações averbadas na matrícula, somando-se a isso a concordância das antigas locatárias ou prova de não estão em funcionamento, de modo a tornar-se inviável obter a sua concordância com o cancelamento. Assim, cabe à interessada, na ausência de distrato entre as partes que participaram do negócio entabulado, demonstrar por outros meios a desocupação do imóvel e ausência de lide envolvendo o imóvel em questão. Neste sentido já decidiu o Egrégio Conselho Superior da Magistratura, na Apelação nº 0050046-67.2012.8.26.0100, de relatoria do Des.

José Renato Nalini: "Registro de Imóveis - Contrato de Locação – Necessidade de averbação do cancelamento do anterior registro de contrato de locação - Divergência de numeração que não impede a individualização do imóvel e localização da matrícula - Indisponibilidade do § 1º do art. 53 da Lei nº 8.212/91 não obstaculiza o registro do pacto locatício - Recurso não provido" Logo ante a ausência de documentos probatórios do término das locações averbadas nas matrículas, estas permanecem produzindo seus efeitos legais, obstando o ingresso de novo título em consonância com o princípio da disponibilidade. Em relação a ausência de firmas nos contratos de locação e termos de aditamentos datados de 28.12.2007, 28.12.2010, 01.01.2016 e 16.01.2017, tem-se que se trata de escritos particulares firmados entre as partes. Neste contexto, a Lei de Registros Públicos, no art. 221, II, determina que os escritos particulares tragam reconhecidas as firmas das partes e testemunhas. As razões do Oficial são ponderáveis, por terem fundamento na necessidade de segurança jurídica. De acordo com os ensinamentos de Walmir Pontes: "Reconhecimento de firmas O reconhecimento de firmas, no sistema dos registros públicos, somente pode ser exigido pelo oficial, como no caso das escrituras particulares, por efeito de disposição expressa de lei" (PONTES, Walmir. Registro de Imóveis. São Paulo: Saraiva, 1982, p. 148). Assim, em prestígio ao principio da segurança registraria e da formalidade do registro de imóveis, a exigência do reconhecimento de firma de todos os contratantes não se mostra excessiva, vez que além de previsto legalmente, confirma de forma mínima a identidade dos titulares do direito que se pretende transigir e registrar. Ainda como bem exposto pela D. Promotora de Justiça "o Decreto Estadual nº 52.658/2008 tem como destinatários os órgãos e entidades da Administração direta autárquica e fundacional, que não se confundem com as serventias extrajudicias, geridas em caráter provado, embora por delegação". Vale ressaltar que o mencionado Decreto é expresso ao prever exceções as hipóteses em que haja determinação legal expressa em sentido contrário, é o que se verifica neste caso, com a aplicação da Lei de Registros Públicos (Lei nº 6.075/73). Em relação à necessidade de procurações vigentes à época da celebração dos contratos pela pessoa jurídica, é imprescindível para verificar a validade de ato praticado. A simples declaração dos atuais procuradores da suscitada não tem o condão de afastar o óbice imposto, tendo em vista que não afasta eventual irregularidade presente no instrumento anterior instrumento procuratório. Neste aspecto, cabe ao oficial no momento da qualificação do título apresentado aferir se as pessoas que passaram poderes de outorga aos advogados, tinham poderes de representação da pessoa jurídica, já que vícios concernentes ao ato jurídico trazem como consequência a invalidade do ato praticado. Ressalto que, para sanar tal exigência, o Registrador apresentou como solução a apresentação de nova procuração que disponha expressamente que os atuais procuradores convalidam os atos praticados anteriormente, sendo que tal documento não foi apresentado pela suscitada, logo, entendo que em consonância com o princípio da segurança jurídica e autenticidade dos atos praticados, deve prevalecer tal óbice. Por fim, melhor analisando a questão referente a ausência da procuração outorgada por Dayse Casciano Gasparian a seu cônjuge Roberto de Mello Oliveira Gasparian no aditamento de 28.12.2010, entendo que tal exigência há que ser superada. De acordo com o artigo 3º da Lei nº 8.245/91: "O contrato de locação pode ser ajustado por qualquer prazo, dependendo de venia conjugal, se igual ou superior a 10 (dez) anos". De acordo com o princípio da autonomia da vontade, as partes podem livremente pactuar o prazo de duração do contrato de locação, todavia, se o contrato exceder a 10 (dez) anos, a lei determina que o cônjuge deve anuir. Logo, a contrário senso se o prazo de locação for celebrado por prazo inferior a dez anos, independe da assinatura do outro cônjuge. Conforme verifica-se do 1º aditamento celebrado em 28.12.2010, apenas houve a prorrogação da vigência do contrato de locação assinado por Dayse pelo prazo de 18 (dezoito) meses. Assim, entendo que somente a assinatura de Roberto é suficiente ao registro do título, dispensando-se a prova da representação. Diante do exposto, julgo parcialmente procedente a dúvida suscitada pelo Oficial do 4º Registro de Imóveis da Capital, a requerimento de TV Ômega LTDA, e consequentemente afasto somente o óbice atinente à necessidade de apresentação de procuração outorgada por Dayse a seu cônjuge Roberto, referente ao aditamento datado de 28.12.2010. Deste procedimento não decorrem custas, despesas processuais e honorários advocatícios. Oportunamente remetam-se os autos ao arquivo, com as cautelas de praxe.. P.R.I.C. - ADV: RIOLANDO DE FARIA GIÃO JUNIOR (OAB 169494/SP) (DJe de 29.06.2018 - SP)

LOTEAMENTO E DESMEMBRAMENTO

Processo 1091826-91.2017.8.26.0100

Pedido de Providências - Registro de Imóveis - Construtora Dado Ltda. - 8º Oficial de Registro de

Imóveis e outro - Vistos. Trata-se de pedido de providências formulado pelo Oficial do 8º Registro de Imóveis da Capital a requerimento da Construtora Dado LTDA, que pretende o cancelamento do loteamento, objeto da averbação nº 01, junto à matrícula nº 83.810, bem como o registro da transmissão da área total, incluindo a correspondente ao logradouro implantado no local. Conforme documentos juntados à inicial, verifica-se que a requerente é proprietária da área total situada na Rua Paracatu, nº 640/644, equivalente a 965 m², consoante registros nas matrículas nºs 181.954 a 181.960. Cumpridas as exigências formais do Registrador, inclusive com a juntada do processo administrativo perante a Prefeitura de São Paulo, que culminou no deferimento do pedido, bem como juntada das escrituras, publicação de editais e da cientificação do Estado de São Paulo, não houve qualquer impugnação à pretensão, em relação ao seu cancelamento. Todavia, restou um dissenso em relação à possibilidade ou não do registro da transmissão das áreas oriundas dos logradouros, entendendo o Oficial que, com as retificações, foram excluídas essas áreas, sendo que a interessada interpreta de forma contrária. Foram juntados documentos às fls. 05/284. A Municipalidade de São Paulo manifestou-se às fls. 309/312. Esclarece que, em relação ao cancelamento do loteamento, foi reconhecido o caráter privado da passagem, promovendo o ente municipal a sua desoficialização e cancelamento da planta do loteamento (AU 4323), sendo que o cancelamento também vem sendo pleiteado pela Construtora Dado, adquirente de todos os lotes resultantes. Aduz que o Estado de São Paulo, regularmente intimado no procedimento, manteve-se inerte, presumindo sua anuência. Em relação à transferência do domínio privado, salienta que refoge à competência da Municipalidade, devendo a questão ser dirimida por este Juízo. O Ministério Público opinou pela procedência do pedido (fls. 295/296 e 318). É o relatório. Passo a fundamentar e a decidir. Ressalto que o primeiro óbice concernente ao cancelamento do loteamento, objeto da averbação nº 01, encontra-se superado, tendo o Registrador concordado com sua possibilidade, ante a juntada do processo administrativo perante a Prefeitura de São Paulo, que culminou no deferimento do pedido, bem como juntada das escrituras, publicação de editais e cientificação do Estado de São Paulo, sendo que não houve qualquer impugnação acerca da pretensão em relação ao cancelamento. Ademais, nos termos da determinação do Secretário dos Negócios Jurídicos, a Coordenadoria de Parcelamento do Solo e de Habitação de Interesse Social - PARHIS, desoficializou o logradouro (fl. 209) e a Coordenadoria de Regularização Fundiária - CRF da Secretaria da Habitação cancelou a planta AU - 4323 (fl. 211). Resta a análise da possibilidade de transmissão à interessada das áreas oriundas dos logradouros em razão do cancelamento do loteamento. Conforme manifestação da Municipalidade de São Paulo, foi reconhecido o caráter privado da passagem, promovendo o ente municipal a sua desoficialização e cancelamento da planta do loteamento (AU 4323), daí que, com a desoficialização da passagem, esta área retornou ao antigo proprietário, srº Afiz Sadi, já que a área pública formalmente deixou de existir. Neste contexto, conforme escritura de venda e compra com cessão e dação em pagamento, bem como das escrituras pública de retificação e ratificação (fls. 217/236), o Espólio de Afiz Sadi, antigo detentor do domínio, transferiu a totalidade da área do imóvel, equivalente à 965 m², matriculado sob nº 81.830, à Construtora Dado, sendo certo que as escrituras de reratificação referem-se exclusivamente ao ajuste de preço neste negócio jurídico. Logo, entendo que com a transferência integral da área, que passou a ser privada com a desoficialização, houve também a transmissão dos logradouros (incluídas as áreas de passagem e a praça de retorno). Deve-se ainda ser levado em consideração que não houve qualquer venda de lotes unitários com terceiros, concluindo assim que a interessada é a única titular do domínio. Diante do exposto, julgo procedente o pedido de providências formulado pelo Oficial do 8º Registro de Imóveis da Capital a requerimento da Construtora Dado LTDA, e consequentemente determino o cancelamento do loteamento, objeto da averbação nº 01, junto à matrícula nº 83.810, bem como o registro da transmissão da área total, incluindo a correspondente ao logradouro implantado no local. Deste procedimento não decorrem custas, despesas processuais e honorários advocatícios. Oportunamente remetam-se os autos ao arquivo. P.R.I.C. - ADV: MARIA DAS GRACAS PERERA DE MELLO (OAB 62095/SP), VALTER COSTA JUNIOR (OAB 372533/SP), JOSE MENTOR GUILHERME DE MELLO NETTO (OAB 36153/SP) (DJe de 14.03.2018 - SP)

Processo 1011464-68.2018.8.26.0100

Dúvida - REGISTROS PÚBLICOS - Quiron Incorporadora Ltda. - Vistos. Trata-se de dúvida suscitada pelo Oficial do 9º Registro de Imóveis da Capital, a requerimento de Quiron Incorporadora LTDA, diante da negativa em se proceder ao registro especial de desmembramento de gleba, objeto da matrícula nº 119.159. O óbice registrário refere-se à necessidade de apresentação do documento comprobatório da aprovação municipal, juntamente com o certificado de conclusão de demolição dos prédios existentes no local, bem como da certidão negativa do INSS acerca de tal ocorrência. Juntou documentos às fls. 02/160. A suscitada apresentou impugnação às fls. 164/167. Insurge-se contra o óbice imposto sob o argumento de que pretende somente a divisão jurídica do bem imóvel, através do fracionamento da mencionada matrícula em outras 9 novas matrículas, com as áreas nos termos do requerimento e projeto de desmembramento aprovados. O Ministério Público opinou pela procedência da dúvida (fls. 174/175). É o relatório. Passo a fundamentar e a decidir. Com razão o Registrador e a D. Promotora de Justiça. A Lei 6.766/79, com as modificações da Lei 9.875/99, no Capítulo VI, trata dos requisitos para o registro do loteamento e desmembramento, dentre os quais pode-se destacar o inciso V do artigo 18 que estabelece: "art. 18: Aprovado o projeto de loteamento ou desmembramento, o loteador deverá submetê-lo ao registro imobiliário dentro de 180 (cento e oitenta) dias, sob pena de caducidade da provação, acompanhado dos seguintes documentos:...V - cópia do ato de provação do loteamento e comprovante do termo de verificação pela Prefeitura Municipal ou pelo Distrito Federal, da execução das obras exigidas por legislação municipal, que incluirão, no mínimo, a execução das vias de circulação do loteamento, demarcação de lotes, quadras e logradouros e das obras de escoamento das águas pluviais ou da aprovação de um cronograma, com a duração máxima de 4 anos, acompanhado de competente instrumento de garantia para a execução das obras" (Redação dada pela Lei 9.785/99). Compulsando os presentes autos, verifico que a aprovação para o desmembramento foi dada pela Secretaria Municipal de Licenciamento através do "Alvará de Desmembramento de Gleba", publicado no dia 20.12.2016 (fls. 97/100). Contudo, do referido documento constou algumas ressalvas, dentre as quais vale ressaltar o item "4", no sentido de que "o alvará somente terá validade se apresentado conjuntamente com o certificado de conclusão e demolição das edificações existentes no competente cartório de registro de imóveis" (fl. 98). Ora, o certificado e a certidão do INSS que deve acompanhá-lo é requisito de validade do documento, logo, a falta de apresentação implicará em ausência de efeitos que o alvará produz, dentre os quais ressalta-se a possibilidade do desmembramento da gleba. Daí que a certificado de demolição e a certidão negativa do INSS são documentos obrigatórios e indispensável para alcançar os efeitos pleiteados do alvará. Verifica-se que tal condição foi imposta pela Prefeitura de São Paulo, sendo que o registrador agiu com cautela ao observar o condicionante. Eventual descontentamento do suscitado deverá ser formulado juntamente com a Municipalidade de São Paulo pela via administrativa. Logo, entendo que deve prevalecer o óbice imposto, não havendo como se proceder ao registro especial do desmembramento da gleba, sem a apresentação dos documentos que devem acompanhar o alvará. Diante do exposto, julgo procedente a dúvida suscitada pelo Oficial do 9º Registro de Imóveis da Capital, a requerimento de Quiron Incorporadora LTDA, e consequentemente mantenho o óbice registrário. Deste procedimento não decorrem custas, despesas processuais e honorários advocatícios. Oportunamente remetam-se os autos ao arquivo. P.R.I.C. - ADV: ANGELA CARESIA CAVALARI (OAB 299374/SP) (DJe de 17.04.2018 - SP)

PENHORA

Processo 1098476-57.2017.8.26.0100

Pedido de Providências - Registro de Imóveis - Jose Djouki Neto - Jose Djouki Neto - Vistos. Trata-se de pedido de providências formulado pelo Oficial do 3º Registro de Imóveis da Capital a requerimento de José Djouki Neto, diante da recusa de averbação de mandado judicial determinando a penhora dos direitos decorrentes do compromisso de compra e venda do imóvel objeto da matrícula nº 103.927 da Serventia. Informa o Oficial que a averbação da penhora não pode ser cumprida, pois o compromisso de compra e venda não foi registrado na matrícula. Afirma observar os princípios da continuidade registrária, da disponibilidade e da segurança jurídica ao exigir o registro do título aquisitivo de Gilberto Nascimento Silva, ora executado na ação que tramita na 22ª Vara Cível do Foro Central. Juntou documentos a fls. 05/18. O requerente apresentou impugnação a fls. 24/29. Alega não ser necessária a escritura pública, uma vez que a titularidade dos direitos do executado resta comprovada documentalmente. O Ministério Público deu seu parecer pela manutenção dos óbices (fls. 32/36), indicando como solução cabível a averbação premonitória, nos termos do art. 799, inciso IX do CPC, para que se confira publicidade para a ação de execução. Em cumprimento à decisão de fls. 38/39, o requerente juntou a fls. 40/43 a petição mencionada no mandado ora qualificado negativamente pelo Oficial. O Oficial voltou a se manifestar, a fls. 46/47, para declarar a possibilidade do registro dos direitos de Gilberto Nascimento Silva sobre o imóvel em discussão, solicitando apenas a complementação da qualificação do executado e o valor da venda e compra. O requerente apresentou, a fls. 50/51 e 68, a qualificação do executado e o valor da venda e compra do imóvel, com exceção da qualificação do cônjuge. O Oficial, por fim, se manifestou a fls. 73/74. Ponderando futuros atos após a penhora, menciona a indispensabilidade da completa qualificação do executado, com a indicação do nome do cônjuge, sua qualificação e regime de casamento. O Ministério Público opinou a fls. 77 pelo arquivamento dos autos, considerando a superação do óbice registral. É o relatório. Decido. Diante das ponderações do Oficial, que se mostrou favorável à averbação da penhora, entendo que o feito perdeu seu objeto, pois basta que o requerente apresente novamente o título junto à Serventia. Cumpre dizer que não houve falta funcional do Oficial em sua qualificação, que observou os requisitos das normas de serviço e atuou dentro de sua independência funcional para análise de títulos. Do exposto, julgo pela extinção do feito, sem julgamento de mérito, por perda de objeto. Não há custas, despesas processuais ou honorários advocatícios decorrentes deste procedimento. Oportunamente, arquivem-se os autos. P.R.I.C. - ADV: JOSE DJOUKI NETO (OAB 201586/SP) (DJe de 05.06.2018 - SP)

Processo 1045100-25.2018.8.26.0100

Pedido de Providências - Registro de Imóveis - R. G.C.S. - Juíza de Direito: Dra. Renata Pinto Lima Zanetta Vistos. Trata-se de pedido de providências formulado por Rosemary Gomes Correa da Silva, pleiteando a retificação de escritura pública de venda e compra de imóvel com reserva de usufruto, lavrada pelo 4º Tabelião de Notas da Capital, em que figuram como outorgantes-vendedores João Batista de Sá e Maria do Nascimento Felgueiras, e como outorgados-compradores e outorgantes-doadores Fernando Gomes e Jandyra Dos Santos Gomes, para que se altere os números de seus Cadastros de Pessoa Física do Ministério da Fazenda (CPF). Com a inicial, vieram os documentos (fls. 04/22). Posteriormente, sobrevieram os documentos de fls. 16/22. O Tabelião manifestou-se (fls. 29/38). O representante do Ministério Público ofertou parecer (fls. 51/54). É o breve relatório. DECIDO. Cuida-se de pedido de retificação de escritura pública de compra e venda com reserva de usufruto, lavrada em 23 de junho de 1.980, perante o 4º Tabelião de Notas da Capital, objetivando alterar dados qualificativos de João Batista de Sá, Maria do Nascimento Felgueiras, Fernando Gomes e Jandyra Dos Santos Gomes. Pese embora a argumentação deduzida na inicial, forçoso é convir, na espécie, que o ato notarial que se pretende retificar já está aperfeiçoado e consumado, inexistindo possibilidade jurídica, no âmbito administrativo, para a alteração pretendida. Não se deve perder de vista que escritura pública é ato notarial que reflete a vontade das partes na realização de negócio jurídico, observados os parâmetros fixados pela Lei e pelas Normas de Serviço da Corregedoria Geral da Justiça, reproduzindo, portanto, exatamente aquilo que outorgantes e outorgados declararam ao Escrivão ou ao Escrevente. A retificação administrativa da escritura pública é, portanto, juridicamente inviável. O Tabelião, ao lavrar o ato de venda e compra, apenas reveste a manifestação de vontade das partes da forma prescrita em lei (artigos 134, II e 145, III, ambos do Código Civil). Afinal, aberta está a via jurisdicional para a tutela do interesse indevidamente manifestado na esfera administrativa. De qualquer forma, inviável a retificação. O óbice está em se dotar o Notário, Registrador ou mesmo o Juiz Corregedor Permanente, como tal atuando no âmbito administrativo, de poder retificatório unilateral. Nesse sentido, já se decidiu que: "permitir essas correções, ainda que indícios apontem no sentido da ausência de prejuízo potencial a terceiros, seria munir o agente administrativo de poderes que não dispõe, capazes de interferir com a manifestação da vontade da parte que já a deixou consignada formalmente no título causal" (in Decisões Administrativas da Corregedoria Geral da Justiça, ed. RT 1989, p. 242, nº 127). Bem por isso, não se legitima o acolhimento da pretensão deduzida pela requerente nesta via administrativa. Finalmente, importa salientar que a r. sentença proferida na 1ª Vara de Registros Públicos da Capital, conforme reproduzida pelo n. Representante do Ministério Público, não pode ser aproveitada como um precedente no caso ora em exame, eis que, como se infere da "Classe – Assunto Retificação de Registro de Imóvel - Propriedade" do processo que tramitou perante a 1ª Vara de Registros Públicos (às fls. 52), a matéria fora analisada sob a perspectiva da competência absoluta lá desenvolvida (registro de imóveis). Na hipótese telada, entretanto, estando o feito adstrito ao limitado campo de atribuições do exercício da Corregedoria Permanente dos Tabelionatos de Notas, que se desenvolve na esfera administrativa desta 2ª Vara de Registros Públicos, isto é, refugindo do âmbito de sua especialidade dirimir sobre registro de imóvel, forçoso convir que a r. sentença referida não se aplica como precedente na situação dos autos. Diante de todo o exposto, indefiro o pleito inicial. Oportunamente, arquivem-se os autos. Ciência à interessada, ao Tabelião e ao Ministério Público. Encaminhe-se cópia desta decisão à Egrégia Corregedoria Geral da Justiça, por e-mail, servindo a presente como ofício. P.I.C. - ADV: MARIA APARECIDA DE OLIVEIRA BLUM (OAB 88582/SP) (DJe de 13.07.2018 - SP)

Processo 1052350-12.2018.8.26.0100

Pedido de Providências - Registro de Imóveis - Marco Antonio Palinkas Neves - Vistos. Trata-se de pedido de providências, cumulado com tutela de urgência, formulado por Marco Antonio Palinkas Neves em face do Oficial do 3º Registro de Imóveis da Capital, pretendendo a devolução dos valores pagos a maior, referentes à averbação de penhoras e cancelamentos de tais gravames, ocorridos após a arrematação do imóvel matriculado nº 78.203, vez que se referem a processos diversos daqueles que originaram a arrematação na Justiça do Trabalho. Relata o requerente que o imóvel mencionado sofreu constrições judiciais (penhoras e indisponibilidades) decorrentes de outras ações cíveis e trabalhistas, desconexas com a arrematação por ele efetuada. Requer a devolução do valor de R$ 2.796,54 (dois mil, setecentos e noventa e seis reais e cinquenta e quatro centavos), atualizado até julho de 2018. Juntou documentos às fls. 09/61, 67/70 e 95. A tutela foi indeferida à fl. 62. O Registrador alega que a cobrança das custas e emolumentos se deu de acordo com a Lei Estadual nº 11.331/02 (item 14.7 das Notas Explicativas) c.c. Item 48.2 do Capítulo XX das Normas de Serviço da Corregedoria Geral da Justiça. Salienta que a inscrição da penhora trabalhista e seu cancelamento são atos distintos, logo, se a cobrança fosse da forma pretendia pelo requerente, estaria em desacordo com os dispositivos mencionados, além do que este entendimento poderia ensejar uma nova hipótese de isenção ou redução de emolumentos não prevista em lei, que foge ao alcance do registrador (fls. 74/76). Entende correta a cobrança pelas inscrições das penhoras trabalhistas e seus respectivos cancelamentos, mesmo que desconexas com o processo que deu origem à arrematação. Todavia, assevera que acaso não seja este o entendimento deste Juízo, que seja determinada apenas a restituição dos valores referentes aos registros de penhora não cobrados na época do ato, que importam em R$ 985,17 (novecentos e oitenta e cinco reais e dezessete centavos), vez que os emolumentos do cancelamento são efetivamente devidos, assim como aqueles referentes às certidões atualizadas fornecidas após a prática de cada ato. Apresentou documento às fls. 77/83. O Ministério Público opinou pelo parcial deferimento do pedido, com a devolução apenas dos valores pagos a título de averbação das penhoras (fls. 87/90). É o relatório. Passo a fundamentar e a decidir. De fato, verifica-se que a cobrança provém de dois atos praticados pelo registrador: uma, dos emolumentos pela averbação das penhoras determinadas em feitos diversos daquele que originou a arrematação e outra, dos emolumentos da averbação do cancelamento de tais penhoras. Ressalto que tal questão já foi objeto de análise por este Juízo, nos autos nº 003639446-2013.8.26.0100, no qual se decidiu que os emolumentos devidos pelo arrematante que pretende o cancelamento de penhora, que tenha sido averbada por força de execução trabalhista, seguem as seguintes regras: "(a) o cancelamento de penhora é averbação com valor declarado, ou seja, é ato relativo à situação jurídica com conteúdo financeiro (Lei 10.169, de 29 de dezembro de 2000, art. 2º, III, b; Lei Estadual 11.331/02, art. 5º, III, b, e tabela II, item 2; 1ª Vara de Registros Públicos, autos 000.03.029375-8, Juiz Venício Antonio de Paula Salles, j. 02.12.2003); (b) o interessado no cancelamento tem que pagar: (b.1) os emolumentos da averbação da penhora da qual decorreu a arrematação (Lei 6.015, de 31 de dezembro de 1973 - LRP73, art. 14; Lei Estadual 11.331/02, art. 2º, e tabela II, item 10 e nota explicativa 1.7; Proc. CG 13105/2010, parecer do Juiz Álvaro Luiz Valery Mirra, decisão do Des. Munhoz Soares, j. 30.03.2010); (b.2) os emolumentos da averbação do cancelamento da penhora da qual decorreu a arrematação (Lei 6.015, de 31 de dezembro de 1973 - LRP73, art. 14; Lei Estadual 11.331/02, art. 2º, e tabela II, item 2; Proc. CG 13105/2010, parecer do Juiz Álvaro Luiz Valery Mirra, decisão do Des. Munhoz Soares, j. 30.03.2010); e (b.3) os emolumentos do cancelamento de qualquer outra penhora que pretenda ver cancelada (Lei 6.015, de 31 de dezembro de 1973 - LRP73, art. 14; Lei Estadual 11.331/02, art. 2º, e tabela II, item 2; Proc. CG 13105/2010, parecer do Juiz Álvaro Luiz Valery Mirra, decisão do Des. Munhoz Soares, j. 30.03.2010)". Daí que cabe ao interessado o pagamento dos emolumentos para o cancelamento de qualquer outra penhora, mesmo que não derivada do feito que originou a arrematação, sendo que a averbação das penhoras não devem ser cobradas do arrematante, uma vez que ele não usufruiu dos serviço prestado. Neste contexto a Egrégia Corregedoria Geral da Justiça decidiu: "Registro de Imóveis - Emolumentos - Pagamento pelo arrematante do valor da averbação da penhora em execução trabalhista da qual não decorreu a arrematação do imóvel - Inadmissibilidade - Tributo que tem natureza de taxa e que tem por hipótese de incidência uma atuação estatal diretamente referida ao contribuinte - Serviço não prestado ao arrematante reclamante - Inexistência de causa para a cobrança - Recurso não provido" (Proc. CG nº 19.520/2014, Parecer nº 149/2014-E, Des. Rel: Hamilton Elliot Akel, j. 30.05.2014). E ainda: "Mas, uma vez pretendendo o cancelamento direto das penhoras, a fim de evitar dificuldade na leitura e no entendimento, por parte de leigos, da informação gerada pela matrícula, pode, sem dúvida, o interessado - como o fez, na espécie, o Recorrente - obter ordem judicial expressa, expedida pelo juízo da execução que determinou a penhora, arcando, então, com os emolumentos decorrentes de todos os cancelamentos das constrições desejados - não, repita-se, dos emolumentos relacionados a todas as inscrições das penhoras -, nos termos do art. 2º da Lei Estadual n. 11.331/2002. Como se vê, à vista do acima analisado, deve o Recorrente, na hipótese, arcar com o pagamento dos emolumentos correspondentes (a) aos registros das arrematações dos imóveis; (b) às averbações das penhoras realizadas nos processos executivos, restritas, contudo, às inscrições das constrições que deram origem às arrematações; e (c) aos cancelamentos de todas as penhoras de seu interesse." (Proc. CG 13105/2010, parecer do Juiz Álvaro Luiz Valery Mirra, decisão do Des. Munhoz Soares, j. 30.03.2010)." Os emolumentos devidos pelo registro de penhora efetivada em execução trabalhista ou fiscal serão pagos a final ou quando da efetivação do registro da arrematação ou adjudicação do imóvel, pelos valores vigentes à época do pagamento, nos termos da Lei 11.331/2202, Tabela II, nota 1.7). Acato, portanto, o pedido subsidiário do Registrador, para a devolução do valor cobrado somente em relação às averbações das penhoras, sendo que os cancelamentos devem ser cobrados do interessado, principal beneficiário da baixa do gravame na matrícula. Diante do exposto, julgo parcialmente procedente pedido de providências formulado por Marco Antonio Palinkas Neves, a fim de que o Oficial do 3º registro de Imóveis da Capital devolva o valor referente às averbações de penhoras desconexas ao feito originário da arrematação, de R$ 985,17 (novecentos e oitenta e cinco reais e dezessete centavos), acrescido de juros a contar da data do pagamento, nos termos da Súmula 54 do STJ e de correção monetária, a incidir da data do efetivo prejuízo, nos termos da Sumula 43 do STJ. Deste procedimento não decorrem custas, despesas processuais e honorários ad vocatícios. Oportunamente remetam-se os autos ao arquivo. P.R.I.C. - ADV: VITOR HUGO PALINKAS NEVES (OAB 256782/SP) (DJe de 01.08.2018 - SP)

Processo 1085346-63.2018.8.26.0100

Pedido de Providências - Averbação ou registro de sentença na matrícula do imóvel - K.B.V.G. Promoções e Eventos Artísticos S/A - Vistos. Trata-se de pedido de providências suscitado por K.B.V.G. Promoções e Eventos Artísticos S/A em face do Oficial do 18º Registro de Imóveis com objetivo de averbar penhora sobre os direitos do imóvel de matrícula nº 193.889. A interessada afirma que, em sede de execução de título extrajudicial em tramitação perante a 43ª Vara Cível, foi deferido em seu favor termo de penhora sobre os direitos personificados do bem imóvel acima descrito. O imóvel, entretanto, estava registrado sob titularidade diversa do executado. A proprietária que consta na matrícula – JHSF Incorporações S/A - foi citada na execução e informou que, de fato, o bem foi alienado ao executado Augusto Canô. Juntou instrumento de cessão de direitos e de compromisso de compra e venda. No momento da tentativa de averbação da penhora foi emitida nota devolutiva pelo Registrador, na qual informa os motivos pelo que não efetuou o registro: o executado não consta no fólio real do imóvel e não foi apresentada a via original do instrumento particular de compromisso de compra e venda. Instado a se manifestar, o Oficial esclarece que os contratos firmados com o executado nunca foram apresentados a registro e, desse modo, impossível que se averbe a penhora de direitos contra indivíduo que não consta no fólio real, em respeito ao princípio da continuidade (art.195 LRP). Por fim, o Ministério Público opinou pela manutenção dos óbices e improcedência do pedido de providências. É o relatório. Decido. Assiste razão ao Oficial e ao Ministério Público. O artigo 195 da Lei de Registros Públicos aduz: "Se o imóvel não estiver matriculado ou registrado em nome do outorgante, o oficial exigirá a prévia matrícula e o registro do título anterior, qualquer que seja a sua natureza, para manter a continuidade do registro." No caso, a interessada pretende que se averbe a penhora em face dos direitos do executado Augusto Canô, quando ele nem mesmo consta no registro do imóvel objeto de penhora, conforme se depreende da matrícula juntada aos autos (fls. 49/54). Conforme disposto no artigo acima citado, os registros de imóveis são regidos, dentre outros, pelo princípio da continuidade. Tal princípio, traduz a necessidade de que os títulos submetidos a registro obedeçam a uma ordem lógica, da qual seja possível depreender as informações necessárias sobre a titularidade do imóvel. Essa exigência tem por objetivo garantir que não haja lacunas nos títulos, reforçando a confiabilidade dos registros. Nesse sentido, em comentário ao artigo 237 da LRP, dispõe Francisco Eduardo Loureiro: "Cria-se, em outras palavras, um encadeamento de titularidades, ou cadeia dominial, na qual o transmitente de um direito deve necessariamente constar do registro como seu titular. Funciona o registro imobiliário como os elos de uma corrente, um encadeado no outro, sem saltos nem soluções, de tal modo que toda titularidade sobre o imóvel apareça concatenada com a anterior e a sucessiva." (Lei de Registros Públicos Comentada editora Forense pág. 1219) Razoável, portanto, a exigência do Oficial, de modo que primeiro deve ser apresentado a registro o título que transmite ao executado os direitos sobre o imóvel, para que então possa ser registrada a penhora. Por fim, o documento a ser levado a registro necessariamente deve ser o original, como já pacificado pelo Conselho Superior da Magistratura. Nesses termos, veja-se: REGISTRO DE IMÓVEIS. Necessidade de apresentação da via original do título cujo ingresso no fólio real se pretende. Formalidade a ser cumprida no momento da protocolização, sem possibilidade de atendimento no curso do procedimento de dúvida, sob pena de se dilatar indevidamente o prazo legal de preferência decorrente da prenotação. Hipótese, ademais, de irresignação parcial contra as exigências constantes da nota devolutiva, o que não se admite. Recurso não provido. (Apelação Cível nº 0000002- 61.2010.8.26.0602) REGISTRO DE IMÓVEIS Dúvida inversa Prenotação Necessidade Título Cópia Inadmissibilidade Condomínio Aquisição de unidade autônoma como meio de solução de dívida condominial Possibilidade em tese Recurso não provido. (Apelação Cível nº 0004264-56.2011.8.26.0590) Do exposto, julgo improcedente o pedido de providências formulado por K.B.V.G Promoções e Eventos Artísticos S.A em face do Oficial do 18º Registro de Imóveis da Capital e mantenho o óbice registrário. Não há custas, despesas processuais, nem honorários advocatícios. Oportunamente, arquivem-se os autos.. P.R.I.C. - ADV: BRENO FEITOSA DA LUZ (OAB 206172/SP). (DJe de 12.09.2018 - SP)

PERMUTA

Processo 1012344-60.2018.8.26.0100

Dúvida - REGISTROS PÚBLICOS - Rita Maria Horta de Menezes Medina e outro - Vistos. Trata-se de dúvida suscitada pelo Oficial do 4º Registro de Imóveis da capital, a requerimento de Rita Maria Horta de Menezes Medina, tendo em vista a negativa em se proceder ao registro de promessa de permuta, referente ao imóvel matriculado sob nº 192.991. Os óbices registrários referem-se à ausência de registro do memorial de incorporação do condomínio edilício, a ser erguido na matrícula do imóvel, e à inexistência de descrição das unidades autônomas, objeto da promessa de permuta. O Oficial justifica os óbices com base no princípio da especialidade objetiva, que torna prejudicado o registro pretendido sem a devida descrição e identificação das unidades que seriam objeto da transmissão. Destaca a imprescindibilidade do registro preliminar do memorial de incorporação. Juntou documentos a fls. 04/53. A suscitada apresentou impugnação (fls. 60/70), aduzindo que o registro do memorial de incorporação cabe apenas à incorporadora. Alega que o registro pleiteado é em relação à fração ideal da área do terreno, plenamente identificada, correspondente a 280 m² em área privativa no futuro empreendimento imobiliário, disposta em 7 unidades autônomas de 40 m².O Ministério Púbico opinou pela procedência da dúvida (fls. 76/78). É o relatório. Decido. Com razão o Registrador e a D. Promotora. Quanto aos óbices apresentados pelo Oficial Registrador neste procedimento, a suscitação de dúvida no processo nº 1064339-49.2017.8.26.0100 já os enfrentou. Mantém-se a aplicação dos mesmos fundamentos, independentemente do instrumento eleito para dar forma aos atos negociais imobiliários seja promessa de dação em pagamento, seja promessa de permuta. Ademais, conforme a nota devolutiva de fls. 40, não foram levantados óbices quanto ao registro de promessa de permuta, razão pela qual tal matéria não será objeto de exame na sentença. Do exposto, julgo procedente a presente dúvida. Deste procedimento não decorrem custas, despesas processuais e honorários advocatícios. Oportunamente remetam-se os autos ao arquivo. P.R.I.C. - ADV: ANA CAROLINA DE HOLANDA MACIEL (OAB 375176/SP), FERNANDO CAMPOS SCAFF (OAB 104111/SP) (DJe de 06.04.2018 - SP)

PRINCÍPIO DA CONTINUIDADE

Processo 1007761-32.2018.8.26.0100

Dúvida - REGISTROS PÚBLICOS - Maria Quadros Malta - Vistos. Trata-se de dúvida suscitada pelo Oficial do 15º Registro de Imóveis da Capital a requerimento de Luiz Fernando Quadros Malta Pinto, diante da negativa em se proceder ao registro do Formal de Partilha extraídos dos autos do inventário (processo nº 1002982- 76.2014.8.26.0002) que tramitou perante o MMº Juízo da 6ª Vara da Família e Sucessões do Foro Regional II - Santo

Amaro, referente ao imóvel matriculado sob nº 33.197. O óbice registrário refere- se à violação ao princípio da continuidade, tendo-se em vista que a proprietária do imóvel, Maria Quadros Malta, adquiriu o bem no estado civil de casada, na vigência da Lei 6.515/77, sob o regime da separação obrigatória de bens, com Hélio Penna Malta (av.05). Alega o Registrador que, de acordo com a Súmula 377 do Colendo Supremo Tribunal Federal, os bens adquiridos na constância do casamento, contraído sob o regime da separação legal de bens, comunicam-se entre os cônjuges. Salienta que deverá ser apresentado para registro o inventario de seu marido Hélio, com a partilha do imóvel em questão, bem como a retificação da partilha dos autos do inventário apresentado, vez que constou a divisão de 100% do bem. Juntou documentos às fls. 12/241. O suscitado não apresentou impugnação, conforme certidão de fl. 242, contudo manifestou-se perante a Serventia Extrajudicial (fls. 12/21), argumentando que o título é proveniente de decisão judicial que homologou o plano de partilha apresentado pelos herdeiros, sendo que durante a tramitação do processo foram devidamente observadas as formalidades legais, além de não haver prejuízo a qualquer dos possíveis herdeiros. Assevera que a exigência extrapola os ditames administrativos e legais, pois fere a coisa julgada e o princípio da segurança jurídica. O Ministério Público opinou pela procedência da dúvida (fls. 246/248). É o relatório. Passo a fundamentar e a decidir. Com razão o Registrador e a D. Promotora de Justiça. Preliminarmente, cumpre destacar que os títulos judiciais não estão isentos de qualificação, positiva ou negativa, para ingresso no fólio real. O Egrégio Conselho Superior da Magistratura já assentou, inclusive, que a qualificação negativa do título judicial não caracteriza desobediência ou descumprimento de decisão judicial (Apelação cível n. 413-6/7). Cite-se, por todas a apelação cível nº 464-6/9, de São José do Rio Preto: "Apesar de se tratar de título judicial, está ele sujeito à qualificação registrária. O fato de tratar-se o título de mandado judicial não o torna imune à qualificação registrária, sob o estrito ângulo da regularidade formal, O exame da legalidade não promove incursão sobre o mérito da decisão judicial, mas à apreciação das formalidades extrínsecas da ordem e à conexão de seus dados com o registro e a sua formalização instrumental". Nessa linha, também o E. Supremo Tribunal Federal já decidiu que: "REGISTRO PÚBLICO - ATUAÇÃO DO TITULAR - CARTA DE ADJUDICAÇÃO - DÚVIDA LEVANTADA - CRIME DE DESOBEDIÊNCIA - IMPROPRIEDADE MANIFESTA. O cumprimento do dever imposto pela Lei de Registros Públicos, cogitando-se de deficiência de carta de adjudicação e levantando-se dúvida perante o juízo de direito da vara competente, longe fica de configurar ato passível de enquadramento no artigo 330 do Código Penal - crime de desobediência -, pouco importando o acolhimento, sob o ângulo judicial, do que suscitado" (HC 85911 / MG - MINAS GERAIS, Relator: Min. MARCO AURÉLIO, j. 25/10/2005, Primeira Turma). Sendo assim, fica claro que não basta a existência de título proveniente de órgão judicial para autorizar automaticamente o ingresso no registro tabular. Portanto, superada a questão sobre o ingresso do título judicial, passa-se à análise do princípio da continuidade, explicado por Afrânio de Carvalho, da seguinte forma: "O princípio da continuidade, que se apóia no de especialidade, quer dizer que, em relação a cada imóvel, adequadamente individuado, deve existir uma cadeia, de titularidade à vista da qual só se fará a inscrição de um direito se o outorgante dele aparecer no registro como seu titular. Assim, as sucessivas transmissões, que derivam umas das outras, asseguram a preexistência do imóvel no patrimônio do transferente" (Registro de Imóveis, Editora Forense, 4ª Ed., p. 254). Ou seja, o título que se pretende registrar deve estar em conformidade com o inscrito na matrícula. Oportuno destacar, ainda, a lição de Narciso Orlandi Neto, para quem: "No sistema que adota o princípio da continuidade, os registros têm de observar um encadeamento subjetivo. Os atos praticados têm de ter, numa das partes, a pessoa cujo nome já consta do registro. A pessoa que transmite um direito tem de constar do registro como titular desse direito, valendo para o registro o que vale para validade dos negócios" (Retificação do Registro de Imóveis, Editora Oliveira Mendes, p. 56). Necessário, por conseguinte, que o titular de domínio seja o mesmo no título apresentado a registro e no registro de imóveis, pena de violação ao princípio da continuidade, previsto no art. 195, da Lei nº 6.015/73: "Se o imóvel não estiver matriculado ou registrado em nome do outorgante, o oficial exigirá a previa matrícula e o registro do titulo anterior, qualquer que seja a sua natureza, para manter a continuidade do registro". Conclui-se, assim, que os registros necessitam observar um encadeamento subjetivo, ou seja, o instrumento que pretende ingressar no registro tabular necessita estar em nome do outorgante, sendo assim apenas se transmite o direito quem é o titular do direito. Na presente hipótese, embora casados sob o regime da separação obrigatória de bens, o imóvel objeto da matricula nº 33.197 foi adquirido a título oneroso por Maria Quadros Malta assistida de seu marido Hélio Penna

Malta, na constância do casamento realizado em 14.11.1940, e com financiamento concedido pela CEF, sendo que a aquisição e o respectivo financiamento tiveram como título causal o instrumento particular com força de escritura pública datada de 08.08.1980, presumindo-se a ocorrência de esforço comum dos cônjuges e consequentemente a incidência da Súmula 377 do STF, segundo a qual: "No regime de separação legal de bens, comunicam-se os adquiridos na constância do casamento". Neste esteira, para desfazer a presunção de esforço comum deve-se provar a contribuição unilateral para a evolução patrimonial. Todavia, não houve a juntada de qualquer prova neste sentido, o que não afasta a presunção mencionada, devendo ao interessado, como bem observado pelo Registrador, comprovar que o imóvel foi adquirido por apenas um dos cônjuges, nas vias ordinárias, com ampla dilação probatória. No mais, não consta na matrícula do imóvel em questão o registro do Formal de Partilha em nome do cônjuge varão Hélio, tendo seu falecimento ocorrido anteriormente ao de Maria Quadros Malta. Consequentemente, não houve a partilha de 50% do seu direito sobre o imóvel, quebrando com isso a continuidade que dos registros públicos se espera. Ora, essa omissão impede que o título apresentado a registro ingresse no fólio real, não podendo incidir a sucessão por "saltos" no ordenamento jurídico, afrontando o princípio da segurança jurídica. Logo, o respectivo formal de partilha não pode ter ingresso ao fólio real até que adequado à partilha do cônjuge pré morto, a permitir a perfeita formalização do ato registrário. Diante do exposto, julgo procedente a dúvida suscitada pelo Oficial do 15º Registro de Imóveis da Capital a requerimento de Luiz Fernando Quadros Malta Pinto e, consequentemente mantenho o óbice registrário. Deste procedimento não decorrem custas, despesas processuais e honorários advocatícios. Oportunamente remetam-se os autos ao arquivo. P.R.I.C. - ADV: MARCIO SOARES MACHADO (OAB 203957/SP), HENRIQUE PEREZ LEOMIL (OAB 319269/SP) (DJe de 03.04.2018 - SP)

RETIFICAÇÃO IMOBILIÁRIA

Processo 0029153-89.2011.8.26.0100

Retificação de Registro de Imóvel - Registro de Imóveis - Jose Jofre de Camargo Bayeux e outro - Vistos. Trata-se de pedido de providências formulado pelo Oficial do 10º Registro de Imóveis da Capital, a requerimento dos Espólios de José Jofre de Camargo Bayeux e José Theodoro Bayeux, pleiteando a apuração de área remanescente de um imóvel, que segundo alegam seria parte do sítio Boaçava, retratado na transcrição nº 13.993 do 2º Registro de Imóveis da Capital. Relatam os requerentes que a área remanescente encontra- se cadastrada pela Municipalidade de São Paulo através do contribuinte nº 096.127.0008-7 e se localiza nos fundos do imóvel nº 4.761 da Avenida das Nações Unidas, ao lado do Shopping Villa Lobos, na faixa de servidão de passagem dos fundos do imóvel s/ nº da Avenida das Nações Unidas, de propriedade da empresa EMAE - Empresa Metropolitana de Água e Energia, totalizando uma área de 8.400 m^2. Juntaram documentos às fls. 09/22. O Registrador manifestou-se às fl. 23 e 46. Informa a impossibilidade do ato registrário, tendo em vista a descrição precária da área. Aduz que, com origem nas transcrições nº 13.993 e 14.829, do 2º Registro de Imóveis da Capital, e das áreas transcritas sob nºs 179, 180, 181, 187, 188 e 26.754 do 10º Registro de Imóveis da Capital, e nº 11.288 do 5º Registro de Imóveis da Capital, foram destacados vários imóveis. Salienta que, nos idos de 1940, todas as áreas que margeavam o Rio Pinheiros foram afetadas pela retificação do seu leito, logo, não há pontos de amarração e/ ou medidas que permitam a localização dos imóveis no espaço. Insurgem-se os requerentes acerca do óbice imposto pelo Registrador, sob o argumento de que a área remanescente tem origem nos registros de todos os imóveis, consubstanciado na transcrição nº 13.993 do 2º Registro de Imóveis da Capital, bem como na planta do antigo "Sítio Boaçava", que servia para controle de disponibilidade de toda área maior, que foi objeto de diversos loteamentos aprovados pela Prefeitura de São Paulo. Juntaram novos documentos às fls. 59/90. Houve nova manifestação do Oficial (fls. 94/95 e 96/100), corroborando as informações anteriormente fornecidas. Foi determinada a realização de perícia (fl. 104), cujo laudo foi apresentado às fls. 905/967. Intimado para esclarecer sobre a efetivação do depósito no Banco do Brasil das guias juntadas às fls. 232/233, referentes à 4ª e 5ª parcelas dos honorários periciais (fls. 968 e 991), os requerentes mantiveram-se silentes (fls. 982 e 992). Veio aos autos ofício da CIPP, noticiando instauração de processo para apuração do crime de falsidade (processo nº 38.0004.0002162/2017-1) - fl. 1021. O Ministério Público opinou pela improcedência do pedido (fls. 988/989). É o relatório. Passo a fundamentar e a decidir. Com razão o Registrador, bem como o D Promotor de Justiça. Para ingresso do título a registro, há de estar ele perfeito, sem erros ou referências equívocas, sob pena de ser afetada a necessária segurança jurídica do sistema registrário. O óbice imposto pelo Registrador refere-se à descrição precária da área, uma vez que a transcrição sofreu vários recortes originando diversas outras transcrições. Ademais, nos idos de 1940, todas as áreas que margeavam o Rio Pinheiros foram afetadas pela retificação do seu leito, sendo que não há pontos de amarração e/ou medidas que permitam a localização dos imóveis no espaço. Ressalto que o Princípio da Especialidade Objetiva, contido no art. 176 da Lei n. 6.015/73, exige a identificação do imóvel como um corpo certo, permitindo o encadeamento dos registros e averbações subsequentes, em conformidade ao princípio da continuidade. Nessa linha, não é possível o ingresso no fólio real de descrição dissociada da realidade fática, porquanto o juízo positivo dessa situação pode redundar no reconhecimento de futuros direitos ou ser utilizado como meio de prova em razão das finalidades do registro público imobiliário. Conforme ensina o professor Luiz Guilherme Loureiro: "Em virtude do principio da legitimidade ou da presunção de veracidade, o Registro deve refletir a verdade não só no que se refere ao titular do direito registrado, mas também quanto à natureza e ao conteúdo deste direito. Assim, qualquer inexatidão do assento deve ser retificada a fim de que reflita perfeitamente a realidade". (Registros Públicos - Teoria e Prática - 2ª ed. - Editora Método). No mais, de acordo com a conclusão do laudo pericial de fls. 903/967: " Fl.963: Não há remanescente da transcrição retificando conforme demonstrado no corpo do laudo....Os estudos dos registros revela que a área de interesse dos requerentes atinge: parte da área remanescente da desapropriação feita pela São Paulo Light and Power Company Limited, objeto das transcrições nº 1.119 do 10º RI e nº 13.902 do 5º RI, parte da área adquirida a título de retrocessão que foi totalmente alienada, conforme a transcrição nº 26.827 do 10º RI e parte da área fora dos limites do Sítio Boaçava"Logo, verifica-se que todas as áreas já possuem seus registros, não havendo qualquer área remanescente a ser apurada. Por fim, entendo que os requerentes agiram de má fé, já que constou às fls. 232/233, o pagamento das guias referentes à quarta e quinta parcela dos honorários periciais, as quais não se encontravam depositadas junto à instituição financeira, levando o perito a elaborar um laudo complexo e minucioso e receber o valor parcial pelo seu trabalho. Intimados para justificar a falta de tais depósitos, os requerentes a princípio pediram prazo e posteriormente mantiveram-se inertes, ou seja, houve a indução deste Juízo a erro, passível das penalidades previstas no artigo 80, III do CPC. É dever da parte agir com lealdade e manter a ética processual, contribuindo para o bom andamento do feito, nos termos do artigo 77, incisos I e IV do CPC, o que na presente hipótese não foi observado pelos requerentes, gerando consequentemente a penalidade prevista em lei. No mais, o patrono do requerente, Drº Walter Moreira do O. C. Da Silveira Carneiro, em sua petição de fl. 978, foi bem explícito ao afirmar: "Que em diligências realizadas a respeito dos fatos ventilados no processo a respeito das guias de pagamento dos honorários do expert do Juízo, estas foram pagas e entregues por Jose Roberto de Almeida Bayeux, a este peticionário, na ocasião. Com efeito, este peticionário, não logrou existo na sua localização, pois fora informado pela sua esposa que seu marido (José Roberto), houvera falecido em 08.07.2013... Requer,face a não acusação do pagamento, o prazo de 60 (sessenta) dias para que se faça novo recolhimento das duas parcelas, devidamente corrigidas, em seus ulteriores termos de direito". Ocorre que, decorrido o prazo não houve a prática de qualquer ato processual ou justificação nos autos, o que denota que os interessados utilizaram o laudo pericial devidamente elaborado e não pagaram o valor integral. Há que se atentar que o patrono os requerentes também não localizou o comprovante do depósito e abandonou a causa. Diante do exposto, julgo improcedente o pedido de providências formulado por Espólios de José Jofre de Camargo Bayeux e José Theodoro Bayeux, em face do Oficial do 10º Registro de Imóveis da Capital, bem como reconheço a litigância de má fé e condeno os requerentes ao pagamento de 3 salários mínimos, devidamente corrigidos nos termos do art. 81, §2º do CPC. Sem prejuízo, expeça-se ofício à Ordem dos Advogados do Brasil - Conselho de Ética e Disciplina, para as providências cabíveis. Junte-se ao ofício as cópias pertinentes ao fato a ser apurado. Deste procedimento não decorrem custas, despesas processuais e honorários advocatícios. Oportunamente remetam-se os autos ao arquivo. P.R.I.C. (CP - 220) - ADV: JOSE ANTONIO DE CAMPOS (OAB 56933/SP), WALTER MOREIRA DO O. C. DA SILVEIRA CARNEIRO (OAB 199132/SP) (DJe de 01.02.2018 - SP)

Processo 1081382-96.2017.8.26.0100

Pedido de Providências - Defeito, nulidade ou anulação - Maria Attuy - Vistos. Trata-se de pedido de providências formulado por Maria Attuy em face do Oficial do 2º Registro de Imóveis da Capital, requerendo a retificação da matrícula nº 43.889 da citada Serventia. Aduz a requerente que a matrícula em que consta como proprietária trata da vaga de garagem "Box nº 17", sendo que seria o "Box nº 12" o de sua propriedade. Alega que o Oficial procedeu equivocadamente ao registro R.1. na matrícula nº 43.889 e requer, consequentemente, o descerramento de matrícula correspondente ao Box nº 12. Juntou documentos às fls. 8/27. O Oficial se manifestou às fls. 34/36, com documentos às fls. 37/55. Informa que o registro efetuado sob o nº 1 na referida matrícula está correto, pois se deu com base na escritura pública lavrada em 8 de novembro de 1982, que tinha por objeto o Box nº 12. Todavia, sobreveio escritura de retificação e ratificação que alterou o objeto da venda para Box nº 17; sendo que ambas escrituras foram mencionadas. Ademais, apresentou certidão da matrícula nº 8.021, demonstrando já estar cadastrado na Serventia o Box nº 12, cuja cadeia dominial não permite proceder ao pedido da autora. A requerente se manifestou às fls. 62/63, assumindo ser o Box nº 17 de sua propriedade e requerendo a retificação dos registros necessários, seja na matrícula nº 8.021, seja na matrícula nº 43.889, a possibilitar a regularização do cadastro da propriedade perante diversos órgãos oficiais. O Ministério Público opinou, às fls. 67/68, pela procedência do pedido. É o relatório. Decido. Com razão o Oficial. Não vislumbro equívoco no registro R.1. da matrícula nº 43.889. A autora é proprietária do Box nº 17, conforme escritura de venda e compra e escritura de ratificação e retificação. Os dois títulos foram levados à Serventia ao mesmo tempo, logo, não há nada a ser registrado, retificado ou anulado na matrícula nº 8.021, correspondente ao Box nº 12. Com relação à informação no portal do 2º Oficial de Registro de Imóveis da Capital, apesar de o Oficial não ter se manifestado sobre a inocorrência de resultados representada à fl. 24, atualmente a busca por "Largo Padre Pericles 74 Box 12" apresenta dois resultados que correspondem exatamente à matrícula nº 8.021, o que indica que provavelmente houve a atualização do site. Procede a alegação da requerente sobre o cadastro de contribuinte registrado erroneamente na matrícula do Box nº 17. O código SQL de número 020.043.0102-3 encontra-se vinculado à Aymberê Belliomini Alves, proprietário tabular do Box nº 12. Apesar disso, o fato de constar "Box 12" como sendo de propriedade da autora perante diversos órgãos oficiais não serve como fundamento para as alterações imediatas nas matrículas propostas em suas falas. As decisões do Colendo Conselho Superior da Magistratura, da Egrégia Corregedoria Geral da Justiça e deste Juízo são todas no sentido de que "a existência de pretéritas anomalias no registro predial não pode servir de justificativa ou de pretexto para que outras e novas se pratiquem". (Apelação Cível nº 0004331-36.2009.8.26.0543. Dje 05/05/2014) Para que o Oficial proceda à retificação do número de contribuinte na matrícula nº 43.889, torna-se imperativo que a autora preliminarmente corrija o cadastro de contribuinte junto à Municipalidade e, só após, solicite a alteração na Serventia. Diante de todo o exposto, julgo improcedente o presente pedido de providências. Não há custas, despesas processuais nem honorários advocatícios decorrentes deste procedimento. Oportunamente, arquivem-se os autos. P.R.I.C. - ADV: FLAVIA VELLUDO VEIGA (OAB 290242/SP) (DJe de 19.02.2018 - SP)

Processo 1054385-76.2017.8.26.0100

Retificação de Registro de Imóvel - Registro de Imóveis - Francisco Morcillo Martin - Vistos. Trata-se de pedido de providências formulado por Francisco Morcillo Martin em face do Oficial do 8º Registro de Imóveis da Capital, pretendendo a retificação do seu estado civil na matrícula nº 31.084, uma vez que constou equivocadamente que era casado pelo regime da comunhão de bens com Maria Aurora Lopes Parra, quando o correto seria solteiro. Esclarece que conviveu durante anos com a srª Maria Aurora, porém nunca se casaram, sendo que no inventário do único bem pertencente ao casal foi reconhecida a união estável e determinada a adjudicação do imóvel para o requerente. Juntou documentos às fls. 06/23, 44/46, 57 e 81. O Registrador manifestou-se às fls. 27/28. Informa que a declaração constante da certidão de óbito do filho do casal, indica a filiação de Francisco Morcillo Martin e Maria Aurora Lopes Parra, bem como na declaração prestada no óbito de Maria Aurora consta como casada com Francisco, o que impede a retificação administrativa. Apresentou documentos às fls. 29/32. O Ministério Público opinou pela procedência do pedido (fls. 87/90). É o relatório. Passo a fundamentar e a decidir. A Lei 6.015/73, em seus arts. 212 e 213, I, g, permite a retificação do registro de imóveis sempre que se fizer necessária inserção ou modificação dos dados de qualificação pessoal das partes, comprovada por documentos oficiais, ou mediante despacho judicial quando houver necessidade de produção de outras provas. É essa a hipótese dos autos, para a qual há um conjunto de documentos que permite inferir que, na época da aquisição do imóvel, Francisco Morcillo Martin era solteiro. Decerto que certidão de óbito do Jesus Lopes Morcillo Martin (fl. 17), constou a filiação de Francisco e Maria Aurora, todavia, tal fato não comprova que o requerente mantinha o estado civil de casado. Assim como o fato da certidão de óbito da srª Maria Aurora constar que era casada com o requerente, não faz prova inequívoca do fato, vez que a declarante, srª Helena Paula, ignora o local onde foi efetuado o casamento, bem como para a declaração do óbito não é exigido qualquer certidão. Ademais, o requerente juntou a pesquisa feita na Central de Informações do Registro Civil - CRC Nacional, no período de 1970 a 2018, não havendo resposta positiva atinente ao seu assento de casamento (fl. 81). Ressalte-se ainda que nos autos da ação de arrolamento dos bens deixados pela "de cujus", o requerente comprovou que vivia em união estável, sendo ao término da ação declarado como herdeiro (fls. 20/23 e 29/30). Por fim, conforme expostos pelo Douto Promotor de Justiça: "Não se vislumbra prejuízo para terceiros, haja vista que nas duas hipóteses (casado ou em união estável) o requerente continua sendo o único proprietário do imóvel, por não existirem outros herdeiros". Diante do exposto, julgo procedente o pedido de providências formulado por Francisco Morcillo Martin em face do Oficial do 8º Registro de Imóveis da Capital, e consequentemente determino a retificação do seu estado civil na matrícula nº 31.084, para constar como solteiro. Deste procedimento não decorrem custas, despesas processuais e honorários advocatícios. Oportunamente remetam-se os autos ao arquivo. P.R.I.C. - ADV: MAURICIO LUCIUS MARTELLI PIMENTA (OAB 339485/SP), JORGE ROBERTO PIMENTA (OAB 77307/SP) (DJe de 27.02.2018 - SP)

Processo 1006116-69.2018.8.26.0100

Pedido de Providências - Registro de Imóveis - Residencial Vila Yara Empreendimento Imobiliário Ltda. - Vistos. Trata-se de pedido de providências formulado por Vila Yara Empreendimento Imobiliário Ltda. em face do Oficial do 10º Registro de Imóveis da Capital, tendo em vista a negativa de averbação de retificação da transcrição nº 21.034. Alega a requerente tratar o presente feito de apenas uma retificação intramuros, sem modificação das divisas reais, devendo a descrição tabular se adequar à situação de fato existente. Faz referência ao art. 169, I da Lei nº 6.015/73, ao afirmar que a retificação de imóvel deslocado de uma circunscrição imobiliária para outra tramita no Cartório de Imóveis de origem onde estão seus registros. Juntou documentos a fls. 9/163. O Oficial do 10º RISP se manifestou a fls. 170/172. Informa que a qualificação negativa deu-se em razão do imóvel retificando estar sob a competência da Comarca de Osasco. Entende que as averbações devem ser efetuadas no cartório de situação dos imóveis. A requerente apresentou impugnação a fls. 183/185, ratificando a tese da inicial. O Oficial do 1º Registro de Imóveis de Osasco manifestou-se a fls. 191/193. Informa que em nenhum momento deixou de reconhecer sua atribuição, mas entende ser errônea a ocupação dos imóveis, o que não gera a oportunidade à retificação de registro, pelo motivo de que o erro não lhe é próprio. Aponta incongruências na planta da Vila São José (fls. 163). O Ministério Público opinou pela improcedência do pedido (fls. 178/181 e 198). É o relatório. Decido. De acordo com o o item 138.27 do Capítulo XX nas Normas de Serviço da Corregedoria Geral da Justiça: "Se o imóvel passar a pertencer a outra circunscrição na qual ainda não haja matrícula aberta, a retificação prevista no art. 213, II, da Lei nº 6.015/73, tramitará no Registro de Imóveis de origem". Alexandre Laizo Clápis, ao tecer comentários sobre o art. 169 da Lei de Registros Públicos (Lei de Registros Públicos Comentada Lei 6.015/1973, Forense, Rio de Janeiro, 2014, p. 923), elucida: "Se, mesmo depois de o imóvel ter sido atribuído à nova circunscrição, a matrícula não for aberta, o inciso I determina que as averbações (inciso II do art. 167) devem ser feitas pelo registrador imobiliário em que o assento se encontre, ou seja, pelo registrador que perdeu a área desmembrada. A solução não parece mais acertada, pois procrastina uma situação que deveria ser definitiva. Uma solução ideal evitaria, por exemplo, o transtorno sofrido pelos interessados que percorrem diversos cartórios em busca de informações que se encontram nas Serventias anteriores." (grifei) A contrario sensu, havendo matrícula aberta, a averbação da retificação se dará na serventia da situação do imóvel. Conforme informações do 10º Oficial de Registro de Imóveis de São Paulo, os imóveis com origem na transcrição nº 21.034 dessa serventia já encontram-se matriculados sob nºs 105.746, 1.218, 47.295 e 32.447 no 1º Registro de Imóveis de Osasco. Ainda, em conformidade com o item 70 do Capítulo XX das NSCGJ, "uma vez aberta matrícula, não mais poderão ser feitas averbações à margem da transcrição anterior". Assim, no caso em análise, a solução ideal e em consonância às normas mencionadas, é o pedido de averbação da retificação no 1º Registro de Imóveis de Osasco, que é o local onde estão os assentamentos registrais que em tese devem ser retificados. Isso porque a cada imóvel deve corresponder uma única matrícula, é o que consagra o princípio da unitariedade matricial. Havendo impugnação ou algum impedimento na Serventia correspondente à situação do imóvel, o Oficial remeterá os autos ao Juiz Corregedor Permanente da comarca. Diante do exposto, julgo improcedente o pedido de providências formulado por Residencial Vila Yara Empreendimento Imobiliário Ltda. em face do Oficial do 10º Registro de Imóveis da Capital. Deste procedimento não decorrem custas, despesas processsuais e honorários advocatícios.

Oportunamente remetam-se os autos ao arquivo.. P.R.I.C. - ADV: MÁRIO LUÍS DUARTE (OAB 77863/ SP) (DJe de 17.04.2018 - SP)

Processo 1100053-12.2013.8.26.0100

Retificação de Registro de Imóvel - Retificação de Área de Imóvel – ARICANDUVA S/A - Sociedade Leste de Empreendimentos Imobiliários Ltda. - Savoy Imobiliária e Construtora Ltda. - Centerleste Empreendimentos Comerciais Ltda. - Racinvest Investimentos Imobiliários S/A e outros - Municipalidade de São Paulo - Sheldon do Brasil - Participações Ltda. e outros - Marcílio Tito - Vistos. Trata-se de pedido de providências formulado por Aricanduva S/A em face do Oficial do 9º Registro de Imóveis da Capital, pleiteando a retificação da área, objeto da transcrição nº 33.217. Juntou documentos às fls. 03/71. O Registrador manifestou-se às fls. 75/77. Esclarece preliminarmente que houve pedido conexo objetivando a retificação da área em análise que tramitou perante este juízo (processo nº 00338322- 66.2013.8.26.0100), o qual foi julgado improcedente, sendo que houve a interposição de recurso. Prestou informações acerca dos confrontantes, juntando certidões, cópia parcial das plantas dos loteamentos Jardim Aricanduva e do título que teve a finalidade de ajustar as sobras de áreas resultantes da canalização e retificação do Ribeirão Aricanduva (fls. 78/134), bem como que a própria requerente figura como titular de domínio e sua razão social atual é Imobiliária e Construtora Aricanduva S/A.A requerente (fls. 161/162 e 163/318) aduz que, por ser a titular de domínio, possui legitimidade para pleitear a retificação de área, sendo que jamais vendeu o imóvel ou o alienou de qualquer forma, todavia, foi alvo de falsificação de documentos. Às fls. 322 e 981 foram prestadas informações pela Serventia Judicial no tocante à confirmação do indeferimento da retificação pela Egrégia Corregedoria Geral da Justiça, bem como improcedência da ação de usucapião referente ao imóvel, objeto do presente feito, com transito em julgado em 09.08.2016. Houve complemento das informações prestadas pela Oficial do 16º Registro de Imóveis da Capital (fls. 329/330). Foi determinada a realização de prova pericial (fls. 331/332), cujo laudo foi apresentado às fls. 366/376 e 404/409, com a juntada de documentos às fls. 377/382, 410/432, bem como concordância da requerente (fl. 390). Intimados os confrontantes à manifestação, sobrevieram impugnações das empresas Sociedade Leste de Empreendimentos LTDA, Savoy Imobiliária Construtora LTDA (fls. 449/453), Center Leste Empreendimentos Comerciais LTDA (fls. 495/499) e Sheldon do Brasil Participações LTDA, atual denominação de Castorama do Brasil Materiais de Construção LTDA (fls. 521/525). Argumentam que se faz necessária análise criteriosa da efetiva propriedade da área, tendo em vista que referida gleba aparentemente se trata de área municipal, devidamente afetada e averbada no loteamento Jardim Aricanduva, como "área verde municipal" ou Espaço Livre I. Informam que a Prefeitura Municipal de São Paulo não participou da lavratura da escritura ocorrida em 04.05.1951, razão pela qual não tem conhecimento das alterações promovidas pelos proprietários dos imóveis, que foi realizada após a aprovação do loteamento. Ressalta que nos termos do laudo pericial acostado à fl. 255 e seguintes, conclui-se que "de acordo com o cadastramento municipal a área usucapienda interfere em espaço livre, conforme se observa no recorte da planta de quadra fiscal (fl. 282)". As empresas Racicorp Comércio e Participações LTDA, atual denominação de Racinvest Investimentos Imobiliários S/A e Enesse Comércio e Participações LTDA, atual denominação de Haras São Pedro do Alto LTDA, manifestaram-se às fls. 539/544, alegando preliminarmente a ilegitimidade passiva, uma vez que não figuram como condôminas do imóvel confrontante. Juntaram documentos às fls. 571/645. Novos documentos juntados pela requerente às fls. 647/805 e plantas físicas em forma reprográfica, apresentadas junto à Serventia Judicial. A Municipalidade de São Paulo informa que foi realizada a sobreposição da planta de urbanização da área ao GEGRAN, ao Mapa Digital da Cidade e comparado ao levantamento pericial, tendo sido apuradas diversas interferências com os próprios municipais e com o antigo leito do córrego Aricanduva (fls. 819/ 821). Acerca das informações da Prefeitura de São Paulo, o perito apresentou esclarecimentos complementares à fl. 827, juntando planta e memorial descritivo contendo o destaque reclamado (fls. 828/830). Às fls. 833/834, 853/854 e 870/871 a Municipalidade de São Paulo demonstrou desinteresse no feito, enquanto a requerente concordou com o laudo complementar (fl. 841) e as contestantes protestaram pela manifestação da Promotoria de Patrimônio Público (fls. 849/850). Os Oficiais do 16º e 9º Registro de Imóveis da Capital (fls. 851/852 e 855) solicitaram a indicação no memorial descritivo da descrição da direção da curva em todos os segmentos circulares. Novos esclarecimentos apresentados às fls. 859/863, concluindo-se ao final que nada cabe ser alterado na planta e memorial descritivo de fls. 829/830. Destes esclarecimentos, a Oficial do 16º e 9º Registro de Imóveis da Capital manifestaram-se às fls. 867/869 e 872 respectivamente e as empresas Sociedade

Leste de Empreendimentos LTDA, Savoy Imobiliária Construtora LTDA, Centerleste Empreendimentos Comerciais LTDA e Sheldon do Brasil Participações LTDA, apresentaram impugnação. Salientam as impugnantes que nos esclarecimentos prestados, não foram sobrepostas a planta aprovada do loteamento à planta de "acertos e divisas" e de usar a escritura como suporte. Corrobora a alegação de que o imóvel afigura-se como área municipal devidamente afetada e averbada no loteamento Jardim Aricanduva, inscrito como "área verde municipal" ou espaço livre I. A Promotoria do Patrimônio Público e Social da Capital declinou da competência, por ser de atribuição da Promotoria de Registros Públicos a análise da alegação de que o imóvel se qualifica como "área verde", bem como nos pedidos de retificação de área. Nova manifestação do perito à fl. 889. Informa que para superar a questão, sem descrever o perímetro apenas com segmentos retos, entende ser suficiente incluir no texto a exata posição da curvatura. Juntou memorial descritivo às fls. 890/891. A Municipalidade afirmou então seu desinteresse no feito (fls. 894/895), a requerente concorda com os esclarecimentos (fls. 896/897), enquanto as empresas impugnantes discordaram, requerendo informações sobre a sobreposição da planta do loteamento sobre aquela elaborada para "acerto de divisas" e análise criteriosa das compensações registradas na escritura, esclarecendo os limites do imóvel (fls. 900/901). Marcílio Tito, na qualidade de cessionário dos direitos sobre o contrato de compra e venda do imóvel devidamente registrado no 9º RI, sustenta que a área retificanda não mais pertence à autora, logo incabível qualquer retificação, bem como que o valor da causa deve ser retificada para R$ 14.435.325,00 (valor de referencia obtido no site da Prefeitura). Apresentou documentos às fls. 914/942 .Foi deferida a inclusão do cessionário no presente feito como impugnante, considerando-se que a decisão desta demanda irá afetá-lo diretamente (fls. 944/945). Nova manifestação do perito às fls. 948/954. Afirma que apenas o Poder Público tem legitimidade para reclamar, sendo que demonstrou seu interesse no feito. Salienta que a retificação se opera "intra muros", devendo prevalecer a planta e memorial descritivo de caracterização juntados. No tocante às razoes do srº Marcílio, a requerente manifestou-se às fls. 957/961. Aduz que os documentos apresentados tem indícios de falsidade, sendo que as alegações não impedem o exercício do direito. O Oficial do 9º Registro de Imóveis da Capital concordou expressamente com a retificação (fl. 962). Sobre a alegação de fraude, o srº Marcílio manifestou-se às fls. 964/967. Salienta que se dispõe a apresentar todos os documentos no original afim de serem periciados. Requer a condenação da requerente por ter ofendido sua honra e dignidade no valor de R$ 95.400,00 (noventa e cinco mil e quatrocentos reais) a título de danos morais, bem como litigancia de má fé. Corrobora a alegação de ausência de interesse processual. Juntou documentos à fl. 968. O Ministério Público opinou pelo deferimento do pedido (fls. 976/978). É o relatório. Passo a fundamentar e a decidir. Afasto a alegação de ilegitimidade da parte da requerente para pleitear a retificação da área, tendo em vista que a apuração do remanescente em nada modificará a titularidade do bem, sendo que eventual discussão acerca do real titular de domínio ou ação possessória deverá ser formulará nas vias judiciais cabíveis. Afasto a impugnação ao valor da causa, já que a ação de retificação de registro imobiliário não tem conteúdo econômico, logo o valor da causa é atribuído por meio de estimativa. Neste contexto, confira-se o recente julgado: "Agravo de Instrumento. Ação de retificação de área. Decisão que determinou a emenda da petição inicial para o fim de ajustar o valor atribuído à causa ao pedido de procedimento que visa à retificação de registro imobiliário, sem conteúdo econômico imediato. Possibilidade de ser atribuído à causa um valor meramente estimativo. Reforma da decisão agravada, para o fim de manter o valor atribuído á causa pelo agravante. Dá-se provimento ao recurso" (Processo AI 01545734520138260000/SP, 1ª Câmara de Direito Privado, DJE 12.09.2013, Rel: Christine Santini). Em relação à condenação de indenização por danos materiais ou morais ou a falsidade da documentação, ressalto que tais questões refogem à esfera administrativa e deverão ser pleiteadas em procedimentos próprios, com a incidência do contraditório e ampla defesa, bem como vasta produção probatória. Por fim, afasto a alegaçao de ilegitimidade de parte das empresas Racicorp Comércio e Participações (atual denominação de Racinvest Investimentos Imobiliários S/A) e Enesse Comércio e Participações LTDA (atual denominação de Haras São Pedro do Alto LTDA), uma vez que embora cedidos e transferidos seus direitos e obrigações a terceiros, estes constam da matrícula objeto do presente feito, dando razão a legitimidade. Logo, rejeito as preliminares arguidas e passo à análise do mérito. Pretende a requerente a retificação da área, objeto da transcrição nº 33.217. Conforme ensina o professor Luiz Guilherme Loureiro: "Em virtude do principio da legitimidade ou da presunção de veracidade, o Registro deve refletir a verdade não só no que se refere ao titular do direito registrado, mas também quanto à natureza e ao conteúdo deste direito. Assim, qualquer inexatidão do assento deve ser retificada a fim de que reflita perfeitamente a realidade". (Registros Públicos - Teoria e Prática - 2ª ed. - Editora Método). Da análise do processo, conclui-se que assiste à requerente o direito à retificação, nos termos propostos. De acordo com o laudo pericial (fl. 954), "apenas o Poder Público tem legitimidade para reclamar seus próprios, sendo certo que já houve manifestação de desinteresse à fl. 853" E ainda: "... A criteriosa análise contendo estudos complementares ora apresentados permitem tecnicamente reafirmar, com a devida segurança, que a retificação se opera intra muros, devendo prevalecer a planta e memorial descritivo de caracterização juntados". Entendo que a impugnação apresentada pelas empresas Sociedade Leste de Empreendimentos LTDA, Savoy Imobiliária Construtora LTDA, Center Leste Empreendimentos Comerciais LTDA e Sheldon do Brasil Participações LTDA, atual denominação de Castorama do Brasil Materiais de Construção LTDA, são genéricas e destituídas de fundamento, abordando tema diverso do objeto do presente feito, que envolve a propriedade do imóvel e afetação da área pela Municipalidade. Todavia, a própria Municipalidade, principal interessada na eventual interferência em áreas públicas, concordou com a pretensão. O item 138.19, do da Subseção IV, da Seção II, do Capítulo XX, das Normas de Serviço da Corregedoria Geral da Justiça, Tomo II, assim dispõe: "Decorrido o prazo de dez dias, prorrogável uma única vez pelo mesmo período a pedido, sem a formalização de transação para solucionar a divergência, o Oficial de Registro de Imóveis: I - se a impugnação for infundada, rejeitá-la-á de plano por meio de ato motivado, do qual constem expressamente as razões pelas quais assim a considerou, e prosseguirá na retificação caso o impugnante não recorra no prazo de dez dias. Em caso de recurso, o impugnante apresentará suas razoes ao Oficial de Registro de Imóveis, que intimará o requerente para, querendo, apresentar contrarrazões no prazo de 10 dias e, em seguida, encaminhará os autos, acompanhados de suas informações complementares, ao Juiz Corregedor Permanente da circunscrição em que situado o imóvel; ou II - se a impugnação for fundamentada, depois de ouvir o requerente e o profissional que houver assinado a planta, na forma do item 124.18, desta Subseção, encaminhará os autos ao Juiz Corregedor Permanente da circunscrição em que situado o imóvel. NOTA - Consideram-se infundadas a impugnação já examinada e refutada em casos iguais ou semelhantes pelo Juízo Corregedor Permanente ou pela Corregedoria Geral da Justiça; a que o interessado se limita a dizer que a retificação causará avanço na sua propriedade sem indicar, de forma plausível, onde e de que forma isso ocorrerá; a que não contém exposição, ainda que sumária, dos motivos da discordância manifestada; a que ventila matéria absolutamente estranha à retificação; e a que o Oficial de Registro de Imóveis, pautado pelos critérios da prudência e da razoabilidade, assim reputar." E as razões das impugnações apresentadas não se subsumem às hipóteses acima descritas. E ainda que assim não fosse, a retificação processa-se intra muros, logo, não há qualquer violação ou prejuízo à direito de terceiros, contando inclusive com a concordância dos registradores (fls. 955/956 e 962). Diante do exposto, julgo procedente o pedido de providências formulado por Aricanduva S/A em face do Oficial do 9º Registro de Imóveis da Capital, e consequentemente determino a retificação da área, objeto da transcrição nº 33.217, observando-se o memorial descritivo de fls. 890/891 e planta pericial de fl. 828. Deste procedimento não decorrem custas, despesas processuais e honorários advocatícios. Oportunamente remetam-se os autos ao arquivo. P.R.I.C. - ADV: MARINA MAGRO BERINGHS MARTINEZ (OAB 169314/SP), SABRINA BERARDOCCO (OAB 138405/SP), EDUARDO MIKALAUSKAS (OAB 179867/SP), NELSON MARCHETTI (OAB 21908/SP), CAMILA IERACITANO MACEDO MAIA (OAB 206597/SP), MARCIA HALLAGE VARELLA GUIMARAES (OAB 98817/SP), CLAUDIONIR MARTINS (OAB 339024/SP), ADVOCACIA SALOMONE (OAB 8018/SP) (DJe de 07.06.2018 - SP)

Processo nº 1050732-32.2018

Dúvida 16º Oficio de Registro de Imóveis da Capital Sentença (fls. 95/97): Vistos. Trata-se de dúvida suscitada pela Oficial do 16º Registro de Imóveis da Capital, a requerimento de Luciana Meyer Moreira em face da negativa em se proceder ao registro da escritura pública de venda e compra lavrada perante o 11º Tabelião de Notas da Capital, tendo por objeto o imóvel matriculado sob nº 7.300. O óbice registrário refere-se a divergência da nacionalidade do vendedor Byung Yun Oh, uma vez que constou do título que seria brasileiro, ao passo que na matrícula consta sua nacionalidade como coreana. Assevera a registrador que apesar do óbice não ser relevante, uma vez que a nacionalidade do vendedor não tem a mínima repercussão no negócio instrumentalizado pela escritura, não tem atribuição para suprir a exigência. Juntou documentos às fls. 05/87. A suscitada não apresentou impugnação nos autos, conforme certidão de fl. 88, todavia, manifestou-se perante a Serventia Extrajudicial (fls. 09/11). Alega que Byung tem a atualmente a nacionalidade brasileira, adquirida após a compra do imóvel, conforme alguns documentos mencionados, dentre os quais a cópia da cédula de identidade expedida em 24.08.1977 pela Secretaria de segurança Pública de São Paulo e passaporte emitido pelo Consulado Geral do Brasil em Nova York. O Ministério Público opinou pela improcedência da dúvida (fls. 92/94). É o relatório. Passo a fundamentar e a decidir. Entendo que apesar de ter agido zelo e em consonância com o princípio da especialidade subjetiva, uma vez que há divergência entre a nacionalidade do vendedor na escritura pública de venda e compra e aquela constante na matrícula nº 7.300, é o caso de abrandamento do rigor da especialidade. De acordo com o artigo 176, inciso III, item 2, um dos requisitos ao registro é a informação concernente ao nome, domicilio, nacionalidade do transmitente, todavia, na presente hipótese tem-se que conforme bem exposto pela registradora e corroborado pela D. Promotora de Justiça, a nacionalidade do vendedor não constitui óbice ao negócio jurídico entabulado entre as partes, e nem afetou a vontade de contratar. E ainda que assim não fosse, a Lei nº 6.015/73, em seus arts. 212 e 213, I, g, permite a retificação do registro de imóveis sempre que se fizer necessária inserção ou modificação dos dados de qualificação pessoal das partes, comprovada por documentos oficiais, ou mediante despacho judicial quando houver necessidade de produção de outras provas. É essa a hipótese dos autos, para a qual há um conjunto de documentos que permite inferir que o transmitente adquiriu a nacionalidade brasileira após a aquisição do imóvel. Faço ver que apesar da certidão negativa de naturalização (fl. 27), há a juntada de outros documentos que permitem afastar o óbice. Conforme verifica-se à fl. 35, foi emitida a cédula de identidade constando a nacionalidade brasileira atribuída à Byung, bem como juntada procuração declarada junto ao Ministério das Relações Exteriores do Consulado Geral do Brasil em Nova York, onde constou que o outorgante Byung é brasileiro (fls. 33/34). Importante lembrar os ensinamentos do professor Luiz Guilherme Loureiro: Em virtude do principio da legitimidade ou da presunção de veracidade, o Registro deve refletir a verdade não só no que se refere ao titular do direito registrado, mas também quanto à natureza e ao conteúdo deste direito. Assim, qualquer inexatidão do assento deve ser retificada a fim de que reflita perfeitamente a realidade. (Registros Públlcos - Teoria e Prática - 2ª ed. – Editora Método). Assim, é possível que se proceda a averbação na matrícula para alterar a nacionalidade do transmitente, para constar como brasileiro, e posteriormente proceder ao registro da escritura de venda e compra (fls. 17/19). Diante do exposto, julgo improcedente a dúvida suscitada pela Oficial do 16º Registro de Imóveis da Capital, a requerimento de Luciana Meyer Moreira, e consequentemente determino que se proceda a averbação da retificação da nacionalidade de Byung Yun Oh, para constar como brasileiro, possibilitando que se proceda ao registro da escritura de venda e compra. Deste procedimento não decorrem custas, despesas processuais e honorários advocatícios. Oportunamente remetam-se os autos ao arquivo.. P.R.I.C. São Paulo, 18 de junho de 2018. Tania Mara Ahualli Juiza de Direito (CP 245) (DJe de 21.06.2018 - SP)

SERVIDÃO

Processo 1053839-55.2016.8.26.0100

Pedido de Providências - Registro de Imóveis - 4 Erres Participações Ltda - Vistos. Trata-se de pedido de providencias formulado por 4 Erres Participações LTDA em face do Oficial do 18º Registro de Imóveis da Capital, pretendendo o cancelamento da averbação nº 01 da matrícula nº 159.180, referente à servidão de passagem instituída há mais de trinta anos, com a finalidade de evitar invasão da referida área por terceiros, além de preservar a segurança dos proprietários e ocupantes. Esclarece que a passagem foi suprimida de fato logo após a sua instituição, sendo que os titulares de domínio, restabeleceram de imediato os limites de confrontação originária descritas nas respectivas matrículas. Informa que o prédio dominante e o serviente são os próprios titulares e o confrontante atingido pela servidão manifestou inequívoco interesse de regularização, com o cancelamento do gravame. Juntou documentos às fls. 06/41. A inicial foi emendada às fls. 49/50 e 57/58. Intimados os atuais titulares de domínio, não houve oposição acerca da pretensão inicial, conforme certidão de fl. 110. O Oficial do 18º Registro de Imóveis manifestou-se às fls. 90/91 e 129/130. Assevera que a matrícula mencionada foi aberta com origem na transcrição nº 52.582 do 8º Registro de Imóveis da Capital e tinha por objeto três imóveis ("a", "b" e "c"), descritos separadamente, sendo que da descrição dos imóveis "b" e "c" consta a observação de instituição da servidão de passagem. Informa que os três imóveis forma unificados, resultando na matrícula nº 159.180 e as servidões foram transportadas por meio da averbação nº 01. Assevera que o cancelamento pretendido depende de prova da extinção das servidões, nos termos do artigo 1387 e ss do CC. Todavia, entende que se não tiverem sido regularmente inscritas no antigo Livro 4, juridicamente as servidões não existem, ou seja, seriam meros direitos pessoais que não deveriam constar do Registro de Imóveis. O Oficial do 8º Registro de Imóveis da Capital manifestou-se às fls. 118/119. Esclarece que, diante da inexistência de vestígio de servidão, seja no Mapa Oficial da Cidade (MOC), na planta fiscal do Município ou no projeto de desdobro, bem como dos documentos juntados aos autos, acredita que não se trata de servidão aparente, mas tornada permanente há mais de vinte anos, podendo ser possessoriamente protegida. O Ministério Público opinou pela procedência do pedido (fls. 123/124). É o relatório. Passo a fundamentar e a decidir. De acordo com as informações dos registradores, bem como documentos juntados aos autos, a servidão, embora constante da transcrição nº 582.582 do 8º Registro de Imóveis da Capital, não foi registrada no antigo Livro 4 de Registros Diversos. Na presente hipótese, à época da instituição do gravame, na vigência do Código Civil de 1916, as servidões eram inscritas no Registro de Imóveis, sendo certo que a inscrição se fazia no antigo Livro 4, denominado Registros Diversos, nos termos do Decreto 4857/39. Assim a mera referência na transcrição não substitui o registro. Neste contexto, é bem claro o artigo 697 do Código Civil de 1916: "As servidões não aparentes só podem ser estabelecidas por meio de transcrição no registro de imóveis"Ademais, a ausência vestígio de servidão, seja no Mapa Oficial da Cidade (MOC), na planta fiscal do Município ou no projeto de desdobro, bem como o lapso temporal, leva a suposição acerca da extinção da servidão. Como bem exposto pelo Oficial do 8º Registro de Imóveis da Capital a servidão não é aparente, mas tornada permanente há mais de vinte anos, podendo ser possessoriamente protegida. Ao que parece tratou-se de negócio pessoal estabelecido entre os interessados a fim de evitar invasão de área, uma vez que prédio dominante e o serviente são os próprios titulares, tanto é que, intimados os confrontantes e interessados do cancelamento, não houve qualquer oposição. Ademais, os imóveis objeto das servidões foram unificados em uma só matrícula (nº 159.180) e passaram a pertencer ao mesmo proprietário, o que comprova sua extinção. Daí que, diante de provas robustas do desaparecimento do gravame, da ausência de constituição real, bem como concordância dos demais titulares de domínio, desnecessária a permanência da servidão de passagem na matrícula, autorizando-se consequentemente o cancelamento da averbação. Diante do exposto, julgo procedente o pedido de providências formulado por 4 Erres Participações LTDA em face do Oficial do 18º Registro de Imóveis da Capital, para determinar o cancelamento da averbação nº 01 da matrícula nº 159.180. Deste procedimento não decorrem custas, despesas processuais e honorários advocatícios. Oportunamente remetam-se os autos ao arquivo. P.R.I.C. - ADV: LUIZ ROBERTO DA SILVA (OAB 73645/SP) (DJe de 05.02.2018 - SP)

Processo 1040278-90.2018.8.26.0100

Dúvida - Retificação de Área de Imóvel - Cia de Saneamento Básico do Estado de São Paulo - SABESP - Vistos. Trata-se de dúvida suscitada pelo Oficial do 7º Registro de Imóveis da Capital a requerimento de Companhia de Saneamento Básico do Estado de São Paulo, após negativa de registro de Carta de Adjudicação emitida em ação de instituição de servidão administrativa sobre área do imóvel matriculado sob nº 144.186. Aduz o Oficial que a área onde está situada a faixa de servidão não mais pertence a IV Centenário Construção e Locação de Imóveis Próprios Ltda., que figurou no polo passivo da ação de instituição de servidão, tendo sido adquirida por Luís Álvaro Moreira Ferreira Filho e sua esposa Carla Sanchez Garcia Moreira Ferreira, com alienação fiduciária a favor da Caixa Econômica Federal. Alega afronta aos princípios da continuidade e disponibilidade. Juntou documentos a fls. 6/118. A suscitada apresentou impugnação a fls. 119/121. Argumenta não terem as servidões administrativas natureza similar à desaproprição, pois não transferem o domínio da área, apenas gravam o imóvel com um ônus. Relata, ainda, que o processo foi sentenciado em 2006, caracterizando-se ato jurídico perfeito, transitado em julgado, enquanto a alienação registrada sob nº 4 na referida matrícula ocorreu somente em 2014. O Ministério Público opinou pela procedência da dúvida, sendo mantido o óbice (fls. 131/134). É o relatório. Decido. Com razão o Oficial e o D. Promotor. Inicialmente, o fato de ser o título judicial não o exime de qualificação pelo Oficial, porquanto é pacífico o entendimento jurisprudencial de que a ele cabe a análise formal, das peculiaridades extrínsecas do título, para verificação do cumprimento dos princípios registrais. Nesse sentido: "Apesar de se tratar de título judicial, está ele sujeito à qualificação registrária. O fato de tratar-se o título de mandado judicial não o torna imune à qualificação registrária, sob o estrito ângulo da regularidade formal. O exame da legalidade não promove incursão sobre o mérito da decisão judicial, mas à apreciação das formalidades extrínsecas da ordem e à conexão de seus dados com o registro e a sua formalização instrumental

"(Ap. Cível nº 31881-0/1) Portanto, a Carta de Adjudicação, ainda que de origem judicial, deve ser qualificada para verificar-se se está de acordo com a legislação pertinente. Neste ponto, o título apresentado, mesmo que formalmente em ordem, deve seguir o princípio da continuidade, previsto nos arts. 195 e 237, da Lei nº 6.015/73: "Art. 195 - Se o imóvel não estiver matriculado ou registrado em nome do outorgante, o oficial exigirá a prévia matrícula e o registro do título anterior, qualquer que seja a sua natureza, para manter a continuidade do registro.; e Art. 237 - Ainda que o imóvel esteja matriculado, não se fará registro que dependa da apresentação de título anterior, a fim de que se preserve a continuidade do registro". Assim, por tal princípio, deve haver um encadeamento entre os registros na matrícula ou transcrição do imóvel, de modo que determinado direito só pode ser alienado ou transferido caso seu titular dele tenha disponibilidade, assim constatado no fólio registral. Se os atuais proprietários tabulares do imóvel objeto da matrícula nº 144.186 são Luís Álvaro Moreira Ferreira Filho e sua esposa Carla Sanchez Garcia Moreira Ferreira, havendo alienação fiduciária a favor da Caixa Econômica Federal, sendo que, por outro lado, o título apresentado dá conta de ser Comercial e Construtora IV Centenário Ltda. titular de direitos sobre o bem, inviável o registro do título da forma como pretendida, não tendo ela qualquer disponibilidade sobre o bem que possa ser gravado pela suscitada que, relevante mencionar, ficou inerte por quatro anos, conforme certidão constante dos autos a fls. 109. Nesse sentido, ressalto que, em relação aos atos de registro e averbação, vigora o princípio do "tempus regit actum", pelo qual o título deve guardar conformidade com as regras do registro no momento da apresentação. É o caso narrado nos autos, uma vez que a suscitada buscou ingresso do título judicial somente após realizada a alienação do imóvel a Luís Alvaro Moreira Ferreira Filho e cônjuge, que sequer participaram do feito, como bem pontuado pelo D. Promotor de Justiça. Por fim, não restam dúvidas acerca da subordinação do registro das servidões administrativas aos princípios da especialidade e continuidade. Nesse sentido, decisão da 11ª Câmara de Direito Público do TJSP em caso análogo: Agravo de Instrumento - Servidão administrativa - Decisão que determinou que a agravante providenciasse a habilitação dos herdeiros de uma das titulares do domínio do imóvel serviendo e cujo falecimento fora noticiado nos autos - Ausência de informação quanto à existência de inventário - Princípio da continuidade registrária - Necessidade de citação do espólio, seja na pessoa do administrador provisório ou por meio de edital - Recurso parcialmente provido. "[...] Sendo a pessoa falecida um dos quatro titulares tabulares do imóvel, dentre os quais somente foi citado, em nome próprio, o cônjuge supérstite de Celina, Dário de Oliveira, é necessária, em face da ausência de informes quanto ao inventário de seus bens, a integração do espólio correspondente à lide, de forma que a futura carta de adjudicação apresente, para a efetivação do seu registro imobiliário, a imprescindível correspondência entre aqueles que integraram a lide que deu origem ao título judicial e as pessoas que constam do registro anterior." (Agravo de Instrumento nº 0009654- 31.2011.8.26.0000. Relator Des. Aliende Ribeiro. Julgado em 21/11/2011) Diante de todo o exposto, julgo procedente a dúvida suscitada pelo Oficial do 7º Registro de Imóveis da Capital a requerimento de Companhia de Saneamento Básico do Estado de São Paulo, mantendo o óbice registral. Não há custas, despesas processuais nem honorários advocatícios decorrentes deste procedimento. Oportunamente, arquivem-se os autos.. P.R.I.C. - ADV: MIGUELANGELO ALVES PEREIRA (OAB 141588/SP) (DJe de 20.06.2018 - SP)

Processo 1107996-41.2017.8.26.0100

Pedido de Providências - Registro de Imóveis - Companhia Melhoramentos de São Paulo - Eletropaulo Metropolitana Eletricidade de São Paulo S/A - Vistos. Trata-se de pedido de providências formulado pelo Oficial do 8º Registro de Imóveis da Capital, a requerimento de Companhia Melhoramento de São Paulo, pretendendo o cancelamento do registro das servidões inscritas sob nºs 5.687 e 3.622, sob o argumento de extinção dos direitos reais, nos termos do artigo 257 da Lei de Registros Públicos. Entende o Registrador que não é possível valer-se do procedimento de usucapião com o objetivo de superar imperfeições descritivas dos imóveis, sendo que mesmo notificada a credora das servidões, o cancelamento pretendido impõe sua expressa concordância, nos termos do artigo 250, II da Lei 6.015/73. Esclarece que a servidão nº 3.622 refere-se às Glebas A, B e C, das quais a Gleba A foi objeto de retificação de área (Av.08) e a inscrição 5.687, refere-se a uma faixa com 1.025 m², fazendo parte da matrícula nº 1.662 do 18º Registro de Imóveis da Capital e da transcrição nº 24.802 do 2º Registro de Imóveis da Capital. Informa que a ata notarial lavrada pelo 14º Tabelião de Notas da Capital, atesta a inexistência de qualquer indício de ramal ou torres para a passagem de linhas de transmissão de energia da AES Eletropaulo na Gleba de terras "S" e "T", não tendo relação, aparentemente, com essas inscrições. Ressalta não ter meios e competência para verificar sobre a autenticidade dos motivos alegados no pedido, ou seja, falta de uso por mais de 40 anos e a inexistência de quaisquer linhas de transmissão de energia, postes ou torres. Os documentos apresentados, além das imagens, denotam que de fato a servidão está abandonada e, por certo, a teor do artigo 1389 do CC está extinta, todavia entende que, não basta demonstrar sua extinção de fato, uma vez que o reconhecimento depende de procedimento próprio a ser buscado na via jurisdicional, com a incidência do contraditório e ampla defesa. Juntou documentos às fls. 05/239. Houve manifestação da interessada acerca das informações do Registrador às fls. 243/254. Argumenta que não há qualquer exigência legal da necessidade de decisão judicial como condição imprescindível para o cancelamento pretendido, sendo que existem outras hipóteses para as quais não se pressupõe decisão judicial. Salienta que já houve decisão da Egrégia Corregedoria Geral da Justiça proferida nos autos nº 2010/58890 que reconheceu a desnecessidade de decisão judicial para o cancelamento da servidão. Afirma que requereu a notificação da credora das servidões para dizer sobre a pretensão, "emprestando", para tanto o instrumento previsto no procedimento administrativo da usucapião. Intimada, a credora Eletropaulo Metropolitana Eletricidade de São Paulo S/A, manifestou-se às fls. 272/274. A priori ressalta a dificuldade na análise da documentação apresentada, dada a ausência de ilegibilidade em relação à exata localização da servidão. Aduz que somente por via jurisdicional, com ampla dilação probatória é possível aferir o suposto "desuso" ou "inutilidade" da servidão, o que traria como consequência o cancelamento pleiteado. Destaca que sem a concordância expressa da outra parte envolvida no negócio, a decisão proferida por este Juízo não atenderia o fim almejado pela requerente, já que as decisões administrativas não fazem coisa julgada. Sobre os documentos juntados apresentados pela interessada, consistente nas plantas e memoriais descritivos, a Eletropaulo prestou informações às fls. 363/364. Confirmou que a documentação refere-se à inscrição nº 3.622, Glebas B e C, que a área é contígua à Gleba A da mesma inscrição e de efetiva utilização pela concessionária. Esclarece que a Gleba A já foi objeto de retificação de área extrajudicial ocorrida à revelia da impugnante, não obstante já tivesse sido objeto de impugnação anterior, assim a retificação foi averbada devido a um lapso da Eletropaulo, embora inequivoca discórdia em momento anterior. Informa ainda a ocorrência de queda de uma árvore na Gleba A, o que reforça a necessidade de segurança no local e manutenção dos títulos originais, respeitando-se os limites da faixa de segurança que deve permanecer livre de interferências. Por fim, concorda com o cancelamento das servidões nas Glebas B e C, desde que a Gleba A retorne às suas medidas originais, anteriores à retificação de área. Apresentou documentos às fls. 365/382. Para solução do impasse foi realizada audiência com as partes envolvidas, porém a composição amigável entre as partes envolvidas restou prejudicada, tendo em vista por não possuir o advogado da Eletropaulo poderes para concordar com o pedido inicial, todavia, reconheceu que as servidões referentes às Glebas B e C das inscrições nºs 3.622 e 5.687 não existem de fato, não havendo qualquer questionamento em relação ao fato, todavia a impugnante busca a reversão da retificação de área, objeto de outro procedimento, envolvendo a Gleba A da inscrição nº 3.622. Nova manifestação da credora às fls. 396/397, corroborando os argumentos da impugnação, especialmente acerca da necessidade de requerimento unanime das partes nos termos do artigo 250, II da Lei de Registros Públicos. O Ministério Público opinou pelo indeferimento do pedido, devendo o pedido de cancelamento das servidões ser formulado na esfera jurisdicional (fls. 401/403). É o relatório. Passo a fundamentar e a decidir. Em que pesem os argumentos do D. Promotor de Justiça e do Registrador, entendo que a questão posta a desate é excepcional e deverá ser analisada como tal. Pretende a requerente o cancelamento das servidões inscritas sob nº s 3.622, referentes às Glebas "B" e "C" e da inscrição nº 5.687, sob o argumento de extinção dos gravames. De acordo com a credora Eletropaulo Metropolitana, o cancelamento só pode ocorrer mediante requerimento de ambas as partes, todavia, concorda acerca da inexistência das servidões das Glebas B e C e mostra-se favorável ao pedido desde que a Gleba A retorne às suas medidas anteriores à retificação de área. Ora, conforme verifica-se dos documentos juntados às fls. 365/372, o procedimento de retificação extrajudicial da Gleba A não padeceu de qualquer vício, sendo que a concessionária foi regularmente intimada a apresentar impugnação e, devido à sua inércia, o processo de retificação teve seu prosseguimento, resultando na averbação da retificação (Av.08). Daí que entendo não ser possível impor como condição a concordância da impugnante ao pedido formulado, ou seja, a não concordância da retificação de área já averbada na matrícula não interfere na existência ou não das servidões, cujo cancelamento é o objeto deste procedimento. Neste sentido, conforme ensina o professor Luiz Guilherme Loureiro: "Em virtude do principio da legitimidade ou da presunção de veracidade, o Registro deve refletir a verdade não só no que se refere ao titular do direito registrado, mas também quanto à natureza e ao conteúdo deste direito. Assim, qualquer inexatidão do assento deve ser retificada a fim de que reflita perfeitamente a realidade". (Registros Públicos - Teoria e Prática - 2ª ed. - Editora Método). Por sua vez, a própria impugnante, ora credora, concorda que as servidões estão extintas (fls. 363/364 e 385), consequentemente, em consonância com o princípio da veracidade, que estabelece que a descrição do imóvel na matrícula deve se adequar a situação fática, entendo desnecessária a manutenção dos gravames junto às inscrições mencionadas. Neste aspecto, conforme observou o Registrador em suas informações: "Fl.03, item 3: - Os documentos apresentados, dentre os quais a escritura de ata notarial, além das imagens, denotam que de fato a servidão está abandonada e por certo, a teor do artigo 1389 do Código Civil, está extinta". De fato, não basta demonstrar a extinção, o reconhecimento, via de regra, depende de procedimento próprio a ser buscado na via jurisdicional com a incidência do contraditório e ampla defesa, todavia, a questão posta a análise é excepcional, uma vez que houve o reconhecimento da impugnante acerca da inexistência da servidão, buscando através deste procedimento a reversão da retificação de área, objeto de outro feito. Logo, constatada a inexistência de impugnação válida e devidamente fundamentada, por não guardar qualquer relação com os fatos alegados pela requerente, torna-se desnecessária a remessa às vias ordinárias, devendo a concessionária eventualmente lançar mão do procedimento adequado para nova discussão da retificação da Gleba A. Diante do exposto, julgo procedente o pedido de providências formulado pelo Oficial do 8º Registro de Imóveis da Capital, a requerimento de Companhia Melhoramento de São Paulo, e determino o cancelamento das servidões descritas nas inscrições nº 3.622, Glebas B e C e nº 5.687. Deste procedimento não decorrem custas, despesas processuais e honorários advocatícios. Oportunamente remetam-se os autos ao arquivo.. P.R.I.C. - ADV: EDGARD SILVEIRA BUENO FILHO (OAB 26548/SP), THIAGO AUGUSTO LOPES (OAB 299423/SP), RODRIGO FIRMO DA SILVA PONTES (OAB 249253/SP), MARC STALDER (OAB 234294/SP) (DJe de 23.07.2018 - SP)

USUCAPIÃO

Processo 1051969-04.2018.8.26.0100

Dúvida - Registro civil de Pessoas Jurídicas - 4º Oficial de Registro de Imóveis de São Paulo - Neusa de Barros Coelho Lourenço - Maria Inês Coelho Lourenço - Vistos. Questiona o Oficial acerca do momento oportuno para suscitação de dúvida na usucapião extrajudicial: se deve ser suscitada a cada impugnação ou apenas ao fim do procedimento. A princípio, são relevantes os argumentos no sentido de que a dúvida deve ser única, ao fim do processo, para que se julguem todas as impugnações, evitando a acumulação de processos de dúvida e repetidas interrupções do processo extrajudicial. Por outro lado, a suscitação ser realizada assim que apresentada a impugnação também pode trazer benefícios, em especial por possibilitar que desde logo se encerre o procedimento extrajudicial que terá resultado infrutífero, economizando tempo e evitando novos custos. Pois bem. De início, cumpre expor que o Provimento 65/17 do CNJ prevê, em seu Art. 14, Par. Único, que "não sendo frutífera (a conciliação promovida pelo Oficial), a impugnação impedirá o reconhecimento da usucapião pela via extrajudicial." Ainda, seu Art. 18 prevê que a impugnação interrompe, desde logo, o procedimento extrajudicial. Tais previsões levam em conta o entendimento de que o procedimento administrativo depende de inexistência de lide e que, havendo qualquer impugnação ou contestação ao pedido, este deve ter seguimento judicial. Não obstante, os itens 429 e seguintes do Capítulo XX das NSCGJ preveem procedimento diverso (sem prejuízo da contradição apontada nos autos do Proc. Nº 1000162- 42.2018.8.26.0100). Havendo impugnação, o Oficial poderá afastá-la se for infundada, cabendo recurso. Caso contrário, deverá promover conciliação entre as partes que, se infrutífera, levará a suscitação de dúvida, para julgamento pelo Juiz Corregedor acerca do cabimento da impugnação. O entendimento das normas deste Tribunal, portanto, vão no sentido de dar maior poder ao Oficial, ampliando o âmbito da qualificação, para que possa analisar, com maior rigor, as impugnações trazidas. Ainda, prestigiando os benefícios da usucapião extrajudicial, permite que o juiz corregedor afaste a impugnação manifestamente infundada, evitando procedimento judicial que tende a ser longo e custoso. As normas, contudo, são silentes quanto ao momento do encaminhamento à Corregedoria Permanente. E, no silêncio, não é recomendável determinar, de forma obrigatória, quando os autos deve ser remetidos a este juízo. Deve o Oficial, portanto, agir com prudência e razoabilidade. Acaso entenda que a impugnação tem fortes fundamentos, que desde logo inviabilizariam a usucapião administrativa, poderá suscitar a dúvida imediatamente, de modo a possibilitar que este juízo decida a questão rapidamente, evitando diversas notificações e publicação de custoso edital sem necessidade. Por outro lado, entendendo que a questão pode vir a ser superada, ou havendo pedido do requerente da usucapião para que a remessa a este juízo se dê posteriormente, poderá o Oficial fazê-lo, o que permitirá o julgamento único das impugnações e eventual aproveitamento judicial das notificações emitidas, se entendido pela necessidade de conversão do procedimento. De qualquer modo, o requerente da usucapião poderá ser consultado se tem preferência em determinar o seguimento do processo extrajudicial, com a finalização das notificaçoes e análise das impugnações em um único ato, ou a análise partilhada, com suscitação de dúvida em cada impugnação, tudo isso a possibilitar que este tenha certa gerência nos procedimentos realizados extrajudicialmente e que poderão, eventualmente, ser aproveitados em sede judicial. Esclarecida tal questão, não se pode ignorar que, no presente feito, a dúvida já foi suscitada. Assim, não é possível sua suspensão para prosseguimento do procedimento administrativo, com a finalização das notificações, para só então dar andamento a este processo. Novamente, destaco que eventual procedência da presente impugnação resultará no encerramento do processo extrajudicial, e a continuidade das notificações poderá demonstrar-se desnecessária. Nestes termos, abra-se vista ao Ministério Público, para manifestação sobre o mérito da impugnação apresentada. Int. - ADV: WAGNER GRANDIZOLI (OAB 202927/SP) (DJe de 17.07.2018 - SP) - de 17.07.2018 - SP)

Processo 1104657-74.2017.8.26.0100

Dúvida - Usucapião Extraordinária - Saulo Geraldo Borges - Vistos. Trata-se de dúvida suscitada pela Oficial do 16º Registro de Imóveis da Capital em procedimento de usucapião administrativa iniciado por Saulo Geraldo Borges, tendo em vista a impugnação apresentada pela Superintendência do Patrimônio da União (fls. 404), no sentido de que o imóvel, objeto do procedimento, estaria situado no perímetro do extinto aldeamento indígena de São Miguel e Guarulhos, de propriedade da União Federal. Alega a impugnante que, conforme o Decreto Lei nº 9.760/46, art. 1º,"h", os terrenos dos extintos povoamentos de indígenas são bens imóveis da União. Insurge-se o suscitado da impugnação (fls. 426/428), sob o argumento de que há farta jurisprudência no sentido de que a ação de usucapião de terras em antigo aldeamento indígena é de competência da Justiça Estadual. O Ministério Público opinou pela conversão do procedimento extrajudicial de usucapião em procedimento comum, com a remessa dos autos à Justiça Federal, prosseguindo o feito naquele juízo. É o relatório. Passo a fundamentar e a decidir. O Código de Processo Civil de 2015, em seu art. 1.071, inseriu na Lei de Registros Públicos o art. 216-A, que trouxe para o sistema jurídico brasileiro a usucapião extrajudicial. Essa modalidade administrativa passou a ser a regra, deixando a via judicial como medida excepcional. Basta verificar que o regramento da usucapião judicial no CPC/2015 é escasso e o instituto passou a integrar o procedimento comum, não sendo mais previsto rito especial. A via administrativa, de outro lado, foi regulamentada minuciosamente, o que denota, certamente, a preferência da lei. Em que pese o parecer da D Promotora de Justiça (fl. 435), entendo não se caso de remessa para apreciação judicial. A alegação da União Federal, de que o imóvel estaria no perímetro do extinto aldeamento indígena de São Miguel e Guarulhos e, consequentemente seria de propriedade da União, não procede. De acordo com vários precedentes firmados pelo TRF da 3ª Região: "USUCAPIÃO – Antigo aldeamento indígena - Interesse da União Federal - Inexistência. Os terrenos de antigos aldeamentos indígenas não podem mais ser considerados bens da União, se sobre tais terras já existem cidades, bairros e vilas. Para os efeitos do artigo 20, XI, da CF/88, não se pode considerar terra tradicionalmente ocupada por indígenas aquela que, há mais de um século, já não registra traço de cultura autóctone. Inaplicável o artigo 109, I, da CF/88, o que deslocaria a competência para julgamento da causa para a Justiça Federal." (TRF 3ª Região - Ap. Cível. Nº 96.03.074929-0-SP 2ª T. Relª Juíza Sylvia Steiner - DJU 05.02.1997). "CONSTITUCIONAL: USUCAPIÃO - Extinto aldeamento indígena de São Miguel-Guarulhos - Decreto-lei nº 9.760/46 não foi recepcionado pela Constituição Federal de 1946 - Domínio da União inexistente. I- As áreas de terrenos localizadas na região do antigo aldeamento de São Miguel e Guarulhos não se incluem entre os bens de titularidade da União Federal, eis que o Decreto- Lei nº 9.760/46 não foi recepcionado pela Constituição Federal de 1946. Precedentes desta Corte de Justiça. II- No caso, acresce considerar que a documentação do SPU não traz elementos com objetividade suficiente a comprovar o domínio em questão. III- Agravo improvido." (TRF 3ª R. - AI nº 056.405-2-SP2ª T Rel.

Juiz Aricê Amaral - j. 07.04.98 - DJU 06.05.98 - v.u.). Por esta razão, pacificada a matéria, entendo como não fundamentada a contrariedade, devendo ser afastada a alegação de domínio público federal sobre o imóvel usucapiendo. Diante do exposto, afasto a impugnação apresentada pela União Federal, por falta de fundamento válido, e julgo improcedente a dúvida suscitada pela Oficial do 16º Registro de Imóveis da Capital, para determinar que a usucapião administrativa prossiga nos seus ulteriores termos. Deste procedimento não decorrem custas, despesas processuais e honorários advocatícios. Oportunamente remetam-se os autos ao arquivo. P.R.I.C. - ADV: LIGIA HELENA MARCONDES DE ALMEIDA (OAB 141405/SP) (DJe de 05.02.2018 - SP)

Processo 1117388-05.2017.8.26.0100

Procedimento Comum - Registro de Imóveis - Marilene Alves de Souza - Bruno Rodrigues Domingues - Solange Pereira dos Santos Rodrigues - Carlos Augusto Miranda - Anacláudia dos Santos - Rosane Lima de Paula - Rita Costa Ribeiro - Elisabete Alves de Souza Rodrigues - Ademir Rodrigues - Jorge Hamilton Lucas da Silva - Maria das Gracas de Lima dos Santos, - Antonio da Paixão Caldeira dos Santos e outro - 1 - Tendo em vista que a parte autora se manifestou sobre a cota do Ministério Pùblico antes mesmos da decisão de fls. 158, desnecessário o prazo concedido.2 - Fls. 143/147. Narra a inicial que a propriedade da área descrita na matrícula 207.864 foi declarada aos autores através de usucapião especial coletiva, na proporção de 1/10 parte ideal para cada um, estabelecendo, assim, um condomínio indivisível. Além da retificação da área total, figurou como pedido inicial a individualização dos lotes com averbação na matrícula em regime de condomínio nos termos do artigo 1.358-A do Código Civil. Recebo a inicial apenas quanto ao pedido de retificação da área total da matrícula 207.864 do 12º Cartório de Registros de Imóveis, INDEFERINDO-A, LIMINARMENTE, quanto à extinção do condomínio e individualização de lotes. Prefacialmente, consigna-se que para a pretendida individualização há necessidade de extinção do condomínio indivisível instituído pela usucapião coletiva, que, por sua vez, se dá por deliberação favorável tomada por, no mínimo, dois terços dos condôminos, no caso de execução de urbanização posterior à constituição do condomínio, conforme preceitua o artigo 10, § 4º, do Estatuto da Cidade. E, posteriormente, se procedente a extinção do condomínio indivisível é que se verificará a possibilidade de individualização dos lotes. Contudo, os pedidos acima mencionados são completamente estranhos à competência funcional (absoluta) desta Vara especializada, que se restringe à corregedoria permanente de serventia extrajudicial, e, na sua competência jurisdicional, às ações de usucapião e de retificação de registro imobiliário, nos exatos termos do art. 38 do Decreto Lei Complementar nº. 03/1969. Assim, nos termos do artigo 327, §1º, inciso II, que determina não ser possível a cumulação de pedidos cujas competências sejam diversas, INDEFIRO A INICIAL quanto ao pedido de extinção de condomínio e individualização dos lotes, devendo prosseguir o feito somente quanto a retificação da área total descrita na matrícula 207.864 do 12º Cartório de Registros de Imóveis, extinguindo o processo nessa parte, sem resolução de mérito.2 - Dê-se vista aos autores e ao Ministério Público.3 - Prazo 5 dias. 4 - Após, tornem os autos conclusos para a possível determinação da perícia técnica. Int. - ADV: ANTONIO BENEDITO MARGARIDO (OAB 54091/SP) (DJe de 06.03.2018 - SP)

Processo 1047047-85.2016.8.26.0100

Procedimento Comum - Propriedade - Josephina Dell'aquila Consolo - Nilza Vieira da Silva - Valeria Crivellari Pereira de Moraes - Vistos. Trata-se de ação declaratória de nulidade de sentença (querela nullitatis insanabilis) com pedido de tutela antecipada proposta por JOSEPHINA DELLÀQUILA CONSOLO em face de NILZA VIEIRA DA SILVA e VALÉRIA CRIVELLARI PEREIRA DE MORAES. Alega que tramitou neste Juízo ação de usucapião, cujo pedido foi julgado procedente em favor da primeira requerida. Entretanto, a ação padece de vícios, na medida em que não foi realizada a citação das ocupantes do imóvel, em afronta à Súmula 263 do STF, dentre as quais a autora. Informa a requerente que somente tomou conhecimento da usucapião após o trânsito em julgado da sentença, quando foi intimada para despejo promovido pela segunda ré, adquirente do bem usucapido. Narra que ocupa o imóvel, com animus domini, há muitos anos, e que as rés nunca residiram no local, nunca exercendo posse efetiva sobre o bem que com a autora está. Sustenta assim, diante da falta de sua citação na ação de usucapião, a nulidade do título produzido em detrimento de interesse seu. Nesses termos, pede a desconstituição da sentença de usucapião. Junta documentos (fls. 21/537). A antecipação de tutela e a proteção possessória foram indeferidas, determinando-se o processamento da demanda (fls. 538/539). Citadas, as rés VALÉRIA e NILZA ofertaram contestações em separado (fls. 545/551 e fls. 559/565, respectivamente). Em sua defesa, a ré VALÉRIA sustentou ilegitimidade passiva, pois há em curso ação anulatória do negócio que celebrou com Nilza e o objeto desta ação é apenas a anulação da sentença prolatada por este juízo. Como não fez parte da referida demanda - e nem deveria - aduz que não tem legitimidade para figurar no polo passivo. No mérito, diz que a autora omitiu sua condição de inquilina do imóvel usucapido. A autora jamais ocupou o referido bem com o ânimo de proprietária, de modo que não figurava no local como possuidora ou confrontante, mas como mera detentora da posse em aluguel. O aluguel está provado e era regularmente pago até a intimação para o despejo, condição que a autora omitiu. Por isso, não deveria jamais ter sido citada na ação de usucapião, razão pela qual inexiste vício no título e porque esta ação deve ser rejeitada, o que pediu. Juntou documentos de fls. 551/558. A ré NILZA, em sua defesa, teceu considerações similares à da corré. Sustenta que a autora nunca ocupou o imóvel como dona, mas apenas e sempre como inquilina. Pagava aluguel aos herdeiros das titulares de domínio do bem usucapido, o que impede o exercício da condição de dono que alega ter. Por isso, não era co-possuidora do bem e nem confrontante do bem usucapido por Nilza, razão pela qual a falta de sua citação não macula a sentença de usucapião. Por isso, pediu improcedência. Juntou documentos de fls. 565/568. Houve réplica da autora (fls. 577/590). Instadas sobre provas, fl. 603, a ré Valéria as dispensou, do mesmo modo que a ré Nilza (fls. 604 e 605) e a autora requereu prova oral e documental (fls. 607/608). É o relatório. Fundamento e decido. Inicialmente, afasto a preliminar de ilegitimidade passiva da ré Valéria. Sua condição nesta ação é de litisconsorte unitária com a ré Nilza tendo em conta que, por mais que não tenha participado da ação de usucapião como autora ou ré, é atual titular de domínio do bem (fls. 474/476), de modo que seu patrimônio jurídico seria atingido, em caso de eventual procedência, na medida em que o bem retornaria ao patrimônio da autora. Dessa forma, é legítima para responder a esta demanda. Passo ao julgamento antecipado da lide, uma vez que os elementos constantes dos autos são suficientes para a formação da convicção do juízo, sendo dispensável a produção de novas provas. O pedido inicial é improcedente. A questão fundamental para o deslinde deste feito, como pretensão declaratória de insanável nulidade em título judicial, é saber se houve ou não a referida nulidade no ciclo citatório da ação de usucapião n. 0010032-75.2011.8.26.0100 com a falta de citação da autora. Todas as demais questões, como o acerto ou erro da decisão e o preenchimento dos requisitos para usucapião verificados na ação originária, não podem e não serão aqui debatidos, sob pena de ofensa à coisa julgada. Restou incontroverso nos autos que a ré Nilza e a requerente ocupavam o imóvel desde antes do ajuizamento da ação de usucapião. Para se saber se a autora Josephina deveria ou não ter sido citada na ação, deve-se entender qual a condição jurídica que ela ostentava em relação à porção que ocupava no imóvel usucapido pela ré Nilza. Do quadro jurídico da questão. Segundo a Súmula 263 do Supremo Tribunal Federal, "o possuidor deve ser pessoalmente citado para a ação de usucapião". Tal entendimento do C. STF, firmado quando o Tribunal ainda tinha competência sobre matéria infraconstitucional, não deve ser lido fora de contexto com o sistema jurídico material e processual que regra a usucapião. Assim, não é todo e qualquer possuidor que deve ser citado para a ação de usucapião, mas apenas aquele possuidor que ostente condição de possuidor pleno ou possuidor indireto do bem, caso a posse esteja desdobrada assim. Isso porque, como se sabe, sendo requisito da usucapião o ânimo de proprietário do bem, só pode ser assim entendido aquele que exerce sobre a coisa uma posse qualificada o suficiente para que possa exercer todos os elementos da propriedade, como uso, gozo, disposição e perseguição como dono (sequela). Aquele que se porta como proprietário tem, inclusive, o direito de desdobrar a posse que exerce sobre a coisa em posse direta e indireta, repassando aquela a quem desejar, mediante remuneração ou não, mas reservando-se a posse indireta (que lhe conserva o direito de obter frutos da coisa repassada e de vir a persegui-la se quiser). Com essas considerações tem-se que o entendimento adequado sobre a Súmula 263 do STF, acima citada, é de que deve ser citado para a ação de usucapião aquele que exerce posse sobre a coisa em conjunto ou em disputa com o usucapiente, mas apenas se detiver uma posse tal que justifique ser possível também ele possuidor vir a requerer a declaração de usucapião em seu favor. A razão disso, como está claro, é permitir no bojo da ação de usucapião uma contestação do outro possuidor para que o juiz possa examinar, se o caso, a qualidade das posses exercidas e decida qual aquela que tem aptidão para permitir a usucapião ou até mesmo para limitar a posse do usucapiente ao espaço ou área sobre a qual tenha ele exercido a posse de forma pacífica, se o caso. Por outro lado, como também já se pode antever, aquele que exerce apenas a posse direta sobre o bem (o locatário, comodatário, etc) não tem e não teria o condão de usucapir a coisa, justamente porque não detém tal posse com ânimo de dono. E essa restrição é perceptível pela característica de sua posse.

Tal pessoa, por conseguinte, não deve ser citada na ação de usucapião como possuidor, a ela não se aplicando o enunciado do STF que se debate e sobre o qual se apoia a autora. Isso acontece por mais que tal possuidor possa, se assim desejar, atuar como assistente simples do possuidor indireto na ação de usucapião (CPC, arts. 119 e 121) em detrimento daquela alegada pelo usucapiente. A respeito da questão acima discorrida, veja-se entendimento do E. TJSP em caso similar: APELAÇÃO. QUERELA NULLITATIS INSANABILIS. Alegação de ausência de citação dos ocupantes do imóvel em ação de usucapião que fora julgada procedente, havendo coisa julgada material. Alegação de nulidade absoluta. Descabimento. Locatários que detêm a posse direta do imóvel em virtude da cessão onerosa, enquanto que os usucapientes, locadores, eram os possuidores indiretos. Somente o possuidor indireto pode adquirir a propriedade em virtude da usucapião. Requisitos da prescrição aquisitiva suficientemente comprovados nos autos. Mera interrupção de pagamento dos locativos não tem o condão de caracterizar, isoladamente, o ânimo de dono. Locatária tinha pleno conhecimento da ação de usucapião em andamento e testemunhou em benefício dos usucapientes. Ausência de interesse das apelantes. Inexistência de justificativa para alteração da força do título executivo judicial que se quer anular. Sentença mantida. RECURSO IMPROVIDO. (TJSP; Apelação 1118242-04.2014.8.26.0100; Relator (a): Rosangela Telles; Órgão Julgador: 2ª Câmara de Direito Privado; Foro Central Cível - 1ª Vara de Registros Públicos; Data do Julgamento: 04/10/2016; Data de Registro: 04/10/2016) Dito isso, resta ainda consignar que além do possuidor, devem ser citados na ação de usucapião também os confrontantes, condição que a autora alega ter em relação à sentença cuja nulidade sustenta, razão pela qual necessário aqui também deixar claro quem é confrontante do bem usucapiendo de forma que sua citação seja também necessária. O confrontante do imóvel usucapiendo pode ser o tabular, aquele constante dos registros públicos como proprietário do bem que divisa com a coisa que se pretende usucapir, ou confrontante de fato, sendo tal o possuidor (também na condição de posse acima delineada) do bem que confina limites com a coisa. Em qualquer caso, novamente se vê que confrontante que deve ser citado é, da mesma forma como se viu em relação ao possuidor, apenas a pessoa que detém posse qualificada pela propriedade efetivamente (tabular) ou pelo ânimo de dono, donde se afasta a qualidade de confrontante daqueles locatários, comodatários, etc., que exercem posse sobre a coisa vizinha nessa condição. Ademais, é importante esclarecer que o confrontante tem presença na ação como pessoa que pode ter seu bem ocupado indevidamente pela parte usucapiente, de modo que deve ser citado para esclarecer o limite de paz e tranquilidade da posse exercida pelo autor da usucapião. E tal limite é definido exclusivamente pelo próprio autor da ação, conforme a teoria da asserção, que descreve em sua inicial qual a área e conteúdo do bem usucapiendo. Assim, se o usucapiente inclui na delimitação da área sobre a qual alega ter posse com qualidade de dono parte do imóvel vizinho desde o início da ação, tal porção é tida como objeto da usucapião e o proprietário da referida área é e deve ser citado na ação como titular de domínio, e não como confrontante. Responderá a ação como dono tabular da coisa e poderá alegar toda a matéria de defesa cabente a si nessa condição. Em outras palavras, só é confrontante aquele que detém propriedade ou posse qualificada como dono do bem limitante com a área usucapienda, e fica nessa condição legitimado pela pretensão autoral a arguir interferência ou indevida invasão em sua área, mas não a defender a sua área como dono porque o autor sequer alega, inicialmente, deter posse sobre a coisa dele confrontante. Com esses suficientes esclarecimentos, passa-se ao exame concreto da causa colocada pela autora. Do caso concreto Nesta ação a autora alega ser tanto possuidora como confrontante da coisa usucapida pela ré Nilza e adquirida pela ré Valéria. A solução para a propalada improcedência do pedido se dá de forma segura e suficiente com o exame das próprias alegações da autora e de sua resposta em réplica. Isso porque tanto para a sua alegada condição de possuidora como para sua alegada condição de confrontante, há uma limitação por ela mesma informada em sua petição inicial e manifestação sobre a contestação, em conflito com o quadro que acima se delineou. Em petição inicial a autora já informou ter locado o bem que ocupava de quem quer que seja (à fl. 10, segundo parágrafo), o que desde logo retira sua condição de possuidora plena ou indireta, ou mesmo de confrontante, a ponto de ser citada. Mas mais do que isso, diante das defesas das rés (fls. 545/551 e fls. 559/565), a autora veio aos autos em réplica (CPC, arts. 350 e 351) e novamente confessou diversas vezes em sua peça (por exemplo à fl. 586, primeiro parágrafo) sua condição de inquilina do bem usucapido pela ré Nilza. Dessa forma, pela simples afirmação ou reconhecimento de que era mesmo inquilina do bem usucapido (informação, como visto, provida pela própria autora), tem-se que sua posse sobre o bem objeto da ação cuja sentença alega ser nula sempre foi apenas a posse direta, impassível de ensejar direitos aquisitivos e, portanto, impassível de tê-los prejudicados pela procedência. Também não é confinante, pois o bem que ocupava como locatária era o próprio bem usucapiendo e não o vizinho. Tal ponto é suficiente para que se constate, com máxima clareza, que a autora Josephina não deveria ter sido citada para a ação de usucapião, nem como possuidora e nem como confrontante, de modo que a alegada nulidade no título por falta de citação necessária simplesmente não existe. Note-se que, como afirmado ao início da fundamentação, o acerto ou erro da decisão, o direito de a ré Nilza ter ou não usucapido o imóvel possuído pela autora e a qualidade ou quantidade de tempo da posse alegada por ela como exercida naquela ação não podem ser objeto de discussão nestes autos, porque recobertos sob o manto da coisa julgada material. Por isso, se a autora Nilza não exercia posse plena ou indireta sobre o bem ocupado pela autora e assim não poderia ter tido em seu favor declarada a propriedade da coisa, tal questão era de debate na ação. Se naquela ação foram citados os titulares de domínio e não se opuseram ao alegado domínio da autora, ou se opuseram e tiveram sua alegação rejeitada, isso é o suficiente para a formação da coisa julgada material que se reconhece existir. DispositivoDiante do exposto, JULGO IMPROCEDENTE o pedido inicial, extinguindo o feito com resolução de mérito nos termos do art. 487, I, do CPC.Ante a sucumbência, a requerente deverá arcar com as custas e despesas processuais, bem como com os honorários em favor dos patronos das rés, os quais fixo no total de 10% sobre o valor dado à causa, para ambos os patronos, ressalvada, entretanto, a gratuidade que foi concedida. Oportunamente, arquivem-se. P. R. I. - ADV: MARLI LIPARI SAISI (OAB 103596/SP), LUIZ CARLOS PEREIRA (OAB 125004/SP), RITA DE CASSIA F FARIA PEREIRA (OAB 125255/SP) (DJe de 14.03.2018 - SP)

Processo 1002887-04.2018.8.26.0100

Dúvida - REGISTROS PÚBLICOS - Antonio de Melo e outro Dúvida – Usucapião Extrajudicial - Inafastabilidade, em regra, da exigência de ata notarial - Documento que garante a autenticidade do procedimento e das alegações do requerente Dúvida julgada procedente Vistos Trata-se de dúvida suscitada pelo Oficial do 18º Registro de Imóveis da Capital em face de Antonio de Melo, após exigência, em procedimento administrativo de usucapião, da apresentação de Ata Notarial. De acordo com o Oficial (fls. 01/07), há expressa previsão legal da exigência, no Art. 216-A, I, da Lei de Registros Públicos, não havendo possibilidade de prosseguimento do procedimento extrajudicial sem tal documento. Documentos às fls. 09/409. Às fls. 410/422, o suscitado impugnou a dúvida. Alega que a ata notarial é facultativa, uma vez que o conjunto probatório supre sua necessidade, além de que o Art. 216-A da Lei 6.015/73 tem em sua redação os termos "conforme o caso e suas circunstâncias", o que levaria ao entendimento da falta de obrigatoriedade em sua apresentação. Aduz que a ata notarial não pode atestar a posse tampouco seu tempo, devendo os demais documentos serem analisados para tal fim. O Ministério Público opinou às fls. 426/429 pela procedência da dúvida. É o relatório. Decido. Com razão o Oficial e o D. Promotor. Preliminarmente, cabe expor que, nos termos do §7º do Art. 216-A da Lei 6.015/73, é o procedimento de dúvida o meio previsto pelo legislador para que o requerente da usucapião administrativa impugne qualquer exigência do Oficial nos trâmites do pedido. Sendo esta a hipótese dos autos, conheço da dúvida. Passo ao mérito. A usucapião extrajudicial foi medida adotada pelo legislador visando desburocratizar o reconhecimento da prescrição aquisitiva, tendo em vista que o procedimento judicial demanda diversas etapas que levam ao decurso de um longo tempo para o provimento do pedido. Previu-se, assim, que nos pedidos de usucapião em que não haja impugnantes, pode o requerente solicitar, perante o Cartório de Registro de Imóveis competente, o reconhecimento da aquisição da propriedade. Contudo, a alteração legal se deu quanto aos procedimentos necessários para tal reconhecimento, não se alterando a essência da usucapião, instituto previsto tanto nos Arts.183 e 191 da Constituição Federal quanto nos Arts. 1.238 e seguintes do Código Civil. Desta feita, são previstas diversas modalidades de usucapião, sendo a posse mansa e pacífica requisito de todas elas, e o justo título requisito da usucapião ordinária. A comprovação de tais requisitos é, portanto, essencial para a procedência do pedido, independentemente do procedimento adotado. Destarte, também na usucapião administrativa esta comprovação deve ser feita. E a forma para tal não é livre: estando em jogo o direito de propriedade, a prova há de observar as exigências legais, sob pena de haver uma simplificação excessiva que coloque em risco a propriedade de terceiros. Em outras palavras, a observância dos preceitos legais é essencial para a segurança jurídica esperada do procedimento administrativo, não sendo possível ao requerente optar pela forma em que demonstrará a posse e o justo título. Assim, ainda que se discorde dos meios exigidos pelo legislador (como a ineficácia da ata notarial para atestar a existência da posse e seu tempo), são eles garantias de que a usucapião foi reconhecida de modo legítimo, declarando-se a propriedade do usucapiente em prejuízo do proprietário tabular sem qualquer dúvida que possa contaminar a legitimidade do procedimento. Portanto, as exigências legais devem ser observadas em sua totalidade, e sua interpretação deve ser restritiva, no sentido de limitar qualquer tentativa de se simplificar o procedimento ou alterá-lo. Como bem exposto pelo D. Promotor: "[O] reconhecimento da prescrição aquisitiva na via extrajudicial já representou a vontade do legislador em desburocratizar tais operações, não cabendo ao suscitado, de seu turno, buscar medida ainda mais simplória, consistente na sua simples declaração."Aqui, cumpre colacionar o caput do Art. 216-A da Lei de Registros Públicos: "Art. 216-A. Sem prejuízo da via jurisdicional, é admitido o pedido de reconhecimento extrajudicial de usucapião, que será processado diretamente perante o cartório do registro de imóveis da comarca em que estiver situado o imóvel usucapiendo, a requerimento do interessado, representado por advogado, instruído com: I - ata notarial lavrada pelo tabelião, atestando o tempo de posse do requerente e de seus antecessores, conforme o caso e suas circunstâncias, aplicando-se o disposto no art. 384 da Lei no13.105, de 16 de março de 2015 (Código de Processo Civil); II - planta e memorial descritivo assinado por profissional legalmente habilitado, com prova de anotação de responsabilidade técnica no respectivo conselho de fiscalização profissional, e pelos titulares de direitos registrados ou averbados na matrícula do imóvel usucapiendo ou na matrícula dos imóveis confinantes; III - certidões negativas dos distribuidores da comarca da situação do imóvel e do domicílio do requerente; IV - justo título ou quaisquer outros documentos que demonstrem a origem, a continuidade, a natureza e o tempo da posse, tais como o pagamento dos impostos e das taxas que incidirem sobre o imóvel." Quando o legislador utiliza-se da expressão "instruído com", está ele determinando os documentos essenciais ao procedimento. Ao contrário do que alegado pelo suscitado, a obrigatoriedade destes documentos, por todo o exposto acima, se presume, e qualquer exceção deve estar prevista em lei ou ato normativo emitido por órgão ou autoridade competente. É o caso, por exemplo, do inciso IV: o §15º do Art. 216-A é expresso ao mitigar a exigência destes documentos que comprovem as características da posse, dispondo que, na sua ausência ou insuficiência, "a posse e os demais dados necessários poderão ser comprovados em procedimento de justificação administrativa perante a serventia extrajudicial". Outra exceção diz respeito ao inciso II, uma vez que o §5º do Art. 4º do Provimento 65 do CNJ previu que "será dispensada a apresentação de planta e memorial descritivo se o imóvel usucapiendo for unidade autônoma de condomínio edilício ou loteamento regularmente instituído, bastando que o requerimento faça menção à descrição constante da respectiva matrícula."No caso da ata notarial, contudo, a exigência é expressa na lei. E, ao contrário do que quer fazer crer o suscitado, a expressão "conforme o caso e suas circunstâncias" não vem no sentido de afastar a necessidade da apresentação da ata, mas diz respeito ao "tempo de posse do requerente e de seus antecessores". Ou seja, o tabelião deve atestar o tempo de posse conforme o caso e suas circunstâncias, no sentido de que não há modelo específico de como deverá fazê-lo: observadas as circunstâncias próprias de cada caso, o tabelião pode atestar o tempo de posse de diversas maneiras, como entrevistando vizinhos, analisando documentos ou utilizando-se de outros meios aptos para tanto. Neste sentido o Art. 4º, I, do Provimento nº 65, de 14/12/2017, do Conselho Nacional de Justiça, que prevê o conteúdo da ata notarial, visando justamente clarificar qual o conteúdo necessário para que se atinja os objetivos do procedimento: "Art. 4º O requerimento será assinado por advogado ou por defensor público constituído pelo requerente e instruído com os seguintes documentos: I ata notarial com a qualificação, endereço eletrônico, domicílio e residência do requerente e respectivo cônjuge ou companheiro, se houver, e do titular do imóvel lançado na matrícula objeto da usucapião que ateste: a) a descrição do imóvel conforme consta na matrícula do registro em caso de bem individualizado ou a descrição da área em caso de não individualização, devendo ainda constar as características do imóvel, tais como a existência de edificação, de benfeitoria ou de qualquer acessão no imóvel usucapiendo; b) o tempo e as características da posse do requerente e de seus antecessores; c) a forma de aquisição da posse do imóvel usucapiendo pela parte requerente; d) a modalidade de usucapião pretendida e sua base legal ou constitucional; e) o número de imóveis atingidos pela pretensão aquisitiva e a localização: se estão situados em uma ou em mais circunscrições ;f) o valor do imóvel;g)outras informações que o tabelião de notas considere necessárias à instrução do procedimento, tais como depoimentos de testemunhas ou partes confrontantes;" Destaque-se a alínea g), que vem a corroborar o entendimento de que a expressão "conforme o caso e suas circunstâncias" deve ser interpretada no sentido de que ao tabelião é livre a utilização das informações necessárias, em cada hipótese, para melhor instruir o procedimento. E não é só. A exigência da ata notarial, como dito acima, é garantia do Oficial de Registros de Imóveis e de terceiros de que as informações dadas pelo requerente são verdadeiras. Ou seja, não basta a palavra deste para que o registrador reconheça a prescrição aquisitiva, sendo necessário outro meio de prova apta a demonstrar a veracidade das informações. Tal meio, escolhido pelo legislador, é a ata notarial. Corrobora este entendimento a previsão do § 2º do Art. 5º do já mencionado Provimento 65, no sentido de que o Tabelião não pode basear-se apenas na declaração do requerente para lavrar o documento. Tudo isso a fortificar o entendimento de que, dada a natureza da usucapião, não é suficiente o mero requerimento do possuidor e o silêncio do proprietário tabular para seu reconhecimento; são necessários elementos externos, que no caso judicial se dá pela inquirição de testemunhas, perícia judicial e pela própria autoridade do juiz ao utilizar seu convencimento motivado para atestar a posse. Já no caso extrajudicial, este elemento externo é a ata notarial, que, caso afastada, retiraria esta garantia de que os fatos alegados pelo requerente são verdadeiros. Finalmente, afasta-se o argumento do suscitado de que a ata notarial não seria meio hábil para provar a existência e o modo de existir de um fato, como a posse. Isso porque o Art. 384 do Código de Processo Civil prevê expressamente a ata notarial como modo de atestar e documentar algum fato. Exceção que pode eventualmente ser considerada, como sugerido pelo DD Desembargador Ricardo Henry Marques Dip, em suas excelentes palestras sobre o tema, seria a de anterior processo judicial, já iniciado ou extinto sem julgamento de mérito, com os atos aproveitados perante a Serventia Extrajudicial. Do exposto, julgo procedente a dúvida suscitada pelo Oficial do 18º Registro de Imóveis da Capital em face de Antonio de Melo, mantendo a exigência da ata notarial para seguimento do procedimento de usucapião extrajudicial. Não há custas, despesas processuais nem honorários advocatícios decorrentes deste procedimento. Oportunamente, arquivem-se os autos. P.R.I.C. São Paulo, 12 de março de 2018. Tania Mara Ahualli Juiz de Direito - ADV: MARCUS VINICIUS KIKUNAGA (OAB 316247/SP) (DJe de 16.03.2018 - SP)

Processo 1004203-52.2018.8.26.0100

Dúvida - REGISTROS PÚBLICOS - Roel Win Collier - Dúvida Usucapião Extrajudicial Inafastabilidade da exigência de ata notarial Documento que garante a autenticidade do procedimento e das alegações do requerente - Procedimento formal, que necessita de petição explicitando a pertinência da usucapião, e não simples pedido para dar início ao procedimento Dúvida julgada procedente Vistos Trata-se de dúvida suscitada pelo Oficial do 4º Registro de Imóveis da Capital em face de Roel Win Collier, após exigência, em procedimento administrativo de usucapião, de apresentação de ata notarial, de pedido formal para instauração do procedimento e de certidões negativas dos distribuidores. De acordo com o Oficial (fls. 01/05), o suscitado apresentou carta de arrematação referente ao imóvel da matrícula nº 127.166 da Serventia, cujo ingresso foi negado pois o executado não tinha qualquer direito registrado na matrícula do imóvel. Assim, teria o suscitado apresentado simples requerimento para que fosse reconhecida a usucapião, ao que o Oficial apresentou os óbices já referidos. Aduz que todas as exigências estão previstas no Art. 216-A, I, da Lei de Registros Públicos e no Provimento 65/2017 do Colendo Conselho Nacional de Justiça, não havendo possibilidade de prosseguimento do procedimento extrajudicial sem tais formalidades. Documentos às fls. 06/78. O suscitado não impugnou a dúvida (fl. 79), mas em seu requerimento, apresentado perante o Oficial (fls. 07/09), alegou que, por se tratar de usucapião extraordinária, a carta de arrematação era suficiente para provar a posse, não sendo necessária a apresentação de qualquer outro documento para o reconhecimento da usucapião. O Ministério Público opinou, às fls. 83/86, pela procedência da dúvida. É o relatório. Decido. Com razão o Oficial e o D. Promotor. A usucapião extrajudicial foi medida adotada pelo legislador com o intuito de desburocratizar o reconhecimento da prescrição aquisitiva, tendo em vista que o procedimento judicial demanda diversas etapas que levam ao decurso de um longo tempo para o provimento do pedido. Previu-se, assim, que nos pedidos de usucapião em que não haja impugnantes, pode o requerente solicitar, perante o Cartório de Registro de Imóveis competente, o reconhecimento da aquisição da propriedade. Contudo, a alteração legal se deu quanto aos procedimentos necessários para tal reconhecimento, não se alterando a essência da usucapião, instituto previsto tanto nos Arts.183 e 191 da Constituição Federal quanto nos Arts. 1.238 e seguintes do Código Civil. Desta feita, são previstas diversas modalidades de usucapião, sendo a posse mansa e pacífica requisito de todas elas, e o justo título requisito da usucapião ordinária. A comprovação de tais requisitos é, portanto, essencial para a procedência do pedido, independentemente do procedimento adotado. Destarte, também na usucapião administrativa esta comprovação deve ser feita. E a forma para tal não é livre: estando em jogo o direito de propriedade, a prova há de observar as exigências legais, sob pena de haver uma simplificação excessiva que coloque em risco a propriedade de terceiros. Em outras palavras, a observância dos preceitos legais é essencial para a segurança jurídica esperada do procedimento administrativo, não sendo possível ao requerente optar pela forma em que demonstrará a posse e o justo título, quando o caso. Assim, ainda que se discorde dos meios exigidos pelo legislador (como a ineficácia da ata notarial para atestar a existência da posse e seu tempo), são eles garantias de que a usucapião foi reconhecida de modo legítimo, declarando- se a propriedade do usucapiente em prejuízo do proprietário tabular sem qualquer dúvida que possa contaminar a legitimidade do procedimento. Portanto, as exigências legais devem ser observadas em sua totalidade, e sua interpretação deve ser restritiva, no sentido de limitar qualquer tentativa de se simplificar o procedimento ou alterá-lo. Aqui, cumpre colacionar o caput do Art. 216-A da Lei de Registros Públicos: "Art. 216-A. Sem prejuízo da via jurisdicional, é admitido o pedido de reconhecimento extrajudicial de usucapião, que será processado diretamente perante o cartório do registro de imóveis da comarca em que estiver situado o imóvel usucapiendo, a requerimento do interessado, representado por advogado, instruído com: I - ata notarial lavrada pelo tabelião, atestando o tempo de posse do requerente e de seus antecessores, conforme o caso e suas circunstâncias, aplicando-se o disposto no art. 384 da Lei nº 13.105, de 16 de março de 2015 (Código de Processo Civil); II - planta e memorial descritivo assinado por profissional legalmente habilitado, com prova de anotação de responsabilidade técnica no respectivo conselho de fiscalização profissional, e pelos titulares de direitos registrados ou averbados na matrícula do imóvel usucapiendo ou na matrícula dos imóveis confinantes; III - certidões negativas dos distribuidores da comarca da situação do imóvel e do domicílio do requerente; IV - justo título ou quaisquer outros documentos que demonstrem a origem, a continuidade, a natureza e o tempo da posse, tais como o pagamento dos impostos e das taxas que incidirem sobre o imóvel. "Quando o legislador utiliza-se da expressão "instruído com", está ele determinando os documentos essenciais ao procedimento. Assim, a obrigatoriedade destes documentos, por todo o exposto acima, se presume, e qualquer exceção deve estar prevista em lei ou ato normativo emitido por órgão ou autoridade competente. É o caso, por exemplo, do inciso IV: o §15º do Art. 216- A é expresso ao mitigar a exigência destes documentos que comprovem as características da posse, dispondo que, na sua ausência ou insuficiência, "a posse e os demais dados necessários poderão ser comprovados em procedimento de justificação administrativa perante a serventia extrajudicial". Outra exceção diz respeito ao inciso II, uma vez que o §5º do Art. 4º do Provimento 65 do CNJ previu que "será dispensada a apresentação de planta e memorial descritivo se o imóvel usucapiendo for unidade autônoma de condomínio edilício ou loteamento regularmente instituído, bastando que o requerimento faça menção à descrição constante da respectiva matrícula. "No caso da ata notarial, contudo, não há exceção. Sua exigência é expressa na lei. Neste sentido, a expressão "conforme o caso e suas circunstâncias" não vem no sentido de afastar a necessidade da apresentação da ata, mas diz respeito ao "tempo de posse do requerente e de seus antecessores". Ou seja, o tabelião deve atestar o tempo de posse conforme o caso e suas circunstâncias, no sentido de que não há modelo específico de como deverá fazê-lo: observadas as circunstâncias próprias de cada caso, o tabelião pode atestar o tempo de posse de diversas maneiras, como entrevistando vizinhos, analisando documentos ou utilizando-se de outros meios aptos para tanto. Neste sentido o Art. 4º, I, do Provimento nº 65, de 14/12/2017, do Conselho Nacional de Justiça, que prevê o conteúdo da ata notarial, visando justamente clarificar qual o conteúdo necessário para que se atinja os objetivos do procedimento: "Art. 4º O requerimento será assinado por advogado ou por defensor público constituído pelo requerente e instruído com os seguintes documentos: I ata notarial com a qualificação, endereço eletrônico, domicílio e residência do requerente e respectivo cônjuge ou companheiro, se houver, e do titular do imóvel lançado na matrícula objeto da usucapião que ateste: a) a descrição do imóvel conforme consta na matrícula do registro em caso de bem individualizado ou a descrição da área em caso de não individualização, devendo ainda constar as características do imóvel, tais como a existência de edificação, de benfeitoria ou de qualquer acessão no imóvel usucapiendo; b) o tempo e as características da posse do requerente e de seus antecessores; c) a forma de aquisição da posse do imóvel usucapiendo pela parte requerente; d) a modalidade de usucapião pretendida e sua base legal ou constitucional;e)o número de imóveis atingidos pela pretensão aquisitiva e a localização: se estão situados em uma ou em mais circunscrições; f) o valor do imóvel; g) outras informações que o tabelião de notas considere necessárias à instrução do procedimento, tais como depoimentos de testemunhas ou partes confrontantes;"Destaque-se a alínea g), que vem a corroborar o entendimento de que a expressão "conforme o caso e suas circunstâncias" deve ser interpretada no sentido de que ao tabelião é livre a utilização das informações necessárias, em cada hipótese, para melhor instruir o procedimento. E não é só. A exigência da ata notarial, como dito acima, é garantia do Oficial de Registros de Imóveis e de terceiros de que as informações dadas pelo requerente são verdadeiras. Ou seja, não basta a palavra deste para que o registrador reconheça a prescrição aquisitiva, sendo necessário outro meio de prova apta a demonstrar a veracidade das informações. Tal meio, escolhido pelo legislador, é a ata notarial. Corrobora este entendimento a previsão do § 2º do Art. 5º do já mencionado Provimento 65, no sentido de que o Tabelião não pode basear-se apenas na declaração do requerente para lavrar o documento. Tudo isso a fortificar o entendimento de que, dada a natureza da usucapião, não é suficiente o mero requerimento do possuidor e o silêncio do proprietário tabular para seu reconhecimento; são necessários elementos externos, que no caso judicial se dá pela inquirição de testemunhas, perícia judicial e pela própria autoridade do juiz ao utilizar seu convencimento motivado para atestar a posse. Já no caso extrajudicial, este elemento externo é a ata notarial, que, caso afastada, retiraria esta garantia de que os fatos alegados pelo requerente são verdadeiros. Portanto, o requerimento de usucapião extraordinária não pode vir instruído apenas com a carta de arrematação para comprovação da posse, sendo necessária a ata notarial. Além disso, as certidões negativa do distribuidor são garantia de que a posse não foi contestada, sendo também elemento essencial ao pedido. Finalmente, o requerimento de fl. 67 é insuficiente para dar início ao procedimento de usucapião extrajudicial, pois não preenche os requisitos da petição inicial prevista no Art. 319 do Código de Processo Civil. Conforme Art. 3º do Provimento 65/2017 do CNJ, tais requisitos devem ser observados para que seja feita a autuação do pedido e para que haja regular prosseguimento do feito. Do exposto, julgo procedente a dúvida suscitada pelo Oficial do 4º Registro de Imóveis da Capital em face de Roel Win Collier, mantendo os óbices referentes a usucapião extrajudicial. Não há custas, despesas processuais nem honorários advocatícios decorrentes deste procedimento. Oportunamente, arquivem-se os autos. P.R.I.C. São Paulo, 12 de março de 2018. Tania Mara Ahualli Juiz de Direito - ADV: DENIS BERENCHTEIN (OAB 256883/SP) (DJe de 16.03.2018 - SP)

Processo 1008143-25.2018.8.26.0100

Dúvida - REGISTROS PÚBLICOS - Silas Costa e outros

Dúvida – Usucapião extrajudicial - Cabimento do pedido de dúvida em qualquer fase do processamento - Autuação - Recebidos os documentos previstos no item 425 do Capítulo XX das NSCGJ e o requerimento na forma do Art. 3º do Provimento 65/2017 do CNJ, deve o Oficial autuar o pedido, com a prorrogação da prenotação, não podendo, desde logo, negar o pedido com base em seu mérito, devendo analisar apenas o aspecto formal do requerimento neste momento - Usucapião extrajudicial que se trata de alteração no procedimento, por não haver lide, mas que não altera a natureza originária da prescrição aquisitiva - Impossibilidade de se negar o pedido de ofício, com base em suposta violação das regras referentes ao parcelamento do solo previstas na Lei 6.766/79, reservado o direito do Município alegar, se oportuno, alguma irregularidade quanto a este ponto, além de dever ser observado, em todos os casos, o disposto no §2º do Art. 13 do Provimento 65/2017 do CNJ - Forma originária que dispensa a necessidade de apresentação de CND Dúvida julgada improcedente, determinando-se a continuidade do processamento do pedido de usucapião extrajudicial - remessa à Egrégia Corregedoria Geral da Justiça, para eventual efeito normativo da matéria Trata-se de dúvida suscitada pelo Oficial do 14º Registro de Imóveis em face de Silas Costa, Sérgio Costa e Fátima Coutinho Gomes Costa, após negativa de recebimento de pedido de usucapião administrativo. Aduz o Oficial pela impossibilidade da usucapião administrativa na hipótese, por entender que se trata de meio de aquisição derivada da propriedade, de modo que, uma vez que o imóvel usucapiendo está contido em área maior, inviável o pedido administrativo da usucapião, pois neste caso estaria ocorrendo parcelamento do solo por via oblíqua. Juntou documentos às fls. 06/199. Os suscitados apresentaram impugnação às fls. 200/205. Aduzem ser a usucapião administrativa forma originária de aquisição de propriedade, que não viola a lei de parcelamento do solo urbano. O Ministério Público opinou, às fls. 209/2015, pela improcedência da dúvida. Por decisão de fls. 216/217, o pedido de dúvida foi conhecido, sendo requisitadas informações ao Oficial no tocante à autuação do procedimento, da apresentação de petição inicial em conformidade com o Provimento 65/2017 do Conselho Nacional da Justiça e se a usucapião requerida representava burla aos métodos regulares de transmissão de propriedade. Os suscitados informaram, às fls. 220/223, que apresentaram petição perante a serventia, mas que não foi juntada nestes autos, além de sustentarem que não há ofensa ao §2º do Art. 13 do provimento 65/2017 do CNJ. O Oficial respondeu às fls. 224/229, afirmando ter autuado o procedimento, requerendo orientação acerca da forma em que devem se dar as autuações, e que a transmissão da propriedade não teria acesso ao registro pelos meios regulares. É o relatório. Decido. Primeiramente, tendo em vista que esta Corregedoria Permanente tem competência sobre 18 Serventias de Registro de Imóveis nesta Capital, que o procedimento de usucapião extrajudicial foi recentemente implantado, necessitando uniformização dos procedimentos, e que as decisões deste Juízo Corregedor, apesar de se limitarem as partes, devem ter caráter orientador dos procedimentos a serem adotados pelos cartórios correicionados, cumpre colacionar o conteúdo da decisão de fls. 216/217, para os fins de constarem nesta sentença os fundamentos do conhecimento da presente dúvida: "Nos termos do §7º do Art. 216-A da Lei 6.015/73, é o procedimento de dúvida o meio previsto pelo legislador para que o requerente da usucapião administrativa impugne qualquer exigência do Oficial nos trâmites do pedido. Não há qualquer limitação quanto ao momento da suscitação da dúvida, podendo ocorrer quando qualquer óbice for imposto pelo Oficial, o que é reforçado pelo uso da expressão "em qualquer caso", de modo que, quanto a preliminar arguida pelo Oficial, é o procedimento de dúvida aquele que deve ser adotado, com a prorrogação do prazo da prenotação, e não o pedido de providências. Esclareço que, ao contrário do procedimento de dúvida usual, que ocorre nos casos de apresentação de títulos para registro, a sentença de improcedência transitada em julgado representa o imediato registro do título; por outro lado, no caso da usucapião extrajudicial, a improcedência da dúvida não representará a procedência do pedido de usucapião, mas sim o afastamento da exigência do Oficial naquele momento do processo administrativo, que deverá continuar com os procedimentos legais. "Ainda, constou naquela decisão, no que diz respeito a autuação: "Ainda, não parece ter o Oficial autuado o pedido de usucapião, conforme estabelecido no item 426 do Capítulo XX das NSCGJ. Do que faz entender, negou o pedido requerido de imediato. Entendo que, uma vez apresentados documentos para o requerimento extrajudicial da usucapião, deve o Oficial autua-los e, sendo o caso, apresentar as exigências para seguimento do procedimento ou negar o pedido de forma fundamentada. "Quanto a este ponto, cumpre tecer alguns comentários. Assim aduziu o Oficial: "A prorrogação da prenotação e autuação se dão após cumpridas todas as exigências solicitadas pelo escrevente examinador, ou seja, o processo deve estar com condições de processamento. O mesmo ocorre na retificação administrativa (Lei 10.931/04) e alienação fiduciária. Diz no item 244 do capítulo XX das NSCGJ 'Prenotado e encontrando-se em ordem, o requerimento deverá ser autuado com as peças que o acompanham, formando um processo para cada execução extrajudicial'. Portanto, estamos aplicando nos casos de usucapião extrajudicial o mesmo procedimento de autuação que vimos aplicando nos casos de retificação administrativa e execução de alienação fiduciária (procedimentos administrativos de mesma natureza). "O entendimento do Oficial, portanto, se baseia no procedimento administrativo de retificação e de execução de alienação fiduciária, tendo por base a expressão "encontrando-se em ordem", prevista no item 244 do Capítulo XX das NSCGJ, que permite que a autuação só ocorra após a conferência da regularidade dos documentos. Não obstante a respeitável cautela do Oficial, que visa à uniformização dos procedimentos administrativos, o caso da usucapião extrajudicial demanda procedimento diverso, além de conter previsão própria nas normas da E. CGJ, em seu capítulo XX: "425. Sem prejuízo da via jurisdicional, é admitido o pedido de reconhecimento extrajudicial de usucapião, que será processado diretamente perante o cartório do registro de imóveis da comarca em que estiver situado o imóvel usucapiendo. O interessado, representado por advogado, instruirá o pedido com: I. Ata notarial lavrada pelo tabelião da circunscrição territorial em que situado o imóvel atestando o tempo de posse do requerente e de seus antecessores, conforme o caso e suas circunstâncias, aplicando-se o disposto no art. 384 da Lei n. 13.105, de 2015; II. Planta e memorial descritivo assinado por profissional legalmente habilitado, com prova de anotação de responsabilidade técnica no respectivo conselho de fiscalização profissional, e pelos titulares de direitos registrados ou averbados na matrícula do imóvel usucapiendo ou na matrícula dos imóveis confinantes; III. Certidões negativas dos distribuidores da comarca da situação do imóvel e do domicílio do requerente; IV. Justo título ou quaisquer outros documentos que demonstrem a origem, a continuidade, a natureza e o tempo da posse, tais como o pagamento dos impostos e das taxas que incidirem sobre o imóvel. 426. O pedido será autuado pelo registrador, prorrogando-se o prazo da prenotação até o acolhimento ou a rejeição do pedido. "Veja-se que o item 426 não contém a mesma expressão do item 244, não se exigindo a "ordem" do procedimento. A interpretação do item 426, portanto, e em conjunto com o item 425, deve levar ao entendimento de que, apresentados os documentos previstos no item 425, deve o Oficial realizar a autuação, desde logo prorrogando o prazo da prenotação, sendo que eventual óbice deve ser apresentado durante o procedimento, e não anteriormente. Como dito acima, poderá, neste caso, ser suscitada dúvida, cuja resolução não implicará no registro da usucapião, mas na continuidade do processo extrajudicial. O fato de serem apresentadas exigências antes da autuação traz dificuldades práticas, como visto no presente caso, em que algumas exigências foram cumpridas, mas a petição de requerimento da usucapião não foi autuada, criando-se diversas prenotações, além de um juízo prévio de admissibilidade que deveria ser realizado ao fim do procedimento, como será melhor explorado adiante. Além disso, a suscitação de dúvida anteriormente a autuação gera dificuldades também na análise por este juízo, não apenas devido à confusão documental, como no presente caso, em que não há numeração cronológica dos documentos, além da já citada inexistência da petição inicial de requerimento da usucapião, existindo apenas a petição em que cumpridas as exigências da nota devolutiva. No mais, tendo em vista principalmente o item 429.5 das NSCGJ, a improcedência da dúvida deve resultar no "retorno dos autos ao Oficial de Registro de Imóveis, que prosseguirá no procedimento extrajudicial", só sendo possível que haja esse prosseguimento quando já autuados os documentos. A recusa a autuação só poderá se dar quando inexistentes os documentos previstos no já mencionado item 425, ou quando o requerimento se der fora dos parâmetros previstos no Art. 3º do Provimento 65/17 do CNJ. Neste sentido, decidi no Processo nº 1004203-52.2018.8.26.0100 que "o requerimento (...) é insuficiente para dar início ao procedimento de usucapião extrajudicial, pois não preenche os requisitos da petição inicial prevista no Art. 319 do Código de Processo Civil. Conforme Art. 3º do Provimento 65/2017 do CNJ, tais requisitos devem ser observados para que seja feita a autuação do pedido e para que haja regular prosseguimento do feito. "Assim, quando irregular o requerimento ou inexistente um dos documentos ali descritos, deverá o Oficial exigir adequação daquele ou apresentação destes antes de realizar a autuação, sem prejuízo da possibilidade de pedido de suscitação de dúvida pelo interessado. Destaque-se a utilização das expressões "irregularidade" do requerimento e "inexistência" dos documentos. O Oficial recusará a autuação quando a petição não contiver as exigências do Provimento 65/2017 do CNJ e do Art. 319 do CPC, analisados sob o aspecto formal, ou seja, a petição deve conter as exigências legais (como origem da posse, número da matrícula e valor do bem, além da qualificação das partes), sendo que, existentes tais requisitos, a autuação deve ocorrer, e a análise de sua pertinência deve se dar dentro do procedimento autuado, como por exemplo a verificação da legitimidade da posse ou da correção das informações apresentadas. Do mesmo modo, deve o Oficial verificar se foram apresentados os documentos. Em caso positivo, deve realizar a autuação, sendo que a análise de seu conteúdo também deve se dar dentro do procedimento. Assim, por exemplo, não pode negar o pedido de plano quando a ata notarial não for suficiente para comprovar a qualidade da posse. Existindo ata notarial, a autuação será feita, e eventual insuficiência de seus termos para a procedência do pedido deverá ser acusada pelo Oficial dentro do procedimento, e não anteriormente à sua autuação. Em suma, apresentado o requerimento de usucapião, o Oficial deve conferir a adequação da petição (conforme Art. 3º do Provimento 65/17 do CNJ) e a apresentação dos documentos previstos no item 425 do Capítulo XX das NSCGJ. Qualificados positivamente, realizará a autuação. Em caso negativo, exigirá a adequação do requerimento, em seu aspecto formal. Em qualquer dos casos, a apresentação de óbices a usucapião, quanto a seu mérito, deve se dar com o procedimento já autuado. Se o óbice for relativo a impugnação por titulares de direitos reais sobre o imóvel usucapiendo ou dos imóveis confinantes, por algum dos entes públicos ou por terceiro interessado, o Oficial observará o item 429 e ss. do Capítulo XX das NSCGJ, bem como o decidido no Processo nº 1000162-42.2018.8.26.0100. Já quando o óbice disser respeito à insuficiência de documentos ou mesmo a falta de preenchimento dos requisitos legais da usucapião, deverá observar o disposto no Art. 17 do Provimento 65/2017 do CNJ, que assim dispõe: "Art. 17. Para a elucidação de quaisquer dúvidas, imprecisões ou incertezas, poderão ser solicitadas ou realizadas diligências pelo oficial de registro de imóveis ou por escrevente habilitado.§ 1º No caso de ausência ou insuficiência dos documentos de que trata o inciso IV do caput do art. 216-A da LRP, a posse e os demais dados necessários poderão ser comprovados em procedimento de justificação administrativa perante o oficial de registro do imóvel, que obedecerá, no que couber, ao disposto no § 5ºdo art. 381 e ao rito previsto nos arts. 382 e 383, todos do CPC. § 2º Se, ao final das diligências, ainda persistirem dúvidas, imprecisões ou incertezas, bem como a ausência ou insuficiência de documentos, o oficial de registro de imóveis rejeitará o pedido mediante nota de devolução fundamentada. § 3º A rejeição do pedido extrajudicial não impedirá o ajuizamento de ação de usucapião no foro competente. § 4º Com a rejeição do pedido extrajudicial e a devolução de nota fundamentada, cessarão os efeitos da prenotação e da preferência dos direitos reais determinada pela prioridade, salvo suscitação de dúvida.§ 5º A rejeição do requerimento poderá ser impugnada pelo requerente no prazo de quinze dias, perante o oficial de registro de imóveis, que poderá reanalisar o pedido e reconsiderar a nota de rejeição no mesmo prazo ou suscitará dúvida registral nos moldes dos art. 198 e seguintes da LRP. "Destaca-se o §2º do mencionado artigo, que prevê que o Oficial rejeitará o pedido, nos casos ali previstos, "ao final das diligências". Deste modo, previu o C. CNJ que, autuado o processo, o Oficial preferencialmente realizará as diligências, inclusive citatórias, para só depois negar o pedido. Observado este procedimento, as impugnações ocorrerão antes mesmo da análise do mérito pelo registrador. Ou seja, impugnado o pedido, será seguido o procedimento relativo à impugnação, resultando no arquivamento do pedido extrajudicial ou na rejeição da impugnação e o prosseguimento do feito. Neste último caso, ou não havendo impugnação, o Oficial analisará os documentos para julgar pela viabilidade, ou não, do pedido, realizando o registro ou rejeitando-o, com a possibilidade de reconsideração ou suscitação de dúvida, a requerimento do interessado. De se notar a semelhança deste procedimento com o judicial. Neste último, o requerente apresenta sua inicial, sendo esta autuada, com despacho do juiz para sua adequação ou a citação daqueles interessados no feito. Só após deverão ser realizadas demais diligências, com a sentença final que decide o mérito do pedido, com exceções existentes quando a sentença de plano reconhece a inexistência dos requisitos legais para a prescrição aquisitiva. Tal semelhança não é irrelevante. O procedimento extrajudicial de usucapião visa o mesmo objetivo daquele judicial, agindo o Oficial como verdadeiro fiscal do preenchimento dos requisitos formais e materiais para a concessão do direito de propriedade sobre o imóvel. As diferenças de procedimento, sobretudo a exigência da ata notarial, se dão visando a agilização da solução do requerimento, ao se pretender reconhecer com mais rapidez os pedidos de usucapião em que não há contestação. Não havendo contestação, não há lide, no sentido processual do termo, não sendo necessária a intervenção judicial no feito. Neste sentido: "[A] desjudicializaçao de certos institutos, em casos em que não haja lide, tem sido bem recebida pela comunidade jurídica e pela sociedade. Veja-se, para ilustrar, os casos da retificação de registro, da regularização fundiária, do divórcio e do inventário e partilha. (...) Não havendo litígio, não há ato jurisdicional necessário, de tal modo que a atuação do Estado-Juiz não é imprescindível." (BRANDELLI, Leonardo. Usucapião administrativa de acordo com o novo Código de Processo Civil, Saraiva, 2016, pp.15/16). Tudo isso a demonstrar que a usucapião extrajudicial é verdadeira alteração procedimental no meio de reconhecimento da prescrição aquisitiva. Todavia, o direito visado por traz deste procedimento continua o mesmo daquele buscado na via judicial. Ou seja, a natureza da usucapião não se altera em razão do procedimento adotado: tanto perante o cartório de registro de imóveis como perante o poder judiciário, é ela método originário de aquisição de propriedade, a significar que gravames anteriores, como garantias, cláusulas de inalienabilidade e impenhorabilidade, não impedem o reconhecimento do direito, não sendo necessária a observação do princípio da continuidade. Tanto é assim que o Provimento 65/2017 do CNJ é expresso ao demonstrar a natureza originária do direito: "Art. 10 - (...) § 10. Se o imóvel usucapiendo for matriculado com descrição precisa e houver perfeita identidade entre a descrição tabular e a área objeto do requerimento da usucapião extrajudicial, fica dispensada a intimação dos confrontantes do imóvel, devendo o registro da aquisição originária ser realizado na matrícula existente. Art. 24. O oficial do registro de imóveis não exigirá, para o ato de registro da usucapião, o pagamento do Imposto de Transmissão de Bens Imóveis ITBI, pois trata-se de aquisição originária de domínio. Art. 25. Em virtude da consolidação temporal da posse e do caráter originário da aquisição da propriedade, o registro declaratório da usucapião não se confunde com as condutas previstas no Capítulo IX da Lei n. 6.766, de 19 de dezembro de 1979, nem delas deriva." (grifei) Ainda, o caráter originário pode ser verificado quando o mesmo provimento dispõe em seu Art. 14 que "[a] existência de ônus real ou de gravame na matrícula do imóvel usucapiendo não impedirá o reconhecimento extrajudicial da usucapião", além de, no caput do Art. 20, prever que o "registro do reconhecimento extrajudicial da usucapião de imóvel implica abertura de nova matrícula" e em seu §3º que a "abertura de matrícula de imóvel edificado independerá da apresentação dehabite-se. "Ora, se a existência de ônus real ou a inexistência de habite-se não são óbices ao registro, isso se dá pois o método de aquisição de propriedade, por ser originário, não encontra obstáculo na existência destes gravames. Acaso reconhecido o caráter derivado da usucapião administrativa, então tais ônus deveriam impedir esse reconhecimento extrajudicial da usucapião. Não se ignora o conteúdo do Art. 21 do Provimento 65/2017, que assim dispõe: "Art. 21. O reconhecimento extrajudicial da usucapião de imóvel matriculado não extinguirá eventuais restrições administrativas nem gravames judiciais regularmente inscritos.§ 1º A parte requerente deverá formular pedido de cancelamento dos gravames e restrições diretamente à autoridade que emitiu a ordem.§ 2º Os entes públicos ou credores podem anuir expressamente à extinção dos gravames no procedimento da usucapião. "Ocorre que esta previsão não afasta o caráter originário da usucapião administrativa. A razão para a não extinção da restrição administrativa se dá pois tal restrição se conecta ao próprio imóvel, sendo que a aquisição originária não é capaz de afastar tais restrições, que de qualquer modo poderiam novamente ser impostas administrativamente, devido ao próprio poder da autoridade administrativa de instituir tais restrições. Ainda, os gravames judiciais não podem ser extintos pois, justamente por advir de ordem judicial, não podem ser afastados de ofício pelo Oficial, sob pena de possível falta funcional. Isso não impede, contudo, que o requerente solicite perante a autoridade emissora da ordem que a cancele, sendo que o magistrado deverá atentar para a própria natureza originária da usucapião, e, se reconhecer não haver qualquer tentativa de fraude ao gravame, deverá extingui-lo. Neste sentido, o próprio §1º acima mencionado. Quanto a este caráter originário, também a doutrina de BRANDELLI, Op. Cit., p. 18: "Tratando-se a usucapião extrajudicial de processo administrativo que pode levar à aquisição de um direito real imobiliário de modo originário, está ela afeta à atividade registral imobiliária." (grifei) E mais especificamente, quanto a natureza administrativa não alterar o caráter originário do direito: "O reconhecimento da aquisição será administrativo, mas a aquisição continua sendo originária, tal qual tivesse sido declarado pela via jurisdicional." (p. 23) Finalmente, neste ponto, observa BRANDELLI, Op. Cit., p. 54: "Os direitos constituídos sobre o imóvel anteriormente ao implemento da prescrição aquisitiva ou de sua publicidade estarão fadados ao desaparecimento em virtude da aquisição originária ?Esse efeito libertador nada tem a ver com a aquisição originária ou derivada. A aquisição pode ser originária, por não estabelecer qualquer relação jurídica de continuidade com o titular anterior do direito, mas não extinguir os demais direitos que porventura existam. Ser a aquisição originária significa que o direito adquirido não se apoia em um direito antecessor, analisando-se tal características no momento da aquisição, não decorrendo daí a conclusão necessária de que haja a extinção de qualquer outro direito existente sobre o bem adquirido originariamente, mas apenas daqueles que não couberem no mesmo espaço jurídico do direito adquirido. "Dito isso, a base do óbice apresentado pelo Oficial, neste procedimento, deve ser afastado. Sendo forma originária de aquisição de propriedade, não pode a lei de parcelamento do solo ser utilizada, de forma apriorística, como razão de negativa do pedido. A usucapião pode ser reconhecida independentemente da forma registraria anterior do imóvel, não sendo o fato do imóvel usucapiendo estar inserto em área maior impeditivo do direito. Neste sentido, bem lembrou a D. Promotora o precedente do C. Supremo Tribunal Federal (RE 422.349/RS, Rel. Min. Dias Toffoli, j. 29/04/2015) no sentido de não poder ser negado o pedido de usucapião por o imóvel ter área inferior ao módulo mínimo urbano. Ora, se o imóvel pode ser usucapido mesmo com área inferior ao módulo mínimo, também o poderá quando representar destaque de imóvel com área maior, pois a negativa, em ambos os casos, representam limitação ao direito de usucapir com base em legislação infraconstitucional. Ainda, como bem exposto no parecer do Ministério Público: "Aliás, a Lei civil não estabelece como condição à aquisição originária da propriedade pela usucapião que o imóvel usucapido esteja matriculado ou que faça parte de loteamento urbano regular, limitando o reconhecimento à presença do tempo necessário, da posse com o fito de adquirir a propriedade e do justo título, em determinados casos. Por isso mesmo, não pode o Registrador exigir mais do que o próprio texto legal. "Também o CNJ, em seu provimento 65/2017, não vislumbrou ofensa a lei de parcelamento com a usucapião extrajudicial, seja em seu Art. 20, §2º, que permite o destaque de área maior, seja em seu Art. 25, que afastou a aplicação das sanções previstas na Lei 6.766/79. Deste modo, de rigor afastar o óbice imposto pelo Oficial. Destaco, aqui, a possibilidade de, intimado o Município, poder este ente alegar a ocorrência de parcelamento do solo por via oblíqua. Contudo, esta alegação é do interesse do Município, e deverá ser analisada se e quando apresentada. Todavia, não pode o Oficial, com base neste argumento, se negar a processar o pedido de usucapião ou, acaso não alegado por nenhuma das partes interessadas, negar o pedido em seu mérito com seu reconhecimento de ofício, observando-se apenas o disposto no §2º do Art. 13 do Provimento 65/2017 do CNJ.Por fim, dois breves comentários. Alega o Oficial que, por ser a usucapião extrajudicial modo derivado de aquisição da propriedade, "se deve exigir a CND/CQTF". Seja porque se trata de modo originário de aquisição, seja pelo decidido pelo CNJ no pedido de providências nº 000123082-.2015.2.00.0000, não deve o Oficial exigir a CND/CQTF nos pedidos de usucapião extrajudicial. Do mais, como já exposto acima, a petição de fls. 06/09 (datada de momento posterior ao Provimento 65/2017 do CNJ) não atende aos requisitos legais para que fosse autuada a usucapião administrativa. Todavia, uma vez que: 1- foi apresentada petição regular anteriormente; 2- o Oficial já autuou o procedimento, obedecendo determinação deste Juízo e; 3- não poderia o Oficial ter negado a autuação com base no mérito do pedido, levando ao fato desta petição tratar apenas de nota devolutiva; deve ser oportunizado ao suscitado a apresentação, no processo já autuado, de petição que preencha os requisitos do Art. 3º do Provimento 65/2017, devendo o Oficial dar seguimento ao procedimento após a apresentação deste documento. Do exposto, julgo improcedente a dúvida suscitada pelo Oficial do 14º Registro de Imóveis em face de Silas Costa, Sérgio Costa e Fátima Coutinho Gomes Costa, determinando o seguimento do pedido de usucapião extrajudicial, observado o acima disposto quanto a necessidade de apresentação de petição que respeite os requisitos exigidos legalmente para o processamento. Não há custas, despesas processuais nem honorários advocatícios decorrentes deste procedimento. Oportunamente, arquivem-se os autos. P.R.I.C. São Paulo, 06 de abril de 2018. Tania Mara Ahualli Juiz de Direito - ADV: FILIPE VIEIRA DE SOUZA COSTA (OAB 306612/SP) (DJe de 17.04.2018- SP)

Processo 1043208-81.2018.8.26.0100

Dúvida - REGISTROS PÚBLICOS - Ana Claudia Jesus Gonçalves Sousa - Vistos. Trata-se de dúvida suscitada pelo Oficial do 15º Registro de Imóveis da Capital, a requerimento de Ana Cláudia Jesus Gonçalves Sousa, após negativa de registro de sentença de usucapião relativa a imóvel não matriculado localizado na rua Nossa Senhora da Aparecida, 58, Vila Rosa. Aduz o Oficial que o registro do título depende do recolhimento ou declaração de isenção do ITCMD, tendo em vista decisão expressa da 9ª Câmara de Direito Privado deste Tribunal neste sentido. Juntou documentos às fls. 08/422. Não houve impugnação nestes autos pela suscitada (fl. 423). Todavia, perante o Registro de Imóveis, manifestou-se no sentido de ser a usucapião forma originária de aquisição de propriedade, não havendo fato gerador do ITCMD. O Ministério Público opinou pela procedência da dúvida. É o relatório. Decido. Com razão o Oficial e a D. Promotora. Do que consta dos autos, Gildo Evangelista de Sousa e Ana Cláudia Jesus Gonçalves Sousa propuseram ação de usucapião (Proc. 0097274- 53.2003.8.26.0100) visando a declaração de propriedade sobre o imóvel acima mencionado. Durante o trâmite da ação, Gildo veio a falecer, sobrevindo decisão (fls. 279/280), de lavra da MMª. Juíza Maria Isabel Romero Rodrigues Henriques, habilitando o Espólio de Gildo como autor da ação, representado por seus herdeiros. Após o regular trâmite do processo, foi proferida sentença de procedência (fls. 327/330), declarando o domínio em favor do Espólio de Gildo e Ana. Interpostos declaratórios visando a declaração do domínio em favor dos herdeiros, a sentença foi mantida (fl. 341), sob o argumento de que "ação de usucapião não se presta a realizar partilha de bens e direitos". Após interposição de apelação, a 9ª Câmara de Direito Privado, em voto proferido pelo Des. Grava Brazil, deu provimento ao recurso (fls. 372/375), para permitir o registro em favor dos herdeiros, desde que cumprida a condição de recolhimento do ITCMD. Cito: "Há apenas que se fazer a observação de que o fato de se reconhecer o direito dos herdeiros à fração ideal de 50% do imóvel usucapiendo não afasta a obrigação do recolhimento do ITCMD, pois o efeito da declaração de domínio opera ex tunc, ou seja, retroage até o tempo da realização dos pressupostos da usucapião que foram cumpridos pelo falecido autor. Concluindo, reforma-se em parte a r. sentença, para reconhecer a regular habilitação dos herdeiros do de cujus, de modo que a declaração da usucapião aproveite, desde já, os sucessores, observada a necessidade de recolhimento do ITCMD." O acórdão transitou em julgado, sem recursos (fl. 379). Buscando o registro da decisão, o Oficial recusou-se a realizá-lo, exigindo o ITCMD, nos termos do decidido. Irresignada, a parte inicalmente interpôs ação rescisória, julgada improcedente (fls. 17/23). Vem, agora, perante este juízo, requerer o afastamento da exigência. Argumenta, em síntese, não ser devido o ITCMD, nos termos do voto vencido da ação rescisória. Todavia, o voto vencido restou superado diante do entendimento da correção do decidido na apelação. Ou seja, julgada improcedente a ação rescisória, o acórdão da apelação continua subsistindo, de modo que a decisão transitada em julgado, no sentido de ser o registro condicionado ao recolhimento do ITCMD, continua válido. Pode-se até discutir, juridicamente, se o acórdão aplicou o melhor direito, ao declarar devido o ITCMD em ação de usucapião. No presente caso, contudo, tal discussão se mostra inútil, pois houve decisão judicial reconhecendo sua obrigatoriedade. A suscitada dispunha dos meios processuais para recorrer do decidido, tanto na apelação quanto na ação rescisória. Transitadas as decisões em julgado, tanto o Oficial quanto este Juízo Corregedor nada podem fazer senão observar o decidido, sob pena de desrespeito a decisão judicial. Houve expressa condição ao registro: recolhimento do ITCMD. Assim, a condição deve ser cumprida, seja realizando o pagamento, seja obtendo, no órgão fazendário, declaração de isenção. Não é possível cindir o acórdão da apelação, para se interpretar pela validade do registro em favor dos herdeiros, mas afastar a condição imposta para tanto. Por tais razões, correta a exigência do Oficial no caso em tela. Do exposto, julgo procedente a dúvida suscitada pelo Oficial do 15º Registro de Imóveis da Capital em face de Ana Cláudia Jesus Gonçalves Sousa, mantendo o óbice ao registro. Transitada em julgado a presente decisão, junte-se cópia nos autos do Processo nº 0097274-53.2003.8.26.0100. Não há custas, despesas processuais nem honorários advocatícios decorrentes deste procedimento. Oportunamente, arquivem- se os autos.. P.R.I.C. - ADV: ALUYSIO GONZAGA PIRES (OAB 33066/SP) (DJe de 20.06.2018 - SP)

Processo 1051969-04.2018.8.26.0100

Dúvida - 4º Oficial de Registro de Imóveis de São Paulo - Neusa de Barros Coelho Lourenço - Maria Inês Coelho Lourenço - Amilcar Souropires Ferreira – Usucapião extrajudicial - Impugnação - Normas da Corregedoria do Tribunal de Justiça do Estado de São Paulo que prestigiam o poder do Oficial e do Juízo Corregedor de analisar a fundo o mérito da impugnação, que poderá ser afastada quando infundada – A simples apresentação de impugnação, portanto, não representa o fim do procedimento extrajudicial - Impugnação que pode ser afastada quando destituída de fundamentos, apresentada de modo genérico ou quando não tem o condão de afetar o direito dos requerentes à usucapião - No caso concreto, há mera alegação genérica de invasão de área, que deve ser afastada – Impugnante que aduz ser locatário do bem - Fato que não impede, por si só, a usucapião, representando, na hipótese, abuso de direito e impugnação protelatória - Dúvida improcedente, declarando infundada a impugnação e determinando o prosseguimento do procedimento extrajudicial Vistos. Trata-se de dúvida suscitada pelo Oficial do 4º Registro de Imóveis da Capital a requerimento de Neuza de Barros Coelho Lourenço e Maria Inês Coelho Lourenço, após impugnação apresentada por Maria de Lourdes Madeira Rodrigues Ferreira e Amilcar Souropires Ferreira em processo extrajudicial de usucapião. As impugnações dizem respeito ao fato das requerentes locarem o imóvel aos impugnantes, o que descaracterizaria a posse mansa e pacífica, além do fato de existirem ações de despejo promovida pelos primeiros contra estes últimos. Ainda, aduzem os impugnantes serem proprietário de parte do imóvel usucapiendo, além de existência de ação judicial de usucapião julgada improcedente (fls. 12/17). O Oficial entendeu que a impugnação não era infundada, razão pela qual as suscitadas requereram o encaminhamento a este juízo, aduzindo primeiramente que os impugnantes anuíram com a usucapião, não podendo agora impugná-la, além do fato da locação e das ações de despejo comprovarem a posse sobre o bem. Por fim, não teria sido comprovada a invasão de área e a ação judicial de usucapião foi extinta sem resolução de mérito (05/10). Informou o Oficial que promoveu a conciliação entre as partes, que restou infrutífera. Na inicial, aduziu estar obstado à apreciação do mérito das impugnações, além de indagar acerca do momento da suscitação de dúvida. Juntou documentos às fls. 05/180. As suscitadas reiteraram as razões apresentadas perante o Oficial (fls. 181/187, 188/227 e 229/232). Houve manifestação do Ministério Público (fls. 235/236), pugnando pela ouvida do Oficial no tocante ao mérito das impugnações, além de opinar pela finalização do ciclo notificatório para só então ser analisada a dúvida. O Oficial informa que não tem qualquer notícia da ação de usucapião alegada pelos impugnantes, inclusive nas certidões de distribuição cível. Aduz que a alegada invasão de área não condiz com a realidade e com o levantamento topográfico realizado por profissional agrimensor. Quanto à questão da locação, manteve seu entendimento de que não poderia adentrar nesta seara (fls. 243/246 e documentos às fls. 247/265). O parecer do Ministério Público (fls. 274/275) foi no sentido de serem as impugnações consideradas infundadas. É o relatório. Decido. De início, tendo em vista que esta Corregedoria Permanente tem competência sobre dezoito Serventias de Registro de Imóveis nesta Capital, que o procedimento de usucapião extrajudicial foi recentemente implantado, necessitando uniformização dos procedimentos, e que as decisões deste Juízo Corregedor, apesar de se limitarem as partes, devem ter caráter orientador dos procedimentos a serem adotados pelos cartórios correicionados, cumpre colacionar o conteúdo da decisão de fls. 266/268, para os fins de constarem nesta sentença a análise da questão preliminar trazida pelo Oficial: "Questiona o Oficial acerca do momento oportuno para suscitação de dúvida na usucapião extrajudicial: se deve ser suscitada a cada impugnação ou apenas ao fim do procedimento. A princípio, são relevantes os argumentos no sentido de que a dúvida deve ser única, ao fim do processo, para que se julguem todas as impugnações, evitando a acumulação de processos de dúvida e repetidas interrupções do processo extrajudicial. Por outro lado, a suscitação ser realizada assim que apresentada a impugnação também pode trazer benefícios, em especial por possibilitar que desde logo se encerre o procedimento extrajudicial que terá resultado infrutífero, economizando tempo e evitando novos custos. Pois bem. De início, cumpre expor que o Provimento 65/17 do CNJ prevê, em seu Art. 14, Par. Único, que "não sendo frutífera (a conciliação promovida pelo Oficial), a impugnação impedirá o reconhecimento da usucapião pela via extrajudicial." Ainda, seu Art. 18 prevê que a impugnação interrompe, desde logo, o procedimento extrajudicial. Tais previsões levam em conta o entendimento de que o procedimento administrativo depende de inexistência de lide e que, havendo qualquer impugnação ou contestação ao pedido, este deve ter seguimento judicial. Não obstante, os itens 429 e seguintes do Capítulo XX das NSCGJ preveem procedimento diverso (sem prejuízo da contradição apontada nos autos do Proc. Nº 1000162-42.2018.8.26.0100). Havendo impugnação, o Oficial poderá afastá-la se for infundada, cabendo recurso. Caso contrário, deverá promover conciliação entre as partes que, se infrutífera, levará a suscitação de dúvida, para julgamento pelo Juiz Corregedor acerca do cabimento da impugnação. O entendimento das normas deste Tribunal, portanto, vão no sentido de dar maior poder ao Oficial, ampliando o âmbito da qualificação, para que possa analisar, com maior rigor, as impugnações trazidas. Ainda, prestigiando os benefícios da usucapião extrajudicial, permite que o juiz corregedor afaste a impugnação manifestamente infundada, evitando procedimento judicial que tende a ser longo e custoso. As normas, contudo, são silentes quanto ao momento do encaminhamento à Corregedoria Permanente. E, no silêncio, não é recomendável determinar, de forma obrigatória, quando os autos deve ser remetidos a este juízo. Deve o Oficial, portanto, agir com prudência e razoabilidade. Acaso entenda que a impugnação tem fortes fundamentos, que desde logo inviabilizariam a usucapião administrativa, poderá suscitar a dúvida imediatamente, de modo a possibilitar que este juízo decida a questão rapidamente, evitando diversas notificações e publicação de custoso edital sem necessidade. Por outro lado, entendendo que a questão pode vir a ser superada, ou havendo pedido do requerente da usucapião para que a remessa a este juízo se dê posteriormente, poderá o Oficial fazê-lo, o que permitirá o julgamento único das impugnações e eventual aproveitamento judicial das notificações emitidas, se entendido pela necessidade de conversão do procedimento. De qualquer modo, o requerente da usucapião poderá ser consultado se tem preferência em determinar o seguimento do processo extrajudicial, com a finalização das notificaçoes e análise das impugnações em um único ato, ou a análise partilhada, com suscitação de dúvida em cada impugnação, tudo isso a possibilitar que este tenha certa gerência nos procedimentos realizados extrajudicialmente e que poderão, eventualmente, ser aproveitados em sede judicial. Esclarecida tal questão, não se pode ignorar que, no presente feito, a dúvida já foi suscitada. Assim, não é possível sua suspensão para prosseguimento do procedimento administrativo, com a finalização das notificações, para só então dar andamento a este processo. Novamente, destaco que eventual procedência da presente impugnação resultará no encerramento do processo extrajudicial, e a continuidade das notificações poderá demonstrar-se desnecessária." Superada, portanto, a questão do momento em que deve ser suscitada a dúvida, cumpre fazer breve observação sobre o procedimento a ser adotado quando apresentada impugnação. Conforme exposto no Proc. Nº 1000162-42.2018.8.26.0100, as normas deste Tribunal de Justiça e do CNJ deixam dúvida quanto a conduta a ser seguida: se a impugnação deve necessariamente levar ao fim do procedimento extrajudicial, ou se é possível uma maior análise que possibilite afastar aquelas impugnações que contém algum vício. Decidi, no mencionado processo, sobre o procedimento a ser adotado após a análise da impugnação por este juízo. Quanto ao procedimento perante a serventia, entendo que apresentada impugnação, o Oficial deve, necessariamente, analisar seu mérito, expondo ao impugnante as razões pela qual entende ser ela infundada, ou ao requerente as razões pela qual não poderá prosseguir com o procedimento extrajudicial, sendo ambas as hipóteses passíveis de recurso a esta Corregedoria Permanente por meio de dúvida. O envio do requerente a via judicial, portanto, só ocorreria se a impugnação fosse julgada procedente pelo Oficial, sem recurso; quando eventual recurso for julgado improcedente por este juízo; ou, por fim, quando for provido o recurso do impugnante interposto contra decisão do Oficial que decidiu ser a impugnação infundada. Superado também este ponto, passo ao mérito da impugnação. Cito mais uma vez a decisão de fls. 266/268: "O entendimento das normas deste Tribunal, portanto, vão no sentido de dar maior poder ao Oficial, ampliando o âmbito da qualificação, para que possa analisar, com maior rigor, as impugnações trazidas. Ainda, prestigiando os benefícios da usucapião extrajudicial, permite que o juiz corregedor afaste a impugnação manifestamente infundada, evitando procedimento judicial que tende a ser longo e custoso." Deste modo, fica clara a relevância dada pelo Tribunal de Justiça de São Paulo ao procedimento extrajudicial, que surgiu como alternativa ao trâmite judicial da ação de usucapião, facilitando a regularização da propriedade imobiliária, devendo tanto o Oficial como o Corregedor Permanente buscarem, ao mesmo tempo, o respeito ao direito das partes envolvidas e a preservação do procedimento extrajudicial, que apenas deverá ser interrompido quando de fato haja incertezas relativas ao direito ali pleiteado. Assim, eventual impugnação apresentada por interessado, antes de implicar a existência de lide que demande ação judicial, deve se cautelosamente analisada, para que se verifique se efetivamente há uma possível violação a seus direitos ou se a impugnação se mostra como mero instrumento utilizado com o intuito de negar o direito da prescrição aquisitiva dos requerentes. Não por outra razão, há previsão normativa que estabelece a necessidade do Oficial buscar promover a conciliação entre as partes, além da análise da impugnação por ele e pelo juiz competente. Tendo isso em mente, entendo que este juízo corregedor pode afastar aquelas impugnações que, a princípio, podem parecer envolver questões de mérito mas que, acaso levadas a análise judicial, seriam facilmente superadas, representando apenas prolongação desnecessária da questão. Foi o caso, por exemplo, do Proc. 1104657-74.2017.8.26.0100, em que se afastou impugnação da União que alegava ser a área usucapienda pertencente a extinto aldeamento indígena, quando pacífico o entendimento de que tal impugnação não obstáculo a prescrição aquisitiva. E também é este o caso nos presentes autos. As impugnações apresentadas demonstram-se meramente protelatórias, com fundamentação genérica, e, no caso da alegada locação, contrária a própria lógica da usucapião. Explica-se, assim, a razão para afastamento de cada um dos óbices. Quanto a alegação de processo judicial que julgou o pedido de usucapião improcedente, a petição de fls. 12/17 não traz qualquer outra informação, seja relativamente as partes do processo ou seu número. Por si só, portanto, tal alegação genérica já poderia ser afastada por não conter qualquer fundamento. Não obstante, informaram as requerentes que o processo foi extinto sem julgamento do mérito (fl. 190), o que possibilita concluir que a ação judicial de usucapião não é impedimento para o prosseguimento do processo administrativo. Já quanto a questão da invasão de área, a impugnação foi apresentada nos seguintes termos: "os notificados são proprietários de uma área deste imóvel, conforme escritura que delimita a área e demonstra a propriedade, como também aponta o levantamento topográfico apresentado pelos notificantes (...)". É a hipótese, portanto, de aplicação do item 429.2 do Capítulo XX das NSCGJ, que prevê ser infundada a impugnação em que "o interessado se limita a dizer que a usucapião causará avanço na sua propriedade sem indicar, de forma plausível, onde e de que forma isso ocorrerá". Ora, a simples petição, com menção genérica ao título de propriedade e ao levantamento topográfico não é capaz de demonstrar o alegado avanço na área, o que possibilita afastar a impugnação nos termos acima. Não fosse isso, o próprio Oficial (fls. 243 e seguintes) demonstra que o imóvel usucapiendo é mero confrontante com o imóvel dos impugnantes, sendo que houve confusão devido ao fato de ambos os imóveis terem lançamento único perante o Município, o que não implica, todavia, tratar-se do mesmo imóvel perante o registro imobiliário ou existir qualquer invasão de área. Finalmente, a questão do aluguel. Alegam os impugnantes que eram locatários do imóvel e que, por tal razão, a posse não seria dos requerentes. Aduz, também, que os requerentes propuseram ação de despejo em seu desfavor, o que representaria quebra do requisito de posse mansa. Quanto a ação de despejo, não tem ela o poder de interferir na posse ad usucapionem, seja porque quem a propôs foram os requerentes (o que demonstra interesse em manter o poder sobre o bem), seja porque não se trata de ação possessória, mas que tem relação com a lei de locações. Já no que diz respeito ao fato de serem os impugnantes locatários do bem, como bem exposto pelo D. Promotor, isso não demonstra serem eles os verdadeiros possuidores, mas na verdade dão força ao argumento de que os requerentes têm a posse do bem. Isso porque, se eles eram os locadores, significa dizer que possuíam um dos poderes relativos a sua propriedade, o que, nos termos do Art. 1.196 do Código Civil, demonstra serem possuidores do bem. Em outras palavras, a posse direta dos locatários não é posse ad usucapionem, pois estes não tinham interesse em serem proprietários do bem, visto a relação locatícia existente, o que impede que tal posse seja usada como argumento contra o requerimento extrajudicial. Por outro lado, o fato dos requerentes serem locadores, com posse indireta, demonstra que estes sim possuíam o bem com animus de proprietários, pois só assim teriam poderes para dispor do bem por meio da locação, que teve longa duração e nunca foi contestada quanto ao fato dos locadores terem poderes para locarem o bem. Neste sentido, Benedito Silvério Ribeiro expõe que "poderá o possuidor direto promover a defesa pelos interditos, mas, à falta de autonomia da posse, não poderá valer-se de posse ad usucapionem para atingir o domínio, já que originada de obrigação, uma vez que o verdadeiro possuidor ostenta a posse indireta sobre a coisa" (Tratado de Usucapião, Saraiva, 8ª Ed., pgs. 742/743). Continua o autor: "O locatário, mesmo com a posse direta, o credor pignoratício, o usufrutuário, o comodatário, embora detentores do ius possessionis, não podem usucapir, justamente por lhes faltar o requisito anímico, que se resume na intenção de proprietário possessio cum animo domini." (Idem, pg. 760). E finaliza: "Os locatários, apesar da posse direta e imediata, mantêm-na em nome de terceiro. Os locadores conservam a posse indireta e mediata tanto para usucapir como para a intenção de interditos, não vedados estes últimos aos locatários" (Idem, pg. 768, grifei). Em conclusão, a locação alegada pelos impugnantes não é capaz de descaracterizar o direito dos requerentes, seja porque não é um fato que se caracteriza em óbice a prescrição aquisitiva, seja porque confirma a posse ad usucapionem dos locadores. Destarte, é o caso de afastar também este último óbice. Cumpre dizer que do conjunto dos autos se concluí que os impugnantes buscam apenas criar obstáculos e dificultar o direito dos requerentes, pois possuem conflitos anteriores com estes últimos e buscam abusar do seu direito de impugnação para prejudicar o pedido extrajudicial de usucapião. Tal situação é inadmissível e deve ser afastada. Contribui para tal conclusão o fato de os impugnantes terem inicialmente anuído com o memorial descritivo, apenas contestando o pedido posteriormente. Apenas saliento, por fim, que o fato de os confrontantes anuírem com o memorial descritivo não impede, por si só, que posteriormente se impugne o pedido, como querem fazer crer os suscitados, pois a concordância só se torna ato perfeito com o fim do procedimento extrajudicial, possibilitando que, até este momento final, possam ser apresentadas outras razões que tornem o pedido insubsistente. No presente caso, contudo, tais razões se demonstraram infundadas, devendo ser afastadas. Destaco que a presente decisão não representa reconhecimento do direito de usucapir dos suscitados, direito este que deverá ser analisado pelo Oficial ao fim dos procedimentos perante a serventia. Apenas se reconhece, aqui, que o locatário não pode impugnar o pedido extrajudicial utilizando, como único fundamento, sua posse direta, que impediria a usucapião pelo locador. Contudo, tratando-se de primeira decisão neste sentido, e até que haja consolidação do entendimento relativo ao alcance do poder de análise do Juízo Corregedor quanto as impugnações, orienta-se aos Oficiais que não afastem, de plano, impugnações semelhantes, entendo-as como infundadas. Do exposto, julgo improcedente a dúvida suscitada pelo Oficial do 4º Registro de Imóveis da Capital a requerimento de Neuza de Barros Coelho Lourenço e Maria Inês Coelho Lourenço, declarando infundada a impugnação apresentada por Maria de Lourdes Madeira Rodrigues Ferreira e Amilcar Souropires Ferreira, determinando o prosseguimento do pedido extrajudicial de usucapião. Não há custas, despesas processuais nem honorários advocatícios decorrentes deste procedimento. Oportunamente, arquivem-se os autos.. P.R.I.C. - REPUBLICADO POR TER SAÍDO COM INCORREÇÃO - ADV: WAGNER GRANDIZOLI (OAB 202927/SP), LUCAS DE ASSIS LOESCH (OAB 268438/SP) (DJe de 30.08.2018 - SP)

Processo 1106189-49.2018.8.26.0100

Dúvida - REGISTROS PÚBLICOS - Adina Helaehil Inserra - Vistos. Trata-se de dúvida suscitada pelo Oficial do 10º Registro de Imóveis da Capital a requerimento de Adina Helaehil Inserra, após negativa de seguimento de pedido de usucapião extrajudicial. O Oficial informa que o pedido foi requerido por advogados que receberam poderes para requerer a aquisição da propriedade subscrita por Nivaldo Helaehil Inserra, que por sua vez recebeu procuração pública da requerente Adina com poderes gerais. O Oficial aduz que tal procuração não cumpre com o requisito do Art. 4º, VI, do Prov. CNJ 65/17, que exige poderes especiais para o pedido extrajudicial de usucapião. Vieram aos autos documentos às fls. 04/38. A suscitada não apresentou impugnação neste procedimento (fl. 47), mas perante a serventia aduziu que a procuração dada ao advogado contém poderes específicos, e que a procuração pública dada a Nivaldo concede poderes para propor qualquer tipo de ação, sendo descabida a exigência formulada. O Ministério Público opinou às fls. 50/51 pela procedência da dúvida. Informações do 14º Tabelião de Notas da Capital às fls. 59/61. É o relatório. Decido. Em que pese a prudência apresentada pelo Oficial, entendo que as particularidades do presente caso permitem o afastamento do óbice. Assim dispõe o Art. 4º, VI, do Provimento 65/2017 do CNJ: Art. 4º O requerimento será assinado por advogado ou por defensor público constituído pelo requerente e instruído com os seguintes documentos: (...) VI - instrumento de mandato, público ou particular, com poderes especiais e com firma reconhecida, por semelhança ou autenticidade, outorgado ao advogado pelo requerente e por seu cônjuge ou companheiro. A razão de ser de tal norma é garantir que o pedido extrajudicial de usucapião, que reconhece o direito de propriedade ao possuidor em prejuízo do proprietário tabular, seja realizado de forma consciente e voluntária pelo requerente, impedindo que procuradores sem poderes específicos assinem requerimento de usucapião sem a concordância do beneficiário, até porque o reconhecimento da propriedade traz também determinados ônus. No presente caso, há procuração pública outurgada por Adina Helaehil Inserra constituindo como procurador Nivaldo Helaehil Inserra, conferindo poderes gerais para nomear advogados (fls. 16/19). Nivaldo, por sua vez, assinando por Adina, constituiu advogado com poderes específicos para o pedido de usucapião, reconhecendo inclusive sua firma (fl. 15). Diante de tal situação fática, entendeu o Oficial que não houve outorga de procuração com poderes específicos pela requerente, uma vez que quem assinou procuração nestes termos foi Nivaldo, utilizando-se de poderes gerais. A princípio, tem razão o ilustre registrador, pois não há, com base apenas nestes documentos, clareza acerca da manifestação de vontade de Adina no sentido de pretender adquirir a propriedade do imóvel por usucapião, o que impediria o prosseguimento do pedido. Ocorre que, com os esclarecimentos que vieram aos autos, foi possível concluir que Adina, de fato, pretende usucapir o bem, sendo que a exigência de procuração com poderes específicos assinada diretamente por ela, se não impossível, seria realizada com extrema dificuldade. Conforme esclareceu o Tabelião de Notas, Adina chegou a assinar procuração particular com poderes específicos (fl. 38). Contudo, como se nota, a requerente apresenta dificuldades motoras, razão pela qual o Tabelião não sentiu segurança em reconhecer firma, o que impede, na prática, o cumprimento do Art. 4º, VI, do Prov. 65/17 do CNJ. Buscando solucionar a questão, foi lavrada procuração pública, na qual Adina poderia opor suas digitais, a fim de garantir a autenticidade. Do mais, sendo tal escritura pública, não há razões para afastar a fé pública do Tabelião no sentido da capacidade de Adina de celebrar o negócio jurídico. Não obstante, em tal procuração não houve concessão de poderes específicos. Tal fato pode ter ocorrido por real crença da outorgante de que a concessão de poderes gerais para constituir advogados seria suficiente para a assinatura de procuração ad judicia, pelo procurador, com poderes específicos. A solução padrão seria, portanto, a retificação da escritura pública, com a concessão de tais poderes. Porém, demonstrou-se nos autos que tal diligência seria cumprida com extrema dificuldade por Adina, apenas com a finalidade de demonstrar que ela pretende a usucapião do imóvel, fim maior da norma do CNJ que prevê a procuração com poderes específicos. Todavia, foi devidamente comprovado, em especial com a Ata Notarial de fls. 20/25, ocasião em que Adina compareceu pessoalmente e manifestou sua vontade de requerer a usucapião do bem. Tal ata foi lavrada no mesmo dia que a procuração pública, o que demonstra a intenção de Adina em preencher, numa mesma ocasião, os requisitos formais do Prov. 65/17 do CNJ, lavrando ata notarial e concedendo procuração que possibilitasse o pedido extrajudicial, apesar do erro formal existente. Destaco que, em hipóteses semelhantes a destes autos, em que a procuração particular foi lavrada por terceiro cujos poderes foram dados por procuração diversa, deverá o Oficial registrador atentar-se se esta última contém poderes específicos, de modo a evitar o uso de procurações genéricas, que podem ter sido lavradas há vários anos, para justificar pedidos de usucapião extrajudicial, como modo de burlar a exigência normativa do CNJ. Não sendo esta a hipótese dos autos, excepcionalmente diante daquilo que aqui comprovado, entendo preenchido o requisito do Art. 4º, VI, do Prov. 65/17 do CNJ, o que permite afastar o óbice apresentado. Do exposto, julgo improcedente a dúvida suscitada pelo Oficial do 10º Registro de Imóveis da Capital a requerimento de Adina Helaehil Inserra, afastando o óbice apresentado e determinando o prosseguimento do pedido extrajudicial de usucapião. Não há custas, despesas processuais nem honorários advocatícios decorrentes deste procedimento. Oportunamente, arquivem-se os autos.. P.R.I.C. São Paulo, 10 de dezembro de 2018. Tania Mara Ahualli Juiz de Direito - ADV: BRUNO NUNES INSERRA (OAB 316657/SP) (DJe de 13.12.2018 - SP)

USUFRUTO

Processo 1003212-76.2018.8.26.0100

Pedido de Providências - Registro de Imóveis - José Fernando Rebelo Gonçalves - Maria Inês Rebelo Gonçalves - Vistos. Trata-se de dúvida inversa suscitada por José Fernando Rebelo Gonçalves em face da negativa do Oficial do 5º Registro de

Imóveis da Capital, em proceder ao registro do instrumento particular de cessão do exercício de usufruto, no qual Fernando Coelho Gonçalves e Clausio Borges Rebelo cedem ao suscitante e sua esposa Maria Inês Rebelo Gonçalves o exercício do usufruto referente ao imóvel matriculado sob nº 28.509. O óbice registrário refere-se ao fato de que a relação estabelecida entre os cedentes e os cessionários possui caráter pessoal, logo não possui aptidão para o registro imobiliário. Esclarecem os suscitantes que ingressaram com ação perante o MMº Juízo da 8ª Vara Cível da Capital, solicitando a cessão de direitos com a finalidade de extinguir o usufruto, sendo proferida sentença de extinção sem resolução do mérito, nos termos do artigo 485, I, do CPC, sendo que da decisão foi interposto recurso perante a 2ª Câmara de Justiça, que negou provimento ao recurso, reconhecendo a ausência de interesse jurídico no ajuizamento da ação de jurisdição voluntária, uma vez que deveria buscar a forma idônea para a extinção do usufruto, e eventual irresignação com a nota de devolução ser suprimida pela via judicial. Juntou documentos às fls. 09/32. O Ministério Público opinou pela procedência da dúvida (fls. 56/60). É o relatório. Passo a fundamentar e a decidir. Com razão o Registrador bem como a D. Promotora de Justiça. De acordo com o artigo 1393 do Código Civil: "Não se pode transferir o usufruto por alienação; mas o seu exercício pode ceder-se por título gratuito ou oneroso". Da leitura de tal dispositivo conclui-se ser admitida apenas a cessão do exercício do usufruto, ou seja, o terceiro favorecido será titular de um simples direito de crédito, podendo usar ou fruir da coisa, mas não de um direito real. Não se transmite usufruto, mas apenas os poderes derivados da relação jurídica do usufruto. Na presente hipótese o instrumento entabulado pelos interessados consubstanciou-se na cessão do exercício de usufruto, contudo negócio jurídico não transfere qualquer direito real, ou seja, caracteriza-se por uma obrigação pessoal estabelecida entre as partes envolvidas, sem ingresso no fólio real. Acerca do tema, o ilustre registrador Ademar Fioranelli expõe: "...Prosseguindo nesta análise mais aprofundada do disposto no art. 717 do CC, uma questão que tem sido trazida a debata é saber se a cessão do exercício do usufruto, ali mencionado, seria susceptível, ou não, de ingresso no Registro Imobiliário. Em última análise, seria, ou não, um direito real. Creio que a um título dessa natureza não está reservada a menor possibilidade de registro, por tratar-se de uma relação meramente pessoal entre cedente e cessionário, não constituindo-se, assim, o direito real que possibilite o seu registro. Ora, é inquestionável que, ao ceder o exercício do usufruto, o usufrutuário está cedendo a percepção dos frutos advindos do usufruto (direito pessoal) e mantém consigo o direito real, que é intransferível a terceiro Nesses casos, que busque o interessado, se assim o desejar, os caminhos do Cartório de Registro de Títulos e Documentos a fim de preservar seus direitos contra terceiros" (Doutrinas Essenciais - Direito Registral, Organizadores: Dip, Ricardo e Jacomino, Sérgio, Vol. V, Editora: Revista dos Tribunais, 2012, p.79). Ressalto que o artigo mencionado pelo nobre Oficial refere-se ao atual 1393 do Código Civil. Contudo, ao que parece, o suscitante não busca a transferência do exercício do usufruto, mas sim a transferência do usufruto em si, com a finalidade de extinção pela consolidação da propriedade, nos termos da ação proposta junto ao MMº Juízo da 8ª Vara Cível da Capital, que resultou na extinção do feito sem apreciação do mérito pelo indeferimento da inicial (fl. 36), bem como negativa de provimento ao recurso pela Colenda 2ª Câmara de Direito Privado do Egrégio Tribunal de Justiça da Capital (fls. 42/46), devido ao equívoco na forma de instrumentalizar a extinção do usufruto. Daí que, não havendo a resistência de qualquer das partes, não há que se falar em prestação jurisdicional, bastando que o suscitante faça a adequação necessária no título apresentado a registro, isto porque conforme bem exposto pela Douta Promotora:". A vedação à alienação do usufruto constante do citado artigo 1393 tem com exceção, justamente, os casos em que ela é feita aos nu proprietários, como forma de produzir a consolidação". Neste aspecto, mais uma vez menciono a doutrina de Ademar Fioranelli: "...Foi suprimida, por desnecessária, a expressão o usufruto só se pode transferir, por alienação, ao proprietário da coisa. Mantida a cessão por título gratuito ou oneroso do seu exercício. Por óbvio, a alienação do usufruto ao proprietário do bem, não está vedada, por ser esta a forma, com a renuncia, mais comum, em ato declaratório, da extinção do ususfruto pela consolidação da plena propriedade na pessoa do nu proprietário (art. 1410, VI do CC). Como dito, a redação ao art. 1393 do Novo Código Civil não contempla qualquer alteração substancial que obrigue modificar o mesmo tratamento doutrinário e jurisprudencial alcançado nos tempos. Única exceção abre o legislador à regra do citado artigo: mediante alienação, o usufruto apenas se transfere ao nu-proprietário. Concordância óbvia, porque visa a consolidar a propriedade, o que corresponde ao interesse social. Consolidar equivale à confusão, ou reunião na mesma pessoa, das duas qualidades do usufrutuário e nu-proprietário. A propriedade retorna à sua plenitude. O que deve ser alertado é que a transferência terá que ser do direito real do usufruto, e não de seu exercício como diz o citado art. 1.393. Se transferido o exercício, o usufrutuário continua com o direito real. Não há direito real do que adquire o exercício, somente é titular de direito pessoal, que não acessa o assento imobiliário, como veremos a seguir, em tópico específico. A realidade do direito fica intacta, se for transferido o exercício e não o direito real do usufruto propriamente dito" (Usufruto e bem de família: estudos de direito registral imobiliário. São Paulo: Quinta Editorial, 2013, p. 62/63). Neste mesmo sentido afirma Marco Aurélio S. Viana: "Em que pese a inalienabilidade, nada impede que haja transferência para o proprietário da coisa, porque nessa hipótese, teremos a reintegração da propriedade em sua plenitude. Mesmo no silencio do diploma civil vigente, a regra é a mesma do direito anterior" (Comentários ao Novo Código Civil - Dos direitos reais. 3ª ed. Rio de Janeiro: Forense, 2007, vol. XVI, p. 703). No presente caso, o instrumento de alienação do usufruto em nome do nu proprietário poderia ser produzido por instrumento público, caso o imóvel supere a trinta vezes o maior salário mínimo vigente no país (art.108 do CC), ou particular a contrário senso, todavia, foi realizada apenas a cessão do exercício do usufruto que, conforme claramente exposto, tem natureza de direito pessoal. Logo, mostra-se correto o óbice registrário imposto pelo registrador, devendo o suscitante, na condição de cessionário, e os cedentes entabularem o negócio jurídico adequado, com a finalidade de alcançar a extinção do usufruto pela consolidação. Diante do exposto, julgo procedente a dúvida suscitada por José Fernando Rebelo Gonçalves em face da negativa do Oficial do 5º Registro de Imóveis da Capital, e mantenho o óbice registrário. Deste procedimento não decorrem custas, despesas processuais e honorários advocatícios. Oportunamente remetam-se os autos ao arquivo. P.R.I.C. - ADV: IZIDRO MENDES CARDOSO (OAB 109983/SP) (DJe de 25.04.2018 - SP)

Processo 1061302-77.2018.8.26.0100

Pedido de Providências - Registro de Imóveis - 1º Oficial de Registro de Imóveis de São Paulo - MARIA INES SARTORI - Vistos. Trata-se de pedido de providências, formulado pelo Oficial do 1º Registro de Imóveis da Capital, a requerimento de Maria Inês Sartori e Marli Aparecida Sartori, que pleiteiam o cancelamento do usufruto que grava as matrículas nºs 59.744, 59.745 e 59.746, visando a consolidação da propriedade plena dos imóveis, uma vez que figuram como nu proprietárias. A negativa para efetuação do ato derivou da necessidade de comprovação do recolhimento do ITCMD referente à reserva de usufruto, visto que à época da lavratura da escritura pública de doação com reserva de usufruto, foi recolhido somente o imposto de doação da nua propriedade dos imóveis, fazendo-se necessária a comprovação do ITCMD sobre 1/3 do valor venal atribuído ao imóvel, nos termos da legislação estadual. Juntou documentos às fls. 04/40. Intimadas as interessadas corroboraram os argumentos apresentados junto à Serventia Extrajudicial (fls. 04/07). Afirmam que o recolhimento exigido pelo registrador baseado no Decreto Estadual nº 46.655/05 extrapolam os limites da competência legislativa, instituindo novo critério de tributação, o que é vedado pela Constituição Federal. O Ministério Público opinou pela procedência do pedido (fls. 49/51). É o relatório. Passo a fundamentar e a decidir. Em que pesem os respeitáveis argumentos do Registrador, bem como a cautela concernente a fiscalização dos tributos a serem recolhidos pelas partes, bem como a decisão deste Juízo no feito nº 1066337-86.2016.8.26.0100, referente à necessidade do recolhimento de 1/3 na instituição do usufruto por ato não oneroso, este entendimento foi recentemente reformado pela Egrégia Corregedoria Geral da Justiça no Recurso Administrativo CGJ 0010952 - 51/2017-E, rel: Corregedor Geral da Justiça: Manoel Pereira Calças, in verbis: "Registro de Imóveis - Averbação de Cancelamento de usufruto pela morte da usufrutuária - Consolidação da propriedade do bem em nome do nu proprietário - Exigência de complementação do ITCMD, calculado e recolhido sobre 2/3 do valor do bem por ocasião da doação da nua propriedade - Exigência mantida pela Juíza Corregedora Permanente - Consolidação da propriedade que não caracteriza hipótese de incidência do tributo - Precedente desta Corregedoria Geral - Decreto Regulamentar nº 46.655/2002, que, na espécie extrapola seus limites - parecer pelo provimento do recurso" Conforme constou no corpo do mencionado Acórdão:". Em situação idêntica, o então Juiz Assessor da Corregedoria, Dr. Álvaro Luiz Valery Mirra, apresentou parecer, devidamente aprovado Pelo Corregedor Geral da Justiça, Des. Luiz Elias Tâmbara: O recurso comporta provimento, merecendo acolhida os argumentos expedindos pela recorrente, em conformidade, inclusive, com decisão normativa do Ilustríssimo Senhor Coordenador da Administração Tributária do Estado de São Paulo, recentemente proferida (Decisão Normativa CAT 10, de 22.06.2009 DOE 23.06.2009, p.14) De acordo com a referida decisão normativa, que aprovou entendimento expresso na Resposta à Consulta nº 152/2008, de 13.05.2009: I Oficial de Registro de Imóveis, Títulos e Documentos e Civil de pessoa Jurídica, tendo em vista os requerimentos de averbação de cancelamento de usufruto decorrente de óbito do usufrutuário, indaga se as isenções do ITCMD referentes à transmissão de imóveis e valores, previstas no artigo 6º, I, alíneas "a" e "b", e I, alínea"a" da Lei nº 10.705/2000 aplicam-se à extinção do usufruto. 2 para melhor entendimento da matéria transcrevemos o dispositivo constitucional que outorga aos Estados e ao Distrito Federal a competência para a instituição do Imposto sobre Transmissão 'Causa Mortis' e Doação de Quaisquer Bens ou Direitos - ITCMD, nos seguintes termos: Art. 155 - Compete aos Estados e ao Distrito Federal instituir impostos sobre: I transmissão causa mortis e doação, de quaisquer bens ou direitos; 3 No exercício desta competência, o estado de São Paulo instituiu o imposto por meio da Lei nº 10.705/2000, que em seu artigo 2º dispõe: Art. 2º - O imposto incide sobre a transmissão de qualquer bem ou direito havido: I por sucessão legítima ou testamentária, inclusive a sucessão provisória II por doação; 4 Conforme se verifica, no que se refere à transmissão em decorrência da morte, para a lei paulista, somente ocorre o fato gerador do ITCMD quando o de cujus transmitir bens ou direitos aos seus herdeiros, sejam eles legítimos ou testamentários, ou ao legatário. Tanto é assim que a Lei 10.705/2000, ao tratar dos contribuintes do imposto na transmissão causa mortis somente se refere ao herdeiro e ao legatário (artigo 7º, inciso I), não havendo qualquer previsão de exigência do imposto em relação àquele que recebe bem ou direito em decorrência da morte de outrem sem, no entanto, ser seu sucessor hereditário, ou em razão de testamento. 5 É importante destacar que o usufruto é sempre temporário, sendo que por força do artigo 1410, I, do Código Civil, no máximo será vitalício. Assim, sem prejuízo do disposto nos artigos 1.411 e 1.946 do Código Civil, o usufrutuário não transmite, por sucessão hereditária ou testamentária, o direito de usufruto. 6 Neste sentido, com a morte do usufrutuário do imóvel, a propriedade plena se consolida na pessoa do nu proprietário. E na legislação paulista, não há previsão de incidência do ITCMD quando da consolidação da propriedade plena, ou quando da extinção do usufruto. 7 Vale lembrar que o direito de propriedade, embora possa ser cindido quanto ao ser exercício, é uno. Em virtude da própria natureza temporária do usufruto, o verdadeiro proprietário do bem, em última análise, é o titular da nua propriedade, já que a extinção do usufruto é inevitável. 8 Releva considerar também que, mesmo que se considere a consolidação da propriedade pela extinção do usufruto como uma transmissão de direitos, não se trata de transmissão hereditária ou testamentária de modo a ensejar a cobrança de ITCMD, ainda que, coincidentemente, o nu proprietário seja herdeiro legitimo ou usufrutuário. 9 Assim, em conclusão, na situação apresentada não há incidência do ITCMD" (autos nº 2009/38005). Finalmente: "... Não há dúvida de que o artigo 31 do Decreto nº 46.655/2002, que regulamenta a Lei Estadual nº 10.705/2000, expressamente prevê a necessidade de complementação do ITCMD, por ocasião da consolidação da propriedade plena na pessoa do nu proprietário. Essa hipótese de incidência, todavia, diante dos limites estabelecidos pela Constituição Federal (artigo 155, 1, da CF) e do silêncio absoluto da Lei Estadual que o instituiu, não poderia ser criada por decreto regulamentar". Ainda acerca da presente questão, o Egrégio Tribunal de Justiça da Capital já firmou posicionamento de não ser devido o recolhimento do imposto: "Apelação Cível. Mandado de Segurança. ITCMD. Cancelamento de usufruto, sem recolhimento do imposto. Admissibilidade. Tributo que deve incidir apenas nos casos de transmissão causa mortis e doação, nos termos do art. 155 da CF. Concessão da segurança em primeiro grau. Manutenção da r. Sentença. Precedente. Recurso não provido" (Apelação Cível nº 1018585-65.2016.8.26.0053. Rel: Des. Antonio Celso Faria 8ª Camara de Direito Público, j: 19.10.2016). Em suma, a inconstitucionalidade do Decreto Estadual não é analisada nesta esfera administrativa, mas a exigência viola o princípio da legalidade tributária, uma vez que não é possível exigir o pagamento de tributo sem lei que o institua. Poderá o ente público discutir a questão atinente ao recolhimento do imposto nas vias ordinárias, se for de seu interesse. Diante do exposto, julgo procedente o pedido de providências, formulado pelo Oficial do 1º Registro de Imóveis da Capital, a requerimento de Maria Inês Sartori e Marli Aparecida Sartori, e consequentemente determino o cancelamento do usufruto que grava as matrículas nºs 59.744, 59.745 e 59.746. Deste procedimento não decorrem custas, despesas processuais e honorários advocatícios. Oportunamente remetam-se os autos ao arquivo. Sem prejuízo, expeça-se ofício à Fazenda Estadual, dando ciência desta decisão, para eventuais providencias que entender cabíveis.. P.R.I.C. - ADV: RUBEM GAONA (OAB 193290/SP) (DJe de 11.07.2018 - SP)

4.5.5 TABELIONATO DE PROTESTO

CANCELAMENTO

Processo 1115245-43.2017

Pedido de Providências 1º Tabelião de Protesto de Letras e Títulos da Capital Sentença fls. 18/19: Vistos. Trata-se de pedido de providências formulado pelo 1º Tabelião de Protesto de Letras e Títulos da Capital, comunicando ter recebido em 16.11.2017, pedido de cancelamento de protesto de duplicata mercantil por indicação nº OE2043, no valor de R$ 270,00, instruída com carta de anuência expedida pela credora LEGG Distribuidora Transportes e Logística EIRELLI. Aduz que em contato com a credora sobre a autenticidade do documento, assinado por Cleomar Blauth, foi informado que a carta não foi emitida e nem assinada pela empresa credora. Solicitada informações ao Oficial de Registro Civil das Pessoas Naturais e Tabelião de Notas do Distrito de Ermelino Matarazzo, o Tabelionato esclareceu que o reconhecimento de firma em nome de Cleomar não pertence àquele cartório, bem como não há firma aberta em seu nome, sendo que os selos e etiquetas não conferem com da Serventia. Afirmou, ainda, que a escrevente Tania Regina de Carvalho Souza não exerce mais a função desde 2015. Juntou documentos às fls. 03/07. Comunicada, a autoridade policial informou sobre a instauração de inquérito policial (IP nº 62/2018), para apuração dos fatos expostos na inicial (fl. 11). O Ministério Público opinou pelo cancelamento da prenotação (fls. 15/16). É o relatório. Passo a fundamentar e a decidir. Na presente hipótese não houve qualquer falta funcional praticada pelo Oficial, que agiu com zelo e presteza ao buscar a confirmação junto à credora da autenticidade da assinatura oposto no documento apresentado, bem como comunicar o fato à autoridade policial para apuração do ocorrido, nos termos da Ordem de Serviço nº 02/2014, item 4 deste Juízo. Ademais, a falsidade do título impede que seja efetuado qualquer ato registrário, não havendo como suprir a qualificação negativa do documento. Logo, faz-se mister o cancelamento da prenotação nº 364.694/2017. Assim, não havendo qualquer violação dos deveres funcionais do registrador que autorizem a aplicação de qualquer sanção administrativa, determino arquivamento do presente feito com as cautelas de praxe. Sem prejuízo, encaminhem-se cópia do presente procedimento ao MMº Juízo da 2ª Vara de Registros Públicos, para as providências que entender cabíveis. Deste procedimento não decorre custas, despesas processuais e honorários advocatícios.. P.R.I.C. São Paulo, 12 de março de 2018. Tania Mara Ahualli Juiza de Direito (CP-536) (DJe de 20.03.2018 - SP)

Processo 1029571-63.2018.8.26.0100

Pedido de Providências - Tabelionato de Protestos de Títulos - Willinas de Jesus Lima - 6º Tabelião de Protesto - Vistos. Trata-se de pedido de providências formulado por Willians de Jesus Lima, em face do 6º Tabelião de Protesto de Letras e Títulos da Capital. Relata o requerente que ingressou com ação em face do banco ITAUCARD-AS e obteve ordem judicial para o cancelamento do protesto realizado de forma indevida em seu nome. Contudo, o Tabelião recusou-se a realizar a devida baixa, exigindo o recolhimento prévio dos emolumentos devidos. Assim, requer o cancelamento do protesto sem a necessidade dos pagamentos mencionados. Juntou documentos às fls. 04/10. A inicial foi emendada às fls. 13/14, com a juntada da representação processual. O Tabelião esclarece que o protesto ocorreu em dezembro de 2015 e o acordo com o banco em março de 2016, logo, o título foi legitimamente protestado, sendo devidas as custas pelo protesto e pelo seu cancelamento. Afirma que a sentença apenas autorizou o cancelamento do protesto, nada mencionando em relação às custas, uma vez que legalmente devidas. Por fim, informa que nos autos da ação indenizatória movida em face da instituição financeira, o requerente teve negado o pedido de gratuidade da justiça. Apresentou documentos às fls. 22/27 (fls. 18/21). Acerca das informações do Tabelião, o requerente manifestou-se às fls. 30/32, corroborando os argumentos expostos na inicial. O Ministério Público opinou pela improcedência do pedido (fls. 35/38). É o relatório. Passo a fundamentar e a decidir. Com razão o Tabelião e o D. Promotor de Justiça. De acordo com o item 63 e seguintes, do Capítulo XV, das Normas de Serviço da Corregedoria Geral da Justiça: "63. O cumprimento dos mandados de sustação definitiva do protesto, ou de seus efeitos, e de cancelamento do protesto fica condicionado ao prévio pagamento das custas e dos emolumentos. 63.1. O cumprimento independerá do prévio pagamento das custas e dos emolumentos quando do mandado constar ordem expressa nesse sentido ou que a parte interessada é beneficiária da assistência judiciária gratuita (g.n) 63.2. Ausente menção expressa à isenção em favor da parte interessada ou à gratuidade da justiça, o mandado judicial será devolvido sem cumprimento, caso não recolhidas as custas e os emolumentos". Decerto, para o protesto e cancelamento de protesto de letras e títulos são devidos emolumentos fixados por lei, cujo recolhimento, no caso de cancelamento de protesto já lavrado fundado no pagamento do débito diretamente ao seu respectivo credor, incumbe ao interessado no cancelamento e deve ser por este promovido, consoante a Lei Estadual nº 11.331/02, no ato do respectivo pedido. E esses emolumentos, conforme a atual orientação adotada pela Egrégia Corregedoria Geral da Justiça, consistem em taxa remuneratória de serviço público, tem natureza de tributo, razão pela qual seu recolhimento não pode ser postergado, ou relegado, para momento diferente daquele fixado em lei. Neste sentido a Egrégia Corregedoria Geral da Justiça já firmou entendimento, na consulta relacionada com a presente questão (Processo CG nº 24.720/2006): "Tabelionato de Protesto Sustação definitiva e cancelamento de protestos por determinação judicial - Exigência de prévio pagamento dos emolumentos para o cumprimento dos atos - Admissibilidade, em princípio, à luz do disposto no item 6 das Notas Explicativas da Tabela IV da Lei Estadual n. 11.331/2002 - Ressalva, porém, das hipóteses em que da ordem judicial consta ser o favorecido beneficiário da assistência judiciária gratuita ou dever o ato ser cumprido independentemente do pagamento de emolumentos, quando não se admitirá prévia exigência destes - Precedentes desta Corregedoria Geral da Justiça - Consulta conhecida, com revisão parcial da orientação traçada pela Corregedoria Permanente". (Parecer nº 318/06-E, j. em 24/08/2006) Assim, correta a conduta do Tabelião em exigir o depósito prévio dos emolumentos para a efetivação do cancelamento do protesto, vez que não houve o deferimento da justiça gratuita na ação de indenização formulada na esfera judiciária. Por fim, este Juízo sendo administrativo não tem competência para afastar a cobrança devida ou impo-la ao credor, devendo tal pedido ser formulado nos autos onde foi proferida a decisão favorável de cancelamento do protesto. Logo, conclui-se que não houve qualquer falta funcional praticada pelo Tabelião passível de instauração de procedimento disciplinar. Diante do exposto, julgo improcedente o pedido de providências formulado por Willians de Jesus Lima, em face do 6º Tabelião de Protesto de Letras e Títulos da Capital. Deste procedimento não decorrem custas, despesas processuais e honorários advocatícios. Oportunamente remetam-se os autos ao arquivo. P.R.I.C. - ADV: ALVARO CELSO DE SOUZA JUNQUEIRA (OAB 161807/SP), BARBARA ALVES CASSIANO (OAB 399140/SP), JOSE DE MELLO JUNQUEIRA (OAB 18789/SP) (DJe de 07.06.2018 - SP)

Processo 1069770-30.2018

Pedido de Providências 10º Tabelião de Protesto de Letras e Títulos Sentença (fls. 25/26): Vistos. Trata-se de pedido de providências formulado pelo 10º Tabelião de Protesto de Letras e Títulos da Capital, comunicando a falsidade da carta de anuência apresentada por Daniel Matias Alencar para cancelamento de um protesto lavrado em desfavor de José Hélio Nunes Ferreira. Esclarece que foi infrutífera a comunicação ao requerente sobre o indeferimento do cancelamento do protesto lavrado. Juntou documentos às fls. 02/12. Comunicada, a autoridade policial informou sobre a instauração de inquérito policial para apuração dos fatos expostos na inicial (fls. 19/20). O Ministério Público opinou pelo arquivamento deste procedimento (fl. 23). É o relatório. Passo a fundamentar e a decidir. Verifico que na presente hipótese não houve falta funcional praticada pelo Tabelião, que agiu com zelo e presteza ao comunicar o fato exposto na inicial à autoridade policial para apuração do ocorrido, nos termos da Ordem de Serviço nº 02/2014, item 4 deste Juízo, sendo certo que foi instaurado o competente inquérito policial sob nº 817/2018 para apuração os fatos noticiados. Ademais, a falsidade do título impede que seja efetuado o ato registrário, não havendo como suprir a qualificação negativa do documento, cancelando-se a eventual prenotação. Por fim, não havendo qualquer violação dos deveres funcionais do registrador que autorizem a aplicação de sanção administrativa, determino o arquivamento do presente feito com as cautelas de praxe. Deste procedimento não decorrem custas, despesas processuais e honorários advocatícios.. P.R.I.C. São Paulo, 27 de agosto de 2018. Tania Mara Ahualli Juiza de Direito (CP 333) (DJe de 05.09.2018 - SP)

Processo 1088692-22.2018.8.26.0100

Processo Administrativo 3º Tabelião de Protesto de Títulos Sentença (fls. 24/25): Vistos. Trata-se de pedido de providências formulado pelo 3º Tabelião de Protesto de Letras e Títulos da Capital, comunicando a apresentação de declaração de anuência em nome da credora Vip Gold Móveis e Decorações Eirelli, com a finalidade de obter o cancelamento do protesto lavrado em face de Rômulo Silva. Esclarece que, ao reexaminar o título, verificou que a carta de anuência foi redigida em papel sem timbre, cujo reconhecimento de firma apresentava-se estranho, razão pela qual entrou em contato com a empresa credora e ao Oficial do Registro Civil das Pessoas Naturais e Tabelião de Notas do 30º Subdistrito Ibirapuera, sendo confirmado que o reconhecimento de firma oposto no título apresentado é falso. Juntou documentos às fls. 03/10. Comunicada, a autoridade policial informou sobre a instauração de inquérito policial para apuração dos fatos expostos na inicial (fl. 18). O Ministério Público opinou pelo arquivamento do feito (fls. 22/23). É o relatório. Passo a fundamentar e a decidir. Verifico que na presente hipótese não houve qualquer falta funcional praticada pelo Tabelião, que agiu com zelo e presteza ao entrar em contato com a empresa credora e o Oficial do Registro Civil das Pessoas Naturais e Tabelião de Notas do 30º Subdistrito Ibirapuera para confirmar a veracidade do reconhecimento de firma oposto no documento apresentado, bem como comunicar o fato à autoridade policial, para apuração do ocorrido, nos termos da ordem de Serviço nº 02/2014, item 4 deste Juízo, resultando na instauração do inquérito policial nº 1070/18. Ademais, a falsidade do título impede que seja efetuado qualquer ato registrário, não havendo como suprir a qualificação negativa do documento. Logo, faz-se mister o cancelamento da prenotação. Por fim, não havendo qualquer violação dos deveres funcionais do registrador que autorizem a aplicação de sanção administrativa, determino o arquivamento do presente feito com as cautelas de praxe. Deste procedimento não decorrem custas, despesas processuais e honorários advocatícios.. P.R.I.C. São Paulo, 31 de outubro de 2018 Tânia Mara Ahualli Juíza de Direito (CP – 425) (DJe de 05.11.2018 - SP)

INTIMAÇÃO

Processo 0030341-73.2018.8.26.0100

Pedido de Providências - Registro Civil das Pessoas Naturais - Rosangela Marques da Rocha - Rosangela Marques da Rocha - Vistos. Trata-se de reclamação formulada por Rosangela Marques da Silva em face de eventual conduta irregular praticada pelo 9º Tabelião de Protesto de Letras e Títulos da Capital. Relata que, em 13.07.2017, apresentou um título a protesto em face da devedora Coesme Prestação de Serviços de Automação e Manutenção LTDA, com sede na cidade de Ipava/SP. Todavia, foi informada pelo tabelião que o título encontra-se irregular em razão do seu portador não ter localizado o endereço da devedora. Esclarece que, em 05.01.2018, novamente apresentou o título para protesto, instruindo-o com documentos comprobatórios do endereço da devedora, dentre os quais, comprovação de inscrição e situação cadastral, mapa de localização, comprovante de entrega de correspondência pelo correio, e mais uma vez o delegatário negou-se a protestar o título. Salienta que por outro lado, o 2º Tabelião de Protesto de Letras e Títulos, conseguiu intimar a mesma devedora no endereço informado e após as formalidades exigíveis para o ato, finalizou com o protesto do título. Juntou documentos às fls. 04/22. O tabelião manifestou-se às fls. 24/27. Informa que não foi possível efetuar a regular intimação da devedora no endereço fornecido, pois o notificador não encontrara o número do prédio, razão pela qual o título foi devolvido à apresentante e a ela solicitado que assinalasse referencias que permitissem a eficaz localização. Aduz que cerca de seis meses depois, ou seja, me 05.01.2018, a reclamante apresentou novamente o título, instruído com a documentação que comprovaria a existência do endereço de destino. No entanto, realizado nova diligência, esta restou negativa. Segundo o relato do notificador Marcos Rodrigo, a Rua Itaporá é via irregular e não possui numeração corretamente definida, bem como o local é composto de vielas plurais que desembocam na comunidade da Muriçoca, local caracterizado como área de risco. Assegura não ter encontrado o prédio com o numero 510, sendo que o mais próximo era o de nº 500, seguido do nº 552. Afirma o Tabelião que quando a intimação de um devedor é malograda porque no endereço na existe a numeração fornecida, antes de efetuar a devolução, efetua buscas na internet, banco de dados e mapeamento fotográfico e no caso em questão, nada foi encontrado. Por conta disso, ficou surpreso a intimação positiva realizada pelo 2º Tabelião de Protesto da Capital e ao realizar contado com a Serventia, foi informado que a notificação foi positiva pois o funcionário nasceu e reside no bairro, fornecendo inclusive referencia específica para a localização da empresa devedora. Por fim, encontra-se a espera de nova apresentação do título para que possa efetuar a intimação e, na inércia da devedora, o protesto. Intimada das informações do tabelião, a reclamante manifestou-se às fls. 30/31, requerendo o protesto do título. É o relatório. Passo a fundamentar e a decidir. Entendo que embora não fosse possível a intimação da devedora nas duas vezes em que apresentado o título, tal fato não se deu por culpa do Tabelião, que empreendeu todos os esforços possíveis para a localização do endereço, sendo que o notificador não logrou êxito por tratar-se de rua com numeração irregular, composta de vielas. Verifica-se que o 2º Tabelião de Protesto conseguiu a intimação da mesma devedora, tendo em vista que o notificador é morador da região e a conhece bem, passando as informações e localização precisa do local para intimação. No entanto, apesar da ausência de culpa do delegatário, a reclamante está tentado realizar o protesto do título há quase um ano, arcando com prejuízos em face do inadimplemento da obrigação pela empresa Coesme Prestação de Serviços de Automação e Manutenção LTDA, logo, a fim de evitar maiores dissabores e maiores encargos provenientes da qualificação negativa por ausência de localização do devedora, e encontrando-se esta no endereço informado pela reclamante, defiro nova apresentação do título diretamente na Serventia para o devido protesto, sem qualquer custo para a reclamante, devendo o tabelião, na hipótese de inércia da devedora, promover o protesto sem a exigência do recolhimento das custas e emolumentos. Diante do exposto, tratando-se de caso isolado envolvendo a Serventia, bem como diante da ausência de falta funcional, entendo que não é cabível a aplicação de qualquer medida censório administrativa disciplinar por esta Corregedoria e consequentemente determino o arquivamento do feito. Deste procedimento não decorrem custas, despesas processuais e honorários advocatícios. P.R.I.C. - ADV: ROSANGELA MARQUES DA ROCHA (OAB 177513/SP) (DJe de 07.06.2018 - SP)

PRESCRIÇÃO

Processo 1027517-27.2018.8.26.0100

Pedido de Providências - Tabelionato de Protestos de Títulos - Colegio Alfa Omega Ltda - Vistos. Tendo em vista o julgamento do RESP nº 1.423.464/SC (Segunda Seção, Rel. Min. Luis Felipe Salomão, DJE 2705.2016), com natureza de recurso repetitivo, o Colendo Superior Tribunal de Justiça decidiu: "Sempre será possível, no prazo para a execução cambial, o protesto cambiário de cheque, com a indicação do emitente como devedor" (g.n) Tal decisão revogou a Súmula 17 do Egrégio Tribula de Justiça de São Paulo que previa: "A prescrição ou perda de eficácia executiva do título não impede sua remessa a protesto, enquanto disponível a cobrança por outros meios". Todavia de acordo com o as Normas da Egrégia Corregedoria Geral da Justiça, Capítulo XV, item 34.1, item a, considera-se o abuso de direito a apresentação de cheques emitidos há mais de cinco anos, sendo que levando em consideração a prudência e valoração do Tabelião, poderá tal circunstancia ser afastada. "34.1. Entre outras circunstâncias indiciárias de abuso de direito, verificam-se as seguintes: a) cheques emitidos há mais de cinco anos (Prov. CGJ nº 53/2015)b) cheques de valores irrisórios ou que sejam expressos em unidade monetária que não seja o Real; c) apresentação dos cheques por terceiros que não sejam seus beneficiários originais; d) indicação de endereço onde não reside o emitente de modo a inviabilizar a sua intimação pessoal; e) apresentação em lotes". E ainda: "34.2. Nesses casos, para aferir a legitimidade da pretensão, pode o Tabelião, ao qualificar o título, orientado pela prudência, formular ao apresentante as seguintes exigências a serem cumpridas em nova apresentação: a) documento idôneo comprobatório do endereço atualizado do emitente que viabilize sua intimação pessoal, além da declaração do banco sacado em papel timbrado e com identificação do signatário;b) declaração escrita contendo esclarecimento dos motivos que justificam o protesto. Daí verifica-se que há uma divergência normativa entre o precedente do Colendo Superior Tribunal de Justiça e as Normas da Egrégia Corregedoria Geral da Justiça. Ante a situação relatada, manifeste-se o Instituto de Estudos de Protesto de Títulos do Brasil - IEP-TB - Seção São Paulo, no prazo de 15 (quinze) dias. Com a juntada da manifestação, abra-se nova vista ao Ministério Público e tornem os autos conclusos. Int. - ADV: DANILO MARINS ROCHA (OAB 377611/SP) (DJe de 23.05.2018 - SP)

PROTESTO DE CONFISSÃO DE DÍVIDA

Processo 1067191-12.2018.8.26.0100

Pedido de Providências - REGISTROS PÚBLICOS - Vr Benefícios e Serviços de Processamento Ltda - Vistos. Trata-se de pedido de providências cumulado com tutela de urgência formulado por VR Benefícios Serviços e Processamentos LTDA em face do 7º Tabelião de Protesto de Letras e Títulos da Capital, pretendendo o protesto do instrumento particular de confissão e consolidação de dívida no importe de R$ 600.644,33 (seiscentos mil, seiscentos e quarenta e quatro reais e trinta e três centavos) - fls. 22/24. O que determinou a negativa do Tabelião para a realização do ato foi a ausência de requisito intrínseco do título executivo, vez que referida confissão de dívida apresenta obrigações bilaterais, sendo que além das obrigações da devedora, inerentes à confissão da dívida, há obrigações também para a credora, previstas na cláusula 7 do título. Esclarece que mencionada cláusula foi inserida na confissão em razão da dívida estar anteriormente representada por inúmeras duplicatas, que foram objeto de novação. Logo, diante da existência de obrigações para a credora, que dependem de provas e que somente em Juízo é possível produzi-las, restou inviabilizado o protesto do título (fls. 38/44). Insurge-se a requerente da negativa, sob o argumento de ausência de base legal, sendo que a clausula referida diz respeito simplesmente à obrigação do credor de devolver os títulos novados ao devedor. Juntou documentos às fls. 06/34. A tutela de urgência foi indeferida à fl. 35. O Ministério Público opinou pelo indeferimento do pedido (fl. 48). É o relatório. Passo a fundamentar e a decidir. Com razão o Tabelião, bem como o D. Promotor de Justiça. De fato, entende-se atualmente que contratos bilaterais podem ser objeto de protesto, desde que atendam os requisitos de exigibilidade, certeza e liquidez da dívida. Conforme o doutrinador Luis Guilherme Loureiro: "Em tese, podem ser protestados contratos bilaterais desde que prevejam, ainda que de forma, alternativa, pagamento de valor em dinheiro, e desde que tal obrigação seja liquida, certeza e exigível. Para tanto, cumpre ao apresentante comprovar que cumpriu sua obrigação (por exemplo, prestação de serviço educacional, etc), para que não haja dúvida quanto à impossibilidade do inadimplente apresentar a exceção de contrato não cumprido" O instrumento particular de confissão e consolidação de dívida, firmado em 27.04.2018 (fls. 22/24), possui natureza sinalagmática e onerosa, ou seja, com encargos para ambas as partes, logo torna-se imperativo apurar, por meio de dilação probatória, o inadimplemento, para só então se certificar da total liquidez dos títulos. Conforme verifica- se da "cláusula 7" do título: "... A CREDORA se compromete que após receber o Instrumento Particular de Confissão e Consolidação de Dívida devidamente assinado e reconhecida a firma do representante legal da DEVEDORA, caso haja, a devolver o instrumento de protesto original a DEVEDORA para que se regularize sua situação cadastral perante ao cartório de protestos". Ressalte-se que tal clausula foi inserida no documento em razão da dívida estar anteriormente representada por várias duplicatas, que foram objeto de novação. Daí que, ao contrário do que faz crer o requerente, o título constitui obrigação, dependendo da produção de provas para comprovar o valor quitado, o que somente poderá ser feito em Juízo, não havendo que se falar em dívida liquida, certa e exigível, consequentemente não passíveis de protesto. Neste sentido já decidiu a Egrégia Corregedoria Geral da Justiça: "PROTESTO DE CONTRATO DE LOCAÇÃO PARA FINS FALIMENTARES. PACTO COMPLEXO QUE ENVOLVE OBRIGAÇÕES DE NATUREZAS DIVERSAS E SUJEITO À INTERPRETAÇÃO E PROVA. AUSÊNCIA DE LIQUIDEZ DO TÍTULO. INVIABILIDADE DO PROTESTO. RECURSO IMPROVIDO". Confira-se do corpo do Acórdão: "No caso em questão, o título apresentado a protesto é um contrato misto, que engloba diversos encargos recíprocos, o qual não expressa uma obrigação liquida, mas sim que depende de interpretação contratual e prestação de contas, imprestável, pois, para a formalização da impontualidade, quanto à renda minima estipulada não se sabe se decorre de aluguel ou de participação nos lucros. Além disso, o próprio contrato estipula que tal renda mínima seria reajustada de acordo com o cenário do ano de 2003 e 2004, o que reforça a tese ora esposada" (CGJSP Processo nº 1286/2003). Diante do exposto, julgo improcedente o pedido de providências cumulado com tutela de urgência formulado por VR Benefícios Serviços e Processamentos LTDA em face do 7º Tabelião de Protesto de Letras e Títulos da Capital, e consequentemente mantenho o óbice imposto. Deste procedimento não decorrem custas, despesas processuais e honorários advocatícios. Oportunamente remetam-se os autos ao arquivo. P.R.I.C. - ADV: CÍCERO BARBOSA DOS SANTOS (OAB 202062/ SP) (DJe de 25.07.2018 - SP)

PROTESTO DE CONTRATO

Processo 1062140-20.2018.8.26.0100

Pedido de Providências - Protesto - Garantia Fomento Mercantil Ltda - Vistos. Trata-se de pedido de providências formulado por Garantia Fomento Mercantil LTDA em face do 2º Tabelião de Protesto de Letras e Títulos da Capital, pretendendo o protesto de quatro notas promissórias integrantes de contrato de fomento mercantil, emitidas por Surreal Equipamentos para Construção Eireli ME, nos valores de R$ 21.190,00 (vinte e um mil, cento e noventa reais), com vencimento em 11.10.2017, R$ 19.736,00 (dezenove mil, setecentos e trinta e seis reais), com vencimento em 17.10.2017, R$ 18.384,00 (dezoito mil, trezentos e oitenta e quatro reais), com vencimento em 20.10.2017 e R$ 21.976,00 (vinte e um mil, novecentos e setenta e seis reais), com vencimento em 24.10.2017. O óbice consiste no fato da estipulação no contrato de fomento, que acompanhou as notas promissórias, de cláusula pro solvendo, de recompra dos títulos pelas faturizadas. Assevera que são nulas e sem força executiva as notas promissórias tiradas de contratos desta natureza. Juntou documentos às fls. 51/ 112. Insurge-se a requerente do entrave imposto, sob o argumento de que a arguição de irregularidade no título, em virtude de vínculo a contrato de fomento, só pode ser feita pelo devedor em juízo, com a incidência do contraditório e ampla defesa, logo, não é da competência do Oficial a recusa do protesto de um título líquido, certo e exigível, nos termos da lei. Apresentou documentos às fls.

05/36. O Ministério Público opinou pelo indeferimento do pedido (fls. 116/120). É o relatório. Passo a fundamentar e a decidir. Com razão o Tabelião, bem como o D. Promotor de Justiça. De acordo com os ensinamentos de Arnaldo Rizzardo, o denominado contrato de "factoring", caracteriza-se: "Por este contrato, um comerciante ou industrial, denominado "faturizado", cede a outro, que é o "faturizador" ou "factor", no todo ou em parte, créditos originados de vendas mercantis. Assume este, na posição de cessionário, o risco de não receber os valores. Por tal risco, paga o cedente uma comissão." (g.n) (Contratos, 15ª Ed. Editora Forense, pg. 1401). Portanto, é da natureza do contrato arcar o cessionário, no caso o requerente, com o risco do inadimplemento, assumindo os prejuízos decorrentes desta operação. Cabe ao faturizado (cedente) responder pela existência, legitimidade e validade do crédito cedido, nos termos preceituados pelo artigo 295, do Código Civil: "Art. 295. Na cessão por título oneroso, o cedente, ainda que não se responsabilize, fica responsável ao cessionário pela existência do crédito ao tempo em que lhe cedeu; a mesma responsabilidade lhe cabe nas cessões por título gratuito, se tiver procedido de má-fé." Se for oposta pelo devedor alguma exceção para não pagar a dívida, como vícios, avarias, diferenças quantitativas ou qualitativas da mercadoria, competirá ao faturizado arcar com o pagamento. Neste sentido: "TÍTULOS DE CRÉDITO - CONTRATO DE "FACTORING" – NOTA PROMISSÓRIA EMITIDA EM GARANTIA - ACOLHIMENTO DO PEDIDO E DECLARAÇÃO DE INEXIGIBILIDADE DO TÍTULO E SUSTAÇÃO DE PROTESTO - PRELIMINAR - CERCEAMENTO DE DEFESA - INOCORRÊNCIA - DESNECESSIDADE DA PRODUÇÃO DE PROVA TESTEMUNHAL - LIDE DE RESOLUÇÃO NA PROVA DOCUMENTAL - CORREÇÃO DO JULGAMENTO NOS TERMOS DO CPC, ARTIGO 330, I - MÉRITO - OPERAÇÃO MERCANTIL DE "FACTORING" - DIREITO DE REGRESSO EM FACE DO FATURIZADO POR MORA DE DEVEDORES DE TÍTULOS NÃO PERMITIDO AO FATURIZADOR - NATUREZA DE RISCO DA FATURIZAÇÃO - INEXIGIBILIDADE DA NOTA PROMISSÓRIA DADA EM GARANTIA PARA FINS DE RECOMPOR PREJUÍZOS GERADOS DE INSOLVÊNCIA - DIREITO DE REGRESSO E GARANTIA VÁLIDA SOMENTE PARA HIPÓTESE DE VÍCIO DOS TÍTULOS NEGOCIADOS - MANUTENÇÃO DA SENTENÇA POR SEUS PRÓPRIOS FUNDAMENTOS, NOS TERMOS DO RITJSP, ARTIGO 252 - NEGADO PROVIMENTO AO APELO, COM OBSERVAÇÃO de que nota promissória subsiste porque na recompra de títulos objeto de operação de "factoring" e subscrição do contrato como devedor solidário por parte da faturizada, bem como emissão de títulos de crédito em garantia, somente são permitidas para situações em que os títulos negociados venham a se demonstrar viciados na origem, sendo exemplo comum a emissão de "duplicatas frias". (TJSP - APL: 01500646720108260100 SP 0150064-67.2010.8.26.0100, Relator: José Wagner de Oliveira Melatto Peixoto, Data de Julgamento: 22/10/2015, 15ª Câmara de Direito Privado, Data de Publicação: 22/10/2015). No caso dos autos, como bem exposto pelo Douto Promotor de Justiça, as notas promissórias apresentadas (fls. 25/36) estão vinculadas a contrato de fomento mercantil, em que o emitente é o próprio faturizado, demonstrando com isso que foram utilizadas para garantir o adimplemento dos créditos negociados, o que é inadmissível. Neste sentido: "MONITÓRIA - EMBARGOS - Improcedência - Nulidade do título - Título emitido em garantia de dívida contraída em contrato de fomento mercantil - Descabimento - Incompatibilidade da natureza do negócio com a exigência de garantia -Ausência de direito da faturizadora de repetição ou regresso contra o cliente, assumindo o risco do negócio e de eventuais prejuízos - Precedentes deste Egrégio Tribunal de Justiça - Sentença mantida - Recurso não provido" (Ap. Cível nº 1006116- 53.2015.8.26.0010, Rel. Des. Mario de Oliveira, 19ª Câmara de Direito Privado, j. em 21/11/2016). Ao qualificar os títulos, cabe ao Tabelião a verificação de vícios formais, bem como se foram respeitadas a legislação em vigor e as normas do Conselho Nacional de Justiça ou da Egrégia Corregedoria Geral da Justiça. Deve também aferir a liquidez e certeza da dívida, bem como a autonomia e força executiva do documento. Assim, são nulas e inexigíveis as notas promissórias apresentadas a protesto, devendo consequentemente ser mantido o óbice imposto. Diante do exposto, julgo improcedente o pedido de providências formulado por Garantia Fomento Mercantil LTDA em face do 2º Tabelião de Protesto de Letras e Títulos da Capital e, consequentemente, mantenho o óbice imposto. Deste procedimento não decorrem custas, despesas processuais e honorários advocatícios. Oportunamente remetam-se os autos ao arquivo. P.R.I.C. - ADV: FERNANDO YOSHIO IRITANI (OAB 276553/SP), ALEXANDER COELHO (OAB 151555/SP) (DJe de 01.08.2018 - SP)

Processo 1037628-70.2018.8.26.0100

Pedido de Providências - Tabelionato de Protestos de Títulos - Willi Bernauer - Vistos. Trata-se de pedido de providências formulado por Willi Bernauer em face do 5º Tabelião de Protesto de Letras e Títulos da Capital, diante da negativa em se proceder ao protesto de dois aditivos do compromisso de compra e venda de quotas, celebrados em 15.05.2005 e 22.11.2013, respectivamente. Esclarece o requerente que os aditivos e termos de confissão de dívida, objeto do presente procedimento, têm plena validade jurídica, por estarem revestidos de liquidez, certeza e exigibilidade, vez que vencida e não cumprida a obrigação assumida pelos compradores, logo se enquadraria como título executivo extrajudicial. Juntou documentos às fls. 13/74. O Tabelião informa que a devolução foi comunicada através do telefone indicado no pedido de protesto, bem como enviado e-mail, transmitindo por escrito o entendimento desta Corregedoria Permanente e da Egrégia Corregedoria Geral da Justiça, sobre a protestabilidade de contratos como os apontados (fls. 79/80). Esclarece que há cláusulas estipuladas nos dois aditivos relativas a um conjunto de múltiplas obrigações, não havendo como afastar o caráter sinalagmático, apesar da insistência do requerente em intitular os títulos como simples confissão de dívida e salientar que o valor foi pactuado como líquido, certo e exigível. Apresentou documentos às fls. 81/82. O Ministério Público opinou pela improcedência do pedido (fls. 86/88). É o relatório. Passo a fundamentar e a decidir. De fato, entende-se atualmente que contratos bilaterais podem ser objeto de protesto, desde que atendam aos requisitos de exigibilidade, certeza e liquidez da dívida. Conforme o doutrinador Luis Guilherme Loureiro: "Em tese, podem ser protestados contratos bilaterais desde que prevejam, ainda que de forma alternativa, pagamento de valor em dinheiro, e desde que tal obrigação seja líquida, certa e exigível. Para tanto, cumpre ao apresentante comprovar que cumpriu sua obrigação (por exemplo, prestação de serviço educacional etc), para que não haja dúvida quanto à impossibilidade do inadimplente apresentar a exceção de contrato não cumprido." Os dois aditivos ao compromisso de compra e venda de quotas, firmados em 07.05.2003 (fls. 28/34 e 35/46), possuem natureza sinalagmatica e onerosa, ou seja, com encargos para ambas as partes. Constato que estão estipuladas várias obrigações do credor e do devedor, as quais tornam imperativo apurar, por meio de dilação probatória, o inadimplemento, para só então se certificar da total liquidez dos títulos. Conforme verifica-se da clausula 3 do primeiro aditivo, denominado das contingências, mais especificamente do item 3.2: "Clausula 3. Das Contingências...3.2. O vendedor expressamente declara que é responsável por 1/3 (um terço) dos valores que resultarem devidos aos autores das ações abaixo indicadas, valores estes que, uma vez fixados e pagos, serão abatidos do valor total do preço de aquisição devido ao vendedor nos termos da cláusula 1, acima:(i) reclamação trabalhista nº 1072/1996 em curso perante a 19º Vara da Justiça do Trabalho de São Paulo, promovida por José Vieira Brandão;(ii) reclamação trabalhista nº 2958/1995 em curso perante a 19ª Vara da Justiça do Trabalho de São Paulo, promovida por Aparecido Franco. Logo, a cláusula é explicita sobre a responsabilidade do vendedor por 1/3 dos valores que resultarem das suas ações trabalhistas, devendo os valores serem abatidos no preço de aquisição das quotas, bem como no caso se comercialização de um lote de terreno, um valor fixo seria abatido do preço das mesmas quotas. E ainda, do segundo aditivo, houve a alteração da forma de pagamento. Daí que, ao contrário do que faz crer o requerente, os títulos constituem obrigações para ambas as partes, não havendo que se falar em dívida líquida, certa e exigível, consequentemente não passíveis de protesto. Neste sentido já decidiu a Egrégia Corregedoria Geral da Justiça: "PROTESTO DE CONTRATO DE LOCAÇÃO PARA FINS FALIMENTARES. PACTO COMPLEXO QUE ENVOLVE OBRIGAÇÕES DE NATUREZAS DIVERSAS E SUJEITO À INTERPRETAÇÃO E PROVA. AUSÊNCIA DE LIQUIDEZ DO TÍTULO. INVIABILIDADE DO PROTESTO. RECURSO IMPROVIDO". Confira-se do corpo do Acórdão: "No caso em questão, o título apresentado a protesto é um contrato misto, que engloba diversos encargos recíprocos, o qual não expressa uma obrigação liquida, mas sim que depende de interpretação contratual e prestação de contas, imprestável, pois, para a formalização da impontualidade, quanto à renda minima estipulada não se sabe se decorre de aluguel ou de participação nos lucros. Além disso, o próprio contrato estipula que tal renda minima seria reajustada de acordo com o cenário do ano de 2003 e 2004, o que reforça a tese ora esposada" (CGJSP Processo nº 1286/2003). Diante do exposto, julgo improcedente o pedido de providências formulado por Willi Bernauer em face do 5º Tabelião de Protesto de Letras e Títulos da Capital, e mantenho a recusa do protesto. Deste procedimento não decorrem custas, despesas processuais e honorários advocatícios. Oportunamente remetam-se os autos ao arquivo. P.R.I.C. - ADV: ORESTE NESTOR DE SOUZA LASPRO (OAB 98628/SP) (DJe de 09.05.2018 - SP)

PROTESTO DE DECISÃO JUDICIAL

Processo 1100010-36.2017.8.26.0100

Pedido de Providências - Titulo Judicial - Ulisses Bianchi - Vistos. Trata- se de pedido de providências formulado por Renzo Carlos Santos Teixeira, em face do 8º Tabelião de Protesto de Letras e Títulos da Capital. Relata que, em 02.10.2007, foi distribuída ação monitória em face de Soma Veículos, cujo feito tramitou perante o MMº Juízo da 1ª Vara Cível do Foro Regional de Itaquera (processo nº 0122459-42.2007.8.26.0007). Esclarece que a ré manteve-se inerte, culminando com a sentença de conversão do mandado monitório, na forma ditada na legislação pertinente, e posterior execução forçada. Afirma que houve a desconsideração da personalidade jurídica e a execução também se dirigiu aos sócios. Aduz que o artigo 517 do Código de Processo Civil permite a inscrição da obrigação líquida e certa nos Tabelionatos de Protesto mediante extração do respectivo procedimento judicial, de certidão de inteiro teor. Neste contexto, protocolizou pedido de protesto da sentença prolatada, todavia, o Tabelião não promoveu a inscrição, com fundamento no Capítulo XV, item 20.4, Tomo II, por não conter na certidão expedida pelo MMº Juízo da 1ª Vara Cível do Foro Regional de Itaquera o número de inscrição no CNPJ de Soma Veículos. Salienta que não dispõe do número, razão pela qual sequer indicou a protesto a empresa, sendo que o MMº Juízo da 1ª Vara Cível do Foro Regional de Itaquera também não dispõe deste dado. Juntou documentos às fls. 04/14. O Tabelião manifestou-se às fls. 27/31. Informa que a certidão não está apta para ingresso por encontra-se irregular, em razão da ausência de indicação do devedor Soma Veículos no pedido de protesto. Assevera que esclareceu o apresentante que o CNPJ do devedor poderia ser obtido no site da Junta Comercial e um novo pedido de protesto com a indicação de todos os devedores poderia ser encaminhado à Serventia. Apresentou documentos às fls. 28/31. O Ministério Público opinou pela improcedência do feito (fl. 42). É o relatório. Passo a fundamentar e a decidir. De fato, entende-se que os contratos bilaterais podem ser objeto de protesto, desde que atendem aos requisitos da exigibilidade, certeza e liquidez da dívida. Daí que, pelo requisito da certeza, bem como em consonância com o princípio da segurança dos registros públicos deve constar do título levado a protesto a identificação de todos os devedores, com seus respectivos dados qualificativos, não configurando excesso de formalismo do Tabelião. Neste contexto, de acordo com as informações do Delegatário de fls. 27/31, o entrave para a efetivação do protesto encontra-se superado, bastando que o requerente formule novo pedido com a indicação de todos os devedores, elencados às fls. 43/44. Logo, estando disponível ao interessado a completa qualificação dos devedores e sendo esta indispensável para efetivação do protesto, entendo que deva permanecer a negativa até a apresentação do título contendo os dados faltantes. Diante do exposto, julgo improcedente o pedido de providências formulado por Renzo Carlos Santos Teixeira, em face do 8º Tabelião de Protesto de Letras e Títulos da Capital. Deste procedimento o não decorrem custas, despesas processuais e honorários advocatícios. Oportunamente remetam-se os autos ao arquivo. P.R.I.C. - ADV: RENZO CARLOS SANTOS TEIXEIRA (OAB 231186/SP) (DJe de 13.03.2018 - SP)

PROTESTO DE DUPLICATA

Processo 1065585-46.2018

Pedido de Providências 1º Tabelião de Protesto de Letras e Títulos de São Paulo Sentença (fls. 22/24): Vistos. Trata-se de pedido de providências formulado pelo 1º Tabelião de Protesto de Letras e Títulos da Capital, a requerimento de Daniel Matias Alencar, pleiteando a restauração do protesto lavrado no livro 5602, fls. 481, em 03 de novembro de 2014. Relata o Tabelião que o mencionado protesto é referente a uma duplicata mercantil por indicação nº 3/7, no valor de R$ 500,00 (quinhentos reais), tendo como devedor José Hélio Nunes Ferreira, que foi cancelado com base na carta de anuência exibida pelo interessado. Esclarece que a carta de anuência estava formalmente em ordem e constava ter sido expedida pelo credor American Fruit Agro Comercial LTDA, pretensamente assinada pelo sócio administrador Willian Lopes Soares, com firma reconhecida no Tabelião de Notas da Comarca de Carapicuíba/SP em 14.06.2018. Posteriormente, m 21.06.2018, recebeu correspondência da empresa credora, porém com timbre diferente, assinada pelo sócio administrador William Lopes Soares, com firma reconhecida no 25º Tabelião de Notas da Capital, afirmando que a carta de anuência apresentada é falsa e que não autorizara o cancelamento. Anexou boletim de ocorrência nº 4841/2018, datado de 20.06.2018, lavrado perante o 1º Distrito Policial de Carapicuíba. Juntou documentos às fls. 03/08. O boletim de ocorrência foi encaminhado ao 1º Distrito Policial Seccional Sé (fls. 11/16). O Ministério Público opinou pela procedência do pedido (fls. 19/20). É o relatório. Passo a fundamentar e a decidir. Analisando as informações, bem como os documentos juntados aos autos, entendo pela ausência de conduta irregular praticada pelo Tabelião, tendo em vista que a carta de anuência estava formalmente em ordem, bem como reconhecida a firma do suposto sócio da empresa, pelo Tabelião de Notas da Comarca de Carapicuíba/SP (fl. 03), que detém fé pública, sendo que a confirmação da falsidade será efetuada apenas com a produção de prova pericial, consistente no exame grafotécnico a ser feito na esfera judicial. Daí que ao qualificar o título apresentado, este continha todos os elementos necessários o ingresso, com o consequente cancelamento do protesto almejado. Todavia, não comungo dos argumentos expostos pelo D. Promotor de Justiça às fls. 19/20. Entendo que na ausência de norma específica sobre a questão, poderá ser aplicado por analogia as disposições da lei registrária, uma vez que o Tabelião é delegatário da função pública, exercendo tanto a função notarial como registral. Assim, ressalto que na esfera administrativa é verificada as hipóteses de vício extrínseco concernente ao título conforme previsto no artigo 214 da Lei de Registros Públicos, o qual faz menção às nulidade de pleno direito, ao passo que outras nulidades, referentes aos vícios intrínsecos, devem ser buscadas por meio de propositura de ação na via jurisdicional, nos termos do artigo 216 da mesma Lei. Segundo Sérgio Luiz José Bueno: "Existindo vício formal ou defeito procedimental para protesto, o título ou documento de dívida será devolvido ao apresentante, por aplicação do art. 9º, parágrafo único da Lei 9492/97" (Tabelionato de Protesto, Sérgio Luiz José Bueno, 2ª edição, editora Saraiva). No mais, a restauração do protesto refletirá em interesse de terceiros, devendo ser garantida a ampla defesa e o contraditório. Todavia, no âmbito administrativo, a produção probatória é reduzida, sendo que a discussão se limita a situações pré ordenadas, devendo a interessada valer-se das vias ordinárias para afastar a presunção de veracidade e consequentemente restauração o protesto cancelado. Logo, diante da ausência de elementos seguros e eficientes para demonstrar a ocorrência de falta funcional do Tabelião, o presente procedimento deverá ser arquivado. Diante do exposto, julgo improcedente o pedido de providências formulado pelo 1º Tabelião de Protesto de Letras e Títulos da Capital, a requerimento de Daniel Matias Alencar, pela inadequação da via eleita. Deste procedimento não decorrem custas, despesas processuais e honorários advocatícios. Sem prejuízo, expeça-se ofício à Corregedoria Permanente da Comarca de Carapicuíba, comunicando os fatos expostos na inicial, para apuração de eventual irregularidade praticada pelo Tabelionato de Notas de Protesto de Letras e Títulos Comarca de Carapicuíba Oficial de Registro Civil das Pessoas Naturais. Oportunamente remetam-se os autos ao arquivo.. P.R.I.C. (CP 305) (DJe de 02.08.2018 - SP)

Processo 1054155-97.2018.8.26.0100

Pedido de Providências - Tabelionato de Protestos de Títulos - 2º Tabelião de Protesto de Letras e Títulos da Comarca de São Paulo Sp - Sabia Fomento Mercantil Ltda - Vistos. Trata-se de pedido de providências formulado pela 2º Tabeliã de Protesto de Letras e Títulos da Capital, a requerimento da empresa Sabiá Fomento Mercantil LTDA, pretendendo o protesto de duas notas promissórias emitidas em desfavor de JPG Comércio de Equipamentos de Segurança Incêndio LTDA e Needs Paper Comércio de Papéis LTDA. Relata a Oficial que as cártulas apresentadas não são protestáveis em razão da estipulação de cláusula pro solvendo, de recompra dos títulos pelas faturizadas. Juntou documento às fls. 03/92. A interessada manifestou-se às fls. 103/110. Aduz acerca da incompetência do Tabelião em analisar os aspectos materiais do título, bem como ausência de fundamentação legal. Apresentou documentos às fls. 112/119. O Ministério Público opinou pelo indeferimento do pedido (fls. 129/132). É o relatório. Passo a fundamentar e a decidir. Com razão a Delegatária, bem como a D Promotora de Justiça. De acordo com os ensinamentos de Arnaldo Rizzardo, o denominado contrato de "factoring", caracteriza-se: "Por este contrato, um comerciante ou industrial, denominado "faturizado", cede a outro, que é o "faturizador" ou "factor", no todo ou em parte, créditos originados de vendas mercantis. Assume este, na posição de cessionário, o risco de não receber os valores. Por tal risco, paga o cedente uma comissão." (g.n) (Contratos, 15ª Ed. Editora Forense, pg. 1401). Portanto, é da natureza do contrato que o cessionário arque, no caso o requerente, com o risco do inadimplemento, assumindo os prejuízos decorrentes desta operação. Cabe ao faturizado (cedente) responder pela existência, legitimidade e validade do crédito cedido, nos termos preceituados pelo artigo 295, do Código Civil: "Art. 295. Na cessão por título oneroso, o cedente, ainda que não se responsabilize, fica responsável ao cessionário pela existência do crédito ao tempo em que lhe cedeu; a mesma responsabilidade lhe cabe nas cessões por título gratuito, se tiver procedido de má-fé." Se for oposta pelo devedor alguma exceção para não pagamento da dívida, como vícios, avarias, diferenças quantitativas ou qualitativas da mercadoria, competirá ao faturizado assumir o ônus. Neste sentido: "TÍTULOS DE CRÉDITO

- CONTRATO DE "FACTORING" - NOTA PROMISSÓRIA EMITIDA EM GARANTIA - ACOLHIMENTO DO PEDIDO E DECLARAÇÃO DE INEXIGIBILIDADE DO TÍTULO E SUSTAÇÃO DE PROTESTO - PRELIMINAR - CERCEAMENTO DE DEFESA - INOCORRÊNCIA - DESNECESSIDADE DA PRODUÇÃO DE PROVA TESTEMUNHAL - LIDE DE RESOLUÇÃO NA PROVA DOCUMENTAL - CORREÇÃO DO JULGAMENTO NOS TERMOS DO CPC, ARTIGO 330, I - MÉRITO - OPERAÇÃO MERCANTIL DE "FACTORING" - DIREITO DE REGRESSO EM FACE DO FATURIZADO POR MORA DE DEVEDORES DE TÍTULOS NÃO PERMITIDO AO FATURIZADOR - NATUREZA DE RISCO DA FATURIZAÇÃO - INEXIGIBILIDADE DA NOTA PROMISSÓRIA DADA EM GARANTIA PARA FINS DE RECOMPOR PREJUÍZOS GERADOS DE INSOLVÊNCIA - DIREITO DE REGRESSO E GARANTIA VÁLIDA SOMENTE PARA HIPÓTESE DE VÍCIO DOS TÍTULOS NEGOCIADOS - MANUTENÇÃO DA SENTENÇA POR SEUS PRÓPRIOS FUNDAMENTOS, NOS TERMOS DO RITJSP, ARTIGO 252 - NEGADO PROVIMENTO AO APELO, COM OBSERVAÇÃO de que nota promissória subsiste porque na recompra de títulos objeto de operação de "factoring" e subscrição do contrato como devedor solidário por parte da faturizada, bem como emissão de títulos de crédito em garantia, somente são permitidas para situações em que os títulos negociados venham a se demonstrar viciados na origem, sendo exemplo comum a emissão de "duplicatas frias". (TJ-SP - APL: 01500646720108260100 SP 0150064-67.2010.8.26.0100, Relator: José Wagner de Oliveira Melatto Peixoto, Data de Julgamento: 22/10/2015, 15ª Câmara de Direito Privado, Data de Publicação: 22/10/2015). No caso dos autos, como bem exposto pela Douta Promotora de Justiça, as notas promissórias apresentadas (fls. 05 e 09) estão vinculadas a contrato de fomento mercantil, em que o emitente é o próprio faturizado, demonstrando com isso que foram utilizadas para garantir o adimplemento dos créditos negociados, o que é inadmissível. Neste sentido: "MONITÓRIA - EMBARGOS - Improcedência - Nulidade do título - Título emitido em garantia de dívida contraída em contrato de fomento mercantil - Descabimento - Incompatibilidade da natureza do negócio com a exigência de garantia -Ausência de direito da faturizadora de repetição ou regresso contra o cliente, assumindo o risco do negócio e de eventuais prejuízos - Precedentes deste Egrégio Tribunal de Justiça - Sentença mantida - Recurso não provido". (Ap. Cível nº 1006116-53.2015.8.26.0010, Rel. Des. Mario de Oliveira, 19ª Câmara de Direito Privado, j. em 21/11/2016). Ao qualificar os títulos, cabe ao Tabelião a verificação de vícios formais, bem como se foram respeitadas a legislação em vigor e as normas do Conselho Nacional de Justiça ou da Egrégia Corregedoria Geral da Justiça. Deve também aferir a liquidez e certeza da dívida, bem como a autonomia e força executiva do documento. Assim são nulas e inexigíveis as notas promissórias apresentadas a protesto, devendo consequentemente ser mantido o óbice imposto. Diante do exposto, julgo improcedente o pedido de providencias formulado pela 2º Tabeliã de Protesto de Letras e Títulos da Capital, a requerimento da empresa Sabiá Fomento Mercantil LTDA, e consequentemente mantenho o óbice. Deste procedimento não decorrem custas, despesas processuais e honorários advocatícios. Oportunamente remetam-se os autos ao arquivo.. P.R.I.C. - ADV: HENRIQUE HYPÓLITO (OAB 220911/SP) (DJe de 06.12.2018 - SP)

SUSTAÇÃO DE PROTESTO

Processo 1004608-88.2018.8.26.0100

Procedimento Comum - Tabelionato de Protestos de Títulos - Residencial Parque Imperial (condomínio) - Vistos. Indefiro o pedido de liminar. A matéria não comporta solução provisória, que ofenderia a segurança jurídica que dos registros públicos se espera. A publicidade registral enseja uma presunção de direito, típica do sistema, incompatível com situações provisórias, sob pena de atingir direitos de terceiros de boa fé. Ademais, o pedido de sustação de protesto deverá ser formulado nas vias ordinárias, onde incidirá o contraditório e ampla defesa. Feitas estas considerações, retifique a z. Serventia o pólo passivo da demanda para constar o 4º Tabelião de Protesto de Letras e Títulos da Capital. No mais, não é praxe nos procedimentos administrativos a realização de audiências de conciliação. Logo, resta prejudicado este pedido. Ao Tabelião para informações, no prazo de 15 (quinze) dias. Com a juntada da manifestação, abra-se vista ao Ministério Público e tornem os autos conclusos. Int. - ADV: CARLOS EDUARDO VOLANTE (OAB 236739/SP) (DJe de 05.02.2018 - SP)

4.6 DECISÕES DO ANO DE 2017

4.6.1 DECISÕES GERAIS E PERTINENTES A TODAS AS ESPECIALIDADES

DOS DIREITOS E DEVERES

Processo 1057228-14.2017.8.26.0100

Pedido de Providências - REGISTROS PÚBLICOS - S.S.E.H.A.G.A. - VISTOS, Trata-se de representação apresentada por SEHAL Sindicato das Empresas de Hospedagem e Alimentação do Grande ABC, em face do Sr. Tabelião de Notas da Comarca da Capital, referindo a lavratura irregular de ata notarial na Comarca de São Bernardo do Campo (a fls. 02/23). O Sr. Tabelião pugnou pela regularidade do ato notarial, o qual foi lavrado na Comarca de São Paulo, cuidando-se de escritura pública e não ata notarial (a fls. 31/35). A representante reiterou suas proposições anteriores (a fls. 38/49). O parecer do Ministério Público foi no sentido do arquivamento do expediente (a fls. 55/56). É o breve relatório. DECIDO. Seja qual for a classificação adotada, a escritura pública tem a finalidade precípua de colher declarações, especialmente, de um negócio jurídico, redundando em efeitos jurídicos. De outra parte, a ata notarial envolve a constatação de um fato, a partir dos órgãos sensoriais do Tabelião. Na presente representação, apesar dos documentos de fls. 14/18 e 48/49 serem formalmente nominados de "Escritura de Comparecimento e Constatação", envolvem declaração de escreventes da unidade que compareceram no município de São Bernardo do Campo em Assembleia de Sindicato; descrevendo o constatado. Desse modo, ainda que os atos notariais em questão tenham sido realizados nesta Comarca de São Paulo; substancialmente, encerram atas notarias nas quais houve deslocamento de escreventes para além do município da Capital. Diante disso, patente a irregularidade dos atos notarias em questão, competindo a abertura de processo administrativo disciplinar. Ante ao exposto, presente os indícios de ilícito administrativo, instauro processo administrativo disciplinar em face do Sr. D. E. D., Tabelião de Notas da Comarca da Capital. Determino ainda o bloqueio administrativo dos atos notariais acima referidos, de forma que não sejam expedidas certidões sem expressa autorização desta Corregedoria Permanente. Encaminhe-se cópia desta decisão à E. Corregedoria Geral da Justiça, por e-mail, servindo a presente como ofício. Ciência ao Sr. Tabelião e ao Ministério Público. No mais, cumpra-se o determinado na Portaria. P.R.I.C. - ADV: SELMA DENIZE LIMA TONELOTTO (OAB 95115/SP) (DJe de 07.11.2017 - SP)

Processo 1012687-90.2017.8.26.0100

Pedido de Providências - REGISTROS PÚBLICOS - M.P.P.M.S. - VISTOS,Trata-se de pedido de providências por meio do qual a Sra. Tabeliã requer a suspensão do atendimento ao público no dia 17.02.17, data na qual pretende iniciar o exercício da delegação em virtude da possibilidade de manifestações de Sindicato ao qual são filiados funcionários de serventias extrajudicial em protesto à demissão de funcionários da unidade no momento do ingresso do novo Titular da Serventia Extrajudicial; bem como ao ânimo com o qual foi recebida na unidade no período anterior ao início de seu exercício. A prova apresentada envolve mídia na qual consta vídeo de 53 minutos e vinte e um segundos (que assisti por completo) referentemente a ajustes para manifestação em questão, bem como aos pretendidos direitos das pessoas associadas ao sindicado. Há confronto do direito ao livre exercício da delegação pela Sra. Titular e o interesse social representado pelo princípio da continuidade do serviço público, notadamente das pessoas que se dirigirem à unidade para utilização do serviço público delegado, pois, difícil, senão impossível, a esta altura, informar àquelas as razões e a suspensão do serviço extrajudicial. Evidentemente, não é desejável tumulto perante as instalações físicas da unidade que ultrapasse os limites traçados pela Constituição Federal e legislação infraconstitucional de manifestação do pensamento, comprometendo a prestação do serviço público delegado. Compete anotar já ter havido o início de exercício de outros Titulares de Delegação, em data recente, sem notícia de quaisquer problemas semelhantes aos aqui mencionados. Além disso, a reunião representada no vídeo não impedira, em tese, a realização da pretendida manifestação em outra oportunidade; portanto, não seria viável a suspensão do expediente diante de qualquer notícia da possibilidade da efetivação do ato a situação deve ser solucionada em conformidade aos Princípios do Estado Democrático de Direito. Nessa ordem de ideias, aplicando o subprincípio da adequação ou exigibilidade do princípio da proporcionalidade, especialmente, a atuação do meio menos gravoso, indefiro a suspensão do atendimento ao público na data do início de exercício da Sra. Titular, nos termos pretendidos, por ter essa medida como excessiva perante o direito que se procura resguardar e ainda pela ausência de certeza da realização do evento alegado. Não obstante, igualmente, atento ao transtorno e risco potencial na prestação do serviço público delegado, acaso haja efetivo risco na prestação dos serviços aos usuários ou ao acervo da serventia por força de atitudes concretas que ultrapassem o direito de manifestação assegurado pelo ordenamento jurídico; na hipótese da realização do ato e com potencial bastante a afetar os interesses públicos indisponíveis na forma supra delineada, o que será verificado pela Sra. Titular diante da situação concreta, autorizo a suspensão do atendimento ou, acaso necessário, o fechamento da unidade, o que deverá ser informado de imediato a esta Corregedoria Permanente neste autos e por telefone. Determino ainda, para a hipótese de fechamento que a Sra. Titular providencie a lavratura de ata notarial com o escopo de provar as circunstâncias excepcionais acima referidas e com razão bastante para permitir a extraordinária suspensão do serviço público delegado. Encaminhe-se cópia desta decisão, e da petição de fls. 01/04, a Egrégia Corregedoria Geral da Justiça, por e-mail, servindo a presente decisão como ofício. Int. - ADV: HERICK BERGER

EMOLUMENTOS

Processo 1004326-84.2017.8.26.0100

Pedido de Providências - Reclamação do extrajudicial (formulada por usuários do serviço) - Eduardo Pontieri - Eduardo Pontieri - Reclamação - Sistema Financeiro de Habitação - Desconto de emolumentos – Valor que se aplica a todos os atos registrais, observando o valor financiado - Não foi apurada qualquer falta funcional do registrador - ImprocedenteVistos. Trata-se de reclamação formulada por Eduardo Pontieri em face do Oficial do 2º Registro de Imóveis de São Paulo, envolvendo a cobrança de emolumentos referentes aos imóveis financiados junto ao Sistema Financeiro de Habitação (SFH), objeto das matriculas n°s 19.273 e 19274. O reclamante questiona a forma de aplicação do desconto de 50% dos valores do emolumento, nos termos do artigo 290 da Lei de Registros Públicos, razão pela qual buscou as devidas informações junto à Serventia. Aduz que as porcentagens foram consideradas de forma indiscriminada, uma vez que constam percentuais diversos relativos a cada registro realizado. Esclarece que, apesar de inúmeras consultas e mensagens de correio eletrônico enviados à Serventia, não obteve resposta favorável, sendo que não houve justificativa sobre quadro de valores utilizados para cobrança, bem como os devidos descontos relativos aos registros sem que fossem de fato solucionadas as dúvidas acerca daqueles cálculos. Juntou documentos às fls. 12/195. Requer a devolução em décuplo do valor pago indevidamente. O Registrador informa que os registros de venda e compra possuem uma parte financiada e outra não financiada, sendo que em relação à financiada foi dado desconto de 50% e em relação a outra parte foi integralmente cobrado, em proporcionalidade ao valor da venda e compra e do valor atribuído à unidade autônoma da vaga de garagem. Salienta que o desconto foi aplicado nos termos do artigo 290 da Lei de Registros Públicos, bem como do Provimento 37/2013 (fls. 202/211 e 221/224). Intimado das informações do Registrador, o reclamante manifestou-se às fls. 214/217, sustentando a revogação do Provimento CG 23/2012 pelo Provimento CG 37/2013, e consequentemente o item 112.1 do Cap. XX das Normas de Serviço em vigor revogou o que dispunha o item 104.1. É o relatório. Passo a fundamentar e decidir. A hipótese em questão versa sobre o desconto de 50% na cobrança dos emolumentos relativos aos imóveis adquiridos pelo SFH. Pois bem, de acordo com o item 112.1 do Capítulo. XX das Normas de Serviço da Egrégia Corregedoria Geral da Justiça: "112.1. Em caso positivo, a redução para cobrança dos emolumentos prevista no art. 290, da Lei nº 6.015/73, incidirá sobre todos os atos relacionados com a primeira aquisição imobiliária"A expressão todos os atos, não alterou a critério de cobrança dos emolumentos, como faz crer o reclamante. Conforme exposto pelo registrador, os registros de venda e compra possuem uma parte financiada e outra não, sendo que o desconto de 50% somente incide sobre aquela financiada. No tocante à cobrança dos emolumentos e eventuais descontos, cabe referencia ao CGJSP 105.563/2009, que abordou o tema, fixando o entendimento que o desconto deve incidir no valor do financiamento: "Nos termos do art. 290, caput, da Lei n. 6.015/1973, "Os emolumentos devidos pelos atos relacionados com a primeira aquisição imobiliária para fins residenciais, financiada pelo Sistema Financeiro da Habitação, serão reduzidos em 50% (cinqüenta por cento)". Já em conformidade com o subitem I.8.1 das Notas Explicativas da aludida Tabela de Custas e Emolumentos, "Salvo o registro dos contratos de aquisição imobiliária financiada previstos no item 1.1 da tabela [registro de contrato de aquisição imobiliária com recursos do FGTS ou integrantes de programas habitacionais - COHAB e CDHU], os demais serão cobrados de conformidade com o item 1, com redução de 50%, exclusivamente sobre o financiamento, nos termos do art. 290 da Lei Federal nº 6.015/1973". (PROVIMENTO CG 23/2012. EMOLUMENTOS-SFH- SISTEMA FINANCEIRO DA HABITAÇÃO. CGJSP - PROVIMENTO:23/2012 LOCALIDADE: São Paulo DATA DE JULGAMENTO: 19/09/2012 DATA DJ:20/09/2012 RELATOR: José Renato Nalini) Conforme os documentos juntados às fls. 205/211, foi apresentada claramente a planilha referente aos descontos havidos no valor da compra do apartamento e da vaga de garagem, bem como o motivo das porcentagens dos descontos em cada caso. Portanto, não há que se falar em cobrança e recebimento pelo Senhor Registrador de valores superiores aos previstos na legislação relativa aos emolumentos. Consequentemente, inviável se mostra a imposição da pena de multa prevista no art. 32, caput, da Lei Estadual n. 11.331/2002 e da obrigação de restituir o décuplo da quantia irregularmente cobrada (art. 32, § 3º, do mesmo diploma legal). Essa compreensão é reiterada em várias decisões da E. Corregedoria Geral da Justiça, a exemplo do extrato do parecer do Dr. Gustavo Henrique Bretas Marzagão, MM Juiz Assessor da Corregedoria no processo n. 2012/ 00061322, conforme segue: "Inviável, destarte, a aplicação da multa e da devolução do décuplo previstos no art. 32 e § 3°. da Lei Estadual n° 1 1.331/02. Conforme a atual orientação desta Corregedoria Geral: A jurisprudência desta Corregedoria Geral é firme no sentido de que a devolução do décuplo do valor cobrado a maior e a instauração de procedimento disciplinar pela cobrança indevida dependem da verificação de dolo. má-fé ou erro grosseiro: Como já se decidiu no âmbito da Corregedoria Geral da Justiça, a restituição em décuplo tem cabida somente quando a cobrança de importância indevida ou excessiva advém de erro grosseiro, dolo ou má-fé. Nesse sentido decisão exarado em 1º de março de 2004 pelo cuido Corregedor Geral da Justiça, Desembargador José Mário António Cardinale no processo n. 80/04, em que aprovado parecer elaborado pelo MM. Juiz Auxiliar da Corregedoria José Marcelo Tossi Silva, com a seguinte ementa: 'Emolumentos - Oficial de Registro de Imóveis - Cobrança em excesso – Ausência de dolo. ou má-fé - Devolução em décuplo indevida - Recurso não provido'". (Proc. CG 2010/34918). Logo, tem-se que estão desprovidas de qualquer fundamento as alegações da requerente e não há que se falar em violação dos deveres funcionais do Oficial Registrador que autorizem a aplicação de qualquer sanção administrativa. Diante do exposto, determino o arquivamento do presente feito. Não há custas, despesas processuais ou honorários advocatícios decorrentes deste procedimento. P.R.I.C. São Paulo, 29 de maio de 2017Tânia Mara AhualliJuíza de Direito - ADV: EDUARDO PONTIERI (OAB 234635/SP) (DJe de 02.06.2017 - SP)

4.6.2 REGISTRO CIVIL DAS PESSOAS NATURAIS

CASAMENTO

Processo 1118255-95.2017.8.26.0100

Habilitação para Casamento - Registro Civil das Pessoas Naturais - S.B.P.C. - L.L.U. - VISTOS, Trata-se de pedido de dispensa de proclamas, com fulcro no art. 1.527, parágrafo único, do Código Civil, ajuizado por S. B. P. D. C. e L. L. U, com vistas a viabilizar a realização do casamento previsto para o próximo dia 09 de dezembro de 2017. O representante do Ministério Público manifestou-se pelo indeferimento do pedido (fls. 36/37). É o relatório. DECIDO. Cuidam os autos de pedido de dispensa de editais de proclamas, com o objetivo de se permitir a realização de matrimônio previsto para o dia 09 de dezembro de 2017, tendo por fundamento legal o art. 1527, em seu parágrafo único, do Código Civil. O citado regramento legal aduz: Art. 1.527. Estando em ordem a documentação, o oficial extrairá o edital, que se afixará durante quinze dias nas circunscrições do Registro Civil de ambos os nubentes, e, obrigatoriamente, se publicará na imprensa local, se houver. Parágrafo único. A autoridade competente, havendo urgência, poderá dispensar a publicação. Sem embargo das razões expendidas pelos requerentes, verifica-se que a hipótese não reclama o abrandamento do rigor formal, em relação à dispensa parcial dos proclamas. "O proclama (nome clássico do edital anunciando a intenção dos nubentes) é forma de publicidade ativa, destinada a, transitoriamente, dar ciência a todos do povo que duas pessoas querem casar-se, propiciando ensejo de serem denunciados os impedimentos. O proclama deve referir, pelo menos: nome, data e local de nascimento, estado civil e domicílio dos pretendentes, nome de seus pais. O registro de proclama é escriturado cronologicamente, com resumo do que constar dos editais expedidos pelo registrador ou recebidos de outros (arts. 43 e 44)." (in Lei de Registros Públicos Comentado, Walter Ceneviva, 2006, 17ª ed., p. 172/173). No caso em exame, tem-se que os requerentes atentaram-se somente aos detalhes envolvendo o lado social da celebração, descuidando dos aspectos formais e legais. Além disso, o óbice alegado, atinente à contratação de empresa para organização do casamento, encerra questão interna dos nubentes que não pode ser considerado como elemento caracterizador da urgência referida na lei. Não se deve perder de vista, ainda, que a simples alegação de urgência ante o teor da documentação acostada, não constitui hipótese apta a autorizar a concessão da dispensa, em quadro onde a solenidade e o formalismo deverão prevalecer sobre os interesses e as conveniências pessoais dos nubentes. A celebração do casamento é precedida de formalismo e solenidade, no intento de melhor aquilatar a aptidão jurídica dos nubentes. Ademais, não há referência a respeito de situações graves a justificar o abrandamento do rigor do formalismo legal. Em suma, a matéria posta em controvérsia não autoriza a concessão da dispensa, visto que não configurada as hipóteses previstas no artigo 69 da Lei de Registros Públicos, tampouco a regra de exceção disposta no artigo 1527, parágrafo único do Código Civil. Assim, em face da impugnação ministerial (fls. 36/37), ausentes os pressupostos legais, rejeito o pedido de dispensa formulado pelos contraentes e determino que se proceda à completa habilitação de casamento, observadas as formalidades legais, notadamente quanto às publicações dos proclamas. Ciência ao Ministério Público, arquivando-se oportunamente. P.R.I. - ADV: MATEUS DE OLIVEIRA ROSSETTI (OAB 272340/SP) (DJe de 12.12.2017 - SP)

Processo 1004242-83.2017.8.26.0100

Pedido de Providências - Registro Civil das Pessoas Naturais - R.S.M. - VISTOS, Trata-se de pedido de providências instaurado por R. S. M., noticiando a negativa da Sra. Oficial de Registro Civil das Pessoas Naturais e Tabelião de Notas do 32º Subdistrito em averbar, em assento de casamento, a sentença que decretou o divórcio da Sra. Interessada. A Sra. Oficial e Tabeliã manifestou-se às fls. 35/36. A Representante do Ministério Público manifestou-se às fls. 40/41. É o breve relatório. Decido. Cuida-se de expediente iniciado por R. S. M., dando conta da recusa da Sra. Oficial de Registro Civil das Pessoas Naturais e Tabelião de Notas do 32º Subdistrito, da Capital, em averbar a sentença de divórcio da Sra. Interessada, em seu assento de casamento, registrado perante a mencionada Serventia Extrajudicial. Consta dos autos que o casamento realizou-se em 29 de setembro de 2007 e ambos os contraentes alteraram seus nomes de solteiros. A nubente mudou seu nome de "R. S. M." para "R. C. S. M.". O nubente alterou seu nome de solteiro de "J. C. de M." para "J. C. de S. M.". Ocorre que em 2013, na sentença de divórcio transitada em julgado, expedida pelo Juízo de Direito da Comarca de Iati/PE, constou que a Sra. Interessada voltaria a usar seu nome de solteira, sendo omissa quanto ao nome que ex-marido passaria a ostentar. No mais, verifica-se que na r. sentença, bem como no mandado de averbação, figura o nome de solteiro do divorciando, sem nunca se fazer menção a seu nome de casado (fls. 15/19). Diante da recusa da Sra. Oficial e Tabeliã, a Sra. Interessada efetuou diversas diligências no sentido de elucidar o ocorrido para a averbação do divórcio, regularizando-se assim a situação registrária. Todas as tentativas, entretanto, junto ao Poder Judiciário, restaram infrutíferas. Instada a se manifestar, a Sra. Titular da Delegação do 32º Subdistrito indicou que solicitou esclarecimentos ao Juízo prolator da sentença de divórcio, acerca do nome a ser utilizado pelo cônjuge varão após o divórcio, todavia, não houve resposta. A situação encerra a necessidade da averbação do divórcio em cumprimento ao mandado judicial, bem como a não elucidação acerca do nome do divorciado, ainda que fosse possível inferir a manutenção do nome de casado. Respeitada a compreensão diversa existente nos autos, penso que a questão acima posta não foi apreciada pelo MM Juiz de Direito, não sendo possível integrar a decisão nesse ponto de verdadeira lacuna. Desse modo, cuidando-se de título judicial e ante as dificuldades relatadas nos autos, o melhor, excepcionalmente, é a realização da averbação nos termos do mandado judicial sem menção do nome do divorciado; o que ora determino. Encaminhe-se cópia integral dos autos ao MM Juízo prolator da decisão em questão para conhecimento dos fatos e eventual decisão acerca do mencionado com o escopo de afirmar a segurança Jurídica - uma das finalidades dos registros públicos; por e-mail, servindo a presente sentença como ofício. Oportunamente, arquive-se. P.R.I.C. - ADV:

RAULINO CÉSAR DA SILVA FREIRE (OAB 372386/SP) (DJe de 11.04.2017 - SP)

Processo 1065469-74.2017.8.26.0100

Habilitação para Casamento - Impugnação de casamento (causas suspensivas e impedimentos) - R.J.P. - N.S.F. e outro - O regime de bens no casamento, em regra, está sujeito ao Princípio da Autonomia Privada, observada a forma pública (CC, art. 1.653). Há situações, todavia, nas quais o poder de reger as relações privadas é afastado por determinação legal, impondo-se o regime da separação legal de bens, a exemplo do que ocorre nestes autos (CC, art. 1.641, inc. II). Nessa hipótese, vigora o Princípio da Heteronomia da Vontade. No caso em exame, os nubentes, conforme pacto antenupcial, pugnaram por um regime que nominaram "Regime Legal de Bens Separação Obrigatória", no qual, basicamente, afastavam a incidência da Súmula 377 do Supremo Tribunal Federal. Incidente a disposição legal, pelo Princípio da Heteronomia da Vontade, não há espaço para o poder dos interessados na regulação de suas relações patrimoniais; portanto, a natureza jurídica do pacto antenupcial apresentado, por envolver o poder de autodeterminação dos nubentes; a meu compreender, não tem a natureza do regime obrigatório (ou legal) da separação de bens. Desse modo, ao interpretar o negócio jurídico em questão, desde a aplicação plural teórica, compreendi tratar-se de regime da separação consensual, desde seus efeitos. Seja como for, a nomenclatura é o de menos, pois, não sendo o que mencionei, poder-se-ia cogitar de regime híbrido (CC, art. 1.639). O relevante, e nesse sentido foi a decisão embargada, é a possibilidade (ou não), na hipótese dos autos, da regência do direito patrimonial entre os cônjuges por regime de bens que não, unicamente, fixado em lei. Tenho pela impossibilidade de alteração do regime de separação legal por meio da vontade dos cônjuges, no que pese as questões doutrinárias acerca da aplicação Súmula 377 do Supremo Tribunal Federal na vigência do atual Código Civil. Nessa linha, com os esclarecimentos supra, permanece o decidido, mantendo a recusa da Sra. Oficial do Registro Civil; aliás, pelas mesmas razões expostos por este Corregedor Permanente. Ante ao exposto, indefiro os embargos de declaração. Ciência ao Ministério Público e a Sra. Oficial. Int. - ADV: BRUNO ARAUJO FRANÇA (OAB 353490/SP), BEATRIZ GANDARA SANTOS (OAB 358853/SP). (DJe de 19.09.2017 - SP)

Processo 1087216-80.2017.8.26.0100

Habilitação para Casamento - Assento de casamento - L.R.S. - Luiz Roberto Sabbato - VISTOS, Cuida-se de requerimento formulado pelo Sr. L. R. S., objetivando o reconhecimento do casamento religioso e a lavratura do assento tardio de casamento de L. S. e E. C. S., já falecidos, avós do requerente, para o fim de atender exigências de processo de cidadania italiana. A inicial veio instruída com as peças de fls. 04/13. A representante do Ministério Público opinou pelo indeferimento do pedido, às fls. 17/18. É o relatório. DECIDO. Pese embora configurada a necessidade do documento, inviável a lavratura do assento tardio de casamento de L. S. e E. C. S.Com efeito, não há prova nos autos capaz de gerar a formação de convencimento judicial no sentido de que os trâmites legais exigidos foram levados a cabo. De fato, nos termos do art. 1º da Lei 1.110/1950, o casamento religioso equivale ao civil, mas tão somente se observadas as prescrições legais, atualmente indicadas na Lei de Registros Públicos. Vale ressaltar que o casamento é ato personalíssimo e, desta feita, cabe aos nubentes habilitarem-se e requererem seu registro, nos termos do indicado na mencionada Lei 6015/1973:Art. 74. O casamento religioso, celebrado sem a prévia habilitação, perante o oficial de registro público, poderá ser registrado desde que apresentados pelos nubentes, com o requerimento de registro, a prova do ato religioso e os documentos exigidos pelo Código Civil, suprindo eles eventual falta de requisitos nos termos da celebração. Assim, é certo que o casamento implica na identificação dos cônjuges, verificação da aptidão jurídica dos contraentes, definição do regime de bens a ser adotado, nome que a mulher passará a usar, etc., de tudo se inferindo que não há documentos aptos para autorizar a lavratura de assento tardio de casamento com base nos parcos elementos trazidos aos autos. Diversamente do nascimento ou óbito, que admitem a lavratura dos assentos tardios, o casamento, em razão das formalidades e solenidades do ato, não permite a cogitação de assentamento na forma almejada, ausente a previsão legal para a hipótese versada na inicial. Ademais, há precedentes desta Corregedoria Permanente acerca da impossibilidade do pleiteado. A certidão de casamento religioso (fls. 04), a de óbito dos contraentes (fls. 08 e 12) trazidas nos autos não são suficientes para gerar a conseqüência jurídica almejada, ao menos no âmbito limitado da atribuição desta Corregedoria Permanente. Em suma, à míngua de base legal para a lavratura do ato, cujo objetivo é atender exigências voltadas à legislação italiana incidente, forçoso convir que a matéria posta em controvérsia não comporta acolhimento, certo que a documentação carreada aos autos ostenta apenas indícios da qualificação de casados. Assim, respeitosamente, rejeito o pedido formulado pelo Sr. Interessado, acolhida a impugnação ministerial retro (fls. 17/18). Ciência ao Sr. Interessado e ao Ministério Público, arquivando-se oportunamente. R.I.C. - ADV: LUIZ ROBERTO SABBATO (OAB 41764/ SP). (DJe de 19.09.2017 - SP)

Processo 0071833-79.2017.8.26.0100

Pedido de Providências - Registro Civil das Pessoas Naturais - M.J.G. e outro - M.F.R.G. e outro - Maria de Fátima Rezende Gomes - VISTOS,Trata-se de pedido de providências encaminhado pelo Sr. Oficial de Registro Civil das Pessoas Naturais do 30º Subdistrito Ibirapuera, Capital, informando a impugnação ofertada, por alegada ex-companheira do nubente, ao pedido de habilitação para o casamento do interesse de M. J. G. e S. L. L..Na peça de fls. 69/70, os nubentes refutaram os argumentos da impugnação. A representante do Ministério Público ofereceu parecer pelo afastamento da impugnação, autorizando-se o prosseguimento da habilitação (fls. 72/73). É o breve relatório. DECIDO. Consta dos autos que M. DE F. R. G. ofertou impugnação ao pedido de habilitação para o casamento de M. J. G. e S. L. L., aduzindo ter vivido em união estável com o contraente por cerca de 40 anos, entre os anos de 1978 e 2015, e informando não haver sido realizada a partilha dos diversos bens em comum dos ex-conviventes (fls. 19/21). Os contraentes se manifestaram em oposição à impugnação ofertada, asseverando, primeiramente, que este Juízo administrativo não é competente para dirimir as questões familiares aduzidas pela impugnante. Ademais, estando o nubente com mais de 70 anos, o casamento será realizado sob o regime da separação obrigatória de bens, não afetando, portanto, eventual interesse patrimonial da alegada ex-convivente. Nessa senda, a i. Representante do Ministério Público opinou pelo afastamento da impugnação, posto que não há prova incontestável da união estável conforme alegada pela impugnante. No mais, indicou que, como o casamento já será realizado sob o regime da separação obrigatória de bens, haja vista a idade do nubente, não haverá qualquer interferência em eventuais direitos patrimoniais de M. DE F. (fls. 72/73). Bem assim, diante do brevemente narrado, verifico que não se positivou, como se impunha na espécie, a configuração de fatos impeditivos para a realização do casamento. Em suma, os elementos informativos dos autos, à luz do material probatório coligido, não evidenciam a existência de problema intransponível para autorizar o enlace, com especial menção ao fato de que as núpcias serão realizadas sob o regime da separação obrigatória de bens, nos termos do art. 1641, incisos I e II, em combinação com o artigo 1523, inciso III, do Código Civil. Por conseguinte, afasto a impugnação deduzida e determino o prosseguimento dos autos de habilitação de casamento, até seus ulteriores termos. Ciência aos nubentes, arquivando-se oportunamente. R.I.C. - ADV: MARIA DE FÁTIMA REZENDE GOMES (OAB 47728/SP), ADRIANA SILVA PERES (OAB 278296/SP), MILTON LUIZ DE TOLEDO JUNIOR (OAB 271442/SP) (DJe de 08.11.2017 - SP)

Processo 1118255-95.2017.8.26.0100

Habilitação para Casamento - Registro Civil das Pessoas Naturais - S.B.P.C. - L.L.U. - VISTOS,Trata-se de pedido de dispensa de proclamas, com fulcro no art. 1.527, parágrafo único, do Código Civil, ajuizado por S. B. P. D. C. e L. L. U, com vistas a viabilizar a realização do casamento previsto para o próximo dia 09 de dezembro de 2017. O representante do Ministério Público manifestou-se pelo indeferimento do pedido (fls. 36/37). É o relatório. DECIDO. Cuidam os autos de pedido de dispensa de editais de proclamas, com o objetivo de se permitir a realização de matrimônio previsto para o dia 09 de dezembro de 2017, tendo por fundamento legal o art. 1527, em seu parágrafo único, do Código Civil. O citado regramento legal aduz: Art. 1.527. Estando em ordem a documentação, o oficial extrairá o edital, que se afixará durante quinze dias nas circunscrições do Registro Civil de ambos os nubentes, e, obrigatoriamente, se publicará na imprensa local, se houver. Parágrafo único. A autoridade competente, havendo urgência, poderá dispensar a publicação. Sem embargo das razões expendidas pelos requerentes, verifica-se que a hipótese não reclama o abrandamento do rigor formal, em relação à dispensa parcial dos proclamas."O proclama (nome clássico do edital anunciando a intenção dos nubentes) é forma de publicidade ativa, destinada a, transitoriamente, dar ciência a todos do povo que duas pessoas querem casar-se, propiciando ensejo de serem denunciados os impedimentos. O proclama deve referir, pelo menos: nome, data e local de nascimento, estado civil e domicílio dos pretendentes, nome de seus pais. O registro de proclama é escriturado cronologicamente, com resumo do que constar dos editais expedidos pelo registrador ou recebidos de outros (arts. 43 e 44)." (in Lei de Registros Públicos Comentado, Walter Ceneviva, 2006, 17ª ed., p. 172/173). No caso em exame, tem-se que os requerentes atentaram-se somente aos detalhes envolvendo o lado social da celebração, descuidando dos aspectos formais e legais. Além disso, o óbice alegado, atinente à contratação de empresa para organização do casamento, encerra questão interna dos nubentes que não pode ser considerado como elemento caracterizador da urgência referida na lei. Não se deve perder de vista, ainda, que a simples alegação de urgência ante o teor da documentação acostada, não constitui hipótese apta a autorizar a concessão da dispensa, em quadro onde a solenidade e o formalismo deverão prevalecer sobre os interesses e as conveniências pessoais dos nubentes. A celebração do casamento é precedida de formalismo e solenidade, no intento de melhor aquilatar a aptidão jurídica dos nubentes. Ademais, não há referência a respeito de situações graves a justificar o abrandamento do rigor do formalismo legal. Em suma, a matéria posta em controvérsia não autoriza a concessão da dispensa, visto que não configurada as hipóteses previstas no artigo 69 da Lei de Registros Públicos, tampouco a regra de exceção disposta no artigo 1527, parágrafo único do Código Civil. Assim, em face da impugnação ministerial (fls. 36/37), ausentes os pressupostos legais, rejeito o pedido de dispensa formulado pelos contraentes e determino que se proceda à completa habilitação de casamento, observadas as formalidades legais, notadamente quanto às publicações dos proclamas. Ciência ao Ministério Público, arquivando-se oportunamente. P.R.I. - ADV: MATEUS DE OLIVEIRA ROSSETTI (OAB 272340/SP) (DJe de 12.12.2017 - SP)

Processo 1065469-74.2017.8.26.0100

Habilitação para Casamento - Impugnação de casamento (causas suspensivas e impedimentos) - R.J.P. - N.S.F. e outro - O regime de bens no casamento, em regra, está sujeito ao Princípio da Autonomia Privada, observada a forma pública (CC, art. 1.653). Há situações, todavia, nas quais o poder de reger as relações privadas é afastado por determinação legal, impondo-se o regime da separação legal de bens, a exemplo do que ocorre nestes autos (CC, art. 1.641, inc. II). Nessa hipótese, vigora o Princípio da Heteronomia da Vontade. No caso em exame, os nubentes, conforme pacto antenupcial, pugnaram por um regime que nominaram "Regime Legal de Bens Separação Obrigatória", no qual, basicamente, afastavam a incidência da Súmula 377 do Supremo Tribunal Federal. Incidente a disposição legal, pelo Princípio da Heteronomia da Vontade, não há espaço para o poder dos interessados na regulação de suas relações patrimoniais; portanto, a natureza jurídica do pacto antenupcial apresentado, por envolver o poder de autodeterminação dos nubentes; a meu compreender, não tem a natureza do regime obrigatório (ou legal) da separação de bens. Desse modo, ao interpretar o negócio jurídico em questão, desde a aplicação plural teórica, compreendi tratar-se de regime da separação consensual, desde seus efeitos. Seja como for, a nomenclatura é o de menos, pois, não sendo o que mencionei, poder-se-ia cogitar de regime híbrido (CC, art. 1.639). O relevante, e nesse sentido foi a decisão embargada, é a possibilidade (ou não), na hipótese dos autos, da regência do direito patrimonial entre os cônjuges por regime de bens que não, unicamente, fixado em lei. Tenho pela impossibilidade de alteração do regime de separação legal por meio da vontade dos cônjuges, no que pese as questões doutrinárias acerca da aplicação Súmula 377 do Supremo Tribunal Federal na vigência do atual Código Civil. Nessa linha, com os esclarecimentos supra, permanece o decidido, mantendo a recusa da Sra. Oficial do Registro Civil; aliás, pelas mesmas razões expostos por este Corregedor Permanente. Ante ao exposto, indefiro os embargos de declaração. Ciência ao Ministério Público e a Sra. Oficial. Int. - ADV: BRUNO ARAUJO FRANÇA (OAB 353490/SP), BEATRIZ GANDARA SANTOS (OAB 358853/SP). (DJe de 19.09.2017 - SP)

CONVERSÃO DE UNIÃO ESTÁVEL EM CASAMENTO

Processo 1098751-06.2017.8.26.0100

Pedido de Providências - Registro Civil das Pessoas Naturais - M.B.P. - W.L.P. - VISTOS,Trata-se de pedido de reconhecimento de união estável e sua conversão em casamento, com data retroativa (a fls. 01/20). O parecer do Ministério Público foi no sentido da falta de atribuições desta Corregedoria Permanente para conhecimento do pedido (a ffls. 24/25). É o breve relatório. Decido. A conversão da união estável em casamento é realizada diretamente perante o Oficial de Registro Civil. A respeito o item 87, do Capítulo XVII, das Normas de Serviço da Corregedoria Geral da Justiça, dispõe:87. A conversão da união estável em casamento deverá ser requerida pelos companheiros perante o Oficial de Registro Civil das Pessoas Naturais de seu domicílio. 87.1. Recebido o requerimento, será iniciado o processo de habilitação sob o mesmo rito previsto para o casamento, devendo constar dos editais que se trata de conversão de união estável em casamento. 87.2. Estando em termos o pedido, será lavrado o assento da conversão da união estável em casamento, independentemente de autorização do Juiz Corregedor Permanente, prescindindo o ato da celebração do matrimônio. 87.3. O assento da conversão da união estável em casamento será lavrado no Livro "B", exarando-se o determinado no item 80 deste Capítulo, sem a indicação da data da celebração, do nome do presidente do ato e das assinaturas dos companheiros e das testemunhas, cujos espaços próprios deverão ser inutilizados, anotando-se no respectivo termo que se trata de conversão de união estável em casamento. 87.4. A conversão da união estável dependerá da superação dos impedimentos legais para o casamento, sujeitando-se à adoção do regime matrimonial de bens, na forma e segundo os preceitos da lei civil. 87.5. Não constará do assento de casamento convertido a partir da união estável, em nenhuma hipótese, a data do início, período ou duração desta. Não cabe o registro da data de início e término da união estável no âmbito administrativo. Eventual pedido dessa natureza (pedido de conversão com data retroativa) refoge às atribuições administrativas desta Corregedoria Permanente; demandando ação de natureza jurisdicional para exame da pretensão. Ante ao exposto, neste âmbito exclusivamente administrativo, indefiro o pedido de conversão de união estável com efeito retroativo. Ciência ao Ministério Público. P.R.I.C. - ADV: LEANDRO ZERBINATTI DE OLIVEIRA (OAB 267815/SP) (DJe de 16.11.2017 - SP)

DUPLA MATERNIDADE

Processo 1112316-37.2017.8.26.0100

Pedido de Providências - Registro Civil das Pessoas Naturais - I.L.C.P.I. - T.F.R.G. - VISTOS,Cuida-se de Reconhecimento de Dupla Maternidade ajuizada por I.L.C.P.I. e T.F.R.G. em que pleiteiam a retificação do assento de nascimento de M.A.F. para constar a inclusão de I.L.C.P.I. como genitora. O procedimento foi instruído pelos documentos de fls. 14/31. A representante do Ministério Público ofereceu manifestação opinando contrariamente ao deferimento do pedido (fls. 35/36). É o breve relatório. DECIDO. As interessadas pretendem a retificação do assento de nascimento de M.A.F., nascida em 06/09/2017, com a inserção do nome de I.L.C.P.I. como genitora. Consta dos autos que as interessadas, após constituírem união estável no ano de 2015 (fl. 24) e buscando a constituição de um planejamento familiar, defrontaram-se em óbices quanto à inseminação artificial heteróloga por intermédio do banco de material genético, haja vista o custo excessivo que referido procedimento traria, dentre outra eventuais contrariedades. Assim, à vista dos impedimentos que o procedimento traria, optaram, então, pelo método da inseminação artificial "caseira", com material genético de um doador anônimo, que lhes apresentou todos os seus exames de saúde e concordou com a doação, entregando-lhes o material biológico. Desta feita, observo que não se trata, na realidade, de um doador anônimo, tal qual se contrata por meio de clínicas especializadas. Por conseguinte, não havendo a ocorrência de inseminação artificial heteróloga, resta impedida a adoção do artigo 1597 do Código Civil, pois forçoso reconhecer que há interesses de terceiros a serem discutidos. Assevera-se que tampouco houve o preenchimento dos requisitos apontados pela Egrégia Corregedoria Geral da Justiça no parecer 321/2014-E e do Provimento n. 63 do CNJ. Assim, há a necessidade de cuidadosa análise do caso, para que se possa traçar a possibilidade de deferimento do pedido nesta via registraria. Não se discute aqui o direito a parentalidade, mas se o caso em tela deve ser discutido pela via registraria ou pela via jurisdicional competente. Em suma, forçoso convir que a matéria posta em controvérsia não comporta acolhimento, ao menos no limitado campo registrário, nesta esfera administrativa desempenhada pela Corregedoria Permanente. Assim, inviável a retificação do registro de nascimento da criança em nome de sua mãe, constante na certidão de nascimento, para constar também o de sua companheira. Por fim, ante as normas cogentes incidentes, indefiro a retificação almejada nesta via administrativa, certo que, se o caso, poderão buscar o procedimento adequado à pretensão. Ciência às interessadas e ao Ministério Público, arquivando-se oportunamente. P.R.I.C. - ADV: ERNESTO REZENDE NETO (OAB 79263/SP) (DJe de 18.12.2017 - SP)

NASCIMENTO

Processo 1010250-76.2017.8.26.0100

Pedido de Providências - Registro Civil das Pessoas Naturais - O.R.C.P.N.V.M.S.P.S. - Dr(a). Marcelo Benacchio VISTOS, Fls. 50: defiro a habilitação do patrono do Sr. Interessado. Anote-se. Trata-se de pedido de providências encaminhado a esta Corregedoria Permanente pelo Sr. Oficial de Registro Civil das Pessoas Naturais do 9º Subdistrito Vila Mariana, Capital, suscitando dúvida acerca de lavratura de registro de nascimento do menor J. A. de O., nascido em 03 de fevereiro de 2017, gerado por técnica de reprodução assistida, por meio de doadora temporária de útero, com utilização de óvulo doado anonimamente, sendo o doador de sêmen P. A. S., que pretende figurar no assento como único genitor. Juntaram-se aos autos a documentação de fls. 03 a 24. A n. Representante do Ministério Público acompanhou o feito, manifestando-se conclusivamente às fls. 47/49. É o relatório. Decido. Cuida-se de dúvida suscitada pelo Sr. Oficial de Registro Civil das Pessoas Naturais do 9º Subdistrito Vila Mariana, Capital, informando acerca de pedido de lavratura de assento de nascimento do menor J. A. de O., concebido por técnica de fertilização heteróloga in vitro. Consta dos autos que a criança foi gerada por meio da doação anônima de óvulo e cessão temporária do útero de N. S. S., em negócio jurídico firmado por P. A. S. e C. A. C. B., casal homoafetivo que se valeu do vínculo de sua União Estável para preencher os requisitos da Resolução CFM 2013/2013 e CREMESP 232/2011. O Sr. P. foi o doador de sêmen, contribuindo, pois, com o material genético. C., embora não tenha tido participação biológica no procedimento, apresentou-se no processo pré-gestacional como pretendente pai da criança a ser concebida, estando presente em todos os atos, anuindo, portanto, com a gestação. Todavia, o pedido de registro contém apenas o nome do Sr. P.. No tocante à C., há documento de renúncia à paternidade, solicitando-se que se omita seu nome no assento do menor (fls. 23/24). A n. Representante do Ministério Público aduz que, embora desfeito o vínculo afetivo entre o casal, a paternidade tem caráter irrevogável, não podendo o companheiro pugnar pela sua omissão do registro de nascimento da criança gerada (fls. 47/49). Desta feita, opina a i. Promotora de Justiça, em seu parecer, que o assento poderá ser lavrado, desde que figurem como pais ambos os genitores que estiveram presentes quando da concepção e gestação do menor (fls. 47/49). Nessa linha, é claro o Código Civil, em seu art. 1.597, ao consagrar a presunção absoluta da paternidade em casos de fertilização heteróloga, aduzindo que "presumem-se concebidos na constância do casamento os filhos: (...) V havidos por inseminação artificial heteróloga, desde que tenha prévia autorização do marido". Assim, ensina Cristiano Chaves de Faria que na "procriação assistida heteróloga, tem-se a participação de terceiro(s), sempre a título gratuito (Resolução n. 1.358/92, CFM, item IV, 1). O médico trabalhará com sêmen (e/ou óvulo) de terceira pessoa, realizando a fecundação em laboratório para, em seguida, implantar o embrião no corpo da mulher. Por isso, exige-se a autorização expressa do marido ou companheiro, de modo a viabilizar a procriação assistida na forma heteróloga. Essa autorização que tem que ser expressa e escrita. Assim, a criança concebida por reprodução assistida heteróloga, pressuposta a anuência do marido ou companheiro, é, por presunção de lei, filha de quem autorizou o ato." (Rodrigo da Cunha Pereira - Tratado de Direito das Famílias, Belo Horizonte: IBDFAM, 2015, p. 263 negrito nosso) Ainda nesta senda, aduz o autor que "a anuência do marido assume enorme relevância, funcionando como uma espécie de reconhecimento prévio de filho ou como uma adoção antenatal. (...) o vínculo paterno-filial se formou no instante em que se concedeu a aquiescência ao procedimento fertilizatório no cônjuge." (idem, fls. 266) Por fim, ressalta o autor: "naturalmente, entendemos possível a realização da fertilização heteróloga, também, entre pessoas que vivem em união estável ou em união homoafetiva, não se subsumindo ao casamento". (idem, fls. 266) Portanto, incabível a renúncia à filiação com a qual o companheiro já havia concordado. O Sr. C. expressamente autorizou o procedimento (cf. contrato às fls. 11 a 15), bem como participou de todos os atos preparatórios gestacionais, conforme claramente se verifica pelos documentos juntados às fls. 05 à 24. Bem assim, assiste razão ao Sr. Oficial ao levantar óbice ao registro tal qual pleiteado e pugnar por determinação desta Corregedoria Permanente. Nessa linha, por tudo o que consta dos autos, acolhendo a cota ministerial de fls. 47/49 em sua integralidade, determino a lavratura do assento de nascimento de J. A. DE O., no qual deverá constar como pais os Srs. P. A. S. e C. A. C. B.. Ao Sr. Oficial para a inscrição do registro. Ciência aos interessados e ao Ministério Público, arquivando-se oportunamente. P.R.I.C. São Paulo, 07 de abril de 2017. - ADV: MARCUS VINICIUS RIBEIRO CRESPO (OAB 138767/SP) (DJe de 12.04.2017 - SP)

Processo 1123421-45.2016.8.26.0100

Pedido de Providências - REGISTROS PÚBLICOS - M.R.S.R. e outro - Vistos,Trata-se de pedido de providências encaminhado a esta Corregedoria Permanente pela Oficial de Registro Civil das Pessoas Naturais do (...)º Subdistrito (...), acerca do pedido de inclusão de M.R.S.R. na filiação das menores A.L.R.R. e R.R.R., ambas nascidas em 02/03/2008, filhas de S.O.R.R., a qual consente com a inserção daquela, sua cônjuge, no assento registrário das crianças. A requerente, devidamente representada por sua advogada, declara manter relacionamento estável com a genitora das menores há mais de 23 anos (fls. 01), tendo formalizado tal união mediante casamento civil à data de 23/05/2013 (fl. 14), realizado perante o Oficial de Registro Civil das Pessoas Naturais e de Interdições e Tutelas do Município e Comarca de (...), data esta, como se vê, posterior à gestação. Sucede, todavia, que, como o fato do nascimento das crianças é anterior ao Provimento 52/2016 do Conselho Nacional de Justiça, encetou-se dúvida por parte do Sr. Oficial que, por conseguinte, requereu autorização do presente juízo para averbação da filiação em tela. Vieram aos autos os documentos de fls. 02/51, 61/68, 78/91 e 121. O representante do Ministério Público ofereceu manifestação favorável às fls. 55/56. É o relatório. DECIDO. Cuidam os autos de pedido formulado por casal em estável relacionamento homoafetivo há mais de 23 anos, oficializado através de casamento celebrado em 26/09/2015 (fls. 04). Exercendo o direito à parentalidade, recorreram à inseminação artificial heteróloga, na qual S.O.R.R. forneceu todo o material genético, tornando-se gestante e genitora, do que resultou o nascimento de A.L.R.R. e R.R.R. em 02/03/2008 (fl. 09/12). Faz-se notório que, apesar de M.R.S.R. não haver participado biologicamente da concepção e gestação, desempenhou papel ativo durante todo o processo, inclusive no tocante a seu custeio financeiro, fazendo prova a declaração médica (fl. 121) e documentos da Clínica de Fertilidade (fls. 63/68). Há a necessidade de cuidadosa análise do caso, para que se possa traçar a possibilidade de deferimento do pedido nesta via registrária, com a averbação do assento de nascimento na forma almejada. Faz-se claro que a situação de biodireito humano posta não é passível de uma solução por meio da projeção futura do passado, os Códigos Civis são pensados por meio deste elemento cultural o futuro estaria no passado. Na pós-modernidade o tempo passa a ser autorreferencial (o presente influenciado pelo próprio presente ante a inexistência de passado no tema). A Resolução do Conselho Federal de Medicina, vigente à época, apesar de conforme ao que se decidirá, respeitosamente, não será posta como fundamento para a presente decisão, pelo fato da ausência de legitimidade para vinculação social, o que somente pode ocorrer pelo processo legislativo previsto na Constituição Federal. À vista da situação fática que se delineia no corpo dos autos, recusar a dupla maternidade no assento de nascimento prorrogaria o caso, que seria sanado com adoção. Entretanto, entende-se que deve ser respeitada a opção das partes em eleger a via registrária ou a adoção unilateral, sem que isto importe em desrespeito à orientação sexual nos termos da Resolução 17/19 do Conselho de Direitos Humanos da Organização das Nações Unidas. Bem assim, forçoso reconhecer o direito à parentalidade da forma como requerida. Como a dupla maternidade não trata apenas do direito à parentalidade, importa, neste caso, considerar os direitos da criança e o assento de nascimento como exercício da cidadania e dos direitos humanos. O presente caso encerra mais uma das muitas manifestações da pós-modernidade no Direito, assim, a evolução tecnológica associada às entidades familiares previstas na Constituição da República e regradas pelo fio do Código Civil redundam na necessidade da realização da dignidade humana em todos os seus aspectos, em conformidade à particularidade de cada situação concreta. Outrossim, os elementos probatórios coligidos nos autos autorizam a formação de convencimento judicial no sentido de transportar para o registro de nascimento a realidade biológica. No mais, como bem aduz a n. Representante do Ministério Público, no que tange ao fato de terem as menores nascido em data anterior à edição do Provimento nº 52/2016 do CNJ, verifica-se que no presente caso, estão presentes todos os requisitos previstos para reconhecimento da maternidade em pleito, aplicando-se, pois, o princípio tempus regit actum. Diante desse contexto favorável, com destaque para a concordância manifestada pelo representante do Ministério Público (fls. 55/56), defiro o requerimento formulado, ordenada a averbação do assento de nascimento das menores A.L.R.R. e R.R.R., fazendo constar a dupla maternidade de S.O.R.R. e M.R.S.R., servindo esta sentença como mandado. Ciência ao Ministério Público e às interessadas. P.R.I.C. - ADV: LILIAN MARCIA OLIVEIRA LOUREIRO (OAB 369737/SP), SANDRA LOPES ALVARENGA MOREIRA (OAB 112841/SP) (DJe de 17.04.2017 - SP)

Processo 1128503-57.2016.8.26.0100

Pedido de Providências - Registro de nascimento após prazo legal - P.M. - VISTOS, Trata-se de expediente instaurado a partir de comunicação encaminhada por P.M.H. noticiando supostos óbices para realização de transcrição da certidão de casamento, impostos pelo Registro Civil das Pessoas Naturais (...)°Subdistrito (...). A Sra. Oficial Registro Civil das Pessoas Naturais (...) Subdistrito (...), manifestou-se à fl. 80. A Sra. Interessada, manifestou-se a fl. 81, noticiando a realização do ato pretendido. É o breve relatório. DECIDO. Constam dos autos que P.M.H. compareceu ao Registro Civil das Pessoas Naturais (...) Subdistrito (...) objetivando transcrição da certidão de casamento realizado no exterior. Todavia, encontrou supostos óbices para alcançar a pretensão almejada, consistente na exigência de certidão de nascimento de inteiro teor para comprovar a alteração de seu nome; pois, à época do casamento, tal retificação não havia ocorrido. Ulteriormente, a Sra. Oficial de Registro Civil das Pessoas Naturais do (...) Subdistrito (...), informou a realização da transcrição do casamento ante a documentação apresentada. Assim, diante da superveniente realização do ato registrário, forçoso é convir que o presente procedimento perdeu objeto e, portanto, não há outras medidas correcionais a serem adotadas. No mais, os elementos probatórios coligidos nos autos não autorizam a formação de convencimento judicial no sentido da adoção de providência censório- disciplinar em relação ao serviço correcionado, não se vislumbrando responsabilidade funcional apta a ensejar instauração do procedimento administrativo, ressalvada, entretanto, a observação para que doravante seja adotada redobrada cautela, impedindo a repetição de fatos semelhantes. Oportunamente, determino o arquivamento dos autos. Ciência à Sra. Interessada e a Sra. Oficial.. P.R.I.C. - ADV: KAREN SCHWACH (OAB 265768/SP) (DJe de 17.04.2017 - SP)

Processo 1097710-04.2017.8.26.0100 - Pedido de Providências - Registro Civil das Pessoas Naturais - M.A.S.P. - VISTOS, Trata-se de expediente ajuizado por M. A. dos S. P. (nome de casada), que informa acerca da lavratura em duplicidade de assentos de nascimento em seu nome e solicita a regularização de sua situação registrária. O procedimento foi instruído pelos documentos de fls. 01/07. O representante do Ministério Público ofereceu manifestação à fls. 38/39. É o breve relatório. DECIDO. Consta dos autos que foi lavrado o assento de nascimento em nome de M. A. P. Dos S., registrada primeiramente pela mãe, B. P. dos S., junto ao Registro Civil das Pessoas Naturais e Tabelião de Notas do 32º Subdistrito da Capela do Socorro - Capital, São Paulo, com data de nascimento em 27 de janeiro de 1968, sob o nº de matrícula 119438 01 55 1968 1 00030 176 0033572 56, constando, na filiação, apenas o nome da genitora. Todavia, o pai da Sra. Requerente, C. N. S., por não estar presente aos meses posteriores ao seu nascimento e desconhecendo o registro feito pela mãe, compareceu perante o Registro Civil das Pessoas Naturais do 5º Subdistrito Santa Efigênia Capital, e realizou nova inscrição da filha, sob o nº de matrícula 115337 01 55 1968 1 00126 172 0035095-49, incluindo-se então o nome do genitor, bem como dos avós paternos. Ademais, neste segundou assento, a registrada recebeu o patronímico do genitor, figurando nele como M. A. S.. Bem assim, solicita a Sra. Interessada a regularização de sua situação registrária, com o cancelamento do registro lavrado posteriormente, bem como com a transposição dos dados relativos ao nome do genitor e dos avós paternos para o primeiro, e válido, assento de nascimento. Em adição à correção de seu registro, solicitou também a Sra. Registrada a averbação dos reflexos das alterações pedidas em seu assento de seu casamento, bem como no assento de nascimento dos filhos menores. Bem assim, certo é que, à vista da duplicidade de assentos de nascimento, deve ser cancelado aquele lavrado em segundo lugar, em respeito ao aventado princípio da anterioridade, de modo a prevalecer o registro originário. Conforme já se decidiu: "ocorrendo a duplicidade de registros de nascimento, prevalece o primeiro, dada a nulidade do segundo" (RT 551/230). Diante do brevemente exposto, considerando-se a documentação trazida aos autos, e com a concordância da Representante do Ministério Público, determino o cancelamento do assento de nascimento de M. P. S., lavrado aos 30 de setembro de 1968, sob o nº de matrícula 115337 01 55 1968 1 00126 172 0035095 49, pelo Registro Civil das Pessoas Naturais do 5º Subdistrito Santa Efigênia - Capital, transportando-se as informações relevantes acerca do nome do genitor e dos avós paternos para o primeiro assento lavrado. Ressalto ao Sr. Oficial para que se atente ao fato de que não será incluído, no registro original, o patronímico paterno ao nome da registrada (fls. 42). A retificação da certidão de casamento da Representante, bem como do assento de nascimento de seus dois filhos, conforme solicitada na petição inicial, deverá ser buscada na via adequada, porquanto tal atribuição refoge ao âmbito de atuação este Juízo Administrativo. Por fim, com a juntada, pela Sra. Oficial, da certidão de nascimento atualizada, tendo em vista a repercussão registrária das alterações determinadas, à z. Serventia para oficiar, cópia integral dos autos, ao IIRGD e aos demais órgãos interessados, para ciência e providências necessárias. Ciência ao Ministério Público e às Sras. Titulares de Capela do Socorro e Santa Efigênia. Oportunamente, arquivem-se os autos.. P.R.I.C. - ADV: ISAIAS FERREIRA DE ASSIS (OAB 74042/SP) (DJe de 17.11.2017 - SP)

Processo 1112316-37.2017.8.26.0100 - Pedido de Providências - Registro Civil das Pessoas Naturais - I.L.C.P.I. - T.F.R.G. - VISTOS, Cuida-se de Reconhecimento de Dupla Maternidade ajuizada por I.L.C.P.I. e T.F.R.G. em que pleiteiam a retificação do assento de nascimento de M.A.F. para constar a inclusão de I.L.C.P.I. como genitora. O procedimento foi instruído pelos documentos de fls. 14/31. A representante do Ministério Público ofereceu manifestação opinando contrariamente ao deferimento do pedido (fls. 35/36). É o breve relatório. DECIDO. As interessadas pretendem a retificação do assento de nascimento de M.A.F., nascida em 06/09/2017, com a inserção do nome de I.L.C.P.I. como genitora. Consta dos autos que as interessadas, após constituírem união estável no ano de 2015 (fl. 24) e buscando a constituição de um planejamento familiar, defrontaram-se em óbices quanto à inseminação artificial heteróloga por intermédio do banco de material genético, haja vista o custo excessivo que referido procedimento traria, dentre outra eventuais contrariedades. Assim, à vista dos impedimentos que o procedimento traria, optaram, então, pelo método da inseminação artificial "caseira", com material genético de um doador anônimo, que lhes apresentou todos os seus exames de saúde e concordou com a doação, entregando-lhes o material biológico. Desta feita, observo que não se trata, na realidade, de um doador anônimo, tal qual se contrata por meio de clínicas especializadas. Por conseguinte, não havendo a ocorrência de inseminação artificial heteróloga, resta impedida a adoção do artigo 1597 do Código Civil, pois forçoso reconhecer que há interesses de terceiros a serem discutidos. Assevera-se que tampouco houve o preenchimento dos requisitos apontados pela Egrégia Corregedoria Geral da Justiça no parecer 321/2014-E e do Provimento n. 63 do CNJ. Assim, há a necessidade de cuidadosa análise do caso, para que se possa traçar a possibilidade de deferimento do pedido nesta via registraria. Não se discute aqui o direito a parentalidade, mas se o caso em tela deve ser discutido pela via registraria ou pela via jurisdicional competente. Em suma, forçoso convir que a matéria posta em controvérsia não comporta acolhimento, ao menos no limitado campo registrário, nesta esfera administrativa desempenhada pela Corregedoria Permanente. Assim, inviável a retificação do registro de nascimento da criança em nome de sua mãe, constante na certidão de nascimento, para constar também o de sua companheira. Por fim, ante as normas cogentes incidentes, indefiro a retificação almejada nesta via administrativa, certo que, se o caso, poderão buscar o procedimento adequado à pretensão. Ciência às interessadas e ao Ministério Público, arquivando-se oportunamente. P.R.I.C. - ADV: ERNESTO REZENDE NETO (OAB 79263/SP) (DJe de 18.12.2017 - SP)

Processo 0049029-88.2015.8.26.0100

Pedido de Providências - Registro Civil das Pessoas Naturais - C.F.M. - A.S.F. - VISTOS, Cuida-se de expediente encaminhado pela Sra. Oficial do Registro Civil das Pessoas do (...) Subdistrito (...),(...), relacionado com pedido intentado por C. F. M., com anuência de A. S. F., em que pleiteia o registro de nascimento da menor P. L. F. S., para constar, também, a maternidade de C. F. M.Vieram aos autos os documentos de fls. 03/06, 40/51. A representante do Ministério Público apresentou manifestação à fl. 52, opinando pelo deferimento. É o breve relatório. DECIDO. A. S. F. recorreu à inseminação artificial, no ano de 2010, utilizando seus próprios óvulos e sêmen de doador anônimo, do que resultou parto realizado em 28 de julho de 2011 (fl. 42/52). No caso em exame, C. F. M. não é a doadora genética, contudo, há precedentes desta Corregedoria Permanente que autorizaram o registro da filiação tanto à mãe doadora como à mãe portadora. De qualquer modo, tal situação não afasta a necessidade de cuidadosa análise do caso, para que se possa traçar a possibilidade de deferimento do pedido nesta via registrária, com a lavratura dos assentos de nascimentos na forma almejada. Até o momento não há previsão de regra de direito específica a tanto, competindo a aplicação de princípios enquanto espécies de normas jurídicas. A situação de biodireito humano posta não é passível de uma solução por meio da projeção futura do passado, os Códigos Civis são pensados por meio deste elemento cultural o futuro estaria no passado. Na pós-modernidade o tempo passa ser autoreferencial (o presente influenciado pelo próprio presente ante a inexistência de passado no tema). A Resolução n. 1957/2010, do Conselho Federal de Medicina, vigente à época (atualmente substituída pela Res. CFM 2013/2013), apesar de conforme ao que se decidirá, respeitosamente, não será posta como fundamento para presente decisão pelo fato da ausência de legitimidade para vinculação social, o que somente pode ocorrer pelo processo legislativo previsto na Constituição Federal. Por certo o caso poderia ser resolvido pela via da adoção unilateral, diante do evidente vínculo socioafetivo em questão. Ocorre que, parece-me muito mais abrangente a questão aqui posta e que não deve ser pura e simplesmente encaminhada à via da adoção unilateral, ainda que mais fácil, pois permitiria que mantivéssemos intactos conceitos jurídicos e interpretações que nos acompanham há muito tempo. Há notícia de que o casal, C. F. M e A. S. F., constitui, formalmente, uma família desde o ano de 2009, conforme escritura pública de convivência homoafetiva lavrada em 03 de Março de 2009 (fl. 41), ratificada pela Certidão de Casamento acostada às fls. 06 e 42. O menor P. L. F. S., nascido em 28 de julho de 2011, ao que consta, foi planejada e desejada por essa família, com a participação de C. F. M e A. S. F.durante todo o processo de inseminação artificial. A situação é a mesma que ocorre com tantos casais que decidem pela inseminação heteróloga, tanto que o Código Civil abarcou a situação no artigo 1597: "Presumem-se concebidos na constância do casamento os filhos: I - nascidos cento e oitenta dias, pelo menos, depois de estabelecida a convivência conjugal; II - nascidos nos trezentos dias subsequentes à dissolução da sociedade conjugal, por morte, separação judicial, nulidade e anulação do casamento; III - havidos por fecundação artificial homóloga, mesmo que falecido o marido; IV - havidos, a qualquer tempo, quando se tratar de embriões excedentários, decorrentes de concepção artificial homóloga;V - havidos por inseminação artificial heteróloga, desde que tenha prévia autorização do marido. (grifo meu) Diante desse quadro, é preciso compreender se tal dispositivo, que garante a posse do estado de filho, se aplica ao caso tela. A prova da relação familiar mantida por C. F. M. e A. S. F. é cristalina. Dada a peculiaridade do caso, ainda que ao tempo do nascimento de P. L. F. S. o casal vivesse em união estável, perdurando até o ano de 2015 tal situação, momento em que o casal contraiu o matrimonio, considero que tal circunstância não afasta a presunção de filiação estabelecida e reconhecida pela lei civil. Nem se diga da ausência de vínculo biológico, porque o mesmo acontece nos casos de inseminação heteróloga em que o marido autoriza previamente o procedimento. Restaria, por fim, a menção expressa à autorização do "marido", para a inseminação heteróloga e a presunção de filiação, mas que deve ser lida a partir da Constituição Federal, que reconhece a união estável como entidade familiar, e, além disso, não se cinge aos casais heterossexuais, sobretudo a partir do julgamento da ADI n. 4277, que reconheceu a união estável homoafetiva nos mesmos moldes da heterossexual. Portanto, tenho que a expressão "autorização do marido" deve ser compreendida como "autorização do consorte", o que ocorreu no caso em tela, conforme relatório das fls. 29/30. O presente caso encerra mais uma das muitas manifestações da pós-modernidade no Direito, assim, a evolução tecnológica associada às entidades familiares previstas na Constituição da República e regradas pelo fio do Código Civil redundam na necessidade da realização da dignidade humana em todos os seus aspectos em conformidade à particularidade de cada situação concreta. Posto isso, com destaque para a concordância manifestada pela nobre representante do Ministério Público, autorizo o reconhecimento de filiação de P. L. F. S., a qual passará a se chamar P. L. F. M., por C. F. M, averbando-se a filiação e o nome dos avós, J. A. M. e T. D. M.. À Oficial do Registro Civil das Pessoas do (...)º Subdistrito (...), (...) para cumprimento da decisão, após o transcurso do prazo para recurso. Ciência às interessadas e ao Ministério Público. Oportunamente, ao arquivo. R.I.C. - ADV: LUIZ FERNANDO NICOLELIS (OAB 176940/SP), WANDERLEY RODRIGUES BALDI (OAB 180636/SP) (DJe de 06.02.2017 - SP)

Processo 1010250-76.2017.8.26.0100

Pedido de Providências - Registro Civil das Pessoas Naturais - O.R.C.P.N.V.M.S.P.S. - Dr(a). Marcelo BenacchioVISTOS,Fls. 50: defiro a habilitação do patrono do Sr. Interessado. Anote-se. Trata-se de pedido de providências encaminhado a esta Corregedoria Permanente pelo Sr. Oficial de Registro Civil das Pessoas Naturais do 9º Subdistrito Vila Mariana, Capital, suscitando dúvida acerca de lavratura de registro de nascimento do menor J. A. de O., nascido em 03 de fevereiro de 2017, gerado por técnica de reprodução assistida, por meio de doadora temporária de útero, com utilização de óvulo doado anonimamente, sendo o doador de sêmen P. A. S., que pretende figurar no assento como único genitor. Juntaram-se aos autos a documentação de fls. 03 a 24. A n. Representante do Ministério Público acompanhou o feito, manifestando-se conclusivamente às fls. 47/49. É o relatório. Decido. Cuida-se de dúvida suscitada pelo Sr. Oficial de Registro Civil das Pessoas Naturais do 9º Subdistrito Vila Mariana, Capital, informando acerca de pedido de lavratura de assento de nascimento do menor J. A. de O., concebido por técnica de fertilização heteróloga in vitro. Consta dos autos que a criança foi gerada por meio da doação anônima de óvulo e cessão temporária do útero de N. S. S., em negócio jurídico firmado por P. A. S. e C. A. C. B., casal homoafetivo que se valeu do vínculo de sua União Estável para preencher os requisitos da Resolução CFM 2013/2013 e CREMESP 232/2011. O Sr. P. foi o doador de sêmen, contribuindo, pois, com o material genético. C., embora não tenha tido participação biológica no procedimento, apresentou-se no processo pré-gestacional como pretendente pai da criança a ser concebida, estando presente em todos os atos, anuindo, portanto, com a gestação. Todavia, o pedido de registro contém apenas o nome do Sr. P.. No tocante à C., há documento de renúncia à paternidade, solicitando-se que se omita seu nome no assento do menor (fls. 23/24). A n. Representante do Ministério Público aduz que, embora desfeito o vínculo afetivo entre o casal, a paternidade tem caráter irrevogável, não podendo o companheiro pugnar pela sua omissão do registro de nascimento da criança gerada (fls. 47/49). Desta feita, opina a i. Promotora de Justiça, em seu parecer, que o assento poderá ser lavrado, desde que figurem como pais ambos os genitores que estiveram presentes quando da concepção e gestação do menor (fls. 47/49). Nessa linha, é claro o Código Civil, em seu art. 1.597, ao consagrar a presunção absoluta da paternidade em casos de fertilização heteróloga, aduzindo que "presumem-se concebidos na constância do casamento os filhos: (...) V havidos por inseminação artificial heteróloga, desde que tenha prévia autorização do marido". Assim, ensina Cristiano Chaves de Faria que na "procriação assistida heteróloga, tem-se a participação de terceiro(s), sempre a título gratuito (Resolução n. 1.358/92, CFM, item IV, 1). O médico trabalhará com sêmen (e/ou óvulo) de terceira pessoa, realizando a fecundação em laboratório para, em seguida, implantar o embrião no corpo da mulher. Por isso, exige-se a autorização expressa do marido ou companheiro, de modo a viabilizar a procriação assistida na forma heteróloga. Essa autorização que tem que ser expressa e escrita. Assim, a criança concebida por reprodução assistida heteróloga, pressuposta a anuência do marido ou companheiro, é, por presunção de lei, filha de quem autorizou o ato." (Rodrigo da Cunha Pereira - Tratado de Direito das Famílias, Belo Horizonte: IBDFAM, 2015, p. 263 negrito nosso) Ainda nesta senda, aduz o autor que "a anuência do marido assume enorme relevância, funcionando como uma espécie de reconhecimento prévio de filho ou como uma adoção antenatal. (...) o vínculo paterno-filial se formou no instante em que se concedeu a aquiescência ao procedimento fertilizatório no cônjuge." (idem, fls. 266) Por fim, ressalta o autor: "naturalmente, entendemos possível a realização da fertilização heteróloga, também, entre pessoas que vivem em união estável ou em união homoafetiva, não se subsumindo ao casamento". (idem, fls. 266) Portanto, incabível a renúncia à filiação com a qual o companheiro já havia concordado. O Sr. C. expressamente autorizou o procedimento (cf. contrato às fls. 11 a 15), bem como participou de todos os atos preparatórios gestacionais, conforme claramente se verifica pelos documentos juntados às fls. 05 à 24. Bem assim, assiste razão ao Sr. Oficial ao levantar óbice ao registro tal qual pleiteado e pugnar por determinação desta Corregedoria Permanente. Nessa linha, por tudo o que consta dos autos, acolhendo a cota ministerial de fls. 47/49 em sua integralidade, determino a lavratura do assento de nascimento de J. A. DE O., no qual deverá constar como pais os Srs. P. A. S. e C. A. C. B.. Ao Sr. Oficial para a inscrição do registro. Ciência aos interessados e ao Ministério Público, arquivando-se oportunamente. P.R.I.C. São Paulo, 07 de abril de 2017. - ADV: MARCUS VINICIUS RIBEIRO CRESPO (OAB 138767/SP) (DJe de 12.04.2017 - SP)

Processo 1123421-45.2016.8.26.0100

Pedido de Providências - REGISTROS PÚBLICOS - M.R.S.R. e outro - Vistos,Trata-se de pedido de providências encaminhado a esta Corregedoria Permanente pela Oficial de Registro Civil das Pessoas Naturais do (...)° Subdistrito (...), acerca do pedido de inclusão de M.R.S.R. na filiação das menores A.L.R.R. e R.R.R., ambas nascidas em 02/03/2008, filhas de S.O.R.R., a qual consente com a inserção daquela, sua cônjuge, no assento registrário das crianças. A requerente, devidamente representada por sua advogada, declara manter relacionamento estável com a genitora das menores há mais de 23 anos (fls. 01), tendo formalizado tal união mediante casamento civil à data de 23/05/2013 (fl. 14), realizado perante o Oficial de Registro Civil das Pessoas Naturais e de Interdições e Tutelas do Município e Comarca de (...), data esta, como se vê, posterior à gestação. Sucede, todavia, que, como o fato do nascimento das crianças é anterior ao Provimento 52/2016 do Conselho Nacional de Justiça, encetou-se dúvida por parte do Sr. Oficial que, por conseguinte, requereu autorização do presente juízo para averbação da filiação em tela. Vieram aos autos os documentos de fls. 02/51, 61/68, 78/91 e 121. O representante do Ministério Público ofereceu manifestação favorável às fls. 55/56. É o relatório. DECIDO. Cuidam os autos de pedido formulado por casal em estável relacionamento homoafetivo há mais de 23 anos, oficializado através de casamento celebrado em 26/09/2015 (fls. 04). Exercendo o direito à parentalidade, recorreram à inseminação artificial heteróloga, na qual S.O.R.R. forneceu todo o material genético, tornando-se gestante e genitora, do que resultou o nascimento de A.L.R.R. e R.R.R. em 02/03/2008 (fl. 09/12). Faz-se notório que, apesar de M.R.S.R. não haver participado biologicamente da concepção e gestação, desempenhou papel ativo durante todo o processo, inclusive no tocante a seu custeio financeiro, fazendo prova a declaração médica (fl. 121) e documentos da Clínica de Fertilidade (fls. 63/68). Há a necessidade de cuidadosa análise do caso, para que se possa traçar a possibilidade de deferimento do pedido nesta via registrária, com a averbação do assento de nascimento na forma almejada. Faz-se claro que a situação de biodireito humano posta não é passível de uma solução por meio da projeção futura do passado, os Códigos Civis são pensados por meio deste elemento cultural o futuro estaria no passado. Na pós-modernidade o tempo passa a ser autorreferencial (o presente influenciado pelo próprio presente ante a inexistência de passado no tema). A Resolução do Conselho Federal de Medicina, vigente à época, apesar de conforme ao que se decidirá, respeitosamente, não será posta como fundamento para a presente decisão, pelo fato da ausência de legitimidade para vinculação social, o que somente pode ocorrer pelo processo legislativo previsto na Constituição Federal. À vista da situação fática que se delineia no corpo dos autos, recusar a dupla maternidade no assento de nascimento prorrogaria o caso, que seria sanado com adoção. Entretanto, entende-se que deve ser respeitada a opção das partes em eleger a via registrária ou a adoção unilateral, sem que isto importe em desrespeito à orientação sexual nos termos da Resolução 17/19 do Conselho de Direitos Humanos da Organização das Nações Unidas. Bem assim, forçoso reconhecer o direito à parentalidade da forma como requerida. Como a dupla maternidade não trata apenas do direito à parentalidade, importa, neste caso, considerar os direitos da criança e o assento de nascimento como exercício da cidadania e dos direitos humanos. O presente caso encerra mais uma das muitas manifestações da pós-modernidade no Direito, assim, a evolução tecnológica associada às entidades familiares previstas na Constituição da República e regradas pelo fio do Código Civil redundam na necessidade da realização da dignidade humana em todos os seus aspectos, em conformidade à particularidade de cada situação concreta. Outrossim, os elementos probatórios coligidos nos autos autorizam a formação de convencimento judicial no sentido de transportar para o registro de nascimento a realidade biológica. No mais, como bem aduz a n. Representante do Ministério Público, no que tange ao fato de terem as menores nascido em data anterior à edição do Provimento nº 52/2016 do CNJ, verifica-se que no presente caso, estão presentes todos os requisitos previstos para reconhecimento da maternidade em pleito, aplicando-se, pois, o princípio tempus regit actum. Diante desse contexto favorável, com destaque para a concordância manifestada pelo representante do Ministério Público (fls. 55/56), defiro o requerimento formulado, ordenada a averbação do assento de nascimento das menores A.L.R.R. e R.R.R., fazendo constar a dupla maternidade de S.O.R.R. e M.R.S.R., servindo esta sentença como mandado. Ciência ao Ministério Público e às interessadas. P.R.I.C. - ADV: LILIAN MARCIA OLIVEIRA LOUREIRO (OAB 369737/SP), SANDRA LOPES ALVARENGA MOREIRA (OAB 112841/SP) (DJe de 17.04.2017 - SP)

NOME

Processo 1067376-21.2016.8.26.0100
Retificação ou Suprimento ou Restauração de Registro Civil - Retificação de Nome - Cintia Aparecida da Silva - julgo IMPROCEDENTE o pedido nos termos da inicial. Custas pela parte autora. - ADV: RAFAEL LUIZ BARBOSA MAGRI (OAB 301473/SP)

Íntegra da decisão:

SENTENÇA

Processo nº: **1067376-21.2016.8.26.0100**

Classe - Assunto **Retificação Ou Suprimento Ou Restauração de Registro Civil - Retificação de Nome**

Requerente: **Cintia Aparecida da Silva**

Tipo Completo da Parte Passiva Principal << Nenhuma informação disponível >>:

Nome da Parte Passiva Principal << Nenhuma informação disponível >>

Juiz(a) de Direito: Dr(a). **Renata Pinto Lima Zanetta**

Vistos.

Cintia Aparecida da Silva propõe ação com pedido de retificação do assento de nascimento e casamento, objetivando excluir o prenome "Aparecida" e incluir o patronímico do cônjuge, após a celebração do casamento. Esclarece que o casamento em questão foi realizado em "East Riding of Yorkshire", Inglaterra, houve transcrição do casamento estrangeiro perante o RCPN do 1º Subdistrito – Sé, entretanto, não foi possível incluir o sobrenome marital, na via extrajudicial.

Com a inicial foram juntados os documentos das fls. 07/25. Houve emenda à inicial (fls. 31/33, 45/47 e 56/58).

O Ministério Público ofertou parecer, opinando pelo indeferimento do pedido (fls. 38/40). É o relatório.

FUNDAMENTO E DECIDO.

Trata-se de pedido de retificação em que a autora, tendo contraído matrimonio com um estrangeiro, almeja acrescentar ao seu nome o patronímico do esposo, após a celebração do casamento, ocorrido na Inglaterra, além de excluir o prenome "Aparecida".

O pedido é improcedente.

O casamento foi celebrado no estrangeiro, significando a aplicação do disposto no artigo 32 da Lei 6.015/73 que estabelece: "Os assentos de nascimento, óbito e de casamento de brasileiros em país estrangeiro serão considerados autenticos, nos termos da lei do lugar em que foram feitos, legalizadas as certidões pelos cônsules ou quando por estes tomados, nos termos do regulamento consular".

De acordo com o mencionado dispositivo, ao ato de casamento realizado no estrangeiro aplica-se o princípio do *locus regit actum*, significando que, no caso dos autos, é a lei da Inglaterra que regula os efeitos e elementos do ato. Daí emerge que não há espaço para o exame material do registro, tal como pretendido.

Nesta linha, no caso dos autos, infere-se da certidão do casamento estrangeiro da autora, devidamente traduzida às fls. 16/17, que a autora não acrescentou o sobrenome do marido e não alterou seu nome de solteira, na ocasião do casamento. Logo, como a requerente não incluiu o patronímico marital no registro público da Inglaterra, o pedido de retificação no Brasil não comporta acolhimento.

O traslado de casamento estrangeiro no Registro Civil das Pessoas Naturais do Primeiro Subdistrito é necessário para dar-lhe eficácia no território nacional, devendo, pois, reproduzir com fidelidade os dados existentes nos documentos emitidos pela autoridade competente do país estrangeiro.

Segundo o jurista Walter Cenaviva: "...a lei do lugar em que foram feitos os assentos regula os elementos formais, não cabendo exame intrínseco do ato...". E continua "... a trasladação como é do sentido gramatical da palavra, se fará nos mesmos termos em que lançou o assentamento original, ainda quando diverso do exigido pela lei brasileira". (In Lei de Registros Públicos Comentada, Ed. Saraiva, 13ª Ed., p. 84/84).

Assim, não tendo sido evidenciado erro na transcrição do registro no Brasil, resta incabível a alteração de quaisquer de seus termos, em especial sobre elemento de identificação dos titulares do assento, porquanto tal provimento violaria o princípio da veracidade que rege o direito registral e ensejaria modificação dos efeitos da norma estrangeira que regula a situação jurídica tratada.

Destarte, a retificação do nome da autora deverá ser requerida no país onde o casamento foi realizado.

Somente depois de tal retificação poderá promover a averbação do novo nome no Registro Civil competente no Brasil.

Por fim, quanto ao prenome "Aparecida", não se vislumbra razão suficiente que justifique sua exclusão, sendo certo que a modificação é profunda com consequente prejuízo na identificação da requerente no Brasil.

Posto isso, julgo **IMPROCEDENTE** o pedido nos termos da inicial. Custas pela parte autora.

Ciência ao Ministério Público. Oportunamente, arquivem-se os autos. P.R.I.

São Paulo, 03 de fevereiro de 2017.

Renata Pinto Lima Zanetta

Juíza de Direito

(assinado digitalmente) (DJe de 08.02.2017 - SP)

Processo 1062638-53.2017.8.26.0100

Retificação ou Suprimento ou Restauração de Registro Civil - Retificação de Nome - D.S.R. - FUNDAMENTO E DECIDO. É preciso que se compreenda que há princípios no presente caso que implicam a procedência do pedido. Destaco os seguintes princípios que fazem parte desta fundamentação: dignidade da pessoa humana, veracidade registrária, e o princípio da proporcionalidade. A dignidade da pessoa humana, fundamento do Estado democrático de direito significa o reconhecimento de que o indivíduo é superior a todas as coisas. Vale dizer: utilizando-se da formula Kantiana, o indivíduo não pode ser coisificado. De se destacar ainda que a dignidade da pessoa humana conduz a reinterpretação do princípio da veracidade registraria. Principal problema enfrentado pelos transexuais referem-se a ausência de correlação entre a sua identidade gênero e a identidade constante em sua documentação. Há evidente descompasso entre uma e outra. Quando se analisa a veracidade registraria à luz da dignidade da pessoa humana é o documento que deve se adaptar a pessoa e não a pessoa que deve se adaptar ao documento. Daí porque a análise visual do presente caso demonstra que deve ser deferida a retificação pretendida pela autora. Neste sentido, a utilização do princípio da proporcionalidade também conduz a esta conclusão. O princípio da proporcionalidade (esclareço que minha concepção de proporcionalidade é a formulado pelo professor Virgílio Afonso da Silva em seu texto "Proporcional e o Razoável"), conduz a que se analise se determinada intervenção estatal pode ou não interferir nos direitos fundamentais. No caso dos autos não há proporcionalidade em se impedir a alteração do nome da autora, seja por ausência de adequação, seja por ausência de necessidade, seja por ausência de proporcionalidade em sentido estrito. Alterando o entendimento anterior deste Juízo, nas certidões do registro público que vierem a ser expedidas, deve ser vedada qualquer menção de que a mudança do prenome decorreu de decisão judicial, sob pena de se manter a situação constrangedora e discriminatória. Constará averbação tão somente no livro cartorário. Com isso, a alteração será levada a efeito sem que sejam atingidos direitos de terceiros. Ante o exposto, julgo PROCEDENTE o pedido de retificação de nome, averbando-se à margem do assento que a modificação decorreu de decisão judicial, vedada qualquer menção nas certidões do registro público que vierem a ser expedidas. Defiro o segredo de justiça dos autos. Anote-se. Custas à parte autora. Esta sentença servirá como mandado,desde que assinada digitalmente por esta Magistrada e acompanhada das cópias necessárias ao seu cumprimento,inclusive da certidão de trânsito em julgado, incumbindo ao Sr. Oficial da Unidade do Serviço de Registro Civil das Pessoas Naturais competente consultar, em caso de dúvida, os autos digitais no sistema informatizado do Tribunal de Justiça do Estado de São Paulo. O Sr. Oficial da Unidade do Serviço de Registro Civil das Pessoas Naturais competente deverá comunicar este Juízo, em cinco dias, via ofício, o lançamento das averbações nos assentos, indicando-os expressamente. Outrossim, se aplicável, poderá nesta ser exarado o respeitável "CUMPRA-SE" do Excelentíssimo Senhor Doutor Juiz Corregedor Permanente competente, ordenando seu cumprimento pelo Senhor Oficial da respectiva Unidade do Serviço de Registro Civil das Pessoas Naturais. A parte autora fica expressamente ciente de que tem o dever processual de comprovar nesses autos o cumprimento integral desta sentença (artigo 77, inciso IV, do Novo Código de Processo Civil) e advertida de que o não cumprimento caracteriza ato atentatório à dignidade da justiça e, como tal, poderá ensejar, sem prejuízo das sanções criminais, civis e processuais cabíveis, aplicação de multa, nos termos do artigo 77 e parágrafos do Novo Código de Processo Civil. Ciência ao Ministério Público. Oportunamente, arquivem-se os autos. P.R.I. - ADV: KAREN SCHWACH (OAB265768/SP) (DJe de 31.07.2017 - SP)

Processo 1028512-74.2017.8.26.0100

Retificação ou Suprimento ou Restauração de Registro Civil - Retificação de Nome - Olga Andres de Garcia Morejon - Vistos. Trata-se de ação de retificação proposta por Olga Andrés Garcia Morejon, devidamente qualificada nos autos, em que objetiva a retificação de seu assento de casamento, fazendo constar a grafia correta do nome de seu já falecido marido. Com a inicial foram apresentados os documentos de fls. 7/61. O Ministério Público manifestou-se pela improcedência do pedido (fl. 90). É o relatório. Fundamento e decido. O casamento da requerente e seu marido foi celebrado no exterior (Espanha), tal como comprova o documento de fls. 84/85, ensejando a aplicação do disposto no artigo 32 da Lei 6.015/73, que estabelece: "os assentos de nascimento, óbito e de casamento de brasileiros em país estrangeiro serão considerados autênticos, nos termos da lei do lugar em que foram feitos, legalizadas as certidões pelos cônsules ou quando por estes tomados, nos termos do regulamento consular". De acordo com o mencionado dispositivo, ao ato de casamento realizado no estrangeiro aplica-se o princípio do locus regit actum, significando que, no caso dos autos, é a lei da Espanha que regula os efeitos e os elementos do ato. Daí emerge que não há espaço para o exame material do registro por esta Vara, tal como pretendido. Segundo o jurista Walter Cenaviva: "...a lei do lugar em que foram feitos os assentos regula os elementos formais, não cabendo exame intrínseco do ato...". E continua "... a trasladação como é do sentido gramatical da palavra, se fará nos mesmos termos em que lançou o assentamento original, ainda quando diverso do exigido pela lei brasileira". (In Lei de Registros Públicos Comentada, Ed. Saraiva, 13ª Ed., p. 84/84). Observe-se que na certidão literal de casamento de fls. 84/85, consta o nome do nubente como sendo "Júlio García Morejon", o que indica que o erro no nome ocorreu no próprio assento de casamento formalizado no exterior. A certidão de fls. 13/14, referente à transcrição do casamento no Brasil, tão somente reproduz os elementos constante de fls. 84/85, mantendo o nome do nubente nos mesmos termos. Ou seja, não há erro na transcrição do registro no Brasil (fls. 13/14), sendo incabível a alteração de quaisquer de seus termos, em especial sobre elemento de identificação dos titulares do assento, porquanto tal provimento violaria o princípio da veracidade que rege o direito registral e ensejaria modificação dos efeitos da norma estrangeira que regula a situação jurídica tratada. As retificações nos documentos brasileiros pressupõem, antes, retificação dos documentos estrangeiros. Assim, seria necessário que, anteriormente, o assento de casamento fosse retificado na Espanha. A jurisdição brasileira não é apta realizar retificações em assentos do exterior. Como falta competência, vê-se aqui a ausência de pressuposto de constituição e desenvolvimento válido e regular do processo. Destarte, a retificação do nome do marido da autora deverá ser requerida no país onde o casamento foi realizado, sendo que, após obter certidão atualizada (devidamente retificada e traduzida), poderá a autora pleitear diretamente ao 1º RCPN a retificação da transcrição do casamento. Diante do exposto, JULGO EXTINTO o processo, sem resolução de mérito, com base no artigo 485, inciso IV, do Código de Processo Civil. Custas ex lege. Oportunamente, arquivem-se os autos. P.R.I. - ADV: PAULO ROBERTO PRATA (OAB 320895/SP)

Íntegra da decisão:

CONCLUSÃO

Em 22/08/2017 09:17:40, faço estes autos conclusos ao(à) Dr(a). Vivian Labruna Catapani. Eu, Escrevente, subscrevo.

SENTENÇA

Processo nº: **1028512-74.2017.8.26.0100 - Retificação Ou Suprimento Ou Restauração de Registro Civil**

Requerente: **Olga Andres de Garcia Morejon**
Juiz(a) de Direito: Dr(a). Vivian Labruna Catapani
Vistos.

Trata-se de ação de retificação proposta por **Olga Andrés Garcia Morejon**, devidamente qualificada nos autos, em que objetiva a retificação de seu assento de casamento, fazendo constar a grafia correta do nome de seu já falecido marido. Com a inicial foram apresentados os documentos de fls. 7/61.

O Ministério Público manifestou-se pela improcedência do pedido (fl. 90).

É o relatório. Fundamento e decido.

O casamento da requerente e seu marido foi celebrado no exterior (Espanha), tal como comprova o documento de fls. 84/85, ensejando a aplicação do disposto no artigo 32 da Lei 6.015/73, que estabelece: "os assentos de nascimento, óbito e de casamento de brasileiros em país estrangeiro serão considerados autênticos, nos termos da lei do lugar em que foram feitos, legalizadas as certidões pelos cônsules ou quando por estes tomados, nos termos do regulamento consular".

De acordo com o mencionado dispositivo, ao ato de casamento realizado no estrangeiro aplica-se o princípio do *locus regit actum*, significando que, no caso dos autos, é a lei da Espanha que regula os efeitos e os elementos do ato. Daí emerge que não há espaço para o exame material do registro por esta Vara, tal como pretendido.

Segundo o jurista Walter Cenaviva: "...a lei do lugar em que foram feitos os assentos regula os elementos formais, não cabendo exame intrínseco do ato...". E continua "... a trasladação como é do sentido gramatical da palavra, se fará nos mesmos termos em que lançou o assentamento original, ainda quando diverso do exigido pela lei brasileira". (In Lei de Registros Públicos Comentada, Ed. Saraiva, 13ª Ed., p. 84/84).

Observe-se que na certidão literal de casamento de fls. 84/85, consta o nome do nubente como sendo "Júlio García Morejon", o que indica que o erro no nome ocorreu no próprio assento de casamento formalizado no exterior. A certidão de fls. 13/14, referente à transcrição do casamento no Brasil, tão somente reproduz os elementos constante de fls. 84/85, mantendo o nome do nubente nos mesmos termos. Ou seja, não há erro na transcrição do registro no Brasil (fls. 13/14), sendo incabível a alteração de quaisquer de seus termos, em especial sobre elemento de identificação dos titulares do assento, porquanto tal provimento violaria o princípio da veracidade que rege o direito registral e ensejaria modificação dos efeitos da norma estrangeira que regula a situação jurídica tratada.

As retificações nos documentos brasileiros pressupõem, antes, retificação dos documentos estrangeiros. Assim, seria necessário que, anteriormente, o assento de casamento fosse retificado na Espanha. A jurisdição brasileira não é apta realizar retificações em assentos do exterior. Como falta competência, vê-se aqui a ausência de pressuposto de constituição e desenvolvimento válido e regular do processo.

Destarte, a retificação do nome do marido da autora deverá ser requerida no país onde o casamento foi realizado, sendo que, após obter certidão atualizada (devidamente retificada e traduzida), poderá a autora pleitear diretamente ao 1º RCPN a retificação da transcrição do casamento.

Diante do exposto, **JULGO EXTINTO** o processo, sem resolução de mérito, com base no artigo 485, inciso IV, do Código de Processo Civil.

Custas *ex lege*.

Oportunamente, arquivem-se os autos. P.R.I.

São Paulo, 22 de agosto de 2017. (DJe de 25.08.2017 - SP)

Processo 1049340-91.2017.8.26.0100

Retificação ou Suprimento ou Restauração de Registro Civil - Retificação de Nome - Ingrid Jarrouge Hernandes - Vistos. Ingrid Jarrouge Hernandes propõe ação com pedido de retificação de assento de nascimento, objetivando acrescentar o sobrenome de seu padrasto como forma de homenageá-lo, passando a se chamar Ingrid Jarrouge Hernandes Gordilho. Com a inicial foram juntados os documentos de fls. 7/32. O Ministério Público manifestou-se pelo deferimento do pedido nas fls. 77/78. É o relatório. FUNDAMENTO E DECIDO. Os documentos juntados demonstram que as retificações pretendidas merecem ser deferidas. A autora demonstrou que, além de sua genitora e seu padrasto serem efetivamente casados (fls. 45 e 47), possui vínculo afetivo com Humberto Gordilho dos Santos Neto. A presente demanda não obsta a identificação das estirpes familiares às quais pertence a requerente e permite a homenagem à uma figura por quem a autora sente apreço. Ademais, o Ministério Público opina pela procedência do pedido. Ademais, nos termos do artigo 57, § 8º da Lei dos Registros Públicos (Lei 6.015/73), "o enteado ou a enteada, havendo motivo ponderável e na forma dos §§ 2ºe 7ºdeste artigo, poderá requerer ao juiz competente que, no registro de nascimento, seja averbado o nome de família de seu padrasto ou de sua madrasta, desde que haja expressa concordância destes, sem prejuízo de seus apelidos de família". Antes mesmo da novidade legislativa autorizando expressamente a retificação requerida, inserida em nosso ordenamento jurídico pela Lei 11.249/09, já havia farta jurisprudência nesse sentido: "Não há como negar a uma criança o direito de ter alterado seu registro de nascimento para que dele conste o mais fiel retrato da sua identidade, sem descurar que uma das expressões concretas do princípio fundamental da dignidade da pessoa humana é justamente ter direito ao nome, nele compreendido o prenome e patronímico". (STJ - 3ª Turma, REsp 1069864/DF, Ministra NANCY ANDRIGHI, j. 18/12/2008). Posto isso, julgo PROCEDENTE o pedido nos termos da inicial. Esta sentença servirá como mandado, desde que assinada digitalmente por esta Magistrada e acompanhada das cópias necessárias ao seu cumprimento, inclusive da certidão de trânsito em julgado, incumbindo ao Sr. Oficial da Unidade do Serviço de Registro Civil das Pessoas Naturais competente consultar, em caso de dúvida, os autos digitais no sistema informatizado do Tribunal de Justiça do Estado de São Paulo. Outrossim, se aplicável, poderá nesta ser exarado o respeitável "CUMPRA-SE" do Excelentíssimo Senhor Doutor Juiz Corregedor Permanente competente, ordenando seu cumprimento pelo Senhor Oficial da respectiva Unidade do Serviço de Registro Civil das Pessoas Naturais. Embora a Lei n. 1.060/50 presuma a existência do estado de pobreza, quando o requerente das benesses da Justiça Gratuita assim o declare, é certo que esta presunção não é absoluta. Desta feita, com a promulgação da Constituição Federal de 1988, passou-se a exigir a comprovação do referido estado de necessidade, nos seguintes termos: "o Estado prestará assistência jurídica integral e gratuita aos que comprovarem insuficiência de recursos" (Art. 5º, inciso LXXIV). Assim, de acordo com o artigo 99, parágrafo 2º, do Novo Código de Processo Civil, no prazo de 15 dias, traga a requerente aos autos cópia das três últimas declarações de IRPF, de modo a comprovar a alegada insuficiência de recursos, ou, no mesmo prazo, recolha as custas iniciais, sob pena de indeferimento. A parte autora fica expressamente ciente de que tem o dever processual de comprovar nesses autos o cumprimento integral desta sentença (artigo 77, inciso IV, do Novo Código de Processo Civil) e advertida de que o não cumprimento caracteriza ato atentatório à dignidade da justiça e, como tal, poderá ensejar, sem prejuízo das sanções criminais, civis e processuais cabíveis, aplicação de multa, nos termos do artigo 77 e parágrafos do Novo Código de Processo Civil. Ciência ao Ministério Público. Oportunamente, arquivem-se os autos. P.R.I. - ADV: VANESSA JARROUGE GORDILHO (OAB 181274/SP)

Íntegra da decisão:

Processo nº: **1049340-91.2017.8.26.0100**

Classe - Assunto **Retificação Ou Suprimento Ou Restauração de Registro Civil - Retificação de Nome**

Requerente: **Ingrid Jarrouge Hernandes**

Tipo Completo da Parte Passiva Principal << Informação indisponível >>:

Nome da Parte Passiva Principal << Informação indisponível >>

Juiz(a) de Direito: Dr(a). **Vivian Labruna Catapani**

Vistos.

Ingrid Jarrouge Hernandes propõe ação com pedido de retificação de assento de nascimento, objetivando acrescentar o sobrenome de seu padrasto como forma de homenageá-lo, passando a se chamar Ingrid Jarrouge Hernandes Gordilho. Com a inicial foram juntados os documentos de fls. 7/32.

O Ministério Público manifestou-se pelo deferimento do pedido nas fls. 77/78. É o relatório.

FUNDAMENTO E DECIDO.

Os documentos juntados demonstram que as retificações pretendidas merecem ser deferidas. A autora demonstrou que, além de sua genitora e seu padrasto serem efetivamente casados (fls. 45 e 47), possui vínculo afetivo com Humberto Gordilho dos Santos Neto.

A presente demanda não obsta a identificação das estirpes familiares às quais pertence a requerente e permite a homenagem à uma figura por quem a autora sente apreço.

Ademais, o Ministério Público opina pela procedência do pedido.

Ademais, nos termos do artigo 57, § 8º da Lei dos Registros Públicos (Lei 6.015/73), *"o enteado ou a enteada, havendo motivo ponderável e na forma dos §§ 2º e 7º deste artigo, poderá requerer ao juiz competente que, no registro de nascimento, seja averbado o nome de família de seu padrasto ou de sua madrasta, desde que haja expressa concordância destes, sem prejuízo de seus apelidos de família".*

Antes mesmo da novidade legislativa autorizando expressamente a retificação requerida, inserida em nosso ordenamento jurídico pela Lei 11.249/09, já havia farta jurisprudência nesse sentido:

"Não há como negar a uma criança o direito de ter alterado seu registro de nascimento para que dele conste o mais fiel retrato da sua identidade, sem descurar que uma das expressões concretas do princípio fundamental da dignidade da pessoa humana é justamente ter direito ao nome, nele compreendido o prenome e patronímico". (STJ - 3ª Turma, REsp 1069864/DF, Ministra NANCY ANDRIGHI, j. 18/12/2008).

Posto isso, julgo **PROCEDENTE** o pedido nos termos da inicial.

Esta sentença servirá como mandado, desde que assinada digitalmente por esta Magistrada e acompanhada das cópias necessárias ao seu cumprimento, inclusive da certidão de trânsito em julgado, incumbindo ao Sr. Oficial da Unidade do Serviço de Registro Civil das Pessoas Naturais competente consultar, em caso de dúvida, os autos digitais no sistema informatizado do Tribunal de Justiça do Estado de São Paulo.

Outrossim, se aplicável, **poderá nesta ser exarado o respeitável "CUMPRASE"** do Excelentíssimo Senhor Doutor Juiz Corregedor Permanente competente, ordenando seu cumprimento pelo Senhor Oficial da respectiva Unidade do Serviço de Registro Civil das Pessoas Naturais.

Embora a Lei n. 1.060/50 presuma a existência do estado de pobreza, quando o requerente das benesses da Justiça Gratuita assim o declare, é certo que esta presunção não é absoluta.

Desta feita, com a promulgação da Constituição Federal de 1988, passou-se a exigir a comprovação do referido estado de necessidade, nos seguintes termos: *"o Estado prestará assistência jurídica integral e gratuita aos que comprovarem insuficiência de recursos" (Art. 5º, inciso LXXIV).*

Assim, de acordo com o artigo 99, parágrafo 2º, do Novo Código de Processo Civil, no prazo de 15 dias, traga a requerente aos autos cópia das três últimas declarações de IRPF, de modo a comprovar a alegada insuficiência de recursos, ou, no mesmo prazo, recolha as custas iniciais, sob pena de indeferimento.

A parte autora fica expressamente ciente de que tem o dever processual de comprovar nesses autos o cumprimento integral desta sentença (artigo 77, inciso IV, do Novo Código de Processo Civil) e advertida de que o não cumprimento caracteriza ato atentatório à dignidade da justiça e, como tal, poderá ensejar, sem prejuízo das sanções criminais, civis e processuais cabíveis, aplicação de multa, nos termos do artigo 77 e parágrafos do Novo Código de Processo Civil.

Ciência ao Ministério Público. Oportunamente, arquivem-se os autos. P.R.I.

São Paulo, 05 de setembro de 2017.

Vivian Labruna Catapani Juíza de Direito (assinado digitalmente) (DJe de 12.09.2017 - SP)

Processo 1085825-27.2016.8.26.0100

Retificação ou Suprimento ou Restauração de Registro Civil - Retificação de Nome - Renata Contar Risoléo - Renata Contar Risoléo e Antonio Mauro Risoléo propõem ação com pedido de retificação do assento nascimento e casamento de Salvatore Risoléo, Francisco Risoléo, Maria Clemente e Antonio Risoléo. Justificam o pedido, aduzindo a grafia errada do nome de seus ascendentes vem prejudicando a obtenção de cidadania italiana dos requerentes. Com a inicial foram juntados os documentos das fls. 09/18. Houve emenda à inicial (fls. 39/51, 55/62, 66/72, 77/79). O Ministério Público ofertou parecer bem fundamentado, requerendo o aditamento da inicial com todas as correções que se fazem necessárias (fls. 106/108). A requerente manifestou-se sobre a cota Ministerial, esclarecendo que não almeja a alteração solicitadas pelo Ministério Público, mas somente as embasadas na certidão de nascimento de Salvatore Risoléo. O nobre representante do Ministério Público ofertou parecer, opinando pela improcedência do pedido inicial. Vieram-me os autos conclusos. É o relatório. FUNDAMENTO E DECIDO. O pedido inicial é improcedente, assistindo razão à representante do Ministério Público. Infere-se dos autos que a parte autora, no intuito de obtenção de cidadania italiana e por imposição do Consulado da Itália no Brasil, pretende corrigir os erros registrários ocorridos nos assentos brasileiros a partir do ingresso do ancestral no Brasil, sustentando que a grafia correta dos patronímicos é "Risuleo" e não "Risoléo". Assim, os autores postulam a retificação dos registros brasileiros dos ancestrais, todavia, esclarecem que não têm interesse em retificar a grafia incorreta dos patronímicos referidos em seus próprios nomes, concluindo que pretendem manter a grafia incorreta de seus nomes. Desta feita, a pretendida retificação formulada ofende cabalmente os princípios da uniformização dos registros, anterioridade, repercussão registrária e veracidade, não podendo ser admitida, eis que o patronímico deve ser preservado em sua forma correta em todos os registros brasileiros para espelhar a verdade. Restou amplamente demonstrado nos autos que os ancestrais comuns, asslm como os próprios requerentes pertencem à família "Risuleo"" e que a grafia "Risoléo" decorreu de erro registrário quando do ingresso dos parentes no Brasil, repercutindo nos registros ao longo das gerações subsequentes. Diante desse quadro, é evidente que em se tratando de uma só família, a retificação do patronímico dos ancestrais implica, de modo intransponível, reflexa retificação do patronímico dos seus descendentes (ora autores), pois, caso contrário, haveria violação ao princípio da uniformidade dos registros brasileiros. Os registros são atos contínuos, de maneira que os posteriores repercutem os mais antigos para preservação dos vínculos familiares ao longo do tempo. Assim, verifica-se no caso em tela que os registros brasileiros, até o presente momento, encontram uniformidade, a qual seria tumultuada caso fosse acolhida a pretensão autoral. Como bem ressaltado no parecer da nobre representante do Ministério Público, "Não é por outro motivo que a Itália exige a correção dos registros públicos que deverão coincidir com os registros lá existentes, pois os registros brasileiros, por serem posteriores, deverão repercutir os registros mais antigos da família. Os mesmos princípios se aplicam aos registros brasileiros. As mesmas exigências devem ser cumpridas para os registros brasileiros, que não são menos importantes que os italianos. Não se pode a pretexto de atender exigência de país estrangeiro, vulnerar princípios e causar tumultos nos registros brasileiros que até aqui guardam uniformidade." (fls. 118). Com efeito, negar o nome é negar a própria família e portanto, não se vê razão para a retificação. Por derradeiro, importante destacar que o Juízo facultou o aditamento à exordial pelos autores para inclusão do pedido de retificação do patronímico em seus próprios assentos e dos ascedentes, todavia, os requerentes não aproveitaram a oportunidade e se recusaram expressamente a fazê-lo, inviabilizando o acolhimento da pretensão inicial. Posto isto, julgo IMPROCEDENTE o pedido inicial, julgando o processo extinto, com resolução do mérito, nos termos do artigo 487, inciso I do Código de Processo Civil. Custas pela parte autora. Oportunamente, arquivem-se. P.R.I. São Paulo, 7 de novembro de 2017. - ADV: RODRIGO DONIZETI DE NORONHA (OAB 327147/SP) (DJe de 17.11.2017 - SP)

Processo 1113566-42.2016.8.26.0100

Retificação ou Suprimento ou Restauração de Registro Civil - Retificação de Nome - M.Z. - Vistos. Fls. 160/161: Indefiro o requerido. Com efeito, o requerimento para atualização do nome da genitora do autor após celebração do divórcio, independe de autorização judicial e pode ser formulado diretamente perante o Oficial de Registro Civil, como dispõe o item Capítulo XVII item 123.1. das Normas de Serviço da Corregedoria Geral de Justiça ("As alterações do patronímico familiar em decorrência de separação ou divórcio dos pais também serão processadas a requerimento do interessado, mediante apresentação de documento comprobatório legal e autêntico, e serão averbadas nos assentos de nascimento dos filhos independentemente de procedimento de retificação"). Tampouco merece guarida o pedido de expedição de mandado específico para retificação de diploma de graduação e especialização da parte requerente. A sentença prolatada, que vale como mandado, retifica o nome da parte autora, o que deverá ser observado pelo RCPN, o qual deverá expedir nova certidão de nascimento atualizada, com a qual o requerente deverá proceder às retificações administrativas pertinentes. Int. Ciência ao MP. - ADV: TEREZA RODRIGUES VIEIRA (OAB 193790/SP), ROBERTA MARTINS PIRES (OAB 163751/SP) (DJe de 07.02.2017 - SP)

Processo 1067376-21.2016.8.26.0100

Retificação ou Suprimento ou Restauração de Registro Civil - Retificação de Nome - Cintia Aparecida da Silva - julgo IMPROCEDENTE o pedido nos termos da inicial. Custas pela parte autora. - ADV: RAFAEL LUIZ BARBOSA MAGRI (OAB 301473/SP)

Íntegra da decisão:

SENTENÇA

Processo nº: **1067376-21.2016.8.26.0100**

Classe - Assunto **Retificação Ou Suprimento Ou Restauração de Registro Civil - Retificação de Nome**

Requerente: **Cintia Aparecida da Silva**

Tipo Completo da Parte Passiva Principal << Nenhuma informação disponível >>:

Nome da Parte Passiva Principal << Nenhuma informação disponível >>

Juiz(a) de Direito: Dr(a). **Renata Pinto Lima Zanetta**

Vistos.

Cintia Aparecida da Silva propõe ação com pedido de retificação do assento de nascimento e casamento, objetivando excluir o prenome "Aparecida" e incluir o patronímico do cônjuge, após a celebração do casamento. Esclarece que o casamento em questão foi realizado em "East Riding of Yorkshire", Inglaterra, houve transcrição do casamento estrangeiro perante o RCPN do 1º Subdistrito – Sé, entretanto, não foi possível incluir o sobrenome marital, na via extrajudicial.

Com a inicial foram juntados os documentos das fls. 07/25. Houve emenda à inicial (fls. 31/33, 45/47 e 56/58).

O Ministério Público ofertou parecer, opinando pelo indeferimento do pedido (fls. 38/40). É o relatório.

FUNDAMENTO E DECIDO.

Trata-se de pedido de retificação em que a autora, tendo contraído matrimonio com um estrangeiro, almeja acrescentar ao seu nome o patronímico do esposo, após a celebração do casamento, ocorrido na Inglaterra, além de excluir o prenome "Aparecida".

O pedido é improcedente.

O casamento foi celebrado no estrangeiro, significando a aplicação do disposto no artigo 32 da Lei 6.015/73 que estabelece: "Os assentos de nascimento, óbito e de casamento de brasileiros em país estrangeiro serão considerados autenticos, nos termos da lei do lugar em que foram feitos, legalizadas as certidões pelos cônsules ou quando por estes tomados, nos termos do regulamento consular".

De acordo com o mencionado dispositivo, ao ato de casamento realizado no estrangeiro aplica-se o princípio do *locus regit actum*, significando que, no caso dos autos, é a lei da Inglaterra que regula os efeitos e elementos do ato. Daí emerge que não há espaço para o exame material do registro, tal como pretendido.

Nesta linha, no caso dos autos, infere-se da certidão do casamento estrangeiro da autora, devidamente traduzida às fls. 16/17, que a autora não acrescentou o sobrenome do marido e não alterou seu nome de solteira, na ocasião do casamento. Logo, como a requerente não incluiu o patronímico marital no registro público da Inglaterra, o pedido de retificação no Brasil não comporta acolhimento.

O traslado de casamento estrangeiro no Registro Civil das Pessoas Naturais do Primeiro Subdistrito é necessário para dar-lhe eficácia no território nacional, devendo, pois, reproduzir com fidelidade os dados existentes nos documentos emitidos pela autoridade competente do país estrangeiro.

Segundo o jurista Walter Cenaviva: "...a lei do lugar em que foram feitos os assentos regula os elementos formais, não cabendo exame intrínseco do ato...". E continua "... a trasladação como é do sentido gramatical da palavra, se fará nos mesmos termos em que lançou o assentamento original, ainda quando diverso do exigido pela lei brasileira". (In Lei de Registros Públicos Comentada, Ed. Saraiva, 13ª Ed., p. 84/84).

Assim, não tendo sido evidenciado erro na transcrição do registro no Brasil, resta incabível a alteração de quaisquer de seus termos, em especial sobre elemento de identificação dos titulares do assento, porquanto tal provimento violaria o princípio da veracidade que rege o direito registral e ensejaria modificação dos efeitos da norma estrangeira que regula a situação jurídica tratada.

Destarte, a retificação do nome da autora deverá ser requerida no país onde o casamento foi realizado.

Somente depois de tal retificação poderá promover a averbação do novo nome no Registro Civil competente no Brasil.

Por fim, quanto ao prenome "Aparecida", não se vislumbra razão suficiente que justifique sua exclusão, sendo certo que a modificação é profunda com consequente prejuízo na identificação da requerente no Brasil.

Posto isso, julgo **IMPROCEDENTE** o pedido nos termos da inicial. Custas pela parte autora.

Ciência ao Ministério Público. Oportunamente, arquivem-se os autos. P.R.I.

São Paulo, 03 de fevereiro de 2017.

Renata Pinto Lima Zanetta

Juíza de Direito

(assinado digitalmente) (DJe de 08.02.2017 - SP)

Processo 1049340-91.2017.8.26.0100

Retificação ou Suprimento ou Restauração de Registro Civil - Retificação de Nome - Ingrid Jarrouge Hernandes - Vistos. Ingrid Jarrouge Hernandes propõe ação com pedido de retificação de assento de nascimento, objetivando acrescentar o sobrenome de seu padrasto como forma de homenageá-lo, passando a se chamar Ingrid Jarrouge Hernandes Gordilho. Com a inicial foram juntados os documentos de fls. 7/32. O Ministério Público manifestou-se pelo deferimento do pedido nas fls. 77/78. É o relatório. FUNDAMENTO E DECIDO. Os documentos juntados demonstram que as retificações pretendidas merecem ser deferidas. A autora demonstrou que, além de sua genitora e seu padrasto serem efetivamente casados (fls. 45 e 47), possui vínculo afetivo com Humberto Gordilho dos Santos Neto. A presente demanda não obsta a identificação das estirpes familiares às quais pertence a requerente e permite a homenagem à uma figura por quem a autora sente apreço. Ademais, o Ministério Público opina pela procedência do pedido. Ademais, nos termos do artigo 57, § 8º da Lei dos Registros Públicos (Lei 6.015/73), "o enteado ou a enteada, havendo motivo ponderável e na forma dos §§ 2ºe 7ºdeste artigo, poderá requerer ao juiz competente que, no registro de nascimento, seja averbado o nome de família de seu padrasto ou de sua madrasta, desde que haja expressa concordância destes, sem prejuízo de seus apelidos de família". Antes mesmo da novidade legislativa autorizando expressamente a retificação requerida, inserida em nosso ordenamento jurídico pela Lei 11.249/09, já havia farta jurisprudência nesse sentido: "Não há como negar a uma criança o direito de ter alterado seu registro de nascimento para que dele conste o mais fiel retrato da sua identidade, sem descurar que uma das expressões concretas do princípio fundamental da dignidade da pessoa humana é justamente ter direito ao nome, nele compreendido o prenome e patronímico". (STJ - 3ª Turma, REsp 1069864/DF, Ministra NANCY ANDRIGHI, j. 18/12/2008). Posto isso, julgo PROCEDENTE o pedido nos termos da inicial. Esta sentença servirá como mandado, desde que assinada digitalmente por esta Magistrada e acompanhada das cópias necessárias ao seu cumprimento, inclusive da certidão de trânsito em julgado, incumbindo ao Sr. Oficial da Unidade do Serviço de Registro Civil das Pessoas Naturais competente consultar, em caso de dúvida, os autos digitais no sistema informatizado do Tribunal de Justiça do Estado de São Paulo. Outrossim, se aplicável, poderá nesta ser exarado o respeitável "CUMPRA-SE" do Excelentíssimo Senhor Doutor Juiz Corregedor Permanente competente, ordenando seu cumprimento pelo Senhor Oficial da respectiva Unidade do Serviço de Registro Civil das Pessoas Naturais. Embora a Lei n. 1.060/50 presuma a existência do estado de pobreza, quando o requerente das benesses da Justiça Gratuita assim o declare, é certo que esta presunção não é absoluta. Desta feita, com a promulgação da Constituição Federal de 1988, passou-se a exigir a comprovação do referido estado de necessidade, nos seguintes termos: "o Estado prestará assistência jurídica integral e gratuita aos que comprovarem insuficiência de recursos" (Art. 5º, inciso LXXIV). Assim, de acordo com o artigo 99, parágrafo 2º, do Novo Código de Processo Civil, no prazo de 15 dias, traga a requerente aos autos cópia das três últimas declarações de IRPF, de modo a comprovar a alegada insuficiência de recursos, ou, no mesmo prazo, recolha as custas iniciais, sob pena de indeferimento. A parte autora fica expressamente ciente de que tem o dever processual de comprovar nesses autos o cumprimento integral desta sentença (artigo 77, inciso IV, do Novo Código de Processo Civil) e advertida de que o não cumprimento caracteriza ato atentatório à dignidade da justiça e, como tal, poderá ensejar, sem prejuízo das sanções criminais, civis e processuais cabíveis, aplicação de multa, nos termos do artigo 77 e parágrafos do Novo Código de Processo Civil. Ciência ao Ministério Público. Oportunamente, arquivem-se os autos. P.R.I. - ADV: VANESSA JARROUGE GORDILHO (OAB 181274/SP)

Íntegra da decisão:

Processo nº: **1049340-91.2017.8.26.0100**

Classe - Assunto **Retificação Ou Suprimento Ou Restauração de Registro Civil - Retificação de Nome**

Requerente: **Ingrid Jarrouge Hernandes**

Tipo Completo da Parte Passiva Principal

<< Informação indisponível >>:

Nome da Parte Passiva Principal << Informação indisponível >>

Juiz(a) de Direito: Dr(a). **Vivian Labruna Catapani**

Vistos.

Ingrid Jarrouge Hernandes propõe ação com pedido de retificação de assento de nascimento, objetivando acrescentar o sobrenome de seu padrasto como forma de homenageá-lo, passando a se chamar Ingrid Jarrouge Hernandes Gordilho. Com a inicial foram juntados os documentos de fls. 7/32.

O Ministério Público manifestou-se pelo deferimento do pedido nas fls. 77/78. É o relatório.

FUNDAMENTO E DECIDO.

Os documentos juntados demonstram que as retificações pretendidas merecem ser deferidas. A autora demonstrou que, além de sua genitora e seu padrasto serem efetivamente casados (fls. 45 e 47), possui vínculo afetivo com Humberto Gordilho dos Santos Neto.

A presente demanda não obsta a identificação das estirpes familiares às quais pertence a requerente e permite a homenagem à uma figura por quem a autora sente apreço.

Ademais, o Ministério Público opina pela procedência do pedido.

Ademais, nos termos do artigo 57, § 8º da Lei dos Registros Públicos (Lei 6.015/73), *"o enteado ou a enteada, havendo motivo ponderável e na forma dos §§ 2º e 7º deste artigo, poderá requerer ao juiz competente que, no registro de nascimento, seja averbado o nome de família de seu padrasto ou de sua madrasta, desde que haja expressa concordância destes, sem prejuízo de seus apelidos de família".*

Antes mesmo da novidade legislativa autorizando expressamente a retificação requerida, inserida em nosso ordenamento jurídico pela Lei 11.249/09, já havia farta jurisprudência nesse sentido:

"Não há como negar a uma criança o direito de ter alterado seu registro de nascimento para que dele conste o mais fiel retrato da sua identidade, sem descurar que uma das expressões concretas do princípio fundamental da dignidade da pessoa

humana é justamente ter direito ao nome, nele compreendido o prenome e patronímico". (STJ - 3ª Turma, REsp 1069864/DF, Ministra NANCY ANDRIGHI, j. 18/12/2008).

Posto isso, julgo **PROCEDENTE** o pedido nos termos da inicial.

Esta sentença servirá como mandado, desde que assinada digitalmente por esta Magistrada e acompanhada das cópias necessárias ao seu cumprimento, inclusive da certidão de trânsito em julgado, incumbindo ao Sr. Oficial da Unidade do Serviço de Registro Civil das Pessoas Naturais competente consultar, em caso de dúvida, os autos digitais no sistema informatizado do Tribunal de Justiça do Estado de São Paulo.

Outrossim, se aplicável, **poderá nesta ser exarado o respeitável "CUMPRA-SE"** do Excelentíssimo Senhor Doutor Juiz Corregedor Permanente competente, ordenando seu cumprimento pelo Senhor Oficial da respectiva Unidade do Serviço de Registro Civil das Pessoas Naturais.

Embora a Lei n. 1.060/50 presuma a existência do estado de pobreza, quando o requerente das benesses da Justiça Gratuita assim o declare, é certo que esta presunção não é absoluta.

Desta feita, com a promulgação da Constituição Federal de 1988, passou-se a exigir a comprovação do referido estado de necessidade, nos seguintes termos: *"o Estado prestará assistência jurídica integral e gratuita aos que comprovarem insuficiência de recursos" (Art. 5º, inciso LXXIV).*

Assim, de acordo com o artigo 99, parágrafo 2º, do Novo Código de Processo Civil, no prazo de 15 dias, traga a requerente aos autos cópia das três últimas declarações de IRPF, de modo a comprovar a alegada insuficiência de recursos, ou, no mesmo prazo, recolha as custas iniciais, sob pena de indeferimento.

A parte autora fica expressamente ciente de que tem o dever processual de comprovar nesses autos o cumprimento integral desta sentença (artigo 77, inciso IV, do Novo Código de Processo Civil) e advertida de que o não cumprimento caracteriza ato atentatório à dignidade da justiça e, como tal, poderá ensejar, sem prejuízo das sanções criminais, civis e processuais cabíveis, aplicação de multa, nos termos do artigo 77 e parágrafos do Novo Código de Processo Civil.

Ciência ao Ministério Público. Oportunamente, arquivem-se os autos. P.R.I.

São Paulo, 05 de setembro de 2017.

Vivian Labruna Catapani Juíza de Direito (assinado digitalmente) (DJe de 12.09.2017 - SP)

Processo 1097710-04.2017.8.26.0100 - Pedido de Providências - Registro Civil das Pessoas Naturais - M.A.S.P. - VISTOS,Trata-se de expediente ajuizado por M. A. dos S. P. (nome de casada), que informa acerca da lavratura em duplicidade de assentos de nascimento em seu nome e solicita a regularização de sua situação registrária. O procedimento foi instruído pelos documentos de fls. 01/07. O representante do Ministério Público ofereceu manifestação à fls. 38/39. É o breve relatório. DECIDO. Consta dos autos que foi lavrado o assento de nascimento em nome de M. A. P. Dos S., registrada primeiramente pela mãe, B. P. dos S., junto ao Registro Civil das Pessoas Naturais e Tabelião de Notas do 32º Subdistrito da Capela do Socorro - Capital, São Paulo, com data de nascimento em 27 de janeiro de 1968, sob o nº de matrícula 119438 01 55 1968 1 00030 176 0033572 56, constando, na filiação, apenas o nome da genitora. Todavia, o pai da Sra. Requerente, C. N. S., por não estar presente aos meses posteriores ao seu nascimento e desconhecendo o registro feito pela mãe, compareceu perante o Registro Civil das Pessoas Naturais do 5º Subdistrito Santa Efigênia Capital, e realizou nova inscrição da filha, sob o nº de matrícula 115337 01 55 1968 1 00126 172 0035095-49, incluindo-se então o nome do genitor, bem como dos avós paternos. Ademais, neste segundou assento, a registrada recebeu o patronímico do genitor, figurando nele como M. A. S..Bem assim, solicita a Sra. Interessada a regularização de sua situação registrária, com o cancelamento do registro lavrado posteriormente, bem como com a transposição dos dados relativos ao nome do genitor e dos avós paternos para o primeiro, e válido, assento de nascimento. Em adição à correção de seu registro, solicitou também a Sra. Registrada a averbação dos reflexos das alterações pedidas em seu assento de seu casamento, bem como no assento de nascimento dos filhos menores. Bem assim, certo é que, à vista da duplicidade de assentos de nascimento, deve ser cancelado aquele lavrado em segundo lugar, em respeito ao aventado princípio da anterioridade, de modo a prevalecer o registro originário. Conforme já se decidiu: "ocorrendo a duplicidade de registros de nascimento, prevalece o primeiro, dada a nulidade do segundo" (RT 551/230). Diante do brevemente exposto, considerando-se a documentação trazida aos autos, e com a concordância da Representante do Ministério Público, determino o cancelamento do assento de nascimento de M. P. S., lavrado aos 30 de setembro de 1968, sob o nº de matrícula 115337 01 55 1968 1 00126 172 0035095 49, pelo Registro Civil das Pessoas

Naturais do 5º Subdistrito Santa Efigênia - Capital, transportando-se as informações relevantes acerca do nome do genitor e dos avós paternos para o primeiro assento lavrado. Ressalto ao Sr. Oficial para que se atente ao fato de que não será incluído, no registro original, o patronímico paterno ao nome da registrada (fls. 42). A retificação da certidão de casamento da Representante, bem como do assento de nascimento de seus dois filhos, conforme solicitada na petição inicial, deverá ser buscada na via adequada, porquanto tal atribuição refoge ao âmbito de atuação este Juízo Administrativo. Por fim, com a juntada, pela Sra. Oficial, da certidão de nascimento atualizada, tendo em vista a repercussão registrária das alterações determinadas, à z. Serventia para oficiar, cópia integral dos autos, ao IIRGD e aos demais órgãos interessados, para ciência e providências necessárias. Ciência ao Ministério Público e às Sras. Titulares de Capela do Socorro e Santa Efigênia. Oportunamente, arquivem-se os autos.. P.R.I.C. - ADV: ISAIAS FERREIRA DE ASSIS (OAB 74042/SP) (DJe de 17.11.2017 - SP)

ÓBITO

Processo 1025739-90.2016.8.26.0100

Pedido de Providências - DIREITO CIVIL - I.C. - VISTOS.I.C., qualificada na inicial e devidamente representada por seus advogados, ajuizou o presente pedido objetivando autorização judicial para proceder à exumação e cremação dos restos mortais de J.V.C.S., seu filho, vítima de morte violenta, e à retificação do respectivo assento de óbito. A interessada pretende cremar os restos mortais de seu falecido filho, sepultado no Cemitério (...), na Capital. Manifestou-se o Ministério Público, às fls. 41/42, opinando pelo deferimento do pedido .A MM. Juíza de Direito da Vara do Júri e Execuções Criminais do Foro de Osasco manifestou-se, comunicando a inexistência de objeção à exumação e cremação requerida (fl. 37). É o breve relatório. DECIDO. Cuida-se de ação de interesse de I.C., pleiteando a exumação e cremação dos restos mortais de seu filho, cujo óbito ocorreu no dia 05/02/2013. Informa a Sra. Interessada, que o filho sempre manifestou o desejo de ser cremado, quando de sua morte, ainda que não tenha deixado sua vontade escrita. Ademais, noticia que o prazo para retirada dos restos mortais do de cujus expirou. Preenchidos os requisitos legais, impõe-se seja autorizada a exumação e cremação dos restos mortais de J.V.C.S.Nos termos do artigo 551 do Decreto Estadual nº 16.017 de 04 de novembro de 1980, foi preenchido o requisito temporal. Ademais, no tocante à necessidade de autorização, em razão de ter sido a morte violenta, nos termos do artigo 77, § 2º, da Lei de Registros Públicos, manifestou-se a MM. Juíza de Direito da Vara do Júri e Execuções Criminais do Foro de Osasco, não apresentando qualquer objeção à exumação e cremação pretendida. De igual maneira, nada consta do Inquérito Policial, referidos às fls. 48 e 50, no sentido denegar o presente pedido. Em face do exposto, com destaque para a concordância manifestada pela representante do Ministério Público, defiro o pedido inicial para autorizar a exumação e cremação dos restos mortais de J.V.C.S., observadas todas as precauções necessárias e as exigências pertinentes da autoridade sanitária para a execução do ato. Expeça-se, o alvará requerido, após o trânsito. Ficam concedidos os benefícios da JUSTIÇA GRATUITA nos termos do artigo 12 da Lei 1060/50, o que deve ser observado pela Sr. Oficial do Registro Civil das Pessoas Naturais do (...)º Subdistrito (...), servindo esta sentença como mandado. Outrossim, expeça-se ainda, mandado para o Registro Civil das Pessoas Naturais do (...)º Subdistrito (...), após a consumação do translado, com cópia desta decisão, para retificação do assento de óbito. P.R.I.C. ADV: JULIANA FARINELLI MEDINA FUSER (OAB 288990/SP) (DJe de 30.01.2017 – SP

Processo 1006738-85.2017.8.26.0100

Pedido de Providências - Registro de Óbito após prazo legal - S.M.C. - VISTOS,Trata-se de pedido de providências instaurado por S.M.C., solicitando a justificação do óbito com declaração da morte presumida, requerendo ainda o registro do falecimento no Livro "C", nos termos do item 97, Cap. XVII, das Normas de Serviço da Corregedoria Geral da Justiça. O pedido foi instruído com os documentos de fls. 12 a 68. É o breve relatório. Decido. Consta dos autos que o pai da Sra. Interessada foi declarado ausente, por meio de sentença expedida pela 8ª Vara de Família e Sucessões, transitada em julgado em fevereiro de 2002 (cf. certidão de objeto e pé às fls. 21). No referido processo foi aberta a sucessão definitiva, sendo expedido o mandado para averbação do registro em 08/11/2011 (certidão de objeto e pé às fls. 45). Requer a autora que este Juízo justifique o óbito e declare a presunção da morte do ausente L.J.C, mandando inscrever o falecimento do livro "C" do Registro Civil, expedindo-se então a certidão cabível. Note-se que na justificativa do óbito há a certeza da morte, que "decorre da situação especial em que ela se dá, que é o desaparecimento da pessoa em catástrofe." (C. N.,

M.C. E Oliveira, M. S.. Registro Civil das Pessoas Naturais II, 2014, fls. 133). Portanto, a justificação é aplicada em situações extraordinárias, como naufrágios, inundações, incêndios, terremotos ou qualquer outra catástrofe, nas quais o falecimento é dado como óbvio e certo, conforme previsão do art. 88 da Lei de Registros Públicos, que abaixo transcreve-se: Art. 88. Poderão os Juízes togados admitir justificação para o assento de óbito de pessoas desaparecidas em naufrágio, inundação, incêndio, terremoto ou qualquer outra catástrofe, quando estiver provada a sua presença no local do desastre e não for possível encontrar-se o cadáver para exame. Entretanto, é diverso o ocorrido com o pai da autora, haja vista que há ação de declaração de Ausência em andamento. Nesse instituto jurídico "existe apenas a certeza do desaparecimento, sem que ocorra a presunção de morte". (Venosa, Sílvio de Salvo. Direito Civil Parte Geral, 2009, fls. 153). Ademais, em contraposição ao requerido pela Sra. Interessada, nos casos de ausência, a sentença que determina a abertura da sucessão definitiva cuja morte então presume-se será registrada "no Livro "E" do Registro Civil das Pessoas Naturais do (...)º Subdistrito da Comarca onde o ausente teve seu último domicílio, com as mesmas cautelas e efeitos do registro da ausência". (cf. item 112, Cap. XVII, das NSCGJ). No mais, correto é que não haverá certidão de óbito, posto que reservada para os casos em que o falecimento é atestado por médico ou testemunhas e registrado no Livro (...), em conformidade com os artigos 33 e 77 da Lei nº 6015/1973. Ante ao exposto, à vista dos fatos narrados e por tudo o mais que consta nos autos, indefiro o pedido inicial, posto que refoge do âmbito de atuação desta Corregedoria Permanente, e determino o arquivamento dos autos. Ciência à Sra. Interessada, devendo buscar a providência almejada junto ao Juízo competente. P.R.I.C. - ADV: GERACINA DE OLIVEIRA (OAB 48746/SP) (DJe de 22.02.2017 - SP)

Processo 1128057-54.2016.8.26.0100

Pedido de Providências - Registro Civil das Pessoas Naturais - R.V.G. - A.A. - VISTOS. Cuida-se de expediente instaurado a partir de comunicação encaminhada pela Sra. Oficial do Registro Civil das Pessoas Naturais do (...)º Subdistrito (...), suscitando dúvidas acerca das medidas que deve tomar para o adequado cumprimento de sentença da 1ª Vara Cível do (...), quanto à retificação do assento de óbito de A. A. Carreou- se aos autos documentos de fls. 05/45. Após diligências, a representante do Ministério Público opinou favoravelmente à retificação do assento de óbito (fls. 49/51 e 68/69). É o breve relatório. DECIDO. Trata-se de expediente instaurado pela Sra. Oficial do Registro Civil das Pessoas Naturais do (...)º Subdistrito (...), mediante o qual faz consulta ao presente Juízo quanto ao procedimento cabível frente à sentença da 1ª Vara Cível do (...) que determinou a retificação do assento de óbito de A. A. Compulsando-se dos autos, verifica-se que, aos 14 de fevereiro de 2014, foi registrado na mencionada Serventia o óbito do Sr. A. A., morto em 07 de fevereiro do mesmo. Constou do referido assento, lavrado a partir de declaração da Sra. L. J. G. perante o Serviço Funerário, que o "de cujus" era divorciado e que vivia em união estável com a declarante. Posteriormente, a Sra. G. A. G., alegando ser esposa do falecido, ajuizou ação de retificação do assento, pleiteando a inserção de seu casamento no registro, bem como a constatação de que o Sr. A. A. havia deixado dois filhos com ela gerados. Tal feito foi julgado procedente pela MM. Juíza da 1ª Vara Cível do (...), sem que se fizesse menção, todavia, à ordem para excluir (ou não) do assento de óbito a união estável declarada. Destarte, diante deste painel, entendeu a Sra. Oficial que o cumprimento de tal sentença, na forma de sua redação original, afetaria o Princípio da Segurança Jurídica, haja vista a incompatibilidade das informações a serem acrescidas com aquelas declaradas pela Sra. L. J. G. Cientificando-se da mencionada recusa, procedeu a Sra. Interessada ao requerimento, por intermédio de sua advogada, de novo ofício à Serventia, pedido que, contudo, resultou denegado pela MM. Juíza. Inconformada, interpô s a patrona, ainda, agravo de instrumento, julgado intempestivo pelo Egrégio Tribunal de Justiça. Os autos, por fim, foram arquivados. Sem embargo, em 17 de novembro de 2016, a atual patrona da Sra. Interessada apresentou novamente o mandado judicial relativo à primeira sentença proferida pela 1ª Vara Cível do (...), requerendo, com vistas à obtenção de benefício junto ao INSS, a averbação da retificação no assento de óbito em seus termos, vez que nenhuma da diversas medidas judiciais até então tomadas logrou êxito no sentido de se obter nova ordem judicial. Solicitada sua manifestação, a MM. Juíza da 1ª Vara Cível do (...) afirmou que, na ação em tela, não foi possível confirmar se o falecido vivia de fato ou não com o cônjuge, de maneira que nada se pôde dizer quanto à veracidade da declarada união estável. Entretanto, aduziu a MM. Juíza não vislumbrar incompatibilidade da referida união com o estado civil de casado do "de cujus", porquanto, havendo tal dúvida, eventual reconhecimento demandaria ação movida pela Sra. Interessada. Desta feita, pese tratar-se a decisão proferida pela 1ª Vara Cível do (...) de título judicial, somado, no mais, à competência eminentemente administrativa e registrária da presente Corregedoria, resta claro que não nos compete discutir quanto à ventilada sentença, por refugir ao nosso âmbito de atuação; uma vez que a MM Juíza de Direito presidente do processo judicial conheceu da questão e determinou a realização da averbação tal qual decidido, mantida a informação da união estável. Nesta ordem de ideias, consigno que deva ser cumprida a sentença quanto à retificação do assento de óbito de A. A. na exata forma como foi prolatada. Comunique-se a decisão à mm Juíza de Direito da 1ª Vara Cível do (...), por e- mail, servindo a presente sentença como ofício. Ciência à Sra. Interessada, à Sra. Oficial e ao Ministério Público. Oportunamente, arquivem-se os autos. R.I.C. - ADV: MÁRCIA POSZTOS MEIRA PLATES (OAB 350159/SP), MICHELLE MARTINS ROCHA (OAB 311657/SP) (DJe de 22.03.2017 - SP)

Processo 1014891-10.2017.8.26.0100

Pedido de Providências - REGISTROS PÚBLICOS - O.R.C.P.N.A.M. - VISTOS,Trata-se de pedido de providências encaminhado a esta Corregedoria Permanente pela Oficial de Registro Civil das Pessoas Naturais do 33º Subdistrito Alto da Mooca, Capital, noticiando erro em assento de óbito da Sra. V. G. C. e solicitando autorização para a devida retificação. O Ministério Público manifestou-se às fls. 12/13, 18, 40 e 64. É o breve relatório. DECIDO. Cuida-se de expediente instaurado perante este Juízo pela Sra. Delegatária do Registro Civil das Pessoas Naturais do 33º Subdistrito Alto da Moóca, Capital, solicitando a retificação do assento de óbito da Sra. V. G. C.A Titular informou que no dia 14/02/2017 foi recebida, do Serviço Funerário de São Paulo, a Declaração de Óbito de nº 24362693-2, sendo lavrado o respectivo assento no dia 15/02/2017, no livro C-83, fls. 140, nº 31857 (cf. fls. 03/04). A Declaração assevera que a morte, ocorrida no dia 13/02/2017, foi declarada no Hospital e Maternidade São Cristóvão, São Paulo, Capital, tendo como causa do falecimento parada cardiorrespiratória, choque séptico, abdômen agudo obstrutivo e obesidade mórbida. Esta causa foi atestada, de acordo com a declaração de nº 24362693-2, pelos Drs. Vania Cristina Cappio, de CRM 73572, e José Renato Cohn, de CRM 41045. Ocorre que a Registradora recebera, no dia 17/02/2017, através do Serviço Funerário de São Paulo, a Declaração de Óbito de nº 24319967-8, contendo como falecida a mesma pessoa presente no documento anterior, entretanto com informações discrepantes em relação ao passamento (cf. fls. 05/07). Esta declaração, emitida após a realização de necropsia e assinada pelo Dr. Anandrea Piva Mantovani de Micheli, possuía como causa do falecimento sepse e pós-operatório de cirurgia abdominal e constava que o local do óbito era o Crematório Vila Alpina. A Sra. Oficial aduziu que o novo registro do ato possui uma observação acerca da duplicidade de documentos, esclarecendo que a declaração de óbito de nº 24319967-8, entregue no dia 17/02/2017, substitui a declaração de óbito de nº 24362693-2, recebida pela Serventia no dia 14/02/2017. O Ministério Público manifestou-se pelo deferimento do pedido, considerando que os dados qualificativos da de cujus foram mantidos em sua integralidade, sendo somente retificadas as informações acerca da causa da morte, o local do sepultamento e o nome do médico atendente. Contudo, afirma que deve permanecer o primeiro local informado pelo Serviço Funerário de São Paulo, o Hospital e Maternidade São Cristóvão, São Paulo, Capital (cf. fls. 12/13 e 18). Após decisão desta Corregedoria Permanente, vieramse aos autos esclarecimentos oferecidos pelo Serviço Funerário Municipal. O referido órgão explicou que a emissão de duas declarações de óbito ocorreu porque o Hospital e Maternidade São Cristóvão emitiu o documento de nº 24362693-2 e a família da falecida, desconfiada de erro médico, solicitou necropsia para afirmar a causa mortis, sendo emitida nova declaração de nº 24319967-8, cancelando as informações da primeira. O Serviço Funerário Municipal aduziu que o corpo tinha sido encaminhado para o Crematório da Vila Alpina, contudo, a cremação do corpo da falecida não aconteceu, sendo este levado ao Cemitério da Quarta Parada, depois da realização da necropsia, para o seu sepultamento. O órgão afirma que este deve ter sido o motivo da confusão quanto ao local do óbito (cf. fls. 22/36). O representante de Ministério Público, após análise dos esclarecimentos fornecidos pelo referido órgão, solicita, novamente, que sejam retificadas as informações da causa da morte, o nome do médico e o local do sepultamento. Todavia, pede que este último seja trocado pelo Cemitério da Quarta Parada (fls. 40). O Sr. J. R. S., viúvo de V. G. C., por intermédio de seus advogados, veio aos autos requerendo sua habilitação neste presente pedido de providências, haja visto ter sido nomeado inventariante dos bens deixados pela falecida, nos autos do processo de nº 1033293-42.2017.8.26.0100, que tramita na 11ª Vara da Família e Sucessões do Foro Central de São Paulo/SP (fls. 44/46). Diante dos fatos narrados, bem como da extensa documentação carreada aos autos, defiro o pedido de retificação, de forma administrativa, para alterar a causa da morte, o local do sepultamento e o nome do médico que atesta o falecimento da Sra. V. G. C., fazendo com que passe a constar de seu assento de óbito as informações corretas. Ciência à Oficial, ao Ministério Público e ao interessado. Comunique-se a decisão à Egrégia Corregedoria Geral da Justiça, por e-mail, servindo a presente como ofício. P.R.I.C. - ADV: FULVIO RAMIREZ (OAB 250013/SP), VIVIAN RUFINO MENDONÇA (OAB 287730/SP) (DJe de 31.07.2017 - SP)

Processo 1025739-90.2016.8.26.0100

Pedido de Providências - DIREITO CIVIL - I.C. - VISTOS. I.C., qualificada na inicial e devidamente representada por seus advogados, ajuizou o presente pedido objetivando autorização judicial para proceder à exumação e cremação dos restos mortais de J.V.C.S., seu filho, vítima de morte violenta, e à retificação do respectivo assento de óbito. A interessada pretende cremar os restos mortais de seu falecido filho, sepultado no Cemitério (...), na Capital. Manifestou-se o Ministério Público, às fls. 41/42, opinando pelo deferimento do pedido. A MM. Juíza de Direito da Vara do Júri e Execuções Criminais do Foro de Osasco manifestou-se, comunicando a inexistência de objeção à exumação e cremação requerida (fl. 37). É o breve relatório. DECIDO. Cuida-se de ação de interesse de I.C., pleiteando a exumação e cremação dos restos mortais de seu filho, cujo óbito ocorreu no dia 05/02/2013. Informa a Sra. Interessada, que o filho sempre manifestou o desejo de ser cremado, quando de sua morte, ainda que não tenha deixado sua vontade escrita. Ademais, noticia que o prazo para retirada dos restos mortais do de cujus expirou. Preenchidos os requisitos legais, impõe-se seja autorizada a exumação e cremação dos restos mortais de J. V.C.S. Nos termos do artigo 551 do Decreto Estadual nº 16.017 de 04 de novembro de 1980, foi preenchido o requisito temporal. Ademais, no tocante à necessidade de autorização, em razão de ter sido a morte violenta, nos termos do artigo 77, § 2º, da Lei de Registros Públicos, manifestou-se a MM. Juíza de Direito da Vara do Júri e Execuções Criminais do Foro de Osasco, não apresentando qualquer objeção à exumação e cremação pretendida. De igual maneira, nada consta do Inquérito Policial, referidos às fls. 48 e 50, no sentido denegar o presente pedido. Em face do exposto, com destaque para a concordância manifestada pela representante do Ministério Público, defiro o pedido inicial para autorizar a exumação e cremação dos restos mortais de J.V.C.S., observadas todas as precauções necessárias e as exigências pertinentes da autoridade sanitária para a execução do ato. Expeça-se, o alvará requerido, após o trânsito. Ficam concedidos os benefícios da JUSTIÇA GRATUITA nos termos do artigo 12 da Lei 1060/50, o que deve ser observado pela Sr. Oficial do Registro Civil das Pessoas Naturais do (...)º Subdistrito (...), servindo esta sentença como mandado. Outrossim, expeça-se ainda, mandado para o Registro Civil das Pessoas Naturais do (...)º Subdistrito (...), após a consumação do translado, com cópia desta decisão, para retificação do assento de óbito. P.R.I.C. ADV: JULIANA FARINELLI MEDINA FUSER (OAB 288990/SP) (DJe de 30.01.2017 – SP)

Processo 1006738-85.2017.8.26.0100

Pedido de Providências - Registro de Óbito após prazo legal - S.M.C. - VISTOS, Trata-se de pedido de providências instaurado por S.M.C., solicitando a justificação do óbito com declaração da morte presumida, requerendo ainda o registro do falecimento no Livro "C", nos termos do item 97, Cap. XVII, das Normas de Serviço da Corregedoria Geral da Justiça. O pedido foi instruído com os documentos de fls. 12 a 68. É o breve relatório. Decido. Consta dos autos que o pai da Sra. Interessada foi declarado ausente, por meio de sentença expedida pela 8ª Vara de Família e Sucessões, transitada em julgado em fevereiro de 2002 (cf. certidão de objeto e pé às fls. 21). No referido processo foi aberta a sucessão definitiva, sendo expedido o mandado para averbação do registro em 08/11/2011 (certidão de objeto e pé às fls. 45). Requer a autora que este Juízo justifique o óbito e declare a presunção da morte do ausente L.J.C, mandando inscrever o falecimento do livro "C" do Registro Civil, expedindo-se então a certidão cabível. Note-se que na justificativa do óbito há a certeza da morte, que "decorre da situação especial em que ela se dá, que é o desaparecimento da pessoa em catástrofe." (C. N., M.C. E Oliveira, M. S.. Registro Civil das Pessoas Naturais II, 2014, fls. 133). Portanto, a justificação é aplicada em situações extraordinárias, como naufrágios, inundações, incêndios, terremotos ou qualquer outra catástrofe, nas quais o falecimento é dado como óbvio e certo, conforme previsão do art. 88 da Lei de Registros Públicos, que abaixo transcreve-se: Art. 88. Poderão os Juízes togados admitir justificação para o assento de óbito de pessoas desaparecidas em naufrágio, inundação, incêndio, terremoto ou qualquer outra catástrofe, quando estiver provada a sua presença no local do desastre e não for possível encontrar-se o cadáver para exame. Entretanto, é diverso o ocorrido com o pai da autora, haja vista que há ação de declaração de Ausência em andamento. Nesse instituto jurídico "existe apenas a certeza do desaparecimento, sem que ocorra a presunção de morte". (Venosa, Sílvio de Salvo. Direito Civil Parte Geral, 2009, fls. 153).

Ademais, em contraposição ao requerido pela Sra. Interessada, nos casos de ausência, a sentença que determina a abertura da sucessão definitiva cuja morte então presume-se será registrada "no Livro "E" do Registro Civil das Pessoas Naturais do (...)º Subdistrito da Comarca onde o ausente teve seu último domicílio, com as mesmas cautelas e efeitos do registro da ausência". (cf. item 112, Cap. XVII, das NSCGJ). No mais, correto é que não haverá certidão de óbito, posto que reservada para os casos em que o falecimento é atestado por médico ou testemunhas e registrado no Livro (...), em conformidade com os artigos 33 e 77 da Lei nº 6015/1973. Ante ao exposto, à vista dos fatos narrados e por tudo o mais que consta nos autos, indefiro o pedido inicial, posto que refoge do âmbito de atuação desta Corregedoria Permanente, e determino o arquivamento dos autos. Ciência à Sra. Interessada, devendo buscar a providência almejada junto ao Juízo competente. P.R.I.C. - ADV: GERACINA DE OLIVEIRA (OAB 48746/SP) (DJe de 22.02.2017 - SP)

Processo 1128057-54.2016.8.26.0100

Pedido de Providências - Registro Civil das Pessoas Naturais - R.V.G. - A.A. - VISTOS. Cuida-se de expediente instaurado a partir de comunicação encaminhada pela Sra. Oficial do Registro Civil das Pessoas Naturais do (...)º Subdistrito (...), suscitando dúvidas acerca das medidas que deve tomar para o adequado cumprimento de sentença da 1ª Vara Cível do (...), quanto à retificação do assento de óbito de A. A. Carreou-se aos autos documentos de fls. 05/45. Após diligências, a representante do Ministério Público opinou favoravelmente à retificação do assento de óbito (fls. 49/51 e 68/69). É o breve relatório. DECIDO. Trata-se de expediente instaurado pela Sra. Oficial do Registro Civil das Pessoas Naturais do (...)º Subdistrito (...), mediante o qual faz consulta ao presente Juízo quanto ao procedimento cabível frente à sentença da 1ª Vara Cível do (...) que determinou a retificação do assento de óbito de A. A.Compulsando-se dos autos, verifica-se que, aos 14 de fevereiro de 2014, foi registrado na mencionada Serventia o óbito do Sr. A. A., morto em 07 de fevereiro do mesmo. Constou do referido assento, lavrado a partir de declaração da Sra. L. J. G. perante o Serviço Funerário, que o "de cujus" era divorciado e que vivia em união estável com a declarante. Posteriormente, a Sra. G. A. G., alegando ser esposa do falecido, ajuizou ação de retificação do assento, pleiteando a inserção de seu casamento no registro, bem como a constatação de que o Sr. A. A. havia deixado dois filhos com ela gerados. Tal feito foi julgado procedente pela MM. Juíza da 1ª Vara Cível do (...), sem que se fizesse menção, todavia, à ordem para excluir (ou não) do assento de óbito a união estável declarada. Destarte, diante deste painel, entendeu a Sra. Oficial que o cumprimento de tal sentença, na forma de sua redação original, afetaria o Princípio da Segurança Jurídica, haja vista a incompatibilidade das informações a serem acrescidas com aquelas declaradas pela Sra. L. J. G.Cientificando-se da mencionada recusa, procedeu a Sra. Interessada ao requerimento, por intermédio de sua advogada, de novo ofício à Serventia, pedido que, contudo, resultou denegado pela MM. Juíza. Inconformada, interpô s a patrona, ainda, agravo de instrumento, julgado intempestivo pelo Egrégio Tribunal de Justiça. Os autos, por fim, foram arquivados. Sem embargo, em 17 de novembro de 2016, a atual patrona da Sra. Interessada apresentou novamente o mandado judicial relativo à primeira sentença proferida pela 1ª Vara Cível do (...), requerendo, com vistas à obtenção de benefício junto ao INSS, a averbação da retificação no assento de óbito em seus termos, vez que nenhuma da diversas medidas judiciais até então tomadas logrou êxito no sentido de se obter nova ordem judicial. Solicitada sua manifestação, a MM. Juíza da 1ª Vara Cível do (...) afirmou que, na ação em tela, não foi possível confirmar se o falecido vivia de fato ou não com o cônjuge, de maneira que nada se pôde dizer quanto à veracidade da declarada união estável. Entretanto, aduziu a MM. Juíza não vislumbrar incompatibilidade da referida união com o estado civil de casado do "de cujus", porquanto, havendo tal dúvida, eventual reconhecimento demandaria ação movida pela Sra. Interessada. Desta feita, pese tratar-se a decisão proferida pela 1ª Vara Cível do (...) de título judicial, somado, no mais, à competência eminentemente administrativa e registrária da presente Corregedoria, resta claro que não nos compete discutir quanto à ventilada sentença, por refugir ao nosso âmbito de atuação; uma vez que a MM Juíza de Direito presidente do processo judicial conheceu da questão e determinou a realização da averbação tal qual decidido, mantida a informação da união estável. Nesta ordem de ideias, consigno que deva ser cumprida a sentença quanto à retificação do assento de óbito de A. A. na exata forma como foi prolatada. Comunique-se a decisão à mm Juíza de Direito da 1ª Vara Cível do (...), por e- mail, servindo a presente sentença como ofício. Ciência à Sra. Interessada, à Sra. Oficial e ao Ministério Público. Oportunamente, arquivem-se os autos. R.I.C. - ADV: MÁRCIA POSZTOS MEIRA PLATES (OAB 350159/SP), MICHELLE MARTINS ROCHA (OAB 311657/SP) (DJe de 22.03.2017 - SP)

Processo 1100760-72.2016.8.26.0100

Pedido de Providências - Registro de óbito após o prazo legal - N.L.R. - C.L.R. - C.L.R. e outro - *VISTOS,Cuida-se de requerimento formulado por N.L.R., C.L.R., S.A.A.R., e C.L.R., qualificados na inicial, buscando autorização para a lavratura do assento tardio de óbito de J.F.R, marido, pai e sogro dos requerentes, haja vista a existência de bem a ser inventariado por parte dos filhos do falecido. A inicial veio instruída com as peças de fls. 12/34. Foi designada audiência, na qual foi ouvido o Sr. C.L.R.. Os representantes do Ministério Público ofereceu manifestação às fls. 38/39, 53/54, 61/62, 78 e 87, opinando pelo indeferimento do pleito inicial. É o relatório. DECIDO. Inviável a lavratura do assento tardio de óbito de J.F.R., uma vez que os requerentes não lograram êxito em produzir prova suficiente acerca do local e data do falecimento de seu familiar. Ressalte-se que não há prova nos autos capaz de gerar a formação de convencimento no sentido de que o óbito ocorreu à época e local indicados. Em que pese a realização de diversas diligências para tentativa de localização de documentos que corroborem o fato em questão, estas restaram infrutíferas. Assim, impossibilitado fica o deferimento da pretensão inicial nesta via administrativa. Assim, rejeito o pedido formulado, acolhida a impugnação ministerial retro (fls. 67). Ciência aos Srs. Interessados e ao Ministério Público. Oportunamente, arquivem-se os autos. P.R.I.C. - ADV: ALESSANDRA DE SOUZA FERREIRA (OAB 248002/SP) (DJe de 09.05.2017 - SP)

Processo 1014891-10.2017.8.26.0100

Pedido de Providências - REGISTROS PÚBLICOS - O.R.C.P.N.A.M. - VISTOS,Trata-se de pedido de providências encaminhado a esta Corregedoria Permanente pela Oficial de Registro Civil das Pessoas Naturais do 33º Subdistrito Alto da Mooca, Capital, noticiando erro em assento de óbito da Sra. V. G. C. e solicitando autorização para a devida retificação. O Ministério Público manifestou-se às fls. 12/13, 18, 40 e 64. É o breve relatório. DECIDO. Cuida-se de expediente instaurado perante este Juízo pela Sra. Delegatária do Registro Civil das Pessoas Naturais do 33º Subdistrito Alto da Moóca, Capital, solicitando a retificação do assento de óbito da Sra. V. G. C.A Titular informou que no dia 14/02/2017 foi recebida, do Serviço Funerário de São Paulo, a Declaração de Óbito de nº 24362693-2, sendo lavrado o respectivo assento no dia 15/02/2017, no livro C-83, fls. 140, nº 31857 (cf. fls. 03/04). A Declaração assevera que a morte, ocorrida no dia 13/02/2017, foi declarada no Hospital e Maternidade São Cristóvão, São Paulo, Capital, tendo como causa do falecimento parada cardiorrespiratória, choque séptico, abdômen agudo obstrutivo e obesidade mórbida. Esta causa foi atestada, de acordo com a declaração de nº 24362693-2, pelos Drs. Vania Cristina Cappio, de CRM 73572, e José Renato Cohn, de CRM 41045. Ocorre que a Registradora recebera, no dia 17/02/2017, através do Serviço Funerário de São Paulo, a Declaração de Óbito de nº 24319967-8, contendo como falecida a mesma pessoa presente no documento anterior, entretanto com informações discrepantes em relação ao passamento (cf. fls. 05/07). Esta declaração, emitida após a realização de necropsia e assinada pelo Dr. Anandrea Piva Mantovani de Micheli, possuía como causa do falecimento sepse e pós-operatório de cirurgia abdominal e constava que o local do óbito era o Crematório Vila Alpina. A Sra. Oficial aduziu que o novo registro do ato possui uma observação acerca da duplicidade de documentos, esclarecendo que a declaração de óbito de nº 24319967-8, entregue no dia 17/02/2017, substitui a declaração de óbito de nº 24362693-2, recebida pela Serventia no dia 14/02/2017. O Ministério Público manifestou-se pelo deferimento do pedido, considerando que os dados qualificativos da de cujus foram mantidos em sua integralidade, sendo somente retificadas as informações acerca da causa da morte, o local do sepultamento e o nome do médico atendente. Contudo, afirma que deve permanecer o primeiro local informado pelo Serviço Funerário de São Paulo, o Hospital e Maternidade São Cristóvão, São Paulo, Capital (cf. fls. 12/13 e 18). Após decisão desta Corregedoria Permanente, vieramse aos autos esclarecimentos oferecidos pelo Serviço Funerário Municipal. O referido órgão explicou que a emissão de duas declarações de óbito ocorreu porque o Hospital e Maternidade São Cristóvão emitiu o documento de nº 24362693-2 e a família da falecida, desconfiada de erro médico, solicitou necropsia para afirmar a causa mortis, sendo emitida nova declaração de nº 24319967-8, cancelando as informações da primeira. O Serviço Funerário Municipal aduziu que o corpo tinha sido encaminhado para o Crematório da Vila Alpina, contudo, a cremação do corpo da falecida não aconteceu, sendo este levado ao Cemitério da Quarta Parada, depois da realização da necropsia, para o seu sepultamento. O órgão afirma que este deve ter sido o motivo da confusão quanto ao local do óbito (cf. fls. 22/36). O representante de Ministério Público, após análise dos esclarecimentos fornecidos pelo referido órgão, solicita, novamente, que sejam retificadas as informações da causa da morte, o nome do médico e o local do sepultamento. Todavia, pede que este último seja trocado pelo Cemitério da Quarta Parada (fls. 40). O Sr. J. R. S., viúvo de V. G. C., por intermédio de seus advogados, veio aos autos requerendo sua habilitação neste presente pedido de providências, haja visto ter sido nomeado inventariante dos bens deixados pela falecida, nos autos do processo de nº 1033293-42.2017.8.26.0100, que tramita na 11ª Vara da Família e Sucessões do Foro Central de São Paulo/SP (fls. 44/46). Diante dos fatos narrados, bem como da extensa documentação carreada aos autos, defiro o pedido de retificação, de forma administrativa, para alterar a causa da morte, o local do sepultamento e o nome do médico que atesta o falecimento da Sra. V. G. C., fazendo com que passe a constar de seu assento de óbito as informações corretas. Ciência à Oficial, ao Ministério Público e ao interessado. Comunique-se a decisão à Egrégia Corregedoria Geral da Justiça, por e-mail, servindo a presente como ofício. P.R.I.C. - ADV: FULVIO RAMIREZ (OAB 250013/SP), VIVIAN RUFINO MENDONÇA (OAB 287730/SP) (DJe de 31.07.2017 - SP)

RECONHECIMENTO DE PATERNIDADE

Processo 1032831-85.2017.8.26.0100

Pedido de Providências - Registro Civil das Pessoas Naturais - R.B. - VISTOS,Trata-se de expediente encaminhado pelo Sr. Oficial do Registro Civil das Pessoas Naturais do (...)º Subdistrito (...), suscitando dúvidas acerca de reconhecimento de filiação socioafetiva. Vieram aos autos documentos de fls. 02/43. A n. representante do Ministério Público manifestou-se às fls. 47/48. É o breve relatório. DECIDO. Constam dos autos que, aos 12 de fevereiro de 1996, foi lavrado assento de nascimento de R. S. O., filho de E. J. R. de O. e K. R. S., junto ao Registro Civil das Pessoas Naturais do (...)º Subdistrito (...). Separados os referidos genitores, passou E. J. R.O. a conviver com A. K. C. M. A. O., vindos eles inclusive a se casar (fl. 14). Assim, em virtude de tal relação, haja vista, mormente, que R. S. O. passou, em 1998, a residir com seu pai, desenvolveram A. e R. estreito afetivo, de modo que se reconhecem, respectivamente, como mãe e filho. Assim sendo, pleiteia A. K. C. M. A. O o reconhecimento de filiação socioafetiva em relação ao registrado, perante o Sr. Oficial do Registro Civil das Pessoas Naturais do (...)º Subdistrito - (...), a fim de incluir seu nome como genitora do mesmo. Não obstante, a absoluta igualdade jurídica entre as filiações, a filiação socioafetiva exige o exame de pressupostos somente passíveis de exame na esfera jurisdicional, porquanto, em regra, inviável decisão a respeito pelo Sr. Oficial a falta de legislação específica e, por conseguinte, a esta Corregedoria Permanente ante a natureza administrativa de sua atuação. A Lei nº 8.560/92 e tampouco o Provimento 16 do Conselho Nacional de Justiça são expressos a respeito da filiação socioafetiva. De outra parte, salvo melhor juízo, o disposto no artigo 4º, inciso I, do Provimento CG nº 36/2014, somente tem aplicação no âmbito da Vara da Infância e da Juventude como tratado expressamente no provimento em questão. Em suma, forçoso convir que a matéria posta em controvérsia não comporta acolhimento, ao menos no limitado campo registrário, nesta esfera administrativa desempenhada pela Corregedoria Permanente. Ante ao exposto, indefiro o reconhecimento da filiação socioafetiva pretendida neste âmbito administrativo. Ciência ao Sr. Oficial, aos Srs. Interessadas e ao Ministério Público. Em razão da interpretação efetuada, com cópia de todo expediente, remeta-se cópia desta decisão à Egrégia Corregedoria Geral da Justiça, por e-mail, servindo a presente sentença como ofício em virtude do Poder Hierárquico ao qual esta Corregedoria Permanente está sujeita. Após o trânsito em julgado, determino o arquivamento dos autos. P.R.I.C. - ADV: R.B.O. (OAB 262742/SP) (DJe de 18.05.2017 - SP)

Processo 1032831-85.2017.8.26.0100

Pedido de Providências - Registro Civil das Pessoas Naturais - R.B. - VISTOS,Trata-se de expediente encaminhado pelo Sr. Oficial do Registro Civil das Pessoas Naturais do (...)º Subdistrito (...), suscitando dúvidas acerca de reconhecimento de filiação socioafetiva. Vieram aos autos documentos de fls. 02/43. A n. representante do Ministério Público manifestou-se às fls. 47/48. É o breve relatório. DECIDO. Constam dos autos que, aos 12 de fevereiro de 1996, foi lavrado assento de nascimento de R. S. O., filho de E. J. R. de O. e K. R. S., junto ao Registro Civil das Pessoas Naturais do (...)º Subdistrito (...). Separados os referidos genitores, passou E. J. R.O. a conviver com A. K. C. M. A. O., vindos eles inclusive a se casar (fl. 14). Assim, em virtude de tal relação, haja vista, mormente, que R. S. O. passou, em 1998, a residir com seu pai, desenvolveram A. e R. estreito afetivo, de modo que se reconhecem, respectivamente, como mãe e filho. Assim sendo, pleiteia A. K. C. M. A. O o reconhecimento de filiação socioafetiva em relação ao registrado, perante o Sr. Oficial do Registro Civil das Pessoas Naturais do (...)º Subdistrito - (...), a fim de incluir seu nome como genitora do mesmo. Não obstante, a absoluta igualdade jurídica entre as filiações, a filiação socioafetiva exige o exame de pressupostos somente passíveis de exame na esfera jurisdicional, porquanto, em regra, inviável decisão a respeito pelo Sr. Oficial a falta de legislação específica e, por conseguinte, a esta Corregedoria Permanente ante a natureza administrativa de sua atuação. A Lei nº 8.560/92 e tampouco o Provimento 16 do Conselho Nacional de Justiça são expressos a respeito da filiação socioafetiva. De outra parte, salvo melhor juízo, o disposto no artigo 4º, inciso I, do Provimento CG nº 36/2014, somente tem aplicação no âmbito da Vara da Infância e da Juventude como tratado expressamente no provimento em questão. Em suma, forçoso convir que a matéria posta em controvérsia não comporta acolhimento, ao menos no limitado campo registrário, nesta esfera administrativa desempenhada pela Corregedoria Permanente. Ante ao exposto, indefiro o reconhecimento da filiação socioafetiva pretendida neste âmbito administrativo. Ciência ao Sr. Oficial, aos Srs. Interessadas e ao Ministério Público. Em razão da interpretação efetuada, com cópia de todo expediente, remeta-se cópia desta decisão à Egrégia Corregedoria Geral da Justiça, por e-mail, servindo a presente sentença como ofício em virtude do Poder Hierárquico ao qual esta Corregedoria Permanente está sujeita. Após o trânsito em julgado, determino o arquivamento dos autos. P.R.I.C. - ADV: R.B.O. (OAB 262742/SP) (DJe de 18.05.2017 - SP)

Processo 1098751-06.2017.8.26.0100

Pedido de Providências - Registro Civil das Pessoas Naturais - M.B.P. - W.L.P. - VISTOS, Trata-se de pedido de reconhecimento de união estável e sua conversão em casamento, com data retroativa (a fls. 01/20). O parecer do Ministério Público foi no sentido da falta de atribuições desta Corregedoria Permanente para conhecimento do pedido (a ffls. 24/25). É o breve relatório. Decido. A conversão da união estável em casamento é realizada diretamente perante o Oficial de Registro Civil. A respeito o item 87, do Capítulo XVII, das Normas de Serviço da Corregedoria Geral da Justiça, dispõe: 87. A conversão da união estável em casamento deverá ser requerida pelos companheiros perante o Oficial de Registro Civil das Pessoas Naturais de seu domicílio. 87.1. Recebido o requerimento, será iniciado o processo de habilitação sob o mesmo rito previsto para o casamento, devendo constar dos editais que se trata de conversão de união estável em casamento. 87.2. Estando em termos o pedido, será lavrado o assento da conversão da união estável em casamento, independentemente de autorização do Juiz Corregedor Permanente, prescindindo o ato da celebração do matrimônio.87.3. O assento da conversão da união estável em casamento será lavrado no Livro "B", exarando-se o determinado no item 80 deste Capítulo, sem a indicação da data da celebração, do nome do presidente do ato e das assinaturas dos companheiros e das testemunhas, cujos espaços próprios deverão ser inutilizados, anotando-se no respectivo termo que se trata de conversão de união estável em casamento.87.4. A conversão da união estável dependerá da superação dos impedimentos legais para o casamento, sujeitando-se à adoção do regime matrimonial de bens, na forma e segundo os preceitos da lei civil. 87.5. Não constará do assento de casamento convertido a partir da união estável, em nenhuma hipótese, a data do início, período ou duração desta. Não cabe o registro da data de início e término da união estável no âmbito administrativo. Eventual pedido dessa natureza (pedido de conversão com data retroativa) refoge às atribuições administrativas desta Corregedoria Permanente; demandando ação de natureza jurisdicional para exame da pretensão. Ante ao exposto, neste âmbito exclusivamente administrativo, indefiro o pedido de conversão de união estável com efeito retroativo. Ciência ao Ministério Público. P.R.I.C. - ADV: LEANDRO ZERBINATTI DE OLIVEIRA (OAB 267815/SP) (DJe de 16.11.2017 - SP)

REGIME DE BENS

Processo 1067262-82.2016.8.26.0100

Pedido de Providências - Registro Civil das Pessoas Naturais - R.S. - S.A. e outro - VISTOS, Trata-se de pedido de providências referente à averbação de regime de bens em casamento realizado no exterior e transcrito perante a Sra. Oficial do Registro Civil das Pessoas Naturais e de Interdições e Tutelas do Primeiro Subdistrito (...) da Comarca da (...) (a fls. 01/25). Após esclarecimentos da Sra. Requerente (a fls. 38/42), o parecer do Ministério Público foi no sentido da realização da averbação do regime de bens (a fls. 30/32 e 46). É o breve relatório. DECIDO. Quando da transcrição do casamento não constou o regime de bens (a fls. 24). De outra parte, os documentos de fls. 20/21 e 39 são suficientes para provar que o casal residiu Japão após o matrimônio e, depois, mudou-se para o Brasil. O artigo 7º, parágrafo 4º, da Lei de Introdução ao Código Civil (atual Lei de Introdução às normas do Direito Brasiliero), vigente à época do casamento (23.12.1964), estabelece:§ 4º O regime de bens, legal ou convencional, obedece à lei do país em que tiverem os nubentes domicílio, e, se este for diverso, a do primeiro domicílio conjugal. Diante disso, o regime de bens deve ser o vigente no Japão ante ao domicílio dos nubentes no momento em que contraíram o matrimônio. Como se observa dos documentos de fls. 11/14 (prova do direito estrangeiro vigente à época do casamento), o regime de bens é o previsto no artigo 762 do Código Civil do Japão Bens de posse especial, presunção de comunicabilidade dos bens jacentes. De outra parte, não há equivalência total ao Regime de Separação de bens que estava previsto no Código Civil de 1.916, já que o artigo 762, 02), do Código Civil Japonês, estabelece a possibilidade de bens comuns se não estiver claro a qual dos cônjuges pertence a propriedade, a exemplo do que consta nas certidões de registro imobiliário juntadas aos autos (a fls. 08/10). Por fim, a indicação pelos cônjuges do regime da comunhão universal perante o registro imobiliário não tem o condão de modificar a incidência da legislação japonesa, no pese a situação de bens comuns em razão disso em conformidade à legislação estrangeira. Ante ao exposto, afasto recusa, para determinar a realização da averbação do regime de bens na transcrição do casamento para constar que o regime de bens é o previsto no artigo 762 do Código Civil Japonês, observado o disposto na Resolução n. 155/2012 do Conselho Nacional de Justiça. Ciência a Sra. Requente e ao Ministério Público. Oportunamente, arquive-se. R.I.C. - ADV: ANTIÓRGINIS MIGUEL SOARES (OAB 216340/SP) (DJe de 23.01.2017 - SP)

Processo 1011394-85.2017.8.26.0100

Pedido de Providências - Registro Civil das Pessoas Naturais - R.I. - N.W.F.R. e outro - Em situações como a presente, havia precedentes desta Corregedoria Permanente afastando a imposição do regime da separação legal de bens com a adoção do regime da separação convencional de bens, sem incidência da Súmula 377. O entendimento administrativo acima referido era fundado na permanência de forte compreensão doutrinária, jurisprudencial e decisões administrativas do Conselho Superior da Magistratura acerca da incidência da Súmula 377 do Supremo Tribunal Federal no regime da separação legal de bens; assim, o regime da Separação de Bens Convencional por ser mais rígido que o Regime da Separação Legal de Bens tinha pertinência. O entendimento também era fundado na exclusão do cônjuge sobrevivente da condição de herdeiro necessário no entendimento do regime de separação referido no art. 1.829, inciso I, do Código Civil ser gênero das duas previsões contidas na lei legal ou convencional. Nesse sentido, confira-se o trecho do voto da Ministra Nancy Andrighi, no Recurso Especial nº 1.346.324 - SP (2011/0285110-6):Dessa forma, conforme ressaltei no julgamento do REsp 992.749/MS, a ampla liberdade advinda da possibilidade de pactuação quanto ao regime matrimonial de bens, prevista pelo Direito Patrimonial de Família, não pode ser toldada pela imposição fleumática do Direito das Sucessões, porque o fenômeno sucessório, nas palavras de MIGUEL REALE e JUDITH MARTINS COSTA "traduz a continuação da personalidade do morto pela projeção jurídica dos arranjos patrimoniais feitos em vida". (in Casamento sob o regime da separação de bens, voluntariamente escolhido pelos nubentes. Compreensão do fenômeno sucessório e seus critérios hermenêuticos. A força normativa do pacto antenupcial. Revista Trimestral de Direito Civil, Ano 6, vol. 24, outubro a dezembro de 2005. Rio de Janeiro: Ed. Padma, 2005. p. 226). Trata-se, pois, de um ato de liberdade conjuntamente exercido, ao qual o fenômeno sucessório não pode estabelecer limitações. Nesse contexto, o entendimento desta Corte, ao interpretar sistematicamente o art. 1.829, I, do CC/02, vigente à época da abertura da presente sucessão, é o de que o cônjuge sobrevivente, nas hipóteses de separação convencional de bens, não pode ser admitido como herdeiro necessário (REsp 992.749/MS, 3ª Turma, de minha relatoria, DJe de 05.02.2010; REsp 1.111.095/RJ, 4ª Turma, Rel. Min. Carlos Fernando Mathias (Juiz Federal convocado no TRF da 1ª Região, DJe de 11.02.2010). Conforme destaque no voto proferido em sede do REsp 992.749/MS, "se o casamento foi celebrado pelo regime da separação convencional, significa que o casal escolheu conjuntamente a separação do patrimônio. Não há como violentar a vontade do cônjuge o mais grave após sua morte, concedendo a herança ao sobrevivente com quem ele nunca quis". Por outro lado, os cônjuges casados sob esse regime da separação, não hesitarão em lançar mão de testamento ou de doação em vida ao cônjuge, para protegê-lo financeiramente, se assim o quiserem. Aliás, foi exatamente o que ocorreu na hipótese em que o de cujus havia feito a doação de ações da empresa à recorrida, sua esposa. Partindo da premissa de que o cônjuge casado no regime da separação convencional de bens não é herdeiro necessário, seja no regime do CC/16, seja no atual regime do CC/02, não há obrigatoriedade de trazer a colação o bem recebido por ocasião da doação previamente efetivada, estando ausente, por conseguinte qualquer violação dos arts. 544; 2.002 e 2.005, parágrafo único, do CC/02. Não obstante a isso, a jurisprudência majoritária do Superior Tribunal de Justiça se consolidou em sentido oposto, ou seja, admitindo ao cônjuge casado pelo regime da separação convencional de bens a condição de herdeiro necessário. A tanto, as seguintes ementas: RECURSO ESPECIAL. DIREITO DAS SUCESSÕES. INVENTÁRIO. REGIME DE BENS. SEPARAÇÃO TOTAL. PACTO ANTENUPCIAL POR ESCRITURA PÚBLICA. CÔNJUGE SOBREVIVENTE. CONCORRÊNCIA NA SUCESSÃO HEREDITÁRIA COM DESCENDENTES. INEXISTÊNCIA. CONDIÇÃO DE HERDEIRO NECESSÁRIO. RECONHECIMENTO. EXEGESE DOS ARTS. 1.829, III, 1.838 E 1.845 DO CC/02. NEGATIVA DE PRESTAÇÃO JURISDICIONAL. NÃO CONFIGURAÇÃO. PREQUESTIONAMENTO. APLICAÇÃO DA SÚMULA Nº 282/STF. DISSÍDIO NÃO DEMONSTRADO. AUSÊNCIA DE SIMILITUDE FÁTICA. 1. Cinge-se a controvérsia a saber se o regime de separação total dos bens, estabelecido em pacto antenupcial, retira do cônjuge sobrevivente a condição de herdeiro necessário, prevista nos arts. 1.829, III, 1.838 e 1.845 do Código Civil, ou seja, quando não há concorrência com descendentes ou ascendentes do autor da herança. 2. Na hipótese do art. 1.829, III, do Código Civil de 2002, o cônjuge sobrevivente é considerado herdeiro necessário independentemente do regime de bens de seu casamento com o falecido. 3. O cônjuge herdeiro necessário é aquele que, quando da morte do autor da herança, mantinha o vínculo de casamento, não estava separado judicialmente ou não estava separado de fato há mais de 2 (dois) anos, salvo, nesta última hipótese, se comprovar que a separação de fato se deu por impossibilidade de convivência, sem culpa do cônjuge sobrevivente. 4. O pacto antenupcial que estabelece o regime de separação total somente dispõe acerca da incomunicabilidade de bens e o seu modo de administração no curso do casamento, não produzindo efeitos após a morte por inexistir no ordenamento pátrio previsão de ultratividade do regime patrimonial apta a emprestar eficácia póstuma ao regime matrimonial. 5. O fato gerador no direito sucessório é a morte de um dos cônjuges e não, como cediço no direito de família, a vida em comum. As situações, porquanto distintas, não comportam tratamento homogêneo, à luz do princípio da especificidade, motivo pelo qual a intransmissibilidade patrimonial não se perpetua post mortem. 6. Recurso especial parcialmente conhecido e não provido." (REsp n. 1.294.404/RS, Terceira Turma, relator Ministro Ricardo Villas Bôas Cueva, DJe de 29.10.2015.) "AGRAVO REGIMENTAL NOS EMBARGOS DE DECLARAÇÃO NO RECURSO ESPECIAL. AÇÃO DE PETIÇÃO DE HERANÇA. DECISÃO MONOCRÁTICA QUE ACOLHEU OS ACLARATÓRIOS, COM EFEITOS INFRINGENTES, PARA NEGAR SEGUIMENTO AO APELO EXTREMO. INSURGÊNCIA RECURSAL DA AUTORA. 1. O artigo 1.829 do Código Civil, ao disciplinar a ordem de vocação hereditária, elege a pessoa do cônjuge sobrevivente (CC, art. 1.829, III) em posição anterior aos colaterais (CC, art. 1.829, IV) para o recebimento de direitos sucessórios. Assim, na ausência de descendentes e ascendentes, como é o caso dos autos, ao consorte sobrevivente cabe a totalidade da herança, independentemente do regime de bens adotado no casamento. Precedentes. 2. In casu, considerando que a decisão impugnada está em consonância com o entendimento firmado por esta Corte, incide a aplicação da Súmula 83 do STJ. Precedentes. 3. Agravo regimental desprovido." (AgRg nos EDcl no REsp n. 1.466.647/RS, Quarta Turma, relator Ministro Marco Buzzi, DJe de 21.10.2015.) Desse modo e acompanhando o entendimento jurisprudencial acima referido e, considerando a modificação do regime legal quanto aos direitos dos herdeiros necessários, sobretudo em consideração às novas diretrizes do Código de Processo Civil acerca dos precedentes, ocorreu modificação do entendimento anterior desta Corregedoria Permanente para indeferir a realização a substituição do regime da separação legal de bens pelo regime da separação convencional, a exemplo do que ocorre no presente feito. Desse modo, a lavratura do pacto antenupcial pelo Sr. Tabelião foi em conformidade a sua independência funcional, não cabendo qualquer atuação desta Corregedoria Permanente, para além do ora decidido. Cumpre também salientar que o regime de bens no casamento, em regra, está sujeito ao Princípio da Autonomia Privada, observada a forma pública (CC, art. 1.653). Há situações, todavia, nas quais o poder de reger as relações privadas é afastado por determinação legal, impondo-se o regime da separação legal de bens, a exemplo do que ocorre nestes autos (CC, art. 1.641, inc. II). Nessa hipótese, vigora o Princípio da Heteronomia da Vontade. No caso em exame, os nubentes, conforme pacto antenupcial, pugnaram por um regime híbrido, no qual, basicamente, afastam a incidência da Súmula 377 do Supremo Tribunal Federal. Incidente a disposição legal, pelo Princípio da Heteronomia da Vontade, não há espaço para o poder dos interessados na regulação de suas relações patrimoniais; portanto, a natureza jurídica do pacto antenupcial apresentado, por envolver o poder de autodeterminação dos nubentes; a meu compreender, não tem a natureza do regime obrigatório (ou legal) da separação de bens. Além disso, no parecer constante dos autos, aprovado pelo Excelentíssimo Senhor Corregedor Geral da Justiça, da lavra da Dra. Paula Lopes Gomes, MM Juíza Assessora da Corregedoria, constou: Inicialmente, importa diferenciar o regime de separação obrigatória de bens do regime da separação convencional. Diz-se convencional o regime da separação de bens que decorre da manifestação de vontade dos nubentes, exteriorizada durante a fase de habilitação, mediante pacto antenupcial formalizado por escritura pública. Por sua vez, o regime da separação é obrigatório quando decorre de imperativo legal e não da vontade das partes. Essa imposição ocorre sempre que o casamento é realizado em determinadas circunstâncias excepcionais e taxativamente previstas no ordenamento. Trata-se de exceção ao princípio da autonomia privada e à regra geral que confere aos nubentes o direito de escolherem o regime de bens que regerá as relações patrimoniais da futura sociedade conjugal (princípio da liberdade de escolha). No nosso sistema legal, o casamento celebrado com infringência de um dos incisos do artigo 1.641 do Código Civil terá como consequência a obrigatoriedade da adoção do regime da separação de bens.(...) Em suma, em que pesem as razões deduzidas e ao contrário do que se supõe, não é possível afastar a aplicação da Lei, impondo-se a adoção do regime da separação obrigatória de bens. Desse modo, salvo melhor juízo, penso que a questão já foi decidida no sentido da imposição do regime da separação obrigatória de bens. Ante ao exposto, respeitada a compreensão do Sr. Oficial e Tabelião e do Ministério Público, indefiro a conversão da união estável em casamento por regime de bens que não o da separação obrigatória de bens, afastando a incidência do pacto antenupcial. Ciência aos Interessados, ao Sr. Oficial e Tabelião e ao Ministério Púbico. - ADV: BRUNO FORLI FREIRIA (OAB 297086/SP). (DJe de 19.09.2017 - SP)

Processo 1067262-82.2016.8.26.0100

Pedido de Providências - Registro Civil das Pessoas Naturais - R.S. - S.A. e outro - VISTOS,Trata-se de pedido de providências referente à averbação de regime de bens em casamento realizado no exterior e transcrito perante a Sra. Oficial do Registro Civil das Pessoas Naturais e de Interdições e Tutelas do Primeiro Subdistrito (...) da Comarca da (...) (a fls. 01/25). Após esclarecimentos da Sra. Requerente (a fls. 38/42), o parecer do Ministério Público foi no sentido da realização da averbação do regime de bens (a fls. 30/32 e 46). É o breve relatório. DECIDO. Quando da transcrição do casamento não constou o regime de bens (a fls. 24). De outra parte, os documentos de fls. 20/21 e 39 são suficientes para provar que o casal residiu Japão após o matrimônio e, depois, mudou-se para o Brasil. O artigo 7º, parágrafo 4º, da Lei de Introdução ao Código Civil (atual Lei de Introdução às normas do Direito Brasileiro), vigente à época do casamento (23.12.1964), estabelece:§ 4º O regime de bens, legal ou convencional, obedece à lei do país em que tiverem os nubentes domicílio, e, se este for diverso, a do primeiro domicílio conjugal. Diante disso, o regime de bens deve ser o vigente no Japão ante ao domicílio dos nubentes no momento em que contraíram o matrimônio. Como se observa dos documentos de fls. 11/14 (prova do direito estrangeiro vigente à época do casamento), o regime de bens é o previsto no artigo 762 do Código Civil do Japão Bens de posse especial, presunção de comunicabilidade dos bens jacentes. De outra parte, não há equivalência total ao Regime de Separação de bens que estava previsto no Código Civil de 1.916, já que o artigo 762, 02), do Código Civil Japonês, estabelece a possibilidade de bens comuns se não estiver claro a qual dos cônjuges pertence a propriedade, a exemplo do que consta nas certidões de registro imobiliário juntadas aos autos (a fls. 08/10). Por fim, a indicação pelos cônjuges do regime da comunhão universal perante o registro imobiliário não tem o condão de modificar a incidência da legislação japonesa, no pese a situação de bens comuns em razão disso em conformidade à legislação estrangeira. Ante ao exposto, afasto recusa, para determinar a realização da averbação do regime de bens na transcrição do casamento para constar que o regime de bens é o previsto no artigo 762 do Código Civil Japonês, observado o disposto na Resolução n. 155/2012 do Conselho Nacional de Justiça. Ciência a Sra. Requente e ao Ministério Público. Oportunamente, arquive-se. R.I.C. - ADV: ANTIÓRGINIS MIGUEL SOARES (OAB 216340/SP) (DJe de 23.01.2017 - SP)

Processo 1011394-85.2017.8.26.0100

Pedido de Providências - Registro Civil das Pessoas Naturais - R.I. - N.W.F.R. e outro - Em situações como a presente, havia precedentes desta Corregedoria Permanente afastando a imposição do regime da separação legal de bens com a adoção do regime da separação convencional de bens, sem incidência da Súmula 377. O entendimento administrativo acima referido era fundado na permanência de forte compreensão doutrinária, jurisprudencial e decisões administrativas do Conselho Superior da Magistratura acerca da incidência da Súmula 377 do Supremo Tribunal Federal no regime da separação legal de bens; assim, o regime da Separação de Bens Convencional por ser mais rígido que o Regime da Separação Legal de Bens tinha pertinência. O entendimento também era fundado na exclusão do cônjuge sobrevivente da condição de herdeiro necessário no entendimento do regime de separação referido no art. 1.829, inciso I, do Código Civil ser gênero das duas previsões contidas na lei legal ou convencional. Nesse sentido, confira-se o trecho do voto da Ministra Nancy Andrighi, no Recurso Especial nº 1.346.324 - SP (2011/0285110-6): Dessa forma, conforme ressaltei no julgamento do REsp 992.749/MS, a ampla liberdade advinda da possibilidade de pactuação quanto ao regime matrimonial de bens, prevista pelo Direito Patrimonial de Família, não pode ser toldada pela imposição fleumática do Direito das Sucessões, porque o fenômeno sucessório, nas palavras de MIGUEL REALE e JUDITH MARTINS COSTA "traduz a continuação da personalidade do morto pela projeção jurídica dos arranjos patrimoniais feitos em vida". (in Casamento sob o regime da separação de bens, voluntariamente escolhido pelos nubentes. Compreensão do fenômeno sucessório e seus critérios hermenêuticos. A força normativa do pacto antenupcial. Revista Trimestral de Direito Civil, Ano 6, vol. 24, outubro a dezembro d 2005. Rio de Janeiro: Ed. Padma, 2005. p. 226). Trata-se, pois, de um ato de liberdade conjuntamente exercido, ao qual o fenômeno sucessório não pode estabelecer limitações. Nesse contexto, o entendimento desta Corte, ao interpretar sistematicamente o art. 1.829, I, do CC/02, vigente à época da abertura da presente sucessão, é o de que o cônjuge sobrevivente, nas hipóteses de separação convencional de bens, não pode ser admitido como herdeiro necessário (REsp 992.749/MS, 3ª Turma, de minha relatoria, DJe de 05.02.2010; REsp 1.111.095/RJ, 4ª Turma, Rel. Min. Carlos Fernando Mathias (Juiz Federal convocado no TRF da 1ª Região, DJe de 11.02.2010). Conforme destaque no voto proferido em sede do REsp 992.749/MS, "se o casamento foi celebrado pelo regime da separação convencional, significa que o casal escolheu conjuntamente a separação do patrimônio. Não há como violentar a vontade do cônjuge o mais grave após sua morte, concedendo a herança ao sobrevivente com quem ele nunca quis". Por outro lado, os cônjuges casados sob esse regime da separação, não hesitarão em lançar mão de testamento ou de doação em vida ao cônjuge, para protegê-lo financeiramente, se assim o quiserem. Aliás, foi exatamente o que ocorreu na hipótese em que o de cujus havia feito a doação de ações da empresa à recorrida, sua esposa. Partindo da premissa de que o cônjuge casado no regime da separação convencional de bens não é herdeiro necessário, seja no regime do CC/16, seja no atual regime do CC/02, não há obrigatoriedade de trazer a colação o bem recebido por ocasião da doação previamente efetivada, estando ausente, por conseguinte qualquer violação dos arts. 544; 2.002 e 2.005, parágrafo único, do CC/02. Não obstante a isso, a jurisprudência majoritária do Superior Tribunal de Justiça se consolidou em sentido oposto, ou seja, admitindo ao cônjuge casado pelo regime da separação convencional de bens a condição de herdeiro necessário. A tanto, as seguintes ementas: RECURSO ESPECIAL. DIREITO DAS SUCESSÕES. INVENTÁRIO. REGIME DE BENS. SEPARAÇÃO TOTAL. PACTO ANTENUPCIAL POR ESCRITURA PÚBLICA. CÔNJUGE SOBREVIVENTE. CONCORRÊNCIA NA SUCESSÃO HEREDITÁRIA COM DESCENDENTES. INEXISTÊNCIA. CONDIÇÃO DE HERDEIRO NECESSÁRIO. RECONHECIMENTO. EXEGESE DOS ARTS. 1.829, III, 1.838 E 1.845 DO CC/02. NEGATIVA DE PRESTAÇÃO JURISDICIONAL. NÃO CONFIGURAÇÃO. PREQUESTIONAMENTO. APLICAÇÃO DA SÚMULA Nº 282/STF. DISSÍDIO NÃO DEMONSTRADO. AUSÊNCIA DE SIMILITUDE FÁTICA. 1. Cinge-se a controvérsia a saber se o regime de separação total dos bens, estabelecido em pacto antenupcial, retira do cônjuge sobrevivente a condição de herdeiro necessário, prevista nos arts. 1.829, III, 1.838 e 1.845 do Código Civil, ou seja, quando não há concorrência com descendentes ou ascendentes do autor da herança. 2. Na hipótese do art. 1.829, III, do Código Civil de 2002, o cônjuge sobrevivente é considerado herdeiro necessário independentemente do regime de bens de seu casamento com o falecido. 3. O cônjuge herdeiro necessário é aquele que, quando da morte do autor da herança, mantinha o vínculo de casamento, não estava separado judicialmente ou não estava separado de fato há mais de 2 (dois) anos, salvo, nesta última hipótese, se comprovar que a separação de fato se deu por impossibilidade de convivência, sem culpa do cônjuge sobrevivente. 4. O pacto antenupcial que estabelece o regime de separação total somente dispõe acerca da incomunicabilidade de bens e o seu modo de administração no curso do casamento, não produzindo efeitos após a morte por inexistir no ordenamento pátrio previsão de ultratividade do regime patrimonial apta a emprestar eficácia póstuma ao regime matrimonial. 5. O fato gerador no direito sucessório é a morte de um dos cônjuges e não, como cediço no direito de família, a vida em comum. As situações, porquanto distintas, não comportam tratamento homogêneo, à luz do princípio da especificidade, motivo pelo qual a intransmissibilidade patrimonial não se perpetua post mortem. 6. Recurso especial parcialmente conhecido e não provido." (REsp n. 1.294.404/RS, Terceira Turma, relator Ministro Ricardo Villas Bôas Cueva, DJe de 29.10.2015.)" AGRAVO REGIMENTAL NOS EMBARGOS DE DECLARAÇÃO NO RECURSO ESPECIAL. AÇÃO DE PETIÇÃO DE HERANÇA. DECISÃO MONOCRÁTICA QUE ACOLHEU OS ACLARATÓRIOS, COM EFEITOS INFRINGENTES, PARA NEGAR SEGUIMENTO AO APELO EXTREMO. INSURGÊNCIA RECURSAL DA AUTORA. 1. O artigo 1.829 do Código Civil, ao disciplinar a ordem de vocação hereditária, elege a pessoa do cônjuge sobrevivente (CC, art. 1.829, III) em posição anterior aos colaterais (CC, art. 1.829, IV) para o recebimento de direitos sucessórios. Assim, na ausência de descendentes e ascendentes, como é o caso dos autos, ao consorte sobrevivente cabe a totalidade da herança, independentemente do regime de bens adotado no casamento. Precedentes. 2. In casu, considerando que a decisão impugnada está em consonância com o entendimento firmado por esta Corte, incide a aplicação da Súmula 83 do STJ. Precedentes. 3. Agravo regimental desprovido." (AgRg nos EDcl no REsp n. 1.466.647/RS, Quarta Turma, relator Ministro Marco Buzzi, DJe de 21.10.2015.) Desse modo e acompanhando o entendimento jurisprudencial acima referido e, considerando a modificação do regime legal quanto aos direitos dos herdeiros necessários, sobretudo em consideração às novas diretrizes do Código de Processo Civil acerca dos precedentes, ocorreu modificação do entendimento anterior desta Corregedoria Permanente para indeferir a realização a substituição do regime da separação legal de bens pelo regime da separação convencional, a exemplo do que ocorre no presente feito. Desse modo, a lavratura do pacto antenupcial pelo Sr. Tabelião foi em conformidade a sua independência funcional, não cabendo qualquer atuação desta Corregedoria Permanente, para além do ora decidido. Cumpre também salientar que o regime de bens no casamento, em regra, está sujeito ao Princípio da Autonomia Privada, observada a forma pública (CC, art. 1.653). Há situações, todavia, nas quais o poder de reger as relações privadas é afastado por determinação legal, impondo-se o regime da separação legal de bens, a exemplo do que ocorre nestes autos (CC, art. 1.641, inc. II). Nessa hipótese, vigora o Princípio da Heteronomia da Vontade. No caso em exame, os nubentes, conforme pacto antenupcial, pugnaram por um regime híbrido, no qual, basicamente, afastam a incidência da Súmula 377 do Supremo Tribunal Federal. Incidente a disposição legal, pelo Princípio da Heteronomia da Vontade, não há espaço para o poder dos interessados na regulação de suas relações patrimoniais; portanto, a natureza jurídica do pacto antenupcial apresentado, por envolver o poder de autodeterminação dos nubentes; a meu compreender, não tem a natureza do regime obrigatório (ou legal) da separação de bens. Além disso, no parecer constante dos autos, aprovado pelo Excelentíssimo Senhor Corregedor Geral da Justiça, da lavra da Dra. Paula Lopes Gomes, MM Juíza Assessora da Corregedoria, constou: Inicialmente, importa diferenciar o regime de separação obrigatória de bens do regime da separação convencional. Diz-se convencional o regime da separação de bens que decorre da manifestação de vontade dos nubentes, exteriorizada durante a fase de habilitação, mediante pacto antenupcial formalizado por escritura pública. Por sua vez, o regime da separação é obrigatório quando decorre de imperativo legal e não da vontade das partes. Essa imposição ocorre sempre que o casamento é realizado em determinadas circunstâncias excepcionais e taxativamente previstas no ordenamento. Trata-se de exceção ao princípio da autonomia privada e à regra geral que confere aos nubentes o direito de escolherem o regime de bens que regerá as relações patrimoniais da futura sociedade conjugal (princípio da liberdade de escolha). No nosso sistema legal, o casamento celebrado com infringência de um dos incisos do artigo 1.641 do Código Civil terá como consequência a obrigatoriedade da adoção do regime da separação de bens. (...) Em suma, em que pesem as razões deduzidas e ao contrário do que se supõe, não é possível afastar a aplicação da Lei, impondo-se a adoção do regime da separação obrigatória de bens. Desse modo, salvo melhor juízo, penso que a questão já foi decidida no sentido da imposição do regime da separação obrigatória de bens. Ante ao exposto, respeitada a compreensão do Sr. Oficial e Tabelião e do Ministério Público, indefiro a conversão da união estável em casamento por regime de bens que não o da separação obrigatória de bens, afastando a incidência do pacto antenupcial. Ciência aos Interessados, ao Sr. Oficial e Tabelião e ao Ministério Público. - ADV: BRUNO FORLI FREIRIA (OAB 297086/SP). (DJe de 19.09.2017 - SP)

Processo 1117784-16.2016.8.26.0100

Retificação ou Suprimento ou Restauração de Registro Civil – REGISTROS PÚBLICOS - Ana Karina Leal Padgett - Mark Alan Padgett - Vistos. Ana Karina Leal Padgett e seu marido, Mark Alan Padgett, propõem ação com pedido de retificação da transcrição de seu casamento para que conste

"Separação total de bens" onde consta "Pacto Antenupcial" . Com a inicial foram juntados os documentos das fls. 6/120. Manifestação da Ilustre Autoridade Consular do Consulado-Geral do Brasil em Miami às fls. 147/149. Manifestação do Ilustre Representante do RCPN do 1º Subdistrito (Sé) às fls. 165. O Ministério Público manifestou-se pelo parcial deferimento do pedido, autorizando a retificação tão somente para o fim de adequar os registros (consular e transcrição) ao disposto no Manual do Serviço Consular e Jurídico do Ministério das Relações exteriores, nas fls. 160/161. É o relatório. FUNDAMENTO E DECIDO. Os autores casaram-se em Miami, Flórida, Estados Unidos da América. Para tanto, celebraram pacto antenupcial. Na transcrição de seu assento de casamento no RCPN do 1º Subdistrito (Sé), constou no campo do regime de bens a informação "Pacto Antenupcial". Pedem os autores para que conste, no lugar, o regime da separação total de bens. Analisando-se os documentos de fls. 07/08 e 09/10, verifica-se que não houve erro na transcrição do assento de casamento, uma vez que esta reproduz fiel e integralmente o registro de casamento consular. Dessa forma, eventual alteração da transcrição depende obrigatoriamente de modificação do assento de casamento consular. Oficiada a Ilustre Autoridade Consular do Consulado do Brasil em Miami, esta informou (fls. 147/149) que o motivo de ter anotado como regime de bens o "pacto antenupcial" possivelmente "decorreu de dúvida acerca do correto enquadramento do regime estrangeiro pactuado àqueles previstos na legislação brasileira em vigor, em observância às NSCJ 4.3.10 e 4.3.11, II. Atualmente, o Posto, em caso de dúvidas em situações análogas, segue as disposições contidas nas NSCJ 4.3.13". E, segundo o item 4.3.13 das NSCJ: "Quando ocorrer algum dos casos previstos na NSCJ 4.3.11 e houver pacto antenupcial, deverá ser adotado o seguinte procedimento no SCI:I - no campo "O regime de bens declarado existe nas leis do Brasil?, marcar a opção "Não";II - deixar em branco o campo "Regime de Casamento no Brasil", que não é de preenchimento obrigatório; eIII - no campo "Regime Estrangeiro de Bens", lançar a seguinte anotação: "Estabelecido no pacto antenupcial, celebrado/registrado/reconhecido (em data, no local/cartório/órgão em que foi celebrado, registrado ou reconhecido o pacto), nos termos da legislação (do/a/os/as nome do país, ou, se for o caso, do estado, cantão, província, departamento ou outros). Aplica-se o previsto no §5º do Art. 13 da Resolução CNJ n.º 155/2012."Conforme bem apontado na manifestação ministerial de fls. 160/161, o fato de não ter constado o regime de bens no assento consular deu-se à falta de correspondência entre os modelos americano e brasileiro. É dizer, o regime de bens adotado pelo casal nos EUA não encontra total correspondência com as modalidades do nosso sistema. Oficiado o Ilustre Representante do RCPN do 1º Subdistrito (Sé), este informou que é possível, segundo as Normas de Serviço, Capítulo XVII, itens 159.3 e 159.8, apenas complementar a informação referente ao pacto nupcial, nos termos do item 4.3.13. do Manual de Serviço Consular e Jurídico do Ministério das Relações Exteriores. Nesses moldes, não merece prosperar o pedido dos autores para que na transcrição do casamento passe a constar separação total de bens, uma vez que o regime instituído pelo pacto antenupcial (fls. 11/118) não corresponde fielmente àquele previsto no Código Civil para tal regime. O pedido, portanto, é aqui julgado parcialmente procedente para autorizar a retificação para o fim de tão somente adequar os registros (consular e transcrição) ao disposto no item 4.3.13. do Manual de Serviço Consular e Jurídico do Ministério das Relações Exteriores. Posto isso, julgo PARCIALMENTE PROCEDENTE o pedido autorizar a retificação tão somente para o fim de adequar os registros (consular e transcrição) do casamento dos autores ao disposto no item 4.3.13. do Manual de Serviço Consular e Jurídico do Ministério das Relações Exteriores. Custas à parte autora. Esta sentença servirá como mandado, desde que assinada digitalmente por esta Magistrada e acompanhada das cópias necessárias ao seu cumprimento, inclusive da certidão de trânsito em julgado, incumbindo ao Sr. Oficial da Unidade do Serviço de Registro Civil das Pessoas Naturais competente consultar, em caso de dúvida, os autos digitais no sistema informatizado do Tribunal de Justiça do Estado de São Paulo. Outrossim, se aplicável, poderá nesta ser exarado o respeitável "CUMPRA-SE" do Excelentíssimo Senhor Doutor Juiz Corregedor Permanente competente, ordenando seu cumprimento pelo Senhor Oficial da respectiva Unidade do Serviço de Registro Civil das Pessoas Naturais. A parte autora fica expressamente ciente de que tem o dever processual de comprovar nesses autos o cumprimento integral desta sentença (artigo 77, inciso IV, do Novo Código de Processo Civil) e advertida de que o não cumprimento caracteriza ato atentatório à dignidade da justiça e, como tal, poderá ensejar, sem prejuízo das sanções criminais, civis e processuais cabíveis, aplicação de multa, nos termos do artigo 77 e parágrafos do Novo Código de Processo Civil. Oficie-se à Ilustre Autoridade Consular do Consulado do Geral do Brasil em Miami, nos Estados Unidos da América, para o cumprimento da presente sentença Ciência ao

Ministério Público. Oportunamente, arquivem-se os autos. P.R.I. - ADV: WIVALDO ROBERTO MALHEIROS (OAB 30625/SP) (DJe de 04.12.2017 - SP)

TRANSCRIÇÃO

Processo 1081041-70.2017.8.26.0100

Pedido de Providências - Assento de óbito - R.S. - J.F.F. e outro - VISTOS,Cuidase de pedido de providências encaminhado a esta Corregedoria Permanente pela Sra. Oficial de Registro Civil das Pessoas Naturais e de Interdições e Tutelas do Primeiro Subdistrito Sé, Comarca da Capital, a pedido de J. F. F., que pleiteia a transcrição do óbito de K. H. T. Foram apresentados os documentos de fls. 03/24. O Sr. Interessado veio aos autos para esclarecer pontos importantes de seu pedido, às fls. 27/30. O representante do Ministério Público opinou pelo indeferimento do pedido, às fls. 31/34. É o breve relatório. DECIDO. Trata-se de pedido de providências instaurado pela Sra. Oficial de Registro Civil das Pessoas Naturais e de Interdições e Tutelas do Primeiro Subdistrito Sé, Comarca da Capital, suscitando dúvida quanto a pedido de transcrição de óbito emitida por autoridade estrangeira. Consta dos autos que a Sra. K. H. T., natural de São Paulo, naturalizada e domiciliada permanentemente nos Estados Unidos, faleceu em 04 de fevereiro de 2014, em Saint Barthelemy, território ultramarino da França. Com o falecimento, procedeu- se ao inventário para a regularização do imóvel deixado pela extinta, necessitando-se da transcrição da certidão de óbito para instrução do referido procedimento. No entanto, a Sra. Oficial apresentou óbice à transcrição almejada, uma vez que não lhe foi apresentada a certidão de óbito estrangeira mas, somente, um report of death, que consiste em um relatório sobre a morte, ocorrida no exterior, de cidadão americano ou cidadão não nacional e é expedido por Oficial Consular dos Estados Unidos da América. O Ministério Público opinou em desfavor do pleito, manifestando-se pela manutenção do óbice levantado pela Sra. Oficial, aduzindo que a Lei de Registros Públicos e, em especial, as NSCGJ, asseveram, claramente, que o translado de assento de óbito de brasileiros em país estrangeiro tem por requisito a apresentação da certidão consular do óbito ou certidão estrangeira do óbito, que deverá ser legalizada perante autoridade consular brasileira e traduzida por tradutor juramentado (NSCGJ, Cap. XVII, item 160). Nesses termos, entende a i. Promotora que não há que se falar em outros documentos a serem apresentados para o fim almejado, como é o caso deste expediente, em que foi apresentada para registro tão somente um relatório de falecimento emitido pelo governo dos Estados Unidos. Ademais, considera a n. Representante do Parquet que existe assento de óbito de K. lavrado no país em que ocorreu o falecimento, haja vista que o relatório consular faz expressa menção à certidão emitida pelas autoridades francesas, às fls. 11 (fls. 31/34). Nesta ordem de ideias, correto o óbice imposto pela Sra. Oficial, haja vista que a o documento apresentado para transcrição não se trata de registro público estrangeiro, mas somente de documento governamental que, ao que tudo indica, tem por objetivo controlar os óbitos de cidadãos americanos em solo estrangeiro. Desse modo, compete apresentar a certidão de óbito lavrada na França e não documento expedido pelos Estados Unidos da América a luz de informações e documentos apresentados. Por conseguinte, indefiro a transcrição tal qual pleiteada, ficando o ato condicionado à apresentação da certidão do assento de óbito emitido pelas autoridades francesas. Ciência ao Sr. Interessado, à Sra. Oficial e ao Ministério Público. Oportunamente, arquivem-se os autos. P.R.I.C. - ADV: ULISSES SIMÕES DA SILVA (OAB 273921/SP), RENAN WERNZ TOLOTTI (OAB 393120/ SP), ANDRÉ MENDES ESPÍRITO SANTO (OAB 220485/SP), ANDRÉ CAMERLINGO ALVES (OAB 104857/SP). (DJe de 12.09.2017-SP)

Processo 1117784-16.2016.8.26.0100

Retificação ou Suprimento ou Restauração de Registro Civil – REGISTROS PÚBLICOS - Ana Karina Leal Padgett - Mark Alan Padgett - Vistos. Ana Karina Leal Padgett e seu marido, Mark Alan Padgett, propõem ação com pedido de retificação da transcrição de seu casamento para que conste "Separação total de bens" onde consta "Pacto Antenupcial" . Com a inicial foram juntados os documentos das fls. 6/120. Manifestação da Ilustre Autoridade Consular do Consulado-Geral do Brasil em Miami às fls. 147/149. Manifestação do Ilustre Representante do RCPN do 1º Subdistrito (Sé) às fls. 165. O Ministério Público manifestou-se pelo parcial deferimento do pedido, autorizando a retificação tão somente para o fim de adequar os registros (consular e transcrição) ao disposto no Manual do Serviço Consular e Jurídico do Ministério das Relações exteriores, nas fls. 160/161. É o relatório. FUNDAMENTO E DECIDO. Os autores casaram-se em Miami, Flórida, Estados Unidos da América. Para tanto, celebraram pacto antenupcial. Na transcrição de seu assento de casamento no RCPN do 1º Subdistrito (Sé), constou no campo do regime de bens a informação "Pacto Antenupcial". Pedem os autores para que conste, no lugar, o regime da separação total de bens. Analisando-se os documentos de fls. 07/08 e 09/10, verifica-se que não houve erro na transcrição do assento de casamento, uma vez que esta reproduz fiel e integralmente o registro de casamento consular. Dessa forma, eventual alteração da transcrição depende obrigatoriamente de modificação do assento de casamento consular. Oficiada a Ilustre Autoridade Consular do Consulado do Brasil em Miami, esta informou (fls. 147/149) que o motivo de ter anotado como regime de bens o "pacto antenupcial" possivelmente "decorreu de dúvida acerca do correto enquadramento do regime estrangeiro pactuado àqueles previstos na legislação brasileira em vigor, em observância às NSCJ 4.3.10 e 4.3.11, II. Atualmente, o Posto, em caso de dúvidas em situações análogas, segue as disposições contidas nas NSCJ 4.3.13". E, segundo o item 4.3.13 das NSCJ: "Quando ocorrer algum dos casos previstos na NSCJ 4.3.11 e houver pacto antenupcial, deverá ser adotado o seguinte procedimento no SCI: I - no campo "O regime de bens declarado existe nas leis do Brasil?, marcar a opção "Não"; II - deixar em branco o campo "Regime de Casamento no Brasil", que não é de preenchimento obrigatório; e III - no campo "Regime Estrangeiro de Bens", lançar a seguinte anotação: "Estabelecido no pacto antenupcial, celebrado/registrado/reconhecido (em data, no local/cartório/órgão em que foi celebrado, registrado ou reconhecido o pacto), nos termos da legislação (do/a/os/as nome do país, ou, se for o caso, do estado, cantão, província, departamento ou outros). Aplica-se o previsto no §5º do Art. 13 da Resolução CNJ n.º 155/2012."Conforme bem apontado na manifestação ministerial de fls. 160/161, o fato de não ter constado o regime de bens no assento consular deu-se à falta de correspondência entre os modelos americano e brasileiro. É dizer, o regime de bens adotado pelo casal nos EUA não encontra total correspondência com as modalidades do nosso sistema. Oficiado o Ilustre Representante do RCPN do 1º Subdistrito (Sé), este informou que é possível, segundo as Normas de Serviço, Capítulo XVII, itens 159.3 e 159.8, apenas complementar a informação referente ao pacto nupcial, nos termos do item 4.3.13. do Manual de Serviço Consular e Jurídico do Ministério das Relações Exteriores. Nesses moldes, não merece prosperar o pedido dos autores para que na transcrição do casamento passe a constar separação total de bens, uma vez que o regime instituído pelo pacto antenupcial (fls. 11/118) não corresponde fielmente àquele previsto no Código Civil para tal regime. O pedido, portanto, é aqui julgado parcialmente procedente para autorizar a retificação para o fim de tão somente adequar os registros (consular e transcrição) ao disposto no item 4.3.13. do Manual de Serviço Consular e Jurídico do Ministério das Relações Exteriores. Posto isso, julgo PARCIALMENTE PROCEDENTE o pedido autorizar a retificação tão somente para o fim de adequar os registros (consular e transcrição) do casamento dos autores ao disposto no item 4.3.13. do Manual de Serviço Consular e Jurídico do Ministério das Relações Exteriores. Custas à parte autora. Esta sentença servirá como mandado, desde que assinada digitalmente por esta Magistrada e acompanhada das cópias necessárias ao seu cumprimento, inclusive da certidão de trânsito em julgado, incumbindo ao Sr. Oficial da Unidade do Serviço de Registro Civil das Pessoas Naturais competente consultar, em caso de dúvida, os autos digitais no sistema informatizado do Tribunal de Justiça do Estado de São Paulo. Outrossim, se aplicável, poderá nesta ser exarado o respeitável "CUMPRA-SE" do Excelentíssimo Senhor Doutor Juiz Corregedor Permanente competente, ordenando seu cumprimento pelo Senhor Oficial da respectiva Unidade do Serviço de Registro Civil das Pessoas Naturais. A parte autora fica expressamente ciente de que tem o dever processual de comprovar nesses autos o cumprimento integral desta sentença (artigo 77, inciso IV, do Novo Código de Processo Civil) e advertida de que o não cumprimento caracteriza ato atentatório à dignidade da justiça e, como tal, poderá ensejar, sem prejuízo das sanções criminais, civis e processuais cabíveis, aplicação de multa, nos termos do artigo 77 e parágrafos do Novo Código de Processo Civil. Oficie-se à Ilustre Autoridade Consular do Consulado do Geral do Brasil em Miami, nos Estados Unidos da América, para o cumprimento da presente sentença Ciência ao Ministério Público. Oportunamente, arquivem-se os autos. P.R.I. - ADV: WIVALDO ROBERTO MALHEIROS (OAB 30625/SP) (DJe de 04.12.2017 - SP)

Processo 1087690-85.2016.8.26.0100

Pedido de Providências - Registro Civil das Pessoas Naturais - R.S. - K.M.M.G. - VISTOS,Trata-se de expediente instaurado a partir de comunicação encaminhada pela Sra. Oficial do Registro Civil das Pessoas Naturais e de Interdições e Tutelas do (...)º Subdistrito - (...), solicitando autorização para proceder ao cancelamento da transcrição de registro de nascimento de K. M. M. G., realizado em duplicidade. O procedimento foi instruído pelos documentos de fls. 05/16. Os representantes do Ministério Público ofereceram manifestação à fls. 20/21 e 41/43, opinando pelo cancelamento do registro realizado em duplicidade. O Sr. Interessado manifestou-se no sentido de que não procedeu ao segundo registro com má-fé, inexistindo dolo em sua conduta (a fls. 46/51). É o breve relatório. Decido. Constam dos autos que o Sr. Interessado nasceu em Caracas, Venezuela, no dia 07 de abril de 1980. O registro de nascimento estrangeiro foi devidamente traduzido e posteriormente transcrito perante a Sra. Oficial de Registro Civil das Pessoas Naturais e de Interdições e Tutelas do (...) º Subdistrito – (...). Nota-se, que em um primeiro momento, o registro do nascimento de K. M. M. G. não foi efetuado perante repartição consular nacional mas, tão somente junto à autoridade do país estrangeiro no qual o nascimento teve lugar; inclusive com .Posteriormente, no ano de 2012, foi lavrado um segundo registro de nascimento pelo Sr. Interessado perante o Consulado Brasileiro em Caracas. A seguir, na data de 27 de julho de 2016, efetuou-se a transcrição do referido assento nos livros da mesma Serventia do (...)º Subdistrito (...). Assim, restou o Sr. Interessado com duas transcrições de registro de nascimento. Uma tendo por base a certidão estrangeira e outra, o assento consular realizado tardiamente. Ressalte-se que o registro de pessoas nascidas no estrangeiro, filhos de pai ou mãe brasileiros, pode ser feito de duas maneiras, quais sejam, em Repartição Consular Brasileira ou, alternativamente, em órgão registrador do país de origem. Entretanto, os efeitos legais dos registros não são os mesmos. No primeiro caso, isto é, sendo o registro feito em entidade consular, considera -se o indivíduo brasileiro nato, independente de qualquer manifestação de vontade. Na segunda situação, aquela em que o registro é feito em repartição estrangeira, é necessária a opção pela nacionalidade brasileira perante a Justiça Federal (cf. CF/88, art. 12, inc. I, "c"; ADCT, art. 95; lei federal 6015/73, art. 32, §2º e Resolução 155/12 do CNJ). Bem ao certo, afigura-se, no caso em tela, que dois registros distintos e incompatíveis entre si foram levados a termo, sendo que em posse do segundo registro, o Sr. Interessado é considerado brasileiro nato, automaticamente. Aduz o i. Representante do Ministério Público que os procedimentos registrais são excludentes entre si, "não sendo lícito aos interessados promover, ao mesmo tempo, a transcrição do registro estrangeiro no RCPN e, depois, o registro consular." (conferir cota ministerial às fls. 41/43). No mais, esclarece o n. Promotor de Justiça que restava claro para o Sr. Interessado que o segundo procedimento realizado junto ao Consulado era indevido, haja vista que, conforme informação recebida do Ministério das Relações Exteriores (fls. 35/37), consta do Formulário de Requerimento de Registro de Nascimento a informação de que a "lavratura de mais de um Registro para a mesma criança e/ou a existência de Informações inverídicas no requerimento implicarão em crime de falsidade ideológica". Ante aos fatos narrados, correto o pleiteado pela Sra. Oficial, no sentido de se cancelar a segunda transcrição, uma vez que se trata de ato eivado de nulidade. Conforme já se decidiu: "ocorrendo a duplicidade de registros de nascimento, prevalece o primeiro, dada a nulidade do segundo" (RT 551/230). Bem assim, determino o cancelamento da transcrição da certidão de nascimento de K. M. M. G, inscrita no Livro E-840, termo 38043, fls. 156, lavrada em duplicidade, restando nulos seus efeitos legais quanto à nacionalidade do registrado. Determino ainda a Sra. Oficial, a par das pequenas divergências existentes no conteúdo dos registros, neste caso concreto, a melhora do sistema de controle da unidade com o escopo de identificar e evitar situações futuras semelhantes. Outrossim, encaminhe-se cópia desta decisão ao Ministério das Relações Exteriores, para que tome as providências necessárias quanto ao registro efetuado em duplicidade junto ao Consulado de Caracas. Ademais, diante da informação de que há documentos expedidos tendo por base a segunda transcrição, oficie-se ao IIRGD; à Polícia Federal - Setor de Emissão de Passaporte; à Secretaria da Receita Federal; à Justiça Eleitoral e à Justiça Militar, informando do cancelamento da referida transcrição lavrada em duplicidade. Finalmente, diante da natureza do caso, que aparentemente se reveste de colorido penal, reputo conveniente a extração de peças de todo o expediente para encaminhamento à Polícia Federal, nos termos do artigo 40 do Código de Processo Penal, conforme requerido pelo Ministério Público. Ciência à Sra. Oficial e ao Ministério Público, arquivando-se oportunamente. P.R.I.C. - ADV: SILVIO POGGI NUNES (OAB 291825/SP) (DJe de 09.06.2017 - SP)

Processo 1081041-70.2017.8.26.0100

Pedido de Providências - Assento de óbito - R.S. - J.F.F. e outro - VISTOS,Cuidase de pedido de providências encaminhado a esta Corregedoria Permanente pela Sra. Oficial de Registro Civil das Pessoas Naturais e de Interdições e Tutelas do Primeiro Subdistrito Sé, Comarca da Capital, a pedido de J. F. F., que pleiteia a transcrição do óbito de K. H. T. Foram apresentados os documentos de fls. 03/24. O Sr. Interessado veio aos autos para esclarecer pontos importantes de seu pedido, às fls. 27/30. O representante do Ministério Público opinou pelo indeferimento do pedido, às fls. 31/34. É o breve relatório. DECIDO. Trata-se de pedido de providências instaurado pela Sra. Oficial de Registro Civil das Pessoas Naturais e de Interdições e Tutelas do Primeiro Subdistrito Sé, Comarca da Capital, suscitando dúvida quanto a pedido de transcrição de óbito emitida por autoridade estrangeira. Consta dos autos que a Sra. K. H. T., natural de São Paulo, naturalizada e domiciliada permanentemente nos Estados Unidos, faleceu em 04 de fevereiro de 2014, em Saint Barthelemy, território ultramarino da França. Com o falecimento, procedeu- se ao inventário para a regularização do imóvel deixado pela extinta, necessitando-se da transcrição da certidão de óbito para instrução do referido procedimento. No entanto, a Sra. Oficial apresentou óbice à transcrição almejada, uma vez que não lhe foi apresentada a certidão de óbito estrangeira mas, somente, um report of death, que consiste em um relatório sobre a morte, ocorrida no exterior, de cidadão americano ou cidadão não nacional e é expedido por Oficial Consular dos Estados Unidos da América. O Ministério Público opinou em desfavor do pleito, manifestando-se pela manutenção do óbice levantado pela Sra. Oficial, aduzindo que a Lei de Registros Públicos e, em especial, as NSCGJ, asseveram, claramente, que o translado de assento de óbito de brasileiros em país estrangeiro tem por requisito a apresentação da certidão consular do óbito ou certidão estrangeira do óbito, que deverá ser legalizada perante autoridade consular brasileira e traduzida por tradutor juramentado (NSCGJ, Cap. XVII, item 160). Nesses termos, entende a i. Promotora que não há que se falar em outros documentos a serem apresentados para o fim almejado, como é o caso deste expediente, em que foi apresentada para registro tão somente um relatório de falecimento emitido pelo governo dos Estados Unidos. Ademais, considera a n. Representante do Parquet que existe assento de óbito de K. lavrado no país em que ocorreu o falecimento, haja vista que o relatório consular faz expressa menção à certidão emitida pelas autoridades francesas, às fls. 11 (fls. 31/34). Nesta ordem de ideias, correto o óbice imposto pela Sra. Oficial, haja vista que a o documento apresentado para transcrição não se trata de registro público estrangeiro, mas somente de documento governamental que, ao que tudo indica, tem por objetivo controlar os óbitos de cidadãos americanos em solo estrangeiro. Desse modo, compete apresentar a certidão de óbito lavrada na França e não documento expedido pelos Estados Unidos da América a luz de informações e documentos apresentados. Por conseguinte, indefiro a transcrição tal qual pleiteada, ficando o ato condicionado à apresentação da certidão do assento de óbito emitido pelas autoridades francesas. Ciência ao Sr. Interessado, à Sra. Oficial e ao Ministério Público. Oportunamente, arquivem-se os autos. P.R.I.C. - ADV: ULISSES SIMÕES DA SILVA (OAB 273921/SP), RENAN WERNZ TOLOTTI (OAB 393120/ SP), ANDRÉ MENDES ESPÍRITO SANTO (OAB 220485/SP), ANDRÉ CAMERLINGO ALVES (OAB 104857/SP). (DJe de 12.09.2017-SP)

4.6.3 REGISTRO DE TÍTULOS E DOCUMENTOS E PESSOA JURÍDICA

ALTERAÇÃO CONTRATUAL

Processo 1071137-26.2017.8.26.0100

Dúvida - Registro de Imóveis - Sanseverino Advogados Associados - "Registro de instrumento particular de alteração contratual visando a integralização do capital - sociedade de advogados caracterizada como simples - necessidade de apresentação de escritura pública nos termos do artigo 108 do CC - não aplicação da exceção do artigo 64 da Lei nº 8.934/94. Dúvida procedente" Vistos. Trata-se de dúvida sucitada pelo Oficial do 10º Registro de Imóveis da Capital a requerimento de Sanseverino Advogados Associados, diante da negativa em se proceder ao registro do instrumento particular de alteração do contrato social, pelo qual Alberto Maluf Sanseverino buscou transmitir a propriedade do imóvel, matriculado sob nº 87.644, para fins de integralização do capital. O óbice registrário refere-se à necessidade da lavratura de escritura pública, uma vez que a exceção prevista no art. 64 da Lei nº 8.934/94 não é aplicada às sociedades simples e às sociedades de advogados, incidindo na presente hipótese o artigo 108 do Código Civil. Juntou documentos às fls. 04/49. A suscitada apresentou impugnação às fls. 50/58. Argumenta que a sociedade de advogados insere-se na categoria de sociedade simples, razão pela qual deve ser aplicada a exceção prevista no artigo 64 da Lei nº 8.934/94, nos termos do Acórdão proferido nos autos da Apelação Cível nº 1036892-23.2016.8.26.0100. Por fim, assevera que excluir do campo de aplicação às sociedades de advogados da exceção prevista no artigo 64 da mencionada lei, implica ofensa ao princípio da isonomia que deve ser observado entre os órgãos autorizados a proceder aos registros dos atos constitutivos das sociedades em comento. O Ministério Público opinou pela procedência da dúvida (fls. 63/66). Em nova manifestação, a suscitada (fls. 69/73), corroborando os argumentos expostos na impugnação. Apresentou documentos às fls. 74/98. É o relatório. Passo a fundamentar e a decidir. Primeiramente ressalte-se que para ser considerada uma sociedade empresária, é indispensável o caráter mercantil de sua atividade econômica, bem como que o registro da pessoa jurídica seja feito perante a Junta Comercial. Em contrapartida, as sociedades simples têm por objeto a prestação de serviços de natureza intelectual, científica, literária ou artística. As sociedades de advogados são regulamentadas pelo Estatuto da Advocacia da OAB que dispõe: "art. 16: Não são admitidas a registro nem podem funcionar todas as espécies de sociedades de advogados que apresentem forma ou características de sociedade empresária, que adotem denominação de fantasia, que realizem atividades estranhas à advocacia, que incluam como sócio ou titular de sociedade unipessoal de advocacia pessoa não inscrita como advogado ou totalmente proibida de advogar". Conclui-se daí que as sociedade de advogados possuem natureza de sociedade simples, adquirindo personalidade jurídica com o registro aprovado dos seus atos constitutivos pelo Conselho Seccional da OAB. Feitas estas considerações, cinge-se a controvérsia acerca da necessidade de apresentação de escritura pública para alteração de contrato social, visando a integralização do capital social. Dispõe o artigo 108 do Código Civil: "Art. 108: Não dispondo a lei em contrário, a escritura pública é essencial à validade dos negócios jurídicos que visem à constituição, transferência, modificação ou renuncia de direitos reais sobre imóveis de valor superior a trinta vezes o maior salário mínimo vigente no País. O art. 64 da Lei nº 8.934/94 é um dos dispositivos que abra exceção à regra da escritura pública, e como exceção deve ser interpretado restritivamente, a fim de evitar seu alargamento a situações não contempladas. Neste contexto dispõe o art.64: "A certidão dos atos de constituição e de alteração de sociedades mercantis, passada pelas Juntas Comerciais em que foram arquivadas, será o documento hábil para a transferência, por transcrição no registro público competente, dos bens com que o subscritor tiver contribuído para a formação ou aumento do capital social". Conforme acima exposto e corroborado pela suscitada em sua impugnação, a sociedade de advogados é caracterizada como simples, logo afasta-se a exceção prevista no artigo 64 da Lei 8.934/94, que é aplicada para as sociedades mercantis registradas nas Juntas Comerciais. Neste contexto, o mencionado Acórdão proferida pelo Egrégio Conselho Superior da Magistratura (Apelação nº 1036892-23.2016.8.26.0100, Rel: Des. Pereira Calças, j. 02.02.2017), não é aplicado à presente hipótese, tendo em vista que aquela questão envolvia uma sociedade simples que adotou o modelo da sociedade limitada e apresentou a registro certidão expedida pelo registro Civil das Pessoas Jurídicas, o que é completamente diverso do caso em tela. Confira-se do corpo do julgado: "... No entanto, o artigo 983 do Código Civil possibilita a constituição de sociedade simples com a adoção de estrutura de um dos tipos de sociedade empresária. Nessa hipótese, a contrario sensu do dispositivo abaixo transcrito, serão aplicáveis a essa sociedade simples as normas relativas ao modelo de sociedade empresária adotado Ora, se a legislação que rege uma sociedade simples limitada é aquela que se aplica a uma sociedade empresária limitada (artigo 983 do CC), não há razão para que a regra do artigo 64 da Lei nº 8.934/94 não seja estendida à primeira Isso porque o Registro Civil das Pessoas Jurídicas está para as sociedades simples assim como a Junta Comercial para as sociedades empresárias". Logo, entendo que para a efetivação do ato pretendido pela suscitada é imprescindível a apresentação de escritura pública, aplicando-se a regra geral do artigo 108 do Código Civil. Diante do exposto, julgo procedente a dúvida suscitada pelo Oficial do 10º Registro de Imóveis da Capital, a requerimento de Sanseverino Advogados Associados, e consequentemente mantenho o óbice registrário. Deste procedimento não decorrem custas, despesas processuais e honorários advocatícios. Oportunamente remetam-se os autos ao arquivo. P.R.I.C. São Paulo, 27 de setembro de 2017. Tania Mara Ahualli Juíza de Direito - ADV: ADAILTON CARLOS RODRIGUES (OAB 121533/SP) (DJe de 04.10.2017 - SP)

ASSOCIAÇÃO

Processo 1103157-07.2016.8.26.0100

Pedido de Providências - REGISTROS PÚBLICOS - Pedro Oswaldo Nastri – Pedido de Providências - ausência de título hábil para averbação - comunicação unilateral de investigação criminal realizada pelo Ministério Público - princípio da legalidade - Pedido Indeferido. Vistos. Trata-se de pedido de providências formulado por Pedro Osvaldo Nastri em face do Oficial do 1º Registro de Títulos e Documentos e Civil de Pessoas Jurídicas da Capital, pleiteando a averbação de notícia crime junto ao registro da pessoa jurídica denominada Associação Paulista de Imprensa. Relata em síntese que a entidade é alvo de investigação do Ministério Público, pois o exercício da atual diretoria é ilegal e fundamenta-se em usurpação do cargo, bem como dilapidação do patrimônio. Esclarece que ao requerer a averbação do procedimento houve negativa do registrador, sob o argumento de que ato baseia-se na inexistência de previsão legal, uma vez que o título apresentado não é apto a produzir efeitos jurídicos sobre o registro existente. Juntou documentos às fls. 07/14. A inicial foi emendada às fls. 16/18, com a juntada de documentos às fls. 19/22. O Oficial manifestou-se às fls. 28/31. Esclarece que a simples notícia de supostas irregularidades, constitui documento inábil para a averbação pretendida, uma vez que não tem o condão de obstar a prática de atos próprios, com grave risco para os serviços de registro que se destinam, coma finalidade de garantir a publicidade, autenticidade, segurança e eficácia dos atos jurídicos. Aduz que verifica-se no presente caso um conflito de interesse de seus membros acerca do controle e administração, dependendo de pronunciamento judicial através da via contenciosa. Apresentou documentos às fls. 32/192. O Ministério Público opinou pela improcedência do pedido (fls. 196/198). É o relatório. Passo a fundamentar e a decidir. Pretende o requerente a averbação de uma carta protocolada no Ministério Público para investigação de supostas irregularidades praticadas pela pessoa jurídica denominada Associação Paulista de Imprensa. Preliminarmente cumpre destacar que submetem-se os títulos levados a registro ao rigor do princípio da legalidade. Na presente hipótese a comunicação unilateral apresentada à averbação não inserida no rol previsto nos artigos 114, 127 a 129 da Lei de Registros Públicos. Segundo o ilustre jurista Flauzilino Araújo dos Santos, o princípio da legalidade norteia o comportamento do Registrador, que deve permitir o acesso ao álbum registral apenas dos títulos juridicamente válidos para esse fim e que reúnam os requisitos legais para sua registrabilidade e a conseqüente interdição provisória daqueles que carecem de aditamentos ou retificações e definitiva, daqueles que possuem defeitos insanáveis. Essa subordinação a pautas legais previamente fixadas para manifestação de condutas que criem, modifiquem ou extingam situações juridicamente postas, não é exclusiva da temática registral, mas resulta da própria aspiração humana por estabilidade, confiança, paz e certeza de que todo o comportamento para obtenção de um resultado regulamentado para a hipótese terá a legalidade como filtro, vetor e limite. Verifico que o título que se pretende averbar, como bem explanou o registrador, não constitui título hábil, de modo a colocar em risco o publicidade, autenticidade, segurança e eficácia dos atos jurídicos. Conforme sentença prolatada pelo MMº Juiz Modesto Passos, nos autos nº 0021239-03.2013.8.26.0100, cujo parecer coaduno: "...Conforme se depreende dos autos, os requerentes não apresentaram título hábil para a prática de nenhum ato registrário (ou seja, para a averbação ou registro de um título ou documento), mas simples notificação endereçada de forma particular ao Oficial Registrador, solicitando-lhe que não praticasse ato a seu cargo, qual seja, o registro de uma ata de assembleia extraordinária, supostamente eivada de nulidade. Ora, os Ofícios de Registro de Títulos e Documentos e Civil de Pessoas Jurídicas tem o dever de protocolizar requerimentos concernentes à prática dos atos de que lhes incumbe (Lei nº 6.015, de 31 de dezembro de 1973, arts. 114 e 127/129), mas não de fazer notificações particulares endereçadas exclusivamente ao Oficial Registrador, ainda menos para impedir a prática de certo ato, com fundamento em irregularidade substancial do título - questão a ser discutida, como se sabe, em via propria, e não na esfera administrativa". Ademais, pelo princípio da legitimação (eficácia do registro), os vícios reconhecíveis pela via administrativa são apenas aqueles comprováveis de pleno direito que resultem de erros evidentes extrínsecos ao título, sem necessidade de exames de outros documentos ou fatos (artigos 214, caput, e 252 da Lei 6.015/73). O vício intrínseco, derivado da existência de indícios de fraude na lavratura do Estatuto Social deve ser reconhecido em procedimento contencioso cível, com a presença do contraditório e ampla defesa, assim como a suposta dilapidação do patrimônio da entidade já está sendo investigada em âmbito criminal. Logo, tendo este Juízo competência administrativa disciplinar, não pode analisar questões de direito material. Diante do exposto, julgo improcedente o pedido de providências formulado por Pedro Osvaldo Nastri em face do Oficial do 1º Registro de Títulos e Documentos e Civil de Pessoas Jurídicas da Capital, e consequentemente mantenho o óbice registrário. Deste procedimento não decorrem custas, despesas processuais e honorários advocatícios. Oportunamente remetam-se os autos ao arquivo. P.R.I.C. São Paulo, 10 de janeiro de 2017. Tania Mara Ahualli Juíza de Direito - ADV: THEREZINHA DE JESUS D URSO SILVA (OAB 11569/ SP) (DJe de 26.01.2017 - SP)

Processo 1041416-29.2017.8.26.0100

Procedimento Comum - REGISTROS PÚBLICOS - Jose Henrique Sapag Arvelos - Vistos. Trata-se de ação de nomeação de administrador provisório formulada por José Henrique Sapag Arvelos em face da Associação de Construção do Conjunto Master do Camburizinho V.Conforme parecer deste Juízo, em decisão proferida pelo MMº Juiz de Direito Drº Josué Modesto Passos, que versava sobre a mesma questão posta a desate e cujo parecer coaduno: "... havendo solução de continuidade entre os atos da associação (por exemplo, por falta de eleições durante vários anos, como sucede in casu), o remédio legal é solicitação, na via contenciosa, de administrador provisório que reorganize a vida da associação; o que decididamente não tem lugar é cogitar que o registro civil de pessoas jurídicas possa, na atividade de qualificação, suprir o defeito e admitir a averbação de nova ata, sem a continuidade ou, pelo menos, a compatibilidade entre o novo ato associativo e aqueles que se encontram inscritos, ainda que haja força maior, como o desaparecimento ou a morte de anteriores diretores"...Para a eleição de um administrador provisório é imprescindível a intervenção do Poder Judiciário, tendo em vista que não se discute apenas a situação registrária, mas a própria representação da pessoa jurídica, além da administração de seus vários interesses. Há de se notar que o Estatuto Social deve se adequar às disposições do Novo Código Civil Brasileiro e, para tal, deve o administrador provisório ter poderes específicos para convocar e presidir Assembléia Geral Extraordinária. Tal entendimento está pacificado no âmbito da Corregedoria Geral da Justiça (Processos nºs 1.283/2003, 206/2004, 610/2004, 611/2004, 959/2006 e 11.901/2007). No mais, o artigo 49 do CC é cristalino ao estabelecer que: "Se a administração da pessoa jurídica vier a faltar, o juiz, a requerimento de qualquer interessado, nomear-lhe-á administrador provisório". Logo, ao dispor que somente o juiz poderá nomear administrador provisório, tem-se que é indispensável o requerimento na via judicial, perante uma das Varas Cíveis competentes, preservando-se assim, o princípio da continuidade registrária. Por fim, em consonância com o princípio da celeridade processual, que norteia os atos processuais, redistribua-se o presente feito a uma das Varas Cíveis da Capital, com nossas homenagens e cautelas de praxe. Int. - ADV: PALOMA ALMEIDA DA COSTA (OAB 392699/SP) (DJe de 10.05.2017 - SP)

Processo 1019942-02.2017.8.26.0100

Pedido de Providências - REGISTROS PÚBLICOS - Associação Brasileira das Empresas de Cartões de Crédito e Serviços - Ata de assembleia - ratificação de reunião em que diretores foram representados - necessidade de apresentação de procuração - reforma do estatuto social - falta de descrição do procedimento de exclusão de sócio - inadmissibilidade - menção genérica insuficiente - Art. 57 C.C - forma de rescisão de administrador – necessidade de previsão estatutária, qualquer que seja a forma - pedido improcedente - óbices mantidosVistos. Primeiramente, torno sem efeito as fls. 120/224 dos autos, por tratarem de feito diverso e terem sido peticionados de forma incorreta pela representante da requerente. Certifique a z. serventia. Passo ao relatório. Trata-se de pedido de providências formulado pelo Oficial do 1º Registro de Títulos e Documentos e Civil de Pessoa Jurídica da Capital, a requerimento da Associação Brasileira das Empresas de Cartões de Crédito e Serviços ABECS, após negativa de averbação de ata de assembleias ordinária e extraordinária realizada em 15/04/2016. Nelas, foram realizadas diversas decisões, sendo as relevantes para este feito a ratificação de deliberações tomadas pela diretoria e a reforma do estatuto social da entidade. Os óbices dizem respeito à falta de apresentação das procurações originais outorgadas por membros da administração para representação nas reuniões da diretoria, da inexistência, no novo estatuto social, de procedimento para direito de defesa no caso de associado excluído e da inexistência de critérios para formalização da renúncia de diretores e conselheiros. De acordo com o oficial, a necessidade dos originais das procurações decorre de entendimento da Corregedoria Geral da Justiça. Quanto ao procedimento do direito de defesa, é esta exigência legal do Art. 57 c.c Art. 54, II, do Código Civil. Quanto à renúncia, a regulamentação do estatuto seria exigência do Art. 54, VII c.c Art. 59, parágrafo único, do mesmo diploma legal. Juntou documentos às fls. 06/119. A ABECS respondeu às fls. 280/291, com documentos às fls. 328/330. Diz ser impossível obter as procurações, tendo em vista que os outorgantes não são mais associados ou encontram-se no exterior, e não possuir os originais em arquivo. Aduz não haver qualquer prejuízo decorrente desta falta, ou qualquer impugnação quanto a invalidade da representação ocorrida. Quanto as demais exigências, argumenta que o estatuto já regula os procedimentos. Pede pela procedência do pedido e averbação da ata. O Ministério Público opinou às fls. 345/349 pela improcedência do pedido. É o relatório. Decido. Com razão o Oficial e a D. Promotora. Os óbices apresentados não merecem reparo, e as justificavas da requerente não são suficientes para afastá-los. Quanto à necessidade de apresentação das procurações, isso se dá para que se possa verificar a validade da outorga de poderes de representação nas reuniões cujas atas foram anexadas e ratificadas pela assembleia. Não basta uma declaração (fls. 84/86) confirmando a existência destas, ainda mais porque foram tomadas decisões de relevância, como nomeação de diretores, em que não se pode presumir a validade das procurações e poderes outorgados, para que se evitem fraudes e outros problemas corriqueiros na atividade das associações. Como bem dito pela D. Promotora: "[M]ostra-se correta a exigência colocada pelo Titular da delegação, uma vez que, sem a apresentação dos instrumentos, não pode ele realizar, integralmente, a qualificação dos títulos e a conferência da regularidade das representações. "Não logrou sucesso a requerente em provar a impossibilidade de obter tais documentos, não podendo este juízo, assim, dispensar sua apresentação ou aceitar cópias. Quanto ao segundo óbice, assim dispõe o Art. 57 do Código Civil: "Art. 57. A exclusão do associado só é admissível havendo justa causa, assim reconhecida em procedimento que assegure direito de defesa e de recurso, nos termos previstos no estatuto". Ou seja, diz o legislador que a exclusão só é admitida quando for reconhecida justa causa em procedimento previsto no estatuto que assegure o direito de defesa e recurso. Se há previsão de que o procedimento será previsto no estatuto, deve este prever com detalhes como será tal procedimento, não podendo apenas dispor que este existirá, de forma genérica. Por esta razão, não basta a previsão do Art. 11 do Estatuto Social que garante o direito de ampla defesa e demais disposições sobre os órgãos competentes para julgamento da exclusão e recurso. É preciso regulamentar o procedimento, estabelecendo disposições relativas, por exemplo, ao prazo para apresentação de defesa e recurso, a forma como este deve ser apresentado e perante qual órgão, e se antes ou durante a assembleia deliberativa, com disposição sobre necessidade ou não de quórum qualificado e quantidade de votos. Tudo isso para garantir que a exclusão do associado se dê com o devido processo e direito de defesa garantido, havendo previsibilidade quanto ao procedimento e evitando discricionariedades. Finalmente, no que diz respeito aos critérios de formalização da renúncia, de fato não há qualquer exigência legal expressa quanto a necessidade de forma específica. Contudo, para que possa o Oficial verificar, quando da entrada de título que reconhece a renúncia, que esta ocorreu de forma legítima, deve o estatuto prever a forma de sua realização para que seja válida perante a associação, nem que a disposição estatutária se limite a dizer que a renúncia pode ocorrer a qualquer tempo e por qualquer meio. Isto para garantir, perante o registro, a legitimidade do ato averbado, que passa a ter validade presumida e ampla publicidade. Não havendo, no Estatuto, qualquer disposição neste sentido, deve o óbice ser mantido. Do exposto, julgo improcedente o pedido de providências formulado pelo Oficial do 1º Registro de Títulos e Documentos da Capital, a requerimento da Associação Brasileira das Empresas de Cartões de Crédito e Serviços, mantendo os óbices à averbação. Não há custas, despesas processuais nem honorários advocatícios decorrentes deste procedimento. Oportunamente, arquivem-se os autos. P.R.I.C. São Paulo, 03 de maio de 2017. Tania Mara Ahualli Juíza de Direito - ADV: LÚCIA HELENA FERNANDES DE BARROS (OAB 271049/SP) (DJe de 12.05.2017 - SP)

Processo 1017810-69.2017.8.26.0100

Pedido de Providências - REGISTROS PÚBLICOS - Luiz Carlos Felix da Silva - Vistos. Trata-se de pedido de providências formulado por Luiz Carlos Félix da Silva em face do Oficial do 2º Registro de Títulos e Documentos e Civil de Pessoa Jurídica da Capital, pleiteando a averbação da Ata da Assembleia Geral Extraordinária da Associação Promotora de Instrução e Trabalho, realizada em 20.10.2016, na qual foi deliberada a destituição do presidente e vice presidente, resultando na vacância de todos os cargos da administração da Associação, que passaria a ser provisoriamente administrada pelo requerente e pelo srº Miguel Felício de Albuquerque. O Registrador informa que a qualificação negativa do título apresentado refere-se: a) as pessoas indicadas como presentes na Assembleia não constam como associados ou não estão na lista de presença das assembleias anteriores; b) inexistência de denominação da pessoa jurídica ou CNPJ na lista de presença anexada, bem como não falta de assinatura dos supostos participantes; c) o requerente que teria assumido a administração provisória foi destituído do cargo de vice presidente na última assembleia averbada e o outro administrador indicado, srº Miguel Felício Albuquerque, foi excluído do quadro associativo em 26.08.2011 (fls. 66/68). Esclarece o Registrador que não há irregularidades formais nas atas registradas anteriormente, bem como foram observados os princípios registrários nas qualificações dos títulos. Juntou documentos às fls. 69/121. Insurge-se o requerente dos óbices, aduzindo que todos os documentos da associação foram subtraídos da sede social, bem como os verdadeiros interessados e que possuem direitos relativos à Associação envidaram o necessário para a instauração de uma assembleia que destituísse a ilegítima pessoa que estava exercendo a direção da associação, apenas em benefício próprio. Assevera que as exigências impostas constituem mero formalismo e a propositura de ação judicial serviria apenas para postergar o registro perseguido, somando elevados custos à associação. Juntou documentos às fls. 07/57. O Ministério Público opinou pela improcedência do pedido (fls. 125/126). É o relatório. Passo a fundamentar e a decidir. A Associação pretende o registro da Ata da Assembléia Geral Extraordinária realizada em 20.10.2016, em desconformidade com a legislação civil. Conforme Frederico de Castro Y Bravo (La persona jurídica. Madrid: Civitas, 1991, p. 280), o Estatuto da Associação encerra o conjunto de vontades de seus membros (pactum associationis) e lei para suas relações sociais (lex societatis). Apesar da força semântica da expressão utilizada (lei), ressalta-se a importância da obediência do estatuto social como ato de autonomia privada coletiva. A obediência ao Estatuto Social garante os interesses próprios da associação, nos termos em que foi criada, a par da vontade de seus associados. Pois bem, como bem observou a D Promotora de Justiça, "não podem os integrantes de uma associação, criarem regras ou modificarem dispositivos de forma aleatória que não prevista expressamente no estatuto que rege a existência da pessoa jurídica. Encontrando-se omissa a assembleia geral extraordinária, há óbice ao registro e tudo que veio posteriormente é irregular e não obedece ao estatuto, portanto o requerente não é o representante legal da associação". A verdade é que além da requerente postular de forma genérica e destituída de fundamento seu inconformismo, a procuração de fl. 61 sequer foi legitimamente firmada, sendo que o representante Luiz Carlos Félix da Silva não detém poderes específicos para representação da pessoa jurídica. Ademais, a assembleia geral extraordinária foi realizada de forma irregular, uma vez que, conforme se verifica da lista de presença juntada à fls. 42/43, não constam os nomes dos associados, bem como não estão na lista de presença das assembleias anteriores (fls. 69/70, 71/74, 75, 76, 77, 83), na mencionada lista de presença não consta o nome da associação, ou seu CNPJ, havendo apenas a menção do nome dos presentes e seus documentos de identidade, sem qualquer assinatura das pessoas, impossibilitando suas identificações. Assim, diante da nulidade dos atos praticados pela falta de representação e da não observância ao Estatuto Social, bem como diante da ausência de requisitos formais do título, mantenho o óbice do registrador, devendo o interessado valer-se da via judicial adequada para nomeação de um administrador provisório, em consonância com o princípio da legalidade. Ao que parece a questão refere-se a divergências internas ocorridas na Associação, sendo que não há qualquer mácula nas atas anteriormente averbadas, eventual vício que acarrete nulidade do registro de assembleias derivadas de vícios intrínsecos deverá ser objeto de ação propria na via judicial, com a incidência do contraditório e ampla defesa. Diante do exposto, julgo improcedente o pedido de providências formulado por Luiz Carlos Félix da Silva em face do Oficial do 2º Registro de Títulos e Documentos e Civil de Pessoa Jurídica da Capital, e consequentemente mantenho os óbices registrários. Deste procedimento não decorrem custas, despesas processuais e honorários advocatícios. Oportunamente remetam-se os autos ao arquivo. P.R.I.C. São Paulo, 11 de maio de 2017. Tania Mara Ahualli Juíza de Direito - ADV: PAULO AGOSTINHO FERNANDES (OAB 104345/SP) (DJe de 17.05.2017 - SP)

Processo 1010956-59.2017.8.26.0100

Pedido de Providências - DIREITO CIVIL - Associação dos Usuários da Central Pabx Condominio Praia de Araruama - Vistos. Trata-se de pedido de providências formulado pela Associação dos Usuários da Central PABX do Condomínio Praia de Araruama, em face do Oficial do 4º Registro de Títulos e Documentos e Civil de Pessoa Jurídica da Capital, pretendendo a averbação da extinção da associação, uma vez que não atingiu sua finalidade, tendo sido efetuada somente sua abertura. O Registrador manifestou-se às fls. 32/34 e 47. Esclarece que a entidade está irregular desde o ano de 2000, sendo necessária inclusive a adaptação de seus estatutos aos termos do Código Civil. Insurge-se a requerente das exigências, sob o argumento de que inexistem bens ou valores a serem liquidados e as pessoas que assinaram a ata de instalação da associação ou morreram ou se mudaram de condomínio, restando apenas a presidente. Juntou documentos às fls. 05/19. O Ministério Público opinou pela improcedência do pedido (fls. 52/53). É o relatório. Passo a fundamentar e a decidir. A associação pretende a averbação de sua extinção, por não ter atingido sua finalidade, encontrando-se inativa desde a fundação. Conforme Frederico de Castro Y Bravo (La persona jurídica. Madrid: Civitas, 1991, p. 280), o Estatuto da Associação encerra o conjunto de vontades de seus membros (pactum associationis) e lei para suas relações sociais (lex societatis). Apesar da força semântica da expressão utilizada (lei), ressalta-se a importância da obediência do estatuto social como ato de autonomia privada coletiva. A obediência ao Estatuto Social garante os interesses próprios da associação, nos termos em que foi criada, a par da vontade de seus associados. É incontroversa a irregularidade na administração da associação desde o ano de 2000, sendo que desde sua criação nenhum ato foi averbado, fato este confessado pela própria requerente que, em sua manifestação de fl. 38, pediu a nomeação da presidente da associação Carmen

Pereira Inocêncio para o cargo de administrador provisório. No entanto, conforme decisão de fls. 39/40, a qual confirmo, para eleição de um administrador provisório, é imprescindível a intervenção do Poder Judiciário, tendo em vista que se não discute apenas a situação registrária, mas a própria representação da pessoa jurídica, além da administração de seus vários interesses. Há de se notar que o Estatuto Social deve se adequar às disposições do Código Civil Brasileiro e, para tanto, deve o administrador provisório ter poderes específicos para convocar e presidir Assembleia Geral Extraordinária. Conforme parecer deste Juízo, em decisão proferida pelo MMº Juiz de Direito Drº Josué Modesto Passos, que versava sobre a mesma questão posta a desate e cuja opinião acompanho: "... havendo solução de continuidade entre os atos da associação (por exemplo, por falta de eleições durante vários anos, como sucede in casu), o remédio legal é solicitação, na via contenciosa, de administrador provisório que reorganize a vida da associação; o que decididamente não tem lugar é cogitar que o registro civil de pessoas jurídicas possa, na atividade de qualificação, suprir o defeito e admitir a averbação de nova ata, sem a continuidade ou, pelo menos, a compatibilidade entre o novo ato associativo e aqueles que se encontram inscritos, ainda que haja força maior, como o desaparecimento ou a morte de anteriores diretores"... Este entendimento está pacificado no âmbito da Egrégia Corregedoria Geral da Justiça (Processos nºs 1.283/2003, 206/2004, 610/2004, 611/2004, 959/2006 e 11.901/2007). No mais, o artigo 49 do Código Civil é claro ao estabelecer que: "Se a administração da pessoa jurídica vier a faltar, o juiz, a requerimento de qualquer interessado, nomear-lhe-á administrador provisório". Do exposto, julgo improcedente o pedido de providências formulado pela Associação dos Usuários da Central PABX do Condomínio Praia de Araruama, em face do Oficial do 4º Registro de Títulos e Documentos e Civil de Pessoa Jurídica da Capital, devendo a requerente valer-se das vias ordinárias para resolução do impasse. Deste procedimento não decorrem custas, despesas processuais e honorários advocatícios. Oportunamente remetam-se os autos ao arquivo. P.R.I.C. São Paulo, 06 de julho de 2017. Tania Mara Ahualli Juíza de Direito - ADV: MARCO ANTONIO ESTEBAM (OAB 109182/SP) (DJe de 11.07.2017 - SP)

Processo 1030311-55.2017.8.26.0100

Pedido de Providências - REGISTROS PÚBLICOS - A.D.P.M. - Associacao Desportiva Policia Militar do Estado de Sao Paulo - Alteração do Estatuto Social de associação - Necessidade de quórum qualificado conforme estatuto vigente - Alegação de mera correção textual, com rito simplificado, improcedente, tendo em vista a revogação de direitos previstos aos administradores - Procedimentos internos de deliberação dos órgãos administrativos a serem realizados antes de submissão de proposta de alteração estatutária à assembleia - Caráter opcional e meramente opinativo, nos termos do estatuto, que não vinculam a assembleia e, portanto, não tem averbação obrigatória Pedido parcialmente procedente. Vistos. Trata-se de pedido de providências formulado por ADPM - Associação Desportiva Polícia Militar do Estado de São Paulo em face do Oficial do 1º Registro de Títulos e Documentos e Civil da Pessoa Jurídica, após negativa de averbação de ata de Assembleia Geral Extraordinária. Os óbices dizem respeito à necessidade de quórum qualificado para alteração do estatuto social e de atas das reuniões dos diferentes órgãos administrativos, que deliberaram sobre a alteração estatutária, procedimento exigível pelo estatuto vigente. O requerente aduz que não houve propriamente reforma estatutária, mas apenas alterações pontuais para que fiquem expressas ideias já existentes no Estatuto, de modo a adaptar-se a regulamentação legal de benefício a que faz jus. Assim, não seria necessário qualquer procedimento especial, tendo a assembleia ocorrido apenas com o fim de dar publicidade aos atos realizados. Juntou documentos às fls. 08/177. O Oficial manifestou-se às fls. 181/183, alegando estar adstrito à legalidade e ao respeito do determinado no estatuto da entidade. O Ministério Público opinou às fls. 187/188 pela manutenção dos óbices. É o relatório. Decido. Em que pesem os argumentos lançados pela requerente, não se pode concluir que as alterações estatutárias pretendidas são meras reformas textuais, de modo a permitir rito simplificado de alteração. Veja-se a mudança do Art. 48: "Artigo 48 - São administradores da ADPM, sem qualquer diferenciação hierárquica, salvo nas situações estabelecidas por este Estatuto, bem como sem direito a qualquer remuneração. "A parte em destaque não consta do texto original, pretendendo-se sua adição ao estatuto. Como se vê, trata-se de menção expressa de que não haverá remuneração dos administradores. É dizer que, anteriormente, tal direito existia, mesmo que não exigido na prática, sendo agora revogado. No mesmo sentido, o Art. 155: "Artigo 155 - Constituem despesas da ADPM, tudo quanto seja necessário a realização de seus fins, desde que observadas as disponibilidades financeiras, com prévia consulta ao Departamento de Tesouraria da entidade e administração da Diretoria Executiva, tais como: IV - Verbas de representação devidas aos Membros do Conselho Deliberativo, do Conselho fiscal e da Diretoria. (REVOGADO) "Portanto, a revogação do inciso acima exposto representa verdadeira mudança estatutária. Não se pode entender que a revogação de um direito garantido aos administradores seja mera correção textual. Se trata, portanto, de reforma estatutária, com alteração de direitos e deveres que afeta não só os administradores, mas o próprio destino dos fundos despendidos pelos associados. Deste modo, necessária a adoção do rito previsto no Capítulo XIX do Estatuto para reforma de seus artigos. Prevê seu Art. 159, §2º que, em primeira convocação, deverá estar presente maioria absoluta dos associados ou, em segunda chamada, um terço destes. Portanto, tal quórum deve ser respeitado, conforme nota devolutiva. Por outro lado, exigiu o Oficial a averbação das atas das reuniões da Diretoria Executiva, Conselho Deliberativo e do Conselho Superior de Administração, em consonância com os Arts. 72, IV, 112, IX e 159 do estatuto em vigor. Quanto a exigência relativa ao Conselho Deliberativo, constata-se do estatuto que a ele compete "discutir e deliberar sobre alterações no Estatuto". Do que se depreende da leitura do dispositivo, tal competência não é essência da reforma estatutária, mas mera atribuição de realização opcional. Portanto, se a reunião não é obrigatória, tampouco o é a averbação de ata desta discussão, sendo a exigência, neste ponto, indevida. Já quanto as reuniões da Diretoria Executiva e do Conselho Superior da Administração, o Art. 159 é expresso no sentido de ser dever da Diretoria apresentar proposta de alteração, com projeto e exposição de motivos, que devem ser encaminhados ao Conselho Superior, que nomeará Comissão para emissão de parecer. Apesar destas exigências constarem do Estatuto, entendo que não cabe ao Oficial conferir a realização deste procedimento, visto tratar-se de procedimento interno da associação. Seu cumprimento é de interesse dos associados, que poderão impugnar tais formalidades pelos meios competentes, além de, em última análise, deliberarem sobre o tema na própria assembleia de alteração estatutária, tendo em vista seu caráter soberano, nos termos do Art. 49 do Código Civil. Pode-se dizer que a mera menção da ocorrência de tais procedimentos na ata da assembleia extraordinária que altera o Estatuto já supre o óbice relativo ao princípio da continuidade, sendo opcional a averbação da ata de tais reuniões. Isso porque a interpretação do estatuto da ADPM permite concluir pela excepcionalidade no presente caso, já que tais reuniões anteriores e seus pareceres têm caráter opinativo, não vinculante, como se depreende do próprio §1º do Art. 159 do estatuto da entidade, que prevê a deliberação por Assembleia Geral de forma imediata, independentemente do sentido positivo ou negativo do parecer anterior. Não se ignora que já se decidiu anteriormente que procedimentos previstos em estatuto devem ser, em geral, averbados, sobretudo no que diz respeito à realização de eleições da entidade, tendo em vista a importância de tais atos. Contudo, diante de todo o acima exposto, o presente caso traz peculiaridades que permitem concluir que estas reuniões não são essenciais à reforma do estatuto, não passando de formalidades internas, que não são passíveis de qualificação pelo Oficial. Neste sentido, foi decidido no processo 1001773-77.2016.8.26.0495, desta 1ª Vara de Registros Públicos: "Teria o Oficial, portanto, realizado o registro sem verificar se a convocação da assembleia geral extraordinária foi regular nos termos do estatuto social. Todavia, não há mandamento legal para verificação de atos anteriores à realização da assembleia. O que existe é a exigência da regularidade formal do título apresentado, que neste caso mostrava-se hígido. Exigir do Oficial uma verificação pormenorizada de todos os atos convocatórios exigidos em estatutos sociais corresponderia a produção de provas de forma exaustiva perante cartório extrajudicial, o que seria uma extrapolação de suas competências e afetaria de forma negativa a prestação de seus serviços. Deve o Oficial agir com cautela, visando a preservação da presunção de veracidade dos registros realizados, dentro de sua liberdade de qualificação, mas tal cautela não deve se dar de forma a prejudicar seus trabalhos."Portanto, no presente caso, entendo que a exigência 1 da nota devolutiva de fls. 199/201 não é correta, tendo em vista o estatuto da entidade e os limites de qualificação do Oficial. Contudo, a exigência 2 se vê perfeita, devendo tal óbice ser mantido. Do exposto, julgo parcialmente procedente o pedido de providências formulado por ADPM - Associação Desportiva Polícia Militar do Estado de São Paulo em face do Oficial do 1º Registro de Títulos e Documentos e Civil da Pessoa Jurídica, afastando o óbice 1, da nota de fls. 199/201, e mantendo o óbice 2. Não há custas, despesas processuais nem honorários advocatícios decorrentes deste procedimento. Oportunamente, arquivem-se os autos. P.R.I.C. São Paulo, 07 de julho de 2017. Tânia Mara Ahualli Juíza de Direito - ADV: MARIA ANGELICA DE LIRA RODRIGUES (OAB 115416/SP), FABIANE REGINA

CORREA VIANA (OAB 252827/SP) (DJe de 13.07.2017 - SP)

Processo 1033334-09.2017.8.26.0100

Pedido de Providências - REGISTROS PÚBLICOS - Associação dos Ex-Combatentes do Brasil - Seção de São Paulo - Associação dos Ex-Combatentes do Brasil - Dissolução do Conselho Nacional – Subsistência da Seção Estadual - Análise do histórico de registro e do estatuto que permite concluir se tratar de filiada, e não filial – Autonomia e Independência preservadas - Entidade Nacional cujas funções eram de coordenação e supervisão - Possibilidade de alteração estatutária da Seção paulista Pedido de providências procedente, afastando- se os óbices Vistos. Trata-se de pedido de providências formulado pelo Oficial do 1º Registro de Titulos e Documentos e Civil de Pessoa Jurídica da Capital, a requerimento da Associação dos Ex--Combatentes do Brasil - Seção de São Paulo, após negativa de averbação da reforma do estatuto social da entidade. A negativa se deu pois a Associação dos Ex- Combatentes do Brasil, sediada no Rio de Janeiro, foi dissolvida, e sendo a seção de São Paulo uma filial, sua dissolução seria de rigor, ficando impossibilitada de alterar o estatuto e se desvincular da entidade nacional. O Oficial, contudo, entende que há argumentos para o registro do novo estatuto, mas que não tem poderes para fazê-lo sem autorização judicial. Juntou documentos às fls. 04/63. A Associação requerida manifestou-se às fls. 67/69, com documentos às fls. 70/98. Aduz que a dissolução do Conselho Nacional foi omissa, não fazendo qualquer determinação quanto as seções estaduais, que seriam autônomas. Alega ainda que tem CNPJ e personalidade jurídica própria, o que permite que registre o novo estatuto que a desvincula da entidade nacional. A Associação complementou informações e documentos às fls. 109/153, e o Oficial novamente se manifestou às fls. 154/155, com documentos às fls. 156/188. O Ministério Público opinou às fls. 102/105 e 194/195 pela improcedência do pedido. É o relatório. Decido. Analisando os documentos dos autos, constata-se que a situação da Associação dos Ex-Combatentes do Brasil - Seção São Paulo, e sua relação com o Conselho Nacional, sediado no Rio de Janeiro, é contraditória. Isso porque ora a entidade paulista é tratada como autônoma, apenas integrante do órgão nacional como filiada, ora como filial e completamente subordinada, não podendo existir de forma independente. Veja-se que a própria fundação da entidade apresenta tal contradição, conforme expõe o Oficial: "[Se verifica no ato constitutivo da entidade] ter sido ratificada a autorização anteriormente concedida pela Direção Nacional, para abertura de uma Seção (...) com regência pelo estatuto social aprovado na Convenção Nacional, tendo sido consignado (...) tratar-se de entidade filiada ao Conselho Nacional (...). Destarte, não obstante a redação pouco técnica dos atos constitutivos, (...) configura-se ter sido constituída como entidade "filiada" da Associação"Portanto, há pouca tecnicidade nos documentos de origem da seção de São Paulo, pois diz ser filiada e autônoma, ao mesmo tempo em que foi necessária autorização para sua constituição. A única maneira de harmonizar tais prescrições é entender que a autorização exarada não foi para a fundação da seção, mas apenas para que esta utilizasse o nome que a vinculasse ao Conselho Nacional, que faria uma uniformização administrativa para melhor alcançar os interesses comuns dos ex-combatentes de todo o país, sem contudo prejudicar a autonomia das entidades estaduais. Veja-se que tal autorização não foi dada em assembleia realizada pelo Conselho Nacional, com ata de efeitos jurídicos vinculantes. O que se constata do documento de fl. 161 é que a própria Seção de São Paulo noticiou a autorização, mais como forma de união nacional dos objetivos comuns dos combatentes do que como requisito para sua criação. Nota-se do documento que "foi ratificada autorização (para criação da Seção de São Paulo), o que já fizemos" (g. N) A criação, portanto, foi anterior e independente do Conselho Nacional. Ainda, cumpre dizer que houve uma unificação dos estatutos: as seções estaduais resolveram adotar estatuto com o mesmo texto, o que não significa, da análise de todo o histórico documental juntado aos autos, que havia um estatuto central que regia todas as entidades filiadas e vinculavam suas existências a ele. Disso decorre que possível averbação de alteração estatutária no registro da Seção de São Paulo, sem necessidade de registro de nova Associação, pois a existência da filiada estadual é autônoma, assim como seu estatuto. Tal conclusão é reforçada pelo estatuto de fls. 168/188. Logo no preâmbulo vê-se o uso da expressão "estatutos", demonstrando a possibilidade de adoção do mesmo estatuto pelas diversas associações. Também o uso do termo associações, no plural, demonstra que as seções estaduais não são meras filiais, mas verdadeiras filiadas, com coordenação e supervisão pelo Conselho Nacional, ao teor do Art. 34 do Estatuto original, além de expressamente exposto no Art.54, §1º que "são autônomas as Associações". De tudo isso, vê-se que, originalmente, os combatentes se filiariam as seções estaduais, e tais seções se filiariam, como associadas, à associação nacional. Portanto, são autônomas e independentes, cujo destino não esta vinculado ao que ocorrer com o ente nacional, apesar da possibilidade de este último coordenar e supervisionar o andamento da vida de seus filiados. Há dois entes distintos: a Associação Nacional - Conselho Federal e as seções estaduais/municipais. O mesmo se depreende do atual estatuto do Conselho Nacional (fls. 43/63). Dispõe seu Art. 2º, III, que a associação nacional compõe-se de: "III. Seções, com sede em qualquer cidade do Brasil, onde os Ex-Combatentes reunidos em Assembleia Geral e mediante assinatura da respectiva ata, manifestem o desejo de se integrarem coletivamente na Associação e se regerá pelo presente Estatuto"Novamente, vê-se que a existência das seções é anterior à integração à associação nacional. Quanto a função do conselho nacional, como já dito acima, inclui-se o dever de supervisão das seções estaduais, consubstanciado no Art. 31 do Estatuto. Há um rol exaustivo das hipóteses de intervenção, o que demonstra não haver subordinação total. A teor do Art. 36 do Estatuto, as seções tem ampla autonomia, também confirmada pelo seu Art. 60. Mais relevante o Art. 62 do Estatuto: "Art. 62 - Nos casos previstos no Art. 31 e em que não seja possível a Intervenção pelo Conselho Nacional, este poderá, pelo voto da maioria absoluta dos seus membros, cassar a filiação da Seção"O estatuto, portanto, é expresso ao utilizar a expressão "cassar a filiação". Não se trata de dissolução, e sim de desligamento da entidade nacional. Destarte, reconhece a possibilidade de existências autônomas e independentes das Seções e do Conselho Nacional. Não se omite aqui quanto a existência de outros artigos do estatuto que podem se mostrar contraditórios ao exposto, diante da precariedade técnica em sua redação e regramento geral. A solução encontrada, contudo, se encontra consonante com os princípios registrais e àqueles presentes no Código Civil, que buscam a preservação da associação e dos contratos, quando possível. Finalmente, a Assembleia Geral Extraordinária do Conselho Nacional da Associação, de ata juntada às fls. 116/123, tratou da dissolução do Conselho Nacional. É omissa quanto a dissolução das filiais. Se, pelo todo exposto acima, o Conselho Nacional pode dissolver as seções, mas a dissolução do primeiro não implica a dissolução do último, então imperioso concluir que, se a assembleia foi omissa, não houve dissolução das seções da associação, mas apenas determinou-se o fim do Conselho Nacional, cuja função era coordenar e supervisionar as seções. Ou seja, a existência das seções subsiste, apenas deixando de serem filiadas ao Conselho Nacional, de modo que podem continuar com suas atividades de forma autônoma e independente, inclusive alterando seu estatuto social. A própria assembleia reconheceu tal fato, ao determinar que as cotas da Medalha da Vitória fossem "repassadas para a Associação dos Ex-Combatentes do Brasil - Seção do Rio de Janeiro". Portanto, se houve repasse para tal seção, esta não foi dissolvida, e o mesmo pode-se dizer da seção de São Paulo. Assim, possível a averbação requerida, para que se altere o estatuto social da Seção de São Paulo, de modo a ser independente. Quanto a alteração da nomenclatura, a princípio, não há óbice para tal, tendo em vista que a Seção passou a ser desvinculada do Conselho Nacional, sendo inaplicável a segunda parte do Art. 60 do Estatuto, que trata de exigências para o nome. Deve apenas o Oficial observar se a nova denominação requerida atende aos requisitos legais, como por exemplo o de inexistência de nomes semelhantes na mesma comarca, além de eventual vedação de existência de entidades com o mesmo nome no âmbito nacional. Do exposto, julgo procedente o pedido de providências formulado pelo Oficial do 1º Registro de Titulos e Documentos e Civil de Pessoa Jurídica da Capital, a requerimento da Associação dos Ex-Combatentes do Brasil - Seção de São Paulo, afastando os óbices registrários apresentados pelo Oficial. Não há custas, despesas processuais nem honorários advocatícios decorrentes deste procedimento. Oportunamente, arquivem-se os autos. P.R.I.C. São Paulo, 28 de julho de 2017. Tânia Mara AhualliJuíza de Direito - ADV: SIDNEY MATHEUS (OAB 183271/SP) (DJe de 04.08.2017 - SP)

Processo 1065259-23.2017.8.26.0100

Pedido de Providências - REGISTROS PÚBLICOS - Associação Paulista de Imprensa - Pedro Oswaldo Nastri - Associação - Eleição de diretoria e conselheiros - Necessidade de apresentação do termo de posse dos eleitos em assembleia em que não estavam presentes.

Pedido de providências improcedente. Vistos. Trata-se de pedido de providências formulado pelo 1º Oficial de Registro de Títulos e Documentos e Civil de Pessoa Jurídica da Capital, a requerimento da Associação Paulista de Imprensa, após negativa de averbação da ata de assembleia geral extraordinária que elegeu diretores e conselheiros da entidade. O Oficial alega que a negativa se deu por não terem sido apresentados os termos de posse dos membros eleitos, o que contraria o item 11.1

da Seção II do Capítulo XVIII das Normas de Serviço da Corregedoria. Juntou documentos às fls. 14/247. A requerida manifestou- se às fls. 259/260, aduzindo que referida norma só se aplica ao registro da primeira diretoria da entidade, não se exigindo termos de posse para atos subsequentes. Às fls. 271/272, com documentos de fls. 273/340, foi apresentada impugnação por filiado da associação, aduzindo ter sido irregular a eleição que se pretende averbar. O Ministério Público opinou, às fls. 344/346, pela improcedência do pedido. É o relatório. Decido. Inicialmente, cumpre dizer que a manifestação de fls. 271/272 traz ao conhecimento deste juízo a existência de conflito interno na entidade. Não obstante, os fatos ali alegados não dizem respeito à nota devolutiva que se contesta no presente feito, não sendo possível a este juízo administrativo declarar, como solicitado, "a acefalia da Associação Paulista de Imprensa". Com o julgamento do presente pedido, o Oficial terá condições de analisar a averbação dos outros títulos prenotados, com eventual óbice referente ao princípio da continuidade. Dito isso, com razão o Oficial e a D. Promotora. Como bem pontuado em seu parecer, assim regem as Normas de Serviço da Corregedoria Geral da Justiça, no Capítulo XVIII: "11.1. Quando da apresentação do estatuto de entidade sem fins lucrativos, deverão ser juntadas a ata de constituição e a de eleição e posse da primeira diretoria e demais órgãos, estando seus integrantes devidamente qualificados e com mandato fixado, nada impedindo a existência de uma única ata para tratar de ambos os temas. 17.3. Aplicam-se às averbações, no que couber, as regras dos itens 11 e seguintes deste capítulo."Portanto, há previsão expressa da exigência de posse para os membros da associação, tanto no registro inicial quanto nas averbações posteriores. Saliente-se que, pelo princípio do tempo regit actum, as normas aplicadas aos atos registrais são aquelas vigentes no ato do pedido, e não da realização do negócio jurídico. Portanto, ainda que tais normas da Corregedoria tenham sido instituídas após 2013, a assembleia realizada em 2012, mas que se pretende averbar em 2017, é regida pelas normas vigentes neste ano presente. A razão de ser da exigência do termo de posse é para que se reconheça a vontade do eleito em assumir o cargo. Isso porque o mandato traz responsabilidades perante a associação e a própria sociedade em geral, de modo que é temerário empossar pessoa em tais cargos sem que haja sua efetiva concordância. Ainda que conste na ata que se pretenda averbar que "foi dado posse a todos os eleitos", a própria requerente reconhece, à fl. 260, que alguns dos eleitos não estavam presentes em tal assembleia. Portanto, cabível a exigência de que aqueles não presentes, que não assinaram a ata da assembleia que deu a eles posse, tenham que assinar termo de posse em apartado, em que aceitam o cargo e as responsabilidades decorrentes deste. Por fim, inaplicável o Art. 156, pár. Único, da Lei de Registros Públicos, uma vez que o óbice aqui apresentado não diz respeito a qualquer falsidade nos títulos, mas irregularidade formal por não preencher os requisitos para o ato registral. Do exposto, julgo improcedente o pedido de providências formulado pelo 1º Oficial de Registro de Títulos e Documentos e Civil de Pessoa Jurídica da Capital, a requerimento da Associação Paulista de Imprensa, mantendo o óbice apresentado. Não há custas, despesas processuais nem honorários advocatícios decorrentes deste procedimento. Oportunamente, arquivem-se os autos. P.R.I.C. - ADV: PATRICIA LEAL FERRAZ BOVE (OAB 166249/SP), DANIELA DOS REIS COTO (OAB 166058/SP) (DJe de 16.10.2017 - SP)

Processo 1071785-06.2017.8.26.0100

Pedido de Providências - Registro de Imóveis - Câmara de Valores Imobiliários do Estado de São Paulo - Vistos. Trata-se de pedido de providências formulado pelo Oficial do 4º Registro de Títulos e Documentos e Civil de Pessoa Jurídica da Capital, a requerimento da Câmara de Valores Imobiliários do Estado de São Paulo, após negativa em averbar alteração no estatuto da associação. A negativa se deu pois, de acordo com o Oficial, a alteração prevê a possibilidade de que a associação seja convertida em sociedade, o que seria vedado pelos precedentes da Corregedoria Geral da Justiça. Contudo, aduz que, a seu entender, a conversão seria possível, pois a associação é claramente dividida em frações ideais, o que permitiria transformá-las em cotas da sociedade. Juntou documentos às fls. 6/17. O requerido manifestou-se às fls. 20/22, aduzindo que a mudança do estatuto foi aprovada regularmente, não havendo qualquer óbice à alteração pretendida. Após decisão de fl. 43, o Oficial prestou esclarecimentos às fls. 47/48, com resposta do requerido (fls. 51/52). O Ministério Público opinou, às fls. 41/42, pela improcedência do pedido. É o relatório. Decido. Cumpre, inicialmente, limitar o âmbito deste procedimento. O título que se pretende averbar altera o estatuto social da associação requerida, em seu Art. 45. No estatuto vigente, tal cláusula conta com a seguinte redação: "Art. 45º - Em caso de dissolução da Câmara, far-se-á a sua liquidação, de conformidade com as leis em vigor. "Com a alteração, passaria a vigir com os seguintes termos: "Art. 45º - Em caso de dissolução ou transformação da Câmara, a mesma far-se-á mediante a aprovação de 100% (cem por cento) de seus membros titulares, com direito a voto, reunidos em Assembleia Geral Extraordinária, especialmente convocada para tal fim, na proporção em percentagem de cada membro titular, obedecendo-se o tempo de ingresso, cargos exercidos na Diretoria e relevância de serviços prestados, a saber: (Tabela com a divisão, em percentual, da participação de cada associado). "A alteração, portanto, visa regulamentar eventual dissolução (a ser feita por unanimidade) ou transformação (que ocorrerá na proporção ali prevista). A negativa do Oficial se deu com base nos precedentes da Corregedoria Geral da Justiça no sentido da impossibilidade de se transformar associação em sociedade. Neste sentido: "REGISTRO CIVIL DAS PESSOAS JURÍDICAS - Apelação recebida como recurso administrativo - Averbação de alteração estatutária, consistente na transformação de sociedade empresária em associação. Pedido indeferido pelo MM. Juiz Corregedor Permanente - Negado provimento ao recurso." (Processo 2011/80114, CGJ, j. 25/07/11) Contudo, do que se depreende da alteração prevista acima, não está a associação requerida a transformar-se em sociedade, ou qualquer outra forma de pessoa jurídica. A mudança estatutária, na verdade, prevê a forma como isso se dará, se ao acaso decidir-se em AGE que a "Câmara" será dissolvida ou transformada. Por isso, desde logo, cumpre dizer que as ponderações do Oficial, ainda que bem colocadas, não podem ser analisadas no presente procedimento. Verificar se a associação está dividida em frações ideais que permitem perfeitamente a divisão e transformação em cotas de sociedade demandaria análise de título próprio, quando efetivamente se pretendesse averbar tal alteração. Em outras palavras, não é possível aqui considerar hipótese futura e incerta, para se fazer um juízo a priori sobre a legalidade de transformação não ocorrida, mas apenas prevista de forma genérica no estatuto, sem ser possível analisar as peculiaridades do negócio jurídico realizado, uma vez que isso se caracterizaria como consulta, vedada neste âmbito administrativo. Neste sentido, já decidiu a E. Corregedoria Geral da Justiça, em parecer exarado pelo então Juiz Auxiliar da Corregedoria, Dr. Hélio Lobo Júnior, no procedimento nº 27.435/88 (02/89): "...É inconcebível e descabida consulta dirigida ao Judiciário, ainda que na sua função atípica de agente administrativo, sobre interpretação e aplicação, em tese, das leis e regulamentos (cf. ementa 10.2, das Decisões Administrativas da Corregedoria Geral da Justiça - Ed. RT, 1981/1982, p. 24). "Assim, partindo-se da regra da impossibilidade da transformação de associação em sociedade, a análise de qualquer exceção, conforme aponta o Oficial ser o presente caso, demanda título concreto, em que se pretenda, efetivamente, realizar tal alteração da natureza da pessoa jurídica, sob pena de estar este juízo respondendo a consulta sobre fato futuro. Neste sentido, o próprio Oficial reconhece que "se discute, neste momento, é apenas a licitude de cláusula que se pretende inserir no estatuto da associação, onde consta a previsão da possibilidade de futura transformação da associação em sociedade." (grifos no original). Não obstante, bem salientou o Oficial a necessidade de se avaliar a possibilidade da inserção da cláusula estatutária, uma vez que, mesmo tratando de hipótese futura, sua inserção no estatuto levaria a uma expectativa de legalidade de eventual transformação realizada. E, pelas razões expostas acima, é o caso de se proibir a alteração pretendida. Isso porque, não sendo possível a manifestação deste juízo quanto a legalidade da transformação, permitir a averbação do título representaria insegurança jurídica inaceitável, pois levaria a uma previsão estatutária que é, a princípio, contrária aos precedentes da CGJ, ainda que possível alegar-se tratar-se de hipótese de exceção. Mas, se a parte alega ser exceção, deve arguí-la no momento da assembleia que versar sobre a transformação, e não previamente, quando não se detém o conhecimento de todos os fatores envolvidos na operação que será realizada. Em suma, a permissão levaria a previsão estatutária irregular, em que se autoriza no estatuto uma transformação que poderá ser negada posteriormente, ferindo a justa expectativa dos associados de que, havendo previsão estatutária, presumir-se-ia a legalidade de sua efetivação no plano concreto. Para evitar tal violação, é o caso de negar o ingresso do título, deixando claro que não se está desde logo negando a possibilidade da requerida realizar a mudança da forma jurídica no modo pretendido, mas apenas dizendo que, caso queira fazê-la, haverá nova qualificação registral, com análise de todas as particularidades, com eventual manifestação posterior deste juízo. Do mais, não se diga que a cláusula deveria desde logo ser aceita por permissão do Pár. Único do Art. 56 do Código Civil. Tal norma existe no sentido de se evitar que, havendo sucessão do patrimônio da entidade, também haja sucessão da condição de associado, prevendo que esta só se realizará com previsão expressa do estatuto. Neste sentido: "[S]e o associado houver contribuído ou tiver direito sobre parcela do patrimônio, isso pode ser objeto de transmissão por negócio inter vivos ou causa mortis ou, ainda, pela sucessão legítima, ficando o sucessor com direito ao valor equivalente, mas não adquirirá a condição de associado, exceto por disposição em contrário do estatuto." (Código Civil Comentado, Coord. Cezar Peluso, 11ª Ed. Saraiva, 2011, fl. 61) Destarte, a mudança estatutária ora pretendida nada tem de relação com o intuito da norma, pois inserida em artigo relativo ao fim da associação, e não da sucessão patrimonial ou da condição de associado por atos inter vivos ou causa mortis. O que se pretende aqui é dividir o patrimônio da associação para o caso de transformação, o que não poderá ser aceito pelas razões acima. Se a requerida pretende, em verdade, dividir o patrimônio da associação ou regular o previsto no Art. 56 do Código Civil, deve fazê-lo por meio de outras previsões estatutárias (com nova qualificação registral), e não do modo aqui pretendido. Do exposto, julgo improdecente o pedido de providências formulado pelo Oficial do 4º Registro de Títulos e Documentos e Civil de Pessoa Jurídica da Capital, a requerimento da Câmara de Valores Imobiliários do Estado de São Paulo, mantendo o óbice à averbação. Não há custas, despesas processuais nem honorários advocatícios decorrentes deste procedimento. Oportunamente, arquivem-se os autos. P.R.I.C. São Paulo, 30 de outubro de 2017. Tânia Mara Ahualli Juíza de Direito - ADV: HUAGIH BACOS (OAB 27802/SP) (DJe de 06.11.2017 - SP)

Processo 1114866-05.2017.8.26.0100

Pedido de Providências - Registro civil de Pessoas Jurídicas - Associação Paulista de Biomedicina (apbm) - Edgar Garcez Junior - Vistos. Trata-se de ação de nomeação de administrador provisório formulada por Edgar Garcez Júnior. Relata que a Associação Paulista de Biomedicina (APBM) teve sua última diretoria empossada para o período de 2004 a 2007 e, com o fim da gestão, encerrou suas atividades, permanecendo inativa até a presente data. Conforme parecer deste Juízo, em decisão proferida pelo MMº Juiz de Direito Drº Josué Modesto Passos, que versava sobre a mesma questão posta a desate e cujo parecer coaduno: "... havendo solução de continuidade entre os atos da associação (por exemplo, por falta de eleições durante vários anos, como sucede in casu), o remédio legal é solicitação, na via contenciosa, de administrador provisório que reorganize a vida da associação; o que decididamente não tem lugar é cogitar que o registro civil de pessoas jurídicas possa, na atividade de qualificação, suprir o defeito e admitir a averbação de nova ata, sem a continuidade ou, pelo menos, a compatibilidade entre o novo ato associativo e aqueles que se encontram inscritos, ainda que haja força maior, como o desaparecimento ou a morte de anteriores diretores"...Para a eleição de um administrador provisório é imprescindível a intervenção do Poder Judiciário, tendo em vista que não se discute apenas a situação registrária, mas a própria representação da pessoa jurídica, além da administração de seus vários interesses. Há de se notar que o Estatuto Social deve se adequar às disposições do Novo Código Civil Brasileiro e, para tal, deve o administrador provisório ter poderes específicos para convocar e presidir Assembléia Geral Extraordinária. Tal entendimento está pacificado no âmbito da Corregedoria Geral da Justiça (Processos nºs 1.283/2003, 206/2004, 610/2004, 611/2004, 959/2006 e 11.901/2007). No mais, o artigo 49 do Código Civil é categórico ao estabelecer que: "Se a administração da pessoa jurídica vier a faltar, o juiz, a requerimento de qualquer interessado, nomear-lhe-á administrador provisório". Logo, ao dispor que somente o juiz poderá nomear administrador provisório, tem-se que é indispensável o requerimento na via judicial, perante uma das Varas Cíveis competentes, preservando-se, assim, o princípio da continuidade registrária. Feitas estas considerações, em consonância com o princípio da celeridade que norteia os atos processuais, redistribua-se o presente procedimento a uma das Varas Cíveis da Capital. Int. - ADV: ADNAN SAAB (OAB 161256/SP) (DJe de 13.12.2017 - SP)

ATA DA ASSEMBLEIA

Processo 1128286-14.2016.8.26.0100

Pedido de Providências - REGISTROS PÚBLICOS - ARCESP Previdência Privada - Vistos. Trata-se de pedido de providências formulado pelo Oficial do 1º Registro de Títulos e Documentos e Civil de Pessoa Jurídica da Capital a requerimento de ARCESP - Previdência Privada, diante da negativa de averbação de Ata de Assembléia Geral Extraordinária, realizada em 01.02.2016, na qual foi aprovada a transformação de sua natureza jurídica para associação sem fins lucrativos, bem como aprovada a reforma do Estatuto Social para a perfeita adequação às disposições do vigente Código Civil, consequentemente, modificando sua denominação social para ARCESP - Associação Assistencial. Segundo o Registrador, não existe óbice de natureza formal para a pretendida transformação, cuja documentação encontra-se apta, inclusive com autorização da Superintendência de Seguros Privados - SUSEP, através da Portaria nº 6.490 de 09.05.2016, todavia, não há expressa previsão legal para a realização do ato. Juntou documentos às fls. 04/400. A interessada argumenta que a ARCESP nunca deixou de ser associação ou mudou sua natureza jurídica de sociedade civil sem fins lucrativos, sendo que a própria SUSEP concedeu a Carta Patente nº 002/1980 para a então Associação Pioneira de Beneficência, referendada pelo Decreto 81.402/1978 que regulamenta a Lei 6.435/77, em seus artigos 4º e 112º. Informa que a lacuna do Código Civil, ao deixar em aberto a situação das sociedades sem fins lucrativos que nada mais são do que associações, tais como as EAPC/SFL - Entidades Abertas de Previdência Complementar sem fins lucrativos, deverá ser suprida adotando-se os princípios da especialidade e de hierarquia das leis (fls. 406/4014 e documentos de fls. 416/418 e 421/455). O Ministério Público opinou pela procedência do pedido de providências, afastando-se o óbice registrário (fls. 459/461). É o relatório. Passo a fundamentar e a decidir. Apesar do zelo com que agiu o Registrador, bem como dos argumentos expostos na inicial, verifico que o óbice registrário não deve prosperar. Tendo em vista que a fundação da ARCESP se deu em 11.01.1931, originalmente com a denominação de Associação dos Representantes Comerciais do Estado de São Paulo, seu regime normativo deverá obedecer as disposições contidas no Código Civil de 1916 e a Lei nº 6.435/77. De acordo com o artigo 5º da Lei 6.435/77: "Art. 5º: As entidades de previdência privada serão organizadas como: I - sociedades anônimas, quando tiverem fins lucrativos;II - sociedades civis ou fundações, quando sem fins lucrativos. Com a revogação da mencionada lei, pela Lei Complementar nº 109/2001, houve a modificação das nomenclaturas, passando a denominação de "entidades abertas de previdência complementar" que deveriam seguir as regras das sociedades anônimas, nos termos do artigo 36. Todavia, no caso das entidades abertas sem fins lucrativos constituídas em conformidade com a Lei 6.435/77, de acordo com o artigo 77, estabeleceu-se que teriam dois anos para adaptar a nova lei complementar, passando a denominarem-se de Entidades Abertas de Previdência Complementar Sem Fins Lucrativos (EAPC/SFL). Daí verifica-se que não houve qualquer mudança na natureza jurídica da associação, que sempre manteve sua finalidade de entidade sem fins lucrativos, apenas houve a adaptação nos termos da Lei Complementar 109/2001 e Resolução CNSP nº 53/2001, que dispôs sobre as entidades abertas de previdência complementar sem fins lucrativos (fls. 25/27), bem como a nova nomenclatura EAPC/SFL. No mais, a transformação pretendida foi aprovada pela Superintendência de Seguros Privados - SUSEP, através da Portaria nº 6.490 de 09.05.2016, que no artigo 1º dispôs que: "art. 1º - Aprovar as seguintes deliberações... I - encerramento das atividades de previdência complementar aberta; II - alteração da denominação social para ARCESP - Associação Assistencial; III - alteração do objeto social;IV- reforma e consolidação do Estatuto Social"Não há motivos para ser mantido o óbice registrário, uma vez que conforme bem exposto pelo Douto Promotor de Justiça, as sociedades civis sem fins lucrativos no Código Civil de 1916 são atualmente as associações disciplinadas pelo CC/2002. Diante do exposto, julgo procedente o pedido de providências formulado pelo Oficial do 1º Registro de Títulos e Documentos e Civil de Pessoa Jurídica da Capital a requerimento de ARCESP - Previdência Privada, e consequentemente determino que se proceda a averbação de Ata de Assembléia Geral Extraordinária realizada em 01.02.2016. Deste procedimento não decorrem custas, despesas processuais e honorários advocatícios. Oportunamente remetam-se os autos ao arquivo. P.R.I.C. São Paulo, 2 de fevereiro de 2017. Tania Mara Ahualli Juíza de Direito - ADV: DIEGO JOSÉ DELESPORTE DOS SANTOS TUNALA (OAB 156779/RJ) (DJe de 08.02.2017 - SP)

Processo 1001773-77.2016.8.26.0495

Pedido de Providências - REGISTROS PÚBLICOS - Sindelivre Spsindicato das Ent Cult, Rec de Assit Social, Orient e Form Prof No Estado de São Paulo - Celso Paulino Alencar Junior e outro - Vistos. Trata-se de pedido de providências formulado por SINDELIVRE SP - Sindicato das Entidades Culturais, Recreativas de Assistência Social, de Orientação e Formação Profissional no Estado de São Paulo em face do Oficial do 4º Registro de Títulos e Documentos e Civil da Pessoa Jurídica da Capital, requerendo a averbação de duas atas de assembleias gerais realizadas pela entidade e apuração da conduta do registrador quanto a negativa de registro destas. Inicialmente, alegou que o Oficial se recusou a suscitar dúvida perante esse juízo, requerendo as medidas cabíveis. Decisão de fls. 81, contudo, reconheceu se tratar de ato de averbação, sendo, portanto, caso de pedido de providências, que deveria ser requerido pelo interessado. Quanto ao mérito, alega a requerente que prenotou ata de assembleia realizada no dia 17/02/2016, mas que sua averbação foi obstada por irregularidade formal, tendo em vista que o edital de convocação foi assinado por Celso Vieira como presidente da associação. Porém, havia averbação anterior de ata de assembleia realizada em 17/04/2015 que afastava Celso da presidência, de forma que o registro da assembleia de 17/02 dependeria, para preservação da continuidade, de registro de instrumento que o reconduzisse a presidência. Buscando sanar tal vício, foi realizada assembleia em 29/04/2016, em que se deliberou pela anulação da assembleia realizada em 17/04/2015 e convalidação dos atos de Celso Vieira como presidente. Contudo, o registro de tal ata também foi negado, pois quem assinou o requerimento de averbação foi o próprio Celso, que ainda estaria afastado se considerados os registros na serventia. Insurge-se a requerente (fls. 1/10) contra a negativa de registro de tais atas, alegando, em suma, que a assembleia de 17/04/15 foi realizada de forma ilegal, sendo o afastamento do presidente inválido e, portanto, plenamente viáveis de averbação as atas das assembleias posteriores. Juntou documentos às fls. 11/78. O Oficial manifestou-se às fls. 84/88, reiterando as razões para o óbice e dizendo que o registro da ata da assembleia de 17/04/15 cumpriu os requisitos legais e que após o prazo de afastamento do presidente por 60 dias, seria necessária sua recondução ao cargo, não podendo presumir que seu afastamento não foi prorrogado ou mantido de forma definitiva. Noticiou a existência de processo judicial na justiça do trabalho visando anular a assembleia de 2015. Às fls. 117/121 e 132/134, com documentos às fls. 122/131 e 135/143, a requerente alegou que o Oficial vinha agindo de forma contraditória e apresentando exigências incabíveis. Diz que a ação na justiça do trabalho já havia sido julgada em segundo grau de forma procedente, mas que o Oficial negou o registro sob o argumento da necessidade do trânsito em julgado. O presidente interino Celso Paulino Alencar Junior, que substituiu Celso Vieira após assembleia de 17/04/2015, manifestou-se às fls. 145/153, com documentos às fls. 154/193, alegando conflitos internos no sindicato e a ilegalidade dos atos de Celso Vieira. O Oficial manifestou-se às fls. 221/225, alegando que a espera do trânsito em julgado da decisão se deu para preservação da segurança jurídica mas que, caso registrada a decisão, anulada estaria a assembleia de 17/04/15 e portanto viável o registro das atas das assembleias posteriores. Após requerimento do Ministério Público (fls. 229/213) para que o Oficial se dissesse sobre o registro da ata de 2015 de forma contrária ao estatuto do sindicato, conforme reconhecido na sentença trabalhista. Em resposta (fls. 234/235 e 248/255, com documentos de fls. 256/261, alegou o Oficial que a sentença reconheceu falta de formalidade anterior à realização da assembleia, e que tal qualificação fugiria de suas atribuições legais. Reconhece que o trânsito em julgado da sentença ocorreu, de modo que o registro das atas, objeto do presente feito, pode ser feito sem óbice. Em manifestação final às fls. 268/271, a requerente pleiteia a apuramento de falta disciplinar do Oficial, face às negativas de registro das atas de 17/02/2016 e 29/04/2016 por razões arbitrárias e o registro da assembleia de 17/04/2015, declarada posteriormente nula pela justiça do trabalho. O Ministério Público opinou, às fls. 275/277, pela prejudicialidade do mérito do pedido e pelo arquivamento do pedido de apuração disciplinar. É o relatório. Decido. Primeiramente, cumpre esclarecer que a manifestação de fls. 154/193 do presidente interino Celso Paulino Alencar Junior diz respeito a questões que fogem da competência deste Juízo, vez que tratam de conflitos internos do sindicato, não tendo relação direta com o registro ora pretendido. Quanto ao pedido de averbação das atas feito na inicial pelo requerente, entendo estar ele prejudicado, tendo em vista que os óbices foram superados por razão superveniente, qual seja a anulação, pela justiça do trabalho, de registro de ata de assembleia que afastava do cargo de presidente aquele que assinou as atas não recebidas. Conforme informado pelo Oficial (fl. 248), os atos registrais requeridos já foram realizados. Assim, cabe analisar a conduta do Oficial ao apresentar os óbices, pois o requerente alega ter ele agido de forma omissa, contraditória e prejudicial aos seus interesses de forma deliberada. Neste ponto, porém, não vejo qualquer ilegalidade nos autos. Quanto a negativa de registro da ata de 17/02/2016, alegou o Oficial que era necessária a regularização da situação do presidente afastado Celso Vieira, que assinava a ata, para validade do registro, em obediência ao princípio da continuidade, assim definido por Luiz Guilherme Loureiro: "Segundo o princípio da continuidade, os registros devem ser perfeitamente encadeados, de forma que não haja vazios ou interrupções na corrente registrária. (...) Destarte, nenhum registro pode ser feito sem que se tenha previamente registrado o título anterior, do qual dependa. "(Registros Públicos - Teoria e Prática - 2ª ed. - Editora Método, pg.229) Em outras palavras, a ata anteriormente registrada afastava o presidente do cargo e aquela que se pretendia registrar era assinada por ele. Faltava, assim, ato de registro que reconduzisse o presidente ao cargo, sendo correto, portanto, o óbice apresentado. O requerente alega que o afastamento era provisório, e tendo transcorrido o prazo, deveria o oficial presumir que Celso Vieira tinha sido reconduzido.

Tal presunção, contudo, representaria afastar duas outras possibilidades fáticas: a prorrogação do prazo ou o afastamento permanente do presidente. Deste modo, agiu o Oficial de forma prudente ao apresentar o óbice, pois dessa forma garantiria que o registro representasse a realidade. Quanto à ata da assembleia de 29/04/2016, o óbice apresentado era o mesmo, tendo em vista que o título foi apresentado por Celso Vieira, ainda afastado do cargo segundo aquilo que constava na serventia. Pelas razões já expostas, a averbação sob tal condição não era possível em observância do princípio da continuidade. O requerente alega, contudo, que o conteúdo de tal assembleia foi a anulação da assembleia de 17/04/15, de modo a anular o afastamento de Celso Vieira e reconduzi-lo ao cargo de presidente, de modo que este estaria legitimado a solicitar o ato de registro. De fato, a recondução era a exigência inicial do Oficial, e parece contraditório a negativa de registro de ato que faria superar óbice anterior. Porém, tal contradição é superada quando se constata que faltava à ata de 29/04 regularidade formal, perante a situação registrária do sindicato. Em seu conteúdo ela faria superar o óbice da ata de 17/02, mas não poderia ser apresentada por Celso Vieira pois, perante a serventia, este não tinha legitimidade para tal, já que era presidente do sindicato naquele período Celso Paulino Alencar. Assim, o regular procedimento seria a apresentação do título por pessoa qualificada para tal em uma análise conjunta entre o estatuto do sindicato e os documentos registrados na serventia. Coerente, pois, o Oficial, que em ambos os requerimentos exigiu a regularização da situação de Celso Vieira para que este pudesse agir em nome do sindicato. Questão mais delicada é o registro realizado da ata da assembleia de 17/04/15, declarada irregular pela justiça do trabalho nos seguintes termos (fl. 123): "O art. 24 do Estatuto do Sindicato estabelece que: Art. 24 - A convocação da Assembléia Geral Extraordinária, quando solicitada pela maioria dos membros da Diretoria ou do Conselho Fiscal ou pelos associados, obriga o Presidente a tomar as providências para sua realização, no prazo de 30 (trinta) dias, contados da entrada do requerimento na secretaria do sindicato. Não restou demonstrado pelos codemandados que a assembleia que elegeu a nova diretoria tenha observado o disposto no artigo acima transcrito. Com efeito, declaro nula a assembleia realizada no dia 17/04/2015 e todas as decisões nela tomadas."Teria o Oficial, portanto, realizado o registro sem verificar se a convocação da assembleia geral extraordinária foi regular nos termos do estatuto social. Todavia, não há mandamento legal para verificação de atos anteriores à realização da assembleia. O que existe é a exigência da regularidade formal do título apresentado, que neste caso mostrava-se hígido. Exigir do Oficial uma verificação pormenorizada de todos os atos convocatórios exigidos em estatutos sociais corresponderia a produção de provas de forma exaustiva perante cartório extrajudicial, o que seria uma extrapolação de suas competências e afetaria de forma negativa a prestação de seus serviços. Deve o Oficial agir com cautela, visando a preservação da presunção de veracidade dos registros realizados, dentro de sua liberdade de qualificação, mas tal cautela não deve se dar de forma a prejudicar seus trabalhos. Apesar de não ter agido de forma irregular, não havendo qualquer procedimento administrativo ser tomado, mostrou-se o oficial inconstante em suas qualificações. Como dito, não está obrigado o oficial a acautelar-se de forma não exigida por lei, mas deve agir com prudência e obstar registros que pareçam-lhe irregulares. Tal prudência, por outro lado, deve ser feita de forma coerente, tendo em vista a qualidade do serviço prestado e as expectativas do usuário. No presente caso, o oficial agiu de forma correta ao exigir a regularização da situação de Celso Vieira, afastando a presunção de recondução automática. Contudo, presumiu, em outra situação, a regular convocação da assembleia extraordinária. Além disso, como bem salientado pela D. Promotora: "Finalmente, impende salientar a necessidade de recomendação ao Delegatário, para que, nas qualificações registrais que vier a fazer, mantenha sempre o mesmo rigor para todos os títulos apresentados, com vistas a evitar situações discrepantes como a dos autos (em que um dos requisitos analisados na ata de 29 de abril de 2016 - regularidade da convocação - não foi observado quanto àquela realizada em 17 de abril de 2015.)" (g.n) Assim, fica a observação para que o Oficial busque maior coerência em suas exigências, buscando equilibrar a expectativa dos usuários e o rigor registral necessário à preservação da higidez dos registros públicos. Do exposto, julgo prejudicado o pedido de providências formulado por SINDELIVRE SP em face do Oficial do 4º Registro de Títulos e Documentos e Civil da Pessoa Jurídica da Capital quanto ao ato registral, e improcedente quanto ao pedido de abertura de processo disciplinar. Não há custas, despesas processuais nem honorários advocatícios decorrentes deste procedimento. Oportunamente, arquivem-se os autos. P.R.I.C. São Paulo, 10 de abril de 2017. Tania Mara Ahualli Juíza de Direito - ADV: CARLOS SCHUBERT DE OLIVEIRA (OAB 364375/SP), ANDERSON MACIEL CAPARROS (OAB 183030/SP), LUÍS FERNANDO

GUAZI DOS SANTOS (OAB 166893/ SP) (DJe de 18.04.2017 - SP)

Processo 1018191-77.2017.8.26.0100

Pedido de Providências - REGISTROS PÚBLICOS - Aipesp - Associação dos Investigadores de Polícia do Estado de São Paulo - AIPESP. Pedido de providências - Averbação Assembleia Geral Extraordinária para reforma do Estatuto Social - quórum estabelecido no Estatuto não atingido. Pedido indeferido. Vistos. Trata-se de pedido de providências formulado por AIPESP - Associação dos Investigadores de Polícia do Estado de São Paulo, em face do Oficial do 1º Registro de Títulos e Documentos e Civil de Pessoa Jurídica da Capital, pretendendo a averbação da Ata de Assembleia Geral Extraordinária, realizada em caráter permanente de 30.11.2016 a 12.12.2016, na qual foi aprovada a reforma de seu Estatuto Social, adaptando-o às diretrizes da Lei nº 11.127/2005. Juntou documentos às fls. 11/367. O título apresentado foi qualificado negativamente, na medida em que o quórum estabelecido no Estatuto Social (artigo 57, § 3º), não foi atingido na Assembléia realizada. Documentos apresentados às fls. 375/378. O Ministério Público opinou pela improcedência do pedido (fls. 382/384). É o relatório. Passo a fundamentar e a decidir. Com razão o Registrador e o D Promotor de Justiça. A Assembleia é o principal órgão deliberativo do condomínio. O quórum deve obedecer ao Código Civil de 2002 e varia conforme o tema a ser votado, sendo que para que a assembleia seja estabelecida é necessária a menção no edital de convocação do quórum mínimo para que a reunião tenha validade legal. Analisando o Estatuto apresentado pela Associação (fls. 11/33), tem-se que os artigos 56, item "a" e 57, § 3º são bem explícitos ao dispor que: "Art 56: À Assembleia Geral Extraordinária compete: A) Reformar o Estatuto Social:..." "Art. 57: As Assembleias Gerais somente poderão funcionar em primeira convocação, com a totalidade dos associados com direito a voto; sem segunda convocação, com a metade dos associados com direito a voto; em terceira convocação, com qualquer número de associados exceto no caso previsto no parágrafo único do art.51 e 56, "a" e "b";...§ 3º Para as deliberações a que se referem o artigo 56 letras a) e b), Reformar o Estatuto Social e Cassar o mandato de Diretores e Conselheiros, respectivamente, é exigido o voto concorde de dois terços dos presentes à Assembleia especialmente convocada para esse fim, não podendo ela deliberar, em primeira convocação, sem a maioria absoluta dos associados, ou com menos de um terço nas convocações seguintes" (g.n). Neste contexto, a Lei 11.127/05 alterou os artigos 54, 57, 59 e 60 que tratam dos quoruns para a alteração pretendida, permitindo que os Estatutos Sociais das Entidades passem a tratar do número de votos para aprovação da mencionada modificação. Confira-se: "art.59: Compete privativamente à Assembleia Geral: I - destituir os administradores; II - alterar o estatuto. Parágrafo único. Para as deliberações a que se referem os incisos I e II deste artigo é exigido deliberação da assembleia especialmente convocada para esse fim, cujo quorum será o estabelecido no estatuto, bem como os critérios de eleição dos administradores". (g.n) Na presente hipótese, consta do Estatuto Social a exigência da concordância de 2/3 dos presentes na Assembleia, que somente poderá deliberar em primeira convocação se atingida a maioria absoluta dos associados ou com um mínimo de 1/3 nas demais convocações. Conforme lista de presença (fls. 34/288), o quorum previsto no Estatuto não foi atingido, o que impossibilita a reforma pretendida. Tal questão já foi objeto de análise pela Egrégia Corregedoria Geral da Justiça: "REGISTRO CIVIL DAS PESSOAS JURÍDICAS - Apelação recebida como recurso administrativo - Averbação de alteração estatutária - Ausência do quorum assemblear exigido pelos estatutos nos quais a modificação é pretendida – Pedido indeferido pelo MM. Juiz Corregedor Permanente - Negado provimento ao recurso" (Processo nº 2010/97494. Des. Corr. Antonio Carlos Munhoz Soares). Logo, mostra-se correta a exigência formulada pelo Registrador. Do exposto, julgo improcedente o pedido de providências formulado por AIPESP - Associação dos Investigadores de Polícia do Estado de São Paulo, em face do oficial do 1º Registro de Títulos e Documentos e Civil de Pessoa Jurídica da Capital e, consequentemente, mantenho o óbice registrário,Deste procedimento não decorrem custas, despesas processuais e honorários advocatícios. Oportunamente remetam-se os autos ao arquivo. P.R.I.C. São Paulo, 12 de abril de 2017. Tania Mara Ahualli Juíza de Direito - ADV: EVANDRO FABIANI CAPANO (OAB 130714/SP) (DJe de 20.04.2017 - SP)

Processo 1080765-39.2017.8.26.0100

Pedido de Providências - Registro civil de Pessoas Jurídicas - Centro Espírita Amor e Paz - Vistos. Trata-se de pedido de providências formulado por Centro Espírita Amor e Paz (CEAP), em face do Oficial do 7º Registro de Títulos e Documentos e Civil de Pessoal Jurídica da Capital, pleiteando a averbação da ata da Assembleia Geral Extraordinária realizada em 19.11.2015, que reformou os Estatutos e nomeou nova diretoria. Esclarece o requerente que o último registro da ata foi efetuado em abril de 1995, e desde então, não foram realizadas novas eleições para constituição dos dirigentes. Aduz que somente em novembro de 2015 foi convocada Assembléia Geral Extraordinária com a finalidade de reformar o Estatuto Social e nomear o corpo diretivo sendo que o srº Plínio José Marafon assumiu todas as responsabilidades da gestão da entidade. Juntou documentos às fls. 18/25. O registrador manifestou-se às fls. 32/35. Informa que as últimas eleições realizadas ocorreram em 01.04.1995, com término em 30.03.1998, cujo mandato de acordo com o artigo 5º do Estatuto Social era de 3 (três) anos, logo, houve a violação do princípio da continuidade, ante a lacuna temporal de dez anos entre as convocações para a Assembleia. Apresentou documentos às fls. 36/40. O Ministério Público opinou pela improcedência do pedido (fls. 48/50). É o relatório. Passo a fundamentar e a decidir. Com razão o registrador, bem como a Douta Promotora de Justiça. Conforme Frederico de Castro Y Bravo (La persona jurídica. Madrid: Civitas, 1991, p. 280), o Estatuto da Associação encerra o conjunto de vontades de seus membros (pactum associationis) e lei para suas relações sociais (lex societatis). Apesar da força semântica da expressão utilizada (lei), ressalta-se a importância da obediência do estatuto social como ato de autonomia privada coletiva. A obediência ao Estatuto Social garante os interesses próprios da associação, nos termos em que foi criada a par da vontade dos seus associados. É incontroversa a irregularidade na administração da entidade após o encerramento do último mandato em 1998, até a pretendida averbação da Assembléia Extraordinária, ocorrida em 19.11.2015. Decerto que o princípio da compatibilidade permite relativizar o princípio da continuidade caso haja correlação entre o registro antecedente e o subsequente, encadeando cronologicamente pessoas e atos jurídicos. Todavia, na presente hipótese, rompeu-se o elo de continuidade entre a composição da última diretoria regular e que se apresenta atualmente. Assim, seria imprescindível que a última diretoria fornecesse declaração de sucessão em favor da nova diretoria, com a subscrição de seus membros. Há de se observar a recente decisão referente a mesma questão posta a desate, da qual coaduno, proferida pelo MMº Juiz Josué Modesto Passos: "... havendo solução de continuidade entre os atos da associação (por exemplo, por falta de eleições durante vários anos, como sucede in casu), o remédio legal é solicitação, na via contenciosa, de administrador provisório que reorganize a vida da associação; o que decididamente não tem lugar é cogitar que o registro civil de pessoas jurídicas possa, na atividade de qualificação, suprir o defeito e admitir a averbação de nova ata, sem a continuidade ou, pelo menos, a compatibilidade entre o novo ato associativo e aqueles que se encontram inscritos, ainda que haja força maior, como o desaparecimento ou a morte de anteriores diretores". (Processo nº 0030234-05.2013.8.26.0100). De acordo com o artigo 5º do Estatuto Social (fl. 03): "5. Os diretores terão mandato de três anos, podendo ser reeleitos, e seu mandato continuará vigente enquanto não houver assembleia de eleição". Logo, estando a entidade sem administração regularmente constituída, devem os responsáveis pleitearem a nomeação de um administrador provisório na via judicial, nos termos do artigo 49 do CC. Diante do exposto, julgo improcedente o pedido de providências formulado por Centro Espírita Amor e Paz (CEAP), em face do Oficial do 7º Registro de Títulos e Documentos e Civil de Pessoal Jurídica da Capital, e consequentemente mantenho o óbice registrário. Deste procedimento não decorrem custas, despesas processuais e honorários advocatícios. Oportunamente, remetam-se os autos ao arquivo. P.R.I.C. - ADV: MARCELO PALMA MARAFON (OAB 198251/SP) (DJe de 22.11.2017 - SP)

PESSOA JURÍDICA

Processo 1072206-93.2017.8.26.0100

Pedido de Providências - Registro civil de Pessoas Jurídicas – PREFEITURA MUNICIPAL DE SÃO PAULO - Serviço Social Autônomo - Lei municipal que determina sua criação - Eventual inconstitucionalidade por instituir ente diverso daqueles previstos no Art. 44 do Código Civil que não pode ser declarada por este Juízo administrativo - Havendo previsão legal permitindo sua criação, esta deve ser aceita - Aplicação subsidiária dos Arts. 46 e 54 a 61 do Código Civil, tendo em vista a segurança jurídica - Exceção com relação as exigências incompatíveis com o regime previsto na lei municipal - Não havendo impugnação específica quanto a este ponto, fica o pedido prejudicado. Vistos. Trata-se de pedido de providências formulado pela Municipalidade de São Paulo em face do Oficial do 1º Registro de Títulos e Documentos e Civil de Pessoa Jurídica da Capital, pleiteando o registro da constituição da empresa "São Paulo Negócios - SP Negócios", que visa dentre outros objetivos identificar e articular novos investimentos nos setores econômicos e oportunidades de negócios no Município de São Paulo. Esclarece que o modelo de entidades escolhidos pelo Poder Executivo, qual seja, serviço social autônomo, de direito privado, com fins não econômicos, de interesse coletivo e de utilidade pública, vinculado à Secretaria Municipal da Fazenda, constitui-se entidade sui generis, cuja natureza juridica não está prevista nas normas gerais de direito civil, qualificando-se como entes paraestatais. Alega que a natureza juridica do serviço social é determinada pelo próprio Decreto que a criou. Por fim, salienta que a averbação pretendida tem fundamento no art. 114 da Lei nº 6015/73 como associação de utilidade pública, devendo o termo "associações" ser entendido como "associação civil". Juntou documentos às fls. 09/58. O Registrador informa que os entraves para para a averbação tiveram origem nos comandos dos artigos 46, 54 e 59 do Código Civil, tendo sido a pessoa jurídica instituída por Decreto Municipal, com seu Estatuto Social aprovado pelo Conselho Deliberativo e ratificado por Decreto Municipal. Aduz que, de acordo com o artigo 44 do CC, há cinco espécies de pessoas jurídicas de direito privado, sendo que a entidade em questão, não se enquadra no rol legal. Por fim, aduz que se o serviço social autônomo caracterizar-se como associação civil, deverá apresentar a documentação e preencher os requisitos legais desse tipo associativo (fls. 62/75 e 76/191). O Ministério Público opinou pela improcedência do pedido (fls. 195/199). É o relatório. Passo a fundamentar e a decidir. Na presente hipótese não houve impugnação das exigências formuladas pelo Registrador de maneira específica. Denota-se que a Municipalidade não justificou as razões pelas quais entende que as exigências do Oficial são descabidas, apenas pleiteou, pura e simplesmente, o registro da entidade. A concordância parcial ou a não impugnação às exigências do Oficial prejudica a dúvida ou o pedido de providências, que só admite duas soluções: a determinação do registro ou averbação do título protocolado e prenotado, que é analisado, em reexame da qualificação, tal como se encontrava no momento em que surgida dissensão entre a apresentante e o Oficial de Registro de Imóveis; ou a manutenção da recusa do Oficial. Para que se possa decidir se o título pode ser registrado ou não é preciso que todas as exigências e não apenas parte delas sejam reexaminadas pelo Corregedor Permanente. Nesse sentido, é pacífica a jurisprudência do Egrégio Conselho Superior. E ainda que assim não fosse, entendo que a pretensão da Municipalidade de São Paulo não subsiste, senão vejamos: A "São Paulo Negócios SP Negócios" configura serviço social autônomo destinado, dentre outros objetivos, a identificar e articular oportunidades de investimentos nos setores econômicos e oportunidades de negócios no Município de São Paulo. Trata-se de entidade paraestatal, de cooperação com o Poder Público, realizando atividade privada de interesse público, logo, tem natureza de pessoa jurídica de direito privado. Tais entes podem ser criados por lei, ou ter sua criação autorizada por esta, sendo que no segundo caso, a personalidade jurídica do ente dependerá da inscrição dos atos constitutivos no registro civil. Como ensina Hely Lopes Meirelles: "Serviços sociais autônomos são todos aqueles instituídos em lei, com personalidade de direito privado, para ministrar assistência ou ensino a certas categorias sociais ou grupos profissionais, sem fins lucrativos, sendo mantidos por dotações orçamentárias ou por contribuições parafiscais. São entes paraestatais, de cooperação com o Poder Público, com administração e patrimônio próprios, revestindo a forma de instituições particulares convencionais (fundações, sociedades civis ou associações) ou peculiares ao desempenho de suas incumbências estatutárias." (Direito Administrativo Brasileiro. 16a ed. São Paulo: Revista dos Tribunais, 1991, p. 331). Como destaca o doutrinador, deve o Serviço Social autônomo optar por uma das fôrmas de instituições particulares convencionais fundações, sociedades civis ou associações. O que se vê dos autos, contudo, é que foi utilizada, para a SP Negócios, uma formatação sui generis, que não se adequa a nenhuma das hipóteses previstas na legislação civil. Assim, teria o legislador municipal, por meio da Lei 16.665/2017 e dos Decretos 57727/17 e 57765/17, instituído nova modalidade de ente privado. Ainda que de forma específica ao criar o mencionado Serviço, em tese o Município teria usurpado competência da União, a quem compete privativamente legislar sobre direito civil (Art. 22, I, Constituição Federal). Há, assim, margem para que se alegue a inconstitucionalidade da entidade organizada de tal forma. Contudo, não é este juízo administrativo competente para declarar eventual inconstitucionalidade. Cito o decidido na Apelação nº 1123982- 06.2015.8.26.0100, j. 18/10/16, Rel. Pereira Calças: "Registro de Imóveis - Dúvida julgada procedente, impedindo-se o registro de Escritura Pública de venda e compra, englobando cessão - Ausência de recolhimento de imposto - ITBI que é devido pela cessão e pela venda e compra - impossibilidade de reconhecimento de inconstitucionalidade e de decadência ou prescrição pela via administrativa - Recurso desprovido." (grifei) Em que pese o mencionado precedente tratar de tema tributário, foi ali estabelecido que não pode o juízo administrativo declarar inconstitucionalidade de lei, assim como em outros precedentes (cf. AC0038442-73.2011, AC43. 694-0/0e AC18. 671-0/8) Conclui-se, portanto, que o registro ora pretendido não pode ser declarado ilegal apenas pela forma em que a entidade foi instituída, uma vez que há lei específica determinando sua criação desta forma. Se a lei invade competência da União, cabe ao interessado impugná-la pelas vias adequadas. O que não se pode é obstar o registro, neste âmbito administrativo, apenas pela forma utilizada, quando há legislação que permita que isso ocorra. Contudo, não há como reconhecer a aplicação de um Decreto Municipal que institui seu próprio Estatuto Social sem observar as regras contidas nos artigos 46, 54 e 59 do CC, em especial pela segurança jurídica esperada dos registros públicos, princípio este que deve tanto o Registrador como este juízo observarem quando da realização de atos registrais. Isso porque tal regramento civil tem caráter genérico, sendo o Art. 46 relativo a todas as pessoas jurídicas e os Arts. 54 a 61 relativo às associações. Uma vez que a lei municipal cria regime novo, este deve ser subsidiariamente regido pelo Código Civil, tendo em vista que, à míngua de regramento específico, permitir o registro apenas da forma prevista no decreto representaria ofensa à segurança jurídica, pois não se saberia ao certo de que modo a entidade funcionaria em determinas circunstâncias. Tendo o Código Civil disciplinado tais questões nos artigos citados, sua aplicação é essencial para que se garante um mínimo de confiabilidade no ente a ser registrado. Neste contexto, de acordo com os ensinamentos do Desembargador Nestor Duarte: "O Estatuto encerra a disciplina fundamental da associação e a caracteriza, por isso deve conter sob pena de nulidade os elementos que a identificam e requisitos acerca da admissão e demissão de associados, direitos e deveres destes em relação à entidade; as fontes de onde retirará os recursos para manutenção e atingir os fins a que se destina; o modo de constituir-se e funcionar os órgãos deliberativos e diretivos, bem como as condições para sua própria alteração; e, por fim as regras para a dissolução. A lei nº 11.127, de 28.06.2005, alterou a redação do artigo 54 CC para destacar o requisito pelo qual, também, deve o estatuto conter a disciplina de gestão administrativa e da aprovação das contas respectivas, de modo que tanto os órgãos deliberativos como os mera gestão devem ter, no âmbito de suas atribuições, a atuação delimitada claramente no Estatuto. A falta de alguma dessas disposições invalida o estatuto" (Código Civil Comentado, Doutrina e Jusrisprudência, Coord.: Ministro Cézar Peluso, 2ª Edição Revisada e Atualizada, Ed: Manole). Ainda que a entidade ora discutida não seja uma associação, todo o embasamento jurídico previsto para elas existe para que não só seus membros mas a própria sociedade civil possam saber como seu funcionamento será regido. Assim, naquilo em que não for incompatível com a forma criada pela lei municipal, deve ser aplicado o regramento das associações, garantido a segurança jurídica com relação ao funcionamento do Serviço Social Autônomo. Ainda, de acordo com a explanação da D Promotora de Justiça, com a qual coaduno: "no registro de pessoas jurídicas, ao registrador não cabe qualquer margem de discricionariedades, ao contrário, cabe a ele a exata aplicação da lei e correta qualificação do título, avaliando a possibilidade do registro com a preservação da essência da pessoa jurídica, exatamente de acordo com o estatuto social e com a legislação vigente, portanto vinculado ao princípio da legalidade estrita, o que impede o registro pretendido". Em outras palavras: I- não há óbice ao registro apenas pela forma e denominação adotada pois, em que pese o rol do Art. 44 do Código Civil, há lei municipal que permite a criação na forma em que pretendida, não podendo o juízo administrativo afastar sua aplicação; II- Sendo pessoa jurídica de direito privado, aplicam-se os requisitos do Art. 46 do Código Civil, e por assemelhar-se mais a associação que outras formas de pessoa jurídica, aplicam-se subsidiariamente os requisitos dos Arts. 54 a 61 da mesma lei, III- Tais requisitos das associações devem ser aplicados no que não for incompatível com o regime criado pelo legislador municipal. Contudo, uma vez que as razões do pedido de providência não adentraram o mérito de todos os requisitos expostos da nota devolutiva, fica prejudicada uma análise deste juízo quanto tal compatibilidade. Pelo exposto, fica mantida a nota devolutiva, devendo o requerente alterar o estatuto para fins de adequá-lo ao acima mencionado, reservada sua opção de demonstrar, perante o Oficial, que as exigências relativas as associações não se aplicam ao ente que se pretende ver registrado, com eventual remessa a este juízo de divergências específicas existentes quanto a estes pontos. Não obstante, para o registro, o estatuto deve conter todas as previsões exigidas pelo Art. 46 do Código Civil relativas às pessoas jurídicas. Por fim, a simples alegação da requerente da efetivação do registro de outras entidades pelo Oficial do 4º Registro de Títulos e Documentos e Civil de Pessoa Jurídica da Capital não vincula a automática efetivação do ato pelo 1º RTD, já que o registrador tem plena liberdade de qualificar o título que lhe foi apresentado. Diante do exposto, julgo prejudicado o pedido de providências formulado pela Municipalidade de São Paulo, em face do Oficial do 1º Registro de Títulos e Documentos e Civil de Pessoa Jurídica da Capital, com observação. Deste procedimento não decorrem custas, despesas processuais e honorários advocatícios. Oportunamente remetam-se os autos ao arquivo. P.R.I.C. - ADV: RAPHAEL ANDRADE PIRES DE CAMPOS (OAB 257112/SP). (DJe de 26.09.2017 - SP)

SINDICATO

Processo 1080548-93.2017.8.26.0100

Pedido de Providências - Registro civil de Pessoas Jurídicas - Sindicato dos Funcionários do Sistema Prisional do Estado de São Paulo - Sifuspesp - Vistos. Trata-se de pedido de providências formulado pelo Sindicato dos Funcionários do Sistema Prisional do Estado de São Paulo (SIFUSPESP), em face do Oficial do 1º Registro de Títulos e Documentos e Civil de Pessoa Jurídica da Capital, após negativa de averbação de atas de assembleias geral, realizadas em 09 de fevereiro e 27 e 28 de março de 2017, referentes ao processo eleitoral da entidade. A primeira diz respeito à assembleia geral extraordinária eleitoral. A nota devolutiva evoca o artigo 47, alínea "d" do estatuto social da entidade, além dos itens 11 e 11.2, Seção II, do Capítulo XVIII das Normas de Serviço da Corregedoria Geral de Justiça do Estado de São Paulo. Nesse sentido, o então presidente do sindicato, João Rinaldo Machado, deveria ter presidido a assembleia, assinar as atas e rubricar todas as folhas, com firma reconhecida em Tabelião de Notas. Além disso, aponta-se a exigência de requerimento em via original por ele assinado, consoante ao disposto no artigo 121 da Lei de Registros Públicos e artigo 45, Inciso II Código Civil. A segunda ata é de assembleia geral eleitoral para renovação das diretorias e do conselho fiscal, e teve como óbice a inobservância do artigo 74 do estatuto social, dado que as eleições ocorreram em desrespeito ao prazo de 30 dias que antecede o término dos mandatos vigentes. Reprisam-se os imperativos do artigo 47, "d" do estatuto; artigo 121 da Lei de Registros Públicos e artigo 45, inciso II do Código Civil. Em manifestação às fls. 80/84, o Oficial reitera os termos das notas devolutivas e alega ter agido sem espaço para discricionariedades, tendo sido pautado por critérios objetivos. Juntou documentos às fls. 85/116. A requerente aduz na inicial de fls. 1/7, com documentos às fls. 8/76, que a condução da assembleia do dia 09 de fevereiro, por Fábio César Ferreira, restou legítima em decorrência dos artigos 12 e 89 do estatuto social do sindicato, visto que a mesa foi escolhida mediante deliberação dos presentes e se tornou permanente. A respeito da segunda ata, alega que João Rinaldo Machado deveria ter convocado a eleição 120 dias antes do término do mandato, mas procrastinou ao máximo, deliberadamente. Assim, as eleições foram convocadas para os últimos dias possíveis, em 9 e 10 de março de 2017, que após suspeitas de fraudes, tiveram seus efeitos suspensos, em decisão expedida nos autos do Processo nº 1008133- 21.2017.8.26.0001. Afirma que o estatuto social prevê nos artigos 98 e 114 a realização de segundo escrutínio, dessarte, foram designados os dias 27 e 28 de março. A parte manifestou-se novamente à fls. 708/709, requerendo o registro, no 1º Oficial de Registro de Títulos e Documentos e Civil de Pessoa Jurídica, de Certidão de Objeto e Pé, extraída dos autos do Processo nº 1007420-46.2017.8.26.0001, da 6ª Vara Cível do Foro Regional I Santana. O Ministério Público opinou pelo indeferimento do pedido (fls. 715/717). É o relatório. DECIDO. Com razão o Oficial. Ao Oficial não cabe verificar os aspectos intrínsecos do título, tampouco valorar os aspectos políticos das eleições sindicais, devendo tais questões serem dirimidas pelas vias judiciais próprias, sob o amparo da ampla defesa, produção de provas à luz do contraditório e não nesta via administrativa, nos termos do artigo 216 da Lei nº 6.075/73. Assim, pelo princípio da legitimação registral (eficácia do registro), os vícios reconhecíveis pela via administrativa são apenas aqueles comprováveis de pleno direito que resultem de erros evidentes extrínsecos ao título, sem necessidade de exame de outros documentos ou fatos (artigos 214, caput, e 252 da Lei 6.015/73). Nesse sentido, o Oficial se pautou pela estrita observância das normas legais, ao qualificar negativamente as atas das assembleias dos dias 09 de fevereiro e 27 e 28 de março de 2017, que não foram presididas por João Rinaldo Machado, conforme art. 45, alínea "d" do estatuto social do SIFUSPESP. Da mesma forma, a negativa de averbação em referência à falta de assinaturas e rubricas das atas se mostrou adequada, amparada pelos itens 11 e 11.2, Seção II, do Capítulo XVIII das Normas de Serviço da Corregedoria Geral de Justiça do Estado de São Paulo. Cumpre salientar que o artigo 12 do estatuto social, aludido pelo requerente na inicial, não é aplicável ao caso em análise, uma vez que a assembleia geral contrariou normas do estatuto vigente, conforme transcrição a seguir: Art. 12. A Assembleia Geral é o órgão máximo de direção e orientação do Sindicato, sendo soberana em suas resoluções não contrárias ás leis e ao estatuto vigentes. (grifo nosso) Além dos entraves supramencionados, ainda assim, tem razão o Oficial ao afirmar que a ata concernente à AGE do dia 09 de fevereiro deverá ser apresentada à Serventia mediante petição do representante legal da sociedade naquele momento, nos termos do artigo 121 da Lei de Registros Públicos. Com relação à decisão que consta nos autos do Processo nº 1008133-21.2017.8.26.0001 da 6ª Vara Cível do Foro Regional I - Santana (fls. 694/697), nela não se verificam elementos que possam afastar nenhum dos óbices devidamente explanados pelo Oficial. Na verdade, Fábio César Pereira foi indicado como representante temporário do SIFUSPESP, apenas no âmbito do Processo nº 1024860- 55.2017.8.26.0001 da 9ª Vara Cível do Foro Regional I - Santana e outros conexos, conforme fls. 197/198 do Processo nº 1007420-46.2017.8.26.0001 da 6ª Vara Cível, do mesmo fórum, até que sejam provadas irregularidades do pleito dos dias 09 e 10 de março de 2017. Ou seja, não houve o deslinde do litígio eleitoral, aqui exposto, nas vias ordinárias, sendo inviável importar decisões temporárias para afastar os óbices legais. Não constitui objeto do procedimento o pedido assentado às fls. 708/709, devendo requerê-lo perante o Oficial do 1º de Registro de Títulos e Documentos e Civil de Pessoa Jurídica. Em conclusão, as questões apresentadas nas fundamentações do requerente refogem ao âmbito registrário, devendo ser objeto, inicialmente, de comprovação nas vias ordinárias, em respeito ao princípio da legitimação registral, estreitamente vinculada à segurança jurídica social. Diante do exposto indefiro o pedido de providências formulado pela Sindicato dos Funcionários do Sistema Prisional do Estado de São Paulo (SIFUSPESP) em face do Oficial do 1º Registro de Títulos e Documentos e Civil de Pessoa Jurídica da Capital. Não há custas, despesas processuais ou honorários advocatícios decorrentes deste procedimento. Oportunamente, arquivem-se os autos. P.R.I.C. - ADV: ASCINDINO ANTONIO DE JESUS (OAB 101116/SP), LUIZ MARCOS FERREIRA (OAB 190995/SP) (DJe de 23.11.2017 - SP)

Processo 1088607-70.2017

Pedido de Providências Oficial do 1º Registro de Títulos e Documentos e Civil de Pessoa Jurídica da Capital Sindicato dos Policiais Rodoviários Federais do Estado de São Paulo Sentença (fls. 72/75): Pedido de providências Ata de reunião da diretoria executiva ratificação de exclusão ex officio de filiado do sindicato desnecessidade de convocação de assembleia geral extraordinária, em virtude de disposições estatutárias pedido procedente. Vistos. Trata-se de pedido de providências formulado pelo Oficial do 1º Registro de Titulos e Documentos e Civil de Pessoa Jurídica da Capital, a requerimento do Sindicato dos Policiais Rodoviários Federais no Estado de São Paulo (SINPRF/SP), após negativa de averbação da ata de reunião da diretoria executiva que excluiu Renato Maia Sciarretta da presidência do conselho fiscal da entidade e deu posse aos novos membros. Um óbice foi apresentado, conforme nota devolutiva de fls. 20/21. A exigência diz respeito ao descumprimento do procedimento estatutário para a destituição de integrantes do Conselho Fiscal, Conselho de Ética e administradores do SINPRF/SP, conforme Art. 59, § 4º, alínea c e § 5º do estatuto social do sindicato, cuja redação, segundo o Oficial, suscita a indispensabilidade de assembleia geral (AGE). De acordo com o Oficial, a AGE deverá determinar a perda do mandato, abrindo espaço para a recomposição do conselho fiscal da entidade. Juntou documentos às fls. 05/55. O requerente aduz que o estatuto da entidade prevê a assembleia geral em caso de membros que infrinjam internamente o estatuto cometendo faltas graves, não sendo esse o cenário apresentado. Alega que havendo demissão do serviço público, a perda do mandato de conselheiro fiscal deve ser automática, assim como a exclusão dos quadros de filiados ao Sindicato, segundo o Art. 5º, § 3º, alínea a do item 2 e o Art. 33 do estatuto social O Ministério Público opinou, às fls. 70/71, pela improcedência do pedido. É o relatório. Decido. No caso concreto, o estatuto social do SINPRF/SP é expresso ao demandar assembleia geral para a deliberação da entidade sobre infrações disciplinares, cometidas no âmbito interno do sindicato, nos termos do Art. 59, caput. Entretando, em que pese ao argumento do Oficial, o servidor não infringiu normas internas sindicais, mesmo dentre as elencadas no rol do § 4º do Art. 59 do estatuto. Assim, no caso em análise, a assembleia geral se mostra desnecessária em virtude dos seguintes dispositivos estatutários: Art. 5º. - Poderão filiar-se ao SINPRF/SP todos os servidores públicos federais integrantes dos quadros de servidores da Polícia Rodoviária Federal do serviço ativo e os servidores inativos, bem como, na condição de filiados especiais, pensionistas vitalícios. § 3º - A exclusão dos quadros de filiados poderá ocorrer da seguinte forma: 2) Ex-oficio nas seguintes condições: a) Deixar de fazer parte do quadro de servidores do Departamento de Polícia Rodoviária Federal, ressalvados os casos em que o sindicalizado for parte em ações judiciais em curso, cuja defesa processual esteja a cargo dos advogados contratados pelo SINPRF/SP, até o respectivo trânsito em julgado, independentemente do pagamento das mensalidades; Art. 60. - A perda do mandato se dará quando o filiado eleito: IV. For excluído ou eliminado do quadro social do Sindicato; As normas supratranscritas se aplicam à exclusão do quadro de filiados e perda de mandato, decorrentes da exoneração do servidor, publicizada e ratificada na Portaria nº 234 de 22 de fevereiro de 2017 do Ministério da Justiça. Cumpre salientar que, de acordo com o § 5º do Art. 5º do estatuto, no contexto de uma exclusão ex officio, a AGE somente deliberará sobre o tema em segunda instância, em caso de recurso movido pelo interessado. Nessa esteira, observe-se ainda as seguintes regras estatutárias: Art. 20 - Em caso de afastamento temporário ou de vacância do cargo, o Presidente do SINPRF-SP será substituído, sucessivamente, pelo Vice-Presidente ou um dos Diretores indicado pela Diretoria Executiva. §2º. - A vacância de cargo ocorrerá por: b) Perda de mandato decorrente de decisão da Assembleia Geral ou de exclusão do quadro social, na forma deste Estatuto. (grifo nosso) § 4º. - Ocorrendo vacância de cargo de Membro de determinado Conselho, e não possuindo este um suplente, poderá o suplente de qualquer dos Membros de outro Conselho assumir o cargo vago. Art. 33. - O Conselho Fiscal será composto por três Membros Titulares, com igual número de suplentes, e serão eleitos, individualmente, dentre os filiados para mandato de três anos mediante voto direto e secreto, decorridos cento e oitenta dias (seis meses) da posse da Diretoria Executiva. § 1º. - O candidato mais votado será o Presidente do Conselho Fiscal, sendo que as demais vagas serão preenchidas de acordo com os votos obtidos até o último suplente. Em caso de empate prevalecerá o candidato mais idoso. Nota-se, assim, que o teor da ata apresentada para registro é compatível ao procedimento estabelecido no estatuto. O presente caso traz singularidades que permitem concluir que a assembleia geral não é um requisito ao afastamento do servidor demitido, por haver um conjunto completo de normas estatutárias prevendo a competência da diretoria executiva do SINPRF/SP ao fazer cumprir suas disposições, conforme Art. 21, IV do estatuto. Entendo que a exigência da nota devolutiva de fls. 20/21 não é correta. Do exposto, julgo procedente o pedido de providências formulado pelo Oficial do 1º Registro de Titulos e Documentos e Civil de Pessoa Jurídica da Capital, a requerimento do Sindicato dos Policiais Rodoviários Federals no Estado de São Paulo, afastando o óbice registrário apresentado pelo Oficial. Não há custas, despesas processuais nem honorários advocatícios decorrentes deste procedimento. Oportunamente, arquivem-se os autos.. P.R.I.C. (CP 430) (DJe de 23.11.2017 - SP)

4.6.4 REGISTRO DE IMÓVEIS E TABELIONATO DE NOTAS

ADJUDICAÇÃO

Processo 1121962-08.2016.8.26.0100

Dúvida - Registro de Imóveis - Claudete Chaves Sala e outro

Dúvida – Registro Carta de Adjudicação - circunstâncias que tornam prejudicado o julgamento ante a impugnação parcial das exigências do Oficial - Dúvida inversa prejudicada. Vistos. Trata-se de dúvida inversa suscitada por Claudete Chaves Sala, em face do Oficial do 5º Registro de Imóveis da Capital, diante da negativa de ingresso de Carta de Adjudicação, expedida pelo MMº Juízo da 12ª Vara Cível da Capital (processo nº 1035606-15.2013.8.26.0106), referente ao imóvel matriculado sob nº 17.837. Os óbices registrários referem-se: a) ausência de comprovação do recolhimento do imposto ITBI; b) ausência de qualificação completa e da apresentação da certidão de casamento de Antonio de Souza Sant'anna, com a finalidade de se observar o princípio da continuidade. Foram juntados documentos às fls. 55/88. A suscitante insurgiu-se apenas em relação ao segundo óbice. Aduz que a legislação registrária não exige que seja feita a indicação de regime de bens do casamento, tampouco a juntada de eventual registro de pacto antenupcial. Juntou documentos às fls. 09/34. O Ministério Público opinou pela prejudicialidade da demanda e no mérito, pela procedência da dúvida (fls. 94/96). É o relatório. Passo a fundamentar e a decidir. Com razão o Oficial Registrador, bem como a Douta Promotora de Justiça. Verifica-se na presente hipótese que houve impugnação parcial das exigências formuladas pelo Registrador. Observo que a suscitante não demonstrou irresignação em relação a necessidade de comprovação do recolhimento do imposto de transmissão de bens imóveis, logo houve o reconhecimento desta exigência. A concordância parcial com as exigências do Oficial prejudica a dúvida, que só admite duas soluções: a determinação do registro do título protocolado e prenotado, que é analisado, em reexame da qualificação, tal como se encontrava no momento em que surgida dissensão entre a apresentante e o Oficial de Registro de Imóveis; ou a manutenção da recusa do Oficial. Para que se possa decidir se o título pode ser registrado ou não é preciso que todas as exigências e não apenas parte delas sejam reexaminadas pelo Corregedor Permanente. Nesse sentido, é pacífica a jurisprudência do Egrégio Conselho Superior. Ademais, no mérito verifico que o pretensão da suscitante é improcedente. Preliminarmente, cumpre destacar que os títulos judiciais não estão isentos de qualificação, positiva ou negativa, para ingresso no fólio real. O Egrégio Conselho Superior da Magistratura já decidiu que a qualificação negativa do título judicial não caracteriza desobediência ou descumprimento de decisão judicial (Apelação Cível n. 413-6/7). Deve-se salientar que, no ordenamento jurídico pátrio, incumbe ao Registrador, no exercício do dever de qualificar o título que lhe é apresentado, examinar o aspecto formal, extrínseco, e observar os princípios que regem e norteiam os registros públicos, dentre eles, o da legalidade, que consiste na aceitação para registro somente do título que estiver de acordo com a lei. A análise do título deve obedecer a regras técnicas e objetivas, o desempenho dessa função atribuída ao Registrador, deve ser exercida com independência, exigindo largo conhecimento jurídico. No caso em tela, o adquirente adjudicatário é casado, sendo imprescindível constar do título o nome do cônjuge, bem como o regime de bens, o que define o titular de domínio, na hipótese de eventual partilha de bens, caso contrário violaria o princípio da segurança jurídica que dos atos registrário se espera. Como bem exposto pelo Registrador e pela Promotora de Justiça, tal exigência encontra amparo no item 63, Capítulo XX das Normas de Serviço da Corregedoria Geral da Justiça, que ao tratar da qualificação do proprietário nas matrículas imobiliárias, impõe que conste "o nome e a qualificação do cônjuge e o regime de bens no casamento como este se realizou antes ou depois da Lei nº 6.515, de 26 de dezembro de 1977". Não consta dos autos que houve qualquer diligência da suscitante para obtenção da certidão de casamento, não se tratando de hipótese de mitigação do formalismo. Logo, correta a exigência feita pelo Registrador, preservando-se consequentemente os princípios da especialidade subjetiva e da continuidade. Diante do exposto, julgo prejudica da dúvida suscitada por Claudete Chaves Sala, em face do Oficial do 5º Registro de Imóveis da Capital, com observação. Deste procedimento não decorrem custas, despesas processuais e honorários advocatícios. Oportunamente remetam-se os autos ao arquivo. P.R.I.C. São Paulo, 2 de fevereiro de 2017. Tania Mara Ahualli Juíza de Direito - ADV: PRISCILA DE OLIVEIRA JARDIM (OAB 236466/SP), CELSO LUIZ BARIONE (OAB 63079/SP) (DJe de 08.02.2017 - SP)

Processo 1139174-42.2016.8.26.0100

Dúvida - REGISTROS PÚBLICOS - Sidnei Leonard Goldmann - Registro de Carta de Adjudicação - recolhimento antecipado do ITBI na expedição da carta de arrematação - exigência de novo recolhimento do imposto - descabimento ante a incidência do mesmo fato gerador do tributo, mesmo imóvel e mesmas partes – caracterização de bins in idem - dúvida improcedente Vistos. Trata-se de dúvida suscitada pelo Oficial do 17º Registro de Imóveis da Capital, a requerimento de Sidnei Leonard Goldmann, diante da negativa em se proceder ao registro da Carta de Adjudicação extraída dos Autos da Ação de Adjudicação Compulsória (processo nº 1005253- 02.2014.8.26.0344), que tramitou perante o MMº Juízo da 4ª Vara Cível do Foro Regional II - Santo Amaro, referente ao imóvel matriculado sob nº 199.100. O óbice registrário refere-se à ausência de comprovação do recolhimento do imposto ITBI, uma vez que houve a incidência de novo fato gerador proveniente da transmissão da propriedade. Aduz que o primeiro imposto recolhido referia-se à arrematação efetuada pelo suscitado dos direitos decorrentes do compromisso de compra e venda registrado. Juntou documentos às fls. 07/50. O suscitado apresentou impugnação à fl. 51. Argumenta que a cobrança pretendia pelo Registrador é inconstitucional, sendo que não pode a Municipalidade criar leis, normas ou decretos que contrariem Lei Federal. Esclarece que já houve pagamento do mencionado imposto para a transmissão do bem entre as mesmas partes, considerando o fato gerador do ITBI o direito real, incabível cobrar por direitos pessoais. O Ministério Público opinou pela improcedência da dúvida (fls. 55/57). É o relatório. Passo a fundamentar e a decidir. Em que pesem as razões do Registrador, e sua louvável cautela na verificação do recolhimento dos impostos, evitando eventual incidência de responsabilidade solidária, entendo que a presente dúvida é improcedente. A incidência do Imposto de Transmissão de Bens Imóveis (ITBI) na arrematação de imóvel vem sendo objeto de discussões doutrinárias e jurisprudenciais. Em termos legais, a legislação tributária municipal, de modo uniforme, considera a arrematação como fato gerador do ITBI, e por força dessa obrigatoriedade, os cartórios de registro imobiliário exigem a comprovação de recolhimento do imposto para promover o ato de transmissão. Ocorre que o fato gerador do ITBI, no caso da transmissão do domínio, é o efetivo registro, pois somente ele tem o condão de transferir a propriedade, muito embora seja habitual o pagamento desse tributo já quando se celebra o negócio jurídico obrigacional. Na presente hipótese, o imposto de transmissão foi recolhido quando da expedição da carta de arrematação. Conforme demonstra o documento de fl. 50, o suscitado recolheu de forma antecipada o mencionado imposto, ou seja, antes da transferência do domínio. Daí resta claro que a exigência de novo pagamento do mesmo tributo, referente ao mesmo imóvel e mesma pessoa, caracterizaria verdadeiro bis in idem e consequente enriquecimento ilícito. Neste sentido, cito recente decisão proferida pelo Conselho Superior da Magistratura envolvendo questão idêntica: "Registro de Imóveis Dúvida Carta de Adjudicação Exigência de recolhimento do ITBI Hipótese de efetiva transferência da propriedade Não obstante, o recolhimento foi realizado antecipadamente, na ocasião do registro da carta de arrematação dos direitos sobre o imóvel hipótese na qual o alienante permanecei como dono inocorrência do fato gerador do tributo inexigível duplo reconhecimento precedente do Conselho Superior da Magistratura, amparados em julgados do STJ e STF Recurso Provido" (Apelação Cível nº 0009528-83.2014.8.26.0223, Rel. Des. Xavier de Aquino, j. Em 15/12/2015). E ainda do Acórdão mencionado tem- se: "....É preciso considerar que há precedentes do E. Conselho Superior da Magistratura, baseados em julgados do Tribunal de Justiça de São Paulo, do Superior Tribunal de Justiça e do Supremo Tribunal Federal, no sentido de que a despeito das legislações municipais que determinam o recolhimento do ITBI nos casos de compromisso de compra e venda e outros contratos de natureza pessoal, pelos quais se transmitem apenas os direitos relativos ao bem imóvel, de acordo com a Constituição Federal e o Código Civil, o ITBI tem incidência e é devido apenas quando a escritura pública de compra e venda... Apesar de incidência do ITBI na legislação municipal, a inconstitucionalidade desta norma é manifesta, e, como tal, excepcionalmente, pode ser reconhecida na esfera administrativa"O Colendo Superior Tribunal de Justiça já pacificou entendimento no sentido de que o ITBI deve incidir apenas sobre as transações registradas em cartório, que impliquem a efetiva transmissão da propriedade imobiliária (Resp 1.066, 253.364, 264.064, 57.641). Diante do exposto, julgo improcedente a dúvida suscitada pelo Oficial do 17º Registro de Imóveis da Capital a requerimento de Sidnei Leonard Goldmann, e consequentemente determino o registro do título apresentado. Deste procedimento não decorre custas, despesas processuais e honorários advocatícios. Oportunamente remetam-se os autos ao arquivo. P.R.I.C. São Paulo, 2 de fevereiro de 2017. Tania Mara Ahualli Juíza de Direito - ADV: DENIS BERENCHTEIN (OAB 256883/SP) (DJe de 08.02.2017 - SP)

Processo 1000267-53.2017.8.26.0100

Dúvida - REGISTROS PÚBLICOS - Alberto Pereira de Souza

Dúvida – Registros Carta de Adjudicação - casamento regido pela comunhão universal de bens - mesmo que o bem tenha sido adquirido antes do casamento, passa a integrar o patrimônio comum - marido que deve figurar no pólo passivo da demanda – Desnecessidade da inclusão dos cedentes na ação de adjudicação compulsória - Dúvida parcialmente procedente. Vistos. Trata-se de dúvida suscitada pelo Oficial do 2º Registro de Imóveis da Capital a requerimento de Alberto Pereira de Souza, diante da negativa em se proceder ao registro da Carta de Adjudicação expedida pelo MMº Juízo da 16º Vara Cível da Capital (processo nº 1081844- 92.2013.8.26.0100), referente ao imóvel matriculado sob nº 129.593. Os óbices registrários referem-se: a) ausência da citação do marido da proprietária Vesna Vajman de Mendonça, para integrar o pólo passivo da ação de adjudicação, ferindo o princípio da continuidade; b) existência de compromisso de venda e compra averbado na matrícula, pelo qual a titular de domínio prometeu vender o bem a Dolphi Spitzer e Raseia Spitzer, que também não constaram do pólo passivo da ação de adjudicação. Juntou documentos às fls. 04/148. O suscitado apresentou impugnação às fls. 149/158. Aduz que há decisão judicial determinando a transferência do imóvel, bem como a proprietária Vesna adquiriu e prometeu à venda o imóvel em questão, no estado civil de solteira, razão pela qual não há necessidade de inclusão de seu marido no pólo passivo da demanda. Esclarece que existe contrato de cessão não registrado, através do qual Dolphi cedeu seus direitos a Adibo Ganem Jorge Metne e Cláudia Mofarrej Metne, que foram réus na ação de adjudicação. O Ministério Público opinou pela parcial procedência da dúvida (fls. 166/171). É o relatório. Passo a fundamentar e a decidir. Preliminarmente, cumpre destacar que os títulos judiciais não estão isentos de qualificação, positiva ou negativa, para ingresso no fólio real. O Egrégio Conselho Superior da Magistratura já decidiu que a qualificação negativa do título judicial não caracteriza desobediência ou descumprimento de decisão judicial (Apelação cível n. 413-6/7).

Neste sentido a apelação cível nº 464-6/9, de São José do Rio Preto: "Apesar de se tratar de título judicial, está ele sujeito à qualificação registrária. O fato de tratar-se o título de mandado judicial não o torna imune à qualificação registrária, sob o estrito ângulo da regularidade formal, O exame da legalidade não promove incursão sobre o mérito da decisão judicial, mas à apreciação das formalidades extrínsecas da ordem e à conexão de seus dados com o registro e a sua formalização instrumental". Nessa linha, também o E. Supremo Tribunal Federal já decidiu que: "REGISTRO PÚBLICO - ATUAÇÃO DO TITULAR – CARTA DE ADJUDICAÇÃO - DÚVIDA LEVANTADA - CRIME DE DESOBEDIÊNCIA - IMPROPRIEDADE MANIFESTA. O cumprimento do dever imposto pela Lei de Registros Públicos, cogitando-se de deficiência de carta de adjudicação e levantando-se dúvida perante o juízo de direito da vara competente, longe fica de configurar ato passível de enquadramento no artigo 330 do Código Penal - crime de desobediência -, pouco importando o acolhimento, sob o ângulo judicial, do que suscitado" (HC 85911 / MG - MINAS GERAIS, Relator: Min. MARCO AURÉLIO, j. 25/10/2005, Primeira Turma). Sendo assim, fica claro que não basta a existência de título proveniente de órgão jurisdicional para autorizar automaticamente o ingresso no registro tabular. Portanto, superada a questão sobre o ingresso do título judicial, passa-se à análise do princípio da continuidade, explicado por Afrânio de Carvalho, da seguinte forma: "O princípio da continuidade, que se apóia no de especialidade, quer dizer que, em relação a cada imóvel, adequadamente individuado, deve existir uma cadeia, de titularidade à vista da qual só se fará a inscrição de um direito se o outorgante dele aparecer no registro como seu titular. Assim, as sucessivas transmissões, que derivam umas das outras, asseguram a preexistência do imóvel no patrimônio do transferente" (Registro de Imóveis, Editora Forense, 4ª Ed., p. 254). Ou seja, o título que se pretende registrar deve estar em conformidade com o inscrito na matrícula. Na presente hipótese, a proprietária adquiriu o imóvel no estado civil de solteira, em 24.04.1963, e casou-se em 21.10.1967, sob o regime da comunhão universal de bens (fl. 133). Logo, comunicam-se todos os bens adquiridos na constância e anteriormente ao casamento, nos termos do artigo 1667 do Código Civil, não configurando a questão posta a análise exceção à regra. Logo, o marido da proprietária devia figurar no pólo passivo da ação, uma vez que também titular de domínio. E ainda, conforme bem expôs a Douta Promotora de Justiça, ao contrário do que alega o suscitado, Vesna ao se casar ainda não havia vendido o imóvel, mas somente prometeu sua venda, permanecendo como titular de domínio. Assim, deve ser mantido o primeiro óbice. Todavia, entendo desnecessária a presença dos cessionários inscritos no fólio real no pólo passivo da ação de adjudicação. Com o recente Acórdão proferido nos autos da Apelação nº 1010491-71.2014.8.26.0224, que alterou o entendimento do Egrégio Conselho Superior da Magistratura, bem como a possibilidade de qualificação positiva do título, entendo como superado o óbice. Menciono a ementa proferida no recurso supra mencionado, que embasou esta decisão: "Registro de Imóveis Dúvida Irresignação parcial Inadmissibilidade Possibilidade, contudo, do exame em tese das exigências impugnadas a fim de orientar eventuais novas qualificações Carta de adjudicação Título não imune à qualificação registral Desnecessidade da inclusão dos cedentes no pólo passivo da ação de adjudicação compulsória, bastando a daquele que consta da matrícula como proprietário Precedente do STJ Inteligência do art. 1418 do Código Civil Quebra do princípio da continuidade inocorrente Dúvida prejudicada Recurso não conhecido (Apelação nº 1010491- 71.2014.8.26.0224;

Apelante: Guarubel Imóveis LTDA;

Apelado: 1º Oficial de Registro de Imóveis da Comarca de Guarulhos). E ainda: "Registro de Imóveis - Dúvida julgada procedente – Compromisso de compra e venda registrado com sucessivas cessões - Negativa de ingresso de escritura de venda e compra de imóvel da qual participaram os proprietários tabulares e a última cessionária - Desnecessidade da anuência dos cedentes – Inexistência de afronta ao princípio da continuidade - Recurso provido" (Apelação nº 1040210-48.2015.8.26.0100; Rel. Des. Cor. Pereira Calças, j. Em 08.04.2016). A relação processual se deu diretamente como a titular do domínio, não havendo que se falar em rompimento do encadeamento subjetivo. Outrossim, em 10.02.1979, houve a cessão dos direitos para Adibo Ganem Jorge Metne e Cláudia Mofarrej Metne, que constaram no pólo passivo da ação, não havendo qualquer irregularidade. Logo, entendo que o segundo óbice deverá ser afastado. Diante do exposto, julgo parcialmente procedente a dúvida suscitada pelo Oficial do 2º Registro de Imóveis da Capital, a requerimento de Alberto Pereira de Souza, e mantenho somente o primeiro óbice. Deste procedimento não decorrem custas, despesas processuais ou honorários advocatícios. Oportunamente remetam-se os autos ao arquivo. P.R.I.C. São Paulo, 1º de março de 2017. Tania Mara Ahualli Juíza de Direito - ADV: RUY BONELLO (OAB 42101/SP) (DJe de 06.03.2017 - SP)

Processo 1002847-56.2017.8.26.0100

Dúvida - DIREITO CIVIL - Cássio Egidio Silva - Mirian Helena Caruy E Silva - Vistos. Trata-se de dúvida suscitada pelo Oficial do 7º Registro de Imóveis da Capital, a requerimento de Cássio Edigio Silva e Mirian Helena Caruy e Silva, diante da negativa em se proceder ao registro da Carta de Adjudicação Compulsória, expedida pelo MMº Juízo da 6ª Vara Cível da Capital, requerida pelos suscitados contra Agro Industrial Vista Alegre LTDA, tendo como objeto os imóveis matriculados sob nºs 144.904 e 144.972. Os óbices registrários referem-se: a) à ausência de apresentação de Certidão Negativa relativas a Créditos Tributários Federais e à Dívida Ativa da União emitida pela Secretaria da Receita Federal do Brasil e Pela procuradoria Geral da Fazenda Nacional, em consonância com o artigo 47, inciso I, alínea "b" da Lei Federal nº 8.212/91; b) ao recolhimento do respectivo ITBI. Juntou documentos às fls. 04/30. Os suscitados apresentaram impugnação às fls. 31/36, insurgindo-se apenas em relação ao primeiro óbice, sob o argumento que é entendimento pacífico dos Tribunais Superiores a inexigibilidade das certidões negativas de débitos do INSS e da Receita Federal. O Ministério Público opinou pela prejudicialidade da dúvida e, no mérito, pela parcial procedência, afastando-se somente o primeiro óbice (fls. 41/43). É o relatório. Passo a fundamentar e a decidir. Verifico que houve impugnação parcial das exigências formuladas pelo Registrador. Os suscitados demonstraram irresignação somente em relação ao primeiro óbice, qual seja, ausência de apresentação de Certidão Negativa relativa a Créditos Tributários Federais e à Dívida Ativa da União, emitidas pela Secretaria da Receita Federal do Brasil e pela Procuradoria Geral da Fazenda Nacional, concordando com a necessidade de recolhimento do ITBI. A concordância parcial com as exigências do Oficial prejudica o pedido, que só admite duas soluções: a determinação da averbação do título protocolado, que é analisado, em reexame da qualificação, tal como se encontrava no momento em que surgida dissenso entre a apresentante e o Oficial de Registro de Imóveis; ou a manutenção da recusa do Oficial. Para que se possa decidir se o título pode ser registrado ou não é preciso que todas as exigências - e não apenas parte delas - sejam reexaminadas pelo Corregedor Permanente. Nesse sentido, é pacífica a jurisprudência do Egrégio Conselho Superior da Magistratura. No mérito, a pretensão seria parcialmente procedente. Cumpre primeiramente consignar que acompanho o entendimento do MM Juiz Josúe Modesto Passos que, em decisão proferida à frente desta 1ª Vara de Registros Públicos, declarou que no que diz respeito à sua convicção pessoal, "no juízo administrativo não cabe aplicar a inconstitucionalidade declarada sobre a Lei 7.711, de 22 de setembro de 1988, art. 1º, I, III e IV, e §§ 1º- 3º (cf. ações diretas de inconstitucionalidade 173-6 e 394-1) para, por identidade de razão, dar por inconstitucional a Lei 8.212/1991, art. 47, I, b. Além disso, na arguição 0139256-75.2011.8.26.0000 foi declarada apenas a inconstitucionalidade da Lei 8.212/1991, art. 47, I, d, e - repita-se - na via administrativa não há estender a eficácia dessa decisão também para o art. 47, I, b. Finalmente, as NSCGJ, II, XIV, 59.2, são de alcance algo duvidoso, porque dispensam os tabelionatos (frise-se) de exigir as certidões para a lavratura de escrituras públicas de negócios jurídicos concernentes a direitos reais imobiliários, é verdade; porém, as próprias NSCGJ não puseram dispensa semelhante em favor dos ofícios de registro de imóveis, mesmo na redação dada pelo Provimento CG 37, de 26 de novembro de 2013, em vigor a partir de 28 de janeiro de 2014". De resto, já decidiu o E. Tribunal de Justiça (apelação 0015621-88.2011.8.26.0604 - Sumaré, 11ª Câmara de Direito Público, Rel. Des. Ricardo Dip, j. 22.01.2013): Nesse quadro, avista-se, com efeito, que a exigência, na espécie, de apresentação de certidões negativas para que a Carta de Adjudicação Compulsória acedesse ao fólio real tem por fundamento a Lei nº 8.212/1991, e, embora a Lei nº 7.711/1988 também verse a necessidade de apresentação das aludidas certidões, o fato é que a Registradora imobiliária, na qualificação do título apresentado a registro, adstrita ao princípio da legalidade, tomou amparo na Lei nº 8.212. À falta de declaração judicial expressa de que a Lei nº 8.212/1991 padeça de inconstitucionalidade, não pode o Registrador de imóveis estender-lhe a fulminação que afligiu a Lei nº 7.711/1988. Frise-se, além disso, que o art. 48 da Lei nº 8.212, de 1991, enuncia que o registrador é solidariamente responsável pela prática de atos com inobservância de seu art. 47: "Art. 48. A prática de ato com inobservância do disposto no artigo anterior, ou o seu registro, acarretará a responsabilidade solidária dos contratantes e do oficial que lavrar ou registrar o instrumento, sendo o ato nulo para todos os efeitos. (...) § 3º O servidor, o serventuário da Justiça, o titular de serventia extrajudicial e a autoridade ou órgão que infringirem o disposto no artigo anterior incorrerão em multa aplicada na forma estabelecida no art. 92, sem prejuízo da responsabilidade administrativa e penal cabível. "Note-se que nesse aresto ficou aventada a possibilidade da Corregedoria

Permanente (e, por maior força de razão, a Corregedoria Geral) dispensar as certidões, mas somente nos casos de difficultas praestandi, de absoluta impossibilidade de satisfazer a exigência (Lei 6.015, de 31 de dezembro de 1973 - LRP/1973, art. 198, verbis "ou não a podendo satisfazer") - e não de modo geral e abstrato." Feitas essas observações, é necessário, porém observar que, justamente porque aqui se trata de um juízo administrativo, deve-se cumprir o que tenham decidido as autoridades superiores, i. e., a Corregedoria Geral da Justiça (CGJ) e o Conselho Superior da Magistratura (CSM) - as quais, é bom ver, desde o julgamento da Apel. Cív. 0003435-42.2011.8.26.0116, em 13.12.2012 (DJ 30.01.2013), mandam que se dispensem as certidões negativas de dívidas tributárias federais e previdenciárias federais. Nesse sentido, confiram-se: (a) para a CGJ: Proc. 62.779/2013, j. 30/07/2013, DJ 07/08/2013; e Proc. 100.270/2012, j. 14/01/2013 (b) para o CSM: as Ap. Cív. 0015705-56.2012.8.26.0248, j. 06.11.2013, DJ 06.11.2013; 9000004- 83.2011.8.26.0296, j. 26.09.2013, DJ 14.11.2013; 0006907-12.2012.8.26.0344, 23.05.2013, DJ 26.06.2013; 0013693-47.2012.8.26.0320, j 18.04. 2013, DJ 24.05.2013; 0019260-93.2011.8.26.0223, j. 18.04.2013, DJ 24.05.2013; 0021311- 24.2012.8. 26.0100, j. 17.01.2013, DJ 21.03.2013; 0013759-77.2012.8.26.0562, j. 17.01.2013, DJ 21.03.2013; 0018870-06.2011.8.26.0068, j. 13.12.2012, DJ 26.02. 2013; 9000003-22.2009.8.26.0441, j. 13.12.2012, DJ 27.02.2013; 0003611-12.2012.8.26.0625, j. 13.12. 2012, DJ 01.03.2013; e 0013479-23.2011.8.26.0019, j. 13.12.2012, DJ 30.01.2013.

Pertinente, contudo, o segundo óbice, referente à ausência de recolhimento do ITBI. É certo que ao Oficial de Registro cumpre fiscalizar o pagamento dos impostos por força dos atos que lhe forem apresentados em razão do ofício, na forma do art. 289 da Lei nº 6.015/73, sob pena de responsabilização pessoal do Oficial Delegado, e dentre estes impostos se encontra o ITBI, cuja prova de recolhimento deve instruir os documentos, salvo hipótese de isenção devidamente demonstrada, o que não é o caso. Diante do exposto, julgo prejudicada a dúvida suscitada pelo Oficial do 7º Registro de Imóveis da Capital, a requerimento de Cássio Edigio Silva e Mirian Helena Caruy e Silva, com observação. Deste procedimento não decorrem custas, despesas processuais ou honorários advocatícios. Oportunamente remetam-se os autos ao arquivo. P.R.I.C. São Paulo, 24 de fevereiro de 2017. Tania Mara Ahualli Juíza de Direito - ADV: LILIANA PROVASI VAZ (OAB 146759/SP) (DJe de 09.03.2017 - SP)

Processo 1039472-89.2017.8.26.0100

Dúvida - Registro de Imóveis - Maria Jorge Margarida Berangere de Bonneval

Dúvida - Registro de Carta de Adjudicação - Ação ajuizada em face dos titulares de apenas 90% do imóvel - Registro que deve ser obstado - Necessidade de que todos constem no polo passivo - Desnecessária, contudo, a inclusão dos cessionários de direitos e promitentes compradores - Irresignação parcial

Dúvida prejudicada, com observação Vistos. Trata-se de dúvida suscitada pela 4ª Oficial de Registros de Imóveis da Capital a requerimento de Maria Jorge Margarida Berangere de Bonneval, após negativa de registro de carta de adjudicação compulsória relativa ao imóvel de matrícula nº 10.352 da mencionada serventia. Os óbices apresentados dizem respeito à falta de Predial Novo Mundo S/A e Fabio de Capual e sua mulher Daisy Serra de Capua no polo passivo da ação de adjudicação, tendo em vista ser aquele o titular de 10% do bem e estes terem prometido ceder direito de promitente comprador sobre o imóvel, sendo a suscitada a última nesta cadeia de cessões de direito. Também foi apresentado óbice quanto à necessidade da guia de recolhimento de ITBI.A Oficial justifica os óbices com base no princípio da continuidade e da disponibilidade, aduzindo que a alienação do bem ou de direitos sobre ele não poderia ocorrer sem conhecimento dos respectivos titulares de direitos. A suscitada não apresentou impugnação no presente feito (fl. 73), mas aduziu suas razões no pedido de suscitação de dúvida, sustentando que a ação de adjudicação compulsória teve como partes todos os legitimados necessários, tendo em vista que Predial Novo Mundo não seria titular de direitos sobre o bem, uma vez que prometeu vender parte deste. O Ministério Público opinou às fls. 77/79 pela procedência da dúvida e manutenção dos óbices. É o relatório. Fundamento e decido. A dúvida deve ser julgada prejudicada, por não haver impugnação contra a cobrança do ITBI. A concordância parcial com as exigências do Oficial prejudica a dúvida, que só admite duas soluções: a determinação do registro do título protocolado e prenotado, que é analisado, em reexame da qualificação, tal como se encontrava no momento em que surgida dissensão entre a apresentante e o Oficial de Registro de Imóveis; ou a manutenção da recusa do Oficial. Para que se possa decidir se o título pode ser registrado ou não é preciso que todas as exigências - e não apenas parte delas – sejam reexaminadas pelo Corregedor Permanente. Nesse sentido, é pacífica a jurisprudência do Egrégio Conselho Superior da Magistratura. Contudo, a análise dos óbices restantes mostra-se pertinente, tendo em vista que o título poderá ser novamente prenotado. Cumpre destacar, inicialmente, que pacífica se mostra a possibilidade de qualificação de título de origem judicial, para efeito de acesso ao fólio imobiliário. Ou seja, que tal origem não lhe serve de salvo conduto para o registro. Nesse sentido, já decidiu o E. Conselho Superior da Magistratura, em reiteração a pronunciamentos anteriores, que "também os títulos judiciais submetem-se à qualificação do oficial registrador, principalmente para a verificação de sua conformidade com os postulados e princípios registrários" (Ap. Cível nº 39.487-0/1, Catanduva, rel. Des. Márcio Martins Bonilha, j. 31/07/97). Portanto, o mero fato do título tratar de carta de adjudicação não o exime de cumprir os requisitos para o registro, a menos que haja expressa decisão judicial nesse sentido, o que não ocorre na presente hipótese. Isto posto, a Carta de Adjudicação apresentada não observa o princípio da continuidade. Assim diz a Lei 6.015/73: "Art. 195 - Se o imóvel não estiver matriculado ou registrado em nome do outorgante, o oficial exigirá a prévia matrícula e o registro do título anterior, qualquer que seja a sua natureza, para manter a continuidade do registro."; e "Art. 237 - Ainda que o imóvel esteja matriculado, não se fará registro que dependa da apresentação de título anterior, a fim de que se preserve a continuidade do registro." E aqui se observa que a Lei não será cumprida caso o registro seja feito. Isto porque o título de fl. 11 tem como executadas diversas empresas titulares de 90% do bem. Por outro lado, segundo a matrícula de fls. 48/54, o imóvel é de propriedade não só destas empresas, mas também da Predial Novo Mundo S/A, na proporção de 10%. As empresas titulares de 90% do bem obtiveram essa parte ideal após promessa de venda e compra cumprida pela Predial. Assim, prometeram vender a Fabio de Capual e sua mulher Daisy Serra de Capua esta proporção do bem, que após uma cadeia de cessão de direitos culminou no direito da suscitada sobre essa parte ideal. A Carta de Adjudicação, portanto, substitui a vontade destas empresas, ordenando que cumpram com a promessa de venda. Ocorre que o título apresentado declara que as empresas prometeram vender 100% do bem, quando na verdade eram titulares de apenas 90%. Os 10% restantes eram de propriedade da Predial, que prometeu vender essa parte. Destarte, se a Predial não constou no polo passivo da ação de adjudicação, a sentença não pode produzir contra ela efeitos, substituir sua vontade e alienar sua propriedade, sendo correto o óbice neste ponto. Por outro lado, Fabio de Capual e sua mulher Daisy Serra de Capua são os promitentes compradores do bem, havendo cessão deste direito de forma sucessiva até alcançar a suscitada. Entenderam a Oficial e o D. Promotor que seria necessário estarem estes também no polo passivo da ação de adjudicação. Contudo, a atual posição adotada pelo E. Conselho Superior da Magistratura é no sentido que a adjudicação pode ocorrer apenas contra o titular do bem, sendo desnecessária a inclusão dos intermediários no polo passivo da ação. Neste sentido, a Apelação nº 1040210-48.2015.8.26.0100, Rel. Pereira Calças, j. 08/04/16: "Registro de Imóveis - Dúvida julgada procedente - Compromisso de compra e venda registrado com sucessivas cessões - Negativa de ingresso de escritura de venda e compra de imóvel da qual participaram os proprietários tabulares e a última cessionária - Desnecessidade da anuência dos cedentes - Inexistência de afronta ao Princípio da Continuidade - Recurso Provido. O Superior Tribunal de Justiça, no julgamento do Resp. 648.468, decidiu: 'Adjudicação compulsória. Litisconsórcio. Cedentes. 1. Na ação de adjudicação compulsória é desnecessária a presença dos cedentes como litisconsortes, sendo corretamente ajuizada a ação contra o promitente vendedor. 2. Recurso especial conhecido e provido 'Do corpo do voto do Relator, Ministro Menezes Direito, destaca-se a seguinte passagem: 'Não vejo mesmo razão para que sejam chamados os cedentes como litisconsortes. A obrigação decorrente da adjudicação compulsória é do promitente vendedor, pouco relevando o papel dos cedentes, considerando que o direito que se pretende somente pode ser cumprido pelo titular do domínio'. Do voto-vista do Ministro Castro Filho, merece ênfase a passagem que segue:'Definida a ação de adjudicação compulsória como pessoal, que pertine ao compromissário comprador, deve ser ajuizada em face de quem seja o titular do domínio do imóvel. Assim, mesmo que caracterizada a cadeia de cessão de direito aquisitivos, exigível pela parte que integra o último elo da cadeia de cessões o registro da concretização da aquisição imobiliária contra aquele que possui o real domínio do bem, assim que ele reconhecer que o preço foi pago'. "E, de fato, a ação foi proposta contra os titulares do bem, sendo desnecessária a inclusão dos promitentes compradores que também prometeram ceder este direito no polo passivo da ação. O problema, no presente feito, é que a ação foi proposta apenas contra parte dos titulares do bem, quando deveria ser proposta contra todos eles. Finalmente, no que diz respeito ao comprovante de pagamento do ITBI, desnecessário maiores esclarecimentos, visto haver concordância do suscitante, o que prejudica o julgamento deste procedimento. Do exposto, julgo prejudicada, com observação, a dúvida suscitada pela 4ª Oficial de Registros de Imóveis da Capital a requerimento de Maria Jorge Margarida Berangere de Bonneval. Não há custas, despesas processuais ou honorários advocatícios decorrentes deste procedimento. Oportunamente, arquivem-se os autos. P.R.I.C. São Paulo, 04 de julho de 2017. Tânia Mara Ahualli Juíza de Direito - ADV: ALINE FORSTHOFER (OAB 165346/SP) (DJe de 07.07.2017 - SP)

Processo 1037618-60.2017.8.26.0100

Dúvida 12º Oficial de Registro de Imóveis da Capital Paulo Assis de Oliveira Sentença (fls. 141/144): Vistos. Trata-se de dúvida suscitada pelo Oficial do 12º Registro de Imóveis da Capital, a requerimento de Paulo de Assis Oliveira, tendo em vista a negativa em se proceder ao registro da carta de adjudicação expedida pelo MMº Juízo da 2ª vara da Família e Sucessões do Foro Regional V - São Miguel Paulista (processo nº 0014329-71.2001.8.26.0005), referente ao imóvel matriculado sob nº 501.638. O óbice registrário refere-se ao fato do imóvel não estar registrado em nome do autor da herança, ferindo o princípio da continuidade. Esclarece o Registrador que consta da matrícula que os proprietários do imóvel são Paulo Assis de Oliveira; Aparecida Cássia de Oliveira, Pedro Cruz de Oliveira e Helena Maria de Castro Silva (registro nº 02). Para que a carta de adjudicação pudesse ser registrada, haveria necessidade de apresentação do titulo aquisitivo de João Cruz de Oliveira. Juntou documentos às fls. 03/133. O suscitado não apresentou impugnação junto ao Juízo, conforme certidão de fl. 134, porém, se manifestou perante a Serventia Extrajudicial. Aduz que houve o registro de outros lotes, bem como que a titular de domínio, srª Helena Maria de Castro, seria mãe de João Cruz de Oliveira, autor da herança. O Ministério Público opinou pela procedência da dúvida (fls. 137/139). É o relatório. Passo a fundamentar e a decidir. Preliminarmente, cumpre destacar que os títulos judiciais não estão isentos de qualificação, positiva ou negativa, para ingresso no fólio real. O Egrégio Conselho Superior da Magistratura já assentou, inclusive, que a qualificação negativa do título judicial não caracteriza desobediência ou descumprimento de decisão judicial (Apelação cível n. 413-6/7). Cite-se, por todas a apelação cível nº 464-6/9, de São José do Rio Preto: " Apesar de se tratar de título judicial, está ele sujeito à qualificação registrária. O fato de tratar-se o título de mandado judicial não o torna imune à qualificação registrária, sob o estrito ângulo da regularidade formal, O exame da legalidade não promove incursão sobre o mérito da decisão judicial, mas à apreciação das formalidades extrínsecas da ordem e à conexão de seus dados com o registro e a sua formalização instrumental". Nessa linha, também o E. Supremo Tribunal Federal já decidiu que: "REGISTRO PÚBLICO - ATUAÇÃO DO TITULAR - CARTA DE ADJUDICAÇÃO - DÚVIDA LEVANTADA – CRIME DE DESOBEDIÊNCIA - IMPROPRIEDADE MANIFESTA. O cumprimento do dever imposto pela Lei de Registros Públicos, cogitando-se de deficiência de carta de adjudicação e levantando-se dúvida perante o juízo de direito da vara competente, longe fica de configurar ato passível de enquadramento no artigo 330 do Código Penal - crime de desobediência -, pouco importando o acolhimento, sob o ângulo judicial, do que suscitado" (HC 85911 / MG - MINAS GERAIS, Relator: Min. MARCO AURÉLIO, j. 25/10/2005, Primeira Turma). Sendo assim, fica claro que não basta a existência de título proveniente de órgão jurisdicional para autorizar automaticamente o ingresso no registro tabular. Portanto, superada a questão sobre o ingresso do título judicial, passa-se à análise do princípio da continuidade, explicado por Afrânio de Carvalho, da seguinte forma: "O princípio da continuidade, que se apóia no de especialidade, quer dizer que, em relação a cada imóvel, adequadamente individuado, deve existir uma cadeia, de titularidade à vista da qual só se fará a inscrição de um direito se o outorgante dele aparecer no registro como seu titular. Assim, as sucessivas transmissões, que derivam umas das outras, asseguram a preexistência do imóvel no patrimônio do transferente" (Registro de Imóveis, Editora Forense, 4ª Ed., p. 254). Ou seja, o título que se pretende registrar deve estar em conformidade com o inscrito na matrícula. Oportuno destacar, ainda, a lição de Narciso Orlandi Neto, para quem: "No sistema que adota o princípio da continuidade, os registros têm de observar um encadeamento subjetivo. Os atos praticados têm de ter, numa das partes, a pessoa cujo nome já consta do registro. A pessoa que transmite um direito tem de constar do registro como titular desse direito, valendo para o registro o que vale para validade dos negócios" (Retificação do Registro de Imóveis, Editora Oliveira Mendes, p. 56). Necessário, por conseguinte, que o titular de domínio seja o mesmo no título apresentado a registro e no registro de imóveis, pena de violação ao princípio da continuidade, previsto no art. 195, da Lei nº

6.015/73: "Se o imóvel não estiver matriculado ou registrado em nome do outorgante, o oficial exigirá a previa matrícula e o registro do titulo anterior, qualquer que seja a sua natureza, para manter a continuidade do registro". Conclui-se, assim, que os registros necessitam observar um encadeamento subjetivo, ou seja, o instrumento que pretende ingressar no registro tabular necessita estar em nome do outorgante, sendo assim apenas se transmite o direito quem é o titular do direito. Na presente hipótese não há título comprovando a transmissão de direitos a João Cruz de Oliveira, razão pela qual não é possível partilhar o imóvel que não é de sua titularidade. Neste contexto, tem-se que sequer a partilha de bens de Helena Maria de Castro (titular de domínio) foi registrada, quebrando com isso a continuidade que dos registros públicos se espera, podendo prejudicar terceiro de boa fé. Logo, o pretendido registro da carta de adjudicação é inadmissível, sendo que não se admite a denominada "sucessão por saltos". É necessário primeiramente o registro dos bens deixados por Helena, a permitir a perfeita formalização do ato registrário. Diante do exposto, julgo procedente a dúvida suscitada pelo Oficial do 12º Registro de Imóveis da Capital, a requerimento de Paulo de Assis Oliveira, e mantenho o óbice registrário. Deste procedimento não decorrem custas, despesas processuais e honorários advocatícios. Oportunamente remetam-se os autos ao arquivo.. P.R.I.C. São Paulo, 06 de julho de 2017. Tania Mara Ahualli Juíza de Direito (CP 172) (DJe de 10.07.2017 - SP)

ALIENAÇÃO FIDUCIÁRIA

Processo 1119680-94.2016.8.26.0100

Dúvida - REGISTROS PÚBLICOS - Fernando Luiz Greggio e outro

Dúvida - Instrumento particular de quitação de alienação fiduciária - Recusa de registro sob o fundamento de que não há prova da entrega do valor excedente apurado à devedora fiduciante, nos termos do §4º do art. 27 daLei 9.514/97 - Obrigação de caráter pessoal - Exigência indevida

Dúvida improcedente. Vistos. Trata-se de dúvida suscitada pelo Oficial do 14º Registro de Imóveis da Capital a requerimento de Fernando Luiz Greggio e Daniela de Cássia Greggio, tendo em vista a negativa em se proceder ao registro de dois títulos: o primeiro referente a um instrumento particular de quitação, pelo qual Rodolfo Novello e sua mulher Rita Militina de Sousa Novello, declaram quitada a dívida da alienação fiduciária (R.1 e R.2/190.258), em figurou como compradora e fiduciante Zuleide de Souza Moraes, em razão da consolidação da propriedade em nome deles (Av.03); o segundo título refere-se a uma escritura de venda e compra, lavrada perante o 16º Tabelião de Notas da Capital, na qual Rodolfo Novello e Rita Militina de Sousa Novello transmitem aos suscitados o imóvel mencionado, por arrematação. Esclarece o Registrador que os credores fiduciários, para obter a consolidação da propriedade do imóvel, ficaram com a obrigação de efetuar os leilões e cumprir o artigo 27 da Lei 9.514/97. Neste contexto, o bem foi arrematado pelo valor de R$ 161.000,00, todavia, foi consolidado por R$ 35.660,90, conforme Av.03, assim, entende que é necessária a prestação de contas à devedora fiduciante da diferença havida, com a comprovação de instrumento de quitação fornecido por ambas as partes (artigo 27, § 4º da Lei 9.514/97). Juntou documentos às fls. 05/97. Os suscitados argumentam que a matéria já foi apreciada pelo Egrégio Conselho Superior da Magistratura, bem como a entrega do valor sobejado é matéria absolutamente alheia às questões de registro do imóvel, tratando-se de relação pessoal referente a contrato de alienação fiduciária em garantida, surgida entre terceiros (fls. 98/102). O Ministério Público opinou pela procedência da dúvida (fls. 106/108). Por fim, informa o Registrador que se superado o óbice referente ao instrumento particular de quitação, a escritura de venda e compra encontra-se apta a registro (fl. 112). É o relatório. Passo a fundamentar e a decidir. Em que pesem o zelo e presteza do Registrador, verifico que a dúvida é improcedente. Em decisão, nos autos do processo número 1010103-21.2015.8.26.0100, envolvendo a mesma matéria posta a desate, houve o entendimento de se obstar o registro em caso de não apresentação da comprovação de quitação, conforme segue: "Na alienação fiduciária em garantia o imóvel financiado permanece na propriedade do agente fiduciário, até que se verifiquem adimplidas as obrigações do fiduciante. Ao devedor é conferida a posse indireta sobre a coisa dada em garantia. Na hipótese dos autos, a credora (Caixa Econômica Federal) deve satisfazer seu crédito (dívida e despesas), entregando, no prazo de cinco dias do leilão, ao devedor fiduciante a quantia que eventualmente sobejar, existindo desta forma, a mútua quitação da obrigação principal da qual a garantia real é acessória. Todavia, a comprovação desta formalidade não ocorreu. Não basta que a CEF deixe à disposição do ex- devedor fiduciante o saldo excedente de R$ 75.001,68, sendo imprescindível a efetiva entrega deste valor. Nem mesmo existe a certeza de que Denise e Paula foram notificadas a respeito do montante que estaria à disposição para levantamento, ou de que houve concordância ou impugnação da quantia ofertada, configurando inobservância aos preceitos legais."Cumpre consignar que incumbe ao Registrador, ao examinar o instrumento de quitação do financiamento, bem como a carta de arrematação, verificar se foram observados os requisitos formais do contrato, também no tocante às condições nele estabelecidas (o valor, a data de quitação do imóvel, bem como a qualificação completa do arrematante, incluindo o nome e qualificação de sua esposa), a fim de fazer constar corretamente na matrícula do bem, visando com isso a segurança jurídica perante terceiros."Conforme atual decisão do Egrégio Conselho Superior da Magistratura (Apelação Cível nº 1010103-21.2015.8.26.0100, Voto nº 29.039, Relator: José Carlos Gonçalves Xavier de Aquino) houve mudança de orientação dada à questão no tocante a não comprovação da quitação da dívida. Neste sentido: "Registro de Imóveis - Escritura de compra e venda - Imóvel arrematado em leilão promovido pela credora fiduciária - Recusa de registro sob o fundamento de que não há prova da entrega do valor excedente apurado às devedoras fiduciantes, nos termos do § 4º do art.27 da Lei 9.514/97 - Obrigação de natureza pessoal e estranha à qualificação do título apresentado - Exigência indevida - Recurso provido - Dúvida julgada improcedente - Registro do título determinado". Consta do corpo do voto: "... A obrigação da Caixa Econômica Federal, de dar quitação às devedoras fiduciantes, em razão da arrematação do bem imóvel no referido leilão e de prestar contas acerca do valor excedente apurado a ser devolvido, conforme previsto no § 4º do artigo 27 da Lei 9.514/97, é de natureza pessoal e restrita às partes deste negócio (alienação fiduciária). Não guarda, pois, nenhuma relação com o dever da instituição financeira de transferir a titularidade do domínio à arrematante, o que se deu por meio da escritura de compra e venda apresentada para registro. Assim sendo, não é atribuição do registrador de imóveis, ao qualificar a escritura de compra e venda apresentada, verificar o cumprimento do referido dispositivo legal... "A apuração da entrega do valor excedente refoge ao âmbito registrário, tendo em vista que se trata de obrigação de caráter pessoal entre os credores fiduciários e a devedora fiduciante, ou seja, não há qualquer relação com os adquirentes (terceiros) do imóvel. Do exposto, julgo improcedente a dúvida suscitada pelo Oficial do 14º Registro de Imóveis da Capital a requerimento de Fernando Luiz Greggio e Daniela de Cássia Greggio, e determino o registro dos títulos apresentados. Deste procedimento não decorrem custas, despesas processuais e honorários advocatícios. Oportunamente remetam-se os autos ao arquivo. P.R.I.C. São Paulo, 19 de dezembro de 2016. Tania Mara Ahualli Juíza de Direito - ADV: ANA CRISTINA GABRIEL GUTIERREZ (OAB 210609/ SP) (DJe de 24.01.2017 - SP)

Processo 1007296-57.2017.8.26.0100

Pedido de Providências - Registro de Imóveis - BANCO SANTANDER (BRASIL) S/A

Pedido de providências - Consolidação da propriedade em alienação fiduciária, após notificação para purgação da mora - pagamento realizado diretamente ao credor - impossibilidade de cancelamento da averbação - necessidade de realização de novo negócio jurídico - improcedência. Vistos. Trata-se de pedido de providências formulado por Banco Santander (Brasil) S/A, em face do Oficial do 12º Registro de Imóveis da Capital, pleiteando o cancelamento da averbação da consolidação da propriedade em nome do requerente (Av.5) junto à matrícula nº 184.196, tendo em vista o acordo celebrado entre o credor fiduciário (instituição financeira) e os devedores fiduciante (Alexandre Dias da Silva e Clelia Ozorio da Silva), antes da realização dos leilões. Juntou documentos às fls. 19/26. O registrador manifestou-se às fls. 30/32. Esclarece que tal pedido não é possível, uma vez que o procedimento foi realizado de acordo com a previsão legal, bem como não seria permitido o restabelecimento da condição resolutiva, uma vez que traria como consequência a constituição de novo direito real aos devedores fiduciante. O Ministério Público opinou pela improcedência do pedido (fls. 36/38). É o relatório. Passo a fundamentar e a decidir. Com razão o registrador, bem como o Douto Promotor de Justiça. A notificação de mora e posterior consolidação deu-se conforme prevista pelo artigo 26, § 7º, da lei 9.514/97, tal qual segue transcrito: "Art. 26. Vencida e não paga, no todo ou em parte, a dívida e constituído em mora o fiduciante, consolidar-se-á, nos termos deste artigo, a propriedade do imóvel em nome do fiduciário. (...)§ 7º Decorrido o prazo de que trata o § 1º sem a purgação da mora, o oficial do competente Registro de Imóveis, certificando esse fato, promoverá a averbação, na matrícula do imóvel, da consolidação da propriedade em nome do fiduciário, à vista da prova do pagamento por este, do imposto de transmissão inter vivos e, se for o caso, do laudêmio.(...)". Portanto, tendo ocorrido sem purgação a notificação da mora feita pelo Oficial competente do Registro de Imóveis, este deve proceder à averbação, em conformidade com a norma, deste ato decorrendo todos os efeitos atinentes a esta modalidade de garantia. Não pode a averbação ser cancelada se do procedimento se deu de forma correta, haja vista que o erro, qual seja a quitação do débito em local diverso do estabelecido, e o lapso informativo no expediente da requerente, são alheios às capacidades de cognição do Oficial, sendo este erro o motivo substancial para a realização da averbação. Portanto, a averbação está formalmente em ordem, não podendo ser cancelada alegando-se mero erro imputável apenas à requerente. Cabe ressaltar que o disposto na Lei de Registros Públicos, nº 6.015/73, em seu artigo 250, inciso II, não se aplica a hipótese, tendo em vista não haver manifestação expressa de ambos os envolvidos no negócio jurídico. Ainda que assim não o fosse, conforme decidido no Processo 1043214-93.2015.8.26.0100 desta 1ª VRP, a consolidação da propriedade é constitutiva de direito, não sendo o cancelamento de tal ato possível para se reverter ao estado anterior. A questão poderá ser resolvida através da realização de um novo negócio jurídico entre as partes, que suportarão seus custos, para a renovação da garantia ou alteração da propriedade. Neste sentido, recente decisão do STJ no julgamento do RECURSO ESPECIAL Nº 1.462.210-RS (2014/0149511-0), de relatoria do E. MINISTRO RICARDO VILLAS BÔAS CUEVA, acatado por unanimidade pela turma julgadora. Cabe destacar parte do voto: "(...) os prejuízos advindos com a posterior purgação da mora são suportados exclusivamente pelo devedor fiduciante, que arcará com todas as despesas referentes à "nova" transmissão da propriedade e também com os gastos despendidos pelo fiduciário com a consolidação da propriedade (ITBI, custas cartorárias, etc).". Ademais, tal questão já foi objeto de análise perante a Egrégia Corregedoria Geral de Justiça no Recurso Administrativo nº 1113134- 57.2015.8.26.0100, Parecer nº 240/2016-E, de relatoria do Des. Cor. Pereira Calças: "Registro de Imóveis - Alienação Fiduciária em garantia - Mora - Consolidação da propriedade em nome da fiduciária - Alegação de que os valores em atraso foram pagos diretamente à credora fiduciária - Pedido de cancelamento da averbação que consolidou a propriedade - impossibilidade - Purgação da mora que deve ocorrer no Registro de Imóveis - Inteligência dos artigos 26, § 5º, da Lei 9.514/97 e 327 do Código Civil - Purgação que, ademais não foi comunicada pela fiduciária, que requereu a consolidação da propriedade do bem em seu nome- Recurso a que se nega provimento"Conforme se verifica-se no corpo do Acórdão: "... Dessa forma, observado todo o procedimento traçado pela Lei nº 9.514/97, a consolidação da propriedade em nome da fiduciária se tornou ato perfeito e acabado, não havendo razão que justifique o cancelamento da averbação. Repactuada a dívida, resta aos interessados celebrar novo negócio jurídico, com o pagamento de todos os encargos decorrentes desse ato". Logo, tem-se que averbação da constituição da propriedade em nome do credor fiduciário tem efeitos meramente declaratório e não constitutivo de direitos. Diante do exposto, julgo improcedente o pedido de providências formulado por Banco Santander (Brasil) S/A, em face do Oficial do 12º Registro de Imóveis da Capital, e consequentemente mantenho o óbice registrário. Deste procedimento não decorrem custas, despesas processuais e honorários advocatícios. Oportunamente remetam-se os autos ao arquivo. P.R.I.C. São Paulo, 18 de abril de 2017. Paulo César Batista dos Santos Juiz de Direito - ADV: RICARDO RAMOS BENEDETTI (OAB 204998/SP) (DJe de 24.04.2017 - SP)

Processo 1134158-10.2016

Dúvida - 14º Oficial de Registro de Imóveis da Capital Regina Paula Souza de Paula Leite Grigolli Sentença (fls. 62/65): "Dúvida Registro de escritura pública de venda e compra imóvel adquirido e alienado fiduciariamente no estado civil de solteiro casamento ocorrido após a quitação do bem - bem que não se comunica aplicação do artigo 1659, I e II do CC Dúvida improcedente" Vistos. Trata-se de dúvida suscitada pelo Oficial do 14º Registro de Imóveis da Capital a requerimento de Regina Paula Souza De Paula Leite Grigolli e Enarco Grigolli Filho, tendo em vista a negativa em se proceder ao registro da escritura pública de venda e compra referente ao imóvel matriculado sob nº 217.086. O óbice registrário refere-se ao fato de que o proprietário do imóvel, srº Enarco Grigolli Filho, cônjuge de Regina, deu o bem em alienação fiduciária na qualidade de solteiro, todavia retomou a propriedade como casado, razão pela qual, a esposa também seria dona do imóvel. Assim, deveria Regina constar da escritura como outorgante vendedora e não como assistente, sob pena de violação do princípio da continuidade. Juntou documentos às fls. 04/49. Os sucitados não apresentaram impugnação neste Juízo (certidão fl. 50), todavia, manifestaram-se perante a Serventia Extrajudicial. Esclarecem que Enarco adquiriu o bem com recursos próprios, no estado civil de solteiro, consequentemente não há comunicação do bem em questão. O Ministério Público opinou pela improcedência da dúvida (fls. 58/61). É o relatório. Passo a fundamentar e a decidir. Em que pesem os argumentos expostos pelo registrador, verifico que a dúvida é improcedente, especialmente no que concerne a violação do princípio da continuidade. Conforme se verifica do registro nº 04 da matrícula nº 217.086 (fl. 05), o suscitado adquiriu o bem em 21.10.2014 no estado civil de solteiro. Neste contexto, na data mencionada o adquirente, deu o imóvel em alienação fiduciário ao Banco Bradesco S/A, para garantia do financiamento no valor de R$ 852.800,00, pagável em 360 prestações mensais e sucessivas, vencendo- se a primeira em 21.11.2014. Todavia, segundo a averbação nº 07, pelo instrumento particular de 11.07.2016, a instituição financeira, após receber o pagamento que lhe era devido, autorizou o cancelamento do gravame, consolidando-se a plena propriedade em nome de Enarco, agora na qualidade de casado (certidão fl. 34). A alienação fiduciária de bem imóvel em garantia, nos termos do art. 22 da Lei nº 9.514/97, é o negócio jurídico pelo qual o devedor, ou fiduciante, com escopo de garantia, contrata a transferência ao credor, ou fiduciário, da propriedade resolúvel de coisa imóvel. Ao devedor é conferida a posse direta sobre a coisa. Daí que uma vez extinta a condição resolutiva, há o retorno dos envolvidos ao "status quo ante", de maneira retroativa. Na presente hipótese, não há como afirmar que o fato da quitação do imóvel ter ocorrido na constância do casamento, resulte na comunicação do imóvel à cônjuge, uma vez que a escritura de compra e venda, bem como a constituição do gravame deu-se somente em nome de Enrico na qualidade de solteiro. Ademais, não há qualquer prova de ter havido esforço comum para a quitação do imóvel, sendo certo que tal prova somente é cabível nas vias ordinárias com a presença do contraditório e ampla defesa. Contudo, verifico que a própria cônjuge, na qualidade de principal interessada com a comunicabilidade do bem, não se opõe que o registro se de unicamente em nome do marido, indicando com isso a ausência de qualquer conflito entre eles. Ressalte-se ainda que a obrigação em relação ao pagamento deu-se exclusivamente em nome do cônjuge varão, consequentemente não há a possibilidade da comunicação das obrigações adquiridas antes do casamento, nos termos do artigo 1659, I e II do CC: "Art. 1659. Excluem-se da comunhão: I os bens que cada cônjuge possuir ao casar, e os que lhe sobrevierem, na constância do casamento, por doação ou sucessão, e os subrogados em seu lugar; II os bens adquiridos com valores exclusivamente pertencentes a um dos cônjuges em subrogação dos bens particulares" E ainda neste sentido: "DIVÓRCIO DIRETO LITIGIOSO - PARTILHA DE IMÓVEL - BEM ADQUIRIDO ANTES DO CASAMENTO POR FINANCIAMENTO BANCÁRIO - PRESTAÇÕES PAGAS NA CONSTÂNCIA DA SOCIEDADE CONJUGAL - DIREITO DE PARTILHA QUANTO AOS VALORES PAGOS - AUSÊNCIA DE CONTRIBUIÇÃO MONETÁRIA NÃO COMPROVADA. SENTENÇA MANTIDA. 1) - SE O IMÓVEL ADQUIRIDO ANTES DO CASAMENTO FOI FINANCIADO MEDIANTE O PAGAMENTO DE PRESTAÇÕES DE TRATO SUCESSIVO QUE SE PROLONGARAM DURANTE A CONSTÂNCIA DO CASAMENTO, TEM A RECORRIDA O DIREITO À METADE DOS VALORES PAGOS NA VIGÊNCIA DA SOCIEDADE CONJUGAL.2) - NÃO TENDO O RECORRENTE COMPROVADO QUE A RECORRIDA NÃO EXERCIA QUALQUER ATIVIDADE REMUNERADA DURANTE O CASAMENTO PARA CONTRIBUIR COM O PAGAMENTO DAS PRESTAÇÕES, NÃO HÁ COMO SE AFASTAR A PRESUNÇÃO DE QUE TAL PAGAMENTO FOI FEITO COM O ESFORÇO COMUM.3) - RECURSO CONHECIDO E NÃO PROVIDO" (Apelação nº 20120910076898 DF 0007508-81.2012.8.07.0009, 5ª Turma Cível, Publicação no DJE: 01/08/2013, pag. 137, julgamento: 29 de julho de 2013, Relator: Luciano Moreira Vasconcellos) "AÇÃO DE RECONHECIMENTO E DISSOLUÇÃO DE UNIÃO ESTÁVEL HOMOAFETIVA. INSURGÊNCIA DA AUTORA. INCONFORMISMO COM A PARTILHA DE BENS. SENTENÇA QUE EXCLUIU DA PARTILHA UM TERRENO URBANO BEM COMO OS VALORES PAGOS PELA RÉ MEDIANTE SUB- ROGAÇÃO DE BENS QUE HAVIA ADQUIRIDO ANTES DA UNIÃO ESTÁVEL. AUSÊNCIA DE PROVAS NO SENTIDO DE QUE O TERRENO URBANO TERIA SIDO ADQUIRIDO PELA RÉ APÓS A UNIÃO ESTÁVEL. DOCUMENTOS COMPROVANDO QUE A RÉ EFETUOU SAQUE DE SEU FGTS PARA FINANCIAMENTO DOS MATERIAIS A SEREM UTILIZADOS NA CONSTRUÇÃO DO IMÓVEL. INCOMUNICABILIDADE DE BENS POR FORÇA DO ARTIGO 1659, INCISO I DO CÓDIGO CIVIL. AUTORA QUE NÃO COMPROVOU QUE O VALOR REFERENTE A VENDA DO LOTE Nº 179 NÃO FOI UTILIZADO NA CONSTRUÇÃO DO IMÓVEL. SENTENÇA MANTIDA. RECURSO CONHECIDO E IMPROVIDO". "Em obediência ao regime da comunhão parcial de bens, aplicável para o caso de união estável, o bem adquirido exclusivamente por um dos conviventes antes do início da união estável não é objeto de partilha com a dissolução da união, bem como exclui-se da comunhão os valores pagos mediante sub-rogação de bem pertencente exclusivamente a um dos consortes, nos termos do art.1659, I do CC/2002" (Processo nº AC 20120354319 SC 2012.035431-9, 3ª Câmara de Direito Civil Julgado,

Apelante: S. E., Advogados: Fernando da Veiga (25087/ SC) e outro, Apelada: B. C. da S., Advogados: Luiz Eduardo Cleto Righetto (18453/SC) e outro, Julgamento: 27 de agosto de 2012, Relator: Saul Steil). Daí verifica-se que não há que se falar em violação ao princípio da continuidade, razão pela qual, deve ser afastada a exigência imposta pela registrador. Diante do exposto, julgo improcedente a dúvida suscitada pelo Oficial do 14º Registro de Imóveis da Capital a requerimento de Regina Paula Souza De Paula Leite Grigolli e Enarco Grigolli Filho, e consequentemente determino o registro do título apresentado. Deste procedimento não decorrem custas, despesas processuais e honorários advocatícios. Oportunamente remetam-se os autos ao arquivo.. P.R.I.C. (DJe de 05.05.2017 - SP)

Processo 1007423-92.2017.8.26.0100

Dúvida - Propriedade - Alberto Luiz de Oliveira - Banestes S/A - Banco do Estado do Espirito Santo

Dúvida Inversa - Registro de instrumento particular de venda e compra de imóvel dado em garantia fiduciária com propriedade consolidada, após leilão deserto - Leilão realizado em desconformidade com o título que instituiu a garantia - Impossibilidade do registro

Dúvida procedente - Óbice mantidoVistos. Trata-se de dúvida inversa suscitada pelo BANESTES S/A - Banco do Espírito Santo e Alberto Luiz de Oliveira, em face do Oficial do 14º Registro de Imóveis da Capital, após negativa de registro de Instrumento Particular de Venda e Compra cujo objeto são os imóveis de matrícula nº 39.015 e 39.016 da citada serventia. Aduz o suscitante que os imóveis foram dados em alienação fiduciária por TAURA TRADING através de Cédula de Crédito Comercial. Com o inadimplemento das obrigações, a propriedade dos imóveis foi consolidada, com o devido trâmite legal. Ato contínuo, foi realizado leilão extrajudicial em Vitória/ES, sede das partes contratantes, que restou deserto. Diante disso, o imóvel foi alienado diretamente com o segundo suscitante, Alberto Luiz de Oliveira, e o instrumento apresentado para registro, junto com a quitação da dívida do devedor fiduciário. Foi apresentado óbice pelo Oficial, alegando que o leilão deveria ser realizado na comarca da situação do imóvel, no caso em São Paulo/SP, e o termo de quitação só poderia ser expedido após a realização deste, com pagamento do saldo remanescente. Por esta razão, foi interposta a dúvida inversa. O primeiro suscitante alega que não há previsão legal sobre o local de realização do leilão, que o imóvel já foi desocupado pelo antigo possuidor e que o segundo suscitante já está ali habitando, e que não houve qualquer impugnação por parte do devedor fiduciário dos procedimentos realizados. Pugna pelo registro do título, com o afastamento dos óbices. Juntou documentos às fls. 16/139. O Oficial manifestou-se às fls. 155/157, justificando o óbice com base na Cédula de Crédito Comercial e no Art. 884, II, do Código de Processo Civil. O Ministério Público manifestou-se às fls. 254/255, pela procedência da dúvida e manutenção do óbice. Sobrevieram informações dos suscitantes (fls. 256/259) e do Oficial (fl. 269). É o relatório. Decido. A Lei 9.514/97 disciplina a alienação fiduciária em garantia e os procedimentos em caso de inadimplemento. O Art. 27 determina que, consolidada a propriedade, deve o credor fiduciário realizar leilão do bem. Tal previsão tem o escopo de garantir que o objeto da garantia não seja o bem em si, mas seu valor em dinheiro. Isso para que a instituição financeira não tenha um ativo imobilizado numeroso, que desrespeite o regulamento administrativo e evite questões problemáticas, sobretudo no âmbito da concorrência e de monopólios. Por outro lado, o leilão também é realizado tendo em vista proteger, de certa forma, o devedor fiduciário. Este, ao não pagar sua dívida, terá seu imóvel vendido, com o saldo remanescente devolvido pelo credor (Art. 27, §4º), evitando que todo o valor do imóvel seja revertido em favor deste último em valor superior à dívida, com claro enriquecimento ilícito. Assim, o leilão existe como método de garantir que o bem seja vendido pelo maior valor possível, garantido que a dívida seja paga e que o devedor não tenha seu bem alienado por valor ínfimo, com perda patrimonial. Vê-se, portanto, o interesse público existente no procedimento previsto na Lei 9.514/97, que por um lado garante ao devedor fiduciário que não haverá abuso por parte da instituição financeira com a alienação do bem por valor inferior ao de mercado, e por outro, garante que a instituição financeira não ficará, imediatamente, com a propriedade do imóvel, pelas razões acima expostas. Destarte, tal procedimento é essência do negócio jurídico, não podendo as partes transigirem quanto a estas exigências legais. Assim, seu descumprimento acarreta em nulidade da garantia fiduciária, por descumprimento de preceito legal. Pois bem. Diz o Art. 24 da Lei 9.514/97: "Art. 24. O contrato que serve de título ao negócio fiduciário conterá: (...) VII - a cláusula dispondo sobre os procedimentos de que trata o art. 27."O Art. 27 trata do leilão extrajudicial, e, como visto acima, o correto cumprimento da legislação é requisito de validade dos atos. Portanto, se a lei determina que o contrato disporá sobre o procedimento do leilão, o procedimento previsto no título tem que ser cumprido, sob pena de nulidade do leilão. E, neste sentido, a Cédula de Crédito Comercial que deu origem à alienação fiduciária dispõe em seu item 17 (fl. 172): "O público leilão (primeiro e segundo) será anunciado mediante edital único com prazo de 10 (dez) dias, contados da primeira divulgação, publicado em um dos jornais de maior circulação no local do(s) imóvel(is) ou noutro de comarca de fácil acesso, se, no local do(s) imóvel(is), não houver imprensa com circulação diária." (g. N). O contrato é claro sobre o local de realização do leilão. Estando os bens situados em São Paulo, e não sendo hipótese da exceção prevista quando inexiste imprensa, nesta comarca deveria ser realizado o leilão. Entendo inviável o registro do título quando o leilão foi realizado em Vitória/ES. Veja-se que a razão de ser de tal previsão está em perfeita consonância com o espírito da Lei 9.514/97: o leilão realizado no local de situação dos bens tem mais chances de ser bem sucedido, garantindo uma venda por valor de mercado e evitando que este seja deserto, com alienação particular posterior, como foi feito, que pode trazer prejuízos ao devedor, uma vez que o bem é vendido por valor determinado pelo banco, com saldo remanescente baixo. E, se irregular o leilão, irregular também a quitação de dívida posteriormente dada, tendo em vista não haver saldo remanescente de leilão, conforme dispõe o § 4º do Art. 27. Por tais razões, correto o óbice apresentado, não sendo possível o registro. Do exposto, julgo procedente a dúvid inversa formulada por BANESTES S/A - Banco do Espírito Santo e Alberto Luiz de Oliveira, em face do Oficial do 14º Registro de Imóveis da Capital, mantendo os óbices apresentados. Não há custas, despesas processuais nem honorários advocatícios decorrentes deste procedimento. Oportunamente, arquivem-se os autos. P.R.I.C. São Paulo, 07 de junho de 2017. Tânia Mara AhualliJuíza de Direito - ADV: PAULO GUILHERME DE MENDONCA LOPES (OAB 98709/SP) (DJe de 21.06.2017 - SP)

Processo 1062367-44.2017.8.26.0100

Dúvida - Registro de Imóveis - Summit Plataform Serviços Administrativos Ltda - Vistos. Trata-se de dúvida suscitada pelo Oficial do 7º Registro de Imóveis da Capital, a requerimento de SUMMIT BPO - BUSINES PROCES OUTSOURCING SERVIÇOS ADMINISTRATIVOS LTDA, tendo em vista a negativa em se proceder ao registro do instrumento particular formalizado na forma prevista no art. 38 da Lei 9.514/97, pelo qual a empresa J.RAU METALÚRGICA, INDÚSTRIA, IMPORTAÇÃO E COMÉRCIO LTDA, alienou fiduciariamente à suscitada o imóvel sua propriedade consistente em dois prédios e respectivos terrenos, objeto da matrícula nº 36.409, para pagamento do empréstimo no valor de R$ 900.000,00. Os óbices registrários referem-se: a) necessidade de apresentação das Certidões Negativas de Débito (CND) do INSS e da receita Federal atualizadas; b) o instrumento particular anexado ao presente título, devidamente registrado na JUCESP em 09.03.2016, consta a alteração da denominação da empresa J.RAU METALÚRGICA INDUSTRIA E COMERCIO LTDA, para J. RAU METALÚRGICA INDÚSTRIA, IMPORTAÇÃO, EXPORTAÇÃO, COMERCIO, LTDA, enquanto que do presente titulo datado de 11.03.2016, a mesma empresa comparece com seu nome antigo, o que reclama a devida retificação. Juntou documentos às fls. 05/142. Foi apresentada impugnação às fls. 143/146. Insurge-se a impugnante das exigências apresentada pelo Registrador, sob o argumento de que está pacificado o entendimento pelo Colendo Conselho Superior da Magistratura, bem como Egrégia Corregedoria Geral da Justiça, da dispensa da apresentação das certidões negativas de débito. Em relação à necessidade de alteração do contrato em virtude da modificação do nome da empresa, aduz que o CNPJ, o endereço, bem como o quadro societário, se mantiveram os mesmos, sendo que a única alteração realizada de seu em virtude do aumento do ramo de atividade. O Ministério Público opinou pela improcedência da dúvida (fls. 175/176). É o relatório. Passo a fundamentar e a decidir. Cumpre primeiramente consignar que acompanho o entendimento do MM Juiz Josúe Modesto Passos, que em recente decisão proferida à frente desta 1ª Vara de Registros Públicos, declarou que, no que diz respeito à sua convicção pessoal, "no juízo administrativo não cabe aplicar a inconstitucionalidade declarada sobre a Lei 7.711, de 22 de setembro de 1988, art. 1º, I, III e IV, e §§ 11º-3º (cf. ações diretas de inconstitucionalidade 173-6 e 394-1) para, por identidade de razão, dar por inconstitucional a Lei 8.212/1991, art. 47, I, b. Além disso, na arguição 0139256-75.2011.8.26.0000 foi declarada apenas a inconstitucionalidade da Lei 8.212/1991, art. 47, I, d, e - repita-se - na via administrativa não há estender a eficácia dessa decisão também para o art. 47, I, b. Finalmente, as NSCGJ, II, XIV, 59.2, são de alcance algo duvidoso, porque dispensam os tabelionatos (frise-se) de exigir as certidões para a lavratura de escrituras públicas de negócios jurídicos concernentes a direitos reais imobiliários, é verdade; porém, as próprias NSCGJ não puseram dispensa semelhante em favor dos ofícios de registro de imóveis, mesmo na redação dada pelo Provimento CG 37, de 26 de novembro de 2013, em vigor a partir de 28 de janeiro de 2014". De resto, já decidiu o E. Tribunal de Justiça (apelação 0015621-88.2011.8.26.0604 - Sumaré, 11ª Câmara de Direito Público, Rel. Des. Ricardo Dip, j. 22.01.2013):Nesse quadro, avista-se, com efeito, que a exigência, na espécie, de apresentação de certidões negativas para que o instrumento particular de alienação fiduciária acedesse ao fólio real tem por fundamento a Lei nº 8.212/1991, e, embora a Lei nº 7.711/1988 também verse a necessidade de apresentação das aludidas certidões, o fato é que a Registradora imobiliária, na qualificação do título apresentado a registro, adstrita ao princípio da legalidade, tomou amparo na Lei nº 8.212. À falta de declaração judicial expressa de que a Lei nº 8.212/1991 padeça de inconstitucionalidade, não pode o Registrador de imóveis estender-lhe a fulminação que afligiu a Lei nº 7.711/1988. Frise-se, além disso, que o art. 48 da Lei nº 8.212, de 1991, enuncia que o registrador é solidariamente responsável pela prática de atos com inobservância de seu art. 47: "Art. 48. A prática de ato com inobservância do disposto no artigo anterior, ou o seu registro, acarretará a responsabilidade solidária dos contratantes e do oficial que lavrar ou registrar o instrumento, sendo o ato nulo para todos os efeitos. (...) § 3º O servidor, o serventuário da Justiça, o titular de serventia extrajudicial e a autoridade ou órgão que infringirem o disposto no artigo anterior incorrerão em multa aplicada na forma estabelecida no art. 92, sem prejuízo da responsabilidade administrativa e penal cabível." Note-se que nesse aresto ficou aventada a possibilidade de a corregedoria permanente (e, por maior força de razão, a Corregedoria Geral) dispensar as certidões, mas somente nos casos de difficultas praestandi, de absoluta impossibilidade de_satisfazer a exigência (Lei 6.015, de 31 de dezembro de 1973 - LRP/1973, art. 198, verbis "ou não a podendo satisfazer") - e não de modo geral e abstrato." Feitas essas observações, é necessário, porém observar que, justamente porque aqui se trata de um juízo administrativo, não há liberdade senão para cumprir o que tenham decidido as autoridades superiores, i. e., a Corregedoria Geral da Justiça (CGJ) e o Conselho Superior da Magistratura (CSM) - as quais, é bom ver, desde o julgamento da Apel. Cív. 0003435-42.2011.8.26.0116, em 13.12.2012 (DJ 30.01.2013), mandam que se dispensem as certidões negativas de dívidas tributárias federais e previdenciárias federais. Nesse sentido, confiram-se: (a) para a CGJ: Proc. 62.779/2013, j. 30/07/2013, DJ 07/08/2013; e Proc. 100.270/2012, j. 14/01/2013 (b) para o CSM: as Ap. Cív. 0015705-56.2012.8.26.0248, j. 06.11.2013, DJ 06.11.2013; 9000004- 83.2011.8.26.0296, j. 26.09.2013, DJ 14.11.2013; 0006907-12.2012.8.26.0344, 23.05.2013, DJ 26.06.2013; 0013693-47.2012.8.26.0320, j 18.04.2013, DJ 24.05.2013; 0019260-93.2011.8.26.0223, j. 18.04.2013, DJ 24.05.2013; 0021311-24.2012.8.26.0100, j. 17.01.2013, DJ 21.03.2013; 0013759-77.2012.8.26.0562, j. 17.01.2013, DJ 21.03.2013; 0018870-06.2011.8.26.0068, j. 13.12.2012, DJ 26.02.2013; 9000003-22.2009.8.26.0441, j. 13.12.2012, DJ 27.02.2013; 0003611-12.2012.8.26.0625, j. 13.12.2012, DJ 01.03.2013; e 0013479-23.2011.8.26.0019, j. 13.12.2012, DJ 30.01.2013. Contudo, entendo que deve permanecer a segunda exigência concernente a alteração do contrato em razão da modificação do nome da empresa na JUCESP. De acordo com o princípio tempus regit actum, à qualificação do título aplicam-se as exigências legais contemporâneas ao registro, e não as que vigoravam ao tempo de sua lavratura. O Conselho Superior da Magistratura tem considerado que, para fins de registro, não importa o momento da celebração do contrato, em atenção ao princípio "tempus regit actum", sujeitando-se o título à lei vigente ao tempo de sua apresentação (Apelação Cível nº, 115-6/7, rel. José Mário Antonio Cardinale, nº 777-6/7, rel. Ruy Camilo, nº 530-6/0, rel. Gilberto Passos de Freitas). O fato de somente constar no contrato de alienação fiduciária o nome das partes divergente daquele constante na JUCESP, é suficiente para impossibilitar o ingresso no fólio real, em consonância com o princípio da especialidade subjetiva, elencado no artigo 176, II, 4, a e b e art. 176, III, 2, a e b. Ao Oficial Registrador cabe a qualificação dos títulos que lhes são apresentados, justamente para evitar a prática de atos atentatórios aos princípios básicos do direito registral ou que tornem insegura e não concatenada a escrituração. Neste contexto, a alteração da denominação da fiduciante na JUCESP e a não alteração no contrato apresentado à registro, viola o princípio da segurança jurídica que norteia os atos registrários, uma vez que gera a ocorrência de dúvida em relação à real identidade deles. Logo, entendo que deve haver a alteração do título apresentado no que concerne a denominação da fiduciante. Diante do exposto, julgo parcialmente procedente a dúvida suscitada pelo Oficial do 7º Registro de Imóveis da Capital, a requerimento de SUMMIT BPO - BUSINES PROCES OUTSOURCING SERVIÇOS ADMINISTRATIVOS LTDA, afastando apenas o primeiro óbice, consistente a necessidade de apresentação das certidões negativas de débito. Deste procedimento não decorre custas, despesas processuais e honorários advocatícios. Oportunamente remetam-se os autos ao aquivo. P.R.I.C. São Paulo, 10 de agosto de 2017. Tania Mara Ahualli Juiza de Direito - ADV: ROGERIO CASSIUS BISCALDI (OAB 153343/SP) (DJe de 17.08.2017 - SP)

Processo 1100924-03.2017.8.26.0100

Dúvida - Registro de Imóveis - B S Factoring Fomento Comercial Ltda - Vistos. Trata-se de dúvida suscitada pelo Oficial do 1º Registro de Imóveis da Capital, a requerimento de BS. FACTORING FOMENTO COMERCIAL LTDA, tendo em vista a negativa em se proceder ao registro de instrumento público de instituição de alienação fiduciária, lavrada pelo Oficial do Registro Civil e Tabelião de Notas de Pirapitingui - Itu, referente ao imóvel objeto da matrícula nº 95.815. O óbice registrário refere-se à ausência do prazo de vencimento da dívida e das condições de pagamento no título apresentado, em dissonância com o previsto no artigo 24, II, da Lei 9514/97, o que acarretaria risco à segurança jurídica dos negócios. Juntou documentos às fls. 04/175. A suscitada apresentou impugnação às fls. 176/187. Argumenta que o dispositivo legal não se aplica a presente hipótese, por se tratar de negócio jurídico acessório, ou seja, visa garantir os títulos de crédito. Aduz quer o Código Civil expressamente permite a emissão de títulos de crédito sem data de vencimento ou condições de pagamento, devendo prevalecer sobre a Lei nº 9.514/97. O Ministério Público opinou pela procedência da dúvida (fls. 193/194). É o relatório. Passo a fundamentar e a decidir. Saliento que a presente questão já foi objeto de análise no processo nº 1049051- 95.2016.8.26.0100. Como é sabido, ao se constituir a alienação fiduciária, tanto por instrumento público como particular, a propriedade do imóvel é transferida para o credor, ficando o devedor na posse direta do bem durante o período em que vigorar o financiamento. Caso haja o inadimplemento da dívida, o Cartório de Registro de Imóveis notificado o devedor, de modo a constitui-lo em mora e, persistindo em aberto a obrigação, a propriedade será consolidada em favor do credor. Ao par da alegação da suscitada, no tocante à existência de dispositivo legal no Código Civil, versando sobre a possibilidade de emissão de títulos de crédito sem a data de vencimento ou condições de pagamento, deve-se atentar que a instituto da alienação fiduciária é regulada por lei específica, qual seja, a Lei nº 9514/97, que se sobrepõe à lei geral, no caso de conflito de regulamento. Neste contexto, incumbe ao Registrador ao examinar o instrumento particular de constituição de alienação fiduciária em garantia e outras avenças, verificar se foram observados os requisitos formais previstos no artigo 24 da Lei 9.514/97: "Art. 24: O contrato que serve de título ao negócio fiduciário conterá: I - o valor do principal da dívida; II - o prazo e as condições de reposição do empréstimo ou do crédito do fiduciário; III - a taxa de juros e os encargos incidentes; IV - a cláusula de constituição da propriedade fiduciária, com a descrição do imóvel objeto da alienação fiduciária e a indicação do título e modo de aquisição; V - a cláusula assegurando ao fiduciante, enquanto adimplente, a livre utilização, por sua conta e risco, do imóvel objeto da alienação fiduciária; VI - a indicação, para efeito de venda em público leilão, do valor do imóvel e dos critérios para a respectiva revisão; VII - a cláusula dispondo sobre os procedimentos de que trata o art. 27". Ressalto que o rol estabelecido em lei é taxativo, apontando como elementos indispensáveis ao contrato de alienação fiduciária o prazo e as condições de reposição do empréstimo ou do crédito do fiduciário. Assim, deve o Registrador, ao qualificar o título apresentado, constatar se foram preenchidos todos os requisitos legais, sob pena de violação ao princípio da legalidade. Como bem exposto pelo Oficial: "a data do vencimento e as condições do negócio fiduciário, dizem respeito à sua especialização a fim de que todos possam ter conhecimento da extensão dos gravames dobre a propriedade imóvel, notadamente, terceiros que eventualmente queiram contratar com o fiduciante, na hipótese deste procedimento, como prestador de garantia". Neste contexto, o Egrégio Conselho Superior da Magistratura, já decidiu que: "Registro de Imóveis Dúvida Contrato de alienação fiduciária em que não observados integralmente os requisitos previstos no artigo 24, e seus incisos, da Lei nº 9.514//97 Registro inviável Recurso não provido" (Apelação Cível nº 254 - 6/0, da Comarca de Avaré;

Apelante: Vilemondes Garcia de Andrade Filho.
Apelado: Oficial de Registro de Imóveis, Títulos e Documentos e Civil de Pessoa Jurídica da mesma Comarca. Rel: Ex Corregedor Geral da Justiça: José Mário Antonio Cardinale; j. 20.04.2005). Confira-se do corpo do Acórdão: " 6. Por fim, anoto que ao oficial registrador compete verificar a presença dos requisitos do contrato de alienação fiduciária como condição para o registro, em cumprimento do princípio da legalidade, afigurando-se correta a recusa quando ausentes aqueles previstos em lei. Neste sentido a seguinte lição de José de Mello Junqueira: Todos esses elementos exigidos pelo art.24 são obrigatórios e devem constar do contrato, e ainda o prazo de carência previsto no § 2º do art.26. São requisitos de validade para o título de constituição da propriedade fiduciária e que deverão ser observados, rigorosamente, pelas partes, Tabeliães e registros de Imóveis e para que nasça o direito e garantia real nele representado." (Alienação Fiduciária de Coisa Imóvel, Ed. ARISB, 1998, pág.46). Logo, mostra-se correta a exigência imposta pelo Registrador. Diante do exposto, julgo procedente a dúvida suscitada pelo Oficial do 1º Registro de Imóveis da Capital, a requerimento de BS. FACTORING FOMENTO COMERCIAL LTDA, e consequentemente mantenho os óbices registrários. Deste procedimento não decorrem custas, despesas processuais e honorários advocatícios.

Oportunamente remetam-se os autos ao arquivo. P.R.I.C. - ADV: JULIET MATTOS DE CARVALHO (OAB 369130/SP) (DJe de 28.11.2017 - SP)

ARRESTO

Processo 1060697-68.2017.8.26.0100

Pedido de Providências - Registro de Imóveis - Svizzero Alves Advogados Associados - Vistos. Trata-se de pedido de providências formulado por Svizzerro Alves Advogados Associados em face do Oficial do 14º Registro de Imóveis da Capital, pretendendo o cancelamento do registro de arresto (R.05) realizado na matrícula nº 17.917, por determinação contida na certidão extraída dos autos da ação civil pública nº 101.048-23.2014, que tramitou perante o MMº Juízo da 2ª Vara Cível do Foro Regional do Jabaquara. Relata a requerente que adquiriu o imóvel do casal Maria Alice Rodrigues Margarido e Souza e Carlos Genaro Rodrigues de Souza, de acordo com o registro nº 04, realizado na mencionada matrícula em 11.02.2015. Informa que um dos vendedores é o executado na ação civil pública e o Registrador, ignorando o princípio da continuidade, procedeu ao registro do arresto. Assim, o título deveria ser qualificado negativamente, uma vez que o bem já não estava mais em nome do executado. Juntou documentos às fls. 03/21. O Oficial manifestou-se às fls. 25/38. Esclarece que não houve violação ao princípio da continuidade, tendo em vista que conforme andamento extraído pelo site do Egrégio Tribunal de Justiça, o pedido de arresto foi publicado em 05.12.2014, ou seja, em data anterior à transmissão à autora. Salienta que até apresente data o Juiz da execução não conseguiu citar os executados, todavia a requerente conseguiu encontrá-los para receber a escritura. Por fim, aduz que somente o Juiz da causa é que detém competência para cancelar o arresto. Apresentou documentos às fls. 28/38. Acerca das informações do Registrador, a requerente manifestou-se às fls. 45/47, corroborando as alegações da inicial. O Ministério Público opinou pela improcedência do pedido (fls. 51/52). É o relatório. Passo a fundamentar e a decidir. Com razão o Registrador e o D Promotor de Justiça. Como é sabido, o arresto é uma medida cautelar que se destina a assegurar a efetividade de uma execução contra devedor solvente, na medida em que retira bens da esfera de disponibilidade do devedor, impedindo a alienação ou desvio. Na presente hipótese, ao par da requerente ter adquirido o imóvel em 23.01.2015 (R.04), já encontrava-se em andamento ação de execução contra o vendedor Carlos Genaro Rodrigues de Souza, que culminou com a determinação de arresto do mencionado imóvel pelo MMº Juízo da 2ª Vara Cível do Foro Regional do Jabaquara. A interessada, composta por advogados, deveria ter maior precaução ao realizar um negócio jurídico, certificando-se da inexistência de ações envolvendo seu objeto. Neste contexto, não há que se falar em violação ao princípio da continuidade, sendo que a medida constritiva foi determinada em 05.12.2014 (fl. 35), ou seja anteriormente à transmissão do imóvel, mesmo registrada a posteriori. Ademais, o cancelamento de tal registro faria com que a garantia da execução se esvaziasse por completo, beneficiando o executado em detrimento do credor (fl. 29). No mais, considerando que o registro do arresto foi realizado por ordem emanada pelo MMº Juízo da 2ª Vara Cível do Foro Regional do Jabaquara (fls. 12/16), não cabe a esta Corregedoria Permanente, que detém competência administrativa, questionar seu conteúdo, devendo o interessado buscar junto ao Juízo que proferiu a decisão seu cancelamento. Logo, diante de uma ordem judicial expressa, o Registrador só poderá se recusar a dar cumprimento quando restar caracterizada absoluta impossibilidade ou manifesta ilegalidade. Por tais razões, julgo improcedente o pedido de providências formulado por Svizzerro Alves Advogados Associados em face do Oficial do 14º Registro de Imóveis da Capital. Deste procedimento não decorrem custas, despesas processuais e honorários advocatícios. Oportunamente remetam-se os autos ao arquivo. P.R.I.C. São Paulo, 23 de agosto de 2017. Tania Mara Ahualli Juíza de Direito - ADV: CAROLINA SVIZZERO ALVES (OAB 209472/SP) (DJe de 31.08.2017 - SP)

Processo 1073506-90.2017.8.26.0100

Pedido de Providências - REGISTROS PÚBLICOS - Inocêncio Lourenço - Maria Oliveira de Andrade Lorenço - Municipalidade de São Paulo - Secretaria Municipal de Finanças e outro - Vistos. Trata-se de pedido de providências formulado por Inocêncio Lourenço e sua esposa Maria Oliveira de Andrade Lourenço em face do Oficial do 9º Registro de Imóveis da Capital, pleiteando o cancelamento do arresto registrado sob nº 02 que grava a matrícula nº 105.051. Relatam os requerentes que, desde 10.01.2006, consta na mencionada matrícula o gravame de arresto extraído dos Autos de Execução Fiscal nº 115.970/00, referente à dívida ativa identificada pelo número CDA - 546.763.-2/00-0, a favor da Prefeitura Municipal de São Paulo. Informam que, em consulta ao "site" do Egrégio Tribunal de Justiça da Capital (processo nº 0011597-930000.8.26.0090, consta que referido processo de execução já foi extinto e incinerado, não sendo mais possível seu acesso. Juntou documentos às fls. 04/16. O Registrador manifestou-se às fls. 35/36.

Aduz que, conforme apurado nas publicações do processo de execução fiscal, existe mandado expedido pelo Juízo determinando o cancelamento na contra capa dos autos, caracterizando título hábil para a pretensão do requerente. Por fim, afirma que caso não haja impugnação municipal, restaria pendente apenas o recolhimento das custas e emolumentos no valor de R$ 145,95. Apresentou documentos às fls. 37/39. Manifestação da Municipalidade de São Paulo - Departamento Fiscal (fls. 44/46). Informa que para o imóvel, objeto do presente feito não constam débitos inscritos em dívida ativa, bem como a Execução Fiscal nº 0115970-78.0000.8.26.0090 foi extinta por pagamento em 05.10.2007. O Ministério Público opinou pela procedência do pedido (fl. 52). É o relatório. Passo a fundamentar e a decidir. Pretende o requerente o cancelamento do arresto que grava a matrícula nº 105.051 do 9º Registro de Imóveis da Capital. Conforme se verifica dos documentos juntados às fls. 37/39, os autos da execução fiscal, que originaram o arresto, foram extintos em virtude do pagamento e o feito foi incinerado em 2012. Consta ainda a publicação datada de 15.05.2009, para a patrono do executado retirar o mandado de cancelamento do registro da constrição sobre o imóvel que se encontrava na contra capa dos autos. Neste contexto, não houve oposição da Municipalidade de São Paulo ao levantamento do gravame, estando extinta a obrigação pelo pagamento (fls. 45/46). Pois bem, apesar de emitido o mandado de cancelamento do arresto pelo MMº Juízo da Execução Fiscal, o interessado não retirou o documento para apresentação junto à Serventia Extrajudicial, encontrando-se atualmente o feito incinerado. Entendo que não havendo qualquer oposição da Municipalidade de São Paulo, bem como a obrigação estando extinta pelo pagamento, não há razão para a manutenção do gravame junto à matrícula, bastando o interessado recolher o valor das custas e emolumentos para averbação do cancelamento. Diante do exposto, julgo procedente o pedido de providências formulado por Inocêncio Lourenço e sua esposa Maria Oliveira de Andrade Lourenço em face do Oficial do 9º Registro de Imóveis da Capital, consequentemente determino o cancelamento pleiteado. Deste procedimento não decorrem custas, despesas processuais e honorários advocatícios. Oportunamente remetam-se os autos ao arquivo. P.R.I.C. - ADV: RAFAEL LEÃO CAMARA FELGA (OAB 257731/SP), JADYR CANUTO (OAB 328409/SP) (DJe de 23.11.2017 - SP)

Processo 1094803-56.2017.8.26.0100

Pedido de Providências - Registro de Imóveis - Deo Kubric e outro - Vistos. Trata-se de pedido de providências formulado por Deo Kubric e Clarice Altman Kubric em face do Oficial do 5º Registro de Imóveis da Capital, pleiteando o cancelamento dos arrestos registrados sob nº s 4 e 7, incidentes sobre o imóvel, objeto da matrícula nº 37.292, sob a alegação de ocorrência de perempção. Juntou documentos às fls. 07/49. O registrador manifestou-se às fls. 56/57. Informa que não é permitido ao registrador reconhecer a ocorrência de perempção e cancelar medida acautelatória sem que haja decisão judicial que a determine. Assevera que para o cancelamento dos gravames é indispensável a apresentação de título hábil (mandado ou certidão judicial), emanado pelo Juízo onde tramitaram os autos das execuções fiscais. O Ministério Público opinou pelo indeferimento do pedido (fls. 61/62). É o relatório. Passo a fundamentar e a decidir. Com razão o registrador, bem como a Douta Promotora de Justiça. Conforme se verifica da matrícula juntada às fls. 10/21, foram registrados os arrestos sob nºs 04 e 07, provenientes de ordens judiciais emanadas pelos MMºs Juízos das Varas das Execuções Fiscais da Fazenda Pública, nos autos nºs C.P 1261/81 e 393/82. Como bem observou o registrador, não compete ao Oficial verificar a ocorrência de prescrição, sendo que somente através de mandado de cancelamento ou certidão judicial poderá efetuar a averbação de cancelamento do gravame. Diante de uma ordem judicial, o Registrador só poderá se recusar a dar o cumprimento quando restar caracterizado caso de absoluta impossibilidade e manifesta ilegalidade. No mais, não cabe a este Juízo, que detém competência administrativa, questionar seu conteúdo, devendo os interessados buscar junto aos Juízos que proferiram a decisão seu cancelamento. Diante do exposto, julgo improcedente o pedido de providências formulado por Deo Kubric e Clarice Altman Kubric em face do Oficial do 5º Registro de Imóveis da Capital, devendo os interessados buscar o documento hábil junto aos MMº Juízos da constrição. Deste procedimento não decorrem custas, despesas processuais e honorários advocatícios. Oportunamente remetam-se os autos ao arquivo. P.R.I.C. São Paulo, 21 de novembro de 2017. Tania Mara Ahualli Juíza de Direito - ADV: MAURICIO MELLO KUBRIC (OAB 293296/SP) (DJe de 23.11.2017 - SP)

BLOQUEIO DE MATRÍCULA

Processo 1084646-24.2017.8.26.0100

Pedido de Providências - Registro de Imóveis - Armando Carrara Neto – Bloqueio de matrícula - vício intrínseco ao título - via administrativa inadequada - ausência de nulidade de pleno direito (art. 214 da LRP) - matéria que se encontra sub judice - Pedido improcedente Vistos. Trata-se de pedido de providências formulado por Armando Carrara Neto em face do Oficial do 6º Registro de Imóveis da Capital, pleiteando o bloqueio da matrícula nº 197.807. Relata que no curso de execução ajuizada em 17.06.2015 (processo nº 1003606- 67.2015.8.26.0010), em tramite perante o MMº Juízo da 3ª Vara Cível do Foro Regional do Ipiranga, movida em face de Luigi Ceraso Bressianini (titular do domínio), foi determinada a penhora do imóvel. Todavia, foi registrada a alienação fiduciária do bem (R.07) em 08.03.2016, ou seja, quase nove meses após o ajuizamento da ação, evidenciando fraude à execução, uma vez que o proprietário tentou impedir o recebimento do crédito devido ao requerente. Esclarece que, devido a este fato, foram opostos embargos de terceiro pela suposta credora fiduciária (processo nº 1001322- 18.2017.28.26.0100), em tramite perante o MMº Juízo da 3ª Vara Cível do Foro Regional do Ipiranga, julgado procedente, tendo o requerente interposto recurso de apelação, pendente de julgamento. Neste contexto, a credora fiduciária deu início ao procedimento para intimação do devedor fiduciário para pagamento da dívida. Todavia, caso o procedimento de intimação seja concluído, resultará na consolidação da propriedade do imóvel concedido em garantia pela alienação fiduciária, o que trará prejuízo ao requerente, razão pela qual requer o bloqueio administrativo da matrícula nº 197.807 do 6º Registro de Imóveis. Juntou documentos às fls. 08/23. O Registrador manifestou-se às fls. 30/31. Informa que a alienação fiduciária registrada sob nº 07 em 08.03.2016, teve suporte na escritura pública lavrada pelo 16º Tabelião de Nota da Capital, na qual compareceram na qualidade de outorgante/devedor Luigi Ceraso Brescianini e outorgada/credora Wenyu Zhou. Aduz que o título preenchia todos os requisitos formais, razão pela qual foi qualificado positivamente. Posteriormente, em 28.06.2016, foi prenotada a certidão de penhora expedida através do sistema eletrônico (penhora on line) para averbação da penhora de direitos sobre mencionado imóvel, efetuada no processo nº 1003606-67.2015.8.26.00100, nos autos da execução civil, em tramite perante o MMº Juízo da 3ª Vara Cível do Foro Regional do Ipiranga, cuja averbação foi procedida sob nº 08. Esclarece que, em 07.04.2017, foi prenotado sob nº 640.308, com prioridade por prazo indeterminado, requerimento para intimação do fiduciante, com fulcro no art. 26 da Lei 9.514/97, cujas tentativas de notificação até a presente data restaram infrutíferas. Por fim, ressalta que as alegações feitas pelo requerente dependem de dilação probatória, o que seria incompatível com este procedimento, sendo que tal questão já está sendo discutida em sede de embargos de terceiro. Apresentou documentos às fls. 32/135. O Ministério Público opinou pelo indeferimento do pedido (fls. 139/142). É o relatório. Passo a fundamentar e a decidir. O Colendo Conselho Superior da Magistratura tem considerado que, para fins de registro, não importa o momento da celebração do contrato, em atenção ao princípio "tempus regit actum", sujeitando-se o título à lei vigente ao tempo de sua apresentação (Apelação Cível nº, 115-6/7, rel. José Mário Antonio Cardinale, nº 777-6/7, rel. Ruy Camilo, nº 530-6/0, rel. Gilberto Passos de Freitas, e, mais recentemente, nº 0004535-52.2011.8.26.0562, relatada por V. Exa.). Assim, a qualificação do título é feita no momento de sua apresentação não importando se a ação de execução foi ajuizada pelo requerente em 2015, considerando que a data de ingresso do título na Serventia Extrajudicial deu-se somente em junho de 2016 - fl. 20. Neste contexto, a penhora foi averbada após o registro da escritura pública de confissão de dívida com alienação fiduciária em garantia lavrada pelo 16º Tabelião de Nota da Capital, na qual compareceram na qualidade de outorgante/devedor Luigi Ceraso Brescianini e outorgada/credora Wenyu Zhou, não havendo que se cogitar em qualquer irregularidade no ato praticado pelo Registrador. Daí que, havendo qualquer vício, este diz respeito ao próprio título e não ao registro em si, sendo certo que nesta hipótese, deverá o interessado valer-se das vias judiciais para pleitear a anulação. Pelo princípio da legimação (eficácia do registro), os vícios reconhecíveis pela via administrativa são apenas aqueles comprováveis de pleno direito que resultem de erros evidentes extrínsecos ao título, sem necessidade de exame de outros documentos ou fatos (artigos 214, caput, e 252 da Lei 6.015/73). O vício intrínseco consistente em eventual fraude à execução, gerando consequentemente a anulação do negócio jurídico deve ser reconhecido em procedimento contencioso cível, com ampla dilação probatória. Configurado o vício do contrato, o cancelamento do registro feito na matrícula do imóvel ocorrerá como consequência, assim como determina o artigo 216 da Lei 6.015/73. Sabe-se que o interesse processual é composto da necessidade e da adequação. No caso posto, a despeito da necessidade, verifica-se a ausência do quesito da adequação, sendo que este juízo tem competência censório disciplinar e, portanto, não pode analisar questões de direito material que envolvam o negócio jurídico. Neste contexto, se encontra em tramitação ação de execução perante o MMº Juízo da 3ª Vara Cível do Foro Regional do

Ipiranga, consequentemente deverá o interessado pleitear o bloqueio da matrícula naqueles autos, sob pena deste Juízo administrativo se sobrepor a análise e decisão a ser proferida nas vias judiciais. Tal entendimento já restou pacificado pela Egrégia Corregedoria Geral da Justiça: "Registro de Imóveis. Bloqueio de matrícula na via administrativa. Impossibilidade. Natureza cautelar da medida. Hipótese restrita exclusivamente à ocorrência de nulidade de pleno direito do registro. Aplicação do art.214, § 3º, da LRP. Inocorrência. Recurso não provido" (Processo n. 2013/00188596, Rel: ex Corr. Geral da Justiça: Hamilton Elliot Akel, j. 15.04.2014) Confira do corpo do mencionado Acórdão: "A previsão constante do artigo 214, § 3º, da Lei 6.015/73 apresenta possibilidade de medida de urgência, a aparelhar ou acautelar processo administrativo no qual poderá haver futura decisão de reconhecimento de nulidade de registro e o seu consequente cancelamento. Logo, se a hipótese não é de ocorrência de nulidade de pleno direito do registro, incabível o bloqueio determinado na via administrativa". Por fim, como bem exposto pela Douta Promotora de Justiça: "... Não há qualquer risco de ocorrência de danos de difícil reparação, uma vez que a penhora foi averbada na matrícula, ficando penhorados os direitos sobre a propriedade fiduciária que cabem a Luigi, o que, por conseguinte, garante o crédito do requerente". Diante do exposto, julgo improcedente o pedido de providências formulado por Armando Carrara Neto em face do Oficial do 6º Registro de Imóveis da Capital e consequentemente indefiro o bloqueio pleiteado. Deste procedimento não decorrem custas, despesas processuais e honorários advocatícios. Oportunamente remetam-se os autos ao arquivo. P.R.I.C. - ADV: MARCIA BUENO (OAB 53673/SP) (DJe de 11.10.2017 - SP)

BLOQUEIO DO ATO NOTARIAL

Processo 1016045-63.2017.8.26.0100

Pedido de Providências - Tabelionato de Notas - T.N.C. - VISTOS,Trata-se de expediente instaurado a partir de comunicação encaminhada pela Sra. Tabeliã do (...)° Tabelião de Notas (...), objetivando o bloqueio administrativo de instrumento público de substabelecimento lavrado perante à Serventia. A Sra. Tabeliã do (...)° Tabelião de Notas (...), manifestou-se às fls. 136/164, 170/172 e 179. A Representante do Ministério Público manifestou-se às fls. 189/190. É o breve relatório. DECIDO. Cuida-se de expediente instaurado a partir de comunicação encaminhada pela Sra. (...)° Tabeliã de Notas da Comarca (...), noticiando que a empresa B. T. Ltda., aos 13 de janeiro de 2010, outorgou procuração particular com cláusula "ad judicia et extra" para o Dr. A. de A. F., este, substabeleceu os poderes que lhe foram outorgados ao Sr. A. C. D., mediante instrumento público lavrado pela Serventia. De outra parte, como consta dos autos, houve problemas na relação interna da representação com a prática de atos supostamente irregulares; bem como alegação de possível falsidade. Desta forma, foi pleiteado o bloqueio administrativo do instrumento público lavrado pelo (...)° Tabelião de Notas (...) .A Sra. Tabeliã manifestou-se às fls. 01/06, aduzindo que o requerimento merece ser julgado procedente, certo que há indícios de irregularidades a partir da utilização do negócio jurídico realizado sob forma pública. Ademais, questionada, sobre eventuais averiguações acerca de vícios no ato notarial, positivou-se que a o ato foi lavrado na gestão do antigo Tabelião Interino; não havendo maiores detalhes das diligências realizadas à época. De qualquer forma, a despeito das eventuais irregularidades, verifica-se que não há indícios convergindo no sentido de que a serventia correcionada atuou de maneira contrária ao regramento jurídico incidente. Bem por isso, a hipótese dos autos não dá margem à adoção de providência censório disciplinar em relação ao serviço correcionado, não se vislumbrando responsabilidade funcional apta a ensejar a instauração de procedimento administrativo; sobretudo ao se considerar sua realizar ao tempo de Tabelião Iterino. Outrossim, diante da natureza do caso, que aparentemente se reveste de colorido penal, reputo conveniente a extração de peças de todo o expediente para encaminhamento à Central de Inquéritos Policiais e Processos CIPP, nos termos do artigo 40 do Código de Processo Penal. Diante do exposto, torno definitivo o bloqueio do ato notarial, de forma que somente sejam expedidas certidões ou traslados do referido ato notarial, mediante autorização por esta Corregedoria Permanente; por cautela ante ao informado nos autos. Ciência à Sra. Tabeliã, a Empresa Representante e ao Ministério Público. Encaminhe-se cópia desta decisão à Egrégia Corregedoria Geral da Justiça, por e-mail, servindo a presente sentença como ofício.. P.R.I.C. - ADV: HERICK BERGER LEOPOLDO (OAB 225927/SP) (DJe de 28.06.2017 - SP)

CANCELAMENTO DO REGISTRO

Processo 0204545-58.2002.8.26.0100

(000.02.204545-7) - Cancelamento e Retif. de Registro Público (em geral) – ASSUNTOS ANTIGOS DO SAJ - PROVIDÊNCIAS - Savoy Imobiliária Construtora Ltda - Savoi Imobiliaria e Construtora

Ltda. - Ruy David Spinardi - Vistos. Trata-se de pedido de desbloqueio da matrícula nº 55.416 do 13º Registro de Imóveis da Capital, formulada por Ruy David Spinardi, com o objetivo de registrar a carta de arrematação expedida pelo MMº Juízo da 33ª Vara Cível da Capital (processo nº 1037591-68.2003.8.26.0100). O bloqueio da matrícula se deu em razão de falsidade na escritura de doação com reserva de usufruto, em que Marta Leon Ávila Franco e Fabiano Ortolan Franco realizaram em favor de sua filha Fabiana Leon Franco, originando os registros nº s 03 e 04. Foram juntados documentos às fls. 216/231 e 242/248. O Ministério Público opinou pela procedência do pedido (fls. 233/234 e 255). O registrador manifestou-se à fl. 250, com a juntada da matrícula do imóvel às fls. 251/252. É o relatório. Passo a fundamentar e a decidir. Compulsando os presentes autos verifica-se que Marta Leon Ávila Franco e Fabiano Ortolan Franco figuraram como executados na ação movida pelo Condomínio Edifício Morada do Sol. Ocorre que em 24.07.1995, enquanto tramitava a ação de execução, foi lavrada escritura de doação do imóvel com reserva de usufruto à Fabiana Leon Franco perante o 3º Tabelião de Notas da cidade de Piracicaba, a qual originou os registros nºs 3 e 4. Neste contexto, Fabiana interpôs embargos de terceiro sob a alegação de que o imóvel não poderia ser levado à constrição uma vez que passou a ser senhora e possuidora por força da doação com reserva de usufruto. Recebidos os embargos, foi determinada a suspensão da execução e posteriormente concluiu-se pela falsidade do documento, tendo sido julgados improcedentes os embargos (fls. 241/245), cujo transito ocorreu em 16.05.2006 (fls. 247/248). Logo, entendo que o motivo que determinou o bloqueio da matrícula não mais se apresenta, gerando consequentemente a revogação da medida assecuratória proferida à fl. 102. No mais, a permanência do bloqueio traria benefícios aos executados, que continuariam a figurar como proprietários do imóvel. Diante do exposto, defiro o pedido de desbloqueio da matrícula nº 55.416, do 13º Registro de Imóveis da Capital, formulada por Ruy David Spinardi, e consequentemente determino o registro da carta de arrematação apresentada. Aguarde-se em Cartório por 10 (dez) dias. Nada sendo requerido, remetam-se os autos ao arquivo, com as cautelas de praxe. Int. (CP - 941) - ADV: REGINA CASSIA LA FERRERA ESTRELA (OAB 69976/SP), LUCIO SALOMONE (OAB 11322/SP), LILIAN GRASSI (OAB 163625/SP), RICARDO MANISSADJIAN BALUKIAN (OAB 297665/SP), ERICO ANTONIO DA SILVA (OAB 312211/SP) (DJe de 17.03.2017 - SP)

Processo 1013341-77.2017.8.26.0100

Procedimento Comum - REGISTROS PÚBLICOS - 12º Oficial de Registro de Imóveis - Municipalidade de São Paulo - Vistos. Trata-se de comunicação formulada pelo Oficial do 12º Registro de Imóveis da Capital, acerca do recebimento de ofício da Municipalidade de São Paulo, informando o cancelamento do Alvará de desdobro nº 2009/49805-00 (processo nº 2009-0245915-1), expedido em 17.12.2009. Esclarece que o ofício foi prenotado e devolvido, pois o proprietário do imóvel matriculado sob nº 160.397, com base no referido alvará de desdobro, requereu o parcelamento do imóvel, dando origem as matrículas nºs 170.214 a 170.223. Por requerimento do proprietário dos imóveis matriculados sob os nºs 170.215 a 170.223, foi autorizada a unificação, resultando na abertura da matrícula nº 175.018 em 29.05.2012. Salienta que, com a efetivação do parcelamento, foi regularmente implantado um condomínio residencial "Horácio Megda", constituído de 27 casas, acompanhado de Alvará de Aprovação expedido pela Municipalidade, autorizando o registro da Incorporação Imobiliária (R.02). Ocorre que estas unidades autônomas específicas e com matrículas abertas, em sua maioria já foram negociadas pelo Sistema Financeiro de Habitação e encontram-se alienadas fiduciariamente à Caixa Econômica Federal. Por fim, assevera que o registro imobiliário não tem autonomia para efetuar o cancelamento dos atos que resultaram do Alvará de Desdobro, declarado cancelado pela Municipalidade. Juntou documentos às fls. 04/122. A Prefeitura de São Paulo manifestou-se às fls. 126/127. Informa que através de uma prova pericial realizada na ação de usucapião nº 000.87528455-9 que tramitou perante o MMº Juízo da 4ª Vara da Fazenda Pública da Capital, divergiu da planta aprovada no processo administrativo nº 2010-0.039.449-9, interferindo com o leito da Av. Bettino de Déo. Verificada a discrepância, os autos foram encaminhados a Secretaria de Habitação - SEHAB para as providências necessárias e posteriormente para a Prefeitura Regional que cancelou o alvará de desdobro. Aduz que está ciente que a matrícula nº 160.397, a partir da averbação do desdobro foi cancelada, dando origem à matrículas nº 170.214 a 170.223. Por fim,esclarece que o processo administrativo encontra-se na área técnica para confirmar, dentre as matrículas abertas, quais abarcaram a área verde que deveria ter sido excluído, para posteriormente instruir Eventual ação de natureza reivindicatória. Juntou documentos às fls. 128/130. O Ministério Público opinou pelo arquivamento do feito (fls. 134/135). É o relatório. Passo a fundamentar e a decidir.

De acordo com o artigo 250 da Lei de Registros Públicos: "art. 250: Far-se-á o cancelamento: I em cumprimento de decisão judicial transitada em julgado; II a requerimento unanime das partes que tenham participado do ato registrado, se capazes, com as firmas reconhecidas por tabelião; III a requerimento do interessado, instruído com documento hábil; IV- a requerimento da Fazenda Pública, instruído com certidão de conclusão de processo administrativo que declarou, na forma da lei, a rescisão do título de domínio ou concessão de direito real de uso de imóvel rural, expedido para fins de regularização fundiária, e a reversão do imóvel ao patrimônio público" Daí que, para haver o cancelamento do registro das matrículas abertas em razão do desdobro aprovado, haverá necessidade de expressa ordem judicial, o que será feito pela Prefeitura de São Paulo através da formulação de ação reivindicatória, sendo certo que o ofício recebido pelo registrador caracteriza-se mero documento de cientificação. Logo, não há providências ou medidas censório administrativas a ser tomadas por esta Corregedoria Permanente, ante a ausência de qualquer conduta irregular praticada pelo registrador. Diante do exposto, determino o arquivamento do presente procedimento. Deste procedimento não decorrem custas, despesas processuais e honorários advocatícios. Oportunamente remetam-se os autos ao arquivo. P.R.I.C. - ADV: EDUARDO MIKALAUSKAS (OAB 179867/SP) (DJe de 24.04.2017 - SP)

Processo 1120324-37.2016.8.26.0100

Pedido de Providências - REGISTROS PÚBLICOS - Tindaro Wilson Martins - Sandra Regina Martins Pedido de Cancelamento - Cessão - É necessária a anuência de todos envolvidos no distrato – Vias judiciais - Não há como se proceder ao cancelamento - Improcedente Vistos. Trata-se de pedido de cancelamento requerido por Tindaro Wilson Martins e Sandra Regina Martins, acerca do cancelamento do R.2 referente à cessão de direitos e obrigações, constante na matrícula do imóvel matriculado junto ao 7º Registro de Imóveis de São Paulo Capital, sob o número 30.440. Juntou documentação às fls. 6/57. Alega ser necessário o cancelamento do referido registro, uma vez que, na matrícula, consta negócio jurídico de venda e compra que não mais gera efeitos, com o devido ressarcimento reconhecido pela antiga cessionária, razão pela qual a medida é necessária para regularização do arrolamento dos espólio de Pedro Félix Martins e Julia Amaral Martins junto à matrícula do imóvel. Manifestou-se o Oficial às fls. 74/78, argumentando pela impossibilidade de proceder ao cancelamento do referido R.2 - Matrícula 30.440, sob o pretexto de que a pretensão não se enquadra nas hipóteses aludidas pelo requerente dos incisos I, II e III do artigo 250 da Lei de Registros Públicos. Continua no sentido de que, dada a noticia do falecimento de Pedro Félix Martins e Julia Amaral Martins, seria necessário o registro prévio dos respectivos inventários, para que os herdeiros formulem juntamente à cessionária a rescisão contratual da cessão celebrada, e proceder à baixa do referido registro. A manifestação do Ministério Público foi pela improcedência do pedido de cancelamento (fls. 82/83). É o relatório. Passo a fundamentar e decidir. O pedido é improcedente. O registro de imóveis é fundamentalmente um instrumento de publicidade. Portanto, é necessário que as informações nele contidas coincidam com a realidade, para que não se converta em elemento de difusão de inexatidões e fonte de insegurança jurídica, contrariando, dessa forma, sua finalidade básica. Importante ressaltar que o cancelamento de registro na via administrativa tem cabimento nas hipóteses de vício extrínseco, conforme previsto no artigo 214 da Lei de Registros Públicos (6.015/73), o qual faz menção às nulidades de pleno direito, ao passo que outras nulidades, referentes aos vícios intrínsecos, devem ser buscadas por meio de propositura de ação na via jurisdicional, nos termos do artigo 216 da mesma Lei. O caso em questão não deve prosperar, uma vez que não se enquadra em nenhuma das possibilidades legais de cancelamento administrativo, e, também, não houve a anuência expressa de todos os envolvidos no distrato. A única solução seria a resolução através das vias judiciais, dada a incompetência deste juízo administrativo, nos exatos termos do art. 216 já mencionado acima. Diante do exposto, julgo improcedente o pedido de cancelamento. Não há custas, despesas processuais ou honorários advocatícios decorrentes deste procedimento. Oportunamente, arquivem-se os autos. P.R.I.C. São Paulo, 16 de fevereiro de 2017Tânia Mara AhualliJuíza de Direito - ADV: VALDIRA ALVES CARDOSO BESSON (OAB 104246/SP) (DJe de 24.04.2017 - SP)

CARTA DE ARREMATAÇÃO

Processo 1125920-02.2016.8.26.0100

Dúvida - Registro de Imóveis - H.E.R. - Helio Eduardo Rodrigues - "Registro de Imóveis - carta de arrematação - modo de aquisição derivado - não observância aos princípio da continuidade – dúvida procedente"Vistos. Trata-se de dúvida suscitada pelo Oficial do 5º Registro de Imóveis, a requerimento de Hélio Eduardo Rodrigues, acerca da negativa de registro de carta de arrematação, originária do processo n. 0881284-28.1999.8.26.1000 da 6ª Vara Cível do Foro Central de São Paulo, que tem por objeto os imóveis referentes às matriculas de números 72.262 e 72.263. A negativa se sustenta uma vez que o Registrador alega já existir registro acerta da arrematação, sob a R.06 de 10/08/2016, não sendo possível a realização de quaisquer providencias adicionais pela serventia, e que a arrematação é uma forma derivada de aquisição, neste diapasão, ficaria ferido o principio da continuidade, uma vez que os proprietários constantes na matricula são estranhos àqueles que constam na carta de arrematação. Juntou documentos às fls. 8/103. Irresignado o interessado ofertou impugnação argumentando pela possibilidade do registro uma vez que são terceiros que adquiriram em hasta pública bens imóveis provenientes de direito real decorrente de compromisso de venda e compra irretratável e irrevogável. Juntou documentos às fls. 107/127. O Ministério Público manifestou-se pela procedência da dúvida e manutenção dos óbices. (fls. 131/133) É o relatório. Passo a fundamentar e a decidir. Preliminarmente, cumpre destacar que os títulos judiciais não estão isentos de qualificação, positiva ou negativa, para ingresso no fólio real, como já está pacificado pelo Egrégio Conselho Superior da Magistratura. Nesse sentido a decisão do Conselho Superior da Magistratura (Apelação Cível 464-6/9, São José do Rio Preto): "Apesar de se tratar de título judicial, está ele sujeito à qualificação registrária. O fato de tratar-se o título de mandado judicial não o torna imune à qualificação registrária, sob o estrito ângulo da regularidade formal, o exame da legalidade não promove incursão sobre o mérito da decisão judicial, mas à apreciação das formalidades extrínsecas da ordem e à conexão de seus dados com o registro e a sua formalização instrumental". Sendo assim, fica claro que não basta a existência de título proveniente de órgão jurisdicional para autorizar automaticamente o ingresso no registro tabular. Embora o título tenha sido emanado de órgão judicial, está em desconformidade com a lei, o que impede o seu ingresso. Importante destacar o entendimento de Francisco Eduardo Loureiro, em Código Civil Comentado: "O princípio da continuidade, também chamado trato sucessivo e trato contínuo, está previsto nos arts. 195 e 237 da Lei n. 6.105/73. Expressa a regra que ninguém pode dispor de direitos que não tem, ou de direitos de qualidade e quantidade diversa dos quais é titular. Diz que, em relação a cada imóvel, deve haver uma cadeia de titulares, à vista da qual só se fará a inscrição de um direito se o outorgante dele aparecer no registro como seu titular. Não se encontram sujeitos a tal princípio os títulos que expressam modos originários de aquisição da propriedade, como a usucapião e a desapropriação". Sobre o tema merece ser citado Narciso Orlandi: "No sistema que adota o princípio da continuidade, os registros têm de observar um encadeamento subjetivo. Os atos praticados têm de ter, numa das partes, a pessoa cujo nome já consta do registro. A pessoa que transmite um direito tem de constar do registro como titular desse direito, valendo para o registro o que vale para validade dos negócios". Portanto, o título que se pretende registrar deve estar em conformidade com o inscrito na matrícula, caso contrário traria insegurança jurídica ao Registro de Imóveis. É certo que os títulos originários não estão sujeitos ao princípio da continuidade por sua natureza constitutiva, pois nesta forma de aquisição da propriedade não há a transmissão de um sujeito para outro. Todavia, tendo em vista recente decisão proferida pelo Egrégio Conselho Superior da Magistratura (Apelação Cível: 9000002-19.2013.8.26.0531 CSMSP - Apelação Cível. Localidade: Santa Adélia. Data Julgamento: 02/09/2014 DATA DJ: 17/11/2014 Relator: Elliot Akel. Voto nº 34.029. Legislação: CC2002 - Código Civil de 2002 | 10.406/2002, ART: 1911 CTN - Código Tributário Nacional | 5.172/1966, ART: 130 LOSS - Lei Orgânica da Seguridade Social - 8.212/1991, art: 53, §1º), que reconheceu a arrematação como forma derivada de aquisição da propriedade: "REGISTRO DE IMÓVEIS - CARTA DE ARREMATAÇÃO - MODO DERIVADO DE AQUISIÇÃO DA PROPRIEDADE - FERIMENTO DOS PRINCÍPIOS DA CONTINUIDADE E DA ESPECIALIDADE OBJETIVA - RECURSO DESPROVIDO". Como destaca o MMº Juiz de Direito Drº Josué Modesto Passos: "diz-se originária a aquisição que, em seu suporte fático, é independente da existência de um outro direito; derivada, a que pressupõe, em seu suporte fático, a existência do direito por adquirir. A inexistência de relação entre titulares, a distinção entre o conteúdo do direito anterior e o do direito adquirido originariamente, a extinção de restrições e limitações, tudo isso pode se passar, mas nada disso é da essência da aquisição originária" (PASSOS, Josué Modesto. A arrematação no registro de imóveis: continuidade do registro e natureza da aquisição. São Paulo: Editora Revista dos Tribunais, 2014, pp. 111-112). E ainda de acordo com a observação feita pelo mencionado magistrado "a arrematação não pode ser considerada um fundamento autônomo do direito que o arrematante adquire. A arrematação é ato que se dá entre o Estado (o juízo) e o maior lançador (arrematante), e não entre o mais lançador (arrematante) e o executado; isso, porém, não exclui que se exija - como de fato se exige -, no suporte fático da arrematação (e, logo, no suporte fático da aquisição imobiliária fundada na arrematação), a existência do direito que, perdido para o executado, é então objeto de disposição em favor do arrematante. Ora, se essa existência do direito anterior está pressuposta e é exigida, então - quod erat demonstrandum - a aquisição é derivada (e não originária)" (op. cit., p. 118). Logo, na presente hipótese, não se tratando de aquisição originária, houve o rompimento do encadeamento sucessivo de titularidade, ferindo consequentemente o princípio da segurança juridica que dos atos registrários se espera. Assim, até que o devido proprietário passe a integrar a cadeia de titularidade registrária do bem, o óbice registrário deverá ser mantido. Do exposto, julgo procedente a dúvida suscitada pelo Oficial do 1º Registro de Imóveis da Capital a requerimento de Helio Eduardo Rodrigues, mantendo-se os óbices registrários. Não há custas, despesas processuais ou honorários advocatícios decorrentes deste procedimento. Oportunamente, arquivem-se os autos. P.R.I.C. São Paulo, 12 de janeiro de 2017Tânia Mara Ahualli Juíza de Direito - ADV: HELIO EDUARDO RODRIGUES (OAB 166220/SP) (DJe de 26.01.2017 - SP)

Processo 0009794-80.2016.8.26.0100

Pedido de Providências - REGISTROS PÚBLICOS - C.G.J. – E.R.C. e outro - Vistos. Trata-se de ofício do MMº Juízo da 2ª Vara de Falências e Recuperações Judiciais encaminhado pela Egrégia Corregedoria Geral da Justiça, solicitando a restituição do valor de R$ 1.8726,71 referente a emolumentos pagos, tendo em vista o cancelamento da arrematação que recaiu sobre o imóvel objeto da matrícula nº (...). O Registrador informa que não recepcionou a ordem de cancelamento da referida arrematação por falta da certificação do trânsito em julgado ou que da decisão que o determinou não houve interposição de recurso, conforme estabelecido no artigo 250, I e 259 da Lei 6015/73. Salienta ainda que só poderia proceder à devolução da quantia de R$ 817,51, referente aos emolumentos, sendo que o restante, no importe de R$ 1009,20, foi recolhido aos órgãos públicos (fls. 04/05, 185/186 e documentos de fls. 06/173 e 187/188). A interessada aduz que, em 26.07.2014, participou de leilão judicial da falência da Empresa FGS Construções LTDA, realizado nos autos nº (...) em tramite perante o MMº Juízo da 2ª Vara de Falência e Recuperação Judicial do Foro Central, ocasião em que arrematou o imóvel matriculado sob nº 70.890 do 13º Registro de Imóveis da Capital (fls. 198/199). Esclarece que obteve a imissão na posse do imóvel arrematado, porém, não conseguiu tomar posse, pois o bem não pertencia à massa falida desde 29.09.2008. Assim, comprometeu-se o Oficial do (...)º Registro de Imóveis (...) a ressarcir a requerente de todos os prejuízos. Intimada a apresentar o mandado de cancelamento da arrematação com o respectivo transito em julgado junto à Serventia Extrajudicial (fls. 189, 200 e 206), até a presente data a interessada permaneceu inerte, conforme informações do Registrador (fls. 194, 205 e 211). É o relatório. Passo a fundamentar e a decidir. Pretende a interessada o cancelamento do registro da arrematação que recaiu sobre o imóvel objeto da matrícula nº (...), uma vez que o imóvel arrematado não pertencia mais à massa desde 29.09.2008. Para o cancelamento do registro, há a necessidade de que a decisão que determinou alteração tenha transitado em julgado. De acordo com o art. 250, I, da Lei de Registros Públicos: "Art. 250 - Far-se-á o cancelamento: I - em cumprimento de decisão judicial transitada em julgado; "Ao aplicar qualquer princípio registrário, deve o Oficial Registrador ou outro profissional do direito que atue na área, sempre zelar pela segurança jurídica, que pode ser considerada o alicerce do Registro de Imóveis, pois sem ela os atos por ele praticados não serão revestidos da certeza e presunção de veracidade necessários. No presente caso o Registrador não se recusa a devolver a quantia paga à interessada, desde que haja a apresentação do mandado de cancelamento com o respectivo transito em julgado, sendo que devidamente intimada, por várias vezes, a interessada até a apresente data se manteve inerte. Ora, os autos não podem ficar no aguardo da apresentação do documento pela requerente "ad infinitum", haja vista que a presente demanda encontra-se em tramite há aproximadamente um ano, o que demonstra a total desídia da interessada na solução do feito, não tomando as providências determinadas. Entendo que não há qualquer conduta irregular praticada pelo Registrador passível da aplicação de medida censório administrativa disciplinar. Diante do exposto, julgo extinto o presente feito, com fundamento no artigo 485, III, do CPC. Deste procedimento não decorrem custas, despesas processuais e honorários advocatícios. Oportunamente remetam-se os autos ao arquivo. Sem prejuízo, expeçam-se ofícios à Egrégia Corregedoria Geral da Justiça, bem como ao MMº Juízo da 2ª Vara de Falências e Recuperações Judiciais da Capital, informando esta decisão. Juntem aos ofícios cópias de fls. 04/05, 185/186, 189, 194, 200, 205, 206 e 211. P.R.I.C. São Paulo, 2 de fevereiro de 2017. Tania Mara Ahualli Juíza de Direito - ADV: E.R.C. (OAB 106763/SP) (DJe de 08.02.2017 - SP)

Processo 1131229-04.2016.8.26.0100

Dúvida - Propriedade - Fábio Tavares Ciampone

Dúvida - Registro de Carta de Arrematação - Quebra do princípio da continuidade - Falta de citação do titular de domínio - Arrematação como forma derivada de aquisição

Dúvida Procedente. Vistos. Trata-se de dúvida suscitada por Fabio Tavares Ciampone em face da negativa do Oficial do 7º Registro de Imóveis da Capital em proceder ao registro da Carta de Arrematação expedida pelo MMº Juízo da 30ª Vara Cível da Capital no processo nº 0109696-84.2008.8.26.0100, ajuizado para cobrança de despesas condominiais, no qual figuraram como partes Condomínio Nuova Cittá e Nilton Cabecinho, referente ao imóvel matriculado sob nº 108.151. O óbice registrário refere-se à violação do princípio da continuidade, uma vez que o titula de domínio do bem é a empresa Encol S/A Engenharia, Comércio e Indústria e consta da Carta de Arrematação que a ação foi proposta somente contra Nilton Cabecinho, ou seja, não há notícia de que o titular de domínio dela participado ou que lhe tenha sido dada ciência. Insurge-se o suscitante sob o argumento da existência de ordem judicial para que perseguisse seu direito em ação própria, razão pela qual intentou o presente procedimento administrativo para a retificação da titularidade junto à matricula do imóvel. Esclarece que a exigência do Registrador é impossível de ser cumprida. Juntou documentos às fls. 05/230. O Registrador sustentou o entrave acima mencionado, bem como salientou que a arrematação não é forma originária de aquisição da propriedade e, portanto, não pode afrontar a corrente filiatória e a continuidade registral, preservando-se a propriedade da empresa Encol (fls. 134/136 e documentos de fls. 137/230). O Ministério Público opinou pela procedência da dúvida (fls. 234/235). É o relatório. Passo a fundamentar e a decidir. Com razão o Oficial Registrador e a Douta Promotora de Justiça. Preliminarmente, importante destacar que o tema sobre a qualificação dos títulos judiciais pelo Oficial já foi decidido pelo o E. Conselho Superior da Magistratura, nos autos da Apelação Cível 464-6/9, de São José do Rio Preto: "O fato de tratar-se o título de mandado judicial não o torna imune à qualificação registraria, sob o estrito ângulo da regularidade formal, o exame da legalidade não promove incursão sobre o mérito da decisão judicial, mas à apreciação das formalidades extrínsecas da ordem e à conexão de seus dados com o registro e a sua formalização instrumental". Assim, os títulos judiciais não estão isentos de qualificação registral para ingresso no fólio real. A qualificação negativa não caracteriza desobediência ou descumprimento de decisão judicial. Portanto, não basta a existência de título proveniente de órgão judicial para autorizar automaticamente o ingresso no registro tabular. Superada a questão sobre o ingresso do título judicial, passa- se à análise do princípio da continuidade, explicado por Afrânio de Carvalho, da seguinte forma: "O princípio da continuidade, que se apóia no de especialidade, quer dizer que, em relação a cada imóvel, adequadamente individuado, deve existir uma cadeia, de titularidade à vista da qual só se fará a inscrição de um direito se o outorgante dele aparecer no registro como seu titular. Assim, as sucessivas transmissões, que derivam umas das outras, asseguram a preexistência do imóvel no patrimônio do transferente" (Registro de Imóveis, Editora Forense, 4ª Ed., p. 254). Ou seja, o título que se pretende registrar deve estar em conformidade com o inscrito na matrícula. Compulsando os presentes autos verifico que na matrícula nº 108.151 a titularidade do imóvel é da empresa Encol S/A Engenharia Comércio e Indústria (fls. 137/139). Assim, como bem ponderou o Oficial, não há como registrar o título, sendo que a titular de domínio sequer foi citada na ação de despesas condominiais que originou a arrematação em questão, sendo que tal fato fere o princípio da segurança jurídica. Ressalto ainda que a origem do título expedido na arrematação não afasta a necessidade de ser cumprido o princípio da continuidade, por ser forma derivada de aquisição da propriedade. Neste sentido: "A propósito, não há como simplesmente apagar as ocorrências registrarias anteriores ao ato de transmissão coativa, quando é da essência do registro público justamente resguardar as situações anteriores, situação que não se confunde com mecanismos de modulação dos efeitos da transmissão coativa, para atingir ou mesmo resguardar direitos de terceiros. Em suma: a arrematação não constitui modo originário de aquisição da propriedade, caindo por terra as alegações formuladas pelo recorrente." (CSM – Apelação Cível nº 9000002-19.2013.8.26.0531 Rel. Elliot Akel). No mais, tem-se que sobre o imóvel em questão pesa o gravame da indisponibilidade, decretada pelo MMº Juízo da Falência (fl. 171), devendo o suscitante formular pedido de liberação no juízo falimentar. Diante do exposto, julgo procedente a dúvida suscitada por Fabio Tavares Ciampone em face do Oficial do 7º Registro de Imóveis da Capital, e mantenho o óbice registrário. Deste procedimento não decorrem custas, despesas processuais e honorários advocatícios. Oportunamente remetam-se os autos ao arquivo. P.R.I.C. São Paulo, 2 de fevereiro de 2017.

Tania Mara Ahualli Juíza de Direito - ADV: JOAO EMILIO GALINARI BERTOLUCCI (OAB 99967/SP) (DJe de 08.02.2017 - SP)

Processo 0041267-84.2016.8.26.0100

Dúvida - REGISTROS PÚBLICOS - Corregedoria Geral da Justiça – Patrimony Administradora de Bens S.A. e outro - Vistos. Trata-se de dúvida inversa suscitada por Patrimony Administradora de Bens S/A, encaminhada a este Juízo pela Egrégia Corregedoria Geral da Justiça, tendo em vista a negativa do Oficial do 8º Registro de Imóveis da Capital em proceder ao registro da carta de arrematação derivada da transmissão do imóvel, objeto da matrícula nº 25.357, expedida pelo MMº Juízo da 55ª Vara do Trabalho da Capital, nos autos da reclamação trabalhista nº 2.662/2000. O óbice registrário refere-se à existência das averbações de nºs 15 e 18, que configuraram a indisponibilidade e bloqueio do imóvel, em cumprimento a ordem proferida pelo MMº Juízo da 3ª Vara Cível, nos autos da falência distribuída sob nº 00097.509622-9. Insurge-se a suscitante do óbice imposto, sob o argumento de que, uma vez arrematado o bem, deveria ser ele entregue desonerado de todo e qualquer gravame anterior. Juntou documentos às fls. 08/117. Solicitadas informações ao MMº Juízo da 3ª Vara Cível da Capital acerca da falência da empresa Brasmédica S/A Indústrias Farmacêuticas (processo nº 0509622- 48.1997.8.26.0100), no qual foram determinadas as averbações de indisponibilidade e bloqueio do imóvel, houve a confirmação de que até a presente data as decisões encontram-se mantidas (fls. 166/185). O Ministério Público opinou pela procedência da dúvida (fls. 189/191). É o relatório. Passo a fundamentar e a decidir. Com razão o Registrador, bem como o D Promotor de Justiça. Preliminarmente, cumpre destacar que os títulos judiciais não estão isentos de qualificação positiva ou negativa, para ingresso no fólio real. O Egrégio Conselho Superior da Magistratura já decidiu que a qualificação negativa do título judicial não caracteriza desobediência ou descumprimento de decisão judicial (Apelação Cível n. 413-6/7). Deve-se salientar que, no ordenamento jurídico pátrio, incumbe ao Registrador, no exercício do dever de qualificar o título que lhe é apresentado, examinar o aspecto formal, extrínseco, e observar os princípios que regem e norteiam os registros públicos, dentre eles, o da legalidade, que consiste na aceitação para registro somente do título que estiver de acordo com a lei. A análise do título deve obedecer a regras técnicas e objetivas, o desempenho dessa função atribuída ao Registrador, deve ser exercida com independência, exigindo largo conhecimento jurídico. Conforme se verifica das averbações 15 e 18 da matrícula nº 25.357, foi determinado pelo MMº Juízo da 3ª Vara Cível da Capital a indisponibilidade e bloqueio do imóvel em razão da ação de falência da Empresa Brasmédica S/A Indústrias Farmacêuticas (processo nº 0509622-48.1997.8.26.0100) - fls. 133/134, confirmados recentemente (fl. 166). Tendo em vista que não partiu deste Juízo a ordem de bloqueio e de indisponibilidade dos bens, deverá a suscitante pleitear o cancelamento dos gravames diante do Juízo do qual emanou a ordem, não cabendo à Corregedoria Permanente, que detém competência administrativa, interferir ou modificar a decisão emanada de um órgão judicial. Ademais, além da existência da indisponibilidade de bens, o que por si só já impede que se faça qualquer ato registrário na matrícula, encontra-se averbada ordem de bloqueio da matrícula, determinada após mais de dez anos da ordem de indisponibilidade, o que reforça a vedação do ingresso de qualquer título. Neste contexto dispõe o artigo 16 do Provimento nº 39/2014: "As indisponibilidades averbadas nos termos deste Provimento e as decorrentes do § 1º, do artigo 53, da Lei nº 8.212, de 24 de julho de 1991, não impedem a inscrição de constrições judiciais, assim como não impedem o registro da alienação judicial do imóvel desde que a alienação seja oriunda do juízo que determinou a indisponibilidade, ou a que distribuído o inquérito civil público e a posterior ação desse decorrente, ou que consignado no título judicial a prevalência da alienação judicial em relação à restrição oriunda de outro juízo ou autoridade administrativa a que foi dada ciência da execução". A simples alegação de que arrematado o bem deveria ser entregue desonerado de todo e qualquer gravame anterior, é destituída de fundamento. Além de haver gravames que incidem sobre a matrícula, a arrematação, segundo entendimento pacificado (apelação cível nº 9000002-19.2013.8.26.0531), do Conselho Superior de Magistratura é modo de aquisição derivado. Diante do exposto, julgo procedente a dúvida inversa suscitada por Patrimony Administradora de Bens em face do Oficial do 8º Registro de Imóveis da Capital, e mantenho o óbice registrário. Deste procedimento não decorrem custas, despesas processuais e honorários advocatícios. Oportunamente remetam-se os autos ao arquivo. Por fim, expeça-se ofício à Egrégia Corregedoria Geral da Justiça, comunicando esta decisão. P.R.I.C. - ADV: IAGUI ANTONIO BERNARDES BASTOS (OAB 138071/SP) (DJe de 23.05.2017 - SP)

CAUÇÃO

Processo 1104101-09.2016.8.26.0100

Pedido de Providências - Registro de Imóveis - Silvia Maria Leopoldina Pamplona Rinaldi

Pedido de providências - Cancelamento de caução locatícia - morte dos caucionantes - ausência de manifestação dos credores - pedido procedente

Vistos. Trata-se de pedido de providências formulado pela Oficial do 4º Registro de Imóveis da Capital a requerimento de Silvia Maria Leopoldina Pamplona Rinaldo, referente ao cancelamento da caução firmada em contrato de locação, averbada sob nº 12 na matrícula nº 4.878, tendo em vista que os caucionantes João Rinaldi Neto e sua mulher Maria Thereza Pamplona Rinaldi (pais da interessada), faleceram em 31.08.2012 e 09.03.2014, respectivamente. A negativa de cancelamento refere-se à necessidade de expressa autorização dos credores, ou seja, dos Espólios de David Leon Mlynarz e de Maurício Mlynarz, ou eventual determinação judicial para tanto. Juntou documentos às fls. 04/30. A interessada apresentou impugnação às fls. 31/34. Alega que a garantia perdeu efeito em virtude do falecimento dos caucionantes, bem como na ação de despejo ajuizada pelos proprietários do imóvel em face da locatária (processo nº 1000808-57.2015.8.26.0100), convertida em ação de cobrança, o MMº Juízo da 6ª Vara Cível da Capital decidiu que em razão do falecimento dos garantidores, o contrato encontra-se desprovido de qualquer garantia, nos termos do artigo 37 da Lei de Locação. Juntou documento à fl. 36. Intimados, os credores caucionários não se manifestaram nos autos, conforme certidão de fl. 50. O Ministério Público opinou pela procedência do pedido (fl. 54). É o relatório. Passo a fundamentar e a decidir. Pretende a interessada o cancelamento da caução averbada sob nº sob nº 12 na matrícula nº 4.878, em razão dos caucionantes João Rinaldi Neto e sua mulher Maria Thereza Pamplona Rinaldi (pais da interessada) terem falecido. De fato, com a morte do caucionantes, o contrato de locação fica desprovido de qualquer das garantias elencadas no artigo 37 da Lei 8245/91. Todavia, não se pode tão somente declarar a ausência de garantia do contrato de locação para justificar o cancelamento, sendo necessário que se tenha a anuência dos credores caucionários, fato este observado no presente procedimento, uma vez que consta à fl. 49 a efetiva intimação da inventariante Maria de Lourdes Cretella, que não se opôs à pretensão. Ora, tendo em vista que os credores caucionários, representados pela inventariante Maria de Lourdes, são os únicos que poderiam obstar o pedido da interessada, caso levantassem questão prejudicial, não vislumbro prejuízo à terceiros. Conforme ensina Luiz Guilherme Loureiro: "Em virtude do principio da legitimidade ou da presunção de veracidade, o Registro deve refletir a verdade não só no que se refere ao titular do direito registrado, mas também quanto à natureza e ao conteúdo deste direito. Assim, qualquer inexatidão do assento deve ser retificada a fim de que reflita perfeitamente a realidade". (Registros Públicos - Teoria e Prática - 2ª ed. - Editora Método). Diante do exposto, julgo procedente o pedido de providências formulado pela Oficial do 4º Registro de Imóveis da Capital, a requerimento de Silvia Maria Leopoldina Pamplona Rinaldo, e consequentemente determino o cancelamento da averbação nº 12 na matrícula nº 4.878. Deste procedimento não decorrem custas, despesas processuais e honorários advocatícios. Oportunamente remetam-se os autos ao arquivo. P.R.I.C. São Paulo, 19 de dezembro de 2016. Tania Mara Ahualli Juíza de Direito - ADV: MARINA CHAVES OLIVEIRA (OAB 323232/SP), FLAVIA PEREIRA RIBEIRO (OAB 166870/SP) (DJe de 24.01.2017 - SP)

Processo 1022490-97.2017.8.26.0100

Pedido de Providências - Registro de Imóveis - BANCO BRADESCO S/A - Vistos. Trata-se de pedido de providências formulado por Banco Bradesco S/A em face do Oficial do 11º Registro de Imóveis da Capital, após negativa de cancelamento da Av. 12 da matrícula nº 250.679 da citada serventia, que diz respeito a caução de contrato locatício. A requerente aduz que a caução deveria ser extinta pois: a) houve extinção do ônus com o fim do contrato de locação, b) o débito locatário estaria prescrito e c) seria necessária escritura pública para o ato. O Oficial manifestou-se às fls. 58/65, alegando que a anuência do locador é requisito para o levantamento da caução. O locador, credor da caução, manifestou-se às fls. 66/67, arguindo que a antiga locatária não honrou com seus compromissos, devendo a caução ser mantida até que o pagamento seja feito. Resposta da requerente às fls. 74/78, nos mesmos termos da inicial. O Ministério Público opinou às fls. 82/83 pela improcedência do pedido. É o relatório. Decido. Com razão o Oficial e o D. Promotor. O levantamento da caução depende, nos termos do contratado pelas partes (fls. 47/49), da autorização da parte locadora. Aduz a requerente, por três diferentes razões, que tal anuência seria desnecessária. Todas elas, contudo, são improcedentes. Quanto a exigência de documento público para instituir caução locatícia, foi decidido pela E. Corregedoria Geral da Justiça nos autos do Processo 1112560-34.2015.8.26.0100, nos termos do parecer do E. Dr. Carlos Henrique André Lisboa que a caução é "averbável, em razão do que preceitua a Lei de Locações, que, com o intuito de facilitar a inscrição da garantia dada em contrato específico, permitiu o ingresso registral da caução, independentemente da lavratura de escritura pública." (g. N). Quanto a prescrição do débito, esta não pode ser reconhecida por este Juízo Corregedor, que exerce função administrativa, cujo procedimento limita a dilação probatória, não sendo possível verificar causas suspensivas ou interruptivas da prescrição, não podendo se presumir que esta ocorreu apenas com o decurso do prazo legal. Assim, não tendo demonstrado o requerente que a dívida está indubitavelmente prescrita, além de ter o credor manifestado interesse em executá-la, não há razão para levantamento do óbice, garantindo-se, contudo, que o interessado busque as vias ordinárias em ação declaratória para ver reconhecida a prescrição. Finalmente, alega-se que a caução deve ser extinta uma vez que o contrato de locação foi rescindido. Tal argumento não prospera, tendo em vista que a garantia constituída visa justamente o cumprimento das obrigações contratuais mesmo após o fim do contrato. Não seria cabível entender que a caução locatícia apenas subsistiria enquanto durasse a locação. Isso permitiria ao locatário tornar-se inadimplente, encerrando o contrato e vendo-se livre da garantia que ele mesmo constituiu, em claro prejuízo ao credor. A razão de ser da caução é justamente permitir que, caso não haja o pagamento dos alugueis, tenha o locador meios de ver seu crédito adimplido, executando-se o imóvel dado como garantia. Relevante notar que a dívida prevista no instrumento de fls. 47/49 diz respeito aos alugueis dos meses de março e abril de 2010, conforme cláusula segunda. Assim, não se pode dizer que se estaria utilizando a caução para garantir dívida não relativa ao contrato de aluguel, o que demandaria a constituição de garantia diversa: a caução está justamente garantido a dívida decorrente do aluguel, nos termos do Art. 38 da Lei de Locações. Portanto, da cláusula sexta do documento, que dispõe que a caução será levantada apenas com a anuência da locadora, decorre o óbice apresentado. E, não havendo tal anuência, conforme petição de fls. 66/67, deve o entrave ser mantido. Por fim, esclareça-se que, conforme parecer acima citado, mesmo tendo o imóvel sido alienado, a caução continua válida, sendo executável perante o terceiro adquirente, dado o poder de sequela advindo das garantias reais. Do exposto, julgo improcedente o pedido de providências formulado por Banco Bradesco S/A em face do Oficial do 11º Registro de Imóveis da Capital, mantendo o óbice da nota de fl. 40. Não há custas, despesas processuais nem honorários advocatícios decorrentes deste procedimento. Oportunamente, arquivem-se os autos. P.R.I.C. São Paulo, 23 de agosto de 2017. Tânia Mara Ahualli- Juíza de Direito - ADV: JOÃO PAULO DOMINGUEZ OLIVEIRA (OAB 168210/SP) (DJe de 31.08.2017 - SP)

Processo 1069716-98.2017.8.26.0100

Pedido de Providências - Registro de Imóveis - Sei Rio Branco Empreendimento Imobiliário Spe Ltda. - Registro de Imóveis - pedido de providência - cancelamento de averbação - caução - contrato de locação antigo já extinto - procedente. Vistos. Trata-se de pedido de providências formulado por SEI Rio Branco Empreendimento Imobiliário SPE LTDA em face do Oficial do 5º Registro de Imóveis da Capital, pleiteando o cancelamento da averbação nº 01, itens "a", "b", "c", "d" na matrícula nº 60.919 daquela Serventia, que faz remissão às inscrições nº s 4.229, 7.711, 12.052 e 19.067, tendo em vista que as locações terminaram em 1954 e 1987. Relata a requerente que, na época em que findou o negócio jurídico, locatários e locadores deixaram de promover o mencionado cancelamento, não havendo qualquer averbação posterior que informe a prorrogação das referidas locações. Esclarece que atualmente as edificações foram demolidas e, passados sessenta e três anos do término previsto para a locação da Companhia Cipan de Intercambio Pan Americano e trinta anos para a locação da Drogaria São Paulo, tais inquilinos não mais exercem suas atividades no local. Juntou documentos às fls. 06/50. O Registrador manifestou-se às fls. 68/69. Esclarece que a pretensão da requerente demanda produção de provas e deve ser apreciada pela via judicial. Intimada a locatária Drogaria São Paulo, esta quedou-se inerte (certidão - fl. 74), enquanto a Companhia Cipan de Intercambio Pan Americano não foi localizada (AR negativo - fl. 73). O Ministério Público opinou pela procedência do pedido (fls. 79/80). É o relatório. Passo a fundamentar e a decidir. Pretende o requerente o cancelamento da averbação nº 01, itens "a", "b", "c", "d", referentes à antigas locações às empresas Companhia CIPAN de Intercambio Pan Americano e Drogaria São Paulo (fl. 23), referentes à garantia de locação com término em setembro de 1954 e janeiro de 1987, respectivamente. Compulsando os autos verifico que os contratos de locações mencionados são datados, respectivamente, de 01 de outubro de 1951 com término para 30 de setembro de 1954 e o outro prorrogado de 01 de fevereiro de 1982 com término em 31 de janeiro de 1987, portanto, ambos findos há mais de trinta anos, de forma que não produzem mais efeitos, consequentemente inútil a manutenção dos itens "a", "b", "c", "d", constantes da averbação nº 01. A extinção do contrato não acarreta, por si só, possibilidade de se proceder ao cancelamento, sendo necessária, em regra, que se tenha a anuência dos locatários. No caso em tela, foram expedidos AR's referentes às cartas de citação de fls. 71/72. Uma das locatárias, Drogaria São Paulo, manteve-se silente, o que pressupõe sua concordância com o cancelamento, enquanto a outra não foi localizada. Entendo que apesar da ausência de localização e da efetivação de pesquisas de endereços em nome da Companhia CIPAN, sem qualquer êxito por parte da Serventia Judicial (fls. 83/84), entendo que pelo tempo decorrido do término do contrato de locação (mais de sessenta anos), é pouco provável ou talvez impossível, que a empresa continue a exercer suas atividades no endereço mencionado no contrato, evidenciando a falta de interesse. Uma vez que não houve por parte das antigas locatárias qualquer óbice, entendo que não haveria qualquer lesão à terceiros advinda do cancelamento da averbação nº 01, itens "a", "b", "c", "d". Conforme ensina Luiz Guilherme Loureiro: "Em virtude do principio da legitimidade ou da presunção de veracidade, o Registro deve refletir a verdade não só no que se refere ao titular do direito registrado, mas também quanto à natureza e ao conteúdo deste direito. Assim, qualquer inexatidão do assento deve ser retificada a fim de que reflita perfeitamente a realidade". (Registros Públicos - Teoria e Prática - 2ª ed. - Editora Método). Diante da fundamentação aqui trazida, julgo procedente o pedido de providências formulado por SEI Rio Branco Empreendimento Imobiliário SPE LTDA em face do Oficial do 5º Registro de Imóveis da Capital, determinando consequentemente o cancelamento pretendido. Não há custas, despesas processuais ou honorários advocatícios decorrentes deste procedimento. Oportunamente, arquivem-se os autos. P.R.I.C. São Paulo, 29 de setembro de 2017. Tania Mara Ahualli Juíza de Direito - ADV: FLAVIA DE SOUZA ESTRELA CURY (OAB 292217/SP), FLAVIA ESTRELA CURY (OAB 292217/SP) (DJe de 04.10.2017 - SP)

Processo 1081277-22.2017.8.26.0100

Pedido de Providências - Por Terceiro Prejudicado - Vanusa Aparecida Silva – José Tango - Vistos. Trata-se de pedido de providências formulado por Vanusa Aparecida SIlva em face do Oficial do 4º Registro de Imóveis de São Paulo, pretendendo o cancelamento da averbação nº 09 e dos registros números 11 e 12 da matrícula nº 45.683 da citada Serventia, respectivamente relativos à caução de contrato locatício firmado entre Marla Soledade Pereira da Silva e José Tango, ao arresto e penhor desse imóvel. Alega a requerente que os direitos de penhora constituídos em favor de José Tango foram prescritos pela eficácia dos artigos 205 e 2.028 do Código Civil e artigos 487, II e 924, IV e V do Código de Processo Civil, além do fato de que o credor teria requerido a suspensão e arquivamento dos autos da ação de execução de título extrajudicial. Juntou documentos às fls. 9/24. O Oficial do 4º Registro de Imóveis se manifestou às fls. 31/32, com documentos às fls. 33/39, aduzindo que a averbação nº 09 produzirá efeitos até que seja formalmente cancelada - com a apresentação de instrumento de distrato ou outra prova documental firmada pelo credor -, de acordo com o artigo 252 da Lei de Registros Públicos. Quanto ao pedido de cancelamento dos registros de arresto e de penhora, alega ser possível mediante apresentação de ordem judicial expedida pelo Juízo da 8ª Vara Cível do Foro Central de São Paulo. Intimado a se manifestar, José Tango informou (fls. 43/46) que a pretensão da requerente foi afastada pelo acórdão proferido nos autos do Agravo de Instrumento nº 2025022-36.2017.8.26.0000. Ademais, em 04 de setembro deste ano, o MM. Juiz de Direito da 8ª Vara Cível do Foro Central de São Paulo ordenou o prosseguimento da execução contra a requerente, indicando perito para avaliação do bem imóvel penhorado, nos autos do processo nº 0927010-59.1998.8.26.0100. Juntou documentos às fls. 47/57. A parte se manifestou novamente às fls. 65/71, reafirmando a tese da prescrição. O Ministério Público opinou pela improcedência do pedido (fls. 80/82). É o relatório. Decido. Sem razão a requerente. Constituir caução é ato de garantia do cumprimento de determinada obrigação ou de um dever legal ou convencional. O proprietário, que oferece um imóvel, na sua totalidade, na plenitude e seu direito do "jus in re", para garantir o cumprimento de uma obrigação, está constituindo, inegavelmente, a favor do credor, um direito real de garantia sobre o seu bem. Nesse contexto, tem-se que a caução em bem imóvel, além de ser formalizada por escritura pública, para valer perante terceiros, requer sua averbação à margem da respectiva matrícula, nos termos da Lei nº 8.245/91, art. 38, § 1º. Tanto a especialização como a publicidade são requisitos imprescindíveis para que a caução real tenha valia contra terceiros, caracterizando-se juridicamente como um direito real pela sua oponibilidade "erga omes". Na presente hipótese, a publicidade da caução ocorreu com a averbação nº 09, na matrícula nº 45.683, que consta o imóvel como garantia de cumprimento do contrato de locação celebrado entre Marla Soledade Pereira da Silva e José Tango. Logo, o locador terá o direito de sequela para honrar o pagamento do aluguel e dos encargos locatícios. Neste sentido, afirma o Doutor Antonio Rigolin, Juiz de Alçada, no julgamento do Agravo de Instrumento nº 611602-00/3, da 7ª Câmara do 2º Tribunal de Alçada Cível de São Paulo, publicado no DJSP, em 17.3.2000, p. 144, publicado no Diário das Leis Imobiliário (BDI) número 31 1ºdecêndio novembro/2000, p. 17, o que segue: "Dentre as garantias locatícias, o artigo 37 da Lei nº 8.245/91 https://www.planalto.gov.br/ccivil_03/Leis/L8245.htm, prevê possibilidade de ser prestada a caução. Na eventualidade de recair em bens imóveis, faz-se necessária a averbação à margem da respectiva matrícula, evidentemente para ter eficácia erga omnes, de modo a assegurar ao credor o direito de seqüela (art. 38, par. 1º) "Nesse sentido, é incabível o cancelamento da caução, por não se presumir que tenha havido a quitação das obrigações e encargos decorrentes da locação, sendo certo que o levantamento do gravame incidiria em perda da garantia à satisfação do crédito. Ademais, de acordo com o artigo 250 da Lei de Registros Públicos: "Far-se-á o cancelamento da averbação: I em cumprimento de decisão judicial transitada em julgado;... II a requerimento do interessado, instruído com documento hábil"Não houve concordância acerca do cancelamento da averbação pela credora caucionária (fls. 43/46), tendo em vista a ausência de quitação dos valores devidos. Portanto, não há que se falar em extinção da garantia prestada. No mais, conforme se verifica do Agravo de Instrumento nº 2025022-36.2017.8.26.0000, foi proferido acórdão que indefere o levantamento da constrição (fls. 43/46). Com relação à possível prescrição, nos autos do processo nº 0927010-59.1998.8.26.0100 da 8ª Vara Cível do Foro Central da Capital, consta recente decisão ratificando a informação de que não houve inércia do exequente: "Fls. 370 e seguintes: rejeitada a manifestação. Não está demonstrado a inércia do exequente, cabendo acrescentar, inclusive, que pretende a parte aplicar legislação superveniente para hipótese pretérita, ofendendo o princípio tempus regit actum. No mais, a executada, por meio do mesmo patrono, vem de forma reiterada se manifestando nos autos, sem que, entretanto, e como já salientado às fls. 250 tenha quitado sua obrigação." Prossiga-se com a perícia já designada para oportuno leilão." (Execução de Título Extrajudicial. 8ª Vara Cível do Foro Central de São Paulo. Processo nº 0927010- 59.1998.8.26.0100. Exequente: José Tango. Executada: Vanusa Aparecida Silva. Data: 21 de setembro de 2017.) Por fim, quanto à questão de mérito, deverá a parte argui-la perante o juízo ordinário, não sendo de competência deste juízo administrativo. Diante do exposto, julgo improcedente o pedido de providências formulado por Vanusa Aparecida Silva em face do Oficial do 4º Registro de Imóveis da Capital, para manter a averbação da caução do imóvel matriculado sob nº 45.683 (Av. 09), o registro do arresto (R. 11) e o registro da penhora do imóvel (R. 12). Não há custas, despesas processuais ou honorários advocatícios decorrentes deste procedimento. Oportunamente, arquivem-se os autos. P.R.I.C. - ADV: BERNARDO MARCHESINI DE BARROS (OAB 61533/SP), VICTORIO VIEIRA (OAB 32892/SP) (DJe de 04.12.2017 - SP)

CERTIDÃO DE INCORPORAÇÃO, FUSÃO E CISÃO

Processo 1005982-76.2017.8.26.0100

Dúvida - Registro de Imóveis - Fazenda Pública do Estado de São Paulo – Dúvida - Registro de Imóveis - Liquidação - Transferência dos bens da empresa - Escritura Pública como meio hábil para realização da transferência - não aplicação do artigo 234 da Lei das Sociedades Anônimas - óbices mantidos - Procedente. Trata-se de dúvida suscitada pela Oficial do 4º Registro de Imóveis da Capital, a requerimento da Fazenda Pública do Estado de São Paulo, tendo em vista a negativa da averbação da sub-rogação nos direitos e obrigações relativos ao patrimônio da Companhia Paulista de Administração de Ativos - CPA, junto à matricula número 21.192. A Oficial sustentou a impossibilidade de realizar a desejada transmissão do bem por meio de uma averbação constando a sucessão da Companhia de Administração de Ativos - CPA pela Fazenda Pública do Estado de São Paulo, sendo necessária a lavratura de escritura pública, instrumento hábil para a realização da sucessão decorrente da extinção da empresa e sua liquidação. Juntou documentos às fls. 4/65. Não foi apresentada impugnação em juízo (fls. 66). Argumenta a interessada, junto ao 4º Registro de Imóveis, que pretende somente a averbação da sucessão da Companhia de Administração de Ativos, uma vez que a extinção desta pessoa jurídica seria um fato de impossibilidade à lavratura de escritura pública (fls. 05/08). O Ministério Público opinou pela procedência da dúvida (70/73). É o relatório. Passo a fundamentar e decidir. A dúvida deve ser julgada procedente. Observa-se que a Fazenda Pública do Estado de São Paulo busca realizar a transmissão dos bens e direitos relativos à Companhia de Administração de Ativos, que já se encontra em liquidação, por meio de averbação, fazendo referência ao artigo 234 da Lei das Sociedades Anônimas. O mencionado artigo traz em seu corpo a seguinte proposição: "Art. 234. A certidão, passada pelo registro do comércio, da incorporação, fusão ou cisão, é documento hábil para a averbação, nos registros públicos competentes, da sucessão, decorrente da operação, em bens, direitos e obrigações."Da análise da norma fica claro que, em casos de incorporação, fusão ou cisão, a certidão que atestou a situação à qual a empresa se encontra entre as elencadas, torna-se documento hábil para averbação, nos registros públicos competentes, da sucessão. O caso em tela não encerra qualquer das hipóteses previstas no corpo da lei, mas sim de liquidação da sociedade anônima, nos termos do artigo 219, I da Lei das Sociedades Anônimas, fato que inviabiliza a aplicação desta disposição legal. Ademais, a liquidação não pode ser dada como finalizada e consequentemente extinta, uma vez que para tanto é necessário que seja partilhado o ativo, conforme dispõem a Lei das Sociedades Anônimas em seu artigo 210, IV e 215, de tal forma a extinção apesar de decretada, a liquidação não se deu conforme os ditames normativos impostos. Dispõem o que segue, os artigos supracitados: "Art. 210. São deveres do liquidante: IV- ultimar os negócios da companhia, realizar o ativo, pagar o passivo, e partilhar o remanescente entre os acionistas;""Art. 215. A assembléia-geral pode deliberar que antes de ultimada a liquidação, e depois de pagos todos os credores, se façam rateios entre os acionistas, à proporção que se forem apurando os haveres sociais. "Portanto, a Companhia de Administração de Ativos - CPA deve proceder as eventuais regularizações em relação a situação de seus bens para que se possa realizar as transmissões de bens e direitos decorrentes de sua extinção por meio de Escritura Pública. Do exposto, julgo procedente a dúvida suscitada pelo Oficial do 4º Registro de Imóveis da Capital a requerimento de Fazenda Pública do Estado de São Paulo, mantendo os óbices impostos pelo Registrador. Não há custas, despesas processuais ou honorários advocatícios decorrentes deste procedimento. Oportunamente, arquivem-se os autos. P.R.I.C. São Paulo, 04 de abril de 2017Tânia Mara AhualliJuíza de Direito - ADV: ANDRE LUIZ DOS SANTOS NAKAMURA (OAB 206628/SP) (DJe de 24.04.2017 - SP)

CESSÃO DE DIREITOS

Processo 1124709-28.2016.8.26.0100

Pedido de Providências - REGISTROS PÚBLICOS - Priscila Rolim de Melo Barbosa - Vistos. Trata-se de pedido de providências formulado por Priscila Rolim de Melo Barbosa, em face da negativa do Oficial do 11º Registro de Imóveis da Capital em averbar instrumento particular de cessão de direitos referente ao imóvel objeto da matrícula nº 109.365. A negativa de ingresso refere-se à ausência de apresentação de anuência do credor fiduciário relativa à alienação fiduciária registrada sob nºs 13 e 14. Esclarece o Registrador que figuram como devedores fiduciantes a requerente e Guilherme Nogueira Soares, e como credora fiduciária a Caixa Econômica Federal, que emitiu uma Cédula de Crédito Imobiliário Integral pelo valor total da dívida. Afirma o Oficial que é imprescindível a anuência da credora fiduciária, nos termos do artigo 29 da Lei 9514/97, bem como é possível o devedor fiduciante ceder a terceiros o seu direito, desde que com a anuência do credor. Insurge-se a requerente da exigência, sob o argumento de que o instrumento particular não configura transmissão de direito real, mas sim de expectativa de cessão, logo, o registro pretendido não prejudica a alienação fiduciária. Esclarece que pretende apenas dar publicidade ao compromisso. Juntou documentos às fls. 12/52 e 55/59. O Ministério Público opinou pela improcedência do pedido (fls. 68/69). É o relatório. Passo a fundamentar e a decidir. Com razão o Oficial e a D Promotora de Justiça. Ao se constituir a alienação fiduciária, tanto por instrumento público como particular, a propriedade do imóvel é transferida para o credor, ficando o devedor na posse direta do bem durante o período em que vigorar o financiamento. Caso haja o inadimplemento da dívida, o Cartório de Registro de Imóveis notifica o devedor, de modo a constituí-lo em mora e, persistindo em aberto a obrigação, a propriedade será consolidada em favor do credor. Nos termos do artigo 29 da Lei 9.514/97: "Art. 29. O fiduciante, com anuência expressa do fiduciário, poderá transmitir os direitos de que seja titular sobre o imóvel objeto da alienação fiduciária em garantia, assumindo o adquirente as respectivas obrigações" (g.n) Conforme bem explanou a Douta Promotora de Justiça: "o contrato de alienação fiduciária tem previsão de dois devedores que não podem modificar a situação contratual sem anuência do fiduciário". Diante do exposto, julgo improcedente o pedido de providências formulado por Priscila Rolim de Melo Barbosa, em face do Oficial do 11º Registro de Imóveis da Capital, e consequentemente mantenho o óbice registrário. Deste procedimento não decorrem custas, despesas processuais e honorários advocatícios. Oportunamente remetam-se os autos ao arquivo.. P.R.I.C. - ADV: THIAGO SOARES BARBOSA (OAB 313822/SP) (DJe de 24.01.2017 - SP)

Processo 1113791-62.2016.8.26.0100

Procedimento Comum - REGISTROS PÚBLICOS - Antonio Rogério Pereira Venancio - Francisco Joacir Domingos de Brito - Vistos. Trata-se de ação anulatória de registro imobiliário formulada por Antonio Rogério Pereira Venâncio e Francisco Joacir Domingos de Brito em face de Mercadinho Serve Mais LTDA, Mercadinho Ecomaster LTDA e Mercadinho Bom Preço LTDA EPP, pleiteando o cancelamento da averbação da escritura pública de cessão de direitos na matrícula 122.004. Relatam os requerentes que são possuidores, há mais de quinze anos, do imóvel matriculado sob nº 122.004, razão pela qual ajuizaram ação de usucapião (processo nº 1072320-37.2014.8.26.0100). Informam que em meados de agosto foram notificados pelos requeridos para desocupação do imóvel, sob a alegação de que compraram o bem em leilão extrajudicial do Banco do Brasil, ocasião em que apresentaram contranotificação, pedindo que se habilitassem no processo em tramite. Ocorre que foi ajuizada ação de imissão de posse, perante o MMº Juízo da Vara Cível de São Miguel Paulista, sendo concedida liminar. Esclarecem que os requeridos lavraram escritura de cessão de direitos no 1º Tabelião de Notas da Capital, bem como, segundo o registro efetivado pelo Oficial do 12º Registro de Imóveis da Capital, o Banco do Brasil arrematou o bem em 2015 e a escritura de cessão de direitos foi lavrada em 2011. Aduzem que na hora de efetivar a averbação na matrícula do imóvel o Oficial registrou "vendeu" e não como consta na escritura de cessão de direitos, sendo que cessão não transfere a propriedade. Ou seja, há uma contradição entre os dois títulos, uma vez que o Banco alega que arrematou o imóvel em 2015 e os requeridos que compraram em 2011. Asseveram que o oficial efetivou o registro mesmo na pendencia de julgamento da ação de usucapião, devendo ser anulada a averbação. Juntaram documentos às fls. 27/44. É o relatório. Passo a fundamentar e a decidir. Entendo configurada a falta de interesse de agir. A medida judicial administrativa não expressa adequação para ensejar a tutela pretendida. Sobre o tema anoto lição de Humberto Theodoro Júnior: "Mesmo que a parte esteja na iminência de sofrer um dano em seu interesse material, não se pode dizer que exista interesse processual, se aquilo que se reclama do órgão judicial não será útil juridicamente para evitar a temida lesão" (Curso de Direito Processual Civil - Volume 1- 50ª edição - Ed. Forense - p. 63). No caso em tela, os requerentes manejaram a ação para obter o provimento desta Corregedoria que lhe assegure o cancelamento da averbação da escritura pública de cessão de direitos na matrícula do imóvel nº 122.004. Pelo princípio da rogação, tem- se que todo procedimento de registros públicos, somente se inicia a pedido do interessado, porém, na presente hipótese, os requerentes não são proprietários do imóvel, o que caracteriza por si só a falta a ilegitimidade de parte para ingresso da ação em Juízo. Pendendo ação de usucapião sobre o imóvel, objeto do requerimento, pela qual visam os requerentes a declaração da propriedade originária do bem, o deslocamento da discussão para a via administrativa pode gerar o conflito de atribuições. Importante ressaltar que o cancelamento de registro na via administrativa tem cabimento nas hipóteses de vício extrínseco, conforme previsto no artigo 214 da Lei de Registros Públicos (6.015/73), o qual faz menção às nulidades de pleno direito, ao passo que outras nulidades, referentes aos vícios intrínsecos, devem ser buscadas por meio de propositura de ação na via jurisdicional, nos termos do artigo 216 da mesma Lei. Eventual vício intrínseco relativo aos títulos contraditórios deverá ser apurada nas vias ordinárias com a presença do contraditório e ampla defesa, sendo certo que já se encontra em tramite ação de imissão de posse em tramite perante o MMº Juízo da Vara Cível de São Miguel Paulista, onde os requerentes poderão discutir eventuais questões. Destarte, é forçoso reconhecer a falta de interesse processual. Do exposto, julgo extinto o processo sem resolução do mérito, nos termos do artigo 485, VI, do Código de Processo Civil. Deste procedimento não decorrem custas, despesas processuais e honorários advocatícios. Oportunamente remetam-se os autos ao arquivo. P.R.I.C. São Paulo, 2 de fevereiro de 2017. Tania Mara Ahualli Juíza de Direito - ADV: VAGNER APARECIDO TAVARES (OAB 306164/SP) (DJe de 08.02.2017 - SP)

CLÁUSULAS

Processo 1126499-47.2016.8.26.0100

Pedido de Providências - Registro de Imóveis - M.S. - M.S. - Vistos. Trata-se de pedido de providências formulado por M.S., em face do Oficial do (...)º Registro de Imóveis (...), pretendo o cancelamento da averbação nº (...) da matrícula nº (...), referente às cláusulas restritivas de incomunicabilidade, impenhorabilidade e inalienabilidade. A negativa para efetivação do ato foi a necessidade de escritura pública para a revogação das cláusulas mencionadas, uma vez que o ato foi constituído por tal forma. Esclarece o Registrador que as partes podem por outro ato notarial alterar os negócios ajustados, revogando as restrições, entretanto, isso não poderá ser feito por mero requerimento de cancelamento da publicidade, visto que as clausulas continuariam a existir no mundo jurídico e poderiam, em tese, causar prejuízos a terceiros e trazer insegurança aos negócios que envolvam o bem imóvel. Juntou documentos às fls. 34/41. O Ministério Público opinou pela improcedência do pedido (fls. 44/45). Foram juntados documentos às fls. 52/56, 60/64 e 74/76. É o relatório. Passo a fundamentar e a decidir. Pretende o requerente o cancelamento da averbação nº (...) da matrícula nº (...), referente às cláusulas restritivas de incomunicabilidade, impenhorabilidade e inalienabilidade. Verifico que o entendimento relativo à questão não é pacífico. Ademar Fioranelli já tratou deste tema com bastante propriedade em sua obra "Das Cláusulas de Inalienabilidade, Impenhorabilidade e Incomunicabilidade - Série Direito Registral e Notarial", 1ª edição - 2ª tiragem, Saraiva, São Paulo, 2010, p. 69, 71 e 72. Segundo o renomado registrador: "Alguns doutrinadores entendem não ser possível já que, consumada a doação, não haveria mais contrato entre as partes para ser modificado ou rescindido. Se o doador não tem mais a titularidade da coisa doada, faltar-lhe-ia condição para mudar ou extinguir o encargo. Prevalece contudo, entendimento de que, como contrato, a doação poderá ser distratada por mútuo acordo das partes envolvidas – doador e donatário -, sendo esta a doutrina dominante. Assim é o entendimento de Carlos Alberto Dabus Maluf (Das cláusulas de inalienabilidade, incomunicabilidade e impenhorabilidade, p. 171), que, após citar a opinião da grande maioria dos doutrinadores, conclui: "Portanto, consoante a melhor doutrina e a jurisprudência pacífica de nossos tribunais, entendemos ser plenamente viável e perfeitamente válida a revogação, desde que haja expresso consentimento das partes, ou seja, doador e donatário". De tudo se retiram as seguintes conclusões: a) Vivos os doadores, as cláusulas poderão ser revogadas com expressa anuência do proprietário (donatário, herdeiro ou legatário), que poderá não ter interesse na renúncia pela qual o bem passa a ser disponível e de livre circulação. A aquiescência do donatário apresenta-se como medida imperiosa, sob pena de nulidade do ato praticado unilateralmente. b) A renúncia, a exemplo do ato em que constituído o ônus (testamento ou escritura de doação), deverá ser formalizada por instrumento público adequado, sendo válida a afirmação contida no art. 472 do CC, segundo a qual o distrato se faz pela mesma forma do contrato quando exigida para a validade deste, não se podendo utilizar o disposto no art. 250, II, da Lei de Registros Públicos, já que nem todos os atos bilaterais de manifestação de vontade podem ser desfeitos a requerimento (instrumento particular) das partes contratantes". O artigo 472 do Código Civil é claro ao dispor que: "O distrato faz-se pela mesma forma exigida para o contrato". Neste sentido, o fato de que o distrato pressupõe um contrato anterior, não lhe desfigura a natureza contratual, cuja característica principal é a convergência de vontades. Logo, tendo em vista que a escritura de doação foi realizada por instrumento público (fls. 38/41), há a necessidade de atender a mesma forma que a lei exigiu para a celebração do contrato, sob pena de invalidade (art.166, IV do CC). Questão semelhante foi objeto de decisão pela Egrégia Corregedoria Geral da Justiça no Processo nº 0046548-31.2010.8.26.0100: "Dúvida. Escritura Pública de Doação (dos pais à filha) com as cláusulas temporárias de inalienabilidade e impenhorabilidade, extensiva aos frutos e rendimentos. Falecimento do cônjuge-doador. Deseja a cônjuge sobrevivente (doadora) com a anuência da filha donatária outorgar escritura de cancelamento das cláusulas sobre a totalidade do gravame. Impossibilidade por vilipendiar vontade alheia válida e eficaz sobre a parte ideal dele, falecido. Contudo, possível o cancelamento do gravame sobre a parte ideal da cônjuge sobrevivente com a anuência da filha donatária. Dúvida prejudicada"Conforme verifica-se no corpo do v Acórdão: "...Assim, a cônjuge supérstite pode apenas deliberar, por escritura pública da qual participe a donatária como anuente, sobre o cancelamento das cláusulas restritivas que recaem sobre a sua metade ideal, sem alcançar a do doador falecido, a qual só ficará livre depois de 36 meses da morte da doadora" (g.n). No mais, como bem exposto pelo Registrador, tendo sido realizada a doação por meio de escritura pública, o cancelamento administrativo apenas retiraria sua publicidade dos livros registrais, mas manteria íntegra sua validade no negócio jurídico originário, o que não pode prevalecer, sob pena de se atingir eventual direitos de terceiros. Diante do exposto, julgo improcedente o pedido de providências formulado por M. S., em face do Oficial do (...)º Registro de Imóveis (...), e mantenho o óbice registrário. Deste procedimento não decorrem custas, despesas processuais e honorários advocatícios. Oportunamente remetam-se os autos ao arquivo. P.R.I.C. - ADV: M.S. (OAB 298876/SP) (DJe de 12.05.2017 - SP)

Processo 1043255-89.2017.8.26.0100

Retificação de Registro de Imóvel - Registro de Imóveis - Maria José Mota Giudice - Gloria Maria Alves da Mota - Vistos. Trata-se de ação de cancelamento de impenhorabilidade e incomunicabilidade que recai sobre o imóvel matriculado sob nº 4.181, junto ao 2º Registro de Imóveis da Capital, formulada por Maria José Mota Giudice e Gloria Maria Alves Mota. Segundo o pacífico entendimento da E. Corregedoria Geral de Justiça, o cancelamento das cláusulas restritivas compete a órgão com função jurisdicional, no qual se investigará a vontade dos instituidores, e não ao juízo administrativo. Em outras palavras, impossível nos estritos limites do campo de atuação administrativa perquirir causa que não seja automática de extinção do vínculo. O argumento que embasa o pedido, de que está a restrição contrastando com a finalidade para o qual foi instituída, diz respeito ao direito material subjacente e deve ser deduzido na esfera jurisdicional. Nesse sentido o precedente da Egrégia Corregedoria Geral de Justiça: Registro de Imóveis - Cláusulas de inalienabilidade, incomunicabilidade e impenhorabilidade instituídas em testamento - Cancelamento administrativo - Necessidade de interpretação da vontade do testador - Inadmissibilidade - Provocação da atividade jurisdicional que se mostra imprescindível - Recurso não provido (CGJSP - PROCESSO: 1.109/2005 CGJSP - DATA JULGAMENTO: 20/02/2006 - Relator: Álvaro Luiz Valery Mirra). Como mencionado no precedente acima citado, na esteira das decisões da Corregedoria: "ao MM. Juiz Corregedor Permanente, exercendo função atípica de verdadeiro agente da administração, falece competência para decidir sobre a validade das relações jurídicas contidas no título causal e sobre a eventual temporariedade da eficácia das cláusulas nele instituídas, pois invadiria o campo de atuação da atividade jurisdicional" (Proc. CG. 120/84 - Decisões Administrativas da Corregedoria Geral da Justiça do Estado de São Paulo, 1984/1985, RT, ementa nº 60). Portanto, a pretensão das requerentes depende de prestação jurisdicional adequada, na qual haverá cognição exauriente, tanto formal como material, e que não pode ser obtida na via administrativa. Assim, em consonância com o princípio da celeridade, que norteia os atos processuais, redistribua-se o presente feito a uma das Varas Cíveis da Capital, com nossas homenagens e cautelas de praxe. Int. - ADV: ALTINO PEREIRA DOS SANTOS (OAB 52595/SP) (DJe de 18.05.2017 - SP)

Processo 1070747-56.2017.8.26.0100

Retificação de Registro de Imóvel - Registro de Imóveis - Jamili Raquel Oliveira Saliba e outro - Vistos. Trata-se de ação de cancelamento de cláusulas de incomunicabilidade, impenhorabilidade e inalienabilidade que gravam o imóvel matriculado sob nº 131.223 do 2º Registro de Imóveis da Capital, formulado por Ramon Vítor de Oliveira Saliba e Jamili Raquel Oliveira Saliba. Relatam em síntese que tais cláusulas foram incluídas na realização do testamento em favor dos interessados, a pedido da srª Jamili Saliba (avó paterna dos requerentes), falecida em 31.08.2007, com a finalidade de resguardar o patrimônio familiar. Todavia, tendo em vista que o imóvel localiza-se em região nobre, os requerentes não tem condições de mantê-lo, razão pela qual requerem o cancelamento dos gravames para que possam alienar o bem. Juntou documentos às fls. 09/51. É o relatório. Passo a fundamentar e a decidir. Os requerentes pretendem cancelar, no âmbito administrativo, as cláusulas restritivas de inalienabilidade, impenhorabilidade e incomunicabilidade que gravam o imóvel de sua propriedade, objeto da matrícula 131.223 do 2º Registro de Imóvel da Capital. Segundo o pacífico entendimento da E. Corregedoria Geral de Justiça, o cancelamento das cláusulas restritivas compete a órgão com função jurisdicional, no qual se investigará a vontade dos instituidores, e não ao juízo administrativo. Em outras palavras, impossível nos estritos limites do campo de atuação administrativa perquirir causa que não seja automática de extinção do vínculo. O argumento que embasa o pedido, de que está a restrição contrastando com a finalidade para o qual foi instituída, diz respeito ao direito material subjacente e deve ser deduzido na esfera jurisdicional. Nesse sentido o precedente da Egrégia Corregedoria Geral de Justiça: Registro de Imóveis - Cláusulas de inalienabilidade, incomunicabilidade e impenhorabilidade instituídas em testamento - Cancelamento administrativo - Necessidade de interpretação da vontade do testador - Inadmissibilidade - Provocação da atividade jurisdicional que se mostra imprescindível - Recurso não provido (CGJSP - PROCESSO: 1.109/2005 CGJSP - DATA JULGAMENTO: 20/02/2006 - Relator: Álvaro Luiz Valery Mirra). Como mencionado no precedente acima citado, na esteira das decisões da Corregedoria: "ao MM. Juiz Corregedor Permanente, exercendo função atípica de verdadeiro agente da administração, falece competência para decidir sobre a validade das relações jurídicas contidas no título causal e sobre a eventual temporariedade da eficácia das cláusulas nele instituídas, pois invadiria o campo de atuação da atividade jurisdicional" (Proc. CG. 120/84 - Decisões Administrativas da Corregedoria Geral da Justiça do Estado de São Paulo, 1984/1985, RT, ementa nº 60). Portanto, a pretensão da requerente depende de prestação jurisdicional adequada, na qual haverá cognição exauriente, tanto formal como material, e que não pode ser obtida na via administrativa. Ante o exposto, julgo improcedente o cancelamento de clausulas de incomunicabilidade, impenhorabilidade e inalienabilidade formulado por Ramon Vítor de Oliveira Saliba e Jamili Raquel Oliveira Saliba, devendo os interessados valerem-se das vias ordinárias para resolução do impasse. Não há custas, despesas processuais ou honorários advocatícios decorrentes deste procedimento. Oportunamente, arquivem-se os autos. P.R.I.C. São Paulo, 21 de julho de 2017. Tania Mara Ahualli Juíza de Direito - ADV: ALEXSANDRO VIEIRA DE ANDRADE (OAB 338821/SP) (DJe de 01.08.2017 - SP)

Processo 1038270-77.2017

Dúvida 4º Oficial de Registro de Imóveis da Capital Celia Aun Gregorin e outro Sentença (fls. 46/48): Dúvida recusa de registro de escritura pública de compra e venda comunicabilidade do bem sub-rogação não comprovada dúvida procedente. Vistos. A Oficial do 4º Registro de Imóveis da Capital suscitou dúvida, a requerimento de Célia Aun Gregorin, diante da qualificação negativa da Escritura de Venda e Compra lavrada no 1º Tabelião de Notas da Capital, referente ao imóvel de matrícula nº 47.150, por constar na escritura declaração de sub-rogação de bens particulares da requerente, casada em regime de comunhão parcial de bens. Sustenta a Oficial que, por haver registro de indisponibilidade dos bens de Luiz Alberto Gregorin, cônjuge da suscitada, a cláusula de incomunicabilidade presente no instrumento exige prévia manifestação favorável da 19ª Vara Cível Central da Capital, de acordo com registro nº 284 feito no Livro das Indisponibilidades. Conforme certidão à fl. 35, não houve impugnação da suscitada em juízo. Contudo, perante à Oficial, alegou que o imóvel não se comunica com o patrimônio de Luiz Alberto Gregorin, diante da cláusula de incomunicabilidade que grava o bem. Requer o registro da escritura mencionada. O Ministério Público opinou pela procedência da dúvida (Fls. 39/40). É o relatório. DECIDO. Com razão a Oficial. Em transações onerosas, como na compra de um bem imóvel, há a possibilidade da adquirente, quando casada em regime de comunhão de parcial de bens, excluir da meação o bem obtido com valores exclusivamente pertencentes a ela, em sub-rogação de bens particulares, conforme Art. 1.659, I do Código Civil. Norteada por esse dispositivo, na escritura pública apresentada pela suscitada há, de fato, uma cláusula que afirma ter sido o pagamento feito unicamente com bens provenientes de herança de seu pai. Cumpre consignar que incumbe à Registradora, ao examinar a escritura, verificar se foram observados os requisitos formais do instrumento, também no tocante às condições nele estabelecidas, a fim de fazer constar corretamente na matrícula do bem, visando com isso a segurança jurídica perante terceiros. Tratando-se do aspecto formal do instrumento, não há qualquer impasse quanto à cláusula de sub-rogação. Entretanto, a simples afirmação sobre a origem do numerário não basta: há a necessidade de serem apresentados documentos que comprovem a informação contida na escritura. Nesse sentido, a parte poderá superar o óbice comprovando que houve a sub -rogação dos bens por meio de provimento jurisdicional perante juízo comum, incluindo a manifestação favorável do juízo falimentar. Diante do exposto, julgo procedente a dúvida suscitada pela 4ª Oficial Registro de Imóveis da Capital e mantenho o óbice registral. Não há custas, despesas processuais, nem honorários advocatícios decorrentes deste procedimento. Oportunamente, arquivem-se os autos.. P.R.I.C. (CP 173) (DJe de 23.11.2017 - SP)

COMPRA E VENDA E COMPROMISSO

Processo 1107265-79.2016.8.26.0100

Dúvida - REGISTROS PÚBLICOS - Luiz Antonio de Cicco e outro – Municipalidade de São Paulo - Registro de compromisso de compra e venda - art. 26, §6, da lei 6766/79 - necessidade de desmembramento regularizado - dúvida procedente. Vistos. Trata-se de dúvida suscitada pelo Oficial do 15º Registro de Imóveis da Capital a requerimento de Luiz Antonio de Cicco, em razão da negativa em se proceder ao registro definitivo de instrumento particular de cessão de direitos referentes ao imóvel matriculado sob nº 21.219. Esclarece o Registrador que a matrícula mencionada teve origem na matrícula nº 9.372, que abrange área maior, da qual o titular dominial Nelson Nobre de Paula Cruz, que também assina Nelson Cruz, destacou quatro áreas distintas, dentre as quais, 336,60 m^2, representada pela matrícula nº 21.219, objeto do presente feito, que foi compromissada à venda para Ahmed Dib Mohamed Yassine e sua mulher Ines Andrade de Yassine (R.01), cujo valor foi totalmente quitado. Ocorre que essa área maior não foi objeto de regularização em subdivisão de lotes na modalidade desdobro e/ou loteamento regularmente inscrito, registrado ou regularizado pela Prefeitura de São Paulo. Juntou documentos às fls. 08/47. O suscitado apresentou impugnação às fls. 48/50. Argumenta que o desdobro do lote foi regularizado pela Municipalidade, incidindo na presente hipótese o artigo 26, § 6º da Lei do Parcelamento do Solo. Apresentou documentos às fls. 51/65. Intimada acerca da regularização da área, a Municipalidade de São Paulo manifestou-se às fls. 82/83. Informa que para o local não consta desdobro aprovado ou pedido de desdobro em andamento, bem como não existe processo de regularização de loteamento para o local, logo, incabível a aplicação do § 6º do artigo 26 da Lei 6.766/79, alterada pela Lei 9.785/99. Juntou documentos às fls. 84/90. O Ministério Público opinou pela procedência da dúvida (fls. 93/95). É o relatório. Passo a fundamentar e a decidir. Com razão o Oficial Registrador, bem como a Douta Promotora de Justiça. É evidente a importância da flexibilização do rigor legal que o artigo 26, §6º da Lei 6.766/79, além do provimento 44 do CNJ, dão para a transferência de propriedade por compromisso de compra e venda sobre áreas parceladas, desde que os lotes pretendidos estejam registrados e regularizados. Porém, estas normas de cunho social só são cabíveis quando a regularização do parcelamento já foi realizada, de forma que não se aplica ao caso em análise. Na presente hipótese, de acordo com as informações prestada pela Municipalidade de São Paulo, no local não foi implantado loteamento e a parcela negociada não constitui lote de empreendimento aprovado ou regularizado, bem como não há qualquer processo de regularização em tramite, razão pela qual demonstra-se incabível o registro definitivo de instrumento particular de cessão de direitos a ele referente (imóvel matriculado sob nº 21.219). Neste sentido o Egrégio Conselho Superior da Magistratura já se pronunciou: "Registro de Imóveis - Pretensão de registro de escritura pública de compromisso de venda e compra - Aplicação do art. 26, §6°, da Lei n° 6.766/79 que se restringe a loteamentos regularizados

Dúvida procedente - Recurso desprovido" (Apelação Cível n° 1025260-34.2015.8.26.0100.

Apelante: Dalva Conte Bracco.

Apelado: Oficial do 15° Registro de Imóveis da Comarca da Capital. VOTO N° 29.107. Rel: MANOEL DE QUEIROZ PEREIRA CALÇAS). Diante do exposto, julgo procedente a dúvida suscitada pelo Oficial do 15º Registro de Imóveis da Capital, a requerimento de Luiz Antonio de Cicco, e mantenho o óbice registrário. Deste procedimento não decorre custas, despesas processuais ou honorários advocatícios. Oportunamente remetam-se os autos ao arquivo. P.R.I.C. São Paulo, 2 de fevereiro de 2017. Tania Mara Ahualli Juíza de Direito - ADV: MARCIA HALLAGE VARELLA GUIMARAES (OAB 98817/SP), JAQUELINE DE CICCO (OAB 89035/RJ) (DJe de 08.02.2017 - SP)

Processo 1129423-31.2016.8.26.0100

Dúvida - Registro de Imóveis - Hélia Figuero Garcia - Josiane Gavira Laureano

Dúvida - Registro escritura de venda e compra - alteração do estado civil do cedente- ato que espelha o título apresentado - ausência de elementos que possam ensejar a segurança jurídica exigida para mudança- Dúvida procedente. Vistos. Trata-se de dúvida suscitada pela Oficial do 4º Registro de Imóveis da Capital, a requerimento de Hélia Figuero Garcia, tendo em vista a negativa em se proceder ao registro da escritura de venda e compra lavrada perante o 24º Tabelião de Notas desta Capital, na qual a empresa Comercial Antonio Perez S/A, mediante cessão de direitos feita por Solidário Gavira Quintero, ostentando o estado civil de divorciado, transmite por venda o imóvel, objeto da transcrição nº 39.587, à suscitada. A Registradora exigiu a retificação do estado civil de Solidário Gavira Quintero, uma vez que na inscrição feita naquela Serventia, Solidário, na qualidade de promitente comprador, foi qualificado como casado. Esclarece que do registro feito pelo Oficial do 18º Registro de Imóveis da Capital consta que era separado judicialmente, sendo que a requerente afirma que era solteiro. Logo, diante da incerteza em relação ao estado civil, bem como sendo conhecido assento de certidão de casamento, é impossível a retificação administrativa do registro. Juntou documentos às fls. 04/50. A suscitada apresentou impugnação às fls. 51/57. Argumenta que Solidário nunca foi casado, nos termos da certidões de nascimento e de óbito atualizadas, e que houve erro na declaração dada pelo cessionário quando da confecção da escritura que visa registrar a requerente. Aduz que para a retificação da escritura se faz necessária a assinatura de todos os envolvidos, sendo o cessionário já falecido. Acrescenta que a retificação não trará prejuízo a terceiros, já que na época da cessão não havia qualquer direito a ser assegurado, por não ter sido aberta a sucessão do cedente, e que os filhos de Solidária também são filhos da suscitada. Por fim, salienta que o estado civil foi retificado no 18º Registro de Imóveis e requer que seja determinado o registro da cessão, configurando pequeno equívoco. Juntou documentos às fls. 58/61. O Ministério Público opinou pela procedência da dúvida (fls. 65/66 e 80). Às fls.

72, a filha da suscitada Josianne Gavira Laureano informou que não se opõe à retificação. É o relatório. Passo a fundamentar e a decidir. A Lei 6.015, de 31 de dezembro de 1973 (LRP), arts. 213 e 214, I, g, permite a retificação do registro de imóveis sempre que se fizer necessária inserção ou modificação dos dados de qualificação pessoal das partes, comprovada por documentos oficiais, ou mediante despacho judicial quando houver necessidade de produção de outras provas. No presente caso, não se trata apenas de correção de eventual erro registrário, uma vez que na Inscrição nº 10.430 de 12.12.1958 consta que o compromissário Solidário Gavira Quintero é casado, em divergência com a escritura de venda e compra e cessão onde consta como divorciado e ainda no registro feito pelo Oficial do 18º Registro de Imóveis da Capital, como separado judicialmente, ao par de ter havido a retificação para solteiro. Entendo que reconhecer a modificação do estado civil de Solidário implicará em violação ao princípio da segurança jurídica que norteia os atos registrários, trazendo consequências na partilha dos bens, podendo atingir terceiros de boa fé. No ensinamento de Luiz Guilherme Loureiro: "O registro de imóveis é fundamentalmente um instrumento de publicidade, portanto, é necessário que as informações nele contidas coincidam com a realidade para que não se converta em elemento de difusão de inexatidões e fonte de insegurança jurídica." (LOUREIRO, Luiz Guilherme. Registros Públicos: teoria e Prática. 2. ed. ver. E atual. Rio de Janeiro: Forense; São Paulo: Método, 2011, p. 230.)"Há que se ressaltar que a retificação do estado civil perante o 18º Registro de Imóveis da Capital não implica na retificação automática perante outras Serventias Extrajudiciais, considerando que cada registrador é livre para a qualificação dos títulos apresentados. Neste contexto, para haver a retificação do registro imobiliário é imprescindível a retificação do título que deu origem ao registro, o que é inviável nesta esfera administrativa. Neste sentido já se pronunciou a Egrégia Corregedoria Geral da Justiça, em parecer da lavra do Meritíssimo Juiz Auxiliar Dr. Vicente de Abreu Amadei, aprovado pelo eminente Desembargador Dínio de Santis Garcia, então Corregedor Geral da Justiça: "(...) se houve algum equívoco este é do título causal, não do registro imobiliário que é formalmente perfeito e, conforme nossa doutrina e precedentes administrativos, o erro do registro não se confunde com o erro do título causal e não se pode admitir a via administrativa da retificação do registro imobiliário para sanar defeito de escritura a) 'a retificação de erro constante do registro não se confunde com o erro cometido no negócio causal que originou o assentamento imobiliário' (Walter Ceneviva, Lei dos Registros Públicos Comentada, Saraiva, 1991,p. 372); b) se o erro se deu na escritura, pública ou particular, somente por outra poderá ser retificado, sendo que as particularidades poderão sê-lo pela escritura pública, e jamais a pública pela particular' (Aguiar Vallim, Direito Imobiliário Brasileiro, Ed. RT, 1984, p. 109); c) falta qualquer competência aos Juízes para decretar sanações e, até, para retificar erros das escrituras públicas: escritura pública somente se retifica por escritura pública e não por mandamento judicial' (Pontes de Miranda, Tratado de Direito Privado, t III, § 338, n° 1 com referência ao Acórdão publicado na RT 182/754); d) o registro errado, resultante de uma escritura pública erradamente lavrada, por exemplo, só poderá ser retificado depois que as partes comparecendo novamente à presença do mesmo ou de outro notário, o façam lavrar, para ser por elas assinada, outra escritura, de retificação da primeira (Valmir Pontes, Registro de Imóveis, Saraiva, 1982, 9.24/25); e) se o suposto engano está no título que deu origem ao registro cuja retificação é pretendida, é aquele que deve ser corrigido"Como bem ponderou a Douta Promotora de Justiça: "Somente após a retificação da especialização subjetiva da transcrição em questão é que será possível a análise quanto ao afastamento do óbice quanto ao registro da escritura". Logo, a exigência imposta pela Registradora deverá ser mantida. Diante do exposto, julgo procedente a dúvida suscitada pela Oficial do 4º Registro de Imóveis da Capital, a requerimento de Hélia Figuero Garcia, e consequentemente mantenho o óbice registrário. Deste procedimento não decorrem custas, despesas processuais e honorários advocatícios. Oportunamente remetam-se os autos ao arquivo. P.R.I.C. São Paulo, 17 de fevereiro de 2017. Tania Mara Ahualli Juíza de Direito - ADV: PEDRO FELIPE TROYSI MELECARDI (OAB 300505/ SP), FELIPE DE LIMA GRESPAN (OAB 239555/SP) (DJe de 24.02.2017 - SP)

Processo 1003326-49.2017.8.26.0100

Dúvida - REGISTROS PÚBLICOS - Claudio Yukio Seki

Dúvida – Registro instrumento promessa de venda e compra - Principio da Segurança Juridica - Rubrica em todas as folhas do título – Principio da Continuidade - Óbices mantidos - Procedente. Vistos. Trata-se de dúvida suscitada pelo Oficial do 12º Registro de Imóveis da Capital, a requerimento de Cláudio Yukio Seki, tendo em vista a negativa em se efetuar o registro de instrumento particular de compromisso de venda e compra, datado de 24.07.1996, referente ao imóvel matriculado sob º

119.048, onde figuram como outorgante o suscitado e Alecsandra Regina Negreti Torrieri. Após o cumprimento de várias exigências, restaram dois óbices quais sejam: a) retificação do contrato de promessa de venda e compra para promessa de cessão de direitos de promitente comprador, uma vez que consta da matrícula que os proprietários Armando Carlos Cristelli e Luiz Braz Pereira Prometeram vender o imóvel ao suscitadio; b) rubrica de todas as folhas do título pelos contratantes. Juntou documentos às fls. 06/24. Insurge-se o suscitado acerca dos óbices imposto, sob a alegação de ausência de amparo legal que determina a obrigatoriedade da rubrica em todas as folhas do título, bem como os artigos 112 e 113 do Código Civil, consagram a tese que a interpretação do negócio jurídico buscará atender mais à intenção dos contratantes que ao sentido literal do contrato. O Ministério Público opinou pela procedência da dúvida (fl. 32). É o relatório. Passo a fundamentar e decidir. Com razão o registrador, bem como a Douta Promotora de Justiça. Conforme registro nº 02 da matrícula nº 119.048 (fl. 12), verifica-se que por instrumento particular, os proprietários Armando Carlos Cristelli e Luiz Braz Pereira prometeram vender ao sucitado o imóvel em questão. Ora como é sabido, a simples promessa de venda e compra não é apta a transferir a propriedade, apenas de ceder direitos. Logo é indispensável a retificação do contrato, já que não se trata compromisso de venda e compra, mas de promessa de cessão de direitos, haja vista que o suscitado, na qualidade de outorgante vendedor não detém a propriedade do imóvel. Daí que, ninguém pode transferir além do que detém. É certo, como afirma o requerente, que a liberdade de contratar consiste no poder outorgado aos contratantes sobre a criação ou estipulação de vínculos obrigacionais, subordinados às normas jurídicas e ao interesse coletivo. Sendo o contrato a vontade das partes no momento de contratar, as cláusulas devem ser respeitadas, em obediência ao princípio pacta sunt servanda. No entanto, sobrepõe-se a este princípio, a segurança jurídica inerente ao registro de imóveis, que é fundamentalmente um instrumento de publicidade. Portanto, é necessário que as informações nele contidas coincidam com a realidade e sejam claras, para que não se converta em elemento de difusão de inexatidões e fonte de insegurança jurídica. Ademais, deve-se observar o princípio da continuidade, que norteia os atos registrários uma vez o registro deve respeitar o encadeamento de proprietários anteriores para que seja realizado um novo registro, para que não ocorra a sucessão por saltos do bem. Acerca do princípio da continuidade leciona Luiz Guilherme Loureiro: "Segundo o princípio da continuidade, os registros devem ser perfeitamente encadeados, de forma que não haja vazios ou interrupções na corrente registrária. (...) Destarte, nenhum registro pode ser feito sem que se tenha previamente registrado o título anterior, do qual dependa." (Registros Públicos - Teoria e Prática - 2ª ed. - Editora Método, pg.229). Quanto ao ponto que diz respeito a rubrica em todas as paginas do título que se busca ingressar em registro, é possível fundamentar a negativa no fato dos registros públicos terem a necessidade de observar o principio da segurança juridica. Neste sentido é o ensinamento de Luiz Guilherme Loureiro: "O registro de imóveis é fundamentalmente um instrumento de publicidade, portanto, é necessário que as informações nele contidas coincidam com a realidade para que não se converta em elemento de difusão de inexatidões e fonte de insegurança jurídica". (LOUREIRO, Luiz Guilherme. Registros Públicos: teoria e Prática. 2. Ed. ver. E atual. Rio de Janeiro: Forense; São Paulo: Método, 2011, p. 230.). Este princípio está também presente na Lei 6015/73, que em seu artigo 195 expressa: "Art. 195 Se o imóvel não estiver matriculado ou registrado em nome do outorgante, o oficial exigirá a prévia matrícula e o registro do título anterior, qualquer que seja a sua natureza, para manter a continuidade do registro."Logo, aquele que não é detentor de um direito assentado no fólio real não pode transmiti-lo. Em relação à necessidade de rubrica nas folhas do título, melhor sorte não teve o suscitado, senão vejamos: Segundo os ensinamentos de Pontes de Miranda: "A assinatura somente individualiza aquilo que está acima dela, ou, se há mais páginas, o que está nas outras páginas, se rubricadas. A rubrica não é assinatura, mas é auxiliar da assinatura para ligar as páginas rubricadas à última, que é assinada. A assinatura individualiza e fecha" (PONTES DE MIRANDA, Francisco Cavalcanti. Tratado de Direito Privado: Parte Especial Direito das Coisas Propriedade Aquisição da propriedade imobiliária. 3. ed. reimp. Rio de Janeiro: Borsoi, 1971. T. 11, p. 269 (=§ 1.227) (grifamos). Portanto, a exigência de serem rubricadas todas as folhas do instrumento de compra e venda não é descabida, e deve ser seguida, com a finalidade de se respeitar a segurança juridica atinente ao registro público. Do exposto, julgo procedente a dúvida suscitada pelo Oficial do 12º Registro de Imóveis da Capital a requerimento de Cláudio Yukio Saki, e consequentemente mantenho os óbices registrários. Deste procedimento não decorrem custas, despesas processuais e honorários advocatícios. Oportunamente, arquivem-se os autos. P.R.I.C. São Paulo, 9 de fevereiro de 2017 Tania Mara Ahualli Juíza de Direito - ADV: EDISON GOMES DOS SANTOS (OAB 340404/SP) (DJe de 24.04.2017 - SP)

Processo 1129921-30.2016.8.26.0100

Dúvida - REGISTROS PÚBLICOS - Martha Gallardo Sala Bagnoli - Martha Gallardo Sala Bagnoli

Dúvida - Registro de escritura pública de compra e venda - garagem coletiva - IPTU lançado conjuntamente em nome de um único contribuinte - recolhimento de ITBI em valor menor a fração ideal

Dúvida procedente Vistos. Trata-se de dúvida suscitada pelo Oficial do 1º Registro de Imóveis da Capital, a requerimento de Martha Galhardo Sala Bagnoli, em face da negativa em se proceder ao registro da Escritura Pública de Compra e Venda, tendo por objeto uma vaga indeterminada na garagem coletiva do "Edifício Anchieta". O óbice registrário refere-se ao recolhimento ínfimo do valor da ITBI, em relação a fração ideal, uma vez que a garagem é composta de 62 vagas lançadas conjuntamente por um único contribuinte de IPTU, cabendo a cada proprietário uma fração de 1,61% no valor atribuído ao contribuinte, todavia, a suscitada recolheu apenas 0,19% do valor. Juntou documentos às fls. 03/25. A suscitada não apresentou impugnação, conforme certidão de fl. 32. O Ministério Público opinou pela procedência da dúvida (fl. 36). É o relatório. Passo a fundamentar e a decidir. Com razão o Oficial Registrador, bem como a Douta Promotora de Justiça. É certo que ao Oficial de Registro cumpre fiscalizar o pagamento dos impostos devidos por força dos atos que lhe forem apresentados em razão do ofício, na forma do art. 289 da Lei nº 6.015/73, sob pena de responsabilização pessoal do Oficial Delegado, e dentre estes impostos se encontra o ITBI. Todavia, a qualificação feita pelo Oficial Registrador não vai além da aferição sobre a existência ou não de recolhimento do tributo, e não sobre a integralidade de seu valor. Todavia, na presente hipótese verifica-se que a garagem é composta de 62 vagas lançadas conjuntamente por um único contribuinte de IPTU, cabendo a cada proprietário uma fração de 1,61% no valor atribuído ao contribuinte. Ocorre que de acordo com o documento de fls. 22, houve o pagamento referente a fração de 0,19%, ou seja, o recolhimento é muito ínfimo em relação à fração que lhe cabe, havendo aparência de burla a legislação fiscal (fls. 17/18). Por fim, devidamente intimada, a suscitada não apresentou impugnação, pressupondo sua concordância acerca das ponderações do registrador. Logo, entendo correto o óbice imposto, devendo a suscitada complementar o valor. Diante do exposto, julgo procedente a dúvida suscitada pelo Oficial do 1º Registro de Imóveis da Capital, a requerimento de Martha Galhardo Sala Bagnoli, e consequentemente mantenho a exigência imposta. Deste procedimento não decorrem custas, despesas processuais e honorários advocatícios. Oportunamente remetam-se os autos ao arquivo. P.R.I.C. São Paulo, 18 de abril de 2017. Paulo César Batista dos Santos Juiz de Direito - ADV: MARTHA GALLARDO SALA BAGNOLI (OAB 234759/SP) (DJe de 24.04.2017 - SP)

Processo 1096691-60.2017.8.26.0100

Dúvida - REGISTROS PÚBLICOS - Saul Avrucik - Vistos. Trata-se de dúvida suscitada pelo Oficial do 2º Registro de Imóveis da Capital, a requerimento de Saul Avrucik, diante da negativa em efetuar o registro da escritura pública de venda e compra lavrada perante o 25º Tabelião de Notas da Capita l, por meio da qual buscou-se transmitir a fração ideal correspondente a uma unidade autônoma, objeto da matrícula nº 92.556. O óbice registrário referese à ausência da comprovação do recolhimento da complementação do imposto quanto às benfeitorias ou o demonstrativo de sua isenção. Juntou documentos às fls. 04/25. O suscitado apresentou impugnação às fls. 26/29. Aduz que a lavratura do instrumento da promessa de venda e compra e posterior escritura foram realizadas anteriormente aos diplomas legais e às instruções tributárias que obrigam o recolhimento do imposto. Apresentou documentos às fls. 31/60. O Ministério Público opinou pela procedência da dúvida (fls. 64/67). É o relatório. Passo a fundamentar e a decidir. Com razão o Registrador, bem como a D Promotora de Justiça. Preliminarmente, de acordo com o princípio tempus regit actum, à qualificação do título aplicam-se as exigências legais contemporâneas ao registro, e não as que vigoravam ao tempo de sua lavratura. O Conselho Superior da Magistratura tem considerado que, para fins de registro, não importa o momento da celebração do contrato, em atenção ao princípio "tempus regit actum", sujeitando-se o título à lei vigente ao tempo de sua apresentação (Apelação Cível nº, 115-6/7, rel. José Mário Antonio Cardinale, nº 777-6/7, rel. Ruy Camilo, nº 530-6/0, rel. Gilberto Passos de Freitas, e, mais recentemente, nº 0004535- 52.2011.8.26.0562, relatada por V. Exa.). Logo, desconsidera-se o momento em que foi lavrada a escritura, incidindo a qualificação no momento da apresentação do título para ingresso no fólio real. Feita esta consideração, em relação à fiscalização do recolhimento dos impostos pelo registrador, trata-se de matéria já enfrentada pelo E. Conselho Superior da Magistratura que, no v. Acórdão nº 996-6/6, observou que: "É certo que ao Oficial de Registro cumpre fiscalizar o pagamento dos impostos devidos por força dos atos que lhe forem apresentados em razão do ofício, na forma do art. 289 da Lei nº 6.015/73, sob pena de responsabilização pessoal do Oficial Delegado, e dentre estes impostos se encontra o ITCMD, cuja prova de recolhimento deve instruir o formal de partilha, salvo hipótese de isenção devidamente demonstrada". Todavia, a qualificação feita pelo registrador não vai além da aferição sobre a existência ou não do recolhimento do tributo, e não sobre a integralidade de seu valor. Na hipótese dos autos, o próprio suscitado, em sede de impugnação, reconheceu que a incidência do imposto ITBI é prevista na legislação, todavia argumenta que o ato que se busca registrar concretizou-se anteriormente a tais normas. Entendo que as alegações do suscitado não devem prosperar. De acordo com a Lei 10.721 de 27.01.1989, Lei 11.154 de 30.12.1991, Decreto 46.228 de 23.08.2005 e Decreto 51.627 de 13.07.2010, fica estabelecido que o Imposto ITBI por ato oneroso de bens imóveis e direitos a eles relativos incide sobre a "transmissão inter vivos" a qualquer título, por natureza ou acessão física e de direitos reais sobre os imóveis. Logo, inclui-se as benfeitorias incorporadas ao terreno. No mais, tem-se que o fato gerador do ITBI, no caso da transmissão do domínio, é o efetivo registro, pois somente ele tem o condão de transferir a propriedade, muito embora seja habitual o pagamento desse tributo já quando se celebra o negócio jurídico obrigacional. Não é demais transcrever trechos de julgados neste sentido: "O registro do título é o fato gerador do tributo. Enquanto não apresentado para registro, os direitos decorrentes limitam-se à esfera pessoal, afastando a ocorrência do fato gerador" (Apel. Cív. 020522- 0/9- CSMSP - j. 19.04.1995 Rel. Antônio Carlos Alves Braga)."O art. 156, inciso II, da Constituição Federal estabelece a competência tributária para instituir e cobrar o ITBI - Imposto sobre Transmissão de Bens Imóveis, nos seguintes termos: "Compete aos Municípios instituir impostos sobre: II transmissão inter vivos, a qualquer título, por ato oneroso, de bens imóveis, por natureza ou acessão física, e de direitos reais sobre imóveis, exceto os de garantia, bem como cessão de direitos a sua aquisição". Sobre a aquisição da propriedade imóvel, dispõe o art. 1245, caput e § 1º, do Código Civil: "Transfere-se entre vivos a propriedade mediante o registro do título translativo no Registro de Imóveis. § 1º Enquanto não se registrar o título translativo, o alienante continua a ser havido como dono do imóvel". Com efeito, tal imposto é devido somente por ocasião do registro da transmissão da propriedade de bens ou direitos, a teor do disposto no art. 1245 do Código Civil (Agr. Reg. em Agr. Instr. n. 448.245-DF, Rel. Min. Luiz Fux), em que pese habitual e ilegítima exigência da prova do recolhimento do citado tributo antes da lavratura da escritura ou do contrato particular." (processo 0039993-95.2009.8.26.0564 - TJSP - relator: Roberto Martins de Souza) (grifos no original) E ainda conforme estabelece o artigo 1.245 do CC: "Transfere-se entre vivos a propriedade mediante o registro do título translativo no Registro de Imóveis". Ademais, eventual hipótese de isenção do imposto deverá ser comprovada pelo interessado nas vias ordinárias. Por fim vale ressaltar que tal questão encontra-se normatizada pelo Decreto Municipal nº 55.196 de 11.06.2014: "Art. 1º: O Imposto sobre Transmissão "Inter Vivos", a qualquer título, por ato oneroso, de bens imóveis, por natureza ou acessão física, e de direitos reais sobre imóveis, exceto os de garantia, bem como cessão de direitos à sua aquisição - ITBI-IV tem como fato gerador: I - a transmissão "inter vivos", a qualquer título, por ato oneroso: a) de bens imóveis, por natureza ou acessão física;b) de direitos reais sobre bens imóveis, exceto os de garantia e as servidões;II - a cessão, por ato oneroso, de direitos relativos à aquisição de bens imóveis...Art. 7º: A base de cálculo do Imposto é o valor venal dos bens ou direitos transmitidos, assim considerado o valor pelo qual o bem ou direito seria negociado à vista, em condições normais de mercado.§ 1º. Na apuração do valor venal do bem transmitido ou do seu respectivo direito, considera-se o valor das benfeitorias e construções nele incorporadas" (g.n) Diante do exposto, julgo procedente a dúvida suscitada pelo Oficial do 2º Registro de Imóveis da Capital, a requerimento de Saul Avrucik, e mantenho o óbice registrário. Deste procedimento não decorrem custas, despesas processuais e honorários advocatícios. Oportunamente remetam-se os autos ao arquivo. P.R.I.C. São Paulo, 17 de novembro de 2017. Tania Mara Ahualli Juíza de Direito - ADV: TATIANA GUIMARÃES CORASSIN (OAB 373151/SP) (DJe de 23.11.2017 - SP)

CONDOMÍNIO

Processo 1111976-30.2016.8.26.0100

Dúvida - REGISTROS PÚBLICOS - 1º Oficial de Registro de Imóveis de São Paulo - Brookfield Brasil Shopping Center Ltda

Dúvida - Registro de Instrumento Particular de Convenção de Condomínio pro indiviso - Shopping Center - não enquadramento nas hipóteses taxativas elencadas no artigo 167 da Lei de Registros Públicos – Dúvida Procedente. Vistos. Trata-se de dúvida suscitada pelo Oficial do 1º Registro de Imóveis da Capital a requerimento de Brookfield Brasil Shopping Centers LTDA, Fundação dos Economiários Federais - FUNCEF, Guantera Empreendimentos e Participações LTDA e ITC Empreendimentos e Participações LTDA, todas representadas por Bracadm Gestão LTDA, diante da negativa do registro de Instrumento Particular de Convenção de Condomínio junto à matrícula nº 57.449. Os óbices registrários referem-se: a) os subscritores do instrumento particular não são, na totalidade, aqueles indicados no fólio real, sendo que o imóvel encontrasse na titularidade de Brookfield (detentora de 60%); Fundação dos Economiários (detentora de 40%) e Market Basing S/A (detentora de 10%), sendo que esta última não subscreveu o requerimento, violando os termos do artigo 1333 do Código Civil; b) a convenção apresentada ostenta caráter de simples contrato, estabelecendo obrigações pessoais, entre as partes signatárias, logo, por não dispor sobre direito real, nem estabelecer obrigação "propter rem", não teria acesso ao registro de imóveis. Juntou documentos às fls. 08/112. As suscitadas, em sua impugnação (fls. 117/127), se opõem às exigências formuladas pelo Registrador, sob o argumento de que a sociedade Market Basing S/A, que consta como proprietária da quota de 10% do imóvel, foi regularmente dissolvida, sendo sua parte adjudicada às acionistas ITC Empreendimentos e Participações LTDA e Guantera Empreendimentos e Participações LTDA, na proporção de 50% para cada uma. Aduzem que o rol dos títulos registráveis não é taxativo, sendo passível de registro a convenção de condomínio pro indiviso. Juntaram documentos às fls. 129/198. O Ministério Público opinou pela procedência da dúvida (fls. 204/207). É o relatório. Passo a fundamentar e a decidir. Com razão o Registrador e o D Promotor de Justiça. Em relação ao primeiro óbice, apesar da empresa Market Basing S/A ter adjudicado sua parte às acionistas ITC Empreendimentos e Participações LTDA e Guantera Empreendimentos e Participações LTDA, conforme Ata de Assembléia Extraordinária (fls. 188/198), tal ato não se encontra averbado na matrícula nº 57.449, o que fere o princípio da segurança jurídica que dos atos registrários se espera, bem como o artigo 1333 do Código Civil, que dispõe: "A convenção que constitui o condomínio edilício deve ser subscrita pelos titulares de, no mínimo, dois terços das frações ideais e torna-se, desde logo, obrigatória para os titulares de direito sobre as unidades, ou para quantos sobre elas tenham posse ou detenção" (g.n). A convenção condominial, nos dizeres de Caio Mário Silva Pereira: "é o estatuto disciplinar das relações internas dos condôminos, que atende a conveniência de se estabelecer um regime harmônico de relações que elimine ou reduza ao mínimo as zonas de atrito (Condomínio e incorporações, 10º ed. Rio de Janeiro, Forense, 2002, p. 123). Trata esta dúvida da modalidade condominial denominada "shopping center". Empreendimentos comerciais como Shopping Centers apresentam características próprias e singulares, nascendo de uma conjunção de interesses dos co proprietários, não estando submetido, comumente, ao regime condominial da Lei 4.591/64. O Instrumento Particular de Convenção de Condomínio levado a ingresso é híbrido, trazendo em seu bojo elementos de um condomínio pro indiviso e de um condomínio edilício. Conforme exposto pelo Registrador, no referido documento constam disposições que objetivam transformar a propriedade ordinária em propriedade condominial, sendo que no item 1.5 da Convenção consta: "As partes, visando à perpetuação do Empreendimento edificado e sua utilização comum permanente, resolvem, neste ato, consolidar a Convenção de Condomínio e, previamente, aprovar sua Convenção para regular seus direitos e obrigações, ainda que futuros, relativamente ao shopping", ou seja, deste item conclui-se que se trata de condomínio voluntário, regulado pelos artigos 1314 a 1330 do CC. Todavia, o item 2.1, trata da destinação do imóvel e estabelece que: "As partes ratificam, então, a destinação do mencionado imóvel à formação de um condomínio, na forma de um shopping center, sujeito à legislação em vigor, que estabelecem que o direito de propriedade recaia sobre o percentual de participação sobre o imóvel, de forma permanentemente indivisível, haja vista que não poderá ser alterada a característica e natureza do Empreendimento, face à necessidade de centralização de sua estrutura organizacional e comercial" (g.n). Conclui ser esta disposição própria de condomínio edilício, uma vez descartada a transitoriedade e a eventual extinção do condomínio, características estas de um condomínio voluntário. Neste contexto, para atender aos anseios dos titulares de domínio, a fim de haver a indivisibilidade predial, o imóvel deverá submeter-se ao regime de condomínio edilício, na forma dos artigos 1331 e seguintes do Código Civil, caso contrário as disposições constantes do instrumento revestem caráter de mero contrato, gerando apenas obrigações pessoais. Vale ressaltar que o Egrégio Conselho Superior da Magistratura já pacificou entendimento de que as convenções de condomínio que não se refiram à empreendimentos de incorporação imobiliária, regularmente registrados, não merecem guarida no registro de imóveis. Não observando a instituição condominial a Lei nº 4591/64, não merece registro, via de consequência, não se registrando o instrumento convencional. O Conselho, em v. acórdão que versa sobre o tema, deixou assentado que "o único instrumento de instituição de condomínio que tem ingresso no Registro de Imóveis é o previsto no art. 7º da Lei 4.591/64. É a ele que se refere o art. 167, I, 17 da Lei de Registros Públicos". (Ap. Civ. 2.349-0, Patrocínio Paulista, DOJ de 24/11/1983, Rel. Des. Bruno Affonso de André, arquivo de Ademar Fioranelli). O não ingresso de título desta natureza, dá-se em virtude do elenco taxativo do artigo 167 da Lei 6015/73. A Egrégia Corregedoria-Geral da Justiça de São Paulo igualmente confirmou esse entendimento, justificando o não-acesso de títulos que tais ao álbum registrário com base na tese da taxatividade dos fatos inscritivos, considerando-se que o elenco dos títulos admitidos a registro constituem numerus clausus. Por essa razão, acolhida a orientação da não registração de tais convenções, desabrigadas do elenco taxativo do artigo 167 da Lei 6.015/73, estaria configurada a nulidade de pleno direito, o que autorizaria o Juiz a declará-la administrativamente e proceder ao cancelamento do registro (Processo CG 123/86, relator José Renato Nalini). Logo, com razão o Registrador, mantidos os entraves por ele demonstrados. Diante do exposto, julgo procedente a dúvida suscitada pelo Oficial do 1º Registro de Imóveis da Capital a requerimento de Brookfield Brasil Shopping Centers LTDA, Fundação dos Economiários Federais - FUNCEF, Guantera Empreendimentos e Participações LTDA e ITC Empreendimentos e Participações LTDA, e consequentemente mantenho os óbices registrários. Deste procedimento não decorrem custas, despesas processuais e honorários advocatícios. Oportunamente remetam-se os autos ao arquivo. P.R.I.C. São Paulo, 24 de janeiro de 2017. Tania Mara Ahualli Juíza de Direito - ADV: FERNANDO JOSÉ MAXIMIANO (OAB 154721/SP) (DJe de 01.02.2017 - SP)

Processo 1044178-18.2017.8.26.0100

Dúvida - Registro de Imóveis - Condomínio Edifício Sete Quedas - Vistos. Trata-se de dúvida suscitada pelo Oficial do 5º Registro de Imóveis da Capital, a requerimento de Condomínio Edifício Sete Quedas, tendo em vista a negativa em se proceder ao registro de instrumento particular de Convenção de Condomínio referente ao Edifício Sete Quedas, constituído pela escritura pública de divisão e especificação de condomínio de 27.12.1954. Os óbices registrários referem-se: a) à ausência das assinaturas dos titulares de direitos a representar no mínimo 2/3 das frações ideais que compõem o condomínio, nos termos do art.9º, § 2º da Lei nº 4.591/64 e art. 1333 do CC; b) à cláusula 43 da Convenção, que prevê o quórum de 2/3 dos condomínios para aprovação da alteração do projeto, estrutura e fachada do prédio, contrariando o receito legal que estabelece a unanimidade dos condôminos; c) omissão na convenção acerca dos quóruns especiais de votação, nos termos do artigo 17 da Lei 4.591/64 e art. 1343 do Código Civil. Juntou documentos às fls. 04/98. O Condomínio apresentou impugnação às fls. 99/110. Aduz que, nos moldes do art.1324 do Código Civil, o administrador comum tem poderes de representar todos os coproprietários perante terceiros, logo o voto de Luciana de Salles Pinto Lancellotti surte efeitos para toda fração ideal da unidade exclusiva e, ainda que assim não seja, é possível a substituição do documento, sendo que eivado de erro material, bem como o quórum de 2/3 só seria exigível na hipótese de controvérsia sobre as regras convencionais. Ressalta ainda que a exigência do Registrador acerca da necessidade da aprovação unânime dos condôminos para aprovação da alteração do projeto, estrutura e fachada do prédio, não é cabível, tendo em vista que o art. 10 e parágrafos da Lei nº 4.591/64 estão revogados pelos arts. 1341 e 1342 do Código Civil. Por fim, sobre a exigência dos quóruns especiais de votação, afirma que a situação descrita no art. 17 da Lei nº 4.591/64 está prevista na cláusula 67 da Convenção, bem como o estabelecido no artigo 1343 do Código Civil, não é objeto atual da pretensão dos condôminos, sendo que a parte inicial da Lei nº 4.591/64 está revogada. O Ministério Público opinou pela procedência da dúvida (fls. 129/132). O Oficial, às fls. 124/125, informa que caso uma das duas unidades (proprietários dos apartamentos nºs 301 ou 102), assine o título, estaria suprido o primeiro óbice, relativo à necessidade do quórum de 2/3. Às fls. 136/140, foram juntados novos documentos pelo suscitado, dos quais o Registrador manifestou-se às fls. 144/146. É o relatório. Passo a fundamentar e a decidir. Requer o suscitado o registro de instrumento particular de Convenção de Condomínio referente ao Edifício Sete Quedas, constituído pela escritura pública de divisão e especificação de condomínio de 27.12.1954. De acordo com o artigo 1324 do Código Civil: "O condômino que administrar sem oposição dos outros presume-se representante comum"Nas palavras do Desembargador Francisco Eduardo Loureiro ("Código Civil Comentado, 2ª edição revisada e atualizada, editora: Manole): "O artigo 1324

CC, regula a representação por um condômino decorrente de consentimento dos demais, consistente em comportamento concludente de não posição aos atos de administração". Neste contexto, os termos de declarações juntados às fls. 136/140, referentes ao apartamento nº 301, nos quais todos os proprietários autorizam Luciana de Sales Pinto Lancelotti a retificar ou ratificar os termos da Convenção de Condomínio e do Regimento Interno, em nome dos mandatários, proporcional a cada fração ideal, encontram-se aptos a surtir efeito. Note-se que no documento de fl. 147, foi efetuada a correção da matrícula sob nº 45.533, em retificação ao anterior documento apresentado à fl. 87. Assim, tendo em vista os documentos (fls. 136/140) e levando-se em consideração a manifestação do Registrador, de que havendo a assinatura dos proprietários do apartamento nº 301 teria sido alcançado o quórum de 2/3 dos condôminos, entendo que se encontra superado o primeiro óbice. Todavia, melhor sorte não teve o suscitado em relação às duas exigências restantes. Em relação à necessidade da aprovação unânime dos condôminos para alteração do projeto, estrutura e fachada do prédio, há que se observar que o artigo 10 e seus parágrafos da Lei 4.591/64 não estão revogados pelos artigos 1341 e 1342 do Código Civil, que complementam a disciplina da matéria. Conforme o julgado colacionado a seguir, é imprescindível a aprovação unânime dos condôminos para alteração do projeto, estrutura e fachada do prédio, uma vez que comprometerão a segurança e destinação da edificação, necessitando consequentemente da aprovação de todos em assembleia a ser realizada para este fim."Ação de obrigação de fazer. Alteração da Convenção do Condomínio. Quorum para tal fim atendeu a exigência prevista na convenção. Apartamento que teve sua destinação prejudicada em virtude da expropriação de sua frente. Modificação com o objetivo de transformar a destinação residencial dos apartamentos do 10 andar em comercial. Vedação prevista no art. 10, incisos I e III da Lei 4591/64. A convenção não poderia contrariar a lei no que diz respeito ao quórum para alteração de fachada e destinação do imóvel. Recurso provido para julgar procedente a ação, condenando-se o condomínio a abster-se da uso nocivo da fachada do edifício, desfazendo-se a obra realizada (letreiros e abertura frontal da unidade autônoma para a Av. Paulista) restituindo o estado original da coisa, sob pena de multa diária, mantendo-se a finalidade residencial do imóvel. Invertidos os onus da sucumbência . Sentença reformada. Recurso provido" (Processo APL 990093633752 SP, 6ª Turma Cível, publ. 16.08.2010, Relator: James Siano). Logo, deve-se alterar a cláusula 43 da Convenção para readequar o quorum previsto, fazendo constar que para a aprovação de alteração do projeto, estrutura e fachada do prédio, é necessária a aprovação unanime dos condôminos. Por fim, em relação ao último óbice concernente à omissão dos quóruns especiais de votação (art. 1343 do CC e art. 14 da Lei 4591/64), tal exigência decorre de texto expresso de lei. O artigo 1334 é cristalino no sentido de elencar as disposições que devem conter na convenção, dentre as quais os quóruns exigidos para as deliberações: "Art.1334: Além das clausulas referidas no art. 1221 e das que os interessados houverem por bem estipular, a convenção determinará:...III - a competência das assembleias, forma de sua convocação e quorum exigido para as deliberações". No mesmo sentido o § 3º do art. 9º da Lei 4591/64 estabelece: "Art. 9º: - ADV: ROBERSON CHRISPIM VALLE (OAB 31793/SP). (DJe de 19.09.2017 - SP)

Processo 1086211-23.2017.8.26.0100

Pedido de Providências - Registro de Imóveis - Condomínio Edifício Sausalito Residence Flat - Vistos. Trata-se de pedido de providências formulado pelo Condomínio Edifício Sausalito Residence Flat em face do Oficial do 13º Registro de Imóveis da Capital, após negativa de averbação de alteração da convenção de condomínio. Alega a requerente que por três vezes apresentou o título, recebendo notas devolutivas idênticas, contendo a exigência de que fosse cumprido o quórum de 2/3 dos condôminos na assembleia. Discorda de tal exigência, pois consta do título, expressamente, que 2/3 dos atuais proprietários aprovam a convenção, além de que foram recolhidas assinaturas comprovando tal fato. Juntou documentos às fls. 09/475. O Oficial respondeu às fls. 490/494, com documentos às fls. 495/766. Aduz que a exigência do quórum está prevista no Art. 1.351 do Código Civil, que a procuração relativa ao apartamento nº 12 foi outorgada por apenas um proprietário, que as assinaturas dos titulares e representantes dos apartamentos 61, 73, 82, 121 e 122 não foram identificadas, que o titular que assinou pelo apartamento 112 não é mais seu proprietário, que a procuração do apartamento 71 não contém poderes específicos para representação em assembleia e que as assinaturas não foram reconhecidas por tabelião de notas. A requerente apresentou réplica às fls. 769/800, buscando demonstrar que as exigências do Oficial não se sustentam, além de contestar a regularidade das notas devolutivas emitidas. Manifestação do Oficial às fls. 808/811, complementando suas ponderações acerca da legalidade das exigências.

O Ministério Público opinou às fls. 817/819 pela improcedência do pedido. É o relatório. Decido. O Art. 1.351 do Código Civil é expresso ao exigir quórum mínimo para alteração da convenção de condomínio: "Art. 1.351. Depende da aprovação de 2/3 (dois terços) dos votos dos condôminos a alteração da convenção; a mudança da destinação do edifício, ou da unidade imobiliária, depende da aprovação pela unanimidade dos condôminos." Como se lê, os legitimados para o voto são os condôminos, sendo necessário, para averiguação do preenchimento do quórum de aprovação, que se demonstre a quantidade total de condôminos (verificação feita através da matrícula das unidades autônomas) e a comprovação de que foram eles, e não terceiros, que votaram na assembleia. Deste modo, as exigências do Oficial vêm ao encontro desta premissa, uma vez que visam confirmar que a votação se deu de forma regular. A alegação da requerente de que, constando cláusula de que houve preenchimento do quórum, não há qualquer análise a ser feita, não pode ser aceita. Ora, a comprovação de tal fato se dá exatamente com a assinatura dos presentes na assembleia, não bastando a mera inclusão de tal cláusula para que se presuma a legalidade da alteração da convenção. Sendo assim, cumpre ao Oficial verificar a aprovação dos 2/3 exigidos por lei, e em especial a regularidade dos votos. Neste sentido, o apartamento nº 12 é de propriedade de um casal. Portanto, sendo dois os proprietários do apartamento, insuficiente o voto individual para a contagem do quórum, considerando-se que, sem autorização expressa, não pode a decisão de um cônjuge vincular a vontade do outro. Ainda, inaplicáveis os precedentes mencionados pela requerente, uma vez que dizem respeito ao pagamento de despesas condominiais, e não à participação em assembleia. Portanto, correta a exigência do Oficial para que também Alberto Caruso assine a ata ou a procuração que outorga poderes de voto. Já no que diz respeito ao apartamento nº 112, e ao contrário do que aduz a requerente, o princípio do tempus regit actum prevê que as condições de registro do título devem ser verificadas ao tempo do requerimento, e não da celebração do negócio jurídico. Neste sentido, a Apelação 1001387-05.2015.8.26.0100, Rel. Elliot Akel, j. 19/08/15. Cito excerto do voto: "O que se tem é que no momento em que o título - contrato de locação - foi levado a registro, a pessoa que consta como locadora não era mais proprietária do imóvel locado. E, no caso, conforme torrencial jurisprudência deste Conselho, vigora o princípio "tempus regit actum". Importa, portanto, o momento em que o título é levado a registro, não a data em que foi lavrado o contrato."Mutatis mutandis, o título no presente caso é a ata de alteração da convenção de condomínio. Pretendida a averbação, deve-se verificar quem são os condôminos na data no requerimento, e não no momento da assembleia. O ônus por alterações na propriedade das unidades neste interim não pode recair sobre o novo adquirente, que na data do negócio jurídico só estaria vinculado à convenção registrada na matrícula do condomínio, e não aquela aprovada em assembleia e sem registro. Por esta razão, a assinatura a ser verificada deve ser a do condômino titular de domínio ao tempo do registro, sendo correto o óbice apresentado. Quanto a necessidade de procuração com poderes específicos, esta exigência se faz porque não se pode transferir o direito de voto por meio de mandato com poderes genéricos, uma vez que o Art. 661 do Código Civil prevê que este tipo de procuração só confere poderes de administração. Sendo a convenção de condomínio meio de limitação do direito de propriedade, então um voto que aprove qualquer alteração extrapola os meros poderes de administração, pois afeta diretamente os direitos reais do proprietário. Assim, nos termos do §1º do Art. 661, necessária a procuração com poderes especiais. Quanto ao reconhecimento de firma, prevê o Art. 221, II, da Lei 6.015/73: "Art. 221 - Somente são admitidos registro: II – escritos particulares autorizados em lei, assinados pelas partes e testemunhas, com as firmas reconhecidas, dispensado o reconhecimento quando se tratar de atos praticados por entidades vinculadas ao Sistema Financeiro da Habitação;" O caput do artigo deve ser interpretado como registro no sentido lato, incluindo ali as averbações, uma vez que a segurança jurídica esperada dos registros públicos demanda que os documentos apresentados perante o Oficial tenham sua legitimidade comprovada. Sendo o título ora apresentado documento particular, então o reconhecimento de firma é requisito para sua averbação, nos termos do mencionado dispositivo legal. Neste sentido, já decidiu a E. Corregedoria Geral da Justiça, no processo 1100603-36.2015.8.26.0100, no parecer de lavra do MM. Juiz Assessor Iberê de Castro Dias, que "a alteração da convenção condominial amolda-se à hipótese versada, de tal arte que o reconhecimento de firma dos signatários da respectiva ata é de rigor para a qualificação." Assim, pelo acima exposto, tais óbices se demonstram corretos. Contudo, o óbice relativo a identificação de quem assinou o instrumento não pode ser mantido. De fato, as assinaturas apostas às fls. 87/96 não contam com identificação da pessoa que assinou. Contudo, há um campo que identifica a Unidade relativa à assinatura, que se analisada em conjunto com a lista de presença de fls. 21/22 permite identificar quem assina por qual unidade, de modo que o óbice apresentado pelo Oficial, neste ponto, não pode ser aceito, pois a exigência pode ser suprida pelos próprios documentos apresentados. Em outras palavras, não é cabível impor óbice ao apresentante visando apenas facilitar a análise do Oficial, quando tal análise pode ser feita do conjunto de documentos. Uma vez reconhecida a firma, e confirmada a condição de condômino ou de seu representante, então a assinatura da ata pode ser confrontada com aquela da lista de presença para identificar o votante e validar seu voto. Por fim, os óbices apresentados com relação as unidades 12 e 112 dizem respeito a validade dos votos na assembleia. Mesmo no caso de impossibilidade de validação de tais votos pelo Oficial, este pode verificar se o quórum ainda assim foi preenchido e proceder com a averbação, como bem apontado pela D. Promotora, apenas fazendo constar tal dado na averbação realizada. Cabe, em conclusão, analisar a questão das notas devolutivas. A primeira nota apresentada (fls. 495/496) bem colocou acerca da necessidade do voto de 2/3 dos proprietários, bem como as exigências relativas a proprietários casados e de pessoas jurídicas. Contudo, com a reapresentação do título em 16/12/16, a parte requerente entendeu que teria cumprido as exigências. Assim, a mera repetição das exigências anteriores, como feito na nota devolutiva de fls. 497/498, não era suficiente para esclarecer ao apresentante as razões de recusa da averbação. Veja-se que o Oficial apenas esclareceu em detalhes as razões da recusa no presente procedimento. As exigências relativas ao reconhecimento de firma, à necessidade de que os atuais proprietários fossem signatários do instrumento e à necessidade de procuração com poderes específicos só foram feitas em juízo, não podendo ser inferidas da nota devolutiva. É dever do Oficial realizar a qualificação completa do título na sua primeira apresentação, só sendo cabível apresentar novas exigências caso o óbice não pudesse ser constatado anteriormente. Neste sentido o Capítulo XX das Normas de Serviço da Corregedoria Geral de Justiça: "40. É dever do Registrador proceder ao exame exaustivo do título apresentado. Havendo exigências de qualquer ordem, deverão ser formuladas de uma só vez, por escrito, de forma clara e objetiva, em formato eletrônico ou papel timbrado do cartório, com identificação e assinatura do preposto responsável, para que o interessado possa satisfazê-las ou requerer a suscitação de dúvida ou procedimento administrativo. 40.1. A nota de exigência deve conter a exposição das razões e dos fundamentos em que o Registrador se apoiou para qualificação negativa do título, vedadas justificativas de devolução com expressões genéricas, tais como "para os devidos fins", "para fins de direito" e outras congêneres. 40.2. Ressalva-se a emissão de segunda nota de exigência, exclusivamente, na hipótese de, cumpridas as exigências primitivamente formuladas, surgirem elementos que não constavam do título anteriormente qualificado ou em razão do cumprimento parcial das exigências formuladas anteriormente."Portanto, a conduta do Oficial não observou a exigência acima prevista, já que a nota devolutiva não foi clara e objetiva acerca das razões da recusa, que necessitaram ser complementadas neste procedimento. A alegação do Oficial, de que a parte não poderia alegar desconhecimento da legislação relativa ao registro, não pode ser acatada, uma vez que as NSCGJ expressamente preveem o dever de análise completa com os devidos esclarecimentos, devendo o Oficial zelar por sua observância. Em outras palavras, apesar de os óbices apresentados estarem corretos, a nota devolutiva não se apresentou formalmente em ordem. O dever de fundamentação está claramente exposto nas Normas de Serviço. Por óbvio, não se pode exigir que a nota devolutiva contenha ampla discussão teórica e legal das razões da recusa de registro. Ainda assim, deve ser dada justificativa para que o apresentante entenda o fundamento da recusa do título, sendo que, no presente caso, tal justificativa foi defeituosa. Assim, entendo que o Oficial deixou de observar o disposto no item 40.1 das NSCGJ. Por outro lado, trata-se de erro pontual, pois não há histórico de qualquer outra reclamação quanto as demais notas devolutivas apresentadas por ele, além de se tratar de falta de baixa gravidade, já que no presente procedimento foi possível o esclarecimento da questão e foi demonstrado que o Oficial estava correto ao negar a averbação do título. Destarte, não há que ser tomada qualquer medida disciplinar, devendo apenas o Oficial atentar-se para que, em suas notas devolutivas, haja um melhor esclarecimento das razões da recusa, em especial quando o título for reapresentado e a parte entender estarem cumpridas as exigências. Do exposto, julgo parcialmente procedente o pedido de providências formulado pelo Condomínio Edifício Sausalito Residence Flat em face do Oficial do 13º Registro de Imóveis da Capital, afastando o óbice relativo à identificação dos votantes, mas mantendo os demais. Não há custas, despesas processuais nem honorários advocatícios decorrentes deste procedimento. Oportunamente, arquivem-se os autos. P.R.I.C. - ADV: LEONARDO PAGANONI (OAB 370951/SP) (DJe de 11.12.2017 - SP)

CONFERÊNCIA DE BENS

Processo 1041233-58.2017.8.26.0100

Dúvida - Registro de Imóveis - Jorge Saad Souen e outro - Vistos. Trata-se de dúvida inversa suscitada por Jorge Saad Souen e Marli Tadea Giannotti Souen, em face da negativa do Oficial do 3º Registro de Imóveis da Capital em proceder ao registro de conferencia de bens relativa aos imóveis objeto das matrículas nºs 122.272, 122.273 e 122.274, transferidos à Clínica Professor Jorge Saad Souen LTDA.O óbice registrário refere-se à existência de decisão em procedimento de dúvida que tramitou perante este Juízo envolvendo os imóveis, objeto do presente feito (processo nº 1043170-40.2016.8.26.0100), no qual foi proferida sentença de procedência, entendo o Registrador que a questão está abarcada pela coisa julgada formal, não cabendo novo procedimento envolvendo os mesmos fatos. No referido procedimento, a exigência do Registrador referia-se à necessidade de lavratura de escritura pública para a transferência dos bens, uma vez que a exceção prevista no artigo 64 da Lei nº 8.934/94 não se estende às sociedades simples, devendo ser aplicada a regra do artigo 108 do Código Civil. Insurge-se o suscitante contra o óbice imposto, sob o argumento de que após ter sido proferida sentença por este Juízo, em sede de recurso, e em outros processos envolvendo a mesma questão, foi modificada a decisão pelo Egrégio Conselho Superior da Magistratura que passou a considerar como excessivamente burocrático exigir para um ato de conferencia de bens que o sócio tenha que registrar o instrumento particular no Registro Civil das Pessoas Jurídicas, lavrar a escritura em um Cartório de Notas e registrar esta última no Registro de Imóveis. Juntou documentos às fls. 17/59. O Ministério Público opinou pela improcedência da dúvida, autorizando o registro pretendido (fls. 74/75). É o relatório. Passo a fundamentar e a decidir. Agiu com cautela e zelo o registrador ao negar o registro do título apresentado, amparado na existência de sentença de procedência da dúvida proferida por este Juízo. Contudo, verifico que em dois outros processos de dúvida envolvendo a mesma questão, referentes ao 1º e 4º Registro de Imóveis da Capital, em sede de recurso houve a modificação da sentença de procedência, entendendo o Egrégio Conselho Superior da Magistratura que o óbice deveria ser afastado: "Registro de Imóveis - Conferencia de bens - Bens transferidos pelos sócios para sociedade simples limitada - Óbice ao registro pela não formalização da transferência dos imóveis por escritura - Sentença de procedência da dúvida - Reforma da decisão - Sociedade simples limitada que é regida pelas normas aplicáveis às sociedades empresárias limitadas (arts. 983 e 1150 do CC) - Certidão de alteração de sociedade simples limitada, passada pelo Registro Civil da Pessoa Jurídica, que constitui documento hábil para a transferência de bens imóveis - Inteligência dos artigos 983, 1.150 do CC e 64 da Lei 8.934/94 - Recurso provido para julgar improcedente a dúvida" (Apelação nº 1036892-23.2016.8.26.100; Apelantes: Jorge Saad Souen e Marli Tadea Giannotti Souen;

Apelado: 1º Oficial de Registro de Imóveis da Capital). Ora, tendo em vista que a sentença proferida em âmbito administrativo não faz coisa julgada material, entendo desnecessária a propositura de ação judicial para discutir a questão, devendo ser revista a posição anterior e adotado o precedente mencionado pelo Egrégio Conselho Superior da Magistratura. Logo, entendo como superado o óbice. Diante do exposto, julgo improcedente a dúvida inversa suscitada por Jorge Saad Souen e Marli Tadea Giannotti Souen, em face da negativa do Oficial do 3º Registro de Imóveis da Capital, e consequentemente determino o registro de conferencia de bens relativa aos imóveis objeto das matrículas nºs 122.272, 122.273 e 122.274, transferidos à Clínica Professor Jorge Saad Souen LTDA.Deste procedimento não decorrem custas, despesas processuais e honorários advocatícios. Oportunamente remetam-se os autos ao arquivo. P.R.I.C. São Paulo, 11 de setembro de 2017. Tania Mara Ahualli Juíza de Direito - ADV: FABIO ANTONIO MARTIGNONI (OAB 149571/SP). (DJe de 14.09.2017 - SP)

Processo 1064340-34.2017.8.26.0100

Dúvida - Registro de Imóveis - Taluma Administradora de Bens Ltda. - Vistos. Trata-se de dúvida suscitada pelo Oficial do 4º Registro de Imóveis da Capital, a requerimento de Taluma Administradora de Bens LTDA, em face da negativa em se proceder ao registro do Contrato Social, pelo qual o sócio Carlos Alberto Alves Cardoso e sua mulher Cynthia Rossi Buratto Cardoso transmitiram à suscitada, a título de conferencia de bens para integralização do capital social, o imóvel matriculado sob nº 124.361. O óbice registrário refere- se à ausência de apresentação de guia complementar para comprovar o recolhimento de multa, juros e correção monetária do ITBI, uma vez que o pagamento foi efetuado após o prazo legal. Juntou documentos às fls. 04/30. A suscitada apresentou impugnação às fls. 27/30. Argumenta que o imposto ITBI somente é devido quando se transfere o domínio, ou seja, com o registro no Cartório de Imóveis, razão pela qual não há que se cogitar em atraso no pagamento. O Ministério Público opinou pela improcedência da dúvida (fls. 41/43). É o relatório. Passo a fundamentar e a decidir. Com razão a D Promotora de Justiça. O contrato social não apresenta qualquer vício formal que obste o seu registro para a transferências dos imóveis que integralizam o capital social da empresa. Houve o recolhimento do ITBI, conforme documentos de fls. 24/25. Em nosso sistema jurídico, a transferência da propriedade de bens imóveis só acontece no momento de seu registro. Desta forma, o fato gerador do ITBI tem como data o dia deste registro, e não o dia da celebração do negócio jurídico consubstanciado no título que será registrado. É este o comando do art. 1245, caput, do Código Civil e artigo 35, I, do Código Tributário Nacional: "Art. 1.245. Transfere-se entre vivos a propriedade mediante o registro do título translativo no Registro de Imóveis." Art. 35. O imposto de competência dos Estados, sobre a transmissão de bens imóveis e de direitos a eles relativos tem como fato gerador: I a transmissão, a qualquer título, da propriedade ou do domínio útil de bens imóveis, por natureza ou por acessão física, como definidos na lei civil." Nesse sentido já decidiu o Colendo Superior Tribunal de Justiça: "TRIBUTÁRIO. ITBI. FATO GERADOR. OCORRÊNCIA. REGISTRO DE TRANSMISSÃO DO BEM IMÓVEL. 1. Rechaço a alegada violação do art. 458 do CPC, pois o Tribunal a quo foi claro ao dispor que o fato gerador do ITBI é o registro imobiliário da transmissão da propriedade do bem imóvel. A partir daí, portanto, é que incide o tributo em comento. 2. O fato gerador do imposto de transmissão (art. 35, I, do CTN) é a transferência da propriedade imobiliária, que somente se opera mediante registro do negócio jurídico no ofício competente. Precedentes do STJ. 3. Agravo Regimental não provido. (AgRg no AREsp 215.273/SP, Rel. Ministro HERMAN BENJAMIN, SEGUNDA TURMA, DJe 15/10/2012)." No mais, por força dos artigos 289, da Lei 6.015/73, 134, VI, do Código Tributário Nacional e inciso XI do art. 30 da Lei 8.935/1994, ao Registrador incumbe fiscalizar o devido recolhimento de tributos referentes somente às operações que serão registradas, ressaltando-se que essa fiscalização limita-se em aferir o pagamento do tributo e não a exatidão de seu valor: "Ao oficial de registro incumbe a verificação de recolhimento de tributos relativos aos atos praticados, não a sua exatidão" (Apel. Cív. 20522-0/9-CSMSP - J.19.04.1995 - Rel. Antônio Carlos Alves Braga)"Todavia, este Egrégio Conselho Superior da Magistratura já fixou entendimento no sentido de que a qualificação feita pelo Oficial Registrador não vai além da aferição sobre a existência ou não de recolhimento do tributo, e não sobre a integralidade de seu valor." (Apel. Cív. 996-6/6 CSMSP J. 09.12.2008 Rel. Ruy Camilo)"Este Egrégio Conselho Superior da Magistratura já fixou entendimento no sentido de que a qualificação feita pelo Oficial Registrador não vai além da aferição sobre a existência ou não de recolhimento do tributo, e não sobre a integralidade de seu valor." (Ap. Civ. 0009480-97.2013.8.26.0114 - Campinas - j. 02.09.2014 - Rel. des. Elliot Akel) Como bem observou a Douta Promotora de Justiça: "... A própria incidência da multa é de constitucionalidade duvidosa, na medida em que, como bem observado pela suscitada, a transmissão da propriedade, pelo princípio da inscrição (artigo 1.227 do Código Civil), dá-se apenas como registro do título. Assim, sequer se haveria de falar em cobrança de multa, na medida em que o recolhimento do tributo deu-se antes da prenotação da serventia predial". Logo, entendo que deve ser afastada a exigência imposta pelo Registrador. Diante do exposto, julgo improcedente a dúvida suscitada pelo Oficial do 4º Registro de Imóveis da Capital, a requerimento de Taluma Administradora de Bens LTDA e determino o registro do título apresentado. Deste procedimento não decorrem custas, despesas processuais e honorários advocatícios. Oportunamente remetam-se os autos ao arquivo. P.R.I.C. São Paulo, 06 de setembro de 2017. Tania Mara Ahualli Juíza de Direito - ADV: ELIAS DA SILVA REIS (OAB 178986/SP). (DJe de 14.09.2017 - SP)

DAÇÃO EM PAGAMENTO

Processo 1064339-49.2017.8.26.0100

Dúvida - Registro de Imóveis - Rita Maria Horta de Menezes Medina - Vistos. Trata-se de dúvida suscitada pela Oficial do 4º Registro de Imóveis da capital, a requerimento de Rita Maria Horta de Menezes Medina, tendo em vista a negativa em se proceder ao registro da escritura pública de confissão, novação de dívida e promessa de dação em pagamento, referente ao imóvel matriculado sob nº 192.991. Os óbices registrários referem-se: a) inexistência de previsão legal para o registro de promessa de dação em pagamento; b) inexistência de descrição das unidades autônomas, objetos da promessa de dação em pagamento; c) não houve o registro do memorial de incorporação do condomínio edilício a ser erguido na matricula do imóvel.

Juntou documentos às fls. 05/34. Não houve apresentação de impugnação neste Juízo (certidão - fl. 36), contudo, a suscitada manifestou-se perante a Serventia Extrajudicial, rechaçando os óbices registrários sob o argumento de a promessa de dação tem expressa previsão legal nos artigos 167, 169 e 22 da Lei de registros Públicos, bem como o objeto principal é a obrigação de fazer. Em relação à ausência da descrição das unidades e o memorial de incorporação não estar registrado na matrícula, aduz que o pagamento de 280 m^2 de área privativa no empreendimento, disposta em unidades autônomas de 40 m^2 (7 unidades) teria se tornado registrável a partir da unificação dos terrenos e da abertura da matrícula nº 192.991, onde será executado o empreendimento. O Ministério Púbico opinou pela procedência da dúvida (fls. 40/43). É o relatório. Passo a fundamentar e a decidir. Com razão a registradora, bem como a Douta Promotora de Justiça .De acordo com o rol taxativo previsto no artigo 167, I, que trata dos atos passíveis de registro, não há qualquer menção acerca da dação em pagamento. Isto porque na verdade a dação em pagamento refere-se a um negócio jurídico obrigacional envolvendo credor e devedor, o que impediria seu acesso ao fólio real. Assevera Maria Helena Diniz que o instituto "datio in solutum" surgiu com o Direito Romano, no qual era permitido converter a prestação em dinheiro em obrigação de dar coisa certa para impedir que o devedor perdesse seus bens por um preço vil. Com o tempo e com a evolução do Direito, tal instituto evoluiu e se transformou na atual dação em pagamento. Atualmente não se aceita mais a dação em pagamento coativa, assim como a permitida pelos romanos ("beneficium dationis in solutum") (DINIZ, Maria Helena. Curso de Direito Civil Brasileiro. 27ª Edição. São Paulo: Saraiva, 2012, p.310). Decerto, alguns doutrinadores divergem quanto à natureza da dação em pagamento. Alguns acreditam que ela se assemelha com a novação objetiva, por implicar uma mudança do objeto devido, que não se poderá dar sem que a dívida seja novada. Outros a veem como um contrato, como o de compra e venda, mas, como já supracitado, enquanto esta extingue uma obrigação, o contrato gera uma nova. Neste contexto, verifica-se que foi entabulado entre as partes um contrato de promessa de dação em pagamento, tendo em vista a inexistência de descrição das unidades autônomas, bem como ausência do registro do memorial de incorporação. Ora, a ausência de delimitação das unidades do empreendimento imobiliário impede auferir quais unidades autônomas serão dadas em pagamento da dívida, sendo certo que somente após a identificação das unidades poderá ser elaborado um contrato definitivo entre as partes. Neste contexto a ausência de identificação dos imóveis a ser transferidos, viola o princípio da especialidade objetiva. De acordo com mencionado princípio, elencado nos artigos 176 e 212 da Lei de Registros Públicos, não há a possibilidade do registro de títulos cujo objeto não seja exatamente aquele que consta do registro anterior, sendo necessário que a sua caracterização no negócio entabulado repita os elementos de descrição constantes do registro (Narciso Orlandi Neto, Retificação do Registro de Imóveis, Juarez de Oliveira, pág. 68). Daí tem-se que os bens devem estar perfeitamente descritos, de modo a possibilitar sua individualização, bem como coincidir com os dados constantes na matrícula, o que na presente hipótese não se observou. Conforme bem observado pela Douta Promotora: "apenas com o registro do memorial de incorporação, com a escolha das unidades pelos credores e com a lavratura da escritura definitiva de dação em pagamento, é que será viável a entrada da transação em questão no Registro de Imóveis, posto que, aí sim, terá ela caráter real"Diante do exposto, julgo procedente a dúvida suscitada pela Oficial do 4º Registro de Imóveis da capital, a requerimento de Rita Maria Horta de Menezes Medina e consequentemente mantenho os óbices registrários. Deste procedimento não decorrem custas, despesas processuais e honorários advocatícios. Oportunamente remetam-se os autos ao arquivo. P.R.I.C. São Paulo, 09 de agosto de 2017. Marcelo Benacchio Juiz de Direito - ADV: RAPHAEL FLEURY FERRAZ DE SAMPAIO NETO (OAB 80840/SP) (DJe de 11.08.2017 - SP)

DESAPROPRIAÇÃO

Processo 1124381-98.2016.8.26.0100

Dúvida - REGISTROS PÚBLICOS - LEGEP Mineração Ltda - Vistos. Trata-se de dúvida suscitada pelo Oficial do 15º Registro de Imóveis da Capital a requerimento de Legep Mineração LTDA, em face da negativa de ingresso do Contrato Particular de Recibo de Sinal e Princípio de Pagamento e Outras Avenças, referente a terreno remanescente de desapropriação, que tem origem na transcrição nº 16.422 do 11º Registro de Imóveis da Capital. Os óbices registrário referem-se: a) divergência entre a descrição do imóvel contida no contrato e a planta arquivada na Serventia Extrajudicial; b) ausência de reconhecimento das firmas dos promitentes vendedores; c) não apresentação de certidão negativa de débitos relativos aos tributos federais e à dívida ativa da União em nome de Alice de Moraes Campelo; d) ausência de autenticação na cópia do instrumento de alteração contratual da suscitada datado de 04.11.1989. Juntou documentos às fls. 07/119. A suscitada argumenta que empreendeu todos os esforços necessários para o cumprimento das exigências, não se justificando a negativa do Oficial (fls. 120/122). O Ministério Público opinou pela procedência da dúvida (fls. 126/127). É o relatório. Passo a fundamentar e a decidir. Primeiramente exclua-se a tarja de segredo de justiça, tendo em vista que a questão não se encontra elencada entre as hipóteses previstas no artigo 189 do CPC. Analisando os fatos postos a desate, verifico que a dúvida suscitada pelo Registrador é parcialmente procedente. Pleiteia a suscitada o registro do Contrato Particular de Recibo de Sinal e Princípio de Pagamento e Outras Avenças, referente a um terreno remanescente de desapropriação, que tem origem na transcrição nº 16.422 do 11º Registro de Imóveis da Capital. Em relação ao primeiro óbice, consistente na divergência entre a descrição do imóvel contida no contrato e a planta arquivada na Serventia Extrajudicial, tem amparo no princípio da especialidade objetiva (artigos 176 e 212 da Lei 6.015/73), cujas regras impedem o registro de títulos cujo objeto não seja exatamente aquele que consta do registro anterior, sendo necessário que a sua caracterização no negócio entabulado repita os elementos de descrição constantes do registro (Narciso Orlandi Neto, Retificação do Registro de Imóveis, Juarez de Oliveira, pág. 68). E ainda conforme ensina o professor Luiz Guilherme Loureiro: "Em virtude do principio da legitimidade ou da presunção de veracidade, o Registro deve refletir a verdade não só no que se refe re ao titular do direito registrado, mas também quanto à natureza e ao conteúdo deste direito. Assim, qualquer inexatidão do assento deve ser retIficada a fim de que reflita perfeitamente a realidade". (Registros Públicos - Teoria e Prática - 2ª ed. - Editora Método). A simples dúvida do Registrador quanto a área a ser transmitida, já basta para indicar a necessidade da apuração de remanescente. Neste aspecto, aduz a suscitada que a disparidade poderá ser objeto de futura correção através de procedimento de retificação. Logo, é imperiosa a realização de levantamento técnico, necessário para a apuração do saldo remanescente, conforme previsto na Lei de Registros Públicos, oportunidade em que serão produzidas as provas, com a juntada de levantamento topográfico e memorial descritivo para a correta especificação dos imóveis. Em relação ausência de reconhecimento das firmas dos promitentes vendedores, bem como ausência de autenticação na cópia do instrumento de alteração contratual da suscitada datado de 04.11.1989, tais exigências estão embasadas no princípio da especialidade subjetiva e na segurança jurídica que norteiam os atos registrários. A forma solene é da essência do negócio jurídico da compra e venda de imóvel, conforme previsto no Código Civil. O contrato do requerente não se enquadra nas poucas exceções previstas para esta regra. Em se tratando de compromisso de venda e compra, realizado por instrumento particular, necessário o reconhecimento de firma das partes contratantes, bem como a assinatura de duas testemunhas. A Lei de Registros Públicos, no art. 221, II, determina que os escritos particulares tragam reconhecidas as firmas das partes e testemunhas. As razões do Oficial são ponderáveis, por terem fundamento na necessidade de segurança jurídica. De acordo com os ensinamentos de Walmir Pontes: "Reconhecimento de firmas O reconhecimento de firmas, no sistema dos registros públicos, somente pode ser exigido pelo oficial, como no caso das escrituras particulares, por efeito de disposição expressa de lei" (PONTES, Walmir. Registro de Imóveis. São Paulo: Saraiva, 1982, p. 148). Ademais a própria suscitada afirma que a cópia autenticada do instrumento de alteração contratual será regularizada em Juízo, tendo em vista que já solicitou a documentação a sua Sede que se encontra no Estado do Rio Grande do Norte. Todavia, verifico que a exigência da certidão negativa de débitos relativos aos tributos federais e à dívida ativa da União em nome de Alice de Moraes Campelo não procede. Cumpre primeiramente consignar que acompanho o entendimento do MM Juiz Josúe Modesto Passos, que em recente decisão proferida à frente desta 1ª Vara de Registros Públicos, declarou que, no que diz respeito à sua convicção pessoal, "no juízo administrativo não cabe aplicar a inconstitucionalidade declarada sobre a Lei 7.711, de 22 de setembro de 1988, art. 1º, I, III e IV, e §§ 11º-3º (cf. ações diretas de inconstitucionalidade 173-6 e 394-1) para, por identidade de razão, dar por inconstitucional a Lei 8.212/1991, art. 47, I, b. Além disso, na arguição 0139256-75.2011.8.26.0000 foi declarada apenas a inconstitucionalidade da Lei 8.212/1991, art. 47, I, d, e - repita-se - na via administrativa não há estender a eficácia dessa decisão também para o art. 47, I, b. Finalmente, as NSCGJ, II, XIV, 59.2, são de alcance algo duvidoso, porque dispensam os tabelionatos (frise-se) de exigir as certidões para a lavratura de escrituras públicas de negócios Jurídicos concernentes a direitos reais imobiliários, é verdade; porém, as próprias NSCGJ não puseram dispensa semelhante em favor dos ofícios de registro de imóveis, mesmo na redação dada pelo Provimento CG 37, de 26 de novembro de 2013, em vigor a partir de 28 de janeiro de 2014". De resto, já decidiu o E. Tribunal de Justiça (apelação 0015621-88.2011.8.26.0604 - Sumaré, 11ª Câmara de Direito Público, Rel. Des. Ricardo Dip, j. 22.01.2013):Nesse quadro, avista- se, com efeito, que a exigência, na espécie, de apresentação de certidões negativas para que título apresentado acedesse ao fólio real tem por fundamento a Lei nº 8.212/1991, e, embora a Lei nº 7.711/1988 também verse a necessidade de apresentação das aludidas certidões, o fato é que a Registradora imobiliária, na qualificação do título apresentado a registro, adstrita ao princípio da legalidade, tomou amparo na Lei nº 8.212. À falta de declaração judicial expressa de que a Lei nº 8.212/1991 padeça de inconstitucionalidade, não pode o Registrador de imóveis estender-lhe a fulminação que afligiu a Lei nº 7.711/1988. Frise-se, além disso, que o art. 48 da Lei nº 8.212, de 1991, enuncia que o registrador é solidariamente responsável pela prática de atos com inobservância de seu art. 47: "Art. 48. A prática de ato com inobservância do disposto no artigo anterior, ou o seu registro, acarretará a responsabilidade solidária dos contratantes e do oficial que lavrar ou registrar o instrumento, sendo o ato nulo para todos os efeitos. (...) § 3º O servidor, o serventuário da Justiça, o titular de serventia extrajudicial e a autoridade ou órgão que infringirem o disposto no artigo anterior incorrerão em multa aplicada na forma estabelecida no art. 92, sem prejuízo da responsabilidade administrativa e penal cabível."Note-se que nesse aresto ficou aventada a possibilidade de a corregedoria permanente (e, por maior força de razão, a Corregedoria Geral) dispensar as certidões, mas somente nos casos de difficultas praestandi, de absoluta impossibilidade de satisfazer a exigência (Lei 6.015, de 31 de dezembro de 1973 - LRP/1973, art. 198, verbis "ou não a podendo satisfazer") - e não de modo geral e abstrato." Feitas essas observações, é necessário, porém observar que, justamente porque aqui se trata de um juízo administrativo, não há liberdade senão para cumprir o que tenham decidido as autoridades superiores, i. e., a Corregedoria Geral da Justiça (CGJ) e o Conselho Superior da Magistratura (CSM) - as quais, é bom ver, desde o julgamento da Apel. Cív. 0003435-42.2011.8.26.0116, em 13.12.2012 (DJ 30.01.2013), mandam que se dispensem as certidões negativas de dívidas tributárias federais e previdenciárias federais. Nesse sentido, confiram-se: (a) para a CGJ: Proc. 62.779/2013, j. 30/07/2013, DJ 07/08/2013; e Proc. 100.270/2012, j. 14/01/2013 (b) para o CSM: as Ap. Cív. 0015705-56.2012.8.26.0248, j. 06.11.2013, DJ 06.11.2013; 9000004- 83.2011.8.26.0296, j. 26.09.2013, DJ 14.11.2013; 0006907-12.2012.8.26.0344, 23.05.2013, DJ 26.06.2013; 0013693- 47.2012.8.26.0320, j 18.04.2013, DJ 24.05.2013; 0019260-93.2011.8.26.0223, j. 18.04.2013, DJ 24.05.2013; 0021311- 24.2012.8.26.0100, j. 17.01.2013, DJ 21.03.2013; 0013759-77.2012.8.26.0562, j. 17.01.2013, DJ 21.03.2013; 0018870-06.2011.8.26.0068, j. 13.12.2012, DJ 26.02.2013; 9000003-22.2009.8.26.0441, j. 13.12.2012, DJ 27.02.2013; 0003611- 12.2012.8.26.0625, j. 13.12.2012, DJ 01.03.2013; e 0013479-23.2011.8.26.0019, j. 13.12.2012, DJ 30.01.2013. Feitas estas considerações devem ser mantidas as exigências enumeradas nos itens a, b, d e afastada o item c. Diante do exposto, julgo parcialmente procedente a dúvida suscitada pelo Oficial do 15º Registro de Imóveis da Capital, a requerimento de Legep Mineração LTDA, afastando somente a exigência referente à apresentação da certidão negativa de débitos relativos aos tributos federais e à dívida ativa da União em nome de Alice de Moraes Campelo. Deste procedimento não decorrem custas, despesas processuais e honorários advocatícios. Oportunamente remetam-se os autos ao arquivo. P.R.I.C. - ADV: LUCIANO ALVES MADEIRA FREDERICO (OAB 257008/SP), ANTONIO CLAUDIO FREDERICO (OAB 324095/SP) (DJe de 24.01.2017 - SP)

DIVISÃO

Processo 1133865-40.2016.8.26.0100

Dúvida - REGISTROS PÚBLICOS - 16º Oficio de Registro de Imoveis da Capital - Municipalidade de São Paulo e outro - Registro escritura pública - divisão amigável - descaracterização do ato oneroso entre as partes - não configuração do fato gerador para incidência do ITBI - dúvida improcedente. Vistos. Trata-se de dúvida suscitada pela Oficial do 16º Registro de Imóveis da Capital, a requerimento de Wilton Donizeti Maruci, tendo em vista a negativa em se proceder ao registro de escritura pública de divisão amigável do imóvel matriculado sob nº 6.032. O óbice registrário refere-se a ausência de comprovação do recolhimento do imposto ITBI, ou de sua isenção perante a Municipalidade de São Paulo, tendo em vista que por ocasião da divisão, os interessados poderiam ter obtido parcela maior que o quinhão devido. Juntou documentos às fls. 03/32. O suscitado não apresentou impugnação, conforme certidão de fl. 33, todavia manifestou-se perante a Serventia Extrajudicial aduzindo que a transmissão não foi onerosa, consequentemente, não há a incidência do fato gerador do tributo (fls. 04/06). A Municipalidade de São Paulo manifestou-se às fls. 40/42, corroborando o óbice imposto pela registradora. Aduz em síntese que a "divisão amigável" não significa que o bem imóvel foi partilhado igualitariamente entre os condôminos, mas apenas que não houve conflito em relação à divisão. O Ministério Público opinou pela improcedência da dúvida (fls. 59/61). É o relatório. Passo a fundamentar e a decidir. Em que pese o zelo e cautela da registradora na fiscalização em relação ao recolhimento dos impostos, tem-se que a presente dúvida é improcedente, senão vejamos: Consoante dispõe o artigo 156 "caput", II da CF, a hipótese de incidência do ITBI é a "transmissão inter vivos, a qualquer título, por ato oneroso, de bens imóveis, por natureza ou acessão física, e de direitos reais sobre imóveis, exceto os de garantia". Neste diapasão, estabelece o artigo 2º, VI da Lei Municipal 2.996/89, de acordo com a redação conferida pela Lei Municipal nº 3.995/95: "Estão compreendidos na incidência do imposto: o valor dos bens imóveis que, na divisão de patrimônio comum ou na partilha, foram atribuídos a um dos cônjuges separados, divorciados, ao cônjuge supérstite ou a qualquer herdeiro, acima da respectiva meação ou quinhão, considerando-se ocorrido o fato gerador na data da sentença que houver homologado seu cálculo". Logo, numa interpretação a tal dispositivo legal, tem-se que a incidência do ITBI pressupõe a realização de negócio jurídico oneroso com a transferência da propriedade ou de certos direitos imobiliários, sendo que apenas o excesso não gratuito da meação, havido por um dos cônjuges na separação, pode ser objeto da referida tributação municipal, o que não se vislumbra na referida hipótese. De acordo com a escritura de divisão amigável juntada às fls. 11/13 e reratificada às fls. 15/16 e documentos de fls. 19/31, tem-se que a divisão restou igualitária, uma vez que os terrenos provenientes da divisão possuem a mesma área de 224 m^2, mesmo valor (correspondente a R$ 500.000,00 para cada um dos imóveis desdobrados), bem como o mesmo valor venal de referência cadastrado na Prefeitura de São Paulo, qual seja R$ 493.868,00, sendo certo que a escritura de retificação foi somente para reparar os equívocos cem relação à numeração do contribuinte, bem como fazer constar as medidas laterais dos imóvel e a menção da não incidência do imposto. Assim, diante da comprovada divisão patrimonial igualitária entre as partes interessadas (fls. 19/31), não houve qualquer transmissão por ato oneroso, respeitando assim os quinhões dos outorgantes, não havendo que se falar em acréscimo. Como bem ponderou a Douta Promotora de Justiça "... A Municipalidade nada afirmou, limitando-se a defender a necessidade de sua anuência perante o registro de Imóveis e pugnando, contraditoriamente pela improcedência da dúvida, mantendo-se a exigência efetuada". Logo, inexistindo fato gerador do imposto em debate, sua cobrança configurasse indevida. Diante do exposto, julgo improcedente a dúvida suscitada pela Oficial do 16º Registro de Imóveis da Capital, a requerimento de Wilton Donizeti Maruci, para que o título tenha acesso ao registro. Deste procedimento não decorrem custas, despesas processuais e honorários advocatícios. Oportunamente remetam-se os autos ao arquivo. P.R.I.C. São Paulo, 20 de abril de 2017. Paulo César Batista dos Santos Juiz de Direito - ADV: BIANKA ZLOCCOWICK BORNER DE OLIVEIRA (OAB 352959/SP) (DJe de 02.05.2017 - SP)

DOAÇÃO

Processo 1117997-22.2016.8.26.0100

Pedido de Providências - REGISTROS PÚBLICOS - Mônica Marques Alves Zanardo e outro - Dúvida - Registro de doação com reserva de usufruto - Certidão do Tabelião do recolhimento do imposto – impossibilidade de exibição do recolhimento da guia - fé pública do tabelião - Dúvida improcedente Vistos. Trata-se de dúvida suscitada por Mônica Marques Alves Zanardo em face do Oficial do 18º Registro de Imóveis da Capital, tendo em vista negativa em se proceder aos registros da escritura de doação com reserva de usufruto, datada de 29.07.1980, e da carta de sentença extraída dos autos do Divórcio Consensual dos doadores, que tramitou perante o MMº Juízo da 2ª Vara de Família e Sucessões do Foro Regional de Pinheiros (processo nº 1014/89). Ressalta o Oficial que o registro da carta de sentença depende do registro da escritura de doação, logo, o objeto do presente procedimento é somente a escritura. Neste contexto, o óbice registrário refere-se à ausência do recolhimento do imposto ITCMD. Juntou documentos às fls. 44/50. Insurge-se a suscitante, sob o argumento de que diligenciou junto ao Tabelionato de Notas e à Secretaria da Fazenda do Estado de São Paulo e não localizou a mencionada guia, todavia, a prova do recolhimento está no corpo da escritura lavrada pelo 14º Tabelião de Notas da Capital, que detém fé pública. Juntou documentos às fls. 06/33. O Ministério Público opinou pela improcedência da dúvida (fls. 54/55). É o relatório. Passo a fundamentar e a decidir. Em que pesem as alegações do Registrador, entendo que a dúvida é improcedente.

Trata-se de matéria já enfrentada pelo E. Conselho Superior da Magistratura que, no v. acórdão nº 996-6/6, observou que: "É certo que ao Oficial de Registro cumpre fiscalizar o pagamento dos impostos devidos por força dos atos que lhe forem apresentados em razão do ofício, na forma do art. 289 da Lei nº 6.015/73, sob pena de responsabilização pessoal do Oficial Delegado, e dentre estes impostos se encontra o ITCMD, cuja prova de recolhimento deve instruir o formal de partilha, salvo hipótese de isenção devidamente demonstrada. Todavia, o Egrégio Conselho Superior da Magistratura já fixou entendimento no sentido de que a qualificação feita pelo Oficial Registrador não vai além da aferição sobre a existência ou não de recolhimento do tributo, e não sobre a integralidade de seu valor, como demonstra o V. Acórdão proferido na Apelação Cível nº 28.382-0/7, da Comarca da Capital, em que figurou como relator o DD. Desembargador Antônio Carlos Alves Braga, cuja ementa é a seguinte: "Registro de Imóveis - Dúvida - Formal de partilha extraído de autos de arrolamento - Verificação, pelo Oficial, de recolhimento de imposto, mas não de seu valor - Recurso provido. "Na hipótese, tem-se que a prova do recolhimento do ITCMD foi certificada no corpo da escritura de doação (fls. 08/11), pelo 14º Tabelião de Nostas da Capital, que detém fé pública. A questão referente à eventual diferença no valor do recolhimento é matéria que refoge ao âmbito registrário e deverá ser fiscalizada pelo Fazenda Pública do Estado de São Paulo. Como bem mencionado pelo Registrador, esta questão foi recentemente decidida pelo Egrégio Conselho Superior da Magistratura (Apelação nº 1058111-29.2015.8.26.0100, Rel: Des. Ricardo Dip): "Dúvida inversa - Recurso – Doação - Prova do pagamento de tributo - Usufruto - Morte dos usufrutuários - Cindibilidade do título". 2. A prova do recolhimento do tributo incidente no negócio jurídico objeto do título levado a registro é indispensável, mas na impossibilidade de exibir-se a guia de sua recolha do tributo ou certidão acerca do pagamento ainda que impossibilidade somente relativa (ou seja, mera difficultas praestandi) -, é suficiente a asserção tabelioa sobre a exibição da guia no plano probatório ad tabulam (vale dizer, sem excluir via própria contenciosa de eventual interesse do Fisco)". Diante do exposto, julgo improcedente a dúvida suscitada por Mônica Marques Alves Zanardo em face do Oficial do 18º Registro de Imóveis da Capital, e consequentemente determino o registro dos títulos levados à registro. Deste procedimento não decorrem custas, despesas processuais e honorários advocatícios. Oportunamente remetam-se os autos ao arquivo. P.R.I.C. São Paulo, 19 de dezembro de 2016. Tania Mara Ahualli Juíza de Direito - ADV: ROSANA BERTELLI MARTINS DIAS FOUTO (OAB 76778/SP) (DJe de 24.01.2017 - SP)

Processo 1126705-61.2016.8.26.0100

Dúvida - Registro de Imóveis - Carlos Oscar Simoes Augusto e outro

Dúvida - Registro de Doação com reserva de usufruto - base de cálculo do ITCMD pelo valor venal do imóvel e não pelo valor de referência informado pela Prefeitura - princípio da legalidade e da tipicidade tributária - fiscalização do valor do imposto que extrapola o âmbito de atuação do Registrador Dúvida improcedente Vistos. Trata-se de dúvida suscitada pelo Oficial do 14º Registro de Imóveis da Capital a requerimento de Antonio Jorge Simões Augusto e Carlos Oscar Simões Augusto, diante da negativa em se proceder ao registro de escrituras públicas de doação com reserva de usufruto, tendo como objeto os imóveis matriculados sob nºs 181.603, 194.563, 219.811, 167.755, 181.601, 181.602, 5.173, 181.599, 181.598, 181.600, 181.604 e 181.597. O óbice registrário consiste na ausência de recolhimento da diferença do ITCMD, calculado sobre o valor venal, devendo ser adotado como base de cálculo o valor de referência informado pela Prefeitura de São Paulo, e a base de cálculo para pagamento dos emolumentos. Juntou documentos às fls. 06/286. Os suscitados aduzem que as exigências do Registrador extrapolam suas atribuições e competência, sendo que o valor do ITCMD é recolhido pela forma constante do site da Secretaria da Fazenda do Estado em função dos dados fornecidos pelos contribuintes, assim, sendo aceitos estes dados e expedidas as respectivas guias para pagamento, presume-se correta a forma de cálculo, sendo vedado ao Oficial questionar o montante recolhido. Argumentam que a base de cálculo do ITCMD é o valor de mercado do bem transmitido ou o valor venal do exercício constante do aviso do IPTU, sempre aquele que for maior, e que tal base não pode ser inferior ao valor venal para efeito de lançamento de IPTU. Questionam a constitucionalidade do Decreto Estadual 55.002/09 que determinou como base de cálculo do ITCMD o valor de referência (fls. 287/291). O Ministério Público opinou pela improcedência da dúvida (fls. 298/302). É o relatório. Passo a fundamentar e a decidir. Em que pesem os argumentos expostos pelo Registrador, entendo que as exigências deverão ser afastadas. A transmissão da propriedade teve origem em doação, que determinou o recolhimento do imposto ITCMD, baseado no valor venal do imóvel, de acordo com o disposto no art. 9º da Lei Estadual 10.705/2000. Não obstante estar pautado na legalidade o pagamento mencionado, foi aferido em nota de devolução óbice para o registro, determinando que o interessado complementasse o valor, com fundamento no Decreto do Estado de São Paulo nº 55.002/09, que se refere ao "valor venal de referência". Em que pese o entendimento do Oficial Registrador exposto em sua exordial, tal questão não é nova, e já vem sendo enfrentada pelos Tribunais. A alteração trazida pelo referido decreto, como devidamente salientado pelo Ministério Público, ofendeu o princípio da legalidade, uma vez que só poderia se dar na forma da lei. Assim, como se infere do artigo 97, II, do Código Tributário Nacional, a majoração de tributo só é admitida por lei, sendo que o tributo só será instituído, ou aumentado, por esta via, com exceção das hipóteses previstas na Constituição Federal. A lei que rege o imposto de transmissão causa mortis e doações no Estado de São Paulo é a Lei Estadual nº 10.705/00, com alterações da Lei nº 10.992/2001, que determina o quanto segue: Artigo 9º - A base de cálculo do imposto é o valor venal do bem ou direito transmitido, expresso em moeda nacional ou em UFESPs (Unidades Fiscais do Estado de São Paulo). § 1º - Para os fins de que trata esta lei, considerasse valor venal o valor de mercado do bem ou direito na data da abertura da sucessão ou da realização do ato ou contrato de doação. (...) Artigo 13 - No caso de imóvel, o valor da base de cálculo não será inferior: I - em se tratando de imóvel urbano ou direito a ele relativo, ao fixado para o lançamento do Imposto sobre a Propriedade Predial e Territorial Urbana - IPTU; II - em se tratando de imóvel rural ou direito a ele relativo, ao valor total do imóvel declarado pelo contribuinte para efeito de lançamento do Imposto sobre a Propriedade Territorial Rural - ITR. Tem-se, portanto, que *(I)* a base de cálculo do ITCMD é o valor venal do bem transmitido; (II) se considera valor venal o valor de mercado do bem na data da realização do ato ou contrato de doação e (III) no caso de imóvel urbano, o valor da base de cálculo não será inferior ao valor fixado para o lançamento do IPTU. O Decreto Estadual nº 46.655/02, que regulamentava o recolhimento do imposto previsto na referida lei, foi alterado pelo Decreto Estadual nº 55.002/09, que prevê o uso do valor venal de bem imóvel como sendo o "valor venal de referência do Imposto sobre Transmissão de Bens Imóveis ITBI". O novo Decreto, portanto, possibilita que seja adotada base de cálculo diversa da estabelecida pela lei, com alteração do valor venal, o que nitidamente viola o princípio da legalidade. Assim como também infere a Constituição Federal, em seu artigo 150, I: Art. 150. "Sem prejuízo de outras garantias asseguradas ao contribuinte, é vedado a União, aos Estados, ao Distrito Federal e aos Municípios: I - exigir ou aumentar tributo sem lei anterior que o estabeleça". A jurisprudência vem se posicionando favoravelmente aos suscitados em casos semelhantes: "TRIBUTÁRIO IMPOSTO SOBRE TRANSMISSÃO CAUSA MORTIS E DOAÇÃO DE QUAISQUER BENS OU DIREITOS (ITCMD) BASE DE CÁLCULO: A base de incidência do ITCMD, segundo a lei paulista de regência, é o valor venal do bem ou direito transmitido, assim se reputando o valor de mercado do bem ou direito na data da abertura da sucessão, com atualização monetária até a data do pagamento. Não provimento da apelação." (Apelação Cível nº 720.640-5-9 Relator: Desembargador Ricardo Dip j. 3.3.2008)."Ação ordinária. Imposto sobre Transmissão "Causa Mortis" e Doação de quaisquer bens ou direitos (ITCMD). Fisco que atribui para os bens imóveis transmitidos valor de referência adotado pela legislação do ITBI, e notifica os contribuintes a recolher a diferença. Inadmissibilidade. Decreto regulamentador que não poderia inovar em relação à lei. Recurso improvido" (Apelação nº 0003355- 10.2010.8.26.0053, 11ª Câmara de Direito Público, Rel. Des. Aroldo Viotti, j. 14/05/13)."Mandado de Segurança Carência da ação Inocorrência - Impetração com o objetivo de afastar notificação que determina a retificação da declaração e pagamento de ITCMD para utilizar como base de cálculo o valor venal de referência do ITBI - Ato de efeitos concretos - Ausência de impugnação contra lei em tese - Mérito - A base de cálculo do ITCMD, no caso em apreço, deve ser o valor venal do imóvel lançado para fins de IPTU, seja em razão da ocorrência do fato gerador anterior ao Decreto 55.002/09, seja em razão da ilegalidade do referido diploma - Inteligência do art. 97, inclso II, §1º, do CTN e da Lei 10.705/2000 Sentença concessiva mantida - Recurso desprovido" (Apelação nº 0014312-70.2010.8.26.0053, 11ª Câmara de Direito Público, Rel. Des. Oscild de Lima Junior, j. 19/03/13). Como leciona Alberto Xavier, no que concerne ao princípio da tipicidade tributária relacionada com a legalidade: "é a expressão mesma deste princípio quando se manifesta na forma de uma reserva absoluta de lei, ou seja, sempre que se encontre construído por estritas considerações de segurança jurídica." (XAVIER, 1972, p. 310). Ressalto, ainda, que a função do Registrador é fiscalizar o efetivo recolhimento do imposto e não verificar o valor a ser recolhido, sobretudo quando existe questão controversa de direito envolvida. Tal posicionamento já foi firmado pelo Egrégio Conselho

Superior da Magistratura: "É certo que ao Oficial de Registro cumpre fiscalizar o pagamento dos impostos devidos por força dos atos que lhe forem apresentados em razão do ofício, na forma do art. 289 da Lei nº 6.015/73, sob pena de responsabilização pessoal do Oficial Delegado, e dentre estes impostos se encontra o ITCMD, cuja prova de recolhimento deve instruir o formal de partilha, salvo hipótese de isenção devidamente demonstrada. Todavia, este Egrégio Conselho Superior da Magistratura já fixou entendimento no sentido de que a qualificação feita pelo Oficial Registrador não vai além da aferição sobre a existência ou não de recolhimento do tributo, e não sobre a integralidade de seu valor. Tal é o que se verifica "verbi gratia" do V. Acórdão proferido na Apelação Cível nº 28.382-0/7, da Comarca da Capital, em que figurou como relator o E. Desembargador Antônio Carlos Alves Braga, cuja ementa é a seguinte: "Registro de Imóveis - Dúvida - Formal de partilha extraído de autos de arrolamento - Verificação, pelo Oficial, de recolhimento de imposto, mas não de seu valor - Recurso provido. "Outro não foi o entendimento adotado na Apelação Cível nº 22.679-0/9, da Comarca da Capital, em que também figurou como relator o E. Desembargador Antônio Carlos Alves Braga, cuja ementa é a que segue: "Registro de Imóveis - Dúvida Imobiliária Imposto de Transmissão 'mortis causa' Fiscalização do pagamento pelo registrador Dever que se limita à averiguação do recolhimento, sem que possa indagar acerca do valor devido – Recurso provido"Logo, a dúvida imobiliária não é o procedimento próprio para discussão de valores do tributo relativo a transmissão de bens. Cumpre ao órgão publico, se for de seu interesse, promover a cobrança de eventual diferença. Diante do exposto, julgo improcedente a dúvida suscitada pelo Oficial do 14º Registro de Imóveis da Capital a requerimento de Antonio Jorge Simões Augusto e Carlos Oscar Simões Augusto, e consequentemente determino o registro dos títulos apresentados. Deste procedimento não decorrem custas, despesas processuais e honorários advocatícios. Oportunamente remetam-se os autos ao arquivo. P.R.I.C. São Paulo, 2 de fevereiro de 2017. Tania Mara Ahualli Juíza de Direito - ADV: JULIANA MARTHA POLIZELO (OAB 244823/SP), LAERTE POLIZELLO (OAB 95159/MG) (DJe de 08.02.2017 - SP)

Processo 1129918-75.2016.8.26.0100

Dúvida - REGISTROS PÚBLICOS - Airton Mitidieri Dúvida - Registro de Doação com reserva de usufruto - base de cálculo do ITCMD pelo valor venal do imóvel e não pelo valor de referência informado pela Prefeitura - princípio da legalidade e da tipicidade tributária - fiscalização do valor do imposto que extrapola o âmbito de atuação do Registrador Dúvida improcedente Vistos. Trata-se de dúvida suscitada pelo Oficial do 1º Registro de Imóveis da Capital, a requerimento de Airton Mitidieri, diante da negativa em se proceder ao registro da escritura pública de doação com reserva de usufruto, tendo como objeto o imóvel matriculado sob nº 103.648. O óbice registrário consiste na ausência de recolhimento da diferença do ITCMD, calculado sobre o valor venal, devendo ser adotado como base de cálculo o valor de referência informado pela Prefeitura de São Paulo, e a base de cálculo para pagamento dos emolumentos. Juntou documentos às fls. 05/22. O suscitado apresentou impugnação às fls. 31/35. Aduz que as exigências do Registrador extrapolam suas atribuições e competência, sendo que o valor do ITCMD é recolhido pela forma constante do site da Secretaria da Fazenda do Estado em função dos dados fornecidos pelos contribuintes, assim, sendo aceitos estes dados e expedidas as respectivas guias para pagamento, presume-se correta a forma de cálculo, sendo vedado ao Oficial questionar o montante recolhido. Argumenta que a base de cálculo do ITCMD é o valor de mercado do bem transmitido ou o valor venal do exercício constante do aviso do IPTU, sempre aquele que for maior, e que tal base não pode ser inferior ao valor venal para efeito de lançamento de IPTU. Questiona a constitucionalidade do Decreto Estadual 55.002/09 que determinou como base de cálculo do ITCMD o valor de referência. O Ministério Público opinou pela improcedência da dúvida (fls. 42/46). É o relatório. Passo a fundamentar e a decidir. Em que pesem os argumentos expostos pelo Registrador, entendo que as exigências deverão ser afastadas. A transmissão da propriedade teve origem em doação, que determinou o recolhimento do imposto ITCMD, baseado no valor venal do imóvel, de acordo com o disposto no art. 9º da Lei Estadual 10.705/2000. Não obstante estar pautado na legalidade o pagamento mencionado, foi aferido em nota de devolução óbice para o registro, determinando que o interessado complementasse o valor, com fundamento no Decreto do Estado de São Paulo nº 55.002/09, que se refere ao "valor venal de referência". Em que pese o entendimento do Oficial Registrador exposto em sua exordial, tal questão não é nova, e já vem sendo enfrentada pelos Tribunais. A alteração trazida pelo referido decreto, como devidamente salientado pelo Ministério Público, ofendeu o princípio da legalidade, uma vez que só poderia se dar na forma da lei. Assim, como se infere do artigo 97, II, do Código Tributário Nacional, a majoração de tributo só é admitida por lei, sendo que o tributo só será instituído, ou aumentado, por esta via, com exceção das hipóteses previstas na Constituição Federal. A lei que rege o imposto de transmissão causa mortis e doações no Estado de São Paulo é a Lei Estadual nº 10.705/00, com alterações da Lei nº 10.992/2001, que determina o quanto segue: "Artigo 9º - A base de cálculo do imposto é o valor venal do bem ou direito transmitido, expresso em moeda nacional ou em UFESPs (Unidades Fiscais do Estado de São Paulo).§ 1º - Para os fins de que trata esta lei, considera-se valor venal o valor de mercado do bem ou direito na data da abertura da sucessão ou da realização do ato ou contrato de doação.(...) Artigo 13 - No caso de imóvel, o valor da base de cálculo não será inferior: I - em se tratando de imóvel urbano ou direito a ele relativo, ao fixado para o lançamento do Imposto sobre a Propriedade Predial e Territorial Urbana - IPTU;II - em se tratando de imóvel rural ou direito a ele relativo, ao valor total do imóvel declarado pelo contribuinte para efeito de lançamento do Imposto sobre a Propriedade Territorial Rural - ITR". Tem-se, portanto, que (I) a base de cálculo do ITCMD é o valor venal do bem transmitido; (II) se considera valor venal o valor de mercado do bem na data da realização do ato ou contrato de doação e (III) no caso de imóvel urbano, o valor da base de cálculo não será inferior ao valor fixado para o lançamento do IPTU. O Decreto Estadual nº 46.655/02, que regulamentava o recolhimento do imposto previsto na referida lei, foi alterado pelo Decreto Estadual nº 55.002/09, que prevê o uso do valor venal de bem imóvel como sendo o "valor venal de referência do Imposto sobre Transmissão de Bens Imóveis ITBI". O novo Decreto, portanto, possibilita que seja adotada base de cálculo diversa da estabelecida pela lei, com alteração do valor venal, o que nitidamente viola o princípio da legalidade. Assim como também infere a Constituição Federal, em seu artigo 150, I: "Art. 150. Sem prejuízo de outras garantias asseguradas ao contribuinte, é vedado a União, aos Estados, ao Distrito Federal e aos Municípios: I – exigir ou aumentar tributo sem lei anterior que o estabeleça". A jurisprudência vem se posicionando favoravelmente aos suscitados em casos semelhantes: "TRIBUTÁRIO IMPOSTO SOBRE TRANSMISSÃO CAUSA MORTIS E DOAÇÃO DE QUAISQUER BENS OU DIREITOS (ITCMD) BASE DE CÁLCULO: A base de incidência do ITCMD, segundo a lei paulista de regência, é o valor venal do bem ou direito transmitido, assim se reputando o valor de mercado do bem ou direito na data da abertura da sucessão, com atualização monetária até a data do pagamento. Não-provimento da apelação." (Apelação Cível nº 720.640-5-9 Relator: Desembargador Ricardo Dip j. 3.3.2008)."Ação ordinária. Imposto sobre Transmissão "Causa Mortis" e Doação de quaisquer bens ou direitos (ITCMD). Fisco que atribui para os bens imóveis transmitidos valor de referência adotado pela legislação do ITBI, e notifica os contribuintes a recolher a diferença. Inadmissibilidade. Decreto regulamentador que não poderia inovar em relação à lei. Recurso improvido" (Apelação nº 0003355-10.2010.8.26.0053, 11ª Câmara de Direito Público, Rel. Des. Aroldo Viotti, j. 14/05/13)."Mandado de Segurança Carência da ação Inocorrência - Impetração com o objetivo de afastar notificação que determina a retificação da declaração e pagamento de ITCMD para utilizar como base de cálculo o valor venal de referência do ITBI - Ato de efeitos concretos - Ausência de impugnação contra lei em tese - Mérito - A base de cálculo do ITCMD, no caso em apreço, deve ser o valor venal do imóvel lançado para fins de IPTU, seja em razão da ocorrência do fato gerador anterior ao Decreto 55.002/09, seja em razão da ilegalidade do referido diploma - Inteligência do art. 97, inciso II, §1º, do CTN e da Lei 10.705/2000 Sentença concessiva mantida - Recurso desprovido" (Apelação nº 0014312-70.2010.8.26.0053, 11ª Câmara de Direito Público, Rel. Des. Oscild de Lima Junior, j. 19/03/13). Como leciona Alberto Xavier, no que concerne ao princípio da tipicidade tributária relacionada com a legalidade: "é a expressão mesma deste princípio quando se manifesta na forma de uma reserva absoluta de lei, ou seja, sempre que se encontre construído por estritas considerações de segurança jurídica." (XAVIER, 1972, p. 310). Ressalto, ainda, que a função do Registrador é fiscalizar o efetivo recolhimento do imposto e não verificar o valor a ser recolhido, sobretudo quando existe questão controversa de direito envolvida. Tal posicionamento já foi firmado pelo Egrégio Conselho Superior da Magistratura: "É certo que ao Oficial de Registro cumpre fiscalizar o pagamento dos impostos devidos por força dos atos que lhe forem apresentados em razão do ofício, na forma do art. 289 da Lei nº 6.015/73, sob pena de responsabilização pessoal do Oficial Delegado, e dentre estes impostos se encontra o ITCMD, cuja prova de recolhimento deve instruir o formal de partilha, salvo hipótese de isenção devidamente demonstrada. Todavia, este Egrégio Conselho Superior da Magistratura já fixou entendimento no sentido de que a qualificação feita pelo Oficial Registrador não vai além da aferição sobre a existência ou não de recolhimento do tributo, e não sobre a integralidade de seu valor. Tal é o que se verifica "verbi gratia" do V.

Acórdão proferido na Apelação Cível nº 28.382-0/7, da Comarca da Capital, em que figurou como relator o E. Desembargador Antônio Carlos Alves Braga, cuja ementa é a seguinte: "Registro de Imóveis - Dúvida - Formal de partilha extraído de autos de arrolamento - Verificação, pelo Oficial, de recolhimento de imposto, mas não de seu valor - Recurso provido."Outro não foi o entendimento adotado na Apelação Cível nº 22.679-0/9, da Comarca da Capital, em que também figurou como relator o E. Desembargador Antônio Carlos Alves Braga, cuja ementa é a que segue: "Registro de Imóveis - Dúvida Imobiliária Imposto de Transmissão 'mortis causa' Fiscalização do pagamento pelo registrador Dever que se limita à averiguação do recolhimento, sem que possa indagar acerca do valor devido - Recurso provido"Logo, a dúvida imobiliária não é o procedimento próprio para discussão de valores do tributo relativo a transmissão de bens. Cumpre ao órgão publico, se for de seu interesse, promover a cobrança de eventual diferença. Diante do exposto, julgo improcedente a dúvida suscitada pelo Oficial do 14º Registro de Imóveis da Capital a requerimento de Aiton Mitidieri, e consequentemente determino o registro dos títulos apresentados. Deste procedimento não decorrem custas, despesas processuais e honorários advocatícios. Oportunamente remetam-se os autos ao arquivo. P.R.I.C. São Paulo, 03 de fevereiro de 2017. Tania Mara Ahualli Juíza de Direito - ADV: JULIANA MARTHA POLIZELO (OAB 244823/SP), LAERTE POLIZELLO (OAB 95159/MG) (DJe de 08.02.2017 - SP)

Processo 1000413-94.2017.8.26.0100

Dúvida - REGISTROS PÚBLICOS - Gabriela Cellino Moser - Gabriela Cellino Moser - Registro de Imóveis

Dúvida - Título de Doação - Cônjuge falecido - casamento realizado na Itália - principio da continuidade - não foi comprovada a incomunicabilidade de bens - Vias ordinárias - ProcedenteVistos. Trata-se de dúvida suscitada pelo 15º Oficial de Registros de Imóveis da Capital, a requerimento de Gabriela Cellino Moser, acerca da negativa de ingresso em registro de escritura de doação de imóvel, de matricula número 124.374, dada a necessidade da comprovação da incomunicabilidade do bem. Juntou documentação às fls. 9/48. A negativa é fundada na constatação do óbito do cônjuge de Leonida Anna Maria Quadro Cellino, doadora, casados na Itália sobre o regime de comunhão de bens, que seria uma situação análoga ao regime brasileiro de comunhão parcial de bens, neste sentido seria necessário buscar por meio das vias ordinárias a declaração que de fato não se comunicavam os bens adquiridos na constância do matrimônio. Ofertou impugnação, a interessada, sob o fundamento de que o regime de bens adotado no matrimônio, tal qual seja, no Brasil, o da comunhão parcial de bens, seria o necessário para se ter de forma inequívoca a confirmação da incomunicabilidade do referido bem, conforme se depreende da leitura do artigo 269 do Código Civil de 1916, vigente da data em que o imóvel fora transmitido à doadora por sucessão. Não juntou documentação. O Ministério Público manifestou pela procedência da dúvida. (fls. 63/64) É o relatório. Passo a fundamentar e decidir. A realização do registro em questão esbarra na necessidade de se observar o principio da continuidade, a cerca deste, cabe o ensinamento de Luiz Guilherme Loureiro: "Segundo o princípio da continuidade, os registros devem ser perfeitamente encadeados, de forma que não haja vazios ou interrupções na corrente registrária. (...) Destarte, nenhum registro pode ser feito sem que se tenha previamente registrado o título anterior, do qual dependa." (Registros Públicos - Teoria e Prática - 2ª ed. - Editora Método, pg.229) Este princípio está também presente na Lei 6015/73, que em seu artigo 195 expressa: "Art. 195 Se o imóvel não estiver matriculado ou registrado em nome do outorgante, o oficial exigirá a prévia matrícula e o registro do título anterior, qualquer que seja a sua natureza, para manter a continuidade do registro." No processo em questão, observa-se que houve o falecimento do cônjuge da doadora do imóvel, assim se faz necessário que seja registrado o formal de partilha, uma vez que existem eventuais sucessões, já que o bem fora adquirido na constância do matrimônio. As alegações de que domínio do bem é de titularidade exclusiva de Leonida Anna Maria Quadro Cellino, extrapolam o âmbito administrativo ao qual esta 1ª Vara de Registro Publico, conforme Lei n o1.301, de 28 de dezembro de 1950, artigo 4º, sendo necessária a constatação desta incomunicabilidade ou comunicabilidade por meio das vias ordinárias, essas sim adequadas e aptas para tal finalidade. Feito o exposto julgo procedente a duvida formulado pelo 15º Oficial de Registro de Imóveis de São Paulo a requerimento de Gabriella Cellino Moser, mantendo os óbices registrais impostos. Não há custas, despesas processuais ou honorários advocatícios decorrentes deste procedimento. Oportunamente, arquivem-se os autos. P.R.I.C. São Paulo, 21 de fevereiro de 2017Tânia Mara AhualliJuíza de Direito - ADV: 'ROGERIO DAMASCENO LEAL (OAB 156779/SP), ALEXANDRE LEITE RIBEIRO DO VALLE (OAB 186210/SP), GABRIELA CELLINO MOSER (OAB 345980/SP),

MARTA CALDEIRA BRAZAO GENTILE (OAB 129930/SP) (DJe de 24.04.2017 - SP)

Processo 1011067-43.2017.8.26.0100

Dúvida - Registro de Imóveis - Companhia Metropolitana de Habitação de São Paulo - COHAB - Municipalidade de São Paulo e outro - Vistos. Trata-se de dúvida inversa suscitada pela COHAB (Companhia Metropolitana de Habitação de São Paulo) em face do Oficial do 11º Registro de Imóveis da Capital, tendo em vista a negativa do registro da escritura de doação, tendo como objeto os imóveis matriculados sob nºs 429.569 a 429.641 e 429.649 a 429.802. O óbice registrário refere-se à ausência de apresentação do título em que a propriedade dos imóveis foi transferida à Municipalidade de São Paulo, tendo ocorrido somente imissão na posse, sem mudança de domínio, o que feriria o princípio da continuidade. Insurge-se a suscitante, aduzindo ser indevida a exigência. À inicial foram juntados documentos de fls. 13/98. O Oficial manifestou-se às fls. 105/112, com documentos às fls. 113/145. Aduz que o princípio da continuidade inviabiliza o registro pretendido, e cita precedentes. Diz que o registro seria possível se o instrumento se tratasse de escritura de cessão de posse. A Municipalidade sustenta que foi autorizada pelo Prefeito de São Paulo, por Despacho publicado no Diário Oficial do Município em 07/10/16, a transferir a propriedade dos imóveis a título não oneroso para a COHAB. Tais imóveis são objeto de desapropriação promovida perante o MMº Juízo da 6ª Vara da Fazenda Pública (processo nº 0428159-12.1989.8.26.0053), com sentença de procedência. Todavia, em razão da pendência do pagamento integral, a carta de adjudicação não foi expedida, tendo sido deferida a imissão na posse. Assim, a alienação dos imóveis foi formalizada com a escritura de doação, cujo registro se pretende obter. Por fim, assevera que a transferência do imóvel deu-se com sua afetação, sendo o registro no fólio real mera formalidade (fls. 149/154). O Ministério Público opinou pela improcedência da dúvida (fls. 162/167), com afastamento do óbice. Foram juntados documentos relativos a ação de desapropriação às fls. 173/185 e 189/198. É o relatório. Passo a fundamentar e a decidir. Em que pesem os argumentos expostos pelo Registrador, entendo que a dúvida é improcedente. Em princípio, conforme se verifica das matrículas juntadas às fls. 36/45, não houve o registro da transferência definitiva da propriedade dos imóveis para a Municipalidade de São Paulo, apenas a imissão na posse, o que poderia caracterizar a quebra da continuidade registral caso a escritura de doação fosse levada ao fólio. Todavia, as peculiaridades que envolvem o caso, em especial a desapropriação com fim de interesse social, permitem o registro da escritura de doação. Em primeiro lugar, cumpre dizer que a desapropriação é forma originária de aquisição de propriedade. Nas palavras de Celso Antônio Bandeira de Mello: "Diz-se originária a forma de aquisição de propriedade quando a causa que atribui a propriedade a alguém não se vincula a qualquer título anterior (...) É causa autônoma, bastante, por si mesma, para gerar, por força própria, o título constitutivo da propriedade. Dizer-se que a desapropriação é forma originária de aquisição de propriedade significa que ela é, por si mesma, suficiente para instaurar a propriedade em favor do Poder Público, independentemente de qualquer vinculação com o título jurídico do anterior proprietário. É a só vontade do Poder Público e o pagamento do preço que constituem propriedade do Poder Público sobre o bem expropriado" (Curso de Direito Administrativo, 16ª edição, pág. 740) Daí decorrem duas consequências iniciais: a desapropriação independe da situação anterior do imóvel, podendo ocorrer mesmo quando decair sobre ele qualquer ônus e, uma vez ocorrida, a propriedade em favor do poder público não pode ser contestada, até mesmo se o poder público indenizar erroneamente pessoa que não for legítima proprietária. Nas palavras de Bandeira de Mello, "a propriedade estará, de qualquer forma, adquirida pelo Poder Público". No caso em análise, o trâmite processual está quase completo, pois houve imissão na posse e sentença de procedência do pedido da administração pública. Falta apenas a emissão da carta de desapropriação, pois pendente pagamento de parte final da indenização. Contudo, já houve imissão na posse, momento em que há a perda do objeto por parte do expropriado, conforme lê-se da sentença (fls. 176/183): "Procedeu-se à imissão na posse.(...) São devidos juros moratórios de 12% ao ano, incidente sobre a diferença entre a oferta e a indenização, a partir da imissão na posse, em 01/06/90" (Processo nº 0428159- 12.1989.8.26.0053, g.n) Assim, reconhecida também a propriedade em favor da administração pública, sendo tal fato irreversível. Poder-se-ia dizer que a Municipalidade ainda pode desistir da desapropriação, negando a indenização e havendo retrocessão do bem aos expropriados. Contudo, assim rege o artigo 5º, § 3º do Decreto Lei nº 3.365, de 21.06.1941: "Art. 5º:(...)§3º: Ao imóvel desapropriado de parcelamento para implantação de parcelamento popular, destinado às classes de menor renda, não se dará outra utilização nem haverá retrocessão" (Redação da Lei nº 9.785/1999). É esta a hipótese presente, pois foi realizada a desapropriação para fins de criação de moradias populares (que, conforme manifestação da requerente, já foram construídas e são habitadas por população de baixa renda). Portanto, não há qualquer possibilidade de reversão da desapropriação: esta está consolidada de fato e pendente apenas da expedição de carta judicial para que se complete. Em outras palavras, a desapropriação já ocorreu, com registro da imissão na posse, não podendo ser, de qualquer modo, cancelada pelo poder expropriante. Neste sentido, não há que se alegar prejuízo aos proprietários tabulares, pois o bem está afetado ao interesse público e a indenização já foi estabelecida, estando em fase final de execução. Neste conjunto fático, o registro da doação pela Municipalidade em favor da COHAB se mostra como fator essencial para a consolidação do projeto de interesse social que justificou a desapropriação. O próprio decreto 28.054/89 declarou a área como de interesse social para fins de construção de casas populares para população de baixa renda. Já decidiu anteriormente o MMº Juiz Titular desta Corregedoria, Drº Venício Antonio de Paula Salles, nos autos nº 000.03.044447-0, no sentido que a consolidação da propriedade em favor da Municipalidade se dá com a realização do projeto habitacional: "A imissão, portanto, deve ser registrada no título dominial existente, mantendo-se o nome dos titulares expropriados. Contudo, no momento da consumação da AFETAÇÃO, com a destinação definitiva (que pode ocorrer em hipótese, (a) com o fracionamento da ÁREA aprovado pela própria MUNICIPALIDADE e implantado no solo, ou (b) com a realização do projeto habitacional com a efetivação das estruturas), o trespasse da PROPRIEDADE se consolida e se materializa, devendo gerar a inauguração do ASSENTO REGISTRAL novo, caso o domínio ainda esteja materializado por transcrição, ou determinar o descerramento de registro na matrícula existente, em nome do Poder Público expropriante". Em outras palavras, permitiu-se o reconhecimento da propriedade apenas com a realização do projeto que ensejou a desapropriação, mesmo pendente a expedição do alvará judicial. Também decidiu o MMº Juiz Marcelo Martins Berthe, nos autos do Processo nº 0026999- 30.2013.8.26.0100, sobre a importância social do reconhecimento da desapropriação mesmo antes da sentença definitiva em ação que discute apenas o valor indenizatório. In verbis: "Importante salientar que [o registro da imissão na posse] foi criada para atender ao interesse público, presente na construção de habitações para a população de baixa renda, abrindo caminho para a unificação, quando necessária, e o registro do parcelamento do solo, antes mesmo da sentença proferida nas ações de desapropriação, onde se esteja discutindo apenas o preço do imóvel desapropriado, não se justificando, portanto, retardar um empreendimento de interesse público apenas por esse motivo. Com a superveniência da Lei 11.977/2009, que tratou das questões relativas à regularização fundiária urbana, também foi contemplada a hipótese de abertura de matrícula decorrente de unificação de área destinada à regularização de ocupações de interesse social" Em conclusão, não se faz aqui qualquer tipo de afrouxamento das formalidades necessárias ao registro da escritura de doação. Na verdade, apenas se reconhece o interesse público justificante da desapropriação e a situação fática existente, que demanda a transferência dos bens, reconhecidamente de propriedade da Municipalidade, em favor da COHAB, para que haja a consolidação do projeto de moradias populares, tão necessárias à população paulistana. Diante do exposto, julgo improcedente a dúvida inversa suscitada pela COHAB (Companhia Metropolitana de Habitação de São Paulo) em face do Oficial do 11º Registro de Imóveis da Capital, determinando o registro do título apresentado. Deste procedimento não decorrem custas, despesas processuais ou honorários advocatícios. Oportunamente remetam-se os autos ao arquivo. P.R.I.C. São Paulo, 27 de julho de 2017. Tânia Mara AhualliJuíza de Direito - ADV: SERGIO RICARDO OLIVEIRA DA SILVA (OAB 105309/SP), ZULMIRA MONTEIRO DE ANDRADE LUZ (OAB 62145/SP) (DJe de 03.08.2017 - SP)

ESCRITURA PÚBLICA DE UNIÃO ESTÁVEL

Processo 1000038-93.2017.8.26.0100

Dúvida - Registro de Imóveis - Thabata Aparecida Nagahiro - ITAU UNIBANCO S.A. - Vistos. Trata-se de dúvida suscitada pelo Oficial do 8º Registro de Imóveis da Capital, a requerimento de Thabata Aparecida Nagahiro, diante da negativa em proceder ao registro da certidão de escritura pública de reconhecimento e dissolução de união estável, lavrada pelo 29º Tabelião de Notas da Capital, pela qual se transmitiu o imóvel matriculado sob nº 113.179. Os óbices registrários referem-se: a) à necessidade de inclusão da atual esposa de Daniel Medina Guimarães como anuente do ato, nos termos do artigo 1.647 do CC; b) a partilha dos direitos aquisitivos do apartamento entre a suscitada e seu ex conjuge e não o seu domínio, uma vez que Daniel não é proprietário em razão da alienação fiduciária, na proporção de 50% a cada um; c) formalizar a anuência do credor fiduciário Itaú Unibanco S/A, nos termos do artigo 29 da Lei 9.514/97. A suscitada não apresentou impugnação junto a este juízo (certidão - fl. 89), mas manifestou-se perante a Serventia Extrajudicial (fls. 59/77), aduzindo que o registro do título deve ser efetuado em consonância com os princípios da inscrição, presunção, fé pública, prioridade, legalidade e continuidade. Afirma que a escritura de reconhecimento e dissolução de união estável é documento que reune todos os requisitos de validade e perfeição estabelecidos pela lei, assim não há óbice para seu registro. O Ministério Público opinou pela procedência da dúvida (fls. 93/95 e 138). A suscitada falou às fls. 100/104, corroborando a manifestação apresentada junto à Serventia Extrajudicial. Juntou documentos às fls. 106/126. O credor fiduciário aduziu que deve permanecer o devedor fiduciante, como instituído no titulo executivo representado pelo contrato de alienação fiduciária (fl. 132). É o relatório. Passo a fundamentar e a decidir. Preliminarmente, de acordo com o princípio tempus regit actum, à qualificação do título aplicam-se as exigências legais contemporâneas ao registro, e não as que vigoravam ao tempo de sua lavratura. O Conselho Superior da Magistratura tem considerado que, para fins de registro, não importa o momento da celebração do contrato, em atenção ao princípio "tempus regit actum", sujeitando-se o título à lei vigente ao tempo de sua apresentação (Apelação Cível nº, 115-6/7, rel. José Mário Antonio Cardinale, nº 777-6/7, rel. Ruy Camilo, nº 530-6/0, rel. Gilberto Passos de Freitas, e, mais recentemente, nº 0004535- 52.2011.8.26.0562, relatada por V. Exa.). Logo, o argumento de que a constituição e após a dissolução da união estável entre a suscitada e seu ex companheiro ocorreu anteriormente aos registros e averbações na matrícula não devem prevalecer, sendo que para a qualificação do título é observada a data da apresentação do título na Serventia Extrajudicial, bem como eventual conduta criminosa ou pedido de indenização devem ser apuradam na via ordinária, com a incidência do contraditório e ampla defesa. Na presente hipótese, verifica-se que de acordo com a escritura pública de reconhecimento e dissolução de união estável (fls. 81/83), a suscitada e Daniel iniciaram o relacionamento em 23.06.2009, sendo certo que se aplicam às uniões estáveis, salvo disposição expressa em contrário, o regime da comunhão parcial de bens. Na dissolução do vínculo fizeram referencia à aquisição de 50% a cada um do imóvel matriculado sob nº 113.179. Conforme registro nº 07, o imóvel foi adquirido exclusivamente por Daniel Medina Guimarães em 07.05.2010, que se encontrava no estado civil de separado judicialmente, sendo que na mesma data por instrumento particular Daniel transferiu a propriedade resolúvel do imóvel a Caixa Econômica Federal, para garantir a dívida de R$ 216.000,00, que foi quitada e consequentemente a garantia cancelada em 10.03.2016 (Av.09). Todavia, tendo em vista o novo casamento de Daniel em 15.04.2016 no regime da comunhão parcial de bens de bens com Bianca Milano Faraco, e com anuência de sua atual esposa foi dado imóvel em garantia ao banco ITAÚ UNIBANCO S/A para garantia do assegurar o empréstimo de R$ 199.009,91, a propriedade do imóvel encontra-se na titularidade da instituição financeira. Como é sabido, ao se constituir a alienação fiduciária, tanto por instrumento público ou particular, a propriedade do imóvel é transferida para o credor, ficando o devedor na posse direta do imóvel durante o período em que vigorar o financiamento. Logo, é imprescindível a retificação da escritura pública para incluir como anuente a atual esposa de Daniel, tendo em vista que nenhum dos cônjuges, salvo no regime da separação total de bens, pode sem autorização do outro, alienar ou gravar de ônus real os bens imóveis. Em relação ao segundo óbice, equivocadamente a partilha fez referência a 50% do imóvel a cada cônjuge, todavia, a partilha deve referir-se aos direitos aquisitivos do imóvel e não ao seu domínio, uma vez que Daniel transferiu ao credor fiduciário a propriedade resolúvel do imóvel, ficando com a posse direta sobre o bem. Por fim, ainda que assim não fosse, é necessária a anuência do credor fiduciário. Nos termos do artigo 29 da Lei 9.514/97: "Art. 29. O fiduciante, com anuência expressa do fiduciário, poderá transmitir os direitos de que seja titular sobre o imóvel objeto da alienação fiduciária em garantia, assumindo o adquirente as respectivas obrigações" (g.n) Por fim, conforme informações do Registrador, Daniel adquiriu três vagas de garagem, objeto das matrículas nºs 164.339, 164.340 e 171.022, as quais poderão eventualmente integrar a partilha, já que as aquisições ocorreram na vigência da união estável. Diante do exposto, julgo procedente a dúvida suscitada pelo Oficial do 8º Registro de Imóveis da Capital, a requerimento de Thabata Aparecida Nagahiro, e mantenho os óbices registrários. Deste procedimento não decorrem custas, despesas processuais e honorários advocatícios. Oportunamente remetam-se os autos ao arquivo. P.R.I.C. São Paulo, 29 de maio de 2017. Tania Mara Ahualli Juíza de Direito - ADV: ELVIO HISPAGNOL (OAB 34804/SP), VILMA MARIA MARTINS RANGEL GARCIA (OAB 305392/SP) (DJe de 02.06.2017 - SP)

FORMAL DE PARTILHA

Processo 1135978-64.2016

Dúvida Oficial do 13º Registro de Imóveis da Capital José Marcio Ferreira Leite Sentença (fls. 872/874): Vistos. Trata-se de dúvida suscitada pelo Oficial do 13º Registro de Imóveis da Capital, a requerimento de José Márcio Ferreira Leite, diante da negativa em se proceder ao registro do Formal de Partilha extraído dos autos do inventário dos bens deixados por Rubens Médici, cujos autos tramitaram perante o MMº Juízo da 2ª Vara da Família e Sucessões da Capital (processo nº 0926901-51.1975.8.26.0100), tendo por objeto, dentre outros, o imóvel transcrito sob nº 4.896, com a consequente abertura de matrícula. Os óbices registrários referem-se: a) necessidade de regularização de destaque realizado anteriormente naquele imóvel e que não foi registrada na Serventia Extrajudicial; b) necessidade de apuração de remanescente do imóvel, a fim de possibilitar o registro do Formal de Partilha. O suscitado não apresentou impugnação em juízo, conforme certidão de fl. 865, porém manifestou-se perante a Serventia Extrajudicial (fls. 06/07). Argumenta que referido imóvel foi objeto de ação de reintegração e manutenção de posse, que determinou a redução de suas dimensões perimetrais, todavia nenhuma das partes envolvidas levou a decisão judicial a registro, bem como não foi possível a retificação da área. O Ministério Público opinou pela procedência da dúvida (fls. 869/871). É o relatório. Passo a fundamentar e a decidir. Com razão o Registrador e o D Promotor de Justiça. As exigências formuladas pelo Oficial têm amparo no princípio da especialidade objetiva (artigos 176 e 212 da Lei 6.015/73), cujas regras impedem o registro de títulos cujo objeto não seja exatamente aquele que consta do registro anterior, sendo necessário que a caracterização do objeto do negócio repita os elementos de descrição constantes do registro (Narciso Orlandi Neto, Retificação do Registro de Imóveis, Juarez de Oliveira, pág. 68). E ainda, conforme ensina Luiz Guilherme Loureiro: "Em virtude do principio da legitimidade ou da presunção de veracidade, o Registro deve refletir a verdade não só no que se refere ao titular do direito registrado, mas também quanto à natureza e ao conteúdo deste direito. Assim, qualquer inexatidão do assento deve ser retificada a fim de que reflita perfeitamente a realidade". (Registros Públicos - Teoria e Prática - 2ª ed. - Editora Método). Conforme se verifica da transcrição nº 4.896 (fls. 320/321), o imóvel possui área total de 500,00 m², sendo que a ação de reintegração e manutenção de posse resultou na redução de 230,00 m² em favor de Antonio Carlos Pacheco e Silva, sem que houvesse a averbação deste destaque na transcrição. Logo, é imperiosa a realização de levantamento técnico, necessário para a apuração do saldo remanescente, conforme previsto na Lei de Registros Públicos, oportunidade em que serão produzidas as provas, com a juntada de levantamento topográfico e memorial descritivo para a correta especificação dos imóveis. Sem a perfeita identificação do imóvel em questão não há como registrar o Formal de Partilha, devendo o suscitado valer-se do procedimento adequado para apuração do remanescente, possibilitando a abertura da matrícula pretendida. Como bem salientou o Promotor de Justiça, "no caso dos autos a situação é mais crítica, na medida em que o somatório da área destacada (230,00 m²) e da área transmitida pelo formal de partilha (280,00 m²) resulta em valor maior (510,00 m²) que aquele constante do álbum imobiliário". Diante do exposto, julgo procedente a dúvida suscitada Oficial do 13º Registro de Imóveis da Capital, a requerimento de José Márcio Ferreira Leite, e mantenho os óbices registrários. Deste procedimento não decorrem custas, despesas processuais e honorários advocatícios. Oportunamente remetam-se os autos ao arquivo.. P.R.I.C. São Paulo, 21 de março de 2017. Tania Mara Ahualli Juíza de Direito (CP – 483) (DJe de 03.04.2017 - SP)

Processo 1019584-37.2017.8.26.0100

Dúvida - Registro de Imóveis - Antonio Eder Contato - Vistos. Trata-se de duvida suscitada pelo Oficial do 8º Registro de Imóveis da Capital, a requerimento de Antonio Eder Contato, tendo em vista a negativa em se proceder ao registro do Formal de Partilha dos bens deixados por Armando Magalhães Contato e outro, expedida pelo MMº Juízo da 4ª Vara Cível da Comarca de Mauá (processo nº 0002245.03.2006.8.26.0348), referente ao imóvel, objeto da transcrição nº 49.393. Os óbices registrários referem-se: a) ausência de apresentação das certidões negativas de débitos relativas às contribuições previdenciárias para averbação da construção; b) ausência de comprovação do recolhimento do imposto ITCMD; c) necessidade de retificação da transcrição, conforme a planta fiscal do Município, o imóvel adjudicado localiza-se a 120,00 m da Travessia Guarani e não à distância de 112,00 m como consta da transcrição 49.393, que se considerada, o faz sobrepor em sua totalidade nos limites do imóvel da matrícula 109.711 da Serventia. Juntou documentos às fls. 05/186. O suscitado não apresentou impugnação (certidão - fl.

187), todavia, manifestou-se perante a Serventia Extrajudicial (fls. 25/30), informando que o certificado referente à construção por si só comprova o recolhimento dos impostos devidos, sendo que apesar do ITCMD indicar que se tratar somente dos bens da esposa de Armando, foi recolhido sob a totalidade do valor dos imóveis, bem como a descrição do imóvel, está de acordo com a escritura pública anterior e a transcrição. O Ministério Público opinou pela parcial procedência da dúvida (fls. 191/195). É o relatório. Passo a fundamentar e a decidir. Preliminarmente, cumpre destacar que os títulos judiciais não estão isentos de qualificação, positiva ou negativa, para ingresso no fólio real. O Egrégio Conselho Superior da Magistratura já assentou, inclusive, que a qualificação negativa do título judicial não caracteriza desobediência ou descumprimento de decisão judicial (Apelação cível n. 413-6/7). Cite-se, por todas a apelação cível nº 464-6/9, de São José do Rio Preto: "Apesar de se tratar de título judicial, está ele sujeito à qualificação registrária. O fato de tratar-se o título de mandado judicial não o torna imune à qualificação registrária, sob o estrito ângulo da regularidade formal, O exame da legalidade não promove incursão sobre o mérito da decisão judicial, mas à apreciação das formalidades extrínsecas da ordem e à conexão de seus dados com o registro e a sua formalização instrumental". Nessa linha, também o E. Supremo Tribunal Federal já decidiu que: "REGISTRO PÚBLICO - ATUAÇÃO DO TITULAR - CARTA DE ADJUDICAÇÃO - DÚVIDA LEVANTADA – CRIME DE DESOBEDIÊNCIA - IMPROPRIEDADE MANIFESTA. O cumprimento do dever imposto pela Lei de Registros Públicos, cogitando-se de deficiência de carta de adjudicação e levantando-se dúvida perante o juízo de direito da vara competente, longe fica de configurar ato passível de enquadramento no artigo 330 do Código Penal - crime de desobediência -, pouco importando o acolhimento, sob o ângulo judicial, do que suscitado" (HC 85911 / MG - MINAS GERAIS, Relator: Min. MARCO AURÉLIO, j. 25/10/2005, Primeira Turma). Sendo assim, fica claro que não basta a existência de título proveniente de órgão jurisdicional para autorizar automaticamente o ingresso no registro tabular. Em relação à necessidade de apresentação das certidões negativas de débitos junto ao INSS, referente à construção efetuada, carece de qualquer amparo. Consigno que acompanho o entendimento do MM Juiz Josúe Modesto Passos, que em recente decisão proferida à frente desta 1ª Vara de Registros Públicos, declarou que, no que diz respeito à sua convicção pessoal, "no juízo administrativo não cabe aplicar a inconstitucionalidade declarada sobre a Lei 7.711, de 22 de setembro de 1988, art. 1º, I, III e IV, e §§ 1º-3º (cf. ações diretas de inconstitucionalidade 173-6 e 394-1) para, por identidade de razão, dar por inconstitucional a Lei 8.212/1991, art. 47, I, b. Além disso, na arguição 0139256-75.2011.8.26.0000 foi declarada apenas a inconstitucionalidade da Lei 8.212/1991, art. 47, I, d, e - repita-se - na via administrativa não há estender a eficácia dessa decisão também para o art. 47, I, b. Finalmente, as NSCGJ, II, XIV, 59.2, são de alcance algo duvidoso, porque dispensam os tabelionatos (frise-se) de exigir as certidões para a lavratura de escrituras públicas de negócios jurídicos concernentes a direitos reais imobiliários, é verdade; porém, as próprias NSCGJ não puseram dispensa semelhante em favor dos ofícios de registro de imóveis, mesmo na redação dada pelo Provimento CG 37, de 26 de novembro de 2013, em vigor a partir de 28 de janeiro de 2014". De resto, já decidiu o E. Tribunal de Justiça (apelação 0015621- 88.2011.8.26.0604 - Sumaré, 11ª Câmara de Direito Público, Rel. Des. Ricardo Dip, j. 22.01.2013):Nesse quadro, avista- se, com efeito, que a exigência, na espécie, de apresentação de certidões negativas para que o Formal de Partilha acedesse ao fólio real tem por fundamento a Lei nº 8.212/1991, e, embora a Lei nº 7.711/1988 também verse a necessidade de apresentação das aludidas certidões, o fato é que a Registradora imobiliária, na qualificação do título apresentado a registro, adstrita ao princípio da legalidade, tomou amparo na Lei nº 8.212. À falta de declaração judicial expressa de que a Lei nº 8.212/1991 padeça de inconstitucionalidade, não pode o Registrador de imóveis estender-lhe a fulminação que afligiu a Lei nº 7.711/1988. Frise-se, além disso, que o art. 48 da Lei nº 8.212, de 1991, enuncia que o registrador é solidariamente responsável pela prática de atos com inobservância de seu art. 47: "Art. 48. A prática de ato com inobservância do disposto no artigo anterior, ou o seu registro, acarretará a responsabilidade solidária dos contratantes e do oficial que lavrar ou registrar o instrumento, sendo o ato nulo para todos os efeitos. (...) § 3º O servidor, o serventuário da Justiça, o titular de serventia extrajudicial e a autoridade ou órgão que infringirem o disposto no artigo anterior incorrerão em multa aplicada na forma estabelecida no art. 92, sem prejuízo da responsabilidade administrativa e penal cabível."Note-se que nesse aresto ficou aventada a possibilidade de a corregedoria permanente (e, por maior força de razão, a Corregedoria Geral) dispensar as certidões, mas somente nos casos de difficultas praestandi, de absoluta impossibilidade de satisfazer a exigência (Lei 6.015, de 31 de dezembro de 1973 - LRP/1973, art. 198, verbis "ou não a podendo satisfazer") - e não de modo geral e abstrato." Feitas essas observações, é necessário, porém observar que, justamente porque aqui se trata de um juízo administrativo, não há liberdade senão para cumprir o que tenham decidido as autoridades superiores, i. e., a Corregedoria Geral da Justiça (CGJ) e o Conselho Superior da Magistratura (CSM) - as quais, é bom ver, desde o julgamento da Apel. Cív. 0003435-42.2011.8.26.0116, em 13.12.2012 (DJ 30.01.2013), mandam que se dispensem as certidões negativas de dívidas tributárias federais e previdenciárias federais. Nesse sentido, confiram-se: (a) para a CGJ: Proc. 62.779/2013, j. 30/07/2013, DJ 07/08/2013; e Proc. 100.270/2012, j. 14/01/2013 (b) para o CSM: as Ap. Cív. 0015705-56.2012.8.26.0248, j. 06.11.2013, DJ 06.11.2013; 9000004-83.2011.8.26.0296, j. 26.09.2013, DJ 14.11.2013; 0006907-12.2012.8.26.0344, 23.05.2013, DJ 26.06.2013; 0013693- 47.2012.8.26.0320, j 18.04.2013, DJ 24.05.2013; 0019260-93.2011.8.26.0223, j. 18.04.2013, DJ 24.05.2013; 0021311-24.2012.8.26.0100, j. 17.01.2013, DJ 21.03.2013; 0013759-77.2012.8.26.0562, j. 17.01.2013, DJ 21.03.2013; 0018870-06.2011.8.26.0068, j. 13.12.2012, DJ 26.02.2013; 9000003-22.2009.8.26.0441, j. 13.12.2012, DJ 27.02.2013; 0003611-12.2012.8.26.0625, j. 13.12.2012, DJ 01.03.2013; e 0013479-23.2011.8.26.0019, j. 13.12.2012, DJ 30.01.2013. Assim, esta Corregedoria Permanente não pode senão afastar tal óbice. No que concerne ausência de comprovação do recolhimento do imposto ITCMD, é certo que ao registrador cumpre fiscalizar o pagamento dos impostos devidos por força dos atos que lhe forem apresentados em razão do ofício, na forma do artigo 289 da Lei nº 6.015/73, sob pena de responsabilização do Oficial Delegado e, dentre estes impostos se encontra o ITCMD, cuja prova deve instruir o Formal de Partilha, salvo hipótese de isenção, devidamente demonstrada. Neste contexto, conforme documentos juntados às fls. 97/106, verifica-se que se refere aos bens deixados por Anna Eder Contato (fl. 105), ou seja, não há qualquer menção à sucessão de Armando. Do contrário, estaria sendo discutida matéria de interesse da Fazenda Pública, sem ela ter figurado como parte no presente feito, devendo tal questão ser discutida nas vias ordinárias. Por fim, quanto à necessidade de retificação da descrição do imóvel, verifica-se da transcrição e matrícula juntadas às fls. 17/22 a existência de dois imóveis localizados em uma mesma rua (Cândida Franco de Barros) e que distam 112,00 m da Travessa Guarany, de modo a causar dúvidas em relação a exata localização do imóvel. Ressalte-se que tal óbice tem amparo no princípio da especialidade objetiva (artigos 176 e 212 da Lei 6.015/73), cujas regras impedem o registro de títulos cujo objeto não seja exatamente aquele que consta do registro anterior, sendo necessário que a sua caracterização no negócio entabulado repita os elementos de descrição constantes do registro (Narciso Orlandi Neto, Retificação do Registro de Imóveis, Juarez de Oliveira, pág. 68). E ainda conforme ensina o professor Luiz Guilherme Loureiro: "Em virtude do principio da legitimidade ou da presunção de veracidade, o Registro deve refletir a verdade não só no que se refere ao titular do direito registrado, mas também quanto à natureza e ao conteúdo deste direito. Assim, qualquer inexatidão do assento deve ser retificada a fim de que reflita perfeitamente a realidade". (Registros Públicos - Teoria e Prática - 2ª ed. - Editora Método). Como é sabido, a simples dúvida do registrador quanto a área a ser transmitida, já basta para indicar a necessidade de retificação. Logo, é imperiosa a realização de levantamento técnico, necessário para apuração da exata localização, conforme previsto na Lei de Registros Públicos, oportunidade em que serão produzidas as provas, com a juntada de levantamento topográfico e memorial descritivo para a correta especificação dos imóveis. Diante do exposto, julgo parcialmente procedente a dúvida suscitada pelo Oficial do 8º Registro de Imóveis da Capital, a requerimento de Antonio Eder Contato, e afasto somente a exigência relativa a apresentação das certidões negativas de débitos do INSS.Deste procedimento não decorrem custas, despesas processuais e honorários advocatícios. Oportunamente remetam-se os autos ao arquivo. P.R.I.C. - ADV: VALDIR TEJADA SANCHES (OAB 51009/SP) (DJe de 12.05.2017 - SP)

Processo 1025560-25.2017.8.26.0100

Dúvida - Registro de Imóveis - Andrea de Marco Natali - "Dúvida - Registro Formal de Partilha - Necessidade de constar o valor dos imóveis partilhados para fins de constatação de incidência dos impostos ITCMD ou ITBI - ausência de esclarecimento da propriedade do imóvel - casamento sob o regime da separação obrigatória de bens - Sumula 377 do STF - principio da continuidade - Dúvida procedente" Vistos. Trata-se de dúvida inversa suscitada por Andrea de Marco Natali em face da negativa do Oficial do 5º Registro de Imóveis da Capital em proceder ao registro da carta de sentença extraída dos autos da Ação de Separação Consensual (processo nº 0212531-24.2006.8.26.0100), que tramitou perante o MMº Juízo da 10ª Vara da Família e Sucessões da Capital, referente ao imóvel objeto da matrícula nº 62.542. Os óbices registrários referem-se: a) ausência de constatação dos valores atribuídos aos imóveis, objeto da partilha, o que impede a verificação de eventual excesso de meação, acarretando a incidência de imposto; b) aditamento da partilha, a fim de esclarecer a propriedade do imóvel, ou seja, se pertencia ao casal Maria Helena Marx Davis e Francis Selwyn Davis ou exclusivamente ao último. Juntou documentos às fls. 52/79. Insurge-se a suscitante dos óbices impostos, sob o argumento de que se trata de título judicial, constituído de sentença homologatória da separação e assinado por todas as partes interessadas. Apresentou documentos às fls. 05/40. O Ministério Público opinou pela procedência da dúvida (fls. 83/86). É o relatório. Passo a fundamentar e a decidir. Com razão o Oficial Registrador e a Douta Promotora de Justiça. Preliminarmente, cumpre destacar que os títulos judiciais não estão isentos de qualificação, positiva ou negativa, para ingresso no fólio real. O Egrégio Conselho Superior da Magistratura já decidiu que a qualificação negativa do título judicial não caracteriza desobediência ou descumprimento de decisão judicial (Apelação Cível n. 413-6/7). Deve-se salientar que, no ordenamento jurídico pátrio, incumbe ao Registrador, no exercício do dever de qualificar o título que lhe é apresentado, examinar o aspecto formal, extrínseco, e observar os princípios que regem e norteiam os registros públicos, dentre eles, o da legalidade, que consiste na aceitação para registro somente do título que estiver de acordo com a lei. A análise do título deve obedecer a regras técnicas e objetivas, o desempenho dessa função atribuída ao Registrador, deve ser exercida com independência, exigindo largo conhecimento jurídico. Como é sabido, ao Oficial de Registro cumpre fiscalizar o pagamento dos impostos devidos por força dos atos que lhe forem apresentados em razão do ofício, na forma do art. 289 da Lei nº 6.015/73, sob pena de responsabilização pessoal do Oficial Delegado, e dentre estes impostos se encontra o ITCMD e o ITBI, cuja prova de recolhimento deve instruir o formal de partilha, salvo hipótese de isenção devidamente demonstrada. Assim, faz-se necessária a demonstração dos valores atribuídos aos imóveis partilhados, para saber se houve excesso de meação decorrente da partilha, ao qual incidiria o fator gerador dos impostos ITBI ou ITCMD, dependendo da gratuidade ou não do ato da transação. E ainda, com relação ao segundo óbice, com razão o Registrador. Por força do princípio da continuidade, uma inscrição (lato sensu) subsequente só transfere um direito se o direito por transferir efetivamente estiver compreendido, objetiva e subjetivamente, na inscrição (lato sensu) antecedente que lhe dá fundamento, ou seja, para que se faça a inscrição subsequente, é necessário que o disponente possa, objetiva e subjetivamente, dispor do direito, o que só se pode concluir pela própria inscrição antecedente. Segundo Narciso Orlandi Neto: "No sistema que adota o princípio da continuidade, os registros têm de observar um encadeamento subjetivo. Os atos têm de ter, numa das partes, a pessoa cujo nome já consta do registro. A pessoa que transmite um direito tem de constar do registro como titular desse direito, valendo para o registro o que vale para validade dos negócios: nemo dat quod non habet" (Retificação do Registro de Imóveis, Juarez de Oliveira, pág. 55/56). Pois bem, a aquisição do bem em questão por Francis Davis ocorreu na constância do casamento com Maria Helena, sob o regime da separação obrigatória de bens, logo aplica-se na presente hipótese a Súmula 377 do STF que dispõe que: "No regime de separação legal de bens, comunicam-se os adquiridos na constância do casamento."Esta é uma presunção relativa, que como bem exposto na impugnação. Assim, pode ser afastada, diante de pacto antenupcial ou prova de que foi adquirido com esforço individual de um dos cônjuges, o que deve ser feito na via judicial. A partilha não esclarece a que título todo o bem foi transmitido ao cônjuge varão, se houve a efetiva transferência da propriedade da esposa ao marido ou se o domínio sempre pertenceu exclusivamente a ele. Logo, é imprescindível o aditamento do Formal de Partilha para os esclarecimentos devidos. E ainda, conforme informações do registrador, a vaga de garagem, objeto da matricula nº 62.543, registrada em nome do casal Francis e Maria Helena, não foi mencionada na carta de sentença que se pretende registrar, consequentemente, poderá haver necessidade de sobrepartilhar referido bem. Diante do exposto, julgo procedente a dúvida inversamente suscitada por Andrea de Marco Natali em face da negativa do Oficial do 5º Registro de Imóveis da Capital, e mantenho os óbices registrários. Deste procedimento não decorrem custas, despesas processuais e honorários advocatícios. Oportunamente remetam-se os autos ao arquivo. P.R.I.C. São Paulo, 29 de maio de 2017. Tania Mara Ahualli Juíza de Direito - ADV: DANILO AUGUSTO BERTOLINI (OAB 242479/SP) (DJe de 02.06.2017 - SP)

Processo 1076890-61.2017.8.26.0100

Pedido de Providências - Registro de Imóveis - Jose Raimundo Santos Nascimento - "Registro de Formal de Partilha - regime da separação obrigatória de bens - incidência da Sumula 377 STF - aquisição do imóvel a título oneroso - não consta do título a partilha relativa ao cônjuge pré morto - não comprovação de que o imóvel foi adquirido somente pela cônjuge virago - violação ao princípio da continuidade - Dúvida procedente "Vistos. Trata-se de dúvida inversa suscitada por José Raimundo Santos Nascimento em face da negativa do Oficial do 2º Registro de Imóveis da Capital em proceder ao registro do Formal de Partilha, expedido pelo MMº Juízo da 3ª Vara da Família e Sucessões da Capital (processo nº 1114046-88.2014.8.26.0100), extraído dos autos do inventário de Wilma Lang, referente a uma vaga de garagem, matriculada sob nº 112.018. O óbice registrário refere-se à violação ao princípio da continuidade, uma vez que o bem foi adquirido por Wilma Lang e seu marido Virginio Pessoa Delgado Filho, no estado civil de casados pelo regime da separação obrigatória de bens, logo, há comunicabilidade dos bens adquiridos na constância do casamento, devendo ser apresentado o formal de partilha extraídos por ocasião do falecimento de Virginio, bem como a prova do recolhimento do ITCMD. Insurge-se o suscitante do óbice imposto, sob a alegação da existência de sentença judicial transitada em julgado homologando a partilha, na qual consta que referida garagem caberia ao suscitante, respeitando assim, o testamento constante dos autos. Esclarece que a prova de recolhimento do ITCMD consta do proprio título, havendo concordância da Fazenda Estadual com o recolhimento do tributo. Juntou documentos às fls. 08/219. O Ministério Público opinou pela procedência da dúvida (fls. 237). É o relatório. Passo a fundamentar e a decidir. Com razão o Registrador, bem como o D Promotor de Justiça. Preliminarmente, cumpre destacar que os títulos judiciais não estão isentos de qualificação, positiva ou negativa, para ingresso no fólio real. O Egrégio Conselho Superior da Magistratura já assentou, inclusive, que a qualificação negativa do título judicial não caracteriza desobediência ou descumprimento de decisão judicial (Apelação cível n. 413-6/7). Cite-se, por todas a apelação cível nº 464-6/9, de São José do Rio Preto: "Apesar de se tratar de título judicial, está ele sujeito à qualificação registrária. O fato de tratar-se o título de mandado judicial não o torna imune à qualificação registrária, sob o estrito ângulo da regularidade formal, O exame da legalidade não promove incursão sobre o mérito da decisão judicial, mas à apreciação das formalidades extrínsecas da ordem e à conexão de seus dados com o registro e a sua formalização instrumental". Nessa linha, também o E. Supremo Tribunal Federal já decidiu que: "REGISTRO PÚBLICO - ATUAÇÃO DO TITULAR - CARTA DE ADJUDICAÇÃO - DÚVIDA LEVANTADA - CRIME DE DESOBEDIÊNCIA - IMPROPRIEDADE MANIFESTA. O cumprimento do dever imposto pela Lei de Registros Públicos, cogitando-se de deficiência de carta de adjudicação e levantando-se dúvida perante o juízo de direito da vara competente, longe fica de configurar ato passível de enquadramento no artigo 330 do Código Penal - crime de desobediência -, pouco importando o acolhimento, sob o ângulo judicial, do que suscitado" (HC 85911 / MG - MINAS GERAIS, Relator: Min. MARCO AURÉLIO, j. 25/10/2005, Primeira Turma). Sendo assim, fica claro que não basta a existência de título proveniente de órgão judicial para autorizar automaticamente o ingresso no registro tabular. Superada a questão sobre o ingresso do título judicial, passa-se à análise do princípio da continuidade, explicado por Afrânio de Carvalho, da seguinte forma: "O princípio da continuidade, que se apóia no de especialidade, quer dizer que, em relação a cada imóvel, adequadamente individuado, deve existir uma cadeia, de titularidade à vista da qual só se fará a inscrição de um direito se o outorgante dele aparecer no registro como seu titular. Assim, as sucessivas transmissões, que derivam umas das outras, asseguram a preexistência do imóvel no patrimônio do transferente" (Registro de Imóveis, Editora Forense, 4ª Ed., p. 254). Ou seja, o título que se pretende registrar deve estar em conformidade com o inscrito na matrícula. Oportuno destacar, ainda, a lição de Narciso Orlandi Neto, para quem: "No sistema que adota o princípio da continuidade, os registros têm de observar um encadeamento subjetivo. Os atos praticados têm de ter, numa das partes, a pessoa cujo nome já consta do registro. A pessoa que transmite um direito tem de constar do registro como titular desse direito, valendo para o registro o que vale para validade dos negócios" (Retificação do Registro de Imóveis, Editora Oliveira Mendes, p. 56). Necessário, por conseguinte, que o titular de domínio seja o mesmo no título apresentado a registro e no registro de imóveis, pena de violação ao princípio da continuidade, previsto no art. 195, da Lei nº 6.015/73: "Se o imóvel não estiver matriculado ou registrado em nome do outorgante, o oficial exigirá a previa matrícula e o registro do titulo anterior, qualquer que seja a sua natureza, para manter a continuidade do registro". Conclui-se que os registros necessitam observar um encadeamento subjetivo, ou seja, o instrumento que pretende ingressar no registro tabular necessita estar em nome do outorgante, sendo assim apenas se transmite o direito quem é o titular do direito. Na presente hipótese, embora casados sob o regime da separação obrigatória de bens, o imóvel objeto da matricula nº 112.018 foi adquirido na constância do casamento a título oneroso (R.06), em 30.05.2007, presumindo-se a ocorrência de esforço comum dos cônjuges e consequentemente a incidência da Súmula 377 do STF, segundo a qual: "No regime de separação legal de bens, comunicam-se os adquiridos na constância do casamento". Neste sentido, caberia provar a contribuição unilateral para a evolução patrimonial. Todavia, não houve a juntada de qualquer prova neste sentido, o que não afasta a presunção mencionada, devendo ao interessado, comprovar que o imóvel foi adquirido por apenas um dos cônjuges, nas vias ordinárias, com ampla dilação probatória. No mais, não consta na matrícula do imóvel em questão o registro do formal de partilha em nome do cônjuge varão Virginio Pessoa Delgado Filho, tendo seu falecimento ocorrido anteriormente a Wilma Lang que detém o estado civil de viúva na ocasião de seu falecimento, conforme Formal de Partilha que ora se pretende registrar. Consequentemente, não houve a partilha de 50% do seu direito sobre o imóvel em prol de seus herdeiros, quebrando com isso a continuidade que dos registros públicos se espera, e potencialmente prejudicando terceiro. Ora, essa omissão impede que o título apresentado a registro ingresse no fólio real, não podendo incidir a sucessão por "saltos" no ordenamento jurídico, afrontando o princípio da segurança jurídica. Em relação a prova do recolhimento do ITCMD, ao contrário do que faz crer o suscitante, refere-se à posterior abertura do inventário do varão, tendo em vista que em relação ao inventário se Wilma Lang já houve o recolhimento. Logo, o respectivo formal de partilha não pode ter ingresso ao fólio real até que adequado à partilha do cônjuge pré morto, a permitir a perfeita formalização do ato registrário. Diante do exposto, julgo procedente a dúvida inversa suscitada por José Raimundo Santos Nascimento em face da negativa do Oficial do 2º Registro de Imóveis da Capital, e consequentemente mantenho o óbice registrário. Deste procedimento não decorrem custas, despesas processuais e honorários advocatícios. Oportunamente remetam-se os autos ao arquivo. P.R.I.C. São Paulo, 12 de setembro de 2017. Tania Mara Ahualli Juíza de Direito - ADV: RONALDO DE SOUSA OLIVEIRA (OAB 102076/SP). (DJe de 19.09.2017 - SP)

HIPOTECA

Processo 1045618-83.2016.8.26.0100

Pedido de Providências - Cancelamento de Hipoteca - Irma Rejane Araújo Genovesi - Caixa Econômica Federal - CEF e outros Pedido de Providências Cancelamento de hipoteca incidência do prazo decadencial de trinta anos inteligência do artigo 1485 do CC Pedido deferido. Vistos. Trata-se de pedido de providências formulado por Irmã Rejane Araújo Genovesi, em face da negativa do Oficial do 14º Registro de Imóveis da Capital em proceder ao cancelamento da hipoteca que incide sobre o imóvel matriculado sob nº 108.332 (R.4). A negativa do Oficial se dá pela necessidade de apresentar o termo de quitação do credor hipotecário, subscrito por procurador com a firma reconhecida, conforme consta da nota devolutiva de fl. 18. Em contrapartida, a requerente sustenta que o pedido não merece acolhida, por ter sido a referida hipoteca constituída há mais de 30 anos, tendo se dado a perempção sobre esta, já que não houve qualquer prorrogação ou nova constituição de hipoteca nesta mesma matricula, tal situação estaria de acordo com o disposto pelos artigos 238 da Lei de Registros Publicos e 1.485 do Código Civil Brasileiro. Juntou documentos às fls. 8/18. A cédula hipotecária foi emitida em favor de Federal São Paulo S/A Crédito Imobiliário, tentou-se encontrar a referida empresa porém encontra-se em local desconhecido (fl. 58 e fl. 81), diligenciou-se ao Banco Central do Brasil, que informo cancelamento do funcionamento como sociedade de credito imobiliário em 1981, com transferência de seus ativos e passivos à Caixa Econômica Federal (fl. 67). Devidamente citada a Caixa Econômica Federal (fl. 98), manifestou-se pela ausência de interesse no feito, concordando com a realização do registro do referido título (fl. 99). O Ministério Público opinou pelo deferimento da pretensão (fls. 105/16). É o relatório. Passo a fundamentar e a decidir. O pedido comporta integral acolhimento. Conforme se verifica do registro nº 04 da matrícula nº 108.332 (fl. 10), a hipoteca foi constituída em 1978, ou seja, há mais de trinta anos. De acordo com o artigo 1485 do CC: "Mediante simples averbação, requerida por ambas as partes, poderá prorrogar-se a hipoteca, até 30 (trinta) anos da data do contrato. Desde que perfaça esse prazo, só poderá subsistir o contrato de hipoteca reconstituindo-se por novo título e novo registro; e, nesse caso, lhe será mantida a precedência, que então lhe competir". Dado o lapso temporal, tem-se que a referida cédula hipotecária já se encontra decaída, uma vez que emitida em 1978, há muito passado o prazo de 30 anos. Neste contexto, de acordo com Francisco Eduardo Loureiro: "O prazo de trinta anos é de natureza decadencial, de modo que não se aplicam as causas impeditivas, suspensivas e interruptivas aplicáveis à prescrição. Escoado o prazo, a hipoteca se extingue de pleno direito, ainda que antes do cancelamento junto ao registro imobiliário, cujo efeito é meramente regularizatório, a ser pedido pelo interessado ao oficial. Não se confundem perempção da hipoteca com prescrição da pretensão da obrigação garantida. Disso decorre a possibilidade da perempção da garantia ocorrer antes da prescrição da obrigação garantida, que se converterá em quirografária (...) Ultrapassado o prazo fatal de trinta anos, somente subsiste a garantia real mediante novo contrato de hipoteca e novo registro imobiliário" (Código Civil Comentado, Ministro Cezar Peluso coordenador; Barueri/SP: Manole, 2010, p. 1590). Diante do exposto, defiro o cancelamento da hipoteca registrada sob nº 04 na matrícula nº 108.332, junto ao 14º Registro de Imóveis da Capital. Não há custas processuais ou honorários advocatícios decorrentes deste procedimento. Oportunamente, remetam-se os autos ao arquivo. P.R.I.C. São Paulo, 19 de dezembro de 2016. Tania Mara Ahualli Juíza de Direito. DOCUMENTO ASSINADO DIGITALMENTE NOS TERMOS DA LEI 11.419/2006, CONFORME IMPRESSÃO À MARGEM DIREITA - ADV: CASSIO MARCELO DE SALES BELLATO (OAB 146361/SP), CAMILA MODENA BASSETTO RIBEIRO (OAB 210750/SP) (DJe de 24.01.2017 - SP)

Processo 1127449-56.2016.8.26.0100

Pedido de Providências - Registro de Imóveis - Carrossel Automóveis Ltda. – Epp.

Pedido de Providências - Cancelamento de duas hipotecas que gravam o imóvel - Documentos que comprovam a notificação do credor hipotecário e registro da carta de arrematação em nome da arrematante - preservação do princípio da continuidade.

Pedido Procedente Vistos. Trata-se de pedido de providências formulado pelo Oficial do 6º Registro de Imóveis da Capital a requerimento de Carrossel Automóveis LTDA, pleiteando o cancelamento de duas hipotecas registradas sob nº s 17 e 22 na matrícula nº 51.966, sob o argumento de ter arrematado o imóvel em processo de execução fiscal, que tramitou perante o MMº Juízo da 5ª Vara Federal (processo nº 0511082- 40.1994.4.03.6182), movida pelo INSS em face de Refraterm Refratários e Isolamentos Térmicos LTDA.O pedido foi indeferido pelo Registrador sob a alegação da haver necessidade da concordância do credor hipotecário para o cancelamento pretendido, ocasião em que a interessada apresentou novo requerimento instruído com cópias simples de diversos documentos extraídos da execução em que ocorreu a arrematação, entre os quais a intimação do credor hipotecário Banco do Brasil, dando-lhe ciência de que o imóvel fora penhorado, bem como das datas das praças para sua venda. Admite o Oficial que a interessada tem razão, uma vez que de acordo com o artigos 1.499, VI e 1501 do Código Civil, a arrematação extingue a hipoteca desde que tenha sido notificado judicialmente o credor hipotecário, todavia, colacionou algumas decisões da Egrégia Corregedoria Geral da Justiça, bem como do Egrégio Conselho Superior da Magistratura, exigindo a anuência do credor. Juntou documentos às fls. 06/54. A requerida manifestou-se às fls. 57/59. Alega que o credor hipotecário foi devidamente intimado, bem como houve o registro da carta de arrematação, que constitui uma das formas de aquisição da propriedade e consequentemente estaria atendido o princípio da continuidade. O Ministério Público opinou pela procedência do pedido (fls. 66/68). É o relatório. Passo a fundamentar e a decidir. Com razão a D Promotora de Justiça. De acordo com os artigos 1499, inciso VI, e 1501, ambos do Código Civil: "Art. 1499: A hipoteca extingue-se: (...) VI - pela arrematação ou adjudicação" "Art. 1501: Não extinguirá a hipoteca, devidamente registrada, a arrematação ou adjudicação, sem que tenham sido notificados judicialmente os respectivos credores hipotecários, que não foram de qualquer modo partes na execução". Constata-se, pelos documentos carreados aos autos (fls. 53/54), que o credor hipotecário (Banco do Brasil S/A) foi notificado, por sua representante legal, da designação dos leilões, sendo que não há qualquer comprovação de oposição, logo o argumento sobre a ausência de intimação do credor encontra-se superado. Ademais, os julgados trazidos à baila pelo Registrador não se aplicam à presente hipótese, tendo em vista que a carta de arrematação encontra-se registrada na matrícula do imóvel (R.27), não havendo qualquer violação ao princípio da continuidade. Segundo Afrânio de Carvalho: "O princípio da continuidade, que se apóia no de especialidade, quer dizer que, em relação a cada imóvel, adequadamente individuado, deve existir uma cadeia, de titularidade à vista da qual só se fará a inscrição de um direito se o outorgante dele aparecer no registro como seu titular. Assim, as sucessivas transmissões, que derivam umas das outras, asseguram a preexistência do imóvel no patrimônio do transferente" (Registro de Imóveis, Editora Forense, 4ª Ed., p.

254). Assim, tendo havido o ingresso da carta de arrematação junto à matrícula, não há razão para negar o cancelamento das hipotecas que gravam o imóvel. Os julgados trazidos pelo Oficial dizem respeito ao não registro do título em virtude da existência do gravame hipotecário, ocasião em que, para seu levantamento, é imprescindível a concordância do credor, o que não é o caso, já que a carta de arrematação do imóvel pela interessada teve ingresso no fólio real, logo, encontra-se preservado o princípio da continuidade e da segurança jurídica que dos registros se esperam. Diante do exposto, julgo procedente o pedido de providências formulado pelo Oficial do 6º Registro de Imóveis da Capital a requerimento de Carrossel Automóveis LTDA, e consequentemente determino o cancelamento das duas hipotecas registradas sob nºs 17 e 22 que gravam o imóvel matriculado sob nº 51.966. Deste procedimento não decorrem custas, despesas processuais e honorários advocatícios. Oportunamente remetam-se os autos ao arquivo. P.R.I.C. São Paulo, 19 de dezembro de 2016. Tania Mara Ahualli Juíza de Direito - ADV: LAUDEVI ARANTES (OAB 182200/SP) (DJe de 24.01.2017 - SP)

Processo 1114610-96.2016.8.26.0100

Pedido de Providências - REGISTROS PÚBLICOS - Fabio Cesar de Souza - Yoo Jin Kim e outro - Vistos. Trata-se de pedido de providências, com antecipação de tutela, formulado por Fabio César de Souza em face do Oficial do 6º Registro de Imóveis da Capital, pleiteando o cancelamento da hipoteca registrada sob nº 5 na matrícula nº 137.439. Relata o requerente que vendeu um imóvel de sua propriedade à srª Yoo Jin Kim pelo valor de R$ 700.000,00. Todavia, foi compelido pela compradora a gravar o imóvel para garantia de pagamento do montante de R$ 300.000,00. Informa que referido valor foi estipulado aleatoriamente, como sendo o saldo devido pelo requerente em decorrência de algumas dívidas e cobranças judiciais que à época eram feitas a ele e sua empresa Promerc Propaganda LTDA. Aduz que houve negligência do Registrador, que mesmo ante a ausência de documento que demonstrasse a existência da dívida, efetuou o registro da hipoteca. Juntou documentos às fls. 10/75. A liminar foi indeferida (fl. 80). O Registrador esclarece que a hipoteca registrada teve suporte na escritura pública lavrada pelo Oficial de Registro Civil das Pessoas Naturais e Tabelião de Notas do Distrito de Parelheiros, na qual figurou como outorgante o requerente, e como outorgada Yoo Jin Kim. Ressalta que na escritura foi consignado que, para garantir o pagamento do montante de R$ 300.000,00, que representava parte da dívida oriunda do instrumento particular de compromisso de venda e compra de bem imóvel, não registrado, celebrado pelas partes, o outorgante dava em primeira, única e especial hipoteca, o imóvel descrito e caracterizado na matrícula nº 137.439 (fls. 86/88 e documentos de fls. 89/106). A compradora impugnou o pedido (fls. 114/120). Argumenta que a hipoteca foi avençada de comum acordo através da escritura pública, que refletiu a vontade das partes envolvidas no negócio jurídico. O requerente apresentou réplica (fls. 128/132), corroborando os argumentos expostos na inicial. O Ministério Público opinou pela improcedência do pedido (fls. 136/137). É o relatório. Passo a fundamentar e a decidir. Analisando os documentos e as informações prestadas pelo Registrador, verificasse que se trata de vício intrínseco do título, consistente na eventual vício de vontade do vendedor (ora requerente) a gravar um imóvel como garantia do pagamento de uma dívida de R$ 300.000,00, que deu origem ao registro nº 5 da matrícula nº 137.439. Formalmente o ato está perfeito, decorrente de instrumento público devidamente lavrado perante o Oficial de Registro Civil das Pessoas Naturais e Tabelião de Notas do Distrito de Parelheiros (fls. 91/95). Logo, não vislumbro irregularidades que devam ser reconhecidas por este Juízo. Pelo princípio da legitimação (eficácia do registro), os vícios reconhecíveis pela via administrativa são apenas aqueles comprováveis de pleno direito que resultem de erros evidentes extrínsecos ao título, sem necessidade de exames de outros documentos ou fatos (artigos 214, caput, e 252 da Lei 6.015/73). Sobre os limites de aferição da nulidade de pleno direito do art. 214, da Lei nº 6015/73, Narciso Orlandi Neto lembra que: "É preciso distinguir nulidade direta do registro e nulidade do título, com reflexo no registro. O registro não pode ser cancelado por nulidade do título, salvo em processo contencioso de que participe o titular do direito inscrito. Em outras palavras, o art. 214 da Lei n. 6015/73 é exceção. E como se sabe se o registro é ou não nulo de pleno direito? Sabe-se que o registro é ou não nulo de pleno direito examinando-o separadamente do título que lhe deu causa, apenas à luz dos princípios que regem o registro, a saber se foram cumpridos os requisitos formais. A indagação da nulidade do registro deve ficar restrita aos "defeitos formais do assento, ligados à inobservância de formalidades essenciais da inscrição" (Código Civil, arts. 130 e 145, III)" (Afrânio de Carvalho, Retificação do Registro, in RDI 13, p. 17). (g.n) A nulidade a que se refere o art. 214 da Lei de Registros Públicos é exclusiva do registro, absolutamente independente do título, tanto que, uma vez declarada, permite que o mesmo título seja novamente registrado. A nulidade que pode ser declarada diretamente, independentemente de ação, é de direito formal, extrínseca. Ela não pode alcançar o negócio ou ato jurídico, que subsiste íntegro e, em muitos casos, apto a, novamente, ingressar no registro. Problemas relativos ao consentimento das partes, diz respeito à constituição do direito, tanto quanto a regularidade da representação e elaboração material do instrumento. Assim, o vício intrínseco derivado da existência de indícios de coação para a lavratura de mencionada escritura, bem como a inexistência de qualquer dívida do requerente perante a compradora, deve ser reconhecido em procedimento contencioso cível, com a participação da outra parte que participou da venda e com ampla dilação probatória. Configurado o vício do contrato, o cancelamento do registro feito na matrícula do imóvel ocorrerá como consequência, conforme determina o artigo 216 da Lei 6.015/73. Portanto, fica claro que a via administrativa da Corregedoria Permanente é inadequada para cancelar diretamente as averbações, porque o vício, se existente, é de natureza intrínseca. Por fim, ante a ausência de conduta irregular praticada pelo Registrador passível da instauração de procedimento administrativo disciplinar, determino o arquivamento do presente feito. Deste procedimento não decorrem custas, despesas processuais e honorários advocatícios. Oportunamente remetam-se os autos ao arquivo. P.R.I.C. São Paulo, 21 de março de 2017. Tania Mara Ahualli Juíza de Direito - ADV: RODRIGO BARBIERI DOS SANTOS (OAB 240540/SP), CRISTIANE QUELI DA SILVA GALLO (OAB 138743/SP) (DJe de 28.03.2017 - SP)

Processo 1015980-68.2017

Pedido de Providências 2º Oficial de Registro de Imóveis da Capital Emonil Negócios Imobiliários LTDA Sentença (fls. 41/43): Pedido de providências - cancelamento de hipoteca deve ser requerido no juízo que a determinou - inexistência de providências cabíveis à corregedoria permanente - pedido indeferido. Vistos. Trata-se de pedido de providências formulado pelo Oficial do 2º Registro de Imóveis da Capital, a requerimento de Emonil Negócios Imobiliários LTDA, tendo em vista a negativa em se proceder ao cancelamento da hipoteca registrada sob nº 05, junto à matrícula nº 83.496, pela arrematação do imóvel em questão. A negativa se deu pela ausência de comprovação da realização da notificação da credora hipotecária, bem como expressa determinação do MMº Juízo da 40ª Vara do Trabalho da Capital, responsável pela expedição da Carta de Arrematação, de que os efeitos em relação à hipoteca seriam apreciados e decididos pelo Juízo do processo. Juntou documentos às fls. 03/33. Sustenta a interessada que a credora hipotecária, Esso Brasileira de Petróleo LTDA, cuja razão atual é Cosan Lubrificantes e Especialidades S/A, foi regularmente intimada das hastas públicas, bem como obteve penhora do produto da arrematação. O Ministério Público opinou pela improcedência do pedido (fls. 38/40). É o relatório. Passo a fundamentar e a decidir. Com razão o Registrador, bem como o D Promotor de Justiça. O cancelamento da hipoteca e da averbação referente à anotação da existência da ação anulatória de ato jurídico, objeto da pretensão do requerente, devem ocorrer, conforme preceituam os artigos 250, I - III, e 253, da Lei 6.015/73, nas seguintes hipóteses: em decorrência de decisão judicial transitada em julgado; a requerimento unânime das partes que tenham participado do ato registrado; a requerimento do interessado, instruído com documento hábil; ou ainda, em juízo, por iniciativa de terceiro prejudicado. A interessada não apresentou qualquer título formal, principalmente aqueles apontados no artigo 221, IV da Lei 6.015/73, que comprovasse uma dessas situações, bem como não há prova nos autos de que o credor hipotecário tenha sido intimado da penhora, condição indispensável para o cancelamento da garantia. No mais, tem-se que o feito tramitou em outro juízo, ou seja, na 40ª Vara Trabalhista da Capital, que detêm competência para analisar se houve a notificação do credor hipotecário, bem como determinar o eventual cancelamento do gravame, sendo certo que o Juízo Trabalhista expressamente determinou que os efeitos em relação à hipoteca seriam apreciados e decididos pelo Juízo do processo, qual seja MMº Juízo da 3ª Vara Cível da Capital (fl. 33). Esta Corregedoria Permanente não tem poder de ingerência nas decisões proferidas por outro Juízo, devendo a requerida buscar o cancelamento do gravame junto ao Juízo pertinente, mostrando correta a negativa do Registrador em efetuar o ato. Diante do exposto, julgo improcedente o pedido de providências formulado pelo Oficial do 2º Registro de Imóveis da Capital, a requerimento de Emonil Negócios Imobiliários LTDA, e consequentemente mantenho o óbice. Deste procedimento não decorrem custas, despesas processuais e honorários advocatícios. Oportunamente remetam-se os autos ao arquivo.. P.R.I.C. São Paulo, 21 de março de 2017. Tania Mara Ahualli Juíza de Direito (CP- 91) (DJe de 03.04.2017 - SP)

Processo 1046364-48.2016.8.26.0100

Pedido de Providências - REGISTROS PÚBLICOS - Purificação Cabral Coelho e outro

Pedido de providências averbação de termo de quitação cópia em princípio, necessidade de documento original excepcionalidade impossibilidade de obtenção do original comprovada possibilidade de uso da cópia autenticada - procedência. Vistos. Trata-se de pedido de providências formulado por Purificação Cabral Coelho e Espólio de Francisco Coelho em face do Oficial do 15º Registro de Imóveis da Capital, requerendo averbação de liberação de garantia hipotecária na matrícula nº 200.752 da citada serventia. Alegam os requerentes que ao apresentarem o título na serventia, foi negado o ato registral pois tratava-se de cópia autenticada, quando seria necessário o documento original. Dizem que o título original se encontra na posse de Lin Hua Tai, de paradeiro desconhecido, e que a obtenção de outra via dada pelo credor hipotecário, Shih Tai Ruay, foi negada em ação judicial (Processo 0006913-66.2014.8.19.0207 RJ), além de este ter falecido após o processo. Assim, requerem o registro da cópia autenticada, visto não haver outros meios para liberação da hipoteca. Documentos às fls. 15/78. O Oficial manifestou-se às fls. 101/103 com documentos às fls. 104/127. Diz que a necessidade do documento original decorre do Art. 221 da Lei 6.015/73 e de decisões do Conselho Superior da Magistratura. Foi intimado Lin Hua Tai (fl. 148), com assinatura de terceiro e sem resposta nos autos. Certidão de óbito de Shih Tai Ruay juntada à fl. 160, após tentativa de intimação infrutífera (fl. 147). O Ministério Público, em manifestação final às fls. 217/218, opinou pela procedência do pedido. É o relatório. Decido. Com razão a D. Promotora. De fato, é entendimento consolidado que os atos de registro devem ser feitos com o título original. Nesse sentido a Apelação Cível 9000001-98.2015.8.26.0099 e Apelação Cível nº 43.728-0/7. Contudo, em hipóteses excepcionais, tal exigência pode ser relativizada, pois a formalidade do título pode impedir o exercício de direitos dos cidadãos. Sobre tal possibilidade, veja-se: "Registro de Imóveis Dúvida - Registro de Formal de Partilha - Necessidade de prévio registro de dois títulos anteriores, uma escritura pública e uma carta de sentença, referentes aos antigos proprietários – Impossibilidade de obtenção do original dessa carta - Cópia autenticada, porém, expedida pela própria serventia onde se fará o registro - Viabilidade, no caso concreto - Ausência de risco à continuidade Recurso provido." (Apelação nº 0020380-49.2014.8.26.0068, Rel. Pereira Calças, j. 12/05/16, g.n) Em que pese não haver exata similitude fática, o acórdão cuja ementa acima se colacionou reconhece que em circunstâncias excepcionais a exigência do original pode ser afastada, em especial se demonstrada a impossibilidade de obtenção do original. No caso ora em análise, tal impossibilidade foi amplamente demonstrada, sendo que se não aceita a cópia autenticada, o imóvel restaria na condição de garantia hipotecária por tempo indeterminado, já que não será possível obter título original que o libere do gravame, causando claro prejuízo aos proprietários e demais interessados. Neste sentido, o credor hipotecário Shih Tai Ruay é falecido (fl. 148), não sendo possível a emissão de novo termo de quitação por este. O termo original foi dado a Lin Hua Tai conforme recibo de fl. 32, com firmas reconhecidas. A obtenção de tal termo pelos requerentes se demonstra de extrema dificuldade, se não impossível, tendo em vista citações realizadas em outros processos de forma infrutífera e abandono processual por parte de Lin Hua Tai (fls. 47, 51, 56, 69/70), além de manter-se inerte após intimação no presente processo (considere-se, contudo, a assinatura do aviso de recebimento por terceiro). Ainda, a sentença de fls. 72/73, no Processo 0006913-66.2014.8.19.0207 da 2ª Vara Cível da Ilha do Governador RJ, reconheceu que "O réu (Shih Tai Ruay) demonstrou de forma cabal que procedeu à entrega do "TERMO DE LIBERAÇÂO DE GARANTIA HIPOTECÁRIA" ao cônjuge da autora (Lin Hua Tai) (...)", sendo que negou a ordem para emissão de novo termo de liberação tendo em vista que o credor libera-se de tal obrigação quando dá o termo a um dos devedores solidários. Portanto, reconheceu-se, em procedimento judicial, a liberação da garantia hipotecária. Os fatos acima descritos, conforme expresso pela D. Promotora em seu parecer, "[comprovam] suficientemente, que [a requerente] envidou todos os esforços para a obtenção do termo, sem sucesso, sendo que o credor hipotecário jamais negou (inclusive em Juízo) ter se oposto à liberação da garantia. Não bastasse a sentença de improcedência juntada às fls. 71/73, que faz coisa julgada material, soma-se ao caso o fato de SHIH TAI RUAY ter falecido (fls. 160), a impedir, uma vez mais, que a interessada consiga a assinatura de novo termo."Portanto, entendo que diante da excepcionalidade do presente caso, permite-se a utilização de cópia autenticada para a averbação pretendida. Deve o Oficial, contudo, verificar se as firmas reconhecidas e o selo de autenticação do documento de fl. 158 são verdadeiros e se o título não apresenta nenhum outro óbice ao registro, sendo passível para ingresso no fólio real como se original fosse. Do exposto, julgo procedente o pedido de providências formulado por Purificação Cabral Coelho e Espólio de Francisco Coelho em face do Oficial do 15º Registro de Imóveis da Capital, com a utilização da cópia de fls. 158 para fins de registro. Não há custas, despesas processuais nem honorários advocatícios decorrentes deste procedimento. Oportunamente, arquivem-se os autos. P.R.I.C. Tania Mara Ahualli. Juíza de Direito. São Paulo, 03 de abril de 2017. - ADV: RUY CARDOSO VASQUES (OAB 73154/RJ) (DJe de 20.04.2017 - SP)

Processo 1104867-96.2015.8.26.0100

Pedido de Providências - REGISTROS PÚBLICOS - Lineu Fernando Silva Vianna - Nádia Wacila Hanania Vianna - HSBC Bank Brasil S/A - Banco Sistema S/A - Caixa Econômica Federal - CEF e outro - Vistos. Trata-se de pedido de providências formulado pelo Espólio de Lineu Fernando Silva Vianna, representado por Nadia Wacila Hanania Vianna, em face do Oficial do 14º Registro de Imóveis da Capital, pleiteando o cancelamento do registro de hipoteca (R.02) e de averbação de cédula hipotecária (Av.03), inscritas na matrícula nº 23.294, sob a alegação de perempção, trazendo como consequência, a extinção do direito. Juntou documentos às fls. 06/17. O registrador manifestou-se às fls. 23/25. Aduz que o ato registrário não pode ser efetivado ante a ausência de instrumento particular de quitação emitido pela credora. Com relação ao cancelamento da averbação da cédula hipotecária esclarece que se trata de um título de crédito e pode ter circulado no mercado, logo, somente com a apresentação do documento é que se pode cancelar a própria hipoteca e a cédula. A instituição financeira Banco Sistema S/A, sucessor do Bamerindus São Paulo CIA. de Crédito Imobiliário, favorecido pela cédula de crédito hipotecária emitida, manifestou-se às fls. 210/224. Argumenta sobre a existência de débito pendente sobre o imóvel, que somente seria quitado pelo Fundo de Compensação das Variações Salariais - FVCS, gerenciado pela Caixa Econômica Federal. Apresentou documentos às fls. 223/224. A CEF manifestou-se às fls. 241/246. Aduz que o imóvel financiado, objeto da presente ação, pe o segundo financiamento no mesmo município de São Paulo e é impossível a quitação pelo FVCS, pois na época da assinatura que o requerente pretende ver quitado, não era permitido aos mutuários mais de um financiamento no mesmo Município para a concessão de outro mutuo habitacional que contasse com as regras do SFH, dentre elas a cobertura pelo FVCS. Juntou documentos às fls. 250/263. Com o falecimento do requerente, foi deferido a substituição do pólo ativo para constar a inventariante meeira Nadia Wacila Hanania Vianna (fl. 296). Manifestação do requerente às fls. 299/302, corroborando os argumentos expostos na inicial. O Ministério Público opinou pela procedência do pedido (fls. 308/311). É o relatório. Passo a fundamentar e a decidir. Em que pesem os argumentos expostos pelo registrador, verifico que as exigências devem ser afastadas. Conforme se verifica do registro nº 02 (fl. 09), a hipoteca foi constituída em 1978, ou seja, há mais de trinta anos. De acordo com o artigo 1485 do CC: "Mediante simples averbação, requerida por ambas as partes, poderá prorrogar-se a hipoteca, até 30 (trinta) anos da data do contrato. Desde que perfaça esse prazo, só poderá subsistir o contrato de hipoteca reconstituindo-se por novo título e novo registro; e, nesse caso, lhe será mantida a precedência, que então lhe competir". Dado o lapso temporal, tem-se que a referida cédula hipotecária já se encontra decaída, uma vez que emitida em 1978, há muito passado o prazo de 30 anos. Neste contexto, de acordo com Francisco Eduardo Loureiro: "O prazo de trinta anos é de natureza decadencial, de modo que não se aplicam as causas impeditivas, suspensivas e interruptivas aplicáveis à prescrição. Escoado o prazo, a hipoteca se extingue de pleno direito, ainda que antes do cancelamento junto ao registro imobiliário, cujo efeito é meramente regularizatório, a ser pedido pelo interessado ao oficial. Não se confundem perempção da hipoteca com prescrição da pretensão da obrigação garantida. Disso decorre a possibilidade da perempção da garantia ocorrer antes da prescrição da obrigação garantida, que se converterá em quirografária (...) Ultrapassado o prazo fatal de trinta anos, somente subsiste a garantia real mediante novo contrato de hipoteca e novo registro imobiliário" (Código Civil Comentado, Ministro Cezar Peluso coordenador; Barueri/SP: Manole, 2010, p. 1590). Em relação ao cancelamento da cédula hipotecária (Av. 03) - fl. 10, oriunda da emissão de cédula de crédito hipotecária, tendo em vista que as cédulas hipotecárias são títulos de crédito, possuem como características essenciais a literalidade, autonomia, abstração e cartularidade. Nos termos do artigo 234 do Decreto Lei 70/66 que institui a cédula hipotecária: "Art.24: O cancelamento da averbação da cédula hipotecária e da inscrição da hipoteca respectiva, quando se trate de liquidação integral desta, far- se-ão: I à vista das cédulas hipotecárias devidamente quitadas, exibidas pelo devedor ao Oficial do Registro Geral de Imóveis;... II por sentença judicial transitada em julgado" Parágrafo Único: Se o devedor não possuir a cédula hipotecária quitada, poderá suprir a falta com a apresentação de declaração de quitação do emitente ou endossante em documento à parte "As cédulas de crédito existem em função de um negócio jurídico anterior, estando a ele vinculadas. Inobstante a regra estipulada no artigo supra mencionado, a hipótese em tela configura uma exceção. A averbação 03, referente a cédula da hipoteca, na qual consta como favorecido o Bamerindus São Paulo CIA de Crédito Imobiliário, foi realizada em 21.08.1978, ou seja, há mais de trinta anos, e até a presente data não há notícia de que alguém tenha reclamado o valor da dívida. Assim, pelo longo lapso temporal de emissão da cédula de crédito e pela probabilidade mínima de se causar dano a terceiro, pode ser mitigada a exigência do artigo 24 do Decreto Lei 70/66. Logo, afasto os entraves levantados pelo registrador para cancelamento dos gravames. Diante do exposto, julgo procedente o pedido de providências formulado pelo Espólio de Lineu Fernando Silva Vianna, representado por Nadia Wacila Hanania Vianna, em face do Oficial do 14º Registro de Imóveis da Capital, e determino o cancelamento do registro de hipoteca (R.02) e de averbação de cédula hipotecária (Av.03), inscritas na matrícula nº 23.294. Deste procedimento não decorrem custas, despesas processuais e honorários advocatícios. Oportunamente remetam-se os autos ao arquivo. P.R.I.C. São Paulo, 03 de abril de 2017. Tania Mara Ahualli Juíza de Direito - ADV: FABIO ROBERTO LOTTI (OAB 142444/SP), LILIAN CARLA FÉLIX THONHOM (OAB 210937/SP), ANTONIO RODRIGO SANT ANA (OAB 234190/SP), REINALDO ARMANDO PAGAN (OAB 32255/SP), MARCO ANTONIO LOTTI (OAB 98089/SP) (DJe de 24.04.2017 - SP)

Processo 1016810-34.2017.8.26.0100

Pedido de Providências - Hipoteca - Frederick Rogério Borges Calvacante - Julia Yukari Furutani Carraccioli Santos - BANCO BRADESCO S/A e outros - Vistos. Trata-se de pedido de providências formulado por Frederick Rogerio Borges Cavalcante e Júlia Yukari Furutani Carraccioli Santos em face do Oficial do 8º Registro de Imóveis da Capital, pleiteando o cancelamento da garantia hipotecária, objeto do registro nº 02 e averbações 03 e 06 da matrícula nº 25.854, sob o argumento de perempção. Juntaram documentos às fls. 07/23. O Registrador esclarece que entende possível o cancelamento do registro de hipotecas peremptas mediante requerimento expresso, acompanhado de certidões negativas da inexistência de ações contra o devedor e sucessores, a fim de demonstrar não haver por parte do credor reclamo do pagamento da dívida. Sustenta que os requerentes poderão realizar o requerimento diretamente junto à Serventia, juntamente com os documentos mencionados (fls. 35/36). O Banco Bradesco apresentou impugnação às fls. 39/41. Sustenta a extemporaneidade da demanda, uma vez que a hipoteca se deu em 28.03.1979, logo estaria abarcada pela prescrição. Intimado a prestar novos esclarecimentos, o Banco Bradesco manteve-se inerte, deixando transcorrer o prazo "in albis", conforme certidão de fl. 60 e 66. O Ministério Público opinou pela extinção do feito pela perda do objeto (fl. 76). É o relatório. Passo a fundamentar e a decidir. Primeiramente verifico que a impugnação apresentada pela instituição financeira encontra-se à beira da inépcia, tendo em vista que a principal alegação é a ocorrência de prescrição. Todavia, como é sabido, o efeito principal da perempção é o cancelamento do registro da hipoteca, objeto do presente procedimento. Logo, desconsidero a impugnação apresentada pela instituição bancária, por ser genérica e destituída de fundamentos. Feitas estas considerações, em relação a presente questão, existe divergência entre as informações apresentadas "verbalmente" pela recepcionista da Serventia Extrajudicial e a manifestação expressa do Registrador nestes autos, envolvendo a possibilidade do cancelamento pleiteado, bastando que os requerentes dirijam-se à Serventia munidos dos documentos mencionados e realizem o requerimento. Ora, entendo que não houve qualquer recusa formal da parte do Oficial a fim de evidenciar um pronunciamento por parte desta Corregedoria Permanente, e ainda diante da concordância do Registrador em se efetuar o ato, entendo que o feito perdeu seu objeto. Diante do exposto, julgo extinto o pedido de providências formulado por Frederick Rogerio Borges Cavalcante e Júlia Yukari Furutani Carraccioli Santos em face do Oficial do 8º Registro de Imóveis da Capital, com fulcro no artigo 485, IV do CPC, devendo as partes pleitearem o cancelamento diretamente na Serventia. Deste procedimento não decorrem custas, despesas processuais e honorários advocatícios. Oportunamente remetam-se os autos ao arquivo. P.R.I.C. São Paulo, 31 de outubro de 2017. Tânia Mara Ahualli Juíza de Direito - ADV: ANGELA KEIKO FURUTANI (OAB 321251/SP), ANTONIO ZANI JUNIOR (OAB 102420/SP) (DJe de 07.11.2017 - SP)

INDISPONIBILIDADE

Processo 1011485-78.2017.8.26.0100

Pedido de Providências - REGISTROS PÚBLICOS - Lojicred Serviços Ltda. – Em Liquidação Extrajudicial - Vistos. Trata-se de pedido de providências formulado pelo Oficial do 1º Registro de Títulos e Documentos e Civil de Pessoa Jurídica da Capital, a requerimento de LojiCred Serviços LTDA - Em Liquidação Extrajudicial, que pleiteou a averbação do instrumento de extinção (distrato social) da pessoa jurídica. A negativa se deu pela existência de indisponibilidade dos bens de um dos sócios da empresa, Paschoal Carrieri, razão pela qual é necessária expressa autorização do Juízo que decretou o gravame, no caso o MMº Juízo da 28ª Vara do Trabalho da Capital. Juntou documentos às fls. 05/37. A requerida apresentou impugnação às fls. 43/45. Rechaça o óbice imposto, sob o argumento de que a liquidação já foi autorizada pelo Banco Central do Brasil. O Ministério Público opinou pela improcedência do pedido (fls. 52/53). É o relatório. Passo a fundamentar e a decidir. Como bem exposto pelo Registrador e pelo Douto Promotor de Justiça, o Provimento CG 47/2016, que incluiu a Seção V no Capítulo XVIII das Normas de Serviço da Corregedoria Geral da Justiça, e nos itens 38, 41, 41.2 e 41.4 tornou obrigatória a consulta, pelos Oficiais de Registro Civil de Pessoas Jurídicas, do banco de dados da Central Nacional de Indisponibilidade de Bens (CNIB), sendo que os ônus poderão alcançar quotas sociais que seriam transferidas através de atos praticados e levados a registro ou averbações nas Serventia Extrajudiciais. Assim, correta a exigência formulada pelo Registrador, uma vez que a averbação do distrato social, com a consequente extinção da pessoa jurídica, mesmo que sem distribuição do capital social de empresa que se encontra em fase de liquidação extrajudicial, trará reflexos nas quotas sociais pertencentes a Paschoal, especialmente em relação à satisfação de eventuais créditos trabalhistas decorrentes da ação em tramite perante a Justiça Trabalhista. Daí decorre que somente quem determinou a indisponibilidade poderá levantar o gravame, não cabendo a este Juízo administrativo intervir nas decisões ou ordens emanadas por outro Juízo, que detém competência exclusiva para modificar e analisar suas decisões. Logo, cabe à requerida buscar o Juízo competente para o levantamento pretendido, que deverá se dar diretamente pela Central de Indisponibilidade de Bens Imóveis. Diante do exposto, julgo improcedente pedido de providências formulado pelo Oficial do 1º Registro de Títulos e Documentos e Civil de Pessoa Jurídica da Capital, a requerimento de LojiCred Serviços LTDA - Em Liquidação Extrajudicial, e mantenho o óbice registrário. Deste procedimento não decorrem custas, despesas processuais e honorários advocatícios. Oportunamente remetam-se os autos ao arquivo. P.R.I.C. São Paulo, 24 de março de 2017. Tania Mara Ahualli Juíza de Direito - ADV: JOSE MORETZSOHN DE CASTRO (OAB 44423/SP). (DJe de 10.04.2017 - SP) - TOLINI (OAB 242479/SP). (DJe de 10.04.2017 - SP)

Processo 1132393-04.2016

Dúvida 15º Registro de Imóveis José de Souza Lima Sentença (fls. 195/197): Dúvida Registro de Imóveis Carta de Sentença Principio da Continuidade e Especialidade Subjetiva Averbação de indisponibilidade de bens Tempus Regit Actum Parcialmente procedente Vistos. Trata-se de dúvida formulada pelo 15º Oficial de Registro de Imóveis de São Paulo, a requerimento de José de Souza Lima, em razão de negativa de ingresso em registro de carta de sentença onde fora adjudicada em favor do interessado a fração de 1/12 do imóvel matriculado sob número 185.432 A negativa se deu uma vez que se fazia necessário, no entendimento do N. Registrador, observar três pontos conflitantes no referido título, que são eles: a) existência de matrimônio em regime da comunhão universal de bens do antigo proprietário do imóvel, Benedito Souza Lima, do momento da aquisição do referido imóvel; b) a necessidade de fazer constar o correto estado civil e a qualificação do atual cônjuge de Benedito; c) existência de indisponibilidade de bens averbada junto à matricula. Juntou documentação às fls. 7/186. Fora apresentada contestação pelo interessado, que impugnou os pontos elencados pelo Registrador para fundamentar a recusa. Quanto aos pontos, fundamenta que: a) 1/12 do imóvel em questão foram adquiridos no período em que Benedito encontrava-se separado de fato, em torno de 1987, não existindo comunicabilidade, portanto; b) é possível, por parte da serventia, constar o atual estado civil e qualificação da esposa, entretanto, a carta de sentença é anterior ao matrimônio; c) A indisponibilidade em questão se deu posteriormente à carta de sentença, sendo o título de 2007 e a indisponibilidade de 2016. Não juntou documentação. O Ministério Público opinou pelo provimento parcial da dúvida. (fls. 192/194) É o relatório. Passo a fundamentar e decidir. A dúvida procede em parte. De acordo com o princípio tempus regit actum, à qualificação do título aplicam-se as exigências legais contemporâneas ao registro, e não as que vigoravam ao tempo de sua lavratura, razão pela qual não se acolhe a alegação do apresentante de que, da data da lavratura do título, a situação de fato era diversa da situação atual, sendo necessário observar tais peculiaridades para que fossem ressalvadas as exigências, como por exemplo a existência anterior à carta de sentença de averbação de indisponibilidade.

O Conselho Superior da Magistratura tem considerado que, para fins de registro, não importa o momento da celebração do contrato, em atenção ao princípio "tempus regit actum", sujeitando-se o título à lei vigente ao tempo de sua apresentação (Apelação Cível nº, 115-6/7, rel. José Mário Antonio Cardinale, nº 777-6/7, rel. Ruy Camilo, nº 530-6/0, rel. Gilberto Passos de Freitas, e, mais recentemente, nº 0004535-52.2011.8.26.0562, relatada por V. Exa.). Por fim, no ponto atinente à qualificação do cônjuge e o regime de bens adotado, a fração ideal fora adquirida no ano de 1991, no dia 09 de janeiro, sendo seu registro realizado muito depois em 07 de agosto do ano de 2006, conforme se observa do R.2 às fls. 65/67,o estado civil no momento era de divorciado, portanto, não subsistindo qualquer possibilidade de comunicabilidade entre os bens do cônjuges, no caso Benedito e Adélia. Portanto, parcialmente corretas as exigências do Registrador, ressalvado o ponto da comunicabilidade do bem em relação a eventual cônjuge. Ante o exposto, julgo parcialmente procedente a dúvida suscitada afastando o óbice quanto à qualificação do cônjuge e regime de bens adotado e, mantendo todos os outros. Não há custas, despesas processuais ou honorários advocatícios decorrentes deste procedimento. Oportunamente, arquivem-se os autos.. P.R.I.C. Despacho de fls. 203: Em razão de erro material, de ofício, retifique-se a e. sentença, para que conste como prolator da decisão o MM. Juiz Paulo César Batista dos Santos. Int. (DJe de 05.05.2017 - SP)

Processo 1092647-95.2017.8.26.0100 – Procedimento Comum - Averbação ou registro de sentença na matrícula do imóvel - G.C.G. - Vistos. Trata-se de ação declaratória de indisponibilidade do bem objeto da matrícula nº 37.284 do 17º Registro de Imóveis da Capital, formulada por Gilberto Carlos Gregores na qualidade de filho de Amélia Rodrigues Martins. Relata em síntese que sua genitora encontra-se internada no Hospital Santa Mônica, uma vez que é portadora de transtornos mentais. Informa que a partir de outubro de 2016, após conhecer o casal Marta Neves de Goes e Luiz Carlos Lara, perdeu o discernimento, abandonou sua residência e dilapidou o patrimônio. Neste contexto, o requerente diligenciando na obtenção de certidão das matrículas atualizadas dos imóveis em nome de sua genitora, descobriu que o casal Marta e Luiz, em 26.04.2016, se tornaram proprietários do imóvel localizado na Rua Salomão Vasconcelos nº 533,537, 539 - Bairro Penha, nos termos da escritura de compra e venda lavrada no 6º Tabelião de Notas da capital. Esclarece que distribuiu pedido de interdição perante a Vara da Família do Foro Regional da Penha (processo nº 1010932.22.2017.8.26.0006), e que o Tabelião em exercício não teve o cuidado de comprovar a lucidez e orientação no tempo e no espaço da idosa pois sequer exigiu documento que comprovasse sua sanidade mental. Juntou documentos às fls. 11/44. É o relatório. Passo a fundamentar e a decidir. Primeiramente verifico que a representação processual juntada à fl. 10 foi outorgada com a finalidade da propositura de interdição, o que não se coaduna com o presente procedimento, devendo ser regularizada a procuração, no prazo de 10 (dez) dias. Feita esta observação, analisando os documentos e as informações prestadas pelo requerente, verifica-se que se trata de vício intrínseco ao título, consistente em vício no negócio jurídico entabulado pela srª Amélia Rodrigues Martins e Marta Neves de Goes e Luiz Carlos Lara, que resultou no registro nº 07 da matrícula nº 37.284 (fl. 28). Formalmente o ato está perfeito, decorrente de instrumento público devidamente lavrado perante o 6º Tabelião de Notas da Capital (fls. 31/35). Logo, não vislumbro irregularidades que devam ser reconhecidas por este Juízo. Pelo princípio da legitimação (eficácia do registro), os vícios reconhecíveis pela via administrativa são apenas aqueles comprováveis de pleno direito que resultem de erros evidentes extrínsecos ao título, sem necessidade de exames de outros documentos ou fatos (artigos 214, caput, e 252 da Lei 6.015/73). O vício intrínseco, derivado da existência de vício para a lavratura da mencionada escritura, deve ser reconhecido em procedimento contencioso cível, com a participação da outra parte que participou da venda e com ampla dilação probatória. Configurado o vício do contrato, o cancelamento do registro feito na matrícula do imóvel ocorrerá como consequência, conforme determina o artigo 216 da Lei 6.015/73. Verifica-se que tal questão deve ser trazida à baila nos autos de interdição que se encontra em tramite perante o MMº Juízo da Vara da Família do Foro Regional da Penha. Sobre os limites de aferição da nulidade de pleno direito do art. 214, da Lei nº 6015/73, Narciso Orlandi Neto lembra que: "É preciso distinguir nulidade direta do registro e nulidade do título, com reflexo no registro. O registro não pode ser cancelado por nulidade do título, salvo em processo contencioso de que participe o titular do direito inscrito. Em outras palavras, o art. 214 da Lei n. 6015/73 é exceção. E como se sabe se o registro é ou não nulo de pleno direito? Sabe-se que o registro é ou não nulo de pleno direito examinando-o separadamente do título que lhe deu causa, apenas à luz dos princípios que regem o registro, a saber se foram cumpridos os requisitos formais. A indagação da nulidade do registro deve ficar restrita aos "defeitos formais do assento, ligados à inobservância de formalidades essenciais da inscrição" (Código Civil, arts. 130 e 145, III)" (Afrânio de Carvalho, Retificação do Registro, in RDI 13, p. 17). (g.n). A nulidade a que se refere o art. 214 da Lei de Registros Públicos é exclusiva do registro, absolutamente independente do título, tanto que, uma vez declarada, permite que o mesmo título seja novamente registrado. A nulidade que pode ser declarada diretamente, independentemente de ação, é de direito formal, extrínseca. Ela não pode alcançar o negócio ou ato jurídico, que subsiste íntegro e, em muitos casos, apto a, novamente, ingressar no registro. Problemas relativos ao consentimento das partes, diz respeito à constituição do direito, tanto quanto a regularidade da representação e elaboração material do instrumento. Logo, tendo este Juízo competência administrativa disciplinar, não pode analisar questões de direito material que envolvam o negócio jurídico, devendo o interessado valer-se da via judicial ordinária, observada a ampla produção probatória, atacar o titulo que deu lastro ao registro, bem como pleitear a indisponibilidade do bem. Todavia, a fim de se apurar eventual conduta irregular praticada na lavratura da escritura pública de compra e venda (fls. 31/35), encaminhe-se cópia do procedimento ao MMº Juízo da 2ª Vara de Registros Públicos, para as providências que entender cabíveis. Diante do exposto, julgo improcedente o pedido formulado na inicial por Gilberto Carlos Gregores, devendo o interessado valer-se das vias ordinárias para resolução do impasse. Deste procedimento não decorrem custas, despesas processuais e honorários advocatícios. Após, regularização da representação processual, remetam-se os autos ao arquivo, com as cautelas de praxe. P.R.I.C. São Paulo, 25 de setembro de 2017. Tania Mara Ahualli Juíza de Direito - ADV: JAIR ALVES BARBOSA (OAB 79334/SP). (DJe de 27.09.2017 - SP)

INVENTÁRIO E PARTILHA

Processo 1003493-66.2017

Dúvida 14º Oficial de Registro de Imóveis da Capital Dirce Guarizzo Sentença (fls. 68/70): Vistos. Trata-se de dúvida suscitada pelo Oficial do 14º Registro de Imóveis da Capital a requerimento de Dirce Guarizzo, após negativa de registro de escritura pública de inventário e partilha na matrícula de nº 78.600 da citada serventia. O óbice diz respeito ao fato da suscitada já ser titular de 1/8 do bem em conjunto com Florismundo Craveiro, adquirindo agora com a partilha mais 1/8 do bem na condição de separada judicialmente. Exige o Oficial a apresentação da sentença de separação judicial e partilha dos bens da suscitada, para preservação do princípio da continuidade. Juntou documentos às fls. 04/59. A suscitada não apresentou impugnação nos autos (certidão de fl. 60), mas apresentou razões para o afastamento da dúvida perante o Oficial (fl. 52) arguindo não haver qualquer ofensa ao princípio da continuidade com o registro pretendido. O Ministério Público opinou pela procedência da dúvida às fls. 64/66. É o relatório. Decido. A dúvida deve ser julgada improcedente. A apresentação da certidão de casamento de fl. 44, onde se noticia a averbação da separação judicial, é capaz de afastar o desrespeito ao princípio da continuidade. Isso porque a averbação de tal título daria notícia a terceiros da separação judicial, sendo possível o ato posterior de registro da escritura em que consta que Dirce é separada judicialmente, de modo que respeitado o princípio da continuidade. A consequência de tal procedimento resultará na condição na matrícula em que 1/8 do imóvel pertence a Dirce e Florimundo no estado de mancomunhão e outro 1/8 somente a Dirce. Apesar da situação não ser ideal, manter o óbice resultaria em prejuízo ao interessado sem razão expressa em lei. Deve o Oficial, contudo, realizar minuciosa qualificação de títulos posteriores, de modo a garantir que qualquer ato que envolva parte ideal titularizada por Dirce diferencie se a parte outorgada é aquela de titularidade somente de Dirce ou em conjunto com seu ex-marido, sem prejuízo da possibilidade de regularização posterior da situação, com o registro da partilha dos bens do casal. Do exposto, julgo improcedente a dúvida suscitada pelo Oficial do 14º Registro de Imóveis da Capital a requerimento de Dirce Guarizzo, com as observações acima. Não há custas, despesas processuais nem honorários advocatícios decorrentes deste procedimento. Oportunamente, arquivem- se os autos.. P.R.I.C. São Paulo, 12 de abril de 2017. Tania Mara Ahualli Juíza de Direito (CP – 22) (DJe de 27.04.2017 - SP)

Processo 1036633-91.2017.8.26.0100

Dúvida - Registro de Imóveis - João Carlos dos Santos e outros - Vistos. Trata-se de dúvida suscitada pelo Oficial do 14º Registro de Imóveis da Capital a requerimento de João Carlos dos Santos e outros, após negativa de registro de escritura de inventário cujo objeto é o imóvel de matrícula nº 223.473 da citada serventia. O óbice diz respeito ao fato de os suscitados terem adquirido anteriormente partes ideais do imóvel como menores e solteiros.

Agora, no título que pretendem registrar, consta que seu estado civil é diverso, de modo que no interim o bem se comunicou com os respectivos cônjuges, alegando o Oficial ser necessário o registro das partilhas para que se respeite o princípio da continuidade, além de questões fiscais que podem recair sob sua responsabilidade. Juntou documentos às fls. 05/44. Os suscitados apresentaram impugnação às fls. 45/48, aduzindo não haver desrespeito ao princípio da continuidade, além de possível o registro da escritura, resultando em situações diferentes com relação a cada parte ideal do bem. O Ministério Público opinou às fls. 52/55 pela procedência da dúvida. É o relatório. Decido. Do que atualmente consta na matrícula nº 223.473 do 14º RI, em seu R.09, Ana Martinha dos Santos é proprietária de 50% do imóvel, João Carlos dos Santos, como menor e solteiro, é proprietário de 1/6 do bem, assim como Ariovaldo dos Santos e Ana Maria dos Santos, ambos menores e solteiros à época do registro, tudo em razão da sucessão de Francisco dos Santos, morto em 08/05/1968. Já do que consta dos autos, João Carlos casou-se com Judith Elizabeth Lepratti Hauret em 09/10/1976, sob regime de comunhão universal, separando-se consensualmente em 15/09/2000 (fl. 25). Ariovaldo casou-se com Ivete Zardo, sob o regime de comunhão parcial, em 15/12/1983 (fl. 26). Finalmente, Ana Maria dos Santos casou-se com Hélio Gasparotti Júnior em 29/11/1975, sob regime de comunhão universal, divorciando- se em 30/06/1992 (fl. 28). Portanto, tem-se que, caso averbadas as respectivas certidões de casamento, temos que 1/2 do imóvel pertence a Ana Martinha dos Santos, 1/6 a Ariovaldo, sem comunicação, tendo em vista o regime de comunhão parcial, 1/6 a João Carlos e Judith, em mancomunhão, e 1/6 a Ana Maria e Hélio, também comunicados e em mancomunhão. Mesmo havendo a separação judicial e divórcio, a notícia de tais fatos podem ser averbadas, sem contudo registrar-se a partilha dos bens, continuando estes no estado anterior. Havendo novas aquisições de partes do bem, o registro é possível, mas a parte ideal adquirida será registrada como exclusiva, não se comunicando. É este o caso da partilha da parte ideal de 50% pertencente a Ana Martinha dos Santos, em razão de seu falecimento em 01/11/2012, cujo título se pretende agora o registro. Tendo a morte ocorrida após a separação e divórcio dos herdeiros, plenamente possível a diferenciação de a quem pertence cada parte ideal, mesmo sem o registro da partilha dos bens relativamente ao fim do laço conjugal. Entendo não haver qualquer desrespeito à continuidade. As partes ideais herdadas pelos suscitados pela morte de Francisco dos Santos permanecerão com um regime jurídico, com comunicação com os respectivos cônjuges. Por outro lado, a parte ideal herdada de Ana Martinha dos Santos não se confunde com esta anterior, não havendo qualquer problema de continuidade, pois não se esta transferindo a parte ideal já pertencente aos suscitados, mas estes estão obtendo nova parte ideal. Destarte, plenamente hígida a cadeia de registros. A continuidade só estaria afetada caso constasse, em um registro, serem os suscitados solteiros e no posterior divorciados/separados, faltando assim o título que unisse tais situações, qual seja a certidão de casamento com averbação de sua dissolução. A questão não é nova. Como decidido recentemente no processo 1003493-66.2017.8.26.0100, mutatis mutandis: "A apresentação da certidão de casamento de fl. 44, onde se noticia a averbação da separação judicial, é capaz de afastar o desrespeito ao princípio da continuidade. Isso porque a averbação de tal título daria notícia a terceiros da separação judicial, sendo possível o ato posterior de registro da escritura em que consta que Dirce é separada judicialmente, de modo que respeitado o princípio da continuidade. A consequência de tal procedimento resultará na condição na matrícula em que 1/8 do imóvel pertence a Dirce e Florimundo no estado de mancomunhão e outro 1/8 somente a Dirce. Apesar da situação não ser ideal, manter o óbice resultaria em prejuízo ao interessado sem razão expressa em lei. Deve o Oficial, contudo, realizar minuciosa qualificação de títulos posteriores, de modo a garantir que qualquer ato que envolva parte ideal titularizada por Dirce diferencie se a parte outorgada é aquela de titularidade somente de Dirce ou em conjunto com seu ex-marido, sem prejuízo da possibilidade de regularização posterior da situação, com o registro da partilha dos bens do casal."Do mais, note-se que eventuais questões fiscais só seriam devidas caso houvesse registro da partilha com a separação. Aqui, o imposto devido diz respeito à sucessão, sendo possível ao Oficial fiscalizar o recolhimento respectivo. Como dito, não há registro de alienação da parte ideal já pertencente aos suscitados, não sendo devido qualquer imposto, mesmo porque caso a sentença de separação tenha decidido sobre partilha, essa só ocorre efetivamente com o registro. Veja-se que, em consonância com o item 14, Cap. XX das NSCGJ, possível a averbação noticiando a separação ou divórcio, sem contudo registrar-se a partilha do bem. Isso porque se possível averbação de sentença que não tratou de partilha, com seu registro posterior, também possível se averbar a separação com base na certidão de casamento, da mesma forma postergando-se o registro da partilha. Destarte, a situação do imóvel será a seguinte: 1/6 do bem pertence a João Carlos e Judith, em mancomunhão, e outro 1/6 apenas a João Carlos. 1/6 pertence a Ana Maria Santos e Hélio, também em mancomunhão, e outro 1/6 somente a Ana Maria. Finalmente, 1/3 do bem pertence a Ariovaldo, sendo 1/6 relativamente à sucessão de Florimundo e 1/6 à sucessão de Ana Martinha, salvo se esta última parte tenha se comunicado com Ivete, devendo o Oficial, como já dito, atentar para alienações posteriores, observando qual a parte ideal transferida. Eventuais registros das partilhas advindas do fim do laço conjugal de João Carlos e Ana Maria poderão ser feitas posteriormente, relativamente às partes ideais comunicadas aos respectivos cônjuges, havendo recolhimento de impostos nesta oportunidade, se devido. Do exposto, julgo improcedente dúvida suscitada pelo Oficial do 14º Registro de Imóveis da Capital a requerimento de João Carlos dos Santos e outros, afastando o óbice e permitindo registro do título. Não há custas, despesas processuais nem honorários advocatícios decorrentes deste procedimento. Oportunamente, arquivem-se os autos. P.R.I.C. São Paulo, 19 de maio de 2017. Tania Mara AhualliJuíza de Direito - ADV: REGINALDO NUNES WAKIM (OAB 67577/SP) (DJe de 24.05.2017 - SP)

Processo 1080622-50.2017.8.26.0100

Dúvida - Registro de Imóveis - Maria do Socorro Jesus Silva - Maria de Lourdes Jesus Silva - Maria Lúcia Jesus Silva - Ana Lúcia Jesus Silva - Antonia Jesus Silva da Cruz - Maria Helena Jesus Silva - Fernando Jesus Silva Torres - Lidiane Maria de Jesus Mores Oliveira - Vistos. Trata-se de dúvida suscitada pelo Oficial do 9º Registro de Imóveis da Capital, a requerimento de Maria do Socorro Jesus Silva, Maria de Lourdes Jesus Silva, Maria Lúcia Jesus Silva, Ana Lúcia Jesus Silva, Antonia Jesus Silva da Cruz, Maria helena Jesus Silva, Fernando Jesus Silva Torres e Lidiane Maria de Jesus Moraes Oliveira, diante da negativa em se proceder ao registro da escritura de inventário e partilha de bens lavrada pelo 27º Tabelião de Notas da Capital, referente ao imóvel matriculado sob nº 70.342, que foi partilhado exclusivamente aos herdeiros de Francisca Maria de Jesus Moraes, falecida no estado civil de viúva de Gumercindo Moraes. O óbice registrário refere-se à ausência do prévio registro da partilha dos bens deixados por Gumercindo Moraes, falecido em 27.02.1997. Esclarece que o domínio é de Francisca Maria de Jesus Moraes, casada sob o regime da comunhão parcial de bens com Gumercindo, conforme escritura de venda e compra, logo, há a presunção de patrimônio comum. Insurgem-se os suscitados, sob o argumento de que o imóvel foi adquirido exclusivamente por Francisca, no estado civil de solteira. Aduzem que o bem integrou o seu patrimônio por força de instrumento particular de venda e compra, elaborado em 28.12.1982, antes do casamento, bem como foi quitado antes deste, embora tenha havido o registro posterior. Salientam que, de acordo com o Código Civil, o registro é mera formalidade necessária, contudo o marco inicial para constatação e resguarda de direitos é a data do instrumento particular. Por fim, informam que ainda que houvesse direito à partilha do imóvel com Gumercindo, haveria a impossibilidade do ato, devido a existência de filhos de outro casamento no Estado da Bahia, contudo sem contato com os herdeiros de Francisca Maria. O Ministério Público opinou pela procedência da dúvida (fls. 44/45). É o relatório. Passo a fundamentar e a decidir. Com razão o Registrador, bem como a D Promotora de Justiça. Em que pesem as razões dos sucitados acerca da existência do compromisso de compra e venda do mencionado imóvel (fl. 25), tem-se que não houve o registro de tal documento, de modo a conferir caráter erga omnes aos termos nele contido. Como é sabido, os bens imóveis são transferidos quando do registro do título aquisitivo hábil no registro de imóveis, caso contrário, há mera expectativa de direito, gerando efeitos apenas entre as partes nele envolvidas. Na presente hipótese, o imóvel passou a pertencer a Francisca Maria de Jesus Moraes em 15.05.1995 (R.04), no estado civil de casada sob o regime da comunhão parcial de bens com Gumercindo Moraes, logo, trata-se de patrimônio comum do casal, sendo certo que a prova de que o bem foi adquirido exclusivamente com o patrimônio da varoa deve ser feita nas vias ordinárias, com a incidência do contraditório e ampla defesa. Entendo que o registro do inventário, nos termos pretendido, fere o princípio da continuidade, que explicado por Afrânio de Carvalho, da seguinte forma: "O princípio da continuidade, que se apóia no de especialidade, quer dizer que, em relação a cada imóvel, adequadamente individuado, deve existir uma cadeia, de titularidade à vista da qual só se fará a inscrição de um direito se o outorgante dele aparecer no registro como seu titular. Assim, as sucessivas transmissões, que derivam umas das outras, asseguram a preexistência do imóvel no patrimônio do transferente" (Registro de Imóveis, Editora Forense, 4ª Ed., p. 254). Ou seja, o título que se pretende registrar deve estar em conformidade com o inscrito na matrícula. Oportuno destacar, ainda, a lição de Narciso Orlandi Neto, para quem: "No sistema que adota o princípio da continuidade, os registros têm de observar um encadeamento subjetivo. Os atos praticados têm de ter, numa das partes, a pessoa cujo nome já consta do registro. A pessoa que transmite um direito tem de constar do registro como titular desse direito, valendo para o registro o que vale para validade dos negócios" (Retificação do Registro de Imóveis, Editora Oliveira Mendes, p. 56). Necessário, por conseguinte, que o titular de domínio seja o mesmo no título apresentado a registro e no registro de imóveis, pena de violação ao princípio da continuidade, previsto no art. 195, da Lei nº 6.015/73: "Se o imóvel não estiver matriculado ou registrado em nome do outorgante, o oficial exigirá a previa matrícula e o registro do titulo anterior, qualquer que seja a sua natureza, para manter a continuidade do registro". Conclui-se, assim, que os registros necessitam observar um encadeamento subjetivo, ou seja, o instrumento que pretende ingressar no registro tabular necessita estar em nome do outorgante, sendo assim apenas se transmite o direito quem é o titular do direito. Todavia, não consta na matrícula do imóvel em questão o registro do formal de partilha em nome do cônjuge varão Gumercindo, tendo seu falecimento ocorrido em 1997, ou seja, anteriormente à sua esposa Francisca (20.082016). Consequentemente, não houve a partilha de 50% do seu direito sobre o imóvel em prol de seus filhos, fruto do primeiro casamento, que se encontram no Estado da Bahia. Inócua a alegação de impossibilidade da partilha, devido a ausência de contato dos filhos (frutos dos dois relacionamentos), uma vez que para terem os direitos resguardados não há a necessidade do mencionado relacionamento entre os irmãos. Ora, essa omissão impede que o título apresentado a registro ingresse no fólio real, tendo em vista que não pode incidir a sucessão por "saltos" no ordenamento jurídico, afrontando o princípio da segurança jurídica. Logo, a respectiva escritura de inventário e partilha não pode ter ingresso ao fólio real até que adequado à partilha do cônjuge pré morto, a permitir a perfeita formalização do ato registrário, notadamente na hipótese doa autos em que existe risco de prejuízo aos herdeiros de Gumercindo. Diante do exposto, julgo procedente a dúvida suscitada pelo Oficial do 9º Registro de Imóveis da Capital, a requerimento de Maria do Socorro Jesus Silva, Maria de Lourdes Jesus Silva, Maria Lúcia Jesus Silva, Ana Lúcia Jesus Silva, Antonia Jesus Silva da Cruz, Maria helena Jesus Silva, Fernando Jesus Silva Torres e Lidiane Maria de Jesus Moraes Oliveira, e mantenho o óbice registrário. Deste procedimento não decorrem custas, despesas processuais e honorários advocatícios. Oportunamente remetam-se os autos ao arquivo. P.R.I.C. São Paulo, 28 de agosto de 2017. Tania Mara Ahualli Juíza de Direito - ADV: EDUARDO FAUSTO GUIMARÃES (OAB 316126/SP). (DJe de 04.09.2017 - SP)

ITBI

Processo 0052991-85.2016.8.26.0100

Pedido de Providências - REGISTROS PÚBLICOS - Corregedoria Geral da Justiça - Secretaria Municipal de Finanças e Desenvolvimento Economico do Municipio de São Paulo e outro - Vistos. Trata-se de pedidos de providências formulado pelo Município de São Paulo, por requerimento encaminhado à E. Corregedoria Geral da Justiça, visando a apuração da conduta do Oficial do 10º Registro de Imóveis da Capital, que teria realizado atos registrais sem a devida apuração do recolhimento de ITBI.Consta do Ofício que iniciou o presente procedimento (fls. 2/3) que o Oficial teria registrado o ato de transmissão de diversos imóveis, nos quais a proprietária, Dueto Participações Ltda, por conta de cisão societária, teria transmitido os bens a sua sucessora, H.Y.T.S.P.E Empreendimentos e Participações LTDA, operação em que seria devido o ITBI. Contudo, o registro teria sido feito como mera alteração do nome social, sem a exigência pelo Oficial de que fosse comprovado o pagamento do imposto, de modo que requer providências desta Corregedoria Permanente. O Oficial manifestou-se às fls. 5/7, com documentos às fls. 8/190. Alega que, em 2009, a proprietária dos imóveis, Dueto Participações LTDA, prometeu vende-los ao Banco Ourinvest S/A. Em razão de diversas operações financeiras, a Dueto teria recebido desde logo todo o valor relativo ao compromisso, restando a Ourinvest pagar os valores a empresa securitizadora de crédito, em 120 parcelas. A Dueto, em 2011, foi cindida, passando o seu patrimônio a integrar aquele das sociedades H.T.Y.S.P.E e T.Y.W.S.P.E. Contudo, em razão do compromisso quitado, os imóveis prometidos à Ourinvest não foram incluídos no balanço de ativos da Dueto, uma vez que, segundo alegado, os imóveis não fariam mais parte de seu patrimônio, restando apenas a obrigação de outorgar a escritura definitiva de venda e compra, tendo a H.T.Y.S.P.E a sucedido nesta obrigação. Assim, quando registrou a cisão da empresa, fez constar nas matrículas a alteração da denominação social, para demonstrar que a H.T.Y.S.P.E teria sucedido a Dueto, mas não adquirido o imóvel. Por tal razão, deixou de exigir a comprovação do pagamento do ITBI, por entender não ter ocorrido transmissão do bem, e consequentemente inexistir fato gerador do tributo. A Prefeitura respondeu às fls. 201/207, com documentos às fls. 208/212. Aduz que, em apuração administrativa, constatou que o ITBI era devido pela operação realizada, por ter ocorrido efetiva transmissão da propriedade, sendo incabível a argumentação trazida pelo Oficial com relação a transferência do bem com a quitação do compromisso de venda e compra. Por tal razão, sua conduta de realizar a averbação sem apurar o recolhimento do tributo teria sido irregular, conforme o Art. 134 do Código Tributário Nacional e o Art. 19 da Lei Municipal 11.154/91. O Oficial apresentou réplica às fls. 222/252, com documentos às fls. 253/1668. Argumenta que não houve qualquer falha da serventia, tendo em vista a liberdade de qualificação dos títulos pelo Oficial. Explicita a natureza do compromisso de compra e venda celebrado, que em conjunto com outros contratos teria representado o pagamento do valor total dos bens à proprietária, de modo que teriam os imóveis deixado de integrar seu patrimônio, razão pela qual não houve qualquer transferência com a cisão e sucessão da empresa, inexistindo fato gerador do ITBI. Aduz que a cobrança do imposto seria economicamente incompatível com os valores das operações societárias realizadas. Resposta do Município às fls. 1673/1676. O Ministério Público opinou às fls. 1680/1683 pelo arquivamento do presente procedimento, por não vislumbrar qualquer irregularidade cometida pelo Oficial, com recomendação de que se dê orientação para condutas futuras relativas à matéria. É o relatório. Decido. Inicialmente, cumpre delimitar a competência deste Juízo na presente questão. Como Corregedoria Permanente, e diante do Ofício que iniciou este procedimento, aqui apenas se pode apurar eventual conduta irregular cometida pelo Oficial, no âmbito censório-disciplinar, ou seja, será julgado se o Oficial, ao não exigir que fosse apresentado comprovante de pagamento do ITBI, cometeu irregularidade administrativa. Disso se exclui, desde logo, duas questões relativas ao caso. A presente decisão não se lançará sobre se o imposto é ou não devido, até porque o contribuinte, a H.T.Y.S.P.E, não faz parte deste procedimento. Já existe ação ajuizada na 5ª Vara da Fazenda

Pública (Processo 1003342-47.2017.8.26.0053) tratando da nulidade do lançamento realizado. É aquele o juízo competente para discutir se o imposto era, ou não, devido. Também aqui não se analisará a legitimidade de inclusão do Oficial no polo passivo da execução fiscal. Sua responsabilidade, seja solidária ou subsidiária, deverá ser arguida perante o juízo competente, com eventual impugnação pelo Oficial. Ainda que as razões para tal inclusão digam respeito à omissão do Oficial, nos termos do Art. 134 do CTN, tal análise diz respeito a questões tributárias, que fogem da competência deste pedido de providências. Em outras palavras, a inclusão do Oficial no polo passivo da execução independe desta decisão, pois, sendo apurada ou não a responsabilidade disciplinar do Oficial, a questão de sua responsabilidade tributária diz respeito a outros requisitos legais, que deverão ser verificados nos termos da legislação tributária. Assim, o arquivamento deste procedimento não representa dizer que necessariamente o Oficial não será responsabilizado pelo pagamento de tributo eventualmente considerado exigível, apesar de poder ser utilizado como demonstrativo de que, pelo menos diante deste juízo administrativo, não cometeu irregularidades. Dito isso, passa-se a analisar se o Oficial descumpriu qualquer obrigação ao deixar de exigir o comprovante de pagamento do ITBI para realizar a averbação nas matrículas em que noticiou a cisão e sucessão da Dueto pela H.T.Y.S.P.E. Tanto o Conselho Superior da Magistratura como esta Corregedoria Permanente vêm decidindo que, por força dos artigos 289, da Lei 6.015/73, 134, VI, do Código Tributário Nacional e inciso XI do art. 30 da Lei 8.935/1994, ao Registrador incumbe fiscalizar o devido recolhimento de tributos referentes somente às operações que serão registradas, ressaltando-se que essa fiscalização limita-se em aferir o pagamento do tributo e não a exatidão de seu valor: "Ao oficial de registro incumbe a verificação de recolhimento de tributos relativos aos atos praticados, não a sua exatidão" (Apel. Cív. 20522-0/9- CSMSP - J.19.04.1995 - Rel. Antônio Carlos Alves Braga)"Todavia, este Egrégio Conselho Superior da Magistratura já fixou entendimento no sentido de que a qualificação feita pelo Oficial Registrador não vai além da aferição sobre a existência ou não de recolhimento do tributo, e não sobre a integralidade de seu valor." (Apel. Cív. 996-6/6 CSMSP J. 09.12.2008 Rel. Ruy Camilo) "Este Egrégio Conselho Superior da Magistratura já fixou entendimento no sentido de que a qualificação feita pelo Oficial Registrador não vai além da aferição sobre a existência ou não de recolhimento do tributo, e não sobre a integralidade de seu valor." (Ap. Civ. 0009480-97.2013.8.26.0114 - Campinas - j. 02.09.2014 - Rel. des. Elliot Akel) Mais recentemente, o E. CSM reforçou tal entendimento na Apelação nº 1046651-45.2015.8.26.0100, j. 21/06/16, Rel. Pereira Calças: "Registro de Imóveis - Decisão da Juíza Corregedora Permanente que afastou óbice para o registro de contrato social por meio do qual um dos sócios integraliza parte do capital social mediante a transferência de dois imóveis - Exigência de recolhimento de encargos moratórios relativos ao atraso no pagamento do ITBI - Apelação interposta pelo Registrador - Inteligência do artigo 202 da Lei nº 6.015/73 e do item 41.6 do Capítulo XX das Normas de Serviço - Ilegitimidade recursal - Recurso não conhecido. Apelação interposta pela Municipalidade de São Paulo - Legitimidade reconhecida - Terceira prejudicada - Discussão a respeito da incidência de encargos moratórios pelo atraso no recolhimento de ITBI - Atuação que extrapola as atribuições do Oficial - Dever de fiscalização que se limita ao recolhimento do tributo - Discussão que deve ser travada em processo administrativo tributário ou em execução fiscal- Sentença de improcedência da dúvida mantida." (grifei) Tais precedentes vão no sentido de que ao Oficial é exigido que verifique se foi recolhido tributo, e não seu valor. Ocorre que, na presente situação, o Oficial deixou de fiscalizar se houve recolhimento do tributo justamente por entender que a operação a ser registrada não se amoldava ao fato gerador do ITBI, de modo que, indevido o imposto, inexigível comprovação de qualquer pagamento ou isenção. Por óbvio, não é o Oficial autoridade tributária para que decida se um tributo é o não devido. Por outro lado, diariamente lhe são apresentados centenas de títulos para que faça o registro, devendo qualificá-los diante de sua natureza e realizar o ato previsto em lei. Diversos destes títulos representam operações com imóveis que, muitas vezes, escapam da natureza dos negócios jurídicos realizados cotidianamente, cabendo ao Oficial, nestes casos, qualificá-los para que apure quais suas consequências e quais as exigências a serem cumpridas para que passem a ter efeito perante o Registro Público, como por exemplo o recolhimento de impostos. Assim, se por um lado uma simples escritura de compra e venda claramente representa transmissão da propriedade, não sendo permitida uma qualificação do Oficial que diga não ter havido fato gerador de ITBI, por outro há certas hipóteses em que cabe a seu juízo, observadas as regras legais, qualificar o título e dizer se houve, ou não, transmissão da propriedade, sendo exigível o ITBI.Essa qualificação é necessária porque não seria razoável exigir que o Oficial, em todos os atos realizados perante a serventia em que é delegatário, fosse obrigado a solicitar do usuário a comprovação do pagamento de imposto, não apenas diante de atos que claramente não representam fato gerador, mas também daqueles que, havendo dúvida razoável quanto a sua natureza, entender não ser devido o tributo, porque entende que o negócio realizado deve ser registrado de certa forma que não representa transmissão da propriedade ou de direito real sobre o bem. Em outras palavras, a qualificação realizada pelo Oficial, naqueles casos em que não há clara previsão legal para que se qualifique o negócio jurídico que se pretende registrar, é livre, desde que o negócio seja passível de registro e que a qualificação não fuja da razoabilidade. E, pelas razões a seguir expostas, era este o caso dos autos, ou seja, foi realizado negócio jurídico passível de registro e sua qualificação foi razoável, não tendo o Oficial, portanto, fugido dos limites de suas atribuições, de modo que não houve irregularidade cometida. A registrabilidade (latu sensu) do título é patente. Isso porque a proprietária e compromissária vendedora, Dueto Participações LTDA, por operação societária de cisão, deixou de existir. Portanto, era necessária dar a devida publicidade a tal ato, constando da matrícula quem passou a ser proprietário do bem, vez que, apresentado o título que noticia a extinção da sociedade, deve o Oficial realizar averbação ou registro, conforme o caso, para que o imóvel continue a ter um proprietário tabular, sendo inviável deixá-lo em um limbo jurídico em que o proprietário não mais existe mas consta como se existisse na matrícula. Portanto, apresentado o título em que se noticiava ter a Dueto sido extinta, cabia ao Oficial qualificá-lo para que se registrasse tal fato nas matrículas dos imóveis que era proprietária. Consequência direta disso é que, deixando de existir a antiga proprietária, o ato pelo qual se transfere o bem ao sucessor também deve ser registrado. E, no presente feito, entendeu o Oficial que tal transferência, pela forma em que realizada, não implicava na ocorrência de fato gerador do tributo. E, pelas razões presentes nos autos, tal entendimento era razoável, além de não ser claramente contrário a lei. A tese aplicada pelo Oficial é de que, tendo sido o imóvel compromissado a venda, e tendo o compromissário vendedor recebido todo o valor pelo qual o bem foi prometido, não teria ele mais direito sobre o bem, mas apenas a obrigação de lavrar escritura de compra e venda ao compromissário comprador. Portanto, a empresa Dueto não teria qualquer direito sobre o bem, mas apenas tal obrigação, sendo esta obrigação transferida à H.T.Y.S.P.E em razão da cisão ocorrida, sem qualquer onerosidade. Assim, não houve fato gerador do ITBI. Tal entendimento foi corroborado pelo fato de que o imóvel não constou na relação patrimonial de qualquer das empresas quando a cisão foi realizada, além de seu valor não ter sido incluído nas operações, o que permitiria concluir que o bem não fazia mais parte do patrimônio da Dueto, que já havia recebido o pagamento de seu preço. E, se não fazia parte do patrimônio, não houve sua transferência onerosa. Ainda, tal entendimento é justificável diante da polêmica natureza, ainda não pacificada, do compromisso de compra e venda, sendo compreensível o entendimento de que, por sua natureza de direito real e com o pagamento do preço, o imóvel passa ao patrimônio do comprador, não tendo o vendedor qualquer opção senão outorgar a escritura definitiva de compra e venda. No mesmo sentido concluiu o Ministério Público: "No caso dos autos, contudo, a interpretação dada pelo Titular da delegação, embora não unânime e/ou pacificada, é plenamente defensável sob a ótica do Direito Tributário, uma vez que, de fato, já havia ocorrido a quitação do valor do compromisso de venda e compra, bastando, portanto, a outorga de escritura pública definitiva, o que afastaria a transmissão imobiliária na cisão ocorrida. Tanto é assim que o ato praticado por ele foi de averbação de alteração da denominação social, em que constou, explicitamente, que os imóveis em questão não figuraram na relação de bens constantes das atas de reunião, por terem sido anteriormente prometidos à venda ao Banco Ourinvest S/A, nos termos do registro anterior, cujo preço foi integralmente pago anteriormente à referida cisão, restando tão somente a obrigação de outorgar as escrituras definitivas. Destarte, pela complexidade da matéria discutida, há a possibilidade concreta de que sejam dadas interpretações jurídicas e tributárias divergentes ao assunto, ora reconhecendo, ora afastando a incidência do ITBI, o caráter oneroso da transmissão do bem e a própria certeza se tal transferência ocorreu."Diante de tudo isso, portanto, justificável a qualificação realizada pelo Oficial no presente caso, vez que não houve violação expressa de qualquer norma que lhe exigisse conduta contrária, sendo plenamente compreensível seu entendimento de que não houve transferência imobiliária e, portanto, inexigível o ITBI, por inocorrência do fato gerador. Buscou ele averbar que, com a cisão da Dueto, a obrigação de outorgar escritura passou a H.T.Y.S.P.E., sendo que o bem, diante do pagamento do compromisso, já pertenceria ao patrimônio da Ourinvest, ainda que seu domínio tabular ainda pertencesse ao compromissário vendedor. Novamente, saliente-se que tal qualificação não gera direitos no âmbito tributário: ainda que possível o entendimento pelo Oficial de que não cabível o ITBI, ainda pode o ente responsável exigir o tributo pelos meios legais, vez que o registro não vincula a autoridade tributária em seus procedimentos fiscalizatórios. Dito isso, é o caso de concluir-se pela inexistência de ilícito administrativo cometido pelo Oficial, devendo o pedido de providências ser arquivado. Não obstante, cabe acatar a recomendação do Ministério Público relativo a casos futuros. Isso porque os argumentos despendidos aqui pelo Município também são plenamente acatáveis, tanto que assim decidiu o juízo da Fazenda Pública nos autos que discutem a legitimidade do tributo no caso ora em tela, em decisão que analisava pedido liminar (Processo 1003342- 47.2017.8.26.0053): "Em uma primeira abordagem da questão, que me parece complexa, a exigência fiscal não pode ser tida por absurda. O compromisso de venda e compra irretratável e irrevogável,averbado ou não na matrícula do bem imóvel, com quitação do preço, confere ao compromissário comprador direito real, na forma do entendimento dominante do âmbito do Superior Tribunal de Justiça (Súmula 239). Nesse sentido, em nada ele difere do contrato de venda e compra propriamente dito, já que em ambos a obrigação de transferir a propriedade mostra-se como fato certo e irretratável. Porém, a propriedade continuou em poder da autora, que somente se desvincula da condição de proprietária dos bens imóveis com a transmissão da propriedade a partir da outorga da escritura definitiva de venda e compra e com o registro da matricula de cada bem imóvel. Assim, parece-me que a obrigação do recolhimento do ITBI pela autora em relação a operação de transmissão do patrimônio a partir da cisão da empresa DUETO é certa e não pode ser considerada afastada por conta da celebração prévia de um compromisso de venda e compra com terceiro."Por tais razões, para evitar-se a insegurança jurídica de ser realizado um registro sem exigência de recolhimento de tributo, mas com posterior cobrança pelo Fisco, uma vez que não há jurisprudência consolidada pela inexigibilidade do tributo em tais operações, seria prudente que o Oficial solicitasse a comprovação do pagamento do ITBI ou de sua isenção, naqueles atos em que o compromissário vendedor passe por transformações societárias e que, por razão de ter sido o compromisso inteiramente quitado, não incluiu tais imóveis na relação do patrimônio transferido. A matéria deve ser objeto de normativização pela E. Corregedoria Geral da Justiça, tendo em vista a importância da presente questão e suas consequências quanto a responsabilidade tributária e disciplinar dos Oficiais de Registro de Imóveis. Do exposto, determino o arquivamento do presente pedido de providências administrativo em face do Oficial do 10º Registro de Imóveis da Capital, por não vislumbrar falta funcional. Expeça-se ofício aos Oficiais de Registro de Imóveis desta Capital, comunicando-os da orientação de que passem a exigir a comprovação do pagamento do ITBI ou de sua isenção, naqueles atos através dos quais se pretenda registrar que o compromissário vendedor, proprietário do bem, passou por transformações societárias e que, por razão de ter sido o compromisso inteiramente quitado, não incluiu tais imóveis na relação do patrimônio transferido. Expeça-se ofícios à Egrégia Corregedoria Geral da Justiça, comunicando esta decisão. Não há custas, despesas processuais nem honorários advocatícios decorrentes deste procedimento. Oportunamente, arquivem-se os autos. P.R.I.C. - ADV: JANSEN FRANCISCO MARTIN ARROYO (OAB 210922/SP), BIANKA ZLOCCOWICK BORNER DE OLIVEIRA (OAB 352959/SP) (DJe de 23.11.2017 - SP)

LOCAÇÃO

Processo 1043618-76.2017.8.26.0100

Pedido de Providências - Registro de Imóveis - Roberto de Jesus Figueiredo - Vistos. Trata-se de pedido de providências formulado por Roberto de Jesus Figueiredo em face do Oficial do 18º Registro de Imóveis da Capital, pleiteando o cancelamento da averbação nº 01, da matrícula 236.236, referente ao contrato de locação firmado entre Luiz Bartholomeu Antunez e os anteriores proprietários, José Martins de Oliveira e Maria Scaciote. Relata o requerente que o contrato de locação não mais existe, uma vez expirado o prazo nele acordado em 01.07.1932, nem tampouco as benfeitorias realizadas no imóvel. Informa que tentou realizar o cancelamento da mencionada averbação junto à Serventia Extrajudicial, não obtendo êxito, sob o argumento de que o cancelamento somente seria possível com ordem judicial. Juntou documentos às fls. 09/31. O Registrador manifestou-se às fls. 42/43, não se opondo ao cancelamento pretendido, notadamente pelo tempo decorrido. Apresentou documentos às fls. 44/78. O Ministério Público opinou pela procedência do pedido (fls. 83/84). É o relatório. Passo a fundamentar e a decidir. Os documentos que vieram aos autos comprovam a impossibilidade da anuência dos antigos locadores, ante o lapso temporal do término do contrato (01.07.1932), ou seja, há mais de oitenta anos, sem notícia de qualquer aditamento averbada na matrícula, o que evidencia a inexistência de vínculo locatício com quaisquer outras pessoas e a proprietária do imóvel em questão. Ademais, não há qualquer óbice do Registrador para o cancelamento pretendido, sendo necessária apenas ordem judicial neste sentido, conforme fls. 42/43. Neste contexto, há várias decisões proferidas por este Juízo, no sentido de deferir o cancelamento (processos nºs 1006290-83.2015.8.26.0100, 1010121-76.2014.8.26.0100, 1007379- 44.2015.8.26.0100, 0044417-15.2012.8.26.0100). Logo, tendo em vista a remota possibilidade de lesão a direitos de terceiros, bem como considerando-se o lapso temporal do término do contrato, entendo que deva ser cancelada a averbação nº 01. Diante do exposto, julgo procedente o pedido de providências formulado por Roberto de Jesus Figueiredo em face do Oficial do 18º Registro de Imóveis da Capital, e determino o cancelamento da averbação nº 01 da matrícula 236.236. Deste procedimento não decorrem custas, despesas processuais e honorários advocatícios. Oportunamente remetam-se os autos ao arquivo. P.R.I.C. São Paulo, 17 de julho de 2017. Tania Mara Ahualli Juíza de Direito - ADV: ALESSANDRO CUNZOLO RIMOLA (OAB 170126/SP) (DJe de 24.07.2017 - SP)

Processo 1057218-67.2017.8.26.0100

Pedido de Providências - Registro de Imóveis - Lilian Nader Atallah - Carlos Eduardo Atallah - Vistos. Trata-se de pedido de providências formulado por Carlos Eduardo Atallah e Lilian Nader Atallah em face do Oficial do 9º Registro de Imóveis da Capital, pretendendo o cancelamento de contrato locatício registrado sob nº 07 na matrícula nº 14.872, em virtude do decurso do prazo da locação. A qualificação negativa foi oriunda do não preenchimento das hipóteses elencadas no artigo 250 da lei 6.015/73. Informa que o ato que se pretende cancelar teve origem no contrato de locação celebrado por instrumento particular firmado em 18.07.1986, no qual figuraram Philippe Saadallah e sua mulher Lilian Nader Atallah na qualidade de proprietários e locadores, e como locatário o Instituto de Ensino Lavoisier LTDA, cujo término deu-se em 31.07.1996. Ressalta que após o registro da locação houve alteração dominial do imóvel locado, em razão da doação feita pelos locadores a seus filhos Carlos Eduardo, Paulo Sérgio, Marco Antonio e Katia, com reserva de usufruto aos doadores. Em 27.11.2003, houve celebração de novo contrato de locação, cujo título não foi submetido à inscrição imobiliária e em razão da inadimplência desse novo contrato, os locadores promoveram ação de despejo por falta de pagamento contra o Instituo de Ensino Lavoisier LTDA (processo nº 0022410-48.2011.8.26.0008), sendo o despejo deferido liminarmente em 25.09.2013, com base no art. 59, § 1º da Lei nº 8.245/91. Foi exigida a apresentação da rescisão do contrato registrado ou alternativamente, que fosse expedida ordem de cancelamento pelo Juízo do despejo. Para satisfazer as exigências, os interessados requereram ao Juízo no qual tramita ação de despejo que fosse expedida determinação de cancelamento do registro, todavia, aquele Juízo entendeu que não poderia realizar o cancelamento do registro de locação antes da questão ter sido dirimida na esfera judicial. Foi expedido mandado de intimação ao Instituto Lavoisier LTDA, cuja certidão do Oficial de Justiça foi negativa (fl. 96). Efetuadas novas buscas de endereço do locatário, foi ele intimado à fl. 108, todavia manteve-se silente, conforme certidão de fl. 109. O Ministério Público opinou pela procedência do pedido (fl. 99). É o relatório. Passo a fundamentar e a decidir. Em que pese o parecer da Douta Promotora de Justiça, verifico que na presente hipótese a pretensão dos requerentes deve ser indeferida. Decerto que há vários precedentes deste Juízo no sentido da possibilidade de cancelamento das averbações de contrato de locações antigos, sendo desconhecido o paradeiro da locatária ou verificado o encerramento de suas atividades, o que torna inútil a manutenção do gravame. Todavia, na presente hipótese se encontra ação de despejo formulada em face do Instituo Lavoisier em razão da inadimplência de novo contrato, apesar deste não estar inscrito, configurando a ausência de interesse de agir dos requerentes nestes autos. Em que pese o deferimento do despejo e estar o imóvel locado a outra empresa, este fato por si não possibilita o cancelamento unilateral do registro, sendo exigido ou a apresentação da rescisão do contrato registrado ou, alternativamente, a apresentação da ordem cancelamento pelo Juízo onde tramita a ação. Ressalte-se que formulada a pretensão na esfera judicial, o MMº Juízo 1ª Vara Cível - Foro Regional VIII - Tatuapé, entendeu que não poderia realizar o cancelamento do registro da locação antes da questão ser dirimida na esfera judicial. Nesta esteira, este Juízo sendo administrativo não pode se sobrepor a uma decisão judicial, sendo que apenas o Juízo onde tramita mencionada ação tem competência para analisar e/ou modificar sua decisão. Logo, corretos os óbices impostos pelo Registrador. Diante do exposto, julgo improcedente o pedido de providências formulado por Carlos Eduardo Atallah e Lilian Nader Atallah em face do Oficial do 9º Registro de Imóveis da Capital. Deste procedimento não decorrem custas, despejo processual e honorários advocatícios. Oportunamente remetam-se os autos ao arquivo. P.R.I.C. São Paulo, 05 de outubro de 2017. Tania Mara Ahualli Juíza de Direito - ADV: MARCO TULLYO NONATO RIBEIRO DOS SANTOS (OAB 287581/SP), FABIO KADI (OAB 107953/SP) (DJe de 11.10.2017 - SP)

LOTEAMENTO E DESMEMBRAMENTO

Processo 1047402-95.2016.8.26.0100

Dúvida - REGISTROS PÚBLICOS - Pedro Henrique Filho e outro – Municipalidade de São Paulo e outro - CONCLUSÃOEm 20 de janeiro de 2017, faço estes autos conclusos a MMª Juíza de Direito Drª Tania Mara Ahualli, da 1ª Vara de Registros Públicos. Eu_, escrevente, digitei. Registro de Imóveis - Dúvida Inversa – Carta de Sentença - Parcelamento de Solo - Hipótese excepcional - Reconhecimento judicial da divisão do lote - Contrato anterior à lei 6.766/79 - Situação consolidada - Procedência. Vistos. Trata-se de dúvida inversa suscitada por Pedro Henrique Filho e Maria de Lourdes Maximiano de Lana Henrique diante da negativa de registro, por parte do 9º Oficial de Registro de Imóveis da Capital, de Carta de Sentença expedida pelo MM Juízo da 3ª Vara Cível do Foro Regional VIII - Tatuapé, extraída dos autos do processo de Adjudicação Compulsória número 1014075- 15.2014.8.26.0009, que teve por objeto parte do imóvel objeto da transcrição número 97.313. A negativa se pauta na ausência de aprovação do parcelamento do lote, por parte da Prefeitura Municipal de São Paulo, por possuir metragem inferior ao módulo. Juntou documentos às fls. 38/117. Ao tentar realizar o devido parcelamento do terreno, conforme as exigências postas pelo Registrador, o interessado foi informado da impossibilidade, por parte da própria Municipalidade, uma vez que a metragem do lote repartido seria 112,5 m^2, inferior àquela estabelecida por lei para o devido parcelamento (fls. 129/130). O Ministério Público opinou pela improcedência da dúvida suscitada, pela possibilidade de superação do entrave levantado pelo Registrador (fl. 123/124) É o relatório. Passo a fundamentar e decidir. A Lei Municipal 9.413/81, seu artigo 27, V, prevê hipóteses de exceção à observância do módulo mínimo em desdobramentos: "Art. 27 O lote com frente mínima e área total inferiores às definidas, para cada zona de uso, pela legislação de parcelamento, uso e ocupação do solo, será tolerado desde que atendidas uma ou mais das seguintes condições:(...) V. Que, antes da data de publicação da Lei nº 7805, de 1 de novembro de 1972, o lote tenha sido objeto de escritura pública ou outro documento hábil à comprovação do seu desmembramento e de sua configuração, observado o disposto neste artigo."No ano de 1965 (fl. 61) foi firmado um contrato preliminar de promessa de compra e venda do bem em tela, que deu origem à escritura de venda e compra anotada no Livro nº 693, às fls. 190, onde consta a descrição do terreno nos mesmos termos que atualmente se busca realizar o parcelamento do solo, medindo 5 metros de frente e 22,5 metros da frente aos fundos, perfazendo uma área de 112,50 m², inferior mínimo instituído por lei para realização do parcelamento, mas condizente com a possibilidade normativa prevista. Portanto, a situação está consolidada há muitos anos. O terreno que em sua integralidade possuía 10 metros de frente e 22,5 metro de frente ao fundo, com 225 m² de área, mas já separado nos moldes da carta de sentença que se busca registrar, qual seja, 5 metros de frente e 22,5 metros de frente ao fundo, com 112,5 m² de área. O suscitante deixou de levar o título a registro no momento em que ele estava de acordo com as posturas vigentes, estando o Registrador adstrito à qualificação conforme as normas contemporâneas ao ingresso do título. Todavia, o caso enseja, como bem ponderado pela Promotora de Justiça, tratamento excepcional. O suscitante não conseguiu nem mesmo que fosse aceito administrativamente o ingresso do seu pedido de desdobro (fls. 221/222). O tempo de posse justificaria a declaração de usucapião e houve determinação judicial para o registro. A Municipalidade cobra o tributo, há muitos anos, como duas áreas distintas, reconhecendo tacitamente o desdobro ocorrido. Ante o exposto, julgo improcedente a dúvida inversa suscitada, autorizando o registro pretendido. Não há custas, despesas processuais ou honorários advocatícios decorrentes deste procedimento. Oportunamente, arquivem-se os autos. P.R.I.C. São Paulo, 6 de fevereiro de 2017Tânia Mara AhualliJuíza de Direito - ADV: ELIANE GIL DA FONSECA (OAB 244434/SP), LEON ROGÉRIO GONÇALVES DE CARVALHO (OAB 209213/SP) (DJe de 08.02.2017 - SP)

Processo 1133944-19.2016.8.26.0100

Dúvida - REGISTROS PÚBLICOS - Bernardo Marques e outro - Vistos. Trata-se de dúvida suscitada pelo Oficial do 12º Registro de Imóveis da Capital, a requerimento de Bernardo Marques, diante da negativa de registro da Carta de Adjudicação, expedida pelo MMº Juízo da 2ª Vara Cível do Foro Regional V - São Miguel Paulista (processo nº 0115268-49.2007.8.26.005), referente à metade ideal do lote 03, da quadra 8-A, do loteamento Jardim Três Marias. O óbice registrário refere-se à existência de averbação de compromisso de venda e compra na inscrição do loteamento, onde consta o nome do compromissário comprador João Bezerra de Mello, qualificado como casado, sem, contudo, haver a indicação do nome e qualificação de sua esposa, ferindo consequentemente os princípios da continuidade e especialidade subjetiva. Juntou documentos às fls. 04/87. O suscitado não apresentou impugnação junto a este Juízo, conforme certidão de fl. 88, todavia manifestou-se perante a Serventia Extrajudicial (fls. 04/06), aduzindo que, por se tratar de nome comum, não conseguiu obter os documentos, bem como a qualificação completa da eventual esposa do compromissário comprador, possuindo apenas o nome dela, qual seja, A na Ferreira de Mello. Esclareceu que ela foi citada por edital nos autos da adjudicação compulsória. O Ministério Público opinou pela improcedência da dúvida (fls. 92/95). É o relatório. Passo a fundamentar e a decidir. Apesar das decisões anteriores proferidas por este Juízo, nas quais ficou explícito o caráter real do direito do compromissário comprador, em consonância com os artigos 1417 e 1418 do Código Civil, em recentes decisões do Egrégio Conselho Superior da Magistratura, baseada em julgados dos Tribunais Superiores, a questão restou pacificada no sentido da possibilidade de registro de escritura pública entabulada entre o proprietário do imóvel e terceiros, ainda que conste averbação de instrumento de promessa, sem que isso caracterize violação ao princípio da continuidade. Neste sentido: "Registro de Imóveis dúvida julgada procedente Compromisso de compra e venda registrado com sucessivas cessões Negativa de ingresso de ingresso de escritura de venda e compra de imóvel da qual participaram os proprietários tabulares e a última cessionária Desnecessidade da anuência dos cedentes Inexistência de afronta ao Princípio da Continuidade - Recurso provido" (Apelação nº 1040210-48.2015.8.26.0100, Relator Des. Cor. Geral da Justiça: Pereira Calças, j. em 08.04.2016). "Registro de Imóveis Ação judicial de adjudicação compulsória em face dos que constam como proprietários do imóvel Desnecessidade do registro dos documentos que instrumentalizam os sucessivos compromissos de venda e compra - Irrelevância do registro de um deles Desqualificação registral afastada Cara de sentença passível de registro Dúvida improcedente Recurso não provido" (Apelação nº 0020761- 10.2011.8.26.0344, Rel. Des. José Renato Nalini, j. em 25.10.2012). "Registro de Imóveis Dúvida julgada procedente Negativa de ingresso de escritura de venda e compra de imóvel Desrespeito ao registro anterior de instrumento particular Desnecessidade da anuência dos compromissários compradores Inexistência de afronta ao Princípio da Continuidade Recurso Provido" (Apelação nº 0025566- 92.2011.8.26.0477, Rel. Des. José Renato

Nalini, j. em 10.12.2013). Possível a transferência da propriedade para o último cessionário, deve constar somente os titulares de domínio como vendedores na escritura de compra e venda. De acordo com o Superior Tribunal de Justiça, no julgamento do Resp. 648.468, envolvendo a mesma questão decidiu que: "Adjudicação compulsória. Litisconsórcio. Cedentes. 1. Na ação de adjudicação compulsória é desnecessária a presença dos cedentes como litisconsortes, sendo corretamente ajuizada a ação contra o promitente vendedor. 2. Recurso especial conhecido e provido"O ilustre Desembargador Ricardo Henry Marques Dip, no voto lançado na Apelação Cível nº 1057235-74.2015.8.26.0100, consignou que: "O registro do compromisso (i) não suprime o atributo de disponibilidade dominial do legitimado tabular, mas (ii) conserva suficiente eficácia prenotante para beneficiar o direito real na aquisição". Daí o ingresso nos autos da ação da adjudicação compulsória do compromissário comprador João e sua esposa Ana poderia ser dispensada, uma vez que o ato decorreu da relação direta com a titular do domínio Companhia Têxtil Santa Helena, não havendo qualquer rompimento na cadeia filiatória. E ainda que assim não fosse, o suscitado buscou todas as alternativas para obter a identificação de Ana Ferreira de Mello, sendo inclusive expedido edital de citação em nome dela, não havendo que se falar em violação do princípio da continuidade. Diante do exposto, julgo improcedente a dúvida suscitada pelo Oficial do 12º Registro de Imóveis da Capital, a requerimento de Bernardo Marques, e consequentemente determino o registro do título apresentado. Deste procedimento não decorrem custas, despesas processuais e honorários advocatícios. Oportunamente remetam-se os autos ao arquivo. P.R.I.C. - ADV: PRISCILA DOS SANTOS COZZA (OAB 244357/SP) (DJe de 28.03.2017 - SP)

Processo 1132581-94.2016.8.26.0100

Pedido de Providências - Registro de Imóveis - Chamssol Administradora e Construtora Ltda. - Municipalidade de São Paulo e outro - Vistos. Trata-se de pedido de providências formulado por Chamssol Administradora e Construtora Ltda. em face do Oficial 7º Registro de Imóveis da Capital, requerendo seja complementada a Av. 22 da Transcrição nº 70.642 da citada serventia. Aduz que, em razão de decisão proferida pela E. Corregedoria Geral da Justiça em 27/08/1971, foi averbada na referida transcrição a abertura da Avenida Sete, sem discriminação de suas dimensões. Em 1983, ao constatar que lotes do loteamento irregular "Jardim Guanabara" estavam sendo vendidos sem observação da disponibilidade, uma vez englobavam terrenos localizados fora da área da Transcrição nº 70.642, a Corregedoria determinou que novas alienações só poderiam ocorrer após a retificação judicial do registro, o que nunca foi feito. Deste modo, concluiuse que, apesar de averbada na Transcrição nº 70.642, a Avenida Sete se localizava na área da Transcrição nº 24.809, de propriedade da requerente. Assim, o loteador teria instituído via pública em propriedade alheia, sem sua anuência. Argumenta que, realizando procedimento de unificação da área da Transcrição nº 24.809 com outras matrículas perante o 7º Registro de Imóveis, a Municipalidade teria apresentado impugnação, aduzindo que a Avenida Sete estaria incluída na área unificanda, de modo que haveria intervenção em bem público. Assim, buscando esclarecer que tal via pública nunca foi implantada conforme plano de loteamento, e que não cria qualquer direito na área de sua propriedade, requer a complementação da Av. 22 da Transcrição nº 70.642, para constar que a abertura da Avenida se deu por determinação judicial e que não representa a situação fática ou, alternativamente, que seja especificada sua extensão. Juntou documentos às fls. 10/136. O Oficial manifestou-se às fls. 148/151, com documentos às fls. 152/207. Informa que, pelos documentos juntados, a Avenida Sete não se localiza na área da Transcrição nº 70.642, apesar de estar ali averbada, além de não representar a avenida projetada em planta de loteamento. A requerente trouxe novos documentos às fls. 215/307. O Município, às fls. 308/309, aduziu que a questão foge da competência deste juízo administrativo, devendo ser remetido às vias ordinárias. A requerente respondeu às fls. 327/333. O Ministério Público opinou às fls. 337 pela remessa dos autos às vias comuns. É o relatório. Decido. Inicialmente, indefiro o pedido de fls. 332/333, tendo em vista não ter este Juízo competência para determinar que órgão técnico municipal emita parecer para melhor instrução do feito. Do mais, devem ser acatadas as razões do Município, como exposto pelo D. Promotor. Em que pese o conjunto probatório trazido aos autos e toda a fundamentação carreada pela requerente, a averbação pretendida, em última análise, representaria dizer qual o alcance da via pública instituída na Av. 22 da Transcrição nº 70.642 do 7º RI.A averbação, ao noticiar a abertura da via, deve ser lida em conjunto com a planta de loteamento. Assim, a princípio, a área reservada ao poder municipal é aquela constante da planta. Dizer que foi implantada de modo diverso demanda contraditório e ampla dilação probatória, medidas incompatíveis com este procedimento. Ainda que tal área esteja incluída na Transcrição nº 24.809, sua averbação na Transcrição nº 70.642 se deu por determinação judicial, que não poderia ser destituída por mera complementação da averbação. Portanto, se deferido o pedido neste procedimento, estaria se determinando qual domínio é Municipal e qual é privado, o que foge da competência deste Juízo administrativo. Há dúvida razoável quanto ao alcance da área pública, até mesmo diante da imagem de fl. 7, que demonstra a instalação de via de acesso comum, de modo que não se pode, com absoluta certeza, determinar qual a correta disposição dominial da área. Assim, deve-se buscar as vias ordinárias para que, respeitado o contraditório, se determine qual o alcance da Avenida Sete, e de quem é o domínio de sua área, não se podendo decidir tal questão por meio da averbação ora requerida. Do exposto, julgo improcedente o pedido de providências formulado por Chamssol Administradora e Construtora Ltda. em face do Oficial 7º Registro de Imóveis da Capital. Não há custas, despesas processuais nem honorários advocatícios decorrentes deste procedimento. Oportunamente, arquivem-se os autos. P.R.I.C. - ADV: OLIVAR LORENA VITALE JUNIOR (OAB 155191/SP), LILIANA MARIA CREGO FORNERIS (OAB 100212/SP). (DJe de 05.09.2017 - SP)

Processo 1077880-52.2017.8.26.0100

Dúvida - Registro de Imóveis - Aurélio de Jesus Júnior - Compromisso de compra e venda - Transferência da propriedade com prova de quitação - Previsão do Art. 26, §6º, da Lei 6.766/79 - Aplicação restrita aos casos em que o compromisso foi celebrado pelo próprio loteador - Aplicação da regra dos Arts. 1.417 e 1.418 do Código Civil nas demais hipóteses - Caso concreto em que o compromisso foi firmado por terceiro - Necessidade de escritura de compra e venda para transferência da propriedade - Dúvida Procedente Vistos. Trata-se de dúvida suscitada pelo Oficial do 18º Registro de Imó veis da Capital, a requerimento de Aurélio de Jesus Júnior, após negativa de registro de compromisso particular de compra e venda, em conjunto de prova de quitação, com o objetivo de transferir a propriedade do imóvel de matrícula nº 41.229 da mencionada serventia. Alega o Oficial que o óbice se deu pois, apesar de a Lei 6.766/79 permitir o registro do compromisso com prova de sua quitação, tal permissão só ocorre quando o compromisso for firmado pelo loteador do imóvel, conforme precedente da E. Corregedoria Geral da Justiça, sendo que no presente caso o compromisso foi firmado por terceiro, o que inviabiliza o uso do favor legal, exigindo-se que seja lavrada escritura de compra e venda. Juntou documentos às fls. 6/135. O suscitado manifestou-se às fls. 136/141. Alega que o dispositivo legal deve ser interpretado de maneira extensiva, de modo a desjudicializar os conflitos existentes. Aduz não haver precedente que expressamente negue a possibilidade do registro quando o outorgante do compromisso não for o loteador. Argumenta que a atual proprietária é sociedade limitada com o nome da loteadora, o que demonstra não ter havido efetiva transferência do bem. O Ministério Público opinou às fls. 145/146 pela procedência da dúvida. O suscitado complementou informações às fls. 155/160 e 167/168. É o relatório. Decido. Em regra, o compromisso de compra e venda não tem o poder de, por si só, transferir a propriedade de um imóvel. Ele gera direito real com relação ao bem, no sentido de permitir que se exija do outorgante a lavratura de escritura de venda e compra definitiva. É este o título hábil a transferir o imóvel. Nos termos do Código Civil: "Art. 1.417. Mediante promessa de compra e venda, em que se não pactuou arrependimento, celebrada por instrumento público ou particular, e registrada no Cartório de Registro de Imóveis, adquire o promitente comprador direito real à aquisição do imóvel. Art. 1.418. O promitente comprador, titular de direito real, pode exigir do promitente vendedor, ou de terceiros, a quem os direitos deste forem cedidos, a outorga da escritura definitiva de compra e venda, conforme o disposto no instrumento preliminar; e, se houver recusa, requerer ao juiz a adjudicação do imóvel."Como constou da Apelação Cível 1066059- 56.2014.8.26.0100, Rel. Elliot Akel, Dje. 19/08/15: "A leitura não dá margem a equívocos. A promessa de compra e venda - ou seja, o compromisso -, em que não conste cláusula de arrependimento, celebrada por instrumento público ou particular, desde que registrada, não confere ao promitente comprador o direito de propriedade, mas direito real à aquisição do imóvel. E como se dá essa aquisição? O art. 1.418 o diz. Por meio de escritura definitiva - após o pagamento do preço. Se ela não for outorgada, cabe ao promitente comprador requerer ao juiz a adjudicação compulsória."Exceções a tal regra devem ser interpretadas de maneira restritiva, uma vez que o registro de títulos diversos com o fim de se transferir a propriedade representa a perda de um direito real do antigo titular de domínio, que não pode se dar se não nas formas previstas na legislação. Uma destas exceções é aquela prevista no §6º do Art. 26 da Lei 6.766/79, que dispõe que "[o]s compromissos de compra e venda, as cessões e as promessas de cessão valerão como título para o registro da propriedade do lote adquirido, quando acompanhados da respectiva prova de quitação."E, justamente por se tratar de exceção, sua interpretação deve se dar no contexto da legislação em que prevista. Ou seja, a norma mencionada não pode ser interpretada como se afastasse o regramento dos compromissos de compra e venda previsto no Código Civil. No contexto da lei em que inserida, a norma deve ser lida como aplicável apenas nos casos de parcelamento do solo. Não se ignora que o E. Conselho Superior da Magistratura, interpretando o dispositivo, firmou entendimento nos autos da Apelação Cível 0012161-30.2010.8.26.0604 de que o compromisso de compra e venda, em conjunto com prova da quitação, pode ser utilizado para a transferência de propriedade em qualquer tipo de loteamento, não apenas aqueles populares. Na mesma decisão, contudo, de Relatoria do E. Des. Maurício Vidigal, constou que: "JOÃO BAPTISTA GALHARDO, após transcrever o teor do § 6º e consignar a validade dos compromissos de compra e venda, cessões e promessas de cessão, como títulos para o registro da propriedade, ressalva apenas que a validade limita-se à primeira transferência, do loteador para o primeiro adquirente, valendo transcrever: "Esse parágrafo aplica-se uma única vez com referência ao lote, ou seja, quando o domínio houver de ser transferido do loteador para o comprador" (grifo nosso) E tal interpretação deve ser aqui utilizada. Isso porque, como dito acima, tratando-se de exceção, a aplicação do dispositivo deve se dar de forma restritiva, respeitados os limites lógicos da norma. E, tendo sido inserida na Lei 6.766/79, que trata de parcelamento do solo, então a aplicação da regra legal deve se dar nestes casos, ou seja, nos contratos celebrados pelo loteador com adquirentes dos lotes. Estender tal entendimento seria negar vigência ao Art. 1.418 do Código Civil, pois se retiraria a necessidade de lavratura da escritura de compra e venda em todos os casos, e não mais apenas naqueles relativos ao parcelamento do solo pelo loteador. Também com isso em mente deve se dar a interpretação dos itens 287 e seguintes do Capítulo XX das Normas de Serviço da Corregedoria Geral da Justiça, no sentido de limitar sua aplicação aos contratos celebrados pelo loteador, até porque o item 287 fala em contrato padronizado, que nos termos do Art. 18, VI, da Lei 6.766/79 deve ser realizado pelo loteador. Em conclusão, a regra prevista no §6º do Art. 26 da Lei 6.766/79 deve ser interpretada para que se permita o registro do compromisso de compra e venda, com fins de transferir o domínio do bem, apenas quando o compromisso for lavrado pelo loteador. E, no presente caso, como consta da matrícula de fls. 07/09, os loteadores eram os proprietários do bem, Jose Cassio de Macedo Soares e Maria do Carmo Platt de Macedo Soares. Assim, o compromisso de compra e venda poderia ser utilizado como título aquisitivo caso fosse por eles celebrado. Ocorre que os loteadores venderam o imóvel para Jardim Maria do Carmo Empreendimentos Imobiliários Ltda., que foi quem efetivamente celebrou o compromisso de venda e compra com o ora suscitado. Assim, descumprido o requisito acima exposto, não há a possibilidade de transferência da propriedade apenas como o compromisso particular de compra e venda e prova de sua quitação. Destaca-se que houve a venda do bem pelos loteadores, em favor de sociedade com personalidade jurídica diversa, de modo que não se pode presumir a confusão entre eles, para se considerar a sociedade como loteadora. Portanto, correto o óbice apresentado pelo Oficial. Para superá-lo, poderá o suscitado utilizar da opção prevista no Art. 1.418 do Código Civil, requerendo do compromissário vendedor a lavratura da escritura de compra e venda. Do exposto, julgo procedente a dúvida suscitada pelo Oficial do 18º Registro de Imóveis da Capital, a requerimento de Aurélio de Jesus Júnior, mantendo o óbice apresentado. Não há custas, despesas processuais nem honorários advocatícios decorrentes deste procedimento. Oportunamente, arquivem-se os autos. P.R.I.C. - ADV: KUMIO NAKABAYASHI (OAB 60974/ SP) (DJe de 23.11.2017 - SP)

Processo 0024112-68.2016.8.26.0100

Pedido de Providências - REGISTROS PÚBLICOS - Francisco Guedes Ferreira - Vistos. Trata-se de pedido de providências formulado por Francisco Guedes Ferreira em face do Oficial do 12º Registro de Imóveis da Capital, pleiteando a expedição de certidão, na qual conste que o lote 79 da quadra 16, do loteamento Vila Burgo Paulista, foi desdobrado nos lotes 15, 16 e 17 da quadra 16, documento que reputa necessário para a lavratura de escritura. Juntou documentos às fls. 06/13. O Registrador esclarece que os lotes 15, 16 e 17 da quadra 16 do loteamento Vila Burgo Paulista estão matriculados sob nºs 17.097 e 85.580. Informa, que de acordo com a planta atualizada da quadra fiscal da Municipalidade, não consta lançamento fiscal para os números 207, 209 e 211 da Rua Barreiras do Piauí, logo não há como afirmar que o lote corresponde ao imóvel situado na mencionada rua, consequentemente é impossível a emissão da certidão nos moldes pretendidos (fls. 29/30 e documentos de fls. 31/44). Houve manifestação do requerente às fls. 63/64. Argumenta que o imóvel foi prometido à venda pela empresa Comercial Brasil Rural LTDA, porém não lhe foi outorgada escritura definitiva, sendo necessária a expedição de alvará judicial, uma vez que um dos sócios veio a falecer. Aduz que o lote 79 da quadra 16, com área de 1000 m² remanescente do loteamento só tinha imposto do contribuinte 113.391.007-6, todavia, houve o desdobro em lotes, quais sejam 15 (medindo 256m²), 16 (medindo 248,8 m²) e 17 (medindo 240 m²), perfazendo uma área de 744 m², sendo que sobre o lote 17 estava edificada uma casa com área de 50 m². Por fim, argumenta que, embora o lote 79 da quadra 16 já ter sido objeto de desdobro, o registrador alega não ter a planta da mencionada quadra, razão pela qual a Prefeitura forneceu certidão de desdobro e planta. Apresentou documentos às fls. 65/82. O Oficial corrobora as informações anteriormente prestadas, no sentido de que não consta nos arquivos da Serventia qualquer planta particular ou oficial do parcelamento do lote 79 da quadra 16 do loteamento Vila Burgo Paulista, logo não há como atestar que o mesmo lote foi desdobrado nos lotes 15,16,17 da quadra 16. Salienta que, de acordo com a certidão da Municipalidade o contribuinte nº 113.391.0079-6 foi desdobrado nos contribuintes nºs 113.391.0223-3, 113.391.0224-1 e 113.391.0227-6 (fls. 84/85). Afirma que apesar do requerente ter mencionado na exordial que é possuidor do imóvel localizado na Rua Barreiras do Piauí, antiga Rua Taubaté, nº 211, lote 17, da quadra 16, não foi possível localizar o bem. Juntou documentos às fls. 56/105 e 132/134. Em sua manifestação, a Secretaria Municipal de Habitação – RESOLO (fls. 154/175) ressalta que, em consulta ao processo nº 1980-0.010.325-7, que trata do reparcelamento dos lotes 56 a 63 e lote 79 da quadra 16, constatou que os moradores da área trouxeram alguns contrato de compra e venda, porém insuficientes para elaboração de planta, o que resultou na orientação de que procurassem entrar com ação de usucapião de seus imóveis. Informa que não foram encontrados dados que possam comprovar a exata localização do imóvel do requerente. Não consta referencia aos lotes 15, 16 e 17, contratos ou planta com sua localização. O Ministério Público opinou pela improcedência do feito (fls. 138 e 183). É o relatório. Passo a fundamentar e a decidir. Conforme exposto na decisão de fl. 142, não se discute no presente feito se o requerente tem legitimidade para vender o imóvel, uma vez que compromissário comprador, o que por si feriria o princípio da continuidade que norteia os atos registrários, mas sim o impasse tocante à individualização do bem, consequentemente a impossibilidade da expedição da certidão requerida. Considerando o exposto pelo Registrador, bem como informações da Secretaria de Habitação, não há dados que comprovem a exata localização do imóvel do requerente, sendo certo que os dados apresentados foram insuficientes para elaboração de planta ou memorial descritivo. Neste contexto, conforme informações do ente municipal (fl. 167) extrai- se que a gleba como um todo, mais especificamente a área demarcada como quadra 16 do lote 79, é identificada como "loteamento sem denominação". É importante observar que há risco de sobreposição, diante da pretendida alteração de medida perimetral, as incertezas relativas à individualização do bem e à sua localização geodésica. Em razão de diversas modificações na quadra 16, com a implantação de vias e lotes, abertura de travessa e reparcelamentos, não há sequer elementos para a elaboração de planta, sendo hoje esta quadra identificada como Setor Fiscal 113, Quadra 391 e encontra-se demarcada como Zona Mista. Logo, é imperiosa a realização de levantamento técnico, bem como a inserção da área quantitativa, nos termos do artigo 138 do Capítulo XX das Normas de Serviço da Corregedoria Geral da Justiça, com a correta especificação do lote. Assim, conclui-se que é impossível a emissão da certidão pelo registrador como pretendido, podendo o interessado valer-se da ação de usucapião para individualização do bem, na qual será permitida a realização da prova pericial e documental necessárias, bem como reconhecimento da aquisição originária. Diante do exposto, julgo improcedente o pedido de providências formulado por Francisco Guedes Ferreira em face do Oficial do 12º Registro de Imóveis da Capital. Deste procedimento não decorrem custas, despesas processuais e honorários advocatícios. Oportunamente remetam-se os autos ao arquivo. P.R.I.C. - ADV: EDVALDO FRANCISCO SOLINO (OAB 160813/SP), FRANCISCA NINA GUEDES FERREIRA (OAB 32367/SP) (DJe de 11.12.2017 - SP)

MATRÍCULA

Processo 1012192-46.2017.8.26.0100

Dúvida - Registro de Imóveis - 5º Oficial de Registro de Imóveis de São Paulo – Jung Taek Oh - Vistos. Trata-se de pedido de providências formulado pelo Oficial do 5º Registro de Imóveis da Capital, a requerimento de Jung Taek Oh, que pretende a unificação das matrículas nºs 39.907 e 39.908 e posterior averbação de construção edificada sobre os dois imóveis. O óbice registrário refere-se à necessidade de prévia retificação de ambos os registros, uma vez que as medias e áreas descritas no fólio real são precárias. Juntou documentos às fls. 04/24. O interessado informa que as plantas por ele fornecidas foram aprovadas pela Municipalidade de São Paulo, o que afasta a alegação de precariedade, bem como que não há qualquer disputa envolvendo as confrontações, o que dispensa a retificação de área (fls. 25/32). O Ministério Público opinou pelo indeferimento do pedido (fls. 36/37). É o relatório. Passo a fundamentar e a decidir. Com razão o Oficil e o D Promotor de Justiça. A exigência formulada tem amparo no princípio da especialidade objetiva (artigos 176 e 212 da Lei 6.015/73), cujas regras impedem o registro de títulos cujo objeto não seja exatamente aquele que consta do registro anterior, sendo necessário que a sua caracterização no negócio entabulado repita os elementos de descrição constantes do registro (Narciso Orlandi Neto, Retificação do Registro de Imóveis, Juarez de Oliveira, pág. 68). E ainda, conforme ensina o professor Luiz Guilherme Loureiro: "Em virtude do principio da legitimidade ou da presunção de veracidade, o Registro deve refletir a verdade não só no que se refere ao titular do direito registrado, mas também quanto à natureza e ao conteúdo deste direito. Assim, qualquer inexatidão do assento deve ser retificada a fim de que reflita perfeitamente a realidade". (Registros Públicos - Teoria e Prática - 2ª ed. - Editora Método). Pois bem, verifico que os imóveis das matrículas nºs 39.907 e 39.908 estão com descrições incompletas, não havendo como ter certeza da área total, nem as medidas perimetrais resultantes da unificação. Logo, é imperiosa a realização de levantamento técnico, necessário para a inserção de dados referentes às metragens, conforme previsto na Lei de Registros Públicos, oportunidade em que serão produzidas as provas, com a juntada de levantamento topográfico e memorial descritivo, para a correta especificação dos imóveis. Por fim, o interessado não apresentou qualquer memorial descritivo dos imóveis, juntando apenas plantas e um projeto para construção de prédio para fins comerciais (fl. 32). Diante do exposto, julgo improcedente o pedido de providências formulado pelo Oficial do 5º Registro de Imóveis da Capital, a requerimento de Jung Taek Oh, e mantenho o óbice registrário. Deste procedimento não decorrem custas, despesas processuais e honorários advocatícios. Oportunamente remetam-se os autos ao arquivo. P.R.I.C. São Paulo, 22 de fevereiro de 2017. Tania Mara Ahualli Juíza de Direito - ADV: GERSON DE MIRANDA (OAB 94807/SP) (DJe de 01.03.2017 - SP)

Processo 0001688-34.2017.8.26.0100

Pedido de Providências Corregedroia Geral da Justiça Sentença: Vistos. Trata-se de reclamação encaminhado pela Egrégia Corregedoria Geral da Justiça, pela qual o MMº Juízo da 23ª Vara Cível da Capital comunicou a negativa do Oficial do 13º Registro de Imóveis da Capital em cumprir o mandado expedido em 03.11.2015, pela Meritíssima Juíza de Direito Drª Cristiane Amor Espim, com a determinação de se proceder ao cancelamento da averbação de notícia de distribuição da ação nº 583.00.2003.067879-3, feita sob o nº 02, na matrícula nº 15.409. Houve a juntada de documentos às fls. 02/08. O Registrador manifestou-se às fls. 10/11. Esclarece que o ato deixou de ser realizado por: a) não ter sido o mandado assinado pela referida Magistrada e pela Coordenadora Srª Lúcia helena Fenille; b) impossibilidade de se constatar a assinatura digital, em razão da falta do código de verificação, impresso à margem dos documentos; c) a expedição do documento ocorreu em 03.11.2015 e na certificação de autenticidade da assinatura da Magistrada, embora não assinada pela Coordenadora, constou 14.09.2015, ou seja, data anterior à expedição. Informa que houve a apresentação de novo mandado para o cancelamento pretendido, em 13.01.2016, sendo realizada a averbação em 22.01.2016, sob o nº 03. Apresentou documentos às fls. 12/17. É o relatório. Passo a fundamentar e a decidir. Verifico que na presente hipótese não houve a prática de qualquer conduta irregular por parte do Oficial do 13º Registro de Imóveis da Capital. Analisando o mandado juntado à fl. 12, verifica-se que não consta a assinatura digital na lateral do documento lançada pela MMª Juíza de Direito Drª Cristiane Amor Espin, bem como da Coordenadora do Ofício Judicial. E ainda, a expedição do documento ocorreu em 03.11.2015 e na certificação de autenticidade da assinatura da Magistrada, constou a data de 14.09.2015, ou seja anterior à expedição, o que constitui total afronta ao princípio da segurança jurídica que dos atos registrários se espera. Ora, se procedermos uma análise cuidadosa dos princípios registrários, chegaremos à conclusão que todos, sem exceção, tem por finalidade trazer ao álbum imobiliário a segurança necessária que o Direito espera e necessita para estabilidade das relações jurídicas, segurança essa que até justifica o emprego de formalismo moderado. Ao aplicar qualquer princípio registrário específico, deve o Oficial Registrador ou outro profissional do direito sempre zelar pela segurança jurídica, que pode ser considerada o alicerce do Registro de Imóveis, pois sem ela os atos por ele praticados não serão revestidos da certeza e presunção de veracidade necessários. Os princípios registrários e a formalidade foram criados em benefício dos cidadãos e somente devem se sobrepor ao direito de propriedade garantido pela Constituição Federal quando a segurança jurídica estiver ameaçada. Vale notar que o Oficial Registrador não pode atrelar-se à prática de atos atentatórios aos princípios básicos do direito registral, que torne insegura e descontrolada a escrituração do fólio real. Ademais, apresentado novo documento pelo MMº Juízo da 23ª Vara Cível da Capital (fl. 17), contendo os elementos imprescindíveis ao mandado de cancelamento de averbação, foi efetivado o ato na matrícula nº 15.409, razão pela qual entendo que a presente reclamação perdeu seu objeto, não havendo nada mais a ser decidido no presente feito. Logo, não há elementos seguros e eficientes para demonstrar a ocorrência de falta funcional. Do exposto, determino o arquivamento do processo. Oficie- se à Egrégia Corregedoria da Justiça, com cópia desta decisão.. P.R.I.C. – CP (DJe de 03.03.2017 - SP)

Processo 1000858-15.2017

Pedido de Providências 2º Oficial de Registros de Imóveis da Capital Sentença (fls. 1121/1128): Pedido de providências - projeto habitacional de interesse social da população de baixa renda - "cracolândia" - unificação de matrículas de áreas desapropriadas - possibilidade, apenas com a imissão na posse do ente desapropriante, sem exigência da conclusão das ações judiciais - exigências formuladas pelo Oficial superadas com os documentos que vieram aos autos - necessidade de CND afastada - matrícula de área unificada que pode ser aberta em nome do Estado de São Paulo - realização de atos que afetaram o bem ao interesse público - irreversibilidade - precedentes - ação procedente Vistos. Trata-se de pedido de providências encaminhado pelo Oficial do 2º Registro de Imóveis da Capital a requerimento do Estado de São Paulo, após negativa de realização de diversos atos registrais nas matrículas dos imóveis localizados na Quadra 49 do centro de São Paulo. Os atos dizem respeito a projeto de revitalização da área, conhecida como "cracolândia", com planejamento iniciado em 2007 e em fase final de execução. Segundo o Oficial, foram requeridas: A) Averbação das demolições de diversos edifícios e extinção dos condomínios instituídos em razão destas; B) Fusão das matrículas que formam a Quadra 49, com abertura de nova matrícula unificada; C) Abertura de matrícula em nome do Estado de São Paulo para um imóvel sem matrícula, de uso do Corpo de Bombeiros do Estado, localizado na citada quadra. O Oficial alega que a extinção dos condomínios não é possível, tendo em vista que os proprietários têm direito real que não pode ser afastado por mero requerimento do Estado. Quanto à abertura de matrícula no imóvel do Corpo de Bombeiros, não há prova de que o domínio do imóvel seja do Estado, além de não cumpridas outros requisitos da Lei 6.015/73, como indicação dos confrontantes. No que diz respeito à unificação, a planta foi feita de modo genérico, não incluindo detalhadamente os imóveis a serem unificados, o que desrespeita a legislação vigente. Finalmente, quanto às demolições, diz ser necessária a apresentação dos alvarás expedidos pela Prefeitura. Juntou documentos às fls. 08/54. O Estado de São Paulo manifestou-se às fls. 63/70, com documentos às fls. 71/1.093. Reforça a situação fática e a importância do projeto habitacional. Alega que as construções existentes já foram indenizadas e demolidas, com exceção do prédio dos bombeiros, de modo que a averbação deve ocorrer para refletir a realidade. Diz que a lei reconhece a legitimidade do Estado para realizar atos necessários à incorporação imobiliária nos imóveis em que foi imitido na posse, como a extinção de condomínio anterior. Pela mesma razão, desnecessária a anuência dos proprietários tabulares pois já em processamento a desapropriação. Quanto ao prédio do Corpo de Bombeiros, junta documentos legitimar a posse do imóvel e do pedido realizado. O Oficial respondeu às fls. 1100/1101, arguindo que da análise dos documentos acostados pode constatar a demolição dos imóveis, sendo necessária, porém, a apresentação dos respectivos alvarás de demolição e a apresentação da Certidão Negativa de Débitos Fiscais. Os outros óbices restaram superados. A Fazenda juntou Certidão Municipal de Demolição dos citados prédios às fls. 1.106/1.113. O Ministério Público opinou pela procedência do pedido às fls. 1.114/1.120. É o relatório. Decido. Diante da manifestação do Oficial às fls. 1.100/1.101, entendo que durante o processamento do presente feito foram superados quase todos os óbices inicialmente formulados, sobretudo no que diz respeito ao prédio do Corpo de Bombeiros e da situação dos condomínios edilícios registrados na área e de seus respectivos condôminos. Isso porque foram juntados documentos (fls. 71, 966/969, 971/1.009 e 1.010/1.093) que comprovam a utilidade pública dos imóveis e imissão na posse em favor do Estado de São Paulo, com respectivas indenizações relativas às desapropriações, já pagas ou em fase final de cumprimento. Além disso, relevante o Artigo 5,§ 3º do Decreto Lei nº 3.365, de 21.06.1941: "Art.5º:(...)§3º: Ao imóvel desapropriado de parcelamento para implantação de parcelamento popular, destinado às classes de menor renda, não se dará outra utilização nem haverá retrocessão" (Redação da Lei nº 9.785/1999). Destarte, está o Estado obrigado a realizar o projeto popular pretendido com as desapropriações, não havendo hipótese de reversibilidade. Impedir a realização do projeto devido à necessidade de anuência dos condôminos é contrário ao sentido da lei. Ademais, desnecessária de realização diante da notícia já ocorrida nos autos das ações de desapropriação. Neste sentido, não há que se alegar prejuízo aos proprietários tabulares, pois o bem está afetado ao interesse público e a indenização já foi estabelecida. Assim, superados estão os óbices acima apontados. Restaram, portanto, os óbices relativos à Certidão Negativa de Débito para realização dos atos e a necessidade de registro dos alvarás de demolição ou de construção de obra nova. Quanto a esta última exigência, também superada diante dos documentos de fls. 1.106/1.113, que devem servir de base para averbação das respectivas demolições. No que diz respeito a CND, cito, a título exemplificativo, o que foi decidido no Processo nº 1004309-82.2016.8.26.0100 desta 1ª Vara de Registros Públicos, decisão reiteradamente mantida por este Juízo: "[É] necessário, porém observar que, justamente porque aqui se trata de um juízo administrativo, não há liberdade senão para cumprir o que tenham decidido as autoridades superiores, i. e., a Corregedoria Geral da Justiça (CGJ) e o Conselho Superior da Magistratura (CSM) - as quais, é bom ver, desde o julgamento da Apel. Cív. 0003435-42.2011.8.26.0116, em 13.12.2012 (DJ 30.01.2013), mandam que se dispensem as certidões negativas de dívidas tributárias federais e previdenciárias federais. Nesse sentido, confiram-se: (a) para a CGJ: Proc. 62.779/2013, j. 30/07/2013, DJ 07/08/2013; e Proc. 100.270/2012, j. 14/01/2013 (b) para o CSM: as Ap. Cív. 0015705-56.2012. 8.26.0248, j. 06.11.2013, DJ 06.11.2013; 9000004-83.2011.8.26.0296, j. 26.09.2013, DJ 14.11.2013; 0006907-12.2012.8.26.0344, 23.05.2013, DJ 26.06. 2013; 0013693-47.2012.8.26.0320, j 18.04.2013, DJ 24.05.2013; 0019260-93.2011.8.26.0223, j. 18.04. 2013, DJ 24.05.2013; 0021311-24.2012.8.26.0100, j. 17.01.2013, DJ 21.03.2013; 0013759-77.2012.8.26. 0562, j. 17.01.2013, DJ 21.03.2013; 0018870-06. 2011.8.26.0068, j. 13.12.2012, DJ 26.02.2013; 9000003-22.2009.8.26.0441, j. 13.12.2012, DJ 27. 02.2013; 0003611-12.2012.8.26.0625, j. 13.12.2012, DJ 01.03.2013; e 0013479-23.2011.8.26.0019, j. 13.12.2012, DJ 30.01.2013. "Assim, diante das orientações das diversas instâncias superiores às quais as decisões deste Juízo estão sujeitas a revisão, entendo que tal óbice deve ser afastado e os registros realizados. Outro ponto relevante diz respeito à sugestão do Oficial que na matrícula unificada aberta fosse noticiada que a propriedade pertencesse aos titulares das matrículas originárias e a imissão na posse do Estado averbada. Neste ponto, contudo, acato a recomendação feita pela D. Promotora para que a nova matrícula seja aberta diretamente sob propriedade do Estado de São Paulo. Em primeiro lugar, já restou amplamente demonstrado o interesse público que engloba o projeto de habitação que está sendo realizado e que depende dos atos registrais propostos para sua conclusão. Também restou afastada a alegação de prejuízo a terceiros, diante das ações de desapropriação já concluídas ou em fase final. Em segundo lugar, quanto à possibilidade da unificação requerida e da necessidade de se considerar a importância social do projeto a ser implantado, decidiu o MMº Juiz Marcelo Martins Berthe, nos autos do Processo nº 0026999- 30.2013.8.26. 0100: "Importante salientar que [o registro da imissão na posse] foi criada para atender ao interesse público, presente na construção de habitações para a população de baixa renda, abrindo caminho para a unificação, quando necessária, e o registro do parcelamento do solo, antes mesmo da sentença proferida nas ações de desapropriação, onde se esteja discutindo apenas o preço do imóvel desapropriado, não se justificando, portanto, retardar um empreendimento de interesse público apenas por esse motivo. Com a superveniência da Lei 11.977/2009, que tratou das questões relativas à regularização fundiária urbana, também foi contemplada a hipótese de abertura de matrícula decorrente de unificação de área destinada à regularização de ocupações de interesse social" Assim, a importância social do projeto deve ser considerada não para que se afastem as formalidades legais, mas para que o interesse público seja considerado e prevaleça, considerando-se as peculiaridades de cada caso. Finalmente, já decidiu anteriormente o MMº Juiz Titular desta Corregedoria, Drº Venício Antonio de Paula Salles, nos autos nº 000.03.044447-0, no sentido que a consolidação da propriedade em favor de ente público se dá com a realização do projeto habitacional: "A imissão, portanto, deve ser registrada no título dominial existente, mantendo-se o nome dos titulares expropriados. Contudo, no momento da consumação da AFETAÇÃO, com a destinação definitiva (que pode ocorrer em hipótese, (a) com o fracionamento da ÁREA aprovado pela própria MUNICIPALIDADE e implantado no solo, ou (b) com a realização do projeto habitacional com a efetivação das estruturas), o trespasse da PROPRIEDADE se consolida e se materializa, devendo gerar a inauguração do ASSENTO REGISTRAL novo, caso o domínio ainda esteja materializado por transcrição, ou determinar o descerramento de registro na matrícula existente, em nome do Poder

Público expropriante". No presente feito, demonstraram-se cumpridos os requisitos acima expostos, pois os atos relativos à realização do projeto popular já estão sendo feitos pelo Estado de São Paulo, sobretudo diante da notícia das demolições e terraplanagem na Quadra 49. Assim, não está o Estado apenas imitido na posse, mas pode-se dizer que a propriedade em seu favor já foi consolidada e é, por força da lei, irreversível senão para a venda aos novos proprietários das unidades habitacionais. Diante de tal situação, a proposta feita pelo Oficial traria confusão e maior burocracia contrários ao interesse público. Como dito pelo Ministério Público: "Vale dizer, a transposição dos dados de aproximadamente 167 matrículas imobiliárias (com seus diversos antigos proprietários, ônus, etc) para aquela a ser aberta representará uma barafunda de averbações e remissões, que, possivelmente, se desdobrarão em diversas outras com o decurso do tempo e as transmissões de direitos pelos titulares anteriores do domínio. Além disso, uma vez realizada e registrada a incorporação imobiliária, não se faz razoável exigir-se o transporte de tais dados, inclusive, para as novas matrículas, atinentes a cada unidade habitacional, se, até a conclusão daquela, não tiverem sido finalizados os procedimentos de desapropriação. Em outras palavras, havendo possibilidade já acatada pela doutrina e jurisprudência de se reconhecer na matrícula unificada a propriedade em favor do ente desapropriante, agir de forma contrária seria inconveniente e desnecessário. E conclui a D. Promotora: "E nem se alegue o ferimento ao direito de terceiros e à segurança jurídica, uma vez que a referência aos registros imobiliários anteriores será realizada no campo registro anterior da matrícula a ser aberta, podendo os interessados, se o caso, consultarem aquelas que foram encerradas para a obtenção das informações que julgarem necessárias. "Diante de todo o exposto, considerando as exigências formuladas e seu cumprimento pelo Estado de São Paulo, além do afastamento de óbice por este juízo, tendo em vista sua inaplicabilidade ao caso concreto, julgo procedente o presente pedido de providências, para determinar: a. averbação de demolição de todos os prédios constantes nas matrículas mães e extinção dos respectivos condomínios; b. registro da carta de adjudicação com abertura de matrícula da área de terreno onde se acha instalado o Corpo de Bombeiros; c.- Abertura de matrícula única (Quadra 49) de acordo com o memorial descritivo apresentado pelo Estado de São Paulo, com fusão e encerramento de todas as matrículas mães, dando-se notícia destas na nova matrícula. d- Registrar a nova matrícula unificada como de propriedade do Estado de São Paulo. Não há custas, despesas processuais nem honorários advocatícios decorrentes deste procedimento. Oportunamente, arquivem-se os autos.. P.R.I.C. São Paulo, 10 de abril de 2017. Tania Mara Ahualli Juíza de Direito (CP -13) (DJe de 17.04.2017 - SP)

PENHORA

Processo 1016652-76.2017.8.26.0100

Pedido de Providências - REGISTROS PÚBLICOS - Nilo Nishitani - Vistos. Trata-se de pedido de providências formulado por Nilo Nishitani, na qualidade de inventariante dos Espólios de Ichiro Nishitani e Mitsu Nishitani, em face do Oficial do 6ª Registro de Imóveis da Capital, pretendendo o cancelamento das penhoras inscritas sob nºs 17.082 e 24.194, transpostas para a matrícula nº 44.624 (Av. 01), tendo em vista a extinção dos feitos que as originaram e que foram reunidos no processo nº 0281403-59.1967.8.26.0100, do MMº Juízo da 8ª Vara Cível da Capital. Relata o requerente que o sr. Ichiro, no bojo do processo de declaração de insolvência civil mencionado, pagou regiamente todas as dívidas, através da habilitação de concurso de credores, gerando consequentemente a extinção dos autos em 23.11.1995. Ocorre que, ao dirigir-se à Serventia Extrajudicial para cancelamento da averbação, foi informado que o Cartório não dispõe de documentos físicos que deram lastro às referidas penhoras, bem como o cancelamento delas necessitava de ordem judicial. Juntou documentos às fls. 05/13. A Oficial manifestou-se às fls. 20/24. Esclarece que os títulos de extração pública (escrituras públicas, termos administrativos, títulos e ofícios judiciais) não eram arquivados obrigatoriamente no Registro de Imóveis e que a Serventia já forneceu ao patrono do requerente certidão de inteiro teor das inscrições. Informa que o cancelamento das penhoras não pode ser realizado de ofício, nos termos do artigo 250 da Lei de Registros Públicos. Apresentou documentos às fls. 22/24. O Ministério Público opinou pela procedência do pedido (fls. 38/39). É o relatório. Passo a fundamentar e a decidir. Pretende o requerente o cancelamento das duas penhoras que recaem sob o imóvel, objeto da matrícula nº 44.624. Analisando a certidão de objeto e pé juntada às fls. 12/13, verifica-se que foram distribuída diversas ações de execução em face do sr. Ichiro Nishitani, as quais resultaram as penhoras inscritas sob nºs 17.082 e 24.194. Posteriormente, tais ações foram reunidas em um único processo de Insolvência Civil, que tramitou perante o MMº Juízo da 8ª Vara Cível da Capital (processo nº 0281403-59.1967.8.26.0100). Depreende-se do mencionado documento que, em 23.11.1995, o feito foi julgado extinto, em razão do pagamento de todos os credores, com o transito em julgado da demanda em 08.12.1996. Neste contexto, em 24.07.2002, tem-se que foi determinada a publicação da sentença por edital, ficando o devedor habilitado para a prática de todos os atos da vida civil, bem como deferido o levantamento das penhoras. Por fim, os autos foram remetidos ao arquivo em 23.08.2002. Pois bem, apesar da Serventia Extrajudicial não dispor da ordem judicial de cancelamento da penhora, a presente hipótese trata de questão excepcional, tendo em vista que o feito encerrou-se em 1996, ou seja, há mais de vinte anos, não havendo qualquer notícia da existência de ações por parte de eventuais credores. Entendo que não há razão para a manutenção das inscrições dos gravames, uma vez que o requerente tomou todas as providências necessárias, solicitando o desarquivamento de processos em nome das pessoas que figuraram no pólo ativo da ação de insolvência e de eventuais herdeiros, sendo que os feitos sequer foram localizados devido a antiguidade. Ressalto ainda que as penhoras que se busca cancelar foram determinadas pelos MMºs Juízos da 5ª e 14ª Varas Cíveis da Capital (fls. 23/24), e não pelo MMº Juízo da 8ª Vara Cível da Capital, onde tramitou a insolvência, logo, o deferimento do levantamento das penhoras determinados por este Juízo não as tingiu. Logo, tendo em vista a notícia da quitação integral do débito, bem como ausência de habilitação de credores durante o longo lapso temporal entre o término do feito e a presente data, entendo que o cancelamento não interferirá em eventuais direitos de terceiros interessados, consequentemente, possível o levantamento dos gravames. Diante do exposto, julgo procedente pedido de providências formulado por Nilo Nishitani, na qualidade de inventariante dos Espólios de Ichiro Nishitani e Mitsu Nishitani, em face da Oficial do 6ª Registro de Imóveis da Capital, e determino o cancelamento das penhoras inscritas sob nºs 17.082 e 24.194, transpostas para a matrícula nº 44.624 (Av. 01). Deste procedimento não incidem custas, despesas processuais e honorários advocatícios. Oportunamente remetam-se os autos ao arquivo.. P.R.I.C. São Paulo, 06 de julho de 2017. Tania Mara Ahualli Juíza de Direito - ADV: FRANCISCO PAULO LINO (OAB 65161/SP) (DJe de 11.07.2017 - SP)

Processo 1061620-94.2017.8.26.0100

Dúvida - Registro de Imóveis - Roque dos Santos Gonçale - Vistos. Tendo em vista que o objeto do presente procedimento é a averbação de penhora, recebo o feito como pedido de providências. Anote-se. Trata-se de pedido de providências formulado pelo Oficial do 2º Registro de Imóveis da Capital, a requerimento de Roque dos Santos Gonçale, diante da negativa em se proceder à averbação da penhora a que se refere a certidão datada de 01.02.2016 (PH 000112893), emitida por meio eletrônico, nos autos do procedimento ordinário nº 0548036-13.2000.8.36.0100, pelo MMº Juízo da 22ª Vara Cível da Capital, na matrícula nº 98.338. A qualificação negativa consiste na violação do princípio da continuidade, vez que o imóvel encontra-se sob titularidade de Alexandre Kotolak, sendo que os executados não são e nunca foram proprietários do bem. Esclarece que nos termos da documentação apresentada (termo de retificação de penhora e depósito), os executados seriam os herdeiros do proprietário do imóvel, todavia, a partilha dos bens não foi registrada e nem sequer apresentada à Serventia. Juntou documentos às fls. 03/40. O suscitado não apresentou impugnação neste feito, conforme certidão de fl. 41, porém manifestou-se junto à Serventia Extrajudicial, alegando que o bem foi indicado à penhora pelos executados que são os herdeiros do imóvel, bem como a recusa caracteriza a análise do próprio mérito da decisão pelo Registrador. O Ministério Público opinou pela improcedência do pedido de providências, mantendo-se a rejeição à averbação da penhora. É o relatório. Passo a fundamentar e a decidir. Com razão o Registrador e a D Promotora de Justiça. Preliminarmente, importante destacar que o tema sobre a qualificação dos títulos judiciais pelo Oficial já foi decidido pelo o E. Conselho Superior da Magistratura, nos autos da Apelação Cível 464-6/9, de São José do Rio Preto: "O fato de tratar-se o título de mandado judicial não o torna imune à qualificação registraria, sob o estrito ângulo da regularidade formal, o exame da legalidade não promove incursão sobre o mérito da decisão judicial, mas à apreciação das formalidades extrínsecas da ordem e à conexão de seus dados com o registro e a sua formalização instrumental". Assim, os títulos judiciais não estão isentos de qualificação registral para ingresso no fólio real. A qualificação negativa não caracteriza desobediência ou descumprimento de decisão judicial. Portanto, não basta a existência de título proveniente de órgão judicial para autorizar automaticamente o ingresso no registro tabular. Superada a questão sobre o ingresso do título judicial, passa- se à análise do princípio da continuidade, explicado por Afrânio de Carvalho, da seguinte forma: "O princípio da continuidade, que se apóia no de especialidade, quer dizer que, em relação a cada imóvel, adequadamente individuado, deve existir uma cadeia, de titularidade à vista da qual só se fará a inscrição de um direito se o outorgante dele aparecer no registro como seu titular. Assim, as sucessivas transmissões, que derivam umas das outras, asseguram a preexistência do imóvel no patrimônio do transferente" (Registro de Imóveis, Editora Forense, 4ª Ed., p. 254). Ou seja, o título que se pretende registrar deve estar em conformidade com o inscrito na matrícula. Compulsando os autos, verifico que consta como proprietário do imóvel o srº Alexandre Kotolak, não havendo qualquer registro acerca da partilha em relação aos herdeiros, ora executados. Neste contexto, o próprio MMº Juízo da 22ª Vara Cível da Capital que deferiu a penhora, ressaltou que: "...Desde logo, alerto ao exequente que, pelo princípio da continuidade registrária, como suprir o registro da partilha realizada no inventário, podendo realizar tal iniciativa as próprias, para posterior efetivação da penhora nestes autos" (g.n) - fl. 17. O quadro ora delineado demonstra a impossibilidade de se permitir o registro pretendido, pois não há elementos probatórios nos autos da transmissão do domínio. Nessa linha, não é possível o ingresso no fólio real de descrição dissociada da realidade fática, porquanto o juízo positivo dessa situação pode redundar no reconhecimento de futuros direitos ou ser utilizado como meio de prova em razão das finalidades do registro público imobiliário. Logo, necessário primeiramente registrar-se a partilha do bem aos herdeiros, a fim de que os titulares do bem coincidam com o titular do domínio do bem que foi penhorado, haja vista que ninguém poderá dispor ou transmitir a mais do que detém. Diante do exposto, julgo improcedente o pedido de providências formulado pelo Oficial do 2º Registro de Imóveis da Capital a requerimento de Roque dos Santos Gonçale, e consequentemente mantenho o óbice registrário. Deste procedimento não decorrem custas, despesas processuais e honorários advocatícios. Oportunamente remetam-se os autos ao arquivo. P.R.I.C. São Paulo, 23 de agosto de 2017. Tania Mara Ahualli Juíza de Direito - ADV: EDSON BELEM (OAB 148913/SP) (DJe de 31.08.2017 - SP)

Processo 1078768-21.2017.8.26.0100

Retificação de Registro de Imóvel - REGISTROS PÚBLICOS - Eletrica Brasileira Industria e Comercio Ltda - "Cancelamento da penhora - necessidade de pagamento de emolumentos - não consta deferimento de isenção pela Justiça do Trabalho - natureza jurídica de taxa - deferimento do cancelamento mediante o pagamento das custas e emolumentos"Vistos. Trata-se de pedido de providências formulado por Elétrica Brasileira Industria e Comércio LTDA em face do Oficial do 4º Registro de Imóveis da Capital, pleiteando o cancelamento do registro da penhora (R.01) da matrícula nº 162.388. Relata a requerente que é proprietária do mencionado imóvel e foi efetuada penhora originada do processo trabalhista nº 845/2000, que tramitou perante o MMº Juízo da 14ª Vara do Trabalho da Capital. Ocorre que, após a efetivação da constrição, a requerente celebrou acordo com o credor trabalhista, quitando os débitos, razão pela qual foi determinada a expedição de cancelamento de penhora pelo Juízo Trabalhista. Esclarece que, apesar da determinação judicial, não houve o levantamento do gravame. Foi requerido o desarquivamento dos autos para expedição de novo mandado, que todavia já tinham sido eliminados, conforme edital GP nº 01/2015 do TRT 2, que autorizou a destruição mecânica dos autos arquivados até 31.12.2009. Juntou documentos às fls. 04/26. O Registrador manifestou-se às fls. 30/31. Informa que houve decisão judicial deferindo a expedição de mandado de cancelamento da constrição em virtude do cumprimento do acordo celebrado entre as partes, com manifestação de concordância do INSS. Relata que o mandado foi expedido e prenotado sob nº 392.373, em 04.02.2009, sendo que seu cumprimento ficou condicionado ao pagamento de custas e emolumentos, exigência que deixou de ser atendida e a ordem devolvida ao Juízo de origem com tal informação. Por fim, entendo o Oficial que é possível o cancelamento requerido pela parte interessada, mediante ordem deste Juízo e pagamento das custas e emolumentos que totalizam R$ 364,11 (trezentos e sessenta e quatro reais e onze centavos). Apresentou documentos às fls. 32/34. No tocante às informações do Registrador, a requerente manifestou-se à fl. 37, concordando com o pagamento do valor mencionado. O Ministério Público opinou pela improcedência do pedido (fl. 41). É o relatório. Passo a fundamentar e a decidir. Com razão o Registrador. Os serviços prestados pelas serventias são remunerados, pelos usuários, com o pagamento dos respectivos emolumentos, cuja individualização e cobrança, previstos no art. 236, § 2º, da Constituição da República, foram regulamentados pela Lei no 10.169/2000, que dispôs sobre as normas gerais para a fixação dos emolumentos no âmbito dos Estados-membros. Assim, os emolumentos tem natureza de taxa, não cabendo a esta Corregedoria

Permanente dispensar o recolhimento, podendo eventualmente tal isenção ser formulada e eventualmente deferida pelo MMº Juízo da 14ª Vara do Trabalho da Capital. Todavia, conforme se observa no mandado expedido à fl. 32, não há qualquer ressalva sobre a isenção tributária, o que denota a obrigatoriedade do recolhimento das custas e emolumentos exigidos pelo Oficial. Neste contexto, cabe referência ao julgado no processo número 1083680-03.2013.8.26.0100, proferido por este juízo: "Registro de imóveis - emolumentos - cancelamento de penhora determinado em execução da Justiça do Trabalho - cálculo segundo a Lei Estadual 11.331/02, tabela II, item 2 (averbação com valor declarado) - dever do arrematário de pagar os emolumentos do registro da arrematação, do cancelamento da penhora de que se originou a arrematação, da averbação dessa penhora de que se originou a arrematação e de qualquer outro cancelamento de penhora que solicitar - não cabe ao arrematário arcar com custos referentes a penhoras das quais não originou a arrematação". Ressalto ainda que, apesar de expedido o mandado de cancelamento em 2009, verifico a impossibilidade de desarquivamento dos autos para expedição de nova documentação, tendo em vista que os mesmos foram incinerados, o que comprova que não há qualquer execução em andamento, consequentemente inútil a manutenção do gravame na matrícula. No mais, houve concordância da requerente no cancelamento da penhora, mediante o pagamento das custas e emolumentos pertinentes (fl. 37), bem como do Registrador (fls. 30/31). Assim, apesar do respeitável parecer do Douto Promotor de Justiça, tendo em vista a inutilidade da manutenção da constrição, bem como concordância das partes em levantar o gravame, mediante o pagamento das custas e emolumentos pertinentes. Diante do exposto, julgo procedente o pedido de providências formulado por Elétrica Brasileira Industria e Comércio LTDA em face do Oficial do 4º Registro de Imóveis da Capital, mediante o recolhimento das custas e emolumentos indicados à fl. 31. Deste procedimento não decorrem custas, despesas processuais e honorários advocatícios. Oportunamente remetam-se os autos ao arquivo. P.R.I.C. - ADV: THOMAS NICOLAS CHRYSSOCHERIS (OAB 237917/SP) (DJe de 04.10.2017 - SP)

Processo 1087458-39.2017.8.26.0100

Pedido de Providências - Cumprimento de mandado - Marcelo Henrique de Souza Cardoso - Marcelo Henrique de Souza Cardoso - Vistos. Trata-se de pedido de providências formulado por Marcelo Henrique de Souza Cardoso, em face da Oficial do 6º Registro de Imóveis da Capital pleiteando a averbação do termo de penhora emanado pelo MMº Juízo da 8ª Vara Cível da Comarca de São Bernardo do Campo, referente ao imóvel matriculado sob nº 33.131. Juntou documentos às fls. 04/44. A registradora manifestou-se às fls. 54/55. Alega que o executado, na ação que deferiu a penhora, não é proprietário do imóvel, consequentemente a averbação violaria o principio da continuidade. Apresentou documentos às fls. 56/75. O Ministério Público opinou pela improcedência do pedido (fls. 79/81). É o relatório. Passo a fundamentar e a decidir. Preliminarmente, cumpre destacar que os títulos judiciais não estão isentos de qualificação, positiva ou negativa, para ingresso no fólio real. O Egrégio Conselho Superior da Magistratura já assentou, inclusive, que a qualificação negativa do título judicial não caracteriza desobediência ou descumprimento de decisão judicial (Apelação cível n. 413-6/7). Cite-se, por todas a apelação cível nº 464-6/9, de São José do Rio Preto: "Apesar de se tratar de título judicial, está ele sujeito à qualificação registrária. O fato de tratar-se o título de mandado judicial não o torna imune à qualificação registrária, sob o estrito ângulo da regularidade formal, O exame da legalidade não promove incursão sobre o mérito da decisão judicial, mas à apreciação das formalidades extrínsecas da ordem e à conexão de seus dados com o registro e a sua formalização instrumental". Nessa linha, também o E. Supremo Tribunal Federal já decidiu que: "REGISTRO PÚBLICO - ATUAÇÃO DO TITULAR - CARTA DE ADJUDICAÇÃO - DÚVIDA LEVANTADA - CRIME DE DESOBEDIÊNCIA - IMPROPRIEDADE MANIFESTA. O cumprimento do dever imposto pela Lei de Registros Públicos, cogitando-se de deficiência de carta de adjudicação e levantando-se dúvida perante o juízo de direito da vara competente, longe fica de configurar ato passível de enquadramento no artigo 330 do Código Penal - crime de desobediência -, pouco importando o acolhimento, sob o ângulo judicial, do que suscitado" (HC 85911 / MG - MINAS GERAIS, Relator: Min. MARCO AURÉLIO, j. 25/10/2005, Primeira Turma). Sendo assim, fica claro que não basta a existência de título proveniente de órgão jurisdicional para autorizar automaticamente o ingresso no registro tabular. Portanto, superada a questão sobre o ingresso do título judicial, passa-se à análise do princípio da continuidade, explicado por Afrânio de Carvalho, da seguinte forma: "O princípio da continuidade, que se apóia no de especialidade, quer dizer que, em relação a cada imóvel, adequadamente individuado, deve existir uma cadeia, de titularidade à vista da qual só se fará a inscrição de um direito se o outorgante dele aparecer no registro como seu titular. Assim, as sucessivas transmissões, que derivam umas das outras, asseguram a preexistência do imóvel no patrimônio do transferente" (Registro de Imóveis, Editora Forense, 4ª Ed., p. 254). Ou seja, o título que se pretende registrar deve estar em conformidade com o inscrito na matrícula. Oportuno destacar, ainda, a lição de Narciso Orlandi Neto, para quem: "No sistema que adota o princípio da continuidade, os registros têm de observar um encadeamento subjetivo. Os atos praticados têm de ter, numa das partes, a pessoa cujo nome já consta do registro. A pessoa que transmite um direito tem de constar do registro como titular desse direito, valendo para o registro o que vale para validade dos negócios" (Retificação do Registro de Imóveis, Editora Oliveira Mendes, p. 56). Necessário, por conseguinte, que o titular de domínio seja o mesmo no título apresentado a registro e no registro de imóveis, pena de violação ao princípio da continuidade, previsto no art. 195, da Lei nº 6.015/73: "Se o imóvel não estiver matriculado ou registrado em nome do outorgante, o oficial exigirá a previa matrícula e o registro do titulo anterior, qualquer que seja a sua natureza, para manter a continuidade do registro". Conclui-se, assim, que os registros necessitam observar um encadeamento subjetivo, ou seja, o instrumento que pretende ingressar no registro tabular necessita estar em nome do outorgante, sendo assim apenas se transmite o direito quem é o titular do direito. Na presente hipótese, conforme verifica-se na matrícula juntada às fls. 70/74, mais precisamente do registro nº 07 que a proprietária Gloria Torres transmitiu o imóvel a título de doação a Simone Aparecida Alves da Cruz casada sob o regime da separação total com Cláudio Antonio Alves da Cruz, constando ainda que o bem fica gravado com a clausula de incomunicabilidade vitalícia (Av. 08) e usufruto vitalicio (R.09), ou seja, o executado Carlos Christovam não possui qualquer direito inscrito no fólio referente ao bem, objeto da penhora. Daí que a ausência de título hábil pelo executado já obsta a averbação, sendo certo que a aquisição do bem é efetivada a partir do registro e não pelo instrumento particular de compra e venda lavrado. Tal questão já foi objeto de análise pela Egrégia Corregedoria Geral da Justiça: RECURSO ADMINISTRATIVO - Averbação de penhora decorrente de execução de título extrajudicial - Apresentação de "Termo de Penhora", documento inábil para averbação Necessidade, ademais, de utilização do sistema eletrônico (item 333, Cap. XX, NSCGJ) Imóvel de titularidade do domínio de pessoa diversa do executado Ofensa aos princípios da especialidade subjetiva e continuidade - Recusa correia, mantida pela decisão do Juízo Corregedor Permanente - Recurso não provido" (Processo n° 2015/30.715, Parecer nº 170/2015 - Ex. Corr. Geral: Hamilton Elliot Akel). Logo, mostra-se correto o óbice imposto pela registradora, não podendo ser penhorados direitos inexistentes na matrícula. Diante do exposto, julgo improcedente o pedido de providências formulado por Marcelo Henrique de Souza Cardoso, em face da Oficial do 6º Registro de Imóveis da Capital, e consequentemente mantenho o óbice registrário. Deste procedimento não decorrem custas, despesas processuais e honorários advocatícios. Oportunamente remetam-se os autos ao arquivo. P.R.I.C. São Paulo, 24 de outubro de 2017. Paulo César Batista dos Santos Juiz de Direito - ADV: MARCELO SILVIO DI MARCO (OAB 211815/SP), MARCELO HENRIQUE DE SOUZA CARDOSO (OAB 262702/SP) (DJe de 26.10.2017 - SP)

PRINCÍPIO DA LEGALIDADE

Processo 1047710-97.2017.8.26.0100

Dúvida - Registro de Imóveis - Claudete Romilda de Gerone Rodrigues - Dúvida - Registro de Imóveis - Carta de Adjudicação - Principio da Continuidade - Necessidade de observar o principio da legalidade - Desmembramento - Recolhimento ITBI - Procedente. Vistos. Trata-se de dúvida suscitada pelo Oficial do 7º Registro de Imóveis da Capital de São Paulo a requerimento de Claudete Romilda de Gerone Rodrigues, tendo em vista a negativa em se proceder ao registro da Carta de Adjudicação, expedida pelo MMº Juízo da 5ª Vara Cível da Capital, nos autos do processo 10942125- 36.2014.8. 26.0100. Os óbices registrários referem-se: a) o imóvel consiste em parte certa e determinada das transcrições 65.501 e 80.485 (representada pelas casas 142, 144 e 144-A), cujo domínio pertence a vários titulares em proporções diversas. Todavia, na ação de adjudicação compulsória, não foram citados todos os titulares de domínio, figurando no pólo passivo pessoas diversas das existentes nas transcrições; b) o registro refere-se a parte maior, consequentemente é necessária a aprovação da Municipalidade de São Paulo dos desmembramentos das mencionadas transcrições, principalmente porque a suscitante objetiva 75m², ou seja, inferior à legalmente autorizada; c) ausência de recolhimento de ITBI. Juntou documentos às fls. 5/153. A suscitante apresentou impugnação às fls. 154/164. Argumenta que o título apresentado a registro emana de ordem judicial, bem como já houve recolhimento do imposto ITCMD nos inventários, e que não há necessidade do desdobro, uma vez que a Municipalidade de São Paulo já realiza a tributação individual do imóvel. Apresentou documentos às fls. 165/172. O Ministério Público opinou pela procedência da dúvida (fls. 191/193). É relatório. Passo a fundamentar e decidir. Com razão o Oficial e a D Promotora de Justiça. Primeiramente cumpre destacar que os títulos judiciais não estão isentos de qualificação, positiva ou negativa, para ingresso no fólio real. O Egrégio Conselho Superior da Magistratura já assentou, inclusive, que a qualificação negativa do título judicial não caracteriza desobediência ou descumprimento de decisão judicial (Apelação cível n. 413-6/7). Cite-se, por todas a apelação cível nº 464-6/9, de São José do Rio Preto: "Apesar de se tratar de título judicial, está ele sujeito à qualificação registrária. O fato de tratar-se o título de mandado judicial não o torna imune à qualificação registrária, sob o estrito ângulo da regularidade formal, O exame da legalidade não promove incursão sobre o mérito da decisão judicial, mas à apreciação das formalidades extrínsecas da ordem e à conexão de seus dados com o registro e a sua formalização instrumental". Nessa linha, também o E. Supremo Tribunal Federal já decidiu que: "REGISTRO PÚBLICO - ATUAÇÃO DO TITULAR - CARTA DE ADJUDICAÇÃO - DÚVIDA LEVANTADA – CRIME DE DESOBEDIÊNCIA - IMPROPRIEDADE MANIFESTA. O cumprimento do dever imposto pela Lei de Registros Públicos, cogitando-se de deficiência de carta de adjudicação e levantando-se dúvida perante o juízo de direito da vara competente, longe fica de configurar ato passível de enquadramento no artigo 330 do Código Penal - crime de desobediência -, pouco importando o acolhimento, sob o ângulo judicial, do que suscitado" (HC 85911 / MG - MINAS GERAIS, Relator: Min. MARCO AURÉLIO, j. 25/10/2005, Primeira Turma). Sendo assim, fica claro que não basta a existência de título proveniente de órgão jurisdicional para autorizar automaticamente o ingresso no registro tabular. Superada a questão sobre o ingresso do título judicial, passa-se à análise do princípio da continuidade, explicado por Afrânio de Carvalho, da seguinte forma: "O princípio da continuidade, que se apóia no de especialidade, quer dizer que, em relação a cada imóvel, adequadamente individuado, deve existir uma cadeia, de titularidade à vista da qual só se fará a inscrição de um direito se o outorgante dele aparecer no registro como seu titular. Assim, as sucessivas transmissões, que derivam umas das outras, asseguram a preexistência do imóvel no patrimônio do transferente" (Registro de Imóveis, Editora Forense, 4ª Ed., p. 254). Reforça a Lei 6.015/73: "Art. 195 - Se o imóvel não estiver matriculado ou registrado em nome do outorgante, o oficial exigirá a prévia matrícula e o registro do título anterior, qualquer que seja a sua natureza, para manter a continuidade do registro."; e "Art. 237 - Ainda que o imóvel esteja matriculado, não se fará registro que dependa da apresentação de título anterior, a fim de que se preserve a continuidade do registro." O imóvel não está registrado em nome de todos os eventuais proprietários, consta da matrícula que Amélia Battagin Belhido casada com Vicente Belhido é titular de 4/18 dos imóveis de área maior, não constando qualquer direito exclusivo sobre a área relativa às transcrições 65.501 e 80.485. Assim, não há como se aferir a extensão dos direitos a ela pertencentes e, consequentemente, há risco de transmissão daquilo que eventualmente não lhe pertence. Portanto, correta a exigência do Registrador, em consonância com o principio da continuidade, que visa a preservação do direito constituído. No tocante ao desmembramento cabe ressaltar ser correta a exigência imposta pelo registrador, observado o principio da legalidade. O artigo 18 da Lei 6.766/79, é explícito ao estabelecer que é obrigatório o registro do desmembramento e do loteamento: "Art. 18. Aprovado o projeto de loteamento ou de desmembramento, o loteador deverá submetê-lo ao registro imobiliário dentro de 180 (cento e oitenta) dias, sob pena de caducidade da aprovação..."No mais, é necessário que a Municipalidade observe a área minima do lote, nos termos do artigo 4°, III da Lei Federal 6.766/79, o qual dispõe que não pode o lote decorrente do desmembramento ser inferior ao tamanho de 125 m², exceto se destinado a fim especifico de urbanização. Logo, em consonância com o princípio da legalidade, o óbice imposto deverá ser mantido. Sobre o dever do Oficial na verificação dos impostos, menciono os julgados do Colendo Conselho Superior da Magistratura: "Todavia, este Egrégio Conselho Superior da Magistratura já fixou entendimento no sentido de que a qualificação feita pelo Oficial Registrador não vai além da aferição sobre a existência ou não de recolhimento do tributo, e não sobre a integralidade de seu valor." (Apel. Cív. 996-6/6 CSMSP J. 09.12.2008 Rel. Ruy Camilo) "Este Egrégio Conselho Superior da Magistratura já fixou entendimento no sentido de que a qualificação feita pelo Oficial Registrador não vai além da aferição sobre a existência ou não de recolhimento do tributo, e não sobre a integralidade de seu valor." (Ap. Civ. 0009480-97.2013. 8.26.0114 - Campinas - j. 02.09.2014 - Rel. des. Elliot Akel) Apesar destes julgados, observo que o Oficial deve proceder à qualificação com liberdade, evitando situações que venham fragilizar o sistema registral ou que possam vir a lhe acarretar responsabilidade, administrativa ou civil. Dessa forma, existindo flagrante incorreção no recolhimento do tributo não está ele impossibilitado de apontar a mácula e obstar o ingresso do título. Neste sentido, é necessário o recolhimento de ITBI, uma vez que anteriormente, nos autos de inventário, fora realizado o recolhimento de ITCMD, sendo o ITBI devido no momento em que há a transmissão do bem, decorrente da transmissão do Bem ao Espólio de Arthur Monzo, caracterizando nova hipótese de incidência do tributo. Acerca da incidência do ITBI: "O que se tributa é a transmissão da propriedade de bem imóvel realizada através de um negócio jurídico oneroso, tais como compra e venda, dação em pagamento ou permuta." (Registro Imobiliário: dinâmica registral / Ricardo Dip, Sérgio Jacomino, organizadores. - São Paulo: Editora Revista dos Tribunais, 2011. - (Coleção doutrinas essenciais: direito registral; v.6 - p. 1329 - g. N). Diante do exposto, julgo procedente a dúvida suscitada pelo Oficial do 7º Registro de Imóveis da Capital de São Paulo, a requerimento de Claudete Romilda de Gerone Rodrigues, e mantenho os óbices registrários. Deste procedimento não decorrem custas, despesas processuais e honorários advocatícios. Oportunamente arquivem-se os autos. P.R.I.C. São Paulo, 07 de julho de 2017. Tania Mara Ahualli Juíza de Direito - ADV: ALBERTO RAMOS DE ALMEIDA JUNIOR (OAB 13683/SP) (DJe de 13.07.2017 - SP)

REGISTRO TORRENS

Processo 1018859-48.2017.8.26.0100

Dúvida - Inscrição na Matrícula de Registro Torrens - Nawal Fares Moukarzel - Vistos. Trata-se de dúvida suscitada pela Oficial do 4º Registro de Imóveis da Capitala requerimento de Nawal Fares Moukarkel, tendo em vista a negativa em se proceder ao registro da carta de sentença extraída dos autos da Ação de reconhecimento e Dissolução de União Estável com Partilha de Bens, onde figuraram como partes a suscitada e seu ex cônjuge Abdallah Assaad Azar (processo nº 100.09.316339-7), onde ficou assentado que o imóvel, objeto da matrícula nº 103.176, caberia integralmente à suscitada. O óbice registrário refere-se a ausência de recolhimento do imposto ITCMD, tendo em vista que o imóvel foi adquirido em 121.06.1990 por Abdallah no estado civil de solteiro (R.02/103.176) - fl. 82, uma vez que a sentença proferiu pelo MMº juízo da 12ª Vara da Família e Sucessões da Capital reconheceu a existência de união estável no período entre 1992 e 2004 (fls. 72/73). Juntou documentos às fls. 05/83. A suscitada apresentou impugnação (fls. 84/91). Argumenta que o imóvel foi adquirido durante a união estável uma vez que as partes conviveram sob o mesmo teto como se casados fossem durante 17 anos, sendo que na data da propositura da ação, já estavam separados de fato há 5 anos, e ainda que assim não o fosse já teria havido a decadência do tributo. O Ministério Público opinou pela procedência da dúvida (fls. 95/97). É o relatório. Passo a fundamentar e a decidir. Com razão o registrador, bem como a Douta Promotora de Justiça. Diz o parágrafo 5º, do artigo 1º, do Decreto Estadual 46.655/02, que regula o ITCMD: "Estão compreendidos na incidência do imposto os bens que, na divisão de patrimônio comum, na partilha ou adjudicação, forem atribuídos a um dos cônjuges, a um dos conviventes, ou a qualquer herdeiro, acima da respectiva meação ou quinhão." Conforme verifica-se da inicial do reconhecimento da união estável "item 21" (fl. 23), os bens descritos na inicial, ficariam como é da vontade do ex cônjuge à suscitada, sendo que dentre estes bens encontra-se o imóvel matriculado sob nº 103.176, o qual foi adquirido por Abdallah, no estado civil de solteiro em 1990 (fl. 82). Como é sabido o ITCMD incide quando um dos conjugês deliberadamente aceita a partilha acima da meação, sem reposição. Logo, é imperioso a comprovação de seu recolhimento ou de sua expressa isenção. Na presente hipótese, verifica-se que a divorcianda aceitou o imóvel partilhado por mera liberalidade, devendo o valor acima da meação ser considerado como doação, incindindo o ITCMD. Neste sentido: "Apelação - Repetição de indébito tributário - ITBI - Sentença procedente. Partilha - Ocorrendo distribuição desigual dos bens por ocasião de divórcio consensual das partes, haverá incidência do ITCMD, na parte que excedeu a meação, sem compensação pecuniária, a configurar transferência gratuita. Necessidade de restituir os valores indevidamente pagos - Precedentes - Sentença mantida - Recurso desprovido" (Ap. n. 0026902-16.2009.8.26.0053, rel. João Alberto Pezarini, j. 8/05/2014) "ITBI - Mandado de segurança - Partilha de bens em alteração de regime de bens do casal - Partilha igualitária da totalidade dos bens - Excesso de meação inocorrente - Imposto indevido - Segurança concedida - Sentença mantida – Recursos oficial e voluntário desprovidos" (Ap. 1013039-97.2014.8.26.0053, Rel. Osvaldo Capraro, j. 9/10/2014)" Apelação. Ação declaratória de inexigibilidade tributária. ITBI. Separação judicial. Partilha de bens. 1. Nos casos de partilha igualitária do patrimônio do casal por ocasião de separação ou divórcio, não há que se falar em transmissão de bens. 2. A incidência do imposto sobre a transmissão de bens imóveis pressupõe a realização de negócio jurídico oneroso, com a transferência da propriedade do bem imóvel ou de direitos reais sobre imóvel, de modo que apenas o excesso não gratuito da meação pode ser objeto do ITBI. Recurso não provido." (Apelação nº 9000406-87.2009.8.26.0506, Rel. KENARIK BOUJIKIAN, j. 31 de julho de 2014) "Mandado de Segurança. Partilha. Doação de parte excedente à meação. Não incidência do ITBI, uma vez que não se tratou de transferência onerosa. Incidência, na hipótese, de ITCMD, com a observação prevista no art. 6º, II, "a" da Lei Estadual nº 10.705/00. Litigância de má-fé inocorrência. Nega-se provimento ao recurso." (Apelação / Reexame Necessário nº 0014286-47.2012.8.26.0071, Relª, Beatriz Braga, j. 10 de outubro de 2013) "ITBI. Município de Santos. Repetição de indébito. Divórcio consensual. Excesso de meação. Transmissão a título não oneroso. Hipótese de não incidência do imposto. Recolhimento indevido. Devolução que se impõe Recurso não provido." (Apelação nº 0144859-71.2007.8.26.0000, Rel. ERBETTA FILHO, j. 19 de janeiro de 2012.). Neste contexto, conforme vários precedentes do Egrégio Conselho Superior da Magistratura, cumpre ao registrador fiscalizar o pagamento dos impostos devidos por força dos atos que lhe forem apresentados em razão do ofício, na forma do art. 289 da Lei nº 6.015/73, sob pena de responsabilização pessoal do Oficial Delegado, cuja prova de recolhimento deve instruir o formal de partilha, salvo hipótese de isenção devidamente demonstrada. Em relação a incidência de prescrição ou decadência do tributo, não procede a alegação da suscitada. O ofício do registro de imóveis e o juízo corregedor permanente - órgãos meramente administrativos que são - não podem dispensar a prova do pagamento do ITBI ou ITCMD, mesmo pelo argumento de que se tenha consumado a decadência ou a prescrição. Neste sentido é pacífico o entendimento do Egrégio Conselho Superior da Magistratura: "A prova do recolhimento do imposto de transmissão "inter vivos", porém, é requisito previsto nos artigos 289 da Lei nº 6.015/73 e 30, inciso XI, da Lei nº 8.935/94, e não pode ser dispensada (cf. CSM, Apelação Cível nº 579-6/3, da Comarca de Ribeirão Pires, de que foi relator o Desembargador Gilberto Passos de Freitas). Essa exigência, por sua vez, não é afastada pela alegação de prescrição porque o procedimento de dúvida tem natureza administrativa e não se presta para sua a declaração, até porque dele não participa o credor tributário. Nesse sentido foi o v. acórdão prolatado por este Colendo Conselho Superior da Magistratura na Apelação Cível nº 551-6/6, da Comarca de São Bernardo do Campo, de que foi relator o Desembargador Gilberto Passos de Freitas, assim fundamentado: "Ademais, a prescrição e a decadência de tributos podem ser reconhecidas somente na via jurisdicional, pois extrapolam os estreitos limites deste procedimento administrativo de dúvida registrária. Assim decidiu este Conselho Superior da Magistratura nos autos da Apelação Cível nº 000.460.6/0-00, "verbis": Registro de imóveis - Dúvida julgada improcedente - Formal de partilha - Inexistência de prova do recolhimento do imposto de transmissão "causa mortis" - Prescrição do imposto que não pode ser reconhecida neste procedimento de dúvida, de que não participa a Fazenda do Estado - Provas, ademais, insuficientes para reconhecer a inexistência de causa interruptiva ou suspensiva da prescrição - Recurso provido para julgar a dúvida procedente. (...) Ao oficial de registro cumpre fiscalizar o pagamento dos impostos devidos por força dos atos que lhes forem apresentados em razão do ofício, na forma do art. 289 da Lei nº 6.015/73, e dentre estes impostos se encontra o de transmissão "causa mortis", cuja prova do recolhimento, ou isenção, deve instruir o formal de partilha. Inexistente tal prova, correta a recusa manifestada pelo Sr. Oficial ao registro do título porque não tem, entre suas atribuições, a de reconhecer prescrição de crédito tributário. Neste sentido o seguinte trecho do v. acórdão prolatado por este C. Conselho Superior da Magistratura na Apelação Cível nº 154-6/4, da Comarca de Lorena, que relatei: "O art. 289 da Lei de Registros Públicos é categórico ao estabelecer que "cumpre aos oficiais de registro fazer rigorosa fiscalização do pagamento dos impostos devidos por força dos atos que lhes forem apresentados em razão do ofício". Por outro lado, não lhes compete, evidentemente, o reconhecimento de eventual prescrição de créditos tributários, matéria estranha, de todo, à atividade registrária. Cogita- se de questão que só pode ser objeto de discussão e decisão em esfera própria, a qual, sem dúvida, não coincide com o restrito âmbito de atuação dos registradores". É inviável, ademais, o reconhecimento da prescrição neste procedimento de dúvida porque, a par da natureza administrativa, dele não participa o credor tributário que é o titular do direito cuja pretensão a apelada pretende seja declarada extinta." (Apelação Cível 1.221-6/8 Itaquaquecetuba, Rel. Des. Munhoz Soares, j. 01.06.2010)."A prova do recolhimento do imposto de transmissão 'inter vivos', porém, é requisito previsto nos artigos 289 da Lei nº 6.015/73 e 30, inciso XI, da Lei nº 8.935/94, e não pode ser dispensada (cf. CSM, Apelação Cível nº 579-6/3, da

examinada e refutada em casos iguais ou semelhantes pelo Juízo Corregedor Permanente ou pela Corregedoria Geral da Justiça; a que o impugnante se limita a dizer que o procedimento causará avanço na sua propriedade sem indicar, de forma plausível, onde e de que forma isso ocorrerá; a que não contém exposição, ainda que sumária, dos motivos da discordância manifestada; a que ventila matéria absolutamente estranha ao pedido formulado; e a que o oficial de registro de imóveis, pautado pelos critérios da prudência e da razoabilidade, assim reputar."Ou seja, impugnação baseada em matéria tributária é estranha ao pedido formulado de regularização fundiária. Ora, a impugnação da Klekim, como dito acima, se dá somente devido ao fato da cobrança do IPTU da área pelo município, de modo que manifestou-se expressamente que se tal cobrança cessasse, seja por alteração nos lançamentos, seja pela renúncia à propriedade, afastaria sua impugnação. Conclui-se, portanto, que não pretende a requerente qualquer alteração no procedimento fundiário. Em outras palavras, o procedimento de demarcação urbanística pode seguir normalmente, com posterior regularização fundiária, sem que isso seja prejudicial aos interesses alegados pela Klekim como causa da impugnação. Deste modo, esta deve ser afastada. Consigne-se, novamente, que a presente decisão, e o consequente prosseguimento do processo diante do Cartório de Imóveis, em nada afeta a possibilidade da Klekim de renunciar à propriedade, seguidas as formalidades legais, ou tomar as medidas que entender necessárias para afastar as cobranças realizadas pelo município provenientes das mais diversas razões. Do exposto, homologo a renúncia formulada pela Klekim Comercial, Agrícola, Imobiliária, Importadora e Exportadora S/A e julgo improcedente o presente pedido de providências, afastando a impugnação de fls. 467/468 e determinando o seguimento do processo de demarcação urbanística dos imóveis de transcrição nº 52.353, 52.354, 52.255, 52.356, 52.357, 52.538 e 52.359 do 15º Registro de Imóveis da Capital. Não há custas, despesas processuais nem honorários advocatícios decorrentes deste procedimento. Oportunamente, arquivem-se os autos. P.R.I.C. São Paulo, 4 de maio de 2017. Tania Mara Ahualli Juíza de Direito - ADV: ARMANDO VERRI JUNIOR (OAB 27555/SP), EDIVALDO EDMUNDO DE SANTANA (OAB 78349/SP), MARCIA HALLAGE VARELLA GUIMARAES (OAB 98817/SP), FÁBIO TARDELLI DA SILVA (OAB 163432/SP), ROSANA TIRONI RESENDE (OAB 147191/SP) (DJe de 12.05.2017 - SP)

RETIFICAÇÃO DE ESCRITURA PÚBLICA

Processo 1046046-31.2017.8.26.0100

Retificação de Registro de Imóvel - Por Terceiro Prejudicado - Renan Moreira de Santana - Maria Lopes de Santana - Vistos. Tendo em vista que o objeto é a retificação da escritura pública lavrada perante do 19º Cartório de Notas da Capital, recebo o presente procedimento como pedido de providências, bem como determino que figure no pólo passivo o Oficial do 17º Registro de Imóveis da Capital. Anote-se, retificando a autuação. Diante dos documentos juntados às fls. 06/07, defiro aos requerentes os benefícios da prioridade na tramitação do feito. Anote-se, tarjando os autos. Em relação aos benefícios da justiça gratuita, ressalto que neste Juízo administrativo não incidem custas, despesas processuais e honorários advocatícios, salvo necessidade de produção de prova pericial, o que não se verifica na presente hipótese. Feitas estas considerações, passo à análise do processo. Trata- se de pedido de providências formulado por Renan Moreira de Santana e Maria Lopes de Santana em face do Oficial do 17º Registro de Imóveis da Capital, pleiteando a retificação da escritura pública de venda e compra lavrada perante o 19º Tabelião de Notas da Capital, na figurou como vendedor o Espólio de Felipe José da Silva e como compradores os requerentes, para que faça constar que o número correto do lote do imóvel é nº 162 e não 163-A. Juntou documentos às fls. 06/37. O Registrador informa que o imóvel em tela está inserido em área maior da transcrição nº 23.722, feita perante o 3º Registro de Imóveis da Capital, bem como integra o loteamento irregular denominado Vila Londrina, ainda em fase de regularização perante a Municipalidade de São Paulo (processo administrativo nº 1982-0.001.220). Esclarece que consta da escritura apresentada que o objeto do negócio jurídico foi indicado incorretamente, vez que dela consta que foi vendido o lote 163-A (fls. 40/42). O Ministério Público opinou pela improcedência da ação (fls. 46/47). É o relatório. Passo a fundamentar e a decidir. Pretendem os requerentes a retificação da escritura pública de venda e compra para constar a numera correta do lote, qual seja nº 162 e não 163-A.Ocorre que a escritura pública é ato notarial que reflete a vontade das partes na realização de negócio jurídico, observados os parâmetros fixados pela Lei e pelas Normas de Serviço da Corregedoria Geral de Justiça, reproduzindo, portanto, exatamente aquilo que outorgantes e outorgados declararam ao Escrivão ou ao Escrevente. Assim, conforme entendimento sedimentado pela Egrégia Corregedoria Geral de Justiça, o juiz não pode substituir o notário ou qualquer uma das partes, retificando escrituras que encerra o ato que denota tudo o que se passou e que foi declarado perante o agente público. Segundo o ilustre jurista Narciso Orlandi Neto: "Não há possibilidade de retificação de escritura sem que dela participem as mesmas pessoas que estiveram presentes no ato da celebração do negócio instrumentalizado. É que a escritura nada mais é que o documento, o instrumento escrito de um negócio jurídico; prova preconstituída da manifestação de vontade de pessoas, explicitada de acordo com a lei. Não se retifica manifestação de vontade alheia. Em outras palavras, uma escritura só pode ser retificada por outra escritura, com o comparecimento das mesmas partes que, na primeira, manifestaram sua vontade e participaram do negócio jurídico instrumentalizado." (Retificação do Registro de Imóveis, Juarez de Oliveira, pág. 90). E ainda segundo Pontes de Miranda: "falta qualquer competência aos Juízes para decretar sanações e, até, para retificar erros das escrituras públicas: escritura pública somente se retifica por outra escritura pública, e não por mandamento judicial" (Cfr. R.R. 182/754 - Tratado de Direito Privado, Parte Geral, Tomo III, 3ª ed., 1970, Borsoi, § 338, pág. 361). Não há de ser acolhido o simples argumento de que em razão do lapso temporal em que o negócio foi celebrado, os requerentes desconhecem o paradeiro do vendedor Donato Dato, pois tais argumentos devem ser veiculados perante o juízo comum, buscando-se o suprimento do consentimento. Logo, entendo que deve ser mantida a exigência imposta pelo Registrador, devendo primeiramente ocorrer a retificação da escritura pública através em processo de conhecimento, para posterior e nova qualificação do título. Diante do exposto, julgo improcedente o pedido de providências formulado por Renan Moreira de Santana e Maria Lopes de Santana em face do Oficial do 17º Registro de Imóveis da Capital. Deste procedimento não decorrem custas, despesas processuais e honorários advocatícios. Oportunamente remetam-se os autos ao arquivo. P.R.I.C. São Paulo, 19 de julho de 2017. Tania Mara Ahualli Juíza de Direito - ADV: MICHELLE REMES VILA- NOVA (OAB 248266/SP) (DJe de 24.07.2017 - SP)

SERVIDÃO

Processo 1121469-31.2016.8.26.0100

Pedido de Providências - Registro de Imóveis - ITAU UNIBANCO S.A. – Municipalidade de São Paulo - Vistos. Trata-se de pedido de providências formulado por Itaú Unibanco S/A em face do Oficial do 7º Registro de Imóveis da Capital, pleiteando abertura de matrículas para as áreas identificadas na retificação de área averbada sob nº 05, na matrícula nº 60.407, do 6º Registro de Imóveis da Capital, com fundamento no artigo 229 da Lei 6.015/73. A primeira qualificação negativa derivou da necessidade de apresentação de certidão municipal atestando que a área designada como "Servidão de Passagem" não é área pública, ou seja, via oficializada pela Prefeitura da Capital. Tal comprovação seria imprescindível, uma vez que na planta de Setor Fiscal Municipal, arquivada na Serventia Extrajudicial, a referida passagem vem assinalada sem a indicação de número cadastral, o que não a qualificaria como propriedade particular. Insurge-se o requerente acerca do óbice, sob o argumento de que a matéria levantada já foi analisada pelo 6º Registro de Imóveis da Capital, por ocasião da retificação da matrícula nº 60.407. Aduz que em nenhuma das Serventias existe ato praticado que denuncie desapropriação da área, tratando-se de questões hipotéticas. Assevera que a unificação sugerida na nota devolutiva não pode ser atendida imediatamente, pois outras propriedades do Banco possuem como acesso a referida área/passagem, razão pela qual, após a abertura das matrículas requeridas, será efetuada a unificação de todos os imóveis com a abertura de uma única matrícula. Apresentado novamente o título para qualificação, sobreveio nova nota devolutiva, apontando que na matrícula retificada no 6º Registro de Imóveis da Capital não constou que a servidão de passagem seria de propriedade do requerente, pelo contrário, a mencionada matrícula apenas atualizou as descrições das casas 2 e 3 da garagem, situadas na vila com entrada pela Rua Ana Néri, 326 e da passagem de servidão. Logo, restou comprovar que a área representada pela entrada da Vila situada no nº 326, destinada a acesso comum às casas 1 (matricula nº 36.457 do 7º RI) e 2,3 e garagem (matrícula nº 60.407 do 6º RI) e o barracão sem numero adaptado para garagem (matrícula nº 167.833 do 7º RI), atualmente não é considerada de domínio público pela Prefeitura, mediante a apresentação de certidão ou declaração do órgão público. Assevera a requerente que tal exigência não deve prevalecer, já que é titular dos imóveis que seriam beneficiados pela servidão de passagem, por isso não teria razão adquirir os imóveis beneficiados e deixar o imóvel descrito como servidão de passagem de "fora". Juntou documentos às fls. 18/44. Houve manifestação do Oficial do 7º Registro de Imóveis da Capital às fls.

55/57, corroborando as exigências acima mencionadas. Apresentou documentos às fls. 58/63. Instado a se manifestar, o Oficial do 6º Registro de Imóveis da Capital (fls. 73/77) assevera que a descrição original do imóvel, objeto da matrícula nº 60.407 fazia referência a uma passagem de servidão, que estava descrita separadamente. Relata que na retificação averbada sob nº 05, foram corretamente descritos o imóvel constituídos pelos prédios 02/03 e do imóvel constituído pela servidão de passagem. Salienta que, na verdade, o que está sendo questionado é o direito de propriedade de imóveis constituídos em 1982, sendo que em 02.09.1982 foi aberta matrícula para dois imóveis, descritos e caracterizados, com origem na transcrição 16.745 do 6º RI. Na mesma data, foi registrado o formal de partilha, pelo qual o imóvel objeto desta matrícula foi adjudicado a José Sialarello. Logo, consta que José era proprietário dos dois imóveis. No entanto, no mesmo ano, ele vendeu os imóveis a Agromotor Serviços e Peças LTDA (R.02) que, em 1988, vendeu-os à empresa do Grupo Itaú. Salienta que afirmar que José Siarello não adquiriu a propriedade de um dos imóveis é questionar o formal de partilha e dos posteriores registros. Assim, se os argumentos o 7º RI forem aceitos, deverá ser declarada a nulidade da matrícula nº 60.407 e dos registros nela feitos, sendo certo que isso só poderá ser discutido nas vias jurisdicionais, por provocação dos prejudicados pelo suposto erro do registro. Apresentou documentos às fls. 78/155. A Municipalidade de São Paulo apresentou informações às fls. 158/160. Informa que não foi localizado procedimento administrativo que abarcou a mencionada servidão, razão pela qual entende que a origem da passagem permaneceu na transcrição nº 16.745 que deu origem a matrícula nº 60.407. Diz que a situação fática no local não mais coincide com a representação na planta juntada aos autos (fl. 44). Por fim, esclarece que a via eleita é inadequada para a finalidade pretendida pelo interessado. Juntou documentos às fls. 161/163. O requerente corroborou os argumentos expostos na inicial, bem como afirmou que não cabe ao Oficial do 7º Registro de Imóveis da Capital questionar a titularidade dos imóveis, vez que o Oficial do 6º Registro de Imóveis da Capital procedeu à abertura de matrículas individuais (fls. 166/167). Novas informações apresentadas pela Prefeitura de São Paulo (fls. 178/179). Afirma que o estudo de domínio realizado nos autos instaurado para acompanhamento do presente procedimento, concluiu que a natureza da servidão de passagem, sob a qual recai a pretensão do requerente, é pública municipal, consequentemente impugnou o pedido de abertura de matrícula formulado. Juntou documentos às fls. 180/187. O Ministério Público opinou pela improcedência do pedido (fl. 204). Sobrevieram informações do Oficial do 6º Registro de Imóveis da Capital (fls. 208/209). É o relatório. Passo a fundamentar e a decidir. Neste feito examina-se apenas se a impugnação é ou não fundamentada, nos termos do que dispõe o § 5º, do art. 213, da Lei nº 6015/73. Em caso positivo, isto é, se fundamentada, o procedimento é extinto remetendo-se as partes às vias ordinárias, pois nada de contencioso se resolve aqui; em caso negativo, prossegue-se na retificação com a devolução dos autos ao Oficial de Registro de Imóveis. Em recente julgado da Corregedoria Geral da Justiça (Processo CG:73.299/2015, Rel. Gustavo Henrique Bretas Marzagão) firmou-se o entendimento de que, por se tratar de direito de propriedade, o juízo administrativo não tem competência para avaliar a fundo qualquer impugnação contrária à retificação de área, sendo necessário apenas argumento plausível para que a impugnação seja aceita. Diz o parecer: "Esses argumentos (...) são suficientes a abalar a inofensividade da retificação pretendida, sendo de rigor o exame do direito das partes nas vias próprias, em que assegurados o contraditório e a ampla defesa, notadamente por se tratar de bem público." Diz ainda a ementa do julgado: "Registro de Imóveis - Retificação de registro na forma do art. 213, II, da Lei nº 6.015/73-Impugnação de confrontante - Direito de propriedade - remessa dos interessados às vias ordinárias - Recurso provido" Entendo, pois, que este precedente estabeleceu a jurisprudência no sentido de que apenas um argumento pouco plausível pode afastar impugnação apresentada. Narciso Orlandi Neto, in Retificação do Registro de Imóveis, Ed. Oliveira Mendes, págs. 161/165, lembra que a lei não esclarece o que é impugnação fundamentada, e que nao é nada fácil defini-la nem estabelecer regra prática para distingui-la. Sem embargo, afirma que basta que os termos da impugnação coloquem no julgador dúvida a respeito da viabilidade e da inofensividade da pretensão para que ela seja considerada fundamentada, não se exigindo que o impugnante demonstre cabalmente o efetivo prejuízo que o deferimento do pedido poderá trazer-lhe. E prossegue afirmando que fundamenta é aquela que não permite decisão sem o exame do direito das partes, e que denota a existência de uma lide, em que o direito alegado pelo impugnante se contrapõe ao alegado pelo requerente. Observa, porém, que ela tem de ser razoável, não bastando ao impugnante se opor à pretensão sem dizer em que ela atingirá seu direito, isto é, não é suficiente a mera alegação de que a retificação causará avanço em sua propriedade, sendo de rigor que se diga onde e de que forma isso ocorrerá. Mais adiante, depois de citar precedente em que o E. Tribunal de Justiça de São Paulo decidiu que o juiz pode determinar perícia para apreciar se a impugnação era fundamentada, observou que o processo administrativo não comporta perícia no imóvel do confrontante que impugnou o pedido alegando invasão de divisas, de modo que, se a descrição do imóvel confrontante permite a alegação, com seriedade suficiente para deixar o juiz em dúvida, o caso é de encerramento da via não contenciosa. Verificadas essas premissas, passa-se ao exame do caso posto. A retificação da matrícula feita pelo Oficial do 6º Registro de Imóveis da Capital, não garante a abertura da matrícula almejada pelo requerente, uma vez que o fato do Oficial à época entender que a área retificanda que fazia referencia à passagem de servidão tratava-se de área particular não gera presunção absoluta. As manifestações da Municipalidade (fls. 158/160, 178/187) estão baseadas em dados que afastam a presunção de que a abertura de matrículas para as áreas identificadas na retificação de área averbada sob nº 05 na matrícula nº 60.407, do 6º Registro de Imóveis da Capital, não alcança direitos de terceiros, sem que os argumentos contrários sejam suficientes para o entendimento de que a impugnação é infundada. Entendo que a questão refere -se a propriedade da área em que se baseia a pretensão da requerente, ou seja se é de domínio público ou particular, não sendo a via administrativa adequada para discussão sobre posse, domínio e outros direitos reais. Verificado na via judicial de que a servidão de passagem é de domínio público, deverá ser declarada a nulidade da retificação e posteriores registrados efetuados pelo Oficial do 6º registro de Imóveis na matrícula nº 60.407. Observe-se que a questão posta a desate foi recentemente decidida pela Egrégia Corregedoria Geral da Justiça, em processo similar (nº 1094821-14.2016.8.26.0100): "REGISTRO DE IMÓVEIS - Retificação e unificação de registros requeridas administrativamente ~ Impugnação da Municipalidade, acolhida pela Juíza Corregedora Permanente, no sentido de que o pleito ignora passagem pública, aprovada por alvará municipal - Impugnação fundamentada - Questão que não pode ser apreciada na via administrativa Inteligência do artigo 213, § 6º, da Lei nº 6.015/73 Remessa dos interessados para as vias ordinárias - Parecer pelo não provimento do recurso". Confira-se do corpo do Acórdão: "... E no caso que aqui se analisa, dois aspectos devem ser destacados: a) trata-se de discussão acerca da existência de bem público, cuja preservação interessa a todos; e b) a natureza pública da passagem não foi aventada pela urbe de modo genérico, mas, ao que parece, baseia-se em alvará municipal (alvará nº 16.510 de 19/2/1941). E por mais que os precedentes desta Corregedoria Geral tentem, na medida do possível, afastar impugnações infundadas, não se pode ignorar a insurgência aqui exposta, que aponta uma suposta apropriação de um bem público". Deste modo, este juízo administrativo não pode acatar o pedido de abertura de matrículas para as áreas identificadas na retificação de área averbada sob nº 05 na matrícula nº 60.407 do 6º Registro de Imóveis da Capital, sem antes verificar se a retificação feita pelo Oficial do 6º RI está correta, havendo necessidade de dilação probatório que respeite o contraditório e ampla defesa, devendo a lide ser levada a julgamento perante as vias ordinárias. Do exposto, julgo fundamentada a impugnação apresentada pela Municipalidade de São Paulo, sendo improcedente o pedido formulado por Itaú Unibanco S/A, em face do Oficial do 7º Registro de Imóveis da Capital. Deste procedimento não decorrem custas, despesas processuais e honorários advocatícios. Oportunamente remetam-se os autos ao arquivo. P.R.I.C. - ADV: EDUARDO MIKALAUSKAS (OAB 179867/SP), MARCOS SAYEG (OAB 298876/SP) (DJe de 11.10.2017 - SP)

TERMO DE QUITAÇÃO

Processo 1057235-06.2017.8.26.0100

Pedido de Providências - Registro de Imóveis - Rosangela Fernandes Grande - Rosangela Fernandes Grande - Vistos. Trata-se de pedido de providências formulado por Rosangela Fernandes Grande em face do Oficial do 14º Registro de Imóveis da Capital, pretendendo a averbação do termo de quitação junto às matrículas nºs 4.621 e 4.622, através do qual a empresa Brazilian Securities Companhia de Securitização deu como quitada a dívida contraída por Fernando Marques Ferreira e Vilma Rodrigues Marques Ferreira no contrato de financiamento com alienação fiduciária, tendo em vista a realização de leilão e arrematação do bem. Assim, com a averbação nas matrículas, pretende a autora o registro da arrematação do imóvel. Juntou documentos às fls. 05/57. O entrave consiste no fato de que os imóveis foram arrematados no segundo leilão pelo valor de R$ 459.842,58 (quatrocentos e cinquenta e nove mil, oitocentos e quarenta e dois reais e cinquenta e oito centavos)- fls. 05/07, todavia, a dívida à época, importava em R$ 373.271,75 (trezentos e setenta e três mil, duzentos e setenta e um reais e setenta e cinco centavos) - averbações 13/4.621 e 14/4.622. . Aduz ser necessária a prestação de contas ao devedor fiduciante da diferença, com a comprovação de quitação por ambas as partes, nos termos do artigo 27, § 4º, da Lei 9.514/97. Juntou documentos às fls. 64/77. O Ministério Público opinou pela procedência do pedido (fls. 81/83). É o relatório. Passo a fundamentar e a decidir. Em decisão, nos autos do processo número 1010103-21.2015.8.26.0100, envolvendo a mesma matéria posta a desate, houve o entendimento de se obstar o registro em caso de não apresentação da comprovação de quitação, conforme segue: "Na alienação fiduciária em garantia o imóvel financiado permanece na propriedade do agente fiduciário, até que se verifiquem adimplidas as obrigações do fiduciante. Ao devedor é conferida a posse indireta sobre a coisa dada em garantia. Na hipótese dos autos, a credora (Caixa Econômica Federal) deve satisfazer seu crédito (dívida e despesas), entregando, no prazo de cinco dias do leilão, ao devedor fiduciante a quantia que eventualmente sobejar, existindo desta forma, a mútua quitação da obrigação principal da qual a garantia real é acessória. Todavia, a comprovação desta formalidade não ocorreu. Não basta que a CEF deixe à disposição do ex-devedor fiduciante o saldo excedente de R$ 75.001,68, sendo imprescindível a efetiva entrega deste valor. Nem mesmo existe a certeza de que Denise e Paula foram notificadas a respeito do montante que estaria à disposição para levantamento, ou de que houve concordância ou impugnação da quantia ofertada, configurando inobservância aos preceitos legais."Cumpre consignar que incumbe ao Registrador, ao examinar o instrumento de quitação do financiamento, bem como a carta de arrematação, verificar se foram observados os requisitos formais do contrato, também no tocante às condições nele estabelecidas (o valor, a data de quitação do imóvel, bem como a qualificação completa do arrematante, incluindo o nome e qualificação de sua esposa), a fim de fazer constar corretamente na matrícula do bem, visando com isso a segurança jurídica perante terceiros."Todavia, conforme atual decisão do Egrégio Conselho Superior da Magistratura, nos autos da Apelação Cível nº 1075724-49.2016.8.26.0100, da lavra do Rel. Des. Pereira Calças, julgado em 20.07.2017, houve mudança de orientação dada à questão, no tocante à não comprovação da quitação da dívida. Em síntese diz o parecer: " [...] não é atribuição do registrador de imóveis, ao qualificar a escritura de compra e venda apresentada, verificar o cumprimento do referido dispositivo legal, e, ainda que assim não fosse, está demonstrado que a Caixa Econômica Federal deu a quitação da dívida e prestou contas em relação ao valor excedente apurado, e não o disponibilizou às devedoras de imediato em cumprimento ao mandado de penhora expedido na ação monitória na qual uma delas figurou como ré executada, depositando-o em juízo. Posteriormente, em razão da desconstituição da penhora, a guia de levantamento do valor depositado a título de penhora foi expedida em favor da devedora fiduciante (credora), que era executada na ação monitória. Não há dúvida, em suma, de que o valor excedente foi entregue para uma das devedoras (credoras), que tem o dever de entregar à outra credora a parte que lhe cabe, e, no mais, eventual inobservância do dever de repasse da quantia recebida por uma das credoras à outra, ou mesmo discordância do valor excedente apurado, deve ser objeto de ação própria e adequada. Isto posto, dou provimento ao recurso para julgar improcedente a dúvida e determinar o registro da escritura de compra e venda. "Desta feita, não sendo razoável manter um entendimento que seja diverso do adotado pelo E. Conselho Superior da Magistratura, esta Corregedoria ajustou suas decisões em consonância com a decisão proferida pela Segunda Instância, in verbis: "Dúvida - instrumento de quitação de alienação fiduciária - recusa de registro sob o fundamento de que não há prova da entrega do valor excedente apurado às devedoras fiduciantes, nos termos do § 4º do art.27 da Lei 9.514/97 - exigência indevida – Dúvida improcedente" (Processo nº 1078792-83.2016.8.26.0100). Logo, deverá ser afastado o óbice registrário. Diante do exposto, julgo procedente o pedido de providências formulado por Rosangela Fernandes Grande, em face do Oficial do 14º Registro de Imóveis da Capital, e consequentemente determino que seja procedida a averbação do termo de quitação junto às matrículas nºs 4.621 e 4.622. Deste procedimento não decorrem custas, despesas processuais e honorários advocatícios. Oportunamente remetam-se os autos ao arquivo. P.R.I.C. São Paulo, 15 de setembro de 2017. Tania Mara Ahualli Juíza de Direito - ADV: ROSANGELA FERNANDES GRANDE (OAB 257519/SP). (DJe de 20.09.2017 - SP)

UNIÃO ESTÁVEL

Processo 1035377-16.2017.8.26.0100

Dúvida - Tabelionato de Protestos de Títulos - Décio Delfini Maziero – Reconhecimento da união estável após a morte de companheira, na escritura de partilha, conforme item 113 do Capítulo XIV das Normas de Serviço da Corregedoria Geral da

Justiça - Efeitos ex tunc - Comunicação dos bens adquiridos na constância da convivência, mesmo que declaradas proporções distintas na condição de solteiros - Partilha sobre a totalidade do bem, com meação ao companheiro e divisão do restante entre os herdeiros Dúvida improcedente, afastando-se o óbice ao registro Vistos. Trata-se de dúvida inversa suscitada por Décio Delfini Maziero em face do Oficial do 14º Registro de Imóveis da Capital, após negativa de registro de escritura de partilha dos bens em razão do falecimento de sua companheira, tendo por objeto o imóvel matriculado sob nº 155.398 na citada serventia. O óbice se deu em razão do imóvel ter sido adquirido em 2009 por Fátima Solange Antunes e Décio Delfini Maziero, ambos solteiros, na proporção de 80% e 20%, respectivamente. Como no título o imóvel foi partilhado em sua totalidade, exigiu o Oficial fosse retificada a escritura para constar a partilha de 80% do bem, que era de propriedade da de cujus. O suscitante aduz que a exigência é descabida, pois uma vez reconhecida extrajudicialmente a união estável por todos os herdeiros, teria havido a comunicação da propriedade, tendo sido a partilha realizada sob este fundamento, com a meação do imóvel e divisão do restante entre os herdeiros. Ainda, aduz que a nota devolutiva não cumpriu com as exigências de informação previstas nas Normas da Corregedoria, requerendo a tomada das providências cabíveis. Juntou documentos às fls. 09/95. O Oficial respondeu às fls. 100/102, com documentos às fls. 103/152. Informa que, uma vez que o imóvel foi adquirido na proporção de 80% e 20% a cada um dos proprietários na condição de solteiros, pois não mencionaram a existência de união estável, a partilha não poderia ser realizada como foi, devendo ser retificada. Alternativamente, também poderia ser retificada a escritura de aquisição do imóvel, para constar que viviam em comunhão. O Ministério Público opinou às fls. 159/162 pela procedência da dúvida. Às fls. 164/174, o suscitante manifestou-se sobre a fundamentação do D. Promotor. Decisão de fl. 189 requereu ao Oficial informações acerca da formalidade da nota devolutiva, o que foi respondido às fls. 184/188, em que aduz que o motivo da devolução seria "fático e não propriamente jurídico", razão pela qual não seria aplicável o disposto nas Normas de Serviço, que exigem fundamentação legal da exigência. Aduz que o suscitante teria encaminhado e-mail funcional no qual concordou com os termos da dúvida, não havendo o que acrescentar na nota devolutiva. Resposta do suscitante às fls. 191/193. É o relatório. Decido. Apesar das fundamentadas razões apresentadas pelo Oficial e pelo D. Promotor, o entrave deve ser afastado. De fato, consta das Normas de Serviço da Corregedoria Geral da Justiça, em seu Capítulo XIV, o item 113, nos seguintes termos: "113. A meação de companheiro pode ser reconhecida na escritura pública, desde que todos os herdeiros e interessados na herança absolutamente capazes, estejam de acordo." E, em estrito cumprimento do acima exposto, os herdeiros e interessados, na escritura de fls. 11/18, reconheceram o status de companheiro e companheira do ora suscitante e da falecida, com início em 10/03/1991. O efeito de tal reconhecimento é que o bem, que antes era dividido em partes ideais em condomínio, passou a pertencer, em sua totalidade, a ambos os companheiros, em mancomunhão. Veja-se que tal reconhecimento post mortem pelos herdeiros é permitido pela citada Norma de Serviço, para os fins de conceder meação ao companheiro supérstite. E, uma vez havido tal reconhecimento, os óbices aqui apresentados restam superados. Em primeiro lugar, vê-se preservada a continuidade registrária. Há um efeito ex tunc advindo do ato dos herdeiros, de modo que a união estável passa a produzir efeitos desde seu início, no ano de 1991. Se o bem foi adquirido na condição de solteiros em 2009, mas reconheceu-se que estavam os adquirentes, já nesta época, em união estável, a consequência é que o bem passa a comunicar-se, integrando o patrimônio comum dos conviventes em sua totalidade, ainda mais porque não houve formalização da união estável, aplicando- se o regime da comunhão parcial de bens, conforme Art. 1.725 do Código Civil. Se é este o regime de bens aplicável, e se adquiriram o bem na condição de companheiros, então o imóvel faz parte do patrimônio comum dos conviventes, sendo ambos proprietários de 100% do bem, que passará a ser partilhado. Neste sentido: "Aplica-se à união estável havida entre o falecido e [a companheira supérstite] o regime de bens da comunhão parcial nos termos do Art. 1.725 do Código Civil, o qual é conforme previsões normativas anteriormente vigentes, bem como, entendimento jurisprudencial majoritário. Essa previsão determina a formação de uma comunhão de direitos entre os conviventes, assim há uma universalidade de direitos relativamente ao patrimônio constituído na união. (...) Deste modo, havendo universalidade de direitos em relação aos bens que compõem a união estável, bem como aos que integram a herança, é necessário inventariar a totalidade do patrimônio (comum) e proceder sua partilha" (Apelação Cível nº 0000974-65.2011.8.26.0062, Rel. José Renato Nalini, j. 27/07/12) Não há qualquer problema em dizer que, mesmo que se declararam solteiros à época da compra, agora constar que estavam em união estável: como se sabe, por muitos anos apenas eram reconhecidos os estados civis de solteiro, casado, separado, divorciado ou viúvo. Não era aceita a declaração do estado civil "em união estável", condição que vem sendo reconhecida apenas mais recentemente, inclusive constando em escrituras públicas. Ora, não podendo se declarar conviventes, declararam-se solteiros, sem prejuízo a possibilidade de reconhecimento futuro da existência da união estável quando adquiriam o bem, havendo assim a comunicação. Como dito, não importa que tal reconhecimento seja feito após a morte de um deles, vez que há permissão normativa para que seja realizado pelos herdeiros em comum acordo. Ainda, a cadeia lógica do registro fica preservada. Inicialmente em condomínio na proporção de 80% e 20%, reconheceu-se a união estável, passando ambos a serem proprietários de 100% do bem. Com a morte de um deles, é feita a partilha, recebendo o supérstite 50% em razão da meação, sendo os 50% restantes partilhados entre os demais herdeiros, podendo ser incluído entre eles também o companheiro sobrevivente, nos termos da legislação sucessória. No caso concreto, o bem passou a pertencer na sua totalidade ao suscitante apenas em razão de cessões de direitos sucessórios ocorridos na partilha, mas consta do título que, antes de tal cessão, a partilha foi feita conforme acima descrito: recebida a meação do suscitante e partilhada a meação correspondente a de cujus. Vê-se, portanto, superada a preocupação do Oficial à fl. 185, quando diz que "se Décio já tinha 20%, ao receber mais 100%, ficaria com 120%". Como explanado acima, com o reconhecimento da união estável, Décio não recebeu 100% do bem somado a sua parte ideal de 20%. Este 1/5 do bem deixou de ser de sua propriedade exclusiva, assim como os 4/5 de Fátima, passando a totalidade do bem ao patrimônio comum, com a partilha realizada partindo desta situação. A questão é resolvida quando se considera que a situação é análoga a um bem pertencente a cônjuges em comunhão parcial: há a meação e o monte partilhável. Não há somas de partes ideais, mas a comunicação destas e posterior partilha. Em outras palavras, Décio recebeu 100% do imóvel, 50% em meação e 50% em herança. Não recebeu 100% como herança, somados aos 20% de que já era proprietário. Quanto ao Art. 5º da Lei 9.278/96, tal norma diz que o bem passa a pertencer em condomínio, na proporção das partes ideais estabelecidas pelos conviventes. Ocorre que, com o advento do Código Civil e o entendimento de que o regime de bens do casamento é aplicável à união estável, não há que se dizer em partes ideais e em condomínio: reconhecido o início da união estável antes da aquisição do bem e aplicável a comunhão parcial, há a comunicação do imóvel, que passa a pertencer 100% a ambos os conviventes, não havendo condomínio. Ainda que tenham os conviventes adquirido o bem em proporção díspare, o reconhecimento ao direito à meação, conforme o item 113 das NSCGJ, importa na comunicação das partes ideais ao patrimônio comum destes. Ao adquirir o bem em proporções diversas, presume-se a propriedade particular de cada parte ideal, sendo proprietários da totalidade em condomínio. Aqui, com a concordância de todos os herdeiros e interessados – o que afasta qualquer prejuízo a terceiros – tal presunção ficou afastada, pois foi reconhecida a comunicação do bem para fins de meação, que deixa de ter condôminos e passa a ter proprietários de sua totalidade em mancomunhão. Ora, só assim se poderia dar aplicação a mencionada norma da corregedoria, pois não se poderia ver reconhecido direito a meação sem o reconhecimento de que o bem se comunicou ao patrimônio comum. Neste sentido, já decidiu o E. Conselho Superior da Magistratura que, uma vez que todos os herdeiros reconheceram a comunicação, não cabe ao registrador questioná-la, in verbis: "[A]s duas únicas interessadas, maiores e ca pazes, (compareceram) perante o Tabelião e, consensualmente, realiza(m) a partilha com base no pressuposto de que todos os imóveis foram adquiridos na vigência de tal união, com comunicação. Deveras, foi esta a posição assumida pela filha comum dos conviventes e por sua mãe, companheira sobrevivente do de cujus. Logo, descabe questioná-la, embora ressalvados, como ocorreria em qualquer outra hipótese de sucessão, eventuais direitos de terceiros" (Apelação Cível nº 1.206-6/0, Rel. Munhoz Soares, j. 30/03/10) Por fim, cumpre colacionar o exposto na sentença prolatada no Processo nº 504/91, desta Primeira Vara de Registros Públicos, pelo M.M. Juiz Marcelo Martins Berthe, em caso análogo, em que se discutia direitos de concubina falecida sobre o bem, com concordância do proprietário e dos demais herdeiros: "Embora sejam sempre norteadas pelo rigor da forma, não podem (as normas registrais) passar ao largo dos fatos, desprezando a realidade, em nome de uma pseudo-segurança. Quando, como no caso, não se vislumbra prejuízo a terceiros, nem a qualquer princípio registrário; e sendo possível a superação do óbice formal como se viu, não há porque deixar de atender aos legítimos interesses de todas as partes envolvidas. Não se justifica a forma, pela forma apenas. Aquela só tem cabimento no superior interesse público, que no caso não será afrontado. Verificado isso, considerando a excepcionalidade e as peculiaridades de cada caso, cabe ao juiz deliberar pela solução mais adequada, de modo que não se alcance desfecho iníquo (...)" De todo o exposto, fica superado o óbice. Apenas para esclarecimento quanto ao princípio da continuidade, deve o Oficial realizar único registro, em que conste que do título: a) foi reconhecida a união estável entre os proprietários à época da aquisição, b) com isso, o bem passou a pertencer a ambos em sua totalidade e c) nesta condição, e com a morte de Fátima, foi partilhado conforme consta da escritura. Finalmente, resta a questão atinente as formalidades da nota devolutiva. Consta do Capítulo XX das NSCGJ: "40.1. A nota de exigência deve conter a exposição das razões e dos fundamentos em que o Registrador se apoiou para qualificação negativa do título, vedadas justificativas de devolução com expressões genéricas, tais como "para os devidos fins", "para fins de direito" e outras congêneres." Da nota devolutiva, constou apenas: "Retificar a escritura para constar que está sendo partilhado 80% [do bem]" Em primeiro lugar, não há reprimenda a ser feita com relação ao óbice apresentado per se, tendo em vista partir da cautela do Oficial ao realizar o registro, além de ser amplamente justificável perante a legislação vigente, conforme constou do presente procedimento, apesar de restar superado por conta desta sentença. Não obstante, da forma em que constou da nota devolutiva, nenhum esclarecimento é feito com relação às razões da exigência. O dever de fundamentação está claramente exposto nas Normas de Serviço. Por óbvio, não se pode exigir que a nota devolutiva contenha ampla discussão teórica e legal das razões da recusa de registro. Ainda assim, deve ser dada ao menos alguma justificativa, para que o apresentante entenda o fundamento da recusa do título. Do que se lê no presente caso, o Oficial apenas deu a solução para que o óbice fosse superado, e não a justificativa para sua oposição. Nem se diga que os e-mails juntados demonstram a compreensão do apresentante, pois este apenas procurou saber como melhor solucionar a pendência, nunca tendo tido a oportunidade para entender as razões para tal, que deveriam constar da nota. Quando instado a se manifestar sobre a questão, se vê que o Oficial, diante da inconformidade do suscitante, passou a atacá-lo pessoalmente, ao denunciar o uso de e-mail funcional e a escolha de advogado que teria errado ao assisti-lo na escritura. Em nenhum momento, contudo, explica porque deixou de seguir o disposto nas normas de serviço. Assim, conclui-se que o Oficial deixou de observar o disposto no item 40.1 das NSCGJ. Por outro lado, trata-se de erro pontual, pois não há histórico de qualquer outra reclamação quanto as demais notas devolutivas apresentadas por ele, além de se tratar de falta de baixa gravidade, pois não trouxe ao apresentante qualquer prejuízo, ainda mais se considerado que este foi capaz de interpôr a presente dúvida inversa, com posterior afastamento do óbice. Destarte, não há que ser tomada qualquer medida disciplinar, devendo apenas o Oficial atentar-se para que, em suas notas devolutivas, haja uma mínima fundamentação quanto ao seu entendimento. Do exposto, julgo improcedente a dúvida inversa suscitada por Décio Delfini Maziero em face do Oficial do 14º Registro de Imóveis da Capital, afastando o óbice apresentado. Não há custas, despesas processuais nem honorários advocatícios decorrentes deste procedimento. Oportunamente, arquivem-se os autos. P.R.I.C. - ADV: LEONARDO CARVALHO RANGEL (OAB 285350/SP). (DJe de 14.09.2017 - SP)

USUFRUTO

Processo 1013402-35.2017.8.26.0100

Pedido de Providências - Usufruto - L.A.O. - VISTOS, Cuida-se de expediente instaurado por L.A.O., qualificada na inicial e devidamente representada por sua advogada, noticiando supostas falhas atribuídas ao (...)º Tabelião de Notas (...) quanto à lavratura de escritura pública de doação. Vieram aos autos documentos de fls. 12/24 e 54/59. A Sr. Reclamante manifestou-se, novamente, às fls. 40/42 e 47. O Sr. Notário manifestou-se às fls. 28/31, 37/39 e 51/59. É o breve relatório. DECIDO. Primeiramente, impende ressaltar que o Sr. Tabelião já tomou as devidas providências para retificar a situação em tela, de sorte que resta dirimida a questão motivadora do presente feito. Trata a presente representação de equívoco supostamente praticado pelos serventuários do (...)º Tabelião de Notas (...) quanto à lavratura de escritura pública de doação de imóvel. Compulsando os autos, verifica- se que, aos 11/09/2015, compareceu a Sra. Representante ao (...)º Tabelião de Notas (...) com o fito de doar, à sua neta, a nua propriedade do imóvel registrado junto (...)º Registro de Imóveis (...), matrícula nº (...), reservando para si usufruto vitalício. Entretanto, aduz a Sra. Reclamante que, quando da lavratura do referido instrumento, o preposto responsável negou-se a incluir cláusula de usufruto, sob a alegação de que, para tanto, seria mister a presença de advogado, além do pagamento de taxas adicionais. Declarando-se ignorante quanto ao direito, afirma a Sra. Representante que, frente à tal recusa, foi dissuadida de previsão que lhe auferisse o aludido direito real. Destarte, restou ausente da escritura o pretendido usufruto, acarretando, pois, aptidão à transferência do pleno domínio sobre o imóvel, fato este que motivou L.A.O. a instaurar a presente representação. Instado a manifestar-se, o Sr. Notário, embora contestando sua responsabilização pelo lapso, noticiou que, cioso da apreensão da Sra. Reclamante, procedera à re-ratificação da escritura em tela, de sorte que já se encontra inserida a desejada cláusula de reserva de usufruto vitalício (fls. 43/44), conforme a ora expressa manifestação de vontade da Sra. Requerente e de sua neta. Ainda que a situação fática seja complexa, como realizado o negócio jurídico (re-ratificação) houve transmissão de direito real menor (usufruto); assim, no campo da validade (legitimação substancial) caberia participação do cônjuge, porquanto o artigo 1.647, I, do Código Civil, refere-se ao negócio jurídico (título), cuja exigência independe do registro (modo). Seja como for, a tutela do interesse nos termos do artigo 1.649 do Código Civil é particular (anulabilidade), portanto, com essa observação, era possível a realização do negócio jurídico sob forma pública como efetuado; ainda que a posse do bem tenha saído da administração do casal. Assim sendo, diante da superveniente realização do ato registrário, forçoso convir que o presente feito perdeu seu objeto, certo que já houve a retificação da tencionada escritura, não havendo demais medidas a serem tomadas por não presente indícios de falha no serviço notarial. Nesta ordem de ideias, reputo satisfatórias as providências adotadas pelo Sr. Tabelião e não vislumbro incúria funcional passível de consequência censório-disciplinar, fazendo-se ressalva, todavia, para que tome medidas necessárias à melhora do atendimento em sua Delegação, de sorte que se evite similares inconvenientes. Destarte, à míngua de responsabilidade funcional apta a ensejar a instauração de procedimento administrativo, determino o arquivamento dos autos. Ciência ao Sr. Tabelião. Comunique-se a decisão à Egrégia Corregedoria Geral da Justiça, por e-mail, servindo a presente sentença como ofício.. P.R.I.C. - ADV: ELAINE APARECIDA AQUINO (OAB 145730/SP) (DJe de 28.04.2017 - SP)

Processo 1024108-77.2017.8.26.0100

Dúvida - REGISTROS PÚBLICOS - Olinda Pinheiro Sobreira dos Santos - "Dúvida - registro de instrumento particular de instituição de usufruto vitalício - necessidade de escritura pública, uma vez que o valor é superior a 30 vezes o salário mínimo vigente no País - não observância do artigo 108 do CC - Dúvida procedente" Vistos. Trata-se de dúvida inversa com pedido de liminar suscitada por Olinda Pinheiro Sobreira dos Santos em face do Oficial do 13º Registro de Imóveis da Capital, tendo em vista a negativa em se proceder ao registro do instrumento particular de instituição de usufruto vitalício em favor da suscitante, referente ao imóvel matriculado sob nº 79.350. Os óbices registrários referem-se: a) necessidade de escritura pública para a instituição do usufruto, uma vez que o valor atribuído ao usufruto é de R$ 53.141,00 (cinquenta e três mil, cento e quarenta e um reais), ou seja, superior ao previsto no artigo 108 do CC; b) necessidade de apresentação do comprovante de pagamento do ITCMD. Juntou documentos às fls. 65/76. Insurge-se a suscitante dos óbices impostos, sob o argumento que deve prevalecer o conteúdo do ato e não a sua forma, sendo que o instrumento particular assinado pelas partes evidencia a vontade na instituição do usufruto. O Ministério Público opinou pela procedência da dúvida (fls. 80/81). A liminar foi indeferida (fls. 36/37), sendo que desta decisão foi interposto Agravo de Instrumento (fls. 82/121). No tocante ao efeito em que foi recebido o recurso, a suscitante manifestou-se às fls. 124/130, juntando documentos às fls. 131/135. É o relatório. Passo a fundamentar e a decidir. Tendo em vista que a Egrégia 1ª Câmara de Direito Privado indeferiu a antecipação de tutela recursal, silenciando sobre eventual efeito suspensivo a ser atribuído ao recurso interposto, a regra é a incidência do efeito devolutivo, nos termos do artigo 1.019, I do CPC. Passo a análise do mérito. O usufruto constituiu uma modificação do direito de propriedade, concernente a sua titularidade. Neste contexto, o artigo 108 do Código Civil é bem claro ao estabelecer que: "Art. 108: Não dispondo a lei em contrário, a escritura pública é essencial à validade dos negócios jurídicos que visem à constituição, transferência, modificação ou renúncia de direitos reais sobre imóveis de valor superior a trinta vezes o maior salário mínimo vigente no País". Tendo sido atribuído ao usufruto ora instituído o valor de R$ 53.141,00 (fl. 66), tem-se que o montante é superior a 30 salários mínimos (R$ 28.110,00), aplicando-se a norma acima mencionada. Tal questão já foi objeto de decisão da Egrégia Corregedoria Geral da Justiça: "Recurso - Averbação - Cancelamento de usufruto - Bem imóvel de valor superior a trinta vezes o maior salário mínimo vigente no país - Indispensabilidade de escritura pública - Decisão mantida - Recurso não provido" (Processo nº 2012/00056892. Des. Correg: José Renato Nalini)."Registro de Imóveis. Dúvida registrai - Instrumento particular de constituição de usufruto sobre imóvel. Bem de valor superior a 30 vezes o maior salário mínimo vigente. Lavratura de escritura pública que se mostra essencial à validade do ato. Inteligência do disposto no art. 108 do Código Civil. Recusa do registro acertada. Recurso não provido" (Processo nº Nº 1.121-6/1, Corregedor Geral de Justiça Des. Ruy Camilo, Comarca de JUNDIAÍ, publ.: 16 de junho de 2009). Acerca da incidência do ITCMD, a Lei nº 10.705/00 elenca as hipóteses que geram a necessidade do recolhimento. São elas: "Artigo 2º- O imposto incide sobre a transmissão de qualquer bem ou direito havido: I - por sucessão legítima ou testamentária, inclusive a sucessão provisória; II - por doação. § 1º - Nas transmissões referidas neste artigo, ocorrem tantos fatos geradores distintos quantos forem os herdeiros, legatários ou donatários. § 2º - Compreende-se no inciso I deste artigo a transmissão de bem ou direito por qualquer título sucessório, inclusive o fideicomisso.§ 3º - A legítima dos herdeiros, ainda que gravada, e a doação com encargo sujeitam-se ao imposto como se não o fossem. § 4º - No caso de aparecimento do ausente, fica assegurada a restituição do imposto recolhido pela sucessão provisória. § 5º - Estão compreendidos na incidência do imposto os bens que, na divisão de patrimônio comum, na partilha ou adjudicação, forem atribuídos a um dos cônjuges, a um dos conviventes, ou a qualquer herdeiro, acima da respectiva meação ou quinhão." Ao Oficial de Registro cumpre fiscalizar o pagamento dos impostos devidos por força dos atos que lhe forem apresentados em razão do ofício, na forma do art. 289 da Lei nº 6.015/73, sob pena de responsabilização pessoal. Logo, corretas as exigências impostas pelo Registrador para efetuar o registro do título apresentado. Diante do exposto, julgo procedente a dúvida inversa suscitada por Olinda Pinheiro Sobreira dos Santos em face do Oficial do 13º Registro de Imóveis da Capital, e mantenho os óbices levantados pelo Oficial. Deste procedimento não decorrem custas, despesas processuais e honorários advocatícios. Oportunamente remetam-se os autos ao arquivo. P.R.I.C. São Paulo, 03 de maio de 2017. Tania Mara Ahualli Juíza de Direito - ADV: SERGIO MATIOTA (OAB 141415/SP) (DJe de 12.05.2017 - SP)

Processo 1057883-83.2017.8.26.0100

Pedido de Providências - Registro de Imóveis - L.B.P.A. - Vistos. Trata- se de pedido de providências formulado pela Oficial do (...)º Registro de Imóveis (...), a requerimento de L.B.PA., pretendendo o cancelamento do usufruto registrado sob nº (...), na matrícula nº (...), em razão do óbito da usufrutuária. O título restou qualificado negativamente, pois exigiu-se a apresentação da guia devidamente recolhida do ITCMD relativo ao cancelamento do usufruto, tendo em vista que, por ocasião da doação, referido imposto foi pago apenas sobre o valor de 2/3 do imóvel, restando o saldo remanescente sobre 1/3. Juntou documentos às fls. 06/33. O interessado argumenta que não há previsão legal para o recolhimento exigido pela Registrador e que o Decreto Estadual nº 46.655/02 extrapolou os limite da sua competência legislativa, instituindo novo critério de tributação, o que é vedado pelos artigos 150, I CF e 97, I, CTN (fls. 36/42 e 49/55). O Ministério Público opinou pela improcedência do pedido (fls. 46/48). É o relatório. Passo a fundamentar e a decidir. Em que pesem os respeitáveis argumentos da Registradora e da D Promotora de Justiça, bem a decisão deste Juízo no feito nº 1066337-86.2016.8.26.0100, referente à necessidade do recolhimento de 1/3 na instituição do usufruto por ato não oneroso, este entendimento foi recentemente reformado pela Egrégia Corregedoria Geral da Justiça no Recurso Administrativo CGJ (...), rel: Corregedor Geral da Justiça: Manoel Pereira Calças, in verbis: "Registro de Imóveis - Averbação de Cancelamento de usufruto pela morte da usufrutuária - Consolidação da propriedade do bem em nome do nu proprietário - Exigência de complementação do ITCMD, calculado e recolhido sobre 2/3 do valor do bem por ocasião da doação da nua propriedade - Exigência mantida pela Juíza Corregedora Permanente - Consolidação da propriedade que não caracteriza hipótese de incidência do tributo - Precedente desta Corregedoria Geral - Decreto Regulamentar nº (...), que, na espécie extrapola seus limites - parecer pelo provimento do recurso" Conforme constou no corpo do mencionado Acórdão: " Em situação idêntica, o então Juiz Assessor da Corregedoria, Dr. Álvaro Luiz Valery Mirra, apresentou parecer, devidamente aprovado Pelo Corregedor Geral da Justiça, Des. Luiz Elias Tâmbara: O recurso comporta provimento, merecendo acolhida os argumentos expedindos pela recorrente, em conformidade, inclusive, com decisão normativa do Ilustríssimo Senhor Coordenador da Administração Tributária do Estado de São Paulo, recentemente proferida (Decisão Normativa CAT - 10, de 22.06.2009 - DOE 23.06.2009, p.14). De acordo com a referida decisão normativa, que aprovou entendimento expresso na Resposta à Consulta nº (...), de 13.05.2009: I - Oficial de Registro de Imóveis, Títulos e Documentos e Civil de pessoa Jurídica, tendo em vista os requerimentos de averbação de cancelamento de usufruto decorrente de óbito do usufrutuário, indaga se as isenções do ITCMD referentes à transmissão de imóveis e valores, previstas no artigo 6º, I, alíneas "a" e "b", e I, alínea"a" da Lei nº 10.705/2000 aplicam-se à extinção do usufruto.2 - para melhor entendimento da matéria transcrevemos o dispositivo constitucional que outorga aos Estados e ao Distrito Federal a competência para a instituição do Imposto sobre Transmissão 'Causa Mortis' e Doação de Quaisquer Bens ou Direitos - ITCMD, nos seguintes termos: Art. 155 - Compete aos Estados e ao Distrito Federal instituir impostos sobre: I - transmissão causa mortis e doação, de quaisquer bens ou direitos;3 - No exercício desta competência, o estado de São Paulo instituiu o importo por meio da Lei nº 10.705/2000, que em seu artigo 2º dispõe: Art. 2º - O imposto incide sobre a transmissão de qualquer bem ou direito havido: I - por sucessão legítima ou testamentária, inclusive a sucessão provisória II - por doação; 4 - Conforme se verifica, no que se refere à transmissão em decorrência da morte, para a lei paulista, somente ocorre o fato gerador do ITCMD quando o de cujus transmitir bens ou direitos aos seus herdeiros, sejam eles legítimos ou testamentários, ou ao legatário. Tanto é assim que a Lei 10.705/2000, ao tratar dos contribuintes do imposto na transmissão causa mortis somente se refere ao herdeiro e ao legatário (artigo 7º, inciso I), não havendo qualquer previsão de exigência do imposto em relação àquele que recebe bem ou direito em decorrência da morte de outrem sem, no entanto, ser seu sucessor hereditário, ou em razão de testamento. 5 - É importante destacar que o usufruto é sempre temporário, sendo que por força do artigo 1410, I, do Código Civil, no máximo será vitalício. Assim, sem prejuízo do disposto nos artigos 1.411 e 1.946 do Código Civil, o usufrutuário não transmite, por sucessão hereditária ou testamentária, o direito de usufruto. 6 - Neste sentido, com a morte do usufrutuário do imóvel, a propriedade plena se consolida na pessoa do nu proprietário. E na legislação paulista, não há previsão de incidência do ITCMD quando da consolidação da propriedade plena, ou quando da extinção do usufruto. 7 - Vale lembrar que o direito de propriedade, embora possa ser cindido quanto ao ser exercício, é uno. Em virtude da própria natureza temporária do usufruto, o verdadeiro proprietário do bem, em última análise, é o titular da nua propriedade, já que a extinção do usufruto é inevitável. 8 - Releva considerar também que, mesmo que se considere a consolidação da propriedade pela extinção do usufruto como uma transmissão de direitos, não se trata de transmissão hereditária ou testamentária de modo a ensejar a cobrança de ITCMD, ainda que, coincidentemente, o nu proprietário seja herdeiro legitimo ou usufrutuário.9 - Assim, em conclusão, na situação apresentada não há incidência do ITCMD "(autos nº 2009/38005). Finalmente: "...Não há dúvida de que o artigo 31 do Decreto nº 46.655/2002, que regulamenta a Lei Estadual nº 10.705/2000, expressamente prevê a necessidade de complementação do ITCMD, por ocasião da consolidação da propriedade plena na pessoa do nu proprietário. Essa hipótese de incidência, todavia, diante dos limites estabelecidos pela Constituição Federal (artigo 155, 1, da CF3) e do silêncio absoluto da Lei Estadual que o instituiu, não poderia ser criada por decreto regulamentar". Ainda acerca da presente questão, o Egrégio Tribunal de Justiça da Capital já firmou posicionamento de não ser devido o recolhimento do imposto: "Apelação Cível. Mandado de Segurança. ITCMD. Cancelamento de usufruto, sem recolhimento do imposto. Admissibilidade. Tributo que deve incidir apenas nos casos de transmissão causa mortis e doação, nos termos do art. 155 da CF. Concessão da segurança em primeiro grau. Manutenção da r. Sentença. Precedente. Recurso não provido" (Apelação Cível nº 1018585-65.2016.8.26.0053. Rel: Des. Antonio Celso Faria - 8ª Camara de Direito Público, j: 19.10.2016). Em suma, a inconstitucionalidade do Decreto Estadual não é analisada nesta esfera administrativa, sendo certo que a exceção de limites estabelecidos viola o princípio da legalidade tributária, uma vez que não é possível exigir o pagamento de tributo sem lei que o institua. Diante do exposto, julgo procedente pedido de providências formulado pela Oficial do (...)º Registro de Imóveis (...), a requerimento de L.B.P.A., e consequentemente determino o cancelamento do usufruto registrado sob nº (...) na matrícula nº (...). Deste procedimento não decorrem custas, despesas processuais e honorários advocatícios .Oportunamente remetam-se os autos ao arquivo.. P.R.I.C. São Paulo, 19 de julho de 2017. Tania Mara Ahualli Juíza de Direito - ADV: SIBELE MARTA CORTE BACHERT (OAB 136509/SP) (DJe de 24.07.2017 - SP)

4.6.5 TABELIONATO DE PROTESTO

CANCELAMENTO

Processo 0009642-95.2017

Pedido de Providências Corregedoria Geral da Justiça José Eduardo de Souza Loureiro Sentença (fls. 29/32): Trata-se de reclamação encaminhada pela Egrégia Corregedoria Geral da Justiça a este Juízo, formulada por José Eduardo de Souza Loureiro em face de eventual conduta irregular praticada pelo 10º Tabelião de Protesto de Letras e Títulos da Capital. Relata em síntese que, o protesto feito em seu nome não é válido, pois o valor devido à Eletropaulo estava pago antes do Protocolo de Apresentação (09.01.2017), bem como não houve qualquer notificação. Esclarece que encontra-se em tratativas de acordo com a Eletropaulo, a fim de que sejam tomas as providências cabíveis para regularização. O tabelião manifestou-se às fls. 04/07 e 16/17. Informa que foi efetivado o protesto do título consistente na duplicata mercantil (nº 0-006875599), emitida em 28.10.2016, com vencimento em 09.11.2016, no valor de R$ 174,00, apresentada por Eletropaulo Metropolitana Eletricidade de São Paulo. Esclarece que o referido protesto foi provisoriamente cancelado no dia 17 de fevereiro de 2017, em cumprimento à determinação do MMº Juízo de Direito do Juizado Especial Cível Anexo FAAP (processo nº 0001423-54.2017.8.26.0016) e cancelado definitivamente em 24.02.2017, a requerimento da própria credora, tendo sido recolhidos pela interessada, os emolumentos devidos paras a prática do ato. Salienta que quando da recepção e protocolização, o título em questão foi qualificado positivamente por estar formalmente em ordem. Ato contínuo, expediu-se a devida intimação ao reclamante no endereço indicado pela apresentante qual seja, Rua Itpirapuã, nº 183 - Jardim América, todavia, retornou infrutífera pela mudança do destinatário, razão pela qual buscou a localização de outros endereços sem conseguir êxito, bem como enviou e-mail, com a solicitação de entrar em contato com o Tabelionato, todavia, não houve resposta. Diante dos acontecimentos, procedeu-se de imediato a intimação por edital, em consonância com o item 54 do Cap. XV das Normas de Serviço da Egrégia Corregedoria Geral da Justiça. Como não houve manifestação à convocação do devedor no trintídio legal. Foi lavrado o protesto. Juntou documentos às fls. 08/15 e 18/25. Intimado acerca das informações do Tabelião, o reclamante quedou-se inerte, conforme certidão de fl. 28. É o relatório. Passo a fundamentar e a decidir. Primeiramente indefiro o pedido do Tabelião acerca do envio de cópia das informações fornecidas neste ao MMº Juízo de Direito do Juizado Especial Cível Anexo FAAP, tendo em vista que tal diligência cabe exclusivamente ao Tabelião. Feita esta consideração, passo a análise do feito. Verifico que não há medida censório administrativa disciplinar a ser adotada por esta Corregedoria Permanente, bem como não há elementos seguros e eficientes para demonstrar a ocorrência de falta funcional no presente caso. De acordo com o Capítulo VI, das Normas de Serviço Extrajudiciais da E Corregedoria Geral da Justiça, intitulado "Da Intimação": "Art. 14. Protocolizado o título ou documento de dívida, o Tabelião de Protesto expedirá a intimação ao devedor, no endereço fornecido pelo apresentante do título ou documento, considerando-se cumprida quando comprovada a sua entrega no mesmo endereço. E ainda de acordo com os itens 52 e 54 do Cap. XV das Normas de Serviço da Egrégia Corregedoria Geral da Justiça: item 52: "Antes da expedição do edital, devem ser buscados meios de localização do devedor". item 54: "A intimação será feita por edital se a pessoa indicada para aceitar ou pagar for desconhecida, sua localização incerta ou ignorada, ou quando, na forma do item 45, for tentada a intimação no seu endereço". A intimação por edital é uma intimação ficta, realizada nos casos extremos em que a intimação direta do devedor torna-se improvável ou impossível. O edital contendo todas as características do documento apontado já mencionadas deve ser afixado nas dependências do Tabelionato de Protestos e publicado pela imprensa local, onde houver jornal de circulação diária. Dessa forma, a lei presume que o devedor irá ler esse jornal, no dia em que o edital foi publicado, ou visitar o Tabelionato enquanto o edital ali estiver afixado. As circunstâncias em que é permitida a intimação por edital são as seguintes (Lei nº 9.492/97, art. 15): a) se a localização do devedor for incerta ou ignorada; b) se o devedor for desconhecido; c) se ninguém se dispuser a receber a intimação no endereço fornecido pelo apresentante; d) se o devedor for residente ou domiciliado fora da competência territorial do Tabelionato. Na presente hipótese, verifica-se que intimado por carta no endereço fornecido pela apresentante, houve o retorno insatisfatório, em razão da mudança de endereço (fl. 11), ocasião em que o Tabelião efetuou as buscas para localização de novos locais para efetivação do ato, todavia, todos os endereços encontrados, indicavam para aquele fornecido pela apresentante do título, sendo que o Tabelião por zelo e presteza inclusive expediu e-mail ao reclamante solicitando que o mesmo entrasse em contato com a Serventia, não havendo qualquer manifestação. Logo, verifico que todas as diligências cabíveis foram tomadas pelo Tabelião, não restando outra alternativa a não ser proceder a intimação por edital, sendo certo que publicado o edital, diante da não manifestação da reclamante no trintídio legal, procedeu-se a lavratura do protesto em 16.01.2017. Neste contexto, verifica-se que após um mês da efetivação do ato, o Tabelião recebeu ordem emitida pelo MMº Juízo do Juizado Especial Cível Anexo FAAP, para cancelamento provisório do protesto, uma vez que deferida a tutela de urgência (fl. 09), sendo que o cancelamento definitivo se deu em 24.02.2017, a requerimento da própria credora. Ou seja, o protesto antes lavrado deu-se de forma regular, uma vez efetivados todos os procedimento previsto em lei, sendo que o Tabelião desconhecia e nem podia ser diferente, que o reclamante encontrava-se em tratativas de acordo com a Eletropaulo. Diante do exposto, não verificada qualquer violação funcional na conduta do 10º Tabelião de Protesto da Capital, determino o arquivamento dos autos. Deste procedimento não decorrem custas, despesas processais e honorários advocatícios. Oportunamente remetam-se os autos ao arquivo.. P.R.I.C. - Decisão de fls. 37: Em razão de erro material, de ofício, retifique-se a r. sentença retro, para que conste como prolator da decisão o MM. Juiz Paulo Cesar Batista dos Santos. Int."(DJe de 05.05.2017 - SP)

Processo 1070843-71.2017.8.26.0100

Pedido de Providências - REGISTROS PÚBLICOS - 10º Tabelião de Protesto de Letras e Títulos - Minerva S.A. e outros - Vistos. Trata-se de pedido de providências formulado pelo 10º Tabelião de Protesto de Letras e Títulos da Capital, a requerimento de Minerva S/A, pleiteando a restauração do protesto lavrado, relativo à DMI nº 0049083509, no valor de R$ 415,44. Relata que mencionado protesto foi cancelado no processo nº 012861 de 07.06.2017, com base em declaração de anuência, que embora regular nos aspectos formais, inclusive com firma reconhecida em Tabelionato de Notas da Capital e devidamente confirmada por funcionário da interessada, está sendo inquinada de falsidade e tendo sua autenticidade negada pela empresa Minerva, que alega que subsiste o débito. Juntou documentos às fls. 02/14. Esclarece ainda o Tabelião, à fl. 17, que os fatos foram comunicados ao 1º Distrito Policial desta Capital - Sé, bem como a declaração de anuência que se alega ser inverídica e irregular teve sua autenticidade verificada em procedimento sumário por preposto autorizado, que contatou o funcionário da credora e confirmou a regular quitação do débito. Houve manifestação da interessada às fls. 27/31. Alega que já foi instaurado inquérito policial sob nº 1038/2017, para apuração dos fatos narrados. Quanto a discrepância entre a declaração de anuência e o aludido pelo funcionário Jonatas, esclarece que ele desconhecia os fatos pois não trabalhava em nenhum dos setores administrativo financeiro da empresa e equivocou-se ao autorizar a baixa do protesto. Por fim, ressalta que a carta apresentada para fim de cancelamento do protesto é falsa por dois pontos principais: a) o padrão de carta de anuência utilizado pela empresa é diverso da carta de anuência falsa; b) a assinatura do sr. Fernando Galletti de Queiroz é falsa, podendo ser comprovado por meio de exame grafotécnico. Apresentou documentos às fls. 33/34. O Ministério Público opinou pela improcedência do pedido (fls. 40/42). É o relatório. Passo a fundamentar e a decidir. Analisando as informações, bem como os documentos juntados aos autos, entendo pela ausência de conduta irregular praticada pelo Tabelião, que agiu com presteza e eficácia, uma vez que ao receber o pedido de cancelamento de protesto junto com a declaração de anuência supostamente falsa, autorizou um de sus funcionários a entrar em contato com a empresa credora, onde foi confirmada pelo sr. Jonatas a regular quitação do débito (fl. 14). Daí que, ao qualificar o título apresentado, este continha todos os elementos necessários a ser qualificado positivamente, com o consequente cancelamento do protesto almejado. Ainda, constata-se que às fls. 14, que a assinatura do sr. Fernando Galletti de Queiroz, a qual a empresa Minerva alega ser falsa, foi devidamente reconhecida pelo 9º Tabelião de Notas da Capital, que detém fé pública, sendo que a confirmação da falsidade será efetuada apenas com a produção de prova pericial, consistente em exame grafotécnico a ser feito na esfera judicial. Entendo que na ausência de norma específica sobre a questão, poderá ser aplicado por analogia as disposições da lei registrária, uma vez que o Tabelião é delegatário da função pública, exercendo tanto a função notarial como registral. Assim, ressalta-se que na esfera administrativa é verificada as hipóteses de vício extrínseco concernente ao título conforme previsto no artigo 214 da Lei de Registros Públicos, o qual faz menção às nulidades de pleno direito, ao passo que outras nulidades, referentes aos vícios intrínsecos, devem ser buscadas por meio de propositura de ação na via jurisdicional, nos termos do artigo 216 da mesma Lei. Segundo Sérgio Luiz José Bueno: "Existindo vício formal ou defeito procedimental para protesto, o título ou documento de dívida será devolvido ao paresentante, por aplicação do art.9º, parágrafo único da Lei 9492/97" (Tabelionato de Protesto, Sérgio Luiz José Bueno, 2ª edição, editora Saraiva) E ainda como bem observado pela Douta Promotora de Justiça: "a restauração do protesto refletirá no interesse de terceiros, devendo ser garantido a ampla defesa e o contraditório". Todavia, no âmbito administrativo, a produção probatória é reduzida, haja vista que a discussão de limita a situações pré ordenadas, devendo a interessada valer-se das vias ordinárias para afastar a presunção de veracidade e consequentemente restauração o protesto cancelado. Logo, diante da ausência de elementos seguros e eficientes para demonstrar a ocorrência de falta funcional do Tabelião, o presente procedimento deverá ser arquivado. Diante do exposto, julgo improcedente o pedido de providências formulado pelo 10º Tabelião de Protesto de Letras e Títulos da Capital, a requerimento de Minerva S/A, pela via inadequada eleita. Deste procedimento não decorrem custas, despesas processuais e honorários advocatícios. Oportunamente remetam-se os autos ao arquivo. - ADV: MARCO ANTONIO DE ALMEIDA (OAB 375335/SP), ROGÉRIO LUIS ADOLFO CURY (OAB 186605/SP) (DJe de 11.10.2017 - SP)

MICROEMPRESA E EMPRESA DE PEQUENO PORTE

Processo 0008288-35.2017

Pedido de Providências Saturnino da Rocha Santana-ME Sentença (fls. 08/10): Vistos. Trata- se de reclamação formulada por Saturnino da Rocha Santana Me em face do 5º Tabelião de Protesto de Letras e Títulos da Capital. Relata em síntese que o Tabelião negou-se a cancelar os protestos, sob a alegação de que a empresa não se enquadra no conceito de ME desde 1994, bem como possui filial. Alega que a Serventia é a única a não fornecer certidão "Nada Consta" no mesmo dia em que se cancela o protesto, além do mal atendimento aos usuários. Aduz que ao dirigir-se ao Tabelionato, não recebeu o atendimento correto, pois a atendente estava com pressa para almoçar e disse que e impressão da JUCESP estava vencida, razão pela qual voltou no período da tarde e entregou a mesma impressão a outro funcionário que aceitou. O Tabelião manifestou-se às fls. 03/05. Informa que o reclamante solicitou o cancelamento de dois protestos em seu nome, apresentando ficha cadastral da JUCESP para comprovar a condição de ME, destinada a obter os benefícios do artigo 73 da Lei Complementar 123/2006. Verificando que o documento ultrapassou o prazo de validade, a atendente informou a circunstância ao interessado, enfatizando que a condição de ME deveria ser comprovada com documento válido. Esclarece que o interessado retornou no período da tarde, portando os mesmos documentos, sob a alegação de que outros cartórios consideraram válidos, ocasião em que foi atendido por outro funcionário que solicitou a outro colega que consultasse do site da JUCESP. Com esse novo documento foi dado andamento ao pedido, todavia, constatou-se que na ficha cadastral da JUCESP constava o reclamante como empresário, bem como informava seu desenquadramento de microempresa, razão pela qual entrou-se em contato com o interessado que enviou as documentações comprovando seu cadastro no SIMPLES Nacional. Após o envio da documentação por e-mail, entendeu-se como suficiente para conclusão do processo de cancelamento. Em relação às certidões positivas ou negativas e as de cancelamento, informa que são expedidas no ato do pedido. Todavia, em relação à certidão de "nada costa" é expedida após a atualização dos arquivos, a fim de se preservar a segurança e certeza que norteiam os atos notariais. Intimado acerca das informações do Tabelião, o reclamante não se manifestou, conforme certidão de fl. 16. É o relatório. Passo a fundamentar e a decidir. Em que pesem as alegações do reclamante verifico que nenhuma conduta irregular foi praticada pelo Tabelião. Tendo em vista o decurso do prazo de validade da certidão cadastral junto a JUCESP, foi solicitado novo documento ao reclamante, sendo que é incabível a recusa do reclamante sob a alegação que outros cartórios aceitaram a documentação. Sendo certo, que vigora a independência funcional, e que os atos praticados em outras Serventias não são vinculatórios, logo tal afirmativa é totalmente destituída de fundamento. Neste diapasão, verifica-se que por mera liberalidade e a fim de procurar resolver o impasse da melhor forma, quando reapresentado o mesmo documento já vencido, o funcionário imprimiu nova certidão cadastral no site da JUCESP (fls. 06/07), onde constou o interessado como empresário, uma vez registrado o seu desenquadramento de ME em 09.03.1998. Diante de tal fato, o Tabelionato mostrando presteza e respeito ao usuário, solicitou ao reclamante que enviasse por e-mail os documentos que comprovassem sua inscrição junto ao Simples Nacional e diante do envio, bem como nova consulta a JUCESP realizada pelo próprio escrevente foi cancelado o protesto. Ora, a reclamação acerca do mal atendido deve ser afastada diante da disposição dos funcionários em resolver a questão, sendo que por mera liberalidade buscaram em duas ocasiões novas certidões junto à JUCESP acerca da situação em que se estava enquadrada a pessoa jurídica, diligência esta cabível exclusivamente ao usuário. Em relação a expedição de certidão de nada constar, entendo que é precipitada a expedição de tal documento de imediato, conforme bem exposto pelo Tabelião somente é expedida após a atualização dos arquivos, em consonância com os princípios da segurança jurídica e certeza, a fim de evitar prejuízo a terceiros de boa fé. Por fim, intimado das informações, o reclamante manteve-se silente, o que demonstra sua concordância acerca das ponderações. Logo, tem-se que estão desprovidas de qualquer fundamento as alegações da requerente e não há que se falar em violação dos deveres funcionais do Oficial Registrador que autorizem a aplicação de qualquer sanção administrativa. Diante do exposto, determino o arquivamento da presente reclamação. Deste procedimento não decorrem custas, despesas processuais e honorários advocatícios.. P.R.I.C. - Decisão de fls. 23: Em razão de erro material, de ofício, retifique-se a r. sentença retro, para que conste como prolator da decisão o MM. Juiz Paulo Cesar Batista dos Santos. Int. (DJe de 05.05.2017 - SP)

PROTESTO DE CDA

Processo 0008291-87.2017

Pedido de Providências Eliane de Fátima Varela Ramos Sentença (fls. 13/16): Vistos. Trata-se de reclamação encaminhada pela Egrégia Corregedoria Geral da Justiça a este Juízo, formulada por Elaine de Fátima Varelas Ramos, em face de eventual conduta irregular praticada pelo 8º Tabelião de Protesto de Letras e Títulos da Capital. Relata a reclamante que teve protestado o título referente a débito de IPVA (veículo de placa FAG 8491), em janeiro de 2017. Todavia, não foi notificada do ato, razão pela qual requer sua nulidade. O Tabelião manifestou--se às fls. 04/08. Informa que o protesto da certidão de dívida ativa nº 1221500356, no valor de R$ 2.062,66, em nome da reclamante, foi apresentada pela Procuradoria Geral do Estado de São Paulo. Em 30.12.16, foi enviada intimação para o endereço fornecido pela apresentante, qual seja, Rua Ulisses Cruz, nº 579, aptº 134B5, CEP 03077-000, todavia, a intimação retornou com a informação de que a interessada teria se mudado do local. Esclarece que o retorno insatisfatório, em cumprimento ao item 52 do Capítulo XV das Normas de Serviço da Corregedoria Geral de Justiça. Efetuou buscas na tentativa de localização de outro endereço onde a devedora pudesse ser intimada, todavia, restaram infrutíferas, uma vez que o endereço encontrado foi o mesmo informado pela apresentante. Assim, a intimação foi realizada através de edital. Juntou documentos às fls. 05/08. Intimada acerca das informações do Tabelião, a reclamante não se manifestou-se, conforme certidão de fl. 12. É o relatório. Passo a fundamentar e a decidir. Verifico que não há medida censório-disciplinar a ser adotada por esta Corregedoria Permanente, bem como que não há elementos seguros e eficientes para demonstrar a ocorrência de falta funcional no presente caso. De acordo com o Capítulo VI, das Normas de Serviço Extrajudiciais da E Corregedoria Geral da Justiça, intitulado "Da Intimação": "Art. 14. Protocolizado o título ou documento de dívida, o Tabelião de Protesto expedirá a intimação ao devedor, no endereço fornecido pelo apresentante do título ou documento, considerando-se cumprida quando comprovada a sua entrega no mesmo endereço. E ainda de acordo com os itens 52 e 54 do Cap. XV das Normas de Serviço da Egrégia Corregedoria Geral da Justiça: item 52: "Antes da expedição do edital, devem ser buscados meios de localização do devedor". item 54: "A intimação será feita por edital se a pessoa indicada para aceitar ou pagar for desconhecida, sua localização incerta ou ignorada, ou quando, na forma do item 45, for tentada a intimação no seu endereço". A intimação por edital é uma intimação ficta, realizada nos casos extremos em que a intimação direta do devedor torna-se improvável ou impossível. O edital contendo todas as características do documento apontado já mencionadas deve ser afixado nas dependências do Tabelionato de Protestos e publicado pela imprensa local, onde houver jornal de circulação diária. Dessa forma, a lei presume que o devedor irá ler esse jornal, no dia em que o edital foi publicado, ou visitar o Tabelionato enquanto o edital ali estiver afixado. As circunstâncias em que é permitida a intimação por edital são as seguintes (Lei nº 9.492/97, art. 15): a) se a localização do devedor for incerta ou ignorada; b) se o devedor for desconhecido; c) se ninguém se dispuser a receber a intimação no endereço fornecido pelo apresentante; d) se o devedor for residente ou domiciliado fora da competência territorial do Tabelionato. Na presente hipótese, verifica-se que intimada por carta no endereço fornecido pela apresentante, houve o retorno insatisfatório, em razão da mudança de endereço (fl. 05), ocasião em que o Tabelião efetuou as buscas para localização de novos locais para efetivação do ato, todavia, todos os endereços encontrados, indicavam para aquele fornecido pela apresentante do título (fls. 06/08). Logo, verifico que todas as diligências cabíveis foram tomadas pelo Tabelião, não restando outra alternativa a não ser proceder a intimação por edital, sendo certo que publicado o edital, diante da não manifestação da reclamante no trintídio legal, procedeu-se a lavratura do protesto. Ressalte-se que eventual nulidade em relação ao ato por vício intrínseco ao título, deverá a reclamante valer-se das vias ordinárias, com a incidência do contraditório e ampla defesa. Diante do exposto, não verificada qualquer violação funcional na conduta do 8º Tabelião de Protesto da Capital, determino o arquivamento dos autos. Deste procedimento não decorrem custas, despesas processuais e honorários advocatícios. Oportunamente arquivem-se os autos. Expeça-se ofício à Egrégia Corregedoria Geral da Justiça, com cópia desta decisão.. P.R.I.C. - Decisão de fls. 20: Em razão de erro material, de ofício, retifique-se a r. sentença retro, para que conste como prolator da decisão o MM. Juiz Paulo Cesar Batista dos Santos. Int. (DJe de 05.05.2017 - SP)

PROTESTO DE CHEQUE

Processo 0048496-95.2016

Pedido de Providências Silmara Vieira Cassiano Carrilho Sentença (fls. 33/36): Vistos. Trata- se de reclamação formulada por Silmara Vieira Cassiano Carrilho, por meio de mensagem eletrônica, visando a apuração da conduta do 1º Tabelião de Protesto de Letras e Títulos da Capital. Alega o reclamante que distribui dois cheques visando o protesto destes títulos, que terminaram encaminhados ao 1º Tabelião de Protesto de Letras e Títulos de São Paulo e protocolados sob os número 2597 e 2598, munidos de toda documentação necessária para que fosse realizado o almejado protesto. O título foi devolvido, sob o argumento de que se fazia necessária a entrega de um comprovante de endereço do devedor, bem como declaração com a motivação do protesto, no tocante ao protocolo 2597, já o protocolo 2598 nada constou. Por fim, sustenta que fora tratada de forma rude por um dos funcionários da serventia, que a tratou com arrogância (fls. 1/2). Juntou documentação às fls. 03/12. O Tabelião sustenta que o não protesto dos títulos se deu uma vez que estes encontram-se prescritos quanto sua possibilidade executiva, dado o transcurso de 5 anos entre a data dos títulos e a data da tentativa de se proceder ao protesto, quanto a ausência do motivo da recusa fundamenta que foram apresentados verbalmente, por preposto e, utilizando o mesmo fundamento do protocolo 2597. Já quanto à alegação que toca o comportamento rude empregado do funcionário, sustenta que tal afirmação carece de comprovação e que o emprego de palavras faz referencia a utilização da reclamante da conduta de outro Tabelionato como fundamento para que aceitasse o protesto de título. (fls. 19/23 e 30/32) É o relatório. Passo a fundamentar e decidir. Primeiramente, cumpre salientar que as reclamações formuladas por e-mail têm como finalidade dar notícia a este Juízo Corregedor de eventuais ilegalidades ou irregularidades cometidas pelos Oficiais. Assim, o presente feito tratará exclusivamente da conduta do Tabelião ao qualificar o título, para analisar se as exigências formuladas são cabíveis. Eventual discussão sobre o cheque protestado, em si, deve obedecer as formalidades legais, sendo o procedimento cabível o pedido de providências, formulado por advogado devidamente constituído. Como bem exposto, existe recente decisão da 9ª Câmara de Direito Privado do Tribunal de Justiça de São Paulo, baseada em acórdão do Colendo Superior Tribunal de Justiça, no sentido de que o Tabelião deve verificar a prescrição dos títulos, sob pena de responsabilidade, caso o protesto venha a ser considerado indevido. Sigo o entendimento exposto pelo IEPTB/SP, em seu primoroso pronunciamento. Isto porque a Lei 11.280/06 acrescentou ao §5º do Art. 219 do Código de Processo Civil o seguinte ditame: "O Juiz pronunciará, de ofício, a prescrição" Fica claro que a lei refere-se expressamente ao "Juiz", e não ao Tabelião. Interpretar a norma de forma ampla, levando ao entendimento de que a prescrição deve ser reconhecida quando do protesto do título, é um ato temerário, pois existem diversas causas impeditivas e suspensivas da prescrição que não podem ser analisadas de plano, em caráter administrativo. Assim, não havendo menção expressa na Lei 11.280/06 da revogação do Art. 9º da Lei 9.492/97, este continua vigente, nos seguintes termos: "Art. 9º Todos os títulos e documentos de dívida protocolizados serão examinados em seus caracteres formais e terão curso se não apresentarem vícios, não cabendo ao Tabelião de Protesto investigar a ocorrência de prescrição ou caducidade." (g. N) Portanto, entendo que não cabe ao Tabelião verificar a prescrição de título apresentado, a menos que nova lei ou norma da Corregedoria seja editada em sentido expressamente contrário. Contudo, é assegurada aos Oficiais a liberdade para qualificação de títulos, dentro das regras legais e jurisprudenciais. Destarte, diante das decisões do Superior Tribunal de Justiça e do Tribunal de Justiça de São Paulo mencionadas nestes autos, considero que o 1º Tabelião de Protestos da Capital agiu dentro do esperado, pois entendeu, naquele momento, que a prescrição passou a ser considerada como característica formal do título, permitindo o exame desta matéria em sua qualificação. Não há, pois, falta funcional caracterizada, por tratar-se de caso isolado e justificável. Porém, deve o Tabelião atentar ao exposto na presente decisão, em suas futuras apreciações da matéria. Por fim, cabe citar breve passagem do respeitável parecer do Dr. José de Mello Junqueira, o que realmente justificaria um exame em caráter normativo pela E. Corregedoria Geral da Justiça: "(...) a atual situação do tabelião de protesto frente à questão do protesto de cheque prescrito é bastante delicada. Se recepciona a protesto cheque prescrito, abre ensejo para ser acionado na Justiça pelo devedor, com base na jurisprudência já mencionada. Se não recepciona, pode ser acionado pelo credor, que alega não caber ao tabelião investigação da prescrição" No tocante à conduta empregada pelo funcionário, não há meios possíveis para apurar se esta foi rude ou não, pelo relatado em processo fora proferida a seguinte frase, segundo a reclamante: "no meu Cartório não vou receber esse título". Ao meu entendimento, não se trata de uma forma rude de se dirigir a uma pessoa, mas sim uma resposta à alegação de que títulos de mesma característica foram protestados em outros cartórios. Não há atitude alguma que se deva proceder quanto a isso. Do exposto, determino o arquivamento do presente feito. Não há custas, despesas processuais ou honorários advocatícios decorrentes deste procedimento. Oportunamente, arquivem-se os autos.. P.R.I.C. Decisão de fls. 39: Em razão de erro material, de ofício, retifique-se a r. sentença retro, para que conste como prolator da decisão o MM. Juiz Paulo Cesar Batista dos Santos. Int. (DJe de 05.05.2017 - SP)

PROTESTO DE CONTRATO DE HONORÁRIOS ADVOCATÍCIOS

Processo 1130982-23.2016.8.26.0100

Pedido de Providências - Tabelionato de Protestos de Títulos - Yara de Moraes - Vistos. Trata-se de pedido de providências formulado por Yara Moraes em face do 8º Tabelião de Protesto de Letras e Títulos da Capital, pleiteando o protesto de contrato de prestação de serviços advocatícios, no qual figuram como contratante Gloria Caparron Tarsitano e como contrata a requerente. A negativa para realização do ato está fundamentada no precedente expresso no recurso administrativo nº 0000005-33.2016.8.26.0981, bem como no Código de Ética e Disciplina da OAB, que proíbem o protesto de contrato de honorários advocatícios (fl. 39). Insurge-se a requerente do óbice, sob o argumento de que o entendimento do Tabelião está ultrapassado, em virtude da edição do novo Código de Ética, que em seu artigo 52 permite a prática. Juntou documentos às fls. 06/32. O Ministério Público opinou pela possibilidade do protesto de contrato dos honorários advocatícios, desde que o título seja acompanhado dos documentos que comprovem a tentativa frustrada do recebimento amigável da dívida, nos termos do artigo 52 do novo Código de Ética e Disciplina da OAB (fls. 43/46). A requerente informa que conseguiu um acordo com a devedora junto a Central de Conciliação para que seja honrada a dívida. Requer assim, o arquivamento do feito, bem como que seja declarada a possibilidade do protesto dos contratos advocatícios, apresentados com a devida documentação e informando os cartórios acerca do deferimento da pretensão (fls. 49/51). O Ministério Público opinou pela extinção do procedimento ante a desistência da requerente, configurando o pedido verdadeira consulta ao Juízo, o que é vedado (fls. 57/59). É o relatório. Passo a fundamentar e a decidir. Homologo o pedido de desistência do presente procedimento ante a resolução amigável do pagamento da dívida relacionada ao contrato de honorários advocatícios. Tendo em vista o pedido de arquivamento do feito, o procedimento passa a ser uma consulta. Este fato, por si só, torna o pedido prejudicado, pois tanto o denominado pedido de providências quanto o procedimento de dúvida (artigo 198 da Lei 6.015/73) pressupõem irresignação contra alguma exigência formulada pelo Oficial em caso concreto. Como é sabido, não cabe a este Juízo responder a consultas formuladas pelo interessado. Além disso, como bem observou o Douto Promotor às fls. 57/59, "não há que se confundir o pleito submetido à apreciação pela requerente, que se trata de verdadeira consulta, com a atividade própria do d. Juízo Corregedor Permanente, concernente à expedição de normas e orientações às serventias judiciais e extrajudiciais, submetidas à sua fiscalização". Conforme precedente da Egrégia Corregedoria Geral da Justiça, em decisão proferida pelo ex Juiz Auxiliar da Corregedoria, Dr. Hélio Lobo Júnior (procedimento º 27.435/88): "...Desse modo, nem o MM. Juiz Corregedor Permanente e nem esta E. Corregedoria Geral da Justiça devem, em princípio, responder indagações de serventuários a respeito da aplicação, em tese, das leis e regulamentos A consulta, embora sem previsão legal, deve se limitar aos casos não passíveis de dúvida, apresentados à Serventia. Estender a consulta para quaisquer divergências de entendimento ou discussões acadêmicas transformaria o Corregedor Permanente em consultor da serventia". E ainda: "Consoante já se decidiu, "inconcebível e descabida" é a "consulta ao Judiciário, ainda que na sua função atípica de agente da Administração, sobre interpretação e aplicação, em tese, de leis e regulamentos" (parecer do Magistrado Dr. José Roberto Bedran, no Proc. CG 150/83, in Decisões Administrativas da Corregedoria Geral da Justiça - biênio 1983/1984, Ed. RT, 1984, p. 51)." Se a interessada deseja pronunciamento do Judiciário a respeito dos temas expostos, que lhe suscitam dúvida gnosiológica, há de buscar pronunciamento decisório, e não a manifestação opinativa que ora persegue. Para tanto, deve se sujeitar ao devido procedimento legal. A consulta versa sobre o cabimento de exigências feitas pelo Oficial para o registro (em sentido estrito) de um título que lhe foi apresentado (requerimento de inscrição de parcelamento). Ao interessado - e só a ele - incumbe avaliar o teor dessas exigências, e a elas anuir ou não, não lhe sendo dado, por força do princípio da instância, valer-se do concurso desta Corregedoria Geral para tal fim. Não se conformando com as exigências formuladas, compete-lhe provocar a instauração de procedimento de dúvida, nos termos dos arts. 198 e ss. da Lei 6.015/73" (Proc. 66129/83 CGJ, trecho do parecer do MM. Juiz Auxiliar Aroldo Mendes Viotti) Não cabe a esta Corregedoria analisar casos hipotéticos e estabelecer uma norma geral sobre a questão. Diante do exposto, verifico que não há qualquer medida a ser tomada, razão pela qual julgo extinto o feito com fundamento no artigo 485, VI e VIII do CPC. Deste procedimento não decorrem custas, despesas processuais e honorários advocatícios. Oportunamente remetam-se os autos ao arquivo. P.R.I.C. São Paulo, 18 de maio de 2017. Tania Mara Ahualli Juíza de Direito - ADV: NEGIS AGUILAR DA SILVA (OAB 178492/SP) (DJe de 23.05.2017 - SP)

PROTESTO DE CONTRATO DE FACTORING

Processo 1110064-95.2016.8.26.0100

Pedido de Providências - REGISTROS PÚBLICOS - SIGA Fomento Mercantil Factoring Eireli

Pedido de Providências - Protesto de Nota promissória - Contrato de Factoring (Fomento Mercantil) – Protesto de Títulos - Impossibilidade - Assunção do risco por parte do faturizador é característica do contrato - Perda da autonomia e força executiva - ImprocedenteVistos. Trata-se de pedido de providencias formulado por SIGA Fomento Mercantil Factoring Eireli em face do 8º Tabelião de Protesto de Letras e Títulos da Capital, pleiteando o protesto de duas notas promissórias emitidas por Rodrigo Teruo de Castro Sugahara, ambas no valor de R$ 8.186,00 (oito mil, cento e oitenta e seis reais), com vencimento para 03.08.2016 e 03.09.2016, respectivamente. O óbice consiste no fato dos títulos possuírem vinculo de fomento mercantil (factoring), o que impede o protesto, já que os contratos que possuem essa característica perdem sua autonomia e força executiva. Argumenta que a qualificação do Tabelião não deve restringir-se somente aos requisitos formais do título, sendo necessário o exame do documento em cotejo com a legislação em vigor. Insurge-se a interessada acerca do óbice sob o argumento de que a recusa não tem fundamento legal, tendo em vista que a competência dos Tabeliães refere-se apenas na análise dos aspectos formais do título apresentado. Juntou documentos às fls. 7/24. O Ministério Público opinou pelo indeferimento do pedido (fls. 36/39) .É o relatório. Passo a fundamentar e decidir. Com razão o Tabelião, bem como a D Promotora de Justiça: De acordo com os ensinamentos de Arnaldo Rizzardo, o denominado contrato de "factoring", caracteriza-se: "Por este contrato, um comerciante ou industrial, denominado "faturizado", cede a outro, que é o "faturizador" ou "factor", no todo ou em parte, créditos originados de vendas mercantis. Assume este, na posição de cessionário, o risco de não receber os valores. Por tal risco, paga o cedente uma comissão." (g.n) (Contratos, 15ª Ed. Editora Forense, pg. 1401). Portanto, é da natureza do contrato arcar o cessionário, no caso o requerente, com o risco do inadimplemento, assumindo os prejuízos decorrentes desta operação. Cabe ao faturizado (cedente) responder pela existência, legitimidade e validade do crédito cedido, nos termos preceituados pelo artigo 295, do Código Civil: "Art. 295. Na cessão por título oneroso, o cedente, ainda que não se responsabilize, fica responsável ao cessionário pela existência do crédito ao tempo em que lhe cedeu; a mesma responsabilidade lhe cabe nas cessões por título gratuito, se tiver procedido de má-fé." Se for oposta pelo devedor alguma exceção para não pagar a dívida, como vícios, avarias, diferenças quantitativas ou qualitativas da mercadoria, competirá ao faturizado arcar com o pagamento. Neste sentido: "TÍTULOS DE CRÉDITO - CONTRATO DE "FACTORING" - NOTA PROMISSÓRIA EMITIDA EM GARANTIA - ACOLHIMENTO DO PEDIDO E DECLARAÇÃO DE INEXIGIBILIDADE DO TÍTULO E SUSTAÇÃO DE PROTESTO - PRELIMINAR - CERCEAMENTO DE DEFESA - INOCORRÊNCIA - DESNECESSIDADE DA PRODUÇÃO DE PROVA TESTEMUNHAL - LIDE DE RESOLUÇÃO NA PROVA DOCUMENTAL - CORREÇÃO DO JULGAMENTO NOS TERMOS DO CPC, ARTIGO 330, I - MÉRITO – OPERAÇÃO MERCANTIL DE "FACTORING" - DIREITO DE REGRESSO EM FACE DO FATURIZADO POR MORA DE DEVEDORES DE TÍTULOS NÃO PERMITIDO AO FATURIZADOR - NATUREZA DE RISCO DA FATURIZAÇÃO - INEXIGIBILIDADE DA

NOTA PROMISSÓRIA DADA EM GARANTIA PARA FINS DE RECOMPOR PREJUÍZOS GERADOS DE INSOLVÊNCIA - DIREITO DE REGRESSO E GARANTIA VÁLIDA SOMENTE PARA HIPÓTESE DE VÍCIO DOS TÍTULOS NEGOCIADOS - MANUTENÇÃO DA SENTENÇA POR SEUS PRÓPRIOS FUNDAMENTOS, NOS TERMOS DO RITJSP, ARTIGO 252 - NEGADO PROVIMENTO AO APELO, COM OBSERVAÇÃO de que nota promissória subsiste porque na recompra de títulos objeto de operação de "factoring" e subscrição do contrato como devedor solidário por parte da faturizada, bem como emissão de títulos de crédito em garantia, somente são permitidas para situações em que os títulos negociados venham a se demonstrar viciados na origem, sendo exemplo comum a emissão de "duplicatas frias". (TJ-SP - APL: 01500646720108260100 SP 0150064-67.2010.8.26.0100, Relator: José Wagner de Oliveira Melatto Peixoto, Data de Julgamento: 22/10/2015, 15ª Câmara de Direito Privado, Data de Publicação: 22/10/2015). No caso dos autos, como bem exposto pela Douta Promotora de Justiça, as notas promissórias apresentadas (fls. 19 e 23) estão vinculadas a contrato de fomento mercantil, em que o emitente é o próprio faturizado, demonstrando com isso que foram utilizadas para garantir o adimplemento dos créditos negociados, o que é inadmissível. Neste sentido: MONITÓRIA - EMBARGOS - Improcedência - Nulidade do título - Título emitido em garantia de dívida contraída em contrato de fomento mercantil - Descabimento - Incompatibilidade da natureza do negócio com a exigência de garantia -Ausência de direito da faturizadora de repetição ou regresso contra o cliente, assumindo o risco do negócio e de eventuais prejuízos – Precedentes deste Egrégio Tribunal de Justiça - Sentença mantida - Recurso não provido. (Ap. Cível nº 1006116- 53.2015.8.26.0010, Rel. Des. Mario de Oliveira, 19ª Câmara de Direito Privado, j. em 21/11/2016). Ao qualificar os títulos, cabe ao Tabelião a verificação de vícios formais, bem como se foram respeitadas a legislação em vigor e as normas do Conselho Nacional de Justiça ou da Egrégia Corregedoria Geral da Justiça. Deve também aferir a liquidez e certeza da dívida, bem como a autonomia e força executiva do documento. Diante do exposto, julgo improcedente o pedido de providências formulado por SIGA Fomento Mercantil Factoring Eireli em face do 8º Tabelião de Protesto de Letras e Títulos da Capital e, consequentemente, mantenho o óbice imposto. Não há custas, despesas processuais ou honorários advocatícios decorrentes deste procedimento. Oportunamente, arquivem-se os autos. P.R.I.C. São Paulo, 3 de fevereiro de 2017. Tânia Mara Ahualli Juíza de Direito - ADV: JOSE LUIS DIAS DA SILVA (OAB 119848/SP) (DJe de 08.02.2017 - SP)

PROTESTO DE CONTRATO DE LOCAÇÃO

Processo 0049314-47.2016

Pedido de Providências Dailio Buglioto Junior 7º Tabelião de Protesto de Letras e Títulos da Capital Sentença (fls. 24/26): Vistos. Trata-se de reclamação formulada por Dailio Buglioto Júnior em face de eventual conduta irregular praticada pelo 7º Tabelião de Protesto de Letras e Títulos da Capital, tendo em vista a negativa em se proceder ao protesto o contrato de locação, pelo inadimplemento dos aluguéis. Juntou documentos às fls. 03/11. O Tabelião informa que a qualificação negativa ocorreu em razão do disposto no artigo 327, "caput" do Código Civil, uma vez que as partes convencionaram praça de pagamento diversa, qual seja, Diadema, nos termos da clausula 4º do contrato (fls. 13/19 e documentos de fls. 15/19). Intimado das informações do Tabelião, o reclamante manteve-se inerte, conforme certidão de fl. 23. É o relatório. Passo a fundamentar e a decidir. Em que pesem os argumentos da reclamante, verifico que a presente reclamação não merece prosperar, assim como a providência por ela pleiteada. Conforme estabelecido no artigo 327, "caput", do Código Civil: "Efetuar-se-á o pagamento no domicílio do devedor, salvo se as partes convencionarem diversamente, ou se o contrário resultar da lei, da natureza da obrigação ou das circunstâncias" (g.n) O local do cumprimento do contrato, em regra, está indicado no título constitutivo do negócio jurídico, ante o princípio da liberdade de eleição, pelo qual os contraentes são livres para especificar o domicílio onde serão cumpridos os deveres e os direitos resultantes do contrato, bem como determinar o foro competente para dirimir conflitos decorrentes inadimplemento das obrigações. Pela análise dos termos estabelecidos pelas partes, entendo que na presente hipótese foi constituída uma obrigação portável, cabendo ao devedor ir ao encontro do credor para realizar o pagamento, em local aventado previamente. Neste contexto, de acordo com a clausula 4ª, "a", do contrato de locação (fl. 07): "... Os aluguéis e encargos deverão ser pago pelo(s) a(s) LOCATÁRIO(S) A(AS), pontualmente até o dia 23 (vinte e três) de cada mês vencido, no escritório da ORGANIZAÇÃO IMOBILIÁRIA NOVA SÃO PAULO LTDA, situada à Avenida Fábio Eduardo Ramos Esquivel, nº 365 - Centro - Diadema/SP". Logo, o local de pagamento é a Comarca de Diadema, o que define a competência para efetivação dos protestos. E ainda, de acordo com o capítulo XV, seção II, item 27 das Normas de Serviço da Egrégio Corregedoria Geral da Justiça: "27. Somente podem ser protestados os títulos, as letras e os documentos pagáveis ou indicados para aceite nas praças localizadas no território da comarca. 27.1. Quando não for requisito do título e não havendo indicação da praça de pagamento ou aceite, será considerada a praça do sacado ou devedor ou, se não constar essa indicação, a praça do credor ou sacador. 27.2. O protesto especial para fins falimentares será lavrado na circunscrição do principal estabelecimento do devedor. 27.3. Os títulos executivos judiciais podem ser protestados na localidade de tramitação do processo ou na de domicílio do devedor." Constando do contrato que o local de pagamento é Diadema, o delegatário competente para lavrar o protesto será o Tabelião daquela Comarca. Portanto, não houve qualquer erro, falta funcional ou irregularidade na conduta do Tabelião, que cumpriu corretamente sua atribuição. Diante do exposto, determino o arquivamento da reclamação formulada por Dailio Buglioto Júnior em face do 7º Tabelião de Protestos de Letras e Títulos da Comarca da Capital, e mantenho o entrave levantado pelo Oficial. Não há custas, despesas processuais ou honorários advocatícios decorrentes deste procedimento. Oportunamente remetam-se os autos ao arquivo.. P.R.I.C. São Paulo, 17 de fevereiro de 2017. Tania Mara Ahualli Juíza de Direito (CP 429) (DJe de 06.03.2017 - SP)

PARTE 5

COMPILAÇÃO DOS **ENUNCIADOS DA ARPEN-SP E DO COLÉGIO NOTARIAL DO BRASIL** – SEÇÃO SÃO PAULO (CNB/SP)

5.1 COMPILAÇÃO DOS ENUNCIADOS DA ARPEN-SP

ADMINISTRAÇÃO

Enunciado 1: O oficial que optar por escriturar o livro nos moldes do item 16.1 deverá assim proceder em todo o livro e não será necessário dividir o livro em colunas.

Fundamento: Lei 6.015/73, artigo 3º, § 2° (parte final), item 16.1 das Normas vigentes e a supressão do antigo item 18 das Normas revogadas, bem como a finalidade da norma, que é a otimização do serviço e redução do dispêndio de papel, não fazendo sentido manter no verso uma coluna que não será preenchida jamais. Aconselha-se a constar no termo de abertura do livro os seguintes dizeres "O presente livro é escriturado mecanicamente, em folhas soltas, sem colunas, destinando-se a frente e o verso de cada folha para um único assento, conforme modelo aprovado pela Corregedoria Geral da Justiça de São Paulo, item 16.1, Capítulo XVII, Normas de Serviço Extrajudicial, nos termos da parte final do § 2º do art. 3º da Lei 6.015/73" *(Vide também o enunciado 45, que tinha o número 01 mas foi renumerado na compilação)*

Enunciado 2: Se usado livro transporte ou se o registro for transportado para o livro corrente, deve-se manter o mesmo número de ordem do registro original, mantendo também o mesmo número de matrícula, em virtude da unicidade e imutabilidade do número de matrícula. *(Vide também o enunciado 46, que tinha o número 02 mas foi renumerado na compilação)*

NATIMORTO

Enunciado 3: A atribuição de nome ao natimorto é facultativa, mas, uma vez registrado o nome, não será possível registrar outro filho como o mesmo prenome, devendo ser usado então duplo prenome ou nome completo diverso.

NASCIMENTO

Enunciado 4: No registro de adoção somente constará o número da DNV (Declaração de Nascido Vivo) se tal informação constar no mandado, não sendo correto colher tal informação do registro cancelado, pois seria uma forma oblíqua de dar publicidade sobre quem é a mãe biológica do registrado. *(Vide também o enunciado 47, que tinha o número 04 mas foi renumerado na compilação)*

Enunciado 5: No registro de nascimento fora do prazo, quando o registrando for menor de 12 (doze) anos de idade, ficará dispensado o requerimento escrito e o comparecimento das testemunhas mencionadas, se for apresentada pelo declarante a Declaração de Nascido Vivo – DNV instituída pela Lei nº 12.662, de 5 de junho de 2012, devidamente preenchida por profissional da saúde ou parteira tradicional.

Fundamento: O item 52 do Capítulo XVII das Normas de Serviço da E. Corregedoria Geral da Justiça de São Paulo, bem como o artigo 7º do Provimento CNJ 28/2013, prevalecem sobre o item 37, k do Capítulo XVII das Normas de Serviço da E. Corregedoria Geral da Justiça de São Paulo. *(Vide também o enunciado 48, que tinha o número 05 mas foi renumerado na compilação)*

Enunciado 6: No registro de nascimento fora do prazo, é dispensada a assinatura do declarante e testemunhas no livro de registro de nascimento, desde que já tenham assinado o requerimento de registro, que ficará arquivado em cartório.

Fundamento: O Item 52 do Capítulo XVII das Normas de Serviço da E. Corregedoria Geral da Justiça de São Paulo, bem como o artigo 10º, parágrafo primeiro, do Provimento CNJ 28/2013, prevalecem sobre o item 37, k do Capítulo XVII das Normas de Serviço da E. Corregedoria Geral da Justiça de São Paulo. *(Vide também o enunciado 49, que tinha o número 06 mas foi renumerado na compilação)*

REGISTRO DE UNIÃO ESTÁVEL

Enunciado 7: Não poderá ser promovido o registro, no Livro E, de união estável de pessoas casadas, ainda que separadas de fato, exceto se separadas judicialmente ou extrajudicialmente, ou se a declaração da união estável decorrer de sentença judicial transitada em julgado. (Redação alterada em conformidade com o artigo 8º do Provimento 37/2014 da Corregedoria Nacional de Justiça – CNJ. Redação anterior: *Vide também o enunciado 50, que tinha o número 07 mas foi renumerado na compilação)*

Enunciado 8: A escritura pública de união estável em que conste o estado civil de algum dos companheiros como casado poderá ser registrada desde que seja comprovado que na data de sua apresentação para registro o estado civil já não é mais de casado, devendo o registro a ser lavrado mencionar expressamente essa circunstância e o documento apresentado. *(Vide também o enunciado 51, que tinha o número 08 mas foi renumerado na compilação)*

Fundamento: Art. 4º Provimento 37/2014 da Corregedoria Nacional de Justiça – CNJ dispõe que se não constar na escritura, deverá exigir a certidão atualizada comprobatória do estado civil que poderá ser separado, divorciado ou viúvo.

Enunciado 9: As certidões do registro da união estável não deverão mencionar o estado civil dos nubentes, mas tal informação poderá constar do registro. *(Vide também o enunciado 52, que tinha o número 09 mas foi renumerado na compilação)*

Enunciado 10: Para o registro da união estável não é necessário que o registrador civil investigue o estado civil dos companheiros, devendo aceitar o que consta no instrumento, salvo se houver suspeita fundamentada de falsidade. *(Vide também o enunciado 53, que tinha o número 10 mas foi renumerado na compilação)*

Enunciado 11: Para o registro da união estável, se na escritura pública não estiver mencionado o seu número de matrícula ou número de livro, fls e termo, o oficial de registro civil poderá exigir a apresentação de certidões de nascimento, casamento ou outros documentos dos companheiros para fins de realizar as anotações e comunicações obrigatórias.

Fundamento: artigos 4º e 6º do Provimento 37/2014 da Corregedoria Nacional de Justiça – CNJ

Enunciado 12: Se no título judicial ou escritura pública em que se reconheceu a união estável constou que o companheiro acresceu o sobrenome do outro, tal alteração do nome deverá constar do registro da união estável e das respectivas certidões. (Redação atualizada conforme o Provimento 15/2015 da Corregedoria Geral da Justiça de São Paulo) – *(Vide também o enunciado 54, que tinha o número 12 mas foi renumerado na compilação)*

Enunciado 13: A apresentação de escritura pública ou de título judicial que em um único instrumento contemple o reconhecimento e também a dissolução de união estável será objeto de um único registro, à margem do qual poderá ser realizada a averbação de dissolução, nos casos de título judicial que contenha referência ao período em que mantida a união. *(Redação atualizada conforme artigo 2º, "caput" e artigo 7º Provimento 37/2014 da Corregedoria Nacional de Justiça – CNJ. Vide também o enunciado 55, que tinha o número 13 mas foi renumerado na compilação)*

Enunciado 14: (Revogado pelos artigos 732 e 733 do Código de Processo Civil) Redação anterior: A escritura pública de distrato de união estável não precisa cumprir os requisitos da escritura pública de divórcio previstos na Lei Federal 11.441/2007 e na Resolução 35/2007 do Conselho Nacional de Justiça.

Enunciado 15: É necessário comprovar o trânsito em julgado para o registro de sentença de reconhecimento ou dissolução de união estável.

Enunciado 16: É possível registrar a escritura pública ou o título judicial de união estável lavrados ainda em vida, mesmo que um dos companheiros, na data do registro, já tenha falecido, sendo anotado o óbito imediatamente após o registro da união estável.

Enunciado 17: Junto ao registro de união estável poderá ser anotado o casamento, ainda que não seja o casamento dos companheiros entre si, independentemente de prévia dissolução da união estável. Neste caso, a anotação do casamento faz presumir a extinção da união estável.

Enunciado 18: Se os companheiros são maiores de 70 (setenta) anos de idade na data da lavratura da escritura pública de união estável, o regime de bens entre eles será o da separação obrigatória de bens (REsp 646.259/RS, Rel. Ministro LUIS FELIPE SALOMÃO, QUARTA TURMA, julgado em 22/06/2010, DJe 24/08/2010)

Enunciado 19: Não há previsão legal de gratuidade para o registro de união estável devendo as partes serem orientadas a contraírem casamento.

CASAMENTO

Enunciado 20: Para a habilitação para o casamento não é necessário previamente cancelar ou dissolver eventual registro de união estável com outra pessoa.

Enunciado 21: A habilitação, a celebração, a conversão de união estável, o registro e a certidão referentes ao casamento entre pessoas do mesmo sexo deve seguir exatamente as mesmas regras de todos os casamentos.

CERTIDÕES

Enunciado 22: A emissão de certidão de nascimento em inteiro teor da pessoa adotada não necessita autorização judicial nos casos em que requerida pelo próprio adotado maior de idade ou por seu representante legal.

Fundamento legal: redação atual deste enunciado conforme item 47.2.1 do Cap. XVII das Normas de Serviço da E. Corregedoria Geral de Justiça (Provimento 56/2019).

Enunciado 23: A procuração do próprio registrado com finalidade de obter certidão de inteiro teor poderá ser por instrumento particular, desde que com firma reconhecida, sempre com poderes específicos e expressos.

Enunciado 24: O simples fato do registro ter sido lavrado por mandado judicial não impede que o próprio registrado solicite o inteiro teor independentemente de autorização judicial.

Enunciado 25: Nos casos de legitimação, legitimação adotiva, proteção à testemunha, reconhecimento voluntário ou judicial de paternidade ou maternidade, alteração de patronímico, adoção, negatória de paternidade ou maternidade, a alteração deverá ser mencionada nos campos próprios da certidão, sendo neste caso proibido o uso da inscrição de que "a presente certidão envolve elementos de averbação à margem do termo", e, igualmente, proibida a menção sobre a origem do ato.

Enunciado 26: Nenhuma modalidade de adoção será mencionada nas certidões de registro de nascimento, salvo se autorizado o inteiro teor.

Fundamento: o item 47.7 das Normas se refere a adoção indistintamente.

Enunciado 27: O campo das observações/averbações das certidões em breve relatório deverá ser preenchido com a expressão "Nada mais me cumpria certificar", tanto nos casos de registros em que nada consta na coluna de averbações, quanto nos casos de registros em que consta averbação cuja publicidade é vedada.

Enunciado 28: Deverá constar da certidão a inscrição "a presente certidão envolve elementos de averbação à margem do termo" nos casos de registros em que foi averbada uma retificação, ainda que nesse mesmo registro também foi averbado um ato cuja publicidade é vedada.

Enunciado 29: Somente são cobrados os emolumentos previstos no item 12 da Tabela V (Lei Estadual 11.331/2002) nos casos específicos de anotação ou averbação efetivamente transcritas no campo das observações/averbações da certidão.

Enunciado 30: É possível acrescer no campo das observações/averbações da certidão outros elementos do registro que não estejam protegidos pelo sigilo (por exemplo, a profissão dos genitores no registro de nascimento, estado civil dos nubentes no registro de casamento), sempre que houver pedido do solicitante nesse sentido. Nesse caso, por não serem anotações nem averbações, não incide a cobrança dos emolumentos previstos no item 12 da Tabela V (Lei Estadual 11.331/2002).

Enunciado 31: As certidões de pessoa emancipada, mesmo que já tenha completado a maioridade, deverão constar a anotação da emancipação e incide os emolumentos previstos no item 12 da Tabela V (Lei Estadual 11.331/2002).

Enunciado 32: As certidões de pessoa interditada, mesmo que já cancelada a interdição, deverão sempre constar as anotações da interdição e seu cancelamento, incidindo os emolumentos previstos no item 12 da Tabela V (Lei Estadual 11.331/2002).

RECONHECIMENTO DE FILHO

Enunciado 33: No procedimento de reconhecimento de filho, caso os comparecentes não portarem documento de identificação deverão ser identificados na forma do art. 215, § 5º do Código Civil, participando do ato duas testemunhas que os conheçam e atestem as suas identidades.

Enunciado 34: No registro de nascimento ou no reconhecimento de filho, quando o genitor for identificado por meio de duas testemunhas na forma do art. 215, § 5º do Código Civil, é permitido lançar os nomes dos avós do registrado (pais da pessoa identificada por testemunhas) e sua naturalidade apenas com fundamento no depoimento das testemunhas. Nestes casos, para evitar erros de grafia, é aconselhável a apresentação de qualquer documento escrito, bem como a pesquisa no acervo da serventia, mas a ausência desses documentos não impede a lavratura do ato.

Enunciado 35: Qualquer que seja o título apresentado para o reconhecimento de filho (por exemplo, instrumento particular, instrumento lavrado nos termos do Provimento CNJ 16/2012, escritura pública, título judicial, testamento, termo lavrado na penitenciária) a averbação será lavrada independentemente de manifestação do Ministério Público ou decisão judicial, mas dependerá de anuência escrita do filho maior ou, se menor, da mãe.

ÓBITO

Enunciado 36: Para constar no registro de óbito que o falecido vivia em união estável basta que o declarante afirme tal fato jurídico, não sendo necessário apresentar nem mencionar qualquer documento.

Enunciado 37: Na ausência da comunicação de óbito feita de ofício pela autoridade policial a respeito das pessoas encontradas mortas (item 95.3 das Normas), qualquer um dos demais legitimados estará apto a efetuar a declaração, desde que seja apresentado o respectivo atestado médico de óbito (DO) e boletim de ocorrência ou outro documento comprovando que as autoridades policiais tomaram conhecimento do fato.

Enunciado 38: No registro de óbito não é possível constar a data de início da união estável, mas é possível constar a data da escritura pública, sentença judicial ou registro da união estável, se houver.

TRASLADOS DE ASSENTOS ESTRANGEIROS

Enunciado 39: As certidões expedidas por autoridades estrangeiras não precisam ser registradas em Registro de Títulos e Documentos para serem transcritas no Livro E do Registro Civil das Pessoas Naturais.

ALTERAÇÃO DE PATRONÍMICO

Enunciado 40: É admitida a averbação da alteração de patronímico dos pais ocorrida em virtude de separação, divórcio, casamento ou qualquer outra alteração, devendo ser apresentado o documento legal e autêntico que comprove a alteração, estando dispensada a audiência do Ministério Público e a intervenção do Juiz Corregedor Permanente.

Fundamento: Lei 6.015/73, artigo 29, § 1º,VII e itens 119.1 e 122, "e", Capítulo XVII das Normas de Serviço da E. Corregedoria Geral da Justiça de São Paulo. (STJ – REsp nº – DF – 3ª Turma – Rel. Min. Sidnei Beneti – DJ 03.09.2009)

AVERBAÇÕES

Enunciado 41: Se constar do título judicial ou escritura pública que foi feita a partilha de bens por ocasião da separação ou divórcio, deverá constar na respectiva averbação a simples notícia de que foi feita a partilha. O inverso não deverá ser feito, ou seja, não se deve mencionar na averbação que não foi feita a partilha.

Enunciado 42: Apesar de o Capítulo XVII não mais mencionar o procedimento de suposta paternidade (antigo 42.4), continua obrigatório para todo registrador civil. As regras para a indicação de suposta paternidade estão na Lei 8.560/92, bem como no Provimento 16/2012 do CNJ.

Enunciado 43: Apesar de o Capítulo XVII não mais mencionar a necessidade de "Cumpra-se" para cumprir mandado de retificação vindo de outra comarca (antigo 130.2), o § 5º do artigo 109 da Lei de Registros Públicos, faz esta exigência. O encaminhamento deverá ser feito até que haja posicionamento da Corregedoria Permanente ou da Corregedoria Geral mencionando a dispensa. Ressaltando que a exigência de "cumpra-se" é apenas para mandados de retificação, restauração ou suprimento de registro civil.

Enunciado 44: Se não houver erro na lavratura do registro, a averbação destinada a modificar seus elementos se faz pelo artigo 97 da Lei de Registros Públicos, sendo aplicável a cobrança de emolumentos.

CASAMENTO

Enunciado 45: O requerimento de habilitação para o casamento poderá ser firmado por procurador, constituído por instrumento público ou particular com firma reconhecida, mesmo após a vigência da Lei Federal 12.133/2009.

Fundamento legal: artigo 1.525 do Código Civil. Publicado em 08 de fevereiro de 2010. *(Enunciado renumerado na compilação em 30/05/2014)*

AVERBAÇÕES / ANOTAÇÕES

Enunciado 46: (Derrogado pela Lei 13.484/2017) Redação anterior: A averbação de retificação de erros evidentes será feita pelo oficial de registro do cartório onde se encontrar o assentamento, independentemente de decisão judicial, após manifestação favorável do Ministério Público.

Fundamento legal: Lei nº 6.015 (LRP) modificada pela Lei Federal 12.100/2009. Publicado em 08 de fevereiro de 2010. (Enunciado renumerado na compilação em 30/05/2014) CASAMENTO

Enunciado 47: A Lei Federal 12.133/2009 não revogou o Ato 289/2002 – PGJ/CGMP/CPJ, publicado no DOE em 31/08/2002, que versa sobre a dispensa de vista ao Ministério Público dos autos de habilitação para o casamento.

Fundamento legal: Ofício 184/10 – JUR Protocolo 2.649/10 – MP datado de 20/01/2010 da Subprocuradoria Geral da Justiça – Assuntos Jurídicos. Publicado em 08 de fevereiro de 2010. *(Enunciado renumerado na compilação em 30/05/2014)*

AVERBAÇÕES/ ANOTAÇÕES

Enunciado 48: (Derrogado pela Lei 13.484/ 2017) Redação anterior: O Oficial de Registro é parte interessada para requerer a retificação de seus assentamentos, nos termos do artigo 110 da Lei de Registros Públicos.

Fundamento legal: Lei 8.935/94, artigo 30, inciso I e nova redação do artigo 110 da Lei de Registros Públicos. Publicado em 11 de fevereiro de 2010. (Enunciado renumerado na compilação em 30/05/2014)

NOME

Enunciado 49: As partículas de ligação no sobrenome, tais como "de" ou "e", estejam no singular ou no plural, no gênero masculino ou no feminino, não são elementos essenciais do sobrenome, logo podem ser suprimidas ou acrescidas por ocasião das escolhas ou alterações de nome permitidas pela lei.

Fundamento legal: Proc CG 89.652/2009/ Proc CG 89.550/2009/ Proc CG 79.567/2009/ Proc CG 89.253/ 2009/ Proc CG 89.619/2009/ Proc CG 89.528/2009/ Proc CG 89.626/2009/ Proc CG 89.649/2009 / Proc CG 9.826/2009 / Proc CG 9.848/2009/ Proc CG 89.558/2009/ Proc CG 26.003/2009/ Proc CG 26.005/2009/ Proc CG 60.445/2009.

Verifica-se com este enunciado que é permitido adotar o sobrenome do cônjuge em virtude do casamento com ou sem referidas partículas ou compor o sobrenome do filho no momento do registro de nascimento ou no momento do reconhecimento de filiação com ou sem as referidas partículas.

Publicado em 08 de março de 2010. *(Enunciado renumerado na compilação em 30/05/2014)*

Enunciado 50: É vedada a supressão total do sobrenome de solteiro(a), divorciado(a) ou viúvo(a) quando da mudança deste em virtude do casamento, sendo, no entanto, permitida a supressão parcial.

Fundamento legal: art. 72 das NSCGJ-SP; decisão STJ nº 662.799/MG. Publicado em 22 de março de 2010. *(Enunciado renumerado na compilação em 30/05/2014)*

AUTENTICAÇÃO

Enunciado 51: A cópia reprográfica autenticada de ato da serventia ou de documento arquivado na serventia prevista no item 13 da Tabela de Custas do Registro Civil das Pessoas Naturais não se confunde com a autenticação notarial de documentos em geral e não deve ser utilizado selo de autenticidade.

Fundamento legal: Lei 11.331/02, Tabela V, item 13. Publicado em 28 de maio de 2010. Saiba mais em: www.arpensp.org.br/principal/index.cfm?pagina_id=418*(Enunciado renumerado na compilação em 30/05/2014)*

AVERBAÇÃO E DIVÓRCIO

Enunciado 52: É possível à averbação de escritura pública ou mandado judicial de divórcio, independentemente de prévia separação judicial por mais de um ano ou de comprovada separação de fato por mais de dois anos.

Fundamento legal: Emenda Constitucional 66/ 2010 (notadamente sua ementa) e Resolução CNJ 35/2007, com alteração do pedido de providências 0005060-32.2010.2.00.0000, relator Conselheiro Jefferson Kravchychyn, publicado em 16/09/2010, edição 170/2010 do Diário Eletrônico do CNJ.

Publicado em 24 de setembro de 2010. *(Enunciado renumerado na compilação em 30/05/2014)*

CASAMENTO

Enunciado 53: Não se deve constar no registro de casamento os nomes e as idades dos filhos havidos de matrimônio anterior ou legitimados pelo casamento.

Fundamento legal: Artigo 227, § 6º da CF; item 81, Cap. XVII do Prov. CGJ/SP nº 25/2005.

Publicado em 01 de dezembro de 2010. *(Enunciado renumerado na compilação em 30/05/2014)*

ANOTAÇÃO

Enunciado 54: A certidão expedida por Oficial de Registro Civil das Pessoas Naturais é documento hábil para a anotação nos atos anteriores, nos termos do artigo 106 da Lei de Registros Públicos, independentemente de comunicação eletrônica ou por escrito.

Fundamento legal: Interpretação teleológica do artigo 106 da Lei de Registros Públicos conforme decisão do Juiz de Direito da 2ª Vara de Registros Públicos da Comarca da Capital do Estado de São Paulo, Dr. Márcio Martins Bonilha Filho, no Processo 000.05.021751 ¿ CP 214/05, publicada no Diário Oficial de 02 de junho de 2005.

Publicado em 10 de janeiro de 2011. *(Enunciado renumerado na compilação em 30/05/2014)*

COMUNICAÇÃO

Enunciado 55: Sempre que solicitado, o registrador civil deverá enviar a comunicação de atos lavrados em sua serventia, mesmo nas situações em que já expirou o prazo legal da comunicação, em que já tenha sido enviada a comunicação obrigatória, em que não consta do assento nenhuma informação que indique a necessidade de comunicação (exemplo, não consta no óbito a cidade em que o falecido se casou, nem o nome da viúva).

55.1 – A comunicação será endereçada a qualquer registrador civil, cabendo ao que recebeu a comunicação a responsabilidade de proceder a devida qualificação registral, antes de realizar a anotação, a fim de verificar se se trata da mesma pessoa

55.2 – A comunicação enviada não poderá conter elementos que não constem do respectivo registro, salvo se constar expressamente no campo das observações da comunicação que se trata de informação declarada pelo cidadão solicitante para facilidade na localização do assento.

55.3 – O registrador civil que expedir a comunicação poderá, a seu critério, arquivar o pedido (escrito, e-mail, intranet etc) em classificador próprio, comprovando, se necessário, que o fez em virtude de pedido de pessoa interessada, que pode ser outro registrador civil ou o usuário do serviço público

55.4 – A critério do interessado, também poderá ser feita a anotação por meio da apresentação da certidão do registro civil, sendo desnecessária a comunicação

Publicado em 02 de julho de 2013 *(Enunciado renumerado na compilação em 30/05/2014)*

CERTIDÕES

Enunciado 56: Das certidões de casamento em breve relatório não devem conter no campo das observações que se trata de conversão de união estável em casamento, salvo se houver pedido do solicitante da certidão.

Enunciado 57: Das certidões de casamento religioso com efeito civil extraídas em breve relatório deverão constar a data da celebração religiosa no campo das observações, sem necessidade de mencionar culto religioso.

Fundamento: o artigo 1.515 do Código Civil estabelece que o casamento produz efeitos a partir da celebração religiosa, o que torna a sua data relevante para a publicidade registral.

NASCIMENTO

Enunciado 58: Para o registro de nascimento ocorrido em domicílio, com assistência de profissional da saúde que emita a Declaração de Nascido Vivo (DNV) no formulário padrão do Ministério da Saúde (Lei 12.662/2012), basta a apresentação da referida DNV, ficando ao critério do Oficial, em caso de fundamentada dúvida acerca da veracidade das declarações, assim como já faz nos casos de nascimentos ocorridos em estabelecimento de saúde, exigir apresentação dos exames de pré-natal em nome da genitora e/ou o testemunho de duas pessoas que não forem os pais e tiverem visto o recém-nascido.

Fundamento legal: LRP, art. 52, § 1º e art. 54, item 9º e Lei 12.662/2012, artigo 3º. Provimento CNJ 28/2013, artigo 7º.

CASAMENTO

Enunciado 59: É desnecessária a apresentação da certidão de nascimento do estrangeiro no processo de habilitação de casamento sempre que houver documento de identidade ou passaporte com visto válido ou atestado consular que supra a prova de idade e filiação. A prova do estado civil, assim como a de filiação, pode ser feita por declaração de testemunhas ou atestado consular.

Fundamento legal: artigo 1.525 d Código Civil e item 56 do Capítulo XVII das Normas de Serviço da E. Corregedoria. Publicado em 02/10/2015.

DIVÓRCIO

Enunciado 60: A sentença estrangeira de divórcio consensual puro bem como a decisão extrajudicial de divórcio, que pela lei brasileira tem natureza jurisdicional, pode ser averbada no Registro

Civil das Pessoas Naturais brasileiro, independentemente de homologação pelo Superior Tribunal de Justiça, sendo desnecessário o prévio registro da sentença por Oficial de Registro de Títulos e Documentos.

Fundamento: Art. 961, § 5º do Novo Código de Processo Civil, Provimento 53/2016 da Corregedoria Nacional de Justiça e Provimento 26/2016 da Corregedoria Geral da Justiça do Estado de São Paulo, que regularam inteiramente a matéria. Primeira publicação: 13/04/2016. Publicação com redação atual 22/06/2016.

Enunciado 61 – Dispensa de reconhecimento de firma nos requerimentos. Os requerimentos para a prática de atos no Registro Civil das Pessoas Naturais, inclusive os de certidão em inteiro teor encaminhados pelo módulo e-Protocolo da CRC (Central de Informações do Registro Civil), dispensam o reconhecimento da firma do requerente quando forem assinados perante o Registrador ou seu preposto.

Fundamento legal: artigo 13 da Lei 6.015/73 e analogia com os itens 20.1 e 120 do Capítulo XX das NSCGJ-SP.

INTEIRO TEOR

Enunciado 62: O requerimento de certidão em inteiro teor, realizado para utilização na própria Serventia ou remetido via e-protocolo, poderá ser realizado por qualquer pessoa, devendo ser assinado na presença do oficial/escrevente, com dispensa do reconhecimento de firma e acompanhado de cópia do documento de identificação apresentado. O oficial/escrevente deverá recomendar que o requerente exponha as razões do pedido, assim como o grau de parentesco com o(a) registrado(a) cuja certidão se requer, diante da possibilidade de indeferimento do pedido, pelo juiz corregedor permanente, em caso de ausência dessas informações.

Fundamento: Aprovação em Assembleia. Assembleia Geral Extraordinária realizada na sede da Arpen SP em 29/09/2017.

Enunciado 63: O requerimento de certidão em inteiro teor, recebido por via diversa do e-protocolo, poderá ser realizado por qualquer pessoa e deverá ter a firma reconhecida do requerente, seja por semelhança ou autenticidade. O oficial/escrevente deverá recomendar que o requerente exponha as razões do pedido, assim como o grau de parentesco com o registrado cuja certidão se requer, diante da possibilidade de indeferimento do pedido, pelo juiz corregedor permanente, em caso de ausência dessas informações.

Fundamento: Aprovação em Assembleia Geral Extraordinária realizada na sede da ArpenSP em 29/09/2017.

RETIFICAÇÃO ADMINISTRATIVA

Enunciado 64: Tratando-se de erro evidente, assim qualificado pelo oficial, nos moldes do inciso I do art. 110 da Lei 6.015/73, cuja constatação seja feita a partir de apresentação de documento estrangeiro, este deverá estar apostilado ou consularizado (caso o país emissor não integre a Convenção da Haia), traduzido por tradutor público juramentado devidamente inscrito em Junta Comercial do Brasil e registrado no Registro de Títulos e Documentos competente.

Fundamento: Aprovação em AssembléiaAssembleia Geral Extraordinária realizada na sede da ArpenSP em 29/09/2017.

Enunciado 65: Em caso de necessidade de retificação de erro(s) constante(s) em mais de um registro pertencente à mesma Serventia e na mesma ocasião, o requerimento correspondente deverá ser realizado num único instrumento com indicação precisa dos assentos a serem retificados, acompanhado dos documentos (originais, autenticados ou conferidos) que comprove(m) o(s) erro(s). Neste caso, o oficial deverá cobrar por um procedimento de retificação, acrescido de tantas quantas forem as averbações adicionais, descontada daquela que integra o próprio procedimento de retificação.

65.1 - A cobrança na forma acima é aplicável somente na retificação de registros da mesma pessoa e requerida no próprio cartório onde localizados os assentos.

Fundamento legal: Aprovação do enunciado em Assembléia Geral Extraordinária realizada na sede da ArpenSP em 29/09/2017 e subitem aprovado em 10/11/2020.

CERTIDÃO

Enunciado 66: Na emissão de certidões, salvo nos casos de inteiro teor, não deverá constar qualquer referência a averbação regulamentada no Provimento 73/2018 da CN-CNJ, de alteração de sexo, prenome ou de ambos, nem mesmo a expressão "a presente certidão envolve elementos de averbação à margem do termo".

Fundamento: a privacidade do indivíduo, expressamente assegurada no art. 5º do Provimento citado.

REGISTRO DE NASCIMENTO

Enunciado 67 -: Quando na Declaração de Nascido Vivo o sexo do recém nascido estiver informado na opção "ignorado" (campo 3 do formulário padronizado do Ministério da Saúde) o registro de nascimento será lavrado constando o sexo do registrado como "ignorado".

Fundamento: Lei 6.015/73, art. 54, §2º e princípio da veracidade registral.

CERTIDÃO DE INTEIRO TEOR

Enunciado 68: Os requerimentos de certidão de inteiro teor poderão ser encaminhados ao serviço de registro civil das pessoas naturais em formato eletrônico ".p7s" ou ".pdf", com assinatura digital nos padrões da ICP-Brasil, cuja autenticidade e integridade serão conferidas no verificador de conformidade do ITI - Instituto Nacional de Tecnologia da Informação, serviço disponível gratuitamente no endereço eletrônico: verificador.iti.gov.br

68.1 - Caso necessário, o serviço de registro civil poderá imprimir e arquivar em papel o requerimento eletrônico, juntamente com a confirmação de autenticidade e integridade, certificando que a impressão é reprodução fiel do original em meio eletrônico, sem custos adicionais para o requerente.

Fundamento legal: artigos 10 e 13 da Medida Provisória 2200-2, perenizada pela Emenda Constitucional 32.

REGISTRO DE ÓBITO

Enunciado 69: O registro de óbito em que constou a causa da morte como "suspeita de Covid-19", como "Covid-19" ou não constou referência ao Covid-19 poderá ser retificado para excluir ou incluir essa causa da morte, mediante procedimento administrativo requerido por qualquer das pessoas legitimadas a declarar o óbito e apresentação de documento legal e autêntico que consiste no exame laboratorial conclusivo.

Fundamento legal: art. 110 da Lei 6.015/73 e Resolução SS 32 da Secretaria Estadual de Saúde do Estado de São Paulo, publicada no DOE de 21/03/2020.

DOCUMENTOS E CERTIDÕES ELETRÔNICOS

Enunciado 70: Os documentos e certidões eletrônicos, apresentados para a instrução dos procedimentos de retificação de registro; de reconhecimento de filiação; de alteração de patronímico; de alteração de prenome e/ou sexo de pessoa transgênero; de habilitação para o casamento; e demais procedimentos administrativos, com autenticidade verificada pelo Registrador, poderão ser impressos e, após certificada a conferência realizada, juntados aos respectivos procedimentos em meio físico.

Fundamento legal: Lei 12.682/2012, art. 2-A, §2°; Lei 6.015/1973, art. 110; Provimento CNJ n° 16/2012, art. 3°, §2°; Provimento CNJ n° 82/2019, art. 1°, "caput"; Provimento CNJ n° 73/2018, art. 7°; Código Civil, art. 1.525.

CARTAS DE SENTENÇA

Enunciado 71: A obrigatoriedade de utilização do módulo da CRC-Jud é restrita aos membros do Tribunal de Justiça do Estado de São Paulo, logo, quando o envio não for realizado por esses agentes, é possível ao registrador recepcionar cartas de sentença, mandados ou ofícios judiciais por e-mail, pelo correio ou qualquer outra forma, desde que possível realizar a confirmação de autenticidade do documento eletrônico.

Fundamento legal: Itens 124 e 124.6, do Cap.XVII das NSCGJSP.

ANOTAÇÃO DE CASAMENTO

Enunciado 72: No texto da anotação de casamento não há obrigatoriedade de constar o nome do cônjuge, tenha ou não havido alteração do nome pelo casamento.

Fundamento legal: Lei 6.015/73, arts. 106 e 107.

5.2 ENUNCIADOS SOBRE A COBRANÇA DE EMOLUMENTOS NOTARIAIS DO COLÉGIO NOTARIAL DO BRASIL – **SEÇÃO SÃO PAULO (CNB/SP)**

ATA NOTARIAL

Enunciado nº 1: Faculta-se ao tabelião no momento da solicitação da Ata Notarial exigir requerimento escrito do solicitante e depósito prévio equivalente ao valor estimado dos emolumentos do ato.

§ 1º O depósito prévio deverá ser devolvido na integralidade se a desistência ocorrer antes do início da diligência.

§ 2º Iniciada a diligência, mas por culpa ou a pedido da parte, está não for concluída, lavrar-se-á uma ata notarial relatando a solicitação e o momento da desistência, ***sem o conteúdo constatado***, sendo devido 1/3 dos emolumentos que seriam cobrados pela conclusão do ato solicitado, acrescido das despesas com as diligências.

Justificativa: aplicação irrestrita do item 9.1 das Notas Explicativas da Tabela de Custas.

Enunciado nº 2: A ata notarial para fins de usucapião tem conteúdo econômico.

Justificativa: a ata notarial para usucapião extrajudicial possui reflexo econômico e valor quantificável, representado pelo valor venal aplicável ou atribuído pelo possuidor ao bem imóvel, o que for maior, aplicando-se a Tabela 1 dos emolumentos notariais, previsto na Lei 11.331/2002.

SEPARAÇÃO E DIVÓRCIO

Enunciado nº 3: Nas escrituras de divórcio ou separação, quando houver fixação de pensão alimentícia, a base de cálculo dos emolumentos deverá considerar o valor da soma das prestações. Caso a obrigação alimentícia seja por prazo indeterminado, os emolumentos serão cobrados pelo valor equivalente a 12 prestações.

Parágrafo único: Quando houver bens a partilhar e fixação de pensão alimentícia, somam-se os valores dos bens e das pensões, cobrando-se um único ato notarial.

Justificativa: diretriz traçada na consulta do CNB/SP – Parecer 280/2014-E, Processo nº 2014/123740 – Corregedoria Geral da Justiça do Estado de São Paulo.

CLÁUSULAS RESTRITIVAS

Enunciado nº 4: Não incide sobre a inserção das cláusulas restritivas (incomunicabilidade, inalienabilidade ou impenhorabilidade) qualquer emolumento além da cobrança do ato notarial realizado.

Justificativa: a inserção de cláusulas não constitui ato principal ou acessório, mas tão somente a aposição de uma vontade do doador.

DOAÇÃO

Enunciado nº 5: Na doação com reserva de usufruto o cálculo dos emolumentos deve considerar dois atos: (a) um ato relativo à doação, com base de cálculo equivalente a 2/3 do valor do imóvel; e (b) um ato relativo à reserva de usufruto, com base de cálculo equivalente a 1/3 do valor do imóvel, aplicando-se a redução de 75% neste último ato.

Justificativa: vide Parecer 386/2009-E, processos nº 2007/39743 e 2008/59448 – Corregedoria Geral da Justiça do Estado de São Paulo.

Enunciado nº 6: Nas escrituras de compra e venda com doação modal de numerário serão cobrados dois atos: um ato integral pela compra e venda e um ato com 40% de desconto referente à doação de numerário.

Justificativa: aplicação do item 1.6 das Notas Explicativas, uma vez que a doação de bem móvel pode ser instrumentalizada por escrito particular. Vide Parecer 113/2013-E, Processo nº 2012/108699 – Corregedoria Geral da Justiça do Estado de São Paulo.

INVENTÁRIO E PARTILHA

Enunciado nº 7: Nas escrituras de inventário e partilha prevalecerá como base para o cálculo dos emolumentos, o maior valor dentre aquele atribuído pelas partes e o venal, considerado este na data da prática do ato notarial.

Justificativa: o critério temporal da regra matriz de incidência do ITCMD é a data do óbito, enquanto que os emolumentos é a data da lavratura da escritura, nos termos dos 7º da Lei 11.331/02.

Enunciado nº 8: Pela Renúncia de Direitos Hereditários cobrar-se-á um ato sem valor declarado, por cada herdeiro que renunciar, mesmo que a renúncia seja feita no mesmo instrumento do inventário. Já a chamada renúncia translativa ou "in favorem" os emolumentos serão cobrados segundo a Tabela 1.

Justificativa: na renúncia pura e simples ou abdicativa não há transferência de direitos, sendo o renunciante considerado como se nunca existisse. Tratamento diverso recebe a renúncia dirigida ou translativa, em que o herdeiro aceita seu quinhão e depois o transfere a beneficiário determinado. Nessa hipótese, a cobrança da transferência deve ser feita sobre o valor do quinhão transferido, sem prejuízo da cobrança pela escritura de inventário.

Enunciado nº 9: Nos inventários, divórcios e separações, quando houver excesso de quinhão ou meação, cobra-se um ato integral por cessão, sem prejuízo da cobrança pela partilha.

Justificativa: o critério utilizado para cobrança dos emolumentos se baseia na quantidade de negócios jurídicos celebrados.

Enunciado nº 10: Não há gratuidade nas escrituras relativas aos atos decorrentes da Lei 11.441/2007, salvo para os casos de atos praticados em cumprimento de mandados judiciais expedidos em favor da parte beneficiária da justiça gratuita, sempre que assim for expressamente determinado pelo Juízo (art. 98, §1º IX do Novo Código de Processo Civil c/c Item 76 do Capítulo XIII das NSCGJ/SP).

Justificativa: a gratuidade nas escrituras públicas relativas aos atos decorrentes da Lei 11.441/2007 encontrava amparo legal no § 3º, do art. 1.124-A, do Código de Processo Civil de 1973. Todavia, com a edição do atual Código de Processo Civil, Lei n. 13.105, de 16 de março de 2015, que entrou em vigor no dia 18 de março de 2016, houve a ab-rogação do diploma normativo anterior e a fixação de novo arcabouço jurídico para a matéria, que passou a ser assim disciplinada:

> "Art. 733 O divórcio consensual, a separação consensual e a extinção consensual de união estável, não havendo nascituro ou filhos incapazes e observados os requisitos legais, poderão ser realizados por escritura pública, da qual constarão as disposições de que trata o art. 731.
>
> § 1º A escritura não depende de homologação judicial e constitui título hábil para qualquer ato de registro, bem como para levantamento de importância depositada em instituições financeiras.
>
> § 2º O tabelião somente lavrará a escritura se os interessados estiverem assistidos por advogado ou por defensor público, cuja qualificação e assinatura constarão do ato notarial."

Pela leitura do dispositivo acima transcrito podemos concluir que a nova legislação não contemplou qualquer hipótese de concessão de gratuidade para as escrituras de separação e divórcio.

E, diante da ausência de previsão legal expressa que imponha a gratuidade no atual ordenamento pátrio, deve o Tabelião exigir o pagamento dos emolumentos devidos pelos atos, bem como promover os repasses aos entes respectivos, exceto para os casos de atos praticados em cumprimento de mandados judiciais expedidos em favor da parte beneficiária da justiça gratuita, sempre que assim for expressamente determinado pelo Juízo, conforme o artigo 98, §1º IX do Novo Código de Processo Civil c/c Item 76 do Capítulo XIII das NSCGJ/SP, respectivamente abaixo reproduzidos:

> Novo Código de Processo Civil (Lei 13.105/2015)
>
> Art. 98. A pessoa natural ou jurídica, brasileira ou estrangeira, com insuficiência de recursos para pagar as custas, as despesas processuais e os honorários advocatícios têm direito à gratuidade da justiça, na forma da lei.
>
> § 1º A gratuidade da justiça compreende:
>
> ...
>
> IX – os emolumentos devidos a notários ou registradores em decorrência da prática de registro, averbação ou qualquer outro ato notarial necessário à efetivação de decisão judicial ou à continuidade de processo judicial no qual o benefício tenha sido concedido.
>
> Capítulo XIII das NSCGJ/SP
>
> 76. São gratuitos os atos previstos em lei e os praticados em cumprimento de mandados judiciais expedidos em favor da parte beneficiária da justiça gratuita, sempre que assim for expressamente determinado pelo Juízo.
>
> 76.1. A assistência judiciária gratuita é benefício de cunho eminentemente pessoal que não abrange outras partes para as quais não tenha havido expressa concessão de gratuidade pela Autoridade Judiciária.

PROCURAÇÃO

Enunciado nº 11: No caso de procuração para fins previdenciários, a isenção prevista na Tabela 2.1, somente alcança os poderes conferidos para atuação circunscrita à Previdência Social.

Parágrafo único: a isenção prevista na Tabela 2.1 acima abrange a emissão de certidão de procuração para fins previdenciários.

Justificativa: na outorga de isenção, o Código Tributário Nacional aponta como meio de se extrair as mensagens da legislação tributária, a *interpretação literal*, de acordo com o art. 111, inc. II do CTN. Além disso, quando há outorga de poderes que excedam a atuação junto a Previdência Social, o legislador previu Tabela específica, como ocorre com o mandato outorgado com cláusula "ad judicia", cuja hipótese é tratada na Tabela 2.2 – procuração com poderes para o foro em geral.

Enunciado nº 12: Nas escrituras de renúncia feita pelo mandatário de procuração aplica-se a Tabela 2.

Justificativa: A Tabela 2 é prevista para os atos de procuração, substabelecimento ou revogação. A inserção da renúncia nesta Tabela se dá por interpretação integrativa, não havendo criação de direito novo, mas tão somente um ato declaratório do direito existente.

RECONHECIMENTO DE FIRMA

Enunciado nº 13: Na prática de ato de reconhecimento de firma os emolumentos serão aferidos pelo número de atos praticados, ainda que relativamente a assinaturas de uma mesma pessoa, utilizando-se os selos notariais correspondentes.

Justificativa: cada reconhecimento de firma corresponde a um ato notarial (Tabela 4).

TRASLADO/CERTIDÃO

Enunciado nº 14: O traslado gratuito pode ser oferecido a cada uma das partes que participa da escritura, não caracterizando tal conduta ato atentatório à livre concorrência. No dia seguinte a conclusão da prática do ato notarial somente será fornecida certidão, obedecida a Tabela 5.

Justificativa: nos emolumentos das escrituras se compreende o traslado do ato para cada uma das partes envolvidas, de acordo com a item 4.1 das notas explicativas de emolumentos notariais. A partir disto aplica-se a Tabela 5.

ESCRITURA COM VALOR DECLARADO

Enunciado nº 15: Para atos notariais com valor declarado, deve-se utilizar o valor venal de referência como base de cálculo dos emolumentos, desde que seja o maior.

Justificativa: em atenção ao o artigo 7º, inc. III, da lei 11.331/02 o valor da base de cálculo a ser considerado para fins de enquadramento nas Tabelas é aquele declarado pelas partes ou o utilizado para recolhimento do imposto de transmissão 'inter vivos' de bens imóveis, prevalecendo o que for maior. Dessa forma, tal base também é a referência para cobrança de emolumentos. Vide, ainda, artigo 9º, §1º da lei 10.705/01, artigo 12, §1º, do decreto 46.655/2002 e item 78.3 do Capítulo XIV das Normas de Serviço da CGJ.

HIPOTECA

Enunciado nº 16: Nas escrituras de instituição de hipoteca os emolumentos são calculados sobre o débito confessado ou estimado, não sendo cobrado o ato acessório pela especificação da dívida. Se forem dados vários imóveis em garantia de uma dívida e não for atribuído o valor a que cada imóvel garante, divide-se o valor da dívida pela quantidade de imóveis e cobram-se tantos atos quantos forem os imóveis ofertados. Por outro lado, se for especificado qual valor cada imóvel garante a dívida, cobra-se de acordo com a atribuição de valor dada pelas partes.

§ 1º Nos casos em que o mútuo e/ou a dívida são formalizados na escritura juntamente com a hipoteca, cobra-se o mútuo/confissão de dívida com 40% de desconto e a hipoteca conforme o enunciado acima.

Justificativa: de acordo com o artigo 1.424 do Código Civil o contrato de hipoteca pressupõe a confissão de dívida, sendo, portanto, necessário declarar o valor do crédito, de modo a não justificar a cobrança da simples especificação da dívida (vide item 1.1 e 1.1.1 das Notas Explicativas).

Ex.: dívida de 100 mil e dois imóveis dados em hipoteca (sem dizer quanto cada um garante) serão cobrados dois atos de 50.

Ex.: dívida de 100 mil. Dois imóveis dados em garantia: um garante 60 mil e outro 40 mil. São cobrados dois atos: um de 60 e outro de 40.

Obs.: O item 3.4 das notas explicativas da tabela de emolumentos notariais aplica-se especificamente para os atos de compra e venda com mútuo e hipoteca.

CONSTITUIÇÃO DE RENDA

Enunciado nº 17: Nas escrituras de constituição de renda os emolumentos devem ter como base de cálculo o valor global quando se tratar de prazo definido, ou, sendo por prazo indefinido, o valor equivalente ao período de doze meses.

Justificativa: aplica-se o mesmo critério utilizado para apuração dos emolumentos nas obrigações de trato sucessivo (vide item 1.2 das Notas Explicativas e Enunciado nº 3).

ENFITEUSE

Enunciado nº 18: Não se aplica o item 1.4 das Notas Explicativas nas transmissões que tem por objeto bem imóvel já gravado com enfiteuse, devendo ser feita a cobrança integral dos emolumentos.

Justificativa: item 1.4 das Notas Explicativas regulamenta a hipótese de enfiteuse, cuja constituição está proibida de acordo com o artigo 2.038 do Código Civil.

POSSE

Enunciado nº 19: Nas escrituras de constituição, transferência, modificação ou renúncia de direitos possessórios aplica-se o desconto de 40%, previsto no item 1.6 das Notas Explicativas da tabela de emolumentos notariais.

Justificativa: prevalece o posicionamento majoritário da doutrina de que a posse não é direito real, sendo a escritura pública não essencial à validade dos negócios jurídicos que visem à constituição, transferência, modificação ou renúncia de direitos possessórios. Vide Parecer 82/2016-E, Processo nº 2016/8730 – Corregedoria Geral da Justiça do Estado de São Paulo.

ISENÇÃO

Enunciado nº 20: Para cálculo dos emolumentos consideram-se dois imóveis quando o negócio jurídico envolver conjunto comercial e garagem/box/depósito, desde que haja matrículas distintas.

Justificativa: não se aplica a isenção prevista no item 1.7 das Notas Explicativas, pois trata exclusivamente de apartamento e vaga, uma vez que na outorga de isenção aplica-se a regra de *interpretação literal* da norma, de acordo com o art. 111, inc. II do CTN.

Enunciado nº 21: Havendo acessão sobre terrenos urbanos, matriculados distintamente, mas inscritos sob o mesmo cadastro de contribuinte Municipal, estes não serão considerados como único imóvel para fins de apuração de Emolumentos.

Justificativa: não se aplica a isenção prevista no item 1.7.1 das Notas Explicativas, pois trata exclusivamente de terreno urbano não edificado, uma vez que na outorga de isenção aplica-se a regra de *interpretação literal* da norma, de acordo com o art. 111, inc. II do CTN.

DAÇÃO EM PAGAMENTO

Enunciado nº 22: Na escritura de venda e compra com parte do pagamento do preço em imóvel, cobrar-se-á um ato com base no valor total, mais tantos atos quantos forem os imóveis dados em pagamento.

Justificativa: sendo a coisa dada em pagamento um bem imóvel, as relações entre as partes regular-se-ão pelas normas do contrato de compra e venda, de acordo com o artigo 357 do Código Civil. Portanto, o adimplemento, com a consequente extinção das obrigações decorrentes da transmissão da propriedade, deverá observar a regra do artigo 108 do Código Civil c/c item 3.1 das Notas Explicativas.

PERMUTA

Enunciado nº 23: Nas escrituras de permuta o cálculo dos emolumentos deverá ser feito por imóvel permutado.

Justificativa: o item 3.1.1 que disciplina a cobrança de emolumentos nas escrituras de permuta, divisão de imóvel e partilha preconiza que o cálculo deva ser feito "por pagamento", considerando este, na permuta, cada obrigação contratada.

COMPRA E VENDA COM CESSÃO

Enunciado nº 24: Na escritura de venda e compra com cessão dos direitos de compromissário comprador os emolumentos serão calculados sobre dois atos: um ato integral pela compra e venda e um ato com 40% de desconto referente à cessão.

Justificativa: o item 3.2 não é uma regra excepcionadora, devendo ser aplicado o item 1.6 nos casos em que o negócio jurídico admita forma particular. Vide precedente Processo 100.09.124349-4 da 2º VRP/SP.

ATO ACESSÓRIO

Enunciado nº 25: A fração de ¼ prevista no item 3.3 das Notas Explicativas deve ser aplicada sobre o valor dos emolumentos e não sobre valor do negócio jurídico do ato acessório.

Justificativa: aplicou-se o critério mais econômico ao usuário na interpretação do item 3.3 das Notas Explicativas.

Ex.: doação com reserva de usufruto, imóvel de 300 mil. Cobra-se um ato integral com a base de cálculo de 2/3 – nua propriedade – (200 mil) + 1 ato com base de cálculo de 1/3 – usufruto – (R$ 100 mil) e este ato tem redutor de 75% na tabela (isto é, do valor dos EMOLUMENTOS da tabela cobra-se 1/4).

ALIENAÇÃO FIDUCIÁRIA

Enunciado nº 26: Nas escrituras de venda e compra com alienação fiduciária, o ato de compra e venda será cobrado sobre o valor do negócio, com desconto de 40% e a alienação fiduciária será cobrada sobre o valor do débito, com 40% de desconto.

Justificativa: em razão de a Corregedoria do Estado de São Paulo entender possível a instrumentalização por escrito particular de alienações fiduciárias, mesmo fora do Sistema Financeiro Imobiliário, deve-se conceder o desconto de 40% nos termos do item 1.6 das Notas Explicativas da Tabela de Emolumentos para ambos os atos.

DILIGÊNCIA – ATO SEM VALOR DECLARADO

Enunciado nº 27: Todos os atos que não estão subordinados ao item 1 da tabela de emolumentos (escrituras com valor declarado), por exemplo: atas notariais sem reflexo econômico, procurações com ou sem valor econômico e testamentos com ou sem conteúdo patrimonial, feitas em diligência ou fora do horário normal, deverão ser cobrados nos termos do item 8.1 das notas explicativas.

Justificativa: o item 8.1 das notas explicativas da tabela de emolumentos notariais refere-se a ato sem valor declarado, portanto exceto nos Itens elencados na Tabela 1, que possuem valor expressamente declarado, todos os demais devem ser cobrados em dobro se em diligencia ou fora do horário normal.

RETIFICAÇÃO – ERRO TABELIÃO

Enunciado nº 28: Nas escrituras de retificação para correção de erro ou equívoco da serventia (tabelião, preposto ou antecessores), não serão cobrados emolumentos, inexistindo, portanto, repasse de qualquer valor aos demais destinatários das parcelas em que subdivididos aqueles.

Justificativa: item 9.3 das Notas Explicativas e art. 3º, inc. IV da Lei Federal nº 10.169/00.

COMPRA E VENDA BIPARTIDA / DOAÇÃO COM INSTITUIÇÃO DE USUFRUTO

Enunciado nº 29: Na Compra e Venda bipartida e na doação com instituição de usufruto, o cálculo dos emolumentos deve considerar dois atos: a) um ato relativo à transmissão da nua propriedade (2/3) e b) um ato relativo à instituição do usufruto (1/3).

§ 1º Na renúncia ou instituição do usufruto a base de cálculo dos emolumentos deve ser equivalente a 1/3 do valor do imóvel.

Justificativa: nesses casos há duas transmissões de direitos reais: uma relativa à nua propriedade e outra relacionada à instituição do usufruto, aplicando-se o item 3.1 das Notas Explicativas.

CONSTRUÇÃO POR EMPREITADA

Enunciado nº 30: A lavratura de escritura de venda e compra de fração ideal de terreno, cuja construção foi feita a preço de custo, os emolumentos deverão ser calculados da seguinte forma: um ato pelo valor da fração ideal e um ato pelo valor da quitação da construção, aplicando-se a este último a fração de 1/5 sobre os emolumentos.

Justificativa: aplicação do item 2.2 das Notas Explicativas da tabela de emolumentos notariais.

COMODATO

Enunciado nº 31: A escritura de comodato deve ser cobrada pela Tabela 6.2 (escritura sem valor declarado).

Justificativa: o comodato é empréstimo gratuito e não tem valor declarado.

SERVIDÃO

Enunciado nº 32: Na escritura de instituição de servidão a base de cálculo dos emolumentos corresponde a 20% do valor total do imóvel serviente, independentemente da fração ideal que ocupa.

Justificativa: Regra corresponde ao disposto no item 1.5 das Notas Explicativas da tabela de emolumentos notariais.

Nota de publicação: Todas as orientações e enunciados publicados anteriormente ficam revogados.

São Paulo, 17 de junho de 2016
Comissão de Enunciados
Diretoria
Colégio Notarial do Brasil – São Paulo

PARTE 6

QUESTÕES DAS PROVAS DE SEGUNDA FASE DO **CONCURSO PARA DELEGAÇÃO DE NOTAS E DE REGISTROS DO ESTADO DE SÃO PAULO** – 1º AO 11º CONCURSO

6.1 PROVA DO 11º CONCURSO PÚBLICO DE PROVAS E TÍTULOS PARA OUTORGA DE DELEGAÇÕES DE NOTAS E DE REGISTRO DO ESTADO DE SÃO PAULO – **2018**

9.1.1 GRUPO 1

I. DISSERTAÇÃO

Disserte a respeito da duplicata e a teoria geral dos títulos de crédito. Requisitos, características, remessa e devolução.

Cobrança e protesto. Duplicata virtual. Função dos títulos de crédito na economia moderna.

II. PEÇA PRÁTICA

A Indústria Metalúrgica ABC Paulista S/A, companhia aberta, inscrita no CNPJ sob o nº 12.345.678/0001-90, com sede na Avenida Paulista, 999, 9º andar, São Paulo/SP, ingressou em 03.07.2017 com pedido de recuperação judicial, distribuído à 4ª Vara de Falências, Recuperações Judiciais e Conflitos Relacionados à Arbitragem. Foi deferido o processamento do pedido, tendo sido nomeado administrador judicial Stanford & Yale do Brasil Assessoria Empresarial Ltda., inscrita no CNPJ sob o nº 10.010.010/0001-10, representada por Edward Hill, com endereço na Avenida Cidade Jardim, 111, São Paulo/SP. O plano de recuperação judicial apresentado foi aprovado por unanimidade. O Juízo concedeu a recuperação judicial do devedor em 05.02.2018. O plano apresentado contemplou, dentre as medidas para a recuperação judicial, a dação em pagamento em favor da Companhia Siderúrgica do Litoral Paulista, empresa com sede em Cubatão, Estado de São Paulo, na rua Marquesa de Santos, 987, inscrita no CNPJ sob o nº 22.222.222/0001-22, relativamente à dívida quirografária, no montante de R$ 35.000.000,00 (trinta e cinco milhões de reais), de um galpão industrial, imóvel localizado à avenida Brasil, 1111, no Município de Nova Orleans do Sul, Estado de São Paulo, objeto da matrícula nº 6.666, do Registro de Imóveis local. O imóvel foi avaliado em R$ 28. 000.000,00 (vinte e oito milhões de reais) e as máquinas e equipamentos que guarnecem o imóvel em R$ 2.000.000,00 (dois milhões de reais). O plano previu, ainda, a remissão parcial da dívida acima referida no montante de R$ 5.000.000,00 (cinco milhões de reais). Na matrícula nº 6.666, do Registro de Imóveis de Nova Orleans do Sul constam: o registro nº R.1 de escritura de compra e venda do imóvel, lavrada em 11.04.2000 pelo Tabelião de Notas de Nova Orleans do Sul, figurando como vendedor José da Silva e como compradora Indústria Metalúrgica ABC Paulista S/A; e a averbação nº Av. 2, atinente à informação de classificação da área, pela CETESB, como Área Contaminada com Risco Confirmado, último ato registrário constante da matrícula, conforme certidão expedida na data de comparecimento das partes ao tabelionato. A legislação municipal de Nova Orleans do Sul sobre ITBI estabelece alíquota única de 2% (dois por cento). Consta da certidão da Secretaria de Finanças do Município que o valor atribuído pela Fazenda ao imóvel, no corrente exercício, é de R$ 20.000.000,00 (vinte milhões de reais). As partes comparecem ao Tabelionato de Notas de Nova Orleans do Sul para formalizar o negócio jurídico acima indicado.

Se o caso apresentado formar a convicção de que o ato notarial não pode ser aperfeiçoado, produza uma peça, fundamentando a recusa. Se o caso apresentado levar ao convencimento de que o ato notarial pode ser lavrado, elabore a respectiva escritura e, nessa hipótese, indique, ao final, os critérios para cobrança dos emolumentos e dos tributos incidentes sobre o ato.

III. QUESTÕES DISCURSIVAS

QUESTÃO DISCURSIVA 01 – Nas hipóteses em que se impõe o regime de separação obrigatória de bens, podem os nubentes, por pacto antenupcial, fixar a incomunicabilidade absoluta dos aquestos, afastando a incidência da Súmula 377, do STF? Explique.

QUESTÃO DISCURSIVA 02 – Discorra sobre a possibilidade, ou não, de reconhecimento da firma do emitente: a) no cheque;

b) na nota promissória.

9.1.2 GRUPO 2

I. DISSERTAÇÃO

Disserte ordenadamente sobre condomínio de lotes. Histórico. Definição. Constituição. Natureza da obrigação no rateio de despesas. Aspectos tributários. Comparação com o loteamento de acesso controlado.

II. PEÇA PRÁTICA

À luz dos documentos anexos, deve o candidato:

1) Elaborar decisão fundamentada com respeito ao pedido formulado pelo apresentante, contendo a motivação quanto à forma adotada para os atos a serem praticados;

2) Praticar os atos adequados nos livros de registro conforme o decidido;

3) Considerar como apresentados, além dos documentos anexos:

a) Comprovante de inscrição cadastral e do valor venal do exercício de 2018, no valor de R$ 1.347.344,00, sem incidência do IPTU por se tratar de imóvel público;

b) Confirmação da inscrição do apresentante no CNPJ da Receita Federal;

c) Anotação de Responsabilidade Técnica (ART) do CREA-SP do responsável pela execução dos serviços de agrimensura;

d) A matrícula de nº 23.456 é a última aberta na serventia.

III. QUESTÕES DISCURSIVAS

QUESTÃO DISCURSIVA 1 - A respeito da cessão fiduciária de recebíveis, discorra sobre sua forma de constituição, natureza do eventual registro e seus efeitos na recuperação judicial.

QUESTÃO DISCURSIVA 2 - No registro de escritura de venda e compra relativa à aquisição de bem imóvel por empresa indi- vidual de responsabilidade limitada, quem deve figurar no fólio real? Justifique.

ANEXO 1

Ilustríssimo Senhor Oficial de Registro de Imóveis da Comarca de Varapé

RI - VARAPÉ
PRENOTAÇÃO Nº 34.723
12/04/2018

A Prefeitura Municipal de Varapé, CNPJ nº 97.879.990/0001-11, representada por seu prefeito, vem, com o devido acato, perante Vossa Senhoria, requerer a retificação, a abertura de matrícula bem como a prática de todos os atos necessários para possibilitar a venda do próprio municipal situado no Largo da Sé Nova, 48, deste Município, nos termos da Lei nº 3.347, de 18 de setembro de 2017, e com base nos documentos anexos ao presente requerimento, cujos inteiros teores ficam fazendo parte integrante deste.

Varapé, 10 de abril de 2018

José Augusto de Souza
Prefeito Municipal

ANEXO II

O Doutor Augusto Pires de Souza, Juiz de Direito da Comarca de Varape.

Mando aos officiães de justiça deste juizo que, à vista d'este por mim assignado, em cumprimento à sentença transitada em julgado em quatro de março de mil e oitocentos e noventa, imittam a desapropriadora Camara Municipal de Varape na posse de dois mil metros quadrados de terreno, sito ao Largo da Sé Nova, com quarenta metros de frente, mais ou menos, e cincoenta metros de lado, mais ou menos, confrontando no lado esquerdo com Antonio, verdureiro, no lado direito com João de tal, e nos fundos com quem de direito, desapropriados ao proprietario Francisco Gonçalves mediante indenização fixada em um conto e trezentos e dez mil réis, já depositados. Cumpra-se este sem embargo de qualquer natureza. Varape, 11 de Março de 1890. Eu Diogo de Oliveira, escrivão, o escrevi. (aa. Augusto Pires de Souza - Diogo de Oliveira).

Certifico que intimei do conteúdo do mandado retro Ricardo de Andrade, Presidente da Camara Municipal de Varape e Francisco Gonçalves para nos acompanharem ao lugar do terreno para a imissão de sua posse. Certifico que intimei para testemunhas da diligencia Fernando Nepomuceno e Luiz de Goes para estarem presentes na mesma diligencia e assignarem o respectivo auto. Dou fé. Varape, 12 de Março de 1890. O Official de Justiça Joaquim Cunha (aa. Joaquim Cunha)

ANEXO II - A

Auto de Imissão de Posse

Anno do Nascimento do Nosso Senhor Jesus Christo de mil oitocentos e noventa, aos doze dias de Março, nesta Cidade de Varge, no lado oposto ao da Igreja da Sé Nova, no Largo da Sé Nova, na frente do terreno de que trata este auto, onde vim eu escrivão com o official de justiça Joaquim Cunha para o fim de dar cumprimento ao mandado retro, sendo ahi presentes Ricardo de Andrade, Presidente da Camara Municipal de Varge, o proprietario desapropriado Francisco Gonçalves e as testemunhas Fernando Nepomuceno e Luiz de Goes, imittimos a Camara Municipal de Varge na posse do terreno de dois mil metros quadrados, sito ao Largo da Sé Nova, com quarenta metros de frente, mais ou menos, e cincoenta metros de lado, mais ou menos, confrontando no lado esquerdo com Antonio, verdureiro, no lado direito com João de tal, e nos fundos com quem de direito, sem oposição de quem quer que seja depois de termos apregoado em voz alta. O Presidente da Camara Municipal de Varge, em nome dessa, se deu por empossado do referido terreno. Para constar, lavrei este termo que segue assignados pelo o official de justiça Joaquim Cunha, o representante da desapropriadora Ricardo de Andrade, o proprietario desapropriado Francisco Gonçalves e pelas testemunhas Fernando Nepomuceno e Luiz de Goes. (aa. Diogo de Oliveira - Joaquim Cunha - Ricardo de Andrade - Francisco Gonçalves - Fernando Nepomuceno - Luiz de Goes)

TRANSCRIÇÃO DO MANUSCRITO

"O Doutor Augusto Pires de Souza, Juiz de Direito da Comarca de Varapé.

Mando aos officiaes de justiça deste juizo que, à vista d'este por mim assignado, em cumprimento à sentença transitada em julgado em quatro de março de mil e oitocentos e noventa, imitam a desapropriadora Camara Municipal de Varapé na posse de dois mil metros quadrados de terreno, sito ao Largo da Sé Nova, com quarenta metros de frente, mais ou menos, e cincoenta metros de lado, mais ou menos, confrontando no lado esquerdo com Antonio, verdureiro, no lado direito com João de tal, e nos fundos com quem de direito, desapropriados ao proprietario Francisco Gonçalves mediante indenização fixada em um conto e trezentos e dez mil réis, já depositados. Cumpra-se este sem embargo de qualquer natureza. Varapé, 11 de Março de 1890. Eu Diogo de Oliveira, escrivão, o escrevi.. (aa. Augusto Pires de Souza - Diogo de Oliveira).

Certifico que intimei do conteúdo do mandado retro Ricardo de Andrade, Presidente da Camara Municipal de Varapé e Francisco Gonçalves para nos acompanharem ao lugar do terreno para a imissão de sua posse. Certifico que intimei para testemunhas da diligencia Fernando Nepomuceno e Luiz de Goes para estarem presentes na mesma diligencia e assignarem o respectivo auto. Dou fé. Varapé, 12 de Março de 1890. O Official de Justiça Joaquim Cunha. (aa. Joaquim Cunha)

Auto de Imissão de Posse

Anno do Nascimento do Nosso Senhor Jesus Christo de mil oitocentos e noventa, aos doze dias de Março, nesta Cidade de Varapé, no lado oposto ao da Igreja da Sé Nova, no Largo da Sé Nova, na frente do terreno de que trata este auto, onde vim eu escrivão com o official de justiça Joaquim Cunha para o fim de dar cumprimento ao mandado retro, sendo ahi presentes Ricardo de Andrade, Presidente da Camara Municipal de Varapé, o proprietário desapropriado Francisco Gonçalves e as testemunhas Fernando Nepomuceno e Luiz de Goes, imittimos a Camara Municipal de Varapé na posse do terreno de dois mil metros quadrados, sito ao Largo da Sé Nova, com quarenta metros de frente, mais ou menos, e cincoenta metros de lado, mais ou menos, confrontando no lado esquerdo com Antonio, verdureiro, no lado direito com João de tal, e nos fundos com quem de direito, sem oposição de quem quer que seja depois de termos apregoado em voz alta. O Presidente da Camara Municipal de Varapé, em nome dessa, se deu por empossado do referido terreno. Para constar, lavrei este termo que segue assignados pelo o official de justiça Joaquim Cunha, o representante da desapropriadora Ricardo de Andrade, o proprietário desapropriado Francisco Gonçalves e pelas testemunhas Fernando Nepomuceno e Luiz de Goes. (aa. Diogo de Oliveira - Joaquim Cunha - Ricardo de Andrade - Francisco Gonçalves - Fernando Neopomuceno - Luiz de Goes)"

CERTIDÃO

Registro de Imóveis de Varapé

Código (CNS) nº 11.992-3

FRANCISCO AUGUSTO DE SOUZA, Oficial de Registro de Imóveis de Varapé, CERTIFICA que consta do Livro nº 3-F, fls. 156, a transcrição nº 6.344, datada de 25.05.1962, com o seguinte teor:

DESCRIÇÃO DO IMÓVEL: Um terreno situado no Largo da Sé Nova, desta Comarca, medindo vinte metros de frente e cinquenta metros de ambos os lados, com área de hum mil metros quadrados, confrontando do lado esquerdo com José Antonio de Mendonça e do lado direito com a própria adquirente e nos fundos com quem de direito.

ADQUIRENTE: Prefeitura Municipal de Varapé.

TRANSMITENTES: Fernando de Almeida e sua mulher Sílvia de Almeida, casados, comerciantes, domiciliados nesta Comarca.

TÍTULO: Venda e compra, conforme escritura de 13 de abril de 1962 do tabelião de notas desta Comarca.

VALOR: Cr$ 750.000,00 (setecentos e cinquenta mil cruzeiros).

AVERBAÇÃO Nº 1 - 10.10.1973

Pelo Auto de Conclusão de Obra nº 2.732, datado de 17.05.1972, expedido pela Secretaria de Obras da Municipalidade de Varapé, foi edificado no terreno objeto da presente transcrição, abrangendo também o terreno confrontante do lado direito, um prédio contendo área construída de 1.253 metros quadrados, que recebeu o número 48 do Largo da Sé Nova, inscrito como Contribuinte Municipal nº 12.727-9.

AVEBAÇÃO Nº 2 - 10.10.1973

Vide transcrição anterior nº 4.323.

Certifica ainda mais que não consta dos livros a seu cargo que a Prefeitura Municipal de Varapé tenha alienado, onerado o imóvel objeto da transcrição nº 6.344, bem como existam prenotações em vigor. Varapé, 10 de abril de 2018, (aa. Francisco Augusto de Souza - Oficial).

CPF 999.899.930-84		
Oficial	R$	30,69
Estado	R$	8,72
IPESP	R$	5,97
Registro Civil	R$	1,62
Tribunal de Justiça	R$	2,11
Ministério Público	R$	1,47
ISS	R$	0,63
Total	R$	51,21

Certidão expedida conforme pedido nº 35.513, de 08.04.2018.

Para a lavratura de escrituras esta certidão é válida por 30 dias (NCGJSP, XIV, 12, d).

ANEXO III

Lei nº 3.347, de 18 de setembro de 2017

Dispõe sobre a alteração de destinação e autoriza a alienação de imóvel na forma e condições que especifica.

A Câmara Municipal de Varapé aprovou na seção ordinária de 12 de setembro de 2017 e eu, Prefeito Municipal, no uso das atribuições legais, sanciono e promulgo a seguinte Lei:

Art.1°. O prédio situado no Largo da Sé Nova nº 48, com respectivo terreno de três mil metros quadrados com sessenta metros de frente para o Largo da Sé Nova e cinquenta metros da frente aos fundos, onde funcionava a Escola Municipal Professora Vitória Mello, fica transferido para a categoria dos bens dominicais do Município.

Art. 2°. Fica a Municipalidade autorizada a alienar o imóvel por meio de licitação.

Art. 3°. Esta lei entra em vigor na data de sua publicação.

José Augusto de Souza
Prefeito Municipal

ANEXO IV

Fundos - Rua Afonso Brito, 623 - mat. nº 7.222 - prop. Antonio de Andrade

Lado esquerdo - Largo da Sé Nova, 22, mat. nº 2.089 - prop. Maria de Fátima de Albuquerque

Lado direito - Largo da Sé Nova, 108 - mat. nº 3.390 - prop. José de Araújo Silva

Eng. Civil responsável - Adalberto de Castro (CREA 290.322/D)

Rep. da proprietária - José Augusto de Souza - Prefeito

Situação sem escala

Memorial descritivo - O terreno tem início no ponto P1 que dista 20,32 metros do alinhamento da Av. Dom Pedro I, seguindo pelo alinhamento do Largo da Sé Nova por 62,58 metros até o ponto P3, onde deflete à esquerda com ângulo interno de 90°46'3" e segue por 54,00 metros até o ponto P4, daí deflete à esquerda com ângulo interno de 85°11'11" e segue por 61,27 metros até o ponto P6, onde deflete à esquerda com ângulo interno de 96°33'58" e segue por 49,72 metros até o ponto P1 início da descrição onde faz um ângulo interno de 87°28'48", encerrando uma área de 3.202,69 metros quadrados.

Escala	Prefeitura Municipal de Varapé	Folha 1/1
1:500	Planta de retificação de área	Data 06/03/2018

9.1.3 GRUPO 3

I. DISSERTAÇÃO

Disserte ordenadamente sobre filiação. Conceito. Presunção legal da paternidade. Ação negatória de paternidade e maternidade. Reconhecimento de filhos.

II. PEÇA PRÁTICA

A situação escolhida para a elaboração da peça prática reúne alguns fragmentos da vida de MARIA SANTOS, uma mulher com disposição para enfrentar o cotidiano da periferia de Santo André-SP, sem jamais se desviar da firmeza de caráter e da atenção dispensada aos filhos.

De seu primeiro relacionamento amoroso nasceram três crianças, geradas durante a convivência com ANTÔNIO OLIVEIRA, formalizada por Escritura Pública de Contrato de União Estável registrada no Livro "E".

Antônio nunca lhe tratou com respeito e, por diversas vezes, Maria foi vítima de sua crueldade ferina, não raro violentada física e mentalmente.

Ela decidiu terminar o relacionamento e o ex-convivente passou a morar em outra casa, porém, visitando com frequência as crianças, que permaneceram sob seus cuidados.

Encontravam-se legalmente separados há mais de dois anos, sendo certo que oficializaram a dissolução por meio de Escritura Pública de distrato, devidamente registrada no Livro "E".

Numa dessas visitas, Antônio lançou a vista sobre a mesa da sala e descobriu a Escritura Pública de Reconhecimento de Paternidade, lavrada recentemente, na qual ENZO MORETTI, italiano residente no Brasil, reconhece a paternidade de um filho de Maria (concebido, mas ainda não nascido), sendo certo que ela havia figurado em tal documento na qualidade de mãe do nascituro e anuente.

Antônio, tomado por ciúme, sacou uma faca da bainha e a golpeou, ferindo-lhe o ventre.

O trecho acima faz parte da narrativa da mãe de Maria, Sra. FRANCISCA SANTOS, que compareceu à sua Unidade de Serviço com a pretensão de declarar o nascimento do neto, oportunidade em que formulou requerimentos e apresentou documentos, os quais, em resumo, informam o seguinte:

a) Invoca ter legitimidade para ser declarante do nascimento, exibindo a respectiva Declaração de Nascido Vivo. Além disso, oferece atestado médico, afirmando que Maria, após o parto, continua internada em estado grave na UTI (Unidade de Terapia Intensiva), sem alta prevista e restando desautorizado o contato com terceiros estranhos à equipe médica. Ademais, explica que Antônio está preso e Enzo viajou para a Itália, comprovando tais fatos com documentos idôneos.

b) Apesar do neto ter nascido em São Paulo-SP, requer que sua naturalidade seja fixada como sendo o Município de Santo André-SP, a pretexto de que os irmãos do registrando nasceram nesta última localidade.

c) Apresenta dois instrumentos de perfilhação, sendo o primeiro representado pela mencionada escritura pública, lavrada após a concepção, mas antes do nascimento da criança, indicando Enzo Moretti como pai, e, o segundo, consistente em declaração firmada pelo agora réu preso, Antônio Oliveira, devidamente abonada pelo diretor do presídio, com a particularidade de solicitar a aplicação do Provimento CG nº 52/2016, o qual teria ampliado presunção de paternidade para as hipóteses de União Estável.

d) A avó reconhece a existência de equívocos e divergências na Declaração de Nascido Vivo, não sabendo informar a respeito da indicação de JOSÉ DA SILVA como pai do recém-nascido (campo nº 28 da DNV), acreditando se tratar de um erro, asseverando que os outros dados estão corretos.

e) A avó manifesta que à época dos acontecimentos desconhecia o estado gravídico da filha e não sabe precisar quem é o pai da criança, alegando que tudo isso é muito confuso para ela. Mas converge sua vontade no sentido de estabelecer a paternidade em favor de quem legalmente detenha o melhor título, conforme a prudente análise do Registrador Civil, a quem também reclamou ajuda para a formação do sobrenome do neto. A propósito, mostrou-se decidida pelo prenome "João" e inclinada a escolher um sobrenome simples, pela aposição unicamente de "Santos", porém, estaria aberta ao recebimento de orientação, no sentido de justapor ao de sua família o sobrenome do pai do registrando.

1) Se o caso apresentado formar a convicção de que o ato de registro não pode ser aperfeiçoado, produza uma peça de conteúdo explicativo e, ou, devolutivo, fundamentando a recusa.

2) Se o caso apresentado levar ao convencimento de que o ato de registro pode ser lavrado, elabore uma peça reproduzindo um assento de nascimento contendo todos os requisitos exigidos pelo ordenamento jurídico. Em separado, justifique as razões que nortearam:

2.1) a escolha da Unidade de Serviço competente para lavrar o ato (local do parto ou residência dos pais), fazendo-se menção na peça apenas da respectiva Comarca, sem referências a distritos ou subdistritos, sendo certo que a mãe e os dois indigitados pais residem na mesma circunscrição, todos a menos de trinta quilômetros da sede da Unidade de Serviço do Registro Civil das Pessoas Naturais;

2.2) a aceitação ou não da legitimidade da avó como declarante;

2.3) o acolhimento ou não da opção de naturalidade anunciada pela avó;

2.4) o estabelecimento jurídico da paternidade em favor de um dos indicados;

2.5) a formação do sobrenome do registrando;

2.6) a instauração do procedimento de registro de nascimento tardio, por força do decurso do prazo legal da declaração de nascimento, ou, ao contrário, a dispensa das formalidades procedimentais do registro fora do prazo, na forma em que disciplinado pela E. Corregedoria Nacional de Justiça (Conselho Nacional de Justiça – CNJ).

3) Os candidatos deverão adotar as qualificações a seguir definidas e, se for o caso, transportá-las para o conteúdo do registro ou da nota.

3.1) Mãe: MARIA SANTOS (filha de Francisca Santos e de Severino Santos), brasileira, natural de Santo André-SP, nascida aos 21.08.1981, solteira, operadora de caixa, Cédula de Identidade RG nº 44.444.444/SSP-SP, com inscrição no CPF/MF sob o nº 444.444.444-44, residente à Rua das Flores, nº 44, Jardim Botânico, Município de Santo André-SP.

3.2) Avó Materna: FRANCISCA SANTOS, brasileira, viúva, do lar, Cédula de Identidade RG nº 55.555.555/SSP-SP, com inscrição no CPF/MF sob o nº 555.555.555-55, residente à Rua das Violetas, nº 55, Jardim Botânico, Município de Santo André-SP.

3.3) Suposto Pai: ANTÔNIO OLIVEIRA (filho de Armando Oliveira e de Silvia Oliveira), brasileiro, natural de Santo André-SP, nascido aos 07.06.1975, solteiro, metalúrgico, Cédula de Identidade RG nº 66.666.666/SSP-SP, com inscrição no CPF/MF sob o nº 666.666.666-66, residente à Rua dos Antúrios, nº 66, Jardim Botânico, Município de Santo André-SP.

3.4) Suposto Pai: ENZO MORETTI (filho de Pietro Moretti e de Giulia Moretti), italiano, natural de Roma – Itália, nascido aos 20.07.1980, casado, eletricista, Cédula de Identidade de Estrangeiro RNE nº W-777777 (expedido pela Delegacia da Polícia Federal em São Paulo), com inscrição no CPF/MF sob o nº 777.777.777.-77, residente à Rua dos Crisântemos, nº 77, Jardim Botânico, Município de Santo André-SP. Aqui, afirma-se que o mesmo não está no Brasil a serviço do país de origem.

4) Os candidatos deverão utilizar na peça prática a Declaração de Nascido Vivo (DNV Nº 33-33333333-3). O Hospital Estadual de São Paulo está localizado à Rua da Salvação, nº 99, Município de São Paulo-SP.

5) Na hipótese de se optar pela nota explicativa ou devolutiva, a mesma deverá receber a numeração 001/2018. Todavia, se a escolha recair na lavratura do assento, este deverá estar configurado como Livro 222, Folha 222, Termo 132.600. Em quaisquer das hipóteses, no espaço destinado à identificação do responsável pelo ato, deverá constar a expressão "Oficial de Registro Civil" e, no campo próprio da assinatura, igualmente será preenchido com a expressão "assinatura". Ocorrendo a necessidade de lançar algum outro documento no registro que exija identificação por algarismo, o mesmo deverá ser preenchido com o número "1", podendo repeti-lo quantas vezes for necessário.

6) A Declaração de Nascido Vivo segue em apartado.

III. QUESTÕES DISCURSIVAS

QUESTÃO DISCURSIVA 1 – Comporta acolhimento judicial o pedido de guarda póstuma, para efeito de usufruir pensão previdenciária, formulado em favor de menor com necessidades especiais (doença cerebral), que vivia em companhia da avó, sob guarda de fato, cuja mãe era tutelada há mais de quarenta anos, dependendo ambas financeiramente da referida avó, beneficiária de pensão por morte de seu marido, considerando que a avó faleceu antes da conclusão do processo judicial? Justifique.

QUESTÃO DISCURSIVA 2 – A e B vivem em união homoafetiva estável há dez anos e pretendem adotar C, sobrinho de B, de 13 anos de idade. Antes de iniciado o procedimento, B falece. Pode ser deferida a adoção a A e B? Explique.

ANEXO I

DECLARAÇÃO DE NASCIDO VIVO

República Federativa do Brasil
Ministério da Saúde

Declaração de Nascido Vivo **Nº33-33333333-3**

I – Identificação do Recém-Nascido

- 1-Nome do Recém Nascido: JOÃO SANTOS
- 2-Data do Nascimento: 25/10/2017
- Hora do Nascimento: 21:28
- 3-Sexo: M - Masculino
- 4-Peso ao nascer: 1.790 gramas
- 5-Índice de apgar: 06 – 1º minuto; 08 – 5º minuto
- 6-Detectada alguma anomalia ou defeito congênito? 2-Não

II – Local de ocorrência

- 7-Local da Ocorrência: 1-Hospital
- 8-Estabelecimento: HOSPITAL ESTADUAL DE SÃO PAULO
- Código:
- 9-Endereço da ocorrência, se fora do estab. ou da resid. da mãe:
- Número:
- Complemento:
- 10-CEP:
- 11-Bairro/Distrito:
- Código:
- 12-Município de Ocorrência: SÃO PAULO
- Código:
- 13-UF: SP

III – Mãe

- 14-Nome da Mãe: MARIA SANTOS
- 15-Cartão SUS:
- 16-Escolaridade da mãe (última série concluída): 3-Médio (antigo 2º grau)
- Serie: 3
- 17-Ocupação habitual: OPERADORA DE CAIXA
- Código:
- 18-Data Nascimento da mãe: 21/8/1981
- 19-Idade: 36 Anos
- 20-Município Naturalidade: SÃO PAULO
- Código:
- UF Naturalidade: SP
- 21-Situação conjugal: 1-Solteira
- 22-Raça cor da mãe: 4- Parda
- Residência da mãe
- 23-Logradouro: Rua das Flores
- Número: 44
- Complemento:
- 24-CEP: 44444-444
- 25-Bairro/Distrito: Jardim Botânico
- Código:
- 26-Município: SANTO ANDRÉ
- Código:
- 27-UF: SP

IV – Pai

- 28-Nome do pai: JOSÉ DA SILVA
- 29-Idade do Pai: 30 Anos

IV – Gestação e parto

30-Gestações anteriores

Nº gestações anteriores	Nº de partos vaginais	Nº cesáreas	Nº de nascidos vivos	Nº de perdas fetais / abortos
03	03	00	03	00

Gestações atual

- 31-Data da última menstruação (DUM):
- 32-Nº de semanas de gestação, se DUM ignorada: 32
- Método utilizado para estimar: 2-Outro método
- 33-Número de consultas pré-natal: 2
- 34-Mês de gestação em que iniciou o pré-natal: 5º Mês
- 35-Tipo de gravidez: 1- Única
- 36-Apresentação: 1- Cefálica
- 37-O trabalho de parto foi induzido? 1-Sim
- 38-Tipo de parto: 2-Cesáreo
- 39-Se Cesárea, ocorreu antes do trabalho de parto iniciar? 1-Sim
- 40-Nascimento assistido por: 1-Médico

V – Dados Clínicos do Recém-Nascido

- 41- Descrever todas as anomalias ou defeitos congênitos observados:

VI – Preench.

- 42-Data do Preenchimento: 25/10/2017
- 44-Função: 2-Enfermeiro
- 45-Tipo de documento: 3-COREN
- Nº COREN: 88.888
- 43-Descrição do COREM: SP

VII – Cartório

- 48-Cartório:
- Código:
- 49-Registro:
- 50-Data:
- 51-Município:
- 52-UF:

6.2 PROVA DO 10º CONCURSO PÚBLICO DE PROVAS E TÍTULOS PARA OUTORGA DE DELEGAÇÕES DE NOTAS E DE REGISTRO DO ESTADO DE SÃO PAULO – **2016**

9.1.1 GRUPO 1

I. DISSERTAÇÃO

Do Testamento Público. 1. Conceito. 2. Efeitos. 3. Natureza jurídica. 4. Capacidade ativa e elaborativa. 5. Limites à liberdade de testar. 6. Testamentaria. 7. Pactos sucessórios. 8. Direito de acrescer e justa causa nas cláusulas restritivas.

II. PEÇA PRÁTICA

"A" casou-se com "B" no regime da participação final nos aquestos. Separou-se de fato e possui união duradoura com "Z".

"A" visa adquirir para si o usufruto de bem imóvel urbano a ser alienado por "C". Visa adquirir a nua propriedade do mesmo bem imóvel a ser alienado por "D", com o intuito de que possa ficar em nome de seus filhos "F" e "G" e, ainda, de "Z". "C" obteve separação extrajudicial em maio de 2011, com partilha de bens. "D" é casado no regime da separação absoluta com "X". "D" adquiriu referida nua propriedade por meio de escritura pública que envolveu alienação fiduciária em favor de instituição financeira, com empréstimo devidamente quitado por "D", porém pendente de averbação perante o respectivo registro imobiliário. Encontra-se o imóvel arrolado pela Receita Federal do Brasil, por força de eventuais débitos de "D". "A" deseja efetivar o pagamento da nua propriedade de forma diferida, sendo R$ 500.000,00 (quinhentos mil reais) à vista e mais 10 (dez) parcelas fixas, mensais e sucessivas de R$ 100.000,00 (cem mil reais), mas quer desvincular o imóvel da obrigação de pagamento das parcelas, tudo aceito por "D". Este, porém, requer garantia, independentemente desta ser real. "C" deseja ser representado por "E" por meio de procuração com poderes especiais lavrada por notário português em 2014. "B", "D", "X" e "Z" não gostariam de ir ao cartório, mas não sabem se podem ou não se ausentar do ato.

Realize as providências e diligências para efetivação do instrumento notarial necessário a atender todo o desejado pelas partes ou realize uma justificação acerca da impossibilidade de lavratura integral ou de parte do ato. Fundamente sua decisão.

III. QUESTÕES DISCURSIVAS

QUESTÃO 01 – Analise a protestabilidade do contrato de factoring em desfavor do faturizado. Justifique.

QUESTÃO 02 – É possível o protesto de decisão judicial interlocutória? Justifique.

9.1.2 GRUPO 2

I. DISSERTAÇÃO

Fim da existência da pessoa natural. 1. Conceito, efeitos jurídicos e publicidade. 2. Morte certa. 3. Morte presumida. 3.1 - Morte presumida sem decretação de ausência. 3.2 - Morte presumida com decretação de ausência.

II. PEÇA PRÁTICA

No dia 04.01.2016, no Oficial de Registro Civil das Pessoas Naturais e de Interdições e Tutelas da Sede da Comarca de Y, Estado de São Paulo, compareceu MARIA JOSÉ DA SILVA para registrar o nascimento de sua filha. Apresentou para o registro a Declaração de Nascido Vivo – DNV devidamente preenchida.

No campo da data do nascimento consta: 04.01. 2005.

No campo do nome do pai consta: JOÃO DOS SANTOS.

A mãe afirma que quer dar para a filha o nome de MARIA JOSÉ DA SILVA II. Alternativamente, caso este não seja aceito pelo oficial, escolheu MARIA JOSÉ DA SILVA FILHA.

A declarante compareceu acompanhada de duas testemunhas que afirmam conhecê-la e terem acompanhado a gravidez e o nascimento da registranda.

Questionada acerca da paternidade da criança, a declarante afirmou que JOÃO DOS SANTOS não é o pai biológico. Apesar de estarem casados há quinze anos, narrou que já não estão juntos faz treze anos. Mesmo assim, para evitar futuros constrangimentos para a filha, requereu que constasse no registro como pai JOÃO DOS SANTOS, como consta na DNV, e para comprovar que ainda se encontram casados, apresentou certidão de casamento expedida em 15.01.2008.

No dia 01.03.2016, a mãe da registrada retornou à serventia, desta vez acompanhada de seu segundo marido, CARLOS PEREIRA, nascido em 04.01.1998, o qual declarou ser pai biológico da registrada. Requereram que fosse realizado Procedimento de Reconhecimento de Paternidade. Todos os documentos necessários para a realização do Procedimento de Reconhecimento de Paternidade foram apresentados.

No dia 01.06.2016 foi recepcionado na serventia mandado judicial determinando a perda do poder familiar de quem o detinha, não constando da ordem judicial o nome da pessoa que passou a o deter. A registrada foi colocada em abrigo.

De acordo com o enunciado, reproduza o assento de nascimento da registrada com possíveis inscrições à margem, indicando os eventuais atos de registro, averbação e anotação. Justifique a peça.

III. QUESTÕES DISCURSIVAS

QUESTÃO 01 – Em tema de sucessão hereditária, o nosso ordenamento jurídico admite a imposição de cláusula de inalienabilidade perpétua? Justifique.

QUESTÃO 02 – Distinção entre incapacidade e falta de legitimação nos negócios jurídicos.

9.1.3 GRUPO 3

I. DISSERTAÇÃO

Propriedade resolúvel. 1. Conceito e características. 2. Propriedade fiduciária no Código Civil e legislação especial. 3. Propriedade aparente. 4. Efeitos da resolução da propriedade quanto ao proprietário e terceiros.

II. PEÇA PRÁTICA

Certo imóvel urbano encontra-se matriculado sob o no 5.000, no 20º Registro de Imóveis de São Paulo-SP, tendo por proprietário José das Couves, brasileiro, advogado, CPF no 999.999.999-99, RG no 99.999-SSP/SP, casado pelo regime da comunhão parcial de bens na vigência da Lei no 6.515/77 com Maria das Couves, brasileira, advogada, CPF no 111.111.111-11, RG no 11.111-SSP/SP, residentes e domiciliados na Rua da Independência, 555, na cidade de São Paulo-SP.

O imóvel encontra-se penhorado em execução fiscal em favor do INSS, tendo a penhora sido publicizada na matrícula.

José faleceu em 10.10.2010, tendo deixado, além da esposa, os filhos maiores Pedro das Couves, brasileiro, solteiro, capaz, advogado, CPF no 222.222.222-22, RG no 22.222-SSP/SP, residente e domiciliado na Rua das Bandeiras, 111, São Paulo-SP, e João das Couves, brasileiro, solteiro, capaz, advogado, CPF no 333.333.333-33, RG no 33.333-SSP/SP, residente e domiciliado na Rua do Patriarca, 222, São Paulo-SP.

Tendo sido feito o inventário e partilha judiciais, requer-se ao Oficial de Registro de Imóveis o registro do formal de partilha por morte de José, no qual o bem imóvel acima indicado, único bem a integrar o monte mor, foi partilhado à viúva meeira e ao filho Pedro, na proporção de 60% para a primeira, e 40% para o segundo. Não há notícia de qualquer cessão de direitos hereditários no formal. Há mera partilha.

A partilha, amigável, foi homologada judicialmente.

Tendo-se em vista que eventuais documentos complementares, formalmente necessários, foram apresentados, qualifique o título registralmente, respondendo, justificadamente, às seguintes questões:

1) Títulos judiciais submetem-se à qualificação registral imobiliária?

2) A partilha levada a cabo e homologada é correta?

3) A penhora em favor do INSS, em execução fiscal, gera alguma limitação à livre disposição do bem?

4) Diga se a qualificação é positiva ou negativa, redigindo o(s) ato(s) registral(is) cabível(is), no primeiro caso, ou a nota devolutiva, no segundo.

III. QUESTÕES DISCURSIVAS

QUESTÃO 01 – É possível o registro da usucapião tendo por objeto parcela de imóvel situado em loteamento irregular? Justifique.

QUESTÃO 02 – É apresentada para averbação, perante o Registro Civil das Pessoas Jurídicas, ata de assembleia de eleição de presidente e ratificação de atos administrativos anteriores. Constatou o Oficial que não havia averbação das atas de assembleia e eleição de presidente da associação nos últimos dez anos, quando, pelo estatuto original, o mandato do presidente seria bienal. O requerente da averbação esclareceu que a entidade estava inativa há alguns anos e que agora surgiu intenção de retomada das atividades, sendo realizada a assembleia que elegeu novo presidente e ratificou os atos praticados nos últimos anos. Indaga-se a respeito da admissibilidade dessa averbação e procedimento adequado. Justifique.

6.3 PROVA DO 9° CONCURSO PÚBLICO DE PROVAS E TÍTULOS PARA OUTORGA DE DELEGAÇÕES DE NOTAS E DE REGISTRO DO ESTADO DE SÃO PAULO – **2014**

9.2.1 GRUPO 1

I. DISSERTAÇÃO

Elabore uma dissertação sobre casamento civil e união estável, abordando os seguintes itens: 1. Histórico; 2. Função Social; 3. Eficácia; 4. Competência local; 5. Requisitos legais; 6. União homoafetiva; 7. Semelhanças e diferenças; 8. Dissolução.

II. PEÇA PRÁTICA

Compareceu, no Registro Civil das Pessoas Naturais de Marília-SP, a assistente social Ana Dias, RG 18.123.456 SSP/SP, CPF 456.123.321-22, com 48 anos de idade, casada, brasileira, residente e domiciliada na rua Appa, n.º 458, na cidade de Marília-SP, apresentando RELATÓRIO INFORMATIVO da Secretaria Municipal de Assistência Social – Departamento de Proteção Social Especial, onde reza:

"Aos 24 de novembro de 2013, chegou até o Serviço de Proteção Social Especial o Idoso JOAQUIM SOUZA, nascido em AmparoSP, em 20.12.1946, filho de Arão Souza e Rebeca Lima Souza. O Sr. JOAQUIM SOUZA não é alfabetizado e não possui nenhum documento. Após pesquisas, não foi localizada sua certidão de nascimento na região de Amparo-SP, observando-se ainda que na Igreja local não foi encontrado o registro de seu Batismo.

O Sr. JOAQUIM SOUZA reside em Marília-SP, num cômodo na rua Caramuru, n.º 284, fundo de um estacionamento, cedido há mais de dez anos para sua moradia. Vive em situação precária e de abandono. Foi feita avaliação de saúde pelo Dr. Oseas Ferro, médico da Unidade Básica de Saúde da Vila Caramuru, em Marília-SP, onde consta que sua situação é de risco, mas com boa saúde mental.

O idoso sobrevive com doações e não possui o Benefício de Prestação Continuada, pela falta de documentação."

A Sra. Ana Dias também apresentou ofício do Ministério Público Estadual, de Marília-SP, assinado pelo Promotor de Justiça Dr. Eliseu Batista, N. 9999999999/14, endereçado ao Oficial do Registro Civil das Pessoas Naturais de Marília-SP, solicitando o Registro de Nascimento do Sr. JOAQUIM SOUZA, anexado ao PROCEDIMENTO ADMINISTRATIVO DO MINISTÉRIO PÚBLICO DO ESTADO DE SÃO PAULO, Número 000000000/14, onde consta:

Interessado: JOAQUIM SOUZA Assunto: Suposta Violação a Direito Fundamental de Pessoa Humana. Para providências junto ao Registro Civil das Pessoas Naturais de Marília-SP, para feitura de registro de nascimento de JOAQUIM SOUZA, nascido em Amparo-SP, dia 20.12.1946, filho de Arão Souza e Rebeca Lima Souza.

Anexados ao Procedimento do Ministério Público, o relatório da assistente social, atestado médico e documentos juntados perante a Secretaria Municipal de Assistência Social de Marília-SP.

Acompanharam a assistente social o Sr. Joaquim Souza e os Srs. Rodrigo Ferreira e Rosângela Aparecida de Oliveira, que portavam documentos de identificação pessoal na condição de testemunhas e afirmam a veracidade da declaração de nascimento sem indícios de falsidade.

Caso possível, lavre o ato registral. Caso contrário, justifique a não lavratura do ato e eventuais medidas pertinentes.

III. QUESTÕES DISCURSIVAS

QUESTÃO 01 – A obrigatoriedade do regime da separação de bens por idade superior a setenta anos, prevista no artigo 1.641, inciso II, do Código Civil, é aplicável se o casamento é precedido de união estável iniciada antes dessa idade? Justifique.

QUESTÃO 02 – Em quais hipóteses, no processo civil, é admissível pedido que não seja certo e determinado? Explique.

QUESTÃO 03 – Os conceitos jurídicos indeterminados previstos nos artigos 30 e 31 da Lei n.° 8.935/94 afetam o princípio da tipicidade das infrações disciplinares? Justifique.

QUESTÃO 04 – A e B, depois de habilitados para casar em dia e hora designados, foram declarados casados pelo MM. Juiz de Casamento. Após a lavratura do assento, o noivo recusou-se a assinar. Como deverá agir o Oficial de Registro Civil? Quais os efeitos jurídicos da mencionada recusa?

9.2.2 GRUPO 2

I. DISSERTAÇÃO

Elabore uma dissertação sobre doações antenupciais, doações entre os próprios cônjuges, doações realizadas por terceiros.

II. PEÇA PRÁTICA

Maria Silva, viúva, acompanhada de seus três filhos: João Silva Filho, casado aos 03.11.2010, no regime de comunhão parcial de bens, com Luciana Silva; Pedro Silva, solteiro, maior, e Ana Silva, solteira, menor púbere com 17 anos, emancipada, comparecem ao tabelionato, na qualidade de proprietários do seguinte bem imóvel: um prédio situado na Rua Dr. José de Queiroz Aranha, n.º 143, no subdistrito Vila Mariana. O terreno, que é de forma regular, mede 20,00 m de frente por 24,00 m de ambos os lados e 20,00 m de fundos, com área de 480 m² e confronta em seu lado direito com o prédio n.º 145, pelo lado esquerdo com o prédio n.º 141, ambos da mesma rua e pelos fundos com parte do prédio n.º 5 da Rua Gaspar Lourenço, devidamente descrito e caracterizado na matrícula 110.153 do 1.º Cartório de Registro de Imóveis da Capital. O imóvel tem o valor venal lançado no IPTU de 2014 de R$ 540.000,00 (quinhentos e quarenta mil reais) e valor venal de referência de R$ 720.000,00 (setecentos e vinte mil reais). O imóvel pertence 3/6 para a viúva Maria Silva, sendo cada filho proprietário de 1/6 do bem imóvel, nos termos do formal de partilha levado a registro, conforme R4 da matrícula 110.153. Os comparecentes informam que pretendem negociar o referido imóvel com a empresa City Tower Empreendimentos Imobiliários Ltda., que irá construir no local um edifício residencial, que se denominará "TOWER", com unidades de 80 m2 a 120 m² de área privativa. A vontade das partes é que a viúva receba duas unidades com área privativa de 120 m², com 02 vagas de garagem vinculadas, cada uma correspondente à fração ideal do terreno de 4,500% do empreendimento futuro, e que cada coproprietário filho receba uma unidade com área privativa de 80 m², cada qual, com 01 vaga de garagem vinculada, correspondente, cada uma, à fração ideal de 2,150%, dentre as futuras unidades autônomas que integrarão o edifício a ser construído pela empresa City Tower naquele local. As áreas privativa e comum das unidades autônomas foram calculadas de acordo com o projeto arquitetônico, elaborado e aprovado pela Municipalidade, sob n.º 000001-00. Após a finalização da construção, as partes estimam o valor de R$ 6.000,00 (seis mil reais) por metro quadrado de área privativa das unidades futuras.

Na qualidade de tabelião de notas, caso entenda possível, lavre o instrumento público adequado ao atendimento da pretensão das partes, indicando quais os documentos exigíveis para a lavratura do ato. Na hipótese da impossibilidade da lavratura do ato, elabore a respectiva nota de devolução aos interessados.

III. QUESTÕES DISCURSIVAS

QUESTÃO 01 – Discorra sobre o princípio da unicidade do ato notarial.

QUESTÃO 02 – Qual a diferença entre procuração em causa própria e o mandato irrevogável com poderes para venda a quem convier ao mandatário, inclusive a si próprio?

QUESTÃO 03 – O descumprimento de exigência da Corregedoria Geral da Justiça, quanto ao nível de acessibilidade das pessoas aos prédios das serventias extrajudiciais, pode gerar responsabilidade criminal ao agente delegado? Justifique.

QUESTÃO 04 – Existe diferença entre fraude contra credores e fraude à execução? Explique.

9.2.3 GRUPO 3

I. DISSERTAÇÃO

Discorra sobre o Registro em Títulos e Documentos, observando os seguintes itens:

- do documento de procedência estrangeira;
- do documento firmado no Brasil redigido em língua estrangeira;
- do Registro e seus efeitos;
- da Eficácia;
- dos requisitos de forma: Exigibilidade de tradução. Exigibilidade de legalização consular;
- da súmula 259 do STF.

II. PEÇA PRÁTICA

Considere o instrumento particular de contrato social de sociedade civil já registrado em 19 de março de 2001, no Oficial de Registro de Pessoas Jurídicas, e a alteração contratual apresentada para averbação.

Elabore o ato registral ou a nota devolutiva.

INSTRUMENTO PARTICULAR DE CONTRATO SOCIAL

DE SOCIEDADE CIVIL

"MARRA BRASIL ENGENHARIA LTDA S/C ME".

I - DOS SÓCIOS

1. **JONAS MARRA**, brasileiro, advogado, casado pelo regime da comunhão universal de bens com **MEGAN MARRA**, residente e domiciliado na cidade de São Paulo - SP, na Rua das Alagoas, n.º 22, Morumbi, RG n.º 00.000.000-0 SSP/SP e CPF/MF sob o n.º 000.000.000-00;

2. **MEGAN MARRA**, norte americana, engenheira civil, casada pelo regime da comunhão universal de bens com **JONAS MARRA**, residente e domiciliada na cidade de São Paulo – SP, na Rua das Alagoas, n.º 22, Morumbi, RNE n.º W.000.000-0- DPMAF/SP e CPF/MF sob o n.º 000.000.000-00.

3. **LUCAS SILVA**, brasileiro, solteiro, maior, capaz, engenheiro civil, residente e domiciliado na cidade de São Paulo – SP, na Rua Ceará, n.º 11, RG n.º 0.000.000-0 SSP/SP, e CPF/MF sob o n.º 000.000.000-00.

1. A sociedade girará sob a denominação social de "MARRA BRASIL ENGENHARIA S/C LTDA ME, e sua natureza jurídica será de SOCIEDADE CIVIL. Terá sede e domicílio na cidade de São Paulo, na Rua Maria Joaquina, n.º 33 – Centro, tendo início de suas atividades na presente data, e seu prazo de duração será por tempo indeterminado.

2. A sociedade tem por objeto social a atuação no ramo de Engenharia Civil, podendo executar: planejamento ou projeto (em geral), obras, estruturas, análises, avaliações, vistorias, perícias, pareceres e divulgação técnica.

SÓCIOS	%	N.º **QUOTAS**	VALOR **EM R$**
JONAS MARRA	25	50.000	50.000,00
MEGAN MARRA	25	50.000	50.000,00
LUCAS SILVA	50	100.000	100.000,00
TOTAL	100	200.000	200.000,00

3. O Capital Social é de R$ 200.000,00 (duzentos mil reais), inteiramente integralizado neste ato, representado por 200.000 quotas, no valor nominal de R$ 1,00 cada uma, assim distribuído:

4. A responsabilidade de cada sócio é restrita ao valor de suas quotas, mas todos respondem solidariamente pela integralização do capital social.

5. Os sócios não respondem subsidiariamente pelas obrigações sociais.

6. A administração da sociedade será exercida por todos os sócios, individual ou coletivamente.

Parágrafo **Primeiro:** Esta cláusula pode ser modificada com os votos que representam a maioria absoluta do capital social.

Parágrafo **segundo:** Para atividade de venda e oneração de bens móveis e imóveis, será necessária a assinatura em conjunto de todos os sócios.

Parágrafo **Terceiro:** Fica designado o sócio Lucas Silva como responsável técnico.

7. O exercício social coincidirá com o ano civil. Em 31 de Dezembro de cada ano, levantar-se-á o Balanço Patrimonial e os administradores prestarão contas justificadas de sua administração. Os lucros ou prejuízos apurados serão atribuídos de conformidade com a efetiva participação de cada sócio na composição do capital social.

8. As quotas são indivisíveis e não poderão ser cedidas ou transferidas a terceiros sem o consentimento de todos os sócios.

9. No caso de falecimento ou interdição de qualquer dos sócios quotistas, a sociedade não se dissolverá, continuando a funcionar com os sócios remanescentes e os herdeiros, sucessores do falecido.

10. A sociedade se dissolverá nos termos da lei vigente e com o consenso unânime dos sócios. O seu patrimônio, apurados os lucros ou prejuízos, será proporcionalmente dividido entre os sócios.

11. Os administradores declaram que não estão impedidos de exercer a administração.

12. Fica eleito o Foro da Comarca de São Paulo – SP, para dirimir as dúvidas advindas na interpretação do presente instrumento.

13. E por estarem desta maneira perfeitamente convencionados, assinam o presente instrumento em 03 (três) vias de igual teor e forma, juntamente com as testemunhas de estilo.

São Paulo, 05 de março de 2001.

JONAS MARRA

LUCAS SILVA

MEGAN MARRA

Testemunhas:

PEDRO PAULO SILVA RG n.º 99.999.999-X SSP/SP

JONATAN HENRIQUE CUNHA RG n.º 88.888.888-1 SSP/SP

INSTRUMENTO PARTICULAR DE ALTERAÇÃO DE CONTRATO SOCIAL DE SOCIEDADE CIVIL "MARRA BRASIL ENGENHARIA S/C LTDA ME".

Atual denominação: "MARRA BRASIL ENGENHARIA S/S

CNPJ N 00.000.000/0001-00

Pelo presente instrumento particular de alteração

de contrato social, os abaixo assinados, os sócios

JONAS **MARRA**, brasileiro, advogado, casado pelo regime da comunhão universal de bens com **MEGAN MARRA**, residente e domiciliado na cidade de São Paulo – SP, à Rua das Alagoas, n.º 22, Morumbi, RG n.º 00.000.000-0 SSP/SP e CPF/MF sob o n.º 000.000.000-00.

MEGAN **MARRA,** norte americana, engenheira civil, casada pelo regime da comunhão universal de bens com **JONAS MARRA**, residente e domiciliada na cidade de São Paulo – SP, à Rua das Alagoas, n.º 22, Morumbi, RNE n.º W.000.000-0- DPMAF/SP e CPF/MF sob o n.º 000.000.000-00.

LEONARDO **ANDRADE SILVA**, brasileiro, solteiro, estudante, menor, com 17 anos de idade, residente e domiciliado na cidade de São Paulo – SP, à Rua Ceará, n.º 11, RG n.º 00.000.000-0 SSP/SP, e CPF/MF sob o n.º 000.000.000-00, assistido por sua mãe Iracema Andrade, brasileira, solteira, maior, residente e domiciliada na cidade de São Paulo – SP, à Rua Ceará, n.º 11, RG n.º 00.000.000-0 SSP/SP, e CPF/MF sob o n.º 000.000.000-00.

Únicos sócios componentes da sociedade **MARRA BRASIL ENGENHARIA S/C LTDA ME**, Contrato Social devidamente arquivado neste Oficial de Registro Civil de Pessoa Jurídica de São Paulo, sob o número 00.000, em data de 19/03/2001, têm entre si justos e combinados a alteração do contrato social da referida Sociedade, sob as seguintes cláusulas.

1. Tendo em vista o falecimento do sócio LUCAS SILVA, suas quotas sociais neste ato serão transferidas para seu único filho **LEONARDO ANDRADE SILVA**, de acordo com a cláusula 9 do contrato original.

2. Com a transferência das quotas em virtude do falecimento do sócio LUCAS SILVA, o capital social fica assim distribuído:

SÓCIOS	%	N.º **QUOTAS**	VALOR **EM R$**
JONAS MARRA	25	50.000	50.000,00
MEGAN MARRA	25	50.000	50.000,00
LEONARDO ANDRADE SILVA	50	100.000	100.000,00
TOTAL	100	200.000	200.000,00

3. Os sócios declaram que a sociedade será desenquadrada do regime tributário micro empresa e que a sociedade transformará sua natureza jurídica para sociedade simples pura, passando sua denominação social a ser **"MARRA BRASIL ENGENHARIA S/S".**

E por estarem as partes de perfeito acordo quanto à alteração do contrato social assinam o presente, em uma 01 via, para que se produza o efeito legal.

São Paulo, 22 de abril de 2014.

JONAS MARRA

LEONARDO ANDRADE SILVA ASSISTIDO POR SUA MÃE IRACEMA ANDRADE

MEGAN MARRA

Testemunhas:

PEDRO PAULO SILVA RG n.º 99.999.999-X SSP/SP

JONATAN HENRIQUE CUNHA RG n.º 88.888.888-1 SSP/SP

JONATAN HENRIQUE CUNHA RG n.º 99.999.999-X SSP/SP

III. QUESTÕES DISCURSIVAS

QUESTÃO 01 – Qual a diferença entre associação religiosa e organização religiosa no tocante ao conceito e aos requisitos para sua constituição?

QUESTÃO 02 – João celebrou contrato de mútuo com alienação fiduciária e recebeu a posse direta do veículo automotor, porém deixou de pagar apenas a última prestação do financiamento.

Neste caso, o credor poderá descartar a cobrança judicial e optar pela extinção culposa do contrato sem prejuízo da imediata busca e apreensão do bem? Fundamente.

QUESTÃO 03 – Os notários e registradores devem observar o devido processo legal em relação aos escreventes e auxiliares contratados na hipótese de eventuais infrações por eles cometidas? Pode-se aplicar, em situação de infração praticada por um preposto, a denominada "verdade sabida"? Justifique.

QUESTÃO 04 – Qual a pertinência dos princípios da moralidade administrativa e da improbidade administrativa para a compreensão das incompatibilidades e impedimentos previstos nos artigos 25, 26 e 27 da Lei n.º 8.935/94?

9.2.4. GRUPO 4

I. DISSERTAÇÃO

Relativamente ao Bem de Família, disserte abordando os seguintes itens:

• Ponderação de valores constitucionais conflitantes e solução normativa;

• Diferença entre o bem de família voluntário e involuntário;

• Formas de instituição;

• O único imóvel da entidade familiar penhorado em 1989 pode ser considerado bem de família?

- Dívida de natureza alimentar por ato ilícito e sua aptidão para excepcionar a regra de impenhorabilidade;
- Único imóvel da pessoa solteira;
- Vaga de garagem;
- Único imóvel residencial do devedor locado a terceiro e a possibilidade de penhora;
- Penhora do jazigo;
- Duração, extinção, sub-rogação e cancelamento do bem de família.

II. PEÇA PRÁTICA

Em 04/06/2014, foi protocolada Escritura de Doação com reserva e instituição de usufruto lavrada pelo 1.º Tabelião de São Tomé das Letras - MG, L.379, página 30, pela qual comparecem:

Como doadoras:

Nadir Costa Motta, viúva, e

Benedita Costa Alencar, casada pelo regime da separação absoluta de bens com pacto antenupcial registrado sob n.º 3.000, L.03 do 19.º Registro de Imóveis de São Paulo, com José de Alencar, CPF n. 000.000.000-00.

Como donatário da nua propriedade: Lucas Costa Alencar, brasileiro, solteiro, maior, capaz, RG n.º 0.000.000.0-SSP-SP e CPF 000.000.000-00, residente e domiciliado em São Paulo, na Rua Oscar Freire, n.º 50. Objeto da Doação e do usufruto: A vaga de garagem n.º 40, localizada no subsolo do empreendimento denominado "RESIDENCIAL PARQUE", situado na Rua JOANA MARIA CORREA, n.º 20, matrícula n.º 10.000, L.02, do 19.º Registro de Imóveis de São Paulo.

Consta da Escritura que Benedita Motta Alencar reserva para si 50% do usufruto do imóvel e Nadir Costa Motta, institui a favor de Benedita Motta Alencar 50% do usufruto do imóvel.

Foi atribuído ao imóvel o valor de R$ 38.577,00.

Diante da Escritura de Doação devidamente formalizada, faça a análise da matrícula a seguir onde serão efetuados os atos, faça a recepção do título, seu exame e a respectiva qualificação registral, registrando ou elaborando nota devolutiva.

A vaga de garagem n.º 40, localizada no subsolo do empreendimento denominado "RESIDENCIAL PARQUE", situado na Rua JOANA MARIA CORREA, n.º 20, do loteamento denominado JARDIM PETRÓPOLIS, desta cidade, comarca e 19.ª circunscrição imobiliária de São Paulo, com a área privativa de 11,040 metros quadrados, área de uso comum de 2,591 metros quadrados, encerrando a área total de 13,631 metros quadrados, correspondendo-lhe uma fração ideal no terreno de 0,08373%, confrontando pela frente com as vias de acesso do condomínio, pelo lado esquerdo com a vaga 39 e do lado direito com a vaga 41 e nos fundos com a área de uso comum do condomínio.

Cadastro Municipal: 48.0604.0024.0000.

Proprietária: COSTA & COSTA INCORPORADORA LTDA, CNPJ n.º 00.000.000/0001-10, com sede na Rua José João, n.º 108, São Paulo - SP.

Registro Anterior: Matrícula 10.706, em 20/03/1997.

Protocolo n.º 78.011, em 15 de janeiro de 2000.

Eu, José Silva, Escrevente.

R.01. São Paulo, 10/07/2000. Por Escritura de Compra e Venda de 04 de junho de 2000, do 1.º Tabelião de Notas da comarca de São Paulo - SP, livro 136.561, página 001, a proprietária vendeu o imóvel objeto desta matrícula, pelo valor de R$ 38.557,00, para OSCAR COSTA, brasileiro, comerciante, CPF n.º 000.000.000-00, RG n.º 0.000.000-0-SSP/SP, casado pelo regime da comunhão universal de bens, em 04/09/1950, com NEUSA COSTA, brasileira, enfermeira, CPF n.º 000.000.000-00, RG n.º 0.000.000-0-SSP/SP, residentes e domiciliados na Rua Barbacena, n.º 386, São Paulo-SP. Protocolo n.º 86.754, em 30 de junho de 2000.

Eu, José Silva, Escrevente.

R.02. São Paulo, 25/04/2003. Por Certidão de Penhora de 16 de abril de 2003, extraída dos autos da ação de execução fiscal, processo n.º 0044052-82.2002, do Juízo da 3.ª Vara da Fazenda Pública da comarca de São Paulo - SP, movida pela Prefeitura Municipal de São Paulo, contra OSCAR COSTA foi penhorado o imóvel objeto desta matrícula, para garantia da dívida no valor de R$23.328,60, tendo sido nomeado depositário OSCAR COSTA. Protocolo n.º 90.125, em 20 de abril de 2003.

Eu, José Silva, Escrevente.

R.03. São Paulo, 28 de abril de 2005. Por Formal de Partilha de 02 de março de 2005, dos autos da ação de inventário, processo nº 15581/2004, do Juízo de Direito da 3.ª Vara da Família e das Sucessões da comarca de São Paulo - SP, referente ao espólio de NEUSA COSTA, falecida em 26/03/2004, o imóvel desta matrícula, avaliado em R$ 38.557,00, foi partilhado para OSCAR COSTA, brasileiro, viúvo, comerciante, CPF n.º 000.000.000-00, RG n.º 0.000.000-0-SSP/SP, residente e domiciliado na Rua Barbacena, nº 386, São Paulo - SP, parte ideal correspondente a 2/4, NADIR COSTA MOTTA, brasileira, do lar, CPF n.º 000.000.000-00, RG n.º 0.000.000-0-SSP/SP, casada pelo regime da comunhão universal de bens, antes da vigência da Lei Federal nº 6.515/77, com JOSÉ MOTTA, brasileiro, industriário, CPF n.º 000.000.000-00, RG n.º 0.000.000-0-SSP/SP, domiciliados na Rua Turiaçu, nº 391, São Paulo, parte ideal correspondente a 1/4, e BENEDITA COSTA, brasileira, solteira, maior, capaz, do lar, CPF n.º 000.000.000-00, RG n.º 0.000.000-0-SSP/SP, domiciliada na Rua Barbacena, nº 386, São Paulo - SP, parte ideal correspondente a 1/4. Protocolo n.º 100.030, em 25 de abril de 2005.

Eu, José Silva, Escrevente.

AV.04. São Paulo, 25 de abril de 2012. Formal de Partilha referido no R.05, faço a presente para constar que em decorrência do falecimento de seu marido JOSÉ MOTTA, ocorrido em 31/10/2006, o estado civil de NADIR COSTA MOTTA passou a ser de viúva, conforme certidão de óbito expedida em 03 de novembro de 2006, pelo Oficial de Registro Civil das Pessoas Naturais e de Interdições e Tutelas da Sé da Comarca de São Paulo - SP, extraída do livro C-80, folha 180, nº 19322. Protocolo nº 230.096, em 23 de abril de 2012.

Eu, José Silva, Escrevente.

R.05. São Paulo, 25 de abril de 2012. Por Formal de Partilha de 10 de dezembro de 2011, dos autos da ação de inventário, processo n.º 4015592-90.2011.8.30.0577 do Juízo de Direito da 2.ª Vara da Família e das Sucessões da comarca de São Paulo - SP, referente ao espólio de OSCAR COSTA, falecido em 26/03/2010, parte ideal correspondente a 2/4 do imóvel desta matrícula, avaliada em R$ 19.278,50, foi partilhada para NADIR COSTA MOTTA, brasileira, viúva, do lar, CPF n.º 000.000.000-00, RG n.º 0.000.000-0-SSP/SP, domiciliada na Rua Turiaçu, n.º 391, São Paulo, parte ideal correspondente a 1/4, e BENEDITA COSTA, brasileira, solteira, maior, capaz, do lar, CPF n.º 000.000.000-00, RG n.º 0.000.000-0-SSP/SP, domiciliada na Rua Barbacena, nº 386, São Paulo - SP, parte ideal correspondente a 1/4. Protocolo nº 230.096, em 23 de abril de 2012.

Eu, José Silva, Escrevente.

III. QUESTÕES DISCURSIVAS

QUESTÃO 01 – A averbação da penhora de imóvel é requisito de validade ou eficácia dessa constrição? Justifique.

QUESTÃO 02 – Transação penal, na hipótese de crime ambiental de menor potencial ofensivo, está condicionada à prévia composição do dano? Justifique.

QUESTÃO 03 – Duas pessoas, por escritura pública, estabelecem que possuem um relacionamento apenas amoroso, excluída de forma expressa a união estável. Todavia, na sequência, caracteriza-se uma união pública, contínua e duradoura, voltada à constituição de família, seguindo-se rompimento do relacionamento e ajuizamento de ação de reconhecimento e dissolução de união estável cumulada com partilha de bens. Viável essa ação? Justifique. Caso não prevaleça o teor da referida escritura no que tange à natureza desse relacionamento, seria possível aproveitá-la de alguma forma para a definição da pretensão à partilha? Justifique.

QUESTÃO 04 – Cite as noções jurídicas de competências vinculadas e discricionárias e indique dois exemplos de cada qual dentre as atribuições e competências de notários e registradores previstas nos artigos: 6.º ao 13 da Lei n.º 8.935/94.

9.2.5 GRUPO 5

I. DISSERTAÇÃO

Elabore sua dissertação versando sobre: Da partilha extrajudicial. Conceito. Requisitos. Competência do tabelionato. Critérios de cobrança. Da nomeação de inventariante. Inventário negativo. Da sobrepartilha.

II. PEÇA PRÁTICA

Caio procurou um Tabelionato de Notas da Capital de São Paulo, onde reside, expondo ao tabelião a seguinte situação: "Tenho quatro irmãos (Tito, Lívio, Dráuzio e Cesar) e, no ano de 1999, compramos um imóvel urbano de 10 000 m2 . Cada um dos irmãos construiu sua própria casa, com 200 m2 de área, sendo que o imóvel tem matrícula e cadastro municipal únicos. O valor total do imóvel para fins de imposto de renda é de R$ 500.000,00 (quinhentos mil reais) e o valor total de referência perante a prefeitura municipal local é de R$ 1.000.000,00 (um milhão de reais). Nós, os interessados, estamos de posse do alvará municipal de desdobro, que autoriza a transformação do imóvel em cinco áreas autônomas, com 2 000 m2, cada qual contendo uma casa. Mandamos, também, elaborar o croqui e o memorial descritivo de cada uma das áreas e respectivas construções, por profissional técnico devidamente habilitado. Assim, de posse de tais documentos, pretendemos que cada um dos irmãos passe a ser proprietário exclusivo de sua própria casa."

Na qualidade de tabelião, lavre o ato notarial adequado, indicando eventuais impostos incidentes, bem como a forma de cobrança da escritura. Caso entenda não ser possível a lavratura do ato, elabore nota de devolução fundamentada.

III. QUESTÕES DISCURSIVAS

QUESTÃO 01 – Discorra a respeito do conceito de

autenticação.

QUESTÃO 02 – É possível a lavratura de uma escritura pública de locação? Caso afirmativo, como calcular os emolumentos e custas?

QUESTÃO 03 – Discorra a respeito da importância da intervenção notarial na prevenção de litígios.

QUESTÃO 04 – Maria José Sá Borges, casada, com 20 anos de idade, está registrada somente em nome da mãe, Joana Sá, no Registro Civil de Cotia, Estado de São Paulo, onde também se casou, em 2013, com João Borges. Agora, comparece ao Registro Civil das Pessoas Naturais de Cotia, Estado de São Paulo, com seu pai biológico, Irineu Soares, que pretende reconhecê-la como filha; mas sem a presença da mãe. Quais são as providências que devem ser adotadas pelo Oficial do Registro Civil das Pessoas Naturais para regularizar os registros?

9.2.6 GRUPO 6

I. DISSERTAÇÃO

Elabore sua dissertação versando a respeito de: Direitos Reais de Garantia. Características. Hipoteca. Anticrese. Penhor. Conceito. Modalidades. Constituição. Extinção.

II. PEÇA PRÁTICA

Em 25 de junho de 2014, Pablo Cesar comparece ao tabelionato e solicita o protesto do seguinte título de crédito: cheque n.º 020, emitido por Ricardo dos Santos, datado de 08 de maio de 1994, no valor de CR$ 5.000,00 (cinco mil Cruzeiros Reais), e sacado contra o Banco do Brasil, nominal a Juan Diego, devidamente apresentado à compensação, devolvido por duas vezes, em 18 de maio e em 01 de junho de 1994, pelos motivos 11 e 12, respectivamente. O Apresentante fez acompanhar uma declaração do banco sacado, com a comprovação do endereço do Emitente em local diverso da comarca do tabelionato.

Lavre o protesto do título ou redija a respectiva nota de devolução, fundamentando a razão de sua recusa.

III. QUESTÕES DISCURSIVAS

QUESTÃO 01 – É possível o protesto de sentença arbitral? Fundamente sua resposta.

QUESTÃO 02 – Discorra acerca da escritura pública de Diretiva Antecipada de Vontade.

QUESTÃO 03 – O que é interversão do título de posse?

QUESTÃO 04 – Determinada ação de investigação de paternidade recebe regular processamento, seguindo-se julgamento de improcedência em razão da insuficiência de provas, produzidas na ocasião apenas de forma oral, caracterizado o trânsito em julgado. Depois, nova ação de investigação de paternidade é ajuizada com requerimento expresso de realização do exame pelo método do "DNA", de conhecida eficiência.

É viável, tendo em vista a garantia constitucional da coisa julgada, a nova ação? Caso a resposta seja positiva, a conclusão seria a mesma se, no processo anterior, a improcedência estivesse lastreada em exame efetuado pelo método do "HLA", cujo resultado excluíra a paternidade, considerando-se que esse método possui precisão inferior ao método do "DNA", à época não disponível? Justifique. Caso a resposta seja negativa, apresente, também, a justificativa.

9.2.7 GRUPO 7

I. DISSERTAÇÃO

Elabore sua dissertação versando a respeito do tema a seguir. Da função do Registro Civil das Pessoas Naturais: Competência, prazos e requisitos na lavratura dos atos de: nascimento, casamento, óbito, averbação e anotação.

II. PEÇA PRÁTICA

Compareceu perante o Oficial de Registro Civil das Pessoas Naturais do Município de Vera Cruz – SP, em 29 de maio de 2014, o Sr. Wilson Silva, RG. 00.000.000 SSP/SP, agente da funerária Paz Eterna, de Bauru-SP, apresentando todos os documentos necessários/indispensáveis para o efetivo registro do óbito e prestou as seguintes declarações:

- Faleceu, em 28 de maio de 2014, às 13h 30min, na Santa Casa de Misericórdia do município de Vera Cruz – SP, o Sr. Jean Olivier, RNE: V-9.999.999-dpmaf-sp, francês, nascido em Paris, em 07 de abril de 1970, industriário.
- O óbito se deu por homicídio e foi firmado com a Declaração de Óbito n.º 00000000-0, pelo médico legista, Dr. Francisco Junqueira, CRM. 11.111, que constou como causa da morte: traumatismo cranioencefálico; perda de massa encefálica; ação contundente por perfuração no crânio por projetil de arma de fogo.
- O falecido vivia em união estável com Flora Parra, em virtude de escritura pública declaratória de união estável lavrada no 2.º Tabelião de Notas de Jundiaí – SP e registrada no Oficial de Registro Civil do 1.º Subdistrito de Jundiaí – SP, em 18.05.2014, Livro n.º E-21, folhas 130, termo 15 567, deixando

dessa união os filhos: Hélio, com 12 anos, e Oséias, com 8 anos de idade.

• Foi divorciado em segundas núpcias de Maria Pereira, com quem se casara no Registro Civil de Garça – SP, em 18 de dezembro de 1992, Livro n.º B-20, folhas 145, termo 8 950, deixando dessa união os filhos: Luzia, com 20 anos, e Lara, com 18 anos de idade.

• Foi viúvo em primeira núpcias de Adeiane Ennout Olivier, com quem se casara no Registro Civil de Formiga – MG, em 1990, não deixando filhos dessa união.

• Deixou, ainda, o filho Almir, com 10 anos de idade, do relacionamento com Mara Souza.

• O falecido deixou bens e testamento.

• Era residente em Jaú, Estado de São Paulo, na Rua Albergaria n.º 30, Centro.

• Filho de Pierre Olivier e Alicia Olivier, franceses, falecidos.

• O corpo será cremado no Crematório de Jaú – SP.

Considerando o exposto, lavre o óbito e faça as comunicações devidas.

III. QUESTÕES DISCURSIVAS

QUESTÃO 01 – O que são e quais são as diferenças entre carta precatória, carta rogatória e carta de ordem?

QUESTÃO 02 – O que diferencia Escritura Pública de Ata Notarial?

QUESTÃO 03 – Comete ilícito criminal o Oficial de Registro Civil que, hipotecando solidariedade no envio de criança ao exterior, lavra assento de nascimento com base em falsa declaração de nascido vivo? Justifique sua resposta.

QUESTÃO 04 – É possível, de acordo com a atual ordem constitucional brasileira, restringir o direito de reunião em locais abertos ao público? Justifique sua resposta.

6.4 PROVA DO 8º CONCURSO PÚBLICO DE PROVAS E TÍTULOS PARA OUTORGA DE DELEGAÇÕES DE NOTAS E DE REGISTRO DO ESTADO DE SÃO PAULO – 2012

9.3.1 GRUPO 1

I. DISSERTAÇÃO

O direito dos contratos e seus princípios fundamentais no sistema contemporâneo.

II. PEÇA PRÁTICA

Dois usuários, marido e mulher, desejam que o Tabelião lavre os testamentos deles. Para evitar deslocamentos adicionais, pedem que os atos notariais sejam feitos um após o outro – ou seja, dois testamentos seguidos. O desejo de cada um deles é o de deixar um imóvel para uma associação beneficente, gravar a legítima dos dois filhos com cláusula de impenhorabilidade vitalícia e deixar o restante da parte disponível para o outro cônjuge.

Você, como tabelião, lavraria os testamentos?

Se negativo, redija justificativa para a recusa.

Se positivo, lavre o testamento da esposa para o marido, excluindo as disposições que julgar impossíveis.

III. QUESTÕES DISCURSIVAS

QUESTÃO 01 – Defina os dois tipos de taxa existentes no ordenamento jurídico, mencione suas características e classifique entre eles os emolumentos cobrados pelas serventias extrajudiciais e a parcela destes destinada ao Tribunal de Justiça.

QUESTÃO 02 – Defina afetação e desafetação. Como um bem público é desafetado?

QUESTÃO 03 – Na teoria geral dos negócios jurídicos, quais são os requisitos para a utilização da *exceptio non adimpleti contractus?*

QUESTÃO 04 – A duplicata de prestação de serviços pode ser emitida após a data do vencimento? Justifique.

9.3.2 GRUPO 2

I. DISSERTAÇÃO

Negócio Jurídico: Existência, Validade e Eficácia.

II. PEÇA PRÁTICA

Considere a seguinte matrícula:

Matrícula n.º 10, de 20 de agosto de 2002.

IMÓVEL: Apartamento n.º 1, localizado no 1.º andar do Edifício Andorra, situado na Rua Oscar Rodrigues Alves, 135, Centro, em São Paulo, Capital, possuindo a área privativa de 105,38 m^2, área comum de 66,11m^2, perfazendo assim a área total de 171,49 m^2, cabendo-lhe duas (2) vagas para estacionamento de veículos na garagem do edifício e a fração ideal de 3,86% no terreno.

PROPRIETÁRIO: GERALDO DOS SANTOS, RG. n.º 2.222.222-X-SSP/SP, CPF 333.333.333-33, brasileiro, solteiro, maior, professor, residente e domiciliado na Rua X, 10, Vila Maria, em São Paulo, Capital. Registros anteriores: R.7/M. 232 (Especificação) e R.35/M. 232 (Atribuição) deste Registro. Cadastro municipal: 999.999-99.

Oficial:

R.1 – Em 20 de setembro de 2003. Por escritura lavrada em 14 de setembro de 2003, pelo 1.º Tabelião de Notas da Comarca de São Paulo, Capital, livro n.º 5, fls. 55, o proprietário deu o imóvel em hipoteca ao BANCO DO ESTADO DE SÃO PAULO, CNPJ n.º 55.555.5555/0001-55, com sede na cidade de São Paulo-SP, na Rua X, 10, pelo valor de R$ 99.000,00 (noventa e nove mil reais), a ser pago em uma única parcela, sem juros, em 10 de agosto de 2005.

Oficial:

R.2 – Em 3 de agosto de 2009. Por escritura lavrada em 2 de agosto de 2008, pelo 2.º Tabelião de Notas da Comarca de São Paulo, Capital, livro n.º 4, fls. 44, o proprietário vendeu o imóvel para ERMITÂNIO DA SILVA, RG n.º 8.666.777-SSPSP, CPF n.º 111.111.111-11, brasileiro, viúvo, professor, residente e domiciliado em São Paulo, Capital, na Rua B, 11, pelo valor de R$ 150.000,00 (cento e cinquenta mil reais). Título apresentado nessa data:

Certidão emitida no Sistema de Penhora Online em 20 de agosto de 2012, pelo Escrivão Diretor do 1.º Ofício Judicial Cível da Comarca de Taubaté, Estado de São Paulo, nos autos da Ação de Execução Hipotecária n.º 888.888, movida pelo BANCO DO ESTADO DE SÃO PAULO em face do então titular de domínio Geraldo dos Santos, brasileiro, solteiro, maior, professor, RG 2.222.222-X/SSPSP, relativo à hipoteca registrada sob o n.º R.1/M.10, para fins de inscrição da penhora que recaiu sobre o imóvel da referida matrícula n.º 10, onde constam ainda os seguintes dados: Valor da causa: R$ 120.000,00. Data do Auto de Penhora: 10.08.2012. Nome do fiel depositário: GERALDO DOS SANTOS.

Considerando que os documentos apresentados estão devidamente formalizados, promova a recepção do título e os atos decorrentes da qualificação positiva ou negativa.

III. QUESTÕES DISCURSIVAS

QUESTÃO 01 – É possível o registro de associação com denominação idêntica ou semelhante? Justifique.

QUESTÃO 02 – Sobre a penhora, discorra, de maneira concisa, sobre os seguintes aspectos: a) conceito; b) distinção em relação aos direitos reais de garantia; c) validade e eficácia da penhora não averbada junto ao Registro Imobiliário; d) critério para distribuição do produto da alienação judicial no caso de pluralidade de penhoras em execução contra devedor solvente.

QUESTÃO 03 – Restrições convencionais inseridas em contrato-padrão de loteamento inscrito no Registro de Imóveis podem ser afastadas por legislação urbanística posterior mais branda ou menos restritiva? Justifique.

QUESTÃO 04 – O artigo 236 da Constituição Federal diz, em seu § 3.º, que "o ingresso na atividade notarial e de registro depende de concurso público de provas e títulos (...)", o que está de acordo, ainda mais, com o disposto no artigo 37, II, do mesmo diploma magno em questão. Por outro lado, o artigo 236 do Ato das Disposições Constitucionais Transitórias (ADCT) põe a salvo da incidência da disposição do artigo 236 acima mencionado "os serviços notariais e de registro que já tenham sido oficializados pelo Poder Público, respeitando-se o direito de seus servidores". Indaga-se: haveria entre as disposições destacadas um conflito normativo? O artigo 32 do ADCT seria inconstitucional ou pelo menos incompatível com o restante da Constituição Federal? Justifique.

9.3.3 GRUPO 3

I. DISSERTAÇÃO

A evolução do conceito de família e as entidades familiares no Direito contemporâneo.

II. PEÇA PRÁTICA

José Antonio da Silva, engenheiro agrônomo, e Maria de Oliveira Santos, advogada, residentes e domiciliados à Rua dos Girassóis, 54, no Município de Mococa, Estado de São Paulo, comparecem pessoalmente à serventia do Oficial de Registro Civil das Pessoas Naturais do Município no dia 21 de agosto de 2012 para requerer a conversão da união estável em casamento, acompanhados dos pais do convivente, os quais compareceram na condição de testemunhas, munidos das cédulas de identidade originais.

Foram apresentados os seguintes documentos:

a) Carteira Nacional de Habilitação e certidão de nascimento de José Antonio da Silva. Da certidão de nascimento, extraída do registro n.º 6.750, lavrado às fls. 87v. do Livro A-12, pelo Oficial de Registro Civil das Pessoas Naturais do Município de Guaxupé, Estado de Minas Gerais, consta que o registrado é natural do Município de Guaxupé, Estado de Minas Gerais, onde nasceu em 13 de outubro de 1977, sendo filho de Manoel da Silva e Ana Rosa Dias da Silva;

b) carteira de identidade expedida pela Ordem dos Advogados do Brasil e certidão de casamento de Maria de Oliveira Santos. Da certidão de casamento, extraída do registro n.º 11.676, lavrado em 27 de março de 2003, às folhas 11 do Livro B-39, pelo Oficial de Registro Civil das Pessoas Naturais do Município de Mogi Mirim, Estado de São Paulo, consta que a contraente, cujo nome de solteira era Maria Campos de Oliveira, nasceu em Santo Antonio de Posse, Estado de São Paulo, em 4 de junho de 1978, sendo filha de Antonio Carlos de Oliveira e de Rosemeire Campos; consta ainda que a contraente e João Pedro de Almeida Santos se divorciaram por meio de escritura pública, lavrada em 6 de agosto de 2009 pelo Oficial de Registro Civil das Pessoas Naturais e Tabelião de Notas do Município de Tapiratiba, no Livro 87, às fls. 203/206, sendo que a contraente manteve o nome de casada. A averbação foi feita no dia seguinte à lavratura da escritura;

c) traslado da escritura pública de pacto antenupcial, lavrada em 28 de junho de 2012, pelo Tabelião de Notas e de Protesto de Letras e Títulos de Mococa, no Livro 254, às fls. 105/106, da qual constou que José Antonio da Silva e Maria de Oliveira Santos convencionaram se casar pelo regime da comunhão parcial de bens, exceto em relação ao imóvel de residência dos conviventes, situado à Rua dos Girassóis, 54, de propriedade do convivente José Antonio, objeto do registro n.º 4 lançado na matrícula n.º

12.345 do Oficial de Registro de Imóveis da Comarca de Mococa, que com o casamento passa a integrar a comunhão de bens do casal. Consta também que os conviventes mantêm união estável desde janeiro de 2011.

Os conviventes informaram ainda que:

a) José Antonio da Silva declarou ser solteiro e os presentes, após orientação do registrador, esclareceram não haver impedimentos para o casamento;

b) os pais de José Antonio da Silva são brasileiros, residentes e domiciliados à Alameda das Begônias, 23, no Município de Mococa, sendo o pai nascido em 13 de abril de 1946 e a mãe nascida em 29 de junho de 1947;

c) os pais de Maria de Oliveira Santos eram brasileiros, sendo que o pai faleceu em 23 de julho de 1999 e a mãe em 7 de agosto de 2009;

d) por ocasião do divórcio de Maria de Oliveira Santos, não existiam bens a partilhar; as testemunhas e os conviventes se dispõem a assinar declaração nesse sentido;

e) José Antonio da Silva não pretende alterar seu nome, ao passo que a convivente pretende modificar seu nome para Maria Santos da Silva ou, se não for possível, concorda em manter o nome Maria Oliveira Santos;

f) pretendem que seja indicado no registro, se possível, o período de início da união estável constante da escritura de pacto antenupcial. Por fim, é necessário observar que:

a) não existe jornal de circulação diária no Município;

b) o representante do Ministério Público encaminhou à serventia ofício comunicando a dispensa de encaminhamento das habilitações de casamento e dos pedidos de conversão de união estável em casamento, na forma do Ato Normativo n.º 680/2011 PGJ/CGMP/CPJ;

c) não há Portaria do Juiz Corregedor Permanente dispensando a homologação dos procedimentos de habilitação de casamento.

Responda:

1) Em qual livro deve ser registrada a conversão da união estável em casamento? Responda, apresentando justificativa:

2) Pode-se admitir como testemunhas os pais de José Antonio da Silva?

3) É válida a opção pelo regime de bens constante da escritura?

4) A alteração de nome pretendida é válida?

5) É necessário submeter o pedido ao Juiz Corregedor Permanente? Considerando que eventuais exigências tenham sido atendidas e que não houve oposição de impedimentos no prazo:

6) Indique de forma breve quais exigências foram formuladas e, em seguida, lavre o ato registrário para conversão da união estável em casamento.

III. QUESTÕES DISCURSIVAS

QUESTÃO 01 – Partindo-se da premissa da instrumentalidade do processo, há diferença ontológica entre a jurisdição voluntária e a jurisdição contenciosa? Ainda sob o prisma da instrumentalidade, há exercício de jurisdição quando da homologação, em Cartório, de divórcio consensual? De que espécie?

QUESTÃO 02 – Interino designado para responder por serventia extrajudicial comete infração disciplinar punível, em tese, com a pena de multa. Qual o procedimento que poderá ser adotado pela Corregedoria Permanente? Justifique.

QUESTÃO 03 – Maria faleceu deixando bens, marido e filhos. Como devem proceder os interessados na partilha dos bens?

QUESTÃO 04 – É possível a averbação do reconhecimento de paternidade sem o acréscimo do sobrenome paterno, quando o filho é uma pessoa maior e capaz e pretende manter o nome composto pelo prenome e sobrenome materno? Justifique.

9.3.4 GRUPO 4

I. DISSERTAÇÃO

Pessoa jurídica de direito privado: Conceito. Espécies. Aquisição da personalidade. Desconsideração: modalidades e hipóteses. Alienações de seus bens: requisitos.

II. PEÇA PRÁTICA

Lavre escritura de doação com reserva de usufruto de imóvel pertencente a dois doadores, casados entre si no regime da comunhão universal de bens, a um donatário, um dos filhos do casal. O imóvel tem valor de mercado de cem mil reais, coincidente com o valor atribuído pelas partes, e o valor atual da UFESP é de R$18,44. A doação é feita da parte disponível dos bens do casal e o donatário deseja utilizar-se de qualquer dispositivo legal que o favoreça quanto a eventual recolhimento do ITCMD.

Ao final, justifique a forma de cobrança do ato.

III. QUESTÕES DISCURSIVAS

QUESTÃO 01 – Como se define a competência do protesto especial para fins falimentares de uma duplicata mercantil, na hipótese em que o principal estabelecimento do devedor se situa em circunscrição diferente daquela indicada como praça de pagamento do título? Justifique.

QUESTÃO 02 – No caso de compra e venda de um imóvel de um avô para um neto, a falta de anuência de um dos descendentes impossibilita a lavratura do ato notarial? Justifique sua recusa ou a possibilidade de sua lavratura, diante da insistência dos usuários para que a escritura seja lavrada.

QUESTÃO 03 – Um usuário, na qualidade de firma individual, deseja adquirir um imóvel. Como deverá ser a qualificação do usuário na escritura pública? Justifique.

QUESTÃO 04 – Proceda à distinção entre lesão e estado de perigo.

9.3.5 GRUPO 5

I. DISSERTAÇÃO

Do procedimento de dúvida no Registro de Imóveis. Conceito. Previsão legal. Natureza jurídica. Prenotação. Requerimento. Suscitante. Suscitado. Razões da dúvida. Impugnação. Ministério Público. Hipóteses (registro e averbação). Juízo competente. Recurso. Trânsito em Julgado (providências).

II. PEÇA PRÁTICA

Considere a seguinte situação registrária: Transcrição n.º 1.000, de 03 de dezembro de 1951. Imóvel rural denominado "Fazenda Santa Clara", situado no Km 15,3 da Estrada Municipal Clovis Bevilacqua, no bairro X, distrito, município e comarca de Santos, Estado de São Paulo, com área de 740,00 hectares, confrontando de um lado com Afrânio de Carvalho, do outro, com Robert Torrens e, nos fundos, com Soriano Neto, existindo na propriedade um barracão de madeiras, coberto com telhas. ADQUIRENTE: JOSÉ DA SILVA, brasileiro, casado, agricultor, residente e domiciliado nesta comarca.

Consta a inscrição n.º 10, de 21 de fevereiro de 1953, referente à servidão de passagem, em favor do imóvel objeto da transcrição n.º 53, de propriedade de MARIA APARECIDA, brasileira, casada, produtora rural, residente e domiciliada nesta comarca.

Consta à margem da transcrição aquisitiva a seguinte averbação: AV.1, feita em 1 de maio de 2011. Por Termo de Área Contaminada datado de 22.4.2011, emitido pela Companhia de Tecnologia de Saneamento Ambiental – CETESB, procede-se à presente para constar, a teor do Procedimento n.º 18, que foi constatado que o imóvel objeto desta transcrição encontra-se contaminado parcialmente com substância nociva à saúde humana [metano]. Consta do referido termo que os herdeiros do proprietário foram notificados do procedimento administrativo.

Título apresentado para qualificação nesta data: Requerimento subscrito pelo único herdeiro MÁRIO SILVA, brasileiro, solteiro, maior, agricultor, residente no imóvel, e pela viúva meeira MARIA DA SILVA, brasileira, agricultora, residente no imóvel, solicitando a retificação do registro (transcrição) para que seja aberta matrícula do imóvel de acordo com a nova descrição que contém vértices, distâncias, azimutes e coordenadas UTM, tendo sido constatado que o imóvel possui, na realidade, a área de 900,00 hectares, bem como a complementação dos dados qualificativos.

Descrição constante do memorial: Fazenda Santa Clara, localizado no KM 15,3 da Estrada Municipal Clovis Bevilacqua, distrito, município e comarca de Santos-SP: Inicia-se a descrição deste perímetro no vértice CRI-M-0001, de coordenadas N 7.650.686,66m e E 564.229,35m; localizado num vértice em comum com a Fazenda Liberdade e com a Fazenda São Pedro; deste, segue confrontando com FAZENDA SÃO PEDRO (anteriormente imóvel de Soriano Neto), com os seguintes azimutes e distâncias: 133°41'17" e 2.500,00m até o vértice CRI-M-0002, de coordenadas N 7.648.959,83m e E 566.037,12m; deste, segue confrontando com ESTÂNCIA PRECIOSA (anteriormente imóvel de Robert Torrens), com os seguintes azimutes e distâncias: 223°41'17" e 3.600,00m até o vértice CRI-M-0003, de coordenadas N 7.646.356,64m e E 563.550,48m; localizado na faixa de domínio da ESTRADA MUNICIPAL CLOVIS BEVILACQUA, com os seguintes azimutes e distâncias: 313°41'17" e 2.500,00m até o vértice CRI-M-0004, de coordenadas N 7.648.083,47m e E 561.742,71m; deste, segue confrontando com FAZENDA LIBERDADE (anteriormente imóvel de Afranio de Carvalho), com os seguintes azimutes e distâncias: 43°41'17" e 3.600,00m até o vértice CRI-M-0001, ponto inicial da descrição deste perímetro, encerrando a área de Área (ha): 900,0000 ha.

Documentos que acompanham o título:

Memorial Descritivo e Planta, subscritos pelos requerentes, pelo Engenheiro Agrimensor (responsável técnico); Anotação de Responsabilidade Técnica (ART) do profissional responsável pelos trabalhos; comprovante de certificação de georreferenciamento expedido pelo INCRA sob o n.º 000.309, datado de 23/8/2012; Certificado de Cadastro de Imóvel Rural (CCIR) atualizado; certidão negativa de débitos relativos ao imposto sobre a propriedade territorial rural; recibo de entrega da última declaração do Imposto Territorial Rural (ITR); certidões das matrículas dos imóveis confrontantes; certidão de óbito de José da Silva, falecido em 10 de janeiro de 1967; certidão de casamento de José da Silva com Maria da Silva, onde se verifica que casaram em 10 de maio de 1949 sob o regime da Comunhão Universal de Bens; cópias autenticadas das cédulas de identidade e dos CPFs de JOSÉ DA SILVA, MARIA DA SILVA e MÁRIO SILVA; certidão expedida pelo Cartório da 1.ª Vara da Família e Sucessões da Comarca da Capital, comprovando que Maria da Silva é a inventariante nos autos do inventário dos bens deixados por José da Silva. Do memorial e da planta constam as anuências dos titulares de domínio dos imóveis confrontantes, da titular de domínio do imóvel dominante e da Municipalidade.

Considerando que os documentos apresentados estão devidamente formalizados, promova a recepção do título, seu exame e os atos decorrentes da qualificação registral.

III. QUESTÕES DISCURSIVAS

QUESTÃO 01 – Conceitue o princípio da legitimação registral ou presunção de exatidão.

QUESTÃO 02 – As aquisições originárias da propriedade imobiliária implicam geralmente na inauguração do fólio real e na absoluta inobservância do princípio da continuidade ou trato sucessivo. Assim considerando, é correto afirmar que esse fenômeno ocorre na usucapião, expropriação amigável e arrematação judicial? Justifique.

QUESTÃO 03 – É possível o registro de convenção de condomínio edilício no Registro de Títulos e Documentos? Justifique.

QUESTÃO 04 – "A" pretende a averbação do cancelamento administrativo de hipoteca instituída sobre imóvel matriculado na serventia predial "B", sob o argumento de que o credor hipotecário encontra-se em lugar ignorado e de que houve extinção da garantia real em virtude da prescrição da pretensão à cobrança da dívida a ela relacionada. Pode o Oficial Registrador promover a averbação pretendida? Justifique.

9.3.6 GRUPO 6

I. DISSERTAÇÃO

Filiação. Conceito e espécies. Tratamento constitucional. Reconhecimento voluntário e forçado.

II. PEÇA PRÁTICA

Joaquim Azevedo de Souza comparece pessoalmente à serventia do Oficial de Registro Civil das Pessoas Naturais do Distrito de Ouro Fino Paulista, no Município de Ribeirão Pires, no dia 6 de setembro de 2012, para requerer a lavratura do registro de nascimento de seu filho, a quem pretende dar o nome de Sebastião de Souza Neto. Foram apresentados os seguintes documentos:

a) declaração de nascido vivo n.º 12345678, da qual consta:

– data de nascimento: 29 de fevereiro de 2012;

– hora de nascimento: 07h15;

– local de nascimento: Hospital Municipal de Mauá, na rua da Matriz, n.º 17, Centro, Mauá/SP;

– sexo do recém-nascido: masculino;

– nome da genitora: Adriana Nascimento G. Ribeiro;

– idade da genitora na ocasião do parto: 17 anos;

– endereço da genitora: Rua 2 de Dezembro, n.º 465, Ouro Fino Paulista, Ribeirão Pires/SP;

– ocupação habitual da genitora: estudante;

– tipo de gestação: única;

– nome do genitor: não preenchido.

b) carteira nacional de habilitação de Joaquim Azevedo de Souza, da qual consta:

– filiação: Sebastião Fernandes de Souza e Francisca Maria Azevedo;

– data de nascimento: 15 de dezembro de 1990.

c) carteira de identidade de Adriana Nascimento Gonçalves Ribeiro, da qual consta:

– filiação: Moacir Alves Ribeiro e Maria Helena Nascimento Gonçalves; - data de nascimento: 18 de janeiro de 1995;

– naturalidade: Ribeirão Pires/SP.

Indagado pelo registrador, Joaquim declarou que é técnico de informática, natural de Santo André/SP, e reside juntamente com a genitora, no logradouro constante da declaração de nascido vivo; no entanto, o número correto é 456. Responda, apresentando justificativa:

1) A serventia é competente para a lavratura do ato?

2) Há necessidade de requerimento com assinatura de testemunhas? 3) É possível o registro com o nome pretendido?

4) A declaração de nascido vivo pode ser aceita ou há necessidade de sua retificação?

5) É necessária a presença da mãe ou dos avós maternos? Considerando que eventuais exigências, incluindo a modificação do nome do registrando, tenham sido atendidas:

6) Indique de forma breve quais exigências foram formuladas e, em seguida, lavre o registro de nascimento.

III. QUESTÕES DISCURSIVAS

QUESTÃO 01 – É possível incluir no registro e na certidão de óbito, a pedido da declarante, a informação de que o falecido mantinha união estável com a declarante? Justifique.

QUESTÃO 02 – José e Maria, casados em 2002 sob o regime da comunhão universal de bens, com prole comum, pretendem o encerramento da união. Como devem proceder?

QUESTÃO 03 – João pretende a adoção de Maria, hoje com 23 anos de idade, mas sob sua guarda de fato desde que tinha 3 anos de idade. Como deve proceder?

QUESTÃO 04 – De quais formas é possível a retificação de escritura pública? Justifique.

6.5 PROVA DO 7º CONCURSO PÚBLICO DE PROVAS E TÍTULOS PARA OUTORGA DE DELEGAÇÕES DE NOTAS E DE REGISTRO DO ESTADO DE SÃO PAULO – 2011

9.4.1 NOTAS E PROTESTO

I. DISSERTAÇÃO

Do protesto de títulos – conceito – natureza jurídica – local do protesto – fases do procedimento – desistência e sustação do protesto – efeitos – títulos sujeitos a protesto – protesto por falta de aceite e por falta de pagamento – protesto por indicação – protesto por falta de pagamento de títulos não aceitos – protesto para fins de direito de regresso – protesto de cheque prescrito – protesto de sentença.

II. PEÇA PRÁTICA

A, casado pelo regime da comunhão universal de bens, faleceu, ab intestato, sem ascendentes vivos, deixando viúva B e três filhos: C, D e E. O patrimônio total do casal, consistente exclusivamente de bens móveis, está avaliado em R$ 600.000,00. Os filhos desejam que a totalidade da herança fique para o irmão E. O filho C é casado pela comunhão parcial de bens e possui dois filhos maiores, F e G; o filho D é solteiro e não tem filhos e o filho E tem três filhos menores. As partes, para atingirem seu objetivo, desejam lavrar o(s) instrumento(s) extrajudicial(ais) que seja(m) o(s) mais econômico(s), considerando-se tributos e preço de escritura. Tendo em vista que as partes aceitarão a sua orientação enquanto tabelião, lavre o(s) instrumento(s) por você sugerido(s). Esclareça qual a base de cálculo dos tributos e dos emolumentos.

III. QUESTÕES DISCURSIVAS

QUESTÃO 1 No âmbito notarial, discorra sobre o princípio rogatório.

QUESTÃO 2 Procuração em causa própria e procuração para contrato consigo mesmo, ambas com fins imobiliários. Há distinção entre os dois institutos? Aponte eventuais reflexos notariais.

9.4.2 REGISTRO CIVIL E NOTAS

I. DISSERTAÇÃO

Da Habilitação para o casamento: Conceito – Requisitos – Procedimento da habilitação – Competência – Proclamas – Dispensa – Disposições quanto ao regime de bens – Nome dos noivos – Intervenção do Ministério Público – Apreciação judicial – Regra da gratuidade.

III. PEÇA PRÁTICA

José da Silva, brasileiro, com 16 (dezesseis) anos de idade, desacompanhado de seus pais ou representantes legais, comparece ao Registro Civil das Pessoas Naturais e Tabelionato de Notas para lavrar escritura pública de reconhecimento de filha, juntamente com a genitora da menor, que anuirá ao ato. A menor está registrada com o nome de Maria da Costa. O interessado, ao pretender lavrar o ato notarial, destinado exclusivamente ao reconhecimento da filha, indica que a criança passará a se chamar, em razão do reconhecimento, Maria da Costa Silva, suprimindo a partícula "da" do patronímico paterno, contando, para tanto, com a concordância da genitora. Diante desse painel, indaga-se: a) é possível lavrar a escritura pública de reconhecimento de filha, em face da idade do outorgante, não emancipado e desacompanhado de pais ou responsáveis? Justifique. b) admite-se a supressão da partícula "da" do patronímico "da Silva", ou o nome a ser adotado deverá ser Maria da Costa da Silva? Justifique. Pratique o ato notarial público adequado ou elabore documento de recusa, fundamentando qualquer das soluções.

III. QUESTÕES DISCURSIVAS

QUESTÃO 1 – Indique as hipóteses de morte presumida. A morte presumida autoriza novo casamento da viúva, devendo o Oficial proceder à habilitação de casamento? A morte presumida pode ser reconhecida pelo Oficial no âmbito administrativo?

QUESTÃO 2 – Há prazo de validade para o cartão de assinatura formalmente preenchido e arquivado na serventia?

9.4.3 REGISTRO DE IMÓVEIS, TÍTULOS E DOCUMENTOS E CIVIL DE PESSOA JURÍDICA

I. DISSERTAÇÃO

Alienação fiduciária de bem imóvel (Lei n.º 9.514/97) e hipoteca convencional (Código Civil) – traços distintivos – posição jurídica das partes contratantes – alienação fiduciária de imóvel já anteriormente alienado fiduciariamente – repercussões dos institutos no Registro de Imóveis.

II. PEÇA PRÁTICA

Pela transcrição n.º 100, de 20 de Janeiro de 1955, do Registro de Imóveis da Comarca X, José, casado com

Maria sob o regime da separação obrigatória de bens (ambos devidamente qualificados), adquiriu, a título de venda e compra, um terreno na Rua Central, correspondente ao lote n.º 40 da quadra 10, do loteamento denominado Vila dos Manacás, Município X, medindo 10 m de frente, igual largura nos fundos, por 40 m da frente aos fundos de ambos os lados, confrontando do lado direito visto da rua com a casa n.º 16 da Rua Central, do lado esquerdo com a casa n.º 8 da Rua Central e nos fundos com a casa n.º 25 da Rua das Goiabas, encerrando a área de 400 m^2. À margem dessa transcrição foi feita a Av. 1, em 30.01.1955, para constar que, conforme projeto aprovado pela Prefeitura Municipal, no terreno foi aberta uma passagem (denominada passagem particular ou simplesmente passagem), medindo 2 m de frente para a Rua Central, igual largura nos fundos, por 40 m da frente aos fundos de ambos os lados, confrontando do lado direito visto da rua com a casa n.º 16 da Rua Central, do lado esquerdo com o restante do terreno e nos fundos com a casa n.º 25 da Rua das Goiabas, encerrando a área de 80 m2, e construídas quatro casas, sendo uma delas com frente para a citada Rua Central, que recebeu o n.º 10, e as demais denominadas "casa n.º 1", "casa n.º 2" e "casa n.º 3", com entrada pela referida passagem que recebeu o n.º 14 da mesma Rua Central.

Com origem nessa transcrição existem, no mesmo Registro de Imóveis, as seguintes transcrições:

Transcrição n.º 120, de 20 de março de 1955, pela qual José e Maria transmitiram por venda feita a Joaquim, a casa n.º 10 da Rua Central e o respectivo terreno, medindo 8 m de frente, igual largura nos fundos, por 10 m da frente aos fundos de ambos os lados, confrontando do lado direito visto da rua com a passagem n.º 14 da Rua Central, do lado esquerdo com a casa n.º 8 da Rua Central e nos fundos com a casa n.º 1 da passagem, com a área de 80 m2. Transcrição n.º 140, de 20 de julho de 1956, pela qual José e Maria transmitiram por venda feita a João (devidamente qualificado), a casa n.º 1, com entrada pela passagem n.º 14 da Rua Central, e o respectivo terreno, medindo 10 m de frente para a passagem, igual largura nos fundos, por 8 m da frente aos fundos de ambos os lados, confrontando do lado direito visto da passagem, com a casa n.º 2 da passagem, do lado esquerdo com a casa n.º 10 da Rua Central e nos fundos com a casa n.º 8 da Rua Central, com a área de 80 m2, e mais uma parte ideal correspondente a 1/3 da passagem n.º 14 da Rua Central, medindo 2 m de frente para a Rua Central, igual largura nos fundos, por 40 m da frente aos fundos de ambos os lados, confrontando do lado direito visto da rua com a casa n.º 16 da Rua Central, do lado esquerdo com o restante do terreno e nos fundos com a casa n.º 25 da Rua das Goiabas, encerrando a área de 80 m2. Transcrição n.º 160, de 20 de agosto de 1958, pela qual José e Maria transmitiram por venda feita a Benedito (devidamente qualificado), a casa n.º 2, com entrada pela passagem n.º 14 da Rua Central, e o respectivo terreno, medindo 10 m de frente para a passagem, igual largura nos fundos, por 8 m da frente aos fundos de ambos os lados, confrontando do lado direito visto da passagem, com a casa n.º 3 da passagem, do lado esquerdo com a casa n.º 1 da passagem e nos fundos com a casa n.º 8 da Rua Central, com a área de 80 m2 e mais uma parte ideal correspondente a 1/3 da passagem n.º 14 da Rua Central, medindo 2 m de frente para a Rua Central, igual largura nos fundos, por 40 m da frente aos fundos de ambos os lados, confrontando do lado direito visto da rua com a casa n.º 16 Rua Central, do lado esquerdo com o restante do terreno e nos fundos com a casa n.º 25 da Rua das Goiabas, encerrando a área de 80 m2. À margem dessa transcrição consta Av. 1, de 14.12.2009, referente à penhora determinada pelo Juízo de Direito da 80.ª Vara Cível da Comarca X, nos autos de ação de execução movida pelo Banco Z S/A contra Benedito, no valor de R$ 20.000,00.

É, agora, prenotado no Registro de Imóveis, Formal de Partilha extraído dos autos de arrolamento dos bens deixados por José, do qual consta que foram objeto de partilha, dentre outros bens móveis e imóveis (localizados em outras circunscrições), a casa n.º 3 da passagem n.º 14 da Rua Central e seu respectivo terreno, assim descrito: 10 m de frente para a passagem, igual largura nos fundos, por 8 m da frente aos fundos de ambos os lados, confrontando do lado direito visto da passagem com a casa n.º 25 da Rua das Goiabas, do lado esquerdo com a casa n.º 2 da passagem e nos fundos com a casa n.º 8 da Rua Central, com a área de 80 m2 (avaliada em R$ 90.000,00), e mais uma parte ideal correspondente a 1/3 da passagem n.º 14 da Rua Central, medindo 2 m de frente para a Rua Central, igual largura nos fundos, por 40 m da frente aos fundos de ambos os lados, confrontando do lado direito visto da rua com a casa n.º 16 da rua Central, do lado esquerdo com o restante do terreno e nos fundos com a c asa n.º 25 da Rua das Goiabas, encerrando a área de 80 m 2 (avaliada em R$ 3.000,00) (Transcrição n.º100, de 20.01.1955, do Registro de Imóveis da Comarca X).

Da partilha homologada consta que todos os bens imóveis foram atribuídos aos dois herdeiros filhos Marcos e Manuel, maiores, solteiros (devidamente qualificados), na proporção de 50% para cada um, cabendo à viúva, em pagamento de sua meação, apenas o usufruto dos mesmos imóveis.

Considerando que houve a regular formalização instrumental do título e o pagamento de todos os tributos devidos, qualifique o Formal de Partilha apresentado, praticando os atos decorrentes da qualificação positiva ou negativa.

III. QUESTÕES DISCURSIVAS

QUESTÃO 1 – É possível, no Registro Civil das Pessoas Jurídicas, a averbação de ata de Assembleia Geral de alteração estatutária, ratificada por escritura pública, de aprovação de transformação de uma associação, devidamente registrada, em fundação? Justifique.

QUESTÃO 2 – Quais os requisitos a serem observados pelo Oficial de Registro de Imóveis para averbação de certidão expedida pelo foro judicial, para fins do art. 615-A do Código de Processo Civil? Que tipo de processo pode dar ensejo a essa averbação? Qual a forma de cobrança dos emolumentos pela prática desse ato?

6.6 PROVA DO 6º CONCURSO PÚBLICO DE PROVAS E TÍTULOS PARA OUTORGA DE DELEGAÇÕES DE NOTAS E DE REGISTRO DO ESTADO DE SÃO PAULO – **2009**

I. DISSERTAÇÃO

CASAMENTO PUTATIVO E CASAMENTO NUNCUPATIVO

II. PEÇA PRÁTICA

Pedro e Teresa casaram-se em 11.08.1989, no regime da comunhão universal de bens. Separaram-se judicialmente em 31.12.1991 e voltaram à convivência marital em 11.03.1995. Pedro morreu em 21.05.2008, antes da formalização judicial do restabelecimento da sociedade conjugal. Lavrado o registro de óbito, do qual constou que era "divorciado", sobreveio sentença homologatória da reconciliação post mortem que, transitada em julgado, foi inscrita no assento de casamento. Apresentando a certidão de casamento atualizada, Teresa pede ao oficial de registro civil que promova a retificação no assento de óbito de Pedro, para constar o estado civil "casado".

I - Responda:

a) O oficial de registro civil pode promover essa averbação? Por que?

b) Foi correta a inscrição da reconciliação post mortem no assento de casamento? Justifique.

c) Havendo separação judicial, o restabelecimento da sociedade conjugal post mortem pode ser formalizado por escritura pública? Justifique.

II – De acordo com o enunciado, lavre o assento de casamento de Pedro e Teresa e eventuais inscrições à margem.

III. QUESTÕES

1. Serviço Notarial e de Registros é pessoa jurídica? Tem CNPJ? Justifique.

2. Divergindo os pais quanto ao nome de família a constar do assento de nascimento do filho, qual deve ser o procedimento do registrador?

3. Qual o conceito e natureza jurídica de emolumentos?

4. Reconhecida judicialmente a existência de união estável, é possível a averbação desta à margem do assento de nascimento dos conviventes? Justifique.

6.7 PROVA DO 5º CONCURSO PÚBLICO DE PROVAS E TÍTULOS PARA OUTORGA DE DELEGAÇÕES DE NOTAS E DE REGISTRO DO ESTADO DE SÃO PAULO – **2008**

I. DISSERTAÇÃO

Efeitos jurídicos patrimoniais do matrimônio. Modificação do regime de bens. Preservação do patrimônio familiar.

II. PEÇA PRÁTICA

Foi prenotado, em 14.10.2008, sob n.º 47.500, pelo Oficial de Registro de Imóveis da Comarca de Águas Claras, mandado judicial oriundo da ação de usucapião, processo nº 238/2004, da Vara Judicial da referida Comarca.

O título foi apresentado por Pedro Rogério da Silva e sua mulher Tereza da Silva, autores da ação.

Integra o mandado laudo técnico com precisa descrição de duas áreas separadas por via pública, conforme memorial abaixo transcrito.

Uma das áreas, com 100 m^2, é inferior ao mínimo estabelecido para o parcelamento urbano pela legislação municipal aplicável.

O título corresponde a imóvel urbano que consta da Transcrição n.º 12.777, do Livro 3 L, página 188, referente ao Lote n.º 27 da Quadra H, do Loteamento denominado "Jardim das Flores", conforme certidão abaixo, na qual já há averbação referente à mencionada rua municipal resultante de desapropriação judicial.

Foram apresentados todos os documentos pessoais dos adquirentes, com os elementos necessários à qualificação do título.

Pratique os atos registrários resultantes da qualificação desse título e/ou elabore nota devolutiva. Justifique, em apartado, de forma sintética, as razões de sua opção.

(texto da certidão)

ANTONIO SILVA, Oficial de Registro de Imóveis de Águas Claras, CERTIFICA a pedido da parte interessada que, revendo o Livro nº 3 a seu cargo, verificou constar a TRANSCRIÇÃO nº 12.777, datada de 08/04/1947, no Livro nº 3 L, pág. 188, tendo como objeto o LOTE Nº 27 da Quadra H, do loteamento denominado "Jardim das Flores", situado na Rua José Bonifácio, Município de Águas Claras, com área de 2.000 metros quadrados, tendo o referido lote a medida de 20 metros de frente para o lado ímpar da Rua José Bonifácio, situado a 30 metros da esquina da Rua Antonio Souza, tendo nos fundos a mesma medida da frente e 100 metros da frente aos fundos de ambos os lados, confrontando, pelo lado esquerdo de quem da rua olha o imóvel, com o lote nº 26, pelo lado direito, com o lote nº 28, e, nos fundos, com o lote nº 5, tendo como ADQUIRENTE JOÃO ANTONIO DE SOUZA, brasileiro, casado, comerciante, domiciliado neste Município, e como TRANSMITENTE o ESPÓLIO DE ANTONIO BATISTA DA SILVA, por escritura pública de compra e venda datada de 11/03/1947, lavrada nas notas do Tabelião de Santo Inácio, livro 93, fls. 122, pelo valor de Cr$ 1.400.000,00 (um milhão e quatrocentos mil cruzeiros). Registro anterior: Transcrição nº 6.234 desta Serventia. Consta à margem da referida transcrição as seguintes averbações: Nº 1, datada de 20/12/1979, – da carta de sentença datada de 10/11/1977, expedida pelo MM Juiz da Comarca de Águas Claras, nos autos da ação de desapropriação promovida pela Municipalidade de Águas Claras contra João Antonio de Souza e sua mulher, processo nº 77/69, foi expropriada uma faixa de terreno de 12 metros de largura por 20 metros de comprimento, contendo 240 metros quadrados, faixa essa situada a 83 metros de distância da Rua José Bonifácio e destinada ao prolongamento da Rua Margarida de Freitas, correspondente à matrícula nº 456 aberta nesta data. CERTIFICA FINALMENTE não constar dos livros a seu cargo que JOÃO ANTONIO DE SOUZA, tenha alienado ou onerado os remanescentes do lote nº 27, da Quadra H, do loteamento denominado Jardim das Flores. Águas Claras, 10 de outubro de 2008, Antonio Silva, Oficial, ________________

(texto do memorial descritivo que integra o mandado)

Área A - com 1.660 metros quadrados, tendo o referido terreno a medida de 20 metros de frente para o lado ímpar da Rua José Bonifácio, situado a 30 metros da esquina da Rua Antonio Souza, tendo nos fundos a mesma medida da frente e 83 metros da frente aos fundos de ambos os lados, confrontando, pelo lado esquerdo de quem da rua olha o imóvel, com o remanescente do lote nº 26, pelo lado direito, com o remanescente do lote nº 28, ambos da Quadra H, do loteamento denominado Jardim das Flores, e, nos fundos, com a Rua Margarida de Freitas. Contribuinte Municipal nº 108.45.006-5. Área B - com 100 metros quadrados, tendo o referido terreno a medida de 20 metros de frente para o lado ímpar da Rua Margarida de Freitas, situado a 30 metros da esquina da Rua Antonio Souza, tendo nos fundos a mesma medida da frente e 5 metros da frente aos fundos de ambos os lados, confrontando, pelo lado esquerdo de quem da rua olha o imóvel, com o remanescente do lote nº 26, pelo lado direito, com o remanescente do lote nº 28, e, nos fundos, com o lote nº 5, todos da Quadra H, do loteamento denominado Jardim das Flores. Contribuinte Municipal nº 108.44.012-1

III. QUESTÕES DISCURSIVAS

QUESTÃO 1 – DIREITO CONSTITUCIONAL

É compatível com a garantia de nobreza constitucional da inviolabilidade à intimidade, à vida privada, à honra e à imagem das pessoas (artigo 5.º, inciso X, da Carta Magna), a regra ditada no artigo 17 da Lei Federal n.º 6.015/73, quando estabelece que qualquer pessoa pode requerer certidão do registro sem informar ao Oficial, ou ao funcionário, o motivo ou interesse do pedido?

QUESTÃO 2 – DIREITO COMERCIAL

Nas cédulas de crédito rural ou de produto rural, o inadimplemento de parcelas, ausente cláusula expressa, produz efeitos quanto à dívida total?

QUESTÃO 3 – DIREITO ADMINISTRATIVO

"Toda atividade de oferecimento de utilidade ou comodidade material destinada à satisfação da coletividade em geral, mas fruível singularmente pelos administrados, que o Estado assume como pertinente a seus deveres e presta por si mesmo ou por quem lhe faça as vezes, sob regime de Direito Público – portanto consagrador de prerrogativas de supremacia e de restrições especiais – instituído em favor dos interesses definidos como públicos no sistema normativo"... (cf. Celso Antonio Bandeira de Mello, Curso de Direito Administrativo, Malheiros, São Paulo, 17ª ed., 2005). Este conceito corresponde à noção estrita de serviço público. PERGUNTA: atividade notarial e de registro se identifica com esse conceito de serviço público?

QUESTÃO 4 – DIREITO TRIBUTÁRIO

O que é "fato gerador da obrigação acessória", em matéria tributária.

6.8 PROVA DO 4º CONCURSO PÚBLICO DE PROVAS E TÍTULOS PARA OUTORGA DE DELEGAÇÕES DE NOTAS E DE REGISTRO DO ESTADO DE SÃO PAULO – 2006

I. DISSERTAÇÃO

A imutabilidade do nome da pessoa natural.

II. QUESTÃO PRÁTICA

Maria, brasileira, casada pelo regime da separação de bens com João, grávida de oito meses, em férias na cidade de Paris, deu a luz a José, em 30.05.1994. O registro da criança foi feito no Consulado Brasileiro daquela cidade um mês após o nascimento. De volta ao Brasil no mês seguinte, Maria requereu a opção de nacionalidade brasileira em favor de José. Elaborar a transcrição do nascimento, fazendo constar, além dos demais requisitos legais, o local onde deve ser feito o registro no Brasil, e se a opção era, no caso, exigível.

III. QUESTÕES DISCURSIVAS

1) "A" e "B" requereram a conversão de união estável em casamento perante o Oficial de Registro Civil das Pessoas Naturais. No curso do processo de habilitação, "A" falece. É possível a lavratura do assento de casamento? Por quê?

2) "A" e "B" adotaram "C", maior de idade, por escritura pública, em 15.10.2001. Em 15.02.2003, a escritura foi apresentada ao Registro Civil das Pessoas Naturais. Pergunta-se:

a) A escritura poderia ser registrada? Por quê?

b) É possível a retificação do nome do adotado na referida escritura? Por quê?

6.9 PROVA DO 3º CONCURSO PÚBLICO DE PROVAS E TÍTULOS PARA OUTORGA DE DELEGAÇÕES DE NOTAS E DE REGISTRO DO ESTADO DE SÃO PAULO – 2004

9.8.1 ESPECIALIDADE: TABELIÃES DE NOTAS - PROVIMENTO

I. DISSERTAÇÃO

Mandato. Conceito. Classificação do contrato de mandato. Formas do instrumento. Extinção. Substabelecimento. Revogação do mandato e do substabelecimento.

II. QUESTÕES DISCURSIVAS

1) Faça breve distinção entre prescrição e decadência, no Direito Civil.

2) Insistindo as partes interessadas na lavratura de atos notariais que tenham por objeto negócios jurídicos de alienação de frações ideais de imóvel que revelem a ocorrência de fraude à legislação do parcelamento do solo ("loteamento disfarçado"), como deve proceder o Tabelião de Notas? Quais elementos objetivos devem ser analisados pelo Tabelião para saber se a hipótese é de mero condomínio tradicional ou de parcelamento irregular do solo?

III. QUESTÃO PRÁTICA

Paulo, Advogado, comparece ao Tabelionato de Notas para requerer a certificação do conteúdo de determinada página acessível na rede mundial de computadores (internet). Lavre o ato notarial adequado ou elabore nota devolutiva ao interessado, justificando qualquer das soluções.

9.8.2 ESPECIALIDADE: TABELIÃES DE PROTESTO - PROVIMENTO

I. DISSERTAÇÃO

Letra de Câmbio. Características Gerais. Requisitos Essenciais. Requisitos Supríveis. Vencimento. Aceite. Endosso. Aval. Prescrição.

II. QUESTÕES DISCURSIVAS

1) É admissível a lavratura de protesto de tickets restaurante, denominados "vale-refeições", que são documentos de aplicação na vida econômica, consubstanciando crédito específico?

2) Discorra sobre o conceito de fé pública.

III. QUESTÃO PRÁTICA

Em 1995, foi protestado cheque, não contendo quaisquer outras obrigações cambiárias autônomas, devolvido sem pagamento pelo estabelecimento bancário sacado pelo motivo nº 21 do Banco Central (contra-ordem ao pagamento dada pelo emitente). Em 2004, o devedor comparece ao Tabelionato e requer o cancelamento do protesto, alegando que o cheque protestado fora devolvido sem pagamento em virtude de contra-ordem do emitente, ocasionada por roubo, não constando o motivo de devolução nº 28, porque somente criado em 17 de janeiro de 1996 pela Circular nº 2.655 do Banco Central do Brasil:

"A Diretoria do Banco Central do Brasil, em sessão realizada em 17.01.96 com base no art. 2º da Resolução nº 1.682, de 31.01.90, DECIDIU: Art. 1º - Criar o motivo de devolução nº 28 – contra-ordem (ou revogação) ou oposição (ou sustação) ao pagamento, ocasionada por furto ou roubo, cuja utilização fica condicionada à apresentação, pelo emitente, em ambos os casos, ou portador legitimado, no caso de oposição (ou sustação), da respectiva ocorrência policial."

Diante deste quadro, pergunta-se:

A) Pode o cancelamento ser efetivado? Justifique. Em caso afirmativo, quais os documentos que deverão ser exigidos pelo Tabelião? Quais os atos que deverão ser praticados? Redija-os. Em caso negativo, quais os procedimentos que deverão ser adotados pelo Tabelião?

B) Havendo no cheque outras obrigações cambiárias, decorrentes de endosso ou aval, o cancelamento poderia ser feito? Justifique. Em caso afirmativo, quais os documentos que deverão ser exigidos pelo Tabelião? Quais os atos que deverão ser praticados? Redija-os.

Em caso negativo, quais os procedimentos que deverão ser adotados pelo Tabelião?

9.8.3 ESPECIALIDADE: TABELIÃES DE NOTAS - REMOÇÃO

I. DISSERTAÇÃO

Ata Notarial. Conceito. Objeto. Forma. Espécies. Limites objetivos e subjetivos.

II. QUESTÃO PRÁTICA

Lavre uma escritura de compra e venda com pacto adjeto de hipoteca, com as seguintes características:

a) a vendedora é uma sociedade por ações que possui Conselho de Administração;

b) a compradora é uma sociedade limitada;

c) o imóvel é rural e foi adquirido pela vendedora no ano de 1975. (Não é preciso descrever totalmente o imóvel).

III. QUESTÕES DISCURSIVAS

1) Lavrada a escritura de doação e efetivado o seu registro, é lícito ao doador, anuindo o donatário, aditá-la e ratificá-la para reservar para si o usufruto e incluir cláusulas restritivas de impenhorabilidade e inalienabilidade? Justifique a resposta.

2) Estabeleça a distinção entre moralidade administrativa e probidade administrativa.

9.8.4 ESPECIALIDADE: TABELIÃES DE PROTESTO - REMOÇÃO

I. DISSERTAÇÃO

Protesto necessário e facultativo. Conceito e distinções. Protesto de Contratos: Entendimento jurisprudencial e administrativo sobre a matéria.

II. QUESTÃO PRÁTICA

Em 14 de junho de 2004 (segunda-feira), foi protocolizada no Tabelionato de protesto uma nota promissória emitida por Caio, tendo como credor Mário. Em 16 de junho de 2004, Caio apresentou no Tabelionato ordem judicial sustatória do protesto. Em 23 de agosto de 2004, Mário apresentou no Tabelionato nova ordem judicial, emitida pela mesma autoridade, revogando a sustação de protesto anterior e determinando, por conseqüência, a lavratura do ato. No mesmo dia 23, alegando que o tríduo ainda não se encontrava escoado, Caio compareceu no tabelionato e protocolizou declaração ofertando sua resposta no sentido de justificar o não pagamento do título e, com supedâneo no artigo 22, inciso IV, da Lei nº 9.492/97, requereu que do termo do protesto constasse esta circunstância.

Lavre o respectivo termo de protesto e apresente breve justificativa.

III. QUESTÕES DISCURSIVAS

1) João emitiu um cheque em favor de "ABC Marcenaria LTDA." em pagamento de um móvel encomendado sob medida, que, porém, não foi executado de acordo as especificações do comprador e por isto foi devolvido. Referido cheque circulou por endosso e foi levado a protesto por José. Pergunta-se: João pode se opor ao protesto do título em tela, invocando o inadimplemento contratual ocorrido? Justifique.

2) Discorra sobre a responsabilidade civil do delegado de serviço público.

6.10 PROVA DO 2º CONCURSO PÚBLICO DE PROVAS E TÍTULOS PARA OUTORGA DE DELEGAÇÕES DE NOTAS E DE REGISTRO DO ESTADO DE SÃO PAULO – 2002

9.9.1 ESPECIALIDADE: OFICIAL DE REGISTRO DE IMÓVEIS

I. DISSERTAÇÃO

Hipoteca. Conceito. Natureza Jurídica. Indivisibilidade. Requisitos para o registro da hipoteca legal e convencional. Segunda hipoteca. Efeito da prenotação. Alienação de imóvel hipotecado. Remição. Extinção.

II. QUESTÃO PRÁTICA

Cícero apresenta ao 25º Oficial de Registro de Imóveis de São Paulo, para averbação e, também, para registro, certidão expedida por Oficial de Títulos e Documentos relativa ao registro, por este último concretizado, de contrato de locação do imóvel situado na Rua Roma, 99, objeto da matrícula nº 00001 do citado Registro de Imóveis, com cláusulas de vigência e preferência, em que figuram, como locadores, os proprietários João e sua mulher Maria e, como locatário, o próprio Cícero. São possíveis o registro e a averbação pretendidas? Lavrar o registro e/ou a averbação, fundamentando a solução adotada, ou tomar a providência adequada se entender incabível algum deles, ou ambos.

III. QUESTÕES DISCURSIVAS

1) Quando uma carta de sentença, tirada de ação de execução de obrigação de fazer, é levada a registro, devem ser apresentadas as respectivas certidões negativas de contribuições sociais devidas ao INSS e aquelas arrecadadas pela receita federal ou basta, para tal desiderato, a sentença substitutiva da vontade do alienante, pessoa jurídica?

2) É admissível o registro de escritura pública de venda e compra em que o outorgante vendedor, separado judicialmente da outorgada-compradora, transmite à ex-mulher a metade ideal de imóvel havido em comum, ausente partilha de bens por ocasião da dissolução da sociedade conjugal? Justifique

3) Na hipótese de inadimplência de condômino, em incorporação de edifício em condomínio, com construção contratada a preço de custo, regularmente realizado o leilão final para a alienação da respectiva fração ideal de terreno (e parte construída), sendo o auto de arrematação lavrado por leiloeiro oficial e apresentado este a registro, como proceder?

9.9.2 ESPECIALIDADE: OFICIAL DE REGISTRO DE TÍTULOS E DOCUMENTOS E CIVIL DE PESSOA JURÍDICA

I. DISSERTAÇÃO

O cancelamento de registro e de averbação feita no Registro de Títulos e Documentos e Civil de Pessoas Jurídicas. Conceito. Formas, ou origens, do cancelamento. Legitimidade para requerer o cancelamento. Efeitos do cancelamento. O cancelamento em razão de vícios intrínsecos e em razão de vícios extrínsecos ao procedimento do registro.

II. QUESTÃO PRÁTICA

Túlio apresenta para registro, no Registro de Títulos e Documentos, para conservação, estatuto da sociedade civil sem finalidade lucrativa denominada ASSISTÊNCIA SOCIAL AOS CARENTES SOCIEDADE CIVIL. Tício, por sua vez, apresenta instrumento de cessão de quotas de sociedade mercantil para registro no Registro de Título e Documentos, também para mera conservação. É possível o registro destes títulos? Lavrar, para cada título, o registro ou a nota de devolução. Fundamentar em seguida, de forma resumida, a solução adotada.

III. QUESTÕES DISCURSIVAS

1) Quais os efeitos do registro civil para a existência legal das pessoas jurídicas de direito privado? Para o registro de contratos de prestação de serviços de engenharia e arquitetura é necessária a apresentação de algum outro documento juntamente com o próprio contrato?

2) Pode o título ser registrado por duas vezes, a requerimento de um único interessado, perante o mesmo oficial? Fundamente a resposta.

3) É possível o registro, no Registro de Títulos e Documentos, para surtir efeitos em relação a terceiros, de carta de fiança, sem valor declarado, em que o fiador obriga-se a garantir dívida futura concernente a contrato ainda não celebrado?

6.11 PROVA DO 1º CONCURSO PÚBLICO DE PROVAS E TÍTULOS PARA OUTORGA DE DELEGAÇÕES DE NOTAS E DE REGISTRO DO ESTADO DE SÃO PAULO – **2000**

9.10.1 ESPECIALIDADE: OFICIAL DE REGISTRO CIVIL DAS PESSOAS NATURAIS

I. DISSERTAÇÃO

Disserte sobre a seguinte questão: Pedro e Maria contam, ambos, com 51 anos de idade e pretendem casar-se. Não se conformam, todavia, com o regime legal de separação de bens imposto pelo art. 258, parágrafo único, inciso II, do Código Civil. Invocam, para fundamentar liberdade de escolha do regime de bens, a incompatibilidade desta norma com a Constituição Federal de 1988.

II. QUESTÃO PRÁTICA

A e B, vivendo em união estável há 8 anos, conforme sentença declaratória, transitada em julgado, neste sentido proferida, ambos contando com 41 anos de idade, adotam, por escritura pública, C, de 19 anos de idade, irmão de um dos adotantes, e pretendem dar ingresso, no Registro Civil, ao referido ato notarial. Diante deste quadro, lavrar o ato registrário adequado ou elaborar as razões da recusa em fazê-lo, justificando qualquer das soluções.

III. QUESTÕES DISCURSIVAS

1 - Sentença penal transitada em julgado, que tenha condenado o suposto pai por crime de estupro, inclusive mercê de confissão do réu, pode servir para averbação da paternidade no assento de nascimento do filho da vítima, a fim de que dele conste o patronímico do acusado, indigitado genitor? Explique.

2 - Ana é regularmente casada com José, encontrando-se, o casal, separado de fato. Ela, mantendo relacionamento eventual com terceiro, vem a engravidar. Ao nascer a criança, Ana declara-se casada perante o Oficial Delegado do Registro Civil e pretende que do assento de nascimento conste apenas o nome da mãe. Isso é possível, diante do que dispõem os artigos 338 a 346, do Código Civil? Justifique a resposta.

3 - A e B eram casados pelo regime legal de bens, anteriormente à Lei nº 6.515/77. Divorciaram-se. Houve posterior reconciliação do casal, que deseja, agora, casar-se novamente, pelo regime legal. É possível a pretensão dos nubentes? Por quê?

9.10.2 ESPECIALIDADE: OFICIAL DE REGISTRO DE IMÓVEIS

I. DISSERTAÇÃO

Títulos judiciais e o registro. Espécies. Limites da qualificação pelo Oficial. O registro e o mandado de penhora de bem de sócio de sociedade fornecedora de serviços ou produtos, de bem alienado em fraude de execução e de bem do casal, quando executado um só dos cônjuges.

II. QUESTÃO PRÁTICA

A, B e C, os dois primeiros casados e o último vivendo em regime de união estável, requerem a unificação de dois imóveis contíguos de sua propriedade, objeto da transcrição 1234 e da matrícula 01010, do mesmo serviço registral e de cujo exame se extraem as seguintes circunstâncias:

a) os requerentes são titulares, cada um, de uma terça parte (1/3) ideal do domínio dos prédios, sendo que as porções de A estão oneradas com cláusula de inalienabilidade e o imóvel da matrícula 01010 acha-se gravado com hipoteca cedular a favor do Banco do Brasil S/A;

b) a transcrição 1234 diz respeito a imóvel que mede 10 metros de frente para a rua Alfa, por 50 metros da frente aos fundos, encerrando área de 500 m2, enquanto a matrícula 01010 alude a imóvel que tem 10 metros de frente para a rua Alfa, por quarenta metros da frente aos fundos.

Pratique os atos registrais adequados ou elabore documento de recusa, fundamentando qualquer das soluções.

III. QUESTÕES DISCURSIVAS

1 - É possível o registro de títulos que envolvam os seguintes negócios jurídicos:

a) multipropriedade imobiliária;

b) leasing imobiliário;

c) promessa de permuta? Justifique.

2 - Quais, na propriedade horizontal, as formas de vaga de garagem passíveis de ingresso no registro? Podem ser alteradas ou alienadas? Explique.

3 - Qual a natureza das cláusulas de limitações convencionais no parcelamento do solo? Como se dá sua publicidade? São passíveis de alteração? Justifique.

9.10.3 ESPECIALIDADE: OFICIAL DE REGISTRO DE TÍTULOS E DOCUMENTOS

I. DISSERTAÇÃO

O registro dos contratos de casamento e de convivência. A união estável entre pessoas impedidas ou não para casar. Os separados de fato. Inteligência do artigo 156, da Lei nº 6.015/73. Qualificação pelo Oficial.

II. QUESTÃO PRÁTICA

Antônio, José e Carlos são sócios da pessoa jurídica "X" S/C Ltda., detendo, cada um deles, 1/3 das cotas do capital social. Antônio e José deliberam excluir Carlos da sociedade. Fazem-no, sem declinar os motivos de tal ato, sendo o contrato social omisso a respeito dessa possibilidade. A deliberação não contou com a assinatura do sócio excluído e nem foi tomada em assembléia. É apresentada no Serviço de Registro Civil de Pessoas Jurídicas. Diante desse quadro, pergunta-se: é possível o ato? Em caso positivo, justificar e lavrar o ato adequado. Negativa a resposta, justificar as razões da recusa e esclarecer de que forma os interessados poderiam insurgir-se.

III. QUESTÕES DISCURSIVAS

1 - O Oficial de Títulos e Documentos expede carta com aviso de recebimento, convocando "A" para vir à sua presença a fim de tomar conhecimento do teor de determinada notificação. O AR retorna com a assinatura de próprio punho do destinatário. Cinco dias depois, comparece ao Serviço um advogado, dizendo-se procurador de "A". Exibe procuração "ad judicia", contendo os poderes para o foro em geral, e solicita, além do exame da notificação, a expedição de certidão respectiva. Em tais condições, o exame e a certidão podem ser deferidos, dando-se por cumprida a notificação?

2 - "A" e "B" são os únicos sócios da pessoa jurídica "C" S/C Ltda. "B", com a expressa anuência de "A", aliena todas suas cotas para a própria pessoa jurídica "C". Esta alteração societária pode ser averbada no Serviço de Registro Civil das Pessoas Jurídicas. Por quê?

3 - Um boletim informativo sobre obras e realizações feitas por determinado Prefeito Municipal exige matrícula no Registro Civil de Pessoas Jurídicas? Por quê?

9.10.4 ESPECIALIDADE: TABELIÃO DE NOTAS

I. DISSERTAÇÃO

Venda de ascendente a descendente. Forma e momento da anuência. Falta da anuência. Natureza da invalidade e seus reflexos na prática do ato notarial. Negócios jurídicos similares. Relevância do pagamento do preço real.

II. QUESTÃO PRÁTICA

Antônio, maior, cego, casado com Maria pelo regime de comunhão parcial de bens, procura o Tabelião de Notas, para fazer um testamento público. Tem dois filhos com Maria, e um filho adulterino, nascido antes da Constituição de 1988. Seu patrimônio é de R$400.000,00, remanescente de anterior doação de imóvel a um de seus filhos com Maria, no valor de R$200.000,00, feita sem a cláusula de dispensa de colação. Pretende deixar a menor cota possível ao filho adulterino, como, ainda, o usufruto vitalício de seus bens a Maria.

Lavre o ato notarial adequado ou elabore nota devolutiva ao interessado, justificando qualquer das soluções.

III. QUESTÕES DISCURSIVAS

1 - Munido de procuração lavrada por instrumento público, com poderes para "alienar imóveis" do mandante, Antônio comparece ao Tabelionato de Notas com o escopo de representar João, maior, plenamente capaz e sem herdeiros necessários, em dois negócios jurídicos, a saber: a) a venda de um imóvel a Carlos; b) a doação de outro imóvel a Maria. Podem ser lavrados os atos notariais? Justifique a resposta.

2 - Determinada construtora e incorporadora, já registrada a incorporação, deseja lavrar escritura de venda de fração ideal de terreno, vinculada à futura unidade autônoma, mediante pagamento a prazo, com cláusula de alienação fiduciária do terreno e das acessões, a serem construídas pelo regime de administração ou preço de custo. É possível o ato? Por quê?

3 - Pode ser lavrada escritura de emancipação de filho, entre dezoito e vinte e um anos de idade, a pedido e com o comparecimento exclusivamente da mãe, separada judicialmente e a quem deferida a

guarda do menor? E se a separação for de fato? E se se tratar de cônjuges divorciados? Explique.

9.10.5 ESPECIALIDADE: TABELIÃO DE PROTESTOS

I. DISSERTAÇÃO

Documentos de dívida (art. 1º, da Lei 9.492/97). Conceito e exemplos. Protesto.

II. QUESTÃO PRÁTICA

Em 23 de setembro de 1999 é apontada, a protesto, duplicata de prestação de serviços, não aceita, sacada por JOSÉ DA SILVA contra ANTÔNIO PEDRO e endossada a CRISTIANO OLIVEIRA, com data de vencimento para 22 de setembro de 1999, no valor de R$ 1.000,00, acompanhada apenas do documento comprobatório do vínculo contratual entre as partes, mas sem o documento confirmatório da efetiva prestação dos serviços correspondentes. Diante desse quadro, pergunta-se:

A) É possível a apresentação para protesto por falta de aceite? Lavrar o respectivo instrumento ou justificar a recusa. Na primeira hipótese, como o protesto constaria do índice? Na segunda, como o interessado poderia insurgir-se contra a recusa?

B) É possível a apresentação para tirada de alguma outra espécie de protesto, dentre as previstas na Lei nº 9.492/97 e nas Normas de Serviço da Corregedoria Geral da Justiça do Estado de São Paulo? Em caso positivo, aponte qual, lavrando o respectivo termo e indicando a forma de levá-lo ao correspondente índice. Em caso negativo, por que? Qual, então, o remédio que, diante dessa recusa, restaria ao interessado?

III. QUESTÕES DISCURSIVAS

1) A pessoa jurídica "A", com sede na cidade de Buenos Aires, Argentina, assume a obrigação de pagar, mediante letra de câmbio aceita, o valor de US$ 10.000,00 (dez mil dólares americanos), tendo como lugar de pagamento a cidade de São Paulo. Não honrado o título no vencimento, o credor pretende levá-lo a protesto. A devedora, todavia, não possui número de C.G.C. ou de registro de identificação em órgão oficial brasileiro. O protesto, ainda assim, pode ser lavrado?

2) Um cheque, apresentado ao banco sacado e devolvido por insuficiência de fundos, foi levado a protesto, sendo o ato notarial regularmente lavrado. Posteriormente, houve aposição de endosso e aval no título. Pode ser tirado novo protesto?

3) Ao ser intimado para pagamento de duplicata mercantil vencida, endossada e avalizada, em que figura como sacado aceitante, Tício apresenta cópia de sentença penal condenatória, transitada em julgado do sacador, por prática de crime de duplicata simulada (art. 172, do Código Penal), na qual, inclusive, ficou reconhecida a falsidade da assinatura do aceitante. Como deve proceder o Tabelião, diante da apresentação desse título para protesto?